现代汉语规范词典 第4

参加人员名单

首席顾问　许嘉璐

顾　　问　柳　斌　朱新均　傅永和　仲哲明

修订主持人　李行健　张世平

修订审订　程国娃　宋芳彦　钮　葆　严学军　张登岐　胡　勤

修订人员　应雨田　朱振平　陈毓舒　高喜田　董绍克　仇志群　张德吉　尤克勤　高慎贵　吴承琳　陈良煜　刘建忠　刘景耀　薄家富　彭兰玉　邵统绪　何广见　潘世文　徐国赞　廉启一　赵景荣　李敬国　刘　彦　刘　春　许寿江　章仲华　徐赋秋　张遵融　刘配书

法律顾问　李京生　郝惠珍

资料人员　孔德成　王　宏　马德君　邢锁明

编校人员　李　斐　王　敏　孙　可　郭晓丹　李丹丹　朱晓琳　刘智贤　李婷婷

现代汉语规范词典 第3版

参加人员名单

首席顾问　许嘉璐

顾　　问　周有光（特邀）　张　斌（特邀）
曹先擢　柳　斌　朱新均　傅永和　仲哲明

主　　编　李行健

副 主 编　季恒铨　钮　葆　程国甡

修订人员　尤克勤　张德继　宋芳彦　朱振平　高喜田
吴承琳　徐赋秋　杨松岐　陈毓舒　靳古隆
邵统绪　刘景耀　廉启一　冉中光　张登岐
李　斐

审读专家　王铁琨　应雨田　严学军　满兴远　黄　行
沈慧云　董绍克　张　标　徐复岭　仇志群
王　立　胡　勤

法律顾问　李京生　（隆安律师事务所）
郝惠珍　（盈科律师事务所）

资料人员　孔德成　邢锁明　王　宏

编校人员　李　斐　王　敏　李彩霞　杨　帆　刘旭璐
赵　青　刘虹艳　谢丹凌

现代汉语规范词典 第2版

参加人员名单

首席顾问	许嘉璐
顾　　问	周有光（特邀）　张　斌（特邀） 曹先擢　柳　斌　朱新均　胡明扬　傅永和 仲哲明
主　　编	李行健
副 主 编	季恒铨　余志鸿　蔡　权
修订人员	钮　葆　刘永耕　张万有　陈瑞国　程国甡 陈佩贤　朱振平　顾旭初　于克仁　吴　穹
审读专家	赵丕杰　刘钧杰　应雨田　陈霞村　曹聪孙 严学军　陈光磊　宋玉柱　孙德金　邢　欣 何伟渔　黄　行　沈慧云　陈庆延　唐发铙
法律顾问	李京生（隆安律师事务所） 郝惠珍（盈科律师事务所）
资料人员	孔德成　唐　虎　黄　莉　邢锁明
编校人员	白　冰　刘座箐　吴凤珍　刘建梅　王　琳 李　斐　杨晓梅　汤秀丽

现代汉语规范词典 第1版

参加人员名单

首席顾问　（按担任工作时间顺序，下同）

吕叔湘　李　荣　许嘉璐

顾　　问　曹先擢　柳　斌　胡明扬　傅永和　张清常　仲哲明

主　　编　李行健

副 主 编　刘钧杰　曹聪孙　赵丕杰　季恒铨　应雨田　谢自立

主要编写人员　（按姓氏笔画，下同）

刘时叶　刘铁岩　江　汉　杨　东　杨必胜　吴　穹
余志鸿　宋仲鑫　张兴亚　张　博　张德继　陈松岑
赵宏因　钮　葆　柴世森　徐　枢　高慎贵　郭成韬
程　荣　蔡　权

编写人员　王占福　云景魁　叶根祥　刘乐明　刘振铎　孙　云
孙宏宇　严学军　李荣嵩　杨同用　杨宝忠　步梅新
吴继章　邹玉华　宋金兰　张育泉　张鹏志　陈庆延
陈涌泽　季素彩　金慧宁　周　荐　郑宝倩　赵大明
贾沫青　贾培诚　唐健雄　曹　健　谢质彬　詹开第
潘维桂　薛克谬

审稿专家　石新春　冯瑞生　吕景和　孙　栋　刘庆隆　李建国
李缵仁　宋芳彦　陈　抗　周明鉴　郑骅雄　顾士熙
黄佑源　黄岳洲　楚永安　熊正辉

法律顾问　李京生　（隆安律师事务所）
郝惠珍　（盈科律师事务所）

资料人员　孔德成　甘莅豪　冯海霞　李连伟　金艳艳　郑承运
赵红梅　唐　虎　黄　莉

编校人员　白　冰　刘建梅　刘座箐　刘展鹏　汤秀丽　杨　阳
吴凤珍　何广静　宋晓晖　金艳艳　姬登杰　彭冬林
蓝小娈

语文规范化是语文现代化的一项重要内容。

题《现代汉语规范词典》

周有光

2005-06-24

时年100岁

为落实中央语文规范化方针，国家语委于 1992 年组织编写《现代汉语规范词典》，并将之列为国家语委“八五”规划重大项目。经过李行健先生与近百名专家学者十二年的努力，词典最终编成，出版后深受群众欢迎，为现代汉语规范化作出了积极的贡献！

语言规范事业一定要做实、做好、做精，让国家通用语言走向全国走向世界。为此我为读者们送上八个大字：

语言规范
国之大政

庚子冬月 柳斌

注：1992年，柳斌同志时任国家教委副主任，兼任国家语委主任、党组书记

外研社·语文社

现代汉语规范词典

吕叔湘题

国家语言文字工作委员会“八五”规划重点项目
中华社会科学基金资助项目
国家“八五”规划重点图书

现代汉语规范词典

吕叔湘题

XIANDAI HANYU GUIFAN CIDIAN

第4版

首席顾问　许嘉璐
主　　编　李行健

外语教学与研究出版社
语文出版社

北京

图书在版编目（CIP）数据

现代汉语规范词典 / 李行健主编．-- 4版．-- 北京 ：外语教学与研究出版社，2022.5（2023.5 重印）

ISBN 978-7-5213-3569-9

Ⅰ．①现… Ⅱ．①李… Ⅲ．①现代汉语－词典 Ⅳ．①H164

中国版本图书馆 CIP 数据核字（2022）第 068654 号

出 版 人　王　芳
责任编辑　李　斐　孙　可
责任校对　李丹丹
装帧设计　李　高　姚　军
插图设计　北京碧悠动漫文化有限公司
出版发行　外语教学与研究出版社
社　　址　北京市西三环北路 19 号（100089）
网　　址　https://www.fltrp.com
印　　刷　东莞市新生泰印务有限公司
开　　本　889×1194　1/32
印　　张　62.5
版　　次　2022 年 6 月第 4 版　2023 年 5 月第 4 次印刷
书　　号　ISBN 978-7-5213-3569-9
定　　价　109.00 元

如有图书采购需求，图书内容或印刷装订等问题，侵权、盗版书籍等线索，请拨打以下电话或关注官方服务号：
客服电话：400 898 7008
官方服务号：微信搜索并关注公众号“外研社官方服务号”
外研社购书网址：https://fltrp.tmall.com

物料号：335690001

【总目】

【4版前言】

《现代汉语规范词典》2004年问世以来，已经修订两次，出版了第2版和第3版。此次是在第3版的基础上修订再版。

语言是随社会发展变化的，语文词典必须反映语言的发展实际。词典只有不断修订，与时俱进，才能适应社会交际需要，帮助读者规范使用语言，提高语文应用能力，充分发挥语文工具书的作用。此次修订主要体现在“增、删、改”三个方面。

一、增补词语及义项

随着社会发展，新事物不断涌现，语言中相应地增加了一批新词语。此次修订重点增补新词语，如“共享经济、黑天鹅事件、齐抓共管、凝心聚力、弯道超车、顶层设计、申遗、新常态、黑科技、慕课、无纸化、自媒体、霸凌、网红”等，特别注意增补新的科技词语和新的元素用字，如“碳达峰、碳中和、云计算、移动支付、镆、鿬、鿭”等。

随着语言在社会交际中使用，一些词语可能增添了新义项，或者意义、用法发生了改变。对于这些新出现的义项和用法，此次也给予增补，如“秒”字增补“借指极短的时间（多用作状语）”的义项，“刷”字增补“以类似于‘刷’的动作进行某些信息的录入、输出和识别”的义项，“云”字增补了“比喻通过计算机网络（多指因特网）提供计算服务的方式”的义项，等等。

此外，为了帮助中小学生学习中国传统文化知识，还增补了如“见贤思齐、文以载道、法不阿贵、厚德载物、三省吾身、囊萤映雪、乡梓、束脩、举隅、竹枝词”等传统思想文化词语。

二、删除词语及义项

删除一些过时或使用频率较低的词语，以及个别见词明义、查阅价值不大的词语。这也是适应语言发展吐故纳新的需要。过时的词语，如“单放机、变工、修地球、老封建”等；使用频率较低的词语，如“孱懒、盘运、赔垫、套换、毛太纸、八进制、夯机”等；见词明义、查阅价值不大的词语，如“打柴、山石、赏花、土块儿、砸烂”等。

三、修改释义和举例

这次修订我们特别根据国家新颁布的语言文字规范标准和其他法律法规对词典内容进行了全面检查，对有些词语的释义进行了订正。如 2021 年 1 月 1 日起，《中华人民共和国民法典》施行，《中华人民共和国婚姻法》《中华人民共和国继承法》《中华人民共和国民法通则》等同时废止。据此，我们对“婚姻法”“继承法”“成年人”等条目进行了修改。《全国人民代表大会常务委员会关于中国人民解放军现役士兵衔级制度的决定》于 2022 年 3 月 31 日起施行，对中国人民解放军现役士兵衔级制度进行了调整。据此，此次修订删除了“士官”条，对“军士”“军士长”“上士”“中士”“下士”“义务兵”“上等兵”“列兵”等条目进行了相应修改。3 版付印前，国家发布了《通用规范汉字表》，我们及时将 2 版未收的字补入词典作为“补编”，此次修订我们将“补编”内容全部并入正文，并逐一进行了核查，以求彻底全面贯彻《通用规范汉字表》。

需要特别说明的是，为了贴近语文教学和语文学习，此次修订特意增加了部编本语文教材中某些文言字词读音的提示。如“语(yǔ)”字头下增补提示“文言文中作动词，义为‘告诉’时，读 yù”；“雨(yǔ)”字头下增补提示“文言文中作动词，义为‘下雨’或‘像雨一样降落’时，读 yù”。对于个别有争议的古今地名读音，考虑到学生学习需要，词典也作了变通处理，如“阿房宫”的“房”，“六安”的“六”，我们分别用提示形式加以说明：“在‘阿房宫’中读 páng”，“‘六’字用于地名‘六安’(在安徽)、‘六合’(在江苏)等时，当地人读 lù”，等等。此外，汉语中极个别方言色彩较浓的音节，如 yo、m、n、ng 等，此次修订予以收录但不另出字头，只在相关字音后加标又读音。这样既兼顾日常语用实际，又保持了普通话音系的完整性。

修订工作自始至终得到了有关部门和领导的关心和支持。第九届、第十届全国人大常委会副委员长，本书首席顾问许嘉璐先生一直关心修订工作进展。原国家教委副主任、国家语委主任，本书顾问柳斌先生专门题词对修订工作予以鼓励。在外研社领导大力支持下，中国语言文化出版分社组织了大量人力与编写组一同参与修订。但限于我们的能力和水平，仍有不尽如人意的地方，请专家和广大读者批评指正，以期进一步完善。

李行健　张世平

2022 年 4 月 28 日

【3版前言】

国务院于2013年发布了《通用规范汉字表》，这是我国文化生活中的一件大事。它对语言文字的规范、对我国语言信息化的发展、对国民教育和构建和谐语文生活等都具有十分重要的意义。在国家语委和词典首席顾问许嘉璐先生的关怀指导下，我们《现代汉语规范词典》编委会加快了原已启动的第3版修订工作，同外研社汉语分社一道，完成了本次修订。

严格贯彻国家语言文字规范标准，是我们编纂这部词典的初衷，也是国家语委当年确定词典立项并组建《现代汉语规范词典》编委会的动因。因此，作为国家语委直接领导并给予长期支持的重大项目，尽快将《通用规范汉字表》的精神具体落实到《现代汉语规范词典》中，用词典的形式促进国家语言文字规范标准的全面推广，方便社会应用，是词典编纂者义不容辞的责任。这正契合词典第一任首席顾问吕叔湘先生在序言中所说“随着国家有关规范标准的修订和增加，总得有词典来体现”的精神。此次修订的重点主要是：(一)增补2版未收而《通用规范汉字表》三级字表收列的姓氏人名用字、地名用字、科技名词用字及部分文言教学用字〔见“补编(一)”〕。(二)按照《通用规范汉字表》的精神对有些字的繁简关系、正异关系进行了调整，比如将“蹚”“溧”“勠”等调整为完全规范字，将“峇”“叚”“澂”“蒐”“筦”“釐”等在特定用法上调整为规范字。特别需要指出的是，此次修订，我们积极响应国家语委关于“《表》外字不再类推(简化)”的倡导，将本典所收《表》外字中原类推简化的170多个字头恢复为繁体字字形。(三)增补了上百条近些年产生但已被广大群众接受认可的新词新语新义新用法〔见“补编(二)”〕。随着社会政治、经济、科技、文化的发展，新词新语新义项新用法不断出现，其中有不少已进入一般民众的语文生活，语言中的这些鲜活成分丰富了我们的日常语言，也增加了社会交流的方便，需要我们与时俱进，及时收入词典。同时，我们也对2版出版后发现的释义不够准确、到位的条目进行了修订，还替换了个别有些过时或不够贴切的示例。

这次修订，编委会和外研社都投入了很大力量，但由于时间相当紧迫，一定还会有不尽如人意的地方。我们恳请广大读者和专家，一如既往地关心爱护《现代汉语规范词典》，积极给予批评指正，以便我们及时改正。最后，衷心感谢教育部、国家语委对修订工作的关怀和支持，感谢广大读者和专家提出的宝贵意见。

李行健

2014 年 4 月 29 日

【2版前言】

《现代汉语规范词典》自2004年出版以来，受到了广大读者、业内同行和专家学者的关注与好评。一本优秀的词典必须与时俱进、精益求精。我们本着这种精神，广泛听取意见，收集资料，吸收语言学研究成果，历时五年不断修订。本次主要从以下四个方面修订：

一、增强词典的社会性和时代性，及时贯彻国家新发布的规范标准，包括2009年发布的《汉字部首表》和《GB13000.1字符集汉字部首归部规范》等。为了更好地满足社会用字用词需要，根据国家有关部门近几年发布的社会用字情况统计数据以及2009年发布的《现代汉语常用词表》等资料，我们对词典收字、收词和义项作了相应调整：增加了600多个字头，删除了约1400余条不大常用的词语，增补了2600多条新语词，如"和谐社会""软实力""低碳经济""减排"等；同时，酌情补收了一些词的新义项和新用法。此外，还增收了姓氏义和常见姓氏用字。

二、加强词典的实用性和知识性，充分发挥其"传播语文知识，解决应用疑难"的功能。词典应该是贯彻语言文字规范的好"老师"，担当帮助读者释疑解惑的任务。立足于"以人为本""以应用为重点"的理念，我们在词典原有的深受读者欢迎的"小手提示"基础上，较为全面梳理字词中的难点以及应用中容易出错的地方，加强近义词、多音字等在语用实际中的辨析，将"提示"的总量扩充到约5500条。

三、加强词典的语文性和学习性，努力结合语文生活实践和语文教学，增强语文词典的特色和功能。语文词典不同于百科辞典和专业词典，在收词释义时，要求突出词语的语文性和语用特点。例如，本次修订我们调整了对百科性和专业性词语释义的视角，简化专业性内容，充实语文性阐释。这样更有利于语文应用，方便读者语文学习。

四、加强词典的科学性和系统性，逐步提高词典的学术含量，完善词类标注体系。初版在吕叔湘先生指导下，对现代汉语词语进行了全面标注词类的尝试，不仅受到使用者的欢迎，也受到同行的鼓励和响应。我们一方面巩固已有成果，对词类标注作全面复查，另一方面吸取语法学的研究成果，将“区别词”列为独立的词类，以体现其不同的语法功能。

本次修订得到教育部、国家语委有关领导的关怀，得到了广大读者、专家的支持和帮助。百岁高龄的周有光教授非常关注规范标准的贯彻和语词的调整，上海师大张斌教授对词类标注给予了全面指导，国家语委曹先擢教授主持了多音字的审音规范工作，北京大学陆俭明教授给了不少具体帮助。外语教学与研究出版社的领导和相关编辑同我们紧密合作，协同修订。

以下同志也为本次修订作出了贡献：林端、张继质、宋芳彦、张德继、高慎贵、马智强、郭定功、李连伟、徐学飚、王建堂等同志参加了部分修订工作，郝铭鉴、黄岳洲、金文明、戴耀晶、丁根生、胡范铸、黄锦章、金基石、刘大为、安华林、郭龙生、劲松、张博、刘铁岩、步梅新、胡懿安、宋金兰、吴拙、刘刈等同志先后参加了部分稿件的审读工作。

本次修订，凝聚了众人的劳动和智慧，我们一并表示衷心的感谢。

《现代汉语规范词典》编写组

2010 年 4 月

【序一】

吕叔湘

从1980年到1991年，我兼任了11年语文出版社的社长。1984年初，李行健同志调出版社协助我工作。他根据市场需要、读者意见和语文出版社的特点，在1987年提出组织力量编一部主要为语言文字规范化服务的现代汉语词典。这本来是一个很好的设想。但我吃过编词典的苦头，深知其中的艰难和甘苦，就语文出版社当时的力量和对新编词典的构想看，条件还不够成熟，所以我给泼了一点凉水，没有同意。要编一部新的词典，就要有高的质量，有不同于已有的词典的鲜明特色。如果达不到这样的要求，东拼西凑去搞一本词典，就毫无用处，只能是"劳民伤财"。但要达到这样的要求，又谈何容易！

1988年行健同志去日本国立一桥大学任教，看到日本出版的词典琳琅满目，不同规格、不同品种的词典几乎应有尽有，更坚定了他编《现代汉语规范词典》的决心。从日本东京给我来信又谈到这件事。我只能表示待他回来后再说。1991年春，行健同志回国。在我的请求下，经组织同意，我终于解脱出来，把出版社的实际领导工作交给了他，只担任名誉社长。没过多久，行健同志又详细地向我说了他编《现代汉语规范词典》的打算。我们才有机会就新编词典的特色和框架，人力和经费等问题多次进行研究讨论。行健同志的考虑比过去更具体成熟了。所以1992年春，决定在夏天组织一些专家学者就词典的内容、体例和可行性等问题开一次论证会。这次会是由曹先擢同志和行健同志主持的。会上大家情绪很高，信心也足。会后他们邀请到了不少专家学者参加编写工作。

国家语言文字工作委员会也决定将编规范词典列入“八五”工作规划。

我经过反复考虑，感到编词典难是难，但随着语言的发展，总得有新的词典来反映语言的变化；随着国家有关规范标准的修订和增加，总得有词典来体现。我们是一个人口众多的大国，也应该有适应不同读者需要的不同层次和规模的各种词典，才能满足群众语文学习和教学的需要。所以，我也就觉得需要及时组织力量编新的有自己特色的现代汉语词典。为了表示我的这种心情，我对行健同志说，我年岁大了，做不了什么具体工作，给你们当个顾问吧！

至于新编词典的五个特色的构想和措施（1. 收词规范并能反映今天现代汉语词汇的基本面貌；2. 词的义项按词义发展脉络顺序排列；3. 给每条词标注词性；4. 把语言使用中容易出现错误的问题用“提示”指出；5. 选择丰富的生活气息浓的例句等），我是完全同意的。有的他们可以做到，如收词的规范性和代表性问题，现在可以利用计算机和语料库作词频的分析统计。这些先进的科学手段就可以使收词标准更客观和准确。例句问题也可以通过语料库来解决。但词义的发展脉络，词性的标注等问题，却不简单。他们也自知当前不能全部做好。我认为他们还有自知之明，但做总比不做好。万事开头难，只要开了头，随着科学的发展和研究的深入，总有一天会完备起来的。关键要实事求是，现在一时弄不清楚的，不妨存疑，只要不强作解人就好！

我这些年多病，精力不济，对词典工作出力不多。除经常听他们汇报，问问情况，出点主意外，参加过几次编写工作会议，不免也说一些过去编写词典的经验教训，对他们工作可能有一些借鉴参考作用。他们根据语文规范工作和读者的需要，决定将刚开编的《现代汉语规范词典》的字头部分，按照字典的特点，另行编成《现代汉语规范字典》先行出版，要我写序言。借此机会，我就说了上面的话。我衷心希望他们努力加紧工作，早日把词典编出来。我也希望《现代汉语规范字典》出版后，广大读者提出意见，帮助他们逐步把字典修订得更好。

（吕叔湘先生的这篇序言是给《现代汉语规范字典》写的，但说的主要还是《现代汉语规范词典》的事。先生原拟待词典出版时，另写一篇序言。不幸先生未能看到词典出版就逝世了！谨以此序作为词典的序言，以表对先生的缅怀。）

【序二】

许嘉璐

这部《现代汉语规范词典》的出版，是我国辞书出版界的一件大事。

语言，不管是口头的还是书面的，只有符合社会规范才能达到完好的交流目的；一个国家或民族，当通用的语言由于全民遵守规范而高质量地通用了，其凝聚力就会大大增强。为了达到社会个体和全体两方面对语言规范的要求，于是字典、词典就成了文明时代所有国家和民族不可少的工具。

什么叫“典”？古人说，“典”者法也，范也，常也。用今天的话说就是规范、标准的意思。字典、词典之为“典”，就是因为它能为社会提供规范的字词写法、解释和用法等等。话虽如此，但是要每本字典、词典做到处处符合规范（如果国家制定了规范和标准），实在是不容易的事，因为语言太复杂了，就是国家制定规范和标准也难以面面俱到。

我国自改革开放以来，在字典、词典编纂和出版方面取得了极为巨大的成绩，不仅量大，而且出现了一些质量上乘的精品。但是如果从全面体现国家已有的规范标准这个角度看，至今还很少有按照《中华人民共和国国家通用语言文字法》的要求，严格按照国家颁布的所有规范标准编写的词典。这不能不说是个不小的缺憾。《现代汉语规范词典》填补了这一空白。或许这部词典的编纂原则、思想、方法、手段，对今后的词典编纂出版能有所启示，有所推动。

国家语言文字工作委员会是主管全国语言文字工作的行政部门。他们知道，语言文字是一种社会的和个人的交际工具，永远不停地发展变化是其特性。因此，语言文字规范工作除了依法管理外，还要依靠两种力量：一个是教育系统，由老师言传身教；一个是充分体现国家规范标准的字典、词典。于是早在11年前就支持启动了编纂《现代汉语规范词典》的工程。

这项工作是极其艰难的。我在1994年曾经对这部词典的编写组说过，缺乏编纂这样一部词典理想的学术环境（必要的研究成果、信息技术）、对“规范”的正确理解和要求、让参加编纂者安心工作的社会环境，这些都是他们不得不面临的主客观困难（见拙著《未成集》13页）。在我说那番话的时候，实在为主其事的李行健先生捏着一把汗。但气可鼓而不可泄，我只能尽力支持，为之呐喊。

一转眼十年过去了，一般人实在难以想象李先生和坚持到底的编写者们是怎样坐在冷板凳上度过这漫长的3000多天的。现在，一部按照原定方案编纂的皇皇巨制已经摆放到读者面前。我由衷地高兴，由衷地表示祝贺和敬意。

《现代汉语规范词典》不但完成了，而且“超额”地解决了老前辈们希望解决的一些难题，例如义项按照引申顺序排列和词条标出词性。

这两项内容于读者极为有用，但长期以来词典编纂者却望而却步。前一项需要用训诂学、语义学的眼光审视词义纷繁复杂的现象，工作既繁且难；后一项则要运用已有的语法学成果反复斟酌，审慎判定。这都是既费时又不见得讨好的事。《现代汉语规范词典》的编纂者们现在做了前人没有做过的事，为辞书编纂蹚出了一条路。我不能不佩服他们的胆略和学识。

既然国家制定的任何语言文字规范标准都不能完全覆盖语言文字生活的一切方面，那么遇到了语言文字在使用中出现的读音、字形、词义上的分歧情况怎样处理呢？回避是不负责任的做法，武断则将误己误人，错判更是以己之昏昏使人昏昏，这些都为《现代汉语规范词典》所不取。编者很妥善地处理了约定俗成和因势利导的关系，巧妙地运用了“提示”的方式，对读者加以引导。不是简单地硬断是非而是授人以渔，十分符合词典的“身份”。

人的认识往往要落后于现实。语言文字既然永远变动不居，学者们就要时刻跟踪语言文字使用的事实，而又难以追上，更不可能赶到现实生活的前头。我们对字典、词典的要求与期望也要接受这一规律，一方面不能指望现实生活中新出现的语言文字问题都在字典、词典中得到答案，另一方面也不能以十全十美的理想要求作者。我还没能通读这本《现代汉语规范词典》全部稿件，但我想这两个问题肯定也会出现在读者使用它的过程中。观其大者，不求全责备，我想应该是对它进行评价的原则。

我还希望这部词典在今后的一再加印和修订中永远保持现在这种精神，形成传统，一代一代地传下去，使之成为在我国流传既广且久的名典。

按说，这篇序应该是由语言学大师吕叔湘先生来写的。吕先生生前十分关心这部词典的编纂，给予了很多重要的指示，并高兴地为这部词典的“前奏”《现代汉语规范字典》写了序。如果吕先生今犹健在，《现代汉语规范词典》的出版一定会让他感到莫大的欣慰！但愿有更多的读者能从这部词典及其编纂的过程中体会到吕先生的治学思想和精神，这将是对先生最好的纪念。

【序二】

曹先擢

经过整整十年的不懈努力,《现代汉语规范词典》以崭新的面貌出版了。这是一部有鲜明特色的词典,一部有特殊经历的词典,一部反映时代精神的词典。

这部词典的特色是什么?答:两个字——规范。现在市面上以规范命名的辞书为数不少,说明推行规范是大家共同的愿望,而这本词典在上世纪 90 年代立项时就提出以贯彻规范为宗旨,把"规范"二字楬橥于书名,这种前瞻性,实难能而可贵。更为重要的是认真贯彻规范标准。《现代汉语规范词典》编纂组的同志,这些年来辛勤工作的过程,便是在这个问题上努力探索和不断提高的过程。但开风气不为师,他们在探索规范问题时也向其他辞书认真学习。下面谈谈自己粗浅的看法。

规范就是标准,包括两个方面:具体的和原则的,前者属于规定的,后者属于提倡的。具体的指国家有关部门颁布的语言文字的标准,如《简化字总表》《普通话异读词审音表》等。原则的指一种总体的要求。普通话是我们的民族共同语,是一种标准语,其标准是:以北京语音为标准音,以北方话为基础方言,以典范的现代白话文著作为语法规范。这个标准便是原则的。两个方面的标准都要贯彻到词典编纂中去。这是一个非常复杂的整合过程。重点谈谈前一种。国家颁布的语言文字标准有好多种,时间跨度大,内部有不统一的地方,这就需要整合使其一致。例如"粘""黏"二字,1955 年的《第一批异体字整理表》取"粘"废"黏",1985 年《普通话异读词审音表》给"粘"注 zhān 音,暗含着读 nián 时当用"黏",1988 年的《现代汉语通用字表》正式确定“黏”为非淘汰字。词典的整合工作就是消除其矛盾性和不确定性。整合工作的另一面是与语言文字的应用相结合。例如1964年公布的《简化字总表》,用同音替代的办法以“象”包“像”,1986年重新公布《简化字总表》恢复“像”字,使这两个字各司其职,但在有些地方使用上混淆难辨,词典要帮助读者正确分辨。《现代汉语规范词典》专门作了辨析,现摘其要:“‘像’指以模仿、比照等方法制成的人或物的形象……如‘画像’‘录像’……等,都是复制的。‘象’指自然界、人或物的形态、样子,如‘表象’‘病象’……等”。对这个问题的分析有很大的难度。周汝昌先生说:“像、象二字有虚实之别。像实而象虚。远古时中土华夏气候不与今同,故大象不罕见,其后气象巨变,热带动物南移,于是再提到巨象时只能‘看图识字’,‘象’字由‘实’演变为‘虚’义了。”(《徐州师范大学学报》2003年1月)周先生的论述与两千年前韩非子所言,若合符契。《韩非子·解老》:“人希见生象也,而得死象之骨,案其图以想其生也,故诸人之所以意想者皆谓之‘象’也。”《现代汉语规范词典》的辨析深得要领。这些看来似乎平常的分析,其学术含量是不低的,其工作量是不小的。整合工作是多方面的,是一个大而复杂的工程。《第二次汉字简化方案(草案)》1986年废止的时候,我当时是国家语言文字工作委员会的秘书长,在我们上呈的请示报告上,当时中央政治局一位主管常委写的批示中有这样的话:“看了通知以后,搞不清楚哪些字是属于《第二次汉字简化方案(草案)》,应予停止使用;哪些简体字仍可使用。如把‘副’写作‘付’;‘建’写作‘廴’;‘萧’写作‘肖’;‘舞’写作‘午’等,是相当普遍的写法。现在说一律改为1964年国务院批准的《简化字总表》中的字。但人们搞不清到底应该怎么写?这样一来,恐怕又会形成一段时间的混乱。建议重新公布《简化字总表》。”后来,在明令废止《二简》时,重新发表《简化字总表》。但是人们使用简化字,有时仍然分不清哪些属于《二简》字,哪些不是。这个后续工作只能主要靠辞书来做。当时我没有想到这一点,现在看到《现代汉语规范词典》和此前的《现代汉语规范字典》的编纂者已注意到这种情况,如“餐”字下指出不作“歺”。回头重温并对照领导同志的批示,我觉得规范词典工作很有意义、很必要。再如像“副”“萧”等字,《现代汉语规范词典》分别提示:“副”“不能简化成‘付’”,“萧”“不能简化成‘肖’”。总之,这本词典不仅说明什么是规范的,还有针对性地说明哪些是不规范的,用一种人文关怀的精神,一种方便读者的精神,去贯彻规范标准。

语言文字标准的制订和贯彻非常必要，但是做起来向来是不轻松的。20世纪初的“老国音”，其所规定的国语的语音标准，既以北京音为基础，又规定保留入声，声调是阴、阳、上、去、入，这样的标准如何贯彻呢？语言学大师赵元任以他特有的幽默举例来说明了：荤油炒菜吃，偷尝两块肉。赵先生积极推广国语的精神感人，但是这种脱离实际语音的标准，人们是无法掌握的。后来“新国音”就完全采用北京语音为标准，不再保留入声。接着新的问题来了：方言字音、古籍的字音、地名字音、科技用字的字音，都要折合成北京音，怎么办？欲知其详，请读黎锦熙先生的《国音字典·序》。

我在上面讲到规范还包括原则这个层面，像词汇、语法，一般难以作硬性的规定（自然科学名词术语除外），这要求做好提倡和引导工作。《现代汉语规范词典》着重做了异形词整理规范工作。此外也有一些具体问题要处理，如“拆烂污”来自吴方言，“拆”折合成普通话，读 cā，还是读 chāi？决定注 chāi，因为 cā 是方音。还有，从历史上看，秦汉只有“坼”（裂开），“拆”是其分化字，在北京话里文读音为 chè，白读音为 chāi，“拆烂污”是一个口语词，从北京话内部说注 chāi 也顺理成章。这与别的词典注音是不同的。由小见大，为提高词典的质量可谓殚精竭虑矣！

这部词典的编纂，历经十个寒暑，时间是比较长的，但是这并没有什么特殊之处，因为词典编纂周期长，不少词典都是花了很长的时间才出版问世的。问题是具体的经历如何。这部词典所经历的特点是：由小到大，不断提高。有些词典是先编大的，而后根据需要编简编本或小部头的。《现代汉语规范词典》于 1992 年开编，1998 年将字头部分，按字典的要求和特点，编成《现代汉语规范字典》出版，以其鲜明的促进语文规范化的特色受到读者的欢迎，并荣获 1999 年国家辞书奖一等奖和国家图书奖提名奖。这是始料不及的。市场经济中市场的需要，也就是读者的认同起关键的作用。于是组成专门的班子，按照不同的要求，先后编纂了《小学生规范字典》《小学生规范词典》《学生规范字典》《中学生规范词典》《现代汉语成语规范词典》《现代汉语异形词规范词典》等，这样做虽增加了工作量，但客观上起到巩固阶段性成果的作用，也更好地培养和锻炼了队伍，并了解了读者需要。与此同时，对主项目即这本《现代汉语规范词典》原稿再一遍遍进行加工和修改，累计有九轮之多。即使在“非典”肆虐时期，他们也夜以继日地坚持工作。现在回头看，工作程序上走了一条由小到大不断提高之路。沈括在《梦溪笔谈》里解释了“百炼成钢”，讲了古代炼钢的方法。他说把铁放在炉子里烧红，然后锤打，冷却后称一下，其减少的分量，是除去的杂质。经过多次，分量不再减轻，钢便炼成了。编词典不断修改，也就是不断的锤炼。这部词典在精益求精上的确是尽了最大的努力。当然，它也还有不尽如人意的地方，精致完美是一个不断追求的目标。

最后想谈谈这部词典所体现的时代精神问题。我个人认为有三点：一、与时俱进。这个问题要结合历史来谈。时就是时间、时代，我们一切工作都要在历史的基础上再向前推进。20世纪初，国语运动的倡导者钱玄同、黎锦熙、赵元任，他们一手抓国语——也就是今天的普通话——的语音标准研究，一手抓《国音字典》《国语词典》的编纂，其关系如同哑铃有两端一样。语言的规范化，关系到国民教育、科技发展、国家的现代化。新中国成立后，党和政府非常重视这个工作。1953年出版了《新华字典》，1955年召开了现代汉语规范问题学术会议，在通过的决议中有一项是要求编纂一部现代汉语词典。国务院把这个任务交给了我国最高的语言研究机构——科学院语言研究所，这就是今日享誉海内外的《现代汉语词典》。时代在前进，语言在发展，总得编新的词典反映这种变化；还有一个具体情况是，国家语委等部门先后发布多种语言文字方面的标准，也有一些废止的标准，这需要通过一部词典把这些标准的内容反映出来，便利人们掌握和应用。时任国家语委委员和语文出版社社长的李行健同志敏锐地感到应该编一部新的《现代汉语规范词典》。他的想法得到吕叔湘先生的支持，得到国家语委的支持。明知困难很多，但决心迎着困难前进，编一部新的规范词典，这是“与时俱进”精神具体而生动的体现。二、大胆探索市场经济条件下词典编纂的新路子。在计划经济条件下，词典编纂的主体模式是：经费由财政部门拨；人员由组织部门调。《现代汉语规范词典》编纂的运作模式完全是新的，人员是自愿结合，比较多的是退休的教师、教授，而经费上没有国家的拨款。市场经济的重要特点是人力资源和物质资源的合理配置，从而获得高效益。我想，《现代汉语规范词典》的编纂是符合这个精神的，但是做到并非易事。在长达十年的时间里，团结一大批教授、专家和青年辞书工作者合作共事，大家心往一处想，劲往一处使，把聪明才智发挥出来，其组织管理工作是何等的复杂！人多好办事，人多也常常难办事，关键在领导。主编李行健同志既是语言文字学专家，又是出版家;工作上既是身先士卒的实干家,又是知人善任并能虚心听取他人意见的领导者。因此,使编纂组成为一个洋溢着团结奋进精神的辞书编纂集体。三、利用计算机和信息处理技术。清华大学、山西大学的计算机系,都曾指导和帮助过《现代汉语规范词典》的工作,编纂组也积极利用计算机从事资料的检索、处理、编排等。这个工作只是开了个头,但是意义重大。今后要编出高水平的辞书,不利用现代信息技术恐怕是不可能的。

【前言】

李行健

一

我国在进一步改革开放，推进中国特色社会主义现代化建设的过程中，迫切需要加强语言文字的规范化工作。《中华人民共和国国家通用语言文字法》的实施，使语文规范化工作走上法制化的轨道。要与时俱进、卓有成效地推进语文规范化工作，把语文规范标准落实到广大人民群众的实际语文应用中去，编写全面贯彻国家各项语文规范标准的字典、词典就显得十分必要。规范性的辞书在语文规范化进程中的作用是别的手段不可替代的。古今中外的历史经验表明，语言文字的规范化工作在很大程度上有赖于规范性辞书的编辑和出版。

过去出版的词典，都程度不同地为语文规范化作出了自己的贡献。但是，由于时代的变迁和语言的发展，规范标准的不断完善，人们语文规范意识的逐步加强，社会对规范性词典提出了更新、更高的要求。吕叔湘先生在《现代汉语规范词典》立项时就指出："随着语言的发展，总得有新的词典来反映语言的变化；随着国家有关规范标准的修订和增加，总得有词典来体现。"因此他才"觉得需要及时组织力量编新的有自己特色的现代汉语词典"(《〈现代汉语规范字典〉序言》)。

二

编词典难，编写有特色的规范性词典更难。吕叔湘先生要求我们："要编一部新的词典，就要有高的质量，有不同于已有的词典的鲜明特色。"(《〈现代汉语规范字典〉序言》)

（一）规范词典的特色自然首先在于突出规范。通过十多年的实践和探索，我们对“规范标准”的贯彻主要体现在三个方面：

1. 凡是国家有关部门有明确规范标准的，《现代汉语规范词典》坚决全面贯彻落实。比如严格按照汉字规范标准审订字形，严格按照《普通话异读词审音表》标注读音，部首和笔画检字等全部按已有的规范处理。如果前后公布的规范标准有不一致的地方，按国家语委意见统一协调处理。

为了使《现代汉语规范词典》成为一本真正严格按国家有关规范标准编写的词典，我们在科技术语和计量单位方面也努力执行有关的规范。比如全国科学技术名词审定委员会陆续审订的规范名称，1984年国务院发布的《关于我国统一实行法定计量单位的命令》等。

2. 在语言文字的使用中有不少方面还没有规范标准，对有些语文现象甚至不可能制定统一的标准。对于这些语文现象，我们从语言事实出发，根据语言文字的社会性特点，按约定俗成的原则处理。比如异形词的问题，在《第一批异形词整理表》未公布前，没有规范标准，即使“第一表”公布后，仍有一千多组异形词有待整理规范。词义的发展变化造成歧义和混乱的现象，就难于制定规范标准。以古老的成语“空穴来风”说，从前我们一直把它用在“无风不起浪”“事出有因”方面，而现在却普遍用作“无稽之谈”。现今的词典有释为“事出有因”的，有释为“无稽之谈”的，还有释为既指“事出有因”，也指“无稽之谈”的。我们经过调查研究，按照社会约定俗成和因势利导的原则，把它的意义概括为“原比喻出现的传言都有一定原因或根据；现多用来指传言没有根据”。分清历史和现在，以便读者正确理解和使用。

语音规范标准是比较明确的，国家通用语言（普通话）是以北京语音为标准音的。但现在通行的一些词典中，“哟”注为 yō 音。然而，北京语音中没有这个音节，我们规范词典中自然不能出现 yō 音。怎么办呢？我们只好向专家请教，调查普通话中这个字的实际读音情况。最后我们本着实事求是和规范的原则，将这个字的读音注为 yāo，轻读时注为 yao。这既反映了普通话的实际读音，也符合北京语音系统。类似的情况如“拆烂污”的“拆”，是注 cā 还是注 chāi？我们内部意见开始也不一致。最后还是决定注“chāi”，因为“cā”是方音。方言词进入普通话后应按普通话读音，我们没有理由给“拆”增加一个 cā 的读音。

3. 为了全面落实“规范”的具体要求，我们在《现代汉语规范词典》中设立了“提示”。这样既可以讲清某些规范的情况，也能够积极发挥促进语言规范的作用。比如在辨析“连”和“联”的用法异同时，提示：“‘连’侧重相接；‘联’侧重相合。‘水天相连’‘连日’‘连年’‘连续’‘连接’‘株连’‘牵连’的‘连’不能写作‘联’；‘联合’‘联邦’‘联欢’‘对联’的‘联’不能写作‘连’。”在“梿”字的“梿枷”下提示“现在一般写作‘连枷’”。这些提示，意在引导读者规范地使用语文。

（二）根据实际需要确立收词标准，充分满足人们现实语文生活的需要。一本词典收词的多少要考虑多方面的因素，词典规模的大小，决定了收词的数量。在有限的数量内，尽量提高收词的质量很重要。汉语的词汇量很大，一本中型词典充其量收现代汉语词汇总量的一半左右。要收好这一半数量的常用词，就应有科学的标准和可靠的操作方法。《现代汉语规范词典》收词近七万条，根据初步检测，这些词语基本上反映了现代汉语词汇的概貌，一般读者在这个数量范围内选取词语，可以满足他们阅读和写作的需要。国家语委和国家教委曾发布过《现代汉语常用字表》，与之配套需要一个《现代汉语常用词表》。《现代汉语规范词典》编写组承担了研制“常用词表”的任务，成果已经通过专家审查。《现代汉语规范词典》原则上收录了“常用词表”中的全部词语，同时还补充了少量词表未收的词，因为《现代汉语规范词典》收词和“词表”毕竟还有所不同。与此同时，《现代汉语规范词典》还补充了将近4000条新词语和部分常用词语的新义项。总之，《现代汉语规范词典》收词的数量和内容力求达到满足实际需要和符合规范原则。

（三）力图按词义的发展脉络排列义项。在《现代汉语规范词典》开编时，吕叔湘先生恳切地希望我们探索解决一些前人没有解决好的问题。编写组的同志提出，词语义项应按历史发展脉络排列，这是王力先生几十年前就提出的愿望。《现代汉语规范词典》编写组集中了这方面学有专长的专家，广泛搜集资料进行了研究。通过对词义发展历史的考察，并按意义引申脉络排列义项，我们感到有几大好处。

1. 方便读者从发展脉络中掌握词义。从词义发展的历史说，一个词的义项之间必然有源流演变关系，如果不是这样，它们就不能构成一个多义词。理想的词典义项的排列应该遵照词义发展脉络，让读者了解各义项之间的引申关系，才不会把多义词的义项看作一堆杂乱无章的东西。曾经有人问,《三国演义》中写打仗双方大战三十合的“合”是什么意思?如果把词义按引申发展关系排列就容易理解。“合”由“合拢”引申为“聚集、结合”,再引申出双方用兵器交手(接触)谓之“合”,一次为一“合”。显然,这样排列的义项,读者不需要死记硬背,从发展脉络就可以很好地把握词义。

2. 为科学地确立义项提供根据。每个义项必然有它产生的根据和演变的线索,这正是我们分析概括义项的可靠材料。这就使我们减少了无根据地立义项或随文立义项的失误。比如“沉”,我们比一般词典多出“落入某种境地”(沉于酒色)、“(情绪等)低落”(消沉)等义项,这些义项并非无本之木,而是“落进水里;(在水里)向下落”这一具体含义逐步虚化的必然结果。自然也有比一般词典义项少的情况。比如“倒(dǎo)”,我们将一般词典分立义项的“倒嗓”“倒牙”“倒胃口”合并为一个,因为它们都是因受损伤或刺激而致使器官功能减弱变坏的意思。

3. 为字头的分合提供科学的依据。自从词的概念引进到字、词典的编纂中后,在我国的词典中第一次有了诸如“白^{1}、白^{2}、白^{3}”字头分立的形式。但是,字头的分合问题比较复杂,至今还未见到学者对分合问题提出明确完整的原则。考察词义发展的引申脉络,可以为字头的分合提供科学的根据。从原则上说,一个字记录一个词时,就立一个字头,联绵词就附列在字头下。一个字同时记录几个同音、同形而异义的词(即同音词)时,就分立几个字头。《现代汉语规范词典》在清理义项引申脉络时,就决定按同一个引申系列(多义词)立一个字头。如果同一个字包含有不同的互不相关的引申系列(同音词),就按不同引申系列分立字头。多音节词一般也按词义引申先后排列,但同形异义的同音词没有分列词条,不同词的义项间用“○”分隔开。

(四)按义项标注词性,方便语言应用。我国通行的词典目前标注词性的还不多,可见这个问题还有待解决。在讨论标注词性时,吕叔湘先生就提醒我们充分认识这个问题的难度。过去标注词性的障碍,首先存在于操作的方法上。汉语中的一个词,如孤零零地拿出来,往往不可能把它归入一个单一的类别中去。《现代汉语规范词典》接受过去的教训,按词的义项分别标注词性。每个义项是特定的使用单位,具体的词性必然体现在义项的功能上。如果一个词具有兼类的功能,它们也只能分别体现在不同的义项上。也就是说,每个义项的词性是单一的,《现代汉语规范词典》就是按这种办法来标注词性的。自然,我们不可能,也没有必要将词的全部兼类标出,我们只需标注常用的类别。

以上所说的四个方面,由于我们的学识和能力有限,在具体处理中会存在某些错误,恳请专家和广大读者批评指教。编词典既要创新,又要学习、借鉴前人的成果。我们在编纂工作中,《汉语大词典》《汉语大字典》《现代汉语词典》《辞海》等已出版的一大批优秀辞书,都是我们学习参考的重要资料。对众多的前辈和时贤,我们深深地表示敬意和感谢!

三

《现代汉语规范词典》是国家语言文字工作委员会“八五”规划重点项目、新闻出版署“八五”重点图书,也是社科基金资助项目。先后参加过编写工作的专家近100人,其中集中在北京全力以赴坚持编写工作的学者近30人。从正式编写到完稿,历时11年。编写组在一无编制、二无国家拨款的情况下,全靠艰苦奋斗、自力更生坚持编写工作。主要人员是离退休的老同志,他们工作认真,态度严谨。现今有的同志已经去世,前后有几位副主编积劳成疾,无法再坚持工作。大家参加这项工作不是为了获取什么,而是希望为国家的语文规范工作贡献自己的力量,所以总能不断克服前进中的各种困难。

规范词典是集体智慧和劳动的结晶。它能够编成出版,主要在于国家语委和有关部门的指导和支持。柳斌同志任国家语委主任时,极力促成编写《现代汉语规范词典》立项。许嘉璐同志任国家语委主任时,亲自担任编写组领导小组组长。他担任全国人大常委会副委员长后,在百忙中还出席《现代汉语规范词典》编写组有关座谈会,了解情况并指导工作。历届国家语委主要领导对编写工作都非常关心。教育部和国家语委以及语言文字应用管理司、语言文字信息管理司给编写组解决了许多具体的困难。

《现代汉语规范词典》编写也得到语言学界和辞书学界专家们的指导和支持。特别是吕叔湘先生生前,只要身体许可必定出席编写组有关的会议,《现代汉语规范词典》的整体构想就是在先生指导下形成的。吕先生虑及生前可能看不到《现代汉语规范词典》出版,于是提前给词典题写了书名，饱含着先生对编写工作的殷切期望。李荣先生常带病出席编写组的会议。辞书学会会长、原国家语委副主任曹先擢同志，自始至终担任编写组领导，并分工负责审音和审订有关词条的工作。社科院语言研究所以及词典编辑室同志多次参加我们的学术讨论会，给予许多帮助。外语教学与研究出版社、江苏教育出版社、语文出版社和联华企业总公司等给了我们不少支持，特别是外研社除了给予人力和物力支持外，还为提高《现代汉语规范词典》质量做了大量不可或缺的工作。在《现代汉语规范词典》出版之际，我谨代表编写组向各有关方面和各位专家表示衷心感谢；同时真诚希望广大读者对《现代汉语规范词典》批评指正，以便帮助我们做好修订工作。

【凡例】

本词典是以促进语言文字规范化为主要目的，以收录现代汉语通用字和通用词语为主要内容，以中等文化程度的读者为主要服务对象的中型语文工具书。

一、字 头

1. 收释《通用规范汉字表》全部所列的字(共 8105 个)。为了便于读者查考，酌收了少量有备查价值的罕用字。收单字(包括繁体字、异体字)12,300 余个。

2. 属于下列情形之一的字，分立字头：

(1) 形同而音、义不同的字。如："长 cháng"和"长 zhǎng"，"参 cān""参 cēn"和"参 shēn"。

(2) 形、义相同而读音不同，各有适用范围的字。如："色 sè"和"色 shǎi"，"血 xuè"和"血 xiě"。

(3) 形、音相同而意义上没有联系的字，原则上也分立字头，并在其右上角标注序号。如："耳[1]"和"耳[2]"，"安[1]""安[2]"和"安[3]"。

(4) 为准确体现规范字同其后括号中附列的繁体字、异体字的对应关系，当某规范字仅是部分义项同某繁体字、异体字有对应关系时，原则上将这个规范字分立字头，并在其右上角标注序号。如："谷[1]"和"谷[2](穀)"，"雕[1](*鵰)"和"雕[2](*彫琱)"。

3. 为了便于对照检查，已在《通用规范汉字表》中简化的繁体字和附列的异体字，一律加括号附列在规范字头后面。某规范字同时有对应的繁体字和异体字时，先列繁体，后列异体。异体字在左上角加星号(*)作为标记；异体字不止一个时，只在第一个前标星号。繁体或异体只具有规范字头的某一个或某几个义项时，在右上角加标义项序号。如："凄(*淒❶❸悽❷)"。字头后附列的繁体字和异体字，都可以从部首检字表中查到。

4. 字头按汉语拼音字母顺序排列。同音字按笔画由少到多排列；笔画数相同的按第一笔笔形的顺序排列；第一笔笔形相同的按第二笔笔形的顺序排列，依此类推。需要单立字头的轻声字，如"了(le)""着(zhe)"等，排在去声音节之后。

二、词　条

1. 本词典收释现代汉语通用词语(含单字成词条目)72,000余条。

2. 收词原则:

(1) 重点收现代汉语通用词中常用的词语。

(2) 尽量收社会上已较习用的新词、新语和某些通用词的新义项、新用法。

(3) 原则上不收未稳定进入普通语文生活的专业词、方言词和在现代汉语中已不使用的文言词;一般也不收人名、地名、官职名、机关名、国家名等。

3. 甲、乙词条词形相同,但乙词条最后的一个音节读轻声或儿化音,分立词条。

4. 对异形词的规范,已由《第一批异形词整理表》整理规范的,按该表的规定处理。非推荐词形一般不出条,只在推荐的词条后提示读者不要使用非推荐词形;如果出条,不释义,只注明"现在规范词形写作'××'"。如:

【按语】ànyǔ 名 …… ☛ 不要写作"案语"。

【澈底】chèdǐ 现在规范词形写作"彻底"。

未经《第一批异形词整理表》整理规范的,按该表的整理原则,选用推荐词形。非推荐词形出条的,则在该词条注音后说明"现在一般写作'××'"。如:

【详实】xiángshí 现在一般写作"翔实"。

非推荐词形不出条的,则在推荐词形的释义之后提示"不宜写作'××'"。如:

【安逸】ānyì 形 安闲舒适…… ☛ 不宜写作"安佚"。

5. 词条按汉语拼音字母顺序排列。第二个字读音相同的,按笔画排列;第二个字音、形都相同的,按第三个字的音序排列。依此类推。一般情况下,末尾是轻声音节的词条排在非轻声词条之后,末尾是儿化音节的词条排在无儿化音节的词条之后。

三、注　音

1. 全部字头和语词条目均用汉语拼音字母以普通话语音注音,按四声标调。不注变调和变读,必要时用文字说明。姓氏、专名的首字母不大写。

2. 有异读的字、词,一律按《普通话异读词审音表》审定的读音注音。未经审定的,按约定俗成的原则注音;其中,在实际语用中个别确有又读音而尚未统一的,标注又读音,但一般不另出字头。如:酾 shī,又读 shāi。

3. yo、ei、m、n、ng 等极个别音节,方言色彩较浓,本词典不另出字头,只在相关字音后加标又读音。如:唷 yāo,又读 yō;欸 ē,又读 ēi;嗯 éng,又读 ń、ńg;姆 mū,又读m̄。

4. 轻声字只注音不标调。根据普通话实际读音,有区别意义作用的轻声和在普通话语音系统中必须读轻声的,按轻声标注。可读轻声也可不读轻声的,不按轻声标注。

5. 根据普通话实际读音，有区别意义作用的儿化音和在普通话语音系统中必须读儿化音的，按儿化标注，并在词条中用缩小的“儿”表示。可儿化也可不儿化的，不按儿化音标注，词条中也不加“儿”字。

6. 多音字在该字某音的全部释义完毕后，用“另见××页×”注出其他读音。

四、释 义

1. 一般只收列普通话中的义项。

2. 字头或词条如有两个或两个以上义项时，用❶❷❸等标出序号。一个义项下还需要分条的，用 a)b)c)等表示。

3. 多义字头的义项按照意义的引申脉络排列，其引申发展关系用箭头标示。如由义项❶直接引申出的第一层引申义，每项的序号前都加“→”。由第一层引申义引申出的第二层引申义，只有一个义项时序号前不加符号，有两个或两个以上义项时每项序号前都加“⇒”。依此类推。例如：

法[1] fǎ ❶ 名 国家制定的法律、法令等的总称…… → ❷ 名 标准；模式…… ⇒ ❸ 名 办法；方式…… ⇒ ❹ 动 仿效；学习（别人的优点）…… → ❺ 形 合法的；守法的…… → ❻ 名 指佛教的教义、规范…… ❼ 名 指僧道等画符念咒之类的手段。○ ❽ 名 姓。

上述前 7 个义项的引申图是：

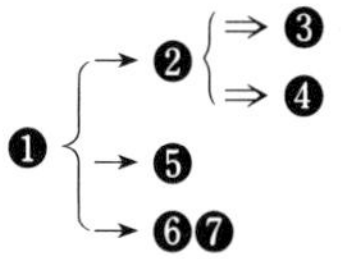

❶ → ❷ ⇒ ❸
　　　　 ⇒ ❹
❶ → ❺
❶ → ❻❼

字头各义项中，尚未查明引申脉络的义项，放在其他义项之后，用“○”同前面义项隔开。一个义项下的 a)b)c)等之间不再标示意义引申发展关系。

多音节词的义项不止一个时，一般按照词义出现的先后排列，但义项之间不用箭头显示引申脉络，只在明显没有或未查明引申关系的义项之间用“○”隔开。

4. 为了说明词语的使用范围，必要时用圆括号引入其使用范围。如：

【深厚】…… ❷ 形（感情）深切浓厚 ▷～的情谊。❸ 形（基础）牢固而雄厚 ▷功底～。……

5. 特殊的语义或语用条件，用括注的形式在释义中揭示：

(1)“含……”“多含……”。如：（含诙谐意）（多含贬义）。

(2)“多指……”。如：（多指抽象事物）（多指积极方面的）。

(3)“多用于……”。如：（多用于书名）（多用于否定）。

6. 成语、典故及其他固定语的释义：

既有字面意义又有比喻义或其他现用义的，先解释字面意义；字面意义无须解释的，直接解释比喻义或其他现用义。比喻义或其他现用义未形成独立义项的，写在字面义之后，用分号（；）跟字面义隔开；字面义现已不使用的，字面义跟比喻义或其他现用义之间用句号（。）隔开。需要专门解释的疑难字，括注在字面义之后；字面义省略时，括注在比喻义或其他现用义之后。

7. 比喻义、借代义的释义：

比喻义的提示用语是“比喻”，借代义的提示用语是“借指”。

属于临时比喻用法的，释文中不予涉及，用“◇”引出临时比喻用法的示例。如：【浪花】lànghuā 名 波浪……▷海水溅起朵朵～◇激起感情的～。

8. 有文言色彩的词标〈文〉，如“银铛”。有口语色彩的词标〈口〉，如“旮旯儿”。某词各义项均属于〈文〉或〈口〉的，在各义项之前统标，不逐项标注。

9. 音译词的处理：纯音译词，只有一个义项的，在词类标注之后、释义之前标明“××语××音译”；有多个义项的，在各义项之前统标“××语××音译”。含有部分音译音节的词语，在释义最后括注原文语种、原文词形或来源。

10. 释义后一般举出用例，用例前用“▷”标出。用例之间用“|”隔开。用例中出现的被释字或词语用“～”代替。

11. 词类的标注：

(1) 双音节词、多音节词均分义项标注词类。根据语素、词在构成上一级语言单位时，其语法功能具有较明显一致性的特点，对语素的各义项也按照名、动、形 等标注其语法功能类别。成语、惯用语、其他熟语及其他固定短语不标注词类。

(2) 词类的标注依据一般的词类划分方法，将词分为 13 类：名词（包括时间词、方位词）、动词（包括助动词、趋向动词）、形容词、区别词、数词、量词、代词、副词、介词、连词、助词（包括语气词）、叹词和拟声词。

(3) 用简称加小方框标注词类。如：【表率】biǎoshuài 名 榜样……

12. 音、义完全相同，只有字形不同的字，一般只在通常使用的字形下释义，在不常用的字形下用“同‘×’”表示。如：忻 xīn ❶同“欣”①。○❷名 姓。

13. “也说”多指某种事物或现象的另外的名称。“也说”用于某个义项之后，表示只适用于这个义项；如前面加“‖”，表示适用于以上所有义项。

五、提 示

1. 在容易产生分歧、出现差错或造成不规范的地方，尽可能分别不同情况加以提示。“提示”放在释义之后，用手形符号“☛”同释义文字隔开。

2. 字头部分的提示侧重在字音、字形、字义容易产生混淆和出现错误的地方。

3. 字音的提示主要有以下几种情况：

(1)《普通话异读词审音表》规定的统读音，提示为“统读×”。

(2) 易误读的字，提示为“不读×”。

(3) 多音字易混读的，提示为“这里不读×”。

4. 词条部分的提示侧重以下几个方面：

(1) 提出对异形词规范的处理意见。

(2) 指出词语在读音或写法上应注意的地方。如：“叶公好龙”条下提示“‘叶’在这里旧读 shè，今读 yè”；“按部就班”条下提示“‘部’不要误写作‘步’”。

(3) 指出词语在使用中应注意的地方。如：“伏法”条下提示“跟‘服法’不同”。

(4) 对一些易混的同义词着重在用法上进行简要的比较。如：“必须”条下提示“跟‘必需’不同。‘必须’是副词，强调某种事情一定得这样做；‘必需’是动词，强调某种事物特别需要，必须具备”。

【音节表】（音节右边的号码是本词典正文的页码）

【部首检字表】

说明

一、本词典的部首检字表根据国家发布的《汉字部首表》立部，按照国家发布的《GB 13000.1 字符集汉字部首归部规范》归部。同时，为方便尚不熟悉规范部首的读者使用，对历史上常见归部不同的部分汉字采用“多开门”的方法处理，即一个字同时会归入几个不同的部。

(1) 本部首检字表共设 201 部，分主部首和附形部首。附形部首序号加“[ ]”，附形部首加“( )”。例如“丬”为主部首，“爿”是它的附形部首，序号标作“[45]”，“爿”标作“(爿)”。

(2) 部首按笔画数由少到多顺序排列。笔画数相同的，按起笔笔形 一(横)、丨(竖)、丿(撇)、丶(点)、乛(折)顺序排列。第一笔相同的按第二笔，第二笔相同的按第三笔，依此类推。

二、提取部首的方法：

1. 拆分

(1) 先对字形在部件相离处进行分解。凡笔画相交的不可强行切分，笔画相接的一般也不宜切分。如：“朱”不取“木部”，“秉”不取“禾部”，“寒”可分解为“宀、𡗗、⺀”，不切分为“𡨄、⺀”。

(2) 分解字形时，可根据字的结构按上下、左右、内外切分，如“芳”上下切得部首“艹”，“记”左右切得部首“讠”，“迎”内外切得部首“辶”。

(3) 若第一次分解后提不出部首，则进行第二次切分。如“舞”第一次切为“𣁋”和“舛”，都不是部首，第二次切分提出“夕”为部首。

2. 取部

(1) 从汉字的左、上、外位置取部首。如果左和右、上和下、外和内都是部首，则只取左、上、外位置的部首。

示例：

彬(木)　旧(丨)　裹(亠)　暮(艹)　圆(囗)　闻(门)

(2) 如果汉字的左、上不是部首，右、下是部首，则取右、下位置的部首；半包围结构的字，如果外不是部首，内是部首，则取内。

示例：

颖(页)　荆(刀)　弯(弓)　矍(又)　岛(山)　载(车)

(3) 如果汉字的左和右、上和下都不是部首，则按照先左后右、先上后下的顺序，从偏旁的位置取部首。

示例：

蠲（皿） 嬲（田） 赜（贝） 蠢（虫） 鳌（攴） 羸（月）

（4）如果由上述位置取不到部首的左右结构、上下结构、包围结构的字或其他字，则从起笔的位置取单笔部首。

示例：

戬（一） 畅（丨） 丣（乛） 粤（丿） 举（丶） 彧（一）

三（一） 果（丨） 我（丿） 良（丶） 乖（丿） 承（乛）

（5）如果在取部位置上少笔与多笔几个部首出现叠合时，则取多笔部首，不取少笔部首。

示例：

赣，左旁的上头有"丶"、"亠"、"立"、"音"等部首叠合，取"音"；

靡，外框有"丶"、"广"、"麻"等部首叠合，取"麻"；

威，起笔处有"一"、"戈"等部首叠合，取"戈"；

太，起笔处有"一"、"大"等部首叠合，取"大"。

三、本部首检字表中的繁体字用"（ ）"标出，异体字用"〈 〉"标出。例如：

（皚）〈菴〉 表示"皚"是繁体字，"菴"是异体字。

四、"多开门"的字，归部不符合国家归部规范的，在字后用"＊"号标示；符合国家归部规范的，没有"＊"号标示。例如：

田部 思　　月部 羸　表示"思"归田部、"羸"归月部符合国家归部规范。

心部 思* 　亠部 羸* 　贝部 羸* 　表示"思"归心部、"羸"归亠部或贝部不符合国家归部规范。

五、国家只公布了 20,902 个汉字的归部规范，本检字表中归部规范以外的字，按类推的原则进行归部。

〖部首目录〗

（部首左边的号码是部首序号；右边的号码是该部首在检字表的页码；凡本词典未收字的部首均不列入本部首表）

〖检字表〗

（字右边的号码是本词典正文的页码）

13 勹部

108 皿部

109 生部

110 矢部

111 禾部

112 白部

[148]
(纟)部

[148]
(糹)部

[176] (钅)部

ā

吖 ā 音译用字，用于“吖嗪”（一类有机化合物）、“吖啶黄”（一种有机化合物）等。

阿 ā ❶某些地区用作词的前缀。a)附着在姓、名、某些称呼前面，含亲昵意味 ▷～王|～毛|～爸|～妹。b) 附着在“大、二、三……”前面，表示排行 ▷～大|～五。○ ❷音译用字。如：阿訇、阿基米德（古希腊学者）、阿拉伯人、麦克阿瑟（美国陆军将领）。☛ 读 ā，没有具体意义，现专用于词缀和音译（但“阿弥陀佛”的“阿”仍读 ē）；读 ē，有具体意义，如“阿谀奉承”“阿胶”。

另见 358 页 ē。

【阿鼻地狱】 ābí dìyù 梵语 Avicinaraka 音意合译。佛教指地狱中最下、最苦的一层，犯重罪者死后灵魂坠入这里永受苦难。

【阿昌族】 āchāngzú 名 我国少数民族之一。主要分布在云南。

【阿斗】 ādǒu 名 三国蜀汉后主刘禅（shàn）的小名。他胸无大志，昏庸无能。后多借指懦弱无能的人 ▷扶不起来的～。

【阿尔法粒子】 ā'ěrfǎ lìzǐ 放射性物质衰变时放射出来的氦原子核，带正电。穿透力不大，能伤害人和动物的皮肤（阿尔法：希腊字母 α 音译）。学名写作 α 粒子。

【阿尔法射线】 ā'ěrfǎ shèxiàn 放射性物质衰变时放射出来的阿尔法粒子流。学名写作 α 射线。

【阿凡提】 āfántí 名 维吾尔语音译。新疆维吾尔族民间传说中著名的机智人物。他的故事在许多国家和民族广为流传。后成为机智、善良、幽默、乐观人物的典型。

【阿飞】 āfēi 名 指穿着打扮怪异、举止轻狂、作风不正派的青少年。

【阿芙蓉】 āfúróng 名 鸦片。

【阿公】 āgōng 名 尊称老年男子；某些地区用来称呼祖父。

【阿訇】 āhōng 名 波斯语 ākhūnd 音译。原意是有知识的人、教师。我国伊斯兰教称主持清真寺教务和讲授《古兰经》的教职人员。

【阿混】 āhùn 名 某些地区指无所事事、只图混日子的人 ▷这个厂管理严格，没有一个～。

【阿拉伯人】 ālābórén 名 泛指以阿拉伯语为民族共同语的民族和居民。主要分布在西亚和北非，多信仰伊斯兰教，部分信仰基督教。☛ 不宜写作“阿剌伯人”。

【阿拉伯数字】 ālābó shùzì 国际通用的数字，即 0、1、2、3、4、5、6、7、8、9。原为印度始创，12 世纪初由阿拉伯人传到欧洲（阿拉伯：阿拉伯语 arab 音译）。也说印度-阿拉伯数字。☛ 不宜写作“阿剌伯数字”。

【阿拉伯语】 ālābóyǔ 名 阿拉伯人使用的语言。属阿非罗-亚细亚语系闪语族。是中东等地区近 20 个国家的官方语言，也是联合国六种工作语言之一。☛ 不宜写作“阿剌伯语”。

【阿兰若】 ālánrě 名 梵语 āraṇya 音译。指和尚修行的地方；后泛指佛寺。简称兰若。☛ “若”这里不读 ruò。

【阿罗汉】 āluóhàn 名 梵语 arhat 音译。罗汉的全称。

【阿猫阿狗】 āmāo-āgǒu 对猫、狗等宠物的昵称；借指随便什么人（多含贬义或诙谐意）▷这事可不是～可以干的。

【阿门】 āmén 叹 希伯来语 āmēn 音译。基督教、犹太教等教徒祈祷的结束语，意思是但愿如此。

【阿片】 āpiàn 名 英语 opium 音译。由罂粟果的乳状汁液经干燥而成的药物。主要成分为吗啡，有镇痛、止泻、止咳等作用。长期服用易成瘾。用作毒品时一般叫鸦片。

【阿婆】 āpó 名 尊称老年妇女；某些地区用来称呼祖母。

【阿Q】 ā Q 名 鲁迅小说《阿 Q 正传》里的主人公。是旧中国饱受压迫而不觉悟的农民的典型形象。后多用这个形象来借指受屈辱后不敢抗争，而用“精神胜利法”来求得心理平衡的人。

【阿是穴】 āshìxué 名 中医指针灸时的临时穴位。一般无固定位置，由触压疾病局部有酸、麻、胀、痛等感觉或出现斑点、色变、硬变等反应而确定 ▷选取～针刺◇点中生活的～。

【阿司匹林】 āsīpǐlín 名 英语 aspirin 音译。常用西药，有镇痛、解热等作用。

【阿嚏】 ātì 拟声 模拟打喷嚏的声音。

【阿姨】 āyí ❶ 名 对跟母亲年岁相仿而无亲属关系的女性的称呼。❷ 名 对保育员或保姆的称呼。

啊 ā 叹 表示惊奇或赞叹 ▷～，起风了！|～，风景太美了！

另见 2 页 á；2 页 ǎ；2 页 à；2 页 a。

【啊呀】 āyā 叹 哎呀。

【啊哟】 āyāo，又读 āyō 叹 哎哟。

锕（錒） ā 名 金属元素，符号 Ac。银白色，有放射性。存在于含铀矿物中。

腌 ā ［腌臜］āza〈口〉❶ 形 肮脏；不干净 ▷这厕所～得人没法儿进。❷ 形 不顺心；不舒畅 ▷受了一肚子～气。❸ 动 使难堪 ▷关键时他总～我，让我下不来台。

另见 1579 页 yān。

A

á

啊 á 叹 表示追问 ▷～,你说什么? |～,到底怎么回事?

另见 1 页 ā;本页 ǎ;本页 à;本页 a。

嗄 á 同"啊(á)"。现在一般写作"啊"。

另见 1193 页 shà。

ǎ

啊 ǎ ❶ 叹 表示疑惑 ▷～,这怎么可能呢? ○ ❷ 叹 表示惊讶 ▷～,你怎么这样啊!

另见 1 页 ā;本页 á;本页 à;本页 a。

à

啊 à ❶ 叹 表示应答 ▷～,就这么办吧! ○ ❷ 叹 表示忽然明白 ▷～,原来是这么回事! ○ ❸ 叹 表示赞叹(多用于朗诵,音较长) ▷～,祖国,我的母亲!

另见 1 页 ā;本页 á;本页 ǎ;本页 a。

a

啊 a ❶ 助 用在句末,在不同的语境中,加重不同的语气或带有不同的感情色彩 ▷我确实有事～! |千万别上当～! |你可真行～! |你找谁～? |这点儿事你怎么就干不了～! ○ ❷ 助 用在句中停顿处,表示列举或引起对方注意 ▷我对那儿的山～,水～,树～,草～,都有深厚的感情|我这次来～,是找你商量点儿事情。○ ❸ 助 用在重复出现的动词后面,表示动作反复进行或过程较长 ▷大家找～,找～,终于找到了|我在那儿等～,等～,等了很久也没见你来。○ ❹ 助 应答时,用在表明态度的词语后面,表示强调 ▷是～,我没有同意他去。☛ 助词"啊"受前一字韵母或韵尾的影响会发生音变,可写成"呀""哇""哪"等不同的字。

另见 1 页 ā;本页 á;本页 ǎ;本页 à。

āi

哎 āi ❶ 叹 表示惊讶 ▷～! 你怎么来啦?○ ❷ 叹 表示不满 ▷～,怎么搞的! ○ ❸ 叹 表示呼唤,提醒对方注意 ▷～,快过来! |～,注意力要集中!

另见 3 页 ái;4 页 ǎi;4 页 ài。

【哎呀】āiyā 叹 表示痛苦、惊讶、提醒、不耐烦等 ▷～,疼死我啦! |～,这雨真大! |～,你要小心点儿! |～,烦死人啦!

【哎哟】āiyāo,又读 āiyō 叹 表示痛苦、惊讶、惋惜、赞叹等 ▷～,难受死啦! |～,你都退休了? |～,太遗憾了! |～,唱得真好!

哀 āi ❶ 动 同情;怜悯 ▷～其不幸|～怜。→ ❷ 动 悼念 ▷默～。→ ❸ 形 悲痛;伤心 ▷悲～|～～欲绝。❹ 名 忧伤悲痛的感情 ▷节～|致～。○ ❺ 副 苦苦地 ▷～求|～劝。○ ❻ 名 姓。☛ 中间是"口",跟"衷""衰"不同。

【哀哀】āi'āi 形 极其悲哀 ▷～欲绝。

【哀兵必胜】āibīng-bìshèng《老子》六十九章:"抗兵相若,哀者胜矣。"意思是实力相当的两军对垒,充满悲愤心情的一方会获得胜利。后多用"哀兵必胜"指受压迫而奋起反抗的一方一定会胜利。

【哀愁】āichóu 形 悲哀忧愁 ▷～的神情。

【哀词】āicí 现在一般写作"哀辞"。

【哀辞】āicí 名〈文〉追悼死者的文章。多用韵文。

【哀悼】āidào 动 悲痛地悼念 ▷沉痛～死者|表示深切的～。

【哀告】āigào 动 苦苦地求告 ▷他心狠手辣,你向他～有什么用!

【哀歌】āigē ❶ 动〈文〉悲伤地歌唱 ▷抱膝～。❷ 名 令人悲伤的歌曲 ▷一曲～。

【哀号】āiháo 动 悲哀地大声哭 ▷在灵前～|声声～。

【哀嚎】āiháo ❶ 动 (野兽)凄厉地嚎叫 ▷困兽～。❷ 见本页"哀号"。现在一般写作"哀号"。

【哀鸿遍野】āihóng-biànyě 悲鸣的大雁遍布原野。比喻到处都是流离失所、啼饥号寒的灾民。

【哀叫】āijiào 动 悲哀地号叫 ▷噩梦中他不停地～|受伤的猫在呜呜～。

【哀恳】āikěn 动 苦苦地恳求。

【哀苦】āikǔ 形 哀伤愁苦 ▷～的曲调。

【哀怜】āilián 动 怜悯;同情 ▷～他的不幸。

【哀悯】āimǐn 动 哀怜。

【哀鸣】āimíng 动 悲哀地鸣叫 ▷孤雁～|几声～。

【哀戚】āiqī 形〈文〉悲痛;悲伤 ▷慈母新逝,不胜～。

【哀启】āiqǐ 名 旧时一种文体,死者亲属叙述死者生平及临终情况的短文。常附在讣告后。

【哀泣】āiqì 动〈文〉悲哀地哭泣 ▷孤苦无依,～不止。

【哀切】āiqiè 形 (声音、目光等)哀伤凄切 ▷歌声～动人|表情～。

【哀求】āiqiú 动 苦苦地央求 ▷～宽恕。

【哀荣】āiróng 名〈文〉死后获得的荣誉 ▷备享～。

【哀伤】āishāng 形 悲哀伤心 ▷～的泪水|神情～。

【哀思】āisī 名 (对死者)悲痛思念的感情 ▷寄托我们的～。

【哀叹】āitàn 动 悲哀地感叹 ▷噩耗传来，大家～不已|她无奈地发出一声～。

【哀恸】āitòng 形 极度哀伤 ▷～欲绝。

【哀痛】āitòng 形 哀伤痛苦 ▷万分～。

【哀婉】āiwǎn 形 哀切婉转 ▷曲调～。

【哀艳】āiyàn 形 (文辞等)凄切绮丽 ▷文笔～凄婉。

【哀怨】āiyuàn 形 哀伤怨恨 ▷歌声～缠绵。

【哀乐】āiyuè 名 用于丧葬或追悼的哀伤的乐曲 ▷～低回。

【哀子】āizǐ 名 古称居父母丧的人；后专称居母丧的人。

埃[1] āi 名 尘土；灰尘 ▷尘～。

埃[2] āi 量 长度非法定计量单位，1埃等于10^{-10}米。常用于计算光波等的波长。是为纪念瑞典光谱学家埃斯特朗而命名。☛"埃"字右下不是"失"。

【埃博拉病毒】āibólā bìngdú 一种丝状病毒，能引起烈性传染病埃博拉出血热。果蝠是这种病毒的自然宿主，灵长目动物是高度易感群体。参见本页"埃博拉出血热"。

【埃博拉出血热】āibólā chūxuèrè 一种烈性传染病，病原体是埃博拉病毒。主要症状是突发高热、出血、休克、呕吐、腹泻及出现麻疹样斑疹等。死亡率很高。传播途径主要是接触患者体液和排泄物所污染的物品等。因这种传染病曾在非洲埃博拉河区域大规模流行，故称(埃博拉：英语 Ebola 音译)。

挨 āi ❶ 动 靠近；接触 ▷～着我坐下|雪花一～地就化了。→ ❷ 介 表示依次 ▷～家～户通知。☛ 读 āi，表示靠着、一个紧接一个；读 ái，表示遭受、忍受，如"挨打受骂"。

另见本页 ái。

【挨边儿】āibiānr〈口〉❶ 动 靠近边缘 ▷～走。❷ 动 接近(某数) ▷他 80 岁～了。❸ 形 形容接近道理和实际 ▷越扯越不～。

【挨次】āicì 副 按次序地 ▷～就座。

【挨个儿】āigèr 副〈口〉一个接一个地；按次序地 ▷别乱挑，～拿|～挂号。

【挨家挨户】āijiā-āihù 一家接一家；一户接一户。

【挨肩儿】āijiānr 形〈口〉(同胞兄弟姐妹)排行相连、年龄相差不大的 ▷～三姐妹。

【挨近】āijìn 动 接近 ▷小船已经～码头。

唉 āi ❶ 叹 表示应答 ▷～，我这就来|～，听见啦。○ ❷ 叹 表示叹息 ▷～，真倒霉。

另见 4 页 ài。

【唉声叹气】āishēng-tànqì 因苦闷、忧伤而发出一声声叹息。☛"唉"不要误写作"哀"。

【唉呀】āiyā 现在一般写作"哎呀"。

【唉哟】āiyāo，又读 āiyō 现在一般写作"哎哟"。

娭 āi 名〈文〉婢女。

另见 1467 页 xī。

【娭毑】āijiě 名 某些地区称祖母；也用作对老年妇女的尊称。

欸 āi 同"唉(āi)"。现在一般写作"唉"。

另见 4 页 ǎi；362 页 ē；362 页 é；362 页 ě；362 页 è。

锿(鎄) āi 名 金属元素，符号 Es。有放射性。由人工核反应获得。

ái

哎 ái ❶ 叹 表示诧异 ▷～，他怎么没来？○ ❷ 叹 表示突然想起什么要告诉对方 ▷～，这事你听说了吗？|～，我想起来了。

另见 2 页 āi；4 页 ǎi；4 页 ài。

挨 ái ❶ 动 遭到；勉强承受 ▷～了批评|～饿。○ ❷ 动 艰难地度过(时间) ▷好容易～到天亮。○ ❸ 动 拖延 ▷～时间。

另见本页 āi。

【挨板子】áibǎnzi 被打板子；比喻受到严厉的批评或惩罚 ▷出了事故，责任人应该～。

【挨呲儿】áicīr 动〈口〉受批评；受训斥 ▷今天他这么蔫儿，准是～了|挨了呲儿。

【挨打】áidǎ 动 被打；比喻遭受批评或处罚 ▷《红楼梦》中有宝玉～一节|我没把这事做好，甘愿～◇落后就会～。

【挨刀】áidāo 动 被刀子杀害或伤害。常用来诅咒别人遭厄运；也用于亲人之间的昵骂 ▷这无赖真是～货！|～的，你快回来！

【挨批】áipī 动 遭受批评或批判。

【挨日子】áirìzi 艰难痛苦地度时日 ▷他强撑病体～的情景，真令人心酸。

【挨时间】áishíjiān 无所事事，坐等时间过去 ▷大雾始终不散，我们只好在候机厅里～。

【挨宰】áizǎi 动 比喻消费者被诓骗而受到经济损失 ▷向消协诉说～的经过。

【挨整】áizhěng 动 遭受打击迫害 ▷不怕～。

硙(磑) ái [硙硙] ái'ái〈文〉❶ 形 高峻 ▷山势～。○ ❷ 形 洁白光亮 ▷刀刺～。

另见 1435 页 wèi。

皑(皚) ái [皑皑] ái'ái 形 (霜雪)洁白 ▷白雪～。☛ 参见 1076 页"岂"的

提示。

癌 ái 名 恶性肿瘤。☛ 统读 ái,不读 yán。

【癌变】áibiàn 动 机体的正常细胞在致癌和促癌因素作用下,转化成为癌细胞。

【癌细胞】áixìbāo 名 构成恶性肿瘤的细胞。具有体积较大、形态异常、排列紊乱等特征。参见 361 页"恶性肿瘤"。

【癌症】áizhèng 名 身体出现恶性肿瘤的病症。

ǎi

毐 ǎi 用于人名。如嫪(lào)毐,战国时秦国人。

哎 ǎi 叹 表示不满或不同意 ▷~,你又写错了|~,这样做是不行的!

另见 2 页 āi;3 页 ái;本页 ài。

欸 ǎi [欸乃] ǎinǎi 〈文〉❶ 拟声 模拟行船划桨、摇橹的声音 ▷~一声山水绿。❷ 拟声 模拟划船时唱和(hè)的声音 ▷歌~,橹咿呀|遥闻~曲,知是渔人唱。

另见 3 页 āi;362 页 ē;362 页 é;362 页 ě;362 页 è。

嗳(噯) ǎi ❶ 动 打嗝儿 ▷~气。〇 ❷ 叹 表示否定 ▷~,这怎么能行呢?|~,操作方法不对呀!

另见 6 页 ài。

【嗳气】ǎiqì 动 胃肠道气体从嘴里排出,并发出声音。俗称打嗝儿。

【嗳酸】ǎisuān 动 胃酸涌到嘴里 ▷吃了两块凉白薯,直~。

矮 ǎi ❶ 形 (身材)短 ▷弟弟比哥哥~多了|~个子。→ ❷ 形 (高度)低 ▷桌子太~|高~合适。❸ 形 (级别、地位)低 ▷我念二年级,比他~一级。

【矮半截】ǎibànjié 相比之下矮得多;比喻身份、地位低 ▷谁说当环卫工人比别人~?

【矮墩墩】ǎidūndūn 形 形容矮而粗壮的样子 ▷~的身材。

【矮化】ǎihuà ❶ 动 使长不高 ▷~栽培。❷ 动 有意降低、贬损(形象、地位等) ▷不得~劳动者的社会地位。

【矮小】ǎixiǎo 形 矮而小(跟"高大"相对) ▷个子~|~的窝棚。

【矮行星】ǎixíngxīng 名 沿椭圆轨道围绕太阳运行的天体,呈球状,有足够质量,但不能清除轨道附近的其他物体。矮行星是与行星不同的另一类天体,如冥王星等。

【矮子】ǎizi 名 身材矮小的人。

蔼[1](藹) ǎi ❶ 形 和善;态度温和 ▷和~可亲。〇 ❷ 名 姓。☛ ㊀统读 ǎi,不读 ài。㊁右下是"匃",不是"匄"。

蔼[2](藹) ǎi 〈文〉❶ 形 茂盛 ▷高岷犹~旧时青。→ ❷ 形 众多 ▷墨客~云屯。→ ❸ 动 映照 ▷光尘~墟中。

【蔼蔼】ǎi'ǎi 〈文〉❶ 形 形容树木茂盛的样子 ▷~堂前林,中夏贮清阴。❷ 形 形容众多的样子 ▷~多士,发言盈庭。❸ 形 形容昏暗的样子 ▷望中庭之~兮,若季秋之降霜。

【蔼然】ǎirán 形 〈文〉和蔼的样子 ▷~可亲。

霭(靄) ǎi 名 云气;烟雾 ▷云~|暮~。☛ ㊀统读 ǎi,不读 ài。㊁右下是"匃",不是"匄"。

【霭霭】ǎi'ǎi 形 形容烟雾密集的样子 ▷晨雾~。

ài

艾[1] ài ❶ 名 多年生草本植物,叶子有香气,可以做药材,也可用于灸疗。〇 ❷ 名 姓。

艾[2] ài 动 〈文〉尽;停止 ▷方兴未~。

艾[3] ài 形 〈文〉美丽;漂亮 ▷少(shào)~(年轻美丽;年轻美丽的女子)。

另见 1634 页 yì。

【艾蒿】àihāo 名 艾[1]①。

【艾虎】àihǔ 名 旧俗用艾制作或粘有艾叶的虎形饰物。传说在端午节把它戴在头上可以驱毒辟邪。也指艾虎形象的剪纸、布艺等。

【艾绒】àiróng 名 干艾叶捣成的绒状物,中医用于灸疗。

【艾窝窝】àiwōwo 名 用熟糯米做成的食物,球形,有馅儿,是传统京味儿小吃。

【艾滋病】àizībìng 名 获得性免疫缺陷综合征的通称。病原体是人类免疫缺陷病毒。人感染艾滋病毒后,免疫功能丧失,容易感染其他疾病而死亡。传播途径为性接触、血液传播、母婴传播等(艾滋:英语缩写词 AIDS 音译)。☛ 不要写作"爱滋病"。

哎 ài ❶ 叹 表示惋惜、懊恼 ▷~,别提了,算我倒霉。〇 ❷ 叹 表示应诺或认可 ▷~,去吧。

另见 2 页 āi;3 页 ái;本页 ǎi。

砹 ài 名 非金属元素,符号 At。有放射性,可用来治疗甲状腺机能亢进。

唉 ài ❶ 叹 表示伤感、失望 ▷~,这下全完了!|~,又输了。〇 ❷ 叹 表示惋惜、懊

悔 ▷～，机会又错过了|～，我真不该来。○ ❸ 叹 表示应答或认可 ▷～，去吧|～，这就对了！

另见3页 āi。

爱（愛） ài ❶ 动 对人或事物有深厚真挚的感情 ▷～祖国|疼～。→ ❷ 动 珍惜；爱护 ▷～面子|～惜。→ ❸ 动 喜欢；爱好 ▷～打球|～干净。❹ 动 经常容易发生（某种行为或变化） ▷～发脾气|春天～刮风。○ ❺ 名 姓。☛ 跟"不"连用，分别用在同一个动词前面，构成"爱……不……"格式，表示无论选择哪一种都随便，含不满情绪或否定意。如：爱听不听、爱理不理。

【爱不释手】àibùshìshǒu 非常喜爱，舍不得放手。

【爱才】àicái 动 爱慕人才；爱惜人才。

【爱财】àicái 动 喜爱钱财 ▷君子～，取之有道。

【爱财如命】àicái-rúmìng 把钱财看得跟生命一样重要。形容吝啬或贪财。☛ 跟"一毛不拔"不同。"爱财如命"既形容贪婪，也形容吝啬；"一毛不拔"一般仅形容吝啬。

【爱巢】àicháo 名 比喻恩爱夫妻的住所或家庭（多用于年轻人）。

【爱称】àichēng 名 亲昵的称呼 ▷"小白鸽"是大家对她的～。

【爱宠】àichǒng 动 宠爱。

【爱搭不理】àidābùlǐ 形容对人冷淡怠慢，勉强应付，不愿理睬。

【爱答不理】àidābùlǐ 现在一般写作"爱搭不理"。

【爱戴】àidài 动 敬爱拥戴 ▷～领袖|深受群众～。☛ 一般用于下级对上级，晚辈对长辈。

【爱抚】àifǔ 动 爱怜并关怀体贴 ▷她像慈母一样～着这些孤儿。

【爱岗敬业】àigǎng-jìngyè 热爱自己工作的岗位，对事业专心致志。

【爱国】àiguó 动 热爱祖国。

【爱国主义】àiguó zhǔyì 忠诚和热爱祖国的思想观念 ▷宣传～的影片。

【爱好】àihào ❶ 动 对某事物有浓厚兴趣 ▷～集邮。❷ 名 对某事物的浓厚兴趣 ▷他有多种～。☛ 参见1261页"嗜好"的提示。

【爱河】àihé 名《楞严经》卷四："爱河干枯，令汝解脱。"佛教用来比喻人的情欲；今多比喻爱情 ▷坠入～。

【爱护】àihù 动 爱惜保护 ▷～一草一木|互相关心，互相～。☛ 参见本页"爱惜"的提示。

【爱将】àijiàng 名 受上级赏识的将领或下属 ▷他是司令员的一员～|他是老厂长的～。

【爱克斯射线】àikèsī shèxiàn 一种波长很短的电磁波，有很强的穿透能力，能使荧光物质发光，使照相胶片感光。常用于研究晶体结构、金属探伤、探查人体脏器和骨骼的病变与损伤等（爱克斯：英文字母X音译）。学名写作X射线。通称爱克斯光。也说X线、X光。

【爱怜】àilián 动 疼爱；喜爱（怜：爱） ▷～幼子。☛ 参见本页"爱恋"的提示。

【爱恋】àiliàn 动 喜爱、眷恋而舍不得离开 ▷～之情溢于言表|～故土。☛ 跟"爱怜"不同。"爱恋"的对象多为恋人、故土等；"爱怜"的对象多为晚辈、小动物等。

【爱侣】àilǚ 名 情侣；相爱的夫妻或夫妻中的一方。

【爱美】àiměi 形 喜爱美的事物；特指爱修饰打扮 ▷～之心人皆有之|她很～，每次出门之前都要打扮一番。

【爱面子】àimiànzi 看重自己的体面，生怕别人瞧不起。

【爱莫能助】àimònéngzhù 内心同情，但无力帮助。

【爱慕】àimù 动 因喜爱或敬重而倾慕、向往 ▷不要～虚荣|～他的才华。

【爱女】àinǚ 名 心爱的女儿。

【爱情】àiqíng 名 互相爱恋的感情。

【爱人】àiren ❶ 名 指恋爱中的一方。❷ 名 指配偶。

【爱神】àishén 名 西方神话中主宰爱情的神。罗马神话中的爱神叫丘比特，希腊神话中的爱神叫厄洛斯。

【爱斯基摩人】àisījīmórén 名 因纽特人的旧称（爱斯基摩：英语Eskimo音译）。

【爱窝窝】àiwōwo 现在一般写作"艾窝窝"。

【爱屋及乌】àiwū-jíwū《尚书大传·大战》："爱人者，兼其屋上之乌。"后用"爱屋及乌"比喻因喜欢某个人，连带着也喜欢跟这个人有关的人或物。

【爱惜】àixī 动 爱护珍惜 ▷～光阴|～粮食。☛ 跟"爱护"不同。"爱惜"强调不浪费；"爱护"强调使不被伤害。

【爱惜羽毛】àixī-yǔmáo 比喻珍惜自己的声誉。

【爱小】àixiǎo 形 某些地区形容爱占小便宜 ▷他这个人太～，公家啥东西都往家拿。

【爱心】àixīn 名 对别人爱护关心的感情 ▷人人献上一份～。

【爱欲】àiyù 名 爱的欲望（多指男女间的情爱欲望）。

【爱憎】àizēng 动 爱和恨 ▷褒贬与～，尽在诗文中|～分明。

【爱重】àizhòng 动 喜爱并看重；爱惜尊重 ▷他的作品深受读者～|～人才。

【爱子】àizǐ 名 心爱的儿子。

隘 ài ❶ 形 狭窄；狭小 ▷～口｜～路｜狭～。→ ❷ 名 险要的地方；关口 ▷关～｜险～｜要～。☛ 统读 ài，不读 ǎi。

【隘口】àikǒu 名 狭窄的关口 ▷重兵把守～。

【隘路】àilù 名 狭窄而险要的通道。

碍（礙） ài 动 妨碍；阻挡 ▷有～观瞻｜～手～脚｜障～。

【碍口】àikǒu 形 不好意思说出或不便说出 ▷这话太～，我说不出。

【碍面子】àimiànzi 怕伤害情面 ▷～的事我来办。

【碍难】àinán 副 难以（做某事）（旧时多用于公文）▷～奉行。

【碍事】àishì ❶ 动 妨碍做事 ▷自行车放在过道里太～。❷ 形 要紧②（多用于否定）▷小孩子磕碰几下，不～。

【碍手碍脚】àishǒu-àijiǎo 妨碍行动，使做事不便。

【碍眼】àiyǎn ❶ 形 看着别扭 ▷一进门就是一个大立柜，真有点儿～。❷ 形 因某人在眼前而感到不方便 ▷他俩在说悄悄话，我们待在这儿很～。

嗳（噯） ài 同"唉（ài）"。现在一般写作"唉"。
另见 4 页 ǎi。

嗌 ài 动〈文〉噎；咽喉阻塞。
另见 1638 页 yì。

嫒（嬡） ài 见 879 页"令嫒"。

瑷（璦） ài ❶ 名〈文〉一种美玉。❷［瑷珲］àihuī 名 地名，在黑龙江。☛ 地名"瑷珲"曾被改为"爱辉"，现恢复为"瑷珲"。

叆（靉） ài 见下。

【叆叆】ài'ài 形〈文〉浓郁；茂密。

【叆叇】àidài 形〈文〉云气很盛 ▷乌云～。

暧（曖） ài〈文〉❶ 形 昏暗；蒙眬 ▷孤灯～不明。→ ❷ 动 遮蔽；弥漫 ▷轻云～松杞。☛ 参见 1015 页"暖"的提示㊀。

【暧昧】àimèi ❶ 形（态度、用意）不明朗 ▷表情～｜言辞～，不知何意。❷ 形（行为）不光明正大 ▷这些钱的来路～｜关系～。

僾 ài 形〈文〉模糊不清。

【僾尼】àiní 名 西双版纳和普洱等地哈尼族人的自称。

薆 ài〈文〉❶ 动 隐蔽。◯ ❷ 形 形容草木茂盛的样子 ▷丘陵崛兮松柏青，南园～兮果载荣。

餲 ài 形〈文〉食物放久了而变味儿。

ān

厂 ān 同"庵"①（多用于人名）。
另见 153 页 chǎng。

广 ān 同"庵"①（多用于人名）。
另见 511 页 guǎng。

安[1] ān ❶ 形 安全（跟"危"相对）▷居～思危｜～然无事｜平～。→ ❷ 形 平静；稳定 ▷坐立不～｜～定。⇒ ❸ 动 使稳定 ▷～邦定国｜～神｜～慰。⇒ ❹ 形 舒适；快乐 ▷～乐｜～逸。❺ 动 感到满足 ▷～于现状｜～土重迁。→ ❻ 动 安置 ▷～家落户｜～顿。❼ 动 安装；装置 ▷～玻璃｜～电话。❽ 动 怀着（不好的念头）▷没～好心。❾ 动 加上（名分、称号等）▷给他～了个罪名｜～这么多头衔干什么？◯ ❿ 名 姓。

安[2] ān〈文〉❶ 代 表示疑问，询问处所，相当于"哪里"▷沛公～在？→ ❷ 代 表示反问，相当于"怎么""哪里"▷燕雀～知鸿鹄之志哉？

安[3] ān 量 安培的简称。

【安邦定国】ānbāng-dìngguó 使国家安定稳固。

【安保】ānbǎo 动 安全保卫 ▷校园～｜做好～工作。

【安步当车】ānbù-dàngchē《战国策·齐策四》："晚食以当肉，安步以当车，无罪以当贵。"把慢步行走当成坐车；也指能够安守平常人的生活。☛ "当"这里不读 dāng。

【安瓿】ānbù 名 英语 ampoule 音译。装有注射用水或注射用药的密封小玻璃容器。

【安插】ānchā 动（把人或事物）安排到一定的位置 ▷～亲信｜这段情节的位置～得欠妥。

【安厝】āncuò 动〈文〉正式安葬前把灵柩暂时停放或浅埋在某处。

【安抵】āndǐ 动 平安到达 ▷飞机已于今晨～北京。

【安定】āndìng ❶ 形 稳定正常，没有波动 ▷社会～｜～的生活。❷ 动 使安定 ▷～人心｜～他们的情绪。◯ ❸ 名 常用西药，有镇静、抗惊厥等作用。

【安度】āndù 动 平安地度过 ▷～晚年｜～汛期。

【安顿】āndùn ❶ 动（对人或事物）进行适当安排，使稳定下来 ▷～新同志｜把家～好。❷ 形 安稳；踏实 ▷这下心里～了。

【安放】ānfàng 动 把东西放在适当位置上 ▷～伟人铜像。

【安分】ānfèn 形 规矩；老实；安于本分 ▷做人要～，不要贪取不义之财。☛ ㊀不宜写作"安份"。㊁"分"这里不读 fēn。

【安分守己】ānfèn-shǒujǐ 安守自己的本分，不惹是生非。☛ ㊀不宜写作"安份守己"。㊁"分"这里不读 fēn。

【安抚】ānfǔ 动 安顿抚慰；安慰 ▷～灾民｜～民心。

【安好】ānhǎo 形 平安(多用于问候、祝愿) ▷敬祝～｜家中老小全都～。

【安魂曲】ānhúnqǔ 名 天主教追悼仪式上使用的合唱套曲，后也用于音乐会。也说追思曲。

【安家】ānjiā ❶ 动 安置家庭；落户某处 ▷～费｜四海处处可～。❷ 动 结婚成家 ▷你也不小了，该～了。

【安家立业】ānjiā-lìyè 安置或建立家庭，成就事业。

【安家落户】ānjiā-luòhù 在异地安置家庭，长期居住 ▷在边疆～◇鸵鸟在动物园～了。

【安监】ānjiān ❶ 动 安全监督 ▷智能市场～｜全程～煤炭生产。❷ 区别 安全监督的 ▷～机构｜～员。

【安检】ānjiǎn ❶ 动 安全检查 ▷登机前要接受～。❷ 名 指安检工作人员或安检机构。

【安静】ānjìng ❶ 形 没有声音；不嘈杂 ▷阅览室里十分～。❷ 形 平安稳定 ▷渴望过～的日子。❸ 形 (心境、性格等)安和沉静 ▷心绪～。☛ 跟"平静"不同。"安静"指没有声音或不嘈杂，"平静"一般不表示这个意思；在形容内心状况时，"安静"侧重于性格沉稳，"平静"侧重于情绪平和；在形容社会环境时，"安静"多用于风气，跟"浮躁"对应，"平静"多用于时局，跟"动荡"对应。

【安居】ānjū 动 安定地居住、生活 ▷此地环境幽美，适宜～。

【安居工程】ānjū gōngchéng 指由国家贷款和地方政府自筹资金建设的非营利性住宅建筑工程。住宅建成后按成本价出售给中低收入的住房困难户。

【安居乐业】ānjū-lèyè 安定地生活，愉快地从事自己的职业。

【安康】ānkāng 形 平安健康；平安康乐(多用于问候、祝愿) ▷敬祝～。

【安拉】ānlā 名 阿拉伯语 Allāh 音译。伊斯兰教所信仰的唯一神。讲汉语的穆斯林多称安拉为真主。

【安澜】ānlán 〈文〉❶ 形 形容江河水势平稳，不会造成危害。❷ 形 比喻社会安定太平 ▷四海～。

【安乐】ānlè 形 平安快乐 ▷百姓～｜～的晚年。

【安乐死】ānlèsǐ 动 对极其痛苦而又无法救治的病人，尊重其理智而明确的主动要求，由医生采用措施，使其无痛苦地结束生命。我国尚未就安乐死立法，没有承认安乐死合法。

【安乐窝】ānlèwō 名 指安逸舒适的住所或生活环境。

【安乐椅】ānlèyǐ 名 一种宽大舒适、两边有扶手、能半坐半躺的椅子，有的可前后摇动。

【安理会】ānlǐhuì 名 联合国安全理事会的简称。联合国主要机构之一。是联合国唯一有权采取行动来维护国际和平和安全的机构。由 15 个理事国组成，其中 5 个为常任理事国(中、英、法、美、俄)，10 个为非常任理事国，后者由联合国大会选举产生，任期 2 年，每年更换 5 个，不能连选连任。

【安谧】ānmì 形 安定；宁静 ▷～的小院。

【安眠】ānmián ❶ 动 安稳地睡觉 ▷一夜～，直到天明。❷ 动 婉词，指人死亡。

【安眠药】ānmiányào 名 催眠药的通称。能抑制中枢神经系统而使人较快入睡或延长睡眠时间的药。

【安民告示】ānmín gàoshi 原指官府发布的安定民心的布告。现多指把要商量的问题或要办的事情预先告诉大家的通知。

【安宁】ānníng 形 安定；宁静 ▷当今的世界很不～｜远离闹市，图个～。

【安排】ānpái 动 有计划地安置处理 ▷～就业｜合理～时间。☛ ㊀"安"不要误写作"按"。㊁跟"安置"不同。"安排"可用于抽象事物；"安置"一般用于具体的人或事物。

【安培】ānpéi 量 电流强度法定计量单位，是国际单位制中基本单位之一。导体的横截面每秒钟通过 1 库仑电量时，电流为 1 安培。为纪念法国物理学家安培而命名。简称安。

【安培表】ānpéibiǎo 名 电流表。参见本页"安培"。

【安培计】ānpéijì 名 电流表。参见本页"安培"。

【安贫乐道】ānpín-lèdào 安于清贫生活，乐于恪守自己的信仰。

【安琪儿】ānqí'ér 名 英语 angel 音译。天使。

【安寝】ānqǐn 动 就寝安睡 ▷旅客已经～。

【安全】ānquán 形 没有危险或不受威胁 ▷～感｜～施工｜人身～。☛ 跟"平安"不同。"安全"强调没有危险；"平安"强调没有事故。

【安全保障权】ānquán bǎozhàngquán 法律上指消费者在各种消费活动中享有的人身、财产安全不受损害的权利。

【安全玻璃】ānquán bōli 一种高强度玻璃，受到剧烈震动或撞击不易破碎，或虽破碎，但碎片不飞溅、无尖锐棱角，因而不易伤人。包括钢化玻璃、夹层玻璃、夹丝玻璃等。多用于交通工具、高层建筑的门窗及幕墙等。

【安全带】ānquándài 名 乘坐飞机、汽车或进行高空作业、表演等活动时，为保证人身安全而系的带子。

【安全岛】ānquándǎo 名 马路中间设置的供行人避让车辆的地方。

【安全灯】ānquándēng ❶ 名 矿井里用的可以防止引起混合气体爆炸和预测瓦斯含量的灯。❷ 名 电压低于 36 伏或有安全装置的灯。

【安全阀】ānquánfá 名 用来防止锅炉、压力容器等设备因超压而损坏的装置，可以自动开合以控制压力。

【安全帽】ānquánmào 名 采矿或施工时用以保护头部的帽子，多用柳条或硬塑料制成。

【安全门】ānquánmén 名 太平门、防火门、防盗门等的统称。

【安全套】ānquántào 名 阻止受孕、防止性病传播的薄膜套。也说避孕套、保险套。

【安全剃刀】ānquán tìdāo 保险刀。

【安全填埋】ānquán tiánmái 为防止填埋物与周围环境接触、防止污染地下水等，在专门场地对易燃、易爆或有腐蚀性、传染性、毒害性等的废弃物预处理后实行深埋，以保护环境。

【安全系数】ānquán xìshù ❶ 工程设计中用以反映结构安全程度的系数，即工程的受力部分实际能承受的力与容许承受的力之间的比值。该比值必须大于 1。❷ 比喻做某事的安全可靠程度 ▷安装"防火墙"可以提高电脑使用的～。

【安全线】ānquánxiàn ❶ 名 纸币为防伪而在其某个固定位置嵌入的直线形标记，通常用特种金属制成。❷ 名 为维持秩序、防止事故发生等而画的或拉起的线，用以警示。如厂区内用以标明安全区域与危险区域的分界线，铁路站台上用以标明可以停留处与不可以停留处的分界线，江河堤岸上用以标明警戒水位的线等。❸ 名 指价格、利率、财政收支等方面保障经济发展安全的某种限度；泛指能够保障安全的某种限度 ▷财政赤字应在～内｜辐射量控制在～以下。

【安然】ānrán ❶ 形 形容心情安定，没有忧虑和牵挂的样子 ▷神态～｜～处之。❷ 形 平安；平平稳稳 ▷～无恙｜～度过危险期。☛ 参见 1334 页"坦然"的提示。

【安然无恙】ānrán-wúyàng 指人平安没有疾病；泛指人或物平安无事，没有受到损害或发生意外。

【安如磐石】ānrúpánshí 像磐石一样安稳。形容政权、地位等安全、稳固 ▷人民政权～。

【安如泰山】ānrútàishān 稳如泰山。

【安设】ānshè 动 安装；设置 ▷～避雷针｜警报装置已经～停当。

【安身】ānshēn 动 在某处居住、生活（多用于困难环境下） ▷今晚只好在小旅馆～了。

【安身立命】ānshēn-lìmìng 生活有着落，精神有寄托，能在社会上立足。

【安神】ānshén 动 使心神安定 ▷养心～。

【安生】ānshēng 形 生活平静稳定 ▷到处奔波，不得～。

【安生】ānsheng 形 安宁；不生事 ▷小祖宗，你～一会儿好不好？

【安适】ānshì 形 安宁舒适 ▷～的生活｜心境～。

【安守本分】ānshǒu-běnfèn 安于自己的地位和处境，没有非分的要求和想法。

【安睡】ānshuì 动 安安稳稳地睡觉 ▷小宝宝在摇篮里～。

【安泰】āntài ❶ 形 安定太平 ▷天下～。❷ 形 平安；健康（多用于问候、祝愿） ▷祝全家～。

【安恬】āntián 形 安宁恬静 ▷～入睡｜心情～。

【安帖】āntiē ❶ 形 安定；平静 ▷内心～。❷ 形 妥帖 ▷诸事～。☛ "帖"这里不读 tiě 或 tiè。

【安土重迁】āntǔ-zhòngqiān 安于故土，不肯轻易搬迁（重：看重） ▷农业社会～，很少社会流动。

【安妥】āntuǒ 形 平安稳妥 ▷把这批易爆物品～地运到野外销毁。

【安危】ānwēi 名 平安和危险的情况；偏指危险的情况 ▷关系着国家的～｜不顾个人～。

【安慰】ānwèi ❶ 动 安抚宽慰；使心情安适 ▷～烈士家属。❷ 形（心情）安适快慰 ▷孩子们的进步使老师感到～。

【安慰剂】ānwèijì ❶ 名 医学上指外形像医用药，但不含药理成分的制剂。主要用于安抚患者，使患者更好地配合治疗。如用作安慰剂的淀粉片、蒸馏水等。❷ 名 比喻虽不能解决实质问题，但对人有安慰作用的事物、方法等 ▷哼唱那些京剧唱段是他每天自娱自乐的～。

【安慰赛】ānwèisài 名 体育比赛中，在正式比赛结束后，为照顾未取得名次的运动员的情绪、促进交流而组织的友谊比赛。

【安稳】ānwěn ❶ 形 安定；平稳 ▷日子过得很～｜柜子腿儿下垫上点儿东西就放～了。❷ 形（行为举止）稳重；沉着 ▷这个姑娘挺～。

【安息】ānxī ❶ 动 安静地休息；也指人入睡 ▷劳累了一天，早点儿～吧｜寂静的宿舍里，人们早已～。❷ 动 用于悼念死者 ▷～吧，我的老友！

【安息茴香】ānxī huíxiāng 一年或二年生草本植物，产于中亚和我国新疆等地。种子叫孜然。参见 1822 页"孜然"。

【安息日】ānxīrì 名《圣经·创世记》中说：上帝用六天时间创造天地万物，第七天完工休息。犹太教把每星期的星期五日落至星期六日落的一昼夜尊为圣日，叫做安息日。这一日所有教徒都不做工作，专门礼拜上帝。基督教承袭犹太教关于安息日的规定，但其多数教派根据耶稣在星期日复活的故事，以星期日为安息日。

【安息香】ānxīxiāng 名 落叶乔木，叶卵圆形，夏季开浅黄色或白色小花，有香气。树脂可以做药材和香料。

【安闲】ānxián 形 安适清闲 ▷～自在|老人不愿过～的日子，退休后热心参与街道工作。

【安详】ānxiáng 形 表情平静；动作从容 ▷神态～|举止～。☛"详"不要误写作"祥"。

【安享】ānxiǎng 动 安然地享受 ▷～晚年。

【安歇】ānxiē 动 睡觉；休息 ▷今晚早点～，明天还要赶路呢|人困马乏的，先找个地方～一下。

【安心】ānxīn ❶ 形 心神安定，没有波动 ▷～养病|工作不～。○ ❷ 动 心里怀着(不好的念头) ▷～骗人|他到底安的什么心？

【安养】ānyǎng 动 安心调养 ▷～身体。

【安逸】ānyì 形 安闲舒适 ▷生活～|安安逸逸地躺着。☛ 不宜写作"安佚"。

【安营】ānyíng 动 (军队)建立营寨驻扎下来；泛指(某些集体)建立临时住所 ▷各连停止前进，就地～|施工队在指定地点～|～扎寨。

【安于】ānyú 动 对某种状况满足或习惯 ▷～现状。

【安葬】ānzàng 动 埋葬(含庄重色彩) ▷隆重～|～在青松翠柏之间。

【安枕】ānzhěn 动 安稳地枕着枕头(睡觉)；借指没有忧虑或牵挂 ▷～无忧|问题不解决，怎能～？

【安之若素】ānzhī-ruòsù (遇到不顺利的或异常的情况)能心情平静，就像平常一样 ▷身处逆境，他～，仍潜心于科学研究。

【安置】ānzhì 动 使人或事物有一定位置或得到适当安排 ▷～下岗人员|家具都～好了。☛ 参见 7 页"安排"的提示㊁。

【安装】ānzhuāng ❶ 动 把机件、器材等固定在一定的位置 ▷～天然气管道|加快～进度。❷ 动 计算机用语，指把软件装入电子计算机。☛"安"不要误写作"按"。

【安坐】ānzuò 动 安稳地坐着 ▷～在太师椅上。

埯 ān 用于地名。如曾(zēng)厝埯，在福建。另见本页 ǎn。

桉 ān 名 桉树，常绿乔木，树干高且直。木质坚韧，可做枕木、矿柱、桥梁等。树皮可制鞣料，叶和小枝可提取桉油。

【桉油】ānyóu 名 从桉树叶和小枝中提取的挥发性芳香油。广泛用于制作香料和药品。

氨 ān 名 氮和氢的化合物。无色气体，有刺激性臭味，易溶于水。可以制造硝酸、氮肥和冷却剂等。通称氨气。

【氨基】ānjī 名 氨分子失去 1 个氢原子而成的 1 价原子团。化合物分子中引入氨基后，会增强其碱性。

【氨基酸】ānjīsuān 名 有机酸，分子中至少含有 1 个氨基和 1 个羧(suō)基，是组成蛋白质的基本单位。

【氨气】ānqì 名 氨的通称。

【氨水】ānshuǐ 名 氨的水溶液，有强烈的刺激性气味，易挥发，是速效氮肥，低浓度的可作外用药。

庵(*菴) ān ❶ 名〈文〉圆顶的草屋 ▷茅～|结草为～。→❷ 名 小寺庙(多指尼姑住的) ▷尼姑～|～堂。☛ 右下是"电"，不是"电"。

【庵堂】āntáng 名 尼姑庵。

谙(諳) ān 动 熟悉；懂得 ▷不～水性|～练。☛ 统读 ān，不读 àn。

【谙达】āndá 动 (对人情世故等)熟悉通达 ▷～世事|～市场运作的游戏规则。

【谙练】ānliàn ❶ 动 熟习 ▷～骑射。❷ 形 明达老练 ▷～达观。

【谙熟】ānshú 动 十分熟悉 ▷～敌情。

鹌(鵪) ān [鹌鹑] ānchún 名 鸟，形体像小鸡，头小尾秃，羽毛赤褐色。不善飞，肉和卵可食用。☛ 口语中也读 ānchun。

鮟(鮟) ān [鮟鱇] ānkāng 名 鱼，体柔软，无鳞，前半部扁平，呈圆盘形，头大，尾部细小。能发出像老人咳嗽的声音。俗称老头儿鱼。

鞍(*鞌) ān 名 鞍子 ▷马～|～架。

【鞍韂】ānchàn 名 马鞍和垫在马鞍下、垂于马腹两侧用来遮挡泥土的马具。

【鞍鞯】ānjiān 名〈文〉马鞍和衬在马鞍下面的垫子。

【鞍马】ānmǎ ❶ 名 鞍子和马。借指骑马长途旅行或战斗的生活 ▷～劳顿|～生涯。❷ 名 体操器械，形状像马，背部有两个半圆形的环。❸ 名 男子竞技体操项目，运动员手握鞍环或支撑在鞍马上做各种动作。

【鞍马劳顿】ānmǎ-láodùn 指长途骑马十分劳累；形容旅途或战斗生活十分辛苦疲劳。

【鞍前马后】ānqián-mǎhòu 指跟随在某人身边，为其奔走效劳。

【鞍子】ānzi 名 放在骡马等牲口背上供人骑坐或驮运东西的器具。中部较平，前后翘起，多用皮革或木头加棉垫等制成。

盦[1] ān 名 古代一种带盖的盛食物的器皿。参见插图 15 页。

盦[2] ān 同"庵"①(多用于人名)。

ǎn

埯 ǎn 同"埯"。现在一般写作"埯"。另见本页 ān。

俺 ǎn 代 某些地区说话人称自己，相当于"我"或"我们" ▷～们|～山里人。

埯 ǎn ❶ 名 为点种瓜、豆等作物而挖的小土坑。→❷ 动 挖小土坑点种（瓜、豆等）▷～瓜|～豆。→❸ 量 用于点种在小土坑里的瓜、豆等 ▷几～儿南瓜。☛ 统读 ǎn，不读 àn。

【埯子】ǎnzi 名 埯① ▷挖个～。

唵 ǎn ❶ 动 用手大把地往嘴里塞（粉状或颗粒状东西）。○ ❷ 佛教咒语用字。参见565页"吽（hōng）"。○ ❸ 叹 表示疑问或应答 ▷～，这是您写的吗？|～，听见了。

铵（銨） ǎn 名 从氨衍生出的带正电荷的根，即铵离子。也说铵根。☛不读 ān。

揞 ǎn 动 用手把药粉等敷在伤口上 ▷～上止血散，伤口才止了血。

àn

犴 àn 见73页"狴（bì）犴"。另见535页 hān。

岸（*峅） àn ❶ 名 江、河、湖、海边沿高出水面的陆地 ▷两～果树成行|海～线|沿～。→❷ 形 〈文〉高大 ▷伟～。→❸ 形 〈文〉高傲 ▷傲～。

【岸边】ànbiān 名 岸和水相连的岸上或水上 ▷从小就生活在长江～|船停在～。

【岸标】ànbiāo 名 设在岸上的航标。

【岸炮】ànpào 名 海岸炮的简称。

【岸然】ànrán 形 形容严肃或高傲的样子 ▷道貌～|他昂着头，～走了过去。

【岸线】ànxiàn 名 陆地与水域交接的边沿线。

按¹ àn ❶ 动 用手或手指压或摁 ▷～手印|～电钮|～下葫芦浮起瓢。→❷ 动 抑制；止住 ▷～捺|～兵不动。

按² àn ❶ 动 〈文〉考察；审查 ▷有遗迹可～|～诸史实。→❷ 动 加按语 ▷编者～|引者～。○ ❸ 介 依照；依据 ▷～月考核|～理说。☛ 参见本页"按照"的提示。

【按兵不动】ànbīng-bùdòng 使军队暂时停止行动；现也比喻接受任务后却不行动。

【按部就班】ànbù-jiùbān 晋·陆机《文赋》："选义按部，考辞就班。"原指按照一定的部类和次序安排文章结构、组织词句。现指按一定的规矩、程序办事；也指拘泥于常规，缺乏创新精神。☛ "部"不要误写作"步"。

【按键】ànjiàn 名 键③。

【按揭】ànjiē 动 购房或购车等的一种贷款方式。接受贷款者以所购房产或其他实物资产、有价证券等作为抵押，分期或延期付款。

【按扣儿】ànkòur 名 子母扣儿。

【按劳分配】ànláo fēnpèi 社会主义社会个人消费品或个人收入的主要分配原则。社会按照劳动者提供的劳动效率和质量分配个人消费品或个人收入。

【按理】ànlǐ 副 按照一般事理 ▷～他不该这样。

【按例】ànlì 副 按照惯例或常规 ▷～休息7天。

【按脉】ànmài 动 诊脉。

【按摩】ànmó 动 在人体上按、推、捏、揉等，用来舒筋活血，达到保健、治疗的目的。也说推拿。

【按捺】ànnà 动 往下按。多指克制情绪等 ▷～不住满腔的义愤。☛ 不要写作"按纳"。

【按钮】ànniǔ 名 用手指摁的开关。

【按期】ànqī 副 按照规定的期限 ▷～完成。

【按时】ànshí 副 按照规定的时间 ▷～起床。

【按说】ànshuō 副 按照实际情况或道理来说 ▷这件衣服～不值这么多钱|～，这次该他上场了。☛ 除作状语外，常用作插入语。"按说"后的话语表示说话人的推论。

【按图索骥】àntú-suǒjì 按照图像寻找好马。比喻办事拘泥成法，不知灵活变通；也比喻按线索寻找。

【按下葫芦浮起瓢】ànxià húlu fúqǐ piáo 比喻问题或事情的头绪多，处理起来顾此失彼。

【按需分配】ànxū fēnpèi 共产主义社会的个人消费品分配原则。每个有劳动能力的人自觉地尽其所能为社会劳动，社会按每个人的合理需要分配个人消费品。

【按压】ànyā ❶ 动 向内或向下按 ▷～这几个穴位可以缓解腰疼。❷ 动 控制；抑制（情绪）▷～不住心头的怒火。

【按语】ànyǔ 名 编者或引用者对原文所作的提示、评论或说明。☛ 不要写作"案语"。

【按照】ànzhào 介 依照 ▷～科学说法，这叫日食。☛ 跟"按²"③用法有所不同。"按照"后面不能带单音节的宾语。如可以说"按期完成""按照期限完成"，不能说"按照期完成"。

胺 àn 名 有机化合物，氨分子中部分或全部氢原子被烃基取代而成。如苯胺。☛不读 ān。

案¹ àn ❶ 名 古代端食物用的矮脚木盘 ▷举～齐眉。→❷ 名 案子① ▷条～|伏～。❸ 名 案子② ▷肉～|白～|～板。

案² àn ❶ 名 记录事件或处理公务的文书 ▷有～可查|备～|档～|～卷。→❷ 名 有关建议或计划之类的文件 ▷议～|提～|草～。→❸ 名 案件 ▷破～|审～。❹ 名 重大的社会政治事件 ▷五卅惨～。

【案板】ànbǎn 名 切菜、做面食等用的木板、塑料板等。

【案秤】ànchèng 名 放在柜台上使用的小型台秤。

【案底】àndǐ 名 公安机关关于某人以前违法犯罪

的记录。

【案牍】 àndú 名〈文〉公务文书 ▷无～之劳。

【案发】 ànfā 动 案情发生 ▷～后逃逸。

【案犯】 ànfàn 名 犯罪嫌疑人的旧称;作案的人。

【案件】 ànjiàn 名 有关诉讼或违法的事件 ▷查明～真相。

【案卷】 ànjuàn 名 机关、企业等分类整理保存,以供查考的文字材料。也说卷宗。

【案例】 ànlì 名 具有典型意义,可以用作例证的个案;在无相关法律条文的情况下可供办案者参照的个案。

【案情】 ànqíng 名 案件的事实经过及性质 ▷调查～|～严重。

【案头】 àntóu 名 书桌上或办公桌上 ▷～工作。

【案头工作】 àntóu gōngzuò 在书桌或办公桌上处理的工作;特指艺术创作过程中,导演、演员等所做的分析剧情、剧中人物等方面的文字工作 ▷我近日忙于～,没能及时给你回信|科学严谨的～是创新拍摄手段的保障。

【案由】 ànyóu 名 诉讼案件的缘由,如何人被指控犯何种罪名,何人提出何种诉讼请求等。

【案值】 ànzhí 名 案件涉及的钱物总值。

【案子】 ànzi ❶ 名 一种旧式的狭长桌子 ▷客厅里摆着红木～。❷ 名 泛指支起来可当桌子用的长方形木板 ▷肉～。○ ❸ 名 案件 ▷疑难～。

暗（*晻闇❶❷） àn ❶ 形 光线微弱;不明亮(跟"明"相对) ▷天色～了|阴～。→ ❷ 形〈文〉糊涂;愚昧 ▷兼听则明,偏信则～。→ ❸ 形 隐藏的;不外露的 ▷～沟|明人不做～事。❹ 副 秘密地;私下 ▷明察～访|～想。→ ❺ 形 颜色灰黑 ▷印堂发～|～红。☛ 参见 12 页"黯"的提示。

【暗暗】 àn'àn 副 私下;在暗地里 ▷～立志。

【暗堡】 ànbǎo 名 不暴露在外的碉堡。

【暗补】 ànbǔ 动 指国家对某些商品生产或经销过程中的差价亏损提供财政补贴;也指国家对职工在住房、医疗、教育等方面给予工资以外的福利补贴(跟"明补"相区别) ▷改～为明补,实行医疗社会保险。

【暗藏】 àncáng 动 暗中藏着 ▷～杀机。

【暗娼】 ànchāng 名 暗地里卖淫的女子。

【暗场】 ànchǎng 名 戏剧中处理部分情节的一种特殊方式。这些情节不在舞台上表演,而由台词或音响效果等交代。也指这些不在舞台上表演的情节 ▷话剧《雷雨》中的不少情节是由～处理的。

【暗潮】 àncháo 名 比喻暗中发展,还没有公开化、表面化的事态(多指矛盾或斗争) ▷警惕军国主义～涌动。

【暗处】 ànchù ❶ 名 黑暗或光线不足的地方 ▷在～看书会伤眼睛。❷ 名 不公开的场合 ▷躲在～兴风作浪。

【暗淡】 àndàn 形 光线昏暗;色泽不鲜艳 ▷～的烛光|颜色～◇前途～。☛ 不宜写作"暗澹""黯淡"。

【暗道】 àndào 名 隐蔽的道路;没有显露在外面的通道 ▷他们走的这条羊肠小路是外人不知的～|院子里有～可以到城外。

【暗地里】 àndìli 名 背地里 ▷～监视|～调兵遣将。也说暗地、暗里。

【暗兜儿】 àndōur 名 衣服、箱包等不露在外面的兜儿。

【暗度陈仓】 àndù-chéncāng 指用假象迷惑人,暗中用出其不意的方式达到某种目的。参见 963 页"明修栈道,暗度陈仓"。

【暗渡陈仓】 àndù-chéncāng 现在一般写作"暗度陈仓"。

【暗房】 ànfáng 名 暗室②。

【暗访】 ànfǎng 动 暗中寻访了解 ▷明察～。

【暗沟】 àngōu 名 不暴露在地面的排水沟(跟"明沟"相区别)。也说阴沟。

【暗害】 ànhài ❶ 动 耍阴谋陷害 ▷被坏人～入狱。❷ 动 秘密杀害 ▷惨遭～。

【暗含】 ànhán 动 暗中含有;(言行中)包含着没有明说的意思 ▷～怨恨|话里～着歉意。

【暗号】 ànhào 名 为进行秘密联系而特别约定的信号或标记 ▷对上～才能交出情报。

【暗耗】 ànhào ❶ 动 不明显地消耗 ▷整天吃喝玩乐实际上是在～生命。❷ 名 暗耗掉的东西 ▷加强财务管理,努力减少～。

【暗合】 ànhé 动 (想法、做法等)未经商议而恰好吻合 ▷他提出的解决办法～我的心意。

【暗河】 ànhé 名 地下河。

【暗盒】 ànhé 名 有遮光作用,用来保存没有曝光或没有冲洗的胶卷的特制圆柱形小盒。

【暗花儿】 ànhuār 名 隐约的花纹 ▷～的软缎被面|瓷瓶上的～若隐若现。

【暗火】 ànhuǒ 名 不冒火苗的火(跟"明火"相区别);也指将熄而未熄的火 ▷炉膛里还有点儿～。

【暗疾】 ànjí 名 不好意思说出口的疾病 ▷江湖游医常以专治各种～来骗钱。

【暗计】 ànjì 名 隐藏不露的计谋。

【暗记】 ànjì ❶ 动 默记 ▷全部数据～在心。❷ 名 隐秘的记号 ▷文物上有一处～。

【暗间儿】 ànjiānr 名 相连的几个房间中不直接通向室外的房间 ▷迎面三间房,一个明间儿,两个～。

【暗箭】 ànjiàn 名 暗中射出的箭;比喻暗中攻击、陷害别人的行为或诡计 ▷～难防|～伤人。

【暗礁】 ànjiāo ❶ 名 水面下的不容易发现的礁石,常成为航行的障碍。❷ 名 比喻潜藏的障

碍或危险 ▷要警惕前进道路上的～。

【暗井】ànjǐng 名 地下采矿时，不直通地面出口的垂直或倾斜的通道。用来供人员上下，运输矿石、材料或通风、排水。

【暗扣儿】ànkòur 名 不露在外面的扣子。

【暗恋】ànliàn 动 暗暗地爱恋 ▷他一直～表妹的同学。

【暗流】ànliú ❶ 名 地下的水流；没入地表的河段。❷ 名 比喻潜伏着的思潮或社会动向 ▷警惕威胁和平发展的～。

【暗昧】ànmèi 形 暧昧。

【暗盘】ànpán 名 在市场上由交易双方秘密议定的价格（跟"明盘"相对） ▷～交易｜明码标价，～成交◇怀疑他们之间有政治～。

【暗泣】ànqì 动 暗地里哭泣 ▷低头～。

【暗器】ànqì 名 藏在身上用来暗中伤人的短小兵器，如飞镖、袖箭等。

【暗弱】ànruò ❶ 形 （光线）微弱 ▷灯光太～，有损视力。❷ 形 昏庸懦弱 ▷～无能。

【暗色】ànsè 名 比正色浓重或发暗的颜色 ▷厚窗帘用～的，薄窗帘用亮色的。

【暗杀】ànshā 动 暗中杀害；乘人不备时杀害。

【暗沙】ànshā 名 略高于海平面高潮线的大片珊瑚礁。如我国南海的金盾暗沙、曾母暗沙等。

【暗砂】ànshā 现在一般写作"暗沙"。

【暗伤】ànshāng ❶ 名 内伤。❷ 名 物体上没有显露在外部的损伤 ▷有～的钢材不能用。

【暗哨】ànshào 名 秘密的或隐蔽的岗哨 ▷明岗～，戒备森严。

【暗哨儿】ànshàor 名 进行秘密联系的口哨儿 ▷打～｜～声从丛林里传来。

【暗射】ànshè 动 影射。

【暗射地图】ànshè dìtú 有符号标记而不注文字的地图。绘制其他地图时用来作底图；教学中用来让学生辨认或填充。

【暗示】ànshì ❶ 动 不明说而用别的话或表情、动作等向人示意 ▷他努努嘴～我该发言了。❷ 动 心理学上指用言语、手势、表情、行动或某种符号，以含蓄、间接的方式，达到使人接受某种意见或做某事的目的。如某些商业广告具有增强人们购买某物欲望的暗示作用。

【暗事】ànshì 名 暗中做的事；不光明正大的事 ▷明人不做～。

【暗室】ànshì ❶ 名 〈文〉幽暗的内室；隐蔽的地方 ▷策划于～。❷ 名 有遮光设备的房间 ▷在～里洗相片。也说暗房。

【暗送秋波】ànsòng-qiūbō 指女人以眉目传情（秋波：秋天明净的水波，比喻年轻女子的眼神）；泛指暗中勾搭或献媚。

【暗算】ànsuàn 动 暗中设计害人 ▷遭人～｜～别人反害了自己。

【暗锁】ànsuǒ 名 锁身不外露的锁，一般用钥匙才能锁上。

【暗滩】àntān 名 不露出水面的沙滩或石滩 ▷这一段河流中有多处～。

【暗探】àntàn ❶ 动 暗中刺探 ▷～敌情。❷ 名 从事秘密侦探工作的人员 ▷提防敌人的～。

【暗贴】àntiē ❶ 动 暗中给人经济补贴。❷ 动 暗补。

【暗偷明抢】àntōu-míngqiǎng 暗地里偷，公开地抢；形容为非作歹，危害社会。

【暗无天日】ànwútiānrì 一片黑暗，没有光明。形容政治腐败，社会极其黑暗。

【暗物质】ànwùzhì 名 由天文观测推断存在于宇宙中的不发光物质。包括不发光天体、某些非重子中性粒子等。因这些物质用光学方法观测不到，故称。

【暗喜】ànxǐ 动 内心高兴而不表露出来 ▷一方发球连连失误，另一方～不已｜心内～。

【暗下】ànxià 名 背地里；私下。

【暗线】ànxiàn ❶ 名 秘密为某方侦察或做内应的人。❷ 名 文学作品中没有直接描写人物活动或事件进展，而是间接显示出来的故事线索 ▷小说篇幅虽短，但明线与～交错，内容十分丰富。

【暗箱】ànxiāng ❶ 名 照相机内用来保护感光片的装置，形状像狭长的小盒子。❷ 名 为防止胶卷感光而特制的用来装、换胶卷的设备。因密闭不透光，故称。

【暗箱操作】ànxiāng-cāozuò 指在公务中违背法定程序，回避公众监督，暗中进行活动 ▷高考录取严禁～。也说黑箱操作。

【暗想】ànxiǎng 动 暗地里思考 ▷～对策。

【暗笑】ànxiào ❶ 动 不露声色地暗自高兴 ▷低头～。❷ 动 暗中嘲笑 ▷～敌人愚蠢。

【暗影】ànyǐng 名 阴影。

【暗语】ànyǔ 名 事先约定的暗中交流信息的话；有暗示内容的话 ▷弄清他们相互联络的～｜看不懂他信中的～。

【暗喻】ànyù 名 隐喻。

【暗战】ànzhàn 动 暗中进行争斗 ▷水面风平浪静，水下～不断｜市场～。

【暗中】ànzhōng ❶ 名 黑暗中 ▷在～摸索前进。❷ 名 私下里；暗地里 ▷～盘算｜～勾结。

【暗转】ànzhuǎn 动 戏剧演到某一场或某一幕时，舞台灯光暂时熄灭，表示剧情的时间变化；或同时迅速变换布景，表示剧情的空间变化。

【暗自】ànzì 副 自己暗暗地 ▷～叫苦。

黯 àn 〈文〉❶ 形 昏暗；阴暗 ▷露明星～。→ ❷ 形 心神沮丧 ▷悄无语，～沉吟。☛ 跟"暗"不同。"黯"多用于形容伤感、忧郁、沮丧等情绪，如“黯然失色”“黯然神伤”；“暗”多用于形容光线不足等。

【黯淡】àndàn 现在一般写作“暗淡”。

【黯然】ànrán ❶ 形 形容暗淡无光的样子 ▷月色～。❷ 形 形容内心沮丧、情绪低落的样子 ▷～神伤|神情～。☛“黯”不要误写作“暗”。

【黯然神伤】ànrán-shénshāng 形容因失意、伤感而内心沮丧、情绪低落。

【黯然失色】ànrán-shīsè 暗淡无光，失去原有的光彩 ▷两相比较，这幅山水画显得～。

āng

肮（骯） āng［肮脏］āngzāng ❶ 形 脏；不干净 ▷这个厕所太～|～的被褥。❷ 形（思想、行为等）下流、卑劣 ▷灵魂～|～的交易。

áng

卬 áng 代〈文〉说话人称自己，相当于“我”。☛ 参见 930 页“卯”的提示。

昂 áng ❶ 动 仰起(头) ▷～首阔步|～起头。→ ❷ 形（价钱）高 ▷～贵。❸ 形（情绪）高涨 ▷慷慨激～|～奋。○ ❹ 名 姓。☛ ㊀统读 áng，不读 āng。㊁下边不是“卯”。参见 930 页“卯”的提示。

【昂昂】áng'áng 形 精神振奋，气度不凡 ▷意气～，神采飞扬。

【昂藏】ángcáng〈文〉❶ 形 仪表轩昂，气度不凡 ▷～英武，一表人才。❷ 形（书画等）超凡脱俗 ▷落笔秀逸，～不群。

【昂奋】ángfèn 形（情绪）高昂振奋 ▷他的情绪正处于欢快～之中。

【昂贵】ángguì 形 价格很高 ▷这里是市中心，地皮～◇为了事业，他付出了～的代价。

【昂然】ángrán 形 形容昂首挺胸、气度不凡的样子 ▷～而入◇纪念碑～耸立在广场上。

【昂首】ángshǒu 动 仰起头 ▷～四顾|～高呼。

【昂首阔步】ángshǒu-kuòbù 仰着头大步前进。原形容态度傲慢，瞧不起人；现多形容精神饱满，意气风发 ▷～从检阅台前走过。

【昂扬】ángyáng ❶ 形（情绪）饱满高涨 ▷斗志～|～的情绪。❷ 形（声音）高而响亮 ▷激越～的歌声直冲云霄。

àng

枊 àng〈文〉❶ 名 拴马桩。○ ❷ 名 斗拱。

盎[1] àng 名 古代一种腹大口小的瓦器。

盎[2] àng 形 形容充满的样子；洋溢 ▷～然。

【盎然】àngrán 形 形容气氛浓郁或意趣洋溢的样子 ▷花红柳绿，春意～|诗意～。

【盎司】àngsī 量 英制质量计量单位，1 盎司约等于28.3495克，合$\frac{1}{16}$磅。计量金银、药物时，1 盎司等于 31.1035 克。

āo

凹 āo ❶ 形 中间比四周低(跟“凸”相对) ▷～凸不平|～透镜。→ ❷ 动 凹陷 ▷眼窝深深地～进去。☛ ㊀统读 āo，不读 wā。㊁笔顺是 丨 𠃊 ⺈ 凹凹，5 画。

【凹版】āobǎn 名 版面中图文线条低于空白部分的印刷版。凹版印刷品(如纸币、邮票)，纸面上的油墨微微凸起，有立体感。

【凹面】āomiàn 名 向下凹陷或四周高中间低的物体表面。

【凹面镜】āomiànjìng 名 反射面凹进去的球面镜。凹面镜可使入射光线汇聚。简称凹镜。

【凹透镜】āotòujìng 名 中央比四周薄的透镜。能使光线发散，如近视镜片。也说发散透镜。

【凹凸】āotū 形 高低 ▷山路～不平。

【凹陷】āoxiàn 动 中间部分向内或向下陷进去 ▷眼窝～|地震后这里的地面有些～。

熬 āo 动 烹调方法，把蔬菜等放在水里加作料煮 ▷～萝卜|～鱼。

另见 14 页 áo。

【熬心】āoxīn〈口〉❶ 形 心里难受 ▷这件事实在让人～。❷ 动 操心 ▷～费力。

爊 āo 动〈文〉把食物放在灰火里或微火上煨熟。

áo

敖 áo ❶古同“遨”。○ ❷古同“隞”。○ ❸ 名 姓。

【敖包】áobāo 名 蒙古语音译，也译作鄂博。蒙古族地区人工堆成用作道路或地界标志的土石堆。旧时也把它当作神灵的住处来祭祀。

隞 áo 名 商朝都城，在今河南荥阳东北、敖山南。

嶅 áo 名 多小石的山(多用于地名) ▷～阴(地名，在山东)|～山(山名，在广东)。

遨 áo 动 漫游 ▷～游。

【遨游】áoyóu 动 周游；漫游② ▷～名山大川。

嗷 áo 见下。

【嗷嗷】áo'áo 拟声 模拟哀鸣、呼号(háo)的声音 ▷～待哺｜疼得～直叫。

【嗷嗷待哺】áo'áo-dàibǔ 雏鸟啼号着等待喂食。形容饥饿难忍，急于求食的景况。☛"哺"不读 pǔ。

廒 áo 名〈文〉粮仓 ▷仓～。

璈 áo 名 古代一种乐器。

獒 áo 名 一种凶猛善斗的狗，体大，尾长，四肢较短，常用作猎狗 ▷藏(zàng)～。

熬 áo ❶ 动 用文火久煮 ▷～粥｜～骨头汤｜～盐｜～药。→ ❷ 动 比喻忍耐或勉强支撑 ▷～不住｜～不过｜～过来｜苦日子～到头了。○ ❸ 名 姓。

另见 13 页 āo。

【熬出头】áochūtóu 从艰难困苦中摆脱出来 ▷苦日子总算～了。

【熬煎】áojiān 动 煎熬。

【熬年头儿】áoniántóur 混日子；特指为了仅凭工作年限的增长获得某种资历或待遇而混日子。

【熬头儿】áotour 名〈口〉指度过艰难困苦过上美好生活的希望 ▷孩子长大了，有～啦！

【熬夜】áoyè 动 忍受困乏，彻夜或深夜不睡觉 ▷工作任务繁重，他经常～。

聱 áo [聱牙] áoyá 形〈文〉形容读起来不顺口 ▷佶屈～。

螯 áo ❶ 名 螃蟹等节肢动物的第一对脚，钳状，能开合，用来取食、御敌 ▷～足｜～肢。→ ❷ 名〈文〉螃蟹 ▷持～赏菊。

【螯虾】áoxiā 名 甲壳动物，体形较大，呈圆筒状，甲壳坚厚。淡水螯虾多有经济价值，可食用。人工养殖近年发展很快。

【螯肢动物】áozhī dòngwù 节肢动物的一类，没有触角，口后面的第一对脚多变形为呈钳状的螯肢，用来取食、御敌。如鲎、蜘蛛等。

翱（*翶）áo 动〈文〉飞翔 ▷鸾～凤翥(zhù)。☛左下是"夲(tāo)"，不是"本"。

【翱翔】áoxiáng 动 回旋地飞 ▷展翅～。☛跟"飞翔"不同。"翱翔"侧重指在高空自由自在地飞，多用于鸟类中较大的，文学色彩较浓；"飞翔"则用于一般的鸟类飞行，适用范围较大。

鳌（鰲*鼇）áo 名 传说中海里的大龟或大鳖 ▷独占～头。

【鳌头】áotóu 名 指皇宫大殿石阶上刻的大鳌的头，考中状元的人才可以站在这里迎榜。

嚣（囂）áo ❶ 古同"嗷"。○ ❷ [嚣嚣] áo'áo 形〈文〉形容七嘴八舌的样子；也形容众多的样子 ▷谗口～。

另见 1509 页 xiāo。

鏖 áo 动〈文〉鏖战 ▷赤壁～兵。

【鏖战】áozhàn 动 激战；苦战 ▷～疆场。

ǎo

袄（襖）ǎo 名 有衬里的中式上衣 ▷把～穿上｜棉～｜夹～｜皮～。☛跟"袄(xiān)"不同。"袄"左边是"衤"，右边是"夭"；"祆"左边是"礻"，右边是"天"。

媪 ǎo 名〈文〉老年妇女 ▷翁～｜乳～。

ào

岙 ào 名 指山间平地(多用于地名) ▷松～｜霓～(均在浙江)。

垇 ào 同"坳"(多用于地名) ▷黄～(在江西遂川)｜三仙～(在湖南宁乡)。

坳（*坳）ào ❶ 名 低洼的地方 ▷塘～。→ ❷ 名 山间的平地 ▷山～。☛统读 ào，不读 āo。

拗（*抝）ào 动 违背；不顺 ▷违～｜～口。☛读 ào，表示不顺；读 niù，表示固执、不顺从，如"执拗"。

另见 1010 页 niù。

【拗口】àokǒu 形 不顺口 ▷～的台词必须修改。

【拗口令】àokǒulìng 名 绕口令。

奡 ào ❶ 古同"傲"①。○ ❷ 名 传说中的人物名。相传是大力士。

傲 ào ❶ 形 自高自大，看不起人 ▷～气十足｜骄～。→ ❷ 形 自尊自重，坚强不屈 ▷～然挺立｜～骨。→ ❸ 动〈文〉轻视；藐视 ▷恃才～物。○ ❹ 名 姓。

【傲岸】ào'àn 形〈文〉高傲(多用于褒义) ▷～不屈。

【傲骨】àogǔ 名 借指高傲而不屈从的品格 ▷身处困境，～犹存。

【傲慢】àomàn 形 看不起别人；对别人不尊重 ▷～自大，不可一世｜～的神色。

【傲气】àoqì ❶ 名 骄傲自大、目中无人的作风 ▷做人应该有傲骨，但不可有～。❷ 形 形容骄傲自大、盛气凌人 ▷此人非常～。

【傲然】àorán 形 形容坚强不屈，或超凡拔俗的样子 ▷梅花在飞雪中～绽放。

【傲人】àorén ❶ 动 骄人①。❷ 形 骄人②。

【傲世】àoshì 动〈文〉傲慢地看待世间的人和事 ▷～自处，绝弃人事。

【傲视】àoshì 动 骄傲地看待 ▷不能～群众｜～群雄。☛"傲视"既可用于贬义，也可用于褒义。

【傲物】àowù 动〈文〉傲慢地对待别人（物：除自己以外的人）▷恃才～。

奥 ào ❶ 名 古代指室内的西南角；泛指房屋深处 ▷堂～。→ ❷ 形〈文〉里面的；幽深的 ▷～室｜～域。❸ 形（含义）精深难懂 ▷深～｜～秘｜～旨。○ ❹ 名 姓。☛ 上半部第3画不带钩，里边的"米"上边没有一撇。由"奥"构成的字有"澳""懊"等。

【奥博】àobó〈文〉❶ 形（含义）深奥而广博 ▷文辞～。❷ 形（知识）精深渊博 ▷才学～。

【奥林匹克精神】àolínpǐkè jīngshén 奥林匹克运动会的精神，内容是相互了解、友谊、团结和公平竞争（奥林匹克：英语Olympic音译）。简称奥运精神。

【奥秘】àomì 名 深奥神秘的现象或道理 ▷大自然的～｜揭示科学～。

【奥妙】àomiào ❶ 形 高深微妙，不易理解的 ▷～的哲理。❷ 名 高深微妙的道理 ▷其中颇有～。

【奥赛】àosài 名 国际学科奥林匹克竞赛的简称。即在世界范围内，以中小学生和大学生为主举行的学科竞赛。

【奥斯卡金像奖】àosīkǎ jīnxiàngjiǎng 美国电影艺术与科学学院为奖励在电影编导、表演等方面取得优异成绩者而设立的国际性奖项。奖品是一尊男性人体镀金塑像。从1927年起，每年颁发一次（奥斯卡：英语Oscar音译）。

【奥委会】àowěihuì 名 奥林匹克委员会的简称。有国际奥委会和各个国家及地区的奥委会。

【奥义】àoyì 名 精深的义理 ▷弄懂经典著作的～。

【奥援】àoyuán 名〈文〉暗中支持、帮助的力量；有力的靠山 ▷两者互为～｜他不屑钻营，且无～。

【奥运村】àoyùncūn 名 为参加奥运会的各国运动员、裁判员、教练员和其他有关人员提供食宿、娱乐等生活设施而兴建的专用建筑群。

【奥运会】àoyùnhuì 名 奥林匹克运动会的简称。世界性的综合运动会，每四年举行一次。起源于古希腊在奥林匹亚城举办的竞技运动，1894年国际体育大会决定把世界性的综合竞技体育运动会叫做奥林匹克运动会。现代第一届奥林匹克运动会于1896年在希腊雅典举行。奥运会除了通常多指夏季奥林匹克运动会之外，现还包括冬季奥林匹克运动会、残疾人奥林匹克运动会、青年奥林匹克运动会等。

【奥旨】àozhǐ 名 精深的主旨 ▷探求书中～。

骜（驁） ào ❶ 名 古代骏马名；比喻才能出众的人。→ ❷ 形 马不驯服；比喻人傲慢、不顺服 ▷桀～不驯。

隩 ào 古同"奥"①。

另见1692页yù。

墺 ào 名 某些沿海地区称山间平地（多用于地名）▷深山野～｜上～（在浙江）。

薁 ào 名 一种有机化合物，是萘的同分异构体，青蓝色，有特殊气味，溶于浓度偏高的硫酸或盐酸，用作药物。也说蓝烃。

另见1692页yù。

澳[1] ào ❶ 名 可以停船的海湾（多用于地名）▷三都～｜牛～（均在福建）。→ ❷ 名 特指澳门 ▷港～地区。○ ❸ 名 姓。

澳[2] ào 名 指澳大利亚；也指大洋洲 ▷～毛。

【澳抗】àokàng 名 人体感染乙型肝炎病毒后产生的抗体。因科学家最先从一位澳大利亚土著人的血液中发现，故称。

【澳毛】àomáo 名 澳大利亚出产的羊毛。

【澳门元】àoményuán 名 中国澳门特别行政区的法定货币。也说澳门币。

【澳洲】àozhōu 名 大洋洲的旧称。

懊 ào 动 烦恼；悔恨 ▷～丧｜～悔。

【懊恨】àohèn 动 懊恼悔恨。

【懊悔】àohuǐ 动 因自己的言行失误而懊恼后悔 ▷事已至此，～也迟了。

【懊憹】àonáo 动〈文〉烦恼；悔恨。

【懊恼】àonǎo 形 因委屈或愧悔而心里不自在 ▷即使被别人误解，他也并不～。

【懊丧】àosàng 形 因为不顺心而懊恼沮丧 ▷不要因失败而～。

氱 ào 名 非金属元素，符号Og。有放射性，由人工核反应获得。

鏊 ào 见下。

【鏊子】àozi 名 摊煎饼等用的铁制炊具，圆形，中间稍隆起。

B

bā

八 bā ❶ 数 数字，比七大一的正整数。→ ❷ 数 表示很多 ▷我都说了～回了，他也没记住|～竿子打不着。☛“八”的大写是“捌”。

【八拜之交】 bābàizhījiāo 指结拜而成的兄弟姐妹关系。

【八宝菜】 bābǎocài 名 一种酱菜。把萝卜、黄瓜、莴笋、藕等切成小片或小块，与花生米、杏仁、核桃仁儿等混合腌渍而成。

【八宝茶】 bābǎochá 名 加入红枣、桂圆、菊花、冰糖等的茶。

【八宝饭】 bābǎofàn 名 糯米加莲子、桂圆、豆沙、红枣、果脯等蒸制的甜饭。

【八宝山】 bābǎoshān 名 指北京八宝山公墓，在石景山区。现常以“去八宝山”“进八宝山”等婉称人死亡。

【八宝粥】 bābǎozhōu 名 糯米加红小豆、莲子、桂圆、红枣、花生米等熬制的甜粥。

【八辈子】 bābèizi 名 好几代，指时间久远 ▷这笔债～也还不完。

【八成】 bāchéng ❶ 十分之八 ▷已做完～。❷ 副 表示推测，相当于“多半” ▷他～是出差了。

【八斗才】 bādǒucái 名 借指高才。参见121页“才高八斗”。

【八方】 bāfāng 名 指东、南、西、北及东南、东北、西南、西北八个方向；泛指各方 ▷眼观六路，耳听～|一方有难，～支援。

【八分书】 bāfēnshū 名 指东汉中期出现的新体隶书。也说八分。

【八竿子打不着】 bā gānzi dǎ bù zháo 形容关系疏远或毫无关系 ▷～的亲戚。

【八哥】 bāge 名 鸲鹆(qúyù)的通称。参见插图5页。

【八股】 bāgǔ 名 明清科举考试规定的一种文体。文章由破题、承题、起讲、入手、起股、中股、后股、束股八部分组成。起股到束股各要有两股对偶的文字，共八股。后用以借指内容空洞、形式死板的文章、讲话。

【八卦】 bāguà ❶ 名《周易》中的八种基本图形。每种图形由三个爻（“—”是阳爻，“--”是阴爻）组成，共八种，即乾(☰)、坤(☷)、震(☳)、巽(☴)、坎(☵)、离(☲)、艮(☶)、兑(☱)，分别代表天、地、雷、风、水、火、山、泽，称为八卦。任取两卦互相搭配，可得六十四卦，用来记录各种自然现象和社会现象。八卦反映了华夏先民对现实世界的朴素认识，后来被用作占卜的符号，逐渐带上神秘的色彩。❷ 名 没有根据的或未经证实的消息 ▷何必那么关注名人隐私、明星～呢？|那是～，别当真。❸ 形 喜欢打听小道消息或他人隐私的 ▷办公室闲聊，不要太～|他特别～，总爱打听别人家的事儿。❹ 动 随意地说；信口乱说 ▷周末她总爱约上好友一起～，聊聊最近发生的事儿|别听他～。

【八卦拳】 bāguàquán 名 武术拳种之一，分上八卦、中八卦、下八卦，又各分八路，共二十四路。动作刚猛，朴实无华。

【八卦掌】 bāguàzhǎng 名 武术拳种之一，按八卦方位，分八门八式八手八法，以掌法变换和行步走转为主，避实击虚，可用于实战，兼有强身健体功效。

【八国联军】 bāguó liánjūn 1900年英、法、美、德、俄、日、意、奥八国组成的侵华联军。为镇压义和团反帝爱国运动、阴谋瓜分中国，大举进犯天津、北京等地，1901年迫使清朝政府签订了丧权辱国的《辛丑条约》。

【八行书】 bāhángshū 名 旧指书信。旧时信纸多用红线分成八个竖行，故称。简称八行。

【八角茴香】 bājiǎo huíxiāng 常绿小乔木，初夏开红色花。果实也叫八角茴香，也叫大料，多由八瓣聚生而成，褐色，有浓烈香味，可以做调味香料，也可以做药材。也说大茴香、八角。

【八角帽】 bājiǎomào 名 呈八角形的帽子；特指中国工农红军的军帽。

【八九不离十】 bā jiǔ bù lí shí 指非常接近实际情况 ▷不猜便罢，若猜便猜它个～。

【八路军】 bālùjūn 名 抗日战争时期，中国共产党领导的人民军队。1937年8月，由中国工农红军在北方的主力部队改编为国民革命军第八路军，简称八路军。也说八路。

【八面光】 bāmiànguāng 形容处世非常圆滑，各方面都不得罪。

【八面玲珑】 bāmiàn-línglóng 原指窗户多而明亮。现多形容处世圆滑，各方面都不得罪。

【八面威风】 bāmiàn-wēifēng 形容神气十足，威势逼人。

【八旗】 bāqí 名 清代满族的军队组织和户口编制。以不同的旗帜为标志，分正黄、正白、正红、正蓝、镶黄、镶白、镶红、镶蓝八旗。后又设蒙古八旗和汉军八旗。

【八旗子弟】 bāqí zǐdì 八旗成员的后代；泛指贪图享受、无所事事的贵族后代。

【八抬大轿】 bātái-dàjiào 封建时代供大官乘坐的由八个人抬着走的轿子。后借指隆重接待贵客的方式(含诙谐意)。

【八仙过海】bāxiān-guòhǎi 神话传说中的八位神仙,即汉钟离、张果老、吕洞宾、铁拐李、韩湘子、曹国舅、蓝采和、何仙姑,过海时不用舟船,各用各的法术。后用"八仙过海,各显其能"(或"各显神通")比喻各自施展不同的本领,显示自己的才能。

【八仙桌】bāxiānzhuō 名 每边可坐两个人的大方桌。

【八一建军节】bā-yī jiànjūnjié 中国人民解放军建军纪念日。1927 年 8 月 1 日南昌起义,标志着中国共产党独立领导武装革命的开始。1933 年中华苏维埃共和国临时中央政府决定每年的 8 月 1 日为中国工农红军的建军节,后沿用为中国人民解放军的建军节。

【八音】bāyīn ❶ 名 古代对用金、石、丝、竹、匏、土、革、木八类材料制成的乐器的合称。❷ 名 指各种乐器发出的声音。

【八音盒】bāyīnhé 名 由发条控制的可奏出固定乐曲的盒状器物,也用作摆设。也说八音匣。

【八月节】bāyuèjié 名 中秋节。

【八字】bāzì 名 生辰八字。

【八字步】bāzìbù 名 行走时两脚向内或向外成"八"字形的步态 ▷老先生迈着~,不慌不忙地走过来。

【八字胡】bāzìhú 名 唇上边留的呈"八"字形的胡子。

【八字脚】bāzìjiǎo 名 两脚向内或向外成"八"字形的脚。

【八字没一撇】bā zì méi yī piě 一个"八"字连一撇都没有写。比喻事情离成功还差得很远。

【八字眉】bāzìméi 名 两边眉梢各向下斜呈"八"字形的眉毛。

【八字帖】bāzìtiě 名 庚帖。因里面写有生辰八字,故称。

巴[1] bā ❶ 名 古国名,在今重庆境内,战国时被秦所灭,改设巴郡。→ ❷ 名 指四川东部和重庆一带 ▷~山蜀水|~蜀民歌|秦~山区。○ ❸ 名 姓。

巴[2] bā 动 盼望;期望 ▷~不得|~望。

巴[3] bā ❶ 动 紧贴着;挨着 ▷壁虎~在墙上。→ ❷ 动 黏附;黏结 ▷锅里的米饭都~底了|粥已经~锅了。❸ 名 粘在别的物体上的东西 ▷锅~。

巴[4] bā ❶ 量 压强非法定计量单位,1 巴等于 10^5 帕。○ ❷ 名 巴士的简称。

另见 22 页 ba。

【巴巴】bābā 词的后缀。用于形容词后,表示情状 ▷干~|急~|可怜~。

【巴不得】bābude 动 〈口〉急切地盼望 ▷~今晚就出发|~不派我去。

【巴旦杏】bādànxìng 名 扁桃①。

【巴豆】bādòu 名 常绿灌木或小乔木,叶卵圆形,开小花。种子也叫巴豆,可以做药材。

【巴儿狗】bārgǒu 名 哈巴狗①。

【巴结】bājie 动 (为了某种利益或目的)极力讨好(某人) ▷~权贵。

【巴黎公社】bālí gōngshè 巴黎工人和其他劳动者建立的人类历史上第一个无产阶级政权。1871 年 3 月 18 日,巴黎工人起义,夺取了政权。3 月 28 日巴黎公社成立。由于无产阶级在政治上尚未成熟,公社最终失败。

【巴山蜀水】bāshān-shǔshuǐ 统称巴蜀地区的山和水;借指重庆、四川一带。

【巴士】bāshì 名 英语 bus 音译。公共汽车;泛指大型客车。

【巴蜀】bāshǔ 名 指重庆、四川一带 ▷~文化|~风光。

【巴松】bāsōng 名 英语 bassoon 音译。大管。

【巴头探脑】bātóu-tànnǎo 探头探脑。

【巴望】bāwàng 动 期望;急切盼望 ▷他~儿子能考上大学。

【巴乌】bāwū 名 云南、广西等地哈尼族、彝族、苗族等所用的一种簧管乐器。形似笛子,管身竹制,有 4 至 8 个孔,上端有铜制簧片,横吹或竖吹。参见插图 12 页。

【巴掌】bāzhang ❶ 名 手掌 ▷一个~拍不响。❷ 名 和"大"连用,形容地方极小 ▷~大的地方,能停几辆车? ❸ 量 用于手掌的动作 ▷扇他两~。

扒[1] bā 动 抓住(可依附的东西);紧紧把住 ▷~着墙头往里看|~栏杆。

扒[2] bā ❶ 动 刨;拆 ▷~土|~堤|~开院墙。○ ❷ 动 拨动 ▷~开草丛。○ ❸ 动 剥;脱 ▷~掉伪装。

另见 1019 页 pá。

【扒车】bāchē 动 攀上正在行驶的火车或汽车 ▷打击~盗窃分子。

【扒带】bādài ❶ 动 翻录音像带;特指为非法营利而盗录正版音像带的内容。❷ 名 翻录的音像带;特指为非法营利而盗录的音像带。‖也说扒带子。

【扒拉】bāla 动 〈口〉拨动(物体),使移开 ▷把上面的土~开◇他从领导岗位上被~下来了。☛ 跟"扒(pá)拉"不同。

【扒皮】bāpí ❶ 动 剥(bāo)皮① ▷~剜心|扒下一层皮。❷ 动 比喻进行盘剥。

叭 bā ❶ 拟声 模拟断裂、撞击等的声音 ▷~的一声,棍子断了|~~两声枪响。○ ❷ 佛教咒语用字。参见 565 页"吽(hōng)"。

【叭儿狗】bārgǒu 现在一般写作“巴儿狗”。

机 bā ❶ 名〈文〉没有齿的耙子。○ ❷ 用于地名。如构机，在陕西。

芭 bā 名 古书上说的一种香草。☛ 跟“笆”不同。

【芭比娃娃】bābǐ wáwa 一种儿童玩偶，是身材姣好、长相甜美的少女形象。很受女孩儿们喜爱（芭比：英语 Barbie 音译）。

【芭蕉】bājiāo 名 多年生草本植物，有匍匐茎，假茎绿色或黄绿色，叶子宽大。果实也叫芭蕉，跟香蕉相似，果肉可以食用。参见插图 8 页。

【芭蕉扇】bājiāoshàn 名 葵扇的俗称。

【芭蕾舞】bālěiwǔ 名 一种欧洲古典舞蹈；也指欧洲古典舞剧。起源于意大利，形成于法国，以舞蹈为主要表现手段。女演员舞蹈时穿特制的舞鞋，常用脚尖着地（芭蕾：法语 ballet 音译）。也说芭蕾。

夿 bā 见 529 页“奞(hǎ)夿屯”。

吧[1] bā 同“叭”①。现在一般写作“叭”，但在复音词中用“吧”。如“吧嗒”“吧唧”。

吧[2] bā 英语 bar 音译。❶ 名 酒吧；某些提供休闲活动的经营场所 ▷～台｜氧～｜网～。○ ❷ 名 贴吧 ▷～主（管理某个贴吧的人）。

另见 22 页 ba。

【吧嗒】bādā 拟声 模拟液体滴落或物体轻轻相碰、落下时发出的声音 ▷眼泪～～往下掉｜～一声，门锁上了。☛ 不宜写作“巴答”“吧哒”“叭哒”“叭嗒”。

【吧嗒】bāda 动 双唇开合作响 ▷他～～嘴，没说什么｜馋得直～嘴儿。

【吧唧】bājī 拟声 模拟脚踏有水的地面、嘴巴开合作响等的声音。

【吧唧】bāji ❶ 动 嘴唇开合作响 ▷吃饭不要～嘴。❷ 动 抽（旱烟）▷不大会儿工夫他就～了好几袋烟。

【吧女】bānǚ 名 酒吧里的女服务员。

【吧台】bātái 名 酒吧等供应饮料的柜台。

岜 bā 名 石山（多用于地名）▷～山（在山东）｜～关岭（在广西）。

峇 bā［峇厘］bālí 名 地名，在印度尼西亚。今译作巴厘。

疤 bā ❶ 名 伤口或疮口愈合后留下的痕迹 ▷脸上有块～｜伤～。→ ❷ 名 器物上像疤的痕迹 ▷脸盆上有块～。

【疤痕】bāhén 名 疤 ▷～累累。

【疤拉】bāla 现在一般写作“疤瘌”。

【疤拉眼儿】bālayǎnr 现在一般写作“疤瘌眼儿”。

【疤瘌】bāla 名 疤①。

【疤瘌眼儿】bālayǎnr ❶ 名 眼睑上有疤痕的眼睛。❷ 名 借指眼睑上有疤痕的人。

捌 bā 数 数字“八”的大写。

蚆 bā ❶ 名 古书上说的一种两头尖、中间宽的贝；借指货币。○ ❷ 用于地名。如：蚆蛸，岛名，在辽宁；蛤蚆嘴，地名，在浙江。

笆 bā 名 用树枝、荆条、竹篾等编制的片状物 ▷荆～｜竹～｜篱～。☛ 跟“芭”不同。

【笆斗】bādǒu 名 用柳条或竹篾等编成的形状像斗的容器，用于装东西。也说栲栳。

【笆篓】bālǒu 名 用树枝、竹篾等编成的背篓。

羓 bā〈文〉❶ 名 经过加工的大块干肉。→ ❷ 名 泛指干制食品。○ ❸ 名 一种品种较为珍贵的羊。

粑 bā 名 某些地区指饼类食物 ▷糍～｜糯米～。

豝 bā 名〈文〉母猪。

鲃（魾） bā 名 鱼，体侧扁或略呈圆筒形，口部多有须。种类很多，主要产于我国南方水流湍急的溪涧中。

bá

拔 bá ❶ 动 抽出；拽出 ▷把电源插头～下来｜～牙｜～刀相助。→ ❷ 动 超出；高出 ▷出类～萃｜高楼～地而起｜～尖儿。→ ❸ 动 挑选（人才）▷选～｜提～。→ ❹ 动 攻克；夺取 ▷连～三城。→ ❺ 动 吸出（毒气等）▷～毒｜～罐子。❻ 动〈口〉把东西浸泡在凉水里使变凉 ▷在井水里～过的西瓜吃起来更爽口。☛ ㊀统读 bá。㊁跟“拨”不同。右边是“犮(bá)”，不是“友”或“发”。由“犮”构成的字还有“茇”“跋”等。

【拔除】báchú 动 拔去；除掉 ▷～眼中钉、肉中刺｜～制造假酒的窝点。

【拔刀相助】bádāo-xiāngzhù 拔出刀来帮助别人。多指见义勇为，打抱不平。

【拔地而起】bádì'érqǐ 形容山峰、建筑物等陡然矗立在地面上 ▷山峰～｜～的高楼。

【拔高】bágāo ❶ 动 往高处提 ▷～声音。❷ 动 不切实际地抬高人物或作品的地位 ▷对模范人物的宣传要实事求是，不可任意～。☛ 跟“提高”不同。“拔高”的引申义侧重于不顾实际，人为地硬往上提；“提高”是在原来的基础上再进一步。

【拔罐儿】báguànr 动 中医治病时在小罐内燃烧纸片、酒精棉球等物，然后迅速将罐口紧扣在患处皮肤表面或一定的穴位上，造成局部充血。可以治疗感冒、咳嗽、风湿疼痛、腰背肌肉劳损等症。也说拔罐子、拔火罐儿。

【拔河】báhé 动 一种体育运动。人数相等的两队各执长绳的一端，同时向相反的方向用力拉，把长绳中间的标志拉过规定界线的一方获胜。

【拔火罐儿】báhuǒguànr ❶ 动 拔罐儿。❷ 名 拔火用的上细下粗的短烟筒，罩在家用煤炉的炉口上，能把火苗往上吸，使火烧旺。

【拔尖儿】bájiānr ❶ 形 超出众人的 ▷在青年科技人员中，他是最～的。❷ 动 突出自己 ▷他很要强，处处都想～。

【拔脚】bájiǎo 动 拔腿。

【拔节】bájié 动 指稻、麦、玉米、高粱等禾本科植物到一定发育阶段时，主茎的各节依次快速长高 ▷高粱正在～，水肥要跟上。

【拔锚】bámáo 动 起锚。

【拔苗助长】bámiáo-zhùzhǎng《孟子·公孙丑上》中说，有个宋国人嫌禾苗长得太慢，便把禾苗一棵棵往上拔，使它变高。结果禾苗都干枯了。后用"拔苗助长"比喻违反事物发展规律，急于求成，反而坏事。

【拔取】báqǔ 动 选拔录取 ▷～人才。

【拔丝】básī ❶ 动 把金属材料拉制成丝状 ▷～车间。❷ 动 烹调方法，将苹果、土豆等加工成块、片状，油炸后放进滚热的糖稀里拌匀，此时用筷子夹起，糖稀便拉成丝状 ▷～苹果。

【拔俗】bású 动 超越流俗 ▷超凡～。

【拔头筹】bátóuchóu 抽得第一根筹码。借指获取第一名 ▷以他的实力，～不成问题。也说拔得头筹。

【拔腿】bátuǐ ❶ 动 抬起腿来快速起步 ▷二话没说，～就走。❷ 动 摆脱开 ▷这事太复杂，掺和进去再想～就难了｜忙得拔不开腿。

【拔营】báyíng 动 部队从驻地出发转移他处 ▷部队今晚～。

【拔擢】bázhuó 动〈文〉提拔；选拔 ▷～新人。

茇 bá 名〈文〉草根。

妭 bá 名〈文〉容貌美丽的女子。

胈 bá 名〈文〉人大腿上的细毛。

菝 bá［菝葜］báqiā 名 落叶攀缘状灌木，茎横生，有刺，呈块根状，开黄绿色花，果实红色。根状茎可以做药材。俗称金刚藤、金刚刺。

跋[1] bá 动 在山上行走 ▷～山涉水。

跋[2] bá 名 文体名称，指写在书籍、文章的后面或字画、金石拓片等的边上，说明写作经过或加以评价、考释的短文 ▷书前有序，书后有～｜序～｜题～。

【跋扈】báhù 形〈文〉骄横霸道 ▷专横～。

【跋前疐后】báqián-zhìhòu 现在一般写作"跋前踬后"。

【跋前踬后】báqián-zhìhòu《诗经·豳风·狼跋》："狼跋其胡，载疐其尾。"（跋：踩；踬："疐"的通假字，被绊倒）意思是老狼前进就踩住颔下的垂肉，后退就被尾巴绊倒。比喻进退两难。

【跋山涉水】báshān-shèshuǐ 翻山越岭，徒步过河。形容长途奔波的艰辛。☛ 不要误写作"爬山涉水"。

【跋涉】báshè 动 翻过山岭，蹚过河流。形容艰难行进、长途奔波 ▷艰苦～｜～千里◇在科学研究的道路上艰难～。

【跋文】báwén 名 跋[2]。

【跋语】báyǔ 名 跋[2]。

魃 bá 名 传说中造成旱灾的鬼怪。也说旱魃。

魆 bá 见 1404 页"鼧（tuó）魆"。

bǎ

把[1] bǎ ❶ 动 握住 ▷～住方向盘｜手～手地教孩子写字。→ ❷ 名 手推车、自行车等上面供手握住的部分 ▷骑车不要双手撒～｜车～。→ ❸ 动 控制；独占 ▷大事小事都～着不放｜～持。⇒ ❹ 动 守卫；看守 ▷～门｜～关。❺ 动〈口〉紧挨；靠近 ▷～着胡同口有个饭铺｜～墙角站着。⇒ ❻ 动 固定住使不开裂 ▷椅子快散了，用角铁～住。→ ❼ 名 一手可以握住的或扎成小捆的东西 ▷火～｜手巾～儿｜草～儿。❽ 量 a)用于一只手可以握住或抓起的东西 ▷一～柴草｜一～米。b)用于扎成小捆的东西 ▷两～小萝卜。c)用于有柄或类似把手的器物 ▷一～菜刀｜两～椅子。参见插图 13 页。d)用于同手有关的动作（数词多用"一"）▷推了一～｜擦～脸。e)用于同手的动作有关的某些事物（数词限用"一"）▷一～鼻涕一～眼泪｜一～屎一～尿地把孩子拉扯大。f)用于某些抽象事物（数词多用"一"）▷出一～力｜加～劲儿。→ ❾ 介 a)表示处置，"把"的宾语是后面及物动词的受事者 ▷快～饭吃了｜～车修好了｜～搞活经济当作首要任务来抓。b)表示致使，后面的动词通常带有表示结果的补语，"把"后的名词与后面的动词的语义关系是多样的 ▷别～眼睛哭红了｜一不小心，～刀砍在自己手上｜～他急坏了｜～礼堂挤得水泄不通。c)表示发生了不如意的事情，"把"后面的名词是当事者 ▷正急着要浇地，偏偏～修水泵的师傅给病倒了。→ ❿ 动 从后面托起婴儿的双腿并使分开（让婴儿大

小便）▷～屎|～尿。○ ⓫ 名 旧指结拜为异姓兄弟的关系 ▷～兄弟。

把[2] bǎ 助 用于某些数词或量词后，表示数量接近这个单位数 ▷万～人|百～里路|个～月。☛ "把"字读 bà，指器物上或花、叶、果实上的柄，常带词缀"子""儿"，如"印把子""花把儿"。但"车把"的"把"读 bǎ。

另见 21 页 bà。

【把柄】bǎbǐng 名 器物上供人握持的部分；比喻可以被人抓住进行要挟或利用的短处、过失等 ▷不要抓住别人的～不放。

【把持】bǎchí ❶ 动（对权力等）抓住不放；独占 ▷～人事大权。❷ 动 控制内心冲动使不爆发 ▷他一冲动就～不住自己了。

【把舵】bǎduò 动 掌舵 ▷～的是一位老船工◇完成这个课题全得靠他～。

【把风】bǎfēng 动 望风。

【把关】bǎguān 动 把守关口；比喻按一定原则或标准检查，防止出现差错 ▷产品质量由他～。

【把家】bǎjiā 动〈口〉管理家务 ▷她过日子勤俭，很会～◇我们单位全靠他来～。

【把角儿】bǎjiǎor ❶ 名 靠近屋角、墙角的地方 ▷我住在院子～的那间房。❷ 名 路口拐角处 ▷信筒就在胡同～。

【把酒】bǎjiǔ 动〈文〉端起或端着酒杯 ▷～酹滔滔|～话旧。

【把口儿】bǎkǒur 名〈口〉靠近路口、巷口的地方 ▷胡同～头一个门儿是居委会。

【把揽】bǎlǎn 动 把持包揽 ▷什么事他都～着，谁也插不上手。

【把牢】bǎláo 形〈口〉稳妥可靠 ▷让他办事最～|他说话不～。

【把脉】bǎmài 动 诊脉；比喻分析情况，查明原因 ▷给病人～|请专家为我们公司～。

【把门】bǎmén ❶ 动 守卫门户 ▷有武警～◇嘴巴上缺个～的。❷ 动 守卫球门 ▷该队本赛季由外援～。

【把式】bǎshi ❶ 名 指武术；也指某些技艺 ▷练～|打～卖艺。❷ 名 指会武术的人；也指精通某项专门技艺的人 ▷他可是老～了|车～。

【把势】bǎshi 现在一般写作"把式"。

【把手】bǎshǒu 动〈文〉握住手 ▷～言欢。

【把手】bǎshou 名 器物上供人握持或拉拽的部分 ▷门～|车～。

【把守】bǎshǒu 动 守卫；护卫（重要的地方）▷重兵～|～城门。☛ 跟"看守"不同。"把守"侧重于守卫，使不被对方占领，对象主要是阵地、关口等；"看守"侧重于管理、照料，对象可以是物，也可以是人。"看守"还可用作名词，指担任看守工作的人；"把守"无此用法。

【把水搅浑】bǎshuǐjiǎohún 比喻把事情或人们的思想搞乱。

【把头】bǎtóu 名 旧指把持某一行业的头目 ▷搬运行（háng）的～。

【把玩】bǎwán 动 拿在手里赏玩 ▷他拿着这个鼻烟壶不停地品味～。

【把稳】bǎwěn ❶ 动 牢牢握住，保持稳定 ▷～舵。❷ 形〈口〉稳妥可靠 ▷想个～的办法。

【把握】bǎwò ❶ 动 握住；掌握 ▷～战机。❷ 名 成功的依据或信心 ▷对夺冠很有～。☛ 跟"掌握"不同。用作动词，"把握"侧重指能控制住，多与"方向""时机""实质"等搭配；"掌握"侧重指因熟悉而能自由运用，多与"技术""规律""命运"等搭配。

【把晤】bǎwù 动〈文〉握手会面。

【把戏】bǎxì ❶ 名 指魔术、杂技一类技艺 ▷耍～的来了|～人人会耍，巧妙各不相同。❷ 名 花招儿；骗人的伎俩 ▷戳穿他的鬼～。

【把兄弟】bǎxiōngdì 名 结拜兄弟。也说盟兄弟。

【把斋】bǎzhāi 动 封斋①。

【把盏】bǎzhǎn 动〈文〉端起酒杯 ▷～对饮。

【把子】bǎzi ❶ 名 捆扎在一起的长条物 ▷草～|扎成～。❷ 量 用于某些抽象事物 ▷有～力气。○ ❸ 名 戏曲中所用的兵器道具的统称；也指开打的动作 ▷～功|练～。○ ❹ 名 结拜的关系。参见 31 页"拜把子"。

屉 bǎ [屉屉] bǎba 名〈口〉屎；粪便。

钯（鈀） bǎ 名 金属元素，符号 Pd。银白色，熔点较高，延展性强，能大量吸收氢气。用作氢化或脱氢的催化剂，也用于制造特种合金等。

另见 1020 页 pá。

靶 bǎ 名 靶子 ▷打～|～心。

【靶标】bǎbiāo 名 靶子。

【靶场】bǎchǎng 名 练习、比赛射击或射箭等的场地。

【靶船】bǎchuán 名 用作靶标的船只。

【靶点】bǎdiǎn ❶ 名 射击时所瞄准的目标点。医学上指放射治疗时，放射线由不同方位所汇集到的病变部位；泛指病变部位 ▷找准肿瘤的特定～|不少中药具有多～调节的特点。❷ 名 比喻某事物中的重点 ▷确定市场调控～，精准发力。

【靶机】bǎjī 名 用作靶标的无人驾驶飞行器。

【靶台】bǎtái 名 打靶时射手所处的位置。

【靶心】bǎxīn 名 靶子的中心 ▷射中～。

【靶子】bǎzi 名 练习、比赛射击或射箭等用的目标；比喻众人攻击的对象。

bà

坝（垻❸❹壩） bà ❶ 名 在江河或山谷中拦截水流的建筑物 ▷三峡大～|拦河～|～址。→ ❷ 名 筑在河道边，用以引导水流、改变流向、保护堤岸的建筑物。如丁坝、坝埽。○ ❸ 名 山间的平地或平原（多用于地名）▷沙坪～（在重庆）。→ ❹ 名 沙滩（多用于地名）▷沙～（在陕西）。○ ❺ 名 姓。

【坝地】 bàdì 名 山沟里筑坝，拦截流失的泥土而淤积成的田地。

【坝基】 bàjī 名 坝的基础。

【坝埽】 bàsào 名 旧时在黄河河道弯曲的凹岸一侧，用埽筑成的拦水固堤设施。

【坝身】 bàshēn 名 坝的主体部分。

【坝田】 bàtián 名 堤岸旁边的田；也指山间的平坦田地。

【坝子】 bàzi ❶ 名 小河沟的坝。❷ 名 某些地区指山间的平地或平原 ▷成都～|滇池～。

把 bà ❶ 名 器物上供握持的部分 ▷笤帚～儿|铁锹～儿|印～子◇落下话～儿。→ ❷ 名 花、叶或果实跟茎或枝相连的部分 ▷叶～儿|海棠～儿。☛ 口语多读 bàr。

另见 19 页 bǎ。

【把子】 bàzi 名 把（bà）①。

弝 bà 名〈文〉弓背中间手握处。

爸 bà 名〈口〉爸爸。

【爸爸】 bàba 名〈口〉父亲。

耙 bà ❶ 名 农具，主要用来把耕过的地里的大土块打碎，把地面弄平 ▷钉齿～|圆盘～。→ ❷ 动 用耙（bà）碎土平地 ▷地刚～过一遍|～地。

另见 1020 页 pá。

罢（罷） bà ❶ 动 停止；歇 ▷欲～不能|善～甘休|～考|～手。→ ❷ 动 免去或解除（职务）▷～职|～免。→ ❸ 动 完毕；完了 ▷用～早饭|听～一言不发。☛ 上边是“罒（wǎng）”，不是“四”。由“罒”构成的字还有“罗”“罚”“罪”“置”等。

另见 22 页 ba。

【罢笔】 bàbǐ 动 停止写作 ▷写到深夜仍不～。

【罢兵】 bàbīng 动 停战。

【罢黜】 bàchù〈文〉❶ 动 废除；排斥 ▷～百家，独尊儒术。❷ 动 罢免（官职）▷～国贼。

【罢工】 bàgōng 动 工人或工作人员为达到某种目的而集体停止工作。

【罢官】 bàguān 动 革除官职 ▷因渎职被～。

【罢教】 bàjiào 动 教师为达到某种目的而集体停止授课。

【罢考】 bàkǎo 动 考生为达到某种目的而集体拒绝应（yìng）考。

【罢课】 bàkè 动 学生为达到某种目的而集体停止上课。

【罢了】 bàle 助 用在陈述句的末尾，表示仅此而已（有把事情往小里说的意味，常同“不过、只是、无非”等词相呼应）▷我不过是开个玩笑～，你可不要当真|他无非是想吓唬你～。

【罢练】 bàliàn 动 运动员为达到某种目的而集体拒绝参加训练。

【罢了】 bàliǎo 动 作罢，表示不再计较 ▷难道就此～不成？

【罢论】 bàlùn 名 放弃了的打算；不再追究、讨论的事 ▷条件不成熟，暂作～。

【罢免】 bàmiǎn 动 免去（职务）；今特指选民或原选举单位撤销他们所选出的人员的职务 ▷厂长被～了|人民有权～他。

【罢免权】 bàmiǎnquán ❶ 名 选民或选举单位依法享有的罢免国家代表机关代表或国家公职人员的权利。❷ 名 政府机关或组织依法撤销所任命人员的职务的权利。

【罢赛】 bàsài 动 运动员为达到某种目的而拒绝参加比赛或中途退出比赛。

【罢市】 bàshì 动 商人为达到某种目的而集体停止营业。

【罢手】 bàshǒu 动 住手；停止做（某事）▷双方一直打到天黑才～|不干出成绩，决不～。

【罢诉】 bàsù 动 撤诉。也说罢讼。

【罢休】 bàxiū 动 停止；不再进行下去（多用于否定或反问）▷不达目的决不～。

【罢演】 bàyǎn 动 演员为达到某种目的而拒绝演出。

【罢战】 bàzhàn 动 停止战争；休战 ▷～言和。

【罢职】 bàzhí 动 解除职务 ▷丢官～|～还乡。

鲅（鮁） bà 名 马鲛。

龅 bà 动 牙齿暴露在唇外 ▷眼眍齿～。

䎬 bà 同“耙”。现在一般写作“耙”。

霸（*覇） bà ❶ 名 古代诸侯联盟的首领 ▷春秋五～|～主。→ ❷ 名 依仗权势欺压他人的人 ▷他是当地一～|恶～|渔～。→ ❸ 动 依仗权势强占 ▷独～一方|～占。

【霸持】 bàchí 动 强行占据 ▷～了整条商业街|～村民房产。

【霸道】 bàdào ❶ 名 古代指凭借武力、刑罚、权势等进行统治的政策（跟“王道”相区别）。❷ 形

蛮横强暴,不讲道理 ▷横行～|他也太～了,根本不让人讲话。

【霸道】bàdao 形〈口〉(药性、酒性等)厉害;猛烈 ▷这种药特别～,服用须谨慎。

【霸凌】bàlíng 动 欺压凌辱 ▷这些歹徒结成团伙,～他人|反对贸易～主义|校园～。

【霸气】bàqì ❶ 名 专横霸道的气焰 ▷他没有阔少爷那种～。❷ 形(态度)蛮横 ▷他不敢像从前那样～了。

【霸权】bàquán 名 在国际关系中,依仗政治、经济、军事等方面的优势,欺凌或控制其他国家的强权。

【霸权主义】bàquán zhǔyì 实行强权,以图在世界上或在某个地区称霸的主张或政策。

【霸市】bàshì 动 依仗势力称霸市场;操纵市场 ▷欺行(háng)～。

【霸王】bàwáng ❶ 名 指项羽。项羽曾自立为西楚霸王 ▷宜将剩勇追穷寇,不可沽名学～。❷ 名 借指极端蛮横霸道的人 ▷他是这一带有名的土～。

【霸王鞭】bàwángbiān ❶ 名 民间舞蹈用的两端安有铜片的彩色短棍。❷ 名 一种民间舞蹈,表演时一面说唱,一面舞动霸王鞭,敲击四肢、肩、背等部位,发出有节奏的声响。也说花棍舞、打连厢。○ ❸ 名 常绿植物,灌木状,茎有五个棱,棱上有乳头状硬刺,开绿色小花。原产马来群岛,常作绿篱栽培。

【霸王条款】bàwáng tiáokuǎn 比喻生产者或经营者利用自己在交易中的特殊地位,违反公平、诚信原则,损害相关人利益的条款。

【霸业】bàyè 名 旧指称霸诸侯的大业。

【霸占】bàzhàn 动 依仗权势强占 ▷～林地。☛ 跟“占领”不同。“霸占”强调行为的蛮横,对象包括人、财物、土地等,适用范围较宽,是贬义词;“占领”的对象侧重于土地或特定区域等,是中性词。

【霸主】bàzhǔ 名 春秋时期诸侯联盟的首领;比喻在某一领域最有声望或实力的人或集团 ▷棋坛～|居同行业的～地位。

灞 bà 名 灞河,水名,在陕西,流入渭河。

ba

巴 ba 词的后缀。附在某些词后面,构成双音节名词 ▷尾～|哑～。

另见 17 页 bā。

吧 ba ❶ 助 用在句尾或句中停顿处,表示不同的语气。a)用于陈述句,表示不很肯定 ▷他大概已经走了～|可以～,先试试看。b)用于祈使句,使语气委婉 ▷你回去～!|别说了～! c)用于疑问句,缓和疑问语气 ▷这笔是你的～?|会议结束了～?→ ❷ 助 用在句中停顿处,使语气舒缓 ▷他～,身体不太好|你～,就不用来了。→ ❸ 助 用在假设复句(常常是正反两种设想对举)前一分句的末尾,表示两难或犹豫 ▷去～,不好;不去～,也不好。

另见 18 页 bā。

罢(罷) ba 同“吧(ba)”。现在一般写作“吧”。另见 21 页 bà。

bāi

刯 bāi [刯划] bāihua〈口〉❶ 动 处置;安排 ▷忙得他怎么也～不开了。❷ 动 摆弄 ▷动手维修前先看看说明书,免得～坏了。

掰 bāi ❶ 动 用双手把东西分开或折断 ▷把饼干～碎|～开揉碎。参见插图 14 页。→ ❷ 动〈口〉指(友谊、感情)破裂 ▷～脸|他俩～了。☛ 第四画是竖撇(丿),不是竖钩(亅)。

【掰开】bāikāi ❶ 动 掰① ▷～看看|掰得开|掰不开。❷ 动 比喻深入浅出地解剖、分析 ▷原理很复杂,需要～了讲。

【掰脸】bāiliǎn 动〈口〉翻脸 ▷为这么点儿事就～,太不应该!

【掰腕子】bāiwànzi 比赛腕力和臂力。赛法是两人都伸出右手或左手,互相握住,向各自内侧同时用力,但身体和肘部不得移位,以扳倒对方前臂为胜。

bái

白[1] bái ❶ 形 形容颜色像霜雪一样(跟“黑”相对) ▷墙刷得很～|～发|～云。→ ❷ 形 洁净;纯洁(多指为人) ▷襟怀坦～|清～。→ ❸ 形 明亮 ▷～昼|～日。❹ 形 明白;清楚 ▷真相大～。❺ 动 说明;陈述 ▷表～|自～。⇒ ❻ 名 戏曲中只说不唱的台词;戏剧角色所说的话 ▷道～|独～|旁～。⇒ ❼ 名 白话(huà)② ▷半文半～|文～夹杂。→ ❽ 形 有关丧事的 ▷红～喜事。→ ❾ 形 没有外加其他东西的;空无所有的 ▷～开水|～手起家。⇒ ❿ 副 没有效果地;徒然 ▷～忙了一天|～操心。⇒ ⓫ 副 不付出代价地;无偿地 ▷～看戏|买十个,～送一个。→ ⓬ 动 用白眼珠看(表示鄙薄或厌恶) ▷～了他一眼。→ ⓭ 名 某些食用植物的白色嫩茎或层层包裹的叶鞘 ▷茭～|葱～。→ ⓮ 形 象征反动 ▷～区|～军。○ ⓯ 名 姓。

白[2] bái 形 字形或读音错误 ▷写～字(如把“性别”写成“姓别”)|念～字(如把“破

绽”读成“破定”)。☛“白”字统读 bái,不读 bó。

【白皑皑】bái'ái'ái 形 形容(霜、雪等)洁白 ▷~的积雪终年覆盖着山顶。

【白矮星】bái'ǎixīng 名 光度低(发白光)、密度大、温度高的一类恒星。白矮星处于演化的中晚期阶段,体积与行星相近。现已发现白矮星1000多颗,天狼星的伴星是第一颗被发现的白矮星。

【白案】bái'àn 名 厨师分工中炊制主食和点心的工作(跟“红案”相区别)。也说面案。

【白白】báibái ❶ 副 没有效果地;徒然 ▷~浪费了许多时间。❷ 副 不付代价地;没有报偿地 ▷不能~地让您受累。

【白班】báibān 名 白天工作的班次。也说日班。

【白板】báibǎn ❶ 名 不上漆或尚未上漆的木板。❷ 名 用白色的金属板等材料制成的可反复擦写的书写工具。

【白榜】báibǎng 名 对人予以批评或处分的布告。因这类布告多用白纸写成,故称。

【白报纸】báibàozhǐ 名 报纸②。

【白璧微瑕】báibì-wēixiá 洁白的美玉上有小斑点。比喻美中略有不足。☛“璧”不要误写作“壁”,“瑕”不要误写作“暇”。

【白璧无瑕】báibì-wúxiá 洁白的美玉上没有一点儿斑点。比喻十分完美。☛“璧”不要误写作“壁”,“瑕”不要误写作“暇”。

【白醭】báibú 名 醭。☛“醭”不读 pú 或 pǔ。

【白菜】báicài ❶ 名 一年或二年生草本植物,植株矮小,叶大,浅绿或深绿色。品种很多,有大白菜、小白菜等。❷ 名 特指大白菜。参见插图9页。

【白菜价】báicàijià 名 白菜的价格。借指非常低的价格 ▷房价不可能跌成~。

【白茬儿】báichár ❶ 区别 (农作物收割后的土地)没有再播种(zhòng)的 ▷~地。❷ 区别 (本色皮衣)没有用布、绸等缝缀上面儿的 ▷~皮袄。❸ 区别 (木制、竹制等器物)未经油漆的 ▷~桌椅。☛ 不宜写作“白槎儿”“白碴儿”“白楂儿”。

【白茶】báichá 名 茶叶的一大类。轻微发酵制成,叶小,表面披满白色茸毛,香味醇和,汤色较浅。主要产于福建等地。

【白槎儿】báichár 现在一般写作“白茬儿”。

【白吃】báichī ❶ 动 吃别人的东西不付钱 ▷~白占。❷ 动 吃下东西未得到应有的效果 ▷~了这么多补品,身体还是那么虚弱。

【白痴】báichī ❶ 名 一种疾病。表现为智力低下,神情痴呆,口齿不清,动作迟钝,甚至生活不能自理。❷ 名 患白痴病的人;常用来贬损能力低下或不会办事的人。

【白炽灯】báichìdēng 名 一种电灯。在灯泡内装上灯丝,抽去空气或充入稀有气体,通电时发出白炽光。

【白唇鹿】báichúnlù 名 鹿的一种。唇周围和下颌的毛纯白色,臀部有淡黄色块斑,生活在青藏高原等高寒地区。属国家保护动物。

【白醋】báicù 名 无色透明的食用醋。

【白搭】báidā 动〈口〉(行为)不起作用;白白费钱费力 ▷他固执己见,你再说也~|吃了那么多药也不管事,药费算~了。

【白大褂】báidàguà 名 白色的长衣,多指医护人员、保洁人员等穿的工作服;也借指医护人员 ▷来了一位穿~的|一位~进了手术室。

【白带】báidài 名 妇女阴道里排出的黏液。正常情况下色白、无臭。

【白道】báidào 名 指合法的组织或正当的途径(跟“黑道”相对) ▷此人在~、黑道都有人,十分嚣张。

【白地】báidì ❶ 名 没有种上农作物或没有树木、房屋等的空地 ▷在~上建起了楼群。❷ 名 衬托花纹图案等的白色底面 ▷~蓝花。

【白癜风】báidiànfēng 名 一种黑色素脱失性皮肤病。皮肤上呈现大小不等的白斑,一般不痛不痒,多发生于面部、躯干等处。

【白丁】báidīng 名 旧指没有取得功名的平民(丁:成年男子)。

【白读】báidú 名 一个字表示同一意义有不同读音时,其中口语读音称为白读(跟“文读”相区别),如“熟”读 shóu 为白读。也说口语音。

【白垩】bái'è 名 疏松的石灰岩,白色,土状,质轻,主要成分是碳酸钙。是烧制石灰和水泥的原料,也可制作粉笔和用作粉刷材料。俗称白土、白土子。

【白矾】báifán 名 明矾。

【白饭】báifàn ❶ 名 不掺入其他食物或调料的米饭。❷ 名 白食 ▷不能光吃~不干事呀!

【白费】báifèi 动 白白地耗费(精力、时间等) ▷~力气|~工夫。

【白费蜡】báifèilà 歇后语“瞎子点灯——白费蜡”的缩略。比喻白费力气而没有实效。

【白粉】báifěn ❶ 名 刷墙用的白垩。❷ 名 化妆用的一种白色粉末。❸ 名 指毒品海洛因。

【白粉病】báifěnbìng 名 一种植物病害,多侵染植物叶片。因染病部位出现大量白色粉状物,故称。

【白干儿】báigānr 名 白酒。

【白宫】báigōng 名 美国总统的官邸,坐落在华盛顿宾夕法尼亚大街。是一座白色建筑物,故称。常作为美国政府的代称。

【白骨】báigǔ 名 人的尸体腐烂后剩下的枯骨。

【白骨精】báigǔjīng 名《西游记》中的女妖精。比喻善于伪装的狡诈狠毒的女人。

【白鹳】báiguàn 名 鹳的一种。头颈和背部均为白色，在我国北方水边生活繁殖，到长江流域及以南地区越冬。属国家保护动物。参见 508 页"鹳"；插图 5 页。

【白果】báiguǒ 名 银杏的通称。

【白鹤】báihè 名 鹤的一种。羽毛大部分为白色，仅翅膀有一部分黑色，尾短，喙长，腿长，体态优美，鸣声动听。生活在水边，食鱼虾等。属国家保护动物。

【白喉】báihóu 名 急性传染病，主要症状是咽部发炎肿痛，有不易剥离的灰白色膜，重者可并发心肌炎。多在秋冬季流行，小儿易感染。

【白狐】báihú 名 狐的一种。生活在北极地区，冬季毛纯白。也说北极狐。

【白虎】báihǔ ❶ 名 二十八宿中西方"奎、娄、胃、昴(mǎo)、毕、觜(zī)、参(shēn)"七宿的合称。❷ 名 道教称镇守西方的神。

【白虎星】báihǔxīng 名 传说中的凶神，能给人带来灾祸。

【白花】báihuā 名 皮辊花。

【白花花】báihuāhuā 形 形容白得耀眼 ▷窗外是～的雪地｜整个盐场是一片～的世界。

【白化病】báihuàbìng 名 先天性疾病。患者体内缺乏色素，毛发呈白色，皮肤呈粉白色，眼睛怕光。

【白话】báihuà ❶ 名 空话；没有根据或不能兑现的话 ▷说到就要做到，不要空口说～。◯ ❷ 名 唐宋以来在口语基础上形成的书面语(跟"文言"相区别) ▷～诗｜～文。

【白话】báihua 动〈口〉说话；闲聊 ▷他可真能～。☛ 多用于诙谐或嘲讽。

【白话诗】báihuàshī 名 五四运动时期兴起的打破旧诗格律而用白话写成的诗。也说新诗。

【白话文】báihuàwén 名 用白话写成的文章(跟"文言文"相区别)。也说语体文。

【白桦】báihuà 名 落叶乔木，树皮白色，分层脱落，形状像纸，叶呈卵形。木质细密，可制作胶合板、家具等。参见插图 6 页。

【白晃晃】báihuǎnghuǎng 形 形容白而明亮耀眼 ▷机场停着几架～的战斗机。

【白灰】báihuī 名 石灰的通称。

【白芨】báijī 名 白及。

【白及】báijí 名 多年生草本植物，叶子细长，花紫红色，地下块茎白色，数个相连接。块茎可以做药材。也说白芨。

【白鱀豚】báijìtún 名 哺乳动物，形状像鲸，有白色背鳍，背部呈淡蓝或淡灰色，腹部呈白色。生活在淡水中，为我国特产。属国家保护动物。也说白鳍豚。参见插图 1 页。

【白金】báijīn ❶ 名 古代指银子。❷ 名 铂的俗称。

【白金汉宫】báijīnhàngōng 名 英国王宫，位于伦敦。1703 年由白金汉公爵建成。常作为英国王室的代称(白金汉：英语 Buckingham 音译)。

【白净】báijing 形 白而干净 ▷～的面孔｜皮肤细腻～。

【白酒】báijiǔ 名 我国传统蒸馏酒。以高粱、玉米等为主要原料酿制而成。透明无色，酒精含量较高。也说烧酒、白干儿。

【白驹过隙】báijū-guòxì 像白色小马从缝隙前飞奔而过。形容时间消逝得很快。

【白卷】báijuàn 名 考生没有写出任何答案的试卷 ▷考试交了～◇任务完不成，要交～了。

【白开水】báikāishuǐ 名 不加茶叶、糖等的开水 ▷服药得用～｜这个剧本像～一样平淡。

【白口铁】báikǒutiě 名 一种铸铁。断面近于白色，质地坚硬，主要用于制作机床底座等。

【白蜡】báilà ❶ 名 雄性白蜡虫分泌出来的蜡质物，色白。可制蜡烛、丸药外壳或用来密封容器。❷ 名 精制的蜂蜡，色白。可制蜡烛。☛"蜡"不要误写作"腊"。

【白蜡虫】báilàchóng 名 昆虫，体小，成群栖息在白蜡树或女贞树上。雄虫能分泌白蜡。参见插图 4 页。

【白蜡树】báilàshù 名 落叶乔木，叶羽状，对生，椭圆形；夏季开花，翅果扁平。树上可以放养白蜡虫。木质坚韧，可制作家具、胶合板等；树皮可以做药材，叫秦皮。也说梣。

【白兰地】báilándì 名 英语 brandy 音译。由葡萄或苹果等果汁发酵蒸馏制成的酒，酒精含量一般在 40%左右。

【白兰瓜】báilánguā 名 一种甜瓜，瓜皮白里透黄绿。为兰州特产。

【白兰花】báilánhuā 名 常绿乔木，夏秋开乳白色花，芳香如兰。花也叫白兰花，供观赏，也可以用来制香精或窨(xūn)茶。

【白梨】báilí 名 落叶乔木，花白色，果实倒卵形或卵圆形，浅黄色，皮薄肉嫩，甜而多汁。品种很多，以鸭梨、茌(chí)梨最著名。

【白痢】báilì 名 痢疾的一种。特点是大便中不带血但有黏液或脓。

【白鲢】báilián 名 鲢。

【白脸】báiliǎn ❶ 名 古典戏曲中象征奸诈人物的脸谱；比喻严厉蛮横或令人讨厌的人(多跟"红脸"连用，且相对) ▷京剧中的曹操、司马懿等都勾～｜两个骗子串通一气，一个充红脸，一个充～，讹诈路人。❷ 名 比喻态度和气的人(多跟"黑脸"连用，且相对) ▷我俩每次批评儿子时，都是一个扮～，一个扮黑脸。

【白蔹】báiliǎn 名 多年生藤本植物，茎蔓生，块根纺锤形。根可以做药材。

【白磷】báilín 名 磷的同素异形体，白色或淡黄色晶体，毒性强烈，在空气中能自燃。可用来制作普通火柴和烟幕弹、燃烧弹等。也说黄磷。

【白蛉】báilíng 名 昆虫，似蚊而较小，黄白色或浅灰色。雄的吸食植物汁液；雌的吸食人畜血液，能传播黑热病、白蛉热等。也说白蛉子。

【白领】báilǐng 名 指以脑力劳动为主的职员。他们工作时穿着整齐，衣领洁白，故称。目前我国多用来指在企业从事管理、技术工作，收入较高的人。

【白鹭】báilù 名 鹭的一种。全身羽毛雪白，腿长。在我国主要见于长江以南地区。也说鹭鸶。

【白露】báilù 名 二十四节气之一，在公历每年9月8日前后。白露以后，我国大部分地区天气渐凉。

【白马王子】báimǎ wángzǐ 欧洲童话故事《灰姑娘》《白雪公主》等中骑着白马的年轻英俊的王子。借指少女心目中理想的恋爱对象。

【白茫茫】báimángmáng 形 形容云海、雪原、大水等一片白色，一望无际 ▷眼前～一片，分不清哪是水，哪是天。

【白茅】báimáo 名 多年生草本植物，根状茎长，中空有节，花穗上密生柔软的白毛。根状茎叫茅根，可以做药材，也可以制糖、酿酒；全草可做饲料、造纸。通称茅草。

【白蒙蒙】báiméngméng 形 形容水汽、烟雾等弥漫四周，眼前一片白，看不清楚。

【白米】báimǐ 名 去净了皮的大米；泛指大米。

【白面】báimiàn 名 面粉。

【白面儿】báimiànr 名 毒品海洛因的俗称。

【白面书生】báimiàn shūshēng 指面目清秀而文弱的年轻读书人（有时含贬义）；泛指读书人 ▷他可不是不能干重活儿的～。

【白描】báimiáo ❶ 名 国画的一种画法，用墨色勾画线条形象，不用色彩渲染烘托。❷ 名 素描③。

【白名单】báimíngdān 名 主管部门开列的质量合格产品或遵守规约单位等的名单。这种名单通过一定途径向社会公布 ▷这些品牌具有～资质｜只访问～内的网站。

【白沫】báimò 名 白色唾沫或泡沫 ▷他突然晕倒，口吐～｜被污染的水面泛起一层～。

【白木耳】báimù'ěr 名 银耳。

【白内障】báinèizhàng 名 眼球内晶状体混浊而引起视力障碍的疾病。瞳孔多呈白色或灰白色，经手术可以恢复视力。

【白嫩】báinèn 形 白净细嫩 ▷肌肤～｜白白嫩嫩的豆腐。

【白胖】báipàng 形 皮肤白，身体胖 ▷娃娃长得～～的。

【白皮书】báipíshū 名 政府或其他机构正式发表的有关政治、经济、外交等重大问题的文件，其中封面为白色的称白皮书。不同国家或不同类型的文件，有不同的习惯颜色，如红皮书、蓝皮书、黄皮书、绿皮书等。

【白皮松】báipísōng 名 常绿乔木，高可达30米，树皮老时呈乳白色鳞片状。也说白松。

【白票】báipiào 名 投票时没有写上或圈出被选举人姓名的空白选票。

【白旗】báiqí 名 白色的旗子。战争中常用来作为投降或联络的标志。

【白鳍豚】báiqítún 名 白鱀豚。

【白契】báiqì 名 旧时指买卖田地、房产未经官方登记盖印的契约（跟"红契"相区别）。

【白区】báiqū 名 指我国第二次国内革命战争时期，中国国民党统治的地区（跟"红区""苏区"相区别）。

【白饶】báiráo〈口〉❶ 动 无偿地附带赠送 ▷买两件衬衣，～一双袜子。❷ 动 白费 ▷一上午都算～了，什么也没干成。

【白热】báirè 形 白亮炽热；形容异常激烈而紧张的状态 ▷灯亮时，钨丝处于～状态｜竞争日趋～。

【白热化】báirèhuà 动 比喻事态或情感发展到最紧张激烈的状态 ▷矛盾已经～。

【白人】báirén 名 白种人。

【白刃】báirèn 名 刀剑一类锋利的兵器 ▷～战。

【白刃战】báirènzhàn 名 指敌对双方用刺刀相拼搏的战斗。

【白日】báirì ❶ 名 太阳 ▷青天～。❷ 名 白天 ▷～做梦。

【白日见鬼】báirì-jiànguǐ 比喻遇见了离奇古怪、一般不可能发生的事。

【白日梦】báirìmèng 名 白天做的梦。比喻不可能实现的空想。

【白日做梦】báirì-zuòmèng 比喻妄想实现根本不可能实现的事情。

【白肉】báiròu ❶ 名 不加酱油，只用清水煮熟的猪肉 ▷砂锅～。❷ 名 白颜色的肉，如鸡肉、鸭肉、鱼肉等。纤维细腻，脂肪含量较低，不饱和脂肪酸含量较高（跟"红肉"相区别）。

【白润】báirùn 形（皮肤）白净、细腻而有光泽 ▷～的肌肤。

【白色】báisè ❶ 名 白的颜色。❷ 区别 象征反动 ▷～政权｜～统治。

【白色公害】báisè gōnghài 白色污染。

【白色恐怖】báisè kǒngbù 指反动统治者镇压人

民革命的大规模屠杀、逮捕等暴力手段以及造成的气氛。

【白色垃圾】báisè lājī 指废弃的塑料制品。

【白色污染】báisè wūrǎn 指废弃的塑料制品对环境造成的污染。因塑料制品多为白色，故称。也说白色公害。

【白森森】báisēnsēn 形 形容白得吓人 ▷老虎露出～的牙齿。

【白山黑水】báishān-hēishuǐ 长白山和黑龙江的合称；泛指我国东北地区。

【白鳝】báishàn 名 鳗鲡。

【白芍】báisháo 名 芍药块根刮去皮后制成的药材。参见 1209 页"芍药"。

【白生生】báishēngshēng 形 很白 ▷～的馒头。

【白食】báishí 名 不付代价而吃到或得到的东西 ▷要自食其力，不要吃～。

【白事】báishì 名 指丧事。

【白手起家】báishǒu-qǐjiā 指在一无所有或基础很差的情况下创立起事业。

【白首】báishǒu 名〈文〉白头 ▷出门搔～，若负平生志｜～齐眉。

【白寿】báishòu 名 指 99 岁寿辰。因"百"字减掉上面的"一"是"白"，而"百"减"一"为九十九，故称。

【白薯】báishǔ 名 甘薯的通称。

【白水】báishuǐ 名 不加其他东西的水；白开水。

【白苏】báisū 名 一年生草本植物，有香味，茎方形，嫩叶可食用，种子可榨油。也说荏。

【白汤】báitāng 名 煮白肉的汤；未加酱油的汤。

【白糖】báitáng 名 由甘蔗或甜菜的汁液提炼的食糖。色白，颗粒小，不含糖蜜。

【白陶】báitáo 名 新石器时代晚期大汶口文化遗址发现的一种白色陶器。

【白体】báitǐ 名 指汉字印刷字体中笔画较细的宋体、仿宋体等（跟"黑体"相区别）。

【白天】báitiān 名 从天亮到天黑的一段时间。

【白天鹅】báitiān'é 名 天鹅的一种。参见 1354 页"天鹅"。

【白条】báitiáo ❶ 名 指禽、畜宰杀后煺了毛，去除内脏等的躯体 ▷～鸡｜～猪。○ ❷ 名 财务上指非正式单据 ▷～儿不能报销。❸ 名 指收购部门不付现款而给交售者打的欠条 ▷禁止给交售粮棉的农民打～。

【白厅】báitīng 名 英国伦敦的一条街，因过去有白厅宫（1698 年毁于大火）而得名。现在是英国政府主要行政机构所在地，常作为英国政府的代称。

【白铜】báitóng 名 铜和镍的合金。银白色，耐腐蚀，可制造脸盆等日用器皿。

【白头】báitóu 名 白发；借指老年 ▷～偕老。

【白头鹎】báitóubēi 名 鸟，头顶黑色，眉及枕羽白色，老鸟枕羽更为洁白，所以也称白头翁。群居山林中，以昆虫、草籽、浆果为食。

【白头翁】báitóuwēng ❶ 名 白头鹎。○ ❷ 名 多年生草本植物，果实有白毛，像老翁的一头白发。根可以做药材。

【白头偕老】báitóu-xiélǎo 指夫妻相亲相爱，共同生活到老。常用作婚礼颂词。☛"偕"不读 jiē。

【白玩儿】báiwánr ❶ 动 不付代价地使用或玩儿 ▷这种电子游戏不能～。❷ 动〈口〉指做某事丝毫不费力 ▷他写篇文章跟～似的。

【白文】báiwén ❶ 名 指有注解的古书的正文部分 ▷～用大字排印，注疏排双行小字。❷ 名 指只印正文而不印注解的古籍。❸ 名 指印章、碑碣上的阴文。

【白皙】báixī 形 形容皮肤白净 ▷～的面孔。

【白细胞】báixìbāo 名 血细胞的一种。人和动物血液及组织中的无色细胞，比红细胞大，但重量较轻，有吞食病菌、中和病菌毒素的作用。旧称白血球。

【白鹇】báixián 名 鸟，尾长，雄的背部和两翼白色，有黑纹，腹部黑蓝色，雌的全身棕绿色。常栖居高山竹林间，分布在我国南部。属国家保护动物。也说白雉。参见插图 5 页。

【白熊】báixióng 名 熊的一种，体长可达 2.8 米，毛长而密，白色，稍带淡黄，善游泳。广泛分布于北极地区。也说北极熊。

【白癣】báixuǎn 名 头癣的一种。由真菌感染头部引起的一种传染性皮肤病。也说发癣、白秃风。

【白血病】báixuèbìng 名 造血系统恶性增生性疾病。由于造血机能发生障碍，白细胞大量增加并浸润全身各组织。症状是肝、脾、淋巴结肿大，贫血，发热，出血，眩晕等。也说血癌。

【白血球】báixuèqiú 名 白细胞的旧称。

【白眼】báiyǎn ❶ 名 白眼珠 ▷翻～。❷ 动 用白眼看人（表示对人藐视或厌恶）▷遭人～。

【白眼儿狼】báiyǎnrláng 名〈口〉比喻忘恩负义或恩将仇报的人 ▷他恩将仇报，真是个～！

【白眼珠】báiyǎnzhū 名 巩膜。

【白杨】báiyáng 名 毛白杨。

【白药】báiyào 名 中成药，以三七为主药制成的白色粉末，主治外伤出血、跌打损伤等。以云南出产的"云南白药"最著名。

【白页】báiyè ❶ 名 出版物上的空白纸页（一般指非正常的）▷书中如有缺页、破页、～等，由出版社负责调换。❷ 名 电话簿中登录党政机关、群众团体电话号码的部分。因用白色纸张印制，故称（跟"黄页"相区别）。

【白夜】báiyè 名 黄昏没有过去就出现黎明的现

象，出现于纬度48.5°以上的地区。
【白衣天使】báiyī tiānshǐ 对医护人员（多指护士）的美称。
【白衣战士】báiyī zhànshì 指身着白色工作服，工作在救死扶伤第一线的医护人员。
【白蚁】báiyǐ 名 昆虫，形状像蚂蚁，有的有翅膀。群居，生活在隐蔽的巢穴中。蛀食木材，对森林、房屋、枕木、桥梁、堤坝等破坏性极大。
【白翳】báiyì 名 中医指眼球角膜病变后留下的能障蔽视线的白斑。
【白银】báiyín 名 银①的通称。
【白玉】báiyù 名 白色或白中微带青色的软玉。
【白玉兰】báiyùlán 名 开白花的玉兰。参见1687页“玉兰”。
【白岳】báiyuè 名 复姓。
【白云苍狗】báiyún-cānggǒu 唐·杜甫《可叹》：“天上浮云如白衣，斯须改变如苍狗。”比喻世事变化无常。也说白衣苍狗。
【白斩鸡】báizhǎnjī 名 菜肴，把宰好的整鸡用清水煮熟，切块儿蘸佐料吃。也说白切鸡。
【白芷】báizhǐ 名 多年生草本植物，夏季开白花，根粗大，圆锥形，有特殊香气。根可以做药材。
【白纸】báizhǐ 名 白色的纸。比喻某方面知识欠缺 ▷我的电脑知识可以说是一张～。
【白纸黑字】báizhǐ-hēizì 白纸上写下的黑字。指可作为确凿证据的书面材料。
【白种人】báizhǒngrén 名 属白色人种的人。主要分布于欧洲、美洲、大洋洲和非洲、亚洲的部分地区。也说白人。参见1157页“人种”。
【白昼】báizhòu 名 白天。
【白术】báizhú 名 多年生草本植物，叶子椭圆形，秋天开紫色花。根状茎可以做药材。☛“术”这里不读 shù。
【白浊】báizhuó 名 淋病的旧称。
【白字】báizì 名 别字①。
【白族】báizú 名 我国少数民族之一。主要分布在云南、贵州。

拜 bái ［拜拜］báibái 英语 bye-bye 音译。❶ 动 再见。❷ 动 借指结束某种关系或停止某种行为（多含委婉而诙谐意）▷他俩感情不和，去年～了｜我早就和烟卷儿～了。
另见31页 bài。

bǎi

百 bǎi ❶ 数 数字，十个十。→ ❷ 数 表示很多或多种多样 ▷～孔千疮｜千方～计。○ ❸ 名 姓。☛ 数字“百”的大写是“佰”。
【百般】bǎibān ❶ 多种多样；各种各样 ▷历经～磨难。❷ 副 表示采用多种办法 ▷～刁难｜～奉承。
【百宝箱】bǎibǎoxiāng 名 收存各种珍宝的箱子（多用于比喻）▷他的～里是些小工艺品｜网络词典已成为时尚知识的～。
【百倍】bǎibèi 形 100倍，表示数量多或程度深 ▷信心～｜～珍惜。
【百病】bǎibìng 名 指多种疾病。
【百步穿杨】bǎibù-chuānyáng《战国策·西周策》记载：楚国的养由基善射，能在百步之外射中指定的杨柳叶，百发百中。后用“百步穿杨”形容射技高超。
【百尺竿头】bǎichǐ-gāntóu 佛教比喻道行修养达到的极高境界。后用“百尺竿头，更进一步”比喻学业、成就等达到很高的程度后，仍须继续努力，更求上进。
【百出】bǎichū 动 多次出现；以多样形式出现（多含贬义）▷笑话～｜丑态～。
【百川归海】bǎichuān-guīhǎi 所有的江河都流入大海；比喻许多分散的事物都汇集到一处；也比喻大势所趋或众望所归。
【百搭】bǎidā ❶ 名 指在牌类游戏中可以充当同一副牌里其他牌的牌。❷ 形 能够跟别的事物或人随意搭配的 ▷这款风衣既经典，又～｜～型歌手。
【百儿八十】bǎi'er-bāshí 一百或接近一百 ▷～棵树｜消灭了～个敌人。
【百发百中】bǎifā-bǎizhòng ❶每次发射都命中目标。形容箭法或枪法精准。❷比喻做事或料事有充分把握，从不失误。☛“中”这里不读 zhōng。
【百废待兴】bǎifèi-dàixīng 许多被废置的事业都有待兴办。
【百废具兴】bǎifèi-jùxīng 现在规范词形写作“百废俱兴”。
【百废俱兴】bǎifèi-jùxīng 许多被废置的事业又都兴办起来。☛ 不要写作“百废具兴”。
【百分】bǎifēn ❶ 名 100分，指百分制中的满分 ▷各门课程考试都得～。❷ 名 扑克游戏的一种 ▷打～。
【百分比】bǎifēnbǐ 名 百分率。
【百分表】bǎifēnbiǎo 名 一种测量精度可达0.01毫米的精密量具。参见1086页“千分表”。
【百分尺】bǎifēnchǐ 名 利用螺旋原理制作的一种精密量具，测量精度可达0.01毫米。
【百分点】bǎifēndiǎn 名 统计学中将百分之一称为一个百分点，通常用于两个不同的百分比之间的比较。如去年的利润是10%，今年是12%，今年就比去年上升了两个百分点。
【百分号】bǎifēnhào 名 用来表示以100为分母的符号，即“%”。如$\frac{14}{100}$写成14%。
【百分率】bǎifēnlǜ 名 把两个数的比值用百分数

的形式来表示，这种比率关系就叫百分率。如$\frac{1}{4}$用百分率表示就是25%。也说百分比。

【百分数】bǎifēnshù 名 用100做分母的分数，通常用百分号(%)来表示。如$\frac{30}{100}$写作30%。

【百分之百】bǎifēnzhībǎi 全部；彻底；十足 ▷～合格|～地赞成|他是个～的骗子。

【百分制】bǎifēnzhì 名 评定成绩的一种记分方法，以100分为满分，60分为及格。

【百感交集】bǎigǎn-jiāojí 各种感触同时汇集在一起(交：同时)。形容心情特别复杂。

【百官】bǎiguān 名 〈文〉各级各类官吏 ▷文武～。

【百合】bǎihé 名 多年生草本植物，地下鳞茎多呈球形，也叫百合，可以吃，也可以做药材；花呈喇叭形，多为白色，供观赏。参见插图7页。

【百花齐放】bǎihuā-qífàng 各种各样的花同时开放；比喻艺术上的不同形式和风格同时存在，自由发展。

【百货】bǎihuò 名 以服装、化妆品、器皿、家用电器等日常生活用品为主的商品的统称。

【百家姓】bǎijiāxìng 名 旧时流行的一种启蒙读本。北宋时编。书中将中国常见的四百余个单姓和复姓编为易读易记的四言韵文。

【百家争鸣】bǎijiā-zhēngmíng 春秋末期和战国时期诸子百家互相论战，思想学术领域呈现一派繁荣景象，后世称为百家争鸣。现指学术上不同学派之间的自由论争。

【百科】bǎikē 名 指各种学科。

【百科全书】bǎikē quánshū 汇集各种学科或某一学科的名词术语，分条编排、解说，供人查阅的大型工具书。如《中国大百科全书》《医药学百科全书》等。

【百孔千疮】bǎikǒng-qiānchuāng 千疮百孔。

【百口莫辩】bǎikǒu-mòbiàn 即使有一百张嘴也难以分辩。形容受到冤枉而无法辩清。☛"辩"不要误写作"辨"。

【百里】bǎilǐ 名 复姓。

【百里挑一】bǎilǐ-tiāoyī 从一百个里面才挑出一个来。形容极为出众。

【百炼成钢】bǎiliàn-chénggāng 铁经过多次冶炼而成为好钢。比喻人久经磨炼而成才。

【百灵】bǎilíng 名 鸟，形如麻雀而稍大，羽毛褐色，有白色斑点，能发出多种多样的叫声。吃害虫，是益鸟。也说百灵鸟。参见插图5页。

【百忙之中】bǎimángzhīzhōng 在工作非常忙的时候 ▷他在～仍不忘抽空去看望孤寡老人。

【百衲本】bǎinàběn 名 汇集各种不同版本(包括残缺善本)印成的书籍。如《百衲本资治通鉴》(百衲：参见本页"百衲衣")。

【百衲衣】bǎinàyī ❶ 名 僧人披在外面的法衣。佛教规定，僧服须用人们遗弃的陈旧杂碎布片缝缀，以示苦修(衲：原作"纳"，粗缝、补缀之义)。❷ 名 泛指打了很多补丁的衣服。

【百年】bǎinián ❶ 名 100年；泛指很多年 ▷～大计|十年树木，～树人。❷ 名 一辈子；终身 ▷～好合|～之后(婉词，指人死亡)。

【百年不遇】bǎinián-bùyù 形容很少遇到或很少出现。☛ 参见1087页"千载难逢"的提示。

【百年大计】bǎinián-dàjì 指事关长远利益的重大计划或措施。

【百日】bǎirì ❶ 名 100天；泛指较长的时间。❷ 名 特指人出生后或死后第100天 ▷孩子明天过～|～祭奠。

【百日咳】bǎirìké 名 急性传染病，由百日咳杆菌侵入呼吸道引起。流行于冬春季节，以阵发性、痉挛性咳嗽为特征，患者多为5岁以下儿童。病程较长，一般持续3个月。

【百日维新】bǎirì wéixīn 戊戌变法。

【百十】bǎishí 数 表示一百左右的约数 ▷～户人家|～里地。

【百世】bǎishì 名 很多世代；世世代代 ▷～扬名|～基业。

【百事通】bǎishìtōng 名 万事通。

【百思不解】bǎisī-bùjiě 经过反复思索，仍然没有理解。也说百思不得其解。

【百万】bǎiwàn 数 100万，表示数量巨大 ▷～雄师过大江|家产～。

【百闻不如一见】bǎi wén bùrú yī jiàn 听说一百次也不如自己见到一次。指亲眼所见远比听说的真切可靠。

【百无禁忌】bǎiwújìnjì 什么忌讳都没有；什么都不忌讳。

【百无聊赖】bǎiwúliáolài 指精神没有寄托，空虚无聊(聊赖：依靠，寄托)。

【百无一失】bǎiwúyīshī 万无一失。

【百无一是】bǎiwúyīshì 各个方面没有一个方面是对的。表示对人或事全盘否定。

【百无一用】bǎiwúyīyòng 什么用处也没有。

【百戏】bǎixì 名 古代乐舞、杂技的统称。

【百姓】bǎixìng 名 指平民、群众 ▷只许州官放火，不许～点灯。

【百业】bǎiyè 名 各行各业 ▷～兴旺。

【百叶】bǎiyè 名 用作食品的牛、羊等反刍类动物的胃。其表面多皱褶，故称。

【百叶窗】bǎiyèchuāng 名 一种既遮阳挡雨又通风的窗。由许多横向的薄片上下排列而成，薄片之间有空隙。☛ 不要写作"百页窗"。

【百叶箱】bǎiyèxiāng 名 装有测量空气温度和湿度的仪器的白色木箱，四周为百叶窗。放在室外既能保护仪器，又能保持空气温度、湿度等跟外面一致。

【百依百顺】bǎiyī-bǎishùn 形容不问是非，事事处处顺从别人(多含贬义)。

【百战百胜】bǎizhàn-bǎishèng 多次打仗，次次都取胜。形容所向无敌。

【百战不殆】bǎizhàn-bùdài 多次打仗，从不失败(殆：危险) ▷知己知彼，～。

【百折不回】bǎizhé-bùhuí 无论遭受多少次挫折都不放弃或退缩。形容意志坚强。

【百折不挠】bǎizhé-bùnáo 无论遭受多少次挫折都不屈服。形容意志坚强。

【百褶裙】bǎizhěqún 名 裙幅较宽，从腰部到下摆有许多皱褶的裙子。

【百足之虫，死而不僵】bǎizúzhīchóng，sǐ'érbùjiāng 马陆、蜈蚣等有很多对足的虫子即使死了，靠着足的支撑也不倒下(僵：倒下)。比喻基础深厚、势力强大的人或集团垮台后，余威和影响仍然存在(多含贬义)。

伯 bǎi 见 251 页"大伯子"。
另见 100 页 bó。

佰 bǎi 数 数字"百"的大写。

柏(*栢) bǎi ❶ 名 柏科植物的统称。常绿乔木或灌木，叶小，多呈鳞片状，果实球形。是优良用材和绿化树种。参见插图 6 页。〇❷ 名 姓。☛ bǎi 是白读；bó 是文读，现用于音译，如"柏林"。读 bò，只用于"黄柏"一词，现在一般写作"黄檗"。
另见 101 页 bó；103 页 bò。

【柏木】bǎimù 名 柏的一种，常绿乔木，高可达 30 米，小枝细，叶鳞片状。木材淡黄褐色，有香味，质地坚硬，是建筑、造船、做家具的好材料。

【柏油】bǎiyóu 名 煤焦油沥青的俗称 ▷～路。

【柏油路】bǎiyóulù 名 在夯实夯平的石子上铺有沥青路面的道路。

捭 bǎi 动〈文〉分开 ▷纵横～阖。

【捭阖】bǎihé 动〈文〉开与合。特指运用手段使分开或联合 ▷纵横～|～自如。

摆[1](擺) bǎi ❶ 动 排列；放置 ▷把书～整齐|～设。→❷ 动 列举出来 ▷～事实，讲道理。❸ 动 某些地区指说；陈述 ▷～～你的观点|有啥不顺心的事，跟我～一～。→❹ 动 故意显示 ▷～老资格|～架子。〇❺ 名 姓。

摆[2](擺) bǎi ❶ 动 来回摇动 ▷～～手|摇摇～～|～动。→❷ 名 钟表、仪器里控制摆动频率的机械装置 ▷钟～|～钟|～轮。

摆[3](襬) bǎi 名 长袍、上衣、裙子等的最下面的部分 ▷下～|～纹(下摆的纹路)。

摆[4](擺) bǎi 名 傣语音译。傣族地区在宗教节日或为庆祝丰收、物资交流等举行的群众性集会 ▷赶～。

【摆布】bǎibù ❶ 动 安排 ▷事情太多，～不开。❷ 动 操纵；支配 ▷不能任人～。

【摆荡】bǎidàng 动 摇摆晃荡 ▷悬挂在气球上的巨幅标语在空中～。

【摆动】bǎidòng 动 来回摇摆 ▷柳枝随风～。

【摆渡】bǎidù ❶ 动 用船把人或物运到江、河或湖的对岸 ▷这里没有桥，只能靠船来回～。❷ 动 乘船过河 ▷我不会游泳，还是～过去吧。❸ 名 摆渡用的船 ▷～上挤满了人。

【摆渡车】bǎidùchē 名 在机场候机厅和停机坪上的飞机之间往来接送乘客的通行工具(多指汽车)；也指在没有公交车运行路线连接的若干地点之间往来接送乘客的通行工具(多指汽车)。

【摆放】bǎifàng 动 陈列安放 ▷厅里～着鲜花。

【摆功】bǎigōng 动 列举功劳、炫耀成绩 ▷他一向不～。

【摆好】bǎihǎo 动 列举优点 ▷评功～。

【摆花架子】bǎihuājiàzi 比喻做表面文章，搞华而不实的形式。

【摆架子】bǎijiàzi 指为显示自己身份、地位高贵而摆出盛气凌人的样子 ▷老局长从不～。

【摆件】bǎijiàn 名 摆出来供观赏的工艺品等 ▷客厅里的～精美雅致。

【摆酒】bǎijiǔ 动 (为庆祝、慰问等)摆设酒席 ▷～迎亲。

【摆局】bǎijú 动 设局。

【摆开】bǎikāi 动 展开；摊开 ▷～阵势|把问题～。

【摆款儿】bǎikuǎnr 动〈口〉摆架子 ▷当了官就～，让人讨厌。

【摆阔】bǎikuò 动 讲排场；炫耀富有 ▷～比富|你跟我摆什么阔呀！

【摆擂台】bǎilèitái 搭起擂台招人比武。泛指竞赛中向人挑战。也说摆擂。

【摆列】bǎiliè 动 (分门别类地)安放、陈列 ▷各种玩具整齐地～在货架上。

【摆龙门阵】bǎilóngménzhèn 某些地区指讲故事或长时间聊天儿 ▷几位茶客正在～。

【摆轮】bǎilún 名 钟表元件，外为圆环，中有轮辐，作等时运动，对钟表走时的精确度起决定作用。也说摆盘。

【摆门面】bǎiménmian 讲究排场；不顾内容，只追求形式好看 ▷工作要注意实效，不要～。

【摆明】bǎimíng 动 把事情、问题或意见说明白 ▷～情况。

【摆弄】bǎinòng ❶ 动 来回拨动或移动 ▷～算盘珠子|～玩具。❷ 动〈口〉动手操作或修理 ▷～电脑|手表坏了，给我～一下。❸ 动 捉弄；摆布② ▷他是不会受人～的。

【摆拍】bǎipāi 动 布置某种场景，安排拍摄对象摆出一定的样子进行拍摄 ▷这张剧照不是抓拍的，而是～的。

【摆平】bǎipíng 动 摆放平正；比喻公正处理或使各方都能接受 ▷～了各方利益，大家都很满意。

【摆谱儿】bǎipǔr〈口〉❶ 动 摆阔 ▷过生日搞那么大排场，纯粹是～。❷ 动 摆架子 ▷多大的官也不能在百姓面前～。

【摆设】bǎishè 动 摆放；陈设 ▷～展品。

【摆设】bǎishe ❶ 名 摆放、陈设的物品 ▷家里的～很时髦。❷ 名 比喻不起作用的事物 ▷这个管委会纯粹是个～，什么事也管不了。

【摆手】bǎishǒu ❶ 动 招手，表示叫人来或打招呼 ▷他向我～，让我过去。❷ 动 举手摆动，表示阻止或否定 ▷门卫一个劲儿地～，不让他们进门|问他去不去，他向我摆了摆手。

【摆台】bǎitái 动 宴会之前，服务员把餐具等按照一定要求摆放在餐桌上。

【摆摊儿】bǎitānr 动 小商贩在市场或路旁摆出货物销售 ▷～卖菜。

【摆摊子】bǎitānzi 铺开摊子。比喻开展某项工作前先作人员或机构等方面的准备 ▷先调你们来～。

【摆脱】bǎituō 动 用各种办法脱离（不利处境或不良状况） ▷～干扰|～旧传统的束缚。☛ 参见 707 页“解脱”的提示。

【摆乌龙】bǎiwūlóng ❶ 搞出使自己出丑或吃苦头的错误；特指打乌龙球 ▷后卫～，白送对方一分。❷ 弄虚作假 ▷这家公司在招商引资项目的招标中大～，被告上法庭。参见 1446 页“乌龙”②③、1446 页“乌龙球”。

【摆样子】bǎiyàngzi 故意装出某种样子给人看。

【摆正】bǎizhèng 动 把东西放好或问题处理得当 ▷把座钟～|必须～个人和集体的位置。

【摆置】bǎizhì 动 摆放 ▷把桌椅～好。

【摆钟】bǎizhōng 名 用摆锤控制运动频率的时钟，精度较高，一般能报时。

【摆桌】bǎizhuō 动 在餐桌上摆好餐具和饭菜，准备开饭；特指摆设酒席宴请。

bài

呗（唄） bài 见 385 页“梵（fàn）呗”。另见 61 页 bei。

败（敗） bài ❶ 动 损坏；搞坏 ▷伤风～俗|～家子儿|～坏。→ ❷ 动 做事情没有达到预定的目的（跟“成”相对） ▷功～垂成|不计成～。❸ 动 特指在战争或竞赛中失利（跟“胜”相对） ▷立于不～之地|主队以 1∶3～于客队|溃～。❹ 动 使失败 ▷大～敌军。→ ❺ 形 破旧；腐烂 ▷～絮|腐～。→ ❻ 动 衰落；凋谢 ▷枯枝～叶|开不～的花朵|～草|衰～|破～。❼ 动 使某些致病因素减弱或消失 ▷～毒|～火。

【败北】bàiběi 动 打了败仗背向敌人逃跑；泛指打败仗（北：古“背”字） ▷敌军～◇该队在循环赛中接连～。

【败笔】bàibǐ 名 书法、绘画或诗文中有毛病的地方；泛指事物中不好的部分 ▷书画名家也难免有～|广告植入是这部影片的一大～。

【败兵】bàibīng 名 打了败仗的兵。

【败草】bàicǎo 名 枯草 ▷枯木～。

【败毒】bàidú 动 中医指解毒 ▷用大血藤～。

【败坏】bàihuài ❶ 动 损坏（风气、声誉等） ▷～社会风气|～名誉。❷ 形（道德、品行等）极坏；十分恶劣 ▷道德～。

【败火】bàihuǒ 动 中医指清热、解毒等 ▷吃苦瓜能～。

【败绩】bàijì ❶ 动〈文〉军队在战争中溃败；泛指失败 ▷齐师～。❷ 名 指在比赛或竞争中失利的结果 ▷开赛以来，我队未有～。

【败家】bàijiā 动 使家业败落 ▷～容易兴家难。

【败家子】bàijiāzǐ 名 不务正业、挥霍家产，使家庭败落的子弟；现也用来指糟践、挥霍国家或集体财产的人 ▷家门不幸，出了个～|厂长这样大手大脚花钱，真是个～。

【败将】bàijiàng ❶ 名 败军的将领 ▷残兵～。❷ 名 泛指竞赛中的失利者 ▷在围棋擂台赛中，他们都是我的手下～。

【败局】bàijú 名 失败的局面 ▷～已定|扭转～。

【败军】bàijūn ❶ 动〈文〉使军队打败仗 ▷～亡国。❷ 名 打了败仗的军队；泛指失败的一方 ▷他成了～之将。

【败类】bàilèi 名 指集体中腐败堕落或投降变节的人 ▷民族～|惩治～。

【败露】bàilù 动（坏事、丑事）被发觉 ▷他们的诈骗行为终于～|奸情～。☛ 跟“暴露”不同。“败露”多用于事，表被动，含贬义；“暴露”是中性词，用法上无以上限制。

【败落】bàiluò 动 破败衰落 ▷家境～。

【败诉】bàisù 动 在诉讼中，一方当事人得到法院不利于自己的判决，即打输官司（跟“胜诉”相对） ▷法院判决原告～。

【败退】bàituì 动 因战败而后退 ▷～江南。

【败亡】bàiwáng 动〈文〉失败乃至灭亡。

【败胃】bàiwèi 动 伤害胃，使食欲不振；比喻使失去兴趣 ▷酗酒会～|这种表演让人～。

【败象】bàixiàng 名 失败的迹象 ▷比赛尚未结束，客队已经显露～。

【败谢】bàixiè 动 凋落 ▷时至深秋，百花相继～。

【败兴】bàixìng 动 兴致遭到破坏；扫兴 ▷乘兴而往，～而返|别败了他的兴。

【败絮】bàixù 名 破烂的棉絮 ▷破衣～|金玉其外，～其中。

【败选】bàixuǎn 动 在选举中落败 ▷票数差距很大，他承认自己～。

【败血症】bàixuèzhèng 名 由细菌、真菌等侵入人体血循环所引起的全身感染性病症。症状为寒战、高热、皮肤或黏膜有出血点，严重者出现肝脾肿大等，甚至休克。

【败叶】bàiyè 名 枯萎凋落的叶子 ▷残枝～。

【败仗】bàizhàng 名 打输了的战役或战斗。

【败阵】bàizhèn 动 在对阵中被打败 ▷～而走。

【败子】bàizǐ ❶ 名 败家子 ▷～回头。○❷ 名 下棋时失误的一着棋 ▷一着～，毁了全局。

【败走】bàizǒu 动 作战失败而逃走；也指在某地(一般不是自己的原所在地)的比赛或竞争中失败 ▷敌军仓皇～|客队最终以 1∶3 而～。

拜 bài ❶ 动 古代一种表示敬意的礼节。行礼时双膝着地，拱手与胸平，俯首至手。后来也作为行礼的通称 ▷跪～|叩～|请受我一～。→ ❷ 动 尊崇；敬奉 ▷崇～|～服。→ ❸ 动 以礼会见 ▷～客|回～。→ ❹ 动 通过一定的仪式授予某种名位或结成某种关系 ▷～官授爵|～将|～师|～把兄弟。→ ❺ 动 行礼致敬，表示祝贺 ▷～年|～寿|团～。→ ❻ 动 敬词，用在表示自己动作的单音节动词前面，以示对对方的恭敬 ▷～读|～托|～访。○ ❼ 名 姓。☛ 第四画是竖撇(丿)，不是竖钩(亅)。

另见 27 页 bái。

【拜把子】bàibǎzi 指朋友通过一定的仪式结为异姓兄弟。也说拜盟。

【拜别】bàibié 动 敬词，向长辈或所尊敬的人告别 ▷～双亲|～恩师。

【拜辞】bàicí ❶ 动 敬词，辞别 ▷～父母，远赴他乡。❷ 动 表示谢绝 ▷不敢领受，特来～。

【拜倒】bàidǎo 动 拜伏在地，表示屈从或极其迷恋 ▷～在名人脚下|～在石榴裙下。

【拜垫】bàidiàn 名 行跪拜礼所用的垫子。

【拜读】bàidú 动 敬词，阅读对方的书信、作品等 ▷认真～。

【拜访】bàifǎng 动 敬词，看望 ▷登门～。

【拜佛】bàifó 动 礼拜佛像(以求保佑) ▷求神～。

【拜服】bàifú 动 敬词，佩服 ▷他知识渊博，让人～。

【拜官】bàiguān 动 旧指授予官职。

【拜贺】bàihè 动 敬词，祝贺 ▷欣逢寿辰，特来～。

【拜会】bàihuì 动 敬词，拜访会见(现多用于外交场合) ▷～联合国秘书长。

【拜火教】bàihuǒjiào 名 琐罗亚斯德教。

【拜见】bàijiàn 动 敬词，进见 ▷～尊长。

【拜节】bàijié 动 向亲友等祝贺节日。☛ 只用于传统节日。

【拜金】bàijīn 动 崇拜金钱 ▷～主义|～思想。

【拜金主义】bàijīn zhǔyì 认为金钱万能的价值观念。

【拜客】bàikè 动 拜访亲友 ▷父亲出门～去了。

【拜领】bàilǐng 动 敬词，表示领受对方的赠礼或赠言 ▷您的好意我～了。

【拜年】bàinián 动 向亲友等祝贺新年 ▷用电话～|给伯伯拜个年。

【拜票】bàipiào 动 竞选人或助选人选举前通过四处拜访等方式，请求选民把票投给自己或某竞选人(多用于台湾地区)。

【拜请】bàiqǐng 动 敬词，邀请 ▷～您担任顾问。

【拜认】bàirèn 动 通过一定的仪式认人为义父、义母、师傅等。

【拜扫】bàisǎo 动 敬词，扫墓。

【拜师】bàishī 动 拜认某人做老师或师傅。

【拜识】bàishí 动 敬词，结识(上级、长辈或名人) ▷今得～尊颜，三生有幸。

【拜寿】bàishòu 动 向尊长祝贺寿辰 ▷给祖母～。

【拜堂】bàitáng 动 旧式婚礼的一种仪式。新郎新娘叩拜天地，叩拜高堂(父母)，然后夫妻交拜。

【拜天地】bàitiāndì 拜堂。

【拜托】bàituō 动 敬词，用于委托别人办事 ▷孩子学习的事就～您了|这件事请您给打听一下，～，～!

【拜望】bàiwàng 动 敬词，登门探望 ▷～老师。

【拜物教】bàiwùjiào ❶ 名 把某些特定物体(如石头、树木、武器等)当作神灵加以崇拜，以祈求获得保佑的原始宗教。❷ 名 比喻对某种事物的崇拜或迷信 ▷金钱～。

【拜谢】bàixiè 动 行礼致谢 ▷～救命恩人。

【拜谒】bàiyè ❶ 动 谒见；拜见 ▷～恩师。❷ 动 瞻仰(陵墓等) ▷～中山陵。

稗(*粺) bài ❶ 名 稗子。→ ❷ 形〈文〉微小的；琐碎的 ▷～史|～官。☛ 不读 bēi。

【稗草】bàicǎo 名 稗子。

【稗官】bàiguān 名〈文〉古代专给帝王讲述街谈巷议、风土人情的小官。后也作为小说或小说家的代称。

【稗官野史】bàiguān-yěshǐ 记载轶闻旧事、闾巷民俗的文字；泛指记载轶闻琐事的著述。

【稗子】bàizi 名 一年生草本植物，叶子同稻子相似，是稻田的有害杂草。籽实也叫稗子，颗粒细小，可以酿酒或做饲料。

鞴 bài ❶ 名〈文〉鼓风的皮囊。→ ❷ 名 某些地区指风箱。

bai

呗 bai 助〈口〉用法同"呗(bei)"。

bān

扳 bān ❶ 动 使一头固定的东西移动方位 ▷～动｜～着手指算。→ ❷ 动 扭转(失利的局面) ▷～回一局｜～本。☛ 不读 bǎn。

另见 1024 页 pān。

【扳本儿】bānběnr 动 某些地区指翻本儿。

【扳不倒儿】bānbùdǎor 名〈口〉不倒翁。

【扳倒】bāndǎo 动 用力使人或东西翻倒；比喻使垮台 ▷～了那个作威作福的贪官。

【扳道】bāndào 动 扳动铁路道岔，使列车转换轨道 ▷自动～装置｜～工。

【扳机】bānjī 名 枪上的机件，扳动它可以使子弹发射出去。也说枪机。

【扳平】bānpíng 动 扭转所处的落后局面，使成平局(多用于体育比赛) ▷我队毫不气馁，终将比分～｜亏损到这个月才～。

【扳手】bānshou ❶ 名 用来拧紧或旋松螺钉、螺母等的工具。也说扳子。❷ 名 器具上供用手扳动的部分。

【扳指儿】bānzhir 名 拇指上戴的指环，多用玉石、象牙等制成，原用于拉弓射箭时保护拇指，后来成为装饰品。

攽 bān 动〈文〉发给。

班[1] bān ❶ 动〈文〉分；分开。→ ❷ 名 旧指按行业区分出来的人群；后来专指戏曲团体 ▷戏～｜徽～｜～主。❸ 量 a)用于人群 ▷这～小青年干劲真足。b)用于定时运行的交通工具 ▷到上海的飞机每天有两～｜头～车。→ ❹ 名 为了便于学习或工作而分成的单位 ▷我们～有 40 名同学｜进修～｜～级｜装卸～。❺ 名 工作按时间分成的段落 ▷早～｜晚～｜三～倒｜加～加点。⇒ ❻ 名 一定时间内在岗位上从事的工作 ▷上～｜交～｜值～。⇒ ❼ 形 定时开行的(交通工具) ▷～车｜～机。→ ❽ 名 军队的编制单位，在排以下 ▷三排一～｜雷锋～。〇 ❾ 名 姓。

班[2] bān 动〈文〉撤回(军队) ▷～师回朝。

【班辈】bānbèi 名 辈分；行(háng)辈 ▷他在家族中年龄不算大，但～高。

【班禅】bānchán 名 藏传佛教格鲁派(黄教)地位最高的两大转世活佛之一(另一为达赖喇嘛)。"班"是梵语的省略音译，"禅"是藏语音译，合在一起意为精通各种学问的大学者。第五世班禅被清政府加封号"额尔德尼"(满语音译，"宝"的意思)，合称班禅额尔德尼。此后，历世班禅额尔德尼都必须经中央政府册封。

【班禅额尔德尼】bānchán'é'ěrdéní 见本页"班禅"。

【班车】bānchē 名 按固定线路、固定时间行驶的客车；现也指机关、企事业单位为职工上下班安排的专用车辆。

【班次】bāncì ❶ 名 学校教学班的排列次序。❷ 名 某些工作排班的规定次数 ▷一昼夜分三个～。❸ 名 按固定线路定时往来的交通工具开行的次数 ▷春运期间增加列车的～。❹ 量 复合计量单位，表示按固定线路定时往来的交通工具数和开行次数的总量。比如某码头每日发客船 10 艘，每艘客船每日开行 2 次，每日总量为 20 班次。

【班底】bāndǐ 名 旧指戏班中的非主要演员。现指组织中的基干成员 ▷这家公司的～比较整齐。

【班房】bānfáng ❶ 名 旧时官衙里差役值班的地方。❷ 名 俗指监狱或拘留所 ▷坐～。

【班风】bānfēng 名 班级、班组等集体的风气。

【班会】bānhuì 名 以班为单位召开的会议 ▷班长正在主持～。

【班机】bānjī 名 按固定航线定时起飞的飞机。

【班级】bānjí 名 学校里班和年级的合称。

【班轮】bānlún 名 按固定航线定时航行的轮船。

【班门弄斧】bānmén-nòngfǔ 在鲁班门前舞弄斧子(班：鲁班，春秋时鲁国的巧匠)。比喻不自量力，在行家面前炫耀本领。

【班期】bānqī ❶ 名 班机、班轮等起航的时间。❷ 名 邮局投递邮件的固定时间 ▷延误～。

【班师】bānshī 动〈文〉调回出征的军队；出征的军队凯旋 ▷～回朝｜～复命。

【班线】bānxiàn 名 公共汽车、长途汽车等的班次和线路 ▷本地旅游～已经开通｜～客车必须按站点停靠。

【班长】bānzhǎng 名 班的负责人(多用于学校、工厂、军队)；借指领导班子的第一负责人

▷书记要当好～。

【班主】bānzhǔ 名 旧时戏班等演艺团体的领班人 ▷他是越剧社的～。

【班主任】bānzhǔrèn 名 学校中全面负责某个班全体学生的思想、学习、生活等方面工作并协调班上任课教师教学教育工作的教师(通常也在该班任课)。

【班子】bānzi ❶ 名 戏班 ▷草台～。❷ 名 指为完成一定任务而专门成立的组织 ▷写作～。❸ 名 指领导机构 ▷～换届。

【班组】bānzǔ 名 班和组的合称，是企业中最小的基层生产单位。

般 bān ❶ 量 种；类；样 ▷这～人｜两人一～高｜十八～武艺。→ ❷ 助 一样；似的 ▷珍珠～的露水珠儿｜翻江倒海～的气势。

另见 99 页 bō；1025 页 pán。

【般配】bānpèi ❶ 形 指男女双方条件相当 ▷小两口挺～。❷ 形 泛指搭配得当 ▷这里的建筑与周围环境很～。☛ 不宜写作"班配"。

颁(頒) bān 动 发布；公布 ▷～布｜～发。

【颁布】bānbù 动 公布或发布(法令、条例、命令等) ▷～宪法｜～管理条例。☛ 跟"公布"不同。"颁布"的主体多为立法、司法、行政机关和军队，对象多为法令、条例、命令等；"公布"的适用范围较广，除了法令、条例、命令等外，还可以是方案、账目、名单等，其主体范围宽泛得多。

【颁发】bānfā 动 (上级对下级)发布(命令、指示、条例等)或授予(奖状、奖章、证书等) ▷～荣誉证书。

【颁奖】bānjiǎng 动 颁发奖品、奖金、奖状等。

【颁授】bānshòu 动 颁发授予(奖状、奖品等) ▷～勋章。

【颁行】bānxíng 动 公布施行 ▷在全国～。

斑 bān ❶ 名 斑点或斑纹 ▷黑～｜红～。→ ❷ 形 有斑点或斑纹的 ▷～竹｜～马。→ ❸ 形 几种颜色夹杂在一起的 ▷～白｜～驳｜～斓。○ ❹ 名 姓。

【斑白】bānbái 形 (胡须、头发)花白 ▷须发～。☛ 不要写作"班白""颁白"。

【斑斑】bānbān 形 斑点很多的样子 ▷墨迹～。

【斑驳】bānbó ❶ 形 形容多种色彩夹杂 ▷～陆离｜渍痕～的墙壁。❷ 形 形容分布错杂 ▷墙上桂影～。☛ 不要写作"班驳"。

【斑驳陆离】bānbó-lùlí 形容色彩错杂纷繁(陆离：形容色彩繁杂的样子)。

【斑点】bāndiǎn 名 物体表面底色上显露出来的有色差的点子 ▷皮肤上有许多黑色～。

【斑痕】bānhén 名 斑点的痕迹 ▷工作服上的油渍～很难洗去。☛ 跟"瘢痕"不同。

【斑鸠】bānjiū 名 鸟，形状像鸽，羽毛多为灰褐色，颈后多有白色或黄褐色斑点。吃杂草和谷类的种子。

【斑斓】bānlán 形 形容色彩交错，灿烂鲜明 ▷～猛虎｜色彩～。

【斑马】bānmǎ 名 哺乳动物，形状像马，毛白色或淡黄色，身上有黑色斑纹。产于非洲。

【斑马线】bānmǎxiàn 名 马路上标示的人行横道线。因所涂的白线像斑马的条纹，故称。

【斑蝥】bānmáo 名 昆虫，黑色，鞘翅有黄斑，足细长，关节处能分泌毒液。成虫危害农作物。干燥的全虫可以做药材。参见插图 4 页。

【斑秃】bāntū 名 皮肤病，症状是头发突然呈斑块状脱落。常可自然痊愈。俗称鬼剃头。

【斑纹】bānwén 名 底色上显露出来的有色差的条纹 ▷老虎身上有黑色的～。

【斑疹】bānzhěn 名 一种皮肤损害疾病。患者皮肤的颜色呈局限性改变，有红、白、黄褐等色。中医学上将点大成片的称斑，点小的称疹，故称。有炎症性和非炎症性之分。

【斑竹】bānzhú 名 竹子的一种。茎上有不规则的紫褐色椭圆形斑点，可供观赏，也可制作装饰品或器具。也说湘妃竹。

搬 bān ❶ 动 把较重或较大的东西移到另外的位置 ▷把桌子～开｜～运。→ ❷ 动 迁移 ▷房客～走了｜～进新楼｜～迁。→ ❸ 动 移用；套用 ▷生～硬套｜照～。

【搬兵】bānbīng 动 请求调兵援助；泛指请求人力支援 ▷人手不够，赶快派人回去～。

【搬家】bānjiā 动 把住所或单位等迁移到另一个地方；泛指迁移地方 ▷～公司｜百货商店～了。

【搬弄】bānnòng ❶ 动 反复拨动 ▷～电动钮。❷ 动 挑拨；拨弄 ▷～是非。❸ 动 卖弄；炫耀 ▷他就爱～自己那点儿小聪明。

【搬弄是非】bānnòng-shìfēi 背地传闲话或说人坏话，制造矛盾，引起纠纷。

【搬起石头砸自己的脚】bānqǐ shítou zá zìjǐ de jiǎo 比喻本想加害别人，结果却害了自己。

【搬迁】bānqiān 动 迁移；特指住所或单位迁移 ▷这里要盖大楼，整条胡同的住户都要～。

【搬舌头】bānshétou 拨弄是非。

【搬石头】bānshítou 搬开石头；比喻清除障碍。

【搬移】bānyí 动 迁移。

【搬用】bānyòng 动 不结合具体情况，机械地套用(现成的做法、经验等)。

【搬运】bānyùn 动 把较重的或成批的物品从一地运到另一地 ▷～粮食｜成立～公司。

瘢 bān 名 创(chuāng)伤、疮疖痊愈后留下的痕迹 ▷疮～｜～痕。

【瘢痕】bānhén 名 瘢 ▷烧伤的～至今清晰可

见。☛ 跟"斑痕"不同。

瘢 bān 名 皮肤生斑点的病；也指皮肤生的斑点 ▷祛湿除～|润肤祛～。

鬈 bān 形〈文〉文武全才。

bǎn

阪 bǎn 用于地名。如大阪，在日本。另见本页 bǎn"坂"。

坂（*阪岅） bǎn 名〈文〉山坡；斜坡 ▷～上走丸（比喻迅速）|峭～|岭～。

"阪"另见本页 bǎn。

板[1] bǎn ❶ 名 片状的木头 ▷铺～|壁～。→ ❷ 名 拍板，用来打节拍的乐器 ▷檀～轻敲。❸ 名 音乐中的节拍、节奏 ▷离腔走～|一～三眼|散～|慢～。→ ❹ 动 结成像板子似的硬块 ▷地～了，不好锄|～结。❺ 形 不够灵活；缺少变化 ▷死～|呆～。→ ❻ 动 绷（běng）▷～着面孔训斥人|～着脸。→ ❼ 名 泛指某些硬的片状或扁平的东西 ▷钢～|纤维～|～斧。→ ❽ 名 特指店铺的门板 ▷那家饭馆早就上～儿了|快下～儿吧，顾客都来了。

板[2]（闆） bǎn 见 825 页"老板"。

【板报】bǎnbào 名 黑板报。

【板壁】bǎnbì 名 房间内用板材制成的隔断。

【板擦儿】bǎncār 名 擦去黑板上粉笔字迹的用具，多为长方形或椭圆形板状刷子。

【板车】bǎnchē 名 没有车厢，只用平板载物的车，有双轮、三轮或四轮的，用人力或畜力牵引。

【板儿车】bǎnrchē 名〈口〉平板车②。

【板床】bǎnchuáng 名 用木板做床板的床。

【板锉】bǎncuò 名 横剖面为长方形的锉刀，钳工常用的工具。也说扁锉。

【板儿带】bǎnrdài 名〈口〉宽而硬的腰带。

【板荡】bǎndàng 形〈文〉《板》和《荡》是《诗经·大雅》中的两篇，内容都是说周厉王无道，政治黑暗。后用"板荡"形容时政混乱，社会动荡不安 ▷疾风知劲草，～识诚臣。

【板刀】bǎndāo 名 旧时一种武器，刀身窄长，刀柄短。

【板凳】bǎndèng 名 长条形的凳子。

【板凳儿】bǎndèngr 名 供单人坐的矮腿小凳，凳面多为长方形或圆形。

【板房】bǎnfáng 名 用木板等建造的简易房屋，现多在工地临时使用。

【板斧】bǎnfǔ 名 扁平宽刃的大斧子。古代多用作兵器。

【板鼓】bǎngǔ 名 打击乐器，木制，扁圆，鼓筒内膛上小下大。上蒙猪皮或牛皮。在戏曲伴奏和民乐合奏中，敲击板鼓起指挥作用。因单面蒙皮，也说单皮鼓、单皮。

【板胡】bǎnhú 名 胡琴的一种。琴筒呈扁圆筒形，一端蒙薄的桐木板。音色明亮高亢，是梆子腔的主要伴奏乐器。

【板结】bǎnjié 动 土壤因缺乏有机质而结构不良，降雨或灌水后表面干结变硬；泛指硬化或僵化 ▷地表～|表现手法不应～。

【板块】bǎnkuài ❶ 名 根据一种大地构造理论划分的地球岩石圈的构造单元。全球划分为欧亚、太平洋、美洲、非洲、印澳和南极六大板块。❷ 名 比喻构成事物整体的相对独立的各个组成部分 ▷今日股市，奥运～一路走强|本教材按三大～组织单元。☛ 跟"版块"不同。

【板蓝】bǎnlán 名 马蓝。

【板蓝根】bǎnlángēn 名 中药材，草本植物菘蓝、马蓝等的根。有清热解毒、凉血利咽的功效。

【板栗】bǎnlì 名 栗子。

【板脸】bǎnliǎn 动 绷紧面孔，表示严肃、不高兴或冷淡 ▷听到不同意见就～，这怎么行？

【板楼】bǎnlóu 名 略呈长板状的多层或高层楼房（跟"塔楼"相区别）。

【板铺】bǎnpù 名 用木板搭的床。

【板球】bǎnqiú ❶ 名 球类运动项目，球皮用红色皮革制成，内塞软木芯。球棒木制，扁形似船桨。比赛方法与棒球相似。❷ 名 指板球运动使用的球。也说桨球。

【板上钉钉】bǎnshàng-dìngdīng 比喻事情已成定局，不能改变；也比喻办事牢靠、说话算数 ▷这件事已经～了|他说话做事～，您就放心吧。☛ 前一个"钉"不读 dīng。

【板式】bǎnshì 名 戏曲音乐的节拍形式，如京剧的原板、摇板、散板等。

【板书】bǎnshū ❶ 动 教师讲课时用粉笔在黑板上书写 ▷老师边讲课边～。❷ 名 讲课时写在黑板上的字 ▷～切忌潦草。

【板刷】bǎnshuā 名 板面较宽、刷毛粗硬的无柄刷子，多用来刷洗厚布衣服、鞋子等。

【板条】bǎntiáo 名 长条状的木板、钢板等。

【板鸭】bǎnyā 名 屠宰后，经盐渍并压成扁平形状再风干的鸭子。

【板牙】bǎnyá ❶ 名〈口〉门牙。❷ 名 加工外螺纹的刀具。

【板烟】bǎnyān 名 压成板状的烟丝。

【板眼】bǎnyǎn ❶ 名 传统音乐和戏曲中的节拍。每小节中，强拍叫"板"，次强拍、弱拍叫"眼"。如一板三眼、一板一眼。❷ 名 比喻层次、条理 ▷别看他人小，说起话来还挺有～。

【板儿爷】bǎnryé 名〈口〉蹬板儿车的人(含诙谐意)。

【板油】bǎnyóu 名 猪的体腔内壁上的板状脂肪。

【板羽球】bǎnyǔqiú ❶ 名 由苗族民间游戏改创的一种球类运动。双方隔网用木板拍子往返击打特制的球。比赛规则与羽毛球相似。❷ 名 板羽球运动用的球。在半球形橡胶托上插三根羽毛制成。

【板障】bǎnzhàng 名 练习翻越障碍物的木制设施,形状像板壁。

【板正】bǎnzhèng ❶ 形 平正;整齐 ▷字写得挺～|被子叠得板板正正的。❷形 严肃认真,庄重正直 ▷为人～,决不苟且。

【板直】bǎnzhí ❶ 形(腰背等)挺直 ▷腰背～|坐得～。❷ 形 古板耿直 ▷性格～。

【板滞】bǎnzhì 形(语言、文章、绘画、神态等)死板;呆滞 ▷写文章切忌～|目光～。

【板子】bǎnzi ❶ 名 较硬的板状物。❷ 名 旧时专门用来打人的长条形木板或竹片 ▷打～。

昄 bǎn ❶ 形〈文〉大。○ ❷ 用于地名。如昄大,在江西。

版 bǎn ❶ 名 筑土墙用的夹板 ▷～筑。→ ❷ 名 印刷用的底子,上有文字或图形,过去用木板、金属板,现多用胶片 ▷木～|胶～|排～。→ ❸ 量 书籍排印一次为一版,一版可以包括多次印刷 ▷初～|再～。→ ❹ 量 报纸的一个版面为一版 ▷第 12～|一条广告占了大半～。→ ❺ 名 照相的底片 ▷底～|修～。

【版本】bǎnběn 名 同一部书因编辑、传抄、制版、装订、所用语种等不同而形成的不同的本子 ▷《红楼梦》有甲戌本、己卯本、庚辰本等多种～|这部词典有平装和精装两种～。

【版次】bǎncì 名 同一本书出版的先后次序。第一次出版的叫初版或第一版,修订后重排出版的叫再版或第二版,依次类推。

【版画】bǎnhuà 名 用刀子雕刻或用化学药品蚀刻成的底版印成的画。

【版刻】bǎnkè 名 在木板上雕刻文字、图画的工艺。

【版口】bǎnkǒu 名 线装书页面的中折处,可印卷数、页码等。也说版心、书口。

【版块】bǎnkuài 名 报刊、电视节目或网页等按主题组织起来的专栏 ▷教育～|保健～。☛ 跟"板块"不同。

【版面】bǎnmiàn ❶ 名 书籍报刊每一页的整面,包括版心及四周空白部分 ▷增加～|这份报纸有八个～。❷ 名 书籍报刊每一面上文字图画的编排形式 ▷～新颖。

【版纳】bǎnnà 名 傣语音译。云南傣族自治地区的旧行政区划单位,相当于县。1960 年西双版纳定为自治州的驻地仍用原称,其他的版纳一般改称县。如版纳勐海,改为勐海县。

【版权】bǎnquán ❶ 名 著作权。❷ 名 指出版社根据出版合同对特定作品享有的专有使用权。

【版权页】bǎnquányè 名 书刊上印有书名、作者、出版者、发行者、印刷者、开本、版次、印刷年月、定价、书号等内容的一页。

【版式】bǎnshì 名 书籍报刊排版的格式 ▷双栏～|横排～。

【版税】bǎnshuì 名 稿酬的一种形式。出版者按出售出版物所得收入的约定百分数付给作者的报酬。

【版图】bǎntú 名 原指户籍和地图。现指国家的疆域、领土。

【版心】bǎnxīn ❶ 名 书籍报刊每面排印文字、图画的部分。❷ 名 版口。

【版主】bǎnzhǔ 名 指网络论坛上某栏目版块的管理和维护人员。

【版筑】bǎnzhù〈文〉❶ 名 夹板和杵,筑土墙用的两种工具。❷ 动 筑土墙。方法是在固定好的两块夹板之间填土,再用杵捣实。☛ 不宜写作"板筑"。

钣(鈑) bǎn 名 金属板材 ▷～金工。

舨 bǎn 见 1196 页"舢(shān)板"。

蝂 bǎn 见 434 页"蝜(fù)蝂"。

bàn

办(辦) bàn ❶ 动 做;处理 ▷帮我～件事|～手续|～理。→ ❷ 动 采购;置备 ▷～年货|～酒席|置～。→ ❸ 动 惩罚 ▷首恶必～|法～|惩～。→ ❹ 动 经营;创建 ▷～工厂|～报|兴～。→ ❺ 名 办公室②的简称 ▷文教～|外～。

【办案】bàn'àn 动(司法机关、纪检、监察部门等)办理案件 ▷依法～|等办完案再休假。

【办法】bànfǎ 名 处理事情或解决问题的方法 ▷等待终究不是～|这个人很有～。☛ 跟"措施"不同。"办法"可用于各种事情,常和"想""采用"等搭配,可受"好""老"等词语修饰;"措施"多用于较重要的事情,常和"制定""采取"等搭配,可受"重大""果断"等词语修饰。

【办复】bànfù 动(对信访、提案等)办理并答复 ▷开设市长邮箱,及时～群众意见|认真检查已～提案的落实情况。

【办公】bàngōng 动 处理公务 ▷集体～|～厅。

【办公会议】bàngōng huìyì 通过会议集体讨论处

理重要公务的办公方式。

【办公室】bàngōngshì ❶ 名 办公的房间。❷ 名 机关、学校、团体、企业等单位处理日常行政事务的机构 ▷党委～。☛"室"不读 shǐ。

【办公自动化】bàngōng zìdònghuà 利用电子计算机和现代信息处理技术等，实现文案工作的自动化与高效率(英语缩写为 OA)。

【办货】bànhuò 动 采购货物 ▷到上海去～。

【办结】bànjié 动 办理并了结(案件、议案、手续等) ▷案件～率|健全完善议案～反馈机制|产权手续～。

【办理】bànlǐ 动 处理(事务)；承办(某种业务) ▷秉公～|～小件行李寄存业务。

【办事】bànshì 动 处理事务 ▷按原则～。

【办事处】bànshìchù 名 政府、军队、团体等下设的派出机构 ▷街道～|八路军驻西安～。

【办事员】bànshìyuán 名 职别低于科员的机关工作人员。

【办学】bànxué 动 开办学校 ▷广开～渠道。

【办罪】bànzuì 动 治罪；定罪 ▷依法～。

半 bàn ❶ 数 二分之一 ▷～斤|～价|一～|～日制|～壁江山|映红了～边天。→ ❷ 数 在……中间 ▷～途而废|～山腰|～夜。→ ❸ 副 用在动词或形容词前，表示不完全 ▷一知～解|～透明|～新|～躺着|～生～熟。→ ❹ 数 表示数量很少 ▷连～句话都不说|一星～点儿。〇 ❺ 名 姓。☛ ㊀两个"半"连用，分别用在两个相对应的词或语素前，构成"半……半……"格式，表示两种情况都存在。如：半黑半白、半信半疑。㊁跟"不"连用，分别用在两个相同或相对应的词或语素前，构成"半……不……"格式，表示某种中间状态(多用于贬义)。如：半通不通、半死不活。

【半百】bànbǎi 数 五十(多指年龄) ▷年近～。

【半半拉拉】bànbanlālā 形 动作或事情没有全部做完或事物不完整的样子 ▷房子才盖了个～，钱就花完了|刚听个～，他就不讲了。

【半辈子】bànbèizi 名 半生，指前半生或后半生 ▷他奋斗了～才写完这部书|后～还有许多事情要做。

【半壁】bànbì 名〈文〉半边；特指国土的一半或一部分 ▷每愤中原沦～，拟将孤剑斩长鲸。

【半壁江山】bànbì-jiāngshān 指国土的一半或一部分。

【半边】bànbiān 名 指整体中的一半或一部分 ▷～脸肿了|书架这～放书，那～放杂志。

【半边天】bànbiāntiān 名 天空的一半或一部分；借指妇女 ▷彩霞映红了～|发挥～的作用。

【半成品】bànchéngpǐn 名 没有完成全部制作过程，尚待加工的产品。也说半制品。

【半大】bàndà 区别 处于大小之间的；不大不小的 ▷～小子|～的脸盆。

【半大不小】bàndà-bùxiǎo 介于大与小之间；特指介于成年与儿童之间的年龄。

【半当腰】bàndāngyāo 名〈口〉中间；事情进程的一半左右 ▷山的～|稿子已经写到～了。

【半导体】bàndǎotǐ ❶ 名 导电性能介于导体和绝缘体之间的物质以及某些化合物。广泛用于电子工业等方面，可用来制造晶体管、热敏管、光敏管等，如锗、硅、硒等。❷ 名 指用半导体晶体管制造的收音机。

【半岛】bàndǎo 名 伸入较大水域的陆地，三面临水，一面跟陆地相连 ▷山东～|雷州～。

【半道儿】bàndàor 名〈口〉半路 ▷汽车～抛锚了|要干就干好，不要～撒手。

【半点儿】bàndiǎnr 表示数量极少 ▷他的嘴很严，～消息都没有透露。

【半吊子】bàndiàozi 名 旧时一千个铜钱串在一起为一吊，五百钱为半吊。比喻知识贫乏或技术不高的人；也比喻不通事理或办事不牢靠、有始无终的人。

【半封建】bànfēngjiàn 区别 封建国家在帝国主义经济入侵后，原有的封建经济虽遭到破坏，但仍保持着封建制度，同时资本主义也有一定的发展的、形态特殊的(社会或制度)。

【半疯儿】bànfēngr 名〈口〉指说话、做事不太正常的人(含贬义)。

【半官方】bànguānfāng 区别 没有官方名义，但在一定程度上能代表官方的 ▷～消息。

【半酣】bànhān 形〈文〉形容酒兴正浓，但尚未尽兴 ▷酒至～。

【半价】bànjià 名 原定价格的一半 ▷～卖出。

【半截】bànjié ❶ 条状物的一半 ▷～甘蔗。❷ 事情进程的一半 ▷戏演到～儿他才来。

【半斤八两】bànjīn-bāliǎng 旧制 1 市斤是 16 两，半斤就是 8 两。比喻彼此相当，不分高下(多含贬义)。

【半径】bànjìng 名 直径的一半，即从圆心到圆周或球心到球面上任意一点的线段。

【半决赛】bànjuésài 名 某些赛事中，为争夺决赛权而进行的比赛。

【半空】bànkōng ❶ 名 空中 ▷气球飞向～。〇 ❷ 形 空着一半；不饱满 ▷那两个油桶都是～的|这堆花生多半是～的。

【半拉】bànlǎ〈口〉❶ 半个 ▷～月饼|提前～月完成。❷ 半边 ▷宿舍在校园的北～。

【半劳动力】bànláodònglì 名 指体力较弱，只能承担较轻体力劳动的人(多用于农业劳动)。也说半劳力。

【半老徐娘】bànlǎo-xúniáng 指仍存风韵或仍爱

卖弄风骚的中年妇女。参见 1552 页“徐娘半老”。

【半流质】bànliúzhì ❶ 名 形态介于固体与液体之间的物质。如泥浆、生蛋清等。❷ 名 介于软饭和流质之间的食物。如肉松粥、玉米糊、菜泥等。‖也说半流体。

【半路】bànlù ❶ 名 路途中间 ▷～遇到一个熟人。❷ 名 比喻事情进行的过程中 ▷会没开完，他～就退场了|～改行。

【半路出家】bànlù-chūjiā 成年后出家做僧尼。比喻中途改行，不是科班出身。

【半路夫妻】bànlù fūqī 丧偶或离异的男女再婚结成的夫妻（多指中年或中年以上的）。

【半票】bànpiào 名 半价的车票、门票等。

【半瓶醋】bànpíngcù 名 比喻对某些知识或某种技术一知半解的人 ▷别听他胡吹，他是个～。

【半坡遗址】bànpō yízhǐ 新石器时代仰韶文化的重要遗址，在今陕西西安半坡村。

【半球】bànqiú 名 球体的一半；特指地球的一半 ▷北～|东～。

【半日】bànrì 名 半天①。

【半山腰】bànshānyāo 名 山腰。

【半晌】bànshǎng〈口〉❶ 名 半天① ▷前～（上午）。❷ 名 半天② ▷等了～，车还没来。

【半身】bànshēn 名 身体的一半 ▷～免冠照片|～不遂。

【半身不遂】bànshēn bùsuí 偏瘫。

【半身像】bànshēnxiàng 名 只有上半身的相片或画像等。

【半生】bànshēng 名 生命的一半时间 ▷后～|～坎坷。

【半生不熟】bànshēng-bùshú ❶（果实或食物）没熟透 ▷摘了几个～的杏子|米饭～的。❷ 不熟练 ▷只能说几句～的英语。

【半世】bànshì 名 半生。

【半数】bànshù 名 某个数目的一半 ▷同意的已经超过～，通过。

【半衰期】bànshuāiqī 名 放射性元素在衰变过程中，其原子核中的质子和中子数目减少到一半所需的时间。不同元素的半衰期长短差别很大。半衰期越短，放射性越强。

【半死】bànsǐ 动 接近死亡；也表示受到极重的折磨或摧残 ▷送到医院时已经～|累得～|吓得～。

【半死不活】bànsǐ-bùhuó ❶接近死亡状态。❷形容没有一点儿生气和活力 ▷他整天～的，一点儿也打不起精神来。

【半天】bàntiān ❶ 名 以正午为界划分出的半个白天 ▷上～。❷ 名 指较长的一段时间（含夸张意味）▷气得～说不出话来。

【半透明】bàntòumíng 形 介于透明与不透明之间的。

【半途】bàntú 名 半路。

【半途而废】bàntú'érfèi 中途停止。形容做事有始无终，不能坚持到底。

【半推半就】bàntuī-bànjiù 一边推辞，一边依从。形容内心愿意，表面却假意推辞。

【半托】bàntuō 动 日托。

【半脱产】bàntuōchǎn 动 一部分时间脱离原有的工作或生产劳动，从事其他活动 ▷～学习。

【半文半白】bànwén-bànbái 文言和白话夹杂的。

【半文盲】bànwénmáng 名 指识字不多、尚未脱离文盲状态的成年人。

【半夏】bànxià 名 多年生草本植物，初夏开黄绿色花。地下块茎呈球形，可以做药材。

【半新不旧】bànxīn-bùjiù 不新不旧；五成新。

【半信半疑】bànxìn-bànyí 既有点儿相信，又有点儿怀疑。

【半醒】bànxǐng 动 指睡眠或酒醉后神志尚未完全清醒。

【半休】bànxiū 动 因病而半天工作，半天休息。

【半袖】bànxiù 区别 衣袖长度在肘部或肘部以上的 ▷～衫|～连衣裙。

【半夜】bànyè ❶ 名 夜间的一半 ▷前～|下～。❷ 名 零点前后；泛指深夜 ▷～三更|会议一直开到～。

【半夜三更】bànyè-sāngēng 零点前后；泛指深夜。参见 467 页“更（gēng）”②。

【半音】bànyīn 名 音乐上把八度音划分为十二个音，相邻两个音之间的音程叫半音。

【半元音】bànyuányīn 名 气流较弱、摩擦较小、介于元音与辅音之间的音。如普通话 yǔwén（语文）中的 y、w。

【半圆】bànyuán 名 被直径在圆周上的两个端点切成的两条弧中的每一条弧；也指这条弧和直径所围成的平面。

【半圆仪】bànyuányí 名 量角器。

【半月板】bànyuèbǎn 名 膝关节部位的软骨，有内外两块，呈新月状。

【半月刊】bànyuèkān 名 每半个月出一期的刊物。

【半殖民地】bànzhímíndì 名 形式上独立，实际上在政治、经济等方面都受帝国主义国家控制的国家或地区。

【半中间】bànzhōngjiān ❶ 名 物体的中间部位 ▷竿子从～断了。❷ 名 借指事情进行的中间阶段 ▷这首歌他唱到～就唱不下去了。

【半中腰】bànzhōngyāo 名 半中间。

【半子】bànzǐ ❶ 名 旧指女婿。❷ 名 旧指妻子同前夫所生的儿子。

【半自动】bànzìdòng 区别 部分靠人工、部分由机械操作的 ▷～步枪。

【半自耕农】bànzìgēngnóng 名 指自己有少量土

地，还需租种别人的土地或出卖一部分劳动力的农民。

扮 bàn 动 化装；化装成（某种人物）▷女～男装｜～相｜假～。

【扮鬼脸】 bànguǐliǎn 做鬼脸。

【扮酷】 bànkù 动 装扮出很时髦的样子（酷：英语 cool 音译）。

【扮靓】 bànliàng 动 装饰打扮使靓丽 ▷鲜花～了节日的都市。

【扮戏】 bànxì ❶ 动 化装成角色 ▷现在开始～，两小时后就开演。❷ 动 饰演角色 ▷他俩经常同台～。

【扮相】 bànxiàng 名 演员化装成剧中人后的相貌；泛指打扮后的模样 ▷～俊美。☛ 不要写作"扮像"。

【扮演】 bànyǎn 动 演员化装成剧中人物进行表演 ▷他在剧中～焦裕禄◇他在这次事件中～了不光彩的角色。

【扮装】 bànzhuāng 动（演员）化装成剧中人物 ▷演员正在～｜她还没扮好装。☛ 不宜写作"扮妆"。"装"指演员为演出需要而修饰、打扮；"妆"指女子为使容貌美丽而修饰、打扮。

【扮作】 bànzuò 动 装扮成 ▷他～富商模样。

伴 bàn ❶ 名 在一起生活、工作或活动的人 ▷老～儿｜同～｜作～儿。→ ❷ 动 陪着；随同 ▷～我渡过难关｜陪～｜～随。❸ 动 从旁配合 ▷～奏｜～音。○ ❹ 名 姓。

【伴唱】 bànchàng 动 在一旁为配合表演而歌唱 ▷一个演员在台上唱，许多人在幕后～。

【伴读】 bàndú 动 旧指陪伴官宦人家子弟在家塾读书。今指陪读 ▷她随同考上博士的丈夫到上海～。

【伴发】 bànfā 动 伴随着相关事物的发生而发生 ▷神经衰弱～失眠。

【伴驾】 bànjià 动 陪伴皇帝；也指做皇帝的近臣 ▷～南巡。

【伴郎】 bànláng 名 举行婚礼时陪伴新郎的男子。

【伴侣】 bànlǚ ❶ 名 同伴；伙伴 ▷志同道合的～。❷ 名 特指夫妻或夫妻中的一方 ▷两人终于结为～｜和～一起享受二人世界。❸ 名 比喻起到陪伴作用的或配搭使用的事物 ▷旅行中有书做～，就不寂寞了｜咖啡～。

【伴娘】 bànniáng 名 举行婚礼时陪伴新娘的女子。

【伴生】 bànshēng 动 一事物伴随着另一事物产生并一起存在 ▷成功与挫折～。

【伴送】 bànsòng 动 陪着出行的人出行 ▷孩子去外地上大学，坚决不让我～。

【伴宿】 bànsù 动 陪伴过夜 ▷陪床～。

【伴随】 bànsuí 动 伴同；跟随 ▷～祖母出门作客｜～着年龄的增长，思想也逐渐发生变化。

【伴同】 bàntóng 动 陪同；随同 ▷～病人散步｜～产生。

【伴舞】 bànwǔ ❶ 动 陪伴别人跳舞 ▷她们是来舞会上～的。❷ 动 为配合演唱而同台跳舞 ▷他的演唱由少年宫舞蹈队～。

【伴星】 bànxīng 名 双星中围绕着较亮的星旋转，亮度较暗、较难观测到的那颗星。

【伴音】 bànyīn 名 电影、电视中为配合图像而同时播放的声音。

【伴游】 bànyóu ❶ 动 陪同旅游。❷ 名 陪同旅游的人。

【伴有】 bànyǒu 动 连带着发生或出现 ▷高血压患者常～头痛、头晕等症状。

【伴奏】 bànzòu ❶ 动 为配合唱歌、跳舞或独奏等而演奏（乐器）▷钢琴～。❷ 名 担任伴奏的人 ▷还缺一名～。

坢 bàn 名 某些地区指粪肥 ▷猪栏～。另见 1026 页 pǎn。

拌 bàn ❶ 动 拌和（huò）▷小葱～豆腐｜搅～。参见插图 14 页。○ ❷ 动 争吵 ▷～嘴。

【拌和】 bànhuò 动 搅动，使两种或多种物质均匀地混合在一起 ▷把沙子和水泥～匀了。

【拌料】 bànliào ❶ 动 拌和草料；也指将佐料拌入食物 ▷那盘粉丝还没～。❷ 名 拌入食物的佐料 ▷凉粉的～种类很多。

【拌匀】 bànyún 动 搅拌，使均匀 ▷把灰浆～。

【拌种】 bànzhǒng 动 把杀菌剂、杀虫剂等跟种子拌在一起。

【拌嘴】 bànzuǐ 动〈口〉争吵 ▷他俩从来不～。

绊（絆） bàn ❶ 动 行走中腿脚受到他物的阻挡或缠绕 ▷～了个跟头｜磕磕～～｜～倒｜～脚石。→ ❷ 名 绊子 ▷使～儿｜下～儿。

【绊倒】 bàndǎo 动 行走中腿脚被他物挡住或缠住而跌倒 ▷被石头～在地。

【绊脚】 bànjiǎo 动 行走中腿脚被他物挡住或缠住 ▷房后头净是碎砖，小心～。

【绊脚石】 bànjiǎoshí 名 比喻前进中遇到的障碍 ▷急功近利是发展基础科学的～。

【绊马索】 bànmǎsuǒ 名 为了绊倒对方人马而暗设的绳索。

【绊手绊脚】 bànshǒu-bànjiǎo 碍手碍脚。

【绊子】 bànzi 名 摔跤的一种招数，指用一条腿去别住对方的腿使摔倒的动作；比喻暗地里害人的手段 ▷我使了个～，把他摔倒在地｜他嘴上说得好听，暗地里却给人使～。

柈 bàn［柈子］bànzi 名 某些地区指整段木头劈成的大块劈（pǐ）柴。

湴 bàn 名 淤泥；烂泥 ▷浑身泥～。

靽 bàn 名 古代驾车时套在牲口后部的皮带。一说是绊马足的绳索。

瓣 bàn ❶ 名 植物的花冠、种子、果实或鳞茎上可以分开的小片儿或小块儿 ▷花～儿｜豆～儿｜橘子～儿｜蒜～儿。→ ❷ 量 用于物体破碎后分成的小片儿或小块儿 ▷碗摔成好几～儿。❸ 名 指瓣膜 ▷二尖～。→ ❹ 量 用于花瓣、橘子、蒜等自然分成的小片儿或小块儿 ▷一～儿橘子｜两～儿蒜。参见插图13页。☛ 中部是"瓜"，不是"爪"。

【瓣膜】 bànmó 名 人或某些动物器官中可以开闭的膜状物。如心脏瓣膜。

bāng

邦 bāng ❶ 名 国家 ▷治国安～｜友～｜～交｜联～。〇 ❷ 名 姓。☛ 左边"丰"的第一画是横，第四画是竖撇。由"邦"构成的字有"梆""帮""绑"等。

【邦交】 bāngjiāo 名 国家间的正式外交关系 ▷缔结～｜～正常化。

【邦联】 bānglián 名 两个或两个以上的主权国家为了某种共同利益而组成的联合体。成员国在军事、外交和经济等方面采取某些联合行动，但仍保留各自的独立主权。

帮（幫*幇幚） bāng ❶ 名 物体两边或四周的构成部分 ▷鞋～｜船～｜槽～。→ ❷ 动 帮助 ▷～我一把｜～忙｜～工。→ ❸ 名 群；为了某种目的而结成的集团（多含贬义） ▷拉～结伙｜行（háng）～｜匪～。❹ 量 用于成群成伙的人 ▷拉来一～人｜接待了几～学生。→ ❺ 名 帮子②。〇 ❻ 名 姓。

【帮办】 bāngbàn ❶ 动 帮助主要负责人办理公务 ▷～政务。❷ 名 旧时部门主要负责人的助手。

【帮补】 bāngbǔ 动（从财物上）帮助贴补 ▷他受伤致残后，乡亲们没少～他。

【帮衬】 bāngchèn〈口〉❶ 动 帮助 ▷我们忙得团团转，也不见他来～一下。❷ 动 帮补 ▷他这阵子缺钱，我们～他一下吧！

【帮厨】 bāngchú ❶ 动 非炊事人员到厨房帮忙干活儿 ▷同学们轮流去食堂～。❷ 名 帮助主厨干活儿的人 ▷本店招收～两名。

【帮凑】 bāngcòu 动 凑集钱物帮助 ▷靠大家～，总算渡过了难关。

【帮倒忙】 bāngdàománg 帮忙没帮好，反而给人添了麻烦。

【帮扶】 bāngfú 动 帮助扶持 ▷热情～困难户。

【帮工】 bānggōng ❶ 动 帮人干活儿 ▷大伙儿主动去～。❷ 名 帮人干活儿的人 ▷雇几个～。

【帮规】 bāngguī 名 帮会内部的规则、规矩。

【帮会】 bānghuì 名 民间秘密组织的统称，多带有黑社会性质。如青帮、洪帮等。

【帮教】 bāngjiào 动 帮助并教育，使走上正道 ▷对失足青少年开展～活动。

【帮困】 bāngkùn 动 帮助贫困户 ▷扶贫～｜～对象。也说帮贫。

【帮忙】 bāngmáng 动 帮人做事或解决困难 ▷今年秋收多亏大家～｜这事儿你可帮了我大忙。☛ 跟"帮助"不同。"帮忙"侧重指帮人做具体的事，不能带宾语；"帮助"既可指帮人做具体事情，还可指精神或物质上的支持，可带宾语。

【帮派】 bāngpài 名 某些政党、社会集团、单位内部结成的派别势力 ▷结成～｜进行～活动。

【帮腔】 bāngqiāng ❶ 动 指某些戏曲演出中，一些人在幕后伴唱，应和（hè）台上的演唱。❷ 动 比喻支持或附和别人说的话 ▷你自己去说就行，不用我～。

【帮手】 bāngshou 名 助手；帮忙的人 ▷她是妈妈的好～｜盖房子～少了不行。

【帮套】 bāngtào ❶ 名 车辕外边的牲口套 ▷马驾辕，毛驴拉～。❷ 名 指在车辕外边拉车的牲口 ▷车上的货太重，一头骡子拉不动，要添个～。

【帮同】 bāngtóng 动 帮助协同（别人做事） ▷～料理｜～办事。

【帮闲】 bāngxián ❶ 动（文人）附庸权贵或富豪，为他们凑趣儿消闲、装点门面 ▷他舞文弄墨，为王侯～。❷ 名 帮闲的文人。

【帮凶】 bāngxiōng ❶ 动 帮坏人行凶作恶 ▷你这样做，是在～啊！❷ 名 帮坏人行凶作恶的人 ▷当侵略者的～。

【帮佣】 bāngyōng ❶ 动 给人做佣工 ▷靠～为生。❷ 名 佣工 ▷她是这家的～。

【帮主】 bāngzhǔ 名 帮会或帮派的头目。

【帮助】 bāngzhù 动 给他人以人力、物力或精神上的援助 ▷～他渡过难关｜～孤寡老人。☛ 参见本页"帮忙"的提示。

【帮子】 bāngzi ❶ 名 指鞋帮 ▷这双鞋～还挺好，底子先坏了。❷ 名 白菜等蔬菜外层叶子较厚的部分。‖ 也说帮儿。〇 ❸ 量〈口〉帮④ ▷一～狐朋狗友。

啷 bāng 拟声 模拟敲打木头等的声音 ▷～的一棒打在车灯上。

【啷啷】 bānglāng 拟声 模拟敲击物体或物体相撞击的声音 ▷锻打声～～地响个不停。

梆 bāng ❶ 拟声 模拟敲击、碰撞木头的声音 ▷桌子敲得～～响｜～的一声，门被撞开了。→❷ 名 梆子①。

【梆笛】bāngdí 名 一种音色清脆的笛子。因常在梆子腔剧种中用作伴奏乐器,故称。

【梆硬】bāngyìng 形〈口〉形容十分坚硬 ▷土块儿～。也说梆梆硬。

【梆子】bāngzi ❶ 名 旧时打更或召集人用的响器,用木或竹制成,中空,有柄。❷ 名 打击乐器,是用枣木或红木制成的两根长短不同的木棒,多用于地方戏曲梆子腔的伴奏。❸ 名 梆子腔② ▷河北～|山西～。

【梆子腔】bāngziqiāng ❶ 名 戏曲声腔之一。因用梆子伴奏,故称。❷ 名 用梆子腔演唱的各地方剧种的统称,包括秦腔(陕西梆子)、晋剧(山西梆子)、豫剧(河南梆子)、河北梆子等。

浜 bāng ❶ 名 某些地区指通向江河的小河沟(多用于地名) ▷陆家～(在上海)|沙家～(在江苏)。○ ❷ 名 姓。☛ 跟"滨"不同。

bǎng

绑(綁) bǎng 动 捆扎;缠绕 ▷把两根竹竿～在一起|捆～。

【绑带】bǎngdài ❶ 名 绷带。❷ 名 绑腿。

【绑匪】bǎngfěi 名 干绑票勾当的匪徒。

【绑缚】bǎngfù 动 捆绑(多用于人) ▷恐怖分子把人质～起来。

【绑架】bǎngjià 动 用强制手段把人劫走 ▷被匪徒～。

【绑票】bǎngpiào 动 匪徒把人劫走作为人质,强迫被劫者家属、所在团体等用钱去赎或答应某种条件。

【绑腿】bǎngtuǐ 名 缠裹小腿的长布带。

【绑扎】bǎngzā 动 捆扎;包扎 ▷～扫帚|把伤口～好。☛ "扎"这里不读 zhā。

榜(*牓) bǎng ❶ 名 张贴出来的文告或名单 ▷张～招贤|落～|光荣～。○ ❷ 名 匾额 ▷～额|题～。○ ❸ 名 姓。

【榜单】bǎngdān 名 相关单位公布的、按一定次序排列的名单 ▷他的名字出现在全省优秀教师～上|这本书排在新书推荐～前列。

【榜额】bǎng'é 名 匾额。

【榜首】bǎngshǒu 名 榜上所列名单中的第一名;泛指第一名 ▷位列～|荣居时装大奖赛～。

【榜书】bǎngshū 名 原指题写在宫阙门额上的大字;后泛指匾额、招牌上写的大字。

【榜尾】bǎngwěi 名 榜上所列名单中的最后一名;泛指最后一名 ▷该队六战六负,名列～。

【榜文】bǎngwén 名 旧时官府张贴的告示。

【榜眼】bǎngyǎn 名 明清两代科举殿试考取的一甲(第一等)第二名。

【榜样】bǎngyàng 名 被仿效的人或事(多用于好的方面) ▷他是我们学习的好～。☛ 参见 966 页"模范"的提示。

膀(*髈) bǎng ❶ 名 胳膊和躯干相连的部分 ▷～大腰圆|左～右臂|臂～。→ ❷ 名 鸟类等的飞行器官 ▷翅～。

另见 1027 页 pāng;1028 页 páng。

【膀臂】bǎngbì 名 臂膀。

【膀大腰圆】bǎngdà-yāoyuán 形容人身材高大粗壮。

【膀爷】bǎngyé 名 某些地区对夏天裸露着上身在街上活动的成年男子的谑称。

【膀子】bǎngzi ❶ 名 胳膊的上部;也指整个胳膊 ▷光～。❷ 名 鸟类等的翅膀 ▷张着～。

bàng

玤 bàng ❶ 名〈文〉一种次于玉的美石。○ ❷ 名 古地名,在今河南渑池。

蚌 bàng 名 软体动物,有两片可以开闭的椭圆形黑绿色介壳,壳表面有环状纹。生活在淡水中。种类很多,有的种类介壳内可以产珍珠。☛ 右边"丰"的第一画是横,不是撇。

另见 65 页 bèng。

【蚌壳】bàngké 名 蚌的介壳。

棒 bàng ❶ 名 可以用手握持的棍子 ▷木～|棍～|～槌|～球|接力～。○ ❷ 形 好;健壮 ▷文章写得～极了|功课～|～小伙子。

【棒疮】bàngchuāng 名 被棍棒打伤后皮肉发炎化脓的疾病。

【棒槌】bàngchui 名 捶击用的木棒,一端略粗,一端较细,多用于捶洗衣服。☛ 不宜写作"棒棰""棒锤"。

【棒打鸳鸯】bàngdǎ-yuānyāng 比喻强行拆散恩爱的夫妻或恋人。

【棒喝】bànghè 动 佛教禅宗和尚在接待初入佛门者时,常常对他虚击一棒或大喝一声,让他不及思索便作出反应,以此考验他的悟性。后用"棒喝"比喻促人醒悟 ▷当头～|这几句话无异一声～。☛ "喝"这里不读 hē。

【棒球】bàngqiú ❶ 名 球类运动项目,用具和比赛规则跟垒球大体相同,但场地较大,使用的球较小而硬。❷ 名 棒球运动使用的球。

【棒糖】bàngtáng 名 中间插着供手持的小棍儿的糖块儿,常作儿童食品。也说棒棒糖。

【棒儿香】bàngrxiāng 名 用细竹棍儿或细木棍儿做芯子的香,便于插着燃点。

【棒针】bàngzhēn 名 手工编织毛线衣物用的长针,稍粗,多用竹子削制而成。

【棒针衫】bàngzhēnshān 名 用棒针将较粗的毛线编织成的毛衣。

【棒子】bàngzi ❶ 名 棒①。❷ 名 某些地区指玉米 ▷狗熊掰～。

【棒子面】bàngzimiàn 名〈口〉玉米面。

傍 bàng ❶ 动 靠近 ▷小船～了岸｜依山～水｜依～。→ ❷ 动 临近(某个时间) ▷～晚。→ ❸ 动 比喻依附 ▷～人门户｜～大款。☛ 统读 bàng，不读 bāng 或 páng。

【傍边儿】bàngbiānr 动〈口〉靠近；临近 ▷两条船已经～了。

【傍大款】bàngdàkuǎn 女性依附特别有钱的男性，做其情人；泛指依附特别有钱的人。

【傍黑儿】bànghēir 名〈口〉黄昏；傍晚 ▷他～就来了，当时路灯还没亮。

【傍亮儿】bàngliàngr 名〈口〉快到天亮的时候 ▷天～，前沿部队就和敌人交火了。

【傍人门户】bàngrénménhù 在别人的门下做事。比喻依赖别人，不能自立 ▷我国在发展中文信息产业方面绝对不能～。

【傍晌】bàngshǎng 名〈口〉傍午。

【傍晚】bàngwǎn 名 快到晚上的时候 ▷～有雷阵雨。

【傍午】bàngwǔ 名 快到中午的时候 ▷～时分才匆匆上路。

【傍依】bàngyī 动 凭靠；靠近 ▷北京西北～燕山，东南毗连华北平原。

谤(謗) bàng 动 无中生有地说人坏话 ▷诽～｜毁～。

【谤毁】bànghuǐ 动〈文〉毁谤。

【谤书】bàngshū 名〈文〉对别人进行毁谤的信件或书籍。

【谤议】bàngyì 动〈文〉非议；指责议论 ▷～时政。

塝 bàng 名 某些地区指沟渠或土埂的边(多用于地名) ▷张家～(在湖北)。

搒 bàng 动〈文〉划船 ▷～船。
另见 1037 页 péng。

蒡 bàng 见 1008 页“牛蒡”。

稖 bàng［稖头］bàngtóu 名 某些地区指玉米。

磅 bàng ❶ 量 英制质量计量单位，1 磅等于 453.592克。→ ❷ 名 指磅秤 ▷用～称一称｜过～。❸ 动 用磅秤称 ▷把这车煤～一～。
另见 1028 页 páng。

【磅秤】bàngchèng 名 台秤。因最初以磅为计量单位，故称。

镑(鎊) bàng ❶ 名 英国、埃及、叙利亚等国的本位货币。→ ❷ 量 英国、埃及、叙利亚等国的本位货币单位。

bāo

包¹ bāo ❶ 动 用纸、布或其他薄片裹东西或蒙在东西表面，使不外露 ▷把衣裳～起来｜～馄饨｜～扎。→ ❷ 名 成件的包起来的东西 ▷把棉花打成～｜点心～｜邮～。⇒ ❸ 名 装东西的袋子 ▷买了个～儿｜书～｜钱～。⇒ ❹ 名 物体或身体表面鼓起的疙瘩；物体表面凸起的部分 ▷头上起了一个大～｜山～｜土～。⇒ ❺ 量 用于包起来的东西 ▷一～衣服｜两～点心。→ ❻ 动 容纳在内；总括在一起 ▷～罗万象｜～括。❼ 动 (把整个任务)总揽下来，全面负责 ▷这件事～给你｜承～｜～教(jiāo)～会。⇒ ❽ 动 担保；保证 ▷～你心满意足｜打～票。⇒ ❾ 动 全部买下或租用；约定专用 ▷～了三辆车｜～机｜～桌。→ ❿ 动 围拢；围绕 ▷～抄｜～围。○ ⓫ 名 姓。

包² bāo 名 蒙古语音译。用毡围成的圆顶帐篷 ▷蒙古～。☛ “包”字左下是“巳(sì)”，不是“已”或“己”。由“包”构成的字有“苞”“胞”“炮”“雹”“饱”“抱”“泡”等。

【包办】bāobàn ❶ 动 全部承担下来；单独负责办理 ▷～酒席｜连工带料都由乙方～。❷ 动 不跟应该商量的人商量就自行处理 ▷～代替｜一手～。

【包庇】bāobì 动 偏袒或掩护(坏人、坏事) ▷～罪犯。

【包藏】bāocáng 动 包含；隐藏(多用于内心) ▷～杀机。

【包藏祸心】bāocáng-huòxīn 暗藏害人之心。

【包产】bāochǎn 动 确定产量、产值等指标，由愿意承包的个人或生产单位负责完成 ▷～到户。

【包场】bāochǎng 动 预先将某场电影、演出等的全部或大部分入场券买下 ▷学校为同学们～看电影｜这场话剧人家已经包了场。

【包抄】bāochāo 动 分兵绕到敌军侧面或背面同时进攻 ▷迂回～｜两面～。

【包车】bāochē ❶ 动 在一定时间内租车专用 ▷他们想～去天津。❷ 名 包租的车辆 ▷坐～去旅游｜这是我们租的～。

【包乘组】bāochéngzǔ 名 交通运输部门乘务工作的基层单位，全面负责所属区段内机车的保管、驾驶、保养和维修等。

【包船】bāochuán ❶ 动 在一定时间内租船专用 ▷～出海｜包了这艘船。❷ 名 包租的船只 ▷这艘～将在今天返航。

【包打天下】bāodǎtiānxià 比喻个人或少数人包办一切，不让别人插手；也比喻什么事都要自己来过问，什么问题都要自己来解决 ▷你不能～，要发动大家来干才干得好。

【包打听】bāodǎtīng ❶ 名 旧指巡捕房(警察局)的侦探。❷ 名 指好打听消息或隐私的人。

【包饭】bāofàn ❶ 动 按约定的标准，一方按月交费，一方供应饭食 ▷在饭馆～。❷ 名 以约定的标准按月交费后供应的饭食 ▷中午在学校食堂吃～。‖也说包伙。

【包房】bāofáng ❶ 动 定期租用宾馆、旅店或娱乐场所等的客房 ▷长期在宾馆～。❷ 名 定期租用的客房。❸ 名 火车软卧车厢里的单间。

【包缝机】bāofèngjī 名 用来把织物的边缘包住以防止脱散的缝纫机。也说包边机、锁边机、拷边机。☛"缝"这里不读 féng。

【包袱】bāofu ❶ 名 包裹衣物等用的布。❷ 名 包有衣物等的布包儿 ▷手上拎着一个～。❸ 名 比喻精神上的压力或负担 ▷顾虑重重，～沉重。❹ 名 指相声等曲艺中的笑料 ▷抖～(把笑料说出来)。

【包袱底儿】bāofudǐr〈口〉❶ 名 指家里储备着的轻易不动用的钱物。❷ 名 指隐私 ▷他总爱打听别人的～。❸ 名 指最过硬的本领 ▷这次比赛中他亮出了自己的～。

【包袱皮儿】bāofupír 名 包袱①。

【包干儿】bāogānr 动 承担并保证完成一定范围的全部工作 ▷分片～｜实行～制。

【包工】bāogōng 动 承揽某项生产或建设任务，负责按照规定的要求如期完成 ▷工程由施工单位～｜～包料。

【包工头】bāogōngtóu 名 包工的工头。

【包公】bāogōng ❶ 名 对包拯的尊称。包拯，北宋人，曾任开封知府、龙图阁直学士，以刚正清廉、不畏权势、执法严明著称。民间关于他的传说很多，是小说、戏曲中的清官典型形象。❷ 名 借指铁面无私、刚正严明、执法如山的法官或领导干部。‖也说包青天。

【包谷】bāogǔ 现在一般写作"苞谷"。

【包管】bāoguǎn 动〈口〉保证 ▷这事你放心好了，～没有问题。

【包裹】bāoguǒ ❶ 动 包起来并捆好；包扎 ▷用布～得严严实实的｜～伤口。❷ 名 包裹而成的整体 ▷办理邮寄～业务。

【包含】bāohán 动 里面含有 ▷这笔钱里已经～了运费｜这一成果～着许多人的心血。☛ ㊀不宜写作"包涵"。㊁参见本页"包括"的提示。

【包涵】bāohan 动 客套话，表示请求原谅 ▷招待不周，请诸位多多～！

【包换】bāohuàn 动 保证顾客在一定条件下可以更换所购买的商品 ▷商品如有质量问题，包退～。

【包活儿】bāohuór 动 包工。

【包伙】bāohuǒ ❶ 动 包饭①。❷ 名 包饭②。

【包机】bāojī ❶ 动 在一定时间内租飞机专用 ▷～旅行。❷ 名 包租的飞机。

【包间】bāojiān 名 餐饮店、娱乐场所等提供给顾客单独使用的房间。

【包金】bāojīn ❶ 动 在银、铜等金属首饰、器物外面包上金质薄片，使外观上像纯金制品 ▷～佛像｜～后的镯子更漂亮。○ ❷ 名 包银。

【包举】bāojǔ 动〈文〉全部取得；包罗 ▷～宇内，囊括四海。

【包括】bāokuò 动 在总体中含有 ▷全校教师，～退休教师都来参加这次选举。☛ 跟"包含"不同。"包括"多用于表示数量、类别等方面的涵盖范围；"包含"多用于表示成分、要素等方面的构成情况。

【包揽】bāolǎn 动 全揽过来 ▷办文化室的事项由他一人～｜他～了全部杂活儿。

【包罗】bāoluó 动 (大范围地)包容；包括 ▷海洋生物，大至鲸鱼，小至海藻，～甚广。

【包罗万象】bāoluó-wànxiàng 包括一切。形容内容丰富，应有尽有。

【包米】bāomǐ 现在一般写作"苞米"。

【包囊】bāonáng 名 低等植物和原生动物为适应外界环境条件的改变而分泌的一种包裹身体的膜壁，用以抵抗恶劣环境。

【包赔】bāopéi 动 保证赔偿 ▷如有损坏，全部～。

【包皮】bāopí ❶ 名 包装的外皮。❷ 名 指阴茎前部包着龟头的外皮。

【包片儿】bāopiànr 动 分工承担并负责完成某一区域的某项或某些工作 ▷要～做好移民安置工作。

【包票】bāopiào 名 比喻保证事情万无一失的许诺 ▷他一定会来，我敢打～。也说保票。

【包青天】bāoqīngtiān 名 包公。

【包容】bāoróng ❶ 动 宽容；容忍 ▷不能一味～。❷ 动 包含；容纳 ▷一本小字典不可能～一切。

【包身工】bāoshēngōng 名 旧时在工厂、矿山中受资本家和包工头双重剥削的工人。包工头付给被包人家庭一点儿钱，提供被包人做工期间最低的生活保障，被包人的全部工资归包工头所有。包身工劳动繁重，没有人身自由，是变相的奴隶。

【包头】bāotóu 名 缠裹在头上的布帛 ▷头上搭一块青布～。

【包头儿】bāotóur 名〈口〉缝在鞋头起保护作用的

皮子 ▷鞋破了，打了个～。

【包围】bāowéi 动 从四面围起来 ▷他被欢迎的人群～了|冲出了敌人的～。

【包围圈】bāowéiquān 名 对敌军形成包围态势的圈子或已被包围的地区 ▷缩小～|～已被冲破。

【包席】bāoxí ❶ 动 点整桌成套的酒席 ▷打电话到餐厅～。❷ 名 餐馆饭店等供应的整桌搭配好的酒席 ▷吃～比现点菜省事。

【包厢】bāoxiāng ❶ 名 某些剧场中特设的单间观众席，多在楼上或前部。❷ 名 包房③。

【包销】bāoxiāo 动 承揽一定数量的货物，负责在一定范围内销售 ▷产品由这家公司～。

【包心菜】bāoxīncài 名 某些地区指结球甘蓝。

【包修】bāoxiū 动 总揽下来，负责修理 ▷本厂～红旗轿车。☛ 参见 47 页"保修"的提示。

【包养】bāoyǎng ❶ 动 供养某人或某些人，供自己专用 ▷～几个三流文人，为自己歌功颂德。❷ 动 为配偶以外的异性（多是女性）提供房屋、金钱等，与之姘居 ▷～情妇。

【包银】bāoyín 名 旧时戏院或班主根据合同按期付给戏班或主要演员的报酬。也说包金。

【包圆儿】bāoyuánr〈口〉❶ 动 把货物（多为剩余的）一总买下 ▷这些葱我～了，便宜点儿！❷ 动 全部承担 ▷剩下的活儿，我们组～了！

【包月】bāoyuè 动 以按月计费的方式付款 ▷～付费。

【包孕】bāoyùn 动 包含 ▷这一片嫩绿～着无限的生机|～古今。

【包蕴】bāoyùn 动 包含蕴藏 ▷短短几句话～着对祖国深深的爱恋。

【包扎】bāozā 动 包裹并捆扎 ▷～伤口|把棉花～成捆。☛ "扎"这里不读 zhā。

【包装】bāozhuāng ❶ 动 将商品包裹起来或装进盒子、瓶子等容器 ▷把商品～好|本厂生产～箱、～纸。❷ 名 指包装用的材料、容器等；商品包装的形式 ▷软～|这种～很雅致。❸ 动 比喻对人或事物进行形象设计，使变美或有特色 ▷经过～，他更有明星风度了。

【包桌】bāozhuō ❶ 动 包席①。❷ 名 包席②。

【包子】bāozi 名 一种面食。用发面做皮，里边包着馅儿。

【包租】bāozū ❶ 动 租进土地、房屋等，再转租给别人，从中营利。❷ 动 在约定时间内租下（车、船等）归自己专用 ▷这辆车我～一个月。

苞[1] bāo 名 花未开放时，包着花蕾的小叶片 ▷含～欲放|花～。

苞[2] bāo 形〈文〉丛生；茂密 ▷竹～松茂。

【苞谷】bāogǔ 名 某些地区指玉米。

【苞米】bāomǐ 名 某些地区指玉米。

孢 bāo 见下。

【孢子】bāozǐ 名 某些低等动物、植物和真菌产生的单细胞或少数细胞的繁殖体，脱离母体后不通过细胞融合而能直接或间接发育成新个体。☛ 不要写作"胞子"。

【孢子植物】bāozǐ zhíwù 不具有花的结构、不产生种子或果实、靠孢子等有繁殖作用的细胞或细胞分裂而繁殖的各类植物的统称（跟"种子植物"相区别）。如藻类、蕨类、菌类、苔藓等。

枹 bāo 名 落叶乔木，高可达二十多米，叶子长椭圆形，边缘锯齿形，坚果椭圆形。木材可制器具。多分布在我国黄河、长江流域。也说小橡子。

另见 421 页 fú。

胞 bāo ❶ 名 胞衣 ▷双～胎。→ ❷ 名 指同父母所生的 ▷～兄|～妹|～弟。❸ 名 同一国家或民族的人 ▷侨～|台～|藏～。☛ 统读 bāo，不读 pāo。

【胞波】bāobō 名 缅甸语ပေါက်ဖော်音译。同胞；亲戚。缅甸人用来称呼中国人，表示亲切。

【胞叔】bāoshū 名 父亲的胞弟。

【胞兄弟】bāoxiōngdì 名 亲兄弟。

【胞衣】bāoyī 名 人和哺乳动物妊娠期间包裹胎儿和羊水的膜质囊袋。临产时胞衣破裂，流出羊水，胎儿娩出时随胎盘一同排出。也说胎衣、衣胞。

炮 bāo ❶ 动 烹调方法，把肉片儿等放在锅或铛（chēng）中用旺火急炒 ▷～羊肉。○ ❷ 动 把东西放在热的器物上烘焙 ▷把湿衣服放在暖气上～干|花生放在锅里～一～。

另见 1030 页 páo；1031 页 pào。

剥 bāo 动〈口〉去掉（外皮或壳）▷香蕉要～了皮吃|～栗子。参见插图 14 页。

另见 99 页 bō。

【剥皮】bāopí ❶ 动 去掉外皮 ▷山楂加工不用～。❷ 动 扒皮②。

龅（齙） bāo［龅牙］bāoyá 名 嘴唇遮不住的牙齿。☛ "龅"统读 bāo，不读 páo。

煲 bāo ❶ 名 壁较为陡直呈圆筒状的锅 ▷砂～|瓦～|电饭～。→ ❷ 动 把食物放在煲中用小火慢煮或熬 ▷～汤|～粥。

褒（*襃） bāo 动 赞扬；夸奖（跟"贬"相对）▷～义|～奖。☛ 不读 bǎo。

【褒贬】bāobiǎn 动 赞美和贬低；评论优劣 ▷～不一|不可妄加～。

【褒贬】bāobian 动 指责；贬低 ▷嬉笑怒骂，～时弊|肆意～别人。

【褒称】bāochēng 名 表示褒扬或尊敬的称呼 ▷"包青天"是包拯的～。

【褒词】bāocí ❶ 名 褒扬、夸奖的话 ▷评价要实事求是，不要滥施～。❷ 名 褒义词。

【褒奖】bāojiǎng 动 表扬并奖励 ▷～劳动模范。

【褒扬】bāoyáng 动 赞美；表扬 ▷～好人好事。

【褒义】bāoyì 名 词句里含有的赞扬或肯定的意思 ▷“染指”这个词不能用于～。

【褒义词】bāoyìcí 名 含有褒义的词。如“诚实”“勇敢”都是褒义词。

báo

雹 báo 名 冰雹 ▷～灾。

【雹灾】báozāi 名 冰雹造成的灾害。

【雹子】báozi 名 冰雹的通称。

薄 báo ❶ 形 扁平物体的厚度小（跟“厚”相对）▷这本书很～｜～棉袄｜～板。→ ❷ 形（土地）贫瘠；不肥沃 ▷土地～，产量低。→ ❸ 形（感情）冷淡；不深厚 ▷他待你不～。→ ❹ 形（味道）淡；不浓 ▷酒味～。☛ 跟“簿”不同。

另见 103 页 bó；103 页 bò。

【薄板】báobǎn 名 用钢、木材或其他材料制成的宽而薄的板材。

【薄饼】báobǐng 名 很薄的饼，品种很多；特指用烫面做成的很薄的饼，两张相叠，烙熟后可揭开，把肉、菜等卷在里边吃。

【薄脆】báocuì ❶ 名 一种又薄又脆的糕点，形状多样。❷ 名 一种又薄又脆的油炸面食，略呈长方形，多用作早点。

bǎo

饱（飽） bǎo ❶ 形 吃足了 ▷饥一顿，～一顿｜酒足饭～｜温～。→ ❷ 动 满足；装满 ▷大～眼福｜中～私囊。→ ❸ 副 充足；充分 ▷～经风霜｜～含。❹ 形（籽粒）丰满 ▷麦粒儿很～｜～满。

【饱餐】bǎocān 动 饱饱地吃 ▷～一顿。

【饱尝】bǎocháng ❶ 动 充分品尝 ▷～人间美食。❷ 动 长期经受；充分体验 ▷～战乱之苦。

【饱读】bǎodú 动 长期大量地阅读 ▷～诗书。

【饱嗝儿】bǎogér 名 吃饱后打的嗝儿。

【饱含】bǎohán 动 满满地包含 ▷话里～辛酸｜～深情。☛ 跟“充满”不同。“饱含”多含感情色彩，多用于褒义；“充满”本身不含感情色彩，可用于褒义，也可用于贬义。

【饱汉不知饿汉饥】bǎohàn bùzhī èhàn jī 比喻处境优越的人体会不到处境艰难的人的困窘和痛苦。

【饱和】bǎohé ❶ 形 在一定温度和压力下，溶液里所含溶质的量达到最大限度。❷ 形 泛指在某个范围内某种事物的数量达到最大限度 ▷这种商品在市场上已经～。

【饱经沧桑】bǎojīng-cāngsāng 形容经历过许多世事的变迁，阅历极其丰富（沧桑：“沧海桑田”的缩略，参见 131 页“沧海桑田”）。

【饱经风霜】bǎojīng-fēngshuāng 形容经受过很多艰难困苦的磨炼。

【饱览】bǎolǎn 动 充分观赏 ▷～三峡风光。

【饱满】bǎomǎn ❶ 形 充实；丰满 ▷籽粒～｜天庭～。❷ 形 充沛；旺盛 ▷热情～。

【饱暖】bǎonuǎn 形 吃得饱，穿得暖 ▷但愿苍生俱～｜关心群众的～与饥寒。

【饱食终日，无所用心】bǎoshí-zhōngrì，wúsuǒyòngxīn 整天吃饱了饭，却什么事也不思考，什么事也不干。

【饱受】bǎoshòu 动 经受了很多（难以忍受的事）▷～欺凌。

【饱学】bǎoxué 形 学识渊博 ▷～多才｜～之士。

【饱以老拳】bǎoyǐlǎoquán 用拳头痛打（含诙谐意）。

【饱胀】bǎozhàng ❶ 形 因吃得太饱而肚子发胀。❷ 形 形容饱满而鼓起的样子 ▷～的豆粒｜腹部～。

宝（寶 *寳） bǎo ❶ 名 玉石的统称；泛指珍贵的东西 ▷珍～｜珠～｜国～｜文房四～。→ ❷ 形 珍贵而稀有的 ▷～刀｜～剑｜～书｜～贵。❸ 形 敬词，用于称对方的家眷、店铺或所在的地方等 ▷～眷｜～号｜～地。→ ❹ 名 古代指货币或充当货币的金银 ▷通～｜元～。→ ❺ 名 对小孩儿的昵称 ▷～～。❻ 名 称滑稽可笑或不成器的人（多含贬义）▷活～｜现世～。〇 ❼ 名 旧时一种赌具，正方形，多用牛角或硬木制成，上面刻有记号，供赌者猜测下注 ▷押～｜摇～。〇 ❽ 名 姓。

【宝宝】bǎobǎo 名 对小孩儿的昵称。☛ 口语中第二个“宝”多读轻声。

【宝宝装】bǎobaozhuāng 名 婴儿穿的一种套装。

【宝贝】bǎobèi ❶ 名 珍稀的物品 ▷这幅古画是他的～。❷ 名 对小孩儿的昵称 ▷～儿，该起床了！❸ 名 对无能或荒唐的人的讥称 ▷我们单位那个～，整天游手好闲。

【宝贝疙瘩】bǎobèi gēda 〈口〉称心爱的人或物品 ▷他身边就那么一个～。

【宝刹】bǎochà ❶ 名 佛寺的塔；借指佛寺 ▷～巍峨矗立｜名山～。❷ 名 敬词，称僧尼所在的寺院。☛ “刹”这里不读 shā。

【宝钞】bǎochāo 名 我国元、明、清三代发行的纸币的统称。

【宝刀】bǎodāo 名 珍贵的战刀。

【宝刀不老】bǎodāo-bùlǎo 比喻人虽老了，但功夫、技艺仍然精湛，不减当年。

【宝岛】bǎodǎo 名 对某一岛屿的赞美的称呼 ▷我国的～台湾。

【宝地】bǎodì ❶ 名 指位置优越或物产丰富的地方 ▷这里真是块风水～。❷ 名 敬词，称对方所在的地方 ▷初到～，请多关照。

【宝典】bǎodiǎn 名 珍贵的典籍 ▷《黄帝内经》一向被视为中医的～。

【宝殿】bǎodiàn 名 寺庙中供奉神佛的大殿。

【宝贵】bǎoguì 形 非常有价值的；很值得重视的 ▷～财富｜～经验。☛ 跟"珍贵"不同。"宝贵"侧重于贵重，常形容生命、精神、青春、品质、感情等抽象事物；"珍贵"侧重于珍奇，常形容礼物、纪念品、动植物、文献资料等具体事物。

【宝号】bǎohào ❶ 名 敬词，称对方的商号。❷ 名 敬词，称对方的名字。

【宝货】bǎohuò 名 宝物。

【宝剑】bǎojiàn 名 珍贵的剑；泛指剑。

【宝卷】bǎojuàn 名 一种以韵文为主、间杂散文的说唱文学。由唐代的变文发展而成。早期作品内容多是佛教、神道故事，明代以后多取材于民间故事和现实生活。

【宝眷】bǎojuàn 名 敬词，称对方的眷属。

【宝库】bǎokù 名 储藏珍贵物品的处所（多用于比喻）▷书籍是智慧的～。

【宝蓝】bǎolán 形 形容颜色蓝而鲜亮 ▷～的天空｜～色的绸缎。

【宝山】bǎoshān ❶ 名 聚藏珍宝的山。❷ 名 对僧尼道士等所居之山的尊称。

【宝石】bǎoshí 名 鲜丽、纯净、坚硬、有光泽而耐腐蚀的矿物。可做装饰品，也可做贵重仪表的轴承及研磨剂等。

【宝石婚】bǎoshíhūn 名 西方风俗称结婚 40 周年为红宝石婚，45 周年为蓝宝石婚。

【宝塔】bǎotǎ 名 过去佛教徒称装饰有金、银等宝物的塔；今泛指塔。

【宝塔形】bǎotǎxíng 名 上小下大的尖锥形状 ▷堆成～｜～结构。

【宝玩】bǎowán 名 珍宝和古玩。

【宝物】bǎowù 名 珍贵的物品 ▷首饰匣内全是金银珠玉等～。

【宝玉】bǎoyù 名 珍贵的玉石。

【宝藏】bǎozàng 名 蕴藏在地下的自然资源；也指储藏的珍宝 ▷地下～◇少数民族文学的～有待进一步发掘。☛ "藏"这里不读 cáng。

【宝珠】bǎozhū 名 贵重的珍珠。

【宝座】bǎozuò 名 原指帝王或神、佛的座位；现多比喻尊贵的位子 ▷皇帝的～｜登上乒乓球女单冠军的～。

保 bǎo ❶ 动 养育；抚养 ▷～育院｜～姆。→ ❷ 动 保护守卫，使不受损害或侵犯 ▷明哲～身｜～障。⇒ ❸ 动 维持（原状），使不消失或减弱 ▷优势～不住了｜～存｜～暖。⇒ ❹ 动 担保，使一定做到或不出问题 ▷旱涝～收｜～送｜～释。❺ 名 担保人；保证人 ▷作～｜找～。❻ 名 旧时一种户籍编制单位 ▷～长。参见 46 页"保甲"。○ ❼ 名 姓。

【保安】bǎo'ān ❶ 动 保卫治安。❷ 动 保障安全，防止发生人身事故 ▷～条例｜～措施。❸ 名 指保安员，从事保卫治安工作的人。

【保安族】bǎo'ānzú 名 我国少数民族之一。主要分布在甘肃。

【保本】bǎoběn 动 保住本钱使不受损失 ▷这桩买卖能不能～？｜现在是淡季，能保住本就不错了。

【保膘】bǎobiāo 动 使牲畜保持肥壮。

【保镖】bǎobiāo ❶ 动 镖局或有武艺的人为雇主护送财物或保护人身安全 ▷雇人～。❷ 名 做保镖工作的人。❸ 名 谑称尽心尽力的保护者 ▷丈夫无疑是妻子的好～。☛ 不要写作"保镳"。

【保不定】bǎobudìng 副 〈口〉保不住②。

【保不齐】bǎobuqí 副 〈口〉保不住②。

【保不住】bǎobuzhù ❶ 动 保持不住 ▷不努力创新，优势是～的。❷ 副 难免；说不定 ▷他嘴不严，～什么时候就给捅出去。

【保藏】bǎocáng 动 保存收藏 ▷这件文物他整整～了 40 年。☛ "藏"这里不读 zàng。

【保持】bǎochí 动 维持某种状态，使不消失或不改变 ▷～优良传统｜～原貌。

【保存】bǎocún 动 保护使继续存在 ▷～有生力量｜文物～完好。☛ 参见 46 页"保留"的提示。

【保单】bǎodān ❶ 名 为他人的行为或财力作担保的字据。❷ 名 厂家或商家开具的表示在一定期限和一定范围内对所售或所修物品负责的单据。❸ 名 保险单的简称。

【保底】bǎodǐ ❶ 动 保本。❷ 动 保证所定数额的最下限 ▷生活保障金无论如何也要～。☛ "保底"②跟"兜底"②不同。"保底"②是对最下限的保障，并无明显的口语色彩；"兜底"②没有数额限制，是对所剩部分全部承担，口语色彩明显。

【保固】bǎogù 动 工程承包者保证工程在一定时期内质量可靠，如发生问题承担全部责任 ▷这些楼盘的～期都在 50 年以上。

【保管】bǎoguǎn ❶ 动 保藏并管理 ▷～仓库｜这些材料由你～。❷ 名 做保管工作的人 ▷他是仓库～。也说保管员。❸ 副 表示很有

把握 ▷这双鞋是名牌货，～你满意。

【保护】bǎohù 动 护卫使不受损害 ▷～森林，人人有责|～视力。

【保护层】bǎohùcéng 名 物体表面起防护作用的一层物质；比喻起包庇作用的人或事物。

【保护关税】bǎohù guānshuì 主权国家为保护本国产业的发展，对进口商品征收的一种关税。

【保护国】bǎohùguó 名 被迫向强权国家交出部分主权（尤其是外交和国防主权），不能独立自主，被强权国家“保护”的弱小国家。是殖民统治的一种形式。

【保护价】bǎohùjià 名 国家为保护生产者利益，对某些产品制定的通常高于市场价格的收购或销售价格。

【保护人】bǎohùrén 名 监护人。

【保护伞】bǎohùsǎn 名 比喻可以起庇护作用的力量或人物（多含贬义）▷没有～，他怎么会长期横行乡里而不受惩治？

【保护色】bǎohùsè ❶ 名 某些动物身上具有的跟周围环境相似的颜色。它能保护该动物，使其不容易被发觉。❷ 名 比喻一种伪装 ▷他假装积极，给自己涂上一层～。

【保护神】bǎohùshén 名 对人或事物的护卫者的美称 ▷乘客的～|网络安全的～。

【保护主义】bǎohù zhǔyì 指主权国家或地区政府实行的利用关税、补贴或限制购销等手段保护本国或本地区经济利益的政策。

【保皇】bǎohuáng 动 维护封建君主政体；泛指维护保守势力 ▷～势力。

【保甲】bǎojiǎ 名 旧时一种户籍编制制度。若干户编成一甲，若干甲编成一保。甲设甲长，保设保长，实行层层管制。

【保价】bǎojià 动 一种邮政业务，用于邮递贵重物品等，需要加收费用。如有遗失，邮政部门按保价金额给予赔偿 ▷～邮寄。

【保驾】bǎojià 动 原指保卫皇帝；现泛指保护或保卫 ▷有我给你～，怕什么？|为四个现代化～护航。☛ 现用于个人，多含诙谐意；用于事物，则多有庄重色彩。

【保荐】bǎojiàn 动 保举推荐 ▷～优秀年轻干部。

【保健】bǎojiàn 动 保护健康 ▷妇幼～|～食品。

【保健操】bǎojiàncāo 名 运用中医推拿、按摩等方法编制的健身操。如眼保健操等。

【保健品】bǎojiànpǐn 名 有保护和增进健康作用的产品。如保健茶、保健服装。

【保健球】bǎojiànqiú 名 放在手中通过手指拨动而来回转动的小球。一般为两个，多用玉石或金属制成。

【保健箱】bǎojiànxiāng 名 医务人员出诊时随身携带的装有常备药品和医疗器械的小箱子。

【保健站】bǎojiànzhàn 名 最基层的医疗卫生机构。

【保教】bǎojiào 动 保育和教养 ▷对孤儿予以～|～人员。

【保洁】bǎojié 动 保持环境清洁 ▷实行全天候～|～工。

【保金】bǎojīn ❶ 名 投保人向保险公司投保时缴纳的费用 ▷按时缴纳～。❷ 名 保险公司向投保人理赔时支付的费用 ▷依法索赔～。

【保举】bǎojǔ 动 向上级担保并推荐人才。

【保量】bǎoliàng 动 保证在数量上符合标准 ▷既要保质，也要～。

【保龄球】bǎolíngqiú ❶ 名 一种室内体育运动项目。比赛时，掷球使通过用硬木铺成的狭长而水平的滑道，撞击末端的10个瓶形柱体，在规定次数内击倒最多者为优。❷ 名 保龄球运动所用的硬质球，用胶木等制成。比排球略小，实心，球上有三个圆孔，以便手指插入把球提起。‖（保龄：英语bowling音译）

【保留】bǎoliú ❶ 动 保持原来状态不变 ▷～原貌。❷ 动 留着，不拿出来 ▷毫无～地传授经验。❸ 动（把权利、意见等）搁置起来暂不行使或发表 ▷～索赔的权利|～意见。☛ 跟“保存”不同。“保留”侧重指不去掉，对象可以是人；“保存”侧重指使不失去，对象只能是物。

【保留剧目】bǎoliú jùmù 因演出成功而保留下来经常上演的剧目 ▷《骆驼祥子》是北京人民艺术剧院的～。

【保媒】bǎoméi 动 做媒；说媒 ▷给大龄青年～。

【保密】bǎomì 动 保守秘密，使不泄露 ▷这件事你可得给我～|～工作。

【保苗】bǎomiáo 动 保护幼苗使有足够的数量成活 ▷抗旱～。

【保命】bǎomìng 动 维持生命；保全性命 ▷先要～，然后再作进一步治疗|一旦中了风，能保住命就不错了。

【保姆】bǎomǔ 名 受雇为人照看老人、小孩儿等或料理家务的妇女。☛ 不要写作“保母”“褓母”“褓姆”。

【保暖】bǎonuǎn 动 保持温暖 ▷天冷了，要注意～。☛ 参见47页“保温”的提示。

【保票】bǎopiào 名 包票。

【保期】bǎoqī ❶ 名 商品售出后保换保修的期限。❷ 名 保险的期限。

【保全】bǎoquán ❶ 动 保护使完好 ▷～面子|财产～。❷ 动 维护保养机器使正常运转（多用于纺织行业）▷纺织～专业。

【保人】bǎoren 名 保证人②。

【保墒】bǎoshāng 动 保持土壤中一定的水分含

量，以满足农作物出苗和生长的需要。

【保湿】bǎoshī 动 保持湿润；特指保持皮肤湿润 ▷这款冰箱使食物不仅保鲜，而且～|护肤保养重在补水～。

【保释】bǎoshì 动 在刑事诉讼中，司法机关按照法律规定取得担保后，暂时释放被羁押者。

【保收】bǎoshōu 动 保证农作物有正常收成；泛指保证收益 ▷科学种田，旱涝～。

【保守】bǎoshǒu ❶ 动 守住，使不失去 ▷～国家机密。❷ 形 守旧；跟不上形势 ▷顽固～|计划既不要～，也不要冒进。

【保守疗法】bǎoshǒu liáofǎ 在外科范围内采用的非手术治疗方法。也说非手术疗法。

【保守派】bǎoshǒupài 名 主张维持现状，反对变革的政治派别；泛指思想守旧的人。

【保税区】bǎoshuìqū 名 经主权国家政府批准设立的特殊经济区域。由海关实行隔离监管，对自由进出的境外商人和商品，在税收、外汇管理等方面给予特殊优惠。

【保送】bǎosòng 动 不经过统一考试或选拔，由所在单位保荐去上学或参加某一活动 ▷他被～上大学|～参加全国比赛。

【保胎】bǎotāi 动 保护胎儿正常发育，使不流产。

【保外就医】bǎowài jiùyī 有严重疾病的罪犯在服刑期间，经批准取保在监狱外就医。

【保外执行】bǎowài zhíxíng 罪犯在服刑期间，经批准取保在监狱外就医、待产等，可抵刑期。

【保卫】bǎowèi 动 护卫使不受侵犯 ▷～边疆|～海洋安全。☛ 跟"捍卫"不同。"保卫"侧重于护卫，对象可以是人和事物；"捍卫"侧重于抵御，对象一般是抽象事物。

【保温】bǎowēn 动 保持原有温度；特指使原有热量减缓失散 ▷双层玻璃窗可以～|～桶。☛ 跟"保暖"不同。"保温"指保持温度(暖或冷)不变；"保暖"指保持暖和，使不变冷。

【保温杯】bǎowēnbēi 名 能使所装物较长时间保持原有温度的杯状容器。

【保温车】bǎowēnchē 名 一种运送水果、蔬菜、鱼、肉等易腐烂物品的专用车，根据运送物品的不同要求，保持一定温度。也说冷藏车。

【保温瓶】bǎowēnpíng 名 能使所装物较长时间保持原有温度的瓶状容器。

【保鲜】bǎoxiān 动 使食物保持新鲜 ▷冰箱可以～|～期|～剂。

【保鲜膜】bǎoxiānmó 名 用来包装食品以保持新鲜的特制塑料薄膜。

【保险】bǎoxiǎn ❶ 动 保证；担保 ▷这样办，～没问题。❷ 形 可靠；稳妥 ▷钱存入银行很～|～系数。❸ 名 根据保险法进行的一种保障投保人受损失后能得到赔偿的商业保险行为。分财产保险和人身保险。❹ 名 锁、枪支等上面起安全保护作用的装置。

【保险带】bǎoxiǎndài 名 高空作业或表演时为保障人身安全而使用的带子。一端系在腰部，另一端固定在牢固的物体上。

【保险单】bǎoxiǎndān 名 保险机构与投保人之间订立保险合同的书面凭证。简称保单。

【保险刀】bǎoxiǎndāo 名 刮胡子用的刀具。刀片装在具有防护功能的刀架上，用时不易损伤皮肤。也说安全剃刀。

【保险灯】bǎoxiǎndēng 名 带防风罩的手提煤油灯。

【保险法】bǎoxiǎnfǎ 名 有关保险的法规。主要规定保险的组织机构、业务范围以及保险机构和投保方的权利、义务等。

【保险费】bǎoxiǎnfèi 名 投保方根据保险合同的有关规定，付给保险机构的费用。也说保费。

【保险公司】bǎoxiǎn gōngsī 依照保险法和公司法成立的专门经营保险业务的机构。

【保险柜】bǎoxiǎnguì 名 一种有防火、防盗功能的柜子。由中间夹有石棉的两层铁板制成，装有特殊的锁，用以储藏现金和贵重物品。

【保险盒】bǎoxiǎnhé 名 电路中装有保险丝和开关装置的小盒。

【保险金】bǎoxiǎnjīn 名 在保险有效期内发生保险事故或生存至保险期满，根据合同由保险人付给被保险人或其受益人、法定继承人的款项。

【保险金额】bǎoxiǎn jīn'é 保险金的最高限额。简称保额。

【保险期】bǎoxiǎnqī 名 保证安全的期限；特指投保人享有保险待遇的期限。

【保险人】bǎoxiǎnrén 名 根据我国保险法的相关规定，指与投保人订立保险合同，按照合同承担赔偿或者给付保险金责任的保险公司。也说承保人。

【保险丝】bǎoxiǎnsī 名 电路保险装置用的一种导线。用铅、锡或其他熔点低的合金制成。当电路中电流超过限度时，该导线被熔断，电路中断，不致烧毁电器或引起火灾。

【保险套】bǎoxiǎntào 名 安全套。

【保险系数】bǎoxiǎn xìshù 指显示某事物稳妥可靠的程度与比率的数 ▷加大～。

【保险箱】bǎoxiǎnxiāng ❶ 名 形状像箱子的小型保险柜。❷ 名 比喻安全可靠、无风险的地方。

【保险装置】bǎoxiǎn zhuāngzhì 保险④。

【保修】bǎoxiū ❶ 动 指商品出售后按规定由售货单位或厂家免费修理 ▷本店所售的电视机，～一年。❷ 动 保养维修 ▷本车间的机器由李师傅～。☛ 义项①跟"包修"意义不同。售后商品出现非人为问题时，"包修"是负责有偿维修，"保修"是负责免费维修。

【保养】bǎoyǎng ❶ 动 保护调养 ▷～身体。❷

动 维护修理 ▷～车子。

【保有】bǎoyǒu 动 具有；拥有 ▷儿童～受教育的权利｜城市车辆～量。

【保佑】bǎoyòu 动 迷信指神灵庇护和帮助。☛不宜写作"保祐"。

【保育】bǎoyù 动 照管并教育婴幼儿；泛指对生物和生物栖息地进行保护、复育和管理。

【保育员】bǎoyùyuán 名 托儿所、幼儿园里负责照管并教育婴幼儿的人员。

【保育院】bǎoyùyuàn 名 抚养教育孤儿或父母无法照管的儿童的机构，院内有托儿所、幼儿园、小学等。

【保障】bǎozhàng ❶ 动 保护，使不受侵犯 ▷～公民的合法权益。❷ 动 确保，使充分实现 ▷增加生产，～供给。❸ 名 起保障作用的事物 ▷生活有了～。

【保真】bǎozhēn ❶ 动 使音像设备传出的声音、图像跟原来的保持一致，不失真 ▷高～录放机｜照片高度～。❷ 动 泛指防止假冒，使事物不失真 ▷对原创作品采取～措施。

【保证】bǎozhèng ❶ 动 担保一定做到 ▷～按时出版。❷ 动 确保达到(既定的要求和标准) ▷～质量｜～足够的睡眠时间。❸ 名 作担保或起决定作用的事物、条件等 ▷团结是胜利的～。

【保证金】bǎozhèngjīn ❶ 名 经济活动(如期货交易、大宗商品交易等)中，为保证履行某种承诺而事先缴纳的一定数量的钱。❷ 名 刑事诉讼中，公安司法机关责令被取保候审的犯罪嫌疑人、被告人向执行机关交纳的钱。

【保证人】bǎozhèngrén ❶ 名 立保证书的人。❷ 名 为别人作某种担保的人。

【保证书】bǎozhèngshū 名 为保证做好某件事情或达到某种要求而写的书面材料。

【保值】bǎozhí 动 使货币或财产不受物价变动的影响而保持原有价值 ▷～储蓄｜～增值。

【保质】bǎozhì ❶ 动 保证在质量上符合标准 ▷～保量。❷ 动 保证不变质 ▷～期。

【保重】bǎozhòng 动 (希望对方)爱护身体，注重健康 ▷请～身体｜请多多～。

【保状】bǎozhuàng 名 旧时由保证人填写的有一定格式的保证书；特指官府要保证人填写的保证书。

【保准】bǎozhǔn 〈口〉❶ 形 靠得住；可信 ▷这个消息～不～？❷ 动 保证① ▷您放心，这事我～办好。❸ 副 准保。

鸨(鴇) bǎo ❶ 名 鸟，像雁而略大，体长可达1米，背部有黄褐色和黑色斑纹，腹部近白色。不善飞而善奔驰，能涉水，常群栖在草原地带。属国家保护动物。参见插图5页。→❷ 名 旧指老妓女或妓院的女老板(古人认为鸨是淫鸟) ▷～母。

【鸨母】bǎomǔ 名 妓院女老板。旧时妓院女老板多以养母的身份出现，故称。也说鸨儿、老鸨。

葆 bǎo ❶ 形 〈文〉草木茂盛。○ ❷ 动 保持 ▷永～青春。

堡 bǎo 名 堡垒 ▷碉～｜地～｜桥头～。☛读bǎo，古代指土筑的小城，后指防御工事；读bǔ，指有围墙的村镇，现多用于地名，如"柴沟堡"；读pù，指古时的驿站，现多用于地名，如"十里堡"。

另见106页bǔ；1067页pù。

【堡垒】bǎolěi ❶ 名 军事防御用的坚固建筑物 ▷攻克了敌人的～。❷ 名 比喻难以征服的领域 ▷攻克科学～。

【堡寨】bǎozhài 名 周围有墙或栅栏的村落。

褓(*緥) bǎo 名 包裹婴儿的被子 ▷襁～。

bào

报(報) bào ❶ 动 〈文〉按律定罪并向上级报告。→❷ 动 告诉；告知 ▷通风～信｜～告｜申～｜汇～。⇒❸ 名 报纸① ▷订了两份～｜晚～｜登～｜～社。❹ 名 指特定的刊物 ▷画～｜学～。❺ 名 指某些传达信息的东西 ▷海～｜喜～｜警～。⇒❻ 名 特指电报 ▷发～｜～务员。⇒❼ 动 特指向上级报告 ▷材料已经～市政府｜把统计表～上来。→❽ 动 答复 ▷《～友人书》◇～以热烈的掌声。⇒❾ 动 答谢；回报 ▷投桃～李｜精忠～国｜～效｜～酬。⇒❿ 动 报复 ▷睚眦必～｜～仇｜冤冤相～。☛右边是"𠬝(fú)"，不是"及(jí)"。由"𠬝"构成的字还有"服""赧"等。

【报案】bào'àn 动 单位和个人发现犯罪事实或者犯罪嫌疑人，向公安机关、人民检察院或人民法院报告 ▷发现恐怖活动线索，立即～。

【报备】bàobèi 动 办理某事前向上级或有关主管部门上报备案 ▷干部公务外出要事先～｜建立严格的公车使用～制度。

【报表】bàobiǎo 名 向上级汇报情况和数字的表格 ▷财务～。

【报偿】bàocháng ❶ 动 报答和补偿 ▷今后一定～您的恩情。❷ 名 给予恩人的报答和补偿 ▷给父母以更多的～。

【报呈】bàochéng 动 写成公文向上级报告 ▷本市教育发展规划已～省教育厅。

【报仇】bàochóu 动 对仇敌采取报复行动 ▷为牺牲的战友～｜～雪恨。

【报酬】bàochóu 名 作为使用别人的劳动或物品的代价而付给别人的钱或实物 ▷这是讲课

的～|志愿者服务不计～。

【报春花】bàochūnhuā 名 一年或多年生草本植物,大多早春开花。花也叫报春花,多为红色或淡紫色。可供观赏。

【报答】bàodá 动 以实际行动来答谢 ▷～父母的养育之恩。

【报单】bàodān ❶ 名 旧指向科举考试得中或得官、升官的人家送的喜报。❷ 名 向海关税务部门呈报的税单。

【报导】bàodǎo 现在一般写作"报道"。

【报到】bàodào 动 向有关单位报告自己已经来到 ▷新职工到劳动人事处～。

【报道】bàodào ❶ 动 通过报纸、广播、电视等媒体把新闻传播出去 ▷及时～灾情。❷ 名 通过媒体发表的新闻稿 ▷这篇～写得好。

【报德】bàodé 动 报答别人给予的恩德 ▷知恩～。

【报端】bàoduān 名 报纸上 ▷此事已见诸～。

【报恩】bào'ēn 动 报答别人给予的恩惠 ▷向父老乡亲们～。

【报贩】bàofàn 名 贩卖报纸的人。

【报废】bàofèi 动 设备、产品、器物等因不合格或不能继续使用而当成废品处理 ▷汽车～|这项技术使很多本应～的设备起死回生。☛ 跟"作废"不同。"报废"多用于机器、设备等因不合格或功能失效等原因而当成废品;"作废"多用于计划、凭证等因不适用或超过时限等原因而废止。

【报复】bàofù 动 对批评自己或损害自己利益的人进行打击 ▷伺机～|警惕他进行～。

【报复陷害罪】bàofù-xiànhàizuì 法律上指国家机关工作人员滥用职权、假公济私,对举报人、控告人、申诉人等实行报复、陷害的罪行。

【报告】bàogào ❶ 动 向上级、公众或有关人员正式陈述、说明(意见或情况) ▷发现异常情况要及时～|～大家一个好消息。❷ 名 向上级、公众或有关人员所作的正式文字陈述 ▷这事要写份～|出具检验～。❸ 名 演讲② ▷学术～|动员～。❹ 动 礼貌用语,多用于求见老师、首长等时,表示有事报告,请求准许进入。

【报告会】bàogàohuì 名 为宣传方针政策、介绍先进事迹、交流工作经验、阐述科学成就等而以作报告形式召开的公众性集会。

【报告文学】bàogào wénxué 既有文学性质,又有新闻特点的通讯、速写、特写等的统称。是在具有典型意义的真人真事的基础上,经过一定的艺术加工而成。属于散文体裁。

【报功】bàogōng 动 向上级报告功劳或成绩 ▷给抗洪战士～。

【报关】bàoguān 动 指货物、行李、船舶等进出国境时,向海关正式申报,接受检验,请求办理进出口手续。

【报官】bàoguān 动 旧指把案件报告给官府。

【报馆】bàoguǎn 名 旧指报社。

【报国】bàoguó 动 报效国家 ▷立志～。

【报话机】bàohuàjī 名 一种小型的收发电报或通话的无线电通信工具。

【报价】bàojià ❶ 动 卖方报出商品售价;投标方报出投标价格 ▷厂家～太高,难以成交。❷ 名 卖方或投标方报出的价格 ▷招标方正在核算投标方的～。

【报捷】bàojié 动 报告获得胜利或取得成功的消息 ▷向司令部～。

【报界】bàojiè 名 报纸出版领域 ▷～人士。

【报禁】bàojìn 名 指对报纸出版物实行的限制。

【报警】bàojǐng 动 向有关部门报告危急情况或发出紧急信号 ▷发现重大疫情要及时～|鸣枪～。

【报刊】bàokān 名 报纸和杂志的合称。

【报考】bàokǎo 动 报名参加考试 ▷～大学。

【报矿】bàokuàng 动 发现矿藏后向有关部门报告。

【报料】bàoliào ❶ 动 向媒体提供新闻线索或新闻材料 ▷开通～热线|他向记者～,停在酒店门前的结婚车队中有多辆公车。❷ 名 向媒体提供的新闻线索或新闻材料 ▷从邮箱里看到这条～,他立即前往现场采访。☛ 跟"爆料"不同。

【报领】bàolǐng 动 向上级或有关部门报告有关情况并领取(钱物) ▷向民政局～扶贫款。

【报名】bàomíng 动 申请参加某一活动或某个组织时,向承办人或主管单位登记自己的姓名等相关情况 ▷～应试|踊跃～。

【报幕】bàomù 动 节目演出前向观众报告节目名称、演员姓名等 ▷晚会由一位著名主持人～。

【报批】bàopī 动 报请上级审查批准 ▷抓紧办理～手续。

【报请】bàoqǐng 动 用书面形式向上级或有关部门报告并请示 ▷～省政府批准。

【报人】bàorén 名 指在报社从事新闻工作的人 ▷作者是上一世纪 30 年代的老～了。

【报丧】bàosāng 动 丧家把家人去世的消息通知亲友。

【报社】bàoshè 名 编辑、出版报纸的机构。

【报审】bàoshěn 动 报请上级或有关部门审查。

【报失】bàoshī 动 向治安机关或有关部门报告财物丢失,请求帮助查找。

【报时】bàoshí 动 报告时间;特指广播电台、电视台或电话局向公众报告标准时间。

【报收】bàoshōu 动 证券市场等收盘时报出价格 ▷本月 A 股以阳线～。

【报数】bàoshù 动 报告数目;多指排队时根据口

令要求，队列中每人依次报一个数字，以便查点人数 ▷对所需经费要准确～|列队～。

【报送】bàosòng 动 上报；呈送 ▷～上级审批。

【报摊】bàotān 名 出售报纸、杂志的小摊儿。

【报亭】bàotíng 名 出售报纸、杂志的小屋（有的像亭子）。

【报童】bàotóng 名 在街头卖报的儿童。

【报头】bàotóu 名 报纸（第一版）、壁报、黑板报等标出报名、期数等内容的部分。

【报务】bàowù 名 收发电报的业务 ▷～员。

【报喜】bàoxǐ 动 报告喜讯 ▷不要～不报忧。

【报销】bàoxiāo ❶ 动 把公务开支的款项列出清单，附上必要的单据，报请财务主管部门审核销账 ▷全额～。❷ 动 将用坏或作废的东西报告给主管部门销账 ▷这些旧机器早就应该～了。❸ 动 比喻人或物被除掉或毁坏（含诙谐意） ▷一梭子子弹打出去，前面的敌人立刻～了|一把好琴让他～了。

【报晓】bàoxiǎo 动（用声音）告知人们天亮了 ▷雄鸡～|～的晨钟。

【报效】bàoxiào 动 为报答对方而为之效劳 ▷～祖国和人民。

【报信】bàoxìn 动 向人告知信息 ▷接到录用通知就给父母～|收到汇款后报个信。

【报修】bàoxiū 动 向有关部门报告设备损坏或发生故障，要求修理。

【报眼】bàoyǎn 名 指横排版报纸报头旁边的部分，位置较醒目显著，多用来刊载重要稿件或启事、广告等。

【报验】bàoyàn 动 报请有关部门检验 ▷新产品已研制成功，抓紧向主管机关～。

【报业】bàoyè 名 编辑、出版、销售报纸的行业。

【报应】bàoyìng 动 佛教用语，原指种什么样的因得什么样的果，后偏指种恶因得恶果 ▷因果～|你老是干缺德事，就不怕～吗？

【报忧】bàoyōu 动 报告令人失望或忧虑的消息 ▷不能光报喜不～。

【报怨】bàoyuàn 动 报复或回报仇怨 ▷乘机～|以德～。☛ 跟“抱怨”不同。

【报载】bàozǎi 动 报上登载 ▷据～，今年反腐斗争将有新举措。☛“载”这里不读 zài。

【报站】bàozhàn 动 向乘客报告车、船等到达或将要到达的站名。

【报章】bàozhāng 名 报纸① ▷～杂志。

【报账】bàozhàng ❶ 动 把经手款项的使用情况报告给主管人。❷ 动 报销①。☛ 不要写作“报帐”。

【报纸】bàozhǐ ❶ 名 以刊登新闻为主的散页定期出版物，有日报、晨报、晚报等。❷ 名 一种通常用来印刷书报的普通白纸。也说白报纸、新闻纸。

刨（*鉋鑤） bào ❶ 名 刨子 ▷平～|槽～|～刃儿。→ ❷ 动 用刨子或刨床加工（材料） ▷～几块木板|～光|～平。→ ❸ 名 刨床② ▷牛头～|龙门～。
☛ 读 bào，指刨子及与刨子有关的事物或动作；读 páo，指挖掘，引申指减去。

另见 1029 页 páo。

【刨冰】bàobīng 名 刨碎的冰加果汁、白糖等制成的冷食 ▷草莓～。

【刨床】bàochuáng ❶ 名 刨子上用来安装刨刀的木制部分。❷ 名 金属切削机床，主要用来刨削平面。

【刨刀】bàodāo ❶ 名 刨子上用来刮平木料的刀具。❷ 名 刨床上用来切削平面的刀具。

【刨工】bàogōng ❶ 名 用刨床切削金属工件的工种。❷ 名 做刨工的工人。

【刨花】bàohuā 名 用刨刀刨下来的薄木片，多呈卷曲状。

【刨花板】bàohuābǎn 名 用刨花和碎木拌以胶合剂压制成的板材。

【刨子】bàozi 名 刮削木料使平滑的手工工具。由刨床和刨刀两部分组成。也说推刨。

抱 bào ❶ 名〈文〉人体胸腹之间的部位；胸怀 ▷襟～。→ ❷ 动 用手臂围住 ▷～孩子|拥～|搂～。⇒ ❸ 动 心里存有（某种想法或感情等） ▷～着一线希望|不～成见|～愧|～歉。❹ 动 带着（疾病） ▷～病。⇒ ❺ 动 第一次得到（儿孙） ▷他已经～上孙子了。⇒ ❻ 动 抱养 ▷这孩子是～来的。⇒ ❼ 动〈口〉围拢结合在一起 ▷～成一团儿。⇒ ❽ 动〈口〉（衣、鞋）大小适合 ▷这件衣服～身儿|这双鞋～脚。⇒ ❾ 量 用于两臂合围的量 ▷一～柴火|这棵树足有两～粗。→ ❿ 动 孵 ▷～小鸡|～窝。

【抱病】bàobìng 动 带着病 ▷～指挥战斗。

【抱不平】bàobùpíng 看到不公平的事，心里产生义愤 ▷替受冤枉的人～。

【抱残守缺】bàocán-shǒuquē 抱着残缺破旧的东西不放。形容思想保守，不肯接受新事物。☛ 不宜写作“抱残守阙”。

【抱粗腿】bàocūtuǐ 比喻巴结、依附有权势的人。

【抱定】bàodìng 动 坚持（某一想法）决不改变 ▷～必胜的决心。

【抱佛脚】bàofójiǎo 谚语“平时不烧香，急来抱佛脚”的缩略。比喻平时不作准备，事到临头才慌忙应付 ▷平时不努力，临时～，晚啦！

【抱负】bàofù 名 远大的志向 ▷他很有～。

【抱憾】bàohàn 动 心里存有遗憾 ▷～无穷。

【抱恨】bàohèn 动 心里存有悔恨或遗憾 ▷～

一生。

【抱恨终天】bàohèn-zhōngtiān 抱恨一辈子。

【抱愧】bàokuì 形 心里觉得惭愧 ▷辜负了老师的期望，～得很。

【抱歉】bàoqiàn 动 心里觉得对不起别人而不安 ▷错怪了你，实在～。

【抱屈】bàoqū 动 心里感到委屈 ▷无缘无故受到斥责，大家都替他～。

【抱拳】bàoquán 动 一手握拳，另一手抱着拳头，放在胸前，表示恭敬或祝贺。

【抱厦】bàoshà 名 我国古代木构建筑中，厅堂、正屋前面加出的门廊；也指厅堂、正屋后面连着的小房间。

【抱头鼠窜】bàotóu-shǔcuàn 抱着脑袋像老鼠一样逃窜。形容仓皇逃跑的狼狈相。

【抱团儿】bàotuánr 动〈口〉抱成一团儿。表示结成一伙儿或齐心协力 ▷几个老乡爱～｜大家抱成团儿才有力量。

【抱委屈】bàowěiqu 抱屈。

【抱窝】bàowō 动〈口〉禽类在窝内孵卵。

【抱薪救火】bàoxīn-jiùhuǒ 抱着柴火去救火。比喻用错误的方法去消除祸患，只能使祸患更加严重。

【抱养】bàoyǎng 动 把别人的孩子抱来当自己的孩子抚养 ▷她不能生育，～了一个孩子。

【抱冤】bàoyuān 动 含冤 ▷～而死。

【抱怨】bàoyuàn 动 埋怨 ▷他做了错事不从自身找原因，却～这个，～那个。☛ ㊀跟“报怨”不同。㊁参见 921 页“埋怨”的提示㊁。

【抱枕】bàozhěn 名 坐卧时抱在怀里的枕头，可使人感觉温馨、舒适。如沙发抱枕、床上抱枕、汽车抱枕等。

【抱柱对儿】bàozhùduìr 名 刻于拱形木板、挂在圆柱上的对联。因拱形木板与柱体相抱，故称 ▷避暑山庄里，～很多。

【抱罪】bàozuì 动 对自己的过错表示愧疚(多用作客套话) ▷大驾光临，未能远迎，～之至！

趵 bào 动〈文〉跳跃；向上喷涌 ▷～突泉(泉名，在山东济南)。

另见 99 页 bō。

豹 bào 名 哺乳动物，比虎小，毛皮一般有黑色斑纹或斑点。善奔跑，能上树，性凶猛，捕食其他兽类，也伤害人畜。种类很多，常见的有金钱豹、云豹、雪豹、猎豹等。

【豹猫】bàomāo 名 哺乳动物，形状像家猫，体肥而短，毛浅棕色，有斑点或花纹。性凶猛，以鸟、鼠、蛇、蛙等为食。也说山猫、狸子、狸猫。

【豹头环眼】bàotóu-huányǎn 形容人的相貌威武勇猛(环眼：圆圆的大眼睛)。

【豹子】bàozi 名 豹。

【豹子胆】bàozidǎn 名 豹子的胆；指非常大的胆量 ▷他从小就喜欢探险，生就的～。

鲍(鮑) bào ❶ 名〈文〉盐腌的鱼，气味腥臭。○ ❷ 名 软体动物，贝壳坚硬，绿褐色或灰褐色，生活在温带和热带海区。肉味鲜美。壳可以做药材，叫石决明。古代称鳆(fù)。俗称鲍鱼。○ ❸ 名 姓。

【鲍鱼】bàoyú ❶ 名〈文〉盐腌的鱼 ▷～之肆(肆：店铺)。○ ❷ 名 鲍②的俗称。

暴[1] bào ❶ 动 显露出来 ▷～露。○❷ 名 姓。

暴[2] bào ❶ 形 急骤；突然而且猛烈 ▷山洪～发｜～病｜～乱。→ ❷ 形 凶恶；残酷 ▷～行｜凶～。❸ 动 糟蹋；损害 ▷～殄天物｜自～自弃。→ ❹ 形 过分急躁；容易冲动 ▷脾气太～｜～躁｜粗～。

暴[3] bào 动 鼓起来 ▷气得他头上～青筋。☛“暴”字下边是“氺”，不是“水”。由“暴”构成的字有“瀑”“爆”“曝”等。

另见 1067 页 pù。

【暴毙】bàobì 动 暴死。

【暴病】bàobìng ❶ 动 突然发重病 ▷～身亡。❷ 名 突然发作的重病 ▷得了一场～。

【暴跌】bàodiē 动 (价格、声誉等)短时间内大幅度下降 ▷股市～｜选民支持率～。

【暴动】bàodòng 动 为反抗当时的政权和政治制度而采取集体武装行动 ▷秋收～。

【暴堵】bàodǔ 动 (道路、区域等)急剧拥堵；非常拥堵 ▷事故造成主路～｜东门外～，改从北门入园。

【暴发】bàofā ❶ 动 突然而猛烈地发生 ▷山洪～｜～传染病。❷ 动 突然发财或得势 ▷～户。☛ 跟“爆发”不同。“暴发”侧重于突发性，多用于洪水、传染病等；“爆发”侧重于猛烈性，多用于火山、重大事件等。

【暴发户】bàofāhù 名 由于意外机会或用不正当手段突然发财或得势的人或家庭。

【暴风】bàofēng ❶ 名 来势迅猛的大风。❷ 名 气象学上指 11 级风。

【暴风雪】bàofēngxuě 名 又大又猛的风雪。

【暴风雨】bàofēngyǔ 名 又大又猛的风雨。

【暴风骤雨】bàofēng-zhòuyǔ 来势迅猛的风雨。比喻迅猛激烈、规模浩大的社会变革。

【暴富】bàofù 动 突然发了大财(多含贬义)。

【暴光】bàoguāng 现在一般写作“曝光”。

【暴吼】bàohǒu 动 突然地大声喊。

【暴虎冯河】bàohǔ-pínghé《诗经·小雅·小旻》：“不敢暴虎，不敢冯河。”(暴虎：空手打虎；冯河：徒步过河)后用“暴虎冯河”比喻有勇无谋，冒险蛮干。☛“冯”这里不读 féng；不要误写作“凭”。

【暴君】bàojūn 名 残暴的君主；泛指残暴的统

治者。

【暴冷】bàolěng 动 天气突然冷起来；借指社会上某种现象突然不时兴，成为冷门 ▷天气～暴热｜防止市场～暴热。

【暴力】bàolì ❶ 名 政治斗争中使用的强制力量 ▷～革命。❷ 名 侵犯他人人身、财产等权利的强暴行为 ▷家庭～。

【暴力片】bàolìpiàn 名 充满凶杀、恐怖情节的影视片。口语中也说暴力片儿(piānr)。

【暴力游戏】bàolì yóuxì 指充满暴力情节的电子游戏。

【暴利】bàolì 名 在短时间内非法获得的巨额利润 ▷牟取～。

【暴戾】bàolì 形〈文〉粗暴怪僻；凶恶残忍 ▷性情～｜～恣睢。

【暴戾恣睢】bàolì-zìsuī 形容凶恶残暴，胡作非为。☛ ㊀"戾"不读 lèi；"恣"不读 zī。㊁"睢"不读 jū；不要误写作"雎"。

【暴敛】bàoliǎn 动 强行征收大量赋税；泛指搜刮民财 ▷横征～。

【暴烈】bàoliè ❶ 形 凶暴猛烈 ▷火势～。❷ 形 暴躁刚烈 ▷这匹马性子～，不易驾驭。

【暴露】bàolù 动 使隐蔽的东西公开或显现 ▷阴谋～｜～行踪。☛ ㊀"露"这里不读 lòu。㊁跟"揭露"不同。"暴露"的对象可以是别人，也可以是自己；"揭露"的对象一般是别人。"暴露"可以是有意的，也可以是无意的；"揭露"则是有意的。㊂参见 30 页"败露"的提示。

【暴露文学】bàolù wénxué 指以揭露和批判社会阴暗面为主的文学作品。

【暴露无遗】bàolù-wúyí 全部显露出来，没有一点儿遗留。

【暴乱】bàoluàn 名 指危害国家和社会安全的集体暴力骚乱 ▷酿成～｜平息～。

【暴怒】bàonù 动 大怒；特别生气 ▷听到指责，他顿时～起来。

【暴虐】bàonüè ❶ 形 凶狠残酷 ▷～无道。❷ 动〈文〉凶狠残酷地对待 ▷～四方，鱼肉百姓。

【暴热】bàorè 动 天气突然热起来；借指社会上某种现象突然兴起，成为热门 ▷最近几天天气～｜近几年选美之风～。

【暴晒】bàoshài 动 在烈日下久晒 ▷在野外工作要尽可能避免～。

【暴尸】bàoshī 动 尸体未被埋葬，暴露在外面 ▷～荒郊。

【暴食】bàoshí 动 不加节制地猛吃 ▷暴饮～。

【暴死】bàosǐ 动 突然死亡 ▷～于雷击。

【暴殄天物】bàotiǎn-tiānwù 残害、灭绝自然界的万物(殄：灭绝)；后指任意糟蹋东西。☛"殄"不读 zhēn；不要误写作"珍"。

【暴跳】bàotiào 动 因发怒而猛烈地跳脚 ▷一听说发生了这种事，他当即～起来。

【暴跳如雷】bàotiào-rúléi 使劲跳脚，大喊大叫，声音像打雷一样。形容暴怒的样子。

【暴突】bàotū 动 鼓起来；凸起 ▷门牙～｜青筋～。

【暴徒】bàotú 名 用暴力残害无辜、扰乱社会秩序的人。

【暴行】bàoxíng 名 残暴的行为 ▷揭露殖民主义者的～。

【暴性子】bàoxìngzi 名 过分急躁、容易冲动的脾气。

【暴饮】bàoyǐn 动 不加节制地猛喝 ▷贪杯～。

【暴雨】bàoyǔ 名 下得大而急的雨；气象学上指 24 小时内降雨量在 50.0—99.9 毫米之间的雨。

【暴躁】bàozào 形 急躁；好(hào)发火 ▷脾气～。☛"躁"不要误写作"燥"。

【暴增】bàozēng 动 大幅度而快速地增加 ▷今冬奇冷，暖风机销量～。

【暴涨】bàozhǎng ❶ 动(水位等)急剧上升 ▷连降大雨，江水～。❷ 动(价格、声誉等)短时间内大幅度上升 ▷橡胶期货～｜人气～｜人流～。

【暴政】bàozhèng 名 统治者残酷镇压、剥削人民的措施。

【暴走】bàozǒu 动 指长距离地快速行走 ▷风雨中～｜～长街。

【暴卒】bàozú 动〈文〉暴死。

瀑 bào 名 瀑河，水名，在河北。另见 1067 页 pù。

曝 bào 义同"曝(pù)"，用于"曝光"等词。另见 1067 页 pù。

【曝丑】bàochǒu 动 公开暴露自身的缺点或错误，以接受群众批评监督。

【曝光】bàoguāng ❶ 动 使照相底片或感光纸感光并形成潜影。❷ 动 比喻把隐秘的事情(多为不体面的)披露出来，公之于世 ▷那件丑闻～后，群众反应强烈。

爆 bào ❶ 动 猛然迸裂 ▷车胎～了｜引～｜火山～发。→ ❷ 动 烹调方法，把食物放到滚油里快煎，或在滚水中略煮随即取出，吃时再加佐料 ▷～鱿鱼卷｜～肚(dǔ)儿。→ ❸ 动 出人意料地出现；突然发生 ▷～冷门｜～料。☛ 统读 bào，不读 bāo。

【爆表】bàobiǎo 动 原指数值超出最高刻度导致仪表爆坏，引申为表示数量极大或程度极高 ▷血糖含量～｜动作难度～。

【爆炒】bàochǎo ❶ 动 把食物放到滚油里快速翻动使熟。❷ 动 比喻在短期内大事炒作 ▷不要～名人隐私。

【爆出】bàochū 动 令人意想不到地突然出现 ▷～丑闻。

【爆粗口】bàocūkǒu 讲粗话 ▷在网络上～影响极坏|～被罚黄牌。也说爆粗。

【爆肚儿】bàodǔr 名 一种食品。把牛或羊的肚儿(胃)切成片或丝放在滚水里略煮捞出，蘸佐料吃。☛"肚儿"这里不读dù r。

【爆发】bàofā ❶ 动 火山内的岩浆、气体等突然猛烈冲出地表，向四外喷溢。❷ 动 突然而猛烈地发生、发作 ▷～革命|～力。☛ 参见51页"暴发"的提示。

【爆发力】bàofālì 名 指人体内瞬间突然产生的力量 ▷增强短跑运动员起跑时的～。

【爆红】bàohóng 动 出人意料地或突然地受到热烈欢迎 ▷他因一首歌～大江南北|这出戏一上演就～。

【爆库】bàokù 动 仓库爆满 ▷连年大丰收，粮食～。

【爆冷】bàolěng 动 爆冷门。

【爆冷门】bàolěngmén 指在某方面猛然出现了出人意料的事情 ▷这次运动会大～，名不见经传的小将纷纷登上了冠军的宝座。

【爆料】bàoliào 动 突然披露使人感到意外或惊讶的事情 ▷知情人～，这里销售的生猪三成以上流入了私宰场|网帖～了这座桥为什么是豆腐渣工程。☛ 跟"报料"不同。

【爆裂】bàoliè 动 突然破裂 ▷自来水管～了。

【爆满】bàomǎn 动 在一定空间内，人或物多得容纳不下 ▷演唱会场场～|粮仓～。

【爆米花儿】bàomǐhuār 名 大米、玉米粒等经加热膨化而成的食品。

【爆棚】bàopéng ❶ 动 某些地区指人多得容纳不下。❷ 动 比喻引起轰动或达到极高的程度 ▷～新闻|人气～。

【爆破】bàopò 动 用炸药炸开或炸毁(岩石、建筑物、军事目标等) ▷遥控～|～筒。

【爆破手】bàopòshǒu 名 从事爆破工作的人。

【爆破筒】bàopòtǒng 名 用于爆破的筒状器物，在钢管内装有炸药、雷管等。

【爆胎】bàotāi 动 车胎爆裂。

【爆笑】bàoxiào ❶ 动 突然大笑 ▷一句话引得全场～。❷ 形 非常好笑；引人大笑的 ▷～金句频出。

【爆炸】bàozhà ❶ 动 物体在瞬间体积急剧膨胀，释放出大量能量，使周围温度和气压发生强烈变化，并发出巨大声响 ▷油库～。❷ 动 比喻数量急剧增加，突破极限 ▷信息～。

【爆炸性】bàozhàxìng 名 比喻令人震惊的性质 ▷～事件|这部书的内容具有～。

【爆仗】bàozhang 名 爆竹。

【爆竹】bàozhú 名 点燃后能发出爆裂声响的火药制品。多层纸内卷有火药，两头密封，接有引线供点燃。也说爆仗、炮仗、炮竹。

bēi

陂 bēi 〈文〉❶ 名 山坡。→ ❷ 名 水边；岸。❸ 名 池塘；池沼 ▷～塘|～池。

另见1042页pí；1060页pō。

杯(*盃桮) bēi ❶ 名 杯子 ▷酒～|烧～|玻璃～|～盘狼藉|～水车薪。→ ❷ 名 杯状奖品 ▷奖～|金～。

【杯葛】bēigé 动 英语boycott音译。1880年爱尔兰佃农为反对地主的压榨虐待，对田庄管理人查利·杯葛进行了抵制。后用"杯葛"指有组织地进行抵制。

【杯弓蛇影】bēigōng-shéyǐng 汉·应劭《风俗通义·怪神》中说，有个人赴宴，见酒杯中有影如蛇，心生疑惧，酒后觉得肚子疼痛，后得知那是墙上挂的弓映入杯中，于是病不治而愈。后用"杯弓蛇影"比喻疑心太重，自己惊吓自己。

【杯盘狼藉】bēipán-lángjí 杯子、盘子等凌乱地堆放着。形容餐后桌上乱七八糟。☛"藉"这里不读jiè，也不要误写作"籍"。

【杯赛】bēisài 名 以某种奖杯命名的体育竞赛，如世界杯足球赛。

【杯水车薪】bēishuǐ-chēxīn 用一杯水去灭一车柴草燃烧的火。比喻力量太小，无济于事。

【杯水风波】bēishuǐ-fēngbō 一杯水中的风波。借指非常小的事情；文艺创作上特指缺乏广泛社会意义的狭小题材 ▷纠缠于～、一己悲欢，写不出气魄宏大的作品。

【杯盏】bēizhǎn 名 酒杯；借指酒 ▷莫贪～。

【杯中物】bēizhōngwù 名 指酒 ▷不要贪图～，以免误事。

【杯子】bēizi 名 盛饮料等液体的小型器皿。

卑 bēi ❶ 形 (位置或地位)低下 ▷地势～湿|尊～长幼|～贱。→ ❷ 形 品质低劣 ▷～劣|行为～鄙。❸ 动 轻视 ▷自～。→ ❹ 形 谦恭；恭顺 ▷～辞厚礼|谦～。☛ 第六画是撇，不要断成一竖一撇。由"卑"构成的字有"稗""牌""碑""啤"等。

【卑鄙】bēibǐ 形 (品德、言行)恶劣；下流 ▷～小人|～下流。

【卑不足道】bēibùzúdào (品格、地位等)极其低下，不值一提。

【卑词】bēicí 现在一般写作"卑辞"。

【卑辞】bēicí 名 谦恭的言辞。

【卑躬屈膝】bēigōng-qūxī 弯腰下跪。形容没有骨气，奉承讨好的丑态。☛"屈"不要误写作"曲"。

【卑贱】bēijiàn ❶ 形 地位低下；低贱 ▷出身～。

❷ 形 卑鄙下贱 ▷品质～。

【卑劣】bēiliè 形 卑鄙恶劣 ▷行为～。

【卑怯】bēiqiè 形 卑下怯懦 ▷为人～。

【卑顺】bēishùn 形 谦卑恭顺 ▷在长辈面前，他总是很～的。

【卑俗】bēisú 形 卑下庸俗 ▷情节～，不堪入目。

【卑琐】bēisuǒ 形 卑劣猥琐 ▷～之人不可交。

【卑微】bēiwēi 形 地位低下 ▷出身～。

【卑污】bēiwū 形（品行、思想）卑劣肮脏 ▷～的灵魂。

【卑下】bēixià 形（地位、品格等）低下 ▷出身～|品质～。

【卑职】bēizhí 名 卑下的职位。旧时多用于下级官吏对上司谦称自己。

背（*揹） bēi ❶ 动 用背(bèi)驮 ▷～孩子|～柴火下山。→ ❷ 动 承受；负担 ▷替人～恶名|～债。→ ❸ 量〈口〉用于背(bèi)上背(bēi)的东西 ▷一～柴火。

另见 58 页 bèi。

【背榜】bēibǎng 动 指考试后在榜上排名最后。

【背包】bēibāo 名 有背(bēi)带、可以背(bēi)在背(bèi)上的包儿，多在行军或外出时使用。

【背包袱】bēibāofu 比喻思想、经济等方面有沉重负担 ▷只输了一场球，别～。

【背包客】bēibāokè 名 指背着背包自助旅游或进行登山、徒步、探险等活动的人。也说背囊客。

【背带】bēidài ❶ 名 搭在肩上吊住裤子或裙子的带子 ▷～裤|～裙。❷ 名 步枪、书包、背包等上面用于肩背的带子。

【背篼】bēidōu 名 背(bēi)在背(bèi)上装东西的篼，多用竹、藤、柳条等编制而成。

【背负】bēifù ❶ 动 背(bēi)① ▷～孩子上楼。❷ 动 肩负；承担 ▷～祖国的重托。

【背黑锅】bēihēiguō 比喻代别人承担过错、罪名；泛指受冤屈。

【背筐】bēikuāng 名 背(bēi)在背(bèi)上装东西的筐。

【背篓】bēilǒu 名 背(bēi)在背(bèi)上装东西的篓子。

【背囊】bēináng 名 行军或外出时背(bēi)在背(bèi)上的大口袋。

【背头】bēitóu 名 男子的一种发式。从前额、鬓角起头发都向后梳，中间不分开。

【背债】bēizhài 动 欠债 ▷扭亏为盈，不～了。

【背子】bēizi 名 某些地区指细而高的筐子，山区多用来背东西。

椑 bēi 名 椑柿，一种植物，果实像柿，不能吃，熟后青黑色，捣碎浸汁，叫柿漆，用于染渔网，涂雨伞、船具等。也说漆柿。

另见 1043 页 pí。

悲 bēi ❶ 形 哀痛；伤心 ▷乐极生～|～哀|～剧|～观。→ ❷ 动 怜悯；哀怜 ▷～天悯人|慈～。

【悲哀】bēi'āi 形 极度伤心；哀痛 ▷神色～|他的不幸结局令人～。

【悲惨】bēicǎn 形（境况）凄惨，令人伤心 ▷～的遭遇|她一生很～。

【悲愁】bēichóu 形 悲伤忧愁 ▷老伴儿一病不起，使他十分～。

【悲楚】bēichǔ 形 悲伤凄楚 ▷想到亡人，无限～。

【悲怆】bēichuàng 形〈文〉悲伤 ▷追思先烈，不胜～。☛"怆"不读 cāng。

【悲催】bēicuī ❶ 形 悲惨得催人泪下 ▷《宝玉哭灵》这场戏十分～。❷ 形 倒霉 ▷～！出行前，车钥匙找不着了。☛"催"不要误写作"摧"。

【悲悼】bēidào 动 悲痛地悼念 ▷～遇难同胞。

【悲忿】bēifèn 现在一般写作"悲愤"。

【悲愤】bēifèn 形 悲痛愤慨 ▷～难平。

【悲歌】bēigē ❶ 动 悲壮地歌唱 ▷慷慨～。❷ 名 悲壮或哀痛的歌曲 ▷一曲～动天地。

【悲观】bēiguān 形 消极颓丧，对前途缺乏信心（跟"乐观"相对）▷遇到挫折不～|～厌世。

【悲观主义】bēiguān zhǔyì 指对生活、事业等悲观失望、缺乏信心的思想和态度（跟"乐观主义"相区别）。

【悲号】bēiháo 动 伤心地大声哭叫 ▷失去爱女，她～不止。☛"号"这里不读 hào。

【悲欢离合】bēihuān-líhé 悲伤、欢乐、离别、团聚；泛指人生的种种经历、遭遇和感受。

【悲剧】bēijù ❶ 名 戏剧的一种类型。主要以表现主人公由于各种原因而事业失败甚至导致个人毁灭，但其精神却在失败和毁灭中得到肯定为特点（跟"喜剧"相区别）。❷ 名 比喻不幸的遭遇 ▷家庭～。

【悲苦】bēikǔ 形 悲伤痛苦 ▷历经坎坷，心情～|抒发胸中～和愤懑。

【悲凉】bēiliáng 形 悲伤凄凉 ▷哀怨的箫声，令人倍感～。

【悲悯】bēimǐn 动 哀怜；怜悯 ▷文章体现了作者对弱势群体的～。

【悲鸣】bēimíng 动 声音凄婉地鸣叫 ▷失群的大雁～不已。

【悲凄】bēiqī 形 悲伤凄凉。

【悲戚】bēiqī 形 悲哀忧伤 ▷～的呜咽声。

【悲泣】bēiqì 动 悲伤地哭泣 ▷掩面～。

【悲切】bēiqiè 形 悲伤痛切 ▷～的哭声。

【悲情】bēiqíng ❶ 名 悲伤的情感 ▷信中隐含着他的～。❷ 形 饱含悲伤情感的；使人产生悲伤情感的 ▷十分～的角色|影片的结局很～。

【悲秋】bēiqiū 动 面对秋季(草木凋谢)的景色而伤感。

【悲伤】bēishāng 形 悲痛伤心 ▷洪水冲走了儿子,他十分～。

【悲声】bēishēng 名 悲痛的声音或声调;特指哭声 ▷大放～|灵车过处,～四起。

【悲酸】bēisuān 形 悲伤辛酸 ▷～的往事。

【悲叹】bēitàn 动 悲伤地叹息 ▷提起不孝儿孙,老人连连～。

【悲啼】bēití 动 悲伤地啼哭;哀鸣 ▷挺起胸,莫～|杜鹃～。

【悲天悯人】bēitiān-mǐnrén 哀叹时世的艰辛,怜悯百姓的痛苦。

【悲恸】bēitòng 形 极度悲伤 ▷噩耗传来,人们～万分。

【悲恸欲绝】bēitòng-yùjué 悲伤得死去活来。形容悲哀伤心到了极点。

【悲痛】bēitòng 形 伤心难过 ▷他英年早逝,令人～。

【悲喜交集】bēixǐ-jiāojí 既有悲伤,也有喜悦,两种感情同时出现(交:一齐;同时)。也说悲喜交加。

【悲喜交加】bēixǐ-jiāojiā 悲喜交集。

【悲喜剧】bēi-xǐjù 名 戏剧的一种类型。兼有悲剧和喜剧的成分,通常具有喜剧的结局。

【悲辛】bēixīn 形 悲伤辛酸 ▷满纸～。

【悲咽】bēiyè 动 悲伤哽咽 ▷阵阵～。

【悲壮】bēizhuàng 形 悲哀雄壮;悲惨壮烈 ▷救亡歌曲异常～|一场～的反侵略战争。

碑 bēi 名 竖立起来作为纪念物或标志的石块,上面多刻有文字或图案 ▷里程～|界～。

【碑额】bēi'é 名 碑的上部。上面常刻有图案或题字。

【碑记】bēijì 名 碑上所刻的记事文章 ▷《五人墓～》。

【碑碣】bēijié 名 各种形制的石碑的统称(古代上端呈方形的称碑,呈圆形的称碣)。

【碑刻】bēikè 名 碑上刻的文字或图案。

【碑林】bēilín 名 集中保存众多石碑的地方。如陕西省西安市碑林,保存汉魏以来著名石碑二千三百多块。

【碑铭】bēimíng 名 刻在碑上的铭文(押韵的);泛指碑文。

【碑身】bēishēn 名 碑的主体部分,与碑额、碑座一起构成完整的石碑,上面多刻有碑文 ▷～上刻有"人民英雄永垂不朽"八个大字。

【碑石】bēishí 名 制碑用的石头;也指刻有文字或图案的碑碣。

【碑拓】bēità 名 碑刻的拓本。

【碑帖】bēitiè ❶ 名 碑和帖两种古代文物的合称。❷ 名 石刻或木刻的碑、帖拓本或印本,主要供学习书法用 ▷临摹～。

【碑亭】bēitíng 名 为保护石碑而建的亭子。

【碑文】bēiwén 名 刻在或准备刻在石碑上的文字。

【碑阴】bēiyīn 名 碑的背面。

【碑志】bēizhì 名 碑记。

【碑座】bēizuò 名 石碑的底座。

鹎(鵯) bēi 名 鸟,羽毛多为黑褐色,腿短而细弱。叫声动听。食浆果和昆虫。种类很多,最常见的是白头鹎。

běi

北 běi ❶ 名 四个基本方向之一,早晨面对太阳时左首的一方(跟"南"相对) ▷由～往南|坐～朝南|江～|～房|～边|～侧。→ ❷ 名 特指我国北方 ▷～货|～味。○ ❸ 动〈文〉败走;失败 ▷三战三～|败～。○ ❹ 名 姓。☛ 笔顺是丨 ⺊ 丬 北 北。第三、四画不要写成横。

【北半球】běibànqiú 名 地球的北半部。在地理学上,以赤道为界,把地球分为两部分,北面的部分称为北半球。陆地主要包括亚洲的绝大部分、欧洲、北美洲、南美洲北部和非洲北部。

【北边】běibian 名 北面。

【北冰洋】běibīngyáng 名 地球上四大洋中面积最小的一个。位于北极圈内,亚洲、欧洲和北美洲的北岸之间,大部分海面常年冻结。有宽广的大陆架,蕴藏着丰富的石油。有海象、海豹、鲸等海洋生物。

【北部】běibù 名 某区域内靠北的地方 ▷北岳恒山在山西省～|校园的～是家属宿舍。

【北辰】běichén 名 古代指北极星。

【北大荒】běidàhuāng 名 原指黑龙江省嫩江流域、黑龙江谷地和三江平原等人烟稀少的广大荒芜地区。经大力开发,现已成为我国重要的产粮基地之一,被誉为"北大仓"。

【北斗】běidǒu 名 北斗星。

【北斗星】běidǒuxīng 名 大熊座(北方天空星座之一)中排成勺形的七颗亮星。是辨别方向和星座的重要标志。

【北豆腐】běidòufu 名 豆浆煮开后点入盐卤制成的豆腐,比南豆腐水分少且硬,流行于我国北方(跟"南豆腐"相区别)。

【北伐战争】běifá zhànzhēng 指第一次国内革命战争时期(1924—1927),以中国共产党和中国国民党两党合作为基础,于 1926 年 7 月至 1927 年 4 月进行的反对帝国主义和北洋军阀统治的革命战争。因国民革命军从广东出师北伐，故称。简称北伐。参见254页“大革命”②。

【北方】běifāng ❶ 名 北①。❷ 名 位置在北部的地域。❸ 名 北②。

【北方方言】běifāng fāngyán 汉语七大方言之一。主要分布在长江以北以及云南、贵州、四川、重庆、湖北大部、广西北部、湖南西北部，使用人口占汉族人口的70%以上。是我国国家通用语——普通话的基础方言。

【北方话】běifānghuà 名 北方方言。

【北非】běifēi 名 指非洲北部地区。包括埃及、苏丹、利比亚、阿尔及利亚、突尼斯、摩洛哥、西撒哈拉等国家和地区。

【北瓜】běiguā 名 某些地区指南瓜。

【北国】běiguó 名 指我国北部地区 ▷南国早已绿草如茵，～仍是大地冰封。

【北海】běihǎi ❶ 名 古代泛指北方荒远偏僻的地方 ▷苏武～牧羊。○ ❷ 名 古代指渤海 ▷挟太(泰)山以超～。○ ❸ 名 大西洋东北部边缘海，位于欧洲大陆和大不列颠岛之间。

【北寒带】běihándài 名 指北极圈以北的纬度带。参见537页“寒带”。

【北回归线】běihuíguīxiàn 名 太阳能够垂直照射的最北的纬线。参见610页“回归线”。

【北货】běihuò 名 我国北方出产的货物(多指北方食品) ▷～南下|～街。

【北极】běijí 名 地球的北端。

【北极光】běijíguāng 名 出现在地球北极附近高空的极光。参见640页“极光”。

【北极狐】běijíhú 名 白狐。

【北极圈】běijíquān 名 距北极23°26′的纬度圈。参见640页“极圈”。

【北极星】běijíxīng 名 小熊座(北方天空星座之一)中由三颗星构成的聚星，位于北斗星斗口两颗星的延长线上。从地球上观察，它的位置几乎不变，夜间可以靠它辨别方向。

【北极熊】běijíxióng 名 白熊。

【北疆】běijiāng ❶ 名 北部边疆 ▷戍守～。❷ 名 指我国新疆北部，天山山脉以北的地区。

【北京】běijīng 名 我国首都，中央直辖市。是全国的政治、文化中心。著名的历史文化名城和古都。10世纪初，辽代在此建立陪都，自金代起正式建都。明清时称北京。1928年至中华人民共和国成立以前，曾先后改称北平特别市、北平市。简称京。

【北京时间】běijīng shíjiān 我国的标准时。以北京所在的东八时区作为标准。

【北京鸭】běijīngyā 名 原产于北京的优良肉用鸭。羽毛纯白，生长快，肉质肥美。北京烤鸭就是用填肥的北京鸭作为原料烤制而成。

【北京猿人】běijīng yuánrén 中国猿人的一种。生活在约70万—23万年以前，已具备人类的基本特征。1927年在北京房山周口店龙骨山山洞中发现第一颗牙齿化石，1929年发现第一个完整的头骨化石。考古学上也说北京人。

【北美洲】běiměizhōu 名 北亚美利加洲的简称。位于西半球北部，东临大西洋，西临太平洋，北临北冰洋，南以巴拿马运河为界与南美洲相邻。包括加拿大、美国、墨西哥、中美各国、西印度群岛及格陵兰等国家和地区。

【北面】běimiàn 名 往北的某一位置；靠北的一面。也说北边。

【北欧】běi'ōu 名 欧洲北部地区。包括丹麦、瑞典、挪威、芬兰、冰岛等国。

【北漂】běipiāo 名 指来北京工作、谋求发展而没有北京户籍的人(多为年轻人)。因他们初到北京时一般没有稳定的工作和固定的住所，感觉漂泊不定，故称。

【北曲】běiqǔ ❶ 名 宋元以来北方戏曲、散曲所用各种曲调的统称。曲调高亢朴实(跟“南曲”相区别)。❷ 名 金元时代流行于北方的戏曲(跟“南戏”相区别)。

【北山羊】běishānyáng 名 羊的一种，雌雄都有角，雄的角大，向后弯曲。生活在高山地带。我国的北山羊主要产于新疆、西藏、青海、宁夏等地，属国家保护动物。也说羱(yuán)羊。

【北上】běishàng 动 往北方去(我国习惯以北为上。跟“南下”相对) ▷由上海～沈阳。

【北头】běitóu 名 南北方向的北面一头。

【北纬】běiwěi 名 赤道以北的纬度。参见1431页“纬度”。

【北温带】běiwēndài 名 北回归线和北极圈之间的地带。参见1436页“温带”。

【北洋】běiyáng 名 清末指山东、河北、辽宁等北方沿海地区 ▷～水师|～大臣。

【北洋军阀】běiyáng jūnfá 清末袁世凯建立的军阀集团。辛亥革命后，成为北方封建势力的代表。袁死后分成直、皖、奉等几个派系，在帝国主义操纵下连年混战，先后控制了当时的北京政府，给中国人民带来极大的灾难。

bèi

贝(貝) bèi ❶ 名 有介壳的软体动物的统称 ▷～壳|～雕。→ ❷ 名 古代用贝壳做的货币。○ ❸ 名 姓。

【贝雕】bèidiāo 名 以贝壳为材料进行雕琢、镶嵌等的艺术；也指用这种艺术制成的工艺品。参见插图16页。

【贝多】bèiduō 名 梵语Pattra音译。即贝叶树。

【贝壳】bèiké 名 贝类动物的介壳。

【贝勒】bèilè 名 满语音译。清代满族贵族的世袭封爵。原为贵族称号,后为封爵中的一级,位在亲王、郡王之下。

【贝雷帽】bèiléimào 名 一种无檐的扁圆形军帽。也可供一般人戴(贝雷:法语 béret 音译)。

【贝母】bèimǔ 名 多年生草本植物,花下垂呈钟形,黄绿色。鳞茎可以做药材。

【贝塔粒子】bèitǎ lìzǐ 放射性物质衰变时放射出来的高速运动的电子,带负电。穿透力比阿尔法粒子大(贝塔:希腊字母β音译)。学名写作β粒子。

【贝塔射线】bèitǎ shèxiàn 放射性物质衰变时放射出来的贝塔粒子流。学名写作β射线。

【贝叶树】bèiyèshù 名 常绿乔木,高可达10米以上。叶子叫贝叶,可以用来写字,古代印度人多用它书写佛经。也说贝多。

【贝子】bèizǐ 名 满语音译。清代满族贵族的世袭封爵。位在贝勒之下。

孛 bèi〈文〉❶ 名 彗星。→ ❷ 名 指彗星出现时光芒四射的现象。古人认为是不祥之兆。

另见 100 页 bó。

邶 bèi 名 周朝诸侯国名,在今河南淇县以北、汤阴东南一带。

狈(狽) bèi 见 821 页"狼狈"。

浿(浿) bèi 用于地名。如虎浿,在福建。

备(備*俻) bèi ❶ 形 齐全;完备 ▷求全责~|齐~。→ ❷ 动 具有 ▷德才兼~。→ ❸ 动 事先安排或筹划 ▷有~无患|~料|~饭|筹~|准~。❹ 动 为应付突发事故或灾害而作准备 ▷攻其不~|防~|戒~。❺ 名 设备 ▷军~|装~。→ ❻ 副 完全;都 ▷关怀~至|~受优待。

【备鞍】bèi'ān 动 给骡马等牲口装配鞍子,以备骑乘或驮东西。

【备案】bèi'àn 动 把有关情况报呈上级主管部门,以存档备查 ▷招生计划已报教育厅~。

【备办】bèibàn 动 购置所需的物品 ▷~年货。

【备补】bèibǔ 动 准备替补 ▷安排~人员。

【备不住】bèibuzhù 副〈口〉表示不肯定,相当于"也许""说不定" ▷出门时带上雨具,~要下雨。☛ 不宜写作"背不住"。

【备餐】bèicān 动 准备饭菜。

【备查】bèichá 动 留供查考 ▷发文要登记~。

【备而不用】bèi'érbùyòng 准备好但暂不使用,以应急需。

【备份】bèifèn ❶ 动(将文件、软件、零部件等)复制若干份以备使用 ▷将这些数据同步~到新建库中。❷ 名 复制以备使用的若干份(文件、软件、零部件等) ▷提供信息~|这套系统有双重~。

【备耕】bèigēng 动 为耕种作准备 ▷及早~。

【备荒】bèihuāng 动 防备灾荒 ▷丰年不忘~。

【备货】bèihuò ❶ 动 为供应市场而准备货物 ▷多渠道~。❷ 名 为供应市场而准备的货物。

【备加】bèijiā 动 全面或多方面地给予(后接动词性宾语) ▷市民对地铁建设情况~关注|生态环境需要~呵护。☛ 跟"倍加"不同。"备加"是动词,后必须接动词性宾语,如"备加照顾";"倍加"是副词,表示更加,用来修饰动词或形容词,如"倍加思念""倍加亲热"。"备加"侧重于全面或多方面,如"备加珍惜"是指全面或多方面珍惜;"倍加"侧重于更加或格外,如"倍加珍惜"是指更加或格外珍惜。

【备件】bèijiàn 名 供替换用的部件或零件。

【备考】bèikǎo ❶ 动 供需要时参考 ▷正文后面附录有关资料~。❷ 名 书籍、文件、表格后面供参考的附录或附注。❸ 动 准备考试 ▷考期临近,加紧~。

【备课】bèikè 动 教师在上课前做教学准备工作,包括钻研教材、了解教学对象、写教案等。

【备料】bèiliào ❶ 动 为生产准备所需材料;(给力畜)准备饲料 ▷赶紧~,以便如期开工|给马~。❷ 名 为生产准备的材料;也指给力畜准备的饲料 ▷过冬~充足。

【备马】bèimǎ 动 准备好马匹供人骑乘。

【备品】bèipǐn 名 储存待用的物品。

【备齐】bèiqí 动 准备齐全 ▷~全部资料。

【备取】bèiqǔ 动 招考时在正式录取名额外多录取几名以备递补缺额(跟"正取"相区别)。

【备受】bèishòu 动 全面或多方面受到 ▷~赞赏|~煎熬。☛ 跟"倍受"不同。"备受"侧重于全面或多方面,如"备受瞩目"是指全面或多方面受到瞩目;"倍受"侧重于更加或格外,如"倍受瞩目"是指更加或格外受到瞩目。

【备述】bèishù 动 详细而完整地述说 ▷一生的艰辛难以~。

【备胎】bèitāi ❶ 名 备用轮胎。❷ 名 比喻备用的物或人 ▷多投几家公司做~|真同情他,其实他在她的心里只是~。

【备忘】bèiwàng 动 记录下来,以备遗忘时查阅 ▷这是一份~性质的材料,不是文稿。

【备忘录】bèiwànglù ❶ 名 一种外交文书。内容通常是阐明对某一问题的立场、态度和要求,或说明某些情况。格式不像照会那样正式。❷ 名 随时记录下来以备查阅的笔记。

【备文】bèiwén 动 准备文件 ▷~上报。

【备悉】bèixī 动 完全知道 ▷来意~。☛ "悉"不读 xì。

【备细】bèixì 形 详尽 ▷讲述~。

【备选】bèixuǎn 动 准备好以供挑选 ▷提交3个方案～|～名单。

【备汛】bèixùn 动 汛期到来之前,做好防汛准备工作 ▷汛期抗洪,闲时～。

【备用】bèiyòng 动 准备着供需要时使用 ▷旅行时带上点儿药品～|～轮胎。

【备灾】bèizāi 动 灾害到来之前,做好防灾准备工作 ▷有灾救灾,无灾～。

【备战】bèizhàn 动 为战争作准备。

【备至】bèizhì ❶ 形 (对人的关怀等)极其周到 ▷他对学生关心～。❷ 形 形容达到极致 ▷艰难～。

【备置】bèizhì ❶ 动 设置 ▷～必要的机构和岗位。❷ 动 置办;购买 ▷～办公用品。

【备注】bèizhù ❶ 名 表格上为填写附加说明而设的一栏。❷ 名 在备注栏中所作的说明。

背 bèi ❶ 名 躯干上跟胸和腹相对的部位 ▷汗流浃～|马～。→ ❷ 名 某些东西的反面或后部 ▷手～|刀～|力透纸～。→ ❸ 动 用背部对着(跟"向"相对) ▷～着风走|～水一战|～光。⇒ ❹ 动 违反;不遵守 ▷～约|～信弃义|违～。❺ 形 不顺 ▷～时|走～运。⇒ ❻ 动 离开 ▷～井离乡。⇒ ❼ 动 避开;瞒着 ▷说话不～人|～着大伙儿干坏事。⇒ ❽ 动 背诵 ▷～书|～台词。→ ❾ 动 把两臂放在背后或捆在背后 ▷～着手来回溜达|～剪。〇 ❿ 形 〈口〉听觉不灵 ▷耳朵～。〇 ⓫ 形 偏僻 ▷住处很～,买东西不方便|～静。☛ 读 bèi,指脊背,引申指跟背面、反面有关的一些意义;读 bēi,表示用脊背驮,引申指承受、负担等。

另见54页 bēi。

【背称】bèichēng 名 一般不能当面叫的称呼。如"小姨子""小舅子"等就多用于背称。

【背城借一】bèichéng-jièyī《左传·成公二年》:"请收合余烬,背城借一。"意思是集合残部,靠着自己的城墙,借以作最后一战。后用"背城借一"来指作最后的决战或拼搏。

【背搭子】bèidāzi 现在一般写作"褙褡子"。

【背道而驰】bèidào'érchí 朝相反的方向跑。比喻彼此的方向、目标完全相反;也比喻自己行动的方向跟所要达到的目标完全相反。☛ 跟"南辕北辙"不同。"背道而驰"侧重指背离正确的方向、原则等;"南辕北辙"侧重指行为、做法等与目的、愿望相反。

【背地里】bèidìli 名 暗中;私下里 ▷当面说好话,～却在捣鬼。也说背地。

【背对背】bèiduìbèi 彼此背对着背。比喻让当事人不在场而做与其有关的事 ▷由评委～进行评分。也说背靠背。

【背风】bèifēng 动 风直接吹不到 ▷这里～朝阳,暖和些。

【背躬】bèigōng 名 戏曲的一种表演程式,相当于旁白。参见1028页"旁白"①。

【背光】bèiguāng 动 光线直接照射不到;背对着光源 ▷那儿～,看不清指纹|～看书易伤眼睛。

【背后】bèihòu ❶ 名 身体或物体的后面 ▷把东西藏在～。❷ 名 背地里 ▷当面说得好听,～净干坏事。

【背货】bèihuò 名 因不适应市场需求而滞销的商品 ▷仓库堆满了～,要赶快处理。

【背脊】bèijǐ 名 背部;后背。

【背剪】bèijiǎn 动 两臂相交放在背后或捆在背后 ▷～着手散步|把扒手～双手带走。

【背角】bèijiǎo 名 不引人注目的角落。

【背井离乡】bèijǐng-líxiāng 远离家乡,到外地生活(多指在不得已的情况下)。

【背景】bèijǐng ❶ 名 画面上衬托主体形象的景物。❷ 名 戏剧舞台或电影、电视剧中的布景。❸ 名 对人物、事件起重要作用的历史情况或现实环境 ▷社会～。❹ 名 指所倚仗的势力 ▷他凭实力受到重用,没有什么～。

【背静】bèijing 形 (地方)僻静 ▷找个～地方。

【背靠背】bèikàobèi ❶ 彼此背和背相依靠 ▷孩子们～坐着。❷ 背对背。

【背离】bèilí ❶ 动 远离 ▷～故乡。❷ 动 违背(原则等) ▷不能～党的宗旨|～初衷。☛ 参见本页"背弃"的提示。

【背理】bèilǐ 现在一般写作"悖理"。

【背令】bèilìng 形 与时令不相合的 ▷处理～服装。

【背面】bèimiàn 名 反面① ▷在转让支票的～批注并签名盖章|教学楼的～对着操场。

【背谬】bèimiù 现在一般写作"悖谬"。

【背叛】bèipàn 动 背离自己原先的一方,投到敌对的一方去 ▷～革命|～封建家庭。☛ 跟"叛变"不同。"背叛"既可用于贬义,也可用于褒义;"叛变"意味着变节,是贬义词。

【背鳍】bèiqí 名 鱼背上的鳍。也说脊鳍。参见1075页"鳍"。

【背气】bèiqì 动 由于疾病或受到刺激而突然暂时停止呼吸 ▷病人～了,赶快抢救!

【背弃】bèiqì 动 违背并抛弃 ▷这样做～了做人的基本原则。☛ 跟"背离"不同。"背弃"一定是自觉的行动;"背离"不一定都是自觉的行动。

【背人】bèirén 动 避开别人;不让人知道 ▷我们说的话不～,谁愿意听谁就听。

【背时】bèishí ❶ 形 过了时的 ▷这种花色早就～了。❷ 形 运气坏;倒霉 ▷这几年他真～,

家里人不断地闹病。☛ 不宜写作"悖时"。

【背书】bèishū ❶ 动 背诵念过的书。○ ❷ 动 支票等票据持有人将票据权利转让时，在票据背面批注有关事项并签字盖章，以示负责。❸ 动 借指同意或支持，以至愿意为此担保 ▷在事故责任报告上签字～｜这项倡议得到广大市民～。

【背水一战】bèishuǐ-yīzhàn 背水列阵，决一死战。比喻没有退路，只能拼死决战。

【背诵】bèisòng 动 凭记忆读出学过的诗文。

【背投】bèitóu ❶ 名 一种投影技术或方式，指投影设备置于屏幕之后直接朝向观众投影，光学屏幕可控制光线路径并将图像投至预定的观看范围之内。较常见的利用背投技术的设备、仪器有背投电视、背投屏幕墙、背投投影仪等。❷ 名 柔道的进攻方法之一，即用后背迅速背起对方，将其摔倒。

【背心】bèixīn 名 无领无袖的上衣。

【背信弃义】bèixìn-qìyì 违背诺言，背弃道义。

【背兴】bèixìng 形 倒霉 ▷真～，又停电了。

【背眼】bèiyǎn 形 人们不容易看到的 ▷那几个票贩子就藏在车站～的地方。

【背阴】bèiyīn ❶ 动 阳光直接照不到 ▷这间房～，很潮。❷ 名 阳光直接照不到的地方 ▷到～儿里歇一会儿。

【背影】bèiyǐng 名 人体的背面形象 ▷从～看，她好像才二十多岁。

【背约】bèiyuē 动 违背约定 ▷不可食言～。

【背运】bèiyùn ❶ 形 运气不济 ▷真～，干什么都不顺利。❷ 名 不好的运气 ▷走～。

钡（鋇） bèi 名 金属元素，符号 Ba。银白色，有延展性，易氧化。可用作去氧剂，也用于制造合金、焰火等。

【钡餐】bèicān 名 检查食管、肠胃疾病的一种方法。让病人服下用水稀释的硫酸钡后，用 X 射线透视或拍片，检查有无病变。

倍 bèi ❶ 动 加倍，增加跟原数相同的数 ▷事半功～｜～道兼程。→ ❷ 量 用在数词后，表示增加的是跟原数相同的数，某数的几倍就是某数乘以几 ▷3 的 5～是 15。→ ❸ 副 更加；格外 ▷每逢佳节～思亲。○ ❹ 副 〈口〉读儿化音，用在某些形容词前面，表示程度深，相当于"非常""特别" ▷～儿棒｜～儿香｜～儿脆。☛ "倍"②只用于数量增加，不用于数量减少。如不能说"人数减少了两倍"。

【倍道兼程】bèidào-jiānchéng 一天走两天的路程。指急速赶路 ▷我军～，抢占了有利地形。

【倍感】bèigǎn 动 更加感到；格外感到 ▷异地重逢，～亲切。

【倍加】bèijiā 副 表示比原来的程度高得多，相当于"更加" ▷～思念亲人。☛ 参见 57 页"备加"的提示。

【倍率】bèilǜ 名 放大的倍数；放大率（一般用于望远镜、显微镜等）。

【倍受】bèishòu 动 更加受到；格外受到 ▷连日高温，空调～青睐。☛ 参见 57 页"备受"的提示。

【倍数】bèishù ❶ 名 一个正整数能被另一个正整数整除，这个正整数就是另一个正整数的倍数。如 8 能被 4 整除，8 就是 4 的倍数。❷ 名 一个数除以另一个数所得的商。如 8 除以 2 得 4，8 就是 2 的 4 倍，4 是倍数。

【倍增】bèizēng 动 成倍地增长 ▷产量～｜力量～。

悖（*誖） bèi 〈文〉❶ 动 冲突；违背 ▷并行不～｜～逆。→ ❷ 形 不合常理的；错误 ▷～谬。

【悖理】bèilǐ 形 违背常理；不合理 ▷荒诞～｜这事处理得太～。

【悖论】bèilùn 名 逻辑学上指自相矛盾的命题。

【悖谬】bèimiù 形〈文〉荒谬；违背事理。

【悖逆】bèinì 动〈文〉违反正常的道德秩序，犯上作乱 ▷～不轨。

【悖入悖出】bèirù-bèichū《礼记·大学》："货悖而入者，亦悖而出。"后用"悖入悖出"指用不正当手段获得的财物，也会被别人用不正当手段拿走或自己胡乱地花掉。

被 bèi ❶ 名 被子 ▷两床～｜棉～｜盖～。→ ❷ 动 覆盖 ▷～覆｜花草～径。❸ 动 遭受 ▷～屈含冤｜～难（nàn）。⇒ ❹ 助 用于动词前，表示主语是受动作支配的对象 ▷他～评为先进工作者｜房子～拆。❺ 介 用于被动句，引进动作行为的施事者，前面的主语是动作的受事者 ▷月亮～云彩遮住了｜他～经理解雇了。❻ 动 用在某些动词、名词或形容词前，表示这个动词、名词或形容词所述与事实不符，是被强加的（含讽刺或诙谐意）▷～出国｜～小康｜～优秀。☛ 汉语中表示被动意义时不一定都用"被"字，有时用没有形式标志的受事主语句表示（如"豆浆卖完了"），有时用"给""叫""让"等词表示，还可以在句中用"加以""得到""受""挨"等词表示。

【被保险人】bèibǎoxiǎnrén 名 根据我国保险法的相关规定，指财产或者人身受保险合同保障，享有保险金请求权的个人或法人。在人身保险中，被保险人只限于自然人。投保人可以是被保险人。

【被捕】bèibǔ 动 遭到逮捕 ▷嫌犯已经～。

【被刺】bèicì 动 遭受暗杀 ▷不幸～身亡。

【被褡子】bèidāzi 名〈口〉出行时搭在肩上用来装被褥、衣服等物的口袋。☛ 不宜写作"背搭子""背褡子""被搭子"。

【被袋】bèidài 名 出行时装被褥、衣物等用的袋子,一般为圆筒形。

【被单】bèidān ❶ 名 铺在床上的布单子。❷ 名 单层的被子。

【被动】bèidòng ❶ 形 受外力影响或推动而动的(跟"主动"相对) ▷工作消极～。❷ 形 处于被外力所左右的状态的 ▷扭转～局面。

【被动式】bèidòngshì 名 指主语所表示的人或事物是受事者的句法格式。汉语的被动式有时在动词前用介词"被"(口语里常用"叫"或"让")引进施事者,如"洪水被我们征服了";有时只在动词前加助词"被",如"观众被感动了";有时动词前边既不加介词"被"也不加助词"被",如"房子盖好了"。☛ 汉语被动式常见的还有"为……所……"等格式,如"为人民所唾弃"。

【被动吸毒】bèidòng xīdú 指在被污染的环境里吸入有害气体 ▷教学区边上的这个化工厂必须搬走,不能让广大师生～。

【被动吸烟】bèidòng xīyān 指不吸烟者吸入吸烟者吐出的烟雾。也说吸二手烟。

【被服】bèifú 名 被褥、服装等的合称(多指军用的) ▷军用～。

【被俘】bèifú 动 战争中被对方活捉 ▷依法公正对待～人员。

【被覆】bèifù ❶ 动 覆盖;遮蔽 ▷苍翠的林木～地面。❷ 名 覆盖地表的植物 ▷严禁破坏自然～。❸ 动 军事上指对工事或工程内壁和外表进行加固。

【被告】bèigào 名 在民事、行政诉讼中被起诉的公民、法人或其他组织及行政机关(跟"原告"相对)。☛ 跟"被告人"不同。

【被告人】bèigàorén 名 在刑事诉讼中被起诉的人。☛ 跟"被告"不同。

【被害】bèihài 动 遭到杀害。

【被害人】bèihàirén 名 指刑事案件中合法权益遭受犯罪行为直接侵害的人(跟"受害人"相区别)。

【被控】bèikòng 动 受到控告 ▷他～贪污公款。

【被里】bèilǐ 名 被子的里面,即盖在身上时贴身的一面。也说被里子。

【被面】bèimiàn 名 被子的正面,即盖在身上时不贴身的一面。

【被难】bèinàn ❶ 动 遭受灾难 ▷同胞～,我们不能袖手旁观。❷ 动 遭受意外变故或灾难而死亡 ▷事故中有 3 名乘客～。

【被迫】bèipò 动 受外力强制不得已(而做某事) ▷～同意。

【被褥】bèirù 名 被子和褥子。俗称铺盖。

【被套】bèitào ❶ 名 旧时出行时用来装被褥的一种长方形袋子。❷ 名 套在被子外面,便于拆洗的套子。也说被罩。❸ 名 棉被里的棉絮 ▷用得太久了,～已经不暖和了。

【被头】bèitóu 名 被子上缝在盖上半身那一端的布 ▷把～拆下来洗洗。

【被窝儿】bèiwōr 名 睡觉时叠成筒状的被子。

【被卧】bèiwo 名 某些地区指被子。

【被絮】bèixù 名 夹在被面和被里之间的胎,多用棉花、丝绵、腈纶棉、太空棉等制成。

【被选举权】bèixuǎnjǔquán ❶ 名 公民依法被选为国家权力机关代表或担任一定职务的权利。❷ 名 各种组织的成员依照章程拥有被选举为本组织代表或领导人的权利。

【被罩】bèizhào 名 被套②。

【被子植物】bèizǐ zhíwù 种子植物的一大类。种子被包在子房内,子房发育成果实(跟"裸子植物"相区别)。如果树、蔬菜和谷类作物等。

【被子】bèizi 名 睡觉时盖在身上的保暖物。一般为长方形,由被里、被面、被絮等构成。

棏 bèi [棏多] bèiduō 现在一般写作"贝多"。

琲 bèi 名〈文〉成串的珠子;泛指珠子 ▷瑟瑟巩～,狼藉于道。

棓 bèi 见 1455 页"五棓子"。

辈(輩) bèi ❶ 名 等;类(指人) ▷我～|等闲之～。→ ❷ 名 辈分 ▷他比我小一～|祖～|前～|晚～。❸ 名 辈子 ▷后半～儿。○ ❹ 名 姓。

【辈出】bèichū 动 (人才)一批接一批地涌现 ▷英才～。☛ "辈"不要误写作"倍"。

【辈分】bèifen 名 家族或亲友中世代相承的顺序 ▷论～,我要叫她姑姑。☛ 不要写作"辈份"。

【辈行】bèiháng 名 辈分。

【辈数儿】bèishùr 名 辈分 ▷他～小,年纪却不小。

【辈子】bèizi 名 人的一生 ▷后半～|一～。

惫(憊) bèi 形 十分疲乏 ▷疲～|～倦。☛ 统读 bèi,不读 bì。

焙 bèi 动 用微火烘烤 ▷～茶|～制中草药|～干研碎。☛ 统读 bèi,不读 péi。

【焙粉】bèifěn 名 发面用的粉末。白色,由碳酸氢钠、酒石酸、淀粉混合而成。也说发粉。某些地区也说起子。

【焙干】bèigān 动 用微火烘干。

【焙烧】bèishāo 动 在熔点以下对矿石等物料加热,以改变其化学组成或物理性质。

蓓 bèi [蓓蕾] bèilěi 名 含苞未放的花朵;花骨朵儿 ▷～满枝。☛ 不读 péiléi。

碚 bèi 用于地名。如:北碚,在重庆;蛤蟆碚,在湖北。

鞁 bèi ❶ 名〈文〉鞍辔等马具的统称。→ ❷ 同"鞴"①。

褙 bèi 动 把布或纸逐层地糊在一起 ▷～鞋帮|裱～。

糒 bèi 名〈文〉干粮;干饭。

鞴 bèi ❶ 动 把鞍辔等套在马身上 ▷～马。○ ❷见 484 页“鞲(gōu)鞴”。

鐾 bèi 动 在布、皮子、石头等东西上把刀反复摩擦使锋利 ▷把刀再～一～|～刀布。

bei

呗(唄) bei ❶ 助 表示理所当然或只能如此的语气 ▷有困难就克服～|错了就改～。○ ❷ 助 表示勉强同意或认可的语气 ▷你要去就去～|你不同意就算了～。

另见 30 页 bài。

臂 bei 见 460 页“胳臂”。

另见 76 页 bì。

bēn

奔(*奔犇❶—❹) bēn ❶ 动 快跑;疾走 ▷～向远方|～走相告|狂～。→ ❷ 动 逃跑;流亡 ▷东～西窜|出～|逃～。❸ 动 特指女子私自与男子结合而出走 ▷私～。→ ❹ 动 赶忙去做(某事) ▷～丧(sāng)|～命。○ ❺ 名 姓。☛ 在表示快跑、行走意义时,读 bēn,不强调方向、目的;读 bèn,强调方向、目的,如“直奔学校”“奔小康”。

另见 64 页 bèn;“犇”另见本页 bēn。

【奔波】 bēnbō 动 辛辛苦苦地四处奔走 ▷～劳碌|勘测员～在水利工地上。

【奔驰】 bēnchí 动 (车、马等)快速地行驶或奔跑 ▷汽车～在高速公路上|几匹马竞相～。☛ 参见本页“奔腾”的提示。

【奔窜】 bēncuàn 动 惊慌失措地乱跑;狼狈逃跑 ▷到处～|一见警察,歹徒四处～。

【奔放】 bēnfàng 形 (思想、感情等)毫无拘束,尽情表露 ▷刚健～|他的演唱热情～。

【奔赴】 bēnfù 动 奔向;疾步走向 ▷～现场。

【奔劳】 bēnláo 动 奔波劳碌 ▷为革命事业～。

【奔流】 bēnliú 动 急速地流淌 ▷洪水～而下。

【奔忙】 bēnmáng 动 奔走忙碌 ▷他成天～。

【奔命】 bēnmìng 动 奉命奔走或为使命奔忙 ▷疲于～。☛ 跟“奔(bèn)命”读音、意义都不同。

【奔跑】 bēnpǎo 动 快跑。

【奔丧】 bēnsāng 动 从外地急忙赶回料理长辈亲属的丧事。☛“丧”这里不读 sàng。

【奔驶】 bēnshǐ 动 (车辆等)快速地行驶 ▷列车～在华北平原上。

【奔逝】 bēnshì 动 (时间、流水等)急速地过去 ▷时光～|江水～。

【奔淌】 bēntǎng 动 奔流。

【奔逃】 bēntáo 动 逃跑 ▷仓皇～|四处～。

【奔腾】 bēnténg 动 (众马)奔跑跳跃 ▷万马～◇江水～而下|改革洪流～向前。☛ 跟“奔驰”不同。“奔腾”侧重指腾跃着奔跑,强调气势;“奔驰”侧重指奔跑的速度很快,强调速度。

【奔突】 bēntū 动 连跑带冲;横冲直撞 ▷发怒的大象在森林里～。

【奔袭】 bēnxí 动 (军队)从离敌人较远的地方急速秘密逼近,并发起突然袭击 ▷我军日夜兼程,～敌人指挥部。

【奔泻】 bēnxiè 动 (大水)从高处急速地向下流去 ▷飞瀑～,颇为壮观。

【奔涌】 bēnyǒng 动 急速而大量地涌出或流淌 ▷泉水～|洪水～而来◇文思～。

【奔逐】 bēnzhú 动 奔跑追逐 ▷草原上群马～。

【奔走】 bēnzǒu ❶ 动 快走;跑 ▷～呼号。❷ 动 为某种目的而四处活动 ▷～协调于各方。

【奔走呼号】 bēnzǒu-hūháo 一边奔跑,一边呼喊。形容为寻求支持、援助而到处宣传呼吁 ▷为了推翻帝制,孙中山先生～,宣传革命。☛“号”这里不读 hào。

【奔走相告】 bēnzǒu-xiānggào 奔跑着一个接一个地传告。形容把重要消息迅速传开。

贲(賁) bēn ❶ 动〈文〉奔跑 ▷虎～。○ ❷ 名 姓。☛ 不读 bèn 或 pēn。

另见 72 页 bì;398 页 féi。

【贲门】 bēnmén 名 与食管相连的胃上端的口ル,食物由食管通过贲门进入胃里。

栟 bēn [栟茶] bēnchá 名 地名,在江苏。

另见 94 页 bīng。

犇 bēn 用于人名。

另见本页 bēn“奔”。

锛(錛) bēn ❶ 名 锛子。→ ❷ 动 用锛子等工具砍削;用镐等挖掘 ▷～木头|用镐～下一块土。○ ❸ 动〈口〉刀刃出现缺口 ▷剁排骨把刀刃～了。

【锛子】 bēnzi 名 削平木料用的工具。刃口跟柄呈“丁”字形,使用时向下向里用力。

běn

本 běn ❶ 名 草木的根或茎干;比喻事物的根本或根源(跟“末[1]”相区别) ▷～固枝荣|草～|舍～逐末|忘～。→ ❷ 形 原来的;固

有的 ▷～意｜～能｜～质。⇒ ❸ 副 本来；原来 ▷他～是河南人｜～以为他不来了。⇒ ❹ 代 指自己或自己方面的 ▷～人｜～国｜～单位。⇒ ❺ 代 现今的 ▷～日｜～世纪｜～届大会。→ ❻ 介 引进动作行为所遵循的准则，略相当于“依照”“按照” ▷～此原则，妥为处理｜～着有关规定执行。→ ❼ 名 书册；簿册 ▷买一个～儿｜账～｜日记～。⇒ ❽ 名 版本 ▷古～｜刻～｜修订～。⇒ ❾ 名 旧时臣下向皇帝奏事的文书 ▷参了一～｜修～(拟奏章)｜奏～。❿ 名 演出的脚本 ▷话～｜唱～｜剧～。⇒ ⓫ 量 用于书籍簿册等 ▷两～书｜一～账｜三～画册。参见插图 13 页。→ ⓬ 名 本金；本钱 ▷连～带利｜亏了～儿｜资～。⓭ 名 制造某种产品所需的费用 ▷成～｜工～。→ ⓮ 形 中心的；基础的 ▷校～部｜～科｜～论。◯ ⓯ 名 姓。☛ 跟“夲(tāo)”不同。

【本邦菜】bĕnbāngcài 名 指具有本地风味的菜肴；特指上海菜。

【本本】bĕnbĕn 名 书本；本子 ▷有～为证｜把要办的事记在～上。

【本本主义】bĕnbĕn zhǔyì 教条主义的别称。因毛泽东《反对本本主义》一文而得名。

【本部】bĕnbù 名 机构、组织的主体或中心部分 ▷公司的～设在北京｜校～。

【本埠】bĕnbù 名 本地(多是较大的城镇) ▷～新闻。

【本草】bĕncǎo 名 古代称中药。多用于古代中药典籍的名称。如《神农本草经》《本草纲目》等。

【本册】bĕncè 名 本⑦。

【本初子午线】bĕnchū zǐwǔxiàn 地球上计算经度的起算经线。国际上规定，以通过英国格林尼治天文台原址子午仪中心的经线为本初子午线。

【本当】bĕndāng 动 本该 ▷这件事～他去办。

【本岛】bĕndǎo 名 一组岛屿中的主要岛屿。它的名称与其所在岛屿总体名称相同。如舟山岛是舟山群岛的本岛，舟山群岛还包括岱山岛、普陀山岛、桃花岛等。

【本地】bĕndì 名 指说话人自己所在的地区；也指叙述时的某个地区 ▷～特产｜来到～多年。☛ 参见 1408 页“外地”的提示。

【本分】bĕnfèn ❶ 名 分内的责任和义务 ▷教书育人是教师的～。❷ 形 形容安于自己所处的环境、地位，无非分要求和想法 ▷爸爸是个～人。☛ 不要写作“本份”。

【本该】bĕngāi 动 本来应该 ▷～如此。

【本固枝荣】bĕngù-zhīróng 树根扎得深、扎得牢，枝叶才能繁茂。比喻事物基础雄厚，才能有充分的发展。

【本行】bĕnháng ❶ 名 长期从事的已经熟悉的行业 ▷他调动后还是干他的～。❷ 名 自己所从事的工作 ▷三句话不离～。

【本籍】bĕnjí 名 原籍。

【本纪】bĕnjì 名 纪传体史书中帝王的传记。按帝王纪年的顺序记事，放在全书的前面。如《史记·高祖本纪》。后来的正史也有简称“纪”的。

【本家】bĕnjiā ❶ 名 同一父系家族的成员 ▷他是我的～叔叔。❷ 名 指同姓的人 ▷我们几个同姓，都是～。

【本金】bĕnjīn 名 经营工商业的本钱或用来获取利息的存款、放款等。

【本就】bĕnjiù 副 本来就；本来就(是) ▷原稿～如此，不是后来由谁改成这样的。

【本科】bĕnkē 名 高等院校的基本组成部分。学制一般为四年或五年 ▷～生｜～文化水平。

【本来】bĕnlái ❶ 区别 原来具有的 ▷根据树根～的形态进行根雕创作。❷ 副 表示在此以前 ▷我俩～不认识，今天初次见面。❸ 副 表示理应如此 ▷病没好，～就不该出院。

【本来面目】bĕnlái miànmù 人或事物原有的真实样子 ▷还事物以～｜暴露了他的～。

【本利】bĕnlì 名 本息。

【本领】bĕnlǐng 名 技能；能力 ▷拿出自己的～。

【本论】bĕnlùn 名 论文的主体部分(论文一般分为引论、本论、结论三部分)。

【本名】bĕnmíng ❶ 名 正式的或原来的名字 ▷著名国画大师张大千的～是张正权。❷ 名 一些外国人名中指称本人的部分。如“弗拉基米尔·伊里奇·列宁”，“弗拉基米尔”是本名，第二、三部分分别是父名和姓。

【本命年】bĕnmìngnián 名 我国传统用十二属相记人的出生年。属相每十二年一轮。如某人丑年出生，属牛，再遇丑年，就是这个人的本命年。

【本末】bĕnmò ❶ 名 树根和树梢。比喻事件由始至终的经过 ▷叙述事情的～。❷ 名 比喻主要的和次要的 ▷～不分｜～倒置。

【本末倒置】bĕnmò-dàozhì 树根和树梢倒过来放。比喻把事物的主次颠倒了。

【本能】bĕnnéng ❶ 名 人和动物在进化过程中形成并通过遗传固定下来的无须传授的能力。如婴儿吃奶、蜜蜂酿蜜等。❷ 副 不知不觉地、下意识地(作出反应) ▷对面列车飞驰而过，他～地从窗口缩回了头。

【本票】bĕnpiào 名 金融活动中指由出票人签发的，承诺在指定日期内见票时无条件支付票面确定金额给收款人或持票人的票据。

【本钱】bĕnqián ❶ 名 用来谋取利润、利息或进行赌博等活动的钱财。❷ 名 比喻可以凭借的资历、能力等条件 ▷自知资历浅，～不大。

【本人】běnrén ❶ 代 说话人称自己 ▷～无可奉告。❷ 代 指当事人自身或复指前面所提到的人 ▷他～知道|领奖者须持～身份证。

【本嗓】běnsǎng 名 说话、唱歌、唱戏时自然发出的嗓音。

【本色】běnsè 名 本来的面貌或素质 ▷勤劳俭朴是劳动人民的～。

【本色】běnshǎi 名 未经人为改变的物品本来的颜色 ▷～布|现在时兴～的家具。

【本身】běnshēn 代 指代人、单位或事物自身 ▷～素质不高|事件～足以说明问题。

【本事】běnshì 名 文学作品创作所依据的原来的基本事实 ▷京剧《司马迁》～简介。

【本事】běnshi 名 本领；技能 ▷凭～吃饭。

【本诉】běnsù 动 在同一诉讼中，被告方反诉，则称原告的诉讼为本诉（跟"反诉"相对）。

【本题】běntí 名 文章或说话所表达的主题或主要论点 ▷讨论不要离开～东拉西扯。

【本体】běntǐ ❶ 名 事物的原样或自身 ▷艺术复制品远不如～自然传神。❷ 名 机器、设备、工程等的主体 ▷大坝～浇铸成功。

【本土】běntǔ ❶ 名 出生成长的地方 ▷情系～|玉米的～在美洲。❷ 名 一个国家固有的领土；也指殖民国家本国的领土 ▷德国法西斯多次空袭英国～，使英伦三岛蒙受巨大损失。❸ 名 指原地的土壤 ▷～沙子太多，树苗无法成活，用客土置换后，情况大有好转。

【本位】běnwèi ❶ 名 货币制度的基础或货币价值的计算标准；泛指事物的基础或标准 ▷金～|汉语究竟是词～，还是字～，学术界现在仍有争论。❷ 名 自己所在的单位或工作岗位 ▷努力做好～工作。

【本位货币】běnwèi huòbì 一个国家（或地区）法定的基本货币。简称本位币。也说主币。

【本位主义】běnwèi zhǔyì 指专为本单位、本部门打算而不顾整体利益的思想行为。

【本文】běnwén ❶ 名 指所说的这篇文章 ▷～具有较高的学术价值。❷ 名 指原文或正文 ▷译文跟～风格不同|注文附在～之后。

【本息】běnxī 名 本金和利息。也说本利。

【本乡本土】běnxiāng-běntǔ 本地；家乡 ▷这是～的特产|都是～的，相互关照点儿。

【本相】běnxiàng 名 本来面目 ▷露出凶恶～。

【本心】běnxīn 名 本意 ▷他的～并不坏，只是把事情办坏了。

【本性】běnxìng 名 本来的性质或个性 ▷～善良。

【本业】běnyè ❶ 名 古代指农业。❷ 名 自己原来或一直从事的职业 ▷重操～。

【本义】běnyì 名 词的原始意义或较早的意义。如"本"的本义是指草木的根或茎干，事物的根本或根源是它的引申义。

【本意】běnyì 名 原来的想法或打算 ▷我～是为他好，没想到他竟误解了。

【本原】běnyuán 名 哲学上指万物的根源或构成世界的基本的、最初的元素。唯心主义认为世界的本原是精神；唯物主义认为世界的本原是物质。

【本源】běnyuán 名 事物的起源 ▷古人认为金木水火土是万物的～。

【本愿】běnyuàn 名 本意；本来的愿望。

【本着】běnzhe 介 依照；按照 ▷～团结协作的精神处理好双方关系。

【本真】běnzhēn ❶ 名 本来面目；本性 ▷还原历史的～|回归～。❷ 形 本性的 ▷表现最～的人性之美|性格～率直。

【本证】běnzhèng 名 诉讼中负有举证责任的当事人对其主张的事实提出的证据（跟"反证"相对）。

【本职】běnzhí 名 自己所在的岗位或所担任的职务 ▷立足～，胸怀全局。

【本旨】běnzhǐ 名 本来或主要的意思或意图 ▷这篇文章～在于提倡救死扶伤。

【本质】běnzhì ❶ 名 指事物本身所固有的根本属性，它对事物的性质、状况和发展起决定作用（跟"现象"相区别）▷透过现象看～。❷ 名 指人的本性或主要品质 ▷尽管他有些缺点，但～是好的。

【本主儿】běnzhǔr ❶ 名 当事人 ▷让～谈谈事件的原委。❷ 名 东西的原主 ▷失物各归～|汽车～已同意转让。

【本字】běnzì ❶ 名 随着汉字的发展，有些字通常的写法已不同于原来的写法，原来写法的字称为本字。如"武"的本字为"珷"；"船"的本字为"舩"。❷ 名 古人在写某个字时，没有写本来应该用的字，而是写了一个读音相同或相近的字。本来应该写的字叫本字，用来代替的字叫通假字。如"骏极于天"中的"骏"为通假字，"峻"为本字。

【本子】běnzi ❶ 名 用多页纸装订成的册子 ▷人手一个～。❷ 名 指某一版本 ▷这是流传最广的～。❸ 名〈口〉指某些像小册子的证件 ▷没有～（驾驶证），不准开车。

苯 běn 名 碳氢化合物，无色液体，气味芳香，容易挥发和燃烧，蒸气有毒。可以做燃料、溶剂和香料，也是制造合成树脂和农药的重要原料。

【苯甲基】běnjiǎjī 名 苄（biàn）基。

畚 běn 名 古代用竹篾等编成的类似簸箕的器具。

【畚箕】běnjī 名 某些地区指簸箕。

bèn

夯 bèn 形 笨拙(多见于近代汉语)。

另见 540 页 hāng。

坌 bèn 〈文〉❶ 名 尘土;灰尘 ▷微~|~尘。→ ❷ 动 尘土撒落在别的物体上;把粉末撒在物体上 ▷马尘~人|丹朱~身。〇 ❸ 动 聚积 ▷~集。

奔(*奔逩) bèn ❶ 动 径直(往目的地)走去 ▷出门直~车站|投~。→ ❷ 动〈口〉为某种目的而四处奔(bēn)走 ▷还缺哪味药,我给您~去|这几天正忙着~材料呢。→ ❸ 动 接近(某个年龄段) ▷咱们都是~七十的人了。→ ❹ 介〈口〉引进动作行为的方向,相当于"朝""向" ▷一直~南走|到了路口~西拐。

另见 61 页 bēn。

【奔命】bènmìng 动 拼命地赶路;拼命地做事 ▷昼夜~,按期抵达|为一日三餐~。☛ 跟"奔(bēn)命"读音、意义都不同。

【奔头儿】bèntour 名〈口〉经过努力可望达到的目标 ▷科学种地大有~。

倴 bèn [倴城] bènchéng 名 地名,在河北。

笨 bèn ❶ 形 粗大;不精细 ▷~重|~活儿。→ ❷ 形 记忆力和理解力差;不聪明 ▷他并不~|~头~脑|愚~。❸ 形 拙;不灵活 ▷~手~脚|~嘴拙舌。

【笨伯】bènbó 名〈文〉愚笨的人。

【笨蛋】bèndàn 名 指愚笨的人(骂人的话)。

【笨活儿】bènhuór 名 粗活儿;笨重费力的活儿。

【笨货】bènhuò 名 笨蛋。

【笨鸟先飞】bènniǎo-xiānfēi 比喻能力差的人做事唯恐落后,便提前行动(多用作谦词)。

【笨手笨脚】bènshǒu-bènjiǎo 形容人反应迟钝,动作笨拙。

【笨头笨脑】bèntóu-bènnǎo ❶ 形容人反应迟钝,头脑不灵活 ▷他~的,当不了侦察员。❷ 比喻器具等式样粗笨 ▷现在的机器人外形还是~的。

【笨重】bènzhòng ❶ 形 庞大沉重,不便使用 ▷设备太~。❷ 形 繁重费力 ▷~活儿。

【笨拙】bènzhuō 形 笨;不灵巧 ▷口齿~|貌似~,实则精明。☛ 跟"愚笨"不同。"笨拙"侧重指动作不灵巧;"愚笨"侧重指头脑反应迟缓。

【笨嘴拙舌】bènzuǐ-zhuōshé 形容口头表达能力很差。也说笨口拙舌。

bēng

伻 bēng 〈文〉❶ 动 使;令。→ ❷ 名 使者 ▷~来,以图及献卜。

祊 bēng 动 古代在宗庙门内接引死者的祭祀。

崩 bēng ❶ 动 倒塌 ▷天~地裂|雪~。→ ❷ 动 爆裂,物体猛然破裂 ▷气球~了|分~离析。⇒ ❸ 动 毁坏;垮掉 ▷~溃。⇒ ❹ 动 使爆裂 ▷放炮~山|开山~石头。⇒ ❺ 动 爆裂或弹(tán)射的东西击中(人或物) ▷放爆竹~了手|玩弹弓别~着人。❻ 动〈口〉指枪毙 ▷这种坏人该一枪~了他。→ ❼ 动 古代指帝王死 ▷武王~|驾~。

【崩岸】bēng'àn 动 堤岸崩塌。

【崩解】bēngjiě ❶ 动(岩石等)由于风化而破裂成碎块儿 ▷巨石已逐渐~。❷ 动(国家政治体系、制度等)分崩瓦解 ▷旧政权彻底~。

【崩溃】bēngkuì 动 完全毁坏;彻底垮掉 ▷防线~|信心~。☛ 跟"瓦解"不同。"崩溃"强调毁坏、垮掉,"瓦解"强调分裂、解体;"崩溃"不能带宾语,"瓦解"则能。

【崩裂】bēngliè 动(物体)猛然破碎分裂 ▷城墙~。

【崩龙族】bēnglóngzú 名 德昂族的旧称。

【崩漏】bēnglòu 名 中医病名,指妇女不在经期而阴道突然大量出血,或淋漓不断地出血。

【崩落】bēngluò 动 崩裂坠落 ▷山石~。

【崩盘】bēngpán 动 指股票市场、期货市场等因行情大跌而彻底崩溃。

【崩塌】bēngtā 动 崩裂倒塌 ▷地震时山洞~。

【崩坍】bēngtān 动 崩塌 ▷暴雨后山坡~。

绷(綳*繃) bēng ❶ 动 拉紧;张紧 ▷把弦~得紧紧的|裤子太瘦,~在腿上不舒服。→ ❷ 动 某些地区指勉强支撑 ▷~场面(勉强维持表面的排场)。→ ❸ 动(物体)因拉得过紧而猛然弹起 ▷弹簧~飞了|~簧。→ ❹ 名 指绷子① ▷竹~|~架。→ ❺ 名 用藤皮、棕绳等编织的床屉子 ▷棕~|床~。〇 ❻ 动 稀疏地缝上或用别针别上 ▷~被头|袖子上~着臂章。☛ 读 běng,用于人对自己表情等的控制,如"绷着脸";读 bèng,指因过紧而裂开,如"西瓜熟得绷开了缝儿"。

另见 65 页 běng;65 页 bèng。

【绷带】bēngdài 名 英语 bandage 音译。用来包扎伤口或患处的纱布条。

【绷弓子】bēnggōngzi〈口〉❶ 名 安装在门上的弹(tán)簧等,可以使门自动关上。❷ 名 弹(dàn)弓。

【绷簧】bēnghuáng 名 某些地区指弹簧。

【绷子】bēngzi ❶ 名 刺绣时用来绷紧绸布等的竹圈或木框 ▷绣花～。❷ 名 绷⑤。

嘣 bēng 拟声 模拟跳动、爆裂等的声音 ▷心～～直跳|弹棉花的弓子～～响。

béng

甭 béng 副〈口〉"不用"的合音,表示用不着,不必 ▷您就～操心了|这个道理大家都明白,我就～多说了。

běng

菶 běng [菶菶] běngběng 形〈文〉草木茂盛 ▷～萋萋。

绷(綳*繃) běng ❶ 动 面部肌肉张紧,表情严肃 ▷～着脸谁也不理|把脸一～。→ ❷ 动 用力支撑;勉强忍住 ▷～住劲,别松手|他～不住,放声大哭。另见 64 页 bēng;本页 bèng。

【绷劲】běngjìn 动 屏住呼吸用力 ▷一～,把土墙推倒了。

【绷脸】běngliǎn 动 板着脸,做出不高兴的表情 ▷你先别～,听我解释|整天绷着脸。

【绷着劲】běngzhejìn ❶ 动 因闹别扭而僵持着 ▷吵架后,他们还～呢。❷ 动 勉强支撑着 ▷高烧中,他～坚持把稿子写完了。

琫 běng 名 古代刀鞘上部近口处的装饰物。

bèng

泵 bèng 英语 pump 音译。❶ 名 一种能抽出或压入液体或气体的机械。按所抽送的物质可以分为气泵、水泵、油泵等。旧称唧筒。→ ❷ 动 用泵抽出或压入 ▷把气～进去。

【泵站】bèngzhàn 名 扬水站。

迸 bèng ❶ 动 向外溅射或爆开 ▷电焊时火星儿四处乱～|～裂。→ ❷ 动 向外突然发出 ▷憋了半天才～出一句话来|～发。

【迸发】bèngfā 动 从内向外突然发出 ▷火山～|～出一阵掌声|热情～。

【迸飞】bèngfēi 动 突然破裂而向四处乱飞 ▷一声炮响,乱石～。

【迸溅】bèngjiàn 动 向四外喷射溅落 ▷泥浆～。

【迸裂】bèngliè 动 突然破裂并向外飞溅 ▷一声轰响,楼体～。

【迸流】bèngliú 动 物体突然破裂,里面的液体急速流出 ▷输油管开裂,石油往外～。

【迸射】bèngshè 动 向四外喷射或放射 ▷～出五颜六色的礼花。

蚌 bèng [蚌埠] bèngbù 名 地名,在安徽。另见 40 页 bàng。

堋 bèng 动〈文〉把棺材埋入土中。另见 1037 页 péng。

绷(綳*繃) bèng 动 裂 ▷豆荚～开了缝儿。另见 64 页 bēng;本页 běng。

【绷瓷】bèngcí 名 釉面有不规则碎纹的瓷器。这种碎纹是由于坯和釉的膨胀系数不同而形成的。

甏 bèng 名 某些地区指瓮或坛子一类的器皿。

镚(鏰) bèng [镚子] bèngzi ❶ 名 旧指圆形无孔的小铜币,10 个合 1 个铜元。❷ 名〈口〉指小型硬币。参见 449 页"钢镚儿"。

蹦 bèng 动 双脚齐跳;泛指跳 ▷从台上～下来|连～带跳|蟋蟀从罐里～出来了。

【蹦蹦车】bèngbèngchē 名 三轮摩托车的俗称。行驶时马达震动大,以至带动车身震动,故称。

【蹦蹦儿戏】bèngbèngrxì 名 评剧的前身。原名半班儿戏,读音讹变为蹦蹦儿戏。

【蹦床】bèngchuáng ❶ 名 进行某些技巧表演用的弹力床 ▷～飞人。❷ 名 一种竞技体育运动。运动员在弹力床上进行各种技巧表演。

【蹦跶】bèngda 动〈口〉跳跃;比喻挣扎 ▷老实待着,别瞎～|～几下再也不动弹了。☛ 不宜写作"蹦搭""蹦达"。

【蹦迪】bèngdí 动 去迪斯科舞厅跳舞;也指跳迪斯科舞。是 20 世纪后期以来我国兴起的一种消费性自娱活动(迪:迪斯科)。

【蹦高】bènggāo 动〈口〉向上跳 ▷这孩子从小就爱～蹿远|乐得直～。

【蹦极】bèngjí 名 英语 bungee 音译。最早源于西太平洋岛瓦努阿图族用以考验和激励成年男子勇气的仪式,现已发展成一种运动项目。用有弹性的绳索缚住人的双脚,在安全条件下做自由落体运动。按照高度不同,可分为大桥式、塔式、直升机式等。也说蹦极跳。

【蹦跳】bèngtiào 动 跳跃 ▷小孙子～着来找爷爷|孩子们蹦蹦跳跳地玩耍。

bī

屄 bī 名 女性外生殖器的俗称。

逼(*偪) bī ❶ 动 迫近;接近 ▷队伍直～城下|～近|～真。→ ❷ 动

强迫；威胁 ▷～他交出图纸｜寒气～人｜～迫｜威～。❸ 动 强行索要 ▷～债｜～供。→❹ 形〈文〉狭窄 ▷～窄｜～仄。

【逼宫】bīgōng 动 大臣强迫帝王退位；现也指迫使政府首脑辞职或交出权力。

【逼供】bīgòng 动 用严刑或其他非法手段迫使受审人招供 ▷严禁刑讯～、暴力取证。

【逼供信】bī-gòng-xìn 对受审人逼供，并不经核实便将其口供作为定罪的依据 ▷审案必须重调查，重证据，严禁～。

【逼和】bīhé 动 战争、争斗或比赛中，处于劣势的一方设法迫使对手接受和局。

【逼婚】bīhūn 动（用威胁或暴力等手段）强迫他人成婚。

【逼近】bījìn 动 接近；靠近 ▷部队已～敌营。

【逼良为娼】bīliáng-wéichāng 逼迫清白人家妇女做娼妓；比喻迫使好人干坏事。

【逼命】bīmìng 动 指不顾别人死活，紧紧催促逼迫 ▷哪里是来讨债，简直是～。

【逼平】bīpíng 动 逼和（多用于体育比赛）。

【逼迫】bīpò 动 施加压力促使；强迫 ▷不能～人家承认错误。

【逼抢】bīqiǎng 动 紧逼着争抢（多用于足球、篮球、冰球等球类比赛）▷篮下～十分激烈。

【逼人】bīrén 动 给人造成威胁或压力 ▷寒光～｜形势～。

【逼上梁山】bīshàng-liángshān 原指《水浒传》中林冲等人因遭官府迫害被迫投奔梁山造反。后用“逼上梁山”泛指被迫进行反抗或采取某种行动。

【逼使】bīshǐ 动 迫使 ▷～敌人投降。

【逼视】bīshì 动 靠近后紧紧盯着；用眼神威胁对方 ▷用威严的目光～着他。

【逼问】bīwèn 动 强迫对方回答问题 ▷造假者被群众～得无言以对。

【逼肖】bīxiào 动 十分相像；几乎一模一样 ▷他所临摹的名画，无不～。☛ 参见 71 页“毕肖”的提示。

【逼债】bīzhài 动 强逼人偿还债务。

【逼真】bīzhēn ❶ 形 形容跟真的极相像 ▷形象～。❷ 形 真切；清楚 ▷那情景～地浮现在眼前。

【逼租】bīzū 动 强逼人交租。

鳊（鯿） bī 名 鱼，体小侧扁，呈卵圆形，青褐色，有暗色条纹，口小鳞细。种类很多，生活在热带近海中。

bí

荸 bí［荸荠］bíqi 名 多年生草本植物，生在水田里。地下茎也叫荸荠，扁圆形，皮赤褐色，肉白色，可以食用。参见插图 9 页。

鼻 bí ❶ 名 鼻子 ▷～腔｜～音｜流～血。→❷ 名 某些器物上带孔的部分 ▷印～｜门～儿｜针～儿。〇 ❸ 形 创始的 ▷～祖。☛ 下边是“丌”，不是“廾”。

【鼻翅儿】bíchìr 名〈口〉鼻翼。

【鼻窦】bídòu 名 鼻旁窦的通称。鼻腔周围与鼻腔相通的骨质空腔。可协助鼻腔调节鼻腔内空气的温度、湿度等。

【鼻窦炎】bídòuyán 名 鼻窦黏膜发炎的病症。主要症状有头痛、鼻塞、流涕和局部压痛等。

【鼻尖】bíjiān 名 鼻子向前凸出的顶端。

【鼻疽】bíjū 名 马、骡、驴中蔓延广、危害严重的一种传染病。急性发作时，病畜呼吸急促，咳嗽，鼻涕带脓，鼻腔肉溃烂生斑，日见瘦削，以至死亡。人、骆驼、猫等也能感染这种病。

【鼻孔】bíkǒng 名 鼻腔通往体外的两个孔洞。俗称鼻子眼儿。

【鼻梁】bíliáng 名 鼻子正面竖直隆起的部分。也说鼻梁子。

【鼻衄】bínǜ 动 鼻子出血。

【鼻旁窦】bípángdòu 名 鼻窦的学名。

【鼻腔】bíqiāng 名 鼻子内部的空腔，左右各一。腔壁上有细毛，上部黏膜有嗅觉细胞，能分辨气味。

【鼻青脸肿】bíqīng-liǎnzhǒng 形容脸部伤势严重；也比喻受到严重打击或挫折的惨状。

【鼻塞】bísè 动 鼻腔通气不畅。多由鼻黏膜发炎造成。

【鼻屎】bíshǐ 名 鼻子里鼻涕变干结成的块状物。也说鼻牛儿。

【鼻饲】bísì 动 用特制的管子通过鼻腔把流质食物或药液灌进胃里。是在病人不能正常进食的情况下采用的办法。

【鼻酸】bísuān 形 鼻子发酸，形容痛苦悲伤 ▷想起往事，不禁～。

【鼻涕】bítì 名 鼻腔黏膜分泌出来的液体。

【鼻涕虫】bítìchóng 名 蛞蝓（kuòyú）的俗称。

【鼻头】bítóu ❶ 名 鼻尖 ▷～红肿。❷ 名〈口〉鼻子 ▷方脸大～。

【鼻息】bíxī ❶ 名 从鼻腔出入的气息 ▷仰人～。❷ 名 指鼾声。

【鼻烟】bíyān 名 烟草制品，粉末状，用鼻子吸，不需点燃。约 17 世纪时在英国流行，后传开。

【鼻烟壶】bíyānhú 名 装鼻烟的特制的小瓶。内壁多饰图画。

【鼻炎】bíyán 名 鼻腔黏膜发炎的病症。急性鼻炎多由感冒引起，症状为黏膜红肿，鼻孔堵塞，流清鼻涕。

【鼻翼】bíyì 名 鼻子下端两旁的部分。

【鼻音】bíyīn ❶ 名 由特定发音方法形成的一类辅音。发音时口腔气流通道闭塞，软腭下垂，气流通过鼻腔而形成。普通话语音中有3个鼻音：m、n、ng。❷ 名 说话时鼻腔共振所形成的伴音 ▷他感冒了，～很重。

【鼻韵母】bíyùnmǔ 名 带鼻音韵尾的韵母。汉语普通话语音里有an、ian、uan、üan、en、in、un、ün、ang、iang、uang、eng、ing、ueng、ong、iong等16个鼻韵母。

【鼻子】bízi 名 人和高等动物的嗅觉器官和呼吸的孔道，位于头部，有两个孔。

【鼻子底下】bízi dǐxia 比喻就在眼前或附近 ▷事情就发生在自己的～，怎能推卸责任？

【鼻祖】bízǔ 名 始祖；泛指事业、学说、门派的创始人 ▷开山～｜墨家学派的～是墨子。

bǐ

匕 bǐ 名 古代一种类似汤匙的取食器具。☛ ㊀不读bì。㊁跟"七"("化"的右边)不同。"匕"两笔相接不相交。

【匕首】bǐshǒu 名 短剑之类的兵器，因其上端像匕，故称 ▷鲁迅的杂文像～投枪｜图穷～见(xiàn)。

比 bǐ ❶ 动 挨着；并列 ▷鳞次栉～｜～肩而立。→ ❷ 动 互相依附；互相勾结 ▷朋～为奸。→ ❸ 动 较量(高下)；比较(异同) ▷同他～个高低｜～武｜对～。⇒ ❹ 动 能够相比 ▷身子骨儿已经不～头几年了｜今非昔～｜～得上｜～不上。⇒ ❺ 介 引进比较的对象 ▷榆木～杨木硬｜身体～过去结实了。⇒ ❻ 动 数学上指两个数相比较，前项和后项是被除数和除数的关系。如3∶5读"三比五"。❼ 名 数学上指比较两个数而得出的倍数关系，其中一个数是另一个数的几倍或几分之几 ▷粮食作物产值和畜牧业产值之～约为2∶1。⇒ ❽ 动 表示竞赛双方得分的对比 ▷主队以3～1大胜客队。→ ❾ 动 仿照；比照 ▷～着葫芦画瓢｜将心～心｜～着这件衣服再做一件。❿ 动 比画 ▷他～了～手势让我进去。→ ⓫ 动 比方；比喻 ▷把祖国～作母亲。☛ ㊀统读bǐ，不读bì。㊁笔顺是 - ㇗ ⺦ 比。末两笔相接不相交。由"比"构成的字有"秕""毕""毖""陛""毙"等。㊂比较差别用"比"，比较异同用"跟"或"同"。如"他家比我家生活好"是说两家经济状况有差别；"他跟我的生活不一样"是说两人的生活内容和方式不同。这两句中的"比"和"跟"不能互换。

【比比】bǐbǐ ❶ 副 连连；屡屡 ▷～失利。❷ 名 到处；处处 ▷～皆是｜～可寻。

【比比皆是】bǐbǐ-jiēshì 到处都是 ▷现在摄影爱好者～。

【比对】bǐduì 动 比较核对以确定异同或优劣；多指利用现代科技手段对相关对象进行比较核对 ▷～指纹。

【比方】bǐfang ❶ 动 用一个常见易懂的事物来说明另一个较为抽象难懂的事物 ▷诗人用春晖来～母亲的慈爱。❷ 名 用一个事物说明另一个事物的表达方式 ▷这仅仅是个～，不一定恰当｜打个～来说吧。❸ 动〈口〉比如 ▷北京著名的公园很多，～颐和园、北海。❹ 连 表示假设，相当于"如果"(有委婉意味) ▷～删去这几个字，是否会更好？

【比分】bǐfēn 名 比赛时用来比较双方成绩以判定胜负的分数 ▷双方～交替上升，咬得很紧。

【比附】bǐfù 动 用不能相比的事物勉强相比 ▷这两种语言的语法不同，不能随意～。

【比划】bǐhua 现在一般写作"比画"。

【比画】bǐhua ❶ 动 用手的动作帮助或代替说话 ▷他连说带～，非常激动。❷ 动 指比武或练武 ▷兄弟俩枪来剑往地～起来。

【比基尼】bǐjīní 名 英语bikini音译。指一种由小三角裤和胸罩组成的女子泳装。也说三点式泳装、三点式。

【比及】bǐjí 介〈文〉等到 ▷～雨停，天色已黑。

【比价】bǐjià ❶ 名 两种商品价格或两种货币之间的比值 ▷工农业产品～｜人民币跟美元的～备受关注。❷ 动 买方或贸易商对发盘人的发盘价格等进行分析比较。

【比肩】bǐjiān ❶ 动 肩并肩 ▷～向前。❷ 动 比喻居同等地位 ▷他们俩是可以～的作家。

【比肩继踵】bǐjiān-jìzhǒng 摩肩接踵。

【比肩接踵】bǐjiān-jiēzhǒng 摩肩接踵。

【比较】bǐjiào ❶ 动 把两种或几种同类事物加以对照以辨别其异同、高下 ▷通过～，决定取舍。❷ 介 比⑤ ▷今年棉花～去年长势更好。❸ 副 表示具有相对较高的程度 ▷这孩子学习～好。☛ "较"不读jiǎo。

【比况】bǐkuàng 动〈文〉比照；仿效。

【比例】bǐlì ❶ 名 当两个比$a∶b$和$c∶d$的比值相等时，称a、b和c、d成比例，记作$a∶b=c∶d$。❷ 名 比⑦ ▷这个班男女学生数的～为3∶2。❸ 名 比重② ▷～失调｜拌料时，可增加些水的～。

【比例尺】bǐlìchǐ ❶ 名 地图、机械图等图上长度与它所表示的实际长度之比。有数字比例尺和直线比例尺等。❷ 名 一种制图工具。其刻度按长度单位缩小或放大若干倍后刻成。常见的是三棱比例尺。

【比例税】bǐlìshuì 名 对同一征税对象，不论数额多少，均按同一比例征收的税。

【比量】bǐliang 动 用手、绳等大致量一下 ▷他用手～了一下，觉得尺寸合适。

【比邻】bǐlín〈文〉❶ 名 邻居；近邻 ▷天涯若～。❷ 动 位置紧挨着；邻近 ▷两省～|～而居。

【比率】bǐlǜ 名 比值。

【比美】bǐměi 动 美好的程度相当，可以相比 ▷这里的山水可以和桂林～。

【比目鱼】bǐmùyú 名 鱼，体卵圆形，扁平，两眼在头部一侧。种类很多，有鲽、鳒、鲆、鳎等。也说偏口鱼。

【比拟】bǐnǐ ❶ 动 比较① ▷改编本无法跟原著相～。❷ 名 修辞方式，把人当作物（拟物）或把物当作人（拟人）来写，或把甲物当作乙物（拟似）来写。

【比配】bǐpèi 形 相称；相当 ▷双方实力不～。

【比拼】bǐpīn 动 奋力比试 ▷市场竞争是实力～。

【比丘】bǐqiū 名 梵语 Bhikṣu 音译。佛教指和尚。

【比丘尼】bǐqiūní 名 梵语Bhikṣuṇī音译。佛教指尼姑。

【比热】bǐrè 名 1克物质的温度升高1摄氏度所吸收的热量，用焦/克·摄氏度表示。不同物质的比热各不相同。

【比如】bǐrú 动 表示后面的话是举例 ▷他想学很多本领，～用电脑、开汽车等。

【比萨饼】bǐsàbǐng 名 意大利式薄饼，把奶酪、肉、蔬菜等放在饼上烘烤制成。也说比萨（比萨：英语 pizza 音译）。

【比萨斜塔】bǐsà xiétǎ 意大利比萨教堂的钟楼。1173年始建，1350年完工。建成后因地基不均衡而出现塔身倾斜的情况，且倾斜度不断加大，以独特的姿态闻名于世。现已采取措施，防止它继续倾斜（比萨：英语 Pisa 音译）。

【比赛】bǐsài ❶ 动（在文体、生产等活动中）争胜负、比本领高低 ▷～足球。❷ 名 比赛的活动 ▷参加～|两场～。☛ 跟"竞赛"不同。"比赛"侧重于比试，多用于具体的争胜负、比高低的活动，能带宾语；"竞赛"侧重于竞争，适用范围更大，具体、抽象的活动都可使用，但不能带宾语。

【比试】bǐshi ❶ 动 较量 ▷咱俩～～，看谁先到终点。❷ 动 比照某种动作试着做 ▷他拿起瓦刀先～了一下，然后就砌起砖来。

【比索】bǐsuǒ ❶ 名 菲律宾和墨西哥、古巴等拉丁美洲国家的本位货币。❷ 量 菲律宾和墨西哥、古巴等拉丁美洲国家的本位货币单位。

【比特】bǐtè 量 信息单元的计量单位，数字通信中每传送二进制中的一位数（1或0）的信息量叫做1比特。如通常传送一个汉字节需用二进制数码8位，即8比特。

【比武】bǐwǔ 动 比赛武艺高低。

【比兴】bǐxìng 名 中国古典诗歌创作的两种传统手法。比，以乙物喻甲物；兴，先言他物，造成某种氛围，以引出所咏之辞。

【比翼】bǐyì 动 翅膀挨着翅膀（飞翔）；常比喻男女情投意合 ▷夫妻～，伉俪情深。

【比翼鸟】bǐyìniǎo 名 传说中的一种鸟，雌雄两只鸟总是紧挨在一起飞。古典诗词中常用来比喻恩爱夫妻 ▷在天愿作～。

【比翼齐飞】bǐyì-qífēi 比喻夫妻恩爱，朝夕相伴；也比喻相伴相助，共同前进。

【比喻】bǐyù ❶ 动 打比方 ▷可以把绿树～成氧气工厂。❷ 名 修辞手法，用本质不同而又有相似点的甲事物来描绘乙事物或用甲道理说明乙道理，可分明喻、暗喻和借喻等。

【比喻义】bǐyùyì 名 某个词语被经常用作比喻而相对固定下来的意义。如"放下思想包袱"中，"包袱"的比喻义是"（思想上的）负担"。

【比照】bǐzhào ❶ 动 照着（现成的模式、标准、方法）▷这个问题可～前例处理。❷ 动 比较、对照 ▷通过～，就能看出哪种做法更好了。

【比值】bǐzhí 名 两数相比得出的数值，如6∶2的比值是3。也说比率。

【比重】bǐzhòng ❶ 名 密度的旧称。❷ 名 指部分在整体中所占的分量 ▷加大教育投资在国家建设事业总投资中的～。

【比作】bǐzuò 动 把某人或某事物比方成另外的人或事物 ▷她被～《红楼梦》里的王熙凤。

芘 bǐ 名 有机化合物，浅黄色棱形晶体，不溶于水，溶于乙醇和乙醚。工业上用来制染料和合成树脂等。

吡 bǐ 音译用字，用于"吡啶""吡咯"等。另见1044页pǐ。

【吡啶】bǐdìng 名 有机化合物，无色液体，有臭味。可做溶剂和化学试剂。

【吡咯】bǐluò 名 有机化合物，无色液体，有刺激性气味。可制药品。

沘 bǐ 名 沘江，水名，在云南，流入澜沧江。

妣 bǐ 名〈文〉母亲；特指已去世的母亲 ▷如丧考～|先～。

彼 bǐ〈文〉❶ 代 那；那个（跟"此"相对）▷～岸|顾此失～|此一时，～一时。→ ❷ 代 对方；他 ▷知己知～|～竭我盈（对方精疲力竭，我方力量充实）。

【彼岸】bǐ'àn ❶ 名 对岸；水域的那一边 ▷大洋～传来喜讯。❷ 名 佛教指超脱生死的境界（跟"此岸"相区别）。❸ 名 借指期望达到的境界 ▷到达胜利的～。

【彼此】bǐcǐ ❶ 代 那个和这个;双方 ▷我们初次见面,~还不熟悉。❷ 代 客套话,常叠用,应答对方的赞语,表示相互差不多 ▷~~,咱们都在同一水平线上。

【彼时】bǐshí 代 那时。

秕(*粃) bǐ ❶ 形 籽粒中空或不饱满 ▷~谷子|~粒。→ ❷ 名 秕子 ▷~糠。

【秕谷】bǐgǔ 名 中空的或不饱满的稻谷或谷子。

【秕糠】bǐkāng 名 秕子和糠;比喻价值极低的东西。

【秕子】bǐzi 名 中空的或不饱满的籽粒。

笔(筆) bǐ ❶ 名 用来书写或绘画的工具 ▷钢~。→ ❷ 动 用笔书写 ▷代~|亲~信。⇒ ❸ 名 写作或绘画的技巧、特点 ▷文~|伏~|~法。⇒ ❹ 名 笔画 ▷这个字只有三~|起~。⇒ ❺ 量 a)用于款项、债务等 ▷一~账|一~款子|两~债|几~生意。b)用于书画 ▷能写一~好字|学着画几~山水。☛ 统读 bǐ,不读 bì。

【笔触】bǐchù 名 原指画笔接触画面所形成的痕迹和用笔的方法;现多指文章、书画等的笔法或格调 ▷生动的~。

【笔答】bǐdá 动 以书面形式作答 ▷这几道题一概~。

【笔胆】bǐdǎn 名 自来水笔笔杆儿内用来贮存墨水的橡皮管儿。也说笔囊。

【笔道】bǐdào 名〈口〉写字时字的线条 ▷~太细。

【笔底生花】bǐdǐ-shēnghuā 笔下生花。

【笔底下】bǐdǐxia 名 指写作能力 ▷张秘书~有两下子。

【笔调】bǐdiào 名 文章的风格基调 ▷~幽默|政论~。

【笔端】bǐduān 名 笔的下端;借指通过笔所表现出的内容 ▷刀光剑影尽入~|崇敬之情见于~。

【笔伐】bǐfá 动 写文章批判声讨 ▷口诛~。

【笔法】bǐfǎ 名 指写字、作画、写文章的方法、技巧等;笔调 ▷~豪放|杂文的~。

【笔锋】bǐfēng 名 毛笔的尖端;借指书画的笔势或文章的锋芒 ▷~峻拔|~犀利。

【笔杆子】bǐgǎnzi ❶ 名 笔的用手握的部分;借指笔 ▷我是个老粗,拿不起这~。❷ 名 借指写文章的能力 ▷~是靠多写、勤写练出来的。‖也说笔杆儿。❸ 名 借指善于写文章的人 ▷他是我们单位的~。

【笔耕】bǐgēng 动 旧指依靠写文章或抄写来谋生;今泛指写作 ▷~生涯|勤于~。

【笔供】bǐgòng 名 受审者写下的供词(跟"口供"相区别)。

【笔管条直】bǐguǎn-tiáozhí 形容像毛笔杆儿那样直(多指直立着的) ▷两行~的白杨树。

【笔画】bǐhuà ❶ 名 组成汉字的横(一)、竖(丨)、撇(丿)、点(丶)、折(乛)等。❷ 名 指一个汉字的笔画数 ▷按姓氏~排列|这个字~太多。☛ 不要写作"笔划"。

【笔会】bǐhuì ❶ 名 就某一专题发表文章进行书面交流、讨论的活动 ▷青年评论家~。❷ 名 作家为便于举行笔会而组成的组织。

【笔记】bǐjì ❶ 名 听课、开会或读书所做的记录 ▷工作~。❷ 名 一种不拘体例、取材广泛、随手记录的文体。如陆游的《老学庵笔记》。

【笔记本】bǐjìběn ❶ 名 用来做笔记的本子。❷ 名 笔记本电脑的简称。

【笔记本电脑】bǐjìběn diànnǎo 便携式微型电子计算机的一种。体积小,重量轻。因大小、外形与笔记本相似,故称。

【笔迹】bǐjì 名 所写字的笔画和形体;也指各人写的字在形体上的特点 ▷他的~好认。

【笔架】bǐjià 名 搁笔或插笔用的架子。用陶瓷、竹木、金属等制成。

【笔尖】bǐjiān 名 笔的用来写字的尖端部分。

【笔力】bǐlì ❶ 名 写字、作画时在笔法上所表现出的力量 ▷~刚健|~豪放。❷ 名 诗文写作的功力 ▷他写诗作文,~都很深厚。

【笔立】bǐlì 动 笔直地立着。

【笔录】bǐlù ❶ 动 用笔记录 ▷口述~。❷ 名 记录下来的书面材料 ▷那份~打印出来了。

【笔路】bǐlù ❶ 名 笔法 ▷~娴熟。❷ 名 写作时的思路 ▷~清晰。

【笔帽】bǐmào 名 套在笔头儿上起保护作用的套儿。

【笔名】bǐmíng 名 作者发表作品时另起的名字 ▷冰心是谢婉莹的~。

【笔墨】bǐmò 名 笔和墨;借指文字或文章 ▷难以用~形容。

【笔墨官司】bǐmò guānsi 指通过文章进行的论辩、争执 ▷这场~是由他挑起的。

【笔润】bǐrùn 名 润笔。

【笔势】bǐshì ❶ 名 写字、作画运笔的气势 ▷~遒劲流畅。❷ 名 诗文作品表现出来的气势 ▷那首诗~豪迈。

【笔试】bǐshì 动 一种考试方式,要求应试者在试卷上写出答案(跟"口试"相区别)。

【笔顺】bǐshùn 名 汉字笔画的书写顺序。如"木"的笔顺是:一十才木。

【笔诉】bǐsù 动 书面控诉。

【笔算】bǐsuàn 动 用笔进行计算。

【笔谈】bǐtán ❶ 动 两人面对面用笔写出文字进

行交流，代替口头交谈 ▷他俩都耳背，只得～。❷ 动 发表书面意见代替谈话 ▷大家聚会不太方便，可以～进行学术讨论。❸ 名 笔记一类的著作。如沈括的《梦溪笔谈》。

【笔套】 bǐtào ❶ 名 笔帽。❷ 名 用线、丝等织成的或用布做成的套笔的袋儿。

【笔体】 bǐtǐ 名 各人写的字所显示出来的运笔、结体特点。

【笔挺】 bǐtǐng ❶ 形 像笔杆儿一样直挺 ▷站得～。❷ 形（衣服等）平整挺括 ▷西装～。

【笔筒】 bǐtǒng 名 放笔的筒。由陶瓷、竹木等制成。

【笔头儿】 bǐtóur ❶ 名 笔的用来写字的部分。❷ 名 借指写作的能力和技巧 ▷他～好。

【笔误】 bǐwù ❶ 名 写字疏忽造成的错误 ▷这篇稿子有三处～。❷ 动 因疏忽而写错了字 ▷他因对简化字不熟悉而常常～。

【笔洗】 bǐxǐ 名 洗涮毛笔的器皿。多用陶瓷制成。

【笔下】 bǐxià ❶ 名 笔底下。❷ 名 指用笔写下的文字或文章 ▷～不很通顺。❸ 名 指作者写文章时的遣词造句及用意 ▷～倾注了对祖国的热爱。

【笔下生花】 bǐxià-shēnghuā 形容文章写得绚丽多彩 ▷这篇游记简直是～，令人百读不厌。

【笔心】 bǐxīn 现在一般写作"笔芯"。

【笔芯】 bǐxīn 名 铅笔、圆珠笔等的芯子。

【笔形】 bǐxíng 名 指汉字笔画的具体形态。

【笔译】 bǐyì 动 书面翻译（跟"口译"相区别）。

【笔意】 bǐyì 名 字画、诗文里表现出来的情趣或意境 ▷～精到。

【笔友】 bǐyǒu 名 由文字往来而结交的朋友。

【笔札】 bǐzhá 名 古代指毛笔和用于写字的小木片；泛指笔和纸；借指书信、文章等。

【笔债】 bǐzhài 名 指应人之约而尚未创作交付的字画或诗文。

【笔战】 bǐzhàn 动 通过文章进行争论 ▷不少专家正在报刊上就词类问题展开～。

【笔者】 bǐzhě 名 作者。多用于作者行文中自称。

【笔政】 bǐzhèng 名 指报刊编辑工作；特指报刊编辑中撰写重要评论的工作 ▷主持～。

【笔直】 bǐzhí 形 像笔杆儿一样直 ▷～的大街。

【笔致】 bǐzhì 名 写字、作画、写文章用笔的风格 ▷～平实。

【笔走龙蛇】 bǐzǒu-lóngshé 形容书法运笔活泼而雄劲 ▷胸藏锦绣，～。

俾 bǐ 动〈文〉使 ▷～便考查。☛ 统读 bǐ，不读 bì。

舭 bǐ 名 英语 bilge 音译。船底和船帮间的弯曲部分 ▷船～｜～板。

鄙 bǐ ❶ 名〈文〉边邑；边远的地方 ▷边～。→ ❷ 形（言行）粗俗；（品格）低下 ▷～俗｜～陋｜卑～。⇒ ❸ 动 认为粗俗；看不起 ▷～薄。⇒ ❹ 形〈文〉谦词，用于称自己 ▷～人｜～意。☛ 统读 bǐ，不读 bì。

【鄙薄】 bǐbó ❶ 动 认为粗俗；看不起 ▷不能～技术工作｜这种表现理应受到～。❷ 形〈文〉粗陋浅薄（多用作谦词）▷本人学识～，不足与闻大事。

【鄙称】 bǐchēng ❶ 动 鄙视地称为 ▷他们～农民工为"阿乡"。❷ 名 鄙薄、轻蔑的称呼 ▷"马屁精"是对善于讨好上级的人的～。

【鄙见】 bǐjiàn 名 谦词，用于称自己的见解。

【鄙俚】 bǐlǐ 形 粗俗；浅陋 ▷语虽～，意本深邃。

【鄙陋】 bǐlòu 形（见识）粗俗浅薄 ▷～之见。

【鄙弃】 bǐqì 动 蔑视；厌弃 ▷这种见利忘义的行为受人～。

【鄙人】 bǐrén 名〈文〉谦词，用于自称。☛ 参见 73 页"敝人"的提示。

【鄙视】 bǐshì 动 看不起 ▷大家绝没有～他的意思。☛ 参见 955 页"藐视"的提示㊁。

【鄙俗】 bǐsú 形 粗俗；庸俗 ▷谈吐～，不堪入耳。

【鄙夷】 bǐyí 动 蔑视 ▷他～这种可耻的行径。

【鄙意】 bǐyì 名 谦词，用于称自己的意见。

bì

币（幣） bì 名 货币；钱 ▷钱～｜纸～｜硬～｜人民～。☛ 第一画是撇（丿），不是横（一）。

【币市】 bìshì 名 买卖某些特殊货币（如纪念币、古旧货币等）的市场。

【币值】 bìzhí 名 货币的价值，即货币购买商品的能力。

【币制】 bìzhì 名 国家货币制度的简称，包括货币单位的确定，货币的制作、发行、流通等制度。

【币种】 bìzhǒng 名 货币的种类。

必 bì ❶ 副 表示事理上确定不移或主观上认为确凿无误 ▷人民～胜｜坚持到底，～能成功。→ ❷ 副 一定要；必须 ▷～不可少｜事～躬亲。☛ 笔顺是丶心心必必。

【必备】 bìbèi 动 必须具备 ▷～药品｜居家～。

【必不可少】 bìbùkěshǎo 一定不能缺少。

【必得】 bìděi 副 必须；一定要 ▷我去不解决问题，～你亲自出马。☛"得"这里不读 dé。

【必定】 bìdìng ❶ 副 表示判断准确无误 ▷坚持锻炼～对身体大有益处。❷ 副 表示态度坚决，不会改变 ▷我～准时到达。☛ 跟"必然"不同。"必定"表示主观判断、主观态度；

"必然"表示客观规律或客观必然性。

【必恭必敬】bìgōng-bìjìng 现在规范词形写作"毕恭毕敬"。

【必将】bìjiāng 副 一定会 ▷真诚～赢得友谊。

【必然】bìrán ❶ 形（从事理上讲）确定不移；不可改变的 ▷～规律｜这样蛮干～会失败。❷ 名 哲学上指不以人的意志为转移的客观规律（跟"自由"相区别）▷从～王国到自由王国。☛ 参见 70 页"必定"的提示。

【必然王国】bìrán wángguó 哲学上指人们在尚未真正认识和掌握客观规律的时候，意志、行动等盲目地受客观规律支配的境界（跟"自由王国"相区别）。

【必然性】bìránxìng 名 指由事物的本质规定的联系和确定不移的发展趋势（跟"偶然性""或然性"相区别）。

【必修】bìxiū 动 按照规定必须学习（跟"选修"相对）▷这几门课～，别的课可以选修。

【必须】bìxū 副 表示事实上、情理上必要，相当于"一定要" ▷冬泳之前～做充分的准备活动｜这件事你～解释清楚。☛ ㊀跟"必需"不同。"必须"是副词，强调某种事情一定得这样做；"必需"是动词，强调某种事物特别需要，必须具备。㊁"必须"用在主语前、主语后，表意不同。如："你必须去"和"必须你去"。

【必需】bìxū 动 一定得有；不可缺少 ▷阳光是庄稼生长所～的｜生活～品。☛ 参见本页"必须"的提示㊀。

【必需脂肪酸】bìxū zhīfángsuān 高等动物不能自身合成而又为生理所必需的脂肪酸。有降低血小板聚集、抑制血栓形成等功能。这种脂肪酸只能从食物中摄取。

【必要】bìyào ❶ 形 必需的；必不可少的 ▷～条件｜～性｜～的修改。❷ 名 必然的需要或要求 ▷有～｜完全没有这种～。

【必要产品】bìyào chǎnpǐn 劳动者的必要劳动所创造的产品（跟"剩余产品"相区别）。

【必要劳动】bìyào láodòng 劳动者用以维持自己和家属的生活所必须付出的那一部分劳动（跟"剩余劳动"相区别）。

【必要条件】bìyào tiáojiàn 条件判断中条件的一种类型。这种条件同结果的关系是：具备这种条件，结果不一定出现；不具备这种条件，结果肯定不会出现。例如，有云不一定下雨，无云肯定不会下雨。"云"是"下雨"的必要条件。

【必由之路】bìyóuzhīlù 必然要经过的道路；泛指事物发展必须遵循的途径。

【必争之地】bìzhēngzhīdì 必定要争夺的战略要地；比喻竞争对手必定要争夺的领域 ▷此处自古就是兵家～｜外卖业务已成为各大饭庄的～。

毕[1]（畢） bì ❶ 名 古代打猎用的一种长柄网。→ ❷ 名 星宿名，二十八宿之一。○ ❸ 名 姓。

毕[2]（畢） bì ❶ 动 完成；终结 ▷默哀～｜礼～｜完～。→ ❷ 形 全部；完全 ▷～生｜凶相～露｜群贤～至。

【毕剥】bìbō 拟声 模拟燃烧时发出的爆裂声 ▷木柴在灶膛里～作响。

【毕恭毕敬】bìgōng-bìjìng 十分恭敬，很有礼貌。☛ 不要写作"必恭必敬"。

【毕竟】bìjìng 副 表示追根究底所得的结论，强调对某种事物或状况的确认和肯定 ▷不要苛责，他～是个孩子｜虽然有些不情愿，他～还是去了。☛ 参见 738 页"究竟"的提示。

【毕露】bìlù 动（丑恶的东西）全部暴露 ▷凶相～｜丑态～。

【毕命】bìmìng 动 丧命（多指死于意外事故、灾祸）▷当场～｜～江波。☛ 跟"毙命"的使用场合和感情色彩不同。

【毕其功于一役】bì qí gōng yú yī yì 孙中山《〈民报〉发刊词》："诚可举政治革命、社会革命，毕其功于一役。"意思是可以把政治革命、社会革命放在一次大事件中解决（毕：完成；功：成效；役：事）。后用"毕其功于一役"表示一举全部完成本应分期分批做的事情；也形容急于求成。

【毕生】bìshēng 名 一生；终生 ▷～的事业。

【毕肖】bìxiào 动 完全相像 ▷神情～。☛ 跟"逼肖"不同。"毕肖"强调范围，"逼肖"强调程度；"毕肖"多用于两种自然形态之间的比较，"逼肖"多用于模仿者与原型之间的比较。

【毕业】bìyè 动 完成学业。一般指学生在学校学习期满，达到规定要求，结束学习。

【毕业生】bìyèshēng 名 具备毕业资格，获得毕业证书的学生 ▷应届～。

闭（閉） bì ❶ 动 关；合 ▷～上嘴｜～目养神｜～关自守。→ ❷ 动 堵塞（sè）▷～塞。→ ❸ 动 结束；停止 ▷～会｜～经。○ ❹ 名 姓。

【闭关】bìguān ❶ 动 紧闭关口；比喻不跟外界往来 ▷～锁国｜～自守。❷ 动 某些宗教的信徒在一定时间里，独处一室，静心修炼，不与任何人来往。

【闭关锁国】bìguān-suǒguó 紧闭关口，封锁国境，不跟别国往来。

【闭关自守】bìguān-zìshǒu 紧闭关口，不跟外界往来；比喻因循守旧，不接受新事物。

【闭馆】bìguǎn 动 图书馆、博物馆、展览馆、档案馆等停止对外开放 ▷节假日期间本馆～时间推迟两小时。

【闭合】bìhé 动 关闭,使合拢 ▷双唇～|采用～电路。

【闭会】bìhuì 动 结束会议 ▷博览会昨日～。

【闭架】bìjià 动 不允许读者亲自到书店或图书馆的书架上挑选书籍 ▷不少书店售书已由～改为开架|～借书。

【闭经】bìjīng 动 女性年满 18 岁尚未来月经,或已有月经,由于非妊娠、哺乳等原因而停经 3 个月以上。中医学上也说经闭、不月。

【闭卷】bìjuàn 动 考试时不允许应试者查看任何资料(跟"开卷"相对) ▷～考试。

【闭壳肌】bìkéjī 名 长有两片贝壳的软体动物体内的柱形肌肉(肌肉柱),附着在两片贝壳上。收缩时,使两壳紧闭;断续收缩时,可控制水的出入。扇贝、江珧等的闭壳肌可用来制作干贝。

【闭口】bìkǒu 动 合上嘴不讲话;借指不发表意见 ▷他始终～不语。☛ 跟"闭嘴"不同。

【闭路电视】bìlù diànshì 在有限区域内用电缆或光缆传输信号,能自发自收的电视系统。

【闭门】bìmén 动 关门;借指隐居或不与外界来往 ▷～谢客|～过安闲日子。

【闭门羹】bìméngēng 见 178 页"吃闭门羹"。

【闭门思过】bìmén-sīguò 关起门来自我反省。

【闭门造车】bìmén-zàochē 关起门来造车。比喻不顾客观实际,只凭想当然办事。

【闭目】bìmù ❶ 动 闭上眼睛 ▷～养神|～思考。❷ 动 婉词,指人死亡 ▷含恨～|～长眠。

【闭目塞听】bìmù-sètīng 闭上眼睛,堵住耳朵。指对外界的实际情况不闻不问或不了解。☛ "塞"这里不读 sāi。

【闭幕】bìmù 动 落下帷幕。指演出结束或告一段落;也指会议、展览会、运动会等结束 ▷亚运会胜利～|～词。

【闭幕式】bìmùshì 名 大型会议、展览会、运动会等结束时举行的仪式。

【闭气】bìqì 动 暂时抑止或停止呼吸 ▷凝神～|痛得差点儿闭了气。

【闭塞】bìsè ❶ 动 堵塞 ▷通风口～。❷ 形 偏僻;交通不顺畅 ▷修了公路,山村不再～。❸ 形 消息不灵通;知道的事少 ▷消息～。

【闭市】bìshì 动 关闭市场,停止营业。

【闭锁】bìsuǒ ❶ 动 关闭封锁,与外界隔绝 ▷～斗室,冥思苦想|～装置。❷ 动 医学上指机体的某些通道严密闭合 ▷小肠～。

【闭眼】bìyǎn ❶ 动 闭上眼睛。❷ 动 指假装没看见 ▷对群众的困难,不能～不管。❸ 动 婉词,指人死亡 ▷人已～,那些话就别讲了。

【闭月羞花】bìyuè-xiūhuā 使月亮躲藏起来,使鲜花感到羞愧。形容女子容貌异常美丽。

【闭嘴】bìzuǐ 动 住口。☛ 跟"闭口"不同。

坒 bì ❶ 动〈文〉相连接 ▷商贾骈～。○ ❷ 用于地名。如五坒,在浙江。

佖 bì 动〈文〉铺满;布满。

佛 bì ❶ 古同"弼"。○ ❷ 名 姓。☛ 除以上意义外,作某些人的名、字时,也读 bì,如佛肸、佛狸。
另见 416 页 fó;419 页 fú。

庇 bì 动 遮蔽;掩护 ▷～护|包～。☛ 统读 bì,不读 pì。

【庇护】bìhù ❶ 动 包庇袒护 ▷～犯罪嫌疑人。❷ 动 保护 ▷寻求政治～。

【庇护权】bìhùquán 名 一个国家对因政治原因请求避难的外国人准其入境、居留并不予引渡的权利。

【庇护所】bìhùsuǒ 名 有遮蔽掩护作用的工事或处所。

【庇荫】bìyìn ❶ 动 (树木)遮蔽阳光。❷ 动 比喻庇护和保佑子孙后代 ▷～后人。☛ "荫"不读 yīn。

【庇佑】bìyòu 动〈文〉庇护保佑。

邲 bì ❶ 名 古地名,在今河南荥阳北。○ ❷ 名 姓。

诐(詖) bì 形〈文〉偏颇;邪僻不正 ▷～论(邪说)|～邪(偏邪不正)。

拂 bì 古同"弼"。
另见 419 页 fú。

苾 bì 形〈文〉芳香。

畀 bì 动〈文〉给予 ▷投～豺虎。☛ 下边是"丌(jī)",不是"廾(gǒng)"。由"丌"构成的字还有"箅""鼻""擤"等;由"廾"构成的字有"弃""异""弊"等。

哔 bì 用于地名。如哈哔嘎,在河北。

泌 bì [泌阳] bìyáng 名 地名,在河南。☛ ㊀"泌"字读 bì,现只用于地名"泌阳";读 mì,指分泌,如"泌尿"。㊁跟"沁(qìn)"不同。
另见 947 页 mì。

珌 bì 名 古代刀鞘等末端的装饰物,多是玉制的 ▷～佩(佩刀的玉饰)。

贲(賁) bì 形〈文〉光彩华美。
另见 61 页 bēn;398 页 féi。

荜[1](蓽) bì 古同"筚"。

荜[2](蓽) bì [荜拨] bìbō 名 多年生藤本植物,叶多呈心形,花小,雌雄异株,浆果呈椭圆形。果穗可以做药材。

毖 bì ❶ 形〈文〉谨慎。→ ❷ 动 使谨慎小心 ▷惩前～后。

哔（嗶）bì［哔叽］bìjī 名 英语 beige 音译。一种质地细密、纹路清晰的斜纹毛或棉纺织品。

陛 bì 名〈文〉台阶；特指帝王宫殿的台阶 ▷～下。

【陛下】bìxià 名 对帝王的尊称。

毙（斃*獘）bì ❶ 动〈文〉仆倒 ▷～踣（倒地而死）｜多行不义必自～。→ ❷ 动 死 ▷坐以待～｜～命｜击～。❸ 动 枪毙 ▷这两个杀人犯该～。

【毙命】bìmìng 动 丧命（含贬义）▷歹徒中弹～。☛ 跟"毕命"使用场合和感情色彩不同。

【毙伤】bìshāng 动 打死打伤 ▷～大量敌军。

铋（鉍）bì 名 金属元素，符号 Bi。灰白或粉红色，质软，热导率低，抗磁性强。合金熔点很低，可以做保险丝、安全阀。

秘（*祕）bì ❶［秘鲁］bìlǔ 名 国名，在南美洲。○ ❷ 名 姓。

另见 947 页 mì；"祕"另见 947 页 mì。

狴 bì［狴犴］bì'àn 名 传说中一种形状像虎的兽。古代常把它画在牢狱门上，所以又借指牢狱。

荜 bì ❶ 古同"蓖"。○ ❷ 古同"蔽"①。

另见 1044 页 pì。

【荜荔】bìlì 同"薜荔"。现在一般写作"薜荔"。

【荜薢】bìxiè 名 多年生藤本植物，叶略呈心脏形。根状茎也叫荜薢，表面黄褐色，可以做药材。

梐 bì［梐枑］bìhù 名 古代官署前阻挡人马的栅栏。

庳 bì〈文〉❶ 形（房屋）矮小 ▷宫室卑～。→ ❷ 形 低；低洼 ▷崇～（高低）｜～湿。

敝 bì ❶ 形〈文〉破烂 ▷～衣｜～帚自珍｜舌～唇焦。→ ❷ 形〈文〉疲惫；衰颓 ▷疲～｜衰～｜凋～。→ ❸ 形 谦词，用于称自己或与自己有关的事物 ▷～处｜～校｜～姓。☛ 笔顺是丶丷⺌𫩏㡀㡀㡀敝敝敝敝，11 画。

【敝人】bìrén 名 谦词，用于自称 ▷这是～的内眷。☛ 跟"鄙人"不同。"敝人"是从"道德品行一般"角度谦称自己，"鄙人"是从"粗俗、见识不广"角度谦称自己。

【敝屣】bìxǐ 名〈文〉破旧的鞋子；比喻无用的东西 ▷弃之如～。

【敝帚自珍】bìzhǒu-zìzhēn 把（自家的）破扫帚当宝贝珍惜。比喻东西虽然不大好，自己却很珍惜。

婢 bì 名 婢女 ▷奴～｜奴颜～膝。☛ 统读 bì，不读 bēi 或 bèi。

【婢女】bìnǚ 名 旧时有钱人家雇来役使的女孩子。

皕 bì 数〈文〉二百。

赑（贔）bì［赑屃］bìxì 名 传说中一种像龟的动物，力大，好负重。旧时大石碑的底座多雕刻成赑屃的形状。

筚（篳）bì 名 用树枝或竹子等做成的篱笆、门等遮拦物 ▷蓬～生辉｜蓬门～户。

【筚篥】bìlì 名 汉代由西域传入的一种管乐器。用竹做管，管口插有芦苇做的哨子。

【筚路蓝缕】bìlù-lánlǚ《左传·宣公十二年》："筚路蓝缕，以启山林。"（筚路：用荆条等制成的简陋车子；蓝缕：破衣服）意思是驾着简陋的车子，穿着破烂的衣服去伐木开山。形容创业的艰辛。☛ ㊀不宜写作"荜路蓝缕"。㊁参见 819 页"褴褛"的提示㊁。

愎 bì 形 固执；乖戾 ▷刚～自用。☛ 不读 fù。

弼 bì 动〈文〉辅助；辅佐 ▷辅～。

蓖 bì［蓖麻］bìmá 名 一年或多年生草本植物，圆茎中空，叶大，呈掌状分裂。种子叫蓖麻籽，榨的油叫蓖麻油，可以做工业润滑油，也可以做药材；茎的韧皮纤维可以制绳索和造纸；根、茎、叶、种子都可以做药材。

閟 bì 动〈文〉关门；关闭。

跸（蹕）bì〈文〉❶ 动 帝王出行时开路清道，禁止百姓通行 ▷～止｜警～。→ ❷ 名 指帝王的车驾 ▷驻～（帝王出行时沿途停留暂住）。

痹（*痺）bì 名 痹症，中医指由于风、寒、湿等侵袭肢体而引起疼痛或麻木的病 ▷风～｜寒～｜全身麻～。☛ ㊀统读 bì，不读 pí 或 pì。㊁右下是"丌"，不是"廾"。

滗（潷）bì 动 挡住容器中泡在液体里的东西，把液体倒出 ▷～出一碗米汤｜药熬好了就～出来。

裨 bì ❶ 动 增补 ▷～补。→ ❷ 名 益处 ▷无～于事｜～益。

另见 1043 页 pí。

【裨补】bìbǔ〈文〉❶ 动 弥补 ▷～缺漏。❷ 名 补益 ▷于事毫无～。

【裨益】bìyì ❶ 名 好处 ▷大有～。❷ 动 使获得好处 ▷发展教育是～国家与社会的大好事。

辟[1] bì〈文〉❶ 名 天子；国君 ▷复～。○ ❷ 动 征召；特指官府征聘荐举并授予官职 ▷征～。

辟[2] bì 动〈文〉排除；避免 ▷～邪。另见 1044 页 pì。

【辟谷】bìgǔ 动 不吃五谷，古代方士道家的一种修炼方法。

【辟邪】bìxié ❶ 名 古代传说中能降妖除邪的神兽。❷ 动 避免或驱除邪祟 ▷据说，重阳节是万物～求吉祥的日子。

【辟易】bìyì〈文〉❶ 动 因恐惧而退避或避开 ▷怒目时一呼，万骑皆～｜行人～。❷ 动 屏退；击退 ▷～左右｜十数人辄～千人。❸ 动 消失 ▷大雨倾注，氛雾～。

碧 bì ❶ 名〈文〉青绿色的玉石。→ ❷ 形 形容颜色青绿 ▷～波荡漾｜～空。

【碧波】bìbō 名 碧绿的水波 ▷～无际｜小船在～中荡漾。

【碧草】bìcǎo 名 青草 ▷～如茵，繁花似锦。

【碧海】bìhǎi 名 蓝绿色的大海 ▷～青天。

【碧空】bìkōng 名 蔚蓝的天空 ▷～万里，阳光灿烂。

【碧蓝】bìlán 形 形容颜色青蓝 ▷天空～如洗。

【碧绿】bìlǜ 形 形容颜色青绿 ▷～的豌豆。

【碧螺春】bìluóchūn 名 一种绿茶。叶片加工后呈螺状，色泽青翠。原产于江苏太湖中的洞庭山。☛ 不宜写作"碧萝春"。

【碧落】bìluò 名〈文〉碧空；青天 ▷上穷～下黄泉，两处茫茫皆不见。

【碧桃】bìtáo 名 桃树的变种。可供观赏和药用。

【碧天】bìtiān 名 碧空。

【碧玺】bìxǐ 名 宝石的一种。参见 312 页"电气石"。

【碧血】bìxuè 名 相传周敬王时大夫苌弘被杀，其血三年后化为碧玉。后多用"碧血"来称颂为正义事业而流的血 ▷～丹心。

【碧油油】bìyóuyóu 形 绿油油 ▷～的草坪｜庄稼长得～。☛ 这里的"油油"口语中也读 yōuyōu。

【碧玉】bìyù ❶ 名 绿色或暗绿色的软玉。❷ 名 古代文学作品和传说中美人的名字；借指年轻貌美的姑娘 ▷小家～。

蔽 bì ❶ 动 覆盖；遮挡 ▷黄沙～天｜掩～｜遮～｜隐～。→ ❷ 动 概括 ▷一言以～之。

【蔽芾】bìfèi 形〈文〉形容植物幼小 ▷～甘棠。☛ "芾"下底是"巿(fú)"，不是"市(shì)"。

【蔽塞】bìsè ❶ 动〈文〉堵塞。❷ 形 偏僻；不通达。❸ 形 消息不灵通。

【蔽障】bìzhàng ❶ 动 遮蔽；阻挡 ▷浓雾～视线。❷ 名 遮蔽或阻挡的东西 ▷清除～。

馝 bì 形〈文〉香味很浓。

【馝馞】bìbó 形〈文〉形容香气浓郁 ▷异香～。

箅 bì［箅子］bìzi 名 一种有孔眼或空隙的器具，用来隔离物品使不致落下，并能通气、漏水 ▷竹～｜炉～。

弊[1]（*獘）bì 名 害处；毛病（跟"利"相对）▷利多～少｜兴利除～。

弊[2]（*獘）bì 名 欺诈蒙骗的行为 ▷舞～｜作～｜私～。

【弊病】bìbìng 名 毛病；有害的事情 ▷制度～｜只有任人唯贤，才能铲除拉帮结派、人浮于事的～。

【弊端】bìduān ❶ 名（制度设计或工作中）引发有害事情的根源 ▷只有革除管理制度上的～，才能真正激发干部员工的创新能力。❷ 名 弊病 ▷～丛生｜暗生～。

【弊害】bìhài 名 弊病；害处 ▷消除～。

【弊绝风清】bìjué-fēngqīng 弊病根绝，风气焕然一新，形容社会风气好。

【弊政】bìzhèng 名 不利于社会发展和公众利益的政治举措 ▷铲除～。

薜 bì［薜荔］bìlì 名 常绿藤本植物，茎蔓生，叶子椭圆形，果实倒卵形。果实含果胶，可制作凉粉；茎、叶、果实都可以做药材。也说木莲。

觱 bì 见下。

【觱栗】bìlì 现在一般写作"筚篥"。

【觱篥】bìlì 现在一般写作"筚篥"。

篦 bì ❶ 名 篦子。→ ❷ 动 用篦子梳 ▷～头发。

【篦子】bìzi 名 梳头用具，中间有梁，两侧有密齿，一般为竹制。

壁 bì ❶ 名 墙 ▷家徒四～｜～炉｜墙～。→ ❷ 名 像墙一样陡峭的山石 ▷悬崖峭～｜绝～。→ ❸ 名 古代军营的围墙或防御工事 ▷坚～清野｜～垒。→ ❹ 名 中空物体上作用像墙的部分 ▷井～｜细胞～。○ ❺ 名 星宿名，二十八宿之一。☛ ㊀统读 bì，不读 bèi。㊁跟"璧"不同。

【壁报】bìbào 名 把誊清了的稿子经过一定编排直接贴在墙壁上的一种非正式出版物，多在较小的范围里供内部阅读。也说墙报。

【壁布】bìbù 名 贴在室内墙壁上起装饰或保护作用的布。比壁纸更讲究。

【壁橱】bìchú 名 利用墙体预留空间做成的橱。也说壁柜。

【壁灯】bìdēng 名 安装在墙壁上的灯。

【壁陡】bìdǒu 形 像墙壁一样陡峭 ▷山崖～。

【壁挂】bìguà 名 挂在墙壁上起装饰作用的织物。有毛织、棉织、印染、刺绣等不同种类。

【壁柜】bìguì 名 壁橱。

【壁虎】bìhǔ 名 爬行动物，身体扁平，四肢短小，趾上有吸盘,常在墙壁上活动,捕食蚊、蝇、飞蛾等。也说蝎虎。

【壁画】bìhuà 名 在建筑物墙壁或天花板上绘制的图画。如敦煌莫高窟壁画。

【壁龛】bìkān 名 墙体凹处的小阁子;多指佛龛。

【壁垒】bìlěi ❶ 名 古代军营的围墙;泛指防御工事。❷ 名 比喻对立的阵营或对立事物的界限 ▷～分明。

【壁垒森严】bìlěi-sēnyán ❶形容工事坚固,戒备严密。❷比喻界限分明。

【壁立】bìlì 动 像墙壁一样直立(多用来形容山峰) ▷奇峰～。

【壁炉】bìlú 名 一种取暖设备。在室内墙体下部砌成火炉,生火后从墙壁内的烟道排烟。

【壁扇】bìshàn 名 安装在墙壁上的电扇。

【壁上观】bìshàngguān 见 1849 页“作壁上观”。

【壁虱】bìshī 名 蜱(pí)。

【壁饰】bìshì 名 挂在墙壁上的装饰性物品;泛指各种墙壁装饰。

【壁毯】bìtǎn 名 毛织壁挂。也说挂毯。

【壁障】bìzhàng 名 像墙壁一样的障碍物。比喻妨碍彼此间建立正常关系的因素 ▷拆除历史～,共筑友谊桥梁。

【壁纸】bìzhǐ 名 贴在室内墙壁上起装饰或保护作用的纸,种类、花色很多。也说墙纸、糊墙纸。

【壁钟】bìzhōng 名 挂钟。

避 bì ❶ 动 躲开 ▷～一～锋芒|不～艰险|～雨|～光|躲～。→ ❷ 动 防止 ▷～孕|～雷器|～免。☛ 统读 bì,不读 bèi。

【避风】bìfēng ❶ 动 避开风吹。❷ 动 比喻躲避于己不利的情势 ▷到乡下～去了。也说避风头。

【避风港】bìfēnggǎng ❶ 名 专供船舶躲避风暴的港湾。❷ 名 比喻可以躲避激烈斗争或麻烦的场所 ▷他把医院当～。

【避讳】bìhuì 动 避名讳。古人说话或行文时,不直接说出或写出君主、圣贤及尊长的名字。☛ 跟“避讳(hui)”不同。

【避讳】bìhui〈口〉❶ 动 忌讳①;避免使用不吉利的词语 ▷这儿的渔民都～“翻”字。❷ 动 回避 ▷瓜田李下,～点儿好。☛ 跟“避讳(huì)”不同。

【避忌】bìjì 动 忌讳① ▷无所～。

【避坑落井】bìkēng-luòjǐng 避开了坑,又掉进了井里。比喻躲过一害,又遭受另一害。

【避雷器】bìléiqì 名 使电气设备等避免因雷击造成损害的保护装置。

【避雷针】bìléizhēn 名 装在独立构架或建筑物顶端的金属棒,通过金属线连到埋设在地下的金属板上。当天空发生雷电时,金属棒把电荷引入地下,使建筑物等免遭雷击。

【避乱】bìluàn 动 躲避战乱。

【避免】bìmiǎn 动 设法不让某种情况发生;防止(多指不好的情况) ▷～主观武断|～出错。

【避难就易】bìnán-jiùyì 避开困难的,拣容易的做 ▷既然是工作,就不能～。

【避难】bìnàn 动 躲避灾难 ▷军阀混战,只好到乡下～|政治～。

【避难所】bìnànsuǒ 名 躲避灾难的处所。

【避让】bìràng 动 避开;让开 ▷往来车辆互相～。

【避实就虚】bìshí-jiùxū ❶避开对方有实力的部分,攻击其薄弱环节。❷指谈问题或处理问题时回避要害或实质,只涉及枝节或表面现象 ▷他在发言中～,毫无诚意。

【避世】bìshì 动 逃避现实生活,不与外界联系 ▷～离俗。

【避暑】bìshǔ ❶ 动 为避开暑热到凉爽的地方去住 ▷夏天到承德去～。❷ 动 防止中暑 ▷喝绿豆汤可以～。

【避税】bìshuì 动 纳税人在不违反税法的前提下规避纳税 ▷瞒报销售收入的做法不是～,而是逃税|合理～。

【避嫌】bìxián 动 避开嫌疑;特指为避免嫌疑而采取回避措施 ▷审案时,与当事人关系密切的法官应当～。

【避邪】bìxié 动 迷信指用符箓(lù)、咒语或象征物等避免鬼怪降下灾祸。

【避孕】bìyùn 动 避免受孕。

【避孕环】bìyùnhuán 名 放在育龄妇女子宫腔内防止受孕的环状节育器。

【避孕栓】bìyùnshuān 名 用来防止妇女受孕的栓剂药物。

【避孕套】bìyùntào 名 安全套。

【避孕药】bìyùnyào 名 用来防止妇女受孕的药物。

【避重就轻】bìzhòng-jiùqīng 避开困难的而拣容易的事来做;也指回避主要的方面,只谈次要的方面。

嬖 bì〈文〉❶ 动 宠爱;宠幸 ▷～爱|～臣|～女。→ ❷ 名 受宠爱的人 ▷宠～(宠妾)|外～(受宠爱的臣下)。

髀 bì 名〈文〉大腿;也指大腿骨 ▷～肉复生|抚～长叹|髋～。☛ 统读 bì,不读 pí。

【髀肉复生】bìròu-fùshēng《三国志·蜀书·先主传》裴松之注记载:刘备在荆州依附刘表数年,没有骑马打仗,看到大腿上的赘肉又长起来,自叹道“今不复骑,髀里肉生”。后用“髀肉复生”形容久处安逸,无所作为。

澼 bì 用于地名。如漾澼,在云南。

臂 bì ❶ 名 胳膊 ▷振～高呼｜手～｜～力。→ ❷ 名 某些动物的前肢 ▷螳～当车｜长～猿。→ ❸ 名 器械上伸出的类似臂的部分 ▷起重～下禁止站人｜悬～。☛"胳臂"中的"臂"读 bei。

另见 61 页 bei。

【臂膀】 bìbǎng ❶ 名 胳膊。❷ 名 比喻得力的助手 ▷他俩是经理的左右～。

【臂力】 bìlì 名 臂膀的力量。

【臂弯】 bìwān 名 上臂和前臂相接处向里弯的部分。

【臂章】 bìzhāng 名 佩戴在衣袖上部用来表示身份或职务的标志。

【臂肘】 bìzhǒu 名 胳膊肘儿。

餺 bì［餺饠］bìluó 名 古代一种饼类食品。

璧 bì ❶ 名 古代一种中间有孔的扁平圆形玉器,用作礼器和饰物 ▷和氏～。→ ❷ 名 泛指美玉 ▷珠联～合。☛ 跟"壁"不同。

【璧还】 bìhuán 动〈文〉敬词,比喻把物品完好无损地奉还主人 ▷大作拜读完毕,兹～。参见 1413 页"完璧归赵"。

【璧谢】 bìxiè 动〈文〉敬词,如数退还赠礼,并表示谢意 ▷馈赠物品,一概～。

襞 bì ❶ 名〈文〉衣服上的褶子或皱纹 ▷皱～。→ ❷ 名 肠、胃等体内器官上的皱褶 ▷胃～。

躄 bì〈文〉❶ 形 跛;瘸 ▷～足。→ ❷ 动 摔倒 ▷迷闷～地。

biān

边（邊） biān ❶ 名 物体的外沿部分 ▷桌子～儿｜海～｜路～｜～沿｜～缘。→ ❷ 名 物体的近旁;侧面 ▷身～｜手～｜旁～。❸ 名 方面 ▷站在我们这～儿｜一～倒｜双～会谈。❹ 副 两个或几个"边"分别用在不同动词前,表示不同动作同时进行 ▷～走～谈｜～打工,～读书,～写作。→ ❺ 名 交界处;界限 ▷～防｜～境｜～界。→ ❻ 名 镶或画在物体边沿部分的条状装饰 ▷镶一道～儿｜花～儿｜金～眼镜。→ ❼ 名 数学上指夹成角的射线或围成多角形的线段 ▷这个三角形的三条～相等｜四～形。→ ❽词的后缀。附在单音节方位词后面,构成双音节方位词 ▷前～｜下～｜左～｜南～｜里～。○ ❾ 名 姓。☛ 义项⑧口语中多读轻声。

【边隘】 biān'ài 名 边疆上险要的地方 ▷镇守～。

【边岸】 biān'àn 名 岸边 ▷湖面广阔,一眼看不到～。

【边鄙】 biānbǐ 名〈文〉边远的地区 ▷地处～,人烟稀少。

【边币】 biānbì 名 民主革命时期,陕甘宁、晋察冀、豫鄂等边区政府银行发行的纸币。

【边材】 biāncái ❶ 名 材料加工过程中剩余的边缘部分 ▷～废料。❷ 名 树干中靠近树皮的色泽较淡的木质部(跟"心材"相区别)。

【边裁】 biāncái 名 足球等运动中,在比赛场地的边线上执行规定任务的裁判员。

【边城】 biānchéng 名 临近国界的或边远的城市。

【边陲】 biānchuí 名 边境;边疆 ▷西南～。

【边地】 biāndì 名 临近边界的地方;边远地区。

【边防】 biānfáng 名 边境地区的防务 ▷巩固～。

【边防军】 biānfángjūn 名 驻扎在边境地区、守卫边疆的军队。

【边防线】 biānfángxiàn 名 设置有防务的边境线。

【边防站】 biānfángzhàn 名 设置在边境的防御、检查机构。

【边锋】 biānfēng 名 足球、冰球等球类运动中位置在两侧的前锋。

【边幅】 biānfú 名 丝、棉等纺织品的边缘;借指人的穿戴、仪容 ▷～不整。

【边鼓】 biāngǔ 名 打鼓时打在鼓面边沿的鼓点,声音较弱;比喻起辅助作用的事物 ▷这次交涉以你为主,我帮你敲～。

【边关】 biānguān 名 边境上的关口 ▷～将士。

【边患】 biānhuàn 名 边境地区由于外敌入侵等原因造成的祸患 ▷根除～。

【边际】 biānjì 名 边缘;边界 ▷辽阔的草原望不到～◇他讲话常常不着～。

【边检】 biānjiǎn 动 边防检查 ▷加强～。

【边疆】 biānjiāng 名 靠近国界的疆土 ▷保卫～。☛ 跟"边境"不同。1."边疆"指国家靠近边界的地方;"边境"指某一区域靠近边界的地方,不限于国家。2."边疆"所指的地域为块状,较广阔;"边境"所指的地域为条状,较狭长。

【边角】 biānjiǎo 名 物体两个边沿相接构成的角;泛指物体的边沿 ▷瓜田的～处搭了个窝棚｜布的边边角角都用上了。

【边角料】 biānjiǎoliào 名 加工、制造物品剩下的零碎材料 ▷利用做皮夹克的～做皮手套。

【边界】 biānjiè 名 国家之间或地区之间的界线 ▷解决两国～问题｜地处两省～。

【边界线】 biānjièxiàn 名 相邻国家或地区之间的分界线。习惯上平地以界桩和界碑、山脉以分水岭、河流以主航道中心线为界。也说边境线。

【边境】 biānjìng 名 靠近边界的地方 ▷湘赣～｜

～贸易。☛ 参见 76 页“边疆”的提示。

【边境贸易】biānjìng màoyì 两国边境地区之间的贸易活动。简称边贸。

【边境线】biānjìngxiàn 名 边界线。

【边款】biānkuǎn 名 刻在印章侧面或上端记载制印年月、制印人名号等内容的文字或图案。

【边框】biānkuàng 名 镜子、门、窗等器物周边的框子。

【边门】biānmén 名 侧门。

【边民】biānmín 名 边境地区的居民。

【边卡】biānqiǎ 名 边境线上的关卡。☛“卡”这里不读 kǎ。

【边区】biānqū 名 指民主革命时期，中国共产党在几个省连接的边缘地带建立的革命根据地。如陕甘宁边区、晋察冀边区等。

【边塞】biānsài 名 边疆的要塞。

【边事】biānshì 名〈文〉有关边境的事务；特指边境上的战事或争端。

【边务】biānwù 名 有关边境的事务；特指边防。

【边限】biānxiàn 名 边缘界限；尽头 ▷辽阔的草原，没有～。☛ 跟“边线”不同。“边限”的划界比较模糊，多用于抽象方面；“边线”的划界比较实在，多用于具体方面。

【边线】biānxiàn 名 某些球类运动场地两边的界线 ▷球出了～。☛ 参见本页“边限”的提示。

【边沿】biānyán 名 边① ▷广场～。

【边音】biānyīn 名 由特定发音方法形成的一类辅音。发音时阻塞口腔中间的气流通道，使气流从舌头两边或一边通过而形成。如普通话“拉(lā)”的声母。

【边缘】biānyuán ❶ 名 边① ▷水已经漫到了池子的～◇精神处于崩溃的～。❷ 区别 处于边缘位置，同几方面都有关系的 ▷～学科。

【边缘化】biānyuánhuà 动 使接近边缘；比喻向背离主流的方向变化 ▷防止山区文化～。

【边缘科学】biānyuán kēxué 以两种或多种学科为基础发展形成的新的科学。如在物理学和生物学基础上发展形成的生物物理学，在医学和法学基础上发展形成的法医学等。

【边缘人】biānyuánrén ❶ 名 指不被关注而游离于主流社会之外的人 ▷不能让农民工沦为城市的～。❷ 名 体育运动中指在团队里作用不大、基本没有上场机会的队员 ▷教练今天用了两位平常热身赛都很少上场的～。

【边远】biānyuǎn 区别 远离中心地区的 ▷～山区。

【边寨】biānzhài 名 边疆地区的村寨。

砭 biān ❶ 动 古代用石针刺激人体皮肉治病 ▷针～。→ ❷ 名 古代治病用的石针 ▷～石｜～针。→ ❸ 动 尖锐地批评 ▷痛～时弊。☛ 跟“贬(biǎn)”不同。

【砭骨】biāngǔ 动〈文〉刺骨。比喻非常疼痛或非常寒冷 ▷寒风～。

【砭石】biānshí 名 古代用以刺割皮肉治病的石针或石片。

笾(籩) biān 名 古代祭祀或宴饮时盛食品的竹器。

萹 biān［萹蓄］biānxù 名 一年生草本植物，茎平卧在地上或斜着向上伸展，叶长椭圆或线状长椭圆形，夏季开绿白色或红色小花。全草可以做药材。也说扁竹。

另见 80 页 biǎn。

编(編) biān ❶ 动 把细长的条状物交叉地织起来 ▷～花篮｜～草绳｜～织。→ ❷ 动 按照一定的条理或顺序组织或排列 ▷～成几队｜给文件～上号｜～次。⇒ ❸ 动 对资料或现成的作品进行整理、加工 ▷～书｜～杂志｜～辑。❹ 名 整本的书(多用于书名) ▷《中国通史简～》｜人手一～。❺ 量 书的一部分(一般大于“章”) ▷第一～｜中～。⇒ ❻ 动 创作(剧本、歌舞等) ▷～剧本｜～曲子｜～舞蹈。❼ 动 故意把非事实说成事实 ▷～瞎话｜胡～乱造。⇒ ❽ 名 编制③ ▷超～｜～外人员。

【编程】biānchéng 动 编制电子计算机程序。

【编创】biānchuàng 动 编写创作；编排创作 ▷根据同名小说～剧本｜～一个集体舞。

【编次】biāncì ❶ 动 按次序编排、整理。❷ 名 编排的次序 ▷不要把～打乱了。

【编导】biāndǎo ❶ 动 编剧和导演。❷ 名 从事编导工作的人。

【编订】biāndìng 动 编纂并校订 ▷～《全宋诗》。

【编队】biānduì ❶ 动 把分散的或无序的人、事物按一定的顺序编排成队 ▷参加军训的学生按部队的组织形式～。❷ 动 军事上特指飞机、舰艇等按一定要求组成战斗单位 ▷有人机和无人机混合～。❸ 名 军事上特指飞机、舰艇等按一定要求组成的战斗单位 ▷我海军舰艇～前往执行护航任务。

【编发】biānfā 动 编辑发出(稿件等)；编辑发布 ▷～电子邮件｜～新闻。

【编号】biānhào ❶ 动 按一定顺序编排号数 ▷这些材料都要～。❷ 名 编定的号数 ▷这份文件的～是 004。

【编后】biānhòu 名 报刊编者在所发文章、消息等后面加的短文，多用来强调所发文章、消息等的重点或提请读者关注的问题等。也说编后语、编后记。

【编绘】biānhuì 动 编辑绘制 ▷～旅游地图。

【编辑】biānjí ❶ 动 对资料或文稿按一定要求进行策划、整理、加工 ▷出版社～出版了几套丛书。❷ 名 从事编辑工作的人；也指新闻出版系统的一类中级专业技术职称 ▷责任～｜由～晋升为副编审。☛ 义项②中的"辑"，口语中也读轻声。

【编辑部】biānjíbù 名 出版社、报社、杂志社、广播电台、电视台等负责编辑工作的部门。

【编校】biānjiào 动 编辑和校订；编辑和校对 ▷这本书是先生亲手～的｜出版社要不断提高～质量。☛ "校"这里不读 xiào。

【编结】biānjié 动 编织 ▷用细绳～一个网袋。

【编剧】biānjù ❶ 动 编剧本。❷ 名 编剧本的人。

【编列】biānliè 动 编排① ▷～成集｜生产流程已～完毕，马上试运转。

【编录】biānlù 动 摘录并编辑 ▷～资料。

【编码】biānmǎ ❶ 动 按照一定方法把数字、文字等编成数码；也指把信息、数据等转换成规定的电脉冲信号。❷ 名 为某种用途而编成的数码 ▷邮政～。

【编目】biānmù ❶ 动 为书刊、文献等编制目录 ▷这批新书尚未～。❷ 名 编制成的目录。

【编内】biānnèi ❶ 名 编制之内 ▷这个团体不在～。❷ 区别 编制之内的 ▷～人员。

【编拟】biānnǐ 动 编写，起草 ▷～《软件用户手册》。

【编年】biānnián 动（史料、著作等）按年、月、日顺序编排 ▷清史～｜～体史书。

【编年史】biānniánshǐ 名 编年体的史书。如《左传》《资治通鉴》。

【编年体】biānniántǐ 名 我国传统史书的一种体裁，按年、月、日顺序编排记述史实。如《春秋》就是我国第一部编年体史书。

【编排】biānpái ❶ 动 按照一定标准排列次序 ▷把课文～成几个单元。○ ❷ 动 编剧并排演 ▷～几个反映农村新貌的小戏。

【编派】biānpai〈口〉❶ 动 夸大或捏造别人的短处 ▷千万不要干那种～人的缺德事儿。❷ 动 编造情节取笑（他人）▷我就知道你是在～我呢。☛ "派"不要误写作"排"。

【编遣】biānqiǎn 动 改编并遣散多余人员 ▷投降的敌军已经～就绪。

【编磬】biānqìng 名 我国古代打击乐器，把一组音调高低不同的磬依次悬挂在支架上，用木槌敲击演奏。参见插图 12 页。

【编审】biānshěn ❶ 动 编辑并审定 ▷～一部词典。❷ 名 从事编审工作的人；也指新闻出版系统的一类高级专业技术职称。

【编外】biānwài ❶ 名 编制之外 ▷编内～待遇相同。❷ 区别 编制之外的 ▷～职工。

【编舞】biānwǔ ❶ 动 编排舞蹈。❷ 名 编创舞蹈的人。

【编写】biānxiě ❶ 动 编辑、整理有关材料，写成书或文章 ▷～字典｜～教材。❷ 动 指创作文学作品 ▷～剧本｜～故事。

【编修】biānxiū ❶ 动〈文〉编纂（多用于史书）▷～清史。❷ 名 古代官名，负责编纂国史等。

【编选】biānxuǎn 动 按一定标准从已有的作品或材料中选出一部分加以编辑 ▷～当代散文。

【编演】biānyǎn 动 编写并演出 ▷～几个小节目。

【编译】biānyì 动 翻译并编辑 ▷～一套外国童话丛书。

【编印】biānyìn 动 编写印发；编辑出版 ▷～学习材料｜这套文集是去年～的。

【编余】biānyú ❶ 区别 定编或整编后多余的 ▷要妥善安置～人员。○ ❷ 名 编辑之余。常用作报刊的栏目或文章的题目，内容多为编辑之后的杂感。

【编扎】biānzā 动 编制捆扎 ▷～稻草人。

【编造】biānzào ❶ 动 把资料编排起来列成表册 ▷～工程预算。❷ 动 编⑦ ▷～理由，欺骗群众。

【编者】biānzhě 名 编写的人；编辑的人。

【编者按】biānzhě'àn 名 编者对文章或消息等所作的评论或说明，多加在标题之下、正文之前。☛ 不要写作"编者案"。

【编织】biānzhī 动 把细长的条状物交错连接或套在一起，制成织物 ▷～毛衣｜～地毯◇把这些故事～成一个剧本。

【编织袋】biānzhīdài 名 用塑料纤维编织成的袋子。

【编织品】biānzhīpǐn 名 用毛线、棉线或植物的枝条、叶、茎、皮等编织成的工艺品。

【编制】biānzhì ❶ 动 把藤、柳条、竹篾等条状物交叉编起来制成器物 ▷用藤条～椅子。❷ 动 根据资料编写（计划、程序等）▷～预算｜～电脑程序。○ ❸ 名 指一个单位的机构设置、人员定额、职位分配等 ▷精简～。

【编钟】biānzhōng 名 我国古代打击乐器，把一组音调高低不同的铜钟依次悬挂在支架上，用木槌敲击演奏。参见插图 12 页。

【编著】biānzhù ❶ 动 参考、利用已有材料编写成书。❷ 名 参考、利用已有材料编写成的书 ▷这部～已经出版。

【编撰】biānzhuàn 动 编纂写作 ▷～地方志。

【编缀】biānzhuì ❶ 动 编制① ▷～中国结。❷ 动 编辑① ▷把零星发表的散文～成集。

【编组】biānzǔ 动 把人、车辆等按一定的目的、要求编排组合成单位或单元。

【编纂】biānzuǎn 动 根据大量资料编辑或编写（大部头书籍）▷～辞书。➡“纂”不读cuàn，也不要误写作“篡”。

煸 biān 动 烹调方法，在烧、炒之前把菜、肉等放到热油中炒到半熟 ▷先把肉片儿～一～，再放黄瓜一起炒。

蝙 biān 见下。➡ 统读biān，不读biǎn。

【蝙蝠】biānfú 名 哺乳动物，头部和躯干像老鼠，趾间以及前肢与后肢之间有翼膜。夜间在空中飞翔，视力很弱，靠本身发出的超声波来引导飞行，捕食蚊、蛾等昆虫。

【蝙蝠衫】biānfúshān 名 一种套衫款式。衣袖的腋下部分肥大，跟衣服侧面连在一起。因两袖展开时形似蝙蝠，故称。

【蝙蝠袖】biānfúxiù 名 尺寸宽松，腋下肥大，展开后像蝙蝠两翼的衣袖。

鳊（鯿） biān 名 鳊鱼，身体侧扁，中部较宽，呈菱形，银灰色，头小而尖，鳞较细。生活在淡水中下层。是重要的经济鱼类之一。

鞭 biān ❶ 名 鞭子 ▷马～|皮～|扬～|～梢。→ ❷ 动 用鞭子抽打 ▷～马|～尸。→ ❸ 名〈文〉竹子的地下茎，有节，常做赶马的用具 ▷竹～|～笋。⇒ ❹ 名 古代一种长条形有节无刃的兵器 ▷九节～|钢～|竹节～。⇒ ❺ 名 编连成串的小爆竹 ▷一挂～|～炮。→ ❻ 名 形状细长、像鞭子的东西 ▷教～|～毛。❼ 名 特指供食用或药用的某些雄兽的阴茎 ▷牛～|猪～|三～酒。

【鞭策】biāncè 动 用鞭子赶马前进。比喻督促激励 ▷老师的表扬～我奋发向上。

【鞭长莫及】biāncháng-mòjí《左传·宣公十五年》：“虽鞭之长，不及马腹。”原意是鞭子虽长，也不该打在马肚子上。后用“鞭长莫及”比喻力量达不到或控制不了。

【鞭笞】biānchī 动 用鞭子或板子打；比喻严厉谴责 ▷受到舆论的～。➡“笞”不读tái。

【鞭打】biāndǎ 动 用鞭子抽打。

【鞭打快牛】biāndǎ-kuàiniú 比喻对工作出色的单位或个人提出过高的要求，而不加以爱护。

【鞭毛】biānmáo 名 细胞表面的一种细长的细胞质突起，鞭状，一条或多条，有运动、摄食等功能。藻类中不少种类、原生动物鞭毛虫类、腔肠动物消化腔内以及各种动植物的精子等都有鞭毛。

【鞭炮】biānpào 名 鞭形的成串的小爆竹；泛指各种爆竹。

【鞭辟入里】biānpì-rùlǐ 形容文章或言论分析透彻，切中要害（鞭辟：剖析；里：里面）。➡“辟”这里不读bì。

【鞭梢】biānshāo 名 鞭子的细长末端。

【鞭挞】biāntà 动 鞭打；比喻抨击、谴责 ▷这出戏无情地～了贪官污吏。

【鞭子】biānzi 名 驱赶牲畜的用具，旧时也用作刑具，由鞭杆和鞭绳构成。

biǎn

贬（貶） biǎn ❶ 动 降低价值 ▷货币～值。→ ❷ 动〈文〉降低官职 ▷～官|～谪|～逐。→ ❸ 动 对人或事物给予低的评价（跟“褒”相对）▷把他～得一钱不值|～低。➡ 跟“砭（biān）”“眨（zhǎ）”不同。

【贬称】biǎnchēng ❶ 名 含有贬义的称呼 ▷“禄蠹”是对钻营功名利禄的人的～。❷ 动 用贬义名词称呼 ▷一些小青年～他为“土老帽儿”。

【贬斥】biǎnchì ❶ 动〈文〉降职并斥逐 ▷屡遭～。❷ 动 贬低并斥责 ▷横加～。

【贬黜】biǎnchù 动〈文〉降职或免职。

【贬词】biǎncí ❶ 名 贬低、指责的话。❷ 名 贬义词。

【贬辞】biǎncí 现在一般写作“贬词”。

【贬低】biǎndī 动 有意降低评价 ▷既不～别人，也不抬高自己。

【贬官】biǎnguān 动 降低官职 ▷～岭南。

【贬毁】biǎnhuǐ 动 贬低并诋毁 ▷自我批评不是～自己。

【贬价】biǎnjià 动 降价；削价。

【贬损】biǎnsǔn 动 贬低并挖苦 ▷从不～别人。

【贬义】biǎnyì 名 词句里含有的否定或厌恶的意思 ▷这个词有～，用在这里不妥。

【贬义词】biǎnyìcí 名 含有贬义的词。如“武断”“勾结”。

【贬抑】biǎnyì 动〈文〉贬低并抑制 ▷名声过大，宜稍自～。

【贬责】biǎnzé 动 贬低并指责 ▷横遭～|自我～。

【贬谪】biǎnzhé 动 古代指官员被降职到边远地区任职。

【贬值】biǎnzhí ❶ 动 指货币购买力下降 ▷物价上涨，货币～。❷ 动 泛指某一事物的价值降低 ▷知识～|商品～。❸ 动 降低本国单位货币的法定含金量或降低本国货币对外币的比价。

【贬职】biǎnzhí 动〈文〉降职。

窆 biǎn 动〈文〉下葬，将棺木放进墓穴。

扁 biǎn ❶ 形 物体的厚度小于长度和宽度；图形或字体上下的距离小，左右的距离大 ▷盒子压～了｜鸭嘴是～的｜～体字◇不要看～对手。○ ❷ 名 姓。

另见 1045 页 piān。

【扁柏】biǎnbǎi 名 侧柏。

【扁铲】biǎnchǎn 名 较薄的宽刃凿子。

【扁锉】biǎncuò 名 板锉。

【扁担】biǎndan 名 用竹木制成的担（或抬）东西用的扁而长的工具。

【扁担星】biǎndanxīng 名 牛郎星和它附近的两颗小星的俗称。我国民间传说两颗小星是牛郎的孩子，牛郎每年都要挑着他们去见他们的母亲织女。

【扁豆】biǎndòu 名 一年生草本植物，茎蔓生，开白色或紫色花，荚果长椭圆形，扁平，微弯，种子白色或紫黑色。荚果、种子也叫扁豆，嫩荚是普通蔬菜，种子可以食用，也可以做药材。☛ 不要写作"萹豆""稨豆""藊豆"。

【扁平】biǎnpíng 形 物体的厚度小于长度和宽度，且表面没有高低凹凸的。

【扁平足】biǎnpíngzú 名 指足弓塌陷、脚心浅、脚掌较平的脚。也说平足。

【扁食】biǎnshí 名 某些地区指饺子。

【扁桃】biǎntáo ❶ 名 落叶乔木，叶披针形或椭圆状披针形，花粉红色或白色。果实也叫扁桃，斜卵形或长圆卵形，扁平，果肉薄，成熟时开裂。果仁味甜的可以食用，味苦的可以做药材。也说巴旦杏。❷ 名 蟠桃②。

【扁桃体】biǎntáotǐ 名 机体中较大的淋巴腺组织。通常指腭扁桃体，位于咽喉两侧，呈扁桃形，左右各一。能产生淋巴细胞吞噬细菌，是机体的防御器官。

【扁桃腺】biǎntáoxiàn 名 腭扁桃体的通称。参见本页"扁桃体"。

【扁形动物】biǎnxíng dòngwù 无脊椎动物的一门。体形扁平，两侧对称，不分节，有消化道，无肛门。多数雌雄同体，如绦虫；有的雌雄异体，如血吸虫。

【扁圆】biǎnyuán ❶ 名 椭圆。❷ 名 圆形而较薄的立体形状 ▷～酒瓶｜果实～。

匾 biǎn ❶ 名 挂在门楣上或墙上的题字横牌 ▷横～｜～额。○ ❷ 名 用竹篾等编成的浅边平底的容器，多为圆形，一般用来养蚕、盛放粮食等。

【匾额】biǎn'é 名 匾①。

【匾文】biǎnwén 名 匾额上的文字。

萹 biǎn［萹豆］biǎndòu 现在规范词形写作"扁豆"。

另见 77 页 biān。

惼 biǎn 形〈文〉（心胸）狭窄。

碥 biǎn 名 急流旁山崖上斜伸出来的石头；也指山崖上登山的石级。

褊 biǎn 形〈文〉狭小；狭隘 ▷～小｜～狭。

藊 biǎn［藊豆］biǎndòu 现在规范词形写作"扁豆"。

biàn

卞 biàn 名 姓。

弁 biàn ❶ 名 古代成年男子戴的一种帽子 ▷皮～。→ ❷ 名〈文〉指武官（古时武官戴皮弁）▷武～。❸ 名〈文〉指军中的差役或供差使的士兵 ▷马～｜差～。→ ❹ 形〈文〉在前面的 ▷～言（序言）。○ ❺ 名 姓。

抃 biàn 动〈文〉鼓掌，表示欢欣 ▷～掌｜～舞（鼓掌跳舞）。

苄 biàn［苄基］biànjī 名 甲苯分子中的甲基失去一个氢原子而成的基团。也说苯甲基。

汴 biàn ❶ 名 汴水，古水名，即今河南荥阳西南的索河。→ ❷ 名 河南开封的别称。○ ❸ 名 姓。

忭 biàn 形〈文〉愉快；喜悦 ▷欢～。

邲 biàn 名 姓。

变（變） biàn ❶ 动 跟原来有了不同 ▷面貌～了｜天气～热了｜改～。→ ❷ 动 使改变 ▷～落后为先进｜～废为宝。→ ❸ 名 突然发生的重大变化 ▷政～｜事～｜兵～。→ ❹ 名 酌情处置的能力 ▷通权达～。○ ❺ 名 姓。

【变本加厉】biànběn-jiālì 变得比原来更加严重（含贬义）。☛"厉"不要误写作"利"。

【变产】biànchǎn 动 变卖产业 ▷～抵债。

【变蛋】biàndàn 名 松花蛋。

【变电站】biàndiànzhàn 名 升降电压、控制和分配电能的场所。装有变压器、配电装置和控制设备等。规模小的称为变电所、变电室。

【变调】biàndiào ❶ 动 转调。❷ 动 指汉字连读时，某些字的声调发生变化。例如普通话中两个上声字相连时，头一个字变读成阳平。

【变动】biàndòng 动 变化；改动 ▷工作安排有～｜价格～｜文字上要作些～。

【变法】biànfǎ 动 旧指自上而下地对国家法令、制度等作重大变革 ▷商鞅～｜戊戌～。

【变法儿】biànfǎr 动〈口〉变换着采用各种办法 ▷～捉弄人｜变着法儿让奶奶开心。

【变革】biàngé 动 变旧创新，改变事物的本质（多指社会制度方面）▷历史性～｜～传统模式。

【变更】biàngēng 动 改变；更改 ▷计划稍有～。

【变故】biàngù 名 意外发生的变化或事故 ▷一场～使他家破人亡。

【变卦】biànguà 动 原指《周易》六十四卦中的某卦由于一爻的变动而成为其他的卦；后借指突然改变原来的主张或决定 ▷只要他答应的，绝不会～｜刚说好的，怎么就～了？

【变化】biànhuà ❶ 动 产生了新情况 ▷他的思路不断～｜这里的气候～无常。❷ 名 产生的新情况 ▷这是一个很大的～。

【变幻】biànhuàn 动 没有规律、难以揣测地变化 ▷政局～｜～莫测。

【变幻莫测】biànhuàn-mòcè 变化多端，令人无法捉摸。☛"幻"不要误写作"换"。

【变换】biànhuàn 动 事物的形式或内容从一种更换成另一种 ▷～工作｜～队形。

【变价】biànjià 动 把实物折合成时价（出卖）▷这幢楼房～出售。

【变节】biànjié 动 丧失节操，向敌人屈服 ▷～投敌。

【变局】biànjú 名 变动的时局或局面 ▷面临～，要采取应急措施。

【变口】biànkǒu ❶ 动 北方曲艺中指演员运用各地方言模仿外地人讲话。也说乡谈、倒（dǎo）口。❷ 动 改口②。

【变例】biànlì 名 违反常规的事例（跟"常例"相区别）。

【变脸】biànliǎn ❶ 动 改变脸色（多指发怒）▷俩人本来谈得挺投机，怎么突然就～了？❷ 动 川剧表演特技，演员一扭身或做一个遮脸的动作，就由一种脸谱变成另一种脸谱。

【变量】biànliàng 名 某一事物运动过程中，数值可以变化的量。如炮弹飞行的速度就是变量。

【变乱】biànluàn 名 战争或暴力行动造成的混乱局面 ▷面对～，镇定自若。

【变卖】biànmài 动 为换取现款而出卖（财产）▷为了还债，他把值钱的东西都～了。

【变盘】biànpán 动 指证券市场的整体行情走势向相反方向变化；泛指形势向相反方向变化 ▷防止～风险｜对手在寻找～机会。

【变频】biànpín 动 改变频率；特指改变交流电的频率 ▷～电路｜～调速器｜～空调。

【变迁】biànqiān 动 变化转移（多指长时期的较大变化）▷社会～｜景物～。

【变色】biànsè ❶ 动 改变颜色 ▷～镜｜～龙◇人民的江山永不～。❷ 动 改变脸色 ▷勃然～｜脸不～心不跳。

【变色镜】biànsèjìng 名 镜片能随光线强弱而改变颜色深浅的眼镜。也说变色眼镜。

【变色龙】biànsèlóng ❶ 名 蜥蜴的一种。善于变换皮肤的颜色，以适应环境，保护自己。❷ 名 比喻变化多端的投机分子。

【变色】biànshǎi 动〈口〉褪色① ▷衣服～了。

【变生肘腋】biànshēngzhǒuyè 比喻变故、祸患发生在身边（肘腋：胳膊肘儿和腋窝，比喻离事物主体或中心极近的地方）。

【变声】biànshēng ❶ 动 指在青春期嗓音变粗变低。通常男性比女性变声显著。❷ 动 人为地改变嗓音 ▷～唱法。❸ 动 因过度紧张或情绪激动而嗓音改变 ▷他气得说话都～了。

【变数】biànshù ❶ 名 表示变量的数。如 $x+y=13$ 中的 x、y。❷ 名 泛指可变的因素 ▷时间拖得越长，～就越大。

【变速】biànsù 动 改变速度 ▷～自行车。

【变速器】biànsùqì 名 用来改变运转速度、运动方向的装置。常用在汽车、拖拉机、船舶、机床及其他机器上。也说变速箱。

【变态】biàntài ❶ 动 某些动物在个体发育过程中形态结构和生活习性发生变化，如蚊、蝇、蛾、蝶等由卵、幼虫、蛹羽化为成虫；也指某些植物在环境长期影响下，根、茎、叶等发生结构和形态上的特殊变化，如仙人掌的叶变为针状。❷ 动 人的心理、生理发生异常变化 ▷他的心理～了。❸ 名 异常的状态 ▷这种现象是一种～。

【变态反应】biàntài fǎnyìng 机体在受到某些抗原刺激时因免疫力过度增高而出现生理功能紊乱或组织细胞损伤的异常免疫性应答。如对某种物质（花粉、动物皮毛等）过敏的人在接触这种物质时发生的异常反应。

【变体】biàntǐ 名 变异的形体、体裁等。如明清章回小说是宋代话本的变体。

【变天】biàntiān ❶ 动 天气发生变化（通常指天气变坏）。❷ 动 比喻复辟；也比喻政治、政策等发生重大改变 ▷基础不牢固，难免会～｜政策不会因领导者卸任而～。

【变通】biàntōng 动 处理事情时，对规定等酌情作非原则性的变动 ▷根据情况～处理。

【变味儿】biànwèir 动 改变了原有的味道（多指食物变质）▷中午喝剩的啤酒，晚上就～了◇离开北京久了，小王的口音有点儿～了。

【变温动物】biànwēn dòngwù 体温随环境温度的变化而变化的动物（跟"恒温动物"相区别）。如鱼类、两栖类、爬行类等。俗称冷血动物。

【变文】biànwén 图 唐、五代时期的一种说唱文学。韵文和散文交替运用。内容原为佛经故事，后也包括历史故事、民间传说等。《敦煌变文集》辑录较详。

【变戏法】biànxìfǎ ❶表演中国传统魔术。❷比喻玩弄手段、变换花样来哄骗人 ▷有话直说，别跟我～了！

【变现】biànxiàn 动 把非现金的财产、有价证券等换成现金。

【变相】biànxiàng 形 指形式变了而实质没变的（多指不好的事）▷～涨价|～走私。

【变心】biànxīn 动 改变心意；多指改变原有的爱或忠诚 ▷面对金钱的诱惑，她没有～。

【变形】biànxíng 动 人的身体或物体的外形发生改变 ▷脸肿得～了|手指关节～|车轮都～了，他还在骑◇有些政策到了底下往往就会～。☛ 跟"变型"不同。

【变形金刚】biànxíng jīngāng 一种可以变形的儿童玩具。经折叠、扭转等，能变出机器人、装甲车、飞行器等形状。

【变型】biànxíng 动 改变类型或模式 ▷这家企业从单纯生产型企业～为生产科研型企业。☛ 跟"变形"不同。

【变性】biànxìng ❶ 动 事物的性质发生变化 ▷有黑社会集团介入，这个事件就～了。❷ 动 特指改变人的性别 ▷～手术。

【变压器】biànyāqì 图 改变交流电电压的设备。

【变样】biànyàng 动 变了模样 ▷故乡大大～了|烧伤后他的脸全～了。

【变异】biànyì ❶ 动 同一起源的生物上代与下代之间或同代不同个体之间在形态、生理特征等方面出现差异 ▷遗传～|禽流感病毒～。❷ 动 泛指发生跟原来情况不同的变化 ▷温室效应是导致气候～的原因之一。

【变易】biànyì 动 变化；变换 ▷心情～|景物～。

【变质】biànzhì ❶ 动 事物或人的本质变坏 ▷药品～了|思想～。❷ 动 异乎寻常地变化 ▷新艺术形式正在引起人们审美观念的～。

【变质岩】biànzhìyán 图 地壳三大岩类之一。地壳中的岩石经历温度、压力等条件变化，内部结构及成分发生变化所形成的新的岩石。如由石灰岩变成的大理岩就是常见的变质岩。

【变种】biànzhǒng ❶ 图 生物的某些遗传性能已发生变化，但基本特性仍未超出原种范围的变异个体。❷ 图 比喻形式有变而实质未变的思潮、流派等 ▷曲线救国论是卖国主义的～。

【变奏】biànzòu 动 音乐上指运用各种手法对乐曲原有的主题旋律进行新的加工，使之在保持原来基本面貌的同时发生一定的变化。

【变奏曲】biànzòuqǔ 图 音乐体裁的一种。运用变奏手法谱写的乐曲。可作为独立的作品，也可作为交响曲、协奏曲等大型套曲的乐章。

【变阻】biànzǔ 动 调节电阻 ▷～装置|～器。

昪 biàn ❶ 古同"忭"。○ ❷ 形〈文〉形容阳光明亮的样子。

便 biàn ❶ 形 适宜 ▷不～公开|未～。→ ❷ 图 适宜的时候；顺便的机会 ▷因利乘～|～中|得～|就～。→ ❸ 形 方便，做起来不困难 ▷行走不～|～于装卸|简～。⇒ ❹ 形 简单的；非正式的 ▷～饭|～函|～服。⇒ ❺ 动 排泄屎、尿等 ▷～血。❻ 图 屎；尿 ▷排～|粪～。⇒ ❼ 副 a）表示在很久以前已经发生 ▷他从小～会拉胡琴。b）表示前一件事发生了，后一件事立即发生，相当于"就""即" ▷一问～知|扭头～跑。c）表示很短时间内即将发生 ▷我去去～来。d）表示在前面的条件下，自然发生后面的结果，相当于"就" ▷没有信息化，～没有经济的腾飞|只要坚持锻炼，身体～会健康。e）表示加强肯定语气 ▷这里～是我的故乡|先生的故居～在这条胡同里。

另见 1046 页 pián。

【便步】biànbù 图（队伍）按日常随意的姿势行走的一种步法。

【便餐】biàncān 图 简单、方便的饭食 ▷列车为旅客准备了可口的～。

【便车】biànchē 图 顺路的车 ▷搭～去林场。

【便当】biàndāng 图 盒饭 ▷牛肉～|～盒。

【便当】biàndang 形 方便；容易（做到）▷这里买什么都很～。

【便道】biàndào ❶ 图 近而方便的小路 ▷抄～走。❷ 图 马路两侧的人行道 ▷不能在～上行车。❸ 图 修路时临时另开的通道 ▷这里正修路，来往车辆请走～。

【便饭】biànfàn ❶ 图 平常吃的饭 ▷家常～。❷ 动 吃便饭 ▷您二位请在这里～。

【便服】biànfú 图 平时穿的衣服（跟"礼服"相对）▷他常常身穿～出入坊间。

【便函】biànhán 图 规格低于正式公文的信件。

【便壶】biànhú 图 男性夜间或生病卧床时小便用的壶状器皿。也说夜壶。

【便笺】biànjiān ❶ 图 便条。❷ 图 写便条用的纸。

【便捷】biànjié ❶ 形 方便迅速 ▷信函专递十分～。❷ 形 动作轻快灵活 ▷行动～。

【便览】biànlǎn 图 就某一类事物作的简要、概括

的书面说明(多作标题或书名) ▷《旅游~》|《交通~》。

【便利】biànlì ❶ 形 方便;不费力 ▷~的条件|交通~。❷ 动 使便利 ▷医院进社区,以~老百姓就诊。

【便利店】biànlìdiàn 名 为方便居民购物而设在居民区的小型零售商店。

【便利贴】biànlìtiē 名 背面有胶,可以反复粘贴而又不留下残胶的小纸片儿。可用来随手记事,贴在自己或别人容易看到的地方,以起到提醒作用。也说即时贴。

【便了】biànliǎo 助 用于句末,表示决定、许诺的语气,相当于"就行了""就是了"(多见于近代汉语) ▷此事待我前去打探一番~。

【便路】biànlù 名 便道① ▷走~省时间。

【便帽】biànmào 名 平时戴的帽子(跟"礼帽"相对)。

【便门】biànmén 名 建筑物正门之外的小门。

【便秘】biànmì 动 大便干燥,排解不畅,次数减少。☛"秘"这里不读 bì。

【便民】biànmín 动 方便民众 ▷这项措施~、利民|~商店。

【便溺】biànniào ❶ 动 排泄屎尿 ▷禁止随地~。❷ 名 指屎尿 ▷有些动物的~可以入药。☛"溺"这里不读 nì。

【便盆】biànpén 名 大小便用的盆状器皿。

【便签】biànqiān 名 用作标示的小纸条儿。

【便桥】biànqiáo 名 临时搭建的简易桥。

【便人】biànrén 名 趁便帮人办事的人 ▷我托~把东西给你捎去。

【便士】biànshì 量 英国的辅币单位,100 新便士等于 1 英镑。

【便所】biànsuǒ 名 厕所。

【便条】biàntiáo 名 记有简单事项的纸条;非正式的书信。

【便携】biànxié 形 形容体积小、重量轻而便于携带 ▷这种帐篷耐用而又~|~式。

【便鞋】biànxié 名 轻便的鞋;通常指布鞋。

【便血】biànxiě 动 大便或小便中带血。

【便宴】biànyàn 名 比较简单、不拘礼仪的宴席 ▷设~招待。

【便衣】biànyī ❶ 名 一般人平时穿的衣服(跟"制服"相对)。❷ 名 借指着便衣执行特殊任务的军人、警察等。

【便宜】biànyí 形 适宜;便利 ▷地铁是城市中~快捷的交通工具|~行事。☛ 跟"便宜(piányi)"音、义不同。

【便宜行事】biànyí-xíngshì 可以根据具体情况自行处理事务 ▷授权他~。☛"便宜"这里不读 piányi。

【便于】biànyú 动 方便(做某事) ▷~管理|~安排。

【便中】biànzhōng 名 方便的时候 ▷书已购到,望~来取。

【便装】biànzhuāng 名 便服。

遍(*徧) biàn ❶ 动 布满 ▷朋友~天下|漫山~野。→❷ 形 普遍 ▷~身湿透|走~全国。→ ❸ 量 用于一个动作的全过程 ▷这本书我看过好多~|再说一~。☛ 统读 biàn,不读 piàn。

【遍布】biànbù 动 分布到各个地方 ▷他的学生~全省。

【遍地】biàndì ❶ 动 布满地面 ▷鲜花~。❷ 名 满地;到处 ▷~开花|到处是庄稼,~是牛羊。

【遍地开花】biàndì-kāihuā 比喻美好的事物到处涌现或某种做法普遍推行。

【遍及】biànjí 动 普遍达到;布满 ▷足迹~全国。

【遍体鳞伤】biàntǐ-línshāng 浑身都是伤痕,像鱼鳞一样密。形容伤势严重。

【遍野】biànyě 动 布满原野 ▷映山红漫山~。

【遍游】biànyóu 动 周游;游遍 ▷~世界。

【遍于】biànyú 动 广泛地分布在 ▷华人的足迹~全球。

【遍走】biànzǒu 动 走遍 ▷~天下。

艑 biàn 名〈文〉大船。

緶 biàn 名 用麻、麦秆等编成的扁平的辫状带子,可用来制作草帽、坐垫、提篮、扇子等 ▷草帽~|用稻秸编~子。

另见 1047 页 pián。

辨 biàn 动 区分;识别 ▷~清是非曲直|~别|~明|~认。☛ 跟"辩"不同。"辨"多跟辨别有关,如"辨认""明辨是非"等;"辩"多跟言辞有关,如"辩论""争辩"等。

【辨别】biànbié 动 找出不同事物的特点,加以区分 ▷~是非|~虚实。

【辨明】biànmíng 动 (把事物)辨别清楚 ▷~源流|~方向。☛ 跟"辩明"不同。

【辨难】biànnán 动 辨析疑难 ▷本书重在~解惑。☛ 跟"辩难"不同。

【辨认】biànrèn 动 区别特点,加以判断并认定 ▷~凶手|~指纹。

【辨识】biànshí 动 分辨;识别 ▷小孩子对许多东西还~不清。

【辨伪】biànwěi 动 辨识虚假的东西 ▷打假首先要~。

【辨析】biànxī 动 通过分析找出事物间的区别 ▷~同义词。

【辨正】biànzhèng 动 分清是非,改正谬误 ▷~史实。☛ 不宜写作"辩正"。

【辨证】biànzhèng 动 辨析考证 ▷反复～。

【辨证施治】biànzhèng-shīzhì 中医指用多种方法分析病症的性质、原因、脉象等，作出正确的判断，然后给予相应的治疗（证：通"症"）。也说辨证论治。

辩（辯）biàn 动 提出理由或根据来说明、解释真伪或是非 ▷真理愈～愈明｜～解｜争～｜诡～。☛ 参见83页"辨"的提示。

【辩白】biànbái 动 说明、解释以消除误解 ▷为受委屈的战友～。☛ 不宜写作"辨白"。

【辩驳】biànbó 动 申述理由，反驳对方的意见 ▷他对无理指控予以～。

【辩才】biàncái 名 擅长辩论的才能。

【辩称】biànchēng 动 辩解；申辩 ▷他～自己在这起事故中没有直接责任。

【辩词】biàncí 名 辩解的话。

【辩辞】biàncí 现在一般写作"辩词"。

【辩护】biànhù ❶ 动 提出事实、理由进行申辩，以保护别人或自己 ▷不要用歪理来为自己的错误言行～。❷ 动 特指犯罪嫌疑人、被告人或其辩护人针对控告进行申辩或反驳 ▷依法～。

【辩护权】biànhùquán 名 法律给予的犯罪嫌疑人、被告人对被控告的内容进行申述、辩解的权利。

【辩护人】biànhùrén 名 受犯罪嫌疑人、被告人及其法定代理人委托或由法院指定，在法庭上依法为犯罪嫌疑人、被告人辩护的人。

【辩护士】biànhùshì 名 为某人或某种观点、行为等进行辩护的人（多用于贬义）▷不要充当侵略者的～。

【辩解】biànjiě 动 对别人的批评指责进行分辩解释 ▷大家心里明白，你不必为自己～。

【辩论】biànlùn 动 见解不同的各方，摆事实、讲道理，相互批驳、争论是非 ▷展开激烈～。

【辩论赛】biànlùnsài 名 比试辩才的竞赛活动。一般有正方、反方辩手，裁判团和主持人出席，并有许多观众在场。简称辩赛。

【辩明】biànmíng 动（把事理）辩论清楚 ▷～理由。☛ 跟"辨明"不同。

【辩难】biànnàn 动 辩驳并质问（对方）▷辩论会上，双方唇枪舌剑，互相～。☛ ㊀"难"这里不读 nán。㊁跟"辨难"不同。

【辩士】biànshì 名 口才好，善于辩论的人。

【辩手】biànshǒu 名 参加辩论比赛的选手。参见本页"辩论赛"。

【辩诉】biànsù 动 法庭上被告人为自己申辩。

【辩题】biàntí 名 辩论的话题或主要内容。

【辩诬】biànwū 动 对诬陷或错误的指责进行辩解。

【辩学】biànxué ❶ 名 逻辑学的旧称。❷ 名 关于辩论的学问。

【辩证】biànzhèng ❶ 见本页"辨证"。现在一般写作"辨证"。❷ 形 合乎辩证法的 ▷～观点。

【辩证法】biànzhèngfǎ 名 关于事物矛盾的运动、发展、变化的一般规律的哲学学说。它认为事物永远处在不断运动、变化和发展之中，是与形而上学相对立的世界观和方法论。

【辩证逻辑】biànzhèng luójí 关于辩证思维的形式及其规律的科学，是马克思主义哲学的重要组成部分。它要求人们客观、全面、辩证地看待问题，把握事物的本质特征和根本规律。

【辩证唯物主义】biànzhèng wéiwù zhǔyì 关于自然界、人类社会和思维发展的最一般规律的哲学学说，是马克思主义哲学的组成部分，是唯物主义和辩证法的有机统一，是无产阶级的世界观和方法论。

辫（辮）biàn ❶ 名 辫子① ▷小～儿｜马尾～｜发～。→ ❷ 名 辫子②。

【辫子】biànzi ❶ 名 把头发直接束成或分股交叉编结起来的条状物 ▷姑娘留着长～。❷ 名 辫子状的东西 ▷蒜～。❸ 名 借指把柄 ▷自我批评不要避重就轻，怕别人揪～。

biāo

杓 biāo ❶ 名〈文〉勺子柄。→ ❷ 名 古代指北斗星柄部的三颗星。也说斗柄。

另见1209页 sháo。

标（標）biāo ❶ 名〈文〉树梢；末端 ▷～枝｜～端。→ ❷ 名 事物的枝节或表面；非根本性的一面 ▷不能只治～不治本｜～本兼治。→ ❸ 名 标记；记号 ▷航～｜商～｜～志。⇒ ❹ 动 做标记；用文字或其他方式表明 ▷在书上～个记号｜明码～价｜～题｜～签。⇒ ❺ 名 旗帜；泛指发给竞赛优胜者的奖品 ▷～旗｜锦～｜夺～。⇒ ❻ 名 目标；衡量事物的准则 ▷指～｜～准｜达～。❼ 名 发包工程或买卖大宗商品时，发包人对其工程项目公布的标准条件，卖方提出的价格，或承包人、买方竞投的价格 ▷投～｜招～｜中（zhòng）～。○ ❽ 量 用于队伍（数词限用"一"，多见于近代汉语）▷杀出一～人马。

【标榜】biāobǎng ❶ 动 用动听的言辞加以宣扬 ▷～张扬个性。❷ 动 夸耀；吹嘘 ▷自我～。☛ 不宜写作"摽榜""标膀"。

【标本】biāoběn ❶ 名 树梢和树根。泛指事物的枝节和根本 ▷～兼治。❷ 名 经过加工，保持实物原貌，供展览、研究的生物、矿物等的样品 ▷蝴蝶～｜制作～。❸ 名 医学上指供化验或研究用的血液、痰液、粪便、组织切片等。

【标兵】biāobīng ❶ 图 阅兵场或群众集会上，用来标示界线的兵士或人员。❷ 图 比喻可供人们学习的榜样 ▷评选～|～单位。

【标尺】biāochǐ ❶ 图 标有刻度，用来测量高度或深度的尺。❷ 图 表尺。

【标灯】biāodēng 图 起标志作用的灯 ▷理发馆门前的～在转动。

【标底】biāodǐ 图 招标人内部预定的招标项目的最低价款 ▷这项工程的～是 300 万元。

【标的】biāodì ❶ 图 箭靶。比喻目标或目的。❷ 图 法律关系中指当事人双方权利和义务共同指向的对象。如买卖合同的标的是货物，劳务合同的标的是行为等。

【标点】biāodiǎn ❶ 图 古代指标记句读(dòu)的符号；现指标点符号。❷ 动 给没有标点符号的文字加上标点符号 ▷～古书。

【标点符号】biāodiǎn fúhào 辅助文字记录语言的符号。分点号和标号两大类。点号有句号、问号、叹号、逗号、顿号、分号、冒号；标号有引号、括号、破折号、省略号、着重号、连接号、间隔号、书名号、专名号。

【标调】biāodiào 动 给用汉语拼音书写的音节标上声调符号。声调符号标在音节的主要元音上，轻声不标。

【标定】biāodìng ❶ 动 规定以某个数值为衡量同类事物的标准 ▷质检科～了产品的主要参数。❷ 区别 符合规定标准的 ▷～机床。❸ 动 标示确定 ▷～位置。

【标杆】biāogān ❶ 图 测量时指示测量点的用具，多用直木杆制成，外涂红白相间的油漆。❷ 图 比喻榜样 ▷青年突击队是厂里的～队。

【标高】biāogāo 图 地面或建筑物上的一点同作为基准的水平面之间的垂直距离 ▷这座山的～是 2168 米。

【标函】biāohán 图 有关投标意向、规格、金额等内容的函件。

【标号】biāohào ❶ 图 标示某些产品性能的数字 ▷这种水泥～为 400 号。❷ 图 标点符号的一类，用来标明语句的性质和作用。如引号、括号、破折号等。

【标记】biāojì ❶ 动 用文字、图形、数字、颜色等记号标示出来 ▷照片上～着拍照的日期。❷ 图 起标示作用的记号 ▷印有纳税～。

【标价】biāojià ❶ 动 给货物标示价格 ▷商品尚未～，暂不出售。❷ 图 标示出的价格。

【标金】biāojīn ❶ 图 投标时的押金。○ ❷ 图 我国旧时对标准金条的简称。有硬印标明该金条的重量、成色等。也说金砖。

【标量】biāoliàng 图 物理学上指有大小而没有方向的量(跟"矢量"相区别)。如功、体积、温度等。

【标卖】biāomài ❶ 动 标价出售 ▷～房产。❷ 动 用招标的方式出售。

【标明】biāomíng 动 用文字或符号标记出来，让人知道 ▷～价格|～日期|～方位。

【标牌】biāopái ❶ 图 用作产品标记的牌子，上面一般有符号、图案、特定的色彩、字体等。❷ 图 用作专业区域、机关团体等的牌匾。

【标签】biāoqiān 图 系在或贴在物品上标明品名、性能、价格等的纸片或塑料、金属片。

【标枪】biāoqiāng ❶ 图 古代一种投掷武器，在长杆的一端装有枪头。也说投枪。❷ 图 田赛运动使用的投掷器械，枪杆中间略粗，两头细，前端装有金属尖头。❸ 图 田赛运动项目，比赛投掷标枪的远近。

【标石】biāoshí 图 用石块或混凝土等制成的用来标定位置或高程的标志物，一般埋在地下或部分露出地面。

【标识】biāoshí ❶ 图 用于方便识别的记号 ▷根据指示牌上的～，前方 600 米有一个出口。❷ 动 给事物加上记号以方便识别 ▷对这批货物统一～。☛ ㊀"识"有 shí 和 zhì 两个读音。"标识"在读 biāozhì 时是"标志"的异形词，规范词形应写作"标志"。㊁"标识(shí)"和"标志"不同。"标识"是方便识别的视觉记号；"标志"所标记的往往是事物的显著特征，并且可用于抽象事物。

【标示】biāoshì 动 用文字或图形等显示出来 ▷路边的牌子～禁止鸣笛。

【标书】biāoshū 图 写明投标方所承诺的价格、条件等内容的文件。

【标题】biāotí 图 概括作品内容的简明词句。置放在作品的前面或有关段落的前面。

【标题新闻】biāotí xīnwén 用大字标题形式登在报刊上，而没有正文的简短新闻。

【标题音乐】biāotí yīnyuè 用标题(一个题目或其他文字解说)标明中心内容的器乐曲。如《春江花月夜》《英雄交响曲》。

【标图】biāotú 动 把特定的符号或文字标在有关的专业地图上。

【标箱】biāoxiāng 图 大小有一定规格的运输商品的标准箱。大型的也说集装箱。

【标新立异】biāoxīn-lìyì 提出新颖奇特的见解、主张，借以显示与众不同。

【标样】biāoyàng 图 用作标准的样品 ▷按～制作。

【标语】biāoyǔ 图 张贴或悬挂在公众场合的文字简短的宣传鼓动口号。

【标值】biāozhí 图 商品或劳务交易中标的(dì)物价格的数值 ▷这项工程的～为 1.4 亿元。

【标志】biāozhì ❶ 图 表明事物特征的记号；比喻

反映某类事物基本特征的事物 ▷各国海关都有自己的～|技术革新是生产力发展的主要～。❷ 动 标明或显示某种特征 ▷联合公报的发表～着两国关系进入了新的阶段|汉代兴起的语言研究～了我国古代语言科学的建立。☛ 不要写作"标识(zhì)"。参见85页"标识(shí)"的提示。

【标识】 biāozhì 现在规范词形写作"标志"。

【标致】 biāozhì 形 容貌秀丽,姿态优美 ▷这姑娘长得十分～。

【标注】 biāozhù 动 标示;注明 ▷～记号|文中难懂的地方,一一加以～。

【标准】 biāozhǔn ❶ 名 衡量、区别事物的准则 ▷合乎～|统一～。❷ 形 合乎标准,可供同类事物比较参照的 ▷～语|动作很～。

【标准大气压】 biāozhǔn dàqìyā 压强的非法定计量单位,1标准大气压等于101.325千帕。简称大气压。

【标准粉】 biāozhǔnfěn 名 按国家颁布的质量标准生产的面粉。

【标准化】 biāozhǔnhuà 动 指在经济、技术、科学及管理等领域中,对某些概念或产品质量、品种规格、零部件要求等制定、发布和实施统一标准 ▷～管理|～考试。

【标准化考试】 biāozhǔnhuà kǎoshì 国际上目前广为流行的考试形式。它按照系统的科学组织程序,具有统一的标准,采用客观性试题,可以最有效地控制评分误差,在某些方面能比较准确地反映考生的水平。

【标准间】 biāozhǔnjiān 名 宾馆、酒店里一种集卧室、工作区、会客区于一室,并配有单独卫生间的房间。依据不同等级、不同类型的装修或配置分为普通标准间、商务标准间、豪华标准间及行政标准间等。

【标准件】 biāozhǔnjiàn 名 按统一规定的标准、规格和要求等生产的同一种零部件。

【标准时】 biāozhǔnshí ❶ 名 同一时区内各地共同使用的时间。一般以这个时区中间的一条子午线的时间为标准时。❷ 名 一个国家各地共同使用的时间。一般以首都所在时区的标准时为准。如我国的标准时为北京时间,即以东经120°子午线为标准的时间。

【标准时区】 biāozhǔn shíqū 时区。

【标准像】 biāozhǔnxiàng 名 指人的正面免冠半身照片(多用于证件)。

【标准音】 biāozhǔnyīn 名 标准语的语音。如汉语普通话的语音。

【标准语】 biāozhǔnyǔ 名 指经过加工和规范的民族共同语。如汉语普通话。

飑(颮) biāo 名 气象学上指出现在强冷锋或积雨云前沿的狭窄强风带。在其过境时,风向突变,风速剧增,常伴有阵雨、冰雹等。

骉(驫) biāo 形 〈文〉群马奔驰的样子。

髟 biāo 形 〈文〉长发(fà)下垂的样子。

彪 biāo ❶ 名 〈文〉老虎身上的斑纹。→ ❷ 形 〈文〉文采鲜明 ▷～炳。→ ❸ 名 小老虎 ▷～形大汉。

【彪炳】 biāobǐng 〈文〉❶ 形 形容文采焕发 ▷其文～而简约。❷ 动 照耀 ▷～史册。

【彪炳千古】 biāobǐng-qiāngǔ 彪炳千秋。

【彪炳千秋】 biāobǐng-qiānqiū 形容(功绩或成就)千秋万代永放光辉。

【彪悍】 biāohàn 形 健壮勇猛 ▷好一员～战将!

【彪形大汉】 biāoxíng-dàhàn 体格健壮、身材魁梧的男子汉。

【彪壮】 biāozhuàng 形 魁梧健壮 ▷身材～。

摽 biāo 动 〈文〉挥去;抛弃。
另见88页biào。

藨 biāo 〈文〉❶ 名 浮萍。○ ❷ 名 禾穗的芒尖。
另见1050页piào。

幖 biāo 〈文〉❶ 名 标志。→ ❷ 名 旗①。

骠(驃) biāo 名 〈文〉有白斑的黄马 ▷黄～马。
另见1050页piào。

膘(*臕) biāo 名 肥肉(多用于牲畜);动物身上的脂肪层 ▷这块肉～挺厚|～肥体壮|掉～。

【膘肥体壮】 biāoféi-tǐzhuàng 形容牲畜长得肥壮结实。

【膘情】 biāoqíng 名 牲畜长膘的情况 ▷入冬以来～良好。

熛 biāo 动 〈文〉火星儿迸飞。

飙(飆) biāo ❶ 名 〈文〉疾风 ▷狂～|～风。→ ❷ 动 急速变化 ▷～高|～红。→ ❸ 动 起劲地比拼 ▷～歌|～戏。

【飙车】 biāochē ❶ 名 〈文〉传说中驾风飞行的神车。❷ 动 驾车高速行驶 ▷禁止街头～。

【飙升】 biāoshēng 动 (价格、数量等)急速上升 ▷油价一路～|经济适用房销量～。

【飙涨】 biāozhǎng 动 (价格等)快速上涨 ▷抑制房价～。

镖(鏢) biāo ❶ 名 旧时一种投掷用的暗器,形状像长矛的头 ▷飞～。○ ❷ 名 旧时指由镖局替别人护送的财物 ▷保～。

【镖局】biāojú 名 旧时专门从事保镖业务的机构。

【镖客】biāokè 名 旧时以保镖为职业的人。

【镖师】biāoshī 名 镖客。

瘭 biāo［瘭疽］biāojū 名 手指肚儿或脚趾肚儿红肿化脓、剧烈疼痛的病症。

儦 biāo［儦儦］biāobiāo〈文〉❶ 形 形容小步快走或跑动的样子。❷ 形 众多 ▷汶水滔滔,行人～。

藨 biāo［藨草］biāocǎo 名 多年生草本植物,茎三棱形,可用来编鞋、织席、造纸。

瀌 biāo［瀌瀌］biāobiāo 形〈文〉形容雨雪下得很大 ▷雨雪～。

镳（鑣） biāo ❶ 名〈文〉马嚼子两头露出马嘴的部分 ▷分道扬～。○ ❷ 同"镖"。现在一般写作"镖"。

biǎo

表[1] biǎo ❶ 名 外面;外部 ▷由～及里｜外～｜～象。→ ❷ 动（把思想、感情等）显示出来 ▷～～心意｜～露｜发～。⇒ ❸ 名 表格;用表格形式陈述事项的著作 ▷填～｜《史记》十～。⇒ ❹ 名 古代奏章的一种,常用来陈述心意;后也用于陈述对重大事件的见解 ▷《陈情～》｜《出师～》。→ ❺ 名 中表 ▷～哥｜～叔｜～舅｜姨～亲｜姑～亲。→ ❻ 动 中医指用药物把体内所受的风寒发散出来 ▷吃服(fú)汤药,～一～｜～汗。○ ❼ 名 姓。

表[2]**（錶❸）** biǎo ❶ 名 古代指作标记用的柱子 ▷华～。→ ❷ 名 古代测日影计时的木杆 ▷圭～。❸ 名 计时的器具,比钟小,通常可以随身携带 ▷怀～｜手～｜电子～。❹ 名 测定某种量的器具 ▷电～｜水～｜压力～。→ ❺ 名 标准;榜样 ▷～率。

【表白】biǎobái 动 向人说明、解释（自己的心意）▷～爱情｜他一再～,唯恐别人误会。

【表报】biǎobào 名 呈报上级的表格和报告;也指报表。

【表笔】biǎobǐ 名 测试仪器上用来接触被测物的笔状部件。也说表棒。

【表册】biǎocè 名 成册的表格。

【表层】biǎocéng 名 物体最外面的一层 ▷～土壤◇社会～。

【表尺】biǎochǐ 名 枪、炮上瞄准装置的主要部分,上有刻度和数字,标明距离和角度。按照目标的距离调节表尺,可以提高命中率。也说标尺。

【表达】biǎodá 动 把思想、感情表示出来 ▷～谢意。

【表带】biǎodài 名 手表上的带子。多用金属或皮革制成。

【表格】biǎogé 名 按项目画成格子,供分别填写有关内容的书面材料。

【表功】biǎogōng 动 向人说明自己的功劳（多含贬义）▷他这人就喜欢向人～。

【表汗】biǎohàn 动 中医指服用药物使身体出汗,以把体内所受的风寒发散出来。

【表记】biǎojì 名 赠给别人的信物或纪念品。

【表决】biǎojué 动 会议参与者用口头表述或举手、投票等方式,表达自己的看法,以使会议根据多数人的意见作出决定 ▷举手～。

【表决权】biǎojuéquán 名 参与表决的权利 ▷会议的正式代表才有～。

【表里】biǎolǐ 名 外表和里面;泛指事物的内外各种情况 ▷～相应｜～不一。

【表里如一】biǎolǐ-rúyī 外表和内里完全一致。形容思想和言行完全一致。

【表链】biǎoliàn 名 系在怀表、秒表等上面的链子。多用金属制成。

【表露】biǎolù 动（思想、感情等）显露或表现出来 ▷脸上～出喜悦之情。

【表蒙子】biǎoméngzi 名 表上保护表盘的透明薄片,由玻璃或塑料等制成。

【表面】biǎomiàn ❶ 名 物体的最外层 ▷玻璃球～很光滑。❷ 名 事物的外在现象 ▷看问题不能只看～,要看本质｜～性。

【表面光】biǎomiànguāng 指外表好看,实质并不好。

【表面化】biǎomiànhuà 动（矛盾等）由隐藏的、潜在的变成明显的、公开的 ▷经过那次争吵,他们之间的矛盾～了。

【表面积】biǎomiànjī 名 物体外部面积的总和。

【表面文章】biǎomiàn-wénzhāng 比喻只注重形式或外表而不讲求内容或实效的做法 ▷干工作要务实,不要做～。

【表面张力】biǎomiàn zhānglì 液体表面分子间相互吸引的力。由于它的作用,液体的表面总是趋向于尽可能缩小。如叶子上的水珠总是呈球形。

【表明】biǎomíng 动 表示清楚;明白地表示 ▷～立场｜种种迹象～他出事了。

【表盘】biǎopán 名 钟表、仪表上标有表示时间、度数等的刻度或数字的盘。

【表皮】biǎopí 名 动植物体表面的一层组织。

【表亲】biǎoqīn 名 表[1]⑤。

【表情】biǎoqíng ❶ 动 表露内心的思想感情 ▷～达意。❷ 名 面部流露出的思想感情 ▷脸上显现出痛苦的～。

【表示】biǎoshì ❶ 动 通过言行显示出（思想、感

情、态度）▷～同意|～愤慨。❷ 动 事物本身或借助其他事物显示出某种意义 ▷书名前带“＊”号的～是必读参考书。

【表述】biǎoshù 动 表达；陈述 ▷有些感情用言语是难以～的。

【表率】biǎoshuài 名 榜样 ▷领导干部应当成为群众的～。

【表态】biǎotài 动 表明态度 ▷当场～|他从不轻易～|你总得表个态呀！

【表土】biǎotǔ 名 表层土壤；农业上指土地表面适于耕作的熟土层。

【表现】biǎoxiàn ❶ 动 显示出来 ▷这幅作品～了鲜明的时代特色。❷ 动 刻意炫耀自己 ▷他好(hào)在人前～自己。❸ 名 显示出来的言行的状况 ▷他的～一贯很好。☛ 参见1352页“体现”的提示。

【表现力】biǎoxiànlì 名 艺术创作中通过一定的艺术形式所表现出的艺术效果和艺术感染力 ▷这部交响乐具有丰富的艺术～。

【表现主义】biǎoxiàn zhǔyì 20世纪初流行于德国等一些欧美国家的现代主义文艺流派，首先出现在美术界，后来在音乐、文学、戏剧、电影、建筑等领域得到发展，反对机械地模仿自然和客观现实，强调表现艺术家的内心感受和主观精神。

【表象】biǎoxiàng 名 客观事物的外部特征在人脑知觉中再现的形象，是感性认识的高级形式。

【表演】biǎoyǎn ❶ 动 演出(戏剧、舞蹈、杂技等) ▷～节目|戏曲～。❷ 动 做示范 ▷～速算法|技术～。❸ 动 装模作样；故作姿态 ▷医托儿这番～，实在令人作呕。

【表演唱】biǎoyǎnchàng 名 一种演唱形式。以唱为主，以形体动作为辅。

【表演赛】biǎoyǎnsài 名 以宣传、演示等为目的的一种竞赛。

【表扬】biǎoyáng 动 公开赞扬 ▷他拾金不昧，受到老师～|～好人好事。

【表意文字】biǎoyì wénzì 用成系统的象征性符号表示词或语素，而不直接或不单纯表示语音的文字。如汉字、古埃及文字、巴比伦楔形文字等。

【表音文字】biǎoyīn wénzì 拼音文字。

【表语】biǎoyǔ 名 某些语法书指表判断的“是”等词后面的成分；泛指名词性谓语和形容词性谓语。

【表彰】biǎozhāng 动 隆重表扬 ▷～劳动模范。

【表针】biǎozhēn 名 表盘上指示刻度的针。

【表征】biǎozhēng 名 显露于事物外部的迹象、征象 ▷物价平稳是经济运转良好的～。

【表字】biǎozì 名 旧时成年人在本名以外另起的与本名在意义上有联系的别名。如岳飞表字鹏举。也说字。

婊 biǎo［婊子］biǎozi 名 妓女(多用作骂人的话)。

脿 biǎo 用于地名。如法脿、禄脿，均在云南。

裱 biǎo ❶ 动 用纸、布或丝织品把字画、古书等衬托粘贴起来，使它美观耐久 ▷这幅画～一～会更有神韵|装～|～褙。→ ❷ 动 裱糊 ▷用纸把墙～一～。

【裱褙】biǎobèi 动 裱①。

【裱糊】biǎohú 动 用纸糊屋子的顶棚、墙壁或窗户等；也指裱褙。

biào

俵 biào 动〈文〉分给；散发 ▷分～|～分|～散|～济。

摽 biào ❶ 动 紧紧捆绑 ▷把行李～在车架子上|栅栏门要散了，先拿铁丝～上。→ ❷ 动 胳膊紧钩住 ▷两个人～着胳膊散步。→ ❸ 动 过分亲近，频繁接触 ▷不要跟坏人～在一块儿。❹ 动 互相比着(干) ▷他们组老跟我们～着干|～劲儿。

另见86页biāo。

【摽劲儿】biàojìnr 动 较劲儿；较量高低 ▷你看，两队正在～加油干呢|他今天跟我摽上劲儿了。

鳔(鰾) biào ❶ 名 鱼类体内可以胀缩的囊状器官。内部充有气体，收缩时鱼下沉，膨胀时鱼上浮。有调节身体密度或在缺氧时辅助呼吸的作用。可供食用或制鳔胶。→ ❷ 名 鳔胶 ▷鱼～|猪皮～。

【鳔胶】biàojiāo 名 用鱼鳔或猪皮等熬制的胶，多用来粘木器。

biē

瘪(癟＊癟) biē［瘪三］biēsān 名 上海及周边地区对城市中以乞讨或偷盗为生的游民的称呼。

另见90页biě。

憋 biē ❶ 动 抑制住；极力忍住 ▷～足了劲儿|～着一肚子的话。→ ❷ 形 呼吸不畅；心情不畅 ▷屋子不通风，让人～得慌|～气。

【憋闷】biēmen ❶ 形 由于呼吸不畅而心胸发闷 ▷胸口～。❷ 形 心里烦闷；心情不舒畅 ▷为这些不顺心的事～了好些天。

【憋气】biēqì ❶ 动 短时间抑止呼吸 ▷在水中扎

猛子时要～。❷ 形 呼吸不畅 ▷地下室通风条件不好，太～。❸ 形 形容有委屈或烦恼得不到发泄 ▷这种事有口难辩，真～。

【憋屈】biēqu 形〈口〉心里感到委屈或不畅快 ▷～得真想大吼几声。

鳖（鼈＊鱉） biē 名 爬行动物，形状像龟，背甲上有软皮，一般呈橄榄色，外沿有肉质软边，腹面乳白色。生活在淡水中。肉鲜美，富于营养；甲可以做药材。也说甲鱼、团鱼。俗称王八。

【鳖裙】biēqún 名 鳖的背甲外沿的肉质软边，味道鲜美。某些地区也说鳖边。

bié

乩 bié 用于地名。如乩藏，在甘肃。

别[1] bié ❶ 动 分开；分离 ▷久～｜告～｜临～赠言。→ ❷ 动 区分；分辨 ▷分门～类｜识～。⇒ ❸ 名 差异；不同之处 ▷内外有～｜天壤之～。⇒ ❹ 名 按照不同特点区分出的类 ▷性～｜类～｜级～。→ ❺ 代 指另外 ▷～人｜～名｜～有风味。⇒ ❻ 形 不同寻常；特殊 ▷特～｜～致。⇒ ❼ 形 指错读或错写成另外的（字）▷～字。○ ❽ 名 姓。

别[2] bié ❶ 动 用针等（把东西）固定 ▷胸前～着校徽｜把这几张票据～在一起。→ ❷ 动 插着；卡（qiǎ）住 ▷上衣口袋里～着一支钢笔｜把门～上。❸ 动 用腿、车等横插过去，把对方绊倒或使不能前进 ▷把他～了个跟头｜他用自行车把我的车～住了。

别[3] bié ❶ 副 表示禁止或劝阻，相当于“不要”▷～出声｜～忘了｜～开玩笑。→ ❷ 副 跟“是”连用，表示推测（多用于说话人不愿意发生的事）▷这么晚还不回来，～是出什么事了吧？｜看你脸色不大好，～是病了？☛“别”字读 biè，作为繁体字“彆”的简化字，多用于口语，表示改变、不顺等，如“这个毛病怎么就别不过来呢？”“别嘴”。

另见 90 页 biè。

【别裁】biécái 动〈文〉鉴别并决定取舍。旧时多用作诗歌选本的名称。如《唐诗别裁集》。

【别称】biéchēng 名 正式名称以外的名称，多指地名、古代官职名等。如羊城是广州的别称。

【别出心裁】biéchū-xīncái 形容构思、设计等不同常规，独创一格（心裁：心中的构思和设计）。也说独出心裁。

【别处】biéchù 名 另外的地方。

【别的】biéde 代 指其他的；另外的 ▷不买～，就买这些｜～人｜～事情。

【别动队】biédòngduì 名 离开主力部队单独执行特殊任务的人数较少的部队。现多用于比喻。

【别管】biéguǎn 连 无论；不管 ▷～是谁，都得遵纪守法。

【别号】biéhào 名 旧时人在名和字以外另起的称号 ▷白居易字乐天，～香山居士。

【别集】biéjí 名 我国古代图书四部分类法中集部的一个分目，指只收录一个人的诗文而成的集子（跟“总集”相区别）。如《李太白全集》《杜工部集》。

【别家】biéjiā 名 另外的人家或单位 ▷请到～问问，有没有这种货。

【别价】biéjie 动〈口〉表示禁止或劝阻，相当于“不要这样”▷您可～，都是老街坊，一客气就显得生分了。

【别具匠心】biéjù-jiàngxīn 另有一番独特而巧妙的构思。

【别具一格】biéjù-yīgé 另有一种独特的格调。

【别具只眼】biéjù-zhīyǎn 另有一种独到的见解（只眼：比喻独特的见解）。

【别开生面】biékāi-shēngmiàn 另外开创新的局面或创出新的风格、形式（生面：新面目）。

【别开蹊径】biékāi-xījìng 另外开辟新途径。参见 340 页“独辟蹊径”。

【别看】biékàn 连 连接分句，表示让步关系，略相当于“虽说”▷～他个子小，力气可不小。

【别离】biélí 动 离别 ▷母女俩～三十载｜～故土。

【别论】biélùn 动 另外对待或另作评论 ▷至于意外事故造成的损失，则又当～。

【别名】biémíng 名 正式名称以外的名称。

【别情】biéqíng ❶ 名 离别的情思 ▷倾诉～｜～难叙。○ ❷ 名 其他情由 ▷造成这次事故，除上述原因外，还有～。

【别人】biérén 代 指另外的人；指代自己以外的人 ▷除了我，～都不知道｜～的事你别瞎掺和。

【别史】biéshǐ 名 指不在正史、杂史之内，收录一个或几个朝代历史资料的史书。如唐代高峻的《高氏小史》、宋代吕祖谦的《新唐书略》等。

【别树一帜】biéshù-yīzhì 另外树立一面旗帜。指另创流派，自成一家。参见 340 页“独树一帜”。

【别墅】biéshù 名 建在郊外或风景区，供休闲度假用的园林住宅。

【别说】biéshuō 连 用于分句前，排除一种情况来

强调另一种情况 ▷这种软件连他都不会用，～我了|～这么点儿小事，就是再大的事也难不倒他。

【别提】biétí ❶ 动 指明显具有某种性质，不用细说(含夸张语气) ▷这花儿～多香了。❷ 动 因厌恶或痛苦而不愿再说 ▷他失踪八年了，～了！

【别体】biétǐ ❶ 名 变体；书法上特指从已有的风格流派中演变出的一种新的风格流派的字体 ▷他的书法是颜体的～。❷ 名 指字的异体。

【别无长物】biéwú-chángwù 除此以外再没有多余的东西(长：多余)。形容俭朴或贫困。☛"长"这里不读 zhǎng，旧读 zhàng。

【别无二致】biéwú-èrzhì 没有差别；非常相像。

【别绪】biéxù 名 离别时的情绪 ▷离情～。

【别样】biéyàng ❶ 代 指代所说范围之外的东西 ▷除了这两样菜，～都是现买的。❷ 代 指不同寻常的 ▷～心情。

【别业】biéyè ❶ 名 在别处购置的产业(多指房地产)。❷ 名〈文〉别墅。

【别有洞天】biéyǒu-dòngtiān 另有一种境界(洞天：道教指神仙居住的地方)。形容风景优美，意境新颖，引人入胜。

【别有风味】biéyǒu-fēngwèi 另有一番特色或情趣。

【别有天地】biéyǒu-tiāndì 另有一种新的境界。形容风景、意境等很新颖，不同一般。

【别有用心】biéyǒu-yòngxīn 另有不可告人的企图。

【别针】biézhēn ❶ 名 用来把小而轻的布制品或纸制品固定在衣物上的针，弯曲成环状，有弹性，有针尖的一端可以自由开合。❷ 名 别在衣领或胸襟上的饰物，多用金、银、玉石等制成。

【别致】biézhì 形 独特而富有情趣 ▷造型～|房间的布置很～。

【别传】biézhuàn 名 记述某人或某些人的遗闻轶事的传记。

【别字】biézì ❶ 名 把甲字错读成或错写成乙字，乙字叫别字。如把"性别"写成"姓别"是写别字，把"晌午"读成"响午"是读别字。也说白字。❷ 名 别号。

【别子】biézi ❶ 名 线装书的套子上或字画手卷上用来别住开口的装置。多为骨制，也有用木、竹等制作的。❷ 名 烟袋、荷包的坠饰。

跳 bié [跳跋] biébá 拟声〈文〉模拟马蹄的声音 ▷～黄尘下，然后别雄雌。

蹩 bié 动 某些地区指扭伤脚腕等 ▷当心把脚～了。

【蹩脚】biéjiǎo 形 形容质量差或程度低；本领不强或水平不高 ▷戏演得太～了。

biě

瘪(癟*癟) biě 形 形容物体表面下陷；不饱满 ▷轮胎～了|肚子都饿～了|～谷|干～。

另见 88 页 biē。

【瘪陷】biěxiàn 动 瘪。

biè

别(彆) biè 动〈口〉改变；纠正(已形成的意见或习惯) ▷他的观点不对，可怎么就～不过来呢？|得把他这个坏习惯～过来。

另见 89 页 bié。

【别扭】bièniu ❶ 形 不顺心；不舒畅 ▷被管得死死的，工作起来很～|受了冤枉气，～极了。❷ 形 (性格)执拗难处 ▷脾气～。❸ 形 意见不合；与人不协调 ▷双方关系总是很～|要学会合作，不要总是别别扭扭的。❹ 形 话语或文章不顺畅 ▷这段话太～了，真费解！

【别嘴】bièzuǐ 形〈口〉形容某些话语说起来不顺口 ▷这个名字起得不好，太～了。

bīn

邠 bīn ❶ 古同"豳"。○ ❷ 名 姓。☛ 地名"邠县"(在陕西)现在改为"彬县"。

玢 bīn 名〈文〉一种玉。

另见 404 页 fēn。

宾(賓) bīn ❶ 名 客人(跟"主"相对) ▷～至如归|嘉～。○ ❷ 名 姓。

【宾词】bīncí 名 逻辑学上指判断对象所具有或不具有的属性的概念。如"太阳是恒星"这个命题中的"恒星"是宾词。

【宾馆】bīnguǎn 名 招待宾客食宿的地方；现指档次较高的旅馆。

【宾客】bīnkè 名 客人的总称 ▷～满堂|大宴～。

【宾朋】bīnpéng 名 宾客和朋友 ▷～齐集。

【宾语】bīnyǔ 名 语法上指受动词支配、关涉或受介词引导的成分。在现代汉语中，宾语一般在动词或介词后面。如"尊敬师长"中的"师长"，"他写信"中的"信"，"对他很好"中的"他"。

【宾至如归】bīnzhì-rúguī 宾客来到这里，如同回到自己家里一样。形容对客人招待殷勤周到。

【宾主】bīnzhǔ 名 客人和主人 ▷～共同举杯

庆贺。

彬 bīn 见下。

【彬彬】bīnbīn 形 形容文雅的样子 ▷文质～。

【彬彬有礼】bīnbīn-yǒulǐ 形容文雅而有礼貌 ▷他接待客人既热情又～。

傧(儐) bīn 动〈文〉引导或迎接宾客。☛统读 bīn,不读 bìn。

【傧相】bīnxiàng ❶ 名 古代指接引宾客的人或典礼中担任司仪的人。❷ 名 现指婚礼中陪伴新郎的男子或陪伴新娘的女子。

斌 bīn 同"彬"(多用于人名)。

瑸 bīn 见 872 页"璘(lín)瑸"。

滨(濱) bīn ❶ 名 靠近水边的地方 ▷湖～|海～。→ ❷ 动 靠近(水边) ▷～江大道|东～大海。〇 ❸ 名 姓。☛跟"浜(bāng)"不同。

缤(繽) bīn [缤纷] bīnfēn 形 繁盛;纷乱 ▷五彩～|落英～。☛"缤"统读 bīn,不读 pīn。

槟(檳) bīn [槟子] bīnzi 名 苹果同沙果嫁接而成的果树。果实也叫槟子,比苹果小而酸。
另见 94 页 bīng。

镔(鑌) bīn [镔铁] bīntiě 名〈文〉经过精炼的铁。多用来打制刀、剑。

濒(瀕) bīn ❶ 动 紧靠(水边) ▷～河|东～渤海。→ ❷ 动 临近(某种境地) ▷～危。☛统读 bīn,不读 pín。

【濒绝】bīnjué 动 濒临灭绝 ▷保护～动物。

【濒临】bīnlín 动 紧靠;临近 ▷～大海|～灭绝。

【濒死】bīnsǐ 动 临近死亡 ▷一个～的老人。

【濒危】bīnwēi 动 临近死亡或灭绝 ▷生命处于～状态|～动物。

【濒于】bīnyú 动 临近(某种坏的境地) ▷～灭亡|～崩溃。

豳 bīn 名 古地名,在今陕西旬邑西南。也作邠。

璸 bīn 名 玉的花纹。
另见 1047 页 pián。

bìn

摈(擯) bìn 动〈文〉排斥;抛弃 ▷～斥|～弃。

【摈斥】bìnchì 动 排斥;抛弃 ▷～异端邪说。

【摈除】bìnchú 动 抛弃;排除 ▷～杂念。

【摈弃】bìnqì 动 抛弃 ▷～陋习。

殡(殯) bìn 动 停放灵柩;把灵柩运到墓地或火化地点 ▷～仪馆|出～。

【殡车】bìnchē 名 运送灵柩到墓地或运送遗体到火化地点的车。

【殡殓】bìnliàn 动 装殓并出殡 ▷择吉～安葬。

【殡仪馆】bìnyíguǎn 名 供安放灵柩举行丧仪的专门机构。

【殡葬】bìnzàng 动 出殡和安葬。

膑(臏) bìn 古同"髌"。

【膑骨】bìngǔ 现在规范词形写作"髌骨"。

髌(髕) bìn ❶ 名 髌骨。→ ❷ 动 削去髌骨,古代一种酷刑。☛统读 bìn,不读 bīn。

【髌骨】bìngǔ 名 组成膝关节的骨头之一。人的髌骨呈扁栗形,能随肌肉的收缩和松弛而移动。通称膝盖骨。☛不要写作"膑骨"。

鬓(鬢) bìn 名 脸两侧靠近耳朵的头发 ▷～发|～毛|两～。

【鬓发】bìnfà 名 鬓角的头发。

【鬓角】bìnjiǎo 名 耳朵前上方长头发的部位;也指这个部位长的头发。☛不要写作"鬓脚"。

【鬓毛】bìnmáo 名 鬓发。

bīng

冰(*氷) bīng ❶ 名 水在 0℃或 0℃以下凝结成的固体 ▷河水结～了|～天雪地|～袋|～块。→ ❷ 动 接触低温的东西而感到寒冷 ▷这里的水真～手。→ ❸ 动 用冰或冷水使物体变凉 ▷把西瓜～一～|～过的啤酒好喝。→ ❹ 名 像冰一样晶莹的东西 ▷干～。〇 ❺ 名 姓。

【冰坝】bīngbà 名 河流解冻或初上冻时,冰凌顺流而下,壅塞在河道狭窄处形成的像坝一样的障碍物。冰坝严重时可堵塞水流,使上游泛滥成灾。

【冰雹】bīngbáo 名 空中水蒸气遇冷凝结成的冰粒或冰块。常随暴雨落下,对农作物危害极大。通称雹子。

【冰碴儿】bīngchár ❶ 名 刚刚凝结的薄而细碎的冰块 ▷昨晚大风降温,今天早晨就见～了。❷ 名 碎冰块。

【冰场】bīngchǎng 名 滑冰的场地。

【冰车】bīngchē 名 辅助练习滑冰的器具。多在木椅下安装一对冰刀,人推椅背练习滑冰。

【冰川】bīngchuān 名 在两极和高山地区,沿地面倾斜方向移动的巨大冰体。也说冰河。

【冰船】bīngchuán 名 冰床。

【冰床】bīngchuáng 名 冰上交通运输工具。状如雪橇,用竿子撑,或用人力、畜力牵引。

【冰镩】bīngcuān 名 凿冰工具。铁制，顶端尖，有倒钩。

【冰袋】bīngdài 名 内装碎冰或冰水的橡胶袋。医疗上用作降温镇痛的冷敷用具。

【冰蛋】bīngdàn 名 新鲜鸡蛋、鸭蛋等蛋液的冰冻制品。主要用于制作糕点、糖果等。

【冰刀】bīngdāo 名 固定在冰鞋底下接触冰面的钢制刀状物。分球刀、跑刀、花样刀三种类型。

【冰道】bīngdào 名 高寒地区在雪地或封冻的水面上开辟的通道 ▷冬季通过～运输木材。

【冰灯】bīngdēng 名 用冰雕成的供观赏的灯。灯体造型各异，内装电灯或蜡烛。

【冰点】bīngdiǎn 名 水的凝固点，即水开始凝结成冰时的温度。在标准大气压下为0℃。

【冰雕】bīngdiāo 名 用冰塑造雕刻形象的艺术；也指用这种艺术塑造雕刻成的作品。也说冰塑。

【冰冻】bīngdòng 动 冻结成冰；使冷冻 ▷大地～|～柿子好吃。

【冰冻三尺，非一日之寒】bīng dòng sān chǐ，fēi yī rì zhī hán 三尺厚的冰，不是短时间的寒冷就能冻成的。比喻某种情况的形成是长期积累的结果，暗示要消除它也不容易。

【冰毒】bīngdú 名 人工合成的甲基苯丙胺的通称。属强兴奋剂，吸食可成瘾，能引发急性心脑疾病，并出现狂躁、自杀、暴力等倾向。因外观呈白色冰块状，且用作毒品，故称。

【冰封】bīngfēng 动 （江、河、道路等）表面全部被冰所覆盖 ▷千里～|～大地。

【冰峰】bīngfēng 名 长年被冰雪覆盖的山峰。

【冰盖】bīnggài 名 覆盖在大地上的厚冰。多指大陆冰川。

【冰镐】bīnggǎo 名 形状像镐的凿冰工具。多用于攀登冰峰。

【冰谷】bīnggǔ 名 由冰川侵蚀而形成的谷地，是鉴别古冰川作用的主要地貌标志之一。

【冰挂】bīngguà 名 雨凇的通称。

【冰柜】bīngguì 名 电冰柜。

【冰棍儿】bīnggùnr 名 一种冷食。用水、牛奶、果汁、糖等混合冻结而成，多为长方体，中间有一根小木棍可供手拿。某些地区也说棒冰、冰棒等。

【冰河】bīnghé 名 冰川。

【冰壶】bīnghú ❶ 名 冰上运动项目。比赛时，双方轮流推出石球，球离目标近者得分，得分多者胜。❷ 名 冰壶运动使用的扁圆形石球，用花岗岩研磨制成。因形状像壶，故称。

【冰花】bīnghuā ❶ 名 凝结成花纹状的薄冰层 ▷玻璃窗上结了一层～。❷ 名 把花卉等实物用水冻结后制成的冰罩观赏物。❸ 名 雾凇。

【冰肌玉骨】bīngjī-yùgǔ 形容女子肌肤光润洁白；也常用来形容梅花等高洁。

【冰激凌】bīngjīlíng 名 英语 ice cream 音意合译。一种冷食。用水、牛奶、鸡蛋、果汁、糖等调匀后边冷冻边搅拌凝结而成的半固体。

【冰窖】bīngjiào 名 贮藏冰块的地窖。

【冰晶】bīngjīng 名 气温在0℃以下时，空气中的水蒸气凝成的微小晶状颗粒。

【冰窟】bīngkū 名 河流、湖泊等冰面上的洞 ▷从～里救出落水儿童。

【冰冷】bīnglěng ❶ 形 像冰那样冷；形容很冷 ▷四肢～。❷ 形 （态度、表情）冷淡 ▷不能给顾客一张～的脸|～的神情。

【冰凉】bīngliáng 形 像冰一样凉；形容很凉 ▷被雨浇得浑身～|自来水～～的。

【冰凌】bīnglíng ❶ 名 冰①。❷ 名 冰柱 ▷连成一片的～像帘子一样挂在山崖上。

【冰溜】bīngliù 名〈口〉冰柱。

【冰轮】bīnglún 名〈文〉比喻明月，多指圆月 ▷云峰缺处涌～。

【冰排】bīngpái 名 江河解冻时及冰封前水面上顺流而下的大块浮冰群。冰排大量聚集拥堵易造成凌汛 ▷江面上～涌动|～撞到岸边。

【冰片】bīngpiàn 名 中药，龙脑树干分泌的油脂蒸馏后的结晶。洁白透明，气味芳香，有通窍散郁、散热止痛的功效。

【冰品】bīngpǐn 名 冰棍儿、冰激凌、冰砖等冷食的统称。

【冰瓶】bīngpíng 名 用来盛冰棍儿等冷食的大口保温瓶。

【冰期】bīngqī 名 冰川时期。指地球地质史上出现大规模冰川的时期。其特点是气候极其寒冷，地球上广大地区被冰川覆盖。

【冰淇淋】bīngqílín 现在一般写作"冰激凌"。

【冰橇】bīngqiāo 名 雪橇。

【冰清玉洁】bīngqīng-yùjié 像冰那样清澈，像玉那样洁白。形容人格高尚，操行纯洁。

【冰球】bīngqiú ❶ 名 冰上球类运动。每场比赛3局，每队上场6人，运动员穿冰鞋，戴护具，用球杆把球击入对方球门得分。❷ 名 冰球运动所用的球。黑色，扁圆体，用硬橡胶制成。

【冰山】bīngshān ❶ 名 为冰所覆盖的山。❷ 名 两极地带的冰川断裂、滑落而漂浮于海上的巨型冰块。形如高山，故称。❸ 名 比喻不可能长久依赖的靠山 ▷～难恃。

【冰山一角】bīngshān-yījiǎo 比喻某事物已经显露出来的一小部分 ▷这件贪污受贿案只是他罪行的～，实际问题远不止这些。

【冰上舞蹈】bīngshàng wǔdǎo 冰上运动项目，运动员穿冰鞋在冰面上表演成套舞蹈动作。

【冰上运动】bīngshàng yùndòng 体育运动项目的一大类。通常包括速度滑冰、花样滑冰、冰球、冰上舞蹈等项目。

【冰室】bīngshì 图 某些地区指冷饮店。

【冰释】bīngshì 动（误会、疑虑、隔阂等）像冰块消融一样完全消除 ▷疑窦～。

【冰霜】bīngshuāng 图 冰和霜。多用来形容节操高洁或神情严肃等 ▷～之操（形容节操像冰和霜一样坚贞洁白）|冷若～。

【冰炭】bīngtàn 图 冰块和炭火；比喻互不相容的两种事物 ▷～不相容|～不同器。

【冰糖】bīngtáng 图 一种晶体状食用糖。白色或淡黄色，透明或半透明。由蔗糖加工而成。

【冰糖葫芦】bīngtáng húlu 我国北方的一种风味小食品。一般用竹签串上山楂、海棠、山药等，外面蘸上化开了的冰糖或白糖、麦芽糖等制成。也说糖葫芦。

【冰天雪地】bīngtiān-xuědì 冰雪漫天盖地。形容气候非常寒冷。

【冰坨】bīngtuó 图 水或含水的东西冻结成的块状物 ▷盛在碗里的汤冻成了～。

【冰箱】bīngxiāng ❶ 图 旧时用来冷藏食物等的木箱，里面放有冰块。❷ 图 电冰箱。

【冰箱病】bīngxiāngbìng 图 指食用冰箱里冷藏或冷冻过久的食品而引起的肠炎等病症。也说冰箱综合征。

【冰消瓦解】bīngxiāo-wǎjiě 像冰一样消融，像瓦一样碎裂。形容完全消失或彻底分崩离析。

【冰鞋】bīngxié 图 滑冰专用鞋，鞋底装有冰刀。

【冰雪】bīngxuě ❶ 图 冰和雪；也指冻雪。❷ 形〈文〉形容心地纯净；文章意境高雅清新 ▷两两～心|一卷～文。

【冰硬】bīngyìng 形 形容物体像冰一样又凉又硬 ▷柿子冻得～|桥上的栏杆摸上去～～的。

【冰原】bīngyuán 图 冰层形成的大片平地。

【冰镇】bīngzhèn 动 把食物、饮料等放到冰块或冰箱、冰柜中使变凉 ▷把啤酒～起来|～饮料。

【冰柱】bīngzhù 图 屋檐或水的出口处滴水冻结成的柱状冰。

【冰砖】bīngzhuān 图 用水、牛奶、果汁、糖等混合搅拌后冻成的砖形冷食。

【冰锥】bīngzhuī 图 冰柱。

并 bīng ❶ 图 我国古代九州之一，通常指今河北的保定、正定，山西的太原、大同等地。→ ❷ 图 山西太原的别称。

另见 95 页 bìng。

兵 bīng ❶ 图 武器 ▷短～相接|秣马厉～|～器。→ ❷ 图 武装力量；军队 ▷雄～百万|～变|～权|装甲～。❸ 图 战士 ▷我是一个～|当～|士～。→ ❹ 图 指军事或战争 ▷纸上谈～|～法|～书。〇 ❺ 图 姓。

【兵变】bīngbiàn 动 军队叛变 ▷策动～。

【兵不血刃】bīngbùxuèrèn 兵刃上没有沾血。指未经交战就取得胜利。

【兵不厌诈】bīngbùyànzhà 用兵打仗不排斥使用欺诈的手段迷惑敌人。

【兵车】bīngchē ❶ 图 古代的战车。❷ 图 专供运送军队的车辆。

【兵船】bīngchuán 图 战船；军舰。

【兵丁】bīngdīng 图 服兵役的壮丁。旧时用以称士兵。

【兵法】bīngfǎ 图 古代排兵布阵和指挥作战的方法、策略 ▷精通～|《孙子～》。

【兵符】bīngfú 图 古代调兵遣将时用的凭证。分为两半，发令者和受命者各执一半，两半相合，作为验证。

【兵戈】bīnggē 图〈文〉武器；借指战争 ▷～连年，民不聊生。

【兵革】bīnggé 图 武器和盔甲；借指战争。

【兵工】bīnggōng 图 指军事工业。

【兵工厂】bīnggōngchǎng 图 制造武器弹药及其他军事装备的工厂。也说军工厂。

【兵贵神速】bīngguìshénsù 用兵以行动异常迅速为最重要；也指处理问题要迅速、果断。

【兵荒马乱】bīnghuāng-mǎluàn 形容战争造成的社会动荡、混乱的景象。☛ 不宜写作"兵慌马乱"。

【兵火】bīnghuǒ 图 战火 ▷校舍毁于～。

【兵祸】bīnghuò 图 指战争的祸害。

【兵家】bīngjiā ❶ 图 春秋战国时期及汉初一个专门研究军事理论的学派，以孙武、吴起、孙膑为代表。❷ 图 指军事家或用兵打仗的人 ▷临阵易将，～所忌|胜败乃～常事。

【兵舰】bīngjiàn 图 军舰。

【兵谏】bīngjiàn 动 以武力胁迫当政者接受规劝 ▷将军率部～总统。

【兵来将挡，水来土掩】bīnglái-jiàngdǎng，shuǐlái-tǔyǎn 敌军来了，就派将官率军抵挡；洪水来了，就用土筑堤拦截。比喻不管对方用什么计策、手段，我自有办法对付；也比喻对待不同情况采取不同的对策。

【兵力】bīnglì 图 军队的实力，包括人员的素质、数量及武器装备等 ▷～单薄|集中优势～。

【兵连祸结】bīnglián-huòjié 指战争和灾祸接连不断。

【兵临城下】bīnglínchéngxià 大军已到城下。形容形势十分紧迫。

【兵乱】bīngluàn 图 战争造成的动乱和灾害 ▷～不断|惨遭～。

【兵马】bīngmǎ 图 士兵和战马；借指军队。

【兵马未动，粮草先行】bīngmǎ-wèidòng，liángcǎo-xiānxíng 军队还没有出动，先要做好粮食、草料等的准备工作。比喻无论做什么事，都要先做好准备工作。

【兵马俑】bīngmǎyǒng 图 古代作为殉葬品埋人墓穴的塑成士兵和战马形象的陶俑 ▷西安出土的秦～，被称为世界第八大奇迹。

【兵痞】bīngpǐ 图 旧军队中品质恶劣、胡作非为的士兵。

【兵棋】bīngqí 图 供军队指挥员在沙盘或地图上研究作战和训练时使用的器具，包括军队标号图型和人员、兵器、地物等模型。

【兵器】bīngqì 图 武器① ▷十八般～样样精通。

【兵强马壮】bīngqiáng-mǎzhuàng 形容军队实力雄厚，战斗力强。

【兵权】bīngquán 图 指统率和指挥军队的权力 ▷解除～|～旁落。

【兵刃】bīngrèn 图 指刀、剑等有锋芒的兵器；泛指武器。

【兵戎】bīngróng 〈文〉❶ 图 武器 ▷～相见。❷ 图 战争；战乱 ▷～不起。

【兵戎相见】bīngróng-xiāngjiàn 指发生武装冲突。

【兵士】bīngshì 图 士兵。

【兵事】bīngshì 图〈文〉战事；战争 ▷～频仍，田园荒芜。

【兵书】bīngshū 图 古代军事著作的统称。

【兵团】bīngtuán ❶ 图 在特定历史时期组建的军事组织，下辖几个军或师。❷ 图 泛指大部队 ▷主力～。❸ 图 军事化的生产建设单位"生产建设兵团"的简称 ▷～战士。

【兵燹】bīngxiǎn 图〈文〉战火；借指战火造成的灾难 ▷手稿尽毁于～。

【兵饷】bīngxiǎng 图 军饷。

【兵械】bīngxiè 图 军械；兵器。

【兵蚁】bīngyǐ 图 蚂蚁中的一类。头大体壮，无翅。守卫蚁巢并与敌蚁进行战斗。

【兵役】bīngyì 图 公民依法当兵的义务 ▷服～。

【兵役法】bīngyìfǎ 图 国家制定的有关公民服兵役的法律。

【兵役制】bīngyìzhì 图 国家关于公民参加武装组织，或在武装组织之外承担军事任务、接受军事训练的制度。我国现阶段实行义务兵与志愿兵相结合、民兵与预备役相结合的兵役制度。

【兵营】bīngyíng 图 部队居住的营房。

【兵勇】bīngyǒng 图 旧指士兵。

【兵员】bīngyuán 图 士兵的统称；军队的人力。

【兵源】bīngyuán 图 士兵的来源 ▷扩大～。

【兵灾】bīngzāi 图 战争造成的灾难。

【兵站】bīngzhàn 图 军队在后方交通运输线上设立的综合保障机构，负责补给物资、收转伤病员、接待过往部队等工作。

【兵制】bīngzhì 图 关于军队建制以及平时、战时指挥管理军队的制度。

【兵种】bīngzhǒng 图 军种内部按武器装备和作战任务的不同所作的分类。如陆军有步兵、炮兵、装甲兵、工程兵、通信兵、防化兵等兵种。

【兵卒】bīngzú 图 旧指士兵。

栟 bīng［栟榈］bīnglú 图〈文〉棕榈。另见 61 页 bēn。

槟（檳） bīng［槟榔］bīngláng 图 常绿乔木，茎基部略膨大，叶长达 2 米，花、果有香味。生长在热带、亚热带。果实也叫槟榔，可以做药材。

另见 91 页 bīn。

bǐng

丙 bǐng 图 天干的第三位，常用来表示顺序或等级的第三位。参见 1354 页"天干"。

【丙部】bǐngbù 图 子部。

【丙丁】bǐngdīng 图〈文〉火的代称。古代以天干配五行，丙丁属火，故称 ▷付之～。

【丙肝】bǐnggān 图 丙型病毒性肝炎的简称。传播途径、症状与乙肝相似。

【丙纶】bǐnglún 图 合成纤维的一种。质轻耐磨，吸水性小。可制地毯、绳索、渔网等，也可以同棉、毛等混纺做衣料。

【丙种射线】bǐngzhǒng shèxiàn 伽马射线。

邴 bǐng 图 姓。

秉 bǐng ❶ 动〈文〉握着；持着 ▷～笔|～烛夜游。→ ❷ 动 掌握；主持 ▷～正|～公执法。○ ❸ 量 古代容积单位，16 斛为 1 秉。☛ 中间是"彐"，不是"ヨ"。参见 850 页"隶"的提示。

【秉笔】bǐngbǐ 动〈文〉执笔 ▷～直书。

【秉承】bǐngchéng 动 接受并奉行（命令或指示）▷～领导的指示|～主子的旨意。☛ 不要写作"禀承"。

【秉持】bǐngchí 动〈文〉掌握；主持 ▷～公心。

【秉赋】bǐngfù 现在一般写作"禀赋"。

【秉公】bǐnggōng 动 坚持原则；主持公道 ▷～用权|～行事。

【秉公执法】bǐnggōng-zhífǎ 公正地执行法律规章。

【秉性】bǐngxìng 图 本性 ▷江山易改，～难移。

【秉正】bǐngzhèng 动〈文〉主持公正 ▷～持廉。

【秉政】bǐngzhèng 动〈文〉执政；掌握政权。

【秉直】bǐngzhí 形〈文〉秉性正直 ▷～忠厚。

【秉烛】bǐngzhú 动〈文〉拿着点燃的蜡烛（照明）；常借指夜以继日 ▷～夜读|～再战。

柄 bǐng ❶ 图 把（bà）① ▷斧～|伞～|刀～。→ ❷ 动〈文〉执掌；掌握 ▷～政|～国。❸ 图〈文〉权力 ▷国～|权～。→ ❹ 图 比喻在言行上被人抓住的缺点或漏洞 ▷笑

~|话~|把~。→❺ 量 某些地区用于某些带柄的东西 ▷一~钢叉|两~大刀。→❻ 名 植物的花、叶或果实跟茎或枝相连的细长部分 ▷花~|叶~。☛ 统读 bǐng,不读 bìng。

昺 bǐng 形〈文〉明;明亮。

饼(餅) bǐng ❶ 名 烙、烤、蒸或炸熟的面食,一般为扁圆形 ▷北方人爱吃~|烙~|烧~|油~。→❷ 名 形状像饼的东西 ▷柿~|铁~。

【饼铛】bǐngchēng 名 烙饼用的平底铁锅。

【饼肥】bǐngféi 名 油料作物的籽实榨油后剩下的残渣,可作肥料。因多轧成饼状,故称。如豆饼、花生饼、棉籽饼等。

【饼干】bǐnggān 名 用面粉加鸡蛋、牛奶、油以及糖或盐等烤制而成的薄而小的块状食品。

【饼屋】bǐngwū 名 出售西式糕饼的商店。

【饼子】bǐngzi 名 用玉米面、小米面等和好后贴在锅上烙成的饼 ▷贴~|玉米面~。

炳 bǐng〈文〉❶ 形 明亮;显著 ▷~蔚(文采鲜明华美)|彪~。→❷ 动 照耀 ▷日月~天,江河行地。

屏 bǐng ❶ 动 排除;除去 ▷~除|~弃|~斥。→❷ 动 抑止(呼吸) ▷~住呼吸|~息|~气。☛ 参见 97 页“摒(bìng)”的提示。

另见 1059 页 píng。

【屏除】bǐngchú 动 摒除。

【屏迹】bǐngjì〈文〉❶ 动 收敛行迹;隐而不出 ▷~山林。❷ 动 归隐 ▷结庐~。

【屏气】bǐngqì 动 暂时抑止呼吸 ▷~肃立|凝神~|屏住气。

【屏弃】bǐngqì 动 摒弃。

【屏声】bǐngshēng 动 不出声息 ▷~聆听。

【屏退】bǐngtuì〈文〉❶ 动 使身边的人离开 ▷~侍从。❷ 动 隐退 ▷~乡里。

【屏息】bǐngxī 动 屏气 ▷~谛听。

蛃 bǐng 见下。

【蛃鱼】bǐngyú 名 衣鱼。

禀[1](*稟) bǐng ❶ 动〈文〉赐予;赋予 ▷天~(天赋)|~赋。→❷ 动 承受 ▷~受。

禀[2](*稟) bǐng ❶ 动 指向上级或长辈报告 ▷~报|~告|~明|回~。→❷ 名 旧指向上级报告的文件 ▷具~详报。☛“禀”字下边是“示”,不是“木”。由“禀”构成的字有“凛”“檩”等。

【禀报】bǐngbào 动 禀[2]① ▷向上级~事情经过。

【禀呈】bǐngchéng 动 向上级或长辈恭敬地递交 ▷专此~,请予批示。

【禀承】bǐngchéng 现在规范词形写作“秉承”。

【禀复】bǐngfù 动 向上级或长辈回复 ▷据实~。

【禀赋】bǐngfù 名 指人先天具有的生理上或心理上的素质 ▷我们承认孩子的~有差异。

【禀告】bǐnggào 动 把事情告诉上级或长辈 ▷~二老双亲。

【禀明】bǐngmíng 动 向上级或长辈说明情况 ▷~事情原委。

【禀帖】bǐngtiě 名 旧指百姓向官府或下属向上司递交的文书。

【禀性】bǐngxìng 名 天性 ▷~刚烈|懦弱的~。

鞞 bǐng 名〈文〉刀剑的鞘。

bìng

并[1](*併) bìng 动 合在一起 ▷两班~成一班|合~|吞~|兼~。

并[2](*並竝) bìng ❶ 动 平列;挨着 ▷肩~肩,手拉手|两人~排坐着|~蒂莲。→❷ 副 表示两件以上的事同时进行或被同样对待,相当于“一起” ▷工农业~举|齐头~进|预防和治疗~重。❸ 副〈文〉表示范围的全部,相当于“全部” ▷天下~闻。❹ 副 用在否定词前面,加强否定语气,略带反驳或阐明实际情况的意味 ▷翻译~不比创作容易|请不要多心,我~没有别的意思。→❺ 连 连接词、短语或分句,表示递进关系 ▷讨论~通过了工作报告|任务已经完成,~比原计划提前三天。

另见 93 页 bīng。

【并案】bìng'àn 动 把几个案子合并在一起 ▷~复审。

【并产】bìngchǎn ❶ 动 合并财产。❷ 动 若干家企业合并生产。

【并称】bìngchēng 动 合称 ▷唐代诗人李白、李贺、李商隐~“三李”。

【并处】bìngchǔ 动 在判处刑罚或给予某种处罚的同时,再给予其他处罚(跟“单处”相区别) ▷判处有期徒刑 15 年,~没收全部个人财产。

【并存】bìngcún 动 两种或两种以上事物同时存在 ▷多种经济成分~。

【并蒂莲】bìngdìlián 名 同一根茎上并排长着的两朵莲花;多比喻恩爱的夫妻。

【并发】bìngfā 动 由已发的疾病引发其他的疾病 ▷感冒~哮喘。

【并发症】bìngfāzhèng 名 由已发的疾病引发的其他疾病。也说合并症。

【并非】bìngfēi 动 并不是 ▷~一人所为。

【并购】bìnggòu 动 用购买的方式兼并(企业) ▷跨国～,参与国际竞争。也说购并。

【并轨】bìngguǐ 动 把几条轨道合并为一条轨道;比喻把并行的几种办法、制度等合而为一 ▷两种制度已经～。

【并驾齐驱】bìngjià-qíqū 几匹马并排拉着一辆车同时快跑。比喻齐头并进,不相上下。

【并肩】bìngjiān ❶ 动 肩挨着肩 ▷携手～|～而立。❷ 副 协同一致地 ▷两家公司再次～共事|～战斗。

【并进】bìngjìn 动 同时进发或进行 ▷各部队分路～|各项准备工作分头～。

【并举】bìngjǔ 动 同时兴办 ▷农、林、牧、副、渔各业～|公办教育与民办教育～。

【并力】bìnglì 动 一起用力;合力 ▷三军～抗敌|～救助。

【并立】bìnglì 动 并排站立;比喻同一领域的杰出人物同时存在 ▷四大名旦～梨园。

【并联】bìnglián 动 把若干元件并列连接在电路上的两点间,形成平行的分支电路。并联元件两端的电压都相等(跟"串联"相区别)。

【并列】bìngliè 动 不分主次地排列 ▷两人～第一|这是两个～关系的分句。

【并拢】bìnglǒng 动 合拢在一起 ▷～双腿。

【并茂】bìngmào 形 形容两种事物或同一事物的两个方面都很美好 ▷声情～|图文～。

【并排】bìngpái 动 平行排列,不分前后 ▷靠墙～放着五把椅子|他们～走进会场。

【并且】bìngqiě 连 连接谓词、谓词性短语或分句,表示递进关系 ▷这种植物我们家乡也有,～还很多。

【并入】bìngrù 动 合并进去 ▷几个小厂已～某企业集团。

【并世】bìngshì 名 同一时代 ▷～无双。

【并吞】bìngtūn 动 把别国或别人的土地、财产强行据为己有 ▷秦～六国,统一天下。

【并网】bìngwǎng 动 把单独的输电、通信等线路并入总的系统,形成网络 ▷～发电|～运行。

【并线】bìngxiàn ❶ 动 机动车离开正在行驶的车道进入并行的邻接车道行驶 ▷强行～往往引发交通事故。❷ 动 纺织上指把几股纱、丝等并合在一起 ▷～车间。❸ 名 经过并线工序并合的纱或丝 ▷腈纶～。

【并行】bìngxíng ❶ 动 并排行进 ▷在马路上骑自行车,不要搭肩～。❷ 动 同时进行 ▷体能训练和技术训练～。

【并行不悖】bìngxíng-bùbèi 同时进行,互不抵触 ▷语言文字的规范化与现代化～。☛"悖"不读 bó。

【并用】bìngyòng 动 一起使用 ▷手脑～|读外语应该眼、口、耳、脑～。

【并重】bìngzhòng 动 不分主次,同等重视 ▷生产与流通～|加强锻炼和药物治疗～。

【并转】bìngzhuǎn 动 合并和转产。是我国现时对长期亏损企业采取的两项调整措施。

病 bìng ❶ 名 生理上或心理上出现的不健康、不正常状态 ▷闹了一场～|～从口入|治～。→ ❷ 动 生病 ▷孩子～了|～了很久。→ ❸ 名 缺点;错误 ▷通～|弊～。

【病案】bìng'àn 名 病历。

【病包儿】bìngbāor 名〈口〉指疾病缠身的人(含诙谐意) ▷他这么个～,怎么干得了重活儿呢?

【病变】bìngbiàn 动 病理变化的简称。指细胞、组织、器官等受致病因素侵害,导致结构、功能、代谢等发生变化。

【病病歪歪】bìngbingwāiwāi 形 形容身体多病,衰弱无力 ▷别看他～的,却从不闲着。

【病病殃殃】bìngbingyāngyāng 形 病病歪歪。

【病残】bìngcán 名 疾病和残疾的合称 ▷虽是～之身,依然自强不息。

【病车】bìngchē 名 有故障的车辆。

【病程】bìngchéng 名 疾病发生、发展到病愈或死亡的全过程 ▷有的慢性病～很长。

【病虫害】bìng-chónghài 植物的病害和虫害 ▷防治～。

【病床】bìngchuáng 名 病人睡的床;特指医疗单位专供住院病人用的床 ▷家庭～|这家医院有 300 张～。

【病毒】bìngdú ❶ 名 比病菌更小的一类微生物。没有细胞结构,不能独立进行代谢活动,只能在特定的寄主细胞中复制繁殖。很多病毒可以致病,如天花、麻疹、流行性感冒、传染性肝炎等都是由病毒引起的。❷ 名 计算机病毒。

【病笃】bìngdǔ 形〈文〉病情严重 ▷令尊～,速归!

【病房】bìngfáng 名 医疗单位供病人住的房间。

【病夫】bìngfū 名 体弱多病的人。

【病根】bìnggēn ❶ 名 导致某种疾病的根源;也指没有彻底治愈的旧病 ▷～未除,常常复发|年轻时坐下了腰疼的～儿。❷ 名 比喻导致失败、挫折、灾祸的根源 ▷多次失败的～就是盲目自大。

【病故】bìnggù 动 因病死去。

【病鬼】bìngguǐ 名 体弱多病的人(含诙谐意) ▷他是个～,不参加你们的旅游了。

【病害】bìnghài 名 指受真菌、细菌、病毒等病源生物或不适宜的气候、土壤等环境因素影响引起的植物体发育不良、枯萎或死亡的现象。

【病号】bìnghào 名 病人(多指在集体单位的) ▷照顾～。

【病号饭】bìnghàofàn 名 指专为病人做的饭食，多是流食或半流食。

【病候】bìnghòu 名 中医指十二经脉经气异常时所发生的互有联系的系列症状；泛指肌体病变引起的各种临床表现。

【病患】bìnghuàn 名 疾病。

【病家】bìngjiā 名 病人及其家属一方（对医护人员和医院而言）▷本院一概拒收～红包。

【病假】bìngjià 名 因病请的假 ▷～三天|～条。

【病句】bìngjù 名 不符合语言规律或逻辑事理等的句子 ▷这个句子动词和宾语不搭配，是个～|修改～。

【病菌】bìngjūn 名 引起疾病的细菌。如伤寒杆菌、金黄色葡萄球菌等。也说病原菌。

【病况】bìngkuàng 名 病情。

【病理】bìnglǐ 名 疾病发生与发展过程中细胞、组织、器官的结构、功能、代谢等的变化及其规律 ▷～检查|～解剖学。

【病历】bìnglì 名 医生对病人病情、检查情况及诊治处理的方法、意见所作的记录。也说病案。

【病例】bìnglì ❶ 名 疾病统计的计算单位。以一人一病为一个病例，如一人同时患有两种病即为两个病例。❷ 名 某种疾病的实例 ▷我国尚未发现此种～。

【病魔】bìngmó 名 像魔鬼一样难以战胜的疾病，多指久治不愈的疾病 ▷与～作斗争。

【病情】bìngqíng 名 病症发展变化的情况 ▷～缓解|他不了解自己的真实～。

【病区】bìngqū 名 医疗单位按疾病种类划分的病人住院区域 ▷一～是内科，二～是外科。

【病人】bìngrén 名 有病的人。

【病容】bìngróng 名 生病的面容、气色 ▷满面～|憔悴的～。

【病入膏肓】bìngrù-gāohuāng 形容疾病已发展到不能治愈的程度（古人称心尖脂肪为"膏"，心脏和膈之间为"肓"，认为这里是药力达不到的地方）；比喻形势严重到无法挽救的地步。☛"肓"不读 máng，也不要误写作"盲"。

【病弱】bìngruò 形 因患病而身体虚弱 ▷～之躯。

【病史】bìngshǐ 名 患者以往生病和诊治的情况 ▷患者有肝炎～。

【病势】bìngshì 名 疾病发展的轻重程度 ▷～加重|～减轻。

【病室】bìngshì 名 病房。

【病逝】bìngshì 动 因病死去 ▷祖父不幸～。

【病榻】bìngtà 名 病床 ▷书稿是在～上完成的|辗转～。

【病态】bìngtài ❶ 名 身体有病或心理不健康所表现出的不正常的状态。❷ 名 比喻某些不正常的社会现象 ▷社会～|～文学。

【病体】bìngtǐ 名 生病的身体 ▷拖着～写作。

【病痛】bìngtòng 名 疾病引起的疼痛或痛苦；泛指疾病 ▷消除～。

【病退】bìngtuì ❶ 动 因病退职、退学或提前退休 ▷病得几年上不了班，只好办～。❷ 动 特指上山下乡的知识青年因病而返回原住地 ▷他是从插队的农村～回京的。

【病歪歪】bìngwāiwāi 形 病病歪歪。

【病危】bìngwēi 形 病得严重，生命垂危 ▷～时留下遗言|～通知书。

【病西施】bìngxīshī 名 借指带有病态的美人（西施：春秋时期越国的美女，后人把她当作绝色美女的代称。相传西施生病时更美）。

【病象】bìngxiàng 名 疾病的征象 ▷～奇特。

【病休】bìngxiū 动 因病休息 ▷长期～在家。

【病恹恹】bìngyānyān 形 形容因病倦怠无力、精神不振。

【病殃殃】bìngyāngyāng 形 病病殃殃。

【病秧子】bìngyāngzi 名 指常年生病、身体虚弱的人 ▷他是个～，干不了重活儿。

【病疫】bìngyì 名 指流行性传染病；瘟疫 ▷地震后，要严防～流行。

【病因】bìngyīn 名 生病的原因 ▷查不出～。

【病友】bìngyǒu 名 称在一起治病或养病的人。

【病愈】bìngyù 动 疾病痊愈；康复 ▷～出院。

【病员】bìngyuán 名 指集体单位中生病的人员。

【病原虫】bìngyuánchóng 名 寄生在人或动物体内能引起疾病的原生动物。如疟原虫、滴虫等。也说原虫。

【病原体】bìngyuántǐ 名 能引起疾病的微生物和寄生虫的统称。如病毒、细菌、真菌、病原虫、螺旋体、绦虫等。

【病源】bìngyuán 名 指产生疾病的根源 ▷查找～。

【病院】bìngyuàn 名 专科医院 ▷结核～。

【病灶】bìngzào 名 有机体上发生病变的部位。可散布病原体和毒素，扩大病变。

【病征】bìngzhēng 名 疾病显示出来的征象 ▷从～看，他患的是肝炎。☛跟"病症"不同。

【病症】bìngzhèng 名 疾病 ▷治愈许多疑难～。☛跟"病征"不同。

【病株】bìngzhū 名 发生病害的植株。

【病状】bìngzhuàng 名 病况 ▷～恶化。

摒 bìng 义同"屏（bǐng）"①。☛"摒除""摒弃"跟"屏（bǐng）除""屏（bǐng）弃"同义，因为"摒""屏"都有"排除"义；但"屏声""屏息"不能写作"摒声""摒息"，因为"摒"无"抑止"义。

【摒除】bìngchú 动 排除；除掉 ▷～私心干扰。

【摒挡】bìngdàng 动 〈文〉整理 ▷～行装|～箱箧。☛"挡"这里不读 dǎng。

【摒绝】bìngjué 动 排除干净 ▷～一切杂念。

【摒弃】bìngqì 动 抛弃；弃除 ▷～精神垃圾｜～陈规陋习。

bō

拨（撥） bō ❶ 动 用手脚或棍棒等横向用力，使人或物移动或分开 ▷～开人群｜～门｜把钟～快一个小时｜用脚轻轻一～，把球送进球门◇～云见日｜～冗。→❷ 动 指打电话时输入电话号码呼叫受话方。因用老式电话机打电话时，通过拨动电话机上的号码盘输入号码，故称 ▷～叫｜～通。→❸ 动 用手指或工具弹动（琴弦）▷弹～｜～动琴弦。→❹ 动 调配；分出一部分 ▷～两个人去值班｜～款｜调（diào）～。❺ 量 用于分批的人或物 ▷来了一～儿人｜货分两～儿运。→❻ 动 掉转 ▷～转马头。☛ 跟“拔”不同。右边是“发”，不是“友”或“犮（bá）”。由“发”构成的字还有“泼”“废”等。

【拨打】bōdǎ 动 拨号打电话 ▷～120 急救电话。

【拨动】bōdòng ❶ 动 横向用力使东西移动 ▷～门闩，把门打开。❷ 动 拨③ ▷～琴弦◇优美的歌声～着听众的心弦。

【拨发】bōfā 动 分出总额的一部分发放 ▷～救灾物资。

【拨付】bōfù 动 划拨支付（款项）▷～150 万元作为基金｜～贷款。

【拨号】bōhào 动 在电话机上输入号码 ▷他拿起手机，开始～｜～上网。参见本页“拨”②。

【拨叫】bōjiào 动 拨打（多用于某些特殊号码，如110、119 等）。

【拨款】bōkuǎn ❶ 动 调拨款项 ▷政府给学校～。❷ 名 调拨的款项 ▷增加教育～。

【拨拉】bōla 动〈口〉拨动；拨开 ▷用棍子～～脏土｜把打架的小孩儿～开。

【拨浪鼓】bōlanggǔ 名 一种有手柄的小鼓。鼓旁两条短绳分别系有小坠儿，摇动时小坠儿击打鼓面，发出“拨浪”“拨浪”的声音。多用作玩具，有的小贩也用来招揽生意。☛ 不宜写作“波浪鼓”“泼浪鼓”。

【拨乱反正】bōluàn-fǎnzhèng 纠正错误，整治混乱，使回到正确轨道（反：返回）。

【拨弄】bōnong ❶ 动 来回拨动 ▷～算盘珠儿。❷ 动 挑拨 ▷～是非。❸ 动 摆布 ▷～人。

【拨冗】bōrǒng 动〈文〉客套话，（请对方）推开繁忙的工作，抽出时间 ▷请～光临指导。

【拨通】bōtōng 动 拨打接通（电话）▷～市长热线电话。

【拨云见日】bōyún-jiànrì 拨开云雾，见到太阳。比喻冲破黑暗，重见光明；也比喻受到启发而豁然开朗。

【拨正】bōzhèng 动 拨动使方向正确 ▷～航向。

【拨转】bōzhuǎn 动 掉转 ▷～船头。

【拨子】bōzi ❶ 名 弹奏月琴、吉他、琵琶等弦乐器用的一种薄片，用金属、象牙或塑料等制成。❷ 名 高拨子的简称。❸ 量 拨⑤ ▷那～人离开这里有两天了。

波 bō ❶ 名 起伏不平的水面 ▷随～逐流｜碧～荡漾｜～浪。→❷ 名 比喻突然出现的变化 ▷一～未平，一～又起｜风～｜～折。→❸ 名 比喻流转的目光 ▷眼～｜秋～。→❹ 名 物理学上指振动在介质中的传播过程，是能量传递的一种形式。包括机械波和电磁波。也说波动。〇❺ 名 姓。☛ 统读 bō，不读 pō。

【波长】bōcháng 名 波在一个振动周期内传播的距离。即在波的传播方向上，相邻的两个波峰或波谷之间的距离。

【波荡】bōdàng 动 水波摇荡，起伏不定 ▷快艇过后，湖水～不已。

【波导】bōdǎo 名 传输微波波段电磁波的装置。分为封闭式、敞开式两种。封闭式最常用，由空心金属管制成。封闭式波导也说波导管。

【波动】bōdòng ❶ 动 像波浪那样时起时伏；不稳定 ▷情绪～｜价格～。❷ 名 波④。

【波段】bōduàn 名 无线电波按波长分成的段。一般分长波、中波、短波、超短波四个波段。

【波尔多液】bō'ěrduōyè 名 植物保护性杀菌剂，用硫酸铜、生石灰和水按比例配成。喷洒到作物上，能防治多种病虫害（波尔多：法语 Bordeaux 音译）。

【波尔卡】bō'ěrkǎ 名 捷克语 polka 音译。捷克民间舞蹈。以男女对舞为主，音乐节奏为$\frac{2}{4}$拍，快速活泼。19 世纪在欧洲流行。

【波峰】bōfēng 名 在一个振动周期内，横波在纵坐标上的最高点。

【波幅】bōfú 名 振幅。

【波谷】bōgǔ 名 在一个振动周期内，横波在纵坐标上的最低点。

【波光】bōguāng 名 水波反射的亮光 ▷河面上闪动着金色的～｜～粼粼。

【波及】bōjí 动 涉及；影响到 ▷这种思潮～整个文艺界｜这件事～面很广。

【波谲云诡】bōjué-yúnguǐ 云谲波诡。

【波澜】bōlán 名 大的波浪；波涛 ▷～起伏｜～壮阔◇激起思想的～。

【波澜壮阔】bōlán-zhuàngkuò 形容规模宏伟，声势浩大。☛ 跟“汹涌澎湃”不同。“波澜壮阔”侧重指雄壮而宽阔，可形容社会生活或艺术作品的气势；“汹涌澎湃”侧重指撞击翻涌的巨大水势，可形容感情的激荡。

【波浪】bōlàng 名 江河湖海等受到外力作用呈现出的起伏不平的水面 ▷～滔天|汹涌的～。

【波浪式】bōlàngshì 区别 像波浪一样一起一落的 ▷～发型|～前进。

【波罗蜜】bōluómì ❶见 100 页“菠萝蜜”。现在一般写作“菠萝蜜”。○ ❷ 动 梵语 Pāramitā 音译。佛教指到达彼岸。也译作波罗蜜多。

【波谱】bōpǔ 名 一系列波按照波长或频率大小排列起来的图表 ▷电磁波的～中，无线电波的波长居于首位。

【波束】bōshù 名 集中在横截面较小的区域内传播的电磁波。有很强的方向性，用于雷达和激光通信等。

【波斯猫】bōsīmāo 名 一种名贵的宠物猫，由古波斯国所属阿富汗、土耳其的两种长毛猫在英国长期选育而成。眼大明亮，呈古铜色或蓝色。叫声小，性驯良而机敏(波斯：英语 Persian 音译)。

【波速】bōsù 名 波的传播速度。

【波涛】bōtāo 名 大的波浪 ▷～冲击着石堤。

【波纹】bōwén 名 轻微的波浪形成的水纹 ▷微风吹来，湖面出现层层～。

【波形】bōxíng 名 表示某物理量按时间或空间变化的曲线图形。可在示波器上显示 ▷心电图的～趋于平直时，表明心脏停止跳动。

【波源】bōyuán 名 发出波的物体或地点 ▷离声波的～越近，声强越大。

【波折】bōzhé 名 事情的曲折变化 ▷两国关系出现～|几经～，终于找到了失散的哥哥。

【波磔】bōzhé 名 汉字书法的撇、捺；泛指书法的笔画。

玻 bō 见下。

【玻璃】bōli ❶ 名 一种脆硬透明的建筑、装饰材料。用石英砂、石灰石、碳酸钠等混合熔化制成。❷ 名 指像玻璃一样透明的东西 ▷～纸|有机～。

【玻璃布】bōlibù 名 用玻璃纤维织成的布。耐腐蚀，不可燃，绝缘性好。用来制作玻璃钢、绝缘布和滤布等。

【玻璃钢】bōligāng 名 以玻璃纤维或玻璃布作为增强材料制成的塑料。是重要的工业材料。

【玻璃幕墙】bōli mùqiáng 建筑物外表的一种维护结构。主要材料是玻璃板材和铝合金框架。用以增强采光效果、保持室温、阻挡风沙。

【玻璃丝】bōlisī 名 用玻璃、塑料等拉制的细丝。

【玻璃体】bōlitǐ 名 充满在眼球后部晶状体和视网膜之间的一种胶状物质。无色透明，具有屈折光线和支撑眼球内壁的作用。

【玻璃纤维】bōli xiānwéi 玻璃熔化后拉成的纤维。耐高温、耐腐蚀、绝缘性好。可制玻璃布、玻璃钢等，也可用作绝缘、防潮等材料。

【玻璃小鞋】bōli xiǎoxié 比喻暗中对下属施加的貌似公平合理实为打击报复的手段(常跟“穿”连用) ▷不怕他给我穿～。

【玻璃纸】bōlizhǐ 名 用经过化学处理的纸浆或塑料制成的透明薄膜。可以染上各种色泽，供包装及装饰用。

【玻璃砖】bōlizhuān ❶ 名 玻璃制成的砖状制品。坚固耐磨，隔音、隔热、透光。多用作建筑材料。❷ 名 较厚的玻璃板 ▷桌面上有一块～。

砵 bō 用于地名。如：铜砵，在福建；麻地砵，在内蒙古。

哱 bō ❶ 用于地名。如哱罗寨，在山东。○ ❷ 见 579 页“胡哱哱”。

趵 bō [趵趵] bōbō 拟声〈文〉模拟踏地的声音 ▷蹄声～。

另见 51 页 bào。

钵(鉢*盋缽) bō ❶ 名 一种敞口器皿，像盆而较小较深，多为陶制 ▷饭～|乳～|研～|花～。○ ❷ 名 梵语音译词“钵多罗(Pātra)”的简称。僧人盛饭的器具，圆而稍扁，底平，口略小 ▷～盂|衣～相传。

【钵盂】bōyú 名 钵②。

般 bō [般若] bōrě 名 梵语 Prajñā 音译。佛经指智慧。☛“般若”这里不读 bānruò。

另见 33 页 bān；1025 页 pán。

饽(餑) bō [饽饽] bōbo〈口〉❶ 名 用面粉或杂粮面制成的饼、馒头一类的食物 ▷硬面～|贴～，熬小鱼。❷ 名 糕点；点心 ▷送来一盒～。

剥 bō ❶ 义同“剥(bāo)”，多用于合成词或成语 ▷生吞活～。→ ❷ 动 (表面)脱落或被侵蚀 ▷～落|～离。→ ❸ 动 强行夺去 ▷～削(xuē)|盘～。☛ ㊀bō 是文读；bāo 是白读，用于口语，如“剥皮”“剥花生”。㊁左下是“氺”，不是“水”。

另见 43 页 bāo。

【剥夺】bōduó ❶ 动 用强制手段夺去或取消 ▷不能～别人的发言权。❷ 动 (审判机关)依法强行取消 ▷～政治权利三年。

【剥离】bōlí 动 (附在物体表面的东西)脱落或被分离 ▷表皮～|～矿体上的岩层、土层。

【剥落】bōluò 动 (附在物体表面的东西)逐渐地脱落下来 ▷墙皮～|漆皮～。

【剥取】bōqǔ 动 榨取；强取 ▷依法严惩～民财公款的贪官。

【剥蚀】bōshí 动 物体表层长期受风、水等侵蚀而损坏 ▷这些石像已被风雨～得很厉害。

【剥削】bōxuē 动 凭借生产资料的私人所有权等

不公平地占有别人的劳动或劳动成果 ▷社会主义的本质就是解放和发展生产力，消灭～。

【剥削阶级】bōxuē jiējí 在阶级社会里占有生产资料、剥削他人的阶级。如奴隶主阶级、地主阶级、资产阶级。

菠 bō 见下。☛ 统读 bō，不读 bó。

【菠菜】bōcài 名 一年或二年生草本植物，主根粗长，略带红色，叶子略呈三角形，浓绿色，是常见蔬菜。参见插图 9 页。

【菠薐菜】bōléngcài 名 某些地区指菠菜。

【菠萝】bōluó 名 多年生常绿草本植物，叶剑状，夏季开紫色花。果实也叫菠萝，外部鳞片状，果肉味甜酸。原产巴西，16 世纪时传入我国。也说凤梨。俗称黄梨。参见插图 10 页。

【菠萝蜜】bōluómì 名 常绿乔木，产于热带。聚花果长可达 50 厘米，重可达 20 千克，外皮有六角形瘤状突起。果肉有乳状汁液，味甜，可食用；木材可制家具。也说木波罗、树波罗。

铍（鈹） bō 名 金属元素，符号 Bh。有强放射性，化学性质近似铼。由人工核反应获得。

播 bō ❶ 动 往土地上撒种子 ▷～种｜春～｜条～｜机～。→ ❷ 动 散布；传扬 ▷传～｜广～｜～音。❸ 动〈文〉迁移；流亡 ▷～迁（到处迁移，漂泊不定）。☛ ㊀统读 bō，不读 bó。㊁右上是“米”上加一撇，7 画，不是“采”（8 画）。

【播报】bōbào 动 通过广播、电视播送报道（新闻）▷电视台在～新闻｜我台将现场～。

【播出】bōchū 动 通过广播、电视、网络等传播媒体播送出 ▷消息已～3 天｜电视台将～比赛实况。

【播发】bōfā 动 通过广播、电视播送发布（多用于重要的新闻、公告等）▷～《人民日报》社论｜～重要通知。

【播放】bōfàng 动 通过广播、电视播送或放映 ▷～录音｜～音乐｜～电视剧｜～足球赛录像。

【播幅】bōfú 名 田间按垄播种作物的宽度 ▷按收割机轮距确定小麦的～。

【播讲】bōjiǎng 动 通过广播、电视等讲述或讲授 ▷～成语故事｜电台定时～卫生知识。

【播弄】bōnong 见 98 页“拨弄”②③。现在一般写作“拨弄”。

【播撒】bōsǎ 动 撒（种子等）▷～小麦◇～革命的火种。

【播散】bōsàn 动 散布；散发 ▷防止有害气体～｜这件事不久就～开了。

【播送】bōsòng 动 通过广播、电视把节目、消息等传送给听众、观众 ▷～新闻｜～演出实况。

【播扬】bōyáng ❶ 动 传布；传扬 ▷助人为乐精神广泛～。❷ 动 散布；扬起 ▷尘土～。

【播音】bōyīn 动 通过有线或无线广播电台播出各种节目 ▷～室｜～员。

【播映】bōyìng 动 通过电视播送节目 ▷该电视剧在黄金时间～。

【播种】bōzhǒng 动 把农作物的种子播撒到地里 ▷别误了～时间｜及时～。☛ 跟“播种（zhòng）”不同。

【播种】bōzhòng 动 用播撒种（zhǒng）子的方式种植农作物。可分为点播、条播、撒播等 ▷冬小麦适于～，油菜适于移栽。☛ 跟“播种（zhǒng）”不同。

蕃 bō 见 1392 页“吐蕃”。
另见 376 页 fān；379 页 fán。

嶓 bō ［嶓冢］bōzhǒng 名 山名，在甘肃。

bó

孛 bó 古同“勃”。
另见 57 页 bèi。

伯¹ bó ❶ 名〈文〉兄弟排行中的老大 ▷～仲之间。→ ❷ 名 伯父 ▷大～｜二～。❸ 名 尊称比父亲略年长的男子 ▷老～｜世～｜姻～。〇 ❹ 名 姓。

伯² bó 名 古代贵族五等爵位的第三等 ▷公侯～子男｜～爵。☛ “伯”字读 bó 是文读，如“伯仲”；读 bǎi 是白读，如“大伯子”。bǎi（伯）有时音变为 bāi，如“大伯”“二伯”。
另见 29 页 bǎi。

【伯伯】bóbo 名 伯父。

【伯父】bófù ❶ 名 父亲的哥哥；也用来尊称与父亲同辈而年纪略大的男子 ▷大～｜二～。❷ 名 对同学、同事等的父亲的尊称。

【伯爵】bójué 名 伯²。

【伯劳】bóláo 名 鸟，额部和头部的两旁黑色，颈部蓝灰色，背部棕红色并有黑色波状横纹。吃昆虫和小鸟，善鸣。

【伯乐】bólè ❶ 名 星名，主管天马。❷ 名 秦穆公时孙阳以善相千里马著称，人们以主管天马的星名伯乐尊称他。后用“伯乐”借指善于发现和重用人才的人 ▷要当新时期的～。

【伯母】bómǔ ❶ 名 伯父的妻子。❷ 名 对同学、同事等的母亲的尊称。

【伯仲】bózhòng 名〈文〉兄弟排行次第，即老大和老二；比喻优劣高下相当的人或事物 ▷二者相权，难分～。

【伯仲叔季】bó-zhòng-shū-jì 我国古代兄弟排行的顺序，伯最大，仲次之，叔又次之，季最小。

【伯祖】bózǔ 名 父亲的伯父。

【伯祖母】bózǔmǔ 名 父亲的伯母。

驳[1]（駁*駮） bó ❶ 形 颜色混杂不纯；不纯净 ▷斑～|～杂。→❷ 动 用自己的观点否定别人的观点；指出别人意见的谬误 ▷当场～了他几句|真理是～不倒的|批～|反～。

驳[2]（駁） bó ❶ 动 用船转运旅客或货物 ▷～载|起～。→❷ 名 指驳船 ▷千轮万～|铁～。

【驳岸】bó'àn 名 紧贴堤岸外侧、保护堤岸免受流水冲刷的建筑物，多用石块砌成。

【驳斥】bóchì 动 批驳、斥责错误的言论或意见 ▷～错误观点|对荒谬的意见必须严加～。☛ 参见 380 页"反驳"的提示。

【驳船】bóchuán 名 自身没有动力装置，由拖轮牵引着航行的客、货船。

【驳倒】bódǎo 动 通过反驳，使对方的观点、意见等不能成立 ▷～了对方的观点。

【驳回】bóhuí 动 不批准、不采纳别人的请求或建议；特指法院拒绝当事人的请求 ▷～他的请求|～上诉，维持原判。

【驳价】bójià 动 驳回卖方的要价；还价 ▷没有～就成交了。

【驳壳枪】bókéqiāng 名 一种外有木盒的手枪，射击时木盒可作枪托。可连续发射，比普通手枪射程远。也说盒子炮、盒子枪。

【驳论】bólùn 动 论辩时针对对方的论点加以批驳，同时阐述己方的观点。

【驳面子】bómiànzi 不照顾情面 ▷你当面求他，他不好意思～|别驳了人家的面子。

【驳难】bónàn 动〈文〉驳斥责难 ▷更相～。

【驳议】bóyì ❶ 动〈文〉反驳。❷ 名 不同的意见；反驳的意见 ▷提出～。

【驳运】bóyùn 动 用小船在岸和船或船和船之间转运旅客或货物 ▷港内～|～航线。

【驳杂】bózá 形 混杂不一 ▷内容～|色彩～。

帛 bó 名 丝织品的统称 ▷布～|化干戈为玉～|～书。☛ 统读 bó，不读 bèi。

【帛画】bóhuà 名 我国古代画在帛上的图画 ▷出土了极为珍贵的楚国～。

【帛书】bóshū 名 我国古代写在帛上的书 ▷马王堆汉墓中有大批西汉～。

泊[1] bó ❶ 动 停船靠岸 ▷停～。→❷ 动 停留；暂住 ▷漂～。→❸ 动 停放（车辆）▷～车。○❹ 名 姓。

泊[2] bó 形（对名利）淡漠 ▷淡～。☛"泊"字读 pō，指湖泊，如"梁山泊""罗布泊"。

另见 1060 页 pō。

【泊车】bóchē 动 把汽车等停放在一定的地方 ▷请在指定地点～。

【泊地】bódì 名 锚地。

【泊位】bówèi ❶ 名 港区内供船舶停靠的位置。一个泊位停靠一条船。泊位的数量和等级是衡量港口规模的重要依据。❷ 名 借指汽车停车位 ▷商厦广场上设有 100 个～。

柏 bó 音译用字，用于柏林（地名，在德国）、柏拉图（人名，古希腊哲学家）等。

另见 29 页 bǎi；103 页 bò。

勃 bó 形 旺盛 ▷生机～～|蓬～。☛ 统读 bó，不读 bō。

【勃勃】bóbó 形 形容生命力旺盛、精力充沛或欲望强烈 ▷生机～|雄心～。

【勃发】bófā ❶ 动 旺盛生发；焕发 ▷雄姿～。❷ 动 突然发生；爆发 ▷事变～|～内战。

【勃起】bóqǐ 动 兴起；现多指男性或某些雄性哺乳动物阴茎因性冲动等充血而变硬、竖起。

【勃然】bórán ❶ 形 形容旺盛或兴起的样子 ▷兴致～|～兴起。❷ 形 形容（脸色因发怒）突然改变的样子 ▷～变色|～大怒。

【勃谿】bóxī 动〈文〉家庭中某些成员之间争吵 ▷姑嫂～|妇姑～。

【勃兴】bóxīng 动 勃然兴起。

钹（鈸） bó 名 铜制打击乐器，两个圆片为一副，中间凸起成半球状，正中有孔，可以穿绸布条供手持，两片相击发声。☛ 统读 bó，不读 bá。

铂（鉑） bó 名 金属元素，符号 Pt。银白色，有光泽，富延展性，导热导电性能好，耐腐蚀。可制作坩埚、电极，也可用作催化剂。俗称白金、铂金。

亳 bó 名 亳州，地名，在安徽。☛ 跟"毫（háo）"不同。下边是"乇"。

浡 bó 形〈文〉形容兴起的样子 ▷～然兴之。

袯（襏） bó［袯襫］bóshì 名 古代指蓑衣。

桲 bó 用于地名。如桲罗台，在河北。

另见 1063 页 po。

舶 bó 名 航海的大船 ▷船～|海～。☛ 不要误写作"泊"。

【舶来品】bóláipǐn 名 通过航船从国外进口的物品；泛指从国外引入的事物 ▷这件仪器是～|情人节是～。

脖（*頩） bó ❶ 名 脖子。→❷ 名 身体上或器物上像脖子的部分 ▷脚～子|长～儿瓶子。

【脖梗儿】bógěngr 名〈口〉脖子的后部 ▷伏案时间长了～发酸|头发盖住了～。

【脖颈儿】bógěngr 现在一般写作"脖梗儿"。

【脖领儿】bólǐngr 名〈口〉领子。

【脖子】bózi 名 头和躯干相连接的部分。

艴 bó，又读 fú 形〈文〉形容恼怒的样子 ▷～然而返|～然不悦。

博[1]（*愽❶—❸） bó ❶ 形 广；多 ▷广～|渊～|地大物～。→ ❷ 形 广泛；普遍 ▷～学|～爱。→ ❸ 动 通晓 ▷～古通今。○ ❹ 名 博客①的简称 ▷开～|微～|～友。○ ❺ 名 姓。

博[2] bó 动 换取；取得 ▷聊～一笑|～得|～取|～眼球（吸引人的注意力）。

博[3] bó ❶ 动 古代的一种棋戏；泛指下棋 ▷～弈。→ ❷ 动 指赌钱等 ▷～彩。☛"博"字左边是"十"，不是"忄"。

【博爱】bó'ài 动 对人类广泛地施以爱心 ▷～众生。

【博采众长】bócǎi-zhòngcháng 广泛采纳、吸取众人的长处。

【博彩】bócǎi 名 指赌博、摸彩、抽奖等活动。特指赌博 ▷～业|～活动。

【博大】bódà 形 宽广；丰富（多用于思想、学问、胸怀等抽象事物）▷～的胸襟，高尚的情操。

【博大精深】bódà-jīngshēn 形容思想、学识等广博高深。

【博导】bódǎo 名 博士生导师的简称。

【博得】bódé 动 赢得；得到（信任、赞扬、同情等）▷他的表演～一阵阵喝彩|～大家的好感。

【博古通今】bógǔ-tōngjīn 对古今的事情全都通晓。形容知识渊博。

【博客】bókè ❶ 名 英语 blog 音译。以文字、图片等形式发布的，通常由从新到旧排列的帖子所组成的，由个人管理的网页或网站 ▷我今年在互联网上建了个～。也说网络日记、网络日志。❷ 名 拥有或撰写博客的人 ▷采访～。也说博主。

【博览】bólǎn 动 广泛地阅读 ▷～群书。

【博览会】bólǎnhuì 名 由许多国家或单位参加展览的大型展览会 ▷世界航空～。

【博取】bóqǔ 动 努力争得（信任、喜爱等）▷～好感|～上司的青睐。

【博识】bóshí 形 学识广博 ▷～多才|广见～。

【博士】bóshì ❶ 名 我国古代讲授经学的官员。❷ 名 古代对精于某种技艺或专门从事某种职业的人的尊称 ▷酒～|茶～。❸ 名 学位中的最高一级；也指取得这一学位的人 ▷攻读～学位|这三位大夫都是医学～。

【博士点】bóshìdiǎn 名 可以授予博士学位的学科基地。一般设在高等学校及科研机构。

【博士后】bóshìhòu 名 获得博士学位后，在专门的科研流动站从事研究工作并继续深造的阶段；也指博士后研究人员。

【博士生】bóshìshēng 名 正在攻读博士学位的研究生。

【博文】bówén 名 指博客上的文章 ▷连发数篇～|删除了这篇～。

【博闻强记】bówén-qiángjì 博闻强志。

【博闻强志】bówén-qiángzhì 见闻广博，记忆力强（志：记住）。

【博闻强识】bówén-qiángzhì 博闻强志（识：记住。与"志"同义）。☛"识"这里不读 shí。

【博物】bówù ❶ 名 万物 ▷～馆|～志。❷ 名 旧时对动物、植物、矿物、生理等学科的统称。

【博物馆】bówùguǎn 名 搜集、保管、展出和研究各种文物、标本的机构 ▷历史～|自然～。

【博物院】bówùyuàn 名 较大规模的博物馆 ▷故宫～|南京～。

【博学】bóxué 形 学识广博 ▷～之士|～多闻。

【博雅】bóyǎ 形〈文〉学问渊博，品行端正 ▷～君子。

【博弈】bóyì 动 赌博和下棋；借指智谋的较量 ▷竞争过程往往是～过程。

【博引】bóyǐn 动 广泛地引证 ▷旁征～，论据充足。

鹁（鵓） bó 见下。

【鹁鸽】bógē 名 家鸽。

【鹁鸪】bógū 名 鸟，羽毛灰色，天将下雨或刚晴时，常在树上咕咕地叫。也说鹁鸠、水鹁鸪。

渤 bó 名 渤海，我国内海，在山东半岛和辽东半岛之间。

搏 bó ❶ 动 对打 ▷肉～|拼～|～斗。○ ❷ 动 跳动 ▷脉～|～动。

【搏动】bódòng 动（心脏、动脉等）有节律地跳动 ▷心脏～有力。

【搏斗】bódòu ❶ 动（徒手或用器械）激烈地打斗 ▷同犯罪分子～。❷ 动 激烈地斗争 ▷与山洪～|同恶势力～。

【搏击】bójī 动 拼搏冲击 ▷海燕在暴风雨中～。

【搏杀】bóshā 动 搏斗厮杀 ▷在与敌人～中，他身负重伤◇经过激烈～，我队终于小胜对手。

【搏战】bózhàn 动 搏斗奋战 ▷与敌军～了三天三夜。

鲌（鮊） bó 名 鱼，身体侧扁，口大而向上翘，腹面有肉棱，背鳍有硬刺。生活在淡水中，以鱼、虾等为食。

僰 bó 名 我国古代西南地区的一个民族。

箔 bó ❶ 名 古代指用竹条编的帘子；现指用苇子或秫秸编成的片状物 ▷苇～|席～。→ ❷ 名 蚕箔，养蚕用的竹席或竹筛子。→ ❸ 名 金属打成的薄片 ▷银～|镍～。❹ 名 涂上金属粉末的纸 ▷锡～。○ ❺ 名 姓。☛统读 bó，不读 báo。

【箔材】bócái 名 铝箔、锡箔等金属薄片材料的统称,用作电工材料、商品包装材料等。

魄 bó 见 910 页"落魄"。
另见 1063 页 pò;1405 页 tuò。

膊 bó 名 臂的上部靠近肩的部分;也指肩膀以下手腕以上的部分 ▷赤～|胳～(bo)。

踣 bó 动〈文〉向前仆倒 ▷腹饥欲～|～跌。

镈(鎛) bó ❶ 名 古代一种锄草的农具。○ ❷ 名 古代一种青铜制成的打击乐器,像钟而口缘较平。

薄[1] bó 动 迫近;接近 ▷日～西山|～暮。

薄[2] bó ❶ 形 微;少 ▷～利多销|广种～收|～技。→ ❷ 动 轻视;小看 ▷厚此～彼|鄙～。→ ❸ 形 苛刻;轻佻 ▷刻～|轻～。→ ❹ 义同"薄(báo)",用于合成词或成语 ▷瘠～|淡～|～田|～酒|如履～冰。○ ❺ 名 姓。☛ bó 是文读,如"菲薄";báo 是白读,一般用于单说和一些日常生活词语,如"被子很薄""薄皮";读 bò,只用于"薄荷"。
另见 44 页 báo;本页 bò。

【薄产】bóchǎn 名〈文〉微薄的产业 ▷家有～。

【薄待】bódài 动 冷淡地对待 ▷他虽不富裕,可从不～亲友。

【薄地】bódì 名 贫瘠的农田。

【薄技】bójì 名 微不足道的技艺、本领(多用作谦词) ▷略有～在身。

【薄酒】bójiǔ 名 口味淡薄的酒(多用作谦词) ▷略备～,聊表敬意。

【薄礼】bólǐ 名 微薄的礼物(多用作谦词) ▷～一份,略表心意。

【薄利】bólì 名 微薄的利润 ▷略有～。

【薄利多销】bólì-duōxiāo 以微利低价的办法来扩大销售,从而获得较好的经济效益。

【薄面】bómiàn 名 微薄的情面(多用作谦词) ▷看在我的～上,就帮他一把吧。

【薄命】bómìng 形 迷信指命运差或福分浅(多指女子) ▷红颜～|我不怨天尤人,只怪自己～。

【薄膜】bómó 名 透明或半透明的薄片,一般有柔韧性 ▷塑料～。

【薄暮】bómù 名〈文〉傍晚。

【薄情】bóqíng 形 感情淡薄。形容不顾情义,背弃情义(多用于男女之情) ▷他这样～,你还留恋什么?|～寡义。

【薄弱】bóruò 形 不雄厚;不坚强;不坚固 ▷基础～|意志～|～环节。

【薄收】bóshōu 动 收成少 ▷广种～。

【薄田】bótián 名 薄地。

【薄物细故】bówù-xìgù 微小琐碎的事情(薄、细:微小;物、故:事情、事物)。

【薄雾】bówù 名 淡淡的雾 ▷～已经散去。

【薄幸】bóxìng 形〈文〉薄情(多指男方) ▷～郎。

【薄葬】bózàng 动 从简办丧事(跟"厚葬"相对)。

馞 bó 形〈文〉香气浓烈 ▷满座芳香,～～袭人。

馎(餺) bó [馎饦] bótuō 名 古代一种用面或米粉制成的食品。

髆 bó 名〈文〉肩胛。

欂 bó ❶ 名 古书上说的一种树。→ ❷ 名〈文〉椽子。

【欂栌】bólú 名〈文〉斗拱。

礴 bó 见 1028 页"磅(páng)礴"。

bǒ

跛 bǒ 形 腿或脚有残疾,走路时一瘸一拐 ▷他走起路来一～一～的|～脚|～行。

【跛脚】bǒjiǎo ❶ 形 跛 ▷他走路有些～。❷ 名 跛脚的人 ▷老人是个～,行走不方便。

【跛脚鸭】bǒjiǎoyā 名 英语 lame duck 意译。原比喻像跛脚的鸭子一样行走缓慢而不稳的人,后多比喻处境艰难而又一筹莫展、没有希望的政客、集团等 ▷面对失业率居高不下,这位总统全无良策,成了～。

【跛子】bǒzi 名 对跛脚人不尊重的称呼。

簸 bǒ ❶ 动 上下颠动盛有粮食等的簸(bò)箕,以分离并扬去其中的糠秕、沙土等杂物 ▷～黄豆|把这堆粮食～～。→ ❷ 动 指上下颠动 ▷颠～。
另见 104 页 bò。

【簸荡】bǒdàng 动 上下颠簸,左右摇荡 ▷船在海上航行,比在江河中～得厉害。

【簸动】bǒdòng 动 上下颠动 ▷路不平,卡车一路不停地～。

【簸箩】bǒluo 名 笸(pǒ)箩。

bò

柏 bò 见 603 页"黄柏"。
另见 29 页 bǎi;101 页 bó。

薄 bò 见下。
另见 44 页 báo;本页 bó。

【薄荷】bòhe 名 多年生草本植物,茎方形,叶卵形或长圆形。茎、叶有清凉香味,可提取薄荷油、薄荷脑,也可以做药材。

【薄荷脑】bòhenǎo 名 一种芳香清凉剂。可从薄荷油中分离而得,也可用化学方法合成,用于制作牙膏、食品等,也供药用。也说薄荷醇。

【薄荷油】bòheyóu 图 由薄荷的茎叶提取的一种精油。淡黄色或黄色液体,有薄荷香气。用于制作食品、药品及牙膏等。

檗 bò 见 603 页"黄檗"。

擘 bò〈文〉❶ 动 分开;剖 ▷如～山腹开,置寺于其间。○ ❷ 图 大拇指 ▷巨～(比喻在某一方面首屈一指的人物)。

【擘划】bòhuà 现在一般写作"擘画"。

【擘画】bòhuà 动 筹划;安排 ▷～未来发展蓝图|精心～。

【擘肌分理】bòjī-fēnlǐ 切开肌肤,分析其中的纹理(理:肌肤的纹理)。比喻分析事理极为精细。

簸 bò［簸箕］bòji ❶ 图 簸(bǒ)粮食等用的器具。用竹篾或柳条编成,三面有帮,一面敞口。也有用来撮垃圾的,现多用铁皮或塑料制成。❷ 图 形状像簸箕的指纹 ▷右手有三个～两个斗。☛ 读 bǒ,表示动作,可单用,如"簸了几下";读 bò,一般只用于"簸箕",但与"斗(dǒu)"对举时也说"簸"。

另见 103 页 bǒ。

蘗 bò 古同"檗"。

bo

卜(蔔) bo 见 908 页"萝卜"。
另见本页 bǔ。

啵 bo ❶ 助 表示祈使或商量的语气,大致相当于"吧"(多见于近代汉语或方言)。○ ❷ 见 287 页"嘚(dē)啵"。

bū

逋 bū〈文〉❶ 动 逃亡 ▷～囚。→ ❷ 动 拖欠 ▷～欠。☛ 不读 fǔ 或 bǔ。

【逋逃】būtáo〈文〉❶ 动 逃亡。❷ 图 逃亡的人。

峬 bū［峬峭］būqiào 形〈文〉形貌美好。

晡 bū 图〈文〉申时,下午 3—5 时 ▷～时|～食。

餔 bū ❶ 动〈文〉吃晚饭;泛指吃 ▷何不～其糟而啜其醨? ○ ❷ 古同"晡"。

另见 119 页 bù。

bú

醭 bú 图 醋、酱、酱油等表面生出的白霉 ▷这瓶醋长了一层～。也说白醭。☛ 统读 bú,不读 pú。

bǔ

卜 bǔ ❶ 动 古代指用火烤炙龟甲等预测吉凶;后来泛指各种预测吉凶的迷信活动 ▷～了一卦|求签问～。→ ❷ 动〈文〉选择(居所等) ▷～居|～宅|～邻|～葬地。→ ❸ 动 预测;推测 ▷成败可～|生死未～|预～。○ ❹ 图 姓。☛ 本读 bǔ,但"萝卜"的"卜"读 bo。

另见本页 bo。

【卜辞】bǔcí 图 商代刻在龟甲或兽骨上的占卜记录。参见 660 页"甲骨文"。

【卜卦】bǔguà 动 占卜方法,根据八卦的卦象来预测吉凶 ▷我不迷信,从不请人～。

【卜居】bǔjū 动〈文〉选择居住的地点。

【卜课】bǔkè 动 占卜方法,多通过摇铜钱看正反面或掐手指算干支来预测吉凶。也说起课。

【卜筮】bǔshì 动 占卜(用龟甲占卜叫卜,用蓍草占卜叫筮)。

吓 bǔ 音译用字,用于"吓吩""吓啉"(均为自然界广泛存在的有机化合物,是叶绿素、血红蛋白等的重要组成成分)等。

补(補) bǔ ❶ 动 加上材料,修理破损的东西 ▷～衣服|修桥～路。→ ❷ 动 充实或添上缺少的人或物 ▷老王走了,应该再～一个人|～充|填～。❸ 动 补养 ▷～～身子|～药。→ ❹ 动 弥补不足之处,使完善 ▷勤能～拙|～过。→ ❺ 图 益处;用处 ▷不无小～|于事无～。○ ❻ 图 姓。

【补白】bǔbái ❶ 图 报刊上用来填补空白的短文 ▷这个小故事可作文艺版的～。❷ 动 补充说明 ▷事情叙述完毕,最后～几句。

【补办】bǔbàn ❶ 动 事后办理(事前该办而未办的手续等) ▷先上课,改天～注册手续。❷ 动 重新办理(证件等) ▷驾驶证丢失可申请～。

【补报】bǔbào ❶ 动 事后报告 ▷改动原因容后～。❷ 动 报答 ▷您的恩德,日后一定～。

【补编】bǔbiān ❶ 图 一部书出版以后对原书内容加以补充的书。❷ 动 补充编制 ▷要抓紧做好贫困地区科研队伍的～工作。

【补仓】bǔcāng 动 指投资者在持有一定数量的某种有价证券、期货的基础上,又买入同一种有价证券、期货 ▷适时～。

【补差】bǔchā ❶ 动 弥补某两项数额之间的差额;特指退休人员继续工作时,聘用单位补足其退休金与原工资的差额 ▷按月～。❷ 图 指补差的钱 ▷每月拿～。

【补偿】bǔcháng ❶ 动 补足(缺欠);抵偿(损失) ▷～亏欠。❷ 动 回报 ▷付出的心血未得到～。

【补偿贸易】bǔcháng màoyì 通过信贷进口设备、技术等，买方用投产后的产品或其他商品支付所需费用的一种国际贸易方式。

【补充】bǔchōng ❶ 动 填补不足 ▷文章太单薄，需～些内容｜三营～了 18 名新战士。❷ 动 在原有基础上追加 ▷～规定｜～一个训练科目。

【补丁家庭】bǔdīng jiātíng 指再婚配偶中的一方或双方把与以前配偶所生的子女和他们共同生育的子女一起养育而组成的家庭。

【补丁】bǔding ❶ 名 补在衣服或其他物件破损处的东西 ▷衣服上有好几个大～｜在脸盆渗漏处打个～。❷ 名 指用来修补计算机程序漏洞或升级软件的程序。☛ 不要写作"补钉""补靪"。

【补发】bǔfā ❶ 动 发放早应发给而尚未发给的钱物 ▷抓紧～拖欠的工资。❷ 动 由于原物遗失、损坏等原因而重新发给 ▷～证件。

【补过】bǔguò 动 补救过失 ▷将功～。

【补花】bǔhuā 名 用彩色布或丝绒等缝在衣物上构成图案的手工艺 ▷童装上有～｜这些～枕套真雅致。

【补给】bǔjǐ ❶ 动 补充、供给(弹药、粮草、被服等) ▷必须保证及时～。❷ 名 补充、供给的弹药、物资等 ▷这批～拨给你们团。☛ "给"这里不读 gěi，参见 465 页"给(gěi)"的提示。

【补给舰】bǔjǐjiàn 名 供应舰。

【补给线】bǔjǐxiàn 名 指战争中为前线输送给养和武器弹药等的交通线 ▷～畅通无阻。

【补记】bǔjì ❶ 动 事后补充记录 ▷利用空闲～了前几天的日记。❷ 名 事后补记的文字 ▷作者在注释完这部古书后写了一篇～。

【补剂】bǔjì 名 补药。

【补假】bǔjià ❶ 动 补办正式请假手续 ▷走得太急，回来再～。❷ 动 该休假时因工作需要而未休假，过后补给假日 ▷周末你去值班，过两天给你～。

【补交】bǔjiāo 动 事后交付原先该交而未交的东西 ▷～作业｜～租金。

【补角】bǔjiǎo 名 两角之和等于一个平角(即 180°)时，这两个角互为补角。

【补酒】bǔjiǔ 名 对身体有滋补作用的酒。

【补救】bǔjiù 动 出了差错以后，采取措施弥补、挽救 ▷～漏洞｜想个～办法。

【补苴罅漏】bǔjū-xiàlòu 补好裂缝，堵住漏洞(苴：填补；罅：裂缝)。泛指弥补事物的缺陷。

【补考】bǔkǎo 动 经批准未参加考试或考试不及格的学生另外进行考试。

【补课】bǔkè ❶ 动 补教或补学欠缺的课程 ▷他主动给同桌～。❷ 动 比喻重做某一未做好的事 ▷验收不合格的，都要～。

【补漏】bǔlòu 动 修补物体上的漏洞或裂缝；也比喻弥补工作上的缺漏 ▷查缺～。

【补苗】bǔmiáo 动 田地缺苗断垄时用移栽或补种的方法把苗补全。

【补偏救弊】bǔpiān-jiùbì 补救偏差，纠正弊端。

【补票】bǔpiào ❶ 动 补买车票、船票、戏票等 ▷先让孩子上车，到车上再～。❷ 名 事后补买的车票、船票、戏票等 ▷请打一张～。

【补品】bǔpǐn 名 对身体有滋补作用的食品、药品。

【补气】bǔqì 动 益气。

【补缺】bǔquē ❶ 动 弥补缺漏 ▷拾遗～。❷ 动 补齐缺额；旧时特指候补的官员得到实职。

【补阙】bǔquē 现在一般写作"补缺"。

【补色】bǔsè 名 两种色光以适当比例混合能使人产生白色感觉时，这两种色光的颜色互为补色。也说互补色。

【补时】bǔshí 动 某些球类比赛中补足因换人、球员受伤等延误的比赛时间。

【补税】bǔshuì 动 补交税款。

【补台】bǔtái 动 比喻支持或帮助别人做好工作(跟"拆台"相对) ▷领导之间要互相～。

【补贴】bǔtiē ❶ 动 给以资财补助，弥补不足 ▷～生活费｜所缺部分，由国家财政～。❷ 名 补贴的钱物 ▷生活～。

【补习】bǔxí 动 在课余或业余进行学习，以弥补知识的不足 ▷～计算机课程｜～班。

【补写】bǔxiě 动 补充书写；补充撰写 ▷这几个字是后来～的｜～了遗漏的内容。

【补休】bǔxiū 动 补假②。

【补修】bǔxiū ❶ 动 添上缺失的，修理破损的 ▷～城墙｜这里有～的痕迹。○ ❷ 动 补充学习(某门课程、某项知识等) ▷～教育学课程｜～欠下的学分｜参加～。

【补选】bǔxuǎn 动 因缺额而补充选举 ▷～了两名委员。

【补血】bǔxuè 动 增加血液中的血红蛋白、红细胞，改善贫血状况 ▷阿胶、当归等都能～。

【补阳】bǔyáng 动 中医指通过滋补治疗阳虚 ▷春夏～，秋冬滋阴｜养肾～。

【补养】bǔyǎng 动 滋补调养(身体) ▷～身子。

【补药】bǔyào 名 对身体有滋补作用的药物。

【补液】bǔyè ❶ 动 医学上指葡萄糖水、生理盐水、血液等液体通过输液或口服进入人体内环境治疗疾病。❷ 名 对身体有滋补作用的饮料 ▷参茸～。

【补遗】bǔyí 动 因书籍、文章内容有遗漏而在正文后或另外撰文、著书加以增补。

【补益】bǔyì ❶ 名 益处;好处 ▷植树造林,对改善环境大有～。❷ 动 使产生或得到益处 ▷～后人|～社会。

【补语】bǔyǔ 名 语法学指动词性或形容词性短语里的补充成分,其作用是补充说明动作或变化的结果、数量或性质状态的程度等。如"洗得干净""看一遍""好极了"中的"干净""一遍""极"都是补语。

【补正】bǔzhèng 动 补充疏漏,修正错误(多指文字撰述方面)。

【补种】bǔzhòng 动 在缺苗的地方再次播种或补栽秧苗。

【补助】bǔzhù ❶ 动 在经济上给以帮助(多指单位对个人) ▷单位～他 300 元|～金。❷ 名 补助的钱物 ▷享受困难～。

【补妆】bǔzhuāng 动 修补已化过的妆 ▷～后再上台。

【补缀】bǔzhuì ❶ 动 缝补连缀(多指衣服)。❷ 动 补充辑录 ▷～旧闻。

【补足】bǔzú 动 补充所缺的使达到足够或规定的数量 ▷所缺金额,悉数～。

捕 bǔ 动 捉;抓 ▷～鱼|凶手已经被～|～获◇～风捉影。☛ 统读 bǔ,不读 pǔ。

【捕风捉影】bǔfēng-zhuōyǐng 比喻说话、做事以不确实的传闻或似是而非的迹象为根据。☛ 跟"无中生有"不同。"捕风捉影"指没有和不顾真正的事实或证据;"无中生有"指故意捏造事实或证据。

【捕获】bǔhuò 动 捉住;抓到 ▷～野兔|～凶犯。

【捕快】bǔkuài 名 旧时衙门里缉捕人犯、传唤被告和证人的差役。也说捕役。

【捕捞】bǔlāo 动 捕捉打捞(水生动植物) ▷～鱼虾|此湖禁止～。

【捕猎】bǔliè 动 捕捉猎取(野生动物) ▷严禁～藏羚羊。

【捕拿】bǔná 动 捉拿 ▷～凶犯。

【捕杀】bǔshā 动 捕捉并杀死 ▷严禁～白鳍豚。

【捕食】bǔshí 动 (动物)捕捉(其他动物)并吃掉 ▷猫头鹰夜间～老鼠。

【捕捉】bǔzhuō ❶ 动 捉;捉拿 ▷～蝴蝶|～逃犯。❷ 动 比喻抓住(稍纵即逝的东西) ▷～有利时机|～灵感。

哺 bǔ ❶ 动 〈文〉(鸟)用嘴里含着的食物喂 ▷乌鸦反～。→ ❷ 动 泛指喂 ▷～乳|～育|～养。→ ❸ 名 〈文〉嘴里含着的食物 ▷周公吐～。☛ 统读 bǔ,不读 pǔ。

【哺乳】bǔrǔ 动 用乳汁喂;喂奶 ▷给宝宝～。

【哺乳动物】bǔrǔ dòngwù 最高等的脊椎动物。身体一般分为头、颈、躯干、尾和四肢,用乳汁哺育幼体,绝大多数为胎生。

【哺乳期】bǔrǔqī 名 以乳汁喂养婴儿或动物幼崽的一段时间。

【哺养】bǔyǎng 动 喂养。

【哺育】bǔyù ❶ 动 喂养 ▷～婴儿。❷ 动 比喻培养教育 ▷～新人|～英才。☛ 跟"抚育"不同。"哺育"的比喻用法由"喂养"派生,指培养、教育等;"抚育"侧重指照料和养育,使其成长。

鹁(鵏) bǔ 见 300 页"地鹁"。☛ 统读 bǔ,不读 pǔ。

堡 bǔ 名 堡子(多用于地名) ▷柴沟～(在河北)。

另见 48 页 bǎo;1067 页 pù。

【堡子】bǔzi 名 用土墙围住的村庄或小镇;泛指村落。

bù

不 bù ❶ 副 用在动词、形容词、名词或个别副词之前,表示否定。a)用在动词、形容词或个别副词之前,表示一般的否定 ▷～走|～吃|～漂亮|～太好|～一定。b)用在相同的动词或形容词之间,构成反复问句 ▷走～走?|漂亮～漂亮?c)用在相同的动词、形容词或名词之间(前面加"什么"),表示不在乎或不相干 ▷什么谢～谢的,别提这个|什么难～难,只要下功夫就不难|什么山区～山区,去哪儿都行。d)分别用在两个意思相近或相对的单音节动词、形容词或名词前,表示"如果不……就不……""既不……也不……",或表示处于中间状态 ▷～见～散|～言～语|～多～少|～男～女。e)用于某些名词或名词性语素前,构成具有否定意义的形容词 ▷～法|～轨|～力。→ ❷ 副 单用,表示否定性的回答 ▷咱们走吧!——～,我再等会儿|他来开会吧?——～,他不能来。→ ❸ 副 〈口〉用在句尾表示疑问,相当于反复问句 ▷你看书～?|手绢儿干净～?→ ❹ 副 用在动补结构中,表示不可能获得某种结果 ▷赶～到|吃～得|写～好。→ ❺ 副 在某些客套话中,表示不必如此,相当于"不用""不要" ▷～客气|～谢|～送。☛ ㊀用在去声字前,要变读为阳平,如"不去""不累""不算"等。㊁两个"不"连用,构成"不……不……"格式,表示多种意义:(1)分别用在两个意思相近或相关的词或语素前,表示否定。如:不屈不挠、不闻不问。(2)分别用在两个意思相对的词或语素前,相当于"既不……也不……",表示恰到好处或处于中间状态。如:不凉不热、不离不即。(3)分别用在两个意思相关或相对的词或语素前,相当于"如果

不……就不……”，表示假设关系。如：不见不散、不破不立。

【不安】bù'ān ❶ 形（环境等）不安定；（心情）不安宁 ▷社会动荡～|寝食～。❷ 形 客套话，表示歉意，略相当于“不好意思” ▷让您受累，深感～。

【不白之冤】bùbáizhīyuān 难以辩清或无法洗雪的冤屈。

【不败之地】bùbàizhīdì 据有优势，不会遭到失败的境地 ▷只有与时俱进，才能立于～。

【不卑不亢】bùbēi-bùkàng 既不自卑，也不高傲。形容态度恰当，言行得体。☛“亢”不要误写作“抗”。

【不备】bùbèi ❶ 动 没有防备 ▷乘其～，发动袭击。❷ 动〈文〉书信结尾用语，意思是不详述 ▷拜复～。

【不比】bùbǐ ❶ 动 比不上；不如 ▷我～你，文化基础太差。❷ 动 不同于 ▷北方～南方，雨少，春旱严重。

【不必】bùbì 副 用在动词、形容词等前面，表示不需要或用不着 ▷～介意|色彩～太浓。☛ ㊀跟“未必”不同。“不必”表示“不需要”，是“必须”的否定形式；“未必”表示“不一定”，是“必定”的否定形式。㊁参见 1453 页“无须”的提示㊁。

【不变价格】bùbiàn jiàgé 为计算不同时期的工农业产品总值并作时间上的对比，采用国家统一规定的某一时期的产品的平均价格作为计算尺度，这个平均价格称为“不变价格”。也说比较价格、可比价格。

【不便】bùbiàn ❶ 形 不方便 ▷行动诸多～。❷ 动 不宜 ▷他正在讲话，～打扰。

【不辨菽麦】bùbiàn-shūmài 分不清豆类和麦类（菽：豆类的统称）。形容脱离实践，缺乏起码的常识。

【不才】bùcái〈文〉❶ 动 没有才能。常用来表示自谦 ▷鄙人～。❷ 名 指无能的人，常用来谦称自己 ▷此文乃～草撰。

【不测】bùcè ❶ 形 难以预料的 ▷天有～风云|风云～。❷ 名 意外的变故或灾难 ▷险遭～|防止人多拥挤而发生～。

【不曾】bùcéng 副 表示没有发生过（“曾经”的否定）▷～想过|～有过先例。

【不差累黍】bùchā-lěishǔ 形容丝毫不差（累、黍：古代两种微小的质量单位。借指极微小的数量）。

【不畅】bùchàng 形 不通畅；不舒畅 ▷交通～|心情～。

【不成】bùchéng ❶ 动 不可以；不行 ▷拿一点儿可以，多了可～|这么办，绝对～。❷ 助 用在句末，表示揣度或反问的语气，常与“难道”“莫非”等呼应 ▷莫非他生病了～？|难道我怕你～？

【不成比例】bùchéngbǐlì 数量、大小等比例不协调；不相称。

【不成材】bùchéngcái 不能成为有用的材料；比喻没出息 ▷这孩子总逃学，真～。

【不成敬意】bùchéngjìngyì 谦词，表示所做的还不足以表达敬重的心意。

【不成器】bùchéngqì 不能成为有用的器具；比喻没出息 ▷一点儿上进心都没有，真～！

【不成体统】bùchéngtǐtǒng 言语行动不合规矩，不像样子 ▷他们这样做，真～。

【不成文】bùchéngwén 区别 没有用文字写定的；借指由习惯自然形成的 ▷他们办公室有条～的规定：抽烟者受罚。

【不成文法】bùchéngwénfǎ 名 未经立法程序制定，而由国家认可其法律效力的社会习惯、判决中所遵循的法律原则等（跟“成文法”相区别）。

【不逞之徒】bùchěngzhītú 欲望没有得到满足而心怀不满、为非作歹的人。

【不齿】bùchǐ 动 不与并列；不视为同类。表示极端瞧不起 ▷为人所～|～于人类。☛ 跟“不耻”不同。“不耻”指不以为耻。

【不耻下问】bùchǐ-xiàwèn 不认为向地位、学问不如自己的人请教是耻辱。形容虚心好学。

【不啻】bùchì〈文〉❶ 动 不止②（含强调意味）▷这项工程所需费用～百万！❷ 动 无异于；如同 ▷苟且偷生～行尸走肉。

【不出所料】bùchū-suǒliào 没超出预料；跟预料的一样。

【不揣冒昧】bùchuǎi-màomèi 谦词，表示没有估量自己的地位、见解或要求是否合适，就贸然行事（不揣：不自量）。

【不辞】bùcí ❶ 动 不告辞 ▷～而别。❷ 动 不推辞；不拒绝 ▷万死～|在所～。

【不错】bùcuò ❶ 形 正确；对 ▷～，他是我的老同学|～，天气预报是说明天刮大风。❷ 形 好；不坏 ▷是个～的小伙子|日子过得～。

【不打自招】bùdǎ-zìzhāo 不用拷问，自己就招认了。多指无意中泄露了真实情况。

【不大离儿】bùdàlír〈口〉❶ 形 差不多 ▷姐妹俩个头儿～|事情办得～了。❷ 形 还可以 ▷这块地的玉米长得～。

【不待】bùdài 副 不必；不用 ▷其艰苦程度，自～言。

【不单】bùdān ❶ 副 不仅① ▷有这种想法的，恐怕～是他一个人吧！❷ 连 不但 ▷他～学习好，身体也不错。

【不但】bùdàn 连 用在复句的前一分句中，同后一分句中的"而且""反而""也""还"等词语搭配，表示递进关系 ▷鲁迅～是伟大的文学家，而且是伟大的思想家｜困难～没有吓倒我们，反而使我们变得更坚强了。

【不惮】bùdàn 动〈文〉不怕 ▷～艰辛。

【不惮其烦】bùdàn-qífán 不怕麻烦 ▷查考推敲，～。

【不当】bùdàng 形 不恰当 ▷措施～｜～之处。

【不倒翁】bùdǎowēng 名 玩具，外形多像老头儿，上轻下重，扳倒后能自己立起来；比喻处世圆滑，在任何情况下都能站住脚的人。

【不到黄河心不死】bù dào huánghé xīn bù sǐ 比喻不到无路可走的境地不死心；也比喻不达到目的不肯罢休。

【不道德】bùdàodé 不符合道德规范 ▷在公共场所吸烟是一种～行为。

【不得】bùdé ❶ 动 得不到；没有得到 ▷求之～｜～要领。❷ 动 不能；不可以 ▷会场内～吸烟｜这笔钱任何人～动用。

【不得】bùde 助 用在动词、形容词后，表示不可以或不能够 ▷动弹～｜马虎～。

【不得不】bùdébù 不能不，相当于"只能""只好" ▷任务在身，我是～这样做呀。

【不得而知】bùdé'érzhī 没有办法知道；不知道。

【不得劲】bùdéjìn ❶ 用不上劲儿；用着不顺手 ▷锄把儿安得不好，用起来～｜新买的这个手机我使着～儿。❷ 不舒适 ▷这几天着凉了，浑身～｜我睡软床实在～儿。

【不得了】bùdéliǎo ❶ 形 形容情况很严重 ▷～，闯了大祸了！❷ 形 形容程度很深 ▷渴得～。❸ 形 了不得① ▷这是一个非常～的变化。☛ 跟"了不得"略有不同。"不得了"能形容程度深；"了不得"不能。

【不得要领】bùdé-yàolǐng 没有抓住事物的要点或关键。

【不得已】bùdéyǐ 形 没有办法；不能不这样 ▷这是～的办法｜实在～就只好由他去了。

【不登大雅之堂】bù dēng dàyǎzhītáng 不能进入高雅的厅堂。比喻粗俗低下，不够档次。

【不等】bùděng 形 不一样；不相等 ▷程度～｜多少～。

【不等号】bùděnghào 名 在算式中表示不等关系的符号。有三种：大于号(>)、小于号(<)和不等于号(≠)。

【不等式】bùděngshì 名 表示两个数或代数式不相等的算式。两个数或代数式之间用不等号连接，例如 $5>3$、$3<5$、$5a\neq3x^2-1$。

【不敌】bùdí 动 不能匹敌；抵不上 ▷几个人一起使劲儿，也～他一个人。

【不点儿】bùdiǎnr 形〈口〉很少的；很小的 ▷锅里还有～饭｜～年纪，懂的事还不少。

【不迭】bùdié ❶ 动 不停止，连续不断 ▷叫苦～。❷ 动 用在其他动词后面，表示急忙或来不及 ▷跑～｜懊悔～。

【不丁点儿】bùdīngdiǎnr 形〈口〉不点儿。

【不定】bùdìng ❶ 形 不稳定；不确定 ▷局势动荡～｜忽左忽右，摇摆～。❷ 副 表示不肯定；说不清。多与表示疑问的词或肯定否定叠用的词语配合 ▷我～到哪儿去｜他～来不来。

【不动产】bùdòngchǎn 名 不能移动的财产(跟"动产"相区别)。如土地、房屋及其附着物(如树木等)。

【不动产证】bùdòngchǎnzhèng 名 不动产权证书的简称。是证明不动产所有权的合法凭证。2015年3月1日起，我国开始实行不动产权登记制度，土地证和房产证等整合为不动产证。

【不动声色】bùdòng-shēngsè (内心活动)不在言语和神态上表露出来。形容(遇事)非常平静镇定。

【不动窝】bùdòngwō ❶不离开原来的地方 ▷要多出去转转，不能总是～。❷不付诸行动 ▷任务这么紧，你怎么就是～呢？

【不冻港】bùdònggǎng 名 较冷地区常年不封冻的海港。如大连港、秦皇岛港。

【不独】bùdú ❶ 副 不仅① ▷提出反对意见的～是我们组。❷ 连 不但 ▷～质量好，而且价钱合理。

【不端】bùduān 形 不正派；不规矩 ▷心术～｜行为～。

【不断】bùduàn ❶ 动 不间断 ▷连绵～｜行人往来～。❷ 副 连续地 ▷～变化｜～努力。

【不对】bùduì ❶ 形 不正确 ▷数据～｜有～的地方。❷ 形 反常 ▷味儿～，不要吃了。❸ 形 不和谐 ▷夫妻俩感情～。

【不对茬儿】bùduìchár 指言行、情绪等跟情理、事实或正常情况不符合 ▷他的话同实际情况～，不能信｜他脸色～，像是出事了。

【不对劲】bùduìjìn ❶不合适；不顺手 ▷这把扳手用起来有点儿～。❷不舒服；不正常 ▷身上老觉得～，怕是感冒了。❸关系别扭；不和睦 ▷他俩关系有点儿～。

【不对头】bùduìtóu ❶不正常 ▷情绪有些～。❷有错误 ▷操作程序～。

【不对味儿】bùduìwèir 味道不正；比喻言语等异常或不符合某人的心意、习惯 ▷话这样说，让人感到～。

【不二法门】bù'èr-fǎmén 佛教指修行得道的唯一途径。现比喻独一无二的方法、途径。

【不二价】bù'èrjià 指同样的商品无论卖给谁都是同一个价格 ▷言～。

【不发达国家】bùfādá guójiā 生产力水平低、经济落后的国家。属于发展中国家,多在亚洲、非洲和拉丁美洲。

【不发言权】bùfāyánquán 名 指在某种场合保持沉默的权利。

【不乏】bùfá 动 不缺乏;有不少 ▷～其例|～其事。

【不法】bùfǎ 形 违法的 ▷～行径。

【不法之徒】bùfǎzhītú 违法分子。

【不凡】bùfán 形 不一般;不寻常 ▷谈吐～|举止～|气度～。

【不防】bùfáng 动 不料;没想到 ▷～半路杀出个程咬金,把事情全搅黄了。参见 837 页“冷不防”。

【不妨】bùfáng 副 没有什么妨碍,表示可以这样做 ▷～先观察一段时间|～直接跟他谈谈。

【不菲】bùfěi 形 不薄;不便宜 ▷待遇～|价格～。

【不费吹灰之力】bù fèi chuīhuīzhīlì 形容做事非常容易,毫不费力。

【不分青红皂白】bù fēn qīnghóng-zàobái 比喻不分是非曲直或不问情由。

【不忿】bùfèn 动 心里不平、气愤 ▷这样处理,使人感到～|他出于～,说了几句公道话|气～儿。☛“忿”不要误写作“愤”。

【不孚众望】bùfú-zhòngwàng 不能使众人信服;不能达到众人所期望的那样(孚:令人信服)。☛跟“不负众望”意义相反。

【不服】bùfú ❶ 动 不信服;不服从 ▷你已经输了,还～?|～领导。❷ 动 不适应;不习惯 ▷～水土。

【不符】bùfú 动 不符合;不一致 ▷他说的与事实完全～。

【不负众望】bùfù-zhòngwàng 不辜负众人的期望。☛跟“不孚众望”意义相反。

【不复】bùfù 副 不再 ▷～存在。

【不干胶】bùgānjiāo 名 粘上后不干燥固结,又可以揭下来的胶纸;也指这种胶纸上的胶。

【不甘】bùgān 动 不甘心 ▷～落后|～寂寞。

【不甘寂寞】bùgān-jìmò 不甘心被冷落或置身事外。

【不甘示弱】bùgān-shìruò 不甘心让人看到自己比别人差。

【不尴不尬】bùgān-bùgà 很为难,怎么办都不好。

【不敢当】bùgǎndāng 谦词,表示承当不起(对方给予的礼遇、夸奖等) ▷叫我老前辈,我可～|这么盛情款待,真～。

【不敢越雷池一步】bùgǎn yuè léichí yī bù 原指要坐镇防区,不能擅自领兵越过雷池(雷池:古池名,在今安徽)。现指办事拘谨守旧,不敢超越一定的界限。

【不更事】bùgēngshì 缺乏经历;不懂事(更:经历) ▷年轻～,尤其要注意学习。☛“更”这里不读 gèng。

【不公】bùgōng 形 不公正 ▷处理～|待遇～。

【不攻自破】bùgōng-zìpò 没有受到攻击,自己就溃败了。多指理论、说法等不用批驳,自己就站不住脚了。

【不共戴天】bùgòng-dàitiān 不愿与仇敌在同一个天底下生存。形容仇恨极深,誓不两立。

【不苟】bùgǒu 形 认真;不随便 ▷临事～|一丝～。

【不苟言笑】bùgǒu-yánxiào 不随便说笑。形容态度庄重严肃。

【不够】bùgòu ❶ 动 (数量、程度、质量等)达不到要求 ▷经费～开支|硬度～|绳子～长。❷ 副 表示没有达到应有的程度 ▷～冷静|～果断|检查～严格。

【不榖】bùgǔ 形 不善(常用作古代王侯自称的谦词)。☛“榖”不简化成“谷”。

【不顾】bùgù 动 不考虑;不顾忌;不顾及 ▷～他人|～一切|～同伴有病,他独自走了。

【不关】bùguān 动 不涉及;不牵涉 ▷这件事～紧要|～他的事。

【不管】bùguǎn 连 不论② ▷～是谁,都要遵纪守法|～有什么困难,我们也要完成任务|～你去还是我去,都要把问题查清。

【不管不顾】bùguǎn-bùgù ❶不照管;不照顾 ▷不能对自己的健康～哇!❷不顾忌;不顾及 ▷他～,一进门就跟人家吵起来。

【不管部长】bùguǎn-bùzhǎng ❶ 名 某些国家的内阁成员之一。不专管某一个部的事务,但出席内阁会议,参与决策,处理会议决定的事务或总理(首相)交办的特种事务。有的国家也说无任所部长、无任所相。❷ 名 对不负责任、不做具体工作的官员的讽刺性称呼。

【不管三七二十一】bùguǎn sān qī èrshíyī 不考虑后果;不问是非情由。

【不光】bùguāng〈口〉❶ 副 不仅① ▷愿意去的～是我一个人。❷ 连 不仅② ▷他～帮助过你,还帮助过其他许多人。

【不归路】bùguīlù 名 不能再回来的路;借指通向死亡的路。

【不规则】bùguīzé 没有一定规则 ▷运行轨迹～。

【不轨】bùguǐ 形 行为越出法度(轨:法度)的;特指搞叛乱活动的 ▷言行～|图谋～|～分子。

【不果】bùguǒ 动 没有实现;没有结果 ▷多次派

人商洽～。

【不过】bùguò ❶ 副 表示不超过某一范围，相当于“仅”“只” ▷～七八里路｜别多想，他～说说罢了。❷ 副 用在某些形容词性词语后，表示程度最高 ▷这个人精明～｜你能来，再好～。❸ 连 用在复句后一分句的开头，表示轻微的转折 ▷担子确实重了点儿，～我相信你能挑得起。☛ 参见 1772 页“只是”的提示。

【不过尔尔】bùguò-ěr'ěr 不过如此而已（第一个“尔”：如此，这样；第二个“尔”：而已）。

【不过意】bùguòyì 抱歉；心中不安 ▷事儿没办好，我很～，请多原谅。

【不含糊】bùhánhu ❶认真；不马虎 ▷公私钱物他分得一清二楚，丝毫～。❷很不错；超出一般 ▷到底是老行(háng)家，活儿干得就是～。❸勇敢；不畏缩 ▷这个同志真～，任凭敌人拷打，就是不泄露秘密。☛ “糊”不要误写作“胡”“乎”。

【不寒而栗】bùhán'érlì 不冷却发抖。形容非常害怕。☛ “栗”不要误写作“粟”。

【不好惹】bùhǎorě 招惹不起 ▷这个无赖可～！

【不好意思】bùhǎoyìsi ❶害羞 ▷别人一夸，他就～起来。❷碍于情面而不便（做某事） ▷都是熟人，实在～回绝。❸客套话，表示难为情 ▷这点儿东西真拿不出手，～。

【不合】bùhé ❶ 动 不符合 ▷～规范｜～要求。❷ 动 不一致 ▷意见～。

【不和】bùhé 形 不和睦；不和谐 ▷妯娌～｜关系～。

【不哼不哈】bùhēng-bùhā 一句话不说；多指该说而不说。

【不欢而散】bùhuān'érsàn 不高兴地分手 ▷二人言语不合，闹得～。

【不遑】bùhuáng 动〈文〉没有空暇；来不及 ▷～寝息｜～他顾。

【不讳】bùhuì〈文〉❶ 动 没有忌讳 ▷直言～。❷ 动 婉词，指人死亡 ▷一旦～，谁可代之？

【不惑】bùhuò 名《论语·为政》：“四十而不惑。”意思是人到 40 岁便能明辨是非，不受迷惑。后用“不惑”指 40 岁 ▷已届～｜～之年。

【不羁】bùjī 动〈文〉不受约束（羁：原指马笼头。借指约束） ▷放荡～｜～之才。

【不及】bùjí ❶ 动 赶不上；比不上 ▷论技术，他～你。❷ 动 来不及 ▷事发突然，～报告。

【不即不离】bùjí-bùlí 既不靠近，也不远离。多形容处理人际关系时保持既不十分亲近也不过于疏远的状态。☛ “即”不读 jì，也不要误写作“既”。

【不计】bùjì 动 不计较 ▷～身家性命｜～利害。

【不计其数】bùjì-qíshù 没法儿计算数目。形容数量极多。

【不济】bùjì 形 不好；差(chà) ▷老人体力～。

【不济事】bùjìshì 不顶事；不管用 ▷着急也～。

【不加思索】bùjiā-sīsuǒ 不经思考。形容言行随便 ▷请认真思考一下，不要～地匆忙答复。

【不假思索】bùjiǎ-sīsuǒ 用不着经过思考（就作出反应）（假：凭借）。形容说话做事反应敏捷。

【不检】bùjiǎn 动 不注意约束自己的言行 ▷加强道德修养，切忌言行～。

【不简单】bùjiǎndān ❶ 很复杂 ▷这件事～，一定要从长计议。❷ 不一般；了不起 ▷这个娃娃刚 10 岁就会编程序，真～！

【不见】bùjiàn ❶ 动 不见面 ▷～不散｜多年～，你还是老样子。❷ 动（东西）找不着；看不到 ▷钢笔～了｜他钻进人群就～了。

【不见得】bùjiàndé 副 未必；不一定 ▷说他上不了大学，那倒也～｜这样做，～会有好结果。☛ 参见 115 页“不一定”的提示。

【不见棺材不落泪】bùjiàn guāncai bù luòlèi 比喻不见到彻底失败的结果就不死心，不认输。

【不见经传】bùjiàn-jīngzhuàn 在经传里没有记载（经：经书；传：解释经书的著作）。指某种理论、某种说法没有经典文献依据；也指人或事物没有名气。

【不教而诛】bùjiào'érzhū 平时不进行教育，错误发生后就指责惩罚。

【不解】bùjiě ❶ 动 不理解 ▷～其意｜～之谜。❷ 动 分不开 ▷结下～之缘。

【不解之缘】bùjiězhīyuán 难以分离的缘分。形容关系亲近密切，不可分割 ▷从少年时起，他就跟天体物理学结下了～。

【不禁】bùjīn 副 抑制不住地；不由自主地 ▷听到大哥的死讯，他～失声痛哭｜忍俊～。☛ “禁”这里不读 jìn。

【不仅】bùjǐn ❶ 副 表示超出某一数量或范围 ▷反对这事儿的，～他一人。❷ 连 不但 ▷～嗓子好，扮相也好。

【不尽】bùjìn ❶ 形 没有尽头 ▷感激～。❷ 副 不完全 ▷～合理｜～相同。

【不尽然】bùjìnrán 不完全是这样；不一定是这样 ▷你以为错误都是对方的，其实～。

【不尽如人意】bù jìn rú rényì 不完全符合心意。表示还有不足的地方（尽：副词，完全；如：动词，符合） ▷环境大有改善，但还有一些方面～。☛ “不尽如人意”是“尽如人意”的否定式。不能说成“不尽人意”，动词“如”不可省略。

【不近人情】bùjìn-rénqíng 不符合人们一般的感情或正常的情理。

【不经一事,不长一智】bùjīng-yīshì, bùzhǎng-yīzhì 没有亲身经历某事,就不能增长有关某事的知识。形容只有通过实践才能增长才智。

【不经意】bùjīngyì 动 不留神;不在意。

【不经之谈】bùjīngzhītán 没有根据、不合情理的言论(经:正常,合理)。

【不景气】bùjǐngqì 形 不繁荣;不兴旺 ▷经济~|市场~。

【不胫而走】bùjìng'érzǒu 没有腿却能跑(胫:小腿)。比喻消息等迅速流传开来。☛"胫"不要误写作"径"。

【不敬】bùjìng 形 无礼;不恭敬 ▷不能对尊长~|说了些对先生~的话。

【不久】bùjiǔ 形 时间上距离不远 ▷~以前。

【不咎既往】bùjiù-jìwǎng 既往不咎。☛"咎"不要误写作"究"。

【不拘】bùjū ❶ 动 不计较;不拘泥;不限制 ▷~小节|~一格|多少~。❷ 连 不管;不论 ▷~是多是少,给他些就是|~什么活儿,他都做得很漂亮。

【不拘小节】bùjū-xiǎojié 不为生活中的小事情所约束;现多指不注意生活中的小事情。

【不拘一格】bùjū-yīgé 不受一种规格或格式的限制。

【不倦】bùjuàn 动 不知疲倦。表示勤奋、勤劳 ▷孜孜~|诲人~。

【不觉】bùjué ❶ 动 沉睡不醒 ▷昏睡~。❷ 动 不觉悟;不反省 ▷深受其害而~。❸ 动 没有意识到 ▷写着写着~天已大亮。

【不绝】bùjué 动 连续不断 ▷山脉连绵~。

【不绝如缕】bùjué-rúlǚ 似断未断,如同只有一根细线连着(缕:线)。形容声音等细微悠长,或某种现象连绵不断。

【不绝于耳】bùjuéyú'ěr 形容声音不停地在耳边响起 ▷余音袅袅,~。

【不开眼】bùkāiyǎn 指阅历浅,没见过世面。

【不刊之论】bùkānzhīlùn 不可改动的或不可磨灭的言论(刊:订正,修改)。形容言论精当,无懈可击 ▷这番阐述既全面又深刻,可谓~。☛"刊"在这里不是"刊登""刊载"的意思。

【不堪】bùkān ❶ 动 忍受不了 ▷~重负。❷ 动 不可;不能 ▷~入目|~造就。❸ 副 用在某些形容词后,表示程度深 ▷破旧~。

【不堪回首】bùkān-huíshǒu 不忍心回头看。多指不忍心回忆以往的事 ▷往事~。

【不堪入耳】bùkān-rù'ěr 形容言语粗俗下流,使人听不下去。

【不堪入目】bùkān-rùmù 形容内容、形象等粗俗下流,使人看不下去。

【不堪设想】bùkān-shèxiǎng 对事情发展的结果不敢想象。指预料到事情的结果会是很坏或很危险的。

【不亢不卑】bùkàng-bùbēi 不卑不亢。

【不可】bùkě ❶ 动 不可以;不能 ▷数量~少|~告人。❷ 动 不成,不行。同"非"搭配,构成"非……不可"的格式,表示必须或一定 ▷这件事非做~|你非答应我~。

【不可告人】bùkě-gàorén 不能告诉别人(多用于贬义)。

【不可更新资源】bùkě gēngxīn zīyuán 不可再生资源的学名。

【不可或缺】bùkě-huòquē 不能缺少。

【不可救药】bùkě-jiùyào 病情重到无法用药医治的程度。比喻情况坏到无法挽救的地步。

【不可开交】bùkě-kāijiāo 形容无法摆脱或了结(开交:分开,结束) ▷吵得~。☛ 只能用在"得"后作补语。

【不可抗力】bùkěkànglì 名 法律上指不能预见、不能避免也不能克服的客观情况。一般表现为自然力量或社会异常行动造成的灾难性事件,如地震、洪水、战争等。除法律另有规定外,因不可抗力而造成损害的,不承担法律责任。

【不可理喻】bùkě-lǐyù 不能用道理使他明白。形容愚昧、固执或蛮横。☛ 跟"不可思议"意义不同。

【不可名状】bùkě-míngzhuàng 无法用言语形容(名:说出;状:描述)。

【不可磨灭】bùkě-mómiè 形容印象、功绩等不会因历时久远而消失。

【不可逆反应】bùkěnì fǎnyìng 在一定条件下,几乎只能向一个方向(生成物方向)进行的化学反应。如盐酸和氢氧化钠作用时,生成水和氯化钠的反应。

【不可胜数】bùkě-shèngshǔ 数也数不完(胜:尽)。形容非常多。☛"胜"旧读 shēng,现在统读 shèng。

【不可胜言】bùkě-shèngyán 难以用言语全部表达出来(胜:尽)。形容事物很多、很复杂、很精彩或道理很深奥 ▷奇观美景,~。☛"胜"旧读 shēng,现在统读 shèng。

【不可收拾】bùkě-shōushi 指事情或局势已经坏到无法整顿或挽救的地步。

【不可思议】bùkě-sīyì 佛教指思想言语所不能达到的境界。现指不可想象,难以理解。☛ 跟"不可理喻"意义不同。

【不可同日而语】bùkě tóngrì'éryǔ 不能放在同一时间里谈论。形容两者之间差别很大,不能相提并论。

【不可一世】bùkě-yīshì 认为当代没有谁比得上自己。形容极其狂妄自大。

【不可逾越】bùkě-yúyuè 不能越过 ▷~的障碍。

【不可再生资源】bùkě zàishēng zīyuán 不可更新资源的通称。被人类开发利用后，在相当长的时期内不能再生的资源。如煤、石油、金属矿物等。也说非再生资源。

【不可知论】bùkězhīlùn 名 一种唯心主义认识论。认为除感觉和现象外，什么也不能认识，事物的本质是不可知的。

【不可终日】bùkě-zhōngrì 一天也过不下去。形容心中惶恐不安或情势危急。

【不克】bùkè 〈文〉❶ 动 不能 ▷～如愿｜～前往。❷ 动 不能战胜 ▷攻无～。

【不快】bùkuài ❶ 形 不高兴 ▷心情～。❷ 形 不舒服 ▷最近身体略感～。

【不愧】bùkuì 副 表示当得起或称得上（常跟“是”或“为”连用）▷他工作非常出色，～是劳动模范。☛ 跟“无愧”不同。“不愧”是副词，不能作谓语；“无愧”是动词，可以作谓语。

【不赖】bùlài 形 〈口〉不坏；好 ▷这孩子真～｜今天天气真～。

【不劳而获】bùláo'érhuò 自己不劳动而占有别人的劳动成果。

【不老少】bùlǎoshǎo 形 〈口〉不少 ▷他教过的学生真～｜今年养了～的鸡。

【不力】bùlì 形 不得力 ▷工作～｜领导～。

【不利】bùlì ❶ 形 没有好处 ▷酗酒对健康～。❷ 形 不顺利 ▷出师～。

【不良】bùliáng 形 不好 ▷营养～｜改变～习惯。

【不良贷款】bùliáng dàikuǎn 银行不能依据合同按时足额收回利息和本金的贷款。

【不了】bùliǎo ❶ 动 不停；没完（多用在动词加“个”之后作补语）▷大风刮个～｜哭个～。❷ 助 用在动词后表示不可能或不能够 ▷死～｜动弹～｜筐里装～这么多西瓜。

【不了了之】bùliǎo-liǎozhī 用不了结这种办法来了结（了：了结）。指把该办而没办完的事情放在一边不管，就算了结。

【不料】bùliào 连 没有意料到。用在复句后一分句的开头，表示转折，常跟“却”“竟”“倒”等副词连用 ▷他以为自己必胜无疑，～却输得这么惨。

【不吝】bùlìn 动 客套话，不吝惜（多用于征求意见）▷望各位专家～赐教。

【不露声色】bùlù-shēngsè 不动声色。

【不伦不类】bùlún-bùlèi 既不像这一类，也不像那一类（伦：类）。形容不像样子或不合规范。

【不论】bùlùn ❶ 动 不讨论；不说 ▷置之～｜暂且～。❷ 连 用在有表示任指的疑问代词或有表示选择关系的并列成分的句子里，下文多有“都”“也”等副词呼应，表示在任何条件下结果或结论都不会改变 ▷～对谁，他都很诚恳｜～成与不成都回个话儿。

【不落窠臼】bùluò-kējiù 比喻文学艺术创作不落俗套，有独创性（窠臼：旧式门下承受转轴的臼形小坑，比喻旧格式、老套子）。☛“窠”不要误写作“巢”。

【不买账】bùmǎizhàng 不给面子；不承认对方的能力、力量。表示不佩服 ▷谁来说情，概～｜他自以为了不起，可是我不买他的账。☛“账”不要误写作“帐”。

【不满】bùmǎn ❶ 动 不满意；有意见 ▷～现状｜对工作安排～。❷ 动 不够；不足 ▷～十岁。

【不蔓不枝】bùmàn-bùzhī 原指莲茎挺直，不蔓生，也不分枝。后比喻说话或写文章不拖泥带水，不节外生枝。

【不毛之地】bùmáozhīdì 不长庄稼的地方（毛：苗）；泛指贫瘠荒凉的土地。

【不免】bùmiǎn 副 免不了 ▷站久了～腿发酸。☛ 参见 1434 页“未免”的提示。

【不妙】bùmiào 形 不好（多指情况变坏）▷形势～｜前景～。

【不敏】bùmǐn 形 〈文〉不聪明；不才（多用作谦词）▷小子～｜敬谢～。

【不名一文】bùmíng-yīwén 一文钱也没有（名：占有；文：旧时币值最小的铜钱）。形容极其穷困。

【不名誉】bùmíngyù 形 有损于名誉；不光彩 ▷损人利己的事太～，决不能做！

【不明】bùmíng ❶ 形 不明亮 ▷月色～。❷ 形 不清楚 ▷下落～。❸ 动 不懂 ▷～事理。

【不明不白】bùmíng-bùbái ❶ 模糊；含糊 ▷话说得～。❷ 没来由；冤枉 ▷～遭殴打｜钱花得～。❸ 不清白；来路不明 ▷～的钱不能要。

【不明飞行物】bùmíng fēixíngwù 指天空中飞行的来历和性质不明、至今未被证实的物体（英语缩写为 UFO）。也说飞碟。

【不摸底】bùmōdǐ 没有掌握事情的真实情况 ▷我们刚来，对情况还～，不能草率表态。

【不摸门儿】bùmōménr 不了解做事的诀窍；没有掌握解决问题的途径 ▷对这项工作我还～，需要有个熟悉过程。

【不摸头】bùmōtóu 找不到头绪；一点儿情况都不了解 ▷哪里深，哪里浅，都还～。

【不谋而合】bùmóu'érhé 事先没有商量，彼此的意见、行动却完全一致。

【不睦】bùmù 形 不和睦 ▷关系～。

【不能自拔】bùnéng-zìbá 指深深陷入某种境况，自己没办法摆脱。

【不能自已】bùnéng-zìyǐ 不能控制自己的情绪或行为（已：停止）▷悲愤已极，～｜一旦落笔，常～。☛“已”不要误写作“己”或“巳”。

【不配】bùpèi ❶ 形 不相称；搭配起来不合适 ▷这两种色(shǎi)～。❷ 动 不够资格 ▷这种人～当干部。

【不偏不倚】bùpiān-bùyǐ 原指中庸之道；现指不偏袒任何一方，保持公正。

【不平】bùpíng ❶ 形 不公平 ▷～的事必然引起公愤。❷ 名 不公平的事 ▷路见～，拔刀相助。❸ 动 因不公平的事而产生愤慨或不满 ▷愤愤～｜他心里始终～。

【不平等条约】bùpíngděng tiáoyuē 订约双方(或几方)在权利和义务上不平等的条约；特指侵略国为攫取领土、主权、资源而强迫别国订立的条约。1842年的《南京条约》就是清王朝被迫同英政府签订的不平等条约。

【不平则鸣】bùpíngzémíng 遇到不公平的事就发出不满的呼声，表示愤慨。

【不破不立】bùpò-bùlì 不破除旧的，就不能建立新的。

【不期而遇】bùqī'éryù 事先没有约定而意外相遇(期：约定)。

【不起眼】bùqǐyǎn 不引人注意的；不被重视的 ▷几件小摆设很～｜～的小人物。

【不巧】bùqiǎo ❶ 形 不凑巧；不适时 ▷你来得真～，他刚走。❷ 副 不料正遇上(不希望发生的事情) ▷刚要出门，～下雨了。

【不切实际】bùqiè-shíjì 不符合实际情况。

【不情之请】bùqíngzhīqǐng 不合情理的请求。常用于求助别人时称自己的请求。

【不求甚解】bùqiú-shènjiě 晋·陶渊明《五柳先生传》："好读书，不求甚解。"原指读书只求领会主旨，不死抠字眼儿。现多指只满足于了解个大概，不作深入理解。

【不屈】bùqū 动 不屈服 ▷宁死～｜凛然～。

【不屈不挠】bùqū-bùnáo 形容意志坚强，永不屈服(挠：弯曲，比喻屈服)。

【不确】bùquè ❶ 形 不确定 ▷病因～，还要继续诊察。❷ 形 不准确 ▷数据～。

【不然】bùrán ❶ 形 不是这样 ▷一般人都用右手写字，有些人～，是用左手。❷ 连 用在复句后一分句的开头，表示如果不是上面所说的情况，就出现或可能出现后面的情况，常与"就"相呼应 ▷快走吧，～车就开了。

【不仁】bùrén ❶ 形 不仁慈；不厚道 ▷为富～｜～不义。❷ 形 (肢体)失去知觉 ▷麻木～。

【不忍】bùrěn 动 感情上受不了；心里难以忍受 ▷于心～｜～与老母告别｜～下手。

【不忍卒读】bùrěn-zúdú 不忍心读完(卒：完毕，结束)。形容作品悲楚感人。

【不日】bùrì 副 过不了几天 ▷大厦～即可竣工｜～将赴京报到。☛ 参见641页"即日"的提示。

【不容】bùróng ❶ 动 不允许 ▷～分说。❷ 动 〈文〉不能容纳；不能宽容 ▷～于世｜罪～诛。

【不容分说】bùróng-fēnshuō 不由分说。

【不容置喙】bùróng-zhìhuì 不允许别人插嘴说话，参与意见(喙：鸟兽的嘴，借指人嘴)。☛"喙"不读yuán；不要误写作"缘"。

【不容置疑】bùróng-zhìyí 不允许提出怀疑。表示真实可信。

【不如】bùrú ❶ 动 比不上 ▷论技术，谁都～他｜远亲～近邻。❷ 连 用在复句后一分句开头，表示经过比较之后作出选择(常跟上文的"与其"相呼应) ▷与其长期租车，～买车。

【不辱使命】bùrǔ-shǐmìng 不玷污所接受的使命。指很好地完成任务 ▷谈判代表～。

【不入调】bùrùdiào 形 跟主旋律不和谐；比喻不合乎某种规范或达不到基本要求 ▷这篇稿子写得根本～。

【不入耳】bùrù'ěr 形 不中听 ▷这话说得真～。

【不入虎穴，焉得虎子】bùrù-hǔxué，yāndé-hǔzǐ 不进入老虎洞穴，怎能捕捉到小老虎呢(焉：怎么)？比喻不亲历艰险便不能获得成功。

【不三不四】bùsān-bùsì 不正经或不合规矩 ▷怎么整天跟～的人混在一起？

【不善】bùshàn ❶ 形 不好 ▷此事如果处理～，将后患无穷。❷ 动 不擅长 ▷～经营。

【不甚了了】bùshèn-liǎoliǎo 不太了解；不太清楚(了了：了解；明白)。

【不慎】bùshèn 形 不谨慎；不小心 ▷～遗失了身份证｜稍有～，便要出差错。

【不声不响】bùshēng-bùxiǎng 形容沉默不语；不声张 ▷讨论的时候，你怎么～啊？｜他已经～地把程序编出来了。

【不胜】bùshèng ❶ 动 承受不起；经不住 ▷～其苦｜～其烦。❷ 动 用在前后重复的动词之间，表示不能做或做不完 ▷举～举｜数～数。❸ 副 非常；特别 ▷～欣慰。☛"胜"旧读shēng，现统读shèng。

【不胜枚举】bùshèng-méijǔ 不可能一个一个全举出来。形容同类的人或事物很多。

【不胜其烦】bùshèng-qífán 麻烦、啰唆而使人受不了 ▷手续太复杂，使人～。

【不失为】bùshīwéi 动 还可以算得上 ▷这本书尽管还有缺点，但～一本好书。

【不时】bùshí ❶ 副 时时；常常 ▷～从街上传来吆喝声。❷ 副 随时；不定什么时候 ▷法庭在审理案件中～传唤证人。

【不时之需】bùshízhīxū 随时或临时可能出现的需要。

【不识时务】bùshí-shíwù 认不清当前的形势或时

代的潮流。

【不识抬举】bùshí-táiju 不理解别人对自己的称赞或提拔。多用于指责人不接受或不珍视别人对他的好意。

【不识之无】bùshí-zhīwú 连"之""无"这样简单的字都不认识。形容文化水平很低。

【不实】bùshí ❶ 动〈文〉不结果实 ▷蝗虫为灾，秀草～。〇 ❷ 形 不符合实际 ▷推倒诬蔑～之词。

【不是玩儿的】bùshìwánrde〈口〉不是随随便便的事，表示轻视不得 ▷被毒蛇咬了可～。

【不是味儿】bùshìwèir〈口〉❶不是应有的味道；不纯正 ▷这盘炒黄瓜吃起来～|他的英语说得～。❷不对头；不正常 ▷听他的话茬儿，有点儿～。❸(心里)不好受 ▷看着事情弄到这个地步，心里真～。

【不适】bùshì 形(身体)不好受；不舒服 ▷略感～|夜里受了风寒，浑身～。

【不是】bùshi 名 过失；过错 ▷都是我的～|快去赔个～。

【不受欢迎的人】bù shòu huānyíng de rén 指接受国拒绝接受或要求派出国召回的外交人员。

【不爽】bùshuǎng ❶ 形(身体)不舒服；(心里)不痛快 ▷偶感风寒，略有～|心情～。〇 ❷ 形 没有差错 ▷屡试～|毫发～。

【不俗】bùsú 形 不俗气，不一般 ▷出言～|行文～。

【不速之客】bùsùzhīkè 不请自来的客人(速：邀请)。

【不随意肌】bùsuíyìjī 名 平滑肌。

【不遂】bùsuì〈文〉❶ 动 不成功 ▷壮志～。❷ 动 不如愿 ▷岂能稍有～便怨天尤人？

【不特】bùtè〈文〉❶ 副 不仅① ▷知此机密者，恐～李君一人。❷ 连 不但 ▷～一篇之中无冗笔，一集之中亦无冗笔。

【不通】bùtōng ❶ 动 因堵塞而不能通过；不通行 ▷道路～|～汽车。❷ 形 不通顺 ▷文理～。❸ 动 不了解；不明白 ▷～人情。

【不同凡响】bùtóng-fánxiǎng 不同于一般的音乐。形容人或事物十分出色，与众不同。

【不痛不痒】bùtòng-bùyǎng 比喻议论、措施等未切中要害，不解决实际问题。

【不图】bùtú ❶ 动〈文〉不料 ▷～中年丧偶。❷ 动 不贪图；不谋取 ▷～报答|～享受|～便(pián)宜。

【不妥】bùtuǒ 形 不妥当 ▷这样处理～|～之处请指出。

【不外】bùwài 动 不超出某个范围 ▷～两种情况。也说不外乎。

【不枉】bùwǎng 副 没有白白地 ▷～此行。

【不为已甚】bùwéi-yǐshèn 不做太过分的事情。现多指对人的责备或处罚要适可而止。

【不惟】bùwéi 连〈文〉不但；不仅 ▷听之～悦耳，且引人浮想联翩。

【不韪】bùwěi 名〈文〉过错；不是(shi) ▷冒天下之大～。

【不谓】bùwèi〈文〉❶ 动 不能说(用在表示否定的语词之前) ▷照料～不周。❷ 动 没有料想到 ▷～亲友亦不知情|～又有相见之期。

【不温不火】bùwēn-bùhuǒ ❶ 不冷清也不火爆，指行情等一般 ▷收视率～。❷ 不温和也不发火，指态度冷淡 ▷～地回答。

【不瘟不火】bùwēn-bùhuǒ 表演不沉闷也不过火，恰如其分 ▷戏演得～，恰到好处。

【不闻不问】bùwén-bùwèn 不听也不问。形容对该过问的事情漠不关心。

【不无】bùwú 动 不是没有；多少有一些 ▷～感慨|～怀念之情。

【不无小补】bùwú-xiǎobǔ 不是没有小的补益(补：补益)。指作用不大，但总会有些好处。

【不务正业】bùwù-zhèngyè 不从事正当的职业；也指丢下本职工作去干其他事情。

【不惜】bùxī 动 不吝惜；舍得 ▷～代价。

【不暇】bùxiá 动〈文〉没有空闲；顾不过来 ▷～兼顾|应接～。

【不下】bùxià 动 不少于 ▷该系教授～20人。

【不下于】bùxiàyú ❶ 动 不低于；不次于 ▷产品质量～名牌大厂。❷ 动 不下。

【不相干】bùxiānggān 动 没有关系 ▷跟我～。

【不相上下】bùxiāng-shàngxià 分不出高低、好坏等。形容相差不大。

【不详】bùxiáng ❶ 形 不详细 ▷语焉～。❷ 形 不明白；不清楚 ▷内情～|生卒年月～。

【不祥】bùxiáng 形 不吉利 ▷～的预感。

【不想】bùxiǎng 连 不料。

【不像话】bùxiànghuà ❶ 言语行动不合常理 ▷结婚才几天就闹离婚，真～。❷(某种不好的情况)过分 ▷脏得～。也说不成话。

【不消】bùxiāo 动 用不着 ▷～嘱咐|这点儿小事，就～您劳神了|～几天，他就回来。

【不消说】bùxiāoshuō 不必说 ▷事情既然已经讲清，下面那段话就～了。

【不孝】bùxiào ❶ 动 不孝顺父母长辈。❷ 名 旧时父母丧事中子女的自称。也说不孝子。

【不肖】bùxiào 形 指儿子不像父亲("肖"的本义是骨肉相似)。形容子弟品行不好或没有出息 ▷～子孙。☛"肖"这里不读 xiāo。

【不屑】bùxiè ❶ 动 不值得 ▷～一顾|～与之争辩。❷ 形 形容轻视的样子 ▷一副～的

神情。

【不屑一顾】bùxiè-yīgù 不值得一看。表示非常轻视;看不起。

【不屑于】bùxièyú 动 认为不值得做或不值得理睬 ▷他很自负,好像～做这种具体工作。

【不懈】bùxiè 形 不偷懒;不松劲儿 ▷常备～。

【不信邪】bùxìnxié 原指不相信邪门歪道;现多指不盲目相信某种偏见或不屈服于歪风邪气 ▷我就～,外国产品就一定比国产的好?|他能长久逍遥法外?我就不信那个邪。

【不兴】bùxīng ❶ 动 不昌盛;不旺盛 ▷国无德～,人无德不立|垄断不除,市场～。❷ 动 不合时尚;不流行 ▷这种款式已经～了。❸ 动 不许 ▷对叔叔阿姨～这样无礼。❹ 动 不能(用于反问句) ▷你就～再等一会儿吗?

【不行】bùxíng ❶ 形 能力、本事欠缺;水平不高 ▷在管理方面,我～|他的英语～。❷ 动 不可以;不允许 ▷有理讲理,骂人可～|怎么说也～。❸ 副 用在"得"后作补语,表示程度深 ▷喜欢得～|懒得～|热得～。❹ 动 婉词,指人死亡 ▷老人家快～了。

【不省人事】bùxǐng-rénshì 指人昏迷,失去知觉。☛"省"这里不读 shěng。

【不幸】bùxìng ❶ 形 不幸运;令人伤心痛苦的 ▷她很～|～的事。❷ 形 表示极不希望发生的(竟然发生了) ▷～去世|～遇害。❸ 名 指灾祸;特指死亡 ▷遭此～,令人心痛。

【不休】bùxiū 动 不停 ▷吵个～|喋喋～。☛用在动词、形容词后作补语。

【不修边幅】bùxiū-biānfú 形容不重视衣着的整洁和仪容的修饰(边幅:布帛的边缘;比喻人的衣着、仪容)。

【不朽】bùxiǔ 动 永存;永不磨灭(多用于精神、事业等) ▷永垂～|～的事业。

【不锈钢】bùxiùgāng 名 耐腐蚀的合金钢。一般含铬12%以上,或兼含镍、钛等元素。常用来制造化工机件、耐热机械零件和餐具等。

【不虚此行】bùxū-cǐxíng 没有白跑这一趟。表示有收获。

【不许】bùxǔ ❶ 动 坚决制止;不允许 ▷～随地吐痰。❷ 动 不能(用于反问) ▷你就～独立完成作业吗?

【不宣而战】bùxuān'érzhàn 不向别国宣布开战,就突然发起进攻。

【不学无术】bùxué-wúshù 没有学问,没有本领。

【不逊】bùxùn 形 不谦逊;态度骄横 ▷出言～。

【不亚于】bùyàyú 动 不次于 ▷他的英语水平～英语系毕业生。

【不言而喻】bùyán'éryù 不用解释就可以明白。形容道理显而易见。

【不厌】bùyàn ❶ 动 〈文〉不满足 ▷学而～,诲人不倦。❷ 动 不嫌;不厌烦 ▷～其烦|～其详。❸ 动 不排斥 ▷兵～诈。

【不要】bùyào 副 表示禁止或劝阻 ▷千万～打扰他|～再伤心了|～抽烟了。

【不要紧】bùyàojǐn ❶ 没有关系;不成问题 ▷～,过几天再办也误不了|有困难～,大家帮助你就行了。❷ 用于复句的前一个分句,表示表面上没有妨碍(后一分句指出实际有影响) ▷你走了～,这活儿谁来干呢?

【不要脸】bùyàoliǎn 不要脸面;不知羞耻。

【不一】bùyī 形 不一样;不相同 ▷表里～|花色～。☛ 在句中只作谓语。

【不一定】bùyīdìng 副 未必;不确定 ▷明天的会,我～能参加|这种病能不能根治,还～。☛ 跟"不见得"不同。"不一定"既表示主观上的估计,又表示客观上的不确定;"不见得"仅表示主观上的估计。

【不一而足】bùyī'érzú 原指不是一事一物可以满足的。后形容同类的事物很多,不能一一列举 ▷凡此种种,～。

【不依】bùyī ❶ 动 不依从;不听从 ▷这几天他总跟我闹别扭,事事～我。❷ 动 不容忍;不允许 ▷～不饶|你要再抽烟,我可～。

【不依不饶】bùyī-bùráo 不答应,不宽容 ▷他已经赔礼道歉了,你就别～了。

【不宜】bùyí 动 不适宜;不适合 ▷事关重大,～操之过急|老年人～熬夜。

【不遗余力】bùyí-yúlì 不留一点儿力量。形容把全部力量都使出来。

【不已】bùyǐ 动 不停止;没完没了 ▷兴奋～。☛ 用在动词、形容词后作补语。

【不以为然】bùyǐwéirán 不认为是正确的。表示不同意 ▷他们都说小刘好,她却～。☛ 跟"不以为意"不同。

【不以为意】bùyǐwéiyì 不把它放在心上。表示不重视 ▷对防火问题～,一旦火灾发生可就后悔莫及了。☛ 跟"不以为然"不同。

【不义之财】bùyìzhīcái 不应当得到的或来路不正的钱财。

【不亦乐乎】bùyìlèhū《论语·学而》:"有朋自远方来,不亦乐乎?"原意为:有朋友从远方来了,不是很快乐吗?现常用来表示达到了很厉害的程度 ▷两人吵得～|近来忙得～。

【不易】bùyì ❶ 动 不可更改 ▷～之论。○ ❷ 形 不容易 ▷一粥一饭,当思来之～。

【不易之论】bùyìzhīlùn 不可更改的言论(易:变更)。形容论点、论证完全正确,没有辩驳的余地 ▷实践是检验真理的唯一标准,这确是～。

【不意】bùyì 连 不料。

【不翼而飞】bùyì'érfēi 没翅膀却飞走了。比喻物品突然不见了；也比喻消息、言论等传播很快。

【不用】bùyòng 副 表示没有必要；不需要 ▷已打通电话了，你就～去了｜～管我，忙你的去吧！｜我扶你走吧——～，我自己能走。

【不用说】bùyòngshuō 别说 ▷～黄金周期间了，就是平时，来这里旅游的人也不少。

【不由】bùyóu ❶ 副 不禁 ▷见此情景，我～热泪滚滚。❷ 动 不容 ▷～分说。

【不由得】bùyóude ❶ 副 不由自主地；不禁 ▷实在太感人了，听众～流下泪来。❷ 动 容不得 ▷他说得活龙活现，～你不信。

【不由分说】bùyóu-fēnshuō 不容分辩和说明。

【不由自主】bùyóu-zìzhǔ 由不得自己作主；控制不住自己。

【不渝】bùyú 动 不改变 ▷忠贞～｜誓死～。

【不虞】bùyú 〈文〉❶ 动 没有料想到 ▷～之誉｜～中途遇雨，耽误归期。❷ 名 没有料想到的事情 ▷有备无患，以防～。

【不育】bùyù ❶ 动 不生育。❷ 名 没有怀孕能力的现象，包括有过妊娠但未能生育。

【不远万里】bùyuǎn-wànlǐ 不以万里为远。形容不怕长途跋涉。

【不约而同】bùyuē'értóng 事先没有约定，彼此的意见、行动却完全一致。

【不孕】bùyùn ❶ 动 不怀孕 ▷子宫病变可导致～。❷ 名 育龄妇女有正常性生活且未避孕，但多年未受孕的现象。也说不孕症。

【不再】bùzài 动 不重复出现 ▷青春～。

【不在】bùzài ❶ 动 指不在某处 ▷你找科长？他～。❷ 动 婉词，指人死亡 ▷老师～已经多年了｜父亲两年前就～了。〇❸ 动 不决定于 ▷身体健康不健康，～胖不胖。

【不在乎】bùzàihu 不介意；不放在心上 ▷吃好吃坏，我～｜事关重大，千万别～。

【不在话下】bùzài-huàxià 不在谈论范围之内。指事很小，不值一提；或事属当然，用不着说。

【不在意】bùzàiyì 不放在心上 ▷她一心想着为大家谋福利，别人说长道短，她～。

【不赞一词】bùzàn-yīcí 原指文章写得完美，别人不能再添一词一语。现也指只听别人说，自己一言不发。

【不择手段】bùzé-shǒuduàn 指为达到某种目的，什么样的手段都可以使出来。

【不怎么】bùzěnme 副 不很；不十分 ▷这个软件我～喜欢用｜～热。

【不怎么样】bùzěnmeyàng 不很好；没有突出之处 ▷这字写得～｜这块布料～。

【不粘锅】bùzhānguō 名 一种内表层涂有特殊材料的锅。具有烹饪时饭菜不易粘锅底和内壁、易清洗等优点。

【不折不扣】bùzhé-bùkòu 一点儿也不打折扣。表示完全、十足。

【不振】bùzhèn 形 不振作 ▷萎靡～｜一蹶～。

【不争】bùzhēng ❶ 动 不争夺；不计较 ▷～名利。❷ 区别 无须争辩的 ▷宇宙的物质性是～的事实。

【不正当竞争】bùzhèngdàng jìngzhēng 指经营者在经营活动中违反诚信、公平等原则而采取不正当手段，损害其他经营者、消费者的合法权益或扰乱社会经济秩序。如串通投标、商业贿赂、虚假广告等。

【不正之风】bùzhèngzhīfēng 不正派的作风；特指以权谋私的作风。

【不支】bùzhī 动 支持不住 ▷体力～｜兵力～。

【不知】bùzhī 动 不知道；不了解 ▷～所云｜有所～。

【不知不觉】bùzhī-bùjué 没有觉察到或意识到。

【不知凡几】bùzhī-fánjǐ 不知道总共有多少（凡：总共）。形容很多。

【不知好歹】bùzhī-hǎodǎi 不知道好与坏。指不明事理，不能领会别人的好意。也说不识好歹。

【不知进退】bùzhī-jìntuì 形容言语行动冒失，分寸失宜。

【不知就里】bùzhī-jiùlǐ 不了解内情（就里：内情，底细）▷他～，冒冒失失地问了一句。

【不知死活】bùzhī-sǐhuó ❶ 不知道是死了还是活着。❷ 形容行动鲁莽，不知利害。

【不知所措】bùzhī-suǒcuò 不知道怎么办才好（措：放置）。形容慌乱或发窘。

【不知所云】bùzhī-suǒyún 不知道说的是什么。形容言语混乱，不着边际。也指说的话让人听不懂。

【不知所终】bùzhī-suǒzhōng 不知道最终到了什么地方；不知道下落。

【不知天高地厚】bùzhī tiāngāo-dìhòu 形容狂妄无知，不知道事物的复杂性。

【不织布】bùzhībù 名 非织造布。

【不值】bùzhí ❶ 动 商品的价格与使用价值不符 ▷我看这双鞋～这么多钱。❷ 动 泛指没有多少价值或意义 ▷这种书～一读｜花这么多时间来做这件事太～了。也说不值得。

【不值得】bùzhíde ❶ 划不来；不合算 ▷为这种事争吵，～。❷ 不值②。

【不值一提】bùzhí-yītí 不值得提出或提及 ▷这件事～｜这个人～。

【不止】bùzhǐ ❶ 动 不停止 ▷生命不息，奋斗～。❷ 动 超出（某一数量或范围）▷～一次｜会写诗的～他一人。☛ 跟“不只”不同。

【不只】bùzhǐ 连 不但;不仅 ▷~拿了第一,还破了世界纪录。☛ 跟"不止"不同。

【不至于】bùzhìyú 动 表示不会达到某种程度 ▷这事还~无法挽救。

【不治】bùzhì 动 救治无效(而死亡) ▷终因病情恶化~身亡。

【不治之症】bùzhìzhīzhèng 治不好的病;也比喻无法去除的祸患或弊病。

【不致】bùzhì 动 不会导致(某种后果) ▷伤虽重,但~有生命危险|有所准备,就~被动。

【不置可否】bùzhì-kěfǒu 不表示同意,也不表示反对。指不明确表态。

【不周】bùzhōu 形 不周到 ▷考虑~|照顾~。

【不着边际】bùzhuó-biānjì 挨不上边儿。形容言谈离题太远或内容空泛。☛ "着"这里不读 zháo。

【不自量】bùzìliàng 过高估计自己 ▷此人不知天高地厚,说话、做事太~。

【不自量力】bùzìliànglì 不能客观估计自己的力量。多指过高估计自己,做力所不及的事。

【不足】bùzú ❶ 形 不充足 ▷估计~|准备~。❷ 动 没有达到(某个数目) ▷资金~10万元。❸ 动 不值得 ▷~为奇|~挂齿。❹ 动 不能;不可以 ▷~为凭|不富强~自立。

【不足道】bùzúdào 动 不值得谈论。指事物微小,不值一提 ▷微~|我是一个~的小人物。

【不足挂齿】bùzú-guàchǐ 不值得挂在嘴边。形容不值一提。

【不足取】bùzúqǔ 动 不值得采取或选取 ▷这个方案虽有积极的一面,但整体~。

【不足为怪】bùzúwéiguài 不足为奇。

【不足为凭】bùzúwéipíng 不能作为凭据。也说不足为据。

【不足为奇】bùzúwéiqí 不值得奇怪。多指现象很平常,没有什么特别的。也说不足为怪。

【不足为训】bùzúwéixùn 不能作为典范或法则。

【不作声】bùzuòshēng 不出声;不说话 ▷她噘着嘴~。

【不作为】bùzuòwéi 动 法律上指行政机关不履行它的职责。情节严重的可构成犯罪。因不作为导致相关人的利益受到侵害,相关人可以以"不作为"对其提起诉讼。

【不做声】bùzuòshēng 现在一般写作"不作声"。

布(*佈❸—❺) bù ❶ 名 棉、麻或人造纤维等织成的,可以作衣服或其他物件的材料 ▷买了几尺~|棉~|麻~|尼龙~|~料|~鞋。→ ❷ 名 古代的一种钱币。→ ❸ 动 分散到各处;广泛传播 ▷天空~满星星|阴云密~|分~|散~。⇒ ❹ 动 陈设;设置 ▷~下天罗地网|~雷|~置。⇒ ❺ 动 宣告;当众陈述 ▷开诚~公|宣~|公~|发~。→ ❻ 名 像布一样的东西 ▷塑料~|瀑~。○ ❼ 名 姓。

【布帛】bùbó 名 棉、麻、丝等纺织品的统称。

【布菜】bùcài 动 把菜肴分给桌上吃饭的客人 ▷主人热情地为客人~。

【布达拉宫】bùdálāgōng 名 我国著名的古代建筑,原西藏政教合一的中心,位于拉萨市。相传7世纪时松赞干布始建,清顺治二年(公元1645年)达赖五世扩建。宫殿依山垒筑,巍峨壮观,是藏族建筑艺术的精华,也体现了汉藏文化的融合。中华人民共和国成立后多次修缮,为全国重点文物保护单位,并被列入《世界文化遗产名录》(布达拉:藏语音译)。

【布道】bùdào 动 基督教牧师向信徒宣讲教义;泛指宣传教义。

【布点】bùdiǎn 动 安排人力或事物分布到一定位置 ▷~搜查|投票站的~工作已经完成。

【布丁】bùdīng 名 英语 pudding 音译。用水果、面粉、牛奶、鸡蛋等制成的一种西式点心。

【布尔乔亚】bù'ěrqiáoyà 名 法语 bourgeoisie 音译。资产阶级。

【布尔什维克】bù'ěrshíwéikè 名 俄语 Большевик 音译。原意是多数派。1903年俄国社会民主工党在第二次代表大会上分成两派,拥护列宁的多数派称布尔什维克。后用以称俄国和苏联的马克思主义者。

【布防】bùfáng 动 布设兵力防守 ▷此处地势复杂,要认真~。

【布告】bùgào ❶ 名 向公众发布需要人们知道或遵守的事项时所使用的公文 ▷街上张贴着危房改造的~。❷ 动 以布告告知 ▷~天下|特此~。

【布谷】bùgǔ 名 杜鹃①。

【布景】bùjǐng ❶ 名 按演出或摄影需要布置的景物(跟"实景"相区别)。❷ 动 国画指合理安排画中景物。

【布警】bùjǐng 动 部署安排警力 ▷严密~。

【布局】bùjú ❶ 动 军事、体育等活动中进行总体战略安排;特指一局棋在开始阶段布设棋子;比喻对事物的整体结构进行规划、安排 ▷~要慎重。❷ 名 对事物的整体结构所进行的规划、安排;特指艺术创作中对材料和情节的安排 ▷调整~|画面~紧凑。

【布控】bùkòng 动 布置人力,对侦查对象、犯罪嫌疑人等进行监控。

【布拉吉】bùlājí 名 俄语 платье 音译。连衣裙。

【布朗族】bùlǎngzú 名 我国少数民族之一。主要分布在云南。

【布雷】bùléi 动 布设地雷、水雷等。

【布料】bùliào 名 多指可制作衣服或其他用品的

棉布、麻布、化纤布等。

【布满】bùmǎn 动 到处分布 ▷遮阳伞～了海滩。

【布面】bùmiàn ❶ 名 布的幅度 ▷～很宽。❷ 名 布① ▷这件衣服～很好。

【布匹】bùpǐ 名 布的统称。

【布票】bùpiào 名 我国计划经济时期供应给每个人的用布额度的无价凭证。

【布设】bùshè 动 分布设置 ▷～商业网点。

【布施】bùshī 动 向他人施舍财物；特指向僧尼、道士等施舍财物。

【布头儿】bùtóur 名 整匹布料零售时裁剪剩下的零头；也指裁剪衣物剩下的零碎布块儿。

【布网】bùwǎng ❶ 动 布下罗网；比喻公安、安全部门为捕捉犯罪嫌疑人、逃犯等布设警力。❷ 动 布设网络系统 ▷调整电力～。

【布纹纸】bùwénzhǐ 名 一种印照片等用的表面有布一样纹理的纸。

【布衣】bùyī 名 布衣服；古时平民穿布衣，因此借指平民百姓 ▷出身～。

【布依族】bùyīzú 名 我国少数民族之一。主要分布在贵州。

【布艺】bùyì 名 一种手工艺。把布料裁剪、缝缀(有的还加上适当的刺绣)制成有艺术特色的用品或装饰品，如窗帘布、桌布、沙发套等。

【布展】bùzhǎn 动 布置展览 ▷精心～，敬候来宾参观｜讲究～艺术。

【布阵】bùzhèn 动 按照一定的阵法布置兵力 ▷排兵～。

【布置】bùzhì ❶ 动 按照需要恰当地摆放物品或美化场地 ▷～展品｜～新房。❷ 动 安排工作、活动等 ▷～征兵工作｜～任务。

步[1] bù ❶ 动 步行 ▷闲庭信～｜～入会场｜徒～｜散～。→ ❷ 动 跟随；追随 ▷～人后尘｜～原韵和(hè)诗一首。→ ❸ 名 步子 ▷大～流星｜寸～难行｜迈四方～｜昂首阔～。⇒ ❹ 名 事情进行的程序或阶段 ▷为下一～作准备｜不能只想到第一～，还要想到第二～。⇒ ❺ 名 处境；境地 ▷想不到竟会落到这一～｜地～。⇒ ❻ 量 旧制长度单位，5 尺为 1 步。⇒ ❼ 动 用脚步测量距离 ▷～一～这块地的大小｜我刚～了～南北的距离。○ ❽ 名 姓。

步[2] bù 同"埠"①(多用于地名) ▷船～(在广东)｜社～(在广西)。☛"步"字下边是"少"，不是"少"。"少"不出现在字下，而"少"只出现在字下。

【步兵】bùbīng 名 陆军中徒步或乘战车作战的兵种。包括徒步步兵和机械化步兵，是陆军的主要兵种和基本力量。

【步步为营】bùbù-wéiyíng 军队每前进一段就设下营垒，筑好工事；比喻做事谨慎，稳扎稳打。

【步测】bùcè 动 用脚步测量距离或土地面积 ▷～一下稻田的面积。

【步道】bùdào 名 专供人步行的道路，如人行道等 ▷高架～｜健身～。

【步调】bùdiào 名 脚步的大小快慢；比喻事情进行的步骤和进度 ▷密切配合，～一致。

【步伐】bùfá ❶ 名 行进时的脚步；步子 ▷～整齐｜～稳健。❷ 名 比喻事情进行的速度 ▷加快改革的～。

【步法】bùfǎ 名 舞蹈、武术等的脚步移动的程序和方式 ▷这种舞蹈的～难度较大｜虽然出拳很快，可～不乱。

【步话机】bùhuàjī 名 一种小型无线电话收发机。用于短距离或行进间通话。

【步犁】bùlí 名 一种耕田农具。由牲畜牵引，人扶着把手掌握耕作的深度、宽度等。

【步履】bùlǚ ❶ 动 行走 ▷～从容。❷ 名 脚步 ▷～蹒跚｜轻盈的～。

【步履维艰】bùlǚ-wéijiān 行走很艰难(维：古汉语助词)。

【步枪】bùqiāng 名 步兵使用的一种枪。枪管较长，射程较远，有单发、半自动、全自动等类型。

【步人后尘】bùrénhòuchén 跟在别人的后面走(后尘：人或车、马行进时后面扬起的尘土)。比喻追随、模仿别人。

【步入】bùrù 动 走进；进入 ▷～会场｜～社会。

【步哨】bùshào 名 部队驻扎时在指定范围流动巡逻的哨兵。

【步态】bùtài 名 行走的姿态 ▷～优雅。

【步武】bùwǔ 〈文〉❶ 名 古代以两次举足为步，一次举足为武。借指很短的距离。❷ 动 踩着前人的脚印走(武：足迹)。借指模仿、效法 ▷～先师｜～先哲。

【步行】bùxíng 动 徒步行走 ▷没有车就～。

【步行街】bùxíngjiē 名 不准车辆通行，只供行人步行的街道，多为繁华的商业街。如北京的王府井步行街。

【步韵】bùyùn 动 和(hè)诗的一种方式，韵脚及其次序必须同原诗一致。

【步骤】bùzhòu 名 办事的程序 ▷按～操作。

【步子】bùzi 名 行走时两脚之间的距离；脚步 ▷～大◇加快实施计划的～。

吥 bù 见 482 页"唝(gòng)吥"。

埗 bù 用于地名。如茶埗，在福建。

怖 bù 动 惧怕 ▷可～｜恐～。

钚(鈈) bù 名 金属元素，符号 Pu。银白色，有淡蓝色光泽，有放射性，化学性质同铀类似。是原子能工业的重要原料。

埔 bù 大埔(dàbù)名地名,在广东。

另见 1066 页 pǔ。

埗 bù 同"埠"(多用于地名)▷深水~(在香港)|高~(在广东)。

部 bù ❶名部分 ▷内~|上半~|头~。→❷名军队的一部分;军队 ▷解放军某~|率~突围。→❸名门类,多指文字、书籍等的分类 ▷~类|~首|经~、史~。❹量 a)用于书籍、影片等 ▷一~小说|两~故事片。b)用于机器或车辆 ▷一~机器|两~卡车。→❺名某些机关的名称或机关中按业务划分的单位 ▷教育~|编辑~|~颁标准|~优产品。❻名指军队中连以上的领导机关 ▷连~|司令~。

【部颁】 bùbān 区别中央政府各部委颁布的 ▷~标准|荣获~优质产品证书。

【部标】 bùbiāo 名部颁标准的简称。由中央政府各部委制定发布的,在该部委管理范围内统一执行的技术标准。

【部队】 bùduì ❶名军队的通称 ▷他在~工作。❷名称军队的一部分 ▷驻防~。

【部分】 bùfen 名整体中的局部或若干个体 ▷主体~|~同志。☛不宜写作"部份"。

【部件】 bùjiàn ❶名机器中一个相对独立的组成部分,由若干零件装配而成。如车床是由床身、尾架、刀架等几个部件组成。❷名由笔画组成的具有组配汉字功能的构字单位。如"氵、礻、口"等都是汉字的部件。

【部将】 bùjiàng 名部下的将领;军中偏将 ▷周仓是关羽的~。

【部类】 bùlèi 名概括性较大的类;门类 ▷商品~齐全|我军兵器~完备。

【部落】 bùluò 名几个相互通婚的氏族的联合组织。通常有自己的地域、名称、方言、习俗等。

【部门】 bùmén 名按行政或业务等划分的机构或单位 ▷政府各~|业务~|后勤~。

【部首】 bùshǒu 名根据汉字形体结构,把具有同一部件的字归为一部,把这一部字中的共同部件列在全部之首,就叫部首。如"江、河、湖、海、流"等字都有同一部件"氵",这些字就归为氵部,"氵"就是该部的部首。

【部属】 bùshǔ 名部下;下属。

【部署】 bùshǔ 动有计划地安排或布置(多用于大的方面)▷~兵力|~今后的工作。☛"部"不要误写作"布"。

【部头】 bùtóu 名指书籍的篇幅(多用于篇幅大的书)▷大~小说|这本词典~可真不小。

【部委】 bùwěi 名我国国务院下属的部和委员会的合称。

【部位】 bùwèi 名整体中某个局部所在的位置 ▷受伤~|关键~。

【部下】 bùxià 名军队中被统领的人;泛指所领导的下级人员 ▷将军的老~|院长对~很好。

【部卒】 bùzú 名旧称士兵。

【部族】 bùzú ❶名部落与氏族的合称。❷名介于部落与民族之间的人的共同体。

埠 bù ❶名码头 ▷船~|~头。→❷名有码头的城镇;泛指城市 ▷本~|外~|商~。❸名旧指与外国通商的城市 ▷开~。☛统读 bù,不读 fǔ 或 fù。

【埠头】 bùtóu 名某些地区指码头 ▷船到~。

瓿[1] bù 名古代一种小瓮 ▷酱~。

瓿[2] bù 见 6 页"安瓿"。

蔀 bù ❶名〈文〉席棚。→❷动〈文〉覆盖;遮蔽 ▷秋雨漫漫夜复朝,可嗟~屋望重霄。○❸名古代历法术语,多认为 19 年为 1 章,4 章为 1 蔀。

餔 bù [餔子] bùzi 名供婴儿食用的糊状食品。

另见 104 页 bū。

簿 bù ❶名簿子 ▷笔记~|练习~|账~。○❷名姓。

【簿册】 bùcè 名记事、记账的本子。

【簿籍】 bùjí 名登记人员、账目等用的册子;泛指官府文书。

【簿记】 bùjì ❶名会计业务中有关填写凭证、登记账簿、结账等工作的统称。❷名财务工作专用的会计账册。

【簿子】 bùzi 名供学习、工作时记事或做练习等用的本子。

C

cā

擦 cā ❶ 动 摩擦 ▷～火柴｜摩拳～掌。参见插图14页。→ ❷ 动 贴着；挨近 ▷～着墙根儿走｜～黑儿。→ ❸ 动 用手、布等揩拭 ▷～眼泪｜～皮鞋｜～桌子。❹ 动 涂抹 ▷～粉｜～药膏。→ ❺ 动 把瓜果等在礤(cǎ)床上擦成细丝 ▷西葫芦～丝做馅儿。

【擦边】cābiān 动 擦过物体边沿；刚刚达到要求或数值的最低限度；比喻触碰到规则或法律等的边界 ▷一辆卡车～而过｜他刚50岁～｜严格落实制度规定，决不搞～越界。口语中也说擦边儿(biānr)。

【擦边球】cābiānqiú 名 打乒乓球时，落点在对方球台边沿上、对方很难接的球；比喻已到违规边缘而尚未违规的行为(常跟"打"连用)。

【擦黑儿】cāhēir 名〈口〉天快黑的时候 ▷他一直干到～才收工。

【擦痕】cāhén 名 因摩擦而留下的痕迹 ▷搬家时不小心，桌面上留下了～。

【擦肩而过】cājiān'érguò 双方肩挨着肩相向通过；多指两者靠得很近但最终并没有碰上 ▷两人～｜这次跟死神～，真是万幸。

【擦亮眼睛】cāliàng-yǎnjing 比喻提高警惕 ▷面对邪教蛊惑，一定要～。

【擦屁股】cāpìgu 比喻处理别人留下的事情或问题(多指不好办的) ▷他一走了之，留下的麻烦事儿谁给他～呢？

【擦拭】cāshì 动 擦③ ▷～机器｜～衣柜。

【擦洗】cāxǐ 动 擦拭、洗涤以除去污垢 ▷～汽车｜～油泥。

【擦音】cāyīn 名 由特定发音方法形成的一类辅音。发音时口腔的某些部位形成缝隙，气流从中摩擦挤出而形成。普通话语音中有6个擦音：f、h、x、s、sh、r。

【擦澡】cāzǎo ❶ 动 不用水冲洗，只用湿毛巾等擦洗身体。❷ 动 某些地区指搓澡。

【擦脂抹粉】cāzhī-mǒfěn 涂脂抹粉。

嚓 cā 拟声 模拟摩擦的声音 ▷走廊上传来～～的脚步声。

另见139页chā。

礤 cā 见680页"礓(jiāng)礤"。

cǎ

礤 cǎ 名〈文〉粗糙的石头。

【礤床】cǎchuáng 名 把瓜果等擦成丝的器具。多在长方形镂空的竹板、木板或塑料板上镶嵌一块金属薄片，薄片上有许多鳞状的刃片，刃片下面是孔眼儿。

cāi

偲 cāi 形〈文〉才能多；能力强。

另见1302页sī。

猜 cāi ❶ 动 (因戒备他人而)怀疑；起疑心 ▷两小无～｜～忌｜～疑。→ ❷ 动 推想；揣测 ▷～谜语｜～题｜～测｜～度(duó)。

【猜测】cāicè 动 猜想 ▷他这么晚还没回来，大家不免胡乱～起来。☛ 参见1395页"推测"的提示。

【猜断】cāiduàn 动 猜测判断 ▷故事情节的发展和他～的一样。

【猜度】cāiduó 动 猜测揣度 ▷她心里想些什么，我们可无从～。

【猜忌】cāijì 动 猜疑忌恨 ▷不要无端～别人。

【猜料】cāiliào 动 猜测料想 ▷对这件事，他～得很准。

【猜枚】cāiméi 动 一种游戏。把某些小物件握在手心里让人猜，猜对的算胜。

【猜谜儿】cāimèir 动〈口〉猜谜。

【猜谜】cāimí ❶ 动 根据谜面，推测谜底。❷ 动 比喻揣摩他人话语背后的真实意图或真实情况 ▷别让我们～了，快说说你究竟是怎么搞到这几张票的吧！☛ 不宜写作"猜迷"。

【猜摸】cāimo 动 猜测；估摸。

【猜拳】cāiquán 动 划(huá)拳。

【猜嫌】cāixián 动〈文〉猜忌嫌怨 ▷君臣之间两无～｜兄弟们真诚相待，从不相互～。

【猜详】cāixiáng 动 猜测审察 ▷个中真伪颇费～。

【猜想】cāixiǎng 动 凭想象估计 ▷这么久不来信，我～他可能遇上什么事儿了。☛ 参见1395页"推测"的提示。

【猜疑】cāiyí 动 缺乏根据地猜想、怀疑 ▷有话摆在桌面上，不要暗中～。

【猜中】cāizhòng 动 猜想、推测得准确；猜对了 ▷这几条谜语他都～了。也说猜着(zháo)。☛ "中"这里不读zhōng。

cái

才[1] cái ❶ 名 能力；才能 ▷这个年轻人很有～｜德～兼备｜～干(gàn)｜口～。→

❷ 名 指某种人(从才能的标准说) ▷天～|全～|庸～。○ ❸ 名 姓。

才[2](纔) cái ❶ 副 表示原来并不是这样,现在出现了新情况 ▷听了半天～明白你的意思|这样躺着～觉得舒服。→ ❷ 副 表示动作发生不久,相当于"刚刚" ▷～出锅,还热着呢|他～来,还顾不上去看你。❸ 副 表示范围小或数量少,相当于"仅仅""只" ▷这所学校～五个班|这本书～卖十几块钱。❹ 副 表示强调 ▷我～不管呢!|这～是好样的。→ ❺ 副 前面有表时间的词语或在疑问句中,表示某种情况出现得很晚 ▷到老～享上清福|你怎么～来? → ❻ 副 表示在某种条件下或由于某种原因,然后会出现某种情况,前面常有"只有""必须""由于"一类词语 ▷只有坚持到底,～能取得胜利|由于大家努力,情况～有了好转。

【才分】 cáifèn 名 才能和天分 ▷他～有限,担当不了如此重任。

【才赋】 cáifù 名 才能和天赋 ▷～出众。

【才干】 cáigàn 名 能力 ▷他有领导～。

【才高八斗】 cáigāo-bādǒu 宋·无名氏《释常谈·八斗之才》:"谢灵运尝曰:'天下才有一石,曹子建独占八斗。'"后用"才高八斗"形容文才极其出众。

【才华】 cáihuá 名 显露出来的才能 ▷～出众。

【才具】 cáijù 名〈文〉才能 ▷～超凡。

【才俊】 cáijùn 名 才能出众的人 ▷青年～|广招～。

【才力】 cáilì 名 才干;才能 ▷～过人。

【才略】 cáilüè 名 才干和谋略(多指政治、军事方面) ▷文武～|非凡的～。

【才貌】 cáimào 名 才华和容貌 ▷～双全。

【才能】 cáinéng 名 知识和能力 ▷根据各人的～,安排适当的工作。

【才女】 cáinǚ 名 才华出众的女子。

【才气】 cáiqì 名 才华(多指文艺方面的) ▷这篇小说的作者很有～。

【才情】 cáiqíng 名 (文学、艺术方面的)才华情致 ▷颇具～。

【才识】 cáishí 名 才能和见识 ▷～不凡。

【才疏学浅】 cáishū-xuéqiǎn 才能不高,学识肤浅。

【才思】 cáisī 名 才气和文思(多指文艺创作方面) ▷～纵横|～敏捷。

【才学】 cáixué 名 才能和学问 ▷品德～出众。

【才艺】 cáiyì 名 才能和技艺(多指艺术创作或表演方面) ▷～超群。

【才智】 cáizhì 名 才能和智慧 ▷聪明～。

【才子】 cáizǐ 名 才华出众的人(多指男性) ▷～佳人|～才女。

材 cái ❶ 名 木料 ▷木～|用～林。→ ❷ 名 材料① ▷就地取～|钢～|药～。⇒ ❸ 名 资料 ▷题～|教～|素～。⇒ ❹ 名 人的资质 ▷因～施教。❺ 名 指某种人(从资质的角度说) ▷栋梁之～|蠢～。→ ❻ 名 指棺材 ▷寿～。○ ❼ 名 姓。

【材积】 cáijī 名 树木出产木材的体积。计量单位是立方米 ▷这棵树的～不超过两立方米。

【材料】 cáiliào ❶ 名 可供制作成品或半成品的物资、原料 ▷装修～。❷ 名 写作的素材 ▷写剧本要搜集很多原始～。❸ 名 供参考用的资料 ▷档案～。❹ 名 比喻可以胜任某项工作的人才 ▷他是个当教师的～。

【材林】 cáilín 名 为获取木材而培植的树林。

【材木】 cáimù ❶ 名 材树。❷ 名 可作建筑材料或制作家具用的木料。

【材树】 cáishù 名 可作木材用的树;也指已长成材的树。

【材质】 cáizhì 名 木材的质地;泛指材料的质地 ▷这种砚台～致密。

财(財) cái 名 物资和货币的统称 ▷劳民伤～|～富|～政。

【财宝】 cáibǎo 名 钱财和珍宝 ▷金银～。

【财帛】 cáibó 名 指钱财(古代曾以布帛代货币)。

【财产】 cáichǎn 名 国家、集体或个人所拥有的有形财富(如金钱、房屋、土地)和无形财富(如著作权、专利权、商标权)的总和。

【财产保险】 cáichǎn bǎoxiǎn 以财产为保险标的(dì)的保险种类。简称财险。

【财产权】 cáichǎnquán 名 财产的所有权。是直接与经济利益相联系,并体现为经济价值的民事权利(跟"人身权"相区别)。包括物权、债权、继承权以及无形财产权(如知识产权)等。

【财产税】 cáichǎnshuì 名 有些国家对纳税人财产征收的一类税。如房产税、遗产税。

【财产性收入】 cáichǎnxìng shōurù 指家庭拥有的动产和不动产所获得的收入。包括出让财产使用权获得的利息、租金、专利收入等;财产营运获得的红利收入、财产增值收益等。

【财大气粗】 cáidà-qìcū 形容人仗着财产多,说话办事格外硬气或盛气凌人。

【财东】 cáidōng ❶ 名 旧指出钱办企业或开商店的人。❷ 名 指财主。

【财阀】 cáifá 名 垄断金融的资本家或集团。

【财富】 cáifù ❶ 名 社会拥有的物质资料和精神产品的总和。包括土地、矿山等自然资源和人类劳动所积累或创造的一切产品。❷ 名 泛指有价值的东西 ▷分享人类共有的～。

【财经】 cáijīng 名 财政和经济的合称。

【财会】 cáikuài 名 财务和会计的合称。

【财礼】cáilǐ 名 彩礼。
【财力】cáilì 名 资金等经济上的实力 ▷～不足。
【财路】cáilù 名 获取钱财的途径 ▷广开～。
【财贸】cáimào 名 财政和贸易的合称。
【财迷】cáimí ❶ 名 过分看重钱财的人。❷ 形 贪财之心很重 ▷这个人真～。
【财迷心窍】cáimíxīnqiào 被钱财迷住了心窍。形容因一心想发财而失去理智。
【财气】cáiqì 名 财运。
【财权】cáiquán ❶ 名 财产权。❷ 名 经济的支配权 ▷企业的～在董事长手里。
【财商】cáishāng 名 指一个人在理财方面的智慧。主要指正确认识和使用钱财及掌握其规律的能力。
【财神】cáishén 名 迷信指可以给人带来财运的神。传说道教尊奉的财神叫赵公明,称"赵公元帅"。也说财神爷。
【财势】cáishì 名 财力和权势 ▷以～压人。
【财税】cáishuì 名 财政和税务的合称。
【财团】cáituán 名 控制重要企业和银行,掌握巨大财富的集团;大金融资本集团。
【财务】cáiwù 名 企事业、机关等单位中,有关资金管理、经营以及现金出纳等方面的事务 ▷～制度|公司～。
【财物】cáiwù 名 钱财和物资。
【财源】cáiyuán 名 钱财的来源 ▷～滚滚。
【财运】cáiyùn 名 获得钱财的机遇;发财的运气 ▷～不佳。
【财政】cáizhèng 名 国家对资财的管理活动,包括财政收入和财政支出两个方面。
【财政补贴】cáizhèng bǔtiē 国家对某些国有企业、某些经济行为、某些特殊事项等进行政策性补助,以维护这些方面的生产者和当事者的利益,保证国家经济运转顺利。
【财政赤字】cáizhèng chìzì 国家年度财政支出超过收入的差额。因这种差额在簿记上习惯用红字书写,故称。也说预算赤字。
【财政寡头】cáizhèng guǎtóu 金融寡头的旧称。
【财主】cáizhu 名 旧指拥有大量财产的人或人家 ▷旧社会他给～当雇工。

裁 cái ❶ 动 用刀、剪等分割布、纸等片状物 ▷这块布能～两件上衣|～纸。→ ❷ 动 削减 ▷～员|～军。→ ❸ 动 控制 ▷制～。→ ❹ 动 权衡并作出判断、决定 ▷～决|～定|仲～。→ ❺ 动 对诗文题材等进行取舍安排 ▷独出心～。❻ 名 指文章的体制、格式 ▷体～。→ ❼ 量 用来表示整张纸的若干分之一 ▷八～纸(一整张纸的八分之一)。☛ 跟"栽"不同。

【裁编】cáibiān 动 裁减编制。
【裁兵】cáibīng 动 裁减兵员。
【裁并】cáibìng 动 削减合并(机构) ▷～科室。
【裁撤】cáichè 动 裁减和撤销(机构等) ▷～超编机构。
【裁处】cáichǔ 动 裁决并处理 ▷事实已经查清,正等候～。
【裁定】cáidìng 动 经过研究,作出断定;特指法院在审理案件或执行判决过程中就某些问题作出决定 ▷依法～被告的反诉是否成立。
【裁断】cáiduàn 动 判断;决定 ▷方案的取舍,请领导～。
【裁夺】cáiduó 动 裁断定夺 ▷稿子用与不用,由主编～。
【裁度】cáiduó 动 衡量并决定 ▷会议的预算,请你据先例～。
【裁缝】cáiféng 动 裁剪缝制(衣服) ▷～铺。
【裁缝】cáifeng 名 以裁制衣服为业的人。
【裁减】cáijiǎn 动 减少(机构、人员、装备等) ▷～冗员|～科室。
【裁剪】cáijiǎn ❶ 动 按尺寸剪裁衣料。❷ 动 比喻斟酌取舍 ▷文章内容～得当。
【裁决】cáijué 动 经过研究,作出决定;法律上特指通过仲裁解决民事、经济、劳动等争议,也指国家行政机关对违反治安管理的行为进行行政处罚 ▷市仲裁委～该公司立即支付拖欠员工的全部工资。
【裁军】cáijūn 动 裁减军事力量。包括削减军费开支,裁减军队数量,限制武器装备数量和品种,禁止大规模杀伤性武器的试验、生产和使用等。
【裁量】cáiliàng 动 衡量裁断 ▷这起侵权纠纷交由司法机关～|～权。
【裁判】cáipàn ❶ 动 指双方发生争议时由第三方作出评判 ▷学生之间的纠纷,一般可请老师～。❷ 动 在体育等比赛活动中,根据比赛规则对运动员的成绩、胜负、名次和比赛中发生的问题作出评判。❸ 名 体育等比赛活动中,执行裁判工作的人员。也说裁判员。
【裁汰】cáitài 动 〈文〉裁减淘汰(人员)。
【裁退】cáituì 动 裁减清退(员工) ▷～临时工。
【裁员】cáiyuán 动 裁减人员。也说裁人。
【裁制】cáizhì ❶ 动 裁剪制作(衣服等)。○ ❷ 动 制裁;惩治。
【裁酌】cáizhuó 动 斟酌决定。

cǎi

采[1](*採) cǎi ❶ 动 摘取 ▷～花|～茶|～莲。→ ❷ 动 选用;取用 ▷博～众长|～购|～暖|～光。→ ❸ 动 搜集 ▷～种(zhǒng)|～访|～集。→ ❹ 动 挖掘(矿藏) ▷～煤|～矿|～油|开～。

采[2] cǎi ❶ 图 神情；神色 ▷无精打～｜神～｜兴高～烈。◯ ❷ 图 姓。

采[3] cǎi 图 彩色。现在一般写作"彩"。☛ ㊀"采"字上边是"爫"，下边是"木"，不要误写作撇下加"米"。由"采"构成的字有"彩""睬""踩""菜"等。㊁参见本页"彩"的提示。

另见 125 页 cài。

【采办】 cǎibàn 动 采购 ▷～一批木料。

【采编】 cǎibiān ❶ 动 采访并编辑 ▷～奥运新闻。❷ 图 指新闻出版单位从事采访和编辑工作的人员。◯ ❸ 动 采购图书并进行编目。❹ 图 图书馆从事采购和编目的人员。

【采茶戏】 cǎicháxì 图 地方戏曲剧种，流行于江西、安徽、湖北、湖南、福建、广东、广西等地。由民间采茶歌舞发展而来，多反映采茶劳动生活。

【采伐】 cǎifá 动（在森林中）有选择地砍伐树木 ▷封山育林，禁止～。

【采访】 cǎifǎng 动 为搜集必要的材料而进行访问、调查、录音、录像等 ▷现场～。

【采风】 cǎifēng ❶ 动 搜集民间歌谣（风：民间歌谣）▷音乐家常到民间～。❷ 动 到基层了解民情民风 ▷深入社区～。

【采购】 cǎigòu ❶ 动 选择购置（多指大宗的或种类较多的物品）▷～土特产。❷ 图 从事采购工作的人。也说采购员。

【采购经理人指数】 cǎigòu jīnglǐrén zhǐshù 通过对采购经理人的月度调查汇总出来的指数，能反映经济的变化趋势（英语缩写为 PMI）。

【采光】 cǎiguāng ❶ 动 使建筑物内得到适宜的自然光线 ▷设计楼房要注意～。❷ 图 建筑物内自然光线强弱的情况 ▷卧室的～不错。

【采集】 cǎijí 动 搜集；收集 ▷～树种｜～民间故事。

【采辑】 cǎijí 动 采集并辑录 ▷～成册。

【采景】 cǎijǐng 动 选取景物（多用于摄影、摄像）。

【采掘】 cǎijué 动 开采挖掘 ▷～矿石。

【采矿】 cǎikuàng 动 开采矿藏。

【采捞】 cǎilāo 动 从水中捞取水生动植物、矿物等有价值的东西 ▷过度～｜～贝类｜～砂石。

【采莲船】 cǎiliánchuán 图 某些地区指跑旱船。

【采录】 cǎilù ❶ 动 搜集并记录 ▷～民间故事。❷ 动 采访并录制 ▷电视台来人～节目。

【采买】 cǎimǎi ❶ 动 选择购买（物品）▷去超市～｜～礼品。❷ 图 负责采买的人 ▷他是连队的～。

【采蜜】 cǎimì ❶ 动 蜜蜂采集花蜜。❷ 动 从蜜蜂蜂巢里采集蜂蜜。

【采纳】 cǎinà 动 采用、接受或吸收（别人的建议、意见等）。☛ 跟"采取"不同。"采纳"侧重于接受；"采取"侧重于主动地选取。

【采暖】 cǎinuǎn 动 利用取暖装置，使建筑物内在寒冷季节保持适宜的温度 ▷新安装了暖气设备，～问题解决了。

【采取】 cǎiqǔ ❶ 动 选择实施（方针、政策、方法、行动等）▷～正确态度｜～果断行动。❷ 动 获取 ▷～血样。☛ ㊀参见本页"采纳"的提示。㊁参见本页"采用"的提示。

【采收】 cǎishōu 动 采摘收获（农作物果实）▷及时～成熟的瓜果。

【采挖】 cǎiwā 动 挖取 ▷～人参｜～玉石。

【采撷】 cǎixié〈文〉❶ 动 摘取 ▷愿君多～，此物最相思。❷ 动 收集 ▷～民歌。

【采写】 cǎixiě 动 采访并撰写（文章）▷～先进人物的事迹。

【采血】 cǎixiě 动 抽取血液。

【采信】 cǎixìn 动 相信（某种事实）并用作处置的依据；特指法院审理案件时对证据进行审查，并用作定案的依据 ▷予以～。

【采选】 cǎixuǎn ❶ 动 采集挑选 ▷～中草药。❷ 动 特指对矿产资源的开采和分选 ▷勘察、～矿物。

【采样】 cǎiyàng 动 选取样品；抽样 ▷～化验。

【采药】 cǎiyào 动 采集药材。

【采用】 cǎiyòng 动 选择符合需要的并加以利用 ▷～新材料｜这篇稿子已～。☛ 跟"采取"①不同。"采用"的对象多为具体事物或具体方法；"采取"①的对象多为抽象事物。

【采油】 cǎiyóu 动 开采石油。

【采育】 cǎiyù 动 采伐（树木）和培育（树苗）。

【采运】 cǎiyùn ❶ 动 采购并运输 ▷到东北～木材。❷ 动 开采并运输 ▷保证金矿～安全。

【采择】 cǎizé 动 选择采用 ▷～最佳方案。

【采摘】 cǎizhāi 动 摘取 ▷～桑叶。

【采制】 cǎizhì ❶ 动 采集并加工制作 ▷～中草药。❷ 动 采访并制作 ▷～新闻节目。

【采种】 cǎizhǒng 动 采集种子 ▷严格～。

彩（*綵❸）cǎi ❶ 图 彩色 ▷五～缤纷｜光～照人｜～灯｜～釉｜～笔。→ ❷ 图 花样 ▷丰富多～。→ ❸ 图 彩色的丝织品 ▷张灯结～｜剪～。→ ❹ 图 赌博或博彩活动中给得胜者的钱物 ▷～金｜中（zhòng）～｜摸～。❺ 图 对表演、比赛等表示称赞的欢呼声 ▷喝（hè）～｜喝倒（dào）～｜满堂～。→ ❻ 图 比喻受伤者流的血 ▷挂～｜～号。→ ❼ 图 戏曲或魔术表演中的某些特技 ▷火～｜～活儿。◯ ❽ 图 姓。☛ 跟"采"不同。"彩"偏重于色彩，如"彩照""光彩"等；"采"偏重于神色，如"神采""风采""兴高采烈"等。

【彩笔】 cǎibǐ 图 笔芯是彩色的笔。也说色笔。

【彩超】 cǎichāo ❶ 动 用呈现彩色图像的 B 型超

声诊断仪进行诊断 ▷经心脏～,发现左心室扩大。❷ 名 呈现彩色图像的B型超声诊断仪 ▷买了一台～。

【彩车】cǎichē 名 用彩绸、彩灯、花卉等装饰的车。

【彩绸】cǎichóu 名 彩色的丝绸 ▷姑娘们腰扎～翩翩起舞。

【彩带】cǎidài 名 彩色的丝绸带子 ▷挥舞～。

【彩旦】cǎidàn 名 戏曲中旦角的一种,扮演滑稽或刁钻的女子,其中扮演中老年人物的也称丑婆子。

【彩蛋】cǎidàn 名 在蛋壳或蛋形物上绘画的工艺品。

【彩雕】cǎidiāo 名 用木头等进行雕刻并涂上彩色颜料的艺术;也指用这种艺术雕刻成的工艺品。

【彩调】cǎidiào 名 地方戏曲剧种,流行于广西桂林、柳州等地。影响较广的剧目有《刘三姐》等。

【彩蝶】cǎidié 名 彩色蝴蝶。

【彩管】cǎiguǎn 名 彩色显像管的简称。参见1490页"显像管"。

【彩号】cǎihào 名 指作战中的伤员 ▷重～及时转往后方医院。

【彩虹】cǎihóng 名 虹。

【彩鹮】cǎihuán 名 鸟,体长约60厘米,羽毛大都为青铜栗色,有绿色光泽。生活在水边或沼泽地。是濒危动物,属国家保护动物。

【彩绘】cǎihuì ❶ 动 用彩色描绘 ▷他～的画廊颇获好评。❷ 名 彩色的图画 ▷古墓四壁的～依稀可见|人体～。

【彩轿】cǎijiào 名 花轿。

【彩卷】cǎijuǎn 名 彩色胶卷的简称。

【彩扩】cǎikuò 动 扩印彩色照片。

【彩礼】cǎilǐ 名 定亲与结婚时,为确定婚姻关系,男方送给女家的钱物。也说财礼。

【彩练】cǎiliàn 名 彩色绸带。

【彩铃】cǎilíng 名 拨打移动电话时,从移动电话中播出的音乐、问候语等(用以替代表示已接通意义的"嘟——嘟——"声)。现也用于其他电话。

【彩门】cǎimén 名 用彩绸、花卉等装饰的门。多用于喜庆、纪念等活动。

【彩迷】cǎimí 名 特别喜欢博彩活动的人。

【彩民】cǎimín 名 购买彩票、奖券等参与博彩活动的人。

【彩墨画】cǎimòhuà 名 中国画的一种,用彩色颜料和墨汁绘成的画。

【彩排】cǎipái 动 文艺演出、节庆活动或大型文体表演正式举行前的化装排练。

【彩牌楼】cǎipáilou 名 用彩纸、彩绸、树枝、鲜花等装饰的牌楼。用于喜庆、纪念等活动。

【彩喷】cǎipēn ❶ 动 用彩色颜料喷涂 ▷～家具。❷ 动 在打印机上用彩色墨汁(粉)喷出(文字、图片等)。❸ 名 彩色喷墨打印机的简称。

【彩棚】cǎipéng 名 用彩纸、彩绸、树枝、鲜花等装饰的棚子。用于喜庆、纪念等活动。

【彩票】cǎipiào 名 为筹款等而发行的一种奖券。售出后用抽签、摇号等方式对号给奖。彩票持有人可凭有中奖号码的彩票领取规定的奖金或实物,不中奖的彩票不还本。如福利彩票、体育彩票。

【彩屏】cǎipíng 名 彩色显示屏的简称。

【彩旗】cǎiqí 名 用彩绸、彩纸等制成的旗子。多用于游行、会场布置及喜庆活动。

【彩球】cǎiqiú ❶ 名 用彩绸、彩纸等结扎成的球状物。多用于喜庆活动。❷ 名 指彩色的气球、台球等。

【彩券】cǎiquàn 名 彩票。

【彩色】cǎisè 区别 各种颜色的(跟"黑白"相区别) ▷～铅笔|～胶片。

【彩色电视】cǎisè diànshì ❶ 传送彩色图像的电视系统。❷ 彩色显像的电视机。简称彩电。

【彩色片】cǎisèpiàn 名 彩色电影片。口语中也说彩色片儿(piānr)。

【彩饰】cǎishì 名 彩色的装饰 ▷楼阁、回廊上的～鲜艳夺目。

【彩塑】cǎisù 名 用泥或石膏等作原料,塑造成各种形象并涂上色彩的一种工艺;也指用这种工艺制成的工艺品。参见插图16页。

【彩陶】cǎitáo 名 有彩绘花纹的古代陶器。最早发现于河南渑池仰韶村,为我国新石器时代文化的典型代表。仰韶文化也称彩陶文化。

【彩头】cǎitóu ❶ 名 迷信指能够得利的兆头 ▷喜鹊叫,真是好～!❷ 名 指博彩活动赢得的钱财 ▷头奖的～是一辆小轿车。

【彩霞】cǎixiá 名 霞。

【彩显】cǎixiǎn 名 彩色显示器的简称。参见1490页"显示器"。

【彩像】cǎixiàng 名 彩色图像 ▷这台彩电怎么出不来～了?

【彩信】cǎixìn 名 多媒体短信息业务;也指多媒体短信息。因信息中有彩色图像,故称。

【彩页】cǎiyè 名 报纸、书刊中的彩色版面。

【彩印】cǎiyìn ❶ 动 彩色印刷 ▷杂志的封面要～。❷ 动 洗印彩照。

【彩云】cǎiyún 名 彩色的云。参见1479页"霞"。

【彩照】cǎizhào 名 彩色照片。

【彩纸】cǎizhǐ ❶ 名 彩色的纸。❷ 名 洗印彩照用的纸。

睬(*倸) cǎi 动 对别人的言语行为作出反应 ▷我连问了她好几句,她～也不～|理～。

踩（*跴） cǎi 动 脚底向下接触地面或蹬在物体上 ▷别～草地|～油门。

【踩道】cǎidào 动 指犯罪分子作案前察看作案地的路径和地形。

【踩点】cǎidiǎn ❶ 动 踩道。❷ 动 指筹办某一活动时，事前到活动地点了解、熟悉有关情况。

【踩高跷】cǎigāoqiāo 一种民间杂技。表演者装扮成戏剧或传说中的人物，踩着高跷边走边舞。参见454页“高跷”。

【踩雷】cǎiléi 动 踩上地雷。比喻做触犯法纪的事；也比喻做风险很大的事 ▷遵纪守法，决不～|情况没弄清就投资，这不明摆着会～吗？

【踩墒】cǎishāng 动 把播种后的地踩实，使土壤保持适合种子发芽和作物生长的湿度。

【踩水】cǎishuǐ 动 一种游泳技术。人直立深水中，两脚轮番踏水，使身体不下沉并能向前移动。

cài

采（*寀） cài［采地］càidì 名 古代诸侯分封给卿大夫的土地。也说采邑。

另见122页cǎi。

菜 cài ❶ 名 可以用作副食的植物 ▷买～|蔬～|～店。→ ❷ 名 特指油菜① ▷～籽油。→ ❸ 名 蔬菜、肉类等烹调成的佐餐食物的统称 ▷四～一汤|～肴|粤～。❹ 区别 专供食用而饲养的 ▷～牛|～鸽。→ ❺ 名 生活困难时可以用来充饥的粗劣菜蔬、野菜等 ▷吃糠咽～|糠～半年粮。❻ 形〈口〉形容质量低、能力差 ▷你的驾驶技术太～了|～鸟。○ ❼ 名 姓。

【菜案】cài'àn ❶ 名 红案。❷ 名 切菜或放菜的案子。

【菜霸】càibà 名 指在菜市上欺行霸市的人。

【菜板】càibǎn 名 烹调前在上面加工蔬菜、肉等原料的案板。

【菜帮子】càibāngzi 名 白菜等的外层叶片靠根部较宽厚的部分。

【菜包子】càibāozi 名 指主要用蔬菜做馅儿的包子。有时用作骂人的话，比喻无用的人。

【菜畜】càichù 名 肉畜。

【菜单】càidān ❶ 名 写有各种菜肴名称及价格的单子。❷ 名 计算机或通信系统中提供给操作者的选项或命令的列表。也说选单。

【菜刀】càidāo 名 做饭菜使用的刀具。也说厨刀。

【菜点】càidiǎn 名 菜肴和面点 ▷特色～。

【菜豆】càidòu 名 一年生草本植物，茎蔓生，叶卵形，花白色、黄色或紫色。荚果和种子也叫菜豆。嫩荚可以作蔬菜，种子可以食用，也可以做药材。通称芸豆。也说四季豆。

【菜墩子】càidūnzi 名 切菜剁肉用的厚实粗大的木墩。

【菜蛾】cài'é 名 昆虫，雄蛾前翅灰黑或灰白色，雌蛾淡灰褐色，并密布暗褐色斑点。幼虫纺锤形，淡绿色，主要危害十字花科蔬菜。

【菜饭】càifàn 名 把大米或小米跟蔬菜等混合煮成的饭。

【菜粉蝶】càifěndié 名 粉蝶的一种。翅灰白略呈青色，有黑斑。幼虫叫菜青虫，主要危害大白菜、青菜等蔬菜。也说菜白蝶、白粉蝶。

【菜鸽】càigē 名 肉鸽。

【菜瓜】càiguā 名 一年生草本植物，茎蔓生，叶呈心形，花黄色。果实也叫菜瓜，白绿或浓绿色，多为长椭圆形，可生吃，也可腌制酱菜。

【菜馆】càiguǎn 名 某些地区指饭馆。

【菜花】càihuā ❶ 名 油菜的花。❷ 名 花椰菜的通称。

【菜窖】càijiào 名 存放白菜、土豆等蔬菜的地窖。

【菜金】càijīn 名（机关、团体食堂）伙食费中用于副食的钱。

【菜篮子】càilánzi 名 买菜用的篮子；借指城镇的蔬菜及其他副食品的供应 ▷关心群众的～。

【菜篮子工程】càilánzi gōngchéng 指为解决城镇居民的肉、菜、蛋、奶等副食品供应问题，政府在生产、销售等各环节采取的一系列措施。

【菜鸟】càiniǎo 名 新手或生手；也指在某些方面能力低下的人 ▷职场～|～级选手。

【菜牛】càiniú 名 专供食用而饲养的牛。也说肉牛。

【菜农】càinóng 名 以种植蔬菜为主业的农民。

【菜品】càipǐn 名 菜肴（多指饭店、餐厅等供应的）▷这家酒店的～很上档次。

【菜圃】càipǔ 名 菜园。

【菜谱】càipǔ ❶ 名 菜单①。❷ 名 介绍菜肴烹调方法的书 ▷《家庭～》|《川菜～》。

【菜畦】càiqí 名 种植蔬菜的一排排整齐的小块田地。四周围着土埂，便于管理和浇灌。

【菜禽】càiqín 名 肉禽。

【菜青】càiqīng 形 形容颜色绿中略带灰黑。

【菜色】càisè 名 青黄色。多用来形容极度营养不良的脸色 ▷面有～。

【菜蛇】càishé 名 专供食用而饲养的蛇。也说肉蛇。

【菜市】càishì 名 以出售蔬菜和肉、蛋等副食品为主的市场。也说菜市场、菜场。

【菜式】càishì 名 菜肴的品种样式；也指不同地区风味的菜肴。

【菜蔬】càishū ❶ 名 蔬菜。❷ 名 菜肴。

【菜薹】càitái ❶ 名 韭菜、油菜等蔬菜的花茎。

嫩的可做菜吃。❷ 名 一年或二年生草本植物。叶椭圆形,开黄色小花,生长迅速,抽薹力强,嫩薹和叶均可食用,是常见蔬菜。也说菜心。☛"薹"不要误写作"苔","薹"没有简化。

【菜团子】càituánzi 名 主要用蔬菜做馅儿,用玉米面或其他杂粮做皮儿蒸制的球形食品。

【菜系】càixì 名 不同地区菜肴的烹调在理论、方法、风味、品种等方面所形成的独特体系。如粤菜菜系、川菜菜系等。

【菜心】càixīn ❶ 名 蔬菜叶片包着的中心部分。❷ 名 菜薹②。

【菜蚜】càiyá 名 主要危害甘蓝、芥(jiè)菜、萝卜等蔬菜的蚜虫。

【菜秧】càiyāng ❶ 名 供移栽的蔬菜秧苗。❷ 名 指某些蔬菜的嫩叶和嫩茎。

【菜羊】càiyáng 名 专供食用而饲养的羊。也说肉羊。

【菜肴】càiyáo 名 烹调好的鱼、肉、蛋、蔬菜等 ▷丰盛的~。

【菜油】càiyóu 名 用油菜籽榨的食用油。也说菜籽油。

【菜园】càiyuán 名 种植蔬菜的园子。也说菜园子。

【菜子】càizǐ 现在一般写作"菜籽"。

【菜子油】càizǐyóu 现在一般写作"菜籽油"。

【菜籽】càizǐ ❶ 名 蔬菜的种子。❷ 名 特指油菜籽。

【菜籽油】càizǐyóu 名 菜油。

蔡 cài ❶ 名 周朝诸侯国名。在今河南上蔡和新蔡一带。○ ❷ 名 姓。

縩 cài 见 237 页"綷(cuì)縩"。

cān

参[1]（參 *叅） cān ❶ 动 加入;参与 ▷~军|~政|~谋。○ ❷ 动 对照别的材料加以考察 ▷~阅|~照。

参[2]（參 *叅） cān ❶ 动 拜见;谒见 ▷~拜|~见|~谒。○ ❷ 动 旧指(向皇帝)检举、揭发 ▷~了他一本(本:奏折)|~劾。

参[3]（參 *叅） cān 动〈文〉深入研究、领会(道理、意义等) ▷~禅|~破|~透。☛ 读 shēn,用于星宿名(常与商星合称"参商")、人参一类药材的名称和水产品海参的名称;读 cēn,只用于"参差"。

另见 136 页 cēn;1219 页 shēn。

【参拜】cānbài 动 以礼进见所尊崇的人;祭拜所尊崇的人的遗像、陵墓等 ▷众僧~长老|各界代表~黄帝陵。

【参半】cānbàn 动 双方各占一半 ▷喜忧~。

【参保】cānbǎo 动 参加保险 ▷今年基本医保~人数激增。

【参禅】cānchán 动 佛教的修行方法,静坐冥思,领会佛理 ▷讲经~。

【参订】cāndìng 动 参校(jiào)订正。

【参访】cānfǎng 动 参观访问 ▷代表团~了这所大学。

【参股】cāngǔ 动 入股。

【参观】cānguān 动 到实地观看 ▷~展览|~团。

【参合】cānhé 动 参考并综合(各方意见、各种资料) ▷在~众多设计的基础上,制定出本方案。

【参劾】cānhé 动 弹劾①。

【参加】cānjiā ❶ 动 加入(某个组织);参与(某种活动) ▷~少先队|~运动会。❷ 动 提出(意见) ▷对买房的事,他不想~意见。☛ 跟"加入""参与"不同。"加入"的对象通常是某个社会组织或团体,"参与"的对象多为某项社会活动,"参加"则二者均可。

【参检】cānjiǎn 动 (按一定的规定和要求)参加接受检查、检阅或检验。

【参见】cānjiàn ❶ 动 参看。○ ❷ 动〈文〉拜见;进见(尊长)。

【参建】cānjiàn 动 参加建设;参加投资建造 ▷~体育馆|~单位。

【参校】cānjiào 动 以某书的一种版本为底本,参考其他版本进行校订;为别人的书稿进行校订 ▷此书版本很多,要认真~|这套书请别的专家~。☛"校"这里不读 xiào。

【参军】cānjūn 动 到部队当兵 ▷报名~|参过军,打过仗。

【参看】cānkàn 动 参照查阅 ▷有关这个问题,有两篇文章可以~|~本书第 25 页注释。

【参考】cānkǎo 动 在学习或研究问题时,参阅查考有关材料或参照有关事物 ▷这些建议仅供~|~一下他们的做法。

【参考书】cānkǎoshū 名 在学习、研究中供参阅查考的书。

【参考系】cānkǎoxì 名 为了确定一个物体的位置和描述其运动而选作基准的另一个物体。也说参照物、参照系。

【参量】cānliàng 名 在一定范围内,数值可以变化的量。这个量的不同数值反映不同的状态和性能。

【参谋】cānmóu ❶ 名 军队中参与制订作战计划和指挥作战行动的工作人员;泛指代人谋划、出主意的人 ▷作战~|找个有经验的人当~。❷ 动 代人谋划、出主意 ▷请你~~。

【参拍】cānpāi ❶ 动 物品参加拍卖。❷ 动 参加拍摄。

【参评】cānpíng 动 参加评比、评选等 ▷不具备~资格。

【参赛】cānsài 动 参加竞赛。

【参事】cānshì 名 政府中一种顾问性质的职务名称。我国国务院和各省、市、自治区政府设立参事职务或参事机构。

【参数】cānshù ❶ 名 在所讨论的数学或物理等问题中,起某种辅助作用的变量。也说参变量。❷ 名 表明某种现象、设备或其工作过程中某一重要性质的量,如震级、功率、进尺等。

【参天】cāntiān 动 高高耸入天空 ▷古木~。

【参透】cāntòu 动 彻底领悟;看透 ▷~玄机|~其中奥秘。

【参悟】cānwù 动 佛教指参禅悟道;泛指领会 ▷对文章的深刻含意有所~。

【参详】cānxiáng 动 仔细观察并研究 ▷这件事需认真~。

【参选】cānxuǎn ❶ 动 参加竞选 ▷~学生会干部。❷ 动 参加评选 ▷多部作品~。

【参验】cānyàn 动 考核验证;比较检验 ▷审慎~,方可决定取舍。

【参谒】cānyè 动 〈文〉参拜 ▷~大禹陵。

【参议】cānyì ❶ 动 参与谋划计议(政事、国事) ▷~院|~会。❷ 名 旧官名。

【参议员】cānyìyuán 名 参议院的成员。

【参议院】cānyìyuàn 名 上议院。简称参院。

【参与】cānyù 动 参加(某项工作、活动) ▷~制订计划|~讨论。☛ ㊀不要写作"参预""参豫"。㊁参见 126 页"参加"的提示。

【参阅】cānyuè 动 参看。

【参赞】cānzàn ❶ 动 〈文〉协助谋划 ▷~政务。❷ 名 使馆中职位仅次于大使(或公使)的外交官,是大使(或公使)的主要助理人员。

【参展】cānzhǎn 动 参加展览。

【参战】cānzhàn 动 参加战争;参加作战 ▷~国家分为两大阵营|我部奉命~。

【参照】cānzhào 动 参考并仿照 ▷~国际惯例|这种做法我们可以~。

【参照物】cānzhàowù 名 参考系。

【参政】cānzhèng 动 参与国家政务 ▷~党。

【参政议政】cānzhèng yìzhèng 指我国各民主党派和无党派人士参加国家政权,参与国家事务管理,参与国家方针、政策、法律、法规的制定执行,并监督执政党。是中国共产党领导的多党合作和政治协商制度的重要内容。

【参酌】cānzhuó 动 参考有关情况加以斟酌 ▷是否可行,由专家组~议定。

骖(驂) cān 名 古代指驾车时套在车辕两边的马(古代一般用三匹马或四匹马拉车) ▷左~|右~。

餐 cān ❶ 动 吃;吃饭 ▷会~|野~。→ ❷ 名 饭食 ▷夜~|快~。☛ 不能简化为"歺"。

【餐车】cānchē 名 列车上专供旅客用餐的车厢。

【餐刀】cāndāo 名 西餐中供就餐人用来抹黄油、切牛排等的刀具。

【餐点】cāndiǎn ❶ 名 饭菜和面点。○❷ 名 餐饮业布设的餐饮零售点。

【餐风宿露】cānfēng-sùlù 风餐露宿。

【餐馆】cānguǎn 名 饭馆。

【餐巾】cānjīn 名 用餐时铺在胸前或腿上,防止弄脏衣服的方巾。

【餐巾纸】cānjīnzhǐ 名 用餐时擦拭嘴、手等的专用软纸。也说餐纸。

【餐具】cānjù 名 碗、筷、盘、匙等饮食用具的统称。

【餐券】cānquàn 名 就餐的凭证。

【餐厅】cāntīng ❶ 名 饭馆;特指旅馆等附设的营业性食堂。❷ 名 家庭专供用餐的房间。

【餐位】cānwèi 名 餐厅、饭馆中供顾客就餐的座位。

【餐叙】cānxù 动 聚在一起,以就餐的方式叙谈 ▷几位老友相约~。

【餐饮】cānyǐn 名 指饭馆、酒店的饮食营业活动 ▷规范~市场|~业。

【餐桌】cānzhuō 名 吃饭用的桌子。

鰲 cān [鰲鲦] cāntiáo 名 鱼,体侧扁,呈条状,银白色。繁殖力强,生长快,我国淡水水域几乎均有出产。古称鲦。

cán

残[1](殘) cán ❶ 动 伤害;毁坏 ▷~杀|摧~。○ ❷ 形 凶狠;凶恶 ▷~忍|~暴。☛ 跟"惨"不同。"残"强调动作行为等十分凶暴、恶毒,是一种外在表现,如"残暴""残酷""残忍"等;"惨"着重强调内心的感受十分凄惨、惨痛,如"惨不忍睹""惨无人道"等。

残[2](殘) cán ❶ 形 剩下的 ▷~羹剩饭|~敌|~阳。→ ❷ 形 有缺损的;不完整的 ▷身~志坚|~肢|~品。☛ "残"字统读 cán,不读 cǎn。

【残奥会】cán'àohuì 名 国际残疾人奥林匹克运动会的简称。全部由残疾人参赛的奥林匹克运动会。分为夏季残奥会和冬季残奥会。

【残败】cánbài 形 (草木、景物等)残破衰败 ▷秋风肃杀,草木~。

【残暴】cánbào 形 凶残暴虐 ▷~的敌人|匪徒~地杀害无辜。☛ 跟"残酷""残忍"不同。"残暴"既形容心态、性情,也形容行为、手段,侧重暴虐;"残忍"多形容行为、手段,偏冷酷

义;“残酷”除有“残暴”“残忍”义外,还可形容客观环境、现实条件。

【残杯冷炙】cánbēi-lěngzhì 吃剩下的酒食。☛“炙”不读 jiǔ,也不要误写作“灸”。

【残本】cánběn 名 残缺不全的本子(多指古籍)。

【残币】cánbì 名 有残缺或污损的货币。

【残编断简】cánbiān-duànjiǎn 断简残编。

【残兵败将】cánbīng-bàijiàng 指战败后残留下来失去战斗力的军队。

【残部】cánbù 名 残留下来的队伍 ▷敌寇收罗~,妄图卷土重来。

【残次品】cán-cìpǐn 残品和次品。

【残存】cáncún 动 残缺不全地少量留存 ▷地震后只~了几所房子。

【残敌】cándí 名 残留下来的敌人 ▷肃清~。

【残冬】cándōng 名 冬季将尽的时候。

【残毒】cándú ❶ 形 残忍狠毒 ▷为人阴险~。○ ❷ 名 残留的有毒物质 ▷蔬菜里有农药~,要认真清洗。

【残匪】cánfěi 名 未被完全剿灭而残留下来的匪徒。

【残废】cánfèi 动 肢体、器官等有缺损或丧失机能 ▷他的左腿~了。

【残羹剩饭】cángēng-shèngfàn 吃后所剩的菜汤和饭食。

【残骸】cánhái 名 尸骨;借指残损的飞机、车辆或毁坏的建筑物等 ▷野猪的~|汽车~。

【残害】cánhài 动 残酷地伤害或杀害 ▷~无辜。

【残货】cánhuò 名 有残损的货物。

【残疾】cánjí 名 肢体、器官的缺陷或生理机能的障碍 ▷关心~人|~在身。

【残疾人运动会】cánjírén yùndònghuì 全部由残疾人参赛的运动会。我国从 1984 年开始举办。简称残运会。

【残迹】cánjì 名 残存下来的痕迹 ▷地震的~还没有完全消除。

【残旧】cánjiù 形 残破陈旧 ▷几件~的家具。

【残局】cánjú ❶ 名 临近结束的棋局。也说残棋。❷ 名 比喻社会动乱或工作失误造成的难以收拾的局面 ▷收拾~。

【残卷】cánjuàn 名 破损不全的书卷、文稿等 ▷《永乐大典》~41 卷。

【残酷】cánkù ❶ 形 凶狠冷酷 ▷~剥削。❷ 形 艰苦而险恶 ▷斗争环境异常~。☛ 参见 127 页“残暴”的提示。

【残留】cánliú 动 少量遗留 ▷~在桌面上的水迹|杀灭~的癌细胞。

【残年】cánnián ❶ 名 人的晚年;一生最后的岁月 ▷风烛~。❷ 名〈文〉岁末;一年中最后一段时间 ▷已是岁暮~。

【残虐】cánnüè ❶ 形 残忍暴虐 ▷制止这种~行为。❷ 动 凶狠地虐待 ▷不许~妇女。

【残篇断简】cánpiān-duànjiǎn 断简残编。

【残片】cánpiàn 名 残缺的或残余的片状物 ▷古墓被盗,文物~撒落一地|甲骨~。

【残品】cánpǐn 名 有残损的产品。

【残破】cánpò 形 不完整,损坏严重 ▷这本~的碑帖缺了不少字。

【残缺】cánquē 动 残破;不完整 ▷这本书~严重。

【残忍】cánrěn 形 凶残狠毒 ▷犯罪手段~。☛ 参见 127 页“残暴”的提示。

【残杀】cánshā 动 伤害或杀害 ▷互相~。

【残生】cánshēng ❶ 名 残年①(含悲凉的意味)▷夫妻相依为命,共度~。❷ 名 幸存的生命 ▷劫后~。

【残损】cánsǔn 动 残缺破损 ▷~的器皿。

【残效】cánxiào 名 残留的药力 ▷菜要多洗几遍,尽可能消除农药的~。

【残雪】cánxuě 名 没有融化完的积雪。

【残阳】cányáng 名 夕阳 ▷~如血。

【残余】cányú ❶ 动 残存;剩余 ▷敌军~一个师。❷ 名 残存、剩余的部分 ▷封建迷信~。

【残垣断壁】cányuán-duànbì 残破倒塌的墙壁。形容房舍残破的凄凉景象。也说断壁残垣、颓垣断壁。

【残月】cányuè ❶ 名 农历临近月底时像钩的月亮。❷ 名 快要落下的月亮 ▷~西斜。

【残渣】cánzhā 名 残留的渣滓。

【残渣余孽】cánzhā-yúniè 比喻未被清除干净而存留下来的坏人 ▷旧社会的~。

【残障】cánzhàng 名 残疾。

【残照】cánzhào 名〈文〉落日的余晖 ▷草色烟光~里,无言谁会凭栏意。

蚕(蠶)

cán 名 蚕蛾的幼虫。蜕皮后吐丝结茧变成蛹,蛹变成蚕蛾。种类很多,有桑蚕、柞蚕、蓖麻蚕、天蚕、樟蚕、樗蚕等。蚕吐的丝用作纺织原料。参见插图 4 页。☛ 上边是“天”,不是“夭”。

【蚕宝宝】cánbǎobǎo 名 某些地区对蚕的爱称。

【蚕匾】cánbiǎn 名 用竹、木、苇秆等制作的盛桑叶和放养蚕的器具。

【蚕箔】cánbó 名 用竹篾、苇篾等编成的养蚕器具。长方形或圆形,平底。

【蚕蔟】cáncù 名 用草秆、细竹条等编成的供蚕结茧的器具。有圆锥形、蛛网形等不同式样。也说蚕山。

【蚕豆】cándòu 名 一年或二年生草本植物,茎方形中空,花白色或淡紫色,有紫斑,结大而肥厚的蚕形荚果。种子也叫蚕豆,椭圆扁平,可以食用。也说胡豆。某些地区也说罗汉豆。

【蚕蛾】cán'é 名 由蚕蛹衍化的蚕的成虫。白色,有两对翅膀、一对羽毛状触角。不吃食，交尾产卵后即死亡。参见插图 4 页。

【蚕茧】cánjiǎn 名 蚕在化蛹前吐丝结成的壳(蚕在里面变成蛹)，是缫丝的原料。

【蚕眠】cánmián 动 蚕蜕皮前不食不动，就像人睡觉一样。蚕从蚕蚁到结茧要经过四次蜕皮。

【蚕农】cánnóng 名 以养蚕为主业的农民。

【蚕桑】cánsāng 动 养蚕和种桑。

【蚕沙】cánshā 名 蚕屎。黑色，颗粒状，可以做药材。

【蚕山】cánshān 名 蚕蔟。

【蚕食】cánshí 动 像蚕吃桑叶那样逐渐侵蚀 ▷～鲸吞｜粉碎侵略者的～阴谋。

【蚕室】cánshì ❶ 名 养蚕的房间。要求保温、通风、透光，适合于蚕的生长。也说蚕房。❷ 名 古代指受宫刑后住的牢房。

【蚕丝】cánsī 名 蚕吐的丝。主要有桑蚕丝、柞蚕丝、蓖麻蚕丝等，可用来纺织绸缎。也说真丝。

【蚕蚁】cányǐ 名 从蚕卵孵化出来的黑色幼蚕，小如蚂蚁。也说蚁蚕。

【蚕蛹】cányǒng 名 蚕结茧后在茧中蜕皮变成的蛹。参见插图 4 页。

【蚕月】cányuè 名 养蚕最忙的时期；特指农历三月。

【蚕纸】cánzhǐ 名 附着(zhuó)有蚕卵的纸。养蚕人通常让蚕蛾在纸上或上过浆的布上产卵。

【蚕子】cánzǐ 名 蚕蛾产的卵。参见插图 4 页。

惭(慚 *慙) cán 形 惭愧 ▷自～形秽｜大言不～｜羞～。☛ 统读 cán，不读 cǎn。

【惭疚】cánjiù 形 惭愧内疚 ▷处理不当，我十分～。

【惭愧】cánkuì 形 因自己有过失或对不起别人而内心不安 ▷工作没有做好，很～。

【惭色】cánsè 名 脸上表现出的惭愧的神情。

【惭颜】cányán 名〈文〉惭色。

【惭怍】cánzuò 形〈文〉羞惭不安 ▷～不已。

cǎn

惨(慘) cǎn ❶ 形 狠毒；凶恶 ▷～无人道｜～毒。→ ❷ 形 (受损伤、受打击的)程度严重 ▷输得好～｜～重｜～败。○ ❸ 形 悲惨 ▷情景～极了｜～不忍睹｜凄～。○ ❹ 形 暗淡 ▷～白｜～淡｜～无天日。☛ 参见 127 页"残[1]"的提示。

【惨案】cǎn'àn 名 反动派和侵略者等大量屠杀无辜百姓的悲惨事件；泛指造成人员大量伤亡的事件 ▷南京大屠杀～｜五年前因商场失火而造成多人伤亡的～不堪回首。

【惨白】cǎnbái 形 苍白；颜色白得略显发暗，缺少生气 ▷失血过多，脸色～｜夜深风寒，月色～。

【惨败】cǎnbài 动 惨重地失败 ▷这次围棋对抗赛，对方～。

【惨变】cǎnbiàn ❶ 名 悲惨的变故 ▷这次～改变了她一生的命运。❷ 动 (脸色)突然变得惨白 ▷听到噩耗，他脸色～。

【惨不忍睹】cǎnbùrěndǔ 悲惨得使人不忍心看。

【惨怛】cǎndá 形〈文〉忧伤悲痛 ▷心中～。

【惨淡】cǎndàn ❶ 形 暗淡；不明亮 ▷风沙漫天，日色～。❷ 形 (景象、生意等)萧条；不景气 ▷满园残枝败叶，秋景～｜生意～。❸ 形 形容尽心竭力 ▷～经营。☛ 不要写作"惨澹"。

【惨淡经营】cǎndàn-jīngyíng 尽心竭力地从事某项事业。

【惨毒】cǎndú 形 凶残狠毒 ▷～的刑罚。

【惨红】cǎnhóng 形 颜色红得略显发暗 ▷天边一抹～的晚霞。

【惨黄】cǎnhuáng 形 颜色黄得略显发暗 ▷绿盖擎天的荷塘现在已是一片～。

【惨祸】cǎnhuò 名 惨重的灾祸。

【惨叫】cǎnjiào 动 凄惨地呼叫 ▷他～一声倒在地上。

【惨景】cǎnjǐng 名 悲惨的情景 ▷生离死别的～。

【惨境】cǎnjìng 名 悲惨的境地。

【惨剧】cǎnjù 名 借指悲惨的事件。

【惨绝人寰】cǎnjuérénhuán 人世间没有比这更悲惨的。☛ ㊀"寰"不要误写作"环"。㊁跟"惨无人道"不同。"惨绝人寰"用来形容惨烈的程度；"惨无人道"用来形容手段的残酷。

【惨苦】cǎnkǔ 形 悲惨痛苦 ▷～的岁月。

【惨况】cǎnkuàng 名 悲惨的景况。

【惨厉】cǎnlì 形 (声音)凄惨尖厉 ▷～的叫声。

【惨烈】cǎnliè ❶ 形 十分凄惨 ▷灾情～。❷ 形 十分壮烈 ▷～就义。❸ 形 残酷激烈 ▷战斗空前～。

【惨切】cǎnqiè 形 悲惨凄切 ▷神情～。

【惨然】cǎnrán 形 形容悲哀的样子 ▷～落泪。

【惨杀】cǎnshā 动 凶残地杀害 ▷～人质。

【惨死】cǎnsǐ 动 悲惨地死去 ▷～在敌人的屠刀下。

【惨痛】cǎntòng 形 悲惨沉痛 ▷～的教训。

【惨无人道】cǎnwúréndào 形容极其凶残，毫无人性。☛ 参见本页"惨绝人寰"的提示㊁。

【惨无天日】cǎnwútiānrì 暗无天日。

【惨象】cǎnxiàng 名 悲惨的景象。

【惨笑】cǎnxiào 动 心里悲痛而强作笑容。

【惨重】cǎnzhòng 形 (损失)极为严重 ▷付出了～的代价。

【惨状】cǎnzhuàng 名 悲惨的状况 ▷现场的～

令人目不忍睹。

穇(穇) cǎn 名 穇子,一年生草本植物,秆粗壮,叶片较宽,叶鞘短而阔,穗直立,无芒,颖果呈球形,茶褐色。籽实也叫穇子,可以食用或酿酒。

憯 cǎn〈文〉❶ 形 狠毒;残酷 ▷法令烦～。→❷ 形 悲痛;伤心 ▷朕甚～焉。

黪(黲) cǎn 形〈文〉形容颜色青黑而浅 ▷～衣|灰～。

càn

灿(燦) càn 形 光彩夺目 ▷～若云霞|金～～|黄～～|～然。☛ 统读 càn,不读 cǎn。

【灿灿】càncàn 形 形容闪闪发亮的样子 ▷金光～。

【灿烂】cànlàn 形 光彩鲜亮夺目 ▷光辉～。

【灿然】cànrán 形 形容明亮的样子 ▷～耀目。

掺(摻) càn 名 古代一种鼓曲 ▷渔阳～|微子～|箕子～。

另见 144 页 chān;1197 页 shǎn。

孱 càn [孱头] càntou 名 某些地区指懦弱无能的人或没有气节的人。

另见 145 页 chán。

粲 càn 形〈文〉鲜亮而美丽 ▷云轻星～。

【粲然】cànrán〈文〉❶ 形 形容鲜明光亮的样子 ▷星月～。❷ 形 形容鲜明显著的样子 ▷是非曲直,～分明。❸ 形 形容露出牙齿笑的样子 ▷～一笑。

璨 càn〈文〉❶ 名 一种美玉;也指玉的光泽。→❷ 形 明亮 ▷～若明星。

cāng

仓(倉) cāng ❶ 名 仓库 ▷粮～|清～。○❷ 名 仓位② ▷持～|减～。○❸ 名 姓。☛ 跟"仑(lún)"不同。"倉"的简化字"仓"下边是"㔾",由"仓"构成的字有"苍""沧""舱""创""疮"等。"侖"的简化字"仑"下边是"匕",由"仑"构成的字有"伦""论""轮""抡"等。

【仓储】cāngchǔ ❶ 动 用仓库储存 ▷粮食已～完毕|～物资。❷ 名 仓库储存的物资 ▷这些～足可以用 3 年。

【仓卒】cāngcù 现在一般写作"仓猝"。

【仓促】cāngcù 形 匆忙;急促 ▷明天走太～了|～上阵。☛ 参见本页"仓猝"的提示。

【仓猝】cāngcù 形 形容事情发生得突然 ▷事起～|～之间。☛ 跟"仓促"不同。"仓猝"强调事情的突发性,"仓促"强调时间的紧迫性。

【仓庚】cānggēng 名 黄鹂。

【仓皇】cānghuáng 形 仓促而慌张 ▷～出逃。☛ 不宜写作"仓黄""仓惶"或"苍黄"。

【仓颉】cāngjié 名 传说中汉字的创造者。

【仓库】cāngkù 名 储存粮食或其他物资的建筑物。也说仓房。

【仓廪】cānglǐn 名〈文〉粮食仓库 ▷开启～,赈济灾民。

【仓容】cāngróng 名 仓库的容量 ▷扩大～。

【仓位】cāngwèi ❶ 名 仓库中可存放货物的位置 ▷合理利用～|～已满。○❷ 名 指投资者所持有的有价证券、期货的金额占其投资资金总量的比例。也说持仓量。

【仓租】cāngzū 名 租用仓库的租金。

伧(傖) cāng 形〈文〉粗野 ▷～俗|～夫。另见 168 页 chen。

【伧俗】cāngsú 形〈文〉粗野庸俗 ▷语多～。

苍(蒼) cāng ❶ 形 形容颜色青(包括蓝和绿) ▷～天|～山。→❷ 名 指苍天 ▷上～。○❸ 形 形容颜色灰白 ▷～鬓|白发～～。○❹ 名 姓。

【苍白】cāngbái ❶ 形 形容白中略带青或灰 ▷脸吓得～。❷ 形 形容缺乏生气和活力(多用于文辞和艺术形象) ▷文章内容～。

【苍苍】cāngcāng ❶ 形 形容颜色深绿 ▷松柏～。❷ 形 形容颜色灰白 ▷两鬓～。❸ 形 苍茫 ▷天～,野茫茫。

【苍翠】cāngcuì 形 浓绿(多指草木等) ▷～茂密。

【苍翠欲滴】cāngcuì-yùdī 形容草木长得深青碧绿,水灵灵的像要滴下水珠似的。

【苍耳】cāng'ěr 名 一年生草本植物,叶呈三角形,春夏季开花,果实长卵形,有钩刺。可以做药材,也可榨制工业用油。

【苍黄】cānghuáng ❶ 形 暗黄;黄而发青 ▷脸色～。❷ 名〈文〉青和黄。素丝可以染成青色,也可以染成黄色。比喻事物的变化 ▷～翻覆。○❸见本页"仓皇"。现在一般写作"仓皇"。

【苍浑】cānghún 形 苍劲浑厚(多用来形容声音、书法等) ▷歌声～|这幅隶书作品～古朴。

【苍劲】cāngjìng ❶ 形(树木)老而挺拔 ▷～的古柏。❷ 形(艺术风格等)雄健而老练 ▷笔力～|歌声～有力。☛"劲"这里不读 jìn。

【苍空】cāngkōng 名 上空;天空 ▷雄鹰在～盘旋。

【苍老】cānglǎo ❶ 形 衰老 ▷多年不见,他～多了。❷ 形(艺术风格等)苍劲 ▷他的篆刻,刀法～古朴。

【苍凉】cāngliáng 形 凄凉 ▷～的原野。

【苍龙】cānglóng 名 青龙①。

【苍鹭】cānglù 名 鹭的一种。嘴黄色，头部白色，头顶两侧和枕部黑色，背部和尾部苍灰色。多生活在湖泊、沼泽地带，吃小鱼、昆虫等。俗称长脖老等。

【苍绿】cānglǜ 形 (草木等)深绿 ▷田野一片～。

【苍茫】cāngmáng 形 空阔辽远，迷茫无际 ▷～的原野｜暮色～。

【苍莽】cāngmǎng 形〈文〉形容广阔无边的样子 ▷林海～｜～大地。

【苍穹】cāngqióng 名〈文〉苍天；天空 ▷仰望～。

【苍山】cāngshān 名 青山 ▷～如海。

【苍生】cāngshēng 名 指百姓 ▷体恤～。

【苍松】cāngsōng 名 青翠的松树 ▷～翠柏。

【苍天】cāngtiān 名 青天；上天 ▷～有眼，救我生民。也说上苍。

【苍哑】cāngyǎ 形 (声音)苍老沙哑。

【苍颜】cāngyán 名 苍老的容颜 ▷～白发。

【苍鹰】cāngyīng 名 鹰的一种。上嘴弯曲，爪尖利，身体灰色，视力极强。性凶猛，捕猎野鼠、野兔等为食。

【苍蝇】cāngying ❶ 名 蝇的通称。❷ 名 比喻职位低的腐败分子 ▷反腐败要"老虎""～"一起打。

【苍郁】cāngyù 形 (草木)颜色浓绿，长势繁茂 ▷林木～。

【苍术】cāngzhú 名 多年生草本植物，秋季开白色或淡红色管状花。根状茎肥大如老姜，可以做药材。☛"术"这里不读 shù。

沧(滄) cāng ❶ 形 水色深绿 ▷～海。○ ❷ 名 姓。☛ 跟"沦(lún)"不同。"沧"右边是"仓"；"沦"右边是"仑"。

【沧海横流】cānghǎi-héngliú 比喻局势混乱，社会动荡不安(横流：泛滥)。

【沧海桑田】cānghǎi-sāngtián 晋·葛洪《神仙传·王远》："已见东海三为桑田。"意思是东海已经有三次变为农田。后用"沧海桑田"比喻世事变化巨大。

【沧海一粟】cānghǎi-yīsù 大海里的一粒谷子。比喻极其渺小，微不足道。

【沧海遗珠】cānghǎi-yízhū 被采珠人遗落在大海中的珍珠。比喻被埋没的人才或珍品。

【沧桑】cāngsāng 名 沧海桑田 ▷世事～。

鸧(鶬) cāng［鸧鹒］cānggēng 现在一般写作"仓庚"。

舱(艙) cāng 名 船或飞行器中载人、载货或装置机械的空间 ▷船～｜驾驶～。

【舱室】cāngshì 名 舱。

【舱位】cāngwèi 名 船舱或机舱内的铺位或座位。

cáng

藏 cáng ❶ 动 躲起来不让人看见；隐蔽 ▷～在家里不出来｜隐～｜～匿。→ ❷ 动 储存① ▷储～｜～书｜矿～。○ ❸ 名 姓。☛ ㊀参见 1718 页"藏"的提示㊀。㊁读 cáng，表示动作，指隐蔽、储存("矿藏"的"藏"也指储存)。读 zàng，表示事物，指储存物品的地方，如"宝藏"；另指西藏、藏族和佛教、道教经典，如"青藏高原""大藏经"。

另见 1718 页 zàng。

【藏锋】cángfēng ❶ 动 书法上指运笔时起笔和收笔都不露笔锋。❷ 动 比喻不张扬自己 ▷～敛锐，暗中努力。

【藏富】cángfù ❶ 动 不显示自己的富有 ▷～装穷。❷ 动 储藏财富 ▷～于民。

【藏奸】cángjiān ❶ 动 包藏祸心 ▷话里～。❷ 动 耍滑；工作不尽力 ▷他干活儿从不～取巧。

【藏龙卧虎】cánglóng-wòhǔ 比喻潜藏着杰出人才。

【藏猫儿】cángmāor 动〈口〉捉迷藏。

【藏匿】cángnì 动 隐藏 ▷～赃物。

【藏品】cángpǐn 名 收藏起来的珍贵的或有特殊意义的物品 ▷博物馆的～。

【藏身】cángshēn ❶ 动 (人)隐藏；躲藏 ▷让坏人成为过街老鼠，无处～。❷ 动 存身；安身 ▷只好在这间破草房里～。

【藏书】cángshū ❶ 动 收藏图书 ▷～家｜～楼。❷ 名 收藏的图书 ▷捐献～。

【藏书票】cángshūpiào 名 用来贴在藏书上的一种标记；特指为藏书而设计的小版画。

【藏头露尾】cángtóu-lùwěi 形容说话、办事遮遮掩掩，不愿把事情真相全部表露出来。

【藏污纳垢】cángwū-nàgòu 比喻藏匿容纳坏人坏事。也说藏垢纳污。

【藏掖】cángyē ❶ 动 竭力掩藏、遮盖 ▷这件事是～不住的｜别藏藏掖掖的了。❷ 名 藏掖的事 ▷我把知道的都说了，绝对没有什么～。

【藏运】cángyùn 动 藏匿并偷运 ▷非法～毒品。

【藏拙】cángzhuō 动 不轻易发表意见或表现自己的技能，以免暴露自己的弱点 ▷这个人很善于～。

【藏踪】cángzōng 动 躲藏起来，不露踪迹 ▷灭迹～｜四处～。

cāo

操(*捺❶❹ 摻❶❹) cāo ❶ 动 拿在手里；掌握 ▷同

室～戈|稳～胜券|～纵。→ ❷ 动 做(事);从事 ▷重～旧业|～劳。❸ 动 演奏 ▷～琴拨弦。⇒ ❹ 名 古琴曲、鼓曲的一种体式,多用作曲谱名的尾字 ▷《渔阳～》。⇒ ❺ 动 使用(某种语言或方言) ▷他～一口流利的普通话。→ ❻ 动 按照一定的形式或姿势练习或演习 ▷～练|～演。❼ 名 体操 ▷每天坚持做几节～|韵律～。→ ❽ 名 品德,人所坚持的道德、行为准则 ▷节～|情～。○ ❾ 名 姓。

【操办】cāobàn 动 操持办理 ▷～宴会|一手～。

【操场】cāochǎng 名 进行体育活动或军事操练的宽大场地。

【操持】cāochí 动 料理;筹划办理 ▷母亲要～全家的吃喝|盖房子的事由他～。

【操刀】cāodāo 动 手里拿着刀;比喻亲自做或主持某项工作 ▷～宰羊|这次试车由他～。

【操典】cāodiǎn 名 规定军事操练原则和要领的书。

【操戈】cāogē 动 拿起武器。借指发动攻击 ▷同室～。

【操控】cāokòng 动 操纵控制 ▷受人～。

【操劳】cāoláo ❶ 动 辛勤劳作 ▷奶奶～了一生。❷ 动 劳神;操心 ▷这件事请多～吧。

【操理】cāolǐ 动 操持料理 ▷～家务。

【操练】cāoliàn 动 在体育或军事活动中,以队列的形式进行技能训练 ▷新兵～。

【操虑】cāolǜ 动〈文〉费心;牵挂 ▷～过甚。

【操盘】cāopán 动 在资本市场操作股票、期货等买进和卖出(多指数额较大的) ▷～手。

【操切】cāoqiè 形 办事求成心切而急躁 ▷万万不可～行事。☛ "切"这里不读 qiē。

【操琴】cāoqín 动 演奏古琴、胡琴等弦乐器 ▷他给名角儿～。

【操神】cāoshén 动 劳神;费心。

【操守】cāoshǒu 名 品德;气节 ▷职业～。

【操心】cāoxīn 动 用心思虑;费心料理 ▷～儿子的婚事|你何必操那份心。

【操行】cāoxíng 名 品德和行为(多指学生的表现) ▷～评语|～良好。

【操演】cāoyǎn 动 操练演习 ▷～行进队列。

【操之过急】cāozhī-guòjí 形容处理事情过于急躁。

【操纵】cāozòng ❶ 动 操作驾驭(机器、仪器等) ▷～方向盘。❷ 动 暗中控制;把持(人、组织、局面等) ▷大户～股市|受人～。

【操纵台】cāozòngtái 名 操作机器、仪器、电气设备等的工作台。

【操作】cāozuò ❶ 动 按规定的要求和程序去做 ▷遵守～规程。❷ 动 指具体实施(计划、措施等) ▷条例不便～,尚需完善。

【操作系统】cāozuò xìtǒng 按规定要求进行运作的一套程序。特指电子计算机提供资源管理程序的软件系统。其主要功能是组织电子计算机的工作流程,管理中央处理器、内存、数据和外部设备,支持其他应用软件,实现人机交流的良好界面。如 DOS 系统、Windows 系统、UNIX 系统等。

糙 cāo ❶ 形 粗;不光滑;不精细 ▷桌面很～|毛～。→ ❷ 形〈口〉粗鲁;粗俗 ▷话～理不～。☛ 统读 cāo,不读 zào。

【糙米】cāomǐ 名 未经精加工的大米。

cáo

曹[1] cáo 名〈文〉同类的人 ▷吾～(我们这些人)|尔～(你们这些人)。

曹[2] cáo ❶ 名 周朝诸侯国名。在今山东西南部。○ ❷ 名 姓。

嘈 cáo 形(声音)杂乱 ▷～杂。☛ 统读 cáo,不读 zāo 或 cāo。

【嘈杂】cáozá 形(声音)杂乱;喧闹 ▷农贸市场里～不堪。

漕 cáo 动 古代指水道运输;特指官府通过水道向京城或指定地点运粮 ▷～粮|～河。

【漕河】cáohé 名 古代运输漕粮的河道。

【漕粮】cáoliáng 名 古代指由水道运往京城或指定地点的粮食。

【漕运】cáoyùn 动 漕。

槽 cáo ❶ 名 装饲料喂牲畜的器具。多为长方体,四周高,中间凹下,像没有盖的箱子 ▷把马拴到～上去|饲料～。→ ❷ 名 泛指某些四周高中间凹下的器具 ▷酒～。→ ❸ 名 指某些两边高中间凹下的水道或沟渠 ▷水～|渡～|河～。→ ❹ 名 物体上像槽一样凹下的部分 ▷在木板上挖个～。

【槽床】cáochuáng 名 用来安放槽的架子或台子。

【槽坊】cáofang ❶ 名 旧时土法造纸的作坊。也说纸坊。❷ 名 酿酒的作坊。

【槽钢】cáogāng 名 横断面呈凹字形的长条钢材。

【槽口】cáokǒu 名 指牲畜的胃口、食欲。

【槽头】cáotóu 名 放置牲口槽子的地方;泛指圈养牲口的地方。

【槽牙】cáoyá 名 臼齿。

【槽子】cáozi 名 槽。

碏 cáo 斫碏(zhuócáo) 名 地名,在湖南。

螬 cáo 见 1075 页"蛴(qí)螬"。☛ 统读 cáo,不读 zāo。

艚 cáo 名 古代从水道向京城运粮(漕运)的船只;泛指船。

cǎo

草(*艸) cǎo ❶ 名 竹木、谷物、菜蔬以外,茎秆不是木质的高等植物的统称 ▷地里长满了~|~垛。→❷ 名 指用作燃料、饲料等的植物的茎、叶 ▷粮~|~料。→❸ 名 指山野、民间 ▷落~为寇。⇒❹ 形 卑贱 ▷~民。⇒❺ 形 不细致;不认真 ▷潦~|~率。→❻ 动 创始 ▷~创。⇒❼ 动 写初稿 ▷~拟。❽ 名 文章的初稿 ▷起~|诗~。⇛❾ 形 初步的;试行的 ▷~稿|~案。⇛❿ 名 文字书写形体的名称。a)草书 ▷真~隶篆|狂~。b)拼音字母和某些外文字母的手写体 ▷大~|小~。○ ⓫ 形 某些地区指雌性的(多指家畜或家禽) ▷~驴|~鸡。

【草案】cǎo'àn 名 初步拟成而未经有关机构通过、公布,或虽经公布但尚在试行的法令、条例、标准等 ▷宪法修改~|年度预算~。

【草包】cǎobāo ❶ 名 用稻草绳等编成的袋子 ▷抗洪急需大量~。❷ 名 比喻头脑简单、能力极差的人 ▷什么工作都干不好,真是个~!

【草本】cǎoběn ❶ 名 植物的一大类,茎内木质部不发达 ▷这种植物属于~。○ ❷ 名 底稿;原稿 ▷档案馆保存了大量的文件~。

【草本植物】cǎoběn zhíwù 茎内木质部不发达,茎干柔软,植株较小的植物的统称。分一年生、二年生和多年生。

【草编】cǎobiān 名 利用草本植物的茎、叶等编成的各种手工艺品的统称。如河北、河南、山东的麦草编,浙江的金丝草编。

【草标】cǎobiāo 名 旧时集市上插在物品上的草束,作为出售的标志;也插在人身上作为卖身的标志。

【草草】cǎocǎo 副 表示不认真或匆忙地(做某事) ▷~过目。

【草测】cǎocè 动 初步勘测或测量(地形、地质) ▷线路的~工作已经完成。

【草场】cǎochǎng ❶ 名 长满牧草的大片土地。❷ 名 堆放草料的场所。

【草虫】cǎochóng 名 指生活在草丛中的昆虫。如蚱蜢、蟋蟀等。

【草创】cǎochuàng 动 开始创办、组建等 ▷~阶段。

【草苁蓉】cǎocōngróng 名 一年生寄生草本植物,根茎瘤状膨大,茎肉质,紫褐色,花冠两唇形,蒴果近球形。多寄生在某些植物的根上。全草可以做药材。

【草丛】cǎocóng 名 密集地生长在一起的很多的草。

【草底儿】cǎodǐr 名 草稿。

【草地】cǎodì ❶ 名 长满野草或牧草的大片土地。❷ 名 铺草皮或长草的地方。

【草甸】cǎodiàn 名 长满野草的大片的湿洼地。也说草甸子。

【草垫】cǎodiàn 名 用稻草、麦秆、蒲草等编成的垫子。也说草垫子。

【草房】cǎofáng ❶ 名 用稻草、麦秆、蒲草等铺屋顶的简陋房屋。也说草屋、茅屋。❷ 名 堆放草料的房子。

【草稿】cǎogǎo 名 没有最后写定或画定的稿子。

【草根】cǎogēn ❶ 名 草的根部。❷ 名 比喻平民百姓或普通群众 ▷~经济|~阶层|~创业者。

【草菇】cǎogū 名 蕈(xùn)的一种。菌盖灰色,半球形、卵圆形或钟形,有黑褐色条纹,基部有脚苞。多在烂草堆上生长。可以食用。

【草荒】cǎohuāng 名 杂草丛生,严重影响农作物生长的状况 ▷那块地再不锄,就要闹~了。

【草灰】cǎohuī ❶ 名 草本植物燃烧后剩下的灰烬 ▷~可以肥田。❷ 形 形容颜色灰而微黄 ▷这本书封面用~作底色,很大方。

【草鸡】cǎojī ❶ 名 某些地区指母鸡。❷ 形 某些地区比喻软弱怯懦、畏缩不前 ▷他光会耍嘴皮子,动起真格的来就~了。

【草菅人命】cǎojiān-rénmìng 把人命看得如同野草一样轻贱(菅:茅草)。指任意残害人命。☛“菅”不读 guǎn,也不要误写作“管”。

【草荐】cǎojiàn 名〈文〉草垫。

【草芥】cǎojiè 名〈文〉小草;比喻轻微没有价值的东西 ▷视如~。

【草就】cǎojiù 动 起草完成;也指草草写成 ▷送去~的《会议纪要》,请审改。

【草寇】cǎokòu 名 旧指出没于山林草莽的盗匪。也说草贼。

【草料】cǎoliào 名 喂养牲口的草和料(如黑豆、高粱、豆饼等)的合称。也专指喂养牲口的草。

【草驴】cǎolǘ 名 某些地区指母驴。

【草履虫】cǎolǚchóng 名 原生动物,形状像倒置的草鞋底,用布满全身的纤毛行动。生活在淡水里,以有机碎屑、细菌等为食。

【草绿】cǎolǜ 形 形容颜色像青草一样绿而略黄。

【草莽】cǎomǎng ❶ 名 草丛;借指杂草丛生的地方 ▷山林~。❷ 名 旧指民间 ▷~英雄。

【草帽】cǎomào 名 用麦秆等编成的帽子。多用于夏日遮阳。

【草帽缏】cǎomàobiàn 现在一般写作“草帽辫”。

【草帽辫】cǎomàobiàn 名 用麦秆、稻秸等编成的扁平的辫状带子。可用来制作草帽、坐垫、提篮、扇子等。

【草莓】cǎoméi 图 多年生草本植物，匍匐茎，花白色。果实也叫草莓，由花托发育而成，红色，肉质多汁，味酸甜，可食用，也可制果酒、果酱等。参见插图10页。

【草棉】cǎomián 图 一种棉花。在我国作一年生草本栽培，株型矮小，叶掌状，花黄色，蒴果小，像桃，内有白色纤维。不耐湿，产量低，我国现仅作遗传资源保存。也说非洲棉、小棉。

【草民】cǎomín 图 百姓(含轻贱意)。

【草木】cǎomù 图 花草树木 ▷山上～繁盛。

【草木灰】cǎomùhuī 图 草、木等燃烧后剩下的灰烬，是农家常用的速效钾肥。

【草木皆兵】cǎomù-jiēbīng 公元383年，前秦苻坚带兵进攻东晋，行至淝水，北望八公山，见山上草木皆像人形，疑为晋军，非常害怕。后用"草木皆兵"形容极度惊恐疑惧的心理。

【草拟】cǎonǐ 动 起草 ▷～方案｜～个文件。

【草棚】cǎopéng 图 用草铺屋顶的简陋房子或棚子。

【草皮】cǎopí 图 连着薄薄的土层成片铲下来的草。可铺草坪，美化环境。

【草坪】cǎopíng 图 平坦的草地；今多指人工培育的整片平坦草地 ▷请勿践踏～。

【草圃】cǎopǔ 图 培育牧草、绿化用草的园地。

【草签】cǎoqiān ❶ 动 缔约各方或建立协议、合同等各方在条约或协议、合同等草案文本上签署己方姓名。○ ❷ 图 草标。

【草人】cǎorén 图 用稻草、麦秆等扎成的人形物，一般竖在田间以驱赶啄食农作物的鸟雀。

【草珊瑚】cǎoshānhú 图 常绿半灌木，茎节膨大，叶对生，卵状披针形或椭圆形，夏季开黄绿色花，核果球形，红色。全草可以做药材。

【草绳】cǎoshéng 图 用稻草、茅草等拧成的绳子。

【草食】cǎoshí 区别 以草类植物为主要食物的 ▷骆驼是～动物。

【草书】cǎoshū 图 汉字字体之一。特点是笔画相连，书写快速，创始于汉代。有章草、今草、狂草等。也说草体。

【草率】cǎoshuài 形 (做事)不认真细致，随便应付 ▷不能这么～地作出决定。

【草酸】cǎosuān 图 有机酸，无色晶体，易溶于水或乙醇，有毒，是重要的还原剂。常用于印染漂白、去除铁锈等。

【草台班子】cǎotái bānzi ❶ 在乡间或小城镇流动演出的小型戏班子。人数不多，道具、布景都相当简陋。❷ 比喻临时拼凑起来的水平低的团队 ▷这支球队是个～，几乎场场输。

【草滩】cǎotān 图 水边长满草的大片淤积平地。

【草堂】cǎotáng 图 草房。古代文人常用来给自己的书房或住所命名，以示高雅或自谦。

【草体】cǎotǐ ❶ 图 草书。❷ 图 拼音字母的手写体。

【草头王】cǎotóuwáng 图 旧指草寇头领。

【草图】cǎotú 图 没有最后画定的图画或图形，一般不要求很精确。

【草窝】cǎowō ❶ 图 某些禽兽用杂草搭成的窝。❷ 图 用茅草等搭盖的矮小的窝棚式住处。

【草席】cǎoxí 图 用柔韧的草茎编制的席子。

【草鞋】cǎoxié 图 用稻秆或草茎等编制的鞋。

【草写】cǎoxiě ❶ 动 用潦草的字体书写 ▷试卷字迹要清楚，不准～。❷ 图 草书。也说草写体。

【草样】cǎoyàng 图 初步画出或剪出的图样 ▷画出了一个新产品的～。

【草药】cǎoyào 图 以植物为原料的中药药材。

【草野】cǎoyě 图 〈文〉乡野；民间。

【草业】cǎoyè 图 指开发草地资源、发展草地生产的各种产业 ▷～资源丰富。

【草鱼】cǎoyú 图 鱼，身体近圆筒形，青黄色，吃水草。是我国重要的淡水养殖食用鱼。

【草原】cǎoyuán 图 半干旱地区长满多年生草本植物，或间有耐旱树木的大面积土地。如我国的呼伦贝尔草原。

【草约】cǎoyuē 图 没有正式签字的契约或条约。

【草泽】cǎozé ❶ 图 低洼积水、长满野草的地带 ▷山野～。❷ 图 旧指民间 ▷～英雄。

【草纸】cǎozhǐ 图 用稻草等制成的质地粗糙、颜色土黄的纸。旧时多用来包裹物品或作卫生纸。

【草字】cǎozì ❶ 图 草书。○ ❷ 图 旧时用于谦称自己的字(别名)。

騲 cǎo 图 〈文〉雌马；雌性的家畜。

cào

肏 cào 动 男子性交动作的粗俗说法(常用作骂人的话)。

cè

册(*冊) cè ❶ 图 古代指编在一起用于书写的竹简；现指装订好的书或本子 ▷画～｜手～。→ ❷ 图 特指帝王封爵的命令 ▷～封｜～立。→ ❸ 量 用于书籍 ▷这套丛书共八～｜人手一～。

【册封】cèfēng 动 帝王授予宗族、妃嫔、臣属等爵位、封号。

【册立】cèlì 动 帝王封立皇后、太子等。

【册叶】cèyè 现在一般写作"册页"。

【册页】cèyè 名 分页装裱的字画，是中国书画装裱形式之一 ▷这套～收有 20 幅花鸟画。

【册子】cèzi 名 本子①。

厕[1]（厠 *廁） cè 名 厕所 ▷公～|男～|女～。

厕[2]（厠 *廁） cè 动〈文〉夹杂在其中；参与 ▷～于其事|～身。

☛"厕"字统读 cè，不读 si。

【厕身】cèshēn 动〈文〉参与；置身其中（用作谦词）▷～文坛。

【厕所】cèsuǒ 名 供人大小便的处所。

【厕足】cèzú 动〈文〉插足；涉足 ▷～于三教九流。

侧（側） cè ❶ 名 旁边 ▷两～|～面|～门。→ ❷ 动 向旁边扭、转 ▷～身而立|～目而视。

另见 1729 页 zhāi。

【侧柏】cèbǎi 名 常绿乔木，高可达 20 米，叶小，鳞片形，结长卵形球果。木质坚硬，供建筑或制家具用。叶子和果实可以做药材。也说扁柏。

【侧扁】cèbiǎn 形 上下之间的距离大于左右两侧之间的距离。

【侧耳】cè'ěr 动 侧转着头，使一边的耳朵对着讲话人，表示认真听取 ▷～倾听。

【侧根】cègēn 名 主根上长出来的向四外延伸的根。

【侧击】cèjī 动 从侧面攻击 ▷～敌人的右翼。

【侧记】cèjì 名 通讯报道等记叙文的一种写法。记述事件时不要求完整、系统，只突出它的某些侧面，用这些侧面来折射整个事件（常用作文章的标题）▷《教育工作者代表会议～》。

【侧近】cèjìn 名 附近；近旁。

【侧门】cèmén 名 房屋正门旁边或房屋两侧的门 ▷节假日大门不开，请从～进出。

【侧面】cèmiàn ❶ 名 左、右两面（跟"正面"相区别）▷车身～的线条很流畅|从～突围◇从～打听到一些情况。❷ 名 构成总体的各个方面 ▷多渠道、多～地考察干部。

【侧目】cèmù 动 斜着眼睛看，表示畏惧或愤恨 ▷～而视|闻者无不为之～。

【侧身】cèshēn ❶ 动 向旁边斜着身体 ▷～而过。❷见本页"厕身"。现在一般写作"厕身"。

【侧视图】cèshìtú 名 从物体一侧向另一侧做正投影所得到的视图。也说侧面图。

【侧室】cèshì ❶ 名 厢房。❷ 名 旧指妾。

【侧闻】cèwén〈文〉❶ 动 谦词，表示在尊长的身边听到（他的教诲）▷～公之高论。❷ 动 从侧面听到（多指传闻）。

【侧卧】cèwò 动 侧着身子躺着。

【侧芽】cèyá 名 从叶子和茎相连的部位长出来的芽。也说腋芽。

【侧翼】cèyì 名 正面作战部队的两侧或两侧的部队；泛指旁边 ▷～部队正向敌后运动。

【侧影】cèyǐng ❶ 名 侧面的影像 ▷照片上是他的～。❷ 名 比喻事件的某一方面 ▷影片展示了农村变革的一个～。

【侧泳】cèyǒng 名 一种泳姿，侧身卧于水面，两腿夹水，两臂交替划水前进。多用于水中救护或携物泅渡。

【侧证】cèzhèng 动 从侧面加以证明 ▷新的探测结果也许可以～火星上曾经有生命。

【侧枝】cèzhī 名 由主枝或副主枝向周围长出来的小枝。

【侧重】cèzhòng 动 偏重；着重（于某一方面）▷～于基础教育|～点。

【侧足】cèzú ❶ 动〈文〉双脚斜着站立，不敢移动。形容恭谨敬畏。❷见本页"厕足"。现在一般写作"厕足"。

测（測） cè ❶ 动 测量（liáng）① ▷～一～河水的深度|勘～。→ ❷ 动 料想；推测 ▷变幻莫～|揣～|窥～。

【测报】cèbào 动 测量后，把结果向有关的人或部门报告 ▷地震～。

【测查】cèchá 动 测验检查；测量查勘 ▷智力～|对这个地区的地形尚未深入～。

【测产】cèchǎn 动 通过取样测量，以预计产量。

【测地卫星】cèdì wèixīng 用来测量地球形状、大小、重力场等数据的人造卫星。

【测定】cèdìng 动 经测量后确定 ▷～方位|～建筑物的高度。

【测度】cèduó 动 推测；猜想 ▷从常情～，他不可能不知道这件事。☛"度"这里不读 dù。

【测杆】cègān 名 标杆①。

【测估】cègū ❶ 动 测算估计 ▷～水稻产量。❷ 动 检测评估 ▷教学质量～。

【测光】cèguāng 动 摄影时用仪器测量被摄物体的亮度；也指测量天体亮度。

【测候】cèhòu 动 观测天文和气象 ▷全天～。

【测谎仪】cèhuǎngyí 名 测试说的话真实与否的电子仪器。根据人处于某种情绪状态（如惶恐、对抗等）时，由于神经作用而引起生理变化的原理设计。可用作审讯案犯的辅助工具。

【测绘】cèhuì 动 测量并根据所得数据绘制图形 ▷～地形图。

【测检】cèjiǎn 动 检测。

【测距】cèjù ❶ 动 测量距离。❷ 名 经测量所得的距离 ▷得到的～很准确。

【测控】cèkòng 动 观测（数据）并控制（机械、仪器等的运转或运行）▷通过计算机～。

【测量】cèliáng ❶ 动 用量具或仪器测定空间、时间等各种物理量的数值 ▷定时～水的流速。❷ 动 测验衡量 ▷～一下他的水平。

【测评】cèpíng ❶ 动 测试并评定 ▷新产品经专家～合格后，已经投入生产。❷ 动 预测并评论 ▷市场～。

【测试】cèshì ❶ 动 测量试验(机械、仪器、电器等的性能和精确度) ▷新购的仪器，经～都是合格的。❷ 动 测验；考试 ▷外语～。

【测速】cèsù 动 测量流体流动或固体运行的速度。

【测算】cèsuàn ❶ 动 测量并计算 ▷～江水的流速。❷ 动 推测；估算 ▷根据～，建造这座大桥需投资约一亿元。

【测探】cètàn ❶ 动 推测；探求 ▷～别人的心思。❷ 动 测量并勘探 ▷～大陆架的油气层。

【测验】cèyàn ❶ 动 用仪器等检验 ▷经～，这个血压计还能使用。❷ 动 对学习情况进行考查 ▷数学～|期中～。

【测字】cèzì 动 迷信指把汉字的笔画或部件进行拆分或拼合，并加以解释，以占卜凶吉祸福。也说拆字。

恻(惻) cè 形〈文〉忧伤；悲痛 ▷凄～|～然。

【恻然】cèrán 形〈文〉形容悲伤的样子 ▷闻之令人～。

【恻隐】cèyǐn 形〈文〉对他人的不幸表示同情或怜悯 ▷心生～|～之心。

策[1](*筞筴) cè ❶ 名〈文〉马鞭 ▷执～|长～。→ ❷ 动 用鞭子驱赶；驱使 ▷扬鞭～马|鞭～。❸ 动〈文〉督促；勉励 ▷～勉|～励。→ ❹ 名〈文〉拐杖 ▷扶～而行。

策[2](*筞筴) cè ❶ 名 古代写字用的一种狭长而薄的竹木片 ▷简～。→ ❷ 名 古代作计算筹码用的竹片或木片 ▷筹～。❸ 动 计划；谋划 ▷～划|～动。❹ 名 谋略 ▷出谋划～|束手无～|计～。→ ❺ 名 古代的一种文体；也指古代应试者对答政事、经义的文字 ▷诗、颂、碑、铭、书、～|对～。〇 ❻ 名 姓。☛"策"字下边是"朿"，不是"束"。参见227页"朿"的提示。

【策动】cèdòng 动 策划并发动 ▷～起义。☛ 参见本页"策划"的提示㊁。

【策反】cèfǎn 动 秘密策动敌方人员倒戈 ▷派人深入敌方内部进行～。

【策划】cèhuà ❶ 动 设计并安排 ▷精心～。❷ 名 负责策划的人 ▷老王是这部电影的～。☛ ㊀不宜写作"策画"。㊁跟"策动"不同。"策划"侧重于出谋划策，对象是事；"策动"侧重于发动、鼓动，对象可以是事，也可以是人。

【策励】cèlì 动〈文〉督促并鼓励 ▷相互～。

【策略】cèlüè ❶ 名 为实现一定的战略任务，根据形势发展而制定的行动方针和斗争方式 ▷斗争～。❷ 形(手段或方式方法)灵活而又不丧失原则 ▷处理问题要～一些。

【策论】cèlùn 名 古代指议论政事、向朝廷献策的文章。宋代以后常用于科举考试，清末曾废八股，改用策论取士；今指公务员申论考试中，应试者对从提供的材料中概括出来的问题提出解决的对策和措施并进行论证的文章。

【策马】cèmǎ 动 驱赶马(前进) ▷～飞奔。

【策勉】cèmiǎn 动〈文〉策励。

【策士】cèshì 名 旧指为统治者出谋献策的人；泛指有谋略的人。

【策应】cèyìng 动 与友军呼应，协同作战；也指某些体育比赛中，队友互相配合 ▷我部的任务是从左翼～主力发起攻击。

【策源地】cèyuándì 名 社会重大事件策动和发源的地方 ▷战争～。

蓛 cè 名〈文〉占卜用的蓍草。

【蓛竹】cèzhú 名 一种竹，秆丛生，高可达20米。适宜营造防护林。材质坚韧，可用来制作竹杠、家具等。也说大蓛竹。

cèi

瓶 cèi 动〈口〉打碎(瓷器、玻璃等易碎物品) ▷～了一个玻璃杯|碟子～了。

cēn

参(參*叅) cēn 见下。另见126页cān；1219页shēn。

【参差】cēncī 形 长短、高低、大小不一致 ▷～错落|～不齐。☛ 不读cānchā。

【参错】cēncuò 形〈文〉参差交错 ▷矮屋疏篱，东西～|高低～。

cén

岑 cén ❶ 名〈文〉小而高的山。〇 ❷ 名 姓。☛ ㊀统读cén，不读chén。㊁下边是"今"，不是"令"。

【岑寂】cénjì〈文〉❶ 形 高而静；泛指寂静 ▷土塬～近于洪荒|水面～，碧波不惊。❷ 形 寂寞 ▷与世隔绝，处境～。

涔 cén [涔涔] céncén〈文〉❶ 形 形容雨、汗、血、泪等不断流下或渗出的样子 ▷雨～|～泪下。〇 ❷ 形 天色阴沉 ▷雪意～。

cēng

噌 cēng 拟声 模拟快速行动或摩擦的声音 ▷他～地从椅子上跳了起来|汽车～的一下从墙角擦过。

另见 170 页 chēng。

céng

层（層） céng ❶ 动〈文〉重叠 ▷～峦叠嶂。→❷ 名 重叠起来的东西 ▷高～建筑|云～|大气～。❸ 名 重叠起来的东西中的一部分;层次 ▷表～|基～|阶～|对流～。→❹ 量 a)用于重叠的东西 ▷三～楼|千～饼。b)用于可以分步骤、分项的事物 ▷这段话分为三～意思|打消了一～顾虑。c)用于覆盖在物体表面的东西 ▷剥去一～皮|桌子上落了一～土。〇❺ 名 姓。

【层报】 céngbào 动 逐级上报 ▷及时～疫情。

【层层】 céngcéng 形 一层又一层;逐层逐次 ▷陷入～包围之中|～加码。

【层出不穷】 céngchū-bùqióng 连续不断地出现,没有穷尽。

【层出叠见】 céngchū-diéxiàn 层见叠出。

【层次】 céngcì ❶ 名 同一事物因大小、高低等的不同而形成的等级、次序 ▷楼房的～不同,售价也不同|文化～不高。❷ 名 指文章或讲话中内容的安排顺序 ▷文章～清楚。

【层递】 céngdì 名 修辞手法,将叙述按从低到高、从近到远、从小到大等或相反的次序,依次排列,使内容层层推进。

【层叠】 céngdié 动 层层叠合 ▷山峦～|～的梯田。☛ 不要误写作"层迭"。

【层高】 cénggāo 名 每一层的高度 ▷大楼～3米。

【层级】 céngjí 名 层次等级 ▷不同～的人对此事反应不一。

【层林】 cénglín 名 一层一层的树林 ▷～环抱。

【层峦叠嶂】 céngluán-diézhàng 形容山岭重叠,连绵起伏。

【层面】 céngmiàn ❶ 名 分隔不同性质沉积层的岩层的界面。❷ 名 事物某一层次的范围;方面 ▷不能停留在理论～上|社会的各个～。

【层见叠出】 céngxiàn-diéchū 形容事物接连不断出现。☛ "见"这里是出现的意思,不读 jiàn。

【层云】 céngyún 名 分布均匀的低空云层。多为灰白色,呈幕状。

曾 céng 副 曾经 ▷去年～到过海南岛|似～相识|未～|不～。☛ 中间不是"田"。由"曾"构成的字有"僧""蹭""增"等。

另见 1724 页 zēng。

【曾几何时】 céngjǐhéshí 表示时间过去没有多久(几何:多少) ▷～,阴谋就被揭穿了。

【曾经】 céngjīng 副 表示从前有过某种动作、行为或情况 ▷她～跳过芭蕾舞|他十年前～去过日本。☛ 参见 1629 页"已经"的提示。

【曾经沧海】 céngjīng-cānghǎi 唐·元稹《离思》:"曾经沧海难为水,除却巫山不是云。"意思是经历过大场面,对一般事物不再放在眼里。今多用"曾经沧海"形容阅历深,见识广。

【曾用名】 céngyòngmíng 名 曾经使用过、现已不再使用的名字。

嶒 céng 见 836 页"崚(léng)嶒"。

cèng

蹭 cèng ❶ 动 磨;擦 ▷把刀在石头上～了两下|衣服～破了。→❷ 动 因摩擦而沾上 ▷～了一身机油。❸ 动〈口〉趁着某种机会,不付代价而得到好处 ▷～了一顿饭|～车回家。→❹ 动 脚擦着地慢慢行走 ▷艰难地～过来。❺ 动 拖延 ▷～时间|磨～。

【蹭蹬】 cèngdèng 动〈文〉遭遇挫折,困顿失意 ▷一世～,未尝发迹。

chā

叉 chā ❶ 动 双手手指交错相插 ▷你干吗～着手呀?→❷ 名 叉子 ▷吃西餐要用刀～|钢～。❸ 动 用叉子挑或扎 ▷～稻草|～鱼。→❹ 动 交错 ▷交～|三～神经。❺ 名 两笔相交呈"×"形的符号,用来表示错误或删除。☛ "叉"有四个读音,表现为不同声调。chā 是本音。chá 来自方言,指挡住、卡(qiǎ)住。chǎ、chà 是本音的变化与发展,表示不同的意义:读 chǎ 表示动作,指分开成叉形,如"叉开腿";读 chà 表示事物,指呈叉形的东西或姿势,如"排叉儿""劈叉"。

另见 139 页 chá;142 页 chǎ;142 页 chà。

【叉车】 chāchē 名 短距离搬运、装卸货物的机械。前部装有能铲起货物、可以升降的钢叉,车体可以进退自如。也说铲车、铲运车。

【叉烧】 chāshāo ❶ 动 把腌渍好的瘦肉等挂在特制的叉子上,放入炉内烧烤。❷ 名 指叉烧肉,即用叉烧的方法烧烤成的肉。

【叉腰】 chāyāo 动 手的大拇指和其余四个指头分开成叉形,卡在腰部 ▷双手～,两腿并拢。

【叉子】 chāzi 名 一端有两个以上长齿、另一端有柄的器具,可以挑(tiǎo)起或扎取东西 ▷钢～|粪～。

杈 chā 名 用树杈(chà)加工制成的农具,长柄的一端是两个或两个以上略弯的长齿,

可用来叉取柴草等 ▷三股～。☛ 读 chā，指叉形的农具；读 chà，指植物的分枝。两音只是声调不同，意义相互有联系。

另见 142 页 chà。

臿 chā 古同“锸”。

差 chā ❶ 形（与一定的标准）不相同；不相合 ▷～别｜～距｜～价。→ ❷ 名 差错 ▷一念之～｜偏～。→ ❸ 名 甲数减去乙数所得的数，如 8 减 5 的差是 3。〇 ❹ 副 稍微；大体上 ▷～强人意｜～可告慰。☛ ㊀chā 是文读，用于书面语、成语、专科名词。chà 是白读，用于单说和一些日常生活词语，如“差点儿”；又用于引申义，指不好，如“质量太差”。读 chāi，指派遣，如“出差”“钦差大臣”。读 cī，不能单用，现只用于“参（cēn）差”。㊁左上是“𦍌”，末笔不要断成两画。

另见 143 页 chà；144 页 chāi；223 页 cī。

【差别】 chābié 名 事物之间的不同之处 ▷这对孪生姐妹的相貌还是有细微～的。

【差池】 chāchí 名 因疏忽出现的差错 ▷凡事要小心，别出～｜当了 20 年会计，从未出过～。☛ 不要写作“差迟”。

【差错】 chācuò ❶ 名 错误 ▷盘点库存要仔细，不要有～。❷ 名 意外的变故 ▷这次出游可别出什么～。

【差额】 chā'é 名 与标准数或另一数相比所差的数额 ▷～选举｜收入与支出出现了～。

【差额选举】 chā'é xuǎnjǔ 候选人数多于应选出人数的选举（跟“等额选举”相区别）。

【差价】 chājià 名 同一商品由于地区、季节和批发零售等的不同所产生的价格差别 ▷地区～。

【差距】 chājù 名 事物之间差别的大小；也指跟某种标准或要求距离的大小 ▷缩小城乡～｜与足球强国相比还有很大～。

【差可】 chākě 动 尚可；勉强可以 ▷～告慰。

【差强人意】 chāqiáng-rényì 原指还算能振奋人的情绪（差：略微；强：振奋）；现在表示大体上还可让人满意。

【差失】 chāshī 名 差错；失误。

【差数】 chāshù 名 差（chā）③。

【差误】 chāwù 名 差失。

【差异】 chāyì 名 差别；不同之处 ▷这里早晚气温有很大的～｜两种不同文化的～。

【差之毫厘，谬以千里】 chāzhīháolí，miùyǐqiānlǐ 指开始只相差很少一点儿，结果却造成大错。强调不能有丝毫疏忽。

【差转台】 chāzhuǎntái 名 电台、电视台转播外地电台、电视台节目时先对播出信号进行处理的装置。

插（*揷） chā ❶ 动 把细长或薄片状的东西放进或穿入别的物体里 ▷把花～在花瓶里｜把木牌～在地上。→ ❷ 动 中间加进去；加入到里面 ▷～几句话｜中间～一段独白｜安～。☛ 右边由“千”和“臼”构成。

【插班】 chābān 动 把休学期满或转学来的学生编入某一班级 ▷～生。

【插播】 chābō 动 电台或电视台播送某一节目的过程中插入其他节目 ▷播电视剧～广告。

【插翅难飞】 chāchì-nánfēi 插上翅膀也难飞走。形容极难逃脱被困的境地。

【插戴】 chādài 名 戴在女子头上的装饰品；旧俗特指订婚时男方送给女方的首饰。

【插兜儿】 chādōur ❶ 名 用布或纸等做的口袋，通常是相连的一排或上下几排，用来插放报刊、信件等物品。❷ 名 衣服上只能看见袋口的暗兜儿。如西服裤子两边的口袋就叫插兜儿。

【插队】 chāduì ❶ 动 插入排好的队伍中 ▷请按顺序检票进站，不要～。❷ 动 指 20 世纪 60 年代至 70 年代中期城镇干部和知识青年到农村生产队劳动和生活。

【插杠子】 chāgàngzi 比喻中途介入或干预某事（多含贬义）▷人家干得好好的，你别乱～｜他突然插一杠子，把我的思路打乱了。

【插花】 chāhuā ❶ 动 把各种花卉按照设计的造型插在花篮、花瓶里。❷ 名 指花卉造型艺术 ▷一门～就够你学的。〇 ❸ 动 交错；夹杂 ▷别把两件事情～着做。

【插话】 chāhuà ❶ 动 在别人说话过程中插进去说 ▷你先别～，让他把话说完。也说插嘴。❷ 名 在别人说话过程中插进去说的话 ▷领导的～起了画龙点睛的作用。❸ 名 说话时离开正题插进去的话 ▷说书人在说到紧要关头时，往往来一段轻松活泼的～。

【插件】 chājiàn ❶ 名 可以增加或增强应用软件功能的辅助性程序。❷ 名 可以插入电子计算机插槽的、装有电子器件的电路板。如显示卡、声卡等。

【插脚】 chājiǎo ❶ 动 把脚插进去，挤入人群（多用于否定）▷车里人很多，简直没法儿～。❷ 动 比喻参与不该参与的事 ▷这件事你别～。

【插科打诨】 chākē-dǎhùn 指戏曲演员在演出中插入滑稽的动作和诙谐的台词引观众发笑（科：戏曲演员的动作；诨：开玩笑的话）。☛ “诨”不要误写作“浑”。

【插空】 chākòng 动 利用繁忙中的空隙时间 ▷明天～去看看奶奶。

【插口】 chākǒu ❶ 名 器物上用来插入东西的小孔 ▷耳机～。也说插孔。〇 ❷ 动 插话①。

【插屏】chāpíng 名 一种下有屏座，上面用木框镶嵌木雕或大理石等屏扇的工艺品，现多放在桌上供装饰和观赏。

【插瓶】chāpíng 名 花瓶①。

【插曲】chāqǔ ❶ 名 穿插在电影、电视剧或话剧中跟主题有关而又具有相对独立性的乐曲。❷ 名 比喻事情发展过程中相对独立的片断或小故事 ▷生活小～。

【插入】chārù ❶ 动 插进去 ▷～胃镜｜～一段景物描写。❷ 动 加入 ▷～二年级。

【插入语】chārùyǔ 名 语法学指用于句中或句首的与别的成分不发生结构关系的独立成分，表示某种附加意义。如"好家伙，来了这么多人"，"好家伙"就是这个句子中的插入语，表示惊奇和感叹的意思。

【插身】chāshēn 动 把身子挤进去；参与 ▷这件事没他～的份儿。

【插手】chāshǒu ❶ 动 参与 ▷事情快办完了，不用你～了｜有些事还插不上手。❷ 动 干预 ▷这件事已成定局，再～也没用了。

【插条】chātiáo ❶ 动 把某些植物的枝条插进潮湿的土壤中，使之成活并长成新的植株。❷ 名 用于扦插的枝条。也说插枝。

【插头】chātóu 名 装在导线一端的电源接头儿，插在插座上，可接通电路。也说插销。

【插图】chātú 名 插在书刊文字中的图画，用来帮助说明内容。也说插画。

【插销】chāxiāo ❶ 名 装在门窗上的金属闩 ▷快把～插上，别让大风吹开窗子。❷ 名 插头。

【插叙】chāxù ❶ 名 文学创作的表现手法，在叙述某事的过程中不按时间顺序地插入别的情节 ▷适当采用倒叙、～手法，可增强表达效果。❷ 动 用顺叙手法叙述事件时插入别的情节 ▷合理地～相关情节，可以丰富剧情。❸ 名 插叙时插入的内容 ▷这两段～，增加了作品的感染力。

【插秧】chāyāng 动 把稻秧移栽到稻田里。

【插页】chāyè 名 插在书刊中，印有图画、表格、照片等的单页。

【插足】chāzú ❶ 动 比喻参与某事 ▷煤老板～房地产。❷ 动 特指第三者跟已婚男女中的一方产生恋情或发生不正当的男女关系。

【插嘴】chāzuǐ 动 插话①。

【插座】chāzuò 名 接在电源上连接电路的电器元件。将电器插头插入，电流即可通入电器。

喳 chā 见下。
另见 1726 页 zhā。

【喳喳】chāchā 拟声 模拟细微杂乱的说话声音 ▷喊喊～。

【喳喳】chācha 动 小声说话 ▷你们几个在这儿～什么？

馇（餷） chā ❶ 动 某些地区指熬（粥）▷～粥。→ ❷ 动 某些地区指一边煮一边搅拌（猪、狗等的饲料）▷～猪食。
另见 1729 页 zha。

碴 chā 见 579 页"胡子拉碴"。
另见 142 页 chá；1728 页 zhǎ。

锸（鍤） chā 名〈文〉挖土用的工具；铁锹。

艖 chā 名〈文〉小船。

嚓 chā 见 763 页"咔（kā）嚓"；1019 页"啪嚓"。
另见 120 页 cā。

鎈 chā〈文〉❶ 名 锉刀。→ ❷ 动 用锉刀锉。

chá

叉 chá 动〈口〉互相卡住；堵住 ▷冰块把河道～住了｜路口让汽车给～死了。
另见 137 页 chā；142 页 chǎ；142 页 chà。

垞 chá 名 小土丘（多用于地名）▷胜～（在山东）。

茬 chá ❶ 名 庄稼收割后地里残留的茎和根 ▷玉米～儿｜谷～儿。→ ❷ 量 指同一块地里一年内作物种植或生长的次数，一次叫一茬 ▷一年种两～稻子。→ ❸ 名 刚长出或未刮净的胡须；刮下或剪下的胡须、头发的碎末儿 ▷满下巴的胡子～儿｜领子上沾了许多头发～儿。○ ❹ 名 指中断了的话头或事情 ▷接～儿｜搭～儿。☛ 单独成词或作合成词的最后一个音节时，常常儿化。

【茬口】chákǒu ❶ 名 指作物轮作的种类和次序 ▷安排好～，是提高产量的重要措施之一。❷ 名 指某种作物收割以后的田地。

【茬子】cházi 名 茬①。

茶 chá ❶ 名 茶树，常绿灌木，叶子椭圆形，开白花。嫩叶加工后叫茶叶或茶，可以冲泡饮用。→ ❷ 名 用茶叶冲泡的饮料 ▷喝～｜浓～。⇒ ❸ 名 某些糊状食品的名称 ▷面～｜杏仁～｜果～。⇒ ❹ 形 形容颜色像浓茶一样 ▷～色｜～晶｜～镜。→ ❺ 名 指油茶树 ▷～油。→ ❻ 名 指山茶树 ▷～花。○ ❼ 名 姓。☛ 跟"荼（tú）"不同。"茶"下边是"朩"；"荼"下边是"余"。

【茶吧】chábā 名 带有西式风味的小型茶馆（吧：英语 bar 音译，"茶吧"仿"酒吧"而来）。

【茶杯】chábēi 名 喝茶用的杯子；泛指喝水用的杯子。

【茶场】cháchǎng ❶ 名 种植茶树的大片土地。❷ 名 种植茶树、加工茶叶的企业。

【茶匙】cháchí 名 调配饮料的小勺儿。

【茶炊】cháchuī 名 用铜铁等制成的烧水沏茶的用具。有两层薄壁，四围灌水，中间烧火。也说茶汤壶。

【茶道】chádào 名 通过品茶活动来表现一定的礼节、人品、意境、美学观点等的一种饮茶艺术。起源于我国唐代，盛行于宋、明，并在域外形成日本茶道、韩国茶礼。

【茶点】chádiǎn 名 茶水和点心；泛指招待客人的饮料和小食品。

【茶碟】chádié 名 放茶杯、茶盅等的小碟子。

【茶饭】cháfàn 名 泛指日常饮食 ▷不思～。

【茶房】cháfang 名 旧指在公共场所从事供应茶水等杂务的人。

【茶缸】chágāng 名 一种口和底一样大的较深的带把儿茶杯，材质多为搪瓷或不锈钢。也说茶缸子。

【茶馆】cháguǎn 名 出售茶水，供顾客坐饮的店铺。

【茶褐色】cháhèsè 名 像浓茶水那样赤黄而略黑的颜色。也说茶色。

【茶壶】cháhú 名 用来沏茶的壶，多为瓷制或陶制。

【茶花】cháhuā 名 指山茶、茶树或油茶树开的花；特指山茶花。

【茶话会】cháhuàhuì 名 备有茶点、谈话气氛较轻松的聚会。

【茶会】cháhuì 名 用茶点招待宾客进行社交活动的聚会。

【茶几】chájī 名 放茶具等用的比桌子矮小的家具。☛"几"这里不读 jǐ。

【茶鸡蛋】chájīdàn 名 在放有茶叶、五香、酱油等的水中煮熟的鸡蛋。也说茶叶蛋。

【茶碱】chájiǎn 名 一种存在于茶叶中的碱性物质。易溶于热水，可利尿、扩张血管、强心，并有解除支气管、胆管痉挛等作用。

【茶晶】chájīng 名 茶褐色的水晶，可制作眼镜的镜片。

【茶镜】chájìng 名 用茶晶或茶色玻璃做镜片的眼镜。

【茶具】chájù 名 喝茶用的器具，包括茶壶、茶杯、茶碟等。

【茶楼】chálóu 名 有楼层的茶馆。

【茶炉】chálú 名 烧开水的炉具；一些地区也指出售热水或开水的小店铺。

【茶卤儿】chálǔr 名 很浓的茶汁。

【茶末】chámò 名 茶叶的碎末儿。

【茶农】chánóng 名 以种植和生产茶叶为主业的农民。

【茶盘】chápán 名 放置茶壶、茶杯等的盘子。

【茶钱】cháqián ❶ 名 喝茶应付的钱。❷ 名 旧时指小费。

【茶青】cháqīng 形 形容颜色深绿而微黄。

【茶色】chásè ❶ 名 茶叶的色泽。❷ 名 茶褐色 ▷～眼镜。

【茶社】cháshè 名 茶馆；茶座（多用作茶馆或茶座的名称）。

【茶食】cháshi 名 糕点、果脯之类的食品。因常在饮茶时食用，故称。

【茶寿】cháshòu 名 指 108 岁寿辰。因"茶"字拆开后，"艹"字头形近"廿"，下面的"余"形近"八十八"，两者相加，等于 108，故称。

【茶水】cháshuǐ 名 用茶叶冲泡的饮料。

【茶俗】chású 名 民间烹茶、饮茶、以茶待客等方面的习俗。

【茶汤】chátāng ❶ 名 茶水 ▷～清亮。❷ 名 一种京味儿小吃。将糜子面等炒熟后，加佐料，用开水冲成的糊状食品。

【茶亭】chátíng 名 卖茶水的凉亭或棚子。

【茶托】chátuō 名 承托茶杯、茶碗的扁平器皿。

【茶碗】cháwǎn 名 喝茶用的碗。通常较饭碗小。

【茶文化】cháwénhuà 名 与茶有关的文化因素的统称。从汉代延续至今，并传播到日本等国。

【茶歇】cháxiē 动 指某些会议或工作中间进行短暂休息，其间提供茶点、水果等供大家享用 ▷大会在上午 10 点、下午 4 点各～15 分钟｜～时到室外走走，透透气。

【茶锈】cháxiù 名 茶水的黄褐色积淀物，附着在茶具上。也说茶垢。

【茶叙】cháxù 动 聚在一起，边品茶吃点心边叙谈 ▷下午和几位老友～。

【茶叶】cháyè 名 经过加工可以冲泡做饮料的茶树嫩叶。

【茶叶食品】cháyè shípǐn 添加茶水制成的食品。如茶叶糖果、茶叶果脯、茶叶果冻儿、茶水羹等。

【茶艺】cháyì 名 烹茶、饮茶、以茶待客等方面的技艺 ▷～精深｜研究～。

【茶油】cháyóu 名 用油茶树种子榨的油。加工后可供食用、药用，也可作工业原料。也说茶籽油。

【茶余饭后】cháyú-fànhòu 指品茶之余或用饭之后的休闲时间；泛指零散的空闲休息时间。也说茶余酒后。

【茶园】cháyuán ❶ 名 种植茶树的园地。❷ 名 旧时也指戏院。

【茶制饮料】cházhì yǐnliào 以茶叶为原料或添加茶叶的有效成分制成的各种饮料。如茶酒、冰茶、茶叶汽水等。

【茶砖】cházhuān 名 砖茶。

【茶庄】cházhuāng 名 较大的茶叶商店。

【茶桌】cházhuō 名 供饮茶时摆放茶具的桌子。

【茶资】cházī 名〈文〉茶钱。

【茶籽】cházǐ 名 茶树的种子；特指油茶树的种子。

【茶籽饼】cházǐbǐng 名 油茶种子榨油后的饼状

残渣，可以做肥料。也说茶枯。

【茶座】cházuò ❶ 名 茶馆里供顾客喝茶的座位。❷ 名 卖茶的休闲场所 ▷音乐～。

查（*查）chá ❶ 动 仔细地验看 ▷～票｜～户口｜抽～。→ ❷ 动 仔细地了解情况 ▷调～｜侦～｜～考。→ ❸ 动 翻检（图书资料）▷～字典｜～资料。

另见 1726 页 zhā。

【查办】chábàn 动 对犯错误或犯罪的人进行审查并惩处 ▷从严～｜～案件。

【查抄】cháchāo 动 清查并没收涉案人员的财产；搜查并没收违禁的物品 ▷几个走私窝点被～。

【查处】cháchǔ 动 查明情况，加以处理 ▷严加～｜～不力。

【查点】chádiǎn 动 检查清点 ▷人数～完毕｜～库存物资。

【查堵】chádǔ 动 检查并堵截（涉案人员或违禁物品）▷～在逃犯｜把危险品～在车下。

【查对】cháduì 动 查验核对 ▷～数据。

【查房】cháfáng ❶ 动 医院里医护人员定时到病房查看病人的情况。❷ 动 公安等有关部门查看旅馆的客房。

【查访】cháfǎng 动 调查（案情）并寻访（有关人员）▷～知情人。

【查封】cháfēng ❶ 动 检查封存，不准动用 ▷～赃款赃物。❷ 动 检查封闭，不准继续使用 ▷将从事非法活动的歌舞厅～。

【查岗】chágǎng ❶ 动 查哨。❷ 动 检查职工在岗位上工作的情况。

【查号台】cháhàotái 名 电话局设立的供人们查询电话号码的服务机构。我国查号台的电话号码是 114（国内查询）和 115（国际查询）。

【查核】cháhé 动 查验核实 ▷～账目。

【查获】cháhuò ❶ 动 搜查并缴获 ▷～不少罪证。❷ 动 侦查并破获 ▷～了两起走私案。

【查缉】chájī ❶ 动 稽查；搜查 ▷～违禁物资。❷ 动 搜查抓捕 ▷～在逃凶犯。

【查检】chájiǎn ❶ 动 查阅检索（书报、档案等）▷按音序～比较方便。❷ 动 检查 ▷登机前要～随身带的物品。

【查缴】chájiǎo 动 检查并收缴 ▷～盗版光盘。

【查截】chájié 动 检查并扣留（非法人员或物资）▷～了一艘走私海轮。

【查禁】chájìn 动 清查并禁止 ▷～暗娼。

【查究】chájiū 动 查明并追究 ▷～渎职行为。

【查勘】chákān 动 实地调查；探测 ▷精确～田亩｜～地质构造。

【查看】chákàn 动 检查；查阅 ▷～库存｜～聊天记录。☛ 跟"察看"不同。"查看"是以检查为目的；"察看"是以观察、考察为目的。

【查考】chákǎo 动 调查考证 ▷～文物年代。

【查控】chákòng 动 侦查并监控（犯罪嫌疑人等的活动）。

【查扣】chákòu 动 经检查后扣留（违禁物品）▷海关～多辆走私汽车。

【查明】chámíng 动 调查明白；了解清楚 ▷～情况｜～底细。

【查铺】chápù 动 到集体宿舍查看住宿、就寝情况 ▷每晚连长都亲自～。

【查讫】cháqì 动 检查完毕；已经检查过（多标在经查验无误的物资的标签上）。

【查勤】cháqín 动 检查值勤或出勤的情况。

【查哨】cháshào 动 检查岗哨值勤情况。也说查岗。

【查实】cháshí 动 调查核实 ▷经过～，确认无误。

【查收】cháshōu 动 查点后收下（多用于票据、邮件等）▷所寄稿件请～。

【查私】chásī 动 缉查走私活动。

【查体】chátǐ 动 体检。

【查问】cháwèn ❶ 动 询问；打听 ▷～通信地址。❷ 动 审查盘问 ▷～案情。

【查寻】cháxún 动 调查寻找 ▷～失踪的亲人。

【查巡】cháxún 动 巡查。

【查询】cháxún 动 查问① ▷汇款没有收到，可去邮局～｜信息～。

【查验】cháyàn 动 检查验证 ▷～护照。

【查夜】cháyè 动 夜间巡查 ▷轮流～。

【查阅】cháyuè 动 查找翻阅（书刊、文件等）▷～资料｜便于～。

【查账】cházhàng 动 检查核对账目。☛ 不要写作"查帐"。

【查找】cházhǎo 动 寻找 ▷～丢失的文件。

【查照】cházhào 动 旧时公文用语，希望对方注意文件内容，或按照文件内容办事（通常用于平行机关）▷函送此件，以供～。

【查证】cházhèng 动 调查取证；检查核实 ▷经过多方～，案情已经弄清。

【查字法】cházìfǎ 名 检字法。

茬 chá 古同"茶"。

另见 1389 页 tú。

搽 chá 动 往脸上或身上涂抹（粉、油、膏等）▷～痱子粉｜～清凉油｜～雪花膏。☛ 统读 chá，不读 cá。

嵖 chá［嵖岈］cháyá 名 山名，在河南。

猹 chá 名 指一种獾类野兽（见于鲁迅《呐喊·故乡》）。☛ 统读 chá，不读 zhā。

楂 chá 同"茬"④。现在一般写作"茬"。

另见 1727 页 zhā。

槎[1] chá 名〈文〉木制的筏子 ▷乘～｜浮～。

槎[2] chá 同"茬"。现在一般写作"茬"。

碴（*𥕢）chá ❶ 名 器物上的裂痕、破口或折断的地方 ▷碗上有一道破～儿｜刚摔的新～儿。→ ❷ 名 相互之间的感情裂痕；引起争执的事由 ▷他们从前有～儿，今天是借题发挥。→ ❸ 动〈口〉碎片划破（皮肉）▷小心别被碎玻璃～了手。→ ❹ 名 物体的小碎块 ▷冰～儿｜玻璃～子。→ ❺ 同"茬"④。现在一般写作"茬"。
另见 139 页 chā；1728 页 zhǎ。

【碴口】chákǒu 名 物体破损或断裂处 ▷～很新，可见是刚刚折断的。

察（*詧）chá ❶ 动 细看 ▷明～秋毫｜～看｜～觉。→ ❷ 动 调查了解 ▷考～｜勘～。☛ 中间是"癶"，不是"夕"。

【察访】cháfǎng 动 实地考察访问 ▷～赈灾款使用情况。

【察觉】chájué 动 觉察 ▷对他们的非法活动已有～｜我没～出他有心事。

【察勘】chákān 动 实地考察 ▷～地形。

【察看】chákàn 动 仔细考察 ▷～汛情｜暗中～。☛ 参见 141 页"查看"的提示。

【察言观色】cháyán-guānsè 琢磨对方的言语，观察对方的脸色，以推测对方心意。

【察验】cháyàn 动 审察检验 ▷～宝石的等级。

楂 chá 名 楂子，玉米等磨成的碎粒儿 ▷～粥。

檫 chá 名 檫树，落叶乔木，高可达 35 米，树皮黄绿色，有光泽。木材坚韧，可供建筑、造船、制家具等用。

chǎ

叉 chǎ 动 分开成叉（chā）形 ▷～着腿站着｜把两腿～开。
另见 137 页 chā；139 页 chá；本页 chà。

衩 chǎ 见 798 页"裤衩儿"。
另见本页 chà。

蹅 chǎ 动〈口〉（在雨雪、泥水中）踩 ▷～了一脚泥｜～雪｜鞋～湿了。

镲（鑔）chǎ 名 打击乐器，钹（bó）的变体。

chà

叉 chà 名 泛指物体由主干分出的部分。
另见 137 页 chā；139 页 chá；本页 chǎ。

汊 chà 名 水流的分支；也指水流分汊的地方 ▷港～｜河～。

【汊港】chàgǎng 名 港汊。☛ 不宜写作"叉港"。

【汊流】chàliú 名 从河流干流分出的小支流。☛ 不宜写作"岔流"。

【汊子】chàzi 名 汊。

杈 chà 名 杈子 ▷树～｜给棉花打～｜枝～。
另见 137 页 chā。

【杈子】chàzi 名 植物的枝杈 ▷把～打掉｜狂风把树～都刮折（shé）了。

岔 chà ❶ 名 山脉或道路分歧的地方；由主干分出来的山或道路 ▷山～｜三～路口。→ ❷ 动 偏离原来的方向 ▷一些人～上了小道。❸ 动 打断（别人说话）或转移（话题）▷用话～开｜打～。→ ❹ 动 错开（时间）▷两个画展的时间要～开。→ ❺ 名 岔子② ▷这次比赛一点儿～儿也没出。

【岔开】chàkāi 动 错开（时间）或转移（话题）▷请各单位～参观的时间｜请不要～话题。

【岔口】chàkǒu 名 分岔的道路口 ▷到了～不知该走哪条路。

【岔路】chàlù 名 由主干道分出来的路。也说岔道儿。

【岔气】chàqì 动 呼吸时两肋疼痛。多由于用力过猛导致肌肉或神经受伤而引起。

【岔曲儿】chàqǔr 名 单弦儿演唱正式的段子前加唱的小段儿。内容多为抒情、写景或滑稽、调侃等。

【岔生】chàshēng 动 根、枝等向横斜里生长 ▷打掉～的棉枝。

【岔眼】chàyǎn 动（骡、马等）因视觉错乱而惊恐 ▷半道儿上骡子～狂奔，多危险！

【岔子】chàzi ❶ 名 岔路 ▷这条路～多，小心走错道儿。❷ 名 事故；差错 ▷开车千万要小心，不要出～。

侘 chà ［侘傺］chàchì 形〈文〉形容失意的样子 ▷同其忧患，颓唐～。

刹 chà 名 梵语 Kṣetya 音译。佛教的寺庙 ▷古～。☛ 这个意义不读 shā。
另见 1191 页 shā。

【刹那】chànà 名 梵语Kṣaṇa音译。一瞬间；极短的时间 ▷～间｜一～。☛ "刹"不读 shà，也不要误写作"霎"。

衩 chà 名 衣裙下端开的口 ▷这种裙子后面最好开个～｜这件旗袍开的～太大。
另见本页 chǎ。

诧（詫）chà 动 感到惊讶；觉得奇怪 ▷～异｜惊～｜～愕｜～然。

【诧愕】chà'è 动 吃惊得愣住了 ▷变化之大，令人～。

【诧然】chàrán 形 形容吃惊的样子 ▷莫不～。

【诧异】chàyì 形 奇怪；惊异 ▷他突然退学，同学

们都非常～|～的目光。

差 chà ❶ 形〈口〉义同"差(chā)"① ▷～不多|～不离|～点儿。→ ❷ 形 错;不正确 ▷走～了道儿|此言～矣。→ ❸ 动 欠缺 ▷只～一道工序就完成了|～10 分 5 点。❹ 形 不好;不符合标准 ▷学习成绩太～|质量～。

另见 138 页 chā;144 页 chāi;223 页 cī。

【差不多】 chàbuduō ❶ 形 相差很少;相近 ▷"丐"和"丏"两个字,字形～,容易混淆。❷ 形 普通;大多数 ▷～的农活儿他都会。❸ 副 几(jī)乎;接近 ▷她俩～高|钱～花光了。

【差不离】 chàbulí 形 差不多。

【差点儿】 chàdiǎnr ❶ 形 (质量、技术、成绩等)稍差;稍次 ▷这种保温杯质量～|他的成绩～。❷ 副 a)表示不希望发生的事情几乎发生而没有发生,有庆幸的意思。动词用肯定式或否定式,意思相同 ▷～翻车|～没翻车。b)表示希望实现的事情几乎不能实现而终于实现,有庆幸的意思,动词用否定式 ▷～不及格(及格了)|～没见着(见着了)。c)表示希望实现的事情几乎实现而终于没有实现,有惋惜的意思,动词用肯定式,后面常用"就" ▷～就及格了(没及格)|～就见着了(没见着)。

【差劲】 chàjìn 形 (品质、能力)低下;(质量)低劣 ▷这个人怎么这么～|这个冰箱不制冷,真～!

【差评】 chàpíng 名 不好的评价 ▷那家网店货真价廉服务好,没一条～。

【差事】 chàshi 形〈口〉不顶用;不合格 ▷这圆珠笔太～了,总不出油。

姹 chà 形〈文〉艳丽 ▷～紫嫣红。

【姹紫嫣红】 chàzǐ-yānhóng 形容各种颜色的花卉十分娇艳。

chāi

拆 chāi ❶ 动 把合起来的东西分开;开启 ▷～毛衣|～信。→ ❷ 动 特指拆除建筑物 ▷～房子|过河～桥。☛ 跟"折"不同。

【拆除】 chāichú 动 拆掉;除去(建筑物等) ▷限期～违章建筑。

【拆穿】 chāichuān 动 彻底揭穿 ▷～谎言。

【拆东墙,补西墙】 chāidōngqiáng,bǔxīqiáng 比喻顾了这头丢了那头,只是临时应急、凑合,不从根本上解决问题。

【拆兑】 chāiduì 动〈口〉个人之间临时借用(钱、物) ▷向您～两千块钱,下周就还。

【拆分】 chāifēn 动 把整体或成套的东西拆开分解 ▷这家企业被～了|～机器设备。

【拆封】 chāifēng 动 把封着的信件、箱子等拆开 ▷邮包刚到,还没有～。

【拆改】 chāigǎi 动 把某物拆开之后加以改制 ▷把长款大衣～成短款。

【拆股】 chāigǔ 动 撤股。

【拆换】 chāihuàn 动 拆下并替换 ▷～零件。

【拆毁】 chāihuǐ 动 拆除毁坏 ▷～危楼。

【拆伙】 chāihuǒ 动 散伙。

【拆建】 chāijiàn 动 把某建筑物拆除以后在原地重新建造。

【拆解】 chāijiě ❶ 动 拆卸分解 ▷～汽车|～汉字部件。❷ 动 分析解释 ▷不能以主观臆断去～前人作品|骗术～。

【拆借】 chāijiè 动 短期资金融通的一种方式。主要形式有三种:银行间的同业拆借,银行对债券经纪人的放款,企业间直接调剂资金余缺。

【拆烂污】 chāilànwū 某些地区指拉稀屎(拆:排泄;烂污:稀的粪便)。比喻做事不负责,把事情搞糟。☛ 这里的"拆"某些地区读 cā,普通话中读 chāi。

【拆零】 chāilíng 动 把整批的或成套的商品拆散(零售) ▷这套家具可以～销售。

【拆卖】 chāimài 动 (整套商品)拆开零卖 ▷这套书可以～。

【拆迁】 chāiqiān 动 原有房屋拆除,住户搬迁到别处 ▷这里要修水库,正在动员大家～|～户。

【拆迁补偿】 chāiqiān bǔcháng 在拆迁居民用房时,依法给予被拆迁居民的经济补偿,包括货币补偿、产权调换两种方式。

【拆墙脚】 chāiqiángjiǎo 挖墙脚。

【拆散】 chāisǎn 动 把成套的东西分散开 ▷不要把整套纪念邮票～了。

【拆散】 chāisàn 动 使家庭、集体等离散 ▷～了一对好夫妻|一个好端端的公司被～了。

【拆台】 chāitái 动 比喻从中破坏,使事情不能成功,或者使某人、某集体垮台(跟"补台"相对)。

【拆息】 chāixī 名 短期拆借款项的利息。

【拆洗】 chāixǐ 动 (棉衣、棉被等)拆开洗净后再缝好 ▷～被褥。

【拆线】 chāixiàn 动 拆掉伤口上的缝合线。

【拆卸】 chāixiè 动 拆开(机器、车辆等)并卸下部件。

【拆阅】 chāiyuè 动 把信件打开阅读(多用于公务) ▷信访办～了大量群众来信。

【拆账】 chāizhàng 动 某些行业不付给从业人员固定工资,而是依据营业收入和个人劳动量,按比例分配报酬;泛指合作人按一定的比例分取利益。☛ 不要写作"拆帐"。

【拆装】 chāizhuāng 动 拆卸和组装 ▷～器械。

【拆字】 chāizì 动 测字。

钗(釵) chāi 名 妇女用来固定发髻的一种首饰。一般用金、银或玉制作,呈

双股长针形 ▷金～|荆～布裙。

差 chāi ❶ 动 分派;打发(去做事) ▷～人前往|鬼使神～|～遣|～使。→ ❷ 名 被委派做的事;公务 ▷出～|交～|美～。→ ❸ 名 旧指被派遣做事的人 ▷信～|解(jiè)～|钦～。

另见 138 页 chā;143 页 chà;223 页 cī。

【差旅费】chāilǚfèi 名 出差期间的交通、食宿等费用 ▷按规定报销～。也说旅差费。

【差派】chāipài 动 差遣分派 ▷这事～小陈去办理。

【差遣】chāiqiǎn 动 指派;支使 ▷受单位～,前去采访|听候～。☛ 参见 1024 页"派遣"的提示。

【差使】chāishǐ 动 分派去做(某事);派遣 ▷～得力人员去处理此事。

【差使】chāishi 见本页"差事"②。现在一般写作"差事"。

【差事】chāishi ❶ 名 被差遣去办的事情 ▷～办得如何,回来汇报。❷ 名 职务 ▷得了一个采购员的～。

【差役】chāiyì ❶ 名 旧时老百姓被迫为官府所做的无偿劳动。❷ 名 旧指官衙中当差的人。

chái

侪(儕) chái 名〈文〉同辈或同类的人 ▷吾～(我们这些人)|～类(同类的人)。

【侪辈】cháibèi 名〈文〉同辈 ▷吾等～|业冠～。

柴[1] chái ❶ 名 柴火 ▷上山打～|～米油盐|～草|木～。○ ❷ 名 姓。

柴[2] chái〈口〉❶ 形 又干又瘦 ▷老人病得很重,人都变～了。→ ❷ 形 (食物)纤维粗而多,嚼不烂 ▷肉～了不好吃。○ ❸ 形 质量、能力等低下 ▷这筐西瓜怎么那么～,不是生的,就是烂的。

【柴草】cháicǎo 名 柴火 ▷把这堆～捆扎好。

【柴刀】cháidāo 名 砍柴用的刀。

【柴垛】cháiduò 名 柴火堆成的堆儿。也说柴火垛。

【柴扉】cháifēi 名〈文〉柴门 ▷～半掩。

【柴胡】cháihú 名 多年生草本植物,茎直立,根肥厚,开小黄花,果实椭圆形。根可做药材。

【柴火】cháihuo 名 作燃料用的木头、树枝、杂草、农作物秸秆等。也说柴禾。

【柴鸡】cháijī 名 农户放养、不喂人工饲料的鸡。一般体形较小,腿下部没有绒毛,产的蛋较小。

【柴门】cháimén 名 用树枝、竹竿、木条等编扎的简陋的门;旧时也借指贫寒人家。

【柴米夫妻】cháimǐ-fūqī 指共同度过艰苦生活的夫妻。

【柴米油盐】chái-mǐ-yóu-yán 借指日常生活必需品 ▷现在不用为～发愁了。

【柴炭】cháitàn 名 木炭。

【柴薪】cháixīn 名 作燃料用的木头、树枝等。

【柴油】cháiyóu 名 由石油加工而得的燃料油。主要用于柴油机。

【柴油机】cháiyóujī 名 用柴油作燃料的内燃机。热效率较高,广泛用于载重汽车、拖拉机、机车、舰船等。

豺 chái 名 哺乳动物,像狼而小,耳朵比狼的短而圆。凶猛残暴,群居,常捕食中小型兽类,也伤害人畜。也说豺狗。

【豺狼】cháiláng 名 豺和狼,都是凶兽。比喻凶恶残忍的人。

【豺狼成性】cháiláng-chéngxìng 像豺和狼一样凶残成为习性。形容极其凶残。

【豺狼当道】cháiláng-dāngdào 比喻贪婪残暴的人掌权。

chǎi

茝 chǎi 名 古书上说的一种香草。☛ 下边是"匜(yí)",不是"臣"。

䐤 chǎi 名 豆子或玉米等磨(mò)成的碎小颗粒 ▷豆～儿。

chài

虿(蠆) chài 名〈文〉蝎子类毒虫。

瘥 chài 动〈文〉病愈。
另见 240 页 cuó。

chān

辿 chān 用于地名。如龙王辿,在山西。

觇(覘) chān 动〈文〉窥视;察看 ▷～候|～标。

【觇标】chānbiāo 名 一种测量用的标志。架设在被观测点上作为观测、瞄准的目标。

梴 chān 形〈文〉形容木头很长的样子 ▷松桷(jué)有～。

掺(摻) chān 动 混合 ▷往黏土里～沙子|酒里～了水|～杂。

另见 130 页 càn;1197 页 shǎn。

【掺兑】chānduì 动 把成分不同的东西混合起来(多指液体) ▷这种农药必须跟适量的水～在一起才能使用。☛ 不宜写作"搀兑"。

【掺混】chānhùn 动 掺到一起混合起来 ▷千万别

把这两种药水～起来。

【掺和】 chānhuo ❶ 动 混杂在一起 ▷玉米面里～点儿豆面。❷ 动 介入(含贬义) ▷人家兄弟俩的事，你别去～。☛ 不要写作"搀和"。

【掺假】 chānjiǎ 动 往真的或好的东西里面加入假的或差的东西 ▷统计数字不应～｜这瓶酒掺了假。☛ 不要写作"搀假"。

【掺沙子】 chānshāzi 把沙子掺到泥土里去；比喻在有抱团儿、排外等倾向的人群中加入新成员，使原有的状况改变。

【掺水】 chānshuǐ 动 比喻掺杂假的或不实的成分 ▷他的学历～了。

【掺杂】 chānzá 动 混杂；夹杂 ▷煤里～了煤矸(gān)石｜一定要秉公处理，不要把个人感情～进去。☛ 不要写作"搀杂"。

搀[1]**(攙)** chān 动 搀扶 ▷～着老人。

搀[2]**(攙)** chān 同"掺"。现在一般写作"掺"。☛ 参见 950 页"免"的提示。

【搀扶】 chānfú 动 从旁架住对方的手臂或扶着对方的身子(站立或行走) ▷护士～着病人在花园里散步。☛ 不宜写作"掺扶"。

襜 chān 〈文〉❶ 名 围裙。→ ❷ 名 车四周的帷幔。

【襜帷】 chānwéi 名 襜②。

【襜褕】 chānyú 名 古代一种较长的单衣，非正式朝服。

chán

单(單) chán [单于] chányú 名 古代匈奴君主的称号。

另见 269 页 dān；1198 页 shàn。

谗(讒) chán ❶ 动 说别人的坏话 ▷～害。→ ❷ 名 诽谤离间的话 ▷进～｜信～。☛ 参见 950 页"免"的提示。

【谗害】 chánhài 动 用诽谤离间的话陷害人 ▷～好人｜岳飞遭秦桧～。

【谗佞】 chánnìng 名〈文〉惯于用谗言陷害人和用花言巧语讨好人的人 ▷～之徒。

【谗言】 chányán 名 为陷害人或挑拨离间而说的诽谤的话 ▷不能听信～。

婵(嬋) chán 见下。

【婵娟】 chánjuān 〈文〉❶ 形 姿态美好。❷ 名 指美女。❸ 名 指月亮 ▷但愿人长久，千里共～。

【婵媛】 chányuán 〈文〉❶ 形 形容情思缠绵的样子 ▷心～而伤怀。❷ 形 形容枝条相连的样子 ▷垂条～。❸ 形 婵娟①。

馋(饞) chán ❶ 形 形容看到好吃的食物想吃；也形容专爱吃好的 ▷～得直流口水｜这个人嘴太～。→ ❷ 形 形容看到喜欢的东西想得到；看到喜欢做的事情想参与 ▷看到好衣服就～得慌｜一见别人打乒乓球他就眼～。→ ❸ 动 想吃(某种食物) ▷这几天有点儿～肉。☛ 参见 950 页"免"的提示。

【馋虫】 chánchóng ❶ 名 指强烈的食欲 ▷红烧肉一出锅，我肚子里的～就上来了。❷ 名 比喻嘴馋贪吃的人(含诙谐意) ▷小吃一条街是～们常光顾的地方。

【馋鬼】 chánguǐ 名 指嘴馋好(hào)吃的人。

【馋猫】 chánmāo 名 像猫一样嘴馋贪吃的人。

【馋涎欲滴】 chánxián-yùdī 垂涎欲滴。

【馋嘴】 chánzuǐ ❶ 形 贪吃。❷ 名 指贪吃的人。

禅(禪) chán ❶ 名 梵语音译词"禅那(Dhyāna)"的简称。佛教指屏除杂念、静心领会佛理的修炼方式 ▷坐～｜参～｜～宗。→ ❷ 名 泛指有关佛教的事物 ▷～师｜～杖。〇 ❸ 名 姓。☛ 读 chán，是梵语音译，用以指跟佛教有关的事物；读 shàn，指古代帝王把帝位让给别人，如"禅让"。

另见 1199 页 shàn。

【禅房】 chánfáng 名 僧尼等修行、居住的房舍；泛指寺院。

【禅机】 chánjī 名 佛教禅宗传教的一种方法，一言一行都含有机要秘诀，使人触机领悟；也指可令人触机领悟的诀窍。

【禅理】 chánlǐ 名 佛学的义理。

【禅林】 chánlín 名 指佛教僧众修行、聚居的寺院。

【禅门】 chánmén 名 佛门。

【禅趣】 chánqù 名 参禅时感悟到的平和宁静的意趣 ▷历代文人雅士都在诗文中追求一种～。

【禅师】 chánshī 名 对和尚的尊称。

【禅堂】 chántáng 名 僧尼从事参禅等佛事活动的房屋。

【禅学】 chánxué 名 佛教禅宗的学说；佛教教义。

【禅院】 chányuàn 名 佛教寺院。

【禅杖】 chánzhàng 名 原指用以惊醒困倦的坐禅者的竹杖；后泛指僧人用的手杖。

【禅宗】 chánzōng 名 我国佛教中以屏除杂念、静坐参禅为修行方法的重要派别。相传公元 5 世纪由印度高僧菩提达摩传入我国，唐宋时极盛，对宋明理学有很大影响。

孱 chán 形 瘦弱；软弱 ▷～弱。

另见 130 页 càn。

【孱弱】 chánruò 〈文〉❶ 形 (身体)瘦弱无力 ▷病体～。❷ 形 懦弱无能 ▷为人～。❸ 形 (力量)薄弱；衰弱 ▷国势～。

缠(纏) chán ❶ 动 绕;围绕 ▷辫梢上～着红头绳儿|～绷带|～绕。→ ❷ 动 搅扰不止 ▷死～着我不放|疾病～身|纠～。○ ❸ 动〈口〉应付 ▷他可真是一个难～的人。☛ 右边不要误写作"厘"。

【缠绑】chánbǎng 动 缠绕捆扎 ▷礼盒上～着红绸带。

【缠绞】chánjiǎo 动 (线、绳、铁丝等细长物)缠绕扭结(在一起) ▷别把黑线白线～在一块儿◇不要把几个问题～在一起。

【缠结】chánjié 动 缠绕纠结。

【缠绵】chánmián ❶ 形 (情意)深切浓厚,不能排遣 ▷情思～。❷ 动 纠缠住;摆脱不开 ▷～病榻。❸ 形 (声音)婉转动人 ▷～的箫声。

【缠绵悱恻】chánmián-fěicè 形容内心苦闷难以排解;也形容言语或文章感情凄凉婉转。

【缠磨】chánmo 动 纠缠不休 ▷孩子～着妈妈要买玩具。

【缠扰】chánrǎo 动 纠缠;搅扰 ▷各种不顺心的事～着他。

【缠绕】chánrào ❶ 动 (绳索、藤蔓等条状物)盘旋着缠在别的物体上 ▷牵牛花～在竹架上。❷ 动 缠扰 ▷他一直被忧愁～着。

【缠绕茎】chánràojīng 名 植物茎的一种。不能直立,只有缠绕在别的东西上才能向上生长。如牵牛花、紫藤萝的茎。

【缠人】chánrén 形 形容纠缠人,使人受困扰不得脱身 ▷这孩子很～,一步也离不开妈妈|这是件很～的事情。

【缠身】chánshēn 动 (事务、疾病等)缠扰着人,摆脱不开 ▷琐事～|病痛～。

【缠手】chánshǒu 形 绕在手上;比喻难以摆脱。

【缠足】chánzú 动 旧时的一种陋俗,将女孩子的双足用布条紧紧缠住,使脚畸形纤小。也说裹脚、缠脚。

蝉(蟬) chán 名 昆虫,前、后翅基部黑褐色。雄的腹部有发音器,能连续不断地发出尖锐的声音。种类很多。幼虫蜕下的壳叫蝉蜕,可以做药材。参见插图 4 页。

【蝉联】chánlián 动 连续相承。现多指连续获得(某称号)或连续担任(某职位) ▷～冠军|～春晚总导演。

【蝉蜕】chántuì ❶ 名 蝉的幼虫变为成虫时蜕下的外皮,可以做药材。也说蝉衣。❷ 动〈文〉比喻脱身。

【蝉翼】chányì 名 蝉的两翼。轻而薄,透明有花纹 ▷薄如～。

鋋 chán 名〈文〉铁柄短矛。

廛 chán ❶ 名 古代指城市平民一户人家所住的房屋;也指城市中的房屋。→ ❷ 名〈文〉市场上供商人储存、销售货物的房屋 ▷市～|～肆。

潺 chán 见下。

【潺潺】chánchán 拟声 模拟流水声 ▷水声～。

【潺湲】chányuán 形〈文〉形容河水缓慢流动的样子 ▷流水～。

澶 chán [澶渊] chányuān 名 古地名,在今河南濮阳西南。公元 1005 年,宋辽在此订立澶渊之盟。

镡(鐔) chán 名 姓。另见 1333 页 tán;1531 页 xín。

瀍 chán 名 瀍河,水名。在河南,流入洛河。

蟾 chán ❶ 名 蟾蜍 ▷～酥。→ ❷ 名 传说月中有蟾蜍,因此常用来借指月亮。

【蟾蜍】chánchú 名 两栖动物,背部多呈黑绿色,有大小不等的疙瘩,内有能分泌黏液的毒腺。生活在泥穴或石下、草丛内,昼伏夜出,捕食昆虫等,对农业有益。俗称癞蛤蟆、疥蛤蟆。

【蟾宫】chángōng 名〈文〉指月亮。传说月宫中有蟾蜍,故称。

【蟾宫折桂】chángōng-zhéguì 到月宫里去攀折桂枝(古人以折桂比喻科举应试被录取,又传说蟾宫有桂树,后将两事牵合起来形成此成语)。科举时代比喻应试得中。

【蟾光】chánguāng 名〈文〉指月光 ▷～皎皎。

【蟾酥】chánsū 名 蟾蜍耳后腺和皮肤腺分泌的白色黏液,有毒,可以做药材。

儳 chán 形〈文〉杂乱;不整齐。

巉 chán 形〈文〉形容山势险峻 ▷～岩|～峻。

【巉峻】chánjùn 形 形容山势高而险。

【巉岩】chányán 名〈文〉高耸险峻的山岩 ▷～耸立。

躔 chán〈文〉❶ 名 兽走过的足迹;行迹。→ ❷ 动 日月星辰在黄道上运行。

镵(鑱) chán ❶ 名 古代一种柄长而弯曲的铁制掘土工具。→ ❷ 动〈文〉刺;扎(zhā) ▷～云(刺入云天,形容高)。

chǎn

产(産) chǎn ❶ 动 (人或动物)从母体中分离出幼体 ▷熊猫～崽|～卵|临～。→ ❷ 动 出产 ▷山西～煤|东北盛～大豆。❸ 动 生产;制造 ▷投入～出|国～。❹ 名 生产出来的东西;出产的东西 ▷水～|矿～|物～。❺ 名 指拥有的金钱、物资、房屋、土地等 ▷财～|房地～。○ ❻ 名 姓。

【产成品】chǎn-chéngpǐn 产品和成品。

【产出】chǎnchū ❶ 动 生产出 ▷不能只投入不～。❷ 名 生产出来的产品 ▷增加～。

【产床】chǎnchuáng 名 医院里专供产妇分娩用的床。

【产道】chǎndào 名 胎儿脱离母体时经过的通道，包括骨盆、子宫颈和阴道。

【产地】chǎndì 名 物品出产的地方。

【产儿】chǎn'ér 名 刚出生的婴儿 ▷这个～重 3 千克。

【产房】chǎnfáng 名 医院里专供产妇分娩用的房间。

【产妇】chǎnfù 名 分娩期或产褥期中的妇女。

【产供销】chǎn-gōng-xiāo 生产、供应和销售 ▷搞好～，增强企业活力。

【产假】chǎnjià 名 职业妇女在分娩前后按有关法规享受的假期。

【产科】chǎnkē 名 医院专门负责孕妇保健和辅助产妇分娩等的科室 ▷～病房｜～大夫。

【产量】chǎnliàng 名 在一定时期内生产的某种产品的数量 ▷控制煤炭～。

【产卵】chǎnluǎn 动 卵生动物产出卵子或受精卵。鸟类、鱼类、两栖类和昆虫类动物大都产卵。

【产能】chǎnnéng 名 生产能力的简称 ▷避免重复建设、～过剩｜扩大～。

【产品】chǎnpǐn 名 劳动所创造的物质资料，包括生产资料和生活资料；广义也指人类创造的精神财富 ▷～质量｜文化～。

【产品链】chǎnpǐnliàn 名 指由多种产品构成的互相关联、互相影响的系列。

【产婆】chǎnpó 名 接生婆。

【产钳】chǎnqián 名 在产妇难产时，用来夹住胎儿头部向外牵引胎儿的助产器械。

【产区】chǎnqū 名 出产某种产品的地区。

【产权】chǎnquán 名 土地、房屋及其他有形资产和无形资产的所有权 ▷知识～。

【产褥期】chǎnrùqī 名 指产妇从分娩后到生殖器官恢复常态的一段时间。

【产褥热】chǎnrùrè 名 产妇在产褥期的烧热现象。由生殖器官被细菌感染引起。症状有高烧、腹痛、脓性白带等。俗称月子病。

【产生】chǎnshēng 动 从已有事物中生出新事物、新现象 ▷体育界～了许多世界冠军｜一种奇妙的情感在他俩之间～了。

【产物】chǎnwù 名 在一定条件下产生的事物或结果 ▷中外合资企业是改革开放政策的～。

【产销】chǎnxiāo 动 生产和销售 ▷企业实现了～两旺。

【产需】chǎnxū 动 商品生产和消费需求。

【产学研】chǎn-xué-yán 生产单位、教学单位（一般指高等院校）、科研院所的合称。这三者通常在功能、资源等方面协调合作，以利创新发展。

【产业】chǎnyè ❶ 名 指拥有的房屋、土地、店铺、厂矿等财产。❷ 名 指各种生产、经营事业，如第一产业、第二产业、第三产业；特指工业。

【产业革命】chǎnyè gémìng ❶ 由一系列技术革命引起的从手工劳动过渡到动力机器生产的重大飞跃，也就是资本主义的工业化。18 世纪 60 年代初首先从英国开始，到 19 世纪中叶，法、德、美等国相继完成产业革命。产业革命的结果是资本主义制度确立，工业资产阶级和工业无产阶级出现，资本主义基本矛盾深化。也说工业革命。❷ 泛指科学技术的突飞猛进，并由此产生的社会经济的变革。

【产业工人】chǎnyè gōngrén 在现代工厂、矿山、交通运输等企业中从事集体生产劳动、以工资收入为主要经济来源的劳动者。

【产业结构】chǎnyè jiégòu 国民经济内部各个产业、部门及其部门内部各个组成要素的生产联系和比例构成。

【产业链】chǎnyèliàn 名 指由原材料采购、加工、产品销售、售后服务等构成的产业整体 ▷核电建设～较长。

【产院】chǎnyuàn 名 专门为孕妇作产前检查并为产妇分娩、妇婴护理提供医疗服务的医院。

【产值】chǎnzhí 名 一定时期内的全部产品或单项产品按货币计算的价值量 ▷第二季度～比第一季度增长了两个百分点。

昆 chǎn ❶ 动〈文〉日光照耀。○ ❷ 用于地名。如：昆冲，地名；昆山，山名，又地名。均在安徽。

浐（滻）chǎn 名 浐河，水名，在陕西，流入灞河。

谄（諂*謟）chǎn 动 奉承讨好；献媚 ▷～媚｜～谀。☛ 右边是“臽（xiàn）”，不是“舀（yǎo）”。

【谄媚】chǎnmèi 动 以低三下四、巴结奉承的态度和言行讨好别人 ▷～求荣。

【谄上欺下】chǎnshàng-qīxià 讨好上司，欺压下级。

【谄笑】chǎnxiào 动 为奉承讨好而装出笑脸 ▷满脸～，令人生厌。

【谄谀】chǎnyú 动 谄媚阿谀 ▷当面～，背后咒骂，何等卑鄙！

啴（嘽）chǎn 形〈文〉宽舒 ▷～缓。另见 1331 页 tān。

铲（鏟*剷❷）chǎn ❶ 名 铲子 ▷铁～｜锅～｜煤～。→ ❷ 动 用锹或铲子削平、撮取或清除 ▷～平地面｜～土｜～除。

【铲车】chǎnchē ❶ 名 叉车。❷ 名 装载机。

【铲除】chǎnchú 动 彻底清除 ▷～封建迷信。

☛ 不要写作"划除"。

【铲斗】chǎndǒu 名 能大量铲装物料的簸箕状装置。安装在装载机、铲土机等上面,能完成装料、运料、卸料等工作。

【铲土机】chǎntǔjī 名 一种能铲土、运土和卸土的机械。装有铲斗,铲斗下缘有刮刀,能插入土中把土铲起装入斗中。也说铲运机。

【铲运车】chǎnyùnchē 名 叉车。

【铲子】chǎnzi 名 用来撮取或清除东西的工具。有柄,前端像簸箕或平板,用铁、铝等制成。

阐(闡) chǎn 动 分析说明(道理) ▷~明|~发|~述。☛ 统读 chǎn,不读 shàn。

【阐发】chǎnfā 动 分析说明并加以发挥 ▷~了精神文明建设的意义。

【阐明】chǎnmíng 动 说明(道理) ▷这篇讲话~了改革和开放的关系。☛ 参见 1297 页"说明"的提示。

【阐释】chǎnshì 动 说明并解释(较难懂的问题) ▷重点~了一些疑难问题。

【阐述】chǎnshù 动 论述;说明 ▷~观点。

【阐扬】chǎnyáng 动 说明并加以宣扬 ▷~我国政府的原则立场。

蒇(蕆) chǎn 动〈文〉完成;解决 ▷~事(把事情办完)。

焯(燀) chǎn ❶ 动〈文〉燃烧;也指烧火煮炖。→ ❷ 形〈文〉形容火焰升起或上蹿的样子。❸ 名〈文〉火焰;光焰。→ ❹ 动 一种中药炮制方法,将桃仁、杏仁等放在沸水中浸泡,以便于去皮。

骣(驏) chǎn 动〈文〉不加鞍辔骑马 ▷~骑。

冁(囅) chǎn 形〈文〉形容笑的样子 ▷~然而笑。

chàn

忏(懺) chàn ❶ 动 为所犯的过失而悔恨 ▷~悔。→ ❷ 动 僧人或道士代人忏悔 ▷拜~。❸ 名 僧人或道士代人忏悔时所念的经文。如《玉皇忏》。

【忏悔】chànhuǐ ❶ 动 宗教徒向神佛表示悔过以求宽恕 ▷星期天她去教堂~了。❷ 动 认识到了自己的过错或罪行,感到痛心并表示悔改 ▷他对自己的过错~不已。

刬(剗) chàn 见 1612 页"一刬"。

颤(顫) chàn 动 颤动;发抖 ▷挑起扁担一~一~地走了|声音有点儿发~。☛ ㊀左下是"旦",不是"且"。㊁参见 1733 页"战²"的提示。

另见 1735 页 zhàn。

【颤荡】chàndàng 动 颤动飘荡;颤动摇晃 ▷琴声在四周~。

【颤动】chàndòng 动 急促而连续地振动 ▷发元音时声带~|大地在~。

【颤抖】chàndǒu 动 抖动;哆嗦 ▷浑身不住地~|吓得声音都~了。

【颤巍巍】chànwēiwēi 形 形容微微颤抖、摇晃的样子(多形容老人、病人的动作) ▷老人拄着拐杖~地往前走去。

【颤响】chànxiǎng 动 发出颤动的声响。

【颤音】chànyīn ❶ 名 颤抖的声音;连续颤动的声音 ▷唱腔带着~|二胡拉出~。❷ 名 辅音的一种,由舌尖或小舌连续颤动而产生的音,如俄语的 p。

【颤悠】chànyou 动 颤动晃悠 ▷铁索桥不停地~|烛光~,忽明忽暗。

羼 chàn 动 掺杂 ▷~杂|~入。☛ 统读 chàn,不读 chān。

【羼杂】chànzá 动 掺杂;混合 ▷米里~了沙子。

韂 chàn 名 垫在马鞍下,垂在马腹两侧遮挡泥土用的东西 ▷鞍~。☛ 统读 chàn,不读 jiān。

chāng

伥(倀) chāng 名 伥鬼 ▷为虎作~。☛ 统读 chāng,不读 chàng。

【伥鬼】chāngguǐ 名 传说中帮助老虎吃人的鬼,是被老虎咬死的人变成的。参见 1433 页"为虎作伥"。

昌 chāng ❶ 形 兴盛;旺盛 ▷~盛|~明。○ ❷ 名 姓。

【昌化石】chānghuàshí 名 一种制作印章、石雕的名贵石料,以灰白色、浅黄色居多。产于浙江昌化。

【昌隆】chānglóng 形 昌盛兴隆 ▷事业~。

【昌明】chāngmíng 形 (政治、文化等)昌盛开明 ▷政治~|文化~。

【昌盛】chāngshèng 形 (国家、民族等)兴旺强盛 ▷繁荣~的祖国。

【昌言】chāngyán〈文〉❶ 名 明确恰当的言论 ▷屡陈~。❷ 动 毫不隐晦地说 ▷~于众。

倡 chāng ❶ 名 古代指以演奏乐器和表演歌舞为业的人 ▷~优。○ ❷古同"娼"。

另见 155 页 chàng。

【倡优】chāngyōu ❶ 名 古代指以歌舞表演为业的人。❷ 名 古代指娼妓和优伶。

菖 chāng [菖蒲] chāngpú 名 多年生水生草本植物,有香气,根状茎粗壮,叶狭长,开淡黄色花。全草是提取芳香油、淀粉及纤维的原料,根状茎可以做药材。民俗在端午节把它和艾蒿结扎成束,悬挂以辟邪。

猖 chāng 形 行为放肆 ▷~狂|~獗。

【猖獗】chāngjué 形 凶猛而放肆 ▷鼠害~|~一时。☛ 跟"猖狂"不同。"猖獗"形容的对象不限于人;"猖狂"一般只用于形容人的行为。

【猖狂】chāngkuáng 形 狂妄而放肆 ▷敌人~进犯。☛ 参见本页"猖獗"的提示。

阊(閶) chāng [阊阖] chānghé 名 神话中的天门;宫门。

娼 chāng 名 妓女 ▷逼良为~|~妇。

【娼妇】chāngfù 名 卖淫的妇女。

【娼妓】chāngjì 名 妓女。

【娼门】chāngmén 名 妓院。

鲳(鯧) chāng 名 鲳鱼,体侧扁而宽,近于卵圆形,银灰色,成鱼腹鳍消失。生活在海洋中。也说银鲳、镜鱼、平鱼。

cháng

长(長) cháng ❶ 形 从一端到另一端的距离大(跟"短"相对) ▷这座桥很~|~途。→ ❷ 形 某段时间的起讫点之间的距离大 ▷时间拖得太~|日久天~。→ ❸ 名 长度 ▷全~十多公里|周~。→ ❹ 名 优点;长处 ▷扬~避短|特~。❺ 动 在某方面有特长 ▷~于篆刻|一无所~。→❻ 形 剩余的;多余的(旧读 zhàng) ▷身无~物。○ ❼ 名 姓。☛ 笔顺是 ˊ 𠂉 长 长,4画。

另见 1737 页 zhǎng。

【长臂猿】chángbìyuán 名 类人猿的一种。能直立行走,前臂很长,善于在树上活动。生活在亚洲热带雨林中。以浆果、昆虫、鸟卵等为食。多见于我国海南、云南两省,属国家保护动物。参见插图 1 页。

【长编】chángbiān 名 为编写某种著作,搜集有关材料,加以整理编排成的原始稿本。

【长别】chángbié ❶ 动 长期分别 ▷~无期。❷ 动 婉词,指去世 。

【长波】chángbō 名 波长1—10千米(频率300—30千赫)的无线电波。较少受气象因素和电离层的干扰,常用于无线电测向、导航等(英语缩写为 LW)。

【长策】chángcè 名 长期实施的或着眼长远利益的策略 ▷改革开放是治国~。

【长城】chángchéng ❶ 名 指万里长城。❷ 名 比喻坚不可摧的力量或不可逾越的屏障 ▷把我们的血肉筑成我们新的~。

【长城站】chángchéngzhàn 名 中国南极长城站。1985 年 2 月 20 日,我国在南极洲乔治王岛上建立的南极科学考察站。

【长程】chángchéng ❶ 区别 远距离的 ▷~千线|~赛。❷ 区别 长远时期的 ▷~战略。

【长虫】chángchong 名〈口〉蛇。

【长处】chángchu 名 优点;特长 ▷每个人都有自己的~和短处。

【长辞】chángcí 动 婉词,指去世(含庄重色彩)。

【长此以往】chángcǐ-yǐwǎng 长期这样下去(多用于不好的情况) ▷生活没有规律,~,必然有损健康。

【长存】chángcún 动 长久存在;永不消逝 ▷英雄业绩万古~。

【长凳】chángdèng 名 长条板凳。

【长笛】chángdí 名 管乐器,多用金属制成,孔上装有杠杆式音键,横吹。参见插图 11 页。

【长度】chángdù 名 两点之间的距离 ▷这根钢管的~是 10 米。

【长短】chángduǎn ❶ 名 长度;尺寸 ▷绳子~正合适。❷ 名 长处和短处;好与坏;是与非 ▷事情各有~|评出个~来。❸ 名 指死亡等意外变故或危险 ▷他万一有个~怎么办? ‖ 也说短长。

【长短句】chángduǎnjù 名 词③的别称。因词的句式长短不一,故称。如宋·辛弃疾的词集《稼轩长短句》。

【长法】chángfǎ 名 长久之计 ▷回避矛盾终非~。

【长方】chángfāng 区别 长和宽不相等,四个内角都是直角的 ▷~桌子。

【长方脸】chángfāngliǎn 名 近似长方形的脸。

【长方体】chángfāngtǐ 名 各面均为矩形(有的两个面是正方形,其他四个面是矩形)的平行六面体。

【长方形】chángfāngxíng 名 矩形。

【长歌当哭】chánggē-dàngkū 把放声歌咏当作痛哭。指以诗文来抒发心中的悲愤 ▷~,以表哀思。☛ "当"这里不读 dāng。

【长庚】chánggēng 名 古代指傍晚出现在西方天空的金星。

【长工】chánggōng 名 旧指在同一地主或富农家连续受雇出卖劳动力半年以上的农民。

【长鼓】chánggǔ ❶ 名 朝鲜族打击乐器。鼓身木制,圆筒形,两端粗空而中部细实,用绳绷皮蒙于端口。演奏时挂在胸前或放在鼓架上,右手拿槌敲击,左手拍击另一鼓面。❷ 名 瑶族打击乐器,鼓身木制,细长筒形,两端蒙皮,中间细而实。手持或斜挂腰侧,边击边舞。

【长号】chánghào 名 管乐器,铜制,号身由两个马蹄形管套接而成,可自由伸缩滑动。俗称拉管、伸缩喇叭。参见插图 11 页。

【长河】chánghé ❶ 名 流程很长的河流。比喻事

物发展的漫长过程 ▷历史的～。❷ 名 古代指银河或黄河。

【长虹】chánghóng 名 彩虹 ▷气贯～。

【长话】chánghuà ❶ 名 不是一下能说完的话 ▷～短说。○ ❷ 名 指长途电话（跟"市话"相区别） ▷～费｜～台。

【长话短说】chánghuà-duǎnshuō 用简短的话来叙说本来需用很多话才能说清的事。

【长技】chángjì 名 擅长的技艺 ▷治印是他的～。

【长假】chángjià 名 连续多日的假期 ▷春节放～｜请～。

【长江】chángjiāng 名 我国第一大河，发源于青藏高原唐古拉山脉各拉丹冬雪山，从宜宾以下称为长江。流经青海、西藏、四川、云南、重庆、湖北、湖南、江西、安徽、江苏、上海等 11 个省、自治区、直辖市，在上海流入东海。全长约 6300 千米，流域面积 178.3 万平方千米，水量和水力资源丰富。

【长江后浪推前浪】chángjiāng hòulàng tuī qiánlàng 比喻人和事物新陈代谢，不断发展前进 ▷～，一代新人在成长。

【长街】chángjiē 名 很长的大街 ▷十里～。

【长颈鹿】chángjǐnglù 名 哺乳动物，是陆地上现存最高的动物，身高可达 6—8 米。颈特别长，有短角，全身有棕黄色网状斑纹。善奔跑，很少鸣叫，以植物叶为食。产于非洲。

【长镜头】chángjìngtóu ❶ 名 某些照相机上的焦距特别长的镜头，用于远距离摄影。❷ 名 在电影、电视拍摄中，用一个镜头对一个场面或事件进行较长时间的持续拍摄，形成的比较完整的镜头段落。❸ 名 比喻用文字详细描述一个场面或事件的段落。

【长久】chángjiǔ 形 久远；时间很长 ▷～受益｜～之计。

【长局】chángjú 名 可以长久保持的局面（多用于否定） ▷欠债不还，总不是～。

【长卷】chángjuàn 名 很长的横幅书画作品；也指篇幅很长的文学作品 ▷百米～｜历史～。

【长考】chángkǎo 动 长时间思考（多用于棋牌游戏） ▷经过一番～，他接受了这个建议｜～出妙着（zhāo）儿。

【长空】chángkōng 名 辽阔无际的天空。

【长款】chángkuǎn ❶ 区别 服装中款式较长的 ▷～大衣。○ ❷ 名 结账时多出账面数额的现金 ▷短款由当事人赔偿，～作其他收入处理。

【长廊】chángláng 名 有顶有柱的长的走廊，是我国园林建筑的组成部分。如颐和园长廊。

【长龙】chánglóng 名 比喻人、车辆等排成的长队。

【长毛绒】chángmáoróng 名 用两组毛纱为经、一组棉纱为纬织成的绒织物。正面有整齐密集的毛绒，绒面丰满平整。保暖性能良好，适于制作冬季衣帽等。

【长矛】chángmáo 名 古代兵器，在长杆的一端装有金属矛头。

【长眠】chángmián 动 婉词，指人死亡（含庄重色彩） ▷～于九泉之下。

【长明灯】chángmíngdēng 名 昼夜或彻夜不熄的灯（多指点燃在神佛像前的油灯）。

【长鸣】chángmíng 动 长时间地鸣响 ▷汽笛一声～｜警钟～。☛ 跟"常鸣"不同。"长鸣"强调的是鸣响的持续时间长，无间断；"常鸣"强调的是鸣响的次数多，有间断。

【长命百岁】chángmìng-bǎisuì 寿命长达百岁。用于祝福。

【长命锁】chángmìngsuǒ 名 旧时用金属制成的挂在小孩儿脖子上祈求长寿的锁状饰物。

【长年】chángnián ❶ 名 整年 ▷从年初到岁尾，他们～坚守在边防哨卡上。❷ 名 多年；长期 ▷～在外打工。☛ 参见 153 页"常年"的提示。

【长年累月】chángnián-lěiyuè 一年又一年，一月又一月；形容经过很长时间。也说成年累月、整年累月、积年累月。☛ "累"这里不读 lèi。

【长袍】chángpáo 名 旧时男子穿的右开襟的中式长衣。也说长衫。

【长跑】chángpǎo ❶ 动 长距离跑步 ▷他每天早晨～5000 米。❷ 名 长距离赛跑项目。包括男、女 5000 米、10,000 米等。

【长篇】chángpiān ❶ 区别 篇幅较长的（多指文学作品） ▷～叙事诗｜～报告。❷ 名 特指长篇小说 ▷他的～尤见功力。

【长篇大论】chángpiān-dàlùn 篇幅冗长的文章，滔滔不绝的言论（多含讥讽意）。

【长篇小说】chángpiān xiǎoshuō 篇幅长、人物多、情节复杂的小说。

【长期】chángqī 名 长时期；长期限 ▷～规划。

【长期行为】chángqī xíngwéi 具有长期目标、考虑到长远利益的做法。

【长枪】chángqiāng ❶ 名 古代兵器，长杆的一端装有金属枪头。❷ 名 指步枪一类枪筒较长的武器。

【长驱】chángqū 动 向远方迅速行进 ▷～千里。

【长驱直入】chángqū-zhírù 向远方目标径直挺进。

【长裙】chángqún 名 长度过膝的裙子；特指女子穿的拖到地面的裙子。

【长日照动物】chángrìzhào dòngwù 在春季日照时数逐渐延长的情况下发情交配的动物。如狐狸、家猫、马和鸟类等。

【长日照植物】chángrìzhào zhíwù 每天日照时间较长（一般长于 12 小时）才能开花的植物。如大麦、豌豆、菠菜、油菜等。

【长绒棉】chángróngmián 名 纤维细长的原棉。纤维强度高，适用于纺高支纱和某些工业用纱。

【长三角】chángsānjiǎo 名 长江三角洲的简称。由长江沉积的泥沙形成。长三角经济圈是我国东部沿海经济发展程度较高的地区之一。

【长舌】chángshé 名 长舌头。借指爱传闲话、好拨弄是非的人。

【长蛇阵】chángshézhèn 名 古代部署军队的一种阵势。比喻由很多人或物排成的连绵不断的行列 ▷汽车排成一字～。

【长生不老】chángshēng-bùlǎo 长久生存，永远健康 ▷世上不可能有～的人。

【长盛不衰】chángshèng-bùshuāi 长久兴旺而不衰败。

【长诗】chángshī 名 篇幅较长的诗歌。如我国古代的《孔雀东南飞》等。

【长石】chángshí 名 含有钙、钠、钾的铝硅酸盐矿物，是岩石和沙子的重要成分，在地壳中比例高达60%。主要用于制造陶瓷、搪瓷、玻璃等，也用于制造钾肥。

【长逝】chángshì 动 婉词，指人死亡（含庄重色彩） ▷一代伟人，溘然～。

【长寿】chángshòu 形 寿命长久 ▷乐观的人～。

【长谈】chángtán 动 长时间地交谈 ▷彻夜～。

【长叹】chángtàn 动 深长地叹息 ▷喟然～。

【长天】chángtiān 名 辽阔遥远的天空 ▷万里～|～惊雷。

【长条】chángtiáo 形 细而长的 ▷～板凳。

【长亭】chángtíng 名 古代城外路旁供行人休息或送行话别的亭子 ▷～相送。

【长筒袜】chángtǒngwà 名 袜筒较长的袜子。

【长筒靴】chángtǒngxuē 名 靴靿至膝的靴子。

【长途】chángtú ❶ 名 远距离的路途 ▷经过悠悠岁月，走过漫漫～|～跋涉|～贩运。❷ 名 也指长途电话或长途汽车 ▷打～|乘～。

【长途台】chángtútái 名 长途电话接线台。

【长物】chángwù 名〈文〉多余的财物；值钱的东西 ▷别无～。☛ 该词中"长"旧读 zhàng，现读 cháng。

【长线】chángxiàn ❶ 区别 供给超过需求的 ▷～产品|～专业。❷ 区别 路程远的 ▷～旅游。❸ 区别 经过较长时间才能产生效益的 ▷～投资。

【长项】chángxiàng 名 擅长的项目；擅长的专业、工作等 ▷他的～是蛙泳|语言学是他的～。

【长销】chángxiāo ❶ 动（商品）长期销售 ▷本店～以下图书。❷ 形（商品）销路长期都好 ▷统计～品牌，做好进货计划。

【长效】chángxiào 区别 可以长时间发挥效力的 ▷～肥料。

【长啸】chángxiào 动（人、兽等）拉长声音高声呼叫 ▷仰天～。

【长性】chángxìng 见153页"常性"②。现在一般写作"常性"。

【长休】chángxiū 动 长期休养或休假。

【长袖善舞】chángxiù-shànwǔ 穿着长袖衣服容易舞得好看。比喻条件好，事情就容易成功；也比喻有手段的人善于取巧钻营。

【长吁短叹】chángxū-duǎntàn（因烦恼、苦闷、悲伤等）不停地长一声短一声地叹气。☛ "吁"这里不读 yū 或 yù。

【长夜】chángyè ❶ 名 很长的夜；比喻黑暗、苦难的漫长岁月 ▷～终于熬过去了。❷ 名 彻夜；通宵 ▷～不眠，苦思亲人。

【长吟】chángyín 动 缓慢而有节奏地诵读（诗文）；轻柔地歌唱 ▷对月～|抚琴～。

【长缨】chángyīng 名〈文〉长的带子或绳子；特指捆缚敌人的长绳 ▷今日～在手，何时缚住苍龙？参见1123页"请缨"。

【长于】chángyú 动 擅长 ▷～书法。

【长圆】chángyuán 形 椭圆的 ▷～形。

【长远】chángyuǎn 形（未来）很长久的 ▷～规划|～的目光。

【长征】chángzhēng ❶ 动 远征；远行。❷ 名 特指中国工农红军的二万五千里长征 ▷～组歌◇新～突击手。

【长治久安】chángzhì-jiǔ'ān 社会长期稳定安宁。

【长住】chángzhù 动 长时间在某地居住 ▷他～在北京。☛ 跟"常住"不同。

【长足】chángzú 区别 快速而显著 ▷我国的法治建设有了～的发展。

场（場＊塲）

cháng ❶ 名 用于晒粮和脱粒的平坦的空地 ▷～上堆满了稻谷|打～。→ ❷ 名 某些地区指集市 ▷赶～。→ ❸ 量 用于一件事情的过程，相当于"阵" ▷一～大雨|白高兴了一～|痛哭了一～。

另见154页 chǎng。

【场屋】chángwū 名 场（cháng）院里的小房子，供人休息或存放农具。

【场院】chángyuàn 名 场（cháng）①。

苌（萇）

cháng ❶［苌楚］chángchǔ 名 古书上指猕猴桃一类植物。○ ❷ 名 姓。

肠（腸＊膓）

cháng ❶ 名 人和脊椎动物消化器官下段的总称。呈长管状，上端与胃相连，下端通肛门。一般分小肠、大肠两部分，小肠是消化和吸收养分的主要器官，大肠是暂时贮存消化后的残渣的器官。→ ❷ 名 指心思 ▷愁～|衷～。→ ❸

图 在肠衣里塞进肉、淀粉等制成的食品 ▷香～|火腿～。☛ 参见 154 页“场”的提示㊁。

【肠道】chángdào 图 肠的腔体 ▷～感染。

【肠断】chángduàn 动 断肠。

【肠肥脑满】chángféi-nǎomǎn 脑满肠肥。

【肠梗阻】chánggěngzǔ 图 一种肠道疾病，指肠腔阻塞，进入肠内的东西不能向下移动。主要症状有腹部剧烈疼痛、呕吐、不能排便排气等。

【肠结核】chángjiéhé 图 由结核杆菌侵入肠壁引起的病变。常有腹痛、腹泻、发热、消瘦等症状。

【肠胃】chángwèi 图 肠和胃；泛指人的消化系统。

【肠炎】chángyán 图 小肠或结肠黏膜发炎的病症。主要症状有腹痛、腹泻、发烧等。多由消化不良、细菌感染等引起。

【肠液】chángyè 图 小肠黏膜腺分泌出的含有多种酶的消化液。与胰液、胆汁一起对经胃液初步消化而进入肠内的粥状食物进一步消化，使糖类、脂肪等变为机体所能吸收的养料。

【肠衣】chángyī 图 羊肠或猪小肠等刮去脂肪后晾干而成的薄膜。坚韧，半透明，可用来灌制香肠、做外科缝合线等。

【肠子】chángzi 图 肠①的通称。

尝（嘗 *甞❶ 噹❶）cháng ❶ 动 试着吃一点儿；辨别滋味 ▷～一～味道|～～咸淡|品～。→ ❷ 动 试；试探 ▷浅～辄止|～试。→ ❸ 动 经历；感受 ▷～到甜头|饱～艰苦。❹ 副 曾经 ▷未～|何～。☛ ㊀左边没有“口”。㊁“尝”不是“賞”的简化字，“賞”的简化字是“赏”。

【尝鼎一脔】chángdǐngyīluán 尝了鼎里的一块肉，就可知道整个鼎里肉的滋味(脔：切成块状的肉)。比喻由局部可推知整体。

【尝试】chángshì 动 试着做；试一试 ▷～一下|～实行股份制。

【尝鲜】chángxiān 动 品尝时鲜 ▷这是刚捕的螃蟹，请你～|来尝个鲜吧。

【尝新】chángxīn 动 品尝应时的新鲜食品或新出的食品 ▷蜜桃刚下来，请您～。

徜 cháng [徜徉] chángyáng 现在规范词形写作“徜徉”。

另见 1339 页 tǎng。

常 cháng ❶ 图〈文〉纲纪，社会的秩序和国家的法纪 ▷三纲五～|伦～。→ ❷ 图〈文〉规律 ▷天行有～。⇒ ❸ 形 普通；一般；平常 ▷人之～情|～识|通～|～态。❹ 图 普通的事 ▷习以为～|家～。⇒ ❺ 形 经久不变的 ▷冬夏～青|～任。❻ 副 时常；经常 ▷～来～往|不～出门。〇 ❼ 图 姓。

【常备】chángbèi 动 随时准备或防备 ▷家中应～一些保健药品|～金。

【常备不懈】chángbèi-bùxiè 时刻准备着，一点儿不松懈。

【常备军】chángbèijūn 图 国家平时保持的现役正规军队。

【常常】chángcháng 副 表示动作行为发生的次数多 ▷这孩子怎么～哭？|他～工作到很晚才回家。☛ ㊀跟“通常”“经常”不同。“常常”多表示在较短的时间内动作行为发生的次数多；而在强调动作行为的规律性或一般性时多用“通常”或“经常”。㊁跟“往往”不同。参见 1421 页“往往”的提示。

【常春藤】chángchūnténg 图 常绿藤本植物，靠气根攀缘墙壁或树干向上生长，叶子卵圆形，老叶未掉，新叶已生。根、茎可以做药材。

【常服】chángfú ❶ 图 便服。❷ 图 指军人、警察等在日常工作时所穿的服装。

【常规】chángguī ❶ 图 通常的规矩或做法 ▷打破～|按～办事。❷ 区别 一般的；通常的 ▷～武器|～战争|～演习。❸ 图 医学上指经常使用的有定规的处理方法。

【常规能源】chángguī néngyuán 已经大规模开发和广泛利用的能源。如煤炭、石油、天然气、水力等。也说传统能源。

【常规武器】chángguī wǔqì 指通常使用的以炸药、燃烧剂等为弹药装填物的武器及冷兵器。如枪、炮、飞机、坦克、军舰及刺刀等。

【常规战争】chángguī zhànzhēng 用常规武器进行的战争。

【常轨】chángguǐ 图 通常的途径或做法 ▷工作转入～。

【常衡】chánghéng 图 英、美等国用于称量除金银、药物以外的一般物品的质量制度。常衡 1 磅等于 0.4536 千克。

【常会】chánghuì 图 例会。

【常景】chángjǐng 图 常见的景象 ▷老人晨练已成为都市～。

【常客】chángkè 图 常来的客人。

【常礼】chánglǐ 图 通常的礼节 ▷按～，你应该亲自去机场迎接才对。

【常理】chánglǐ 图 通常的道理 ▷不合～。

【常例】chánglì 图 沿袭下来的通常的做法；惯例(跟“变例”相区别)▷打破～。

【常量】chángliàng ❶ 图 在某一过程中数值不变的量。如每星期的天数、水在标准大气压下的冰点。也说恒量。❷ 图 正常的数量或用量 ▷这几种药都按照～服用。

【常绿】chánglǜ 形 常年都呈绿色的(植物) ▷～植物|松树四季～。

【常鸣】chángmíng 动 经常鸣响 ▷安全警钟要

～。☛ 参见150页"长鸣"的提示。

【常年】chángnián ❶ 名 一般的年份 ▷跟～的利润持平｜今年的产量比～多。❷ 副 一年到头；每年 ▷守岛的官兵～以岛为家。☛ 跟"长年"不同。"常年"表示年年；"长年"表示相对的时间段长。

【常年累月】chángnián-lěiyuè 现在一般写作"长年累月"。

【常青】chángqīng 形 常绿 ▷松柏冬夏～◇高风亮节，万古～。

【常情】chángqíng 名 通常的情理或情感 ▷按～，他会来参加婚礼｜喜怒哀乐，人之～。

【常人】chángrén 名 平常的人 ▷碰上这种事儿，～都会这么去做｜他很有创造性，非～可比。

【常任】chángrèn 区别 长期担任的 ▷中国是联合国安理会～理事国。

【常设】chángshè 动 长期设立（机构等）▷该厂在我市～三个营销点。

【常识】chángshí 名 一般知识；一般人都应当具有的知识 ▷法律～｜科技～。

【常事】chángshì 名 经常发生的事情 ▷刚学走路的孩子，跌跤是～。

【常数】chángshù 名 表示常量的数。参见152页"常量"①。

【常态】chángtài 名 正常或平常的状态 ▷有失～｜水在～下呈液态。

【常谈】chángtán 名 经常说的话；平常的言论 ▷老生～｜这虽是～，用在此处却意味深长。

【常套】chángtào 名 沿袭很久的模式（多指办法、格式等）▷这篇文章不要按～来写。

【常委】chángwěi ❶ 名 指常委会 ▷此议案经人大～讨论通过。❷ 名 指常委会的委员。

【常委会】chángwěihuì ❶ 名 常务委员会的简称。❷ 名 常务委员会会议的简称。

【常温】chángwēn 名 通常的温度；特指15—25℃的温度 ▷鲜鱼在～下很容易变质。

【常务】chángwù 形 主持日常工作的 ▷～委员。

【常销】chángxiāo 动（商品）能经常有销路 ▷～不衰｜～产品。

【常性】chángxìng ❶ 名 本性；习性 ▷马失～，狂奔不已。❷ 名 能坚持做某事的耐性；持久性 ▷他干什么都没～。

【常压】chángyā 名 一般情况下指压强在101.325千帕左右的大气压。

【常言】chángyán 名 人们经常引用的一些现成语句，如格言、谚语等 ▷～说，"失败是成功之母"。

【常用字表】chángyòng zìbiǎo 汇集常用字的字表；特指国家语言文字工作委员会、国家教育委员会1988年1月26日发布的《现代汉语常用字表》，共收汉字3500个。

【常住】chángzhù 动 经常在某地居住 ▷他在京期间～我家｜～人口。☛ 跟"长住"不同。

【常住人口】chángzhù rénkǒu 人口普查工作中指在普查区内经常居住的人口。其中包括：普查期间，在普查区内登记了常住户口的人、无户口或户口在外地而住本地半年以上的人，但不包括在本地登记为常住户口而离开本地半年以上的人。

【常驻】chángzhù 动（机构、人员等）长期派驻在执行任务的地方 ▷～北京办事处。

偿（償） cháng ❶ 动 归还；抵补 ▷得不～失｜～还｜赔～｜补～。→ ❷ 名 代价；报酬 ▷无～援助｜有～服务。→ ❸ 动（愿望）得到满足 ▷如愿以～｜夙愿得～。☛ 不读shǎng。

【偿付】chángfù 动 偿还；付还所欠的钱 ▷～贷款。

【偿还】chánghuán 动 归还（债务等）▷～欠款。

【偿命】chángmìng 动（杀人者）以命相抵偿；抵命 ▷杀人～。

【偿清】chángqīng 动 全部归还（债务）。

徜 cháng［徜徉］chángyáng 动 悠闲自在地行走 ▷～于山水之间。☛ 不要写作"倘佯"。

裳 cháng ❶ 名 古人穿的下衣，形状像现在的裙子，男女都可以穿 ▷绿衣黄～（衣：上衣）。○ ❷ 名 姓。

另见1208页shang。

嫦 cháng［嫦娥］cháng'é 名 神话中从人间飞到月宫的仙女 ▷～奔月｜月里～。

鲿（鱨） cháng 名 毛鲿鱼，石首鱼的一种，属大型食用海产鱼类。

chǎng

厂（廠） chǎng ❶ 名〈文〉有顶无壁的简易房屋。→ ❷ 名 有宽敞的地面，有棚式简易房屋，可以存货、加工并进行销售活动的场所 ▷木～｜煤～。❸ 名 工厂 ▷这个～效益很好｜钢铁～｜～长。○ ❹ 名 姓。☛ 参见154页"场"的提示㊂。

另见6页ān。

【厂标】chǎngbiāo 名 代表某个工厂的标志。

【厂部】chǎngbù 名 工厂中的行政管理机构；也指这些管理机构的所在地。

【厂方】chǎngfāng 名 工厂方面；工厂领导或老板方面 ▷消费者向～提出赔偿要求。

【厂房】chǎngfáng 名 工厂的生产用房 ▷装配车间的～需要扩建了。

【厂规】chǎngguī 名 工厂制定的规章制度。

【厂籍】chǎngjí 名 作为某工厂职工的资格。

【厂纪】chǎngjì 名 工厂规定的纪律 ▷严肃~。

【厂家】chǎngjiā 名 指工厂或工厂方面 ▷参加展销会的~|~对产品实行三包。☛ 通常用于厂外的人指称工厂。

【厂价】chǎngjià 名 产品的出厂价格(一般低于市场销售价格) ▷这批货全部按~出售。

【厂矿】chǎngkuàng 名 工厂和矿山的合称。

【厂礼拜】chǎnglǐbài 名 工厂内部规定的周休息日。

【厂龄】chǎnglíng ❶ 名 指某工厂建立以来的年数 ▷这是一座有近百年~的老厂。❷ 名 指某人在某工厂工作的年数 ▷他有 30 年的~。

【厂区】chǎngqū 名 工厂内进行生产和管理的区域 ▷~严禁烟火。

【厂商】chǎngshāng 名 厂家;有一定规模的生产销售单位 ▷共有 100 家~参展。

【厂休】chǎngxiū 名 工厂内部规定的本厂职工的休息日。

【厂主】chǎngzhǔ 名 私营工厂的财产所有者。也说工厂主。

【厂子】chǎngzi 名 工厂。

场(塲*塲) chǎng ❶ 名 有专门用途的比较开阔的地方或建筑 ▷广~|运动~|飞机~|市~|会~。→ ❷ 名 指某个特定的地点或范围 ▷当(dāng)~|现~|官~。→ ❸ 名 特指演出的舞台和比赛的场地 ▷出~|登~。⇒ ❹ 名 指表演或比赛的全过程 ▷开~|终~。⇒ ❺ 量 a)用于文娱体育活动 ▷一~电影|一~比赛。b)用于戏剧中较小的段落 ▷第一幕第二~。→ ❻ 名 有一定规模的生产单位 ▷农~|养猪~|~址。→ ❼ 名 物理学指物质相互作用的范围。它是物质存在的一种基本形态,如磁场、引力场等。○ ❽ 名 姓。☛ ㊀读 cháng,用于指晒粮脱粒的空地、集市或事情的过程等,如"扬场""场院""大哭一场"。㊁右边是"𠃓",不是"㔾"。"𠃓"是"昜(yáng)"的简化部件,由"昜"构成的字除"陽"简化成"阳"外,其他字中的"昜"均简化成"𠃓",如"肠""汤""扬""畅"等;由简化部件"㔾"构成的字只有"伤"("饬"是"飭"的简化,右边部件"㔾"不是简化部件)。㊂"场"⑥跟"厂"③含义不同。"厂"指进行工业生产的单位,"农场""林场""牧场"的"场"不能写作"厂"。

另见 151 页 cháng。

【场部】chǎngbù 名 农场、林场等企业中的行政管理机构;也指这些管理机构的所在地。

【场次】chǎngcì 名 (电影、戏剧等)演出的次数 ▷演出~逐月增加。

【场地】chǎngdì 名 施工或开展某种活动的地方。

【场馆】chǎngguǎn 名 专门用来进行文化、体育等活动的室外和室内场所的合称 ▷新建~多处。

【场合】chǎnghé 名 由一定的时间、地点、人员等构成的某种环境 ▷社交~|说话要分~。

【场记】chǎngjì 名 摄制影视片或排演戏剧时,记录摄影、排演情况的工作;也指做这种工作的人。

【场景】chǎngjǐng ❶ 名 指戏剧、影视、文学作品中的场面 ▷影片中的~规模宏大。❷ 名 场面和情景 ▷当时的~十分恐怖。

【场面】chǎngmiàn ❶ 名 某个场合的情景 ▷催人泪下的~。❷ 名 戏剧、影视、文学作品中人物的相互关系及其生活环境所构成的特定情景 ▷电影中的战斗~很壮观。❸ 名 指戏曲演出中的伴奏人员和乐器。分文场面(指胡琴、笛子等管弦乐器)和武场面(指锣鼓等打击乐器)。❹ 名 排场① ▷工厂亏损,厂长还死讲究~!

【场面话】chǎngmiànhuà 名 公开场合说的应酬话 ▷他说的是~,不必当真。

【场面人】chǎngmiànrén ❶ 名 指善于在各种场合应酬的人 ▷他是~,跟各方面都有联系。❷ 名 指有一定社会地位,经常在公众场合露面的人 ▷来客都是~,千万不可怠慢。

【场面上】chǎngmiànshang 名 社交性场合(多指较上层的) ▷他一向不喜欢~的应酬。

【场所】chǎngsuǒ 名 供活动的处所;一定的地方 ▷学习~|堆放杂物的~。

【场主】chǎngzhǔ 名 指私营农场、养殖场等的财产所有者。

【场子】chǎngzi 名 指比较宽敞的活动处所。

【场租】chǎngzū 名 租赁场地的租金。

𫓩(鋹) chǎng 形〈文〉锋利。

昶 chǎng ❶ 形〈文〉白天时间长。○ ❷ 形〈文〉舒畅;畅通。○ ❸ 名 姓。

惝 chǎng [惝恍] chǎnghuǎng〈文〉❶ 形 形容失意;伤感 ▷痛惋~。○ ❷ 形 模糊不清 ▷~迷离。☛ 不要写作"惝怳"。

敞 chǎng ❶ 形 宽阔;没有遮拦的 ▷~亮|宽~|~车。→ ❷ 动 尽量打开;使显露 ▷~着怀|~开大门|~着口儿。

【敞车】chǎngchē ❶ 名 敞篷车。❷ 名 特指没有车篷的货运列车。

【敞开】chǎngkāi ❶ 动 尽量打开 ▷~窗子通通风|~思路。❷ 动 尽量放开;不受限制 ▷有什么想法请~说|~供应。

【敞口】chǎngkǒu 动 开着口儿 ▷~的盒子里有零钱|会议室的门敞着口儿。

【敞快】chǎngkuài 形 爽快;畅快 ▷他为人~坦

诚|室内光线充足，使人心情～。

【敞阔】chǎngkuò 形 宽敞；宽阔 ▷舞台～|～的绿地◇胸怀～。

【敞亮】chǎngliàng ❶ 形 宽敞亮堂 ▷客厅～舒适。❷ 形 (心情)舒展开朗 ▷心里～多了。

【敞露】chǎnglù 动 敞开显露 ▷～心扉。

【敞篷车】chǎngpéngchē 名 有车厢而没有顶篷的车(多指机动车)。

【敞胸露怀】chǎngxiōng-lùhuái 敞开衣襟，露出胸膛。形容衣着不整。

氅 chǎng 名 罩在衣服外面的长衣 ▷大～。

chàng

玚(瑒) chàng 名 古代祭祀用的一种酒器。也说玚圭。

另见 1593 页 yáng。

怅(悵) chàng 形 失望；失意 ▷～～不乐|惆～|～惘。

【怅恨】chànghèn 动 失意并怨恨 ▷～不已。

【怅然】chàngrán 形 形容闷闷不乐或失望的样子 ▷～而归|～若有所失。

【怅惋】chàngwǎn 动 失望并惋惜 ▷在场观众无不～唏嘘。

【怅惘】chàngwǎng 形 因失意或伤感而愁闷迷惘 ▷神色～。

畅(暢) chàng ❶ 形 没有阻碍 ▷～行无阻|流～。→ ❷ 形 痛快；尽情 ▷欢～|～快。○ ❸ 名 姓。☛ 参见 154 页"场"的提示㊂。

【畅达】chàngdá ❶ 形 (交通等)通行无阻 ▷交通～|销路～。❷ 形 (语言或文章)通畅明白 ▷行文～|词意～。

【畅怀】chànghuái 副 心情畅快 ▷～欢笑|～长谈。

【畅快】chàngkuài ❶ 形 舒畅痛快 ▷说出了在心里憋了很久的话，她感觉～多了。❷ 形 爽直 ▷他为人～，有什么说什么。

【畅所欲言】chàngsuǒyùyán 痛痛快快地说出想说的话。

【畅谈】chàngtán 动 尽兴地谈 ▷～学习体会。

【畅通】chàngtōng 形 (通道、线路)没有阻碍；不堵塞 ▷交通～|电信～。

【畅旺】chàngwàng 形 指销售渠道畅通，市场兴旺 ▷内需增长，销路～。

【畅享】chàngxiǎng 动 尽兴地享受 ▷～明媚春光。

【畅想】chàngxiǎng 动 敞开思路，尽情想象 ▷～曲|～光辉前程。

【畅销】chàngxiāo ❶ 动 (商品)畅通地销售 ▷～国内外。❷ 形 (商品)销路畅通；卖得快 ▷～书。

【畅行】chàngxíng 动 没有阻碍地通行 ▷～无阻。

【畅叙】chàngxù 动 尽兴地叙谈 ▷～往事。

【畅饮】chàngyǐn 动 尽兴地喝(酒) ▷开怀～。

【畅游】chàngyóu ❶ 动 尽兴地游览 ▷～颐和园。❷ 动 尽兴地游泳 ▷～于大海之中。

倡 chàng ❶ 动 〈文〉带头唱；领唱 ▷一～百和。→ ❷ 动 带头；发起 ▷首～|提～。☛ 义项①现在一般写作"唱"。

另见 148 页 chāng。

【倡办】chàngbàn 动 带头或发起兴办 ▷～山区小学|～老年公寓。

【倡导】chàngdǎo 动 率先提倡 ▷～素质教育|他们是新文化运动的～者。

【倡廉】chànglián 动 提倡廉洁 ▷反腐～。

【倡首】chàngshǒu 动 首倡。

【倡言】chàngyán 动 公开地提出(某种意见)；提倡 ▷～关心弱势群体。

【倡议】chàngyì ❶ 动 首先提议；发起 ▷～书。❷ 名 首先提出的建议 ▷响应代表们的～。

鬯 chàng 名 古代祭祀用的一种酒。☛ 笔顺是ㄨ ㄨ ㄨ ※ ※ 凶 鬯。

唱 chàng ❶ 动 依照乐律发声 ▷～一支歌|演～|独～。→ ❷ 动 大声叫、说或念 ▷鸡～三遍|～收～付|～票。→ ❸ 名 歌曲；戏曲唱词 ▷听～儿|～本。○ ❹ 名 姓。

【唱白脸】chàngbáiliǎn ❶ 比喻在共同处理某问题的两者中充当严厉、不妥协的角色(跟"唱红脸"相对) ▷这件事要跟人家商量着办，你我不能都～，你唱红脸吧。❷ 比喻在共同处理某问题的两者中充当缓和矛盾的角色(跟"唱黑脸"相对) ▷这次跟他们谈判，你～，我唱黑脸。参见 24 页"白脸"。

【唱本】chàngběn 名 载有曲艺或戏曲唱词的小册子。

【唱标】chàngbiāo 动 开标时，将招标者的报价或投标者的竞价当众大声宣读 ▷开标主持人开始～|投标单位核对～记录。

【唱酬】chàngchóu 动 唱和②。

【唱词】chàngcí 名 曲艺、戏曲、歌曲里供歌唱的词句 ▷这出戏～优美。

【唱碟】chàngdié 名 激光唱片。

【唱独角戏】chàngdújiǎoxì 比喻一个人独自做某件本应由几个人做的事。参见 339 页"独角戏"。

【唱段】chàngduàn 名 戏曲中一个相对完整的唱腔段落。

【唱对台戏】chàngduìtáixì 两个戏班对台表演或

同时同地演出。比喻一方与对方在同一领域或同一件事上展开竞争;也指采取相反的行动,提出相反的意见、主张,故意作对 ▷两家超市正在～|他发表这种奇谈怪论,无非是想同我们～。

【唱多】chàngduō 动 看好市场行情而发表肯定性看法(跟"唱空"相对)。

【唱法】chàngfǎ 名 演唱的方法(包括运气、发声、程式等) ▷美声～|民族～。

【唱反调】chàngfǎndiào 比喻提出相反的意见或采取相反的行动 ▷故意～。

【唱付唱收】chàngfù-chàngshōu 唱收唱付。

【唱高调】chànggāodiào 指说得很漂亮,而实际上做不到或并不准备去做。

【唱歌】chànggē 动 按照曲调乐律吟唱歌曲。

【唱工】chànggōng 现在一般写作"唱功"。

【唱功】chànggōng 名 声乐、戏曲中有关演唱方面的艺术功底 ▷～戏|演员的～好。

【唱和】chànghè ❶ 动 唱歌时一方唱,一方和,互相配合。❷ 动 一个人写了诗或词,别人照原韵另写一首回应 ▷两位诗人多次～。☛"和"这里不读 hé。

【唱黑脸】chànghēiliǎn 比喻在共同处理某问题的两者中充当坚持原则、不徇私情的角色(跟"唱白脸""唱红脸"相对) ▷搞纪检工作要敢于～,不能怕得罪人。参见 560 页"黑脸"②。

【唱红脸】chànghóngliǎn 比喻在共同处理某问题的两者中充当宽厚、温和的角色(跟"唱白脸""唱黑脸"相对) ▷老伴儿和儿子争执时,我总～,给他们调和。参见 567 页"红脸"③。

【唱机】chàngjī 名 旧指留声机;现多指电唱机。

【唱空】chàngkōng 动 不看好市场行情而发表否定性看法(跟"唱多"相对)。

【唱空城计】chàngkōngchéngjì ❶比喻以某种手段掩盖自己力量空虚,骗过对方。参见 787 页"空城计"。❷比喻内中空虚 ▷这个月我们单位～,几乎全出差了|我肚子～了。

【唱名】chàngmíng ❶ 动 按名单次序大声点名。○ ❷ 名 指音乐上为便于发音和区别音高而用的七个拉丁文表示的音节,即 do、re、mi、fa、sol、la、si(或 ti),简谱的记法是 1、2、3、4、5、6、7。

【唱念做打】chàng-niàn-zuò-dǎ 戏曲表演的四种艺术手段;也是戏曲演员的四种基本功夫,即唱功、念白、做功、武打。

【唱盘】chàngpán 名 原指唱机上承托唱片的圆盘;今也指唱片。

【唱片】chàngpiàn 名 表面有记录声音槽纹的虫胶或塑料圆片,放在唱机上可把所录的声音重现出来。口语中也说唱片儿(piānr)。

【唱票】chàngpiào 动 (在投票完毕后计票时)当众大声念出选票上写的或圈定的被选人的名字 ▷我～,你计票。

【唱腔】chàngqiāng 名 戏曲、曲艺演员唱出来的曲调。因剧种和演员演唱技巧不同而不同。

【唱喏】chàngrě 动 古代男子所行的礼节,叉手作揖,同时出声致敬(多见于早期白话)。也说唱诺。

【唱诗班】chàngshībān 名 基督教等在教堂举行宗教仪式时吟唱赞美诗的合唱队。

【唱收唱付】chàngshōu-chàngfù 售货员、出纳员等收到顾客付款或给顾客找钱时大声说出收到或交付的钱数,表明数目无误。

【唱衰】chàngshuāi ❶ 动 对某人或某事物的发展趋势不看好 ▷不少人～近日股市。❷ 动 贬损某人或某事物,使其名声受损 ▷～对手是不光彩的行为。

【唱双簧】chàngshuānghuáng 比喻两人一明一暗、互相配合。也说演双簧。参见 1286 页"双簧"。

【唱头】chàngtóu 名 留声机、电唱机上用来发声的部件,上面安有唱针。

【唱戏】chàngxì 动 演唱戏曲。

【唱赞歌】chàngzàngē ❶ 借指赞美或表扬 ▷为时代立丰碑,为人民～。❷ 借指吹捧 ▷文艺评论要实事求是,不能一味～。

【唱针】chàngzhēn 名 装在留声机、电唱机唱头上的特制的针。是唱头的重要器件。

【唱主角】chàngzhǔjué 在戏曲中饰演主要角色;比喻起主导作用 ▷发展现代农业,科技要～。☛"角"这里不读 jiǎo。

韔 chàng 名 〈文〉弓箭袋。

chāo

抄[1] chāo ❶ 动 照着原文或底稿写 ▷～笔记|照～照转|～三遍|传(chuán)～。→ ❷ 动 抄袭① ▷这篇文章是～来的|不要～别人的作业。

抄[2] chāo ❶ 动 搜查并没收(财产等) ▷家产被～了|查～。○ ❷ 动 从侧面绕过去或走近道 ▷～到敌人后面去进攻|～小道儿近得多|包～。○ ❸ 动 两手在胸前交互插入袖筒或两臂交叉放在胸前 ▷～着手站在那里看热闹。

抄[3] chāo 动 〈口〉抓;拿 ▷～起一根棍子|～家伙◇～起活儿就干。

【抄报】chāobào 动 把公文原件抄录(或复印)的副本呈送给上级有关单位或人员。

【抄本】chāoběn 名 按原本或底稿抄写成的本子。唐以前叫写本，唐以后习惯叫抄本。

【抄查】chāochá 动 查抄。

【抄道】chāodào ❶ 动 走近路 ▷咱们～赶上他们。❷ 名 近路 ▷走～省半个钟头。

【抄底】chāodǐ 动 在商品、证券等的价格短时间内大幅下跌或降至最低时买入。

【抄后路】chāohòulù 绕到对方背后(进行袭击或阻断退路) ▷～袭击敌军。

【抄获】chāohuò 动 经搜查而获得 ▷从走私船上～了大量盗版光盘。

【抄家】chāojiā 动 搜查并没收家产。

【抄件】chāojiàn 名 按原件抄录(或复印)的文件。

【抄近儿】chāojìnr 动 抄道①。

【抄录】chāolù 动 抄写。

【抄没】chāomò 动 查抄 ▷～非法所得。

【抄拿】chāoná 动 私自拿用(公家或别人的财物) ▷办公用品怎么能～私用呢！

【抄身】chāoshēn 动 搜身。

【抄收】chāoshōu 动 收听并记录(无线电信号) ▷～密码电报。

【抄手】chāoshǒu ❶ 动 "抄[2]"③。○ ❷ 名 某些地区指馄饨。

【抄送】chāosòng 动 把原件抄录(或复印)的副本送交相关平级单位 ▷文件已～有关单位。

【抄袭】chāoxí ❶ 动 照抄别人的著作或作业等当作自己的 ▷不应该～别人的作业。❷ 动 机械地搬用别人的经验、方法等 ▷别人的经验，不能简单～套用。○ ❸ 动 绕到侧面或背后突然袭击 ▷防止敌人～。

【抄写】chāoxiě 动 照着原文或底稿写 ▷～名单。

【抄用】chāoyòng 动 照抄或搬用(别人的经验、文字等)。

【抄斩】chāozhǎn 动 旧指抄家杀头 ▷满门～。

吵 chāo [吵吵] chāochao 动〈口〉许多人乱嚷嚷 ▷别～，好好听他说。

另见 160 页 chǎo。

怊 chāo 动〈文〉悲伤；失意 ▷～怅自失。

弨 chāo〈文〉❶ 形 弓弦松弛的样子。○ ❷ 名 弓 ▷离～之箭。

钞[1](鈔) chāo ❶ 名 纸币 ▷～票｜现～｜验～机。○ ❷ 名 姓。

钞[2](鈔) chāo 同"抄[1]"①。现在一般写作"抄"。☛ "钞"字统读 chāo，不读 chào。

【钞票】chāopiào 名 纸币。

绰(綽) chāo ❶同"抄[3]"。现在一般写作"抄"。○ ❷同"焯"。现在一般写作"焯"。

另见 223 页 chuò。

超 chāo ❶ 动 从后面赶到前面；胜过 ▷～车｜～过。→ ❷ 动 越过规定的限度 ▷～额｜～期。❸ 形 比一般标准高(或低)的 ▷～等｜～高速｜～低空｜～饱和。❹ 副 特别② ▷这些小动物～可爱｜～实用｜～强。→ ❺ 动 不受某种约束；越出某种范围 ▷～现实｜～俗。○ ❻ 名 姓。

【超拔】chāobá ❶ 形 比一般水平高 ▷技艺～。❷ 动 破格提拔 ▷～擢升。❸ 动 脱离；摆脱 ▷从恶劣环境中～出来。

【超薄】chāobáo 形 特别薄 ▷包装食品不得使用～塑料袋｜～镜片。

【超编】chāobiān 动 超出编制定额 ▷人员～。

【超标】chāobiāo 动 超过规定标准 ▷不得～排放污水。

【超采】chāocǎi 动 超量开采(地下矿藏)。

【超产】chāochǎn 动 生产的产品超过预定的数量 ▷今年秋粮大幅度～。

【超长】chāocháng 动 超过规定长度 ▷车厢装载货物不得～、超高｜～钢轨。

【超常】chāocháng 动 超出寻常；超过平时 ▷智力～｜他～发挥，夺得冠军。

【超车】chāochē 动 同方向行驶的后面的车辆快速越过前面的车辆 ▷拐弯时，不得～。

【超尘拔俗】chāochén-bású 形容人品、见解等极其高超，不同一般(尘：尘世；俗：世俗)。

【超出】chāochū 动 越过；胜过 ▷～范围｜他的智力水平远远～同龄人。

【超导电性】chāodǎodiànxìng 名 在温度和磁场都小于一定数值的条件下，导电材料的电阻和体内磁感应强度突然变为零的性质。物体的超导电性在电工和电子技术等方面有广泛的应用价值。也说超导性。☛ 作定语或状语时常用"超导"，如超导电缆、超导汽化。

【超导体】chāodǎotǐ 名 具有超导电性的物体。参见本页"超导电性"。

【超等】chāoděng 形 超级 ▷～生｜成绩～。

【超低空】chāodīkōng 名 航空等领域指距离地面或水面上方 100 米以内的空间 ▷～飞行｜～跳伞。

【超低温】chāodīwēn 名 物理学上指低于 −272.15℃的温度。

【超度】chāodù 动 佛教、道教指念经或做法事使死者灵魂脱离苦难 ▷～亡灵。

【超短波】chāoduǎnbō 名 波长为1—10米，频率300—30兆赫的无线电波。主要用于调频广播、电视广播、通信、雷达等方面。也说米波。

【超短裙】chāoduǎnqún 名 一种裙身在膝以上的短裙。也说迷你裙。

【超额】chāo'é 动 超出预定的数额 ▷～完成。

【超凡】chāofán ❶ 动 超出常人 ▷～脱俗。❷ 形 超出平常水平的 ▷～的才能。

【超凡入圣】chāofán-rùshèng 超出凡俗,进入圣贤的境界。形容学识、修养等达到极高境界。

【超凡脱俗】chāofán-tuōsú 超出尘世,脱离凡俗。形容德行超过一般人。

【超负荷】chāofùhè ❶ 超过允许的承载量 ▷～运转。❷承担过重的负担 ▷中小学生课业～现象正在扭转。

【超高建筑】chāogāo jiànzhù 通常指高度超过100米的建筑物。

【超高频】chāogāopín 名 无线电频段表中3—30千兆赫范围内的频率。

【超过】chāoguò ❶ 动 从某人或某物的后面赶到前面 ▷最后一圈她接连～3名对手,跑在最前面。❷ 动 高于某一基准 ▷她的身高～了1.70米|～限额。

【超豪华】chāoháohuá 形 极端豪华 ▷～宾馆。

【超乎】chāohū 动 超出于 ▷才智～寻常。

【超级】chāojí 形 高出普通等级的 ▷～油轮|能力～|质量～。

【超级大国】chāojí dàguó 指经济实力、科技水平和军事力量均超过其他国家并竭力谋求世界霸权的国家。

【超级市场】chāojí shìchǎng 一种大型综合性零售商店。商品分门别类,明码标价,敞开陈列,顾客自行选购。商店实行连锁经营、统一采购和配送以及低利的经营原则。简称超市。也说自选商场。

【超级细菌】chāojí xìjūn 对大部分抗生素有显著耐药性的一类细菌的统称。也说超级病菌。

【超假】chāojià 动 超过休假或请假的期限 ▷～不归,应受批评。

【超绝】chāojué 形 超越一般;无与伦比 ▷演技～。

【超链接】chāoliànjiē 动 超级链接。指互联网上一个网页链接一个目标。这个目标可以是另一个网页,也可以是本网页内的不同位置,还可以是某个文本、图片或应用程序等 ▷信息～|～阅读。

【超量】chāoliàng 动 超过规定的或通常的数量。

【超龄】chāolíng 动 超过规定的年龄。

【超媒体】chāoméitǐ 名 把图像、图形、音频、视频等非文本信息链接到文本信息中的多媒体,能够提供比普通文本更丰富的内容。

【超平彩电】chāopíng cǎidiàn 采用超平显像管的彩色电视机。参见本页“超平显像管”。

【超平显像管】chāopíng xiǎnxiàngguǎn 一种新型显像管。采用黑底涂层技术,收视时减少了环境光对视觉的干扰,且图像对比度强,层次感丰富。开发于20世纪90年代。

【超期】chāoqī 动 超出规定的期限 ▷～羁押。

【超前】chāoqián ❶ 形 超越现阶段的 ▷意识太～。❷ 动 超越前人 ▷敢于～。

【超前消费】chāoqián xiāofèi 超越现有经济水平和消费能力进行消费。

【超前意识】chāoqián yìshí 站在时代前列,能正确预见未来并为之行动的思想观念。

【超强台风】chāoqiáng táifēng 热带气旋的一个等级。参见1150页“热带气旋”。

【超群】chāoqún 动 超出众人 ▷技艺～。

【超群绝伦】chāoqún-juélún 超出众人,没人能比。

【超然】chāorán ❶ 形 形容凸出的样子 ▷主峰雄伟峻峭,～耸立于群峰之上。❷ 形 形容置身于争端或世俗之外 ▷他不愿介入这场争执,显出十分～的样子。

【超然物外】chāorán-wùwài ❶超脱于尘世之外。❷ 置身事外 ▷要有主人翁精神,不能～。

【超人】chāorén ❶ 动 (能力、智力等)超出众人 ▷智力～。❷ 名 指精神与肉体上都具有非凡力量的人,能够完成普通人所不可能完成的事业。德国哲学家尼采曾宣扬超人是可以为所欲为的人,是历史的创造者,平常人只是超人的工具。

【超升】chāoshēng 动 某些宗教指人死后灵魂升入极乐世界。

【超生】chāoshēng ❶ 动 佛教指人死后灵魂投生为人。❷ 动 放开一条生路使得以生存 ▷笔下～。〇 ❸ 动 超过计划生育指标而生育 ▷做好工作,控制～。

【超声波】chāoshēngbō 名 频率高于20,000赫兹的弹性波。人耳听不见,故称。方向性强,穿透力大,能量容易集中,广泛用于自动导航、医疗和工农业生产等。简称超声。

【超声波浴】chāoshēngbōyù 动 用超声波去除人体污垢。也说超声浴、音波浴。

【超声刀】chāoshēngdāo 名 高能聚焦肿瘤治疗机的通称。一种新型手术机械,运用高强度聚焦超声技术,将超声能量聚焦在肿瘤处,瞬间产生高热,迅速杀死癌细胞或摘取病变器官等,而不伤及周围的正常组织。

【超声速】chāoshēngsù 名 超过声波在空气中传播速度(340米/秒)的速度。旧称超音速。

【超时】chāoshí 动 超过规定时间 ▷围棋比赛,～判负。

【超世】chāoshì 动 超越世人 ▷～奇特。

【超市】chāoshì 名 超级市场的简称。

【超视距空战】chāoshìjù kōngzhàn 一种空中作战方式。利用探测设备可以在肉眼可视距离(10—100千米)以外搜索、发现敌方空中目标,用中远程空对空导弹进行攻击。

【超收】chāoshōu 动 收入超过原定指标或规定;实际收取款数超过应该收取的 ▷退还

～钱款。

【超水平】chāoshuǐpíng 形 超过原有正常水平的 ▷～发挥|打出～。

【超俗】chāosú 动 摆脱世俗的束缚;不落俗套 ▷言行～。

【超速】chāosù 动 超过规定速度或正常速度。

【超脱】chāotuō ❶ 动 超越;脱离 ▷文学作品应当高于现实,但不能～现实。❷ 形 形容不拘泥于成规习俗 ▷他处世很～。❸ 动 解脱 ▷孩子有了工作,这下我总算～了。

【超文本】chāowénběn 名 超级文本。指用超链接的方法把不同空间的文字信息组织在一起的网状文本。目前的超文本多以电子文档形式存在,允许用户通过点击字、词或图像链接相关的文件。

【超限】chāoxiàn 动 超过限度;特指车辆装载超过限度 ▷载重量～容易引发交通事故。

【超新星】chāoxīnxīng 名 爆发时光度突然增大到原来的 1000 万倍以上、亮度常有变化的恒星。

【超一流】chāoyīliú 形 超过一流的;处于顶尖水平的 ▷效果～|～的水平。

【超逸】chāoyì 形(言谈、举止、志趣等)洒脱不俗 ▷风度翩翩,举止～。

【超音速】chāoyīnsù 名 超声速的旧称。

【超员】chāoyuán 动 超过规定人数 ▷客车～|公司～200 人。

【超越】chāoyuè 动 超过;越过 ▷～职权范围。

【超载】chāozài 动 超负荷装载 ▷严禁～行车。

【超支】chāozhī ❶ 动 超过原定支出数额 ▷差旅费～了。❷ 动 支取的钱超过应得数额 ▷～部分要如数退回。

【超值】chāozhí 动 实际价值超过所定价格 ▷～服务|～消费。

【超重】chāozhòng ❶ 动 物体沿远离地心的方向作加速运动时,超过静止时原有的重量 ▷飞船离开地球时,产生明显的～现象。❷ 动 超过规定的重量或载重量 ▷信件～。

【超子】chāozǐ 名 质量超过核子(质子、中子)的各种微观粒子的统称。能量极高,不能稳定存在,最终要衰变为质子。

【超自然】chāozìrán 区别(现象)超越自然科学常规,尚未认识,还不能加以说明的。

焯 chāo 动 烹调方法,把蔬菜等放进滚开的水中略微煮烫,随即取出 ▷～芹菜。

另见 1820 页 zhuō。

剿(*勦勦) chāo 动〈文〉抄袭 ①② ▷～说|～袭。

另见 693 页 jiǎo。

【剿说】chāoshuō 动〈文〉因袭、套用别人的言论作为己说 ▷毋～,毋雷同。

【剿袭】chāoxí 抄袭①②。现在一般写作"抄袭"。

cháo

晁 cháo 名 姓。

巢 cháo ❶ 名 鸟窝 ▷鸟～|鹊～。→ ❷ 名 指蜂、蚁等的窝 ▷蜂～|蚁～。❸ 名 比喻盗匪或敌人盘踞的地方 ▷倾～出动|匪～。○ ❹ 名 姓。☛ 统读 cháo,不读 chāo。

【巢居】cháojū 动(远古人群为避猛兽)栖居在树上,或筑巢而居 ▷～穴处。

【巢窟】cháokū 名 巢穴。

【巢穴】cháoxué ❶ 名 鸟兽的窝。❷ 名 巢③ ▷捣毁土匪的～。

朝 cháo ❶ 动 朝见;朝拜 ▷～贺|～圣。→ ❷ 名 朝廷;也指当政的地位(跟"野"相对) ▷上～|～野|在～。❸ 名 一姓君主世代相传的整个统治时期;某个君主的统治时期 ▷改～换代|唐～|乾隆～。→ ❹ 动 正对着;面向 ▷这房子坐北～南|仰面～天。❺ 介 引进动作的方向或对象,略相当于"向""对" ▷大门～南开|～我一笑。○ ❻ 名 姓。

另见 1740 页 zhāo。

【朝拜】cháobài ❶ 动 上朝拜见君主 ▷进宫～。❷ 动 宗教徒到圣地或庙宇礼拜神、佛 ▷每年有许多穆斯林去圣地麦加～。

【朝臣】cháochén 名 朝廷大臣。

【朝代】cháodài 名 某一姓帝王统治的一代或若干代相传的整个统治时期 ▷～更迭。

【朝顶】cháodǐng 动 登山拜佛 ▷到五台山～。也说朝山。

【朝服】cháofú 名 旧指君臣上朝时穿的礼服。

【朝纲】cháogāng 名 朝廷的法度纲纪 ▷重振～。

【朝贡】cháogòng 动 古代藩属国或外国使臣朝见宗主国或所出使国君主,并敬献礼品。

【朝贺】cháohè 动 旧指臣子朝见君主并致祝贺。

【朝见】cháojiàn 动 旧指臣子在朝廷面见君主。

【朝觐】cháojìn ❶ 动〈文〉拜见君主。❷ 动 伊斯兰教指教徒到圣地朝拜。☛ "觐"不读 jǐn。

【朝山进香】cháoshān-jìnxiāng 宗教徒等到名山寺庙烧香、礼拜神佛。

【朝圣】cháoshèng ❶ 动 宗教徒到宗教圣地朝拜。❷ 动 拜谒孔府、孔庙、孔林等儒家圣地。

【朝廷】cháotíng 名 君主接受朝见和处理政务的地方;借指君主的中央统治机构或君主本人。☛ 不宜写作"朝庭"。

【朝鲜文】cháoxiǎnwén 名 朝鲜族的拼音文字。创制于 15 世纪中叶。现有字母 40 个。其中元音字母 21 个、辅音字母 19 个。古称"谚文"。书写以音节为单位，行款横竖均可。

【朝鲜族】cháoxiǎnzú ❶ 名 我国少数民族之一。主要分布在吉林、黑龙江和辽宁。❷ 名 朝鲜半岛上人数最多的民族。

【朝向】cháoxiàng ❶ 名 指建筑物正面对着的方向 ▷这套房子～不错。❷ 动 面向；向着 ▷点燃的爆竹不能～他人。

【朝靴】cháoxuē 名 古代官员上朝时穿的靴子。

【朝阳】cháoyáng 动 向着太阳；一般指朝南。☛ 跟"朝(zhāo)阳"不同。

【朝阳花】cháoyánghuā 名 向日葵。

【朝野】cháoyě 名 旧指朝廷和民间；现指执政和在野两方面 ▷～震惊｜～两党争斗激烈。

【朝政】cháozhèng 名 朝廷的政务 ▷参与～。

【朝珠】cháozhū 名 清朝官员佩戴的串珠。多用珊瑚、玛瑙等制成。

嘲 cháo 动 讥笑；取笑 ▷冷～热讽｜～弄｜～笑。

另见 1741 页 zhāo。

【嘲讽】cháofěng 动 讥笑讽刺。

【嘲弄】cháonòng 动 讥笑戏弄，拿人开心 ▷怎么可以随便～人？

【嘲讪】cháoshàn 动 讥笑 ▷不畏～与诽谤。

【嘲笑】cháoxiào 动 嘲弄取笑 ▷不要～别人｜他的这番奇谈招来阵阵～。

【嘲谑】cháoxuè 动 开玩笑而不使人难堪 ▷姑娘们相互～，笑声不断。

潮[1] cháo ❶ 名 月亮和太阳引力造成的海洋水面定时涨落的现象 ▷观～｜涨～。→ ❷ 名 比喻像潮水那样有涨有退、有起有伏的事物 ▷寒～｜心～。○ ❸ 形 潮湿 ▷地面太～。○ ❹ 名 指广东潮州 ▷～剧｜～菜。○ ❺ 形 新潮；时尚 ▷～味儿十足｜～人。

潮[2] cháo 形〈口〉成色或技术低劣 ▷～银｜手艺太～。

【潮锋】cháofēng 名 涨潮时浪头的锋面 ▷十多米高的～砸向甲板。

【潮干】cháogān 形 物体不很干燥，仍带有点儿潮气 ▷衣服刚～，还得再晒一晒。

【潮红】cháohóng 名 指因羞涩等原因脸上出现的红色 ▷脸上浮现～。

【潮乎乎】cháohūhū 形 形容潮气很重 ▷被子～的，拿出去晒晒。☛ 不宜写作"潮呼呼"。

【潮解】cháojiě 动 某些易溶于水的晶体因吸收空气中的水分而逐渐溶解 ▷把氯化钙放在干燥的地方，防止～。

【潮剧】cháojù 名 地方戏曲剧种，流行于广东潮州、汕头和闽南一带。也说潮音戏。

【潮流】cháoliú ❶ 名 海水受潮汐影响而产生的周期性流动 ▷～预报。❷ 名 比喻社会发展的趋势 ▷改革～不可阻挡｜时代～。

【潮气】cháoqì 名 含水分较多的空气 ▷～太重，衣服都有些发霉了。

【潮润】cháorùn ❶ 形 (空气、土壤等)湿润。❷ 形 含泪的样子 ▷她两眼～，激动得说不下去了。

【潮湿】cháoshī 形 含有的水分比一般情况略多 ▷地下室阴暗～｜～的空气。

【潮水】cháoshuǐ 名 海洋及沿海江河中受潮汐影响而周期性涨落的水 ▷～撞击着海边的岩石｜人们像～一样涌了过来。

【潮头】cháotóu 名 涨潮时涌起的浪头；比喻事物发展的势头或趋向 ▷信息革命的新～。

【潮位】cháowèi 名 潮水涨落的水位 ▷今年的～高于去年。

【潮汐】cháoxī 名 由月亮和太阳引力所造成的海洋水面定时涨落的现象。早潮称潮，晚潮称汐，合称潮汐。

【潮汐能】cháoxīnéng 名 海水涨潮或落潮时具有的能量。可用来发电。

【潮信】cháoxìn ❶ 名 指潮水。因涨落定时，故称 ▷～日夜两番来，不违时刻。❷ 名 指月经。

【潮绣】cháoxiù 名 广东潮州地区的刺绣。

【潮汛】cháoxùn 名 每年定期出现的大潮 ▷每年中秋～到来时，人们纷纷去钱塘江边观潮。

【潮涌】cháoyǒng 动 如同潮水一样涌动 ▷观众～而至。

【潮涨潮落】cháozhǎng-cháoluò 比喻事物发展的起伏变化 ▷黄金价格随市场～。

鼂 cháo ❶ 名 古书上说的一种虫子。○ ❷ 名 姓。

chǎo

吵 chǎo ❶ 形 声音杂乱扰人；喧闹 ▷临街的房子太～了｜外面～得厉害，睡不着。→ ❷ 动 打嘴仗；发生口角 ▷俩人一见面就～｜～了一架。

另见 157 页 chāo。

【吵吵嚷嚷】chǎochǎorǎngrǎng ❶ 吵嚷。❷ 形容很多人同时说话，声音又大又乱 ▷楼下～，像是出了什么事。

【吵翻】chǎofān 动 争吵得相互翻脸，关系闹僵。

【吵架】chǎojià 动 激烈争吵 ▷有问题好商量，何必～｜从没吵过架。

【吵骂】chǎomà 动 大声争吵并用粗话侮辱人。

【吵闹】chǎonào ❶ 动 大声争吵 ▷有理说理，别～。❷ 动 喧嚷扰乱 ▷每天都来～，真不像话！❸ 形 (声音)嘈杂 ▷这条街摊贩集中，每天吵吵闹闹，不得安宁。

【吵嚷】chǎorǎng 动 争吵喊叫 ▷为一点儿小事～了半天。

【吵扰】chǎorǎo 动 吵闹使不安静；打扰 ▷不要在公共场所高声争论，以免～别人。

【吵人】chǎorén 形 嘈杂声使人心烦 ▷夜晚搞装修，实在太～了！

【吵嘴】chǎozuǐ 动 发生口角 ▷你们都冷静一些，不要～了｜从没吵过嘴。

炒 chǎo ❶ 动 把食物放在锅里加热并反复翻动使熟或使干 ▷把瓜子～一～｜～肉丝。→ ❷ 动 炒作 ▷～买～卖｜～股｜～新闻。→ ❸ 动 炒鱿鱼 ▷老板把他给～了。

【炒饼】chǎobǐng 名 将烙饼细切成丝，加入肉丝、蔬菜等炒制而成的一种食品。

【炒菜】chǎocài ❶ 动 把蔬菜、肉等放在油锅里加作料炒熟。❷ 名 用炒的方法烹制的菜肴。

【炒风】chǎofēng 名 刻意炒作的风气 ▷～大盛，增添了资本泡沫风险｜遏～，稳楼市。

【炒肝儿】chǎogānr 名 北京风味小吃，用猪肝、肥肠、蒜末等勾芡烩成。

【炒更】chǎogēng 动 某些地区指晚上利用业余时间从事其他工作赚钱 ▷～客。

【炒股】chǎogǔ 动 买卖股票。也说炒股票。

【炒锅】chǎoguō 名 炒制食物用的锅；特指炒花生、栗子等用的大锅。

【炒汇】chǎohuì 动 买卖外汇，赚取差价。

【炒货】chǎohuò 名 商店销售的干炒食品的统称。如炒制的花生、瓜子、板栗等。

【炒家】chǎojiā 名 指专门从事炒买炒卖以从中牟利的人。

【炒冷饭】chǎolěngfàn 比喻重复说过的话或做过的事，没有新内容 ▷这些话已讲了多次，不要再～了。

【炒买炒卖】chǎomǎi-chǎomài 倒手买卖牟利。

【炒米】chǎomǐ ❶ 名 炒熟的米；也指把米煮熟晾干后再炒的米。❷ 名 蒙古族人把糜子煮熟后再加牛奶或黄油炒拌的一种食物。

【炒面】chǎomiàn ❶ 名 炒熟的面粉。可加盐、糖等用开水冲成糊状食用。❷ 名 面条蒸熟或煮熟后，再加佐料用油炒成的食物。

【炒青】chǎoqīng ❶ 动 制作绿茶时，把采摘的鲜茶经杀青、揉捻后，置锅内炒干。❷ 名 通过炒青制作的绿茶。

【炒热】chǎorè ❶ 动 反复炒作使价格上涨 ▷价格定位要物有所值，不能人为～。❷ 动 通过宣传使事情引起普遍关注，成为热点 ▷这件事是被新闻媒体～的。

【炒勺】chǎosháo 名 一种带把儿（bàr）的像勺子一样的炒菜锅。

【炒手】chǎoshǒu 名 指精于炒作的人。

【炒鱿鱼】chǎoyóuyú 借指解雇或解聘。因炒熟的鱿鱼形状像铺盖卷儿，被解雇就要打铺盖卷儿走人，故称 ▷他被老板～了｜炒了他鱿鱼。

【炒作】chǎozuò ❶ 动 在交易市场上频繁地买进卖出，从中牟利 ▷股市违规～。❷ 动 人为地夸大宣传，不适当地哄抬或贬抑 ▷媒体把一个三流演员～成明星。

麨 chǎo 名〈文〉米、麦炒熟后磨粉做成的干粮。

chào

耖 chào ❶ 名 农具，形状像耙（bà）而齿更密更长，用来把耙过的土块打碎。→ ❷ 动 用耖平整田地。☛ 统读 chào，不读 chāo。

chē

车（車） chē ❶ 名 陆地上使用的有轮子的交通运输工具 ▷大～｜自行～｜消防～｜～辆。→ ❷ 名 利用轮轴转动来工作的器械 ▷纺～｜滑～｜水～｜～床。⇒ ❸ 动 用水车汲取 ▷～水。⇒ ❹ 动 用车床切削物件 ▷～一个螺丝｜～出的零件合乎规格。⇒ ❺ 名 泛指机器 ▷拉闸停～｜试～成功｜～间。○ ❻ 名 姓。☛ ㊀读 jū，专用于象棋。㊁“车”作左偏旁时，下边的横要改写成提（㇀），同时最后两画的笔顺改为先竖后提，如“轧”“轮”“转”等。

另见 744 页 jū。

【车把】chēbǎ 名 车上供驾驶者手持的部件。

【车把式】chēbǎshi 名 赶大车的人（多指精通赶车技术的老手）。

【车把势】chēbǎshi 现在一般写作“车把式”。

【车帮】chēbāng 名 卡车、马车等车厢两侧的栏板。

【车本】chēběn 名 指机动车驾驶证。

【车场】chēchǎng ❶ 名 专供停放、保养和修理汽车等车辆的场所。❷ 名 铁路站内进行列车技术作业的场所。❸ 名 我国公路运输和城市公共交通企业的一级管理机构。

【车潮】chēcháo 名 潮水般接连不断行驶的车辆。

【车程】chēchéng 名 行车里程 ▷从小区到市中心只有半个小时的～。

【车船税】chēchuánshuì 名 国家对机动车辆、船舶征收的一种税。纳税人是车辆、船舶的所有人或管理人。

【车床】chēchuáng 名 金属切削机床。主要用于内圆、外圆和螺纹加工。也说旋床。

【车次】chēcì ❶ 名 列车或长途汽车等用编号表示的运行的班次 ▷把乘车日期、～及车厢号提前告知对方。❷ 量 复合计量单位，1 辆车开行1次叫1车次。如每日发车10辆，每辆车每日开行10次，每日总量为100车次。

【车带】chēdài 图 自行车、三轮车等车轮外围接触地面的胶圈。分内带和外带。

【车贷】chēdài 图 为购车（多指汽车）向金融机构申请的贷款 ▷申请到一笔～。

【车刀】chēdāo 图 安在车床上用来切削加工工件的刀具。多用高速钢、硬质合金等材料制成。

【车到山前必有路】chē dào shānqián bì yǒu lù 比喻虽有困难，但到时候总会有解决的办法。

【车道】chēdào 图 公路或马路上专供车辆行驶的部分，一般分为上行道和下行道。

【车道线】chēdàoxiàn 图 车道标示线，多用白色或黄色油漆画成。

【车灯】chēdēng ❶ 图 安在车上用来照明或显示行驶方向等的灯。○ ❷ 图 一种曲艺，流行于西南地区。以竹板击节，唱词多七字句。

【车队】chēduì ❶ 图 很多车辆排成的队伍。❷ 图 运输部门里汽车的编组单位 ▷您找的司机是哪个～的？❸ 图 赛车运动队 ▷该～在汽车拉力赛中曾获冠军。

【车匪路霸】chēfěi lùbà 在交通沿线或火车、汽车等交通工具上进行抢劫、盗窃和危害旅客人身安全等活动的匪徒恶霸。

【车份儿】chēfènr 图〈口〉以租车为业的人付给车主的租金；特指出租车司机每月付给出租车公司的租金。

【车夫】chēfū 图 旧指以推车、拉车、赶畜力车或驾驶汽车为业的人。

【车工】chēgōng ❶ 图 使用车床加工工件的工种 ▷～车间。❷ 图 使用车床的工人。

【车公里】chēgōnglǐ 量 复合计量单位，1辆车每运行1公里为1车公里。

【车钩】chēgōu 图 火车的机车和车厢之间以及车厢和车厢之间起连接等作用的挂钩。

【车轱辘话】chēgūluhuà〈口〉指翻来覆去说的唠叨话 ▷发言要简明扼要，不要说～。

【车行】chēháng 图 经营车辆出售、出租和维修、保养业务的商店。

【车祸】chēhuò 图 车辆（多指汽车等机动车）行驶中发生的事故。

【车技】chējì ❶ 图 骑车或驾驶车辆的技巧。❷ 图 特指杂技演员用特制的自行车或机动车表演的技巧。

【车驾】chējià 图 古代帝王乘的车；借指帝王。

【车架】chējià ❶ 图 汽车上承载车身及其他负荷的支撑在车轮轴上的装置，一般由两根纵梁和几根横梁组成。也说大梁。❷ 图 指自行车的三角架。

【车间】chējiān 图 工业企业中直接从事生产活动的单位。由若干工段和班组组成，负责完成某些工序或单独生产某些产品。

【车检】chējiǎn 动 车辆管理部门对车辆性能等进行检查。也说验车。

【车捐】chējuān 图 车辆使用税的旧称。

【车库】chēkù 图 停放车辆的库房 ▷地下～。

【车况】chēkuàng 图 车辆的性能及运行、保养等方面的状况 ▷～良好。

【车老板】chēlǎobǎn 图 对赶大车的人的俗称。

【车辆】chēliàng 图 各种车的总称。

【车辆购置税】chēliàng gòuzhìshuì 国家对购置的车辆征收的一种税。纳税人是购置应税车辆的单位和个人。

【车裂】chēliè 动 用五辆马车撕裂人头和四肢，古代一种酷刑。参见1456页“五马分尸”。

【车铃】chēlíng 图 安装在自行车、三轮车等车上作行车提示用的铃。

【车流】chēliú 图 流水般接连不断地行驶的车辆。

【车流量】chēliúliàng 图 单位时间内通过某道路的车辆的数量。

【车轮】chēlún 图 安装在车下可滚动使车辆得以行驶的轮子。也说车轮子。

【车轮战】chēlúnzhàn 图 几个人或几群人轮番地攻击一个人或一群人，使对方疲惫不支的一种战法。

【车马店】chēmǎdiàn 图 供赶车人住宿的客栈，店中设有马厩或停车场地。也说大车店。

【车马费】chēmǎfèi 图 因公外出的交通费；也指以交通费名义发的补贴。

【车门】chēmén ❶ 图 车辆上的门。❷ 图 建筑物大门旁专供车辆出入的门。

【车模】chēmó ❶ 图 汽车模型。❷ 图 在车展上配合车辆展示的模特儿。

【车牌】chēpái ❶ 图 车辆的品牌。❷ 图 安装在车辆上的牌照。

【车棚】chēpéng 图 存放车辆的棚子。☛ 跟“车篷”意义不同。

【车篷】chēpéng 图 安放在车辆上用来遮蔽阳光和风雨的篷式装置。☛ 跟“车棚”意义不同。

【车皮】chēpí 图 一般指铁路货车车厢。也说火车皮。

【车票】chēpiào 图 乘车的凭证。

【车前】chēqián 图 多年生草本植物，有须根，叶丛生。种子叫车前子。全草和种子都可以做药材，也可以做猪饲料。

【车前马后】chēqián-mǎhòu 鞍前马后。

【车钱】chēqián 图 乘车或租车所付的费用。

【车圈】chēquān 图 瓦圈。

【车容】chēróng ❶ 图 机动车等可以容纳的乘坐人数或载货的重量。❷ 图 车辆的外观。

【车身】chēshēn 图 指车的整体 ▷～长5米。

【车市】chēshì 图 汽车、摩托车等的交易市场。

【车手】chēshǒu 名 参加赛车的选手。
【车水】chēshuǐ 动 用水车汲水 ▷～浇田。
【车水马龙】chēshuǐ-mǎlóng 车如流水，马如游龙。形容交通繁忙，繁华热闹。
【车速】chēsù ❶ 名 车辆行驶的速度。❷ 名 车床等转动的速度。
【车胎】chētāi 名 轮胎。
【车体】chētǐ 名 车的主体。多指客车载客部分或货车载货部分。
【车条】chētiáo 名 辐条。
【车贴】chētiē 名 工作单位向职工发放的上下班乘车的费用津贴。
【车头】chētóu 名 火车、汽车等车辆的头部；特指火车的机车。
【车位】chēwèi 名 专供汽车停放的位置。
【车险】chēxiǎn 名 以汽车为标的(dì)的保险种类。
【车厢】chēxiāng 名 火车、汽车等载人或载货的部分 ▷～内严禁吸烟。☛ 不要写作"车箱"。
【车箱】chēxiāng 现在规范词形写作"车厢"。
【车削】chēxiāo 动 在车床上用车刀切削加工工件 ▷～零件。
【车型】chēxíng 名 车辆的型号。
【车辕】chēyuán 名 大车前部驾牲口的两根直木。
【车载斗量】chēzài-dǒuliáng 可以用车装，用斗量。形容数量极多。☛ 这里"载"不读 zǎi，"量"不读 liàng。
【车闸】chēzhá 名 车辆上用来刹车或减速的装置。
【车展】chēzhǎn 名 汽车展销活动。
【车站】chēzhàn 名 陆路交通线上供车辆停靠以便乘客上下或货物装卸的设施。
【车照】chēzhào 名 车辆管理部门发给的准许车辆上路行驶的凭证。
【车辙】chēzhé 名 车辆经过后，车轮碾出的痕迹。
【车种】chēzhǒng 名 车辆的不同种类。如汽车、火车、无轨电车、马车。
【车轴】chēzhóu 名 车的部件，圆柱形，穿入车轮，用来承受车身重量。
【车主】chēzhǔ ❶ 名 车辆的主人。❷ 名 出租车辆的人。
【车子】chēzi 名 车①。
【车组】chēzǔ 名 一列或一辆车上承担驾驶、服务等全部任务的集体。

砗（硨） chē［砗磲］chēqú ❶ 名 一种大型贝类。长可达 1 米，介壳略呈三角形。生活在热带海底。❷ 名 一种次于玉的美石。

俥 chē ❶ 名 船舶动力机器的简称。→ ❷ 见 252 页"大俥"。

唓 chē［唓嗻］chēzhē 形 猛；厉害(多见于近代汉语)。

chě

尺 chě 名 我国民族音乐中传统的记音符号，表示音阶上的一级，相当于简谱的"2"。参见 470 页"工尺"。☛ 这个意义不读 chǐ。
另见 183 页 chǐ。

扯（*撦） chě ❶ 动 拉；牵 ▷～住他的袖子不放｜拉～｜牵～◇～着嗓子喊。→ ❷ 动 撕 ▷～几尺布｜把信～得粉碎。→ ❸ 动 说；聊(多指随意的) ▷天南地北瞎～了一通｜闲～｜胡～｜～～家常。
【扯淡】chědàn ❶ 动 说无关紧要的话 ▷别尽瞎～了，快商量正经事吧！❷ 动 胡扯；胡说八道 ▷明明是他的错，还要我向他道歉，这不是～吗？
【扯后腿】chěhòutuǐ 拖后腿。
【扯谎】chěhuǎng 动 说假话。
【扯皮】chěpí ❶ 动 无原则地争论；无休止地争吵 ▷开会不议正事，尽在那里～。❷ 动 互相推诿，不负责任 ▷遇事推来推去，互相～。
【扯平】chěpíng ❶ 动 使地位、待遇等均衡 ▷贡献不同，工资不该～。❷ 动 使双方利害、得失等相互平衡或抵消 ▷我把你东西弄坏了，已经赔了钱，这事儿就算～了。
【扯闲篇】chěxiánpiān 闲谈；说无关紧要的话 ▷晚上几个人～，直到深夜。

chè

彻（徹） chè 动 贯通；穿透 ▷～夜｜贯～｜透～。☛ 中间是"七"，不是"土"。
【彻查】chèchá 动 彻底清查或调查 ▷～案情。
【彻底】chèdǐ 形 深入透彻；无所遗漏 ▷问题解决得很～｜～交代。☛ 不要写作"澈底"。
【彻骨】chègǔ 形 透入骨髓。形容程度极深 ▷河水冰冷～｜对敌人有～仇恨。
【彻骨铭心】chègǔ-míngxīn 刻骨铭心。
【彻头彻尾】chètóu-chèwěi 从头到尾，完完全全(多用于贬义)。
【彻悟】chèwù 动 彻底领悟 ▷～人生。
【彻夜】chèyè 副 整夜地；通宵地 ▷～难眠。

坼 chè 动〈文〉裂开 ▷天崩地～｜～裂。☛ 跟"圻(qí)"不同。

掣 chè ❶ 动 拽(zhuài)；拉 ▷～肘｜牵～。→ ❷ 动 抽取 ▷把手～回去｜～签。○ ❸ 动 闪过 ▷风驰电～。
【掣肘】chèzhǒu 动 拽住胳膊。比喻从旁牵制阻挠别人做事 ▷由于无人～，工作很顺利。

撤 chè ❶ 动 除去；取消 ▷～掉酒席｜～职。→ ❷ 动 退；向后转移 ▷～出阵地｜～退｜～兵。→ ❸ 动 减轻 ▷～点儿火，慢慢炖｜

放些醋，～～腥味儿。☛ 跟"撒"不同。
【撤案】chè'àn 动 撤销案件。
【撤版】chèbǎn 动 编排、印刷上指撤销原已设计和安排好的版面。
【撤编】chèbiān 动 裁撤原有编制 ▷这次裁军，他们团～了。
【撤标】chèbiāo 动 撤回标书，终止招标或投标。
【撤兵】chèbīng 动 军队撤退或撤回。
【撤并】chèbìng 动 撤销、合并(机构或单位) ▷～重叠机构。
【撤除】chèchú 动 取消；除掉 ▷～不必要的岗位。
【撤防】chèfáng 动 撤除驻守的军队和工事。
【撤岗】chègǎng 动 撤销原设的岗哨或岗位。
【撤稿】chègǎo 动 撤销原拟采用的稿件；收回投稿。
【撤股】chègǔ 动 撤回原加入的股份 ▷中途～。
【撤换】chèhuàn 动 撤掉原有的，换上其他的 ▷及时～零件｜～一批干部。
【撤回】chèhuí ❶ 动 (军队等)撤退回来。❷ 动 召回(派驻在外的人员) ▷～外交人员。❸ 动 收回(已发出的文件、命令等) ▷～诉状。
【撤减】chèjiǎn 动 撤销；减少(机构、人员等)。
【撤军】chèjūn 动 撤兵。
【撤离】chèlí 动 撤出并离开 ▷安全～。
【撤免】chèmiǎn 动 撤销任命，免去职务。
【撤诉】chèsù 动 (原告)收回诉讼请求。
【撤退】chètuì 动 (军队)从占领的地区或阵地撤走 ▷掩护主力～。
【撤围】chèwéi 动 撤掉包围 ▷先～，再谈判。
【撤消】chèxiāo 现在一般写作"撤销"。
【撤销】chèxiāo 动 撤除；取消 ▷～原判决｜～多余的机构。☛ 不宜写作"撤消"。
【撤职】chèzhí 动 撤销职务。☛ 参见 951 页"免职"的提示。
【撤资】chèzī 动 撤出资金；撤回原已投入的资金。

澈 chè 形 水清而透明 ▷清～见底｜明～。☛ 不能简化成"沏(qī)"。

【澈底】chèdǐ 现在规范词形写作"彻底"。

瞰 chè 形〈文〉明亮；明晰。

chēn

抻 chēn〈口〉❶ 动 拉；拉长 ▷把内衣袖子～出来｜越～越长。→ ❷ 动 韧带或肌肉意外拉伤 ▷一步没跨稳，把腿～了｜擦高处玻璃时～了腰。

【抻面】chēnmiàn ❶ 动 拉面①。❷ 名 拉面②。

郴 chēn 名 郴州，地名，在湖南。

綝(綝) chēn〈文〉❶ 动 止。○ ❷ 形 善良。

另见 872 页 lín。

琛 chēn 名〈文〉珍宝。☛ 不读 shēn。

嗔 chēn ❶ 动 生气；发怒 ▷半～半笑｜～怒。→ ❷ 动 责怪；埋怨 ▷母亲～儿子不来看她｜～怪。

【嗔怪】chēnguài 动 嗔② ▷老王～我没及时把情况告诉他。
【嗔怒】chēnnù 动 恼怒；气恼。
【嗔怨】chēnyuàn 动 责怪埋怨。

瞋 chēn 动〈文〉发怒时睁大眼睛 ▷～目｜～眸｜～视。

chén

臣 chén ❶ 名 君主制时代的官吏；有时也包括民众 ▷君～父子｜率土之滨，莫非王～。→ ❷ 名 古代官吏对君主的自称；古人表示谦卑的自称。○ ❸ 名 姓。☛ ㊀跟"臣(yí)"不同。㊁笔顺是一丅丆丏䇐臣，6 画。

【臣服】chénfú ❶ 动〈文〉以臣子的礼节侍奉君主 ▷～于先王。❷ 动〈文〉对他人屈服称臣，接受统治 ▷面对强秦，六国莫不～。❸ 动 比喻在竞争或比赛中输给对手时，甘拜下风 ▷高超的技艺和优良的作风使对方～。
【臣僚】chénliáo 名 君主制度下同一王朝的官员。
【臣民】chénmín 名 君主制时代的官吏和百姓。
【臣下】chénxià 名 臣②。
【臣子】chénzǐ 名 臣①。

尘(塵) chén ❶ 名 灰尘；尘土 ▷一～不染｜甚嚣～上｜除～。→ ❷ 名 尘世 ▷红～。→ ❸ 名 踪迹；事迹 ▷步人后～｜前～如梦。☛ 第一画是竖(丨)，不带钩。

【尘埃】chén'āi 名 尘土 ▷满屋～。
【尘埃落定】chén'āi-luòdìng 比喻事情已经有了结果，成为定局。
【尘暴】chénbào 名 沙尘暴。
【尘毒】chéndú 名 工业粉尘中的有毒物质。
【尘肺】chénfèi 名 长期吸入工业粉尘所引起的慢性职业病。可分为硅肺、煤肺等。
【尘封】chénfēng 动 被尘土覆盖住。表示长期被封存或搁置 ▷清理～多年的旧资料。
【尘垢】chéngòu 名 灰尘和污垢。
【尘寰】chénhuán 名〈文〉人世间 ▷降生～｜撒手～。☛ "寰"不要误写作"环"。
【尘芥】chénjiè 名 尘土和小草。比喻微不足道的东西 ▷视名利如～。
【尘沙】chénshā 名 尘埃和沙土 ▷～四起。
【尘世】chénshì 名 佛教、道教等指人世间 ▷脱离～，遁入空门。

【尘事】chénshì 名 人世间的事;世俗的事 ▷～纷繁。

【尘俗】chénsú ❶ 名 世俗①。❷ 名 尘世 ▷身在～,心飞天外。

【尘土】chéntǔ 名 细小的灰土 ▷～飞扬。

【尘网】chénwǎng 名 指现实世界。宗教徒或旧时自视清高的人把尘世看作束缚人的罗网,故称。

【尘雾】chénwù ❶ 名 混合着尘土等细小颗粒物的云雾 ▷治理大气污染,减少空中的～。❷ 名 像雾一样漫天飘浮的尘土 ▷来了沙尘暴,～漫天。

【尘嚣】chénxiāo 名 世间的纷扰、喧嚣 ▷世俗～|与～隔绝。

【尘烟】chényān ❶ 名 尘土和烟气 ▷爆破过后,～弥漫。❷ 名 像烟一样飘浮的尘土 ▷汽车开过,土路上卷起一股～。

【尘缘】chényuán 名 佛教、道教指人跟世俗社会的因缘 ▷～未了|斩断～。

辰[1] chén 名 地支的第五位。参见 304 页“地支”。

辰[2] chén ❶ 名 星宿名,即心宿。→ ❷ 名 日、月、星的统称;众星 ▷日月星～。→ ❸ 名 时间;日子 ▷良～|诞～|忌～。❹ 名 古代把一昼夜分为十二辰 ▷时～。

辰[3] chén 名 指辰州(旧府名,在今湖南沅陵一带) ▷～砂。

【辰砂】chénshā 名 朱砂。因以湖南辰州(今沅陵一带)出的最为著名,故称。

【辰时】chénshí 名 我国传统计时法指上午 7—9 点的时间。

沈 chén 同“沉”。现在一般写作“沉”。另见 1223 页 shěn。

沉[1] chén ❶ 形 〈文〉深,由水面到水底的距离大 ▷～渊。→ ❷ 形 程度深 ▷睡得很～|～思。→ ❸ 形 不明亮;阴暗 ▷天阴得很～◇脸色阴～。

沉[2] chén ❶ 形 重;分量大 ▷包袱很～|～甸甸。→ ❷ 形 感到沉重,不舒服 ▷两腿发～|头～得抬不起来。

沉[3] chén ❶ 动 落进水里;(在水里)向下落(跟“浮”相对) ▷石～大海|击～敌舰。→ ❷ 动 向下陷落;降落 ▷地基下～|月落星～。❸ 动 使下沉 ▷破釜～舟◇～下心来。→ ❹ 动 落入某种境地;沦落 ▷～于酒色|～湎。→ ❺ 形 (情绪等)低落 ▷消～。

【沉沉】chénchén ❶ 形 分量重 ▷背着～的包袱。❷ 形 程度深;深沉 ▷暮气～|～地睡了。

【沉船】chénchuán ❶ 动 船只沉入水下 ▷发生～事故。❷ 名 沉没在水下的船只。

【沉底】chéndǐ 动 沉落到水底 ▷失事的船只～了|～的杂质。

【沉甸甸】chéndiàndiàn 形 形容沉重 ▷～的谷穗|试验又一次失败了,心里～的。☛ ㊀这里的“甸甸”口语中也读 diāndiān。㊁不宜写作“沉钿钿”“沉垫垫”。

【沉淀】chéndiàn ❶ 动 没有溶解的物质沉到液体底部 ▷打上来的井水太浑了,～一下再用。❷ 名 沉在液体底层没有溶解的物质 ▷这瓶矿泉水有～,不合格。❸ 动 比喻凝聚,积聚(多用于抽象事物) ▷疑团～在心。

【沉浮】chénfú 动 起伏升降。常比喻社会或个人的起落盛衰 ▷宦海～。

【沉痼】chéngù 名 〈文〉积久难治的病;比喻不易改掉的坏习惯 ▷～顽疾。

【沉厚】chénhòu 形 朴实稳重 ▷为人～。

【沉缓】chénhuǎn 形 深沉舒缓 ▷曲调～。

【沉积】chénjī ❶ 动 沉淀堆积 ▷河流下游～了大量泥沙|～物。❷ 动 比喻沉淀、聚积(多用于抽象事物) ▷～了深厚的文化底蕴。

【沉积岩】chénjīyán 名 地壳三大岩类之一,是构成地壳表面的主要岩石。由沉积在河、海、湖水盆地中或陆地上的物质经固结而形成。特征是有层状结构,大多夹有动植物化石并含丰富的矿藏。旧称水成岩。

【沉寂】chénjì ❶ 形 十分寂静 ▷～的山林。❷ 形 形容任何消息都没有 ▷音信～。

【沉降】chénjiàng 动 (地层、悬浮物质等)往下沉落 ▷地基开始～。

【沉浸】chénjìn ❶ 动 泡入水中 ▷把头～在水里练憋气。❷ 动 处在某种气氛或状态中 ▷节日的首都～在欢乐的海洋里。

【沉井】chénjǐng 名 一种井筒状的钢筋混凝土构筑物,是地下或水下施工时的辅助设施。

【沉静】chénjìng ❶ 形 寂静;没有一点儿声响 ▷山村的夜,格外～。❷ 形 (性格、心情、神色等)沉稳安静 ▷脸色～。

【沉疴】chénkē 名 〈文〉久治不愈的重病 ▷～缠身。

【沉雷】chénléi 名 大而低沉的雷声;闷雷。

【沉沦】chénlún 动 沉没水中;比喻沦落于某种不好的境地 ▷无数的山峰～在海底|～于黑暗的深渊|不甘～。

【沉落】chénluò 动 物体向下坠落 ▷触礁的轮船渐渐～下去了。

【沉闷】chénmèn ❶ 形 (环境、气氛等)使人感到压抑而烦闷 ▷会议的气氛有些～。❷ 形 (情绪)低沉;(性格)不开朗 ▷心情～|他一向～,很少说话。❸ 形 (声音)低沉,不响亮 ▷远处传来～的炮声。

【沉迷】chénmí 动 深深地迷恋 ▷～于网上聊

天儿。

【沉眠】chénmián〈文〉❶ 动 沉睡 ▷病人术后～未醒。❷ 动 婉词,指人死亡。

【沉绵】chénmián 动〈文〉长期被疾病纠缠 ▷～病榻。

【沉湎】chénmiǎn 动 沉迷(含贬义) ▷～于酒色。☛"湎"不要误写作"缅"。

【沉没】chénmò 动 沉入水中 ▷渔船失事,～于大海◇太阳渐渐～在地平线下。

【沉默】chénmò 动 不说话;不爱说话 ▷～不语。

【沉默权】chénmòquán 名 有些国家法律规定公民享有的拒绝回答他人提问的权利;特指被告人针对指控享有的拒绝自我归罪的权利。

【沉溺】chénnì ❶ 动 淹没到水中 ▷～于湖底。❷ 动 比喻深深陷入某种境地 ▷～于声色。

【沉凝】chénníng ❶ 形 沉厚凝重 ▷性格～。❷ 形 低沉浑厚 ▷声音～。❸ 动 凝滞;停止流动 ▷大雾像～了似的,总是不散。

【沉潜】chénqián ❶ 动 沉没潜伏于水中 ▷潜水艇～下去。❷ 动 潜心于某一领域 ▷～于书画金石。

【沉睡】chénshuì 动 睡得很沉 ▷安然～◇开发～了亿万年的宝藏。

【沉思】chénsī 动 深深地思索 ▷掩卷～。☛不要写作"沈思"。

【沉痛】chéntòng ❶ 形 极其悲痛 ▷心情～。❷ 形 深刻而使人痛心 ▷～的教训。

【沉稳】chénwěn ❶ 形 沉着稳重 ▷办事～|～持重。❷ 形 安稳踏实 ▷作风～。

【沉陷】chénxiàn ❶ 动(地面或建筑物的基础)向下陷 ▷楼房地基的一角在～,墙体明显倾斜。❷ 动 陷进 ▷破船～沙中。

【沉香】chénxiāng 名 常绿乔木,叶卵状披针形,有光泽,花白色。产于热带和亚热带地区。根和干可以做药材。木材也叫沉香,质地坚硬,心材是著名的熏香料。也说伽(qié)南香、奇南香。

【沉雄】chénxióng 形 深沉而雄浑(多指诗文或书法的风格、气势) ▷文章气韵～。

【沉抑】chényì 形 低沉抑郁 ▷内心～。

【沉毅】chényì 形 深沉刚毅 ▷神情～。

【沉吟】chényín ❶ 动 低声吟咏(诗文) ▷一边行走,一边～。❷ 动 犹豫思索,低声自语 ▷他～了好一会儿,终于作出决定。

【沉勇】chényǒng 形 沉着勇敢 ▷～顽强。

【沉鱼落雁】chényú-luòyàn《庄子·齐物论》:"毛嫱,丽姬,人之所美也。鱼见之深入,鸟见之高飞……"意思是鱼、鸟见到美人也要躲避。后用"沉鱼落雁"形容女子美貌出众。常与"闭月羞花"连用。

【沉郁】chényù ❶ 形(情绪)低落忧郁 ▷～寡欢|神情～。❷ 形 含蕴深沉 ▷～之思。

【沉冤】chényuān 名 指难以辩白或长期得不到昭雪的冤屈 ▷十年～,今日昭雪。

【沉渣】chénzhā 名 沉淀下来的渣滓;比喻残留的腐朽事物 ▷～泛起。

【沉滞】chénzhì 形 呆滞;不灵便 ▷反应～。

【沉重】chénzhòng ❶ 形 分量重 ▷～的箱子|担子～。❷ 形 严重;程度深 ▷病情～。❸ 形 心情不开朗;思想负担重 ▷心情～。☛参见 379 页"繁重"的提示。

【沉住气】chénzhùqì(在异常情况下)保持头脑冷静,心境平稳 ▷考场上一定要～|你可别沉不住气。

【沉着】chénzhuó 形(遇事)镇静;从容不迫 ▷～应对|～冷静。☛"着"这里不读 zháo。

【沉滓】chénzǐ 名 沉渣。

【沉醉】chénzuì 动 大醉;比喻迷恋或陷入某种境地 ▷～不醒|～在往事的回忆中。

忱 chén ❶ 名 心意 ▷谨致谢～|热～。〇 ❷ 名 姓。

陈[1](陳) chén ❶ 动 排列;摆出来 ▷～兵|～设。→ ❷ 动(把思想、意见等)有条理地说出来 ▷慷慨～词|条～。→ ❸ 形(时间)久远的;过时的 ▷酒还是～的好|推～出新。

陈[2](陳) chén ❶ 名 周朝诸侯国名,在今河南淮阳和安徽亳(bó)州一带。〇 ❷ 名 朝代名,南朝之一,公元 557—589 年,陈霸先所建。〇 ❸ 名 姓。

【陈报】chénbào 动 陈述,报告 ▷～调查结果。

【陈兵】chénbīng 动 部署军队 ▷～边境。

【陈陈相因】chénchén-xiāngyīn《史记·平准书》:"太仓之粟,陈陈相因。"(陈:指陈米)意思是京都粮仓里的粮食逐年堆积起来,一层压着一层。后用"陈陈相因"比喻沿袭旧的思想和方法,不能开拓创新。

【陈词滥调】chéncí-làndiào 陈旧的言辞,空泛的论调。☛"滥"不要误写作"烂"。

【陈醋】chéncù 名 存放时间长、味道醇厚的醋。

【陈放】chénfàng 动 陈列;摆放 ▷新出土的文物～在东厅展览。

【陈腐】chénfǔ 形 陈旧腐朽 ▷观念～。☛跟"陈旧"不同。"陈腐"多形容抽象事物,语意比"陈旧"重;"陈旧"可形容具体事物,也可形容抽象事物。

【陈谷子烂芝麻】chén gǔzi làn zhīma 比喻陈旧琐碎的话题或事物。

【陈规】chénguī 名 过时的、不适用的规章制度、规矩或办法 ▷打破～|～陋习。☛参见

171 页“成规”的提示。

【陈化粮】chénhuàliáng 名 久存变质、不宜直接作为口粮食用的粮食。☛ 跟“陈粮”不同。

【陈货】chénhuò 名 存放时间很久的货物；过时的货物 ▷清理～。

【陈迹】chénjì 名 过去的事迹；以前事物留下的痕迹 ▷参观北大红楼，追寻“五四”～。

【陈见】chénjiàn 名 陈旧的见解 ▷抛弃一切～。

【陈酒】chénjiǔ ❶ 名 窖藏多年的酒。❷ 名 特指黄酒 ▷绍兴～。

【陈旧】chénjiù 形 旧；过时的 ▷款式～｜思想～。☛ 参见 166 页“陈腐”的提示。

【陈力就列】chénlì-jiùliè《论语·季氏》：“陈力就列，不能者止。”“陈力就列”的意思是发挥自己的才能，担当一定的职务。

【陈粮】chénliáng 名 存放一年以上的粮食。☛ 跟“陈化粮”不同。

【陈列】chénliè 动 为供人看而把物品按一定方式摆放出来 ▷商品～｜～展品。

【陈米】chénmǐ 名 存放一年以上的米。

【陈年】chénnián 区别 多年以前的；年代久的 ▷～旧账｜～老话｜～老醋。

【陈酿】chénniàng 名 陈酒①。

【陈皮】chénpí 名 中药材，即晒干了的橘子皮或橙子皮。

【陈情】chénqíng 动 诉说情况和意见；陈诉衷情 ▷上书～。

【陈请】chénqǐng 动（下级对上级、个人对组织）述说情况、理由并提出请求 ▷～批准。

【陈设】chénshè ❶ 动 陈列；摆设 ▷架子上～着许多精美的瓷器。❷ 名 摆放的物品 ▷卧室的～非常雅致。

【陈尸】chénshī 动 停放尸体。

【陈世美】chénshìměi 名 戏曲《铡美案》《秦香莲》中的人物。他考中状元后，隐瞒已婚状况，被招为驸马，抛弃了含辛茹苦赡养公婆、养育子女的结发妻子秦香莲。借指喜新厌旧的负心男子。

【陈售】chénshòu 动（把商品）陈列出来销售。

【陈述】chénshù 动 有条理地叙述 ▷～冤情。

【陈述句】chénshùjù 名 用来陈述事情的句子。书面上句末使用句号。

【陈说】chénshuō ❶ 动 陈述。❷ 名 陈言①。

【陈诉】chénsù 动 讲述；诉说 ▷～委屈。

【陈套】chéntào 名 过时的模式 ▷因袭～。

【陈言】chényán〈文〉❶ 名 陈旧的言论 ▷唯～之务去｜～俗套。❷ 动 陈述见解、理由等 ▷慷慨～。

【陈账】chénzhàng 名 很久以前的债；老账 ▷父亲欠下的～◇两人一吵架就翻～。☛ 不要写作“陈帐”。

【陈奏】chénzòu 动 臣子向君主陈述意见或事情 ▷～退兵之策｜～灾情。

宸 chén〈文〉❶ 名 大而深的房屋 ▷～宇。→ ❷ 名 帝王的住所 ▷～居｜～扉（宫门）。❸ 名 借指王位或帝王 ▷～驾｜～衷（帝王的心愿）。

梣 chén，又读 qín 名 白蜡树。

晨 chén ❶ 名 早晨 ▷清～｜～晖｜～露。○ ❷ 名 姓。☛ 统读 chén。

【晨报】chénbào 名 每天清晨出版的报纸。如《北京晨报》。也说早报。

【晨炊】chénchuī〈文〉❶ 动 清晨点火做饭。❷ 名 早饭 ▷急应河阳役，犹得备～。

【晨光】chénguāng 名 清晨的阳光。

【晨昏】chénhūn 名 早晨和晚上 ▷～时分。

【晨昏颠倒】chénhūn-diāndǎo 把早晨当作晚上，把晚上当作早晨。形容人糊涂，不清醒。

【晨练】chénliàn 动 清晨锻炼身体。

【晨曲】chénqǔ 名 表现清晨景象并抒发情怀的歌曲 ▷草原～。

【晨曦】chénxī 名 清晨太阳初升时的微光 ▷～微露。

【晨星】chénxīng ❶ 名 清晨尚未消失的星。❷ 名 日出前在东方出现的金星和水星。

【晨训】chénxùn 动（运动员）清晨进行训练。

【晨钟暮鼓】chénzhōng-mùgǔ 寺院中报时，清晨敲钟，晚上击鼓。后多用来形容僧尼的孤寂生活或时日的推移；也比喻催人警醒的话。

谌（諶） chén ❶ 动〈文〉相信 ▷天难～，命靡常。→ ❷ 副〈文〉确实；诚然 ▷～荏弱而难持。○ ❸ 名 姓。☛ 义项③又读 shèn。

煁 chén 名 古代一种便于移动的火炉。

chěn

碜（磣） chěn ❶ 动〈文〉混入沙子等物。→ ❷ 见 537 页“寒碜（chen）”；1574 页“牙碜（chen）”。

chèn

衬（襯） chèn ❶ 名〈文〉内衣。→ ❷ 形 贴近身体的（衣服）▷～衫｜～裤。→ ❸ 动 在里面或下面垫上纸、布等 ▷照片下面～一层纸｜锦盒里～着绒布。⇒ ❹ 动 衬托；陪衬 ▷映～｜反～。⇒ ❺ 名 附在衣裳、鞋、帽等里面的材料 ▷帽～｜鞋～。

【衬布】chènbù 名 制作服装时垫在衣领、两肩、裤腰等里面的另一层布。
【衬垫】chèndiàn 名 衬在两个物体之间，防止磨损、传热或起固作用的垫子 ▷轮胎～。
【衬裤】chènkù 名 穿在外裤里面的单裤。
【衬里】chènlǐ 名 里子。
【衬料】chènliào 名 衬在衣服面子和里子中间的材料。一般采用粗麻布或薄丝绸。
【衬领】chènlǐng ❶ 名 衬在领子里的材料 ▷这种衬衫的～是硬的。❷ 名 扣或缝在衣领内侧的活领子。也说护领。
【衬裙】chènqún 名 套穿在裙子或旗袍里面的薄裙子。
【衬衫】chènshān 名 穿在外衣里边贴近身体的西式单上衣，天气暖和时也可以单穿。
【衬托】chèntuō 动 用乙事物陪衬甲事物，使其更为突出 ▷绿叶～红花。
【衬衣】chènyī ❶ 名 衬衫。❷ 名 泛指穿在外衣里面的单衣。
【衬映】chènyìng 动 映衬①。
【衬纸】chènzhǐ 名 衬在物体下面的纸。如画框、相框中衬在画儿、相片下面的纸。
【衬字】chènzì 名 歌曲里在曲调规定的字数即正字以外，为调节音节或描摹情态所增加的字。如"数九(那个)寒天下大雪，天气(那个)虽冷心里热"句中的两个"那个"便是衬字。

疢 chèn 名〈文〉热病；泛指疾病 ▷～疾|～毒。

龀(齔) chèn 动〈文〉儿童乳牙脱落，长出恒牙 ▷～年(童年)|～童(儿童)。

称(稱) chèn ❶ 动 符合；适合 ▷～心如意|～职|相～。→ ❷ 形 合适 ▷匀～|对～。○ ❸ 动〈口〉拥有 ▷～钱|～几套房子。

另见本页 chēng；178 页 chèng。
【称钱】chènqián 动〈口〉有钱 ▷看他的穿戴，不像个～的大老板。
【称身】chènshēn 形 衣服的款式、肥瘦儿、大小合身。
【称体裁衣】chèntǐ-cáiyī 量(liàng)体裁衣。
【称心】chènxīn 动 符合心意；感到满足 ▷～如意|非常～。☛ 不要写作"趁心"。
【称意】chènyì 动 称心如意 ▷事不～。
【称愿】chènyuàn 动 中意；满足心愿。
【称职】chènzhí 形 水平和能力符合所任职务的要求 ▷在新的岗位上，他很～。

趁(*趂) chèn ❶ 介 表示利用时机、条件等 ▷菜要～热吃|～着年轻我们要多学点儿知识。○ ❷ 同"称(chèn)"③。现在一般写作"称"。
【趁便】chènbiàn 副 顺便 ▷来北京开会，～看望几位老同学。
【趁火打劫】chènhuǒ-dǎjié 趁着人家失火去抢东西；泛指乘人危难时去捞好处。
【趁机】chènjī 副 利用机会 ▷～捣乱。
【趁空】chènkòng 副 利用空闲时间 ▷大会休息时，我～打了个电话。
【趁钱】chènqián 现在一般写作"称钱"。
【趁热打铁】chènrè-dǎtiě 趁着铁烧到一定火候的时候锤打。比喻趁着好的势头，一鼓作气做下去。
【趁人之危】chènrénzhīwēi 乘人之危。
【趁墒】chènshāng 副 趁着墒情好的时候(播种) ▷～播种了 20 亩芝麻。
【趁势】chènshì 副 趁着有利形势 ▷～前进。
【趁心】chènxīn 现在规范词形写作"称心"。
【趁早】chènzǎo 副 抓住时机，及早(采取行动) ▷发现病情，要～治疗。

榇(櫬) chèn 名〈文〉棺材 ▷舁(yú，抬)～|灵～。

儭 chèn〈文〉❶ 动 施舍。→ ❷ 名 施舍给僧道的财物。

谶(讖) chèn 名 古人认为将来能应验的预言、预兆 ▷～纬|图～|一语成～(一句不吉利的无心的话竟然成为预言应验了)。
【谶书】chènshū 名 图谶。
【谶纬】chènwěi 名 汉代盛行的迷信活动。谶是巫师、方士预示吉凶的隐语；纬是汉代神学利用天上星象的变化来附会儒家经典的各种著作。
【谶语】chènyǔ 名 迷信指能应验的预言。

chen

伧(傖) chen 见 537 页"寒伧"。
另见 130 页 cāng。

chēng

柽(檉) chēng [柽柳] chēngliǔ 名 落叶小乔木，枝条纤弱下垂，老来变红。耐碱抗旱，适用于造防沙林。枝条可编制器具，嫩枝和叶片可以做药材。也说观音柳、红柳、三春柳。

琤 chēng [琤琤] chēngchēng 拟声〈文〉模拟玉器碰击声、琴声或水流声 ▷泉水～。

称[1](稱) chēng 动 测量轻重 ▷～一～有多重。

称[2](稱) chēng ❶ 动 用言语表达对人或事物的肯定或表扬 ▷～赞|～颂。→ ❷ 动 用言语或动作表示自己的意

见或感情 ▷点头～是|拍手～快|～便。→ ❸ 动 称呼;叫做 ▷大家都～他叶老|人～小诸葛。⇒ ❹ 名 名称 ▷简～|职～。⇒ ❺ 动 凭借权势自称或自居 ▷～王|～雄。

称[3]（稱） chēng 动〈文〉举 ▷～觞|～兵作乱。☛"称"字读 chēng,指测量轻重,本义;读 chèng,表示事物,指衡器,现在一般写作"秤";读 chèn,指适合、相当,如"称职"。

另见 168 页 chèn;178 页 chèng。

【称霸】chēngbà ❶ 动 凭借权势以霸主自居,横行霸道 ▷～一方|反对超级大国～世界。❷ 动 比喻在某方面居首要地位,占绝对优势 ▷～世界乒坛。

【称便】chēngbiàn 动 认为方便 ▷建了过街天桥,人人～。

【称病】chēngbìng 动 借口有病 ▷～不见。

【称臣】chēngchén 动 自称为臣,表示甘心接受对方统治。

【称大】chēngdà 动 以老大自居;摆架子 ▷他凭自己大几岁,便在同学面前～。

【称道】chēngdào 动 赞许;夸奖 ▷不足～。

【称帝】chēngdì 动 自立为皇帝。

【称孤道寡】chēnggū-dàoguǎ 称帝称王(古代君主自称"孤"或"寡人")。比喻妄自尊大,以首脑自居。

【称号】chēnghào 名 由有关方面所赋予的名称(多用于赞誉) ▷荣获"三八红旗手"光荣～。☛ 跟"称呼"不同。"称号"指有关方面授予的名称;"称呼"指人们彼此间的称谓。

【称贺】chēnghè 动 祝贺 ▷欣逢寿诞,特来～。

【称呼】chēnghu ❶ 动 叫 ▷人们都～他王大爷。❷ 名 当面招呼或背后指称时用的体现彼此关系或对方身份的名称。如老师、师傅、厂长等。☛ 参见本页"称号"的提示。

【称斤掂两】chēngjīn-diānliǎng 计较斤两上的微小差别。形容过于计较。

【称绝】chēngjué 动 叫绝 ▷不禁连连～。

【称快】chēngkuài 动 表示痛快 ▷严惩犯罪团伙,群众拍手～。

【称量】chēngliáng 动 测量物体的轻重 ▷～体重。☛"量"这里不读 liàng。

【称奇】chēngqí 动 赞为奇妙 ▷观者无不～。

【称赏】chēngshǎng 动 赞扬欣赏。

【称述】chēngshù 动 叙述;述说 ▷新建商场物品之丰富,难以一一～。

【称说】chēngshuō 动 叫出事物的名称 ▷这种新现象该如何～,还要琢磨琢磨。

【称颂】chēngsòng 动 称赞颂扬 ▷人人～|他的功绩为后世所～。

【称叹】chēngtàn 动 赞叹 ▷精美的艺术作品令现场观众啧啧～。

【称王称霸】chēngwáng-chēngbà 形容凭借权势,以首领自居;也形容狂妄自大,独断专行。

【称谓】chēngwèi ❶ 名 称呼②。❷ 名 事物的名称。

【称羡】chēngxiàn 动 称赞并羡慕 ▷技艺高超,令人～。

【称谢】chēngxiè 动 用言语表示谢意 ▷老人被扶起后,连声～。

【称兄道弟】chēngxiōng-dàodì 彼此以兄或弟相称,表示关系亲密。

【称雄】chēngxióng ❶ 动 凭借武力或某种特殊权势在某一地区称霸。❷ 动 比喻在某一方面实力超群,无人比得过 ▷～乒坛。

【称许】chēngxǔ 动 称赞;嘉许。

【称扬】chēngyáng 动 称许赞扬 ▷受到世人～。

【称引】chēngyǐn 动〈文〉援引别人的话或某些事例作为证明 ▷～名篇。

【称誉】chēngyù 动 赞扬 ▷交口～。

【称赞】chēngzàn 动 用言语表达喜爱、赞美 ▷～他的奋斗精神。

【称尊】chēngzūn ❶ 动 自以为第一或最好 ▷广告宣传不可妄自～。❷ 动 指称帝。

蛏（蟶） chēng 名 蛏子 ▷～干|～田。

【蛏干】chēnggān 名 蛏肉干。

【蛏田】chēngtián 名 福建、广东沿海一带养殖蛏类的田。

【蛏油】chēngyóu 名 用加工蛏干时的汤汁浓缩制成的调料,味道鲜美。

【蛏子】chēngzi 名 缢蛏的通称。参见插图 3 页。

铛（鐺） chēng 名 烙饼或煎食物用的平底浅锅 ▷饼～。

另见 277 页 dāng。

偁 chēng ❶ 古同"称[2] (chēng)""称[3] (chēng)"。○ ❷ 用于人名。如王禹偁,宋代人。

牚 chēng 古同"撑"。

另见 178 页 chèng。

赪（赬） chēng 形〈文〉红 ▷面色微～。

撑（*撐） chēng ❶ 动 抵住;支住 ▷双手～地|用木棒～门。→ ❷ 动 用篙抵住河岸或河床使船行进 ▷～船。→ ❸ 动 支撑;勉强支持 ▷这么大个烂摊子,我一个人～不起来|发高烧还硬～着上班。→ ❹ 动 使(收缩着的物体)张开 ▷～开伞。→ ❺ 动 因过满、过饱而胀大 ▷口袋～破了|吃～着了。☛ 统读 chēng,不读 zhǎng。

【撑场面】chēngchǎngmiàn 撑门面。

【撑持】chēngchí 动 艰难地维持 ▷为了～这个家，她不知付出了多少艰辛。

【撑船】chēngchuán 动 用长篙抵住河岸或河床使船行进；泛指驾船 ▷逆风～|～离岸。

【撑杆跳高】chēnggān tiàogāo 现在一般写作"撑竿跳高"。

【撑竿】chēnggān 名 田径运动项目撑竿跳高使用的器具。长竿状，有弹力。

【撑竿跳高】chēnggān tiàogāo 名 田赛项目，运动员双手持撑竿，经助跑，将撑竿插入插斗内单足起跳。借助撑竿的支撑与弹力，腾身越过横杆。

【撑门面】chēngménmian 勉强维持或刻意讲排场 ▷工厂连年亏损，别摆阔～了|请了几位名家来给会议～。也说撑场面。

【撑死】chēngsǐ ❶ 动 因吃得过多而致死 ▷金鱼喂食过多会～。❷ 副〈口〉至多 ▷这件衬衫～也就值 200 元。

【撑腰】chēngyāo 动 比喻给以强有力的支持 ▷～壮胆。

噌 chēng［噌吰］chēnghóng 拟声〈文〉模拟钟鼓的声音。

另见 137 页 cēng。

瞠 chēng 动 瞪着眼直视 ▷～目结舌|～乎其后|～视。☛ 不读 táng。

【瞠乎其后】chēnghūqíhòu《庄子·田子方》："夫子奔逸绝尘，而回（颜回）瞠若乎后矣。"意思是前面的人跑得很快，后面的人干瞪着眼赶不上。后用"瞠乎其后"形容差距太大，难以赶上。☛ 跟"望尘莫及"不同。"瞠乎其后"侧重于因差距大而感到惊愕和束手无策；"望尘莫及"侧重于没有能力赶上，常用来表示感叹。

【瞠目】chēngmù 动 因吃惊或发窘而呆呆地瞪着眼睛 ▷令人～|～结舌。

【瞠目结舌】chēngmù-jiéshé 瞪着眼睛一句话也说不出来（结舌：舌头不能动）。形容极端惊讶或窘迫。

chéng

成[1] chéng ❶ 动 成功（跟"败"相对）▷这事儿可惜没办～|落～|完～。→ ❷ 动 使完成；使成功 ▷～全|～人之美。→ ❸ 形 已经完成的；固定的；现成的 ▷～约|～语|～法。→ ❹ 动 生物体发育到完备的阶段 ▷～长|～熟。❺ 形 发育成熟的 ▷～虫。→ ❻ 名 成果；成就 ▷坐享其～|守～。→ ❼ 动 成为；变为 ▷他俩～了朋友|形～|构～。→ ❽ 动 达到一定数量 ▷～套|～千上万。→ ❾ 动 表示同意、认可 ▷～，我马上就办|什么时候都～。→ ❿ 动 表示有能力做成功 ▷我～，你放心吧！○ ⓫ 名 姓。

成[2] chéng 量 把一个整体分为十份，每份叫一成 ▷比去年增产两～|七八～新|咱俩四六分～。

【成百上千】chéngbǎi-shàngqiān 达到百位数或千位数。形容数量很多。

【成败】chéngbài 名 成功或失败 ▷事关～，不可大意|不以～论英雄。

【成倍】chéngbèi 形 表示一倍或几倍 ▷财政收入～增长|产量～增加。☛"成倍"只用于数量增加，不用于数量减少。

【成本】chéngběn 名 生产产品的费用。包括生产过程中所消耗的生产资料费用和付给劳动者的报酬等 ▷降低～|～核算。

【成本大套】chéngběn-dàtào 形容内容丰富、完整而有系统；也形容（文章、发言等）冗长繁复，不简洁 ▷～地表演传统剧目|我不喜欢那种～念稿式的演讲。

【成本核算】chéngběn hésuàn 按照一定的方法和程序，对生产费用和产品成本所进行的计量和考核。

【成才】chéngcái 动 成为人才 ▷立志～。☛ 参见本页"成材"的提示。

【成材】chéngcái ❶ 动 成为可用的材料；比喻成为有用的人 ▷～林|培养～。❷ 名 制材工业中锯解原木所得的木材；泛指经加工后能直接使用的材料。☛ 跟"成才"不同。"成材"可用于物，也可通过比喻用于人；"成才"只用于人。

【成材林】chéngcáilín 名 能够提供木料的树林；也指已经长大成材的树林。

【成虫】chéngchóng 名 发育成熟，能繁殖后代的昆虫。如蚕蛾是蚕的成虫。

【成畜】chéngchù 名 发育成熟，能繁殖后代的牲畜。

【成堆】chéngduī 形 形容人或事物聚集得很多 ▷在喜爱美食者～的地方，他是一个另类|～的垃圾|问题～。

【成法】chéngfǎ ❶ 名 现成的法律、法规 ▷在新法未出台前，暂按～处理。❷ 名 现成的方法 ▷办这种事无～可依。

【成方】chéngfāng 名 现成的处方（多指中药方）。

【成分】chéngfèn ❶ 名 构成事物的各种物质或因素 ▷营养～|句子～|有效～。❷ 名 个人早先的主要经历或职业 ▷本人～是学生。☛ 不要写作"成份"。

【成分输血】chéngfèn shūxuè 一种一血多用的输血方法。从血液中提取不同成分，输给不同需要的患者。

【成份】chéngfèn 现在规范词形写作"成分"。

【成风】chéngfēng 动 形成风气 ▷这个小村庄

尊老～。

【成服】chéngfú 名 成衣②。

【成个儿】chénggèr ❶ 动 生物体长到跟成熟时大小相差无几的程度 ▷西瓜虽然～了，但还不太熟。❷ 形 泛指具备应有的形状（多用于否定） ▷这些粽子包得不～，一煮就散。

【成功】chénggōng ❶ 动 获得预期的圆满结果（跟"失败"相对） ▷这次发射～了。❷ 形 结果圆满 ▷～地发射了一颗通信卫星｜稿子写得很～。☛ 参见 1234 页"胜利"的提示。

【成功率】chénggōnglǜ 名 成功的次数或件数与全数的比率 ▷试验的～达 95%。

【成规】chéngguī 名 现成的或沿袭下来的规章制度、规矩或办法 ▷有～可依。☛ 跟"陈规"不同。"成规"是过去通行，现在仍使用的规章制度，中性词；"陈规"是旧的、过时的规章制度，贬义词。

【成果】chéngguǒ 名 工作、劳动的收获 ▷科研～｜～喜人。

【成婚】chénghūn 动 结婚 ▷他孩子已经～。

【成活】chénghuó 动 动植物等在出生或种植后能继续发育、成长 ▷新栽的小树都～了。

【成活率】chénghuólǜ 名 成活的动植物幼体数在总数中所占的比例 ▷幼苗～达 90%以上。

【成绩】chéngjì 名 工作、学习等所获得的结果、成果 ▷～很好｜突出的～。

【成家】chéngjiā ❶ 动 建立家庭；结婚（多指男子） ▷～立业｜他刚大学毕业，还没有～。❷ 动 成为专家 ▷成名～。

【成家立业】chéngjiā-lìyè 结了婚并在事业上有了一定成绩，能独立生活。

【成见】chéngjiàn ❶ 名 逐步形成的比较确定的个人见解；定见 ▷关于分工问题，他早有～。❷ 名 对人或事物的固定不变的看法（多指不好的方面）；偏见 ▷消除～｜不要固执～。

【成交】chéngjiāo 动 交易谈成；买卖做成。

【成交额】chéngjiāo'é 名 生意成交的数额（一般以货币结算）。

【成精】chéngjīng 动 迷信指人或物变成精怪。比喻人坏到极点；也比喻人聪明灵巧出乎意料（多指儿童，含诙谐意） ▷此人老奸巨猾，修炼～，很难对付｜这小家伙刚 7 岁就能熟练地使用电脑，简直～了。

【成就】chéngjiù ❶ 动 造就；完成（多与"事业"搭配） ▷～了一番事业。❷ 名 事业上大的成绩 ▷艺术～｜很有～。

【成就感】chéngjiùgǎn 名 事业上有了成就而产生的自豪感觉。

【成句】chéngjù 名 前人的现成文句 ▷～可用，但不可滥用。

【成立】chénglì ❶ 动（组织、机构等）正式建立 ▷这个学会已～多年。❷ 动 理论、见解等站得住脚 ▷这个观点能够～。

【成例】chénglì 名 先例；现成的办法、措施 ▷有～在先，可以照办｜要创新，就不能拘于～。

【成殓】chéngliàn 动 入殓。

【成林】chénglín 动 构成或长成一片树林 ▷独木不～｜成片的幼苗已经～。

【成龙】chénglóng 动 变成龙。比喻成为出众的人才 ▷望子～｜盼儿女～成凤。

【成龙配套】chénglóng-pèitào（各个环节或设施等）配搭成一个完整的系统 ▷大型家电的生产、销售、维修应该做到～。

【成寐】chéngmèi 动〈文〉成眠。

【成眠】chéngmián 动 进入睡眠状态；入睡 ▷夜不～。

【成名】chéngmíng 动 出名；获得名望 ▷～很早｜～之作｜～成家。

【成命】chéngmìng 名 指已经发出的命令、指示或已经作出的决定等 ▷～难违｜谨遵～。

【成年】chéngnián ❶ 动 发育到成熟期 ▷他已～｜～虎｜～林。〇 ❷ 副 一年到头；整年 ▷～在野外考察。

【成年累月】chéngnián-lěiyuè 长年累月。

【成年人】chéngniánrén 名 已满法定成年年龄的人。我国《民法典》规定 18 周岁以上的公民是成年人。

【成批】chéngpī 形 大宗；大量 ▷～的货物运往港口｜～生产｜～～的人来到大西北。

【成癖】chéngpǐ 动 积习很久，成为癖好（多含贬义） ▷长期吸烟，已经～。

【成片】chéngpiàn 动 许多个体相连成一片 ▷原来散居的农户现在集中～了｜～的松树林。

【成品】chéngpǐn 名 制作完成、质量合格的产品 ▷把半成品加工为～｜～油。

【成品粮】chéngpǐnliáng 名 可以用来直接制作熟食的粮食。如面粉、大米、绿豆等。

【成气候】chéngqìhòu 比喻有成就或有发展前途；也比喻形成一定的规模或产生一定的影响 ▷这样努力下去，将来一定能～｜决不能让不正之风～。

【成器】chéngqì 动 制成器物。比喻成为有用的人才 ▷这孩子将来一定能～。

【成千上万】chéngqiān-shàngwàn 形容数量很多。

【成亲】chéngqīn 动 结婚 ▷择日～。

【成趣】chéngqù 动〈文〉使人感到有兴趣；显得饶有情趣 ▷湖光山色，相映～。

【成全】chéngquán 动 帮助人实现其愿望 ▷～了他俩的婚事。

【成群】chéngqún 动 集结或聚集成群体 ▷三五～|～结队|～结伙。

【成人】chéngrén ❶ 动 发育成熟,长成大人 ▷孩子已经～了。❷ 名 成年人 ▷～教育。

【成人教育】chéngrén jiàoyù 通过业余、脱产或半脱产的途径对成人进行的教育。主要对象是在职干部、职工和农民等。简称成教。

【成人之美】chéngrénzhīměi 成全他人的好事;帮助他人实现良好的愿望。

【成仁】chéngrén 动 成就仁德;多指为正义事业而牺牲 ▷杀身～|取义～|不成功,便～。

【成日】chéngrì 副 成天 ▷～奔忙,不得休息。

【成色】chéngsè ❶ 名 金银货币、首饰、器物等所含纯金或纯银的量 ▷按～定价|～上等的首饰。❷ 名 泛指物品的质量 ▷这种品牌的毛线～好,手感柔软。

【成事】chéngshì 动 把事情办成 ▷谦虚谨慎,定能～|主观武断,难以～。

【成事不足,败事有余】chéngshì-bùzú, bàishì-yǒuyú 不但不能把事情办好,反而会把事情办糟。

【成书】chéngshū ❶ 动 写成书;印成书 ▷前言里讲了～的过程|出版社要求年底～。❷ 名 已经出版发行或流传的书 ▷有～可查。

【成熟】chéngshú ❶ 动 生物体已经发育完备;特指植物的果实、种子完全长成,可以繁殖后代 ▷发育～|葡萄～了。❷ 形 比喻事物发展到完善的程度 ▷这是个比较～的方案。

【成熟期】chéngshúqī ❶ 名 指生物体从初生到发育成熟所需的时间 ▷鸡鸭的～较短。❷ 名 指成熟的阶段 ▷这些梨树都已进入～。

【成数】chéngshù ❶ 名 指成十、成百、成千等不带零头的数目。如 30、500、4000 等。○ ❷ 名 表示十分之几的数。如十分之三就是三成。常用来表示生产、收成等增减情况。

【成说】chéngshuō 名 现成的说法;已有的结论 ▷前人的～有些已不适用了。

【成讼】chéngsòng 动 双方或多方发生法律纠纷而打官司 ▷这两家公司矛盾激化,已经～。

【成诵】chéngsòng 动 能够背诵 ▷过目～|熟读～。

【成俗】chéngsú ❶ 动 成为风俗 ▷相沿～。❷ 名 已经形成的风俗 ▷我国很多地区都有春节期间举办庙会的～。

【成算】chéngsuàn 名 已经做好的打算 ▷他是个心无～的人。

【成套】chéngtào 动 组合配置成一个系列 ▷这些书还不～|～家具。

【成天】chéngtiān 副 整天地;一天到晚地 ▷～闲不住|～人来人往。

【成为】chéngwéi 动 变为 ▷成绩不能～骄傲的资本。

【成文】chéngwén ❶ 名 现成的文字材料 ▷不该因袭～。❷ 动 形成文字;写成条文 ▷这些还只是思考,尚未～|不～的规定。

【成文法】chéngwénfǎ 名 国家依立法程序制定并以规范性文件形式公布施行的法律(跟"不成文法"相区别)。如宪法、专项法律、行政法规、地方性法规等。

【成问题】chéngwèntí 不合适;有毛病 ▷事情这么处理,真～|这人～,怎么随便诬蔑人?

【成想】chéngxiǎng 现在一般写作"承想"。

【成像】chéngxiàng 动 形成图像、影像等。

【成效】chéngxiào 名 收到的效果;产生的效果。

【成心】chéngxīn 副 故意 ▷～骗人|你何必～气他呢!

【成行】chéngxíng 动 旅行、出访等计划得以实施 ▷几天后,参观团即可～。

【成形】chéngxíng ❶ 动 动植物长成应有的正常形状 ▷麦穗已经～了|幼虫还没～。❷ 动 医学上指修复受损伤的组织或器官 ▷进行外科～手术。❸ 动 事物形成某种清晰的状态 ▷我们的计划开始～。

【成型】chéngxíng 动 把工件、产品加工成一定的形状。

【成性】chéngxìng 动 形成某种癖好、习性(多指不好的) ▷偷盗～|嗜赌～。

【成宿】chéngxiǔ 副 整夜地 ▷～不回家|～～地加班。☛"宿"这里不读 sù。

【成药】chéngyào 名 按照配方制成的、可以直接服用的药品(跟"方药"相区别)。

【成也萧何,败也萧何】chéngyěxiāohé, bàiyěxiāohé 萧何是汉高祖刘邦的丞相。起初他向刘邦推荐韩信为大将军,后来发现韩信企图谋反,又设计除掉韩信。后用"成也萧何,败也萧何"指事情的成败好坏都出于同一个人。

【成夜】chéngyè 副 整夜地 ▷～咳嗽。

【成衣】chéngyī ❶ 动 (把布料等)制成衣服 ▷～店|～业。❷ 名 缝制好了供出售的衣服 ▷他认为买～合算。

【成因】chéngyīn 名 (事物)形成的原因 ▷地震的～|陈涉起义的～。

【成瘾】chéngyǐn 动 形成嗜好 ▷上网～。

【成语】chéngyǔ 名 人们相沿习用的意义完整、表达精炼、含义丰富的固定短语。汉语成语多为四字格。

【成员】chéngyuán 名 构成家庭、组织、社会的人员或单位 ▷主席团～|集体～|～国。

【成约】chéngyuē 名 已有的约定或条约 ▷应按

～办事。

【成章】chéngzhāng ❶ 动 成为文章 ▷落笔～。❷ 动 形成条理 ▷顺理～。

【成长】chéngzhǎng 动 向成熟阶段发展 ▷健康～。

【成竹在胸】chéngzhú-zàixiōng 胸有成竹。

丞 chéng ❶ 动 辅佐；帮助 ▷～相。→ ❷ 名 古代辅助主要官员做事的官吏 ▷府～。

【丞相】chéngxiàng 名 我国古代辅佐君主、总揽政务的最高官员，始设于战国时期的秦国。

呈 chéng ❶ 动 恭敬地送上(一般用于下级对上级) ▷～上一份申请书｜面～。→ ❷ 名 下级递交给上级的文件 ▷辞～。〇 ❸ 动 显现；露出 ▷大海～深蓝色。〇 ❹ 名 姓。

【呈报】chéngbào 动 用公文向上级报告。

【呈递】chéngdì 动 恭敬地递交 ▷～述职报告。

【呈交】chéngjiāo 动 恭敬地交上 ▷当面～。

【呈览】chénglǎn 动 呈阅。

【呈露】chénglù 动 呈现。

【呈请】chéngqǐng 动 呈报公文向上级请示 ▷～上级批准。

【呈送】chéngsòng 动 恭敬地送上 ▷向上～公文。

【呈文】chéngwén ❶ 名 指向上级呈报的公文 ▷～已送交局领导。❷ 动 呈交公文。

【呈现】chéngxiàn 动 显示出；出现 ▷～出勃勃生机｜～在眼前。☛ 跟"浮现"不同。"呈现"的对象通常是可见的，不是想象的；"浮现"的对象既有可见的，也有想象的。

【呈献】chéngxiàn 动 敬词，恭敬地送上 ▷～给读者｜向祖国～一片赤诚。

【呈祥】chéngxiáng 动 呈现出吉祥的景象 ▷龙凤～。

【呈验】chéngyàn 动 送交上级检验 ▷速将此案全部卷宗向上级检察院～。

【呈阅】chéngyuè 动 恭敬地送给尊长审阅。

【呈正】chéngzhèng 动〈文〉敬词，恭敬地向对方送上自己的著作并请指正。

【呈政】chéngzhèng 现在一般写作"呈正"。

【呈子】chéngzi 名 旧时称老百姓呈递给官府的文书。

枨(棖) chéng 动〈文〉触动 ▷～触良深。

诚(誠) chéng ❶ 形 (心意)真切诚恳 ▷～心～意｜忠～｜至～。→ ❷ 副〈文〉表示对事实的确认，相当于"的确""实在" ▷～有此事｜～惶～恐。→ ❸ 连〈文〉如果；果真 ▷～如是，则霸业可成。〇 ❹ 名 姓。

【诚笃】chéngdǔ 形 真挚而忠实 ▷待人～。

【诚服】chéngfú 动 真心佩服或服从 ▷令人～。

【诚惶诚恐】chénghuáng-chéngkǒng 古代奏章上的套语，表示臣子对皇帝的敬畏。现用来形容极端小心以至恐惧不安。

【诚恳】chéngkěn 形 真挚而恳切 ▷～地听取群众意见。☛ 参见本页"诚实"的提示。

【诚聘】chéngpìn 动 诚恳地招聘 ▷～科研人员。

【诚朴】chéngpǔ 形 真挚纯朴。

【诚然】chéngrán ❶ 副 确实；的确 ▷他～是个讲信用的人。❷ 连 固然，用于肯定上文，引起下文转折 ▷背诵～重要，但理解更重要。

【诚如】chéngrú 动 确实像 ▷～鲁迅所说。

【诚若】chéngruò〈文〉❶ 连 相当于"如果" ▷～大驾无暇光临，务请将书面意见掷下。❷ 动 诚如 ▷～兄之所言。

【诚实】chéngshí 形 真诚老实，不虚伪 ▷～可靠。☛ 跟"诚恳""诚挚"不同。"诚实"侧重形容人的品格；"诚恳"侧重形容人的态度；"诚挚"侧重形容人的感情。

【诚实劳动】chéngshí láodòng 指符合政策法规、真正付出体力或脑力并有益于社会的劳动 ▷鼓励通过～富裕起来。

【诚谢】chéngxiè 动 衷心感谢 ▷～各界支持。

【诚心】chéngxīn ❶ 名 真诚的心意 ▷别辜负了朋友们的一片～。❷ 形 真诚 ▷～求教。

【诚心诚意】chéngxīn-chéngyì 真心实意。形容十分真诚。

【诚心实意】chéngxīn-shíyì 诚心诚意。

【诚信】chéngxìn 形 诚实守信 ▷老幼无欺，～为本｜～经营。

【诚邀】chéngyāo 动 真诚地邀请 ▷～市民建言献策。

【诚意】chéngyì 名 真诚的心意 ▷合作要有～。

【诚招】chéngzhāo 动 诚恳地招聘、招收、招租等。

【诚挚】chéngzhì 形 诚恳而真挚 ▷致以～的慰问｜～的友谊。☛ 参见本页"诚实"的提示。

承 chéng ❶ 动 (在下面)托着或支撑着 ▷～重｜～载。→ ❷ 名 起承载作用的物品或部件 ▷轴～。→ ❸ 动 接受；担当 ▷～做家具｜～办｜～担｜～当。⇒ ❹ 动 承蒙 ▷～恩｜～您指教。⇒ ❺ 动 接受某种思想、传统、关系等，并使之继续下去 ▷～上启下｜继～。〇 ❻ 名 姓。

【承办】chéngbàn 动 接受办理；负责办理 ▷～国际学术研讨会。

【承包】chéngbāo 动 依照双方议定的条件，接受工程、订货或其他生产经营活动并负责完成；也指某个企业、部门、个人对某项工作完全负责，照约定完成任务，享受收益，承担损失 ▷～经营责任制｜～建筑工程。

【承包经营责任制】chéngbāo jīngyíng zérènzhì 我国在经济体制改革过程中实行的一种企业经营管理制度。即在生产资料所有权不变的条件下，按照所有权与经营权相分离的原则，以合同的形式确定所有者与经营者之间的责权利关系，使承包者做到自主经营、自负盈亏。简称承包制。

【承包商】chéngbāoshāng 名 按照合同规定负责经营某个工厂、商场，承包建筑工程以及负责商品推销等的商人。

【承保】chéngbǎo 动 保险公司承担投保人的投保，办理保险手续。

【承保人】chéngbǎorén 名 保险人。

【承尘】chéngchén 名〈文〉天花板。

【承传】chéngchuán 动 继承并传下去 ▷京剧艺术既要～，又要发展。

【承担】chéngdān 动 担负 ▷～法律责任。☛ 参见本页"承当"的提示。

【承当】chéngdāng 动 承担(责任) ▷～重任｜这件事由我～。☛ "承当"与"承担"在用于责任之类时可以相通，但"承担费用""承担义务"等的"承担"不可以换为"承当"。

【承典】chéngdiǎn 动 旧指为借款方做担保。

【承订】chéngdìng 动 接受订货 ▷他们公司所需货品已由我厂～。

【承兑】chéngduì ❶ 动 负责到期兑现 ▷～诺言。❷ 动 金融活动中指付款人(或付款人委托银行)在远期的商业汇票上签章承诺到期兑付汇票上的全部或部分金额。

【承恩】chéng'ēn 动〈文〉蒙受恩惠 ▷一日～，终生铭记。

【承付】chéngfù 动 承担并支付(货、款等) ▷房屋的租金由承包人～｜～能力有多大？

【承购】chénggòu 动 承担购买(货物、债券等)。

【承管】chéngguǎn 动 负责管理 ▷居民小区的维修、卫生、治安等概由物业公司～。

【承欢】chénghuān 动〈文〉迎合他人的意图，以博得欢心；特指侍奉父母，使高兴 ▷～膝下。

【承继】chéngjì ❶ 动 过继 ▷他小时候就～到伯父家。❷ 动 继承 ▷～父业｜～先辈遗产。

【承建】chéngjiàn 动 承接建造；承包修建 ▷这座大桥由我公司～｜中标～。

【承接】chéngjiē ❶ 动 把下落的物体等接住。❷ 动 接受并负责完成 ▷～了一项工程。❸ 动 接续；衔接 ▷～上文，引起下文。

【承揽】chénglǎn 动 接受，揽下(某项业务) ▷～了多项工程｜～修理业务。

【承蒙】chéngméng 动 客套话，表示领受到(对方或他方给予的招待、帮助等) ▷～关照。

【承诺】chéngnuò ❶ 动 答应照办某事 ▷双方～不使用武力。❷ 名 对办某事作出的应允 ▷对客户的～｜履行～。

【承诺服务】chéngnuò fúwù 企业按照自己原先向顾客承诺的内容提供服务。

【承平】chéngpíng 形〈文〉安定太平 ▷～日久。

【承前启后】chéngqián-qǐhòu 承接前人，启迪后代(多用于事业、学问等方面)。也说承先启后。

【承情】chéngqíng 动 客套话，表示领受到对方的情谊 ▷～款待，感激不尽。

【承让】chéngràng ❶ 动 承担容让 ▷彼此～。❷ 动 接受转让 ▷～股份。

【承认】chéngrèn ❶ 动 肯定或认可 ▷他～自己有过错。❷ 动 国际上指肯定新国家、新政权的合法地位 ▷我国已～这个新独立国家。

【承上启下】chéngshàng-qǐxià 承接上面的，开启下面的。☛ 不宜写作"承上起下"。

【承受】chéngshòu ❶ 动 承担(任务、困难、压力等)；禁(jīn)受(考验等) ▷～重担｜～巨大压力｜～力。❷ 动 继承 ▷～遗业｜～股权。

【承望】chéngwàng ❶ 动 料到 ▷谁～落到这种地步。❷ 动 指望 ▷～他助一臂之力。

【承袭】chéngxí 动 因袭(制度、习惯、思想作风等)；继承(封号、爵位、传统等) ▷观念可以更新，但务实的传统必须～。

【承先启后】chéngxiān-qǐhòu 承前启后。

【承想】chéngxiǎng 动 料到；想到(多用于否定，表示出人意料) ▷没～这孩子这么有出息！｜谁～他会看走眼买了赝品！

【承销】chéngxiāo 动 承担销售任务 ▷～商。

【承修】chéngxiū 动 承接修理业务 ▷～家电。

【承印】chéngyìn 动 承担印制任务 ▷～名片。

【承允】chéngyǔn 动 许诺；应允 ▷满口～。

【承运】chéngyùn 动 承担运输业务 ▷～行李。

【承载】chéngzài 动 支托或装载物体，承受其重量 ▷货车的～能力。

【承制】chéngzhì 动 承担制造任务。

【承重】chéngzhòng 动 承受重物压力 ▷加固桥身，增强～能力｜～墙。

【承转】chéngzhuǎn 动 收到上级公文转交下级，或收到下级公文转送上级。

【承租】chéngzū 动 租用 ▷～柜台｜～期限。

【承做】chéngzuò 动 承接制作 ▷～各类广告。

城 chéng ❶ 名 城墙 ▷～外｜～楼。→ ❷ 名 城墙以内的地方 ▷南～｜东～。→ ❸ 名 城市 ▷进～｜北京～｜～乡交流。❹ 名 用作某些大型专业市场的名称 ▷美食～｜图书～。

【城邦】chéngbāng 名 古代城市国家。以一个城市为中心，连同周边农村构成的奴隶制小国。古希腊、古罗马的城邦最为典型。

【城堡】chéngbǎo 图 有围墙便于防守的小城。
【城标】chéngbiāo 图 市标。
【城池】chéngchí 图 城墙和护城河。借指城市 ▷～陷落|固守～。
【城雕】chéngdiāo 图 城市雕塑的简称。
【城垛】chéngduǒ ❶ 图 城墙向外凸出的部分。❷ 图 城墙上面建造的凹凸状矮墙;泛指城墙。
【城防】chéngfáng 图 城市的防御或防务 ▷～部队。
【城府】chéngfǔ 图 城池和府库。借指待人处事的心机 ▷他～很深,你摸不透他。
【城根】chénggēn 图 城墙脚下;靠近城墙的地方。
【城关】chéngguān 图 城外靠近城门一带的地方 ▷西门～有个骡马市。
【城关镇】chéngguānzhèn ❶ 图 某些县或县级市政府机关驻地的名称,属于一级行政区划单位。❷ 图 泛指县或县级市的政府机关驻地。
【城管】chéngguǎn ❶ 动 城市管理 ▷加强～工作。❷ 图 指城市管理部门或城市管理人员 ▷～来人了|来了两位～。
【城郭】chéngguō 图 城墙(古代称内城的城墙为城,外城的城墙为郭);借指城市。
【城壕】chéngháo 图 城墙外的壕沟,即护城河。☛ 不宜写作"城濠"。
【城隍】chénghuáng 图 传说中指守护城池的神。道教尊奉为护国保邦的神。
【城隍庙】chénghuángmiào 图 供奉城隍的庙宇。
【城际】chéngjì 区别 城市与城市之间的 ▷～赛|～动车组|～交通衔接。
【城建】chéngjiàn 图 城市建设 ▷他分管～。
【城郊】chéngjiāo 图 城市周围属于这个城市管辖的地区。
【城里】chénglǐ 图 原指城墙以内的地区;现多指城市市区 ▷～的化工厂都迁到郊区去了。
【城楼】chénglóu 图 建在城门上的望楼。
【城门】chéngmén 图 城墙有开关装置的出入口。
【城门失火,殃及池鱼】chéngmén-shīhuǒ,yāngjí-chíyú 城门着火,取护城河的水救火,结果河干鱼死。比喻无辜者受牵连而遭祸殃。
【城墙】chéngqiáng 图 古代城市四周又高又厚的防护墙。
【城区】chéngqū 图 城里和靠近城的地区(跟"郊区"相区别)。
【城阙】chéngquè 〈文〉❶ 图 建在城门两边的望楼。❷ 图 都城;京城。❸ 图 宫阙。
【城市】chéngshì 图 人口集中,居民以非农业人口为主,工商业比较发达的地区。是一定地域范围内的政治、经济、文化中心。
【城市病】chéngshìbìng ❶ 图 指城市因规模急剧膨胀、人口激增而引起的供水供电等不足、环境污染、交通阻塞、住房紧张等一系列弊病。❷ 图 因久居这样的城市而患上的身心疾病。‖ 也说都市病。
【城市雕塑】chéngshì diāosù 设置在城市的广场、公园、绿地、大型建筑物等处的室外雕塑。
【城市轨道交通】chéngshì guǐdào jiāotōng 轨道交通。
【城市化】chéngshìhuà 动 人类生产和生活方式由乡村型向城市型转化,城市数量和城市人口增加,城市不断发展和完善。
【城市美容师】chéngshì měiróngshī 对环境卫生工人的美称。
【城市贫民】chéngshì pínmín 城市中无固定职业、生活贫苦的人。
【城市热岛效应】chéngshì rèdǎo xiàoyìng 指由于工业污染、建筑物集中、人口密集等造成的城市比周围地区气温明显偏高的现象。简称热岛效应。
【城市铁路】chéngshì tiělù 轻轨铁路。简称城铁。
【城市网络】chéngshì wǎngluò 大、中、小城市合理分布,并按照客观需求进行协作而形成的体系。
【城头】chéngtóu 图 城墙上 ▷～彩旗招展。
【城下之盟】chéngxiàzhīméng 敌人兵临城下时被迫签订的屈辱性盟约;泛指被迫签订的屈辱性条约。
【城乡一体化】chéngxiāng yītǐhuà 把城市与周围农村的有关部门、机构、管理体制等紧密联系在一起。
【城厢】chéngxiāng 图 城区和城外附近的地方。
【城域网】chéngyùwǎng 图 在一个城市范围内建立并共同使用的计算机通信网络。
【城垣】chéngyuán 图〈文〉城墙。
【城镇】chéngzhèn 图 城市和集镇 ▷～建设。
【城镇化】chéngzhènhuà 动 农村人口逐步向城镇转移,非农产业逐步向城镇集聚,城镇人口和城镇数量逐步增加,城镇规模不断扩大。城镇化须与工业化良性互动、与农业现代化相互协调。
【城镇土地使用税】chéngzhèn tǔdì shǐyòngshuì 国家对使用的城镇土地征收的一种税。纳税人是在城市、县城、建制镇、工矿区范围内使用土地的单位和个人。
【城中村】chéngzhōngcūn 图 城市中某些仍带有农村特点的部分。指农村城市化进程中,农民的全部或大部分耕地被征用,农民转为居民后,其低于平均市政管理水平的居处。

宬 chéng 图〈文〉藏书的屋子;明清时专指皇宫收藏文书档案的地方 ▷皇史～。

珹 chéng 图〈文〉一种玉;也指珠宝。

埕[1] chéng 名 酒瓮 ▷酒～。

埕[2] chéng 名 指蛏(chēng)田。

晟 chéng 名 姓。
另见 1234 页 shèng。

乘(*乗椉) chéng ❶ 动〈文〉登；由低处到高处。→ ❷ 动 搭坐交通工具 ▷～车|～船|搭～。⇒ ❸ 动 利用 ▷无隙可～|～人之危。❹ 介 表示利用条件 ▷～长风破万里浪|～虚而入|～胜前进。⇒ ❺ 名 佛教的教义(把教义比作使众生到达成正果境地的车) ▷小～|大～◇上～。→ ❻ 动 进行乘法运算。☛ 不读 chèng。
另见 1234 页 shèng。

【乘便】 chéngbiàn 副 顺便 ▷回家～买菜。

【乘法】 chéngfǎ 名 求一个数的若干倍的运算方法。如 6×4=24。

【乘方】 chéngfāng ❶ 动 一个数自乘若干次的运算。如 2 的 3 次乘方就是 2 自乘 3 次，写为 2^3。❷ 名 一个数自乘若干次所得的积。如 8 是 2 的 3 次乘方。也说乘幂。

【乘风破浪】 chéngfēng-pòlàng 趁着风势，破浪前进；比喻不畏艰险，奋勇前进；也形容事物迅猛发展。

【乘号】 chénghào 名 乘法运算符号，即"×"。

【乘机】 chéngjī ❶ 副 利用时机 ▷～破坏|～出击。○ ❷ 动 乘坐飞机 ▷～前往上海。☛ 参见 1306 页"伺机"的提示。

【乘积】 chéngjī 名 两个或两个以上的数相乘得出的数。如 15 乘以 4 的乘积是 60。

【乘警】 chéngjǐng 名 在列车上负责治安的警察。

【乘客】 chéngkè 名 乘坐车、船、飞机等公共交通工具的人。

【乘凉】 chéngliáng 动 热天在阴凉通风的地方休息 ▷前人栽树，后人～。

【乘龙快婿】 chénglóng-kuàixù《列仙传》中说，秦穆公根据女儿弄玉的一个梦，派人去太华山找到了吹箫之声极为动听的萧史，把弄玉许配给了他。不久，萧史告诉弄玉，自己是天上神仙，现在是回天宫的时候了。说完，萧史乘龙，弄玉骑凤，双双飞往仙界。后用"乘龙快婿"指本领非凡，使岳父、岳母满意的女婿。

【乘人之危】 chéngrénzhīwēi 趁人危难的时候(去要挟或侵害)。

【乘胜】 chéngshèng 副 趁着胜利 ▷～追击。

【乘时】 chéngshí 副 利用时机 ▷～奋起。

【乘势】 chéngshì 副 利用有利情势；顺势 ▷～扩大战果。

【乘数】 chéngshù 名 数学运算中用来乘被乘数的数。如 6×5=30，5 是乘数。

【乘务】 chéngwù 名 车、船、飞机上为乘客服务的各种事务。

【乘务员】 chéngwùyuán 名 从事乘务工作的人员。

【乘务组】 chéngwùzǔ 名 车、船、飞机上乘务员的基本组成单位。

【乘隙】 chéngxì 副 利用空子；抓住机会 ▷～潜逃|～攻入一球。

【乘兴】 chéngxìng 副 趁一时的兴致 ▷～作诗。

【乘虚而入】 chéngxū'érrù 趁着对方空虚或疏于防备而进入。

【乘员】 chéngyuán 名 交通工具上所载的人员(包括乘客和工作人员)。

【乘载】 chéngzài 动 装载；承受 ▷物体太重，普通货车难以～。

【乘坐】 chéngzuò 动 搭乘交通工具。

珵 chéng 名〈文〉美玉。

盛 chéng ❶ 动 把东西装入容器里；特指把饭菜等放进碗盘等器皿中 ▷小坛子～不下这么多酒|用铲子～菜。→ ❷ 动 容纳 ▷货太多，仓库～不下。
另见 1234 页 shèng。

【盛器】 chéngqì 名 装东西的器具。

铖(鋮) chéng 用于人名。如阮大铖，明代人。

程 chéng ❶ 名〈文〉度量衡的总称。→ ❷ 名 规矩；法度 ▷章～|规～|～式。→ ❸ 动〈文〉衡量；估计 ▷无星之秤不可以～物|～其力用。→ ❹ 名(旅行的或物体行进的)距离 ▷路～|射～。⇒ ❺ 名(旅行的)道路；一段路 ▷启～|登～|前～|送了一～又一～。⇒ ❻ 名 事物发展的经过或进行的步骤 ▷过～|议～|～序。○ ❼ 名 姓。

【程度】 chéngdù 名 事物发展所达到的水平、状况 ▷觉悟～|努力的～。

【程控】 chéngkòng 区别 程序控制的 ▷～交换机|～滤波器。

【程控电话】 chéngkòng diànhuà 程序控制自动电话交换机的简称。用预先编制好并存储在电子计算机内的程序来控制。也说程控机。

【程控技术】 chéngkòng jìshù 程序控制技术的简称。一种自动控制机器设备的技术。广泛应用于焊接、冶炼、通信等方面。

【程门立雪】 chéngmén-lìxuě《宋史·杨时传》记载：杨时与游酢有一天去拜谒程颐(宋代理学家)，程正闭目静坐，二人侍立在旁不敢惊动。待程醒来见门外积雪已有一尺厚了。后用"程门立雪"形容恭敬求教，尊师重道。

【程式】 chéngshì 名 特定的法式、格式 ▷应用文多有一定的写作～。

【程式化】chéngshìhuà 动 办理同类事情时都遵循一定程式;使符合固定的程式 ▷～动作|具体事情具体处理,不要～。

【程序】chéngxù ❶ 名 (事情)进行的先后顺序;也指一定的工作步骤 ▷大会～|履行～。❷ 名 为使电子计算机执行一个或多个操作,按顺序设计的计算机指令的集合。

【程序法】chéngxùfǎ 名 为保证公民和法人依实体法规定的权利和义务的实现而制定的法律(跟"实体法"相区别)。如民事诉讼法、刑事诉讼法、行政诉讼法等。

【程序控制】chéngxù kòngzhì 按预先规定的程序,对生产过程进行自动控制。广泛用于工业、通信、交通等领域。简称程控。

【程序设计】chéngxù shèjì 编写电子计算机程序的过程。设计时需事先确定解题方式、设计程序流程图,用计算机所能接受的指令或语句序列表达。

【程序员】chéngxùyuán 名 编制电子计算机软件程序的人员。

【程子】chéngzi 量〈口〉用于表示不太长的一段时间 ▷这～|一～。

惩(懲) chéng ❶ 动 警诫 ▷～前毖后。→ ❷ 动 处罚 ▷严～罪犯|奖～。☛ 统读 chéng,不读 chěng。

【惩办】chéngbàn 动 用惩罚手段处理;治罪 ▷依法～肇事者。

【惩处】chéngchǔ 动 惩罚;处分 ▷严加～。

【惩恶劝善】chéng'è-quànshàn 惩治邪恶,鼓励从善 ▷～,赏罚严明。

【惩恶扬善】chéng'è-yángshàn 惩治邪恶,传扬善良 ▷执法为民,～。

【惩罚】chéngfá 动 处罚;惩治 ▷～贪污分子。

【惩戒】chéngjiè 动 给予惩罚,使引以为戒 ▷扣压驾驶证,以示～。

【惩前毖后】chéngqián-bìhòu 从以前的错误或失败中吸取教训,使以后谨慎行事,不再重犯错误(毖:使谨慎)。

【惩一儆百】chéngyī-jǐngbǎi 惩罚一个人,以警诫更多的人。

【惩一警百】chéngyī-jǐngbǎi 现在一般写作"惩一儆百"。

【惩治】chéngzhì 动 惩办 ▷对歹徒要严加～。

裎 chéng〈文〉❶ 动 裸露身体 ▷裸～。○ ❷ 名 系(jì)玉佩的带子。

另见 178 页 chěng。

塍(*堘) chéng 名 某些地区指田间的土埂 ▷田～。

酲 chéng 形〈文〉酒醉后神志不清 ▷解～|忧心如～。

澂 chéng 用于人名。如吴大澂,清代人。另见本页 chéng"澄"。

澄(*澂) chéng ❶ 形 水清澈透明 ▷～碧|～净。→ ❷ 动 使清明;使清楚 ▷～清天下|～清事实。☛ chéng 是文读,dèng 是白读。在使清(明)的意义上,"澄(chéng)清"的意义抽象,如"澄清事实";"澄(dèng)清"的意义具体,指沉淀液体里的杂质,如"把浑水澄清"。

另见 293 页 dèng;"澂"另见本页 chéng。

【澄碧】chéngbì 形 清澈碧绿 ▷秋水～。

【澄澈】chéngchè 形 水清见底 ▷池水～照人。☛ 不要写作"澄彻"。

【澄净】chéngjìng 形 清澈明净 ▷～的湖水。

【澄静】chéngjìng 形 清澈平静 ▷古潭～。

【澄明】chéngmíng 形 澄澈透明 ▷秋高气爽,山水～◇心性～。

【澄清】chéngqīng ❶ 形 (水、天空)清澈 ▷～的湖水。❷ 动 使清明。比喻肃清混乱局面 ▷～内忧外患。❸ 动 使清楚;弄明白 ▷～是非|～问题。☛ 参见本页"澄(chéng)"的提示。

【澄莹】chéngyíng 形 清澈明亮 ▷水色～。

憕 chéng 形〈文〉平;平均。

橙 chéng ❶ 名 常绿小乔木,叶子椭圆形;果实叫橙子,圆形,红黄色,汁多,味道酸甜,是常见水果。参见插图 10 页。→ ❷ 形 形容颜色红中带黄 ▷～黄。☛ 统读 chéng,不读 chén。

【橙红】chénghóng 形 形容颜色像橙皮那样红里带黄。

【橙黄】chénghuáng 形 形容颜色黄里略微带红。

【橙皮】chéngpí 名 橙子皮,可以做药材。

【橙色】chéngsè 名 由黄、红两色合成的颜色。

【橙汁】chéngzhī 名 橙子的汁液;也指用橙子的汁液制成的饮料。

chěng

逞 chěng ❶ 动 显示;炫耀 ▷～威风|～强。→ ❷ 动 施展;实现(多指坏事) ▷阴谋得～|玩弄权术,以～私欲。○ ❸ 动 放纵 ▷～性子。

【逞能】chěngnéng 动 显示或炫耀自己有本事 ▷这事儿你干不了,别～|你逞什么能!

【逞气】chěngqì 动 任性斗气 ▷～铸大错。

【逞强】chěngqiáng 动 显示自己比别人能力强 ▷～好胜|这里能人很多,你逞什么强!

【逞威风】chěngwēifēng 炫耀威风,借以吓人 ▷

不在群众面前～|逞什么威风!

【逞性子】chěngxìngzi 使性子;耍脾气 ▷在长辈面前～可不对。也说逞性。

【逞凶】chěngxiōng 动 肆意行凶作恶 ▷盗匪～。

【逞英雄】chěngyīngxióng 显示(自己的)能耐;显示(自己有)英雄气概 ▷不会就是不会,不要～,充好汉|强敌面前～。

骋(騁) chěng ❶ 动 纵马奔跑 ▷驰～。→ ❷ 动 〈文〉尽量展开;放开 ▷～目|～望|～怀。☛ 跟"聘(pìn)"形、音、义都不同。

【骋怀】chěnghuái 动 〈文〉放开胸怀 ▷游目～。

【骋目】chěngmù 动 〈文〉放眼远望 ▷～四顾。

【骋望】chěngwàng 动 〈文〉放眼远望 ▷登楼～。

庱 chěng ❶ 名 庱亭,古地名,在今江苏丹阳东。○ ❷ 名 姓。

裎 chěng 名 古代一种对襟的单衣。

另见 177 页 chéng。

chèng

秤 chèng 名 称(chēng)物体重量的衡器 ▷一杆～|～平斗满|电子～|过～。

【秤锤】chèngchuí 名 用杆秤称物品时,挂在秤杆上可以移动使秤平衡并据所在位置指示物品重量的金属物。

【秤杆】chènggǎn 名 杆秤的主要组成部分,杆状,多用木头或金属做成,上面镶有秤星。

【秤钩】chènggōu 名 杆秤上用来挂被称物品的金属钩子。

【秤毫】chèngháo 名 秤杆上用来提起杆秤的绳子或皮条。也说秤纽。

【秤盘】chèngpán 名 盘秤或台秤上用来盛放所称物品的盘子。

【秤平斗满】chèngpíng-dǒumǎn 形容给的分量足,不让买方蒙受损失。

【秤砣】chèngtuó 名 〈口〉秤锤。

【秤星】chèngxīng 名 镶在秤杆上作计量标志的金属小圆点。

称(稱) chèng 同"秤"。现在一般写作"秤"。

另见 168 页 chèn;168 页 chēng。

牚 chèng ❶ 名 斜着的支柱 ▷墙要倒,赶紧支根～。→ ❷ 名 桌椅等家具腿与腿之间的横木 ▷这凳子少一根～。

另见 169 页 chēng。

chī

吃[1] chī 形 (说话)结巴 ▷口～。

吃[2](*喫) chī ❶ 动 咀嚼后吞咽下去(有时也指吸、喝) ▷～饭|～奶|～药。→ ❷ 动 吸纳(液体) ▷沙土地特别能～水|这种纸不～墨。→ ❸ 动 消灭;吞并 ▷连～对方三个子儿|～进这家公司。→ ❹ 动 耗费 ▷～力|～劲儿。→ ❺ 动 承受;受 ▷身体～不消|～惊。→ ❻ 动 指一物体进入另一物体 ▷轮船越重～水越深|车这种零件～刀不能太浅。→ ❼ 动 依靠某种事物生活 ▷靠山～山,靠水～水|～劳保。→ ❽ 动 领会;理解 ▷～透教材|～不准。→❾ 名 吃的东西 ▷缺～少穿。☛ "吃"字统读 chī,不读 qī。

【吃白饭】chībáifàn ❶吃白食。❷比喻光拿报酬而不做事 ▷正经干活儿的人不多,～的倒不少。❸只吃饭不就菜。

【吃白食】chībáishí 指白吃人家的东西。

【吃败仗】chībàizhàng 打了败仗;泛指在竞争或其他工作中遭到失败。

【吃闭门羹】chībìméngēng 比喻来访的客人不受主人欢迎,被拒之门外;也指客人到来时主人正好不在家。

【吃不饱】chībubǎo 动 形容工作、学习等任务过少,不能满足需求 ▷任务多着呢,别怕～。

【吃不动】chībudòng 动 食物过多吃不下;形容工作、学习等任务过重,完成不了 ▷菜太多,已经～了|这样大的课题,我一个人～它。

【吃不开】chībukāi 形 不受欢迎;不被看重 ▷他那一套做法已经～了。

【吃不来】chībulái 动 吃不惯;不爱吃 ▷这个菜我～,太辣。

【吃不了,兜着走】chībuliǎo,dōuzhezǒu 比喻出了问题,要承担责任和后果,极言后果严重,担当不起 ▷上头要怪罪下来,我可要～了。

【吃不上】chībushàng ❶ 动 赶不上吃;吃不到 ▷这酒席你算是～了。❷ 动 没吃的 ▷那时候家里穷啊,～,穿不上。

【吃不透】chībutòu 动 理解不透彻或不摸底细 ▷～教材,怎能教好课呢?

【吃不下】chībuxià 动 不能吃或吃不完;比喻承担不了 ▷刚吃过饭,～了|这么大的工程,一般建筑公司是～的。

【吃不消】chībuxiāo 动 承受不了;支持不住(多用于人) ▷这么重的活儿让老人干,他肯定～。

【吃不住】chībuzhù 动 承受不了;难以支持 ▷房顶太重,房梁恐怕～|三天三夜没合眼,实在～了。

【吃不准】chībuzhǔn 动 不能准确把握;摸不透 ▷合同是否能签,真～|这个人,谁也～。

【吃长斋】chīchángzhāi 信佛的人长年吃素。

【吃吃】chīchī 拟声 模拟笑声、口吃声和枪弹声等 ▷他听了～直笑|一急就～地说不下去|子弹从耳边～飞过。

【吃吃喝喝】chīchīhēhē 吃饭和喝酒；也指用酒食拉拢关系。

【吃穿】chīchuān 名 吃的和穿的；借指生活基本需求 ▷家里～不愁。

【吃醋】chīcù 动 指心怀忌妒（常用在男女关系上）▷争风～。

【吃大锅饭】chīdàguōfàn 比喻采取平均主义的分配制度或分配方法。参见 254 页“大锅饭”。

【吃大户】chīdàhù ❶旧时遇到荒年，饥民合伙到富豪家吃饭或抢夺粮食。❷ 比喻违背国家政策，向较富裕的单位或个人摊派钱款或索取财物。

【吃大灶】chīdàzào 在集体大食堂吃普通的饭菜（跟“吃小灶”相区别）。

【吃得开】chīdekāi 形 受欢迎或受重用。

【吃得来】chīdelái 动 吃得惯；愿意吃 ▷这道菜没那么辣，还～。

【吃得消】chīdexiāo 动 能支持住；能受得了（多用于人）▷就是再加三个夜班我也～。

【吃得住】chīdezhù 动 承受得了；支撑得住 ▷楼板很结实，放这些东西能～。

【吃得准】chīdezhǔn 动 能准确把握 ▷他们公司诚信可靠，我～。

【吃豆腐】chīdòufu ❶某些地区指调戏（妇女）。❷ 吃豆腐饭。

【吃豆腐饭】chīdòufufàn 旧指去丧家吊唁吃饭。因丧家准备的饭菜中常有豆腐，故称。

【吃独食】chīdúshí 只是自个儿吃，不让别人吃；比喻在合作中独占好处 ▷这人爱～，别跟他合作。

【吃饭】chīfàn 动 借指维持生计 ▷靠本事～。

【吃粉笔灰】chīfěnbǐhuī 借指当教师（含诙谐意）▷大学一毕业就开始～|吃了一辈子粉笔灰。也说吃粉笔面儿、吃粉笔末儿。

【吃干醋】chīgāncù 为与自己无关的事情而忌妒 ▷他这人爱～，别理他。

【吃干饭】chīgānfàn 只吃饭不干事，多指人无用或没本事 ▷他工作能力很强，可不是～的。

【吃功夫】chīgōngfu 〈口〉花费精力；需要功力 ▷微雕可是个～的活儿。

【吃官司】chīguānsi 指被告上法庭或被判刑入狱 ▷他～以后，他的工厂就倒闭了。

【吃馆子】chīguǎnzi 在饭馆里就餐。

【吃喝儿】chīhēr 名〈口〉指吃和喝的东西 ▷这里的～不错，花样多，营养好。

【吃喝风】chīhēfēng 名 大吃大喝的风气；特指用公款吃喝的风气 ▷坚决制止～。

【吃喝嫖赌】chī-hē-piáo-dǔ 形容生活淫乱奢靡。

【吃喝玩乐】chī-hē-wán-lè 多形容寻欢作乐，生活放纵。

【吃后悔药】chīhòuhuǐyào 比喻对自己做过的事感到后悔 ▷如果你不想～，就别做这件事。参见 573 页“后悔药”。

【吃皇粮】chīhuángliáng 比喻在靠国家财政开支经费的政府部门或事业单位工作。

【吃回扣】chīhuíkòu 接受回扣 ▷刹住～的不正之风。参见 611 页“回扣”。

【吃回头草】chīhuítóucǎo “好马不吃回头草”的变式。比喻重做以前放弃过的事或再回到以前曾经待过的地方去工作、生活。

【吃荤】chīhūn 动 吃肉食；比喻敲诈勒索等。也说吃荤饭。

【吃货】chīhuò ❶ 动〈口〉进货；特指投资者买进有价证券 ▷行情不稳，不忙～。❷ 名 指只会吃不会做事的人（骂人的话）。❸ 名 指美食爱好者。

【吃紧】chījǐn ❶ 形 形势紧张或严重 ▷前线～|供应～。❷ 形 重要；紧要 ▷这可是大堤最～的地段，千万不能马虎。

【吃劲】chījìn ❶ 动 能承受重量；顶事 ▷胳膊受过伤，一点儿也不～。❷ 形〈口〉重要；关键 ▷我去不去不～，有他去就行了|这三天最～，能顶过去就行了。

【吃惊】chījīng 动 感到惊讶；受到惊吓 ▷令人～|你这一喊，真叫我吃了一惊。

【吃开口饭】chīkāikǒufàn 旧时指以表演戏曲、曲艺等为谋生手段。

【吃客】chīkè ❶ 名 来饭馆吃饭的人 ▷这家馆子～如云，生意很火。❷ 名 吃白食的人。

【吃空饷】chīkòngxiǎng 指向上级多报本单位人数，私吞虚报人员的钱物。也说吃空额。☛“空”这里不读 kōng。

【吃口】chīkǒu ❶ 名 家里吃饭的人。❷ 名 口感 ▷中晚稻比早稻的～好。❸ 名（牲畜）吃食的能力 ▷这头猪～还好，不会有大病。

【吃苦】chīkǔ 动 承受艰难困苦 ▷～耐劳。

【吃苦头】chīkǔtou 尝到了苦味儿。比喻遭痛苦，受磨难 ▷你不努力学习，将来会～的|他一生吃尽了苦头。

【吃亏】chīkuī ❶ 动 遭受损失 ▷～上当|吃了点儿亏。❷ 形（在某方面）不利 ▷相比之下，我队在身高上太～了。

【吃劳保】chīláobǎo 职工因病或工伤长期不能工作而按规定享受劳动保险待遇，领取劳保金。

【吃老本儿】chīlǎoběnr 消耗本金；比喻只凭已有的资历、功劳、成绩、本领等过日子，安于现状，

不思进取 ▷不要～，要立新功。

【吃里扒外】chīlǐ-páwài 现在一般写作“吃里爬外”。

【吃里爬外】chīlǐ-páwài 比喻受着自己一方的好处，暗中却为外人尽力。

【吃力】chīlì ❶ 形 费劲儿 ▷干这活儿不太～。❷ 动 承受力量 ▷房子是靠承重墙～。

【吃拿卡要】chī-ná-qiǎ-yào 指凭借职权而吃请、贪占、刁难、索要等不正之风和违法行为。☛“卡”这里不读 kǎ。

【吃派饭】chīpàifàn 临时下乡的工作人员被安排到当地农户家吃饭并按规定交伙食费。

【吃捧】chīpěng 动 喜欢别人吹捧自己。

【吃偏饭】chīpiānfàn ❶在共同生活中吃比别人好的饭食。❷比喻享受特殊待遇或得到特殊照顾 ▷老师常给她～，单独辅导。‖也说吃偏食。参见 1045 页“偏饭”。

【吃枪药】chīqiāngyào 形容火气大，说话伤人 ▷你干吗发那么大的脾气，～啦？

【吃枪子儿】chīqiāngzǐr 挨子弹打（骂人的话）。

【吃请】chīqǐng 动 接受别人（多指有求于自己的人）宴请 ▷～之风得到遏制。

【吃软不吃硬】chīruǎn bù chīyìng 借指在和人交际中接受温和的方式，拒绝强硬的方式。

【吃商品粮】chīshāngpǐnliáng 实行粮油配给制时期借指享受城镇居民待遇。参见 1201 页“商品粮”。

【吃食】chīshí 动 （鸟、兽等）吃食物 ▷他养的小鸟这两天不～了。

【吃食】chīshi 名 〈口〉食物 ▷带些～再上路。也说吃儿。

【吃食堂】chīshítáng 在食堂就餐。

【吃水】chīshuǐ ❶ 名 饮用水 ▷山区人民的～问题要解决。❷ 动 吸水 ▷糯米做饭～少。○ ❸ 名 船体入水的深度 ▷那条船～很深。

【吃水不忘挖井人】chīshuǐ bù wàng wājǐngrén 比喻享受幸福生活时，不要忘记为此付出辛勤劳动的人。表示不能忘本。

【吃素】chīsù 动 只吃素食，不吃鱼肉类荤腥食物；佛教徒吃素戒律还包括不吃葱蒜等有特殊气味的食物 ▷他信佛，成年～ ◇那伙歹徒竟扬言，他们不是～的。

【吃透】chītòu 动 理解准确透彻 ▷～文件精神。

【吃瓦片儿】chīwǎpiànr 指靠出租房屋为生。

【吃闲饭】chīxiánfàn ❶ 只拿报酬而不做事 ▷单位里很少有～的人。❷ 没有工作，没有经济收入 ▷他家没有一个～的。

【吃现成饭】chīxiànchéngfàn 比喻自己不劳动而享受别人的劳动成果。

【吃香】chīxiāng 形 受欢迎；受重用 ▷有真才实学的人到处都～。

【吃相】chīxiàng 名 吃东西的姿势、模样。

【吃小灶】chīxiǎozào ❶在集体大食堂吃比较好的饭菜（跟“吃大灶”相区别）。❷比喻享受特殊待遇或帮助 ▷要给转校过来的学生～，帮他们赶上进度。

【吃鸭蛋】chīyādàn 比喻考试或竞赛中得零分。因阿拉伯数字的“0”形如鸭蛋，故称。

【吃哑巴亏】chīyǎbakuī 吃了亏不敢或不便声张。

【吃眼前亏】chīyǎnqiánkuī 当时就受到损失、伤害 ▷好汉不～。

【吃一堑，长一智】chīyīqiàn，zhǎngyīzhì 受一次挫折，得一次教训，长一分见识（堑：壕沟；比喻挫折或失败）▷～，坏事也许能变成好事。☛“堑”不读 zhǎn。

【吃硬不吃软】chīyìng bù chīruǎn 借指在和人交际中不听好言相劝，只有对方使出强硬手段才顺从。

【吃赃】chīzāng 动 收受赃物、赃款。

【吃斋】chīzhāi ❶ 动 吃素。❷ 动 僧尼吃饭。

【吃重】chīzhòng ❶ 动 载重 ▷这种卡车～5吨。❷ 形 担负的责任大；费力 ▷让我干这么～的工作，我只好勉为其难了。

【吃主儿】chīzhǔr 〈口〉❶ 名 善于品尝菜肴的人 ▷他可是个～，各大饭庄他都吃过。❷ 名 饭店的顾客 ▷今儿来的～可不少。

【吃准】chīzhǔn 动 准确把握或搞清楚 ▷先把招标项目～，再决定是否投标。

【吃租】chīzū 动 靠收取租金生活。

【吃罪】chīzuì 动 承担罪名和责任 ▷出了事儿你我都要～|上级责怪下来，咱们可～不起呀。

郗 chī 名 姓。

另见 1467 页 xī。

哧 chī 拟声 模拟笑声或撕裂声等 ▷她～～地笑个不停|～的一声，轮胎跑气了。

【哧溜】chīliū 拟声 模拟滑动、撕裂、跑气等声音 ▷蹬着冰鞋～一声滑得老远|高压锅在～～地冒气。

鸱（鴟） chī 名 古书上指鹞鹰。

【鸱尾】chīwěi 名 中式房子屋脊两端伸出的装饰物，形状像鸱的尾巴，一般为陶制。

【鸱吻】chīwěn 名 传说是海中一种能喷浪降雨的鱼。传统建筑物上常以此物的形状作装饰，祈望辟除火灾。一说即鸱尾。

【鸱鸮】chīxiāo 名 指猫头鹰一类的鸟。☛ 不宜写作“鸱枭”。

蚩 chī 形 〈文〉愚笨无知；傻乎乎 ▷～拙|～～。

【蚩尤】chīyóu 名 古代传说中九黎族的首领，与黄帝战于涿鹿，失败被杀。

绨(絺) chī 名〈文〉细葛布。

眵 chī 名 眼眵。

笞 chī 动〈文〉用鞭、杖或竹板抽打 ▷鞭～。☛ ㊀不读 tái。㊁跟“苔”不同，“苔”是草字头，指苔藓植物。

瓻 chī 名 古代一种陶制的盛酒器。

摛 chī〈文〉❶ 动 舒展开；铺展。→ ❷ 动 铺叙；铺陈。

嗤 chī 动 讥笑 ▷～之以鼻｜～笑。☛ 不读 chǐ 或 chì。

【嗤溜】chīliū 现在一般写作“哧溜”。

【嗤笑】chīxiào 动 讥笑 ▷遭人～。

【嗤之以鼻】chīzhīyǐbí 用鼻子发出像冷笑的吭气声，表示鄙视、轻蔑。

痴(*癡) chī ❶ 形 呆傻；愚笨 ▷～人说梦｜～呆｜～话。→ ❷ 形 形容极度迷恋而不能自拔 ▷～情｜～迷。❸ 名 极度迷恋而不能自拔的人 ▷书～｜情～。☛ 统读 chī，不读 chí。

【痴痴】chīchī 形 形容极度沉迷或呆傻的样子 ▷他神情～地沉浸在往事的回忆中。

【痴呆】chīdāi 形 呆傻；神情、举止呆滞 ▷老年～症｜这孩子神情～，怕是有毛病吧！

【痴癫】chīdiān 形 又傻又疯；精神错乱 ▷他受邪教迷惑，已经到了～的程度。

【痴肥】chīféi 形 过于肥胖；胖得难看 ▷～臃肿｜这个人怎么～成这个样子！

【痴话】chīhuà 名 傻话。

【痴狂】chīkuáng ❶ 形 痴癫 ▷他精神失常，已经有点儿～了。❷ 形 形容迷恋到发狂的程度 ▷～地迷恋武术。

【痴恋】chīliàn 动 极度爱恋或迷恋 ▷～着自己为之奋斗的事业｜～得热烈而深沉。

【痴梦】chīmèng 名 沉迷不醒的梦。

【痴迷】chīmí 动 极度迷恋 ▷～流行歌曲｜他喜欢书法，简直到了～的程度。

【痴情】chīqíng ❶ 名 痴迷的感情 ▷一片～。❷ 形 爱慕迷恋到不能摆脱的地步。

【痴人说梦】chīrén-shuōmèng 原义是对蠢人说梦话，他会信以为真。现多用来指说不着(zhuó)边际的荒唐话。

【痴傻】chīshǎ 形 痴呆；智力低下 ▷经过这次惊吓，他变得越发～了。

【痴望】chīwàng ❶ 动 迷恋地看；呆呆地看 ▷她面朝窗外，～着蒙眬的雨景。❷ 动 痴迷地盼望或期待 ▷～着同离散的亲人团聚。

【痴想】chīxiǎng 动 迷恋地想；呆呆地想 ▷你一言不发，在那儿～什么呢？

【痴笑】chīxiào 动 呆傻地笑 ▷看着那疯女子～，他心中格外难过。

【痴心】chīxīn 名 (对某人或某事)迷恋不舍的心思 ▷～不变。

【痴心妄想】chīxīn-wàngxiǎng 入了迷的心思，荒唐的想法。指永远不能实现的幻想。

【痴长】chīzhǎng ❶ 动 谦词，称自己白白地活了多少岁。❷ 动 谦词，称自己比别人白白地大了多少岁 ▷我比你～几岁，要劝你几句。

【痴滞】chīzhì 形 (神情)呆板发愣 ▷目光～。

【痴醉】chīzuì 动 入迷以至沉醉 ▷高水平的足球赛令球迷们～。

媸 chī 形〈文〉面貌丑陋(跟“妍”相对) ▷妍～莫辨。

螭 chī ❶ 名 古代传说中一种没有角的龙。○ ❷ 同“魑”。现在一般写作“魑”。

魑 chī 见下。

【魑魅】chīmèi 名 传说中的山林妖怪；泛指鬼怪 ▷山中～｜～显形。

【魑魅魍魉】chīmèi-wǎngliǎng 传说中害人的妖魔鬼怪的统称。比喻形形色色的坏人。

chí

池 chí ❶ 名 水塘；蓄水的设施 ▷荷花～｜游泳～。→ ❷ 名〈文〉护城河 ▷金城汤～｜城门失火，殃及～鱼｜城～。→ ❸ 名 指某些四周高中间低、像池一样的地方或设施 ▷乐～｜舞～｜花～。○ ❹ 名 姓。

【池汤】chítāng 名 池塘②。

【池塘】chítáng ❶ 名 蓄水的大坑 ▷村边的～清澈见底｜～里全是荷花。❷ 名 澡堂里的大浴池(跟“盆塘”相区别)。也说池汤、澡塘。

【池榭】chíxiè 名 建在水塘边高台上的房屋。多供游览休憩用。

【池盐】chíyán 名 从咸水湖中提取的盐。

【池鱼笼鸟】chíyú-lóngniǎo 池中鱼，笼中鸟。比喻失去自由的人。

【池鱼之殃】chíyúzhīyāng 比喻无辜受牵连而遭受的祸殃。也说池鱼之祸。参见 175 页“城门失火，殃及池鱼”。

【池浴】chíyù 动 在浴池里洗澡。

【池沼】chízhǎo 名 野外天然的水塘；也指人工修筑的池塘 ▷苏州园林～多引活水。

【池子】chízi ❶ 名 蓄水的坑。❷ 名 水池② ▷卫生间里有一个专用来洗墩布的～。❸ 名〈口〉公共浴室中的大浴池。❹ 名 指舞池。

【池座】chízuò 名 老式剧场正厅前部的座位。

弛 chí ❶ 动〈文〉放松弓弦(跟“张”相对,②③同)。→ ❷ 动 放松;松开 ▷一张一～,文武之道。→ ❸ 形 松懈 ▷松～|～缓。→ ❹ 动 解除;废除 ▷～禁|废～。☛ ㊀统读 chí,不读 shǐ。㊁跟“驰”不同。

【弛缓】chíhuǎn 形(形势、心情等)和缓或松弛 ▷局势日渐～。☛ 跟“迟缓”不同。“弛缓”指形势、心情的和缓;“迟缓”指动作或事情进展缓慢。

【弛禁】chíjìn 动〈文〉解除禁令;放宽禁令。

【弛懈】chíxiè 形〈文〉放松;松懈。

【弛张】chízhāng 动 放松与拉紧弓弦。比喻事业的废与兴或处事的宽与严等 ▷～得法。

驰(馳) chí ❶ 动(车、马等)快跑 ▷奔～|风～电掣。→ ❷ 动 使快跑 ▷～马疆场。→ ❸ 动 向往 ▷心～神往。→ ❹ 动(名声)传播 ▷～誉|～名中外。☛ 跟“弛”不同。

【驰报】chíbào 动 迅速报告;迅速通报 ▷事关全局,立即向总部～|此件～各地。

【驰骋】chíchěng 动(马)奔跑;常比喻在某个领域充分发挥才干 ▷骏马～|～体坛十多年。

【驰电】chídiàn 动 指火速发出电报 ▷世界各国向受灾国～慰问。

【驰名】chímíng 动 声名远扬 ▷～商标。

【驰目】chímù 动〈文〉放眼远望。

【驰驱】chíqū〈文〉❶ 动 策马奔驰 ▷～沙场。❷ 动 为人奔波效劳 ▷～于大将军麾下。

【驰书】chíshū 动〈文〉快速传信 ▷～边陲。

【驰行】chíxíng 动(车、马等)快速行进。

【驰誉】chíyù 动 声誉远扬 ▷～全球。

【驰援】chíyuán 动 飞奔(某地)救援 ▷医务人员～地震灾区。

迟(遲) chí ❶ 形 缓慢 ▷说时～,那时快|事不宜～。→ ❷ 形 晚于规定的或适宜的时间 ▷我来～了|～到。〇 ❸ 名 姓。

【迟迟】chíchí 副 表示极其缓慢或时间拖得很晚(多用于否定式) ▷～不决|开会时间早过,人却～不到。

【迟到】chídào 动 比规定的时间到得晚;到达得较晚 ▷～了10分钟|～的消息。

【迟钝】chídùn 形(感官、言行等)反应不敏捷 ▷思维～|听觉～。

【迟缓】chíhuǎn 形 慢;不快 ▷沉重～的步子|事情进展～。☛ 参见本页“弛缓”的提示。

【迟慢】chímàn 形 缓慢;迟延 ▷～的语调|思维～,反应不过来。

【迟暮】chímù ❶ 名 傍晚 ▷天色～。❷ 名 比喻人的晚年 ▷～之年。

【迟误】chíwù 动 因迟缓而耽误;延误 ▷这个命令要及时下达,不得～。

【迟效】chíxiào 形 缓慢见效的 ▷～药。

【迟延】chíyán 动 耽搁;拖延 ▷～了交工时间。

【迟疑】chíyí 动 犹豫不决 ▷别～了,快走吧! ☛ 参见194页“踌躇”的提示㊁。

【迟早】chízǎo 副 或迟或早;总有一天 ▷这个问题他～会想通的。

【迟滞】chízhì ❶ 形 迟缓;不通畅 ▷他思维～,动作也不大灵活|交通拥塞,车流～。❷ 形(神情)呆滞 ▷～的目光。❸ 动 使缓慢或停滞 ▷资金不到位,～了工程进展。

坻 chí 名〈文〉水中的小洲或高地。另见298页dǐ。

茌 chí [茌平] chípíng 名 地名,在山东。

持 chí ❶ 动 握住 ▷～枪顽抗|手～鲜花。→ ❷ 动 主张;抱有(某种思想、见解) ▷～之有故|～反对态度。→ ❸ 动 掌管;料理 ▷操～|勤俭～家。→ ❹ 动 支持;维持 ▷保～|～续。→ ❺ 动 相持不下;对抗 ▷僵～|争～。→ ❻ 动 控制 ▷劫～|自～。

【持仓】chícāng 动 指持有有价证券、期货等,不卖出也不买进,待机行事 ▷股票一日内大涨大跌,不少股民～观望。

【持仓量】chícāngliàng 名 仓位②。

【持法】chífǎ 动 运用法律;执法 ▷～公正。

【持股】chígǔ 动 持有股份公司的股份(股票)。

【持衡】chíhéng 动 保持平衡 ▷收支～。

【持家】chíjiā 动 操持家务 ▷～有方。

【持久】chíjiǔ 形 持续的时间长 ▷旷日～。

【持久性有机污染物】chíjiǔxìng yǒujī wūrǎnwù 能对环境造成严重污染,且难以通过物理、化学或生物方法降解的有机物,主要包括二噁英、灭蚁灵、DDT等12种有机化合物。

【持久战】chíjiǔzhàn 名 持续时间长的战争。在双方强弱悬殊的条件下,较弱一方为了在长期的较量中逐渐转弱为强,最终战胜敌人,往往采取这种战略方针(跟“速决战”相区别) ▷抗日战争是一场～。

【持卡族】chíkǎzú 名 持有信用卡并用刷卡来替代现金支付方式的消费群体。

【持论】chílùn 动 立论;抱有某种观点 ▷～有据。

【持平】chípíng ❶ 形 公正;不偏颇 ▷～之论。❷ 动 跟所比的数量保持相等 ▷收支～。

【持枪】chíqiāng ❶ 动 握枪 ▷～姿势正确。❷ 动 携带枪支;使用枪支 ▷～证|～守护。

【持身】chíshēn 动〈文〉自立做人;修身 ▷用权以廉,～以正。

【持守】chíshǒu 动 坚持;守护(多用于抽象事物)

▷～节操。

【持效期】chíxiàoqī 名（药物等）持续有效的时间 ▷这种农药见效快，～长。

【持械】chíxiè 动 拿着器械 ▷～行凶。

【持续】chíxù 动 保持并延续不断 ▷交往已经～多年｜可～发展。☛ 跟"继续"不同。"持续"强调动作连续不断，中间没有间歇；"继续"表示动作前后相连，可以是连续不断，也可以有间歇，适用范围较广。

【持续农业】chíxù nóngyè 科学利用自然资源，有效保护生态环境，使当代和后代生产能持续增长的农业系统。

【持有】chíyǒu 动 拿着；抱有（某种观点、态度等）▷手中～武器｜～不同观点。

【持斋】chízhāi 动 信教的人坚持遵守不吃荤或不吃某种食品的戒律。

【持正】chízhèng ❶ 动 主持公正 ▷议论褒贬，～不阿。❷ 形 不偏不倚 ▷公平～。

【持证】chízhèng ❶ 动 拿着证件 ▷～视察工地。❷ 动 持有某种从业资格证明 ▷～上岗。

【持之以恒】chízhīyǐhéng 有恒心，长期坚持下去。

【持之有故】chízhīyǒugù 所持的主张、见解有根据。

【持重】chízhòng 形（言谈、举止）谨慎稳重 ▷老成～。

匙 chí 名 匙子 ▷汤～｜茶～。
另见 1262 页 shi。

【匙子】chízi 名 小勺子。

漦 chí 名〈文〉鱼、龙等的口水；泛指口水 ▷龙～｜鲸～。

墀 chí〈文〉❶ 名 台阶上的空地 ▷阶～。→ ❷ 名 泛指台阶 ▷丹～。

踟 chí 见下。☛ 不读 zhī。

【踟躇】chíchú 现在一般写作"踟蹰"。

【踟蹰】chíchú ❶ 动 来回走动 ▷独自在湖边～。❷ 形 形容要走又不走或犹豫不定的样子 ▷～不前｜我很～，不知该怎么办。

篪 chí 名 古代一种竹制管乐器，形状像笛子。

chǐ

尺 chǐ ❶ 量 市尺。→ ❷ 名 量长短的器具 ▷用～量｜木～｜卷～｜卡～。⇒ ❸ 名 像尺子一样细长扁平的东西 ▷镇～｜戒～。⇒ ❹ 名 指某些绘图的器具 ▷曲～｜丁字～｜放大～。○ ❺ 名 中医指尺中脉（诊脉的部位之一）▷寸、关、～｜～脉。
另见 163 页 chě。

【尺寸】chǐcùn ❶ 名 指长短或大小 ▷先量～，再计算面积｜增大屏幕的～。❷ 名〈口〉分寸 ▷说话、办事都要把握好～。

【尺牍】chǐdú 名 旧指书信（牍：写字用的木片）。古代书简长约一尺，故称 ▷寄长怀于～。

【尺度】chǐdù 名 分寸；标准 ▷掌握好评分～。

【尺短寸长】chǐduǎn-cùncháng《楚辞·卜居》："尺有所短，寸有所长。"意思是尺比寸长，用于更长处却显得短；寸比尺短，用于更短处却显得长。后用"尺短寸长"比喻每个人或事物各有各的长处和短处。也说尺有所短，寸有所长。

【尺幅千里】chǐfú-qiānlǐ 一尺的画幅虽小，展示的空间却极大。形容绘画造诣很高；也比喻事物虽小，包含的内容却很丰富。

【尺骨】chǐgǔ 名 位于前臂内侧的长骨。上端粗大，呈三棱柱形，与肱骨相接；下端较小，有一光滑的球状凸出，与桡骨构成关节，并与腕骨相接。

【尺蠖】chǐhuò 名 尺蠖蛾的幼虫。身体细长，行动时身体一曲一伸，像用大拇指和中指量距离一样，故称。成虫称尺蠖蛾。危害果树、茶树、桑树等林木。因化蛹时常吐丝悬垂在空中，俗称吊死鬼儿。

【尺码】chǐmǎ ❶ 名 尺寸 ▷你穿多大～的鞋？❷ 名 指标准 ▷不能用一个～去衡量所有的事物。

【尺素】chǐsù 名〈文〉书信的别称（素：本色的丝帛）。古代用长一尺的绢帛写文章或书信，故称。

【尺页】chǐyè 名 长宽约一尺的单页书画或书画册 ▷一幅～｜一本～。

【尺蚓穿堤】chǐyǐn-chuāndī 短小的蚯蚓，可以穿透大堤。比喻小的事故可以造成大的祸患。

【尺子】chǐzi 名 尺② ▷一把～◇用什么～来衡量我们的干部？

齿（齒） chǐ ❶ 名 牙[1]①。→ ❷ 名 像齿一样排列的东西 ▷锯～｜梳～｜～轮。→ ❸ 动 并列 ▷不～。→ ❹ 名〈文〉指年龄（牙齿的生长、脱落与年龄有关）▷年～｜序～。→ ❺ 动〈文〉提到 ▷不足～数（shǔ）｜～及。☛ 下边是"凶"，不是"凶"。

【齿及】chǐjí 动〈文〉谈到；提到 ▷此事不足～。

【齿鲸】chǐjīng 名 鲸的一类，口中有细密小齿，以鱼类等为食。如抹香鲸、虎鲸等。

【齿冷】chǐlěng 动〈文〉耻笑（笑久了牙齿会感到寒冷）▷卑鄙至此，令人～。

【齿轮】chǐlún 名 机器上边缘为齿状的轮子。利用轮齿的互相啮合，由一个齿轮带动另一个齿轮转动，以传递运动和动力。也说牙轮。

【齿龈】chǐyín 名 牙龈。

侈 chǐ ❶ 形 浪费；奢华 ▷～靡｜奢～。→ ❷ 形 过分；夸大 ▷～欲｜～言。☛ 统读

chǐ,不读 chì。

【侈糜】chǐmí 现在规范词形写作"侈靡"。

【侈靡】chǐmí 形(生活)奢侈浪费 ▷骄横~。☛不要写作"侈糜"。

【侈谈】chǐtán ❶ 动 不切实际地夸大地谈论 ▷不要脱离实际去~什么高消费。❷ 名 不切实际的夸大的话 ▷他的种种~,不值一驳。

【侈言】chǐyán ❶ 名 夸大不实的言辞 ▷实属~,不可相信。❷ 动 大讲 ▷~真善忍,实为真残忍。

【侈欲】chǐyù 名 过分的欲望(多指私欲)。

哆 chǐ 形〈文〉形容张嘴的样子 ▷~口欲言。另见 356 页 duō。

胣 chǐ 动〈文〉剖开腹部,掏出肠子 ▷~腹解肢。

耻(*恥) chǐ ❶ 动 感到不光彩;觉得羞愧 ▷~与为伍|可~。→ ❷ 名 羞愧的感觉 ▷恬不知~|厚颜无~。→ ❸ 名 耻辱 ▷奇~大辱|洗雪国~。

【耻骨】chǐgǔ 名 骨盆下部靠近外生殖器的左右两块骨头。

【耻辱】chǐrǔ 名 声誉上受到的羞辱;可耻的事 ▷鸦片战争使中国蒙受了极大的~。

【耻笑】chǐxiào 动 羞辱和讥笑 ▷不要~别人的生理缺陷。

【耻于】chǐyú 动 对某种事情感到羞耻 ▷这种事实在让人~述说。

豉 chǐ 见 337 页"豆豉"。☛ ㊀ 统读 chǐ,不读 chí 或 shì。㊁ 跟"鼓"不同。

褫 chǐ 动〈文〉剥夺;革除 ▷~夺|~职|~爵。☛ 统读 chǐ,不读 chí。

【褫夺】chǐduó 动〈文〉剥夺 ▷~兵权。

【褫革】chǐgé 动〈文〉革去(职务、爵位等) ▷~官职。

chì

彳 chì [彳亍] chìchù 动〈文〉小步慢走;时走时停 ▷独自~街头。

叱 chì 动 大声斥骂 ▷怒~|~责。☛ 右边是"七",不是"匕"。

【叱干】chìgān 名 复姓。

【叱呵】chìhē 动 呵叱。

【叱喝】chìhè 动 大声怒斥 ▷厉声~。

【叱令】chìlìng 动 大声斥责、命令;喝令 ▷~歹徒举手投降。

【叱骂】chìmà 动 大声责骂 ▷~不休。

【叱问】chìwèn 动 大声责问。

【叱责】chìzé 动 大声责备。☛ 跟"斥责"不同。"叱责"强调呵斥的声音很大;"斥责"强调态度和用语的严厉。

【叱咤】chìzhà 动 怒喝 ▷~江湖。

【叱咤风云】chìzhà-fēngyún 大声怒喝,能使风云变色。形容声势威力极大。

斥 chì ❶ 动〈文〉开拓;使扩大 ▷~地千里。→ ❷ 形 多 ▷充~。→ ❸ 动〈文〉侦察 ▷~候|~骑。→ ❹ 动 使离开 ▷排~|~退。〇 ❺ 动 拿出(钱);支付 ▷~资。〇 ❻ 动 责备 ▷怒~|申~。

【斥候】chìhòu〈文〉❶ 动 侦察 ▷谨~,严巡逻。❷ 名 进行侦察的人。

【斥力】chìlì 名 物体之间相互排斥的力。带同性电荷的物体之间、同性磁极之间都有斥力(跟"引力"相区别)。

【斥骂】chìmà 动 责骂 ▷遭到~。

【斥卖】chìmài 动〈文〉卖掉 ▷~庄园。

【斥退】chìtuì ❶ 动 旧指免去官职或开除学籍。❷ 动 命令(身边的下属或仆役等)退出 ▷~左右。

【斥问】chìwèn 动 责问 ▷受到~。

【斥责】chìzé 动 严厉地指责(别人的错误或罪行) ▷愤怒~贪污分子的罪行。☛ 参见本页"叱责"的提示。

【斥逐】chìzhú 动〈文〉驱逐;逐出。

【斥资】chìzī 动 拿出或支付费用(多为大笔款项) ▷~修路|~两个亿。

赤 chì ❶ 形 红 ① ▷面红耳~|~豆。→ ❷ 形 纯真 ▷~忱|~胆忠心。→ ❸ 形 空;尽 ▷~手|~贫。❹ 动 裸露 ▷~身裸体。→ ❺ 形 象征革命 ▷~卫队|~旗。〇 ❻ 名 姓。

【赤白痢】chì-báilì 名 痢疾的一种。特点是大便中带血带脓,红白相杂。

【赤背】chìbèi 动 光着脊背;泛指上身裸露。

【赤膊】chìbó ❶ 动 光着膀子;泛指上身裸露 ▷~袒胸。❷ 名 裸露的上身 ▷打着~乘凉。

【赤膊上阵】chìbó-shàngzhèn 光着膀子上阵打仗。形容猛冲猛打,不讲谋略;也比喻脱下伪装,毫无掩饰地干坏事。

【赤潮】chìcháo 名 由于海水中某些浮游生物急剧增殖而引起的一种生态异常、水体颜色变红的现象。赤潮会阻碍海水与空气间的氧气交换,造成鱼类等窒息死亡。也说红潮。

【赤忱】chìchén ❶ 形 十分诚挚 ▷~相待。❷ 名 十分诚挚的心意 ▷满怀~|奉献~。

【赤诚】chìchéng 形 十分真诚 ▷~相待。

【赤带】chìdài 名 中医指从阴道排出的红色黏液,是一种妇科病症。

【赤胆忠心】chìdǎn-zhōngxīn 形容极其忠诚,绝无二心。

【赤道】chìdào 名 环绕地球表面,与南、北极距离相等的假想的圆周线,是地球上划分纬度的基线。赤道的纬度是0°,赤道以北叫北纬,以南叫南纬。

【赤地】chìdì 名 严重的旱灾、虫灾或战乱等造成的寸草不生的土地 ▷～千里。

【赤豆】chìdòu 名 小豆。

【赤褐色】chìhèsè 名 带红的褐色 ▷棕熊长着一身～的毛。

【赤红】chìhóng 形 大红 ▷～的果子。

【赤狐】chìhú 名 狐的一种。皮毛赤褐色或黄褐色,尾尖白色。产于我国东北、内蒙古等地区。通称火狐。也说红狐。

【赤脚】chìjiǎo ❶ 动 光着脚 ▷～行走|赤着脚在沙滩上跑。❷ 名 不穿鞋、袜的脚 ▷一双～冻得通红。

【赤脚医生】chìjiǎo yīshēng 20世纪60年代至70年代中国农村一度出现过的亦农亦医的非专业性医务人员。

【赤金】chìjīn ❶ 名 纯金。❷ 名 古代指铜。

【赤痢】chìlì 名 痢疾的一种。特点是大便中带血,没有脓。

【赤链蛇】chìliànshé 名 无毒蛇,长可达1米,头部黑色,背部黑褐色,有细密鳞片和暗红色横纹,腹部橙黄色。以鱼、蛙、蟾蜍等小动物为食。☛ 不宜写作"赤练蛇""赤楝蛇"。

【赤磷】chìlín 名 红磷。

【赤露】chìlù 动 赤裸。

【赤裸】chìluǒ 动 (身体)光着,没有遮掩 ▷他的上身～着◇～的大地。

【赤裸裸】chìluǒluǒ ❶ 形 形容光着身子的样子。❷ 形 形容没有遮盖掩饰,全部暴露出来 ▷对这种～的敲诈行径,必须依法制裁。

【赤霉菌】chìméijūn 名 危害小麦、水稻等作物的病原菌之一。作物的受害部分多呈粉红色病斑。但从某些菌种的代谢产物中可提取赤霉素,对植物生长有促进作用。

【赤霉素】chìméisù 名 一类植物激素,目前已发现120余种。其中赤霉酸是最早从赤霉菌代谢产物中获得的,白色结晶,难溶于水,能刺激某些植物生长,使结出无籽果实。

【赤贫】chìpín 形 穷得一无所有 ▷～之士|～如洗。

【赤日】chìrì 名 红日;烈日 ▷～照耀|～炎炎。

【赤色】chìsè ❶ 名 红色① ▷落日下,西天一片～。❷ 区别 红色② ▷～政权。

【赤身】chìshēn ❶ 动 光着身子 ▷一群小孩儿～跳进池塘里嬉耍。❷ 形 形容人什么都没有 ▷他赌博输了个～精光。

【赤手空拳】chìshǒu-kōngquán 打斗时两手空空,不拿武器;比喻做事没有可凭借的东西。

【赤条条】chìtiáotiáo ❶ 形 形容光着身子,一丝不挂。❷ 形 形容一无所有 ▷～来去无牵挂。

【赤铜】chìtóng 名 紫铜。

【赤卫队】chìwèiduì ❶ 名 俄国十月革命前后布尔什维克领导的工人武装,后来扩展为红军。也曾译作"赤卫军"。❷ 名 第二次国内革命战争时期,中国共产党领导下的不脱离生产的群众武装组织。

【赤县】chìxiàn 名 指中国。参见1223页"神州"。

【赤小豆】chìxiǎodòu 名 小豆。

【赤心】chìxīn 名 赤诚的心 ▷～为民|拳拳～。

【赤眼鳟】chìyǎnzūn 名 鱼,体长约30厘米,前部圆筒形,后部侧扁,银灰色,眼上缘红色。生活在淡水中。可食用。也说红眼鱼。

【赤子】chìzǐ ❶ 名 刚出生的婴儿。借指纯洁善良、毫无邪念的人 ▷～情怀|～之心。❷ 名 对祖国、家乡怀有纯真感情的人 ▷海外～。

【赤字】chìzì ❶ 名 指在经济活动中支出大于收入的差额数字。因这种数字在簿记上用红笔书写,故称。❷ 名 比喻某些方面的欠缺或缺失 ▷发展～|治理～|信任～|国际道义～。

【赤足】chìzú 动 赤脚。

卤 chì 名 姓。

饬(飭) chì ❶ 动 整顿;治理 ▷整～。〇 ❷ 形 〈文〉谨慎;恭敬 ▷言行谨～。〇 ❸ 动 〈文〉命令;告诫 ▷～令|～派。

【饬令】chìlìng 〈文〉❶ 动 命令(多用于公文) ▷～遵行。❷ 名 下达命令的公文 ▷一道～。

抶 chì 动 〈文〉用竹板或鞭子打人。

炽(熾) chì 形 (火)旺;旺盛热烈 ▷火～|～热。☛ 统读chì,不读zhì。

【炽烈】chìliè 形 (火)旺盛猛烈 ▷炉火～◇战斗～地进行着。

【炽情】chìqíng 名 旺盛热烈的感情。

【炽热】chìrè 形 火热;旺盛而热烈 ▷～的骄阳|对祖国～的爱。

【炽盛】chìshèng ❶ 形 (火势)旺盛 ▷～的篝火。❷ 形 (情感、欲望等)强烈 ▷怒火～。

【炽旺】chìwàng 形 形容火烧得极旺 ▷尽管已是严冬,～的炉火使得帐篷里温暖如春。

【炽焰】chìyàn ❶ 名 猛烈的火焰 ▷～上蹿。❷ 名 借指权势或气焰 ▷～压朝,群臣畏惧。

【炽灼】chìzhuó ❶ 形 炽热 ▷阳光～。❷ 形 权势正盛 ▷威宠～,无人能比。

翅(*翄) chì ❶ 名 某些动物的飞行器官。昆虫一般是两对,鸟及蝙蝠等是一对。通称翅膀。→ ❷ 名 某些鱼类的鳍 ▷鱼～。→ ❸ 名 像翅膀的东西 ▷纱帽～|～果。

【翅膀】chìbǎng ❶ 名 翅①的通称 ◇孩子～硬了,该让他自己去闯练了。❷ 名 物体上像翅膀并起翅膀作用的部分 ▷飞机～。

【翅果】chìguǒ 名 干果的一种。果皮向外伸出,像翅膀,借助风力把种子飘播到很远的地方。如榆树、臭椿树等的果实。

【翅脉】chìmài 名 昆虫翅上纵行和横行的脉状构造,有支撑作用。

【翅席】chìxí 名 指菜肴中有鱼翅的高级宴席。

【翅子】chìzi ❶ 名〈口〉翅膀。❷ 名 鱼翅。

眙 chì 动〈文〉注视 ▷伫～。
另见 1625 页 yí。

敕（*勅勑） chì〈文〉❶ 动 告诫;警告 ▷申～|戒～。→ ❷ 名 皇帝的命令或诏书 ▷手～|奉～|诏～。

【敕封】chìfēng 动 指帝王下敕令封赏官爵称号。

【敕建】chìjiàn 动 奉帝王命令建造 ▷这是一座明代～的古庙。

【敕勒】chìlè 名 我国古代北方少数民族之一,以游牧为生。也说铁勒。

【敕勒川】chìlèchuān 名 敕勒族居住的平坦的地区,在今甘肃、内蒙古一带。

【敕令】chìlìng ❶ 动 帝王下命令 ▷～边关兵马抗击敌寇。❷ 名 帝王下达的命令。

【敕书】chìshū 名 帝王向臣下颁发的诏书。

【敕造】chìzào 动 奉帝王命令建造 ▷～宁国府。

瘈 chì 名 中医指抽风、肌肉僵硬等病症。

啻 chì 副〈文〉仅;只(多用于否定或反问) ▷不～|何～|奚～。

傺 chì 见 142 页"侘(chà)傺"。

瘛 chì [瘛疭] chìzòng 现在一般写作"瘲疭"。
另见 1781 页 zhì。

瘲 chì [瘲疭] chìzòng 名 中医指痉挛。

chōng

冲[1]（衝❶—❹❾） chōng ❶ 名 交通要道 ▷首当其～|要～。→ ❷ 动 向前快速猛闯 ▷～进敌人的阵地|横～直撞。⇒ ❸ 动 上升;向上顶 ▷气～霄汉|怒发～冠。⇒ ❹ 动(思想感情、力量等)猛烈碰撞 ▷～突|～撞。⇒ ❺ 动(水流)撞击(物体);用水撞击物体,以去掉附着物 ▷洪水～垮了大坝|把碗～干净。❻ 动 用开水等浇;沏 ▷～奶粉|～一杯茶。⇒ ❼ 动 指冲喜。⇒ ❽ 动 相抵;抵销 ▷～账|对～。→ ❾ 名 太阳系中,除了水星和金星外的某一行星(如火星、木星、土星)运行到跟地球、太阳处于一条直线而地球处于中间时,叫做"冲"。○ ❿ 名 姓。

冲[2] chōng 名 山间的平地(多用于地名) ▷～田|韶山～(在湖南)。
另见 191 页 chòng。

【冲程】chōngchéng 名 活塞在汽缸中作往复运动时,从一端到另一端的距离;也指活塞作往复运动的过程。也说行程。

【冲刺】chōngcì ❶ 动(跑步、滑冰、游泳等体育比赛中)临近终点时运动员竭尽全力往前冲 ▷最后～时,他摔了一跤。❷ 动 比喻事情临近结束时作最后的努力 ▷进入～阶段。

【冲淡】chōngdàn ❶ 动 把一种液体加入到其他液体中,使原来液体所含的某种成分比例降低 ▷汤太咸,加点儿开水～些。❷ 动 感情、气氛、效果等在一定条件下被减弱 ▷时光流逝,悄然～了童年生活的记忆。

【冲抵】chōngdǐ 动 抵销(多用于财物) ▷预付款可加息～部分购房款。

【冲顶】chōngdǐng ❶ 动 登山运动中向山顶冲刺。❷ 动 足球运动中指冲上去用头顶球射门。

【冲动】chōngdòng ❶ 动 感情过分激动,不能用理智有效控制 ▷他一时～,说了过头的话。❷ 名 受某种刺激而出现的兴奋状态 ▷创作～。

【冲犯】chōngfàn 动 言语或行动顶撞、冒犯对方 ▷刚才的话～了老先生,很对不起。

【冲锋】chōngfēng 动 冲向敌人,用轻武器猛烈攻击 ▷炮轰过后,连长率队～。

【冲锋枪】chōngfēngqiāng 名 单人使用的自动武器。枪身短,射速快,火力猛,可以连发和单发,适于冲锋或近战。

【冲锋陷阵】chōngfēng-xiànzhèn ❶向敌人勇猛进击,攻破敌人阵地;形容作战英勇。❷泛指勇于开拓、拼搏,英勇斗争。

【冲服】chōngfú 动 用水、酒等把粉状或颗粒状药物冲开调匀后喝下去。

【冲高】chōnggāo 动 短时间内迅速达到比较高的水平(多用于股票、期货) ▷股价一度直线～|铁路返程客流～。

【冲昏头脑】chōnghūn-tóunǎo 因取得胜利、成功、成绩等而头脑不清醒,不能正确地分析和判断 ▷不能被胜利～。

【冲击】chōngjī ❶ 动(水流等)猛烈撞击 ▷滚滚波涛～着大堤|在爆炸气浪的～下,很多房子都塌了。❷ 动 冲锋;向预定的目标勇猛进攻 ▷向敌人侧翼猛烈～|～世界纪录。❸ 动 比喻严重干扰或打击 ▷受到国际市场价

格～。

【冲击波】chōngjībō ❶ 名 指由核爆炸引起的空气的剧烈波动。这种波动以超声速向四外迅猛扩散，具有巨大的冲击破坏力。❷ 名 泛指由超声速运动产生的强烈的压缩气流。❸ 名 比喻使事物受到巨大影响的力量 ▷金融危机的～。

【冲积】chōngjī 动 水流把高处的岩石、沙砾和泥土冲刷到低洼地带沉积起来 ▷～平原。

【冲剂】chōngjì 名 颗粒剂。

【冲决】chōngjué 动 水流把堤岸等冲破；借指突破某种束缚 ▷山洪暴发，河堤被～｜～旧观念的束缚。

【冲口】chōngkǒu 动 不加思考，脱口说出 ▷我脑门ル一热，～就答应了。

【冲扩】chōngkuò 动 冲洗胶卷并扩印出照片。

【冲浪】chōnglàng ❶ 动 一种水上体育运动。运动员站在特制冲浪板上利用波浪起伏滑行。❷ 名 指这一体育运动项目。❸ 动 比喻在计算机网络上浏览 ▷网上～。

【冲浪板】chōnglàngbǎn 名 供人冲浪时踏在脚下在水面滑行的板。一般用泡沫塑料制成，中间宽，前后两端稍窄。

【冲力】chōnglì 名 在惯性作用下，运动物体在动力停止后仍继续运动的力。

【冲凉】chōngliáng 动 某些地区指洗澡。

【冲量】chōngliàng ❶ 名 反映物体动量变化的一种物理量。冲量的大小等于作用在物体上的力与该力作用时间的乘积。冲量是矢量，其方向与作用力的方向相同。○❷ 动 产量或销量等快速上升 ▷今年以来，节能车型开始～｜小户型住房～上市。

【冲泡】chōngpào 动 用开水沏(茶、咖啡等) ▷这种茶叶～多次后仍有余香。

【冲破】chōngpò ❶ 动 冲击使毁坏 ▷鲨鱼～了渔网。❷ 动 比喻突破某种状况 ▷～黑暗。

【冲沏】chōngqī 动 冲泡。

【冲杀】chōngshā 动 作战时向前冲击，杀伤敌人。

【冲晒】chōngshài 动 冲洗②。

【冲蚀】chōngshí 动 冲刷剥蚀 ▷岸边的岩石被潮水～得奇形怪状。

【冲刷】chōngshuā ❶ 动 冲洗① ▷～地面。❷ 动 水流冲击，使土壤流失，岩石剥蚀 ▷连日暴雨～，造成了这次山体滑坡。

【冲腾】chōngténg 动 (火焰、气体等)向上冲；急速升腾 ▷浓烟～。

【冲天】chōngtiān ❶ 动 冲向高空 ▷火光～。❷ 动 形容情绪高涨 ▷干劲～。

【冲田】chōngtián 名 丘陵地区谷地的水田。

【冲突】chōngtū ❶ 动 发生争斗或争执 ▷边境～。❷ 动 相互矛盾或抵触 ▷这篇文章的前后观点相～｜两项活动的时间安排～。

【冲洗】chōngxǐ ❶ 动 用水冲掉物体上附着的尘垢 ▷～汽车。❷ 动 把已经曝光的感光材料进行显影、定影等加工处理。

【冲喜】chōngxǐ 动 民间旧俗，家人病重时，用办喜事(如娶亲、办寿宴)的办法来驱除邪祟，希求病情好转。

【冲销】chōngxiāo 动 会计上指全部或部分减除原记账目上的数额 ▷欠款已经全部～。

【冲泻】chōngxiè 动 水从高处急速流向低处 ▷山洪～下来，许多房屋倒塌。

【冲要】chōngyào 名 要冲。

【冲印】chōngyìn 动 冲洗(胶卷)和印制(照片)。

【冲涌】chōngyǒng 动 (水流)急速地向上冲 ▷潮水向长堤上～。

【冲澡】chōngzǎo 动 用水冲洗身体；洗澡。

【冲账】chōngzhàng 动 收入和支出的账目或双方收支钱款相互抵销。☛ 不要写作"冲帐"。

【冲撞】chōngzhuàng ❶ 动 冲击；撞击 ▷进攻的队员不能～守门员。❷ 动 冲犯；冒犯 ▷昨天我的发言～了你，请你原谅。

充 chōng ❶ 形 饱满；实足 ▷～足｜～实｜～分。→ ❷ 动 使满；填；塞 ▷给电池～电｜～耳不闻。❸ 动 补足；凑足 ▷～数。❹ 动 担任 ▷～任｜～当。❺ 动 装作；假冒 ▷～好汉｜以次～好｜冒～。○ ❻ 名 姓。

【充畅】chōngchàng ❶ 形 (物资来源)充足而畅通 ▷货源～，购销两旺。❷ 形 (诗文等的气势)充沛而流畅 ▷文气～。

【充斥】chōngchì 动 充满或塞满(含贬义) ▷满屋子～着污浊的空气。

【充磁】chōngcí 动 使物体磁化或使磁性不足的磁体增加磁性。如钢或合金钢经过充磁可以制成磁铁。

【充当】chōngdāng 动 充任；担当 ▷～向导。

【充电】chōngdiàn ❶ 动 将电能输入蓄电池等，使其重新获得放电能力 ▷～器｜电池该～了。❷ 动 比喻通过休息、娱乐等方式补充体力和精力；也比喻通过再学习补充新知识、增长新能力 ▷假期要多看书，给脑子～。

【充电宝】chōngdiànbǎo 名 便携式移动电源的通称。

【充电桩】chōngdiànzhuāng 名 供电动汽车充电的设备，多安装在公共停车场、充电站等处。因形状为长形箱体，直立固定在地面基座上像桩，故称。简称电桩。

【充耳不闻】chōng'ěr-bùwén 堵住耳朵不听。形容故意不听别人的意见或对某些事漠不关心。

【充分】chōngfèn 形 充足；多(多用于抽象事物)

▷有～的根据|论证不够～|～听取大家的意见。

【充分条件】chōngfèn tiáojiàn 条件判断中条件的一种类型。这种条件同结果的关系是:具备这种条件,结果一定出现;不具备这种条件,结果未必不会出现。例如,物体有摩擦一定会生热,物体无摩擦不一定不会生热,"摩擦"是"生热"的充分条件。

【充公】chōnggōng 动 把没收的财物归公 ▷起获的赃物全部～。

【充饥】chōngjī 动 吃点东西以缓解饥饿。

【充军】chōngjūn 动 把犯人押解(jiè)到边远地方去当兵或服苦役,古代一种刑罚。

【充满】chōngmǎn ❶ 动 布满;处处都有 ▷屋里～阳光|让世界～爱。❷ 动 充分具有 ▷～生机|～信心。☛ 参见 44 页"饱含"的提示。

【充沛】chōngpèi 形 充足;旺盛 ▷雨量～|激情～|～的精力。

【充其量】chōngqíliàng 副 表示作最充分的估计或评价;至多 ▷该校师生～也不到一千人。

【充气】chōngqì 动 通过加压,把气体注入密封的器物内 ▷车胎该～了。

【充任】chōngrèn 动 担任(某项职务) ▷总经理一职由他～。

【充塞】chōngsè 动 塞满;填满 ▷大量泥沙～河道|心里～着不安。

【充实】chōngshí ❶ 形 丰富;饱满 ▷生活～|做了几年买卖,钱包变得～了。❷ 动 使丰富饱满;加强 ▷再～一下内容|不断～自己。☛ 跟"充足"不同。"充实"侧重指内部不空虚,多形容内容、力量、知识等抽象事物;"充足"侧重指数量足够,多形容物品、资金、空气等具体事物,也可形容论据、理由等抽象事物。

【充数】chōngshù 动 用不符合要求或标准的人或物凑数 ▷滥竽～|他想来充个数。

【充填】chōngtián 动 填补,使饱满 ▷用泡沫塑料把包装箱里的空隙处～好。

【充血】chōngxuè 动 肌体局部因毛细血管或小动脉、小静脉血管扩张而充满血液。充血部位如在肌体表面,可以看到红肿并感到发热。

【充溢】chōngyì 动 充满;洋溢 ▷～着喜悦之情。

【充盈】chōngyíng ❶ 动 充满 ▷眼眶里～着泪水。❷ 形 (财物)充足 ▷粮仓～。❸ 形 (身体)丰满 ▷体态～。

【充裕】chōngyù 形 充足富裕 ▷有～的时间。

【充值】chōngzhí 动 把钱存入或补充进电话卡、餐饮卡等,以备消费 ▷话费～|～以后持卡消费可以打折。

【充足】chōngzú 形 数量多,完全满足需要 ▷电力～|资金～。☛ 参见本页"充实"的提示。

【充作】chōngzuò 动 (以不合要求的人或物)充当 ▷严禁把霉变种子～优良种子卖给农民。

冲 chōng 同"冲(chōng)"。现在一般写作"冲"。

忡 chōng 形 形容忧愁不安。

【忡忡】chōngchōng 形 形容心事重重、忧虑不安的样子 ▷忧心～。

茺 chōng [茺蔚] chōngwèi 名 益母草。

沇 chōng 〈文〉❶ 动 山泉向下流。→ ❷ 拟声 模拟水流动的声音。

珫 chōng 见下。

【珫耳】chōng'ěr 名 古代悬挂在冠冕两旁的玉饰,下垂及耳,也可用来塞耳。

【珫璜】chōnghuáng 名 〈文〉一种美玉,多用作饰物。

涌 chōng 名 河汊(多用于地名) ▷河～|虾～(在广东)。
另见 1662 页 yǒng。

翀 chōng 动 〈文〉(鸟)向上直飞 ▷一飞～昊苍。

舂 chōng 动 用杵在石臼或乳钵里捣谷物等,使去皮或破碎 ▷～米|～药。☛ ㊀统读 chōng,不读 cōng。㊁下边是"臼",不是"白"。

揰 chōng 动 〈文〉撞击 ▷～其喉以戈,杀之。

惷 chōng 形 〈文〉愚蠢 ▷愚夫～妇。

憧 chōng 形 〈文〉心意不定。

【憧憧】chōngchōng 形 形容往复不定或摇曳不定的样子 ▷月光下,树影～。

【憧憬】chōngjǐng ❶ 动 向往(理想的境界) ▷～美好的未来。❷ 名 所向往的境界 ▷美好的～。☛ 跟"向往"不同。"憧憬"书面语色彩较浓,多用于美好的事物,既可用作动词,又可用作名词;"向往"没有明显的书面语色彩,有时可用于并非美好的事物,仅用作动词。

艟 chōng 见 942 页"艨(méng)艟"。

chóng

虫(蟲) chóng ❶ 名 虫子;昆虫 ▷小～儿|～灾|杀～剂。→ ❷ 名 比喻具有某种特点的人(含鄙视、轻蔑或诙谐意) ▷应声～|可怜～|糊涂～|书～|网～。

【虫草】chóngcǎo 名 冬虫夏草的简称。

【虫害】chónghài 名 某些害虫使植物体受到损害或死亡的现象 ▷棉苗要及时喷洒农药，以避免发生～。

【虫卵】chóngluǎn 名 某些昆虫的雌性生殖细胞，与精子结合后逐渐发育成幼虫；也指昆虫的受精卵。

【虫媒花】chóngméihuā 名 借助蜂、蝶等昆虫传递花粉的花。如桃、杏、胡萝卜、向日葵等的花。

【虫情】chóngqíng 名 农作物、林木等害虫潜伏、发生和为害的情况 ▷今年的～比较严重。

【虫蚀】chóngshí 动 （农作物、衣物等）被蛀虫咬坏。

【虫牙】chóngyá 名 龋(qǔ)齿的俗称。

【虫眼】chóngyǎn 名 （水果、种子及其他物品上）虫子蛀咬的小孔。

【虫蚁】chóngyǐ 名 小虫子和蚂蚁；泛指虫子。

【虫瘿】chóngyǐng 名 植物体上由于遭受昆虫分泌物的刺激，畸形发育而形成的瘤状物。

【虫灾】chóngzāi 名 虫害严重而造成的灾害。

【虫豸】chóngzhì 名 〈文〉虫子。

【虫子】chóngzi 名 昆虫及类似昆虫的小动物。

种 chóng 名 姓。
另见 1789 页 zhǒng；1791 页 zhòng。

重 chóng ❶ 动 重叠；重复 ▷两个影子～在一起了｜课本买～了。→ ❷ 副 表示把做过的动作行为再做一次或另行开始，相当于“重新”“再”“又” ▷～抄一遍｜～建家园。→ ❸ 量 用于重叠的或可以分步、分项的事物，相当于“层” ▷万～山｜双～领导。☛ 不能简化成“重”。
另见 1791 页 zhòng。

【重版】chóngbǎn 动 （书刊）重新出版。

【重播】chóngbō ❶ 动 在已播种的耕地上重新播种 ▷改用新品种～。〇 ❷ 动 （广播电台、电视台）重新播放（已播放过的节目）。

【重操旧业】chóngcāo-jiùyè 重新再干以前干过的职业或事业。

【重茬】chóngchá 动 〈口〉连作。

【重唱】chóngchàng 名 由两个或两个以上的歌手各按不同的声部配合演唱同一首歌曲的声乐演唱形式。按声部多少可分二重唱、三重唱、四重唱等。

【重重】chóngchóng 形 一重又一重。形容很多 ▷障碍～｜～叠叠。

【重出】chóngchū ❶ 动 重复出现（多指文字、文句）▷删去～的字句。❷ 动 重新出现 ▷～江湖。

【重出江湖】chóngchū-jiānghú 指某些有一定知名度的公众人物（如政坛、文艺界、体育界人士等）在其工作的领域里隐退了一段时期后，又重新出现（含诙谐意）▷他因病停赛两年后，今年夏季又～。

【重蹈覆辙】chóngdǎo-fùzhé 再走翻过车的老路。比喻不吸取教训，又犯同样的错误。☛ “覆”不要误写作“复”。

【重叠】chóngdié 动 （相同或相似的事物）堆积重复 ▷机构～｜互相～。☛ 不要写作“重迭”。

【重读】chóngdú ❶ 动 从头开始再一次读 ▷请把课文～一遍。❷ 动 在某一年级重新学习一次 ▷孩子需要在二年级～一年。☛ 跟“重(zhòng)读”不同。

【重睹】chóngdǔ 动 重新见到 ▷～天日（比喻脱离黑暗，重新见到光明）。

【重返】chóngfǎn 动 重新回到 ▷～工作岗位。

【重犯】chóngfàn ❶ 动 再一次犯以往的过错或罪行 ▷不要～以前犯过的错误。❷ 名 刑满释放后再次犯罪的罪犯。☛ 跟“重(zhòng)犯”不同。

【重逢】chóngféng 动 （分别后）再次相遇 ▷老友～，有说不完的话。

【重复】chóngfù ❶ 动 （相同的事物）再次出现 ▷这个画面～好几次了。❷ 动 再一次说同样的话或做同样的事 ▷他总～别人的话。

【重构】chónggòu 动 重新构建；重新组合构成 ▷～传染病救治网络｜代码～。

【重光】chóngguāng 动 〈文〉再现光明；比喻光复或解放 ▷天地～｜～国土。

【重合】chónghé 动 指两个或两个以上的几何图形占有同一个空间。如两个全等的等边三角形叠放在一起就可以重合。

【重婚】chónghūn 动 有配偶而又与他人结婚或明知他人有配偶而与之结婚。根据我国法律，这是一种犯罪行为。

【重茧】chóngjiǎn ❶ 名 〈文〉厚的丝绵衣 ▷～衣裘，鲜食而寝。〇 ❷ 名 茧子②。

【重趼】chóngjiǎn 见本页“重茧”②。现在一般写作“重茧”。

【重见天日】chóngjiàn-tiānrì 比喻脱离黑暗，重新见到光明。

【重聚】chóngjù 动 （长时间分别后）再次聚会 ▷百年校庆时，老同学们～校园。

【重刊】chóngkān 动 （书籍）重新排版印行 ▷这套古籍将在年内～。

【重峦叠嶂】chóngluán-diézhàng 层层叠叠的峰峦（嶂：形状像屏障的山峰）。

【重码】chóngmǎ ❶ 动 编码相同，造成重复 ▷这两张卡～了。❷ 名 重复的编码 ▷清理～。

【重名】chóngmíng 动 （不同的人）姓名完全相同或名字相同 ▷这两个人～。

【重起炉灶】chóngqǐ-lúzào 另起炉灶。

【重申】chóngshēn 动 再一次说明(已表明的立场、理由、观点等) ▷~我们的不同意见。

【重审】chóngshěn 动 指原判决被第二审法院(上级法院)撤销后,发回原审法院重新审理 ▷该案因证据不足,被上级法院依法发回~。

【重生】chóngshēng ❶ 动 重获新生;多指几乎死去而生存下来 ▷劫后~。❷ 动 再生②。

【重生父母】chóngshēng fùmǔ 再生父母。

【重孙女】chóngsūnnǚ 名 曾孙女。

【重孙子】chóngsūnzi 名 曾孙。

【重沓】chóngtà 形〈文〉多而重复 ▷文字甚~。

【重围】chóngwéi 名 一层又一层的包围圈 ▷奋力突破~。

【重温】chóngwēn 动 重新学习、回味等 ▷有必要~一下过去学过的基本理论。

【重温旧梦】chóngwēn-jiùmèng 比喻重新经历或回忆从前美好的事。

【重文】chóngwén 名 旧指异体字。

【重午】chóngwǔ 名 旧指农历五月五日端午节。也说重五。

【重现】chóngxiàn 动 重新显现 ▷祖母慈祥的面容又~在眼前。

【重霄】chóngxiāo 名 九重霄。

【重新】chóngxīn ❶ 副 表示把做过的动作行为再做一次 ▷~排练|~校对。❷ 副 表示从头另行开始(多含否定或取消原来行为的意思) ▷~安排人力。

【重行】chóngxíng 动 重新进行 ▷~部署。

【重修】chóngxiū ❶ 动 重新撰写或修订 ▷不少县已~了县志。❷ 动 重新修建;翻修(建筑物等)。❸ 动 恢复;重新建立 ▷~旧好|~睦邻友好关系。❹ 动 再次从头学习(课程) ▷你两门课考试不及格,暑假后得~一年。

【重言】chóngyán 名 修辞方式,把字重叠以加强表达效果。如李清照《声声慢》中的"寻寻觅觅,冷冷清清,凄凄惨惨戚戚"。

【重檐】chóngyán 名 双层的屋檐。

【重演】chóngyǎn 动 再次演出相同的剧目;比喻同样事情再次出现 ▷警惕历史灾难~。

【重阳】chóngyáng 名 重阳节。也说重九。

【重阳节】chóngyángjié 名 我国传统节日,即农历九月九日。古代以九为阳数(奇数)之极,因此称九月初九为重阳节。民间有登高、赏菊等习俗。

【重洋】chóngyáng 名 无边无际的海洋 ▷远渡~|飞越~。

【重样】chóngyàng 形 同样;样式相同 ▷在他家住了几天,没有吃过~的饭菜。

【重译】chóngyì ❶ 动 不同的翻译者对同一原本的不同翻译。❷ 动 对已有译本的作品重新翻译 ▷这部小说译得不太好,需要~。❸ 动 转译 ▷这篇俄文童话是根据英译本~的。

【重印】chóngyìn 动(书刊)再次印刷。

【重影】chóngyǐng ❶ 动 影像部分重叠 ▷照相时不要动,免得~。❷ 名 部分重叠的影像。

【重映】chóngyìng 动 以前放映过的影片重新放映。

【重圆】chóngyuán 动 比喻亲人失散或分离多年后重又团圆 ▷骨肉~。

【重张】chóngzhāng 动 商店歇业后重新开张 ▷这家百年老店修葺一新,~在即。

【重振】chóngzhèn 动 重新奋发振作 ▷~军威。

【重征】chóngzhēng 动 指征收双重税金 ▷国税、地税,不得~。

【重整】chóngzhěng 动 失败或受到破坏后,重新整顿、振兴 ▷~家园。

【重整旗鼓】chóngzhěng-qígǔ 重新整顿旗帜和战鼓。指失败后重新组织力量再干。

【重制】chóngzhì ❶ 动 重复制作 ▷擅自盗版~,构成侵权。❷ 动 重新制作 ▷~新的标牌。

【重奏】chóngzòu 名 两个或两个以上的演奏者,用相同或不同的乐器,各按不同的声部配合演奏同一乐曲的器乐演奏形式。按声部多少,可分二重奏、三重奏、四重奏等。

【重足而立】chóngzú'érlì 两脚并拢着站立,不敢移步。形容恐惧万分 ▷~,侧目而视。

【重组】chóngzǔ 动 重新组合 ▷人员~。

崇 chóng ❶ 形 高大 ▷~山峻岭|~楼高阁|~高。→❷ 动 尊敬;重视 ▷推~|尊~|~奉|~尚。○ ❸ 名 姓。☛ 参见 1319 页"祟"的提示。

【崇拜】chóngbài 动 崇敬钦佩 ▷~英雄|盲目~|金钱~。☛ 跟"崇敬"不同。"崇拜"指特别钦佩,甚至到了迷信的程度,语意较重,对象可以是人,也可以是神或物,中性词;"崇敬"指特别尊敬,对象一般是人,褒义词。

【崇奉】chóngfèng 动 崇敬信奉 ▷破除迷信,不再~鬼神。

【崇高】chónggāo 形 最高的;高尚的 ▷~的敬意。

【崇敬】chóngjìng 动 推崇敬重 ▷~伟人|以无比~的心情聆听战斗英雄的报告。☛ 参见本页"崇拜"的提示。

【崇论闳议】chónglùn-hóngyì 现在一般写作"崇论宏议"。

【崇论宏议】chónglùn-hóngyì 高明的议论或见解。

【崇山峻岭】chóngshān-jùnlǐng 高大险峻的山岭。

【崇尚】chóngshàng 动 推崇;注重 ▷~科学|~礼仪。

【崇洋】chóngyáng 动 对外国崇拜(含贬义) ▷~媚外|盲目~。

【崇仰】chóngyǎng 动 崇敬仰慕 ▷～古代英雄。

漴 chóng ❶［漴漴］chóngchóng 拟声〈文〉模拟水声。○ ❷ 名 漴河，水名，在安徽五河。

另见 1287 页 shuāng。

chǒng

宠（寵） chǒng ❶ 动 宠爱 ▷别把孩子～坏了｜受～若惊。○ ❷ 名 姓。

【宠爱】chǒng'ài 动 过分喜爱 ▷别太～孩子｜备受～。☛ 跟“溺爱”不同。“宠爱”可用于人，也可用于物；可用于贬义，也可用于褒义。“溺爱”一般只用于人，用于贬义。

【宠臣】chǒngchén 名 受宠爱的臣僚。

【宠儿】chǒng'ér 名 比喻受宠爱的人或事物。

【宠惯】chǒngguàn 动 宠爱娇惯 ▷对独生子女不宜～。

【宠溺】chǒngnì 动 过于宠爱；溺爱 ▷这样～孩子，很不好！

【宠妾】chǒngqiè 名 受宠爱的妃子或妾。

【宠辱不惊】chǒngrǔ-bùjīng 无论得宠还是受辱都不为所动。形容把得失置之度外。

【宠物】chǒngwù 名 指在家庭里喂养的供玩赏的小动物。

【宠信】chǒngxìn 动 过分偏爱和信任 ▷～小人。

【宠幸】chǒngxìng 动 宠爱。多用于帝王对后妃及臣下，也用于长辈对晚辈。

【宠用】chǒngyòng 动 宠爱重用（含贬义）▷～亲信。

chòng

冲（衝） chòng〈口〉❶ 动 面对着；朝着 ▷楼门正～着花池子｜他背～着大伙儿。→ ❷ 介 引进动作行为的方向或对象，相当于“对”“朝” ▷汽车～南开走了｜有气别～我撒呀！→ ❸ 介 引进动作行为的依据，相当于“凭” ▷～这句话就知道他是行家。→ ❹ 形 水流的冲（chōng）力大 ▷水流得很～。⇒ ❺ 形 劲头足 ▷有股子～劲儿。❻ 形（气味）浓烈 ▷酒味儿很～。⇒ ❼ 动 冲压 ▷在铝板上～一个圆孔｜～床。

另见 186 页 chōng。

【冲床】chòngchuáng 名 冲压金属的机床。可将金属板材剪切、打孔和加工成型。也说冲压机、压力机。

【冲劲儿】chòngjìnr ❶ 名 敢说、敢做的气势、力量 ▷小伙子干起活儿来真有股子～。❷ 名 强烈的刺激作用 ▷这农药～大。

【冲模】chòngmú 名 冲压用的模具。装在冲床上，可剪切金属板材或使之成型。

【冲压】chòngyā 动 用冲床对金属板材剪切、打孔和加工成型。

【冲眼】chòngyǎn 动 用冲床、打孔机等打孔。

【冲子】chòngzi 名 一种用金属制成的打孔工具。

㧤 chòng 动〈口〉打瞌睡 ▷～盹儿｜瞌～。

铳（銃） chòng 名 旧时用火药发射弹丸的管形火器 ▷火～｜鸟～｜～枪。

【铳子】chòngzi 现在一般写作“冲子”。

chōu

抽[1] chōu ❶ 动 把夹在或缠在另一物中间的东西取出、拉出或拔出 ▷～签｜～丝｜～刀。→ ❷ 动 从总体中取出一部分 ▷～调｜～样。→ ❸ 动（某些植物体）开始长出 ▷～芽｜～穗。→ ❹ 动 吸 ▷～烟｜倒～了一口气。○ ❺ 动 收；收缩 ▷这种棉布下水就～｜～搐｜～筋儿。

抽[2] chōu ❶ 动 用条状物打 ▷用鞭子～｜～陀螺。→ ❷ 动 用球拍猛击（球）▷把球～过去｜～杀。

【抽测】chōucè 动 从总体中取一部分进行测量或测试 ▷～河道污染情况。

【抽查】chōuchá 动 从总体中抽取一部分检查或检验 ▷～了几个班，出勤率都比较好。

【抽成】chōuchéng ❶ 动 提成 ▷赚了钱，老板要按比例～。❷ 名 提成的部分 ▷业务员要的～不算多，可以接受。

【抽抽儿】chōuchour〈口〉❶ 动 缩水 ▷这件衣服刚洗了一次就～了。❷ 动 因失去水分而变小；萎缩 ▷这桃儿都放～了。

【抽搐】chōuchù 动 肌肉不由自主地收缩抖动，多由情绪紧张或神经系统的疾病引起 ▷全身～｜他激动得双唇～，说不出话来。

【抽啜】chōuchuò 动 抽搭。

【抽打】chōudǎ 动 用鞭子等打 ▷不要～牲口。

【抽打】chōuda 动 用拂尘或细棍等东西打衣物，以除掉灰尘（多重叠使用）▷快到门外～～身上的土。

【抽搭】chōuda 动〈口〉上气不接下气，断断续续地低声哭泣；也指哭后一抽一抽地呼吸 ▷趴在桌上～着｜抽抽搭搭地哭个不停。

【抽调】chōudiào 动 从总体中调出一部分（人员、物资等）▷～得力干部加强基层建设。

【抽丁】chōudīng 动 按比例抽选青壮年当兵，旧时的征兵方式。也说抽壮丁。

【抽动】chōudòng 动 由于愤怒、悲伤或疾病等因引发肌肉不受控制地颤动 ▷他气极了，面部肌肉不停地～。

【抽斗】chōudǒu 名〈口〉抽屉。

【抽肥补瘦】chōuféi-bǔshòu 比喻取有余以补不足，使彼此均衡。

【抽风】chōufēng ❶ 动 中枢神经系统受刺激，引起肌肉痉挛、口眼歪斜等。❷ 动 比喻做事不近情理（常用于骂人或表示不满）▷大冬天只穿件衬衣，你抽什么风？○ ❸ 动 用一定装置把空气抽出去或吸进来 ▷～机。

【抽换】chōuhuàn 动 把某物从中取出并换上另外的东西；调换 ▷我想～这篇文章。

【抽检】chōujiǎn 动 抽查 ▷～食品卫生情况。

【抽奖】chōujiǎng 动 通过一定程序，用抽签等方式确定中奖的人及奖级。

【抽筋】chōujīn ❶ 动 抽去筋 ▷剥皮～难解心头之恨。❷ 动 肌肉发生痉挛 ▷游泳前要做准备活动，否则腿容易～。

【抽考】chōukǎo 动 抽出部分科目或部分人员进行考核 ▷期末～3门课。

【抽空】chōukòng 动 从繁忙中挤出时间（做其他事）▷我明天～儿陪你玩玩儿。

【抽冷子】chōulěngzi 副〈口〉猛然；冷不防 ▷～打几枪，迷惑敌人。

【抽气】chōuqì ❶ 动 喘气 ▷走这么点儿路就～，身体太糟了。❷ 动（用器械）抽出空气 ▷～机｜边～，边灌水。

【抽气机】chōuqìjī 名 真空泵。

【抽泣】chōuqì 动 抽抽搭搭地小声哭泣。

【抽签】chōuqiān 动 从做了标记或写了文字的许多签子中随机抽取一根或几根，用以决定次序、输赢或占卜吉凶等。

【抽青】chōuqīng 动（草、木）发芽，开始变绿 ▷立春以后，草木开始～了。

【抽球】chōuqiú 动 用球拍猛击球。

【抽取】chōuqǔ ❶ 动 从总体中提取一部分 ▷按一定比例～版税。❷ 动 汲取 ▷～地下水。

【抽杀】chōushā 动 乒乓球、羽毛球等运动中，接球时用球拍迅猛地把球击打回去 ▷队员奋力～，终于取得了胜利。

【抽纱】chōushā ❶ 动 刺绣工艺中根据设计图案，抽去布帛等材料上部分经线或纬线，形成透空的花纹。❷ 名 指用抽纱工艺制成的披肩、窗帘、台布等。

【抽身】chōushēn 动 使自身从某种环境、局面中摆脱出来 ▷尽快～，远离这是非之地｜这阵子家里事儿多，抽不开身。

【抽水】chōushuǐ ❶ 动（用水泵等）把水吸出 ▷～灌田。○ ❷ 动 抽头①；泛指获取不正当的好处 ▷禁止强行从摊主那里～。❸ 动 缩水①。

【抽水机】chōushuǐjī 名 水泵。

【抽水马桶】chōushuǐ mǎtǒng 上接水箱，下通排水道，便后可用水自动冲洗的瓷质马桶。

【抽水站】chōushuǐzhàn 名 扬水站。

【抽税】chōushuì 动 税务部门按税率向纳税人收取税金。

【抽丝】chōusī ❶ 动 从蚕茧中抽取蚕丝；泛指抽取丝状物 ▷～剥茧。❷ 动 比喻某些事物进展缓慢 ▷病去如～。

【抽穗】chōusuì 动 农作物从叶鞘中长出穗来。

【抽缩】chōusuō 动 机体因受刺激而收缩 ▷四肢～。

【抽薹】chōutái 动（油菜、大蒜、韭菜等）从中央部分长出花茎来 ▷韭菜已经～。☛"薹"不要误写作"苔"。

【抽逃】chōutáo 动（为逃避纳税或债务等）暗中抽走（资金）▷严防～资金。

【抽屉】chōuti 名 桌子、柜子等家具中可以推拉的匣形部件，用来盛放东西。

【抽条】chōutiáo 动（树木）长出枝条 ▷冬去春来万木～。

【抽头】chōutóu ❶ 动 设赌局的人从赢家赢得的钱里抽取一部分钱 ▷要严厉处罚聚赌～的人。❷ 动 泛指经办人或中介人从中捞取好处 ▷承包商层层～，偷工减料。

【抽吸】chōuxī 动（用器械）吸 ▷抽水机把水～上来。

【抽暇】chōuxiá 动 抽空 ▷～回老家探亲，顺便拜访了几位老同学。

【抽闲】chōuxián 动 抽空 ▷忙中～。

【抽象】chōuxiàng ❶ 动 从众多的具体事物中，抽取共同的、本质的属性，舍弃个别的、非本质的属性，从而形成概念。❷ 形 不具体的；笼统的；空洞的（跟"具体"相对）▷这几条规定写得过于～。

【抽象劳动】chōuxiàng láodòng 经济学上指凝结在商品中的、撇开劳动的具体形式的无差别的一般劳动，即劳动者的脑力和体力的消耗。它形成商品的价值（跟"具体劳动"相区别）。

【抽象思维】chōuxiàng sīwéi 人类特有的高级认识活动。应用归纳和演绎、分析和综合等辩证思维方法，揭示事物的本质和内部联系（跟"形象思维"相区别）。

【抽薪止沸】chōuxīn-zhǐfèi 把锅下边燃烧的柴草拿走，使开水停止沸腾。比喻从根本上解决问题。

【抽选】chōuxuǎn 动 从总体中选取一部分 ▷～10个工厂作为试点。

【抽芽】chōuyá 动 发芽。

【抽烟】chōuyān ❶ 动 吸烟 ▷他很少喝酒,从不～|抽支烟。❷ 动 把烟气或烟雾抽出 ▷打开抽油烟机～。

【抽验】chōuyàn 动 抽样检验 ▷该厂产品经～鉴定,全部合格。

【抽样】chōuyàng 动 从总体中抽取一部分作为样品(进行检验、鉴定或开展调查等) ▷～检验|～调查。

【抽噎】chōuyē 动 抽搭。

【抽咽】chōuyè 动 抽搭。

【抽绎】chōuyì 动 理出头绪 ▷～条理。

【抽印】chōuyìn 动 从整本书刊中抽出一部分单印 ▷～本。

【抽油机】chōuyóujī 名 将原油从油井中提到地面的机械。

【抽油烟机】chōuyóuyānjī 名 吸收并排放厨房内油烟的设备。

【抽嘴巴】chōuzuǐba 打嘴巴;打耳光。

妯 chōu 形〈文〉悲恸 ▷忧心且～。☛ 以上意义不读 zhóu。

另见 1794 页 zhóu。

搊 chōu 动〈口〉从下往上用力使人或物起来 ▷我起不来,你～我一把|石碑太重,我们俩～不起来。

篘 chōu〈文〉❶ 名 滤酒的竹制器具。→ ❷ 动 滤酒。

瘳 chōu 动〈文〉病愈 ▷病～。

犨 chōu 拟声〈文〉模拟牛喘气的声音。

chóu

仇(*讐讎) chóu ❶ 名 势不两立的人;敌人 ▷亲痛～快|疾恶如～|～敌。→ ❷ 名 仇恨 ▷这两个人有～|恩将～报|冤～。

另见 1127 页 qiú;"讎"另见 195 页 chóu "雠"。

【仇雠】chóuchóu 名〈文〉仇人;冤家对头 ▷世为～|与～不共戴天。

【仇敌】chóudí 名 仇人;敌对的人。

【仇恨】chóuhèn ❶ 动 因利害冲突等原因而强烈憎恨 ▷～为非作歹的人。❷ 名 因利害冲突等而产生的强烈的憎恨情绪 ▷宣泄～。

【仇家】chóujiā 名 仇人;仇敌 ▷这场官司使他俩成了～。

【仇人】chóurén 名 彼此有仇恨的人 ▷～相见,分外眼红。

【仇杀】chóushā 动 因仇恨而残杀 ▷互相～。

【仇视】chóushì 动 把对方当作仇人看待 ▷没有必要互相～。

【仇外】chóuwài 动 仇视外国的人或事物 ▷盲目～,不是正确的态度。

【仇隙】chóuxì 名〈文〉因仇恨而出现的感情裂痕 ▷～冰消。

【仇冤】chóuyuān 名 仇恨② ▷化解～。

【仇怨】chóuyuàn 名 仇恨和怨愤。

俦(儔) chóu 名〈文〉伴侣;同类 ▷～侣|～类|同～。

【俦类】chóulèi 名〈文〉同辈的人;在一起的人。

【俦侣】chóulǚ 名〈文〉相伴在一起的人。

帱(幬) chóu〈文〉❶ 名 帐子 ▷纱～|～帐。→ ❷ 名 车帷。

另见 284 页 dào。

惆 chóu 形〈文〉惆怅 ▷～然自伤。

【惆怅】chóuchàng 形 失意;伤感 ▷默默望着亲人远去的身影,无比～。

绸(綢*紬) chóu 名 绸子 ▷～带|～缎|纺～|丝～。

【绸缎】chóuduàn 名 绸子和缎子;泛指丝织品 ▷绫罗～。

【绸缪】chóumóu〈文〉❶ 动 原指紧密缠缚。后指修缮 ▷未雨～。❷ 形 (情意)缠绵。

【绸纹纸】chóuwénzhǐ 名 一种印照片用的表面有绸子般纹理的纸。

【绸子】chóuzi 名 丝织品,质地薄而软。

椆 chóu ❶ 名 一种树,耐寒,木质坚硬,不易被蛀。○ ❷ 用于地名。如椆树塘,在湖南。

畴(疇) chóu ❶ 名 种麻的田;泛指耕地 ▷田～。→ ❷ 名〈文〉田界;不同作物的种植分区。❸ 名 类别 ▷范～。

【畴类】chóulèi 现在一般写作"俦类"。

【畴人】chóurén 名 古代指专门研究天文、历法、数学的人。

【畴日】chóurì 名〈文〉畴昔。

【畴昔】chóuxī 名〈文〉往日;从前 ▷追忆～,不觉凄怆。

酬(*酧詶❷—❻醻) chóu ❶ 动〈文〉主人饮过客人的敬酒后,斟酒回敬客人;泛指敬酒 ▷～酢。→ ❷ 动 回报 ▷～报|～谢。⇒ ❸ 名 报酬 ▷同工同～|按劳付～|稿～。⇒ ❹ 动〈文〉偿付 ▷得不～失。❺ 动 实现 ▷壮志未～。→ ❻ 动 指人际交往 ▷应～。

【酬报】chóubào ❶ 动 用财物或行动表示回报 ▷～外婆的养育之恩。❷ 名 报酬 ▷他给农民看病,从不接受～。

【酬宾】chóubīn 动 指商家用优惠的价格答谢顾客 ▷小家电九折～。

【酬唱】chóuchàng 动〈文〉以诗词互相赠答。

【酬答】chóudá 动 报答；应答 ▷您的恩情，日后定当～｜和(hè)诗一首以～先生。

【酬对】chóuduì 动 应答；答对 ▷从容～。

【酬和】chóuhè 动 以诗词应答 ▷友人赠诗相勉，自当以诗～。☛“和”这里不读 hé。

【酬金】chóujīn 名 酬报劳务的钱。

【酬劳】chóuláo ❶ 动 酬报慰劳(有关的人) ▷～有功人员。❷ 名 给出力的人的报酬 ▷这点儿～请收下。

【酬谢】chóuxiè 动 用钱物等对别人的帮助表示谢意 ▷略备薄酒，～诸位。

【酬应】chóuyìng ❶ 动 应酬①。❷ 名 应酬②。❸ 动 酬对 ▷～自如。

【酬酢】chóuzuò〈文〉❶ 动 宾主互相敬酒(酬：主人给客人敬酒；酢：宾客还敬主人) ▷宾主尽～之礼。❷ 动 泛指应酬交际。

稠 chóu ❶ 形 多而密 ▷～人广众｜～密。→ ❷ 形 液体中含某种物质多(跟“稀”相对) ▷不稀不～，正合适｜糨子打得太～了。

【稠乎乎】chóuhūhū 形 形容浓度很大 ▷大米粥熬得～的。

【稠密】chóumì 形 众多而密集 ▷长江三角洲是全国人口最～的地区之一。

【稠人广众】chóurén-guǎngzhòng 指人非常多的场合。

愁 chóu ❶ 动 因遇到困难或不如意的事而忧虑苦闷；为难 ▷不～找不到工作｜忧～。→ ❷ 名 苦闷忧伤的心情 ▷多～善感｜乡～。

【愁肠】chóucháng 名 指忧思郁结的心境 ▷～九转。

【愁城】chóuchéng 名〈文〉指愁苦的境地 ▷困坐～。

【愁楚】chóuchǔ 形 忧伤痛苦 ▷表情～，欲言又止。

【愁怀】chóuhuái 名 忧愁苦闷的心情 ▷～难抒。

【愁苦】chóukǔ 形 忧愁苦闷 ▷不幸的事接踵而至，她心中自然十分～。

【愁虑】chóulǜ 动 忧虑 ▷不用～，事情迟早会得到妥善解决的。

【愁眉】chóuméi 名 因忧愁而紧皱的眉头 ▷～不展。

【愁眉苦脸】chóuméi-kǔliǎn 紧皱着眉头，满脸苦相。形容忧愁苦闷的神情。

【愁闷】chóumèn ❶ 形 忧愁苦闷 ▷内心十分～。❷ 名 忧愁苦闷的心情 ▷一肚子的～，不知道该怎么排遣。

【愁人】chóurén ❶ 动 使人发愁 ▷这个软件总也不会用，真～。❷ 名 心怀忧愁的人。

【愁容】chóuróng 名 忧愁的神色 ▷～满面。

【愁思】chóusī 名 忧愁的心思和情绪 ▷心事重重，～茫茫。

【愁绪】chóuxù 名 忧愁的心情 ▷～满怀。

【愁云】chóuyún 名 指忧愁的神色或凄惨的景象 ▷～满面｜～惨雾。

筹(籌) chóu ❶ 名 竹、木等制成的小棍儿或小片儿，古代用来计数，后来还用作领取物品的凭证等 ▷算～｜酒～｜略胜一～。→ ❷ 动 安排；谋划 ▷～办｜统～。❸ 名 谋略 ▷一～莫展｜～高一等。

【筹办】chóubàn 动 筹划创建或举办 ▷～公司。

【筹备】chóubèi 动 筹划准备 ▷～处｜～就绪。

【筹措】chóucuò 动 筹集(财物等) ▷～资金。

【筹购】chóugòu 动 筹划购买 ▷为了方便工作，课题组～两台高配置电脑。

【筹划】chóuhuà ❶ 动 筹谋；策划 ▷周密～。❷ 动 筹措 ▷～救灾物资。☛ 不要写作“筹画”。

【筹集】chóují 动 想方设法聚集 ▷～办学基金。

【筹建】chóujiàn 动 筹备修建或建立 ▷这里正在～一座水电站。

【筹借】chóujiè 动 想办法借贷 ▷～资金。

【筹款】chóukuǎn 动 筹集款项 ▷～筑路。

【筹码】chóumǎ ❶ 名 计数的用具，赌博中常用来代表赌资。❷ 名 借指斗争或竞争中有利于取胜的条件 ▷他手里这些～足以镇住对方。☛ 不要写作“筹马”。

【筹谋】chóumóu 动 运筹谋划 ▷此事尚需～。

【筹募】chóumù 动 筹措募集 ▷～救灾款项。

【筹拍】chóupāi 动 筹划拍摄(电影、电视剧等)。

【筹商】chóushāng 动 筹划协商 ▷～旧城改造方案。

【筹算】chóusuàn ❶ 动 原指用筹计算；泛指计算 ▷～一下得用多少个工。❷ 动 筹划谋算 ▷～一个万全之策。

【筹议】chóuyì 动 筹商。

【筹资】chóuzī 动 筹集资金 ▷～办厂。

【筹组】chóuzǔ 动 筹备组建 ▷～理事会。

裯 chóu〈文〉❶ 名 单被；泛指被子。○ ❷ 名 床帐。

踌(躊) chóu 见下。

【踌躇】chóuchú ❶ 动 犹豫 ▷～不决。❷ 形 形容志得意满的样子 ▷～四顾。❸ 动 停留；徘徊不前 ▷怕回家受到责骂，他在门口～了一阵。☛ ㊀不要写作“踌蹰”。㊁跟“迟疑”不同。“踌躇”表示犹豫不决时多指具体行动不果断；“迟疑”多指心里拿不定主意。

【踌躇不前】chóuchú-bùqián 犹豫不决，不敢前进 ▷要知难而进，不要～。

【踌躇满志】chóuchú-mǎnzhì 洋洋自得，心满意足。

雠（讎 *讐） chóu ❶ 名〈文〉势不两立的一方；对手 ▷仇～。→ ❷ 动 校对；校勘 ▷校～｜～定（校勘审定）。☛ "讎"用于"校讎""讎定""仇讎"等，但须类推简化为"雠"。

"讎"另见 193 页 chóu"仇"。

chǒu

丑[1] chǒu ❶ 名 地支的第二位。参见 304 页"地支"。○ ❷ 名 姓。

丑[2]（醜❶—❸） chǒu ❶ 形 相貌难看（跟"美"相对）▷长得很～｜～八怪。→ ❷ 形 令人生厌的；可耻的 ▷～态百出｜～闻。❸ 名 丑态；丑事 ▷出～｜现～｜家～。→ ❹ 名 丑角① ▷文～｜武～｜坤～。☛ "丑"字的笔顺是㇆ 𠃌 丑 丑。

【丑八怪】chǒubāguài 名〈口〉指长得丑陋的人。

【丑表功】chǒubiǎogōng 不知羞耻地吹嘘自己的功劳 ▷这事就坏在他手里，可他还要～。

【丑旦】chǒudàn 名 彩旦。

【丑诋】chǒudǐ 动 用秽言恶语诽谤人 ▷利用广告～同行是违法行为。

【丑恶】chǒu'è 形 丑陋可憎的 ▷～行径。

【丑怪】chǒuguài 形（样子）丑陋古怪。

【丑化】chǒuhuà 动 把美的、好的人或事物歪曲或诬蔑成丑的 ▷这部作品～了农民起义军。

【丑话】chǒuhuà ❶ 名 不文明的话；粗俗的话 ▷～连篇。❷ 名 虽然实在但不中听的话（常用来提醒或警告别人）▷咱们～说在前头，你要干不出成绩，我就撤了你。

【丑剧】chǒujù 名 具有戏剧性的丑恶事件或事情 ▷那场复辟帝制的～很快以失败告终。

【丑角】chǒujué ❶ 名 戏曲里的一个行当。扮演滑稽或反面人物，鼻梁上抹一块白粉，相貌丑陋而举止可笑。俗称小花脸、三花脸。❷ 名 指品德不好、表现卑劣的人 ▷政坛～。☛ "角"这里不读 jiǎo。

【丑类】chǒulèi 名 对坏人、恶人的蔑称 ▷这帮～只会在暗地里搞阴谋，见不得人。

【丑陋】chǒulòu 形 容貌或样子十分难看；也指思想行为卑劣 ▷～的长相｜灵魂～。

【丑时】chǒushí 名 我国传统计时法指夜间 1—3 点的时间。

【丑史】chǒushǐ 名 丑恶的历史和经历。

【丑事】chǒushì 名 丑恶的或丢脸的事情 ▷好事不出门，～传千里。

【丑态】chǒutài 名 丑陋的神态；也指丑恶现象或丑恶行为 ▷～百出｜官场～。

【丑闻】chǒuwén 名 关于丑事的消息和传闻。

【丑相】chǒuxiàng 名 丑陋的相貌。

【丑小鸭】chǒuxiǎoyā 名 丹麦作家安徒生的童话《丑小鸭》中的主人公。常用来借指长得不漂亮或不引人注目的小孩儿或年轻人（多用于谦称或谑称）▷当年的～，如今成了白天鹅。

【丑星】chǒuxīng 名 相貌较丑而演技出众的著名演员；也指著名的丑角演员。

【丑行】chǒuxíng 名 丑恶的行径 ▷他贪污受贿、腐化堕落的种种～，令人气愤。

杻 chǒu 名 古代一种刑具，类似现在的手铐。另见 1010 页 niǔ。

㑇 chǒu 名 姓。

瞅（*田瞅） chǒu 动〈口〉看 ▷有人叫门，你去～一～｜让我～～｜我～见他来了。

【瞅见】chǒujiàn 动〈口〉看见 ▷他来过了，你没～？｜瞅得见还是瞅不见？

【瞅空】chǒukòng 动〈口〉找机会 ▷～儿来我家玩儿。也说瞅空子。

【瞅准】chǒuzhǔn 动〈口〉看准。

chòu

臭 chòu ❶ 形（气味）不好闻（跟"香"相对）▷这地方怎么这么～｜～味｜～气。→ ❷ 形 令人生厌的；丑恶的 ▷～排场｜～名昭著。❸ 形〈口〉极其糟糕；极不高明 ▷这场球踢得真～｜～棋。→ ❹ 形〈口〉（子弹）失效 ▷这颗子弹～了｜～子儿。→ ❺ 副 狠狠地 ▷～骂一通（tòng）。☛ 读 xiù，表示本义"闻气味"（这个意义现在一般写作"嗅"）和引申义"气味"，如"无臭无味""铜臭熏天"。"香臭（chòu）"的"臭（chòu）"，是由"气味"义引申来的。

另见 1548 页 xiù。

【臭不可闻】chòubùkěwén 形容非常臭；也比喻名声太坏，令人厌恶。

【臭虫】chòuchóng 名 昆虫，身体扁平，椭圆形，红褐色，有臭腺。是吸食人畜血液的害虫。

【臭椿】chòuchūn 名 落叶乔木，高可达 20 米，树皮灰色，叶子有臭味。木材粗硬，可供建筑、造纸等用，种子可以榨油，根皮可以做药材。

【臭大姐】chòudàjiě 名 蝽(chūn)的俗称。

【臭豆腐】chòudòufu 名 一种佐餐食品。用豆腐作坯,经过发酵、腌制而成,有特殊的气味。

【臭狗屎】chòugǒushǐ 名 比喻品行恶劣、名声极坏的人或令人生厌的事物。

【臭烘烘】chòuhōnghōng 形 形容臭味很浓。

【臭乎乎】chòuhūhū 形 形容气味有些臭 ▷臭豆腐闻着~的,吃起来倒挺香。

【臭架子】chòujiàzi 名 借指高高在上,装腔作势的作风 ▷摆~。

【臭骂】chòumà 动 狠狠地骂。

【臭美】chòuměi 动 得意地炫耀自己的外表、地位、才能等(含讥讽意) ▷取得这么点儿成绩,就~起来|你~什么!

【臭名】chòumíng 名 坏名声 ▷~远扬。

【臭名昭著】chòumíng-zhāozhù 坏名声人人皆知。

【臭皮囊】chòupínáng 名 佛教认为人体内污秽不洁,故用"臭皮囊"称人的躯体。

【臭棋】chòuqí 名 指低劣的棋术或着数。

【臭味相投】chòuwèi-xiāngtóu 形容由于有相同的坏的思想和习气而彼此很合得来。

【臭腺】chòuxiàn 名 某些动物(如臭虫、蝽、黄鼠狼等)体内分泌臭液或释放臭气的腺体。有引诱异性或抵御敌害的作用。

【臭氧】chòuyǎng 名 氧元素的同素异形体,有特殊臭味。气态呈淡蓝色,液态呈深蓝色,固态呈蓝黑色。液态时易爆炸。高温下易分解生成氧气。空气在紫外线的作用下也会产生臭氧。是强氧化剂,可用作漂白剂等。

【臭氧层】chòuyǎngcéng 名 地球上空10—50千米之间臭氧比较集中的大气层。其中臭氧浓度最高层在地球上空的20—25千米处。能吸收太阳辐射的绝大部分紫外线,对人类和其他生物起保护作用。

【臭氧洞】chòuyǎngdòng 名 臭氧层空洞的简称。指一些地区高空臭氧层中含臭氧量显著减少的现象。由人类向大气中排放的某些废气上升到空中与臭氧产生反应所致。出现臭氧洞后,紫外线会过量射到地表,危害人体健康,也会导致气候异常,影响生态平衡。

【臭子儿】chòuzǐr 〈口〉❶ 名 棋艺中指十分拙劣的一步棋。❷ 名 失效的子弹。

chū

出[1] chū ❶ 动 从里面到外面(跟"入""进"相对) ▷~了屋门|~城|~~进进。→ ❷ 动 出现;显现 ▷这条成语~自《左传》|水落石~|~名。❸ 动 来到(某个处所、场合) ▷~场|~席。→ ❹ 动 向外拿 ▷~一把力|~通告|~题目。❺ 名 往外拿出的钱财 ▷入不敷~|~纳。→ ❻ 动 离开;脱离 ▷~发|~家|~局。❼ 动 超过 ▷不~十天|~人头地|~界。→ ❽ 动 长出 ▷~芽。❾ 动 出产;产生 ▷云南、四川~楠木|~次品|英雄辈~。⇒ ❿ 动 发生 ▷最近连续~了几件意外的事|~问题。⇒ ⓫ 动 指出版 ▷这本字典是哪家出版社~的? → ⓬ 动 发散出;发泄 ▷~汗|~气。→ ⓭ 动 用在动词后,表示趋向或结果 ▷跑~教室|拿~一本书|发~一封信|想~一个好主意。⓮ 动 用在某些形容词后,表示超过 ▷屋里多~一把椅子|高~一倍。

出[2](齣) chū 量 传奇中的一个大段落;也指戏曲的一个独立剧目 ▷最爱看《牡丹亭》中"惊梦"一~|春节期间,上演了好几~新戏。☛"出"字的笔顺是凵中出。

【出版】chūbǎn 动 把书刊、绘画、音像制品等编印或制作出来,正式推向社会 ▷~系列丛书。

【出版社】chūbǎnshè 名 从事编辑和出版书刊、绘画、音像制品等的机构。

【出版物】chūbǎnwù 名 以纸张、磁带、胶片、光盘等为载体,用来传播各种文化知识的制品的统称。

【出榜】chūbǎng ❶ 动 张贴被录取、被推选人员的名单 ▷学校录取新生的名单已经~公布。❷ 动 旧时指张贴文告 ▷~招贤。

【出奔】chūbēn 动 (为逃避某事而)出走 ▷~异邦。

【出殡】chūbìn 动 指将灵柩或骨灰盒送到安葬或存放的地点。

【出兵】chūbīng 动 派出军队(作战) ▷~拒敌。

【出彩】chūcǎi ❶ 动 指戏曲表演中用涂上红色的办法表示杀伤或流血;后也指受伤流血。❷ 动 指戏曲、曲艺等演出中,某些方面或段落表演得特别精彩,引起观众鼓掌叫好 ▷她的水袖功夫是一绝,场场~。❸ 形 精彩 ▷文章的开头和结尾写得都很~。❹ 动 露丑(含诙谐意) ▷叫我这五音不全的人来唱歌,不是成心让我~吗!

【出操】chūcāo 动 进行军事或体育操练 ▷部队每天早晨~|出了操才吃早饭。

【出岔子】chūchàzi 发生意外变故或出现差错。

【出差】chūchāi 动 被派临时去外地办公事。

【出产】chūchǎn ❶ 动 天然生长或人工生产出(可供使用的物资) ▷山西~煤|这个厂~的家用电器很畅销。❷ 名 生长或生产出的物品 ▷这种~是我们老家特有的。

【出厂】chūchǎng 动 产品运出工厂投放市场。

【出场】chūchǎng ❶ 动 到场;出面 ▷这件事您

不～是不行了。❷ 动 演员登上舞台或进入拍摄场地排练或演出；运动员进入赛场参加比赛 ▷名角～|女排的～阵容尚不清楚。

【出场费】chūchǎngfèi 名 演员演出或运动员参加比赛时，主办方付给的报酬。

【出超】chūchāo 动 一国（或地区）一定时期内（通常为一年）出现贸易顺差，即出口货物总值超过进口货物总值（跟"入超"相对）。

【出车】chūchē 动 把车辆开出（载人或运货）▷张师傅～拉货去了|出过三趟车。

【出乘】chūchéng 动 车、船、飞机等交通工具的乘务员随行上岗 ▷安排～人员。

【出丑】chūchǒu 动 显露出丑态 ▷事前要认真准备，以免到时～。

【出处】chūchù 名（引文或成语典故等的）来源 ▷所注成语的～有误。

【出错】chūcuò 动 发生差错。

【出倒】chūdǎo 动 旧指出盘。

【出道】chūdào 动 指学艺出师；现多指歌手、演员等正式进入演艺界；泛指年轻人初入社会，开始独立工作 ▷我刚～，经验不足。

【出点子】chūdiǎnzi 想办法；出主意。

【出典】chūdiǎn ❶ 名 典故的出处 ▷请教老师"杞人忧天"的～。○ ❷ 动 把田地、房产等抵押给他人，换得一笔钱，不用付利息，议定年限，到期可还款赎回。

【出顶】chūdǐng ❶ 动 用物资抵债务 ▷～这所房子，还抵不了债务。❷ 动 将租到的房子转租给他人 ▷他背着父母，把刚租来的房子～了。

【出动】chūdòng ❶ 动（许多人为某事）行动起来 ▷全体～。❷ 动 派出去行动 ▷准备～。

【出尔反尔】chū'ěr-fǎn'ěr《孟子·梁惠王下》："出乎尔者，反乎尔者也。"意思是你怎样对待人家，人家也会怎样对待你。现在用"出尔反尔"指言行前后矛盾，反复无常。

【出发】chūfā ❶ 动 启程；动身 ▷车队～了。❷ 动 把某些方面作为思考或处理问题的着眼点 ▷一切从实际～。

【出发点】chūfādiǎn ❶ 名 行程的起点 ▷这次马拉松赛的～是天安门广场。❷ 名 借指言行的动机、着眼点 ▷全心全意为人民服务，是我们一切工作的～。

【出饭】chūfàn 形〈口〉（某些粮食）做出的饭显得多 ▷籼米比黏米～。

【出访】chūfǎng 动 外出访问；多指到外国访问。

【出份子】chūfènzi ❶ 集资送礼时，每人按一定份额出钱 ▷小王结婚，全科的人～送给他一幅油画。❷ 送礼金给办红白事的人家并参加庆贺或吊唁。也说随份子。

【出风头】chūfēngtou 出头露面表现自己，以引起众人的注目；也指显露锋芒，展示才华 ▷这个人喜欢～|这次大赛，他出尽了风头。

【出伏】chūfú 动 指伏天结束 ▷今天～，炎热终于熬到头了。

【出阁】chūgé 动 离开闺房。指出嫁 ▷大姐～了。

【出格】chūgé ❶ 形 出色；出众 ▷才学～。❷ 动 言行越出常规，做得过分 ▷开玩笑要有分寸，不要～。

【出工】chūgōng ❶ 动 上班做工 ▷他每天清晨6点～。❷ 动 出劳力 ▷修路是咱全村的事，出钱或者～，大家自己选。

【出恭】chūgōng 动 古代科举考试，考场中备有"出恭入敬"牌，考生去厕所时必须领取此牌。后来就把解大小便称为"出恭"。

【出乖露丑】chūguāi-lùchǒu 在众人面前丢人出丑（乖：不合情理的）▷不认真备课，上了讲台怎能不～呢？☛"露"在口语中也常读 lòu。

【出轨】chūguǐ ❶ 动（有轨道的车辆在行驶中）脱离轨道 ▷火车～。❷ 动 比喻言行越出常规 ▷他办事稳妥，从不～。

【出鬼】chūguǐ 动 比喻出了怪事 ▷真是～了，今天这台电脑怎么总死机？

【出国】chūguó 动 到外国去 ▷～深造。

【出海】chūhǎi 动（船舶）离开港口向海上驶去；驾驶船只到海上去作业 ▷货轮～远航|渔民～打鱼。

【出汗】chūhàn 动 从体内排出汗液。

【出航】chūháng 动（飞机、船舶）离开机场或港口航行 ▷这艘客轮首次～|飞机按时～。

【出号】chūhào ❶ 区别 超出大号的；特大的 ▷他个子太高，衣服鞋袜都得穿～的。○ ❷ 动 开奖时摇出奖号 ▷中奖号码随机～。○ ❸ 动 旧指伙计脱离商号。

【出乎】chūhū ❶ 动 出于 ▷精彩～熟练，熟练～勤奋。❷ 动 超出 ▷～预料。

【出活儿】chūhuór ❶ 动 干出活儿来 ▷半天还没～。❷ 形 工作的效率高；干出的活儿多 ▷使用掘土机确实～。

【出货】chūhuò ❶ 动 运出或提走货物 ▷货场的海鲜已全部～。❷ 动 指投资者抛售有价证券 ▷等价格升到高点后，迅速～套现。

【出击】chūjī 动 在战争中出动兵力攻打敌方；也指在斗争或竞赛中主动进攻 ▷命令部队～|下半场连续～，把比分扳平。

【出继】chūjì 动 过继①。

【出家】chūjiā 动 放弃家庭生活到寺院、道观去做僧尼或道士 ▷～人|弃俗～。

【出家人】chūjiārén 名 指僧尼或道士。

【出价】chūjià 动 商品交易中买方或卖方提出价

格 ▷～不算高|我出了价,买不买由你。

【出嫁】chūjià 动 指女子到男家结婚;泛指女子结婚。也说出聘。

【出将入相】chūjiàng-rùxiàng 出战可以领兵为将,入朝可以理政为相。形容人文武双全;也指出任高官要职。

【出界】chūjiè 动 越出规定的界线;越出边界线 ▷扣球～。

【出借】chūjiè 动 指往外借 ▷本馆暂停～图书。

【出警】chūjǐng 动 出动警察前往现场 ▷立即～,将走私团伙一举擒获。

【出境】chūjìng 动 离开某个区域;现多指离开国境 ▷～旅游|严防文物走私～。

【出镜】chūjìng 动 指在电视或电影中露面 ▷事主愿意接受采访,但不同意～|～率。

【出九】chūjiǔ 动 指数九天结束 ▷已经～,天气也该暖和些了。

【出局】chūjú 动 棒球、垒球比赛中,运动员因犯规被判退出球场,失去在本局继续参赛的资格;泛指在竞赛或竞争中被淘汰。

【出具】chūjù 动 拿出或写出(某种证明) ▷需～单位证明。

【出圈】chūjuàn 动 起圈。

【出科】chūkē 动 旧指在科班学戏期满。

【出口】chūkǒu ❶ 动 (话)说出口来 ▷～成章|～不凡。❷ 名 通向外面的门或通道 ▷影院共有四个～。❸ 动 (船舶)开出港口。❹ 动 本国或本地区的商品输出到国外或其他地区销售 ▷产品～到美国|这批家禽主要～周边国家。

【出口成章】chūkǒu-chéngzhāng 话说出口来就能成为文章。形容才思敏捷,口才极好。

【出口额】chūkǒu'é 名 出口商品的金额 ▷～年年增长。

【出口伤人】chūkǒu-shāngrén 说出话来就伤害他人;形容说话粗鲁或刻薄狠毒。

【出口秀】chūkǒuxiù 名 脱口秀。

【出口转内销】chūkǒu zhuǎn nèixiāo 出口商品改为在本国或本地区销售。

【出来】chūlái ❶ 动 朝说话人所在的位置,从里面到外面来 ▷你～吧,我们晒晒太阳。❷ 动 出现;产生 ▷晚会上,那位演员没～|旧矛盾解决了,又～了新矛盾。☛ 以上各种用法中的"来"口语中有时可读轻声。

【出来】chūlai ❶ 动 用在动词后,表示人或事物随动作从里到外 ▷我激动得心都要蹦～了|把他叫～。❷ 动 用在动词后,表示动作完成,兼有产生或获得某种结果或能力的意思 ▷新产品试制～了|毛笔字到底练～了|这把铁锹已经使～了。❸ 动 用在动词后,表示人或事物随动作由隐蔽到显露 ▷我猜～了|积极性焕发～了。☛ 以上各种用法中的"来"口语中有时可不读轻声。

【出栏】chūlán 动 将长成的肉用家畜提出畜栏供屠宰 ▷这头猪可以～了。

【出栏率】chūlánlǜ 名 出栏牲畜在原存栏牲畜中所占的比率。通常按照年度以百分比计算。

【出类拔萃】chūlèi-bácuì 超出同类(拔:高出;萃:聚集在一起的人或物)。形容在一般水平之上。☛ "萃"不要误写作"粹"。

【出力】chūlì 动 使出力气;贡献力量。

【出列】chūliè 动 走出队列 ▷命令一排长～。

【出猎】chūliè 动 到野外打猎。

【出溜】chūliu 动 〈口〉滑动;滑行 ▷路太滑,～了个跟头|顺着山坡往下～。

【出笼】chūlóng ❶ 动 从笼屉里取出(刚蒸熟的食物) ▷包子该～了。❷ 动 从笼子里出来或取出 ▷老虎～了!|今年家禽～300万只。❸ 动 比喻某些事物出现 ▷方案～。☛ "出笼"的比喻义原多用于贬义,现已趋于中性化。

【出娄子】chūlóuzi 〈口〉出乱子。

【出炉】chūlú ❶ 动 从炉中取出烧烤好或冶炼好的东西 ▷烤白薯刚～就卖光了|钢水～。❷ 动 出台②(有时用于贬义)。

【出路】chūlù ❶ 名 通向外面的路;借指生存的机会或发展的前途 ▷这是条死胡同,没有～|要给改恶从善的犯罪分子以～。❷ 名 借指货物的销路 ▷赢得消费者信任的商品,～是不成问题的。

【出乱子】chūluànzi 发生或惹出祸事、纠纷等。

【出落】chūluo 动 从少年到青春发育阶段,体态、容貌向美好的方面变化(多指女性) ▷几年不见,她～成一个漂亮的大姑娘了。

【出马】chūmǎ 动 本指上阵作战;现多指出面做事 ▷老将～,一个顶俩。

【出卖】chūmài ❶ 动 出售物品;用劳动等换取一定报酬 ▷～一套三居室|～体力。❷ 动 损害国家、民族或他人等利益换取个人利益 ▷～军事机密|～朋友。☛ 跟"出售"不同。"出售"的对象一般是具体物品;"出卖"的对象可以是抽象事物,还可用于贬义。

【出毛病】chūmáobìng 指出现差错、故障等 ▷手表～了,每天慢半个来小时。

【出梅】chūméi 动 指梅雨季节结束。

【出门】chūmén 动 外出;不在家;特指离家到外地 ▷他～买菜去了|～靠朋友。

【出门子】chūménzi 动 〈口〉出嫁。

【出面】chūmiàn ❶ 动 以一定的身份、名义出来(做某事) ▷由校方～解决这个问题比较合适。❷ 动 露面 ▷不能老躲着不～哪！

【出苗】chūmiáo 动 幼苗长出地面 ▷再过几天，豌豆就该～了。也说露(lòu)苗。

【出名】chūmíng ❶ 动 显露名声；有了名声 ▷这部小说，让他一下子就～了。❷ 形 著名 ▷演员中有不少～的歌手。

【出没】chūmò 动 出现和隐没；时隐时现 ▷听人说，附近山上常有老虎～。

【出谋划策】chūmóu-huàcè 想出计谋，定出策略。☛ 不要写作"出谋画策"。

【出谋献策】chūmóu-xiàncè 提出计谋、策略。

【出纳】chūnà ❶ 动 财务工作中现金、票据的付出和收进 ▷办理～手续｜～员。❷ 动 指物品的付出和收进 ▷图书～｜报刊～。❸ 名 做出纳工作的人 ▷会计不能兼任～。

【出难题】chūnántí 提出的问题或要求让人难以答复或解决；故意想法子与人为难 ▷明知我做不了，还派我去，成心给我～。

【出牌】chūpái 动 玩牌时将牌打出；借指采取行动、表示态度等 ▷按市场规则～。

【出盘】chūpán 动 工商业主把自己企业的全部财产(如房屋、设备、用具、货物等)让渡给他人经营(跟"接盘"相对)。也说推盘。

【出票】chūpiào ❶ 动 签发票据并把票据交付给收款人。❷ 动 售出票 ▷本场演唱会创下近年来日～新高。

【出品】chūpǐn ❶ 动 生产出产品 ▷这种药是本市药厂～的。❷ 名 生产出来的产品 ▷厂家应对自己的～质量负责。

【出圃】chūpǔ 动 (菜秧、树苗等)长到适宜的时候，从园圃移植到别处 ▷今年～树苗很多，收益颇丰。

【出其不意】chūqíbùyì《孙子兵法·计篇》："攻其无备，出其不意。"指在对方没有意料到的时候采取行动。☛ "其"不要误写作"奇"。

【出奇】chūqí 形 不一般；特别 ▷他的态度～地好｜冷得～。

【出奇制胜】chūqí-zhìshèng 出奇兵或用奇计打败敌人；泛指采用出人意料的方法来取胜。☛ "制"不要误写作"致"。

【出气】chūqì ❶ 动 呼出或排放气体 ▷～通道｜呛得人出不来气。❷ 动 发泄怨气 ▷你有本事跟他说去，干吗冲我～？

【出气筒】chūqìtǒng 名 比喻发泄怨气的对象 ▷别冲我撒气，我不是你的～。

【出钱】chūqián 动 拿出钱来；付钱。

【出勤】chūqín ❶ 动 按规定的时间上班、上课 ▷统计一下这个月的～率。❷ 动 为办理公务而外出 ▷班长～去了。

【出糗】chūqiǔ 动 做出使自己感到难堪的事或言谈举止出现可笑的错误 ▷他在今天的演唱中连续忘词，多次～。

【出去】chūqù 动 从里面到外面，离开说话人所在的位置 ▷～买菜｜他～了｜～了几个人。☛ 这里的"去"口语中有时可读轻声。

【出去】chūqu 动 用在动词后，表示人或事物随动作从里到外或由近向远 ▷把桌子搬～｜带来的钱都花～了。☛ 这里的"去"口语中有时可不读轻声。

【出圈儿】chūquānr 动 比喻超出允许的限度或一定的范围 ▷办事灵活一点儿可以，但不能～。

【出缺】chūquē 动 (因原任人员去职或死亡)职位出现空缺 ▷处长一职已～半年。

【出让】chūràng 动 出卖或转让自有的房产、物品等(多为非经营性的) ▷～三间铺面房。

【出人命】chūrénmìng 发生死了人的案件或事故 ▷～了，赶快报案！

【出人头地】chūréntóudì 超过一般人；高人一等。

【出人意表】chūrényìbiǎo 出人意料。

【出人意料】chūrényìliào 超出人们的预料。多表示人或事跟人们预想到的很不一致。

【出人意外】chūrényìwài 出人意料。

【出任】chūrèn 动 出来担任(某职务) ▷～县长。

【出入】chūrù ❶ 动 出去和进来 ▷～校门，请佩戴校徽。❷ 名 差别；不一致、不相符的情况 ▷～不大｜这笔账与实际有～。

【出入境】chū-rùjìng 出境和入境。

【出入证】chū-rùzhèng 名 由有关部门颁发的允许进出某机关、工厂等的证件。

【出赛】chūsài 动 出场参赛 ▷代表我省～。

【出丧】chūsāng 动 出殡。

【出色】chūsè 形 非常好；超出一般的 ▷～的教师｜～地实现了软着陆。

【出山】chūshān 动 原指隐士出来做官；后泛指出来担任某种职务或从事某项工作 ▷无意～｜请张教授～主持工作。

【出身】chūshēn ❶ 名 指重要的学历或资历 ▷他是黄埔～｜曾祖父翰林～。❷ 名 由个人早期经历或家庭经济状况所决定的某种身份 ▷他的～是工人。❸ 动 具有某种由个人早期经历或家庭经济状况决定的身份 ▷他～于农民家庭。☛ 参见本页"出生"的提示。

【出神】chūshén 动 由于过度专注而神情凝滞 ▷听得～了｜～地望着。

【出神入化】chūshén-rùhuà 形容技艺达到高超绝妙的境界(化：化境；绝妙的境界)。

【出生】chūshēng 动 胎儿从母体中生出 ▷他是哪年～的？｜～地。☛ 跟"出身"不同。"出生"侧重于自然属性，与时间、地点等相联系，如“傍晚出生”“在上海出生”；“出身”侧重于社会属性，与家庭背景、个人经历等有关，如“农民出身”“学生出身”。

【出生率】chūshēnglǜ 名 在一定时期内出生人口占总人口的比率，通常用千分数表示。

【出生入死】chūshēng-rùsǐ 出入于生死之间。形容冒着生命危险，随时有死的可能。

【出生证】chūshēngzhèng 名 医院给新生儿开具的出生医学证明。

【出声】chūshēng 动 发出声音 ▷嘘，别～！

【出师】chūshī ❶ 动（学徒）学习期满，技艺学成 ▷他学习理发已经～了。○ ❷ 动 出动军队（作战）▷～北伐。❸ 动 借指竞赛或某些行动开始 ▷～不利。

【出使】chūshǐ 动 出国执行外交使命。

【出示】chūshì ❶ 动〈文〉张贴告示。❷ 动 拿出来让人看 ▷～证件｜～样品。

【出世】chūshì ❶ 动 出生来到人世 ▷我上大学时，你还没～呢！❷ 动 面世；产生 ▷刊物一～，就广受欢迎。❸ 动 指超脱人世。❹ 动 超出凡物 ▷横空～。

【出仕】chūshì 动〈文〉出来做官。

【出事】chūshì 动 发生事故或变故 ▷飞机～了。

【出手】chūshǒu ❶ 动 卖出（货物）；脱手 ▷这批货要赶快～。❷ 动 拿出（钱物）；花钱 ▷～大方。❸ 名 开始做某事时表现出来的本领 ▷～不凡。❹ 动 动手③ ▷～打人。

【出首】chūshǒu ❶ 动 自首。❷ 动 检举；告发。

【出售】chūshòu 动 卖（商品）。☛ 参见 198 页“出卖”的提示。

【出书】chūshū 动 出版书籍。

【出数儿】chūshùr 形〈口〉显得数量多 ▷这种稻米做的饭虽然好吃，但不～。

【出双入对】chūshuāng-rùduì 两人经常在一起活动。多形容恋人间关系亲密。

【出水】chūshuǐ ❶ 动 从水中出来；特指水生植物的茎、叶、花等露出水面 ▷～才见两腿泥｜～芙蓉。❷ 动 水向外流出或冒出 ▷挖了两丈多深，井底才～。

【出水芙蓉】chūshuǐ-fúróng 露出水面的初放荷花；多用来形容美丽脱俗的女子或清新自然的诗文、书画等。

【出台】chūtái ❶ 动（演员）出场表演 ▷主要演员～，剧场内掌声四起。❷ 动 借指（政策、计划、方案等）正式推出 ▷《中华人民共和国国家通用语言文字法》已经～。

【出摊儿】chūtānr 动 摆出摊儿卖货 ▷天刚亮就～。

【出逃】chūtáo 动（从家中、某地或某国）逃跑 ▷仓皇～。

【出题】chūtí 动 出题目 ▷～考试。

【出挑】chūtiāo 动 出落。

【出粜】chūtiào 动 卖出（粮食）。

【出庭】chūtíng 动 与诉讼案件有关的人员到法庭参与法庭主持下的关于某案件的审理活动 ▷～受审｜～作证。

【出头】chūtóu ❶ 动（物体）露出顶端 ▷水泥顶板的钢筋～了。❷ 动 出面；领头 ▷赛事纠纷由领队～处理。❸ 动 从困境中解脱 ▷终于有了～之日。❹ 动 放在整数之后，表示略有超出 ▷这台电视机要卖到两千块～｜他今年三十刚～。

【出头露面】chūtóu-lòumiàn 在公众面前出现 ▷他是个经常～的人物。

【出头鸟】chūtóuniǎo 名 比喻出面或带头做某事的人；也比喻在某方面表现突出的人 ▷为了伸张正义，不怕当～。

【出徒】chūtú 动 出师①。

【出土】chūtǔ ❶ 动 从土中长出；高出地面 ▷小麦刚～｜这尊石雕像，～部分高达 1.8 米，地下部分尚有 0.8 米。❷ 动（文物）从地下发掘出来 ▷～了大批汉简｜～文物。

【出脱】chūtuō ❶ 动 卖出货物。❷ 动 开脱。❸ 动 出落。

【出外】chūwài 动 离家到外面去 ▷～做生意。

【出亡】chūwáng 动〈文〉出逃；流亡 ▷～异国。

【出位】chūwèi ❶ 动 出格② ▷着装～｜以～言行引公众注目。❷ 动〈文〉越位；超越本分 ▷思不～，则虑周也。

【出席】chūxí ❶ 动 到场参加会议或典礼等 ▷会议重要，请务必准时～。❷ 动 特指有发言权和表决权的正式成员参加会议 ▷～人数和列席人数应分别统计。

【出息】chūxi ❶ 名 指个人的发展前途或上进心 ▷这孩子有～。❷ 动〈口〉进步；长进 ▷如今他～多了。

【出险】chūxiǎn ❶ 动 脱离危险 ▷经抢救，遇险人员已全部～。❷ 动 出现危险情况 ▷巷（hàng）道～，赶快撤离！

【出现】chūxiàn 动 产生；显现 ▷一轮红日～在东方｜新～的矛盾。

【出线】chūxiàn ❶ 动 在分区、分组或分阶段进行的比赛中，参赛者获得参加下一阶段比赛的资格 ▷这场足球赛，该队只要战平，就能～｜～无望。❷ 动 指体育比赛中的出界。

【出项】chūxiàng 名 出账②。

【出血】chūxiě ❶ 动 血液从血管或心腔流到组织间隙、体腔或体外 ▷牙龈～。❷ 动〈口〉比喻破费钱财 ▷头一次看见你请客，这回怎么舍得～了？

【出新】chūxīn 动 得到新的发展，有所创新 ▷工作要～，就要突破原有的条条框框。

【出行】chūxíng 动 外出 ▷人老了，～不便。

【出巡】chūxún 动 外出巡视 ▷微服～。

【出芽】chūyá ❶ 动（植物）生出幼芽 ▷棉花已经～了。❷ 动 一种无性繁殖方式，某些低等动物由母体长出新个体。

【出言】chūyán 动 说出话来 ▷～谨慎。

【出言不逊】chūyán-bùxùn 说话傲慢无礼。

【出演】chūyǎn ❶ 动 演出 ▷今晚剧团～话剧《茶馆》。❷ 动 扮演（角色）▷她在歌剧《白毛女》中～喜儿。

【出洋】chūyáng 动 到国外 ▷～留学。

【出洋相】chūyángxiàng ❶（言语、动作等）表现得滑稽有趣 ▷台上小丑～，引得观众哄堂大笑。❷闹出被人耻笑的事来 ▷他基本功不太扎实，工作中常～。

【出以公心】chūyǐgōngxīn 指办事从国家、集体的利益着想。

【出迎】chūyíng 动 出来迎接 ▷亲自～。

【出游】chūyóu 动 出外游玩；旅游。

【出于】chūyú ❶ 动 来源于 ▷故事～某大学｜这幅画～名家之手。❷ 动 从某种立场、态度出发 ▷批评你完全是～对你的爱护｜～公心。

【出语】chūyǔ 动 出言 ▷～不俗。

【出狱】chūyù 动（犯人）从监狱中出来 ▷刑满～。

【出远门】chūyuǎnmén 去远方。

【出院】chūyuàn 动 住院患者因痊愈、转院、中止治疗等原因办理手续后离开所住医院。

【出月子】chūyuèzi 产妇分娩后满一个月 ▷还没～，千万别干重活儿。

【出展】chūzhǎn ❶ 动 拿出来展览 ▷又有一批新书～。❷ 动 到外地或外国展览 ▷我国文物精品～，引起国际上的轰动。

【出战】chūzhàn ❶ 动 出兵作战 ▷必须固守阵地，不要轻易～。❷ 动 比喻上场竞赛 ▷中国女排～古巴女排。

【出站】chūzhàn ❶ 动 乘客或车辆离开车站 ▷疏导旅客～。○ ❷ 动 完成博士后阶段的学习和工作，离开博士后流动站。

【出掌】chūzhǎng ❶ 动 伸出手掌进攻或防守 ▷～不凡。❷ 动 出来掌握（权力）▷～要职。

【出账】chūzhàng ❶ 动 将已经支出的款项、财物登入账簿。❷ 名 支出的款项 ▷购置设备有三万元的～。☛ 不要写作"出帐"。

【出招儿】chūzhāor ❶ 动 武打或博弈中主动攻击对手 ▷抢先～，争取主动。❷ 动 比喻采取有力措施 ▷果断～，保障校园安全｜商家相继～抢滩。

【出蛰】chūzhé 动（某些动物）冬眠结束，出来活动觅食。

【出诊】chūzhěn 动 医生离开医院或诊所到病人住处给病人治病。

【出阵】chūzhèn ❶ 动 来到阵前；泛指上战场打仗 ▷将军亲自～，全军士气大增。❷ 动 比喻参与某些竞争性活动 ▷这盘棋由你～。

【出征】chūzhēng ❶ 动 外出打仗。❷ 动 借指外出参加竞赛活动 ▷体操队下月～西欧。

【出证】chūzhèng ❶ 动 摆出证据；出示证据 ▷光凭嘴说不行，必须～。❷ 动 出来作证 ▷请见证人当堂～。

【出众】chūzhòng 形 超出众人 ▷～的人品。

【出主意】chūzhǔyi 提出办法。☛ "主意"口语中也读 zhúyi。

【出资】chūzī 动 提供资金 ▷～助学。

【出自】chūzì 动 来源于；从（某时、某地）产生 ▷这件文物～汉代｜～内心。

【出走】chūzǒu 动 因环境或情势所迫而悄悄地离开家庭或所在地 ▷儿童辍学～现象不容忽视｜只身～。

【出租】chūzū 动（房屋、物品等）让别人暂时使用而收取一定的费用 ▷房屋～｜计算机～。

【出租汽车】chūzū qìchē ❶ 供人临时乘坐并按里程收取费用的汽车。现在分为网约车和巡游车两类。也说计程车、的士。❷ 供人租用并按所租用的时间收取费用的汽车。有的仅租汽车，有的一并雇用司机。‖ 也说出租车。

初 chū ❶ 形 起头的 ▷～冬｜唐朝～年。→ ❷ 名 开始的一段时间 ▷明末清～｜月～。→ ❸ 形 原来的 ▷～衷｜～愿。→ ❹ 词的前缀，附在某些名词或基数词前，表示第一个 ▷～稿｜～伏｜正月～一（第一个"一"）｜二月～十（第一个"十"）。→ ❺ 副 表示动作是第一次发生或刚刚开始 ▷～来乍到｜如梦～醒。→ ❻ 形 最低的（等级）▷～等数学｜～级中学。○ ❼ 名 姓。☛ 左边是"衤"，不是"礻"。

【初版】chūbǎn ❶ 动（图书）刊印第一版 ▷该书于 1996 年～。❷ 名（图书的）第一版 ▷收藏～图书。

【初步】chūbù 形 开始阶段的；不成熟、不完善的 ▷～成果｜～设想。

【初裁】chūcái 动 初步裁定 ▷主管部门～这几种商品有倾销行为。

【初潮】chūcháo 名 女子的第一次月经。

【初出茅庐】chūchū-máolú 东汉末年，年轻的诸葛亮接受刘备恳请，走出隐居的茅庐，辅佐刘备打天下。后用"初出茅庐"比喻刚进入社会或刚参加工作,还缺乏实际经验。

【初创】chūchuàng 动 刚刚建立;草创 ▷～时期|公司～,制度还不够健全。

【初春】chūchūn 名 早春;春季的第一个月,即农历正月。

【初次】chūcì 名 第一次 ▷～会面。

【初等】chūděng ❶ 区别 难度低的;浅显的 ▷～代数。❷ 区别 初级 ▷～文化水平。

【初等教育】chūděng jiàoyù 对受教育者实施的最初阶段的教育。包括儿童的和成人的两种。对儿童实施初等教育的学校为小学。对成人实施初等教育的有成人学校等机构。

【初冬】chūdōng 名 冬季的第一个月,即农历十月。

【初度】chūdù 名〈文〉原指刚出生的时候;后指生日 ▷九十～感赋。

【初犯】chūfàn 动 初次犯法或犯错误 ▷由于～,且有悔罪表现,故从轻处罚。

【初伏】chūfú 名 从夏至后的第三个庚日开始到第四个庚日的前一天,共十天。也说头伏。参见1180页"三伏"①。

【初稿】chūgǎo 名 第一稿;泛指未改定的稿子。

【初更】chūgēng 名 一夜五更的第一更,在晚上7时至9时。

【初花】chūhuā ❶ 动 (植物)一年中第一次开花 ▷白兰花春天～,伏天第二次开花。❷ 动 (植物)生长过程中首次开花 ▷门前的玉兰树已经～。❸ 名 (植物)首次开的花。

【初会】chūhuì 动 初次见面 ▷我们虽是～,但一见如故。

【初婚】chūhūn ❶ 动 头一次结婚;刚结婚 ▷夫妻俩,一个～,一个再婚|～夫妇。❷ 名 指刚结婚的那段时间。

【初级】chūjí 区别 最低层次的;低等级的 ▷～产品|～职称|～中学。

【初级产品】chūjí chǎnpǐn 没有经过加工或只经过初步加工的产品。

【初级阶段】chūjí jiēduàn 事物发展过程中开始的、低级的阶段 ▷社会主义～。

【初级能源】chūjí néngyuán 一次能源。

【初级社】chūjíshè 名 初级农业生产合作社。20世纪50年代初期我国农村实行的一种劳动组织形式。社员除按劳动获取收入外,还按提供的土地和其他生产资料分红。

【初级小学】chūjí xiǎoxué 为完成初等教育前一阶段任务而单独设立的学校,学制一般四年。简称初小。

【初级中学】chūjí zhōngxué 为完成中等教育前一阶段任务而单独设立的学校,学制一般三年。简称初中。

【初交】chūjiāo ❶ 动 初次交往 ▷跟您～,就给您添麻烦。❷ 名 刚认识或交往时间不长的人 ▷只有这位是～,其余的都是老朋友。

【初具规模】chūjù guīmó 初步具备基本的框架和内容。

【初亏】chūkuī 名 日食或月食开始的阶段。

【初来乍到】chūlái-zhàdào 初次来到(某地);刚到或刚到不久 ▷～,人地两生。

【初恋】chūliàn 动 初次恋爱;刚开始恋爱 ▷～是令人难忘的。

【初露锋芒】chūlù-fēngmáng 比喻刚刚显露出某种锐气或力量。

【初露头角】chūlù-tóujiǎo 比喻刚刚显露出才华。

【初民】chūmín 名 原始社会的人 ▷远古～的岩画显示出他们对美的追求。

【初年】chūnián 名 某一历史时期开头的几年;初期 ▷乾隆～|汉朝～。

【初评】chūpíng 动 初次或初步评比、评选或评审 ▷经小组～后上报。

【初期】chūqī 名 刚开始的时期 ▷封建社会～|感冒～。

【初晴】chūqíng 动 刚刚放晴 ▷雨后～。

【初秋】chūqiū 名 秋季的第一个月,即农历七月。

【初赛】chūsài 动 竞赛中第一阶段的比赛。出线者参加复赛或直接进入决赛 ▷下个月在北京～。

【初审】chūshěn ❶ 动 初步审议、审订等 ▷改革方案～通过。❷ 动 初步审理 ▷经过～,犯罪嫌疑人对犯罪事实供认不讳。

【初升】chūshēng 动 刚刚升起 ▷红日～。

【初生牛犊不怕虎】chūshēng niúdú bù pà hǔ 刚生下来的小牛不怕老虎。比喻年轻人无所畏惧,敢作敢为。

【初生之犊】chūshēngzhīdú 比喻无所畏惧、敢作敢为的年轻人。

【初时】chūshí 名 开初;开始的一段时间 ▷～,我们相处得并不好,后来才慢慢融洽起来。

【初识】chūshí 动 刚认识 ▷我和他只是～,彼此还不了解。

【初始】chūshǐ 名 最初;开始阶段 ▷人类社会发展的～是原始社会|～流速。

【初试】chūshì ❶ 动 初次试验 ▷～锋芒。❷ 动 分几次举行的考试中的第一次考试 ▷～合格,进入复试。

【初霜】chūshuāng 名 入秋后头一次下的霜。

【初速】chūsù 名 指物体开始运动时的速度 ▷炮弹的～一般可以达到500—800米/秒。

【初岁】chūsuì 名〈文〉一年之初 ▷来年～即可归来。

【初探】chūtàn 动 初步研究或探寻 ▷《标题艺术～》|～雅鲁藏布江大峡谷。

【初夏】chūxià 名 夏季的第一个月,即农历四月。

【初心】chūxīn 名 最初的心愿、信念 ▷创新永远是～|坚守～,砥砺前行。

【初选】chūxuǎn ❶ 动 间接选举的第一轮选举。❷ 动 初次选拔或选择 ▷经过～,有 10 名歌手进入复赛|放弃了～的专业。

【初学】chūxué 动 刚开始学 ▷我～绘画,尚未入门。

【初雪】chūxuě 名 入冬后第一次下的雪。

【初旬】chūxún 名 上旬。

【初叶】chūyè 名 某一时代或年代最初的一段时间 ▷唐朝～|19 世纪～。

【初夜】chūyè ❶ 名 初更;刚入夜的时候 ▷～,华灯齐放。❷ 名 新婚第一夜。

【初愿】chūyuàn 名 起初的志向或愿望 ▷～已偿。

【初月】chūyuè 名 新月① ▷～如钩。

【初战】chūzhàn 名 战争或战役开始的第一场战斗 ▷～取得全胜。

【初绽】chūzhàn 动(花)刚刚开放 ▷樱花～。

【初诊】chūzhěn ❶ 动 病人初次在某医疗机构看病 ▷您是～还是复诊? ❷ 动(医生对疾病)初步诊断 ▷医生～他为肾炎。

【初志】chūzhì 名 最初的志愿 ▷屡受挫折,～不改。

【初衷】chūzhōng 名 本意;本心;当初的意愿 ▷～未改|这绝非我的～。

邮 chū [邮江] chūjiāng 名 地名,在四川。

貙(貙) chū 名 古书上指一种似狸而大的猛兽。

摴 chū [摴蒱] chūpú 现在一般写作"樗蒲"。

樗 chū 名 臭椿。

【樗蒲】chūpú 名 古代一种游戏,类似后代的掷色(shǎi)子。

chú

刍(芻) chú ❶ 动〈文〉割草 ▷～荛。→ ❷ 名〈文〉牲畜吃的草 ▷反～|～秣。→ ❸ 形〈文〉谦词,用于称自己的(言论、见解等) ▷～议。○ ❹ 名 姓。☛ 下边是"彐",不是"ヨ"。

【刍论】chúlùn 名 刍议。

【刍秣】chúmò 名〈文〉饲草。

【刍荛】chúráo〈文〉❶ 动 割草打柴。❷ 名 指割草打柴的人。❸ 名 谦词,浅陋的见解 ▷敢献～兴盛世。

【刍议】chúyì 名 谦词,用于称自己的议论(常用作文章的标题)。

除 chú ❶ 名〈文〉台阶 ▷洒扫庭～|阶～。→ ❷ 动〈文〉授予(官职) ▷～忠州刺史。❸ 动 去掉;清除 ▷把杂草～掉|拔～|扫～。⇒ ❹ 动 进行除法运算 ▷8～16 等于 2|6～以 2 等于 3。⇒ ❺ 介 引进排除的对象,表示限定的条件(多跟"外""以外""之外"搭配使用) ▷这篇文章～附录外,只有 5000 字。○ ❻ 名 姓。

【除暴安良】chúbào-ānliáng 铲除强暴势力,安抚善良百姓。

【除弊】chúbì 动 清除弊端 ▷兴利～|～革旧。

【除草】chúcǎo 动 铲除或清除杂草 ▷～剂。

【除尘】chúchén 动 清除尘土;特指清除污染空气的粉尘 ▷工业～|～器。

【除虫菊】chúchóngjú 名 多年生草本植物,植株灰白淡绿,开白色或红色花,晒干后磨成粉,能用来驱杀蚊、虱及农业害虫等。

【除此之外】chúcǐzhīwài 除了这些以外 ▷～,我再补充两点意见。也说除此以外、除此而外。

【除掉】chúdiào 动 清除;去掉 ▷～这个心腹大患|这个月～生病的两天,我天天上班。

【除恶务尽】chú'è-wùjìn 铲除恶势力务必彻底干净。

【除法】chúfǎ 名 求一个数的若干分之一的运算方法。如 16÷8=2。

【除非】chúfēi ❶ 连 表示某条件是必要条件,即只有具备这个条件,才会有某种结果,而不具备这个条件,就会产生另外的结果。常跟"才""否则"等配合使用 ▷～你答应守口如瓶,我才会告诉你|～大家都去,否则我不去。❷ 介 除了① ▷～他,再没人熟悉山林里的情况了。☛ ㊀在与"才"配合时,"除非"从正面强调唯一的必要条件,相当于"只有";在与"否则"配合时,"除非"从反面来强调必要条件,与"只有"的用法不同。㊁"除非……,才……"也可说成"除非……,不……";"只有……,才……"不能说成"只有……,不……"。

【除服】chúfú 动〈文〉指守孝期满,脱去丧服。

【除根】chúgēn 动 铲除草木的根;比喻消除根源 ▷斩草要～|你的病～了吗?

【除垢】chúgòu 动 清除污垢 ▷去污～。

【除害】chúhài 动 清除祸害 ▷为民～。

【除号】chúhào 名 除法运算符号,即"÷"。

【除尽】chújìn ❶ 动 除法运算的结果没有余数 ▷4 能被 2～|除得尽。❷ 动 清除干净;消灭干净 ▷～杂草。

【除旧布新】chújiù-bùxīn 革除旧的,建立新的 ▷移风易俗,～。

【除开】chúkāi ❶ 介 除了① ▷～这一条,我都同意。❷ 介 除了② ▷～这个问题，他还有别的问题。❸ 动 除尽① ▷4 能被 2～｜除得开｜除不开。

【除了】chúle ❶ 介 引进不包括在下文所说范围之内的内容，表示排除在外，常跟"都""全"等配合使用 ▷这件事，～他，谁都不知道。❷ 介 引进全体事物中的某一部分（表示把它排除在外，还有别的），常跟"还""也"等配合使用 ▷他～喜欢语文以外，还喜欢数学、外语。❸ 介 引进事物对立并存的两面中的一面（下文用"就是"引出另一面）▷他～上课，就是去图书馆看书。

【除名】chúmíng 动 将成员的姓名从组织或单位的名册中去掉，使退出组织或单位 ▷他因长期不上班而被公司～。

【除去】chúqù ❶ 动 除掉 ▷限一周之内～全部违章广告牌。❷ 介 除了② ▷～他，还有三个人要来。

【除权】chúquán 动 股份公司因股本增加，每股股票的实际价值减少，需要从股票市场价格中除去减少的部分，叫做除权。股份公司在送股、派息或配股时，会确定除权日，在除权日以后再买进的股票不享有上述权利。

【除却】chúquè ❶ 动 除掉 ▷～杂念，醉心事业。❷ 介 除了① ▷～打法上的漏洞外，心态不佳是更大的问题。

【除丧】chúsāng 动 丧礼结束后除去丧礼设施及服饰。

【除湿】chúshī 动 消除潮湿和水气 ▷～机｜精密仪器室应该经常～除尘。

【除数】chúshù 名 除法运算中用来除被除数的数。如 15÷3=5，3 是除数，15 是被除数。

【除外】chúwài 动 不包括在内 ▷这些人我都不认识，只有小王～。

【除夕】chúxī 名 农历一年中最后一天的夜晚；也指农历一年中的最后一天（除：更换）▷～之夜。

【除息】chúxī 动 股份公司在向股东分配股息、红利时，每股股票的实际价值减少，需要从股票市场价格中除去减少的部分，叫做除息。在除权日以后再买进的股票不享有股息、红利。

【除锈】chúxiù 动 清除金属器物的锈垢 ▷～剂｜旧船体经～喷漆后，已焕然一新。

【除夜】chúyè 名 农历一年中最后一天的夜晚。

【除月】chúyuè 名 农历十二月的别称。

【除治】chúzhì 动 根除；消灭 ▷～虫害。

厨（*厨廚） chú ❶ 名 厨房 ▷下～。→ ❷ 名 以烹调为职业的人 ▷名～。→ ❸ 名 指烹调工作 ▷掌～｜帮～。

【厨刀】chúdāo 名 菜刀。

【厨房】chúfáng 名 专用于烹调食物的房间。

【厨工】chúgōng 名 在饭店、餐馆等的厨房做辅助工作的人。

【厨柜】chúguì 名 厨房里用来放置碗、碟等餐具的柜子。

【厨具】chújù 名 厨房里用于做饭菜的器具，如锅、铲、刀、砧板等。

【厨娘】chúniáng 名 旧指专门从事烹饪的女仆。

【厨师】chúshī 名 掌握或精通烹调技艺并以此为职业的人。俗称厨子。

【厨卫】chúwèi 名 厨房与卫生间的合称 ▷一室一厅带～｜～齐全｜～设施。

【厨艺】chúyì 名 做饭菜的手艺；烹调技艺。

【厨余垃圾】chúyú lājī 做饭所生成的有机垃圾。如加工菜蔬、鱼肉等而产生的剔出物和泔水等。

锄（鋤*鉏耡） chú ❶ 名 用来间苗、除草、培土等的农具 ▷买了一把～。→ ❷ 动 用锄除草松土 ▷～地｜夏～。❸ 动 铲除；消灭 ▷～奸。

【锄草】chúcǎo 动 用锄除去杂草。

【锄地】chúdì 动 用锄在地里除草、松土等。

【锄禾】chúhé 动〈文〉用锄给禾苗除草、松土 ▷～日当午，汗滴禾下土。

【锄奸】chújiān 动 铲除通敌的奸细 ▷～铲恶｜为国～。

【锄强扶弱】chúqiáng-fúruò 铲除强暴，扶助弱小。

【锄头】chútou 名〈口〉锄①。

滁 chú 名 滁河，水名，发源于安徽，流经江苏入长江。

蜍 chú 见 146 页"蟾(chán)蜍"。

雏（雛） chú ❶ 名 幼禽 ▷育～｜鸡～儿。→ ❷ 形 幼小的 ▷～燕｜～禽。→ ❸ 名 比喻年纪轻、阅历少的人 ▷他还是个～儿，得多敲打着点儿。

【雏凤】chúfèng 名 幼凤；比喻有才华的年轻人 ▷歌坛新秀辈出，～试展歌喉。

【雏鸡】chújī 名 刚孵出不久的小鸡。也说鸡雏。

【雏妓】chújì 名 未成年的卖淫女子。

【雏菊】chújú 名 多年生草本植物，早春开花，舌状，花多为白、粉红或红色，管状花黄色，可供观赏。参见插图 7 页。

【雏形】chúxíng 名 事物发展的初步形态或初步规模 ▷巴黎公社是无产阶级政权的～｜我市污水综合处理系统工程已具～。☛ 不宜写作"雏型"。

篨 chú 见 1133 页"籧(qú)篨"。

橱（*櫥） chú 名 放衣服或其他物品的家具，正面有门 ▷书～｜～柜｜壁

~|五斗~。

【橱窗】chúchuāng ❶ 名 商店临街展览样品的玻璃窗。❷ 名 用来展览图片、实物等的玻璃橱柜。

【橱柜】chúguì ❶ 名 放衣服或其他物品的柜子。❷ 见 204 页“厨柜”。现在一般写作“厨柜”。

躇 chú 见 194 页“踌(chóu)躇”。

蹰(*躕) chú 见 183 页“踟(chí)蹰”。

鶵 chú 见 1693 页“鹓(yuān)鶵”。

chǔ

处(處) chǔ ❶ 动〈文〉居住 ▷穴居而野~。→ ❷ 动 置身在(某个地方、时期或场合) ▷设身~地|~在创业阶段。→ ❸ 动 相处;交往 ▷这人很难~|他俩已经~熟了。→ ❹ 动 处置;办理 ▷~方|~理。❺ 动 惩办 ▷~罚|惩~。☛ 读 chǔ,表示动作,如“处世”“处理”;读 chù,表示处所或某些机关、团体名称等,如“暗处”“办事处”。

另见 206 页 chù。

【处变不惊】chǔbiàn-bùjīng 遇到异常情况能镇定自若,不惊慌失措。

【处罚】chǔfá 动 对犯错误或犯罪的人给予处分或依法惩治 ▷对明知故犯者要严加~。

【处方】chǔfāng ❶ 动 医生为病人开药方 ▷医生不了解病情,很难~。❷ 名 医生开的药方或据以配制成药的现成药方 ▷有些药要凭~购买|药典里面有各种各样的~。

【处方药】chǔfāngyào 名 必须凭医生处方才可以购得的药品(跟“非处方药”相区别)。

【处分】chǔfèn ❶ 动 对犯有错误、过失的人给予一定的处理或处置 ▷一定要严肃~。❷ 名 指处分的决定或所作的处理 ▷给予警告~。❸ 动〈文〉处理;安排 ▷~适兄意,那得自任专。

【处警】chǔjǐng 动 (公安部门)处理危急情况、突发事件等 ▷~及时|果断~。

【处境】chǔjìng 名 所处的环境;遭遇的情况 ▷~不同|~已有改善。

【处决】chǔjué ❶ 动 执行死刑 ▷~了特大贪污犯。❷ 动 处理;裁决 ▷此事难以~。

【处理】chǔlǐ ❶ 动 办理并解决 ▷由小王负责~。❷ 动 处罚、惩办(违纪、违法或犯罪者) ▷严肃~乱砍滥伐林木的人。❸ 动 对工件或产品进行一定加工,使符合某种要求 ▷热~。❹ 动 降价出售 ▷~滞销商品。

【处理品】chǔlǐpǐn 名 因质量或积压等原因而降价出售的商品。

【处理器】chǔlǐqì 名 电子计算机系统中能独立执行程序,完成对数据和指令进行加工与处理的器件。是电子计算机系统的核心设备,由数据处理部件(运算器)、指令处理部件和存储控制器组成。

【处女】chǔnǚ ❶ 名 未曾发生过性行为的女子。❷ 区别 比喻未开发的;初次的 ▷~地|~作。

【处女地】chǔnǚdì 名 未曾开垦的土地。

【处女峰】chǔnǚfēng 名 无人攀登到峰顶的山峰。

【处女航】chǔnǚháng ❶ 名 (轮船、军舰、飞机等在某航线上的)第一次航行。❷ 名 (新制成的轮船、军舰、飞机等的)第一次航行。

【处女膜】chǔnǚmó 名 女子阴道口内的一层薄膜,中有一不完全封闭的小孔。多在初次发生性行为时或剧烈运动后破裂。

【处女作】chǔnǚzuò 名 作者首次发表的作品。

【处身】chǔshēn ❶ 动 立身做人 ▷~社会,当自立、自重、自强。❷ 动 自身处在(某种环境、地位) ▷~于困境而不自馁。

【处士】chǔshì 名 古代指有才德而隐居不愿做官的人;后来泛指没有做过官的读书人。

【处世】chǔshì 动 在社会上活动并与人交往 ▷~哲学|为人~。

【处世哲学】chǔshì zhéxué 待人处事的观点、原则、方法、态度等,是人生观的具体体现。

【处事】chǔshì 动 处理各种事务 ▷~果断。

【处暑】chǔshǔ 名 二十四节气之一,在公历每年 8 月 23 日前后。处暑以后,我国大多数地区气温将逐渐降低。

【处死】chǔsǐ 动 执行死刑;泛指把人杀死 ▷罪犯已被~|特工队~了一名叛徒。

【处心积虑】chǔxīn-jīlǜ 形容长期谋划,费尽心机(用于贬义)。

【处刑】chǔxíng 动 法院根据法律规定,对罪犯判处刑罚 ▷量刑准确,~适当|依法~。

【处以】chǔyǐ 动 表示用某种方法或手段处罚、惩办 ▷~罚款|~死刑。

【处于】chǔyú 动 (人或事物)正在某种地位或状态、环境、时间内 ▷~优势地位。

【处在】chǔzài 动 处于。

【处之泰然】chǔzhī-tàirán 形容遇到困难或危急情况时能沉着镇定;也指对事情无动于衷 ▷临危不惧,~|人家急得要命,他却~。

【处治】chǔzhì 动 处罚;惩办 ▷~得力。

【处置】chǔzhì 动 处理;安排 ▷合理~这笔遗产。

【处子】chǔzǐ 名〈文〉处女 ▷静如~,动如脱兔。

杵 chǔ ❶ 名 舂米、洗衣服等用的圆木棒，一头粗，一头细 ▷～臼|木～。→❷ 动 用杵捣 ▷～药。❸ 动 泛指用长形东西捅或戳 ▷用棍子～一～就结实了。

【杵乐】chǔyuè 名 台湾高山族歌舞。妇女夜晚三五成群环立石臼旁，手持长杵上下捣击，随之歌唱并舞蹈。也说杵舞。

础（礎） chǔ 名 础石① ▷基～|～润而雨。

【础润而雨】chǔrùn'éryǔ 柱子下的石礅变潮，预示天将下雨。比喻事情的发生都有征兆 ▷月晕而风，～。

【础石】chǔshí ❶ 名 垫在房屋柱子下的石礅。❷ 名 基础 ▷劳动是社会存在和发展的～。

楮 chǔ ❶ 名 构树。→❷ 名〈文〉纸的代称（古代用构树皮造纸）▷笔～难尽|临～草草。

储（儲） chǔ ❶ 动 积蓄；存放 ▷～粮|～蓄。→❷ 名 储君 ▷王～|立～。○❸ 名 姓。☛ 统读 chǔ，不读 chú。

【储备】chǔbèi ❶ 动 储存起来以备应用 ▷～粮食|～金。❷ 名 储存备用的钱财、物资或人员 ▷外汇～|动用人员～。

【储币】chǔbì 动 存款① ▷～待购。

【储藏】chǔcáng ❶ 动 储存收藏 ▷～室|地窖里～着一批土豆。❷ 动 蕴藏；天然蓄积 ▷～量。

【储层】chǔcéng 名 储藏石油或天然气的岩层 ▷探测到有开采价值的油气～。

【储存】chǔcún ❶ 动 将钱或物存放起来 ▷～物资。❷ 名 指储存量 ▷库里还有少量～。

【储贷】chǔdài 动 储蓄和借贷 ▷～两旺。

【储放】chǔfàng 动 储存放置 ▷粮食入仓，一定要～合理。

【储户】chǔhù 名 在金融机构中存款的户头 ▷～不断增加。

【储积】chǔjī ❶ 动 储存积攒；积蓄 ▷～粮食，以备荒年。❷ 名 指储积的钱财、物品等 ▷动用一部分～。

【储集】chǔjí 动 储存聚集 ▷～一批抗洪物资。

【储金】chǔjīn 名 储存的钱款 ▷动用～。

【储君】chǔjūn 名 君主制国家中已经被确定为继承皇位或王位的人。

【储量】chǔliàng 名 在一定区域内储藏于地下的矿产资源量 ▷探明～。

【储气】chǔqì 动 储存压缩气体（如氧气、煤气、天然气等）▷～罐|～柜。

【储青】chǔqīng 动 储存青饲料，以备牲畜过冬食用。

【储蓄】chǔxù ❶ 动 积存钱财；多指把钱存入金融机构 ▷在银行～。❷ 名 储蓄的钱财 ▷他把～都捐献给灾区了。

【储蓄所】chǔxùsuǒ 名 银行等所属的办理储蓄业务的机构。

【储运】chǔyùn 动 储存并运输 ▷～木材。

【储种】chǔzhǒng 名 储蓄存款的种类。如定期存款、活期存款。

楚[1] chǔ ❶ 形 痛苦 ▷酸～|凄～|苦～|痛～。○❷ 形 清晰；整齐 ▷一清二～|齐～|衣冠～～。

楚[2] chǔ ❶ 名 周朝诸侯国，后为战国七雄之一。最初在今湖北和湖南北部，后来扩展到今河南、重庆和长江下游一带。→❷ 名 指湖北，有时也指湖南和湖北 ▷～剧。○❸ 名 姓。

【楚楚】chǔchǔ ❶ 形（衣着）鲜亮整洁 ▷衣冠～。❷ 形（姿态）娇柔秀美 ▷～动人|～可怜。❸ 形 形容神情凄楚 ▷哀声～。

【楚楚动人】chǔchǔ-dòngrén 形容姿容娇柔美好，能打动人。

【楚辞】chǔcí 名 汉代刘向编辑的一部辞赋总集。全书共收辞赋 17 篇，以战国时期楚国人屈原的作品为主，具有浓厚的楚地色彩。后世称这种文体为“楚辞体”。因屈原作品中以《离骚》最著名，又称骚体。

【楚河汉界】chǔhé-hànjiè ❶ 楚王项羽、汉王刘邦争战中双方控制区域的界河（即鸿沟）。❷ 象棋盘上红、黑两方的界限；借指两地或双方的界限；也借指象棋 ▷拆除人为设定的～，促进商品流通。

【楚剧】chǔjù 名 地方戏曲剧种，流行于湖北以及江西部分地区。清末由湖北黄冈、孝感一带的“哦呵腔”发展而成。

褚 chǔ 名 姓。
另见 1803 页 zhǔ。

滀 chǔ 名 古水名，济水支流，在今山东定陶一带。

𬺓（齼） chǔ 动〈文〉倒（dǎo）牙；牙齿酸痛。

chù

亍 chù 见 184 页“彳（chì）亍”。

处（處） chù ❶ 名 地方；处所 ▷随～|暗～。→❷ 名 事物的方面或部分 ▷大～着眼，小～着手|长～。→❸ 名 某些机关、团体的名称或机关中按业务划分的单位 ▷办事～|总务～。
另见 205 页 chǔ。

【处处】chùchù 名 到处；各个方面 ▷好人好事～可见｜他～严格要求自己。☛ 跟"到处"的适用范围不同。"处处"既指各个地方，又指各个方面；"到处"仅指各个地方。如"严格要求自己"前面能用"处处"，不能用"到处"。

【处所】chùsuǒ 名 居住、工作或停留的地点；地方 ▷工作～。

怵 chù ❶ 动 畏惧；感到可怕 ▷～目惊心。→ ❷ 动〈文〉警惕 ▷～然为戒｜～惕。

【怵场】chùchǎng 动 怯场 ▷初次上台有些～。

【怵目惊心】chùmù-jīngxīn 某种严重事态使人看了十分害怕或震惊。形容事态极其严重。

【怵惕】chùtì 动〈文〉害怕；戒惧 ▷～不宁。

【怵头】chùtóu 动〈口〉发怵；畏缩，不敢出头 ▷跟人打交道，他从不～。

绌（絀） chù 形 短缺；不足 ▷相形见～｜经费支～。☛ ㊀统读 chù，不读 chuò。㊁跟"拙(zhuō)""诎(qū)"不同。

柷 chù 用于人名。如李柷，唐哀帝。
另见 1805 页 zhù。

俶 chù〈文〉❶ 动 开始②。○ ❷ 动 整理 ▷～装。
另见 1352 页 tì。

【俶尔】chù'ěr 副〈文〉忽然 ▷怡(yí)然不动，～远逝，往来翕忽。

畜 chù 名 人饲养的禽兽；泛指禽兽 ▷六～兴旺｜耕～｜家～。☛ 读 chù，表示事物，如"畜生"；读 xù，表示动作，如"畜牧"。
另见 1553 页 xù。

【畜肥】chùféi 名 用牲畜粪尿沤成的肥料，属有机肥。

【畜圈】chùjuàn 名 饲养牲口的棚或围栏。☛"圈"这里不读 quān。

【畜栏】chùlán 名 畜圈。

【畜类】chùlei 名 畜生(常用作骂人的话)。

【畜力】chùlì 名 指用于运输或耕作等方面的牲畜的力量 ▷～不足｜用～代替人力。

【畜禽】chùqín 名 家畜、家禽的合称 ▷饲养～。

【畜生】chùsheng 名 禽兽(常用作骂人的话)。

【畜牲】chùsheng 现在一般写作"畜生"。

【畜疫】chùyì 名 牲畜的急性传染病。如牛瘟、猪瘟等。

琡 chù 名 古代一种玉器，即八寸长的璋。

搐 chù 动 (肌肉)不自主地收缩 ▷抽～｜～动。☛ 统读 chù，不读 chōu。

【搐动】chùdòng 动 (肌肉等)抽搐 ▷他昏倒在地，手脚～起来。

【搐搦】chùnuò 动 痉挛抽搐 ▷手足～。

【搐缩】chùsuō 动 因受刺激而抽缩 ▷听到这个消息，我的心不禁一阵阵～。

触（觸） chù ❶ 动 碰到；挨上 ▷一～即发｜～礁｜接～。→ ❷ 动 因某种刺激而引起(感情变化等) ▷～怒｜感～｜～发乡思。☛ 统读 chù，不读 zhù。

【触底】chùdǐ 动 (价格、数量等)跌落到最低点 ▷油价即将～｜经济走势～回升。

【触电】chùdiàn ❶ 动 人畜触及较强电流，引起组织及体内重要器官功能障碍。常见症状有皮肤灼伤、抽搐、休克、昏迷、心跳和呼吸停止。○ ❷ 动 非影视界的人接触电影、电视工作(含谐谑意) ▷名模、歌星～的大有人在。

【触动】chùdòng ❶ 动 因碰撞而移动 ▷他的脚～了一块松动的岩石。❷ 动 打动；引发(情感、意念) ▷～了思乡之情。❸ 动 冲撞；冒犯 ▷～了他的个人利益。

【触发】chùfā 动 触动而引发 ▷连日暴雨，～了泥石流｜这件事～了他的灵感。

【触法】chùfǎ 动 触犯法律 ▷～不究，贻害无穷。

【触犯】chùfàn 动 冲撞冒犯；侵犯 ▷～刑律｜～了他的尊严。

【触机】chùjī ❶ 动 触动灵机 ▷这是一首～而作的即兴诗。❷ 动 遇到机会 ▷～便发(比喻性情暴躁，遇事就发起火来)。

【触及】chùjí 动 接触到 ▷～灵魂。

【触礁】chùjiāo ❶ 动 船只在航行中撞上礁石 ▷～沉没。❷ 动 比喻事情碰到障碍 ▷联合办厂的事～了。

【触角】chùjiǎo 名 某些节肢动物的感觉器官。生在头部，形状不一，有丝状、棒状、念珠状等，主要起触觉或嗅觉作用◇这个制造假药的窝点已经把～伸向某些基层医院。

【触景生情】chùjǐng-shēngqíng 受到眼前景象的触动而产生某种感情。

【触觉】chùjué 名 皮肤等感觉器官接触外界物体所引起的感觉 ▷盲人的～很灵敏。

【触觉地图】chùjué dìtú 盲人用的通过触摸来解读的地图。也说盲人地图。

【触控】chùkòng 动 用手或笔形物触碰屏幕，实现对手机、电子计算机等的控制 ▷这款笔记本电脑支持～操作｜～式电子游戏机。

【触雷】chùléi 动 碰上地雷或水雷；比喻接触到可能招致灾祸的危险事物 ▷对这件大案要一查到底，不要怕～。

【触类旁通】chùlèi-pángtōng 接触某一事物并掌握其规律后，就能推知同类的其他事物。

【触媒】chùméi 名 催化剂。

【触霉头】chùméitóu 某些地区指碰到不愉快的事；倒霉。

【触摸】chùmō 动 接触抚摸 ▷他用手轻轻地~着孩子的脸。

【触摸屏】chùmōpíng 名 一种用手或笔形物触碰就可以实现对手机、电子计算机等控制的屏幕。简称触屏。也说触控屏。

【触目】chùmù ❶ 动 目光接触到 ▷~惊心|~生情。❷ 形 明显而引人注目的 ▷夜晚的街头，十分~的是闪烁的霓虹灯。

【触目皆是】chùmù-jiēshì 目光接触到的全都是（某事物）。形容看到的（某事物）为数很多。

【触目惊心】chùmù-jīngxīn 看到某种情况内心感到震惊。形容事态极其严重。

【触怒】chùnù 动 触犯而使发怒；惹恼 ▷不知哪句话~了他。

【触碰】chùpèng ❶ 动 接触或撞击 ▷油漆未干，请勿~。❷ 动 涉及；触犯 ▷~禁区|~政策红线。

【触杀】chùshā 动（人或动物等）因接触而致死 ▷新型杀虫剂的~效果很好。

【触手】chùshǒu 名 水螅、海蜇等无脊椎动物生在口周围、形状像丝或手指的感觉器官，也可用来捕食。

【触手可及】chùshǒu-kějí 伸手就可以碰到。形容相距很近。

【触痛】chùtòng 动 内心因受触动而难过 ▷提起早逝的母亲，她的心被~了。

【触网】chùwǎng ❶ 动 指排球、网球等比赛中球员的身体碰到球网，判失分。〇 ❷ 动 指使用电子计算机上网（多指首次）。

【触须】chùxū 名 某些昆虫及甲壳动物颚部长出来的细小分枝，有触觉或味觉功能。

【触诊】chùzhěn 动 用触摸方法诊断疾病 ▷~是医生常用的诊断方法之一。

憷 chù 动 畏惧；感到可怕 ▷咱们有理，别~他|发~。

【憷场】chùchǎng 现在一般写作“怵场”。

【憷头】chùtóu 现在一般写作“怵头”。

黜 chù 动〈文〉贬职；罢免 ▷贬~|废~。☛统读 chù，不读 chuò。

【黜免】chùmiǎn 动〈文〉革除官职 ▷昏官庸将，一概~。

【黜退】chùtuì 动〈文〉罢免；斥退 ▷任用君子，~小人。

闎 chù 用于人名。如颜闎，战国时齐国人。

矗 chù 形 直而高 ▷高楼~立。

【矗立】chùlì 动 高耸直立 ▷一对华表~在金水桥畔。☛参见 1634 页“屹立”的提示。

chuā

欻 chuā ❶ 拟声 模拟急促摩擦的声音 ▷~的一声，球投进了篮筐。〇 ❷ 拟声 模拟整齐的脚步声（多叠用）▷队伍~~地走过来。

另见 1551 页 xū。

【欻啦】chuālā 拟声 模拟急促摩擦的声音，凉物接触热锅、热油时发出的声音等 ▷~一声响，鱼被放进了油锅。

chuāi

揣 chuāi 动 手或东西放在穿着的衣服里 ▷上下楼时，不要把手~在兜儿里|怀里~着录取通知书。

另见本页 chuǎi；本页 chuài。

【揣手】chuāishǒu 动 两手交错地插在衣袖里 ▷~站着|揣着手儿。

搋 chuāi ❶ 动 用手使劲压和揉 ▷~面|发面要~点碱。→ ❷ 动 用搋子疏通下水道。

【搋子】chuāizi 名 疏通下水道的工具，在长柄一端安装碗状橡胶制品而成。

chuái

膗 chuái 形 某些地区指肥胖而肌肉松弛 ▷几年没见，他胖得这么~了。

chuǎi

揣 chuǎi ❶ 动 估量；推测 ▷~测|~摩|不~冒昧。〇 ❷ 名 姓。☛㊀读 chuāi，表示放、藏（cáng）；读 chuǎi，表示估测；读 chuài，只用于口语词“囊（nāng）揣”等，不能单用。㊁跟“惴”不同。

另见本页 chuāi；本页 chuài。

【揣测】chuǎicè 动 估量；猜想 ▷~用意|难以~|我~他不会来了。

【揣度】chuǎiduó 动 推测；估量 ▷心理医生善于~患者的心理。☛“度”这里不读 dù。

【揣摩】chuǎimó 动 反复揣度、思索 ▷细心~。

【揣想】chuǎixiǎng 动 揣测；猜测 ▷我在~他说这句话的用意。

chuài

啜 chuài 名 姓。

另见 223 页 chuò。

揣 chuài 见 988 页“囊（nāng）揣”。

另见本页 chuāi；本页 chuǎi。

噪 chuài 动〈文〉咬;大口吞食 ▷～食。另见 1847 页 zuō。

踹 chuài ❶ 动 踩;踏 ▷不小心一脚～在泥里。→ ❷ 动 用脚掌向外用力蹬 ▷～了他一脚。

膪 chuài 见 988 页"囊(nāng)膪"。

chuān

川 chuān ❶ 名 河;水道 ▷名山大～|～流不息。→ ❷ 名 平地;平原 ▷一马平～|米粮～。○ ❸ 名 路途;旅途 ▷～资。○ ❹ 名 指四川 ▷～剧|～菜。

【川贝】 chuānbèi 名 产自四川的贝母。参见 57 页"贝母"。

【川菜】 chuāncài 名 四川风味的菜肴,以麻辣为主要特色,是我国著名菜系之一。

【川剧】 chuānjù 名 地方戏曲剧种,流行于四川、重庆、云南、贵州等地。生活气息浓厚,语言幽默风趣,有完整的程式。

【川流不息】 chuānliú-bùxī 形容来来往往的行人、车马等像水流一样连续不断。☛"川"不要误写作"穿"。

【川芎】 chuānxiōng 名 多年生草本植物,羽状复叶,花白色,果实卵形,有锐棱。根状茎可以做药材。产于四川、云南、贵州等地。☛"芎"不读 qióng。

【川资】 chuānzī 名 长途旅行的路费。

氚 chuān 名 氢的同位素之一,符号 T 或 $^{3}_{1}H$,质量数为 3。自然界中存量极小,有放射性,主要用于热核反应。也说超重氢。

穿 chuān ❶ 动 通过凿、钻或刺等手段使形成孔洞 ▷在墙上～个洞|水滴石～。→ ❷ 动 通过(孔洞、缝隙、空地等) ▷横～马路|～过人群。⇒ ❸ 动 把物体串联起来 ▷～项链|贯～。⇒ ❹ 动 把衣服、鞋袜等套在身上 ▷～衣戴帽|～袜子。❺ 名 指衣服、鞋袜等 ▷有吃有～。⇒ ❻ 形 用于某些动词后,表示彻底显露的状态 ▷看～|说～。

【穿帮】 chuānbāng 动〈口〉指说话、做事出现漏洞;骗局被揭穿 ▷这个剧本多处～|坑蒙拐骗早晚会～。

【穿插】 chuānchā ❶ 动 交错 ▷各项工作可以～着做。❷ 动 插进 ▷宴会中～一些小节目。❸ 名 文艺作品中为衬托主题而安排次要的情节 ▷剧中～的感情戏很感人。

【穿刺】 chuāncì 动 将特制的针刺入血管、体腔或器官抽取体液或组织,是临床诊断或治疗的一种手段 ▷腰椎～|肾～。

【穿戴】 chuāndài ❶ 动 穿上或戴上。泛指打扮 ▷大家急忙给新娘子～起来。❷ 名 指穿戴的衣帽首饰等 ▷她的～很时髦。

【穿红着绿】 chuānhóng-zhuólǜ 身上穿着红的、绿的。形容衣着艳丽 ▷～,喜迎新春。也说穿红戴绿。

【穿甲弹】 chuānjiǎdàn 名 能穿透装甲起杀伤破坏作用的炮弹或枪弹。用于反坦克炮、高射炮、舰炮等。

【穿金戴银】 chuānjīn-dàiyín 形容妆饰打扮非常华贵。

【穿孔】 chuānkǒng ❶ 动 肠、胃等器官的壁因病变而出现孔洞 ▷胃～。❷ 动 打眼儿 ▷利用激光～。

【穿廊】 chuānláng 名 指我国传统民居中一些较大院落里二门两旁的走廊。

【穿连裆裤】 chuānliándāngkù 比喻两人互相勾结,串通一气。

【穿山甲】 chuānshānjiǎ 名 哺乳动物,全身有角质鳞甲,头小吻尖,舌细长,伸缩自如,无牙,四肢短,爪锐利。捕食蚂蚁等昆虫。生活在我国江南地区。属国家保护动物。也说鲮鲤。参见插图 1 页。

【穿梭】 chuānsuō 动 织布机的梭子往复不停。形容频繁往来 ▷许多小船～于两岸之间。

【穿梭外交】 chuānsuō wàijiāo 一国代表在一段时间内频繁往来于有关国家之间进行的外交活动。

【穿堂】 chuāntáng 名 指前后有门能从中间穿行的厅堂。

【穿堂风】 chuāntángfēng 名 穿过相对的门窗或过道的自然风。也说过堂风。

【穿堂门】 chuāntángmén ❶ 名 穿堂的前后门。❷ 名 可穿行的小巷入口处的门。

【穿透力】 chuāntòulì 名 穿透物体的能力、力度;比喻能震撼、感染人的力量 ▷X 射线有很强的～|富于～的声音|增强文化的～。

【穿线】 chuānxiàn 动 把线穿入针孔;比喻从中撮合,使双方联系 ▷得找个人在中间～。

【穿小鞋】 chuānxiǎoxié 穿比脚小的鞋。比喻暗中刁难或打击报复 ▷谁提意见,他就给谁～。

【穿孝】 chuānxiào 动 旧俗亲人去世后,平辈或晚辈亲属穿孝服,表示哀悼。

【穿心莲】 chuānxīnlián 名 一年生草本植物,茎直立,四棱形,多分枝,叶对生,椭圆形或披针形,花白色或淡紫色。全草可以做药材。

【穿新鞋,走老路】 chuānxīnxié,zǒulǎolù 比喻形式上改变了,实质上还是老一套。

【穿行】 chuānxíng 动 从中通过 ▷不要随意～马路|姑娘们～在棉田里。

【穿靴戴帽】 chuānxuē-dàimào ❶借指日常的生

活习惯 ▷～，各有所好。❷比喻说话作文在开头结尾硬加进一些空洞的套话 ▷发言要直截了当，不必～。

【穿衣镜】chuānyījìng 图 供着装时用的能照见全身的大镜子。

【穿越】chuānyuè 动 穿过；跨越 ▷飞机～云层|～时空。

【穿云裂石】chuānyún-lièshí 穿过云层，震裂石块。形容声音响亮高亢 ▷歌声～。

【穿云破雾】chuānyún-pòwù 穿过云雾；也形容冲破阻碍，奋勇向前。

【穿凿】chuānzáo ❶ 动 开凿；挖掘 ▷～隧道。❷ 动 随意牵强地解释，曲解原意 ▷此书～之处比比皆是|～附会。☛"凿"不读 zuò。

【穿针引线】chuānzhēn-yǐnxiàn 把线的一头穿过针孔。比喻从中联系沟通。

【穿着】chuānzhuó 图 衣着；身上的穿戴 ▷～大方。☛"着"这里不读 zháo。

chuán

传（傳）chuán ❶ 动 一方交给另一方；上代交给下代 ▷光荣传统代代～|～递|遗～。→❷ 动 把知识、技能等教给别人 ▷把武艺～给徒弟|～道授业。→❸ 动 广泛散布；宣扬 ▷～布|～颂。→❹ 动 命令别人来 ▷～犯人|～唤。→❺ 动 表达；流露 ▷眉目～情。→❻ 动 热或电在导体中流通 ▷～电|～导。〇 ❼ 图 姓。☛读 chuán，表示动作；读 zhuàn，表示事物，指著作，不能单用，只能构词，如"自传"、《吕梁英雄传》。

另见 1812 页 zhuàn。

【传帮带】chuán-bāng-dài 指老一代的人把好传统、好思想和工作经验、业务知识等传给青年人，帮助他们顺利接班，并用示范的方式带领他们搞好工作。

【传本】chuánběn 图 流传下来的书籍版本 ▷这部古书有几个不同的～。

【传播】chuánbō 动 大范围散布、传送；四处推广 ▷新闻～|～文明新风。

【传播途径】chuánbō tújìng ❶ 传送、散布信息所借助的媒体和方式等。❷ 病原体离开传染源到另一机体所借助的媒体和方式。有空气传播、饮食传播、接触传播、虫媒传播等。

【传播性病罪】chuánbōxìngbìngzuì 法律上指自己明知患有梅毒、淋病等严重性病而故意卖淫或嫖娼以传播其性病的犯罪行为。

【传播学】chuánbōxué 图 研究人类社会各种信息传播现象的综合学科；特指研究大众传播产生、发展及其功能、方式、内容、效果等的学科，即大众传播学。

【传布】chuánbù 动 宣传；发布；散布 ▷～革命真理|～命令|把喜讯～到全世界。

【传唱】chuánchàng 动 流传歌唱 ▷这首歌曲广泛～，深受人们的喜爱。

【传抄】chuánchāo 动 辗转抄写 ▷几经～，恐有错讹。

【传承】chuánchéng 动 传播和继承 ▷文化～。

【传达】chuándá ❶ 动 把上级的意思转告给下级 ▷～中央文件。❷ 动 传递表达 ▷异国来信～了海外赤子对祖国的眷恋之情。❸ 动 在机关、学校、工厂等门口负责看门、收发信件和报刊、登记和引导来访者等工作 ▷～室。❹ 图 做传达工作的人 ▷老王头当了一辈子～。

【传代】chuándài 动 传宗接代；一代一代地传下去 ▷生物的～有各种形式|这手绝活儿已经传了好几代了。

【传单】chuándān 图 向公众散发的单张宣传品。

【传导】chuándǎo ❶ 动 热或电从物体的一部分传到另一部分或从这一物体传到另一物体。❷ 动 指神经把外界刺激传向大脑，或把大脑的指令传向外围神经。

【传道】chuándào ❶ 动 宣讲宗教教旨、教义。❷ 动 儒家指传授圣贤之道 ▷～、授业、解惑。

【传灯】chuándēng 动 佛教指传授佛法。佛教认为佛法能像明灯一样照亮世界，指点迷津，故称。

【传递】chuándì 动 一个接一个地递送过去 ▷～信息|～奥运圣火。

【传动】chuándòng 动 把动力从机器的这一部分传递到另一部分，以改变转速、转矩和运动方式等 ▷～带|电力～。

【传动带】chuándòngdài 图 机器上用来传动的环形带，多用线芯橡胶制成。

【传讹】chuán'é 动 传递错误信息 ▷切勿～。

【传粉】chuánfěn 动 成熟的雄蕊花药里的花粉，借风或昆虫等作媒介传到雌蕊的柱头上或直接传到胚珠上，使子房形成果实。有自花传粉和异花传粉两种方式。

【传感器】chuángǎnqì 图 能感知和测量某些物理量，并使之转换为便于传输和处理的另一物理量（通常为电量）的器件或装置。常用在自动控制和测量系统中。

【传告】chuángào 动 （将信息、话语等）转告他人 ▷把喜讯～给家家户户。

【传观】chuánguān 动 传看。

【传呼】chuánhū ❶ 动 公用电话的管理人员接到电话后通知受话人去接电话。❷ 动 寻呼。

【传呼电话】chuánhū diànhuà 有人负责传呼的公用电话。

【传呼机】chuánhūjī 名 寻呼机。

【传话】chuánhuà 动 将一方的话转告给另一方 ▷不要随便～|小张那儿你给传个话吧！

【传唤】chuánhuàn ❶ 动 传话呼唤；招呼 ▷来客请～我。❷ 动 司法机关用传票或通知把与案件有关的人员传来。

【传技】chuánjì 动 传授技术 ▷向年轻人～。

【传家】chuánjiā 动 家庭里代代相传 ▷诗书～。

【传家宝】chuánjiābǎo ❶ 名 家庭里代代相传的珍贵物品 ▷这部善本书是他家的～。❷ 名 比喻传承下来的好传统、好作风等 ▷勤俭是我们的～。

【传见】chuánjiàn 动 上级叫下级来见面 ▷等候市长～。

【传教】chuánjiào 动 宣传宗教教义，劝人信奉宗教。

【传教士】chuánjiàoshì 名 基督教会派出的传教的神职人员。

【传戒】chuánjiè 动 佛教指为初出家的人举行受戒仪式，使成为正式的和尚或尼姑。

【传经】chuánjīng 动 原指传授儒家经典；现借指传送经验。

【传经送宝】chuánjīng-sòngbǎo 传授宝贵的先进经验和技术等。

【传看】chuánkàn 动 传递着观看 ▷～新画册。

【传令】chuánlìng 动 传达命令 ▷～立即停火。

【传媒】chuánméi ❶ 名 指信息传播媒介，一般指向大众传播信息的各种载体和工具，如报纸、广播、电视、因特网等 ▷利用新兴～广泛造势|～产业。❷ 名 指疾病传染媒介 ▷某些病毒以血液为～。

【传名】chuánmíng 动 传扬好名声。

【传票】chuánpiào ❶ 名 会计工作中据以登记账目的凭证。❷ 名 司法机关传唤有关人员到案的书面通知。

【传奇】chuánqí ❶ 名 唐宋时代的一种小说体裁。篇幅不长而情节多奇特神异。较著名的有《南柯太守传》《会真记》等。❷ 名 明清两代以演唱南曲为主的长篇戏曲。著名的有《牡丹亭》《长生殿》《桃花扇》等。❸ 名 欧洲中世纪骑士文学中一种长篇故事诗。❹ 名 泛指情节跌宕奇异的故事或人物经历非同一般的事迹 ▷他的创业经历本身就是个～|历史～将会继续。❺ 形 情节跌宕奇异的；经历非同一般的 ▷一段富于～色彩的往事。

【传情】chuánqíng 动 传递感情；表达情意（多指异性之间）▷眉目～|～达意。

【传球】chuánqiú 动 足球、篮球、排球等球类运动中，把球传递给同方队员。

【传染】chuánrǎn ❶ 动 由传染源排出病原体，经一定的传播途径侵入别的生物体内，使产生病理反应。❷ 动 比喻消极的思想、情绪、作风等传给别人 ▷～了坏习气。

【传染病】chuánrǎnbìng 名 由病原体经一定的传播途径在人或动物中相互传染所引起的疾病。如流行性感冒、鼠疫、疯牛病等。

【传染性】chuánrǎnxìng 名 能从人体或物体扩散到另一些人体或物体上的性能 ▷这是一种～很强的疾病|这种病毒的～很强。

【传染源】chuánrǎnyuán 名 指已被病原体感染并能传播病原体的人或动物，包括传染病患者和带菌者。

【传热】chuánrè 动 物质系统内的热量转移，由热传导、对流、辐射三种方式综合完成。也说热传递。

【传人】chuánrén ❶ 名 把某种血统、理论或技艺继承下来的人；泛指继承人 ▷龙的～|梅派～。❷ 动（把技艺）传授给别人 ▷将绝技～。❸ 动 叫人来 ▷～前来问话。

【传神】chuánshén 形 指文学、艺术作品的描绘十分生动逼真 ▷～之笔|这个细节很～。

【传声】chuánshēng 动 传送声音；传播声音 ▷～装置|～技术。

【传声器】chuánshēngqì 名 将声音信号转换成电信号的装置。广泛用于电话、广播、录音和扩音设备中。通称话筒、麦克风。

【传声筒】chuánshēngtǒng ❶ 名 用来扩大音量的话筒。❷ 名 比喻只会按别人的意思说话，自己没有独立见解的人。

【传世】chuánshì 动（文物、作品等）流传到后世 ▷～宝物|有文章～。

【传授】chuánshòu 动 把知识、技艺等教给别人 ▷～知识|这点儿本事是父亲～给我的。

【传书】chuánshū 动 传递书信 ▷鸿雁～。

【传输】chuánshū 动 传导输送（能量、信息等）▷计算机网络可以～多媒体信息。

【传输线】chuánshūxiàn 名 传导输送电能或电讯的导线。有架空线、电缆等。

【传说】chuánshuō ❶ 动 辗转述说；相传 ▷～这株"长龄柏"是东周时栽的。❷ 名 传说的事情；特指民间传说 ▷孟姜女的～。

【传送】chuánsòng 动 把物品或信息等传给别人或传到别处 ▷～文件|～电视节目。

【传送带】chuánsòngdài 名 在生产流水线中，由连续输送机串联组成的连续输送物品的设备的总称；特指传送装置上的皮带。

【传诵】chuánsòng 动 流传诵读（诗文）▷千古～的佳句。

【传颂】chuánsòng 动 传扬歌颂 ▷英雄的事迹在百姓中广为～。

【传统】chuántǒng ❶ 名 历史传承下来的具有一

定特点的思想、文化、道德、风俗、艺术、制度以及行为方式等，是历史发展继承性的表现，对人们的社会行为有无形的影响和约束作用 ▷在继承优良～的基础上创新。❷ 形 历史悠久的或代代相传的 ▷优秀～文化|～工艺。❸ 形 守旧、保守，跟不上时代的 ▷～势力。

【传统产业】chuántǒng chǎnyè 指 17 世纪产业革命(工业革命)以后、新技术革命以前形成的工业。参见本页"传统工业"。

【传统工业】chuántǒng gōngyè 一般指新技术革命以前形成的工业部门。如钢铁、纺织、造船、化学等工业。

【传统家庭】chuántǒng jiātíng 指老少几代同堂的家庭。

【传统教育】chuántǒng jiàoyù ❶ 用长期革命斗争和生产建设中形成的正确思想、观念对人进行的教育。❷ 指 20 世纪前欧美等国的课堂教学制度、教学理论和方法。特点是按照逻辑顺序组织教材，实行分科教学，系统传授各种基本文化知识，注重强制性纪律和教师的权威等。

【传统农业】chuántǒng nóngyè 一般指奴隶社会之后、产业革命(工业革命)之前形成的农业。主要使用手工工具、铁器和畜力，凭经验生产。

【传位】chuánwèi 动 把王位传给下一代。

【传闻】chuánwén ❶ 动 从传言中听说 ▷～那里好找工作。❷ 名 人们相传而未经证实的消息 ▷不要轻信～。

【传习】chuánxí 动 传授和学习 ▷～技艺。

【传檄】chuánxí 动〈文〉传布檄文 ▷～天下。参见 1472 页"檄文"。

【传销】chuánxiāo 动 指组织者或经营者大量发展人员，对被发展人员按其直接或间接发展的人员数量或销售业绩计算和给付报酬，或要求被发展人员交纳一定费用作为加入条件，从中牟取非法利益。对这种扰乱经济秩序、影响社会稳定的营销方式，国务院于 2005 年 8 月颁布《禁止传销条例》明令禁止。

【传写】chuánxiě 动 传抄。

【传续】chuánxù 动 传承；延续(多用于抽象事物) ▷～良好家风。

【传讯】chuánxùn 动 司法机关传唤案件有关人员到案接受讯问。

【传言】chuányán ❶ 名 辗转流传的话 ▷一时～四起。❷ 动 传话 ▷代人～。

【传扬】chuányáng 动 传播宣扬 ▷他的美名到处～|此事不可～出去。

【传艺】chuányì 动 传授技艺 ▷收徒～。

【传译】chuányì 动 旧指翻译；现专指同声翻译。

【传阅】chuányuè 动 传看 ▷～来信。

【传真】chuánzhēn ❶ 动 写真①。❷ 动 通过传真机将文字、图表、照片等按原样传送到另一处 ▷报名表我已经～过去了。❸ 名 用传真机传输的文字、图表、照片等；也指这种通信方式 ▷给你发个～。

【传真机】chuánzhēnjī 名 传送文字、图表、照片等的设备，包括传真发送机和传真接收机两部分。

【传旨】chuánzhǐ 动 传达皇帝的旨意。

【传种】chuánzhǒng 动 动植物繁殖后代 ▷东北虎已在动物园～。

【传宗接代】chuánzōng-jiēdài 传代，即子孙一代接一代地延续下去。

舡 chuán 古同"船"。

船(*舩) chuán 名 水上常用的交通运输工具 ▷乘～|帆～|渔～。

【船帮】chuánbāng ❶ 名 船壳的侧面 ▷左侧～被撞破。○ ❷ 名 结集成群互为一伙儿的船 ▷旧时在川江上运货的船分好几个～。

【船舶】chuánbó 名 泛指各种船只 ▷～工业。

【船埠】chuánbù 名 码头①。

【船舱】chuáncāng 名 分隔开的供船内载客、装货的空间。

【船城】chuánchéng 名 一种巨型客轮，船内有街道、小别墅、游乐场、影剧院等。

【船东】chuándōng 名 船主。

【船队】chuánduì ❶ 名 由拖轮或顶轮与驳船组成的运行整体。❷ 名 航运企业的基层组织。如客轮船队、货轮船队等。

【船帆】chuánfān 名 帆船上挂在桅杆上的布篷，可以借助风力推动船前进。

【船夫】chuánfū 名 传统上一般指在船上从事驾船、划船、捕鱼等工作的人。也说船工。

【船号】chuánhào 名 船只的编号。

【船户】chuánhù ❶ 名 船家 ▷～都是驾船能手。❷ 名 长年在船上生活的人家 ▷他家原是～。

【船级】chuánjí 名 表明船舶用途、航行区域和技术状况的级别 ▷～证书。

【船籍】chuánjí 名 船舶注册的国籍。

【船家】chuánjiā 名 指靠驾船打鱼、载客、运货等为生的人或人家。

【船桨】chuánjiǎng 名 划船的用具。参见 682 页"桨"。

【船壳】chuánké 名 船体表面密封的薄壳。用钢板、木板等制成。一般是单层的，潜艇及其他一些船采用双层船壳。

【船老大】chuánlǎodà 名 小型船舶上的主要船夫；泛指船夫。

【船龄】chuánlíng 名 船只已使用的年数 ▷这艘船的～已有 10 年。

【船民】chuánmín 名 靠船营生并住在船上的人

▷这条大船是～子弟小学。

【船篷】chuánpéng ❶ 名 小木船上用来遮挡风雨、日光的篷状设备。❷ 名 船帆 ▷扯起～。

【船票】chuánpiào 名 乘坐客船的凭证。

【船期】chuánqī 名 开船的日期 ▷误了～。

【船钱】chuánqián 名 乘船或雇船所付的费用。

【船艄】chuánshāo 名 船尾。

【船身】chuánshēn 名 船体。

【船台】chuántái 名 修造船舶的工作台。有坚固的基础，设有起重设备和动力供应系统。船舶装配完成后，可沿滑道下水。

【船体】chuántǐ 名 船舶的主体。由船壳、内底板、甲板、各种骨架以及船上建筑等组成。

【船艇】chuántǐng 名 船和艇；泛指船只。

【船王】chuánwáng 名 指在船舶运输行业中拥有大量船只、资本雄厚的企业主。

【船桅】chuánwéi 名 船的桅杆。

【船位】chuánwèi 名 某一时刻船舶在海洋上的位置。通常用经纬度表示。

【船务】chuánwù 名 指与船舶航行、修造等有关的事务。

【船坞】chuánwù 名 用于停泊、建造、检修船舶的建筑物。有岸上的"干船坞"和漂浮在水面上的"浮船坞"。

【船舷】chuánxián 名 船体两侧的边儿。

【船员】chuányuán 名 轮船上的工作人员。

【船运】chuányùn 动 用船舶运输 ▷～管理。

【船闸】chuánzhá 名 在河道水位落差较大的地段修建的保证船舶顺利通过的水工建筑物。主要由闸室和上下游两端的闸门组成。船只下行时，开启上游闸门，使闸室充水与上游水位持平，让船只进入闸室，随即关闭上游闸门，再开启下游闸门，闸室放水，待水位与下游持平，船只驶出。船只上行则与此相反。

【船长】chuánzhǎng 名 轮船上的最高负责人。

【船只】chuánzhī 名 船的总称。

【船主】chuánzhǔ 名 船的所有者。

遄 chuán 形〈文〉迅速 ▷～归｜～往。

椽 chuán 名 椽子。☛ 参见 1395 页"彖"的提示。

【椽子】chuánzi 名 架在檩条上承受屋面板和瓦的条木。

篅 chuán 名〈文〉盛谷物的圆囤，多用竹编制。

chuǎn

舛 chuǎn ❶ 动〈文〉相违背；相矛盾 ▷～驰（相背而驰）。→ ❷ 名〈文〉差错 ▷～误｜～讹。→ ❸ 形〈文〉不幸；不顺利 ▷命途多～。○ ❹ 名 姓。☛ 第五画为竖折（㇗）。

【舛错】chuǎncuò〈文〉❶ 名 错误 ▷书中多有～。❷ 动 错杂；交错 ▷～纵横。

【舛讹】chuǎn'é 名〈文〉差错。

【舛误】chuǎnwù 名〈文〉差错；谬误 ▷仓促之间，略有～，亦在所难免。

喘 chuǎn ❶ 动 不由自主地急促呼吸 ▷累得直～｜气～吁吁。→ ❷ 动 指哮喘 ▷这几天不太～了。○ ❸ 名 姓。

【喘气】chuǎnqì ❶ 动〈口〉呼吸；急促地呼吸 ▷大口大口～。❷ 动 在紧张活动中短暂休息 ▷活儿再急，也得让人喘口气呀！

【喘息】chuǎnxī ❶ 动 急促地、费力地呼吸 ▷他趴在地上艰难地～着。❷ 动 指在紧张活动中短暂休息 ▷不给对手～的机会。

【喘吁吁】chuǎnxūxū 形 形容急促喘气的样子 ▷他还没爬上楼顶，就已经～的了。☛ 不要写作"喘嘘嘘"。

chuàn

串 chuàn ❶ 动 把事物逐个连贯起来，成为整体 ▷把这些生活片断～成一个情节完整的故事｜～讲｜贯～。→ ❷ 名 连贯而成的物品 ▷珠宝～儿｜羊肉～儿｜钱～子。❸ 量 用于连贯在一起的东西 ▷一～项链｜两～糖葫芦。参见插图 13 页。→ ❹ 动 勾结配合（含贬义）▷～供｜～通。→ ❺ 动 戏曲中指扮演角色 ▷反～小生｜客～。→ ❻ 动 走动 ▷到处乱～｜走街～巷。❼ 动 错乱地连接 ▷电话～线｜看书老～行。❽ 动 指不同的东西混杂在一起而改变了原来的特点 ▷～味儿｜～种。

【串案】chuàn'àn 名 互有牵连的案件 ▷从突破口深入进去，细挖～。

【串灯】chuàndēng 名 串联在一起用作装饰的灯 ▷夜晚，楼宇上的条条～争放光彩。

【串岗】chuàngǎng 动 上班时擅自离开工作岗位，到别的岗位上走动 ▷严禁工作时间～。

【串供】chuàngòng 动 同案人互相串通，编造供词 ▷防止～。

【串行】chuànháng 动 误把这一行文字当作另一行。

【串花】chuànhuā 动 不同品种的植物之间天然有性杂交 ▷这朵花两种颜色，想必是～了。

【串话】chuànhuà 动 一条通信线路上的信号泄漏到其他线路上，对正常信号造成干扰。

【串换】chuànhuàn 动 相互调换 ▷不小心把两个箱子给～了。

【串讲】chuànjiǎng ❶ 动 指逐字逐句讲解课文 ▷～课文。❷ 动 诗文讲解中指在分句分段讲解后，再把全文从整体上作扼要概括。

【串接】chuànjiē 动 贯串连接 ▷这台晚会的节目是以环保为主题～的。

【串街走巷】chuànjiē-zǒuxiàng 现在一般写作"走街串巷"。

【串连】chuànlián 现在一般写作"串联"。

【串联】chuànlián ❶ 动 逐一连接起来；互相联系，沟通 ▷这些生活素材被作者思想的红线～起来了｜～了几个朋友一块儿去北京旅游。❷ 动 把电路元件逐个依次连接在电路上，不形成分支电流。串联电路上各元件所通过的电流都相同(跟"并联"相区别)。

【串铃】chuànlíng ❶ 名 一种响器。在中空的金属环内装金属球，套在手上摇动发声。旧社会走江湖的人常用来招揽生意。❷ 名 连成串的铃铛。

【串门儿】chuànménr 动 到别人家去闲坐聊天儿 ▷他常到邻家去～，拉家常。也说串门子。

【串谋】chuànmóu 动 串通谋划 ▷防止大股东相互～，侵占小股东和债权人利益。

【串皮】chuànpí 动 饮酒或服药后，皮肤发痒或变红。

【串气】chuànqì ❶ 动 感觉有股气在体内游走而疼痛。❷ 动 串通；互相通气。

【串亲访友】chuànqīn-fǎngyǒu 走亲访友。

【串亲戚】chuànqīnqi 〈口〉到亲戚家串门儿 ▷穿那么漂亮，～去呀？

【串通】chuàntōng ❶ 动 暗中勾结起来，互相配合 ▷这都是他～了坏人干的。❷ 动 联络；联系 ▷这件事要多～些人参加。

【串通一气】chuàntōng-yīqì 互相勾结(干坏事) ▷这伙人～，坑骗游客。

【串味儿】chuànwèir 动 不同的食品或食品与其他物品长时间放在一起，因气味互相影响而变味儿 ▷放入冰箱的食品应包好或盖好，以免～。

【串戏】chuànxì 动 演戏；特指票友参加专业演出 ▷王工程师业余时间常去～。

【串线】chuànxiàn 动 不同的通信线路错误地连接在一起 ▷电话～了。

【串乡】chuànxiāng 动 到乡下巡回(售货、收购物品、行医、卖艺等) ▷～走户。

【串行】chuànxíng 动 不按照规定的交通线路行驶或行走 ▷车辆、行人各行其道，不准～。

【串烟】chuànyān ❶ 名 烧香时升起的缕缕烟气。❷ 动 饭菜因烧焦或受烟熏而有烟味 ▷饭都～了，很难吃。

【串演】chuànyǎn 动 扮演(戏剧角色) ▷他在戏里～一个穷书生。

【串秧儿】chuànyāngr 动 〈口〉不同品种的动物或植物杂交，使品种发生变异。

【串游】chuànyou 动 〈口〉闲逛 ▷坐下来念点儿书吧，别瞎～了！

【串珠】chuànzhū 名 成串的珠子；特指佛教徒的念珠 ▷老和尚数着手里的～念念有词。

【串子】chuànzi 名 成串的东西。

钏(釧) chuàn 名 镯子 ▷金～｜玉～。☛ 不读 chuān。

chuāng

创(創) chuāng ❶ 名 身体受外伤的地方 ▷～伤｜刀～。→ ❷ 动 使受伤害；打击 ▷重～敌军。☛ 参见 130 页"仓"的提示。

另见 216 页 chuàng。

【创痕】chuānghén ❶ 名 伤口愈合后留下的瘢痕。❷ 名 比喻心灵受到伤害后留下的影响。

【创巨痛深】chuāngjù-tòngshēn 伤口大，痛苦深。形容受到的损害或打击非常严重。

【创口】chuāngkǒu 名 伤口。

【创面】chuāngmiàn 名 创伤的表面 ▷保持～清洁｜～开始结痂。

【创伤】chuāngshāng ❶ 名 外伤；身体受外伤的地方 ▷～留下的瘢痕。❷ 名 泛指受到的损伤或伤害 ▷战争～｜感情上的～。

【创痛】chuāngtòng 名 身体或心灵受到创伤后感到的痛苦 ▷剧烈的～难以忍受｜抚慰心灵上的～。

【创痍】chuāngyí 现在一般写作"疮痍"。

疮(瘡) chuāng ❶ 名 伤口；外伤 ▷刀～｜棒～。→ ❷ 名 指皮肤或黏膜红肿溃烂的病 ▷头上长～｜褥～。☛ 参见 130 页"仓"的提示。

【疮疤】chuāngbā ❶ 名 疮口愈合后留下的瘢痕。❷ 名 比喻短处或痛苦 ▷不怕揭～。

【疮痂】chuāngjiā 名 疮口愈合后表面结的痂。

【疮口】chuāngkǒu 名 疮的破口处 ▷～愈合慢｜～溃烂。

【疮痍】chuāngyí 〈文〉❶ 名 创伤 ▷遍体～。❷ 名 比喻遭受灾祸后的破败景象 ▷满目～。

【疮痍满目】chuāngyí-mǎnmù 满目疮痍。

窗(*窓窻牕牎囱) chuāng 名 窗户 ▷～明几净｜纱～｜橱～。☛ 下边是"囱"，不是"囟"。

【窗洞】chuāngdòng 名 墙壁上开的洞，用以通气透光。

【窗扉】chuāngfēi 名〈文〉窗扇 ▷一扇～◇心灵的～。

【窗格子】chuānggézi 名 窗户上用木条等制成的格子。过去在上面糊纸或纱，现多镶玻璃。

【窗户】chuānghu 名 房屋、车、船等的通气透光装置。

【窗花】chuānghuā 名 贴在窗户上用作装饰的民间工艺剪纸。☛ 口语中也读 chuānghuār。

【窗机】chuāngjī 名 窗式空调机。

【窗口】chuāngkǒu ❶ 名 窗户或靠近窗户的地方 ▷列车～|一个人影儿从～闪过。❷ 名 借指专用的窗形开口 ▷挂号～|售票～。❸ 名 比喻与外界交往多并借以相互了解的地方 ▷开发区是对外开放的～。❹ 名 比喻能反映或展示事物全貌或局部的地方 ▷文明服务示范～单位|眼睛是心灵的～。❺ 名 电子计算机的显示屏上为显示和处理某类信息，方便用户直观操作而设的区域。不同窗口之间可以进行剪切、粘贴、复制等信息处理。

【窗口单位】chuāngkǒu dānwèi 指能反映或展示一个地方社会面貌的服务性单位。如旅店、商店、车站、码头。

【窗口行业】chuāngkǒu hángyè 指能反映或展示一个地方社会面貌的服务性行业。如旅游业、餐饮业、交通运输业。

【窗框】chuāngkuàng 名 嵌在墙上安装窗扇的框架子。

【窗帘】chuānglián 名 遮挡窗户的帘子。多用纺织品、编织品制成。

【窗棂】chuānglíng 名 窗格子。也说窗棂子。

【窗幔】chuāngmàn 名 窗帷。

【窗明几净】chuāngmíng-jījìng 窗户明亮，几案洁净。形容室内明亮整洁。☛ "几"这里不读 jǐ。

【窗纱】chuāngshā 名 安在窗户上的铁纱、塑料纱等，可通风，阻挡飞虫。

【窗扇】chuāngshàn 名 窗户可以开关的部分。

【窗饰】chuāngshì 名 窗子上的装饰品；也指布置商店橱窗所用的物品。

【窗台】chuāngtái 名 窗框下面的平台。

【窗帷】chuāngwéi 名 用大幅纺织品制成的、长可垂地的窗帘。也说窗幔。☛ 不宜写作"窗帏"。

【窗沿】chuāngyán 名〈口〉窗台。

【窗眼】chuāngyǎn 名 窗格子的小孔。

【窗友】chuāngyǒu 名 同窗的朋友；同学。

【窗纸】chuāngzhǐ 名 糊窗户用的纸；也指糊在窗户上的纸。也说窗户纸。

【窗子】chuāngzi 名 窗户。

摐 chuāng〈文〉❶ 动 撞击；打击 ▷～金伐鼓下榆关。○ ❷ 形 高耸 ▷乔木维～。

chuáng

床（*牀）chuáng ❶ 名 供人睡卧的家具 ▷躺在～上|双人～|折叠～。→ ❷ 名 像床一样起承托作用的东西 ▷车～|琴～|牙～。→ ❸ 名 起承托等作用的地貌或地面 ▷河～|矿～|苗～。→ ❹ 量 用于被褥等 ▷一～棉被|两～褥子。

【床板】chuángbǎn 名 搭在床架上铺被褥的木板；也指临时搭起来当床用的木板。

【床单】chuángdān 名 铺在床上的布单子。

【床垫】chuángdiàn 名 铺在床上的垫子。

【床架】chuángjià 名 支撑床板的架子。

【床铺】chuángpù 名 床①。

【床榻】chuángtà 名 床①。

【床屉】chuángtì 名 四边有框、中间用棕绳等编成的床板；泛指床板。

【床头】chuángtóu ❶ 名 床架两端高出床面的部分。❷ 名 睡觉时头部所在的床的一端。

【床头柜】chuángtóuguì 名 床头旁放置的小柜子。

【床帏】chuángwéi〈文〉❶ 名 床帐。❷ 名 借指夫妇之间的性生活或男女私情。

【床位】chuángwèi 名 医院、旅馆、轮船等为病人、旅客等设置的床铺 ▷医院～很紧张。

【床席】chuángxí 名 床上铺的席子。

【床沿】chuángyán 名 床的边沿。

【床帐】chuángzhàng 名 挂在床上的帐子。

【床罩】chuángzhào 名 覆盖在床上的大单子。边缘下垂，常带有装饰性的穗子或荷叶边等。

【床笫】chuángzǐ 名〈文〉床铺；多借指闺房或夫妇之间的性生活 ▷辗转～|～之欢。☛ "笫"不读 dì，也不要误写作"第"。

【床子】chuángzi〈口〉❶ 名 机床 ▷这台～太旧了。❷ 名 形状像床的货架 ▷杂货～。

噇 chuáng 动〈文〉吃；无节制地吃喝。

幢 chuáng ❶ 名 古代的一种竖挂的旗子，垂筒形，饰有羽毛，用于仪仗行列、舞蹈表演 ▷旗～。→ ❷ 名 佛教的一种标志物。上面写有经文的长筒形绸伞叫经幢；上面刻有佛名或经咒的柱形小经塔叫石幢。

另见 1816 页 zhuàng。

【幢幢】chuángchuáng 形〈文〉形容影子晃动的样子 ▷树影～|～云影。☛ 跟量词重叠的"幢幢（zhuàngzhuàng）"不同。

橦 chuáng 用于地名。如流水橦，在安徽。

chuǎng

闯（闖）chuǎng ❶ 动 冲破阻拦，勇猛向前 ▷拼命往外～|有股～劲。→ ❷ 动（为追求某种目标）不畏艰辛，四处奔走 ▷走南～北|～荡。→ ❸ 动（因鲁莽或疏忽大意而）招来 ▷～了大祸|～乱子。○ ❹

图姓。☛统读 chuǎng，不读 chuàng。

【闯荡】chuǎngdàng 动 指离家出外谋生、干事业 ▷在外～一生。

【闯关】chuǎngguān 动 冲过关口（常用于比喻）▷～拔寨｜女排连闯几关，勇夺冠军。

【闯关东】chuǎngguāndōng 旧指河北、山东等地的穷苦百姓到东北地区谋生（关东：山海关以东，指我国东北地区）。

【闯红灯】chuǎnghóngdēng ❶ 车辆遇红灯信号不停车，违章继续行驶。❷ 比喻公然违犯禁令 ▷这是明令禁止的事，你怎么还敢～？

【闯祸】chuǎnghuò 动 惹出乱子；招致祸患 ▷不要乱来，免得～。

【闯江湖】chuǎngjiānghú 旧指流浪四方以卖艺、卖药、算卦等为生；今泛指到外地奔走谋生 ▷青年时代他就出门～了。

【闯将】chuǎngjiàng 名 勇于冲锋陷阵的将领。比喻不畏艰险、勇往直前的人 ▷中国新文化运动的～｜改革的～。

【闯劲】chuǎngjìn 名 不畏艰险、勇往直前的精神 ▷我就喜欢年轻人这股～。

【闯练】chuǎngliàn 动 到社会实践中去经受锻炼 ▷孩子大了，应该让他出去～～。

【闯乱子】chuǎngluànzi 惹出麻烦，引起纠纷 ▷这样做非～不可。

【闯世界】chuǎngshìjiè 指到外地奔走谋生；进入某个领域开拓发展 ▷到大西北～去。

【闯天下】chuǎngtiānxià ❶ 打天下 ▷跟着闯王～。❷ 闯世界 ▷去外地～。

【闯席】chuǎngxí 动 没被邀请而径自参加宴席。

chuàng

创（創*刱剏） chuàng ❶ 动 创造；开创 ▷～世界纪录｜～一番事业｜～奇迹｜草～。→ ❷ 形 创造性的 ▷～举｜～意。→ ❸ 动 通过经营等活动而获取 ▷～收｜～汇。☛ ㊀读 chuàng，指开始做，第一次做；读 chuāng，指伤、伤害，如“创伤”“刀创”。㊁参见 130 页“仓”的提示。

另见 214 页 chuāng。

【创办】chuàngbàn 动 开始办；第一个举办 ▷～社会福利院｜秋瑾～了《中国女报》。

【创编】chuàngbiān 动 原创性地编写或编排（剧本、体操、舞蹈等）▷这出戏是新～的｜～健美操。

【创汇】chuànghuì 动 通过对外贸易等途径取得外汇收入 ▷出口～5 亿美元。

【创汇率】chuànghuìlǜ 名 外汇增值额（产品出口外汇净收入与外汇支出之差）与外汇支出的比率，即外汇增值率。

【创获】chuànghuò ❶ 动 创造并取得成果 ▷～了那么多新成果。❷ 名 过去没有过的成果或收获 ▷在研制新产品的过程中有许多～。

【创纪录】chuàngjìlù 创造出超过原有最高纪录的成绩 ▷他的打字速度～了。

【创见】chuàngjiàn 名 创造性的见解 ▷学术研究最忌缺乏～。

【创建】chuàngjiàn 动 首次建立；建设 ▷～了该县第一所医院｜～卫生城市。

【创举】chuàngjǔ 名 前所未有的具有重大意义的举动或事业 ▷登上月球是人类一大～。

【创刊】chuàngkān 动 报刊开始出版发行 ▷1915 年《新青年》的前身《青年杂志》在上海～｜《人民日报》～50 周年。

【创刊号】chuàngkānhào 名 报刊开始出版发行的那一期 ▷《人民文学》～。

【创客】chuàngkè 名 秉持创新理念并致力于把自己的创意转化为现实产品或实际应用的人 ▷为～们搭建服务平台。

【创立】chuànglì 动 首次建立；开始建立 ▷马克思～了剩余价值学说。

【创利】chuànglì 动 通过经营活动获得利润 ▷企业年～2000 万元。

【创牌子】chuàngpáizi 提高品牌声誉，扩大知名度 ▷靠拳头产品～。

【创设】chuàngshè ❶ 动 开创建立 ▷～新型学校。❷ 动 创造使具备（条件）▷为办好科技园～条件。

【创始】chuàngshǐ 动 最初创造或建立 ▷北京漆雕～于唐代。

【创始人】chuàngshǐrén 名 创建或创立的人 ▷儒家的～是孔子。

【创世记】chuàngshìjì 名 犹太教、基督教经典《圣经》的第一卷。内容是关于上帝创造世界和人类始祖的传说。

【创世纪】chuàngshìjì 名 我国纳西族的一部创世史诗。既是文学作品，也是研究纳西族的历史、哲学、宗教、习俗、伦理等的重要资料。

【创收】chuàngshōu 动 指某些事业单位利用自身有利条件向社会提供有偿服务而获得经济收入；泛指开创新途径增加经济收入。

【创税】chuàngshuì 动 创造税收（既指纳税人交纳税款，也指税务部门征收税款）。

【创新】chuàngxīn ❶ 动 创造新的；革新 ▷不断～｜改革～。❷ 名 独创性 ▷他有两项～。

【创演】chuàngyǎn 动 创作并演出；有时也指最初上演。

【创业】chuàngyè 动 创立基业；开创事业 ▷艰辛～｜～资金。

【创业板市场】chuàngyèbǎn shìchǎng 指专为暂时无法上市的中小型高科技新兴企业提供融资途径和成长空间的证券交易市场(跟"主板市场"相区别)。也说二板市场。

【创业投资】chuàngyè tóuzī 风险投资。简称创投。

【创议】chuàngyì ❶ 动 首先提出建议 ▷～改革税收制度。❷ 名 首先提出的建议 ▷这是一项大胆的～。

【创益】chuàngyì 动 创造经济效益 ▷努力～。

【创意】chuàngyì ❶ 动 提出创造性的设计、构思等 ▷大胆～。❷ 名 创造性的设计、构思等;新意 ▷这个栏目的～很好|很有～。

【创优】chuàngyōu 动 创建优秀集体或创造优质成果 ▷～争先|～活动。

【创造】chuàngzào ❶ 动 发明或做出前所未有的事情 ▷～汉字激光照排系统|～新奇迹。❷ 名 指前所未有的发明或事物 ▷都江堰是我国古代水利工程的伟大～。

【创造力】chuàngzàolì 名 创造新事物的能力 ▷人民群众具有无限的～。

【创造性】chuàngzàoxìng 名 创新的思想和表现;创新的性质特点 ▷调动群众的～。

【创造性思维】chuàngzàoxìng sīwéi 思维的形式之一。在已有的知识经验的基础上,从某些事实中寻找新关系,提出新答案。创造性思维是人类智力的核心,是形象思维和抽象思维的综合运用。

【创造学】chuàngzàoxué 名 研究人类创造发明规律的一门新兴学科。以人类创造中的思维、能力特征和实际经验等作为研究对象。

【创制】chuàngzhì ❶ 动 首次制定(文字、法律等) ▷藏文～于公元7世纪前后|加快～新的法规条文。❷ 动 首次制作 ▷～新产品。

【创作】chuàngzuò ❶ 动 创造作品(多指文学艺术方面的) ▷这座雕塑是他～的。❷ 名 创作出的文学艺术作品 ▷这是他的新～。

怆(愴) chuàng 形〈文〉悲伤 ▷凄～|悲～。☛不读 cāng。

【怆然】chuàngrán 形〈文〉形容忧伤的样子 ▷～流涕|～动容。

【怆痛】chuàngtòng 形〈文〉悲伤痛苦 ▷无比～。

chuī

吹 chuī ❶ 动 把嘴合拢用力呼气 ▷把蜡烛～灭|～口哨儿。→ ❷ 动 吹奏 ▷～唢呐。⇒ ❸ 动 说大话;吹嘘 ▷胡～|自～自擂。⇒ ❹ 动〈口〉(事情)失败;(感情)破裂 ▷买卖要～了|他们俩～了。→ ❺ 动 空气流动 ▷春风迎面～来|～拂。

【吹吹打打】chuīchuīdǎdǎ 动 乐器合奏,又吹又打;借指渲染、夸耀 ▷这人喜欢～,不实在。

【吹吹拍拍】chuīchuīpāipāi 动 又吹捧又拍马屁。形容无原则地吹捧、奉承 ▷不要～。

【吹打】chuīdǎ ❶ 动 又吹又打,指管乐器、打击乐器之类合奏。○ ❷ 动 风吹雨打 ▷这种花经不住风雨～◇年轻人要经得起～。

【吹灯】chuīdēng ❶ 动 吹气使灯火熄灭。❷ 动〈口〉比喻人死亡 ▷他那次遇险,差点儿～。❸ 动〈口〉比喻事情失败或交往断绝(含诙谐意) ▷那笔交易又～了|听说她和男朋友～了。

【吹灯拔蜡】chuīdēng-bálà〈口〉比喻人死亡或事情失败(含诙谐意) ▷谁都有～的那一天。

【吹风】chuīfēng ❶ 动 让风吹 ▷病刚好,不要～。❷ 动 用小型吹风机把头发吹干定型。❸ 动 有意识地透露某种意向或信息 ▷先给大家吹吹风,好有个精神准备。

【吹风会】chuīfēnghuì 名 为通报情况、透露信息而召开的一种非正式会议。目的在于使到会的人对即将发生的事情有思想准备 ▷召开中外媒体～。

【吹风机】chuīfēngjī 名 鼓风机;特指用于把头发吹干定型的小型电器。

【吹拂】chuīfú 动(微风)轻轻掠过 ▷春风～。

【吹鼓手】chuīgǔshǒu ❶ 名 旧时婚丧礼仪中吹奏乐器的人。❷ 名 比喻为某人某事大肆宣扬制造声势的人(多含贬义) ▷他是伪科学的～。

【吹管】chuīguǎn 名 一种可以喷出高温火焰的管状装置。以压缩氧气和可燃气体为燃料,用来焊接或切割金属。

【吹胡子瞪眼】chuī húzi dèngyǎn 形容生气或发怒的样子。也说吹胡子。

【吹灰之力】chuīhuīzhīlì 形容极小的力气(多用于否定) ▷不费～就办成了。

【吹火筒】chuīhuǒtǒng 名 旧时一种用打通了竹节的竹筒做成的吹气助燃的器具。

【吹拉弹唱】chuī-lā-tán-chàng 吹奏、拉琴、弹拨(乐器)和歌唱等技艺 ▷～全会。

【吹喇叭,抬轿子】chuīlǎba,táijiàozi 比喻为人吹嘘捧场、极力讨好。也说吹喇叭。

【吹擂】chuīléi 动 吹喇叭和擂鼓。指说大话;吹嘘。

【吹冷风】chuīlěngfēng 比喻散布冷言冷语打击人的热情,或在别人头脑过热时劝其冷静一些 ▷光～,不干事|指标定得过高,要吹吹冷风。

【吹毛求疵】chuīmáo-qiúcī 吹开皮上的毛去寻找皮上的疵点。比喻刻意挑剔过失或缺点。☛"疵"不读 zī。

【吹牛】chuīniú 动〈口〉说大话 ▷～拍马。也说吹牛皮。

【吹拍】chuīpāi 动 吹牛拍马 ▷这个人以～为手段，到处钻营。

【吹捧】chuīpěng 动 吹嘘捧场 ▷互相～。

【吹腔】chuīqiāng 名 戏曲腔调，从弋阳腔发展而来，用笛子伴奏，是徽剧主要腔调之一。京剧、婺剧等剧种中也有。

【吹台】chuītái 动〈口〉事情失败；交情破裂。

【吹嘘】chuīxū 动 夸大或无中生有地宣扬优点 ▷你把我～得离了谱了。

【吹奏】chuīzòu 动 演奏管乐器；有时也泛指演奏各种乐器。

【吹奏乐】chuīzòuyuè 名 由管乐器演奏的乐曲。

炊 chuī ❶ 动 烧火做饭 ▷晨～|～事员。○ ❷ 名 姓。

【炊饼】chuībǐng 名 蒸饼(多见于近代汉语)。

【炊火】chuīhuǒ 名 烧饭的烟火。

【炊具】chuījù 名 做饭烧菜的器具。

【炊事】chuīshì 名 有关做饭烧菜一类的工作。

【炊事班】chuīshìbān 名 部队或其他单位中担任炊事工作的班组。

【炊事员】chuīshìyuán 名 部队或其他单位中担任炊事工作的人员。

【炊烟】chuīyān 名 烧火做饭冒出的烟 ▷袅袅～。

【炊帚】chuīzhou 名 用细竹条等扎成的刷锅洗碗的用具。

chuí

垂 chuí ❶ 动 物体的一头朝下 ▷谷穗向下～着|～柳。→ ❷ 动 (头)低下 ▷～头丧气。→ ❸ 动 向下流或滴 ▷～泪|～涎三尺。→ ❹ 动 留传到后世 ▷名～青史。→ ❺ 副〈文〉敬词，用于称别人(多为长辈或上级)对自己的某些行动 ▷～听|～询。○ ❻ 动 接近①；将近 ▷功败～成|生命～危。

【垂爱】chuí'ài 动〈文〉敬词，用于称长辈或上级对自己关爱 ▷承蒙～。

【垂成】chuíchéng 动〈文〉即将成功或完成 ▷事业～|功败～。

【垂垂】chuíchuí 副 渐渐 ▷夜幕～降下。

【垂吊】chuídiào 动 悬挂 ▷宫灯～两旁。

【垂钓】chuídiào 动 钓鱼 ▷一老翁在河边～。

【垂范】chuífàn 动 给后人或下级做榜样 ▷～百世|领导率先～。

【垂芳】chuífāng 动 留下芳香。比喻美好的名声流传后世 ▷～千载。

【垂拱】chuígǒng 动〈文〉垂衣拱手。表示无为而治。

【垂挂】chuíguà 动 物体上端固定而整体下垂 ▷一轴书法条幅～在客厅墙壁上。

【垂花门】chuíhuāmén 名 指某些旧式宅院的二门。因门的上头为屋顶样造型，其四角下垂雕花彩绘的短柱，故称。也说垂花二门。

【垂降】chuíjiàng 动 垂直降落；特指人利用绳索等控制下滑的速度、方向和身体的平衡，垂直降落到地面等处 ▷一块巨石～了下来|他从五楼～到地面。

【垂教】chuíjiào 动〈文〉敬词，用于称对方指教 ▷敬祈～|幸蒙～。

【垂老】chuílǎo 动 将近老年 ▷～之年。

【垂泪】chuílèi 动 因悲伤掉眼泪 ▷暗自～。

【垂怜】chuílián 动〈文〉敬词，用于称对方给予同情怜悯。

【垂帘】chuílián 动 放下帘子；特指垂帘听政 ▷慈禧太后～近四十载。

【垂帘听政】chuílián-tīngzhèng 古代指皇后或皇太后执掌朝政。始于唐高宗理政时，皇后武则天隔着帘子坐在宝座后参与决策。

【垂柳】chuíliǔ 名 落叶乔木，枝条柔长下垂。也说垂杨。

【垂落】chuíluò 动 下垂；落下来 ▷大幕徐徐～。

【垂名】chuímíng 动 名声留传 ▷～千古。

【垂暮】chuímù〈文〉❶ 名 傍晚 ▷天已～。❷ 名 比喻晚年 ▷～老人|～之年。

【垂念】chuíniàn 动〈文〉敬词，用于称长辈或上级对自己关怀惦念 ▷多蒙～，不胜感激。

【垂青】chuíqīng 动 用黑眼珠看，表示重视或喜爱(青：青眼，黑眼珠) ▷承蒙～，没齿难忘。

【垂示】chuíshì〈文〉❶ 动 留传下去，以启示后人 ▷～千载。❷ 动 敬词，用于称对方告知自己 ▷诚请～。

【垂世】chuíshì 动〈文〉留传后世 ▷足以～立教。

【垂手】chuíshǒu ❶ 动 垂着双手，表示对对方尊重恭敬 ▷～侍立。❷ 动 两手下垂，没做什么动作，表示十分容易 ▷～可得。

【垂首】chuíshǒu 动 低着头 ▷～而立。

【垂首帖耳】chuíshǒu-tiē'ěr 俯首帖耳。

【垂死】chuísǐ 动 接近死亡 ▷～之际|～挣扎。

【垂体】chuítǐ 名 内分泌腺体，呈椭圆形，位于脑的底部。分泌的多种激素对人的生长发育、新陈代谢和性功能等有调节作用。

【垂髫】chuítiáo 名 古代儿童的发式，即把头发扎起来下垂着。借指儿童或儿童时期 ▷与君～相识|黄发～，并怡然自乐。

【垂头丧气】chuítóu-sàngqì 形容情绪低落，精神沮丧。

【垂危】chuíwēi 动 临近死亡或灭亡 ▷生命～。

【垂问】chuíwèn 动〈文〉敬词，用于称长辈或上级

对自己询问 ▷如有～，必及时回禀。

【垂涎】chuíxián 动 嘴馋得流口水；比喻对好东西非常羡慕 ▷～三尺｜～已久。☛"涎"不读yán或dàn。

【垂涎欲滴】chuíxián-yùdī 馋得口水都要滴下来了；形容非常羡慕，极想得到（有时含贬义）。

【垂询】chuíxún 动 敬词，用于称对方向己方询问 ▷有关招生具体情况，欢迎来电～。

【垂直】chuízhí 动 两条直线相交成直角，一条直线和一个平面或两个平面相交成直角时，均称为互相垂直 ▷～线｜～下降。

【垂直传播】chuízhí chuánbō 指母亲将自身携带的病原体直接传给子女的传播方式。

【垂直绿化】chuízhí lǜhuà 由地面向空中发展的多层次绿化，如墙体绿化、楼顶绿化。

倕 chuí 名 人名，传说中尧时期或黄帝时期的一名巧匠，善于制作弓、耒、耜等。

陲 chuí 名 边境；边疆 ▷边～。

捶（*搥）chuí 动 用拳头或棒槌等敲打 ▷～了他一拳｜～背｜～衣裳。参见插图14页。

【捶打】chuídǎ 动 用拳头或锤子等敲打 ▷让妻子在他背上轻轻地～。

【捶击】chuíjī 动 用力捶打。

【捶胸顿足】chuíxiōng-dùnzú 捶打胸脯，用脚跺地。形容极度悲痛或悔恨。

棰（*箠❷❸）chuí ❶ 名〈文〉短棍 ▷一尺之～。→ ❷ 名〈文〉鞭子 ▷马～。→ ❸ 动〈文〉用短棍或鞭子打 ▷～杀。○ ❹ 同"槌"。现在一般写作"槌"。

椎 chuí ❶ 古同"槌"。○ ❷ 古同"捶"。另见1818页zhuī。

【椎心泣血】chuíxīn-qìxuè 捶打胸脯，哭得眼睛流出血来。形容极度悲痛。

圌 chuí 名 圌山，山名，在江苏。

槌 chuí 名 类似棒子的敲打用具。一般一头较粗或为球形 ▷棒～｜鼓～儿。

锤[1]（錘*鎚）chuí ❶ 名 秤砣 ▷秤～。→ ❷ 名 像秤锤的东西 ▷纺～。

锤[2]（錘*鎚）chuí ❶ 名 古代兵器，柄的一端有金属球形重物 ▷流星～。→ ❷ 名 锤子 ▷汽～。❸ 动 用锤子砸；锻造 ▷千～百炼｜～炼。○ ❹ 名 姓。

【锤打】chuídǎ ❶ 动 用锤子敲击 ▷这只铜锅是手工～出来的。❷ 动 比喻磨炼 ▷这孩子太娇气，需要在艰苦环境中～～。

【锤骨】chuígǔ 名 内耳中的听骨之一。形状像锤子，起传递声音振动的作用，跟鼓膜相连。

【锤炼】chuíliàn ❶ 动 冶炼锻造（金属）。❷ 动 比喻磨炼 ▷运动员必须经历大赛的反复～。❸ 动 比喻反复推敲、加工使更精炼、纯熟 ▷精心～｜作者很注意～语言。

【锤子】chuízi 名 由金属或木头等材料做成的头和与之垂直的柄构成的敲击工具。

chūn

春（*旾）chūn ❶ 名 春季 ▷～风｜新～。→ ❷ 名〈文〉指一年的时间 ▷乐饮闲游三十～。→ ❸ 名 比喻生机 ▷妙手回～。→ ❹ 名 指男女情欲 ▷～情｜怀～。○ ❺ 名 姓。

【春冰】chūnbīng 名 春天薄而易裂的冰；比喻危险境地或容易消失的事物 ▷如蹈～。

【春饼】chūnbǐng 名 一种薄饼。民间多用作立春时的应节食品，故称。

【春播】chūnbō 动 春天播种 ▷抓紧～时机。

【春菜】chūncài 名 芥（jiè）菜的别称。

【春蚕】chūncán 名 春天饲养的蚕。

【春茶】chūnchá 名 春天采制的茶；也指这种茶沏成的茶水。

【春潮】chūncháo 名 春天的潮水（多用于比喻）▷～涌动。

【春城】chūnchéng ❶ 名 指春天的城市风貌 ▷～无处不飞花。❷ 名 昆明的别称。

【春凳】chūndèng 名 旧时一种宽而长的板凳。

【春芳】chūnfāng 名 指春天盛开的鲜花 ▷～遍野。

【春肥】chūnféi 名 春季（通常在春分前）给越冬作物加施的肥料。

【春分】chūnfēn 名 二十四节气之一，在公历每年3月21日前后。这一天南北两半球昼夜时间相等。春分以后，北半球昼长夜短。

【春分点】chūnfēndiǎn 名 公历每年3月21日前后，太阳沿黄道自南向北移动时，通过黄道与赤道平面相交的那一点。

【春风】chūnfēng ❶ 名 春天和煦的风。❷ 名 比喻和蔼喜悦或高兴得意的神色 ▷满面～。

【春风得意】chūnfēng-déyì 唐·孟郊《登科后》："春风得意马蹄疾，一日看尽长安花。"形容考取进士后的得意心情。后用"春风得意"形容人们在工作、生活顺心或事业有成时志得意满的欢快情态。

【春风化雨】chūnfēng-huàyǔ 温暖并滋润万物生长的风雨（化雨：滋润万物生长的及时雨）。比喻良好的教育，多用来称颂母校、师长的谆谆教诲。

【春风满面】chūnfēng-mǎnmiàn 满面春风。

【春耕】chūngēng 动 春季翻耕农田；泛指春季农事

活动 ▷不误农时，抓紧～|～工作全面铺开。

【春宫】chūngōng ❶ 名 封建社会皇太子所住的宫室；借指太子。也说春闱。❷ 名 借指性活动 ▷～图。

【春菇】chūngū 名 春天采摘的香菇。

【春灌】chūnguàn 动 春天灌溉农田。以利春耕和越冬作物生长。

【春光】chūnguāng ❶ 名 春天的阳光。❷ 名 春天的景色。

【春寒】chūnhán 名 早春的微寒天气 ▷～未消。

【春寒料峭】chūnhán-liàoqiào 形容早春季节天气微寒(料峭:形容微寒)。

【春旱】chūnhàn 名 春天出现的旱情。

【春华秋实】chūnhuá-qiūshí 春天开花，秋天结果(华:花)。多比喻劳作获得成果；也比喻事物的因果关系。

【春荒】chūnhuāng 名 春天青黄不接时出现的饥荒 ▷闹～|～时借下的债。

【春晖】chūnhuī 名 春天的阳光；比喻母爱或父母的恩情。

【春季】chūnjì 名 一年四季的第一季。我国习惯指立春到立夏的三个月；也指农历正月至三月。

【春假】chūnjià 名 学校在春暖花开季节的假期，一般在公历4月，时间比寒、暑假短。

【春节】chūnjié 名 我国传统节日，一般指农历正月初一，也指正月初一及其以后的几天。

【春卷儿】chūnjuǎnr 名 用薄面皮裹馅儿，卷成长条形，油炸后食用。原是一种春令食品，现已不限于春季食用。

【春困】chūnkùn 名 在春天出现的精神倦怠现象。

【春兰】chūnlán 名 兰花的一种。参见817页“兰花”。

【春兰秋菊】chūnlán-qiūjú 春天的兰花，秋天的菊花，各有独特的风姿；比喻人或事物各有所长。

【春雷】chūnléi 名 春天打的雷；多比喻或象征剧烈的革命行动或震撼人心的重大事件 ▷～滚动|改革开放的～响彻神州大地。

【春联】chūnlián 名 春节时贴在门上表示吉庆的对联。

【春令】chūnlìng ❶ 名 春季。❷ 名 春季的气候 ▷孟夏行～(初夏的气候像春季)。

【春麦】chūnmài 名 春小麦。

【春满人间】chūnmǎn-rénjiān 指春天来到人间，万物充满生机。

【春忙】chūnmáng 名 指春季农忙的时节。

【春梦】chūnmèng 名 春夜的梦境。比喻很快消逝的好景；也比喻虚幻难以实现的愿望。

【春茗】chūnmíng 名 春茶。

【春暖花开】chūnnuǎn-huākāi 春天气候温暖，百花盛开。形容春天景象美好。

【春情】chūnqíng 名 春心。

【春秋】chūnqiū ❶ 名 春季和秋季。常借指一年的时间；也泛指光阴 ▷他在这所学校度过了40个～。❷ 名 指人的年岁 ▷～鼎盛。❸ 名 儒家经典之一，相传是孔子根据鲁史修订而成。❹ 名 我国古代史书的通称，如《吴越春秋》《十六国春秋》。春秋战国时诸子的著作也有以春秋为名的，如《晏子春秋》《吕氏春秋》。❺ 名 我国古代历史上的一个时代(前770—前476)，因鲁国编年史《春秋》而得名。

【春秋笔法】chūnqiū bǐfǎ 古代学者认为孔子修订《春秋》，字寓褒贬，微言大义。后世把文笔曲折而意含褒贬的写作手法称为春秋笔法。

【春秋衫】chūnqiūshān 名 两用衫。

【春日】chūnrì ❶ 名 春季。❷ 名 春天的太阳。

【春色】chūnsè ❶ 名 春天的景色 ▷满城～。❷ 名 脸上的喜色或泛起的红晕 ▷几杯酒下肚，脸上平添了几分～。❸ 名 比喻色情。

【春色满园】chūnsè-mǎnyuán 整个园子里充满春天的景色。比喻欣欣向荣的景象。

【春上】chūnshang 名 春季 ▷明年～将有旱情。

【春深】chūnshēn 形 春意浓郁 ▷～时节。

【春试】chūnshì 名 指科举考试中春天的考试；特指明清两代的会试。也说春闱。

【春水】chūnshuǐ ❶ 名 春天的河水、湖水等。❷ 名 比喻女子明亮的眼睛。

【春笋】chūnsǔn 名 春天长成或采挖的竹笋。形状细长，较之冬笋更为爽口。

【春天】chūntiān ❶ 名 春季；寒冬过后开始回暖的天气 ▷～来了。❷ 名 比喻充满活力和希望的环境气氛 ▷科学的～。

【春条】chūntiáo ❶ 名 春天花木的枝条。❷ 名 春节时张贴的写有吉祥话的条幅，如“抬头见喜”“吉庆有余”“五谷丰登，六畜兴旺”等。

【春晚】chūnwǎn 名 春节联欢晚会的简称。春节联欢晚会于1983年由我国中央电视台始创，2012年获得吉尼斯世界纪录证书，被认定为“全球收看人数最多的晚会”。

【春闱】chūnwéi ❶ 名 春试(闱:考场)。❷ 名 春宫①。

【春瘟】chūnwēn 名 中医指春季流行的传染病。

【春宵】chūnxiāo 名 春夜。借指男女欢爱时刻 ▷～一刻值千金|共度～。

【春小麦】chūnxiǎomài 名 春季播种、当年夏秋季收获的小麦。也说春麦。

【春心】chūnxīn 名 比喻男子或女子萌发的情爱欲望 ▷～萌动。

【春讯】chūnxùn 名 春天到来的信息 ▷柳芽报～。

【春汛】chūnxùn 名 春天桃花盛开时发生的河水暴涨现象。也说桃花汛。

【春药】chūnyào 名 激发性欲的药。

【春意】chūnyì ❶ 名 春天的气息 ▷返青的小麦

透出了丝丝～|～盎然。❷ 名 春心。

【春游】chūnyóu 动 春天外出游玩(多指去郊外)。

【春运】chūnyùn 名 指春节前后一段时间的旅客运输业务。

【春种】chūnzhòng 动 春季播种 ▷～秋收。

【春装】chūnzhuāng 名 春季穿的服装。

堾 chūn ❶ 名 某些地区指田间用石块或土块垒成的挡土和标示田界的矮墙。○ ❷ 用于地名。如堾坪,在山西。

瑃 chūn 名〈文〉一种玉。

椿 chūn ❶ 名 香椿。有时也指臭椿。→ ❷ 名〈文〉指椿庭。○ ❸ 名 姓。

【椿庭】chūntíng 名〈文〉《庄子·逍遥游》中说上古有大椿长寿,《论语·季氏》中说孔鲤快步经过庭前接受父训。后用"椿庭"借指父亲。

【椿象】chūnxiàng 名 蝽。

【椿萱】chūnxuān 名〈文〉借指父母 ▷～并茂(父母健在)。参见本页"椿庭"、1555 页"萱堂"。

蝽 chūn 名 昆虫,种类很多,后足基旁有挥发性臭腺,遇敌时放出臭气。吸食植物茎和果实的汁液,多数是农作物的害虫。也说椿象。俗称臭大姐、放屁虫。

輴 chūn 名〈文〉装载灵柩的车。

䲠(鰆) chūn 名 马鲛。

chún

纯(純) chún ❶ 形 成分单一;没有杂质 ▷水质很～|～金|单～|～洁。→ ❷ 副 表示纯粹,相当于"完全" ▷～属一派胡言。→ ❸ 形 熟练 ▷功夫不～|～熟。

【纯粹】chúncuì ❶ 形 纯净不含杂质的 ▷～的丝织品。❷ 副 完全 ▷～是无稽之谈。

【纯度】chúndù 名 纯净的程度 ▷杂质越少,～越高。

【纯厚】chúnhòu 现在一般写作"淳厚"。

【纯化】chúnhuà 动 使纯粹完美 ▷～心灵。

【纯碱】chúnjiǎn 名 苏打。

【纯洁】chúnjié ❶ 形 纯正洁白,没有杂质和污点;形容思想纯正,没有私心杂念 ▷～的爱情。❷ 动 使纯洁 ▷～队伍。

【纯金】chúnjīn 名 纯度极高的金子。

【纯净】chúnjìng ❶ 形 纯洁干净,不含杂质 ▷～水◇保持心灵～。❷ 动 使纯洁 ▷～心灵。

【纯净水】chúnjìngshuǐ 名 经过技术处理后,不含有害成分的饮用水。

【纯利】chúnlì 名 从总收入中除去成本、税金等一切消耗费用后的实际利润。

【纯良】chúnliáng 形 纯正善良 ▷本性～。

【纯毛】chúnmáo 名 指纯的动物毛原料 ▷用～制作|～华达呢。

【纯美】chúnměi 形 纯洁美好 ▷音色～。

【纯棉】chúnmián 名 指纯的棉花原料 ▷用～制作|～制品。

【纯品】chúnpǐn 名 纯正的物品 ▷这种奶粉是～。

【纯平彩电】chúnpíng cǎidiàn 采用平面显像管显像的彩色电视机,能避免色彩失真和边缘影像扭曲。

【纯朴】chúnpǔ 形 纯正朴实 ▷思想～|生活～。☛ 跟"淳朴"不同。"纯朴"形容人思想单纯,生活朴素;"淳朴"形容性格、风俗等敦厚朴实。

【纯情】chúnqíng 名 纯洁的感情(多指女子的爱情) ▷不要辜负她的一片～。

【纯然】chúnrán ❶ 形 纯净;纯洁 ▷～如孩童的眼神。❷ 副 完全;纯粹 ▷～不知原委。

【纯收入】chúnshōurù 名 从总收入中减去成本、税金等一切消耗费用以外的剩余部分。

【纯熟】chúnshú 形 十分熟练 ▷技术～。

【纯属】chúnshǔ 动 完全属于 ▷这种事～私事。

【纯小数】chúnxiǎoshù 名 数学上指整数部分为 0 的小数。如 0.001、-0.85。

【纯一】chúnyī 形 纯粹;单一 ▷目标～。

【纯音】chúnyīn 名 物理学上指只有一种振动频率的声音。如音叉发出的声音。

【纯贞】chúnzhēn 形 (爱情)纯洁忠贞 ▷爱情～。

【纯真】chúnzhēn 形 纯洁真挚 ▷～的友情。

【纯正】chúnzhèng ❶ 形 纯粹;地道 ▷口味～|一口～的普通话。❷ 形 纯洁正派 ▷思想～。

【纯种】chúnzhǒng 名 纯正的品种 ▷～绵羊|～选育(即本品种选育)。

莼(蒓*蓴) chún [莼菜] chúncài 名 多年生水草,叶子呈椭圆形,深绿色,漂在水面上,开暗红色小花。嫩叶可以食用。属国家保护植物。也说水葵。

唇(*脣) chún ❶ 名 人或某些动物口边的肌肉组织。通称嘴唇。→ ❷ 名 指某些器官的边缘部分 ▷阴～|耳～。☛ "唇"是半包围结构,不是上下结构。

【唇笔】chúnbǐ 名 用来勾画、修饰唇部轮廓的笔状化妆品。也说唇线笔。

【唇彩】chúncǎi 名 一类浓稠液状的唇部化妆品,有多种颜色。

【唇齿】chúnchǐ 名 嘴唇和牙齿;比喻互相依存并有共同利害的双方 ▷两地～相连。

【唇齿相依】chúnchǐ-xiāngyī 嘴唇和牙齿互相依

存。比喻关系非常密切,相依相存。

【唇齿音】chúnchǐyīn 名 语音学上指上齿和下唇靠拢,使气流受阻而发出的辅音,如普通话中的 f。

【唇读】chúndú 动 通过观察人说话时嘴唇的活动来解读说话内容 ▷聋哑人要培养~能力。

【唇膏】chúngāo ❶ 名 涂润嘴唇以防干裂的膏状化妆品。❷ 名 口红。

【唇红齿白】chúnhóng-chǐbái 形容容貌俊美 ▷眉清目秀,~。

【唇焦舌敝】chúnjiāo-shébì 嘴唇焦干,舌头磨破。形容说话太多,费尽口舌。也说舌敝唇焦。

【唇裂】chúnliè 名 一种上唇竖直开裂的先天性畸形。也说兔唇。俗称豁嘴。

【唇枪舌剑】chúnqiāng-shéjiàn 嘴唇如枪,舌头似剑。形容论辩时言辞犀利,争辩激烈。也说舌剑唇枪。

【唇舌】chúnshé 名 借指言辞 ▷徒费~。

【唇亡齿寒】chúnwáng-chǐhán 嘴唇没有了,牙齿会感到寒冷。比喻双方互相依存,利害相关。

【唇纹】chúnwén 名 上下唇皮肤上的纹理;也指这种纹理留下的痕迹。

【唇吻】chúnwěn 名 嘴唇;借指言语、口才 ▷~之间,流露出骄矜之意。

【唇线】chúnxiàn 名 嘴唇的外轮廓线;也指用唇笔沿嘴唇的外轮廓勾画的线。

【唇线笔】chúnxiànbǐ 名 唇笔。

【唇音】chúnyīn 名 语音学指双唇音、唇齿音。普通话有 b、p、m、f 四个唇音。

【唇印】chúnyìn 名 嘴唇留下的印迹。

淳(*湻) chún ❶ 形 质朴;敦厚 ▷~朴|~厚。○ ❷ 名 姓。

【淳厚】chúnhòu 形 质朴厚道 ▷民风~|为人~。

【淳美】chúnměi 形 质朴美好 ▷文辞~|心地~。

【淳朴】chúnpǔ 形 忠厚朴实 ▷生性~|~的老农。☛ 参见 221 页“纯朴”的提示。

【淳于】chúnyú 名 复姓。

【淳正】chúnzhèng 形 忠厚正直 ▷品行~。

錞(錞) chún 名〈文〉錞于,青铜制作的一种打击乐器,常跟鼓配合使用,用于战争中指挥进退 ▷两军相当,鼓~相望。

另见 352 页 duì。

鹑(鶉) chún ❶ 名 鹌鹑。→ ❷ 名〈文〉比喻破烂的衣服 ▷悬~百结。

【鹑衣】chúnyī 名〈文〉指有很多补丁的破烂衣服。鹌鹑的羽毛又短又花,好像一块一块连缀起来的补丁,故称。

【鹑衣百结】chúnyī-bǎijié 比喻衣服破烂不堪(百结:指用很多碎布连缀)。

漘 chún 名〈文〉水边 ▷河之~兮。

醇(*醕) chún ❶ 形 酒味纯正浓厚;泛指味道纯正浓厚 ▷这种白酒的味道很~|~酒|~厚|~正。→ ❷ 名〈文〉味道浓厚的酒。→ ❸ 名 有机化合物的一类,是烃分子中的氢原子被羟基取代后的衍生物。如乙醇、胆固醇。

【醇和】chúnhé 形 (性质、味道)纯正平和 ▷药味~。

【醇厚】chúnhòu 形 (味道)纯正浓厚 ▷~的佳酿◇他的演唱,韵味~。

【醇化】chúnhuà 动 进入纯正完美的境界 ▷他的演唱技艺越来越~了。

【醇酒】chúnjiǔ 名 味道醇厚的酒 ▷~佳肴。

【醇美】chúnměi 形 (味道)醇厚甘美 ▷~的葡萄酒◇~的歌声。

【醇浓】chúnnóng 形 纯正浓厚。

【醇甜】chúntián 形 (味道)纯正甘甜 ▷泉水~。

【醇香】chúnxiāng ❶ 形 (气味)醇厚芬芳。❷ 名 醇厚的香味 ▷米酒飘着~。

【醇酽】chúnyàn 形 (酒、茶的味道)纯正浓厚。

【醇正】chúnzhèng 形 (味道)醇厚正宗 ▷茅台酒酒味~◇她的梅派唱腔很~。

chǔn

蠢[1] chǔn 动 虫子蠕动 ▷~动。

蠢[2](*惷) chǔn ❶ 形 愚笨 ▷~人|~货|愚~。→ ❷ 形 笨拙;不灵活 ▷这种组合柜样子真~。

【蠢笨】chǔnbèn ❶ 形 愚蠢 ▷头脑~。❷ 形 不灵便;笨拙 ▷这辆车样子~|~的双手。

【蠢才】chǔncái 现在一般写作“蠢材”。

【蠢材】chǔncái 名 蠢人。

【蠢蠢欲动】chǔnchǔn-yùdòng 借指敌人或坏人准备有所行动(蠢蠢:形容虫子爬动的样子)。☛ 参见 1704 页“跃跃欲试”的提示。

【蠢动】chǔndòng ❶ 动 虫子蠕动。❷ 动 比喻敌人或坏人有所行动 ▷敌人又在伺机~。

【蠢话】chǔnhuà 名 愚蠢的话;不合情理的话。

【蠢货】chǔnhuò 名〈口〉笨家伙;愚蠢的东西(骂人的话)。

【蠢人】chǔnrén 名 愚蠢的人。

【蠢事】chǔnshì 名 愚蠢的事;费心费力而无任何好效果甚至带来不良后果的事。

【蠢头蠢脑】chǔntóu-chǔnnǎo 形容蠢笨而带傻气的样子。

【蠢物】chǔnwù 名 愚蠢的东西;笨蛋(骂人的话,多见于近代汉语)。

chuō

逴 chuō〈文〉❶ 形 远 ▷～行｜～护长城。→ ❷ 动 腾越;超越 ▷四月时鱼～浪花｜远～欧(阳修)、苏(轼)之上。→ ❸ 动 远行 ▷～数万里。

趠 chuō 动〈文〉跳跃;超越 ▷～跃｜～越。

【趠厉】chuōlì 形〈文〉(精神)亢奋昂扬 ▷～风发。

戳 chuō ❶ 动 用手指或长条形物体的顶端触或捅 ▷把窗户纸～个洞｜一～就破。参见插图 14 页。→ ❷ 动〈口〉(手指或长条形物体的顶端)因猛力撞击硬物而受伤或损坏 ▷打排球～了手｜笔尖～了。→ ❸ 动〈口〉竖起;站立 ▷～起一杆大旗｜别～着,快坐下。→ ❹ 名〈口〉图章 ▷手～儿｜盖～儿。

【戳穿】chuōchuān ❶ 动 刺穿;捅透 ▷圆规～了书包。❷ 动 揭穿;说破 ▷～阴谋诡计。

【戳脊梁骨】chuōjǐlianggǔ 指在背后指责耻笑 ▷绝不干让人～的事!

【戳记】chuōjì 名 图章;印记。

【戳破】chuōpò 动 刺破;捅破 ▷把塑料袋儿～了。

【戳子】chuōzi 名 戳④。也说戳儿。

chuò

辵 chuò 动〈文〉快走。

啜 chuò〈文〉❶ 动 喝 ▷～酒｜～粥。→ ❷ 形 形容抽泣时的样子 ▷～泣。

另见 208 页 chuài。

【啜泣】chuòqì 动 抽泣 ▷不停地～。

惙 chuò ❶ 形〈文〉忧愁 ▷未见君子,忧心～～。→ ❷ 形〈文〉疲惫;(气息)衰弱 ▷气力恒～。○ ❸ 古同"辍"。

婥 chuò [婥约] chuòyuē 现在一般写作"绰约"。

绰(綽) chuò ❶ 形 宽;不狭窄 ▷宽～(chuo)。→ ❷ 形 宽裕;富裕 ▷～有余裕｜阔～。○ ❸ 形〈文〉形容姿态柔美 ▷～约。

另见 157 页 chāo。

【绰绰有余】chuòchuò-yǒuyú 形容非常充裕,用不完。

【绰号】chuòhào 名 外号。

【绰约】chuòyuē 形 绰③ ▷丰姿～｜～多姿。☛ 不宜写作"婥约"。

辍(輟) chuò 动 中途停止;停止 ▷时作时～｜～学。☛ 不读 zhuì,也不要误写作"缀(zhuì)"或"啜(chuò)"。

【辍笔】chuòbǐ 动 停止写作或画画。

【辍学】chuòxué 动 学业未完而停止上学。

【辍演】chuòyǎn 动 (演员)停止演出 ▷因病～。

龊(齪) chuò 见 1446 页"龌(wò)龊"。

歠 chuò 动〈文〉喝;饮。

cī

刺 cī 拟声 模拟撕裂、摩擦等的声音 ▷～的一下,衣服撕破了｜汽车～的一声刹住了。☛ 参见 813 页"剌(là)"的提示。

另见 228 页 cì。

【刺啦】cīlā 拟声 模拟撕裂声、迅速划动声等 ▷～一下,火柴划着了。

【刺棱】cīlēng 拟声 模拟迅速起动的声音 ▷房顶上的麻雀～一声飞了。

【刺溜】cīliū ❶ 拟声 模拟迅速滑动的声音 ▷～一下从旁边滑过去了。❷ 动 (脚底下)滑动 ▷～了个跟头。

呲 cī 动〈口〉训斥 ▷又挨～儿了吧?｜老爱～儿人。

另见 1822 页 zī。

差 cī 见 136 页"参(cēn)差"。

另见 138 页 chā;143 页 chà;144 页 chāi。

玭 cī〈文〉❶ 名 玉石上的斑点。→ ❷ 名 比喻缺点或毛病。

另见 227 页 cǐ。

疵 cī 名 毛病;缺点 ▷吹毛求～｜瑕～。☛ 统读 cī,不读 cí 或 cǐ。

【疵点】cīdiǎn 名 毛病;缺点 ▷这块布上有～。

【疵品】cīpǐn 名 有毛病的产品 ▷严禁～出厂。

【疵瑕】cīxiá 名 瑕疵。

粢 cī [粢饭] cīfàn 名 某些地区指用蒸熟的糯米和粳米捏成的饭团。

另见 1823 页 zī。

跐 cī 动 (脚底下)滑动 ▷脚下一～,差点儿摔倒｜～溜。

另见 227 页 cǐ。

【跐溜】cīliū 动 跐 ▷～一下滑出去了。

cí

词(詞*䛐) cí ❶ 名 话语;文辞 ▷义正～严｜一面之～｜没～儿了｜台～。→ ❷ 名 古代指虚词;现指语言中具有固定语音形式和特定意义的、最小的独立运用的单位 ▷这个～我没听说过｜名～｜

～语。→ ❸ 名 一种诗歌体裁，起源于唐代，盛行于宋代，按谱填写，句式长短不一 ▷唐诗宋～｜填～。❹ 名 泛指戏曲、歌曲及某些演唱艺术中配合曲调唱出的语言部分 ▷我只记得调，～忘了｜歌～。

【词不达意】 cíbùdáyì （说话、写文章）词句不能确切地表达意思。☛ "意"不要误写作"义"。

【词典】 cídiǎn 名 收集词语，按一定顺序编排，加以注音、释义等，供人查阅参考的工具书。

【词调】 cídiào 名 填词时依据的曲调。

【词法】 cífǎ 名 语法学组成部分之一。研究词的构成、分类和变化（形态）。

【词锋】 cífēng ❶ 名 指像刀剑锋芒一样尖锐深刻的话语或文辞 ▷～犀利。❷ 名 话题 ▷他突然把～一转，谈别的事了。

【词赋】 cífù 现在一般写作"辞赋"。

【词根】 cígēn 名 词的主要组成部分，是体现词的基本词汇意义的语素。如"老师"里的"师"、"木头"里的"木"。

【词话】 cíhuà ❶ 名 评论词（古代诗词的词）的内容和形式以及研究介绍词的作者的著述。始于宋代杨湜的《古今词话》。❷ 名 元明时期的一种说唱艺术，用散文叙事并夹有韵文的演唱，是章回小说的前身。后来也称夹有诗词的章回小说，如《金瓶梅词话》。

【词汇】 cíhuì ❶ 名 一种语言里所使用的词和固定短语的总汇，如现代汉语词汇；也指词汇的一个特定部分，如基本词汇、科技词汇；还可指一个人或一部作品所使用的词语的总汇，如老舍的词汇、《红楼梦》的词汇。❷ 名 指词汇学。☛ 不宜写作"辞汇"。

【词汇学】 cíhuìxué 名 语言学的分支学科，主要研究语言或一种语言的词汇来源、组成和历史发展等。

【词句】 cíjù 名 词语和句子；泛指文章的语言 ▷～畅达｜作者在～上下了很大功夫。

【词类】 cílèi 名 根据词的语法意义和语法功能划分出来的词的类别。如名词、动词、形容词等。

【词令】 cílìng 现在一般写作"辞令"。

【词目】 címù 名 指辞书中作为注释对象的词语，它与它的注音、释义等组成词条。☛ 跟"词条"不同。

【词牌】 cípái 名 本指词的曲调名，相当于歌谱。后来不再配乐歌唱，只作为文字、音韵结构的定式。每个词牌都有一个名称，如"菩萨蛮""沁园春"。

【词频】 cípín 名 某个词在一定语言材料范围内的使用频率 ▷～统计。

【词谱】 cípǔ 名 辑录各种词调格式的书，可用作填词的依据。

【词曲】 cíqǔ ❶ 名 文学体裁词和曲的合称。❷ 名 歌曲的词和曲的合称。

【词人】 círén 名 指在填词方面有成就的人。

【词书】 císhū 现在一般写作"辞书"。

【词讼】 císòng ❶ 动 打官司。❷ 名 诉状。

【词素】 císù 名 语素。

【词条】 cítiáo 名 辞书中由词目和对词目的解释等部分组成的整体。☛ 跟"词目"不同。

【词头】 cítóu 名 词的前缀。参见本页"词缀"。

【词尾】 cíwěi 名 词的尾部表示语法意义的可变化的形态成分。汉语语言学中有时也指词的后缀。参见本页"词缀"。

【词形】 cíxíng ❶ 名 词的书写形式。如表示"主要意思"的"大意"和表示"疏忽"的"大意"，虽然读音不同，但词形是一样的。❷ 名 词的语法形态 ▷～变化。

【词性】 cíxìng 名 指单个儿词在一定的词类系统中的类别归属。一个词的词性是由一定的词类系统和该词自身的语法特性两方面决定的。

【词序】 cíxù 名 词在短语或句子里的先后顺序。汉语中词序是重要语法手段，如"我看"和"看我"词序不同，结构和意义也不同。也说语序。

【词义】 cíyì 名 语言中的词所表示的意义，包括词汇意义和语法意义。

【词余】 cíyú 名 曲（qǔ）①的别称。意思是曲是由词发展而来的。如清·杨恩寿《词余丛话》。

【词语】 cíyǔ 名 词和短语的合称。

【词源】 cíyuán 名 词语的来源 ▷追溯～。

【词韵】 cíyùn 名 指填词所用的韵或所依据的韵书。

【词藻】 cízǎo 现在一般写作"辞藻"。

【词章】 cízhāng 现在一般写作"辞章"。

【词缀】 cízhuì 名 附着于词根表示词的附加意义和起语法作用的语素。常见的有前缀和后缀，如"老鹰"的"老"、"椅子"的"子"。

【词组】 cízǔ 名 短语。

茈

cí ❶ 见 419 页"凫（fú）茈"。○ ❷ 用于地名。如茈碧，在云南。

另见 1825 页 zǐ。

茨

cí 〈文〉❶ 动 用茅草或芦苇等盖房。→ ❷ 名 茅草苫盖的屋顶。○ ❸ 名 蒺藜。

【茨菰】 cígū 现在一般写作"慈姑"。

兹

cí 见 1126 页"龟（qiū）兹"。

另见 1822 页 zī。

祠

cí 名 祠堂 ▷宗～｜武侯～。

【祠堂】 cítáng 名 供奉、祭祀祖先或先贤的建筑。

瓷

cí ❶ 名 瓷器。→ ❷ 形 坚实 ▷地踩得很～｜～实。

【瓷都】 cídū 名 指以盛产瓷器而扬名中外的江西景德镇。

【瓷饭碗】cífànwǎn 名 比喻不牢靠、有可能失去的工作岗位。

【瓷缸】cígāng 名 搪瓷缸。

【瓷公鸡】cígōngjī 名 用瓷做的公鸡。比喻非常小气的人。

【瓷画】cíhuà 名 在瓷器或瓷板上绘制图画或图案，经高温烧制成的一种工艺品。参见插图16页。

【瓷刻】cíkè 名 用钨钢刀或金刚石刀在上釉烧成的瓷器上雕刻书画的艺术；也指用这种艺术雕刻成的工艺品。也说瓷雕。参见插图16页。

【瓷瓶】cípíng ❶ 名 瓷质的瓶子。❷ 名 绝缘子的俗称。

【瓷漆】cíqī 名 由清漆加入颜料等制成的涂料。涂在器物表面后形成一层薄膜，坚硬光亮像瓷釉。可用于涂刷工具、车辆、建筑物等。

【瓷器】cíqì 名 以瓷土、长石、石英等为原料烧制而成的器物，质地坚硬细致，多为白色。是中国古代的伟大发明之一。☛ 不要写作"磁器"。

【瓷实】císhi 形〈口〉结实；扎实 ▷地基～｜功夫～。

【瓷塑】císù 名 用瓷土作原料塑造成各种形象的一种工艺；也指用这种工艺制成的工艺品。

【瓷土】cítǔ 名 一种用来烧制瓷器的软质黏土，因发现于江西景德镇高岭村，又叫高岭土。

【瓷窑】cíyáo 名 烧制瓷器的窑。

【瓷釉】cíyòu 名 一种涂在瓷制品表面的玻璃质物质。可使瓷制品光滑、透亮、不渗水，并增加瓷制品坯体的强度和绝缘性能。

【瓷砖】cízhuān 名 用瓷土烧制的建筑材料。正面有白色或彩色釉质，耐酸碱，易清洗，多用以装饰墙面和地面。

辞[1]（辭 *辤） cí ❶ 名 文辞；言辞 ▷说～｜修～。→ ❷ 名 古代一种文体裁 ▷楚～｜～赋。○ ❸ 名 姓。

辞[2]（辭 *辤） cí ❶ 动 不接受；推托 ▷不～辛苦｜推～。→ ❷ 动 主动要求解除职务 ▷～去局长职务｜～呈。→ ❸ 动 辞退；解雇 ▷把保姆～了。○ ❹ 动 告别 ▷～旧迎新｜～别。

【辞别】cíbié 动 告别 ▷～故乡｜～亲朋。☛ 跟"辞行"不同。"辞别"着重指告别，可以用于远行，也可以不用于远行，能够带宾语；"辞行"着重指告别出行，多用于远行，不能带宾语。

【辞呈】cíchéng 名 要求辞职的书面报告。

【辞典】cídiǎn ❶ 名 收集专科或百科词语，按一定顺序编排，加以解释，供人查阅参考的工具书 ▷《文学鉴赏～》。❷ 见224页"词典"。现在一般写作"词典"。

【辞赋】cífù 名 文学体裁辞和赋的合称；泛指赋体文学。

【辞格】cígé 名 修辞格。

【辞工】cígōng ❶ 动 主动要求解除工作 ▷～不干，回家做买卖了。也说辞活儿。❷ 动 雇主辞退佣工 ▷老板借口亏损，～转产了。

【辞海】cíhǎi 名 一部兼收语词和百科词语的大型综合性辞书。

【辞令】cílìng 名 为交际目的而讲的追求言辞效果的话 ▷不善～。

【辞聘】cípìn ❶ 动 辞去所受聘的工作或不接受聘任。❷ 动 解除原被聘人的工作 ▷他被公司～了。

【辞却】cíquè 动〈文〉推掉；辞掉 ▷婉言～。

【辞让】círàng 动 有礼貌地表示不接受 ▷他一再～，最终还是接受了。

【辞任】círèn 动 辞去所任职务。

【辞世】císhì 动〈文〉去世（用于成年人）▷父母相继～。

【辞书】císhū 名 各种类型字典、词典、百科全书等工具书的统称。

【辞讼】císòng 现在一般写作"词讼"。

【辞岁】císuì 动 农历除夕告别旧年的活动。

【辞退】cítuì ❶ 动 解雇；解聘 ▷主人～了女仆｜《国家公务员辞职～暂行规定》。❷ 动 辞谢；客气地退回 ▷～邀请。

【辞谢】cíxiè 动 谢绝；客气地推辞不受 ▷婉言～。

【辞行】cíxíng 动 远行前向亲友告别 ▷出国留学前，他到亲友家一一～。☛ 参见本页"辞别"的提示。

【辞演】cíyǎn 动 辞去演出任务；拒绝出演。

【辞源】cíyuán ❶ 名 一部以收录文言词语为主、专为方便阅读古籍使用的大型语文辞书。❷ 见224页"词源"。现在一般写作"词源"。

【辞藻】cízǎo 名 诗文中华丽的词语；有时特指写作中引用的典故和古诗文中现成的词语。

【辞灶】cízào 动 旧俗腊月二十三日或二十四日祭灶，送灶神上天。

【辞章】cízhāng ❶ 名〈文〉诗文的总称。❷ 名 指文章的写作技巧；修辞 ▷～学。

【辞职】cízhí 动 请求解除所任的职务 ▷她不想在公司干下去，决定～。

慈 cí ❶ 动（长辈对晚辈）爱 ▷敬老～幼。→ ❷ 形 仁爱；和善 ▷～眉善目｜仁～。❸ 名〈文〉指母亲 ▷家～｜～训。○ ❹ 名 姓。

【慈爱】cí'ài 形 慈祥而充满爱怜 ▷～的双亲｜祖母～地抚摸孙子的小脸蛋儿。☛ 参见226页"慈祥"的提示。

【慈悲】cíbēi 形 仁慈而富有怜悯之心 ▷～情怀。

【慈父】cífù 名 慈爱的父亲 ▷先生是严师，是

～,也是朋友。

【慈姑】cígū 名 多年生草本植物,叶柄粗而有棱,叶子像箭头,花白色。球茎也叫慈姑,生于泥中,有顶芽,可做菜,也可制淀粉。

【慈和】cíhé 形 仁爱和睦;慈祥和蔼 ▷～的目光。

【慈惠】cíhuì 形 慈善仁爱。

【慈眉善目】címéi-shànmù 慈祥和善的面容 ▷这位老人～,和蔼可亲。

【慈母】címǔ 名 母亲。因通常认为父严母慈,故称 ▷～手中线,游子身上衣。

【慈善】císhàn 形 仁慈善良 ▷～事业。

【慈祥】cíxiáng 形 慈善和蔼 ▷～的面容。☛ 跟"慈爱"不同。"慈祥"侧重形容态度神色;"慈爱"除形容态度神色外,也指思想感情。

【慈心】cíxīn 名 慈善的心肠 ▷～善举。

【慈训】cíxùn 名〈文〉母亲或父亲的教诲(多指母亲的教诲) ▷家母虽长逝,～永不忘。

【慈颜】cíyán 名〈文〉父亲或母亲的容颜(多指母亲的容颜) ▷久违～(很久没有见到母亲)。

磁 cí ❶ 名 能吸引铁、镍、钴等金属的性能 ▷～石|～力|～化。○ ❷旧同"瓷"。

【磁棒】cíbàng 名 带有磁性的棒。有圆形和扁形两种。

【磁暴】cíbào 名 地球磁场的强度和方向急剧而不规则变化的现象。由太阳突然喷发大量带电微粒进入地球大气层引起。发生时,电讯会受到严重干扰。

【磁场】cíchǎng 名 传递磁力作用的场。是电流、运动电荷、磁体或变化的电场周围空间里存在的一种特殊物质。它的基本特性是对其中的运动电荷、电流、磁体发生力的作用。整个地球的内外空间都有磁场存在,指南针指南就是磁场作用的结果。

【磁带】cídài 名 涂有磁性物质的塑料带子,用来记录声音、影像等。如录音带、录像带。

【磁感应】cígǎnyìng 名 指物体在磁场中受磁力影响而显示磁性的现象。

【磁感应线】cígǎnyìngxiàn 名 表示磁场分布情况的有方向的曲线。曲线密集程度反映磁场的强弱。曲线上每一点的切线方向跟该点的磁感强度方向一致。也说磁力线、磁感线。

【磁化】cíhuà 动 使原来不显磁性的物体在磁场中获得磁性。

【磁极】cíjí 名 磁体上磁性最强的部分,一般在磁体的两端,指北的一端叫北极,另一端叫南极。

【磁卡】cíkǎ 名 涂有磁性物质,能记录并读取所需数据的卡片。可作为银行卡、电话卡、交通卡、医疗卡、身份识别卡等使用。

【磁卡电话】cíkǎ diànhuà 用户将预先购买的特制磁卡插入话机即可拨打的电话。具有自动计费功能。

【磁力】cílì 名 磁场对电流、运动电荷和磁体的作用力。

【磁疗】cíliáo 动 应用医疗器械等所产生的磁场,对人体的某些部位进行治疗。

【磁盘】cípán 名 两面涂有磁性物质的圆形存储介质,是电子计算机记录和存储信息的设备。分为硬磁盘和软磁盘两种。

【磁盘驱动器】cípán qūdòngqì 电子计算机中用来驱动磁盘稳速旋转、控制磁头在磁盘上按一定记录格式和编码方式记录和读取信息的装置。分为硬盘驱动器和软盘驱动器两种。

【磁漆】cíqī 现在一般写作"瓷漆"。

【磁器】cíqì 现在规范词形写作"瓷器"。

【磁石】císhí ❶ 名 磁铁。❷ 名 磁铁矿的矿石。

【磁体】cítǐ 名 具有磁性的物体,能产生一定强度的磁场。

【磁条】cítiáo 名 用来储存信息的条状磁性材料。可以通过黏合或热合与塑料或纸牢固地整合在一起形成磁卡。

【磁铁】cítiě 名 具有磁性的铁质物体。天然磁铁用磁铁矿的矿石加工而成,人造磁铁用钢或合金钢经磁化处理而成。也说磁石、吸铁石。

【磁铁矿】cítiěkuàng 名 含铁的矿物,铁黑色,具强磁性,是加工磁铁的主要原料。

【磁头】cítóu 名 录音机、录像机等机器中重要的电磁换能元件。能将电信号变换成磁信号,并使之存储在磁带、磁盘或磁鼓上;也能将存储的磁信号还原或消去。不同的磁头能记录、重放、消去声音或图像。

【磁性】cíxìng 名 某些物体能吸引铁、镍、钴等金属的性质 ▷～塑料|～象棋。

【磁悬浮列车】cíxuánfú lièchē 利用电磁力悬浮与导向,由直线电动机推进的一种新型高速列车。无噪声,乘坐快捷舒适。也说磁浮列车。

【磁针】cízhēn 名 针形磁体,中间支起,可在水平方向自由转动。受地磁作用,静止时两端指着南和北。用于罗盘中。

雌 cí ❶ 区别 动植物中能产生卵细胞的(跟"雄"相对) ▷～蜂|～蕊|～性。→ ❷ 形〈文〉比喻柔弱 ▷知其雄,守其～。☛ 统读 cí,不读 cī。

【雌蜂】cífēng 名 雌性的蜂,包括生殖器官发育完全的蜂王和生殖器官发育不完全的工蜂。

【雌伏】cífú〈文〉❶ 动 比喻屈居下位,无所作为 ▷大丈夫当雄飞,安能～! ❷ 动 比喻退步藏身,不采取行动 ▷暂且～,以待时机。

【雌花】cíhuā 名 只有雌蕊的单性花。

【雌黄】cíhuáng 名 矿物,晶体常呈短柱状,柠檬黄色。可用作颜料。古人抄书校书常用雌黄涂改文字，后称随意乱改别人的文字或乱发议论为"妄下雌黄"；称不顾事实、随口乱说为"信口雌黄"。

【雌激素】cíjīsù 名 能促进雌性器官成熟和副性征发育并维持其正常功能的激素。卵泡、黄体分泌的激素都属此类。也说雌性激素。

【雌蕊】círuǐ 名 花的重要组成部分，一般位于花中央，通常有子房、花柱和柱头。子房内有胚珠，受精后胚珠形成种子，子房形成果实。

【雌性】cíxìng 名 生物中具有能产生卵细胞的生理特性(跟"雄性"相区别) ▷这两只黑熊均为～|～花。

【雌雄】cíxióng ❶ 名 雌性和雄性。借指胜负、高下 ▷决一～。❷ 形 成对的 ▷～剑。

【雌雄同体】cíxióng tóngtǐ 一个动物体内同时生有雌性和雄性器官。如蚯蚓。

【雌雄同株】cíxióng tóngzhū 具有单性花的植物雌花和雄花生在同一植株上。如玉米、黄瓜等。

【雌雄异体】cíxióng yìtǐ 同种动物的雌雄生殖器官分别生在不同个体内。高等动物都是雌雄异体。

【雌雄异株】cíxióng yìzhū 具有单性花的植物雌花和雄花分别生在不同植株上。如柳树、银杏树等。

鹚(鷀 *鶿) cí 见 893 页"鸬(lú)鹚"。

糍(*餈) cí [糍粑] cíbā 名 把蒸熟的糯米捣烂后制成的食品。

cǐ

此 cǐ ❶ 代 指示或指代较近的人或事物，相当于"这""这个"(跟"彼"相对) ▷～事|由～及彼。→ ❷ 代 指代较近的时间、地点等，相当于"这会儿""这里" ▷从～以后|由～往南|到～为止。❸ 代 指代较近的状态、程度等，相当于"这样""这般" ▷长～以往|事已至～，后悔也没用|早听我的话，何至于～？○ ❹ 名 姓。☛"此"作左偏旁时，末笔要改成竖提(㇙)，如"雌"。

【此岸】cǐ'àn 名 佛教指有生有死的境界(跟"彼岸"相区别)。

【此道】cǐdào 名 这种技能；这一行当 ▷精于～。

【此等】cǐděng 名 这种；这类 ▷～事情|～打法。

【此地】cǐdì 名 这个地方。

【此地无银三百两】cǐdì wú yín sānbǎi liǎng 民间故事：张三把银子埋在地里，插一块牌子，上面写"此地无银三百两"；邻居王二看到牌子，挖走银子，在牌子背面写上"隔壁王二未曾偷"。比喻本想掩盖事实，但手段拙笨，反而使事实彻底暴露。

【此番】cǐfān 名 这一回；这次 ▷～磋商必有结果。

【此复】cǐfù 动 以此答复(用在复函正文的末尾)。

【此后】cǐhòu 名 今后；从这以后。

【此呼彼应】cǐhū-bǐyìng 这里呼喊，那里响应。表示相互配合。

【此间】cǐjiān 名〈文〉此地；这里 ▷～分析人士认为该地区冲突还会加剧。

【此据】cǐjù 动 以此为凭据(用在字据正文的末尾)。

【此刻】cǐkè 名 这时；这一时刻 ▷此时～。

【此路不通】cǐlù-bùtōng 这条路走不通。比喻事情行不通。

【此起彼伏】cǐqǐ-bǐfú 这里起来，那里落下。形容接连不断地发生。也说此起彼落、此伏彼起。

【此前】cǐqián 名 这个时候或这件事情之前 ▷他～学过英语。

【此时】cǐshí 名 这时。

【此外】cǐwài 连 除这以外 ▷他会说英语，～也懂点儿俄语|～还有要交代的吗？☛ 跟"另外"不同。"此外"只作连词；"另外"除作连词外，还可作代词和副词。

【此一时，彼一时】cǐyīshí，bǐyīshí 表示时间不同，情况也有所不同。也说彼一时，此一时。

【此致】cǐzhì 动 用在书信或公函结尾，意思是在此表示或以此呈送 ▷～敬礼。

泚 cǐ〈文〉❶ 形 (水)清澈。○ ❷ 动 出汗。○ ❸ 动 (用笔)蘸墨 ▷～笔。

玼 cǐ 形〈文〉形容玉的颜色鲜亮纯净；泛指颜色鲜亮纯净。

另见 223 页 cī。

跐 cǐ〈口〉❶ 动 用脚踩着 ▷～着椅子擦玻璃。→ ❷ 动 脚跟抬起，脚尖着地 ▷～起脚就看得见了。

另见 223 页 cī。

鲨(鮆) cǐ 名 鱼，体侧扁，长可达 10 余厘米，银白色，口大，腹部有棱鳞。种类很多，多生活于近海。

cì

朿 cì 名 姓。☛ 跟"束"不同。由"朿"构成的字有"刺""棘""策"等。

次[1] cì ❶ 动〈文〉按顺序排列，处在前项之后 ▷民为贵，社稷～之。→ ❷ 形 排在第二的 ▷～日|～女。❸ 形 质量较差的；等级较低的 ▷质量太～|～等。→ ❹ 名 顺序 ▷依～入场|名～|车～。❺ 量 用于需要按

顺序计量或可能多次出现的动作或事情 ▷第一～来|初～见面|去过三～。○ ❻ 名姓。

次[2] cì〈文〉❶ 名旅途中停留的地方 ▷途～|旅～|舟～。→ ❷ 名中间 ▷胸～|言～。

【次产林】cìchǎnlín 名产量低、质量差的树林 ▷加强规划，逐步改造～。

【次大陆】cìdàlù 名面积比洲小，在地理上或政治上有某种独立性的区域。通常把印度、巴基斯坦和孟加拉国所处的南亚地区称为南亚次大陆。有的把北美洲东北的格陵兰岛也称为次大陆。

【次等】cìděng 形第二等的；等级较差的 ▷～茶叶|质量～。

【次第】cìdì〈文〉❶ 名次序 ▷～分明。❷ 副依次；一个接一个地 ▷～而出。

【次货】cìhuò 名质量差的货物；次品。

【次品】cìpǐn 名不合格的产品。

【次日】cìrì 名第二天。

【次生】cìshēng 区别第二次生成的；间接生成的 ▷～矿物|～海岸|～灾害。

【次生林】cìshēnglín 名原始森林被采伐或破坏后，经人工或天然更新而恢复起来的森林。

【次生污染】cìshēng wūrǎn 二次污染。

【次声波】cìshēngbō 名低于人耳能听到的最低频率(20 赫)的声波。次声波在传播中衰减很小，可用于火山、地震、台风等的预测。次声波能引起人体内脏共振、位移和形变，造成功能损害。

【次声武器】cìshēng wǔqì 能产生并定向聚束传播高强度次声波以杀伤人的武器。

【次数】cìshù 名同一动作或事件重复的回数。

【次序】cìxù 名事物在时间、空间或逻辑关系上排列的先后顺序 ▷排出一个～|按～进行。也说序次。☛ 参见 1779 页"秩序"的提示。

【次要】cìyào 形重要性相对较低的(跟"主要"相对) ▷此项工作并非～|较～的位置。

【次于】cìyú 动表示前面提到的人或事物在某一方面比后者差 ▷这支笔～那一支。

【次韵】cìyùn 动步韵。

【次长】cìzhǎng 名某些国家或地区政府部长的副职。

【次之】cìzhī 动排在前面说到的人或事物之后 ▷我国河流长江最长，黄河～。

伺 cì 见下。
另见 1306 页 sì。

【伺候】cìhou 动供人使唤；照料 ▷～主人|～病人|这种植物不好～。☛ 跟"侍候"不同。"伺候"的对象既可以是人，也可以是物；"侍候"的对象是人。

【伺弄】cìnòng 动照料 ▷～花草|回到家还得～孩子。

刺 cì ❶ 动(尖锐的东西)扎人或穿透 ▷大腿被匕首～伤|针～疗法◇寒风～骨。→ ❷ 动暗杀 ▷遇～|行～。→ ❸ 动讥讽 ▷讥～|讽～。→ ❹ 名像针一样尖锐的东西 ▷手上扎了根～|鱼～。❺ 名物体表面或人皮肤上小而尖的凸起物 ▷毛～|粉～。→ ❻ 动侦察 ▷～探。→ ❼ 名〈文〉名片 ▷名～。→ ❽ 动刺激使难受 ▷～耳。○ ❾ 名姓。☛ 参见 813 页"剌(là)"的提示。
另见 223 页 cī。

【刺柏】cìbǎi 名常绿乔木或灌木，树冠塔状，刺叶，球果。木材淡红色，香而耐腐，可制家具。

【刺鼻】cìbí 形气味呛鼻难闻 ▷这种气味十分～|～的狐臭味儿。

【刺儿菜】cìrcài 名多年生草本植物，叶互生，卵形或椭圆形，边缘有刺，两面有白色丝状毛，花紫红色。茎、叶可以食用。全草可以做药材。也说小蓟。

【刺戳】cìchuō 动用力使尖利的东西刺人或穿透物体 ▷用毫针对背部穴位进行～。

【刺刺不休】cìcì-bùxiū 形容说话絮叨，没完没了(刺刺：形容说话多)。

【刺刀】cìdāo 名装在步枪前端的尖刀，用于白刃战 ▷～见红。也说枪刺。

【刺耳】cì'ěr ❶ 形声音尖锐、杂乱，使耳朵不舒服 ▷～的电锯声。❷ 形话语尖刻，使人听着不舒服 ▷他这话太损了，让人听着～。

【刺骨】cìgǔ 形(寒气)侵入骨髓。形容极冷。

【刺儿话】cìrhuà 名〈口〉尖酸刻薄，使人听了不舒服的话；讽刺、挖苦的话 ▷他说的全是～。

【刺槐】cìhuái 名落叶乔木，枝上有刺，羽状复叶，小叶对生，椭圆形或卵形，初夏开白花，有香气，结荚果。也说洋槐。

【刺激】cìjī ❶ 动内、外因作用于感觉器官，使生物体起反应 ▷药物～。❷ 动作用于事物，使其起积极变化；激发 ▷～国内需求。❸ 动使人精神上受到震动或打击 ▷别～他|失恋对他是一个很大的～。

【刺客】cìkè 名行刺的人。

【刺目】cìmù 形刺眼。

【刺配】cìpèi 动在罪犯面部刺上标记，发配到边远地区服役，古代一种刑罚。

【刺杀】cìshā ❶ 动用凶器暗杀 ▷遭到反对派～。❷ 动用刺刀拼杀 ▷练习～。

【刺参】cìshēn ❶ 名海参的一种。体呈圆柱形，前端口周有 20 个触手，背面有 4—6 行肉刺。再生力很强。可人工养殖。❷ 名多刺灌木，小枝密生直刺，叶近圆形，边缘有带短刺和刺毛的锯齿，果实球形。根、茎可以做药材。

【刺史】 cìshǐ 名 古代官名，原为朝廷派驻地方的监察官，后沿用为地方官职名称。历代职权不同，曾为郡太守、知州的别称。

【刺探】 cìtàn 动 暗中打听；侦察 ▷～军事秘密。

【刺痛】 cìtòng 动 强烈的刺激使人感到疼痛或痛苦 ▷胸口阵阵～｜～了妻子的心。

【刺儿头】 cìrtóu 名〈口〉爱挑剔、刁难，不好对付的人 ▷真倒霉！碰上这么个～。

【刺猬】 cìwei 名 哺乳动物，体肥肢短，爪弯而锐利，身上长着短而密的硬刺，遇敌害时能蜷曲成球，用刺保护身体。夜间活动，吃昆虫、鼠、蛇等，对农业有益。

【刺心】 cìxīn 形 内心受到强烈刺激而十分痛苦 ▷你怎么说出这样的话，让人太～了。

【刺绣】 cìxiù ❶ 动 用彩色丝线在织物上绣制图案或画面。❷ 名 用彩色丝线在织物上绣出图案或画面的民间传统手工艺；刺绣的产品 ▷苏州～。参见插图 16 页。

【刺眼】 cìyǎn ❶ 形 光线强烈得使眼睛难受 ▷～的阳光。❷ 形 不顺眼；使人看了不舒服 ▷这身打扮真～。

【刺痒】 cìyang 形〈口〉痒① ▷几天没洗澡，浑身～。也说刺挠(nao)。

【刺针】 cìzhēn ❶ 名 泛指尖细像针的东西 ▷酸枣树枝上长满了～。❷ 名 腔肠动物的感觉器官，形状像针。

【刺字】 cìzì 动 在皮肤上用针刺出文字；古代特指黥刑。

佽 cì ❶ 动〈文〉帮助 ▷人无兄弟，胡不～焉？｜～助。○ ❷ 形〈文〉排列有序。○ ❸ 名 姓。

莿 cì ❶ 名〈文〉草木的芒刺。○ ❷ 用于地名。如莿桐，在台湾。

赐（賜） cì ❶ 动 指尊长把财物、名分等送给下级或晚辈 ▷～予｜恩～｜赏～。→ ❷ 名〈文〉赏赐的东西或给予的好处 ▷受人之～｜厚～受之有愧。→ ❸ 动 敬词，用于称别人对自己的某些行动 ▷不吝～教｜尚祈～复。☛ ㊀ 统读 cì，不读 sì。㊁右边是“易”，不能简化成“昜”。

【赐顾】 cìgù 动 敬词，用于称对方光临 ▷诚请～。

【赐教】 cìjiào 动 敬词，用于称对方给予指教 ▷承蒙～。

【赐示】 cìshì 动 敬词，用于称对方告知 ▷能否前往，请～。

【赐予】 cìyǔ 动 赏赐给 ▷～封号◇大自然～人类的神山圣水。☛ 不要写作“赐与”。

cōng

匆（*怱悤） cōng 形 急促；急忙 ▷～忙｜来去～～。

【匆匆】 cōngcōng 形 形容行动急迫 ▷～而去。

【匆卒】 cōngcù 现在一般写作“匆猝”。

【匆促】 cōngcù 形 匆忙仓促 ▷他走得～，连换洗衣服都没顾上带。☛ 参见本页“匆猝”的提示。

【匆猝】 cōngcù 形 仓猝；急遽。☛ 跟“匆促”不同。“匆猝”侧重突然，如“他因突发心脏病，匆猝去世”；“匆促”侧重时间紧迫、短促，如“来不及准备，匆促登场”。

【匆忙】 cōngmáng 形 形容急忙 ▷来得～，忘了带手机｜～离去。

苁（蓯） cōng ❶［苁蓉］cōngróng 名 指草苁蓉和肉苁蓉。参见 133 页“草苁蓉”；1165 页“肉苁蓉”。○ ❷ 名 姓。

囱 cōng 名 炉灶等排烟的管道。☛ 跟“囟(xìn)”不同。由“囱”构成的字有“窗”“璁”“璁”等。

枞（樅） cōng ❶ 名 古代指冷杉。○ ❷ 名 姓。

另见 1834 页 zōng。

葱（*蔥） cōng ❶ 名 多年生草本植物，叶圆筒形，青绿色中空，上端尖，开白色小花，鳞茎白色，圆柱形。有辛辣香味，是普通蔬菜和调味品。参见插图 9 页。→ ❷ 形 形容颜色青绿 ▷青～｜～～。

【葱白】 cōngbái 形 形容颜色像葱白儿那样浅青。

【葱白儿】 cōngbáir 名 葱茎。因色白，故称。

【葱葱】 cōngcōng 形 形容草木青翠茂盛 ▷修竹庭柏郁郁～。

【葱翠】 cōngcuì 形 青绿；苍翠 ▷山峦～。

【葱花】 cōnghuā 名 调味用的切碎的葱。

【葱茏】 cōnglóng 形 形容草木苍翠茂盛 ▷山林～。

【葱绿】 cōnglǜ 形 形容颜色浅绿而微黄 ▷～色的春装。

【葱头】 cōngtóu 名 洋葱。

【葱郁】 cōngyù 形 形容树木苍翠茂密 ▷林木～，风光秀丽。

骢（驄） cōng 名〈文〉青色与白色夹杂的马。

璁 cōng 名〈文〉一种像玉的美石。

瑽 cōng［瑽琤］cōngróng 拟声〈文〉模拟佩玉碰撞的声音。

聪（聰） cōng ❶ 名 听觉 ▷失～。→ ❷ 形 听觉敏锐 ▷耳～目明。❸ 形

聪明 ▷～慧|～敏。

【聪慧】cōnghuì 形 聪明,有智慧 ▷这孩子～异常,悟性极高。

【聪俊】cōngjùn 形 聪明俊美 ▷这孩子～,人见人爱。

【聪敏】cōngmǐn 形 聪明敏捷 ▷～好学。

【聪明】cōngmíng 形 天分高,智力强 ▷他天性～,一学就会。

【聪明反被聪明误】cōngmíng fǎn bèi cōngmíng wù 好用心计,最终却害了自己。

【聪明一世,糊涂一时】cōngmíng-yīshì, hútu-yīshí 指聪明人一时糊涂,做了错事或傻事。☛"聪明一世""糊涂一时"也可以分别单用。

【聪悟】cōngwù 形 聪明;颖悟。

【聪颖】cōngyǐng 形 聪明 ▷～过人。

熜 cōng ❶ 名〈文〉微火;热气。○ ❷ 同"囱"。现在一般写作"囱"。

鏦 cōng〈文〉❶ 名 矛;短矛。→ ❷ 动 用矛、戟等刺 ▷刺虎～蛟。

【鏦鏦铮铮】cōngcōngzhēngzhēng 拟声 模拟金、玉等相撞击的声音 ▷～,金铁皆鸣。也说铮铮鏦鏦。

cóng

从(從) cóng ❶ 动 跟着;随 ▷～师学艺。→ ❷ 介 引进动作行为时间、处所、范围或变化的起点,相当于"自" ▷～今天起|～北京出发|～不认识到认识。⇒ ❸ 介 引进动作行为经过的路线、场所 ▷～小路走|～水里游过去。⇒ ❹ 介 引进动作行为的凭借、依据 ▷～种种迹象看|～工作上考虑。⇒ ❺ 副 用在否定词前面,表示从过去以来,相当于"从来" ▷～不迟到|～没见过。→ ❻ 名 跟随的人 ▷随～|侍～。→ ❼ 形 附属的;次要的 ▷～句|～犯。❽ 形 同宗的;堂房的(亲属) ▷～伯|～弟。→ ❾ 动 听从;依顺 ▷力不～心|顺～。❿ 动 依照;采取(某种原则或态度) ▷丧事～简|欲购～速。○ ⓫ 动 参加;参与 ▷投笔～戎|～事。○ ⓬ 名 姓。☛统读 cóng,不读 cōng。

【从长计议】cóngcháng-jìyì ❶ 从容考虑、商量,不必急于作出决定。❷ 从长远考虑问题。

【从此】cóngcǐ 副 从这时起 ▷中国人民～站起来了。

【从打】cóngdǎ 介〈口〉自从 ▷～学会了上网,查资料方便多了。

【从而】cóng'ér 连 连接分句,用于下文开头,表示结果、目的或进一步行动,相当于"因此就" ▷经过调查研究,～找到了解决问题的方法。☛跟"进而"不同。"从而"强调与上文的因果或条件关系;"进而"强调进一步的行动。

【从犯】cóngfàn 名 在共同犯罪中起次要或辅助作用的罪犯(跟"主犯"相区别)。

【从俭】cóngjiǎn 动 依照俭省的原则 ▷居家～。

【从简】cóngjiǎn 动 依照简易的原则;采用简单的方法 ▷丧事～。

【从谏如流】cóngjiàn-rúliú 古代用于称颂帝王能听从臣下的谏言,像水往低处流一样自然顺畅。现指乐于接受下级的规劝。

【从教】cóngjiào 动 从事教育工作 ▷陈老一家三代～,堪称教育世家。

【从井救人】cóngjǐng-jiùrén 为救落入井中的人,自己也跟着跳下井去。原比喻做好事不讲方式方法,不但好事做不成,反而害了自己;现多比喻冒着极大的危险去帮助或救助别人。

【从句】cóngjù 名 语法学指主从复句(偏正复句)里的一种分句,它从种种关系上说明、限制主句,通常位于主句(正句)之前(跟"主句"相区别)。也说偏句。

【从军】cóngjūn 动〈文〉参军;当兵。

【从宽】cóngkuān ❶ 动 在法律规定的范围内采取宽大的办法(处理) ▷坦白～,抗拒从严。❷ 动 采取较宽松的标准 ▷～要求。

【从来】cónglái 副 表示从过去以来(多用于否定) ▷～如此|～没跟人吵过架。

【从良】cóngliáng 动 旧指妓女脱离妓院嫁人。

【从略】cónglüè 动 采取省略的办法 ▷因篇幅所限,例句～。

【从命】cóngmìng 动 遵命;听从别人的吩咐 ▷恭敬不如～。

【从难】cóngnán 动 依照难度大的标准来要求 ▷平时训练要～、从严。

【从前】cóngqián 名 泛指过去的时候 ▷～的事情|身体已不如～。☛参见 1630 页"以前"的提示。

【从轻】cóngqīng 动 在法律或条例规定的范围内给予较轻的(刑罚或处罚) ▷～判决。

【从权】cóngquán 动 采取临时变通的办法(权:权宜) ▷此事不宜～。

【从戎】cóngróng 动〈文〉从军。

【从容】cóngróng ❶ 形 遇事沉着镇静,不改变常态 ▷神态～。❷ 形 (时间等)宽裕 ▷时间～。

【从容不迫】cóngróng-bùpò 沉着镇静,不慌不忙。

【从容自如】cóngróng-zìrú 从容自若。

【从容自若】cóngróng-zìruò 沉着镇静,神态如常。

【从善如流】cóngshàn-rúliú 形容乐于采纳正确的意见或建议,像水往低处流一样自然顺畅。

【从商】cóngshāng 动 从事商业活动 ▷毕业后，同学有的从教，有的～。

【从师】cóngshī 动 跟老师或师傅(学习) ▷她～学习京剧程派唱腔。

【从实】cóngshí 副 按照实际情况 ▷～招来。

【从事】cóngshì ❶ 动 投身到或致力于(某项事业)；参与(某种事情) ▷她～教学工作数十年。❷ 动 (按一定的办法)处置；(以某种态度)行事 ▷军法～｜不得敷衍～。

【从属】cóngshǔ 动 依附；附属 ▷处于～地位｜意识形态～于经济基础。

【从俗】cóngsú ❶ 动 依从习俗 ▷我们初来这里，自然要～。❷ 动 迎合时俗、世俗 ▷～是文艺界的一种倾向。

【从速】cóngsù 动 抓紧时间 ▷欲购～｜～处理。

【从天而降】cóngtiān'érjiàng 比喻意想不到，突如其来 ▷一场大祸～。

【从头】cóngtóu ❶ 副 从最初(做起) ▷～学起。❷ 副 重新(开始) ▷产品不合格，要～另做。

【从头到尾】cóngtóu-dàowěi 从开头到结束，指全过程 ▷他～就没参加过这项活动。

【从未】cóngwèi 副 从来没有 ▷她～迟到早退。

【从小】cóngxiǎo 副 从幼小时 ▷他～爱读书。

【从心所欲】cóngxīnsuǒyù 随心所欲。

【从新】cóngxīn 副 从头；从最初(做起) ▷～思考一些问题。

【从刑】cóngxíng 名 附加刑。

【从严】cóngyán ❶ 动 在法律或条例规定的范围内给予严厉的(处理) ▷抗拒～｜～判罚。❷ 动 采用严格的标准 ▷～治警。

【从业】cóngyè 动 从事某种职业；就业。

【从一而终】cóngyī'érzhōng 旧礼教指妇女一生只嫁一个丈夫，丈夫死了也不再嫁；也比喻忠臣不事二主。

【从医】cóngyī 动 从事医务工作 ▷毕生～。

【从艺】cóngyì 动 从事艺术工作(多指表演艺术)。

【从影】cóngyǐng 动 从事影视工作 ▷弃商～。

【从优】cóngyōu 动 采取优待的办法；给予优惠 ▷待遇～｜条件～。

【从征】cóngzhēng 〈文〉❶ 动 应征 ▷～入伍。❷ 动 随军出征 ▷～十数载。

【从政】cóngzhèng 动 参与政务；处理政事(多指当官) ▷～多年。

【从中】cóngzhōng 副 在里面；从其中 ▷～渔利｜～不难看出破绽。

【从众】cóngzhòng 动 依从多数人的意见或做法(行事) ▷～心理。

【从重】cóngzhòng 动 在法律或条例规定的范围内给予较重的(刑罚或处罚) ▷～处罚。

丛(叢) cóng ❶ 动 聚在一起 ▷杂草～生｜百感～集。→ ❷ 名 密集生长的草木 ▷草～｜灌木～。⇒ ❸ 名 泛指聚在一起的人或物 ▷人～｜文～｜刀～。⇒ ❹ 量 用于丛生的草木 ▷一～灌木。○ ❺ 名 姓。☛ 统读 cóng，不读 cōng。

【丛残】cóngcán 名 〈文〉指琐碎残缺的佚文、遗事。

【丛脞】cóngcuǒ 形 〈文〉琐碎；杂乱 ▷百事～。

【丛集】cóngjí ❶ 动 聚集；汇集 ▷债务～。❷ 名 由若干种书或其中的部分篇章汇编而成的一套书。

【丛刊】cóngkān 名 丛书(多用于书名)。如《四部丛刊》。

【丛刻】cóngkè 名 刻板印刷的丛书(有时用于丛书的名称)。如《金陵丛刻》。

【丛林】cónglín ❶ 名 成片的树林 ▷岛上有一片～。❷ 名 禅(chán)林，佛教僧众聚居修行的寺院；泛指寺观。

【丛林法则】cónglín fǎzé 丛林中各种动物之间弱肉强食、优胜劣汰的生存规律；借指人类社会中强者欺凌弱者、强国吞并弱国的现实 ▷和平与发展取代～是当今的世界潮流。

【丛莽】cóngmǎng 名 茂密丛生的草 ▷～之中。

【丛密】cóngmì 形 密集 ▷～的树林。

【丛山】cóngshān 名 群山 ▷～峻岭。

【丛生】cóngshēng ❶ 动 (草木等)聚在一起生长 ▷野草～。❷ 动 (多种事物)同时发生 ▷险象～。

【丛书】cóngshū 名 在一个总书名下，汇集若干同类著作而成的一套书 ▷《语文知识～》｜《外国文学～》。也说丛刊。

【丛谈】cóngtán 名 由若干话题相同、相近的文章合编成的书(多用于笔记杂著类文集的名称)。

【丛杂】cóngzá 形 多而乱 ▷琐事～。

【丛葬】cóngzàng ❶ 动 许多尸体合葬在一处 ▷被害的同胞～于此。❷ 名 乱葬的坟场 ▷村西是一片长满野草的～。

【丛冢】cóngzhǒng ❶ 名 杂乱地葬在一片地方的许多坟墓 ▷山脚下过去是穷人的～。❷ 名 许多死者合葬在一起的大坟。

淙 cóng [淙淙] cóngcóng 拟声 模拟流水的声音 ▷溪水～。☛ 不读 zōng。

悰 cóng 〈文〉❶ 形 欢乐；快乐 ▷欣～｜欢～。→ ❷ 名 心绪 ▷离～病思两依依。

琮 cóng 名 古代玉制礼器，方柱形或长筒形，中间有圆孔。☛ 不读 zōng。

賨 cóng ❶ 名 秦汉时四川、湖南等地少数民族对所交赋税的称谓。如以布充赋称作賨布，用钱交税称作賨钱。〇❷［賨州］cóngzhōu 名 四川广安的别称。

藂 cóng 动〈文〉聚集；草木丛生。

còu

凑（*湊） còu ❶ 动 聚合 ▷全家人很少能～到一起｜大伙儿～了点钱给他。→❷ 动 靠拢；挨近 ▷～过去看热闹｜～到耳边。→❸ 动 遇着；碰上 ▷～巧。

【凑凑合合】 còucòuhéhé 形 凑合④。☛ 这里的“合合”口语中也读 hēhē。

【凑份子】 còufènzi ❶每人按份额出钱，凑在一起送礼或办事 ▷我们这儿给小刘结婚～呢。❷〈口〉凑热闹②。

【凑合】 còuhe〈口〉❶ 动 随意地聚在一起 ▷小伙子们就爱往一块儿～。❷ 动 拼凑 ▷咱们几个人～一个球队上场吧。❸ 动 将就 ▷笔不好，～着用吧。❹ 形 形容勉强过得去 ▷这套家具质量还～。☛“合”不要误写作“和”。

【凑集】 còují 动 把人或物聚集在一起 ▷～钱财。

【凑近】 còujìn 动 靠近 ▷～点儿坐。

【凑拢】 còulǒng ❶ 动 向一处靠拢 ▷大家～一点儿，咱们把任务交代一下。❷ 动 凑集 ▷～起来，也有一千多块钱。

【凑巧】 còuqiǎo 形 表示正是时候或正遇上希望的或不希望的事情 ▷正要找人帮忙，～你来了｜真不～，我去时，老师已下班回家了。

【凑趣儿】 còuqùr ❶ 动 迎合所好，使人高兴 ▷为了讨好上司，他常说些～的话。❷ 动 逗笑儿；开玩笑 ▷你别拿我～了。

【凑热闹】 còurènao ❶凑近热闹的场面；参与热闹的事情 ▷他喜欢清静，从不爱～。❷添麻烦；添乱 ▷我快忙死了，你还来～！

【凑手】 còushǒu ❶ 形（钱、物、人等）现成就有，即时可用 ▷人不～，一时还开不了工。❷ 形 顺手；得劲儿 ▷这把刀用着～。

【凑数】 còushù ❶ 动 凑够数额 ▷人手不够，我来凑个数。❷ 动 勉强充数 ▷这样的节目也能拿来～？

【凑整儿】 còuzhěngr 动 把不够整数的凑成整数 ▷这里有 4930 元，你再出 70 元，～存银行吧。

辏（輳） còu 动〈文〉车轮的辐条集中到毂上 ▷辐～。

腠 còu［腠理］còulǐ 名 中医指皮肤上的纹理和皮下肌肉之间的空隙。

cū

粗（*觕麤） cū ❶ 名〈文〉糙米；没有经过精加工的粮食。→❷ 形 毛糙；不精致（跟“细”相对，③⑤⑥⑦⑧同）▷～布｜～瓷。❸ 形 粗疏；不周密 ▷～读｜心太～｜～率（shuài）。❹ 副 略微 ▷～通文字｜～知一二。→❺ 形 颗粒较大 ▷～沙子。⇒❻ 形 圆柱体的横剖面大 ▷柱子真～｜腰～了。❼ 形（长形的东西）两长边的距离大 ▷～眉毛｜线条很～。⇒❽ 形 声音低而大 ▷说话声音很～｜～嗓门儿。→❾ 形 粗野；粗鲁 ▷～人｜～犷。

【粗暴】 cūbào 形 粗鲁暴躁；粗野无礼 ▷态度～｜～干涉别国内政。☛ 参见 233 页“粗鲁”的提示㊀。

【粗笨】 cūbèn ❶ 形（器具等）粗大笨重 ▷～的家具。❷ 形（身材、举止等）笨拙；不灵巧 ▷～的体态｜动作显得很～。

【粗鄙】 cūbǐ 形 粗俗浅陋 ▷言语～不堪。

【粗布】 cūbù 名 质地粗糙的平纹布；特指土布。

【粗菜】 cūcài 名 某个季节供应较多的普通蔬菜；大路菜。

【粗糙】 cūcāo ❶ 形 不光滑；不圆润；不精细 ▷双手很～｜～的陶盆。❷ 形（工作）草率马虎；不细致 ▷校对得太～｜设计过于～。

【粗糙度】 cūcāodù 名 机器零件、工件等表面粗糙的程度。旧称光洁度。

【粗茶淡饭】 cūchá-dànfàn 简单普通的饭食。有时形容生活简朴。

【粗粗】 cūcū 副 大致；不仔细 ▷我将译文和原文～对了一遍。

【粗大】 cūdà 形 又粗又大 ▷枝干～｜～的嗓门儿。

【粗泛】 cūfàn 形 粗略；不深入 ▷调查要深入，不能这样～。

【粗纺】 cūfǎng 动 纺织过程中把棉条、毛条等纺成粗纱 ▷～车间。

【粗纺花呢】 cūfǎng huāní 用粗纺毛纱和其他纤维配合织成的花色毛织物。质地粗厚，结实耐穿。简称粗花呢。

【粗放】 cūfàng ❶ 形 粗犷豪放 ▷他的唱腔～刚劲。❷ 形 形容农业生产投入较少，浅耕粗作（跟“集约”相对，③同）▷广种薄收，用地～。❸ 形 泛指在经营方式上忽视资源、环境、人力等方面的浪费，片面追求数量的增多 ▷传统产业～的发展模式必须改变。

【粗肥】 cūféi 名 肥效低的肥料。

【粗估】 cūgū 动 粗略地估计 ▷先～一下产量。

【粗犷】cūguǎng ❶ 形 不受拘束;豪爽 ▷风格～。❷ 形 粗野 ▷～蛮横。☛"犷"不读 kuàng,也不要误写作"旷"。

【粗憨】cūhān 形 粗鲁憨厚 ▷本性～。

【粗豪】cūháo ❶ 形 粗犷豪放 ▷性格～。❷ 形 粗壮豪迈 ▷歌声～有力。

【粗黑】cūhēi 形 又粗又黑。

【粗厚】cūhòu 形(声音)粗重浑厚 ▷嗓音～。

【粗话】cūhuà 名 粗野不文明的话。

【粗活儿】cūhuór 名 指笨重费力、技术要求不高的工作 ▷干起了搬运木材的～。

【粗加工】cūjiāgōng 动 对原材料进行初步简略加工。

【粗口】cūkǒu 名 粗话;脏话 ▷爆～。

【粗狂】cūkuáng 形 豪爽狂放,不受拘束。

【粗粝】cūlì ❶ 名〈文〉糙米;泛指粗糙的食物 ▷～充饥。❷ 形(食物)粗糙 ▷啃着～的玉米面饼子。

【粗粮】cūliáng 名 一般指大米、白面以外的食粮,如玉米、高粱、小米等 ▷～细做。也说糙粮。

【粗劣】cūliè 形 粗陋低劣 ▷质量～。

【粗陋】cūlòu ❶ 形 粗糙简陋 ▷几件～的家具。❷ 形〈文〉粗略浅陋 ▷这篇文章写得很～。

【粗鲁】cūlǔ 形 粗野鲁莽 ▷他这人太～,说话做事总是火性十足。☛ ㊀不要写作"粗卤"。㊁跟"粗暴"不同。"粗鲁"侧重指粗野鲁莽、缺乏文明和教养,多用于形容性格、态度、举止等;"粗暴"侧重指粗蛮暴躁、不讲道理,多用于形容言语、行事作风等。

【粗略】cūlüè 形 大略;不精确 ▷～地估算一下。

【粗莽】cūmǎng 形 粗野莽撞 ▷～好斗。

【粗朴】cūpǔ ❶ 形 简单质朴 ▷～的山歌。❷ 形 粗壮朴实 ▷～的农家小伙子。

【粗浅】cūqiǎn 形 浅显;不深不细 ▷～的道理。

【粗人】cūrén ❶ 名 缺乏文化修养的人(有时用作谦词) ▷我是个～,说话直来直去。❷ 名 粗心的人 ▷我是个～,这细活儿干不了。

【粗涩】cūsè 形(声音)粗重干涩 ▷老水车发出～单调的声音。

【粗沙】cūshā 名 颗粒较大的沙子。

【粗纱】cūshā 名 纺纱过程中经粗纺机制成的半成品,供细纺用。

【粗实】cūshi 形 粗壮结实 ▷这根木头够～的。

【粗手笨脚】cūshǒu-bènjiǎo 形容手脚笨拙。

【粗疏】cūshū ❶ 形(毛发、线条等)不细而且稀疏。❷ 形 粗糙疏漏;不细心 ▷这是细活儿,～不得。

【粗率】cūshuài 形(考虑问题)不周密;(做事)草率 ▷～的决定。

【粗饲料】cūsìliào 名 粗纤维含量高、营养价值较低的植物性饲料。如干草、荚壳等。

【粗俗】cūsú 形(言谈、举止等)粗野低俗;不文雅 ▷言谈～。☛ 参见 1661 页"庸俗"的提示。

【粗通】cūtōng 动 初步了解、懂得 ▷～书画。

【粗细】cūxì ❶ 名 粗和细的程度 ▷筷子般～的枝条|～合适。❷ 名 粗糙和精细的程度 ▷做工的～,一比就能看出来。

【粗线条】cūxiàntiáo ❶ 名 笔道粗的线条;也指用这种线条勾勒出的轮廓 ▷他的画较多使用～。❷ 形 大致的;简略的 ▷对这段文章的内容有了～的了解。❸ 形 性格、作风等较为粗疏的 ▷他是个～的人。

【粗心】cūxīn 形(做事)马虎;不仔细 ▷他太～,把地址写错了|～大意。

【粗选】cūxuǎn 动(对矿物原料等)进行初步分选。

【粗哑】cūyǎ 形(声音)粗重沙哑。

【粗盐】cūyán 名 未经加工的天然盐。

【粗野】cūyě 形 不文明,缺乏修养 ▷行为～。

【粗硬】cūyìng ❶ 形 又粗又硬 ▷～的树枝|头发～。❷ 形 说话声音大而语气生硬 ▷口气何必要这样～呢?

【粗枝大叶】cūzhī-dàyè ❶ 形容很简略,不细致,不具体。❷ 形容作风草率,不认真。

【粗制滥造】cūzhì-lànzào 制作粗糙,只求数量不顾质量。

【粗制品】cūzhìpǐn 名 初步制成的毛坯产品;也指质量低劣的产品 ▷这是尚未精加工的～。

【粗中有细】cūzhōng-yǒuxì 粗率中有细心之处 ▷这个愣小伙子办起事来倒是～的。

【粗重】cūzhòng ❶ 形(器物)粗拙笨重 ▷一根～的拐杖。❷ 形(工作)繁重而费力 ▷这是些～的力气活儿。❸ 形(声音)低沉而有力 ▷～的吼声。❹ 形(长条状东西)宽而且颜色深 ▷线条画得太～。

【粗壮】cūzhuàng ❶ 形(人体)粗大强壮 ▷中国猿人骨骼比现代人～。❷ 形(物体)粗大结实 ▷～的树干。❸ 形(声音)洪大有力 ▷～的嗓音。

【粗拙】cūzhuō 形 粗糙拙劣 ▷做工～。

cú

徂 cú 动〈文〉至;到 ▷自北～南|自春～夏。

殂 cú 动〈文〉死 ▷崩～。

cù

卒(*卆) cù 副 突然 ▷～然|～中(zhòng)。

另见 1841 页 zú。

【卒中】cùzhòng ❶ 名 中(zhòng)风①。❷ 动 中(zhòng)风②。

促 cù ❶ 形 急迫;匆忙 ▷短~|仓~|急~。→ ❷ 动 靠近 ▷~膝谈心。→ ❸ 动 催;推动 ▷催~|督~。

【促成】cùchéng 动 促使(事情)成功 ▷~双方合作。☛ 跟"造成""酿成"不同。"促成"的结果多是好的;"造成""酿成"的结果多是坏的,"酿成"的语意比"造成"重。

【促进】cùjìn 动 促使并推动发展;推进 ▷~生产。

【促请】cùqǐng 动 敦促并请求 ▷世界卫生组织~各国政府重视饮水卫生。

【促使】cùshǐ 动 推动使产生行动或发生变化 ▷~社会进步|现实~他改变观念。

【促退】cùtuì 动 促使退步;促使后退 ▷伪科学盛行,必然~社会发展。

【促膝谈心】cùxī-tánxīn 彼此膝盖紧靠地坐着谈心里话。形容亲密无间地交谈。

【促销】cùxiāo 动 促进销售 ▷积极~。

【促织】cùzhī 名 蟋蟀。

猝 cù 副 突然 ▷~不及防|~死。☛ 不读 cuì 或 zú。

【猝不及防】cùbùjífáng 突然发生,来不及防备。

【猝发】cùfā 动 突然发作;突然发生 ▷心脏病~。

【猝然】cùrán 副 突然 ▷~离去。

【猝死】cùsǐ 动 体内潜在的疾病突然发作而死亡。

酢 cù 古同"醋"。
另见 1853 页 zuò。

【酢浆草】cùjiāngcǎo 名 多年生草本植物,茎叶含草酸,有酸味。全株可以做药材。

数(數) cù 形〈文〉细密 ▷~罟(细密的网)。
另见 1278 页 shǔ;1281 页 shù;1298 页 shuò。

蔟 cù 名 蚕蔟。☛ 跟"簇"不同。

醋 cù ❶ 名 具有酸味的液体调料,多用粮食发酵酿制而成 ▷米~|熏~。→ ❷ 名 指忌妒情绪(多用在男女关系上) ▷吃~。

【醋大】cùdà 名〈文〉措大。

【醋罐子】cùguànzi 名 醋坛子。

【醋劲儿】cùjìnr 名 指忌妒情绪(多用在男女关系上)。

【醋精】cùjīng 名 一种人工合成的食用醋。由乙酸配制而成,无色透明。

【醋栗】cùlì 名 落叶小灌木,茎有刺,叶掌状。浆果也叫醋栗,球形,呈红、绿、黄或紫褐等色,可以生吃,也可以制果酱、酿酒。种子可以榨油。

【醋酸】cùsuān 名 乙酸的通称。

【醋坛子】cùtánzi 名 比喻在男女关系方面忌妒心极强的人。也说醋罐子。

【醋心】cùxīn ❶ 动 胃里反酸。也说酸心。❷ 名 醋劲儿 ▷~大发。

【醋意】cùyì 名 醋劲儿 ▷顿生~。

憱 cù 形〈文〉形容不高兴的样子 ▷~然不悦。

簇 cù ❶ 动 聚集在一起 ▷~拥|~居。→ ❷ 名 聚集成堆的事物 ▷花团锦~。❸ 量 用于聚集在一起的东西 ▷一~菊花|山上盛开着一~~野花。参见插图 13 页。○ ❹ 副 全;很 ▷~新。☛ 跟"蔟"不同。

【簇居】cùjū 动 聚集在一起居住 ▷几十户人家~在一起。

【簇生】cùshēng 动 丛生①。

【簇新】cùxīn 形 全新;崭新 ▷~的时装。

【簇拥】cùyōng 动 (很多人或事物)团团围着 ▷同学们~着长跑冠军,请他签名留念|鲜花~的广场呈现出节日喜庆的景象。☛ 跟"蜂拥"不同。"簇拥"是把某目标团团围住,参与簇拥的,可以是人,也可以是物,可以是行进状态,也可以是非行进状态;"蜂拥"是朝着某方向拥挤着前行,参与蜂拥的,只能是人或动物,只能是行进状态。

蹙 cù〈文〉❶ 动 皱(眉);收缩 ▷双眉紧~|国土日~。→ ❷ 形 紧迫;急促 ▷气~。

【蹙额】cù'é 动〈文〉皱眉头。表示愁苦 ▷~不语。

蹴(*蹵) cù ❶ 动 踏;踩 ▷一~而就。→ ❷ 动〈文〉踢 ▷~鞠(鞠:古代一种革制的实心球)。

cuān

汆 cuān ❶ 动 烹调方法,把易熟的食物放到开水锅里稍煮一下 ▷~丸子|~白肉。○ ❷ 名〈口〉汆子。→ ❸ 动〈口〉用汆子烧(水) ▷~了一汆子水。☛ 跟"氽(tǔn)"不同。"汆"上边是"入";"氽"上边是"人"。

【汆子】cuānzi 名 用薄铁皮做的筒状烧水用具,可以从炉口插入火里,把水迅速烧开。

撺(攛) cuān ❶ 动 怂恿 ▷~掇|~弄。○ ❷ 动〈口〉发怒 ▷我刚提了点意见,他就~儿了。

【撺掇】cuānduo 动〈口〉鼓动别人(做某事);怂恿 ▷他一再~我买股票。

【撺弄】cuānnong 动 撺掇。

镩(鑹) cuān ❶ 名 一种顶端尖、有倒钩的凿冰工具 ▷冰~。→ ❷ 动 用镩子凿(冰) ▷～冰。

【镩子】cuānzi 名 冰镩。

蹿(蹿) cuān ❶ 动 快速向上或向前跳跃 ▷身体向上一～|兔子一转眼就～得没影儿了。→ ❷ 动〈口〉喷射出 ▷火苗往上～|～稀(腹泻)。

【蹿跶】cuānda 动 蹦跳;跳跃。

【蹿动】cuāndòng 动 向上跳动 ▷火舌～。

【蹿房越脊】cuānfáng-yuèjǐ 跳上房,跨过屋脊快速行走(多见于武侠小说)。

【蹿个儿】cuāngèr 动(少年儿童)在较短时间里身材明显长高。

【蹿红】cuānhóng 动 迅速走红(多用于演艺界、体育界等) ▷一场大赛使他～棋坛。

【蹿升】cuānshēng 动 迅速上升(多用于行情等) ▷近日,股市行情一路～。

【蹿跳】cuāntiào 动 向上向前蹦跳。

【蹿跃】cuānyuè 动 向上蹦跳 ▷他～了好几下,都没有够着。

【蹿越】cuānyuè 动 跳跃并跨过 ▷～障碍物。

cuán

攒(攢) cuán 动 拼凑;聚集 ▷大伙儿～钱聚餐。
另见 1716 页 zǎn。

【攒动】cuándòng 动 拥挤晃动 ▷台下人头～。

【攒盒】cuánhé 名 一种里面分格,可以用来盛多种糖果、糕点的盒子。

【攒集】cuánjí 动 攒聚。

【攒聚】cuánjù 动 聚集 ▷村民们～在村口。

【攒眉】cuánméi 动 皱眉头 ▷～不语|～不悦。

【攒三聚五】cuánsān-jùwǔ 三五成群地聚在一处。

【攒射】cuánshè 动 密集地射击 ▷乱箭～。

cuàn

窜(竄) cuàn ❶ 动 乱跑;逃亡(含贬义) ▷抱头鼠～|流～|逃～。○ ❷ 动 改动(文字) ▷～改。○ ❸ 名 姓。

【窜犯】cuànfàn 动(成股土匪或小股敌军)流窜进犯 ▷歼灭～的敌人。

【窜改】cuàngǎi 动 改动文字(多用于贬义) ▷这份文件是经人～过的。☛ 参见本页"篡改"的提示。

【窜扰】cuànrǎo 动(成股土匪或小股敌军)流窜骚扰 ▷防止敌军～。

【窜逃】cuàntáo 动 流窜逃跑 ▷严防残匪～。

篡(*篹) cuàn ❶ 动(用不正当的手段)夺取 ▷～权|～位。→ ❷ 动 用私意改动或曲解 ▷～改|～易。○ ❸ 名 姓。☛ 跟"纂(zuǎn)"的形、音、义都不同。

【篡夺】cuànduó 动 用不正当的手段夺取(地位或权力等) ▷～皇位|～军权。

【篡改】cuàngǎi 动 用作伪的手段,故意改动或曲解(理论、政策等) ▷～历史|～文件精神。☛ 跟"窜改"不同。"篡改"的对象多是理论、政策、主张等重大的、抽象的事物,语意较重;"窜改"的对象多是文章、古籍、成语等具体的语言文字上的改动,语意较轻。

【篡国】cuànguó 动 篡夺君位或政权。

【篡权】cuànquán 动 篡夺权力。

【篡位】cuànwèi 动 篡夺君主的地位。

爨 cuàn ❶ 动〈文〉烧火做饭 ▷分～|～具。→ ❷ 名〈文〉炉灶 ▷厨～。○ ❸ 名 姓。

cuī

衰 cuī ❶ 动〈文〉由大到小依照一定的等级递减 ▷等～(等次)。○ ❷ 古同"缞"。
另见 1283 页 shuāi。

崔 cuī ❶ 形〈文〉形容山高大。○ ❷ 名 姓。

【崔巍】cuīwēi 形(山、建筑物等)高大雄伟 ▷山势～|古长城～壮丽。

【崔嵬】cuīwéi ❶ 名〈文〉有石头的土山。❷ 形 形容高耸的样子 ▷泰山～。

催 cuī ❶ 动 叫人赶快去做(某事) ▷～他早点儿起床|～促。→ ❷ 动 使事物的发展变化加快;促使 ▷～生|～眠。○ ❸ 名 姓。

【催办】cuībàn 动 催促办理 ▷这是领导～的工作。

【催逼】cuībī 动 用逼迫手段促使 ▷当下～他交出钥匙。

【催膘】cuībiāo 动 在短期内给猪、牛、马等牲畜喂大量精饲料,促其快速长膘。

【催产】cuīchǎn 动 用药物或其他方法促使母体子宫收缩,产出胎儿。也说催生。

【催促】cuīcù 动 催①。

【催发】cuīfā 动 促使发生或产生 ▷倒春寒容易～心绞痛|改革开放政策～了民间经济的创业动力。

【催肥】cuīféi 动 在畜、禽宰杀前的一段时间内,喂以大量精饲料,促其快速长肥。

【催赶】cuīgǎn ❶ 动 驱赶;使快走 ▷～牛羊。❷ 动 催促加快行动 ▷紧着～他完成任务。

【催化】cuīhuà 动 促使某些物质化学反应的速率

加快。

【催化剂】cuīhuàjì ❶ 名 能改变化学反应速率，而本身的质量和化学性质在反应后仍保持不变的物质。❷ 名 比喻促使事物发生或变化的因素 ▷竞争机制是创作精品的～。‖也说触媒。

【催泪】cuīlèi ❶ 动 用刺激性物质使人流泪 ▷～弹｜～喷射器。❷ 形 形容非常感人 ▷剧中这个大段独白十分～｜～歌手。

【催泪弹】cuīlèidàn 名 内装催泪化学物质的特种炸弹。爆炸后释放的气体能刺激眼睛流泪。

【催眠】cuīmián ❶ 动 用药物或声音、动作等手段促使人睡。❷ 动 心理学上指用催眠术使人意识恍惚，进入一种类似睡眠的状态。

【催眠曲】cuīmiánqǔ 名 促使婴儿入睡的歌曲或乐曲。

【催眠术】cuīmiánshù 名 催眠的方法，是心理学上特殊的行为技术。常使用言语暗示等方法。

【催眠药】cuīmiányào 名 安眠药。

【催命】cuīmìng 动 催人丧命。比喻催促得很紧。

【催命鬼】cuīmìngguǐ 名 迷信指催促人死的鬼。常用来比喻恶霸、悍吏、庸医、债主等。

【催奶】cuīnǎi 动 用药物或食品促使产妇分泌较多的乳汁 ▷喝鲫鱼汤～。

【催迫】cuīpò 动 催逼 ▷～还债。

【催青】cuīqīng ❶ 动 用适宜的温度和湿度促使蚕卵孵化 ▷新建蚕种～室。❷ 动 促使草木萌芽吐绿。

【催情】cuīqíng 动 用人工方法促进雌性动物发情排卵。

【催请】cuīqǐng 动 催促邀请。

【催人泪下】cuīrénlèixià 使人感动得落下眼泪 ▷故事情节～。

【催生】cuīshēng 动 催产。

【催生婆】cuīshēngpó 名 旧指用传统办法助产接生的妇女。

【催熟】cuīshú 动 用化学或物理方法促使果实加速成熟。也说促熟。

【催索】cuīsuǒ 动 催着要 ▷建筑公司～欠款。

【催讨】cuītǎo 动 催人归还或交付 ▷～货款。

【催吐剂】cuītùjì 名 促使呕吐的药剂。☛“吐”这里不读 tǔ。

【催询】cuīxún 动 催促询问 ▷向主管部门～提案处理结果。

【催芽】cuīyá 动 用温水浸泡、药剂处理等人工方法促使种子、薯块、枝条等提前发芽。

【催债】cuīzhài 动 催促还债。

【催征】cuīzhēng 动 催促征收 ▷～车船使用税。

【催租】cuīzū 动 催缴租金；旧时特指催缴地租。

缞（縗） cuī 名 古代用粗麻布制成的不缝边的丧服 ▷～服。

摧 cuī 动 折断；毁坏 ▷～枯拉朽｜～毁。

【摧残】cuīcán 动 使遭受严重损害 ▷饱受～｜生态环境遭受了严重的～。☛ 跟“摧毁”不同。“摧残”侧重伤害，对象多为人的身体、精神等；“摧毁”侧重彻底毁灭，对象多为建筑、思想体系、制度等。

【摧毁】cuīhuǐ 动 彻底破坏 ▷将贩毒集团一举～｜用炮火～敌人的工事。☛ 参见本页“摧残”的提示。

【摧枯拉朽】cuīkū-lāxiǔ 摧折枯草朽木（拉：摧毁）。比喻迅猛地摧毁腐朽势力。

【摧眉折腰】cuīméi-zhéyāo 低头弯腰（摧眉：低眉，低头）。形容逢迎拍马的媚态。

【摧陷廓清】cuīxiàn-kuòqīng 攻陷敌阵并扫荡干净。多比喻彻底清除陈腐的思想和言论。

【摧折】cuīzhé ❶ 动 折断 ▷狂风～树木。❷ 动 挫折 ▷屡受～，不改初衷。

榱 cuī 名〈文〉椽子。

催 cuī 名 姓。

cuǐ

漼 cuǐ〈文〉❶ 形 形容水深的样子。○ ❷ 形 形容垂泪的样子。

璀 cuǐ［璀璨］cuǐcàn 形（珠玉等）光亮鲜明 ▷～的明星｜～夺目。

cuì

倅 cuì 形〈文〉副的 ▷～车。

脆（*脃） cuì ❶ 形 容易断裂、破碎（跟“韧”相对）▷这种纸又薄又～｜塑料薄膜一老化就发～。→ ❷ 形（感情）受挫折后易波动；不坚强 ▷～弱。→ ❸ 形（食物）虽较硬但容易咬断、咬碎 ▷这种苹果甜～可口｜芝麻糖受了潮，不～了。⇒ ❹ 形（声音）清亮 ▷嗓音又～又甜。⇒ ❺ 形（说话、做事）利落，不拖泥带水 ▷这人办事真～｜干～。☛ ㊀统读 cuì。㊁右下是“㔾”，不是“巳”“己”或“已”。

【脆骨】cuìgǔ 名 作为食品的动物软骨。

【脆化】cuìhuà 动 物体因物理或化学原因变脆；特指骨骼因年老、缺钙等原因变脆。

【脆亮】cuìliàng 形 (声音)清脆而嘹亮 ▷~的歌声。

【脆裂】cuìliè 动 脆化开裂 ▷塑料杯容易~。

【脆嫩】cuìnèn ❶ 形 (瓜果、蔬菜等)清脆鲜嫩 ▷~的黄瓜。❷ 形 (声音)清亮而稚嫩 ▷这个小演员嗓音~。

【脆弱】cuìruò ❶ 形 (体质)弱 ▷~的体质。❷ 形 经受不住困难与挫折(跟"坚强"相对) ▷性格~。

【脆生生】cuìshēngshēng 形 特别脆生 ▷~的鲜藕|声音~的。

【脆生】cuìsheng 〈口〉❶ 形 (食物)脆 ▷新炸的麻花可~了。❷ 形 (声音)清脆 ▷大鞭子一甩,叭! ~极了。

【脆性】cuìxìng 名 物体在受到外力作用时容易突然断裂、破碎的性质。

【脆枣】cuìzǎo 名 某些地区指焦枣。

萃 cuì ❶ 动 汇集 ▷荟~。→ ❷ 名 指聚集在一起的人或物 ▷出类拔~。

【萃聚】cuìjù 动 聚集;汇集 ▷这座古镇~着悠远的民俗文化|各路英雄~一堂。

【萃取】cuìqǔ 动 在混合物中加入某种溶剂,利用混合物中各种成分在该溶剂中溶解度的不同,把它们分离。广泛应用于分析化学以及稀土元素的提纯等方面。

啐 cuì ❶ 动 使劲ㄦ吐出来 ▷~了一口痰。→ ❷ 动 向人吐唾沫或发出吐唾沫的声音,表示鄙视或愤怒 ▷再胡说,就~你。

淬 cuì 动 淬火 ▷~砺。☛ 不读 cù。

【淬火】cuìhuǒ 动 把玻璃、金属等工件加热到适当温度后放在水、油等冷却剂中快速冷却,以提高其硬度和强度 ▷玻璃~后就变成钢化玻璃|这剑还没有~。也说蘸火。

【淬砺】cuìlì 动 淬火和磨砺。比喻锻炼考验 ▷~奋发,不断上进。

【淬炼】cuìliàn 动 淬火和冶炼。比喻经受严酷考验 ▷经过血与火的~,他们更加坚强了。

【淬针】cuìzhēn 名 火针。

悴(*顇) cuì 见 1104 页"憔(qiáo)悴"。

毳 cuì 名 〈文〉鸟兽的细毛 ▷腹下之~,背上之毛。

【毳毛】cuìmáo 名 鸟兽御寒的细毛。

瘁 cuì 形 过于劳累 ▷心力交~|鞠躬尽~。

粹 cuì ❶ 名 〈文〉纯净没有杂质的米。→ ❷ 形 纯净不杂 ▷纯~。→ ❸ 名 精华 ▷国~|精~。

【粹白】cuìbái 〈文〉❶ 形 纯白 ▷~之狐。❷ 形 纯洁 ▷笃志正学,操履~。

【粹美】cuìměi 〈文〉❶ 形 纯洁善良;纯正美好 ▷品学~。❷ 形 精美 ▷遣词造句,~精当。

翠 cuì ❶ 名 指翠鸟 ▷点~(用翠鸟的羽毛制作装饰品的手工工艺)。→ ❷ 形 形容颜色像翠鸟羽毛那样绿 ▷苍松~柏|~玉。→ ❸ 名 翠玉 ▷珠~|~花。

【翠柏】cuìbǎi 名 翠绿的柏树 ▷苍松~。

【翠菊】cuìjú 名 一年或二年生草本植物,叶互生,卵形,有锯齿。夏秋开花,有红、黄、蓝、白、紫等色。也指这种植物的花。可供观赏。也说蓝菊。

【翠蓝】cuìlán 形 形容颜色青蓝而鲜艳 ▷~的天空|~的孔雀毛。

【翠绿】cuìlǜ 形 形容颜色像翠鸟的羽毛一样绿。

【翠鸟】cuìniǎo 名 鸟,头大体小尾短,嘴长而直,羽毛以苍翠、暗绿为主。生活在水边,吃鱼虾等。

【翠生生】cuìshēngshēng 形 形容植物青翠鲜嫩 ▷~的韭菜。

【翠微】cuìwēi 名 〈文〉青翠隐约的山色;借指青山 ▷帝子乘风下~。

【翠玉】cuìyù 名 一种颜色翠绿的硬玉。

【翠竹】cuìzhú 名 翠绿的竹子 ▷井冈~。

綷 cuì 动 〈文〉五色相杂 ▷孔雀~羽。

【綷縩】cuìcài 拟声 〈文〉模拟行动时衣服相擦的声音。

cūn

邨 cūn 用于人名。
另见本页 cūn"村"。

村(*邨❶) cūn ❶ 名 村庄;也用来命名城镇的某些小区 ▷~子|自然~|邻~|亚运~。→ ❷ 形 粗野 ▷性情~野|~话。○ ❸ 名 姓。
"邨"另见本页 cūn。

【村夫俗子】cūnfū-súzǐ 旧指见识不广、粗俗平庸的人。

【村妇】cūnfù ❶ 名 乡村妇女。❷ 名 粗野的妇女 ▷真是个长舌~!

【村歌】cūngē 名 乡村歌谣。

【村姑】cūngū ❶ 名 乡村女孩ㄦ。❷ 名 粗野的女子 ▷俗夫~。

【村官】cūnguān 名 对村干部的俗称。

【村规民约】cūnguī mínyuē 村民委员会或村民会议讨论制定、全体村民共同遵守的行为规范。

简称村规。

【村话】cūnhuà ❶ 名 粗野庸俗的话(多指骂人的话)。○ ❷ 名 属于汉藏语系侗台语族黎语支的一种语言。主要分布在海南东方市和昌江黎族自治县一带。

【村落】cūnluò 名 村庄。

【村民】cūnmín 名 农村居民。

【村民委员会】cūnmín wěiyuánhuì 村民自我管理、自我教育、自我服务的基层群众性自治组织,实行民主选举、民主决策、民主管理、民主监督。简称村委会。

【村社】cūnshè ❶ 名 原始社会末期,公有制向私有制过渡时期的社会组织。土地公有,牲畜、农具、住宅、生产物私有。❷ 名 旧时农村祭祀社神的日子或盛会。❸ 名 村庄。

【村舍】cūnshè 名 农村的房舍。

【村塾】cūnshú 名 村学。

【村俗】cūnsú ❶ 名 乡村的习俗 ▷～淳朴。❷ 形 粗俗 ▷话虽～,倒是实理。

【村务公开】cūnwù gōngkāi 村民委员会及时向村民公布村务管理中的事项,接受村民监督。

【村学】cūnxué 名 旧指农村中的私塾。也说村塾。

【村野】cūnyě ❶ 名 村庄和田野 ▷麦收时节,～一派繁忙景象。❷ 形 粗俗;粗野 ▷别说那些～话。

【村寨】cūnzhài 名 村庄;寨子。

【村镇】cūnzhèn 名 村庄集镇。

【村庄】cūnzhuāng 名 乡间农民集中居住的地方。

皴 cūn ❶ 动 (皮肤)因风吹或受冻而粗糙起皱或裂口 ▷手～了。→ ❷ 名〈口〉皮肤表面或褶皱中积存的老皮或泥垢 ▷搓搓脚上的～|一脖子～。→ ❸ 名 皴法。

【皴法】cūnfǎ 名 国画技法,画山石树木时,为显示山石和树干表皮的纹理褶皱,勾出轮廓后,再用淡干墨侧笔涂染。

【皴裂】cūnliè 动 皴①。

踆 cūn 动〈文〉踢 ▷逆而～之。

【踆乌】cūnwū 名〈文〉传说中太阳里的金色三足飞禽;借指太阳 ▷～西坠,玉兔东升。

cún

存 cún ❶ 动 存在;活着 ▷海内～知己,天涯若比邻|共～|生～。→ ❷ 动 安顿;保全 ▷～身。→ ❸ 动 积聚;储藏 ▷雨后路面上～了不少水|仓库里～着粮食。⇒ ❹ 动 特指储蓄 ▷到银行～钱|～款。⇒ ❺ 动 寄放 ▷把行李～在车站|寄～。→ ❻ 动 记在心里;心里怀着 ▷不～幻想|～心不良。→ ❼ 动 保留;存留 ▷去伪～真|～根。❽ 名 存留的部分 ▷库～。○ ❾ 名 姓。

【存案】cún'àn 动 登记备案 ▷～备查。

【存本】cúnběn 名 为备查考而保留的文本。

【存查】cúnchá 动 (公文等)保存起来以备查考。

【存储】cúnchǔ ❶ 动 储存①。❷ 名 储存②。

【存储卡】cúnchǔkǎ 名 安装在电子产品内用来存储数据的卡片式独立器件。也说记忆卡。

【存储器】cúnchǔqì 名 电子计算机中用来保存数据、程序等信息的装置。

【存贷】cúndài 动 存入和借出(钱款等)。

【存单】cúndān 名 存款单 ▷大额～。

【存档】cúndàng 动 把处理过的文件、资料、稿件等存入档案,以备查考 ▷把调查材料分类～。

【存底】cúndǐ ❶ 动 (文件等)留底 ▷各种文件都需～。❷ 名 商店里出售后余下的少量存货 ▷正在盘点～。

【存额】cún'é 名 存款金额。

【存而不论】cún'érbùlùn 把问题搁置起来不加推究和讨论 ▷这个问题调查不够,暂且～。

【存放】cúnfàng ❶ 动 放置 ▷这东西多年不用,一直～在家。❷ 动 寄存 ▷～行李。

【存根】cúngēn 名 开出单据或证明时,留存备查的底子 ▷发票～|证明信～。

【存户】cúnhù 名 储户。

【存活】cúnhuó 动 生存 ▷在那样恶劣的环境下能够～下来很不容易◇一些文言词语仍～在现代汉语中。

【存活率】cúnhuólǜ 名 存活下来的动植物在原有总数中所占的比率。

【存货】cúnhuò ❶ 动 储存货物 ▷～请到南货场。❷ 名 储存的货物 ▷清点～。

【存积】cúnjī 动 积存① ▷脂肪在体内～|～了30年的疑问。

【存款】cúnkuǎn ❶ 动 把钱存入银行等金融机构 ▷办理～手续。❷ 名 存在银行等金融机构的钱 ▷巨额～。

【存款单】cúnkuǎndān 名 金融机构给储户开具的有价凭证,标有存款金额和日期、期限、利率等。

【存款准备金】cúnkuǎn zhǔnbèijīn 各商业银行等金融机构为应对客户提取存款和资金清算而设置的准备金。存款准备金一部分是该金融机构的库存现金,另一部分是该金融机构按照所收存款的一定百分比转存在中央银行的款项。后者是法定准备金,其比率一般由中央银行调控。

【存栏】cúnlán 动(牲畜)在圈里饲养着(多用于个体数量统计)▷~数。

【存粮】cúnliáng ❶ 动 储存粮食 ▷~备荒。❷ 名 储存的粮食 ▷出售~。

【存量】cúnliàng 名 储存的数量 ▷合理安排~,缓解供需矛盾。

【存留】cúnliú 动 保存留下 ▷这些数据需要~。

【存念】cúnniàn 动 保存下来作为纪念(多用于赠送照片、题字时的上款)。

【存盘】cúnpán 动 指通过指令把信息储存在电子计算机的硬盘或软盘上。

【存取】cúnqǔ 动 存入和取出 ▷~方便。

【存身】cúnshēn 动 安身 ▷无处~。

【存食】cúnshí 动 停食。

【存世】cúnshì 动 保留在世间 ▷有作品~。

【存亡】cúnwáng 动 生存或死亡;存在或灭亡 ▷与阵地共~。

【存亡绝续】cúnwáng-juéxù 存在还是灭亡,中断还是继续。形容事情到了紧急关头。

【存问】cúnwèn 动〈文〉问候;探望(常用来表示客气)▷初至贵地,即蒙~,不胜感激。

【存息】cúnxī 名 存款所生的利息。

【存项】cúnxiàng 名 储存或积存的钱 ▷手里没有~,到急用时怎么办?

【存心】cúnxīn ❶ 动 怀着某种想法(多用于贬义)▷~不善|你究竟存的什么心。❷ 副 故意 ▷~捣乱。

【存恤】cúnxù 动 抚慰;救济 ▷~灾民。

【存续】cúnxù 动 存在并持续 ▷好传统~下来了。

【存蓄】cúnxù ❶ 动 储存 ▷~粮草。❷ 名 指积存的钱或物 ▷原来的贫困户已经有了些~。

【存延】cúnyán 动 存在并延续 ▷这种曲艺形式有幸得以~,并非偶然。

【存疑】cúnyí 动 一时搞不清楚的问题暂不作结论 ▷这种假说,实证尚不足,暂且~。

【存在】cúnzài ❶ 动(事物)出现后没有消失;客观上具有 ▷目前~的主要问题|~着隐患。❷ 名 哲学上指独立于人的意识之外的客观物质世界 ▷~决定意识。

【存照】cúnzhào〈文〉❶ 动 把契约等文书保存起来以备核查 ▷立此~。❷ 名 保存起来以备核查的契约等文书 ▷尚有~为证。

【存折】cúnzhé 名 金融机构发给存款者作为凭证的折子 ▷活期储蓄~。

【存正】cúnzhèng 动 客套话,保存下来并给予指正(多用于赠送作品的题款)。

【存执】cúnzhí 名 存根。

【存贮】cúnzhù 动 存储;贮藏。

蹲 cún 动〈口〉腿脚猛然落地,因受震动致使关节或韧带受伤 ▷从墙上跳下来~了腿。

另见 352 页 dūn。

cǔn

忖 cǔn 动 揣度(duó);思量 ▷~度|思~。☛ 不读 cūn。

【忖度】cǔnduó 动〈文〉估量;推测 ▷反复~,然后行事。☛"度"这里不读 dù。

【忖量】cǔnliàng ❶ 动 猜度;估量 ▷我~老王大概不会来了。❷ 动 思量;权衡 ▷他~了一阵子才下定了决心。

【忖摸】cǔnmo 动 忖度;估摸 ▷仔细~|暗自~。

【忖想】cǔnxiǎng 动 考虑 ▷~着什么时候动身。

cùn

寸 cùn ❶ 量 市寸。→ ❷ 形 形容极短或极小 ▷手无~铁|鼠目~光|聊表~心。→ ❸ 名 指寸口 ▷~脉|~、关、尺。○ ❹ 名 姓。

【寸步】cùnbù 名 很小的步子;借指很小的距离 ▷~难移|~不离。

【寸步难行】cùnbù-nánxíng 形容行走艰难;比喻处境艰难,事情难办。

【寸草】cùncǎo 名 小草 ▷~不生|~不留。

【寸草不留】cùncǎo-bùliú 一根小草也没留下。形容斩尽杀绝或严重破坏的景象。

【寸草春晖】cùncǎo-chūnhuī 唐·孟郊《游子吟》:"谁言寸草心,报得三春晖。"意思是小草难以报答春天阳光的恩惠。后用"寸草春晖"比喻儿女报答不尽父母的养育之恩。

【寸断】cùnduàn 动 一小段一小段地断裂。与"肝肠""柔肠"等连用,形容极度悲伤 ▷柔肠~。

【寸功】cùngōng 名〈文〉极小的功劳 ▷~未立。

【寸函】cùnhán 名〈文〉简短的书信(常用于写信人自谦)▷遥寄~,以表怀念。

【寸进】cùnjìn 名〈文〉微小的进步或进展。

【寸劲儿】cùnjìnr〈口〉❶ 名 巧劲儿 ▷干活儿要动脑筋,使~。❷ 名 凑巧的情况 ▷瞧这~!他刚走你就到了。❸ 形 凑巧 ▷你怎么那么~,竟然把去年丢的钥匙找到了。

【寸楷】cùnkǎi 名 大小约一寸见方的楷体毛笔字 ▷壁上挂的是一幅~的《治家格言》。

【寸刻】cùnkè 名 指极短的时间;片刻。

【寸口】cùnkǒu 名 中医切脉的部位，在手腕后一寸左右的桡动脉处。包括寸、关、尺三个部位，切脉时用食指、中指和无名指依次按这三个部位。狭义的寸口，只指寸部。

【寸木岑楼】cùnmù-cénlóu《孟子·告子下》："方寸之木，可使高于岑楼。"（岑楼：像山一样又高又尖的楼）意思是一寸高的树苗长在山顶可以比高楼还高。后用"寸木岑楼"比喻基础不同，不能相比；也用来形容相距悬殊，差别很大。

【寸铁】cùntiě 名 指很小的兵器 ▷手无～。

【寸头】cùntóu 名 男子发型，头顶留有长约一寸的短发，脑后、两鬓留发更短。

【寸土】cùntǔ 名 指极少的土地 ▷～不让｜～如金。

【寸土必争】cùntǔ-bìzhēng 一丁点儿土地（多指国土）也必定争夺。形容毫不退让 ▷谈判桌上，我方代表针锋相对，～。

【寸心】cùnxīn〈文〉❶ 名 心；内心 ▷得失～知。❷ 名 微薄的心意 ▷送副对联以表～。

【寸阴】cùnyīn 名 日影移动一寸用的时间。指极短的时间 ▷珍惜～。

【寸阴若岁】cùnyīn-ruòsuì 极短的一段时间，却觉得像过了一年。形容思念心切或时光难熬。

cuō

搓 cuō 动 两手相对摩擦或用手反复揉别的东西 ▷急得他直～手｜～麻绳。参见插图14页。

【搓板】cuōbǎn 名 手洗衣服时用来加大搓揉力度的木板或塑料板等。面上有窄而密的横槽。也说洗衣板。

【搓麻将】cuōmájiàng〈口〉打麻将牌。洗牌时用手搓弄，故称。简称搓麻。

【搓捏】cuōniē 动 把软的东西（如面团）搓揉后再捏成一定的形状。

【搓弄】cuōnòng 动 反复揉搓 ▷低头～着衣角。

【搓球】cuōqiú 动 乒乓球的一种打法。一般在离台较近时使用，接球时球拍面朝上，动作小，击出的球弧线低。

【搓揉】cuōróu 动 揉搓。

【搓手顿脚】cuōshǒu-dùnjiǎo 形容焦躁不安，不知该怎么办。

【搓洗】cuōxǐ 动 两手反复揉搓泡在水里的衣物等，以去掉污垢。

【搓澡】cuōzǎo 动 洗澡时用拧干的毛巾等用力擦拭全身，除去污垢。

瑳 cuō 形〈文〉形容玉的颜色洁白而明亮；泛指颜色洁白而明亮 ▷～兮～兮，其之展也｜女齿笑～～。

磋 cuō ❶ 动〈文〉把象牙磨制成器物；磨光。→ ❷ 动 反复研究讨论 ▷～商。

【磋磨】cuōmó 动 切磋琢磨 ▷反复～。

【磋商】cuōshāng 动 反复商议 ▷经～，双方终于达成了共识。

撮 cuō ❶ 动 用手指捏取（细碎的东西）▷～药｜～点儿盐。→ ❷ 动 摘取（要点）▷～要｜～举。→ ❸ 量 a）用于手指所撮取的东西；借指极小的量 ▷一～茶叶｜一小～坏人。b）市撮。→ ❹ 动 设法聚拢 ▷～合。❺ 动 用簸箕等把东西收集起来 ▷把炉灰～走。☛ 读 zuǒ，只用于毛发，如"一撮儿毛"。

另见1848页zuǒ。

【撮合】cuōhé 动 介绍促成；从中说合（多指婚姻）▷他俩的婚事是五嫂～成的。

【撮举】cuōjǔ 动 撮要举出 ▷～如下例证。

【撮口呼】cuōkǒuhū 名 指韵头或韵腹是ü的韵母。参见1305页"四呼"。

【撮弄】cuōnòng ❶ 动 摆布；捉弄。❷ 动 唆使；煽动 ▷他受人～参与了赌博。

【撮要】cuōyào ❶ 动 摘取要点 ▷～记录讲话内容。❷ 名 所摘取的要点 ▷写出该书～。

蹉 cuō〈文〉❶ 动 跌倒 ▷～跌。❷ 动 失误；有差错 ▷此姻缘不～。〇 ❸ 动（从某地）经过。

【蹉跌】cuōdiē 动〈文〉失足跌倒；比喻失误。

【蹉跎】cuōtuó 动 虚度（光阴）；耽误（时光）▷～岁月。

cuó

嵯 cuó［嵯峨］cuó'é 形〈文〉山势高峻 ▷崇岭～。

矬 cuó〈口〉❶ 形 矮小 ▷长得又胖又～｜找个～点儿的凳子。→ ❷ 动 身子往下缩；向下降 ▷身子往下一～就钻过去了。

【矬子】cuózi 名〈口〉身材矮小的人。

痤 cuó［痤疮］cuóchuāng 名 皮肤病，通常是圆锥形的小红疙瘩，多生在青年人的脸或胸、背上。通称粉刺。☛ 不读zuò。

瘥 cuó 名〈文〉病 ▷～疠。

另见144页chài。

鹾（鹺） cuó〈文〉❶ 名 盐。→ ❷ 形 味咸。

酂（酇） cuó 用于地名。如酂阳、酂城，均在河南。

另见1717页zàn。

cuǒ

脞 cuǒ 形〈文〉细碎;繁琐 ▷～言|丛～。

cuò

挫 cuò ❶ 动 挫折 ▷受～。→ ❷ 动 使受挫;使失败 ▷力～上届冠军。→ ❸ 动 抑制;使降低 ▷抑扬顿～。☛ 不读 cuō。

【挫败】cuòbài ❶ 动 挫折和失败 ▷从～中吸取教训。❷ 动 使失败 ▷～了敌人的阴谋。

【挫伤】cuòshāng ❶ 动 因碰撞或挤压而使皮肉受伤 ▷不慎～了小腿软组织。❷ 名 身体因碰撞挤压而受的伤 ▷胸部的～快好了。❸ 动 使(热情、积极性等)受损伤 ▷～积极性。

【挫损】cuòsǔn 动 因遭受挫折而损失 ▷敌军连打败仗,大大～了锐气。

【挫折】cuòzhé ❶ 动 失利;失败 ▷屡遭～。❷ 动 使削弱或受阻 ▷不要～了他的进取心。

【挫折教育】cuòzhé jiàoyù 指让青少年在艰苦环境中经受磨炼的教育。目的是使青少年具备勤奋、坚强、无畏、团结互助等优良品德。也说艰苦环境教育。

剒 cuò〈文〉❶ 动 琢磨;雕刻。○ ❷ 动 斩;割。

莝 cuò〈文〉❶ 动 铡草。→ ❷ 名 铡碎的草。

厝 cuò〈文〉❶ 动 放置 ▷～火积薪。→ ❷ 动 特指把灵柩暂时停放或浅埋以待安葬或改葬 ▷暂～|浮～。

【厝火积薪】cuòhuǒ-jīxīn 把火放在堆积的柴草下面。比喻隐藏着很大的危险。

措 cuò ❶ 动 安放;处置 ▷手足无～|不知所～|～置。→ ❷ 动 筹划 ▷筹～|～办。☛ 统读 cuò,不读 cù。

【措办】cuòbàn 动 筹划办理 ▷这事由我来～。

【措词】cuòcí 现在一般写作"措辞"。

【措辞】cuòcí ❶ 动 说话行文时选用词句 ▷～颇费斟酌。❷ 名 说话行文时选用的词句 ▷～文雅。

【措大】cuòdà 名〈文〉指贫寒失意的读书人(含轻蔑意)。也说醋大。

【措举】cuòjǔ 名 举措。

【措施】cuòshī 名 为解决某一问题而采取的办法(多用于较大的事情) ▷安全～|～得力。☛ 参见 35 页"办法"的提示。

【措手不及】cuòshǒu-bùjí 来不及处理或应付。

【措置】cuòzhì 动 安排;处置 ▷～不当。

楷 cuò ❶ 形〈文〉树皮粗硬多皱。○ ❷ 用于地名。如:楷树园,在湖南。

锉(銼*剉) cuò ❶ 名 钢制的手工打磨工具,用来对金属、竹木或皮革等的表面进行加工。也说锉刀。→ ❷ 动 用锉打磨 ▷木板～得不平|～掉钢管口上的毛刺。

【锉刀】cuòdāo 名 锉①。

错[1](錯) cuò ❶ 名〈文〉打磨玉石的粗磨石 ▷它山之石,可以为～。→ ❷ 动〈文〉琢磨;打磨。❸ 动 两个物体互相摩擦 ▷把牙～得咯咯响。

错[2](錯) cuò ❶ 动 把金、银镶嵌或涂在凹下去的图文中 ▷～金|～银。→ ❷ 动 互相交叉 ▷交～|～综。⇒ ❸ 形 杂乱 ▷～杂|～乱。❹ 形 不对 ▷字写～了|～怪|～话。❺ 名 过失 ▷大～不犯,小～不断|没～儿|出～儿。❻ 形 坏;差(只用于否定) ▷他的字写得很不～|你这么用功,成绩～不了。⇒ ❼ 动 避开,使不碰上或不冲突 ▷把两个会的时间～开|～车。

【错爱】cuò'ài 动 谦词,用于称对方对自己的关心爱护 ▷承蒙～|多谢～。

【错案】cuò'àn 名 处理错了的案件。

【错版】cuòbǎn ❶ 动 印刷品的版次、内容等发生排印错误 ▷这份报纸～了|～的邮票。❷ 名 有排印错误的版面 ▷销毁～。

【错别字】cuò-biézì 名 错字和别字。

【错车】cuòchē 动 车辆在相向行驶,或后车超越前车时,一方避让,使另一方先通过 ▷火车停下是等着～呢。

【错处】cuòchù 名 出现差错的地方;错误。

【错待】cuòdài 动 亏待;以错误的方式对待 ▷～了你,请原谅。

【错叠】cuòdié 动 交错重叠 ▷歌声～起伏。

【错动】cuòdòng ❶ 动 事物的相对位置发生变动 ▷断层之间已有所～。❷ 动 (手、脚等)交替地动 ▷暗暗地向后～脚步。

【错讹】cuò'é 名 (文字上的)错误 ▷来稿～很多,不宜刊用。

【错愕】cuò'è 形 惊讶;惊愕 ▷～不语。

【错峰】cuòfēng 动 错开高峰期 ▷～用电。

【错告】cuògào 动 由于对情况了解得不确实或由于认识上的主观片面,而做不符合实情的告发 ▷为受到～的人澄清是非|～与诬告,性质不同。

【错怪】cuòguài 动 因误会而错误地责怪别人。

【错过】cuòguò 动 失掉(机会、对象) ▷～考公务员的机会|别～了这班车。

【错季】cuòjì 动 错开季节 ▷～种早熟苹果,抢市售卖|日光棚里生长着～草莓|～销售。

【错金】cuòjīn 动 特种工艺,把金丝或金片镶嵌在器物上,形成花纹或文字 ▷～首饰。

【错觉】cuòjué 名 对客观事物产生的错误知觉 ▷早晨的太阳好像比中午的大,这是物理现象造成的～。

【错开】cuòkāi 动 错[2]⑦。

【错漏】cuòlòu 名 错误和疏漏 ▷引文～不少。

【错乱】cuòluàn 形 杂乱无序;失常 ▷精神～。

【错落】cuòluò 动 (分布、排列)不规则,参差交错 ▷楼台亭阁高低～,形态各异|～有致。

【错落有致】cuòluò-yǒuzhì 参差交错,别有情趣。

【错谬】cuòmiù 名 〈文〉错误;谬误 ▷～百出。

【错失】cuòshī ❶ 名 错误和过失 ▷对自己的～不能姑息。❷ 动 错过 ▷～良机。

【错时】cuòshí 动 把时间错开 ▷本市企业最好能～上下班,以缓解交通压力。

【错位】cuòwèi ❶ 动 医学上指因跌打扭伤等造成骨骼移位。❷ 动 指位置颠倒或偏移而失去正常的状态 ▷政府角色越位、～、缺位的现象正在改变。

【错误】cuòwù ❶ 形 不正确;不符合客观实际的 ▷～倾向|这种说法是很～的。❷ 名 不正确的行为、认识等 ▷纠正～。

【错银】cuòyín 动 特种工艺,把银丝或银片镶嵌在器物上,形成花纹或文字 ▷～手镯。

【错杂】cuòzá 动 交错夹杂在一起 ▷五颜六色的花朵～其间,非常好看。

【错字】cuòzì 名 字形有误的字,包括写错的或刻错、印错的字。

【错综】cuòzōng 动 纵横交错 ▷宫墙～相连。

【错综复杂】cuòzōng-fùzá 形容头绪交叉牵连,情况复杂。

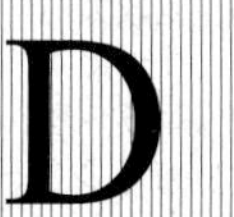

dā

奄 dā 名〈文〉大耳朵。

【奄拉】 dāla 动 下垂 ▷～着眼皮｜～着脸(形容不悦的脸色)。

哒(噠) dā ❶ 音译用字，用于"哒嗪"等。○ ❷ 同"嗒"。现在一般写作"嗒"。

【哒嗪】 dāqín 名 英语 diazine 音译。有机化合物。人工合成的哒嗪衍生物可用作药物。

搭 dā ❶ 动 把衣服、手等放在可以支撑的东西上 ▷绳子上～满了毛巾｜把手～在同伴的肩膀上。→ ❷ 动 连接；结合 ▷两根铁丝～在一起了｜这两句话～不上｜～伴。❸ 动 附加上 ▷不但花钱，还得～上时间◇要不是及时刹车，命就～上了。→❹ 动 配合 ▷干的稀的～着吃。○ ❺ 动 支起；架设 ▷～棚子｜～戏台｜～脚手架。→ ❻ 动 共同搬(东西) ▷桌子太沉，俩人～不动。○ ❼ 动 乘坐(别人的或公共的车、船等) ▷～车进城｜～班机。☛ 统读 dā，不读 dá。

【搭班】 dābān ❶ 动 旧指艺人临时组成或参加某个戏班，今也指艺人临时组成或参加某个演出团体 ▷跟名角儿～唱戏｜内地艺人～赴香港演出。❷ 动 组成班子 ▷他们几个～主持这家公司的业务。

【搭伴】 dābàn 动 临时结为同伴 ▷路这么远，大家～走吧｜我也去上海出差，咱们搭个伴。

【搭帮】 dābāng 动〈口〉结为同伴；合伙 ▷咱们俩人～开个饭馆吧。

【搭便】 dābiàn 副 顺便；趁便 ▷趁着有车，我～就来了。

【搭补】 dābǔ 动 补贴 ▷他手头正紧，需要大家～点儿。

【搭茬儿】 dāchár 动〈口〉搭话 ▷别抢着～｜我们俩在说话，你搭什么茬儿？

【搭碴儿】 dāchár 现在一般写作"搭茬儿"。

【搭车】 dāchē ❶ 动 乘车 ▷到车站～｜我是搭朋友的车来的。❷ 动 比喻趁做某事的机会做其他的事 ▷～涨价｜～出国。

【搭乘】 dāchéng 动 乘坐(车、船等)。

【搭错车】 dācuòchē 比喻盲目追随别人，参与了不该参与的活动 ▷今年算是～了，不该跟他来这里打工。

【搭档】 dādàng ❶ 动 合作；合伙 ▷我们俩已经～多年了。❷ 名 合作的伙伴 ▷老～｜一对黄金～。☛ 不要写作"搭当""搭挡"。

【搭盖】 dāgài 动 搭建。

【搭钩】 dāgōu ❶ 名 钩物的器具。❷ 动 比喻发生联系 ▷校厂～协作｜跟他搭上钩了。

【搭话】 dāhuà 动 接着别人的话说 ▷不要随便跟陌生人～。☛ 跟"答(dá)话"不同。

【搭伙】 dāhuǒ ❶ 动 加入伙食团体或寄在别人家里就餐 ▷我在食堂～｜孩子中午在同学家～。❷ 动 合为一伙儿；搭伴 ▷～做生意。

【搭架子】 dājiàzi 建筑时先搭好框架；比喻写文章、组建机构、创办事业等先安排整体结构 ▷这部小说刚～，离出版还远着呢。

【搭肩】 dājiān 名 搭在肩上的褡裢。参见 244 页"褡裢"①。

【搭建】 dājiàn 动 建造(多指较简陋的、非正式的建筑物) ▷在广场临时～个舞台。

【搭脚】 dājiǎo 动 趁便免费搭乘他人的车、船。

【搭界】 dājiè ❶ 动 交界 ▷这是城乡～的地方。❷ 动 某些地区借指事物之间有一定关联(多用于否定) ▷这次事故和他不～。

【搭救】 dājiù 动 援救，使脱离灾难、困境或危险 ▷～落水儿童。

【搭客】 dākè 动 载客 ▷不能超载～。

【搭扣】 dākòu 名 搭接在两个物品上使其联结或扣紧的物件，如用金属或塑料制成的钩状扣、用带毛的尼龙布制成的黏合扣等。

【搭拉】 dāla 现在一般写作"奄拉"。

【搭理】 dāli 动〈口〉理睬(多用于否定) ▷人家跟你打招呼，你可不能不～｜没人爱～他。

【搭卖】 dāmài 动 搭售。

【搭脉】 dāmài 动 诊脉。

【搭配】 dāpèi ❶ 动 按照一定标准或要求分配组合 ▷词语～不当｜合理～。❷ 动 互相配合 ▷师徒～默契。❸ 形 彼此相称(chèn) ▷上衣跟裙子的颜色很不～。

【搭腔】 dāqiāng 动 搭话 ▷话音刚落，就有人～了｜搭不上腔。

【搭桥】 dāqiáo ❶ 动 架桥；比喻从中撮合 ▷经朋友～，他们俩喜结良缘｜～引线。❷ 动 心脏血管手术，取病人自身的一段血管连接主动脉和冠状动脉远端，使血液流通。

【搭鹊桥】 dāquèqiáo 比喻为男女婚姻牵线。

【搭讪】 dāshàn 动 为了跟人接近或打破尴尬局面而主动找话说 ▷他自觉没趣，～几句就走了。☛ 不要写作"搭赸""答讪"。

D

【搭赸】dāshàn 现在规范词形写作"搭讪"。

【搭识】dāshí 动 有目的地结识(多用于贬义) ▷他专门～空巢老人,借以诈骗钱物。

【搭手】dāshǒu 动 伸手帮忙 ▷没人～,我一个人干不完|请您搭把手,帮我把车推开。

【搭售】dāshòu 动 搭配出售 ▷禁止～残次商品。

【搭台】dātái 动 搭建戏台;比喻给某种活动提供所需要的环境和条件 ▷赶快～,后天省剧团来咱村演戏|文化～,经济唱戏。

【搭头】dātou 名 跟主要物品搭配在一起的少量物品 ▷多买东西,送～。

【搭线】dāxiàn ❶ 动 连接线路 ▷在配电线路上～。❷ 动 牵线② ▷～撮合。

【搭载】dāzài 动 运载;装载 ▷新型地铁每节可～更多乘客|飞船上～着多种科研设备。

嗒 dā 拟声 模拟马蹄声、机枪声等(常叠用) ▷～～的马蹄声|～～～～,机关枪扫个不停|挂钟～——～——～地走着。

另见 1325 页 tà。

答 dā 义同"答(dá)"①,用于"答应"等词。另见 245 页 dá。

【答茬儿】dāchár 现在一般写作"搭茬儿"。

【答碴儿】dāchár 现在一般写作"搭茬儿"。

【答理】dāli 现在一般写作"搭理"。

【答腔】dāqiāng 现在一般写作"搭腔"。

【答讪】dāshàn 现在规范词形写作"搭讪"。

【答言】dāyán 动 搭话。

【答应】dāying ❶ 动 应声回答 ▷叫门没人～。❷ 动 允许;同意 ▷怎么央求他都不～。

【答允】dāyǔn 动 答应②。

锴(鎝) dā 见 1366 页"铁锴"。

褡 dā 见下。

【褡包】dābāo 名 旧时系(jì)在衣服外面的宽大腰带,多为布制。

【褡裢】dālian ❶ 名 一种中间开口、两头可以装东西的长方形口袋。大的可搭在肩上,小的可挂在腰带上。❷ 名 中国式摔跤运动员穿的厚布上衣。☛ 不宜写作"搭连""褡连""褡联"。

dá

打 dá ❶ 量 英语 dozen 音译。用于某些商品,12 个为 1 打,12 打为 1 罗 ▷1～铅笔。○ ❷见 1311 页"苏打"。

另见 245 页 dǎ。

达(達) dá ❶ 动 到达 ▷火车直～广州|四通八～。→ ❷ 动 达到(多指抽象的事物或程度,如果后面是数量结构,就表示这个数量是较大的) ▷不～目的,决不罢休|伤亡人员～数万。→ ❸ 动 彻底懂得 ▷通权～变|知书～理。❹ 形 心胸开阔,不为世俗观念所束缚 ▷豁～|旷～|～观。→ ❺ 形 地位高,名声大 ▷～官贵人。→ ❻ 动 表达 ▷词不～意|传～。○ ❼ 名 姓。

【达标】dábiāo 动 达到规定的标准 ▷体育～。

【达成】dáchéng 动 经谈判、协商或讨论而形成 ▷～共识|经过谈判,双方～协议。

【达旦】dádàn 动 (从夜里)一直到天明 ▷围炉团坐,～不寐|通宵～。

【达到】dádào 动 通过努力实现某一目的或上升到某一程度 ▷～目的|～小康水平。☛ 跟"到达"不同。"达到"不能带处所宾语;"到达"通常要带处所宾语。"达到"中间可以插入"得""不",组成"达得到""达不到";"到达"不可以。

【达尔文学说】dá'ěrwén xuéshuō 进化论。

【达观】dáguān 形 什么事都看得开,不为不如意的事情烦恼。

【达官贵人】dáguān-guìrén 名声显赫的官员和地位尊贵的人物。

【达赖喇嘛】dálài lǎma 藏传佛教格鲁派(黄教)地位最高的两大转世活佛之一(另一为班禅额尔德尼)。"达赖"为蒙古语音译,意为"大海";"喇嘛"为藏语音译,意为"上师"。自清朝顺治年间始,历世达赖喇嘛都必须经中央政府册封。

【达摩克利斯剑】dámókèlìsījiàn 名 希腊传说中,达摩克利斯是国王狄奥尼修斯的宠臣,他常说帝王多福,于是国王请他赴宴时让他坐在自己的宝座上,并用一根马鬃将一把利剑悬在他的头上,使他知道帝王的忧患。后用"达摩克利斯剑"比喻随时可能出现的祸患。

【达姆弹】dámǔdàn 名 弹头射入身体后立即炸裂的枪弹。是英国人在印度达姆达姆的兵工厂制造的,故称。1899 年的国际公约已禁止使用。俗称炸子儿。

【达人】dárén ❶ 名 〈文〉通达事理、豁达豪放的人 ▷～大观兮,物无不可。❷ 名 在学术、艺术、技术等某个方面精通出众的人 ▷文化创意～|幽默～|举办～选拔赛。

【达斡尔族】dáwò'ěrzú 名 我国少数民族之一。主要分布在黑龙江、内蒙古和新疆。

【达奚】dáxī 名 复姓。

【达意】dáyì 动 表达思想或意思 ▷表情～。

【达因】dáyīn 量 力的非法定计量单位,使 1 克质量的物体获得 1 厘米/秒^2 加速度所需的力为 1 达因。1 达因等于 10^{-5} 牛顿。

沓 dá 量 用于叠在一起的纸张等较薄的东西 ▷一～报纸。参见插图 13 页。

另见 1325 页 tà。

【沓子】dázi 量 沓（dá）▷厚厚的一～信。

怛 dá〈文〉❶ 形 痛苦；忧伤 ▷惨～。→ ❷ 动 惊恐；畏惧。

妲 dá 用于人名（一般用于女性）。如妲己，商朝纣王的宠妃。☛ 不读 dàn。

荙（薘） dá 见 761 页"莙（jūn）荙菜"。

炟 dá 用于人名。如刘炟，东汉章帝。

础（𥕢） dá ❶ 名 卵石（多用于地名）▷～石（在广东）。○ ❷ 名〈文〉石头筑成的蓄水、泄水的设施 ▷造闸～以储湖水。

另见 1324 页 tǎ。

钛（鐽） dá 名 金属元素，符号 Ds。有放射性，由人工核反应获得。

笪 dá ❶ 名〈文〉用粗竹篾编制的席子。多用来晾晒粮食或苫（shàn）盖屋顶。→ ❷ 名〈文〉拉船的竹索。○ ❸ 名 姓。

答 dá ❶ 动 用口说、笔写或行动回应对方 ▷你问我～｜～题｜～拜。→ ❷ 动 回报他人给予自己的恩惠、好处 ▷报～｜～谢。

另见 244 页 dā。

【答案】dá'àn 名 对问题所作的解释、回答 ▷～正确｜找到问题的～了。

【答拜】dábài 动 回拜；回访 ▷改日去～他。

【答辩】dábiàn 动 对别人的提问、指责、控告等进行答复；为自己的观点或行为进行申辩 ▷论文～｜被告有～的权利。

【答辩会】dábiànhuì 名 为选拔、评审、鉴定、招标等而召开的，当事人需陈述见解和回答提问的会议 ▷竞选～明天举行｜论文～。

【答词】dácí 名 表示谢意或回答时所说的话。

【答辞】dácí 现在一般写作"答词"。

【答对】dáduì 动 回答问话 ▷他无言～。

【答非所问】dáfēisuǒwèn 回答的内容跟所问的问题不是一回事儿。

【答复】dáfù ❶ 动 回答问题或要求 ▷对群众的来信要及时～。❷ 名 对问题或要求作出的回答 ▷得到了满意的～。☛ 不要写作"答覆"。

【答话】dáhuà 动 回答问话 ▷问了几声，无人～。也说答（dá）言。☛ 跟"搭话"不同。

【答卷】dájuàn ❶ 动 解答试卷 ▷学生在紧张～。❷ 名 对试题作了解答的试卷 ▷～都交上来了◇在抗洪斗争中交了一份合格的～。

【答礼】dálǐ 动 还礼 ▷～致谢。

【答数】dáshù 名 数学运算得出的数；得数。

【答题】dátí 动 解答试题或其他问题 ▷填写～卡｜他们正在～。

【答问】dáwèn 动 回答问话或问题 ▷起立～。

【答谢】dáxiè 动 对别人的帮助或招待表示感谢 ▷举行～宴会。

【答疑】dáyí 动 解答疑难问题 ▷～解惑。

靼 dá 见本页"鞑（dá）靼"。☛ 不读 dàn。

瘩（*瘩） dá［瘩背］dábèi 名 中医指长在后背的痈。☛ 里面是"荅（dá）"，不是"答"。

另见 263 页 da。

鞑（韃） dá［鞑靼］dádá ❶ 名 古代汉族对北方各少数民族的统称；也曾用以称呼蒙古族。○ ❷ 名 俄罗斯联邦的民族之一。

dǎ

打[1] dǎ ❶ 动 击。a)用手或用器物击打 ▷拍～｜～桩。b)被击而破碎 ▷碗～了｜鸡飞蛋～。c)(用武器等)攻击；攻打 ▷～阵地战｜三～祝家庄。d)(风、雨等)击打 ▷雨～芭蕉｜洪湖水浪～浪。→ ❷ 动 同宾语结合，表示处置这些宾语的相应动作或行为。a)表示捕猎、收获、割取、提取、舀取等 ▷～鱼｜每亩地可～800 斤粮食｜～柴｜从井里～水。b)表示制造、建造、搅动、开凿、编织、绾结、涂抹、加印等 ▷～家具｜～糨糊｜～井｜～毛衣｜～个活结｜～肥皂｜～戳子。c)表示捆扎、揭开等（用来改变事物存在的状态）▷～背包｜～瓶盖儿。d)表示从事某种活动或工作 ▷～前站｜～工｜～坐。e)表示买东西、雇车等 ▷～半斤醋｜～票｜～车。f)进行文娱体育活动或表演（多用手进行）▷～扑克｜～球｜～太极拳｜唱念做～。g)进行书写或与书写有关的活动 ▷～草稿｜～报告｜～证明。h)去掉某种东西（用来获取希望的效果）▷棉花～尖｜～蛔虫｜～胎。i)通过一定的装置发射或使发出 ▷～枪｜～电话。j)通过一定的装置使进入 ▷～气｜～针。k)说出（指嘴的活动，后面的成分多表示某种方式或情况）▷～官腔｜～比方。l)计算；谋划（指脑的活动）▷饭菜～200 元，酒水～50 元｜～主意。m)处置或处理（人际关系上出现的问题）▷～官司｜～离婚｜～交道。n)（不自主地）出现（某些生理等方面的现象）▷～喷嚏｜～冷战。→ ❸ 动 与某些动词或形容词性成分结合，构成复合词。a)与及物动词性成分结合，构成并列结构，"打"的实义虚化，作用是使结合的那个动词表示的意义泛化 ▷～量｜～算｜～扮｜～听。b)与不及物动词性成分结合，构成动补结构，"打"

的实义虚化,作用是使结合的那个动词表示的情况发生 ▷～败|～通|我的发言就此～住。c)与形容词性成分结合,表示发生了某种状况 ▷花～蔫了|后轮～滑。

打[2] dǎ〈口〉❶ 介 引进动作行为起始的地点、时间或范围,相当于"自""从" ▷我～天津来|～上星期他就病了|～班长起到每个战士,都练了一遍。→ ❷ 介 引进动作行为经过的路线、场所 ▷～小路走近点儿|阳光～窗口射进来。→ ❸ 介 引进事物产生的根源 ▷这病就是～受凉得的。

另见 244 页 dá。

【打熬】dǎ'áo ❶ 动 磨炼 ▷他是在艰苦环境中～过的人。❷ 动 忍耐 ▷～着过日子。

【打把式】dǎbǎshi 练武术 ▷早年跟师傅～卖艺。

【打把势】dǎbǎshi 现在一般写作"打把式"。

【打靶】dǎbǎ 动 对准靶子射击 ▷～训练。

【打白条】dǎbáitiáo ❶开具非正式的单据。❷收购物品或支付酬金时暂不付现款,而是开单据作凭证,留待以后兑付。

【打摆子】dǎbǎizi 某些地区指患疟疾。

【打败】dǎbài ❶ 动 战胜(对方) ▷～敌人。❷ 动 被(对方)战胜;失败 ▷这场球蓝队～了。☞"打败"后有宾语时,被打败的是宾语所指的对象;无宾语时,在非"把"字句中,被打败的是主语所指的对象;在"把"字句中,被打败的是"把"的宾语所指的对象。

【打板子】dǎbǎnzi 用板子打人,旧时的一种处罚方式。比喻严厉批评或惩罚 ▷输了比赛,不能光拿运动员～。

【打扮】dǎban ❶ 动 装饰;化装 ▷～得漂漂亮亮的|那位侦察员～成老百姓模样。❷ 名 打扮出来的样子 ▷她的～很入时。

【打包】dǎbāo ❶ 动 包装物品 ▷产品～后陆续运出。❷ 动 特指将买的或未吃完的饭菜装入盒、袋等容器中带走。❸ 动 打开物品的包装 ▷新电脑先放着,用的时候再～。

【打包票】dǎbāopiào 对某种结果事先作出保证 ▷小王肯定能把这件事办好,我敢～。也说打保票。

【打苞】dǎbāo 动 某些植物长出花苞 ▷小麦刚～|石榴～了。

【打抱不平】dǎbàobùpíng 遇到不公平的事,挺身而出,帮助受欺负的一方说话或出力。

【打比方】dǎbǐfang 用比喻的方法说明事物 ▷你的话我明白,用不着～了。

【打边鼓】dǎbiāngǔ 敲边鼓。

【打表】dǎbiǎo 动 多指出租汽车等使用计价器计价 ▷坐出租车要让司机～。

【打不住】dǎbuzhù ❶ 不止(某一数量) ▷这筐苹果 50 斤～。❷ 不够用 ▷这么多人吃饭,10 斤米怕～。

【打擦边球】dǎcābiānqiú 打乒乓球时,侥幸打了一个从对方球台边沿擦过的球,使对方难接而己方得分;比喻行为已经达到规章制度所能容许的边缘,而又尚未出格 ▷政策法规不完善,就难免有人～,钻空子。

【打草】dǎcǎo 动 割草。

【打草稿】dǎcǎogǎo 写出或画出初稿。

【打草惊蛇】dǎcǎo-jīngshé 比喻行动不慎,惊动对方,使有所戒备。

【打叉】dǎchā 动 在试题、公文等上画"×",表示有错误或否定、不认可 ▷老师在学生答错的题上～|领导给一份论证不充分的项目书打了叉。

【打杈】dǎchà 动 除去农作物或其他植物上不必要的枝杈 ▷给棉花～。

【打岔】dǎchà 动 用无关的言语、行动干扰或打断别人的话语、思路等 ▷好好听,别～。

【打禅】dǎchán 动 坐禅。

【打场】dǎcháng 动 在场(cháng)上给收割的农作物脱粒 ▷麦子割下后,要抓紧～入仓。

【打场子】dǎchǎngzi 动 江湖艺人表演前通过敲锣或表演武术等,吸引观众前来围成圆形场地或使观众后退以清出地方作表演场地 ▷人到得差不多了,该～了|那老师傅真厉害,三招两式就打开了场子。

【打车】dǎchē 动 乘出租汽车 ▷路挺远,还是～去吧。也说打的(dī)。

【打成一片】dǎchéng-yīpiàn 彼此融为一个整体。形容关系密切、感情融洽。

【打冲锋】dǎchōngfēng 作战中担当冲锋任务;比喻工作中率先行动,冲在前头 ▷由先头部队～|青年突击队～。

【打出手】dǎchūshǒu 戏曲表演中一种武打程式。以一个角色为中心,同其他几个角色互相抛掷、传递武器。动作惊险,难度很高。

【打怵】dǎchù 动 发怵。

【打憷】dǎchù 动 现在一般写作"打怵"。

【打春】dǎchūn 名 立春。旧时在立春日鞭打衙门前的泥塑耕牛,表示春耕开始,故称。

【打倒】dǎdǎo ❶ 动 打击使倒下 ▷把对手～在地。❷ 动 攻击使垮台 ▷～霸权主义。

【打道回府】dǎdào-huífǔ 古代官员外出返回,差役在前面喝令开路。现戏称回家 ▷球队未能进入第二轮比赛,便早早地～了。

【打的】dǎdī 动 打车。

【打底子】dǎdǐzi ❶画底样或写草稿;比喻奠定基础 ▷不～,直接画|小学课程是为以后学习～的。❷垫底 ▷这道扣肉用芋头～。

【打点滴】dǎdiǎndī 输液。
【打点】dǎdian ❶ 动 整理；收拾 ▷～行装。❷ 动 送人钱物以疏通关系，请求关照 ▷上下～。
【打叠】dǎdié 动 收拾；安排 ▷一切都已～停当。☛ 不要写作"打迭"。
【打顶】dǎdǐng 动 掐去棉花等作物的顶端，以抑制茎干过度生长。通称掐尖儿。也说打尖儿。
【打动】dǎdòng 动 用言行感动别人 ▷情真意切的一席话～了她。
【打斗】dǎdòu 动 撕打争斗 ▷这群流氓整天在街上～闹事｜～片儿。
【打逗】dǎdòu 动 打趣；逗乐儿。
【打嘟噜】dǎdūlu ❶连续颤动舌尖或小舌发音。如俄语中的"p"发音时要颤动舌尖，法语中的"r"发音时要颤动小舌。❷发音含混不清 ▷别～，把话说清楚点儿。
【打赌】dǎdǔ 动 就猜测某件事的真相或结果赌输赢 ▷这场球中国队准赢，你敢跟我～吗？
【打短工】dǎduǎngōng 短时间替别人做工并获取报酬。
【打断】dǎduàn ❶ 动 击打使折断 ▷腿被～了。❷ 动 使（别人的谈话、行动）中断 ▷请不要～人家的发言。
【打盹儿】dǎdǔnr 动（趴或倚靠东西）短暂睡眠 ▷在沙发上～｜刚才打了个盹儿。
【打趸儿】dǎdǔnr 副〈口〉成批地；一总 ▷～买价钱便宜｜我把大伙儿的奖金～都领来了。
【打哆嗦】dǎduōsuo 哆嗦 ▷冻得～｜吓得～。
【打耳光】dǎ'ěrguāng 用手掌打耳朵前面的脸部。也说打耳刮子。
【打发】dǎfa ❶ 动 派遣 ▷～人去提货。❷ 动 摆脱；使离去 ▷总算把这件麻烦事～掉了｜把他们俩～走了。❸ 动 消磨（时间）▷看闲书～日子。❹ 动 安排 ▷～他早点儿睡。
【打翻】dǎfān 动 打击使翻倒 ▷小船被海浪～。
【打翻身仗】dǎfānshēnzhàng 比喻彻底改变被动落后的局面。
【打非】dǎfēi 动 指依法打击制作、销售非法出版物和音像制品 ▷必须加大扫黄～力度。
【打分】dǎfēn 动 评分①。
【打稿】dǎgǎo 动 写出或画出底稿、底样 ▷先～，然后再往正式表格上填写。
【打嗝儿】dǎgér ❶ 动 嗳气的俗称。❷ 动 呃逆的俗称。
【打更】dǎgēng 动 旧时一种报时方法。夜间每到一更，巡夜的人就打梆子或敲锣报时。
【打工】dǎgōng 动 受雇佣给人做工 ▷外出～。
【打工妹】dǎgōngmèi 名 指打工的青年女子。
【打工仔】dǎgōngzǎi 名 指打工的青年男子；泛指打工的年轻人。
【打躬作揖】dǎgōng-zuòyī 旧时一种礼节，双手抱拳，弯腰行礼；现多用来形容过分谦卑 ▷不要这样～地求他了。
【打拱】dǎgǒng 动 旧时一种礼节，双手抱拳至胸，上下微微晃动。
【打钩】dǎgōu 动 在试题、公文等上画"√"，用来表示正确或肯定、认可 ▷他答的每道题，老师都～了｜请在您选中项目的左侧"□"内～。
【打谷场】dǎgǔcháng 名 供谷物晾晒、脱粒用的场院。☛"场"这里不读 chǎng。
【打鼓】dǎgǔ 动 比喻因心里没底而忐忑不安 ▷越是临近比赛，他心里越是～。
【打瓜】dǎguā 名 西瓜的一种。个儿小而瓜子较多，成熟后用手打开即可食用。栽培这种西瓜主要是为了取瓜子。
【打卦】dǎguà 动 占卦。
【打拐】dǎguǎi 动 依法打击拐卖妇女、儿童的犯罪行为。
【打官腔】dǎguānqiāng 比喻用冠冕堂皇的话来敷衍推托。参见 504 页"官腔"。
【打官司】dǎguānsi 通过法院解决争端。
【打光棍儿】dǎguānggùnr 指成年男子没有妻子，过单身生活。
【打鬼】dǎguǐ ❶ 动 迷信指驱逐妖邪。❷ 动 藏传佛教举行的一种仪式，僧人扮作神佛、鬼怪等，驱魔祈福。
【打滚儿】dǎgǔnr ❶ 动 躺着来回滚动 ▷疼得直～｜在地上～耍赖。❷ 动 比喻长期处在某种艰难困苦的环境中 ▷他是在那个小山村里～长大的。
【打棍子】dǎgùnzi 用棍子打人；比喻随意罗织罪名，打击迫害人。
【打哈哈】dǎhāha ❶开玩笑 ▷别净～，耽误了正事。❷敷衍搪塞 ▷这事得认真办，别～。
【打哈欠】dǎhāqian（疲劳、困倦时）不由自主地张开嘴深吸气，然后又呼出。
【打鼾】dǎhān 动 睡着时因呼吸受阻而发出时断时续的粗重响声。也说打呼噜、打呼。
【打寒战】dǎhánzhàn 因寒冷、疾病、惊吓等而身体不由自主地颤（chàn）抖 ▷冻得我直～｜患疟疾常～。也说打冷战。☛ 不宜写作"打寒颤"。
【打夯】dǎhāng 动 用夯砸实地基。
【打黑】dǎhēi 动 指依法打击具有黑社会性质的犯罪团伙 ▷重拳～｜～除恶。
【打横】dǎhéng ❶ 动 围着方桌坐时，坐在横向的末座 ▷您坐主位，他坐客位，我～作陪。❷ 动 由直向转成横向 ▷风浪太大，皮筏子直～。
【打呼噜】dǎhūlu 打鼾。
【打滑】dǎhuá ❶ 动 车轮、皮带轮等空转使车不前进或皮带轮带不动皮带 ▷缝纫机的皮带光～。❷ 动 因地滑而走不稳或站不住 ▷地板上有水，走路～。

【打晃儿】dǎhuàngr 动 身体晃动，站不稳 ▷身体虚弱，站着直～。

【打诨】dǎhùn 动 原指戏曲丑角在演出中即兴说一些诙谐逗趣儿的话；现也泛指在谈话中故意说一些逗乐儿的话 ▷插科～｜咱们现在谈正经事，你怎么老～说笑。

【打火】dǎhuǒ 动 按动点火装置的按钮使产生火焰；特指启动汽车、摩托车上的点火装置 ▷～机｜汽车修理好了，你～试一试。

【打火机】dǎhuǒjī 名 一种主要用来点燃烟卷儿的微型取火器。

【打伙儿】dǎhuǒr 动〈口〉搭伙②。

【打击】dǎjī ❶ 动 敲打；撞击 ▷锣、鼓、镲都是～乐器。❷ 动 攻击使受挫；挫伤 ▷坚决～一切违法犯罪活动｜自信心受到了～。

【打击报复】dǎjī-bàofù 对批评或揭发过自己的人进行攻击或使其遭受损害。

【打击乐】dǎjīyuè 名 主要用打击乐器演奏的乐曲。如《翻身锣鼓》。

【打击乐器】dǎjī yuèqì 由敲打而发音的乐器。如编钟、锣、鼓、木鱼、梆子等。

【打饥荒】dǎjīhuang 经济上出现亏空；靠借债度日 ▷老人病了以后，我们家就开始～了。

【打基础】dǎjīchǔ 做好前期工作，为以后的发展作准备。

【打家劫舍】dǎjiā-jiéshè 结伙入室抢夺财物。

【打假】dǎjiǎ 动 指依法打击制造、销售假冒伪劣商品的行为。

【打价】dǎjià ❶ 动〈口〉还价 ▷萝卜两元一斤，不～。❷ 动 打印并贴上价格标签 ▷给水果封装～。

【打架】dǎjià 动 争吵打斗 ▷～斗殴。

【打尖】dǎjiān 动 指在长途行进中稍作休息并进食 ▷走了好几个钟头，该～了。

【打尖儿】dǎjiānr 动 打顶。

【打歼灭战】dǎjiānmièzhàn 进行消灭全部或大部分敌人的战役或战斗；比喻集中力量突击完成某一任务 ▷集中全公司主要技术力量～，很快就研制出了新的杀毒软件。

【打交道】dǎjiāodào 交往联系；接触 ▷他是设计人员，经常跟图纸～。

【打搅】dǎjiǎo 动 打扰。

【打醮】dǎjiào 动 道士设祭坛做法事。

【打劫】dǎjié 动 用强力抢夺(财物) ▷趁火～。

【打结】dǎjié 动 把绳子或软条状物缩成疙瘩 ▷领带怎样～？｜绳子打了个结。

【打紧】dǎjǐn〈口〉❶ 形 要紧(除选择问句外多用于否定) ▷这件事不～｜把这段不～的话删去吧。❷ 副 赶紧 ▷这事得～办。

【打井】dǎjǐng 动 凿井；钻井 ▷～取水。

【打卡】dǎkǎ 动 把磁卡贴近或插入磁卡机做记号；特指打考勤卡，记录上下班时间。

【打开】dǎkāi ❶ 动 把包裹、捆扎、封闭等的东西弄开 ▷～书包｜把保险柜～。❷ 动 改变停滞、狭窄或封闭的状况，使进展或扩大 ▷～工作局面｜～思路。

【打开天窗说亮话】dǎkāi tiānchuāng shuō liànghuà 比喻公开而坦率地说出来 ▷咱们～，我的目的，就是这个！也说打开窗子说亮话。

【打瞌睡】dǎkēshuì 打盹儿；处于半睡半醒状态。

【打垮】dǎkuǎ 动 打击使崩溃、垮台 ▷～敌人。

【打蜡】dǎlà 动 涂蜡，用来保持光洁 ▷实木地板要经常～。☛"蜡"不要误写作"腊"。

【打捞】dǎlāo 动 捞取沉入水下的东西。

【打雷】dǎléi 动 阴雨天气云层放电时发出巨响。

【打擂台】dǎlèitái 上擂台比武；现多比喻参加竞赛 ▷世界乒坛高手来京～。也说打擂。

【打冷枪】dǎlěngqiāng 从隐蔽处突然向没有防备的人开枪；比喻暗算别人。

【打冷战】dǎlěngzhan 打寒战。☛ 不宜写作"打冷颤"。

【打理】dǎlǐ 动 料理；经营 ▷夫妻都上班，家里没人～｜～公司业务。

【打脸】dǎliǎn ❶ 动 戏曲演员按照脸谱勾脸。○❷ 动 指说过的话、作过的承诺被证明不符合事实而丢脸 ▷被人公开～的滋味并不好受｜产品质量低劣，打了自家的脸。

【打量】dǎliang ❶ 动 审视；观察 ▷全身上下～了一番。❷ 动 估量；认为 ▷我～你也不敢去。

【打猎】dǎliè 动 在野外捕杀鸟兽。

【打零】dǎlíng 动 做零工。

【打卤面】dǎlǔmiàn 名 浇有卤汁(多用肉、鸡蛋、菜等勾芡制成)的面条。

【打乱】dǎluàn 动 破坏常规；使混乱 ▷～计划。

【打落水狗】dǎluòshuǐgǒu 比喻毫不留情地彻底打垮已失败而仍在挣扎的坏人 ▷一定要痛～，不给恶势力以喘息之机。

【打马虎眼】dǎmǎhuyǎn〈口〉装糊涂蒙骗人 ▷认真对待质量检查，切不可～。

【打埋伏】dǎmáifu ❶把兵力隐藏起来，在适当的时机出击。❷比喻把财物、人力或存在的问题隐藏起来 ▷把问题统统摆出来，不能～。

【打闷棍】dǎmèngùn 为抢劫财物等而从背后用棍将人打昏；比喻给人以突如其来的沉重打击。

【打闷雷】dǎmènléi 比喻不明事情底细，心里瞎猜疑 ▷你给大家交个底，省得我们～。

【打鸣儿】dǎmíngr 动（雄鸡）啼叫。

【打磨】dǎmó 动 摩擦器物表面，使光滑；也比喻对文章或文艺作品等反复加工 ▷把大刀～得铮亮|这个节目还需要～。

【打闹】dǎnào ❶ 动 吵嘴打架 ▷为这点儿事就～，不怕人笑话？❷ 动 打斗取乐 ▷上自习课时不要～。

【打内战】dǎnèizhàn 进行国内战争；比喻单位、系统等内部发生争斗 ▷因人事安排～。

【打蔫儿】dǎniānr ❶ 动 植物枝叶萎缩下垂 ▷久旱无雨，树叶都～了。❷ 动 比喻情绪低落，精神不振 ▷小伙子别～，吸取教训接着干。

【打拍子】dǎpāizi 按照旋律节拍击掌或挥动手臂、指挥棒 ▷小郑～指挥大家唱歌。

【打牌】dǎpái 动 玩纸牌、麻将等。

【打泡】dǎpào 动（手、脚等）因过度摩擦而起泡。

【打炮】dǎpào ❶ 动 放炮；发射炮弹。❷ 动 指演员第一次登台演出；也指名角新到某地登台演出拿手戏 ▷他以《野猪林》～亮相。

【打屁股】dǎpìgu 旧时一种刑罚。现比喻严厉批评或严厉惩罚（含诙谐意）▷工程进度太慢，能不～吗？

【打拼】dǎpīn 动 拼搏；奋斗 ▷成功靠～。

【打平手】dǎpíngshǒu（比赛、争斗等）结果不分高下输赢 ▷我们俩～，谁也没输。

【打破】dǎpò 动 突破原有的纪录、规定或限制等 ▷～百米世界纪录|～常规。

【打破砂锅问到底】dǎpò shāguō wèn dàodǐ 形容对事情的原委追根寻底。"问"跟"璺(wèn)"谐音，"璺"指陶瓷、玻璃等器物上的裂纹。陶瓷类器物破裂后，裂纹就会直通到底。

【打气】dǎqì ❶ 动 把气体压入需充气的物体内 ▷给车胎～。❷ 动 比喻给人鼓劲 ▷拉拉队不断给运动员～。

【打千】dǎqiān 动 旧时一种礼节，右手下垂，左腿向前屈膝，右腿稍弯曲。

【打钎】dǎqiān 动 爆破作业中用钎子在岩石上凿孔。

【打前失】dǎqiánshi 动 牲口因前蹄没有站稳而跌倒或几乎跌倒。

【打前站】dǎqiánzhàn 行军、拉练或集体出行时，先派人到前方将要停留或到达的地方预作安排；泛指外出办事时先派人去安排有关事宜 ▷队伍出发前，先派三个人去～。

【打枪】dǎqiāng ❶ 动 放枪；发射枪弹。❷ 动 枪替。

【打情骂俏】dǎqíng-màqiào 男女间以亲昵的打骂互相调情。

【打秋风】dǎqiūfēng 旧时指找借口向别人索取钱物。也说打抽丰。

【打趣】dǎqù 动 拿别人开玩笑；泛指开玩笑 ▷妈妈～说："你快成孙悟空了！"|他总爱拿别人～。

【打圈子】dǎquānzi 兜圈子。

【打拳】dǎquán 动 练习或表演拳术。

【打群架】dǎqúnjià 聚众斗殴。

【打扰】dǎrǎo ❶ 动 干扰；扰乱 ▷小柳正在学习，不要去～他。❷ 动 客套话，用于受招待或求人帮助时表示歉意 ▷这几天多有～。

【打入】dǎrù ❶ 动 通过一定的动作、方式使进入 ▷把球～对方球门。❷ 动 特指进入对方组织内部或后方进行活动 ▷～敌人后方。

【打入冷宫】dǎrù-lěnggōng 旧小说、戏剧中指帝王把不喜欢的后妃软禁起来。比喻把不喜欢的人或东西闲置起来不予理睬。

【打扫】dǎsǎo 动 扫除使干净；清理 ▷～房间。

【打闪】dǎshǎn 动 云层放电时发出一闪即逝的强光（多发生在阴雨天气）。

【打扇】dǎshàn 动（给人）扇(shān)扇子。

【打胜】dǎshèng 动 打赢；夺得胜利。

【打食】dǎshí ❶ 动（鸟兽）到窝外寻找食物。○ ❷ 动 用药物排除积食。

【打手】dǎshou 名 受雇殴打、欺压别人的帮凶。

【打水漂】dǎshuǐpiāo 一种游戏，向水面投掷瓦片或石片等，使在水面上跳跃前进；比喻全部丧失 ▷去湖边～玩|决策失误，使投资的钱都～了。

【打私】dǎsī 动 指依法打击走私、贩私活动。

【打算盘】dǎsuànpán ❶ 拨打算盘珠子计算。❷ 盘算；打主意 ▷处处～为公家省钱。☛ 义项②口语中多读 dǎsuànpan。

【打算】dǎsuan ❶ 动 计划；考虑 ▷我～去边疆工作。❷ 名 想法；念头 ▷要有长远～。

【打胎】dǎtāi 动 人工流产。

【打太极拳】dǎtàijíquán 练习或表演太极拳。太极拳中多有舒缓的推拉动作，因而用来比喻在工作中推诿拖拉。参见 1328 页"太极拳"。

【打探】dǎtàn 动 打听；探问 ▷～虚实。

【打天下】dǎtiānxià 用武力夺取政权；比喻创建新的事业 ▷～不易，保天下更难|依靠科学和艰苦奋斗～。

【打铁】dǎtiě 动 用手工打造铁器；泛指锻造钢铁工件。

【打挺儿】dǎtǐngr 动〈口〉头部向后仰，胸部、腹部用力向上挺起 ▷鲤鱼～。

【打听】dǎting 动 向别人询问、了解（消息、情况等）▷向您～一下去陈庄怎么走。

【打通】dǎtōng ❶ 动 除去阻隔或障碍，使贯通 ▷～隧道。❷ 动 比喻消除思想障碍或隔阂 ▷～他的思想。

【打通关】dǎtōngguān 原指宴席上一个人跟在座

的人逐一划拳喝酒；比喻在系统性工作中对每一项都很熟练 ▷教高中数学他能～了。

【打头】dǎtóu ❶ 动 领头；处在最前的位置 ▷入场时，代表团团长～|A字母～，按音序排列。○❷ 副 某些地区指从头 ▷～学|错了，再～儿重来。

【打头炮】dǎtóupào 打第一炮；比喻带头发言或行动 ▷没有人说，我就先来～吧！|为擂台赛～的是一位青年老旦演员。

【打头阵】dǎtóuzhèn 打仗时最先出阵；比喻率先出场或带头行动 ▷那次战斗，我们连～|经济发展，科技～。

【打退堂鼓】dǎtuìtánggǔ 比喻做事中途变卦退缩。参见1398页"退堂鼓"。

【打弯儿】dǎwānr 动 由直变弯 ▷累得他胳膊一～就疼|小树怎么～了？

【打围】dǎwéi 动 围捕野兽；泛指打猎。

【打问】dǎwèn 动 打听；询问。

【打问号】dǎwènhào 标出标点符号"？"；借指不完全相信或提出怀疑 ▷这个广告说得太玄了，不能不让人～。

【打下】dǎxià ❶ 动 攻克；占领 ▷～敌人据点。❷ 动 奠定 ▷～良好的基础。

【打下手】dǎxiàshǒu 给别人当助手；做辅助工作 ▷这事由你牵头，我给你～。

【打先锋】dǎxiānfēng 行军作战中充当先头部队；比喻工作中起带头作用。

【打响】dǎxiǎng ❶ 动 指开始交战 ▷战斗已经～了。❷ 动 比喻事情办得好，引起了轰动 ▷他第一堂课就～了。

【打响指】dǎxiǎngzhǐ 一种手指动作，把拇指紧贴中指，使劲搓开，使中指打在掌上发声。某些地区也说打榧子。

【打消】dǎxiāo 动 消除；放弃（某种念头、想法）▷～疑虑。

【打小儿】dǎxiǎor 动 某些地区指从小 ▷他～就失去双亲。

【打小报告】dǎxiǎobàogào 出于不正当的动机，向上级密告别人的所谓缺点或错误。

【打小算盘】dǎxiǎosuànpan 比喻不顾大局，只为自己或局部利益打算。

【打斜】dǎxié ❶ 动 不在正中，朝斜向移动；偏向一边 ▷太阳～了。❷ 动 坐或站立时斜对着尊长或客人，以示谦恭 ▷～站在老先生身旁。

【打旋】dǎxuán 动 旋转；盘旋 ▷晕得厉害，感觉天地都在～|鸽子在空中～。

【打雪仗】dǎxuězhàng 一种游戏，把雪捏成团儿互相投掷。

【打压】dǎyā 动 打击压制 ▷不准～不同意见。

【打鸭子上架】dǎ yāzi shàngjià 赶鸭子上架。

【打牙祭】dǎyájì 原指每逢月初、月中吃一次肉食（牙祭：旧时店主、雇主向所雇用的人定期提供肉食）；现泛指偶尔吃一顿丰盛的饭菜。

【打哑谜】dǎyǎmí 以动作设置谜面；比喻有话不直说，故意让人猜测 ▷有话就明说，别～。

【打掩护】dǎyǎnhù ❶ 指用牵制、迷惑敌军的方法保护主力部队完成任务。❷ 比喻掩护或包庇（坏人、坏事）▷不要替犯罪分子～。

【打眼】dǎyǎn ❶ 动 买东西或对物品作鉴定时没能分辨优劣真伪 ▷他买古玩～了。○❷ 形 某些地区指引人注目 ▷她的装束太～了。

【打眼儿】dǎyǎnr 动 钻孔 ▷用电钻～|在峭壁上～装炸药。

【打样】dǎyàng ❶ 动 在建筑房屋、制造器具前画出设计图样或做出实物模型。❷ 动 书籍、报刊排版后，印出样张（供审改、校对用）。

【打烊】dǎyàng 动 某些地区指商店晚间关门停止营业。

【打药】dǎyào ❶ 动 喷洒药物。○❷ 名 泻药。

【打印】dǎyìn ❶ 动 加盖印章 ▷须有关部门～才能生效。❷ 动 打字并印刷；今多指把电脑中的文字、图像等印到纸张、胶片等上面 ▷～遗嘱|～文件。

【打印机】dǎyìnjī 名 与电子计算机相连，可将计算机中储存的文字、图像印制出来的办公设备。

【打印台】dǎyìntái 名 印台。

【打印纸】dǎyìnzhǐ 名 供打印机用的纸。

【打赢】dǎyíng 动 在争斗中取得胜利 ▷不可能场场比赛都～。

【打油】dǎyóu ❶ 动 零星买油。○❷ 动（给皮革制品）上油。

【打油诗】dǎyóushī 名 一种不太讲究格律，内容通俗诙谐，多用于游戏、玩笑场合的旧体诗。相传由唐代张打油首创，故称。

【打游击】dǎyóujī 进行游击战；比喻工作或活动没有固定地点（含诙谐意）▷我们还没有自己的办公用房，只得到处～。

【打预防针】dǎyùfángzhēn 注射预防疾病的疫苗；比喻事先进行教育或提醒、嘱咐，以防不良后果发生。

【打圆场】dǎyuánchǎng 为调解纠纷、缓和僵局而从中斡旋 ▷要不是他～，事情就闹僵了。

【打援】dǎyuán 动 阻击增援的敌军 ▷采取围城～战术。

【打杂儿】dǎzár 动 干杂活儿。

【打砸抢】dǎ-zá-qiǎng 指打人、砸东西、抢财物等暴力活动。

【打造】dǎzào ❶ 动 制造（多指金属制品）▷～航母|～农具|～家具。❷ 动 创建；营造（环境、局面等）▷～和谐的氛围。❸ 动 培育（人

才、队伍等）▷～科技人才队伍。❹ 动 创立（多用于抽象事物）▷～城市形象。

【打战】dǎzhàn 动 发抖；哆嗦。

【打颤】dǎzhàn 现在一般写作“打战”。

【打仗】dǎzhàng 动 进行战争或战斗。

【打招呼】dǎzhāohu ❶用语言、动作向人表示友好或问候 ▷他冲我～。❷事前或事后非正式地通知、关照 ▷需要我帮忙时，请早点儿～。

【打照面儿】dǎzhàomiànr ❶对面相遇 ▷我俩正好在大门口打了个照面儿。❷露一下面 ▷开会时你得来打个照面儿。

【打折】dǎzhé 动 商品按原价的一定比率降价出售；比喻没有百分之百地按原来的标准或承诺去做 ▷冬天一过，冬衣纷纷～出售｜执行政策不能～。也说打折扣。

【打针】dǎzhēn 动 把液体药物注射到体内 ▷去医院～｜打了两针。

【打制】dǎzhì 动 用手工制造 ▷～家具。

【打肿脸充胖子】dǎ zhǒng liǎn chōng pàngzi 比喻本来不行却要硬充好汉或硬撑门面。

【打中】dǎzhòng 动 打在目标上 ▷～要害。

【打皱】dǎzhòu 动 出现皱纹 ▷衣服压得～了。

【打主意】dǎzhǔyi 想办法；费心机 ▷必须在节约开支上～｜别打我的主意。☛“主意”口语中也说 zhúyi。

【打住】dǎzhù 动 停住；止住 ▷唱着唱着，突然～了。

【打转】dǎzhuàn 动 转动；转圈 ▷光是轮子～，车却不往前走｜他急得在屋子里直～。

【打桩】dǎzhuāng 动 把桩子砸入地下，使建筑物基础牢固 ▷～机。

【打字】dǎzì 动 用键盘向电子计算机输入文字符号或用专门的打字机把文字符号打在纸上。

【打字机】dǎzìjī 名 用按键方式把文字或符号打在纸上的机械。

【打字员】dǎzìyuán 名 以打字为职业的人员。

【打字纸】dǎzìzhǐ 名 专门供打字机打字用的纸，较薄，韧性好。

【打总】dǎzǒng 动〈口〉加在一起；合并起来一齐做 ▷～没多少钱，一次给他算了。

【打嘴】dǎzuǐ 动 打嘴巴；比喻使自己丢脸 ▷他净做这种该～的事儿。

【打嘴仗】dǎzuǐzhàng 指吵架；争论。

【打坐】dǎzuò 动 僧道修炼的一种方法。闭目盘腿而坐，手放在一定的位置上，屏除杂念。也指某些气功静坐的健身法。

dà

大[1] dà ❶ 形 在面积、体积、容量、数量、年龄、力量、强度、程度、重要性等方面超过通常的情况或特定的比较对象（跟“小”相对）▷这间房子真～｜～瓶子｜卖个～价钱｜年纪～｜劲头比我～｜～地震｜～事情。→ ❷ 副 表示程度深 ▷～失所望｜不～舒服。→ ❸ 形 敬词，称与对方有关的事物 ▷尊姓～名｜～作。→ ❹ 形 排行第一的 ▷～舅｜老～。→ ❺ 形 形容大小的程度 ▷船上的甲板有两个篮球场那么～。→ ❻ 形 时间较远的 ▷～前天｜～后年。→ ❼ 形 用在某些时令、天气、节假日或时间前，表示强调 ▷～热天的，歇会儿吧｜～年三十｜～清早。

大[2] dà 名 某些地区指父亲或叔父、伯父 ▷俺～俺娘都来｜他是我二～。☛ ㊀“大”字读 dài，只用于少数词语，如“山大王”“大夫（医生）”等。㊁两个“大”连用，分别用在单音节的名词、动词、形容词前，构成“大……大……”格式，表示规模大、程度深。如：大风大浪、大操大办、大红大紫。㊂跟“特”连用，分别用在同一个动词前，构成“大……特……”格式，表示规模大、程度深。如：大讲特讲、大睡特睡。

另见 264 页 dài。

【大案】dà'àn 名 重大案件 ▷～要案。

【大巴】dàbā 名 大型客车（巴：巴士）。

【大坝】dàbà 名 江河湖泊上高大的拦水建筑物 ▷长江三峡～。

【大白】dàbái ❶ 名〈口〉粉刷墙壁用的白垩（è）▷买点儿～刷墙。○ ❷ 动（事情的经过缘由）全部显露出来 ▷千古谜团，～于世｜真相～。

【大白菜】dàbáicài 名 一年或二年生草本植物，椭圆或长圆形，叶生于短缩茎上，叶片薄而大，叶心嫩白或浅黄色。是普通蔬菜。也说白菜。

【大白话】dàbáihuà 名 通俗的口语 ▷推广农业技术要多使用～。

【大白天】dàbáitiān 名 白天（有强调的意味）▷～的，还开着灯干吗？

【大伯子】dàbǎizi 名〈口〉丈夫的哥哥。

【大败】dàbài ❶ 动 遭到惨重失败 ▷球队～而归。❷ 动 使（对方）遭到惨重失败 ▷～来犯之敌｜～对方球队。

【大班】dàbān ❶ 名 幼儿园里的最高班级 ▷我孙子正在上～。○ ❷ 名 英语 taipan 音译。旧时称洋行经理。

【大板车】dàbǎnchē 名 平板车。

【大半】dàbàn ❶ 数 比一半大或比半数多的部分 ▷我们班有一～是女生。❷ 副 表示可能性较大 ▷他～会坐火车去。

【大半天】dàbàntiān ❶ 名 超过半个白天而不足整个白天的时段 ▷修车用了～。❷ 名 泛指

较长的时间 ▷我在门口等了你～。

【大半夜】dàbànyè 名 超过半个夜晚而不足整夜的时段 ▷我～没睡着。

【大包大揽】dàbāo-dàlǎn 全部承担下来，表示有把握，负得起责任。

【大包干儿】dàbāogānr 名 我国农村家庭联产承包责任制的主要形式。农户承包集体土地，自主经营，在交纳完国家和集体的各种费用以后，其余收入均归承包者个人所有。

【大饱眼福】dàbǎoyǎnfú 看到珍奇或美好的事物，精神上得到很大的满足。

【大鸨】dàbǎo 名 鸟，高可达 1 米，背部有黄褐色和黑色斑纹，腹部灰白色，不善飞而善奔驰，能涉水，常群栖在草原地带。也说地鹔(bǔ)。

【大暴雨】dàbàoyǔ 名 下得很大的暴雨；气象学上指 24 小时内降雨量在 100.0—249.9 毫米之间的雨。

【大爆炸】dàbàozhà ❶ 动 剧烈爆炸 ▷火药库～。❷ 动 比喻迅猛发展或增长 ▷知识～。

【大本】dàběn 名 大学本科的简称(跟“大专”相区别) ▷他有～文凭。

【大本营】dàběnyíng ❶ 名 战争时期军队的最高统帅部 ▷直捣敌人的～。❷ 名 泛指进行某种活动的根据地。

【大笔】dàbǐ 名 敬词，用于称他人的笔(多用在请求他人动笔时) ▷有劳您的～。

【大笔一挥】dàbǐ-yīhuī 形容运笔神速，一挥而就(多用作请人书写、绘画等时的恭维话)；也形容行文、做事果断或随意。

【大便】dàbiàn ❶ 动 (人或某些动物)排泄粪便。❷ 名 (人或某些动物)排泄的粪便。

【大兵】dàbīng ❶ 名 士兵。❷ 名 指人数众多、声势浩大的军队 ▷～压境。

【大兵团】dàbīngtuán 名 由多支部队组成的战斗团体；也比喻人数多或规模大的集体。

【大兵团作战】dàbīngtuán zuòzhàn 使用众多兵力协同作战；比喻集中大批人力投入某项生产或工作。

【大饼】dàbǐng 名 面粉烙的大张的圆饼。

【大病】dàbìng ❶ 动 得了严重的疾病 ▷～一场。❷ 名 严重的疾病 ▷生了一场～。

【大伯】dàbó ❶ 名 父亲的大哥。❷ 名 对比父亲年岁略大的男子的尊称。

【大不敬】dàbùjìng 原指不尊敬皇帝，是封建时代的重罪；现也用来指对长辈或领导极不尊敬。

【大不了】dàbuliǎo ❶ 形 了不得(多用于否定或反问) ▷一点儿小病有什么～的？❷ 副 表示最多也不过如此 ▷今天办不成，～明天办。

【大步流星】dàbù-liúxīng 形容步子大，走得快，像流星飞过一样。

【大部】dàbù 名 大部分 ▷歼敌～。

【大部分】dàbùfen 名 指占总数一半以上的数量。

【大部头】dàbùtóu 名 浩繁的篇幅；借指长篇巨著 ▷一本～的书｜天天抱着～翻来翻去。

【大材小用】dàcái-xiǎoyòng 大材料用在小处；借指人才使用不当，浪费人才。

【大菜】dàcài ❶ 名 酒宴上大碗或大盘的主菜。如全鸡、全鱼等。❷ 名 西餐的旧称。

【大餐】dàcān ❶ 名 丰盛的饭菜；比喻规模大、品位高、内容丰富的活动或事物 ▷音乐～｜信息～。❷ 名 指西餐 ▷俄式～。

【大操大办】dàcāo-dàbàn 指在举行庆典或婚丧等活动时讲排场，摆阔气，挥霍浪费。

【大肠】dàcháng 名 肠的一部分。上连小肠，下通肛门，分为盲肠、结肠和直肠三部分，比小肠粗。主要功能是吸收水分和无机盐，形成和排泄粪便。

【大肠杆菌】dàcháng gǎnjūn 人和动物大肠内的一种细菌。有的会引起腹泻，有的会引起肠外感染，多数不致病。

【大氅】dàchǎng 名 大衣。

【大钞】dàchāo 名 面额大的纸币 ▷面值百元的～。也说大票。

【大潮】dàcháo ❶ 名 地球、太阳和月球位置处于一条直线时所引起的大的潮汐。大潮每月发生两次，在农历每月初一和十五或其后的两三天出现。此时潮水涨落幅度最大。❷ 名 比喻声势浩大的时代潮流 ▷西部开发的～。

【大车】dàchē 名 用马、骡等大牲畜拉的两轮或四轮车 ▷赶～。

【大俥】dàchē 名 对轮船上管理动力机器的人或火车司机的尊称。

【大彻大悟】dàchè-dàwù 彻底醒悟(彻：通；悟：明白，觉醒)。

【大臣】dàchén 名 君主国家的高级官员；现也指某些君主立宪国家的内阁成员 ▷王公～｜外交～。

【大乘】dàchéng 名 公元 1 世纪前后形成的佛教主要流派，认为人皆有佛性、皆可成佛，强调普度众生。自比能运载无量众生到达彼岸，故以“大乘”自名(跟“小乘”相区别)。

【大吃大喝】dàchī-dàhē ❶ 没有节制地过量吃喝 ▷由着性子～，太伤身体。❷ 大摆筵宴，肆意浪费钱财吃喝(多指用公款) ▷严肃查处使用公款～。

【大吃一惊】dàchīyījīng 形容对听到或看到的事感到非常惊讶。

【大虫】dàchóng 名 老虎(多见于近代汉语)。

【大出血】dàchūxuè 动 动脉破裂或内脏损伤等引

起的大量出血；现也用来比喻做赔本生意或损失大笔钱财（血：表示比喻义时口语读 xiě）▷这家商场今天～了，1 到 5 折甩卖。

【大厨】 dàchú 名 级别高的厨师；泛指厨师。

【大处落墨】 dàchù-luòmò 写文章或绘画从重要的地方着笔下功夫；比喻做事从大处着眼，着力解决关键问题。

【大疮】 dàchuāng 名 梅毒、软下疳等性病在体表形成的溃疡的俗称。

【大吹大擂】 dàchuī-dàléi 形容大肆宣扬吹嘘（含贬义）。

【大吹法螺】 dàchuī-fǎluó 佛家讲经说法要吹法螺。后用"大吹法螺"比喻说大话。

【大锤】 dàchuí 名 锤头重量大的锤子。一般在开矿、筑路、锻造等作业中使用。

【大醇小疵】 dàchún-xiǎocī 大体完美但小有缺陷（醇：纯正；疵：缺点）。

【大慈大悲】 dàcí-dàbēi 极富慈善同情之心。原为佛教歌颂佛的用语，现多用来称颂别人心肠慈善。

【大葱】 dàcōng 名 葱的主要品种。植株较粗大，用种子繁殖。

【大错特错】 dàcuò-tècuò 形容错误很严重。

【大打出手】 dàdǎchūshǒu 形容凶狠地动手打人或相互殴打。参见 246 页"打出手"。

【大大】 dàdà 副 极大地 ▷开支～缩减。

【大大咧咧】 dàdaliēliē 形 形容马虎随便 ▷别看他平时～，工作起来却一点儿也不含糊。

【大胆】 dàdǎn 形 胆量大；不畏缩 ▷侦察员要～细心｜～改革｜～的想法。

【大刀】 dàdāo 名 古代兵器，带长柄的刀；后也指用作武器的短柄长刀。

【大刀阔斧】 dàdāo-kuòfǔ 比喻做事果断、有魄力，像使大刀、用阔斧那样。

【大道】 dàdào ❶ 名 宽阔平坦的道路 ▷阳关～。❷ 名 古代指儒家最高的政治理想，即"天下为公"的社会；也指最高的治世原则。

【大道理】 dàdàolǐ 名 带有全局性质的道理 ▷小道理要服从～。

【大德】 dàdé 名 大功德；大恩德 ▷积小善成～。

【大敌】 dàdí 名 强大的敌人；比喻危害极大的事物 ▷～当前，团结为重｜虫害是庄稼的～。

【大抵】 dàdǐ ❶ 副 大多；大都 ▷到苏州的人，～要去观前街逛逛。❷ 副 大致；基本上 ▷剧本的情节，～就是我说的这些。

【大地】 dàdì ❶ 名 指广大的山川土地 ▷祖国～｜绿化～。❷ 名 指地球 ▷～测量。

【大地原点】 dàdì yuándiǎn 国家天文机构推算大地坐标的起算点。我国选定的大地原点在陕西泾阳。也说大地基准点。

【大典】 dàdiǎn ❶ 名 规模很大的典籍 ▷《永乐～》。❷ 名 隆重盛大的典礼 ▷国庆～。

【大殿】 dàdiàn ❶ 名 古代皇帝举行庆典、接见大臣或使者等的殿堂。❷ 名 寺庙内供奉主要神佛的正殿。

【大动干戈】 dàdòng-gāngē 动用武器，发动战争（干、戈：古代的兵器）；多比喻大张旗鼓地去做某事。

【大动脉】 dàdòngmài ❶ 名 主动脉。❷ 名 比喻一个国家的主要交通干线 ▷京九铁路是贯通我国南北的～。

【大动作】 dàdòngzuò 名 大规模的行动 ▷整顿市场经济秩序，不搞～不行。

【大豆】 dàdòu 名 一年生草本植物，茎直立或半蔓生，叶椭圆，结荚果。种子也叫大豆，多呈黄色，蛋白质、脂肪丰富，可供食用、榨油等。

【大都】 dàdū 副 绝大部分；基本上 ▷他们～是刚进入军校的学员。

【大肚汉】 dàdùhàn 名〈口〉饭量大的男人（含诙谐意）。

【大肚子】 dàdùzi ❶ 名 指因怀孕而鼓出的腹部；借指孕妇。❷ 名 指饭量大的人（含诙谐意）。

【大度】 dàdù 形 度量宽宏，胸怀开阔 ▷谦和～。

【大端】 dàduān 名〈文〉事情的主要方面（端：方面）▷略举～。

【大队】 dàduì ❶ 名 人数较多的队伍 ▷～人马。❷ 名 部队编制中的一级，一般相当于营或团 ▷游击～｜刑警～｜飞行～。❸ 名 少先队编制中的一级，一般是一个学校组织一个大队 ▷～辅导员。

【大多】 dàduō 副 表示多数 ▷植物～春天开花。

【大多数】 dàduōshù 名 大大超过半数的数量。

【大额】 dà'é 区别 数额大的 ▷～钞票｜～亏损。

【大鳄】 dà'è 名 体形庞大的鳄鱼；比喻实力雄厚、势力强大的人 ▷金融～。

【大而化之】 dà'érhuàzhī 原指古代圣贤光大德业，教化万民。现多指工作作风粗糙，把本该细致具体对待的问题笼统而简单地处理。

【大而全】 dà'érquán 形容某些部门或单位内部机构设置追求成龙配套，以致机构庞杂，冗员增多 ▷打破～、小而全的旧格局。

【大而无当】 dà'érwúdàng 原指言辞夸大而不着边际。现多表示大而不实用。

【大发】 dàfā ❶ 动 猛然发生 ▷诗兴～｜醋意～。❷ 动 尽情发泄或表达出 ▷～脾气｜～议论。

【大发】 dàfa 形〈口〉程度高；过度（后面常跟助词"了"）▷赚～了｜她减肥减～了。

【大发雷霆】 dàfā-léitíng 指大发脾气，厉声斥责。

【大法】 dàfǎ ❶ 名 基本法则。❷ 名 特指国家的根本法，即宪法。

【大凡】 dàfán 副 用在句首表示总括，常跟"总""都"等搭配使用 ▷～跟他一起工作过的人，都称赞他做事干练。

【大方】dàfāng ❶ 名〈文〉有专门学问的人 ▷贻笑～|求教于～之家。○ ❷ 名 一种绿茶，主要产于安徽歙(shè)县、浙江淳安等地。

【大方】dàfang ❶ 形 不吝啬；不小气 ▷为人～，从不斤斤计较。❷ 形 言谈、举止自然，不做作 ▷谈吐～|姑娘大大方方地走进来。❸ 形 装束、样式等不俗气 ▷朴素～。

【大方向】dàfāngxiàng ❶ 名 主要的方面；主流 ▷你这样做～没有错。❷ 名 特指政治方向 ▷坚持社会主义的～。

【大放厥词】dàfàng-juécí 原指铺陈辞藻，展示文才(厥：其；他的)。现指夸夸其谈，大发谬论。

【大放厥辞】dàfàng-juécí 现在一般写作"大放厥词"。

【大放异彩】dàfàng-yìcǎi 强烈地放射出奇异的光彩 ▷各景点的灯光～◇民族歌舞～。

【大粪】dàfèn 名 人的粪便。

【大风】dàfēng 名 强劲的风；气象学上指 8 级风。

【大风大浪】dàfēng-dàlàng 比喻社会的激烈动荡和斗争。

【大夫】dàfū 名 古代的官职名或爵位名，地位在卿之下，士之上。☛ 跟"大夫(dàifu)"词形相同，但音和义都不同。

【大幅】dàfú ❶ 区别 面积较大的(图画、标语等) ▷～壁画|～标语。❷ 副 大幅度地 ▷经济效益～提高|本地连续多日的雨雪天气致使气温～下降。

【大副】dàfù 名 轮船船员的职务名称。船长的第一助手，负责驾驶工作。

【大腹便便】dàfù-piánpián 形容人肥胖，肚子大(含贬义)。☛ "便"这里不读 biàn。

【大盖帽】dàgàimào 名 一种顶大而平、有硬帽檐的帽子。我国公安、工商、税务、武警等执法机关工作人员在执行公务时要戴这种帽子。借指这些部门的工作人员。也说大檐帽。

【大概】dàgài ❶ 名 大体情况；大致内容 ▷事情的～我已经知道了。❷ 区别 不很准确或不很详尽的 ▷这只是一个～的数字。❸ 副 表示估计 ▷这箱梨～有三十多斤|他～不会来了。☛ 参见 262 页"大约"的提示。

【大概齐】dàgàiqí 现在一般写作"大概其"。

【大概其】dàgàiqí〈口〉❶ 名 大概①。❷ 区别 大概②。❸ 副 大概③。

【大干】dàgàn 动 奋力地干；大规模地干。

【大纲】dàgāng ❶ 名 网的总绳。借指著作、计划、讲稿等的内容要点。❷ 名 纲领性的政策法规 ▷《土地法～》。

【大哥】dàgē ❶ 名 年龄最大的哥哥。❷ 名 对与自己年龄差不多的男性的尊称。

【大哥大】dàgēdà ❶ 名 原指黑社会团伙中的男性大头目；现多指某一范围内居首位的、最有影响的人或事物 ▷他是相声界的～|航母算得上舰艇中的～。❷ 名 早期对手机的俗称。

【大革命】dàgémìng ❶ 名 规模巨大的群众革命运动。❷ 名 特指我国第一次国内革命战争(1924—1927)。为了反对帝国主义和封建军阀，在中国共产党的帮助下，孙中山 1924 年主持召开国民党第一次全国代表大会，确定联俄、联共、扶助农工政策，实现第一次国共合作，组建国民革命军。1926 年国民革命军出兵北伐，沉重地打击了北洋军阀的统治。1927 年国民党右派发动反革命政变，第一次国内革命战争失败。

【大公国】dàgōngguó 名 指欧洲某些以大公为元首的国家(大公：介于国王与公爵之间的爵位)。如卢森堡大公国。

【大公无私】dàgōng-wúsī 一切为国家和公众利益着想而没有私心；也指办事公正，不徇私情。

【大功】dàgōng 名 大功劳；大功勋 ▷他为三峡工程建设立了～。

【大功告成】dàgōng-gàochéng 大的工程或重要任务等宣告完成。

【大姑】dàgū 名 年龄最大的姑母。

【大姑子】dàgūzi 名〈口〉丈夫的姐姐。

【大骨节病】dàgǔjiébìng 名 一种地方病。症状是关节粗大疼痛、不便弯曲，肌肉萎缩。与当地饮用水的成分有关。也说柳拐子病。

【大鼓】dàgǔ ❶ 名 打击乐器，多指鼓框四周有铜环、平悬于鼓架上的大堂鼓，也指军乐队及管弦乐队中的大军鼓。❷ 名 一种曲艺，流行于北方。用韵文演唱故事，穿插少量念白，用鼓、板、三弦等伴奏。如京韵大鼓、京东大鼓等。

【大故】dàgù〈文〉❶ 名 指天灾、战争等重大变故。❷ 名 父亲或母亲死亡的事 ▷不幸遭逢～。

【大褂】dàguà 名 一种带大襟的中式单衣，长度过膝。

【大关】dàguān ❶ 名 重要的关口。❷ 名 比喻事物发展的重要界限或关头 ▷突破百万吨～。

【大观】dàguān 名 繁盛多彩的景象 ▷蔚为～|《故宫～》。

【大管】dàguǎn 名 低音管乐器，管身为木制圆形管，管体较长，哨嘴通过一根弯曲的铜管与管身连接，音色厚实庄严，是交响乐队中的重要乐器。也说巴松。参见插图 11 页。

【大锅饭】dàguōfàn ❶ 名 用大锅做的、供很多人吃的普通饭食。❷ 名 比喻平均主义的分配制度或分配方法 ▷创新管理模式，破除～现象。

【大国沙文主义】dàguó shāwén zhǔyì 在国际交往中表现出来的以大欺小、以强凌弱的狭隘的资产阶级民族主义。因19世纪法国人沙文曾极力鼓吹，故称。参见1191页“沙文主义”。

【大海】dàhǎi 名 大洋靠近陆地的水域；泛指海洋 ▷千条江河归～。

【大海捞针】dàhǎi-lāozhēn 从大海里捞一根小针。形容很难办到或根本办不到。

【大寒】dàhán 名 二十四节气之一，在公历每年1月21日前后。大寒时节是我国大部分地区一年中最冷的时候。

【大汉】dàhàn 名 身材高大魁梧的男人。

【大旱望云霓】dàhàn wàng yúnní《孟子·梁惠王下》：“民望之，若大旱之望云霓也。”（云霓：天将下雨的征兆）大旱的时候盼望下雨。比喻渴望某人（或某事物）及早来临或某种情况早日实现。也说大旱望霓。

【大好】dàhǎo ❶ 形 十分好；极好 ▷～河山。❷ 动（疾病）接近痊愈 ▷病了一场，现已～。

【大号】dàhào ❶ 区别 指同类商品中型号较大的 ▷～衬衣。○ ❷ 名 敬词，用于称他人名字 ▷请问您的～？○ ❸ 名 铜管乐器，发音低沉、雄浑有力。参见插图11页。

【大合唱】dàhéchàng 名 集体的演唱形式，以很多人合唱为主，可以分声部并配以领唱、独唱、对唱等，还可穿插朗诵，一般有伴奏 ▷百人～◇怎么你也加入了反对他的～？

【大亨】dàhēng 名 指某一地区或某一行业中有钱有势的人 ▷石油～。

【大轰大嗡】dàhōng-dàwēng 形容不讲求实效而只图表面上轰轰烈烈 ▷做思想教育工作不能～。

【大红】dàhóng 形 形容颜色很红。

【大红大绿】dàhóng-dàlǜ 形容色彩浓艳。

【大红大紫】dàhóng-dàzǐ 形容极受宠信或十分走红 ▷他在我们单位可是个～的人物。

【大红伞】dàhóngsǎn 名 比喻起掩护或包庇作用的有权势的人物或力量 ▷想不到有些执法人员竟然成了这个黑团伙的～。

【大后方】dàhòufāng 名 指远离前线的可以作为抗敌依托的广大地区；特指抗日战争时期未受到日本侵略者侵占的我国西南、西北地区。

【大后年】dàhòunián 名 后年的下一年。

【大后天】dàhòutiān 名 后天的下一天。

【大呼隆】dàhūlong 形〈口〉形容人群一拥而上的样子 ▷干活儿～，出工不出活儿。

【大户】dàhù ❶ 名 旧指有钱有势的人家 ▷她是～人家的小姐。❷ 名 人口多、分支多的大家族 ▷在村里，钱家是～。❸ 名 在某方面所占比重大的单位或家庭 ▷纳税～。

【大花脸】dàhuāliǎn 名 传统戏曲行当名称，属“净”行，着重唱功。如黑头、铜锤花脸等。

【大话】dàhuà ❶ 名 虚夸不实的话 ▷要办实事，不要说～。❷ 动 漫无边际地调侃或谈论 ▷电影《～西游》。

【大环境】dàhuánjìng 名 指总的社会环境和社会氛围（跟“小环境”相区别）▷现在创业的～是比较好的。

【大换血】dàhuànxiě 动 比喻大量更换人员或设备等。

【大黄】dàhuáng（旧读 dàihuáng）名 多年生草本植物，大叶，开淡绿色或黄白色小花，茎直立。地下块根可以做药材。

【大黄鱼】dàhuángyú 名 黄鱼的一种。体形长而侧扁，鳞小，背部灰黄色，鳍黄色。生活在海中，以鱼、虾等为食。是我国重要的经济鱼类，现为人工养殖。也说大黄花。

【大茴香】dàhuíxiāng 名 八角茴香。

【大会】dàhuì ❶ 名 有很多人参加的群众集会 ▷欢迎～。❷ 名 机关、团体、部门等召开的全体会议 ▷今天全社开～，每个人都要参加。

【大伙儿】dàhuǒr 代〈口〉大家①。也说大家伙儿。

【大惑不解】dàhuò-bùjiě 深感疑惑，不能理解。

【大吉】dàjí ❶ 形 十分吉利 ▷开业～。❷ 形 用在动词或动词短语后表示对这个动作行为的强调（含诙谐意）▷避之～｜关张～。

【大集】dàjí 名 一些集镇在固定的日子举行的规模较大的集市贸易。

【大集体】dàjítǐ 名 指集体所有制 ▷他的工作单位是～的，不是全民所有制的。

【大几】dàjǐ 数〈口〉用在二十、三十等整数后，表示超过这个整数的概数 ▷她都三十～了，该成家了。

【大计】dàjì 名 重大而长远的计划；重大的事情 ▷共商国家～｜百年～，质量第一。

【大忌】dàjì 名 重要的禁忌 ▷临阵换帅是兵家之～。

【大家】dàjiā ❶ 代 称某个范围内所有的人。可放在复数人称代词之后，表示复指 ▷～的意见很一致｜我们～和睦相处。○ ❷ 名 有名望的专家 ▷散文～。○ ❸ 名 有名望的家族 ▷名门～。☛ 某人或某些人跟“大家”①对举使用时，“大家”不包括“某人”或“某些人”。

【大家闺秀】dàjiā-guīxiù 原指出身于名门的有教养、有风度的年轻女性；现也泛指有教养、有风度的女性。

【大家庭】dàjiātíng ❶ 名 由几代人组成的人口多的家庭 ▷四世同堂的～。❷ 名 比喻平等合作、友好相处的大集体 ▷我们班是个温暖的～。

【大驾】dàjià ❶ 名 帝王的车驾，常用作帝王的代称。❷ 名 对对方的敬称 ▷欢迎～光临。

【大件】dàjiàn ❶ 名 体积大的物品 ▷～托运，小件随身携带。❷ 名 特指一定时期内社会上公认的标志家庭生活达到较高水平的某些较贵重的用品。

【大建】dàjiàn 名 农历有 30 天的月份(跟"小建"相区别)。也说大尽。

【大奖】dàjiǎng 名 奖金多或荣誉高的奖励 ▷获长春电影节～。

【大将】dàjiàng ❶ 名 军衔的一级。1955—1965 年我国曾设立大将军衔，低于元帅，高于上将。我国现行军衔制未设大将军衔。❷ 名 泛指高级将领 ▷～风度。❸ 名 比喻重要的成员或得力骨干 ▷技术攻关的一员～。

【大脚】dàjiǎo ❶ 名 指旧时妇女没有缠过的正常发育的脚。❷ 名 足球运动中指远射或长传的动作 ▷他一个～，把球直踢到对方门前。

【大教育】dàjiàoyù 名 指对不同层次、不同形式的教育实行社会化、科学化综合管理，实现协调发展的教育体系。

【大街】dàjiē 名 城镇里路面较宽的街道。

【大街小巷】dàjiē-xiǎoxiàng 指城镇里的所有街巷 ▷好消息传遍了～。

【大节】dàjié 名 在危难或大是大非面前的节操；道德品行的主要方面(跟"小节"相区别) ▷干部的～要好，小节也不能疏忽。

【大捷】dàjié 名 大胜仗 ▷平型关～。

【大姐】dàjiě ❶ 名 年龄最大的姐姐。❷ 名 对与自己年龄差不多的女性的尊称。

【大解】dàjiě 动 大便①。

【大襟】dàjīn 名 纽扣在一侧的中式上衣或长袍的前面能盖住底襟的部分。

【大经济】dàjīngjì 名 指从市场调查、预测规划、技术开发、新产品研制、工厂生产、储运流通到售后服务实行综合配套经营的现代经济系统。

【大惊失色】dàjīng-shīsè 形容十分惊恐，连脸色都变了。

【大惊小怪】dàjīng-xiǎoguài 形容对本不足为奇的事情过分敏感和惊讶。

【大静脉】dàjìngmài 名 管径在 10 毫米以上的静脉。

【大舅子】dàjiùzi 名〈口〉妻子的哥哥。

【大局】dàjú 名 整个局面；总的形势 ▷从～出发｜无关～。

【大举】dàjǔ ❶ 名〈文〉重大举措 ▷谋划～。❷ 副 表示大规模地(进行) ▷～入侵。

【大军】dàjūn ❶ 名 人数多、声势大的军队 ▷～南下。❷ 名 比喻从事相同的工作或具有相同境遇的大规模的群体 ▷筑路～。

【大卡】dàkǎ ❶ 量 千卡。○ ❷ 名 大卡车的简称 ▷十轮～。

【大楷】dàkǎi ❶ 名 用毛笔书写的字体较大的正楷汉字。❷ 名 拼音字母的大写印刷体。

【大考】dàkǎo 名 学期末进行的全面考试 ▷这次～成绩不错◇春运将成为疫情防控的～。

【大科学】dàkēxué 名 不同学科的众多科学家密切联系，综合运用不同领域的先进技术手段和研究成果，共同研究一些重大课题的科学研究方式。

【大课】dàkè 名 许多班级同时在同一课堂听讲的课；泛指听课人数很多的课 ▷一些热门的选修课往往都成了～。

【大块头】dàkuàitóu 名 胖子；身材魁梧的人。

【大快朵颐】dàkuàiduǒyí 非常痛快地活动着腮颊品嚼食物(朵：动，活动；颐：面颊，腮)。形容尽情享受美味 ▷各地风味小吃任你～。☛"快"不要误写作"块"。

【大快人心】dàkuài-rénxīn 指坏人受到了应有的惩罚，使大家心里非常痛快。

【大款】dàkuǎn 名 指拥有大量钱财的人。

【大浪淘沙】dàlàng-táoshā 大浪冲洗沙砾。比喻通过激烈斗争或竞争对人或事物进行考验和筛选 ▷新能源汽车行业的～已经开始。

【大牢】dàláo 名 监狱。

【大老粗】dàlǎocū 名〈口〉指没有文化或文化水平低的人。

【大老婆】dàlǎopo 名 旧称有妾的人的正妻。

【大老远】dàlǎoyuǎn 形 很远 ▷赶了～的路。

【大佬】dàlǎo〈口〉❶ 名 老大④。❷ 名 指某个领域内位居支配地位或有巨大影响力的人，多是资历老、辈分高、说话顶用的人 ▷金融～｜学界～｜江湖～。

【大礼】dàlǐ ❶ 名 隆重的或庄重的礼仪 ▷～相迎。❷ 名 厚礼 ▷献上一份～。

【大礼拜】dàlǐbài ❶ 名 每两周休息一天，休息的那天叫大礼拜。❷ 名 在普遍实行每周五个工作日制度之前，有的单位单周休息一天，双周休息两天。休息两天的那周叫大礼拜。

【大礼服】dàlǐfú 名 参加盛大典礼或宴会时穿的特定的服装。

【大礼堂】dàlǐtáng 名 较大的礼堂；泛指礼堂。

【大理石】dàlǐshí 名 大理岩的通称。一种变质岩，由碳酸盐类岩石重结晶而形成。一般是白色或带有黑、灰、褐等色的花纹，有光泽，多用作装饰、建筑和雕刻材料。因盛产于我国云南大理，故称。

【大理岩】dàlǐyán 名 大理石的学名。

【大力】dàlì ❶ 名 大的力气、力量 ▷为家乡建设出了～。❷ 副 表示用大的力量 ▷～协助。

【大力士】dàlìshì 名 力气非常大的人 ▷举重比赛是～们的较量。也说力士。

【大丽花】dàlìhuā 名 多年生草本植物，块根，茎多汁，春夏间开红、黄、紫、橘黄、白等色花，是著名的观赏植物(大丽:英语dahlia音译)。也说大理花、天竺牡丹等。参见插图7页。

【大殓】dàliàn 动 一种丧葬仪式,把遗体放入棺中,钉上棺盖。

【大梁】dàliáng ❶ 名 脊檩。❷ 名 车架。

【大量】dàliàng ❶ 形 数量大 ▷～供应|～现金。○ ❷ 形 度量大 ▷宽宏～。

【大料】dàliào 名 常绿小乔木八角茴香的果实。

【大龄】dàlíng 区别 年龄较大的(多指超过适合结婚、上学等年龄的) ▷～青年|～学生。

【大龄青年】dàlíng qīngnián 通常指超过适合结婚年龄而未婚的青年。

【大溜】dàliù 名 江河中心流速快的水流;比喻某种社会潮流 ▷随～。☛"溜"这里不读 liū。

【大陆】dàlù ❶ 名 辽阔的陆地。全球有六大陆地,即亚欧大陆、非洲大陆、南美大陆、北美大陆、澳大利亚大陆和南极大陆。❷ 名 特指我国领土中除沿海岛屿以外的广大陆地 ▷来～投资办厂的台湾同胞。

【大陆岛】dàlùdǎo 名 一种岛屿。原为大陆的一部分,后因地层陷落、海面上升等原因而与大陆分离。如我国的台湾岛、海南岛。

【大陆架】dàlùjià 名 大陆从海岸向海面以下延伸的部分。它是沿海国家陆地领土的自然延伸。也说陆架。

【大陆坡】dàlùpō 名 从大陆架至深海底的较陡的一段斜坡。也说陆坡。

【大陆桥】dàlùqiáo 名 指国际联运中用以连接不同海域的陆上通道(以铁路为主干)。因其开展海陆联运,缩短运输里程,作用有如架桥,故称。如东起中国连云港、西至荷兰鹿特丹港的欧亚大陆桥。

【大陆性气候】dàlùxìng qìhòu 大陆内地受海洋影响较小的气候。特点是冬季严寒,夏季酷热,年温差和日温差明显,雨量稀少。我国的青海和新疆等地均属大陆性气候。

【大路】dàlù ❶ 名 宽阔的道路。❷ 区别 质量一般、价格较低而销路很广的 ▷～货。

【大路菜】dàlùcài 名 指居民日常普遍食用的蔬菜。如萝卜、白菜、黄瓜、茄子之类。

【大路活儿】dàlùhuór ❶ 名 戏曲演员表演时采用的常规套路;内容和套路完全按常规要求表演的节目。❷ 名 泛指技术要求不高的一般活计 ▷我在食堂只做～,高档菜我炒不了。

【大路货】dàlùhuò 名 质量一般、价格较低而销路很广的商品 ▷这些服装都是～。

【大乱】dàluàn 形 形容正常秩序遭到严重破坏而陷入极度混乱 ▷天下～|队形～|人心～。

【大略】dàlüè ❶ 名 远大的谋略 ▷雄才～。○ ❷ 名 简要的情况;概要 ▷他只谈了个～。❸ 副 大概;大致 ▷～地介绍了一下情况。

【大妈】dàmā ❶ 名 对伯母的称呼。❷ 名 对年长的妇女的尊称。

【大麻】dàmá ❶ 名 一年生草本植物,茎梢及茎的中部呈方形。茎皮纤维可供纺织、造纸,种子可榨油和做药材。也说线麻。❷ 名 特指印度大麻。雌株含大麻脂,是制造毒品的原料。

【大麻哈鱼】dàmáhāyú,又读 dàmáhǎyú 名 大马哈鱼的学名。

【大麻籽】dàmázǐ ❶ 名 大麻的种子。❷ 名 蓖麻的种子。

【大马哈鱼】dàmǎhāyú 名 大麻哈鱼的通称。鱼,体长约0.6米,银灰色,嘴大牙尖。捕食小鱼。刺少,肉味鲜美,为名贵经济鱼类之一。

【大麦】dàmài 名 一年或二年生草本植物,叶片比小麦叶略厚短,籽实的外壳有长芒。籽实也叫大麦,脱壳后供食用,麦芽可制啤酒、饴糖,麦秆可编制日用品和工艺品。

【大满贯】dàmǎnguàn 名 在网球、乒乓球、围棋等运动中,赢得所有顶尖赛事的冠军称为大满贯。

【大忙】dàmáng 形 非常繁忙、紧张 ▷眼下正是春耕～时节。

【大毛】dàmáo 名 有长毛的皮料。如滩羊皮等。

【大帽子】dàmàozi 名 比喻强加给人的夸大不实的指责或罪名 ▷动不动就给人扣～。

【大媒】dàméi 名 对婚姻介绍人的尊称。

【大妹子】dàmèizi〈口〉❶ 名 年龄最大的妹妹。❷ 名 称比自己年轻的女性。

【大门】dàmén 名 较大的门;特指建筑物通往外界的主门。

【大米】dàmǐ 名 去壳的稻谷籽实。

【大面儿】dàmiànr ❶ 名 表面 ▷搞卫生,不能光顾～,死角也要搞。❷ 名 情面 ▷跟他不能深交,～上过得去也就算了。

【大名】dàmíng ❶ 名 人的正式名字(跟"小名"相区别)。❷ 名 对别人名字的尊称 ▷尊姓～?❸ 名 盛大的名气 ▷久闻～,如雷贯耳。

【大名鼎鼎】dàmíng-dǐngdǐng 名气很大(鼎鼎:盛大的样子)。

【大谬不然】dàmiù-bùrán 非常错误,完全不是这样(谬:错误;然:这样)。

【大漠】dàmò 名 广阔的沙漠。

【大模大样】dàmú-dàyàng 形容傲慢自大或旁若无人的样子。

【大拇指】dàmǔzhǐ 名 拇指。俗称大拇哥。☛"拇"不要误写作"姆"。

【大拿】dàná〈口〉❶ 名 掌大权、拿主意的人 ▷别看他人不起眼儿,在公司里可是个～。❷ 名 某方面的权威 ▷他在技术上是～。

【大男大女】dànán-dànǚ 通常指超过适合结婚年龄而未结婚的青年男女。

【大难】dànàn 名 巨大的灾难或祸患 ▷～临头。

【大脑】dànǎo 名 脑的主要部分，位于颅腔内，由左右两个大脑半球组成。大脑是中枢神经系统中最重要的部分。人类的大脑最发达。

【大脑皮质】dànǎo pízhì 大脑半球表面由约140亿个神经细胞组成的灰质层，是神经细胞体高度集中的地方。人的大脑皮质是思维的器官，主导机体内一切活动过程，并协调机体与周围环境的平衡，是高级神经活动的物质基础。旧称大脑皮层。

【大脑炎】dànǎoyán 名 流行性乙型脑炎的通称。急性传染病，多为带病毒的蚊虫叮咬所致。多在夏秋季发生，有高热、头疼、呕吐、昏迷、抽风等症状。注射疫苗可预防。

【大内】dànèi 名 旧指皇宫。

【大鲵】dàní 名 现存最大的两栖动物。体长可达1.8米。背面棕褐色，有黑斑，腹面色淡，头部扁平，口大，眼小，四肢短，趾间有微蹼。栖息在山谷清澈的溪流中，以鱼、虾或蛙为食。我国南方及华北、西北部分地区均产，属国家保护动物。因叫声像婴儿啼哭，俗称娃娃鱼。参见插图2页。

【大逆不道】dànì-bùdào 旧指犯上作乱，或行为严重违反封建礼教、道德（逆：背叛）；现指严重地违背常理，不合正道。

【大年】dànián ❶ 名 收成好的年头儿 ▷今年的苹果是～，结的果特别多。❷ 名 农历十二月有30天的年份。❸ 名 指春节 ▷～初一。

【大年三十】dànián sānshí 农历腊月的最后一天，即春节的前一天。也说年三十。

【大年夜】dàniányè 名〈口〉农历除夕。

【大娘】dàniáng 名 大妈。

【大农业】dànóngyè 名 广义的农业，包括农、林、牧、副、渔各业；也指农业生产部门与为其服务的各部门相结合的农业经济体系。

【大排档】dàpáidàng 名 某些地区指集中设在街头路边或一定场所的摊点；特指饮食业大排档，多设在露天临时支起有简易顶盖的棚子内，桌椅简陋，价格便宜。

【大排行】dàpáiháng 动 堂兄弟姐妹依长幼排列次序；也指在较大范围内依某种次序排列 ▷我在家族里～老五｜不同职业平均收入～。

【大牌】dàpái ❶ 名 具有较大影响的品牌 ▷这件女装是国际～。❷ 名 指在某一领域或行业中名气大、有影响力的人（多用于体育界、文艺界等）▷他们几位都是我们这一行里的～。❸ 区别 名气大、水平高、实力强的 ▷～教练｜～公司。

【大盘】dàpán 名 指证券市场或期货市场交易的整体行情 ▷股市～走势分析。

【大炮】dàpào ❶ 名 口径大的火炮。❷ 名 比喻说话直率而毫无顾忌或好（hào）说大话的人。

【大棚】dàpéng 名 暖棚。

【大篷车】dàpéngchē ❶ 名 商业部门的流动送货售货卡车。因车顶多盖有篷布，故称。❷ 名 指将技术、服务、某些文化活动等送上门去的专用车辆 ▷～技术服务队。

【大批】dàpī 形 数量很多 ▷有～粮食等着外运｜～生产。

【大辟】dàpì 名〈文〉指死刑。

【大片】dàpiàn ❶ 形 形容面积很大或范围很广 ▷～草地｜耕地～流失。○ ❷ 名 指耗资大、制作特别精良的影片 ▷国庆献礼～。口语中也说大片儿（piānr）。

【大薸】dàpiáo 名 多年生水生草本植物，无茎，根长而悬垂，叶呈倒卵状楔形。夏季开花，雌雄同株。全草可以作猪饲料或绿肥，也可以做药材。也说水浮莲。

【大漆】dàqī 名 生漆。

【大起大落】dàqǐ-dàluò 形容起伏变化很快、幅度很大。

【大气】dàqì ❶ 名 包围着地球的气体，多集中在距地表48千米以下。由以氮、氧为主的多种成分混合而成，低层还有二氧化碳、水汽和微尘等。随着高度的增加而逐渐稀薄。○ ❷ 名 大的气势；不同常人的气度 ▷～磅礴。○ ❸ 名 粗重的气息 ▷紧张得连～儿都不敢出。

【大气】dàqi 形 形容气度不凡，不落俗套 ▷他这个人挺～的｜橱窗里的这几套服装很～。

【大气层】dàqìcéng 名 大气圈的通称。地理学上指包围地球的气体层。按大气温度随高度分布的特征与垂直方向分成对流层、平流层、中间层、热层和外大气层等。

【大气候】dàqìhòu 名 某个广大区域的气候；比喻国际、国内的政治经济形势或社会思潮 ▷当前～有利于我国的改革开放。

【大气科学】dàqì kēxué 地球科学的组成部分，由气象学发展而来。是研究大气特性、结构、组成、物理现象、化学反应、运动规律及有关问题的学科。

【大气磅礴】dàqì-pángbó 形容气势盛大。☛"磅"这里不读 bàng。

【大气圈】dàqìquān 名 大气层的学名。

【大气污染】dàqì wūrǎn 人类活动以及火山爆发等自然灾害产生的废气、烟尘等排入大气而导致大气质量恶化的现象。会对人类生活、动植物生长、自然资源等造成严重的危害。

【大气压】dàqìyā ❶ 名 由地球周围大气的重量而产生的压强。一般随海拔的增加而减小。通常用帕或千帕作单位。❷ 量 标准大气压的简称。

【大器】dàqì ❶ 名 古代指圭、璋、钟、鼎等贵重的器物。❷ 名 比喻有大才，能担当重任的人才 ▷长大后必成～|～晚成。

【大器晚成】dàqì-wǎnchéng 贵重的宝器须经长期雕镂才能制成。借指有大才干的人需要长时间锻炼，成就较晚。

【大千世界】dàqiān shìjiè 三千大千世界的简称。佛教用三千大千世界来指一个范围广大的世界；今用来指广阔无边的自然界和人类社会 ▷～，无奇不有。

【大前年】dàqiánnián 名 前年的前一年。

【大前提】dàqiántí 名 三段论中含有宾词的前提。通常包含一般性知识，并作为三段论的第一个前提。参见1180页“三段论”。

【大前天】dàqiántiān 名 前天的前一天。

【大钱】dàqián ❶ 名 旧指面值大、分量重的一种铜钱；今泛指钱 ▷值不了几个～。❷ 名 大笔的钱 ▷他在做大买卖，挣～。

【大枪】dàqiāng 名〈口〉步枪 ▷身背一杆～。

【大墙】dàqiáng 名 高大的墙；借指监狱 ▷～里的忏悔。

【大清早】dàqīngzǎo 名 清晨。

【大晴天】dàqíngtiān 名 非常晴朗的天气。

【大庆】dàqìng 名 隆重的庆祝活动（多用于国家、政党建立或老人寿辰）▷中华人民共和国成立70周年～。

【大秋】dàqiū ❶ 名 秋收季节 ▷现正赶上～，农民们都忙着收割庄稼。❷ 名 秋收季节的收成；大秋作物 ▷今年～好于往年。

【大秋作物】dàqiū zuòwù 春种秋收的大田作物，如玉米、高粱、大豆等。

【大球】dàqiú 名 指足球、篮球、排球等运动项目（跟乒乓球、羽毛球等“小球”相区别）。

【大曲】dàqū ❶ 名 酿造白酒的发酵剂。主要有曲霉和少量酵母。用麦子、麸皮、豆类等制成。❷ 名 用大曲酿造出的白酒。如洋河大曲、泸州大曲等。

【大曲】dàqǔ 名 我国古代大型乐舞套曲，如汉魏的相和大曲、唐宋的燕乐大曲。

【大权】dàquán 名 处置重要事务的权力；主要权力 ▷生杀～|掌握军政～。

【大全】dàquán 名 内容齐全、信息完备的事物（多用于书名、资料名等）▷《民间医方～》。

【大染缸】dàrǎngāng 名 比喻能给人的思想作风以消极影响，使堕落变坏的环境、场所 ▷色情网站是个～。

【大人】dàrén 名 对长辈的敬称（多用于书信）▷父母亲～。

【大人】dàren ❶ 名 成年人 ▷家里只有孩子，～们都不在。❷ 名 旧时对官员的敬称。

【大人物】dàrénwù 名 地位高、权势大或有名气的人。

【大任】dàrèn 名 重大的职责 ▷勇担～|～在肩。

【大熔炉】dàrónglú 名 比喻能使人得到锻炼成为优秀人才的环境、场所 ▷部队是座～。

【大肉】dàròu 名 指猪肉。

【大儒】dàrú 名 儒学大师；泛指学问渊博而有名望的学者。

【大撒把】dàsābǎ 动 骑自行车双手不扶车把；比喻撒手不管，放任自流 ▷图书市场不能～。

【大赛】dàsài 名 级别高、规模大的赛事；重大的赛事 ▷国际花样滑冰～。

【大扫除】dàsǎochú 动 指全面地清扫。

【大嫂】dàsǎo ❶ 名 长兄的妻子。❷ 名 对跟自己年龄差不多的已婚妇女的尊称。

【大煞风景】dàshā-fēngjǐng 大大损坏了美好的景致；比喻很令人扫兴。☛ 不宜写作“大杀风景”。

【大厦】dàshà 名 高大的楼房；也用作一些高大楼房的名称 ▷～林立|国贸～。

【大少爷】dàshàoye ❶ 名 旧时对富贵人家大儿子的尊称。❷ 名 指生活懒散、不爱劳动、奢侈挥霍的青年男子 ▷改改你这～的作风。

【大舌头】dàshétou ❶ 形 舌头不灵活，吐字不清晰 ▷这孩子～，要帮他矫正发音。❷ 名 指大舌头的人 ▷他是个～，发音不准。

【大赦】dàshè 动 由国家最高权力机关或国家元首依法颁令，对全国某一时期内的特定罪犯或一般罪犯实行赦免。我国现行法律没有规定大赦制度。

【大婶儿】dàshěnr ❶ 名 大叔的妻子。❷ 名 对跟母亲同辈而年龄比母亲小的已婚妇女的尊称。

【大声疾呼】dàshēng-jíhū 大声而急切地呼喊。指呼吁别人帮助或唤起人们的注意和警觉。

【大牲畜】dàshēngchù 名 指体形较大、能供人使役的牲口。如马、牛、驴、骡等。

【大失所望】dàshī-suǒwàng 原来所寄予的希望完全落空。形容非常失望。

【大师】dàshī ❶ 名 在学术、艺术等方面名望大、造诣深的人 ▷国画～。❷ 名 佛的十尊号之一；泛称有造诣的僧人 ▷鉴真～东渡。❸ 名 某些棋类运动中选手的等级称谓。

【大师父】dàshīfu 名 对和尚、尼姑、道士的尊称。

【大师傅】dàshifu 名 厨师。

【大实话】dàshíhuà 名 非常真实的话；切合实际的话。

【大使】dàshǐ ❶ 名 特命全权大使的简称。一国常驻他国或国际组织的最高级别的外交代表。由一国元首派出，享有外交特权与豁免权。❷ 名 借指为推动某项事业的开展而做推介、宣传等工作的代表性人物 ▷奥运形象

～|中华美食推广～。

【大使馆】 dàshǐguǎn 名 一国派驻在另一国的最高级别的外交机构。

【大势】 dàshì 名 事物发展的总的趋势；整个局势 ▷～不妙。

【大势所趋】 dàshì-suǒqū 整个局势的客观发展趋向。表示非人力所能改变。

【大势已去】 dàshì-yǐqù 总的形势极端不利，失败的局面已无可挽回。

【大事】 dàshì ❶ 名 重大的事情 ▷国内外～。❷ 副 表示大张旗鼓地进行 ▷～宣扬。

【大事化小】 dàshì-huàxiǎo 出现矛盾纠纷后，努力缓和化解，使之逐渐淡化 ▷夫妻口角，只能～，可不能火上浇油。

【大事记】 dàshìjì 名 将重大事件按时间顺序记载下来以备查考的资料。

【大是大非】 dàshì-dàfēi 指带有根本性、原则性的是与非。

【大手笔】 dàshǒubǐ ❶ 名 杰出的著作；杰出的书画 ▷鉴赏他的～。❷ 名 指有成就、有名望的作家 ▷这篇文章出自～。❸ 名 比喻观念新颖、思路独到，并能从大处着眼的计划或方法 ▷旧城的改造一定要动～。

【大手大脚】 dàshǒu-dàjiǎo 形容不精打细算，对财物的使用没有节制。

【大寿】 dàshòu 名 敬词，一般指老年人逢十的寿辰 ▷七十～。

【大书】 dàshū 名〈口〉说唱艺术中的长篇本子。

【大书特书】 dàshū-tèshū 指大力赞美、宣传(书：写) ▷这一重大科研成果还不值得～吗？

【大叔】 dàshū ❶ 名 对父亲的大弟弟的称呼。❷ 名 对年龄略小于父亲的男子的尊称。

【大暑】 dàshǔ 名 二十四节气之一，在公历每年7月23日前后。大暑时节是我国大部分地区一年中气温最高的时候。

【大数】 dàshù ❶ 名 大的数目 ▷80万这可是个～。○ ❷ 名〈文〉大势；气数 ▷～已尽。

【大数据】 dàshùjù 名 指规模巨大的数据集，具有体量大、类型多、价值密度低、处理速度快等特点。通过对大数据进行专业化处理和智能分析，可对某类事物进行预测、预报。大数据现已成为政府、企业等进行决策的重要依据 ▷以～、物联网推动制造业转型升级|加快～开发应用。

【大帅】 dàshuài 名 主帅。

【大率】 dàshuài 副〈文〉大概；大致 ▷～如此。

【大肆】 dàsì 副 毫无顾忌地(含贬义) ▷～敛财|～攻击。

【大苏打】 dàsūdá 名 一种无机化合物。无色结晶体，易溶于水。可做漂白剂和还原剂，也可做冲洗照片的定影粉。

【大蒜】 dàsuàn 名 蒜。

【大踏步】 dàtàbù 动 迈大步 ▷高质量发展，～前进。☛ 跟"踏步"不同。"大踏步"多虚用，作状语；"踏步"多实用，作谓语。

【大堂】 dàtáng ❶ 名 旧指衙门中审理案件的公堂。❷ 名 宾馆、饭店接待顾客的大厅。

【大提琴】 dàtíqín 名 提琴的一种。形状与构造和小提琴相似，琴身比小提琴大，音色浑厚优美。参见插图11页。

【大体】 dàtǐ ❶ 名 从整体着眼的大道理；有关大局的道理 ▷识～，顾大局。❷ 副 大致 ▷他说的情况～与实际相符。

【大天白日】 dàtiān-báirì 白天(含强调意) ▷～说梦话。

【大田】 dàtián 名 种植主要农作物的大面积田地 ▷加强～管理。

【大田作物】 dàtián zuòwù 在大田里种植的农作物，如水稻、小麦、玉米、大豆、棉花等。

【大厅】 dàtīng 名 高大宽敞的厅堂(多用于聚会、演出、展览等) ▷排练～。

【大庭广众】 dàtíng-guǎngzhòng 有很多人的公开场合。☛ "庭"不要误写作"廷"。

【大同】 dàtóng ❶ 名 儒家提出的理想社会。认为在这样的社会里"天下为公"，老、壮、幼、残都能各得其所。○ ❷ 动 指大的方面相同 ▷求～，存小异。

【大同乡】 dàtóngxiāng 名 指籍贯跟自己同属于一个省的人 ▷你老家扬州，我老家苏州，咱们是～。

【大同小异】 dàtóng-xiǎoyì 大的方面相同，小的地方不同；大体相同而略有差异。

【大头】 dàtóu ❶ 名 可以套在头上的假面具 ▷跳～舞。❷ 名 指铸有袁世凯头像的银元。❸ 名 大的那一边；大部分 ▷他拿～，你拿小头。❹ 名 指冤大头 ▷让人捉了～。

【大头菜】 dàtóucài 名 二年生草本植物，芥(jiè)菜的变种。花黄色，根肥大，圆锥形或圆筒形，有辣味。块根也叫大头菜，可以食用。

【大头针】 dàtóuzhēn 名 办公用品，一种头上有个小疙瘩的针，用来别纸等。

【大团结】 dàtuánjié 名 原指印有各族人民大团结图案的拾元面额的人民币；泛指人民币(含诙谐意)。

【大团圆】 dàtuányuán 动 指合家团聚；也指文艺作品中的人物经过悲欢离合最终团聚 ▷除夕夜全家～|这出戏以～的结局告终。

【大腿】 dàtuǐ 名 指人腿部或动物的后肢从臀部到膝盖的一段。

【大碗儿茶】 dàwǎnrchá 名 指用大碗盛着的、售价低廉的茶水 ▷靠卖～发家。

【大腕】 dàwàn 名 指某些领域中有成就、有影响

的人物 ▷～演员|商界～儿。也说腕儿。

【大王】dàwáng ❶ 名 古代对国君、诸侯王的尊称。❷ 名 借指在某行业中居垄断地位的人 ▷汽车～|煤炭～。❸ 名 借指在某种技艺上有卓越才能的人 ▷焊接～。☛ 跟"大王(dàiwang)"词形相同,但音和义都不同。

【大为】dàwéi 副 很;极其 ▷～不满。

【大尉】dàwèi 名 某些国家的军衔级别名称,高于上尉。

【大汶口文化】dàwènkǒu wénhuà 我国新石器时代黄河中下游的一种文化,距今约 6000—4000 年。早期处于母系氏族社会,中晚期已确立父系家长制。遗物中出现了类似文字的图像符号。因 1959 年在山东泰安大汶口首次发现,故称。

【大我】dàwǒ 名 指国家或集体(跟"小我"相区别) ▷小我要服从～。

【大屋顶】dàwūdǐng 名 指我国古代宫殿、庙宇等的建筑形式,屋顶体积宏大,出檐深远,结构复杂;也指类似的豪华的仿古民族建筑形式。

【大无畏】dàwúwèi 形 毫无畏惧 ▷～的气概。

【大悟】dàwù 动 彻底醒悟、明白 ▷恍然～。

【大西北】dàxīběi 名 指我国广大的西北地区,包括陕西、宁夏、甘肃、青海、新疆五省、自治区及内蒙古自治区西部的一部分。

【大西南】dàxīnán 名 指我国广大的西南地区,包括四川、重庆、贵州、云南、西藏五个省、自治区、直辖市。

【大西洋】dàxīyáng 名 地球上四大洋之一。位于欧洲、非洲、南北美洲和南极洲之间,面积 9336.3 万平方千米。

【大喜】dàxǐ ❶ 动 十分高兴 ▷心中～|～过望。❷ 动 特指结婚 ▷今天是我姐姐～的日子。

【大喜过望】dàxǐ-guòwàng 事情的结果比预想的更好,因而非常高兴。

【大戏】dàxì ❶ 名 情节复杂、角色齐全的大型戏曲剧目 ▷《赵氏孤儿》是一出～。❷ 名〈口〉京剧。

【大虾】dàxiā 名 较大的虾;特指对虾。

【大显身手】dàxiǎn-shēnshǒu 充分显示自己的才华或本领。

【大显神通】dàxiǎn-shéntōng 充分显示自己高超的本领。

【大限】dàxiàn 名 人的寿限;死期 ▷～将至。

【大相径庭】dàxiāng-jìngtíng《庄子·逍遥游》:"大有径庭,不近人情焉。"(径:小路)原指从门外小路到门内庭院还有一段距离。后用"大相径庭"形容彼此相差很远,很不一致。

【大小】dàxiǎo ❶ 形 大的和小的 ▷这所学校～教室共有 30 间。❷ 名 大小的程度 ▷这件衣服我穿着～正合适。❸ 名 大人和孩子 ▷全家～,欢聚一堂。❹ 名 高辈分和低辈分 ▷说话没有礼貌,不分～。❺ 副 表示无论是大是小(总还能称得上) ▷～算个领导。

【大小姐】dàxiǎojiě ❶ 名 旧时对富贵人家大女儿的尊称。❷ 名 指养尊处优、娇气十足的青年女子。

【大校】dàxiào 名 校官军衔的一级,低于少将,高于上校。

【大写】dàxiě ❶ 名 汉字数字的一种写法,笔画比较繁多(跟"小写"相区别,②同)。如壹、贰、叁、肆、伍、陆、柒、捌、玖、拾、佰、仟等。多用于账目、单据或文件。❷ 名 拼音字母的一种写法,如 A、B、C。多用于句首、专名的第一个字母或专名的缩略写法。

【大兴】dàxīng 动 大规模地兴起或兴建 ▷～调查研究之风|～土木。

【大兴土木】dàxīng-tǔmù 大规模地进行土木工程建设。

【大猩猩】dàxīngxing 名 哺乳动物,体形高大,能直立行走。脑比人脑小,但结构很相似。前肢比后肢长,无尾,吻短,眼小,鼻孔大。体毛粗硬,灰黑色。以野果、嫩竹等为食。也说大猿。

【大刑】dàxíng ❶ 名 重刑(多指酷刑或死刑)。❷ 名 旧指施大刑用的刑具。

【大行其道】dàxíng-qídào 指某种思想主张或行为方式等一时非常流行;特指不良风气、事物等公然流行 ▷近几年数字电视开始～|决不让腐败风气～。

【大行星】dàxíngxīng 名 指太阳系的八大行星。参见 1538 页"行星"。

【大型】dàxíng 区别 形体或规模大的 ▷～设备|～演唱会。

【大幸】dàxìng 名 很大的幸运 ▷车子翻了而没受重伤,这是不幸中的～。

【大姓】dàxìng ❶ 名 有名望、地位的家族 ▷名门～。❷ 名 人口多的姓 ▷张、王、李、赵都是～。

【大雄宝殿】dàxióng bǎodiàn 佛教寺庙中供奉佛祖的大殿(大雄:佛教对佛祖释迦牟尼的尊称,意为像大勇士一样无畏)。

【大熊猫】dàxióngmāo 名 哺乳动物,体肥胖,尾短,似熊而略小,四肢、两耳、眼圈和肩部黑色,其余部分白色。食竹叶、竹笋等,产于四川西部和北部、甘肃南部、陕西西南部等地高山中。属国家保护动物。也说熊猫、猫熊。参见插图 1 页。

【大熊座】dàxióngzuò 名 北方天空星座之一。离北极星不远,分布形状像一只大熊,北斗七星是其中最亮的七颗星。

【大休】dàxiū 动 因工作需要平时每周不休息,而到一定的时间集中安排休息,叫做大休。

【大修】dàxiū ❶ 动(对建筑物、运载工具、机器设备等)进行全面检修。❷ 动 大规模地修改、修订 ▷词典～。

【大选】dàxuǎn 动 指全民投票选举议员、总统等。

【大学】dàxué ❶ 名《礼记》中的一篇。○❷ 名 进行高等教育的学校,分综合大学、专科大学或学院。

【大学生】dàxuéshēng 名 在高等学校就读的本科或专科学生。

【大学士】dàxuéshì 名 古代官名,唐代开始设置,大多为文臣中的高官,有的实际上就是宰相。

【大雪】dàxuě ❶ 名 二十四节气之一,在公历每年12月7日前后。大雪时节,黄河中下游地区降雪日数增多,北方河塘开始封冻。❷ 名 降雪量较大的雪;气象学上指24小时内降雪量在5.0毫米以上的雪。

【大循环】dàxúnhuán 名 体循环。

【大牙】dàyá ❶ 名 臼齿。❷ 名 门牙 ▷笑掉～。

【大雅】dàyǎ ❶ 名《诗经》的组成部分之一。内容多反映周代的庙堂祭祀或重大政治事件。○ ❷ 形 高雅;文雅 ▷无伤～。

【大雅之堂】dàyǎzhītáng 高雅的殿堂;借指高雅的场合 ▷草根艺术喜登～。

【大烟】dàyān 名 鸦片的俗称。

【大烟鬼】dàyānguǐ 名 对吸鸦片成瘾的人的蔑称。

【大言不惭】dàyán-bùcán 说大话而不知羞惭。

【大盐】dàyán ❶ 名 海盐。❷ 名 大颗粒盐 ▷腌菜还是用～好。

【大雁】dàyàn 名 鸿雁①。

【大洋】dàyáng ❶ 名 地球表面最广阔的水域。有太平洋、大西洋、印度洋和北冰洋四大洋。○ ❷ 名〈口〉银元。

【大洋洲】dàyángzhōu 名 位于太平洋西南部,除澳大利亚、新西兰外,还包括1万多个大小岛屿,陆地面积将近900万平方千米,是大洲中最小的一个。旧称澳洲。

【大样】dàyàng ❶ 名 印刷业指报纸的整版校样(跟"小样"相区别)。❷ 名 工程图纸的细部图。

【大摇大摆】dàyáo-dàbǎi 走路时身子摇来摆去。形容神气活现或傲慢自得的样子。

【大要】dàyào 名 主要的内容;概要 ▷～介绍。

【大爷】dàyé ❶ 名 旧时称兄弟排行中居首的人,其他人依次称二爷、三爷等。❷ 名 指好逸恶劳、傲慢任性的人 ▷你要什么～脾气!

【大爷】dàye ❶ 名 对伯父的称呼。❷ 名 对年长的男子的尊称。

【大业】dàyè 名 大事业;大功业 ▷祖国统一～。

【大叶杨】dàyèyáng 名 毛白杨。

【大一统】dàyītǒng ❶ 动 全国统一或统一全国;泛指大范围地统一 ▷欧洲货币～。❷ 形 大范围统一的;高度统一的 ▷～的模式|学术见解不会绝对～。

【大衣】dàyī 名 长度超过上衣的西式外衣。

【大衣呢】dàyīní 名 用毛纱织成的一种呢子,质地柔软厚实,保温性能强,适合做大衣或外套。

【大姨】dàyí ❶ 名 母亲的大姐。❷ 名 对年龄跟母亲差不多的女性的尊称。

【大姨子】dàyízi 名〈口〉妻子的姐姐。

【大义】dàyì 名 正义;大道理 ▷徇私情而忘～。

【大义凛然】dàyì-lǐnrán 一身正气,威严不可侵犯的样子。

【大义灭亲】dàyì-mièqīn 为了维护正义,对触犯刑律的亲属不徇私情,使受到法律制裁。

【大意】dàyì 名 大概的或主要的意思 ▷段落～。

【大意】dàyi 形 马虎 ▷疏忽～。☛ 成语"粗心大意""大意失荆州"中的"意"不读轻声。

【大印】dàyìn 名 公章,特指政府机关的公章;借指权力 ▷公安局～|执掌～。

【大油】dàyóu 名 指猪油。

【大有可为】dàyǒu-kěwéi 事情有很大的发展前途,因而很值得做。

【大有人在】dàyǒurénzài 指某种人为数很多 ▷围绕数字做表面文章的仍然～。

【大有文章】dàyǒu-wénzhāng 指在话语或行为中隐含着很多值得注意和思考的东西 ▷别看他只改动了几个字,这里面可～。

【大有希望】dàyǒu-xīwàng 实现某种愿望的可能性很大。

【大有作为】dàyǒu-zuòwéi 能充分发挥才干,做出突出成绩。

【大于】dàyú 动 比……大 ▷产生一加一～二的效果|功～过|今年的利润～去年。

【大鱼吃小鱼】dàyú chī xiǎoyú 比喻强大的欺压或吞并弱小的。

【大雨】dàyǔ 名 下得很大的雨;气象学上指24小时内降雨量在25.0—49.9毫米之间的雨。

【大员】dàyuán 名 旧指职位高的官员 ▷军政～。

【大约】dàyuē ❶ 副 表示不很精确的估计(多指数量或时间) ▷这儿离海滨浴场～二百米|比赛～安排在下月中旬。❷ 副 表示对情况的推测 ▷他动身两三天了,～已经到了吧?‖口语中也说大约莫。☛ 跟"大概"不同。"大约"只作副词,没有名词、区别词用法。

【大月】dàyuè 名 公历一个月有31天或农历一个月有30天的月份。

【大跃进】dàyuèjìn 名 指1958年至1960年在全国范围内开展的群众运动。由于违背经济规律,盲目追求工农业生产高速发展,给国民经济和群众生活带来严重困难。

【大杂烩】dàzáhuì 名 多种菜混在一起烩成的菜;

比喻由不同的人或事物杂乱拼凑成的混合体 ▷这盘菜是～|这篇文章东拼西凑，是名副其实的～。

【大杂院儿】dàzáyuànr 名 杂院儿。

【大灶】dàzào ❶ 名 用砖、坯等砌成的炉灶。❷ 名 集体伙食标准中最普通的一级。

【大展宏图】dàzhǎn-hóngtú 充分实现宏伟的计划和理想。

【大战】dàzhàn ❶ 名 大规模的战争；比喻激烈的竞赛或竞争 ▷世界～|价格～。❷ 动 进行大规模的战斗或活动 ▷军民～洪水。

【大站】dàzhàn 名 铁路、公路沿线上下车旅客较多、规模较大、快慢车一般都停靠的车站。

【大张旗鼓】dàzhāng-qígǔ 形容规模和声势很大(张:陈设，布置)。

【大丈夫】dàzhàngfu 名 有志向、有作为、有气节的男子 ▷～志在四方。

【大政】dàzhèng 名 重大的政务或政策 ▷主持～|确定～方针。

【大政方针】dàzhèng fāngzhēn 有关大局的方针政策。

【大旨】dàzhǐ 名 主要的意思；要旨 ▷～要义。

【大指】dàzhǐ ❶ 名 拇指。○ ❷见本页“大旨”。现在一般写作“大旨”。

【大志】dàzhì 名 远大的志向 ▷胸怀～。

【大治】dàzhì ❶ 形 形容国家强盛，社会安定，经济、文化繁荣发展 ▷～局面得来不易。❷ 动 大规模地治理或过度治疗 ▷～沙荒地|小病～。

【大致】dàzhì ❶ 区别 粗略的；大体上的 ▷～的情况。❷ 副 表示估计；大约 ▷从建厂到投产～要两三年的时间。

【大智若愚】dàzhì-ruòyú 才智很高却不外露，看上去好像有些愚蠢。

【大中型】dà-zhōngxíng 大型和中型的合称 ▷～企业。

【大众】dàzhòng 名 广大群众(跟“小众”相区别)。☛ 跟“万众”不同。“大众”强调范围广泛，除作主语、宾语外，还常作定语，如“大众传媒”；“万众”强调人数众多，一般只作主语，如“万众一心”。

【大众传播】dàzhòng chuánbō 通过报刊、广播、电视、互联网等现代传播媒介，向大众提供信息和娱乐节目的过程；也指这些传播媒体 ▷～是不可忽视的力量。

【大众化】dàzhònghuà 动 使变得跟广大群众一致；使适合广大群众的需要 ▷语言～|～的食品。

【大洲】dàzhōu 名 洲②。

【大轴戏】dàzhòuxì 名 指一场折子戏演出中，排在最后的、最精彩的一出折子戏；现也指一场文艺演出或竞技比赛等中排在最后的、最精彩的一个节目或一项比赛等。也说大轴、大轴子。☛ “轴”这里不读 zhóu。

【大主教】dàzhǔjiào 名 基督教中某些教派的主教级别之一，职位和权力在一般主教之上，总管和监督管辖范围内的各个教区。也说总主教。

【大专】dàzhuān ❶ 名 大学和高等专科学校的合称 ▷～院校。❷ 名 大学专科的简称(跟“大本”相区别) ▷～学历|～生。

【大篆】dàzhuàn 名 古汉字的一种字体。狭义专指籀文。广义指金文、籀文和春秋战国时期通行于六国的文字。秦朝建立后，把原来的篆书进行改造，改造后的篆书称为小篆，原来的篆书则称为大篆。

【大庄稼】dàzhuāngjia 名 大秋作物。如高粱、玉米、稻子、谷子等。

【大子儿】dàzǐr 名 旧指一种较大的铜元 ▷身上一个～都没有。

【大自然】dàzìrán 名 自然界 ▷回归～。

【大字】dàzì ❶ 名 形体较大的字；特指用毛笔写的大字 ▷练～。❷ 名 指汉字(含夸张义) ▷～不识一个。

【大宗】dàzōng ❶ 区别 大批；数量很大的(钱、物等) ▷办理～贷款|～买卖|～邮件。❷ 名 指数量极大的商品或产品 ▷本省出口商品以丝绸为～。

【大总统】dàzǒngtǒng 名 某些国家元首的名称。

【大族】dàzú 名 人口多、分支多的家族 ▷世家～。

【大作】dàzuò ❶ 名 敬词，称对方的作品 ▷～已经拜读了。○ ❷ 动 猛烈地发生 ▷风雨～。

【大做文章】dàzuò-wénzhāng ❶ 比喻抓住某一事大肆炒作或借题发挥 ▷他们抓住小王的这次偶然疏忽～。❷ 比喻在某方面努力探索进取 ▷我省应在开发旅游业上～。

da

垯(墶) da 见 459 页“圪(gē)垯”。

疸 da 见 459 页“疙(gē)疸”。另见 272 页 dǎn。

跶(躂) da 见 65 页“蹦跶”；235 页“蹿跶”；880 页“蹓跶”。

瘩(*瘩) da 见 459 页“疙瘩”。另见 245 页 dá。

繨 da 见 459 页“纥(gē)繨”。

dāi

呆(*獃❶❷) dāi ❶ 形 傻；笨 ▷痴～|～子。→ ❷ 形 死板；不

灵活 ▷两眼发～|～滞|～板。◯ ❸ 同"待(dāi)"。现在一般写作"待"。◯ ❹ 名 姓。☛ 统读 dāi,不读 ái。

【呆板】dāibǎn ❶ 形 神情呆滞 ▷目光～。❷ 形 死板;不活泼 ▷形式～|思路～。

【呆笨】dāibèn 形 又傻又笨。

【呆痴】dāichī 形 呆傻。

【呆若木鸡】dāiruòmùjī 表情呆板,像木头做的鸡一样。形容因为恐惧或惊讶而发愣的样子。

【呆傻】dāishǎ 形 傻;迟钝糊涂。

【呆头呆脑】dāitóu-dāinǎo 形容反应不灵敏或又笨又傻的样子。

【呆小病】dāixiǎobìng 名 因甲状腺功能低下致使小儿发育不良的疾病。身材明显矮小,头大,四肢短,智能低下。也说克汀病。

【呆账】dāizhàng 名 会计上指逾期已久,处于呆滞状态,有可能成为坏账的应收账款;有时也指坏账。☛ 不要写作"呆帐"。

【呆滞】dāizhì ❶ 形 迟钝;不灵活 ▷神色～。❷ 形 (资金等)流通不畅 ▷避免资金～。

【呆子】dāizi 名 傻子。

呔 dāi 叹 表示提醒对方注意(多见于近代汉语) ▷～! 看剑!
另见 1328 页 tǎi。

待 dāi 动〈口〉停留;逗留 ▷～会儿|近来他一直～在天津。
另见 267 页 dài。

【待会儿】dāihuìr 动 停留一会儿,等待一会儿 ▷到我家～吧。

dǎi

歹 dǎi ❶ 形 坏;恶(è) ▷不知好～|～徒|～毒。◯ ❷ 名 姓。

【歹毒】dǎidú 形 心黑手辣 ▷手段～。

【歹念】dǎiniàn 名 邪恶的念头;歹意。

【歹人】dǎirén 名 坏人;恶人。

【歹徒】dǎitú 名 坏人(多指强盗或其他行凶作恶的人)。

【歹心】dǎixīn 名 恶毒的心肠;坏心眼儿 ▷我可没安什么～,你别冤枉我。

【歹意】dǎiyì 名 恶意;坏主意 ▷心生～。

逮 dǎi 动 捉(用于口语,只限单用) ▷～小偷儿|～耗子。
另见 267 页 dài。

傣 dǎi 名 指傣族 ▷～剧|～历。☛ 统读 dǎi,不读 tài。

【傣剧】dǎijù 名 傣族戏曲剧种,流行于云南傣族聚居的地区。以傣族民间歌舞为基础,吸收汉族戏曲艺术成分发展而成。用象脚鼓、葫芦笙等傣族乐器伴奏。

【傣族】dǎizú 名 我国少数民族之一。主要分布在云南。

dài

大 dài 义同"大(dà)",用于"大夫""大王"等。
另见 251 页 dà。

【大夫】dàifu 名 医生。☛ 跟"大夫(dàfū)"词形相同,但音和义都不同。

【大王】dàiwang 名 戏曲和古典小说中对国王或强盗首领、妖怪头目等的称呼。☛ 跟"大王(dàwáng)"词形相同,但音和义都不同。

代 dài ❶ 动 代替 ▷～我签字|～劳|～替。→ ❷ 名 朝代;历史的分期 ▷唐～|古～|现～|时～。❸ 名 地质年代分期的第二级。参见 304 页"地质年代"。→ ❹ 名 世系相传的辈分 ▷祖孙三～|传宗接～。→ ❺ 动 代理① ▷～省长|～主任。◯ ❻ 名 姓。

【代办】dàibàn ❶ 动 代为办理 ▷～行李托运|～处。❷ 名 一国外交部长派往他国的外交代表。级别低于大使、公使。☛ 跟"临时代办"不同。

【代笔】dàibǐ 动 替人写书信、文章等 ▷老人口述,由我～写了这篇回忆录。

【代币券】dàibìquàn 名 在购物或其他消费时用来代替货币的书面凭证。《中华人民共和国中国人民银行法》规定,任何单位和个人不得印制、发售代币票券。☛ "券"不读 juàn,也不要误写作"卷"。

【代表】dàibiǎo ❶ 名 由选举产生的替选举人办事或表达意见的人 ▷职工～。❷ 名 受委托或指派替个人、集体、政府办事或表达意见的人 ▷私人～|公司～。❸ 动 受委托或指派替个人、集体、政府办事或表达意见 ▷我～全家感谢您。❹ 动 用人或事物表示某种特定的意义或概念 ▷这支曲子～了他早期的风格。❺ 名 某一类人或事物的典型 ▷他是工人阶级的优秀～。

【代表作】dàibiǎozuò 名 最能体现作者水平和风格或某个时代特征的作品 ▷《茶馆》是老舍话剧的～。

【代步】dàibù 动 (以乘坐交通工具)代替步行 ▷以自行车～|～工具。

【代偿】dàicháng ❶ 动 代为偿还 ▷提供财产担保并承担～责任。❷ 动 医学上指当某器官发生病变时,由其他器官或该器官的健全部分来代替补偿它的功能。

【代称】dàichēng 名 用来代替正式名称的名称 ▷丹青成了绘画的～。

【代词】dàicí 名 词类的一种。具有代替、指示作用。按照作用不同，可分为人称代词（如“我”“你”“他”）、指示代词（如“这”“那”）和疑问代词（如“谁”“什么”）。

【代代花】dàidàihuā 名 常绿灌木，枝细长，叶互生，春夏开白花，有浓香。花可用来熏茶，也可以做药材。

【代代相传】dàidài-xiāngchuán 一代一代地相继传承下去。

【代耕】dàigēng 动 指农村中代替缺少劳动力的家庭耕种田地。分义务代耕和有偿代耕两类，前者如为军烈属代耕。

【代沟】dàigōu 名 不同代人由于所处时代和社会环境的差别而在价值观、行为取向、兴趣爱好与生活方式等方面形成的差异和隔阂。

【代购】dàigòu 动 代替他人购物；也指一个单位委托另一个单位代理购买业务。

【代管】dàiguǎn 动 代为管理 ▷传达室～收发信件。

【代号】dàihào 名 为了简便或保密而采用的代替本事物名称的编号、字母或别名。

【代际】dàijì 区别 两代或几代人之间的 ▷～差异｜～关系。

【代价】dàijià 名 买东西所付的钱；泛指为达到某一目的所耗费的物资、精力或作出的牺牲 ▷付出了沉重的～。

【代驾】dàijià ❶ 动 由其他司机代为驾驶（车辆）▷他喝酒了，只能请同事～。❷ 名 从事代驾的人 ▷你太疲劳了，请个～吧！

【代金】dàijīn 名 不能交付实物时，按照实物价格偿付给对方的现金 ▷应交货物已经损坏，只好付给对方一笔～。

【代金券】dàijīnquàn 名 代替货币的凭证。多是商家为促销而印制的，在购物等消费活动中按券面所标金额使用，通常有一定的使用范围和时限。

【代课】dàikè 动 代替原任教师授课 ▷张老师请假，由王老师～。

【代劳】dàiláo 动 请人代替自己或自己代替别人办事 ▷请你～买张车票｜这件事我可以～。

【代理】dàilǐ ❶ 动 暂时替人负责某项事务 ▷局长职务暂时由老王～。❷ 动 受当事人委托，代表当事人在授权范围内进行活动、处理事务 ▷诉讼事宜由法律顾问～。

【代理人】dàilǐrén ❶ 名 法律上指在代理权限内，以被代理人的名义进行民事活动（如贸易、诉讼、纳税、签订合同等）的人。依法律规定成为代理人的人称“法定代理人”；依当事人委托成为代理人的人称“委托代理人”或“意定代理人”；依人民法院或指定单位指定为代理人的人称“指定代理人”。❷ 名 指为别的国家、集团或个人的利益（多为非正当利益）服务且从中获得好处的人。

【代理商】dàilǐshāng 名 受企业法人或企业委托，代表该法人或企业进行商务活动的商人或企业。

【代码】dàimǎ 名 表示信息的符号组合。如电子计算机中，所有输入（如数据、程序等）都须转换成机器能识别的二进制数码，这种数码就是代码。

【代名词】dàimíngcí ❶ 名 代替某种名称或说法的词语 ▷“包青天”早已成为清官的～。❷ 名 某些语法书中指代词。

【代庖】dàipáo 动 超越范围包办别人的事情。参见 1705 页“越俎代庖”。

【代培】dàipéi 动 教育部门等受其他单位委托，为该单位培养或培训人才 ▷～师资｜～生。

【代乳粉】dàirǔfěn 名 用大豆等原料制成的粉状食物。是奶粉的代用品。

【代食品】dàishípǐn 名 饥饿缺粮时用来充饥、但不属于通常食物类的东西。

【代售】dàishòu 动 代为销售 ▷小店～邮票。

【代数】dàishù 名 指代数学，数学的分支学科，用字母代表数来研究数的关系、性质和运算法则。

【代数式】dàishùshì 名 用代数运算法把数和代表数的字母连接起来的式子，如 $ax+2b$，$3x^2+2x+1$ 等。

【代替】dàitì 动 替换别人或别的事物，并能起到被替换的人或事物的作用 ▷～战友值班｜大机器生产～了手工作业。

【代为】dàiwéi 动 代替做（某事）▷请～致意。

【代位继承】dàiwèi jìchéng 被继承人的子女先于被继承人死亡时，由被继承人的子女的晚辈直系血亲（即代位人）按照继承顺序继承。

【代销】dàixiāo 动 代理销售 ▷～店。

【代谢】dàixiè 动 新旧交替更迭 ▷新陈～。

【代行】dàixíng 动 代理行使 ▷～经理职权。

【代序】dàixù 名 代替序言的文章。

【代言】dàiyán 动 代表某人或某部分人发表意见；也指为某商家、某商品作宣传 ▷为全厂职工～｜～了一个服装品牌｜～人。

【代议制】dàiyìzhì 名 议会制。

【代用】dàiyòng 动 拿性能和作用相同或相近的东西代替原来的东西使用 ▷～教材。

【代用品】dàiyòngpǐn 名 跟原用品性能相同或相近，可代替原物使用的东西 ▷婴儿乳粉是人奶的～。

【代孕】dàiyùn 动 受他人委托，用医疗辅助手段代他人怀孕生孩子。我国严禁医疗机构和医务人员实施任何形式的代孕技术。

【代职】dàizhí ❶ 动 暂时代理某种职务。❷ 名 指暂时代理的职务。

轪（軑） dài 名 古代指包在车毂头上的金属帽；借指车轮。

诒（詒） dài 动〈文〉欺骗。另见 1625 页 yí。

甙 dài 名 糖苷(gān)的旧称。

垈 dài 用于地名。如：小荆垈、牛家垈，均在河北；垈湾，在江苏。

岱 dài ❶ 名 泰山的别称。也说岱宗、岱岳。〇 ❷ 名 姓。

迨 dài 介〈文〉趁着 ▷～其未毕济(渡河)而击之。

骀（駘） dài [骀荡] dàidàng〈文〉❶ 形 使人舒畅。❷ 形 放荡。另见 1328 页 tái。

绐（紿） dài 动〈文〉欺骗。

玳（*瑇） dài 见下。

【玳玳花】 dàidàihuā 现在一般写作"代代花"。

【玳瑁】 dàimào 名 爬行动物，形状像龟，背上覆盖着多片甲质板，表面光滑，有褐色和淡黄色相间的花纹。多产于热带和亚热带沿海。属国家保护动物。参见插图 2 页。

带（帶） dài ❶ 名 带子；像带子的东西 ▷鞋～|磁～。→ ❷ 动 佩带 ▷腰上～了把剑。⇒ ❸ 动 随身拿着 ▷出远门要多～些衣服。❹ 动 带领；引着；照看 ▷～兵打仗|～徒弟|～路|～孩子。❺ 动 带动 ▷先进～后进。⇒ ❻ 动 现出 ▷面～愁容。❼ 动 含有 ▷话～讥讽|咸中～甜。→ ❽ 动 连着；附带 ▷～叶的橘子|连蹦～跳。❾ 动 顺便做某事 ▷路过书店帮我～本书。→ ❿ 名 白带 ▷～下。→ ⓫ 名 具有某种性质的一定的地理范围；地区 ▷热～|京津一～。→ ⓬ 名 轮胎 ▷车～|补～。〇 ⓭ 名 姓。☛ 跟"戴"不同。"带"表示随身携带；"戴"表示把物品放置在能发挥其功能作用的身体某一部位。如"犯人戴着手铐"与"公安人员带着手铐"中"戴"与"带"的意思不一样。

【带班】 dàibān ❶ 动 带领人值班 ▷今夜矿长～。❷ 动 带领某班组或班级；担任班主任 ▷这学期我既教课又～。❸ 名 带班的人。

【带兵】 dàibīng 动 率领部队。

【带病】 dàibìng 动 带着疾病(有时表示不顾身患疾病) ▷～坚持工作。

【带刺儿】 dàicìr 动 有刺；比喻话语中暗含讥讽或不满 ▷新鲜黄瓜顶花～|说话不要～。

【带电】 dàidiàn 动 物体上正负电荷失衡或有电流通过 ▷摩擦可以使物体～|～作业。

【带动】 dàidòng ❶ 动 以自身的运动使相关的部分相应地运动 ▷电动机～水泵。❷ 动 带头做并对别的人或单位、地区等起引导作用 ▷沿海～内地|先进～后进。

【带队】 dàiduì ❶ 动 带领队伍(参加某种活动) ▷这次参观，王老师～。❷ 名 带队的人。

【带分数】 dàifēnshù 名 由一个整数和一个真分数合成的数，如 $4\frac{2}{3}$。

【带钢】 dàigāng 名 带形的钢材。

【带好儿】 dàihǎor 动 受托向别人问好 ▷你见着他的时候替我～吧。

【带话】 dàihuà 动 捎话。

【带火】 dàihuǒ ❶ 动 携带着火或引火物等 ▷严禁～进山。〇❷ 动 带动、影响，使相关事物兴旺起来 ▷节假日～了旅游业。

【带劲】 dàijìn ❶ 形 有精神；有力量 ▷瞧他干得多～。❷ 形 有兴趣；能引起兴趣 ▷看世界杯足球赛最～。

【带菌】 dàijūn 动 (人或物)带有或沾染上病菌 ▷～病人|～餐具要严格消毒。

【带宽】 dàikuān 名 通信上指可供信号占用的频率范围；计算机网络指在单位时间内能传输的最大数据量。

【带累】 dàilěi 动 使他人或他方连带受到损害 ▷一人不守纪律～全组。

【带领】 dàilǐng ❶ 动 在前头领着 ▷～新生办理入学手续。❷ 动 领导并指挥 ▷～全县人民防汛抗洪。

【带路】 dàilù 动 带领不认得路的人走向目的地。

【带头】 dàitóu 动 以自己的行动带动其他人 ▷模范～作用|～搞技术革新。

【带头人】 dàitóurén 名 在前面带领大家前进的人 ▷学术～。

【带徒弟】 dàitúdi 接纳某人为徒弟并向其传授技能；泛指把知识、技能传授给别人 ▷他既搞科研，又～。

【带下】 dàixià 名 中医指妇女白带异常的病。

【带薪】 dàixīn 动 拿着工资(做其他的事情) ▷～进修。

【带养】 dàiyǎng 动 指把孩子带在身边养育 ▷孩子还小，你俩离婚后谁来～呢？

【带鱼】 dàiyú 名 鱼，银白色，鳞退化，全身光滑，体长而扁，像带子。是我国沿海的主要鱼类之一。

【带职】 dàizhí 动 因公脱离原工作岗位而改做其他工作时，保留原有任职资格 ▷～学习。

【带状】 dàizhuàng 名 像带子一样的形状 ▷智利的国土呈～，南北长，东西窄。

【带子】 dàizi ❶ 名 用布、绸缎、皮革等制成的长条形的东西，多用于捆扎衣物等。❷ 名 指录音带或录像带。

【带座儿】 dàizuòr 动 在影剧院或会场引导观众、到会的人入座。

殆 dài 〈文〉❶ 形 危险 ▷知己知彼,百战不～|危～。→ ❷ 副 几乎;差不多 ▷敌人被歼～尽。

【殆尽】dàijìn 动〈文〉几乎没有剩下 ▷消耗～。

贷(貸) dài ❶ 动 借出或借入 ▷银行～给他一笔款|他向银行～款。→ ❷ 名 借出或借入的款项 ▷农～|信～|高利～。→ ❸ 动 宽恕;减免 ▷严惩不～|宽～。❹ 动 推脱(责任) ▷责无旁～。

【贷方】dàifāng 名 执行会计制度权责发生制时,反映资产减少、负债及所有者权益增加的科目总称(跟"借方"相对)。

【贷记卡】dàijìkǎ 名 指具有透支功能的银行卡。持卡人可在银行提供的消费信用额度内透支消费,并享有免息还款期。

【贷款】dàikuǎn ❶ 动 指金融机构放款或向银行等金融机构借款。一般要规定利率和偿还日期 ▷向银行～|签订～协议。❷ 名 借贷的款项 ▷追回过期～。☛ 参见 710 页"借款"的提示。

【贷学金】dàixuéjīn 名 国家以贷款方式支付给高等学校的贫困学生,以保障其正常学习、生活的资金。

待[1] dài ❶ 动 等;等候 ▷守株～兔|等～|期～。→ ❷ 动 需要 ▷尚～说明。→ ❸ 动 想要;打算 ▷～搭不理。

待[2] dài ❶ 动 对待 ▷他～我不薄|优～|亏～。→ ❷ 动 招待 ▷～客|款～。☛ 跟"侍"不同。

另见 264 页 dāi。

【待办】dàibàn 动 有待办理 ▷这儿有几份～的公文|～的事太多,顾不过来。

【待查】dàichá 动 有待查验 ▷病情～。

【待产】dàichǎn 动 临产前等待分娩。

【待承】dàicheng 动 对待;招待 ▷他去亲戚家住了两天,人家～得挺好。

【待处】dàichǔ 动 等待处理。

【待搭不理】dàidā-bùlǐ 待理不理。

【待定】dàidìng 动 等待决定 ▷选手名单～。

【待发】dàifā 动 等待出发或发出 ▷整装～|1 号库房里是～的货物。

【待岗】dàigǎng 动 企业职工离开原来的工作岗位后等待另行安排岗位。

【待机】dàijī ❶ 动 等待时机 ▷～反击。❷ 动 特指电子计算机等处在某个操作程序下等待使用 ▷把电脑转回到～状态。

【待价而沽】dàijià'érgū《论语·子罕》:"沽之哉,沽之哉,我待贾者也。"意思是等待有高价钱才出售。原比喻等待时机出来做官;后多比喻等待有赏识自己才能的人或有好的待遇、条件才肯应聘。☛ "沽"不要误写作"估"。

【待检】dàijiǎn 动 等待检验或检查 ▷这是一批～的肉类产品。

【待建】dàijiàn 动 已被纳入规划等待建造 ▷准备参加～项目的投标。

【待见】dàijian 动〈口〉喜欢;喜爱(多用于否定) ▷不～这种小人|不让人～。

【待考】dàikǎo 动 等待以后再查考 ▷现有资料不全,作家的卒年还～。

【待客】dàikè 动 招待客人。

【待理不理】dàilǐ-bùlǐ 像是要搭理而又没搭理。形容态度冷淡的样子。

【待命】dàimìng 动 等待命令 ▷部队原地～。

【待批】dàipī 动 等待主管部门审批。

【待聘】dàipìn 动 等候招聘或聘任 ▷下岗～。

【待人】dàirén 动 对待人;与人相处 ▷～宽厚。

【待人接物】dàirén-jiēwù 指跟别人交往相处(物:指自己以外的人)。

【待续】dàixù 动 等待接续 ▷未完～。

【待业】dàiyè 动 等待就业 ▷为～人员广开就业门路。

【待遇】dàiyù ❶ 名 享有的权利、地位和报酬等 ▷享受国民～|～优厚。❷ 名 对待人的态度、方式等 ▷受到不公正～。

【待字】dàizì 动〈文〉指女子成年待嫁。古代女子成年许婚后才起字,故称 ▷～闺中。

怠 dài ❶ 形 (对人)冷淡;不恭敬 ▷～慢。→ ❷ 形 松懈;懒惰 ▷懈～|～工。

【怠惰】dàiduò 形 懒惰 ▷～成性。

【怠工】dàigōng 动 故意消极对待工作,拖延时间,降低效率 ▷消极～。

【怠慢】dàimàn ❶ 动 (待人)冷漠,不热情 ▷不该～顾客。❷ 动 客套话,对招待不周表示歉意 ▷招待不周,～大家了。

埭 dài 名 堵水的土坝(多用于地名) ▷～头(在福建)|钟～(在浙江)。

袋 dài ❶ 名 袋子 ▷塑料～|～装酱油。→ ❷ 量 a) 用于袋装的东西 ▷一～水泥|一～面。b) 用于水烟、旱烟等 ▷抽一～烟。

【袋鼠】dàishǔ 名 哺乳动物,前肢短小,后肢发达,善于跳跃,尾巴粗大。雌兽腹部有一个育儿袋,胎儿未发育完全即生出,在育儿袋内哺育。产于澳大利亚。

【袋装】dàizhuāng 区别 用袋子包装的 ▷～食品。

【袋装书】dàizhuāngshū 名 口袋书。

【袋子】dàizi 名 口袋①。

逮 dài ❶ 动〈文〉赶上;达到 ▷～及|～至|不～(达不到)。○ ❷ 动 捉(只用于合成词中) ▷～捕。

另见 264 页 dǎi。

【逮捕】dàibǔ 动 司法机关在一段时间内依法剥夺犯罪嫌疑人、被告人的人身自由，强制羁押审查的刑事措施 ▷～法办|肇事者已被～。

䃇(䃇) dài 见 6 页"叆(ài)䃇"。

戴 dài ❶ 动 头顶着；把东西加在头上或身体其他部位 ▷披星～月|～帽子|～围巾|～手套。→ ❷ 动 承当(某种罪名) ▷～罪之身|～罪立功。→ ❸ 动 尊奉；推崇 ▷感恩～德|爱～|拥～。〇 ❹ 名 姓。☛ 参见 266 页"带"的提示。

【戴高帽子】dàigāomàozi 比喻故意对人说恭维奉承话。也说戴高帽儿。

【戴绿帽子】dàilǜmàozi 讥讽某人妻子有外遇(元、明两朝规定，娼家男子戴绿头巾)。也说戴绿帽儿。

【戴帽儿】dàimàor ❶ 动 比喻上级指名为某人额外下达的指标 ▷校领导为我系某老师～下达一个教授名额。❷ 动 比喻学校附设高一级学校的班级，如小学附设中学班，中学附设大专班。

【戴帽子】dàimàozi 比喻给人加上某种罪名 ▷不要动不动就抓辫子、～。

【戴胜】dàishèng 名 鸟，羽毛多为棕色，羽冠明显，嘴细长略弯。以昆虫为食，对农业有益。俗称胡哱哱、山和尚。

【戴孝】dàixiào 动 死者家属或亲戚以穿孝服、佩黑纱等方式表示对死者的哀悼。☛ 不要写作"带孝"。

【戴罪立功】dàizuì-lìgōng 背负着罪名去建立功劳，以将功赎罪。☛ "戴"不要误写作"带"或"代"。

黛 dài ❶ 名 古代妇女用来画眉的青黑色颜料 ▷粉～|眉～。→ ❷ 形 形容颜色青黑 ▷～绿|～蓝|～紫。〇 ❸ 名 姓。

襶 dài 见 984 页"褦(nài)襶"。

dān

丹 dān ❶ 名 古代指朱砂(一种含汞的红色矿物)。→ ❷ 形 形容颜色像朱砂一样红 ▷～顶鹤|～凤|～红。→ ❸ 名 古代道家用朱砂等炼制的药 ▷炼～|金～。❹ 名 依成方制成的丸状、颗粒状或粉末状中药 ▷丸散膏～。

【丹顶鹤】dāndǐnghè 名 鹤的一种。羽毛大部分白色，头顶朱红色，颈和腿细长。鸣声响亮，飞翔力强，常涉行在浅水浅滩，捕食鱼虾。主产于我国东北地区，到长江下游一带越冬。属国家保护动物。也说仙鹤。参见插图 5 页。

【丹毒】dāndú 名 由链球菌感染引起的局部性皮肤炎症。常发生于面部和小腿，患处出现高出皮肤表面的红斑，边缘明显，有热、痛感，并伴有全身发冷、发热等症状。

【丹方】dānfāng ❶ 见 269 页"单方"①。现在一般写作"单方"。〇 ❷ 名 道士炼丹的方术。

【丹凤眼】dānfèngyǎn 名 外眼角微微上翘的眼睛。

【丹桂】dānguì 名 桂花的一种。参见 518 页"桂花"。

【丹剂】dānjì 名 指用汞、硝、矾、硫黄等作原料经高温炼制而成的一种结晶状药物，相传有延年益寿的功效，因而后世将某些药效显著的丸剂、散剂也以"丹"命名。

【丹青】dānqīng ❶ 名 丹砂(朱砂)和青雘(huò，石青)两种颜料，一为红色，一为青色 ▷～玄黄，色彩分明。❷ 名 借指绘画 ▷～妙笔|酷爱书法和～。❸ 名〈文〉借指史册、史书 ▷名垂～。

【丹砂】dānshā 名 朱砂。

【丹参】dānshēn 名 多年生草本植物，茎方形，复叶羽状，花淡紫色或白色。根肥大，红色，可以做药材。

【丹书铁券】dānshū-tiěquàn 古代帝王颁给功臣，使其世代享受(免受国法制裁等)特权的凭证。因用朱砂书写在铁板上，故称 ▷法治社会，任何人都没有免罪的"～"。

【丹田】dāntián 名 人体部位，在脐下称下丹田，在心窝儿称中丹田，在两眉间称上丹田；一般指下丹田 ▷意守～|～之气。

【丹心】dānxīn 名 红心；赤诚的心 ▷言出肺腑，～可见。

担(擔) dān ❶ 动 用肩挑 ▷～水|肩不能～，手不能提。→ ❷ 动 担负；承当 ▷～责任|～风险|～当|承～。

另见 273 页 dàn。

【担保】dānbǎo ❶ 动 表示完全负责任，保证做到或不发生问题 ▷～不会发生意外。❷ 动 法律保证的通称。指以财物、信誉作保证，按照一定程序保证债务人清偿债务或保证刑事被告人不逃避侦查、审判并按规定出庭。

【担保人】dānbǎorén 名 依法履行担保责任的法人、其他组织或者合法公民。

【担不是】dānbùshi 承担出错的责任 ▷出了问题我替你～。

【担承】dānchéng 动 承担。

【担待】dāndài ❶ 动 客套话，用于请别人原谅 ▷货物未能如期送到，请多～。❷ 动 承担(责任) ▷出了事，我可～不起。

【担当】dāndāng 动 承担(较重大的任务、责任、风险、罪名等) ▷敢于～重任。

【担负】dānfù 动 承担(任务、责任、费用等) ▷～

繁重的任务。

【担纲】dāngāng 动 担任主要角色;担负主要责任 ▷这部大片由两位名演员～。

【担架】dānjià 名 抬运病人、伤员的用具。一般用两根较长的竹木或金属杆子做框架,中间绷上帆布,人可躺在上面。

【担惊受怕】dānjīng-shòupà 承受惊吓恐惧。

【担名】dānmíng 动 承担名义 ▷父亲～贷款让儿子搞养殖。

【担任】dānrèn 动 承担(某种职务或工作) ▷总指挥由彭总工程师～|～警卫工作。

【担受】dānshòu 动 承受 ▷～风险。

【担险】dānxiǎn 动 承担风险。

【担心】dānxīn 动 不放心 ▷～他的安全。☛ ㊀不要写作"耽心"。㊁跟"担忧"不同。"担心"仅指放心不下,常用于具体的人或事;"担忧"还指忧虑、发愁,语意较重,既可用于具体的人或事,也可用于抽象而重大的事。

【担忧】dānyōu 动 担心并忧虑 ▷这样做实在让人～|替古人～。☛ ㊀不要写作"耽忧"。㊁参见本页"担心"的提示㊁。

单(單) dān ❶ 区别 独自一个的;不跟别的合在一起的(跟"双"相对) ▷～扇窗户|～独。→ ❷ 形 微弱;微薄 ▷势～力薄|～薄。→ ❸ 形 项目、种类少;结构、头绪不复杂 ▷简～|～调|～纯。→ ❹ 区别 (衣物等)只有一层的 ▷～褂儿|～裤。⇒ ❺ 名 铺盖用的单层大幅的布 ▷床～|被～。⇒ ❻ 名 分项记事用的纸片(多是单张的) ▷账～|名～|菜～。❼ 量 用于采取订单方式做的生意 ▷一～涉外生意|配送千～无差评。→ ❽ 数 放在两个数量之间,表示单位较高的量下附有单位较低的量,作用同"零" ▷梁山泊的一百～八将。→ ❾ 区别 奇(jī)数的(跟"双"相对) ▷～数|～号。→ ❿ 副 表示行为、事物在有限的范围内,不跟别的合在一起,相当于"只""仅" ▷别的不管,～说这件事|旅游不～是玩玩,还可以增长知识。○ ⓫ 名 姓。☛ ㊀读 chán,用于古代匈奴君主"单于";读 shàn,只用于地名和姓氏。㊁"单(dān)"和"单(shàn)"是两个不同的姓。

另见 145 页 chán;1198 页 shàn。

【单摆】dānbǎi 名 一种物理实验装置。一根定长的线上端固定,下端悬一个小球,小球能在一个竖直的平面内来回摆动。

【单帮】dānbāng 名 指利用地区间差价,从事异地贩运以谋利的个体商贩。旧时因其未加入商业行帮,故称 ▷跑～。

【单本剧】dānběnjù 名 指篇幅较短小、由单一情节构成一个完整的故事、一次播放的电视剧。

【单边】dānbiān 区别 由单独一方参加的 ▷～行动。

【单兵】dānbīng 名 单独一个士兵 ▷～作战。

【单薄】dānbó ❶ 形 (御寒的衣、被等)厚度小、件数少 ▷穿得～了些|被子太～了。❷ 形 (身体)瘦弱 ▷体质～。❸ 形 (内容、力量等)不充实、不雄厚 ▷资金短缺,实力～。

【单产】dānchǎn 名 指一定时间内单位面积土地的产量 ▷今年每亩～比去年高。

【单车】dānchē 名 自行车。

【单程】dānchéng 名 指往返行程中去或回的路程 ▷南京到北京,～1000 多公里。

【单处】dānchǔ 动 仅给予某种处罚(跟"并处"相区别) ▷该店销售不合格产品累计 5 万多元,但未发现其他不法行为,故～罚金 10 万元。

【单传】dānchuán ❶ 动 旧指一代只有一个儿子 ▷三代～。❷ 动 旧指只受一个师傅传授,不夹杂别的门派 ▷我的武功是法正长老～的。

【单纯】dānchún ❶ 形 简单而纯真 ▷～善良。❷ 形 事物种类单一;头绪不繁杂(跟"复杂"相对) ▷不能～看考分,要看全面素质。

【单纯词】dānchúncí 名 只有一个语素的词(跟"合成词"相区别)。汉语的单纯词有的只由一个字表示,如"人、来、大";有的由两个或两个以上的字表示,如"螳螂""萨其马"。☛ 跟"单音词"不同。

【单词】dāncí 名 一个个的词 ▷背～。

【单打】dāndǎ ❶ 动 某些球类竞赛的一种方式,对阵双方各出一名队员比赛,如羽毛球、乒乓球、网球等都有单打项目。❷ 动 一对一地搏斗 ▷～独斗。

【单打一】dāndǎyī 单纯做一件事而不顾及其他 ▷做工作不能～,要学会"弹钢琴"。

【单单】dāndān 副 表示限定在极小的范围之内,相当于"只是""仅仅" ▷别的都没忘,～忘了带工作证。

【单刀】dāndāo ❶ 名 古代兵器,刀柄短,刀身长。❷ 名 只用一把刀为兵器的武术项目。

【单刀直入】dāndāo-zhírù 原比喻认定目标,勇猛直进。今多比喻说话直截了当,不转弯抹角。

【单调】dāndiào 形 简单重复而缺少变化 ▷～乏味|生活～|形式～。

【单独】dāndú 形 不跟别的合在一起 ▷这些成本要～核算|～一个人咋办啊?

【单发】dānfā 动 扣动扳机一次只发射一颗子弹 ▷这种枪只能～。

【单方】dānfāng ❶ 名 流传于民间的专治某种疾病的较为简单的药方。○ ❷ 名 单方面。

【单方面】dānfāngmiàn 名 单独一方；事物的单独一面 ▷～撕毁合同|不要只从～看问题。

【单幅】dānfú ❶ 区别 指布、帛等织物中一种较窄幅面（幅宽通常只有二尺多）的 ▷用～的府绸做件衬衣，两米恐怕不够。◯ ❷ 名 指单个儿的书画条幅 ▷书房里挂了一张郑板桥的～。

【单干】dāngàn 动 不跟他人合作，单独从事某项工作 ▷分田～|～户。

【单干户】dāngànhù 名 农业合作化时期指没有参加互助组和合作社的个体农户；现在也用来指不跟他人合作，自己单独从事某种经营活动的人 ▷运输～。

【单缸】dāngāng 区别 有一个汽缸或缸筒的 ▷～柴油机|～洗衣机。

【单杠】dāngàng ❶ 名 体操器械，由两根支柱上面架一根水平横杠组成。❷ 名 男子竞技体操项目，运动员在单杠上做引体向上、回环、转体等动作。

【单个儿】dāngèr 形 单独；不配套 ▷你别～进山，有危险|我不买整套，买～的。

【单轨】dānguǐ ❶ 名 只有一组轨道的运输线 ▷铺设～。❷ 名 借指单一的体制、规则、系统等 ▷失业保险实行～政策|价格～制。

【单果】dānguǒ 名 由一朵花的一个成熟子房发育形成的果实。如桃、李、杏、向日葵等的果实。也说单花果。

【单过】dānguò 动 从家庭中分出去单独过日子 ▷儿子结婚后～|他们夫妻俩已分居～。

【单号】dānhào 名 数字为单数的号码。

【单耗】dānhào 名 生产某一单位产品所需的原材料消耗。

【单簧管】dānhuángguǎn 名 木管乐器，由嘴子、小筒、管身与喇叭口四部分组成，嘴子顶端有单簧片。发音浑厚圆润。也说黑管。参见插图 11 页。

【单机】dānjī 名 没有联网的电子计算机。

【单季稻】dānjìdào 名 同一块田里，一年只栽种、收获一次的水稻种植制度；也指采用这种制度种植的水稻。

【单价】dānjià 名 商品的单位价格。

【单间】dānjiān ❶ 名 不跟其他房间相通的房间（跟“套间”相区别）。❷ 名 旅馆、饭馆、澡堂、歌舞厅等供顾客独自使用的房间。

【单晶硅】dānjīngguī 名 由硅原子构成的单晶体，是重要的半导体材料。

【单晶体】dānjīngtǐ 名 由一个晶体构成的物体。自然界存在的明矾、石英等都是单晶体。也可以由人工制成，如单晶硅。也说单晶。

【单句】dānjù 名 语法学上指能够表达一个相对完整的意思，有一个特定语调，不能分成两个或两个以上分句的语言单位（跟“复句”相区别）。

【单据】dānjù 名 收付钱、物的凭据，包括收据、发票、发货单等。

【单科】dānkē 名 单一科目 ▷数学～考试。

【单口】dānkǒu 区别 由一个演员单独说或唱的（曲艺表演）▷～快板儿|～相声。

【单口相声】dānkǒu xiàngsheng 名 由一个演员表演的相声。参见 1504 页“相声”。

【单裤】dānkù 名 由单层面料做成的裤子。

【单利】dānlì 名 一种计算利息的方法。只按本金计算利息，本金所生利息不再加入本金重复计算（跟“复利”相区别）。

【单恋】dānliàn 动 男女双方不是相互爱恋，只是一方单独爱恋另一方。

【单列】dānliè 动 单独列出 ▷新修订的《保险法》将诚实信用原则～为一条。

【单另】dānlìng 副 单独；另外 ▷他的牙不好，～给他做点儿软食吃。

【单名】dānmíng 名 除姓外，只有一个字的名字。如孔丘、诸葛亮。

【单名数】dānmíngshù 名 数学上指只带一个单位名称的数（跟“复名数”相区别）。如 4 克、3 米。

【单皮鼓】dānpígǔ 名 板鼓。

【单枪匹马】dānqiāng-pǐmǎ 原指作战时单骑上阵；比喻不与别人协作配合，一个人单独行事。

【单亲】dānqīn 区别 指只有父亲或母亲的 ▷～家庭|～子女。

【单人】dānrén 名 单独一个人 ▷～舞。

【单人滑】dānrénhuá 名 由一人表演的花样滑冰运动项目。

【单人舞】dānrénwǔ 名 独舞①。

【单弱】dānruò 形 单薄弱小 ▷身体～|势力～。

【单色】dānsè 名 单独一种颜色 ▷用～印刷。

【单色光】dānsèguāng 名 只有一个频率或波长的光；也指频率范围很窄的光。

【单身】dānshēn 名 到了结婚年龄而没有配偶的人 ▷他刚大学毕业，是～|～在外地闯荡。

【单身贵族】dānshēn guìzú 指独身生活的成年人（含诙谐意）。一般经济比较宽裕，生活自由自在，故称。

【单身汉】dānshēnhàn 名 单身的成年男子。

【单式】dānshì 区别 形式、规格单一的（跟“复式”相区别）▷～记账法|～教学。

【单数】dānshù ❶ 名 正奇（jī）数，如 1、3、5 等。❷ 名 某些语言里，有的词类在形态上有单数与复数的区别，表示的概念数量为 1 的称作单数。

【单说】dānshuō 动 只说；单就某一点说 ▷别的

不提，～你的身体，就不合格。

【单糖】dāntáng 名 不能水解的最简单的糖。一般无色，易溶于水，在人体内不经过分解就能吸收。如葡萄糖、果糖等。

【单体】dāntǐ ❶ 区别 独体 ▷～建筑。❷ 名 指单体建筑 ▷新建～已完成主体建筑施工。

【单条】dāntiáo ❶ 名 单幅的条幅(跟"屏条"相区别)。❷ 名 若干条中的一条 ▷这 50 条信息中，～最高点击量已超过 4000 万。

【单挑】dāntiǎo 动 一对一地较量。

【单位】dānwèi ❶ 名 对事物进行计量的标准量的名称。如米、千克、秒分别是长度、质量、时间的计量单位。❷ 名 指机关、团体或其所属的部门 ▷我们～是市级精神文明标兵｜一个大～里有许多小～。❸ 名 从整体中划分出来的每个独立部分 ▷语法～｜词汇～。

【单位犯罪】dānwèi fànzuì 指企事业单位、机关、团体等实施的依法应当承担刑事责任的危害社会的行为。

【单弦儿】dānxiánr 名 一种曲艺，起源于清乾隆年间，流行于北方。最初一人操三弦自弹自唱，后发展为一人边唱边击八角鼓，另一人用三弦伴奏。也说单弦儿牌子曲。

【单线】dānxiàn ❶ 名 单独的一条线或线条、线路等 ▷～缝制｜～白描｜～汽车月票。❷ 名 单轨① ▷很多铁路已由～扩建成复线了。❸ 名 唯一的联系渠道 ▷～联系。

【单相思】dānxiāngsī 动 单恋。

【单向】dānxiàng ❶ 名 一个方向 ▷路长 10 公里，～双车道。❷ 区别 向着一个方向的 ▷～行驶｜～思维。

【单项】dānxiàng 名 单独的项目 ▷马拉松～比赛｜世乒赛设 5 个～。

【单鞋】dānxié 名 没有絮棉花等防寒物的鞋，多指单布鞋。

【单行】dānxíng ❶ 区别 就单一事项而实行的或仅在某地颁行和适用的(条例、法规等) ▷《传染病防治法》是针对公共卫生事件的～法。❷ 动 单一方向行驶 ▷～车道。❸ 动 单独印刷发行 ▷～本《呐喊》。❹ 动 单独降临 ▷祸不～。

【单行本】dānxíngběn ❶ 名 从选集、全集或合集中抽出来单独印刷发行的著作 ▷《实践论》除见于《毛泽东选集》第一卷外，还有～。❷ 名 在报刊发表后又单独印刷发行的书籍 ▷《政府工作报告》的～已经出版。

【单行线】dānxíngxiàn 名 只准车辆朝一个方向行驶的道路。也说单行道。

【单性花】dānxìnghuā 名 一朵花内只有雄蕊或只有雌蕊的花(跟"两性花"相区别)。具有单性花的植物，有的雌雄同株，如玉米；有的雌雄异株，如银杏。

【单性生殖】dānxìng shēngzhí 卵子不经精子的刺激而发育成子代的特殊有性生殖方式。如植物里的黄瓜不经过传粉受精也能结果；动物里的蜜蜂，未受精的卵发育成雄蜂。也说孤雌生殖。

【单姓】dānxìng 名 只有一个字的姓氏(跟"复姓"相区别)。如张、王、李、赵。

【单选题】dānxuǎntí 名 单项选择题的简称。即只有一个选项为正确答案的选择试题(跟"多选题"相区别)。

【单眼】dānyǎn 名 许多无脊椎动物的光感受器，比复眼简单，只能感觉光的强弱，不能分辨颜色，不能视物。

【单眼皮】dānyǎnpí 名 下缘没有褶儿的上眼皮(跟"双眼皮"相区别)。

【单叶】dānyè 名 一个叶柄上只生长一个叶片的叶子。如白杨叶、梧桐叶、枫树叶等。

【单一】dānyī 形 仅有一种；单纯 ▷～的经济成分｜孩子的思想比较～。

【单衣】dānyī 名 单层面料做成的衣服。

【单音词】dānyīncí 名 只有一个音节的词，如"人、吃、红、鸟儿"等。☛ 跟"单纯词"不同。

【单音字】dānyīnzì 名 只有一个读音的字，如"人、路"等。

【单用】dānyòng ❶ 动 单独使用。❷ 动 只用；仅仅用 ▷～一种方法，有时难以奏效。

【单元】dānyuán 名 整体中一个相对独立的部分 ▷初中语文第一册分七个～。

【单元房】dānyuánfáng 名 有客厅、卧室、厨房、卫生间等配套的住房。

【单元楼】dānyuánlóu 名 有若干套单元房的住宅楼。

【单质】dānzhì 名 由同一种化学元素的原子所组成的物质。如氧气、水银、铁等。

【单字】dānzì 名 单个儿的汉字 ▷出土铜器铭文中有几个～的笔画已经十分模糊了。

【单子】dānzi ❶ 名 铺在床上的大块单层布。○ ❷ 名 分条分项记载事物的纸单；凭单 ▷你列一个～给我吧｜这是提货的～。

【单作】dānzuò 动 在同一块田地上，每茬只种植一种作物 ▷改～为间作。

眈 dān［眈眈］dāndān 形 形容眼睛注视的样子 ▷虎视～。☛ "眈眈"的"眈"不要误写作"耽"。

耽(*躭) dān ❶ 动〈文〉沉溺；迷恋 ▷～于幻想｜～于酒色。→ ❷ 动 拖延(时间) ▷～误｜～搁。

【耽待】dāndài 现在一般写作"担待"。

【耽搁】dānge ❶ 动 拖延；延迟 ▷有意～｜这件

事一天也不能～。❷ 动 停留 ▷在重庆～了几天。❸ 动 耽误；延误 ▷因为误诊，把病～了。☛ 不要写作"担搁""担阁"。

【耽溺】dānnì 动 沉湎；迷恋 ▷不能整天～在网络游戏中。

【耽误】dānwu 动 因拖延时间或错过时机而误事 ▷手续太繁杂了，真～事｜～农时。☛ 不宜写作"担误"。

郸（鄲） dān ❶ 用于地名。如：郸城，在河南；邯郸，在河北。○ ❷ 名 姓。

聃 dān 用于人名。如老聃，即老子(zǐ)，古代哲学家。

殚（殫） dān 动〈文〉用尽；竭尽 ▷～精竭虑｜～力而为。☛ 不读 dàn，也不要误写作"弹"。

【殚精竭虑】dānjīng-jiélǜ 用尽精力和心思。

瘅（癉） dān 名 中医指热症或湿热症 ▷～疟｜火～。

另见 275 页 dàn。

箪（簞） dān 名 古代盛饭食的竹编器具 ▷～食壶浆。

【箪食壶浆】dānshí-hújiāng《孟子·梁惠王下》："箪食壶浆，以迎王师。"意思是老百姓用箪盛饭，用壶盛汤来欢迎他们拥护的军队。后用"箪食壶浆"来形容军队受到群众热烈欢迎的情景。☛"食"这里是名词，不读 sì。

儋 dān 名 儋州，地名，在海南。

甔 dān 名〈文〉坛子一类的陶器。

襌 dān 名〈文〉单衣。

dǎn

𬘘（紞） dǎn ❶ 名 古代冠冕两旁用来系玉坠的带子。→ ❷ 名 古代缝在被端用来识别被子首尾的带子。○ ❸ 拟声〈文〉模拟打鼓的声音 ▷～～城头鼓。

胆（膽） dǎn ❶ 名 胆囊的通称。→ ❷ 名 胆量 ▷～大心细｜～怯｜～识。→ ❸ 名 某些器物内部可以盛水或充气的东西 ▷热水瓶的～碎了｜球～。

【胆大包天】dǎndà-bāotiān 形容胆量极大，什么坏事都敢干。

【胆大妄为】dǎndà-wàngwéi 形容胆量过大，毫无顾忌地胡作非为。

【胆大心细】dǎndà-xīnxì 形容既勇敢果断又谨慎小心。

【胆矾】dǎnfán 名 蓝矾的俗称。

【胆敢】dǎngǎn 动 居然有胆量敢于(做某事) ▷～在鲁班门前耍弄大斧。

【胆固醇】dǎngùchún 名 醇的一种。白色结晶，质软。是动物和人体内重要的物质之一，在脑、神经组织、皮下脂肪和胆汁中含量较多。胆固醇代谢失调会引起动脉粥样硬化和胆结石等。

【胆管】dǎnguǎn 名 输送胆汁的管道。胆汁通过胆管流入十二指肠。也说胆道。

【胆寒】dǎnhán 形 恐惧；惊慌 ▷令敌人心惊～。

【胆红素】dǎnhóngsù 名 胆汁的主要色素之一。在正常人的血液中含量很少。测定血中胆红素对诊断肝、胆疾病及血液系统疾病有重要作用。

【胆结石】dǎnjiéshí 名 胆囊和胆管系统发生结石的疾病。发病时胆区有剧烈的绞痛。

【胆力】dǎnlì 名 胆量和魄力 ▷～超群。

【胆量】dǎnliàng 名 不怕危险或敢于冒险的精神；勇气 ▷～非凡｜缺乏～。

【胆绿素】dǎnlǜsù 名 胆汁内色素之一，是胆红素氧化后的产物。人的胆汁中含量很少。

【胆略】dǎnlüè 名 胆量和谋略 ▷军事家的～。

【胆囊】dǎnnáng 名 储存和浓缩胆汁的囊状器官。进食时，胆囊壁收缩，使胆汁经胆管排出，进入十二指肠，协助消化脂肪。通称胆。也说苦胆。

【胆囊炎】dǎnnángyán 名 胆囊发炎的病症。多由胆结石、细菌感染或化学性刺激引起。症状为右上腹绞痛、恶心、呕吐等。

【胆魄】dǎnpò 名 胆力。

【胆气】dǎnqì 名 胆量和勇气 ▷～冲牛斗。

【胆怯】dǎnqiè 形 胆小；害怕 ▷面对强手毫不～。

【胆识】dǎnshí 名 胆量和见识 ▷～过人。

【胆酸】dǎnsuān 名 有机酸，存在于胆汁中，具有乳化脂肪和促进其被消化及吸收的作用。

【胆小】dǎnxiǎo 形 怯懦；缺乏勇气 ▷孩子～，怕见生人｜～鬼。

【胆小怕事】dǎnxiǎo-pàshì 胆子小，遇事害怕承担责任。

【胆小如鼠】dǎnxiǎo-rúshǔ 胆子小得像老鼠。形容胆量极小。

【胆虚】dǎnxū 形 胆怯 ▷看见这阵势，我～了。

【胆战心惊】dǎnzhàn-xīnjīng 形容十分害怕(战：颤抖)。☛ 不宜写作"胆颤心惊"。

【胆汁】dǎnzhī 名 由肝细胞分泌的液体，储存在胆囊中，味苦，黄褐色或黄绿色。能促进脂肪的分解和吸收。

【胆壮】dǎnzhuàng 形 胆子大；勇气十足 ▷有了信心，也就～了。

【胆子】dǎnzi 名 胆量 ▷人不大，～却不小。

疸 dǎn 见 603 页"黄疸"。

另见 263 页 da。

掸（撣） dǎn 动 轻轻地打或拂（以去掉尘土等）▷把身上的柳絮～掉。

另见 1198 页 shàn。

【掸子】dǎnzi 名 用鸡毛或布条等捆扎成的去除灰尘的用具。

赕（賧） dǎn 动 傣语音译。供奉；布施 ▷～佛。

亶 dǎn 副〈文〉诚然；实在。

另见 275 页 dàn。

dàn

石 dàn 量 市石。☛ 这个意义在古书中读 shí，如“二千石”“万石君”等。

另见 1242 页 shí。

旦[1] dàn ❶ 名 天亮的时候；早晨 ▷通宵达～｜危在～夕。→ ❷ 名 指某一天 ▷元～｜一～。○ ❸ 名 姓。

旦[2] dàn 名 戏曲里的一个行当，扮演女性角色，包括正旦（青衣）、花旦、刀马旦、武旦、老旦等 ▷生～净末丑｜～角。

【旦角】dànjué 名 旦[2]；特指青衣、花旦。☛“角”这里不读 jiǎo。

【旦夕】dànxī 名 早晨和晚上。借指短暂的时间 ▷～之间｜危在～。

【旦夕祸福】dànxī-huòfú 随时都有可能到来的灾难（祸福：灾难和幸福，这里偏指灾难）▷天有不测风云，人有～。

但 dàn ❶ 副 表示对动作行为范围的限制，相当于“只”“仅”▷～愿他平安归来｜不求有功，～求无过。→ ❷ 连 用在后一个分句，连接两个分句，表示转折关系，相当于“可是”“不过”▷虽然住得很远，～他从不迟到。○ ❸ 名 姓。☛ 参见本页“但是”的提示。

【但凡】dànfán 副 凡是；只要是 ▷他是个勤快人，～能动，他就不闲着。

【但见】dànjiàn 动 只看到 ▷极目远眺，～远处的江面上白帆点点。

【但是】dànshì 连 用在后一个分句，连接前后两个分句，表示转折关系。往往与“虽然”“尽管”等配合使用 ▷他虽然不太聪明，～非常用功｜尽管大家都不同意，～他仍然固执己见。☛ 跟“但”不同。“但是”后可以停顿，“但”后不能；“但”还有副词用法，“但是”没有。

【但书】dànshū 名 指法律条文中用来规定例外情况或附加一定条件的文字。因常以“但”或“但是”引出（有时也可不用），故称。如我国《国家通用语言文字法》规定：“国家机关以普通话和规范汉字为公务用语用字。法律另有规定的除外。”后面的一句就是“但书”。

【但愿】dànyuàn 动 只愿；只希望 ▷～如此。

担（擔） dàn ❶ 名 担子 ▷货郎～◇勇挑重～。→ ❷ 量 a）市担。b）用于成挑的东西，一挑为一担 ▷一～水。

另见 268 页 dān。

【担担面】dàndànmiàn 名 四川风味的面食，在煮熟的面条中放入葱花、姜末、川冬菜、花椒、辣椒油等调料。因旧时多沿街挑担叫卖，故称。

【担子】dànzi ❶ 名 扁担和两头所挑的东西 ▷挑了一副～。❷ 名 比喻担负的工作和责任 ▷这么多任务交给你，～可不轻啊！

诞[1]（誕） dàn 形 不真实；不合情理 ▷怪～｜荒～。

诞[2]（誕） dàn ❶ 动（人）出生 ▷～辰。→ ❷ 名 诞辰 ▷圣～｜寿～。

【诞辰】dànchén 名 生日（用于长辈和所尊敬的人）▷今天是先生的 90 岁～。

【诞生】dànshēng 动 人出生 ▷鲁迅～于 1881 年◇1921 年 7 月，伟大的中国共产党～了。

僤（僤） dàn 形〈文〉盛；大 ▷逢天～怒。

疍 dàn［疍民］dànmín 名 旧称广东、广西和福建沿海、沿江一带以船为家、从事渔业或航运的水上居民。也说疍户。☛“疍民”“疍户”的“疍”，不要误写作“蛋”。

萏 dàn 见 540 页“菡（hàn）萏”。

啖（*啗噉） dàn〈文〉❶ 动 吃 ▷日～荔枝三百颗。→ ❷ 动 给人或动物吃；喂 ▷以枣～之｜～虎狼以肉。❸ 动 用利益引诱或收买 ▷～以重金。

淡 dàn ❶ 形 味道不浓 ▷～酒｜清～。→ ❷ 形 特指盐分少；不咸 ▷～水｜菜太～。→ ❸ 形 泛指液体或气体中所含的某种成分少；稀薄 ▷～墨｜云～风清｜冲～。→ ❹ 形 感情、兴趣、印象、关系等不深；态度不热情 ▷家庭观念很～｜冷～｜～忘｜～漠｜～泊。→ ❺ 形 颜色浅；不艳 ▷～红｜～妆。→ ❻ 形 生意少；不兴旺 ▷～季｜～月。→ ❼ 形 内容少；无关紧要 ▷～话｜扯～。○ ❽ 名 姓。

【淡泊】dànbó〈文〉❶ 动 对名利不追求、不热衷 ▷他一向～功名利禄。❷ 形 形容心境安然，没有奢望 ▷性情～｜～无欲。☛ 不要写作“澹泊”。

【淡薄】dànbó ❶ 形 不浓密 ▷～的晨雾。❷ 形 冷淡；不亲密 ▷关系～｜感情～。❸ 形（印象）不深刻；不清晰 ▷印象很～。❹ 形 不强烈 ▷这酒味道～｜兴趣～。

【淡菜】dàncài 名 贻贝的肉经煮熟后晒干而成的海产品。形状像黑枣，肉味鲜美，富含蛋白质。

【淡出】dànchū ❶ 动 指影视中的画面由清晰明亮逐渐变得模糊暗淡直至消失，表示剧情发

展的一个阶段的结束(跟"淡入"相对)。❷ 动 比喻原来比较活跃的人或事物不引人注意地逐渐退出或隐没 ▷一些老同志逐渐~,开始交班|这事最好让它慢慢~,别再渲染了。

【淡淡】dàndàn ❶ 形 (颜色)浅淡不浓 ▷白里透着~的粉色。❷ 形 冷淡;不够热情 ▷她态度~的,话也不多。❸ 形 形容不经意的样子 ▷他只~地问了几句。

【淡定】dàndìng 形 因看得开而冷静、镇定(多形容心态、表情) ▷大气~,宠辱不惊|她一向对职位~,对名利淡漠。

【淡而无味】dàn'érwúwèi 食物淡,没有味道;比喻言语、文章等平淡,缺乏吸引人的内容。

【淡化】dànhuà ❶ 动 使含盐分多的水变为淡水 ▷海水~。❷ 动 (态度、观念等)逐渐变得冷淡、淡薄或平淡 ▷宗派观念逐渐~|不要把戏剧冲突~了。❸ 动 使淡化 ▷~矛盾。

【淡话】dànhuà 名 无关紧要、说了等于白说的话语 ▷快说说你的主意,别老扯那些~。

【淡季】dànjì 名 某种产品出产少的季节;生意上买卖清淡的季节(跟"旺季"相区别)。

【淡漠】dànmò ❶ 形 冷淡;不热情 ▷态度很~。❷ 形 (印象)模糊,不真切 ▷时隔多年,印象~了。

【淡然】dànrán 形 形容心情平静,不大在意 ▷~处之。☛ 不要写作"澹然"。

【淡入】dànrù 动 指影视中的画面由模糊暗淡而逐渐清晰明亮,表示剧情发展的一个阶段的开始(跟"淡出"相对)。

【淡食】dànshí ❶ 动 吃无盐或少盐的食物。❷ 名 无盐或少盐的食品。

【淡市】dànshì 名 生意清淡的市场形势(跟"旺市"相区别) ▷"旅游黄金周"刚过,这里的餐饮业就出现了~。

【淡水】dànshuǐ 名 含盐分极少(溶解性固体含量小于1克/升)的水。

【淡水湖】dànshuǐhú 名 水中含盐分极少的湖。如我国的鄱阳湖、洞庭湖。

【淡水鱼】dànshuǐyú 名 生长栖息于淡水里的鱼类。如草鱼、鲤鱼等。

【淡忘】dànwàng 动 印象渐渐消失 ▷有些往事已经~了。

【淡雅】dànyǎ ❶ 形 颜色、花样等素淡雅致 ▷清新~。❷ 形 品性、心情淡泊闲雅 ▷性情~。

【淡月】dànyuè 名 生意清淡的月份 ▷~的营业额少得可怜。

【淡妆】dànzhuāng 名 素淡的妆饰 ▷化了~。

【淡妆浓抹】dànzhuāng-nóngmǒ 宋·苏轼《饮湖上初晴后雨》:"欲把西湖比西子,淡妆浓抹总相宜。"意思是西湖就像西施一样,无论打扮得素雅还是浓艳都很漂亮。后用"淡妆浓抹"形容人的不同打扮。

惮(憚) dàn 动 畏惧;害怕 ▷肆无忌~。

弹(彈) dàn ❶ 名 用弹弓弹(tán)射的小丸 ▷铁~|泥~。→ ❷ 名 可以发射或投掷出去、具有破坏力和杀伤力的爆炸物 ▷炮~|手榴~|中(zhòng)~身亡。

另见1332页tán。

【弹道】dàndào 名 枪弹、炮弹等从发射到终点的运动轨迹。呈不对称的抛物线形。

【弹道导弹】dàndào dǎodàn 一种由火箭发动机推送达到预定高度和速度,发动机关闭后在惯性作用下沿弹道抛物线飞向目标的导弹。可携带核弹头或常规、特种弹头,用于攻击地面固定目标。也说弹道式导弹。

【弹弓】dàngōng 名 借助弹(tán)力发射弹丸的弓。

【弹痕】dànhén 名 枪弹、炮弹的弹着点留下的痕迹 ▷~累累,满目疮痍。

【弹尽粮绝】dànjìn-liángjué 弹药用完,粮食吃尽。形容必需品用完而得不到补给的困境。

【弹尽援绝】dànjìn-yuánjué 弹药用光,援助断绝。形容处境艰难,无法坚持。

【弹壳】dànké 名 炮弹、枪弹后部装火药的金属圆筒;炸弹的外壳。

【弹坑】dànkēng 名 炮弹、炸弹等爆炸后留下的坑。

【弹孔】dànkǒng 名 子弹穿透物体形成的孔洞。

【弹幕】dànmù 名 指在网络上播放视频时屏幕上飘出的用户留言,多为评论性文字 ▷此次线上会议有9000多条~留言|~里飘着满满的祝福和感谢。

【弹片】dànpiàn 名 炮弹、炸弹等爆炸后的碎片。

【弹膛】dàntáng 名 枪弹、炮弹中放置弹药的中空部分。

【弹头】dàntóu 名 枪弹、炮弹、导弹等前头发射出去具有杀伤力和破坏作用的部分。

【弹丸】dànwán ❶ 名 弹①。❷ 名 枪弹的弹头。❸ 名 用于比喻,形容狭小的地方 ▷~之地。

【弹无虚发】dànwúxūfā 发射出去的子弹,没有一颗不击中目标的。也比喻办事件件成功或论争时句句切中要害等。

【弹药】dànyào 名 枪弹、炮弹、地雷、炸药包、手榴弹等具有杀伤能力或爆破能力的爆炸物的统称 ▷~充足|~库。

【弹着点】dànzhuódiǎn 名 枪弹、炮弹等发射后的着落点。☛ "着"这里不读zháo。

【弹子】dànzi ❶ 名 弹①。❷ 名 〈口〉台球 ▷~房。❸ 名 儿童玩具,由玻璃制成的小圆球。

【弹子锁】dànzisuǒ 名 某些地区指撞锁。

蛋 dàn ❶ 名 禽类或龟、蛇等所产的卵 ▷鸽子~|~黄。→ ❷ 区别 专供产蛋而饲养

的 ▷～鸡｜～鸭。→ ❸ 名 形状像蛋的东西 ▷驴粪～儿｜山药～。❹ 名 某些地区指人或某些动物的睾丸。→ ❺ 名 比喻具有某种特点的人(含贬义) ▷糊涂～｜坏～｜笨～｜穷光～。❻ 名 放在某些动词后组合成含贬义的动词 ▷滚～｜捣～。☛ 跟"旦"不同。"鸡蛋""蛋糕"等的"蛋"不能简化为"旦"。

【蛋白】dànbái ❶ 名 禽类等的卵中,包在蛋黄周围的透明胶状物质,主要成分是蛋白质。也说蛋清、卵白。❷ 名 指蛋白质 ▷植物～。

【蛋白胨】dànbáidòng 名 胨的通称。

【蛋白酶】dànbáiméi 名 催化蛋白质水解的酶。主要存在于人和动物体内。对机体的新陈代谢及生物调控有重要作用。

【蛋白质】dànbáizhì 名 普遍存在于生物体内的一种主要由氨基酸构成的高分子有机化合物,是构成生物体的最重要部分,是生命的基础。种类很多,如球蛋白、血红蛋白和某些激素等。

【蛋炒饭】dànchǎofàn 名 把米饭加盐跟鸡蛋、葱花等一起用油炒的饭。

【蛋雕】dàndiāo 名 用蛋壳雕刻形象、花纹等的艺术;也指用这种艺术制成的工艺品。参见插图 16 页。

【蛋糕】dàngāo ❶ 名 用鸡蛋、面粉加上糖和油制成的松软的糕。❷ 名 比喻可用来分配的钱物等 ▷促进村民共同富裕的～越做越大。

【蛋羹】dàngēng 名 把鸡蛋等的蛋白、蛋黄搅匀后,加上水和调料蒸熟的食物。

【蛋黄】dànhuáng 名 禽类等的卵中被蛋白包裹着的黄色胶状物质,呈球形。也说卵黄。

【蛋黄粉】dànhuángfěn 名 用鲜鸡蛋的蛋黄制成的粉状食品。

【蛋鸡】dànjī 名 为获取鸡蛋而饲养的鸡(跟"肉鸡"相区别)。也说蛋用鸡、卵用鸡。

【蛋卷儿】dànjuǎnr 名 鸡蛋加上面粉、白糖等制成的圆筒状的松脆食品。

【蛋壳】dànké 名 蛋的外壳。☛ "壳"这里不读 qiào。

【蛋品】dànpǐn 名 蛋类和蛋类制品的统称。

【蛋青】dànqīng 形 鸭蛋青。

【蛋清】dànqīng 名 蛋白①。

【蛋鸭】dànyā 名 为获取鸭蛋而饲养的鸭子。也说蛋用鸭。

【蛋子】dànzi 名〈口〉实心的球状物 ▷泥～｜面～。

氮 dàn 名 非金属元素,符号 N,无色无臭(xiù)的气体。不能燃烧,也不能助燃,在空气中约占$\frac{4}{5}$,是构成动植物蛋白质的重要成分。可以用来制造氨、硝酸和氮肥。通称氮气。液体状态的氮叫液氮,可用作冷冻剂。

【氮肥】dànféi 名 以氮元素为主的肥料。如粪尿、绿肥、尿素、氨水、硝酸铵等。能使作物茎叶繁茂,分蘖增多,产量增加。

【氮气】dànqì 名 氮的通称。

蜑 dàn ❶ 名 我国古代南方的一个民族。○ ❷ 名 古代南方的水上居民。

亶 dàn 古同"但"①②。
另见 273 页 dǎn。

瘅(癉) dàn〈文〉❶ 名 因劳累而造成的疾病。→ ❷ 动 憎恶 ▷彰善～恶。
另见 272 页 dān。

澹 dàn 形〈文〉形容水波起伏的样子 ▷水何～～。
另见 1333 页 tán。

【澹泊】dànbó 现在规范词形写作"淡泊"。

【澹然】dànrán 现在规范词形写作"淡然"。

憺 dàn〈文〉❶ 形 安定;恬淡 ▷羌声色兮娱人,观者～兮忘归｜～乎自持。○ ❷ 形 忧愁 ▷心烦～兮忘食事。

禫 dàn 名 古代丧家脱去丧服的祭礼。

膻 dàn 动〈文〉袒露。
另见 1197 页 shān。

【膻中】dànzhōng ❶ 名 中医指人体胸腔与腹腔之间的膈。❷ 名 穴位名,位于两乳头连线的正中;也指心包所在的位置。

䁃 dàn 名〈文〉书册或字画卷轴、卷首贴绫子的地方。

dāng

当[1](當) dāng ❶ 动 对着;向着 ▷首～其冲。→ ❷ 形 相称(chèn) ▷门～户对｜旗鼓相～。→ ❸ 动 掌管;主持 ▷～权｜～家。⇒ ❹ 动 承担;承受 ▷一人做事一人～｜这个罪名谁～得起? ⇒ ❺ 动 担任;充任 ▷选他～大会主席｜～老师。→ ❻ 动 阻拦;抵挡 ▷一夫～关,万夫莫开｜螳臂～车。→ ❼ 介 a)引进动作行为的处所或时间,表示正在某地或某时 ▷～我醒来时,他已走了｜～场示范｜～地。b)引进动作行为的对象,表示面对着、向着 ▷～面批评｜～着大家道歉。❽ 名 指某个空间或时间的空隙 ▷空(kòng)～儿。→ ❾ 动 应当 ▷～省就省｜理～如此。→ ❿ 名〈文〉某些东西的顶部 ▷瓦～(滴水瓦的瓦头)。○ ⓫ 名 姓。☛ "当"字读 dāng 或 dàng,易混淆的意义有二:1. 指充当。读 dāng,指真实地充当,如"当兵""用薄荷当药";读 dàng,指非真实地充当,如"安步当车(并非真乘车)""拿菜根当人参骗人"。2. 后加时间词。读 dāng,指过去,如"当时(那时)""当天(那天)";读

dàng，指同一时间，如"当时（同时、立即）""当天（同一天）"。

当²（噹噹） dāng 拟声 模拟金属器物撞击的声音 ▷～的一声，饭盒掉在地上了｜锣声～～。

另见 279 页 dàng。

【当班】 dāngbān 动 按规定的时间在岗位上执行任务；值班 ▷今天我～。

【当兵】 dāngbīng 动 参军；在军中服役。

【当不起】 dāngbuqǐ 动 承受不了 ▷本人不才，～重任｜你这么客气，我可～。

【当差】 dāngchāi 动 旧指做小官吏；也指在官府或私人家中做仆役。

【当场】 dāngchǎng 名 事情发生时的现场 ▷～拍板｜他顿时愣在～。

【当朝】 dāngcháo ❶ 动 主持朝政 ▷皇上幼小，太后～。❷ 名 指在位的皇帝 ▷面奏～。❸ 名 当前的朝代；本朝 ▷～宰相。

【当初】 dāngchū 名 从前；特指过去发生某事的时候 ▷～就对困难有充分的估计｜这件事，大家～就有不同意见。

【当代】 dāngdài 名 目前所处的时代 ▷～作家。

【当道】 dāngdào ❶ 名 道路中间 ▷～竖起了一块"暂不通行"的木牌。❷ 动 挡在路上。比喻当政掌权（含贬义）▷奸佞～，国无宁日。❸ 名 旧指掌权的大官（含贬义）。

【当地】 dāngdì 名 本地；人、物所在的或事情出现的地方 ▷～向导｜当时～。

【当归】 dāngguī 名 多年生草本植物，羽状复叶，夏季开白花，根、茎、叶均有特殊的芳香气味。根也叫当归，可以做药材。

【当行出色】 dāngháng-chūsè 本行的事做得特别好。形容精通某行业务，成绩显著。

【当红】 dānghóng 形 正在走红的 ▷～歌星。

【当机立断】 dāngjī-lìduàn 抓住时机，立刻果断作出决定。

【当即】 dāngjí 副 立刻；马上 ▷受伤后，～被送往医院抢救。

【当家】 dāngjiā ❶ 动 主持家务；比喻处在领导或主人的地位 ▷～理财｜人民群众～作主。❷ 区别 主要的；起主导作用的 ▷～菜｜～品种。

【当家的】 dāngjiāde ❶ 名 家务的主持人。❷ 名 妻子称丈夫。❸ 名 寺庙的住持和尚。

【当家人】 dāngjiārén 名 主事的人 ▷他是我们这个集体的～。

【当间儿】 dāngjiànr 名〈口〉中间 ▷广场～是一座花坛。

【当街】 dāngjiē ❶ 动 对着街道 ▷大门正～。❷ 名〈口〉大街上 ▷站在～喊了起来。

【当今】 dāngjīn ❶ 名 现在；目前 ▷～时代。❷ 名 称当时在位的皇帝。

【当紧】 dāngjǐn 形〈口〉吃紧；要紧 ▷～的任务是安排受灾群众过冬。

【当局】 dāngjú 名 指政府、政党、学校等方面的掌权者 ▷此事由市政～处理｜学校～。

【当局者迷，旁观者清】 dāngjúzhěmí, pángguānzhěqīng 正在下棋的人有时会迷惑不清，不如看棋的人更清楚棋局。比喻当事人因直接涉及利害得失，有时难以对事情作出客观、正确的判断，反而不如局外人认识清醒。☛"当局者迷""旁观者清"也可以分别单用。

【当空】 dāngkōng 动 处在头顶的上空 ▷红日～。

【当口儿】 dāngkour 名 事情发生的紧要时刻 ▷事情正在交涉的～，还没有结果。

【当啷】 dānglāng 拟声 模拟金属器物撞击的声音。

【当量】 dāngliàng 名 化学上指某物质与另一物质特定反应中质量比例的数值；泛指以某个质量数值为基准，跟这个基准相对应的质量数值。如以 1 吨梯恩梯爆炸时完全释放的能量为基准，某核武器爆炸时完全释放的能量相当于梯恩梯爆炸时所需的吨数，就是这个核武器的梯恩梯当量。

【当令】 dānglìng 动 适合时令 ▷秋季吃葡萄正～｜～食品。

【当路】 dānglù 名 路当中；路上 ▷～横着一辆汽车。

【当面】 dāngmiàn 副 当着对方的面（做与对方相关的事）▷现钞要～点清。

【当年】 dāngnián ❶ 名 指过去某一年或某一时间 ▷想～，我和你父亲一起上过战场。❷ 名 青壮年；年富力强的年龄段（当：盛壮）▷小伙子正～，活儿干得又快又好。☛ 跟"当（dàng）年"不同。

【当牛作马】 dāngniú-zuòmǎ 像牛马一样被奴役。☛ 不宜写作"当牛做马"。

【当前】 dāngqián ❶ 名 目前；现阶段 ▷～的困难是缺乏人才。❷ 动 摆在面前 ▷大敌～。

【当权】 dāngquán 动 掌权 ▷他是～者。

【当权派】 dāngquánpài 名 指执掌大权的一伙儿人。

【当然】 dāngrán ❶ 形 应该如此 ▷群众有不同意见是～的。❷ 副 表示对事理或情理的充分肯定 ▷不下水，～学不会游泳｜～！我一定参加你的婚礼。❸ 副 用在分句或句子开头，承接上文，有退一步补充说明的作用（多用作插入语）▷这部作品思想内容、艺术手法都很好，～，某些情节还有待推敲、提炼。

【当仁不让】 dāngrén-bùràng《论语·卫灵公》："当仁不让于师。"意思是面对有关仁义的事，即使对老师也不必谦让。后用"当仁不让"指碰到应当做的事情就主动去做,不必退让。☛ 跟"义不容辞"不同。"当仁不让"侧重于主动承担;"义不容辞"侧重于理应担当。

【当日】dāngrì 名 当(dāng)天 ▷～没有报案,延误了时间。☛ 跟"当(dàng)日"不同。

【当时】dāngshí ❶ 名 指过去某件事情发生的那个时候;当初 ▷你的这个想法,为什么～不说呢?❷ 动 指处在合适的时期 ▷香山秋景恰～|天气晴好,洗晒衣物正～。☛ 跟"当(dàng)时"不同。

【当世】dāngshì 名 当代 ▷他的演技～无双。

【当事人】dāngshìrén ❶ 名 与某事有直接关系的人。❷ 名 在诉讼法上特指与案件事实有直接关系的人,如刑事案件的被害人、自诉人、被告人等。

【当堂】dāngtáng ❶ 副 在审理现场 ▷法官～宣判他无罪释放。❷ 副 当场 ▷你就不怕他～发问?

【当天】dāngtiān 名 指过去某件事情发生的那一天 ▷他～就回老家去了。☛ 跟"当(dàng)天"不同。

【当庭】dāngtíng 副 在法庭现场 ▷～释放。

【当头】dāngtóu ❶ 副 朝着头部 ▷～棒喝。❷ 动 临头 ▷大难～。❸ 动 摆在首要位置 ▷"稳"字～,从不冒险。☛ 跟"当头(dàngtou)"不同。

【当头棒喝】dāngtóu-bànghè 佛教禅宗和尚接纳初入佛门者时,常用棒击打其头部或大喝一声,促其醒悟(棒:用棒击;喝:大喊)。现比喻给人以警告,促其猛醒。☛ "喝"这里不读 hē。

【当头一棒】dāngtóu-yībàng ❶比喻突然给人以严重打击。❷比喻对人提出警告,使其警醒。

【当晚】dāngwǎn 名 当(dāng)天晚上 ▷这是～发生的事。☛ 跟"当(dàng)晚"不同。

【当务之急】dāngwùzhījí 指当前急需办理的事。

【当下】dāngxià 名 当(dāng)时① ▷主任～作出了决定。

【当先】dāngxiān 动 (行动)在最前头 ▷一马～|奋勇～。

【当心】dāngxīn ❶ 动 留心;注意 ▷走路要～|～玻璃划破手。○ ❷ 名 胸部正中;中心位置 ▷～挨了一拳|别把鞋子扔在客厅～。

【当胸】dāngxiōng 副 正对着胸口 ▷～就是一拳。

【当选】dāngxuǎn 动 选举或选拔中被选上 ▷她～为人民代表。

【当腰】dāngyāo 名 腰部;条形物的中部 ▷把木桩～锯断。

【当夜】dāngyè 名 当(dāng)天夜里 ▷～就赶回来了。☛ 跟"当(dàng)夜"不同。

【当政】dāngzhèng 动 执掌政权;泛指掌权 ▷右翼～|他已经不在第一线～了。

【当之无愧】dāngzhī-wúkuì 完全有资格接受某种称号或荣誉等,没有可愧疚的地方。

【当值】dāngzhí 动 轮到值班 ▷等你～那天我来找你。

【当中】dāngzhōng ❶ 名 正中间的位置 ▷广场～是一个喷泉。❷ 名 里边;之中 ▷言谈～|他们几个～有一个是北京人。

【当中间儿】dāngzhōngjiànr 名〈口〉当中①。

【当众】dāngzhòng 副 在众人面前;面对着众人 ▷～出丑|～开箱。

【当子】dāngzi 名〈口〉空当 ▷～留小些。

珰(璫) dāng ❶ 名 原为汉代任侍中、中常侍等的宦官帽子上的装饰品,后来借指宦官。○ ❷ 名〈文〉戴在妇女耳垂上的装饰品。

铛(鐺) dāng 同"当[2]"。现在一般写作"当"。

另见 169 页 chēng。

裆(襠) dāng ❶ 名 两条裤腿间相连的地方 ▷这条裤子的～太浅|裤～|开～裤。→ ❷ 名 两腿之间的部位 ▷穿～而过|胯～。

筜(簹) dāng 见 1708 页"筼(yún)筜"。

蟷 dāng 见 322 页"蛈(dié)蟷"。

dǎng

挡(擋*攩) dǎng ❶ 动 阻拦;抵抗 ▷～道|～风|兵来将～。→ ❷ 动 遮蔽 ▷挂个布帘～上点儿|～亮儿|遮～。❸ 名 用来遮挡的东西 ▷炉～儿|窗～子。○ ❹ 名 排挡的简称 ▷挂～|换～。☛ "挡"④不要误写作"档"。参见 1021 页"排挡"与"排档"的提示。

另见 279 页 dàng。

【挡板】dǎngbǎn 名 起拦挡作用的板形装置 ▷车的～一定要上紧。

【挡车工】dǎngchēgōng 名 纺织厂中看管并负责操纵纺织机器的工人。

【挡风墙】dǎngfēngqiáng 名 挡风的墙;比喻可用来作遮挡或庇护的人或物 ▷有局长这道～,她在单位里才敢这么霸道。

【挡横儿】dǎnghèngr 动〈口〉横加干涉、阻拦 ▷这个人怎么老在中间～?

【挡驾】dǎngjià 动 委婉谢绝客人来访(驾:车,借指对方) ▷群众找领导反映情况,不准~。

【挡箭牌】dǎngjiànpái 名 遮挡箭的盾牌;比喻推托或掩饰的借口 ▷别拿"忙"做~。

【挡路】dǎnglù 动 拦路;比喻在工作上造成障碍,使不能进行 ▷有辆车在~。

【挡泥板】dǎngníbǎn 名 安装在车轮上方拦挡泥土的部件。

【挡位】dǎngwèi 名 排挡装置中标示车速或倒车状态的位置 ▷切换~|~开关。

党[1](黨) dǎng ❶ 名 古代的地方户籍编制单位,五百家为一党。→ ❷ 名〈文〉亲族 ▷宗~|父~。❸ 名 因利益而结合在一起的集团 ▷结~营私|朋~|~羽。⇒ ❹ 动〈文〉偏私;偏袒 ▷~同伐异|无偏无~。⇒ ❺ 名 政党 ▷共产~|~派。❻ 名 特指中国共产党 ▷建~|~群关系。○ ❼ 名 姓。

党[2] dǎng ❶[党项] dǎngxiàng 名 我国古代羌族的一支,主要分布在今宁夏、甘肃等地区,北宋时建立西夏政权。○❷ 名 姓。

【党八股】dǎngbāgǔ 名 毛泽东曾经批评过的中国共产党党内的一种教条主义的文风。它的特点是内容空洞,形式死板,脱离实际,跟封建科举时代的"八股文"有共同之处,故称。参见 16 页"八股"。

【党报】dǎngbào 名 政党的机关报,用来宣传政党的路线、纲领和方针、政策;特指中共中央和中共各地党委的机关报,如《人民日报》《北京日报》等。

【党代表】dǎngdàibiǎo 名 政党派往军队或其他部门代表政党做工作的人;特指第一、第二次国内革命战争时期中国共产党派往军队代表党组织做领导工作的党员。

【党代会】dǎngdàihuì 名 党员代表大会的简称。

【党阀】dǎngfá 名 在政党内部把持大权、专横跋扈、拉山头、搞宗派的头目。

【党费】dǎngfèi 名 政党成员向党组织定期交纳的钱。

【党风】dǎngfēng 名 政党的作风,包括思想作风、工作作风等 ▷整顿~|~建设。

【党纲】dǎnggāng 名 政党的纲领,它规定政党的性质、目标、指导思想、政治路线和组织路线等。

【党规】dǎngguī 名 政党的规章制度。

【党棍】dǎnggùn 名 政党中依仗权势为非作歹的人。

【党徽】dǎnghuī 名 某些政党正式规定的代表本党的图案标志。

【党籍】dǎngjí 名 履行入党手续后取得的党员资格。

【党纪】dǎngjì 名 政党为本党组织和党员所规定的纪律。

【党建】dǎngjiàn 名 党的建设。指提高党的政治思想水平,巩固、纯洁和发展党的组织,加强党员教育等。

【党刊】dǎngkān 名 政党为宣传自身路线、方针、政策以及通报有关情况而办的机关刊物。

【党课】dǎngkè 名 党组织对党员和申请入党的人围绕党的纲领、章程等进行教育的课程。

【党魁】dǎngkuí 名 政党的首领(多含贬义) ▷两党~进行激烈的竞选辩论。

【党龄】dǎnglíng 名 具有党员资格的年数 ▷这位老同志的~比我的年龄还长。

【党派】dǎngpài 名 政党和政治派别的合称 ▷民主~|无~人士|各~协商一致。

【党票】dǎngpiào 名 指党员的资格;党籍(含不庄重意) ▷你这样胡作非为,还想保住~?

【党旗】dǎngqí 名 某些政党正式规定的代表本党的旗帜。

【党群】dǎngqún 名 指中国共产党的组织和人民群众 ▷~关系。

【党参】dǎngshēn 名 多年生草本植物,根圆柱形,可以做药材。多产于山西上党地区(今长治),故称。

【党史】dǎngshǐ 名 政党建立发展的历史;也指记录党史的著作 ▷~研究。

【党首】dǎngshǒu 名 政党的首领。

【党同伐异】dǎngtóng-fáyì 跟自己意见相同的人就结为一伙儿、互相偏袒,跟自己意见不同的人就排斥、打击。

【党徒】dǎngtú 名 某一政党或集团的成员(含贬义) ▷纳粹~|黑手党~。

【党团】dǎngtuán ❶ 名 党派和团体的合称;特指中国共产党和中国共产主义青年团。❷ 名 某些国家议会中,同一政党的议员集体。

【党团员】dǎng-tuányuán 中国共产党党员和中国共产主义青年团团员。

【党委】dǎngwěi 名 政党内各级委员会的简称;特指中国共产党各级委员会。

【党务】dǎngwù 名 政党内部的事务。

【党校】dǎngxiào 名 政党为培养、训练干部而设立的专门学校。

【党心】dǎngxīn 名 全体党员的心愿 ▷靠党的优良作风凝聚~,振奋民心。

【党性】dǎngxìng ❶ 名 政党内在的特殊规定性,它是政党阶级性的最高、最集中的表现。❷ 名 特指工人阶级政党的党性。

【党羽】dǎngyǔ 名 指集团首领的追随者(含贬义) ▷网罗~。

【党员】dǎngyuán 名 政党的成员;特指中国共产党党员。

【党章】dǎngzhāng 名 政党的章程;特指中国共产党的党章。党章中规定党的总纲,组织制度,组织机构,党员的条件、权利、义务和党的纪律等。

【党政】dǎngzhèng 名 党的机关和政府机关的合称;也指党务和政务 ▷～齐抓共管|他从事～工作已有二十多年了。

【党政工团】dǎng-zhèng-gōng-tuán 各级共产党、政府、工会、共青团组织的合称。

【党支部】dǎngzhībù 名 政党的基层组织。

【党中央】dǎngzhōngyāng 名 政党的中央委员会;特指中国共产党的中央委员会。

【党总支】dǎngzǒngzhī 名 某些政党在党员人数较多的地方设立的党的基层组织,下有若干党支部。

【党组】dǎngzǔ 名 中国共产党在中央和地方国家机关、人民团体、经济组织、文化组织及其他组织中建立的领导机构。党组的任务是负责党的路线、方针、政策在本部门的贯彻和实施,保证党的领导等。☛ 跟"党组织"不同。

【党组织】dǎngzǔzhī 名 按照不同行政区域或不同系统建立起来的党员集体;特指中国共产党各地方各系统的党员集体 ▷地方～|教育系统～。☛ 跟"党组"不同。

谠(讜) dǎng 形 〈文〉正直 ▷～论|～言|～臣。

榄(欓) dǎng [榄子] dǎngzi 名 食茱萸的俗称。

dàng

氹 dàng 同"凼"(多用于地名) ▷～仔岛(在澳门)。

当(當) dàng ❶ 形 合适;适宜 ▷用词不～|妥～|得～。→ ❷ 动 等于;抵得上 ▷一个人～两个人用。❸ 动 当作;作为 ▷他把学生～自己的孩子看待|安步～车。❹ 动 以为 ▷我～你不来了呢。→ ❺ 动 用实物作抵押向专营抵押放贷的店铺借钱 ▷用皮袄～了二百块钱|～铺。❻ 名 抵押在当铺里的实物 ▷赎～。❼ 名 指骗人的谎言或诡计;圈套 ▷上～|他这回的～上得可真不小。→ ❽ 代 指事情发生的时间 ▷～年|～天。

另见 276 页 dāng。

【当成】dàngchéng 动 当作。

【当当】dàngdàng 动 把东西拿到当铺去当 ▷那时生活窘迫,经常靠～度日。☛ 第一个"当"是动词性语素,第二个"当"是名词性语素。

【当回事】dànghuíshì 当作一回事。表示重视 ▷你一定要把这～,千万别马虎。

【当年】dàngnián 名 指事情发生的同一年;本年以内 ▷～借～还。☛ 跟"当(dāng)年"不同。

【当票】dàngpiào 名 当铺给抵押物品的人所开出的凭据。凭票在规定期限内可以赎回抵押品。

【当铺】dàngpù 名 专门收取抵押物品并借款给物品主人的铺子。抵押品到规定期限不赎,当铺可以变卖或处理。

【当日】dàngrì 名 当(dàng)天 ▷时间紧迫,他在接到通知的～就出发了。☛ ㊀跟"当(dāng)日"不同。㊁跟"即日"不同。"即日"还有"近日""最近几天"的意思。

【当时】dàngshí 副 表示事情发生的同一时间,相当于"立刻" ▷听到噩耗,他～就昏了过去。☛ 跟"当(dāng)时"不同。

【当天】dàngtiān 名 指事情发生的同一天;(就在)这一天 ▷他回来的～正赶上宣传队来演出。☛ 跟"当(dāng)天"不同。

【当头】dàngtou 名 〈口〉典当的抵押品 ▷赎回～。☛ 跟"当头(dāngtóu)"不同。

【当晚】dàngwǎn 名 指事情发生的同一天的晚上 ▷我今天动身,～赶不回来。☛ 跟"当(dāng)晚"不同。

【当夜】dàngyè 名 指事情发生的同一天的夜里 ▷走的那天～下起了瓢泼大雨。☛ 跟"当(dāng)夜"不同。

【当月】dàngyuè 名 指事情发生的同一个月里;本月以内 ▷这回出差时间较长,～回不来。

【当真】dàngzhēn ❶ 动 当作真的;是真的 ▷我也是听别人私下议论的,请别～|此话可～? ❷ 副 果然;确实② ▷他说来,～就来。

【当作】dàngzuò 动 看成;作为 ▷把表扬～对自己的鞭策|她把这孤儿～亲闺女看待。

【当做】dàngzuò 现在一般写作"当作"。

凼 dàng 名 某些地区指水坑、小池子或沤肥的小坑 ▷水～|～肥。

【凼肥】dàngféi 名 某些地区指在沤肥坑里沤成的肥料。

砀(碭) dàng 名 砀山,地名,在安徽。

宕 dàng ❶ 形 〈文〉放纵;不受拘束 ▷跌～。○ ❷ 动 拖延 ▷延～|推～。

垱(壋) dàng 名 某些地区指河中或水田中用来挡水的小土堤 ▷筑～挖塘。

挡(擋) dàng 见 97 页"摒(bìng)挡"。另见 277 页 dǎng。

荡[1](蕩 *盪) dàng ❶ 动 摇动;晃动 ▷～秋千|～舟|动～|晃

～。→❷动冲洗 ▷～涤|冲～。❸动清除;弄光 ▷扫～|倾家～产。→❹动无所事事地走来走去;闲逛 ▷游～|逛～。○❺形广阔 ▷浩～|坦～。

荡[2]（蕩*盪）dàng 形行为放纵;不检点 ▷淫～|放～。

荡[3]（蕩）dàng ❶名浅水湖 ▷芦苇～|荷花～。→❷同"凼"。

【荡除】dàngchú 动清除 ▷～陈规陋习。

【荡涤】dàngdí 动〈文〉冲洗;清除 ▷～污泥浊水。

【荡妇】dàngfù 名放纵淫荡的女人。

【荡平】dàngpíng 动扫荡并平定 ▷～敌巢。

【荡气回肠】dàngqì-huícháng 使气息震荡,肝肠回旋。形容(音乐、诗文等)婉转动人。

【荡然】dàngrán 形形容原有的东西消失得一干二净 ▷～无存|回到故园,一切～。

【荡然无存】dàngrán-wúcún 形容完全消失,一点儿也不存在了。

【荡漾】dàngyàng 动(水波等)微微起伏波动 ▷碧波～◇牧笛声在田野里～。

【荡悠】dàngyou〈口〉❶动摇晃 ▷在秋千上～。❷动悠闲地走动 ▷在大街上～。

【荡舟】dàngzhōu 动乘(小)船游玩 ▷～湖面。

档（檔）dàng ❶名器物上起支撑或分隔作用的木条或细棍儿 ▷桌子的横～断了|十三～算盘。→❷名存放案卷用的带格子的橱柜 ▷归～|存～。⇒❸名分类保存的文件、材料等 ▷～案|查～。⇒❹名等级 ▷高～|～次。⇒❺量〈口〉档子 ▷你要管管那～事。○❻名姓。☛统读dàng,不读dǎng。

【档案】dàng'àn 名国家机关、社会组织及个人从事各种活动形成的,分类保存下来以备查考的文字、图片、表格和音像记录等材料。

【档次】dàngcì 名根据某种标准排列的级别和等次 ▷拉开工资的～|不同～的商品。

【档期】dàngqī 名指商品上市销售的时段;特指影视片上映或播出的时段 ▷商品上市～|这部新片要力争占据假日～。

【档子】dàngzi 量〈口〉用于事情,相当于"件""桩" ▷几～事都凑在一块儿了。

宕 dàng 见822页"莨(làng)宕"。

盪（璗）dàng〈文〉❶名黄金。○❷名一种玉。

dāo

刀 dāo ❶名古代兵器;泛指刃口锋利的用来切、割、砍、削、刺等的工具 ▷拿着一把～|尖～|菜～|～刃。→❷名形状像刀的东西 ▷冰～|瓦～|～币。○❸量用于手工制造的纸张,1刀通常为100张 ▷一～毛边纸。○❹名姓。

【刀把儿】dāobàr ❶名刀柄。❷名借指权柄或把柄 ▷～攥在您手里,怎么处理您说了算。‖也说刀把子。

【刀背】dāobèi 名刀上跟刃相反的一边。

【刀笔】dāobǐ 名纸张出现以前,文字多写在竹片上,用笔写字,用刀刮去写错的字。后借指有关公文案卷的事 ▷精于～。

【刀笔吏】dāobǐlì 名旧指文书小吏或讼师。

【刀币】dāobì 名战国时青铜铸成的刀形货币。主要流通于齐、燕、赵等国。

【刀兵】dāobīng 名兵器;借指战争 ▷～相见。

【刀柄】dāobǐng 名刀上供手握的部分。

【刀叉】dāochā 名刀子和叉子,吃西餐的主要用具。

【刀豆】dāodòu 名一年生草本植物,茎蔓生,叶椭圆形,开淡红略紫的小花。豆荚刀形,也叫刀豆。

【刀法】dāofǎ ❶名篆刻印章或木刻创作中运刀的技法。❷名武术中执刀舞刀的套路。❸名炊事中切割菜、肉等的技术。

【刀锋】dāofēng 名刀刃①。

【刀斧手】dāofǔshǒu 名旧指刽子手。

【刀耕火种】dāogēng-huǒzhòng 一种原始的耕种方法。焚烧林木、野草,然后就地挖坑下种。

【刀光剑影】dāoguāng-jiànyǐng 形容激烈搏杀的场面或充满杀机的气氛。

【刀具】dāojù 名切削用的金属工具的统称。如车刀、铣刀、刨刀等。也说刃具。

【刀口】dāokǒu ❶名刀刃① ▷～太钝。❷名刀伤或动手术留下的伤口。❸名比喻最重要最能发挥作用的地方 ▷人才要用在～上。

【刀螂】dāolang 名〈口〉螳螂。

【刀马旦】dāomǎdàn 名戏曲中旦角的一种,扮演提刀跨马、武艺高超的女子。

【刀片】dāopiàn ❶名机械上用来切削的片状零件。❷名装在刀架上用来刮胡须的薄钢片。

【刀枪】dāoqiāng 名刀和枪,古代的两种主要兵器;泛指兵器。

【刀枪不入】dāoqiāngbùrù 刀枪不能伤害身体(常用作比喻)。

【刀刃】dāorèn ❶名刀上用来切削的锋利的一边。也说刀锋。❷名刀口③。

【刀山】dāoshān 名佛教指地狱中插满尖刀的山。比喻险恶的境地 ▷上～,下火海,在所不辞。

【刀山火海】dāoshān-huǒhǎi 比喻十分凶险和艰难的境地。

【刀伤】dāoshāng 名被刀子割后留下的伤口。

【刀削面】dāoxiāomiàn 名 一种山西风味面食。用弧形铁片把面团削成窄而长的面片煮着吃。也说削面。

【刀鱼】dāoyú ❶ 名 刀鲚(jì)的通称。参见 654 页“鲚”。❷ 名 某些地区指带鱼。

【刀子】dāozi 名 较小的刀。

【刀子嘴,豆腐心】dāozizuǐ,dòufuxīn 比喻人说话尖刻但心地善良。

【刀俎】dāozǔ 名〈文〉刀和砧板。比喻主宰别人命运的人 ▷人为~,我为鱼肉。

叨 dāo 见下。☛ 读 tāo,用于客套话,指受到好处,带书面语色彩,如“叨光”“叨教”;读 dáo,用于口语词“叨咕”。

另见本页 dáo;1340 页 tāo。

【叨叨】dāodao 动 翻来覆去地说 ▷老太太~起来没完|别瞎~了。

【叨唠】dāolao 动 叨叨。

【叨念】dāoniàn 动 念叨。

忉 dāo [忉忉] dāodāo 形〈文〉形容忧愁。

氘 dāo 名 氢的同位素之一,符号 D 或 $^2_1$H。它的原子核(氘核)能参与多种热核反应。也说重氢。

舠 dāo 名〈文〉小船。

魛(魛) dāo 名 古代指刀鲚,形体长而薄,像刀,是名贵的食用鱼。

dáo

叨 dáo [叨咕] dáogu 动〈口〉小声叨叨 ▷你们俩在那儿~什么呢?

另见本页 dāo;1340 页 tāo。

捯 dáo〈口〉❶ 动 两手不断替换着往回拉或绕(线、绳等) ▷把风筝~下来|~线。→ ❷ 动 顺着线索追究 ▷这件事已经~出头儿来了|~根儿。→ ❸ 动 两脚倒换着急速地迈步 ▷两条腿紧~也跟不上前面的人。

【捯饬】dáochi 动〈口〉打扮 ▷这姑娘爱~。

【捯根】dáogēn 动〈口〉找出事情的源头。

【捯链】dáoliàn 名 一种用来提起重物的手工操作装置,由支架、滑轮、链条构成。

【捯气】dáoqì〈口〉❶ 动 指人临死前艰难而急促地喘气。❷ 动 指上气不接下气 ▷紧跑慢跑,我都捯不过气来了。

dǎo

导(導) dǎo ❶ 动 引;带领 ▷~游|~航。→ ❷ 动 指导;开导 ▷~演|教~|劝~。→ ❸ 动 (热、电等)通过物体由一处传到另一处 ▷~电|~热|半~体。☛ ㊀统读 dǎo,不读 dào。㊁上边是“巳”,不是“已”或“己”。

【导板】dǎobǎn 名 戏曲唱腔的板式,无板无眼,速度较慢,节奏自由,句尾往往拖长腔。宜于表达悲愤、昂扬的感情。常作为成套唱腔的先导部分。

【导报】dǎobào 名 具有引导或指导性的报刊(常用于报刊名) ▷《经济~》。

【导标】dǎobiāo 名 引导船舶通过狭窄水道的一种航标。由两座前后竖立、高低不同的标志组成。用前后标志所连直线的延伸线指示航行方向。

【导播】dǎobō ❶ 动 组织并指挥广播、电视节目的播出 ▷~新闻。❷ 名 从事导播工作的人。

【导出】dǎochū 动 推导出来 ▷~一个结论。

【导弹】dǎodàn 名 依靠自身动力装置推进,由制导系统控制飞行,将弹头送向预定目标并引爆的高速飞行武器。种类很多,其中核导弹射程远,速度快,命中率高,杀伤破坏威力大。

【导电】dǎodiàn 动 传导电流 ▷金属一般都~。

【导读】dǎodú 动 引导、启发读者阅读。

【导发】dǎofā 动 引发。

【导购】dǎogòu ❶ 动 向顾客介绍商品,引导顾客购物。❷ 名 从事导购工作的人员。

【导管】dǎoguǎn ❶ 名 输送液体或气体的管子 ▷药液顺着塑料~经针头输进体内。❷ 名 植物木质部中用来输导汁液的管状组织。

【导轨】dǎoguǐ 名 用来限定某种设备运行路线的轨道 ▷电梯~。

【导航】dǎoháng 动 用航标、雷达、无线电装置等引导飞机或轮船航行 ▷~塔|~台。

【导航员】dǎohángyuán 名 担任导航工作的专业人员;有时用于比喻 ▷做好学生的网络~。

【导火线】dǎohuǒxiàn ❶ 名 用绵纸卷、黑火药制成的药捻子,常用于引燃爆炸物等。❷ 名 比喻引发事变的直接原因 ▷边界冲突往往是战争的~。‖也说导火索、引火线。

【导流】dǎoliú 动 疏导水流 ▷~工程。

【导轮】dǎolún ❶ 名 机车前部起支撑作用并引导机车顺利通过铁路曲线的轮子。❷ 名 旧指机器上压紧皮带的轮子。

【导论】dǎolùn 名 概括介绍、说明全书或全文基本观点、基本内容的论述。也说引论。

【导盲镜】dǎomángjìng 名 供盲人使用的新型探路工具,能将道路情况转换成声波信息以引导盲人走路。

【导盲犬】dǎomángquǎn 名 经过严格训练,专门为视力障碍者走路提供引导服务的狗。

【导尿】dǎoniào 动 将导管插入尿道和膀胱,帮助排尿。

【导热】dǎorè 动 热能从温度高的部分传到温度低的部分。

【导师】dǎoshī ❶ 名 佛教指引导人信佛的人。❷ 名 高等学校、科研机构中指导他人学习、进修、撰写论文的教师或研究人员 ▷研究生～。❸ 名 在伟大的事业中提出理论、制定路线、指引方向的人 ▷革命～。

【导体】dǎotǐ 名 具有大量可以自由移动的带电粒子,能够很好传导电流的物体。金属、电解液、电离的气体、大地等都是导体。

【导线】dǎoxiàn 名 用来传导电流的金属线。

【导向】dǎoxiàng ❶ 动 引导朝着某个方向发展 ▷把人们的思想～何方? ❷ 名 引导的方向 ▷以市场为～|正确的舆论～。

【导言】dǎoyán 名 绪论。

【导演】dǎoyǎn ❶ 动 组织和指导舞台演出、电影或电视片的排演、拍摄等工作 ▷他～了多部影片。❷ 名 从事导演工作的人。

【导医】dǎoyī ❶ 动 指导或引导患者合理就医 ▷对发热患者派专人～。❷ 名 担任导医工作的人。‖也说导诊。

【导因】dǎoyīn 名 导致事情发生的原因。

【导引】dǎoyǐn ❶ 动 引导;带领。❷ 动 传统的健身养生方法,运用呼吸、肢体活动、意念活动或局部按摩等方法行气活血、祛病健身。

【导游】dǎoyóu ❶ 动 引导游人游览。❷ 名 从事导游工作的人。

【导语】dǎoyǔ 名 较长的新闻报道开头引导人们阅读的简短文字,可概括主要内容和新闻发生的背景;泛指文章开头引导人们阅读的简短文字。

【导源】dǎoyuán 动 起源(后面常带"于") ▷渭水～于甘肃省鸟鼠山|艺术～于劳动。

【导致】dǎozhì 动 造成;引起(不好的结果) ▷～失败|～灭亡。

岛(島*㠀) dǎo 名 海洋中面积比大陆小的陆地;也指江河、湖泊中的陆地 ▷海南～|～屿◇交通～。

【岛国】dǎoguó 名 全部领土是岛屿的国家 ▷日本是一个～。

【岛链】dǎoliàn 名 由若干群岛或岛屿构成,呈链状分布的地势。由美国前国务卿杜勒斯在1951年首先提出。目的是对中国等亚洲大陆国家形成军事威慑 ▷冲出～,走向大洋。

【岛屿】dǎoyǔ 名 岛的总称 ▷这一带～很多。

捣(搗*擣擣) dǎo ❶ 动 用棍棒等的一端或拳头等撞击、捶打 ▷～米|～衣|～了他一拳。→ ❷ 动 冲击;攻打 ▷直～敌营|～毁。→ ❸ 动 搅扰;扰乱 ▷～乱。

【捣蛋】dǎodàn 动 无事生非,无理取闹 ▷调皮～|～鬼。

【捣鼓】dǎogu〈口〉❶ 动 翻来覆去地摆弄 ▷把手表给～坏了。❷ 动 买进卖出;经营 ▷他～皮货赚了不少钱。

【捣鬼】dǎoguǐ 动 耍弄诡计花招儿 ▷背地里～。

【捣毁】dǎohuǐ 动 摧毁 ▷～制假窝点。

【捣乱】dǎoluàn ❶ 动 扰乱;破坏 ▷严防敌人～。❷ 动 干扰;故意制造麻烦 ▷我正忙着呢,你别～!

【捣麻烦】dǎomáfan 故意寻事,使人感到厌烦。

【捣碎】dǎosuì 动 通过撞击、捶打等使破碎 ▷～玉米粒|把咖啡豆～。

【捣腾】dǎoteng 现在一般写作"倒腾"。

倒[1] dǎo ❶ 动 由直立变为横卧 ▷一进门就～在床上睡着了|电线杆子～了|跌～。→ ❷ 动 垮台;失败 ▷～台|～闭。⇒ ❸ 动 使垮台;使失败 ▷～阁|～袁(世凯)。⇒ ❹ 动 (人的某些器官)受到损伤或刺激致使功能变差 ▷～嗓|～胃口|～牙。

倒[2] dǎo ❶ 动 掉转(方向) ▷屋子小得～不开身|～戈。→ ❷ 动 转换;更换 ▷两人～了一下座位|三班～|～换。→ ❸ 动 出倒,把货物或店铺作价卖给他人 ▷这批货已经～了出去|把铺子～给别人了。❹ 动 买进卖出;投机倒把 ▷～买～卖|～票。☛ "倒"字读 dǎo 和 dào 都表示动作。读 dǎo,指由直立变为横卧,如"卧倒""倒塌";引申指掉转(方向)、转换等,如"倒换""倒卖"。读 dào,指方向完全相反,如"倒立""倒计时";引申指事理的相反、颠倒,如"倒挂""倒果为因"。

另见 284 页 dào。

【倒班】dǎobān ❶ 动 轮流换班 ▷～工作。❷ 动 调换工作班次 ▷今晚我有事,想跟您倒个班。

【倒板】dǎobǎn 现在一般写作"导板"。

【倒闭】dǎobì 动 企业因亏本而停业。

【倒毙】dǎobì 动 倒地死亡。

【倒仓】dǎocāng ❶ 动 把一个仓库里存放的东西换放到另一个仓库里去。❷ 动 把仓库里的物资取出来处理(如晾晒)后再装进去 ▷库房里这批粮食要～。〇 ❸ 动 倒嗓。

【倒茬】dǎochá 动 轮作。

【倒车】dǎochē 动 途中换乘另外的车辆 ▷坐直达车不用～。☛ 跟"倒(dào)车"不同。

【倒伏】dǎofú 动 直立生长的农作物因根茎无力或外力作用等而在生长期内倾斜歪倒;泛指直立着的树木等倾斜歪倒 ▷施用化肥过量,致使水稻～|狂风中,不少树木～。

【倒戈】dǎogē 动 投降对方,掉转枪口攻打自己原

来所在的一方 ▷临阵～。

【倒阁】 dǎogé 动 一些国家中反对派利用合法手段推翻当权内阁。

【倒海翻江】 dǎohǎi-fānjiāng 翻江倒海。

【倒换】 dǎohuàn ❶ 动 调换 ▷～稻种。❷ 动 轮流替换 ▷三个人～着护理病人。

【倒汇】 dǎohuì 动 倒买倒卖外币。

【倒嚼】 dǎojiào 现在一般写作"倒嚼"。

【倒嚼】 dǎojiào 动 反刍。

【倒买倒卖】 dǎomǎi-dǎomài 低价买进转手高价卖出以牟利。

【倒卖】 dǎomài 动 倒买倒卖 ▷～紧俏商品。

【倒楣】 dǎoméi 现在规范词形写作"倒霉"。

【倒霉】 dǎoméi 形 遇事不顺心;机遇不好 ▷骑车摔了一跤,真～|这两年我的股票经常被套牢,你说～不～? ☛ 不要写作"倒楣"。

【倒弄】 dǎonong 动〈口〉倒腾。

【倒牌子】 dǎopáizi 把自己的招牌或品牌搞垮了;指由于产品或服务质量不好而丧失信誉 ▷这家店卖假货～了。

【倒片】 dǎopiàn ❶ 动 把放映完的电影胶片掉头卷到另一盘上。❷ 动 照相机内的胶卷用完后,倒着卷回原来的暗盒 ▷这种照相机可以自动～。‖口语中也说倒片儿(piānr)。

【倒票】 dǎopiào 动 倒卖车票、戏票等。

【倒嗓】 dǎosǎng 动 男性戏曲演员嗓音沙哑或失声,多出现在青春发育期。也说倒仓。

【倒手】 dǎoshǒu ❶ 动 物品从这只手倒换到另一只手上 ▷烤白薯烫得她直～。❷ 动 商品从一个人手上转卖到另一人手上再卖出去 ▷这些货一～,价钱就涨上去了。

【倒塌】 dǎotā 动 (建筑物等)倾倒坍塌。

【倒台】 dǎotái 动 垮台 ▷当干部谋私利,～是必然的。

【倒坍】 dǎotān 动 倒塌。

【倒腾】 dǎoteng〈口〉❶ 动 翻动;移动 ▷晒麦子要勤～。❷ 动 贩卖;经营 ▷他在～小百货。❸ 动 调换;调配 ▷工作多,人手～不开。

【倒替】 dǎotì 动 互相替换 ▷两人～值班。

【倒头】 dǎotóu 动 躺倒 ▷～便睡。

【倒胃口】 dǎowèikǒu ❶丧失或降低食欲 ▷看见这个菜我就～。❷比喻对某人某事反感,不愿意接受 ▷这种低俗的电视剧,真让人～。

【倒休】 dǎoxiū 动 倒换休息的时间 ▷～了几个双休日,回老家看看。

【倒牙】 dǎoyá 动 因受酸、冷食物的刺激,牙齿的咀嚼功能变差 ▷山楂吃多了会～的。

【倒爷】 dǎoyé 名〈口〉称以转手倒卖货物、票证牟利的人。

【倒运】 dǎoyùn ❶ 动 把货物从甲地转运到乙地。❷ 动 把货物从甲地运到乙地出售,又从乙地往甲地贩运其他货物 ▷在两省之间～土特产。○ ❸ 形〈口〉运气不好;倒霉 ▷我这几年真～,卖什么都赔本儿。

【倒账】 dǎozhàng ❶ 动 赖账不还 ▷因～而失去信用。❷ 名 收不回来的账款 ▷～太多,资金周转不开。☛ 不要写作"倒帐"。

祷(禱) dǎo ❶ 动 祷告 ▷祈～|默～。→ ❷ 动〈文〉请求;盼望(书信用语) ▷是所至～|敬请光临为～。

【祷告】 dǎogào 动 向神灵祝告,祈求保佑。

【祷念】 dǎoniàn 动 祷告。

【祷文】 dǎowén 名 用于祷告的文字。

【祷祝】 dǎozhù 动 祷告祝愿。

蹈 dǎo ❶ 动 踏;踩 ▷赴汤～火|重～覆辙。→ ❷ 动 跳动 ▷手舞足～|舞～。→ ❸ 动 遵循 ▷循规～矩|～袭。☛ ㊀统读 dǎo,不读 dào。㊁右边是"舀",不是"臽"。

【蹈常袭故】 dǎocháng-xígù 指墨守成规,不思改进。

【蹈海】 dǎohǎi 动〈文〉投海(自杀) ▷～而死。

【蹈袭】 dǎoxí 动〈文〉因袭;照已有的样子做 ▷～旧例。

dào

到 dào ❶ 动 到达;达到 ▷今天就～北京|恰～好处|～期。→ ❷ 形 周全;周密 ▷礼节不～的地方请包涵|面面俱～|周～。→ ❸ 动 去;往 ▷～亲戚家坐坐|～学校学习。→ ❹ 动 用在动词后作补语,表示动作达到目的或有了结果 ▷做～|收～。○ ❺ 名 姓。

【到案】 dào'àn 动 到庭。

【到差】 dàochāi 动 到达工作的地方开始工作 ▷公司让我去外地做代理,明天就得～。

【到场】 dàochǎng 动 到达活动的场所。

【到处】 dàochù 名 各个地方 ▷～欢声笑语|水～流。☛ 参见 207 页"处处"的提示。

【到达】 dàodá 动 到了(某一地方) ▷～终点|～新境界。☛ 参见 244 页"达到"的提示。

【到底】 dàodǐ ❶ 动 到达尽头 ▷帮人帮～。❷ 副 表示经过某些过程之后出现了最后结果;终于 ▷我们的书～还是出版了。❸ 副 究竟② ▷他的病～怎么样了? ❹ 副 毕竟 ▷不管好不好,～是人家的一片心意。

【到点】 dàodiǎn 动 到了预定或规定的时间 ▷～开门|～了,车怎么还不开?

【到顶】 dàodǐng 动 达到极限;到达顶端 ▷对于他来说,这个职务也许已经～了。

【到访】dàofǎng 动 到(某处)访问;来访 ▷他曾多次～我国|～的外宾。

【到会】dàohuì 动 来到会场;参加会议 ▷这次～的人数比任何一次都多。

【到家】dàojiā 形 形容达到最高的水平或最深的程度 ▷这菜做得很～,色香味俱全|功夫不～。

【到来】dàolái 动 从别处到达这里 ▷贵宾～之前,要作好一切准备。

【到了儿】dàoliǎor 副〈口〉到最后 ▷这件事,～他也没说清楚。

【到期】dàoqī 动 到了期限 ▷借的书～了。

【到任】dàorèn 动 到达岗位开始任职(多指领导职务) ▷新厂长已经～。

【到手】dàoshǒu 动 拿到手里;得到 ▷金牌～了。

【到庭】dàotíng 动 法院审理案件时,有关人员按照法院要求出庭 ▷通知证人～。

【到头】dàotóu 动 到了尽头;到了极点 ▷再走几步就～了。

【到头来】dàotóulái 副 到最后;结果(多用于不好方面) ▷不听大家意见,～还是自己吃亏。

【到位】dàowèi ❶ 动 到达规定的位置;达到指定的要求 ▷人员全部～|体操动作～。❷ 形 十分准确 ▷解释很～。

【到站】dàozhàn ❶ 动 汽车、火车、轮船等在运行途中到达线路上的停留处或终点 ▷火车～了。❷ 动 比喻人生或工作告一段落 ▷按规定 60 岁～,该退休了。

【到职】dàozhí 动 到任。

帱(幬) dào 动〈文〉覆盖 ▷覆～。另见 193 页 chóu。

倒 dào ❶ 动 使上下或前后的位置颠倒(dǎo) ▷"9"字～过来就成"6"了|～果为因。→ ❷ 形(位置、次序、方向等)相反的 ▷本末～置|～数第一|～流。→ ❸ 动 使向后退 ▷～车|～退。→ ❹ 动 翻转或倾斜容器,使所盛的东西出来 ▷把口袋里的米～出来|～水◇把心里想的全～出来。→ ❺ 副 a)表示同一般情理或主观意料相反,相当于"反而""却"等 ▷弟弟～比哥哥懂事|没想到十个学生～有六个不及格。b)用于"得"字后的补语之前,表示同事实相反,有责怪的语气 ▷说得～轻松,你来试试。c)用在复句的后一个分句里,表示转折 ▷房子不大,摆设～很讲究。d)用在复句的前一个分句里,表示让步 ▷东西～挺好,就是贵。e)使语气舒缓 ▷他～不是故意的|那～也不一定。f)表示追问或催促 ▷你～去不去呀?|你～拿个主意呀! ☛"倒"⑤不要误写作"到"。

另见 282 页 dǎo。

【倒背如流】dàobèi-rúliú 形容对诗文的内容非常熟悉。

【倒逼】dàobī 动 逆向迫使、推动(完成某项工作或达到某个目标) ▷高举问责利剑,～责任落实|～机制。

【倒彩】dàocǎi 名 倒好儿 ▷喝～。

【倒插笔】dàochābǐ ❶ 动 写字不按照正确的笔顺写。❷ 动 倒叙①。

【倒插门】dàochāmén 动〈口〉入赘 ▷～女婿。

【倒产】dàochǎn 动 逆产②。

【倒车】dàochē 动 使车往后退(多指机动车)。☛ 跟"倒(dǎo)车"不同。

【倒垂】dàochuí 动 倒悬① ▷～莲。

【倒春寒】dàochūnhán 名 春季气温回升后遇冷空气入侵所出现的低温天气。

【倒刺】dàocì ❶ 名 手指甲根部附近因干裂而翘起的像刺一样的小片表皮。❷ 名 渔钩、渔叉等尖端上的跟尖端方向相反的钩。

【倒错】dàocuò 形 颠倒错乱 ▷精神分裂导致行为～。

【倒打一耙】dàodǎ-yīpá 比喻不接受对方的批评,反而指责或加罪于对方。

【倒底】dàodǐ 见 283 页"到底"②③④。现在一般写作"到底"。

【倒读数】dàodúshù 动 由大数读到小数。如由 9 读到 1。

【倒风】dàofēng 动 风从烟筒口向里倒灌,使烟气不能排出。

【倒挂】dàoguà ❶ 动 倒悬①。❷ 动 指商品的收购价高于销售价;泛指价格、报酬的内部关系颠倒,违反常理 ▷解决了粮价～问题。

【倒灌】dàoguàn 动 江、河、海水由低处向高处倒流;烟气从烟筒口倒流回来 ▷台风袭来,海水～|烟筒口顶风,～了满屋子烟。

【倒果为因】dàoguǒwéiyīn 颠倒事物的因果关系,把结果当成原因。

【倒过儿】dàoguòr 动〈口〉位置颠倒 ▷这两个号码～了|倒个过儿就对了。

【倒好儿】dàohǎor 名 演员、运动员在表演、比赛中出现差错时,观众故意起哄所喊的"好" ▷喊～。

【倒计时】dàojìshí 动 从将来的某一时点起向现在由多到少计算时间,直到时间数为零时停止。多用来表示距某一时刻越来越近。

【倒剪】dàojiǎn 动 双手在背后交叉放着或被绑着 ▷杀人犯～着被押上警车。

【倒扣】dàokòu 动 从原有的数额中扣除。如某些考试中答错试题,不但不给分,还要按照一定规则扣分。

【倒立】dàolì ❶ 动 顶端朝下竖立 ▷把油瓶～过来控一控。❷ 动 武术或体操动作,头向下，两手支撑全身，两腿向上竖立。也说拿大顶。

【倒流】dàoliú ❶ 动（水或其他液体）从低处向高处流 ▷让河水～。❷ 动 泛指向与正常流动相反的方向流动 ▷人才～。

【倒赔】dàopéi 动 不但没赚着，反而赔了本儿 ▷这批货没赚着钱，还～几百元。

【倒是】dàoshì 副 倒（dào）⑤。

【倒数】dàoshǔ 动 从后往前数 ▷排在～第三位。☛ 跟"倒数（shù）"不同。

【倒数】dàoshù 名 数学上指两个数之间的一种关系。当一个数不等于零，而另一个数等于1除以这个数，则这两个数互为倒数。如$\frac{1}{8}$的倒数是8，5的倒数是$\frac{1}{5}$。☛ 跟"倒数（shǔ）"不同。

【倒锁】dàosuǒ 动 反锁。

【倒贴】dàotiē 动 该收入的一方反而向该支付的一方补贴钱物 ▷给他装修，拿不到工钱不说，反而～了不少材料。

【倒退】dàotuì 动 往后退；向原来的状况退 ▷学习成绩明显～｜～一步。

【倒行逆施】dàoxíng-nìshī 指做事违背时代发展方向或常理。

【倒序】dàoxù 名 逆序②。

【倒叙】dàoxù ❶ 动 先叙述事情的结局或后发生的情节，然后再叙述事情的开头和经过 ▷影片从"项羽自刎"开始，～了楚汉相争的历史故事。❷ 名 倒叙的叙述方式 ▷作品用～方式回顾这群年轻人的创业经历。

【倒悬】dàoxuán ❶ 动 头向下脚向上挂着；上下颠倒地挂着。❷ 动〈文〉比喻处于十分艰难、危急的境地。

【倒烟】dàoyān 动 烟不能顺烟筒排出，反而从炉灶口冒出来。

【倒影】dàoyǐng 名 倒立的影子 ▷塔的～很美。

【倒映】dàoyìng 动 物像倒着映射在另一物体上 ▷青山翠竹～在碧水之中。

【倒栽葱】dàozāicōng 名 头朝下栽下来的姿态或样子 ▷飞机模型一个～，掉进水里。

【倒找】dàozhǎo 动 该收对方的钱不收，反而拿钱付给对方 ▷这种货，就是～我也不要！

【倒置】dàozhì 动 倒着放；把事物的正常顺序弄颠倒了 ▷椅子～在桌面上｜轻重～。

【倒转】dàozhuǎn 动〈口〉倒过来；换个角度 ▷～来说，你也该帮他。☛ 跟"倒转（zhuàn）"不同。

【倒转】dàozhuàn 动 向相反的方向转动 ▷时光的车轮不会～。☛ 跟"倒转（zhuǎn）"不同。

【倒装】dàozhuāng 动 倒过来装 ▷书页～了。

【倒装句】dàozhuāngjù 名 出于表达需要，把句子成分的正常次序颠倒过来组成的句子。如"起来，不愿做奴隶的人们！"

【倒座儿】dàozuòr ❶ 名 车船上背向行驶方向的座位。○ ❷ 名 四合院里对着正房的房子 ▷我住的是三间～，冬天特别冷。

焘（燾） dào 动〈文〉覆盖。

另见1340页tāo。

盗 dào ❶ 动 偷窃；抢劫 ▷仓库被～｜欺世～名｜～用。→ ❷ 名 偷窃、抢劫财物的人 ▷～贼｜海～｜江洋大～。

【盗版】dàobǎn ❶ 动 为牟取暴利，未经书刊或音像制品版权所有者同意而大量翻印或翻录 ▷严厉打击～行为。❷ 名 指盗版的书刊和音像制品（跟"正版"相区别）。

【盗采】dàocǎi 动 非法开采 ▷～金矿犯法。

【盗伐】dàofá 动 非法砍伐 ▷严禁～森林。

【盗匪】dàofěi 名 强盗和土匪；泛指用暴力抢劫财物的人 ▷肃清～。也说匪盗。

【盗汗】dàohàn 动 睡眠时出汗、醒时汗止，多由身体虚弱引起。

【盗劫】dàojié 动 盗窃抢劫 ▷警方打掉一个专门～卧铺乘客财物的犯罪团伙。

【盗掘】dàojué 动 非法挖掘 ▷～古墓。

【盗寇】dàokòu 名 强盗。

【盗猎】dàoliè 动 非法捕猎 ▷严禁～藏羚羊。

【盗录】dàolù 动 未经版权所有者同意，擅自翻录音像制品。

【盗卖】dàomài 动 盗窃后出卖 ▷～名画。

【盗名】dàomíng 动 指用不正当手段窃取名誉 ▷欺世～。

【盗墓】dàomù 动 偷挖坟墓，窃取墓中的随葬品。

【盗窃】dàoqiè 动 偷盗；用秘密手段非法取得 ▷～集团｜～国家经济情报。

【盗取】dàoqǔ 动 盗窃。

【盗印】dàoyìn 动 非法印刷。

【盗用】dàoyòng 动 非法使用 ▷～名牌商标。

【盗运】dàoyùn 动 非法运走；偷盗以后运走 ▷～走私货物。

【盗贼】dàozéi 名 抢劫或偷盗财物的人。

悼 dào ❶ 动〈文〉哀伤；悲痛 ▷躬自～矣。→ ❷ 动 特指追念死者 ▷哀～｜追～｜～念｜～词。☛ 统读dào，不读dǎo。

【悼词】dàocí 名 悼念死者的讲话或文章。

【悼辞】dàocí 现在一般写作"悼词"。

【悼念】dàoniàn 动 对死者表示哀悼和怀念 ▷沉痛～亲人。

【悼亡】dàowáng 动〈文〉晋朝文学家潘岳因妻子死去，作《悼亡诗》三首。后称悼念亡妻为悼亡；也指妻子亡故。

【悼唁】dàoyàn 动 悼念死者并对死者的家属表示慰问。

道 dào ❶ 名 路 ▷这条～儿近｜林阴～｜～路。→ ❷ 名 水流的途径 ▷黄河故～｜下水～。→ ❸ 名 方法；规律 ▷治国之～｜门～。❹ 名 学术思想或宗教教义 ▷离经叛～｜尊师重～｜传～。⇒ ❺ 名 道德 ▷～义｜古～热肠。⇒ ❻ 名 指道家 ▷儒、～、墨、法。❼ 名 指道教或道教徒 ▷～观｜～士。❽ 名 指某些封建迷信组织 ▷一贯～｜反动会～门。⇒ ❾ 名 技艺 ▷棋～｜医～。→ ❿ 动 用言语表示(情意) ▷～谢｜～歉。⓫ 动 说 ▷能说会～｜指名～姓。⓬ 动 料想；以为 ▷我～他睡着了，原来是装睡。→ ⓭ 量 a)用于某些细长的东西 ▷一～白光｜几～皱纹。b)用于门、墙等 ▷三～门｜一～高墙｜两～关口。c)用于题目、命令等 ▷五～问答题｜一～命令。d)用于连续事物中的一次 ▷上了三～菜｜多费一～手续。→ ⓮ 名 线条；细长的痕迹 ▷画横～｜地板上蹭出许多～来。〇 ⓯ 名 我国历史上行政区域的名称。唐代曾分中国为十道。清代和民国初年设在省以下，府以上。〇 ⓰ 名 姓。

【道白】 dàobái 名 念白。

【道班】 dàobān 名 铁路和公路行业里负责保养路基、路面等工作的基层班组。

【道别】 dàobié 动 告别；辞行。

【道不拾遗】 dàobùshíyí 路不拾遗。

【道岔】 dàochà ❶ 名 道路分岔的地方。❷ 名 使铁路机车车辆能从一组轨道转到另一组轨道上的装置 ▷扳～。

【道场】 dàochǎng ❶ 名 僧道诵经做法事的场所。❷ 名 指僧道所做的法事。

【道床】 dàochuáng 名 铁路路基上铺垫在轨枕下的道碴。主要用以缓和列车对轨枕和路基的压力，防止轨枕移动。

【道道儿】 dàodaor ❶ 名 线条 ▷孩子们在墙上画了很多～。❷ 名 主意 ▷人多～也多。❸ 名 门道；窍门 ▷他拜师学艺，学到不少～。

【道德】 dàodé ❶ 名 一种社会意识形态。是调整人与人之间、个人与社会之间关系的行为规范的总和。如真诚与虚伪、善与恶、正义与非正义、公正与偏私等都属于道德范畴。❷ 形 合乎道德的(多用于否定) ▷不～的行为。

【道德法庭】 dàodé fǎtíng 指有关道德问题的社会舆论和社会评判。

【道德经】 dàodéjīng 名 老子(zǐ)②。

【道地】 dàodì 形 地道(dao)。

【道钉】 dàodīng ❶ 名 用来把铁轨固定在轨枕上的钉子。❷ 名 装在道路的隔离带上或公路的转弯处，能够在夜间反射汽车灯光的装置，用以提示司机注意行车安全。

【道乏】 dàofá 动 向为自己出过力的人表示慰问和感谢 ▷搬家之后，我还没来得及向大家～呢。

【道高一尺，魔高一丈】 dàogāoyīchǐ，mógāoyīzhàng 原为佛家语，意思是修行者每修行到一定阶段，都会有魔障干扰破坏，可能前功尽弃，必须警惕外界的诱惑(道：指正气；魔：指邪气)。后用来比喻光明与黑暗两种势力互为消长；现多比喻正义必将战胜邪恶。也说魔高一尺，道高一丈。

【道姑】 dàogū 名 女道士。

【道观】 dàoguàn 名 道教的庙宇。☛"观"这里不读 guān。

【道贺】 dàohè 动 向人表示祝贺 ▷公司开张庆典，大家都赶来～。

【道行】 dàohéng 名 僧道修炼的功夫；借指人的涵养、本领 ▷让我不发火办不到，我没那么高的～。☛ ㊀"行"这里不读 háng、hàng 或 xíng。㊁这里的"行"口语中也读 heng。

【道家】 dàojiā 名 我国古代以老子、庄子为主要代表的学术流派。主张无为而治，一切顺其自然，有辩证法和无神论的因素。道家的主要著作有《老子》《庄子》等。

【道教】 dàojiào 名 产生于我国的一种宗教。东汉张道陵根据传统的神仙信仰而创立，南北朝时逐渐盛行。尊奉老子为教祖，张道陵为天师，以《道德经》《太平经》为主要经典。

【道具】 dàojù 名 戏剧、影视和其他演出所需的一切用具的统称。通常分为大道具(桌、椅等)、小道具(杯子、文具等)、装饰道具(书、画等)、随身道具(眼镜、扇子等)。

【道口】 dàokǒu 名 路口；特指铁路跟其他道路交叉的路口。

【道理】 dàolǐ ❶ 名 法则；规律 ▷研究攻防的～。❷ 名 根据；理由 ▷毫无～｜他讲得很有～。❸ 名 方法；打算 ▷对付他，我自有～。

【道林纸】 dàolínzhǐ 名 胶版印刷纸的旧称。因最初由美国道林公司制造，故称。现多指一种比较高级的双面胶版纸(道林：英语 Dowling 音译)。

【道路】 dàolù ❶ 名 供人或车马通行的带状地面。❷ 名 历程；路线和途径 ▷走上革命～｜创作～是曲折的。❸ 名 路途(包括陆路、水路) ▷～遥远。☛ 跟"公路""马路"不同。"道路"是所有路的统称；"公路"多指城市之外供车辆通行的宽阔的路；"马路"多指城市和城郊供车辆通行的宽阔的路。

【道路网】 dàolùwǎng 名 四通八达、纵横交错的各种道路构成的网络。

【道貌岸然】dàomào-ànrán 形容神态庄重严肃，一本正经的样子(多含讥讽意)。
【道门】dàomén 名 旧指某些封建迷信组织。如一贯道等。
【道木】dàomù 名 铁路用的枕木。
【道袍】dàopáo 名 道士穿的袍子。
【道破】dàopò 动 说破;指明 ▷一语～。
【道歉】dàoqiàn 动 向人表示歉意 ▷我向你～。
【道情】dàoqíng 名 一种曲艺,流行于很多地区。以唱为主,以说为辅,以渔鼓、简板为伴奏乐器。最初道士用来演唱道教故事,故称。
【道琼斯指数】dàoqióngsī zhǐshù 道琼斯股票价格平均指数的简称。指美国道琼斯公司编制的反映纽约证券交易所的股票价格指数,定期在《华尔街日报》上发布。该指数所选取的股票及其价格趋势对世界股市行情具有重要影响(道琼斯:英语 Dow Jones 音译)。参见491页“股票价格指数”。
【道人】dàoren 名 对道士的尊称。
【道士】dàoshi 名 奉守道教经典戒规及熟悉各种斋醮祈祷仪式的人。
【道听途说】dàotīng-túshuō 路上听来,路上传播的消息;泛指没有根据的传闻。
【道统】dàotǒng 名 指儒家学术思想传授的系统。
【道喜】dàoxǐ 动 对有喜事的人表示祝贺 ▷儿子结婚,亲友们前来～|给您道个喜。
【道谢】dàoxiè 动 向人表示感谢 ▷连声～。
【道学】dàoxué ❶ 名 理学①。❷ 形 形容为人处世古板迂腐 ▷～先生|～气十足。
【道学先生】dàoxué xiānsheng 原指宋明理学家;后多指为人处世古板迂腐的人。
【道牙】dàoyá 名 马路牙子。
【道义】dàoyì 名 道德和正义 ▷铁肩担～,妙手著文章。
【道院】dàoyuàn ❶ 名 道观。❷ 名 修道院。
【道藏】dàozàng 名 道教经典的总汇。
【道砟】dàozhǎ 名 道碴。☛ 铁路等行业习惯写作“道碴”。
【道碴】dàozhǎ 名 铺在铁路路基上、轨枕下的碎石、矿渣等,用以构成道床。☛“碴”这里不读 chā 或 chá。
【道子】dàozi 名 线条的痕迹 ▷手上划了个～。

稻 dào 名 一年生草本植物,秆直立,中空有节,叶狭长。籽实叫稻谷,去壳后叫大米。是我国的主要粮食作物之一。通称稻子。
【稻草】dàocǎo 名 脱粒后的稻秆;比喻无用之物 ▷～垛|救命～。
【稻草人】dàocǎorén 名 用稻草扎成的人形物,一般竖在田间以驱赶雀鸟;比喻没有实力和能耐的人 ▷他自吹有实力,其实不过是个～。
【稻谷】dàogǔ 名 稻的籽实。
【稻糠】dàokāng 名 稻谷在加工中脱出的皮或壳。
【稻壳】dàoké 名 稻粒的外壳。
【稻米】dàomǐ 名 大米。
【稻螟】dàomíng 名 水稻钻心虫。包括三化螟、二化螟等。幼虫蛀食稻苗和茎,造成枯心、白穗。
【稻穗】dàosuì 名 稻子茎秆上端开花结实的部分。
【稻瘟病】dàowēnbìng 名 水稻的病害,受病的部分发生灰白色或灰褐色的病斑,病重时全株枯萎死亡。旧称稻热病。
【稻秧】dàoyāng 名 稻子的秧苗。也说稻苗。
【稻种】dàozhǒng 名 用作种子的稻谷。
【稻子】dàozi 名 稻的通称。

纛 dào 名 古代军队或仪仗队的大旗 ▷大～。☛ 统读 dào,不读 dú。

dē

嘚 dē 拟声 模拟马蹄踏地的声音 ▷远处传来一阵～～的马蹄声。
另见 289 页 dè;289 页 dēi。
【嘚啵】dēbo 动〈口〉絮絮叨叨地说话 ▷～起来没个完|瞎～。
【嘚嘚】dēde 动〈口〉叨叨 ▷人家已经向你道歉了,你就别再～了。

dé

得 dé ❶ 动 获取到(跟“失”相对) ▷～了冠军|～势|取～。→ ❷ 动 用在别的动词前,表示许可或能够 ▷库房重地,不～入内。→ ❸ 动 适合 ▷～体|～用|～当(dàng)。❹ 动 称心如意;心满意足 ▷洋洋自～|～意。→ ❺ 动〈口〉完成 ▷衣服做～了。⇒ ❻ 动〈口〉用于对话,表示无须再说 ▷～,这事就定了。⇒ ❼ 动〈口〉用于不如意的时候,表示只好如此 ▷～,这下完了。→ ❽ 动 演算得到结果 ▷二三～六。☛ 读 dé,用于口语时,表示完成;读 děi,口语色彩明显,表示必须、将要,如“我得走了”“再不走就得迟到了”。
另见 289 页 de;289 页 děi。
【得便】débiàn 动 赶上方便的时候 ▷～来一趟。
【得标】débiāo ❶ 动 中标。❷ 动 在竞赛中获得锦标 ▷田径赛场上,这支新军连连～。
【得病】débìng 动 生病。
【得不偿失】débùchángshī 得到的利益抵偿不了所受的损失。☛“偿”不读 shǎng,也不要误写作“赏”或“尝”。

【得逞】déchěng 动（不良的企图）得以实现 ▷不能让他们的阴谋～。

【得宠】déchǒng 动受到（上级、长辈、主人等）特别的喜爱 ▷小人～。

【得出】déchū 动推导出或计算出（结论或结果）▷～结论｜～答案。

【得寸进尺】décùn-jìnchǐ 得到了一寸进而又想得到一尺。比喻贪心不足，欲望越来越高。

【得当】dédàng 形（言语、行为）恰当；合适 ▷他的一席话深浅有度，十分～。

【得到】dédào 动（事物）已为自己所有 ▷～一幅字画｜～大家的认可。

【得道】dédào ❶ 动符合道义 ▷～多助。❷ 动佛教、道教指修炼成功。

【得道多助】dédào-duōzhù 符合道义，就会得到多数人的支持和帮助。参见1235页“失道寡助”。

【得而复失】dé'érfùshī 得到后又失去了。

【得法】défǎ 形方法得当 ▷教育～。

【得分】défēn ❶ 动考试、考核、比赛中得到分数。❷ 名考试、考核、比赛中得到的分数。

【得过且过】déguò-qiěguò 只要能过下去，就凑合着过。指不思进取，混日子；也指工作马虎，随便敷衍。

【得计】déjì 动计谋得逞（多含贬义）▷他自以为～，不想弄巧成拙，反而输得更惨。

【得济】déjì 动得到接济；特指得到晚辈的奉养 ▷孩子们真孝顺，老两口儿算是～了。

【得奖】déjiǎng 动获得奖赏。

【得劲】déjìn ❶ 形舒适 ▷日子过得很～｜衣服太紧，穿着不～儿。❷ 形用着顺手 ▷新换的这台电脑用着非常～｜这套工具，我用起来很不～儿。

【得救】déjiù 动得到救援，脱离危险。

【得空】dékòng 动得到空闲 ▷～去拜访您。

【得来不易】délái-bùyì 得到某种东西或成果很不容易。

【得了】déle ❶ 动表示同意或要求停止，相当于“行了”“算了” ▷～，听你的｜～，别去了。❷ 助表示肯定语气 ▷你放心～，这里有我呢！

【得力】délì ❶ 动受益；借助（某种）力量 ▷我能成功，～于他的帮助。❷ 形能干；坚强有力 ▷～的助手｜领导～，职工齐心。☛“得力”作动词时后面常用“于”引出受益的来源。

【得了】déliǎo 形表示事态严重（多用于反问句或否定式）▷小小的年纪就抽烟喝酒，这还～？

【得陇望蜀】délǒng-wàngshǔ《后汉书·岑彭传》：“人苦不知足，既平陇，复望蜀。”后用“得陇望蜀”比喻贪心不足。

【得名】démíng 动获得名称 ▷这座仙梅亭，因梅纹的石板而～。

【得其所哉】déqísuǒzāi 得到了合适的地方。指得到适当的安排，称心如意。

【得人心】dérénxīn 得到人们的信任和拥护。

【得胜】déshèng 动取得胜利；获得成功。

【得失】déshī 名得到的和失去的；益处和害处 ▷不顾个人～｜权衡～。

【得时】déshí 动遇上了有利的时机 ▷他创业～，很快就先富起来了。

【得势】déshì ❶ 动得到权势（多含贬义）▷坏人～，百姓遭殃。❷ 动占有优势 ▷这个队在比赛中～不得分。

【得手】déshǒu ❶ 形顺手；得心应手 ▷他写短篇小说颇为～。❷ 动达到目的 ▷连连～。

【得数】déshù 名通过计算得到的数字。

【得体】détǐ 形（言语、行为等）得当；分寸掌握适度 ▷他的言谈举止很～。

【得天独厚】détiāndúhòu 独自占有优越的自然条件；泛指所处的环境或具有的条件特别好。

【得悉】déxī 动〈文〉得知。

【得闲】déxián 动得空。

【得心应手】déxīn-yìngshǒu 形容技艺纯熟，心手相应。也形容做事很顺利。

【得宜】déyí 形合适；相宜 ▷繁简～。

【得以】déyǐ 动能够；可以 ▷事业～发展。

【得益】déyì 动受益；得到好处 ▷体壮～于锻炼。

【得意】déyì 形符合心意；觉得满意 ▷～之笔。

【得意忘形】déyì-wàngxíng 高兴得失去了常态。

【得意扬扬】déyì-yángyáng 现在一般写作“得意洋洋”。

【得意洋洋】déyì-yángyáng 形容称心如意时神气十足的样子。

【得用】déyòng 形好用；得力 ▷一位～的助手。

【得鱼忘筌】déyú-wàngquán 捕到了鱼，就忘记了捕鱼的工具（筌：捕鱼用的竹器）。比喻达到了目的，就忘了赖以成功的条件。

【得知】dézhī 动从某处或因某事而知道 ▷昨天才～你回来。

【得志】dézhì 动志向得到实现或名利欲望得到满足 ▷少年～｜小人～。

【得主】dézhǔ 名指在竞赛或评选中，荣誉、奖励的获得者 ▷冠军～。

【得罪】dézuì 动触犯；使不满而怪罪、怀恨 ▷他因坚持原则，～了一些人。

锝（鍀） dé 名金属元素，符号Tc。银灰色，有放射性，由人工核反应获得。用作原子反应堆中的抗腐蚀覆盖材料或超导磁体材料，也用于医疗诊断。

德（*悳） dé ❶ 名 道德；品行 ▷～高望重｜公～｜～育。→ ❷ 名 恩惠 ▷感恩戴～｜～政。→ ❸ 名 信念 ▷同心同～｜一心一～。○ ❹ 名 姓。☛ 右下"心"上有一横。

【德昂族】 dé'ángzú 名 我国少数民族之一。主要分布在云南。旧称崩龙族。

【德比】 débǐ 名 英语 Derby 音译。同一城市或区域内两个代表队之间的体育比赛；也指同一范围内两种力量的竞争 ▷足球～战｜两家公司在广告界掀起了一场～大战。

【德才兼备】 décái-jiānbèi 既有优秀的品德，又有较高的才能。

【德高望重】 dégāo-wàngzhòng 品德高尚，声望卓著。

【德望】 déwàng 名 德行和声望 ▷～皆隆。

【德先生】 déxiānshēng 名 民主。英语 democracy 音译"德谟克拉西"的形象说法。常和另一个英语词 science（科学，又称"赛先生"）连用。

【德行】 déxíng 名 道德品行 ▷～高尚。

【德行】 déxing 现在一般写作"德性"。

【德性】 déxing 名〈口〉贬斥、讥讽人的话，指让人讨厌的仪态、言行、作风等 ▷瞧他那副～。

【德艺】 déyì 名 品德和技艺 ▷假唱使得～双失｜～兼备。

【德育】 déyù 名 思想品德教育。

【德政】 dézhèng 名 对人民和社会发展有利的政治措施或政绩。

【德治】 dézhì 名 指用道德规范治理国家的政治主张和治国方式 ▷法治和～相结合。

【德智体】 dé-zhì-tǐ 思想品德修养、文化科学水平和身体素质的合称 ▷～全面发展。

【德智体美】 dé-zhì-tǐ-měi 思想品德修养、文化科学水平、身体素质和审美能力的合称。

dè

嘚 dè［嘚瑟］dèse〈口〉❶ 动 因得意而向人炫耀 ▷你才赢了一场球，怎么就到处～？❷ 动 胡乱花销 ▷购物节也不能这样～钱哪！

另见 287 页 dē；本页 dēi。

de

地 de 助 用在作状语的词或短语后面，表示这个词或短语修饰动词性或形容词性中心语 ▷坦白～说｜历史～看问题｜不停～说着｜一步一步～引向深入｜天慢慢～黑了。

另见 300 页 dì。

的 de ❶ 助 用在作定语的词或短语后面。a)表示对中心语的领属关系，对事物的性质、属性、范围等加以限定 ▷我～书｜镀金～首饰｜童年～回忆。b)表示对中心语加以描写 ▷蓝蓝～天｜愁眉苦脸～样子。→ ❷ 助 用在名词、动词或形容词后面，构成名词性的"的"字结构 ▷北京～、上海～都来了｜有大～、小～、中不溜儿～｜说～比唱～还好听。→ ❸ 助 用在句末，表示肯定的语气或已然的语气 ▷你这样做是行不通～｜老王什么时候走～？→ ❹ 助 用在某些句子的动词和宾语之间，强调动作的施事者、受事者或时间、地点、方式等 ▷主任签～字｜回来坐～飞机｜他昨天夜里犯～病｜我在上海念～中学。☛ 助词"的"在某些歌词、唱词或个别惯用语中，有时读 dì。

另见 295 页 dī；296 页 dí；304 页 dì。

【的话】 dehuà 助 用在假设复句的前一个分句的后面，引出下文 ▷如果下雨～，我就不来了。

底 de 助 用在作定语的词或短语后面，表示对中心语的领属关系（多见于五四时期至 20 世纪 30 年代的白话文著作）▷大众～权利。

另见 298 页 dǐ。

得 de ❶ 助 用在动词后面，表示可能、可以（否定式用"不得"）▷这种野果吃～｜他们的话听不～。→ ❷ 助 用在动词或形容词后面，连接表示程度或结果的补语 ▷说～很清楚｜修理～好｜漂亮～很｜激动～热泪盈眶。→ ❸ 助 用在某些动词和补语之间，表示可能 ▷修理～好｜看～清楚｜拿～动｜冲～出去。☛ ㈠助词"得"是由动词"得(dé)"虚化而来的。㈡义项②的"说得很清楚"的否定形式是"说得不很清楚"。㈢义项②的"修理得好"表示修理的结果良好；义项③的"修理得好"表示能修理好。㈣义项③的否定式是把"得"换成"不"，如"看不清楚""冲不出去"。㈤这几个义项中的"得"，现在都不能写作"的"。

另见 287 页 dé；本页 děi。

dēi

嘚 dēi 叹 吆喝牲口前进的声音。

另见 287 页 dē；本页 dè。

děi

得 děi ❶ 动〈口〉需要 ▷这篇文章～三天才能写完。→ ❷ 动〈口〉表示事实上或情理上的需要，相当于"应该""必须" ▷话～这么说才行｜遇事～跟大家商量。→ ❸ 动〈口〉

估计必然如此，相当于"要""会" ▷再不出发就～迟到了。○❹形某些地区指满意；自在 ▷坐在这里聊天儿挺～的。

另见 287 页 dé；289 页 de。

【得亏】děikuī 副〈口〉幸好；幸亏 ▷～援兵及时赶到才保住了大堤。

dèn

扽 dèn〈口〉❶动用力拉或猛一拉 ▷把被单～平｜一使劲把树枝～折(shé)了。→❷动拉紧 ▷～住缰绳别撒手。

dēng

灯(燈) dēng ❶名发光的器具，主要用来照明 ▷电～｜～塔｜～笼｜熄～。→❷名像灯一样发光、发热，可以用来加热的器具 ▷酒精～｜喷～。→❸名老式收音机等电器里电子管的俗称 ▷五～收音机。○❹名姓。

【灯标】dēngbiāo ❶名有灯光设备的航标，用于夜间导航。❷名有灯光设备的标志或标语牌。

【灯彩】dēngcǎi ❶名花灯和彩饰 ▷灯节夜晚，各种各样的～争奇斗艳。❷名指民间扎制彩灯的工艺。

【灯草】dēngcǎo 名芯①的通称。

【灯蛾】dēng'é 名蛾子。

【灯蛾扑火】dēng'é-pūhuǒ 飞蛾扑火。

【灯管】dēngguǎn 名荧光灯、弧光灯等的管状部分。

【灯光】dēngguāng ❶名各种灯点燃或开启时发出的光亮。❷名指照明设备 ▷～球场。

【灯红酒绿】dēnghóng-jiǔlǜ 形容寻欢作乐、腐朽奢靡的生活；也形容城市街道或娱乐场所夜晚的繁华景象。

【灯虎】dēnghǔ 名灯谜的别称。因为猜中灯谜像射中老虎一样难，故称。

【灯花】dēnghuā 名灯芯或烛芯燃烧时结成的花状物或迸发出的火星儿。

【灯会】dēnghuì 名元宵节观赏花灯的群众活动。活动中常伴以踩高跷、舞狮、跑旱船等民间文艺演出。

【灯火】dēnghuǒ 名灯的光亮；亮着的灯 ▷～管制｜～通明。

【灯节】dēngjié 名元宵节。这天夜里民间有观灯的习俗，故称。

【灯具】dēngjù 名各种照明器具的统称。

【灯亮儿】dēngliàngr 名〈口〉灯光①。

【灯笼】dēnglong 名一种笼状的灯具。用竹篾或铁丝等制成骨架，外面蒙上纸、纱、绢等，里边点燃蜡烛，可以悬挂，也可以手提。今多用作装饰并改用电光源。

【灯笼裤】dēnglongkù 名一种有肥大裤腿的裤子，下端收紧，样子有点儿像灯笼。

【灯谜】dēngmí 名写或贴在灯笼上的谜语。现在也指写在纸上后贴在墙上或挂在绳子上的谜语 ▷猜～。

【灯苗】dēngmiáo 名油灯的火苗。

【灯捻】dēngniǎn 名用棉花、线等捻成的条状物，放进油灯作灯芯用。

【灯泡】dēngpào 名电灯泡。

【灯伞】dēngsǎn 名某些灯的上方安装的伞状罩。

【灯市】dēngshì ❶名出售灯具的市场。❷名元宵节期间出售花灯的集市或悬挂花灯的街市。

【灯饰】dēngshì 名灯具装饰艺术或具有装饰作用的灯具。

【灯丝】dēngsī 名灯泡或电子管里的金属丝，多用钨丝制成，通电时能发光并放热。

【灯塔】dēngtǎ ❶名设在航道的关键部位附近(如附近的岛屿或港口岸上)，装有强光源的高塔，夜晚用来指引船舶航向。❷名比喻指引前进方向的事物 ▷价值观是行为的～。

【灯台】dēngtái 名灯座。

【灯头】dēngtóu ❶名接在电灯线上供安装灯泡的装置。❷名指一盏电灯。用于统计电灯数量 ▷我们家共有9个～。❸名带罩煤油灯的灯座上安装灯芯和灯罩的装置。

【灯下黑】dēngxiàhēi 油灯点亮后，因灯座遮挡，在其下面形成阴影。比喻发生在内部或身边的事情反而不易觉察 ▷强化内部监督，严防"～"。

【灯箱】dēngxiāng 名做招牌、广告用的箱状物，半透明外壳上绘有文字、图案，里面装电灯。

【灯心】dēngxīn 现在一般写作"灯芯"。

【灯芯】dēngxīn 名油灯里可以点燃发光的灯草或灯捻。

【灯芯草】dēngxīncǎo 名多年生草本植物，茎细长直立，叶子狭长，花黄绿色。茎可以造纸、编席。茎瓤可做油灯的灯芯，也可以做药材。

【灯芯绒】dēngxīnróng 名一种绒布，面上有像灯芯一样的条纹凸起。也说条绒。

【灯影】dēngyǐng ❶名物体在灯光下的投影 ▷窗纱上～闪动。❷名灯光不能直射到的暗处 ▷看不清～里的东西。

【灯影戏】dēngyǐngxì 名皮影戏。

【灯油】dēngyóu 名点油灯用的油。

【灯语】dēngyǔ 名一种通信方式，用灯光明暗间歇的长短表示各种联络信号。

【灯盏】dēngzhǎn 名没有罩的油灯；泛指灯。

【灯罩】dēngzhào 名安装在煤油灯灯焰外围或

电灯泡周围用以防风、聚光或装饰的罩子。

【灯柱】dēngzhù 名 装有照明设备的立柱。

【灯座】dēngzuò 名 灯具的底座。

登[1] dēng ❶ 动 由低处向高处移动 ▷～上顶峰｜～台演出。→ ❷ 动 刊载;记载 ▷报上～了消息｜～记。→ ❸ 动 古代指科举考试中选 ▷～第｜～科。→ ❹ 同"蹬"。

登[2] dēng 动（谷物）成熟 ▷五谷丰～。☛"登"字上边是"癶",不是"夗"。"癶"处在"登""癸"字上;"夗"处在"祭"字上。由"登"构成的字有"橙""凳""澄""瞪""蹬"等。

【登岸】dēng'àn 动 上岸。

【登报】dēngbào 动 刊登在报纸上 ▷～声明。

【登场】dēngcháng 动 把收割的谷物运到场(cháng)上 ▷大秋谷物～。☛"场"这里不读 chǎng。

【登场】dēngchǎng 动（剧中人）登上舞台 ▷粉墨～｜～演出。☛"场"这里不读 cháng。

【登程】dēngchéng 动 动身上路 ▷及早～。

【登第】dēngdì 动〈文〉科举考试得中;特指考取进士。科举考试录取时要评定等第,故称。

【登顶】dēngdǐng 动 攀上山顶。

【登峰造极】dēngfēng-zàojí 登上高峰,到达顶点(造:到达)。比喻到达最高境界。

【登高】dēnggāo 动 往高处攀登;登山。

【登革热】dēnggérè 名 由登革病毒引起的急性传染病。主要症状是肌肉关节疼痛、呕吐、腹泄、出现皮疹等。由蚊子传播(登革:英语 dengue 音译)。

【登机】dēngjī 动 登上飞机。

【登基】dēngjī 动 君主即位。

【登极】dēngjí ❶ 动 登上最高处 ▷～远眺。❷ 动 登基。

【登记】dēngjì ❶ 动 把有关事项记录在表格或册子上,留作统计或查考用 ▷～表｜～册。❷ 动 特指办理结婚登记手续。

【登记吨】dēngjìdūn 量 船舶登记吨位的计量单位。1 登记吨等于 2.83 立方米。

【登科】dēngkē 动 科举时代指应试得中。

【登临】dēnglín 动 登山临水或登高临下;泛指游览山水名胜 ▷～之乐。

【登陆】dēnglù ❶ 动 从水域登上陆地 ▷～作战｜台风～。❷ 动 比喻商品进入某地市场开始销售;商人进入某地市场开始经营 ▷这种新产品已在我市～｜商家纷纷来此抢滩～。

【登陆舱】dēnglùcāng ❶ 名 航天器中用于登陆月球、火星等星球的舱式设备。❷ 名 舰艇上用于搭载登陆装备、兵员的船舱。

【登陆场】dēnglùchǎng 名 军队登陆后从敌方控制的沿岸地区夺取的小块地盘,用来保障后续部队顺利上岸 ▷先遣队上岸后开辟了～。

【登陆舰】dēnglùjiàn 名 用来运送登陆作战的军队和军需品的军舰。排水量在 500 吨以上。

【登陆艇】dēnglùtǐng 名 用来运送登陆作战的军队和军需品的军用船。排水量在 500 吨以下。

【登录】dēnglù ❶ 动 登记;记录 ▷这份表册～了全体学员的姓名。❷ 动 指计算机用户进入操作系统或要访问的网站 ▷～该市场物流信息平台,了解市场行情。

【登门】dēngmén 动 到别人的住处 ▷～求教。

【登攀】dēngpān 动 攀登。

【登山】dēngshān 动 上山;攀登山峰 ▷～运动。

【登山服】dēngshānfú 名 登山运动专用的防寒服装。多用尼龙绸等作面料,内絮羽绒等,一般有风帽。现也指仿登山服制作的防寒冬装。

【登山鞋】dēngshānxié 名 登山运动专用的高靿靴。鞋底用硬橡胶制成,有大而深的花纹,可以防滑;鞋帮用薄皮制作,较硬,可以保护脚踝。现也指仿登山鞋制作的旅游鞋。

【登山运动】dēngshān yùndòng 攀登高山的体育运动。运动员在高寒缺氧的环境中,克服艰难险阻,向高峰攀登。

【登时】dēngshí 副 立即 ▷全场～活跃起来。

【登台】dēngtái ❶ 动 走上舞台或讲台。❷ 动 比喻走上政治舞台 ▷新班子～亮相。

【登堂入室】dēngtáng-rùshì 升堂入室。

【登月】dēngyuè 动 借助宇宙飞船等飞行器登上月球 ▷宇航员～成功。

【登载】dēngzǎi 动 在报刊上发表 ▷～消息｜抢先～。☛"载"这里不读 zài。

噔 dēng 拟声 模拟重物落地或撞击的声音 ▷走起路来～～的。

璒 dēng 名〈文〉一种像玉的美石。

镫（鐙）dēng ❶ 名 古代盛熟食用的器皿。○ ❷ 古同"灯"。

另见 293 页 dèng。

簦 dēng 名 古代一种有长柄的大竹笠,类似后来的雨伞。

蹬 dēng ❶ 动 踩;踏 ▷～着梯子爬上去｜脚～在凳子上。→ ❷ 动 穿(鞋) ▷脚底下～着一双新皮鞋。→ ❸ 动 腿和脚向脚底的方向用力 ▷狠狠地～了他一脚｜～三轮车。❹ 动〈口〉抛弃 ▷他把女朋友～了。

另见 293 页 dèng。

【蹬达】dēngda 动 不住地踢蹬 ▷换尿布时,孩子～得可欢了。

【蹬技】dēngjì 名 杂技表演项目,演员仰卧,双腿抬起,脚心向上,用脚来翻动各种器物,如缸、桌子等。

【蹬腿】dēngtuǐ ❶ 动 伸出腿向脚底方向用力 ▷疼得直～。❷ 动〈口〉指人死去。

【蹬子】dēngzi 名 自行车、摩托车等的脚踏部件 ▷脚～|车～。

děng

等[1] děng ❶ 形（程度或数量等）相同 ▷大小相～|～温|～速。→❷ 名 等级；级别 ▷分成几～|上～。❸ 名 称小量贵重物品和药材的衡器。现在一般写作"戥"。→❹ 名 种；类 ▷居然有这～事|此～人不可交。❺ 名〈文〉用在某些人称代词或指人的名词之后，表示复数 ▷我～|公～。❻ 助 表示列举未尽（可以叠用）▷英、法～西欧国家|比赛项目包括田径、游泳、球类～～。❼ 助 列举之后用来煞尾，后面常有前列各项的总计数 ▷梅、尚、程、荀～四大名旦。〇 ❽ 名 姓。

等[2] děng ❶ 动 等待；等候 ▷我在家～你|～车。→❷ 介 等到 ▷～他吃完饭再说|～你长大了自然会明白。

【等边三角形】děngbiān sānjiǎoxíng 三条边相等的三角形。

【等不及】děngbují 动 因时间紧迫而不能等候到 ▷他～吃饭就匆匆走了。

【等次】děngcì 名 等级高低的次序 ▷划分～。

【等待】děngdài 动 等着所期望的人、事物或情况出现 ▷～机遇|耐心～。

【等到】děngdào 介 引进表示某种条件或机会的动词或主谓短语，后面常跟"再""才""就"等配合使用 ▷～人来齐了，咱们就出发。

【等得及】děngdejí 动 因时间宽裕而来得及（做）▷稿子明天才能送来，能～吗？

【等等】děngděng 助 用在两个或两个以上并列的词语后表示列举未尽 ▷柴、米、油、盐～生活必需品。

【等第】děngdì 名〈文〉（人的）等级。

【等额】děng'é ❶ 名 相等的数额 ▷～配备|～股份。❷ 动 与另一方数额相等 ▷两笔款项～。

【等额选举】děng'é xuǎnjǔ 候选人数等于应选人数的选举（跟"差额选举"相区别）。

【等而下之】děng'érxiàzhī 由这一等次再往下。形容比这一等次更差 ▷所谓高质量产品尚且如此，～的就不必说了。

【等分】děngfēn 动 划分使各部分数量、大小相同 ▷把这条线段三～。

【等份】děngfèn 名 数量或大小相同的若干份儿 ▷把东西分成五个～。

【等高线】děnggāoxiàn 名 地形图上海拔相同的各相邻点的连线。

【等号】děnghào 名 数学上用来表示两个量或两个表达式相等关系的符号，用"="表示。

【等候】děnghòu 动 等待 ▷～好消息。

【等级】děngjí 名 按照质量、程度、水平、地位等的不同而划分出的级别 ▷学习成绩分五个～|～观念。

【等级赛】děngjísài 名 按运动员的年龄或水平等划分成等级组织的体育竞赛。如甲、乙级足球联赛等。

【等级制】děngjízhì 名 把人或事物划分成等级的制度。一般指奴隶制与封建制中按人的社会政治地位的高低划分等级的政治制度。这种等级被法律所确认，通常是世袭的。

【等价】děngjià ❶ 动 价值相等 ▷～交换。❷ 动 化学上指化合价相等。

【等价物】děngjiàwù 名 交换中可以体现其他商品价值的商品。货币是一般等价物，它可以体现各种商品的价值。

【等距离】děngjùlí 动 相邻的各个个体间距离相等 ▷～排列◇对人～，不搞亲疏远近。

【等离子态】děnglízǐtài 名 物质的等离子体状态，是物质存在的一种已知状态。参见本页"等离子体"。

【等离子体】děnglízǐtǐ 名 物质变为气态后继续升温几千摄氏度甚至更高，致使正、负电荷的数量或密度基本相等而形成的电中性物质的集合体，导电性很强。等离子体跟固体、液体、气体都不同，是物质的第四态。据估计，宇宙中99%以上的物质是以等离子态存在的。等离子体技术目前已被广泛应用。

【等量】děngliàng 动 数量相等。

【等量齐观】děngliàng-qíguān 指对有差别的事物同等看待（量：估计，衡量）。

【等米下锅】děngmǐ-xiàguō 等着买米来做饭。比喻经济极窘迫；也比喻不是积极地去创造条件而是消极被动地等待。

【等内】děngnèi 区别 物品质量在规定的等级标准之内的 ▷～品质量可靠。

【等身】děngshēn 动 跟人身高相等 ▷～蜡像|著作～（形容著作数量多）。

【等深线】děngshēnxiàn 名 海底地形图上水域内深度相同的各相邻点的连线。

【等式】děngshì 名 表示两个量或两个表达式相等关系的式子。

【等速】děngsù 动 速度相等 ▷～前进。

【等同】děngtóng 动 把不同的事物当作同样的事物 ▷两者区别很大，不能～。

【等外】děngwài 区别 因质量低而不能列入规定的等级标准之内的 ▷～品。

【等温】děngwēn 动 温度相等 ▷室内外不～。

【等温线】děngwēnxiàn 名 气温分布图上某一平面温度值相同的各相邻点的连线。

【等闲】děngxián 形 平常；普通 ▷～之辈。

【等闲视之】děngxián-shìzhī 当作平常的人或事物看待。

【等线体】děngxiàntǐ 图 汉字印刷字体的一种，不同笔画和每笔始末基本等粗。

【等效】děngxiào 动 效果相等 ▷～投资。

【等腰三角形】děngyāo sānjiǎoxíng 有两个边相等的三角形。

【等因奉此】děngyīn-fèngcǐ 旧时公文套语。一般在引述上级来文后用这四个字承上启下，接着陈说本单位或个人意见。现多用来讥讽例行公事、做官样文章的形式主义作风。

【等于】děngyú ❶ 动 表示两个或多个数值相等 ▷三加五～八。❷ 动 几乎相同；跟……没有两样 ▷不去争取，就～放弃。

【等于零】děngyúlíng 跟零相等。表示没有作用或没有意义 ▷不狠抓落实，再好的方案也～。

【等值】děngzhí 动（不同事物间）数值或价值相等。

【等子】děngzi 现在一般写作"戥子"。

戥 děng ❶ 名 戥子。→ ❷ 动 用戥子称 ▷每味药都要～一～。

【戥子】děngzi 名 用来称金、银、中药等的小秤。旧时最大计量单位是两，小到分或厘，今以克为单位。

dèng

邓（鄧） dèng 名 姓。

【邓小平理论】dèngxiǎopíng lǐlùn 以邓小平同志为主要代表的中国共产党人关于社会主义事业发展新时期建设中国特色社会主义的路线、方针、政策的科学理论。是马克思列宁主义的基本原理同当代中国实践和时代特征相结合的产物，是毛泽东思想在新的历史条件下的继承和发展，是马克思主义在中国发展的新阶段，是当代中国的马克思主义，是中国共产党集体智慧的结晶。

凳（*櫈） dèng 名 凳子 ▷板～|长～。☛ 统读 dèng。

【凳子】dèngzi 名 有腿没有靠背的坐具。

嶝 dèng 名〈文〉登山的小路。

澄 dèng ❶ 动 使液体里的杂质沉淀 ▷缸里的水太浑，用明矾把它～一～。→ ❷ 动〈口〉挡住容器中液体里的其他东西，把液体倒出来 ▷～出一碗米汤来。

另见 177 页 chéng。

【澄清】dèngqīng 动 使液体里的杂质沉淀而液体变清。☛ 参见 177 页"澄(chéng)"的提示。

【澄沙】dèngshā 名 过滤后得到的较细腻的豆沙 ▷～馅儿。

磴 dèng ❶ 名〈文〉山路的石级；泛指石头台阶。→ ❷ 量 用于台阶、楼梯或梯子 ▷七～台阶|这梯子只有十～。

瞪 dèng ❶ 动 用力睁大眼睛 ▷目～口呆。→ ❷ 动（因生气或不满）睁大眼睛直视 ▷狠狠～了他一眼。

【瞪眼】dèngyǎn ❶ 动 用力睁大眼睛；眼看着 ▷～看着，别让他跑了。❷ 动 借指着急、发怒 ▷这点儿小事也值得～吗？

镫（鐙） dèng 名 鞍子两旁供骑坐人脚蹬(dēng)的用具 ▷马～|脚～。

另见 291 页 dēng。

蹬 dèng 见 137 页"蹭(cèng)蹬"。

另见 291 页 dēng。

䥼 dèng 古同"镫(dèng)"。

dī

氐 dī ❶ 名 我国古代民族，殷、周至南北朝时分布在今陕西、甘肃、四川一带，东晋时曾建立前秦和后凉。○ ❷ 名 星宿名，二十八宿之一。☛ 跟"氏"不同。由"氐"构成的字多读 dǐ，如"抵""邸""诋""砥"等。

另见 298 页 dǐ。

低 dī ❶ 形 矮；由下往上的距离短（跟"高"相对，③④⑤同）▷水位太～|～空|～矮。→ ❷ 动 俯下；向下垂 ▷～着身子跑过去|把头～下。→ ❸ 形（地势）洼下 ▷地势～|～谷|～洼。→ ❹ 形 在一般标准或平均水平之下的 ▷价钱～|～温|业务水平～。❺ 形 等级在下的 ▷～年级|～等动物。○ ❻ 名 姓。

【低矮】dī'ǎi 形 低① ▷～的灌木丛。

【低八度】dībādù 比乐谱中标出的音低一个八度来奏乐或歌唱；形容说话嗓门儿很低 ▷开会发言不能还是～啊。

【低保】dībǎo 名 城乡居民最低生活保障制度的简称。是社会保障体系中社会救助制度的组成部分，其保障标准、实施办法等由当地政府根据实际经济状况确定。

【低倍】dībèi 区别 倍数小的 ▷～镜头|～放大。

【低层】dīcéng ❶ 名 低的等级或层次 ▷出身～|云雾笼罩着山峦的～。❷ 区别（楼房等）层数少的 ▷～建筑。❸ 区别 级别低的 ▷公司里的～人员。❹ 名 级别低的人物或部门 ▷公司里主要是～有些怨言|从企业～做起。

【低产】dīchǎn 形 比一般产量低的 ▷～作物。

【低潮】dīcháo ❶ 名 一个潮汐涨落周期内的最

低潮位(跟"高潮"相区别)。❷ 名 比喻事物发展的低落阶段 ▷革命的～时期。

【低沉】dīchén ❶ 形 云层厚,天色阴沉 ▷天空～。❷ 形 (声音)低而深沉 ▷乐声～。❸ 形 (情绪)低落消沉 ▷情绪～。☛ 参见 1506 页"消沉"的提示。

【低处】dīchù 名 相对高度较低的地方 ▷人往高处走,水往～流。

【低垂】dīchuí 动 向下垂;低低地垂挂 ▷柳丝～。

【低档】dīdàng 形 质量、价格或消费水平等处于较低等级的 ▷最～的饭馆。☛"档"不读 dǎng。

【低等】dīděng 区别 等级低的;简单的 ▷～动物。

【低等动物】dīděng dòngwù 动物学上一般指身体结构简单,组织及器官分化不明显的无脊椎动物。

【低等植物】dīděng zhíwù 个体发育过程中无胚胎时期的植物,包括藻类、菌类和地衣。一般构造简单,无茎、叶分化,生殖器官多为单细胞结构。

【低调】dīdiào ❶ 名 低沉的声音。❷ 名 比喻悲观消极的思想或言论 ▷这部作品的总倾向是～的。❸ 形 比喻不张扬的或方法较和缓的 ▷态度很～|～处理。

【低毒】dīdú 形 毒性低微的 ▷～农药|高效～。

【低度】dīdù 区别 浓度低的 ▷～酒。

【低端】dīduān ❶ 名 低的一头;低的层次、档次、价位等(跟"高端""中端"相区别,②同) ▷处于分工链条的～|产业价值由～向中高端跨越。❷ 区别 层次、档次、价位等低的 ▷争夺～市场|～商品。

【低估】dīgū 动 过低地估计 ▷不可～对手。

【低谷】dīgǔ ❶ 名 低洼的谷地。❷ 名 比喻不兴旺的状态;最低点 ▷经济走出了～。

【低耗】dīhào 形 (能源、原材料等)消耗少的 ▷～节煤锅炉|高产～。

【低缓】dīhuǎn ❶ 形 (声音)低沉缓慢。❷ 形 地势低而坡度平缓 ▷长江下游地势～。

【低回】dīhuí ❶ 动 〈文〉徘徊;流连。❷ 动 回旋往复;萦回 ▷曲调～。☛ 不要写作"低徊"。

【低级】dījí ❶ 形 初步的;(形式、构造等)简单的 ▷～形式|～产品。❷ 形 (质量、水平等)一般的或低于一般的 ▷这个错误犯得很～|非常～的失误。❸ 形 (品格)低下、庸俗 ▷～下流。

【低价】dījià 名 低廉的价格。

【低贱】dījiàn ❶ 形 (地位)低下卑贱 ▷出身～。❷ 形 (货物)价格低,不值钱 ▷货价～。

【低就】dījiù 动 敬词,用于指对方降低身份就任某职 ▷如您肯～应聘,我公司将竭诚欢迎。

【低聚糖】dījùtáng 名 由 2—10 个单糖分子组成的糖。如蔗糖、麦芽糖等。广泛用于食品和动物饲料中。

【低空】dīkōng 名 接近地面的天空;航空等领域指距离地面或水面上方 100—1000 米的空中 ▷暴雨将至,燕子在～飞旋|～航拍。

【低栏】dīlán 名 女子径赛中跨栏比赛项目,80 米低栏的栏架高 76.2 厘米,100 米低栏的栏架高 84 厘米。

【低利】dīlì 名 薄利 ▷～销售。

【低廉】dīlián 形 价钱低;便宜 ▷价格～。

【低劣】dīliè 形 质量低;水平差 ▷产品质量～。

【低龄】dīlíng ❶ 区别 年龄偏低的;在某个年龄层次内年龄偏低的 ▷～老人(指60—70岁的老人)。❷ 名 指年龄偏低的人 ▷～犯罪现象。

【低龄化】dīlínghuà 动 年龄界限变低 ▷吸烟群体～现象让人忧虑。

【低落】dīluò ❶ 动 (物价、水位等)下降(跟"高涨"相对,②同) ▷票房收入～|冬季河水～。❷ 形 (情绪、士气等)不高;不饱满 ▷心情～|士气～。

【低眉顺眼】dīméi-shùnyǎn 低着头,下垂着眼皮。形容害怕或顺服的样子。

【低迷】dīmí 形 低落;不景气 ▷价格持续～。

【低钠盐】dīnàyán 名 一种适量降低钠含量,增加钾、镁含量的新型食盐,对防治高血压和心血管病等有一定作用。

【低能】dīnéng 形 能力低下 ▷～弱智。

【低能儿】dīnéng'ér 名 生理或精神有缺陷的弱智儿童;泛指智能低下的人。

【低年级】dīniánjí 名 入学年数较少的年级(跟"高年级"相区别)。如小学一、二年级。

【低频】dīpín ❶ 名 电子电路中指低于射频或中频的频率。❷ 名 在无线电频段表中指30—300千赫范围内的频率。

【低聘】dīpìn 动 按低于原职务、职称级别的待遇聘用 ▷对不称职的干部降格～。

【低平】dīpíng 形 低而平坦 ▷地势～。

【低气压】dīqìyā 名 海拔相同的平面上,中心气压低于周围区域的气压。低气压中心附近地区常有云、雨、风、雷、电等天气现象。简称低压。

【低热】dīrè ❶ 区别 热量所达到的程度较低。❷ 名 指人发烧时体温未超过 38℃的状态。也说低烧。

【低三下四】dīsān-xiàsì 形容卑躬屈膝的样子。

【低声】dīshēng 形 压低了声音的;小声的 ▷～细语|～说。

【低声下气】dīshēng-xiàqì 说话不敢高声,气不敢大喘。形容卑怯恭顺的样子。

【低首下心】dīshǒu-xiàxīn 低着头,小心谨慎。形容屈服顺从的样子。

【低俗】dīsú 形 低级庸俗 ▷情调～。

【低速】dīsù 形 速度慢的 ▷～行驶|～摄影。

【低碳】dītàn ❶ 区别 含碳量低的 ▷～钢。❷ 区别 二氧化碳等温室气体排放量低的 ▷～生活。

【低碳钢】dītàngāng 名 含碳量为 0.1%—0.25% 的碳素钢。强度较低，塑性良好。多用作建筑钢材。

【低碳经济】dītàn jīngjì 指通过创新和新能源开发等手段，减少高碳能源消耗和温室气体排放，达到社会经济与生态环境协调发展的经济形态。

【低糖】dītáng 区别 含糖分较低的 ▷～食物。

【低头】dītóu ❶ 动 头向下垂 ▷～凝思。❷ 动 借指屈服认输 ▷在敌人的严刑拷打下，他没有～◇叫高山～，要河水让路。

【低洼】dīwā 形 比周围的地势低 ▷地势～。

【低微】dīwēi ❶ 形（声音）细弱微小 ▷～的声音。❷ 形（地位）低下微贱 ▷出身～。❸ 形 薄；少 ▷利润～｜工资～。

【低纬度】dīwěidù 名 指在 0°—30°之间的南北纬度。参见 1431 页"纬度"。

【低温】dīwēn 名 较低的温度；在不同场合所指的数值不同，如低温作业一般指在平均气温等于或低于5℃的环境中作业。

【低息】dīxī 名 较低的利息 ▷～贷款。

【低下】dīxià ❶ 形（数量、质量、程度、水平等）低于一般标准 ▷质量～｜水平～。❷ 形（品质、情操等）低级庸俗 ▷品格～。

【低限】dīxiàn 名 下限。

【低陷】dīxiàn 动 下陷；沉下去 ▷墙基～。

【低消费】dīxiāofèi 动 低额消费。

【低薪】dīxīn 名 低额薪金 ▷～阶层。

【低血糖】dīxuètáng 名 血液中葡萄糖含量低于正常标准的一种病理现象。伴有饥饿、心悸等症状，重者可导致惊厥、昏迷以至死亡。

【低血压】dīxuèyā 名 指成年人动脉血压持续低于 12/8 千帕（90/60 毫米水银柱）的现象。

【低压】dīyā ❶ 名 较低的压强。❷ 名 较低的电压。❸ 名 舒张压的通称。❹ 名 低气压的简称。

【低压槽】dīyācáo 名 天气图上，气压低于周围三面而高于或等于另一面的区域。多为低气压区域延伸出的槽状部分。低压槽内空气上升，多阴雨天气。

【低哑】dīyǎ 形（声音）低而沙哑 ▷～的哭声。

【低盐】dīyán 形 含盐分较低的 ▷～食品。

【低音】dīyīn ❶ 名 声频低的音 ▷男～｜～喇叭。❷ 名 乐谱中指低于基础音的音区。

【低音提琴】dīyīn tíqín 提琴的一种。体积最大、发音最低。也说贝司。参见插图 11 页。

【低幼儿童】dī-yòu értóng 小学低年级和幼儿园的儿童 ▷～读物。

【低语】dīyǔ 动 小声说话 ▷喃喃～。

【低云】dīyún 名 云的底面离地面不到 2000 米的云。

【低质】dīzhì 形 质地低下的 ▷～产品。

【低智】dīzhì 形 弱智。

【低姿态】dīzītài 名 比喻不张扬或较和缓的态度 ▷对此事可以先发表一个～的声明。

【低走】dīzǒu 动 走低 ▷近日股市一路～。

的 dī 名 的士 ▷打～。
另见 289 页 de；296 页 dí；304 页 dì。

【的哥】dīgē 名 对开出租车的青年男司机的昵称。

【的姐】dījiě 名 对开出租车的青年女司机的昵称。

【的士】dīshì 名 英语 taxi 音译。出租汽车①。

羝 dī 名〈文〉公羊 ▷～羊触藩（公羊角钩挂在篱笆上。比喻进退两难）。☛ 统读 dī，不读 dǐ。

堤（*隄） dī 名 用土石等材料沿江、河、湖、海修筑的挡水建筑物 ▷修一条大～｜河～。☛ 统读 dī，不读 tí。

【堤岸】dī'àn 名 堤。

【堤坝】dībà 名 堤和坝的合称；泛指挡水的建筑物。

【堤防】dīfáng 名 堤。

【堤埝】dīniàn 名 埝。

【堤围】dīwéi 名 堤。

【堤堰】dīyàn 名 堤坝。

【堤垸】dīyuàn 名 某些地区指堤；也指用堤围起来的地方。

提 dī 见下。
另见 1348 页 tí。

【提防】dīfang 动 小心防备 ▷～走漏消息。☛ 不读 tífáng。

【提溜】dīliu 动〈口〉提（tí）① ▷袋子太沉，～不动。

䃅（磾） dī ❶ 名〈文〉染缯用的黑石。○ ❷ 用于人名。如金日（mì）䃅，汉代人。

嘀 dī 见下。
另见 297 页 dí。

【嘀哒】dīdā 现在一般写作"嘀嗒（dā）"。

【嘀嗒】dīdā 拟声 模拟水滴落下、钟表走动等的声音 ▷秋雨～～地下着｜发报机嘀嘀嗒嗒响个不停。

【嘀嗒】dīda 现在一般写作"滴答（da）"。

【嘀里嘟噜】dīlidūlū ❶ 形 形容一连串让人听不清的说话声 ▷那个人～地说了老半天，我啥也没听懂。❷ 形 形容很多长短、大小不等的物品无序地聚在一起；也形容穿戴不整齐、不利落 ▷两手～提着不少东西｜衣服又长又肥，显得～的。☛ 不宜写作"滴里嘟噜"。

滴 dī ❶ 动（液体）一点一点地落下 ▷雨停了，房檐还在往下～水｜伤心得～下了眼泪｜垂涎欲～。→ ❷ 名 一点一点地落下的液体 ▷水～｜汗～。❸ 量 多用于呈珠状的液体 ▷没流一～眼泪｜地上有几～血。→ ❹ 动 使液体一点一点地落下 ▷～几滴油｜～眼药水。☛ 右边是"啇（dī）"，不是"商"。由"啇"构成的字还有"嘀""镝""嫡""摘"等。

【滴虫】dīchóng 名 原生动物，椭圆形，有鞭毛，有的生活在淡水中，有的寄生在人和动物体内。

【滴翠】dīcuì 形 翠绿润泽得像要滴下水来似的 ▷雨后初晴，群山～。

【滴答】dīdā 现在一般写作"嘀嗒（dā）"。

【滴答】dīda 动 滴① ▷水龙头关不严，老～水。

【滴滴涕】dīdītì 名 英语缩写词 DDT 音译。杀虫剂二对氯苯基三氯乙烷的商品名。因化学性质稳定，不易降解，容易造成污染，现已停止生产和使用。

【滴定】dīdìng 动 在化学分析中，将标准溶液滴入被测物质的溶液里，反应终了时，根据所用标准溶液的体积，计量被测物质的含量。

【滴管】dīguǎn ❶ 名 用滴入方法向静脉或其他部位输送药液的医用器具。❷ 名 泛指用滴入方法输送液体的器具。如给机器加润滑油的滴油管等。

【滴灌】dīguàn 动 一种灌溉方法，利用输水管道让水流（可加入化肥）不断滴入植物根部周围的土壤中。

【滴剂】dījì 名 按滴数服用或外用的液体药剂。

【滴沥】dīlì 拟声 模拟水往下滴的声音 ▷秋雨～。

【滴溜儿】dīliūr〈口〉❶ 形 形容很圆 ▷～圆的葡萄。❷ 形 形容旋转得飞快 ▷坛子被杂技演员用脚掌拨动得～转。也说滴溜溜。

【滴漏】dīlòu ❶ 名 漏壶。❷ 动（液体）一滴一滴地漏下 ▷防止水龙头～。

【滴落】dīluò 动（液体）一滴一滴地下落 ▷水从洞顶～，长年累月形成石笋。

【滴水不漏】dīshuǐ-bùlòu 比喻说话、做事等十分严密。

【滴水成冰】dīshuǐ-chéngbīng 水一滴下来就结成冰。形容天气非常寒冷。

【滴水穿石】dīshuǐ-chuānshí 水滴石穿。

【滴水】dīshui ❶ 名 中式滴水瓦的瓦头，大致呈三角形，有的上面有花纹装饰；有时也指滴水瓦。❷ 名 房屋之间为了房檐雨水流淌而留下的空隙地。❸ 名 在窗台、阳台下沿设置的内凹形构件，使雨水等室外水顺流下来而不致沿着窗台、阳台流到墙壁上。

【滴水瓦】dīshuiwǎ 名 一种中式瓦，半圆筒形，一端有下垂的边儿，用来覆盖在房顶檐口，使房顶上的水顺流下来而不致流到墙壁上。有时也说滴水。

【滴淌】dītǎng 动（血、泪等）一点点地向下流 ▷眼泪顺着面颊～着。

镝（鏑） dī 名 金属元素，符号 Dy，银白色，质软，有低毒。用作核反应堆材料、荧光体激活剂。

另见 297 页 dí。

鍉 dī 名 歃血时用来盛血的器皿。

【鍉针】dīzhēn 名 中医用来治疗血脉病、热病等的针。针体粗大，针尖较钝。

鞮 dī 名 古代皮制的鞋。

dí

狄 dí ❶ 名 我国古代北方的一个民族；泛指古代北方各民族。○ ❷ 名 姓。

迪 dí 动〈文〉开导 ▷启～。

【迪吧】díbā 名 迪厅（吧：英语 bar 音译）。

【迪士尼乐园】díshìní lèyuán 由美国电影制片人、著名动画片导演迪士尼创建的大型自动化游乐园（迪士尼：英语 Disney 音译）。

【迪斯科】dísīkē 名 英语 disco 音译。自娱性舞蹈，起源于美国黑人舞，节奏快而强烈，动作幅度大，四肢并用，无固定规范，随着音乐节奏的变化即兴发挥。可单人跳，也可双人或集体跳。

【迪厅】dítīng 名 迪斯科舞厅的简称（迪：迪斯科）。

的 dí 形 确实；实在 ▷～证（确凿的证据）｜～确。

另见 289 页 de；295 页 dī；304 页 dì。

【的当】dídàng 形 恰当；合适 ▷话说得非常～。

【的确】díquè 副 确确实实，表示对情况的肯定 ▷现在的生活～比过去好多了。

【的确良】díquèliáng 名 英语 Dacron 音译。涤纶纯纺或混纺织品，耐磨，易洗易干，不变形。

籴（糴） dí 动 买入（粮食）（跟"粜"相对）▷～米。

荻 dí 名 多年生草本植物，形状像芦苇，地下茎蔓延，地上茎直立，叶片线状披针形。生长在路旁或水边。茎秆可用来编席，也是造纸和制人造丝的原料。

敌（敵） dí ❶ 名 对手；有利害冲突不能相容的人 ▷天下无～｜抗～｜～我双方。→ ❷ 形 敌对的 ▷～国｜～意。→ ❸ 动 抵挡；抗拒 ▷～不住金钱的诱惑｜寡不～众。→ ❹ 形（力量）相等的；（实力）相当的 ▷势均力～｜匹～。

【敌百虫】díbǎichóng 名 一种杀虫剂。白色或浅黄色结晶体，高效低毒。用于防治植物害虫及蚊、蝇、臭虫等。

【敌敌畏】dídíwèi 名 英语缩写词 DDVP 音译。一种杀虫剂。无色油状液体，有良好的触杀、熏蒸等作用。用于防治蚜虫、红蜘蛛以及蚊、蝇等害虫。

【敌对】díduì ❶ 动 像敌人一样对立；对抗 ▷两国互相～。❷ 形 像敌人一样对立的；对抗的 ▷～关系｜～态度。

【敌方】dífāng 名 敌对的一方；敌人方面 ▷～情报｜～阵地｜～间谍。

【敌国】díguó 名 敌对的国家。

【敌害】díhài 名 能造成危害的事物（多用于动植物）▷稻田养殖要严防蛇、鼠等～。

【敌后】díhòu 名 战争时期敌人的后方。

【敌境】díjìng 名 敌方所在或敌方占领控制的地方 ▷潜入～｜身处～。

【敌军】díjūn 名 敌方的军队。

【敌寇】díkòu 名 入侵的敌人 ▷～犯境｜全歼～。

【敌情】díqíng 名 敌方的情况；特指敌方针对我方进行的活动 ▷掌握～｜～不明。

【敌酋】díqiú 名 敌人的首领（含轻蔑意）。

【敌区】díqū 名 敌方占领或控制的地区。

【敌人】dírén 名 与我方为敌的人；敌对的方面 ▷消灭～◇学习的～是自己的满足。

【敌视】díshì 动 像敌人一样看待；仇视 ▷一贯～我国｜～的眼神。

【敌手】díshǒu 名 技艺、能力相当的对手。

【敌台】dítái 名 敌方的电台。

【敌探】dítàn 名 敌方派出刺探我方情报的人。

【敌特】dítè 名 敌方派到我方的特务。

【敌顽】díwán 名 顽敌 ▷横扫～。

【敌伪】díwěi 名 指我国抗日战争时期日本侵略者、汉奸及其政权、军队。

【敌我矛盾】dí-wǒ máodùn 人民的敌人与人民之间在根本利益相冲突的基础上形成的对抗性矛盾（跟"人民内部矛盾"相对）。

【敌意】díyì 名 敌对、仇视的心理 ▷怀有～。

【敌友】díyǒu 名 敌人和朋友 ▷注意区分～，团结一切可以团结的力量。

【敌占区】dízhànqū 名 敌方占领的地区。

【敌阵】dízhèn 名 敌方的阵地 ▷炮轰～。

涤（滌） dí ❶ 动 清洗 ▷洗～｜荡～。→ ❷ 动〈文〉清除 ▷净心～虑｜～除。○ ❸ 名 姓。

【涤除】díchú 动 清除 ▷～旧习。

【涤荡】dídàng 动 冲洗；清除 ▷～污垢。

【涤卡】díkǎ 名 用涤纶纤维和棉纱混纺织成的卡其布。布面斜纹明显，经纬纱密度大。

【涤纶】dílún 名 英语 Terylene 音译。合成纤维的一种。弹性好，强力高，耐皱性好。多用来织的确良，做绝缘材料和绳索等。

【涤毛】dímáo 名 用涤纶和羊毛纤维混纺而成的织物（涤纶含量多于羊毛）。

【涤棉】dímián 名 涤纶和棉纤维的混纺织物。也说棉涤。俗称棉的确良。

頔（頔） dí 形〈文〉美好。

笛 dí ❶ 名 笛子 ▷吹～弄箫｜短～。→ ❷ 名 响声尖锐的发音器 ▷汽～｜警～。

【笛膜】dímó 名 贴在紧临吹孔的孔上的竹膜或苇膜，吹笛时可振动发声。

【笛子】dízi 名 管乐器，多用竹子制成，一头堵死，管身上面有一排供吹气、蒙笛膜和发音的孔。也说横笛。

觌（覿） dí 动〈文〉见；相见 ▷～面。

髢 dí 名〈文〉假发。

嘀 dí［嘀咕］dígu ❶ 动 私下里小声说话 ▷你们俩～什么呢？○❷ 动 犹豫不定；略感不安 ▷见了面说什么呢，他心里直～。

另见 295 页 dī。

嫡 dí ❶ 名 旧指正妻（跟"庶"相对）▷～出｜～子。→ ❷ 名 指嫡子 ▷废～立庶。→ ❸ 形 指血统最亲近的 ▷～亲。❹ 形 正宗的；正统的 ▷～系｜～传。

【嫡出】díchū 动 正妻所生（跟"庶出"相对）。

【嫡传】díchuán 动 嫡派相传；通常指武术、学术、技艺等的流派一代代直接传授 ▷～弟子。

【嫡母】dímǔ 名 旧时妾所生子女对父亲正妻的称谓。

【嫡派】dípài ❶ 名 嫡系①。❷ 名 指武术、学术、技艺等得到传授者亲授的一派。

【嫡亲】díqīn 区别 亲属中血统最亲近的 ▷～哥哥。

【嫡堂】dítáng 区别 同祖不同父的 ▷～姐妹。

【嫡系】díxì ❶ 名 旧指家族相传的正支 ▷～子孙。❷ 名 一脉相传的派系；（政治、军事集团或单位等的派系中）与派系领导人关系最亲近的人或力量 ▷梅派～传人｜这几位都属于总经理的～｜～部队。

【嫡长子】dízhǎngzǐ 名 旧指正妻所生的长子。

【嫡子】dízǐ 名 旧指正妻所生的儿子（跟"庶子"相对）；特指嫡长子。

翟 dí 名〈文〉长尾野鸡。

另见 1730 页 zhái。

樀 dí 名〈文〉屋檐。

镝（鏑） dí 名〈文〉箭头；箭 ▷鸣～｜锋～。

另见 296 页 dī。

蹢 dí 名〈文〉蹄子。
另见 1771 页 zhí。

dǐ

氐 dǐ 古同"柢"。
另见 293 页 dī。

邸 dǐ ❶ 名〈文〉高级官员的住宅 ▷官～|私～。○ ❷ 名 姓。

【邸宅】dǐzhái 名 府第;官邸。

诋(詆) dǐ 动〈文〉责骂;诽谤 ▷～斥|～毁。

【诋毁】dǐhuǐ 动 诽谤;诬蔑 ▷不怕～。

坻 dǐ 名 山坡(多用于地名) ▷宝～(在天津)。
另见 182 页 chí。

抵¹(*牴❸觝❸) dǐ ❶ 动 顶;支撑 ▷用手枪～着敌人的腰|倾斜的山墙只靠一根柱子～着。→ ❷ 动 挡住;抵抗 ▷～挡|～御。→ ❸ 动 互相对立;排斥 ▷～触|～牾。→ ❹ 动 相当;能顶替 ▷一个人～两个人用。⇒ ❺ 动 抵消 ▷收支相～。⇒ ❻ 动 抵偿 ▷～命|～债|～罪。⇒ ❼ 名 抵押品 ▷用不动产作～向银行贷款。

抵² dǐ 动 到达 ▷直～北京|～达。☛ ㊀"抵"字统读 dǐ,不读 dí。㊁跟"扺(zhǐ)"不同。"扺"是侧击和拍的意思,如"扺掌而谈"。

【抵补】dǐbǔ 动 补充短缺部分 ▷～亏空。

【抵不上】dǐbushàng 动 比不上;不能相当 ▷他的智力～一个娃娃|收入～支出。

【抵偿】dǐcháng 动 用同等价值的货币、实物、惩罚等补偿 ▷～损失|等价～。

【抵触】dǐchù 动 冲突;对立 ▷观点相～|消除～情绪。☛ 不要写作"牴触"。

【抵达】dǐdá 动 到达 ▷～首都|平安～。

【抵挡】dǐdǎng 动 挡住;阻挡 ▷～风沙|～不住对方的进攻。☛ 不宜写作"抵当"。

【抵得上】dǐdeshàng 动 能相当;比得上 ▷精锐的小分队～一个连的兵力。

【抵还】dǐhuán 动 用等价的物品或票据等偿还 ▷用汽车～债款。

【抵换】dǐhuàn 动 用另一物顶替原物 ▷两样东西的作用不同,怎么能～呢?

【抵交】dǐjiāo 动 用别的东西代替需要交纳的钱或物;抵偿交付 ▷以劳务～欠款。

【抵缴】dǐjiǎo 动 抵交。

【抵近】dǐjìn 动 到达某地附近 ▷～城郊|～侦察目标。

【抵抗】dǐkàng 动 抵御抗拒;用行动反抗或制止对方的攻击 ▷～侵略|提高～疾病的能力。

【抵抗力】dǐkànglì 名 抵御疾病的能力 ▷增强～。

【抵靠】dǐkào 动 (船只)到达并停靠码头 ▷25号轮傍晚～我市港口。

【抵扣】dǐkòu 动 扣住欠款人的某项收益以抵销其欠款 ▷所借债款在工资中逐月～。

【抵赖】dǐlài 动 (对过失、罪行等)狡辩否认 ▷人证物证俱在,你～不了。

【抵临】dǐlín 动 敬词,用于指别人抵达 ▷考察团将于近期～我市。

【抵免】dǐmiǎn 动 指外贸企业向本国纳税时扣除已在国外交纳的所得税。

【抵命】dǐmìng 动 偿命。

【抵事】dǐshì 形 顶事(多用于否定) ▷这些老法子已经不～了。

【抵数】dǐshù 动 充数;顶数 ▷正品不够,也不该拿次品～。

【抵死】dǐsǐ 副 一直到死,表示态度坚决 ▷～不肯屈从。

【抵牾】dǐwǔ 动 抵触;矛盾 ▷互相～。☛ 不要写作"牴牾"。

【抵消】dǐxiāo 动 不同事物的作用或性质因相反而相互消除 ▷功过～|药力～。

【抵销】dǐxiāo ❶ 动 以等价实物、债权等冲抵勾销欠账。❷ 见本页"抵消"。现在一般写作"抵消"。

【抵押】dǐyā 动 指债务人或为债务人提供担保的第三人将自己的不动产(或机器等生产资料)作为债权的担保(跟"质押"相区别) ▷开办个人住房～贷款业务。

【抵押承包】dǐyā chéngbāo 以交纳一定数量抵押金的方式承包。当承包人不能完成承包指标时,以抵押金补偿。

【抵押金】dǐyājīn 名 作抵押用的钱。

【抵押品】dǐyāpǐn 名 作抵押用的物品。

【抵御】dǐyù 动 抵挡;抵抗 ▷～严寒|～侵略。

【抵债】dǐzhài 动 用等价的物品或劳力等偿还债务 ▷用全部家产～。

【抵账】dǐzhàng 动 抵债。☛ 不要写作"抵帐"。

【抵制】dǐzhì 动 阻挡、制止,不使外力侵入或为害 ▷～盗版音像制品。

【抵罪】dǐzuì 动 以接受惩罚来抵偿应负的罪责 ▷犯法～,罪有应得。

茋 dǐ 名 一种有机化合物,无色晶体,其衍生物可用来制作染料和荧光增白剂。

底 dǐ ❶ 名 物体最下面的部分 ▷清澈见～|箱子～儿|海～|～部。→ ❷ 名 事物的基础、根源或内情 ▷刨根问～|家～儿|～细。❸ 名 可以作根据的草稿 ▷发函要留个

～儿|～稿。→ ❹ 名 一年或一个月的最后一些日子 ▷年～|月～。→ ❺ 名 衬托花纹图案的一面 ▷黄～紫花|浪纹～衬双龙戏珠。→ ❻ 名 东西所剩下的最后部分 ▷这米是仓～儿|货～儿。→ ❼ 名 底数①的简称。○ ❽ 名 姓。

另见 289 页 de。

【底案】dǐ'àn 名 案件的原有记录。

【底版】dǐbǎn ❶ 名 负片。❷ 名 版②。

【底本】dǐběn ❶ 名 留底儿的稿本 ▷这部书的～至今保存完好。❷ 名 校勘、翻译、刊印、抄写等所依据的本子 ▷照着～校对。○ ❸ 名 做生意的本钱 ▷小店～有限,恕不赊欠。

【底边】dǐbiān 名 平面几何图形下面的边。

【底舱】dǐcāng 名 轮船最底部的客货舱。

【底册】dǐcè 名 留底备查的册子 ▷档案～。

【底层】dǐcéng ❶ 名 建筑物地面上最下边的一层。❷ 名 社会、组织等的最低阶层 ▷推动财富惠及社会～|反映～人物的生存状态。

【底端】dǐduān 名 底下的一头 ▷封面～。

【底肥】dǐféi 名 基肥。

【底稿】dǐgǎo 名 原稿;保存起来备查的稿子(过去一般指手稿)。

【底工】dǐgōng 现在一般写作"底功"。

【底功】dǐgōng 名 功底;基本功夫 ▷～很扎实。

【底火】dǐhuǒ ❶ 名 添加燃料前炉灶中尚未熄灭的火 ▷～不旺,要慢慢加柴。❷ 名 枪弹、炮弹的发火装置,位于底部,受到撞击可引起发射药的燃烧。

【底价】dǐjià ❶ 名 招标或拍卖前预定的起始价格 ▷成交价几乎是～的两倍。❷ 名 货物出售的最低价格 ▷别争了,你就说个～吧!

【底架】dǐjià ❶ 名 放置在物体下面起支撑作用的架子。❷ 名 架子的基础部分。

【底角】dǐjiǎo 名 平面图形内以底边为其一边的角。

【底襟】dǐjīn 名 纽扣在一侧的中式上衣或长袍上,盖在大襟底下的衣襟。

【底孔】dǐkǒng 名 某些器具底部的孔洞。

【底里】dǐlǐ 名 底细 ▷必须摸清～,再作决定。

【底码】dǐmǎ 名 商业上指商品的最低价码;银行业指规定的最低放款利息额。

【底牌】dǐpái ❶ 名 扑克牌游戏中留在最后亮出的牌。❷ 名 比喻留待最后使用的最强力量 ▷不能随便打出～。❸ 名 比喻底细 ▷双方都很坦诚,谁也没向对方隐瞒～。

【底盘】dǐpán ❶ 名 指汽车、拖拉机等除发动机、车身以外,位于底部的包括传动、行驶、控制装置在内的机件组合。❷ 名 电子仪器上安装零件的板。

【底片】dǐpiàn ❶ 名 负片的通称。❷ 名 未经感光的胶片。

【底漆】dǐqī 名 油漆器物时刷的第一道漆。

【底气】dǐqì ❶ 名 指人的呼吸量 ▷这位老人声音洪亮,说话～很足。❷ 名 指劲头、信心 ▷看到大家都赞成,他的～更足了。

【底儿朝天】dǐrcháotiān〈口〉❶ 翻过来,使底面朝上 ▷小汽车被撞了个～。❷ 形容一点儿不剩;也形容彻底 ▷家里穷得～|把箱子翻了个～|前世今生都被媒体扒了个～。

【底色】dǐsè 名 打底的颜色。

【底墒】dǐshāng 名 播种前土壤中的水分含量 ▷今年春旱,要设法保住～。

【底数】dǐshù ❶ 名 求一个数的若干次方时,这个数本身称作底数,如 a 是 a^3 的底数。简称底。○ ❷ 名 底细;也指最低的数量要求 ▷～不清。

【底图】dǐtú 名 供复制的原本的图样。

【底土】dǐtǔ 名 耕地土壤中所处部位较深的一层土壤,受耕作、施肥等的影响很小,土质较密 ▷～层。

【底位】dǐwèi 名 数值变化的最低点 ▷电扇销售量开始向～下滑。

【底细】dǐxì 名 内情;原委 ▷不知～。

【底下】dǐxia ❶ 名 下面;下头 ▷树～|县～有乡。❷ 名 后面 ▷这是故事开头,～呢?

【底下人】dǐxiarén ❶ 名 仆人。❷ 名 手下做事的人;部属。

【底线】dǐxiàn ❶ 名 球场两端的边线。❷ 名 指必须坚持的最低条件或限度。○ ❸ 名 内线;打入对方内部刺探情报或进行有关活动的人。

【底线思维】dǐxiàn sīwéi 指实事求是地认清可能出现的最坏情况,继而周密谋划对策,努力争取最好结果的思维方式 ▷坚持～,防控潜在风险。

【底薪】dǐxīn 名 旧指计算实际工资的基数。现也指工资中除补贴、津贴及奖励以外的基本部分。

【底样】dǐyàng 名 留底儿的样子 ▷剪纸的～。

【底蕴】dǐyùn ❶ 名 蕴藏着的才智、见识 ▷～深厚。❷ 名 文明的积淀 ▷北京有深厚的文化～。❸ 名 底细;内情 ▷我了解其中的～。

【底账】dǐzhàng 名 原始的账目或账簿 ▷犯罪分子销毁了～。☛ 不要写作"底帐"。

【底子】dǐzi ❶ 名 底① ▷木箱～。❷ 名 内部的情况;底细 ▷～没摸清,言行须谨慎。❸ 名 基础;根底 ▷这个省工业～好|文化～。❹ 名 底本;底稿 ▷要妥善保管这些文件的～,以备查阅。❺ 名 底⑤ ▷一件白～蓝碎花儿的小褂。❻ 名 底⑥ ▷货～|油～。

【底座】dǐzuò 名 物体底部的座子 ▷大理石～。

柢 dǐ 名〈文〉树的主根;泛指树根 ▷根～|根深～固。

砥 dǐ〈文〉❶ 名 质地较细的磨刀石 ▷～石。→ ❷ 动 磨炼;修养 ▷～节砺行。

【砥砺】 dǐlì ❶ 名 磨刀石。❷ 动 磨炼 ▷艰苦～|～成才。❸ 动 勉励 ▷朋友之间要相互～。

【砥柱中流】 dǐzhù-zhōngliú 中流砥柱。

骶 dǐ 名 腰部下面尾骨上面的部分 ▷～骨。

【骶骨】 dǐgǔ 名 脊柱的组成部分。由五块骶椎合成,呈倒三角形。上部与第五腰椎体相连,下部接尾骨。

dì

地 dì ❶ 名 地球;地球的外壳 ▷上有天,下有～|～震|～质。→ ❷ 名 陆地,地球表面除去海洋的部分 ▷山～|盆～。→ ❸ 名 土地;田地 ▷草～|荒～|耕～。→ ❹ 名 地的表面 ▷跌倒在～|扫～|席～而坐。→ ❺ 名 领土 ▷～大物博|割～赔款。→ ❻ 名 地区① ▷世界各～|本～|内～。⇒ ❼ 名 场所;地点 ▷就～取材|两～分居|驻～|场～。❽ 名 地位;处境 ▷设身处～|境～|～步。❾ 名 心理意识活动的领域 ▷见～|心～。⇒ ❿ 名 地区② ▷省～县三级领导|～委。⇒ ⓫ 名 地方(dìfāng)①③ ▷～税局|军～两用人才。⇒ ⓬ 名 空间的一部分 ▷屋里没～儿了|给我占个～儿。→ ⓭ 名 路程(多用于里数、站数后) ▷两市相距一百多里～|三站～。→ ⓮ 名 衬托花纹图案的底面 ▷红～白字|蓝～红花儿。

另见 289 页 de。

【地板】 dìbǎn ❶ 名 室内用木板铺成的地面;泛指建筑物的地面 ▷大理石～|水泥～。❷ 名 特制的用来铺地面的木板 ▷实木～。

【地板革】 dìbǎngé 名 铺装室内地面用的材料。多以涤纶无纺布作底,上面涂塑料耐磨层制成。不怕水,易于清洗,花样繁多。

【地板蜡】 dìbǎnlà 名 涂抹在地板上,使地板光亮的蜡。

【地板砖】 dìbǎnzhuān 名 铺装室内地面用的块状或片状材料。

【地保】 dìbǎo 名 旧时地方上替官府办差的人。也说地甲、保正。

【地堡】 dìbǎo 名 低矮的隐蔽性工事。多为圆形,有顶,四周有射击孔。

【地边】 dìbiān 名 田地的边缘 ▷田头～。

【地标】 dìbiāo ❶ 名 地面上的显著标志 ▷按照～所示,由此向左有上山索道。❷ 名 也指某地独具特色的建筑物及自然物等 ▷北京的天安门、济南的趵突泉等都是知名度极高的～。

【地表】 dìbiǎo 名 大地的表面;地壳的表层。

【地表水】 dìbiǎoshuǐ 名 地面上的水,包括海水、河水、湖水、冰川等(跟"地下水"相区别)。

【地鳖】 dìbiē 名 昆虫,体扁平,长 2—3 厘米,棕黑色而带光泽,雄的有翅,雌的无翅。杂食,可人工饲养。干燥后可以做药材。通称土鳖。参见插图 4 页。

【地波】 dìbō 名 沿地球表面传播的无线电波。也说地表面波、地表波。

【地鵏】 dìbǔ 名 大鸨。

【地步】 dìbù ❶ 名 境地;所达到的程度 ▷她爱好黄梅戏到了入迷的～|两国关系恶化到军事对抗的～。❷ 名 余地 ▷已无退让～。

【地层】 dìcéng 名 地壳中一层一层的岩石体的总称。以层状及似层状的沉积岩、变质岩及火成岩为主。

【地层单位】 dìcéng dānwèi 按不同类型、级别对组成地壳的岩层进行划分所使用的单位。地层单位有多种,其中年代地层单位可划分为宇、界、系、统、阶等不同等级,跟地质年代分期的宙、代、纪、世、期等相对应。

【地产】 dìchǎn 名 土地和固定在土地上不可分割的部分共同形成的固定资产。

【地秤】 dìchèng 名 固定安装在地面上的台秤,放置被称物的平台与地面相平,用于称大而重的货物。也说地磅。

【地处】 dìchǔ 动 地理位置在 ▷～长江三角洲。

【地磁】 dìcí 名 地球所具有的磁性。在不同的地点和时间,磁性的大小、方向等有所不同。

【地磁极】 dìcíjí 名 地磁在地球表面的两个极点,分别位于地球南北两极附近,与地球的南北两极不重合,而且位置不固定,经常缓慢移动。

【地大物博】 dìdà-wùbó 疆土辽阔,物产丰富。

【地带】 dìdài 名 具有某种共同特点的一定范围的地区 ▷沙漠～|无人～。

【地道】 dìdào 名 地下的通道 ▷交叉路口建有人行过街～|参观抗战时期～遗址。

【地道】 dìdao 形 正宗的;纯正的;符合标准的 ▷～的长白山人参|～的普通话。

【地灯】 dìdēng 名 在地面上或接近地面的地方安装的灯。

【地点】 dìdiǎn 名 处所;所在的地方 ▷上课～是第一阶梯教室。☛ 跟"地址"①不同。"地点"可指地面上的任何地方;"地址"①仅指人们居住或进行社会活动的地点。

【地动山摇】 dìdòng-shānyáo 平地和高山都震撼摇动;形容声势猛烈或影响巨大。也说山摇地动。

【地动仪】 dìdòngyí 名 候风地动仪的简称。

【地洞】 dìdòng 名 地面以下的洞。有人工挖掘成的，也有自然形成的。

【地段】dìduàn 图 地面上范围较小的一段空间或一定区域 ▷王府井是北京的黄金～|施工～。

【地方】dìfāng ❶ 图 中央以下的各级行政区划的统称（跟"中央"相区别）▷协调好中央与～的关系。❷ 图 本地；当地 ▷～特色|外来干部和～干部要搞好团结。❸ 图 指军队以外的部门 ▷部队的训练得到了～上的大力支持。

【地方】dìfang ❶ 图 区域；部位 ▷你家在什么～？|这个～有出血点。❷ 图 部分 ▷文章有可以商榷的～。

【地方保护主义】dìfāng bǎohù zhǔyì 片面维护本地区局部利益、不顾全局或国家利益的错误思想和行为。

【地方病】dìfāngbìng 图 主要在某一地区流行的疾病。如克山病、大骨节病等。

【地方官】dìfāngguān 图 中央以下各级行政区域的官员。

【地方话】dìfānghuà 图 方言。

【地方民族主义】dìfāng mínzú zhǔyì 多民族国家内在民族关系问题上的一种错误思想。主要表现为过分强调本民族的特殊情况和特殊利益，忽视甚至损害国家整体利益，是一种孤立、保守、排外的民族主义。

【地方时】dìfāngshí 图 因地球由西向东自转，经度不同的地方时间便有差异，把太阳正对某地子午线的时间定为该地中午 12 点，这样定出来的时间叫地方时。

【地方税】dìfāngshuì 图 按照税法规定由地方税务部门征收的税种。其税收属于地方财政的固定收入，由地方政府管理和支配（跟"中央税"相区别）。简称地税。

【地方戏】dìfāngxì 图 产生和流行于某一地区，用当地特有的唱腔演唱，具有地方特色的剧种。如越剧、川剧、豫剧、秦腔、黄梅戏等。

【地方性法规】dìfāngxìng fǎguī 有立法权的地方国家权力机关依法制定和发布的规范性文件，在其辖区内有法律效力，法律地位低于国家的宪法、法律和行政法规。通常用条例、规则、实施细则等称说。

【地方政府】dìfāng zhèngfǔ 设置在中央政府以下，在各级行政区划内履行该地区行政管理职能的国家机关。我国各级地方人民政府是国务院统一领导下的国家行政机关。也说地方国家行政机关。

【地方志】dìfāngzhì 图 某一地域自然与社会的历史和现状的资料性著述。分综合志（如省志、市志、县志）和专志（如农业志、山水志、人物志）两大类。也说方志。

【地方种群】dìfāng zhǒngqún 主要分布在某一地区的生物种群。

【地方主义】dìfāng zhǔyì 片面强调地方局部利益而不顾国家和别地利益的错误思想和行为。

【地府】dìfǔ 图 阴间 ▷阴曹～。

【地埂】dìgěng 图 田地里划分地界或挡水用的土埂子。

【地宫】dìgōng ❶ 图 地下宫殿，古代帝王陵墓中安放棺椁和陪葬品的地下建筑 ▷定陵～。❷ 图 佛寺保藏经卷、器物等的地下建筑 ▷法源寺～。

【地沟】dìgōu 图 在地下修筑的沟，多用来排放污水、雨水。

【地沟油】dìgōuyóu ❶ 图 用下水道、泔水等中的浮油加工提炼的油。地沟油用于餐饮对人体危害很大，但可用来提炼生物柴油等。❷ 图 泛指质量低劣或反复使用超过一定次数而对人体有害的食用油。

【地瓜】dìguā ❶ 图 落叶匍匐小灌木，茎棕褐色，节略膨大，触地生细长不定根。产于我国中部和西南部。根、叶、茎、花、果都可以做药材。❷ 图 某些地区指甘薯。

【地广人稀】dìguǎng-rénxī 地域广阔，人口稀少。

【地滚球】dìgǔnqiú 图 保龄球。

【地核】dìhé 图 地球内部构造的中心层圈，从地表以下约 2900 千米到地球中心部分。

【地黄】dìhuáng 图 多年生草本植物，叶长圆形，有皱纹，花淡紫色，根状茎黄色。产于我国北方和朝鲜半岛等地。根和根状茎可以做药材。

【地积】dìjī 图 土地面积。法定计量单位是平方米。

【地基】dìjī 图 承受建筑物重量的土层或岩层。有人工地基和天然地基。

【地极】dìjí 图 地球自转轴与地球表面相交的两点。在北半球的称北极，在南半球的称南极。

【地籍】dìjí 图 旧指登记土地作为征收田赋依据的册子；现指土地的隶属关系 ▷查阅～资料，核定土地所有权|～调查。

【地价】dìjià 图 土地的价格。

【地角】dìjiǎo ❶ 图 地的尽头，指辽远偏僻的地方 ▷～天涯。❷ 图 岬角，凸入海中的尖形陆地。

【地脚】dìjiǎo 图 地头②。

【地窖】dìjiào 图 储藏物品的地洞或地下建筑（一般规模不大）。

【地界】dìjiè ❶ 图 田地的边界。❷ 图 行政区域的边界或管辖范围 ▷河那边是三河市～。

【地久天长】dìjiǔ-tiāncháng 天长地久。

【地块儿】dìkuàir 图 成片的耕地；泛指有开发价值的成片的土地 ▷先把这边的～收割完，再去收割那边的|马路西侧是拟建学校的～。

【地矿】dìkuàng 名 地质矿产。

【地牢】dìláo 名 建在地面下的牢房。也说土牢。

【地老虎】dìlǎohǔ 名 昆虫,形状像蚕,灰褐色,生活在土壤中,昼伏夜出,吃作物的根和苗。主要危害玉米、棉花、蔬菜等。俗称地蚕。

【地老天荒】dìlǎo-tiānhuāng 天荒地老。

【地雷】dìléi 名 爆炸性武器,多埋入地下,种类很多,装有不同的引爆装置。

【地梨】dìlí 名 多年生草本植物,生于潮湿土壤中。地下茎也叫地梨,形似荸荠,较小,可吃。

【地理】dìlǐ ❶ 名 地球表面各种自然现象和人文现象,以及它们之间的相互关系和区域分布 ▷经济～|～位置。❷ 名 地理学,即研究各种地理现象及其关系、规律的学科。

【地力】dìlì 名 土壤的肥力。

【地利】dìlì ❶ 名 地理方面的优势 ▷～不如人和。❷ 名 土地对农业生产的有利因素 ▷因地制宜,充分发挥～。

【地灵人杰】dìlíng-rénjié 人杰地灵。

【地垄】dìlǒng 名 耕地里培起的用来种植农作物的土埂。

【地漏】dìlòu 名 建筑物地面上设置的排水孔,水通过它流入下水道 ▷卫生间的～堵了,满地是水。

【地脉】dìmài 名 旧时讲风水所说的土地的脉络,即地形的好坏。

【地幔】dìmàn 名 介于地壳和地核之间的地球内部层圈,厚度约 2900 千米。

【地貌】dìmào 名 地球表面各种形态的总称。按形态可分为平原、高原、盆地、丘陵、谷地等。

【地面】dìmiàn ❶ 名 地④ ▷～温度。❷ 名 建筑物内部及周围的地上铺筑的一层物料 ▷水泥～|大理石～。❸ 名〈口〉地界② ▷从这里进入河北～。❹ 名〈口〉当地 ▷他是～上很有头脸的人物。

【地面站】dìmiànzhàn 名 指地面上发射和接收卫星信号的设施或机构。

【地名】dìmíng 名 城市、乡镇、街道、村等的名称。

【地膜】dìmó 名 农用塑料薄膜。用来覆盖农作物,以保温抗寒和保持土壤水分,有利于种子早发芽、早生长。

【地亩】dìmǔ 名 田地的统称。

【地苶】dìniè 名 披散状或匍匐状亚灌木,叶卵形、倒卵形或椭圆形,花紫红色,浆果球形。全草可以做药材。也说铺地锦。

【地盘】dìpán 名 占用或控制的地区;势力范围 ▷抢占～。

【地皮】dìpí ❶ 名 土地表面的最外层 ▷雨太小了,刚湿～。❷ 名 指供建筑使用的土地 ▷买了块～准备盖楼。

【地痞】dìpǐ 名 地方上的流氓无赖 ▷～无赖。

【地平线】dìpíngxiàn 名 向水平方向望去,天和地交界的线 ▷曙光已在东方～上露出。

【地铺】dìpù 名 铺(pū)设在地面上的铺位 ▷睡～。

【地气】dìqì ❶ 名 地里的潮气 ▷～太大,东西容易返潮。❷ 名 地表的温度 ▷～凉,睡地铺容易受寒|这里的～不适合种植水稻。❸ 名 大地的气息。比喻人民群众的现实生活和民情民意 ▷接～|传统文化有～,传承起来有人气。

【地契】dìqì 名 买卖或典当土地的契约。

【地壳】dìqiào 名 地球固体圈层的最外层,由坚硬的岩石组成。大陆地壳平均厚度约为 35 千米,海洋地壳平均厚度约为 7 千米。☛"壳"这里不读 ké。

【地勤】dìqín 名 航空部门指在地面上为飞行服务的各项工作;也指从事地勤工作的人员(跟"空勤"相区别)。

【地球】dìqiú 名 太阳系八大行星之一,按距太阳由近而远的顺序排列是第三颗。人类居住的星球。呈球形而稍扁。表面是陆地和海洋,周围被大气层包围。自转周期为 23 时 56 分(一昼夜),公转周期为 365.25 日(一年)。有一个卫星(月球)。

【地球村】dìqiúcūn 名 对地球的一种比喻说法。现代科技的迅速发展,缩小了地球上的时空距离,整个地球就像一个小村落。

【地球空间】dìqiú kōngjiān 靠近地球、受太阳辐射变化直接影响的空间区域。

【地球日】dìqiúrì 名 世界性的保护地球活动日,为每年的 4 月 22 日。旨在唤起人类保护生存环境的意识。

【地球仪】dìqiúyí 名 用圆球模型代表地球以认识地表、地理状况的教学或军用仪器。球面绘有赤道、经纬线和各种地理要素。通常按 23.5°倾斜装置,可像地球自转一样转动。

【地区】dìqū ❶ 名 某一范围的地方;较大的区域 ▷华北～|受灾～|中东～。❷ 名 我国省、自治区人民政府设立行政公署作为派出机关所管理的区域,包括若干个县、市,不是一级行政区域,原称专区。目前我国的地区大多已取消,改为省辖市。❸ 名 在国际上相对国家而言,指一国中在特定情况下单独参加某些国际活动的地方行政区域;也指未获得独立的殖民地、托管地等。

【地区经济】dìqū jīngjì 按自然区域划分或与自然区域相联系的经济形式。也说地域经济、区域经济。

【地权】dìquán 名 土地所有权,即土地所有者占有、使用和处理土地的权利。

【地热】dìrè 名 地球内部的热能。地下放射性元素蜕变产生的热量和地幔热流的传播，是地热的主要来源。可用于发电、采暖等。

【地煞】dìshà ❶ 名 星相迷信指主管凶杀的星。❷ 名 指凶神恶鬼；比喻恶势力。

【地上】dìshàng 名 地面以上 ▷～建筑与地下建筑相配套。

【地上茎】dìshàngjīng 名 植物生长在地面以上的茎（跟"地下茎"相区别）。

【地势】dìshì 名 地表高低起伏的状态 ▷～险峻。

【地书】dìshū ❶ 动 在地面上写字。一般是手持装有海绵笔头儿的长杆软笔，蘸水在砖、石、水泥等平滑的地面上站着书写。❷ 名 在地面上写的字。

【地税】dìshuì ❶ 名 土地税的简称。❷ 名 地方税的简称。

【地摊】dìtān 名 在路边或市场就地摆放货物出售的摊子 ▷摆～。

【地毯】dìtǎn 名 用于铺地面的厚毯子。有的用毛线织成，有的用棉麻或化纤织成。

【地毯式】dìtǎnshì 区别（搜查、轰炸等）全面彻底、没有一点儿遗漏的 ▷～排查｜～轰炸。

【地铁】dìtiě ❶ 名 地下铁道的简称。❷ 名 也指在地下铁道上行驶的列车 ▷乘～上下班很方便。

【地头】dìtóu ❶ 名 田地的两端 ▷坐在～休息。❷ 名 书页下端的空白处。

【地头蛇】dìtóushé 名 比喻在当地横行霸道、欺压百姓的坏人。

【地图】dìtú 名 按一定比例微缩绘制的地球表面的地理图形。一般标明国家和地区所在位置、行政区划、山川河流、交通分布等。

【地位】dìwèi 名 个人、团体、行业、国家等在社会上或国际上所处的位置 ▷我国的国际～空前提高｜提高民营经济的～。

【地温】dìwēn 名 地面温度和地中温度的统称。地面温度指地面与空气交界处的温度，地中温度指地面以下任何深度的土壤温度。地温对近地面气温、种子的发芽及生长发育、微生物的繁殖和活动、土壤的演化等有很大影响。

【地物】dìwù 名 一般指分布在地面上的固定性物体（包括自然形成的和人工建造的），如江河、森林、道路、建筑物等 ▷利用～判断方位｜遥感探测～。

【地峡】dìxiá 名 在海洋中连接两块大陆的狭窄陆地。如连接南美、北美两大陆的巴拿马地峡，连接亚、非两大陆的苏伊士地峡。

【地下】dìxià ❶ 名 地面以下 ▷～通道｜～核试验。❷ 形 处于秘密状态的；不公开的 ▷组织发展转入～状态｜～钱庄｜～活动。

【地下】dìxia 名 地面上 ▷房顶漏了，弄得～到处是水。也说地上（dìshang）。

【地下党】dìxiàdǎng 名 指采取秘密方式进行活动的党派组织；特指中华人民共和国成立前在国民党反动派和日本侵略者统治地区，秘密从事革命活动的中国共产党组织。

【地下工厂】dìxià gōngchǎng 指未经有关部门批准、没有营业执照、私自开办的工厂。

【地下河】dìxiàhé 名 地面底下的河流，多由石灰岩地区的地下水沿裂隙溶蚀而成。一般有地表水注入，并在适当地方流出地表。也说暗河。

【地下茎】dìxiàjīng 名 植物生长在地面以下的变态茎（跟"地上茎"相区别）。如马铃薯的块茎、洋葱的鳞茎、荸荠的球茎等。

【地下室】dìxiàshì 名 一半左右或全部建筑在地面以下的楼层或房间。

【地下水】dìxiàshuǐ 名 贮存在地面以下岩石和土壤空隙中的水（跟"地表水"相区别）▷不能过量开采～。

【地下水漏斗】dìxiàshuǐ lòudǒu 因超量开采地下水，导致以开采井为中心的地下水位下降而出现的形似漏斗的区域。

【地下铁道】dìxià tiědào 为减轻大城市的交通负荷而在地下修筑的铁道。简称地铁。

【地线】dìxiàn 名 将电流引入大地的导线。电器设备漏电或电压过高时，电流通过地线进入大地 ▷接好～，预防触电。

【地陷】dìxiàn 动 地面下沉。参见 1356 页"天塌地陷"。

【地心】dìxīn 名 地球的中心。

【地心说】dìxīnshuō 名 古代天文学上的一种学说。认为地球是宇宙的中心而不动，太阳、月球及其他天体都围绕地球运转。由欧多克斯和亚里士多德最初提出，16 世纪以后被日心说所否定（跟"日心说"相区别）。

【地心引力】dìxīn yǐnlì 重力①。

【地形】dìxíng ❶ 名 地貌。❷ 名 测绘工作中指地表的形态和分布在地表上的所有固定物体。

【地形图】dìxíngtú 名 通常指大于 1∶100 万比例尺，主要表示地形的普通地图。图上画有地貌、水系、植被、工程建筑、居民点等。是国家最基本的地图，也是编制其他地图的基础。

【地学】dìxué 名 地球科学的简称。是以地球系统（包括大气圈、水圈、岩石圈、生物圈和日地空间）的过程与变化及其相互作用为研究对象的科学。主要包括地理学、地质学、地球物理学、地球化学、古生物学、海洋科学、大气科学、遥感科学以及一些相关的交叉学科等。

【地衣】dìyī 名 真菌和藻类共生构成的共同体，多生长在地面、树皮和岩石上。有的可提制染料和香料，少数也能食用。

【地窨子】dìyìnzi ❶ 名 地下室；某些地区也指半

地穴式的房子。❷ 图 地窖 ▷～里储藏着大白菜。

【地狱】dìyù ❶ 图 某些宗教指人死后灵魂受苦受难的地方(跟"天堂"相区别)。❷ 图 比喻黑暗痛苦的生活环境 ▷人间～。

【地域】dìyù 图 指面积较大的一定区域 ▷～辽阔|～文化。

【地缘】dìyuán 图 由地理位置等决定的条件、关系 ▷～优势|～经济|～政治。

【地震】dìzhèn 动 地壳发生震动。多由于地壳的断裂、变动造成。火山爆发、岩洞塌陷、人工爆炸等也可引起地震。

【地震波】dìzhènbō 图 由地震震源产生的向四面传播的震动波。主要有横波和纵波两种。

【地震带】dìzhèndài 图 指地震的震中分布集中的地带,是近代地壳活动最强烈的地区。横贯欧亚地震带和环太平洋地震带是规模最大的地震带。

【地震烈度】dìzhèn lièdù 地震发生时,在波及范围内一定地点的地面及房屋建筑遭受地震破坏的程度。按地壳变化、建筑物破坏程度以及人的感觉等,我国将地震烈度由低到高分为十二度。简称烈度。

【地震棚】dìzhènpéng 图 防震棚。

【地震前兆】dìzhèn qiánzhào 地震发生之前出现并能预示强地震到来的自然现象。一般有微小地震频繁出现,地下水位在大范围内突然涨落,动物行为异常以及地磁、地电、重力和地热异常变化等。

【地震仪】dìzhènyí 图 记录地震波的仪器。根据记录进行分析计算,能够知道地震发生的时间、强度、方向和地点。

【地震震级】dìzhèn zhènjí 按照地震本身强度而定的等级标度,常用M表示。是震源释放能量大小的等级。共分为9级。人能感知2.5级以上的地震。5级以上的地震会造成地面上的破坏。每增大两级大约相当于地震能量增大1000倍。简称震级。

【地政】dìzhèng 图 政府部门有关土地管理、利用、征用等的行政事务。

【地支】dìzhī 图 子、丑、寅、卯、辰、巳、午、未、申、酉、戌、亥十二支的统称。我国传统用作表示顺序的符号。又与天干配成六十组,表示年、月、日的次序。也说十二支。参见442页"干支"。

【地址】dìzhǐ ❶ 图 个人居住的地点或团体单位所在的地点。❷ 图 标志计算机存储器中存储单元的编号。❸ 图 计算机指令码的一部分,用来规定操作数据的所在位置。☛ 参见300页"地点"的提示。

【地质】dìzhì ❶ 图 地壳的成分和结构。❷ 图 指地质学,即研究地质现象的学科。

【地质年代】dìzhì niándài 地壳中不同年代地层的形成时间和顺序。其中,根据岩石的层位和地层中的古生物化石划分的地层生成先后顺序是相对地质年代;根据地层中放射性同位素蜕变产物的含量测定的地层形成距今年数是绝对地质年龄。地质年代可划分为宙、代、纪、世、期等不同等级,对应的年代地层单位称字、界、系、统、阶等。

【地质灾害】dìzhì zāihài 由于自然或人为的作用,使地质环境遭到破坏而引发的灾害。如地震、泥石流、地面塌陷、火山爆发等。

【地轴】dìzhóu 图 地球自转所环绕的一条轴线。同赤道平面垂直,两端是南极和北极。

【地主】dìzhǔ ❶ 图 我国土改时指占有土地,自己不劳动或只有附带劳动,主要靠出租土地剥削农民为生的人。❷ 图 住在本地的主人(对外来客人而言)▷尽～之谊。

【地砖】dìzhuān 图 用来铺设地面的砖,多呈方形。

【地租】dìzū 图 旧指土地所有者依靠土地所有权从土地租种者那里获得的收入。

玓 dì [玓瓅] dìlì 图〈文〉明珠的光泽。

杕 dì 形〈文〉形容树木孤单挺立的样子。另见357页duò。

弟 dì ❶ 图 弟弟 ▷胞～|堂～。→ ❷ 图 同辈亲戚中年龄比自己小的男子 ▷表～|内～。→ ❸ 图 男性朋友间的谦称 ▷愚～。

【弟弟】dìdi 图 同父母(或只同父、只同母)或同族同辈中年龄比自己小的男子。

【弟妹】dìmèi ❶ 图 弟弟和妹妹。❷ 图 弟弟的妻子(多用于口语)。

【弟媳】dìxí 图 弟弟的妻子。也说弟妇。

【弟兄】dìxiong ❶ 图 弟弟和哥哥 ▷我们～俩同时到家。❷ 图 对同辈、同伙或下属男子的亲昵称呼 ▷～们,加油干! ☛ 跟"兄弟(xiōngdi)"不同。"兄弟"指弟弟。

【弟子】dìzǐ 图 指学生或徒弟 ▷行～之礼。

的 dì 图 箭靶的中心 ▷众矢之～|有～放矢◇一语破～|目～。
另见289页de;295页dī;296页dí。

俤 dì 同"弟"(多用于人名)。

帝 dì ❶ 图 神话传说或宗教中指创造和主宰宇宙的最高天神 ▷玉皇大～|上～|天～。→ ❷ 图 君主 ▷三皇五～|称～。❸ 图 指帝国主义 ▷反～反封建。○ ❹ 图 姓。

【帝俄】dì'é 图 沙俄。

【帝国】dìguó ❶ 图 以皇帝为国家元首的君主制国家。有奴隶制的,如罗马帝国;有封建制的,如俄罗斯帝国。有的帝国实行君主立宪制，如1871年以后的德意志帝国、明治维新后的日本帝国。❷ 名 指实行领土扩张的帝国主义国家。❸ 名 借指经济实力强大，垄断性很高的企业集团 ▷石油～。

【帝国主义】dìguó zhǔyì ❶ 资本主义发展的一个特殊历史阶段。列宁认为它是垄断的、寄生的、腐朽的、垂死的资本主义。❷ 指帝国主义国家。

【帝王】dìwáng 名 君主国的最高统治者。

【帝王将相】dìwáng-jiàngxiàng 封建时代的皇帝、王侯和高级文武官员 ▷传统戏剧演的多是～、才子佳人的故事。

【帝位】dìwèi 名 帝王的权位 ▷为争～，兄弟相残。

【帝制】dìzhì 名 君主专制的政体 ▷废除～，建立共和。

递（遞） dì ❶ 动 传送，一方交给另一方 ▷～了一个眼色｜传～｜～交。→ ❷ 副 顺着次序一个接一个地；一次比一次（增减或升降）▷～补｜～增｜～升。

【递变】dìbiàn 动 依次变化；演变 ▷春夏秋冬，四季～。

【递补】dìbǔ 动 依次补充 ▷正式委员出缺，由候补委员～。

【递加】dìjiā 动 递增 ▷数量～。

【递减】dìjiǎn 动 依次减少 ▷奖金共分五级，一级1500元，以下每级～300元。

【递降】dìjiàng 动 依次降低或减少 ▷成本逐月～。

【递交】dìjiāo 动 当面送交 ▷～申请书。

【递解】dìjiè 动 旧指将犯人从一地解往另一地，由沿途官府依次派人押送。☛"解"这里不读jiě。

【递进】dìjìn 动 依次推进 ▷层层～。

【递升】dìshēng 动 依次升高或提升 ▷官阶～。

【递送】dìsòng 动 投递；送交 ▷～信函｜～合同。

【递条子】dìtiáozi 递送纸条；借指上级部门或有权势的个人为某事给有关人写条子打招呼，要求予以通融照顾的不正之风。

【递相】dìxiāng 副 表示顺着次序一个接一个地（进行相同的动作）▷父子～为君｜胜利的喜讯～传出。

【递眼色】dìyǎnsè 使眼色。

【递增】dìzēng 动 依次增加 ▷收入连年～。

娣 dì ❶ 名 古代姐姐对妹妹的称呼。→ ❷ 名 古代兄妻对弟妻的称呼 ▷～姒（妯娌。姒：古代弟妻对兄妻的称呼）。〇 ❸ 名 姓。

菂 dì 名〈文〉莲子 ▷绿房紫～。

第[1] dì ❶ 名 次序 ▷次～。→ ❷ 名 本指封建社会中官僚、贵族的不同等级的住宅；泛指大宅子 ▷府～｜宅～。→ ❸ 词的前缀。加在整数前面，表示次序 ▷～一个｜～二次｜～五。→ ❹ 名 科第 ▷进士及～｜落～。〇 ❺ 名 姓。

第[2] dì〈文〉❶ 副 表示动作不受条件限制或不必考虑条件，相当于"只管" ▷～举兵（只管起兵），吾从此助公。→ ❷ 连 连接分句，表示转折关系，相当于"但是" ▷乃知此物世上多有，～人不识耳。☛"第"字跟"笫（zǐ）"形、音、义都不同。

【第二产业】dì-èr chǎnyè 指以第一产业的产品为原料进行加工制造或精炼的产业部门。我国的第二产业指工业和建筑业。

【第二次国内革命战争】dì-èrcì guónèi gémìng zhànzhēng 土地革命战争。

【第二课堂】dì-èr kètáng 指课堂教学以外的对学生有教育意义的活动及其场所；也指培养学生实际工作能力的社会实践活动。

【第二人称】dì-èr rénchēng 指听话人一方。单数用"你"或"您"，复数用"你们"。

【第二世界】dì-èr shìjiè 处于超级大国和发展中国家之间的发达国家的总称，包括英国、法国、日本等国。

【第二梯队】dì-èr tīduì 在力量组织的顺序方面属于第二轮出线的队伍；借指可以接替现任领导的后备干部队伍 ▷抓紧建设～，尽早实现干部队伍的年轻化。

【第二性征】dì-èr xìngzhēng 人和动物性成熟后表现出来的与性别有关的外部特征。如男子长胡须、喉结凸出、声调低；女子乳房发育、声调高等。也说副性征。

【第二职业】dì-èr zhíyè 职工在本岗位工作以外所从事的另一个有经济收入的工作。

【第六感觉】dì-liù gǎnjué 指眼、耳、鼻、舌、身五种感官所属的视、听、嗅、味、触五种感觉以外的感觉。由体内感受器受到刺激而产生，是一种直觉。生理学家把这种感觉称为"机体觉"或"机体模糊知觉"。第六感觉的发现对人类了解自身的活动规律和防治疾病有益。

【第三产业】dì-sān chǎnyè 指第一、二产业以外的行业，即不直接从事物质产品生产、主要以劳务形式向社会提供服务的各个行业。如交通、电信、商业、饮食、金融、保险、法律咨询乃至文化教育、科学研究等行业。简称三产。

【第三次国内革命战争】dì-sāncì guónèi gémìng zhànzhēng 解放战争②。

【第三人称】dì-sān rénchēng 指自己和对方以外的人或物。单数用"他""她""它"，复数用"他们""她们""它们"等。

【第三世界】dì-sān shìjiè 亚洲、非洲、拉丁美洲和其他地区的发展中国家的总称。

【第三梯队】dì-sān tīduì 在力量组织的顺序方面属于第三轮出线的队伍；借指更长远的后备领导干部队伍。

【第三者】dì-sānzhě ❶ 名 指当事人双方以外的个人或团体 ▷结婚必须男女双方自愿，不允许～强迫或干涉。❷ 名 特指与已婚者产生恋情或与之发生不正当男女关系的人。

【第三状态】dì-sān zhuàngtài 亚健康。

【第四媒体】dì-sì méitǐ 指继报纸、广播、电视之后产生的网络媒体。

【第五】dìwǔ 名 复姓。

【第五纵队】dì-wǔ zòngduì 1936 年西班牙内战时，叛军用四个纵队和德意法西斯军队联合进攻首都马德里，把潜伏在马德里城内作策应的人称作第五纵队；后泛指敌人收买的叛徒和安插的间谍。

【第一】dì-yī ❶ 数 列在等级、次序首位的 ▷全班～|～名。❷ 数 表示最重要 ▷健康～。

【第一把手】dì-yībǎshǒu 一把手③。

【第一产业】dì-yī chǎnyè 指农业(包括林业、牧业和渔业等)。有的国家把矿业也列入第一产业。

【第一次国内革命战争】dì-yīcì guónèi gémìng zhànzhēng 大革命②。

【第一地点】dì-yī dìdiǎn 指某事最初发生或最初发现的地点 ▷第一时间、～的现场新闻。

【第一夫人】dì-yī fūrén 某些国家指国家最高领导人的妻子。

【第一流】dì-yīliú 形 最优秀的；头等的 ▷～产品。

【第一炮】dì-yīpào 名 比喻事情的开头 ▷打响～，夺取开门红|他在会上开了～。

【第一人称】dì-yī rénchēng 指说话人自己一方。单数用"我"，复数用"我们"。

【第一时间】dì-yī shíjiān 指某一事件发生过程中最早、最重要的时间；也指事件正在进行中的最近的时间 ▷在战争爆发的～发回报道。

【第一世界】dì-yī shìjiè 指超级大国。

【第一手】dì-yīshǒu 区别 亲自实践或亲自调查得到的；直接得到的 ▷深入基层，收集～材料|～证据。

【第一桶金】dì-yī tǒng jīn 指创业过程中赚得的第一笔钱，一般数额较大 ▷这项技术革新使他获得了毕业后的～。

【第一线】dì-yīxiàn 名 战斗的最前线；借指直接从事生产劳动、教学、科研等的地方或岗位；也借指直接从事领导工作的岗位 ▷把两个师部署在～|深入教学～|老所长从～退下来。

【第一性】dì-yīxìng 形 首先产生并且起决定作用的 ▷感性认识是～的|要充分重视～资料。

【第一印象】dì-yī yìnxiàng 指对认知对象第一次接触后所形成的印象。

谛(諦) dì〈文〉❶ 形 仔细 ▷～听|～视|～思。○ ❷ 名 佛教指真实而正确的道理；泛指道理、意义 ▷真～|妙～。☛ 统读 dì，不读 tì。

【谛视】dìshì 动〈文〉仔细地看 ▷～良久。

【谛听】dìtīng 动〈文〉仔细地听 ▷侧耳～。

蒂(*蔕) dì ❶ 名 花或瓜果与枝、茎相连的部分 ▷花～|瓜熟～落。→ ❷ 名 末尾 ▷烟～|～欠(尾欠)。☛ 统读 dì，不读 tì。

棣¹ dì ❶ 见 1338 页"棠棣"①。→ ❷ 名〈文〉借指弟(相传《诗经·小雅·常棣》是周公欢宴兄弟的乐歌，后用"棣华""棣萼""常棣"比喻兄弟或兄弟情谊，并借"棣"为"弟") ▷贤～|仁～。

棣² dì [棣棠] dìtáng 名 落叶灌木，叶子长椭圆状卵形，开黄色花，果实黑褐色。花可供观赏，也可以做药材。

睇 dì 动〈文〉斜眼看 ▷～视。

䗖 dì 名 传说中掌管厕所的神。

缔(締) dì ❶ 动 结合；订立 ▷～交|～盟|～约。→ ❷ 动 建立 ▷～造。☛ 统读 dì，不读 tì。

【缔和】dìhé 动 缔结和约 ▷呼吁双方息兵～。

【缔交】dìjiāo ❶ 动〈文〉结成朋友。❷ 动 国家之间订立邦交 ▷两国～。

【缔结】dìjié 动 结合；特指国家之间订立条约、协定等 ▷～良缘|两国～友好条约。

【缔盟】dìméng 动 缔结盟约 ▷两国～。

【缔约】dìyuē 动 缔结条约 ▷六国于上海～。

【缔约国】dìyuēguó 名 缔结条约的国家。

【缔造】dìzào 动 创立；建立(大事业) ▷中国人民解放军的～者。

瑅 dì 见 917 页"玛瑅脂"。

禘 dì 名 古代一种祭祀活动的名称。

碲 dì 名 非金属元素，符号 Te。银灰色结晶或棕色粉末。用于炼制合金和陶瓷、玻璃工业。

螮(蝃) dì [螮蝀] dìdōng 名〈文〉虹。

踶 dì 动〈文〉用蹄子踢。

diǎ

嗲 diǎ 形 某些地区形容撒娇的声音或姿态 ▷～声～气。

diān

掂 diān 动 用手托着东西凭感觉估量轻重 ▷～一～它有多重。参见插图 14 页。

【掂掇】diānduo 动 掂量 ▷你～一下这块肉有多重|我～着只有你去办最合适。

【掂斤播两】diānjīn-bōliǎng 斤斤计较。

【掂量】diānliang ❶ 动 掂 ▷你～～这条鱼有多重。❷ 动 考虑;斟酌 ▷要认真～一下这项贷款的风险。

滇 diān 名 云南的别称 ▷～剧|～红(云南出产的红茶)。

【滇剧】diānjù 名 地方戏曲剧种,流行于云南全省和四川、贵州的部分地区。

颠[1](顛) diān ❶ 名〈文〉头顶 ▷华～(头顶上黑白发错杂)。→ ❷ 名 泛指高而直立的物体的顶端 ▷树～|塔～。

颠[2](顛) diān ❶ 动 跌落;倒(dǎo) ▷～覆|～扑不破。→ ❷ 动 上下或前后位置倒置;错乱 ▷～来倒去|～倒。→ ❸ 动 颠簸 ▷路不平,车开起来一～一～的。❹ 动〈口〉一跳一跳地跑 ▷跑跑～～。

【颠簸】diānbǒ 动 起伏震荡 ▷汽车行驶在凹凸不平的山路上,～得很厉害。

【颠倒】diāndǎo ❶ 动 把原来的方向、位置或次序反过来 ▷上下联贴～了。❷ 动 错乱 ▷神魂～。

【颠倒黑白】diāndǎo-hēibái 把黑说成白、白说成黑。形容故意歪曲事实,混淆是非。

【颠倒是非】diāndǎo-shìfēi 把对说成错、错说成对。形容故意歪曲事实,混淆是非。

【颠覆】diānfù ❶ 动 倾覆;翻倒 ▷列车出轨～。❷ 动 用阴谋手段推翻(合法政权) ▷防止敌人的～破坏活动。☛ ㊀"覆"不要误写作"复"。㊁参见 1395 页"推翻"的提示。

【颠狂】diānkuáng 现在一般写作"癫狂"。

【颠来倒去】diānlái-dǎoqù 翻过来倒过去。形容反反复复。☛"倒"这里不读 dào。

【颠沛流离】diānpèi-liúlí 生活困苦艰难,到处流浪。

【颠扑不破】diānpū-bùpò 不管怎样摔打拍击,都不会损坏(扑:拍击)。比喻理论、学说等正确,驳不倒,推不翻。

【颠茄】diānqié 名 多年生草本植物,有毒,叶和根含有莨菪(làngdàng)碱,可以做药材。

【颠三倒四】diānsān-dǎosì 形容说话、做事没有次序,颠倒错乱。☛"倒"这里不读 dào。

巅(巔) diān 名 山顶 ▷山～|～峰。

【巅峰】diānfēng 名 顶峰 ▷登上泰山～◇事业的～。

癫(癲) diān 形 神经错乱;精神失常 ▷～狂|疯～|疯疯～～。

【癫狂】diānkuáng ❶ 形 精神错乱,言行异常。❷ 形(言行)轻浮;不庄重 ▷举止～。

【癫痫】diānxián 名 一种时犯时愈的暂时性大脑机能紊乱的病症。发病时突然晕倒,意识丧失,手足或全身痉挛,有的口吐泡沫。俗称羊角风、羊痫风。

攧 diān ❶ 动 跌或摔;特指被射中而摔下(多见于近代汉语) ▷想是路上～在河里|一个似摘了心的禽兽,一个似～了弹的斑鸠。○ ❷ 动 跺脚(多见于近代汉语) ▷三转身,两～脚。

diǎn

典[1] diǎn ❶ 名 可以作为标准或规范的书籍 ▷经～|～籍|字～。→ ❷ 名 规范;法则 ▷～范|～章。❸ 名〈文〉制度;法规 ▷治乱世用重～。❹ 名 典礼 ▷开国大～|庆～。→ ❺ 名 典故 ▷通俗文章不宜用～太多。○ ❻ 动〈文〉主持;掌管 ▷～试|～狱。○ ❼ 名 姓。

典[2] diǎn 动 借钱时把土地、房屋或其他物品抵押给对方,按照商定的期限还钱,赎回原物 ▷把房子～出去了|～当(dàng)。

【典藏】diǎncáng 动 图书馆、博物馆等收藏书籍、文物等;泛指珍藏 ▷这家历史档案馆～明清档案 1000 余万件|～精品。

【典册】diǎncè 名 典籍。

【典当】diǎndàng 动 用物品作抵押,向当铺借高利率的钱。按约定的抵押期限,付本金和利息赎回抵押品。到期无力还钱,抵押品归当铺所有。

【典范】diǎnfàn 名 可以作为榜样的人或事物 ▷焦裕禄同志是全心全意为人民服务的～。☛ 跟"典型"不同。"典范"侧重于模范性,是褒义词;"典型"侧重于代表性,是中性词。

【典故】diǎngù 名 诗文等中引用的有来历出处的词语或古代故事,一般由固定的词语构成。

【典籍】diǎnjí 名 指载有古代法令、制度等的重要文献;泛指古代图书 ▷～浩瀚。

【典礼】diǎnlǐ 名 隆重的仪式 ▷奠基～。

【典卖】diǎnmài 动 旧指活卖,即出卖时约定期限，到期可以拿钱赎回 ▷～家业。

【典契】diǎnqì 名 典押财物的契据。

【典型】diǎnxíng ❶ 名 具有某种代表性的人物或事件 ▷他是勤劳致富的～。❷ 形 有代表性的 ▷他艰苦创业的事迹十分～。❸ 名 文艺作品中塑造出来的反映一定社会本质而又有鲜明个性的艺术形象 ▷阿Q是中国现代文学中不朽的艺术～。☛ ㊀跟"类型"不同。"典型"指代表性；"类型"指类别性。㊁参见307页"典范"的提示。

【典型化】diǎnxínghuà 动 指艺术创作中通过塑造鲜明生动的共性与个性统一的典型人物、典型事件和典型环境来揭示一定历史时期的社会生活本质，而使之更带有普遍意义和艺术感染力。

【典型性】diǎnxíngxìng 名 泛指事物的普遍意义、代表意义 ▷这个情节生动而富于～。

【典押】diǎnyā 动 典当。

【典雅】diǎnyǎ 形 优美高雅；不俗气 ▷格调～。

【典章】diǎnzhāng 名 法令制度等的统称 ▷～制度。

点[1]（點） diǎn ❶ 名 细小的斑痕 ▷泥～儿|斑～|污～。→ ❷ 名 汉字的笔画之一，形状是"、" ▷横竖撇～折|"厂"字加一～是"广"。→ ❸ 动 用笔等加上点子 ▷～一个点儿|用笔圈圈～～|画龙～睛。⇒ ❹ 动 装饰；衬托 ▷～缀|～染|装～。⇒ ❺ 动 指定所要求的 ▷～菜|～歌|～戏。⇒ ❻ 动 逐个查对 ▷把数儿～清楚|盘～|～钱。⇒ ❼ 动 刚一接触就立即离开 ▷蜻蜓～水|～穴。⇒ ❽ 动 头向下稍垂后又很快抬起 ▷～了～头。❾ 动 指点；提示 ▷话不～不明|～拨。⇒ ❿ 动 引燃 ▷～火|～爆竹。⇒ ⓫ 同"踮"。现在一般写作"踮"。→ ⓬ 名 小滴的液体 ▷雨～儿。⓭ 动 使液体滴下 ▷～眼药|～卤。⇒ ⓮ 动 点种(zhòng) ▷～玉米|种瓜～豆。⇒ ⓯ 名 金属制的响器，形如小铜鼓。古代用来报时或在奏乐时敲击以显示节拍，后用来报时或召集群众。⓰ 名 节奏；节拍 ▷锣鼓～儿|步～。⇒ ⓱ 量 古代夜间计时单位，一夜分五更，一更分五点 ▷三更三～。⓲ 量 用于时间，1昼夜的$\frac{1}{24}$ ▷上午10～|19～30分。⓳ 名 指规定的时间 ▷火车误～了|踩着～儿来的(指一会儿也不早来)。→ ⓴ 名 数学上指没有长、宽、高而只有位置的几何图形 ▷交～。⇒ ㉑ 名 一定的位置或限度 ▷起～|沸～。⇒ ㉒ 名 特定的地方 ▷商业网～|设～布防。㉓ 名 事物特定的部分或方面 ▷特～|重～|优～。㉔ 量 用于事项 ▷下面谈三～意见。→ ㉕ 名 指小数点，数学上表示小数的符号，如3.1416读"三点一四一六"。→ ㉖ 量 表示少量 ▷出了～儿问题|手里还有～儿钱。

点[2]（點） diǎn ❶ 动 吃少量的食物解饿 ▷～饥。→ ❷ 名 点心 ▷糕～|名～|茶～。

【点兵】diǎnbīng 动 旧指抽调士兵或壮丁；现泛指安排调度人力 ▷临时～搬将组成一个突击队。

【点拨】diǎnbō 动 指点；启发 ▷曾受名师～。

【点播】diǎnbō ❶ 动 按一定的行距、株距挖坑下种(zhǒng)（跟"撒播""条播"相区别）。◯ ❷ 动 指定节目，请求电台、电视台播放 ▷～歌曲。

【点补】diǎnbu 动 垫补②。

【点唱】diǎnchàng 动 指定某表演者唱某支歌或某段戏曲。

【点穿】diǎnchuān 动 揭穿；点破 ▷不用～，大家也知道是怎么回事。

【点灯】diǎndēng 动 点燃油灯、蜡烛等。

【点滴】diǎndī ❶ 形 零星细小 ▷～知识。❷ 名 零星细小的事物 ▷奥运会大赛～。

【点厾】diǎndū 动 中国画技法，指随意点染。

【点歌】diǎngē 动 指定歌曲名称，请演员演唱或请电台、电视台播放。

【点号】diǎnhào 名 标点符号的一类，表示书面语言的停顿和语气。分为句末点号和句内点号。句末点号有句号、问号、叹号三种。句内点号有顿号、逗号、分号、冒号四种。

【点化】diǎnhuà ❶ 动 原指传说中古代方士所谓点物成金的法术；借指僧道用经义启发人悟道。❷ 动 泛指对人启发引导 ▷～学生。

【点火】diǎnhuǒ ❶ 动 引火使燃烧 ▷～做饭。❷ 动 比喻制造矛盾，挑起事端 ▷煽风～。

【点击】diǎnjī 动 操作电子计算机时，将光标移到屏幕选单的某一项上，按动鼠标器上的键，打开某一文件、启动某一程序或进入某一网站。

【点饥】diǎnjī 动 垫补②。

【点将】diǎnjiàng 动 原指主帅点名指派将官执行任务；现也比喻领导指定某人执行任务。

【点金术】diǎnjīnshù 名 原指传说中古代方士所谓点铁成金、点石成金的法术。现比喻能迅速增大事物价值的非凡的技术 ▷利用垃圾发电真是化腐朽为神奇的～。

【点睛】diǎnjīng 动 在关键处点明要旨，切中要害 ▷～之笔|开篇～。参见593页"画龙点睛"。

【点卯】diǎnmǎo 动 旧时官衙在卯时(早晨5—7点)查点到班人数；现指到点上班，敷衍差事 ▷杜绝了～应景的消极现象。

【点名】diǎnmíng ❶ 动 按照名册呼叫名字，查点

实到、未到人员 ▷集合～。❷ 动 指名;指定某人做某事 ▷～批评|教练～让她参加团体赛。

【点明】diǎnmíng 动 说明;指明 ▷～意图。

【点评】diǎnpíng ❶ 动 指点评论 ▷请专家～。❷ 名 点评的文字或讲话 ▷认真阅读正文后面的～。

【点破】diǎnpò 动 说破;揭穿 ▷一语～。

【点球】diǎnqiú 名 足球、曲棍球等比赛中,运动员在本方禁区内犯规被判罚的球。把球放在本方球门前的罚球点上,由对方队员射门。整场比赛形成平局,也可用点球决定胜负。

【点燃】diǎnrán 动 使火燃起;点着(zháo) ▷～火炬。

【点染】diǎnrǎn ❶ 动 画国画时,用笔蘸墨,点缀景物、渲染色彩 ▷挥毫～,画面顿时生辉。❷ 动 比喻修饰文字 ▷稍作～,这首小诗便颇有灵气。❸ 动 泛指点缀、装饰 ▷万绿中～盛开的红荷。

【点射】diǎnshè ❶ 动 用机枪、冲锋枪、自动步枪等可连发的自动武器进行每次发射两发以上子弹的断续性射击。❷ 动 指足球比赛中踢点球 ▷～破门。

【点石成金】diǎnshí-chéngjīn 神话中说仙人用手指一点便能使铁、石变成金子。比喻只要略加改动,就能使不好的或平常的事物变成很有价值的事物。也说点铁成金。

【点收】diǎnshōu 动 查点接收 ▷～来货。

【点数】diǎnshù 动 查点数目 ▷给货物～。

【点算】diǎnsuàn 动 查点计算 ▷～有效选票。

【点题】diǎntí ❶ 动 用简短的话语揭示主题 ▷开篇～。❷ 动 指定要求回答、解决的问题 ▷执法检查请市民～。

【点头】diǎntóu ❶ 动 头向下微动,表示同意、答应、领会、打招呼等 ▷～称是|他边朝我～,边快步走了过来。❷ 动 借指允许、批准等 ▷领导已经～,你照办吧。

【点头哈腰】diǎntóu-hāyāo 形容对人低三下四或过分客气。

【点头之交】diǎntóuzhījiāo 点点头的交情。形容交情并不深。

【点位】diǎnwèi ❶ 名 指某些事物所分布的位置 ▷布设环境监测～|合理设定机动车停放～。❷ 名 特指市场指数等所处的某个位置。如证券市场的开盘点位、收盘点位。

【点心】diǎnxin 名 糕饼一类的小食品。

【点穴】diǎnxué ❶ 动 一种武功。据说运全身的功力于手指尖,点击人身的穴道,可以使人受伤或不能动弹。❷ 动 中医的一种按摩疗法,用手指或肘尖在患者穴位及其他特定部位进行按压。

【点验】diǎnyàn 动 逐一查点检验 ▷要认真～,把不合格的商品剔除出去。

【点赞】diǎnzàn ❶ 动 在网络上通过点击特定图标对某信息表示赞许、支持或喜爱 ▷这条帖子已有近千人～。❷ 动 泛指对某人或某事物等表示赞许、支持或喜爱 ▷给环卫工人～|～文明之举,曝光不雅言行。

【点阵】diǎnzhèn 名 一定数量的点按规则排列组成的几何图形。如晶体结构的点阵图、汉字点阵字模、点阵式打印机等。

【点种】diǎnzhǒng 动 点播种子。

【点种】diǎnzhòng 动 点播①。

【点缀】diǎnzhuì ❶ 动 衬托、装饰,使更好看 ▷白色的羊群把绿色的大草原～得更加生气勃勃。❷ 动 装点门面;应景 ▷动辄请名人到场～,实在无聊!

【点字】diǎnzì 名 盲字。

【点子】diǎnzi ❶ 名 液体的小滴 ▷雨～越来越大。❷ 名 点状的痕迹 ▷身上被溅了许多泥～。❸ 名 打击乐的节拍 ▷锣鼓～。❹ 名 要害的地方;关键 ▷话不在多,关键是要说到～上。❺ 名 主意;办法 ▷他的～真多。

碘 diǎn 名 非金属元素,符号 I。紫黑色结晶体,有金属光泽,易升华。可用于医药和制造染料。

【碘酊】diǎndīng 名 碘和碘化钾的稀酒精溶液,棕红色透明液体。能渗入皮肤杀灭细菌,主要用于皮肤消毒。通称碘酒。

【碘酒】diǎnjiǔ 名 碘酊的通称。

【碘片】diǎnpiàn 名 含碘的口含药片,有杀菌消炎的作用。

【碘钨灯】diǎnwūdēng 名 一种电灯。在灯泡或灯管内装上钨丝并充入碘,通电时发光。光效和使用寿命超过普通白炽灯,适用于强光照明的场所。

【碘盐】diǎnyán 名 含碘的食盐。为预防甲状腺肿大等疾病,我国推广食用碘盐。

踮 diǎn 动 踮脚 ▷他～起脚来想看个究竟。

【踮脚】diǎnjiǎo 动 抬起脚跟,用脚掌前部站立 ▷他不用～就能摸着棚顶。

diàn

电(電) diàn ❶ 名 闪电,阴雨天气云层放电时发出的光 ▷～闪雷鸣。→ ❷ 名 物质中存在的一种能,可以发光、发热、产生动力等,是一种重要能源,广泛应用于生产、生活各个方面。⇒ ❸ 动 触电①;电流打击 ▷插座漏电,～了我一下|～伤一个人。⇒ ❹ 名 指电报、电话、电传等 ▷贺～|致～|

来～显示。❺ 动 打电报、电话或发电传 ▷即～请示|～示。〇 ❻ 名 姓。☛ 跟"电"不同。"电"作部件主要处在"奄""黾"下；"电"只作部件，处在"龟"下。

【电霸】diànbà 名 指依仗掌管电力供应的特权，刁难勒索用户的单位或个人 ▷～作风。

【电棒儿】diànbàngr 名〈口〉手电筒。

【电报】diànbào ❶ 名 用电信号传递文字、图表、照片等书面信息的通信方式。分编码电报和传真电报两种。❷ 名 用电报装置传递的文字、图表、照片等 ▷发一份～。

【电报挂号】diànbào guàhào 由电信部门给电报用户编定的号码，用来代表该用户的地址和名称。

【电笔】diànbǐ 名 试电笔。

【电表】diànbiǎo ❶ 名 测量电压、电流、电阻、电功率等的电气仪表的统称。常用的电表有电流表(安培计)、电压表(伏特计)、功率表(瓦特计)等。❷ 名 电度表的通称。计量用电量的仪表，以千瓦小时为计量单位。也说电能表。

【电冰柜】diànbīngguì 名 专用于冷冻物品的柜状制冷电器，工作时柜内温度在0℃以下。也说冰柜。

【电冰箱】diànbīngxiāng 名 兼有冷藏和冷冻功用的制冷电器，设有冷藏室(温度 0℃以上)和冷冻室(温度 0℃以下)。也说冰箱。

【电波】diànbō 名 电磁波。

【电铲】diànchǎn 名 挖掘机。

【电厂】diànchǎng 名 发电厂。

【电场】diànchǎng 名 传递电力作用的场。是电荷或变化的磁场周围空间里存在的一种特殊物质。它的基本特性是对其中的电荷存在力的作用。

【电场线】diànchǎngxiàn 名 为直观描述电场强度的分布状况而假想的有方向的曲线。曲线的密或疏表示电场强度的大或小。

【电唱机】diànchàngjī 名 音响设备，能把唱片上储存的声音信息还原为人耳能听得见的声音。通常由拾音器、电动机驱动的电唱盘、电子音频放大器和扬声器组成。现已由激光唱机等取代。

【电唱头】diànchàngtóu 名 拾音器的俗称。

【电炒锅】diànchǎoguō 名 用电能供热的炒菜炊具。

【电车】diànchē 名 由架在空中的电源线供电、用牵引电动机驱动的城市公共交通车辆。分有轨和无轨两种。

【电池】diànchí 名 将机械能外的其他形式的能量直接转化成电能的装置。分化学电池、太阳能电池、原子电池、温差电池等。一般指化学电池。如蓄电池、干电池。

【电传】diànchuán ❶ 动 使用电子传真装置把文字、图像等直接传送到远距离的地方 ▷把稿件～给编辑部。❷ 名 利用电子传真装置发送的文字、图像等 ▷～已收到。

【电吹风】diànchuīfēng 名 用来吹干头发和整理发型的小型热风机。

【电磁】diàncí 名 构成物质的粒子所具有的电性和磁性的统称 ▷～感应|～铁。

【电磁波】diàncíbō 名 在空间传播的周期性变化的电磁场，在真空中传播速度约为 30 万千米/秒，无线电波、微波、红外线、可见光、紫外线、X 射线、γ 射线都是不同波长的电磁波；也指用天线发射或接收的无线电波。也说电波。

【电磁场】diàncíchǎng 名 电场和磁场。变化的电场产生磁场，变化的磁场又产生电场，二者相互转化，相互依存。

【电磁辐射】diàncí fúshè 电磁场的能量以波的形式向外辐射；也指发射出的电磁波。

【电磁炉】diàncílú 名 利用电磁学原理制成的一种烹调器具。加热过程中无明火，安全卫生。也说电磁灶。

【电磁炮】diàncípào 名 利用电磁力发射炮弹的武器。发射炮弹的速度快，射程远，命中率高，安全性和隐蔽性好。可用于反坦克、反空袭，也可用来发射战术导弹等。

【电磁铁】diàncítiě 名 磁铁的一种。利用电流的磁效应，用线圈缠绕铁芯制成。线圈通电时铁芯变成磁体，对钢铁等物质产生吸力以驱动或牵引其他物体。断电后磁性随即消失。用于电铃、电磁开关、电磁起重机等。

【电磁污染】diàncí wūrǎn 电子污染①。

【电大】diàndà 名 广播电视大学的简称。

【电导】diàndǎo 名 描述导体导电性能的物理量。其数值用电阻的倒数表示，导电体的电阻越小，电导越大。单位是西门子。

【电灯】diàndēng 名 利用电能使灯泡或灯管内的灯丝或氙、氖等稀有气体发光的灯。最早的电灯是白炽灯，后又有弧光灯、荧光灯等。

【电灯泡】diàndēngpào ❶ 名 白炽电灯的玻璃泡，通常呈梨形，中空，充有惰性气体，装有钨丝，通电后发光。❷ 名 比喻在旁边不离开而妨碍情侣等相会的人 ▷我马上走，不在你们俩这儿当～。‖也说灯泡。

【电动】diàndòng 区别 利用电能使机械运转的 ▷～汽车|～自行车|～剃须刀。

【电动机】diàndòngjī 名 把电能转化成机械能的装置。通常分为直流电动机和交流电动机两大类。也说马达。

【电动势】diàndòngshì 名 表示电路中由其他形式的能量转化成电能所引起的电势差的物理量。电源的电动势等于在外电路断开时电源两极间的电势差值。单位是伏特。

【电度表】diàndùbiǎo 名 电表②的学名。

【电镀】diàndù 动 利用电解方法使金属制品表面附上一层薄薄的金属保护膜。可防止腐蚀，使外表美观，提高耐磨性、导电性、反光性等。

【电饭锅】diànfànguō 名 用电能烹饪食物并具有保温功能的炊具。由锅体、电热元件和温控装置等部分组成。也说电饭煲。

【电费】diànfèi 名 消耗电能应支付的费用。

【电复】diànfù 动 用电报、电子邮件等回复。

【电镐】diàngǎo 名 用电能作动力的采掘工具。用于开凿岩石、采矿等。

【电告】diàngào 动 用电报、电传等告知 ▷把开会日期～各与会单位。

【电工】diàngōng ❶ 名 电工学，研究电磁现象在工程中应用的技术学科。❷ 名 制造、安装、修配电气设备的工种 ▷～设备。❸ 名 从事电气设备制造、安装、修配工作的工人。

【电功率】diàngōnglǜ 名 电路中的电流在单位时间内所做的功。单位是瓦特。

【电购】diàngòu 动 通过电信方式向生产或营销单位购买 ▷～图书。

【电灌】diànguàn 动 利用电能抽水灌溉农田。

【电光】diànguāng ❶ 名 电能发出的光；特指雷电的光。❷ 名 织物经特殊处理后所获得的一种耀眼光泽 ▷～绸。

【电光石火】diànguāng-shíhuǒ 闪电的亮光，燧石的火花。形容转瞬即逝的事物；也形容极快的速度 ▷创作灵感犹如～，稍纵即逝。

【电函】diànhán 名 利用电信设备传递的文本信息，包括电报、传真信件、电子邮件等。

【电焊】diànhàn 动 利用电能加热，使两金属工件连接的一种焊接方法。常见的有电弧焊、电阻焊、电渣焊等。

【电焊机】diànhànjī 名 利用电能作热源进行焊接的设备，包括电弧焊机、电阻焊机、电渣焊机等。

【电耗】diànhào 名 电能的损耗。

【电贺】diànhè 动 发电报或电传等表示祝贺 ▷～大会取得成功。

【电荷】diànhè ❶ 名 构成物质的粒子所带的电。原子核带正电，电子带负电。同种电荷相斥，异种电荷相吸。❷ 名 物体所带的静电的量。单位是库仑。

【电弧】diànhú 名 正负两电极接近到一定距离时，因气体放电而形成弧形白光并产生高温和紫外线的现象，可用于照明、焊接和炼钢等。

【电化教育】diànhuà jiàoyù 运用影视、音像、幻灯、广播以及语音实验室、电子计算机及其配套的软件和人造通信卫星等进行教学的活动。简称电教。

【电话】diànhuà ❶ 名 利用电信号的传输进行远距离交谈的通信方式。分为无线电话和有线电话两种。❷ 名 指电话机。❸ 名 用电话装置传递的话语 ▷他来～了。

【电话簿】diànhuàbù 名 专门集录电话号码的簿子。

【电话会议】diànhuà huìyì 不在一地的人员通过电话举行的会议。

【电话机】diànhuàjī 名 利用电信号传输实现两地通话的设备。送话器将语音转换成电脉冲，传给对方，受话器将传来的电脉冲还原成语音。简称话机。

【电话局】diànhuàjú 名 转接电话和办理有关电话业务的机构。参见 313 页“电信局”。

【电话卡】diànhuàkǎ 名 电信部门发行的话费信用卡、磁卡、智能卡等，如 IP 卡、IC 卡。

【电话亭】diànhuàtíng 名 装有电话供公众使用的设施。形状像小亭子。

【电汇】diànhuì ❶ 动 银行或邮电局接受汇款人委托，用电报或电传通知汇入行、局，将款项交付收款人。❷ 名 用电汇方式办理的汇兑款项。

【电火锅】diànhuǒguō 名 利用电能加热的火锅。

【电火花】diànhuǒhuā 名 气体在常压下导电时发生的伴有火花和爆裂声的放电现象。

【电击】diànjī 动 有机体触电时受到电力打击。

【电机】diànjī 名 发电机和电动机等机械的统称。

【电极】diànjí 名 电流进入或离开媒质的端点，即电源或电器上用来接通电流的地方。用于直流电时，分正极和负极。

【电键】diànjiàn 名 用以接通、切断或转换电路的装置。由一组或几组带有触点的弹簧片和键头、键柄组成。特指发电报用的按键。

【电教】diànjiào 名 电化教育的简称。

【电解】diànjiě 动 利用电流的作用分解化合物，如把水分解成氢和氧。广泛应用于提取金属、盐类、碱类等，也用于电镀。

【电解质】diànjiězhì 名 在溶液中或在熔融状态下能离解成正、负离子，因而能导电的化合物。

【电介质】diànjièzhì 名 不导电的物质。如干燥的空气、玻璃等。

【电警棍】diànjǐnggùn 名 警察使用的可以放出高压电的特制棍棒。

【电锯】diànjù 名 用电力驱动的锯。

【电烤炉】diànkǎolú 名 利用电热元件发出的辐射热烤制食品的炉形炊具。

【电烤箱】diànkǎoxiāng 名 利用电热元件发出的辐射热烤制食品的箱形炊具。

【电缆】diànlǎn 名 由多股彼此绝缘的导线构成的较粗的导线。装有绝缘层和保护外皮，架在空中或安装在地下、水底，用于传输电信信号或输送电力。

【电老虎】diànlǎohǔ ❶ 图 电霸。❷ 图 比喻耗电量大的用户或机器设备。

【电烙铁】diànlàotie 图 小型电焊工具，由电热丝、烙铁头和手柄组成。通电后电热丝发热，传导到烙铁头，用以熔化焊料，进行焊接。

【电离】diànlí ❶ 动 电解质在溶液中或在熔融状态下分解成正、负离子而使溶液具有导电性。❷ 动 中性分子或原子受到粒子撞击、射线照射等作用而形成离子。

【电离层】diànlícéng 图 含有大量离子和自由电子的大气层。高度大约在60—500千米，能反射无线电波，对短波通信有重要作用。电离层发生急剧而不规则变化时，会干扰短波通信的正常进行，甚至造成通信中断。

【电力】diànlì 图 电的做功能力；也指作动力用的电。

【电力网】diànlìwǎng 图 电力系统的一部分，包括各种不同电压等级的变电所和线路，用来变换电压，输送和分配电能。简称电网。

【电力线】diànlìxiàn 图 输送电力的导线。

【电量】diànliàng 图 物体带电的多少。

【电疗】diànliáo 动 利用电气设备发热、发出电磁波或电流刺激来治疗疾病。

【电料】diànliào 图 各种电气器材的统称。

【电铃】diànlíng 图 利用电磁铁的特性，使铃在通电后发出声响的装置。

【电流】diànliú ❶ 图 电荷的定向流动。❷ 图 电流强度的简称。

【电流表】diànliúbiǎo 图 测量电流强度的装置。也说安培表、安培计。

【电流强度】diànliú qiángdù 单位时间内通过导体横截面的电量，单位是安培。有时简称电流。

【电炉】diànlú 图 利用电能作热源的炉子。用于炼钢、熔化、烘干、热处理和家庭取暖、烹饪等。

【电路】diànlù 图 由电源和各种元件或装置按一定方式连接而成的电流通路。

【电路板】diànlùbǎn 图 印有某一电路系统并连接一系列电子元器件的薄板。用绝缘材料制成，广泛应用于各种电子器械、装置中。

【电路图】diànlùtú 图 用规定的符号表示的电路示意图。

【电码】diànmǎ 图 电报通信中，由不同的电脉冲构成的电信号，用来表示不同的字母、数字、标点符号及由数字或字母代表的汉字。

【电脉冲】diànmàichōng 图 电子技术中电流或电压像脉搏似的短暂起伏的现象。高频电脉冲广泛应用于无线电技术中。简称脉冲。

【电鳗】diànmán 图 鱼，形体似鳗，长约两米，棕褐色，无鳞，尾部长。两侧各有发电器一对，能发出电流，将人击昏。产于南美亚马孙河等地。

【电门】diànmén 图 开关①的通称。

【电磨】diànmò 图 利用电能驱动的、用来碾碎粮食的器具。

【电木】diànmù 图 胶木。

【电脑】diànnǎo 图 电子计算机的通称。

【电脑病毒】diànnǎo bìngdú 计算机病毒。

【电能】diànnéng 图 电流做功产生的能量。可以通过导线输送，并能转化成其他能量。

【电钮】diànniǔ 图 电器开关或调节设备上通常能用手操作的部件。多用绝缘材料制成。

【电暖器】diànnuǎnqì 图 利用电能生热的取暖设备。

【电瓶】diànpíng 图 蓄电池。

【电瓶车】diànpíngchē 图 用自身携带的蓄电池作动力来源的简易、小型的运输车辆。

【电气】diànqì 图 电②。

【电气化】diànqìhuà 动 把电力普遍应用到国民经济各生产部门和城乡人民生活之中。电气化是生产机械化和自动化的技术基础。

【电气石】diànqìshí 图 硼铝硅酸盐矿物。因所含杂质不同而呈现黑、绿、蓝、红、玫瑰紫等颜色。硬度较高、色泽美丽的叫碧玺，可作宝石。

【电器】diànqì ❶ 图 电气元件或装置的统称。用来进行电能传输或在电能传输过程中起控制、调节、检测、保护电路和设备的作用。如开关、变阻器、避雷器等。❷ 图 指家用电器。

【电热】diànrè 图 利用电能转换生成的热能 ▷～锅|～壶|～毯|利用～取暖。

【电热杯】diànrèbēi 图 底部有电热装置，通电后能煮熟食物的加热器皿，外形像杯子。

【电热器】diànrèqì 图 各种将电能转换成热能的器具的统称。如电热杯、电饭锅、电烤箱等。

【电热毯】diànrètǎn 图 内有电热装置的毯子。通电后毯身能加热到一定温度，有保暖和辅助治疗作用。也说电热褥、电褥子。

【电容】diànróng ❶ 图 表示导体储存电能能力的物理量。单位是法拉。❷ 图 电容器。

【电容器】diànróngqì 图 电路中用来储存电能的基本元件。也说电容。

【电扇】diànshàn 图 利用电动机使风扇叶片转动的送风装置。有台式、壁式、立式、挂式多种。也说电风扇。

【电商】diànshāng ❶ 图 电子商务的简称。❷ 图 经营电子商务的商家。

【电声】diànshēng 图 由电子音响器材发出的声音 ▷～鼓|～音乐。

【电声乐队】diànshēng yuèduì 用电子乐器演奏的乐队。

【电石】diànshí 图 石块状物质，用生石灰与焦炭混合，经电炉煅烧后制成。其化学成分是碳化钙，与水反应后生成乙炔。

【电石气】diànshíqì 图 乙炔。

【电示】diànshì 动 用电报的方式作指示或发通知（多用于电报盛行的年代）▷平津战役期间，中央军委多次～保护北平文化古迹。

【电势】diànshì 名 描述电场的一个物理量。电场中某一点的电势等于单位正电荷在该点时具有的势能。单位是伏特。旧称电位。

【电势差】diànshìchā 名 电压的学名。

【电视】diànshì ❶ 名 用无线电波传送音像的一种广播、通信装置。由摄像机和录音机等把实物的音像进行光电转换，发射台将此信号调制成高频信号发送出去，接收机把收到的信号再还原成实物的音像播放出来。❷ 名 用电视装置接收的音像 ▷收看～。❸ 名 指电视机。

【电视差转台】diànshì chāzhuǎntái 用来放大较弱电视信号的设施，是电视转播站的形式之一。一般设在山顶高处。也说电视差转站。

【电视电话】diànshì diànhuà 带有电视装置的电话。通话时，可以看到对方的影像。

【电视发射塔】diànshì fāshètǎ 发射电视广播节目信号的塔形建筑物。塔上通常架有多副天线，用以发射多套电视节目和调频广播节目的信号。塔越高，发射距离越远。简称电视塔。

【电视柜】diànshìguì 名 用来放置电视机，对电视机起保护作用而又不影响收视的柜子。

【电视会议】diànshì huìyì 不在一地的人员通过电视举行的会议。现在更多举行的是电视电话会议。

【电视机】diànshìjī 名 电视信号接收机的简称。接收和还原电视信号的装置，能把电视信号还原成图像和声音信号并重现出来。

【电视剧】diànshìjù 名 一种融合舞台剧和电影表现方法，运用电子技术制作，在电视屏幕上播映的戏剧。

【电视连续剧】diànshì liánxùjù 剧情内容前后衔接、分集按序播放的电视剧。

【电视片】diànshìpiàn 名 专为电视台播放而制作的片子，其介质一般是录像带、存储器、光盘等。口语中也说电视片儿(piānr)。

【电视频道】diànshì píndào 某一电视广播系统中，其高频影视信号和伴音信号所占有的一定宽度的频率范围。收看电视节目时，把电视机的频率调整到相应的范围内，才能收到用这一频道播出的电视节目。

【电视塔】diànshìtǎ 名 电视发射塔的简称。

【电视台】diànshìtái 名 摄制和播放电视节目的机构。

【电视网】diànshìwǎng 名 电视网络的简称。指分布在各地的电视台、电视信号构成的网络，各电视台之间可以互相传送和转播节目 ▷数字～|有线～。

【电视系列片】diànshì xìlièpiàn 适合电视台播放的成套片子。每集有相对独立性，若干集为一组，每组在内容上有一定的联系。口语中也说电视系列片儿(piānr)。

【电视小品】diànshì xiǎopǐn 有一定戏剧情节的小型电视节目，多为喜剧。也说电视短剧。

【电视综合征】diànshì zōnghézhēng 因收看电视过度频繁、持久而引起的一系列症状。如视力骤减、食欲不振、消化不良、失眠多梦等。也说电视病。

【电水壶】diànshuǐhú 名 装有电热装置，通电后可用来烧开水的壶。

【电算】diànsuàn 动 用电子计算机、电子计算器进行计算 ▷财务管理～化。

【电台】diàntái ❶ 名 无线电台的简称。是发送或接收无线电信号的场所。设有无线电发射机、接收机和天线等装置。❷ 名 广播电台。

【电烫】diàntàng 动 利用电热烤烫头发，使形成一定的发型。

【电梯】diàntī ❶ 名 安装在规定楼层之间用电动机驱动的升降机。安有箱状吊舱，用来运送人或货物。❷ 名 指自动扶梯。

【电筒】diàntǒng 名 手电筒。

【电玩】diànwán 名 电子游戏；也指电子游戏机。

【电网】diànwǎng ❶ 名 电力网的简称。❷ 名 用可通电的金属线架设成的网式障碍物，用以阻止通行或翻越。

【电文】diànwén 名 电报上的文字；现也指传真件、电子邮件等上的文字。

【电线】diànxiàn 名 传送电能的导线。多用铜、铝等导电性能好的金属制成。

【电线杆】diànxiàngān 名 架设电线的杆子。也说电杆、电线杆子。

【电谢】diànxiè 动 发电报或传真等表示谢意。

【电信】diànxìn 名 用有线电、无线电以及光通信技术传输信息的方式，包括电报、电话等。

【电信号】diànxìnhào 名 用变化的电流或电磁波发出的信号。

【电信局】diànxìnjú 名 办理有关电话、电报等业务的机构。

【电刑】diànxíng 名 利用电流施刑的刑罚。如让电流通过人身（多用于逼供）、用电椅处死犯人等。

【电讯】diànxùn ❶ 名 无线电信号 ▷～设备。❷ 名 用电话、电报或无线电设备传送的消息、报道；现也指互联网传送的消息、报道。

【电压】diànyā 名 电势差的通称。电场或电路中两点之间电势的差。单位是伏特。旧称电位差。

【电压表】diànyābiǎo 名 用来测量电压的仪表。分为直流电压表和交流电压表。也说电压计、伏特表、伏特计。

【电唁】diànyàn 动 发电报或电传等吊唁，表示哀悼和慰问。

【电邀】diànyāo 动 发电报或电传等邀请 ▷～先生回国议事。

【电椅】diànyǐ 名 某些国家使用的一种执行死刑的刑具，装有高压电极，形状像椅子。

【电影】diànyǐng 名 一门综合艺术。用摄影机将人物、场景或其他物体的运动过程拍摄在条状胶片等介质上，然后加以处理，通过放映机投映在银幕上，再现生动的音像。

【电影剧本】diànyǐng jùběn 专门为拍摄电影写的剧本。一般指电影文学剧本，是一种文学作品体裁；也指电影分镜头脚本，是摄制电影所依据的底本。

【电影片】diànyǐngpiàn 名 影片。口语中也说电影片儿(piānr)。

【电影摄影机】diànyǐng shèyǐngjī 拍摄电影用的机械，成像原理跟一般照相机相同，有自动连续地间歇曝光(通常每次停留$\frac{1}{24}$秒)及输片的机构。简称摄影机。

【电影厅】diànyǐngtīng 名 专门用来放映电影的大厅。

【电影院】diànyǐngyuàn 名 专门用来放映电影的营业性场所。也说影院。

【电影周】diànyǐngzhōu 名 一种文化宣传活动。在大约一周的时间内将一个国家或同一主题的若干部影片集中放映。

【电源】diànyuán ❶ 名 将其他形式的能转变为电能并将其供给电器的装置。如电池、发电机等。❷ 名 指电子设备中变换电能形式的装置。如整流器、变压器等。

【电晕】diànyùn 名 带电体表面在流体介质中的局部放电现象。常发生在带电体尖端或高压输电线周围。其特征为出现与月晕相似的光层，发出嗤嗤的声音，产生臭氧等。☛"晕"这里不读 yūn。

【电熨斗】diànyùndǒu 名 利用电热熨烫衣物的小型家用电器。

【电灶】diànzào 名 利用电热元件发热烹饪食物的一种厨房电器。

【电闸】diànzhá 名 较大型的电源开关，多用于电流较强的线路上。

【电站】diànzhàn 名 通过发电设备将其他形式的能量转化成电能的机构。如水电站、火电站、核电站等。

【电钟】diànzhōng 名 用电能作动力的时钟。

【电珠】diànzhū 名 类似珠粒儿的微型灯泡。

【电灼疗法】diànzhuó liáofǎ 用高频电流和金属电极烧灼病变组织的治疗方法。用于慢性炎症、溃疡、出血等疾病。

【电子】diànzǐ 名 一种构成原子的粒子。带负电，质量极小，在原子中围绕原子核旋转。电子的定向运动形成电流。

【电子版】diànzǐbǎn 名 以磁或光记录介质为载体的书刊版本(跟"纸版"相区别) ▷～词典。

【电子表】diànzǐbiǎo 名 采用电子元件，以微型电池为能源的表。

【电子秤】diànzǐchèng 名 用电子技术装置称(chēng)量物体的秤。

【电子出版物】diànzǐ chūbǎnwù 指以数字代码方式将图文、声像等信息储存在磁、光、电介质上，通过电子计算机或具有类似功能的设备阅读或观看的大众传播媒体。

【电子词典】diànzǐ cídiǎn 以磁记录或光记录介质为载体的辞书。是电子出版物的一种。

【电子对抗】diànzǐ duìkàng 为破坏敌方电子设备和系统，保护己方电子设备和系统的正常效能而采取的各种措施和行动。是现代战争中一种重要的作战手段。通称电子战。

【电子防御】diànzǐ fángyù 在电子对抗中，为保护己方电子设备和系统的正常效能而采取的措施和行动。

【电子干扰】diànzǐ gānrǎo 在电子对抗中，利用电磁波干扰敌方电子设备的使用效能，甚至破坏其电子设备的措施和行动。

【电子公告板】diànzǐ gōnggàobǎn 互联网上的一种电子信息服务系统。它提供一块公共电子白板，每个用户都可以利用它进行网上交谈、讨论问题、发布信息、传送文件等。也说电子公告牌。

【电子管】diànzǐguǎn 名 一种电子器件。把密闭的玻璃、陶瓷或金属管壳抽成真空，或充以少量特定气体，内装发射电子的阴极和收集电子的阳极以及控制电子运动的其他电极。可以用于整流、检波、放大、发射等。

【电子函件】diànzǐ hánjiàn 电子邮件。

【电子汇款】diànzǐ huìkuǎn 通过邮政、银行系统的电子计算机网络进行的汇兑。

【电子货币】diànzǐ huòbì 一种电磁卡。持卡人可以通过磁卡发行银行的计算机网络系统进行现金存取、转账结算等。

【电子计算机】diànzǐ jìsuànjī 用现代电子技术实现数学运算和信息处理的设备。按工作原理不同，分数字计算机、模拟计算机和混合计算机三种。通常指数字计算机。广泛应用在数值计算、信息数据采集和处理以及自动控制等方面。简称计算机。通称电脑。

【电子警察】diànzǐ jǐngchá 指对交通违章、违法现场进行自动拍摄的电子监控系统 ▷这起交通肇事的全过程已被～记录在案。

【电子垃圾】diànzǐ lājī 电子废弃物的俗称。指被废弃不再使用的电子产品，包括废弃的家用电器、计算机、打印机、复印机、手机等。

【电子流】 diànzǐliú 名 自由电子在空间定向运动所形成的电流。

【电子媒体】 diànzǐ méitǐ 利用电子信息技术进行宣传的媒体。具有信息量大、传播范围广、可以随时更新内容等特点(跟"纸媒"相区别)。如互联网、电视、广播等。

【电子枪】 diànzǐqiāng 名 电真空器件中产生聚焦电子束的电极系统。由发射系统和聚焦系统组成。发射系统的阴极发射的电子受各电极的静电场控制,被聚成向同一方向运动的、密集的、横截面很小的电子束。聚焦系统一般还兼有调制和加速的功能。

【电子琴】 diànzǐqín 名 键盘乐器,采用半导体集成电路,由电路振荡推动扬声器发声。有的可以模拟不同乐器的声音。参见插图 11 页。

【电子认证】 diànzǐ rènzhèng 为保障电子政务和电子商务活动的安全,由专门机构发放给网上进行这些活动的各相关方数字证书,并对数字证书进行审查确认。

【电子商务】 diànzǐ shāngwù 通过互联网进行商品买卖和服务的商业活动。简称电商。

【电子手表】 diànzǐ shǒubiǎo 戴在手腕上的电子表。参见 314 页"电子表"。

【电子书库】 diànzǐ shūkù 集中存放电子图书的光盘或网站。

【电子束】 diànzǐshù 名 在真空中由阴极产生并汇集成的有一定方向的束状电子流。应用于测量仪表、雷达、电视摄像与显像等领域。

【电子图书】 diànzǐ túshū ❶ 以计算机存储器、磁盘、光盘、互联网等为载体,借助计算机显示器等设备阅读的图书。❷ 指阅读器。‖ 也说电子书、电子书籍、E-book。

【电子图书馆】 diànzǐ túshūguǎn 联结若干图书馆,储存多种报刊图书信息,以备检索者登录查询的电子计算机服务网络。也说虚拟图书馆。

【电子玩具】 diànzǐ wánjù 装有电子电路和集成电路的玩具。可以自控、遥控,也可发出声光。

【电子污染】 diànzǐ wūrǎn ❶ 各种电子设备,包括空调机、彩电、卡拉 OK、微波炉等,在工作时产生的电磁波影响其他电子设备的工作和人体健康。也说电磁污染。❷ 指产生电子污染的电磁波。也说电子烟雾、电子雾。

【电子显微镜】 diànzǐ xiǎnwēijìng 利用电子束放大图像的显微镜。能使物质的细微结构放大几十万倍。通过它可以看到病毒、单个儿分子以及某些重金属的原子和晶体中的原子点阵。

【电子信箱】 diànzǐ xìnxiāng 在互联网上的邮政系统中,为用户提供的带有密码的信息存储空间。用户可以进行邮件的编辑和收发。也说电子邮箱。

【电子眼】 diànzǐyǎn 名 电视自动监控摄像器的通称。现已在交通、治安、环境保护、工业生产等方面广泛应用。

【电子音乐】 diànzǐ yīnyuè 运用电子计算机技术编制的音乐;也指用电子乐器演奏的音乐。

【电子银行】 diànzǐ yínháng 指计算机网络上的金融服务系统。用户通过电子银行,可以进行账户资金查询、转账、汇款、缴费、存贷款利率查询等。也说 E-bank。

【电子邮件】 diànzǐ yóujiàn 不同计算机之间通过互联网传递的邮件,包括文本、数据、图像以及声频、视频等。发送和接收都很迅速。简称电邮。也说电子函件、E-mail。

【电子游戏】 diànzǐ yóuxì 借助电子设备进行的游戏。简称电游。参见本页"电子游戏机"。

【电子游戏机】 diànzǐ yóuxìjī 一种智能电子玩具。有多种规格,多有游戏卡、手柄(键盘)和电子屏幕。使用者利用手柄(键盘)操纵,可以在虚拟场景中进行下棋、打猎、赛马、战斗等游戏。简称游戏机。

【电子游艺机】 diànzǐ yóuyìjī 设置在公共娱乐场所的大型柜式电子游戏机。简称游艺机。

【电子乐器】 diànzǐ yuèqì 运用电子元件产生和修饰音响的乐器。有音量大、音域广、音色可变等特点。现多用于轻音乐或爵士乐的演奏。

【电子战】 diànzǐzhàn 名 电子对抗的通称。

【电子政务】 diànzǐ zhèngwù 指利用信息网络技术和其他相关技术构建的政府结构和运行方式。如实施网上信息发布、网上办公以及各部门资源共享等。

【电子支付】 diànzǐ zhīfù 客户直接或授权他人通过电子终端发出支付指令,实现货币支付与资金转移的行为(英语缩写为 EP)。

【电阻】 diànzǔ ❶ 名 电路中两点间在一定电压下决定电流强度的一个物理量。在电压不变时,电阻越大通过的电流越少。单位是欧姆。❷ 名 指电阻器。

【电阻器】 diànzǔqì 名 利用电阻原理制成的,用来在电路中限制电流、调节电压的器件,分为固定电阻器和可变电阻器两种。

【电钻】 diànzuàn 名 用电驱动的钻孔机具。

佃 diàn ❶ 动 租地耕种 ▷~户|~农|租~。○ ❷ 名 姓。

另见 1358 页 tián。

【佃户】 diànhù 名 旧时指租种地主土地的农户。

【佃客】 diànkè 名 佃户。

【佃农】 diànnóng 名 旧时指自己没有土地,依靠租种他人土地为生的农民。绝大多数是贫农,也有佃中农、佃富农。

【佃契】 diànqì 名 确立租佃关系及双方权利和义务的契约。

【佃租】diànzū 名 佃户向地主交纳的地租。

甸 diàn ❶ 名 古代都城城郭以外称郊，郊以外称甸。〇 ❷ 名 甸子（多用于地名）▷桦～（在吉林）|施～（在云南）。

【甸子】diànzi 名 某些地区指放牧的草地。

阽 diàn 动〈文〉临近（危险）▷～危。

坫 diàn 名 古代建于堂中东西两侧放置食物、酒器、礼器等的土台子。

店 diàn ❶ 名 出售商品的场所 ▷粮～|～铺|～员。→ ❷ 名 设备简单的小旅馆 ▷客～|住～。

【店号】diànhào 名 商店的名称；也指商店。

【店家】diànjiā 名 旧指旅店、饭馆的店主或在店里主事的人。

【店面】diànmiàn 名 商店、旅店、饭店等的门面 ▷装修～|三间～。

【店铺】diànpù 名 各种商店、铺子的统称。

【店堂】diàntáng 名 商店、饭店等进行营业的厅堂。

【店小二】diànxiǎo'èr 名 旧指饭店、旅店中接待顾客的人（多见于近代汉语）。

【店员】diànyuán 名 店铺的职工。

【店主】diànzhǔ 名 店铺的所有者。也说店东。

玷 diàn ❶ 名〈文〉白玉上面的污点 ▷白圭之～。→ ❷ 动 弄脏；使有污点 ▷～污|～辱。☛ 不读 zhān。

【玷辱】diànrǔ 动 污损；使蒙受耻辱 ▷～人格。

【玷污】diànwū 动 弄脏；使受到污辱 ▷国家的荣誉不容～。

垫（墊） diàn ❶ 动 用东西支撑、铺衬或填充 ▷把桌子～高些|床上～一条褥子|瓷器装箱各面都得～好。→ ❷ 名 垫子 ▷椅子太硬，铺个～儿。→ ❸ 动 临时填补（空缺）▷大轴戏太短，～一出小戏吧。❹ 动 替人暂付款项 ▷书钱由我来～。

【垫板】diànbǎn 名 垫在物体下面的板子；特指书写时垫在纸下的小铁板或塑料板。

【垫背】diànbèi ❶ 动 比喻代替或跟着别人受过 ▷他别想拉我～。❷ 名 垫背的人 ▷别拉我当～。

【垫补】diànbu〈口〉❶ 动 费用不足时用其他款项来填补 ▷必须把亏空～上。❷ 动 正餐前为解饿稍吃点东西 ▷先吃块点心～一下吧。也说点补。

【垫底】diàndǐ ❶ 动 将别的东西放置在底部 ▷箱子里先铺一层白纸～。❷ 动 吃点儿东西打个底 ▷喝酒前最好吃点儿东西～。❸ 动 比喻把某种事物作为基础 ▷有你的这句话～，我心里就踏实了。❹ 动 比喻排在最后 ▷每次考试都是他～。

【垫付】diànfù 动 暂时替别人付款 ▷我替他～了本月的房租。

【垫话】diànhuà ❶ 名 指相声或评书的开场白，用来引出正式节目的内容，引起观众的注意。❷ 动〈口〉预先打招呼 ▷经理～了，下周开总结会。

【垫肩】diànjiān ❶ 名 挑、扛东西时放在肩上的垫子，可保护肩部的衣服和皮肤。❷ 名 为了美观，在上衣肩部衬上的三角形衬垫物。

【垫脚石】diànjiǎoshí 名 上马时垫在脚下借以跨上马背的石头；比喻向上爬所借助的人或事物 ▷他把别人的成绩当成自己向上爬的～。

【垫圈】diànjuàn 动 为保持干燥和获得厩肥，在牲畜圈里铺垫干土、碎草等。☛ 跟"垫圈（quān）"不同。

【垫款】diànkuǎn ❶ 动 垫付款项 ▷的哥～抢救伤员。❷ 名 垫付的款项 ▷取回～。

【垫圈】diànquān 名 垫在螺母与连接件之间的一种零件。一般为扁平环状，多用金属、橡胶或塑料等制成，有保护机件、分散压力等作用。☛ 跟"垫圈（juàn）"不同。

【垫上运动】diànshàng yùndòng 指在垫子上做各种动作的运动。

【垫支】diànzhī 动 垫付。

【垫子】diànzi 名 铺垫在地上或其他物体（如床、椅等）上的物品 ▷椅子上放了个～|草～。

扂 diàn〈文〉❶ 名 门闩。→ ❷ 动 关门。

钿（鈿） diàn ❶ 名 古代一种用金银珠宝镶成的花朵形首饰 ▷宝～。→ ❷ 动 把金银珠宝等镶嵌在器物上作为装饰。〇 ❸ 名 姓。

另见 1359 页 tián。

淀[1] diàn 名 较浅的湖泊（多用于地名）▷白洋～（湖名，在河北）|海～（地名，在北京）。

淀[2]（澱） diàn 动 液体中没有溶解的物质沉到液体底层 ▷沉～|～粉。

【淀粉】diànfěn 名 碳水化合物，是农作物的籽粒或块根、块茎中所含的主要成分。

惦 diàn 动 思念；牵挂 ▷心里一直～着这件事|～记|～念。

【惦记】diànjì 动 心里牵挂，不能忘记 ▷妈妈总是～着在外地上大学的小女儿。

【惦念】diànniàn 动 心里牵挂，念念不忘 ▷我在这里很好，请你们不要～。

靛 diàn 名〈文〉玉的颜色。

奠 diàn ❶ 动 把祭品放在神像前或死者的遗体、灵位、坟墓前致意 ▷～仪|祭～。→ ❷ 动 使稳固；建立 ▷～基|～定。

【奠定】diàndìng 动 稳定地建立；使稳固安定 ▷为经济腾飞～了牢固的基础。

【奠都】diàndū 动 确定首都的所在地 ▷～北京。

【奠基】diànjī ❶ 动 为建筑物奠定基础 ▷市长为纪念碑～。❷ 动 比喻(大的事业)创始 ▷我国新文学是由鲁迅等著名文学家～的。

【奠基人】diànjīrén 名 创始人(多指大事业的) ▷孔子是儒家思想的～。

【奠基石】diànjīshí ❶ 名 奠定建筑物基础的石头；特指大型建筑物开工典礼时埋在地下作为奠基标志的石头，上面记载着奠基的年、月、日等。❷ 名 比喻使事物产生、发展的稳固根基 ▷鲁迅的《狂人日记》是中国现代小说的～。

【奠酒】diànjiǔ 动 举行祭祀仪式时，把酒洒在地上以祭奠死者或鬼神。

殿[1] diàn ❶ 名 高大的房屋；特指供奉神佛或帝王接受朝见、处理国事的高大房屋 ▷大雄宝～|金銮～|宫～。○ ❷ 名 姓。

殿[2] diàn 动 走在最后 ▷～后|～军。

【殿后】diànhòu 动 行军时走在队伍的最后；泛指处在后面 ▷这次行军由一连～|本次竞赛，红队成绩～。

【殿军】diànjūn ❶ 名 行军时走在最后的部队 ▷二连担任这次夜行军的～。❷ 名 体育或其他比赛的最后一名；也指比赛后入选的最后一名 ▷我们球队今年又当了～。

【殿试】diànshì 名 科举中最高一级的考试，在皇宫大殿内举行，由皇帝亲自主持。录取者称进士。也说廷试。

【殿堂】diàntáng 名 宫殿、庙宇等高大建筑物的厅堂；比喻庄严的场所或场合 ▷学术～。

【殿下】diànxià 名 古代对太子或亲王的尊称；今用于外交场合，尊称王储、亲王、王后、公主等。

【殿宇】diànyǔ 名 宫殿、庙宇等高大建筑物。

靛 diàn ❶ 名 靛蓝。→ ❷ 形 深蓝 ▷～青|蓝～颏ㄦ。

【靛蓝】diànlán 名 一种深蓝色染料。用蓼蓝叶加工制成，现在也可用化学方法合成。通称蓝靛。

【靛青】diànqīng 形 深蓝。

簟 diàn 名〈文〉竹席。

癜 diàn 名 皮肤上出现紫斑或白斑的病 ▷紫～|白～风。

diāo

刁 diāo ❶ 形 奸猾；奸诈 ▷～钻|耍～|放～。○ ❷ 名 姓。☛ 跟"刀"不同。"刁"末笔是提(㇀)，不是撇(丿)。

【刁恶】diāo'è 形 奸猾凶恶 ▷～之徒，为害乡里。

【刁棍】diāogùn 名 奸猾蛮横的恶棍 ▷～的横行激起了民愤。

【刁悍】diāohàn 形 奸猾凶悍 ▷决不能让这种～的坏人得逞。

【刁横】diāohèng 形 奸猾蛮横。☛ "横"这里不读héng。

【刁猾】diāohuá 形 刁钻狡猾 ▷奸诈～。

【刁赖】diāolài 形 奸猾无赖 ▷品行～。

【刁蛮】diāomán 形 奸猾野蛮 ▷～成性。

【刁民】diāomín 名 旧时官吏对不服管束的百姓的蔑称。

【刁难】diāonàn 动 故意为难(nán)(别人) ▷不许～群众。☛ "难"这里是质问的意思，不读nán。

【刁顽】diāowán 形 奸猾顽固 ▷～的敌人。

【刁钻】diāozuān 形 奸猾诡诈 ▷为人～。

【刁钻古怪】diāozuān-gǔguài 形容为人怪僻，行为诡谲；也形容事物古怪反常。

叼 diāo 动 用口夹住(物体的一部分) ▷嘴上～着一根香烟|鱼让猫～走了。

汈 diāo [汈汊] diāochà 名 湖名，在湖北。

凋 diāo ❶ 动 (草木花叶)枯萎脱落 ▷～零|～谢|～落。→ ❷ 形 (景象)残破 ▷城乡～敝。

【凋败】diāobài 动 凋敝；凋零 ▷百草～|家业～。

【凋敝】diāobì 形 衰落；衰败 ▷家境～|经济～。☛ 不要写作"雕敝""雕弊"。

【凋残】diāocán 动 枯萎残破 ▷草木～。

【凋枯】diāokū 动 凋谢枯萎 ▷～零落。

【凋零】diāolíng ❶ 动 (草木)枯萎零落 ▷秋风肃杀，草木～。❷ 动 衰败；衰落 ▷百业～。☛ 不要写作"雕零"。

【凋落】diāoluò 动 凋谢 ▷花叶～。☛ 不要写作"雕落"。

【凋萎】diāowěi 动 凋零枯萎。

【凋谢】diāoxiè ❶ 动 凋①。❷ 动 比喻人衰老死亡 ▷几十年前的伙伴多已相继～。☛ 不要写作"雕谢"。

貂 diāo 名 哺乳动物，身体细长，四肢短，尾巴粗，尾毛长而蓬松。种类很多，如紫貂、水貂等。

碉 diāo 名 碉堡 ▷明～暗堡|～楼。

【碉堡】diāobǎo 名 军事防御用的坚固建筑物，多用砖、石、混凝土等筑成，壁上设有射击孔、瞭望孔。

【碉楼】diāolóu 名 多层碉堡。

雕[1]（*鵰） diāo 名 大型猛禽，上嘴弯曲如钩，眼大而深，钩爪锐利有力，飞行能力和视力都很强。种类很多，如金雕、海雕、草原雕等。通称老雕。

雕[2]（*彫琱） diāo ❶ 动 雕刻 ▷柱头上～着狮子|～花。→ ❷ 名 指雕刻的艺术作品 ▷石～|冰～。

【雕版】diāobǎn ❶ 动 在木板或金属板上雕刻文字或图画，或用化学方法腐蚀出文字或图画，使成为印刷用的底版。❷ 名 供印刷用的雕刻好的底版。

【雕虫小技】diāochóng-xiǎojì 雕刻鸟虫书（秦代的一种字体，笔画像虫鸟形状）的技能。比喻微不足道的技能。☛"技"不要误写作"计"。

【雕花】diāohuā ❶ 动 把花纹、图案等雕刻在木器、石器等上面。❷ 名 指雕刻成的花纹、图案等。

【雕镌】diāojuān 动 雕刻①。

【雕刻】diāokè ❶ 动 在玉石、象牙、竹木等材料上刻画文字或形象 ▷～石狮子|～碑文。❷ 名 雕刻成的艺术品 ▷红木～|～展览。

【雕梁画栋】diāoliáng-huàdòng 饰有雕花、彩绘的栋、梁。常形容建筑物的富丽堂皇。

【雕漆】diāoqī 名 我国一类特种工艺。先用铜或木制作坯，再反复多次地在坯上涂漆料（以红色为主，也有黑色或彩色的），在尚未干透时雕刻形象、花纹等，然后烘干、磨光。也指用这种工艺制成的漆器。也说漆雕。参见插图 16 页。

【雕砌】diāoqì 动（写作时）雕琢堆砌（词句）▷文章用词要注重内容，不可～。

【雕饰】diāoshì ❶ 动 雕琢装饰 ▷在屏风上～四季景物。❷ 名 雕琢装饰成的图形、花纹等 ▷整个房屋没有任何～，显得十分朴素大方。❸ 动 刻意地修饰 ▷文字切忌～。

【雕塑】diāosù ❶ 动 雕刻和塑造的统称。用玉石、象牙、竹木、金属等雕刻或用石膏、泥土、水泥等塑造各种艺术形象。❷ 名 雕塑成的艺术品，包括圆雕和浮雕两大类 ▷大型～生动传神。

【雕像】diāoxiàng 名 雕刻成的人像或其他艺术形象。

【雕凿】diāozáo ❶ 动 用刀或凿子雕刻制作（形象）。❷ 动 雕琢② ▷行文过于～。

【雕琢】diāozhuó ❶ 动 雕刻琢磨（金玉等）▷这只生动活泼的蝈蝈是用玉石～而成的。❷ 动 刻意地修饰（文章）▷他的文章不事～。

鲷（鯛） diāo 名 鱼，体呈长椭圆形，背部略隆起，头大，口小。种类很多，如真鲷、黑鲷等。生活在海洋中。

diǎo

鸟（鳥） diǎo 同"屌"。旧小说、戏曲中常用作骂人的话。☛ 这个意义不读 niǎo。
另见 1003 页 niǎo。

屌 diǎo 名 男性外生殖器的俗称。

diào

吊[1]（*弔） diào ❶ 动 追悼死者或慰问死者家属 ▷～丧|～唁。→ ❷ 动〈文〉安慰；怜悯 ▷～民伐罪|形影相～。→ ❸ 动 追怀（古人或往事）▷凭～。

吊[2]（*弔） diào ❶ 动 悬挂 ▷大树上～着一口钟|～灯◇提心～胆。→ ❷ 动 把人或物体固定在绳子上，向上提或向下放 ▷用绳子把人～到悬崖下面|从井里～一桶水上来|～车。⇒ ❸ 动 收回 ▷～销。⇒ ❹ 动 将球从网上轻轻打到对方不易接到的位置 ▷～球|打～结合。→ ❺ 量 旧制货币单位，一般是 1000 个制钱或相当于 1000 个制钱的铜币为 1 吊。→ ❻ 动 给皮筒子缀上面子或里子 ▷～皮袄|～里子。

【吊膀子】diàobǎngzi 某些地区指男女调情（含贬义）。

【吊车】diàochē 名 起重机。

【吊窗】diàochuāng 名 一种旧式窗户，可以向上吊起。

【吊床】diàochuáng 名 两头吊在固定物上、中间悬空、可以躺卧的用具。多用绳网或帆布制作。

【吊打】diàodǎ 动 用绳索把人吊起来拷打。

【吊带】diàodài ❶ 名 围在腰间或腿上，从两侧垂下吊住袜子的带子。也说吊袜带。❷ 名 套在脖子上，垂在胸前，把受伤的手、臂吊在适当位置的带子 ▷左臂受伤，上了夹板和～。❸ 名 背带①。❹ 名 女式背心、裙装、泳装等吊在肩部的细带子。

【吊灯】diàodēng 名 从天花板等上垂挂下来的灯。

【吊顶】diàodǐng ❶ 动 安装天花板 ▷厨房和卫生间都要～。❷ 名 天花板。

【吊儿郎当】diào'erlángdāng 形〈口〉形容作风散漫、衣着不整或做事不负责任。

【吊杆】diàogān 名 利用杠杆原理把物品从低处提到高处的工具。

【吊钩】diàogōu 名 用来吊起物品的钩子。

【吊古】diàogǔ 动 凭吊古人、古迹，追思往昔 ▷～伤今，寄托心志。

【吊挂】diàoguà 动 悬挂① ▷穹顶中央～着豪华的组灯。

【吊诡】diàoguǐ 形 奇特；怪异 ▷一组～的数据|更～的是，这些事件往往得不到及时处理。

【吊柜】diàoguì 名 安装在墙面上部的柜子。

【吊环】diàohuán ❶ 名 体操器械，在架子的横杠上吊两条绳，下端各拴一个环。❷ 名 男子竞技体操项目，运动员两手握吊环，身体做出各种动作。

【吊祭】diàojì 动 吊唁祭奠 ▷清明节～故人｜诵诗～先烈。

【吊卷】diàojuàn 现在一般写作“调卷”。

【吊扣】diàokòu 动 收回并扣留（证件等）▷～执照。

【吊兰】diàolán 名 多年生常绿草本植物，叶丛生，长条形，从叶丛中长出细长下垂的花轴，春夏间开白花。可盆栽供观赏。

【吊楼】diàolóu ❶ 名 后部依山，前部用支柱凌空架起的房屋；也指后部用支柱架在水面上，前部建在岸上的房屋。也说吊脚楼。❷ 名 山区的一种用木桩作支柱、离开地面建起的木板房或竹楼，安有梯子供上下。

【吊民伐罪】diàomín-fázuì 安抚受苦受难的民众，讨伐罪恶的统治者。

【吊盘】diàopán 名 挖掘竖井或给竖井砌壁的工作台，悬吊在井筒中，可以升降。

【吊铺】diàopù 名 固定而悬空的简易铺位。

【吊桥】diàoqiáo ❶ 名 桥面可以吊起或放下的桥。多建在通航的河道上或护城河上以及军事据点前面。❷ 名 悬索桥。

【吊球】diàoqiú 动 排球等球类比赛时，球员有意将球吊入对方场内空当处，使对方来不及防备。

【吊丧】diàosāng 动 到死者家吊唁。

【吊嗓子】diàosǎngzi 歌唱演员或戏曲演员等在乐器伴奏下练嗓子（跟“喊嗓子”相区别）。也说吊嗓。

【吊扇】diàoshàn 名 悬挂式电扇。

【吊死鬼】diàosǐguǐ 名 迷信指上吊而死的人的鬼魂；也指上吊而死的人。

【吊死鬼儿】diàosǐguǐr 名 尺蠖的俗称。

【吊索】diàosuǒ 名 两端固定、悬空横挂的粗绳子或大铁链。

【吊桶】diàotǒng 名 提梁上系有绳子或竹竿，用来从井中或河中提水的桶。

【吊胃口】diàowèikǒu 设法引起人们的食欲；比喻设法使人产生兴趣、愿望。

【吊线】diàoxiàn 动 木工、瓦工干活儿时，在绳线下端吊重物而形成垂线，以求得垂直线或垂直面。

【吊销】diàoxiāo 动 收回并注销（执照、证件等）▷～资格证书。☛“销”不要误写作“消”。

【吊孝】diàoxiào 动 吊丧。

【吊唁】diàoyàn 动 祭奠死者并向其家属或有关方面表示慰问。

【吊装】diàozhuāng 动 建筑工程中把预制构件吊起来安装在预定的位置上。

【吊子】diàozi 名 一种烧水或煎药的器具。大口，有盖，有柄或提梁，形状像壶。用陶土、沙土或金属制成 ▷药～｜沙～｜银～。

钓（釣）diào ❶ 动 用装有钓饵的钩诱捕（鱼、虾等）▷～了一条大鱼。→ ❷ 动 用手段骗取 ▷沽名～誉。☛ 跟“钧（jūn）”“钩（gōu）”不同。

【钓饵】diào'ěr 名 诱鱼、虾等上钩的食物（如蚯蚓等）；比喻诱人上当的事物。

【钓竿】diàogān 名 钓鱼、虾等用的竿子，一端装有钓线，线端有钩。也说钓鱼竿、渔竿。

【钓钩】diàogōu 名 钓鱼、虾等用的钩，安在钓线的一端；比喻使人上当受骗的圈套。

【钓具】diàojù 名 钓鱼、虾等的用具，包括钓竿、钓线、钓钩等。

【钓线】diàoxiàn 名 钓鱼、虾等用的线或细绳，装在钓竿上，末端与钓钩连接。

【钓鱼】diàoyú 动 用钓竿捕鱼；比喻诱使别人上当。

窎（窵）diào 形〈文〉深远；遥远 ▷～远｜归来山路～。

调[1]（調）diào ❶ 动 使（人员、物品等）从一处移到另一处 ▷把他～到领导机关｜～兵遣将｜抽～。○ ❷ 动 调查 ▷内查外～｜函～。

调[2]（調）diào ❶ 名 标示乐音音高的名称。乐曲用什么音作 do（基音），就是什么调，比如现代乐谱中用 A 作 do 就是 A 调，传统乐谱中用“工”作基音就是“工”字调。→ ❷ 名 曲调，不同高低长短的声音配合起来组成的旋律，能表现一定的音乐意义 ▷这首歌的～很好听。⇒ ❸ 名 特指戏曲中成系统的曲调 ▷西皮～｜二黄～。⇒ ❹ 名 指说话的声音特点；口音 ▷他说话的～儿，不像北京人｜南腔北～。→ ❺ 名 比喻风格、才情等 ▷格～｜笔～｜情～。→ ❻ 名 指语音上的声调，即字音的高低升降 ▷～类｜～值。☛“调”字读 diào，指动作、行为时都与转移或调查有关，如“调动”“函调”。读 tiáo，形容和谐，如“协调”“失调”“风调雨顺”；引申为使调和，如“调节”“调理”“调味”；再引申为拨动、搬弄，如“调戏”“调唆”。

另见 1361 页 tiáo。

【调包】diàobāo 动 暗地里调换 ▷这批货物让人给～了。

【调兵遣将】diàobīng-qiǎnjiàng 调动兵力，派遣将领；借指调配人力。

【调拨】diàobō ❶ 动（物品）从一方调出拨付给另一方 ▷～救灾物资。❷ 动（人员）调动安

排 ▷这些民工全由你们～指挥。

【调查】diàochá 动 对实际情况进行考察了解 ▷～研究。

【调查报告】diàochá bàogào ❶ 调查研究后写出的报告。❷ 新闻体裁,对典型事件或重要问题进行采访调查后所写的报道文章。

【调档】diàodàng 动 调阅有关的档案资料 ▷人事处已发函～。

【调调】diàodiao ❶ 名 曲调 ▷好听的～。❷ 名 指论调 ▷你的～,毫无新鲜之意。

【调动】diàodòng ❶ 动 调换更动(人员、工作) ▷～队伍|～岗位。❷ 动 调集发动 ▷～各种积极因素促进事业发展。

【调度】diàodù ❶ 动 安排调遣 ▷车辆～有序。❷ 名 负责调度工作的人员。

【调防】diàofáng 动 换防 ▷上级已下令我部～。

【调干】diàogàn 动 调动干部 ▷～支援西部建设。

【调干生】diàogànshēng 名 从在职干部中抽调到高校等处去学习的学生。

【调函】diàohán ❶ 名 有关人员调动的公函。❷ 名 一个部门向另一个部门发出的请求协助对某人某事进行调查的公函。

【调号】diàohào ❶ 名 表示音节声调的符号。《汉语拼音方案》规定,普通话音节的阴平、阳平、上(shǎng)声、去声的调号分别是"ˉ""ˊ""ˇ""ˋ",轻声不标调号。❷ 名 音乐上指用来确定乐曲主音音高的符号。

【调虎离山】diàohǔ-líshān 诱使老虎离开自己在山中的巢穴。比喻运用计策,使对方离开所在地,以便己方乘机行事。

【调换】diàohuàn ❶ 动 相互对换 ▷～座位。❷ 动 更换 ▷公司经理～了好几位。

【调集】diàojí 动 调动使聚集 ▷～人力。

【调卷】diàojuàn 动 调阅案卷或考卷 ▷～审案|～录取新生。

【调类】diàolèi 名 声调的类别。古汉语的调类有四个,即平声、上(shǎng)声、去声、入声;普通话的调类有四个,即阴平、阳平、上(shǎng)声、去声。

【调离】diàolí 动 因调动而离开(原工作单位或岗位) ▷～工厂|～领导岗位。

【调令】diàolìng 名 对工作人员进行工作调动的命令。

【调门儿】diàoménr ❶ 名 音调的高低 ▷请你把～放低一点儿。❷ 名 指论调(多含贬义) ▷他们的～如出一辙。

【调派】diàopài 动 调动委派(干部) ▷县里已经～一批科技干部到乡镇工作。

【调配】diàopèi 动 调动配置 ▷合理～人力。➡ 跟"调(tiáo)配"不同。

【调遣】diàoqiǎn 动 调动派遣 ▷～人马。

【调任】diàorèn 动 调离原职,改任新职 ▷张科长已于近日～处长。

【调式】diàoshì 名 音乐上指以某个有稳定感的音(主音)为基础,按一定的音程关系,将高低不同的乐音组成的一个体系。

【调头】diàotóu 见321页"掉头"②。现在一般写作"掉头"。

【调研】diàoyán 动 调查研究 ▷～员。

【调演】diàoyǎn 动 文化主管部门抽调下属文艺团体集中演出文艺节目 ▷全国戏曲～。

【调用】diàoyòng 动 调动使用 ▷～3架飞机灭蝗。

【调阅】diàoyuè 动 提取文件、资料、案卷等进行查阅 ▷～档案。

【调运】diàoyùn 动 调拨并运送 ▷～农用物资。

【调值】diàozhí 名 声调的实际读法,即字音的高低升降。将字音的音高分为5度,普通话阴平的调值是55(从5度到5度)、阳平的调值是35、上声的调值是214、去声的调值是51。

【调职】diàozhí 动 调动职务;调离原有的工作单位或岗位,担任其他职务。

【调转】diàozhuǎn ❶ 动 调动使转换 ▷～工种。❷见321页"掉转"。现在一般写作"掉转"。

【调子】diàozi ❶ 名 曲调;音调 ▷舞曲的～。❷ 名 文章或讲话中带有的某种情绪 ▷文章的～过于低沉伤感。❸ 名 指论调 ▷这种～我们实在不敢苟同。

掉[1] diào ❶ 动〈文〉摆动;摇动 ▷尾大不～|～舌(指游说)|～臂而去。→ ❷ 动〈文〉摆弄;卖弄 ▷～文|～书袋。○ ❸ 动 回转 ▷汽车～头|～过脸来。→ ❹ 动 更换 ▷每天～着花样做饭|～过儿。

掉[2] diào ❶ 动 往下落 ▷～雨点儿|帽子～了。→ ❷ 动 落在后面 ▷永不～队。→ ❸ 动 遗漏;失去 ▷这行～了几个字|他像是～了魂似的。❹ 动 a)用在及物动词后,表示除去 ▷除～|忘～。b)用在不及物动词后,表示离开 ▷跑～|死～|挥发～。→ ❺ 动 降低;减损 ▷～价儿|～膘|～色(shǎi)。

【掉包】diàobāo 现在一般写作"调包"。

【掉膘】diàobiāo 动 牲畜由肥变瘦 ▷这个季节,要特别防止羊群～。

【掉秤】diàochèng 动 重新过秤时重量减少 ▷水果大批买进,零星卖出,怎么能不～呢?

【掉点儿】diàodiǎnr 动 (开始下雨时)落下零星的雨点儿 ▷已经～了,还不快走!

【掉队】diàoduì ❶ 动 跟不上行进中的队伍 ▷因腿部受伤而～。❷ 动 比喻跟不上客观形势 ▷他的思想观念有些～了。

【掉过儿】diàoguòr 动〈口〉(人或物)交换位置 ▷把组合柜和写字台掉个过儿。

【掉换】diàohuàn 现在一般写作“调换”。

【掉魂儿】diàohúnr 动 心神不定;极度恐惧 ▷吓得我都快～了。

【掉价】diàojià ❶ 动 价格下降。❷ 动 借指降低身份 ▷跟这种人在一起会使自己～。

【掉链子】diàoliànzi 自行车的链条掉下来,使得车不能行驶;比喻出现差错或故障,使得事情不能顺利进行 ▷秋收时供电可绝不能～|社会是个复杂的系统,一个环节～,势必牵一发而动全身。

【掉色】diàoshǎi 动 褪色① ▷这种料子不会～。☛“色”这里不读 sè。

【掉书袋】diàoshūdài 讥讽人动不动就引经据典,卖弄才学。

【掉头】diàotóu ❶ 动 转过头 ▷～一看。❷ 动(车、船等)转向相反的方向 ▷小船～返回。

【掉文】diàowén 动 说话时喜欢用文言词句;掉书袋 ▷说话别～,我不懂。

【掉以轻心】diàoyǐqīngxīn 形容对事情不重视;不在意。

【掉转】diàozhuǎn 动 转到与原来相反的方向 ▷～枪口,反戈一击。

铞(鍚) diào 见 866 页“钌(liào)铞儿”。

铫(銚) diào 名 铫子。另见 1363 页 tiáo;1600 页 yáo。

【铫子】diàozi 现在一般写作“吊子”。

蓧 diào 名 古代一种除草用的竹制农具 ▷以杖荷(hè)～。

藋 diào 名 古书上说的一种藜类植物。也说灰藋。

diē

爹 diē ❶ 名〈口〉父亲 ▷亲～亲娘|～妈。→ ❷ 名 某些地区对老年男子的尊称 ▷老～。

【爹爹】diēdie 名 某些地区对父亲的称呼。

跌 diē ❶ 动 摔④;摔倒 ▷～了一跤|～倒。→ ❷ 动 坠落 ▷～在水中|～落。❸ 动(价格、产量等)下降 ▷谷价～了|股市行情下～|～价。☛ 统读 diē,不读 dié。

【跌打损伤】diēdǎ-sǔnshāng 因跌跤或被打而造成的伤痛;泛指由外力造成的各种伤痛。

【跌宕】diēdàng ❶ 形〈文〉(性格)洒脱,不受约束 ▷～不羁。❷ 形 音调高低顿挫,富于变化 ▷琴声悠扬～。❸ 形 文章有起伏变化,不平铺直叙 ▷文章～有致。☛ 不要写作“跌荡”。

【跌倒】diēdǎo ❶ 动 摔倒。❷ 动 比喻受挫折;失败 ▷在哪里～,就在哪里爬起来。

【跌跌撞撞】diēdiēzhuàngzhuàng 形 形容走路不稳,像要摔倒的样子。

【跌份儿】diēfènr 动〈口〉丢脸;降低身份 ▷要努力学习,不要给父母～。

【跌风】diēfēng 名(价格等)下跌的势头。

【跌幅】diēfú 名(价格、产量等)下降的幅度 ▷近年来,彩电价格～不小。

【跌价】diējià 动 价格下降。

【跌跤】diējiāo ❶ 动 跌倒;摔跟头 ▷孩子学走路,难免要～。❷ 动 比喻犯错误或遭受挫折、失败 ▷～不怕,重要的是要能吸取教训。☛ 不要写作“跌交”。

【跌落】diēluò ❶ 动 向下掉落 ▷不小心从脚手架上～下来。❷ 动(价格、产量等)下跌。

【跌破】diēpò 动(价格等)下跌并突破了某个限度 ▷鸡蛋售价～去年最低值|这样不择手段,已～道德底线。

【跌势】diēshì 名(价格等)下跌的势头。

【跌水】diēshuǐ ❶ 名 地势突然下降处的水流 ▷雅鲁藏布大峡谷有多处大～和瀑布。❷ 名 渠道或排水沟通过陡峭地段时,为避免流水的剧烈冲刷,在水流跌落处修建的台阶或斜坡等过渡设施。

【跌停】diētíng 动 证券交易市场内,当日交易的股票下跌达到一定幅度时停止下跌。我国沪深两市规定,当日交易的股票下跌幅度不得超过昨日该股收盘价的10%(跟“涨停”相对)。

【跌眼镜】diēyǎnjìng 形容事情的发展或结果出乎意料,使人十分吃惊。☛ 前面常跟“大”连用。

【跌足】diēzú 动〈文〉跺脚 ▷～捶胸。

【跌坐】diēzuò 动 不由自主地坐下 ▷头突然发晕,她一下就～在台阶上了。

dié

迭 dié ❶ 动 轮换;交替 ▷更(gēng)～。→ ❷ 副 屡次 ▷高潮～起|～有发现。○ ❸ 动 赶上;赶得上(常用于否定) ▷后悔不～|忙不～。☛“迭”不是“叠”的简化字。跟“叠”不同。“迭”有轮换、交替等意思;“叠”有累积、折叠等意思。二者不能互换使用。

【迭出】diéchū 动 一次次出现 ▷新作～|怪事～。

【迭次】diécì 副 表示一次次地,相当于“屡次” ▷～出现惊险场面。

【迭起】diéqǐ 动 一次次兴起 ▷高潮～。

【迭现】diéxiàn 动 不断出现 ▷险情～。

【迭兴】diéxīng 动 迭起 ▷改革浪潮～。

垤 dié〈文〉❶ 名 蚂蚁做窝时堆在洞口的小土堆 ▷蚁～。→ ❷ 名 小土堆 ▷丘～。

昳 dié 动〈文〉太阳偏西；日落。
另见1637页yì。

咥 dié 动〈文〉咬；吃。
另见1477页xì。

绖（絰） dié 名 古代服丧时系在腰间或头部的麻布带子。

瓞 dié 名〈文〉小瓜 ▷瓜～绵绵（比喻子孙众多）。

谍（諜） dié ❶ 名 秘密刺探敌方或别国情报的人 ▷间（jiàn）～｜防～。→ ❷ 动 秘密刺探敌方或别国情报 ▷～报。

【谍报】diébào 名 侦察、刺探到的敌方或别国军事、政治等方面的情报。

堞 dié 名 堞墙 ▷城～｜雉～。

【堞墙】diéqiáng 名 城墙上凹凸状的矮墙。也说埤堄（pìnì）、箭垛。

耋 dié 名〈文〉七八十岁的年纪；泛指老年 ▷耄（mào）～之年。

喋[1] dié［喋喋］diédié 形 语言啰唆 ▷～不休。

喋[2]**（*啑）** dié［喋血］diéxuè 动（因杀人多）血流满地 ▷匪窟～。☛ ㊀不要写作"啑血""蹀血"。㊁"血"这里不读xiě。
另见1727页zhá。

嵽（嶫） dié［嵽嵲］diéniè 名〈文〉高山；山的高处。

楪 dié ❶ 古同"碟"①。○ ❷ 用于地名。如楪村，在广东。

殜 dié 动〈文〉病。

【殜殜】diédié 形〈文〉形容气息微弱的样子 ▷气息～。

牒 dié ❶ 名 古代书写用的木片、竹片等；泛指书籍 ▷史～｜谱～。→ ❷ 名 公文或凭证 ▷～文（公文）｜通～｜度～。

叠（*曡疊疉） dié ❶ 动 一层一层地往上加；累积 ▷重～｜堆～。→ ❷ 动 重复 ▷层见（xiàn）～出｜～韵。→ ❸ 动 折叠 ▷～被子｜～纸。○ ❹ 名 姓。☛ 参见321页"迭"的提示。

【叠床架屋】diéchuáng-jiàwū 床上叠床，屋下架屋。形容重复累赘。

【叠翠】diécuì 动（林木等）青翠层叠 ▷林木葱茏，秀竹～｜重峦～。

【叠放】diéfàng 动 一层压一层地放置。

【叠合】diéhé 动 重叠相合 ▷照片别～着放。

【叠加】diéjiā 动 一层加一层 ▷在图片上～文字说明。

【叠罗汉】diéluóhàn 体操、杂技表演项目，人上站人，重叠数层，构成各种造型。

【叠压】diéyā 动 一层又一层地压着 ▷这些衣服在箱子里～太久，都起皱了。

【叠印】diéyìn 动 影视艺术表现手法之一。把不同的两个或两个以上画面重叠地显现在银幕或荧屏上，以表现回忆、幻想或并列的形象。

【叠韵】diéyùn 名 汉语语音学上指两个或几个字韵腹和韵尾相同的现象。如：螳螂（tángláng）、徘徊（páihuái）。

【叠嶂】diézhàng 名 层层重叠的山峰（嶂：像屏障一样陡立的山）▷层峦～。

【叠字】diézì 名 修辞手法和构词方式，音、形、义相同的字连用，使形式整齐、语音和谐，并增强形象性。如"天苍苍、野茫茫"中的"苍苍""茫茫"。

碟 dié ❶ 名 碟子 ▷菜～儿｜搪瓷～儿。→ ❷ 名 指光盘 ▷买几张～。

【碟片】diépiàn 名 光盘的俗称。

【碟子】diézi 名 盛菜或放调料等的一种平底、小而浅的盘子。

褋 dié 名〈文〉单衣。

蝶（*蜨） dié 名 蝴蝶 ▷采茶扑～｜～泳。☛ 统读dié，不读tiě。

【蝶泳】diéyǒng ❶ 名 一种泳姿，因游动时身体好像蝴蝶飞动，故称。❷ 名 指这种游泳运动项目。

蹀 dié 动〈文〉踏；踩 ▷～足。

【蹀躞】diéxiè 动〈文〉小步行走；往来徘徊 ▷从容～｜～不前。

【蹀血】diéxuè 现在规范词形写作"喋血"。

螲 dié［螲蟷］diédāng 名 一种生活在地下的蜘蛛，体长约1厘米，黑褐色。所掘洞穴内布满蛛丝，穴口有圆盖。伺小虫经过，翻盖捕食；遇敌害，闭盖躲避。
另见1781页zhì。

鲽（鰈） dié 名 鱼，体侧扁，右侧暗褐色，左侧白色，两眼都在右侧。种类很多，主要生活在温带及寒带海洋中。可供食用和制取鱼肝油。

dīng

丁[1] dīng ❶ 名 天干的第四位。常用来表示顺序或等级的第四位。参见1354页"天干"。○ ❷ 名 姓。

丁[2] dīng ❶ 名 成年男子 ▷壮～｜成～。→ ❷ 名 从事某种专门性劳动或职业的人 ▷园～｜家～。→ ❸ 名 泛指人口；特指男孩儿 ▷人～兴旺｜添～。

丁³ dīng 动〈文〉遇到；遭逢 ▷～忧。

丁⁴ dīng 名（肉类、蔬菜等切成的）小方块 ▷肉～|萝卜～|炒三～。

另见 1753 页 zhēng。

【丁坝】dīngbà 名 一种与原河岸相连呈"丁"字形的坝。其功用是改变水流，保护堤岸，并使泥沙淤积成新坝田，逐渐造成新岸线等。在海岸的护岸保滩工程中，也常采用丁坝。

【丁部】dīngbù 名 集部。

【丁村人】dīngcūnrén 名 旧石器时代中期的古人类。1954 年在我国山西襄汾丁村发现门齿、臼齿化石，齿冠和齿根比北京猿人的细小，1976 年又于此发现顶骨化石。

【丁当】dīngdāng 现在一般写作"叮当"。

【丁点儿】dīngdiǎnr 量〈口〉表示极少或极小的量 ▷碗里只剩下一～菜|～空儿都抽不出来。

【丁东】dīngdōng 现在一般写作"叮咚"。

【丁冬】dīngdōng 现在一般写作"叮咚"。

【丁克】dīngkè 名 英语缩写词 DINK 音译。一种家庭生活方式，即年轻夫妇靠两人的收入生活，不生养孩子 ▷～夫妇|～家庭。

【丁零】dīnglíng 拟声 模拟铃声或小金属物的碰撞声 ▷门铃～～地响着。

【丁零当啷】dīngling-dānglāng 拟声 模拟金属、瓷器等连续碰撞的声音 ▷～的驼铃声。

【丁宁】dīngníng 现在规范词形写作"叮咛"。

【丁是丁，卯是卯】dīngshìdīng,mǎoshìmǎo 丁是天干第四位，卯是地支第四位，虽同是第四位，却不容混淆。形容做事认真，丝毫不含糊。

【丁税】dīngshuì 名 旧指按人口征收的税。也说丁赋。

【丁香】dīngxiāng ❶ 名 落叶灌木或小乔木，叶卵圆形或肾脏形，春夏季开紫花或白花。花也叫丁香，有香味，供观赏。○ ❷ 名 常绿乔木，叶长椭圆形，花淡紫色，果实长球形。生长于热带。花蕾可以做药材，种子可以榨制丁香油。

【丁忧】dīngyōu 动〈文〉遭逢父亲或母亲的丧事；泛指守丧 ▷～离任。也说丁艰。

【丁字尺】dīngzìchǐ 名 用木板或塑料板制成的像"丁"字形的绘图用尺。

【丁字钢】dīngzìgāng 名 横断面为"丁"字形的条状钢材。

【丁字街】dīngzìjiē 名 像"丁"字形的街道。

仃 dīng 见 873 页"伶(líng)仃"。

叮 dīng ❶ 动（蚊子等）用中空的针形口器吸（血液）▷让蚊子～了一个包。○ ❷ 动 追问 ▷我接连～了他好几句，他都答不上来。

【叮当】dīngdāng 拟声 模拟金属、瓷器、玉石等碰撞的声音 ▷驼铃～。

【叮咚】dīngdōng 拟声 模拟金属、玉石等碰撞或水滴落的声音 ▷泉水～。

【叮咛】dīngníng 动 反复嘱咐 ▷临行前，妈妈再三～，到了那儿一定要常写信来。☛ ㊀不要写作"丁宁"。㊁跟"叮嘱"不同。"叮咛"强调反复多次，可用于平辈之间；"叮嘱"强调语重心长，多用于长辈对晚辈或上级对下级。

【叮问】dīngwèn 动 反复问；追问 ▷～他好几次，他都推说不知道。

【叮咬】dīngyǎo 动 叮①。

【叮嘱】dīngzhǔ 动 谆谆嘱咐 ▷师傅～干活儿要特别注意安全。☛ 参见本页"叮咛"的提示㊁。

玎 dīng 见下。

【玎珰】dīngdāng 现在一般写作"叮当"。

【玎玲】dīnglíng 拟声〈文〉模拟玉石等相互碰撞的声音 ▷环珮～。

盯 dīng 动 目光久久地集中在一点上；注视 ▷两眼直～着黑板|～住来人仔细打量。

【盯防】dīngfáng 动 指足球、篮球等球类比赛中，为了有效地防守，紧紧盯住对方的队员。

【盯梢】dīngshāo 动 暗中尾随别人，监视其行动 ▷甩掉了～的特务。

【盯视】dīngshì 动 注视；目不转睛地看 ▷～着远方的灯塔。

町 dīng 用于地名。如畹町（wǎndīng），在云南。

另见 1371 页 tǐng。

钉（釘） dīng ❶ 名 钉子① ▷图～|螺丝～|鞋～。→ ❷ 动 紧跟着或紧挨着（某人）▷～着他，别让他跑了。❸ 动 督促；紧逼 ▷不要天天～着孩子做作业|你要～着问，一定要问出结果。

另见 326 页 dìng。

【钉齿耙】dīngchǐbà 名 用大铁钉做齿的耙。用牲畜或拖拉机牵引着弄碎土块，平整地面。☛ "耙"这里不读 pá。

【钉锤】dīngchuí 名 小型锤子，锤头柱形，用于钉(dìng)钉子；有的锤尾扁平或稍弯，中间有窄缝，用于起钉子。

【钉螺】dīngluó 名 螺的一种。壳小，圆锥形，卵生，生活在温带或亚热带的河湖沿岸或稻田里，水陆两栖。是传染血吸虫病的主要媒介。

【钉耙】dīngpá 名 安有铁钉齿的耙子。手持用来打碎土块儿、平整土地等。

【钉梢】dīngshāo 现在一般写作"盯梢"。

【钉是钉，铆是铆】dīngshìdīng,mǎoshìmǎo 现在一般写作"丁是丁，卯是卯"。

【钉鞋】dīngxié ❶ 名 底上钉有圆头铁钉的旧式

防滑雨鞋，鞋帮用布或皮制成，涂上桐油，以防渗水。❷ 名 底上有钉子或钉状物的跑鞋和跳鞋，多为田径运动员所用。

【钉子】dīngzi ❶ 名 金属或竹木等制成的细条形尖头物件。用于固定、连接物体或悬挂物品等。❷ 名 比喻解决问题的障碍 ▷找他准会碰～|～户。❸ 名 比喻安插在敌方内部的人 ▷他是我们安插在敌人内部的～。

【钉子户】dīngzihù 名 指在房屋拆迁或土地征用过程中像钉子钉在原地一样不愿搬迁的住户或单位；泛指应该配合而拒绝配合某项工作，成为严重障碍的个人或单位。

疔 dīng 名 中医指病理变化快并引起全身症状的一种毒疮。形小根深，坚硬如钉，多长在颜面和四肢末梢。也说疔疮。

耵 dīng ❶［耵聍］dīngníng 名 外耳道内耵聍腺分泌的蜡状物质。通称耳垢。俗称耳屎。○ ❷ 名 姓。

酊 dīng 名 拉丁语 tinctura 音译。指酊剂 ▷碘～|颠茄～。

另见 325 页 dǐng。

【酊剂】dīngjì 名 把化学药物溶解在酒精里或把生药浸在酒精里而制成的药剂。简称酊。

dǐng

顶（頂） dǐng ❶ 名 头的最上部 ▷头～|秃～。→ ❷ 名 物体的最上部 ▷放在柜子～上|房～。⇒ ❸ 名 上限；最高点 ▷产量已经到～了|奖金不封～。⇒ ❹ 副 表示最高程度，相当于“最”“极” ▷～好|～难看。⇒ ❺ 量 用于某些带顶的东西 ▷一～帽子|一～花轿。参见插图 13 页。→ ❻ 动 用头承载或承受 ▷头上～着瓦罐|～着太阳赶路。⇒ ❼ 动（用东西）支撑或抵住 ▷用木杠～住歪斜的墙|把大门～上。❽ 动 承担；支持 ▷这些工作一个人～不下来|水势猛，大坝～不住了。⇒ ❾ 动 抵得上；相当 ▷三个臭皮匠，～个诸葛亮|一个～俩。❿ 动 代替 ▷这是次品，～不了正品。⓫ 动 转让或取得企业经营权或房屋、土地租赁权 ▷房子～给别人了。→ ⓬ 动 用头撞击 ▷这头牛好(hào)～人。⇒ ⓭ 动 面对着；迎着 ▷～风冒雪|～着困难前进。⇒ ⓮ 动 用言语顶撞 ▷我～了他几句|～嘴。⇒ ⓯ 动 从下面向上拱 ▷幼芽～出地面。○ ⓰ 名 姓。

【顶班】dǐngbān ❶ 动 代替别人上班 ▷他请假，我给他～。❷ 动 在岗位上干一个劳动力应完成的活 ▷师傅年纪大了，可还在～劳动。

【顶板】dǐngbǎn ❶ 名 矿井中巷道顶上的岩石层。❷ 名 紧靠在矿层之上的岩石。❸ 名 室内的天花板。

【顶包】dǐngbāo 动 暗中替换；也指代人受过 ▷用假的～|警方已找到涉事司机被～的证据。

【顶层】dǐngcéng 名 最上头的一层 ▷这座饭店的～有旋转餐厅。

【顶层设计】dǐngcéng shèjì 工程学上指从最高层次上统筹规划某工程各步骤、各项目等的实施；泛指围绕高效实现某重大事项的总体目标，从全局角度权衡相关各方面、各层次、各要素等，进行统筹规划。

【顶灯】dǐngdēng ❶ 名 安装在汽车车顶上的灯。多用来标志车辆用途。❷ 名 安装在房间顶部的灯。

【顶巅】dǐngdiān ❶ 名 山顶；山巅。❷ 名 物体的顶端 ▷宝塔～。❸ 名 事物发展的极点 ▷事业发达的～。

【顶点】dǐngdiǎn ❶ 名 最高点；最高限度 ▷登上高山的～。❷ 名 数学上指角的两条边的交点或锥体的顶尖。

【顶端】dǐngduān ❶ 名 物体顶上的部分 ▷高楼～装有避雷针。❷ 名 物体的尽头或末尾 ▷步行到丁字街的～。

【顶多】dǐngduō 副 表示最大限度 ▷～派给你 5 个人。

【顶风】dǐngfēng ❶ 动 逆着风 ▷～踏雪。❷ 名 迎面而来的风 ▷船刚开出，就遇上了～。❸ 动 比喻公然对抗正在大力推行的政策法律等 ▷～作案。

【顶峰】dǐngfēng ❶ 名 山的最高部分。❷ 名 比喻事物发展的最高点 ▷攀登工程技术的～。

【顶缸】dǐnggāng 动 指代人受过或承担责任。

【顶岗】dǐnggǎng 动 顶班①。

【顶杠】dǐnggàng ❶ 名 用来支承物体的杠子 ▷用～把要倒的墙顶住。❷ 动〈口〉顶替别人受过 ▷他这是在替自己的上司～。❸ 动〈口〉争辩；抬杠 ▷先把别人的话听完，别急着～。

【顶格】dǐnggé ❶ 动 一行字的开头不留空格。❷ 名 最高规格；最高标准 ▷～的待遇|依法依规～处理。

【顶骨】dǐnggǔ 名 头部顶端的骨头，左右各一块，近似长方形，相互对称。

【顶呱呱】dǐngguāguā 形 极好；好极了。

【顶刮刮】dǐngguāguā 现在一般写作“顶呱呱”。

【顶柜】dǐngguì ❶ 名 放在立柜上面和立柜组成一体的柜子。❷ 名 吊柜。

【顶级】dǐngjí 形 最高级的 ▷～龙井|～专家。

【顶尖】dǐngjiān ❶ 名 物体顶部的尖端 ▷电视塔的～。❷ 名 顶心 ▷掐掉～才能多结棉桃。❸ 形 水平最高的 ▷～人才。

【顶角】dǐngjiǎo 名 数学上指三角形中跟底边相对的角;锥体中跟底面相对的立体角。

【顶礼膜拜】dǐnglǐ-móbài 双手合掌,高举过顶,然后跪下,用头顶住受礼人的脚。原为佛教徒对佛最虔诚的礼仪,现多用来形容崇拜到了极点。

【顶梁柱】dǐngliángzhù 名 支撑大梁的立柱;比喻起支撑作用的骨干力量 ▷他是家里的～。

【顶楼】dǐnglóu 名 楼房中最高的一层。

【顶门儿】dǐngménr 名 头顶的前部。

【顶门杠】dǐngméngàng 名 顶住大门的杠子;比喻阻碍事业发展的势力 ▷不要当改革开放的～。也说顶门棍。

【顶门立户】dǐngmén-lìhù 独立承担家庭责任。

【顶命】dǐngmìng 动 偿命。

【顶牛儿】dǐngniúr ❶ 动 两头牛头部相顶;比喻双方争执不下或发生冲突 ▷有话好好说,别～。❷ 动 骨牌的一种玩法,两人或数人轮流出牌,点数相同的一头互相衔接,轮到出牌时出不了可衔接牌的人从手里选一张牌扣下,以终局不扣牌或所扣牌点数最少者为胜。也说接龙。

【顶盘】dǐngpán 动 把因亏损等原因而出售的工厂、商店等全盘买下,继续经营。

【顶棚】dǐngpéng 名 中式建筑加在室内房顶下的天棚,用木板或苇箔、秫秸等搭成,在上面抹灰或糊纸,起装饰和保温等作用。

【顶事】dǐngshì 形 顶用 ▷这副老花镜戴着真～。

【顶数】dǐngshù ❶ 动 凑数 ▷不该用次品～骗人。❷ 动 算数(多用于否定) ▷应该说到做到,不能说完了不～。

【顶替】dǐngtì 动 替代其他人、物 ▷冒名～。

【顶天立地】dǐngtiān-lìdì 头顶着天,脚踏着地。形容形象雄伟高大,气概非凡。

【顶头】dǐngtóu ❶ 动 迎头;当头 ▷遇上～风,自行车很难骑。❷ 名 尽头;末尾 ▷他家就在这条胡同的～。

【顶头上司】dǐngtóu shàngsi 指直接领导自己的上级。

【顶位】dǐngwèi 名 峰位。

【顶心】dǐngxīn 名 棉花等农作物主茎顶端最细嫩的部分。也说顶尖。

【顶芽】dǐngyá 名 植物茎枝顶端的嫩芽。

【顶用】dǐngyòng 形 形容有一定用处或作用 ▷新招聘来的这几位年轻人确实～｜净说些废话,顶什么用?

【顶账】dǐngzhàng 动 抵债。☛ 不要写作"顶帐"。

【顶真】dǐngzhēn 名 修辞手法,下一句开头的词语与前一句末尾的词语相同,使句子头尾相连,衔接紧凑。如"有翼的床头仿佛靠着个谷仓,谷仓前边有几口缸,缸上面有几口箱,箱上面有几只筐"。

【顶针】dǐngzhen 名 做针线活儿用的一种圆箍状用具,用金属或其他材料制成,上面有很多小窝。套在手指上,用来顶住针鼻儿,使针容易扎进,而手指不致顶伤。

【顶职】dǐngzhí 动 顶替他人的职务;特指一些部门或企业的职工在退休时,子女按规定顶替其编制进入该部门或企业工作。

【顶珠】dǐngzhū 名 清朝官帽帽顶正中的圆珠。珠的质料和颜色表示官阶的高低。也说顶子。

【顶撞】dǐngzhuàng 动 用强硬不合体的话语反驳(多指对长辈或上级) ▷这样～伯伯太不礼貌。

【顶子】dǐngzi ❶ 名 建筑物等的顶部。❷ 名 顶珠。

【顶嘴】dǐngzuǐ 动 还嘴;争辩(多指对长辈或上级) ▷自己没理,还偏要～。

【顶罪】dǐngzuì ❶ 动 替人承受罪责或过失 ▷自己做错了事,不能让别人～。❷ 动 抵消罪责 ▷不能用罚款来～。

酊 dǐng 见 965 页"酩(mǐng)酊"。
另见 324 页 dīng。

鼎 dǐng ❶ 名 古代炊器,多为圆腹三足两耳,也有方形四足两耳的,用于煮、盛食物 ▷铜～｜陶～｜钟～。参见插图 15 页。→ ❷ 名 象征王位或政权(相传夏禹铸九鼎,历商至周,都作为传国的重器) ▷问～｜定～。❸ 形 大 ▷～力相助。○ ❹ 副〈文〉表示动作在进行中或状态在持续中,相当于"正""正在" ▷～盛。☛ 笔顺是 ⺊ 目 ... 鼎(12 画)。

【鼎鼎大名】dǐngdǐng-dàmíng 大名鼎鼎。

【鼎沸】dǐngfèi 形 像水在鼎里沸腾一样喧闹、混乱 ▷集市上人声～。

【鼎革】dǐnggé 动〈文〉鼎新革故,指改朝换代或重大改革 ▷天地～,万类维新。

【鼎力】dǐnglì 副 敬词,大力。用于请求或感谢别人帮助 ▷～相助。

【鼎立】dǐnglì 动 (三种势力)像鼎的三条腿那样立着 ▷三国～。

【鼎盛】dǐngshèng 形 正值昌盛,强盛 ▷国势～。

【鼎新】dǐngxīn 动〈文〉更新 ▷革故～。

【鼎峙】dǐngzhì 动〈文〉(三种势力)像鼎的三条腿那样对峙 ▷三国～,群雄逐鹿。

【鼎助】dǐngzhù 动 敬词,指鼎力相助 ▷恳请先生～。

【鼎足】dǐngzú 名 鼎的三条腿;比喻三方对峙的态势 ▷～之势｜～而立。

dìng

订(訂) dìng ❶ 动〈文〉评议;评定 ▷～千古是非。→❷ 动 改正(书面材料中的错误) ▷～正|考～|增～。→❸ 动 研讨或协商后(把计划、章程、合同等)确定下来 ▷～计划|制～|签～。❹ 动 经商讨或按一定程序约定 ▷～购|～货|～婚。〇❺ 动 用线或铁丝等把零散书页或纸张装订成册 ▷～一个本儿|装～|～书机。☛ ㊀统读 dìng,不读 dīng。㊁参见本页"定"的提示。

【订单】dìngdān 名 预约购货的单据或合同 ▷厂方收到大量～。☛ 不要写作"定单"。

【订购】dìnggòu 动 预约购买(物品等) ▷～教材。

【订户】dìnghù 名 预先付款而得到按时供应(报刊或其他物品)的个人或单位 ▷报刊～|牛奶～。☛ 不要写作"定户"。

【订婚】dìnghūn 动 男女双方在结婚之前约定婚姻关系。☛ 不要写作"定婚"。

【订货】dìnghuò ❶ 动 订购货物 ▷如需要,请提前～。❷ 名 订购的货物 ▷～已收到。☛ 不要写作"定货"。

【订交】dìngjiāo 动 彼此结为朋友。

【订金】dìngjīn 名 预付的部分货款,有某种承诺的意思,但在法律上不具有担保合同履行的作用。☛ 跟"定金"不同。

【订立】dìnglì 动 把协商一致的结果用书面形式确定下来 ▷～经济合同|两国～友好条约。

【订亲】dìngqīn 现在一般写作"定亲"。

【订书机】dìngshūjī ❶ 名 将散页纸用订书钉订在一起的小型文具。❷ 名 装订书刊用的专用机械。

【订位】dìngwèi 动 预订座位、铺位等 ▷生意红火,～已排到节后|在餐厅订了位。

【订约】dìngyuē 动 订立条约、契约等。

【订阅】dìngyuè 动 预先付款订购将要出版的报纸、期刊等 ▷喜欢本刊的读者,请速到邮局～。☛ 不要写作"定阅"。

【订正】dìngzhèng 动 把文字或计算中的错误改正过来 ▷文章错漏之处请予～|～错误。

钉(釘) dìng ❶ 动 把钉子或楔子打入他物,以起到固定或连接等作用 ▷～钉(dīng)子|～马掌|在地上～个橛子。→❷ 动 缝缀(在别的物体上) ▷～扣子。

另见 323 页 dīng。

【钉书机】dìngshūjī 现在一般写作"订书机"。

定 dìng ❶ 形 安稳;平静 ▷等大家坐～了再讲|心神不～|镇～。→❷ 动 使稳固、稳定;使镇静 ▷安邦～国|～了～神。❸ 动 确定;决定 ▷事情还～不下来|商～。⇒❹ 形 确定不变的 ▷～局|～理|～论。❺ 副 表示肯定或必然 ▷～能成功|～有缘故。⇒❻ 动 先期确定 ▷～了酒席|～做|～金。⇒❼ 形 已经约定或规定了的 ▷～额|～价。〇❽ 名 姓。☛ "定"⑥和"订"④意义和用法不完全相同:"定"侧重于确定的结果;"订"侧重于商讨的过程。故"定案""定编""定产""定额""定稿""定价""定量""定期"等用"定";"订单""订户""订婚""订货""订阅"等用"订"。

【定案】dìng'àn ❶ 动 对案件、事件、方案等作出判定或结论 ▷证据不足,不可～。❷ 名 已作出判定或结论的案件、事件、方案等 ▷有～可查。

【定本】dìngběn 名 校订改正后确定下来的稿本或版本。

【定编】dìngbiān ❶ 动 确定机构或人员编制 ▷定岗～。❷ 名 确定的机构或人员编制 ▷我们单位小,～只有 25 人。

【定产】dìngchǎn 动 确定产量 ▷先了解市场的需求,再以需～。

【定场白】dìngchǎngbái 名 戏曲表演程式,主要角色第一次出场念完引子和定场诗以后,自我介绍的独白。

【定场诗】dìngchǎngshī ❶ 名 戏曲表演程式,主要角色第一次出场念完引子后所念的诗,一般为七言四句,用以介绍剧情。❷ 名 某些曲艺的传统表演程式,较长篇的曲目正式说唱前所念的诗,一般为七言四句或八句,用以引起观众兴趣。

【定单】dìngdān 现在规范词形写作"订单"。

【定当】dìngdāng 副 一定要 ▷～前往拜访。

【定当】dìngdàng 形 某些地区指停当;妥当 ▷一切处理～,请放心。☛ 一般用作补语。

【定点】dìngdiǎn ❶ 动 确定某个地点或单位 ▷～销售|～生产。❷ 区别 有固定时间的 ▷火车的开停都是～的。❸ 区别 有固定地点或对象的 ▷医保～药店|～供货单位。

【定调子】dìngdiàozi 唱歌或演奏时先定准音调;借指事前确定必须共同遵守的说法或做法 ▷既然是讨论,就不要先～,让大家畅所欲言。

【定鼎】dìngdǐng 动〈文〉指定都或建国。因相传夏禹铸九鼎,作为传国重器,保存在王朝建都的地方,故称 ▷～北京|～九州。

【定都】dìngdū 动 确定首都(在某地) ▷中华人民共和国～北京。

【定夺】dìngduó 动 决定可否或取舍 ▷究竟怎样做,请领导～。

【定额】dìng'é ❶ 动 规定数量 ▷～培养人才|

分省～录取。❷ 名 规定的数量 ▷劳动～。

【定岗】dìnggǎng 动 确定工作岗位 ▷定编～。

【定稿】dìnggǎo ❶ 动 修改确定稿子 ▷本书在6月底以前～。❷ 名 最后确定的稿子。

【定格】dìnggé ❶ 动 影视艺术表现手法之一。活动的镜头突然停止，能产生时空凝固的艺术效果，用以强调特定情景。❷ 动 泛指把标准或格式固定下来 ▷文学创作不应～在一个模式上。❸ 名 固定的格式 ▷你怎么想的就怎么说，没有什么～。

【定购】dìnggòu ❶ 动 由国家预先确定价格和数量等，然后统一收购 ▷～粮食｜～棉花。❷ 见326页"订购"。现在一般写作"订购"。

【定规】dìngguī 名 既定的规章制度 ▷每周一召开生产碰头会，已成～。

【定户】dìnghù 现在规范词形写作"订户"。

【定滑轮】dìnghuálún 名 滑轮的一种。滑轮转动时轴心位置固定不变，作用是改变力的方向（跟"动滑轮"相区别）。

【定婚】dìnghūn 现在规范词形写作"订婚"。

【定货】dìnghuò 现在规范词形写作"订货"。

【定级】dìngjí 动 确定级别或等级 ▷给产品～。

【定计】dìngjì 动 预先确定好计策 ▷～擒顽敌。

【定价】dìngjià ❶ 动 确定价格 ▷自行～。❷ 名 确定的价格。

【定见】dìngjiàn 名 确定不移的看法或认识 ▷对这个问题我现在还没有什么～。

【定金】dìngjīn 名 履行合同的保证金。一方当事人为保证履行合同而先行付给对方的款项，具有法律效力，对收与付的双方都形成约束。也说定钱。☛ 跟"订金"不同。

【定睛】dìngjīng 动 眼珠不动，集中视线 ▷～一看，这正是我找的那本书。

【定居】dìngjū 动 在某个地方长期居住下来 ▷～在上海｜长期逐水草而居的牧民现多已～。

【定居点】dìngjūdiǎn 名 牧民等经常流动的人口定居的地点。

【定局】dìngjú ❶ 名 确定下来的局势 ▷胜利已成～。❷ 动 作最后决定 ▷此事请从速～。

【定礼】dìnglǐ 名 彩礼。

【定理】dìnglǐ ❶ 名 已被证明可以作为原则或规律的命题或公式 ▷勾股～。❷ 名 确定不移的道理；公理 ▷优胜劣败，这是～。

【定力】dìnglì 名 佛教用语，指清除烦恼、妄想的功力；现多指控制自己欲望和行为的能力 ▷在诱惑面前保持～｜心中有～，身上有干劲。

【定例】dìnglì 名 沿用下来的常规；惯例 ▷周一开班务会已成～。

【定量】dìngliàng ❶ 动 规定数量 ▷按人～。❷ 名 规定的数量 ▷～偏高｜完成～。❸ 动 测定物质所含某种或某些种成分的数量 ▷～分析。

【定量分析】dìngliàng fēnxī 分析化学中指测定物质中各成分含量的分析；泛指对事物作精确的、有数量规定的分析（跟"定性分析"相区别）。

【定律】dìnglǜ 名 科学上指被实践证明的、反映事物在一定条件下发展变化规律的论断。如物质不灭定律、能量守恒定律。

【定论】dìnglùn 名 确定的论断 ▷此事尚无～。

【定苗】dìngmiáo 动 最后一次间苗时，按一定株距留下苗壮的幼苗，除去多余的苗。

【定名】dìngmíng 动 确定名称 ▷给新产品～。

【定盘星】dìngpánxīng ❶ 名 秤杆上标志起算点（重量为零）的第一颗星。❷ 名 比喻办事的基准和一定的主意 ▷不管别人怎么说，他心里自有～。‖也说准星。

【定评】dìngpíng 名 确定的评价 ▷他的为人大家早有～。

【定期】dìngqī ❶ 动 确定日期 ▷哪天举行落成典礼尚未～。❷ 区别 有一定期限的；限定期限的 ▷～存单｜～航班。

【定钱】dìngqián 名 定金。

【定亲】dìngqīn 动 确定婚姻关系（旧时多由父母作主）。

【定情】dìngqíng 动 确定爱情关系 ▷这是他送给她的～信物。

【定然】dìngrán 副 必然；一定 ▷此议提出，局长～首肯。

【定神】dìngshén ❶ 动 把注意力集中起来 ▷～凝视。❷ 动 使心情安定 ▷他刚坐下来还没～，催货的电话就又打来了。

【定时】dìngshí ❶ 名 一定的时间 ▷生活起居要有～。❷ 动 规定时间 ▷一日三餐，～定量｜～作息。

【定时器】dìngshíqì 名 能按预定时间接通或关闭电路的装置。

【定时炸弹】dìngshí zhàdàn ❶ 由定时器控制雷管，按预定时间自动引爆的炸弹。❷ 比喻隐患 ▷案件的破获等于挖掉了一颗～。

【定式】dìngshì 名 长时间形成的固定的方式、模式 ▷思维～｜打破～。

【定势】dìngshì ❶ 名 确定的发展态势 ▷已成～。❷ 名 由一定的心理活动所形成的准备状态，它决定同类后继心理活动的趋势。

【定数】dìngshù ❶ 名 规定的数额 ▷捐款没有～，全凭自觉。❷ 名 迷信指决定兴衰荣辱祸福吉凶的不可知的力量。

【定说】dìngshuō 名 确定的说法；结论。

【定损】dìngsǔn 动 根据保险合同，由保险公司确定被保险人的损失是否属于保险责任及损失的大小（据以确定理赔与否及理赔数额）▷先～，再理赔。

【定位】dìngwèi ❶ 动 用仪器测定物体所在的位置；设定事物的地位 ▷用 X 光～｜本书读者～在中小学生。❷ 名 测定的或设定的位置 ▷每人都有自己的～，各负其责。

【定息】dìngxī 名 利率固定的利息；特指 1956 年我国在私营工商业公私合营后，根据合营时核实的私股股额，在一定时期内由国家按固定利率每年发给私股持有者的利息。

【定弦】dìngxián ❶ 动 调整乐器上弦的松紧以确定音高。❷ 动 比喻拿定主意 ▷这事该如何处理，他还没～呢。

【定向】dìngxiàng ❶ 动 确定或测定方向 ▷工作要先～｜～仪。❷ 区别 有确定方向或目标的 ▷～培养｜～天线。

【定向爆破】dìngxiàng bàopò 能使爆破对象倒向指定方向的爆破。多用于旧建筑物拆除、矿山开采和公路建设等。

【定向培养】dìngxiàng péiyǎng 根据用人单位的要求培养人才，被培养的人员毕业、结业后须回到原单位工作。

【定向培育】dìngxiàng péiyù 根据生物生长规律，创造适当的培育条件，使动物、植物或微生物等的遗传性向适应人类需要的方向发展。

【定向生】dìngxiàngshēng 名 定向培养的学生。

【定向天线】dìngxiàng tiānxiàn 在特定方向上集中辐射或接收无线电波的天线。可以提高通信效率，减少干扰，改善通信质量。广泛用于远距离定点通信、卫星通信、雷达、无线电定位等方面。

【定项】dìngxiàng ❶ 动 确定要实施的项目 ▷尚未～的工程不能开工。❷ 名 已经被确定要实施的项目 ▷我所今年有三个科研～。

【定销】dìngxiāo 动 确定销售额 ▷以产～。

【定心】dìngxīn 动 心绪安定；放心。

【定心丸】dìngxīnwán 名 能使心绪安定的药丸；比喻能使心绪安定的政策、话语或行为等 ▷这一承诺给大家吃了～。

【定刑】dìngxíng 动 审判机关判定罪犯应受到哪种刑罚 ▷～准确，量刑适当。

【定型】dìngxíng ❶ 动 事物的形态、特点等形成并固定下来 ▷产品已经～。❷ 区别 形式、型号固定的 ▷～产品。

【定性】dìngxìng ❶ 动 测定物质所含的成分和性质 ▷～研究｜～分析。❷ 动 确定问题的性质（多指错误或罪行）▷这个案子～为渎职罪。

【定性分析】dìngxìng fēnxī 分析化学中指只鉴定物质中含有哪些元素、离子等，但不确定其含量；泛指对事物的性质进行分析而不作量的规定（跟"定量分析"相区别）。

【定义】dìngyì ❶ 名 对于一种事物的本质特征或一个概念的内涵和外延所作的确切表述。最有代表性的定义是"种差＋属"定义，即把某一概念包含在它的属概念中，并揭示它与同一个属概念下的其他种概念之间的差别。❷ 动 下定义 ▷把货币～为固定的一般等价物。

【定音】dìngyīn 动 确定音调；比喻对某件事情作出最后决定 ▷一锤～。

【定音鼓】dìngyīngǔ 名 主要用于交响乐队的一种铜制打击乐器。形状像锅，鼓面蒙皮，装有螺旋，能松紧鼓面以调节鼓音的高低。参见插图 11 页。

【定影】dìngyǐng 动 把经过显影的感光材料放入化学溶液中，溶去未感光的银盐，使显出的影像固定下来。

【定于一尊】dìngyúyīzūn 原指皇帝是天下最高的权威，一切由皇帝决定（一尊：唯一的权威）；后泛指学术研究、思想道德等方面，以权威人士的说法或做法作为标准。

【定语】dìngyǔ 名 语法学指名词性偏正短语里的修饰语。其作用是从领属、时间、处所、数量、性质等方面修饰、限制后面的中心语。如"我们学校""新的面貌""五辆汽车"中的"我们""新""五辆"都是定语。

【定员】dìngyuán ❶ 动 规定人员的数目 ▷定岗～。❷ 名 规定的人员的数目 ▷车厢的～为 118 人。

【定则】dìngzé 名 公认的规定或法则。

【定植】dìngzhí 动 把树苗或农作物秧苗从苗圃（或温床）里移到栽种的地方 ▷移苗～。

【定址】dìngzhǐ ❶ 动 选定工程所在地 ▷化纤厂～西郊。❷ 名 固定的地址 ▷居无～。

【定制】dìngzhì ❶ 名 定下来的制度 ▷中央电视台每年举行春节联欢晚会似乎已成～。❷ 动 定做 ▷这些家具都是～的。

【定准】dìngzhǔn ❶ 名 确定的标准或规律 ▷他的话自相矛盾，没有～。❷ 动 确定 ▷上场队员还没有～。❸ 副〈口〉一定；肯定 ▷我想，你～不会去。

【定子】dìngzǐ 名 电动机、发电机中固定在外壳上的不动的部分，一般由硅钢片和线包构成（跟"转子"相区别）。

【定罪】dìngzuì 动 法院根据犯罪行为依法认定罪名 ▷～量刑。

【定做】dìngzuò 动 专为某人或某事制作 ▷这套衣服是～的。

飣 dìng［飣餖］dìngdòu 动〈文〉餖飣。

萣 dìng 用于地名。如茄萣,在台湾。

啶 dìng 音译用字,用于"吡啶""嘧啶"等。

铤(鋌) dìng ❶ 名〈文〉未经冶炼的铜铁矿石。○ ❷古同"锭"。

另见 1371 页 tǐng。

腚 dìng 名 某些地区指臀部 ▷光~。

碇(*矴椗) dìng 名 船停泊时在岸上系住船身的石礅 ▷启~。

锭(錠) dìng ❶ 名 旧时作货币用的浇铸成形的金块、银块 ▷金~|银~。→ ❷ 名 锭状的东西(多指金属或药物) ▷钢~|铝~|至宝~(中成药名)。❸ 量 用于锭状物 ▷一~银子|两~墨。○ ❹ 名 纺纱机上绕纱的机件 ▷纱~。

【锭子】dìngzi 名 纱锭。

diū

丢 diū ❶ 动 扔;抛弃 ▷瓜子皮不要~在地上|~掉幻想。→ ❷ 动 放下;搁置 ▷心里老~不下那点儿事|外语~了好几年了。→ ❸ 动 遗落;由于不注意而失去 ▷东西~了|~三落(là)四。☛ 首笔是平撇,不是横。

【丢丑】diūchǒu 动 丢脸;出丑。

【丢掉】diūdiào ❶ 动 遗失;失去 ▷不慎把手机~了|出了重大事故,把工作给~了。❷ 动 扔掉;抛弃 ▷~幻想,准备斗争。

【丢饭碗】diūfànwǎn 借指失去赖以生存的工作岗位 ▷你太不敬业,小心~。

【丢份儿】diūfènr 动〈口〉失掉身份或面子。

【丢荒】diūhuāng 动 抛荒①。

【丢盔弃甲】diūkuī-qìjiǎ 丢弃头盔和铠甲。形容一败涂地、仓皇逃跑的狼狈相。也说丢盔卸甲。

【丢脸】diūliǎn 动 失去体面;不光彩 ▷这点儿小事都办不好,太~了。

【丢面子】diūmiànzi 丢脸。

【丢弃】diūqì 动 扔掉;抛弃 ▷不能随地~废纸。

【丢人】diūrén 动 丢脸 ▷当保姆并不~。

【丢三落四】diūsān-làsì 形容做事马虎或记忆力不好而顾此失彼。☛ ㊀"落"这里不读 luò。㊁不宜写作"丢三拉四"。㊂跟"拖三落四"不同。

【丢失】diūshī 动 遗失;丢掉 ▷~自行车。☛ 参见 1185 页"丧失"的提示。

【丢手】diūshǒu 动 甩手;撒手不干 ▷~不干。

【丢眼色】diūyǎnsè 使眼色。

【丢卒保车】diūzú-bǎojū 下象棋时为了保住车而丢掉卒,比喻为了保住主要的而舍弃次要的。☛ "车"这里不读 chē。

铥(銩) diū 名 金属元素,符号 Tm。银白色,质软,有毒,在空气中性质较稳定。可用作 X 射线源等。

dōng

东(東) dōng ❶ 名 四个基本方向之一,太阳升起的一边(跟"西"相对) ▷水向~流|河~|~郊。→ ❷ 名 指东道主 ▷今晚我做~,请大家聚一聚。→ ❸ 名 主人(古时主位在东,宾位在西) ▷房~|~家。○ ❹ 名 姓。

【东半球】dōngbànqiú 名 地球的东半部。在制图学上,通常把西经 20°起向东到东经 160°止的半个地球称为东半球。陆地包括欧洲、非洲的全部,亚洲、大洋洲的绝大部分和南极洲的大部分。

【东北】dōngběi ❶ 名 介于东和北之间的方向 ▷承德位于北京的~。❷ 名 特指我国东北地区,包括黑龙江、吉林、辽宁等地。

【东奔西走】dōngbēn-xīzǒu 形容四处奔走忙碌。

【东边】dōngbian 名 东面。

【东不拉】dōngbùlā 现在一般写作"冬不拉"。

【东部】dōngbù ❶ 名 某区域内靠东的地方。❷ 名 特指我国东部地区,包括北京、天津、河北、辽宁、山东、江苏、上海、浙江、福建、广东和海南等省、直辖市。

【东窗事发】dōngchuāng-shìfā 元·刘一清《钱塘遗事》记载:宋朝的秦桧曾在家中的东窗下与妻子密谋杀害岳飞。秦桧死后其妻请方士做法事,方士说他看见秦桧正在阴间受刑,秦桧让他转告妻子:"东窗事发矣。"后用"东窗事发"指阴谋或罪行败露。

【东床】dōngchuáng 名《晋书·王羲之传》记载:东晋太尉郗鉴派门客到丞相王导家选婿。门客回禀说:王家的子弟听到选婿都很拘谨,只有一位若无其事,敞着怀坐在东边床上吃饭。郗说此人正是佳婿。这人就是王羲之。后用"东床"作为女婿的别称。

【东倒西歪】dōngdǎo-xīwāi 形容物体凌乱歪斜或人站立、行走不稳。

【东道】dōngdào 名 东道主 ▷略尽~之谊。

【东道国】dōngdàoguó 名 国际性的会议、赛事等的主办国家。

【东道主】dōngdàozhǔ 名《左传·僖公三十年》记载:春秋时,秦晋合兵围攻位于其东方的郑国。郑派烛之武游说秦穆公说,如果不消灭郑国,郑国可以作为东方道上的主人,接待秦的使节。后用"东道主"指招待客人的主人。

【东方】dōngfāng ❶ 图 东① ▷日出～。❷ 图 特指亚洲 ▷～文化。○ ❸ 图 复姓。

【东方人】dōngfāngrén 图 特指亚洲各国的人。

【东非】dōngfēi 图 指非洲的东部地区。包括埃塞俄比亚、厄立特里亚、索马里、吉布提、肯尼亚、乌干达、卢旺达、布隆迪、坦桑尼亚、塞舌尔等国。

【东风】dōngfēng ❶ 图 从东边吹来的风；常指春风 ▷～送暖。❷ 图 比喻有利的形势、革命的力量或前进的势力 ▷改革开放的～。

【东宫】dōnggōng 图 古代太子居住的地方；借指太子。

【东郭】dōngguō 图 复姓。

【东郭先生】dōngguō xiānsheng 明·马中锡《中山狼传》中说：在中山这个地方，东郭先生曾想方设法救助一只被人追逐的狼，结果险些被狼吃掉。后用"东郭先生"借指对坏人讲仁慈的糊涂人。

【东家】dōngjia 图 旧时受雇、受聘的人称他的主人；旧时佃户称租给他土地的地主。

【东经】dōngjīng 图 地球表面本初子午线以东的经度或经线。参见724页"经度"。

【东拉西扯】dōnglā-xīchě 东说一句，西说一句。形容说话或写文章杂乱无章。

【东邻西舍】dōnglín-xīshè 左右邻居。

【东鳞西爪】dōnglín-xīzhǎo 一鳞半爪。

【东门】dōngmén 图 复姓。

【东面】dōngmiàn 图 往东的某一位置；靠东的一面。也说东边。

【东南】dōngnán ❶ 图 介于东和南之间的方向 ▷天津在北京的～。❷ 图 特指我国东南沿海地区，包括上海、江苏、浙江、福建、台湾等地。

【东南亚】dōngnányà 图 亚洲东南部地区。包括越南、柬埔寨、老挝、泰国、缅甸、马来西亚、新加坡、菲律宾、印度尼西亚、东帝汶、文莱等国。

【东挪西借】dōngnuó-xījiè 形容四处挪借钱物。

【东欧】dōng'ōu 图 欧洲东部地区。包括俄罗斯的欧洲部分以及爱沙尼亚、拉脱维亚、立陶宛、白俄罗斯、乌克兰、摩尔多瓦等国。

【东跑西颠】dōngpǎo-xīdiān 忙忙碌碌地四处奔走。

【东拼西凑】dōngpīn-xīcòu 从各处把零星的东西拼凑在一起。

【东三省】dōngsānshěng 图 我国东北地区黑龙江、吉林、辽宁三省的总称。

【东山再起】dōngshān-zàiqǐ 东晋谢安辞官后隐居会稽东山，四十岁以后复出做官。后用"东山再起"比喻失势后重新兴起。

【东施效颦】dōngshī-xiàopín《庄子·天运》记载：越国美女西施病了，用手按着心口，皱着眉头。邻家的丑女（后人称东施）觉得西施的病容很美，也跟着学，结果更加丑陋（效：模仿；颦：皱眉）。后用"东施效颦"嘲讽胡乱模仿，效果适得其反。

【东头】dōngtóu 图 东西方向的东面一头。

【东西】dōngxī 图 东边和西边；从东到西的距离 ▷操场南北长150米，～宽100米。

【东西】dōngxi ❶ 图 泛指各种事物 ▷上街买～去了｜感情这～，也是可以培养的。❷ 图 特指使人厌恶或喜爱的人或物 ▷看他那贼眉鼠眼的样子，准不是好～｜这小～，是娘的心肝儿宝贝。☛ 参见1461页"物品"的提示。

【东乡族】dōngxiāngzú 图 我国少数民族之一。主要分布在甘肃。

【东亚】dōngyà 图 亚洲东部地区，包括中国、日本、朝鲜、韩国、蒙古等国。

【东亚病夫】dōngyà bìngfū 西方殖民主义者对旧时中国人的贬称，用以讥讽中国人体弱多病。

【东洋】dōngyáng 图 旧指日本 ▷留学～。

【东野】dōngyě 图 复姓。

【东瀛】dōngyíng 〈文〉❶ 图 东方的大海（瀛：大海）。❷ 图 指日本 ▷出访～。

【东张西望】dōngzhāng-xīwàng 这边看看，那边看看。

【东正教】dōngzhèngjiào 图 正教。

冬[1] dōng ❶ 图 冬季 ▷立～｜越～。○ ❷ 图 姓。

冬[2]（鼕）dōng 同"咚"。现在一般写作"咚"。

【冬奥会】dōng'àohuì 图 冬季奥林匹克运动会的简称。

【冬不拉】dōngbùlā 图 哈萨克族的拨弦乐器，音箱呈半梨形，琴柄细长，有两根或四根弦，用拨子弹奏。参见插图12页。

【冬菜】dōngcài ❶ 图 用白菜、芥（jiè）菜等加蒜腌制成的半干的菜。❷ 图 储存起来留待冬季食用的蔬菜。

【冬藏】dōngcáng 动 冬季把收获的农产品储藏起来 ▷春耕夏种，秋收～。

【冬虫夏草】dōngchóng-xiàcǎo 图 真菌的一种，冬季寄生在鳞翅目昆虫的幼体中，夏季从虫体一端长出像草一样的菌体，故称。可以做药材。属国家保护植物。

【冬储】dōngchǔ 动 冬藏 ▷～白菜。

【冬防】dōngfáng ❶ 动 利用冬天的季节特点，提前做好对其他季节灾害的预防 ▷夏汛～，搞好水利建设。❷ 动 预防因冬天的季节特点而引发的灾害 ▷加强～，保证牲畜安全越冬。

【冬耕】dōnggēng 动 冬季翻耕农田。

【冬宫】dōnggōng 图 俄国沙皇的宫殿，在今俄罗斯圣彼得堡市中心涅瓦河畔，建于 18 世纪中叶，1922 年改为博物馆。

【冬菇】dōnggū 名 冬季采摘的香菇。

【冬瓜】dōngguā 名 一年生草本植物，蔓生，叶子大，开黄花，茎上有茸毛。果实也叫冬瓜，多圆柱形，表面有毛和白色粉状物，是常见蔬菜。参见插图 9 页。

【冬灌】dōngguàn 动 冬季灌溉农田。可提高地温，减少冻害，以利秋播作物生长；也可使闲置地提高耕作质量，保证春耕不误农时。

【冬寒】dōnghán 名 冬季寒冷的天气 ▷～刺骨。

【冬烘】dōnghōng 形 学识浅陋，思想迂腐 ▷～先生。

【冬季】dōngjì 名 一年四季的最后一季。我国习惯指立冬到立春的三个月；也指农历十月到十二月。

【冬练】dōngliàn 动 根据冬季气候特点进行体育锻炼，以增强中枢神经系统的体温调节功能，改善肌体抗寒能力，增强体质。

【冬令】dōnglìng ❶ 名 冬季 ▷～蔬菜。❷ 名 冬季的气候 ▷春行～。

【冬令营】dōnglìngyíng 名 冬季开设的供青少年等短期休息、娱乐和开展各种活动的营地。

【冬眠】dōngmián 动 蛇、蛙、龟、蝙蝠、刺猬等动物为适应冬季的寒冷和食物不足而出现的休眠现象。主要表现为僵卧在洞穴里，不吃不喝，血液循环缓慢，体温下降，进入昏睡状态。

【冬青】dōngqīng 名 常绿乔木，叶子长椭圆形，开淡紫红色小花，结球形红色果实。木材坚韧，叶、种子和树皮可以做药材。参见插图 8 页。

【冬日】dōngrì ❶ 名 冬季。❷ 名 冬天的太阳。

【冬笋】dōngsǔn 名 冬季长成或采挖的竹笋。形状短粗，较之春笋肉质更为细密。

【冬天】dōngtiān 名 冬季。

【冬闲】dōngxián 名 农村冬季农事较少的闲暇时间 ▷兴修水利，～变冬忙。

【冬小麦】dōngxiǎomài 名 秋天播种，越冬后到第二年夏天收割的小麦。也说冬麦。

【冬学】dōngxué 名 农村冬闲时举办的季节性学习组织。

【冬训】dōngxùn 动 冬季进行训练；特指某些运动队利用没有赛事的冬季集中进行训练 ▷足球队在昆明～。

【冬汛】dōngxùn 名 冬季发生的河水暴涨现象。

【冬泳】dōngyǒng 动 冬季在江河湖海中游泳。

【冬月】dōngyuè 名 指农历十一月。

【冬蛰】dōngzhé 动 冬眠。

【冬至】dōngzhì 名 二十四节气之一，在公历每年 12 月 22 日前后。这一天北半球白天最短，夜晚最长。南半球则相反。

【冬至点】dōngzhìdiǎn 名 太阳每年冬至这一天所到达的黄道上最南的一点。

【冬种】dōngzhòng 动 冬季种植(农作物等)。

【冬贮】dōngzhù 动 冬季存放 ▷～大白菜。

【冬装】dōngzhuāng 名 冬季穿的服装。也说冬衣。

苳 dōng 名 一种草。

咚 dōng 拟声 模拟重物落下或击鼓、敲门等的声音 ▷～的一声跳下墙头｜鼓敲得～～响｜～～的敲门声。

岽(**崬**) dōng [岽罗] dōngluó 名 地名，在广西。

氡 dōng 名 非金属元素，符号 Rn。无色无臭气体，在空气中含量稀少，有放射性，是镭、钍等放射性元素蜕变形成的物质，对人体危害大。可用作 γ 射线源。

鸫(**鶇**) dōng 名 鸟，嘴细长侧扁，翅膀长而平。栖息在树林中，喜在农田、菜园、果林中捕食昆虫，是农林益鸟。种类很多，在我国分布较广的有黑鸫、斑鸫、灰背鸫等。

蝀(**蝀**) dōng 见 306 页“䗖(dì)蝀”。

dǒng

董 dǒng ❶ 动 〈文〉监督管理；主持 ▷～理｜～事。→ ❷ 名 董事会成员的简称 ▷校～｜商～。○ ❸ 名 姓。

【董事】dǒngshì ❶ 动 〈文〉主持某项事务。❷ 名 董事会的成员。

【董事会】dǒngshìhuì 名 股份制性质的企业、学校或团体等的决策机构。由股东选出的董事组成，执行股东大会的决议，对股东大会负责，股东大会闭会期间代表股东对所属企业、学校或团体进行管理。

【董事长】dǒngshìzhǎng 名 董事会的主要负责人。

懂 dǒng ❶ 动 明白；理解 ▷你的话我听不～｜不～装～｜他～外语。○ ❷ 名 姓。

【懂得】dǒngde 动 知道；理解 ▷教育孩子要～礼貌｜我～你的意思。

【懂行】dǒngháng 形 形容对某行业熟悉 ▷要说办教育，他很～。

【懂事】dǒngshì 形 对人情事理很明白 ▷孩子已经～了｜他太不～。

【懂眼】dǒngyǎn 形 〈口〉懂行 ▷～的人不多。

dòng

动(**動*****働**) dòng ❶ 动 (人或事物)改变原来的位置或状态 ▷

躺着不～|地～山摇|萌～。→❷ 动 使改变原来的位置或状态 ▷谁～过桌子上的书?|兴师～众|改～。⇒❸ 动 使用;使活动 ▷大～干戈|～笔|～脑筋。⇒❹ 动 触动;使情感起变化、有反应 ▷无～于衷|～情|～人|～怒。→❺ 动 行动;为实现一定意图而进行活动 ▷大家都～起来,事情就好办了|闻风而～。❻ 副 常常;往往 ▷～以万计|～辄得咎。→❼ 形 能活动的;可以变动的 ▷～物|～态|～产。→❽ 动〈口〉吃 ▷不～荤腥。

【动笔】 dòngbǐ 动 拿起笔来写或画 ▷打好腹稿再～。

【动兵】 dòngbīng 动 动用军队打仗。

【动不动】 dòngbudòng 副 常跟"就"连用,表示容易发生某种情况或行动 ▷～就打架。

【动产】 dòngchǎn 名 可以移动的财产(跟"不动产"相区别)。如金钱、证券、器物等。

【动车】 dòngchē ❶ 名 自身装有动力装置的轨道车辆。❷ 名 指动车组。

【动车组】 dòngchēzǔ 名 全部由动车或由若干节动车和若干节附挂车编成一组的轨道列车。根据运行时速通常分为高速动车组、普通动车组和城市轻轨动车组等。

【动词】 dòngcí 名 表示人或事物的动作、发展、变化、存在或消失等的词。如"跑""跳""看""保护""成立""有""受伤""死亡"等。

【动粗】 dòngcū 动 做出打人、骂人等粗野举动 ▷有话你好好讲,不要～。

【动荡】 dòngdàng ❶ 动 水面起伏波动 ▷烟波～。❷ 形 形容局势或情况等不稳定 ▷～的时局。

【动肝火】 dònggānhuǒ 发脾气;发怒 ▷病人爱～,医护人员要多加体谅。

【动感】 dònggǎn 名 某些静止的物体给人造成的似乎在动的感觉,多由形象生动所致 ▷这幅奔马图极富～。

【动工】 dònggōng 动 指建筑工程开工或施工 ▷住宅楼已经～|～多久了?

【动滑轮】 dònghuálún 名 滑轮的一种。滑轮转动时轴心位置可以改变,用来举重物时可以省力(跟"定滑轮"相区别)。

【动画片】 dònghuàpiàn 名 美术片的一种。把人或物的表情、动作变化分段造型并处理成连续的图像,放映时可以产生画面活动的艺术效果。也说卡通、卡通片。口语中也说动画片儿(piānr)。

【动火】 dònghuǒ ❶ 动〈口〉发怒;生气 ▷请息怒,别～儿|我又没说你什么,你干吗～? ◯ ❷ 动 上火① ▷辛辣食物吃得过多,容易生热～。

【动机】 dòngjī 名 促使人从事某种活动的念头 ▷看～,更要看结果|～不纯。

【动静】 dòngjing ❶ 名 动作或响声 ▷别说话,屋外好像有～。❷ 名 情况;消息 ▷密切注意敌人的～。

【动口】 dòngkǒu 动 开口说话 ▷君子～不动手。

【动力】 dònglì ❶ 名 使机械运转做功的力。如电力、风力、水力等。❷ 名 泛指推动事物发展的力量 ▷群众是社会发展的基本～。

【动力机】 dònglìjī 名 发动机。

【动量】 dòngliàng 名 表示物体运动状态的一种物理量。对于机械运动,动量的大小等于运动物体的质量和速度的乘积。

【动乱】 dòngluàn 动(社会、政治)骚动变乱 ▷平息～。

【动脉】 dòngmài ❶ 名 把血液从心脏输送到全身的血管(跟"静脉"相区别)。❷ 名 比喻交通干线 ▷铁路是国民经济的主要～。

【动脉硬化】 dòngmài yìnghuà 动脉的病变,表现为血管管壁增厚、弹性减弱和管腔狭小等。多由于衰老或血液中胆固醇等含量过高引起。

【动漫】 dòngmàn 名 指动画片和连环漫画 ▷原创～|～网络游戏。

【动脑筋】 dòngnǎojīn 用心思;积极思考 ▷学习要～。也说动脑子。

【动能】 dòngnéng 名 物体由于机械运动而具有的能量。在通常情况下,运动物体的动能大小是运动物体的质量和速度平方乘积的$\frac{1}{2}$。

【动怒】 dòngnù 动 发怒。

【动气】 dòngqì 动 生气 ▷别～,听我说下去|这一回老先生可真动了气。

【动迁】 dòngqiān 动 因原所在地另作他用或原建筑物拆除等原因而搬迁 ▷～户。

【动情】 dòngqíng ❶ 动 产生感情;饱含感情 ▷她～地朗读起来。❷ 动 特指产生爱慕的感情 ▷小伙子对她还真有点儿～了。

【动人】 dòngrén 形 形容使人感动 ▷～的情节。

【动人心魄】 dòngrénxīnpò 打动人心,使人震撼。

【动人心弦】 dòngrénxīnxián 打动人心,使人激动。

【动容】 dòngróng 动 内心受到感动而在面容上表露了出来 ▷一席话说得听众无不～。

【动身】 dòngshēn 动 出发 ▷～去上海。

【动手】 dòngshǒu ❶ 动 开始进行;做 ▷日期快到了,抓紧～准备吧! |培养学生的～能力。❷ 动 用手触摸 ▷参观展品,请勿～。❸ 动 打人;打架 ▷两人吵着吵着就～了。

【动手动脚】 dòngshǒu-dòngjiǎo ❶指举止轻浮,戏弄挑逗异性 ▷放尊重一点儿,不要～的。

❷指打人 ▷你对孩子～可不行。

【动手术】dòngshǒushù 进行手术治疗；比喻对现状作较大调整或改变 ▷这个厂子的管理体制非～不可。

【动态】dòngtài ❶ 名 运动中的状态；事物发展变化的情况 ▷仔细观察鱼游水的～|文艺～。❷ 区别 从运动变化的状态进行考察研究的 ▷～分析|～分布。

【动弹】dòngtan 动 动；活动 ▷累得不想～了。

【动听】dòngtīng 形 声音好听；话说得生动，使人感兴趣 ▷这个曲子悦耳～|～的故事。

【动土】dòngtǔ 动 掘土动工 ▷开工～。

【动问】dòngwèn 动 客套话，前面常和"不敢"连用，相当于"请问" ▷不敢～，先生尊姓大名？

【动窝】dòngwō 动〈口〉离开原地 ▷我在这里住了 30 年，始终没～。

【动武】dòngwǔ 动 动用武力，指斗殴或打仗 ▷几个人吵得几乎要～了|达成禁止在边境冲突中～的协议。

【动物】dòngwù 名 生物的一大类。多以有机物为食料，大都有神经，有感觉，能自由行动。如腔肠动物、节肢动物、脊索动物等。

【动物淀粉】dòngwù diànfěn 糖原。因动物体内储存的糖原相当于植物体内所含的淀粉，故称。

【动物纤维】dòngwù xiānwéi 从动物体上获取的纤维。如羊毛、骆驼毛、蚕丝。

【动物学】dòngwùxué 名 生物学的分支学科，研究动物的形态、生理、生态、分类、分布、进化及其与人类的关系。

【动物油】dòngwùyóu 名 动物的脂肪。如猪油、羊油、牛油。主要供食用，也可用于工业。

【动物园】dòngwùyuán 名 饲养多种动物（多是科学上有价值的或当地罕见的动物）供人观赏的公园。

【动向】dòngxiàng 名（行动或事态）发展变化的趋势 ▷投资新～|时局～。

【动销】dòngxiāo 动 开始销售 ▷刚进腊月，各种年货就已纷纷～。

【动心】dòngxīn 动 触动感情，产生欲望；受到诱惑而内心向往 ▷金钱不能使他～|说得她终于动了心。

【动刑】dòngxíng 动 使用刑具。

【动摇】dòngyáo ❶ 动 摆动；摇晃 ▷芦苇在风中～。❷ 形 不坚定；不稳定 ▷决心毫不～。❸ 动 使不稳定 ▷～军心。☛ 跟"摇动"不同。"动摇"多用于抽象事物，"摇动"多用于具体事物。

【动议】dòngyì 名 会议进行之中提出的建议（多为临时的）▷临时～|代表提出两项～。

【动因】dòngyīn 名 动机和原因 ▷探求网络社交形成的～。

【动用】dòngyòng 动 使用（专用的或本来不可随便使用的人员、钱物等）▷～存款。

【动员】dòngyuán ❶ 动 把军队和政治、经济等部门都转入战时的状态 ▷战争总～。❷ 动 发动人（做某事或参加某项活动）▷～居民绿化环境。

【动员令】dòngyuánlìng ❶ 名 战时国家为调动人力、物力和财力而发布的命令。通常由国家最高权力机关决定，由国家元首或政府首脑用命令或声明的方式宣布。❷ 名 泛指调集人们参加某项事业的号召。

【动辄】dòngzhé 副〈文〉动不动就 ▷～怒目相向。

【动辄得咎】dòngzhé-déjiù 动不动就受到指责或惩罚。

【动真格的】dòngzhēngéde 实实在在地去做；来真的 ▷反腐败不能虚张声势，必须～。

【动嘴】dòngzuǐ 动 开口；说话 ▷别光～，快干吧|老人家您只要动动嘴吩咐一下就行了。

【动作】dòngzuò ❶ 名 身体的活动 ▷～灵活。❷ 动 活动；行动起来 ▷怎么还不～？

【动作片】dòngzuòpiàn 名 以表演打斗动作为主的影视片。口语中也说动作片儿(piānr)。

冻（凍） dòng ❶ 动（液体或其他物体中含的水分）遇冷凝结 ▷冰～三尺|天寒地～|～肉。→ ❷ 名 遇冷凝结的自然现象 ▷霜～|上～。❸ 名 汤汁等凝结成的胶状体 ▷肉皮～儿|果～儿。→ ❹ 动 寒冷刺激人体 ▷手～僵了。○ ❺ 名 姓。

【冻冰】dòngbīng 动 水冻结成冰 ▷河水～了。

【冻疮】dòngchuāng 名 局部皮肤因受冻而发生的病变，多发生在手、脚、耳、脸等部位，症状是红肿发紫，甚至溃烂。

【冻豆腐】dòngdòufu 名 冻过的豆腐。

【冻害】dònghài 名 农作物因气温突然下降而受到的损害，如霜害。

【冻结】dòngjié ❶ 动 液体在低温下凝结。❷ 动 比喻使人员、资金等暂时停止流动；也比喻协议、条约、关系等暂时不执行或不发展 ▷人事～|存款被～|两国的关系～了十多年。

【冻馁】dòngněi 动〈文〉受冻挨饿 ▷～而死。

【冻伤】dòngshāng ❶ 动 机体组织因受冻而损伤 ▷脚～了。❷ 名 机体组织因受冻而造成的损伤 ▷手上的～还没好。

【冻土】dòngtǔ 名 所含水分已冻结的土壤或疏松的岩石。

【冻雨】dòngyǔ 名 一落地立即冻结成冰的雨。

侗 dòng 名 指侗族 ▷～剧|～语。另见 1378 页 tóng；1380 页 tǒng。

【侗族】dòngzú 名 我国少数民族之一。主要分布在贵州、湖南和广西。

垌 dòng 名 田地(多用于地名) ▷合伞～(在贵州)|儒～(在广东)。
另见1378页 tóng。

栋(棟) dòng ❶ 名 正梁 ▷雕梁画～|～梁。→ ❷ 名〈文〉指房屋 ▷汗牛充～。❸ 量 用于房屋 ▷一～楼。

【栋梁】dòngliáng 名 房屋的正梁;比喻担当重任的人 ▷～之才|国家的～。

峒(*峝) dòng 名 山洞(多用于地名) ▷吉～坪(在湖南)|～中(在广西)。
另见1378页 tóng。

胨(腖) dòng 名 蛋白质不完全水解的产物。可溶于水,遇热不凝固,可供培养微生物之用。通称蛋白胨。

洞 dòng ❶ 形 没有堵塞,可以穿通的 ▷～箫。→ ❷ 形 透彻;清晰 ▷～若观火|～察|～悉。→ ❸ 名 物体中穿通或深陷的部位;窟窿 ▷槽牙上有个～|涵～|防空～|耗子～|～口|漏～。❹ 数 某些场合读数字时代替"0"(0的字形像洞) ▷～拐(07)。
另见1378页 tóng。

【洞察】dòngchá 动 透彻地观察了解 ▷～民情。

【洞彻】dòngchè 动 透彻地了解 ▷～全貌。

【洞穿】dòngchuān ❶ 动 穿透 ▷子弹～墙壁。❷ 动 清楚地看出 ▷一眼～对方诡计。

【洞达】dòngdá 动 透彻地理解 ▷～人生。

【洞房】dòngfáng 名 新婚夫妇的卧室 ▷夜阑人散尽,新人入～。也说新房。

【洞房花烛】dòngfáng-huāzhú 在洞房里点上彩烛。形容新婚之夜的喜庆场面;借指结婚事宜。

【洞府】dòngfǔ 名 神话传说称山中神仙居住的地方 ▷神仙～。

【洞见】dòngjiàn 动〈文〉清楚地看到 ▷～症结。

【洞开】dòngkāi 动 (门、窗等)大开;敞开 ▷门户～。

【洞若观火】dòngruòguānhuǒ 形容观察事物非常透彻,就像看火一样清楚。

【洞天】dòngtiān 名 道教指神仙居住的地方;现指风景优美的地方 ▷别有～。

【洞天福地】dòngtiān-fúdì 道教指神仙居住的地方;泛指非常清幽的名山胜地。

【洞悉】dòngxī 动 清楚地知道 ▷～一切。

【洞箫】dòngxiāo 名 箫②。

【洞晓】dòngxiǎo 动 透彻地了解;精通 ▷～内情|～音韵之学。

【洞穴】dòngxué 名 地下或山中可容纳人或动物的洞 ▷野兔钻进了～。

【洞眼儿】dòngyǎnr 名 小窟窿。

【洞烛其奸】dòngzhú-qíjiān 看穿了对方的阴谋诡计(洞烛:洞察;洞悉)。

【洞子】dòngzi ❶ 名 洞穴。❷ 名〈口〉暖房 ▷花～|～菜。

恫 dòng 动〈文〉恐惧;使恐惧 ▷百姓～恐|～吓(hè)。
另见1371页 tōng。

【恫吓】dònghè 动 恐吓;吓(xià)唬 ▷战争～。☛"吓"这里不读 xià。

胴 dòng 名 躯干 ▷～体。

【胴体】dòngtǐ ❶ 名 牲畜等屠宰后的躯干部分。❷ 名 指人的身体。

硐 dòng ❶ 名 山洞;矿坑 ▷矿～。〇 ❷ 用于地名。如:硐村,在重庆;硐底,在四川。

dōu

都 dōu ❶ 副 表示总括全部 ▷小王什么～没说|我们～去。→ ❷ 副 表示意思更进一步,相当于"甚至" ▷他的事连我～不知道|连小孩子～不如|一句话～没留下就走了。❸ 副 表示"已经",句末常用"了" ▷～半夜了,快睡吧|～上大学了,还那么贪玩儿。☛ ㊀义项②和③有时读轻声。㊁读 dū,指大城市、首都,如"都市""建都"。副词"大都"的"都"也读 dū。
另见338页 dū。

哣 dōu 叹 表示怒斥或唾弃(多见于近代汉语) ▷～! 看打!

兜(*兠) dōu ❶ 名 能装东西的口袋、包等 ▷手里提着一个～|衣～|网～。→ ❷ 动 用手巾或衣襟等做成兜形把东西拢住提起 ▷用手巾～着鸡蛋|把西红柿～在衣襟里。→ ❸ 动 环绕;回绕 ▷从山后～了过来|在街上～了一圈|～抄。→ ❹ 动 揽;招揽 ▷～生意|～售|～揽。→ ❺ 动 全部承担起来 ▷出了事由我～着。☛ 笔顺是 ⺊ 白 皃 兜。最下边是"儿",不是"几"。

【兜捕】dōubǔ 动 从后边和两侧包围捕捉 ▷刑警撒下罗网～在逃犯罪嫌疑人。

【兜抄】dōuchāo 动 从后边和两侧包围和攻击 ▷从左侧～过去,切断敌军退路。

【兜底】dōudǐ〈口〉❶ 动 将隐瞒的底细彻底暴露或揭露出来 ▷瞒不住了,索性～算了|何必兜人家的底呢? ❷ 动 所剩部分无论多少,全部予以承担 ▷建立保障机制,为精准扶贫～。☛ 参见45页"保底"的提示。

【兜兜】dōudou 名 兜肚。

【兜肚】dōudu 名 贴身护住胸腹的内衣,菱形,上面用带子套在颈上,两边用带子系在背后。

【兜风】dōufēng ❶ 动(帆、篷、伞等)阻挡风 ▷帐篷破了,不~。❷ 动(坐车、乘船或骑马等)绕圈子游逛 ▷骑着摩托车四处~。

【兜揽】dōulǎn ❶ 动 招揽吸引(顾客) ▷~生意。❷ 动 把事情包揽在自己身上 ▷大事小情都~过来,你干得了吗?

【兜鍪】dōumóu 名 古代军人的头盔。

【兜圈子】dōuquānzi ❶ 转圈;绕着圈运动 ▷飞机在机场上空~。❷ 比喻说话不直截了当;也比喻考虑问题只局限于某个范围 ▷他答非所问,故意跟我~|考虑问题不要老在枝节问题上~。‖也说打圈子、绕圈子。

【兜售】dōushòu 动 四处招揽顾客,推销货物;比喻极力让人接受某种观点、理论等(多用于贬义) ▷~假币|~谎言。

【兜头】dōutóu 副 正对着头;迎面 ▷~一棒。

【兜头盖脸】dōutóu-gàiliǎn 从上往下冲着头和脸 ▷二话没说,~就是一棍子。也说兜头盖脑。

【兜销】dōuxiāo 动 兜售。

【兜子】dōuzi ❶ 名 口袋 ▷塑料~|工具~。❷ 见本页"篼子"。现在一般写作"篼子"。

蔸 dōu ❶ 名 某些地区指某些植物的根和靠近根的茎 ▷禾~|白菜~。→ ❷ 量 相当于"棵"或"丛" ▷一~白菜|一~草。

篼 dōu 名 用竹、藤、柳条等编成的盛东西的器具 ▷背~。

【篼子】dōuzi 名 某些地区指把竹椅绑在两根竹竿上做成的交通工具。类似轿子,由两人抬着走,多用于走山路。

dǒu

斗 dǒu ❶ 名 古代酒器,圆形或方形,有柄。→ ❷ 名 a)星宿名,二十八宿之一,有星六颗,排列成斗状 ▷气冲~牛。通称南斗。b)指排列成斗状的北斗七星 ▷星移~转|~柄。→ ❸ 名 旧时量粮食的器具,多为方形,也有鼓形的 ▷车载~量。⇒ ❹ 量 市斗。⇒ ❺ 形 像斗那样大小的,极言其大或小 ▷~胆|~室。→ ❻ 名 形状像斗的器物 ▷漏~|烟~。→ ❼ 名 旋转成圆形的指纹 ▷这孩子的拇指是簸,食指是~。○ ❽ 名 姓。☛ 本读 dǒu,表示事物,引申作量词。"斗"又作为繁体字"鬥(读 dòu,指对打、争斗等)"的简化字,因此有了 dòu 音。

另见 336 页 dòu。

【斗笔】dǒubǐ 名 一种大型毛笔,笔头儿安装在一个斗形部件里,用来书写大字。

【斗车】dǒuchē 名 矿区或工地使用的一种运输工具,形状像斗,用挂钩连成列,在轨道上行驶。

【斗胆】dǒudǎn 副 表示大胆(常用作谦词) ▷~向你进一言。

【斗方】dǒufāng 名 方形的书画用纸;也指一二尺见方的字画;特指过年时贴的写有"福"字等的方形红纸。

【斗方名士】dǒufāng-míngshì 好(hào)在斗方上写诗作画的小有名气的人;借指自命风雅的无聊文人。

【斗拱】dǒugǒng 名 斗和拱的合称。我国传统木结构建筑中特有的一种支承构件。在立柱和横梁的交接处,从柱顶上一层层探出的弓形构件叫拱,拱与拱之间垫的方形木块叫斗。☛ 不要写作"枓拱""枓栱"。

【斗箕】dǒuji 名 指纹。圆形的指纹叫斗,簸箕形的叫箕,故称。

【斗笠】dǒulì 名 用竹篾夹上油纸或箬叶编制成的帽子,有很宽的帽檐,用来遮阳挡雨。

【斗门】dǒumén 名 斗渠进水处的闸门。

【斗篷】dǒupeng 名 没有袖子、披在身上的宽大外衣。也说披风。

【斗渠】dǒuqú 名 把水从支渠引到毛渠或灌区的渠道。

【斗筲】dǒushāo 名〈文〉斗和筲(都是容量不大的容器)。比喻狭小的气量、短浅的见识或卑微的地位 ▷~小人|~之吏。

【斗室】dǒushì 名〈文〉面积狭小的房间 ▷身居~,心怀天下。

【斗转参横】dǒuzhuǎn-shēnhéng 北斗星转向,参星横斜。指天快亮了。☛ "参"这里不读 cān 或 cēn。

【斗转星移】dǒuzhuǎn-xīngyí 北斗转向,星辰移位。指季节变迁,时光流逝。

【斗子】dǒuzi ❶ 名 盛东西的斗状器具 ▷水~。❷ 名 煤矿里装运煤的器具 ▷~车。

阧 dǒu ❶ 名〈文〉水闸一类的设施。○ ❷ 用于地名。如:阧村,在安徽;尖家阧桥,在浙江。○ ❸ 古同"陡"。

抖 dǒu ❶ 动 发颤;哆嗦 ▷浑身发~|颤~。→ ❷ 动 甩动;使振动 ▷~一~雨衣上的水。❸ 动 振作;奋起(精神) ▷~起精神。❹ 动 称人因突然得势或发财而得意(常含讥讽意) ▷这小子在外面混了几年,居然~起来了。→ ❺ 动 抖动着向外全部倒出 ▷把面袋里残余的面粉都~了出来。❻ 动 彻底揭露 ▷把这件事的经过全~出来了|~老底儿。

【抖包袱】dǒubāofu 指相声等曲艺中,把经过层层铺垫形成的笑料像抖落包袱里的东西一样一下子亮出来，引人发笑。
【抖颤】dǒuchàn 动 颤抖。
【抖动】dǒudòng ❶ 动 振动；使振动 ▷天鹅～双翅。❷ 动 颤抖 ▷浑身发冷，四肢～。
【抖搂】dǒulou 动〈口〉抖落。
【抖落】dǒuluò ❶ 动 抖动使落下 ▷把衣服上的泥土～掉。❷ 动 抖动拨弄；卖弄 ▷隔三岔五就把他的行头拿出来～一番｜他总爱在人前～他那一套专业术语。❸ 动 摆脱 ▷～沉重的心理负担。❹ 动 亮出；揭露 ▷尽情～独门绝技｜向人们～他的烦恼｜～黑暗内幕。❺ 动 挥霍 ▷不肖子孙把家产都～光了。
【抖擞】dǒusǒu 动 振奋；振作 ▷～精神。
【抖威风】dǒuwēifēng 显示威势或气派（含贬义）。

枓 dǒu 见下。
【枓拱】dǒugǒng 现在规范词形写作“斗拱”。
【枓栱】dǒugǒng 现在规范词形写作“斗拱”。

钭（鈄） dǒu ❶ 用于地名。如钭家山村，在甘肃。○ ❷ 名 姓。
另见 1386 页 tǒu。

陡 dǒu ❶ 形 坡度大 ▷山坡很～｜～峭｜～立。→ ❷ 副 表示动作或情况发生得急而且出人意料，相当于“突然” ▷风云～变。
【陡壁】dǒubì 名 像墙一样直上直下的山崖或堤岸 ▷悬崖～｜～奇峰。
【陡变】dǒubiàn 动 突然发生变化 ▷病情～。
【陡峻】dǒujùn 形 陡峭险峻 ▷山势～。
【陡立】dǒulì 动 垂直而立；耸立 ▷～的峭壁。
【陡坡】dǒupō 名 倾斜度大的坡。
【陡峭】dǒuqiào 形 坡度极大，近于垂直 ▷山势～。
【陡然】dǒurán 副 突然；骤然 ▷脸色～大变。
【陡险】dǒuxiǎn 形 陡峻 ▷山路～，攀登要小心。
【陡削】dǒuxuē 形 陡直得像刀削成的一样 ▷～的山崖。
【陡增】dǒuzēng 动 突然增加 ▷雨量～。
【陡直】dǒuzhí 形 十分陡峭 ▷～的山峰。

蚪 dǒu 见 779 页“蝌蚪”。

dòu

斗（鬥 *鬦鬪鬭） dòu ❶ 动 对打 ▷搏～｜格～。→ ❷ 动 一方为制服另一方而争斗 ▷战天～地｜智～顽敌。❸ 动 为了一定的目的而努力 ▷奋～。→ ❹ 动 竞争；争胜 ▷～智｜～法。→ ❺ 动 使争斗 ▷～鸡｜～蛐蛐儿。○ ❻ 动〈口〉往一起凑；凑在一起 ▷～眼。○ ❼ 名 姓。
另见 335 页 dǒu。
【斗法】dòufǎ 动 旧小说中指用法术争斗；现多指暗中用计争斗 ▷生意场上～。
【斗富】dòufù 动 竞相炫耀富有 ▷比阔～。
【斗狠】dòuhěn 动 比谁更凶狠 ▷良性竞争斗勇、斗智，但不～｜逞凶～。
【斗鸡】dòujī ❶ 动 使公鸡相斗以取乐。❷ 名 擅长争斗的、用于斗鸡游戏的鸡。❸ 动 一种游戏。双人或多人各用一腿站立，一腿弯曲提起，并用两手扳住脚，相互用弯着的腿的膝盖碰撞，以撞得对方撒开手为胜。
【斗鸡眼】dòujīyǎn 名 内斜视的俗称。
【斗鸡走狗】dòujī-zǒugǒu 使鸡相斗，使狗赛跑。形容游手好闲，终日嬉戏，不务正业。
【斗技】dòujì 动 在技艺上比高下。
【斗牛】dòuniú 名 西班牙盛行的一种人跟牛相斗的竞技活动。在我国某些地区有使牛跟牛相斗的游戏。
【斗牛士】dòuniúshì 名 擅长斗牛的勇士。
【斗殴】dòu'ōu 动 相互打斗 ▷禁止打架～。
【斗牌】dòupái 动 玩纸牌、骨牌等比输赢，进行游戏或赌博。
【斗气】dòuqì 动 赌气；怄气 ▷何必为这点儿小事跟他～呢？｜不准开～车。
【斗趣儿】dòuqùr 现在规范词形写作“逗趣儿”。
【斗士】dòushì 名 英勇善战的人；敢于斗争的人（含崇敬意）▷民主～。
【斗心眼儿】dòuxīnyǎnr 耍心眼儿。
【斗艳】dòuyàn 动 比赛艳丽 ▷群芳～。
【斗争】dòuzhēng ❶ 动 矛盾双方互相冲突，力求战胜对方 ▷开展武装～。❷ 动 揭露批判；打击 ▷对危害人民利益的言行必须坚决～。❸ 动 奋斗 ▷为民族的振兴而～。☛ 参见 1754 页“争斗”的提示。
【斗志】dòuzhì 名 战斗的意志 ▷激发～。
【斗智】dòuzhì 动 用智慧和计谋进行争斗 ▷～斗勇。
【斗嘴】dòuzuǐ ❶ 动 争吵 ▷夫妻间有时也免不了会～。❷ 动 耍贫嘴；互相用言语取笑 ▷只会～，没几句正经话。

豆[1] dòu ❶ 名 古代盛食物用的器皿，形状像高脚盘，大多有盖。参见插图 15 页。○ ❷ 名 姓。

豆[2]（*荳） dòu ❶ 名 豆子 ▷绿～｜～油。→ ❷ 名 形状像豆粒的东西 ▷花生～｜咖啡～。☛ “豆”作左偏旁时，最后一画横要改成提（㇀），如“豌”“豉”。
【豆瓣儿】dòubànr 名 豆粒去皮后分开的瓣。
【豆瓣儿酱】dòubànrjiàng 名 蚕豆、大豆的豆瓣儿发酵后制成的酱，可作调味品。
【豆包】dòubāo 名 豆沙馅儿的包子。

【豆饼】dòubǐng 名 大豆榨油后压成饼状的剩渣，可以作饲料或肥料。
【豆豉】dòuchǐ 名 黄豆或黑豆蒸煮、发酵制成的调味品，有咸淡两种，淡的还可以做药材。
【豆粉】dòufěn 名 大豆加工制成的粉状食品。
【豆腐】dòufu 名 一种豆制食品。把黄豆泡透后磨成浆，过滤煮开，加入适量石膏或盐卤等，使凝结成半固体状，压去部分水分而成。
【豆腐干】dòufugān 名 一种豆制食品。把豆腐切成小薄块，加入调料，用布包起来，蒸掉大部分水分而制成。
【豆腐脑儿】dòufunǎor 名 一种豆制食品。在煮开的豆浆中加入适量石膏而凝结成的半固体。
【豆腐皮】dòufupí 名 一种豆制食品。把煮开变凉后的豆浆表面凝成的薄皮揭起来晾干而成。
【豆腐乳】dòufurǔ 名 一种豆制食品。把豆腐切成小方块经发酵、腌制而成。也说腐乳、酱豆腐。
【豆腐渣】dòufuzhā 名 豆浆过滤后剩下的渣滓。也说豆渣。
【豆腐渣工程】dòufuzhā gōngchéng 比喻施工中偷工减料，导致质量低劣的建筑工程。
【豆花儿】dòuhuār 名 某些地区指在煮开的豆浆中加入适量盐卤而凝结成的半固体，比豆腐脑儿略老一些。
【豆荚】dòujiá 名 豆类植物的荚果。
【豆浆】dòujiāng 名 一种豆制食品。黄豆泡透加水磨后去渣而成。煮开后可直接食用，也可以再加工成豆腐、豆腐脑儿等。
【豆酱】dòujiàng 名 用豆子制成的酱。
【豆角儿】dòujiǎor 名 可食用的嫩豆荚。
【豆秸】dòujiē 名 豆类作物的秸秆，可以做饲料、燃料或工业原料。
【豆蔻】dòukòu 名 多年生常绿草本植物，形似芭蕉，花淡黄色，果实扁球形，种子有强烈香味。果实和种子也叫豆蔻，可以做药材。也说草果。
【豆蔻年华】dòukòu-niánhuá 唐·杜牧《赠别》："娉娉袅袅十三余，豆蔻梢头二月初。"后用"豆蔻年华"借指十三四岁女子的妙龄。
【豆类作物】dòulèi zuòwù 名 大豆、绿豆、蚕豆、豇豆等作物的统称。
【豆绿】dòulǜ 形 形容颜色像青豆一样绿。也说豆青。
【豆面】dòumiàn 名 黄豆、绿豆等磨成的粉。
【豆苗】dòumiáo 名 豆类作物的幼苗；特指豌豆的嫩苗，可供食用。
【豆奶】dòunǎi 名 以豆粉加奶粉或豆浆加牛奶混合制成的饮料。
【豆青】dòuqīng 形 豆绿。
【豆蓉】dòuróng 名 大豆、绿豆、豌豆等煮熟晒干磨成粉后，加糖制成的糕点馅儿。
【豆乳】dòurǔ ❶ 名 豆浆。❷ 名 豆腐乳。
【豆沙】dòushā 名 煮烂的红豆、绿豆等捣烂成泥或干磨成粉后，加糖制成的糕点馅儿。
【豆象】dòuxiàng 名 仓储豆类的主要害虫。成虫一般呈椭圆形，种类很多，如蚕豆象、绿豆象、豌豆象等。
【豆芽菜】dòuyácài ❶ 名 黄豆、绿豆等浸水后发的芽，可以食用。也说豆芽儿。❷ 名 比喻儿童发育过程中又高又瘦的体型。
【豆油】dòuyóu 名 用大豆榨的油，主要供食用。
【豆汁】dòuzhī ❶ 名 制绿豆粉时剩下的汁，发酵后有酸味。是北京有名的风味小吃。❷ 名 某些地区指豆浆。
【豆制品】dòuzhìpǐn 名 用黄豆加工制成的各种食品。如豆腐、豆腐干、腐竹等。
【豆猪】dòuzhū 名 米猪。
【豆子】dòuzi 名 豆类作物的统称；也指豆类作物的籽实。
【豆嘴儿】dòuzuǐr 名 刚刚泡出芽的豆粒，常见的有黄豆嘴儿和青豆嘴儿，可以食用。

逗[1] dòu ❶ 动 停留 ▷～留。→ ❷ 同"读(dòu)"。现在一般写作"读"。

逗[2] dòu ❶ 动 招引；惹 ▷～小孙子玩儿｜这孩子真～人喜欢｜挑～。→ ❷ 动〈口〉开玩笑 ▷别～了，干点儿正事吧！❸ 形〈口〉惹人发笑的；有趣 ▷这个人真～。

【逗哏】dòugén ❶ 动 相声表演中，用有趣的言语逗人发笑 ▷相声演员真会～，一开口就让大家捧腹大笑。❷ 名 指相声表演中主要起逗哏作用的演员(跟"捧哏"相区别)。
【逗号】dòuhào 名 标点符号，形式为"，"。用在句子内部，表示停顿。也说逗点儿。
【逗乐儿】dòulèr 动 逗人快乐；引人发笑。
【逗留】dòuliú 动 短暂停留 ▷出差途中曾在北京～了几天。☛ 不要写作"逗遛"。
【逗遛】dòuliú 现在规范词形写作"逗留"。
【逗弄】dòunong ❶ 动 引逗；挑逗 ▷～小猫玩儿。❷ 动 耍弄；取笑 ▷不该～人家。
【逗趣儿】dòuqùr 动 开玩笑；打趣 ▷你别～了，人家正着急着呢！☛ 不要写作"斗趣儿"。
【逗人】dòurén ❶ 形 形容惹人喜欢 ▷这小孩儿的两只大眼睛挺～的。❷ 动 惹人；引逗人 ▷～开心｜别～，快说正经话。
【逗笑儿】dòuxiàor 动 开玩笑；逗人发笑 ▷别跟我～了，我没工夫。
【逗引】dòuyǐn 动 逗弄对方借以取乐。
【逗嘴】dòuzuǐ 现在一般写作"斗嘴"。

读(讀) dòu 名 旧指诵读古文时文句中需要稍作停顿的地方(比"句"停顿要短)。参见 749 页"句读"。

另见 341 页 dú。

酘 dòu 动〈文〉二次酿酒。

脰 dòu 名〈文〉脖子；也指头颅 ▷断～决腹｜买五人之～而函之。

痘 dòu ❶ 名 指天花。→ ❷ 名 指痘苗 ▷种～可以预防天花。→ ❸ 名 指痤疮 ▷青年人的面部容易长～｜青春～。

【痘疮】dòuchuāng 名 天花。

【痘浆】dòujiāng 名 痘疮脓疱中的浆液。牛的痘浆可制疫苗。

【痘苗】dòumiáo 名 用于人体接种以获得天花免疫力的减毒活疫苗，用病牛的痘浆制成。也说牛痘苗。

豆 dòu 用于地名。如西豆，在广西。

窦(竇) dòu ❶ 名 孔穴；洞 ▷狗～◇疑～(可疑的地方)。→ ❷ 名 人体某些器官类似孔穴的部分 ▷鼻～｜额～◇情～初开。○ ❸ 名 姓。

餖 dòu 见下。

【餖飣】dòudìng〈文〉❶ 动 把果蔬等堆叠在器皿中陈设。❷ 动 比喻文辞堆砌、杂凑 ▷所用典故，信手拈来，不露～堆砌之痕。‖也说飣餖。

dū

厾 dū 动 用指头、毛笔等轻点 ▷～一个点儿｜点～。

都 dū ❶ 名 大城市 ▷～会｜～市｜通～大邑｜首～。→ ❷ 名 特指首都 ▷～城｜建～。→ ❸ 副〈文〉表示总括 ▷～为一集(总起来合编为一本集子)｜大～(大多)。○ ❹ 名 姓。

另见 334 页 dōu。

【都城】dūchéng 名 国都；首都。

【都督】dūdu ❶ 名 古代的军事长官，不同历史时期职权有所不同。❷ 名 民国初期省一级的军政长官。

【都会】dūhuì 名 人口众多、物资汇集的城市 ▷国际大～。

【都市】dūshì 名 大城市 ▷～生活。

【都市病】dūshìbìng 名 城市病。

阇(闍) dū 名〈文〉城门上的台；泛指台子 ▷城～｜～台。

另见 1212 页 shé。

孱 dū ❶ 名 某些地区指臀部。→ ❷ 名 某些地区指蜂、蝎等的尾部。

督 dū ❶ 动 察看 ▷监～｜～察。→ ❷ 动 监督指导 ▷～战｜～师｜～学。

【督办】dūbàn 动 监督办理；督促办理 ▷领导亲自～。

【督查】dūchá 动 监督检查 ▷～防火措施。☛ 参见本页"督察"的提示。

【督察】dūchá ❶ 动 监督察看 ▷～环保工作。❷ 名 负责督察工作的人；特指对警察执法、值勤等警务活动进行督察的警察。☛ 跟"督查"不同。"督察"侧重视察、考察；"督查"侧重检查。"督察"还可以作名词，"督查"不能。

【督促】dūcù 动 监督并催促 ▷～立即办理。

【督导】dūdǎo 动 监督并指导 ▷亲临～。

【督师】dūshī 动(长官亲自到前方)指挥军队打仗 ▷～出征。

【督学】dūxué 名 各级政府设置的、代表政府监督指导下级教育部门和学校教育工作的人员。

【督战】dūzhàn 动 监督作战；泛指领导深入第一线督促工作 ▷军长上阵～｜市长下厂～。

【督阵】dūzhèn 动 到阵前监督作战；泛指领导深入第一线督促工作 ▷总指挥亲临工地～。

嘟 dū ❶ 拟声 模拟某些发声器发出的声音 ▷哨子吹得～～响。○ ❷ 动〈口〉(嘴巴)向前噘着 ▷小孩儿～起小嘴生气了。

【嘟噜】dūlu〈口〉❶ 量 用于成串或成簇的东西 ▷一～葡萄。❷ 动 下垂；耷拉 ▷他一生气脸就～得老长老长的。○ ❸ 名 舌或小舌连续颤动所发出的声音 ▷打～。

【嘟囔】dūnang 动 含混不清地不断低声自语 ▷老人一边～着，一边干活儿。

【嘟哝】dūnong 现在一般写作"嘟囔"。

dú

毒 dú ❶ 名 对生物体有害的物质 ▷这种蘑菇有～｜中～身亡｜病～。→ ❷ 形 含有害物质的 ▷～蛇｜～药｜～气。❸ 形 残酷；猛烈 ▷心肠真～｜狠～。→ ❹ 动 用有毒的物质使人或动物死亡 ▷这东西能～死人。→ ❺ 名 比喻对思想意识有害的东西 ▷封建余～｜流～不浅。→ ❻ 名 指毒品 ▷贩～｜吸～｜～瘾。→ ❼ 名 指计算机病毒 ▷杀～软件｜带～二维码。

【毒案】dú'àn 名 有关毒品犯罪的案件。

【毒草】dúcǎo ❶ 名 有毒的草。❷ 名 比喻对社会有害的言论、主张和作品等 ▷要善于区别香花与～。

【毒虫】dúchóng 名 有毒的昆虫。

【毒刺】dúcì 名 某些动植物体上分泌毒液的针状器官。也说毒针。

【毒打】dúdǎ 动 狠狠地打；猛打 ▷惨遭暴徒～。

【毒饵】dú'ěr 名 混入毒药，用来诱杀老鼠、害虫等的食物。

【毒犯】dúfàn 名 犯有制造、运输、贩卖毒品等罪行的人 ▷缉拿～。

【毒贩】dúfàn 名 贩卖毒品的人。

【毒害】dúhài ❶ 动 用有毒的东西使人受到损害 ▷决不允许黄色书刊～青少年。❷ 名 起毒害作用的事物 ▷铲除～，净化环境。

【毒化】dúhuà ❶ 动 使受有毒物质的侵害或残害；变得有毒。❷ 动 用反动腐朽的思想毒害人 ▷警惕黄色书刊～青少年的灵魂。❸ 动 使风气等恶化 ▷～社会风气。

【毒计】dújì 名 阴险毒辣的计谋。

【毒剂】dújì ❶ 名 有毒的药剂。❷ 名 特指军事上用于毒杀人、畜的化学物质，如芥子气。

【毒箭】dújiàn 名 箭头上涂有毒药的箭；比喻恶毒中伤和攻击的言行 ▷刮阴风，放～。

【毒菌】dújūn 名 有毒的菌类。

【毒辣】dúlà 形 残忍狠毒 ▷心肠～。

【毒瘤】dúliú 名 恶性肿瘤。

【毒骂】dúmà 动 恶毒地骂 ▷遭到一顿～。

【毒谋】dúmóu 名 阴险恶毒的计谋 ▷暗设～。

【毒品】dúpǐn 名 指能让人成瘾并危害人的健康和生命的麻醉品等。如鸦片、海洛因、吗啡、大麻、可卡因、冰毒、摇头丸等。

【毒气】dúqì ❶ 名 气态的毒剂。旧称毒瓦斯。❷ 名 泛指有毒的气体。

【毒气弹】dúqìdàn 名 爆炸后能施放出有毒气体的炸弹。

【毒气战】dúqìzhàn 名 化学战的俗称。

【毒杀】dúshā 动 用毒药杀死 ▷～田间害虫。

【毒蛇】dúshé 名 有毒的蛇。头多呈三角形，有跟毒牙相通的能分泌毒液的毒腺，使被咬的人或动物中毒。如蝮蛇、眼镜蛇。

【毒手】dúshǒu 名 谋害人的狠毒手段 ▷惨遭～。

【毒素】dúsù ❶ 名 某些动植物体内含有的毒性物质。如毒蛇分泌的毒素、白果所含的毒素。❷ 名 比喻腐蚀人心灵的反动腐朽思想 ▷清除邪教～。

【毒瓦斯】dúwǎsī 名 毒气①的旧称。

【毒腺】dúxiàn 名 某些动物肌体内分泌毒素的腺体。如工蜂尾部的毒腺。

【毒枭】dúxiāo 名 制造、贩卖毒品的团伙的首领。

【毒刑】dúxíng 名 残酷的肉刑。

【毒性】dúxìng 名 毒素对生物体有害的性质及其危害生物体的程度 ▷眼镜蛇的～极大。

【毒蕈】dúxùn 名 有毒的蘑菇。

【毒牙】dúyá 名（毒蛇等的）与毒腺相通，能流出毒液的牙齿。

【毒焰】dúyàn ❶ 名 燃烧产生的烈焰 ▷～吞没了仓库。❷ 名 比喻凶恶的气焰 ▷～嚣张。

【毒药】dúyào 名 有毒的药物，可使有机体丧失某种机能甚至死亡。

【毒液】dúyè 名 有毒的液体。

【毒瘾】dúyǐn 名 吸食毒品形成的瘾。

【毒针】dúzhēn ❶ 名 毒刺。❷ 名 用毒品制成的针剂 ▷注射～。

【毒汁】dúzhī 名 有毒的汁液。

【毒资】dúzī 名 买卖毒品的钱。

独（獨） dú ❶ 形 单一；只有一个 ▷～幕剧｜～身。→ ❷ 名 孤独没有依靠的人；特指年老无子的人 ▷鳏寡孤～。→ ❸ 副 a）单独；独自 ▷～当一面｜～立。b）只；仅 ▷别人都懂了，～有他不明白。→ ❹ 副 与众不同；特别 ▷～创｜～到之处。→ ❺ 形〈口〉形容不能容人 ▷这人有点儿～，跟谁都合不来。○ ❻ 名 姓。

【独霸】dúbà 动 独自霸占或称霸 ▷妄想～天下｜～电器市场。

【独白】dúbái ❶ 动 剧中人独自向观众表白自己的内心活动 ▷静场～。❷ 名 剧中人独自表白的话 ▷这几句～意味深长。

【独步】dúbù ❶ 动 独自一个人行走 ▷～街头。❷ 动 比喻在某一领域里超过所有的人 ▷～戏剧界。

【独裁】dúcái 动 独自作出裁决；特指独揽权力，实行专制统治 ▷专断～｜～者。

【独唱】dúchàng 动 一个人单独演唱（常有乐器伴奏）。

【独出心裁】dúchū-xīncái 别出心裁。

【独处】dúchǔ 动 单独生活或活动 ▷好～，不善交际。

【独创】dúchuàng 动 独立创造；独特地创造 ▷～新工艺｜国内～｜敢于～。

【独创性】dúchuàngxìng 名（思维、技艺等的）独特创造的性质 ▷这种研究思路颇具～。

【独当一面】dúdāng-yīmiàn 独立承担一个方面的工作。☛"当"不要误写作"挡"。

【独到】dúdào 形（技艺、学识、见解等）与众不同的（多用于褒义）▷～的看法｜～之处。☛"到"不要误写作"道"。

【独断】dúduàn 动 凭个人意志作出决断；专断 ▷骄横～。

【独断专行】dúduàn-zhuānxíng 不考虑别人的意见，只凭个人意志处理事情。也说独断独行。

【独夫民贼】dúfū-mínzéi 凶残暴虐、祸国殃民、众叛亲离的统治者。

【独孤】dúgū 名 复姓。

【独家】dújiā 名 独此一家 ▷～专访｜～赞助。

【独角戏】dújiǎoxì 名 只有一个角（jué）色演出的戏；比喻一个人单独承担本应由几个人干的工作 ▷局里的人都下乡了，剩我一个人唱～。

☛ 不要写作“独脚戏”。

【独脚戏】dújiǎoxì 现在规范词形写作“独角戏”。

【独居】dújū ❶ 动 单身居住;特指成年人没有配偶,单身生活 ▷~海外|老伴儿死后,~多年。❷ 动 独自处在某一特殊地位 ▷收盘价~股市榜首。❸ 名 只有一间卧室的单元套房 ▷在附近小区买了套~。

【独具】dújù 动 独自具有,跟其他人或事物不同 ▷~匠心|~慧眼|~一格。

【独具慧眼】dújù-huìyǎn 独自具有非凡敏锐的眼光或深刻的见解。

【独具匠心】dújù-jiàngxīn (在文学艺术或工艺技巧等方面)独自具有的巧妙构思。

【独具只眼】dújù-zhīyǎn 独自具有的敏锐眼光或高超见解(只眼:原指佛教中大自在天神的双眉之上的第三只眼,据说它能识别善恶)。

【独揽】dúlǎn ❶ 动 独自把持 ▷~朝政。❷ 动 独自占有;独自承揽 ▷~3 枚金牌|该企业~了这里的全部工程。

【独力】dúlì 副 表示凭一个人或单方面的力量去做 ▷他~完成了设计任务。

【独立】dúlì ❶ 动 独自站立 ▷~湖边,遥望远处。❷ 动 一个国家、政权或组织不受外部势力的干预、控制和支配 ▷国家要~,民族要解放。❸ 动 不再隶属于原单位,而单独成为一个单位 ▷农机管理处已经~,并升格为农机管理局。❹ 区别 在军队编制中不隶属于高一级的单位而直接隶属于更高一级的单位领导的。如直属于军的独立团、直属于师的独立营等。❺ 形 形容不依赖别人的支持和帮助或不受他人影响 ▷生活很~|~思考。

【独立董事】dúlì dǒngshì 独立于某上市公司的董事,即某上市公司从公司外部聘请的,与该公司及其主要股东不存在可能妨碍其进行独立检查和监督的关系的董事,一般具有较强的专业知识和较高的公信力。简称独董。

【独立王国】dúlì wángguó 有完整主权的君主制国家;比喻不听从上级领导而自行其是的地区、单位或部门(含贬义)。

【独立性】dúlìxìng 名 不依傍其他事物而独自成立的性质 ▷每一自然段都具有相对~。

【独立自主】dúlì-zìzhǔ 不依赖别人,靠自己作主;多指国家独立行使自己的主权,不受外部势力的支配和控制。

【独领风骚】dúlǐngfēngsāo 独自引领文学创作的风气(风骚:《国风》与《离骚》,指文学创作);比喻人或事物在某些方面异乎寻常。

【独龙族】dúlóngzú 名 我国少数民族之一。主要分布在云南。

【独轮车】dúlúnchē 名 只有一个轮子的手推车。

【独门】dúmén ❶ 名 只供一户人家进出的院门 ▷~独院。❷ 区别 一人或一家独有的 ▷~技术|~功夫。

【独门热货】dúmén rèhuò 独家经营的畅销货物 ▷这种家具刚一进入市场就成了~。

【独苗】dúmiáo 名 比喻一个家庭或家族的唯一后代;泛指某一范围内唯一的人或事物 ▷他是家里的~|队友都被淘汰,她成了我队进入决赛的~。也说独苗苗。

【独木不成林】dú mù bù chéng lín 一棵树成不了林。比喻个人的力量薄弱,成不了大事。

【独木难支】dúmù-nánzhī 一根木头难以支撑(将要倒塌的大厦)。比喻一个人的力量难以维持衰败局面或支撑全局。也说一木难支。

【独木桥】dúmùqiáo 名 用一根木头搭成的小桥;比喻狭窄艰难的途径。

【独木舟】dúmùzhōu 名 用一根木头挖空做成的船。也说独木船。

【独幕剧】dúmùjù 名 只有一幕的短剧。特点是场景单一,情节单纯紧凑,人物少,表现某一生活片断(跟“多幕剧”相区别)。

【独辟蹊径】dúpì-xījìng 独自开辟新路(蹊径:小路)。比喻独创新方法、新风格、新思路。

【独任制】dúrènzhì 名 对于基层人民法院适用简易程序审判的案件,如简单的民事案件、轻微的刑事案件等,由一名审判员审理并判决的制度(跟“合议制”相区别)。

【独善其身】dúshàn-qíshēn 原指保持个人的节操、修养;现多指只顾自己,不管他人。

【独身】dúshēn ❶ 名 独自一人 ▷~闯世界。❷ 名 特指没有配偶的成年男女 ▷他到现在还是~。

【独生】dúshēng 区别 一对夫妇生育的唯一的(子女) ▷~子|~女。

【独生子女】dúshēng zǐnǚ 一对夫妇生育的唯一的儿子或女儿。

【独树一帜】dúshù-yīzhì 独自树起一面旗帜。借指与众不同,自成一家或一派。☛ “树”不要误写作“竖”。

【独特】dútè 形 特有的;与众不同的 ▷性格~|~风味。☛ 参见 1072 页“奇特”的提示。

【独体】dútǐ 区别 单个儿形体的 ▷~建筑|~意识。

【独体字】dútǐzì 名 只有一个部件的汉字(跟“合体字”相区别)。如“木”“山”。

【独吞】dútūn 动 独自吞占(本该多人分享的财产、利益等) ▷~祖上遗产|~红利。

【独舞】dúwǔ ❶ 名 由一个人表演的舞蹈。分两类:一类是具有特定主题的完整结构的舞蹈;另一类是舞剧或多人舞蹈中的组成部分,是刻画主要人物的重要手段。❷ 动 由一个人表演舞蹈 ▷由她~的节目曾多次获奖。

【独享】dúxiǎng 动 独自享用 ▷大家的成果，哪能由我一个人～。

【独行】dúxíng ❶ 动 一个人单独行走 ▷孑然～。❷ 动 按自己的意志独自行事 ▷专断～。

【独眼龙】dúyǎnlóng 名 对一只眼睛失明的人的不尊重的称呼（有时含诙谐意）。

【独一无二】dúyī-wú'èr 只有这一个，没有能与之相比的。

【独有】dúyǒu ❶ 动 独自具有；独自占有 ▷～的风格｜唯我～。❷ 副 唯独；只是 ▷大家都同意，～你反对。

【独院】dúyuàn 名 一户人家单独居住的院子。

【独占】dúzhàn 动 独自占据 ▷～市场。

【独占鳌头】dúzhàn-áotóu 据说科举时代，考中状元的人要站在皇宫前刻有浮雕巨鳌的石阶上迎接黄榜，所以把中状元称为"独占鳌头"。现泛指名列第一或居于首位。

【独酌】dúzhuó 动〈文〉独自饮酒 ▷花前～。

【独资】dúzī 动（由一人或一方）单独投资（跟"合资"相区别）▷～公司｜～开发。

【独自】dúzì 副 单独 ▷～一人｜～外出。

【独奏】dúzòu 动 一个人演奏（有时也可有其他乐器伴奏）▷琵琶～｜～曲。

顿（頓） dú 见 970 页"冒（mò）顿"。
另见 353 页 dùn。

读（讀） dú ❶ 动 看着文字并念出声来 ▷大声～一遍课文｜朗～｜宣～。→ ❷ 动 看着文字并理解其意义 ▷这本书值得一～｜阅～。❸ 动 指上学或学习 ▷他只～过初中｜你～什么专业？｜走～。→ ❹ 动 读作；读音是 ▷这个字～去声，不～阴平。☛"读"字一般读 dú；读 dòu，专指诵读时句中的停顿。旧时把读书时短暂的停顿叫 dòu，写作"读"，较长的停顿叫"句"，合称"句读"。
另见 337 页 dòu。

【读本】dúběn 名 课本；泛指供阅读用的普及性版本 ▷《古代汉语～》｜《英语～》。

【读后感】dúhòugǎn 名 读完某本书或某篇文章后的感想；读完某本书或某篇文章后写出的感想、体会或评论等。

【读卡】dúkǎ 动 使用特定设备解读卡片内存储的信息 ▷～器。

【读秒】dúmiǎo ❶ 动 围棋比赛中指参赛者自由支配时间用完后，每落一子必须在规定时间里完成（一般为 60 秒，快棋为 30 秒或 10 秒），这时裁判随时报出已用秒数，叫读秒。❷ 动 倒计时最后读出所剩秒数；借指事情到了最后的关键性时刻 ▷发射前的～阶段。

【读破】dúpò 动 一个汉字因意义不同而有两个或两个以上读音时，不读通常的读音而读作另一音，以表示另外的意义。读破的读音叫破读。如"横暴"的"横"不读通常读音 héng，而读 hèng，表示粗暴、不讲道理。

【读破句】dúpòjù 读书时出现的断句错误，把应属上一句末了的字连到下一句读，或者把应属下一句开头的字连到上一句读。古代文章通常不用标点符号，读书时容易出现这种错误。

【读书】dúshū ❶ 动 出声或不出声地念书；泛指阅读 ▷琅琅的～声｜～破万卷，下笔如有神。❷ 动 指上学；求学 ▷那时他正在中学～。❸ 动 指学习 ▷这孩子～很用功。

【读书人】dúshūrén 名 读过很多书的人；知识分子。

【读数】dúshù 名 指机器、仪表上指针或水银柱等显示出的刻度数字。

【读物】dúwù 名 供人阅读的书籍、报刊等。

【读音】dúyīn 名 读出的字音；字的念法 ▷口齿不清，～不准。

【读者】dúzhě 名 指阅读某种书籍、报刊等的人 ▷～来信。

渎¹（瀆） dú 名〈文〉沟渠 ▷沟～。

渎²（瀆） dú 动 侮慢；对人不尊敬 ▷亵～｜～犯｜～职。

【渎职】dúzhí 动 滥用职权或者玩忽职守 ▷失职～｜～罪。

椟（櫝） dú 名 匣子；柜子 ▷买～还珠。

犊（犢） dú 名 犊子 ▷初生牛～不怕虎。

【犊子】dúzi 名 小牛 ▷牛～。

牍（牘） dú ❶ 名 古代写字用的木片 ▷连篇累～。→ ❷ 名 书信；公文 ▷尺～｜案～｜文～。

黩（黷） dú 动 滥用；轻率地多次使用 ▷～武。

【黩武】dúwǔ 动〈文〉滥用武力；好战 ▷穷兵～。

髑 dú［髑髅］dúlóu 名〈文〉死人的头骨；也指死人的头。

讟 dú〈文〉❶ 动 怨恨 ▷民～矣，奈何？→ ❷ 名 怨言 ▷怨～纷起。→ ❸ 动 诽谤 ▷～谤。

dǔ

肚 dǔ 名 肚子（dǔzi）▷牛～儿｜～丝｜爆～儿。☛读 dù，指腹部，偏重外形，也指其中的肠胃等脏器；读 dǔ，专指作食品用的牲畜的胃，如"猪肚儿""炒肚片"。
另见 343 页 dù。

【肚子】dǔzi 名 作为食品用的猪、牛、羊等动物的胃 ▷羊～。☛ 这个意义不读 dùzi。

笃(篤) dǔ〈文〉❶ 形 忠实;专一 ▷情爱甚～|～信|～行|～学。〇 ❷ 形 (病势)重 ▷病～。

【笃爱】dǔ'ài 动 专一深切地爱 ▷～文学。

【笃诚】dǔchéng 形 忠实诚信 ▷～不二。

【笃定】dǔdìng ❶ 形 忠诚坚定 ▷信念～。❷ 形 安详镇定 ▷～从容|平和而～。❸ 副 表示极有把握,相当于"一定"④ ▷～可以给大家一个惊喜。

【笃厚】dǔhòu 形 忠实厚道 ▷为人～淳朴。

【笃深】dǔshēn 形 (感情)深厚。

【笃实】dǔshí ❶ 形 忠诚老实 ▷～敦厚。❷ 形 实在 ▷～可靠|～的功底。

【笃守】dǔshǒu 动 坚定地保持;忠实地遵守 ▷～操行|～承诺。

【笃信】dǔxìn 动 忠实地信仰 ▷～不移。

【笃行】dǔxíng 动 忠实地履行 ▷矢志～入党誓言。

【笃学】dǔxué 动 专心好学 ▷～勤勉。

【笃志】dǔzhì 动 一心一意;专心致志 ▷～创作。

堵 dǔ ❶ 名〈文〉墙壁 ▷观者如～。→ ❷ 量 用于墙壁 ▷一～墙。参见插图 13 页。〇 ❸ 动 阻挡;阻塞 ▷～住敌人的退路|下水道～了。→ ❹ 形 心里憋闷;不畅快 ▷心里～得慌|～心。〇 ❺ 名 姓。

【堵车】dǔchē 动 因车辆过多等造成道路堵塞。

【堵截】dǔjié 动 迎面阻挡拦截 ▷～逃犯。

【堵塞】dǔsè 动 阻塞,使不通 ▷～漏洞。☛"塞"这里不读 sāi 或 sài。

【堵心】dǔxīn 形 心里憋得慌 ▷别提多～啦!

【堵嘴】dǔzuǐ 动 不让人讲话;使人无法说出真情 ▷想用小恩小惠～是不可能的|要让人家畅所欲言,不要堵人家的嘴。

赌(賭) dǔ ❶ 动 拿财物作注比输赢 ▷～博|～棍|聚～。→ ❷ 动 泛指比胜负 ▷我敢打～,这场球我们准赢。

【赌本】dǔběn 名 赌博时用的本钱;比喻进行冒险行动所依仗的力量 ▷想捞回～。

【赌博】dǔbó ❶ 动 用财物作赌注,通过打牌、掷色(shǎi)子等决定输赢 ▷严禁～。❷ 动 比喻冒险从事某种活动(含贬义) ▷政治～。

【赌博罪】dǔbózuì 名 为获取非法利益而聚众赌博、开设赌场或以赌博为业的犯罪行为。

【赌场】dǔchǎng 名 赌博的场所。

【赌城】dǔchéng 名 某些国家或地区赌场集中并成为主要税收来源的城市。

【赌东道】dǔdōngdào 以做东道请客来打赌(输的人请客)。也说赌东。

【赌风】dǔfēng 名 赌博的风气 ▷刹住～。

【赌鬼】dǔguǐ 名 对沉迷于赌博而不能自拔的人的蔑称。

【赌棍】dǔgùn 名 沉迷于赌博并靠赌博为生的人。

【赌局】dǔjú 名 赌博的集会或场所 ▷开～。

【赌具】dǔjù 名 赌博用具。如赌博时使用的纸牌、麻将牌、色(shǎi)子等。

【赌气】dǔqì 动 因闹情绪、不满意而意气用事 ▷怎么能一受批评就～不干工作呢?

【赌钱】dǔqián 动 用金钱作注赌博。

【赌球】dǔqiú 动 通过猜测球赛输赢进行赌博。

【赌徒】dǔtú 名 沉迷于赌博的人。

【赌窝】dǔwō 名 赌徒经常聚赌的地方 ▷捣毁～。

【赌瘾】dǔyǐn 名 由赌博形成的瘾。

【赌债】dǔzhài 名 赌博欠下的债。

【赌咒】dǔzhòu 动 以诅咒自己如果违约将受到恶报的方式作出保证 ▷～发誓。

【赌注】dǔzhù 名 赌博时所押的钱物;比喻进行冒险活动所投入的力量 ▷下～。

【赌资】dǔzī 名 用来赌博的钱。

睹(*覩) dǔ 动 看到 ▷先～为快|熟视无～|目～。

【睹物伤情】dǔwù-shāngqíng 看到与死去或离去的人有关的东西而伤感动情。

【睹物思人】dǔwù-sīrén 看到与死去或离去的人有关的东西而想念他。

dù

芏 dù 见 679 页"茳(jiāng)芏"。

杜[1] dù ❶ 名 杜梨。〇 ❷ 名 姓。

杜[2] dù 动 阻塞;防止 ▷～门谢客|防微～渐|～绝。

【杜衡】dùhéng 名 多年生草本植物,根状茎节间短,开暗紫色花,有香气。全草可以做药材。

【杜蘅】dùhéng 现在一般写作"杜衡"。

【杜鹃】dùjuān ❶ 名 鸟,体形、羽色多样,多食害虫,是益鸟。春夏之交,昼夜鸣叫,声音哀切。也说布谷、杜宇。别称子规。参见插图 5 页。〇 ❷ 名 常绿或落叶灌木,叶子卵圆形。花也叫杜鹃,多为红色,供观赏。也说映山红。参见插图 8 页。

【杜绝】dùjué 动 从根源上堵塞,使(坏事)断绝 ▷～一切不正之风。

【杜康】dùkāng 名 相传我国第一个酿酒的人,借指酒 ▷何以解忧,唯有～。

【杜梨】dùlí 名 落叶乔木,单叶菱形互生,花白色。果实也叫杜梨,球形,味酸。木质坚韧,多用作嫁接梨树的砧木。枝、叶、果可以做药材。也说棠梨。

【杜门】dùmén 动〈文〉关上门 ▷～谢客。

【杜仲】dùzhòng 名 落叶乔木，叶长圆形，果实椭圆形。材质坚韧，是建筑的良好材料。叶子、果实、树皮可提取杜仲胶，做绝缘材料和黏合剂，树皮还可做药材。

【杜撰】dùzhuàn 动 随意编造；虚构 ▷新闻报道不能随便～。

肚 dù 名 肚子 ▷挺胸凸～｜胸闷～胀｜心知～明｜手指头～｜大～坛子。

另见 341 页 dǔ。

【肚带】dùdài 名 系在马、骡等肚子上的皮带，用来将鞍子等固定在背上。

【肚兜】dùdōu ❶ 名 兜肚。❷ 名 围裙。

【肚量】dùliàng ❶ 名 饭量 ▷～大的可以多吃一些。❷ 名〈口〉借指度量 ▷他～大，没生气。☛ 参见本页“度量”的提示。

【肚皮】dùpí 名 腹部的表皮；借指肚(dù)子。

【肚脐】dùqí 名 腹部中间脐带脱落后形成的瘢痕。也说肚脐眼儿。

【肚子】dùzi ❶ 名 人或动物的腹部。❷ 名 借指内心 ▷一～的花花点子。❸ 名 像肚子一样圆而鼓起的部分 ▷腿～。☛ 以上意义不读 dǔzi。

妒(*妬) dù 动 因别人比自己强而心怀怨恨 ▷嫉贤～能｜忌～。

【妒火】dùhuǒ 名 指极为强烈的忌妒情绪 ▷不该一见别人超过自己便～中烧。

【妒嫉】dùjí 动 忌妒。

【妒忌】dùjì 动 忌妒。

【妒贤嫉能】dùxián-jínéng 嫉贤妒能。

度[1] dù ❶ 名 计量长短的标准和器具 ▷～量衡。→ ❷ 名 法则；准则 ▷法～｜尺～｜制～。⇒ ❸ 量 弧、角法定计量单位，把圆周分为 360 等份所成的弧叫 1 度弧，1 度弧所对的圆心角叫 1 度角。1 度等于 60 分。❹ 量 划分地球经(东西)纬(南北)距离的单位。把地球表面东西的距离分为 360 等份，每一等份是经度 1 度；把地球表面南北的距离分为 180 等份，每一等份是纬度 1 度。1 度等于 60 分。⇒ ❺ 量 耗电量非法定计量单位，1 千瓦小时通称 1 度。⇒ ❻ 量 摄氏度的通称 ▷今天气温高达 35～。→ ❼ 名 限度；限额 ▷每月的费用以 1000 元为～｜挥霍无～｜适～｜过～。⇒ ❽ 名 个人考虑所及的范围 ▷置之～外。⇒ ❾ 名 一定范围的时间或空间 ▷年～｜国～。→ ❿ 名 程度；事物所达到的境界 ▷极～｜进～｜知名～｜透明～。⇒ ⓫ 名 特指宽容的程度 ▷～量｜气～。⓬ 名 人的气质或风貌 ▷风～｜态～。⇒ ⓭ 名 特指事物的某种性质所达到的程度 ▷硬～｜温～｜湿～｜长～。○ ⓮ 名 姓。

度[2] dù ❶ 动〈文〉跨过；越过 ▷春风不～玉门关。→ ❷ 动 (时间上)经过；经历 ▷虚～青春｜欢～春节。❸ 量 用于动作的次数(经历几次就是几度) ▷一年一～｜几～春秋。→ ❹ 动 佛教、道教指使人超越尘俗或脱离苦难 ▷剃～｜超～。☛ ㊀“度”字读 duó，本指量长短，引申为揣测、估计，如“揣度”“以小人之心度君子之腹”。㊁跟“渡”不同。在现代汉语中，“度”的基本义是时间上经过，“渡”的基本义是由此岸到彼岸。“欢度春节”“度假”的“度”不要写作“渡”；“渡难关”“远渡重洋”的“渡”不要写作“度”。佛教所说“普度众生”“剃度”“超度”等，是沿用古代习惯。

另见 356 页 duó。

【度牒】dùdié 名 旧时由官府发给和尚、尼姑证明身份的凭证。

【度过】dùguò 动 经过；经历 ▷～假期。

【度荒】dùhuāng 动 度过灾荒 ▷生产自救，节约～。

【度假】dùjià 动 度过假日或假期。

【度假村】dùjiàcūn 名 在环境优美的地方建造的度假场所。

【度量】dùliàng 名 对人宽容忍让的限度 ▷他～大，不会因这点小事记恨你的。☛“度量”和“肚量”在宽容忍让义上有相同处，但二者语体色彩不同。“肚量”还有饭量义。

【度量衡】dù-liàng-héng 名 计量长度、容积、重量的标准和器具的统称。

【度命】dùmìng 动 (在困境中)维持生命 ▷大漠深处，他们就靠这点水～了。

【度日】dùrì 动 过日子；维持生活(多指在困境中) ▷爷爷年轻时靠拉板车～｜～如年。

【度数】dùshu 名 以度为单位计量的数目 ▷这是低度酒，～不太高。

【度汛】dùxùn 动 度过汛期 ▷安全～。

钍(鉳) dù 名 金属元素，符号 Db。有强放射性，化学性质近似钽。由人工核反应获得。

渡 dù ❶ 动 通过(水面)；由此岸到彼岸 ▷～河｜远～重洋｜泅～｜抢～。→ ❷ 名 渡口 ▷古～｜风陵～(黄河渡口之一，在山西)。→ ❸ 动 特指用船载运过河 ▷多亏船家把我～到对岸｜～船。❹ 名 指渡船 ▷轮～。→ ❺ 动 通过；由一个阶段到另一个阶段 ▷～过难关｜过～时期。○ ❻ 名 姓。☛ 参见本页“度[2]”的提示㊁。

【渡槽】dùcáo 名 输送水流跨越山谷、洼地、道路、河道等的架空水槽，两端连接水渠。

【渡船】dùchuán 名 用来载人或运货横渡江河、湖泊、海峡的船。

【渡口】dùkǒu 名 江河岸边供船、筏等摆渡的地方。

【渡轮】dùlún 名 用来载人或运货横渡江河、湖泊、海峡的轮船。

【渡桥】dùqiáo 动 过桥 ▷～费。

【渡头】dùtóu 名 渡口。

镀(鍍) dù 动 用物理或化学方法把一种金属薄而均匀地附着(zhuó)在别的金属或物体的表面 ▷～金|～锌|电～。

【镀层】dùcéng 名 镀在其他金属或物体表面的金属层,如镀锌铁主要用锌做镀层。

【镀金】dùjīn ❶ 动 在某种金属或物体的表面附着上一层薄薄的金子。❷ 动 比喻通过某种手段获取虚名 ▷不要把读研当成～手段。

斁 dù 动〈文〉败坏 ▷法～而不知理。另见 1640 页 yì。

蠹 dù ❶ 名 蠹虫 ▷书～。→ ❷ 动 蛀蚀;侵害 ▷流水不腐,户枢不～。

【蠹虫】dùchóng 名 蛀虫。

【蠹鱼】dùyú 名 衣鱼。

duān

耑 duān ❶ 用于人名。○ ❷ 名 姓。☛"耑"读 zhuān 时,是"专"的异体字。
另见 1808 页 zhuān"专"。

端[1] duān ❶ 形 直;正 ▷～坐|字写得～～正正。→ ❷ 形 品行正直,作风正派 ▷品行不～|～庄。○ ❸ 名 姓。

端[2] duān ❶ 名(物体的)一头 ▷上～|两～|尖～。→ ❷ 名(事情的)开头 ▷开～|发～。❸ 名(事情的)起因;缘由 ▷无～生事。❹ 名 事情(多指事故、纠纷等不好的事) ▷事～|祸～|弊～。→ ❺ 名(事情的)头绪、项目或方面 ▷思绪万～|诡计多～。

端[3] duān ❶ 动 平举着拿(东西) ▷把锅～下来|～着枪|～了一杯茶◇把事情都～出来,让大家评评理。○ ❷ 动 彻底除去;扫除 ▷把匪巢～掉|～贼窝。

【端点】duāndiǎn ❶ 名 数学上指线段两端的点或射线的起点。❷ 名 泛指事物的起点或终点 ▷把握好开始与结局这两个～。

【端方】duānfāng 形〈文〉正派;正直 ▷直言慎行,品德～。

【端架子】duānjiàzi 摆架子。

【端静】duānjìng 形 端庄沉静 ▷一位～的女子。

【端口】duānkǒu 名 电子计算机等设备上供连接外部设备的插口。

【端丽】duānlì 形 端庄秀丽 ▷女孩儿～聪慧。

【端量】duānliang 动 仔细察看 ▷上下～。

【端面】duānmiàn 名 圆柱形物体两端的平面。

【端木】duānmù 名 复姓。

【端倪】duānní ❶ 名 事情的头绪或眉目 ▷案件的来龙去脉稍露～。❷ 动 推测始末 ▷形势的发展,难以～。

【端午节】duānwǔjié 名 农历五月初五日,我国传统节日。相传是为纪念在这一天自投汨罗江而死的爱国诗人屈原。民间有吃粽子、赛龙舟、饮雄黄酒等习俗。俗称五月节。也说端午、端阳节。☛ 不要写作"端五节"。

【端线】duānxiàn 名 底线;球场两端的边线。

【端详】duānxiáng ❶ 名 详细情况;底细 ▷细说～。○ ❷ 形 端庄安详 ▷举止～。☛"详"不要误写作"祥"。

【端详】duānxiang 动 仔细观察 ▷由头到脚反复～。

【端雅】duānyǎ 形 端庄文雅 ▷大嫂～稳重,很受弟妹们敬重。

【端砚】duānyàn 名 一种上品砚台。石质坚实细润。因产于端州(今广东肇庆一带),故称。

【端由】duānyóu 名 事情的起因 ▷叙说～。

【端正】duānzhèng ❶ 形 不歪不斜 ▷字体～|端端正正地坐在椅子上。❷ 形 正直;正派 ▷行为～。❸ 动 使端正 ▷～工作作风。

【端重】duānzhòng 形 端庄稳重。

【端庄】duānzhuāng 形 端正庄重 ▷风度～。

【端坐】duānzuò 动 端正地坐着。

duǎn

短 duǎn ❶ 形 一端到另一端的距离小(跟"长"相对) ▷木头锯～了。→ ❷ 形 某段时间起讫点之间的距离小 ▷昼～夜长|～命。→ ❸ 动 缺少;欠 ▷这套书还～一本|～少。❹ 名 短处;缺点 ▷扬长避～|揭～。→ ❺ 形 浅薄 ▷见识～|～浅。

【短板】duǎnbǎn 名 箍成木桶的各块木板中,使木桶不能盛满水的那块较短的木板;比喻事物的薄弱环节或薄弱部分 ▷加大教育投入,弥补学前教育发展的～。

【短兵相接】duǎnbīng-xiāngjiē 双方用刀、剑等短兵器拼杀;比喻面对面地进行激烈的斗争。

【短波】duǎnbō 名 波长10—100米(频率30—3兆赫)的无线电波。能传播很远,主要用于远距离无线电广播、通信等(英语缩写为 SW)。

【短不了】duǎnbuliǎo ❶ 动 少不了 ▷放心,一分钱也～。❷ 副 不可避免 ▷夫妻俩～磕磕碰碰的。

【短长】duǎncháng 名 长短。

【短程】duǎnchéng 区别 短距离的 ▷～旅行|～弹道导弹。

【短秤】duǎnchèng 动 亏秤;用秤称物时分量不够 ▷买东西要小心～。

【短处】duǎnchu 名 不足之处;缺点 ▷要敢于正视自己的～。

【短促】duǎncù 形 (时间)短暂;急迫 ▷～的会谈|呼吸～。

【短打】duǎndǎ ❶ 动 传统戏曲中,着短装开打 ▷这位武生擅长～。❷ 名 传统戏曲中,从事短打表演的行当 ▷～武生。❸ 名 短装 ▷身着～便装。

【短笛】duǎndí ❶ 名 西洋管乐器,长度约为长笛的一半,发音比长笛高八度。多用于铜管乐队和管弦乐队。参见插图 11 页。❷ 名 佤族管乐器,竹制,横吹,音色高亢明亮。

【短工】duǎngōng 名 按小时或天数计算工资的临时雇工 ▷打～。

【短号】duǎnhào 名 管乐器,结构与小号相似,号管较短,音色比小号柔和。

【短见】duǎnjiàn ❶ 名 只看到局部或只顾及眼前的短浅的见识。❷ 名 指自杀的行为 ▷寻～。

【短剑】duǎnjiàn 名 比长剑短小的剑。

【短斤缺两】duǎnjīn-quēliǎng 缺斤短两。

【短剧】duǎnjù 名 演出时间短、情节比较简单,但比小品完整的戏剧 ▷安徒生童话～|独幕～。

【短款】duǎnkuǎn ❶ 区别 服装中款式较短的 ▷～上衣。○ ❷ 名 结账时少于账面数额的现金 ▷长款作其他收入处理,～由当事人赔偿。

【短路】duǎnlù 动 电路中电势不同的两点直接相接或被电阻极小的导体连接时所产生的电流突然增大的现象。短路会导致电气设备损坏甚至引起火灾。

【短命】duǎnmìng 形 寿命不长 ▷不幸～而死|～鬼|这种豆腐渣工程能不～吗?

【短跑】duǎnpǎo ❶ 动 短距离跑步。❷ 名 距离较短的赛跑项目。包括 60 米、100 米、200 米、400 米等。

【短篇】duǎnpiān ❶ 区别 篇幅较短的(多指文学作品) ▷～故事|～力作。❷ 名 特指短篇小说 ▷这几个～写得很精彩。

【短篇小说】duǎnpiān xiǎoshuō 篇幅较短、人物不多、情节集中、结构紧凑的小说。

【短片】duǎnpiàn 名 放映时间一般在 40 分钟以内的影片。口语中也说短片儿(piānr)。

【短平快】duǎn-píng-kuài ❶ 名 排球的一种快攻打法。二传手传出弧度小、速度快的球后,扣球手在相距两米左右处,迅速跃起并扣出高速、平射的过网球。❷ 区别 借指建设项目等投资少、周期短、见效快的 ▷～工程|～科研课题。

【短评】duǎnpíng 名 简短的评论 ▷文艺～|国际形势～。

【短期】duǎnqī 名 短时期;短期限 ▷～外出|～培训。

【短期行为】duǎnqī xíngwéi 指只顾眼前利益而不顾长远利益的行为 ▷企业不能搞～。

【短浅】duǎnqiǎn 形 (见解)狭隘肤浅 ▷见识～。

【短欠】duǎnqiàn 动 亏欠 ▷一年就～了上百万。

【短枪】duǎnqiāng 名 枪筒较短的枪的统称;特指手枪。

【短缺】duǎnquē 动 缺乏;不足 ▷资金～。

【短裙】duǎnqún 名 多指裙长不到膝盖但接近膝盖的裙子。

【短日照动物】duǎnrìzhào dòngwù 在秋季日照时数逐渐缩短的情况下发情交配的动物。如绵羊、山羊、鹿、麝等。

【短日照植物】duǎnrìzhào zhíwù 每天日照时间较短(一般短于 10 小时)才能开花的植物。如大豆、甘薯、菊花、秋海棠等。

【短少】duǎnshǎo 动 缺少(多指少于一定数额) ▷商品房面积～现象已引起人们关注。

【短视】duǎnshì 形 近视;比喻眼光短浅 ▷～行为|不要太～,要看得长远些。

【短寿】duǎnshòu 形 短命。

【短途】duǎntú 名 短距离的路途 ▷～运输|～出行|跑～。

【短线】duǎnxiàn ❶ 区别 供应不能满足需求的 ▷～产品|～专业。❷ 区别 路程短的 ▷～旅游。❸ 区别 较短时间就能产生效益的 ▷～投资。

【短项】duǎnxiàng 名 不擅长的方面 ▷搞公关对他来说是～。

【短小】duǎnxiǎo ❶ 形 又短又小 ▷～的文章|衣服～。❷ 形 矮小 ▷身材～。

【短小精悍】duǎnxiǎo-jīnghàn ❶ 形容人身材矮小,精明强干。❷ 形容作品等篇幅简短而有力。☛ "悍"不读 gàn,也不要误写作"干"。

【短信】duǎnxìn ❶ 名 文字简短的书信 ▷写了封～。❷ 名 短信息。

【短信息】duǎnxìnxī 名 用手机通过移动通信网络传输的简短文字、图片等信息;也指传输这种信息的服务方式。也说短信、短消息。

【短袖】duǎnxiù ❶ 名 袖口在肘关节以上的衣袖 ▷～衫。❷ 名 指短袖的衣服。

【短训】duǎnxùn 动 短期培训 ▷～班。

【短讯】duǎnxùn 名 内容单一、篇幅短小的报道。

【短语】duǎnyǔ 名 两个或两个以上的词按一定的词义搭配关系和语法结构规则组合成的句法单位。如"发展经济""傻瓜似的"。也说词组。

【短暂】duǎnzàn 形 (时间)短 ▷时间～。

【短装】duǎnzhuāng 名 不穿长衣，只穿中式上衣和裤子的装束 ▷他身着(zhuó)～在练功。

duàn

段 duàn ❶ 动〈文〉截断；分开。→ ❷ 量 a)用于条状物分成的若干部分 ▷绳子剪成三～｜两～木头。b)用于时间或空间的一定距离 ▷一～时间｜一～路程。c)用于具有连续性特点的事物的一部分 ▷一～文章｜两～京戏。→ ❸ 名 具有连续性特点的事物划分成的部分 ▷～落｜阶～｜地～。❹ 名 某些部门下面分设的机构 ▷工～｜机务～。→ ❺ 名 指段位 ▷九～棋手。○ ❻ 名 姓。☛ 跟"叚(jiǎ)"不同。由"段"构成的字有"缎""锻"等；由"叚"构成的字有"假""霞"等。

【段干】duàngān 名 复姓。

【段落】duànluò ❶ 名 文章根据内容划分成的若干部分。❷ 名 工作、事情等相对独立的阶段 ▷这项工程已告一～。

【段位】duànwèi 名 围棋、柔道等项目选手的等级称号。围棋一般分 9 个段位，柔道分 10 个段位。段位数目越大，水平越高。

【段子】duànzi ❶ 名 有相对完整的内容，可以一次表演完的大鼓、评书、相声等曲艺节目。❷ 名 简短而有某种独特意味的话或文字 ▷搞笑～。

断(斷) duàn ❶ 动 (长形物)分成不相连的段 ▷电线～了｜砍～｜～开。→ ❷ 动 隔绝；使不再相继 ▷联系～了｜～交｜间～。⇒ ❸ 动 戒掉(烟、酒等) ▷～烟｜～酒。⇒ ❹ 动 拦截 ▷派一个排～后｜～球。→ ❺ 动 判定；决定 ▷当机立～｜独～专行｜诊～。→ ❻ 副〈文〉绝对；一定(多用于否定) ▷～不可行｜～无此理。○ ❼ 名 姓。☛ 第七画是竖折(㇄)。

【断案】duàn'àn 动 对提起诉讼的案件进行审判 ▷依法～。

【断壁残垣】duànbì-cányuán 残垣断壁。

【断编残简】duànbiān-cánjiǎn 断简残编。

【断层】duàncéng ❶ 名 地壳岩石沿断裂面发生明显位移的地质现象。❷ 名 借指事业、人才等的层次中断而不能衔接的部分 ▷要避免事业出现～。❸ 动 借指事业、人才等的层次中断而不能衔接 ▷文化不可～。

【断肠】duàncháng 动 肠子断成数节，古人用以表示悲痛、忧愁到了极点 ▷～人在天涯。

【断炊】duànchuī 动 穷得没有柴米，不能烧火做饭 ▷灾民～，亟待救援。

【断代】duàndài ❶ 动 断绝后代。❷ 动 比喻事业没有继承人 ▷人才～。○ ❸ 动 按历史朝代分段。

【断代史】duàndàishǐ 名 记述某一朝代或历史阶段史实的史书(跟"通史"相区别)。

【断档】duàndàng 动 某种商品卖完后不能续供；脱销 ▷日用品供应充足，从不～。

【断定】duàndìng 动 作出确定性判断 ▷我～他今天是不会来了。

【断断】duànduàn 副 无论如何；绝对(只用于否定) ▷霉烂的食品～吃不得。

【断断续续】duànduànxùxù 形 形容时断时续 ▷他～地读完了那本书。

【断顿】duàndùn 动〈口〉吃了上顿，没有下顿。指穷得没有饭吃 ▷决不能让灾区群众～。

【断根】duàngēn ❶ 动 没有子孙后代延续。❷ 动 彻底根除 ▷这种药能使你的病～。

【断航】duànháng 动 中断航行 ▷水枯～。

【断喝】duànhè 动 猛然大声呼喊 ▷他～一声，吵闹的人群马上静了下来。

【断后】duànhòu ❶ 动 断绝后代 ▷眼看他们家要～了。○ ❷ 动 军队后撤时，部分人在后面负责掩护或阻击敌人 ▷主力转移，你部～。

【断乎】duànhū 副 断然② ▷不经过多年苦读，～达不到这种水平。

【断魂】duànhún 动 魂魄离开躯体。形容人极度悲伤或一往情深 ▷令人～。

【断简残编】duànjiǎn-cánbiān 指残缺破损的书籍、文章(简：古代用于书写的竹片；编：串联竹简的绳子)。

【断交】duànjiāo 动 断绝交往；断绝外交关系。

【断井颓垣】duànjǐng-tuíyuán 折断的井栏，倒塌的墙壁(井：这里指井栏)。形容破败荒凉、无人居住的景象。

【断句】duànjù 动 读没有标点符号的古书时，根据文义停顿或同时在书上加上圈点。

【断绝】duànjué 动 中断关系，不再往来；使连贯的事物中断 ▷～外交关系｜交通～。

【断口】duànkǒu ❶ 名 金属加工中指金属断裂后的破断面。观察断口可以分析出破断原因，确定防止断裂的措施。❷ 名 矿物学上指矿物单晶体或集合体在外力打击下不依一定结晶方向破裂而形成的断开面。

【断粮】duànliáng 动 粮食供应中断 ▷再不补充给养，他们就要～了。

【断裂】duànliè 动 折断；裂开 ▷碑身已经～。

【断裂带】duànlièdài 名 地层因受地质应力作用而连续出现一条或多条断层错位且断层两侧岩块破碎的地带。也说断层带。

【断流】duànliú 动 水流中断；拦住流水 ▷干旱严重，河道已经～｜大坝建成，～灌溉。

【断垄】duànlǒng 动 田垄中部分地段缺苗。

【断路】duànlù 动 电流的线路中断。

【断码】duànmǎ 动 商品的大小尺码不齐全 ▷削价处理～鞋。

【断面】duànmiàn 名 截面。

【断奶】duànnǎi 动 婴儿或幼小的哺乳动物不再吃母乳而改吃别的食物 ▷孩子周岁就～了◇这家公司经受住了被～的历练。

【断片】duànpiàn ❶ 名 片断 ▷难以忘怀的生活～。○ ❷ 动 影片在放映时因片子断开而停映；比喻人的记忆或思维中断。口语中也说断片儿(piānr)。

【断七】duànqī 动 旧俗人死后每七天算一个"七"，每个"七"要烧纸或做法事祭奠亡魂。做满七个"七"后祭奠告一段落，叫"断七"。

【断气】duànqì 动 停止呼吸，指死亡。

【断然】duànrán ❶ 形 果断；坚决 ▷采取～措施｜～拒绝。❷ 副 表示不容怀疑，没有回旋余地，相当于"绝对"(多用于否定) ▷～不能轻举妄动。

【断市】duànshì 动 商品供不应求，市面供应中断 ▷组织货源，避免～。

【断送】duànsòng 动 葬送；毁灭 ▷～美好前程。

【断头】duàntóu ❶ 动 被砍下头颅。○ ❷ 名 线状物或条状物中断的地方 ▷接上～。

【断头台】duàntóutái 名 18世纪末法国资产阶级革命时期执行刀斩刑罚的台子；泛指处死人的地方 ▷将战犯送上～。

【断弦】duànxián 动 古代把夫妻比喻为琴瑟，用断弦借指妻子死去。参见1554页"续弦"。

【断线】duànxiàn ❶ 动 折(shé)了线 ▷缝纫机老是～。❷ 动 比喻联系或关系中断 ▷几十年来有来有往，从未～。

【断线风筝】duànxiàn-fēngzheng 比喻一去不回或失去联系的人或物。

【断想】duànxiǎng 名 片断的、零碎的感想或想法 ▷读史～｜关于抗洪抢险的～。

【断行】duànxíng ❶ 动 断然行事 ▷见机～，不要误事。❷ 动 中断通行 ▷公路塌陷，暂时～。

【断续】duànxù 形 断断续续 ▷～收到他几封信。

【断崖】duànyá 名 陡直的山崖。

【断言】duànyán ❶ 动 极其肯定地说 ▷我敢～，他准赢。❷ 名 断语 ▷别轻易下～。

【断语】duànyǔ 名 断定的话；结论 ▷情况不甚明了，不要急于下～。

【断狱】duànyù 动 〈文〉审理和判决案件 ▷为官清正，～公平。

【断章取义】duànzhāng-qǔyì 不顾文章或讲话的原意，孤立地摘取某段话或某句话的意思。

【断肢】duànzhī ❶ 动 截断肢体。❷ 名 截断的肢体 ▷～再植。

【断指】duànzhǐ ❶ 动 截断手指。❷ 名 截断的手指。

【断种】duànzhǒng 动 断绝后代；灭种 ▷许多稀有动物濒临～，必须加强保护。

【断子绝孙】duànzǐ-juésūn 断绝后代，没有子孙(常用于咒骂)。

塅 duàn 名 某些地区指大片的平地(多用于地名) ▷田心～(在湖南)｜中～(在福建)。

缎(緞) duàn 名 缎子 ▷～带｜锦～｜绸～。

【缎子】duànzi 名 一种丝织品。质地厚密，正面平滑而富有光泽。是我国特产。

瑖 duàn 名〈文〉一种像玉的美石。

椴 duàn 名 椴树，落叶乔木，单叶互生，开黄色或白色花，果实球形或卵形。木材优良，纹理细致，供建筑、造纸及制作家具等用。

煅 duàn ❶同"锻"。→ ❷ 动 中药制法，把药材放在火里烧 ▷～石膏｜～龙骨。

【煅烧】duànshāo 动 在低于熔点的适当温度下，给物料加热以除去含有的水、二氧化碳、三氧化硫等挥发性物质。如氢氧化铝经煅烧脱水而成氧化铝。

碫 duàn 〈文〉❶ 名 打铁用的砧石；泛指石头。→ ❷ 动 磨砺 ▷耕者～乃锄，樵者砺乃斧。

锻(鍛) duàn 动 把金属工件加热到一定温度后锤打，改变它的形状和物理性质 ▷～造｜～压｜～工｜～炼。

【锻锤】duànchuí 名 一种锻压机器。由动力提升锤头，利用锤头落下时产生的动能锤压金属坯料。

【锻工】duàngōng ❶ 名 锻造金属材料的工种 ▷～车间。❷ 名 从事锻工的工人。

【锻件】duànjiàn 名 经过锻造而制成的金属毛坯或工件。

【锻接】duànjiē 动 通过锻打使金属物连接起来。

【锻炼】duànliàn ❶ 动 锻造冶炼金属，使更为精纯。❷ 动 通过健身活动，使身体健壮或恢复健康 ▷～身体。❸ 动 比喻通过实践，提高工作能力和思想水平 ▷在实践中～提高。

【锻铁】duàntiě 名 熟铁。

【锻压】duànyā 动 锻造和冲压。

【锻冶】duànyě ❶ 动 锻造冶炼。❷ 动 比喻对人的磨炼或推敲修改文章 ▷～磨砺｜～文字。

【锻造】duànzào ❶ 动 将金属加热到一定温度，经锤打或冲压，制成有一定形状尺寸，并有一定机械性能的工件。❷ 动 比喻对人的锻炼培

养 ▷在艰苦环境中～成长|～钢铁意志。

【锻制】duànzhì 动 使用锻造工艺来制作。

簖(籪) duàn 名 插在水流中捕鱼、虾、蟹的竹栅栏 ▷鱼～|蟹～。

duī

堆 duī ❶ 名 土墩(多用于地名) ▷马王～(在湖南)。→ ❷ 动 累积;聚集在一起 ▷～雪人|～积。→ ❸ 名 堆积在一起的东西 ▷稻草～|粪～。⇒ ❹ 名 比喻众多的人或事 ▷扎～儿|问题成～。⇒ ❺ 量 用于成堆的事物 ▷一大～事|一～垃圾。☛ 统读duī,不读zuī。

【堆叠】duīdié 动 层层堆积起来 ▷桌子上～着考卷。

【堆垛】duīduò ❶ 动 堆积 ▷～木材。❷ 名 堆积成的垛子 ▷村里村外到处都是秸秆～。

【堆放】duīfàng 动 成堆地放在一起 ▷门口不准～垃圾。

【堆肥】duīféi 名 把落叶、杂草、秸秆、泥土等堆积在一起,再掺入粪尿或污水,经微生物分解发酵而成的有机肥料。常用作基肥。

【堆焊】duīhàn 动 用电弧焊、气焊、等离子焊等方法,把耐磨、耐腐蚀的金属熔敷在金属零件表面,以延长零件使用寿命。

【堆积】duījī 动 (事物)积成了堆 ▷流沙～|问题～如山。☛ 跟"堆集"不同。"堆积"强调的是积累;"堆集"强调的是聚集。

【堆集】duījí 动 成堆地聚集 ▷乌云～,骤雨将至。☛ 参见本页"堆积"的提示。

【堆金积玉】duījīn-jīyù 堆积着黄金和美玉。形容财富极多,生活奢华。

【堆砌】duīqì ❶ 动 堆积砖石并用灰浆黏合 ▷～假山。❷ 动 比喻在诗文中罗列大量华丽而无用的词语等 ▷写文章切忌～辞藻。

【堆笑】duīxiào 动 脸上满是笑容;脸上装出笑容 ▷他满脸～地看着儿子寄来的近照|他脸上～,沉着应对这伙歹徒。

【堆栈】duīzhàn 名 专供暂时寄存货物的场所 ▷～里摆满了货物。

duì

队(隊) duì ❶ 名 有组织的集体的编制单位 ▷连～|支～|中～。→ ❷ 名 行列;队形 ▷排～|纵～。❸ 量 用于排成队列的人或动物 ▷一～人马|一～骆驼。→ ❹ 名 指具有某种性质的群体 ▷球～|乐～|车～。⇒ ❺ 名 特指中国少年先锋队 ▷～礼|～旗。⇒ ❻ 名 人民公社时期特指农村的生产队 ▷社～企业。

【队部】duìbù 名 一个队的领导机构;也指这种机构的所在地 ▷到～报到。

【队副】duìfù 名 协助队长工作的副手。

【队礼】duìlǐ 名 中国少年先锋队的举手礼。右手五指并拢,掌心向前,高举头上,表示人民的利益高于一切。

【队列】duìliè 名 队伍的行列 ▷～整齐。

【队旗】duìqí ❶ 名 以队命名的组织的旗帜 ▷开赛前两队交换～。❷ 名 特指中国少年先锋队的旗帜,即绘有五角星加火炬的红旗。

【队日】duìrì 名 中国少年先锋队进行集体活动的日子。

【队伍】duìwu ❶ 名 部队 ▷解放军是人民的～。❷ 名 有组织的或自然形成的行列 ▷学生～从检阅台前通过。❸ 名 属于一定范围的人员集体 ▷拥有一支高水平的科技～。

【队形】duìxíng 名 队列的形式 ▷三架飞机排成品字～。

【队友】duìyǒu 名 队员之间的亲密称呼。多用于同一运动队、考察队等的队员之间。

【队员】duìyuán ❶ 名 以队命名的组织的成员 ▷考察队～。❷ 名 特指中国少年先锋队的成员。

对(對) duì ❶ 动 〈文〉相当;相配。→ ❷ 动 回答 ▷无言以～|～答如流|应～。→ ❸ 动 面向着;朝着 ▷窗户正～着大街。⇒ ❹ 介 引进动作行为的对象,相当于"向""跟" ▷他～我笑了笑|这事～谁也不要说。⇒ ❺ 动 针对;对付 ▷～事不～人|针尖～麦芒。❻ 介 引进对待的对象 ▷大家～他很关心|～这件事,我们会作出处理的。⇒ ❼ 形 对面的;对立的 ▷～门|～手。⇒ ❽ 动 彼此相向 ▷～调|～峙。→ ❾ 动 互相拼合或配合 ▷把破镜片～到一起|～对子。⇒ ❿ 名 指对联 ▷七言～|对～子。⇒ ⓫ 量 用于成双成对的人或事物 ▷一～夫妇|两～鸳鸯。→ ⓬ 动 适合;符合于 ▷～脾气|～心思。→ ⓭ 动 通过互相比较,核查是否相符 ▷～号入座|校～|核～。⓮ 形 正确;符合一定的标准 ▷数字不～|回答～了。⓯ 动 调整使符合一定的要求 ▷照相要～好焦距|～表。→ ⓰ 动 平分成两份 ▷～开|～半儿。〇 ⓱ 同"兑[2]"②。☛ 用作介词,"对"和"对于"有时可以互换,如"对(对于)好人好事,要多加宣传"。"对"还含有"对待"或"向""跟"的意思,如"他对人不礼貌""他对我说起这件事",这时不能用"对于"。

【对岸】duì'àn 名 江河、湖海等水域相对着的两岸的互称 ▷河～那棵柳树是我小时候栽的。

【对白】duìbái 名 指戏剧、电影、电视剧中人物的对话。

【对半】duìbàn ❶ 动 双方平分各占一半 ▷盈利两人～分。❷ 量 一倍 ▷～利。

【对本利】duìběnlì 名 跟本金数目相等的利息，就是利率为100%的利息。

【对比】duìbǐ ❶ 动 两种事物进行比较 ▷两相～，优劣自明。❷ 名 比例 ▷甲乙两公司的资本～是五比三。

【对比度】duìbǐdù 名 指荧光屏上图像的最亮部分与最暗部分亮度的比值。

【对比色】duìbǐsè 名 指色相性质相反、光度明暗差别悬殊的颜色。如白与黑、红与绿、深红与浅红等。每组双方互为补色，互相衬托。

【对标】duìbiāo 动 对照标杆或标准（查找差距）；向标杆看齐 ▷依照规则逐项～检查｜～先进，赶超先进。

【对簿公堂】duìbù-gōngtáng 在公堂上根据诉状核对事实。旧指在官府受审；今指原告和被告在法庭上对质打官司。

【对不起】duìbuqǐ ❶动 辜负了别人；对人有愧 ▷你也太～大家了。❷动 客套话，用于表示歉意 ▷～，我来晚了。‖也说对不住。

【对策】duìcè ❶ 动 古代应试者回答皇帝所问的治国策略 ▷贤良～。❷ 名 针对要解决的问题提出的策略或办法 ▷商讨～。

【对茬儿】duìchár 动〈口〉相符 ▷自己说的话前后要～｜现金跟账面不～。

【对唱】duìchàng 动 两人或两组人进行一问一答式的演唱。

【对称】duìchèn 形 物体或图形上相对于某条直线或某个点、某个平面来说，相对的两部分在大小、形状、距离、排列形式等方面均互相对应 ▷人体的四肢、耳、目都是很～的。

【对称轴】duìchènzhóu 名 帮助观察图形中对称特点的一根假想的中轴线。

【对冲】duìchōng 动 抵消；消除 ▷各项产品的盈利与亏损～显示，我公司去年的业态欠佳｜技术创新与产业化应用，有效～了经济下行压力。

【对词】duìcí 动（演员）互相配合练习台词 ▷演出前，他们还在反复～。

【对答】duìdá 动 答问；回答 ▷对记者的提问，他从容～。

【对答如流】duìdá-rúliú 答话像流水一样顺畅。形容思维敏捷，有口才。

【对打】duìdǎ 动 互相争斗；交手开打。

【对待】duìdài 动 对人或事物表示某种态度或施以某种行为 ▷热情～顾客｜认真～工作。

【对得起】duìdeqǐ 动 没有辜负别人；对人无愧 ▷要～养育我们的衣食父母。也说对得住。

【对等】duìděng 形（地位、条件、数量等）彼此相当 ▷～交流。

【对敌】duìdí 动 对抗敌人 ▷团结～。

【对调】duìdiào 动 互换位置、工作等 ▷～工作。

【对方】duìfāng 名 跟行为主体相对的一方 ▷两个球队比赛前，都下功夫研究～。

【对付】duìfu ❶ 动 应付处理 ▷事情再多，我一个人也能～。❷ 动 凑合 ▷生活虽有困难，但还可以～。❸ 形 某些地区指感情融洽（多用于否定）▷两人脾气不～。

【对歌】duìgē 动 我国一些少数民族地区流行的歌唱形式，双方以问答方式轮流对唱。

【对攻】duìgōng ❶ 动（球类比赛等）双方同时采取攻势 ▷双方～了十多个回合。❷ 动 互相攻击 ▷相互揭短，展开～。

【对光】duìguāng ❶ 动 摄影时，对焦点距离、光圈、曝光时间等进行调整，使被摄景物形成清晰的影像。❷ 动 调节显微镜、望远镜等光学仪器在使用时的光线；也指放映影片时调整银幕上影像的清晰度。

【对过儿】duìguòr 名 对面①。

【对号】duìhào ❶ 动 查对相符的号码 ▷～领奖。❷ 动（跟事实、情况等）相符合 ▷双方介绍的情况不～。❸ 名 指"√"一类的表示"正确"的符号。用于阅卷、批改作业，也用于填写表格时对某些选择性项目表示认可。

【对号入座】duìhào-rùzuò ❶按指定的座位号码就座 ▷本剧场实行～。❷比喻同有关的人或事物对照联系起来 ▷本剧纯属虚构，请勿～｜行政处罚必须严格～。☛"座"不要误写作"坐"。

【对话】duìhuà ❶ 动 互相交谈 ▷通过～加深了彼此间的了解。❷ 名 交谈的话；特指戏剧、小说等文艺作品中人物间的谈话 ▷这一段～很精彩。❸ 动 双方或多方进行接触、协商或谈判 ▷厂方与工人直接～。

【对换】duìhuàn 动 互相交换；调换 ▷两家～了住房。☛ 跟"兑换"不同。

【对火】duìhuǒ 动 借用别人吸着的烟点燃自己要吸的烟。

【对家】duìjiā ❶ 名 指四人打牌时坐在自己对面的一方。❷ 名 说亲时指对方 ▷～人品好，模样儿也俊。

【对讲机】duìjiǎngjī 名 小型无线电话收发机。体积较小，没有耳机，可随身携带。用于小范围内双方传递语言信息。

【对奖】duìjiǎng 动 查对是否中奖 ▷掏出手机

～|手持彩票反复～，与大奖一个数字不差，中了！☛ 跟"兑奖"不同。

【对焦】duìjiāo 动 调整镜头焦距，使影像清晰。

【对角】duìjiǎo ❶ 名 三角形任意两边所夹的角是第三边的对角。❷ 名 多边形中不相邻的两角。

【对角线】duìjiǎoxiàn 名 数学上指连接多边形内不相邻的两个顶点或多面体内不在同一平面的两个顶点的线段。

【对接】duìjiē 动 把本来不相连接的东西接合在一起；特指宇宙航行中，两个或多个宇航器（航天飞机、宇宙飞船等）挨近后连接成一体。

【对襟】duìjīn 名 中式上衣的一种式样，两襟对称，在胸前正中用纽扣扣在一起 ▷～小褂儿。

【对劲】duìjìn ❶ 形 形容脾气相投，性情相合 ▷他俩一直不～，经常闹矛盾。❷ 形 符合心意；合适 ▷这话听起来有点儿不～。❸ 形 对头②。

【对局】duìjú 动 指下棋；也指球类比赛 ▷两人～，各有胜负。

【对举】duìjǔ 动 相对着举出。多指上下语句相对而说或用对偶的方式遣词造句。如："与其锦上添花，不如雪中送炭"，是上下语句相对而说；"窗含西岭千秋雪，门泊东吴万里船"，是用对偶的方式遣词造句。

【对决】duìjué 动 双方进行决斗或决赛。

【对开】duìkāi ❶ 动 车、船、飞机等从两地相向开行 ▷北京和广州间～特快列车。○ ❷ 动 把整体对半分开 ▷利润～。❸ 区别 指印刷用纸中相当于整张纸一半的 ▷～道林纸|～印刷机。

【对抗】duìkàng ❶ 动 坚持对立 ▷这样～下去，对双方都不利。❷ 动 抗拒；抗衡 ▷不要～法律|～赛。

【对抗赛】duìkàngsài 名 两个或几个水平相当的团队之间进行的单项体育运动比赛。

【对抗性】duìkàngxìng 名 事物之间互不相容、互相对抗的性质 ▷～矛盾|～关系。

【对空台】duìkōngtái 名 航空部门引导和指挥飞机起降、飞行的电台。

【对口】duìkǒu ❶ 区别 两个演员交替着说或唱的 ▷～快板儿|～山歌。❷ 形 内容和性质相关或一致 ▷跟所学专业不太～|～支援。❸ 形 适合口味 ▷这道菜很～。

【对口词】duìkǒucí 名 一种曲艺，一般不用伴奏，由两个演员你一句我一句地对着说，并结合动作表演，多数语句押韵。

【对口快板儿】duìkǒu kuàibǎnr 由两个演员你一段我一段交替表演的快板儿。

【对口相声】duìkǒu xiàngsheng 由两个演员表演的相声，是相声的主要形式。一人逗哏，一人捧哏。参见1504页"相声"。

【对了】duìle ❶ 动 表示同意 ▷这就～，快去吧！❷ 动 表示突然想起某事 ▷～，明天已有安排，不能去你那里|～，忘了告诉他，明天我出差。

【对垒】duìlěi 动 两军对峙；也指体育运动中进行对抗比赛 ▷两军～|两国围棋手～。

【对擂】duìlèi 动 像打擂台一样相互对抗或竞争 ▷她用民族唱法～师姐的美声唱法|两强～拼实力。

【对立】duìlì ❶ 动 抵触；敌对 ▷不要把自己和群众～起来。❷ 动 哲学上指两种事物或同一事物的两个方面相互矛盾、排斥或冲突 ▷质量和数量既～又统一。

【对立面】duìlìmiàn 名 矛盾统一体中相互对立、相互依存的两个方面；也指思想、立场、观点等相互对立的两个方面。

【对立统一规律】duìlì tǒngyī guīlǜ 唯物辩证法的根本规律，是自然界、社会和思维的普遍规律。它揭示出世界上一切事物都是矛盾着的统一体，内部既统一，又斗争，统一是相对的、暂时的，斗争是绝对的、永恒的，由此推动着事物的变化与发展。

【对联】duìlián 名 由上下两联组成的对偶句子。多写在纸上或刻在竹、木上，供张贴或悬挂。

【对流】duìliú 动 气体、液体温度高的部分与温度低的部分之间循环流动，使温度趋于平衡。

【对流层】duìliúcéng 名 大气层的最下层。厚度约8—17千米，层内对流现象显著，风、雨、雪、雹等天气现象主要发生在这一层。

【对路】duìlù ❶ 形 跟需要或要求相合；合适 ▷产品适销～|安排他做这项工作挺～。❷ 形 合得来 ▷他俩很～。

【对门】duìmén ❶ 动 正门相对 ▷我们两家～。❷ 名 正门相对的房屋 ▷他住在学校的～。

【对面】duìmiàn ❶ 名 街道、河流等相对着的两边的互称 ▷驶向～的码头|他家～是个商店。❷ 名 正前方 ▷～开过来一辆汽车。❸ 副 面对面地 ▷跟他～坐着。

【对牛弹琴】duìniú-tánqín 比喻对听不懂道理的人讲道理或对外行人讲内行话；也用来讥讽讲话、写文章等不看对象。

【对偶】duì'ǒu 名 修辞手法，用字数相等、句法结构相同、对应词词性相同的两个语句表达相关或相反内容的语言形式。如"书山有路勤为径，学海无涯苦作舟"。

【对生】duìshēng 动（叶子）成对地长在茎的每个节的两侧。如槭树、紫丁香等的叶子就是对生的。

【对视】duìshì 动 相对着看 ▷两个人～了一眼。

【对手】duìshǒu ❶ 名 竞赛或争斗中与己方相对

的一方 ▷～是世界强队。❷ 名 指本领、技艺水平与己方相当的一方 ▷棋逢～。

【对手戏】duìshǒuxì 名 在戏剧、影视剧中，由两个演员配合表演的唱段或情节 ▷他们俩是第一次在一起演～。

【对台戏】duìtáixì 名 两个戏班子为竞争而在相近地点同时演出的相同或相近的戏；现多比喻为反对对方而采取的对抗和竞争行动 ▷大家不要唱～，要团结一致向前看。

【对头】duìtóu ❶ 形 正确；适当 ▷政策～，方法得当｜思路～。❷ 形（思想或事情）正常（多用于否定） ▷他情绪不～。❸ 形 合得来；投合（多用于否定） ▷俩人关系不～，谁也不理谁。

【对头】duìtou 名 指敌对的或对立的方面 ▷死～。

【对外】duìwài ❶ 动 表示跟外部、外地区、外国等发生联系 ▷内部食堂不～。❷ 动 对付外来侵略 ▷团结起来，一致～。

【对外贸易】duìwài màoyì 一个国家（或地区）同其他国家（或地区）之间进行的贸易活动。

【对位】duìwèi 动 对准位置；使位置相符 ▷断骨～｜吊钩～。

【对味儿】duìwèir ❶ 形 适合口味 ▷这汤喝着挺～。❷ 形 比喻符合自己的想法或情趣（多用于否定） ▷他的表演让人看着不～。

【对胃口】duìwèikǒu 合胃口 ▷这样安排倒挺～。

【对虾】duìxiā 名 甲壳动物，体长 15—20 厘米，甲壳薄而透明，长有多对触角，第二对触角上有细长的须。我国沿海盛产，可人工养殖，供食用。因过去多成对出售，故称。也说明虾。

【对象】duìxiàng ❶ 名 观察、思考或行动的目标 ▷教育～｜论述的～。❷ 名 特指恋爱或婚姻中的对方 ▷介绍～｜她的～很能干。

【对消】duìxiāo 动 互相抵消 ▷功是功，过是过，不能～。

【对销】duìxiāo 动 按照一定协议，双方相互向对方销售己方的商品（多用于国际贸易）。

【对心思】duìxīnsi 心思相合；中意 ▷两个人越处越～｜你这想法正对他的心思。

【对眼】duìyǎn ❶ 形 看得上；中意 ▷这套家具越看越不～。○ ❷ 名 内斜视的俗称。

【对译】duìyì 动 互译 ▷英汉～软件｜当场～。

【对弈】duìyì 动 〈文〉下棋。

【对饮】duìyǐn 动 两人相对饮酒 ▷把盏～。

【对应】duìyìng ❶ 动 在性质、数量或作用等方面，一个系统中的某事物同另一系统中的某事物相当 ▷掌握本地方言跟普通话的语音～关系｜相互～。❷ 形 针对某一情况的；跟某种情况相应的 ▷完全～的方式｜～举动。

【对于】duìyú 介 引进动作行为的对象或有关联的人或事物 ▷这样做，～解决问题起不了多大作用。☛ 参见 348 页“对”的提示、502 页“关于”的提示。

【对仗】duìzhàng 动 诗文中根据字音平仄和字义虚实的要求造出对偶的语句 ▷律诗的二、三两联要～。

【对照】duìzhào 动 对比参照 ▷～底稿，认真校订。

【对照表】duìzhàobiǎo 名 用相关的数字或文字将现象、情况作对照而编制成的表格。

【对折】duìzhé ❶ 动 对半折价 ▷～销售。❷ 名 一半的折扣 ▷按～付款｜打～。❸ 动 对半折叠 ▷把纸～裁开。

【对着干】duìzhegàn ❶ 动 采取对立态度或行动，企图搞垮对方 ▷你干吗事事跟我～？❷ 动 在同样的工作中，跟对方比着干 ▷两个组～，看谁干得又好又快。

【对阵】duìzhèn 动 双方摆开阵势，准备交战；借指比赛中双方交锋 ▷与敌军～｜这场比赛是强强～。

【对证】duìzhèng 动 核对证实 ▷当面～。

【对症】duìzhèng 动 针对疾病的症状 ▷吃这种药不～。

【对症下药】duìzhèng-xiàyào 针对病症用药；比喻针对具体情况采取适当措施。

【对质】duìzhì 动 为弄清事实，有关各方当面对证；特指诉讼各方当事人及证人在法庭当面互相质问。

【对峙】duìzhì ❶ 动 相对耸立 ▷双峰～。❷ 动 比喻双方对抗，相持不下 ▷两军～。

【对撞机】duìzhuàngjī 名 正负电子对撞机的简称。指一种使两束高能粒子相互碰撞以取得更高能量粒子流的装置。

【对准】duìzhǔn 动 准确地对着（目标） ▷～靶心射击。

【对酌】duìzhuó 动 两人一起喝酒。

【对子】duìzi ❶ 名 对偶的语句 ▷他擅长对～。❷ 名 对联 ▷大门上贴着～。❸ 名 成对的或相对的人或物 ▷把陪练跟运动员配成～。

兑[1] duì 名 八卦之一，卦形为“☱”，代表沼泽。

兑[2] duì ❶ 动 交换；特指凭票据换取现金 ▷把支票～成现金｜～付｜～换。○ ❷ 动 掺和 ▷往酒里～水｜水太热，～点凉的｜勾～。

【兑付】duìfù 动 根据票据上所标明的数额支付现款。

【兑换】duìhuàn 动 将有价证券换为现金，或按一定比值将一种货币换为另一种货币 ▷港币

～人民币。☛ 跟“对换”不同。

【兑奖】duìjiǎng 动 凭中奖奖券领取奖品或奖金 ▷去前台～|规定～日期。☛ 跟“对奖”不同。

【兑取】duìqǔ 动 用证券或票据换取(现金) ▷～国库券本息。

【兑现】duìxiàn ❶ 动 凭证券换取现金 ▷国债到期都能～。❷ 动 比喻实现承诺 ▷～诺言。

祋 duì ❶ 名 古代兵器,即“殳(shū)”①。〇 ❷ 名 姓。

怼(懟) duì ❶ 动〈文〉怨恨 ▷怨～|～恨。〇 ❷ 动 言语冲突;反对 ▷他俩～了起来|当面～人。☛ 义项②,口语中也读 duǐ。

敦(*敨) duì 名 古代盛黍、稷等的器具,器身球形,下有三条短足,上有两个环耳。流行于战国时期。参见插图 15 页。

另见本页 dūn。

碓 duì 名 舂米的工具,由石臼和杵组成,用杵连续捣动盛放于石臼中的稻谷或糙米使之去壳或皮。

【碓臼】duìjiù 名 跟杵配合用来舂米的石臼。

錞(錞) duì 名 古代矛或戟柄末端的平底金属套。

另见 222 页 chún。

憞 duì 古同“憝”。

另见 353 页 dùn。

憝 duì〈文〉❶ 动 怨恨;憎恶。→ ❷ 形 凶恶 ▷元恶大～。

镦(鐓) duì 古同“錞”。

另见本页 dūn。

dūn

吨(噸) dūn ❶ 量 质量法定计量单位,1 吨等于 1000 千克,合 2000 市斤;英制 1 吨(长吨)等于 1016.05 千克,合 2240 磅;美制 1 吨(短吨)等于 907.18 千克,合 2000 磅。→ ❷ 量 指登记吨,计算船只容积的单位,1 吨等于 2.83 立方米,合 100 立方英尺。☛ 统读 dūn,不读 dùn。

【吨公里】dūngōnglǐ 量 货物运输复合计量单位,1 吨货物运输 1 公里为 1 吨公里。

【吨海里】dūnhǎilǐ 量 货物海运复合计量单位,1 吨货物海运 1 海里为 1 吨海里。

【吨时】dūnshí 量 货物运输复合计量单位,1 小时运输 1 吨货物为 1 吨时。

【吨位】dūnwèi ❶ 名 指车、船等规定的最大载重量。❷ 量 通常指登记吨,用于表示船的容积大小和统计船舶总量的综合数。

惇(*愖) dūn 形〈文〉敦厚;真诚 ▷～笃。

敦(*敨❶❷) dūn ❶ 形 忠厚;诚恳 ▷～厚|～请。〇 ❷ 动 督促 ▷～促。〇 ❸ 名 姓。

另见本页 duì。

【敦促】dūncù 动 催促 ▷～作者早日交稿。

【敦厚】dūnhòu 形 诚朴忠厚 ▷～淳朴。

【敦睦】dūnmù 动〈文〉使友好和睦 ▷～邦交。

【敦聘】dūnpìn 动 诚恳地聘请 ▷～人才。

【敦请】dūnqǐng 动 诚恳地邀请或请求 ▷～先生来校讲学。

【敦实】dūnshi 形 矮壮而结实;粗短而结实 ▷身材～|大门口的石狮子真～。

墩(*墪) dūn ❶ 名 土堆 ▷土～。→ ❷ 名 墩子 ▷木～|门～儿|桥～。❸ 名 特指某些像墩子的东西 ▷锦～|坐～。→ ❹ 名 指丛生的草木等 ▷草～子|荆条～子。⇒ ❺ 量 用于丛生的或几棵合在一起的植物 ▷种了几～花生|一～稻秧。⇒ ❻ 动 用墩布拖地 ▷地面每天都要～一遍。

【墩布】dūnbù 名 拖把。

【墩子】dūnzi 名 厚实粗大的整块的木头座儿或石头座儿 ▷肉～(切肉用的墩子)|石～。

礅 dūn 名 厚实粗大的整块石头 ▷石～。

镦(鐓) dūn 动 冲压金属板,使改变形状。

另见本页 duì。

蹾 dūn 动〈口〉猛然用力往下放,使重重地触地 ▷筐里是瓷器,千万别～坏了。

蹲 dūn ❶ 动 双腿向下弯曲到最大限度,像坐一样,但臀部不着地 ▷～在地里拔草|～下|半～。→ ❷ 动 比喻在家里闲住;停留 ▷整天在家～着|我在北京已经～了十来天了。❸ 动 被关押 ▷～班房。

另见 239 页 cún。

【蹲班】dūnbān 动 留级 ▷三门不及格,～了。

【蹲膘】dūnbiāo 动 多吃少动,以求肥胖(多用于家畜、家禽;用于人时,含诙谐意或贬义) ▷羊群秋季返厩～|要多活动,别待在家里～。

【蹲点】dūndiǎn 动 用较长的时间下到基层单位,通过实际工作进行调查研究,总结经验 ▷领导干部每年都要下去～。

【蹲伏】dūnfú ❶ 动 身体下蹲,上身前倾 ▷孩子们～在地上拿瓦片演算。❷ 动 蹲守。

【蹲坑】dūnkēng ❶ 动 蹲守 ▷～监控。〇 ❷ 名 供蹲着排便的便坑 ▷这个厕所只有～,没有马桶。

【蹲苗】dūnmiáo 动 在一定时期内适当控制灌水和施肥,并进行深中耕,促使幼苗根系深扎、植株苗壮。

【蹲守】dūnshǒu 动 长时间地在某处守候;特指公

安人员长时间地隐蔽在某处，等待犯罪嫌疑人等目标出现。

dǔn

盹 dǔn 名 时间短暂的睡眠 ▷课间十分钟，他也能打个～儿。

趸（躉） dǔn ❶ 副 整批地 ▷～缴租金｜～买～卖。→ ❷ 动 成批地买进货物(准备出售) ▷～点儿鲜货｜现～现卖。

【趸船】 dǔnchuán 名 固定在岸边的平底船，矩形，没有动力设备。供船舶停靠、旅客上下和装卸货物用。

【趸批】 dǔnpī ❶ 动 整批地购入或售出 ▷漂洋过海去～。❷ 副 整批(多用于买卖货物) ▷～进货。

dùn

囤 dùn 名 储存粮食的器物，用竹篾、荆条等编成或用席、箔等围成 ▷粮食～｜～尖儿｜～底儿。☛ 读 dùn，表示事物；读 tún，表示动作，指储存，如"囤粮""囤积居奇"。

另见 1400 页 tún。

沌 dùn 见 620 页"混(hùn)沌"。

另见 1812 页 zhuàn。

炖 dùn ❶ 动 烹调方法，把食物(多指肉类)用小火煮得烂熟 ▷把肉～一下｜～排骨｜清～。→ ❷ 动 把盛在容器里的东西连容器一起放在热水里，使变热 ▷～酒｜～药。

砘 dùn ❶ 名 播种后用来压实松土的石制农具 ▷石～｜～子。→ ❷ 动 播种后用砘子压实松土 ▷用砘子～一～。

钝（鈍） dùn ❶ 形 不锋利；不尖锐(跟"锐""利"相对) ▷刀太～｜～角。→ ❷ 形 笨拙；反应慢 ▷迟～｜鲁～。○ ❸ 名 姓。

【钝化】 dùnhuà ❶ 动 刀具变钝；比喻斗志衰减 ▷不要～了青年时的锐气。❷ 动 比喻矛盾变得不激烈，趋向缓和。❸ 动 工业上指金属经阳极氧化或化学方法处理，由活泼态转变为不活泼态。

【钝角】 dùnjiǎo 名 大于直角小于平角的角。

【钝器】 dùnqì 名 多指用于行凶的棍棒、锤子、砖石等没有尖刃、质地较硬的器具 ▷受害人被～致伤。

【钝响】 dùnxiǎng 名 沉闷粗重的响声 ▷一声～。

盾[1] dùn ❶ 名 古代兵器，用来遮挡敌方刀箭 ▷矛～｜～牌。→ ❷ 名 形状像盾的东西 ▷金～｜银～。

盾[2] dùn ❶ 名 荷兰的旧本位货币。→ ❷ 量 荷兰的旧本位货币单位。○ ❸ 名 越南的本位货币。❹ 量 越南的本位货币单位。

【盾牌】 dùnpái ❶ 名 盾[1]①。❷ 名 比喻推托或拒绝的借口 ▷这事跟我无关，别拿我当～。

顿（頓） dùn ❶ 动 〈文〉以头触地 ▷～首。→ ❷ 动 用脚跺地或用器物击打地面 ▷～足捶胸｜用拐杖～得地板直响。→ ❸ 动 〈文〉停下来住宿；屯驻 ▷～师城下。❹ 名 〈文〉住宿、吃饭的处所 ▷拥马西行，日移一～。❺ 量 a)用于饭食的次数 ▷一天三～饭｜吃了上～没下～。b)用于斥责、劝说、打骂等行为的次数 ▷挨了一～打。→ ❻ 动 停下来；暂停 ▷抑扬～挫｜～号。⇒ ❼ 副 表示时间短暂，相当于"立刻" ▷～感羞愧｜茅塞～开。⇒ ❽ 动 安排；处理 ▷安～｜整～。⇒ ❾ 动 写毛笔字时，使笔用力着(zhuó)纸稍作停留 ▷横的起笔和收笔都要～一下。○ ❿ 形 疲劳 ▷困～｜劳～。○ ⓫ 名 姓。

另见 341 页 dú。

【顿挫】 dùncuò 动 (语调、音律、笔势等)停顿转折 ▷节奏铿锵，～有度。

【顿号】 dùnhào 名 标点符号，形式为"、"。用在句子内部并列的词或短语之间，表示停顿。

【顿觉】 dùnjué 动 立刻觉得 ▷雨后～清凉。

【顿开茅塞】 dùnkāi-máosè 茅塞顿开。

【顿然】 dùnrán 副 表示动作、状态发生或变化急剧，相当于"忽然""突然" ▷～心胸开朗｜～消失。

【顿时】 dùnshí 副 立即；马上 ▷演出一结束，全场～响起热烈的掌声。

【顿首】 dùnshǒu 动 古代一种跪拜礼。双膝跪地，叩头至地；后多用于书信署名的后面，表示敬意。

【顿悟】 dùnwù 动 佛教指无需繁琐仪式和长期修习，一旦把握佛教真理，即可突然觉悟；泛指顿然醒悟 ▷寥寥数语，使人～。

【顿足捶胸】 dùnzú-chuíxiōng 捶胸顿足。

遁（*遯） dùn ❶ 动 逃跑；躲避 ▷逃～｜～词。→ ❷ 动 指隐居，逃避社会而居住在偏僻的地方 ▷～迹｜隐～。

【遁藏】 dùncáng 动 逃避隐藏 ▷让坏人无处～。

【遁词】 dùncí 名 逃避责任或掩饰错误的话 ▷这不过是～，绝不是什么正当理由。

【遁辞】 dùncí 现在一般写作"遁词"。

【遁迹】 dùnjì 动 〈文〉隐匿行迹；隐居 ▷～深山。

【遁世】 dùnshì 动 〈文〉避世隐居 ▷隐形～。

【遁形】 dùnxíng 动 〈文〉遁迹 ▷～藏踪。

楯 dùn 古同"盾[1]"。

另见 1294 页 shǔn。

憞 dùn [憞溷] dùnhùn 形 〈文〉烦乱。

另见 352 页 duì。

duō

多 duō ❶ 形 数量大(跟"少"相对) ▷人口～|凶～吉少|～年。→ ❷ 动 比原来的或应有的数量有所增加 ▷收入比去年～了一万元。⇒ ❸ 形 超过合适程度的;不必要的 ▷～疑|～心。⇒ ❹ 动 剩余 ▷这些纸刚够用,一点儿也不～|～余。❺ 数 表示整数后的零头 ▷三十～公里|三米～高。→ ❻ 形 表示相差大 ▷比以前高～了。⇒ ❼ 代 用在疑问句中,询问程度、数量,相当于"多么"③ ▷这孩子～大了? ⇒ ❽ 副 用在感叹句中,表示程度很高,相当于"多么"① ▷这孩子～讨人喜欢! ⇒ ❾ 副 用在陈述句中,表示较深的程度,相当于"多么"② ▷不管～高的山都要上。○ ❿ 名 姓。☛ 统读 duō,不读 duó。

【多半】 duōbàn ❶ 数 半数以上;大半 ▷～代表表示同意。❷ 副 大约 ▷他～不会来了。

【多胞胎】 duōbāotāi 名 有三个或三个以上胎儿的同一胎;也指同一胎出生的三个或三个以上的人 ▷孕期检查她怀的是～|他们兄妹仨是～。

【多宝槅】 duōbǎogé 名 用来摆设古玩、工艺品等的分有多层格子的架子。也说多宝架。

【多边】 duōbiān 区别 由三个或更多的方面参加的 ▷～会议|～协作。

【多边贸易】 duōbiān màoyì 指三个或三个以上国家(或地区)之间进行的贸易活动。

【多边形】 duōbiānxíng 名 由三条或三条以上的边围成的平面图形,如三角形、平行四边形、六边形。

【多变】 duōbiàn 动 经常变化;富于变化。

【多才多艺】 duōcái-duōyì 具有多种才能,掌握多方面的技艺。

【多彩】 duōcǎi 形 色彩丰富;形容内容、特点等多种多样 ▷丰富～|～的世界。

【多层】 duōcéng 形 好几个层次;多方面 ▷他这句话有～意思。

【多层住宅】 duōcéng zhùzhái 指我国建筑规范规定的 4 至 6 层的住宅。

【多吃多占】 duōchī-duōzhàn 指有一定权力的人占有超出自己应该享有的利益,是一种以权谋私的不正之风。

【多愁善感】 duōchóu-shàngǎn 经常发愁,又易感伤。形容感情非常脆弱。

【多此一举】 duōcǐyījǔ 指某种举动是多余的、不必要的。

【多党制】 duōdǎngzhì 名 一个国家多个政党并存且竞相执政的政治制度;也指一个取得议会多数席位的政党联合其他政党共同执政的制度。

【多动症】 duōdòngzhèng 名 注意缺陷障碍的通称,是儿童阶段常见的生理、心理等方面异常的综合征。主要表现为异常好动,注意力难以集中,自控能力差,比较任性,但无明显的智力障碍,一般到青春期症状可自行缓解。

【多端】 duōduān 形 头绪、方面等很多;多种多样 ▷诡计～。

【多多】 duōduō ❶ 形 很多 ▷得益～。❷ 副 表示更多地 ▷请～指教。

【多多益善】 duōduō-yìshàn 越多越好(益:更加)。

【多发】 duōfā 区别 (某种情况、某类事件等)普遍发生或经常发生的 ▷流感～季节|～病。

【多发性】 duōfāxìng 名 (某种现象)频繁发生的性质(多用作定语) ▷～事故。

【多方】 duōfāng 名 多个方面;多种方法 ▷～征求意见|～抢救。

【多功能】 duōgōngnéng 区别 具有多种功能的;有多方面用途的 ▷～厅|～词典。

【多寡】 duōguǎ 名 指数量的多和少 ▷～悬殊。

【多国公司】 duōguó gōngsī 跨国公司。

【多会儿】 duōhuìr ❶ 代 询问什么时候 ▷现在走了,～再来呀? ❷ 代 指某一时间或任何时间 ▷～有空,我再来看你。❸ 代 和"没"连用,表示不长的时间 ▷躺下没～,就睡着了。

【多极】 duōjí 形 多元的;多方面并存的 ▷世界正在走向～|～社会。

【多极化】 duōjíhuà 动 使变成多元的、多方面并存的 ▷社会发展～|世界～。

【多晶体】 duōjīngtǐ 名 由许多单晶体组成的物体。一般的金属材料都是多晶体。

【多久】 duōjiǔ ❶ 代 询问时间长短 ▷你等了～? ❷ 代 和"没"连用,表示不长的时间 ▷住了没～就搬家了。

【多口相声】 duōkǒu xiàngsheng 群口相声。

【多亏】 duōkuī 动 表示由于别人的帮助或某种有利因素而避免了不如意的事或获得好处,含有感谢或庆幸的意思 ▷～你的帮助,我才有今天的成绩|～买了保险,不然损失就更大了。

【多劳多得】 duōláo-duōdé 付出劳动多,得到的报酬就多。

【多虑】 duōlǜ 动 过多地忧虑或担心 ▷别～了,孩子的病会治好的。

【多么】 duōme ❶ 副 用在感叹句中,表示程度很高 ▷～好的同志啊!|～引人入胜啊! ❷ 副 用在陈述句中,表示较深的程度 ▷无论工作～忙,也要抽时间参加体育锻炼|～难的题都会做。❸ 代 用在疑问句中,询问程度或数量 ▷从这里到北京有～远?|～厚的木板才能做桌面?

【多媒体】 duōméitǐ ❶ 名 多媒体技术的简称。它可以通过计算机在人机的交互控制下，对文字、图像、声音等多种视听信息进行综合的采集、储存和处理。❷ 名 运用多媒体技术的多种信息载体的统称。

【多米诺骨牌】duōmǐnuò gǔpái 西方的一种长方形骨牌，常用来赌博或游戏。玩时将每张牌相隔一定距离立着排成长行，推倒第一张牌，后面的牌因受到前牌的推撞也会顺次倒下；现用来比喻连锁反应（多米诺：英语domino音译）。

【多面手】duōmiànshǒu 名 掌握多种技能，能从事多种工作的人 ▷他是个～，铁匠、木匠、瓦匠的活儿都拿得起来。

【多面体】duōmiàntǐ 名 四个或四个以上多边形平面所围成的立体。如六个面围成的多面体叫六面体，八个面围成的多面体叫八面体。

【多谋善断】duōmóu-shànduàn 富有智谋又善于决断。

【多幕剧】duōmùjù 名 三幕或三幕以上的大型戏剧。特点是剧情复杂，人物较多，时间或空间跨度大，能反映较复杂的社会生活（跟"独幕剧"相区别）。

【多难兴邦】duōnàn-xīngbāng 国家屡遭灾祸，可以激励民众战胜困难，振兴国家。☛"难"这里不读 nán。

【多年生】duōniánshēng 区别 植物个体寿命超过两年的 ▷～植物｜木本植物都是～的。

【多情】duōqíng 形 重感情的；爱动感情的 ▷～多义。

【多日】duōrì 名 很多天 ▷事隔～。

【多如牛毛】duōrúniúmáo 像牛毛那样多。形容数量极大。

【多少】duōshǎo ❶ 名 指数量的多和少 ▷～不等｜不拘～，有一点儿就行。❷ 副 或多或少；稍微 ▷上了几年学，～有点儿文化｜病情比过去～好一点儿。

【多少】duōshao ❶ 代 用在疑问句中，询问数量 ▷今天来了～人？❷ 代 指代不定的数量 ▷要～，给～｜今年招～新生早已确定。

【多神教】duōshénjiào 名 信奉诸多神灵（如战神、爱神、海神等）的宗教，产生于原始社会后期。我国的道教属于多神教。

【多时】duōshí 名 很长时间 ▷恭候～。

【多事】duōshì 动 做多余的事；多管闲事 ▷都怪你～，惹出许多麻烦。

【多事之秋】duōshìzhīqiū 不断发生变故、事变的时期。多形容时局动荡不定。

【多输】duōshū 动 竞争或合作的多方都受损 ▷失去理性的商业博弈必然导致～｜着眼未来，化解矛盾，变～为多赢。

【多数】duōshù 名 超过半数的数量；超过半数的人或事物 ▷～代表不同意他的观点｜以压倒～通过了这项决议。

【多说】duōshuō 副 往多里说；至多 ▷这房间～能装 20 个人？

【多糖】duōtáng 名 由许多单糖分子通过脱水缩合而成的碳水化合物。一般无味，大多不溶于水，可水解成单糖。生物体中最重要的多糖有淀粉、糖原和纤维素等。

【多头】duōtóu ❶ 区别 多方面的；头绪多的 ▷由～分散管理向集中统一管理转变。○ ❷ 名 证券、外汇、期货市场上交易活动的一种。交易者在预计行情将涨时先买进，待涨价后再卖出，从中获取利润。因交易者在出手前，手头多了一笔证券、商品等，故称"多头"。

【多维】duōwéi ❶ 名 多种维生素的简称 ▷～葡萄糖｜～营养油。○ ❷ 名 指多种因素、多个角度等 ▷～空间｜～分析。参见 1429 页"维[1]"④。

【多位数】duōwèishù 名 两个或两个以上位数的数。如十位数、百位数、千位数等。

【多向】duōxiàng 形 多种方向的 ▷干（gàn）细胞具有自我复制和～分化的潜能｜～投资。

【多谢】duōxiè 动 客套话，表示非常感谢 ▷承蒙大力相助，～，～。

【多心】duōxīn 动 过多地猜疑；用不必要的心思 ▷本来是一句玩笑话，竟让他～了。

【多选题】duōxuǎntí 名 多项选择题的简称。即有两个或多个选项为正确答案的选择试题（跟"单选题"相区别）。

【多样】duōyàng 形 样式多 ▷款式～。

【多样化】duōyànghuà 动 种类、样式由少变多 ▷管理模式逐渐～了｜实现产品～。

【多一半】duōyībàn 数 多半①。

【多疑】duōyí 动 过多地疑虑；好（hào）猜疑 ▷用人切勿～｜～症。

【多义词】duōyìcí 名 具有两个或两个以上相关意义的词。如"兵"本义指武器，引申出军队、战士、军事等意义，便是多义词。☛ 词形、读音相同，意义之间没有联系的词，如"调（diào）"既有调动的意义，又有音调的意义，就不是多义词，而是同形同音词。

【多音字】duōyīnzì 名 不止一个读音的字。如"重"在"沉重""重视"等词中读 zhòng，在"重叠""重复"等词中读 chóng，"重"是多音字。

【多赢】duōyíng 动 竞争或合作的多方都获益 ▷和睦相处，共生～｜～机制。

【多余】duōyú ❶ 动 超出需要的数量 ▷合理分流～劳动力。❷ 形 不必要的；没用的 ▷文字简练，没有～的话。

【多元】duōyuán 形 多种形式的；分散的 ▷文化～｜～论｜～化经济。

【多元化】duōyuánhuà 动 使具有多种形式；使分散（跟"一元化"相对）▷资金渠道～。

【多元论】duōyuánlùn 名 主张世界由多种独立的本原构成的哲学学说（跟"一元论"相区别）。

【多云】duōyún 名 气象学上指中低云的云量占当天天空面积$\frac{4}{10}$—$\frac{7}{10}$，或高云的云量占当天天空面积$\frac{6}{10}$—$\frac{10}{10}$的天空状况。

【多灾多难】duōzāi-duōnàn 形容灾难很多。

【多汁果】duōzhīguǒ 名 肉果。

【多种多样】duōzhǒng-duōyàng 形容品种或花样很多。

【多种经营】duōzhǒng jīngyíng 以一至两种生产项目为主，同时发展其他生产项目的生产经营方式。如某地区以农业生产为主，同时经营手工业、交通运输业等 ▷一业为主，～｜发展～。

【多姿】duōzī 形 姿态多样 ▷婀娜～｜～多彩。

【多嘴】duōzuǐ 动 乱插话；说不该说的话 ▷大人说话，小孩子家别～｜～多舌。

咄 duō 叹〈文〉表示惊诧或斥责。☛ 统读 duō，不读 duò。

【咄咄】duōduō 叹〈文〉表示惊异或感叹 ▷妙语连珠，令人～称奇。

【咄咄逼人】duōduō-bīrén ❶形容气势逼人，令人难以忍受。❷形容形势对人形成极大压力 ▷现在的形势～，我们不能有丝毫懈怠。

【咄咄怪事】duōduō-guàishì 使人惊讶而难以理解的事。

【咄嗟立办】duōjiē-lìbàn 原指主人一吩咐，仆人立即就办好；现泛指马上就办好（咄嗟：吆喝②）。

哆 duō 见下。

另见 184 页 chǐ。

【哆哆嗦嗦】duōduōsuōsuō 形 形容不停地颤动、发抖 ▷签字时手～的。

【哆嗦】duōsuo 动 颤动；发抖 ▷冻得浑身直～。☛ 不宜写作"哆唆"。

剟 duō ❶ 动〈文〉删削；删除 ▷～定法令。○ ❷ 动〈口〉刺；击 ▷把匕首～在桌面上｜用针～几个小眼儿。

堶 duō 用于地名。如塘堶，在广东。

掇 duō 见 1248 页"拾掇（duo）"；234 页"撺掇（duo）"；307 页"掂掇（duo）"。

裰 duō ❶ 动 缝补（破衣）▷补～。○ ❷ 见 1768 页"直裰"。☛ 统读 duō，不读 duò。

duó

夺[1]（奪） duó ❶ 动 强拿；抢 ▷把失去的阵地～回来｜～权｜掠～｜篡～。→ ❷ 动 经过努力取得；争先取得 ▷～丰收｜～魁｜～标。→ ❸ 动 使失去；削除 ▷剥～｜褫（chǐ）～。❹ 动 脱离；失去 ▷眼泪～眶而出｜文字讹～。→ ❺ 动 胜过；压倒 ▷巧～天工｜喧宾～主。

夺[2]（奪） duó 动 决定如何处理 ▷定～｜裁～。

【夺杯】duóbēi 动 夺取奖杯；特指夺取冠军。

【夺标】duóbiāo ❶ 动 夺取锦标；特指夺取冠军 ▷一战～。❷ 动 在投标竞争中中标 ▷这家公司在承建工程中，力挫群雄，一举～。

【夺冠】duóguàn 动 夺取冠军 ▷多次在世界大赛上～。

【夺金】duójīn 动 夺取金牌；获得金奖 ▷中国队～几成定局｜连续～。

【夺眶而出】duókuàng'érchū （泪水）从眼眶中涌出。

【夺魁】duókuí 动 夺取第一名 ▷一举～。

【夺路】duólù 动 奋力冲开道路 ▷残敌～逃窜。

【夺门而出】duómén'érchū 奋力冲开门户跑出去。

【夺目】duómù 形（光彩）耀眼 ▷璀璨～。

【夺取】duóqǔ ❶ 动 用强力取得 ▷～政权。❷ 动 极力争取 ▷～胜利｜～最好成绩。

【夺权】duóquán 动 夺取权力 ▷篡党～。

度 duó 动 揣测；估计 ▷以己～人｜审时～势｜揣～｜忖～。

另见 343 页 dù。

【度德量力】duódé-liànglì 估量自己的品德和能力（能否胜任）。☛"量"这里不读 liáng。

铎（鐸） duó 名 古代响器，形状像大铃，有舌，在宣布政教法令或遇到战事时使用 ▷金～｜振～。

踱 duó 动 慢慢地走动 ▷在街上～来～去｜～步。☛ 统读 duó，不读 dù。

【踱步】duóbù 动 慢慢行走 ▷一边～，一边思考。

【踱方步】duófāngbù 迈着方步行走；泛指慢步行走 ▷反背着两手，在院子里来回地～。

duǒ

朵（*朶） duǒ ❶ 量 用于花或形状像花的东西 ▷请给我一～花｜白云～～。参见插图 13 页。○ ❷ 名 姓。☛ 上边是"几"，末笔不带钩。由"朵"构成的字有"垛""躲""跺""剁"等。

垛（*垜） duǒ 名 垛子 ▷～口。☛ 读 duǒ，带书面语色彩，表示事物，指建筑物凸出的部分，如"城垛"。读 duò，带口语色彩，表示动作，指堆积禾麦柴草，如"垛草堆"；也表示事物，指堆积成的堆儿，如

"草垛"。

另见本页 duò。

【垛堞】duǒdié 名 垛口。

【垛口】duǒkǒu 名 城墙上两个垛子间的缺口；也指城墙上部呈凹凸形的短墙。

【垛子】duǒzi 名 墙上向外或向上凸出的部分 ▷墙～。

哚 duǒ 音译用字，用于"吲哚(yǐnduǒ)"。

埵 duǒ〈文〉❶ 名 土堆 ▷去之百里，不见～块。→ ❷ 名 坚硬的土。

躲 duǒ ❶ 动 避开；避让 ▷他老～着我｜～不开｜一闪身～过一拳｜～闪｜～让。→ ❷ 动 隐藏 ▷～到草垛里｜～在哪儿了？

【躲避】duǒbì 动 有意隐蔽起来或避开(不利的情况) ▷你不愿见他就到里屋～一下。

【躲藏】duǒcáng 动 躲避、隐藏起来，不让人看见 ▷四处～｜无处～。

【躲躲闪闪】duǒduǒshǎnshǎn ❶ 形 形容畏缩的样子 ▷不要这样～地不敢见人。❷ 形 形容不正面回答问题而找话避开的样子 ▷对这问题，他总是～地不愿直说。

【躲风】duǒfēng 动 避开风吹；也指避开对自己不利的情势 ▷～避雨｜谭嗣同宁可被杀，也不～潜逃。

【躲懒】duǒlǎn 动 逃避艰苦的劳动或工作；偷懒 ▷大家都在忙，我怎么能～呢！

【躲猫猫】duǒmāomāo 动〈口〉捉迷藏。

【躲让】duǒràng 动 躲闪避让 ▷～车辆。

【躲闪】duǒshǎn ❶ 动 很快地侧身避开 ▷～不及，被车撞了。❷ 动 不正面回答问题而找话避开 ▷不要～，请正面回答问题。

【躲债】duǒzhài 动 躲避债务 ▷外出～。

亸(軃) duǒ 动〈文〉垂；下垂 ▷柳丝～地。

duò

驮(馱*駄) duò［驮子］duòzi 名 牲口背上负载的货物 ▷～太沉，小毛驴驮(tuó)不动。

另见 1403 页 tuó。

杕 duò 古同"舵"。

另见 304 页 dì。

剁 duò 动 用刀、斧等向下砍 ▷～肉馅儿｜～菜｜～碎。

饳(飿) duò 见 492 页"馉饳"。

垛(*垜) duò ❶ 动 整齐地堆放；堆积 ▷把柴火～起来｜麦草～得像小山包。→ ❷ 名 堆成的堆儿 ▷草～｜砖～。❸ 量 用于堆积的东西 ▷一～谷草｜两～砖。

另见 356 页 duǒ。

【垛子】duòzi 名 垛②。

柁 duò 古同"舵"。

另见 1404 页 tuó。

柮 duò 见 493 页"榾柮"。

舵 duò ❶ 名 控制行船方向的装置，多装在船尾 ▷掌～｜～手。→ ❷ 名 泛指机械交通工具控制方向的装置 ▷方向～｜～轮。

【舵轮】duòlún 名 汽车、轮船等上面的方向盘。也说舵盘。

【舵手】duòshǒu ❶ 名 掌舵的人。❷ 名 比喻领袖。

堕(墮) duò 动 掉下来；坠落 ▷～入深渊｜如～云雾(比喻迷惑不解，不知所措)｜～地｜～马。

【堕落】duòluò 动 思想、品质、行为等变坏 ▷思想～｜～成为罪犯。

【堕马】duòmǎ 动〈文〉从马上掉下来 ▷不慎～。

【堕胎】duòtāi 动 人工流产。

惰 duò ❶ 形 懒；懈怠 ▷懒～｜怠～。→ ❷ 形 不易变化的 ▷～性。☛ 右边是"有"，不是"有"。

【惰性】duòxìng ❶ 名 消极落后而又不思改变的倾向 ▷要想进步，必须克服～。❷ 名 指某些物质化学性质不活泼，不易跟其他元素或化合物化合的性质 ▷～气体。

【惰性气体】duòxìng qìtǐ 稀有气体的旧称。

跺(*跥) duò 动 抬起脚向下用力踏地 ▷～得地板直颤｜～脚。

【跺脚】duòjiǎo 动 抬起脚用力踏地 ▷气得直～｜连连～，大呼上当。

E

ē

呃 ē 叹 表示说话中的迟疑 ▷"～——",他迟疑了一阵,才同意这么办。
另见 360 页 è;362 页 e。

阿[1] ē ❶ 名〈文〉(山、水等)弯曲的地方 ▷山～。→ ❷ 动 屈从;逢迎 ▷刚直不～。

阿[2] ē ❶ 名 指山东东阿 ▷～胶。○ ❷ 名 姓。
另见 1 页 ā。

【阿附】ēfù 动〈文〉迎合依附 ▷～豪门。

【阿胶】ējiāo 名 中药,用驴皮熬制的胶块。原产于山东东阿,故称。有补血、止血等功能。

【阿弥陀佛】ēmítuófó 梵语音译词"阿弥陀婆佛陀(Amitābha Buddha)、阿弥陀庾斯佛陀(Amitāyus Buddha)"的简称。❶ 名 佛教指西方极乐世界的教主。在寺院的佛殿中,此佛塑像常与释迦牟尼、药师佛并坐,称为三尊。❷ 名 信佛的人用作诵语的佛号,表示祈求或感谢佛的保佑。

【阿房宫】ēpánggōng 名 秦代宫殿,前殿建于公元前 212 年,故址在今陕西西安西郊阿房村。传说秦亡时为项羽焚毁。现存夯土台基遗址,是全国重点文物保护单位。

【阿世媚俗】ēshì-mèisú 曲意迎合社会上流行的不良风气。

【阿谀】ēyú 动 用好听的话迎合讨好别人 ▷～奉承|～逢迎。

【阿谀奉承】ēyú-fèngchéng 用好听的话恭维、讨好别人。也说阿谀逢迎。

婀 ē [婀娜] ēnuó 现在一般写作"婀娜"。

屙 ē 动 某些地区指排泄(大小便) ▷～屎|～尿。

婀(*婐) ē [婀娜] ēnuó 形 形容姿态轻柔美好 ▷～的舞姿|柳枝～。
☛"婀"统读 ē,不读 ě。

é

讹[1](訛*譌) é ❶ 形 错误① ▷～传|～字。→ ❷ 名 错误②;谬误 ▷以～传～|～误。

讹[2](訛) é 动 敲诈;威吓 ▷让人～了一笔钱|～人|～诈。

【讹传】échuán ❶ 动 错误地传播 ▷这种看法～了许多年。❷ 名 不符合事实的传闻 ▷不应该轻信社会上的～。

【讹舛】échuǎn 名〈文〉错误(多指文字上的差错)。

【讹夺】éduó 名〈文〉讹脱。

【讹谬】émiù 名〈文〉讹误。

【讹脱】étuō 名〈文〉指文字上的讹误和脱漏 ▷此书虽几经校核,但尚有～。

【讹误】éwù 名 文字方面的错误 ▷所记都是事实,绝无～。

【讹诈】ézhà ❶ 动 以某种借口敲诈勒索 ▷～财物。❷ 动 威胁恫吓(hè) ▷反对核～。

【讹字】ézì 名〈文〉错字。

吪 é 动〈文〉行动。

囮 é [囮子] ézi 名 圝(yóu)子。

俄 é ❶ 副〈文〉表示时间短促,相当于"不久""很快"等 ▷～顷。○ ❷ 名 指俄罗斯。

【俄而】é'ér 副〈文〉表示时间很短 ▷～电闪雷鸣。

【俄罗斯族】éluósīzú ❶ 名 我国少数民族之一。主要分布在新疆和黑龙江。❷ 名 俄罗斯联邦人数最多的民族。

【俄顷】éqǐng 名〈文〉一会儿;顷刻 ▷驻足～|～之间。

【俄延】éyán 动〈文〉拖延;耽搁 ▷～时日。

【俄语】éyǔ 名 俄罗斯民族的语言。属印欧语系斯拉夫语族东斯拉夫语支。除俄罗斯外,还通行于哈萨克斯坦、吉尔吉斯斯坦等国及我国新疆、内蒙古的部分地区。是联合国六种工作语言之一。

莪 é 见下。

【莪蒿】éhāo 名 多年生草本植物,生在水边,叶子像针。嫩茎、叶可以食用。

【莪术】ézhú 名 多年生草本植物,叶片长椭圆形。地下有粗壮的根状茎,也叫莪术,可以做药材。
☛"术"这里不读 shù。

哦 é 动〈文〉吟咏 ▷吟～。
另见 1017 页 ó;1017 页 ò。

峨(*峩) é ❶ 形〈文〉高峻 ▷巍～|～～泰山。○ ❷ [峨眉] éméi 名 山名,在四川。

【峨冠博带】éguān-bódài 高高的帽子,宽大的腰带。指古代士大夫的装束。

涐 é 名 大渡河的古称。

娥 é〈文〉❶ 形 美好(多形容女性的姿容)。→ ❷ 名 美女 ▷宫～|秦～。

【娥眉】éméi 现在一般写作"蛾眉"。

锇(鋨) é 名 金属元素,符号 Os。灰蓝色,质硬而脆,是密度最大的金属。铱锇合金用于制造钟表和仪器中的轴承、钢笔笔尖、唱机针头等。

鹅(鵝*鵞䳘) é 名 家禽,比鸭子大,前额有肉瘤,羽毛白色或灰色,善游泳。肉和蛋可以食用。

【鹅蛋脸】édànliǎn 名 形似鹅蛋,微长而丰满的脸型。也说鸭蛋脸。

【鹅黄】éhuáng 形 形容颜色像幼鹅绒毛那样淡黄。

【鹅口疮】ékǒuchuāng 名 口腔黏膜的疾病,由白色念珠菌感染所致。口腔黏膜及舌上布满白屑,状如鹅口,擦掉后又可复生。患者多为婴幼儿。也说雪口。

【鹅卵石】éluǎnshí 名 卵石。

【鹅毛】émáo 名 鹅的羽毛;比喻极轻微的东西 ▷～大雪|千里送～,礼轻情意重。

【鹅毛扇】émáoshàn 名 用鹅翎制成的扇子。在小说和戏曲中,三国时期蜀国军师诸葛亮的打扮是羽扇(即鹅毛扇)纶巾。后来常用"摇鹅毛扇的"借指智囊人物。

【鹅毛雪】émáoxuě 名 像鹅毛一样在空中飞舞的大雪 ▷刚入冬就下了一场～。

【鹅绒】éróng 名 加工过的鹅的氄(rǒng)毛,保温性能强,可用来填装被褥等 ▷～被子。

【鹅行鸭步】éxíng-yābù 形容走路像鹅和鸭子那样迟缓摇摆。也说鸭步鹅行。

【鹅掌风】ézhǎngfēng 名 手掌皮肤病的俗称。包括手癣和掌部湿疹。

蛾 é 名 蛾子 ▷飞～扑火。

另见 1632 页 yǐ。

【蛾眉】éméi ❶ 名 指女子细长而弯的眉毛。蚕蛾触须细长而弯曲,故称。❷ 名 借指美丽的女子。

【蛾子】ézi 名 许多昆虫的成虫,腹部短而粗,有两对带鳞片的翅膀,多在夜间活动,常绕灯火飞行。种类很多,多数为农林害虫,如麦蛾、菜蛾、螟蛾、枯叶蛾等。

额(額*頟) é ❶ 名 人的头发以下眉毛以上的部位;某些动物头部大致与此相当的部位。通称额头。俗称脑门儿、脑门子。→ ❷ 名 物体上部接近顶端的部分 ▷门～|碑～。⇒ ❸ 名 挂在门楣上或墙上的匾 ▷匾～|横～。⇒ ❹ 名 数目的上限;限定的数目 ▷超～|数～。○ ❺ 名 姓。

【额定】édìng 区别 有规定数目的 ▷～任务。

【额度】édù 名 规定的数量限度 ▷根据盈利多少确定奖金～|外汇～。

【额骨】égǔ 名 人头部眉毛以上头发以下部位的骨头。

【额角】éjiǎo 名 额头的两边。

【额手称庆】éshǒu-chēngqìng 双手合掌放在额头前表示庆幸。☛ "手"不要误写作"首"。

【额数】éshù 名 规定的数量 ▷超过用电～。

【额头】étóu 名 额①的通称。

【额外】éwài 区别 在规定数量或范围以外的;另外加上去的 ▷～的工作|不～收费。

ě

恶(噁) ě [恶心] ěxin ❶ 动 想呕吐 ▷闻到汽油味儿就～。❷ 动 感到厌恶(wù) ▷那样子真让人～。❸ 动 故意使人难堪 ▷他这不是成心～人吗? ☛ 参见 360 页"恶(è)"的提示。

另见 360 页 è;1448 页 wū;1462 页 wù;"噁"另见 361 页 è"噁"。

è

厄(*戹阨❸) è ❶ 形 困苦;灾难 ▷困～|～运。→ ❷ 名 灾难 ▷受～|遭～。❸ 名 险要的境地 ▷险～|阻～。☛ ㊀右下是"㔾",不是"巳"。由"厄"构成的字有"扼""轭""危"等。㊁"厄"作左偏旁时,末一画竖弯钩(乚)要改成竖提(𠄌),如"卮"。

【厄尔尼诺现象】è'ěrnínuò xiànxiàng 指南美秘鲁和厄瓜多尔海岸某些年份圣诞节前后发生的海水温度异常升高的现象。这种现象造成近赤道东太平洋海洋生物大量死亡,并导致世界性的气候异常(厄尔尼诺:西班牙语 El Niño音译)。

【厄境】èjìng 名 艰难困苦的境地 ▷在～中成长。

【厄难】ènàn 名 苦难;灾难 ▷遭受～。

【厄运】èyùn 名 不好的时运;不幸的遭遇 ▷跟～抗争。

扼(*搤) è ❶ 动 掐住;抓住 ▷～杀|～死|～要。→ ❷ 动 守卫;控制 ▷～守|～制。

【扼杀】èshā 动 掐死;比喻压制、摧残,使不能存在或发展 ▷过滥的奖项～了文化精品。

【扼守】èshǒu 动 把守(险要的地方) ▷～要塞。

【扼腕】èwàn 动〈文〉用一只手握住另一只手的手腕,表示激奋、痛苦或惋惜等情绪 ▷～叹息|为之～。

【扼要】èyào 形 形容讲话或写文章能把握要点 ▷～地传达｜简明～。

【扼制】èzhì 动 极力抑制或控制 ▷～感情｜～咽喉要道。

苊 è 名 碳氢化合物的一类。无色针状结晶，溶于热酒精。可用来制造塑料、杀虫剂等。

呃 è[呃逆] ènì 动 由于膈不正常收缩而发出声响。俗称打嗝儿。

另见 358 页 ē；362 页 e。

轭（軛） è 名 牛马等牲畜驾车、拉套时架或套在脖子上，用来连接套绳的器具。

垩（堊） è ❶ 名 白垩。→ ❷ 动〈文〉用白垩粉刷（墙壁）；泛指涂饰 ▷～壁。

婀 è 形 形容美好的样子（多用于女性人名）。

恶（惡） è ❶ 名 极坏的行为（跟“善”相对，②④同）▷作～多端｜罪～。→ ❷ 形 凶狠；心地不好 ▷穷凶极～｜～语相向。→ ❸ 形 凶猛 ▷～战。→ ❹ 形 很坏的；不良的 ▷穷山～水｜～习｜～劣。☛“恶”四个读音分三个层次：è 和 wù，常用音；ě，口语音；wū，文言音。读 è，形容词，跟“善”相对，如“善有善报，恶有恶报”。读 wù，动词，跟“好（hào）”相对，表示讨厌、憎恨，如“好恶不同”“好逸恶劳”。读 ě，仅用于“恶心”。读 wū，文言疑问代词，相当于“怎么”“何”，如“恶能治天下？”也用作叹词，相当于“啊”，如“恶，是何言也！”

另见 359 页 ě；1448 页 wū；1462 页 wù。

【恶霸】èbà 名 凭借暴力或权势称霸一方的恶人。

【恶报】èbào 名 做坏事得到的惩罚 ▷善有善报，恶有～。

【恶变】èbiàn 动 情况向坏的方面转变；特指肿瘤由良性变为恶性 ▷局势已～｜脂肪瘤极少～。

【恶病质】èbìngzhì 名 人体因某些严重疾病而产生的全身功能衰竭状态。主要与慢性中毒、消耗、营养障碍等因素有关，症状是显著消瘦、贫血、乏力、皮肤惨黄等。

【恶补】èbǔ 动 在短时间内突击补充（营养、知识等）▷他从球队退役后就开始～文化课。

【恶炒】èchǎo 动 为达到不正当的目的大肆炒作 ▷品牌靠的是质量，不是靠媒体～。

【恶臭】èchòu 名 极难闻的臭味 ▷垃圾堆散发着～。

【恶斗】èdòu 动 凶狠、激烈地争斗 ▷两家～不休｜一场家族～。

【恶毒】èdú 形（心术、手段、言语等）阴险狠毒 ▷手段～｜～的诽谤。

【恶感】ègǎn 名 厌恶的情绪 ▷我对他有意见，但并没有～。

【恶搞】ègǎo 动 故意或恶意搞笑，有时也指将正面或严肃的事情故意进行丑化 ▷大肆～｜～贺岁片。

【恶狗】ègǒu 名 凶恶的狗；比喻穷凶极恶的坏人 ▷一条～｜把这个伤天害理的～绳之以法。

【恶贯满盈】èguàn-mǎnyíng 形容罪恶累累，已到尽头（贯：古代穿铜钱的绳子；盈：满）。

【恶鬼】èguǐ 名 凶恶的鬼怪；比喻心肠恶毒的坏人 ▷他打入贩毒集团同这帮～周旋。

【恶棍】ègùn 名 为非作歹、欺压群众的坏人 ▷绝不容许地痞～横行乡里。

【恶果】èguǒ 名 坏的、不好的结果 ▷自食～。

【恶耗】èhào 名 坏消息 ▷球员受伤的～让球迷们十分痛心。

【恶狠狠】èhěnhěn 形 形容非常凶狠的样子 ▷说话～的｜瞪着一双～的眼睛。

【恶化】èhuà ❶ 动 向坏的方向转化 ▷天气继续～，飞机停止起飞。❷ 动 使向坏的方向转化 ▷过度采伐～了山林环境。

【恶疾】èjí 名 难以治好的病 ▷～缠身，苦不堪言◇根治～陋习。

【恶浪】èlàng 名 凶猛的浪涛；比喻邪恶的势力 ▷狂风怒吼，～滚滚｜抵制反文明的～。

【恶劣】èliè 形 非常坏 ▷态度～｜～的心情。

【恶露】èlù 名 妇女产后阴道排出的混浊液体。一般三至四周可排除干净。

【恶梦】èmèng 名 凶险的梦；比喻可怕的遭遇 ▷夜里老做～｜那场～，至今难忘。☛ 参见 361 页“噩梦”的提示。

【恶名】èmíng 名 不好的名声 ▷洗去～。

【恶魔】èmó 名 佛教指阻碍佛法及一切善事的凶神恶鬼；比喻凶残狠毒的人或事物。

【恶念】èniàn 名 邪恶的念头 ▷顿生～。

【恶捧】èpěng 动 不怀好意地吹捧 ▷那些人是～你呢，你千万别忘乎所以。

【恶评】èpíng 名 指过差、过低的评价或评分 ▷～如潮｜有人故意在平台上给竞争对手写了很多～。

【恶气】èqì ❶ 名 腐臭难闻的气味。❷ 名 怨气；怒气 ▷咽不下这口～。

【恶人】èrén ❶ 名 心肠狠毒的人；坏人 ▷～先告状。❷ 名 指得罪人的人 ▷有意见就提，不要怕当～。

【恶煞】èshà 名 迷信指凶神；比喻凶恶的人 ▷凶神～。☛“煞”这里不读 shā。

【恶少】èshào 名 品质恶劣、行为不端的年轻男子。

【恶声】èshēng ❶ 名 凶恶的话音 ▷他～恶气地威胁老人。❷ 名 骂人的难听话；坏话 ▷他谈吐儒雅，从无～｜～连连。❸ 名〈文〉坏名声。

【恶声恶气】èshēng-èqì 形容语气凶狠蛮横。

【恶谥】èshì 图 古代帝王、贵族、大臣或其他有地位的人死后得到的带有贬义的称号。

【恶俗】èsú ❶ 形 粗野庸俗 ▷语言～。❷ 图 不良的习俗 ▷颓风～。

【恶徒】ètú 图 恶人;歹徒 ▷狠狠教训这个～。

【恶习】èxí 图 坏习气 ▷～难改。

【恶行】èxíng 图 恶劣的行为。

【恶性】èxìng ❶ 图 恶劣的品性 ▷其人～难改。❷ 区别 能产生不良效果的或有严重后果的(跟"良性"相对) ▷～循环|～案件。

【恶性循环】èxìng xúnhuán 几种消极事物互为因果,循环往复,以致情况越来越坏。

【恶性肿瘤】èxìng zhǒngliú 肿瘤的一种,细胞分化不成熟,生长异常迅速,常蔓延到附近或转移到远处组织、器官,对身体的破坏性很大。也说癌。

【恶言】èyán 图 恶语。

【恶意】èyì 图 不良的居心 ▷怀有～。

【恶语】èyǔ 图 恶毒的话 ▷～伤人|～相加。

【恶战】èzhàn ❶ 动 惨烈地战斗 ▷双方～一场。❷ 图 惨烈的战斗 ▷他参加过许多～。

【恶仗】èzhàng 图 恶战②。

【恶兆】èzhào 图 坏的、不祥的兆头。

【恶浊】èzhuó 形 不干净;肮脏 ▷环境～。

【恶作剧】èzuòjù ❶ 动 开玩笑捉弄人 ▷快别～了。❷ 图 捉弄人的行为 ▷他净爱搞～。

饿(餓) è ❶ 形 肚子里没有食物,想吃东西 ▷～极了|饥～|挨～。→ ❷ 动 使挨饿 ▷怎么能～着人家呢|～它两天。

【饿饭】èfàn 动 某些地区指挨饿。

【饿鬼】èguǐ 图 对见了食物就不顾一切狼吞虎咽的人的谑称。

【饿虎扑食】èhǔ-pūshí 像饥饿的老虎扑向食物一样。形容动作迅速而凶猛。

【饿殍】èpiǎo 图〈文〉饿死的人 ▷连年战乱,～遍野。☛ ㊀"殍"不读 piáo 或 fú。㊁不宜写作"饿莩"。

鄂 è ❶ 图 湖北的别称。○ ❷ 图 姓。

【鄂博】èbó 图 敖包。

【鄂伦春族】èlúnchūnzú 图 我国少数民族之一。主要分布在内蒙古和黑龙江。

【鄂温克族】èwēnkèzú 图 我国少数民族之一。主要分布在内蒙古和黑龙江。

阏(閼) è〈文〉❶ 动 阻塞 ▷～止|～塞。→ ❷ 图 用来阻塞遮挡的东西 ▷堤～(水闸)。

另见 1579 页 yān。

谔(諤) è [谔谔] è'è 形〈文〉形容说话直率 ▷～坦言。

堨 è ❶ 动〈文〉阻塞。→ ❷ 图 堤坝(多用于地名) ▷程家～(在安徽)|～头(在浙江)。

萼(*蕚) è 图 花萼。

【萼片】èpiàn 图 组成花萼的叶状薄片。

遏 è 动 抑制;阻止 ▷怒不可～|～制。

【遏蓝菜】èláncài 图 一年生草本植物,叶匙形,短角果有广翅,野生。嫩苗可以食用,种子和全草可以做药材。也说菥蓂。

【遏抑】èyì 动 遏止;抑制 ▷～私欲。

【遏止】èzhǐ 动 阻止 ▷～病毒。

【遏制】èzhì 动 制止或控制 ▷～通货膨胀。

【遏阻】èzǔ 动 阻止;拦住 ▷成功地～了敌人的增援部队。

崿 è〈文〉❶ 图 山崖 ▷石～悬峭,片片飞云缀空。→ ❷ 图 高峻的山峰 ▷插天多峭～。

愕 è 动 惊讶;发呆 ▷～然|惊～。

【愕然】èrán 形 形容惊讶发呆的样子 ▷在场的人个个～。

噁(噁) è 用于化学名词。如"二噁英"。"噁"另见 359 页 ě"恶"。

腭(*齶) è 图 脊椎动物口腔的上部。分前后两部分:前部分由骨和肌肉构成,称硬腭;后部分由结缔组织和肌肉构成,称软腭。也说上颚、上颌。

【腭裂】èliè 图 腭部裂开的先天性畸形,在开裂处口腔与鼻腔相通。婴儿腭裂妨碍吸乳,影响发音,并易诱发上呼吸道感染。

碍 è 用于地名。如碍嘉街,在云南。

鹗(鶚) è 图 鸟,爪锐利,性凶猛,捕食鱼类。属国家保护动物。通称鱼鹰。

锷(鍔) è 图〈文〉刀剑的刃 ▷锋～。

颚(顎) è ❶ 图 某些节肢动物摄取食物的器官 ▷上～|下～。○ ❷同"腭"。

頞 è ❶ 图〈文〉鼻梁。○ ❷ 古同"额"①。

噩 è 形 惊人的;可怕的 ▷～耗|～梦。☛ 笔顺是丅𠱠𠰻𠲍噩噩。

【噩耗】èhào 图 指亲近或尊敬的人死亡的消息 ▷～传来,不胜悲痛。

【噩梦】èmèng 图 令人惊恐的梦;比喻可怕的遭遇 ▷从～中惊醒|这简直是一场～。☛ 跟"恶梦"不同。"噩梦"侧重梦的惊恐,"恶梦"侧重梦的凶险。

【噩运】èyùn 图 坏运气。

【噩兆】èzhào 图 令人担惊受怕的预兆。

鳄（鰐 *鱷） è 名爬行动物，有硬皮和角质鳞。善于爬行和游泳，性凶暴，多生活在热带和亚热带。种类很多，其中扬子鳄是我国特产，属国家保护动物。俗称鳄鱼。

【鳄鱼眼泪】 èyú yǎnlèi 西方传说，鳄鱼吞食人或其他动物时，边吃边掉眼泪。后用来比喻坏人的假慈悲。

e

呃 e 助用在句尾，表示惊叹的语气 ▷他可真是个了不起的人～！|时间过得真快～！

另见 358 页 ē；360 页 è。

ē

欸 ē，又读 ēi 叹表示招呼 ▷～，快跑吧！

另见 3 页 āi；4 页 ǎi；本页 é；本页 ě；本页 è。

é

欸 é，又读 éi 叹表示诧异 ▷～，他怎么哭了？

另见 3 页 āi；4 页 ǎi；本页 ē；本页 ě；本页 è。

ě

欸 ě，又读 ěi 叹表示不以为然 ▷～，不能这样说。

另见 3 页 āi；4 页 ǎi；本页 ē；本页 é；本页 è。

è

欸 è，又读 èi 叹表示答应或同意 ▷～，我跟你去。

另见 3 页 āi；4 页 ǎi；本页 ē；本页 é；本页 ě。

ēn

恩（*㤙） ēn ❶ 名恩惠 ▷他对我有～|忘～负义|报～。→ ❷ 名情爱；情义 ▷一日夫妻百日～。〇 ❸ 名姓。

【恩爱】 ēn'ài 形（夫妻）感情融洽 ▷夫妻～。

【恩宠】 ēnchǒng 名旧指君王对臣下施予的恩惠和宠幸；泛指恩遇和宠爱。

【恩仇】 ēnchóu 名恩德和仇恨（多偏指仇恨）▷不计～|相逢一笑泯～。

【恩赐】 ēncì 动旧指君王赏赐臣下；现泛指因怜悯而施舍（多用于贬义）▷不能靠别人～◇不能坐等大自然的～。

【恩德】 ēndé 名恩惠；恩情。

【恩典】 ēndiǎn ❶ 名旧指君王的恩赐与礼遇；现泛指受到的恩惠。❷ 动给予恩惠 ▷多谢大自然～，下了这场透雨。

【恩断义绝】 ēnduàn-yìjué 感情破裂，原有的情义一笔勾销。

【恩格尔系数】 ēngé'ěr xìshù 统计学上指家庭用于食品的开支与消费开支总额的比。比值越小，说明生活水平越高。最早由德国经济学家和统计学家恩格尔提出，故称。

【恩惠】 ēnhuì 名他人给予的好处。

【恩将仇报】 ēnjiāngchóubào 受人恩惠反而用仇恨报答。指伤害曾经对自己有恩的人。

【恩情】 ēnqíng 名恩惠和情义 ▷～难忘。

【恩人】 ēnrén 名对有恩德于自己的人的称呼。

【恩师】 ēnshī 名对有恩德于自己的老师或师傅的称呼 ▷牢记～教诲。

【恩同再造】 ēntóngzàizào 恩德之大如同给了第二次生命。多表示对别人给予重大恩德的感激之情。

【恩遇】 ēnyù 名旧指君王的知遇；现泛指别人给予的恩惠和知遇。

【恩怨】 ēnyuàn 名恩德和仇怨（多偏指仇怨）▷不要计较个人～。

【恩泽】 ēnzé 名原指统治者给予臣民的恩惠，犹如雨露润泽草木；后泛指上对下的恩惠 ▷～及于后世。

【恩重如山】 ēnzhòng-rúshān 恩情像山那样重。形容恩情极深 ▷他曾冒死救过我，对我真是～。

【恩准】 ēnzhǔn 动旧指君王降恩批准；后也泛指批准（含诙谐意）。

蒽 ēn 名碳氢化合物，跟菲的分子式相同。无色晶体，有蓝色荧光。由煤焦油中提取，可用来制造有机染料。

èn

摁 èn 动（用手）按或压 ▷把歹徒～倒在地|～电铃|～喇叭。

【摁钉儿】 èndīngr 名图钉。

【摁扣儿】 ènkòur 名子母扣儿。

éng

嗯 éng，又读 ń、ńg 叹〈口〉表示疑问 ▷～？你怎么不说话了？|你说什么，～？

另见 363 页 ěng；363 页 èng。

ěng

嗯 ěng，又读 ň、ňg 叹〈口〉表示不以为然或出乎意料 ▷～，没有那么严重吧！|～，怎么会呢！

另见 362 页 éng；本页 èng。

èng

嗯 èng，又读 ǹ、ǹg 叹〈口〉表示应诺 ▷～，就照你说的办吧|（在电话中）～，～，你说吧。另见 362 页 éng；本页 ěng。

ér

儿（兒） ér ❶ 名 小孩儿 ▷婴～|幼～|～歌。→ ❷ 名 儿子 ▷他有一～一女|～媳妇。⇒ ❸ 形 雄性的（多指牲畜）▷～马。⇒ ❹ 名 青年人（多指男青年）▷中华健～|热血男～。→ ❺词的后缀。读时与前面合成一个音节，叫做"儿化"，书面上有时不写出来，注音时只写"r"。a)附在名词后面，略带微小、亲切等意思 ▷小孩～|鸟～|树叶～。b)附在名词后面，使词义有所变化 ▷头～（领导者）|白面～（海洛因）。c)附在动词、形容词或量词后面，使变为名词 ▷盖～|尖～|个～|片～。d)附在少数动词后面 ▷别玩～了|一下子火～了。e)附在叠音形容词后面 ▷慢慢～|痛痛快快～。

"兒"另见 996 页 ní。

【儿歌】érgē 名 反映儿童生活和情趣，适合儿童唱的歌谣。

【儿化】érhuà 动 现代汉语中后缀"儿"字不自成音节，而是和前面的音节合读，使前面音节的韵母带上卷舌音色。这种语音现象叫做儿化。如"盆儿"不读 pén'ér，而读作 pénr。

【儿皇帝】érhuángdì 名 五代时，石敬瑭依靠契丹建立后晋，尊契丹主为父，自称"儿皇帝"。后泛指依仗外来势力建立傀儡政权的人。

【儿科】érkē 名 医学上指为儿童治病的一科。也说小儿科。

【儿郎】érláng 名 青年男子；男儿 ▷中华好～。

【儿马】érmǎ 名 雄性的马。

【儿男】érnán 名 男儿 ▷抗战救国的好～。

【儿女】érnǚ ❶ 名 儿子和女儿 ▷～很孝顺◇祖国的优秀～。❷ 名 指青年男女 ▷～情长。

【儿女情长】érnǚ-qíngcháng 指青年男女情意绵绵，难分难舍；也形容父母对儿女的感情深。

【儿女亲家】érnǚ qìngjia 男女结婚后双方父母之间结成的亲戚关系。

【儿时】érshí 名 儿童时代 ▷～的游戏。

【儿孙】érsūn 名 儿子和孙子；泛指子孙后代 ▷～自有～福。☛ 跟"子孙"不同。"儿孙"一般指个人或家族的后代，如"儿孙满堂"；"子孙"还可以指国家或民族的后代，如"植树造林是为了给子孙造福"。

【儿童】értóng 名 年纪幼小的未成年人。我国现在一般指 14 周岁以下（含 14 周岁）的未成年人。

【儿童村】értóngcūn 名 国际 SOS 儿童村的简称。是收养、教育孤儿的慈善机构。创始人是奥地利人哈曼·格迈纳（1919—1986）。也说国际儿童村、SOS 儿童村。

【儿童节】értóngjié 名 六一国际儿童节。

【儿童剧】értóngjù 名 为少年儿童编演的适合少年儿童特点的戏剧，有话剧、歌舞剧等。

【儿童乐园】értóng lèyuán 供少年儿童游玩、娱乐的场所。

【儿童团】értóngtuán 名 民主革命时期中国共产党在革命根据地领导建立的少年儿童的群众性组织。

【儿童文学】értóng wénxué 适合少年儿童特点，供少年儿童阅读和欣赏的各种体裁的文学作品。如童话、故事等。

【儿媳】érxí 名 媳妇①。

【儿媳妇】érxífu 名 媳妇①。

【儿戏】érxì ❶ 名 儿童的游戏；比喻无须认真对待的事情或闹着玩儿的事情 ▷不要把婚姻大事当～。❷ 动 像儿童做游戏那样闹着玩儿；比喻不负责，不认真 ▷货币政策调整绝非小事，岂可～？

【儿子】érzi 名 自己生养或领养的男孩子 ▷她生了个～◇雷锋是中国人民的好～。

而 ér ❶ 连 连接形容词、动词或短语、分句等，所连接的前后两项之间可以有多种语义关系。a)表示并列或递进关系 ▷少～精|年轻漂亮～又有才华。b)表示承接关系 ▷取～代之|成绩是优异的，～优异的成绩是汗水浇灌出来的。c)表示转折关系，相当于"却""但是" ▷费力大～收效小。→ ❷ 连 用在意思上相对立的主语和谓语中间，表示语气的转折，相当于"如果""却" ▷人民公仆～不为人民服务，必将为人民所抛弃。→ ❸ 连 连接状语和中心语，前项表示后项的目的、原因、依据、方式、状态等 ▷为正义～战|因下雨～延期|凭个人兴趣～定|飘然～去|侃侃～谈。❹ 连 连接词或短语，表示由一种状态过渡到另一种状态，有"到"的意思 ▷由远～近|由童年～少年、～壮年|由反对～默许，～渐至主动配合。❺ 词的后缀。附在某些语素后，构成连词或副词 ▷因～|然～|忽～|俄～。☛ 不读 ěr。

【而后】érhòu 连 然后 ▷先确诊,～遵医嘱用药|三思～行。☛ 跟"尔后"不同。"而后"所连接的行为、事件等一般是紧接着的,如"先调查研究,而后提出处理方案";"尔后"所连接的行为、事件等一般不是紧接着的,如"我们去年在火车上相识,尔后经常通信"。

【而今】érjīn 名 如今;现在 ▷这里原先是一片荒滩,～变成了林区。

【而况】érkuàng 连 何况 ▷这孩子很腼腆,～又在众人面前,就更不敢说话了。☛ "而况"前不能加副词"更""又"。

【而立】érlì 名〈文〉《论语·为政》:"三十而立。"原意是人到三十岁就知书达礼、言行得当了。后用"而立"指三十岁 ▷～之年。

【而且】érqiě 连 连接词、短语或分句,表示后者意思比前者更进一层,可单用,前面常有"不仅""不但""不只"等词相呼应 ▷应该～必须完成任务|他不但聪明,～好学。

【而言】éryán 动 ……来说(常跟"就"搭配使用,表示只从某一方面评说) ▷这条规则是仅就一般情况～的。

【而已】éryǐ 助 用在陈述句末尾,前面常有"不过""只"等呼应,表示不过如此,相当于"罢了" ▷如此～,别无所求|我不过建议～,主意还得你自己拿。

陑 ér 用于地名。如雷陑,在福建。

耏 ér ❶ 名〈文〉颊须。○ ❷ 名 耏水,古水名,在今山东淄博西北。○ ❸ 名 姓。
另见 983 页 nài。

洏 ér 见 854 页"涟(lián)洏"。

栭 ér〈文〉❶ 名 房屋中柱顶上承托大梁的方木。○ ❷ 名 木耳。

鸸(鴯) ér[鸸鹋] érmiáo 名 鸟,像鸵鸟而较小,腿长,爪有三趾,两翼退化,善奔跑,会游泳。以吃植物叶、果为主。原产澳大利亚。

鲕(鮞) ér〈文〉❶ 名 鱼苗;小鱼。○ ❷ 名 古书上说的一种长得很美的鱼。

ěr

尔(爾*尒) ěr〈文〉❶ 代 这;那 ▷～时|～后。→ ❷ 代 你;你的 ▷～等|～虞我诈|～母。→ ❸ 代 这样 ▷问君何能～。❹词的后缀。附在某些副词或形容词后面 ▷莞～|遽～(突然)|率～(轻率地)。○ ❺ 助 表示限止的语气,相当于"而已""罢了" ▷无他,但手熟～。

【尔曹】ěrcáo 代〈文〉你们这一类人 ▷～身与名俱灭,不废江河万古流。

【尔德节】ěrdéjié 名 开斋节(尔德:阿拉伯语音译)。也译作尔代节。

【尔尔】ěr'ěr〈文〉如此而已;如此罢了 ▷功力不过～,欠缺尚多。

【尔后】ěrhòu 连〈文〉从那时以后 ▷燕园一别,～音讯杳然。☛ 跟"而后"不同。

【尔雅】ěryǎ 名 我国第一部训诂专著,也是第一部解释词义、大体按照词义系统分类和名物分类的词典。成书于汉初,是十三经之一,今存十九篇。

【尔虞我诈】ěryú-wǒzhà 你欺骗我,我欺骗你。

耳[1] ěr ❶ 名 耳朵 ▷～聪目明|～环。→ ❷ 名 外形像耳朵的东西 ▷木～|银～。→ ❸ 名 像耳朵一样位于两侧的 ▷～房。

耳[2] ěr 助〈文〉表示限止语气,相当于"而已""罢了" ▷想当然～|直好世俗之乐～。
☛ "耳"作左偏旁时,最后一画横要改写成提(㇀),如"聪""耻""取""聚"。

【耳报神】ěrbàoshén 名 比喻好(hào)私下传递消息的人 ▷不知他们有哪路的～,消息这么灵通。

【耳背】ěrbèi 形 听觉不灵敏 ▷祖母～,跟她说话得大声点儿。

【耳边风】ěrbiānfēng 名 从耳旁刮过的风。比喻听过后不放在心上的话 ▷别把我的劝告当成～。也说耳旁风。

【耳鬓厮磨】ěrbìn-sīmó 两人耳朵和鬓发挨在一起(厮:互相)。形容亲密相处(多用于青年男女)。☛ "厮"不要误写作"撕"。

【耳沉】ěrchén 形 耳背。

【耳垂】ěrchuí 名 外耳下端没有软骨的部分。

【耳聪目明】ěrcōng-mùmíng 耳朵听得清楚,眼睛看得明白。形容头脑清楚,反应敏锐。

【耳朵】ěrduo 名 听觉和平衡器官。人和哺乳动物的耳朵分外耳、中耳和内耳三部分。

【耳朵软】ěrduoruǎn 形容没有主见,容易轻信别人的话。也说耳软、耳根子软。

【耳朵眼儿】ěrduoyǎnr ❶ 名 外耳和内耳的通道。❷ 名 在耳垂上扎的小孔,可以佩戴耳饰。

【耳房】ěrfáng 名 一般指正房两旁与之相连的小屋。

【耳福】ěrfú 名 指欣赏音乐、歌曲等的福气 ▷听音乐会? 我没有那～。

【耳根】ěrgēn ❶ 名 外耳根部。❷ 名 借指耳朵 ▷～清净(听不到烦恼的事)|～软(形容缺乏主见,容易听信别人的话)。也说耳根子。

【耳垢】ěrgòu 名 耵聍(dīngníng)的通称。

【耳鼓】ěrgǔ 名 鼓膜。

【耳刮子】ěrguāzi 名〈口〉耳光。

【耳光】ěrguāng 名 (打)耳朵附近的脸部;打脸

的动作 ▷打～|一记响亮的～。

【耳郭】ěrguō 名 外耳的一部分，主要由软骨构成，分耳轮、耳屏、耳垂三部分，有汇集声波的作用。也说耳廓。

【耳环】ěrhuán 名 戴在耳垂上的装饰品，多为环状。

【耳机】ěrjī 名 贴戴在耳边或插入耳中的可将声频电信号转换为声音的器件。

【耳际】ěrjì 名 耳边 ▷萦绕～|在～回响。

【耳尖】ěrjiān 形 听觉灵敏 ▷你～，听听是什么声音。

【耳孔】ěrkǒng 名 耳朵眼儿①。

【耳廓】ěrkuò 名 耳郭。

【耳力】ěrlì 名 听力。

【耳聋】ěrlóng 形 听觉非常迟钝或完全丧失。

【耳聋眼花】ěrlóng-yǎnhuā 耳朵听不准，眼睛看不清。形容人衰老的样子 ▷他由于过度操劳，刚过不惑之年便～了。

【耳轮】ěrlún 名 耳郭边缘的卷曲部分，下面与耳垂相连。

【耳麦】ěrmài 名 兼有耳机和麦克风功能的装置，分为无线耳麦和有线耳麦两类，常连接在计算机、手机、随身听等上面使用。

【耳鸣】ěrmíng 动 外界没有声音，而患者感觉耳内有嗡嗡的声音。多由听觉器官或神经系统病变引起。

【耳膜】ěrmó 名 鼓膜。

【耳目】ěrmù ❶ 名 耳朵和眼睛 ▷掩人～。❷ 名 指听到的和看到的；见闻 ▷～一新。❸ 名 借指起耳目作用的人；特指替人刺探消息的人 ▷这里～众多，说话多有不便|安插～。

【耳目一新】ěrmù-yīxīn 所见所闻都觉得很新鲜。形容感觉跟以往大不相同。

【耳旁风】ěrpángfēng 名 耳边风。

【耳热】ěrrè 形 耳朵发热；多指兴奋或害臊 ▷酒酣～。

【耳濡目染】ěrrú-mùrǎn 形容经常听到见到，不知不觉中受到影响(濡：沾染)。☛ 参见 1095 页“潜移默化”的提示。

【耳软心活】ěrruǎn-xīnhuó 形容容易轻信别人的话而改变主意。

【耳塞】ěrsāi ❶ 名 塞在耳中的小型受话器。❷ 名 塞在耳中防止游泳时耳朵进水或用来减轻噪声干扰的塞子。

【耳生】ěrshēng 形 听起来生疏(跟“耳熟”相对) ▷多年不见，听你说话都有点儿～了。

【耳屎】ěrshǐ 名 耵聍(dīngníng)的俗称。

【耳饰】ěrshì 名 戴在耳垂上的装饰物。如耳坠、耳环等。

【耳熟】ěrshú 形 听起来熟悉(跟“耳生”相对) ▷听话音～得很。

【耳熟能详】ěrshú-néngxiáng 听得多了，以至能详细地复述出来。形容对某人或某事物非常熟悉。

【耳顺】ěrshùn ❶ 名〈文〉《论语·为政》：“六十而耳顺。”原意是人到六十岁，就能透彻理解所听到的话。后用“耳顺”指六十岁 ▷年逾～|～之年。❷ 形 顺耳。

【耳提面命】ěrtí-miànmìng 不仅当面指点，而且提着耳朵叮咛。形容对人教诲殷切(多用于长辈对晚辈)。

【耳挖子】ěrwāzi 名 掏耳垢的小勺儿。也说耳挖勺儿、耳勺子。

【耳闻】ěrwén 动 亲自听到 ▷有所～|～目睹。

【耳闻目睹】ěrwén-mùdǔ 亲耳听到，亲眼看见。

【耳蜗】ěrwō 名 内耳的一部分，位于内耳的最前部，形似蜗牛外壳，里面有淋巴和听神经，是听觉的感受器。

【耳穴】ěrxué 名 针灸学上指外耳上的各个穴位。

【耳音】ěryīn 名 指听力 ▷老人～不减。

【耳语】ěryǔ 动 凑近别人耳边低声说话。

【耳针】ěrzhēn 名 用针刺激耳郭特定的穴位以治疗疾病的方法 ▷～疗法。

【耳坠】ěrzhuì 名 戴在耳垂上的有坠儿的装饰物。也说耳坠子。

【耳子】ěrzi 名 器物两旁的耳状提手。

迩(邇) ěr 形〈文〉近 ▷闻名遐～|～来。

饵(餌) ěr ❶ 名 糕饼；泛指食物 ▷饼～|果～。→ ❷ 名 引诱鱼类上钩或诱捕其他动物的食物 ▷鱼～|诱～。❸ 动〈文〉(用东西)引诱 ▷～敌。

【饵料】ěrliào ❶ 名 养鱼或钓鱼用的食物。❷ 名 拌上毒药诱杀害虫、害兽的食物。

洱 ěr 名 洱海，湖名，在云南大理一带。形如耳朵，故称。

珥 ěr 名〈文〉用珠玉做的耳饰。

铒(鉺) ěr 名 金属元素，符号 Er。银灰色，有光泽，质软。用于制造核控制棒、激光材料等。

èr

二 èr ❶ 数 数字，比一大一的正整数。→ ❷ 数 指位列第二的 ▷～把手|～当家的。❸ 数 指不专一 ▷三心～意|～心。→ ❹ 数 指两样或不同 ▷不～价|绝无～话。☛ ㊀ 数字“二”的大写是“贰”。㊁ 参见 861 页“两”的提示㊀。

【二把刀】èrbǎdāo 名 厨师的副手；借指对某项工作一知半解、技术不高的人。

【二把手】èrbǎshǒu 名 单位或部门的第二负

责人。

【二百五】èrbǎiwǔ 图 过去银子五百两为一封，二百五十两为半封，谐音"半疯"。借指带有傻气、做事鲁莽的人。

【二板市场】èrbǎn shìchǎng 创业板市场。因在主板市场之外，故称。

【二部制】èrbùzhì 图 因学生人数多，校舍、设备和师资不足，过去有的中小学曾把在校学生分为两部分，实行上下午轮流教学，这种教学组织形式叫二部制。

【二茬】èrchá 图 指当年内第二次种植或收割的（农作物）▷～水稻◇受～罪。

【二重性】èrchóngxìng 图 指事物本身具有的矛盾统一的两种属性。也说两重性。

【二传手】èrchuánshǒu 图 排球运动中担任第二次传球并组织进攻的球员；借指在双方之间起媒介或协调作用的人。

【二次能源】èrcì néngyuán 从一次能源加工转换而成的人工能源。如汽油（由石油分馏而出）、电（由煤、水力、核能等转换而成）等。也说人工能源。

【二次文献】èrcì wénxiàn 指对一次文献（会议文件、报刊论文、专著、原始档案等）按一定原则进行加工整理后形成的文献。如书目、题录、文摘等。二次文献具有检索性、汇编性、报道性的特点。

【二次污染】èrcì wūrǎn 污染源排放的污染物受周边物理、化学、生物等因素影响，发生化学变化而生成新的有害物质所造成的再次污染。也说次生污染。

【二当家】èrdāngjiā 图 第二主人，地位仅次于当家人或主人地位的人。也说二当家的。

【二道贩子】èrdào fànzi 指转手倒卖商品以从中谋利的人（跟"头道贩子"相区别）。

【二恶英】èr'èyīng 现在规范词形写作"二噁英"。

【二噁英】èr'èyīng 图 英语 dioxin 音意合译。一种有剧毒的含氯有机化合物，能够致癌、致畸，主要通过受污染的肉类进入人体。

【二房】èrfáng ❶ 图 旧指家族中排行第二的一支 ▷长房、～各分得祖产一半。❷ 图 旧指在正妻之外另娶的女子；小老婆。

【二房东】èrfángdōng 图 把包租来的房屋转手分租出去而从中取利的人。

【二分法】èrfēnfǎ 图 以对象有无某一属性为标准，把一个概念分为两个矛盾概念的划分方法。用二分法划分出来的必须是一个肯定概念和一个否定概念。如把"企业"划分为"国有企业"和"非国有企业"。

【二伏】èrfú 图 中伏。参见 1180 页"三伏"①。

【二副】èrfù 图 轮船船员的职务名称。船长的第二助手，位居大副之下。

【二鬼子】èrguǐzi 图 抗日战争时期对汉奸、伪军的蔑称。

【二锅头】èrguōtóu 图 一种白酒。蒸馏时，除去最先和最后出的酒，留下的就叫二锅头。

【二胡】èrhú 图 胡琴的一种，琴筒用竹、木等制成，蒙蛇皮等，有两根弦，音色低沉圆润。也说南胡。参见插图 12 页。

【二乎】èrhu〈口〉❶ 动 因害怕而退缩；动摇 ▷不论多么危险，咱们也不能～。❷ 动 犹豫不定 ▷你把我说～了。❸ 动 计划、指望等可能落实不了 ▷调动工作的事要～了。☛ 不宜写作"二忽"。

【二花脸】èrhuāliǎn 图 架子花脸。

【二话】èrhuà 图 别的话；表示不同意见的话（多用于否定）▷～没说，全都答应了。

【二黄】èrhuáng 图 戏曲声腔之一，曲调深沉稳重。☛ 不要写作"二簧"。

【二婚】èrhūn ❶ 动 第二次结婚 ▷他们夫妻俩都是～。❷ 图 指第二次结婚的人。也说二婚头。

【二级市场】èrjí shìchǎng 指对已经售出的有价证券、商品房等进行再交易的市场（跟"一级市场"相区别）。

【二极管】èrjíguǎn 图 有一个阴极和一个阳极的电子管或晶体管。有单向导电的特性，一般用于交流电的整流或无线电的检波。

【二价】èrjià ❶ 图 不同的价格 ▷本产品售价统一，没有～。❷ 动 讨价还价 ▷概不～。

【二进宫】èrjìngōng 图 京剧传统剧目之一；谑指第二次被拘留或进监狱。

【二进制】èrjìnzhì 图 逢二进一的计数编码方法，只有 0 和 1 两个数码。如十进制的 2、3、4、5，二进制分别表示为 10、11、100、101。二进制广泛应用于电子计算机的数据处理。

【二郎腿】èrlángtuǐ 图 坐时一条腿放在另一条腿上的姿势 ▷跷着～。

【二老】èrlǎo 图 指年纪大的父母 ▷孝敬～。

【二愣子】èrlèngzi 图〈口〉指粗鲁莽撞的人 ▷真是个～，问也不问，拿起来就走。

【二流】èrliú 形 第二等的 ▷～选手｜质量～。

【二流子】èrliúzi 图 指游手好闲、不务正业的人。☛ 口语中也读 èrliūzi。

【二门】èrmén 图 大院落中大门里的一道总门。

【二秘】èrmì 图 指大使馆、领事馆的二等秘书。

【二拇指】èrmǔzhǐ 图 示指（食指）的俗称。

【二年生】èrniánshēng 区别 播种后当年长出根、茎、叶，越冬后才开花、结子的（植物）。如洋葱、萝卜等都是二年生草本植物。

【二人世界】èrrén shìjiè 指夫妻二人或情侣二人共同营造的生活空间和情感空间。也说两人世界。

【二人台】èrréntái 名 地方戏曲剧种，流行于内蒙古、晋北、陕北等地，初为二人边唱边舞的曲艺，后发展为多人演唱的戏曲。

【二人转】èrrénzhuàn 名 一种曲艺，流行于东北地区。通常由男女二人表演，边说边舞边唱。

【二审】èrshěn 动 第二审的简称。根据上诉程序，上级法院对一审案件进行第二次审判。在两审终审制中，二审作出的判决或裁定是终审判决或裁定。

【二十八宿】èrshíbāxiù 我国古代天文学家把分布在黄道、赤道附近的星空划分为二十八个区域，每个区域叫一宿。按东西南北方向分为四组，每组七宿。东方苍龙七宿是角、亢、氐(dī)、房、心、尾、箕，北方玄武七宿是斗、牛、女、虚、危、室、壁，西方白虎七宿是奎、娄、胃、昴(mǎo)、毕、觜(zī)、参(shēn)，南方朱雀七宿是井、鬼、柳、星、张、翼、轸(zhěn)。☛“宿”这里不读 sù。

【二十六史】èrshíliùshǐ 二十四史与《新元史》《清史稿》的合称。参见本页“二十四史”。

【二十四节气】èrshísì jiéqi 我国农历根据太阳在黄道上的位置，将一年划分为二十四个时段，每个时段及其起始点称为一个节气，即：立春、雨水、惊蛰、春分、清明、谷雨、立夏、小满、芒种、夏至、小暑、大暑、立秋、处暑、白露、秋分、寒露、霜降、立冬、小雪、大雪、冬至、小寒、大寒，合称二十四节气。这些节气表明气候变化和农事季节。参见701 页“节气”。

【二十四史】èrshísìshǐ 指我国古代称为正史的二十四部纪传体史书，包括《史记》《汉书》《后汉书》《三国志》《晋书》《宋书》《南齐书》《梁书》《陈书》《魏书》《北齐书》《周书》《隋书》《南史》《北史》《旧唐书》《新唐书》《旧五代史》《新五代史》《宋史》《辽史》《金史》《元史》《明史》。

【二十五史】èrshíwǔshǐ 二十四史与《新元史》的合称。参见本页“二十四史”。

【二手】èrshǒu ❶ 区别 非直接得到的 ▷～资料。❷ 区别 特指使用过后再出售的 ▷八成新的～汽车|～货。

【二手房】èrshǒufáng 名 进入第二次交易的商品房。

【二胎】èrtāi 名 第二次怀的胎；第二胎生的孩子。

【二踢脚】èrtījiǎo 名 某些地区指爆竹中的双响。

【二维码】èrwéimǎ 名 在水平方向和垂直方向的二维平面上，用若干与二进制相对应的图形来存储文字数值信息的信息代码，一般由黑白相间的几何图形组成。通过特定设备可以对其自动识别。二维码技术的应用大大提高了信息存储、传递和识别的速度，现已广泛应用于各类证件、票据以及商品交易等的管理。也说二维条码。

【二五眼】èrwǔyǎn〈口〉❶ 形 原指板眼不入音律，后形容能力差、质量次。❷ 名 指能力差的人。

【二弦】èrxián 名 坠琴。

【二线】èrxiàn 名 战争中的第二道防线；比喻不负责具体工作和不直接担负领导责任的地位 ▷老局长退居～了。

【二心】èrxīn 名 不忠实或不专一的念头 ▷我对妻子从未有过～。☛ 不要写作“贰心”。

【二氧化氮】èryǎnghuàdàn 名 无机化合物，有刺激性气味的棕红色气体。在化学反应和火箭燃料中，用作氧化剂；在工业上，可用于制造硝酸。对水、土壤和大气可造成污染，对环境有危害。

【二氧化硅】èryǎnghuàguī 名 无机化合物，纯净的为无色透明晶体，硬度大、熔点高。自然界中分布很广，沙子、石英、玛瑙等都由二氧化硅构成。用途很广，可以制造光学仪器、晶体硅、水玻璃、玻璃、陶瓷及耐火材料和建筑材料。人过量吸入含二氧化硅的粉尘会导致硅肺。

【二氧化硫】èryǎnghuàliú 名 无机化合物，有刺激性气味的无色气体，易液化。可以制造硫酸、漂白剂、防腐剂和消毒剂。

【二氧化碳】èryǎnghuàtàn 名 无机化合物，无色无臭的气体。密度大于空气。可以制纯碱、清凉饮料等，也用于灭火。旧称碳酸气。

【二一添作五】èr yī tiānzuò wǔ 珠算除法的一句口诀。意思是一被二除时，在算盘的横梁下去掉一，在横梁上添个五，表示商是零点五。借指双方平分。

【二意】èryì 名 二心 ▷三心～。

【二元论】èryuánlùn 名 认为世界有物质和精神两个独立本原的哲学学说。这种学说企图调和唯物主义和唯心主义的对立，但它认为精神是可以离开物质而独立存在的实体，最终仍陷入唯心主义。

【二战】èrzhàn 名 第二次世界大战的简称。

弍 èr 同“二”。现在一般写作“二”。☛“二”的大写是“贰”，不是“弍”。

刵 èr 动 割去耳朵，古代一种酷刑。

佴 èr 动〈文〉紧随其后；居次。另见 983 页 nài。

贰（貳） èr ❶ 数 数字“二”的大写。→ ❷ 动〈文〉有二心；变节；背叛 ▷～臣。☛ ㊀不要写作“弍”。㊁“贰”由“弍”下加“贝”构成；“弋”不要写成“戈”；“=”在“弋”下。

【贰臣】èrchén ❶ 名 旧指在前一朝代做官，投降新一朝代后又做官的人。❷ 名 指有叛逆思想或行为的人 ▷～贼子|他是封建道德的～。

【贰心】èrxīn 现在规范词形写作“二心”。

咡 èr 名〈文〉嘴边；口耳之间。

F

fā

发(發) fā ❶ 动 发射 ▷万箭齐～|百～百中。→ ❷ 动 产生;发生 ▷～芽|～病|～电。⇒ ❸ 动 引起;开始行动 ▷～人深思|引～|～起。⇒ ❹ 动 显现出 ▷脸色～灰|照片～黄了|被子～潮。❺ 动 显露(感情) ▷～怒|～愁。❻ 动 产生(某种感觉) ▷腿～软|嘴～苦|头～晕。⇒ ❼ 动 胀大;扩展 ▷～海带|蒸馒头的面～好了|～展|～扬。❽ 动 (财势)兴旺 ▷张家这两年～了|～家|～财。→ ❾ 动 离开;启程 ▷朝～夕至|出～。→ ❿ 动 把人派出去;派遣 ▷～兵|～配|打～。→ ⓫ 动 打开;揭示出来 ▷～掘|揭～。→ ⓬ 动 放散;散布 ▷散～|挥～|蒸～。⓭ 动 发布;表达 ▷～令|～言|～表。→ ⓮ 动 把东西送出去 ▷～信|～货|～奖|收～。→ ⓯ 量 用于枪弹、炮弹 ▷一～子弹|炮弹二百多～。〇 ⓰ 名 姓。

☛ ㊀读 fā,是繁体字"發(fā)"的简化字。读 fà,是繁体字"髮(fà)"的简化字。因此"发"有 fā 和 fà 两个读音及其不同的意义。㊁跟"友(yǒu)""犮(bá)"不同。由"发"构成的字有"泼""拨""废"等;由"友"构成的字有"爱""援"等;由"犮"构成的字有"拔""跋"等。

另见 375 页 fà。

【发案】fā'àn 动 发生案件 ▷从～到破案只用了三小时。

【发白】fābái ❶ 动 呈现出白色 ▷气得脸色～。❷ 动 发亮,指天亮 ▷东方～。

【发榜】fābǎng 动 张榜公布考试成绩或录取名单;泛指公布名单。

【发包】fābāo 动 按合同把某些生产任务包给承担单位或个人去完成。

【发报】fābào 动 发出电报 ▷～员。

【发报机】fābàojī 名 供发送电报用的电信装置。

【发标】fābiāo 动 招标人在招标活动中发出标书。

【发飙】fābiāo 动 发脾气;耍威风 ▷有意见就提,不要～|你向孩子发哪门子飙啊! ◇连日来,高温天气持续～。

【发表】fābiǎo ❶ 动 用口头或书面形式向公众表达(意见)、公布(事项) ▷～意见|公报已经～。❷ 动 在报刊或互联网上登载(文章等)。

【发兵】fābīng 动 派遣军队 ▷～增援。

【发病】fābìng 动 疾病发生;生病 ▷弄清～原因。

【发病率】fābìnglǜ 名 某种疾病在某一地区某一时期内的新病例数与该地区人口数的比率。通常用千分比来表示。

【发播】fābō 动 广播电台、电视台播出(节目) ▷本台每天凌晨 5:00 开始～。

【发布】fābù 动 (把命令、文告、新闻等)公开告诉大家 ▷～命令|～汛情通报。

【发财】fācái ❶ 动 得到大量钱物 ▷他家这几年可～了。❷ 动 客套话,用于询问对方的工作处所 ▷请问您在哪里～?

【发颤】fāchàn 动 颤动;发抖 ▷声音～|手脚～。☛ ㊀"颤"这里不读 zhàn。㊁不要写作"发战"。

【发车】fāchē 动 从车站或停放点开出车辆 ▷准点～。

【发痴】fāchī ❶ 动 发呆。❷ 动 发疯。

【发愁】fāchóu 动 因遇到困难或不如意的事而苦闷忧虑 ▷有这么一座水电站,人们用电就不用～了|他正～找不到合适的人选。

【发出】fāchū ❶ 动 发生;产生(声响、光亮等) ▷机器～噪音。❷ 动 送出(信件、货物等);开出(运输工具) ▷请柬已～|火车当晚从北京～,第二天早晨到上海。❸ 动 发布或发表(命令、信息等) ▷～指示|～警报。❹ 动 散发(气味、热气等) ▷～阵阵清香。

【发怵】fāchù 动 害怕;胆怯 ▷第一次跳伞,有点儿～|回答老师提问,他从不～。

【发憷】fāchù 现在一般写作"发怵"。

【发喘】fāchuǎn 动 呼吸变得急促 ▷累得直～。

【发达】fādá 形 (事物)发展充分;(事业)兴旺 ▷根系～|商业～。

【发达国家】fādá guójiā 指人均国民生产总值高,工业、教育、卫生和文化事业发达,基础设施良好的国家(跟"发展中国家"相区别)。

【发呆】fādāi 动 神情呆滞;因思考某事而完全没注意外界事物 ▷她听到这个消息,惊得两眼～|他正看着母亲的照片～,叫了几次都不应。

【发嗲】fādiǎ 动 某些地区指撒娇 ▷她一说话就～。

【发电】fādiàn ❶ 动 产生电力 ▷太阳能～|～厂。〇 ❷ 动 拍发电报 ▷～慰问。

【发电厂】fādiànchǎng 名 利用水力、火力、太阳能或原子能等生产电力的工厂。也说电厂。

【发电机】fādiànjī 名 将机械能、热能或核能等转换为电能的机械。有直流发电机和交流发电机。

【发电站】fādiànzhàn 名 将其他能量转变为电能

的场所。如水力发电站、火力发电站等。

【发动】fādòng ❶ 动 使机器转动 ▷～汽车。❷ 动 使开始 ▷～进攻|～战争。❸ 动 动员② ▷～群众|群众～起来了。

【发动机】fādòngjī 名 将各种形式的能量转化为机械能,从而产生动力,带动其他机械工作的机器。如电动机、蒸汽机、内燃机等。

【发抖】fādǒu 动 因恐惧、生气、寒冷等而身体颤抖 ▷气得他全身～|冻得～。

【发端】fāduān 动 开始;开头 ▷农村家庭联产承包～于安徽凤阳小岗村。

【发凡】fāfán 动 概述全书的大意或阐发某一学科的要旨 ▷～起例|《修辞学～》。

【发放】fāfàng 动 (政府、团体等)分发有关的钱物 ▷～助学金|～救灾物资。

【发粉】fāfěn 名 焙粉。

【发奋】fāfèn ❶ 动 振作精神,努力奋斗 ▷～向上。❷见本页"发愤"。现在一般写作"发愤"。

【发愤】fāfèn 动 痛下决心,积极努力 ▷～苦读。

【发愤图强】fāfèn-túqiáng 痛下决心,努力谋求发展、强盛。☛ 跟"奋发图强"不同。"发愤图强"强调痛下决心,"奋发图强"强调振奋精神。

【发疯】fāfēng ❶ 动 因受到严重刺激而精神失常或丧失理智 ▷孩子出了车祸,妈妈悲痛得几乎～了。❷ 动 对言行违反常情的夸张 ▷你～了,下这么大雨还在地里干活儿?

【发福】fāfú 动 发胖(多用于中老年人)。☛ 过去人们以为发胖是有福气,现在知道发胖未必是好事,故"发福"又常用作"发胖"的婉词。

【发付】fāfù 动 发给;交付 ▷把工程～给信誉好的公司承办|工资每月～一次。

【发干】fāgān 动 变干燥;产生干燥的感觉 ▷上火了,嘴唇总～。

【发绀】fāgàn 动 皮肤或黏膜呈现青紫色。一般因呼吸、循环系统发生障碍引起血液缺氧所致,以嘴唇、鼻尖、脸颊等部位较为明显。

【发糕】fāgāo 名 用米粉、面粉、玉米面等经发酵蒸成的松软的糕。

【发稿】fāgǎo 动 发出稿件 ▷至记者～时,搜救工作仍在继续|人民网～中心。

【发哽】fāgěng 动 哽咽 ▷他强忍着悲痛,但说话声音已经～了。

【发梗】fāgěng ❶ 动 (身体某部位)呈现僵直状态 ▷脖子有点儿～。❷ 动 (心情)产生憋闷感觉 ▷剧情凄惨,看后心里～。

【发光】fāguāng 动 发射或散发出光芒 ▷闪闪～。

【发国难财】fāguónàncái 乘国难之机非法捞取本不该属于自己的利益。

【发汗】fāhàn 动 (用药物等)使出汗 ▷喝碗姜汤～。

【发号施令】fāhào-shīlìng 发指示,下命令。

【发黑】fāhēi ❶ 动 (天色)显得暗 ▷天刚～我们就赶到了。❷ 动 显出或变成黑色 ▷脸晒得～。❸ 动 发花 ▷蹲的时间长了,猛然站起来觉得眼前～。

【发狠】fāhěn ❶ 动 下狠心;横下心来 ▷他一～,用多年的积蓄买了一台电脑。❷ 动 发怒;生气 ▷她正～呢,你可别再火上浇油。

【发横】fāhèng 动 不讲道理,乱发脾气 ▷动不动就～。☛ "横"这里不读 héng。

【发横财】fāhèngcái 得到意外之财 ▷要勤劳致富,不要奢望～。☛ "横"这里不读 héng。

【发红】fāhóng 动 显出或变成红色 ▷羞得脸～。

【发花】fāhuā 动 眼睛昏花,看东西模糊不清 ▷阳光晃得两眼～。

【发话】fāhuà ❶ 动 说话;特指口头提出警告、要求或发出指示 ▷还没等我～,他就又提出几个问题|领导～,明天一定要把总结交上去。❷ 动 气冲冲地说出话。

【发话器】fāhuàqì 名 送话器。

【发还】fāhuán 动 把收上来的或截留的东西还给原主 ▷老师～作业本|～拖欠的工资。

【发慌】fāhuāng 动 因恐惧、焦急或虚弱而心神慌乱 ▷第一次登台,未免有点儿～。

【发黄】fāhuáng 动 显出或变成黄色 ▷这本书是30年代的,纸张已经～。

【发挥】fāhuī ❶ 动 把潜能充分表现出来 ▷临场～得很好。❷ 动 把隐含的内容或道理充分表达出来 ▷～得淋漓尽致。❸ 动 在原有基础上有所发展 ▷他～了导师的见解。

【发昏】fāhūn 动 产生神志不清的感觉;比喻思想糊涂,失去理智 ▷你～了,怎么能打人!

【发火】fāhuǒ ❶ 动 点燃;开始燃烧 ▷这种煤不易～。❷ 动 枪弹、炮弹的底火经撞击后爆发 ▷炮弹受潮了,不～。❸ 动 生气;发怒。

【发货】fāhuò 动 发送货物 ▷～到河北。

【发急】fājí 动 着急 ▷得想个办法,光～有什么用?

【发迹】fājì 动 变得有钱有势 ▷他是靠做房地产生意～的。

【发家】fājiā 动 使家庭富起来 ▷～致富|不艰苦奋斗就发不了家。

【发贱】fājiàn 动 做出招人鄙弃的举动 ▷别～,自重些|你又发什么贱哪!

【发僵】fājiāng 动 变得僵硬 ▷两手冻得～。

【发酵】fājiào ❶ 动 复杂的有机化合物(如面粉)在微生物(如酵母菌)的作用下被分解成较简单的物质。发面、酿酒等都是发酵的应用。❷ 动 比喻事态、情况等持续发展 ▷那里

F

的紧张局势仍在～，致使前往旅游的人数几近于零。☛ ㊀“酵”不读 xiào。㊁不要写作“酦酵”。

【发酵粉】fājiàofěn 名 蒸馒头、烤面包时用来使面粉发酵的微生物粉剂。

【发酵酒】fājiàojiǔ 名 用谷粒等含淀粉的原料或水果等含糖的原料经发酵制成的酒，酒精含量较低。如黄酒、啤酒、葡萄酒等。

【发紧】fājǐn ❶ 动 身体的某部位产生紧绷绷的感觉 ▷头皮有些～|帽子太小，戴着～。❷ 形 钱不宽裕 ▷最近手头有点儿～。

【发窘】fājiǒng 动 觉得难堪 ▷他的话使我～。

【发酒疯】fājiǔfēng 撒酒疯。

【发觉】fājué 动 开始察觉 ▷上车后才～没带月票。

【发掘】fājué ❶ 动 把埋藏的东西挖掘出来 ▷～汉代古墓。❷ 动 比喻把潜在的东西挖掘出来 ▷～主题思想|～人才。

【发刊】fākān 动 新创办的报刊开始正式出版 ▷《人民日报》～于 1948 年 6 月 15 日。

【发刊词】fākāncí 名 在报刊的创刊号上阐明创刊宗旨及有关内容的文章。

【发狂】fākuáng 动 发疯② ▷高兴得要～了。

【发困】fākùn 动 感到困乏，想睡觉 ▷饭后常～。

【发懒】fālǎn ❶ 动 懒惰而不想做事。❷ 动 因身体或心情不好而不想动弹 ▷我浑身～，哪儿都不想去。

【发冷】fālěng 动 产生寒冷的感觉 ▷他得了重感冒，浑身～。

【发愣】fālèng 动〈口〉发呆。☛ 不宜写作“发楞”。

【发力】fālì 动 把力量集中使出来 ▷我队再次～，一举摘得桂冠|政策～，促进民间投资。

【发亮】fāliàng 动 发出光亮 ▷东方～了。

【发令】fālìng 动 发出号令 ▷运动员凝神屏息，等待～。

【发令枪】fālìngqiāng 名 一种形状像手枪的发声器械，供径赛、游泳等比赛时下达命令用。

【发聋振聩】fālóng-zhènkuì 振聋发聩。

【发落】fāluò 动 指对人进行处治 ▷从轻～。

【发麻】fāmá 动 产生麻木的感觉 ▷手震得～。

【发毛】fāmáo 动 产生恐惧的感觉 ▷头一次黑夜走山路，心里直～。

【发霉】fāméi 动 有机物由于霉菌的孳生而变质；比喻思想陈旧、腐朽 ▷馒头～了|空气潮湿，衣服都～了|老不学习，脑子要～的。

【发闷】fāmēn ❶ 动 产生透不过气来的感觉 ▷胸口～。❷ 形（声音）不响亮 ▷鼓声有点儿～。

【发闷】fāmèn 动（心情）烦闷或苦闷 ▷这件事困扰得他整天～。

【发蒙】fāmēng 动〈口〉犯糊涂；不知道该怎么办 ▷突如其来的事故，弄得他直～。

【发蒙】fāméng 动 启蒙①。

【发懵】fāměng ❶ 动 发蒙（mēng）▷头绪太多，叫人～。❷ 动 发呆 ▷他坐在那儿～，毫无表情。❸ 动 发晕 ▷我被这个小家伙吵得头都～了。

【发面】fāmiàn ❶ 动 使面发酵。❷ 名 发了酵的面 ▷～比死面好消化。

【发明】fāmíng ❶ 动 研究创造出（新产品或新方法）▷瓦特～了蒸汽机|～家。❷ 名 发明的新产品或新方法 ▷这项～获了奖。

【发明权】fāmíngquán 名 指发明人对自己的发明依法享有的权利。

【发木】fāmù ❶ 动 发麻 ▷冻得两脚～。❷ 形 显得迟钝 ▷这些天他总是～。

【发难】fānàn ❶ 动 发动反抗或反叛 ▷反袁护法运动首先在云南～。❷ 动 提出质问、责难 ▷对这一动议有些代表起来～。☛ “难”这里不读 nán。

【发腻】fānì ❶ 动 感到油腻 ▷这汤油太多了，喝着～。❷ 动 对某事产生厌烦 ▷天天摆弄这玩意儿，摆弄得我都～了。

【发蔫】fāniān〈口〉❶ 动（植物）显出枯萎的样子 ▷庄稼缺水，叶子都～了。❷ 动（人）显出精神萎靡的样子 ▷挨了批评，他就～了。

【发苶】fānié 动 发蔫②。☛ “苶”不要误写作“茶”。

【发怒】fānù 动 因生气而言行激动或粗暴 ▷别动不动就～|他发起怒来真吓人。

【发排】fāpái 动 把稿件送去排版 ▷那部书上个月就～了。

【发盘】fāpán ❶ 动 交易的一方向另一方提出成交条件 ▷～后，要听取对方意见。❷ 名 交易时提出的成交条件 ▷对方的～难以接受。

【发胖】fāpàng 动（身体）变胖。

【发配】fāpèi 动 指把犯人押送到边远地区服劳役，古代一种刑罚 ▷林冲被～沧州。

【发脾气】fāpíqi 激动地发泄不满情绪 ▷有理讲理，不要～。

【发飘】fāpiāo 动 产生轻飘不稳的感觉 ▷大病刚好，走起路来脚底下～。

【发票】fāpiào 名 在买卖商品、提供和接受服务以及其他经营活动中，开具、收取的收付款凭证。

【发泼】fāpō 动 撒泼。

【发起】fāqǐ ❶ 动 倡导；倡议 ▷～成立志愿者协会。❷ 动 使行动开始 ▷～进攻。

【发青】fāqīng 动 显出暗灰色或变成绿色 ▷多日缺觉（jiào），脸色～|春回大地，草木～。

【发情】fāqíng 动 高等动物性成熟期性欲亢进，

要求交配(多指雌性)。

【发球】fāqiú 动 球类比赛时,一方按规则把球发出 ▷～抢攻|跳～。

【发热】fārè ❶ 动 产生热能;温度升高 ▷电热毯通电后很快就～。❷ 动 发烧① ▷身上有些～。❸ 动 产生热的感觉 ▷洗桑拿就是要浑身～出汗。❹ 动 比喻不冷静 ▷头脑～。

【发人深思】fārén-shēnsī 引起人们深入思考。

【发人深省】fārén-shēnxǐng 启发人们深刻思考而有所觉悟。☛ ㊀"省"这里不读 shěng。㊁不要写作"发人深醒"。

【发轫】fārèn 动〈文〉拿掉止住车轮的木头,使车前进;比喻事业开始 ▷园林艺术～于中国。☛ "轫"不要误写作"韧"。

【发软】fāruǎn ❶ 动 (物体)变得柔软 ▷炽热的阳光,把柏油马路都晒得～了。❷ 动 (肢体)感到软弱无力 ▷病后体弱,两腿～。

【发散】fāsàn ❶ 动 (光线、热量等)向周围散开。❷ 动 中医指用发汗药等使内热散发出来 ▷喝碗热姜汤,～～就好了。

【发散思维】fāsàn sīwéi 对某一问题沿不同的方向探求多种答案的思维方式,是人类进行创造活动的关键成分。也说发散性思维。

【发丧】fāsāng ❶ 动 报丧。❷ 动 运送死者去火化场或墓地;泛指办理丧事。

【发涩】fāsè ❶ 动 不滑润;摩擦时阻力大 ▷今天气温高,冰面明显～,滑不快。❷ 动 产生涩的感觉 ▷这些柿子～,不好吃。

【发傻】fāshǎ〈口〉❶ 动 出现表情呆滞、反应迟钝的情况 ▷他被问得直～。❷ 动 犯糊涂 ▷别～,你一个人哪能拿得了?

【发烧】fāshāo ❶ 动 体温超过正常范围,是疾病的一种症状。○ ❷ 动 对某种事物的迷恋达到狂热的地步 ▷追星追得～|～友。

【发烧友】fāshāoyǒu 名 指对某种事物的迷恋达到狂热地步的人 ▷音响～|网络～。

【发射】fāshè 动 (把电波、枪弹、炮弹、火箭等)射出去 ▷～卫星|电波～|～场。

【发身】fāshēn 动 指人到青春期,生殖器官发育成熟,身体各部分也随着发生相应变化,成长为成年人。

【发神经】fāshénjīng〈口〉发疯②。

【发生】fāshēng 动 产生;出现(原来没有的现象) ▷～化学反应|～强烈地震。

【发声】fāshēng ❶ 动 发音 ▷～练习。❷ 动 公开发表意见或传递信息 ▷面对不良倾向,要敢于～,敢于说"不"|运用新媒体～,将有关信息及时广泛地告知公众。

【发市】fāshì 动 指商业、服务行业一天之中做成第一笔生意。

【发誓】fāshì 动 庄严地表示决心,保证依照约定或所说的话去做 ▷战士们～坚决保住大堤。

【发售】fāshòu 动 出售 ▷～股票|限量～。

【发抒】fāshū 动 抒发。

【发水】fāshuǐ 动 (江河)涨水;发生水灾。

【发送】fāsòng ❶ 动 发射(无线电信号)。❷ 动 发出或送出(信函、报刊、旅客等)。

【发送】fāsong 动〈口〉办理丧事 ▷老人没儿没女,是朋友们把他～的。

【发酸】fāsuān ❶ 动 (食品)产生酸味 ▷剩粥～了。❷ 动 (肢体)感到酸痛无力 ▷累得两腿～。❸ 动 产生悲伤、难过的感觉 ▷心里～|听得我鼻子～,眼泪都要流出来了。

【发疼】fāténg 动 感到疼痛 ▷腰腿～。

【发条】fātiáo 名 某些机械、玩具等内部安装的片状钢条,依靠其弹力作用带动齿轮转动。

【发帖】fātiě ❶ 动 发请帖 ▷～请人参加婚礼。❷ 动 在电子公告牌上发表文字、图片等 ▷～参加讨论。

【发威】fāwēi 动 显示威风;耍威风 ▷老板又～了|向孩子发什么威呀!

【发文】fāwén ❶ 动 发出公文。❷ 名 发出的公文。

【发问】fāwèn 动 口头提出问题 ▷不断向他～。

【发物】fāwù 名 中医指容易引起某些疾病发作或加重的食物。如无鳞鱼、虾等。

【发现】fāxiàn ❶ 动 找到;发觉 ▷警察在郊外～了事主丢失的车|他的秘密被我～了。❷ 动 通过探索找到前人未知的自然现象或规律 ▷～了一颗小行星|牛顿～万有引力。❸ 名 找到的前人未知的自然现象或规律 ▷科学新～。☛ 不宜写作"发见"。

【发现权】fāxiànquán 名 指发现人对自己的科学发现依法享有的权利。在我国,发现人有权申请领取发现证书、奖金或者其他奖励。

【发祥】fāxiáng 动 原指帝王出生或创业。现指发生、兴起 ▷红山文化～于内蒙古赤峰市一带。

【发祥地】fāxiángdì 名 原指帝王出生或创业的地方。现指某事物或某事业起源的地方 ▷长春是我国汽车工业的～。

【发饷】fāxiǎng 动 旧指发工资;特指发给军警薪金。

【发笑】fāxiào 动 笑起来 ▷令人～。

【发泄】fāxiè 动 (把情绪或情欲等)宣泄出来 ▷～怨气。

【发行】fāxíng 动 发出或出售新印制的出版物、货币、邮票等 ▷～新版人民币。

【发虚】fāxū ❶ 动 感到心虚 ▷第一次参加比赛心里有点儿～。❷ 动 感到身体虚弱乏力 ▷

经过调养，身体不再～了。

【发噱】fāxué 动 某些地区指引人发笑 ▷令人～。

【发芽】fāyá 动 种子长出幼芽；花草、树木生出嫩叶等 ▷小麦～了|柳树～了。

【发哑】fāyǎ 动 嗓音变得沙哑 ▷感冒挺重，说话声音都～了。

【发烟弹】fāyāndàn 名 装有某些化学药剂，发射后形成烟幕，以干扰敌方作战的炮弹、炸弹等。也说烟幕弹。

【发言】fāyán ❶ 动 发表意见 ▷踊跃～。❷ 名 发表的意见 ▷他的书面～很有深度。

【发言权】fāyánquán 名 发表意见的权利 ▷没有调查，就没有～。

【发言人】fāyánrén 名 代表政府、党派或团体等公开发表意见的人 ▷国务院～。

【发炎】fāyán 动 肌体组织出现炎症 ▷伤口～。

【发扬】fāyáng 动 宣扬并使发展 ▷～风格。

【发扬蹈厉】fāyáng-dǎolì 原形容周代《武》乐的舞蹈动作的激烈威武。后用来形容精神振奋，意气风发。也说发扬踔(chuō)厉。

【发扬光大】fāyáng-guāngdà 使在原有基础上更加发展壮大(光大：使更加发展旺盛)。

【发洋财】fāyángcái 原指赚取外国人的钱财；现指意外得到大量财物。

【发疟子】fāyàozi 〈口〉患疟(nüè)疾。☛"疟"这里不读 nüè。

【发音】fāyīn ❶ 动 发出声音(多指发出语音或乐音) ▷每个字都要准确～。❷ 名 发出的声音(多指发出的语音或乐音) ▷每个字的～都很准确。

【发语词】fāyǔcí 名 文言虚词，用于一段或一句的开头，以引发下文。如"夫""惟""盖"等。也说发端词。

【发育】fāyù 动 生物体的构造和功能从简单到复杂或从不成熟到成熟 ▷受精卵～成胎儿|孩子～正常。

【发源】fāyuán ❶ 动 (江河)从源头流出 ▷长江～于青海西南部的各拉丹冬雪山。❷ 动 比喻事物起源 ▷舞蹈～于劳动。

【发源地】fāyuándì ❶ 名 江河开始流出的地方。如青藏高原是黄河、长江的发源地。❷ 名 比喻事物发端、起源的地方 ▷寻访古文明～。

【发愿】fāyuàn 动 表明心愿 ▷他从小～长大要当一名教师。

【发晕】fāyūn 动 感到眩晕 ▷头～。

【发运】fāyùn 动 (货物)交付运出 ▷这批化肥从沧州～到太原。

【发展】fāzhǎn ❶ 动 事物由小到大、由简单到复杂、由低级到高级不断演变 ▷小企业～成了跨国公司。❷ 动 吸纳新成员，使组织的规模扩充 ▷～党员。

【发展中国家】fāzhǎn zhōng guójiā 指人均国民生产总值较低，工业、教育、卫生和文化事业欠发达，基础设施不完备的国家(跟"发达国家"相区别)。

【发怔】fāzhèng 动 发呆。

【发作】fāzuò 动 (隐伏的能量、疾患、情绪等)显现出来或突然暴发 ▷药性～|旧病～|再怎么气恼，在父母面前他也不敢～。

酦(醱) fā［酦酵］fājiào 现在规范词形写作"发酵"。

另见 1060 页 pō。

fá

乏 fá ❶ 动 缺少 ▷不～其人|～味|缺～。→ ❷ 形 疲倦 ▷写字写～了|人困马～|疲～。→ ❸ 动 〈口〉效力减退；失去作用 ▷炉子里的煤～了|药性～了。

【乏力】fálì ❶ 形 疲乏无力 ▷四肢～。❷ 动 缺少能力 ▷领导管理～。

【乏煤】fáméi 名 没有烧透的煤 ▷把～从炉灰里捡出来。

【乏善可陈】fáshàn-kěchén 没有什么成绩或优点可说 ▷这幅油画在色彩运用方面～。

【乏术】fáshù 动 缺少有效的办法 ▷应对～|回天～。

【乏味】fáwèi 形 没有趣味 ▷这篇小说真～。

伐 fá ❶ 动 本指用戈砍杀人；后来泛指砍(树木等) ▷乱砍滥～|采～。→ ❷ 动 征讨；攻击 ▷北～|讨～|口诛笔～。→ ❸ 名 〈文〉战功；功劳 ▷此五霸之～也。❹ 动 〈文〉自我夸耀 ▷矜功自～。☛ 统读 fá，不读 fā。

【伐木】fámù 动 砍伐树木 ▷严禁擅自～。

【伐区】fáqū 名 林业管理部门准许采伐的区域。

茷 fá 形 〈文〉形容草叶茂盛的样子。

罚(罸 *罰) fá 动 惩处犯规或犯罪行为 ▷酒后驾车应该受～|赏～分明|惩～。☛ 右下是"刂"，不是"寸"。

【罚不当罪】fábùdāngzuì 给予的处罚跟所犯的罪行不相当，多指处罚过重。☛"当"这里不读 dàng。

【罚不责众】fábùzézhòng 对某些行为本应惩处，但因有此行为的人多而不便惩处。☛ ㊀"责"不要误写作"择"。㊁跟"法不责众"不同。

【罚单】fádān 名 处罚通知单 ▷罚款应出具～|篮协给他开了禁赛一年的～。

【罚金】fájīn ❶ 动 指人民法院依据刑法判处犯

罪分子或犯罪单位在一定期限内向国家缴纳一定数额的金钱。是我国刑法规定的附加刑之一，也可以独立使用。❷ 名 被处罚金时缴纳的钱。

【罚酒】 fájiǔ ❶ 动 酒宴上让违约的人喝酒 ▷～三杯。❷ 名 所罚的酒 ▷敬酒不吃吃～。

【罚款】 fákuǎn ❶ 动 指国家行政机关依法强制违反行政管理秩序的公民、法人或其他组织限期缴纳一定数额款项 ▷违规行车要～。❷ 名 被处罚款时缴纳的钱。

【罚没】 fámò 动 罚款并没收非法所得的财物 ▷执法机关～的钱物一律要上缴。

【罚球】 fáqiú 动 在篮球、足球等比赛中，一方队员犯规，由对方队员投篮、射门等以示处罚。

【罚一儆百】 fáyī-jǐngbǎi 惩一儆百。

【罚则】 fázé 名 有关处罚的规则。

垡 fá ❶ 动 犁地翻土 ▷耕～|～地。→ ❷ 名 耕地翻起来的土块 ▷打～|晒～。○ ❸用于地名。如：垡头，在北京；落(lào)垡，在河北。

阀[1]（閥） fá ❶ 名 指封建时代有功勋的世家及在社会上有地位的名门望族、官宦人家 ▷门～|名～。→ ❷ 名 在某方面具有垄断和支配势力的人物或集团 ▷财～|军～|学～。

阀[2]（閥） fá 名 英语 valve 音译。管道或机器中起调节、控制作用的装置 ▷水～|气～|安全～。也说阀门。☛ "阀"字统读 fá，不读 fā 或 fà。

【阀门】 fámén 名 阀[2]。

【阀阅】 fáyuè 名〈文〉功勋；借指有功勋的世家。

筏（*栰❶） fá ❶ 名 筏子 ▷竹～|羊皮～|～工。○ ❷ 名 姓。

【筏子】 fázi 名 用竹、木或羊皮囊等并排编扎成的水上交通工具。

fǎ

法[1]（*灋❶—❼ 㳒❶—❼） fǎ ❶ 名 国家制定的法律、法令等的总称 ▷奉公守～|宪～|婚姻～。→ ❷ 名 标准；模式；常理 ▷不足为～|～则|语～。⇒ ❸ 名 办法；方式 ▷这事没～办|方～。⇒ ❹ 动 仿效；学习(别人的优点) ▷效～|师～古人。→ ❺ 形 合法的；守法的(用在否定副词之后) ▷非～收入|不～分子。→ ❻ 名 指佛教的教义、规范；佛法 ▷现身说～|做～事。❼ 名 指僧道等画符念咒之类的手段。○ ❽ 名 姓。

法[2] fǎ ❶ 量 法拉的简称。○ ❷ 名 指法国。☛ "法"字统读 fǎ，不读 fā、fá 或 fà。

【法案】 fǎ'àn 名 提交国家立法机关审议的法律草案。法案一经通过，即成为法律。

【法办】 fǎbàn 动 依法惩办 ▷以受贿罪将其～。

【法宝】 fǎbǎo ❶ 名 佛教三宝(佛、法、僧)之一。指佛教的教义、教理；也指僧人的衣钵、锡杖等。❷ 名 神话中指能降服妖魔的宝物；比喻有特效的工具、方法或经验。

【法币】 fǎbì 名 国民党政府 1935 年 11 月 4 日开始发行的法定纸币。抗日战争时期和解放战争时期，法币急剧贬值。1948 年 8 月 19 日，国民党政府发行金圆券，代替已崩溃的法币。

【法不阿贵】 fǎbù'ēguì《韩非子·有度》："法不阿贵，绳不挠曲。"(阿：偏袒，迁就；绳不挠曲：墨线不会随着木料的弯曲而倾斜)后用"法不阿贵"表示法律要公平公正，不偏袒权贵。

【法不徇情】 fǎbùxùnqíng 法律不徇私情。指执法公正，不讲私人感情。

【法不责众】 fǎbùzézhòng 原指立法不是为了责罚多数人。现指对某些行为本应追究法律责任，但因有此行为的人多而不便追究。☛ ㊀"责"不要误写作"择"。㊁跟"罚不责众"不同。

【法场】 fǎchǎng ❶ 名 旧时执行死刑的场所。❷ 名 道场①。

【法槌】 fǎchuí 名 法官在法庭上警示诉讼人或中断诉讼程序、结束审判时用来敲击的槌子。

【法典】 fǎdiǎn 名 汇集而成的较为完备、系统的某一类法律文件的统称。如民法典、刑法典、商法典等。

【法定】 fǎdìng 区别 法律、法令规定的 ▷～程序。

【法定保险】 fǎdìng bǎoxiǎn 强制保险。

【法定代表人】 fǎdìng dàibiǎorén 依照法律或法人组织章程的规定，代表法人行使职权的负责人。如董事长、总经理、厂长、校长。☛ 参见本页"法定代理人"的提示。

【法定代理人】 fǎdìng dàilǐrén 由法律直接规定的代理人。主要指被代理人的监护人和负有保护责任的机关、团体的代表等。☛ 跟"法定代表人"不同。"法定代理人"代表公民个人；"法定代表人"代表法人组织。

【法定计量单位】 fǎdìng jìliàng dānwèi 由国家法令规定使用的计量单位。我国法定计量单位以国际单位制为基础，根据我国实际情况，适当增加了一些其他单位。参见 521 页"国际单位制"。

【法定继承】 fǎdìng jìchéng 按照法律规定的继承人的范围、继承顺序、遗产分配原则进行继承的法律制度。适用于被继承人生前未立遗嘱等情况。

【法定人数】 fǎdìng rénshù 法律或章程对召开会议、通过议案、进行选举等规定的必要人数。

【法度】 fǎdù ❶ 名 法律和制度 ▷遵守国家～。

❷ 名 行为的准则和规范 ▷讲究礼仪～。

【法官】fǎguān 名 各级法院中依法行使国家审判权的审判人员。我国现行法官等级制度设四等十二级：首席大法官（最高人民法院院长），大法官（分二级），高级法官（分四级），法官（分五级）。

【法规】fǎguī ❶ 名 低于宪法和法律、高于规章的一种法的形式。我国法规指国务院制定的行政法规和地方权力机关制定的地方性法规。❷ 名 法律、法令、条例、规则、章程等的总称。

【法号】fǎhào 名 当了和尚、尼姑后由师父另起的名字。如唐僧原名陈祎，法号玄奘。

【法会】fǎhuì 名 佛教为讲解佛法、供奉佛像等而举行的仪式和集会。

【法纪】fǎjì 名 法律和纪律 ▷严肃～。

【法家】fǎjiā 名 先秦时期的一个学派，崇尚法治，反对礼治。代表人物有商鞅、韩非等。

【法警】fǎjǐng 名 司法警察的简称。

【法拉】fǎlā 量 电容法定计量单位，1 个电容器充以 1 库仑电量产生 1 伏特电势差，电容为 1 法拉。为纪念英国物理学家法拉第而命名。简称法。

【法兰绒】fǎlánróng 名 用优质毛或棉毛混合织成、两面有绒的织物，适宜做春秋服装（法兰：英语 flannel 音译）。

【法郎】fǎláng ❶ 名 法国、比利时等国的旧本位货币。❷ 量 法国、比利时等国的旧本位货币单位。○ ❸ 名 瑞士的本位货币。❹ 量 瑞士本位货币单位。

【法老】fǎlǎo 名 希腊语 pharaoh 音译。古代埃及国王的称号。

【法理】fǎlǐ ❶ 名 法和道理 ▷～难容。❷ 名 法学理论。❸ 名 佛法的义理。

【法力】fǎlì 名 佛教指佛法的威力；泛指神奇的力量 ▷～无边｜略施～。

【法令】fǎlìng 名 国家行政机关颁布的带有规范性、法律性的文件。

【法律】fǎlǜ 名 拥有立法权的国家机关（我国为全国人民代表大会及其常务委员会）依照一定的立法程序制定的规范性文件。包括宪法、基本法律（如刑法、民法）及基本法律以外的普通法律（如劳动法、保险法）。

【法律援助】fǎlǜ yuánzhù 由国家设立专门机构，为经济困难或特殊案件的当事人减免费用提供法律服务的法律保障制度。很多国家实行该制度，我国从 20 世纪 90 年代中期开始实行。

【法律责任】fǎlǜ zérèn 由于违法而应承担的法律后果。按照性质和程度，一般分为刑事责任、民事责任和行政责任。

【法律制裁】fǎlǜ zhìcái 执法机关依法对违法者执行强制性惩罚措施，是国家保障法律实施的重要形式。一般分为刑事制裁、民事制裁和行政制裁。

【法螺】fǎluó ❶ 名 软体动物，外壳为螺旋状圆锥体，壁厚，长约三四十厘米。生活在海洋中。❷ 名 磨去法螺外壳尖顶制成的号角。古代多在航海船上吹奏；做佛事时也常用来吹奏。

【法盲】fǎmáng 名 没有法律知识、法制观念的人。

【法门】fǎmén ❶ 名 佛教指修行者入道的门径；也指佛门。❷ 名 泛指做事、治学的途径、方法 ▷学习的～就是循序渐进。

【法名】fǎmíng 名 法号。

【法袍】fǎpáo 名 法官在法庭审判中穿的表示身份的服装。我国法袍为黑色，胸前有竖红条。

【法器】fǎqì 名 佛教、道教举行宗教仪式时使用的器物，如钟、鼓、铙、钹、木鱼等。

【法权】fǎquán 名 法律赋予的权利 ▷自治权是一种自上而下授予的特定～。

【法人】fǎrén 名 法律上指具有民事权利能力和民事行为能力，依法独立享有民事权利和承担民事义务的组织。包括企业、事业单位、机关、社会团体等（跟"自然人"相区别）。代表法人行使职权的负责人，是法人的法定代表人。

【法人代表】fǎrén dàibiǎo 法人的法定代表人的通称。指依照法律规定，对外代表法人从事各种民事活动的人。法人代表必须是有完全行为能力的自然人，必须是所代表的法人组织的成员，必须依法产生并予以登记，必须在法人的业务范围内从事活动。参见 373 页"法定代表人"。

【法人股】fǎréngǔ 名 合法企业或具有法人资格的单位、团体等，用其依法可支配的资产向上市公司投资而得到的股份。

【法师】fǎshī ❶ 名 佛教指精通并善于讲解佛法，以及致力于修行传法的人。❷ 名 对僧人或道士的尊称。

【法式】fǎshì ❶ 名 标准的样式或规格 ▷传统建筑～。○ ❷ 区别 具有法国样式和特点的 ▷～建筑。

【法事】fǎshì 名 指和尚、道士等为超度亡魂等而举行的仪式。

【法书】fǎshū ❶ 名 法典一类的书籍。❷ 名 具有一定艺术成就的书法作品。❸ 名 敬词，称对方的书法作品。

【法术】fǎshù ❶ 名 法家学说中"法"（法律、法令）和"术"（权术、策略）的合称；泛指法家的学术。❷ 名 迷信指方士、巫师等所具有的驱除鬼怪邪祟的本领。

【法帖】fǎtiè 名 供人摹写的名家书法的拓本或印本。

【法庭】fǎtíng ❶ 名 法院审理诉讼案件的场所。❷ 名 法院内部的组成机构，包括刑事审判庭、民事审判庭、行政审判庭等。

【法统】fǎtǒng 名 宪法和法律的传统，是统治权力在法律上的根据。

【法网】fǎwǎng 名 像网一样严密的法律制度 ▷～恢恢，疏而不漏。

【法西斯】fǎxīsī 拉丁语 fasces 音译。❶ 名 原指中间插着一把斧头的一捆棍棒，古罗马官吏出巡时所执的权力标志，用来象征暴力和强权。1921 年意大利独裁者墨索里尼用来作为自己所建政党的党名和党徽。❷ 名 指法西斯主义 ▷～行径|～统治。

【法西斯主义】fǎxīsī zhǔyì 对内实行恐怖统治，对外实行武力侵略和民族压迫的独裁制度和思想体系。第一次世界大战后，意大利独裁者墨索里尼的法西斯党首先提出，第二次世界大战前和大战期间，德国和日本都曾推行法西斯主义。参见本页“法西斯”。

【法学】fǎxué 名 以法律为主要研究对象的学科。

【法眼】fǎyǎn 名 佛教指能照见一切法门的眼睛；泛指敏锐、深邃的洞察力 ▷即使是这么一个小差错，也难逃老先生的～。

【法衣】fǎyī 名 和尚、道士等举行法事时穿的衣服。

【法医】fǎyī 名 运用医学等科学知识，为案件的侦查和审理提供证据的专业人员。负责勘查现场，检验与案件有关的人体、物品等，提出分析和鉴定意见。

【法语】fǎyǔ 名 法兰西民族的语言。属印欧语系罗曼语族西罗曼语支。除法国外，还通行于比利时南部、加拿大魁北克省、瑞士部分地区、海地、卢森堡，以及非洲的一些国家。是联合国六种工作语言之一。

【法院】fǎyuàn 名 行使审判权的国家机关。我国设有最高人民法院、地方各级人民法院和军事法院等。

【法则】fǎzé 名 规律；规则 ▷市场～|运算～。

【法旨】fǎzhǐ ❶ 名 佛法的要旨 ▷弘扬～。❷ 名 指佛或神仙的意旨。

【法制】fǎzhì 名 指通过国家政权建立起来的法律制度，包括法律的制定、执行和遵守 ▷建立～社会。

【法治】fǎzhì ❶ 名 先秦时期法家的政治主张，主要内容是以法为准则，统治人民，处理国事（跟“人治”相对，②同）。❷ 动 指根据法律治理国家和社会，是政治文明的重要成果。

【法子】fǎzi 名 办法；方法 ▷这是个好～。☛ 口语中也读 fázi。

砝 fǎ［砝码］fǎmǎ ❶ 名 在天平或磅秤上称量物品时用来衡定物重的标准的金属块或金属片。❷ 名 借指分量、条件 ▷薪酬待遇是争夺人力资源的重要～。☛“砝”统读 fǎ，不读 fá。

fà

发（髮） fà 名 头发 ▷理～|染～|假～。☛ 不读 fǎ。

另见 368 页 fā。

【发辫】fàbiàn 名 把头发分成几股编成的辫子。

【发菜】fàcài 名 藻类植物，呈毛发状，黑绿色，多产在青海、甘肃等西北地区。属国家保护植物。也说头发菜、羊栖菜。

【发带】fàdài 名 用来扎头发的带子。

【发际】fàjì 名 头部皮肤生长头发的边缘部分。

【发髻】fàjì ❶ 名 头发绾成的结。❷ 名 把头发绾成结，盘在脑后或头顶两侧的发式。

【发夹】fàjiā 名 发卡。

【发胶】fàjiāo 名 用来固定发型的胶状化妆品。

【发蜡】fàlà 名 使头发润滑、有光泽的化妆品，用凡士林加香料等制成。

【发廊】fàláng 名 小型的理发、美发店。

【发露】fàlù 名 使头发滋润、芳香的液体化妆品。

【发妻】fàqī 名 结发（指刚成年）时娶的妻子，即第一次结婚娶的妻子。

【发卡】fàqiǎ 名 别头发的卡子。也说发夹。☛“卡”这里不读 kǎ。

【发乳】fàrǔ 名 使头发光泽柔软，容易梳理成型的乳状化妆品。

【发式】fàshì 名 发型。

【发饰】fàshì 名 头发上的装饰品 ▷民族～。

【发刷】fàshuā 名 梳理头发的刷子。

【发套】fàtào 名 套在头发上的套子。可防止头发散乱，也起装饰作用。

【发网】fàwǎng 名 罩住头发的网子。

【发屋】fàwū 名 发廊。

【发小儿】fàxiǎor〈口〉❶ 名 指童年时期 ▷我俩是老街坊，～就在一块儿玩儿。❷ 名 指从小就在一起玩耍的朋友 ▷我俩是～，谁不了解谁呀！

【发型】fàxíng 名 头发梳理成的样式。也说发式。

【发癣】fàxuǎn 名 白癣。

【发油】fàyóu 名 使头发湿润光泽的油质化妆品。

【发指】fàzhǐ 动《庄子·盗跖》：“盗跖闻之大怒，目如明星，发上指冠。”后多用“发指”形容愤怒至极，连头发都直立起来 ▷恐怖行为令人～。

珐（*琺） fà 见下。☛ 不读 fǎ。

【珐琅】fàláng 名 一种像釉子的玻璃质材料。用某些矿物原料烧制而成，涂在金属器物上有防锈和装饰作用。证章、纪念章多为珐琅制品。景泰蓝是我国传统的珐琅制品。

F

【珐琅质】fàlángzhì 名 釉质。

fa

哦 fa 助 某些地区用于表示疑问语气,相当于“吗” ▷晓得～。

fān

帆(*帆颿) fān ❶ 名 挂在船的桅杆上,以借助风力推动船行进的布篷 ▷一～风顺|扬～|～船。→ ❷ 名〈文〉指船 ▷沉舟侧畔千～过|征～。☛ 统读 fān,不读 fán。

【帆板】fānbǎn ❶ 名 水上运动器械,由风帆和长板两部分组成。❷ 名 指以帆板为器械的水上体育运动项目。

【帆布】fānbù 名 用棉、麻等多股线织成的粗厚结实的布。最早专用来做帆,后多用来做旅行包、行军床、帐篷等 ▷～包|～箱子。

【帆船】fānchuán 名 利用风帆来借助风力的推动而行驶的船。

番[1] fān 名 旧指外国或外族 ▷～邦|～茄。

番[2] fān ❶ 动 轮换;更替 ▷轮～|更～。→ ❷ 量 a)用于动作的遍数,相当于“回”“次” ▷重新解释一～|三～五次。b)用于事物的种类,相当于“种” ▷别有一～滋味|这～情景使人难忘。☛“番”字上边是“米”上加撇,不是“采(cǎi)”。由“番”构成的字有“翻”“播”等。

另见 1024 页 pān。

【番邦】fānbāng 名 古代指外国或外族。

【番瓜】fānguā 名 某些地区指南瓜。

【番号】fānhào 名 军事单位的数字代号。

【番茄】fānqié 名 一年生草本植物,花黄色,果实球形,红或黄色。果实也叫番茄,是普通蔬菜。原产南美洲。通称西红柿。参见插图 9 页。

【番石榴】fānshíliu 名 常绿小乔木或灌木,叶对生,长椭圆形或椭圆形,夏季开白色花。浆果也叫番石榴,可食用。

【番薯】fānshǔ 名 某些地区指甘薯。

蕃 fān 古同“番[1]”。

另见 100 页 bō;379 页 fán。

幡 fān ❶ 名 一种狭长的、垂直悬挂的旗子 ▷～杆。→ ❷ 名 旧指引魂幡,出殡时孝子手持的狭长像幡的东西 ▷打～儿。

【幡然】fānrán 副 表示迅速而彻底地(改变) ▷～改悔|～醒悟。

【幡然悔悟】fānrán-huǐwù 形容很快认识到错误而彻底悔悟。

藩 fān ❶ 名 篱笆 ▷～篱。→ ❷ 名〈文〉起护卫作用的屏障 ▷～屏。❸ 名 古代称属国、属地 ▷～国|～镇。○ ❹ 名 姓。☛ 统读 fān,不读 fán。

【藩篱】fānlí ❶ 名 篱笆。❷ 名 比喻障碍或起束缚作用的界限 ▷冲破旧观念的～。

【藩屏】fānpíng ❶ 名 屏藩①。❷ 动 屏藩②。

【藩属】fānshǔ 名 古代指王朝的属国或属地。

【藩镇】fānzhèn 名 唐代中期在边疆和重镇设置节度使,掌管军政大权。后来权力逐渐扩大,形成与中央对抗的地方割据势力,史称“藩镇”。

翻(*繙❸飜) fān ❶ 动 上下或里外位置颠倒或改变;歪倒 ▷裤子口袋最好～过来晾|汽车～到山涧里了。→ ❷ 动 变换 ▷花样～新。⇒ ❸ 动 翻译 ▷把英语～成汉语。⇒ ❹ 动 翻脸 ▷俩人吵～了|把他惹～儿了。→ ❺ 动 把原有的推翻 ▷～案|～供。→ ❻ 动 成倍增加 ▷产量～了两番。→ ❼ 动 越过 ▷～过两座山。

【翻案】fān'àn 动 推翻原定的判决;泛指推翻原来的处分、结论、评价等 ▷原来的判决是错误的,应该～|为曹操～。

【翻白眼】fānbáiyǎn 黑眼珠偏斜,露出较多眼白。是晕厥或临死时的一种生理现象;也是不满或蔑视时的神态。

【翻版】fānbǎn ❶ 名 照原样翻印的版本。❷ 名 比喻生硬模仿或照抄照搬而形成的观点或作品等 ▷他的“新作”不过是前人著作的～。

【翻本】fānběn 动 赌博时把输掉的钱赢回来;也指把亏欠的本钱赚回来 ▷本想～,结果又输得个精光|全指望这趟买卖～了。

【翻查】fānchá 动 翻动查找 ▷～词典|～行李。

【翻场】fāncháng 动 翻动晒在场上的农作物,使快干。

【翻唱】fānchàng 动 根据自己的风格重新演唱已经发表并由他人演唱过的歌曲 ▷这首电视剧插曲已由多人～|～老歌。

【翻车】fānchē ❶ 动 车辆翻倒。❷ 动 比喻中途遭到意外的挫折或失败 ▷没想到半路～,竟败在弱队手下。

【翻沉】fānchén 动(船只)翻覆沉没。

【翻船】fānchuán ❶ 动 船只翻覆。❷ 动 比喻办事中途失败。

【翻地】fāndì 动 用农具将耕地的土壤翻松。

【翻动】fāndòng 动 使原来的位置颠倒或变化 ▷谁～我桌上的书了?

【翻斗】fāndǒu 名 能翻转卸物的斗形车厢。

【翻番】fānfān 动 数量成倍增长。如2,翻一番为4,翻两番为8。

【翻飞】fānfēi ❶ 动 忽而向上忽而向下来回地飞 ▷群鸥在航船周围～|燕子～。❷ 动 由上向下翻动或飘动 ▷秋叶～,飘落一地。

【翻覆】fānfù ❶ 动 上下或内外位置颠倒 ▷渡船因超载而～。❷ 动 从根本上改变;彻底变化 ▷乾坤～。☛"覆"不要误写作"复"。

【翻改】fāngǎi 动 把旧衣服拆开改做 ▷把爸爸的西服～成小弟的外套。

【翻盖】fāngài 动 拆除旧建筑物,在原地重建。

【翻个儿】fāngèr 动 翻过来,使底面朝上或里面朝外 ▷烙饼该～了。

【翻跟头】fāngēntou 身体向前或向后翻转一周或数周,然后恢复原状。也说翻筋斗。

【翻耕】fāngēng 动 把农田里上面的土翻下去,下面的土翻上来。

【翻供】fāngòng 动 推翻原来的供词 ▷证据确凿,别想～。

【翻滚】fāngǔn 动 翻腾;滚动 ▷火场上空浓烟～|波浪～◇心潮～。

【翻悔】fānhuǐ 动 反悔。

【翻检】fānjiǎn 动 翻阅查找 ▷～文献。

【翻建】fānjiàn 动 翻盖。

【翻江倒海】fānjiāng-dǎohǎi 形容水势浩大,波浪翻滚;也形容力量或声势非常强大。

【翻浆】fānjiāng 动 地面或路面开裂,渗出水和泥浆 ▷道路～,交通受阻。

【翻搅】fānjiǎo 动 翻动或搅动 ▷胃里一阵～。

【翻旧账】fānjiùzhàng 比喻重提或追究过去不愉快的事。也说翻老账。☛不要写作"翻旧帐"。

【翻卷】fānjuǎn 动 上下或内外翻转滚动 ▷乌云～。

【翻刻】fānkè ❶ 动 按原有版本重新刻板(印刷) ▷～古籍。❷ 动 把原有光盘上的内容刻制到另一张光盘上。

【翻来覆去】fānlái-fùqù ❶躺着来回翻动身体 ▷兴奋得～睡不着。❷反复多次 ▷～地解释。☛不宜写作"翻来复去"。

【翻脸】fānliǎn 动 态度突然变得不好 ▷～不认人|他对谁都没翻过脸。

【翻领】fānlǐng 名 向外翻转的衣领。

【翻录】fānlù 动 把原有磁带或光盘上的音像转录到另一磁带或光盘上去。

【翻毛】fānmáo ❶ 动 皮子的毛往外翻 ▷～皮靴。❷ 名 往外翻的毛 ▷轻轻一刷,～便蓬松起来。

【翻弄】fānnòng 动 翻动摆弄 ▷～旧照片。

【翻拍】fānpāi 动 用拍摄的方法复制图片、书画等 ▷照片可以～。

【翻牌】fānpái 动 比喻只是改头换面或改换名称 ▷～公司。

【翻盘】fānpán 动 指根本改变局面 ▷红队连续两场大比分领先却被蓝队～。

【翻篇】fānpiān 动〈口〉把书刊的某页翻过去;比喻某事已经过去;也比喻对已经过去的某事不再理会或不再计较 ▷所获荣誉已经～,现在要从头开始|这场误会就算～儿了,咱们都不要再提它了。

【翻然】fānrán 现在一般写作"幡然"。

【翻然悔悟】fānrán-huǐwù 现在一般写作"幡然悔悟"。

【翻砂】fānshā ❶ 动 铸造。❷ 名 铸工①。

【翻晒】fānshài 动 翻动晾晒着的物品使加速干燥 ▷～小麦。

【翻山越岭】fānshān-yuèlǐng 翻越一道又一道山岭。多形容行进途中的艰辛。

【翻身】fānshēn ❶ 动 转动身体 ▷躺在床上不停地～|～下马。❷ 动 比喻从被压迫的苦难中解放出来 ▷～做主人。❸ 动 比喻从根本上改变落后面貌或不利局面 ▷～仗。

【翻身仗】fānshēnzhàng 名 比喻改变落后状态或困难局面的行动 ▷该厂今年打了个～,实现扭亏为盈。

【翻升】fānshēng 动 成倍地增长 ▷销售额连年～。

【翻腾】fānténg ❶ 动 剧烈翻滚 ▷波浪～◇往事在脑海里～。❷ 动 翻弄 ▷在箱子里～半天也没找到。

【翻天】fāntiān ❶ 动 把天掀翻,指行动非常激烈或影响非常大 ▷闹～了|近来这些话题热～了。❷ 动 比喻造反 ▷不许坏人～。

【翻天覆地】fāntiān-fùdì 天和地都翻转过来。形容变化巨大而彻底;也形容闹得特别凶。也说地覆天翻、天翻地覆。☛"覆"不要误写作"复"。

【翻胃】fānwèi 动 反胃。

【翻箱倒柜】fānxiāng-dǎoguì 把箱子、柜子里的东西都翻倒出来。形容彻底翻动查找。

【翻新】fānxīn ❶ 动 改造旧的衣服、房子等使成为新的 ▷这几间老房一～,气派多了。❷ 动 在原来的基础上不断变换形式,力求出新 ▷花样～|唱腔～。

【翻修】fānxiū 动 把旧的房屋、道路等的破损处拆除后按原样重新修建 ▷～校舍。

【翻译】fānyì ❶ 动 把一种语言文字所表达的意义转换成另一种语言文字表达出来;也指民族共同语与方言、方言与方言、古代语与现代语之间的转换 ▷～英文资料|把上海话～

成普通话。❷ 动 语言文字与相应的数码符号之间相互转换 ▷～电报。❸ 名 指从事翻译工作的人 ▷聘请～。

【翻印】fānyìn 动 照原样重印 ▷本栏图片未经许可不准～。

【翻涌】fānyǒng 动 翻腾涌动 ▷波浪～◇心潮～。

【翻阅】fānyuè 动 较快地翻看(书报等) ▷在车上随便～了一下晚报。

【翻越】fānyuè 动 翻过;越过 ▷～雪山。

【翻云覆雨】fānyún-fùyǔ 唐·杜甫《贫交行》:"翻手作云覆手雨,纷纷轻薄何须数。"后用"翻云覆雨"比喻反复无常或玩弄权术。也说翻手为云,覆手为雨。☛"覆"不要误写作"复"。

【翻造】fānzào ❶ 动 翻盖 ▷平房～成大厦。❷ 动 翻新仿造 ▷这表壳是～的。

【翻转】fānzhuǎn 动 翻滚转动;变换方向或位置 ▷腾空～|把盆子～过来扣住。

F

fán

凡¹(*凢) fán ❶ 名 概要;大概 ▷发～|～例|大～。→ ❷ 副 总共 ▷全书～三十五卷。❸ 副 表示总括一定范围内的全部 ▷～考试不及格者不能毕业|～属重大问题,都要集体讨论决定。→ ❹ 形 平常;平庸 ▷平～|非～。❺ 名 人世间;尘世 ▷仙女下～|思～。〇 ❻ 名 姓。

凡²(*凢) fán 名 我国民族音乐中传统的记音符号,表示音阶中的一级,相当于简谱的"4"。☛"凡"跟"卂(xùn)"不同。由"凡"构成的字有"帆""矾""巩""梵"等;由"卂"构成的字有"讯""汛""迅"等。

【凡尘】fánchén 名 佛教、道教指人世间;世俗 ▷超脱～。

【凡尔丁】fán'ěrdīng 名 英语 valetin 音译。一种薄而挺括的单色平纹毛织品。

【凡夫俗子】fánfū-súzǐ 佛教指未入佛门的俗人;现在泛指平常人。

【凡间】fánjiān 名 人世间。

【凡例】fánlì 名 书籍正文前面说明全书编写体例的文字。

【凡人】fánrén ❶ 名 平常的人 ▷～小事。❷ 名 指尘世间的人。

【凡士林】fánshìlín 名 英语 vaseline 音译。石蜡和重油的混合物,油膏状,半透明,淡黄色(提纯后呈白色)。可用来制作药膏、防锈剂、润滑剂和化妆品。

【凡是】fánshì 副 凡¹③ ▷～应该做的,都要努力去做。

【凡俗】fánsú 形 平凡;平庸 ▷～之辈。

【凡响】fánxiǎng 名 平凡的音乐;泛指平凡的事物 ▷不同～。

【凡心】fánxīn 名 指出家人对凡间生活的留恋向往之心。

【凡庸】fányōng 形 平庸 ▷医术～。

氾 fán 名 姓。☛"氾"读 fán 时,用作姓氏;读 fàn 时,是"泛"的异体字。

另见 385 页 fàn"泛"。

矾(礬) fán 名 某些金属硫酸盐的含水结晶。有白、青、黄、黑、绛等颜色,如明矾、绿矾、蓝矾等。最常见的是明矾,用于制革、造纸、印染等工业。

【矾土】fántǔ 名 氧化铝矿石的一种。白色粉末,不溶于水,是炼铝的主要原料。

钒(釩) fán 名 金属元素,符号 V。银白色,耐腐蚀,质硬。主要用于制造合金钢,也用于原子能工业。

烦(煩) fán ❶ 形 烦躁;心情不畅快 ▷心里～得慌|心～意乱|～闷。→ ❷ 形 厌烦 ▷这一套我早听～了|不耐～|腻～。❸ 动 使厌烦 ▷你别再～我了。❹ 动 客套话,表示请托,有麻烦对方的意思 ▷有一事相～|～请。〇 ❺ 形 多而杂乱 ▷要言不～。

【烦愁】fánchóu 形 烦闷忧愁 ▷家里那些不顺心的事情使他很～。

【烦苛】fánkē 〈文〉❶ 形 繁杂苛刻 ▷除～之弊,开方便之门。❷ 名 烦苛的事物 ▷简除～。

【烦劳】fánláo 动 敬词,表示请托,有劳对方 ▷～您捎个口信儿。

【烦乱】fánluàn 形 心绪烦躁杂乱 ▷这两天他～得很,动不动就发火。

【烦闷】fánmèn 形 烦躁;心情不舒畅 ▷录取通知书总不来,他～极了。

【烦难】fánnán 形 (事情)麻烦难办 ▷感到～。

【烦恼】fánnǎo 形 烦闷懊恼 ▷家庭纠纷使她很～。

【烦请】fánqǐng 动 敬词,表示向对方提出请求 ▷～您把信转交王先生。

【烦扰】fánrǎo ❶ 动 打搅;干扰 ▷别去～他了。❷ 形 因受搅扰而产生的烦恼 ▷徒增～。

【烦人】fánrén 形 使人烦恼的 ▷失眠真～。

【烦神】fánshén 动 费神。

【烦琐】fánsuǒ 现在一般写作"繁琐"。

【烦琐哲学】fánsuǒ zhéxué ❶ 经院哲学。❷ 泛指脱离实际,只罗列表面现象,搞繁琐论证的思想方法和工作作风。

【烦嚣】fánxiāo 形 声音嘈杂扰人 ▷～之声不绝于耳。

【烦心】fánxīn ❶ 形 让人心烦的 ▷一说起这些～的事，他就十分恼火。❷ 动 费心；操心 ▷孩子老惹事，让人～。

【烦言】fányán ❶ 名〈文〉气愤的话；不满的话 ▷啧有～。❷ 见本页"繁言"。现在一般写作"繁言"。

【烦忧】fányōu 形〈文〉烦闷忧愁 ▷一筹莫展，令人～。

【烦躁】fánzào 形 烦恼急躁 ▷～不安。☛ 不宜写作"烦燥"。

墦 fán 名〈文〉坟墓。

蕃 fán〈文〉❶ 形 茂盛；兴旺 ▷草木～盛。→ ❷ 动 孳生；繁殖 ▷～滋（繁衍滋长）。另见 100 页 bō；376 页 fān。

樊 fán ❶ 名〈文〉篱笆 ▷～篱。〇 ❷ 名 姓。

【樊篱】fánlí 名 篱笆；比喻束缚和限制人们思想、行为的东西 ▷冲破陈旧观念的～。

【樊笼】fánlóng 名 关鸟兽的笼子；比喻失去自由的境地 ▷冲出～。

璠 fán［璠玙］fányú 名〈文〉一种宝玉；比喻美德贤才 ▷不须雕琢是～｜一门诗友尽～。也说玙璠。

薠 fán 名 古书上的草名。有青、白二种，青薠多生长在平地，白薠多生长在水边。

燔 fán〈文〉❶ 动 烧 ▷～书。→ ❷ 动 烧炙；烤 ▷～肉。

镭（鐇） fán〈文〉❶ 名 一种类似于铲子的工具。→ ❷ 动 用镭铲除 ▷～镬株林。

繁（*緐） fán ❶ 形 多；多种的 ▷～多｜纷～｜频～。→ ❷ 形 茂盛；兴旺 ▷枝～叶茂｜～华｜～荣。→ ❸ 动 繁殖；逐渐增多 ▷～育｜～衍。→ ❹ 形 复杂（跟"简"相对）▷删～就简｜～难｜～体字。

另见 1060 页 pó。

【繁本】fánběn 名 指一部著作的多种版本中，内容多而全的版本。

【繁多】fánduō 形 种类多；数量大 ▷花样～。

【繁复】fánfù 形 多而复杂；多而重复 ▷程序～。

【繁花似锦】fánhuā-sìjǐn 多种多样的鲜花盛开，色彩绚丽，像锦绣一样。

【繁华】fánhuá 形（城镇、街市）热闹兴旺 ▷～的南京路。☛ 跟"繁荣"不同。"繁华"指人气旺盛，商业发达，意义较具体；"繁荣"多指某项事业蒸蒸日上，意义较抽象。

【繁苛】fánkē 现在一般写作"烦苛"。

【繁丽】fánlì 形（辞藻、色彩等）丰富华丽 ▷他的作品不讲究文字～，着意于整体效果。

【繁乱】fánluàn 形（事务）繁杂混乱 ▷头绪～。

【繁忙】fánmáng 形 事情多，没有空闲 ▷农事～｜～的景象。

【繁茂】fánmào 形（草木）繁密茂盛。

【繁密】fánmì 形 多而稠密 ▷枝叶～。

【繁难】fánnán 形 复杂而困难 ▷～的工作。

【繁闹】fánnào 形 繁华热闹 ▷～的早市。

【繁荣】fánróng ❶ 形 兴旺昌盛，蓬勃发展 ▷城乡～｜一派～景象。❷ 动 使繁荣 ▷～市场。☛ 参见本页"繁华"的提示。

【繁荣昌盛】fánróng-chāngshèng 形容（国家或事业）欣欣向荣，兴旺发达。

【繁冗】fánrǒng〈文〉❶ 形（事务）又多又杂 ▷公务～。❷ 形（文章、讲话等）繁杂冗长。☛ 不宜写作"烦冗"。

【繁缛】fánrù 形〈文〉多而琐细 ▷条款～。☛ "缛"不读 rǔ。

【繁盛】fánshèng ❶ 形 繁荣兴盛 ▷～的港口。❷ 形 繁茂 ▷花木～。

【繁琐】fánsuǒ 形 繁多而琐碎 ▷手续～。

【繁体】fántǐ ❶ 名 已被简化字替代了的笔画较多的汉字形体（跟"简体"相区别）▷～字。❷ 名 指繁体字。

【繁体字】fántǐzì 名 已经被简化字代替的笔画较多的汉字。如"塵"是"尘"的繁体字。

【繁文缛节】fánwén-rùjié 繁琐多余的仪式、礼节；泛指繁琐多余的手续。也说繁文缛礼。☛ "缛"不读 rǔ。

【繁芜】fánwú ❶ 形〈文〉（内容、文字）繁多杂乱 ▷语言～。❷ 名 借指繁多杂乱的文字 ▷删削～，去粗存精。

【繁细】fánxì 形 繁杂细碎 ▷条目～。

【繁星】fánxīng 名 多而密的星星 ▷～闪烁。

【繁言】fányán 名〈文〉繁琐啰唆的话 ▷～冗赘。

【繁衍】fányǎn 动 繁殖孳生 ▷～后代｜～孳乳。☛ 不要写作"蕃衍"。

【繁育】fányù 动 繁殖培育 ▷～大熊猫。

【繁杂】fánzá 形 繁多杂乱 ▷内容～｜～的后勤工作。☛ 不宜写作"烦杂"。

【繁殖】fánzhí 动 生殖，孳生 ▷人工～｜～良种。

【繁重】fánzhòng 形 又多又重 ▷任务～｜～的课业负担。☛ 跟"沉重"不同。"繁重"含有头绪繁多，事务纷乱的意思；"沉重"含有程度深或思想负担重的意思。

鷭（鷭） fán 名 古代指骨顶鸡。

蹯 fán 名〈文〉兽类的脚掌 ▷熊～（熊掌）。

蘩 fán 名〈文〉白蒿,一年或二年生草本植物,嫩苗可以食用。

fǎn

反 fǎn ❶ 动 翻转;掉转 ▷易如～掌|～守为攻。→ ❷ 形 翻转的;颠倒的;方向相背的(跟"正"相对) ▷袜子穿～了|～锁|～话。❸ 副 表示跟上文意思相反或出乎预料,相当于"反而""反倒" ▷此计不成,～被他人耻笑。→ ❹ 动 回;掉转头向反方向(行动) ▷义无～顾|～攻|～问。→ ❺ 动 对抗;反对 ▷官逼民～|造～|～腐肃贪。❻ 名 指反革命 ▷肃～|镇～。→ ❼ 动 违背 ▷违～|～常。→ ❽ 动 类推 ▷举一～三。→ ❾ 动 指反切。如"栋,多贡反"。

【反霸】 fǎnbà ❶ 动 指反对恶霸;特指土地改革时期向恶霸地主进行斗争。❷ 动 指反对霸权主义。

【反败为胜】 fǎnbàiwéishèng 把败局转变为胜局。

【反绑】 fǎnbǎng 动 把双手绑在背后 ▷～着手。

【反比】 fǎnbǐ ❶ 名 两个有关联的事物或一个事物相关联的两个方面,一方发生变化,另一方也随之在相反方向上发生变化(跟"正比"相区别)。如一本书的印数越大成本越低,印数越小成本越高,印数跟成本成反比。❷ 名 反比例。

【反比例】 fǎnbǐlì 名 数学上指 a、b 两个量,a 增加到原来的若干倍,b 就缩小到原来的若干分之一,反之亦然。这种变化关系就叫反比例。也说反比。

【反驳】 fǎnbó 动 提出自己的理由否定对方的意见 ▷他的话谁也找不出理由～。☛ 跟"驳斥"不同。"反驳"侧重于否定对方;"驳斥"侧重于否定对方的同时加以斥责。

【反哺】 fǎnbǔ 动 传说小乌鸦长大后,衔食喂养老乌鸦。比喻报答父母养育之恩或回报曾有益于自己成长壮大的事物等 ▷～报亲|工业～农业|不少人选择回乡创业～家乡。

【反差】 fǎnchā 名 指事物的相反性状在对比中显现出来的差异 ▷这两个角色～很大|加大照明～,以增强立体感。

【反常】 fǎncháng 形 形容跟正常情况不同 ▷气候～|他刚才的表情太～。

【反超】 fǎnchāo 动 由落后转为领先 ▷乙队最终以 3∶2～。

【反衬】 fǎnchèn ❶ 动 用相反的人或事物来衬托 ▷贪污腐化的可耻,～出廉洁奉公的高尚。❷ 名 用作反衬的人或事物 ▷他为了突出自己,故意拿我作个～。

【反冲力】 fǎnchōnglì 名 与冲力方向相反的力。

【反刍】 fǎnchú ❶ 动 牛、羊等偶蹄类动物把经过粗嚼吞下的食物再反回嘴里细嚼再咽下。❷ 动 比喻反复、详细地回想 ▷～生活的点点滴滴|学知识需要一个～的过程。

【反串】 fǎnchuàn 动 指戏曲演员临时扮演本行当以外的角色 ▷青衣～小生。

【反唇相讥】 fǎnchún-xiāngjī 原作"反唇相稽"。汉·贾谊《陈政事疏》:"妇姑不相说,则反唇而相稽。"(说:同"悦";稽:计较)后讹变为"反唇相讥",指受到指责不服气,反过来指责或讽刺对方。

【反倒】 fǎndào 副 反而。

【反调】 fǎndiào 名 相反的或反对的意见 ▷唱～。

【反动】 fǎndòng ❶ 形 逆历史潮流而动的;反对革命、反对进步的 ▷思想～|～派。❷ 名 相反的作用 ▷自由主义是对集体意志的～。

【反动派】 fǎndòngpài 名 反对社会革命和进步的政治派别或其成员。

【反对】 fǎnduì 动 持相反的态度;不赞成 ▷～种族歧视。

【反对党】 fǎnduìdǎng 名 通常指两党制或多党制国家中与执政党对立的政党。在有些国家,在野党就是反对党。

【反厄尔尼诺现象】 fǎn'è'ěrnínuò xiànxiàng 拉尼娜现象。

【反而】 fǎn'ér 副 表示跟上文意思相反或出乎预料,在句中起转折作用 ▷退休后～更忙了。

【反方】 fǎnfāng 名 指在辩论中对论题持反对或否定意见的一方(跟"正方"相对)。

【反腐】 fǎnfǔ 动 反对腐败,惩治腐败行为 ▷～倡廉|～惩恶。

【反复】 fǎnfù ❶ 动 (主意、天气等)变化不定 ▷决定了的事,决不～|这段时间天气忽冷忽热,总～。❷ 副 表示多次重复同一个动作行为 ▷～修改|～实验。❸ 动 再次出现(多用于不好的情况) ▷病情有～。☛ 不宜写作"反覆"。

【反复无常】 fǎnfù-wúcháng 忽而这样,忽而那样,变化不定。

【反感】 fǎngǎn ❶ 动 不满;厌恶 ▷对形式主义的作风他很～|十分～这种应酬。❷ 名 不满或厌恶的情绪 ▷激起了大家的～。

【反戈】 fǎngē 动 掉转兵器(攻击自己原来从属的一方) ▷临阵～。

【反戈一击】 fǎngē-yījī 掉转兵器,攻击自己原来从属的一方。泛指脱离自己原属的一方而加入原来反对的一方。

【反革命】 fǎngémìng ❶ 区别 与革命对立、从事破坏革命活动的 ▷～分子。❷ 名 从事反革命活动的人。

【反攻】fǎngōng 动 防御的一方转而主动进攻 ▷要防备敌人～。

【反攻倒算】fǎngōng-dàosuàn 指新民主主义革命时期，被打倒的地主阶级夺回被革命政权分给农民的土地、财产，杀害干部和群众。

【反躬自问】fǎngōng-zìwèn 反过来问问自己如何(反躬:反过身来)。意思是检查自己的思想或言行。

【反骨】fǎngǔ 名 相术上指预示将来要反叛的骨相，是一种迷信说法；现也用来借指某人怀有二心的迹象。

【反顾】fǎngù ❶ 动 回头看 ▷～往昔，无限感慨。❷ 动 犹疑；反悔 ▷义无～。

【反观】fǎnguān 动 反过来看；从相反的角度来观察 ▷批评别人时要注意～自身。

【反光】fǎnguāng ❶ 动 使光线反射 ▷镜子能～。❷ 名 反射的光线 ▷玻璃镜的～。

【反光灯】fǎnguāngdēng 名 利用反光镜集中强烈的光线并照射出去的灯。

【反光镜】fǎnguāngjìng ❶ 名 专门用来反射光线的镜子。如车灯、手电筒等里面的凹面镜。❷ 名 指能反映观察者视野以外景物的平面镜或凸面镜。如汽车驾驶室两侧安装的凸面镜。

【反黑】fǎnhēi ❶ 动 反对、打击具有黑社会性质的犯罪团伙 ▷～扫黄。❷ 动 反对、打击黑哨行为 ▷足坛～。

【反话】fǎnhuà 名 故意说的跟本意相反的话 ▷他没听出我说的是～。也说反语。

【反悔】fǎnhuǐ 动 对以前约定或允诺的事中途后悔而改变主意 ▷说话要算数，不要～。

【反击】fǎnjī 动 回击 ▷自卫～。

【反季节】fǎnjìjié 区别 不合当时季节的 ▷～蔬菜。也说反季。

【反剪】fǎnjiǎn ❶ 动 双手交叉地捆在背后 ▷奸细被～双手，推了出去。❷ 动 双手交叉地放在背后 ▷～着双手在花园里散步。

【反间】fǎnjiàn 动 原指利用敌人的间谍给敌人传递假情报；后多指用计策离间敌人，使起内讧 ▷严防敌人的～活动｜～计。☛“间”这里不读 jiān。

【反间计】fǎnjiànjì 名 旨在离间敌人、使敌人内部不和的计谋。☛“间”这里不读 jiān。

【反诘】fǎnjié 动 反问。

【反抗】fǎnkàng 动 (向施压的一方)进行抵抗 ▷压迫愈深，～愈烈。

【反客为主】fǎnkè-wéizhǔ 客人反过来成为主人；比喻变被动为主动，变次要的为主要的。

【反恐】fǎnkǒng 动 指反对和打击恐怖主义势力和恐怖主义活动。

【反口】fǎnkǒu 动 否定自己原来说过的话 ▷不讲信用，刚说过的话就～。

【反馈】fǎnkuì ❶ 动 电子学上指把输出电路中的部分能量送回输入电路中，以增强或减弱输入信号的效应。起增强作用的反馈叫正反馈，起减弱作用的反馈叫负反馈。❷ 动 医学上指生理、病理效应反过来影响引起这种效应的原因。起增强作用的叫正反馈，起减弱作用的叫负反馈。❸ 动 (信息、意见等)返回 ▷信息～｜读者～｜把消费者的意见～给生产厂家。

【反面】fǎnmiàn ❶ 名 物体上跟正面相反的一面(跟“正面”相对，③同) ▷不要把邮票贴在信封的～。❷ 名 事情、问题等的另一面(跟“正面”相区别) ▷这件事从～看也有积极的意义。❸ 名 坏的、消极的一面 ▷防止评优走向～｜～教材。

【反面人物】fǎnmiàn rénwù 文艺作品中代表邪恶或落后的、被否定或贬斥的人物形象；泛指在评论中被否定或贬斥的人(跟“正面人物”相区别)。也说反派。

【反目】fǎnmù 动 翻脸；由和睦变为不和睦 ▷夫妻～｜兄弟～。

【反目成仇】fǎnmù-chéngchóu 翻脸成为仇人 ▷何必为这么点儿小事～呢？

【反逆】fǎnnì ❶ 动 颠倒；不正常 ▷气血～｜秩序～，亟待整饬。❷ 动 反叛 ▷图谋～。

【反扒】fǎnpá 动 同扒窃行为作斗争；捉拿扒手。

【反派】fǎnpài 名 反面人物 ▷～角色。

【反叛】fǎnpàn 动 背叛；背离 ▷～旧传统。

【反批评】fǎnpīpíng 动 反驳别人针对自己的批评，由此进一步阐述自己的观点(多用于学术争鸣) ▷学术问题上要允许～。

【反扑】fǎnpū 动 被打退的人或兽又扑过来 ▷防备敌人～。

【反璞归真】fǎnpú-guīzhēn 现在一般写作“返璞归真”。

【反其道而行之】fǎn qí dào ér xíng zhī 使用跟对方相反的办法行事。

【反潜】fǎnqián 动 对敌方潜艇主动进行搜索和攻击 ▷～战｜～机。

【反切】fǎnqiè 动 我国传统的注音方法，用两个字的音拼合出另一个字的音，上字取声母，下字取韵母和声调。如用“多贡”反切，即取“多”的声母 d，“贡”的韵母和声调 òng，就能拼合成“栋”的读音 dòng。也说切或反。

【反倾销】fǎnqīngxiāo 动 进口国对出口国的倾销商品除征收一般进口税外，再增收附加税，使其不能廉价销售，以保护本国产业和生产者利益。

【反求诸己】fǎnqiúzhūjǐ 指反过来从自己身上寻找原因或对自己提出严格要求(求：追究；诸：

"之""于"的合音)。

【反射】fǎnshè ❶ 动 声波或光波等碰到跟原来媒质不同的媒质面而折回。如在山谷中声音碰到山体就会产生回声。❷ 动 有机体通过神经系统对外界刺激产生反应。如在强光刺激下猫的瞳孔就会缩小。

【反身】fǎnshēn 动 把身子转向相反的方向 ▷看见前面有人拦截,~就往回跑。

【反噬】fǎnshì 动〈文〉反咬 ▷盗窃者~他人为盗。

【反手】fǎnshǒu ❶ 动 翻转手掌。比喻事情极容易办 ▷~可得。❷ 动 手放到背后 ▷他~踱步,走来走去。❸ 名 乒乓球、羽毛球、网球等运动技术中指持球拍的那只手从相对一侧击球的姿势(跟"正手"相对)。如右手持拍,从身体左侧击球的姿势 ▷他正手、~都能拉弧圈球。

【反水】fǎnshuǐ 动 某些地区指叛变。

【反思】fǎnsī 动 对过去的事重新进行思考,从中吸取经验教训 ▷~过去。☛ 跟"反省"不同。"反思"侧重于对过去较重大事情的思考,目的是总结教训,开拓前进;"反省"侧重于检查自己的思想行为,目的是认识缺点与错误,弃旧图新。

【反诉】fǎnsù 动 在同一诉讼中,被告方就与本案有关的事实对原告方提起诉讼(跟"本诉"相对)。

【反锁】fǎnsuǒ 动 从外面把门锁上,里面的人打不开;从里面把门锁上,外面的人打不开 ▷他把门~了,我出不去|他把自己~在家里,谁也进不去。

【反贪】fǎntān 动 跟贪污行为作斗争 ▷政府不断加大~力度|~局。

【反弹】fǎntán ❶ 动 有弹性的物体受外力作用变形后恢复原状 ▷压紧的弹簧一松手就~回来。❷ 动 运动的物体遇到障碍物向相反的方向弹回 ▷足球射中门柱~了回来。❸ 动 比喻价格、行情下跌后又升上来 ▷股票价格暴跌后开始~。❹ 动 比喻事物改变原有状况后又回到原先状况;也比喻心理上对某种事物抵触 ▷严防不正之风~|对于随意安排加班,员工们情绪上~强烈。

【反坦克炮】fǎntǎnkèpào 名 用于摧毁坦克和装甲车的火炮。炮身矮,炮筒长,弹道低,发射速度快、距离远,穿透力强。

【反特】fǎntè 动 跟敌方特务、间谍作斗争。

【反跳】fǎntiào ❶ 动 向相反的方向跳;跳回 ▷球~了回来。❷ 动 反弹④ ▷他停药后血压~。

【反推力】fǎntuīlì 名 跟推动力方向相反的力。

【反卫星武器】fǎnwèixīng wǔqì 用于破坏、干扰敌方军事卫星的各种武器。

【反胃】fǎnwèi ❶ 动 因饮食不当等而胃里难受、恶心甚至呕吐 ▷他一吃白薯就~。❷ 动 比喻某事物让人难以接受,甚至厌恶 ▷品位低下的电视剧让人~。

【反问】fǎnwèn ❶ 动 向提问的人发问 ▷发言人机智地~记者。❷ 动 用疑问语气表达跟字面相反的意思。如"克服困难难道不是一种乐趣吗?"就是反问。

【反诬】fǎnwū 动 不接受对方的指控或批评,反而诬赖对方 ▷他非但不承认自己散布歪理邪说,还~对方造谣中(zhòng)伤。

【反洗钱】fǎnxǐqián 动 防止和侦破、惩治洗钱行为 ▷公安部和央行联手~|制定~法。

【反响】fǎnxiǎng 名 反应② ▷抗洪英雄事迹报告在社会上~热烈。

【反向】fǎnxiàng 动 逆向 ▷~行驶|~指标。

【反省】fǎnxǐng 动 回想自己的思想、言行,检查其中的缺点和错误 ▷对错误要深刻~。☛ ㊀"省"这里不读 shěng。㊁参见本页"反思"的提示。

【反咬】fǎnyǎo 动 比喻被批评、被控告的人反而攻击、诬陷批评者、检举人、控诉人或见证人;也比喻做了坏事反诬好人 ▷~一口。

【反义词】fǎnyìcí 名 意义相反或相对的词。如"生"和"死"、"左"和"右"。

【反应】fǎnyìng ❶ 动 有机体受到刺激而产生相应活动;物质发生化学变化或物理变化 ▷过敏~|化学~|热核~。❷ 名 事情发生后在人们中间引起的意见或行动 ▷~良好|在读者中引起不同的~。☛ 跟"反映"不同。

【反应堆】fǎnyìngduī 名 核反应堆的简称。

【反映】fǎnyìng ❶ 动 反照出人或物体的形象;比喻显现出客观事物的本质 ▷湖面~出宝塔的倒影|这部电视剧~了当前的社会现实。❷ 动 向上级或有关部门报告情况或问题 ▷把群众的意见~给市政府。❸ 名 哲学上指客观事物作用于人的感官引起的感觉、知觉、表象以及在此基础上产生的思维、认识过程。❹ 名 心理学上指有机体接受和回应客观事物影响的机能。☛ 跟"反应"不同。

【反映论】fǎnyìnglùn 名 唯物主义的认识论,认为人的认识是客观事物在人头脑中的反映。辩证唯物主义的反映论认为社会实践是认识的基础和检验真理的标准,反映的过程是积极的、能动的、辩证发展的。

【反语】fǎnyǔ 名 反话。

【反战】fǎnzhàn 动 反对战争 ▷~游行。

【反掌】fǎnzhǎng 动 翻转手掌 ▷易如~。

【反照】fǎnzhào ❶ 见 383 页"返照"。现在一般写作"返照"。❷ 动 反衬;对照 ▷对比他人,

～自己。

【反正】fǎnzhèng ❶ 动 回到正道上来 ▷拨乱～。❷ 动 指敌方的军政人员投奔到自己方面来 ▷伪军纷纷～。

【反正】fǎnzheng ❶ 副 表示在任何情况下结果都是一样的 ▷不管怎么说，～你得去｜～我不同意。❷ 副 指明情况或原因，强调理由充分，表示肯定的语气 ▷～天快亮了，索性就不睡了｜你尽管拿，～有的是。

【反证】fǎnzhèng ❶ 名 证明原论证不能成立的证据。❷ 动 运用反证法来论证。❸ 名 诉讼中当事人为驳倒对方主张的事实而提出的相反事实的证据（跟“本证”相对）。

【反证法】fǎnzhèngfǎ 名 一种间接证明的方法，通过论证与某论题相反的观点是错误的来证明这一论题是正确的。

【反之】fǎnzhī 连 连接分句或句子，表示从相反的方面说，引出同上文相反的另一意思 ▷虚心使人进步，～，骄傲会导致失败。

【反制】fǎnzhì 动 针对敌对者或构成威胁者的挑衅或侵害行为，采取相应的制约措施予以反击 ▷坚决～外来挑衅｜国际合作，～黑客。

【反转】fǎnzhuǎn 动 转（zhuǎn）向相反方向 ▷怎能～过去帮对手呢？☛ 跟“反转（zhuàn）”不同。

【反转片】fǎnzhuǎnpiàn 名 曝光后经反转冲洗便能直接获得正像（透明正片）的摄影胶片。

【反转】fǎnzhuàn 动 向相反方向转（zhuàn）动。☛ 跟“反转（zhuǎn）”不同。

【反作用】fǎnzuòyòng ❶ 名 承受作用力的物体对施力物体的作用。❷ 名 对实现目标不利的作用 ▷事情做过了头就会产生～。

【反作用力】fǎnzuòyònglì 名 承受作用力的物体对施力物体的作用力。反作用力与作用力大小相等，方向相反。

【反坐】fǎnzuò 动 古代指对诬告者按其诬告别人的罪名进行惩罚（坐：定罪）。如诬告别人杀人，就按杀人罪惩罚诬告者。

返 fǎn 动 回；归 ▷一去不复～｜～校｜～销｜往～。

【返场】fǎnchǎng 动 回到场上。多指演员演完节目下场后，应观众要求再次登场加演节目。

【返潮】fǎncháo 动 由于空气湿度大或地下水分上升，地面、墙根、衣物等变得潮湿 ▷连日阴雨，粮食都～了。

【返城】fǎnchéng 动 返回城里；特指上山下乡的知识青年返回城市生活、工作。

【返程】fǎnchéng ❶ 名 返回的行程 ▷搭～车。❷ 动 返回 ▷旅游结束，顺利～。

【返抵】fǎndǐ 动 返回到 ▷代表团已～北京。

【返岗】fǎngǎng 动 返回工作岗位；特指下岗人员返回原来的工作岗位。

【返工】fǎngōng 动（产品、工程等）因质量不合格而重新加工、制作或施工 ▷这项工程必须～。

【返顾】fǎngù 现在一般写作“反顾”。

【返归】fǎnguī 动 返回；回归 ▷～故里｜～自然。

【返航】fǎnháng 动（船只、飞机等）返回出发的地方。

【返还】fǎnhuán 动 使物归原主；退还 ▷原物～｜～押金。

【返回】fǎnhuí 动 回到（原地）▷宇航员安全～地面。

【返碱】fǎnjiǎn 动 盐碱地深层所含的盐碱上升到土壤的表面，形成一层白色结晶。

【返老还童】fǎnlǎo-huántóng 由老年回到少年。形容老年人焕发青春。

【返利】fǎnlì ❶ 动 商业活动中盈利者用一定的方式向对方返还部分利润。❷ 名 返还的利润。

【返贫】fǎnpín 动 回到原来的贫困状态 ▷采取措施防止脱贫后再～。

【返聘】fǎnpìn 动 聘用本单位（也有其他单位）的离退休人员继续工作。

【返璞归真】fǎnpú-guīzhēn 去掉外在的装饰，恢复本来的质朴状态（璞：未经雕琢的玉石）。

【返朴归真】fǎnpǔ-guīzhēn 返璞归真。

【返迁】fǎnqiān 动 回迁。

【返青】fǎnqīng 动 某些植物（多指作物）的幼苗移栽或越冬后，由黄转绿，恢复生机 ▷麦苗～了。

【返乡】fǎnxiāng 动 返回家乡 ▷游子～。

【返销】fǎnxiāo 动 返回原产地销售。多指国家把从农村征购来的粮食再卖给缺粮农民；也指从某个国家或地区进口原料或元器件等，制成产品再返回该国或该地区销售。

【返销粮】fǎnxiāoliáng 名 特指国家向农村缺粮地区销售的粮食。

【返修】fǎnxiū 动 把不合格的产品退回生产单位修理或退回原修理者重新修理。

【返照】fǎnzhào 动（夕阳）回照；泛指（光线）反射 ▷夕阳～｜回光～。

【返祖现象】fǎnzǔ xiànxiàng 生物体在进化过程中已经退化的器官或组织又重新出现的现象。如个别人长有尾巴或全身多毛。

fàn

犯 fàn ❶ 动 侵害；损害 ▷人不～我，我不～人｜侵～。→ ❷ 动 冲撞；抵触 ▷～上作乱｜触～。❸ 动 违背；违反 ▷～法｜～禁。❹ 动 做出（违法的或不应该做的事情）▷～错误｜明知故～。⇒ ❺ 名 犯罪的人 ▷刑事

～|战～。⇒❻ 动 引发;发作(多指不好的事) ▷关节炎又～了|～愁。〇❼ 名 姓。☛ 右边是"㔾",不是"巳"。由"㔾"构成的字还有"仓""卷""厄""危"等。

【犯案】fàn'àn ❶ 动 违法作案 ▷结伙～。❷ 动 作案后被发现或被侦破。

【犯病】fànbìng 动 旧病复发 ▷他哮喘病很严重,一到冬季就～。

【犯不上】fànbushàng 动 不值得 ▷为这点儿小事～生那么大的气。也说犯不着。

【犯愁】fànchóu 动 发愁。

【犯怵】fànchù 动 发怵;胆怯 ▷在那么多人面前讲话,我真有点儿～。

【犯憷】fànchù 现在一般写作"犯怵"。

【犯得上】fàndeshàng 动 值得(多用于反问) ▷为这点儿事跟他争吵,～吗?也说犯得着。

【犯嘀咕】fàndígu 动 犹豫不决 ▷本来想买,一问价钱,心里又～了。

【犯堵】fàndǔ 动〈口〉感到憋气;发闷。

【犯法】fànfǎ 动 违犯法律、法令。

【犯规】fànguī 动 违反规则、规定。

【犯讳】fànhuì ❶ 动 旧指不避讳尊长的名讳。❷ 动 犯忌。

【犯浑】fànhún 动〈口〉头脑不冷静,说话、做事不知轻重,不考虑后果 ▷这家伙又～了,为一点儿小事跟街坊大吵大闹。

【犯急】fànjí 动〈口〉着急;发脾气 ▷有话慢慢说,别～。

【犯忌】fànjì 动 触犯禁忌。民俗中有许多禁忌,说了禁忌的话、做了禁忌的事就叫犯忌,被认为大不吉利。

【犯贱】fànjiàn 动〈口〉发贱 ▷这人总～,一副奴才相儿。

【犯节气】fànjiéqi 指某些慢性病在季节交替或天气变化剧烈时发作 ▷花粉过敏是～的病。

【犯戒】fànjiè 动 违犯戒律 ▷出家人喝酒吃肉是～的。

【犯禁】fànjìn 动 违犯禁令。

【犯境】fànjìng 动 侵犯边境 ▷敌寇～。

【犯困】fànkùn 动〈口〉发困 ▷春天容易～。

【犯难】fànnán 动〈口〉感到为难 ▷答应了不好,不答应也不好,真叫我～。

【犯贫】fànpín 动〈口〉耍贫嘴 ▷我跟你说正经事,别跟我～。

【犯人】fànrén 名 罪犯。

【犯傻】fànshǎ〈口〉❶ 动 装糊涂 ▷别跟我～,你总得给我个答复。❷ 动 干傻事 ▷你～啦,怎么不放水就把米蒸上了?❸ 动 发呆 ▷电影散场了,他还待在那里～。

【犯上】fànshàng 动 冒犯或违抗尊长 ▷为了维护真理,我不怕～。

【犯上作乱】fànshàng-zuòluàn 旧指触犯朝廷,从事叛逆活动。

【犯事】fànshì ❶ 动 违纪或犯罪 ▷屡屡～,怎么就不接受教训?❷ 动 做坏事被发现 ▷纸里包不住火,迟早得～。

【犯颜】fànyán 动〈文〉冒犯君主或尊长的尊严(颜:面子) ▷～相争。

【犯疑】fànyí 动 产生疑心 ▷心里开始～|别让人～。

【犯罪】fànzuì 动 违犯刑律,对国家、社会、集体或他人造成危害。犯罪应依法受到刑罚。

【犯罪嫌疑人】fànzuì xiányírén 因涉嫌犯罪被立案侦查和审查起诉,但尚未经司法机关宣判定罪的人。

饭(飯) fàn ❶ 名 粮食做成的熟食;特指米饭 ▷～做熟了|吃面还是吃～?|稀～。→❷ 动 进餐 ▷～前便后要洗手。→❸ 名 进餐时吃的食物 ▷吃了一顿～|早～。

【饭菜】fàncài 名 饭和菜 ▷～可口。

【饭店】fàndiàn ❶ 名 饭馆。❷ 名 指提供住宿、饮食等的较大旅馆 ▷五星级～。

【饭馆】fànguǎn 名 卖饭菜的店铺。

【饭盒】fànhé 名 盛饭菜的盒子,多用耐热玻璃、不锈钢、可降解的塑料等制成。

【饭局】fànjú 名 指受人邀请而参加的聚餐 ▷今天我有个～,不在家吃饭了。

【饭口】fànkǒu 名〈口〉正当吃饭的时候 ▷这会儿正是～,食堂人少不了。

【饭粒】fànlì 名 饭的颗粒;特指米饭的颗粒(多指零散的) ▷地上撒了不少～儿。

【饭量】fànliàng 名 一个人每餐吃饭的量 ▷～不大|控制～。

【饭囊】fànnáng 名〈文〉装饭的口袋;比喻只会吃饭什么事也做不了的人 ▷～衣架(比喻无能的人)。

【饭票】fànpiào 名 在内部食堂用餐时买饭菜的货币代用凭证。

【饭铺】fànpù 名 规模较小、档次较低的饭馆。

【饭钱】fànqián 名 用于吃饭的钱。

【饭勺】fànsháo 名 盛饭用的勺子。

【饭食】fànshi 名〈口〉饭菜(多就质量而言) ▷这家餐馆规模不大,但～还可口。

【饭堂】fàntáng 名 餐厅;食堂。

【饭厅】fàntīng 名 专供吃饭用的厅堂。

【饭桶】fàntǒng 名 装饭的桶;比喻饭量大的人或只会吃饭不会做事的人 ▷这点儿小事都办不好,真是～!

【饭碗】fànwǎn 名 吃饭用的碗;借指职业 ▷好好

干，别把～砸了。

【饭庄】fànzhuāng 名 规模较大、档次较高的饭馆。

泛(*氾❶❷❹❺ 汎❶❷❹❺) fàn ❶ 动〈文〉在水上漂浮 ▷～舟秦淮河|沉渣～起。→ ❷ 形 肤浅；不深入 ▷空～|浮～|～～而谈。→ ❸ 动 透出；漾出 ▷白里～红|东方～出鱼肚白|胃里直～酸水。→ ❹ 动 江河湖泊的水漫溢出来 ▷～滥成灾|黄～区。❺ 形 广泛；普遍 ▷宽～|～指|～通经史。

"氾"另见 378 页 fán。

【泛称】fànchēng ❶ 动 一般称作；笼统地叫做 ▷表现在胃部的疾病～胃病。❷ 名 一般的叫法；宽泛的称呼 ▷医务工作者是医生、护士、药剂师等人员的～。

【泛读】fàndú 动 一般地阅读（跟"精读"相区别）▷～课文不要求背诵。

【泛泛】fànfàn ❶ 形 肤浅；不深入 ▷～而谈。❷ 形 寻常；普通 ▷～之才。

【泛化】fànhuà 动 变得宽泛，指由个别到一般或由具体到抽象 ▷词义～。

【泛碱】fànjiǎn 动 返碱。

【泛滥】fànlàn ❶ 动 江河湖泊的水漫出堤岸，四处奔流 ▷洪水～成灾。❷ 动 比喻有害的事物无限制地扩散 ▷吃喝风～。

【泛论】fànlùn ❶ 动 广泛地论述 ▷～古今兴亡大事。❷ 动 一般地谈论 ▷我只是～这种现象，并不针对某个人。

【泛起】fànqǐ 动 漂浮上来；浮现 ▷脸上～红晕。

【泛神论】fànshénlùn 名 一种哲学观点。认为神即自然界，神存在于自然界一切事物之中，并没有超自然的主宰或精神力量。16—18 世纪流行于欧洲。

【泛酸】fànsuān 动 胃酸上涌 ▷吃凉白薯容易～。

【泛指】fànzhǐ ❶ 动 不是指具体的人或事，而是指某一种人或某一类事 ▷我的话是～有这种思想倾向的人，并不是具体指谁。❷ 动 释词术语，当某一词的所指范围扩大时，用"泛指"指明扩大的词义。

【泛舟】fànzhōu 动〈文〉坐船游玩；乘船 ▷～东湖|～而下。

范(範❶—❹) fàn ❶ 名〈文〉模子 ▷铜～（铜制的模子）|钱～（制造钱币的模子）。→ ❷ 名 法式；榜样 ▷规～|示～|典～|模～。→ ❸ 名〈口〉风格；气派 ▷明星～儿|他的言谈举止很有～儿。→ ❹ 名 界限；范围 ▷就～|～畴。❺ 动 限制 ▷防～。○ ❻ 名 姓。☛ 右下是"㔾"，不是"巳"。

【范本】fànběn 名 可作典范的样本或事物 ▷素描～|书法～|文书～|企业规章制度～。

【范畴】fànchóu ❶ 名 哲学上指反映客观事物本质联系的基本概念，是人的思维对客观事物本质的概括的反映。各门科学知识都有自己特有的范畴。如哲学中的质和量、本质和现象，化学中的化合和分解等。❷ 名 范围；类型 ▷经济学属于社会科学～。☛ 参见本页"范围"的提示。

【范例】fànlì 名 能够作为榜样的事例 ▷深圳的成功是中国特区建设的一个～。

【范式】fànshì 名 能够作为典范的模式 ▷循环经济是一种新的发展～|传统～。

【范围】fànwéi 名 周围的界限 ▷管辖～|划定～。☛ 跟"范畴"不同。1.表"界限"义而不强调"类型"义时，多用"范围"表述；既表"界限"义又强调"类型"义时，一般用"范畴"表述。2."范围"的适用面较宽，如"金融危机波及的范围""必考范围"等；"范畴"的适用面较窄，如"词汇的范畴中包括固定短语"等。

【范文】fànwén 名 供学习的典范文章。

贩(販) fàn ❶ 动 为了卖出而买进 ▷～牲口。→ ❷ 名 买进货物再卖出以获取利润的人 ▷小～|摊～。

【贩毒】fàndú 动 贩卖毒品。

【贩夫】fànfū 名〈文〉做小买卖的人。

【贩黄】fànhuáng 动 指贩卖黄色书刊、录像带、光盘等淫秽物品。

【贩假】fànjiǎ 动 贩卖假冒伪劣产品。

【贩卖】fànmài 动 买进货物后卖出，从差价中获取利润 ▷～日用小商品◇～歪理邪说。

【贩私】fànsī 动 贩卖走私货物 ▷严禁走私～。

【贩运】fànyùn 动 从一地购进货物运到另一地出售 ▷从东北往内地～大豆。

【贩子】fànzi 名 往来各地贩卖货物的人 ▷书～|鱼～◇战争～。

畈 fàn ❶ 名 成片的田地（多用于地名）▷白水～（在湖北）|洪口～（在安徽）|马～（在河南）。→ ❷ 量 某些地区用于成片的田地 ▷一～田。

梵 fàn ❶ 名 有关古代印度的 ▷～文|～历。→ ❷ 名 有关佛教的（佛经原用梵文写成，所以凡与佛教有关的事物都称梵）▷～宫|～钟。☛ 统读 fàn，不读 fán。

【梵呗】fànbài 名 佛教徒在宗教仪式上吟诵经文的声音（呗：梵语Pāṭhaka音译）。

【梵刹】fànchà 名 佛寺。

【梵宫】fàngōng 名 佛寺。

【梵文】fànwén 名 印度古代的一种文字。

【梵语】fànyǔ 名 印度古代标准语，属印欧语系。

fāng

方 fāng ❶ 名 直角四边形或六面都是直角四边形的立体 ▷立～|正～。→ ❷ 形 方形的 ▷桌面是～的|～砖。→ ❸ 名 地方;地区 ▷一～水土养一～人|～言|远～。❹ 名 方向 ▷东～|四面八～。❺ 名 方面 ▷敌我双～|对～。→ ❻ 名〈文〉法度;准则 ▷万邦之～。❼ 名 方法 ▷引导有～|千～百计。→ ❽ 形 正直 ▷品格端～。→ ❾ 名 指药方 ▷处～|偏～儿。❿ 名 方术 ▷～士。→ ⓫ 名 数学上把一个数的自乘称作方 ▷平～。→ ⓬ 量 a)用于方形的东西 ▷两～印章|一～砚台。b)平方或立方的简称,现在多指平方米或立方米 ▷铺沥青路面100～|3～木料。→ ⓭ 副 a)正 ▷～兴未艾。b)始;才 ▷如梦～醒|年～十八。c)尚;还 ▷来日～长。○ ⓮ 名 姓。

【方案】 fāng'àn ❶ 名 工作或行动的计划 ▷改革～。❷ 名 法式;规则 ▷汉字简化～。

【方便】 fāngbiàn ❶ 形 便利;不费事 ▷买东西真～|交通～。❷ 动 使便利;给予便利 ▷电话亭～了过往行人|这件事还求你～～。❸ 形 合适;适宜 ▷这里很安静,咱俩说说悄悄话挺～。❹ 形 婉词,表示有余钱 ▷手头～的话,就借点儿钱给他。○ ❺ 动 婉词,指大小便 ▷我～一下就回来。

【方便面】 fāngbiànmiàn 名 一种方便食品。烤制或油炸过的面条,配有佐料,用开水冲泡后就可食用。也说泡面。

【方便食品】 fāngbiàn shípǐn 指便于携带和食用的食品。如面包、汉堡包、方便面等。

【方步】 fāngbù 名 四方步 ▷踱～。

【方才】 fāngcái ❶ 名 刚才 ▷～的事,大家有目共睹。❷ 副 表示事情发生不久或发生得晚 ▷等了半个月,～收到回信。

【方程】 fāngchéng 名 数学上指含有未知数的等式。如 $x+2=5$,$x-1=y+3$。也说方程式。

【方程式赛车】 fāngchéngshì sàichē 汽车比赛的一种。对所用车的长、宽、重以至轮胎直径等都有严格的数据规定。分为三级,其中一级速度最快。

【方尺】 fāngchǐ ❶ 名 边长1市尺的正方形。❷ 量 平方市尺,1平方市尺等于$\frac{1}{9}$平方米。

【方寸】 fāngcùn ❶ 名 边长1市寸的正方形;泛指很小的范围或面积 ▷～之物|～之地。❷ 量 平方市寸,1平方市寸合0.01平方市尺。❸ 名 借指心思、心绪 ▷～已乱。

【方凳】 fāngdèng 名 凳面为正方形或近于正方形的凳子。

【方队】 fāngduì 名 四方形的队列。

【方法】 fāngfǎ 名 为达到某种目的而采取的途径、步骤、手段等 ▷训练～|～得当。

【方法论】 fāngfǎlùn 名 关于认识和实践的根本方法的理论。包括哲学方法论、一般科学方法论和具体科学方法论。

【方方面面】 fāngfāngmiànmiàn 名 各个方面 ▷～的问题都要考虑周到。

【方根】 fānggēn 名 一个数的 n 次幂(n 为大于1的整数)等于 a,这个数就是 a 的 n 次方根。如:+3和-3的4次幂等于81,+3和-3就是81的4次方根。

【方剂】 fāngjì 名 中医指按照一定法则选择适当药物及用量,指明调制、应用方法和主治范围的规范化药方。如十全大补汤等。

【方家】 fāngjiā 名 原指深明道术的人;后多指精通某种学问或技艺的人 ▷就教于～。

【方今】 fāngjīn 名〈文〉当今;如今 ▷～之世。

【方块】 fāngkuài 名 四方形或立方体状的物体 ▷把豆腐切成小～儿|～蛋糕。

【方块字】 fāngkuàizì 名 指汉字。多数汉字外形大致呈方块形状,故称。

【方框图】 fāngkuàngtú 名 把若干个方格用线连起来,表示电路、工艺流程、程序等各部分之间相互联系的图形。各方格内分别表示上述各部分的性能、作用等。简称框图。也说方块图。

【方括号】 fāngkuòhào 名 标点符号,呈方形([ ]),常用来标明行文中注释性的文字。

【方略】 fānglüè 名 方针大计和策略 ▷依法治国的基本～。

【方面】 fāngmiàn 名 指相对的或并列的人或事物中的一方或一部分 ▷发包和承包两～|教育、科技、文化等～。

【方面军】 fāngmiànjūn 名 负担一个战略方面作战任务的军队编组。下辖若干集团军或军。如中国工农红军第一方面军、第二方面军、第四方面军。

【方枘圆凿】 fāngruì-yuánzáo 方形榫头和圆形卯眼两者不能吻合。形容彼此格格不入。也说圆凿方枘。☛ "枘"不读 nèi;"凿"不读 zuò。

【方始】 fāngshǐ 副 方才②。

【方士】 fāngshì 名 古代指求仙、炼丹的人;也指行医、卜卦、占星、相面的人。

【方式】 fāngshì 名 方法和形式 ▷生活～|提意见要考虑～。

【方术】 fāngshù 名 古代指求仙、炼丹的方法;也指医药、卜卦、占星、相面之类的技术。也说方技。

【方糖】 fāngtáng 名 方块形的白糖。多用细白砂糖制成,常加在咖啡、牛奶中食用。

【方外】fāngwài〈文〉❶ 名 一定的区域、范围之外,多指域外或边远地区 ▷~之国。❷ 名 世俗之外 ▷~之人。

【方位】fāngwèi 名 物体在空间所处的方向和位置。如东、南、西、北、上、下、左、右、前、后等。

【方位词】fāngwèicí 名 名词的一小类,表示方向和位置。如东、上、左、前、外、中、旁、左右、以后、之内、西边、下面、里头等。

【方向】fāngxiàng ❶ 名 指东、南、西、北、东南、西南、东北、西北等 ▷指南针可以定~|~舵。❷ 名 目标所在的方位;前进的目标 ▷向着求救渔船~行驶|坚定正确的政治~。

【方向舵】fāngxiàngduò 名 用来控制航行方向的装置,一般安装在飞机或舰船的尾部。

【方向盘】fāngxiàngpán 名 汽车、轮船等操纵行驶方向的盘状装置。

【方兴未艾】fāngxīng-wèi'ài 正在兴起发展,一时不会终止。形容事物正处在蓬勃发展的阶段。

【方言】fāngyán 名 一种语言在演变过程中形成的地域分支,跟标准语有区别,只在一定地区使用。如汉语中的闽语、吴语等。

【方药】fāngyào ❶ 名 医方和药物的合称。❷ 名 按照中医药方组配的药(跟"成药"相区别)。

【方音】fāngyīn 名 方言的语音。

【方圆】fāngyuán ❶ 名 周围;周围的长度 ▷~数里之内一片废墟|~几十里都是茂密的森林。❷ 名 方形和圆形 ▷没有规矩,不成~。

【方丈】fāngzhàng ❶ 名 指边长 1 市丈的正方形。❷ 量 平方市丈,1 平方市丈合 100 平方市尺。

【方丈】fāngzhang 名 寺院或道观中住持的居室;借指寺院或道观的住持。

【方针】fāngzhēn 名 指引事业发展的方向和目标 ▷施政~|教育~。

【方阵】fāngzhèn ❶ 名 古代打仗时所排列的方形军阵。❷ 名 方队 ▷女兵~。❸ 名 标示若干事物间相互联系的方形图 ▷逻辑~。

【方正】fāngzhèng ❶ 形 又方又正 ▷用~的楷体字书写|字写得方方正正。❷ 形 (人品)正直 ▷清廉~。

【方志】fāngzhì 名 地方志。

【方舟】fāngzhōu 见 1016 页"挪亚方舟"。

【方子】fāngzi ❶ 名 指中医处方 ▷按医生开的~抓药。❷ 名 制造某些物品的配方。○ ❸ 名 横断面呈正方形或长方形的木材。

邡 fāng ❶ 用于地名。如什邡(shífāng),在四川。○ ❷ 名 姓。

坊 fāng ❶ 名 城镇中的街道里巷;胡同 ▷~间|白纸~(街巷名,在北京)|街~(jiēfang)。→ ❷ 名 店铺 ▷茶~酒店。○ ❸ 名 牌坊 ▷贞节~。

另见 389 页 fáng。

【坊间】fāngjiān ❶ 名 街市上。❷ 名 旧指刻印、出售书籍的店铺 ▷~刻本。

芳 fāng ❶ 形 有香味的 ▷~草|~香|芬~。→ ❷ 名 花卉 ▷群~。→ ❸ 形 美好的 ▷~名|~姿。⇒ ❹ 名 比喻美好的德行或名声 ▷千古流~|垂~后世。⇒ ❺ 形〈文〉敬词,用于称对方的或同对方有关的(事物) ▷~札|~邻。○ ❻ 名 姓。

【芳草】fāngcǎo ❶ 名 香草 ▷~萋萋。❷ 名〈文〉比喻美人 ▷天涯何处无~。

【芳菲】fāngfēi〈文〉❶ 名 花草散发的香气 ▷满园~沁人心脾。❷ 名 借指花草 ▷~凋零。

【芳邻】fānglín ❶ 名〈文〉好邻居。❷ 名 敬词,称别人的邻居。

【芳龄】fānglíng 名 称年轻女子的年龄(多用作敬词) ▷二八~(十六岁)。

【芳名】fāngmíng ❶ 名 好名声 ▷~大噪。❷ 名 敬词,用于称年轻女子的名字。

【芳年】fāngnián 名 美好的年华;青春年华(多用于年轻女性) ▷时值~|~二十。

【芳容】fāngróng 名 指女子的美好容貌。

【芳香】fāngxiāng ❶ 形 气味芬芳 ▷~的苹果。❷ 名 香气;香味 ▷~四溢。

【芳香油】fāngxiāngyóu 名 精油。

【芳心】fāngxīn 名 指年轻女子倾慕异性的情怀 ▷赢得~|吐露~。

【芳馨】fāngxīn 名 芳香 ▷~袭人。

【芳泽】fāngzé ❶ 名 古代妇女用的芳香润发油;泛指香气。❷ 名〈文〉借指女子的仪容。

【芳姿】fāngzī 名〈文〉指女子美好的姿容。

枋 fāng ❶ 名 古书上记载的一种树。○ ❷ 名 方形的长木。

【枋子】fāngzi ❶见本页"方子"③。现在一般写作"方子"。❷ 名 棺材。

牥 fāng 名 古代传说中的能在沙漠中远行的一种牛,一说即单峰驼。

钫[1](鈁) fāng ❶ 名 古代盛酒浆的壶,方口大腹,用青铜、漆木或陶土制成,有的有盖。参见插图 15 页。○ ❷ 名 古代锅一类的器皿。

钫[2](鈁) fāng 名 金属元素,符号 Fr。有放射性,自然界中含量极少。

蚄 fāng 见 1825 页"虸(zǐ)蚄"。

fáng

防 fáng ❶ 名 挡水的建筑物 ▷堤~。→ ❷ 动 防备 ▷对这种人可得~着点|~微杜

渐|～癌|预～。❸ 动 防卫 ▷～御|～线|联～。❹ 名 有关防卫的事务、措施等 ▷边～|国～|设～。☛ 统读 fáng。

【防暴】fángbào 动 国家依法使用武装力量预防和制止暴乱 ▷采取～措施|～警察。

【防备】fángbèi 动 为应付或避免不利情况的发生而预作准备 ▷～坏人破坏|～洪水。

【防避】fángbì 动 防备并避免 ▷～风险。

【防病】fángbìng 动 预防疾病 ▷～健身。

【防不胜防】fángbùshèngfáng 多方防备还是防备不过来。形容需要防备的地方太多。

【防潮】fángcháo ❶ 动 防止受潮 ▷保存药品必须～。❷ 动 防备潮水泛滥 ▷筑堤～。

【防尘】fángchén 动 防止尘埃污染 ▷～口罩。

【防除】fángchú 动 预防并消除(害虫等) ▷～蟑螂|～田间杂草。

【防弹】fángdàn 动 防止子弹射入 ▷这部汽车能～|～背心|～服。

【防弹衣】fángdànyī 名 用来防止子弹、弹片等伤害人体的背心。其防弹层多用金属、玻璃钢、尼龙等制作。也说防弹背心、防弹服。

【防盗】fángdào 动 防止偷盗 ▷～装置|～网。

【防盗门】fángdàomén 名 能防止盗贼轻易进入的门,多用金属制成,有特制的锁。

【防地】fángdì 名 部队防守的地区或地段。

【防冻】fángdòng ❶ 动 防止冻害 ▷菜地要采取～措施。❷ 动 防止冻结 ▷～剂。

【防冻剂】fángdòngjì 名 化学制剂,放入发动机冷却水中,能降低水的冰点,避免发动机和水箱因结冰而胀裂。

【防毒】fángdú 动 防止毒物等的危害 ▷～器材。

【防毒面具】fángdú miànjù 戴在头部,防止遭受毒剂、生物武器或放射性物质伤害的器具。

【防范】fángfàn 动 警戒;防备 ▷严加～。

【防风】fángfēng ❶ 动 防备大风袭击。○ ❷ 名 多年生草本植物,叶片狭长,开白色小花。根可以做药材。

【防风林】fángfēnglín 名 为调节气候,防止风沙侵害而栽植的防护林带。

【防腐】fángfǔ ❶ 动 抑制或阻止微生物在有机物质中生长、繁殖,以防止有机物质腐烂变质。❷ 动 防止腐败行为 ▷提高～拒变的能力。

【防腐剂】fángfǔjì 名 能抑制或阻止微生物生长、繁殖,以防止有机物质腐烂变质的添加剂。

【防寒】fánghán 动 防御寒冷;预防冻害 ▷～服|做好牲畜～工作。

【防旱】fánghàn 动 防备旱灾 ▷兴修水利,～抗旱。

【防洪】fánghóng 动 防备洪水泛滥成灾 ▷治水～|～预案。

【防护】fánghù 动 防备和保护 ▷对汉墓发掘现场要严加～|～罩|～措施。

【防护林】fánghùlín 名 为防御自然灾害和保护环境而栽植的树林。如防风林、防沙林、护岸林、护路林等。

【防护罩】fánghùzhào 名 护罩。

【防滑链】fánghuáliàn 名 用铁链制成的链网,套在汽车车轮上,防止通过泥泞或冰雪路面时车轮打滑。

【防化兵】fánghuàbīng 名 防化学兵的简称。执行防御核武器、化学武器、生物武器袭击或在遭受这些武器袭击后消除其危害等任务的兵种;也指这一兵种的士兵。

【防患】fánghuàn 动 防止灾害或事故的发生 ▷～于未然|采取～措施。

【防患于未然】fánghuàn yú wèirán 在祸患发生前就采取措施加以防备。也说防患未然。☛ "患"不要误写作"范"。

【防火】fánghuǒ 动 防止发生火灾。

【防火墙】fánghuǒqiáng ❶ 名 建筑物之间用来防止火灾蔓延的高墙。❷ 名 借指一种设置在因特网与计算机用户之间的安全软件。具有识别和筛选能力,可以把未被授权或具有潜在破坏性的访问阻挡在外。

【防空】fángkōng 动 防备和抵御敌人空袭。

【防空洞】fángkōngdòng ❶ 名 为防备空袭而挖的洞。❷ 名 比喻能掩护坏人、坏思想的处所或事物。

【防空壕】fángkōngháo 名 为防备空袭而挖的壕沟。

【防空识别区】fángkōng shíbiéqū 一个国家基于空防需要,单方面划设的作为空中预警范围的空域。通常以该国预警机和预警雷达所能覆盖的最远端为界限,为军方尽早发现、识别目标并实施空中拦截等行动提供时间保障。2013年11月23日,中国政府宣布划设东海防空识别区。

【防控】fángkòng 动 预防并加以控制 ▷加强社会治安～|重点～流行性疾病。

【防老】fánglǎo ❶ 动 防备年老时生活无着落 ▷投保～。❷ 动 预防衰老;防止老化 ▷锻炼身体有一定的～作用。

【防涝】fánglào 动 防备雨水过多而淹没庄稼。

【防凌】fánglíng 动 在河流封冻前做好防范措施,以防止解冻时冰块阻塞河道,造成灾害。

【防区】fángqū 名 负责防守的区域。

【防沙林】fángshālín 名 为固住流沙,保护农田、建筑物等免遭流沙侵袭而栽植的防护林。

【防晒霜】fángshàishuāng 名 涂抹在皮肤上以防止阳光晒伤的一种乳霜。

【防身】fángshēn 动 保护自身,使不受伤害 ▷练武术既可健身,又可～。

【防渗】fángshèn 动 防止渗漏 ▷楼顶上浇一层沥青,用以～。

【防守】fángshǒu 动 防御守卫 ▷～边关。☛ 参见 751 页“据守”的提示。

【防暑】fángshǔ 动 预防夏季高温的危害;预防中暑 ▷～费|～措施。

【防水】fángshuǐ 动 防止水的冲刷或渗漏 ▷～层|～材料|～布|～手表。

【防特】fángtè 动 防止特务的破坏活动;防止特务潜入或潜伏。

【防微杜渐】fángwēi-dùjiàn 在错误或坏事刚露头时就及时制止,不让它发展蔓延(杜:阻塞,防止;渐:指事物的苗头)。

【防伪】fángwěi 动 防止假冒 ▷～标志。

【防卫】fángwèi 动 防御保卫 ▷严密～。

【防卫过当】fángwèi guòdàng 指正当防卫明显超过必要限度而造成重大损害的行为。我国刑法规定,防卫过当应负刑事责任,但应减轻或免除处罚。

【防污】fángwū 动 防止污染 ▷注意～,保护环境。

【防务】fángwù 名 有关国家安全防御方面的事务。

【防线】fángxiàn 名 由一连串的防御工事构成的防守地带 ▷突破敌人两道～◇拒贪拒腐,筑牢思想上的廉政～。

【防锈】fángxiù 动 防止金属表面氧化 ▷电镀～|～剂|～漆。

【防汛】fángxùn 动 防止江河在季节性涨水期间泛滥成灾 ▷～抗洪。

【防疫】fángyì 动 预防传染病流行。

【防疫站】fángyìzhàn 名 负责预防传染病流行的卫生机构。

【防疫针】fángyìzhēn 名 预防传染病的针剂。

【防雨布】fángyǔbù 名 能防止雨水浸透的布,主要用来制造雨衣和苫布。

【防御】fángyù 动 抵抗并遏制敌方的进攻 ▷～战|～工事。

【防灾】fángzāi 动 预防灾害 ▷除害～。

【防震】fángzhèn ❶ 动 预防地震灾害 ▷～救灾。❷ 动 防止物品受到震动而损坏 ▷垫上泡沫塑料可以～。

【防震棚】fángzhènpéng 名 为预防、躲避地震灾害,用轻质材料在震区内搭建的简易住所。

【防止】fángzhǐ 动 预先想办法使消极或有害的情况不发生 ▷～食物中毒。

【防治】fángzhì ❶ 动 预防和治疗 ▷～血吸虫病。❷ 动 预防和治理 ▷～风沙。

【防皱】fángzhòu 动 用涂抹化妆品或按摩等方式防止皮肤出现皱纹。

【防蛀】fángzhù 动 防止蛀虫咬坏衣物等。

坊 fáng 名 小手工业者从事生产的场所 ▷作(zuō)～|磨～|染～|粉～。

另见 387 页 fāng。

妨 fáng 动 阻碍;损害 ▷～碍|～害|不～|何～。☛ ㊀统读 fáng,不读 fāng。㊁跟“防”不同。“妨碍”不要误写作“防碍”。

【妨碍】fáng'ài 动 阻碍;干扰 ▷～交通|～会议正常进行。☛ 不要误写作“防碍”。

【妨害】fánghài 动 损害;有害于 ▷～团结。

【妨害公务罪】fánghàigōngwùzuì 指以暴力、威胁手段阻碍国家机关工作人员、各级人民代表大会代表、红十字会成员依法行使职责的行为;故意阻碍国家安全机关、公安机关工作人员行使职责,虽未使用暴力、威胁手段,却造成严重后果的行为。

【妨事】fángshì 动 碍事 ▷这样做～吗?

肪 fáng 见 1766 页“脂肪”。☛ 统读 fáng。

房 fáng ❶ 名 古代指正室两边的房间;现泛指房子或房间 ▷买了一套新～|楼～|～顶|厨～。→ ❷ 名 结构或功能类似房子的东西 ▷蜂～|莲～。→ ❸ 名 旧指家族中的一支 ▷长(zhǎng)～|远～亲戚。→ ❹ 名 旧指妻室 ▷正～|二～|填～。❺ 量 用于妻子(zi)、儿媳等 ▷说一～亲事|两～儿媳妇。→ ❻ 名 指夫妻间的性行为 ▷～事|行～。○ ❼ 名 星宿名,二十八宿之一。○ ❽ 名 姓。☛ 在“阿房宫”中读 páng。

【房本】fángběn 名 指房产证或不动产证。

【房补】fángbǔ 名 住房补贴的简称。指国家或单位按规定发给职工的租房或购房的补贴金。也说房贴。

【房舱】fángcāng 名 轮船上供乘客住的小房间。

【房产】fángchǎn 名 依法属于个人或团体财产的房屋 ▷～交易。

【房产税】fángchǎnshuì 名 国家对房产征收的一种税。纳税人是房产的产权所有人。

【房产证】fángchǎnzhèng 名 房屋所有权证的通称。是证明房屋所有权的合法凭证。

【房颤】fángchàn 名 心律不齐的一种,症状是心房快速而不规则地颤动。

【房车】fángchē 名 一种车厢大而长,配备卧室、厨房、卫生间及家具等的旅行汽车。

【房虫】fángchóng 名 某些地区指专门从事倒卖、转手租赁房屋,从中赚取差价的人。

【房贷】fángdài 名 为购房向金融机构申请的贷款。

【房地产】fáng-dìchǎn 名 土地、建筑物和固着于土地、建筑物上不可分割的部分所共同形成的固定资产。

【房东】fángdōng 名 出租或出借房屋的人(跟"房客"相对)。

【房费】fángfèi ❶ 名 房租。❷ 名 住旅店房间的费用。

【房改】fánggǎi 动 住房制度改革的简称。即将城镇居民的住房由过去的实物分配改为货币分配,逐步实现住房商品化。

【房管】fángguǎn 动 房产管理 ▷~部门。

【房荒】fánghuāng 名 指住房十分缺乏的状况 ▷近年来~问题已基本解决。

【房基】fángjī 名 房屋的地基。

【房脊】fángjǐ 名 屋脊。

【房间】fángjiān 名 房子内部隔成的单间 ▷这套房子有 3 个~。

【房卡】fángkǎ 名 用于开房间门的卡片状电子钥匙(多用于宾馆、饭店等)。☛ 参见 939 页"门卡"的提示。

【房客】fángkè 名 租用或借用别人房屋的人(跟"房东"相对)。

【房梁】fángliáng 名 房屋上部承重的水平方向的长条形构件;木结构屋架中专指前后方向架在柱子上的长木。

【房龄】fánglíng 名 房屋建成后使用的年数,是房价折旧计算的依据。

【房奴】fángnú 名 指通过贷款购房,长期负债而影响正常生活的人。因身负沉重房贷,像是被所购房屋奴役,故称。

【房契】fángqì 名 买卖房产的契约。

【房山】fángshān 名 山墙。

【房舍】fángshè 名〈文〉房屋。

【房市】fángshì 名 房地产交易市场的简称 ▷~活跃。

【房事】fángshì 名 婉词,指夫妻间的性行为。

【房托儿】fángtuōr 名 指跟不良房地产商或中介勾结,伪装成售房者或购房者诱使他人在买卖房屋时上当受骗,以牟取利益的人;也指诱使他人在租赁房屋、选住旅店时上当受骗,以牟取利益的人。

【房柁】fángtuó 名 柁。

【房屋】fángwū 名 房子。

【房型】fángxíng 名 户型。

【房檐】fángyán 名 屋檐。

【房源】fángyuán 名 供出租、出售或分配的房屋的来源 ▷~紧张。

【房展】fángzhǎn 名 房屋展销会的简称。展出所售房屋模型或图片及其他数据资料,有的还组织参观所售房屋等活动。

【房主】fángzhǔ 名 房屋产权的所有者。

【房子】fángzi 名 有墙、顶、门窗等,供人居住或作其他用途的建筑物。

【房租】fángzū 名 租赁房屋的租金。也说房费、房钱。

鲂(魴) fáng 名 鱼,形状像鳊,但背部隆起较高,腹鳍后部有肉棱。属于淡水经济鱼类。也说鲂鱼。

【鲂鮄】fángfú 名 鱼,身体略呈圆筒形,头部有骨板。能在海底爬行。我国沿海均有出产。

fǎng

仿(*倣❶—❸ 髣❹) fǎng ❶ 动 相像;类似 ▷两种布花色相~。→ ❷ 动 比照原样做;效法 ▷~古|~效|~制|模~。❸ 名 比照范本写出的字 ▷~纸|~影。○ ❹见本页"仿佛"。○ ❺ 名 姓。

【仿办】fǎngbàn 动 仿照办理 ▷援例~。

【仿单】fǎngdān 名 介绍商品性质、规格、用途、用法的说明书。

【仿佛】fǎngfú ❶ 动 像;类似 ▷大树~巨人般屹立在山崖|他俩的年龄相~。❷ 副 似乎;好像 ▷狂风~要把屋顶掀掉。☛ ㊀"佛"不读 fó。㊁不要写作"彷彿""髣髴"。

【仿古】fǎnggǔ 动 模仿古代(器物或艺术品等)▷一味~,毫无创新|~建筑。

【仿建】fǎngjiàn 动 仿照原有的式样建造 ▷~大明宫。

【仿冒】fǎngmào 动 仿制假冒 ▷~产品。

【仿皮】fǎngpí 名 仿照皮革的性能、外观制造的皮革代用品 ▷~夹克。

【仿若】fǎngruò ❶ 动 好像是 ▷~天仙。❷ 副 仿佛 ▷这个地方我~来过。

【仿生】fǎngshēng 动 模仿生物的结构、形态、功能等 ▷~食品|~机械|视觉~。

【仿生建筑】fǎngshēng jiànzhù 模仿某些生物的结构、形态等的建筑物,具有被模仿生物的某些优良性能。

【仿生学】fǎngshēngxué 名 模仿生物的某种构造、功能等来改进和提高工程技术的学科。如研究鸟类肢体构造和飞行技能,来改进飞机的性能。

【仿宋体】fǎngsòngtǐ 名 汉字印刷字体的一种。仿自宋朝刻书字体,笔画细而均匀。也说仿宋字。

【仿效】fǎngxiào 动 模仿;照着样子去做 ▷竞相~|~古人的礼节。

【仿行】fǎngxíng 动 仿照实行 ▷对外国的某些做法绝不应机械~。

【仿影】fǎngyǐng 名 放在仿纸下面照着写的样字,供初学写毛笔字的人使用。

【仿造】fǎngzào 动 仿照已有的样式制造 ▷按原

样～。

【仿照】fǎngzhào 动 模仿别人的做法或现成的样式(做) ▷这篇铭文是～《陋室铭》写的。

【仿真】fǎngzhēn ❶ 动 指利用模型模仿实际系统进行实验和研究 ▷～技术｜系统～。❷ 动 模仿得很逼真 ▷致力于古董～｜～玩具。❸ 名 计算机操作中指关于系统与程序的仿制。

【仿纸】fǎngzhǐ 名 写毛笔字用的纸。较薄,可放在碑帖拓本上仿写,多印有方格。

【仿制】fǎngzhì 动 仿照制作;仿造 ▷许多展览品都是～的｜～秦俑。

访(訪) fǎng ❶ 动〈文〉征求意见;咨询。→ ❷ 动 向人调查打听;探寻 ▷察～｜寻～｜采～。→ ❸ 动 拜访;探望 ▷～问｜～友｜回～。

【访查】fǎngchá 动 寻访调查 ▷～旧友的下落。

【访古】fǎnggǔ 动 寻访古迹 ▷深山～。

【访旧】fǎngjiù 动 访问旧友、故地。

【访客】fǎngkè ❶ 名 来访的客人。❷ 名 特指到计算机网络上登录查询或浏览的人。

【访贫问苦】fǎngpín-wènkǔ 访问贫苦的人。

【访求】fǎngqiú 动 探访寻求 ▷～名师。

【访谈】fǎngtán 动 访问并交谈 ▷部长～录。

【访谈录】fǎngtánlù 名 访问交谈的记录。有书面形式的,也有录音、录像形式的。

【访问】fǎngwèn ❶ 动 有目的地看望并交谈 ▷～退休干部｜出国～。❷ 动 登录到计算机网络查询或浏览 ▷～新网站。

【访问学者】fǎngwèn xuézhě 到外国、外地教学研究机构进行一定时间的学术交流、讲学或进修的学者。

【访寻】fǎngxún 动 打听寻找;查访寻求 ▷～故友｜～真迹下落。

纺(紡) fǎng ❶ 动 把棉、丝、麻、毛等纤维制成纱或线 ▷她～的线又细又匀｜～棉花｜～车。→ ❷ 名 一种经纬线较稀疏、质地轻薄的丝织品 ▷～绸｜杭～。

【纺车】fǎngchē 名 旧式人工纺纱或纺线的工具。有纺轮,用手摇或脚踏。

【纺绸】fǎngchóu 名 一种适宜做夏装的平纹丝织品,质地细软。

【纺锤】fǎngchuí 名 纺纱、纺线用的工具,中间粗两头尖,木制或铁制。旋转纺锤,可把棉絮纺成纱,或把纱纺成线。

【纺锭】fǎngdìng 名 纱锭。

【纺纱】fǎngshā 动 把纺织纤维加工成纱。

【纺线】fǎngxiàn 动 把麻纱或棉纱等加工成线。

【纺织】fǎngzhī 动 纺纱并织成布匹、丝绸等。

【纺织娘】fǎngzhīniáng 名 昆虫,形似蝗虫,触角细长。雄性前翅部有发声器,能发出像纺车转动一样的声音,故称。参见插图 4 页。

【纺织品】fǎngzhīpǐn 名 经纺织加工而成的产品。包括纱线、机织物、针织物、编织物等。

【纺织纤维】fǎngzhī xiānwéi 可以制成纺织品的纤维,如棉、麻、丝、羊毛、腈纶、涤纶等。

昉 fǎng〈文〉❶ 动 天刚亮。→ ❷ 动 开始 ▷～于今日。

舫 fǎng 名 船 ▷画～｜游～。

fàng

放 fàng ❶ 动 把犯人驱逐到边远地区;解除约束,使自由 ▷～逐｜流～｜把俘虏～回去｜释～。→ ❷ 动 不加拘束;放纵 ▷～开嗓子唱｜豪～｜～任自流。→ ❸ 动 放牧 ▷～羊。→ ❹ 动 暂时停止工作或学习,使自由活动 ▷～工｜～学｜～假。→ ❺ 动 指引火焚烧 ▷～火。→ ❻ 动 发出;发射 ▷～枪｜～光芒。❼ 动 播放;放映 ▷～录音｜～电影。→ ❽ 动(把钱或物)发给(一批人) ▷～赈｜发～。❾ 动 把钱借给别人并收取利息 ▷～款｜～高利贷。→ ❿ 动(花)开 ▷鲜花怒～。⓫ 动 扩大;延长 ▷～大｜把袖子再～长些。→ ⓬ 动 放置;存放 ▷把被子～在床上｜天太热,馒头～两天就馊｜安～。⇒ ⓭ 动 搁置;停止进行 ▷不要紧的事先～一～再说。⇒ ⓮ 动 使倒下;放倒 ▷上山～树。⇒ ⓯ 动 把某些东西加进去 ▷炒菜别忘了～盐｜投～。○ ⓰ 动 控制(行动、态度等),使达到某种状态 ▷～慢速度｜～老实点ㄦ。

【放暗箭】fàng'ànjiàn 比喻暗中造谣中伤 ▷当面奉承,背后却～。

【放榜】fàngbǎng 动 发榜。

【放包袱】fàngbāofu 比喻解除思想负担。

【放长线,钓大鱼】fàng chángxiàn, diào dàyú 钓鱼时,把线放长,使钓钩进入更深的水域,以便钓得大鱼。比喻做事从长计议,不急于求成,等到条件成熟时收取更大的好处。

【放达】fàngdá 形〈文〉豪放豁达,不拘小节 ▷处事～｜乐观～。

【放大】fàngdà 动 把图样、音量、功能等扩大、提高或增强(跟"缩小"相对) ▷～图纸｜～音量。

【放大镜】fàngdàjìng 名 凸透镜的通称。因可以用来获得放大的视觉形象,故称。

【放大炮】fàngdàpào ❶比喻说空话 ▷不要言过其实,总～。❷比喻说话直率,话语激烈 ▷他又在会上～了｜放了一通大炮。

【放大器】fàngdàqì ❶ 名 能增强电磁信号的装置,由电子管、变压器等电器元件组成,用在电视、广播等装置中。❷ 图 制图用具，能把图形放大或缩小。也说放大尺。

【放大纸】 fàngdàzhǐ 图 放大照片用的感光纸，表面涂有溴化银或氯化银乳剂。

【放贷】 fàngdài 动 发放贷款。

【放胆】 fàngdǎn 动 解除顾虑，放开胆量 ▷有大家做你的后盾，～去干吧。

【放诞】 fàngdàn 形〈文〉(言行)放纵荒唐 ▷～不拘。

【放荡】 fàngdàng ❶ 形 行为放纵，不受约束 ▷～不羁。❷ 形 指行为不检点 ▷生活～。

【放电】 fàngdiàn ❶ 动 带异性电荷的两极接近时，发出火花和声响而使电荷中和。如雨天打闪和打雷，就是自然界的放电现象。❷ 动 电池或蓄电器等释放电能。❸ 动 比喻男女间用眼神向对方传情 ▷她用媚眼频频向对方～。

【放刁】 fàngdiāo 动 使用刁钻的手段或态度为难人。

【放毒】 fàngdú ❶ 动 投放毒药或施放毒气。❷ 动 比喻散布有害的言论。

【放飞】 fàngfēi ❶ 动 准许飞机起飞 ▷大雾消散，机场可以～了。❷ 动 把鸟、风筝等放出去，使高飞 ▷非法捕获的飞禽一律～◇～青春梦想。

【放风】 fàngfēng ❶ 动 让坐牢的人定时到院子里活动或上厕所。○ ❷ 动 故意透露或散布消息 ▷有人～公司要裁人了。

【放歌】 fànggē 动 放声歌唱；尽情赞美 ▷～一曲|黄山～。

【放工】 fànggōng 动 工人下班。

【放光】 fàngguāng 动 发光。

【放横炮】 fànghéngpào 比喻横生枝节，制造麻烦，使事情不能顺利进行 ▷要促使问题妥善解决，不要～。

【放虎归山】 fànghǔ-guīshān 比喻放走坏人，留下后患。也说纵虎归山。

【放话】 fànghuà 动 为透露出某种意向而发出话 ▷赛前他们队就～要夺取冠军。

【放怀】 fànghuái ❶ 动 开怀 ▷～高歌。❷ 动 放心 ▷难以～|～不下。

【放还】 fànghuán ❶ 动 释放回去 ▷～人质。❷ 动 放回原处 ▷物品用后请及时～。

【放荒】 fànghuāng ❶ 动 放火焚烧荒山野岭的草木 ▷点火～。❷ 动 放任土地荒芜 ▷常年干旱导致部分农田～。

【放活】 fànghuó 动 放宽限制，使具有活力和生机 ▷～农贸市场。

【放火】 fànghuǒ ❶ 动 为某种目的点火焚烧山林、粮草、房屋等 ▷～烧山。❷ 动 比喻煽动骚乱 ▷到处～，妄图制造事端。

【放假】 fàngjià 动 在规定的日期内停止工作或学习 ▷元旦～一天。

【放开】 fàngkāi 动 解除控制；特指在经济生活中解除限制 ▷～喉咙歌唱|～粮油价格。

【放空】 fàngkōng 动 运营的交通工具空着行驶 ▷去远郊的出租车回程时常～。

【放空炮】 fàngkōngpào 比喻只说空话，没有行动 ▷领导者～就会脱离群众。

【放空气】 fàngkōngqì 指故意制造某种舆论或气氛 ▷这是对方在～，我们不要上当。

【放宽】 fàngkuān 动 降低原来的要求、标准等 ▷～政策|～期限。

【放款】 fàngkuǎn 动 (金融机构)发放贷款。

【放浪】 fànglàng 动〈文〉(言行)放纵，不受约束 ▷～形骸|～不羁。

【放浪形骸】 fànglàng-xínghái 指行为放纵，不受礼法、世俗的拘束。

【放冷风】 fànglěngfēng 指散布流言蜚语；说泄气的话 ▷大家干得正起劲，有人却在旁边～。

【放冷箭】 fànglěngjiàn 比喻背后捣鬼，暗中害人。

【放量】 fàngliàng 动 放开量；放大量 ▷～吃吧，饭菜管够。

【放疗】 fàngliáo 动 放射治疗的简称。利用放射线(如β射线)破坏或抑制癌细胞生长，是治疗恶性肿瘤的主要方法之一。

【放慢】 fàngmàn 动 降低速度 ▷～车速。

【放牧】 fàngmù 动 把牲畜放到野地里觅食和活动 ▷～牛羊。

【放排】 fàngpái 动 将竹子、木材编扎成排，放在江河中顺流运走。

【放盘】 fàngpán ❶ 动 商店压价出售商品 ▷店家大～，吸引很多顾客前来抢购。❷ 动 将房屋等投放市场进行销售 ▷二手房～明显增加。

【放炮】 fàngpào ❶ 动 发射炮弹。❷ 动 燃放爆竹。❸ 动 点燃火药炸开土石等 ▷打眼儿～。❹ 动 密闭充气的物体爆裂 ▷轮胎～了。❺ 动 比喻发表抨击性的言论 ▷要多听意见，不怕大家～。

【放屁】 fàngpì ❶ 动 从肛门排出臭气。❷ 动 比喻说话毫无道理或没有价值(骂人的话)。

【放弃】 fàngqì 动 丢掉不要；不再坚持(权利、意见、希望等) ▷～继承权|～原则。

【放青】 fàngqīng 动 把牲畜赶到野外吃青草。

【放情】 fàngqíng 动 放开情怀 ▷～长征路|～游玩。

【放晴】 fàngqíng 动 雨雪后天气转晴 ▷一连下了几天雨，刚刚～。

【放权】fàngquán 动 把某些权力交给下级 ▷简政～。

【放任】fàngrèn 动 任其自然，不加约束 ▷对不良行为不能～纵容|～自流。

【放散】fàngsàn 动（烟、气味等）向外散发 ▷污水～着恶臭。

【放哨】fàngshào 动 在哨位上警戒或巡逻 ▷轮班～。

【放射】fàngshè ❶ 动（光线等）向四外射出 ▷～光芒。❷ 动 发射 ▷～鱼雷。

【放射病】fàngshèbìng 名 受到放射性物质射线的辐射，体内组织遭破坏而引起的疾病。主要症状有头痛、呕吐、关节疼痛、记忆力减退、脱发和白细胞减少等，严重的可导致死亡。

【放射形】fàngshèxíng 名 从中心向四周放射的形状。

【放射性】fàngshèxìng ❶ 名 某些元素（如镭、铀等）的不稳定的原子核自发地放出射线而衰变为另一种原子核的性质 ▷～元素|～武器。❷ 名 医学上指由一个痛点向四周扩展的病象。

【放射性污染】fàngshèxìng wūrǎn 人类活动（如核工业、核武器爆炸等）排放的放射性废物对环境造成的污染。污染大气、水体和土壤，使人受到放射性伤害。

【放射源】fàngshèyuán 名 放射现象发生的来源。

【放生】fàngshēng 动 放掉捕获的动物；特指信佛的人把别人捕捉的动物买来放归自然。

【放声】fàngshēng 动 放开喉咙发出声音 ▷～歌唱|～大哭。

【放手】fàngshǒu ❶ 动 把抓住东西的手松开 ▷抓住缰绳不～。❷ 动 比喻解除思想束缚 ▷～让年轻人挑大梁。❸ 动 罢休 ▷不查个水落石出，决不～。

【放水】fàngshuǐ ❶ 动 把水放出来，使流通 ▷开闸～。〇 ❷ 动 指在体育比赛等活动中串通作弊，一方故意让给另一方。

【放私】fàngsī 动 非法准许走私货物通行 ▷彻底追查受贿～案件。

【放肆】fàngsì 形 形容任意妄为，毫无顾忌 ▷要收敛一点儿，不要～。

【放松】fàngsōng 动（注意力、限制、要求等）由紧变松 ▷管理不能～|～对自己的要求。

【放送】fàngsòng 动 播送 ▷～实况录音。

【放下】fàngxià ❶ 动 把手松开搁下（拿着的东西）▷～手中的笔。❷ 动 丢下；丢开 ▷他一直没有～过这项科研工作。❸ 动 放置得下；容纳 ▷这里能不能～两张电脑桌？

【放下屠刀，立地成佛】fàngxià-túdāo，lìdì-chéngfó 原为佛教劝人改恶从善的话。后泛指作恶的人只要决心悔改，仍能变成好人。

【放像机】fàngxiàngjī 名 放录像带的电器。

【放血】fàngxiě ❶ 动 从静脉中放出适量的血液，适用于辅助性治疗脑充血、高血压、中暑等症。❷ 动 比喻不惜血本降价甩卖商品；也比喻花费或损失钱财 ▷割肉～，价格一降再降|让他～请大伙儿吃饭。☛"血"这里不读 xuè。

【放心】fàngxīn 动 指丢掉顾虑和牵挂，不必担心 ▷你～，我们一定照办|他始终放不下心。

【放行】fàngxíng 动 准许通过（路口、哨卡、海关等）▷红灯停车，绿灯～。

【放学】fàngxué 动 学生上完课，从学校回家。

【放言】fàngyán 动 不加约束地说出想说的话 ▷他向媒体～，不看好这部电影|～高论。

【放眼】fàngyǎn 动 放开眼界（去看）▷～一望，满目苍翠◇勿忘历史，～未来。

【放羊】fàngyáng 动 放牧羊群；比喻对一定的人群不加管理，任其自由行动 ▷下午李老师不来，他的班可别～了！

【放养】fàngyǎng ❶ 动 把某些鱼类、水生蕨类植物等有经济价值的动植物放到合适的地方使其生长繁殖 ▷～鲫鱼|～红萍。❷ 动 把禽、畜等放在圈（juàn）外饲养；也指把某些已经圈养的野生动物放到野外，使其在一定区域内以原有的生存方式生活 ▷小区内不得～家犬|在指定地区～山羊。❸ 动 比喻适当减少约束地培养孩子 ▷想让孩子尽快成才，就要舍得～。

【放样】fàngyàng 动 制造工程中照图纸按实际尺寸或一定比例放大，定出物件准确尺寸并据以制造模型，作为样品。

【放印子】fàngyìnzi 旧指借给别人印子钱。参见1651页"印子钱"。

【放映】fàngyìng 动 用强光装置把影片或幻灯片上的图像放大照射在银幕或白墙上 ▷～电影。

【放淤】fàngyū 动 把江、河等中含有大量泥沙的水流引入洼地、荒地、盐碱地或其他低产农田，使泥沙淤积，以改良土壤、扩大耕地面积或减少泥水对堤防的压力 ▷～垫洼|～固堤。

【放债】fàngzhài 动 借钱给人以收取利息。

【放账】fàngzhàng 动 放债。☛不要写作"放帐"。

【放赈】fàngzhèn 动 发放钱、粮，救济灾民。

【放置】fàngzhì 动 安放；搁置 ▷把书桌～在采光较好的地方|设备长期～不用。

【放逐】fàngzhú 动 古代指把有罪的人驱逐到边远地区。

【放纵】fàngzòng ❶ 动 只按自己的意愿行事，不受约束 ▷行为～。❷ 动 放任纵容，不加管束 ▷对孩子不能～。

fēi

飞(飛) fēi ❶ 动(鸟、虫等)扇(shān)动翅膀在空中活动 ▷大雁南～|～翔|～禽。→ ❷ 动(自然物体)在空中流动飘浮 ▷天上～雪花了|～舞|～絮。❸ 动 飞行器在空中行进 ▷飞机起～了。→ ❹ 动 像飞一样快速运动 ▷火车从眼前～过|～起一脚|～奔。→ ❺ 形 意外的;没来由的 ▷～灾横(hèng)祸。→ ❻ 动〈口〉挥发;气体飘散到空中 ▷汽油～了|时间一长香味就～了。☛ 首笔是横斜钩(⺄),不是横折弯钩(乙)。

【飞白】fēibái ❶ 名 修辞学指利用白字或讹音以达到某种修辞效果的一种修辞方式。❷ 名 书法和中国画的一种特殊用笔方法,在笔墨线条中夹杂有丝丝露白的笔画。

【飞报】fēibào 动 迅速赶去报告 ▷～军情。

【飞奔】fēibēn 动 飞快地跑 ▷汽车在～。

【飞镖】fēibiāo ❶ 名 旧时一种投掷武器,形状像长矛的头。❷ 名 体育运动项目,在规定距离以外用特制的镖投靶,按命中率决胜负。

【飞播】fēibō 动 用飞机播撒种子 ▷～造林。

【飞叉】fēichā 名 一种用钢叉表演的杂技节目;也指表演这种节目时使用的钢叉。

【飞车】fēichē ❶ 动 飞快地开车或骑车 ▷～兜风。❷ 名 飞快行驶的车 ▷开～。

【飞车走壁】fēichē zǒubì 杂技项目,场地是一个口大底小的倒圆锥形建筑物,内壁作跑道,演员骑着车或开着汽车在跑道上转圈奔驰。

【飞驰】fēichí 动(车、马等)飞快地行驶或奔跑 ▷火车～而过。

【飞虫】fēichóng 名 有翅膀会飞行的昆虫,如蜜蜂、苍蝇、蠓虫儿、蛾子等。

【飞船】fēichuán 名 指宇宙飞船。

【飞地】fēidì ❶ 名 位于甲行政区境内而隶属于乙行政区的土地,如在北京和天津两市包围中的大厂回族自治县和香河县是河北省的飞地。❷ 名 被包围在甲国境内而隶属于乙国的领土,如休达是摩洛哥境内的西班牙飞地。

【飞递】fēidì 动 迅速递送。

【飞碟】fēidié ❶ 名 不明飞行物。❷ 名 射击运动用的一种像碟的靶。用抛靶机抛射到空中,供运动员瞄准射击。

【飞渡】fēidù 动 飞着渡过或飞快地从上空越过 ▷～天堑|乱云～。

【飞短流长】fēiduǎn-liúcháng 散布流言蜚语,拨弄是非。

【飞蛾】fēi'é 名 蛾子。

【飞蛾扑火】fēi'é-pūhuǒ 蛾子扑向火光。比喻自取灭亡。也说飞蛾投火、灯蛾扑火。

【飞红】fēihóng 动 脸、颈迅速出现红晕 ▷羞得她满脸～。

【飞虹】fēihóng 名 虹。

【飞鸿】fēihóng 名 鸿雁;借指书信 ▷～传佳音。

【飞花】fēihuā ❶ 动 落花飘飞 ▷春城无处不～。❷ 名 飘飞的落花;比喻飘飞的雪花 ▷～逐水|～处处作春寒。❸ 名 纺织或弹棉花时悬浮在空中的棉纤维。

【飞黄腾达】fēihuáng-téngdá 神马腾空奔驰(飞黄:古代传说的神马名)。比喻官职、地位迅速上升。

【飞蝗】fēihuáng 名 蝗虫的一种。体形和颜色可随环境变化,能远距离飞翔,常成群迁徙,吃禾本科植物,严重危害农作物。

【飞机】fēijī 名 航空器的一类,由机身、机翼、尾翼和起落装置、动力装置、操纵系统等组成,种类很多。

【飞机场】fēijīchǎng 名 供飞机起飞、降落、停放并供乘客候机的场所。简称机场。

【飞溅】fēijiàn 动 向四外迸射 ▷浪花～。

【飞跨】fēikuà 动 飞越。

【飞快】fēikuài ❶ 形 形容像飞一样迅速 ▷车开得～。❷ 形 特别锋利 ▷这把刀～。

【飞来横祸】fēilái-hènghuò 突然发生的意料不到的灾祸。☛ "横"这里不读 héng。

【飞掠】fēilüè 动 飞快地掠过 ▷炮弹从楼顶上～而过。

【飞轮】fēilún ❶ 名 装在机器主轴或其他回转轴上的沉重轮子。利用其转动惯性可储存和放出能量,使机器旋转均匀。❷ 名 安装在自行车后轴上的传动齿轮。

【飞落】fēiluò 动 飞行后落下 ▷一群白天鹅～在昆明湖上。

【飞毛腿】fēimáotuǐ 名 指跑得非常快的腿;也指跑得飞快的人。

【飞沫】fēimò 名 喷出或溅起的小水珠;特指喷在空气中的唾沫 ▷～四溅|～传染。

【飞盘】fēipán 名 塑料制成的直径约 25 厘米的卷边圆盘,掷出后能在空中飘飞一段距离。多用作玩具,也可用来健身。

【飞蓬】fēipéng ❶ 名 蓬①。❷ 名 二年生草本植物,叶子像柳叶,边缘有锯齿,夏天开花,外围淡紫色。

【飞瀑】fēipù 名 飞泻而下的瀑布。

【飞禽】fēiqín 名 会飞的鸟类;泛指鸟类。

【飞泉】fēiquán 名 悬崖峭壁上喷涌而下的泉水;喷泉。

【飞人】fēirén ❶ 动 指人悬空进行杂技表演 ▷空中～。❷ 名 指跑得极快或跳得极高极远的运动员 ▷亚洲女～。

【飞散】fēisàn 动 飞着或飘着散开 ▷无数只白鸽向天空～|轻烟～。

【飞沙走石】fēishā-zǒushí 沙土飞扬，碎石翻滚。形容风势迅猛。

【飞身】fēishēn 动 身体迅速灵活地向前或向上运动 ▷～越过横杆。

【飞升】fēishēng ❶ 动 飞快上升；飘浮着上升。❷ 动 道教指修炼得道，飞向仙境。

【飞驶】fēishǐ 动 高速行驶 ▷以 120 千米的时速在公路上～。

【飞逝】fēishì 动 极快地消逝 ▷光阴～。

【飞速】fēisù 副 非常快速地 ▷～行驶|～发展。

【飞腾】fēiténg 动 迅速飞起或升起 ▷～而上。

【飞天】fēitiān 名 指空中飞舞的天神，多见于佛教壁画或石刻中。

【飞艇】fēitǐng 名 航空器的一种，艇体呈流线型，没有翼，利用装着氢气或氦气的气囊所产生的浮力上升，靠发动机、螺旋桨推动前进，飞行速度较慢。可垂直起降，留空时间长，噪声和对大气的污染较小，经济性、安全性较好。广泛用于军事侦察、通信、勘测、摄影、航空运动等。

【飞吻】fēiwěn 动 先吻自己的手，然后做一个抛掷给对方的手势，表示亲吻对方。

【飞舞】fēiwǔ 动 在空中飞扬舞动 ▷雪花～。

【飞翔】fēixiáng 动 盘旋着飞行；飞 ▷雄鹰～。☛ 参见 14 页"翱翔"的提示。

【飞泻】fēixiè 动 大水从高处急速流下 ▷瀑布～。

【飞行】fēixíng 动 (鸟类、飞行器等)在空中前进。

【飞行器】fēixíngqì 名 在大气层内或外层空间飞行的机器或装置。主要包括航空器、航天器、火箭和导弹等。

【飞行员】fēixíngyuán 名 飞机等飞行器的驾驶员。

【飞絮】fēixù 名 飘飞的柳絮、花絮等 ▷～满天。

【飞旋】fēixuán 动 回旋飞行 ▷海鸥在水面～◇优美的乐曲在耳边～。

【飞檐】fēiyán 名 我国传统建筑中向外向上翘起的屋檐。

【飞檐走壁】fēiyán-zǒubì 在屋檐和墙壁上行走如飞。形容武艺高超，身体轻捷。

【飞扬】fēiyáng ❶ 动 向上飘扬 ▷柳絮～。❷ 动 指精神振奋 ▷神采～。☛ 不要写作"飞飏"。

【飞扬跋扈】fēiyáng-báhù 形容得意而骄横狂妄。☛"跋"不要误写作"拔"。

【飞鱼】fēiyú 名 鱼，胸鳍发达像翅膀，能跃出水面在空中滑翔百米以上。生活在温带和亚热带海洋中。

【飞语】fēiyǔ 现在一般写作"蜚语"。

【飞跃】fēiyuè ❶ 动 飞腾跳跃 ▷猴子从一棵树～到另一棵树上。❷ 动 迅速发展 ▷经济～发展。❸ 动 哲学上指事物完成由旧质向新质的转化 ▷从必然到自由是一个～。

【飞越】fēiyuè 动 飞着从空中越过 ▷～地中海|跳高运动员～横杆。

【飞灾】fēizāi 名 意外的灾祸 ▷招来～|～降临。

【飞贼】fēizéi ❶ 名 指能爬墙上房的窃贼 ▷～落网。❷ 名 指从空中入侵的敌人。

【飞涨】fēizhǎng 动 (物价等)飞快地上涨。

【飞针走线】fēizhēn-zǒuxiàn 形容做针线活儿非常熟练快捷。

【飞舟】fēizhōu 名 行驶如飞的船 ▷一叶～穿行于惊涛骇浪中。

【飞转】fēizhuàn 动 飞快地转动 ▷车轮～。

妃 fēi 名 皇帝的妾，地位低于皇后；太子、王侯的妻子 ▷后～|贵～|王～。

【妃嫔】fēipín 名 嫔妃。

【妃子】fēizi 名 皇帝的妾。

非[1] fēi ❶ 动 违背；不合于 ▷～法|～礼|～分(fèn)。→ ❷ 形 错误(跟"是"相对) ▷明辨是～|为～作歹。→ ❸ 动 认为不对；反对；指责 ▷口是心～|无可厚～|～难。→ ❹ 动 表示否定的判断，相当于"不是" ▷这事～你我所能解决|答～所问|～亲～故。❺词的前缀。附在名词、名词性短语或区别词前，表示不属于某种范围 ▷～金属元素|～公有制|～主流。→ ❻ 副 表示否定，相当于"不" ▷～凡|～同寻常。❼ 副 与"不行""不可""不成"等词呼应，表示必须、一定(口语中"非……"后的"不可""不行"等词可以省略，如"非得(děi)我去""你不让我去，我非去") ▷～说不行|～下苦功不可|～你去不成。

非[2] fēi 名 指非洲 ▷东～|北～。☛ ㊀"非"字的笔顺是丨 ㅓ 非 非。㊁两个"非"连用，分别用在两个意义相关的单音节名词前，构成"非……非……"格式，相当于"既不是……又不是……"，表示对两种情况都否定。如：非官非商、非亲非故。㊂跟"即"连用，分别用在两个同类词语(多是单音词)前，构成"非……即……"格式，相当于"不是……就是……"，表示二者必居其一。如：非此即彼、非亲即故。

【非常】fēicháng ❶ 形 不寻常的；特殊的 ▷有说有笑，热闹～|～措施。❷ 副 表示程度极高 ▷～勇敢|～想念。☛"非常"②跟"十分"②稍有不同。"非常"②可以重叠，"十分"②不能；"十分"②前可用"不"降低程度，"非常"②不能。

【非处方药】fēichǔfāngyào 名 经国家批准的，不需要凭医生处方就可以买卖的药品(跟"处方药"相区别,英语缩写为OTC)。

【非此即彼】fēicǐ-jíbǐ 不是这个就是那个。表示必然属于两样中的一样。

【非但】fēidàn 连 不但(跟"而且""还"等词呼应)▷～不能削弱,而且还要加强。

【非得】fēiděi 副 常跟"不可""不成"等词呼应,表示必须如此 ▷～动手术不可|～你办不成。☛"得"这里不读dé。

【非典型肺炎】fēidiǎnxíng fèiyán ❶ 医学上将双球菌引起的肺炎称为典型肺炎,其他的统称为非典型肺炎。❷ 特指2003年在我国部分地区流行的由SARS冠状病毒引起的传染性非典型肺炎,即SARS(英语缩写,意为"严重急性呼吸综合征")。简称非典。

【非独】fēidú ❶ 连 非但(常跟"而且"等词呼应)▷～无罪,而且有功。❷ 副 不单 ▷反对的～我一人。

【非法】fēifǎ 形 不合法的;违法的 ▷没收～所得|伪造商标是～的。

【非凡】fēifán 形 不一般的;出众的 ▷～人物。

【非分】fēifèn 形 不是分内的;超越本分的 ▷这个要求太～了|～之举。

【非婚生子女】fēihūnshēng zǐnǚ 没有合法婚姻关系的男女所生的子女。也说私生子。

【非金属】fēijīnshǔ 名 一般指没有金属光泽,没有延展性,不易导电和传热的单质。在常温下除溴以外,都是固体(如硫、碳、碘等)或气体(如氧、氮、氯等)。

【非君莫属】fēijūn-mòshǔ 除了您以外,不能属于任何人。表示只有您能胜任。

【非礼】fēilǐ ❶ 形 不合礼法;不礼貌 ▷不能对长辈如此～。❷ 动 调戏、猥亵(妇女)▷他因在公交车上～妇女被拘留。

【非驴非马】fēilǘ-fēimǎ 既不是驴,也不是马。借指不伦不类,什么也不像。

【非卖品】fēimàipǐn 名 不出售而只用于展览、赠送等的物品。

【非命】fēimìng 动 非正常死亡(命:寿命)▷死于～|免于～。

【非难】fēinàn 动 指责(难:质问;责问)▷对他的～是不公平的|群起～。☛"难"这里不读nán。

【非农】fēinóng 区别 不属于农村或农业的 ▷～户口|～产业。

【非企业法人】fēiqǐyè fǎrén 不以营利为目的,从事非生产经营活动的法人。如国家机关法人、事业单位法人、社会团体法人。参见374页"法人"。

【非亲非故】fēiqīn-fēigù 既不是亲属,也不是老朋友(故:老朋友)。指彼此没有关系。

【非人】fēirén 区别 不应属于人的 ▷过着～的生活|承受着～的折磨。

【非条件反射】fēitiáojiàn fǎnshè 正常的人和动物生来就有的反射功能。如食物入口便引起唾液分泌。也说无条件反射。参见1361页"条件反射"。

【非同凡响】fēitóng-fánxiǎng 不同凡响。

【非同小可】fēitóng-xiǎokě 不同寻常。形容事情重要或事态严重,不可轻视。

【非物质文化遗产】fēiwùzhì wénhuà yíchǎn 指各种以非物质形态存在的,与群众生活密切相关、世代相承的传统文化表现形式。包括口头传统、传统表演艺术、民俗活动和礼仪节庆、传统手工艺技能等以及与上述传统文化表现形式相关的文化场所。经联合国教科文组织确认,列入《人类非物质文化遗产代表作名录》的,有昆曲、端午节、中医针灸、中国剪纸等。

【非笑】fēixiào 动 非议讥笑 ▷不懂装懂,遭人～。

【非刑】fēixíng 名 违反法律规定的残酷的刑罚 ▷遭受～|～虐待。

【非要】fēiyào 副 跟"不可""不行"等词呼应,表示坚持要这样做 ▷他～亲自去不可。☛"不可""不行"也可省略,意思不变。

【非议】fēiyì 动 责备;指摘 ▷遭到～。

【非再生资源】fēizàishēng zīyuán 不可再生资源。

【非正式】fēizhèngshì 区别 不合乎正规标准或程序的;未最终确定的 ▷～访问|～合同。

【非政府组织】fēizhèngfǔ zǔzhī 指政府以外的非营利性社会组织。主要从事济困扶贫、环境保护、社区发展等公益事业。我国多称民间组织,包括各种社团、基金会等。

【非织造布】fēizhīzàobù 名 将纺织纤维制成纤维网,再用化学方法或热熔方法黏合或用针刺、针织等方法连缀而成的片状物。因不经过纺织过程,故称。也说不织布、无纺织布。

【非职务发明】fēizhíwù fāmíng 在职人员未利用本单位的物质条件,利用业余时间所完成的发明。非职务发明的专利权归发明人所有。

【非智力因素】fēizhìlì yīnsù 指智力因素以外的意志、性格、感情等心理因素。

【非洲】fēizhōu 名 阿非利加洲的简称。位于东半球的最西部,欧亚大陆的西南面。西濒大西洋,东临印度洋,北隔地中海跟欧洲相望,东北以红海、苏伊士运河为界跟亚洲相邻。面积3020多万平方千米,是世界第二大洲(阿非利加:英语Africa音译)。

菲[1] fēi 形〈文〉花草茂盛,香气浓郁 ▷芳～。

菲[2] fēi 名 碳氢化合物,跟蒽的分子式相同。无色晶体,有光泽。从煤焦油中提取。可用来制造染料、炸药等。☛"菲"字读fěi,

指微薄,不单用,如"菲礼""收入不菲"。
另见 398 页 fěi。

【菲菲】fēifēi 形〈文〉形容花草茂盛,香气浓郁 ▷芳草～。

啡 fēi 音译用字,用于"咖啡""吗啡"等。

騑(騑) fēi 名〈文〉驾在车辕两边的马;泛指马。

【騑騑】fēifēi 形〈文〉形容马行走的样子 ▷四牡～。

绯(緋) fēi 形 大红 ▷～红。

【绯红】fēihóng 形 形容颜色大红 ▷脸色～。

【绯闻】fēiwén 名 有关男女关系的传闻。

扉 fēi ❶ 名 门 ▷柴～。→ ❷ 名 像门一样的东西 ▷心～|～页|～画。

【扉画】fēihuà 名 书籍正文前的图画。

【扉页】fēiyè 名 书刊封面后、正文前印有书名、作者姓名等内容的一页。也说内封。

蜚 fēi 同"飞"。用于"蜚声""流言蜚语"等词语中。
另见 398 页 fěi。

【蜚短流长】fēiduǎn-liúcháng 现在一般写作"飞短流长"。

【蜚声】fēishēng 动 扬名 ▷～海内外。

【蜚语】fēiyǔ 名 没有根据的话 ▷流言～。

霏 fēi〈文〉❶ 形 雨雪纷飞;烟云盛多 ▷雨雪其～。→ ❷ 动 飞散;飘洒 ▷烟～雨散。

【霏霏】fēifēi 形〈文〉霏① ▷淫雨～。

鲱(鯡) fēi 名 鱼,体侧扁而长,背青黑色,腹银白色,没有侧线。是冷水性海洋鱼类,世界重要经济鱼类之一。也说鲱。

féi

肥 féi ❶ 形 含脂肪多(跟"瘦"相对,一般不形容人) ▷猪长得很～了|～肉。→ ❷ 形 肥沃 ▷这块地很～,庄稼长得好。⇒ ❸ 动 使肥沃或肥胖 ▷河泥可以～田|～猪粉。⇒ ❹ 名 肥料 ▷施～|化～。→ ❺ 动 靠不正当的收入而富裕 ▷坑了集体,～了个人|损公～私。→ ❻ 形 收入多的 ▷～缺|～差(chāi)。❼ 名 指利益(多用于贬义) ▷暗中分～。→ ❽ 形 (衣服等)宽大(跟"瘦"相对) ▷裤腰太～。

【肥差】féichāi 名 指可以从中捞到很多私利的差事。

【肥肠】féicháng 名 用来做菜肴的猪大肠。

【肥大】féidà ❶ 形 (生物体或生物体的某部分)肥胖;粗壮 ▷身躯～|叶子～。❷ 形 人体某一脏器或组织因病变而体积变大 ▷前列腺～。❸ 形 (衣服等)又宽又大 ▷裤子～。

【肥分】féifèn 名 肥料中所含营养元素的成分。一般用百分数表示。如茶籽饼的肥分:氮 1.1%,磷 0.37%,钾 1.23%。

【肥厚】féihòu 形 肥大而厚实 ▷仙人掌的茎很～。

【肥力】féilì 名 土壤肥沃的程度。

【肥料】féiliào 名 能给植物提供养分、促进发育的物质。分有机肥料、无机肥料、细菌肥料等。

【肥马轻裘】féimǎ-qīngqiú 骑着肥壮的骏马,穿着轻暖的裘皮。形容生活奢华。

【肥美】féiměi ❶ 形 脂肪多而味道鲜美 ▷～的羊肉。❷ 形 肥壮;丰茂 ▷牛羊～|水草～。❸ 形 肥沃 ▷土地～。

【肥嫩】féinèn 形 (肉、鱼等)脂肪多而鲜嫩。

【肥腻】féinì 形 (肉、鱼等)脂肪多得使人不想吃。

【肥胖】féipàng 形 (人体)脂肪过多。

【肥胖症】féipàngzhèng 名 指营养过剩、脂肪过多、体重超常的病症。

【肥缺】féiquē 名 指待遇优厚、额外收入多的职位(缺:职务的空额,借指职位)。

【肥肉】féiròu ❶ 名 含脂肪多的肉 ▷高血压病人不宜吃～。❷ 名 比喻可以使人得到很多好处的事物 ▷19 世纪末列强把中国看成一块～,纷纷争夺。

【肥实】féishi〈口〉❶ 形 肥壮 ▷这只羊很～。❷ 形 脂肪多 ▷买块～点儿的肉。❸ 形 形容富有 ▷他的家底很～。

【肥瘦儿】féishòur ❶ 名 衣服、鞋袜等的宽窄程度 ▷这身衣服～合身。❷ 名 肉类的肥瘦程度 ▷这块肉～正合适。

【肥水】féishuǐ 名 含有肥料的水;比喻利益、好处 ▷～不外流。

【肥硕】féishuò ❶ 形 (果实等)大而饱满。❷ 形 (躯体)高大而肥胖 ▷身躯～。

【肥私】féisī 动 采取不正当的手段使私人得到好处 ▷损公～,必须依法依规严惩|受贿索贿,以权～。

【肥田】féitián ❶ 名 肥沃的农田 ▷～沃土。❷ 动 使土地肥沃 ▷塘泥可以～|～粉。

【肥头大耳】féitóu-dà'ěr 形容头部肥大;也形容体态肥胖(多含贬义)。

【肥土】féitǔ 名 肥沃的土地。

【肥沃】féiwò 形 土地中养分多、水分足 ▷～的田地。

【肥效】féixiào 名 肥料的效力 ▷～显著。

【肥腴】féiyú〈文〉❶ 形 肥胖。❷ 形 肥沃。

【肥育】féiyù 动 育肥;催肥。

【肥源】féiyuán 名 肥料的来源,如人畜的粪尿、绿肥作物、草木灰、豆饼等。

【肥皂】féizào 名 洗涤去污的化工制品，一般由油脂和氢氧化钠制成，多为块状。

【肥皂剧】féizàojù 名 指一种题材轻松活泼、每集播放时间较短的电视连续剧。因早期时常在中间插播肥皂商的广告，故称。

【肥皂泡】féizàopào 名 肥皂水的泡沫；常用来比喻转眼就消失的事物 ▷他的希望成了～。

【肥壮】féizhuàng 形（庄稼、牲畜等）肥大而健壮 ▷牧草～|～的牲口。

贲（賁） féi 名 姓。

另见 61 页 bēn；72 页 bì。

淝 féi 名 淝水，古水名，在今安徽。现有两支，分别叫西淝河、北淝河，均流入淮河。

腓 féi 名 腓肠肌。

【腓肠肌】féichángjī 名 小腿胫骨后面隆起的扁长肌肉。

【腓骨】féigǔ 名 小腿外侧的骨头，比内侧的胫骨细而稍短。

fěi

朏 fěi 动〈文〉新月开始发光。

匪[1] fěi 副〈文〉表示否定，相当于"不""非" ▷获益～浅|～夷所思。

匪[2] fěi 名 用暴力抢劫财物、危害他人的歹徒 ▷剿～|土～|～徒。☛"匪"字第十画是竖折(㇄)，一笔连写。

【匪帮】fěibāng 名 盗匪集团；行为像盗匪一样的政治集团。

【匪巢】fěicháo 名 盗匪或反动势力盘踞的窝点 ▷直捣～。也说匪窟、匪穴。

【匪盗】fěidào 名 盗匪。

【匪患】fěihuàn 名 盗匪造成的祸患。也说匪祸。

【匪首】fěishǒu 名 盗匪的头子。

【匪徒】fěitú 名 盗匪；像盗匪一样作恶的坏人。

【匪夷所思】fěiyísuǒsī 不是按常理所能想象得到的(夷：平常)。形容事物或人的言行等离奇古怪。

诽（誹） fěi 动 说别人的坏话 ▷～谤。

【诽谤】fěibàng 动 造谣诬蔑；说别人坏话，败坏别人名誉 ▷造谣～。

【诽谤罪】fěibàngzuì 名 情节严重的诽谤所构成的犯罪。

菲 fěi 形〈文〉微薄 ▷～酌|～仪|收入不～。

另见 396 页 fēi。

【菲薄】fěibó ❶ 形 微薄；价值小 ▷礼物～|～的报酬。❷ 动 轻视；看不起 ▷妄自～。

【菲敬】fěijìng 名〈文〉菲仪。

【菲仪】fěiyí 名〈文〉谦词，用于对人称自己所送的微薄的礼物 ▷～一份，敬请笑纳。

【菲酌】fěizhuó 名〈文〉谦词，用于对人称自己所备的不丰盛的酒饭 ▷拟略设～，借作长谈。

悱 fěi 形〈文〉形容心里想说又说不出的样子 ▷不～不发(不到想说而说不出来的时候，不去启发他)。

【悱恻】fěicè 形〈文〉形容内心悲苦凄切 ▷情词～。

棐 fěi 动〈文〉辅助。

斐 fěi ❶ 形〈文〉形容有文采 ▷文辞～然。◯ ❷ 名 姓。

【斐然】fěirán〈文〉❶ 形 形容有文采的样子 ▷～成章。❷ 形 显著 ▷教学成果～。

榧 fěi 名 香榧的简称。

【榧子】fěizi 名 香榧的种子。

蜚 fěi 名 古书上指一种蜻类的昆虫。

另见 397 页 fēi。

【蜚蠊】fěilián 名 蟑螂。

翡 fěi ❶ [翡翠] fěicuì a) 名 古书上指一种像燕子的小鸟，有红色羽毛的叫翡，有青绿色羽毛的叫翠。b) 名 翠鸟科部分鸟的统称。嘴长而直，嘴和足趾都呈珊瑚红色，最常见的为蓝翡翠，羽毛亮蓝色和橙棕色。c) 名 由硬玉的细针状微晶体紧密交织而成的一种玉。硬度高，半透明，有玻璃光泽。颜色多样，以鲜亮浓艳的翠绿色最为珍贵。◯ ❷ 名 姓。

篚 fěi 名 古代一种盛东西的圆形竹器。

fèi

芾 fèi 见 74 页"蔽芾"。

另见 419 页 fú。

吠 fèi 动〈文〉狗叫 ▷鸡鸣狗～|狂～。

肺 fèi 名 人和某些高等动物的呼吸器官。在胸腔中，左右各一，与支气管相连。肺泡内的气体交换能使带二氧化碳的血液变成带氧的血液。也说肺脏。☛ 右边是"巿"(fú，4画)，不是"市"(shì，5画)。由"巿"构成的字还有"沛""芾""旆"等。

【肺病】fèibìng 名 肺结核的通称。

【肺动脉】fèidòngmài 名 把含二氧化碳较多的血液从右心室送到肺部的血管。

【肺腑】fèifǔ 名 肺脏；借指内心 ▷沁人～|感人～。

【肺腑之言】fèifǔzhīyán 发自内心的话。

【肺活量】fèihuóliàng 名 一次尽力吸气后再尽力呼出的气体总量。正常的肺活量，成年男子大约是3500毫升,成年女子大约是2500毫升。

【肺结核】fèijiéhé 名 由结核杆菌造成的肺部慢性传染病。症状是低烧、咳嗽、多痰、消瘦、盗汗、咯血等。通称肺病。

【肺静脉】fèijìngmài 名 把含氧较多的血液从肺运到左心房的血管。

【肺痨】fèiláo 名 中医指肺部虚损的慢性疾病(包括肺结核)。

【肺泡】fèipào 名 肺的主要组成部分。在最小的支气管末端,呈囊泡状,四周有毛细血管网围绕。吸入的空气与毛细血管中的血液在肺泡内进行气体交换。

【肺气肿】fèiqìzhǒng 名 由慢性支气管炎、支气管哮喘、肺结核等引起的肺部慢性疾病。症状是呼吸困难、咳嗽、气喘等。

【肺水肿】fèishuǐzhǒng 名 肺血管外液体过多积聚于肺组织内的病症。症状有皮肤或黏膜呈青紫色,咳嗽剧烈,吐大量粉红色痰液等。

【肺心病】fèixīnbìng 名 肺源性心脏病的简称。由严重的肺气肿或肺动脉压力过高引起。症状有发绀、心悸、气喘、水肿等,最后发展为心力衰竭。

【肺循环】fèixúnhuán 名 一种血循环。在心脏的作用下,血液从右心室流入肺动脉后到肺部毛细血管,排出二氧化碳,吸收新鲜氧气,经肺静脉流到左心房,再流入左心室。这样的血液循环叫肺循环。也说小循环。

【肺炎】fèiyán 名 肺部的炎症。多由细菌、病毒、真菌等引起,少数由物理、化学因素或过敏反应引起。症状有高烧、咳嗽、胸痛、呼吸困难等。

【肺叶】fèiyè 名 人和高等动物的肺表面有深长的裂沟,把肺分为若干部分,每一部分就是一个肺叶。人的左肺有两个肺叶,右肺有三个肺叶。

【肺脏】fèizàng 名 肺。

狒 fèi [狒狒] fèifèi 名 哺乳动物,形状像猕猴,头部像狗,四肢粗壮,毛浅灰褐色。群居,杂食。多生活在非洲。

废(廢 *癈⑦) fèi ❶ 动(房屋等)倾倒;坍塌。→ ❷ 动 覆灭;破灭 ▷王朝兴~。→ ❸ 动 放弃不用;停止 ▷~寝忘食|半途而~。⇒❹ 动〈文〉废黜 ▷~其王位|太子被~。⇒❺ 形 失去原有效用的;无用的 ▷~铁|~话。⇒ ❻ 名 失去原有效用的东西 ▷修旧利~。⇒ ❼ 动 特指肢体伤残 ▷这条腿算是~了|残~。→ ❽ 形 衰败;荒芜 ▷~墟|~园。→ ❾ 形 沮丧;失望 ▷颓~。☛ 跟"费"不同。"废"侧重指荒废不用或失去功效,但东西还在,如"废物""废铜烂铁";"费"侧重指花费、损耗,原有事物已部分或全部失去,如"浪费""费工费时"。

【废弛】fèichí 动(法令、制度等)因长期不认真执行而失去约束力 ▷纲纪~。

【废除】fèichú 动 取消;停止使用 ▷~弊政。

【废黜】fèichù 动〈文〉废除;革除(多指取消王位或废除特权地位)▷~帝制,建立共和。

【废话】fèihuà ❶ 名 多余的、无用的话 ▷~连篇。❷ 动 说废话 ▷少~,干活儿去! ☛ 跟"费话"不同。

【废旧】fèijiù 形 废弃的和破旧的 ▷收购~物品。

【废料】fèiliào 名 生产过程中剩下的对本项生产不再有用的材料。

【废品】fèipǐn ❶ 名 不合格的产品 ▷决不让~出厂。❷ 名 丧失原有使用价值的物品 ▷回收~|~站。

【废品率】fèipǐnlǜ 名 废品占全部加工品(包括合格品和废品)的比率,一般用百分比表示。是工业企业工作质量的指标之一。

【废气】fèiqì 名 指工业生产和燃料燃烧过程中所排放的无用或未充分利用的气体。

【废弃】fèiqì 动 抛弃;丢弃 ▷原来的章程早已~。

【废弃物】fèiqìwù 名 废弃不用的东西。

【废寝忘食】fèiqǐn-wàngshí 顾不上睡觉,忘记了吃饭。形容非常专心、勤奋。

【废热】fèirè 名 余热①。

【废人】fèirén 名 因残废而丧失工作、生活能力的人;无用的人。

【废水】fèishuǐ 名 生产和生活过程中产生的对生产和生活已经没有用的水。

【废铜烂铁】fèitóng-làntiě 被废弃的各种金属物品;比喻没有用的器物。

【废物】fèiwù 名 不再具有原使用价值的物品 ▷~利用。

【废物】fèiwu 名 比喻没有用的人(骂人的话)▷他连这点事儿都干不好,真是个~。

【废墟】fèixū 名 城镇、乡村等遭受破坏或自然灾害后变得冷落荒凉的地方 ▷沦为一片~。

【废学】fèixué 动 辍学。

【废液】fèiyè 名 工业生产、科学试验等过程中排放出来的失去原有作用的液体。

【废油】fèiyóu 名 工业上指不符合规格,不能使用的油。

【废渣】fèizhā 名 工业生产中产生的固体废弃物。

【废止】fèizhǐ 动 废除;停止实行(多指法令、制度等)▷旧法在新法颁布后自行~。

【废址】fèizhǐ 名 已废弃的建筑物的原址 ▷在明代学馆的~上重修博物馆。

【废置】fèizhì 动 搁置起来不用 ▷这所房子已~多年。

沸 fèi 动 液体受热到一定温度产生气泡而翻腾 ▷扬汤止~|~腾|~水。☛ 统读

fèi,不读 fú 或 fó。

【沸点】fèidiǎn 图 液体沸腾时的温度。沸点随外界压强的大小而升降。水在标准大气压下的沸点是 100℃。

【沸反盈天】fèifǎn-yíngtiān 声音像沸腾的水那样翻滚,充满空间(反:翻滚)。形容人声喧闹,乱成一片。

【沸沸扬扬】fèifèiyángyáng 形 形容人声喧闹、议论纷纷,就像翻滚升腾的开水一样。

【沸泉】fèiquán 图 温泉的一种,泉水温度等于或略高于当地的水沸点。

【沸热】fèirè 形 像烧开的水一样热 ▷~的气体。

【沸水】fèishuǐ 图 沸腾的水。

【沸腾】fèiténg ❶ 动 液体达到沸点发生汽化。❷ 动 形容情绪高涨或人声喧闹 ▷热血~|工地上一片~。

费(費) fèi ❶ 动 消耗 ▷~了九牛二虎之力|耗~|消~。→ ❷ 图 开支的钱 ▷学~|路~|免~。→ ❸ 动 消耗得过多(跟"省"相对) ▷养车比打车~钱。○ ❹ 图 姓。☛ ㊀不能简化成"弗"。㊁参见 399 页"废"的提示。

【费工】fèigōng 动 耗费工时 ▷既~又费料。

【费话】fèihuà 动 耗费话语 ▷学习要自觉,别老让家长~。也说费唇舌、费口舌。☛ 跟"废话"不同。

【费解】fèijiě 形 难懂;不易理解 ▷这篇文章用了一大堆新名词ル,令人~。

【费尽心机】fèijìn-xīnjī 用尽心思,想尽办法。

【费尽心血】fèijìn-xīnxuè 用尽了心思和精力。

【费劲】fèijìn 动 耗费精力;吃力 ▷写这篇稿子他没少~。

【费力】fèilì 动 耗费力气;吃力 ▷~不讨好|李老师腿不好,走路很~。

【费率】fèilǜ 图 交纳费用的比率。如保险业的费率指投保人向保险人交纳费用的金额与保险人承担赔偿金额的比率。

【费钱】fèiqián ❶ 动 花费钱 ▷就用我的吧,不用~再买了。❷ 动 耗费很多钱 ▷住高级宾馆太~。

【费神】fèishén ❶ 动 耗费精神 ▷看稿子太~了。❷ 动 客套话,用于请托或致谢 ▷您~照看一下这孩子。

【费时】fèishí 动 耗费时间 ▷这项工程~五年。

【费事】fèishì 动 费工夫;麻烦 ▷这样做太~了,得不偿失|这点活ル顺便就干了,不~。

【费手脚】fèishǒujiǎo 费事。

【费心】fèixīn ❶ 动 耗费心力 ▷这孩子实在让人~。❷ 动 客套话,用于请托或致谢 ▷请~关照一下。

【费用】fèiyòng 图 支出的钱;花费的钱。

剕 fèi 动 砍去脚,古代一种酷刑。

痱(*疿) fèi 图 痱子。

【痱子】fèizi 图 夏天皮肤表面起的密集红色小丘疹,非常刺痒。通常是由于出汗过多、汗腺发炎所致。

【痱子粉】fèizifěn 图 用来防治痱子的药粉。主要由滑石粉、氧化锌、水杨酸、硫黄、薄荷脑等加香料制成。

镄(鐨) fèi 图 金属元素,符号 Fm。有放射性。由人工核反应获得。

fēn

分 fēn ❶ 动 使整体变成若干部分;使相联系的离开(跟"合"相对) ▷把钱~成两份|~三个问题论述|~层|~权|~区|~割。→ ❷ 动 分配;分派 ▷每人~了一筐苹果|毕业后~到工厂工作。→ ❸ 形 从主体上分出来的 ▷~支|~队|~校。→ ❹ 动 区分;辨别 ▷五谷不~|~清是非。→ ❺ 图 指分数 ▷~母|~子。→ ❻ 量 表示成数,整体分成相等的十份中占一份叫一分 ▷七~成绩,三~缺点。→ ❼ 数 某些计量单位的十分之一 ▷~米。→ ❽ 量 a)市分,长度非法定计量单位。b)市分,土地面积非法定计量单位。c)市分,质量非法定计量单位。d)我国货币的辅币单位。10 分等于 1 角。e)时间,60 秒为 1 分,60 分为 1 小时。也说分钟。f)弧或角,60 秒为 1 分,60 分为 1 度。g)经度或纬度,60 秒为 1 分,60 分为 1 度。h)利率,年利 1 分为本金的 $\frac{1}{10}$,月利 1 分为本金的 $\frac{1}{100}$。i)评定的成绩 ▷语文考了 95~。☛ 读 fēn,多表示动作,同时也作量词;读 fèn,多表示事物,如"分量""情分"。

另见 406 页 fèn。

【分保】fēnbǎo 图 再保险。

【分贝】fēnbèi 量 级差法定计量单位,常用来表示声音强度的相对大小。人耳能听到的最小声音的声强约为 1 分贝,平常谈话约为 40—60 分贝。按国际标准,在繁华市区,室外噪声白天不应超过 55 分贝,夜间不应超过 45 分贝。

【分崩离析】fēnbēng-líxī 形容国家或集团等四分五裂,彻底瓦解(离析:分离,离散)。

【分辨】fēnbiàn 动 区分;辨别 ▷~好人坏人|~是非。☛ 跟"分辩"不同。

【分辨率】fēnbiànlǜ 图 指电子计算机等屏幕显示

的清晰度或打印机打印输出图文的精细度。

【分辩】fēnbiàn 动 为消除误会或指责而说明事实真相 ▷不能只许你批评,不许别人～。☛ 跟"分辨"不同。

【分别】fēnbié ❶ 动 区分;辨别 ▷～主次。❷ 副 分头;各自 ▷这件事由双方～处理。❸ 名 差别;不同之处 ▷两种意见没有太大的～。❹ 副 表示用不同的方式 ▷～对待。❺ 动 离别 ▷～多年,音信全无。☛ "分别"②跟"分头"①有所不同。用于同一主体对多个客体时,只能用"分别",不能用"分头"。如"我找他们双方分别谈谈"。

【分兵】fēnbīng 动 把兵力分散开或分成若干股 ▷～把守|～两路。

【分拨】fēnbō ❶ 动 划分出来拨给不同的对象 ▷救灾物资已～下去。❷ 动 分派;安排 ▷人员～已定。

【分拨儿】fēnbōr 动 分成几批(进行) ▷～休息。

【分布】fēnbù 动 (在一定范围内)分散存在;散布 ▷销售网点～全国。

【分部】fēnbù 名 某些机构分设的下属部门。

【分餐】fēncān ❶ 动 集体就餐时,一人一份饭菜,分别进餐 ▷～制|～比较卫生。❷ 动 与别人分开,自己单独进餐 ▷我正患流感,跟家人～。

【分册】fēncè 名 为便于使用,把一部大型的书按内容分成若干本,每一本叫一个分册。

【分厂】fēnchǎng 名 总厂下属的厂子。

【分成】fēnchéng 动 按照一定的比例分配钱财、物品等 ▷四六～|利润～。

【分寸】fēncun 名 指言语或行动的适当限度 ▷说话要有～|把握～。

【分担】fēndān 动 各自承担一部分;承担其中一部分 ▷这项任务由我们三人～|～家务。

【分档】fēndàng 动 区分档次 ▷～论价。

【分道扬镳】fēndào-yángbiāo 骑马分路而行(扬镳:提起马嚼子,驱马前进)。比喻因志向、爱好等不同而各奔各的目标或各干各的事情。☛ "镳"不要误写作"镖"。

【分店】fēndiàn 名 总店下属的店。

【分队】fēnduì ❶ 名 指军队中为执行某种任务而组建的相对独立的基层组织 ▷工兵团运输～。❷ 名 泛指大队下的分支单位 ▷城管大队花园路～。

【分而治之】fēn'érzhìzhī 把整体分成若干部分分别加以治理。

【分发】fēnfā 动 分别发给 ▷～奖金。

【分肥】fēnféi 动 分配或分取利益(多指不正当的) ▷罚款一律上交国库,不准私下～。

【分封】fēnfēng 动 古代帝王把土地、爵位分别赐给王子、宗室或功臣 ▷～诸侯|～制。

【分赴】fēnfù 动 分头前往 ▷慰问团～各灾区。

【分割】fēngē 动 把整体或有联系的事物分开;割裂 ▷祖国的领土不容～。

【分隔】fēngé 动 把本来连在一起的东西从中间隔开 ▷水渠把一块地～成两块。

【分工】fēngōng 动 分别从事职责不同而又互相配合的工作 ▷～合作。

【分公司】fēngōngsī 名 总公司下属的不具有独立法人资格的分支机构或附属机构。☛ 跟"子公司"不同。

【分管】fēnguǎn 动 按照分工负责管理(某方面工作) ▷做好自己～的事。

【分规】fēnguī 名 一种两脚规。两脚均为尖锥状钢针。可用来量取线段长度、等分线段或圆弧。也说分线规。

【分行】fēnháng 名 我国各银行总行的省级分支机构和派驻外国的分支机构 ▷中国工商银行北京～|中国银行伦敦～。

【分毫】fēnháo 名 市制计量单位的分和毫。指很小的数量 ▷～不少。

【分号】fēnhào ❶ 名 分店。○ ❷ 名 标点符号,形式为";"。用在并列复句的分句之间,或非并列关系的多重复句的第一层分句之间,或分项列举的各项之间,表示停顿。

【分红】fēnhóng 动 分配红利 ▷年终～。

【分洪】fēnhóng 动 为了保证某些地区不受洪水灾害,在上游的适当地点,把部分洪水引向他处 ▷～闸|开闸～。

【分户】fēnhù ❶ 动 原来的一户人家分成若干户。❷ 动 银行账户、租赁关系等由原来的单一对应关系分立为多方。

【分化】fēnhuà ❶ 动 同一性质的事物变成不同性质的事物;统一的事物变成分裂的事物 ▷两极～。❷ 动 使分化 ▷～贪污集团。

【分会】fēnhuì 名 以"会"命名的组织、群众团体等的下一级分支机构。

【分机】fēnjī 名 总机下联的各个电话机,供单位内部通话使用,对外通话需由总机接转。

【分级】fēnjí 动 区分等级 ▷～定价。

【分家】fēnjiā ❶ 动 一家人把家产分开,组成若干新的家庭,各自生活 ▷兄弟三人～单过。❷ 动 比喻整体分裂 ▷饭馆的中餐部和西餐部～了。

【分拣】fēnjiǎn 动 区分挑拣 ▷～信件。

【分解】fēnjiě ❶ 动 把事物的各组成部分剖析出来 ▷因式～|这个问题可～为几个方面。❷ 动 排解;劝解 ▷吵得不可开交,难以～。❸ 动 说明;交代 ▷且听下回～(多作章回小说每回的结束语)。❹ 动 一种化合物经过化学反应生成两种或两种以上不同的物质。如水分解成氢和氧。❺ 动 分化瓦解 ▷促使

对方内部～。

【分界】fēnjiè ❶ 动 划分出界线 ▷两省以黄河～。❷ 名 划定的界线 ▷这是两县的～。

【分界线】fēnjièxiàn ❶ 名 划定的地域界线 ▷湖南广东两省以南岭为～。❷ 名 泛指事物之间的界限 ▷是非的～就在于是否代表人民的根本利益。

【分斤掰两】fēnjīn-bāiliǎng 一斤一两地计算。形容过分计较小事。

【分镜头】fēnjìngtóu 名 影视片拍摄前，编剧、导演根据所要表现的内容，按景别、摄法、对话、音乐、镜头长度等因素而设计出来的一组组准备拍摄的镜头。它们既有联系，又相对独立。

【分居】fēnjū 动 一家人分开居住和生活；特指夫妻双方保留婚姻关系而不共同生活 ▷父子两地～｜他和妻子已～一年了。

【分局】fēnjú 名 以"局"命名的行政机关下属的分支机关。

【分句】fēnjù 名 构成复句的小句。如复句"你看报纸，我织毛衣"是由逗号前后两个分句构成的。分句和分句之间一般有较小的停顿，书面上用逗号或分号表示。分句之间在意义上有密切的联系，常使用关联词语连接。

【分开】fēnkāi ❶ 动 人或事物彼此不合在一起 ▷我和他一出门就～了。❷ 动 使分开 ▷把这批资料～归档。

【分科】fēnkē ❶ 动 按学科分类 ▷～教学｜～词典。❷ 名 某些学科的分支 ▷词汇学、语法学、语音学都是语言学的～。

【分类】fēnlèi 动 依据事物的性质、特点划分类别 ▷词可以按语法功能～。

【分类账】fēnlèizhàng 名 根据会计凭证或日记账，分别按各个账户登记经济业务的账簿。又可分为总分类账和明细分类账两种。☛ 不要写作"分类帐"。

【分厘】fēnlí 名 分毫 ▷～不减｜～不留。

【分离】fēnlí ❶ 动 分开 ▷连体婴儿～成功｜把盐从海水中～出来。❷ 动 离散 ▷骨肉～。

【分理处】fēnlǐchù 名 市级银行下属的分支机构，一般下辖若干个营业所。

【分力】fēnlì 名 一个力作用于某物体与另几个力同时作用于该物体产生的效果相同，另几个力就是这一个力的分力。

【分立】fēnlì ❶ 动 分别独立 ▷孟德斯鸠最早提出立法、司法、行政三权～。❷ 动 分开制定 ▷～两部法规。❸ 动 分别设立 ▷有些相关部门不必～，而应合并。

【分利】fēnlì ❶ 动 分得他人的利益 ▷这是别人的科研成果，我怎么好意思来～？❷ 动 分配利润 ▷按贡献大小～。

【分列】fēnliè 动 分别排列 ▷现将理由～如下。

【分列式】fēnlièshì 名 受阅部队接受检阅的一种仪式。按不同兵种或编制排成整齐的队形，依次走正步、行注目礼通过检阅台，接受阅兵首长检阅。

【分裂】fēnliè ❶ 动 整体的事物分成若干独立的个体 ▷原子核～。❷ 动 使分裂 ▷不容许～我们的国家。

【分流】fēnliú ❶ 动 江水、河水分道而流。❷ 动 比喻人员、车辆、资金等向不同道路或方向流动 ▷实行人车～｜使人员合理～。

【分馏】fēnliú 动 利用不同液体沸点不同的原理，通过蒸馏分离液态混合物。如从原油中提取汽油、煤油，就采用分馏法。

【分路】fēnlù 动 分成若干路（活动）；分开各走不同的路 ▷～进军｜到岔道口我俩就～了。

【分门别类】fēnmén-biélèi 根据不同的性质、特点，把事物分成若干门类。

【分米】fēnmǐ 量 长度法定计量单位，1分米等于0.1米，合3市寸。

【分泌】fēnmì 动 生物体某些细胞、组织或器官产生或释放出某些特殊物质。如唾液腺分泌唾液，胃分泌胃液，花分泌糖类和芳香物质。

【分娩】fēnmiǎn 动 妇女生孩子；也指母畜产幼畜。

【分秒】fēnmiǎo 名 时间计量单位的分和秒；指极短的时间 ▷惜寸阴，争～｜珍惜分分秒秒。

【分秒必争】fēnmiǎo-bìzhēng 形容非常珍惜时间，一分一秒也不放过。

【分明】fēnmíng ❶ 形 界限清楚 ▷职责～。❷ 副 明明 ▷老师～讲过，你怎么忘了？

【分母】fēnmǔ 名 分数线下面的数字。参见403页"分数"①。

【分蘖】fēnniè 动 稻、麦等农作物生长初期，在地下或近地面的茎基部生出分枝。

【分派】fēnpài ❶ 动 安排；分别指派人去完成某项任务 ▷领导给每人都～了任务。❷ 动 强制性地分摊 ▷救灾款不搞～。

【分配】fēnpèi ❶ 动 按规定的标准分给（钱物）▷～奖金。❷ 动 安排（工作等）▷～到北京工作｜合理～时间。❸ 动 经济学上指分配国民收入或产品。

【分批】fēnpī 动 分成若干批 ▷不须～｜～供货。

【分片】fēnpiàn 动 把较大的区域划分为几个较小的区域 ▷～管理。

【分期】fēnqī ❶ 动 把一个连续的过程分成若干阶段 ▷给中国古代史～。❷ 动 按时间先后分成若干次（进行）▷～培训。

【分歧】fēnqí ❶ 形（思想、主张等）有差别；不一致 ▷意见很～。❷ 名（思想、主张等）不一致的地方 ▷有两点～｜～很大。

【分清】fēnqīng 动 区分清楚 ▷～敌我｜～真伪。

【分权】fēnquán 动 分散权力(跟"集权"相对) ▷建立～制约机制|合理～。

【分群】fēnqún 动 按群分开。社群动物(如蜜蜂、蚂蚁、藏羚羊等)存在分群生活现象,人工饲养禽畜、科学试验等也常常采用分群办法。

【分散】fēnsàn ❶ 动 分布;散开 ▷～到各地|一会儿～,一会儿集中。❷ 形 零散;不集中 ▷住得很～|精力太～。❸ 动 使分散 ▷～兵力。

【分设】fēnshè 动 分别设置 ▷公司在全国～了许多销售点。

【分社】fēnshè 名 以"社"命名的组织下属的分支机构 ▷新华社香港～。

【分身】fēnshēn 动 指抽出时间或精力去做另外的事情(多用于否定) ▷我太忙,实在不能～。

【分神】fēnshén ❶ 动 分心;分散注意力 ▷工作时要精神集中,一～就会出差错。❷ 动 客套话,用于请人帮忙办事 ▷请您～替我照看一下孩子。

【分式】fēnshì 名 除法运算中除式里含有字母的有理代数式。如$\frac{1}{x}$,$\frac{a}{b}$。

【分手】fēnshǒu ❶ 动 离别;分开 ▷这一～,不知何时才能再相见|合作不到一年就～了。❷ 动 指结束恋爱关系;也指离婚。

【分属】fēnshǔ 动 分别归属或隶属 ▷这些工作～几个不同部门。

【分数】fēnshù ❶ 名 把某单位分成若干等份,表示其中一份或几份的数就是分数。如把某单位分成4等份,表示其中3份的数即$\frac{3}{4}$,读作四分之三。中间的横线叫分数线。分数线上下的数字分别为分子和分母。○ ❷ 名 考试或比赛时表示成绩的数字。

【分数线】fēnshùxiàn ❶ 名 分数式中间的横线。○ ❷ 名 录取考生的最低分数标准 ▷近几年该省理工类本科～都在500分以上。

【分水岭】fēnshuǐlǐng ❶ 名 相邻两个流域分界的山脊或高地 ▷秦岭山脉是渭河和汉水的～。❷ 名 比喻区别不同事物的本质界限 ▷五四运动是新民主主义革命和旧民主主义革命的～。

【分税制】fēnshuìzhì 名 国家财政管理体制的一种形式。按税种、税源把税收划分为中央税、地方税和中央地方共享税,从而形成中央与地方两个财政体系。

【分说】fēnshuō ❶ 动 分开说 ▷先总说,后～。❷ 动 分辩;解释 ▷不由～。

【分送】fēnsòng 动 分发送给;分别送交 ▷～救济款|此件复印后～各有关部门。

【分摊】fēntān 动 把负担分派给各个对象;各自负担一部分 ▷卫生费要～到户|修水库所需劳力由各乡～。

【分庭抗礼】fēntíng-kànglǐ 古代宾主相见,分别站在庭院东西两边,相对行礼,以示平等相待(抗:对等)。后用来比喻双方地位和势力相当,可以相互抗衡。

【分头】fēntóu ❶ 副 若干人分工(做某事) ▷大家～出发。○ ❷ 名 头发梳向两边的发型。

☛ 参见401页"分别"的提示。

【分文】fēnwén 名 一分钱和一文钱(旧时一枚铜钱叫一文)。指极少的钱(多用于否定) ▷～不用|不费～。

【分文不取】fēnwén-bùqǔ 一分钱也不拿(常指应收的费用或应得的报酬) ▷他帮人修车～。

【分析】fēnxī 动 把事物、概念分解成较简单的组成部分,分别加以考察,找出各自的本质属性及彼此间的联系(跟"综合"相对) ▷～句子结构|深入～当前形势。

【分享】fēnxiǎng 动 和他人共同享受 ▷～快乐。

【分晓】fēnxiǎo ❶ 动 明白④;明了② ▷此事问他,便可～。❷ 名 事情的真实情况或结果 ▷明天便见～。❸ 形 明白①;明了① ▷一定要说个～。❹ 名 道理(多用于否定;多见于早期白话) ▷这话好没～!|此人好无～!

【分写】fēnxiě 动 指用汉语拼音拼写一个表示整体概念的双音节、三音节以及四音节以上词语时,按词或语节分开来书写。如"shān shàng(山上)""zhěnglǐ hǎo(整理好)""lìtǐ diànyǐng(立体电影)""huánjìng bǎohù guīhuà(环境保护规划)"。

【分心】fēnxīn ❶ 动 分散心思;不专心 ▷听课时要用心听讲,不能～。❷ 动 费心;操心 ▷这孩子劳您～。

【分野】fēnyě 名 分界;界限 ▷模仿与独创是画匠与画家的～。

【分一杯羹】fēnyībēigēng 《史记·项羽本纪》记载,楚汉相争时,项羽抓住了刘邦的父亲,对刘邦说,你要不退兵,我就把你父亲给煮了。刘邦说,我跟你都受命于怀王,约为兄弟。我的父亲就是你的父亲,你要把你父亲煮了,"则幸分我一杯羹"(幸:希望;羹:肉汁)。后用"分一杯羹"借指分享利益。

【分阴】fēnyīn 名 日影移动一分长的时间。指极短的时间 ▷珍惜～。

【分忧】fēnyōu 动 分担别人的忧愁;帮别人解决困难 ▷为下岗人员～。

【分赃】fēnzāng 动 分取赃款、赃物以及其他以不正当手段得来的财物或权益 ▷～不均。

【分则】fēnzé 名 根据总则制定的从属性、具体性条文。

【分账】fēnzhàng ❶ 动 按一定比例分配钱财或承担还债责任 ▷两人四六～。○ ❷ 名 按不同业务分类登记和计算的账(跟"总账"相区别)。☛ 不要写作"分帐"。

【分针】fēnzhēn 名 钟表上指示分钟数的指针。比时针长,循环一周是一小时。

【分诊】fēnzhěn 动 医院根据病情把患者分到相关科室就诊。

【分支】fēnzhī 名 从一个系统或主体中分出来的部分 ▷力学是物理学的一个～。

【分值】fēnzhí ❶ 名 每分的价值量;特指工分等用货币或实物计算的价值量 ▷从前很多生产队的～低得可怜。○ ❷ 名 考试规定的各科满分数或试题的满分数 ▷从今年开始体育中考跟语文数学外语一样～都是100分|这道题难度大,～高。

【分子】fēnzǐ ❶ 名 分数线上面的数字。参见403页"分数"①。○ ❷ 名 原子通过一定的作用力,以一定的次序和排列方式构成的能独立存在并保持构成物质原有化学性质的最小微粒。☛ 跟"分子(fènzǐ)"不同。

【分子量】fēnzǐliàng 名 组成分子的各原子的原子量的总和。

【分子式】fēnzǐshì 名 表示物质分子中所含化学元素的种类及其原子数目的式子。如水的分子式H_2O,表示水分子含氢、氧元素,1个水分子中有2个氢原子和1个氧原子。

芬 fēn ❶ 名 花草的香气 ▷含～吐芳|～芳。○ ❷ 名 姓。

【芬芳】fēnfāng ❶ 形 气味香 ▷花朵～艳丽。❷ 名 香气 ▷～满园。

【芬兰浴】fēnlányù 动 桑拿浴。因起源于芬兰,故称。

吩 fēn [吩咐] fēnfù 动 用言语指派或命令;嘱咐 ▷妈妈～他去买酱油|有什么事您尽管～。☛ ㊀不要写作"分付"。㊁参见1803页"嘱咐"的提示。

纷(紛) fēn ❶ 形 繁多;杂乱 ▷～至沓来|～飞|～乱。○ ❷ 名 纠纷 ▷排难解～|～争。

【纷呈】fēnchéng 动 (精彩的东西)接连不断地呈现出来 ▷五彩～|服装表演,花样～。

【纷繁】fēnfán 形 纷乱繁杂 ▷事务～|色彩～。

【纷飞】fēnfēi 动 多而乱地飘飞 ▷大雪～。

【纷纷】fēnfēn ❶ 形 又多又乱 ▷意见～。❷ 副 接连不断地 ▷外国朋友～来中国旅游。

【纷纷攘攘】fēnfēnrǎngrǎng 形 形容纷扰杂乱 ▷～地争论不休。

【纷纷扬扬】fēnfēnyángyáng 形 形容飘动飞扬得多而无序 ▷雪花～,漫天飞舞。

【纷乱】fēnluàn 形 杂乱;烦乱 ▷心绪～。

【纷披】fēnpī 〈文〉❶ 形 形容(花草等)繁盛 ▷柔枝～。❷ 形 形容(花草等)散乱 ▷千茎横斜,万叶～。

【纷扰】fēnrǎo 形 混乱 ▷战乱频仍,天下～。

【纷纭】fēnyún 形 多而杂乱 ▷众说～|思绪～。

【纷杂】fēnzá 形 多而杂乱 ▷心绪～|～的事务。

【纷争】fēnzhēng ❶ 动 争执 ▷两派～,多年不断。❷ 名 纠纷 ▷调解～。

【纷至沓来】fēnzhì-tàlái 接连不断地到来。☛ "沓"不要误写作"杳(yǎo)"或"踏"。

玢 fēn 音译用字,用于"赛璐玢"等。另见90页bīn。

氛(*雰) fēn 名 周围的情景;情势 ▷气～|～围。☛ ㊀"雰"作为"氛"的异体字,仅用于"氛围"一词。㊁不读fèn。

【氛围】fēnwéi 名 充满或笼罩着某个场合的气氛和情调 ▷学术～。☛ 不要写作"雰围"。

翂 fēn [翂翂] fēnfēn 形〈文〉形容鸟飞翔的样子 ▷～鸿羽。

棻 fēn 名〈文〉香木。

酚 fēn 名 有机化合物的一类,由羟基直接与苯环的碳原子相连接而成。如苯酚等。

【酚酞】fēntài 名 有机化合物,白色或微黄色晶体。其酒精溶液在碱性溶液中显红色,在酸性或中性溶液中无色,化学分析上用作指示剂。也可作染料。

fén

坟(墳) fén 名 在埋葬死人的墓穴上面筑起的土堆,也有用砖石或混凝土修成的 ▷上～|～墓。

【坟地】féndì 名 埋葬死人的地方。也说坟场。

【坟典】féndiǎn 名 传说中我国最早的古书"三坟"和"五典"的合称;泛指古代典籍。

【坟墓】fénmù 名 坟头和墓穴。也说坟冢。

【坟山】fénshān 名 有很多坟的山坡地;也指高大的坟头。

【坟头】féntóu 名 墓穴上筑起的土堆,也有用砖石或混凝土修成的。也说坟丘。

【坟茔】fényíng 名〈文〉坟墓;坟地。

汾 fén 名 汾河,水名,在山西,流入黄河。☛ 统读fén,不读fēn或fěn。

棼 fén 形〈文〉纷乱 ▷治丝益～|～不可理。

焚 fén 动 烧 ▷玉石俱～|～香|～毁。

【焚风】fénfēng 名 顺山势自高处吹向低处的热风。焚风容易引发森林火灾。

【焚膏继晷】féngāo-jìguǐ 点燃灯烛接替日光照明(膏:油脂,借指灯烛;晷:日光)。形容夜以继日地勤奋学习或工作。

【焚化】fénhuà 动 焚烧(尸骨、纸钱、花圈等) ▷遗体定于明日下午～|进行高温～。

【焚毁】fénhuǐ 动 烧毁。

【焚林而猎】fénlín'érliè 用烧毁树林的办法猎取禽兽。比喻只图眼前利益,不考虑长远利益。

【焚琴煮鹤】fénqín-zhǔhè 拿琴当柴烧,把鹤煮了吃。比喻糟蹋高雅美好的事物,大煞风景。

【焚烧】fénshāo 动 烧;烧掉 ▷～垃圾。

【焚书坑儒】fénshū-kēngrú 指秦始皇焚烧古代典籍和坑杀方士、儒生两件事情。后用来指破坏文化,摧残知识分子。

【焚香】fénxiāng 动 烧香;把香点着。

渍(濆) fén ❶ 名〈文〉水边;崖岸。○ ❷ 名 渍水,古水名,汝水的支流,即今河南境内的沙河。

豮(豶) fén〈文〉❶ 名 被阉割的猪。→ ❷ 名 公猪;泛指雄性牲畜。

鼢 fén [鼢鼠] fénshǔ 名 哺乳动物,体短肥,尾短,眼小,前爪特别长(cháng)大。在地下打洞居住,吃植物的根、地下茎和嫩芽,对农牧业有害。也说盲鼠、地羊。

轒 fén [轒辒] fényūn 名 古代用于攻城的战车。四轮,厚木车架,上蒙牛皮,可容10人乘坐,也可用来运送土石。

fěn

粉 fěn ❶ 名 化妆用的细末儿 ▷擦～|脂～|香～。→ ❷ 名 细末儿状的东西 ▷面～|洗衣～|～末。⇒ ❸ 动 变成或使变成粉末 ▷墙根儿底下的砖都～了|～身碎骨。⇒ ❹ 名 用淀粉制成的食品 ▷～皮|凉～。❺ 名 特指粉条或粉丝 ▷米～|炒～。⇒ ❻ 名 特指面粉 ▷标准～|富强～。→ ❼ 动〈口〉粉刷 ▷屋里的墙壁还没～过。→ ❽ 形 白色的 ▷～底皂靴。→ ❾ 形 粉红 ▷穿一条～色裙子。

【粉白】fěnbái 形 洁白 ▷～的墙壁。

【粉白黛黑】fěnbái-dàihēi 用白粉搽脸,用青黑色的颜料画眉。指女子梳妆打扮。

【粉笔】fěnbǐ 名 用来在黑板上写字或画图的圆柱形条状物,用白垩或熟石膏制成 ▷～字。

【粉彩】fěncǎi 名 瓷器的一种釉彩,由各种颜料配以玻璃白(一种打底用的不透明的白色颜料)绘成。盛行于清代。

【粉肠】fěncháng 名 一种食品。以淀粉为主要原料,加入适量肉类和作料等,灌入肠衣做熟。

【粉尘】fěnchén 名 工业生产、燃烧等过程中产生的粉末状固体颗粒,多有污染性。

【粉刺】fěncì 名 痤疮的通称。

【粉黛】fěndài〈文〉❶ 名 妇女搽脸的白粉和描眉的青黑色颜料 ▷薄施～。❷ 名 借指美女 ▷～云集。

【粉蝶】fěndié 名 蝴蝶的一类。翅白色,多有黑色斑点。幼虫以白菜、萝卜等蔬菜的叶子为食,是农业的害虫。

【粉坊】fěnfáng 名 制作粉皮、粉条等食品的作坊。

【粉房】fěnfáng 现在一般写作"粉坊"。

【粉红】fěnhóng 形 桃红。

【粉剂】fěnjì 名 散(sǎn)剂。

【粉连纸】fěnliánzhǐ 名 一种较薄的半透明白纸。可蒙在字画上进行描摹。

【粉领】fěnlǐng 名 指从事文秘等工作的职业妇女。也说粉红领。

【粉末】fěnmò 名 细末儿。

【粉墨登场】fěnmò-dēngchǎng 化好装登台演戏(粉墨:用粉、墨搽脸、画眉,借指化装);比喻换一种面孔或形式,重新登上政治舞台(含讥讽意);也比喻以某种形象或形式出现。

【粉嫩】fěnnèn 形 洁白而细嫩 ▷～的小脸蛋儿。

【粉皮】fěnpí 名 以绿豆、薯类等的淀粉为原料制成的薄片状食品。

【粉扑】fěnpū 名 往脸上或身上扑粉的用具。多用棉质物制成。

【粉芡】fěnqiàn 名 将芡实粉或其他淀粉加水搅拌成的糊状物,供做菜时勾芡用。

【粉墙】fěnqiáng ❶ 动 粉刷墙壁。❷ 名 粉刷过的墙壁。多是白色,现也有别的颜色。

【粉色】fěnsè 名 粉红色。

【粉身碎骨】fěnshēn-suìgǔ 全身粉碎。多指为某一目的而献身。

【粉饰】fěnshì ❶ 动 粉刷装饰,使美观 ▷店堂内外～一新。❷ 动 比喻装点表面,刻意掩盖过失、缺点或错误 ▷不要～现实,掩盖矛盾。

【粉刷】fěnshuā 动 用白垩、石灰粉等涂抹或喷洒墙面、天花板等。

【粉丝】fěnsī ❶ 名 以绿豆、薯类等的淀粉为原料制成的线状食品。○ ❷ 名 英语 fans 音译。指迷恋、崇拜某个名人的人 ▷这位歌唱家有许许多多的～。

【粉碎】fěnsuì ❶ 形 碎得像粉末一样 ▷把玻璃打得～|～性骨折。❷ 动 使粉碎 ▷～黄豆。❸ 动 使破灭;使失败 ▷～敌人的阴谋。

【粉条】fěntiáo 名 以绿豆、薯类等的淀粉为原料制成的条状食品。

【粉团】fěntuán 名 某些地区指麻团。

【粉线】fěnxiàn 名 沾上黄白等颜色粉末的粗线,用来在衣料上弹(tán)出线条,以便裁剪。

【粉蒸肉】fěnzhēngròu 名 米粉肉。

【粉妆玉琢】fěnzhuāng-yùzhuó 形容皮肤白嫩,像用白粉妆饰、白玉雕琢的一样。

fèn

分 fèn ❶ 名 整体中的一部分。现在一般写作“份”。→ ❷ 名 人在社会群体中的地位及其相应的责任和权利的限度 ▷过～|～内。→ ❸ 名 指情谊、机缘、资质等因素 ▷情～|天～|看在师生多年的～上，不要计较这些事情了。→ ❹ 名 成分 ▷水～|养～。

另见 400 页 fēn。

【分量】 fènliàng ❶ 名 重量 ▷这袋东西～不轻。❷ 名 比喻文章、话语的价值 ▷他的发言很有～。☛ 不要写作“份量”。

【分内】 fènnèi 名 本身职责或义务范围以内 ▷教书是我的～之事。☛ 不要写作“份内”。

【分外】 fènwài ❶ 名 本身职责或义务范围以外 ▷这不是～的事。❷ 副 格外；特别 ▷战地黄花～香。☛ 不要写作“份外”。

【分子】 fènzǐ 名 属于一定社会群体或具有某种特征的人 ▷作家协会的一～|投机～。☛ ㊀不要写作“份子”。㊁跟“分子(fēnzǐ)”不同。

份 fèn ❶ 名 整体中的一部分 ▷股～|等～|～额。→ ❷ 量 a)用于整体分成的部分 ▷把蛋糕分成八～儿，每人一～儿。b)用于搭配成组的东西 ▷一～礼物|两～材料|三～儿客饭。c)用于报刊、文件等 ▷订一～儿报|一式两～。d)〈口〉用于模样、状态等 ▷瞧他那～儿德性|看你这～儿脏样。→ ❸ 名 程度 ▷话都说到这～儿上了。→ ❹ 名 用在某些行政区划和时间名词后面，表示划分的单位 ▷省～|县～|年～。

【份额】 fèn'é 名 在整体中所占的比例或数量 ▷在股份制企业中职工股占有一定～。

【份儿饭】 fènrfàn 名 由一定的主食和副食搭配成一份儿出售的饭菜。

【份量】 fènliàng 现在规范词形写作“分量”。

【份内】 fènnèi 现在规范词形写作“分内”。

【份外】 fènwài 见本页“分外”①。现在规范词形写作“分外”。

【份子】 fènzǐ 现在规范词形写作“分子”。

【份子】 fènzi 名 集体送礼时各人分摊的钱；泛指礼金 ▷凑～|随～。也说份子钱。

坋 fèn ❶ 名〈文〉尘埃 ▷微～|～埃。→ ❷ 动〈文〉撒粉末；将粉末涂抹在某处 ▷以丹朱～身。〇 ❸ 用于地名。如古坋，在福建。

奋(奮) fèn ❶ 动〈文〉鸟类张开并振动翅膀 ▷～翼疾飞|～飞。→ ❷ 动 振作；鼓劲 ▷～不顾身|～力|振～。→ ❸ 动 举起；挥动 ▷～笔疾书|～臂高呼。

【奋笔疾书】 fènbǐ-jíshū 挥动手中的笔，快速地书写。形容写作时情绪激动。

【奋臂】 fènbì 动 振臂 ▷～高呼。

【奋不顾身】 fènbùgùshēn 奋勇向前，不顾自身安危。

【奋斗】 fèndòu 动 为达到一定目的而努力去做 ▷为祖国的繁荣富强而～|～目标。

【奋发】 fènfā 动 精神振奋，意气风发 ▷在逆境中～|～进取。

【奋发图强】 fènfā-túqiáng 振奋精神，力求上进。☛ ㊀“奋”不要误写作“愤”。㊁参见 369 页“发愤图强”的提示。

【奋飞】 fènfēi 动（鸟）振翅高飞；比喻人奋发进取 ▷21 世纪是中华民族～的世纪。

【奋击】 fènjī 动 奋力攻击；奋力搏击 ▷群起～。

【奋激】 fènjī 形 振奋激昂 ▷～的情绪|心情～。

【奋进】 fènjìn 动 奋勇前进 ▷朝着目标～。

【奋力】 fènlì 动 使出所有的力量 ▷～追赶。

【奋袂】 fènmèi 动〈文〉用力地挥动袖子，表示决心行动起来 ▷～而去。

【奋勉】 fènmiǎn 动〈文〉振作勉力 ▷～不懈。

【奋起】 fènqǐ 动 振作精神行动起来 ▷全厂职工～之日，就是企业兴旺之时。

【奋起直追】 fènqǐ-zhízhuī 振作精神，径直赶上去。

【奋然】 fènrán 形〈文〉形容精神振奋的样子 ▷～前行|～直言。

【奋身】 fènshēn 动 奋力投身(某一行动) ▷～而起|～擒歹徒。

【奋勇】 fènyǒng 动 振奋精神，鼓起勇气 ▷～当先。

【奋战】 fènzhàn 动 奋力战斗 ▷～疆场◇在足球场上～了十几年。

【奋争】 fènzhēng 动 奋力夺取 ▷～金牌。

忿 fèn 动 恼怒 ▷～怒|～恨。☛ “忿怒”“忿恨”等，现在一般写作“愤怒”“愤恨”，但“不忿”不要误写作“不愤”。

偾(僨) fèn ❶ 动〈文〉败坏；破坏 ▷～事。〇 ❷ 名 姓。

粪(糞) fèn ❶ 名 肛门排泄物 ▷马～|～便|～池|～堆。→ ❷ 动〈文〉施肥；使肥沃 ▷～田。

【粪便】 fènbiàn 名 屎和尿。

【粪车】 fènchē 名 用来装运粪便的车。

【粪肥】 fènféi 名 以人、畜粪便为主要原料经过发酵制成的农家肥料。

【粪箕】 fènjī 名 有提梁的用来装粪肥的簸箕，用荆条或竹篾等编成。

【粪坑】 fènkēng ❶ 名 指茅厕内的便坑。❷ 名 积存粪肥的坑。

【粪筐】 fènkuāng 名 拾粪时盛粪用的筐。

【粪桶】fèntǒng 名 用来盛粪便的桶。

【粪土】fèntǔ 名 粪便和泥土；比喻没有价值的东西 ▷视荣华富贵如～。

愤（憤） fèn ❶ 动〈文〉心中郁闷 ▷不～不启（不到苦思苦想而想不通的时候，不去开导他）。→ ❷ 动 因不满而激动；发怒 ▷～世嫉俗｜～恨。

【愤愤】fènfèn 形 形容气愤的样子 ▷～不已。☛ 不要写作"忿忿"。

【愤愤不平】fènfèn-bùpíng 认为不公平而感到非常气愤。

【愤恨】fènhèn 动 气愤痛恨 ▷贪污腐化人人～。☛ 不宜写作"忿恨"。

【愤激】fènjī 形 愤怒而激动 ▷造成这样重大的损失，群众无不～。

【愤慨】fènkǎi 形 形容愤恨不平 ▷法西斯的暴行，使全世界人民无比～。

【愤懑】fènmèn 形 形容气愤不平之情充满心中。☛ 不宜写作"忿懑"。

【愤怒】fènnù 形 形容非常生气 ▷～斥责敌人的罪行。☛ 不宜写作"忿怒"。

【愤青】fènqīng 名 指对某些社会现状不满、好发泄怨愤的青年。

【愤然】fènrán 形〈文〉形容十分气愤的样子 ▷～作色。

【愤世嫉俗】fènshì-jísú 愤恨憎恶社会上的不良风气和习俗。

鲼（鱝） fèn 名 鱼，身体呈菱形，背鳍小，尾细长，有的尾刺有毒。种类很多，生活在热带和亚热带海洋中。

瀵 fèn 动〈文〉水从地下深处喷出 ▷～泉。☛ 右边的"冀"不能简化为"粪"。

fēng

丰（豐❶—❸❺—❼） fēng ❶ 形 草木茂盛 ▷～茂｜～美。→ ❷ 形 丰满 ▷体态～盈｜两颊～润。⇒ ❸ 动 使丰满 ▷～胸｜～乳。⇒ ❹ 名 美好的容貌和姿态 ▷～韵｜～姿绰约。→ ❺ 形 丰富 ▷～衣足食｜～收｜～盛。→ ❻ 形 高大；伟大 ▷～碑｜～功伟绩。○ ❼ 名 姓。☛ 首笔是横，不是撇。由"丰"构成的字有"峰""锋""蜂""缝""害""割""蚌"等。

【丰碑】fēngbēi 名 高大的石碑（多用于铭刻丰功伟绩）；借指不朽的功绩或杰作 ▷长征是中国革命史上的～。

【丰采】fēngcǎi 名 美好的神采、风貌 ▷领袖的～｜千年古镇，～依旧。

【丰产】fēngchǎn 动（农作物）获得高产量 ▷争取～丰收。

【丰登】fēngdēng 动 丰收 ▷鱼鲜蟹肥，稻谷～。

【丰富】fēngfù ❶ 形 种类多或数量大 ▷资源～｜知识～。❷ 动 使丰富 ▷～节日市场。☛ 参见本页"丰盛"的提示。

【丰富多彩】fēngfù-duōcǎi 内容丰富，形式多样。☛ 不要写作"丰富多采"。

【丰功伟绩】fēnggōng-wěijì 伟大的功绩。

【丰厚】fēnghòu 形（收入、礼品等）数量多，价值高 ▷一笔～的酬金。

【丰满】fēngmǎn ❶ 形 丰足充实 ▷粮仓～。❷ 形 身体略胖而匀称好看 ▷体态～◇字体～有力。❸ 形（羽毛）多而厚 ▷羽翼～。

【丰茂】fēngmào 形 繁密茂盛 ▷林木～。

【丰美】fēngměi 形 丰富美好 ▷～的宴席。

【丰年】fēngnián 名 农业收成好的年份（跟"歉年""平年"相区别）▷～多储备，歉年不缺粮。

【丰沛】fēngpèi 形（水量）丰富充足 ▷雨量～。

【丰歉】fēngqiàn 名 丰收和歉收；丰年和歉年 ▷关心农业的～｜合理储存粮食，以调剂～。

【丰饶】fēngráo 形 富饶充足 ▷～的鱼米之乡。

【丰乳】fēngrǔ ❶ 名 隆胸①。❷ 动 隆胸②。

【丰润】fēngrùn 形 肌体丰满，皮肤润泽；泛指丰满滋润 ▷面颊～｜雨露～，环境宜人。

【丰盛】fēngshèng 形（食物等）又多又好 ▷～的酒宴。☛ 跟"丰富"不同。"丰盛"多用于物质方面，特别是食物；"丰富"既可以用于物质方面，也可以用于精神方面，如经验、学识等，适用范围较宽。

【丰实】fēngshí 形 丰裕殷实；丰富充实 ▷百姓～｜资源储备～｜内涵～。

【丰收】fēngshōu 动 获得又多又好的收成；比喻取得好成绩 ▷小麦连年～｜体操队喜获～。

【丰硕】fēngshuò 形（果实、成果等）又多又大 ▷～的果实｜经济建设取得了～的成果。

【丰沃】fēngwò ❶ 形 富饶肥沃 ▷～的黑土地｜水土～。❷ 形 丰富；丰厚 ▷物产～｜十分～的文化底蕴。

【丰胸】fēngxiōng ❶ 名 隆胸①。❷ 动 隆胸②。

【丰衣足食】fēngyī-zúshí 吃的、穿的丰富充足。形容生活富裕。

【丰盈】fēngyíng〈文〉❶ 形（肌肤）丰满 ▷两颊～。❷ 形（财物等）充足 ▷家产～。

【丰腴】fēngyú ❶ 形〈文〉（肌肤）丰满。❷ 形（饮食）丰盛 ▷菜肴～。❸ 形（土地等）肥沃 ▷～之地。

【丰裕】fēngyù 形〈文〉富裕 ▷家境～。

【丰韵】fēngyùn 名 美好的韵致 ▷～犹存。

【丰姿】fēngzī 名 美好的仪态 ▷迷人的～。

【丰足】fēngzú 形 丰富充足 ▷储备～。

风(風) fēng ❶ 名 由于气压差异而产生的空气流动现象 ▷～太大｜春～｜刮～｜～力。→❷ 名 风俗；风气 ▷移～易俗｜民～。❸ 名 指民歌 ▷国～｜采～｜土～。→❹ 名 外在的姿态；作风 ▷～采｜～貌｜～格｜学～。→❺ 形 传闻的；不确实的 ▷～言～语｜～闻｜～传。❻ 名 传播出来的消息 ▷他向我透了一点儿～｜通～报信｜口～。→❼ 名 景象；景色 ▷～景｜～光｜～物。→❽ 名 中医指"六淫"(风、寒、暑、湿、燥、火)之一，是致病的一个重要因素 ▷～寒｜～湿｜祛～化痰。→❾ 动 使用风力(吹干或吹净) ▷～干｜晒干～净。❿ 形 风干的 ▷～鸡｜～肉。○ ⓫ 名 姓。

【风暴】fēngbào ❶ 名 大气的猛烈扰动和天气剧烈变化过程的统称。如沙尘暴、龙卷风、热带气旋等。❷ 名 比喻气势猛烈、震动全社会的事件 ▷政治～｜金融～。

【风泵】fēngbèng 名 气泵。

【风波】fēngbō 名 风浪①；比喻纠纷或骚乱 ▷政治～｜球场～。

【风采】fēngcǎi ❶ 名 风度神采(多指美好的仪表举止) ▷文质彬彬，～不凡。❷ 名 文采 ▷领略文学大师作品的～。

【风餐露宿】fēngcān-lùsù 在风中吃饭，在露天住宿。形容旅途或野外生活艰苦。

【风潮】fēngcháo 名 狂风怒潮；比喻群众性的反抗运动或波及面很大的事 ▷罢工～。

【风车】fēngchē ❶ 名 利用风作动力的机械装置，可带动其他机器，用于发电、汲水、磨面等。❷ 名 玩具，多用纸做叶轮，能迎风转动。❸ 名 一种农具，用来吹掉谷物中的杂质。也说扇车。

【风尘】fēngchén ❶ 名 被风扬起的尘土。借指旅途的劳累 ▷～仆仆｜一路～。❷ 名〈文〉借指污浊纷扰或战乱的社会环境；特指沦为娼妓的境况 ▷超脱～｜～女子。

【风尘仆仆】fēngchén-púpú 形容旅途奔波、辛苦劳累的样子。☛"仆"这里不读 pū；不要误写作"扑"或"朴"。

【风驰电掣】fēngchí-diànchè 像疾风和闪电一样迅速。形容速度极快。☛"掣"不读 zhì。

【风传】fēngchuán 动 (消息)在非正式渠道里流传 ▷～他要下台。

【风吹草动】fēngchuī-cǎodòng 比喻轻微的动荡或变故 ▷不要一有～就惊慌失措。

【风吹雨打】fēngchuī-yǔdǎ 比喻打击、挫折、磨难等 ▷青年人要禁得起～。

【风锤】fēngchuí 名 用压缩空气作动力的锤击工具。

【风挡】fēngdǎng 名 汽车、飞机等前面挡风的装置。

【风刀霜剑】fēngdāo-shuāngjiàn 寒风像刀，霜雪像剑。形容天气异常寒冷；比喻人情或环境险恶。

【风道】fēngdào 名 风的通道；通风口 ▷北风一起，峡谷就成了～｜炉子的～需要清理。

【风灯】fēngdēng 名 一种有罩的、可以防风雨的油灯。也说风雨灯。

【风笛】fēngdí 名 管乐器，由风囊、吹管和若干簧管组成，流行于欧洲民间。

【风电】fēngdiàn ❶ 名 风力发电的简称。❷ 名 风力发电所产生的电能。

【风动工具】fēngdòng gōngjù 以压缩空气为动力的工具的统称。压缩空气推动活塞，活塞的运动或产生压力举起重物，或带动钻头、镐、锤子等旋转、往复运动。

【风洞】fēngdòng 名 人工产生气流的管道装置。是进行空气动力实验最常用、最有效的设备。

【风斗】fēngdǒu 名 冬季安在窗上的简单的挡风换气装置。因形状如斗，故称。

【风度】fēngdù 名 指美好的仪容、姿态、谈吐、举止 ▷学者～｜这个人很有～｜～翩翩。

【风发】fēngfā 动 像风一样迅速猛烈地兴起。现多形容精神焕发 ▷意气～。

【风帆】fēngfān 名 挂在船的桅杆上，借助风力推动船前进的布篷 ▷张起～，破浪前进◇扬起时代的～。

【风幡】fēngfān 名 风中的旗幡。

【风范】fēngfàn 名 可以作为典范的风度、气派 ▷一代～。

【风风火火】fēngfēnghuǒhuǒ ❶形容动作匆匆忙忙、冒冒失失。❷形容有活力，有冲劲儿 ▷青年突击队工作搞得～。

【风风雨雨】fēngfēngyǔyǔ 比喻一次又一次的艰难险阻 ▷经历了几十年的～。

【风干】fēnggān 动 放在阴凉处，让风吹干 ▷墙上挂满了～的牛羊肉。

【风镐】fēnggǎo 名 以压缩空气为动力的轻型手持采掘工具。用于破碎岩石等。

【风格】fēnggé ❶ 名 作风；品格 ▷～高尚。❷ 名 不同时代、民族、流派或个人的文艺创作在思想内容和艺术手法上表现出的特点 ▷创作～｜演唱～。

【风骨】fēnggǔ ❶ 名 骨气；刚正坚强的品格 ▷生死关头见～。❷ 名 (诗文、书画等)雄浑豪放、刚健有力的风格 ▷建安～。

【风光】fēngguāng 名 自然景观和人文景观 ▷草原～｜老街～。

【风光】fēngguang 形〈口〉光彩；体面。

【风光片】fēngguāngpiàn 名 以风光为主要题材的影视片。口语中也说风光片儿(piānr)。

【风害】fēnghài 名 风灾。

【风寒】fēnghán ❶ 名 冷风和寒气；借指寒冷的气候 ▷冬小麦能够抗～。❷ 名 中医指因寒冷刺激所致的疾病 ▷偶感～。

【风和日丽】fēnghé-rìlì 微风和煦，阳光明媚。多形容春秋季节的晴好天气。

【风戽】fēnghù 名 用风力带动的汲水灌田的旧式农具，形状有点儿像斗。

【风花雪月】fēng-huā-xuě-yuè ❶原指古典文学作品中常描写的四种美好的自然景象；后多借指辞藻华丽而内容空泛、格调低下的诗文 ▷～，无病呻吟。❷借指男女情爱方面的事。

【风华】fēnghuá 名 风采和才华 ▷～不减当年。

【风华正茂】fēnghuá-zhèngmào 形容风采动人，才华横溢，正处在年轻有为的时期。

【风化】fēnghuà ❶ 名 社会的风尚教化 ▷有碍～。○ ❷ 动 地表的岩石在日光、大气、水和生物等长期作用下发生破坏或化学分解。

【风火墙】fēnghuǒqiáng 名 防火墙①。

【风鸡】fēngjī 名 宰杀后不煺毛，除去内脏，在腹内加作料后风干的鸡。

【风级】fēngjí 名 气象学上指风力大小的等级，从0到17共18级。12级以上的风陆上极其罕见。

【风纪】fēngjì 名 作风和纪律 ▷整肃～|～严明。

【风纪扣】fēngjìkòu 名 中山装、军装等上衣的领扣。因扣上领扣显得严肃整齐，故称。

【风景】fēngjǐng 名 可供观赏的风光、景色。包括山水、花木、建筑物以及某些自然现象 ▷西湖～优美如画|～点|～画。

【风景区】fēngjǐngqū 名 若干景点相对集中的区域 ▷张家界是全国著名的旅游～。

【风景线】fēngjǐngxiàn 名 呈长带状的旅游风景区；借指某种景观或景象 ▷公益广告正在成为都市生活中一道亮丽的～。

【风镜】fēngjìng 名 镜片四周装有护罩，用来阻挡风沙的眼镜。

【风卷残云】fēngjuǎn-cányún 大风吹走残留的云片。比喻在极短的时间内消灭干净 ▷我军以～之势全歼敌军。

【风控】fēngkòng 动 风险控制。一般指经济管理中采取相应措施，减少以至杜绝风险发生或减少以至杜绝风险发生所造成的损失 ▷这项投资举足轻重，对各个环节必须严格进行～。

【风口】fēngkǒu 名 因两旁有遮挡物而形成的风力较集中的地方。如山口、街口等。

【风口浪尖】fēngkǒu-làngjiān 风浪最大的地方。比喻斗争最尖锐激烈的地方。

【风浪】fēnglàng ❶ 名 江湖海洋上的大风和波浪。❷ 名 比喻生活中的艰难险阻 ▷这些老人经受过各种各样的～。

【风雷】fēngléi 名 疾风和响雷；比喻浩大而威猛的社会力量 ▷民族解放运动的～。

【风力】fēnglì ❶ 名 风的强弱程度，常用风级表示 ▷据气象预报，今天～4—5级。❷ 名 风所产生的动力 ▷～利用|～发电。

【风凉】fēngliáng 形 通风而凉爽 ▷找个～处歇歇。

【风凉话】fēngliánghuà 名 冷言冷语 ▷自己不干，还在旁边说～。

【风量】fēngliàng 名 鼓风机或通风设备等单位时间内的空气流量，一般用"米³/秒"表示。

【风铃】fēnglíng 名 悬挂着的一经风吹就摆动发声的铃。

【风流】fēngliú ❶ 形 风雅洒脱；有才华而不拘礼法 ▷～倜傥|～名士。❷ 形 杰出不凡 ▷数～人物，还看今朝。○ ❸ 形 有关男女私情的 ▷～韵事。❹ 形 放荡轻浮。

【风流云散】fēngliú-yúnsàn 像风一样流逝，像云一样飘散。形容原来相聚在一起的人四散飘零 ▷当年的好友早已～。

【风马牛不相及】fēng mǎ niú bù xiāngjí《左传·僖公四年》："君处北海，寡人处南海，唯是风马牛不相及也。"(风：雌雄相诱，一说走失；及：遇到)意思是即使雌雄相诱，马和牛也不会凑到一起；一说齐楚两地相离甚远，马牛不会走失到对方地界。后用"风马牛不相及"比喻二者毫不相干。

【风帽】fēngmào 名 旧时一种御寒挡风的帽子，后檐披到肩上。现多指连在外衣领子上起挡风作用的帽子。

【风貌】fēngmào ❶ 名 人的风采和容貌 ▷～不减当年。❷ 名 事物的风格和面貌 ▷民族～|时代～。❸ 名 风光；景象 ▷草原～。

【风媒花】fēngméihuā 名 借助风力传递花粉的花。开风媒花的植物(如稻、玉米、杨、桦)在有花植物中约占$\frac{1}{5}$。

【风门】fēngmén ❶ 名 为挡风在原有的房门外加设的一道门。也说风门子。❷ 名 矿井中为挡风在巷道中安设的门。❸ 名 牢房门上的通风口。

【风靡】fēngmǐ 动 比喻事物迅速地流行开来，像草木随风而倒一样 ▷～一时|～城乡。☛"靡"这里不读mí。

【风魔】fēngmó ❶ 名 像恶魔一样的狂风 ▷～肆虐。❷见413页"疯魔"。现在一般写作"疯魔"。

【风磨】fēngmò 名 以风力为动力的磨。

【风能】fēngnéng 名 指可以被人类利用的风的能量。是无污染、可再生的能源。

【风鸟】fēngniǎo 名 极乐鸟。

【风派】fēngpài 名 指在政治上不讲原则，惯于见风使舵、投机取巧的一类人。

【风平浪静】fēngpíng-làngjìng 无风无浪，水面平静；形容生活、局势等安定平静。

【风起云涌】fēngqǐ-yúnyǒng 大风刮起，乌云涌动；比喻事物发展迅猛，声势浩大。

【风气】fēngqì 名 社会上或集体内盛行一时的好恶取向 ▷～好转。☛ 跟"风俗"不同。"风气"指眼下流行的爱好或习惯，较易改变，如"要抵制各种不良风气的影响"；"风俗"指历久而形成的习俗、礼节等，稳定性较强，如"端午节赛龙舟的风俗"。

【风樯】fēngqiáng 名 帆船上挂帆的桅杆，借指帆船 ▷～动，龟蛇静，起宏图。

【风琴】fēngqín 名 键盘乐器，外形像较小的立式钢琴，演奏时用脚踩踏板鼓动风箱生风，用手按键盘使气流振动簧片发声。

【风情】fēngqíng ❶ 名〈文〉丰采；神情。❷ 名〈文〉风雅的情趣。❸ 名 指男女相爱之情；色情 ▷万种～｜卖弄～。❹ 名 风土人情 ▷异国～。○ ❺ 名 有关风向、风力的情报。

【风趣】fēngqù ❶ 形（言语、文字等）幽默有趣 ▷小王的话很～。❷ 名 指幽默有趣的情调、品位 ▷颇有～。

【风圈】fēngquān 名 指日晕或月晕。

【风骚】fēngsāo ❶ 名〈文〉本指《诗经》中的《国风》和《楚辞》中的《离骚》；后泛指文学作品。❷ 名〈文〉指才华、文采 ▷唐宗宋祖，稍逊～。○ ❸ 形 指妇女举止轻浮 ▷～女子。

【风色】fēngsè ❶ 名 风向、风力的变化情况；天气 ▷今天是否开船，看看～再说。❷ 名 比喻事物发展的状况或形势 ▷看～行事。

【风沙】fēngshā 名 风和被风刮起的沙土。

【风扇】fēngshàn ❶ 名 旧时夏天扇（shān）风取凉的器具，布制，一端吊在梁上，靠人力拉动生风。❷ 名 电风扇。

【风尚】fēngshàng 名 一个时期内流行的社会风气（多指好的风气）▷尊师重教的～。

【风生水起】fēngshēng-shuǐqǐ 风从水面经过，水面掀起波澜；比喻事情做得有生气，发展很快 ▷新能源产业～。

【风声】fēngshēng ❶ 名 风吹的响声。❷ 名 指透露出来的消息；特指不好的消息 ▷走漏～｜这几天外边～很紧。

【风声鹤唳】fēngshēng-hèlì《晋书·谢玄传》记载：前秦的苻坚在淝水之战中被谢玄率领的东晋军队击败，他的士兵在逃跑过程中听到"风声鹤唳，皆以为王师已至"（唳：飞鸟鸣叫）。后用"风声鹤唳"形容自相惊扰或恐慌疑惧。☛ "唳"不读 lèi。

【风湿】fēngshī 名 中医指风邪夹湿引起的疾病。症状有发热、头痛、出汗、小便不利、关节酸痛不能屈伸等。

【风湿病】fēngshībìng 名 一种反复发作的全身性慢性疾病。多发于较寒冷和潮湿的地区。病变主要损害病人的心脏和关节。心脏被侵害时，出现心肌发炎、心跳过速等症状；关节被侵害时，关节部位出现红肿、疼痛等症状。

【风湿痛】fēngshītòng 名 风湿引起的疼痛症状。

【风蚀】fēngshí 动 风力侵蚀破坏地球表层。缺少植被的地方容易被风蚀，沙漠地区特别明显。

【风势】fēngshì ❶ 名 风的势头 ▷～变化不大。❷ 名 比喻事物发展变化的情势 ▷看不准～，他不会贸然行动。

【风霜】fēngshuāng 名 风和霜；借指人所经历的艰辛 ▷饱经～｜～之苦。

【风水】fēngshuǐ 名 旧时指宅基地、墓地等所处的地理形势。民间有风水的好坏可以影响家族兴衰、个人吉凶的说法。

【风俗】fēngsú 名 一个国家、民族或地方在较长时间里形成并流行的风尚和习俗 ▷各民族的～差别很大。☛ 参见本页"风气"的提示。

【风俗画】fēngsúhuà 名 以日常生活和社会风俗为题材的绘画 ▷北宋张择端的《清明上河图》是～的代表作◇巴尔扎克的《人间喜剧》是 19 世纪法国社会生活的～。

【风速】fēngsù 名 风的速度，即单位时间内风向前推进的距离，一般以"米/秒"表示。

【风瘫】fēngtān 动 瘫痪①。☛ 不要写作"疯瘫"。

【风涛】fēngtāo 名 大风浪。

【风调雨顺】fēngtiáo-yǔshùn 形容风雨适时适量。

【风头】fēngtóu 名 风来的方向 ▷别冲着～站。

【风头】fēngtou ❶ 名 比喻事情发展的趋势或对自己不利的情势 ▷看清～再说｜避一下～。❷ 名 指出头露面、显示自己的表现 ▷～正劲｜出～。

【风土】fēngtǔ 名 一个地方特有的自然条件、地理环境和风俗习惯的统称。

【风土人情】fēngtǔ-rénqíng 一个地方特有的地理环境、物产和风俗、习惯、礼节等。

【风味】fēngwèi 名 事物具有的特色（多指地方特色）▷四川～小吃｜异国～。

【风闻】fēngwén 动 从传言中听说 ▷～这儿要拆迁。

【风物】fēngwù 名 风光景物 ▷～依旧。

【风习】fēngxí 名 风俗习惯 ▷～淳朴。

【风险】fēngxiǎn 名 可能出现的危险 ▷投资股市有～｜～意识。

【风险企业】fēngxiǎn qǐyè 以开发高新技术、高知识产品为目标的企业。这种企业创新性强,高新技术密集,高级人才集中,风险大,而一旦成功,效益巨大。

【风险投资】fēngxiǎn tóuzī 向从事发展高科技或具有发展潜力的创业企业提供股权资本,并提供管理和经营服务,期望在企业发展相对成熟后,通过股权转让收取长期资本增值收益。简称风投。也说创业投资。

【风险资金】fēngxiǎn zījīn 用于风险投资的资金。

【风箱】fēngxiāng 名 鼓风工具,一般由木箱、活塞、活门等组成。使用时,拉动把手使活塞在木箱中前后运动生风,使炉火旺盛。

【风向】fēngxiàng ❶ 名 风来的方向 ▷~:北转南。❷ 名 比喻事态发展的动向 ▷看准~。

【风向标】fēngxiàngbiāo ❶ 名 指示风向的仪器。一般是安在高杆上的箭形装置。箭随风转动,箭头指示风向。❷ 名 比喻指示事物发展趋势的东西 ▷民间投资持续增长,成为经济稳中向好的~。

【风行】fēngxíng 动 像风吹一样传布开来。形容很快地行动起来或流行开来 ▷~各地。

【风雪】fēngxuě 名 风和雪;借指严冬的自然环境 ▷~满天|冒~战酷暑。

【风雪帽】fēngxuěmào 名 一种能遮挡风雪并起保暖作用的帽子。

【风压】fēngyā 名 风垂直作用于物体表面的压强。是建筑工程上需要掌握的数据。

【风雅】fēngyǎ〈文〉❶ 名 原指《诗经》中的《国风》《大雅》《小雅》;后泛指与诗文有关的文化活动 ▷附庸~。❷ 形 文雅 ▷谈吐~。

【风烟】fēngyān ❶ 名〈文〉风和烟雾 ▷~俱净,天山共色。❷ 名 被风卷起的滚滚烟尘。借指战争 ▷~滚滚|~四起。

【风言风语】fēngyán-fēngyǔ 私下议论、暗中流传的没有根据的话。

【风谣】fēngyáo 名 民谣。

【风衣】fēngyī 名 一种能挡风和小雨的外衣,常在春秋季穿。也说风雨衣。

【风油精】fēngyóujīng 名 一种常用的液体保健药品。具有清凉止痒、提神醒脑、消炎镇痛等功用。可外搽,也可内服。

【风雨】fēngyǔ ❶ 名 风和雨 ▷~交加。❷ 名 比喻艰难困苦的处境 ▷经~,见世面。❸ 名 比喻议论和传闻 ▷满城~。

【风雨交加】fēngyǔ-jiāojiā 大风和暴雨一起袭来。

【风雨飘摇】fēngyǔ-piāoyáo 形容动荡不安或极为危险的局势。

【风雨如晦】fēngyǔ-rúhuì 风雨交加,天空昏暗,如同黑夜一样。形容社会黑暗。

【风雨如磐】fēngyǔ-rúpán 风雨非常凶猛,像磐石一样压在人头上。形容社会黑暗,人民陷入苦难之中。

【风雨同舟】fēngyǔ-tóngzhōu 在急风暴雨中同乘一条船。比喻共同度过患难。

【风雨无阻】fēngyǔ-wúzǔ 比喻无论发生什么情况,都按照原计划行事。

【风源】fēngyuán ❶ 名 风的源头。❷ 名 产生某种坏风气的根源 ▷坚决堵住不正之风的~。

【风月】fēngyuè〈文〉❶ 名 清风和明月。借指美景 ▷无边~。❷ 名 借指男女情爱的事。

【风云】fēngyún 名 风和云;比喻动荡不定的局势 ▷~莫测|~突变。

【风云榜】fēngyúnbǎng ❶ 名 由媒体发布的,某领域一段时间内有影响、受欢迎的人物、作品、产品等的排名名单 ▷球星~|音乐~|新能源汽车~。❷ 名 媒体发布公众普遍关注的人物、事件等的平台 ▷互联网金融~。

【风云变幻】fēngyún-biànhuàn 比喻局势变化不定,难以预测。

【风云人物】fēngyún rénwù 在一定时期内影响大、受社会关注的人物。

【风云突变】fēngyún-tūbiàn 比喻局势突然发生了重大变化。

【风韵】fēngyùn ❶ 名 指诗文书画的风格、神韵 ▷这些诗颇有唐代~。❷ 名 指风度韵致(多用于女性) ▷徐娘半老,~犹存。

【风灾】fēngzāi 名 大风造成的灾害。

【风障】fēngzhàng 名 插在园田、苗圃等旁边挡风护苗的屏障,多用芦苇、高粱秆等编扎而成。

【风疹】fēngzhěn 名 由风疹病毒引起的急性传染病。症状主要是发热,面部乃至全身出现红色皮疹,轻度咳嗽,耳后和枕淋巴结肿大等。

【风筝】fēngzheng 名 一种传统的娱乐健身玩具。用竹篾等捆扎成禽、虫、鱼、龙等形状的骨架,糊上纸或绢制成。可借助风力在空中飘动,人拉着系在上面的长线控制。

【风致】fēngzhì〈文〉❶ 名 风韵② ▷~洒脱。❷ 名 风味;情致 ▷田园~|山光水色各有~。

【风中之烛】fēngzhōngzhīzhú 风里的灯烛。比喻随时可能死亡的人或随时可能消失的事物。

【风烛残年】fēngzhú-cánnián 形容像风中很容易被吹灭的蜡烛那样,随时可能死亡的晚年。

【风姿】fēngzī 名 风度仪态 ▷~典雅。

【风钻】fēngzuàn 名 凿岩机。

沣(灃) fēng ❶ 名 沣水,水名,在陕西,流入渭河。○ ❷ 名 姓。

沨(渢) fēng [沨沨] fēngfēng 拟声〈文〉模拟水声或风声。

枫(楓) fēng ❶ 名 枫树,落叶乔木,叶子掌状,通常三裂,边缘呈细锯齿形。深秋叶艳红,可供观赏。树脂、根、叶、果实可以做药材。参见插图6页。○ ❷ 名 姓。

【枫杨】fēngyáng 名 落叶乔木,羽状复叶,长椭圆形，边缘呈细锯齿状。坚果两侧具长椭圆形斜长的翅。木材轻软，可制箱板、家具等，种子可榨油。也说柜(jǔ)柳、元宝树。

封 fēng ❶ 动〈文〉堆土为界。→ ❷ 名〈文〉田界；疆界 ▷～界|～疆。→ ❸ 动 古代帝王把土地、爵位等分给贵族、大臣 ▷分～|～王。→ ❹ 动 严密盖住、关住或糊住，使不透气或不露出 ▷用蜡把瓶口～上|密～。⇒ ❺ 动 禁止或限制(通行、活动、联系等) ▷～山育林|查～。⇒ ❻ 量 用于封着的东西 ▷两～信。参见插图 13 页。⇒ ❼ 名 封闭或包装东西的纸袋或外皮 ▷信～|～套。○ ❽ 名 姓。

【封笔】 fēngbǐ 动 指作家、书画家等不再创作 ▷他因病～。

【封闭】 fēngbì ❶ 动 盖住或关闭，使处于隔绝状态 ▷～机场。❷ 动 查封 ▷～制假窝点。

【封闭疗法】 fēngbì liáofǎ 一种治疗方法。将某些药物注射到一定穴位或病变组织周围，用来阻断神经传导，发挥止疼等作用。多用来治疗腰肌劳损、腰椎间盘凸出等病症。

【封存】 fēngcún 动 封好并保存起来 ▷这些材料已经～好几年了。

【封底】 fēngdǐ 名 书刊封皮的最后一面。也说封四。

【封地】 fēngdì 名 古代帝王分封给诸侯或诸侯分封给卿、大夫的土地。

【封顶】 fēngdǐng ❶ 动 完成建筑物顶部的建造 ▷楼房已经～。❷ 动 比喻规定某种事物的最高限度 ▷奖金上不～，下不保底。

【封冻】 fēngdòng ❶ 动 (江河湖泊等)水面完全结冰。❷ 动 土地冻结。

【封堵】 fēngdǔ 动 封闭堵塞，使不能通过 ▷～通道|利用拦网～对方的强攻。

【封二】 fēng'èr 名 书刊封面的背面。

【封港】 fēnggǎng 动 港口因施工、事故或冰冻等原因而临时停止使用。

【封官许愿】 fēngguān-xǔyuàn 事先许诺给人官职或某种好处，诱使别人替自己效力。

【封航】 fēngháng 动 指由于天气、事故、战争等原因，禁止船舶或飞机通航。

【封号】 fēnghào 名 古代帝王授予的爵号或称号。

【封河】 fēnghé 动 河流封冻。

【封火】 fēnghuǒ 动 把炉火盖起来，只留适当空隙，使火既灭不了又着(zháo)不旺。

【封寄】 fēngjì 动 把信件等封上口寄出。

【封建】 fēngjiàn ❶ 名 封国土、建诸侯的政治制度。即君主把土地分封给亲属和功臣，让他们在封地上建立诸侯国。我国西周开始实行这种制度。❷ 名 指封建社会或封建思想 ▷反～。❸ 形 有封建思想的或带有封建色彩的 ▷思想太～。

【封建割据】 fēngjiàn gējù 封建社会中，掌握兵权的重臣凭借武力建立自己的势力范围，与中央政权对抗。

【封建社会】 fēngjiàn shèhuì 以农民和地主两大对立阶级为主体构成的一种社会形态。地主阶级占有土地，掌握国家政权。农民阶级只有少量土地或没有土地，大部分人靠租种地主土地为生，受地主的剥削、压迫。

【封建主】 fēngjiànzhǔ 名 封建社会的统治者。我国封建社会初期有君主、诸侯、大夫等大大小小的封建主。

【封建主义】 fēngjiàn zhǔyì 封建的社会制度和意识形态。它的基础是地主占有土地，剥削农民。占统治地位的意识形态是地主阶级思想。参见本页“封建社会”。

【封疆】 fēngjiāng〈文〉❶ 名 疆界。❷ 动 分封疆土。旧时称受封统治一个大区域的官吏为封疆大吏。

【封禁】 fēngjìn ❶ 动 封闭① ▷～出境通道。❷ 动 查封；禁止 ▷～毒品。

【封镜】 fēngjìng 动 指电影片、电视片拍摄完成 ▷人们关注的影片已经～。

【封口】 fēngkǒu ❶ 动 使开着口的地方闭合或复原 ▷信封还没～|刀伤已经～。❷ 动 把话说死，不再改口 ▷谈判不要轻易～，要留有余地|银行给我们的贷款就是这 20 万，已经～了。❸ 动 让人闭口不吐露实情 ▷下达～令|～费。❹ 名 信封、封套等可以封起来的口儿 ▷信封的～已经粘上了。

【封口费】 fēngkǒufèi 名 为使知情人不讲出真实情况而向其行贿的钱。

【封蜡】 fēnglà ❶ 名 火漆。❷ 名 泛指作封装用的蜡 ▷打开～，取出药丸。

【封里】 fēnglǐ 名 封二；封二和封三。

【封门】 fēngmén 动 封闭大门；特指把封条贴在门上，不准开启 ▷大雪～|假日库房～。

【封面】 fēngmiàn 名 线装书指书皮里面印有书名、作者及刻书者等的一面；新式书刊指印有书名、作者、出版社名称等的最外层的一面。

【封泥】 fēngní 名 我国秦汉时期书信、公文大都写在竹简或木札上，发送时用绳捆缚，在绳端系结处封上黏土，上盖印章，以防私拆。这种盖上印章的土块儿就叫封泥。也说泥封。

【封盘】 fēngpán ❶ 动 封棋。❷ 动 (楼市、股市等)停止交易。

【封皮】 fēngpí ❶ 名 新式书刊最外面的一层，包括封面、书脊和封底。多用厚纸、布、塑料等做成。❷ 名 信封。

【封妻荫子】 fēngqī-yìnzǐ 封建社会官吏因有功而使妻子得到封号，子孙世袭爵位。

【封棋】fēngqí 动 棋类比赛中因某种原因而暂停，将棋局保持原状。也说封局、封盘。

【封三】fēngsān 名 书刊中封底的背面。

【封杀】fēngshā 动 封禁② ▷～不健康广告。

【封山】fēngshān ❶ 动 封闭进出山的通道，隔绝山内外的往来 ▷大雪～。❷ 动 为保证林木生长，禁止进山砍伐、放牧等 ▷～育林。

【封山育林】fēngshān yùlín 对林区实行划界封禁，在一定时间内不准开垦、放牧、采伐、砍柴等，以保证林木繁殖生长。

【封禅】fēngshàn 动 古代帝王到泰山祭祀天地。在泰山上筑坛祭天叫封，在泰山下的梁父山上祭地叫禅。☛"禅"这里不读 chán。

【封赏】fēngshǎng ❶ 动 帝王对大臣进行分封和赏赐。❷ 名 指封赏的财物等。

【封四】fēngsì 名 封底。

【封锁】fēngsuǒ 动 用强制手段使与外界隔绝 ▷～交通要冲。

【封锁线】fēngsuǒxiàn 名 为封锁某一区域而设置的警戒线 ▷通过敌人的～。

【封套】fēngtào 名 用硬纸或塑料膜等制成的装文件、书刊等的套子。

【封条】fēngtiáo 名 贴在门窗或器物的开合处表示不许随意开启的纸条，上面写有封闭的日期，盖有印章。

【封网】fēngwǎng 动 排球、网球、羽毛球比赛中，队员用手或球拍在网前拦住对方打过来的球。

【封一】fēngyī 名 指新式装订的书刊印有书刊名称等的第一面。

【封斋】fēngzhāi ❶ 动 伊斯兰教规定，成年穆斯林在伊斯兰教历每年九月白天不进饮食并禁止房事，称为封斋。也说把斋。❷ 名 天主教的斋戒期。

【封装】fēngzhuāng 动 密封包装 ▷贵重物品应～邮寄。

【封嘴】fēngzuǐ ❶ 动 封住嘴不让说话。❷ 动 封口②。

砜（碸） fēng 名 硫酰基同烃基结合而成的有机化合物的统称。是制造塑料的原料，也可制药。

疯（瘋） fēng ❶ 动 神经错乱，举止失常 ▷孩子出了车祸，妈妈急～了｜装～卖傻｜～癫。→ ❷ 动 指不受管束或没有节制地玩耍 ▷老不回家，成天在外边～。❸ 形 举止轻狂，不稳重；言语不合常理 ▷这孩子整天～闹｜净说些不着边的～话。→ ❹ 形 形容农作物猛长枝叶（却不结果实）▷棉花长～了｜把～枝打掉。

【疯病】fēngbìng 名 精神病。

【疯癫】fēngdiān 动 疯①。☛ 不要写作"疯颠"。

【疯疯癫癫】fēngfēngdiāndiān 形 形容精神失常的样子（常用来形容言行轻狂或过于激动而失去常态）▷成天～的，成什么体统！

【疯狗】fēnggǒu 名 得了狂犬病的狗；比喻丧失理智，到处寻衅或为害他人的人 ▷他简直就是一条～，到处乱咬人。

【疯话】fēnghuà 名 怪诞、不合常理的话 ▷满嘴～，没句正经的。

【疯狂】fēngkuáng 形 形容发疯的样子；猖狂 ▷贪污分子～敛财。

【疯魔】fēngmó ❶ 动 疯癫。❷ 动 入魔 ▷你～了？一天到晚打麻将！

【疯牛病】fēngniúbìng 名 牛海绵状脑病的俗称。一种潜伏期很长的慢性传染病，多见于成年牛。症状为四肢僵硬、体重下降、惊恐不安以至攻击人畜等。疯牛病可导致牛死亡，也可传染给人。

【疯人】fēngrén 名 疯子。

【疯人院】fēngrényuàn 名 旧指专门收容医治精神病患者的医院。

【疯长】fēngzhǎng 动（农作物等）猛长枝叶却不开花、结果。

【疯枝】fēngzhī 名 长势很旺却不结果的枝条。

【疯子】fēngzi 名 对患严重精神病的人的不尊重的称呼；比喻失去理智、行为反常的人。

峰（*峯） fēng ❶ 名 高而尖的山顶 ▷顶～。→ ❷ 名 像山峰的事物 ▷驼～｜洪～。❸ 量 用于骆驼 ▷两～骆驼。

【峰巅】fēngdiān 名 峰顶。

【峰顶】fēngdǐng 名 山峰的顶端。

【峰回路转】fēnghuí-lùzhuǎn 形容山势迂回，道路曲折。比喻情况出现转机。

【峰会】fēnghuì 名 高峰会议的简称。

【峰峦】fēngluán 名 连绵的山峰 ▷～叠翠。

【峰年】fēngnián 名 指自然界中某类活动达到高峰的年份。如太阳活动峰年期间，太阳风暴便异常显著。

【峰位】fēngwèi 名 数值变化中的最高点 ▷准确判断股价的～与底位。

【峰值】fēngzhí 名 起伏变化的数值中的最大值。

烽 fēng 名 烽火①。

【烽火】fēnghuǒ ❶ 名 古代边防人员遇敌人来犯时，为报警而点燃的烟火。❷ 名 借指战火、战争 ▷～连天｜～连三月，家书抵万金。

【烽火台】fēnghuǒtái 名 古代为点燃烽火报警而筑的高台。

【烽燧】fēngsuì 名 古代边防人员遇敌人来犯时，为报警点燃柴草或狼粪冒出的烟或火（白天冒的烟叫烽，夜里燃起的火叫燧）；借指战争 ▷八年～生灵苦。

【烽烟】fēngyān 名 烽火。

葑 fēng 名〈文〉芜菁。
另见 416 页 fèng。

葑 fēng 名 葑山，山名，在广东。一名龙门山。

锋（鋒） fēng ❶ 名 锋口 ▷刀～｜交～。→ ❷ 名 某些器物的尖端部分 ▷笔～｜针～相对。❸ 名 带头的、居于前列的人 ▷前～｜先～。❹ 名 指锋面 ▷冷～｜暖～。→ ❺ 名 比喻言语、文章的气势 ▷谈～｜词～。

【锋镝】fēngdí 名〈文〉刀刃和箭头(镝：箭头)。泛指兵器；也借指战争 ▷藏～于怀中｜使城池幸免～。

【锋口】fēngkǒu 名 刀、剑等器物的锐利部分。

【锋快】fēngkuài 形 锋利①。

【锋利】fēnglì ❶ 形 形容工具、兵器头尖或刃薄，易于刺入或切割。❷ 形 (目光、文笔、言论等)尖锐有力 ▷～的目光｜笔触～。☛ 参见 1174 页“锐利”的提示。

【锋芒】fēngmáng ❶ 名 锋刃；比喻斗争的矛头 ▷斗争的～指向贪污腐化。❷ 名 借指显露出来的锐气和才干 ▷在科研中初露～。☛ 不要写作“锋铓”。

【锋芒毕露】fēngmáng-bìlù 借指人的锐气、才干完全显露出来，多用来形容爱逞强显能，好表现自己 ▷这个人自恃有才，～。

【锋芒所向】fēngmáng-suǒxiàng 指斗争矛头的指向 ▷北伐战争的～是军阀统治。

【锋面】fēngmiàn 名 气象学上指大气中冷、暖气团之间的交界面。锋面地区常有风和雨。

【锋刃】fēngrèn 名 刀剑的尖端和刃口。

【锋线】fēngxiàn 名 篮球、足球等球类比赛中指前锋队员形成的一线 ▷男篮～要加强。

蜂（*蠭蠭） fēng ❶ 名 昆虫，有毒刺，能蜇人，会飞，常群居。种类很多，有蜜蜂、胡蜂等。→ ❷ 名 特指蜜蜂 ▷～蜜｜～蜡｜～乳｜～箱。→ ❸ 名 成群的蜂(构词中作状语，用于比喻) ▷～拥｜～聚。

【蜂巢】fēngcháo 名 蜜蜂的窝；泛指蜂类的窝。也说蜂房、蜂窝。参见插图 4 页。

【蜂毒】fēngdú 名 工蜂体内的毒液。由尾部的毒刺排出。可用于治疗风湿性关节炎等病。

【蜂房】fēngfáng 名 蜂巢。

【蜂糕】fēnggāo 名 一种切开后断面呈蜂窝状的食品。用发酵的面粉或米粉加糖等蒸成。

【蜂花粉】fēnghuāfěn 名 蜜蜂从植物花朵中采集的花粉加工成的花粉团。是天然保健品，也可以做药材。

【蜂胶】fēngjiāo 名 工蜂的分泌物，呈褐色，有黏性和芳香气味。工蜂用它来填塞蜂巢缝隙，对人有较高的药用价值。

【蜂聚】fēngjù 动 像蜂群似的聚在一起 ▷～效应。

【蜂蜡】fēnglà 名 工蜂腹部的蜡腺分泌出来的蜡质，是构筑蜂巢的主要材料。可用于制药膏、化妆品等。也说黄蜡。

【蜂蜜】fēngmì 名 工蜂用采集到的花蜜酿成的黏稠液体。黄白色，味甜，有较高的营养价值，可供食用和药用。

【蜂鸣器】fēngmíngqì 名 一种电声器件。通电后可发出蜂鸣声或音乐声等，可以代替电铃或作声频电流发生器。

【蜂鸟】fēngniǎo 名 鸟，体形较小，羽毛艳丽，嘴细长。取食花蜜和花上的昆虫。主要产于南美洲和中美洲。

【蜂起】fēngqǐ 动 像群蜂一样纷纷而起 ▷群雄～。

【蜂群】fēngqún 名 指由一个蜂王和一定数量的雄蜂以及大量工蜂组成的蜜蜂的生存群体。

【蜂乳】fēngrǔ 名 王浆。

【蜂王】fēngwáng 名 生殖器官发育完全的雌蜂。体大，腹长，翅短，只产卵而不酿蜜。通常每个蜂群中只有 1 只，寿命 3—5 年。也说母蜂。参见插图 4 页。

【蜂王浆】fēngwángjiāng 名 王浆的通称。

【蜂窝煤】fēngwōméi 名 在煤末中掺进一定数量的石灰或黏土，加水和匀，用模型压制而成的燃料。短圆柱体，有许多贯通上下的孔，略似蜂窝。

【蜂箱】fēngxiāng 名 养蜜蜂用的箱子。旁边留有供蜜蜂进出的孔道，内挂若干块木板或有蜂巢花纹的塑料板，供蜜蜂做巢。

【蜂腰】fēngyāo ❶ 名 蜂体中部细狭的部分。❷ 名 比喻物体狭窄的中间部位或特别狭窄的通道；也比喻人的细腰 ▷～地段｜～猿背。

【蜂拥】fēngyōng 动 像蜂群一样拥挤着(前行) ▷～而至。☛ 参见 234 页“簇拥”的提示。

酆 fēng 名 姓。☛ ㊀不能简化为“邦”。㊁地名“酆都”(在重庆)现在改为“丰都”。

【酆都城】fēngdūchéng 名 迷信指阴间。

féng

冯（馮） féng 名 姓。
另见 1057 页 píng。

逢 féng ❶ 动 碰到；遇见 ▷每～星期日都要回家｜千载难～｜相～。○ ❷ 名 姓。
另见 1028 页 páng。

【逢场作戏】féngchǎng-zuòxì 原指街头艺人遇有合适的场所就表演。后指遇到某种场合随便敷衍应付。

【逢集】féngjí 动 轮到或赶上有集市的日子 ▷今天正好～，咱们赶集去吧！

【逢年过节】féngnián-guòjié 遇到过年过节的日子。

【逢人说项】féngrén-shuōxiàng 唐朝人杨敬之赏

识项斯，经常向人夸奖他，并写诗说："平生不解藏人善，到处逢人说项斯。"后用"逢人说项"比喻到处替人说好话。

【逢凶化吉】 féngxiōng-huàjí 遇到凶险能转化为平安、吉祥。

【逢迎】 féngyíng 动 用言行去迎合、讨好别人 ▷曲意～。

浲 féng 用于地名。如杨家浲，在湖北。

缝(縫) féng ❶ 动 用针线连缀 ▷～衣服｜伤口～了三针。○ ❷ 名 姓。另见 416 页 fèng。

【缝补】 féngbǔ 动 缝和补 ▷～浆洗｜王大妈经常为战士缝缝补补。

【缝缝连连】 féngféngliánlián 动 缝补 ▷母亲靠给别人～供我上学。

【缝合】 fénghé 动 外科手术指用特制的针线把伤口缝上。

【缝穷】 féngqióng 动 指贫寒妇女替人缝补衣服维持生计 ▷靠～度日。

【缝纫】 féngrèn 动 泛指剪裁、缝制衣服等。

【缝纫机】 féngrènjī 名 缝制衣服等的机器。有脚蹬式、手摇式、电动式等多种。

【缝线】 féngxiàn ❶ 名 缝补衣物的线。❷ 名 指外科手术中缝合伤口的专用线 ▷伤口愈合后尚留有～痕迹。

【缝制】 féngzhì 动 制作(衣服、被褥等) ▷这块料子足够～一条裤子。

【缝缀】 féngzhuì 动 把扣子、饰物、标记等缝在衣物上。

fěng

讽[1](諷) fěng 动〈文〉背诵；诵读 ▷～诵。

讽[2](諷) fěng ❶ 动 用含蓄委婉的语言暗示、规劝或指责 ▷借古～今｜～喻。→ ❷ 动 讥讽 ▷嘲～｜冷嘲热～。☛ "讽"字统读 fěng，不读 fēng 或 fèng。

【讽刺】 fěngcì 动 用比喻、夸张、反语等表达手法进行揭露、批评或嘲笑 ▷无情～。

【讽谏】 fěngjiàn 动 含蓄委婉地规劝君主或尊长。

【讽诵】 fěngsòng 动〈文〉朗诵；诵读。

【讽喻】 fěngyù 名 修辞手法，用说故事、打比方等方法，含蓄而有启发性地说明道理。

唪 fěng 动 大声念诵(经文) ▷～经。

fèng

凤(鳳) fèng ❶ 名 凤凰 ▷百鸟朝～｜龙～呈祥｜～毛麟角。○ ❷ 名 姓。

【凤蝶】 fèngdié 名 蝴蝶的一类。翅膀上有花斑。幼虫以柑橘等的树叶为食。

【凤冠】 fèngguān 名 古代后妃或贵族妇女所戴的有凤形饰物的礼帽。旧时平民妇女出嫁时也有用作礼帽的 ▷～霞帔(pèi)。

【凤凰】 fènghuáng 名 传说中象征祥瑞的鸟，生有美丽的五色羽毛。雄的叫凤，雌的叫凰，合称凤凰。

【凤梨】 fènglí 名 菠萝。

【凤毛麟角】 fèngmáo-línjiǎo 凤凰的毛，麒麟的角。比喻极为稀少而宝贵的人才或事物。☛ "麟"不要误写作"鳞"。

【凤尾鱼】 fèngwěiyú 名 凤鲚(jì)的通称。参见 654 页"鲚"。

【凤尾竹】 fèngwěizhú 名 竹子的一种。秆丛生，枝条细小柔软。因梢部像凤的尾巴，故称。

【凤仙花】 fèngxiānhuā 名 一年生草本植物，夏季开花，花色很多。红色花瓣可染指甲，花和种子可做药材。俗称指甲花。参见插图 7 页。

【凤眼】 fèngyǎn 名 丹凤眼 ▷～圆睁。

【凤眼莲】 fèngyǎnlián 名 水葫芦。

【凤爪】 fèngzhǎo 名 指供食用的鸡爪。

奉 fèng ❶ 动〈文〉恭敬地捧着。→ ❷ 动(从上级或长辈那里)接受 ▷～命转移。❸ 动 尊奉；信仰 ▷～为楷模｜信～。→ ❹ 动 恭敬地送给 ▷～献。❺ 动 供养；侍候 ▷供～｜～养。→ ❻ 副 敬词，用于由自己发出的涉及对方的行动 ▷～陪。○ ❼ 名 姓。☛ 下边是"丰"，不是"丰"。

【奉安】 fèng'ān 动 旧指贤臣孝子安葬帝后或父亲；后也指安置神佛牌位、画像等。今也指安葬国家元首的灵柩。

【奉承】 fèngcheng 动 恭维人，向人讨好 ▷阿谀～｜喜欢听～话。

【奉达】 fèngdá 动〈文〉敬词，告诉(多用于书信) ▷专此～。

【奉调】 fèngdiào 动 遵照上级的调动或调派 ▷～进京｜～上任。

【奉告】 fènggào 动 敬词，告诉 ▷详情容后～｜无可～。

【奉公守法】 fènggōng-shǒufǎ 奉行公事，遵守法令。指以公事为重，不徇私情。

【奉还】 fènghuán 动 敬词，把借的东西交还物主 ▷如数～。☛ 跟"交还""归还"不同。"奉还"只用于自己对他人。

【奉令】 fènglìng 动 奉命。

【奉命】 fèngmìng 动 接受使命；遵照命令(做某事) ▷～奔赴抗洪抢险第一线。

【奉陪】 fèngpéi 动 敬词，陪伴或陪同(有时含讥讽意) ▷理当～｜～到底。

【奉赔】 fèngpéi 动 敬词，赔偿 ▷如有损坏，照价～。

【奉劝】fèngquàn 动 敬词，劝告 ▷～他不要一意孤行。

【奉若神明】fèngruòshénmíng 像信奉神仙那样尊崇某人或某事物。

【奉上】fèngshàng 动 敬献；赠送 ▷～清茶一杯。

【奉使】fèngshǐ 动 奉命出使 ▷郑和～西洋。

【奉祀】fèngsì 动〈文〉供奉祭祀 ▷～中华始祖女娲。

【奉送】fèngsòng 动 敬词，送东西给对方 ▷这幅画你若喜欢，我乐于～。

【奉托】fèngtuō 动 敬词，委托 ▷～老兄转告家父。

【奉为】fèngwéi 动（把某人、某事物）尊敬地当作 ▷～知己|～圭臬。

【奉为圭臬】fèngwéi-guīniè（把某些言论或事物）尊敬地当作准则。参见 514 页"圭臬"。

【奉献】fèngxiàn 动 恭敬地献出 ▷～青春年华|无私地～。

【奉行】fèngxíng 动 遵照执行 ▷～开放政策。

【奉养】fèngyǎng 动 侍候并赡养（长辈）▷～双亲。

【奉迎】fèngyíng ❶ 动 敬词，迎候 ▷～贵宾。❷ 动 奉承 ▷～拍马。

【奉赠】fèngzèng 动 敬词，赠送。

俸 fèng ❶ 名 俸禄 ▷薪～。○ ❷ 名 姓。

【俸禄】fènglù 名 旧指官员的薪水。

葑 fèng 名〈文〉菰的根。
另见 414 页 fēng。

赗（賵） fèng〈文〉❶ 名 送给丧家的车马财物。→ ❷ 动 用车马财物资助丧家办丧事。

缝（縫） fèng ❶ 名 缝（féng）合或接合的地方 ▷裤～|天衣无～|无～钢管。→ ❷ 名 空隙；裂开的狭长口子 ▷窗户～|桌面上裂了一道～儿|～隙。
另见 415 页 féng。

【缝隙】fèngxì 名 裂开的或接合处露出的狭长间隙 ▷岩石的～|关好窗户，不要留～。

【缝子】fèngzi 名〈口〉缝（fèng）②。也说缝儿。

fó

佛 fó ❶ 名 佛陀的简称。→ ❷ 名 佛教称修行圆满的人 ▷立地成～。→ ❸ 名 指佛教 ▷信～|～经。→ ❹ 名 指佛像 ▷千～洞|石～。→ ❺ 名 指佛号或佛经 ▷念～。
☛ 读 fú，用于"仿佛"；读 fó，是梵语 buddha（佛陀）的音译；读 bì，主要用于姓氏及人名。
另见 72 页 bì；419 页 fú。

【佛典】fódiǎn 名 佛教经典。

【佛殿】fódiàn 名 寺院中供奉佛像的殿堂。

【佛法】fófǎ ❶ 名 佛教的教义。❷ 名 佛教指佛所具有的法力。

【佛光】fóguāng ❶ 名 佛教指佛给世间带来的光明 ▷～普照。❷ 名 佛像顶上的光芒。❸ 名 指高山峰顶在有云雾的天气中，阳光将山顶的轮廓（包括游人影像）投射在云雾上的一种光学现象。

【佛号】fóhào 名 佛的名号。常念的佛号是"阿弥陀佛"。

【佛会】fóhuì 名 拜佛的法会。

【佛家】fójiā 名 指佛教学术流派；也指佛教僧侣。

【佛教】fójiào 名 世界三大宗教之一。相传公元前 6 世纪到公元前 5 世纪，由古印度迦毗罗卫国（在今尼泊尔境内）王子悉达多·乔答摩（即释迦牟尼）创立，西汉末年传入我国。对我国和东方的哲学、文学、艺术和民俗有很大影响。

【佛经】fójīng 名 泛指一切佛教典籍，包括经（教义）、律（戒律）、论（论述或注释），合称三藏（zàng）；特指三藏之一的经藏部分。也说释典。

【佛龛】fókān 名 供奉佛像的小阁子或小石室。

【佛口蛇心】fókǒu-shéxīn 比喻嘴上尽说好话，心里却十分歹毒。

【佛门】fómén 名 指佛教 ▷皈依～。

【佛事】fóshì 名 僧尼诵经、祈祷、礼佛等宗教活动的统称。

【佛手】fóshǒu 名 常绿小乔木或灌木，叶子长圆形，花白色。果实也叫佛手，橘黄色，有香味，上半开裂成数瓣，像半握的手。果实和花可以做药材。

【佛寺】fósì 名 佛教的寺庙。

【佛塔】fótǎ 名 佛教特有的多层尖顶建筑物。用于供奉舍利、佛像，收藏佛经、僧人遗体等。

【佛堂】fótáng 名 专门供奉佛像、做佛事的房屋。

【佛徒】fótú 名 信奉佛教的人。也说佛教徒。

【佛陀】fótuó 名 梵语 buddha 音译。佛教徒对释迦牟尼的尊称，意思是"觉悟了的人"。简称佛。

【佛像】fóxiàng 名 佛祖释迦牟尼或众菩萨的像。

【佛学】fóxué 名 研究、阐述佛教的学问。

【佛牙】fóyá 名 佛教称佛祖释迦牟尼遗体火化后保留下来的牙齿，被尊奉为神物，供在佛塔中。也说佛牙舍利。

【佛爷】fóye ❶ 名 对佛祖释迦牟尼的尊称；泛指佛教修行圆满的人。❷ 名 清代内臣对皇帝、皇后等的尊称；后专称慈禧太后为老佛爷。

【佛珠】fózhū 名 念珠。

【佛祖】fózǔ 名 佛教称释迦牟尼；也指开创佛教宗派的祖师。

fǒu

缶 fǒu ❶ 名 古代一种盛酒的器皿，多用瓦制，也有铜制的，大腹小口，有盖。参见插图 15 页。→ ❷ 名 古代一种瓦质的打击乐器。

否 fǒu ❶ 副 用在动词前，表示对这种动作行为的否定 ▷～认｜～决。→ ❷ 副〈文〉用在动词、动词性短语、形容词、形容词性短语后，等于"不"字加这个词或短语，构成反复问句 ▷知～(知道不知道)？｜当～(妥当不妥当)？ ☛ 在"臧否"和成语"否极泰来"里，"否"读 pǐ，不读 fǒu。

另见 1044 页 pǐ。

【否定】fǒudìng ❶ 动 对事物的存在或事物的真实性、合理性不予承认(跟"肯定"相对) ▷事实是～不了的。❷ 区别 否认的；反面的 ▷～判断｜答案是～的。❸ 动 哲学上指事物发展过程中新质要素对旧质要素的替代 ▷肯定～规律｜～之～。

【否定词】fǒudìngcí ❶ 名 表示否定意义的语词。如"不""没有""无"。❷ 名 数理逻辑中一种表示否定命题的连接词，一般用符号"¬"表示。

【否决】fǒujué 动 通过表决否定议案、意见等 ▷他的提案被大会～了。

【否决权】fǒujuéquán ❶ 名 某些国家的元首或议会上院所享有的推翻立法机关已通过的法案或使其延缓生效的权力。❷ 名 联合国安理会常任理事国的否决权。联合国五个常任理事国(中、法、英、美、俄)任何一国都可以否决程序性事项以外的任何一个议案的通过。

【否认】fǒurèn 动 不承认 ▷～自己错了。

【否则】fǒuzé 连 连接分句，表示"不然""如不"等意思，常跟"就"配合使用。也可以在后边加上助词"的话" ▷7 点前一定要出发，～就赶不上了｜除非你亲自去请，～的话，他不会来。

fū

夫 fū ❶ 名 成年男子的通称 ▷一～当关，万～莫开｜匹～｜懦～。→ ❷ 名 丈夫(跟"妻""妇"相对) ▷～唱妇随｜～妻｜妹～。→ ❸ 名 称从事某种体力劳动的人 ▷农～｜渔～｜车～。❹ 名 旧时指为官方或军队服劳役、做苦工的人 ▷拉～｜民～。○ ❺ 名 姓。

另见 418 页 fú。

【夫倡妇随】fūchàng-fùsuí 现在一般写作"夫唱妇随"。

【夫唱妇随】fūchàng-fùsuí 原指妻子处处顺从丈夫。现多形容夫妇和睦相处或互相配合，行动一致。

【夫妇】fūfù 名 夫妻 ▷年轻～｜～俩。

【夫家】fūjiā 名 丈夫家；婆家(跟"娘家"相区别)。

【夫君】fūjūn 名 古代妻子对丈夫的称呼。

【夫妻】fūqī 名 丈夫和妻子 ▷～恩爱。

【夫妻店】fūqīdiàn 名 夫妻共同经营，不雇用店员的小商店；泛指夫妻共同经营的实体或事业 ▷这家软件公司是个名副其实的～。

【夫权】fūquán 名 封建社会丈夫拥有的对妻子的统治和支配权力。

【夫人】fūrén 名 古代诸侯的妻子或皇帝的妾称夫人，明清两代一二品官的妻子封夫人。后用来尊称一般人的妻子。

【夫婿】fūxù 名〈文〉妻子对丈夫的称呼。

【夫役】fūyì 名 旧时指服劳役或受雇做杂务的人。☛ 不宜写作"伕役"。

【夫子】fūzǐ ❶ 名 旧时对学者或老师的尊称。❷ 名 指偏爱古书而思想僵化的人(含讥讽意) ▷迂～｜～气。

【夫子自道】fūzǐ-zìdào 原意是老师自己说自己。后指本想说别人，实际正说着(zháo)了自己。有时也指自己夸耀自己。

伕 fū ❶ 同"夫(fū)"④。现在一般写作"夫"。○ ❷ 名 姓。

呋 fū 音译用字，用于"呋喃"(有机化合物，无色液体，供制药用，也是重要的化工原料)等。

玞 fū 见 1459 页"珷(wǔ)玞"。

肤(膚) fū ❶ 名 人体的表皮 ▷体无完～｜皮～。→ ❷ 形 表面的；不深入的 ▷～浅｜～泛。☛ 统读 fū，不读 fú 或 fǔ。

【肤泛】fūfàn 形 肤浅空泛 ▷纯属～之谈。

【肤觉】fūjué 名 皮肤受外界刺激时产生的感觉。分为触觉、痛觉、温觉等。

【肤皮潦草】fūpí-liáocǎo 浮皮潦草。

【肤浅】fūqiǎn 形 (学问或认识)浅薄；不深入 ▷体会～。☛ "肤"不要误写作"敷"。

【肤色】fūsè 名 皮肤的颜色 ▷不同～的留学生在一块儿学习。

柎 fū〈文〉❶ 名 钟鼓架子的腿。→ ❷ 名 花托。→ ❸ 名 斗拱上的横木。

砆 fū ❶ 名〈文〉像玉的美石；泛指石块。○ ❷ 用于地名。如砆石，在湖南。

鈇(鈇) fū ❶ 名〈文〉铡刀 ▷以～自刭而死。○ ❷ 名 金属元素，符号 Fl。有放射性，由人工核反应获得。

另见 425 页 fǔ。

麸(麩*粰麱) fū 名 麸子。

【麸皮】fūpí 名 麸子。

【麸曲】fūqū 名 将纯种霉菌掺入麸子而制成的固体曲,常用来酿酒。

【麸子】fūzi 名 小麦磨成面粉筛过后剩下的皮屑。多用作饲料。也说麸皮、麸壳儿。

趺 fū ❶ 同"跗"。现在一般写作"跗"。→ ❷ 动〈文〉双足交叠而坐 ▷~坐。→ ❸ 名〈文〉石碑的底座 ▷石~|龟~。

跗 fū 名 脚背 ▷~面|~骨。

【跗骨】fūgǔ 名 构成足的后半部的短骨,共7块。相当于手的腕骨。

【跗面】fūmiàn 名 脚背。

稃 fū ❶ 名 谷壳;麦糠。→ ❷ 名 泛指草本植物籽实外面包着的硬壳。

鄜 fū 名 鄜县,地名,在陕西,现在改为"富县"。

孵 fū 动 鸟类用体温使卵内的胚胎发育成幼体;也指用人工调节温度和湿度的方法使卵内的胚胎发育成幼体 ▷~小鸡|~化器。

【孵化】fūhuà ❶ 动 卵生动物的受精卵在一定温度等条件下发育成幼体 ▷~器|~期。❷ 动 比喻对新事物进行培育、培养,使发展(现多指对新创办的高新技术企业的扶植) ▷几年来该研发中心已~了数十家高科技企业。

【孵化器】fūhuàqì ❶ 名 人工孵化鱼卵、禽蛋的专用设备。能保持一定温度,在任何季节孵出幼体。❷ 名 比喻担负培育中小科技创新企业以及改造传统任务的企业。

【孵卵】fūluǎn 动 孵 ▷~器|人工~。

【孵育】fūyù 动 孵 ▷~雏燕。

敷 fū ❶ 动 铺陈;布置 ▷~席|~设。→ ❷ 动〈文〉铺叙;陈述 ▷~陈|~演。→ ❸ 动(用粉、药等)搽;涂 ▷把药膏~在伤口上|~粉|~药。〇 ❹ 动 足够 ▷入不~出|不~应用。〇 ❺ 名 姓。☛ ㊀统读 fū,不读 fú 或 fù。㊁左下是"方",不是"万"。

【敷陈】fūchén 动〈文〉铺叙;详细论述。

【敷料】fūliào 名 用来清洁和包扎伤口的纱布、药棉等。

【敷设】fūshè ❶ 动 铺设(电缆、钢轨等) ▷~光缆。❷ 动 放置(炸药、地雷等) ▷~水雷。

【敷衍】fūyǎn ❶ 动 办事不认真或待人不诚恳,只是表面应付 ▷他不会认真帮你办的,只不过~一下罢了。❷ 动 勉强维持(生活) ▷剩下的粮食还能~两天。〇 ❸ 见本页"敷演"。现在一般写作"敷演"。

【敷衍了事】fūyǎn-liǎoshì 办事不认真,草率了结。

【敷衍塞责】fūyǎn-sèzé 办事不负责任,搪塞应付。☛ "塞"这里不读 sāi。

【敷演】fūyǎn 动 陈述并发挥。现多指在一个故事梗概的基础上添加情节,生发开去 ▷~成章|把一个简单的事件~成一部大戏。

【敷药】fūyào 动 将药物涂搽在伤口上 ▷每天给他喂汤、~。

【敷用】fūyòng 动 涂搽(药物等)使发挥效力 ▷在蚊虫叮咬处~万金油。

fú

夫 fú〈文〉❶ 代 表示远指,相当于"那" ▷微~人之力不及此(没有那个人的力量达不到目前的状况)。→ ❷ 代 他 ▷~为其君勤也(他是给他的主人服务)。→ ❸ 助 a)用在句子开头,表示要发表议论 ▷~被坚执锐,义(宋义)不如公。b)用在句中,表示舒缓语气 ▷乘骐骥以驰骋兮,来吾道~先路。c)用在句尾,表示感叹或疑问语气 ▷逝者如斯~!|孔子曰:"吾歌,可~?"

另见417页 fū。

弗 fú ❶ 副〈文〉表示否定,略相当于"不" ▷自叹~如。〇 ❷ 名 姓。

伏[1] fú ❶ 动 胸腹朝下卧倒 ▷俯~|趴~。→ ❷ 动 脸朝下身体前倾趴在物体上 ▷~案工作。→ ❸ 动 隐藏;隐蔽 ▷昼~夜出|危机四~。❹ 名 伏天 ▷中~|歇~。→ ❺ 动 低下去;落下去 ▷此起彼~|倒(dǎo)~。→ ❻ 动 低头屈服;被迫接受 ▷~法。❼ 动 使服从 ▷降龙~虎。〇 ❽ 名 姓。

伏[2] fú 量 伏特的简称。

【伏案】fú'àn 动 上身前倾趴在书桌上(阅读或写作) ▷~苦读。

【伏笔】fúbǐ 名 文章或文艺作品中为后面的内容所作的暗示、铺垫等。

【伏辩】fúbiàn 现在一般写作"服辩"。

【伏兵】fúbīng 名 埋伏在敌人出没的地方伺机进攻的军队 ▷~四起。

【伏法】fúfǎ 动 罪犯依法被处决 ▷抢劫杀人犯已于昨日~。☛ 跟"服法"不同。

【伏旱】fúhàn 名 伏天出现的旱象。

【伏击】fújī 动 将部队预先埋伏在敌人必经的地方,待敌人进入该区域后,突然发起袭击。

【伏流】fúliú 名 暗流①。

【伏输】fúshū 现在规范词形写作"服输"。

【伏暑】fúshǔ 名 特别热的伏天。

【伏特】fútè 量 电压、电动势法定计量单位,1安培的电流通过电阻是1欧姆的导线时,导线两端的电压为1伏特。我国家用电器的电压多是220伏特。为纪念意大利物理学家伏特而命名。简称伏。

【伏特表】fútèbiǎo 名 电压表。

【伏特加】fútèjiā 名 俄语 водка 音译。俄罗斯的一种烈性酒。

【伏天】fútiān 名 三伏天。参见 1180 页“三伏”①。

【伏帖】fútiē ❶ 见 420 页“服帖”③。现在一般写作“服帖”。❷ 见本页“伏贴”。现在一般写作“伏贴”。

【伏贴】fútiē 动 紧紧地贴在上面 ▷～地面。

【伏羲】fúxī 名 我国古代传说中的三皇之一，发明结网，教民从事渔猎畜牧。也说庖牺。

【伏线】fúxiàn 名 文学作品中为下文作准备而暗藏的线索。

【伏休】fúxiū 动 为保护渔业资源，每年三伏季节禁止在河水和近海捕捞。

【伏汛】fúxùn 名 伏天里发生的河水暴涨现象。

【伏诛】fúzhū 动〈文〉伏法。

【伏罪】fúzuì 现在规范词形写作“服罪”。

凫（鳬） fú ❶ 名 野鸭。○ ❷ 同“浮”②。现在一般写作“浮”。☛ 上边是“鸟”省末笔一横。由“鸟”构成的字还有“岛”“枭”“袅”等。

【凫茈】fúcí 名〈文〉荸荠。

【凫水】fúshuǐ 动 浮水。

扶 fú ❶ 动 用手的力量使起立或不倒下 ▷把跌倒的孩子～起来｜～着老人上车｜搀～。→ ❷ 动 帮助 ▷救死～伤｜～贫｜～植。→ ❸ 动 用手抓住或靠着他物来支撑身体 ▷～着栏杆下楼｜～着桌子站起来。❹ 动 勉强支持（病、伤的身体）▷～病。○ ❺ 名 姓。

【扶病】fúbìng 动 勉强支撑着病体（做事）▷～视察。

【扶持】fúchí ❶ 动 搀扶 ▷没人～他就站不起来。❷ 动 帮助；支持 ▷～贫困户。

【扶乩】fújī 动 两个人扶着一个带棍儿的架子，人移动架子，棍儿便在沙盘上写出字句来作为神的启示，是一种问吉凶的迷信活动。☛ 不宜写作“扶箕”。

【扶老携幼】fúlǎo-xiéyòu 搀着老人，领着小孩儿。

【扶苗】fúmiáo 动 扶直倒伏的幼苗，使正常生长 ▷积水退去后，趁着晴天抓紧洗苗、～。

【扶贫】fúpín 动 扶持贫困户或贫困地区发展生产，脱贫致富 ▷抓紧实施智力～工程｜精准～。

【扶贫济困】fúpín-jìkùn 扶持、救济贫困户或贫困地区 ▷一定要做好农村～工作。

【扶弱抑强】fúruò-yìqiáng 扶助弱小，压制强暴。

【扶桑】fúsāng ❶ 名 灌木，叶卵形，全年开红花，蒴果卵圆形。根、叶、花可以做药材。产于我国南部、西南部。可供观赏。也说朱槿、佛桑。参见插图 8 页。○ ❷ 名 神话中东海的大树，据说是日出的地方。也说榑桑。❸ 名 传说中东海的古国，后用作日本的别称。

【扶上马】fúshàngmǎ 扶持人骑到马背上。比喻帮助新干部走上领导岗位；也比喻帮助别人开始新的工作（常跟“送一程”连用）▷对新干部不但要～，还得送一程。

【扶手】fúshǒu 名 供手扶的东西 ▷楼梯～。

【扶手椅】fúshǒuyǐ 名 带有扶手的椅子。

【扶疏】fúshū 形〈文〉形容枝叶茂盛、疏密有致的样子 ▷花树～。

【扶梯】fútī 名 自动扶梯的简称。

【扶危济困】fúwēi-jìkùn 对处境危难、生活困苦的人给予帮助和救济。

【扶养】fúyǎng 动 夫妻或兄弟姐妹之间，由一方照料另一方的生活，物质上给予帮助 ▷夫妻有相互～的义务｜父母死得早，他由哥哥和姐姐～长大。☛ 参见 424 页“抚养”的提示。

【扶摇直上】fúyáo-zhíshàng 乘着旋风一直飞上高空（扶摇：旋风）。形容（职位、价格等）急速上升。☛ “摇”不要误写作“遥”。

【扶掖】fúyè〈文〉❶ 动 搀扶。❷ 动 扶助；帮助（多用于上级对下级，长辈对晚辈）▷～后进。

【扶正】fúzhèng ❶ 动 扶持正气 ▷～祛邪。❷ 动 旧指妻死后把妾提到正妻的地位。

【扶正祛邪】fúzhèng-qūxié ❶ 中医指祛除体内致病因素，增强抗病力。❷ 扶持正气，祛除邪气。

【扶植】fúzhí 动 扶持培植 ▷～新人｜～亲信。

【扶助】fúzhù 动 扶持帮助 ▷～贫困户。

芙 fú 见下。

【芙蕖】fúqú 名〈文〉莲①。

【芙蓉】fúróng ❶ 名 莲① ▷清水出～。○ ❷ 名 木芙蓉。

芾 fú 形〈文〉草木繁盛。☛ 下边是“市(fú)”，不是“市(shì)”。

另见 398 页 fèi。

苯 fú ❶［苯苜］fúyǐ 名 古书上指车前。参见 162 页“车前”。○ ❷ 用于地名。如苯兰岩，在山西。

佛（*彿髴） fú 见 390 页“仿佛”。

另见 72 页 bì；416 页 fó。

孚 fú 动 令人信服 ▷深～众望。

拂 fú ❶ 动 掸拭 ▷～尘。→ ❷ 动 轻轻擦过 ▷春风～面。❸ 动 接近 ▷～晓。→ ❹ 动 甩动 ▷～袖而去。○ ❺ 动 违背；违反 ▷～逆｜～意。☛ 统读 fú，不读 fó。

另见 72 页 bì。

【拂尘】fúchén 名 掸尘土、驱蚊蝇的用具。多在柄的一端扎上马尾巴上的长毛制成。

【拂拂】fúfú 形 形容风微动的样子 ▷晓风～。

【拂面】fúmiàn 动 轻轻从脸上擦过。

【拂逆】fúnì 动 违反;违背 ▷父命不得~。

【拂拭】fúshì 动 掸去或擦掉(物体表面的尘土等) ▷把楼梯扶手~干净。

【拂晓】fúxiǎo 名 接近天亮的时候。☛ 参见 875 页“凌晨”的提示。

【拂袖】fúxiù 动 把衣袖猛地一甩,表示不满或生气 ▷~而起|~而去。

【拂煦】fúxù 动 (风)送来温暖 ▷春风~。

【拂意】fúyì 动 不合心意 ▷诸事~。

苻 fú 名 姓。☛ 跟“符”不同。

茀 fú 形 〈文〉杂草多 ▷道~不可行。

服[1] fú ❶ 动 从事;担任 ▷~劳役|~务。→ ❷ 动 承受 ▷~刑。❸ 动 听从;信服 ▷不~管教|口~心不~|佩~。❹ 动 使信服;使听从 ▷以理~人|说~|征~。○ ❺ 动 适应;习惯 ▷水土不~。○ ❻ 动 吃(药物) ▷一日~三次,每次~一丸|~毒。

服[2] fú ❶ 名 衣服 ▷制~|校~|~装。→ ❷ 动 穿(衣服) ▷~丧。→ ❸ 名 指丧服 ▷有~在身。☛ “服”字读 fù,作量词,称中药的一剂。

另见 429 页 fù。

【服辩】fúbiàn 名 旧指罪犯服罪的供状。

【服从】fúcóng 动 听从;不违背 ▷~分配。☛ 参见 1368 页“听从”的提示。

【服毒】fúdú 动 吃毒药 ▷~自尽|~身亡。

【服法】fúfǎ ❶ 动 服从法院的判决 ▷罪犯表示~,不再上诉。○ ❷ 名 (药物)服用方法。☛ 跟“伏法”不同。

【服老】fúlǎo 动 承认自己年老体衰,不再干力所不及的事 ▷七十多了,还不~。

【服满】fúmǎn 动 旧指服丧期满。

【服判】fúpàn 动 服从判决 ▷撤诉~|当庭~。

【服气】fúqì 动 从心眼儿里信服 ▷在事实面前,不~不行。

【服人】fúrén 动 使人相信或信服 ▷要以理~。

【服软】fúruǎn 动 放弃强硬的态度表示顺服 ▷俩人越吵越凶,谁都不~。

【服丧】fúsāng 动 穿丧服。旧时习俗,表示对死去的长辈或平辈亲人的哀悼 ▷为父母~。

【服色】fúsè 名 服装的样式和颜色 ▷这是今年的流行~。

【服式】fúshì 名 服装款式 ▷~新颖。

【服饰】fúshì 名 穿着(zhuó)打扮 ▷华美的~。

【服侍】fúshi 动 照料;伺候 ▷~父母|~病人。☛ 不要写作“伏侍”“服事”。

【服输】fúshū 动 承认失败 ▷他有一股不~的劲头。☛ 不要写作“伏输”。

【服帖】fútiē ❶ 形 顺从;听话 ▷他在长辈面前~得很|枣红马一到他手里就服服帖帖的了。❷ 形 妥帖;恰当 ▷事情办得很~。❸ 形 舒坦;舒适 ▷哭了一通,这才觉得心里~些了。☛ 不宜写作“服贴”“伏帖”。

【服务】fúwù 动 为一定的对象工作 ▷为人民~。

【服务行业】fúwù hángyè 为社会生产和生活服务的国民经济部门。传统的服务行业有饭店、旅馆、理发、照相、修理等。随着社会的进步,又出现了信息咨询、广告、旅游等行业。

【服务器】fúwùqì 名 电子计算机网络中为用户提供服务的专用设备。可分为访问、文件、数据库、通信等不同功能的服务器。

【服务生】fúwùshēng 名 餐馆、宾馆等服务性场所里的服务员(多为年轻男性)。也说侍应生。

【服务台】fúwùtái 名 旅馆、饭店等公共场所为方便服务而设置的柜台。

【服务性】fúwùxìng 名 (行业、职业等所具有的)服务的性质或特征 ▷~部门。

【服务业】fúwùyè 名 向社会提供服务的产业。

【服务员】fúwùyuán ❶ 名 服务行业中直接为顾客服务的人员。❷ 名 机关的勤杂人员等。

【服刑】fúxíng 动 (犯人)接受徒刑 ▷~期满。

【服药】fúyào 动 吃药 ▷按时~。

【服役】fúyì ❶ 动 旧指服劳役。❷ 动 服兵役;也指运动员在一定的专业组织里服务。❸ 动 指武器装备、交通工具或其他设施等正在使用。

【服膺】fúyīng 〈文〉❶ 动 (格言、道理、嘱咐等)牢记在心。❷ 动 由衷信服;信奉 ▷~真理。

【服用】fúyòng 动 口服(药物、补品等)。

【服众】fúzhòng 动 使众人信服 ▷这样处理问题很难~。

【服装】fúzhuāng 名 衣服;泛指衣服鞋帽 ▷~市场|~道具。

【服装师】fúzhuāngshī 名 精通服装设计、制作的人。

【服罪】fúzuì 动 认罪 ▷~受罚。☛ 不要写作“伏罪”。

怫 fú 形 〈文〉形容忧郁或愤怒的样子 ▷~郁|~然。

【怫然】fúrán 形 〈文〉形容生气或发怒的样子 ▷~不悦|~而去|~作色。

宓 fú 名 姓。
另见 947 页 mì。

绂(紱) fú 名 古代系官印的丝带。

绋(紼) fú 〈文〉❶ 名 大绳。→ ❷ 名 特指下葬时牵引灵柩的绳子 ▷执~。

韨(韍) fú 名 古代朝觐或祭祀时遮蔽在衣裳前面的一种服饰,用熟牛皮制成。

茯 fú [茯苓]fúlíng 名 真菌,一般寄生在松树根上,外形与甘薯相似,表面有深褐色皮壳,内部粉粒状。可以制作食品,也可以做药材。

枹 fú 古同"桴²"。
另见 43 页 bāo。

罘 fú ❶ 名〈文〉捕兔用的网;泛指捕鸟兽的网。○ ❷ 芝罘(zhīfú)名 半岛名,又海湾名,均在山东。

【罘罳】fúsī ❶ 名 古代设在宫门外或城墙四角上的网状建筑,用来守望和防御。❷ 名 设装在屋檐下或窗上以防鸟雀筑巢的网,多用金属丝制成。❸ 名 古代的一种屏风,设在门外。

氟 fú 名 非金属元素,符号 F。浅黄绿色气体,味臭,有毒,腐蚀性极强,是非金属中最活泼的元素。是制造特种塑料、橡胶和冷冻剂的原料。☛ 不读 fó。

【氟利昂】fúlì'áng 名 英语 freon 音译。含氟和氯的一类有机化合物,无色无味的气体,无毒、无腐蚀性、易液化。过去常用作冰箱等的制冷剂。大量使用会破坏大气层中的臭氧层,现已限制使用。

【氟石】fúshí 名 萤石。

俘 fú ❶ 动 作战时擒获(敌人) ▷~获|被~。→ ❷ 名 作战时擒获的敌人 ▷战~|遣~。☛ 统读 fú,不读 fóu。

【俘获】fúhuò 动 俘虏(敌人)、缴获(军械、军需等) ▷~了大量敌兵和枪支弹药。

【俘虏】fúlǔ ❶ 动 交战时捉住(敌人) ▷~了敌军指挥官。❷ 名 交战时捉住的敌人。

郛 fú 名 外城,古代在城的外围加筑的城墙。

洑 fú ❶ 名〈文〉漩涡 ▷湍~。○ ❷ 名 姓。
另见 432 页 fù。

祓 fú ❶ 名 古代一种除灾求福的祭祀活动。→ ❷ 动〈文〉清除;洗涤 ▷~除不祥。

垺 fú 用于地名。如南仁垺,在天津。

莩 fú 名〈文〉植物茎秆里的白膜或种子的外皮。
另见 1049 页 piǎo。

桴 fú 名〈文〉房梁。

砩 fú [砩石] fúshí 名 氟石的旧写法。

蚨 fú 见 1113 页"青蚨"。

浮 fú ❶ 动 漂在水或其他液体表面上(跟"沉"相对) ▷船~在水面上|汤上~了一层油花儿|漂~◇脸上~现出一丝笑意。→ ❷ 动 在水里游动 ▷从江上~过去。→ ❸ 动 在空中飘动 ▷天上~着白云|~云。⇒ ❹ 形 空虚;不切实际 ▷~夸|~华。⇒ ❺ 形 不踏实;不稳重 ▷这孩子心太~|轻~。→ ❻ 形 表面上的 ▷~土|~雕。→ ❼ 动 超过 ▷人~于事|~报冒领。→ ❽ 形 不固定的 ▷~财|~产。❾ 形 临时的 ▷~支|~记。○ ❿ 名 姓。☛ 统读 fú,不读 fóu。

【浮报】fúbào 动 所报数量超过实际 ▷~人数|~冒领。

【浮标】fúbiāo 名 设置在水面上的航行标志。作用是指示航道的界限,浅滩、礁石等障碍物的位置和危险地区等。

【浮冰】fúbīng 名 漂浮在水面上的冰块。

【浮财】fúcái 名 指土地、房屋等不动产以外可以移动的财产。如现金、首饰、衣服、家具等。

【浮尘】fúchén ❶ 名 飘浮在空中或落在物体表面的尘土。❷ 名 特指大量沙尘飘浮于空中的天气现象 ▷~天气。

【浮沉】fúchén 动 在水中时上时下。比喻随波逐流;也比喻官职升降 ▷与世~|宦海~。

【浮出水面】fúchū-shuǐmiàn 从水面上显露出来;泛指隐蔽的事物显露出来 ▷每到枯水期,那道石梁便~|随着事态发展,事件真相逐渐~。

【浮船坞】fúchuánwù 名 漂浮在水面上的船坞。能下沉和上浮,修理船舶时使用。常泊在船厂附近,也可拖到需要的地点。

【浮词】fúcí 名 不切实际或浮夸的话 ▷~虚语|改削~,直书其事。

【浮辞】fúcí 现在一般写作"浮词"。

【浮厝】fúcuò 动 把灵柩暂时停放在地面上,以砖石围砌遮蔽,待日后改葬。

【浮荡】fúdàng ❶ 动 在水面漂荡;在空中飘荡 ▷江面上~的竹排渐渐远去了|琴声在大厅里~。❷ 形 轻浮放荡 ▷~子弟。

【浮雕】fúdiāo 名 在木、石、铜等材料的表面雕刻出凸起的形象、花纹等的艺术;也指用这种艺术雕刻成的工艺品(跟"圆雕"相区别)。

【浮吊】fúdiào 名 安装在专用船体上的起重机械。也说起重船。

【浮动】fúdòng ❶ 动 漂浮游动 ▷渔火~在水面上。❷ 动 上下变动;不稳定 ▷物价~|情绪~。

【浮动工资】fúdòng gōngzī 不固定的工资。工资的全部或部分随单位经济效益的好坏与个人贡献的大小而上下变动。

【浮动汇率】fúdòng huìlǜ 不固定的汇率。汇率随外汇市场的供求情况自由上涨或下跌。

【浮泛】fúfàn ❶ 动〈文〉在水面上漂浮 ▷~江海◇思绪~。❷ 形 表面的;不深入的 ▷~之论|交情~。

【浮光掠影】fúguāng-lüèyǐng 水面上的反光，一闪而过的影子。比喻观察不细，印象不深。

【浮华】fúhuá 形 表面华丽而内容空虚 ▷词句～|～的生活。

【浮滑】fúhuá 形（言语、举止）轻佻油滑 ▷作风～。

【浮夸】fúkuā 形 夸大其词，不合事实 ▷言辞～。

【浮夸风】fúkuāfēng 名 虚报成绩、不切实际的风气 ▷狠刹～。

【浮礼】fúlǐ 名 虚礼。

【浮力】fúlì 名 物体在液体或气体中受到的向上托举的力。浮力的大小等于被物体排开的液体或气体的重量。

【浮利】fúlì 名 虚浮的利益。指名利等身外之物 ▷他把金钱地位看作～虚名。

【浮面】fúmiàn 名 表层；表面 ▷～漂着一层油。

【浮名】fúmíng 名 虚名 ▷不图～。

【浮皮】fúpí 名〈口〉表皮；表面 ▷豆浆的～就是豆腐皮。

【浮皮潦草】fúpí-liáocǎo 形容办事不深入，不认真。

【浮漂】fúpiāo ❶ 动 漂浮① ▷木板在水上～着。❷ 形 形容做事不踏实，不深入 ▷工作切忌～。❸ 名 渔漂。

【浮萍】fúpíng 名 一年生草本植物，叶子倒卵形或长椭圆形，浮在水面，须根长在叶子下面。可以做猪饲料，也可以做药材。

【浮签】fúqiān 名 一端粘贴在试卷、书册、文稿等上面又便于揭去的纸签。

【浮浅】fúqiǎn 形 肤浅 ▷内容～|～的认识。

【浮桥】fúqiáo 名 在连接起来的船、筏或浮箱上面铺上木板搭建的桥。装拆便捷，在军事上广泛采用。

【浮生】fúshēng ❶ 名 指短促而虚浮无定的人生 ▷～若梦。○ ❷ 动（某些植物）浮在水面上生长 ▷浮萍是常见的～植物。

【浮尸】fúshī 名 漂在水面的尸体。

【浮水】fúshuǐ 动 游泳。

【浮筒】fútǒng 名 漂浮在水面的密闭金属筒，下端有链条与固定在水底的铁锚相连。用来系船、作浮标等。

【浮图】fútú 现在一般写作“浮屠”。

【浮屠】fútú ❶ 名 佛陀的又译。❷ 名 指佛塔。古人曾把佛塔译为浮屠。

【浮土】fútǔ ❶ 名 地表层的松土。❷ 名 散落在器物表面的灰尘 ▷窗台上积了厚厚一层～。

【浮现】fúxiàn ❶ 动 往事在脑海中再现 ▷年轻时的生活时时在脑海里～。❷ 动 某种感情不自觉地流露出来 ▷嘴角～出一丝苦笑。❸ 动 逐渐显露出来 ▷商机正在～。☛ 参见 173 页“呈现”的提示。

【浮想】fúxiǎng ❶ 动 回想；想起 ▷～往事，感慨良多。❷ 名 头脑中不断涌现的想象 ▷～联翩。

【浮想联翩】fúxiǎng-liánpiān 形容众多的想象或感想接连不断地涌现出来。☛“联翩”不要误写作“连篇”。

【浮性】fúxìng 名 物体在流体表面（如木头在水面上）或在流体中（如气球在空气中）保持浮游状态的性能。

【浮选】fúxuǎn 动 浮游选矿。把矿石磨细放入水中成为矿浆，加入浮选剂，使矿浆上面形成泡沫，要选的矿物就会随着气泡浮到水面。

【浮岩】fúyán 名 一种岩浆凝成的海绵状岩石。多孔，能浮于水面。具有保温、隔音、隔热等性能。用作轻质混凝土的原料等。通称浮石。

【浮艳】fúyàn ❶ 形 浮华艳丽 ▷室内装修～|～的服饰。❷ 形 辞藻华美但内容空洞贫乏 ▷文辞～。

【浮油】fúyóu ❶ 名 漂浮在水、汤上面的食用油 ▷这碗羊肉汤～太多。❷ 名 漂浮在海上的石油 ▷清除海洋上的～。

【浮游】fúyóu 动 在水面或空气中游动 ▷片片乌云在天际～。

【浮游生物】fúyóu shēngwù 在水中浮动生长的生物。体形微小，游动能力微弱。如水母、某些甲壳类动物、微小的藻类植物等。

【浮员】fúyuán 名 多余或无用的人员 ▷分流～。

【浮云蔽日】fúyún-bìrì 飘浮的云遮住太阳；比喻奸臣当道，坏人掌权。

【浮躁】fúzào 形 轻浮急躁 ▷作风～。

【浮肿】fúzhǒng ❶ 动 水肿 ▷面部～。❷ 名 中医指面部、肢体等非水湿停留而致的肿胀症状。

【浮子】fúzi 名〈口〉渔漂。

琈 fú 名〈文〉玉的色彩。

菔 fú 见 816 页“莱（lái）菔”。

桴[1] fú 名〈文〉用竹木编成的小筏子 ▷乘～浮于海。

桴[2] fú 名〈文〉鼓槌 ▷～鼓相应。

【桴鼓相应】fúgǔ-xiāngyìng 用鼓槌击鼓，鼓就发声。比喻相互呼应，紧密配合。

符 fú ❶ 名 古代朝廷封爵、置官、派遣使节或调兵遣将时用的凭证。分为两半，君臣或有关双方各执一半，两半相合，作为验证 ▷～节|兵～。→ ❷ 名 标记；记号 ▷音～|～号。❸ 名 道士在纸上画的似字非字的图形，

声称能役使鬼神除灾护身 ▷道士画～|护身～。→ ❹ 动 相合;吻合 ▷两人口供相～|～合。○ ❺ 名 姓。☛ ㊀不读 fǔ。㊁跟"苻"不同。

【符号】fúhào ❶ 名 标志事物的记号 ▷数学～|化学元素～。❷ 名 佩戴在身上表示身份、职业等的标志。

【符号逻辑】fúhào luójí 数理逻辑。

【符合】fúhé 动 二者相吻合或相一致 ▷～要求|～规定。

【符节】fújié 名 调兵所用的符和使者所持的节的合称;也单指符或节。

【符箓】fúlù 名 符和箓的合称。

【符咒】fúzhòu 名 道士所画的符和所念的咒语。

匐 fú 见 1065 页"匍(pú)匐"。

涪 fú 名 涪江,水名,发源于四川,流至重庆,入嘉陵江。☛ 不读 péi 或 bèi。

袱 fú 名 用来包裹东西的布单 ▷包～。

幅 fú ❶ 名 布帛等纺织品的宽度 ▷～面|双～。→ ❷ 名 泛指宽度 ▷～度|振～。→ ❸ 量 用于布帛、字画等 ▷一～布|几～画。☛ ㊀统读 fú。㊁跟"辐"的形、义不同。以上意义不要误写作"辐"。

【幅度】fúdù 名 振动或摇摆的物体离开平衡位置的最大距离;泛指事物变动的大小 ▷煤炭产量大～增长。

【幅面】fúmiàn 名 布帛等纺织品的宽度 ▷这种布～很宽。也说幅宽。

【幅员】fúyuán 名 疆域的面积(幅:指宽度;员:指周围) ▷～辽阔。

辐(輻) fú 名 车轮上连接车毂和轮圈的条状物 ▷～条|～辏◇～射。☛ ㊀统读 fú。㊁跟"幅"的形、义不同。以上意义不要误写作"幅"。

【辐辏】fúcòu 动〈文〉人或物从四面八方聚集起来,像车辐条集中到车毂上一样 ▷天下贤士,～于江东。☛ 不宜写作"辐凑"。

【辐合思维】fúhé sīwéi 把跟所思考的问题有关的信息聚合起来,寻找一个正确答案的思维方式 ▷积极参加创造性活动,有利于～的形成和发展。

【辐射】fúshè ❶ 动 从中心向四周沿直线放射出去 ▷呈～状。❷ 动 机械波、电磁波或大量微观粒子(如质子或 α 粒子)从发射体出发,在空间或介质中向各个方向传播。❸ 名 指波动能量或大量微观粒子本身。

【辐射力】fúshèlì 名 由中心点向四周发散的力;比喻某事物向周围扩大其影响的能力 ▷发挥国有大中型企业的技术～。

【辐射面】fúshèmiàn 名 辐射到的范围;比喻某事物所能影响到的区域 ▷扩大中心城市～。

【辐射能】fúshènéng 名 辐射所具有的能量。如太阳能。

【辐射热】fúshèrè 名 由辐射方式传递的热能。

【辐射源】fúshèyuán 名 产生辐射现象的物体。

【辐条】fútiáo 名 辐。

【辐照】fúzhào 动 用射线或粒子流对物体进行照射。可用于食品贮藏加工,也可用来对疾病进行诊断和治疗。

【辐照食品】fúzhào shípǐn 经过辐照的食品。辐照后杀虫、灭菌率可达 100%,宜于保存。

蜉 fú ❶ 名 蜉蝣。○ ❷ 见 1042 页"蚍(pí)蜉"。

【蜉蝣】fúyóu 名 昆虫,体软弱,触角短,有翅两对。幼虫生活在水中,需 1—3 年或 5—6 年以上才能成熟;成虫寿命很短,只有数小时至一周左右,一般朝生暮死。参见插图 4 页。

福 fú ❶ 名 幸福(跟"祸"相对) ▷是～是祸,很难预料|造～|享～。→ ❷ 名 福气 ▷托您的～|～分|口～。→ ❸ 动 旧时妇女行"万福"礼 ▷(刘姥姥)忙上来陪着笑,～了几～。参见 1416 页"万福"。○ ❹ 名 指福建 ▷～橘。○ ❺ 名 姓。

【福地】fúdì ❶ 名 道教指神仙的居所 ▷蓬莱～。❷ 名 指能给人带来好运的地方 ▷这个体育场是他破纪录的～。❸ 名 幸福安乐的地方 ▷我的故乡是养老的～。

【福尔马林】fú'ěrmǎlín 名 德语 Formalin 音译。约含40%甲醛的水溶液,用作消毒或防腐剂。

【福尔摩斯】fú'ěrmósī 名 英语 Holmes 音译。英国作家柯南道尔所著侦探小说《福尔摩斯探案集》中的主人公;借指侦探家。

【福分】fúfen 名 福气 ▷能和您共事是我的～。☛ 不宜写作"福份"。

【福将】fújiàng 名 指有福气、每战必胜的将领;借指万事如意的人。

【福晋】fújìn 名 满语音译。清代称亲王、郡王及亲王世子的正妻。

【福橘】fújú 名 产于福建的橘子。

【福利】fúlì 名 生活方面的利益;特指对职工在住房、医疗、伙食、交通或文化娱乐等方面的照顾 ▷为职工谋～。

【福利彩票】fúlì cǎipiào 经政府有关部门批准,为福利事业筹集经费而发行的彩票。简称福彩。

【福利费】fúlìfèi 名 国家或集体为员工的福利事业而拨的专款,常用于医疗、生活困难补助等。

【福利院】fúlìyuàn 名 收养孤寡老人或孤残儿童,使其生活得到保障的福利机构。

【福气】fúqi 名 指享受幸福生活的运气。

【福如东海】fúrúdōnghǎi 祝颂词，福气像东海一样广阔无边(常跟"寿比南山"连用)。

【福无双至】fúwúshuāngzhì 幸运的事不会接二连三到来(常跟"祸不单行"连用)。

【福相】fúxiàng 名 有福气的长相。

【福星】fúxīng 名 古人称木星为福星。现用以象征能给人们带来幸福的人或事物 ▷～高照。

【福音】fúyīn ❶ 名 基督教指耶稣讲的话及其门徒传布的教义。❷ 名 借指好消息 ▷农村医保给全村百姓带来～。

【福音书】fúyīnshū 名 指基督教《新约全书》中的《马太福音》《马可福音》《路加福音》和《约翰福音》。内容是耶稣的生平事迹和教训。

【福佑】fúyòu 动〈文〉赐福保佑 ▷～万民|～平安。

【福泽】fúzé ❶ 动〈文〉赐福施恩 ▷～子孙后代。❷ 名 幸福和恩惠 ▷给乡亲们带来～。

【福祉】fúzhǐ 名〈文〉幸福 ▷为大众谋～。

【福至心灵】fúzhì-xīnlíng 指人交上好运时，心思也灵巧起来。

榑 fú [榑桑] fúsāng 名 扶桑②。

箙 fú 名〈文〉盛箭的器具。

蝠 fú 见 79 页"蝙(biān)蝠"。

幞 fú 名 幞头，古代男子束发用的头巾。

鲋 fú 见 390 页"鲂鲋"。

黻 fú 名 古代礼服上绣的黑青相间的花纹 ▷～衣。

鵩 fú 名 古代传说中一种不祥的鸟，形似猫头鹰。

fǔ

父 fǔ〈文〉❶ 名 对老年男子的尊称。→ ❷ 名 对男子的美称 ▷尚～(吕尚，即姜太公)。❸ 名 对从事某种行业的人的称呼 ▷田～|渔～。

另见 426 页 fù。

抚(撫) fǔ ❶ 动 用手轻按 ▷～弄|～躬自问。→ ❷ 动 安慰;慰问 ▷～慰|～恤。→ ❸ 动 爱护 ▷～爱|～养。

【抚爱】fǔ'ài 动 悉心照顾;爱护(多用于长辈对晚辈) ▷对弱智儿童倍加～。

【抚躬自问】fǔgōng-zìwèn 反躬自问。

【抚今追昔】fǔjīn-zhuīxī 面对眼前的事物而回忆起已往的事。

【抚摸】fǔmō 动 用手轻轻地接触并慢慢地来回移动 ▷～着白鸽光滑的羽毛。

【抚摩】fǔmó 动 抚摸。

【抚弄】fǔnòng 动 抚摸并轻轻地摆弄 ▷姑娘～着自己的辫梢。

【抚琴】fǔqín 动〈文〉弹琴。

【抚慰】fǔwèi 动 安抚慰问 ▷～死者家属。

【抚恤】fǔxù 动(国家或集体)慰问并从物质上帮助因公伤残人员、因公牺牲或病故人员的家属 ▷～烈士子女。

【抚恤金】fǔxùjīn 名(国家或集体)发给因公伤残人员、因公牺牲或病故人员的家属的费用。

【抚养】fǔyǎng 动 关心爱护并教育培养 ▷～后代。☛ 跟"扶养"不同。"抚养"用于长辈对晚辈;"扶养"用于平辈之间。

【抚育】fǔyù 动 照料培育 ▷～幼儿|～幼苗。☛ 参见 106 页"哺育"的提示。

【抚掌】fǔzhǎng 动〈文〉拍手 ▷～而笑。

甫¹ fǔ ❶ 名 古代对男子的美称。多加在表字之后，如孔丘表字的全称是仲尼甫。后来尊称别人的表字为"台甫"。○ ❷ 名 姓。

甫² fǔ 副〈文〉刚;才 ▷喘息～定|年～三旬。☛"甫"字统读 fǔ。

㕮 fǔ 动〈文〉咀嚼 ▷～咀。

【㕮咀】fǔjǔ ❶ 动〈文〉咀嚼。❷ 动 中医指把中草药切碎、捣碎或锉成末儿等(以便煎服)。❸ 动〈文〉品味 ▷隽永得～。

拊 fǔ 动〈文〉拍;击 ▷～膺(拍胸，表示哀痛)。

【拊掌】fǔzhǎng 现在一般写作"抚掌"。

斧 fǔ ❶ 名 斧子 ▷板～。→ ❷ 名 古代一种兵器;也用作杀人的刑具 ▷～钺|～锧。

【斧头】fǔtou 名 斧子。

【斧削】fǔxuē 动〈文〉斧正。

【斧钺】fǔyuè 名〈文〉斧和钺，古代的两种兵器。多用作斩刑的工具。借指斩刑。

【斧凿】fǔzáo ❶ 名 斧子和凿子;泛指工具 ▷今凭～度余年。❷ 动 用斧子和凿子加工;比喻对文学艺术作品过分雕琢，显得矫揉造作 ▷刻意～|毫无～痕迹。

【斧正】fǔzhèng 动 敬词，用于请他人指正、修改诗文 ▷敬请～。

【斧政】fǔzhèng 现在一般写作"斧正"。

【斧锧】fǔzhì 名 斧子和垫在下面的厚木板，是古代斩人的刑具。

【斧子】fǔzi 名 砍伐竹、木等的铁制工具，头楔形，有木柄。

府 fǔ ❶ 名 古代官方收藏文书或财物的处所 ▷～库。→ ❷ 名〈文〉泛指某种事物聚集的地方 ▷学～。→ ❸ 名 旧指官吏办公的地

方;现指国家机关 ▷官～|政～|省～|县～。⇒❹名旧指高级官员或贵族的住所,现在也指某些国家首脑办公或居住的地方 ▷打道回～|相～|总统～。❺名敬词,用于尊称对方的住宅 ▷～上|贵～。⇒❻名旧时行政区划名,级别在县以上 ▷保定～|～城|知～。

【府城】fǔchéng 名旧指府一级衙门所在的城市。

【府绸】fǔchóu 名一种光滑细密的平纹棉织品,适合做衬衣。

【府邸】fǔdǐ 名〈文〉府第。

【府第】fǔdì 名〈文〉指贵族、官僚等上等人家的住宅。

【府库】fǔkù 名〈文〉国家收藏文书、财物等的地方。

【府上】fǔshàng 名敬词,用于称对方的住所或家乡 ▷明日亲自送到～|您～哪里?

铁(鈇) fǔ 古同"斧"。另见 417 页 fū。

俯(*俛頫) fǔ ❶动向前屈身低头(跟"仰"相对) ▷～首帖耳|～拾即是。→❷动向下 ▷～卧|～视。→❸动敬词,用在某些动词前面,称对方对自己的行为 ▷～就|～允|～察。

"頫"另见 426 页 fǔ"頫"。

【俯察】fǔchá 〈文〉❶动从高处往低处看。❷动指对方或上级察看、了解自己或下级的情况 ▷～民情|尚祈～。

【俯冲】fǔchōng 动(飞机、猛禽等)高速度、大角度地向下冲 ▷敌机向人群～下来。

【俯伏】fǔfú 动〈文〉趴在地上,多表示屈服或崇敬 ▷～于权贵。

【俯角】fǔjiǎo 名从高处向低处观察物体时,视线与水平线所夹的角。

【俯就】fǔjiù 动敬词,用于请对方不嫌职务低下屈尊任职 ▷如蒙先生～,聘书即时呈上。

【俯瞰】fǔkàn 动俯视(一般范围较大) ▷从飞机上～北京城。

【俯拍】fǔpāi 动俯摄。

【俯摄】fǔshè 动从高处向下拍摄 ▷从直升机上～了全城景观。

【俯身】fǔshēn 动向下弯曲身子 ▷～拾取。

【俯拾即是】fǔshí-jíshì 一弯腰就能拾到。形容某种东西很多,随处可得 ▷书中的错误～。

【俯视】fǔshì 动由高处向下看 ▷登高～全城。

【俯视图】fǔshìtú 名由物体上方向下作正投影得到的视图。

【俯首】fǔshǒu 动低头;借指顺从或屈服 ▷～称臣。

【俯首帖耳】fǔshǒu-tiē'ěr 低着头耷拉着耳朵。形容驯服或顺从(含贬义)。☛不宜写作"俯首贴耳"。

【俯卧】fǔwò 动胸腹部朝下趴着 ▷睡觉不要～。

【俯卧撑】fǔwòchēng 名一种增强臂力的体育运动。身体俯卧,双手和两脚尖着地,然后屈肘平身下落,再撑起,连续反复进行。

【俯仰】fǔyǎng 动〈文〉低头和抬头;泛指一举一动 ▷～之间|～自得。

【俯仰由人】fǔyǎng-yóurén 比喻一举一动都受别人支配。

【俯仰之间】fǔyǎng-zhījiān 头低下又抬起的时间。形容时间极短。

【俯允】fǔyǔn 动〈文〉敬词,用于称上级或对方允许 ▷承蒙～,不胜荣幸。

釜 fǔ ❶名古代一种用来蒸煮食物的炊具,铜制或陶制,小口大腹,无足 ▷～底抽薪|破～沉舟。参见插图 15 页。→❷名古代一种量器,容量为六斗四升,一说五斗一升二合。

【釜底抽薪】fǔdǐ-chōuxīn 从锅底下把烧着的柴火抽掉。比喻从根本上解决问题。

【釜底游鱼】fǔdǐ-yóuyú 锅中游动着的鱼。比喻处在绝境中的人。

辅(輔) fǔ ❶动从旁帮助 ▷相～相成|～导|～助。→❷名古代指国都附近的地方 ▷畿～。○❸名姓。

【辅币】fǔbì 名辅助货币的简称。指本位货币以下的小额货币。如我国人民币元以下的角币、分币。

【辅弼】fǔbì 〈文〉❶动辅佐 ▷殚精～。❷名辅佐君主的人;多指宰相 ▷国之～。

【辅车相依】fǔchē-xiāngyī 牙床离不开颊骨,颊骨也离不开牙床(辅:颊骨;车:牙床)。形容关系密切、相互依存。

【辅导】fǔdǎo 动(在学习等方面)帮助和指导 ▷～孩子们学习外语|校外～员。

【辅导班】fǔdǎobān 名学校等正规教学编制以外的、有老师指导的学习班 ▷今年暑假,我校要办两期文学创作～。

【辅导员】fǔdǎoyuán 名对学生或学员思想或学习进行辅导的人员 ▷少先队～。

【辅导站】fǔdǎozhàn 名帮助和指导学员学习或掌握某种技能的机构。

【辅警】fǔjǐng 名警务辅助人员的简称。由县级以上地方人民政府或者公安机关依法招聘,由公安机关直接指挥和管理使用,为公安机关日常运转和警务活动提供辅助支持的非人民警察身份人员。也说协警。

【辅料】fǔliào ❶名制造某种产品所需的辅助性材料 ▷制作西服除面料外需要多种～。❷名烹饪中所用的辅助性食材,如炒菜时用的葱、姜、蒜等。‖也说配料。

【辅路】fǔlù 名 为减少干道的运输压力、保障车辆安全行驶，在干道两侧修筑的辅助性道路。通常比干道窄，有的用障碍物与干道隔开(跟"主路"相区别)。

【辅食】fǔshí 名 辅助性的食物 ▷给婴幼儿增加～要适时、适量。

【辅修】fǔxiū 动 指大学生在主修本专业以外，利用课余时间学习另一专业，所得学分达到要求，即可获得辅修专业学位。

【辅音】fǔyīn 名 发音时，气流在口腔、鼻腔或咽头受阻碍而形成的音。如普通话中的 b、f、t、q 等。也说子音。

【辅助】fǔzhù ❶ 动 协助；帮助 ▷派一个助手～你工作。❷ 区别 辅助性的；非主要的 ▷～机构|～货币。

【辅佐】fǔzuǒ 动〈文〉辅助①(多用于大臣协助皇帝) ▷～朝政。

脯 fǔ ❶ 名 肉干儿 ▷肉～|兔～。→ ❷ 名 用糖、蜜等腌制的瓜果干儿 ▷桃～。

另见 1065 页 pú。

頫(頫) fǔ 用于人名。如赵孟頫，元代人。☛"頫"可用于人名，但须类推简化为"頫"。

"頫"另见 425 页 fǔ"俯"。

腑 fǔ 名 中医对胃、胆、膀胱、大肠、小肠和三焦的统称 ▷脏～|五脏六～。

【腑脏】fǔzàng 名 脏腑。

滏 fǔ [滏阳] fǔyáng 名 水名，在河北，同滹沱河汇流成子牙河。

腐 fǔ ❶ 动 朽烂；变坏 ▷～烂|～朽|～蚀◇～化。→ ❷ 形 (思想)陈旧迂阔 ▷陈～|迂～。→ ❸ 名 指豆腐 ▷～竹|～乳。

【腐败】fǔbài ❶ 动 (有机物)腐烂变质。❷ 形 (人)腐化堕落 ▷～分子|～现象。❸ 形 (社会、制度、机构等)黑暗、混乱 ▷政治～。☛ 参见本页"腐化"的提示。

【腐臭】fǔchòu 名 有机体腐烂后发出的臭味 ▷～难闻。

【腐恶】fǔ'è ❶ 形 腐朽而凶恶 ▷～的封建势力。❷ 名 借指腐朽凶恶的势力 ▷六月天兵征～。

【腐化】fǔhuà ❶ 动 思想行为变坏(多指贪图享乐、生活糜烂) ▷～堕落|～分子。❷ 动 使腐化 ▷拜金主义～了某些干部。☛ 跟"腐败"②③不同。1."腐化"强调行为的过程；"腐败"②③是"腐化"行为的结果。2."腐化"多指个人；"腐败"②③可指个人，也可指社会、制度、机构等。

【腐旧】fǔjiù 形 陈旧；腐朽 ▷观念～。

【腐烂】fǔlàn ❶ 动 有机物由于微生物的孳生而变质 ▷～食品。❷ 动 (人)腐化堕落 ▷生活～。

【腐儒】fǔrú 名 思想陈腐、因循守旧的读书人。

【腐乳】fǔrǔ 名 豆腐乳。

【腐生】fǔshēng 动 从已死的或腐烂的动植物及其他有机物获得营养，以维持自身正常生活。如大多数细菌、霉菌都是以腐生方式生活的。

【腐蚀】fǔshí ❶ 动 物质由于化学作用而受到损坏。如生锈就是金属受到腐蚀的结果。❷ 动 比喻坏思想、坏风气使人逐渐腐化堕落。

【腐蚀剂】fǔshíjì 名 有腐蚀作用的化学物质，如盐酸、硫酸等；比喻能使人变坏的因素。

【腐熟】fǔshú 动 一些有机物(如粪尿、秸秆、杂草等)经过微生物的发酵分解，成为饲料或肥料。

【腐朽】fǔxiǔ ❶ 动 木料及其他含纤维的物质腐烂变质 ▷这些出土的棺木早就～了。❷ 形 比喻人思想陈腐或社会风气败坏 ▷～没落|～的生活方式。

【腐殖酸】fǔzhísuān 名 由植物残体经过部分分解而形成的多种化合物的混合体。黑褐色，呈酸性。可用作肥料、土壤改良剂等。

【腐殖质】fǔzhízhì 名 已经死亡的生物体在土壤中经微生物的分解转化而形成的复杂有机质。黑褐色。能增强土壤肥力，改良土壤。

【腐竹】fǔzhú 名 卷成条状晾干的豆腐皮。

簠 fǔ 名 古代祭祀或宴饮时盛谷物的器皿。长方形，有四只短足和两只耳。参见插图 15 页。

黼 fǔ 名 古代礼服上绣的黑白相间的斧形花纹 ▷～衣|～黻(常比喻华丽的辞藻)。

fù

父 fù ❶ 名 父亲 ▷～子|～母。→ ❷ 名 对男性长辈的通称 ▷祖～|伯～|舅～|岳～。○ ❸ 名 姓。

另见 424 页 fǔ。

【父爱】fù'ài 名 父亲对子女的爱 ▷～如山。

【父辈】fùbèi 名 与父亲同辈的人。

【父本】fùběn 名 参与杂交的动植物雄性个体。

【父老】fùlǎo 名 对乡里老年人的尊称 ▷～乡亲|家乡的～。

【父母】fùmǔ 名 父亲和母亲。

【父母官】fùmǔguān 名 旧时称州、县等地方长官。

【父女】fùnǚ 名 父亲和女儿 ▷～团聚。

【父亲】fùqīn 名 有子女的男子；子女对生育自己的男子的称呼(含庄重意味)。

【父权制】fùquánzhì 名 原始公社后期的社会制度。这一阶段男子在经济以及社会关系方面占支配地位。

【父系】fùxì ❶ 区别 属于父亲一方血统的(跟"母系"相区别) ▷～亲族。❷ 区别 属于父子相

承袭系统的 ▷～社会。

【父兄】fùxiōng ❶ 名 父亲和兄长。❷ 名 泛指家中长辈 ▷继承～的事业。

【父训】fùxùn 名 父亲的教导 ▷不忘～。

【父业】fùyè 名 父亲的事业或职业 ▷子承～。

【父执】fùzhí 名〈文〉父亲的朋友 ▷师从～学艺｜以～长辈事之。

【父子】fùzǐ 名 父亲和儿子 ▷～关系。

讣(訃) fù 动 讣告 ▷～文｜～电。☛ 不读 bǔ、pǔ 或 pù。

【讣告】fùgào ❶ 动 报告丧事 ▷特此～。❷ 名 报告丧事的通知 ▷刊登～。

【讣文】fùwén 名 报丧的通知，多附有死者生卒年月日和事略。

【讣闻】fùwén 现在一般写作"讣文"。

付 fù ❶ 动 交给 ▷～出代价｜～印。→ ❷ 动 专指给钱 ▷支～｜偿～｜兑～。〇 ❸ 名 姓。☛ "付"不是"副"或"傅"的简化字。"正副"的"副"、"师傅"的"傅"，不能写作"付"。

【付丙】fùbǐng 动〈文〉用火烧毁(书信、文稿等)。古时天干与五行相配，丙属火，故称。

【付出】fùchū 动 交出(款项或代价等) ▷公司～赔偿费｜～代价｜不～艰辛，哪来收获？

【付方】fùfāng 名 执行会计制度收付实现制时，反映资金占用减少和资金来源增加的科目统称(跟"收方"相对)。

【付款】fùkuǎn 动 交付款项 ▷预先～。

【付排】fùpái 动 将书稿等交给印刷部门排版 ▷文稿已于昨日～。

【付讫】fùqì 动 交清(多指款项) ▷邮资～。

【付钱】fùqián 动 给钱；交钱 ▷按质～。

【付清】fùqīng 动 将款项物品等如数交给对方 ▷～欠款｜一次～。

【付托】fùtuō 动 托付 ▷～他人办理。

【付息】fùxī 动 支付利息 ▷按期～。

【付现】fùxiàn 动 交付现金 ▷要～，不收支票。

【付型】fùxíng 动 把排好的活字版制成纸型；现多指稿件完成排版、校对后制成胶版 ▷书稿～前又作了一些修改。

【付印】fùyìn 动 稿件排版、校对后，交付印刷。

【付邮】fùyóu 动 把邮件交给邮局递送。

【付与】fùyǔ 动 交给；付给 ▷青春年华，～东流水｜将此款项～乙方。

【付账】fùzhàng 动 付款(用于赊购货物或先消费后交钱的餐饮业、服务业之类的结账)。☛ 不要写作"付帐"。

【付之东流】fùzhī-dōngliú 把东西扔进东流的江河里。比喻前功尽弃或希望落空。

【付之一炬】fùzhī-yījù 一把火烧光。

【付之一笑】fùzhī-yīxiào 一笑置之。表示毫不在意或不屑理会。

【付诸】fùzhū 动 把东西交给(某人)或把计划等落实在(某处)(诸："之""于"的合音) ▷～东流｜～行动。

【付诸东流】fùzhū-dōngliú 付之东流。

【付梓】fùzǐ 动 书稿付印。古时雕版印书常用梓木，故称。

负(負) fù ❶ 动 用背(bèi)部背(bēi) ▷～重。→ ❷ 动 承担；担任 ▷～责任｜身～重任｜担～。⇒ ❸ 名 承担的任务或责任 ▷如释重～｜减～。⇒ ❹ 动 遭受；蒙受 ▷～伤｜～屈衔冤。⇒ ❺ 动 享有；具有 ▷久～盛名。→ ❻ 动 依靠；仗恃 ▷～隅顽抗｜自～。→ ❼ 动 欠(债) ▷～债累累。→ ❽ 动 违背；背弃 ▷忘恩～义｜不～众望｜～约｜辜～。→ ❾ 动 战败；失败(跟"胜"相对) ▷三胜两～｜不分胜～。→ ❿ 形 数学上指小于零的；物理学上指得到电子的(跟"正"相对) ▷～数｜～电｜～极。☛ 上边是"⺈"，不是"刀"。由"⺈"构成的字还有"刍""危""色""争""奂""龟""角"等。

【负案】fù'àn 动 作案后被公安机关立案(多指尚未归案) ▷将～潜逃者缉拿归案。

【负担】fùdān ❶ 动 承担；担当 ▷～全家人的生活费用。❷ 名 承受的压力 ▷减轻农民～｜思想～。

【负电】fùdiàn 名 电子所带的电。物体因电子数多于质子数而带上负电。也说阴电。

【负号】fùhào 名 数学上表示负数的符号，写作"－"(跟"正号"相区别)。

【负荷】fùhè ❶ 动 负担① ▷～着千钧重担。❷ 名 动力设备、机械设备、生理组织等在一定的时间内承受的工作量；建筑构件承受的重量 ▷满～｜钢梁～太重。

【负极】fùjí 名 阴极①。

【负荆请罪】fùjīng-qǐngzuì《史记·廉颇蔺相如列传》记载：战国时赵国的蔺相如因功大位居大将廉颇之上，廉颇不服，处处跟蔺相如过不去。蔺相如为了国家的利益，一直忍让。廉颇知错后十分惭愧，就光着上身背着荆条去向蔺相如赔罪，请求责罚(荆：荆条，古代用作刑杖)。后用"负荆请罪"表示诚恳地赔礼道歉。

【负疚】fùjiù 动 内心感到惭愧不安 ▷为一时的过失而～多年。

【负离子】fùlízǐ 名 阴离子。

【负离子发生器】fùlízǐ fāshēngqì 能产生高浓度的负氧离子的电器。用以产生负氧离子，使室内空气清新。

【负利率】fùlìlǜ 名 指低于同期通货膨胀率的银行

存款利率。

【负面】fùmiàn ❶ 名 反面②(跟"正面"相区别) ▷～思考这个搞笑小品｜对这个方案提出了～意见。❷ 名 反面③(跟"正面"相对) ▷不要让优势走向～｜～影响。

【负面清单】fùmiàn qīngdān ❶ 政府对不予开放的经济领域所开列的清单。列入该清单的行业、产业、业务等禁止或限制投资 ▷开出～,严禁违规举债。❷ 比喻法纪方面禁止的言行 ▷以～方式给公职人员设置红线。

【负能量】fùnéngliàng 名 指负面的思想、情绪等;也指使产生负面思想、情绪等的因素(跟"正能量"相对) ▷化解～。

【负片】fùpiàn 名 经过曝光、显影、定影处理后的感光胶片。黑白胶片的影像与实物明暗相反,彩色胶片的颜色与实物互为补色。用来印制正片。通称底片。也说底版。

【负气】fùqì 动 赌气 ▷～辞职。

【负屈】fùqū 动 遭受委屈或冤屈 ▷深感～。

【负伤】fùshāng 动 受伤。

【负数】fùshù 名 比零小的数。通常在数字前加负号(-)表示。如-6、-10。

【负效应】fùxiàoyìng 名 坏的、消极的影响或效果(跟"正效应"相对) ▷腐败对经济增长有显著的～。也说负面效应。

【负心】fùxīn 动 背弃情义(多指背弃爱情) ▷～郎。

【负有】fùyǒu 动 应该承担而不能推卸 ▷他对此事～直接责任。

【负隅顽抗】fùyú-wánkàng 凭借险要地势或某种条件顽固抵抗(含贬义)。☛ ㊀"隅"不读 ǒu 或 yù,也不要误写作"偶"。㊁不要写作"负嵎顽抗"。

【负约】fùyuē 动 违背约定或承诺 ▷～方应按合同规定赔偿损失。

【负载】fùzài ❶ 动 承受;肩负 ▷他身上～着全家的希望。❷ 名 人或设备等在单位时间内承受的工作量;也指机件及建筑构件等承受的重量 ▷长时间超～工作损害身心健康｜电器～过大容易引发火灾｜减轻～,提高航速。

【负责】fùzé ❶ 动 承担责任 ▷防汛工作要确定专人～｜做坏了,我～赔偿。❷ 形 尽职尽责,认真努力 ▷这是一个极其～的人。

【负增长】fùzēngzhǎng 动 指标、指数等在原有基数上下降 ▷产值出现～。

【负债】fùzhài ❶ 动 欠别人钱 ▷～数额巨大。❷ 名 会计核算中指企业过去的交易或者事项形成的、预期会导致经济利益流出企业的现时义务。

【负值】fùzhí 名 小于零的数值。

【负重】fùzhòng ❶ 动 背(bēi)着重物 ▷～行军。❷ 动 担负重任 ▷忍辱～。

【负资产】fùzīchǎn 名 资产总额小于负债额的部分。如某企业资产总额是1亿元,负债总额是1亿1000万元,负资产就是1000万元。

【负罪】fùzuì ❶ 动 被认为有罪 ▷他因一句话而～。❷ 动 背(bēi)上罪责 ▷～感。

妇(婦 *媍) fù ❶ 名 成年女子 ▷～科｜～女｜～代会。→ ❷ 名 已婚女子 ▷～人｜少～｜寡～。→ ❸ 名 妻子(跟"夫"相对) ▷夫唱～随｜夫～。☛ 右边是"彐",不是"ヨ"。参见850页"隶"的提示。

【妇产科】fù-chǎnkē 妇科和产科。

【妇道】fùdào 名 旧指妇女应当遵守的道德行为准则 ▷恪守～｜有违～。

【妇道人家】fùdao rénjiā 指妇女。

【妇救会】fùjiùhuì 名 妇女救国联合会的简称。抗日战争时期,中国共产党领导的抗日根据地的妇女群众组织。也说妇女抗日救国联合会。

【妇科】fùkē 名 医学上指治疗妇女病的一科。

【妇联】fùlián 名 妇女联合会的简称。是中国共产党领导的全国各族各界妇女的群众组织。

【妇女】fùnǚ 名 成年女子的通称 ▷～联合会。

【妇女病】fùnǚbìng 名 妇女特有的疾病。如阴道炎、痛经等。

【妇女节】fùnǚjié 名 三八国际妇女节。

【妇人】fùrén 名 旧指成年女子(多指已婚女子)。

【妇孺】fùrú 名 妇女和小孩儿 ▷～皆知。

【妇孺皆知】fùrú-jiēzhī 连妇女和儿童都知道。形容所有的人都知道。

【妇婴】fùyīng 名 妇女和婴儿 ▷～用品。

【妇幼】fùyòu 名 妇女和儿童 ▷～保健。

汊 fù 用于地名。如湖汊,在江苏。

附(*坿) fù ❶ 动 从属;依从 ▷依～｜～属｜～着(zhuó)。→ ❷ 动 挨近 ▷～在耳边小声说话。→ ❸ 动 附带;另外加上 ▷信后还～着几句话｜～件。

【附白】fùbái ❶ 动 附带说明 ▷编纂者～。❷ 名 附带的说明文字 ▷文后有一段～。

【附笔】fùbǐ 名 书信等写完后,另外补充的话。

【附表】fùbiǎo 名 正文所附录的表格 ▷明细数据见～。

【附带】fùdài ❶ 动 附加 ▷不～其他条件。❷ 副 顺便 ▷～说明如下。❸ 区别 非主要的 ▷～收入｜提出～要求。

【附耳】fù'ěr 动 〈文〉把嘴靠近听话人的耳朵(小

声说话）▷～密谈。

【附睾】fùgāo 名 男子和雄性哺乳动物排精管道的组成部分，为盘曲的细管，附贴于睾丸后缘，一端与睾丸相连，另一端与输精管相连。有贮藏精子的功能。

【附和】fùhè 动 自己没有主意，一味追随别人 ▷随声～。☛"和"这里不读 hé。

【附后】fùhòu 动 因有某种联系而附带着放在后面（多用于文字材料）▷参考书目～。

【附会】fùhuì 动 把本来没有某种意思说成有某种意思，或把本无联系的事物说成有联系 ▷牵强～。☛ 不要写作"傅会"。

【附记】fùjì ❶ 动 附带记述 ▷正文之后，我～了事件调查的经过。❷ 名 附带记述的文字 ▷文集中收有近百篇～。

【附寄】fùjì 动 附带寄送 ▷～照片一张。

【附骥】fùjì 动〈文〉原指蚊蝇附着在良马的尾巴上，可以被带到千里之外。比喻依靠名人而出名；也用作与人合作的谦词。也说附骥尾。

【附加】fùjiā 动 另外增加 ▷签订合同时不能强行～不平等条款｜取消～条件。

【附加刑】fùjiāxíng 名 法院对犯罪分子处以刑罚时，在主刑之外附加的刑罚（跟"主刑"相区别）。如剥夺政治权利、罚金、没收财产或驱逐出境等。也说从刑。

【附加值】fùjiāzhí 名 产品经过再加工或流通服务等所产生的新价值。一般情况下，科技含量高的产品其附加值也高 ▷发展农产品加工和配送业，不断提高～。

【附件】fùjiàn ❶ 名 配合主要文件一同制定或发出的有关文件。❷ 名 机器设备主件之外的零部件或备用件。❸ 名 医学上指女性内生殖器子宫以外的输卵管和卵巢。

【附近】fùjìn 名 距某地较近的地方 ▷在村子～。

【附丽】fùlì 动〈文〉附着；依附（丽：附着）▷无所～。

【附录】fùlù ❶ 动（正文后）附加收录 ▷底稿～于后。❷ 名 附在正文后的参考性文章或资料。

【附逆】fùnì 动 投靠叛逆组织 ▷通敌～。

【附上】fùshàng 动 连带着送上或写上 ▷除会议纪要外，再～几份相关材料。

【附设】fùshè 动 在业务范围之外附带设置 ▷出版社～读者服务部。

【附属】fùshǔ ❶ 动 依附；归属 ▷这所中学～于师范大学。❷ 区别 依附、归属于某机构的 ▷～中学｜～医院。

【附属国】fùshǔguó 名 名义上独立，实际上在政治和经济等方面从属于宗主国的国家。

【附送】fùsòng 动 附带赠送 ▷购买电脑，～喷墨打印机一台。

【附图】fùtú 名 附于文字材料之中或之后，起补充参考作用的插图或图片。

【附小】fùxiǎo 名 附属小学的简称。

【附言】fùyán 名 在正文之外附加的话。

【附议】fùyì 动 对别人的提议、提案表示赞同并作为共同的提议人 ▷多数代表～此项提案。

【附庸】fùyōng ❶ 名 历史上指附属于诸侯大国的小国。今指受强国控制操纵的国家 ▷帝国主义企图把弱小国家变成它的～。❷ 名 泛指依附别的人或事物而存在的人或事物 ▷妻子不是丈夫的～。❸ 动 攀附 ▷～时尚｜～风雅。

【附庸风雅】fùyōng-fēngyǎ 指缺乏文化素养的人为抬高身价而结交文化名流，参加文化活动。

【附庸国】fùyōngguó 名 附庸①。

【附有】fùyǒu 动 主体以外附加上 ▷～答案。

【附载】fùzǎi 动 附带记载；附带登录 ▷大会文件汇编～社论、报道 5 篇。

【附则】fùzé 名 附在法规、章程、条约等正文后的补充性条文。一般规定解释权、修改程序等。

【附识】fùzhì 名 附在文章或书刊上的有关记述。☛"识"这里不读 shí。

【附中】fùzhōng 名 附属中学的简称。

【附注】fùzhù ❶ 动 对著述的正文作补充注释。❷ 名 对著述的正文作补充说明或解释的文字。有的加序号放在篇末或页末；有的用括号插放在正文中间。

【附赘悬疣】fùzhuì-xuányóu 生在皮肤上的肉瘤或瘊子。比喻多余无用的东西。

【附着】fùzhuó 动 小的物体黏附在较大的物体上 ▷这种虫子的卵就～在树叶上。

【附着力】fùzhuólì 名 两种不同物质接触部分的相互吸引力。

【附子】fùzǐ 名 多年生草本植物乌头块根的干燥侧根。可以做药材。

咐 fù 见 404 页"吩咐"；1803 页"嘱咐"。

阜 fù〈文〉❶ 名 土山；山。→ ❷ 形 盛多；丰厚 ▷物～民丰｜民康物～。☛ 不读 fǔ。

服 fù 量 用于中药 ▷三～汤药。
另见 420 页 fú。

驸（駙） fù 名 古代几匹马同拉一辆车时，在边上拉帮套的马；拉副车（皇帝的侍从车辆）的马。

【驸马】fùmǎ 名 汉代有"驸马都尉"的官职，为帝王的近侍官，管理拉副车的马匹。魏晋以后这个官职常由帝王的女婿担任，因此成为帝王女婿的专称。

赴 fù ❶ 动 到某处去;前往 ▷～京|赶～前线。→ ❷ 同"讣"。现在一般写作"讣"。○ ❸ 名 姓。

【赴敌】fùdí 动〈文〉到战场同敌人作战 ▷齐心～。

【赴会】fùhuì 动 去参加会议。

【赴难】fùnàn ❶ 动 赶去拯救国难 ▷临危～,勇夺失地。❷ 动 指就义 ▷～殉国。

【赴任】fùrèn 动 前往任职。

【赴死】fùsǐ 动 为了某种目的去死 ▷为了国家,他慷慨～。☛ 跟"牺牲"②不同。"赴死"是中性词;"牺牲"②是褒义词。

【赴汤蹈火】fùtāng-dǎohuǒ 奔向沸水,踏着烈火。形容奋不顾身,无所畏惧。

【赴宴】fùyàn 动 去参加宴会。

【赴约】fùyuē 动 按约定去跟对方见面。

复[1]（復） fù ❶ 动 回来;回去 ▷循环往～|反～思考。→ ❷ 动 回答;回报 ▷～信|答～。❸ 动 报复 ▷～仇。→ ❹ 动 恢复;还原 ▷～学。❺ 副 表示状况的再现,相当于"再" ▷旧病～发。○ ❻ 名 姓。

复[2]（複） fù ❶ 名〈文〉有里子的衣服;夹衣。→ ❷ 形 非单一的;两个或两个以上的 ▷山重水～|～句|～方|～写|～制。☛ ㊀"复"字统读 fù,不读 fú 或 fǔ。㊁"复"不是"覆"的简化字。

【复本】fùběn 名 所收藏的同一种书刊不止一部或文件不止一件时,第一部或第一件之外的叫复本。

【复本位制】fùběnwèizhì 一个国家同时使用黄金、白银两种金属作为本位货币的货币制度。通常规定两币按一定比价流通。

【复辟】fùbì 动 下台的君主又上台;泛指被推翻的统治者重新掌权或旧制度复活 ▷张勋～。

【复查】fùchá 动 再次检查 ▷～账目。

【复仇】fùchóu 动 报仇 ▷为死难烈士～。

【复出】fùchū 动 不再工作、任职或停止社会活动的人重新工作、任职或参加社会活动(多指有影响的人物)。

【复聪】fùcōng 动〈文〉耳聋的人恢复听力 ▷盲而复明,聋而～。

【复电】fùdiàn ❶ 动 回复电报或电话 ▷收到他的电报就赶紧～。❷ 名 回复的电报或电话 ▷～已经发出。

【复读】fùdú ❶ 动 中小学毕业生因未考上高一级学校而回到原级别的学校重新学习;也指参加校外补习班重新学习 ▷他落榜后选择了～|～生。❷ 动 反复诵读同一内容 ▷跟着复读机～。

【复读机】fùdújī 名 具有同声对比、录音复读等功能的录音机。

【复发】fùfā 动(患过的疾病)又发作 ▷旧病～。

【复返】fùfǎn 动 重新返回(多用于否定) ▷贫困的日子一去不～了。

【复方】fùfāng 名 中医指由两个或两个以上成方配成的中药方;泛指两种或两种以上药物配成的药。

【复辅音】fùfǔyīn 名 同一个音节中连在一起的两个或两个以上的辅音。如英语 strong 中的"str"。现代汉语普通话中没有复辅音。

【复岗】fùgǎng 动 指离岗或下岗人员回原来的岗位工作 ▷部分下岗人员已经～。

【复工】fùgōng 动 停工或罢工后重新工作 ▷工地停工半年后又～了|罢工的工人开始～。

【复古】fùgǔ 动 恢复古代的制度、文化风尚等 ▷尊重传统文化,但不盲目～。

【复归】fùguī 动 回到原来的(状况) ▷坍塌了的古桥经修缮～原貌。

【复果】fùguǒ 名 聚花果。

【复函】fùhán ❶ 动 回复信函 ▷收到公函后立即～。❷ 名 回复的信函 ▷～已收到。

【复航】fùháng 动 恢复通航;恢复航行 ▷全线～|停飞客机已全部～。

【复合】fùhé 动 两种或几种成分结合起来 ▷～肥料|～元音|～型。

【复合材料】fùhé cáiliào 由两种或两种以上物理、化学性能不同的物质经人工合成的材料。复合后可提高材料的综合性能。广泛应用于航空、航天、导弹、核工程等方面。

【复合词】fùhécí 名 合成词的一种,由词根加词根构成。如车辆、友好、眼镜等。参见 549 页"合成词"。

【复合量词】fùhé liàngcí 由两个或三个相关量词组合起来表示复合计量单位的量词。如"人次""吨公里""秒立方米"。

【复合元音】fùhé yuányīn 复元音。

【复核】fùhé ❶ 动 重新核对 ▷引文要～一遍。❷ 动 法律规定对某些司法行为进行再次审核 ▷死刑案件必须经最高人民法院～。

【复会】fùhuì 动 会议中断一段时间后再接着开 ▷何时～另行通知。

【复婚】fùhūn 动 夫妻离婚后依照法律程序恢复婚姻关系。

【复活】fùhuó ❶ 动 死后又活了;比喻已被推翻或已衰落消亡的事物又活跃或兴盛起来 ▷新技术使濒临倒闭的企业得以～。❷ 动 使复活 ▷反对～封建迷信活动。

【复活节】fùhuójié 名 基督教纪念耶稣复活的节日。在每年过了春分第一次月圆之后的第一个星期日。

【复检】fùjiǎn 动 再次检验或检测;复查 ▷这批产品必须～|身体～仍不合格。

【复建】fùjiàn ❶ 动 (建筑物等被破坏后)按照原样重新建设 ▷～鼓楼。❷ 动 恢复建立;恢复设立 ▷这是～后的食品厂生产的,还是老味道|老校友一直关注着～后的中文学科的发展。

【复交】fùjiāo 动 恢复交往;特指恢复外交关系 ▷两国断交 10 年后又～了。

【复旧】fùjiù 动 恢复旧有的制度、风俗、观念、样式等。

【复句】fùjù 名 语法学上指由两个或两个以上意义上有联系、结构上互不包含的分句组成的句子,全句只有一个句终语调,书面上有一个句末标点(跟"单句"相区别)。如:"虽然下雨,路又远,他却准时来了。"

【复刊】fùkān 动 停办的报刊恢复出版。

【复课】fùkè 动 停课或罢课后恢复上课。

【复垦】fùkěn 动 对因生产建设、自然灾害等原因而被破坏的土地进行整治,使达到可以垦种的状态 ▷取消重复建设,对所占土地及时～。

【复利】fùlì 名 一种计算利息的方法。把前一期的本金和利息加在一起作本金,再计算下一期的利息(跟"单利"相区别)。也说利滚利。

【复名数】fùmíngshù 名 数学上指带有两个或两个以上单位名称的数(跟"单名数"相区别)。如 1 亩 3 分,35 元 2 角。参见 961 页"名数"。

【复明】fùmíng 动 失去的视力又得到恢复。

【复命】fùmìng 动 执行命令或完成任务后向上级汇报。

【复排】fùpái 动 重新排练(已经停演较长时间的节目) ▷～歌剧《江姐》。

【复牌】fùpái 动 指被停牌的证券恢复交易 ▷停牌的股票中有些已经～。

【复盘】fùpán ❶ 动 指下棋结束后,按原先的下法重摆棋子,以研究对局过程中的得失(现也用于军事演练等) ▷赛后两人～,深入切磋|～本次军演,进行讲评。❷ 动 指停盘后的证券市场或其中的某种证券重新恢复交易 ▷因避险而停盘的股票本周陆续～。

【复评】fùpíng 动 再次评选或评分 ▷严格履行认证～程序。

【复赛】fùsài 动 初赛出线后进行的比赛。胜者将进入半决赛或决赛 ▷在原地～。

【复审】fùshěn 动 再次审查 ▷初审后的稿件还需～。

【复生】fùshēng 动 复活① ▷人死不能～。

【复市】fùshì 动 (商店、集市等)罢市或停业一段时间后恢复营业 ▷商店明天～。

【复式】fùshì 区别 形式、规格多样的(跟"单式"相区别) ▷发展～生态农业。

【复式教学】fùshì jiàoxué 教师在一个教室内,使用不同教材,对两个或两个以上年级的学生交叉进行的教学。

【复式住宅】fùshì zhùzhái 一种住宅结构模式。内部的局部空间分为上下两层,有楼梯相连。

【复试】fùshì 动 分两次进行的考试中的第二次考试。多是对初试合格的人进行进一步考核。

【复视】fùshì 名 由于眼肌运动不协调,致使两眼看同一个物体时,视觉出现两个物像的不正常现象。多发生于眼肌麻痹患者。

【复述】fùshù ❶ 动 把自己或别人说过的话重复一遍 ▷我把领导的指示向大家～了一遍。❷ 动 特指课堂上让学生用自己的话把学过的内容说一遍。

【复数】fùshù ❶ 名 某些语言里,有的词类在形态上有单数与复数的区别。当表示两个或两个以上的数量时叫复数,用复数形态。如英语中复数名词多是在单数名词后加"s"或"es"。❷ 名 数学上指由实数和虚数组合的数。

【复诵】fùsòng ❶ 动 把对方说过的话重述一遍,以表示听清、听准。❷ 动 再一次诵读 ▷～这篇短文。

【复苏】fùsū ❶ 动 生物体的机能极度衰弱后又逐渐恢复正常的活动 ▷草木～。❷ 动 泛指恢复正常状况;恢复原有状况 ▷经济～|这项传统的中药制作工艺仍显得～乏力。

【复位】fùwèi ❶ 动 回复到原位 ▷椎体分段～|悬吊～法。❷ 动 失去权位的君主重新掌权。

【复胃】fùwèi 名 牛、羊等反刍动物的胃。多由瘤胃、网胃、瓣胃和皱胃四室组成。

【复习】fùxí 动 为巩固知识,再次学习已经学过的知识 ▷～外语|上～课。

【复现】fùxiàn 动 过去的事再次出现;重现 ▷往事一一在脑海～。

【复线】fùxiàn 名 相对方向的车辆可以同时对开的轨道交通线路。

【复写】fùxiě 动 在两张或数张纸之间夹上复写纸,再用硬笔书写。一次可写出两份或数份 ▷请把这份稿件～三份。

【复写纸】fùxiězhǐ 名 一种涂有蜡质颜料用于复写的纸。

【复信】fùxìn ❶ 动 回信。❷ 名 回复的信。☛ 不要写作"覆信"。

【复兴】fùxīng ❶ 动 (事物)衰落后又重新兴盛起来 ▷民族～。❷ 动 使复兴 ▷～文艺。

【复姓】fùxìng 名 由两个及以上汉字组成的姓氏(跟"单姓"相区别)。如西门、诸葛、司马等。

【复选】fùxuǎn 动 再次挑选。

【复学】fùxué 动（学生）休学或退学后又恢复上学。

【复眼】fùyǎn 名 甲壳类、昆虫类及其他少数节肢动物的视觉器官。每只复眼由若干小眼组成。能感受物体的形状、大小，能分辨颜色。

【复验】fùyàn 动 复核检验；再次检验 ▷严格药品检验、～程序|数据要～一次。

【复业】fùyè ❶ 动 改行后又恢复本业。❷ 动 停业后又恢复营业。

【复叶】fùyè 名 在一个叶柄或叶轴上生着若干小叶的叶子。根据小叶的排列特点可分掌状复叶、三出复叶、羽状复叶等多种。

【复议】fùyì 动 对作出的决定重新进行审议 ▷对他的任命，上级领导还要～一次。

【复音】fùyīn ❶ 名 由许多纯音组成的声音。一般乐器发出的声音都是复音。○ ❷ 名 回复的信息。

【复音词】fùyīncí 名 由两个或两个以上音节构成的词。如"人民""蟋蟀""蜂王浆"等。

【复印】fùyìn 动 不经过制版印刷，直接从原件获得复制品；现多指利用光电技术，将文字、图表等照原样重印在纸上 ▷～机|～件。

【复印机】fùyìnjī 名 专门用于复印的机器设备。

【复元】fùyuán 动 病后元气恢复。

【复元音】fùyuányīn 名 语音学上指同一个音节中连在一起的两个或两个以上的元音。如普通话韵母中的 ai、ua、uai。也说复合元音。

【复员】fùyuán ❶ 动 军人服役期满或因战争结束等原因而退役 ▷老兵～。❷ 动 武装力量和国民经济、社会生活由战时状态转入和平状态。

【复原】fùyuán ❶ 动 恢复原来的样子 ▷要尽量使这座古建筑～。❷ 动 指大病后恢复健康 ▷手术后身体已经～。

【复圆】fùyuán 动 日食或月食过程完结，太阳或月球恢复到人们原先看到的圆形。

【复杂】fùzá 形 事物种类多；头绪繁杂（跟"单纯""简单"相对）▷情况～|～的人际关系。

【复杂化】fùzáhuà 动 使简单的事情变得复杂（跟"简单化"相对）▷不要把问题～了。

【复杂劳动】fùzá láodòng 指技术含量高，需要经过专门训练才能胜任的劳动（跟"简单劳动"相区别）。

【复诊】fùzhěn 动 病人初诊后再次看病 ▷医生要求一周后～。

【复职】fùzhí 动 解职或降职后又恢复原来的职位。

【复制】fùzhì 动 仿照原件制作或依照原样翻印、翻拍、翻录（多指文物或艺术品）▷这些兵马俑都是～的|把资料～几份|～品。

【复种】fùzhòng 动 在同一块土地上，一年种植两次或两次以上。

【复转】fùzhuǎn 动 复员和转业。

【复壮】fùzhuàng 动 恢复农作物品种的优良特性，提高品种的繁衍能力 ▷麦种～。

洑 fù 动 游水 ▷河太宽，～不过去|～水。另见 421 页 fú。

祔 fù 名 古代的一种祭祀活动。

副 fù ❶ 区别 居第二位的；起辅助作用的（跟"正"相对）▷～队长|～手|～标题。→ ❷ 名 副职；任副职的人 ▷队～|大～。⇒ ❸ 区别 附带的；次要的 ▷～产品|～业。⇒ ❹ 区别 次等的 ▷～品|～伤寒。○ ❺ 动 彼此相称（chèn）；符合 ▷名实不～。→ ❻ 量 a)用于成双成对的东西 ▷两～手套|一～对联。b)用于配套的东西 ▷一～铺板。参见插图 13 页。c)用于面部表情、人的样子等 ▷一～笑脸|两～面孔|装出一～无辜的模样。d)用于嗓音 ▷她拥有一～好嗓子。○ ❼ 名 姓。☛ ㊀不要误写作"幅"。㊁不能简化成"付"。

【副本】fùběn ❶ 名 按照书籍、文件的原样复制的本子（跟"正本"相区别）。❷ 名 文件正式签署本以外的辅助本。

【副标题】fùbiāotí 名 加在文章、新闻等标题之后起补充说明作用的简短语句。也说副题。

【副产品】fùchǎnpǐn 名 生产某种物品时附带产生的物品。如生产煤气的副产品有苯和硫酸。也说副产物。

【副词】fùcí 名 修饰或限制动词、形容词，表示范围、程度、情态、语气等的词，一般不能修饰或限制名词。如"都""很""竟然""再三"等。

【副反应】fùfǎnyìng 名 伴随着主要反应而出现的其他反应 ▷药物～|产生～。

【副高】fùgāo 名 副高级职称的简称。指高级职称中的副教授、副研究员、副编审等。也说副高职。

【副歌】fùgē 名 有些歌曲分成前后两个部分，一部分的歌词每段都会有变化，称主歌，另一部分的歌词固定不变，称副歌。副歌集中表达全曲的主题，通常在主歌后面，如《国际歌》；也有放在主歌前面的，如《歌唱祖国》。

【副官】fùguān 名 旧时军队中帮助主管长官处理行政事务的军官。

【副虹】fùhóng 名 霓。

【副将】fùjiàng 名 主要将领的辅佐将领。古代也说裨将。

【副交感神经】fùjiāogǎn shénjīng 植物性神经系

统的一部分。上部从中脑和延髓发出，下部从脊髓的最下部发出，分布在体内各器官里。有抑制和减缓心脏收缩，使瞳孔减小、肠蠕动加强等作用。

【副刊】fùkān 名 报纸刊登新闻和时事评论以外的专版或专栏。如文艺副刊等。

【副科】fùkē 名 学校课程中相对次要的课程。

【副流感】fùliúgǎn 名 副流行性感冒的简称。由副流行性感冒病毒引起的急性上呼吸道传染病。初期症状跟流行性感冒相近，成人和大龄儿童症状多较轻微，婴幼儿症状明显。

【副品】fùpǐn 名 质量未达到规定标准但还有一定使用价值的产品。

【副热带】fùrèdài 名 亚热带。

【副伤寒】fùshānghán 名 副伤寒沙门杆菌引起的急性肠道传染病，分甲、乙、丙三型。甲、乙两型症状与伤寒大致相同，但一般较轻。

【副食】fùshí 名 指主食以外的食品。多指帮助下饭的鱼、肉、蛋、菜等。

【副手】fùshǒu 名 任副职的人；助手。

【副署】fùshǔ 动（文件等）在主要领导人签署后再由有关部门负责人签署。如国书由国家元首签署，外长副署。

【副项】fùxiàng 名 次要的项目；次于主项的项目。

【副性征】fùxìngzhēng 名 第二性征。

【副修】fùxiū 动 主修之外附带学习（某门课程或专业）▷主修计算机，～会计学。

【副业】fùyè 名 主要事业之外附带从事的事业。如农民在种田以外从事的养猪、编筐、采药等。

【副职】fùzhí 名 起辅助作用的职务（跟"正职"相区别）。如副局长、副主任。

【副作用】fùzuòyòng 名 主要作用之外附带产生的不良作用 ▷这种药～大，须慎用。

蚹 fù 名〈文〉蛇腹下的横鳞，可赖以爬行。

赋[1]（賦） fù 名 旧指土地税；泛指税 ▷～税|田～。

赋[2]（賦） fù ❶ 动 授予；交给 ▷～予。→ ❷ 名 人的天性；自然具有的资质 ▷～性|禀～|天～。

赋[3]（賦） fù ❶ 名 我国古代一种文体，介于韵文和散文之间，用韵，但句式类似散文，盛行于汉魏六朝 ▷吟诗作～。→ ❷ 动 吟诵或创作（诗、词）▷横槊～诗|屈原放逐，乃～《离骚》。

【赋诗】fùshī 动 作诗 ▷饮酒～。

【赋税】fùshuì 名 田赋和捐税的统称。

【赋闲】fùxián 动 晋朝潘岳辞官在家闲居作《闲居赋》。后用"赋闲"指没有职业在家闲居。

【赋性】fùxìng 名〈文〉先天具有的品质性情 ▷～聪颖|～愚直。

【赋役】fùyì 名〈文〉赋税和徭役的统称。

【赋有】fùyǒu 动 天生具有（某种性格、品质等）▷～艺术天才。

【赋予】fùyǔ 动 交给；给予（重大任务、使命等）▷时代～青年的重任。☛ 不宜写作"赋与"。

傅[1] fù ❶ 动〈文〉教导 ▷～之以德。→ ❷ 名 传授技艺的人 ▷师～。〇 ❸ 名 姓。

傅[2] fù〈文〉❶ 动 依附；附着 ▷皮之不存，毛将安～？→ ❷ 动 涂抹；使附着 ▷～粉。☛ "傅"字不能简化成"付"。

富 fù ❶ 形 多；丰盛 ▷～于感情|～足|～饶。→ ❷ 形 指钱财多（跟"贫"相对）▷勤劳致～|贫～不均|～强。❸ 动 使富裕 ▷～国强兵。〇 ❹ 名 姓。

【富产】fùchǎn 动 大量出产 ▷我国西部地区～多种矿物。

【富富有余】fùfù-yǒuyú 形容非常宽裕，用不完。

【富贵】fùguì 形 财产多，地位高 ▷不求荣华～。

【富贵病】fùguìbìng 名 指某些需要长期调理滋补、不能劳累的慢性病。

【富国】fùguó ❶ 名 富足的国家。❷ 动 使国家富足 ▷～富民。

【富国安民】fùguó-ānmín 使国家富足，人民安居乐业。

【富国强兵】fùguó-qiángbīng 使国家富足，兵力强大。

【富国兴邦】fùguó-xīngbāng 使国家富足昌盛。

【富含】fùhán 动 大量含有 ▷海沙中～多种稀有元素|这部小说～人生哲理。

【富豪】fùháo 名 钱财很多而且权势很大的人。

【富户】fùhù 名 钱财多的人家。

【富甲一方】fùjiǎyīfāng 富有程度在某地区位居第一。

【富可敌国】fùkědíguó 指拥有的财富可与一国的资财相当（敌：相等，相当）。形容极其富有。

【富矿】fùkuàng 名 品位较高的矿石或矿床（跟"贫矿"相区别）。

【富丽】fùlì 形 宏伟美丽；华丽 ▷～堂皇|装饰～。

【富民】fùmín 动 使人民富裕起来 ▷～措施。

【富农】fùnóng 名 农村阶级成分划分中指以剥削雇佣劳动为主要生活来源的人。他们一般占有土地和较优良的生产工具，并拥有较多的活动资本，自己参加劳动，但其收入主要靠剥削所得。

【富婆】fùpó 名 钱财很多的妇女。

【富强】fùqiáng 形（国家）富足强大 ▷繁荣～。

【富强粉】fùqiángfěn 名 我国食用面粉中的特制高质量面粉。出粉率为60%—70%，适宜制作较高档的面食。

【富饶】fùráo 形 物产丰盛，财源充足 ▷～的洞庭湖。

【富人】fùrén 名 钱财很多的人。

【富商】fùshāng 名 钱财很多的商人。

【富商大贾】fùshāng-dàgǔ 财力雄厚、买卖规模大的商人。☛"贾"这里不读 jiǎ。

【富实】fùshí 形 富裕殷实 ▷家底～。

【富庶】fùshù 形 物产丰富，人口众多 ▷～的鱼米之乡。

【富态】fùtai 形〈口〉婉词，指体态肥胖。

【富翁】fùwēng 名 钱财很多的人 ▷百万～。

【富营养化】fùyíngyǎnghuà 动 在湖泊、水库、河口、海湾等流动缓慢的水域里，因过量排放工业废水、生活污水等，致使生物营养物质（如氮、磷）不断积累、含量过多的现象。富营养化会造成藻类等水生生物大量繁殖、水质污染、水体变色、鱼虾等死亡。

【富有】fùyǒu ❶ 形 钱财多 ▷那里的农民很～◇精神～。❷ 动 充分具有（多用于抽象事物和积极方面）▷～说服力｜～营养价值。

【富于】fùyú 动 充分具有某种能力、特性等 ▷～想象｜～创造性。

【富裕】fùyù 形（财物）丰富充足 ▷生活～。

【富裕中农】fùyù zhōngnóng 上中农。

【富余】fùyu 动 多余出来 ▷～两个人。

【富源】fùyuán 名 自然资源（如森林、矿产、土地、水力等）▷合理开发～。

【富足】fùzú 形（物资和财富）充足 ▷这一带农民～得很。

腹 fù ❶ 名 人和某些动物躯干的一部分，在胸的下面或后面 ▷～腔｜～泻｜空～。通称肚子。→ ❷ 名 借指人的内心或地域的中心部位 ▷以小人之心度（duó）君子之～｜～稿｜～地。→ ❸ 名 坛子、瓶子等器物中间凸出像肚子的部分 ▷壶～｜瓶～。☛ 不读 fǔ。

【腹案】fù'àn 名 内心已想好但尚未写出或说出的方案；也指已经拟定但尚未公开的方案 ▷他已经形成了一个作战的～。

【腹背】fùbèi 名 腹部和背部；借指前后两面 ▷～疼痛｜～夹击。

【腹背受敌】fùbèi-shòudí 前后同时受到敌人的攻击。

【腹地】fùdì 名 靠近中心的地区；内地 ▷孤军深入敌人～。

【腹诽】fùfěi 动〈文〉嘴上不说，但在心中非议 ▷～心谤｜彼此～。

【腹稿】fùgǎo 名 动笔写作前，心里构思的草稿（古人认为心是思维的器官，用腹指心）▷先打好～，然后一气呵成。

【腹股沟】fùgǔgōu 名 大腿与腹部相连的沟状部分。也说鼠蹊。

【腹面】fùmiàn 名 动物身体胸部、腹部所在的一面。

【腹膜】fùmó 名 腹腔内壁四周以及腹腔内胃肠等脏器的薄膜。由结缔组织构成，能分泌浆液，起润滑作用。

【腹膜炎】fùmóyán 名 腹膜炎症。症状是持续性腹痛、腹胀、发热、呕吐等。

【腹鳍】fùqí 名 鱼类腹部的鳍，左右各一，起转换方向、保持身体平衡的作用。参见 1075 页"鳍"。

【腹腔】fùqiāng 名 体腔之一。膈到骨盆底之间的空腔，内有胃、肠、肝、胰、脾、肾及内生殖器官等。

【腹水】fùshuǐ 名 腹腔内脏器病变引起液体积聚的症状。

【腹泻】fùxiè 动 指大便次数增多且稀薄。也说跑肚、泻肚。俗称拉稀、闹肚子。

【腹心】fùxīn ❶ 名〈文〉借指真诚的心意 ▷～之言。❷ 名〈文〉比喻亲信 ▷～尽叛。❸ 名 比喻中心地区或要害部分 ▷～地带｜～之患。

【腹议】fùyì 动〈文〉嘴上不说，心中有意见、不满意。

【腹胀】fùzhàng 动 腹部膨胀。因胃肠充气、腹水、腹内肿块等造成气体或液体压迫内腹壁或腹腔器官而产生。

鲋（鮒） fù 名〈文〉鲫鱼 ▷涸辙之～。

缚（縛） fù ❶ 动 捆；绑 ▷作茧自～｜束～｜～送。〇 ❷ 名 姓。☛ 统读 fù，不读 fú 或 fó。

赙（賻） fù 动〈文〉送财物帮人家办丧事 ▷～赠｜～仪｜～金。

蝮 fù［蝮蛇］fùshé 名 毒蛇，体长60—90厘米，头三角形，灰褐色，有斑纹。生活在平原及低山区，捕食蛙、鸟、鼠等。

蝜 fù［蝜蝂］fùbǎn 名 古代寓言中指一种好负重物的小虫。

覆 fù ❶ 动 下部朝上翻过来或倾倒 ▷天翻地～｜～辙。→ ❷ 动 灭亡 ▷～灭｜～亡。→ ❸ 同"复[1]"①。现在一般写作"复"。❹ 同"复[1]"②。现在一般写作"复"。→ ❺ 动 遮盖 ▷～盖｜～被。

【覆被】fùbèi ❶ 动〈文〉覆盖 ▷功德～天下。❷ 动 地面被草木覆盖 ▷我省地表～率近年有明显提高。❸ 名 覆盖地面的草木 ▷破坏地面～会造成水土流失。

【覆巢无完卵】fùcháo wú wánluǎn 翻落的鸟窝

不会有完好不破的鸟蛋。比喻整体毁灭，个体也不能幸免；也比喻大祸临头，无一幸免。

【覆车之鉴】fùchēzhījiàn 翻车的教训。泛指失败的教训 ▷～，必须认真记取。

【覆盖】fùgài ❶ 动 遮蔽；遮盖 ▷草皮～着地面。❷ 动 涉及、传播或影响到某个范围 ▷社会保障体系～城乡｜中央电视台综合频道的信号～全国。❸ 名 借指地面上的植被 ▷地面有～，能防止水土流失。

【覆盖率】fùgàilǜ 名 覆盖的地面占整个地面的比率 ▷森林～达50%。

【覆盖面】fùgàimiàn ❶ 名 遮蔽或遮盖的范围 ▷这场大雪的～很广。❷ 名 事物涉及、传播或影响的范围 ▷扩大优质教育资源～。

【覆灭】fùmiè 动 全部被消灭；彻底灭亡 ▷贩毒集团彻底～｜反动政权终将～。

【覆没】fùmò ❶ 动 （船等）翻沉到水中。❷ 动 比喻全部被消灭 ▷全军～。

【覆盆之冤】fùpénzhīyuān 形容无处申诉的冤屈，就像翻过来扣着的盆子，阳光照不到里面。

【覆盆子】fùpénzǐ 名 落叶灌木，有刺，夏季开白花。果实也叫覆盆子，近球形，熟时红色，味酸甜，可以食用，也可以做药材。

【覆水难收】fùshuǐ-nánshōu 泼在地上的水难以收回。比喻事情已成定局，无法挽回。

【覆亡】fùwáng 动 灭亡。

【覆辙】fùzhé 名 翻过车的车辙。比喻曾经遭受失败的做法 ▷重蹈～。☛ 不要写作“复辙”。

【覆舟】fùzhōu 动 〈文〉使船翻覆；比喻使倒台、覆灭 ▷水可载舟，亦可～。

馥 fù 形 〈文〉香气浓郁 ▷～郁。

【馥馥】fùfù 形 〈文〉香气浓烈 ▷～花香。

【馥郁】fùyù 形 香气浓厚 ▷～的花香｜芳香～。

鳆 fù 名 〈文〉鲍②。

G

gā

夹（夾） gā［夹肢窝］gāzhiwō 现在一般写作“胳肢窝”。
另见 655 页 jiā；659 页 jiá。

旮 gā［旮旯儿］gālár 名〈口〉角落；狭窄偏僻的地方 ▷门～|山～|越是旮旮旯旯儿，越要打扫干净。

伽 gā 音译用字，见下。
另见 656 页 jiā；1107 页 qié。

【伽马刀】 gāmǎdāo 名 用伽马射线代替手术刀进行手术的装置，主要用于颅内肿瘤等外科手术，能准确破坏并清除肿瘤病灶，不损伤其周围的组织，具有损伤小、无出血、无感染等特点（伽马：希腊字母 γ 音译）。也说 γ 刀。

【伽马射线】 gāmǎ shèxiàn 名 镭等放射性元素的原子放出的射线。是波长极短的电磁波，有很强的穿透力。工业上多用于探伤或流水线的自动控制，医学上主要用于治疗肿瘤（伽马：希腊字母 γ 音译）。通常写作 γ 射线。

呷 gā［呷呷］gāgā 现在一般写作“嘎嘎”。☛ 地名“呷洛”（在四川）现在改为“甘洛”。
另见 1477 页 xiā。

咖 gā［咖喱］gālí 名 英语 curry 音译。用胡椒、姜黄、茴香、陈皮等制成的粉末状调味品。
另见 763 页 kā。

胳 gā［胳肢窝］gāzhiwō 名 腋窝的俗称。☛“胳”这里不读 gē。
另见 460 页 gē；462 页 gé。

戛 gā 音译用字。如戛纳，地名，在法国。
另见 659 页 jiá。

嘎（*嘠） gā 拟声 模拟响亮而短促的声音 ▷冰面～的一声裂开了。
另见本页 gá；本页 gǎ。

【嘎巴】 gābā 拟声 模拟木板、树枝等断裂的声音 ▷～一声筷子折（shé）了。

【嘎巴】 gāba〈口〉❶ 动 黏性东西干后牢固地附着（zhuó）在器物上 ▷粥～在锅边儿上了。❷ 名 黏性东西干后附着在别的东西上形成的凝结物 ▷糨糊～儿|泥～|血～。

【嘎嘣】 gābēng 拟声 模拟东西断裂或碎裂时发出的清脆声 ▷～一声，树枝被大风刮断了|他的牙真好，把铁蚕豆嚼得～～响。

【嘎嘣脆】 gābēngcuì〈口〉❶ 形 形容食物很脆，吃起来伴有“嘎嘣”的清脆声 ▷薯片吃起来～。❷ 形 形容说话、做事干脆利落 ▷她办起事来～，从不拖泥带水。

【嘎噔】 gādēng 拟声 模拟物体猛然落地或震动的声音 ▷～一声，凳子倒了。

【嘎嘎】 gāgā 拟声 模拟鸭子、大雁等的叫声。

【嘎渣儿】 gāzhar 名〈口〉嘎巴（gāba）②。

【嘎吱】 gāzhī 拟声 模拟物体受压后发出的声音（多叠用）▷牙咬得～～响。

gá

钆（釓） gá 名 金属元素，符号 Gd。银白色，有强磁性，低温时有超导性质。用于微波技术，也用于核工业。

尜 gá［尜尜］gága〈口〉❶ 名 一种两头尖中间粗的儿童玩具。❷ 名 像尜尜的东西 ▷～枣|～汤（用玉米面等做的食品）。

嘎（*嘠） gá 见下。
另见本页 gā；本页 gǎ。

【嘎调】 gádiào 名 京剧唱腔里，用特别拔高的音唱某个字，这种腔调叫嘎调。

【嘎嘎】 gága 现在一般写作“尜尜”。

噶 gá 音译用字，用于“噶伦”（原西藏地方政府的主要官员）、“噶厦”（gáxià，原西藏地方政府）、“萨噶达瓦节”（藏族地区纪念释迦牟尼诞辰的节日）等。☛ 统读 gá，不读 gé。

gǎ

生 gǎ 同“嘎（gǎ）”。现在一般写作“嘎”。

尕 gǎ 形 某些地区形容小 ▷～娃|～王。

嘎（*嘠） gǎ〈口〉❶ 形 脾气古怪；乖僻 ▷这个人太～，跟谁也合不来。→ ❷ 形 调皮 ▷～小子。
另见本页 gā；本页 gá。

【嘎子】 gǎzi 名〈口〉调皮的人（多称小孩儿，含喜爱色彩）。☛ 不宜写作“生子”。

gà

尬 gà 见 444 页“尴（gān）尬”。

gāi

该[1]（該） gāi ❶ 动 用来充当谓语。a)应当是 ▷论技术，～老李排第一|过了年，～十岁了。b)应轮到 ▷下面～

你发言了。c)表示应当如此，毫不委屈 ▷～！谁让你不听话｜活～。→❷ 动 用来修饰谓语。a)表示理应如此；应当 ▷我～走了｜～死。b)估计情况应当如此(在感叹句中兼有加强语气的作用) ▷他今年～大学毕业了吧？｜这里种上树，～有多美！

该[2](該) gāi 动 欠 ▷手工钱先～着吧｜这笔账～了一年了。

该[3](該) gāi 代 指示上面说过的人或事物，相当于“此”“这个”等 ▷～人多次来访｜～厂连年亏损。

【该当】gāidāng ❶ 动〈文〉应该承担 ▷～何罪？❷ 动 应当；应该 ▷是我的错儿，我～受罚。

【该欠】gāiqiàn ❶ 动 借别人的钱、物还没有还 ▷贷款～太久了。❷ 名 该还没还的钱、物。

【该死】gāisǐ 动 表示厌恶、憎恨、埋怨或自责等 ▷这个～的家伙！｜我～，都怨我没长脑子！

【该账】gāizhàng ❶ 动 该欠① ▷不要到处～。❷ 名 该欠② ▷把～都还了。☛ 不要写作“该帐”。

【该着】gāizháo 动〈口〉本该如此；必然如此 ▷这回～你走运了。

陔 gāi〈文〉❶ 名 台阶的次序；层次。○ ❷ 名 田埂。

垓[1] gāi 数〈文〉数目，指1万万。

垓[2] gāi [垓下]gāixià 名 古地名，在今安徽灵璧东南。是刘邦围困并击败项羽的地方。

荄 gāi ❶ 名〈文〉草根。→❷ 名〈文〉根源；起始 ▷万物之～。○ ❸ 用于地名。如花荄，在四川。

晐 gāi 动〈文〉具备；兼备 ▷～备。

赅(賅) gāi〈文〉❶ 形 完备；齐全 ▷言简意～｜～备。→❷ 动 包括；概括 ▷以一～百｜以偏～全。

【赅博】gāibó 形〈文〉(学识)完备而广博 ▷见闻～。☛ 不宜写作“该博”。

gǎi

改 gǎi ❶ 动 变更；更换 ▷开会时间～了｜～头换面｜～变｜～革。→❷ 动 改正 ▷一定要～掉这个毛病｜～邪归正｜～过。→❸ 动 修改；改动 ▷衣服～小点儿｜～写｜篡～。

【改版】gǎibǎn 动 报纸、刊物、电视节目等改变编排形式或内容 ▷该报从明年起全面～｜这个节目～后，收视率更高了。

【改扮】gǎibàn 动 改变打扮，使变为另一个模样 ▷他乔装～，深入案发地取证。

【改编】gǎibiān ❶ 动 依据原作重新编写 ▷把古典小说《三国演义》～成电视连续剧。❷ 动 改变原来的编制 ▷～投诚部队。

【改变】gǎibiàn ❶ 动 (事物)发生明显的变化 ▷故乡的面貌完全～了。❷ 动 使发生变化；更改 ▷～落后面貌｜～做法。☛ 不能跟“错误”“缺点”“毛病”等词语搭配。

【改产】gǎichǎn 动 转产。

【改朝换代】gǎicháo-huàndài 新的朝代取代旧的朝代；泛指政权更迭。

【改称】gǎichēng 动 变换称呼或名称 ▷小毛一直管淑兰叫阿姨，现在要～妈妈了。

【改窜】gǎicuàn 动 窜改。

【改刀】gǎidāo 动 (切菜、切肉等)按一定要求改变刀法 ▷块儿切得太大，需要～｜把肉片儿～切丝。

【改道】gǎidào 动 (人、车辆、河流等)改变行进路线 ▷～绕行｜历史上黄河曾多次～。

【改点】gǎidiǎn 动 更改原来规定或约定的时间 ▷火车～了。

【改调】gǎidiào ❶ 动 (对职务、位置、力量等)重新调动 ▷他从林业局～环保局｜～直升机进行搜索。○ ❷ 动 改变曲调 ▷原来的调太高，唱不上去，要～。❸ 动 改变观点、态度 ▷他原来说全力支持，现在又～了。

【改订】gǎidìng 动 修改订正(书籍文字、规章制度等) ▷～考勤制度。

【改定】gǎidìng ❶ 动 修改使确定下来 ▷请～后打印。❷ 动 另行确定 ▷出访日期须～。

【改动】gǎidòng 动 修改；变动(文字、图片或事物的项目、次序等) ▷文稿个别地方有～｜列车时刻表没～。

【改恶从善】gǎi'è-cóngshàn 指不再作恶，归向良善。

【改稿】gǎigǎo ❶ 动 修改稿件。❷ 名 修改后的稿件 ▷～比原稿精炼。

【改革】gǎigé ❶ 动 改进革新 ▷～体制｜～招生制度。❷ 名 改进革新的举措 ▷这是一项重大～。☛ 跟“改造”不同。“改革”是改掉不合理的部分，侧重在“革除”，对象一般限于客观性的，如“改革文字”“供给侧改革”；“改造”是从根本上改变，强调的是“再造”，对象可以是客观性的，也可以是主观性的，如“盐碱地改造”“改造世界观”。

【改革开放】gǎigé kāifàng 指我国实行改革政治和经济体制、开放国门和国内市场的政策。

【改观】gǎiguān 动 改变旧貌，出现新貌 ▷规范化管理使工厂的面貌大为～。

【改过】gǎiguò 动 改正错误；纠正过失 ▷～自新｜知过～。

【改过自新】gǎiguò-zìxīn 改正错误，重新做人。☛ 跟“洗心革面”不同。“改过自新”侧重于改正错误；“洗心革面”侧重于从内心到言行悔改彻底，语意较重。

【改行】gǎiháng 动 放弃原来的行业或行当，从事另一个行业或行当 ▷～经商｜～唱老旦。

【改换】gǎihuàn 动 放弃原来的，换成另外的 ▷～招牌｜～新的模式。

【改换门庭】gǎihuàn-méntíng ❶ 改变、提高家庭的社会地位。❷ 借指另择新主或另找依靠。

【改悔】gǎihuǐ 动 悔改。

【改嫁】gǎijià 动 离婚或丧夫的妇女再嫁人。

【改建】gǎijiàn 动 根据新的需要，对原建筑物等加以改造、修建 ▷把礼堂～成剧场。

【改醮】gǎijiào 动 旧时指妇女改嫁。

【改进】gǎijìn 动 改变原有状况，使进步 ▷～教学方法。☛ 跟“改良”不同。“改进”侧重指在原有基础上有所进步，对象多是工作、作风、方法、技术等非物质性的东西；“改良”侧重指消除原有的不足，对象既可以是非物质性的，也可以是物质性的，如“改良社会”“改良作物品种”。

【改刊】gǎikān 动 指刊物改变原来的内容、版面、出版周期等。

【改口】gǎikǒu ❶ 动 改变原来的说法或语气 ▷他发觉说得不妥，连忙～。❷ 动 改变称呼 ▷叫惯了阿姨，～叫妈妈还真不习惯。

【改良】gǎiliáng 动 改变事物原有的某些不足，使比原来更好 ▷～土壤｜～喷灌技术。☛ 参见本页“改进”的提示。

【改良派】gǎiliángpài 名 奉行改良主义的政治派别。

【改良主义】gǎiliáng zhǔyì 主张在不触动原有社会制度的条件下实行某些社会改良的政治思想。

【改名】gǎimíng 动 改变名称或名字 ▷商店～以后，也改进了服务措施｜～换姓。

【改年】gǎinián ❶ 动 改换年号。参见本页“改元”。○ ❷ 副 指距说话以后不太远的某一年 ▷房子改建的钱不够，～再说吧。

【改判】gǎipàn ❶ 动 法院更改原来所作的判决。❷ 动 体育比赛或其他赛事中，裁判或评委更改原来的裁决。

【改期】gǎiqī 动 更改原定日期 ▷会议因故～。

【改任】gǎirèn 动 卸掉原职，担任新职 ▷～工商局长。

【改日】gǎirì 副 改天。

【改容】gǎiróng ❶ 动 改变面容 ▷请美容师～◇城市已经～换貌。❷ 动 改变神态 ▷收敛怒气，～相迎。

【改色】gǎisè ❶ 动 改变颜色。❷ 动 改变面部表情 ▷面不～，心不跳。

【改善】gǎishàn 动 改变原来的状况，使完善 ▷条件逐步～。

【改天】gǎitiān 副 指距说话以后不太远的某一天 ▷～我登门请教。

【改天换地】gǎitiān-huàndì 指彻底改变自然或社会面貌，使焕然一新。

【改头换面】gǎitóu-huànmiàn 改换一副面孔。比喻形式变了而内容不变（含贬义）。

【改土归流】gǎitǔ guīliú 明清两代为了加强中央对边疆地区的统一管理，在云南、贵州、四川、广西等少数民族地区废除土司（世袭官吏），实行流官（有一定任期的官吏）统治的一种政治措施。也说改土为流。

【改弦更张】gǎixián-gēngzhāng 换掉旧琴弦，安上新琴弦（张：绷紧乐器上的弦）。比喻改变制度、方针、方法等。☛ “更”这里不读 gèng。

【改弦易辙】gǎixián-yìzhé 换琴弦，改车道。比喻改变方向、做法。

【改线】gǎixiàn 动（电话、公共交通、管道等）改变线路 ▷～工程｜列车～运行。

【改向】gǎixiàng 动 改变方向或走向 ▷河流～了。

【改邪归正】gǎixié-guīzhèng 从邪路回到正路上来。比喻由坏变好。

【改写】gǎixiě ❶ 动 对文稿或作品作大的修改甚至部分重写 ▷小说已～过两次。❷ 动 改编① ▷把鲁迅的小说《祝福》～成电影剧本。❸ 动 发生重大改变；使发生重大改变 ▷他们的人生轨迹在精准扶贫启动后开始～｜发展中国家的崛起，正在～世界的经济格局。

【改型】gǎixíng 动 改换类型 ▷产品不断～。

【改性】gǎixìng 动 改变性能或性质。

【改姓】gǎixìng 动 变换姓氏 ▷据说他们的祖先本姓文，后来才～闻的。

【改选】gǎixuǎn 动 当选人任期届满或在任期内由于某些原因不能履行职责而重新选举 ▷～村委会｜学生会～。

【改样】gǎiyàng 动 改变式样或模样，使跟原来不同 ▷古迹修复要修旧如旧，不能～。

【改业】gǎiyè 动 改行。

【改易】gǎiyì 动 改变；更换 ▷版面几经～。

【改用】gǎiyòng 动 不用原来的，换用另一种 ▷废除旧名，～新名。

【改元】gǎiyuán 动 历史上新皇帝即位或皇帝在位期间改换年号。因新年号开始的一年叫元年，故称。如玄烨即位后改元康熙。

【改造】gǎizào ❶ 动 对原有的事物进行局部修改或彻底更新，使适合新的需要 ▷～盐碱地。❷ 动 特指用某种方式改变人的思想 ▷劳动～｜～思想。☛ 参见 437 页“改革”的提示。

【改章】gǎizhāng 动 修改或变更规章 ▷修法～，调整机构|～建制。

【改辙】gǎizhé 动 更改行车的线路；比喻改变方法等 ▷定好的事情，他又临时～了。

【改正】gǎizhèng 动 改掉缺点错误，使成为正确的 ▷～错误。☛ 跟"纠正"不同。"改正"多是主体的自觉行为，使用范围较广；"纠正"可以含有强制意味，多用于较严重的或较显性的问题。

【改制】gǎizhì 动 改变体制、制度（主要指政治、经济等方面的）▷经济～。

【改装】gǎizhuāng ❶ 动 改变装束打扮 ▷您今天一～，简直年轻了10岁。❷ 动 改变物品的装饰或包装 ▷酒还是原先的酒，只是～罢了。❸ 动 改换机器、仪表等原来的装置 ▷这台机器～一下还可以用几年。

【改锥】gǎizhuī 名 螺丝刀。

【改组】gǎizǔ 动 变更原有组织或更换原有成员，重新组建 ▷政府～|～领导班子。

【改嘴】gǎizuǐ 动〈口〉改口。

胲 gǎi 名〈文〉脸颊上的肉。
另见530页hǎi。

gài

丐（*匃匄） gài ❶ 动〈文〉乞求；乞讨 ▷～食。→ ❷ 名 以乞讨为生的人 ▷乞～|～头。☛ ㊀笔顺是一丅丐。㊁跟"丏（miǎn）"不同。

芥 gài 见下。
另见709页jiè。

【芥菜】gàicài 现在一般写作"盖菜"。☛ 跟"芥（jiè）菜"不同。

【芥蓝】gàilán 名 一年或二年生草本植物，茎粗壮直立，分枝多，叶片短而宽。嫩叶和菜薹可以食用。也说芥蓝菜。

隑（隑） gài 动 某些地区指倚靠或斜靠 ▷东靠靠，西～～|～在墙角。

钙（鈣） gài 名 金属元素，符号Ca。银白色，质软而轻，化学性质活泼。钙的化合物在建筑工程和医药上用途很广。人体缺钙会引起佝偻病、手足抽搐等。

【钙化】gàihuà 动 人和动物肌体组织因钙盐沉积而变硬。钙盐沉积在骨骼、牙齿中，是正常生理钙化；沉积在骨骼、牙齿以外的组织中，则是病理性钙化。

【钙化点】gàihuàdiǎn 名 人和动物肌体某些组织发生钙化的部位。参见本页"钙化"。

【钙片】gàipiàn 名 含有钙质的药用片剂。

【钙质】gàizhì 名 钙。

盖[1]（蓋） gài ❶ 名 器物上部起遮蔽或封闭作用的东西 ▷盖～儿|锅～|箱子～儿。→ ❷ 名〈文〉伞；车篷 ▷雨～|华～。→ ❸ 名 人体某些部位形状像盖的骨骼；某些动物背部的甲壳 ▷头～骨|螃蟹～。→ ❹ 动 把盖儿扣在器物上；蒙上 ▷～锅盖|覆～。⇒ ❺ 动 掩饰 ▷欲～弥彰|掩～。⇒ ❻ 动 打上（印章）▷～章|～钢印。⇒ ❼ 动 压倒；超过 ▷海啸声～过了一切声响|～世无双。⇒ ❽ 形〈口〉盖帽儿② ▷他字写得真是～了。⇒ ❾ 动 建筑；搭盖 ▷房子～好了。→ ❿ 名 耪①。⓫ 动 耪②。○ ⓬ 名 姓。

盖[2]（蓋） gài 副〈文〉表示对事物带有推测性的判断，或表示对原因的解释，相当于"大概""原来"等 ▷与会者～千人|有所不知，～未学也。
另见463页gě。

【盖菜】gàicài 名 芥（jiè）菜的一种。一年生草本植物，叶子肥大，表面有皱纹，叶脉明显。可以食用。

【盖棺论定】gàiguān-lùndìng 指一个人的功过是非到死后才能作出确定的评价。

【盖浇饭】gàijiāofàn 名 一种简便的饭食，在大米饭上盖上菜肴，论份儿出售。也说盖饭。

【盖帘】gàilián 名 用高粱等的细秸秆连缀成的圆板状用具，用来放置食品或作缸、盆的盖子。

【盖帽儿】gàimàor ❶ 动 篮球运动中指防守队员跳起，打掉或压住进攻队员投向篮筐的球。❷ 形〈口〉形容好到极点 ▷这个小品演得真是盖了帽了。

【盖然性】gàiránxìng 名 或然性。

【盖世】gàishì 动（才能、业绩等）超过当代人 ▷英雄～|～奇才。

【盖世太保】gàishìtàibǎo 名 德语Gestapo音译。纳粹德国的秘密警察组织。第二次世界大战期间，希特勒曾用它进行大规模的恐怖活动。

【盖世无双】gàishì-wúshuāng 压倒世上所有的；世界上没有能与之相比的。

【盖头盖脑】gàitóu-gàinǎo 从头顶上压盖下来。形容来势凶猛 ▷霎时间，暴雨～倾泻下来。

【盖头】gàitou 名 旧式婚礼上给新娘蒙头盖脸的红绸巾。也说盖巾。

【盖碗】gàiwǎn 名 上面有盖儿，下面多有托盘的茶碗 ▷这是一套清代青花～。

【盖销】gàixiāo 动 在邮票、印花税票等有价票据上盖上印戳，以示再用无效。

【盖印】gàiyìn 动 盖章。

【盖造】gàizào 动 修建（房屋等）▷～楼房。

【盖章】gàizhāng 动（在某些文字材料署名的地方或骑缝处）盖上印章（以示负责或防伪）。

【盖子】gàizi ❶ 名 盖[1]① ▷掀开发动机～进行检修。❷ 名 比喻掩盖事情真相的事物 ▷揭～|捂～。❸ 名 某些动物背部的甲壳。

溉 gài 动 浇灌 ▷灌～。☛ 右边是“旡”,不是“无”。

概(*槩) gài ❶ 名 旧时量谷物时刮平斗斛的用具。→❷ 名 气度;风度 ▷气～|飘飘然有神仙之～。→❸ 动 概括;总括 ▷以偏～全|一言以～之|～而言之。→❹ 名 大略② ▷梗～|～要|～况。→❺ 副 表示没有例外,相当于“一律”(后面多带“不”) ▷～不负责|～不退换。☛ 右边是“旡”,不是“无”。

【概观】gàiguān ❶ 动 大略地观察 ▷～事件发生的前前后后。❷ 名 概况(多用于书名) ▷《非洲～》|《中国画～》。

【概况】gàikuàng 名 大略的情况 ▷工作～。

【概括】gàikuò ❶ 动 把事物的共同点归结到一起 ▷～出一些共同特点。❷ 形 简明扼要 ▷谈得很～。

G

【概括性】gàikuòxìng 名 扼要而全面的性质 ▷这篇论文～很强|具有～。

【概览】gàilǎn ❶ 动 大致地观看;浏览。❷ 名 概况(多用于书名) ▷《中国名胜～》。

【概率】gàilǜ 名 某一类事件在相同条件下,发生的可能性大小的量。例如,把一个硬币抛到空中落地,是正面朝上还是反面朝上,二者的概率都是$\frac{1}{2}$。旧称或然率、几率、机率。

【概略】gàilüè ❶ 名 大致的情况 ▷我介绍的只是本书的～。❷ 形 概括② ▷～叙述。

【概论】gàilùn 名 对某一学科理论的概括的论述(多用于书名) ▷《法学～》|《旅游管理～》。

【概貌】gàimào 名 大概的状况 ▷学校～。

【概莫能外】gàimònéngwài 表示都在某个范围内,一概不能例外 ▷一切事物都在相互制约中存在,～。

【概念】gàiniàn 名 反映事物本质的思维形式。人们在感性认识的基础上,从同类事物的许多属性中,概括出其所特有的属性,形成用词或短语表达的概念。概念具有抽象性和普遍性。

【概念化】gàiniànhuà 动 指文艺创作脱离实际生活,缺乏具体情节描写和典型形象塑造,用抽象概念取代人物的个性;也指脱离实际,只是机械搬用一些理论和概念 ▷人物塑造～是这出戏的败笔|做大学生的思想工作一定要看对象,不能公式化、～。

【概述】gàishù ❶ 动 概括地叙述 ▷讲解员～了烈士的生平事迹。❷ 名 概括叙述的文字(多用于篇名或书名) ▷《乡镇企业～》。

【概数】gàishù 名 大概的数目。有时用“几、多、来、把、左右、上下”等来表示,如“几天、三十多个、十来斤、千把块、五十岁左右、二百斤上下”;有时用相邻的两个数字来表示,如“六七天、二三百只”;有时用“三五”等两个相近的数字来表示,如“三五个、三五十人”。

【概说】gàishuō 名 概论(多用于篇名或书名) ▷《汉字字体演变～》|《世界地理～》。

【概算】gàisuàn ❶ 动 大概估算 ▷～一下本月花了多少钱。❷ 名 编制预算前对收支指标提出的大概数字。政府财政收支预算在完成法律程序以前都叫概算。

【概言之】gàiyánzhī 概括地说 ▷～,身体是革命的本钱。

【概要】gàiyào 名 概括的内容要点(多用于书名) ▷《网络管理～》。

戤 gài ❶ 动 以实物抵押;泛指抵押 ▷用自家田产～财主几十两银子。→❷ 动 靠;贴近 ▷把手里的雨伞往墙角上一～。→❸ 动 假冒别人的商品牌号来图利 ▷～牌。

gān

干[1] gān ❶ 名 〈文〉盾牌 ▷大动～戈。○❷ 名 姓。

干[2] gān ❶ 动 〈文〉触犯;冒犯 ▷有～禁例|～犯。→❷ 动 扰乱 ▷～扰。○❸ 动 〈文〉求取(职位、俸禄等) ▷～仕|～禄。○❹ 动 关联;牵涉 ▷不～我的事|相～|～连。

干[3] gān 名 〈文〉河岸;水边 ▷江～。

干[4] gān 名 指天干 ▷～支纪年。

干[5](乾*亁乹) gān ❶ 形 干燥①(跟“湿”相对) ▷衣裳还没～|～粮|～旱。→❷ 形 (水)枯竭;净尽 ▷眼泪流～了|～涸。⇒❸ 动 使净尽 ▷～了这一杯。⇒❹ 副 白白地;仅仅 ▷～打雷不下雨|～着急|你别～喝酒,就些菜嘛。⇒❺ 副 表示空无内容,只具形式的 ▷～号(háo)了几声|～笑。❻ 区别 没有血缘或婚姻关系而拜认的 ▷～娘|～儿子|～亲。→❼ 名 加工制成的没有水分或水分少的食品 ▷葡萄～儿|豆腐～儿|饼～。→❽ 形 不用水的 ▷毛料衣服最好～洗|～馏。○❾ 动 〈口〉慢待;不理睬 ▷别把客人～在那里。

另见 447 页 gàn;“乾”另见 1094 页 qián。

【干巴巴】gānbābā ❶ 形 干硬 ▷那饼～的,一点儿也不好吃。❷ 形 干巴② ▷他的讲话～的,没人爱听。

【干巴】gānba ❶ 形 形容因失去水分或缺少脂肪等而收缩或干枯的样子 ▷橘子放久了,都～了|～的脸上布满了皱纹。❷ 形 形容内容不丰富,语言不生动 ▷这篇文章～得很。

【干白】gānbái 名 指不含糖分的原汁无色葡萄酒。参见本页"干酒"。

【干板】gānbǎn 名 涂有感光药膜的供照相用的玻璃底版,后被胶片取代。也说硬片。

【干杯】gānbēi 动 把杯中的酒喝干(用于劝酒、祝酒,不一定把酒喝干) ▷为我们的友谊～。

【干贝】gānbèi 名 用扇贝、江珧等的肉柱(闭壳肌)干制而成的食品,蛋白质含量丰富。

【干煸】gānbiān 动 烹调方法,不加汤水,只用热油炒 ▷～鳝鱼丝。

【干瘪】gānbiě ❶ 形 干瘦;干而收缩,不丰满 ▷枣子都晒～了。❷ 形 形容诗文内容空洞无物,语言枯燥乏味 ▷文章～,读来十分腻味。

【干冰】gānbīng 名 形状像冰的固态二氧化碳。白色雪片状,在常温常压下可直接变成气体,并产生－80℃左右的低温。可用作制冷剂、灭火剂,也可用于人工降雨。

【干菜】gāncài 名 脱水后保存的蔬菜。

【干草】gāncǎo 名 晒干的草;特指晒干的谷草,可做饲料。

【干柴烈火】gānchái-lièhuǒ 比喻条件成熟、一触即发的形势;也比喻在一起的情欲旺盛的男女。

【干唱】gānchàng 动 指不加器乐伴奏进行演唱(多用于戏曲唱段) ▷听她～也很有味儿。

【干城】gānchéng 名〈文〉盾牌和城墙。比喻保卫国土的武将 ▷社稷之～。

【干脆】gāncuì ❶ 形(言语行动)直截了当,不拖泥带水 ▷办事～利索。❷ 副 索性 ▷这事儿,～你来办。

【干打雷,不下雨】gān dǎléi,bù xiàyǔ 比喻虚张声势而没有行动。

【干打垒】gāndǎlěi ❶ 动 把黏土或拌匀的土、沙、石灰等填在夹板内夯实,是一种简易的筑墙方法。❷ 名 用干打垒方法筑成的墙体;也指用这种方法盖成的简易房屋。

【干等】gānděng 动 白白地等待。

【干瞪眼】gāndèngyǎn 面对某种不利的情况只是着急而毫无办法 ▷赛前没准备,临场～。

【干电池】gāndiànchí 名 电池的一种。在用锌皮做成的筒里装有电解液和其他物质的糊状混合物,锌皮作负极,筒中央的炭精棒作正极。适于作手电筒、收音机等小电器的电源。

【干爹】gāndiē 名 义父的俗称。

【干犯】gānfàn 动〈文〉冒犯;触犯 ▷～禁令。

【干饭】gānfàn 名 不带汤的米饭(跟"稀饭"相区别)。

【干粉】gānfěn ❶ 名 不和(huò)水的或干燥了的粉面 ▷江米～|水磨～。❷ 名 干的粉条或粉丝。○ ❸ 名 指干燥的粉末状磷酸铵盐,可用于灭火 ▷～灭火器。

【干戈】gāngē 名 古代用于攻防的两种兵器;泛指武器;也借指战争 ▷大动～|～又起。

【干股】gāngǔ 名 股份制企业无偿赠送的股份。

【干果】gānguǒ ❶ 名 单果的一类,果实成熟后果皮失去水分。分闭果和裂果两大类,包括翅果、荚果、坚果、蒴果、颖果、角果、瘦果、蓇葖果。❷ 名 指坚果,如核桃、栗子、榛子等。❸ 名 指晒干或烘干了的水果。如柿饼、葡萄干等。

【干旱】gānhàn 形 因降水量不足而气候和土壤干燥 ▷～季节|这种小麦耐～。

【干号】gānháo 动 没有眼泪地大声哭喊 ▷见别人都在哭,他也～起来。☛ ㊀不宜写作"干嚎"。㊁"号"这里不读 hào。

【干涸】gānhé 形(河道、池塘等)干枯 ▷大旱之年,河道～。

【干红】gānhóng 名 指不含糖分的红葡萄酒。参见本页"干酒"。

【干花】gānhuā 名 鲜花经快速脱水而制成的花。能较长时间保持鲜花原有的形态、色泽以至香味。也说干燥花。

【干货】gānhuò ❶ 名 经过脱水处理的食品。如柿饼、葡萄干、干鱼等。❷ 名 比喻有实际内容或最有价值的东西 ▷他的发言～满满|这些就是讲义里的～。

【干急】gānjí 动 白白地着急而没有任何办法 ▷站在一旁～却帮不上忙。

【干将莫邪】gānjiāng-mòyé 古代宝剑名。传说春秋时吴人干将为吴王铸了一对宝剑,雄剑名干将,雌剑名莫邪(干将之妻),均十分锋利。后泛指宝剑。

【干结】gānjié 动 含水少,发硬 ▷土壤～。

【干井】gānjǐng 名 不出水或不出油、气的井。

【干净】gānjìng ❶ 形 没有尘垢、杂质的;不脏 ▷把手洗～|这里的水很～◇嘴～点儿,别骂人。❷ 形 一点儿不剩 ▷东西都搬～了。❸ 形 形容说话、做事干脆利落,不拖泥带水 ▷动作～利落。

【干酒】gānjiǔ 名 糖分较低或不含糖分的酒(跟"甜酒"相区别)。如干白、干红、干啤(干:法语sec,意思是干燥和不含糖分,误译为"干")。

【干咳】gānké 动 只咳嗽而没有痰。

【干渴】gānkě 形 形容嘴里发干,想喝水。

【干枯】gānkū ❶ 形(草木等)因衰老或缺少水分、营养而枯萎 ▷～的禾苗。❷ 形(皮肤)

因缺乏皮下脂肪、水分而干瘪。❸ 形（河道、池塘等）水干了 ▷～的池塘。

【干哭】 gānkū 动 只哭而没有眼泪。

【干酪】 gānlào 名 牛奶、羊奶经发酵、凝固制成的食品。

【干冷】 gānlěng 形（天气）干燥寒冷 ▷气候～。

【干礼】 gānlǐ 名 指作为礼物的钱，多作为彩礼的组成部分。

【干连】 gānlián 动 牵连；牵涉 ▷此事与他毫无～。

【干粮】 gānliáng 名 指便于出行携带的干的主食。如馒头、烙饼、面包等。

【干裂】 gānliè 动 因干燥而裂开。

【干馏】 gānliú 动 把固体燃料跟空气隔绝加热，使分解为固态、液态和气态物质。如煤干馏后可分解为焦炭、焦油和煤气。

【干妈】 gānmā 名 义母的俗称。

【干面】 gānmiàn 名 干燥的面粉或粉末 ▷面和(huó)软了，再揉进些～。

【干呕】 gān'ǒu 动 有呕的动作，但吐不出东西来 ▷恶心～。

【干啤】 gānpí 名 一种低糖、低热量的清爽型啤酒。参见 441 页“干酒”。

【干亲】 gānqīn 名 没有血缘或婚姻关系而结成的亲属关系。

【干扰】 gānrǎo ❶ 动 妨碍；扰乱 ▷他正在学习，不要～他。❷ 动 来自外部或内部的杂乱电波或电信号使电子设备或其器件的工作受到影响。

【干扰素】 gānrǎosù 名 一种抗病毒、抗肿瘤和具有免疫调节功能的糖蛋白。是人和动物的细胞在病毒、细菌等微生物或其产物诱导下产生的。

【干涩】 gānsè ❶ 形 因干燥而不滑润 ▷皮肤粗糙～。❷ 形 声音沙哑，不圆润 ▷声音～。❸ 形 文笔不流畅 ▷文笔～。

【干涉】 gānshè ❶ 动 强行过问或参与 ▷家长不要过多～子女的婚恋。❷ 名〈文〉关系；干系 ▷此事与其～甚大。

【干尸】 gānshī 名 没有腐烂的干瘪尸体。

【干手机】 gānshǒujī 名 可送出暖风吹干手上水分的小型电器，多安装在洗手池旁的墙上。也说干手器、烘手机。

【干瘦】 gānshòu 形 干瘪而消瘦 ▷身体～～的。

【干爽】 gānshuǎng 形 干燥清爽 ▷天气～。

【干松】 gānsong〈口〉❶ 形 干燥蓬松 ▷被子晒一晒就～了。❷ 形（土地、道路等）不潮湿 ▷土质太～，影响作物根系生长。

【干洗】 gānxǐ 动 不用水而用挥发油剂或其他溶剂除去衣服上的污垢（跟“水洗”相区别）▷呢子衣服不能水洗，只能～。

【干系】 gānxì 名 牵连某种责任或纠纷的关系 ▷脱不了～｜～甚大。

【干鲜果品】 gān-xiān guǒpǐn 干果和鲜果。

【干笑】 gānxiào 动 勉强装笑。

【干薪】 gānxīn 名 只挂名不做事而领取的工资 ▷吃空额、坐领～的现象屡有发生。

【干性油】 gānxìngyóu 名 指涂在器物上干燥后能结成固体膜的油脂。如桐油、亚麻籽油等。是制造油漆、油墨等的原料。

【干咽】 gānyè 动 低声而无泪地哭。

【干谒】 gānyè 动〈文〉有所求而去拜见。

【干硬】 gānyìng 形 干燥而坚硬 ▷～的馒头。

【干与】 gānyù 现在规范词形写作“干预”。

【干预】 gānyù 动 过问；干涉 ▷请别～我的事｜～政治。☛ 不要写作“干与”“干豫”。

【干哕】 gānyue 动〈口〉干呕。

【干燥】 gānzào ❶ 形 不含水分或水分极少 ▷土壤～｜天气～。❷ 动 去除潮湿物中的水分，使干燥 ▷先～一整天再封装｜～箱。

【干燥剂】 gānzàojì 名 用来吸收和去除潮湿物中水分的物质，常用的有无水氯化钙、浓硫酸、生石灰、氢氧化钠等。

【干燥箱】 gānzàoxiāng 名 用来去除潮湿物中水分或保持物品干燥的箱式装置，通常采用通风、加热、放置干燥剂等方法。

【干政】 gānzhèng 动〈文〉干预政治事务。

【干支】 gānzhī 名 天干和地支的合称。天干指“甲乙丙丁戊己庚辛壬癸”，简称干；地支指“子丑寅卯辰巳午未申酉戌亥”，简称支。二者依次相配，共组成甲子、乙丑、丙寅、丁卯等六十组。古人用来表示年、月、日和时的次序，周而复始，循环使用。现在农历纪年仍用干支。

【干租】 gānzū 动 一种租赁方式，指航空运输业务中在约定的期限内一方租用他方飞机，但不雇用出租方的机组人员，不由出租方承担维修等服务；泛指只租用交通工具、设备等，不雇用出租方的操作人员，不由出租方承担维修等服务（跟“湿租”相对）▷～宽体客机｜～房车。

甘 gān ❶ 形 甜（跟“苦”相对）▷～甜｜～露｜～泉。→ ❷ 形 美好的；使人满意的 ▷～霖。❸ 动 情愿；乐意 ▷不～寂寞｜～拜下风｜～当｜～为。○ ❹ 名 姓。

【甘拜下风】 gānbài-xiàfēng 承认不如别人，心甘情愿地居于下位。☛ “拜”不要误写作“败”。

【甘草】 gāncǎo 名 多年生草本植物，茎有毛，主根长。根状茎也叫甘草，有甜味，可以做药材。

【甘醇】 gānchún 形 甘甜醇厚 ▷味道～。

【甘当】 gāndāng ❶ 动 甘愿承担（某种责任）▷～时代重任｜～重罪。❷ 动 甘愿充当（某种角色）▷放下架子，～小学生｜～人民公仆。

【甘居】gānjū 动 心甘情愿地处在(较差的环境或较低的地位) ▷～清贫和寂寞|～第二。

【甘苦】gānkǔ ❶ 名 借指欢乐和艰苦或顺境和逆境 ▷干部要和人民群众同～。❷ 名 偏指艰难困苦 ▷饱尝试验的～。

【甘蓝】gānlán ❶ 名 一年或二年生草本植物，叶宽而厚，蓝绿色，表面有粉状蜡质。变种很多，如结球甘蓝、花椰菜、苤蓝等，都是普通蔬菜。❷ 名 特指结球甘蓝。

【甘洌】gānliè 形 形容水、酒等甜美清澈 ▷～的清泉汩汩流淌。☛ 不要写作"甘冽"。

【甘霖】gānlín 名 指久旱以后下的雨 ▷普降～。

【甘露】gānlù 名 甜美的露水。

【甘美】gānměi 形 (味道)甜美 ▷～可口。

【甘泉】gānquán 名 甘甜的泉水；也指流出甘泉的泉眼 ▷如饮～，沁人心脾|济南多～。

【甘薯】gānshǔ 名 一年或多年生草本植物，茎蔓生，匍匐地面。块根也叫甘薯，含大量淀粉，可食用，也可制糖、酿酒。通称红薯、白薯。某些地区也说山芋、番薯、地瓜、红苕等。参见插图9页。

【甘甜】gāntián 形 甜美 ▷味道～|～的泉水。

【甘味】gānwèi 〈文〉❶ 名 美味。❷ 动 感到味道美 ▷食不～。

【甘心】gānxīn ❶ 动 情愿；愿意 ▷～做平凡的工作。❷ 动 称心(一般用于否定) ▷达不到目的，决不～。

【甘休】gānxiū 动 情愿罢手或停止(一般用于否定或反问) ▷不查清事故原因决不～|岂能善罢～！

【甘油】gānyóu 名 有机化合物，无色、无臭、有甜味的黏稠液体。可以制造化妆品、硝化甘油等。

【甘于】gānyú 动 情愿；甘心于 ▷～吃苦。

【甘雨】gānyǔ 名〈文〉适时而有益于农事的雨 ▷～润物。

【甘愿】gānyuàn 动 心甘情愿 ▷～受累。

【甘蔗】gānzhe 名 一年或多年生草本植物，茎圆柱形，有节。茎也叫甘蔗，多汁，是制糖的重要原料，也可生吃。参见插图10页。

【甘之如饴】gānzhīrúyí 感到像吃糖一样甘甜。表示乐于承受艰苦。

忏 gān 动〈文〉干扰；触犯。

玕 gān 见821页"琅(láng)玕"。

杆 gān 名 杆子 ▷旗～|标～。另见444页 gǎn。

【杆塔】gāntǎ 名 架设电线用的支柱。一般用木材、钢筋混凝土或钢铁制成。根据架设电线的实际需要，有多种不同形制。

【杆子】gānzi ❶ 名 用木头或金属、水泥等制成的有专门用途的细长的东西 ▷水泥～。❷ 名 某些地区指土匪团伙 ▷拉～占山。

肝 gān 名 人和脊椎动物所特有的消化器官。人的肝脏位于腹腔的右上方，分左右两叶。有合成与贮存养料、分泌胆汁等功能，还有解毒、造血和凝血等作用。也说肝脏。

【肝肠】gāncháng 名 肝和肠；借指内心 ▷心如刀割，～欲裂|痛断～。

【肝肠寸断】gāncháng-cùnduàn 形容悲痛到了极点。

【肝胆】gāndǎn ❶ 名 肝和胆。借指真诚的心 ▷～照人。❷ 名 借指勇气、胆量 ▷有志～壮，无私天地宽。

【肝胆相照】gāndǎn-xiāngzhào 形容彼此都能以真心相待。☛ 参见1039页"披肝沥胆"的提示。

【肝胆照人】gāndǎn-zhàorén 形容以赤诚的心对待别人。

【肝功能】gāngōngnéng 名 肝脏的功能，多用来说明肝脏是否有病变。

【肝昏迷】gānhūnmí 名 由严重肝病引起的以意识改变和昏迷为主的综合征，主要原因是各种类型的肝硬化、重症肝炎、原发性肝癌等。

【肝火】gānhuǒ ❶ 名 中医指肝的机能亢进引起的病征。❷ 名 指容易急躁发怒的情绪 ▷～太盛|大动～。

【肝脑涂地】gānnǎo-túdì 原指人在战争中惨死的景象。后用来指竭尽忠诚，不惜牺牲生命。

【肝气】gānqì ❶ 名 中医指肝脏的精气；也指肝气郁结引起的症状，如腹胀、胁痛、嗳气、呕吐等。❷ 名 指容易发怒的心绪。

【肝糖】gāntáng 名 糖原。因糖原在肝脏内储藏多，故称。

【肝炎】gānyán 名 肝脏发炎的病症。由病毒、细菌或药物中毒等引起。常见的有甲型、乙型、丙型等多种。症状是发热、乏力、厌食、黄疸、肝肿大、肝区疼痛等。

【肝硬化】gānyìnghuà 动 肝脏因慢性病变引起纤维组织增生而导致质地变硬。也说肝硬变。

【肝脏】gānzàng 名 肝。

坩 gān 名〈文〉瓦锅；盛东西的陶器。

【坩埚】gānguō 名 用来烧灼固体试剂、熔化金属或其他物质的耐高温器皿。多用陶土、石墨、铂等制成。

苷 gān 见1338页"糖苷"。

矸 gān 见下。

【矸石】gānshí 名 采矿时从矿井采出的或混入矿

石中的碎石。煤矸石含碳量很少，不易燃烧。

【矸子】gānzi 名 矸石。

泔 gān 名 泔水。

【泔水】gānshuǐ 名 淘米、洗菜、刷锅、洗碗等用过的脏水。某些地区也说潲水。

柑 gān ❶ 名 常绿灌木或小乔木，开白色花。果实也叫柑，扁圆形，红色或橙黄色，多汁，味道酸甜。主要品种有椪柑、蜜柑等。果皮、核、叶可以做药材。〇 ❷ 名 姓。

【柑橘】gānjú 名 柑、橘、橙、柚等果树的统称；也指它们的果实。

【柑子】gānzi 名 柑树的果实。

虷 gān 动〈文〉冒犯；触犯 ▷白虹～日，连阴不雨。

另见 536 页 hán。

竿 gān ❶ 名 竹竿 ▷钓鱼～｜揭～而起｜立～见影。〇 ❷ 名 姓。

【竿子】gānzi 名 竹竿。

酐 gān 见 1315 页“酸酐”。

疳 gān 名 中医指小儿食欲减退、面黄肌瘦、肚子膨大、时发潮热的病症。多由饮食失调、脾胃损伤或腹内寄生虫引起。也说疳积。

尴（尷） gān［尴尬］gāngà ❶ 形 处境困难或事情棘手，难以处理 ▷处境～。❷ 形 神态不自然；难为情 ▷谎话被揭穿了，他显得非常～。☛ ㊀“尬”不读 gǎ。㊁“尴”和“尬”左下都是“尢”，不是“九”，对部件“监”和“介”分别构成半包围。

gǎn

杆（*桿） gǎn ❶ 名 杆（gǎn）子 ▷笔～儿｜秤～儿。→ ❷ 量 用于带杆的东西 ▷一～笔｜两～秤｜几～枪。☛ 跟“秆”不同。

另见 443 页 gān。

【杆秤】gǎnchèng 名 秤的一种。秤杆多为木制，杆上有秤星。称物时移动秤砣使秤杆平衡，从秤砣对应的秤星得知所称东西的重量。

【杆菌】gǎnjūn 名 杆状或类似杆状的细菌。种类很多，有的能引起疾病，如大肠杆菌、布氏杆菌等。

【杆子】gǎnzi 名 某些器物上细长的棍状部分 ▷枪～。

秆（*稈） gǎn 名 秆子 ▷高粱～儿｜麻～儿｜秸～。☛ 跟“杆”不同。

【秆子】gǎnzi 名 高粱、玉米等的茎。

赶（趕） gǎn ❶ 动 追 ▷～上队伍｜你追我～。→ ❷ 动 加快或加紧进行 ▷～任务｜～路。❸ 动 驱逐 ▷把敌人～走。❹ 动 驾；驱使 ▷～大车｜～马。→ ❺ 动 前往参加（有定时的活动）▷～集｜～庙会。→ ❻ 动 遇到；碰到 ▷～上一场雪｜～巧。→ ❼ 介〈口〉引进事情发生的时间，表示等到某个时候 ▷～他休假你再来。〇 ❽ 名 姓。

【赶不及】gǎnbují 动 来不及 ▷今天太忙，～回家吃饭了。

【赶不上】gǎnbushàng ❶ 动 追不上；跟不上 ▷他骑车太快，我～。❷ 动 比不上 ▷我的英语水平～他。❸ 动 来不及 ▷轮船已经起航，你～了。❹ 动 遇不到；碰不上（好机遇）▷这几次周末总～好天气。

【赶场】gǎncháng 动 某些地区指赶集。☛ 跟“赶场（chǎng）”不同。

【赶场】gǎnchǎng 动 指演员在一个场地演出或拍戏结束后赶到另一个场地演出或拍戏。☛ 跟“赶场（cháng）”不同。

【赶超】gǎnchāo 动 赶上并超过 ▷～世界先进水平。

【赶潮】gǎncháo 动 跟着退走的潮水奔跑嬉闹；也指趁着退潮，抓紧捕捉海洋生物。

【赶潮流】gǎncháoliú 比喻追随时新风尚。

【赶车】gǎnchē ❶ 动 驾驭牲畜拉车。❷ 动 赶时间乘车 ▷早点起床，好去～。

【赶得及】gǎndejí 动 来得及 ▷火车 7 点钟开，抓紧点儿还～。

【赶得上】gǎndeshàng ❶ 动 追得上；跟得上 ▷～队伍。❷ 动 比得上 ▷他的演唱水平～专业演员了。❸ 动 来得及 ▷～回家过中秋节。❹ 动 遇得到；碰得上（好机遇）▷～好机会我就去试试。

【赶点】gǎndiǎn ❶ 动（晚点的车、船等）为了正点到达而加快速度行进 ▷为了～，司机提高了车速。❷ 动 赶时机 ▷你真会～，我刚摘回苹果你就到了。

【赶赴】gǎnfù 动 赶快前往（目的地）▷～前线。

【赶工】gǎngōng 动 为按时完成任务而加快工作进度。

【赶海】gǎnhǎi 动 某些地区指趁海水退潮时到海滩或浅海拾取、捕捉海洋生物。

【赶活儿】gǎnhuór 动 赶工 ▷我正忙着～呢！

【赶集】gǎnjí 动 去集市买卖东西或游逛。

【赶脚】gǎnjiǎo 动 赶着驴、骡等供人雇用（乘坐或驮东西）。

【赶紧】gǎnjǐn 副 表示马上行动，毫不拖延。

【赶尽杀绝】gǎnjìn-shājué 全部赶走或杀光。形容手段狠毒，不留任何余地。

【赶考】gǎnkǎo 动 旧指参加科举考试 ▷进京～。

【赶快】gǎnkuài 副 表示抓紧时间，加速进行 ▷咱们得～干才行｜事情急迫，～去办。

【赶浪头】gǎnlàngtou 赶潮流。

【赶路】gǎnlù 动 为早些到达而加快行进速度 ▷天快黑了，咱们得快点～。

【赶忙】gǎnmáng 副 赶快；赶紧。

【赶庙会】gǎnmiàohuì 去庙会买卖东西或游逛。

【赶明儿】gǎnmíngr 副〈口〉到明天；泛指在今后 ▷不着急，～再说吧｜～咱也买辆汽车。

【赶前】gǎnqián 动 赶在前面 ▷～不赶后。

【赶巧】gǎnqiǎo 副 碰巧；正赶上 ▷我正要去找他，～他来了。

【赶任务】gǎnrènwù 加快完成所承担的任务 ▷不能只顾～，不顾工程质量。

【赶上】gǎnshàng ❶ 动 追上 ▷～发达国家。❷ 动 恰好遇到 ▷出门正～下雨｜～了好年头儿。

【赶时髦】gǎnshímáo 指追求时尚 ▷他为了～，把头发染成黄色。

【赶趟儿】gǎntàngr 动〈口〉赶得上；来得及 ▷我来晚了，还～吗？｜坐飞机去还赶得上趟儿。

【赶鸭子上架】gǎn yāzi shàngjià 比喻强迫做不会做或很难做到的事情。

【赶早】gǎnzǎo 副 趁早；赶紧 ▷～走，雨来了。

笴 gǎn〈文〉❶ 名 箭杆。→ ❷ 名 箭。

敢 gǎn ❶ 形 不害怕；有胆量 ▷勇～｜果～。→ ❷ 动 表示有勇气做某事 ▷大家～应战吗？｜～想～干。❸ 动 表示有把握作某种推断 ▷我～断定明天有雨。→ ❹ 副〈文〉谦词，用于动词之前，表示自己的行动冒昧 ▷～请｜～烦先生代为说项（替人说好话）。

【敢保】gǎnbǎo 动 有把握保证；管保 ▷让他去吧，～出不了问题。

【敢当】gǎndāng 动 敢于担当或承担 ▷敢作～｜～重任。

【敢情】gǎnqing〈口〉❶ 副 表示发现原先没有发现的情况，大致相当于"原来" ▷我说他怎么还没来呢，～是没通知他呀。❷ 副 表示在情理之中，无可怀疑，大致相当于"当然" ▷要在这儿修立交桥，那～好。

【敢是】gǎnshì 副〈口〉莫非；恐怕是 ▷小张好多天没露面了，～病啦？

【敢死队】gǎnsǐduì 名 为完成危险性大的战斗任务，由敢于牺牲的人组成的精干队伍。

【敢为人先】gǎnwéirénxiān 勇于做别人没做过的事；敢于领头去干。

【敢问】gǎnwèn 动 谦词，冒昧地问 ▷～二位尊姓大名。

【敢于】gǎnyú 动 有胆量（做某事）▷～碰硬｜～承担责任。☛ 不单独作谓语，要带动词性宾语，而且很少用于否定。

【敢字当头】gǎnzì-dāngtóu 把"敢"字放在前头。形容遇事不犹豫，勇敢去做。

【敢作敢当】gǎnzuò-gǎndāng 不但敢于作为，而且敢于承担责任。

【敢作敢为】gǎnzuò-gǎnwéi 敢于大胆地干。形容做事有魄力，不惧怕艰难危险。

感 gǎn ❶ 动 受到外界的影响而引起变化 ▷～人肺腑｜～动｜～光｜～应。→ ❷ 名 客观事物在头脑中引起的反应 ▷百～交集｜观～｜手～｜快～。→ ❸ 动 中医指受了风寒而引起身体不适 ▷内热外～。→ ❹ 动 对别人的好意或帮助怀有谢意 ▷～恩戴德｜～谢｜～激。→ ❺ 动 觉得；认识到 ▷深～不安｜略～意外。○ ❻ 名 姓。☛ 上边是"咸"，下边是"心"，不是半包围结构。

【感触】gǎnchù 名 由于外界事物的触动而产生的思想、情感 ▷看到家乡的巨变，～很深。

【感戴】gǎndài 动 感激爱戴（用于下对上）。

【感到】gǎndào 动 感觉到；觉得 ▷～温暖｜～自己不能胜任。

【感动】gǎndòng ❶ 动 受外界事物影响而激动 ▷看了电影《上甘岭》，我～得流下了眼泪。❷ 动 使感动 ▷白衣天使救死扶伤的崇高精神深深～了我们。☛ 参见 638 页"激动"的提示。

【感恩】gǎn'ēn 动 感激别人对自己的恩德 ▷～图报｜～戴德。

【感恩戴德】gǎn'ēn-dàidé 感激别人给予的恩德（戴：尊奉，推崇）。☛"戴"不要误写作"载"或"带"。

【感恩节】gǎn'ēnjié 名 美国、加拿大等国庆祝丰收、感谢上帝的民间节日。美国定为每年 11 月的第四个星期四，加拿大定为每年 10 月的第二个星期一。

【感恩图报】gǎn'ēn-túbào 感激别人给予的恩惠并谋求回报对方。

【感奋】gǎnfèn 动 因感动而振奋 ▷胜利的消息传来，人们莫不～。

【感愤】gǎnfèn 动〈文〉面对不平的事情而激动愤慨 ▷忧国～，乃赋《离骚》。

【感官】gǎnguān 名 感觉器官的简称。

【感光】gǎnguāng 动 照相胶片、洗相纸等受光线照射而起化学变化。

【感光度】gǎnguāngdù 名 表示感光材料感光快慢的数值。

【感光片】gǎnguāngpiàn 名 表面涂有感光乳剂的玻璃片、特制塑料片等片状感光材料。用于摄影或翻印。

【感光纸】gǎnguāngzhǐ 名 表面涂有感光乳剂的特制的纸。有印相纸、放大纸、晒图纸等。

【感化】gǎnhuà 动 通过行动影响或口头劝导，使人的思想行为逐渐向好的方面转化 ▷不少失足青少年被帮教人员的真情所～。

【感怀】gǎnhuái 动 心中有所感触(旧体诗多用于诗题) ▷中秋～|～万千。

【感激】gǎnjī 动 由衷地感谢 ▷～大家的帮助|心存～|～不尽。☛ 比"感谢"表达的感情更强烈。

【感激涕零】gǎnjī-tìlíng 感激得掉眼泪(涕:泪;零:落)。现多用来形容特别感激。

【感觉】gǎnjué ❶ 名 客观事物的个别特性作用于人的感官时,在人脑中引起的直接反应。感觉是最简单的心理过程,是形成各种复杂心理的基础。❷ 动 产生某种感受 ▷～疼痛|雷阵雨前,～很闷热。❸ 动 (不很肯定地)认为 ▷我～他近来像是有什么心事。

【感觉器官】gǎnjué qìguān 感受外界刺激的器官。如眼、耳、鼻、舌、皮肤等。

【感觉神经】gǎnjué shénjīng 将各个器官接受刺激产生的神经冲动传到脑或脊髓的神经。也说传入神经。

G

【感慨】gǎnkǎi 动 内心受到触动而慨叹 ▷抚今追昔,～万千。

【感慨万千】gǎnkǎi-wànqiān 深有感触而慨叹甚多。也说感慨万端。

【感慨系之】gǎnkǎi-xìzhī 联系当时触及的情景,引起无限感慨(系:联系)。形容对当时的情景感触很深 ▷情随事迁,～。

【感喟】gǎnkuì 动 〈文〉感慨叹息 ▷常～宇宙之无穷。

【感愧】gǎnkuì 动 又感激又惭愧 ▷人家以德报怨,即使铁石心肠也该有所～。

【感冒】gǎnmào ❶ 名 一种由病毒引起的呼吸道传染病,有鼻塞、咳嗽、打喷嚏、流涕、头痛、咽干等症状。❷ 动 患感冒 ▷他～了。❸ 动 〈口〉感兴趣(多用于否定) ▷他对这个片子不～。

【感念】gǎnniàn 动 感激怀念;有所感而想到(某事或某人) ▷我永远～我的启蒙老师。

【感佩】gǎnpèi 动 感动并钦佩 ▷其精神令人～。

【感情】gǎnqíng ❶ 名 受外界刺激而产生的爱、憎、喜、怒、哀、乐等心理反应 ▷～激动|动～。❷ 名 对人或事物关切、喜爱的心情 ▷他对教育工作越来越有～了。

【感情投资】gǎnqíng tóuzī ❶ 为了达到一定目的而投入金钱、时间、精力等与对方建立感情。❷ 为了达到一定目的,与对方建立感情所投入的金钱、时间、精力等。

【感情用事】gǎnqíng-yòngshì 头脑不冷静,考虑问题不客观,单凭个人的好恶或一时的感情冲动来处理事情。

【感染】gǎnrǎn ❶ 动 生物体被病毒或病菌侵入而发生病变 ▷夏天伤口容易～。❷ 动 通过言语行动等影响别人,激起别人相同的思想感情 ▷演讲者的爱国热情深深地～了听众。☛ 跟"感受"不同。"感染"涉及他人;"感受"只限于自己。

【感人】gǎnrén 动 使人感动 ▷亲切～。

【感人肺腑】gǎnrénfèifǔ 使人内心深处受到感动。极言感人之深。

【感伤】gǎnshāng 动 因有所感触而悲伤 ▷悲惨的情景,令人～不已|～的情绪。

【感受】gǎnshòu ❶ 动 受到;感觉到 ▷～风寒|～到巨大的压力。❷ 名 在接触外界事物的过程中得到的感想或体会 ▷谈谈我的几点～。☛ 参见本页"感染"的提示。

【感叹】gǎntàn 动 因有所触动而产生并表达某种感情 ▷参观的人纷纷～中国文化的博大精深|对他的不幸,人们无不～。

【感叹词】gǎntàncí 名 叹词。

【感叹号】gǎntànhào 名 叹号。

【感叹句】gǎntànjù 名 抒发某种强烈感情的句子。句末常用叹号。如"多好的同志啊!""提起往事真叫人痛心哪!"

【感同身受】gǎntóngshēnshòu 原多用于代人向对方致谢;现多指就像亲身经历了一样。

【感悟】gǎnwù ❶ 动 受到感触而有所觉悟 ▷对人生价值有所～。❷ 名 受到感触而引发的想法 ▷有许多人生的～|顿生～。

【感想】gǎnxiǎng 名 在同外界事物的接触中引起的想法 ▷谈点儿～|～很多。

【感谢】gǎnxiè 动 对别人的好意或帮助怀有谢意 ▷～你们的大力支援。☛ 不如"感激"表达的感情强烈。

【感谢信】gǎnxièxìn 名 写给对方表示感谢的信。

【感性】gǎnxìng 形 属于感觉、知觉、表象等直观形式的(跟"理性"相区别) ▷～知识|艺术是非常～的东西。

【感性认识】gǎnxìng rènshi 人在实践活动中通过感觉器官所获得的对客观事物的表面现象和外部联系的认识。感性认识是整个认识过程的低级阶段,是理性认识的基础。

【感言】gǎnyán 名 述说感想的话(常用作文章的标题) ▷《国庆节～》。

【感应】gǎnyìng ❶ 动 受外界刺激而产生相应的反应 ▷心理～。❷ 动 指电磁感应,即某些物体或电磁装置在电场或磁场的作用下,发生电磁状态的变化。

【感召】gǎnzhào 动 (政策、精神等的力量)使思想上受到触动而有所觉悟 ▷祖国优秀的传统文化具有强大的～力量。

【感知】gǎnzhī ❶ 名 客观事物的表面特性通过感觉器官在人脑中的直接反映 ▷直觉～不是理性的认识。❷ 动 感觉到;觉出 ▷～亲情的温暖。

澉 gǎn [澉浦] gǎnpǔ 名 地名,在浙江。

橄 gǎn 见下。

【橄榄】gǎnlǎn 名 常绿乔木,有芳香黏性树脂,开白色花。果实也叫橄榄,某些地区也说青果,呈椭圆形,绿色,可以食用,也可以做药材。

【橄榄绿】gǎnlǎnlǜ 形 形容颜色像橄榄果实那样的青绿。

【橄榄帽】gǎnlǎnmào 名 橄榄果实形状的军帽。

【橄榄球】gǎnlǎnqiú ❶ 名 球类运动项目,所用的球呈橄榄形,球场类似足球场,比赛时球可以用手传、脚踢,也可抱着跑。分英式和美式两种,规则有所不同。❷ 名 橄榄球运动所用的球。

【橄榄色】gǎnlǎnsè 名 像橄榄果实那样的青绿色。

【橄榄油】gǎnlǎnyóu 名 用油橄榄(齐墩果)的果肉和核仁榨的油,青黄色,有香味。主要供食用,也用于制药和制香皂、化妆品、润滑油等。

【橄榄枝】gǎnlǎnzhī 名 油橄榄的枝。西方人把鸽子和橄榄枝作为和平的象征。参见 553 页"和平鸽"。

擀 gǎn 动 用棍形工具来回碾轧,使东西延展变平或粉碎 ▷～饺子皮儿|把花椒～碎。参见插图 14 页。☛ 不能简化成"扞"。

【擀面杖】gǎnmiànzhàng 名 擀面用的圆木棒。

【擀毡】gǎnzhān 动 把羊毛、驼毛等擀制成毡子;也比喻头发或其他绒毛状物黏结成片状。

簳 gǎn 〈文〉❶ 名 一种小竹,可制箭杆。→ ❷ 名 箭杆;也指箭。

鳡(鱤) gǎn 名 鱼,体呈圆筒形,长可达 1 米。性凶猛,捕食鱼类,是淡水养殖业的害鱼之一。肉鲜嫩,是优质食用鱼。也说黄钻(zuàn)、竿鱼。

gàn

干[1](幹 *榦❶) gàn ❶ 名 事物的主体或主要部分 ▷树～|躯～|～线|骨～。→ ❷ 名 指干部 ▷～群关系|提～。

干[2](幹) gàn ❶ 动 做(事);从事(某种活动) ▷这件事我来～|～农活儿|实～。→ ❷ 名 办事能力 ▷才～。❸ 形 办事能力强 ▷精明强～|精～|～将。→ ❹ 动 担任(某种职务) ▷他～过卫生员。
另见 440 页 gān。

【干部】gànbù ❶ 名 机关、团体、军队等单位的公职人员 ▷机关～。❷ 名 担任一定领导工作的人员 ▷开～会|局级～。

【干部学校】gànbù xuéxiào 培养干部的学校。

【干才】gàncái ❶ 名 办事的能力 ▷他缺乏～。❷ 名 办事能力很强的人。

【干道】gàndào 名 主要的行车道路。

【干掉】gàndiào 动 除掉;消灭 ▷武工队～了敌人的两个哨兵。

【干活儿】gànhuór 动 从事体力劳动;泛指进行工作 ▷下地～|不能只挂名不～。

【干架】gànjià 动 〈口〉打架;吵架。

【干将】gànjiàng 名 敢打敢冲的将领;比喻工作中的得力骨干。

【干劲】gànjìn 名 工作的劲头 ▷工人们～很足。

【干警】gànjǐng 名 公安、检察院、法院等部门中干部、警察、检察官、法官的合称;特指民警。

【干练】gànliàn 形 能力强,机敏老练 ▷沉稳～。

【干流】gànliú 名 在同一水系内汇集全部支流的主要河道。也说主流。

【干吗】gànmá 〈口〉❶ 动 做什么 ▷你现在～呢? ❷ 代 为什么 ▷你～不早说? ☛ 不宜写作"干嘛"。

【干渠】gànqú 名 引水的主要渠道。从干渠又分出支渠、斗渠、毛渠等,共同组成灌溉网。

【干群】gànqún 名 干部和群众的合称 ▷～关系。

【干啥】gànshá 〈口〉❶ 动 做什么 ▷别人～,我就跟着～。❷ 代 为什么 ▷你～不去?

【干什么】gànshénme 代 为什么(用来询问主观的原因或目的) ▷你～不去呀?|你老摆弄那些破东西～? ☛ ㊀询问客观的原因或道理,只能用"为什么"或"怎么",不能用"干吗"或"干什么"。例如:太阳为什么比月亮明亮? ㊁"干"当"做"讲时,"干什么"是动宾短语,表示"做什么事情"等。

【干事】gànshi 名 某些部门指负责某项具体事务的人员。如体育干事、文娱干事、组织干事。

【干探】gàntàn 名 干练的警探。

【干细胞】gànxìbāo ❶ 名 分化程度较低、具有不断自我更新和多向分化潜能的细胞。通常分为胚胎干细胞和成体干细胞两大类。❷ 名 特指造血干细胞,即在一定激素的作用下可以分裂、分化,形成不同血细胞的原始细胞。主要分布在骨髓中。☛ "干"这里不读 gān。

【干线】gànxiàn 名 交通线、输油管道、输电线路等的主要线路(跟"支线"相区别) ▷交通～。

【干校】gànxiào 名 干部学校的简称;特指"五七"干校。

【干休所】gànxiūsuǒ 名 老干部休养所的简称。多是为军队离退休干部设立的。

【干仗】gànzhàng 动 某些地区指打架或争吵。

旰 gàn 名〈文〉天色晚;晚上 ▷宵衣～食。

绀(紺) gàn 形 形容颜色黑里透红 ▷～青|～紫。

淦 gàn ❶ 名 淦水,水名,在江西。○ ❷ 名 姓。☛ 地名"新淦"(在江西)现在改为"新干"。

骭 gàn 名〈文〉胫骨;小腿。

𣲗 gàn [𣲗井沟] gànjǐnggōu 名 地名,在重庆忠县。

赣(贛 *贑灨) gàn ❶ 名 赣江,水名,在江西。→ ❷ 名 江西的别称 ▷～南|～剧。

【赣方言】gànfāngyán 名 汉语七大方言之一,主要分布在江西中部、北部和湖南东部、福建西北部。

【赣剧】gànjù 名 地方戏曲剧种,流行于江西上饶、景德镇等地。源于明代的弋阳腔,在发展过程中曾受安徽、浙江戏曲的影响,唱腔主要有高腔、昆腔、弹腔等。

gāng

冈(岡) gāng 名 本指山梁;后来泛指山岭或小山 ▷山～|高～|景阳～。☛ ㊀统读 gāng,不读 gǎng。㊁跟"网(wǎng)"不同。

【冈峦】gāngluán 名 连绵的山冈 ▷～起伏。

江 gāng 名 姓。

扛(*摃) gāng 动〈文〉用双手举起(重物) ▷力能～鼎。

另见 774 页 káng。

刚¹(剛) gāng ❶ 形 坚硬(跟"柔"相对,②同) ▷～毛。→ ❷ 形 (性格、态度)强硬;(意志)坚毅 ▷～毅|～强。○ ❸ 名 姓。

刚²(剛) gāng ❶ 副 表示发生在前不久,相当于"才" ▷～开完会|天～亮。→ ❷ 副 表示仅能达到某种水平,相当于"仅仅" ▷声音不大,～能听见。→ ❸ 副 表示时间、空间、程度、数量等正好在某一点上,相当于"恰好" ▷不多不少,～一杯。☛ "刚"字统读 gāng,不读 jiāng。

【刚愎自用】gāngbì-zìyòng 固执己见,自以为是,听不进别人的意见(愎:固执)。☛ "愎"不读 fù;不要误写作"复"。

【刚才】gāngcái 名 指刚过去不久的时间 ▷～有人来电话|你为什么～不说,现在才说?

【刚度】gāngdù 名 机械、构件等在外力作用下抵抗形变的能力。刚度越大,形变越小。

【刚刚】gānggāng 副 刚²。☛ 语气往往比单用"刚"重。

【刚好】gānghǎo ❶ 形 正合适 ▷你来得～,再晚一会儿车就开了。❷ 副 恰巧 ▷这一枪～打在靶心上。

【刚健】gāngjiàn 形 (风格、姿态等)强健有力 ▷他的书法～峭拔。

【刚介】gāngjiè 形〈文〉刚强耿介。

【刚劲】gāngjìng 形 (形态、风格等)挺拔有力 ▷字体～秀丽。☛ "劲"这里不读 jìn。

【刚烈】gāngliè 形 刚强而有气节 ▷性情～。

【刚毛】gāngmáo 名 人的腔壁和动物体表上长的硬毛。如人的鼻毛、猪鬃等。

【刚强】gāngqiáng 形 (性格、意志等)坚强不屈 ▷他是个～的汉子,不会被困难吓倒。

【刚巧】gāngqiǎo 副 恰巧;恰好 ▷下了火车,～遇上了熟人。

【刚韧】gāngrèn ❶ 形 (材料等)既坚硬又柔韧。❷ 形 (性格、意志等)刚强而坚韧 ▷脾性～。

【刚柔相济】gāngróu-xiāngjì 既有刚,又有柔,二者相互补充。

【刚体】gāngtǐ 名 物理学上指受到外力作用后不发生体积和形状变化的物体。

【刚性】gāngxìng ❶ 名 (物体)坚硬而不易变形的性质(跟"柔性"相对,②③同) ▷这种合金受热后～明显|～材料。❷ 名 刚强的性格或气质 ▷这小伙子有～。❸ 形 不易变更或不易变通的 ▷规则定得过于～|～指标。

【刚需】gāngxū 名 刚性需求;特指商品供求关系中基本不受价格因素影响的需求 ▷城市规划要立足于满足市民～|～房。

【刚毅】gāngyì 形 (性格、意志等)刚强而坚毅 ▷性格～|～的目光。

【刚玉】gāngyù 名 矿物,主要成分是三氧化二铝,桶状、柱状或板状结晶体,有玻璃光泽,一般为蓝灰、黄灰色,硬度仅次于金刚石。红色透明的叫红宝石,其他颜色透明的叫蓝宝石。可做装饰品、磨料和精密仪器的轴承。

【刚正】gāngzhèng 形 刚毅正直 ▷他清廉～,敢于仗义执言。

【刚正不阿】gāngzhèng-bù'ē 刚毅正直,不逢迎、屈从他人。☛ "阿"这里不读 ā。

【刚直】gāngzhí 形 刚正。

杠 gāng ❶ 名〈文〉床前的横木。→ ❷ 名〈文〉桥。→ ❸ 名〈文〉杆(gān)子;竿子。○ ❹ 名 姓。

另见 451 页 gàng。

岗(崗) gāng 同"冈"。现在一般写作"冈"。

另见 450 页 gǎng。

肛(*疘) gāng 名 肛管和肛门的统称 ▷脱～|～裂。☛"疘"作为"肛"的异体字，仅用于"脱肛"一词。

【肛管】gāngguǎn 名 直肠末端同肛门连接的部分。也说肛道。

【肛裂】gāngliè 动 肛管皮肤全层裂伤后继发感染形成慢性溃疡。

【肛瘘】gānglòu 名 肛管或直肠旁软组织感染、化脓、穿破后形成肛管或直肠与肛周皮肤相沟通的瘘。也说痔漏、漏疮。

【肛门】gāngmén 名 直肠最下端排粪便的开口。

纲(綱) gāng ❶ 名 网上的总绳。比喻事物最主要的部分 ▷～举目张|提～挈领|大～。→ ❷ 名 生物学上指分类范畴的一个等级，门以下为纲，纲以下为目。→ ❸ 名 旧指结帮成批运货的团体 ▷盐～|花石～|茶～。

【纲常】gāngcháng 名 三纲五常的简称。

【纲纪】gāngjì 名〈文〉社会秩序和国家法纪 ▷整饬～。

【纲举目张】gāngjǔ-mùzhāng 提起网的总绳，所有网眼就都张开了。比喻做事抓住要领，就可带动其他环节；也比喻文章条理分明。

【纲领】gānglǐng 名 国家、政党或社会团体根据一定的理论，指导完成一定时期任务的最根本的方针、政策；泛指指导某方面工作的基本原则 ▷党的～|行动～。

【纲目】gāngmù 名 大纲和细目 ▷～完整清晰|《本草～》。

【纲要】gāngyào 名 提纲；概要(多用于书名或文件名) ▷《公民道德建设实施～》|《幼儿园教育指导～》。

棡(棡) gāng 见 1113 页"青棡"。

矼 gāng〈文〉❶ 名 石桥 ▷曲路通斜阁，交枝覆断～。→ ❷ 名 石级；石路。→ ❸ 名 石峰。

钢(鋼) gāng 名 铁和碳的合金。含碳量在 2.11%以下，比生铁坚韧，比熟铁质硬，是工业上重要的材料。

另见 451 页 gàng。

【钢板】gāngbǎn ❶ 名 板状的钢材。❷ 名 一种刻写蜡纸的誊写工具，长方形，钢板上有细密的纹理。

【钢版】gāngbǎn 见本页"钢板"②。现在一般写作"钢板"。

【钢包】gāngbāo 名 接盛钢水的容器，钢制，内砌耐火砖。也说钢水包。

【钢镚儿】gāngbèngr 名〈口〉面值较小的金属硬币。

【钢笔】gāngbǐ 名 用金属制作笔头儿的书写工具。直接蘸墨水书写的叫蘸水钢笔；笔杆儿内有储存墨水的笔囊，书写时墨水自动渗到笔尖的叫自来水笔。

【钢鞭】gāngbiān 名 古代兵器，用金属材料制成，短棍状，有节，一端略细，另一端有把儿。

【钢材】gāngcái 名 用钢锭或钢坯轧制成的材料，分为型钢、钢板、钢管等。

【钢叉】gāngchā ❶ 名 金属工具，一端有两个以上便于扎取的长齿，另一端有柄。因用途不同，形制也有所不同。❷ 名 一种古代兵器。

【钢尺】gāngchǐ 名 金属卷尺。

【钢窗】gāngchuāng 名 用钢材制作窗框、窗架的窗户。

【钢刀】gāngdāo 名 用钢铁制成的可切、割、削、刺、劈的工具或武器。

【钢锭】gāngdìng 名 用钢水浇铸成型的钢块，是轧制钢材的原料。

【钢鼓】gānggǔ 名 流行于加勒比海地区及南美圭亚那一带的打击乐器。由汽油桶加工而成，有固定音高，用裹着橡皮的木槌敲击。

【钢管】gāngguǎn 名 管状钢材。

【钢轨】gāngguǐ 名 铺设轨道用的条状钢材，横断面呈"工"字形。也说铁轨。

【钢号】gānghào ❶ 名 钢的型号。根据钢号能够看出是什么钢和它的大致成分。如 10 号钢表示平均含碳量为 0.1%的钢。❷ 名 钢印③。

【钢花】gānghuā 名 指炼钢时飞溅出的钢水 ▷～飞舞。

【钢化玻璃】gānghuà bōli 一种安全玻璃。用普通玻璃经过物理和化学方法处理制成，具有很高的机械强度，可用来制作门窗、隔墙、橱柜门等。

【钢筋】gāngjīn 名 混凝土建筑中作骨架的钢条。也说钢骨。

【钢筋混凝土】gāngjīn hùnníngtǔ 用钢筋作骨架的混凝土。广泛用于建筑和水利工程。也说钢骨水泥。

【钢筋铁骨】gāngjīn-tiěgǔ 筋骨像钢铁一样。形容体格强健、意志坚强。

【钢精】gāngjīng 名 指制造日用器皿所用的铝 ▷～锅。也说钢种(zhǒng)。

【钢锯】gāngjù 名 用来切割钢铁材料的刀具。

【钢口】gāngkou 名 指刀、剑等刃部的质量 ▷买一把～儿好的刀。

【钢盔】gāngkuī 名 军人、消防队员等用来保护头部的帽子，用金属制成。

【钢缆】gānglǎn 名 用多股钢丝绞成的粗钢绳。

【钢梁】gāngliáng 名 建筑物内水平方向的长条形钢质承重构件。如钢质房梁、钢质桥梁等。

【钢炮】gāngpào 名 各式机械火炮的统称。

【钢坯】gāngpī 名 用钢锭轧或锻成的具有一定形状的半成品，供继续轧制成品钢材用。

【钢瓶】gāngpíng 名 钢制瓶状容器，耐压，密封性能好，可用来贮存具有高压的液化气体等。

【钢钎】gāngqiān 名 在岩石上凿孔用的工具，多用六棱或八棱的钢棍儿制成，一头有尖儿。

【钢枪】gāngqiāng 名 泛指步枪、冲锋枪等武器。

【钢琴】gāngqín 名 键盘乐器，琴体木制，内设许多钢丝琴弦和包有绒毡的木槌，按琴键时带动木槌打击琴弦发音。现代钢琴一般为 88 键，分立式和卧式两种。参见插图 11 页。

【钢琴曲】gāngqínqǔ 名 专为钢琴演奏谱写的乐曲。如《黄河》《致爱丽丝》等。

【钢圈】gāngquān 名 汽车、拖拉机、自行车等车轮上安装轮胎的钢制环状装置；也指建筑物上起加固作用的钢制环状材料。

【钢水】gāngshuǐ 名 熔炼成液态的钢。

【钢丝】gāngsī 名 丝状钢材。机械强度大，有弹性，是制造弹簧、钢丝绳、钢丝网等的材料。

【钢丝背心】gāngsī bèixīn ❶ 防弹衣。❷ 矫正胸腰畸形的保健衣。

【钢丝床】gāngsīchuáng 名 屉子上装有钢丝的床。

【钢丝锯】gāngsījù 名 弓形锯的一种。锯条用带细齿的钢丝制成，可以在工件上按照各种形状的曲线切割。

【钢丝绳】gāngsīshéng 名 用若干根钢丝绞成的绳状制品。具有重量轻、强度高、柔软等特点。广泛用于运输牵引、提升起重等方面。

【钢索】gāngsuǒ 名 指钢制的索道或长链。

【钢条】gāngtiáo 名 条形钢材。

【钢铁】gāngtiě ❶ 名 钢和铁的合称；有时专指钢。❷ 名 比喻稳固、坚强 ▷～长城｜～意志。

【钢印】gāngyìn ❶ 名 金属印章。盖在公文、证件上面，可以使印文凸起。❷ 名 用钢印在公文、证件上印出的痕迹。❸ 名 用钢字模打在金属器物上面的印痕。也说钢号。

【钢渣】gāngzhā 名 炼钢时浮在钢水上面的渣滓，是钢内杂质的氧化物。

【钢针】gāngzhēn ❶ 名 缝织衣物的针。❷ 名 像针样的金属制品 ▷留声机唱头上的～磨坏了。

【钢种】gāngzhǒng 名 钢精。

【钢珠】gāngzhū 名 滚珠。

【钢钻】gāngzuàn 名 用来给钢铁、水泥构件、玉石等材料钻(zuān)孔的刀具。

缸 gāng ❶ 名 用陶、瓷、玻璃等烧制的容器，一般口大底小 ▷水～｜鱼～。→ ❷ 名 外形像缸的器物 ▷汽～。→ ❸ 名 缸瓦 ▷～砖｜～盆。

【缸管】gāngguǎn 名 用陶土烧制成的管子，里外侧都涂有釉层，过去多用作排污管道。因材料和烧制方法跟缸相近，故称。

【缸盆】gāngpén 名 用缸瓦制成的外面涂有粗釉的盆。

【缸瓦】gāngwǎ 名 用沙子、陶土等混合成的一种特质材料，可以烧制缸、缸盆等器物。

【缸砖】gāngzhuān 名 用陶土烧制的砖。多是暗红色，质地细密耐磨，易洗刷。

【缸子】gāngzi 名 喝水或盛东西等用的小型日用品，多为圆筒形，有把儿。

罡 gāng ❶ 名 天罡，即北斗七星的斗柄。○ ❷ 名 姓。

【罡风】gāngfēng 名 道家称高空的风；现也泛指强烈的风。☛ 不宜写作"刚风"。

掆 gāng ❶ 古同"扛(gāng)"。→ ❷ 动〈文〉顶；对着。

釭 gāng〈文〉❶ 名 车毂口穿轴用的金属圈。→ ❷ 名 油灯 ▷金～凝夜光。

堽 gāng［堽城屯］gāngchéngtún 名 地名，在山东。

gǎng

岗(崗) gǎng ❶ 名 地势不高而较平的土石山；隆起的坡地 ▷黄土～。→ ❷ 名 平面上凸起的长条形的东西 ▷木板没刨平，中间还有一道～儿。○ ❸ 名 军警守卫的位置 ▷～楼｜～哨｜站～。→ ❹ 名 比喻职位 ▷在～｜下～职工。→ ❺ 名 担任警卫的人 ▷门～。○ ❻ 名 姓。

另见 448 页 gāng。

【岗地】gǎngdì 名 半山区、丘陵地带坡度较平缓的旱田。

【岗警】gǎngjǐng 名 在岗位上执行任务的警察。

【岗龄】gǎnglíng 名 职工在某个岗位上工作的年数 ▷他是 30 年～的公交老员工。

【岗楼】gǎnglóu 名 一种耸起的碉堡，上有射击孔和瞭望台，可以居高临下向外射击和观察。

【岗卡】gǎngqiǎ 名 关卡。☛ "卡"这里不读 kǎ。

【岗哨】gǎngshào ❶ 名 站岗放哨的地方。❷ 名 站岗放哨的人 ▷有两个～在大桥上巡逻。

【岗亭】gǎngtíng 名 站岗用的亭子。

【岗位】gǎngwèi 名 军警的哨位；泛指职位 ▷～责任制｜走上领导～。

【岗子】gǎngzi ❶ 名 岗(gǎng)① ▷黄土～上全是树。❷ 名 岗(gǎng)② ▷路面上有不少高低不平的～。

甿 gǎng 名 云南傣族地区旧时农村行政单位，每一甿管辖若干村寨，相当于乡。

港 gǎng ❶ 名 与江河湖泊相通的支流(多用于水名) ▷～汊｜江山～(水名，在浙江)。→ ❷ 名 河流上、海湾内停船和上下旅客、装卸货物的地方；供飞机起降和上下旅客、装卸货物的大型机场 ▷～湾｜～口｜不冻～｜航空～。❸ 名 指香港 ▷～币｜～澳同胞。❹ 形〈口〉形容具有香港风格特色，新奇时髦（多指衣着打扮）▷派头很～｜穿得真～。○ ❺ 名 姓。☛ ㊀统读 gǎng，不读 jiǎng。㊁右下是“巳”，不是“己”“已”或“巳”。

【港埠】 gǎngbù ❶ 名 停靠船只的码头。❷ 名 对外通商的港口。

【港汊】 gǎngchà 名 同江河、湖泊相连接的小水道 ▷这里地势低洼，～纵横。

【港客】 gǎngkè 名 指来到内地的香港同胞。

【港口】 gǎngkǒu 名 江、河、湖、海沿岸，具有一定自然条件和码头设施，供船舶停靠、旅客上下、货物集散的地方。

【港派】 gǎngpài 名 香港同胞或香港社会长期形成的习惯、情调和风格。

【港衫】 gǎngshān 名 由香港传入内地的一种夏日上装款式。短袖、翻领，左右各一胸兜。

【港商】 gǎngshāng 名 香港的商人。

【港湾】 gǎngwān 名 供船舶停靠或临时避风的海湾，一般建有人工防护设施。

【港味儿】 gǎngwèir 名 香港地区的特色 ▷一口带着～的普通话｜～餐馆。

【港务】 gǎngwù 名 港口监督和管理的各项公务 ▷～局。

【港元】 gǎngyuán 名 中国香港特别行政区的法定货币。也说港币。

魧 gǎng 名〈文〉含盐分的沼泽地。

gàng

杠（*槓） gàng ❶ 名 较粗的棍棒 ▷木～｜铁～｜门～｜撬～。→ ❷ 名 旧时特指抬运灵柩的工具 ▷～夫。→ ❸ 名 体操运动的器械 ▷单～｜双～｜高低～。→ ❹ 名 机器上的一种棍状零件 ▷丝～。→ ❺ 名 杠杠 ① ▷老师在病句下面画了一道红～。❻ 动 在阅读或批改的文字上画粗线 ▷把打算删去的字～掉。→ ❼ 名 杠杠 ② ▷这次职称晋升又加了一条～。

另见 448 页 gāng。

【杠棒】 gàngbàng 名 杠子①。

【杠房】 gàngfáng 名 旧时出租殡葬用具和为殡葬事宜提供人力、鼓乐等的店铺。

【杠夫】 gàngfū 名 旧指抬运灵柩的工人。

【杠杆】 gànggǎn ❶ 名 在外力作用下能绕着杆上固定点转动的一种简单机械。使用杠杆可改变力的方向和大小。❷ 名 比喻起平衡、调节作用的事物或力量 ▷发挥税收的～作用。

【杠杠】 gànggang ❶ 名 阅读或批改文章时画的粗直线 ▷书上画满了～。❷ 名 借指规定的界限、标准 ▷评职称没有～不行，～太死也不行。

【杠铃】 gànglíng 名 举重器械，由横杠及其两端的圆盘形杠铃片组成。锻炼或比赛时可增减杠铃片调节重量。

【杠头】 gàngtóu ❶ 名 旧时杠夫中领头的人。❷ 名 比喻喜欢抬杠（争论）的人。

【杠子】 gàngzi ❶ 名 较粗的棍棒。❷ 名 杠③。❸ 名 杠杠。

埂 gàng ❶ 名 某些地区指山冈（多用于地名）▷牯牛～（山名，在安徽）｜浮亭～（在浙江）。○ ❷ 名 某些地区指狭长的高地或土岗子（多用于地名）▷吊～｜大～（均在福建）。

钢（鋼） gàng ❶ 形〈文〉坚硬。→ ❷ 动 为钝刀等回火加钢，使锋利 ▷刀钝了，该～了。→ ❸ 动 把刀放在布、皮、石头或缸沿儿上用力磨几下，使刀刃锋利 ▷～了几下刀｜～刀布。

另见 449 页 gāng。

筻 gàng［筻口］gàngkǒu 名 地名，在湖南。

戆（戇） gàng 形 某些地区指傻、鲁莽 ▷～头～脑。

另见 1816 页 zhuàng。

gāo

皋（*皐臯） gāo 名〈文〉水边的高地；泛指高地 ▷江～｜汉～｜山～。☛ 上边是“白”，不是“自”；下边是“夲（tāo）”，不是“本”。

高 gāo ❶ 形 从底部到顶部的距离大；所处的位置到地面的距离大（跟“低”相对，④⑤同）▷楼房很～｜站得真～｜～原｜～山。→ ❷ 名 从下到上的距离 ▷～3 米，宽 1 米｜身～2 米。→ ❸ 名 高的地方 ▷居～临下｜登～。→ ❹ 形 地位、等级在上的 ▷职务相当～｜～级｜～等｜～档。❺ 形 超出一般的；大于平均值的 ▷见解比别人～｜产量～｜～龄｜～速｜～蛋白。⇒ ❻ 形 敬词，用于称跟对方有关的事物 ▷～寿｜～足｜～见。⇒ ❼ 形 酸根或化合物中比标准酸根多含一个氧原子的 ▷～锰酸钾。→ ❽ 名 三角形、平行四边形等从底部到顶部的垂直距离。○ ❾

名姓。

【高矮】gāo'ǎi ❶ 形 高和矮 ▷大小不一，～不等。❷ 名 高度①。

【高昂】gāo'áng ❶ 动 高高仰起(头) ▷～着头。❷ 形 (价格)贵 ▷运费～。❸ 形 (声音、情绪)高 ▷～的歌声｜斗志～。

【高傲】gāo'ào ❶ 形 骄傲自大 ▷摆出一副～的神气。❷ 形 自豪 ▷海燕在闪电中～地飞翔。

【高八度】gāobādù 比乐谱中标出的音高一个八度来奏乐或歌唱；形容说话嗓门儿很高 ▷她打电话时声音总爱～。

【高保真】gāobǎozhēn 区别 (图像、声音等)保持高度清晰、真实的 ▷～录像机。

【高倍】gāobèi 区别 倍数大的 ▷～镜头｜～放大。

【高拨子】gāobōzi 名 传统戏曲腔调，是徽剧的主要腔调之一，京剧、婺剧等剧种也用高拨子。简称拨子。

【高不成，低不就】gāobùchéng，dībùjiù 高的干不了或得不到，低的又不肯屈就。常用来形容求职或择偶时，要求不切实际，难于成功。

【高不可攀】gāobùkěpān 高得无法攀登。形容难以达到或接近。

【高才生】gāocáishēng 现在一般写作"高材生"。

【高材】gāocái ❶ 形 才智卓越的 ▷现代企业需要～的管理人员。❷ 名 指才智卓越的人 ▷像你这样的～，哪里都需要。

【高材生】gāocáishēng 名 指成绩优异超群的学生。

【高参】gāocān 名 高级参谋；泛指帮人出谋划策的人 ▷有你这位～，还怕办不成事儿？

【高层】gāocéng ❶ 名 高的等级或层次 ▷位居～｜这栋楼～是住户，低层是商场。❷ 区别 (楼房等)层数多的 ▷～公寓。❸ 区别 级别高的 ▷～领导｜～管理人员。❹ 名 级别高的人物或部门 ▷公司～来这里视察｜向～建言。

【高差】gāochā 名 两点间的高度之差 ▷这条索道两端～150 米。

【高产】gāochǎn ❶ 形 比一般产量高的 ▷～品种｜长期稳定～。❷ 名 高的产量 ▷连年获～。

【高超】gāochāo 形 水平远远超出一般 ▷～的演技｜医术～。

【高潮】gāocháo ❶ 名 一个潮汐涨落周期里的最高潮位 ▷～已经过去，海水开始往下退了。❷ 名 比喻事物发展最兴旺发达的阶段(跟"低潮"相区别) ▷掀起经济建设的新～。❸ 名 比喻小说、戏剧、电影情节中矛盾冲突最尖锐、最紧张的阶段 ▷这个戏的～在第五场。

【高程】gāochéng 名 地面上某一点到某一水平面的垂直距离。其中绝对高程即海拔；相对高程是这一点到某假定水平面的垂直距离。

【高大】gāodà ❶ 形 高而大(跟"矮小"相对) ▷～的宫墙。❷ 形 崇高伟大 ▷形象～。

【高大上】gāo-dà-shàng 形 高端、大气、上档次的缩略。形容人或事物有品位，不落俗套，层次较高 ▷文艺创作既要～，又要接地气。

【高蛋白】gāodànbái 区别 蛋白质成分含量高的(食物) ▷～食品｜具有低脂肪、～的特点。

【高档】gāodàng 形 质量、价格或消费水平等处于较高等级的 ▷～饭店｜衣料很～。☛"档"不读 dǎng。

【高等】gāoděng ❶ 区别 难度高的；高深的 ▷～数学。❷ 区别 高级① ▷～植物。

【高等动物】gāoděng dòngwù 在动物学中一般指身体结构复杂、组织及器官分化显著并具有脊椎的动物。最狭义的高等动物专指哺乳动物。

【高等教育】gāoděng jiàoyù 在中等教育的基础上，培养具有专门知识或专门技能人才的教育。简称高教。

【高等学校】gāoděng xuéxiào 实施高等教育的学校，包括大学、专门学院和专科学校。简称高校。

【高等植物】gāoděng zhíwù 个体发育过程中具有胚胎期的植物，包括苔藓类、蕨类和种子植物。一般有茎、叶的分化和由多细胞构成的生殖器官。

【高低】gāodī ❶ 名 高的和低的 ▷路面～不平。❷ 名 高低的程度；高度 ▷科技水平的～是综合国力的体现。❸ 名 好坏、优劣的程度 ▷这两台冰箱的质量难分～。❹ 名 (说话、做事的)分寸；深浅轻重 ▷这孩子不知～，张口就顶撞人。❺ 副 表示无论怎样 ▷今天～得把这批货送到。❻ 副 〈口〉表示到底、终究 ▷他～还是来了。

【高低杠】gāo-dīgàng ❶ 名 体操器械，在四根(两高两低)支柱上架两根平行的水平横杠组成。❷ 名 女子竞技体操项目，运动员在高低杠上做成套动作。

【高地】gāodì 名 地势较高的地方；军事上特指地势较高能够俯视、控制四周的地方 ▷洪水就要来了，赶快向～转移｜占领前方的～◇建设内陆开放～｜发展高新技术产业～。

【高调】gāodiào ❶ 名 唱歌或说话时比一般频率高的音调 ▷～大嗓。❷ 名 比喻不切实际或只说不做的漂亮话 ▷求真务实，不唱～。❸ 形 激进且张扬 ▷他们做这件事太～了。

【高度】gāodù ❶ 名 从下到上的距离；事物发展所达到的程度和水平 ▷这座楼的～为 30 米｜理论～。❷ 区别 程度很高的 ▷生产～集中｜～责任感。❸ 区别 浓度高的 ▷～酒。

【高端】gāoduān ❶ 名 高的一头；高的层次、档次、价位等（跟“中端”“低端”相区别，②同）▷地处～|向价值链的～攀升|新能源汽车产业迈向～。❷ 区别 层次、档次、价位等较高的 ▷～产品|～技术。❸ 名 指高层官员或负责人 ▷～访问|～会议。

【高额】gāo'é 区别 数额很大的 ▷～利润。

【高尔夫球】gāo'ěrfūqiú ❶ 名 球类运动项目，用曲棍击球，使通过障碍进入小洞。❷ 名 这种运动使用的球。‖（高尔夫：英语 golf 音译）

【高发】gāofā 动（事故、疾病等）频繁发生 ▷连日流感～|事故～路段。

【高仿】gāofǎng 区别 仿制水平非常高的 ▷～模型|～货。也说高仿真。

【高分】gāofēn 名 考试、比赛中获得的较高的分数。

【高分子】gāofēnzǐ 名 高分子化合物的简称。一种分子量很高的化合物。天然的如淀粉、天然橡胶等；合成的如合成橡胶、合成纤维等。

【高风亮节】gāofēng-liàngjié 高尚的风格和坚贞的气节。

【高峰】gāofēng ❶ 名 高耸的山峰 ▷攀登世界第一～。❷ 名 比喻事物发展的顶点 ▷攀登科学～|事业的～期。❸ 名 比喻领导人员中的最高层 ▷～会谈。

【高峰会议】gāofēng huìyì 首脑会议；政界、企业界等方面高级领导人举行的会议。简称峰会。

【高峰期】gāofēngqī 名 发生最频繁或发展最兴旺的时期 ▷春天是流行病发病的～。

【高干】gāogàn 名 高级干部的简称。

【高高低低】gāogāodīdī 形 有高有低，参差错落 ▷～的山坡上披着片片新绿。

【高高在上】gāogāo-zàishàng 形容从事领导工作的人员浮在上层，脱离群众，脱离实际。

【高歌】gāogē 动 高声歌唱 ▷引吭～。

【高歌猛进】gāogē-měngjìn 高声歌唱，勇猛前进。形容在前进的道路上意气风发，气势迅猛。

【高阁】gāogé ❶ 名 高高的楼阁 ▷园中～上藏有古画。❷ 名（放置东西的）高高的架子 ▷束之～。

【高个子】gāogèzi 名 高高的身材；身材高的人。也说高个儿。

【高跟儿鞋】gāogēnrxié 名 后跟很高的女鞋。

【高工】gāogōng 名 高级工程师的简称。

【高估】gāogū 动 过高地估计 ▷你别～了我的能耐。

【高官厚禄】gāoguān-hòulù 很高的官位，优厚的待遇。

【高管】gāoguǎn 名 高级管理人员；特指企业中参与决策的管理人员。

【高贵】gāoguì ❶ 形 地位显赫、生活优越的 ▷出身～。❷ 形 贵重；珍贵 ▷礼品～。❸ 形 高尚宝贵（多指品德）▷弘扬英烈的～品德。

【高寒】gāohán 形 地势高而气候冷的 ▷～地区|～缺氧，长年积雪。

【高喊】gāohǎn 动 大声呼喊 ▷游行队伍～着口号走进广场。

【高呼】gāohū 动 大声呼喊 ▷振臂～。

【高胡】gāohú 名 高音二胡，即广东音乐中使用的粤胡。定弦比一般二胡高五度。多用钢丝弦。音色明朗清澈，适于演奏抒情、活泼、华丽的旋律。

【高级】gāojí ❶ 区别（阶段、级别等）达到较高程度的 ▷～中学|～职称。❷ 形（质量、水平等）高出一般的 ▷～化妆品|设备很～。

【高级小学】gāojí xiǎoxué 我国实施后一阶段初等教育的学校。简称高小。

【高级知识分子】gāojí zhīshi fènzǐ 主要指获得高级职称的知识分子。包括正副教授、正副研究员、主任医师和副主任医师等。

【高级中学】gāojí zhōngxué 我国实施后一阶段中等教育的学校。简称高中。

【高技术】gāojìshù 名 处于当代科学技术前沿或尖端地位，对促进经济和社会发展有巨大作用的新兴技术。也说高科技、高新技术。

【高技术战争】gāojìshù zhànzhēng 指大量运用高技术武器装备，并采用不同于传统的作战方式所进行的战争。

【高甲戏】gāojiǎxì 名 地方戏曲剧种，流行于福建泉州、厦门、漳州和台湾等地区。发源于明末清初闽南农村。音乐唱腔以南曲为主。

【高价】gāojià 名 比一般价格高的价格 ▷～转售|～地皮。

【高架路】gāojiàlù 名 架在地面或道路上空供机动车辆行驶的道路。可以使车辆分流，提高交通运输能力。

【高架桥】gāojiàqiáo 名 修建在交通拥挤处的高架式路桥。桥上桥下同时通行，可以避免道路平面交叉，提高交通运输能力。

【高见】gāojiàn 名 敬词，用于称对方的见解 ▷您有何～？

【高教】gāojiào 名 高等教育的简称。

【高洁】gāojié 形（思想、品格等）高尚而纯洁 ▷～之士。

【高精尖】gāo-jīng-jiān 区别 高级的、精密的、尖端的 ▷～产品。

【高就】gāojiù 动 敬词，用于指对方离开原职就任较高的职位；泛指任职和工作 ▷何处～？

【高举】gāojǔ 动 高高地举起 ▷～义旗。

【高踞】gāojù 动 处在高处；多指高高在上，脱离群众 ▷干部不能～于群众之上。

【高峻】gāojùn 形（山势、地势等）高耸而陡峭 ▷山势～。

【高看】gāokàn 动 看重；也指过分看重 ▷对我们的传统艺术要～一眼|你别～我了，我可没那本事！

【高亢】gāokàng ❶ 形（声音）高昂洪亮 ▷这首乐曲～豪放。❷ 形 地势高 ▷地势～。

【高考】gāokǎo 名 高中毕业生参加的高等院校的招生考试。

【高科技】gāokējì 名 高技术。

【高空】gāokōng 名 离地面很高的天空；航空等领域指距离地面或水面上方 6000 米以上的空中 ▷在数百米～的缆车上鸟瞰市容|太阳能无人机可在万米～飞行。

【高空作业】gāokōng zuòyè 指利用登高工具或设备，在离地面 2 米以上的地方进行操作。也说高处作业。

【高旷】gāokuàng 形 高而开阔 ▷～的黄土高原。

【高栏】gāolán 名 男子径赛中的一种跨栏比赛项目。赛程 110 米，栏高 1.067 米，栏距 9.14 米。

【高丽】gāolí 名 朝鲜半岛历史上的王朝（公元 918—1392 年）。我国习惯用于指称跟朝鲜有关的某些事物，如高丽纸、高丽参（shēn）。

【高利】gāolì 名 高于一般比率或数额的利息或利润 ▷～借贷|获取～。

【高利贷】gāolìdài 名 利息远远高于一般比率的贷款 ▷放～|用～盘剥他人。

【高粱】gāoliang 名 一年生草本植物，茎高而直，叶片平滑较窄，花序圆锥形，生在秆的顶端。籽实也叫高粱，卵圆形，红褐、橙、淡黄或白色，可以食用，也可以酿酒。也说蜀黍。

【高粱米】gāoliangmǐ 名 去壳的高粱籽实。

【高粱面】gāoliangmiàn 名 用高粱的籽实磨成的面儿，供食用。

【高龄】gāolíng ❶ 名 敬词，用于称老人的年龄（习惯上指 80 岁以上）。❷ 区别 年龄超过一般标准的 ▷～老人|～产妇。

【高岭土】gāolǐngtǔ 名 瓷土。

【高领】gāolǐng 名 毛衣、棉毛衫、旗袍等竖起来的较高的领子。

【高炉】gāolú 名 直立圆筒形的炼铁炉。钢板作炉壳，内砌耐火砖，从顶部装入铁矿石、焦炭、石灰石等，炼出的铁水从下部靠近炉底的口流出。

【高论】gāolùn ❶ 动 大发议论 ▷放言～。❷ 名 见解高明的言论（多用于敬称对方的意见、看法等）▷愿听～。

【高迈】gāomài 〈文〉❶ 形 岁数很大 ▷年纪～。❷ 形 高超；超逸 ▷见识～|～不羁。

【高慢】gāomàn 形 自高自大，轻视别人 ▷言语～。

【高帽子】gāomàozi 名 比喻吹捧的话 ▷戴～|这顶～我不能戴。也说高帽儿。

【高锰酸钾】gāoměngsuānjiǎ 名 无机化合物，深紫色细长结晶，在水中溶解。可用作氧化剂、消毒剂。俗称灰锰氧。

【高妙】gāomiào 形 高超巧妙 ▷医术～。

【高明】gāomíng ❶ 形（见解或技艺）高超 ▷办法～|棋艺～。❷ 名 指高明的人 ▷另请～。

【高难】gāonán 形 难度很高的（多指技巧）▷～动作。

【高能】gāonéng 区别 能量很高的 ▷～燃料。

【高年级】gāoniánjí 名 入学年数较多的年级（跟"低年级"相区别）。如小学五、六年级。

【高攀】gāopān ❶ 动 指主动跟身份、地位比自己高的人交朋友或结亲 ▷不敢～|～不上◇这所老年大学的门槛我们～不起。❷ 动（数量等）大幅度攀升 ▷到本周末，最高气温将从－7℃～至 0℃。

【高朋满座】gāopéng-mǎnzuò 高贵的朋友坐满了席位。形容宾客很多。

【高票】gāopiào 名 投票表决中，所得的高额票数（多指赞成票）▷～通过。

【高频】gāopín ❶ 名 一般指射频。❷ 名 在无线电频段表中指 3—30 兆赫范围内的频率。❸ 名 泛指较高的频率 ▷～词|～使用。

【高聘】gāopìn 动 按高于原职务、职称级别的待遇聘用 ▷通过～鼓励人才冒尖|～两级。

【高坡】gāopō 名 又陡又高的坡地 ▷黄土～。

【高企】gāoqǐ 动（价格或其他数值）居高不下 ▷物价～|库存量持续～。

【高气压】gāoqìyā 名 海拔相同的平面上，中心气压高于四周区域的气压。高气压中心附近地区空气下沉，天气晴朗，风力不大。简称高压。

【高腔】gāoqiāng 名 戏曲声腔，由弋阳腔结合各地剧种及民间曲调发展形成，音调高亢，只用打击乐器伴奏。

【高强】gāoqiáng 形（武功、技巧等）水平超出一般 ▷本领～。

【高墙】gāoqiáng 名 高大的围墙；借指监狱。

【高跷】gāoqiāo ❶ 名 一种民间舞蹈。表演者踩着装有踏脚装置的长木棍，扮成各种角色，在锣鼓的伴奏下，边走边表演。❷ 名 指表演高跷用的木棍。

【高清】gāoqīng 区别 清晰度高的 ▷～电影|～成像。

【高清晰度电视】gāoqīngxīdù diànshì 一种新型电视系统。由于使用数字化传输、逐行扫描、改变高宽比等新技术，电视画面的清晰度和色度大大高于普通电视。

【高擎】gāoqíng 动 高高托起；高举 ▷～火炬。

【高热】gāorè ❶ 区别 热量所达到的程度较高。❷ 名 指人发烧时体温达到或超过 39℃的状态。也说高烧。

【高人】gāorén 名 才识、技艺高超的人 ▷他的武功受过～指点。

【高人一等】gāorén-yīděng 比一般人高出一个等次。形容超过一般人(多用于贬义)。

【高僧】gāosēng 名 精通佛理、道行(héng)高深的僧人。

【高山病】gāoshānbìng 名 即高山适应不全症。机体对海拔 3500 米以上高山或高原地区的缺氧状况不能适应而引起的疾病。表现为头晕、头痛、呼吸困难、脉搏加快等。也说高山反应。

【高山滑雪】gāoshān huáxuě 在海拔 1000 米以上的高山进行的滑雪运动项目，主要分速度系列和技术系列两部分。冬奥会高山滑雪一般设 10 个项目，男女各 5 项。也说阿尔卑斯滑雪。

【高山景行】gāoshān-jǐngxíng《诗经·小雅·车辖》："高山仰止，景行行止。"(止：古汉语助词)意思是高山可以仰望，大道可以行走。后用"高山景行"比喻道德高尚，行为光明正大。☛ "行"这里不读 háng。

【高山流水】gāoshān-liúshuǐ《列子·汤问》记载：春秋时俞伯牙善弹琴，钟子期善欣赏。俞伯牙弹琴，内心时而向往着高山，时而向往着流水，只有钟子期能理解琴声的含义。后用"高山流水"比喻知音难得或乐曲高妙。

【高山仰止】gāoshān-yǎngzhǐ 比喻道德崇高，令人仰慕。参见本页"高山景行"。

【高山族】gāoshānzú 名 我国少数民族之一。主要分布在台湾。

【高尚】gāoshàng ❶ 形 道德品质高 ▷品格～。❷ 形 积极向上的；脱离低级趣味的 ▷开展～有益的活动。

【高射机枪】gāoshè jīqiāng 主要用于射击空中目标的机枪，装有特种枪架和瞄准器。

【高射炮】gāoshèpào 名 主要用于射击空中目标的火炮，炮身长、射速快、射界大。

【高深】gāoshēn 形 (学问、技艺等)水平高，程度深 ▷学问～。

【高深莫测】gāoshēn-mòcè 高深的程度无法揣测。多形容人或事物难以捉摸。

【高升】gāoshēng 动 (职务等)提升；升高 ▷祝您年年～。

【高声】gāoshēng 形 声音很大 ▷～叫卖。

【高师】gāoshī 名 高等师范学校的简称。

【高士】gāoshì 名 志向高远、品德高尚的人，多指隐士 ▷哲人～。

【高视阔步】gāoshì-kuòbù 走路时眼睛向上，步子迈得很大。形容气概不凡或态度傲慢的样子。

【高手】gāoshǒu 名 技能、技艺水平特别高的人 ▷武林～｜围棋～。

【高寿】gāoshòu ❶ 形 寿命长。❷ 名 敬词，用于问老人的年纪 ▷您老人家～？

【高爽】gāoshuǎng 形 (地势、天空等)高旷而爽朗 ▷深秋的天空格外～。

【高耸】gāosǒng 动 高高地矗立 ▷奇峰～。

【高速】gāosù ❶ 形 速度快的 ▷～列车｜～增长。❷ 名 高速公路的简称。

【高速钢】gāosùgāng 名 含钨、铬、钒等的高合金工具钢，在 600℃高温下不软化，主要用于制造高速切削刀具。

【高速公路】gāosù gōnglù 能适应汽车以 120 千米以上时速行驶的公路。双向有 4 条以上车道，中间设隔离带，全线封闭，禁止行人和非机动车通行。

【高抬】gāotái ❶ 动 高高抬起 ▷～贵手。❷ 动 过高抬举(客套话) ▷别～我，我不是专家。

【高抬贵手】gāotái-guìshǒu 表示请求对方宽恕或通融 ▷请～，饶了他吧！

【高谈阔论】gāotán-kuòlùn 原指言谈高明广博，现多指漫无边际地大发议论。

【高碳】gāotàn ❶ 区别 含碳量高的 ▷～钢。❷ 区别 二氧化碳等温室气体排放量高的 ▷改造～产业。

【高碳钢】gāotàngāng 名 碳含量大于 0.6%的非合金钢，常用碳含量为0.6%—1.2%。强度、硬度高，塑性、韧性差，多用于制造工具、耐磨零件等。

【高汤】gāotāng 名 用排骨、鸡架等炖成的清汤；泛指一般的清汤。

【高堂】gāotáng〈文〉❶ 名 高大的厅堂；正房的厅堂。❷ 名 借指父母 ▷侍奉～。

【高糖】gāotáng 区别 含糖分较高的 ▷～食物。

【高挑】gāotiǎo ❶ 动 高高挑起 ▷～着一杆大旗。❷ 形 (身材)高而瘦 ▷～儿身材。

【高铁】gāotiě ❶ 名 高速铁路的简称，能适应列车以 250 千米及以上时速行驶的铁路 ▷京沪～。❷ 名 指在高速铁路上行驶的动车组，运行时速通常在 250 千米或以上 ▷乘坐 G2 次～。

【高头大马】gāotóu-dàmǎ 体形高大的马；比喻人身材高大魁梧。

【高徒】gāotú 名 水平高的徒弟；有成就的学生 ▷名师出～。

【高危】gāowēi 形 危险程度高的 ▷～妊娠。

【高纬度】gāowěidù 名 指在 60°—90°之间的南北纬度。参见 1431 页"纬度"。

【高位】gāowèi ❶ 名 高贵而显赫的地位 ▷身

居～。❷ 名 肢体靠上的部位 ▷～截瘫。❸ 名 指多个等级数位中大的数位 ▷股值升至～。

【高温】gāowēn 名 较高的温度。在不同场合所指的数值不同，如高温干馏在1000℃左右，高温天气在35℃以上。

【高卧】gāowò ❶ 动 〈文〉高枕而卧。形容无忧无虑地躺着。❷ 动 指隐居不仕。

【高屋建瓴】gāowū-jiànlíng 从高高的屋脊上向下倾倒瓶里的水（建：倾倒；瓴：盛水的瓶子）。比喻居高临下的形势。☛"瓴"不读 lǐng，不要误写作"领"。

【高下】gāoxià 名（水平的）高低；（质量的）优劣 ▷竞技场上一争～|文章自有～之分。

【高限】gāoxiàn 名 上限。

【高香】gāoxiāng 名 祭祀时烧的上好的线香。

【高消费】gāoxiāofèi 动 高额消费。

【高小】gāoxiǎo 名 指小学五、六年级。

【高校】gāoxiào 名 高等学校的简称。

【高效】gāoxiào 形 效率或效能超出一般的 ▷优质～|～无毒农药。

【高效能】gāoxiàonéng 效率、效能高的 ▷～燃料|～，低损耗。

【高新技术】gāoxīn jìshù 高技术。

【高薪】gāoxīn 名 高额薪金 ▷～阶层。

【高兴】gāoxìng ❶ 形 愉快而兴奋 ▷老战友见面非常～|高高兴兴去上学。❷ 动 喜欢；有兴趣（做某事）▷你～去哪儿就去哪儿。

【高悬】gāoxuán 动 高高地吊挂（在空中）▷～在旗杆上的彩幡迎风飘舞|明镜～。

【高血压】gāoxuèyā 名 指成年人动脉血压持续超过18.7/12千帕（140/90毫米水银柱）的现象。血压长期偏高，可能继发心脏、血管、脑、肾和眼底等病变。

【高血脂】gāoxuèzhī 名 血液中脂质含量高的不正常生理状态，能引起动脉粥样硬化、糖尿病、甲状腺功能低下等疾病。

【高压】gāoyā ❶ 动 极度压制 ▷不畏敌人的政治～|～政策。❷ 名 较高的压强 ▷～容器。❸ 名 高气压的简称。❹ 名 高的电压。❺ 名 收缩压的通称。

【高压电】gāoyādiàn 名 工业用电指电压在3—11千伏的电流；照明用电指250伏以上的电流。

【高压锅】gāoyāguō 名 用铝合金、不锈钢等制成的有密封装置的锅。加热时锅内气压增高使沸点增高，可把食物快速做熟。也说压力锅。

【高压线】gāoyāxiàn ❶ 名 输送高压电流的导线。❷ 名 比喻不可触犯的条规 ▷严肃执法纪律，明确设置～。

【高崖】gāoyá 名 高而陡的山崖 ▷～耸峙。

【高雅】gāoyǎ 形（格调）高尚而不俗气 ▷～艺术|情趣～。

【高扬】gāoyáng ❶ 动 高高举起或升起 ▷旗帜～◇士气～。❷ 动 大力发扬 ▷～雷锋精神。

【高腰】gāoyāo ❶ 区别 长筒的（鞋袜）▷～皮鞋|～丝袜。也说高靿（yào）。❷ 区别 腰身高位的（裤、裙）▷～裤|～裙。

【高音】gāoyīn ❶ 名 声频高的音 ▷女～|～喇叭。❷ 名 乐谱中指高于基础音的音区。

【高音喇叭】gāoyīn lǎba 高频率扬声器或大功率扬声器。

【高于】gāoyú 动 比……高 ▷这座楼～那座楼|人民的利益～一切|增幅～去年同期。

【高原】gāoyuán 名 海拔在500米以上、地势起伏不大的辽阔地区 ▷～气候|黄土～。

【高远】gāoyuǎn 形（志趣等）又高又远 ▷意趣～。

【高瞻远瞩】gāozhān-yuǎnzhǔ 站得高，看得远。形容眼光远大。

【高涨】gāozhǎng ❶ 动（物价、水位等）迅速上升（跟"低落"相对，②同）▷物价～|潮水～。❷ 形（士气、情绪等）旺盛、饱满 ▷人气～|积极性～。☛"涨"这里不读 zhàng。

【高招儿】gāozhāor ❶ 名 高明的武术动作。❷ 名 泛指高明的办法或主意 ▷与会代表各出～|防滑的～。❸ 见本页"高着儿"①。现在一般写作"高着儿"。

【高着儿】gāozhāor ❶ 名 高明的棋术着数。❷ 名 见本页"高招儿"①②。现在一般写作"高招儿"。

【高枕无忧】gāozhěn-wúyōu 垫高枕头，无忧无虑地睡大觉。形容坦然无忧的样子。

【高枝儿】gāozhīr 名 高处的树枝。比喻优越的地方或地位；也比喻地位高的人 ▷另择～|攀～。

【高知】gāozhī 名 高级知识分子的简称。

【高职】gāozhí ❶ 名 高等职业技术学校的简称。❷ 名 高级职称的简称。❸ 名 高级职员的简称。

【高中】gāozhōng 名 高级中学。

【高姿态】gāozītài 名 指在解决与他人的矛盾时表现出的严于律己、宽以待人的态度 ▷双方都采取～，问题就好解决。

【高足】gāozú 名 敬词，用于称呼他人的学生 ▷这位是王先生的～。

【高祖】gāozǔ ❶ 名 曾祖父的父亲。❷ 名 始祖或远祖。

【高祖父】gāozǔfù 名 曾祖父的父亲。

【高祖母】gāozǔmǔ 名 曾祖父的母亲。

羔 gāo ❶ 名 幼羊 ▷生了三只～儿|羊～。→ ❷ 名 某些幼小的动物 ▷兔～儿。

【羔皮】gāopí 名 某些幼小动物的毛皮，一般指小羊的毛皮 ▷～大衣。

【羔羊】gāoyáng 名 小羊；比喻纯真或弱小者 ▷迷途的～|替罪～。

【羔子】gāozi 名 羔 ▷羊～|鹿～。

槔 gāo 见 704 页"桔(jié)槔"。☛ 右下是"夲(tāo)",不是"本"。

睾 gāo 名 指睾丸 ▷附～。☛ 不读 gǎo。

【睾丸】gāowán 名 男子和雄性脊椎动物的生殖腺,能产生精子并分泌雄性激素。男子的睾丸在阴囊内,椭圆形。

膏 gāo ❶ 名 肥肉;油脂 ▷～粱|～火(膏指灯油)◇民脂民～。→ ❷ 名 用油脂配合其他原料制成的浓稠的化妆品 ▷雪花～|洗发～。❸ 名 浓稠的糊状物 ▷牙～|～药。→ ❹ 名 古代医学指人的心尖脂肪 ▷病入～肓。→ ❺ 形〈文〉肥沃 ▷～腴|～沃。☛ 读 gāo,用作名词和形容词;读 gào,用作动词,多指把润滑油放到机器的零部件上以减轻摩擦,如"给自行车膏点儿油"。

另见 459 页 gào。

【膏肓】gāohuāng 名 中国古代医学指膏(心尖脂肪)和肓(心脏与膈之间的部分),认为是药力达不到的地方 ▷病入～。

【膏剂】gāojì 名 药材浓缩而成的糊状药剂,分内服、外用两种。

【膏粱】gāoliáng〈文〉❶ 名 肥肉和精粮;泛指美味佳肴。❷ 名 借指富贵人家 ▷～子弟。☛ "粱"不要误写作"梁"。

【膏粱子弟】gāoliáng-zǐdì 指富贵人家的年轻后辈。☛ "粱"不要误写作"梁"。

【膏血】gāoxuè 名 (人的)脂肪和血液;借指辛勤劳动创造的财富。

【膏药】gāoyao 名 中药外用药,用药加植物油熬成胶糊状,涂在纸、布或皮的一面,贴在患处。

【膏腴】gāoyú 形〈文〉肥沃 ▷～之地。

【膏泽】gāozé〈文〉❶ 名 对农作物非常有益的雨。❷ 动 给予恩泽 ▷～万民。

篙 gāo ❶ 名 撑船或建筑工地搭脚手架用的竹竿或木杆 ▷杉(shā)～|竹～。○ ❷ 名 姓。☛ 跟"蒿(hāo)"不同。

【篙子】gāozi 名 某些地区指篙。

糕(*餻❶) gāo ❶ 名 用米粉、面粉等制成的块状食品 ▷年～|蛋～|～点。○ ❷ 名 姓。

【糕饼】gāobǐng 名 糕和饼;泛指糕点。

【糕点】gāodiǎn 名 糕一类的点心 ▷西式～。

【糕干】gāogan 名 用米粉加糖等焙熟制成的一种代乳品。也说糕干粉。

gǎo

杲 gǎo ❶ 形〈文〉光明;光线充足 ▷～日|秋阳～～。○ ❷ 名 姓。

搞 gǎo ❶ 动 做;办;干;弄 ▷这种工作很难～|不知下一步该怎么～|困难再大也要～下去|怎么～的? → ❷ 动 同宾语结合,表示处置这些宾语的相应动作、行为。a)表示从事某种工作或活动 ▷～革命|～翻译|～阴谋诡计|～小动作。b)表示设法获得 ▷想办法给我～张票|资料一时～不到。→ ❸ 动 带上结果补语,表示使出现某种结果 ▷～活|～垮|～臭|～清楚|～彻底。

【搞臭】gǎochòu 动 采取手段使对方名声变坏 ▷必须撕破他的伪装,把他彻底～。

【搞定】gǎodìng 动 (事情)办妥;(问题)解决 ▷破译这个密码,一天之内就能～。

【搞对象】gǎoduìxiàng 谈恋爱 ▷她 30 岁才～。

【搞法】gǎofǎ 名 做法 ▷你这种～可不行。

【搞怪】gǎoguài 动 做出怪样子、怪动作来逗乐儿 ▷小组表演节目时,他常常～。

【搞鬼】gǎoguǐ 动 捣鬼 ▷当面说好话,背后～。

【搞活】gǎohuó 动 采取措施使产生活力 ▷～经济|～市场。

【搞头】gǎotou 名 做(某件事情)的价值或意义 ▷乡镇企业大有～。

【搞笑】gǎoxiào ❶ 动 为逗人发笑而故意制造笑料 ▷刻意～的历史剧实在乏味。❷ 形 滑稽可笑 ▷那个小品太～了|～片儿。

缟(縞) gǎo ❶ 名 古代的一种白色精细的丝织品 ▷鲁～|～练|～衣。→ ❷ 形〈文〉白色的 ▷～羽(白羽)。

【缟素】gǎosù 名〈文〉白色衣服;借指丧服 ▷一身～。

槁(*槀) gǎo 形 干枯;干瘪 ▷～木死灰|枯～。

【槁木】gǎomù 名 干枯的树木 ▷形如～。

【槁木死灰】gǎomù-sǐhuī 干枯的树木和冷透了的灰烬。比喻心灰意懒,对一切无动于衷。

镐(鎬) gǎo 名 刨土的工具。

另见 548 页 hào。

【镐头】gǎotou 名 镐。

稿(*稾) gǎo ❶ 名〈文〉稻、麦等谷类植物的茎秆 ▷～荐(稻草、麦秸等编成的垫子)。→ ❷ 名 诗文、公文、图画等的草底儿 ▷草～|初～|腹～。❸ 名 写成的文章或画成的图画等 ▷投～|发～|～件。❹ 名 头脑中的计划 ▷快把你肚子里的～儿说给大家听听。

【稿本】gǎoběn 名 著作的底稿 ▷这部著作的～在战火中散失了。

【稿费】gǎofèi 名 出版机构在作品发表后付给作者的酬金。也说稿酬。

【稿件】gǎojiàn 名 文稿或书稿，多指作者交给编辑出版部门的作品。
【稿源】gǎoyuán 名 稿件的来源 ▷～不足。
【稿约】gǎoyuē 名 报刊的编辑部向投稿人约稿的通告。一般说明本报刊的性质、对来稿的要求和注意事项等。
【稿纸】gǎozhǐ 名 写稿子的专用纸。印有一行行小方格或直线并在边上留有供修改用的空白。
【稿子】gǎozi 名 诗文、图画等作品的草稿；也指诗文、图画等作品。

藁 gǎo［藁城］gǎochéng 名 地名，在河北。

gào

告 gào ❶ 动 向上级或长辈报告情况 ▷电～中央｜禀～。→❷ 动 告诉(gàosu) ▷奔走相～｜转～。→❸ 动 请求 ▷～饶｜～假(jià)｜央～。→❹ 动 宣布或表示(过程结束或目标实现) ▷～一段落｜～成｜～终。❺ 动 表明；表示 ▷自～奋勇｜～别｜～辞。→❻ 动 检举；提起诉讼 ▷上法院～他｜控～。〇❼ 名 姓。
【告白】gàobái ❶ 名 启事或声明。❷ 动 说明；表白 ▷～于天下。
【告败】gàobài 动 宣告失败 ▷最终以 0∶3～。
【告便】gàobiàn 动 婉词，请给个方便(多指上厕所) ▷对不起，我得～一下。
【告别】gàobié ❶ 动 用言辞向别人表示将要离别 ▷向朋友～。❷ 动 离开 ▷～故乡。❸ 动 同死者诀别 ▷向遗体～。
【告病】gàobìng 动 旧指官吏因病请求退休；现泛指因病请假。
【告成】gàochéng 动 宣告(大工程或重要任务)完成 ▷这项工程有望年内～。
【告吹】gàochuī 动 宣告关系破裂或事情失败 ▷他俩的恋爱关系～了｜谈判～。
【告辞】gàocí 动 辞别；打招呼后离开 ▷起身～。
【告贷】gàodài 动 请求别人借给自己钱 ▷向亲友～。
【告地状】gàodìzhuàng 把自己的不幸和冤屈写在纸上，铺在路旁，向行人乞求同情和帮助。
【告刁状】gàodiāozhuàng 在家长或上级领导面前诬陷、攻击他人 ▷我没错ㄦ，不怕他～。
【告发】gàofā 动 控告揭发 ▷他被人～了。
【告负】gàofù 动 宣告失败；失败(多用于体育比赛) ▷在冠军之争中～。
【告急】gàojí 动 报告发生紧急情况并请求援救 ▷大坝塌方，防洪前线～。
【告假】gàojià 动 请假。
【告捷】gàojié ❶ 动 报告胜利的消息 ▷向家乡人民～。❷ 动 (战斗、比赛等)取得胜利 ▷初战～｜乒乓健儿再次～。
【告竭】gàojié 动 (财物、资源等)用尽 ▷粮草～。
【告诫】gàojiè 动 (对下级或晚辈等)警告劝诫 ▷父亲～孩子们做事要认真。☛ 不要写作"告戒"。
【告警】gàojǐng 动 报警。
【告绝】gàojué 动 宣告绝迹。
【告竣】gàojùn 动 宣告完成(多指较大的工程或项目) ▷工程已于年初～｜编写工作～。
【告老】gàolǎo 动 旧指官吏年老辞官；现也指年老退休 ▷～还乡。
【告满】gàomǎn 动 宣告达到了所能容纳的数额；满员 ▷仓库～｜这个片子场场～。
【告密】gàomì 动 告发别人的秘密活动或私下言论(多用于贬义) ▷叛徒～。
【告破】gàopò 动 宣告案件已经侦破 ▷疑难案件一一～。
【告罄】gàoqìng 动〈文〉指财物用尽或货物售空(罄：空；尽) ▷资金～｜库存～。
【告缺】gàoquē 动 宣告(人员、财物等)短缺 ▷人才～。
【告饶】gàoráo 动 请求饶恕。
【告扰】gàorǎo 动 谦词，用于向别人表示有所打扰而抱歉 ▷～了，请原谅。
【告示】gàoshi 名 布告 ▷发布～。
【告诉】gàosù 动 起诉。
【告诉】gàosu 动 说给别人听，让人了解 ▷请把实情～我｜这件事谁也别～。
【告退】gàotuì ❶ 动〈文〉请求辞去职位 ▷年老～。❷ 动 请求先离去 ▷对不起，我得先行～。
【告危】gàowēi ❶ 动 把危险情况告诉别人 ▷～呼救。❷ 动 病情进入危险状态 ▷病情～。
【告慰】gàowèi 动 使感到安慰 ▷～亲人。
【告谕】gàoyù〈文〉❶ 动 明白地告诉；晓谕(用于上对下) ▷～百姓周知。❷ 名 指官府的告示、布告。
【告枕头状】gàozhěntouzhuàng 在枕头边上告状。多指妻子向丈夫说别人的坏话。
【告知】gàozhī 动 告诉使知道 ▷～有关人员。
【告终】gàozhōng 动 宣告终结 ▷旷日持久的谈判于日前～。
【告状】gàozhuàng ❶ 动 (当事人)向法院控告，请求立案审理。❷ 动 把自己或别人受欺负或受委屈的情况告诉家长或上级。

【告罪】gàozuì 动 请罪；现多用作谦词，表示认错、道歉 ▷向受害者～|家里有急事，我提前走一会儿，～了。

郜 gào 名 姓。

诰(誥) gào 名〈文〉《尚书》中用作告诫或劝勉的文体；后专指帝王下达命令的文告 ▷《康～》|～命|～封。

【诰封】gàofēng 动 帝王授予官员及其前辈、妻室爵位或称号。

【诰命】gàomìng ❶ 名 帝王给臣子的命令；特指赐爵、授官的命令。❷ 名 指受过帝王封号的妇女 ▷～夫人。

锆(鋯) gào 名 金属元素，符号 Zr。银灰色结晶体，质硬，熔点高，耐腐蚀。可用于制作核反应堆铀棒的外壳及冶炼高强度合金。

筶 gào ❶ 名 古代一种占卜用具，用形状像黄牛角的竹蔸(竹子的根和靠近根的茎)剖成两半制成。○ ❷ 用于地名。如筶杯，岛名，在福建。

膏 gào ❶ 动〈文〉使湿润 ▷芃芃黍苗，阴雨～之。→ ❷ 动 给经常转动的东西加润滑油 ▷给缝纫机～点儿油。→ ❸ 动 把毛笔在砚台上或墨盒里蘸上墨汁并掭(tiàn)匀 ▷～笔|～墨。

另见 457 页 gāo。

gē

戈 gē ❶ 名 古代兵器，长柄横刃，盛行于殷周；泛指武器 ▷反～一击|干～。○ ❷ 名 姓。☛ ㊀不读 gé 或 gě。㊁跟“弋(yì)”不同。由“戈”构成的字有“伐”“找”“战”“戏”“划”等，由“弋”构成的字有“代”“式”“武”“贰”等。

【戈比】gēbǐ 量 俄罗斯、乌克兰等国的辅币单位。100 俄罗斯戈比等于 1 卢布。

【戈壁】gēbì 名 蒙古语音译。意思是难生草木的土地。指一种被粗沙、砾石覆盖在硬土层上的荒漠地形。主要分布在我国内蒙古北部、蒙古国南部等地区。也说戈壁滩。

仡 gē [仡佬族] gēlǎozú 名 我国少数民族之一。主要分布在贵州、广西、云南。

另见 1634 页 yì。

圪 gē 见下。

【圪垯】gēda ❶ 名 小土丘(多用于地名) ▷红～村(在甘肃天祝)。❷见本页“疙瘩”。现在一般写作“疙瘩”。

【圪塄】gēláo 名 某些地区指角落 ▷山～|藏到～里去了。

纥(紇) gē [纥繨] gēda 现在一般写作“疙瘩”。

另见 551 页 hé。

疙 gē 见下。

【疙疸】gēda 现在一般写作“疙瘩”。

【疙瘩】gēda ❶ 名 皮肤或肌肉上凸起的硬块 ▷让蚊子咬了个～|鸡皮～。❷ 名 小的球形或块状物 ▷土～|毛线～。❸ 名 比喻心中存有的疑虑或不易解决的矛盾 ▷思想～。

【疙瘩汤】gēdatāng 名 一种面食。用水把面粉拌成疙瘩，煮熟后加佐料连汤吃。

【疙疙瘩瘩】gēgedādā〈口〉❶ 形 表面粗糙，不平滑 ▷～的石子儿路。❷ 形 不流畅；不顺利 ▷小张念外语总是～的|～的事。也说疙里疙瘩。

咯 gē 见下。☛ 读 kǎ，表示动作，指东西从咽喉里咳出来，如“咯血”“把鱼刺咯出来”；读 gē，拟声词，如“皮鞋咯咯作响”；读 luò，音译用字，如“吡咯”；读 lo，助词，如“天亮咯”“走咯”“太棒咯”。

另见 764 页 kǎ；887 页 lo；909 页 luò。

【咯噔】gēdēng 拟声 模拟物体猛然撞击或震动的声音 ▷他穿着皮靴，走起路来～～地响◇听说他出了车祸，我心里～一下。

【咯咯】gēgē 拟声 模拟笑声、咬牙声、机枪射击声、某些鸟的叫声等 ▷逗得孩子～笑|机枪～地响了起来|母鸡～直叫。

【咯吱】gēzhī 拟声 模拟用竹、木等制成的器物受挤压发出的声音 ▷～一声，门开了。

饹(餎) gē [饹馇] gēzha 名 用豆面摊成的饼状食品，薄厚不一，切成块炸着吃或炒着吃 ▷绿豆～。

另见 833 页 le。

格 gē 见下。

另见 461 页 gé。

【格登】gēdēng 现在一般写作“咯噔”。

【格格】gēgē 现在一般写作“咯咯”。

哥 gē ❶ 名 哥哥 ▷大～|堂～。→ ❷ 名 同辈亲戚中年龄比自己大的男子 ▷表～。→ ❸ 名 对年龄跟自己差不多的男子的敬称 ▷老大～|王二～。

【哥哥】gēge 名 同父母(或只同父、只同母)或同族同辈而年龄比自己大的男子。

【哥老会】gēlǎohuì 名 我国清初民间秘密帮会组织天地会的支派。在长江流域各地活动，成员多数是手工业工人、农民和城乡游民。最初具有一定的反清意识，后来分化成洪帮、青帮等不同支派，常被反动势力所利用。

【哥儿俩】gērliǎ〈口〉❶ 名 兄弟俩 ▷～同校。

❷ 名 指一对要好的男性朋友 ▷～亲如兄弟。

【哥们儿】gēmenr〈口〉❶ 名 弟兄们 ▷他家～三个。❷ 名 朋友间的亲昵称呼 ▷～，明天到我家坐坐。‖也说哥儿们。

胳（*肐） gē 见下。☛读 gé，只用于口语词"胳肢"（在别人身上挠痒痒）；读 gā，只用于"胳肢窝"。

另见 436 页 gā；462 页 gé。

【胳臂】gēbei 名 胳膊。

【胳膊】gēbo 名 臂，从肩到手腕的部分。也说胳臂。

【胳膊拧不过大腿】gēbo nǐngbuguò dàtuǐ 比喻弱者敌不过强者。也说胳膊扭不过大腿。☛"拧"这里不读 níng 或 nìng。

【胳膊肘儿】gēbozhǒur 名 肘①。也说胳膊肘子。

【胳膊肘儿朝外拐】gēbozhǒur cháo wài guǎi 比喻说话办事不向着自己人而向着外人。

鸽（鴿） gē 名 鸟，包括原鸽、岩鸽、家鸽等。家鸽极善飞行，有的经训练可用来传递信息物。

【鸽派】gēpài 名 鸽子性情温和，西方国家多用鸽派指温和、开明的政治派别（跟"鹰派"相区别）。

【鸽哨】gēshào 名 特制的哨子，装在鸽子的尾部，鸽子飞翔时能发出响声。

【鸽子】gēzi 名 鸽的通称。

袼 gē［袼褙］gēbei 名 用纸或碎布等裱糊成的厚片。多用来制作纸盒、布鞋等 ▷打～。

搁（擱） gē ❶ 动 放置 ▷把花盆～在窗台上。→ ❷ 动 放着；暂缓进行 ▷现在太忙，～一～再说｜～置。→ ❸ 动 放进；添加 ▷包饺子多～点儿肉。

另见 462 页 gé。

【搁笔】gēbǐ 动 放下笔，停止写作或绘画。

【搁放】gēfàng ❶ 动 摆放 ▷客厅西边～一套沙发。❷ 动 搁置。

【搁浅】gēqiǎn ❶ 动（船只）进入浅滩，不能行驶 ▷油轮～了。❷ 动 比喻做事受阻，不能进行 ▷由于资金不足，建厂的事～了。

【搁置】gēzhì 动 放置起来；停止进行 ▷整理～多年的书稿｜方案被～起来。

割 gē ❶ 动 用刀截断；切下 ▷～稻子｜收～｜切～。→ ❷ 动 分割；分开 ▷～地赔款｜～让｜～裂。→ ❸ 动 舍弃；舍去 ▷～爱｜～舍。

【割爱】gē'ài 动 把自己心爱的东西让给别人或舍弃不用 ▷条件不成熟，这个项目只好～了。

【割除】gēchú 动 割掉 ▷～病灶。

【割地】gēdì 动 把国土的一部分割让给别国 ▷～赔款。

【割断】gēduàn 动 切断 ▷电话线被～了｜不能～历史。

【割鸡焉用牛刀】gē jī yān yòng niúdāo 杀鸡焉用牛刀。

【割胶】gējiāo 动 用刀具把橡胶树的表皮切开，使胶乳流出来。

【割据】gējù 动 凭借武力占据部分国土，形成分裂对抗的局面 ▷军阀～｜工农武装～。☛跟"盘踞"不同。"割据"的字面义是"分割占据"，一般用于贬义，有时也用于褒义；"盘踞"的字面义是"盘结占据"，一般仅用于贬义。

【割礼】gēlǐ 名 犹太教、伊斯兰教把男婴或男童生殖器包皮割去一部分的宗教仪式。

【割裂】gēliè 动 把本来统一或相互联系的东西（一般是抽象事物）人为地分开 ▷因果关系被～了。

【割漆】gēqī 动 用刀具把漆树的表皮切开，使漆树脂流出来。

【割弃】gēqì 动 割除抛弃 ▷～文中的空话。

【割切】gēqiē 动 切割。

【割让】gēràng 动 指因战败等原因，被迫把部分领土划归别国。

【割肉】gēròu 动〈口〉比喻忍痛作出牺牲或亏本卖掉（商品或股票等）▷舍不得～，就争取不到这个大项目｜～清仓。

【割舍】gēshě 动 丢开；放弃 ▷亲情难以～。☛"舍"这里不读 shè。

【割占】gēzhàn 动 分割并占据（土地）▷列强曾经～了我国大片领土。

【割治】gēzhì 动 用手术切除或摘除器官的病变部分以达到治疗的目的 ▷～白内障。

歌（*謌） gē ❶ 动 唱 ▷载～载舞｜～唱｜～咏｜～手。→ ❷ 名 歌曲；可唱的诗 ▷唱一支～儿｜山～｜～谱。→ ❸ 动 颂扬 ▷～功颂德｜可～可泣｜～颂。

【歌本】gēběn 名 刊载歌曲的书或抄录歌曲的本子。

【歌唱】gēchàng ❶ 动 唱歌 ▷放声～。❷ 动 泛指用各种文艺形式颂扬 ▷～祖国。

【歌唱家】gēchàngjiā 名 演唱歌曲有突出成就的人。

【歌词】gēcí 名 歌曲的词。

【歌带】gēdài 名 录有歌曲的磁带。

【歌功颂德】gēgōng-sòngdé 颂扬功绩和恩德（现多用于贬义）。

【歌喉】gēhóu 名 唱歌人的嗓子；借指歌声 ▷～圆润。

【歌会】gēhuì 名 表演或比赛唱歌的集会。

【歌剧】gējù 名 综合音乐、戏剧、诗歌、舞蹈等艺术而以歌唱为主的戏剧形式。

【歌诀】gējué 名 根据事物的内容要点编成的顺口易记的语句；口诀 ▷乘法～。

【歌迷】gēmí ❶名 对听歌或唱歌着迷的人。❷名 指对某歌星非常喜爱以至崇拜的人。

【歌女】gēnǚ 名 指在歌厅、舞厅等场所以唱歌为职业的女子。

【歌篇儿】gēpiānr 名 印有歌曲的活页纸。

【歌谱】gēpǔ 名 歌曲的谱子。

【歌鸲】gēqú 名 鸟，大小如麻雀，羽毛美丽，体态玲珑，鸣声清脆婉转。多吃昆虫、蠕虫，也吃野果。种类很多，我国所产歌鸲主要有红点颏、蓝点颏等。

【歌曲】gēqǔ 名 有唱词的曲子 ▷革命～｜通俗～。

【歌声】gēshēng 名 唱歌的声音 ▷～嘹亮。

【歌手】gēshǒu 名 唱歌的能手 ▷业余～。

【歌颂】gēsòng 动 用诗歌颂扬；泛指赞美 ▷～伟大的祖国。

【歌坛】gētán 名 指声乐界 ▷享誉～。

【歌厅】gētīng 名 供人演唱歌曲的场所。多为营业性的。

【歌舞】gēwǔ ❶ 动 唱歌跳舞 ▷纵情～｜群起～。❷ 名 歌曲和舞蹈 ▷民间～｜～晚会。

【歌舞伎】gēwǔjì 名 日本的一种以歌舞为主的民族戏剧。场上人物只表演动作和道白，有人在台后伴唱。

【歌舞剧】gēwǔjù 名 融歌唱、音乐和舞蹈为一体的戏剧。如《兄妹开荒》。

【歌舞升平】gēwǔ-shēngpíng 唱歌跳舞，庆祝太平。形容盛世景象；有时也指粉饰太平。

【歌舞厅】gēwǔtīng 名 供人唱歌跳舞的场所。多为营业性的。

【歌舞团】gēwǔtuán 名 表演唱歌、舞蹈的艺术团体。

【歌星】gēxīng 名 名气大的歌唱演员。

【歌谣】gēyáo 名 民间文学中的韵文，包括民歌、民谣、童谣等。

【歌吟】gēyín 动〈文〉歌唱和吟咏。

【歌咏】gēyǒng 动 歌唱；吟诵 ▷～晚会。

【歌咏队】gēyǒngduì 名 为表演唱歌而组织起来的小型团体。

【歌子】gēzi 名〈口〉歌曲 ▷唱一支～。

镉（鎶） gē 名 金属元素，符号 Cn。有放射性，由人工核反应获得。

gé

革 gé ❶ 名 皮革 ▷制～。→ ❷ 动 改变；更换 ▷改～｜变～｜～新。❸ 动 除掉；撤销（职务）▷～除｜～职。○ ❹ 名 姓。

另见 641 页 jí。

【革出】géchū 动 开除；除名 ▷～山门｜～教派。

【革除】géchú ❶ 动 去除；去掉 ▷～时弊。❷ 动 开除；撤销 ▷～公职。

【革故鼎新】gégù-dǐngxīn 破除旧的，创建新的。旧指朝政变革或改朝换代；现多指进行重大变革 ▷在～中推进制度建设。

【革履】gélǚ 名 皮鞋（履：鞋）▷西装～。

【革面洗心】gémiàn-xǐxīn 洗心革面。

【革命】gémìng ❶ 动 原指改革天命，即改朝换代。现指被压迫阶级用暴力夺取政权，摧毁旧的社会制度，建立新的社会制度，推动社会向前发展 ▷不断～｜～了几十年。❷ 形 具有革命性质的 ▷树立～人生观。❸ 动 指突破性的变革 ▷信息～｜产业～。

【革命化】gémìnghuà 动 使思想和行动都体现革命精神，适应不断发展的客观形势 ▷领导干部要实现～、知识化、年轻化。

【革命家】gémìngjiā 名 长期从事革命活动，掌握革命理论，具有崇高革命精神并对革命作出重大贡献的人 ▷无产阶级～。

【革新】géxīn 动 改革使变新 ▷～设备｜技术～。

【革职】gézhí 动 撤职 ▷～查处。

茖 gé［茖葱］gécōng 名 多年生草本植物，有根状茎，可食用，也可做药材。也说野葱、山葱。

阁（閤） gé ❶ 名〈文〉旁门。○ ❷ 名 姓。"閤"另见本页 gé"阁"；549 页 hé"合[1]"。

阁（閣*閤） gé ❶ 名 存放东西的架子 ▷束之高～。→ ❷ 名 在大房子里隔成的小房间 ▷～楼｜暖～。⇒ ❸ 名 旧指女子的卧室 ▷闺～｜出～。⇒ ❹ 名 供人游玩远眺的建筑物，多为两层，四角形、六角形或八角形 ▷亭台楼～｜滕王～。→ ❺ 名 古代收藏图书、器物等的房子 ▷麒麟～｜天一～。❻ 名 古代中央官署 ▷台～｜～臣。❼ 名 指内阁② ▷组～｜倒～｜入～。☛ 不读 gě。

"閤"另见本页 gé"阁"；549 页 hé"合[1]"。

【阁僚】géliáo 名 内阁同僚；也指内阁官员。

【阁楼】gélóu 名 较高的房间内上部隔出来的一层矮小的房间。可以睡觉，也可以放东西。

【阁下】géxià 名 敬词，用于称对方，现多用于外交场合 ▷不知～意下如何？｜总理～。

【阁员】géyuán 名 内阁成员。指内阁制国家的内阁部长或大臣。

格[1] gé ❶ 名 格子 ▷橱柜有三个～｜一个～写一个字｜打～｜方～。○ ❷ 动〈文〉阻隔；限制 ▷～于成例。

格[2] gé ❶ 名 标准；格式 ▷合～｜破～｜规～。→ ❷ 名 品质；特性 ▷风～｜品～｜

人～|性～。→ ❸ 名 某些语言里的一种语法范畴,通过形态的变化表示名词、代词或形容词在语言结构中同其他词的语法关系。如俄语的名词、代词和形容词都有六个格。○ ❹ 名 姓。

格[3] gé 动 击打 ▷～杀勿论|～斗。
另见 459 页 gē。

【格调】gédiào ❶ 名 文艺作品等的风格和情调 ▷～清新|这座小楼～古朴、典雅。❷ 名 指人的作风和品性等 ▷言谈举止反映人的文化修养和～。

【格斗】gédòu 动 搏斗 ▷徒手～。

【格格不入】gégé-bùrù 互相抵触,不相投合。形容彼此不协调,不相容。

【格格】gége 名 满语音译。满族对公主和亲王女儿的称呼。

【格局】géjú 名 格式和布局 ▷室内陈设的～|建立新的工业～。

【格林尼治时间】gélínnízhì shíjiān 世界时(格林尼治:英语 Greenwich 音译,旧译作格林威治)。

【格律】gélǜ 名 创作诗、词、曲、赋所遵循的语言上的格式和规则。包括字数、句数、对仗、平仄、押韵等方面。

【格律诗】gélǜshī 名 一种传统诗歌体裁。通常指五言或七言的律诗、绝句或排律,形式上要求符合特定的格律。

【格杀勿论】géshā-wùlùn 指把(行凶、拒捕或违抗禁令的)人当场打死,不以杀人论罪(格杀:打死)。

【格式】géshì 名 作为标准的规格、样式 ▷书写～|公文～。

【格式化】géshìhuà ❶ 动 使同类事物具有相同的规格、样式。❷ 动 电子计算机上指用一种系统软件对磁盘进行处理,使符合数据存储和读取的规定格式。

【格外】géwài ❶ 副 表示程度超过一般 ▷～高兴|～明亮。❷ 副 表示额外或另外 ▷他不吃荤,～给他做了素菜。

【格物】géwù ❶ 动 探求事物的原理、法则 ▷～穷理。❷ 名 格致③。

【格物致知】géwù-zhìzhī 探求事物的原理、法则,从而获取对事物的理性认识。

【格言】géyán 名 含有劝诫意义或富有哲理的精炼的固定语句。多出于名家的言论,如"言者无罪,闻者足戒""流水不腐,户枢不蠹"。

【格纸】gézhǐ 名 印有格子的信纸或稿纸。

【格致】gézhì 〈文〉❶ 名 风格情趣 ▷通篇诗作～自然。○ ❷ 动 格物致知。❸ 名 清朝末年对物理、化学等自然科学的统称。

【格子】gézi 名 隔成的方形空栏或空框 ▷窗～。

鬲 gé 用于人名。如胶鬲,殷末周初贤士。
另见 850 页 lì。

胳 gé [胳肢] gézhi 动〈口〉在别人腋下等处抓挠,使发痒、发笑 ▷～他|他怕～。☛"胳"这里不读 gā。
另见 436 页 gā;460 页 gē。

搁(擱) gé 动〈口〉禁(jīn)受;承受 ▷上岁数的人～不住折腾|～得住。
另见 460 页 gē。

【搁不住】gébuzhù 动 承受不了 ▷再大的家底也～这么糟蹋|他脸皮薄,～你这样说。

【搁得住】gédezhù 动 能够承受 ▷再大的委屈他都～。

葛 gé ❶ 名 多年生藤本植物,茎蔓生。块根肥大,含淀粉,可以食用,也可以做药材;茎皮纤维可以作纺织和造纸的原料。通称葛麻。→ ❷ 名 用蚕丝或人造丝做经线,用棉或麻做纬线织成的有花纹的纺织品 ▷毛～。☛ 读 gě,只用于姓氏。
另见 463 页 gě。

【葛布】gébù 名 用葛的纤维织成的布,质地轻薄,透气性好,可以做夏季的衣服等。

【葛麻】gémá ❶ 名 葛①的通称。❷ 名 葛的茎皮纤维。

【葛藤】géténg 名 葛和藤,它们的蔓茎会相互缠绕;比喻纠缠不清的关系。

蛤 gé 名 蛤蜊等软体动物的统称。
另见 529 页 há。

【蛤蚧】géjiè 名 爬行动物,形状像壁虎而较大,生活在山岩间、树洞内或墙壁上,夜间出来捕食昆虫、小鸟、蛇类等。属国家保护动物。也说大壁虎。参见插图 2 页。

【蛤蜊】géli 名 软体动物,壳卵圆形或三角形。生活在浅海泥沙中。肉鲜美。参见插图 3 页。

颌(頜) gé 名 姓。
另见 557 页 hé。

隔 gé ❶ 动 遮断;阻挡使不能相通 ▷一间房～成两间|～靴搔痒|～断|阻～。→ ❷ 动(空间或时间上)有距离;相距 ▷两座大楼相～200 米|～夜|悬～。☛ ㊀统读 gé,不读 jiē、jié 或 jiè。㊁参见 850 页"鬲(lì)"的提示。

【隔岸观火】gé'àn-guānhuǒ 站在河边看对岸起火。比喻对别人的危难采取旁观的态度。

【隔板】gébǎn 名 起分隔作用的板子。

【隔壁】gébì 名 相邻的房屋或人家 ▷～是一家饭馆|～是开汽车的。

【隔断】géduàn 动 使原来相互接触或连接的事物完全断开 ▷海峡不能～两岸同胞的骨肉之情。

【隔断】géduan 名 把一间房子隔成几个小间的

遮挡物 ▷门厅太大，打个～更实用。

【隔房】géfáng 区别 指家族中不是同一支的 ▷～兄妹。

【隔行】géháng 动 不属于同一个行业 ▷～如隔山。

【隔阂】géhé 名 感情沟通的障碍或思想认识的差距 ▷近来他俩之间有了～。

【隔绝】géjué 动 隔断；不相往来 ▷与世～。

【隔开】gékāi ❶ 动 隔离 ▷两个村子被一条小河～了。❷ 动 使相互间形成一定距离 ▷东西别挤着放，～点儿。

【隔离】gélí 动 使断绝往来或接触 ▷～审查。

【隔离带】gélídài 名 起隔离作用的地带或设施。如防火隔离带、交通隔离带。

【隔离墩】gélídūn 名 用来隔开来往车道的设施，一般用混凝土等浇筑而成。有的在隔离墩之间连上铁链或铁栏杆。

【隔离室】gélíshì 名 与外界隔离的专用房间，多用于医疗卫生和司法等。

【隔膜】gémó ❶ 名 隔阂 ▷消除彼此的～。❷ 形 情意不相通，互不了解 ▷长期不联系，彼此～了。❸ 形 不了解；不熟悉 ▷我对考古学很～。

【隔年皇历】génián-huángli 往年的历书。比喻过时的事物或经验。

【隔墙】géqiáng ❶ 名 房舍、墓穴、坑道中用来隔绝风、水、瓦斯等的墙 ▷防火～。❷ 动 隔着一道墙壁 ▷～而居。

【隔墙有耳】géqiáng-yǒu'ěr 墙外有人偷听。借指秘密可能泄露。

【隔热】gérè 动 隔断热的传导 ▷～材料。

【隔日】gérì 动 相隔一天 ▷～打针。

【隔三岔五】gésān-chàwǔ 每隔三五天；时常 ▷他～来借书。☛ 不宜写作"隔三差五"。

【隔山】géshān 区别 比喻同父异母的（亲属关系）▷～姐妹。

【隔扇】géshan 名 用来分隔房间内部的活动隔断（géduan），通常做成一扇一扇的。

【隔世】géshì 动 相隔一个时代 ▷如同～。

【隔天】gétiān 动 隔日。

【隔心】géxīn 动 彼此心里有隔阂，不能沟通 ▷群众把他当成家里人，从不跟他～。

【隔靴搔痒】géxuē-sāoyǎng 隔着靴子挠痒痒。比喻说话、做事没有抓住要害，不解决问题。☛ "搔"不要误写作"挠"。

【隔夜】géyè 动 相隔一夜 ▷～饭。

【隔音】géyīn 动 隔绝或减弱声音的传播 ▷～设备。

【隔音符号】géyīn fúhào 把易混音节隔开的符号。《汉语拼音方案》规定，a、o、e 开头的音节连接在其他音节后面时，如果音节的界限发生混淆，用隔音符号（'）隔开，如 xī'ān（西安）。

塥 gé 名 沙地（多用于地名）▷青草～（在安徽）。

嗝 gé 名 人体由于气逆反应而发出的声音 ▷打～儿｜饱～儿。

滆 gé 名 滆湖，水名，在江苏宜兴、武进之间。

槅 gé 名 门窗上的木格子；也指房屋或器物的隔板 ▷多宝～。

膈 gé 名 人或哺乳动物分隔胸腔和腹腔的膜状肌肉。旧称膈膜、横膈膜。

另见 465 页 gè。

【膈膜】gémó 名 膈的旧称。

骼 gé 名 骨的统称 ▷骨～。

镉（鎘） gé 名 金属元素，符号 Cd。银白色，富延展性。用于电镀，还可制造合金、光电管和核反应堆中的中子吸收棒等。

gě

个（個） gě 见 1827 页"自个儿"。

另见本页 gè。

合 gě ❶ 名 旧时量粮食的器具，多用木头或竹筒制成，方形或圆筒形。→ ❷ 量 市合。

另见 549 页 hé。

各 gě 形〈口〉特别；与众不同（含贬义）▷那家伙有点儿～｜他脾气特～。

另见 464 页 gè。

哿 gě 动〈文〉称许；认为可以。

舸 gě 名〈文〉大船 ▷百～争流。

盖（蓋） gě 名 姓。

另见 439 页 gài。

葛 gě 名 姓。

另见 462 页 gé。

gè

个¹（個*箇） gè ❶ 量 a）用于单独的人或物以及没有专用量词的事物，也可用于一些有专用量词的事物 ▷两～人｜一～国家｜一～念头。b）用在约数之前，语气显得轻松、随便 ▷一封信总要看～三四遍｜每周去～一两次。c）用在某些动词和宾语之间，有表示动量的作用 ▷见～面儿｜洗～澡。d）用在某些动词和补语之间，作用与"得"相近（有时跟"得"连用）▷吃～够｜闹得～

满城风雨。e)〈口〉用在“没”“有”和某些动词、形容词之间，起强调作用 ▷说～没完｜这么做对你没～好儿｜还有～找不着的？→ ❷ 形 单独的；非普遍的 ▷～体｜～性。→ ❸ 名 个头儿 ▷大高～儿｜小～子。

个[2]（個*箇） gè ❶ 词的后缀。附着(zhuó)在量词“些”的后面 ▷这些～事儿｜带那么些～吃的回来｜跟我说了好些～笑话。〇 ❷〈口〉词的后缀。附着(zhuó)在某些时间名词的后面 ▷明儿～｜昨儿～。☛“个”字读 gě，只用于口语词“自个儿”。

另见 463 页 gě。

【个案】gè'àn 名 特殊的、个别的案件或事件 ▷～处理。

【个把】gèbǎ 数 表示约数，指一两个（强调数量少）▷～人哪能干得完？

【个别】gèbié 形 单独；少数 ▷这事需要～研究｜同学基本到齐了，只有～缺席｜极～现象。☛ 跟“各别”不同。

【个唱】gèchàng 名 个人演唱会的简称。指某演员以个人名义举办的演唱会。有的个唱配有他人助唱。

【个儿顶个儿】gèrdǐnggèr〈口〉一个确实能当一个用。形容每个都很出色；也指每个（用于褒义）▷他们干起活儿来～｜这些节目～精彩。

【个个】gègè 量 每个 ▷人人上阵，～争先。

【个股】gègǔ 名 指股市上某一公司的股票 ▷抽样分析～走势。

【个例】gèlì 名 个别的事例；特殊的事例 ▷这是～，不具有普遍性。

【个人】gèrén ❶ 名 单个儿的人 ▷～爱好｜～利益。❷ 代 复指它前面的代词或名词，相当于“自己”▷这只是老刘～的意见｜我～对此没意见。

【个人崇拜】gèrén chóngbài 神化个别人物并加以盲目崇拜的社会现象。是历史唯心主义的一种表现。

【个人所得税】gèrén suǒdéshuì 国家对个人所得征收的一种税。征税对象包括工资、劳务报酬、稿酬、利息、股息、财产租赁或转让所得等。简称个税。

【个人主义】gèrén zhǔyì 一切从个人利益出发的思想。它是私有制经济在意识形态上的反映，是资产阶级世界观的核心。

【个数】gèshù 名 以个为单位计算的数值 ▷论～这筐苹果比那筐多。

【个体】gètǐ ❶ 名 单个儿的人或生物；泛指单个儿的事物 ▷婚姻并非～的简单结合｜～建筑｜～项目。❷ 名 个体户 ▷下岗后贷款干～。

【个体户】gètǐhù 名 个体工商户或农户的简称。以家庭或个人为单位，拥有一定资金，独立经营自负盈亏的经济实体；也指改革开放以来，由个体经营者组成的一个新的社会阶层。

【个体经济】gètǐ jīngjì 指生产资料归劳动者个人所有，以个体劳动为基础，劳动成果归劳动者个人占有和支配的经济形式。

【个头儿】gètóur 名 指人的身材或物品的体积 ▷他～很高。

【个位】gèwèi 名 十进制计数的基础的一位。个位以上有十位、百位等，个位以下有十分位、百分位等。

【个性】gèxìng ❶ 名 一个人在一定的社会环境和教育的影响下形成的比较固定的特性，包括气质、性格、兴趣等。❷ 名 哲学上指一事物区别于他事物的特性（跟“共性”相区别）。

【个性化】gèxìnghuà ❶ 动 指文学艺术创作中努力使作品中的人物、事件、环境等具有个性特征。❷ 动 泛指使事物独具特色 ▷～产品。

【个中】gèzhōng 名 此中；其中 ▷～甘苦。

【个子】gèzi 名 个头儿 ▷大～｜～不高。

各 gè ❶ 代 指一定范围里的所有个体，略相当于“每个”▷～人｜～界｜～位来宾｜～条战线。→ ❷ 副 表示分别做某事或分别具有某种属性 ▷～尽所能｜男女生～半。〇 ❸ 名 姓。

另见 463 页 gě。

【各半】gèbàn ❶ 动 平分；各得一半 ▷投资相等，利润～。❷ 动 各占一半 ▷优劣～。

【各奔东西】gèbèndōngxī 各自朝不同的地方走去。多指分手或离别。

【各奔前程】gèbènqiánchéng 各走各的路。多指各自努力奔向自己选定的目标。

【各别】gèbié ❶ 形 各不相同；互有区别 ▷错误性质不同，要～处理。❷ 形（性格等）与众不同；特殊（含贬义）▷他性格太～，很难合作共事。☛ 跟“个别”不同。

【各持己见】gèchíjǐjiàn 各人坚持各人的意见。

【各处】gèchù 名 各个地方；每个位置。

【各打五十大板】gè dǎ wǔshí dàbǎn 指不管是非曲直，对双方同样惩处。

【各得其所】gèdéqísuǒ 指大家都得到适当的安置或每件事物都得到适当的处置。

【各地】gèdì 名 各个地方 ▷～纷纷响应。

【各方】gèfāng 名 各个方面；每一方。

【各负其责】gèfùqízé 每个人都负起自己应负的责任。

【各个】gègè 代 表示所有的个体；每一个 ▷～单位｜～领域。

【各个击破】gègè-jīpò ❶ 一种军事谋略。战争中抓住有利战机，集中优势兵力，一部分一部分地击败敌人，以夺取全局胜利。❷ 泛指把复杂的问题分解成一个个较简单的问题，逐一解决，从而取得最后成功。

【各行各业】 gèháng-gèyè 各种行业；每一个行业。

【各家各户】 gèjiā-gèhù 每家每户 ▷～都在收看中央电视台直播的春节联欢晚会。

【各界】 gèjiè 名 各个领域；各个行业 ▷～代表。

【各尽其职】 gèjìnqízhí 每个人都做好本职工作。也说各司其职。

【各尽所能】 gèjìnsuǒnéng 每个人都尽自己的能力去做；每个劳动者都使出自己所有的能力为社会服务。

【各就各位】 gèjiùgèwèi 各人都到各人的位置上或岗位上。

【各领风骚】 gèlǐngfēngsāo 各人以各人的才华在文坛或其他领域居于领头的地位。

【各取所需】 gèqǔsuǒxū 每个人都选取自己所需要的东西。

【各色】 gèsè ❶ 区别 各种各样的 ▷～人等｜～物品。❷ 形〈口〉古怪；特别(含贬义) ▷他说话、做事都太～。

【各式】 gèshì 区别 各种形式的；各种式样的 ▷～箱包｜～泳装。

【各式各样】 gèshì-gèyàng 形容不同的样式或方式很多；多种多样 ▷～的花灯｜收集～的信息｜围巾的围法～。

【各抒己见】 gèshūjǐjiàn 每个人都发表自己的意见。

【各司其职】 gèsīqízhí 各尽其职(司：掌管)。

【各位】 gèwèi 代 每一位；大家。

【各显神通】 gèxiǎnshéntōng 每个人都显露自己最拿手的本领。

【各行其是】 gèxíngqíshì 每个人都按照自己认为正确的去做(是：正确)；多指思想行动不一致。☛"是"不要误写作"事"。

【各样】 gèyàng 代 各种样式 ▷～款式都有。

【各异】 gèyì 形 每个都不一样 ▷神态～。

【各有千秋】 gèyǒuqiānqiū 指各有特色，各有所长(千秋：指事物的特色和长处)。

【各有所长】 gèyǒusuǒcháng 各有各的长处。

【各有所好】 gèyǒusuǒhào 各有各的爱好。也说各有所爱。

【各执一词】 gèzhíyīcí 每个人坚持一种说法，争执不下。

【各执一端】 gèzhíyīduān 每个人抓住一个方面(争论)。

【各种】 gèzhǒng 代 每种 ▷～情况。

【各自】 gèzì 代 各人自己；各方自己 ▷～回家休息｜把～的工作做好。

【各自为战】 gèzì-wéizhàn 每个人都独立作战。

【各自为政】 gèzì-wéizhèng 各人按照各人的主张去做事。比喻不顾整体，各搞一套。

虼 gè 见下。

【虼螂】 gèláng 名 蜣螂。

【虼蚤】 gèzao 名 跳蚤的俗称。

硌 gè 动〈口〉身体的某部位跟凸起的或硬的东西接触而感到不适或受到损伤 ▷饭里有沙子，把牙～了｜走石子儿路～脚。

另见 910 页 luò。

【硌硬】 gèying 现在一般写作"膈应"。

铬(鉻) gè 名 金属元素，符号 Cr。银灰色，质极硬，抗腐蚀。用于制造特种钢，也用于电镀等。

膈 gè［膈应］gèying〈口〉❶ 形 讨厌；心里不舒服 ▷这种做法让人感到十分～｜一闻见这种气味儿，心里就～。❷ 动 使讨厌；使恶心 ▷垃圾短信实在～人｜快把这只死耗子弄走，别～我。

另见 463 页 gé。

gěi

给(給) gěi ❶ 动 使得到 ▷把钥匙～我｜祖国～了我无限温暖。→ ❷ 动 使遭受到 ▷净～我气受｜～他点儿厉害尝尝｜～他几句。❸ 动 表示容许或致使，相当于"叫""让" ▷拿来～我看看｜留神别～他跑掉。⇒ ❹ 介 引进动作行为的主动者，相当于"被" ▷衣服～雨淋湿了｜玻璃～人打碎了。⇒ ❺ 介 引进动作行为的受害者 ▷别把照相机～我弄坏了。❻ 助 直接用在动词前面，加强处置的语气 ▷他把自行车～修好了｜茶碗叫我～摔碎了。→ ❼ 介 引进交付、传递等动作的接受者 ▷交～我一本书｜～每个人发一件工作服｜有事～我打电话。❽ 介 引进动作的对象，相当于"朝""向" ▷～国旗敬个礼｜～人家赔个不是。→ ❾ 介 引进动作行为的受益者，相当于"为""替" ▷～老大娘看病｜～祖国争光。❿ 介 后面带上宾语"我"，用于命令句，表示说话人的意志，加强语气 ▷你～我走开。☛ 读 jǐ，指供应，今不单独成词，只能跟别的语素组词，如"配给""自给自足""给养"；读 gěi，指使得到，可以单用，如"给我一本书"。

另见 646 页 jǐ。

【给力】 gěilì ❶ 动 出力或尽力；给以力量或给以支持 ▷想要完成这项工程，必须各方～｜监管持续～，狠刹不正之风。❷ 形 形容有劲头，能使人振奋 ▷这场点评会开得真～！｜

这段台词真是字字～。

【给脸】gěiliǎn 动 给面子。

【给面子】gěimiànzi 照顾别人的情面；给别人留面子 ▷他一点儿也不～，让人下不来台。

【给以】gěiyǐ 动 使对方得到 ▷一个地区受了洪灾，全国各地都～支援｜对有重大贡献的同志要～重奖。☛"给以"所带的宾语一般是抽象事物，受事者必须放在"给以"前或主语前，否则"给以"就要改为"给"，如"给他们以支持"或"给他们支持"。

gēn

根 gēn ❶ 名 高等植物茎干下部长在土里的部分，主要功能是把植物固定在土地上，吸收土壤里的水分和养料，有的还能储藏养料 ▷移栽时不要伤了～｜树～。→ ❷ 名 事物的本源 ▷刨～问底｜祸～｜～源。⇒ ❸ 名 作为依据的事物 ▷存～。⇒ ❹ 副 从根本上；彻底地 ▷～治｜～除。⇒ ❺ 名 比喻子孙后代 ▷这孩子可是老王家的一条～哪！⇒ ❻ 名 数学名词。a)方根 ▷～号。b)一元方程的解。⇒ ❼ 名 化学上一般指带负电荷的原子团。→ ❽ 名 物体的基部或基部同其他东西连着的部分 ▷城墙～儿｜耳～｜～基。→ ❾ 量 用于草木或条状的东西 ▷一～草｜两～筷子。

【根本】gēnběn ❶ 名 事物的根源、基础或最主要的部分 ▷治国的～。❷ 形 重要的；起决定作用的 ▷～大计｜最～的原因。❸ 副 始终；从来(多用于否定) ▷我～不知道这件事｜以往～没发生过这种现象。❹ 副 彻底；完全 ▷～改变态度｜这种态度让人～无法忍受。

【根本法】gēnběnfǎ 名 通常指宪法。因为宪法是制定一切法律的根据。

【根除】gēnchú 动 从根本上铲除 ▷～隐患。

【根底】gēndǐ ❶ 名 根基；基础 ▷做学问要打好～。❷ 名 底细；详细的内情 ▷不知他的～。☛不宜写作"根柢"。

【根雕】gēndiāo 名 用树根进行雕刻的艺术；也指用这种艺术雕刻成的工艺品。参见插图16页。

【根基】gēnjī 名 建筑物的地下部分；基础 ▷桥梁的～要打扎实◇这家公司～还不牢。

【根脚】gēnjiao ❶ 名 根基 ▷大楼的～特别结实。❷ 名 指出身、来历(多见于近代汉语) ▷此人～清白。

【根究】gēnjiū 动 彻底追究 ▷～这件国宝的来历。

【根据】gēnjù ❶ 名 作为论断前提或言行基础的事物或理论 ▷事实～｜～不足。❷ 动 以某一事实或理论为依据 ▷安排生活要～量入为出的原则。❸ 介 引进动作行为的依据 ▷～大家的发言可以得出以下结论。

【根据地】gēnjùdì 名 长期进行武装斗争的基地；特指我国第二次国内革命战争、抗日战争和解放战争时期中国共产党建立的革命根据地。

【根绝】gēnjué 动 彻底断绝 ▷～小儿麻痹症｜～隐患。

【根瘤】gēnliú 名 豆科植物根部的瘤状突起。由根瘤菌侵入根部而形成。

【根瘤菌】gēnliújūn 名 与豆科植物共生的细菌。在植物根部形成根瘤，固定大气中的游离氮气而制造含氮养料，供植物吸收。

【根毛】gēnmáo 名 密生于植物根部尖端的细毛，具有吸收水分和养料的功能。也说根须。

【根苗】gēnmiáo 名 植物的根和最初破土长出的芽。比喻事情的根源；也比喻后代子孙 ▷疏忽是结下这个苦果的～｜烈士留下的～。

【根深柢固】gēnshēn-dǐgù 须根扎得深，主根才稳固(柢：树的主根)。比喻根基牢固，不可动摇。

【根深蒂固】gēnshēn-dìgù 比喻基础牢固，不可动摇。

【根深叶茂】gēnshēn-yèmào 根扎得深，枝叶就长得繁茂。比喻基础打得好，事业就兴旺发达。

【根式】gēnshì 名 数学上指带根号的代数式，形式是 $\sqrt[n]{a}$，其中 a 是被开方数，n 是根指数。

【根系】gēnxì 名 一株植物全部根的总称。主根发达的叫直根系，如棉花、大豆等的根系；主根不发达，茎基部产生许多须状根的叫须根系，如稻、麦、玉米等的根系。

【根芽】gēnyá 名 植物的根上生长出来的幼芽，经过移植、培育可以成为独立植物体。

【根由】gēnyóu 名 (事物的)来历；原因 ▷听我细说～。

【根源】gēnyuán 名 植物的根和水的源头；借指事物产生的根本原因 ▷这次火灾的主观～是防火意识太差。

【根植】gēnzhí 动 植根。

【根治】gēnzhì ❶ 动 从根本上治理 ▷～海河。❷ 动 彻底治愈 ▷他的脚气已经得到～。

【根状茎】gēnzhuàngjīng 名 植物地下茎的一种。外形与根相似，横生土中，有节，节上有退化的鳞叶。有些植物的根状茎可以食用或做药材，如莲藕、姜、芦根等。也说根茎。

【根子】gēnzi 名 植物的根；比喻事物的根源 ▷

落后面貌没改变，～在领导思想不解放。

跟 gēn ❶ 名 脚或鞋袜的后部 ▷脚～|高～儿鞋。→ ❷ 动 紧随在后面向同一方向行动 ▷我在你后面～着|你走得太快，我～不上。⇒ ❸ 动 指女子嫁人 ▷闺女～了他，当娘的也就放心了。⇒ ❹ 介 a)引进动作涉及的对象，相当于"同" ▷我～你一块儿走|～坏人作斗争|这个问题要～大家商量。b)引进比较的对象 ▷～去年比，今年夏天热多了|他爬山就～走平地一样。❺ 连 连接名词或代词，表示并列关系，相当于"和" ▷老王～老张都喜欢下棋。

【跟班】gēnbān ❶ 名 旧指跟随在官员身边供使唤的人。也说跟班儿的。○ ❷ 动 随同某一集体(劳动、学习等) ▷领导下车间～劳动。

【跟包】gēnbāo ❶ 动 旧时指专为某位戏曲演员携带装有演出服装、道具、化妆用品等的包袱，并承担该演员演出前后的其他杂务；现泛指受雇而跟随在某人身边，为其做杂务。❷ 名 指做这些杂务性工作的人。

【跟从】gēncóng 动 跟随；追随 ▷～先生数年，受益匪浅。

【跟风】gēnfēng 动 盲目追随当时的风气 ▷做事要从实际出发，不要～。☛ 参见 1817 页"追风"的提示。

【跟脚】gēnjiǎo 形 指鞋适合脚的大小，走路方便 ▷我换双～的鞋。

【跟进】gēnjìn 动 跟随前进；跟着上前 ▷我们在前边走，大部队迅速～|后面的人～，不要掉队。

【跟屁虫】gēnpìchóng 名〈口〉称跟在别人屁股后边亦步亦趋、毫无主见的人(含轻蔑意)。

【跟前】gēnqián 名 身边；附近 ▷孩子在他～很听话|大楼～停着一辆轿车。

【跟前】gēnqian 名 身旁(专就有无子女说) ▷他～没儿没女。

【跟梢】gēnshāo 动 盯梢。

【跟手】gēnshǒu 副〈口〉随手；随即 ▷他一发现错字，～就改正。

【跟随】gēnsuí 动 跟在后边 ▷～红军长征|国内金价～着国际金价的变动而变动。

【跟帖】gēntiě ❶ 动 在互联网上跟随他人的帖子发表意见 ▷这段帖子发出去后，不断有网友～。❷ 名 跟随他人的帖子所发表的帖子 ▷多个～对这一倡议表示认同。

【跟头】gēntou ❶ 名 指身体失去平衡而摔倒的动作 ▷摔了一个～。❷ 名 身体向下弯曲进行前后翻转的动作 ▷连翻几个～。

【跟头虫】gēntouchóng 名 孑孓的俗称。

【跟着】gēnzhe ❶ 动 跟随 ▷乘坐大巴的～老王走。❷ 副 表示时间上紧接着 ▷上完课～就开会。

【跟踪】gēnzōng 动 紧紧跟在后面(追赶、监视、服务等) ▷～监视|～服务|～报道。

gén

哏 gén ❶ 形〈口〉滑稽；有趣 ▷有些小品比相声还～|太～儿了。→ ❷ 名 滑稽有趣的动作、语言或表情 ▷逗～|捧～。

gěn

艮 gěn〈口〉❶ 形 (食物)韧而不脆，不易咀嚼 ▷萝卜～了挺难吃|点心搁久了发～。→ ❷ 形 比喻脾气倔；说话生硬 ▷老王头儿的脾气真够～的，谁的话也听不进。

另见本页 gèn。

gèn

亘(*亙) gèn 动 (空间或时间上)延续不断 ▷横～千里|～古未有|绵～。☛ 统读 gèn，不读 gèng。

【亘古】gèngǔ 名 整个古代；从古到今 ▷～以来|～不变。

艮 gèn 名 八卦之一，卦形为☶，代表山。另见本页 gěn。

茛 gèn 见 928 页"毛茛"。☛ 跟"莨"不同。"茛"下边是"艮(gèn)"；"莨"下边是"良"。"莨"读 liáng，如"薯莨"；又读 làng，如"莨菪(dàng)"。

gēng

更 gēng ❶ 动 改变；改换 ▷～正|～新|～衣|～名。→ ❷ 量 古代夜间计时单位，一夜分为五更，每更相当于现在的两小时 ▷三～半夜|五～天。❸ 名 指夜间的一段时间，约相当于现在的两小时 ▷～深人静|打～。○ ❹ 动〈文〉经历；经过 ▷少不～事。

另见 469 页 gèng。

【更次】gēngcì 名 夜间一更长的时间，大约两个小时。

【更迭】gēngdié 动 轮换；交替 ▷人事～|政权～。☛ "迭"不要误写作"叠"。

【更定】gēngdìng 动 改定 ▷这份文件请部长～后再下发。

【更动】gēngdòng 动 改动；变动 ▷设计图纸有

所～|人事～。

【更番】gēngfān 副 轮流替换;轮番 ▷～出击。

【更夫】gēngfū 名 旧时打更巡夜的人。

【更改】gēnggǎi 动 改变;改动 ▷动身日期不能～|～指标。

【更鼓】gēnggǔ 名 旧时报更用的鼓;也指报更的鼓声。

【更换】gēnghuàn 动 改换;调换 ▷～展品。

【更名】gēngmíng 动 改换名字或名称。

【更年期】gēngniánqī 名 指人由成年向老年过渡的时期。女子一般在 45 岁至 55 岁之间,卵巢功能逐渐衰退,月经停止,内分泌发生暂时的紊乱,可引起一系列自觉症状。男子一般在 55 岁至 65 岁之间,但没有明显的表现。

【更年期综合征】gēngniánqī zōnghézhēng 更年期由于生理心理变化所产生的一系列自主神经系统功能紊乱的症状和体征。☛"征"这里是"迹象""现象"的意思,"症(zhèng)"是"疾病"的意思,所以这里的"征"不要误写作"症"。

【更仆难数】gēngpú-nánshǔ《礼记·儒行》记载:鲁哀公问孔子什么是儒行(xíng),孔子说:"遽数之不能终其物,悉数之乃留,更仆未可终也。"意思是儒行很多,一时说不完,即使更换几班侍者,也未必能说完。后用"更仆难数"形容事物繁多,数也数不过来。

【更深】gēngshēn 形 夜深 ▷夜已～,人已入睡。

【更生】gēngshēng ❶ 动 再次获得生命。比喻再次振兴起来 ▷历劫～|自力～|让古老的民间艺术得以～。❷ 动 对废弃物进行加工,使恢复原有功用 ▷～塑料。

【更始】gēngshǐ 动〈文〉除旧布新;重新开始 ▷一元～|万象～。

【更替】gēngtì 动 更换;替换 ▷四时～|新旧～|人员～。

【更新】gēngxīn 动 去掉旧的,换上新的 ▷观念～|～设备。

【更新换代】gēngxīn-huàndài 用新的(技术、设备、工艺、产品等)替换过时的。

【更新世】gēngxīnshì 名 地质年代,属第四纪的早期。延续时间自 160 万年前到 1 万年前。当时的生物面貌更新,已有 95%以上与现在相似,故称。

【更姓】gēngxìng 动 改姓。

【更衣】gēngyī ❶ 动 换衣服 ▷沐浴～。❷ 动〈文〉婉词,指上厕所。

【更衣室】gēngyīshì ❶ 名 游泳场、剧场等专门用来供人更换衣服的房间。❷ 名 婉词,指厕所。

【更易】gēngyì 动 改换;改动 ▷～条款。

【更张】gēngzhāng 动 把换上的琴弦绷紧。比喻改革或变更方法 ▷改弦～|治国方略多有～。

【更正】gēngzhèng 动 改正(已发表的文章或谈话中的错误) ▷文中"按步就班"的"步"应作"部",特此～。

庚 gēng ❶ 名 天干的第七位,常用来表示顺序或等级的第七位。参见 1354 页"天干"。→ ❷ 名 年龄 ▷同～|贵～? ○ ❸ 名 姓。

【庚日】gēngrì 名 用于干支表示日期时,含有天干第七位"庚"的日子(含有天干"甲""乙""癸"等其他位的日子分别叫做"甲日""乙日""癸日"等)。夏至三庚数伏,就是指夏至后第三个庚日开始进入初伏。

【庚帖】gēngtiě 名 旧时订婚时男女双方互换的帖子,上面写有姓名、籍贯、生辰八字等。也说八字帖。

耕(*畊) gēng ❶ 动 耕地① ▷～种|中～。→ ❷ 动 比喻致力于某种劳动 ▷笔～。☛ 左边是"耒(lěi)",首笔是横,不是撇。

【耕畜】gēngchù 名 供耕作用的牲畜。如马、牛、骡、驴等。

【耕地】gēngdì ❶ 动 用犁翻地松土。❷ 名 种植农作物的土地 ▷不能随便占用～。

【耕地占用税】gēngdì zhànyòngshuì 国家对占用的耕地征收的一种税。纳税人是占用耕地从事非农业建设的单位或个人。

【耕读】gēngdú 动 边从事农业劳动边读书或教学 ▷以～为乐,淡泊功名|～之家。

【耕具】gēngjù 名 耕地用的犁、耙等农具。

【耕牛】gēngniú 名 用来耕地的牛。

【耕田】gēngtián ❶ 动 耕地①。❷ 动 泛指从事农业劳动 ▷靠～谋生。❸ 名 耕地② ▷山脚有～数亩。

【耕云播雨】gēngyún-bōyǔ 用人的力量促使降雨,调节气候。常用于比喻。

【耕耘】gēngyún ❶ 动 耕地和除草;泛指田间劳作 ▷每天～在田间。❷ 动 比喻辛勤劳动 ▷在平凡的岗位上默默～。

【耕织】gēngzhī 动 耕作和手工纺织;泛指务农。

【耕种】gēngzhòng 动 耕耘种植。

【耕作】gēngzuò 动 泛指耕地、播种、除草、施肥、灌溉等一系列农业劳动 ▷精心～。

浭 gēng 名 浭水,古水名,即今还乡河,是河北与天津交界处蓟运河的上游。

赓(賡) gēng 动〈文〉继续 ▷～续|～其韵以和之。

【赓续】gēngxù 动〈文〉继续 ▷～祖业。

絙 gēng〈文〉❶ 名 粗绳索。→ ❷ 动 绷(bēng)紧 ▷大弦～则小弦绝矣。

鹒(鶊) gēng 见131页"鸧(cāng)鹒"。

羹 gēng 名 蒸成或煮成的汁状或糊状食品 ▷银耳～|莲子～|鸡蛋～。

【羹匙】gēngchí 名 汤匙。

gěng

埂 gěng ❶ 名〈文〉堤防 ▷堤～|～堰。→ ❷ 名 高于四周的长条形地方 ▷山～|土～。❸ 名 埂子 ▷田～|地～。

【埂子】gěngzi 名 田间稍稍高起的分界线。

耿 gěng ❶ 形 正直 ▷～直|～介。○ ❷ 名 姓。

【耿耿】gěnggěng ❶ 形 明亮的样子 ▷银河～。❷ 形 忠诚的样子 ▷忠心～|～报国心。❸ 形 心中有事，难以摆脱的样子 ▷～于怀。

【耿耿于怀】gěnggěngyúhuái 某件事或某种情绪老放在心里，不能丢开。

【耿介】gěngjiè 形〈文〉正直不阿 ▷为人～。

【耿直】gěngzhí 形 正直；直率 ▷性格～|为人～。☛ 不要写作"梗直""鲠直"。

哽 gěng ❶ 动 食物堵塞咽喉；噎 ▷慢点儿吃，别～着。→ ❷ 动 因感情激动而声气阻塞 ▷～咽|～塞。

【哽塞】gěngsè 动 声音在喉咙里受到堵塞，说不出话来 ▷他十分难过，说话也～了。

【哽噎】gěngyē ❶ 动 食物堵住食管，不能下咽 ▷食物～在咽喉中引起窒息。❷ 动 哽咽。

【哽咽】gěngyè 动 哭时喉咙堵塞，不能顺畅地出声 ▷眼圈发红，声音～。☛ ㊀"咽"这里不读yān。㊁不宜写作"梗咽"。

绠(綆) gěng 名〈文〉从下往上提水用的绳索 ▷～短汲深。

【绠短汲深】gěngduǎn-jíshēn《庄子·至乐》："绠短者不可以汲深。"意思是吊桶的绳索很短，不能把深井的水打上来。比喻能力有限，难以胜任重要的工作。

梗 gěng ❶ 名 草本植物的茎或枝 ▷花～儿|高粱～儿。→ ❷ 动 直着；挺着 ▷把头一～|～着脖子。❸ 同"耿"①。现在一般写作"耿"。○ ❹ 动 阻塞；阻碍 ▷作～|～阻。

【梗概】gěnggài 名 大略的内容或情节 ▷内容～。

【梗塞】gěngsè ❶ 动 阻塞不通 ▷交通～。❷ 动 梗死。☛"塞"这里不读sāi。

【梗死】gěngsǐ 动 局部组织因血流阻断而引起坏死 ▷心肌～|脑～。

【梗滞】gěngzhì 动 阻塞停滞 ▷流通环节～。

【梗阻】gěngzǔ ❶ 动 阻塞 ▷泥沙淤积，河道～。❷ 动 拦挡 ▷不得～农民工返乡创业。❸ 动 医学上指人的消化道、呼吸道等流通不畅或完全受阻 ▷肠～|喉～。

颈(頸) gěng 见101页"脖颈儿"。另见731页jǐng。

硝 gěng 用于地名。如石硝，在广东。

鲠(鯁*骾❷❸) gěng ❶ 名〈文〉鱼骨头；鱼刺 ▷如～在喉。→ ❷ 动 (鱼刺等)卡在嗓子里 ▷鱼刺～住了喉咙。○ ❸ 同"耿"①。现在一般写作"耿"。

gèng

更 gèng ❶ 副〈文〉表示动作行为重复或相继发生，相当于"又""再" ▷欲穷千里目，～上一层楼。→ ❷ 副 表示程度加深，相当于"更加" ▷任务～重了。

另见467页gēng。

【更加】gèngjiā 副 表示程度加深(常用在双音节形容词、动词前) ▷市场～繁荣|他比他姐姐～喜欢读书。☛ 跟"越发""愈加"用法不同。用于比较同一事物的发展变化时，"更加""越发""愈加"可以通用；但用于比较两种事物时，只能用"更加"，不能用"越发""愈加"。

【更上一层楼】gèng shàng yī céng lóu 唐·王之涣《登鹳雀楼》："欲穷千里目，更上一层楼。"后用"更上一层楼"比喻再提高一步或取得更好的成绩。

【更为】gèngwéi 副 更加。

【更有甚者】gèngyǒushènzhě 还有比这更严重的 ▷有人盗伐林木，～，还有人毁林开荒。

晅 gèng 动〈文〉晒。

gōng

工[1] gōng ❶ 名 工匠；工人 ▷木～|技～|女～。→ ❷ 名 生产劳动；工作 ▷加～|手～|～具。⇒ ❸ 名 一个劳动力干一天的工作量 ▷耕完这块地需要八个～。⇒ ❹ 名 指工程 ▷施～|竣～。⇒ ❺ 名 指工业 ▷轻～产品|化～|～商界。⇒ ❻ 名 指工程师 ▷教授级高～|李～。→ ❼ 形 精巧；细致 ▷～笔画|异曲同～|～整。❽ 动 擅长；善于 ▷～诗善画|～于山水。→ ❾ 同"功"③。现在一般写作"功"。○ ❿ 名 姓。

工[2] gōng 名 我国民族音乐中传统的记音符号，表示音阶上的一级，相当于简谱的"3"。

☛"工"作左偏旁时，最后一画横要改成提(㇀)。如"功""项""劲""颈"。

【工本】gōngběn 名 制造物品所用的成本 ▷不惜～|节省～|～费。

【工笔】gōngbǐ ❶ 名 国画的一种画法，特点是笔法工整、描绘细腻（跟“写意”相区别）▷先学～，后攻写意。❷ 名 用工笔画法画的画 ▷墙上挂了两幅翎毛～。

【工部】gōngbù 名 隋唐至清代中央行政机构六部之一，负责管理国家的工程、交通、水利、屯田等事宜。

【工残】gōngcán ❶ 名 职工在生产劳动或与之相关的工作中造成的身体残疾。❷ 名 货物在装卸过程中造成的残损。

【工厂】gōngchǎng 名 直接从事工业生产活动的单位。一般分为若干车间，并有机器设备。

【工场】gōngchǎng 名 旧时手工业者从事生产的场所。也说作坊。

【工潮】gōngcháo 名 工人为实现某种要求或表示抗议而采取的各种集体行动 ▷平息～。

【工尺】gōngchě 名 中国民族音乐传统记音符号的统称。常用的符号有合、四、一、上、尺、工、凡、六、五、乙（相当于简谱的 5、6、7、1、2、3、4、5、6、7）。用这些符号记录的乐谱叫“工尺谱”。☛“尺”这里不读 chǐ。

【工程】gōngchéng ❶ 名 将自然科学基础学科的原理和科学实验、生产实践中所积累的经验应用到工农业生产部门而形成的各应用学科的统称。如土木建筑工程、水利工程、生物工程等。❷ 名 指作业量较大、作业流程较复杂的基本建设项目。如青藏铁路工程、三峡工程、危房改造工程。❸ 名 指某些涉及面广，需要各方面通力合作的工作 ▷希望～。

【工程兵】gōngchéngbīng 名 专业兵种之一。担负修筑工事、架桥、筑路、伪装、设置或排除障碍物等工程保障任务；也指这一兵种的士兵。也说工兵。

【工程车】gōngchéngchē 名 建筑、安装等工程的专用车辆 ▷电力～。

【工程队】gōngchéngduì 名 在基建项目中负责施工作业的集体。

【工程师】gōngchéngshī 名 工程技术专业职务名称。能够独立完成某一专门任务的设计和施工工作的技术人员。分为高级工程师、工程师和助理工程师三级。

【工程院】gōngchéngyuàn 名 国家工程科学技术界的最高学术机构，由院士组成，内设若干学部，主要负责工程领域的学术研究和咨询。

【工地】gōngdì 名 工程施工的现场 ▷建筑～。

【工读】gōngdú ❶ 动 用自己的劳动收入供自己读书 ▷他想去国外～深造。❷ 动 特指对有较轻违法犯罪行为的青少年进行改造、挽救和教育，其特点是边劳动、边学习 ▷～教育。

【工读学校】gōngdú xuéxiào 对有较轻违法犯罪行为的未成年人进行改造、挽救的学校。

【工段】gōngduàn ❶ 名 交通、水利等工程单位划分的施工组织。❷ 名 工厂车间内部划分的生产管理单位，工段下设班、组。

【工坊】gōngfáng 名 进行小手工业生产的场所；现多指富含文化意蕴的工作场所 ▷弘扬工匠精神，打造鲁班～｜艺术～。

【工房】gōngfáng 名 工棚。

【工分】gōngfēn 名 20 世纪 50 年代至 80 年代初，我国农村集体经济组织中计算劳动者工作量和劳动报酬的分数。

【工分值】gōngfēnzhí 名 每个劳动工分的实际币值。参见本页“工分”。

【工蜂】gōngfēng 名 生殖器官发育不完全的雌蜂。体形较小，善于飞行，尾部有螫（shì）针。担任采集花粉和花蜜、喂养幼蜂、修筑蜂巢等工作。参见插图 4 页。

【工夫】gōngfu ❶ 名（做事）所占用的时间 ▷写这篇文章我可是花了半天～。❷ 名 空闲时间 ▷我真没有～去看戏。❸ 名〈口〉一段时间；时候 ▷我刚参加工作那～，社会经验很少。

【工夫茶】gōngfuchá 名 功夫茶。

【工会】gōnghuì 名 工人阶级的群众性组织。最早出现于 18 世纪中叶的英国。

【工价】gōngjià 名 指在工程建筑或产品制造中用于人工上的费用 ▷装修行业的～一般偏高。

【工架】gōngjià 现在一般写作“功架”。

【工间】gōngjiān 名 工作人员的工作间隙。

【工间操】gōngjiāncāo 名 机关、企事业等单位的工作人员在工作的间隙集体做的健身体操。

【工件】gōngjiàn 名 指机械加工过程中的零部件。也说制件。

【工匠】gōngjiàng 名 手艺工人。如泥瓦匠、铁匠、裱糊匠等。

【工匠精神】gōngjiàng jīngshén 工匠在产品生产过程中所坚持的理念和品德。体现为严守规范、一丝不苟的职业操守和技术上精益求精、不断追求完美的工作作风。

【工交】gōngjiāo 名 工业和交通运输业的合称。

【工具】gōngjù ❶ 名 从事生产劳动所使用的器具。包括手工操作的锄、斧、刀、锤等，也包括机器上使用的车刀、钻头、砂轮等。❷ 名 比喻借以达到某种目的的事物或手段 ▷外语是一种～。

【工具钢】gōngjùgāng 名 制造刀具、量具和模具等的碳素钢和合金钢的统称。硬度高，耐磨性强，并有一定韧性。

【工具书】gōngjùshū 名 按照一定的排检次序把有关知识、资料、事实等加以汇编，专供使用者检索查考的书。如字典、词典、书目、索引、年表、手册、年鉴、百科全书等。

【工卡】gōngkǎ 名 工作人员上班时佩戴的表示

身份的卡片式标志。

【工楷】gōngkǎi 名 工整的楷书。

【工科】gōngkē 名 教学上对各工程技术学科(如机械、化工、电气、电子、材料、建筑、水利、测绘、纺织等)的统称 ▷～院校|我学的是～，不是理科。

【工矿】gōngkuàng 名 工业和矿业的合称。

【工力】gōnglì ❶ 见 477 页"功力"②。现在一般写作"功力"。❷ 名 完成某项工程所需的人力 ▷这项工程投入的～太大了。

【工料】gōngliào ❶ 名 完成某项工程所需人工和材料的合称。❷ 名 单指完成某项工程所需的材料 ▷确保～质量。

【工龄】gōnglíng 名 职工参加工作的年数。

【工贸】gōngmào 名 工业和贸易业的合称。

【工农】gōngnóng ❶ 名 工人和农民的合称 ▷～出身。❷ 名 指工人阶级和农民阶级 ▷～联盟。❸ 名 指工业和农业 ▷～并举，协调发展。

【工农兵】gōng-nóng-bīng 工人、农民和军人的合称。

【工农联盟】gōngnóng liánméng 工人阶级和劳动农民在工人阶级政党领导下的革命联合。在我国，工农联盟是无产阶级革命胜利的重要保证，是无产阶级专政的阶级基础。

【工农业】gōng-nóngyè 工业和农业的合称。

【工棚】gōngpéng 名 在工地附近临时搭建的供施工人员办公或住宿用的简易房子。

【工期】gōngqī 名 完成某项工程的期限 ▷缩短～。

【工钱】gōngqián 名 劳动(多指体力劳动)报酬。

【工巧】gōngqiǎo 形 细致而精巧(多指艺术品制作的技艺、手法等) ▷雕刻～|笔法～。

【工青妇】gōng-qīng-fù 工会、共青团、妇联的合称。

【工区】gōngqū 名 某些工矿企业设立的基层生产单位。

【工人】gōngrén 名 个人不占有生产资料，以工资收入为主要生活来源的劳动者(多指体力劳动者) ▷产业～|农业～。

【工人阶级】gōngrén jiējí 由不占有生产资料、靠工资收入为生的劳动者所组成的阶级。

【工日】gōngrì 名 劳动计算单位，1 个劳动者工作 1 天为 1 个工日。

【工伤】gōngshāng 名 职工在生产劳动或与之相关的工作中造成的意外人身伤害。

【工伤保险】gōngshāng bǎoxiǎn 一种社会保险。劳动者在劳动过程中受到意外伤害而致伤、致残乃至死亡，或患职业病，由国家和社会按相关法律、法规给予补偿，以减少其遭受的损失。

【工商联】gōng-shānglián 名 中华全国工商业联合会的简称。是中国共产党领导的，以民营企业和民营经济人士为主体的，具有统战性、经济性和民间性有机统一基本特征的人民团体和商会组织。

【工商业】gōng-shāngyè 工业和商业的合称。简称工商。

【工时】gōngshí 名 劳动计算单位，1 个工人劳动 1 小时为 1 个工时。

【工事】gōngshì 名 军队为保护自己、攻击敌人而修建的建筑物。如掩蔽部、地堡、战壕等。

【工头】gōngtóu 名 受雇带领和监督工人劳动的人。

【工亡】gōngwáng 动 职工在生产劳动或与之相关的工作中造成意外死亡。

【工委】gōngwěi ❶ 名 中共中央工作委员会的简称。1947 年 3 月 19 日人民解放军撤出延安后，组成中共中央工作委员会，到河北平山县西柏坡办理中央委托的工作。1948 年 5 月撤销。❷ 名 中共中央直属机关工作委员会和中央国家机关工作委员会的简称。

【工稳】gōngwěn 形 〈文〉工整而稳妥(多指诗文、书画) ▷这首律诗对仗～。

【工细】gōngxì 形 工整而细致 ▷描绘～。

【工效】gōngxiào 名 工作效率 ▷讲求～|～很高。

【工薪】gōngxīn 名 工资 ▷～阶层|～收入。

【工薪阶层】gōngxīn jiēcéng 指以工资收入为主要生活来源的社会阶层。

【工薪族】gōngxīnzú 名 工薪阶层。

【工休】gōngxiū ❶ 动 工作一段时间后休息 ▷明天我～。❷ 名 工作一个阶段后的休息时间 ▷利用～植树造林。❸ 名 工间短暂的休息时间 ▷利用～10 分钟开个碰头儿会。

【工序】gōngxù ❶ 名 生产过程中的每一道程序。一个产品或零件一般都要经过若干道工序才能制成。❷ 名 生产过程中各个加工环节的先后次序 ▷生产要按～进行。

【工业】gōngyè 名 采掘自然物质资源和对工农业生产的原材料进行加工或再加工的产业。按产品的特点和用途可分为重工业和轻工业，按劳动对象可分为采掘工业和加工工业等。

【工业产权】gōngyè chǎnquán 知识产权的一种，主要包括专利权和商标权。

【工业革命】gōngyè gémìng 产业革命①。

【工业国】gōngyèguó 名 现代工业产值和城市人口分别占国民生产总值和人口总数 50%以上的国家。

【工业化】gōngyèhuà 动 使现代工业在国民经济中逐步取得主要地位。

【工业链】gōngyèliàn 名 呈链状分布的工业区

域，其生产项目往往具有连带关系。

【工业品】gōngyèpǐn 名 工业生产部门生产的产品。如机器、布匹等。

【工业区】gōngyèqū 名 划定的集中兴建工厂的区域 ▷信息产业～。也说工业园区。

【工蚁】gōngyǐ 名 蚁群中数量最多的一种蚂蚁。性器官发育不完善，不能传种，负责筑巢、采集食物、喂养幼虫等。

【工艺】gōngyì ❶ 名 把原材料或半成品加工成为产品的方法、技术和过程 ▷～流程｜采用新～进行生产。❷ 名 指手工技艺 ▷～品。

【工艺流程】gōngyì liúchéng 从原料投产到成品出产，按步骤连续地通过各种设备所进行的加工过程。简称流程。

【工艺美术】gōngyì měishù 对建筑物、生活实用品或欣赏性陈列品进行艺术造型处理和装饰加工的美术。

【工艺品】gōngyìpǐn 名 用手工工艺生产出来的精巧物品。如玉雕、景泰蓝、刺绣等。

【工友】gōngyǒu 名 过去对工人的称呼；后多用来称机关、学校等的勤杂人员。

【工于】gōngyú 动 擅长于 ▷～隶书。

【工余】gōngyú 名 规定工作时间以外的时间。

【工运】gōngyùn 名 工人运动的简称。指工人阶级为维护自身的权益，为实现本阶级和人民大众的解放而进行的有组织的斗争。

【工贼】gōngzéi 名 工人队伍中被敌人收买而出卖工人利益、破坏工人运动的人。

【工整】gōngzhěng ❶ 形 (对仗)整齐稳妥 ▷对仗～。❷ 形 形容字写得细致整齐，不潦草 ▷字迹～｜用～的小楷抄写。

【工质】gōngzhì 名 工作介质的简称。在各种机器或设备中借以完成能量转化的媒介物质。如汽轮机中的蒸汽、制冷机中的氨。

【工致】gōngzhì 形 (手艺、绘画等)精巧而细致 ▷装潢～｜画法～。

【工种】gōngzhǒng 名 厂矿企业中按生产劳动的性质等划分的工作种类。如铸工、车工等。

【工装】gōngzhuāng 名 工作服。

【工装裤】gōngzhuāngkù 名 工人和一线工程技术人员等上班时穿的裤子，较宽大，有背带。一般用深色厚布制成。

【工资】gōngzī 名 按期付给劳动者的劳动报酬。

【工字钢】gōngzìgāng 名 横断面呈"工"字形的钢材，广泛用于建筑、铁路、桥梁等工程。

【工作】gōngzuò ❶ 动 从事体力或脑力劳动 ▷～到深夜。❷ 动 泛指机器、设备等处在运转状态 ▷计算机开始～。❸ 名 业务；任务 ▷咨询～｜教学～。❹ 名 职业 ▷找～。

【工作餐】gōngzuòcān 名 在工作时间内，为本单位职工或外来的工作人员提供的较简便的饭食。

【工作服】gōngzuòfú 名 适应行业、岗位等工作需要而特制的服装。

【工作量】gōngzuòliàng 名 工作任务的数量。

【工作面】gōngzuòmiàn ❶ 名 开采矿物或剥离岩石的工作地点，可分为回采工作面和掘进工作面。也说掌子面。❷ 名 工件上进行机械加工的部位。

【工作母机】gōngzuò mǔjī 机床。

【工作日】gōngzuòrì ❶ 名 按规定应该工作的日子。❷ 名 计算工作时间的单位，通常以 8 小时为 1 个工作日。

【工作站】gōngzuòzhàn ❶ 名 为开展某项工作在基层设立的办事机构 ▷卫生防疫～。❷ 名 指连接到网络上分享网络资源的电子计算机。

【工作证】gōngzuòzhèng 名 由单位签发的证明工作人员身份的证件。

【工作组】gōngzuòzǔ ❶ 名 为了特定的目的，由上级派往某一地区或某一部门进行工作的临时性组织(规模较大的也叫工作队) ▷扶贫～。❷ 名 为便于管理而将网络上众多的计算机按不同功能分成的小组。

弓 gōng ❶ 名 古代兵器，用来发射箭或弹丸。多用弹性强的木条弯成弧形，两端之间系上坚韧的弦，把箭或弹丸搭在弦上，用力拉开弦后猛然放手，借助弓背和弦的弹力发射 ▷～箭｜拉～。→ ❷ 名 弓子 ▷弹棉花的绷～｜二胡～。❸ 名 旧时丈量土地的器具，形状有些像弓，两端的距离是 5 尺。也说步弓。❹ 量 旧时丈量田亩的长度单位，1 弓为 5 尺，240 平方弓为 1 亩。→ ❺ 动 使弯曲 ▷～腰｜左腿～，右腿蹬。〇 ❻ 名 姓。☛ 第三画是竖折折钩(㇉)。

【弓背】gōngbèi ❶ 名 弓上呈弧形的部分。❷ 动 弯着背；驼背 ▷弯腰～。

【弓箭】gōngjiàn 名 弓和箭的合称。

【弓箭步】gōngjiànbù 名 一腿向前弯曲，一腿向后绷直的姿势。也说弓步。

【弓弦】gōngxián 名 弓上的弦。

【弓形】gōngxíng ❶ 名 一段圆弧与它所对的弦围成的图形。❷ 名 像弓一样弯曲的形状。

【弓腰】gōngyāo 动 弯腰。

【弓子】gōngzi 名 形状或作用像弓的器具。

公[1] gōng ❶ 形 属于国家或集体而非个人的(跟"私"相对) ▷～款｜～事｜～务｜～仆。→ ❷ 名 指国家或集体 ▷充～｜归～。❸ 名 属于国家或集体的事务 ▷因～出差｜办～。→ ❹ 形 没有偏私；公正 ▷～买～卖｜分配不～｜～平｜～道。→ ❺ 形 共同的；公认的 ▷～倍数｜～理｜～式。❻ 形 国际间的；国际通用的 ▷～海｜～历｜～制｜～

里。→ ❼ 形 公开的 ▷～报｜～演｜～判。❽ 动 使公开；让大家知道 ▷～之于世。

公[2] gōng ❶ 名 古代贵族五等爵位的第一等 ▷～侯伯子男｜～爵。→ ❷ 名 对男子（现多指老年）的尊称 ▷冯～｜诸～。⇒ ❸ 名 公公① ▷～婆。⇒ ❹ 区别 禽兽中雄性的（跟"母"相对） ▷～牛｜～鸡。○ ❺ 名 姓。

【公安】gōng'ān ❶ 名 社会治安 ▷～机关｜～干警。❷ 名 指公安机关的工作人员。

【公案】gōng'àn 名 指难以审理的案件；泛指社会上有争执或离奇的事情 ▷这是一起长期争讼未决的～。

【公办】gōngbàn ❶ 动 政府创办和管理 ▷学校既可～，也可民办。❷ 区别 政府创办和管理的（跟"民办"相区别） ▷在～医院就医。

【公报】gōngbào ❶ 名 就重大事件或会议发表的公开文告 ▷新闻～｜中美联合～。❷ 名 由政府编印的专门登载法律、法令、决议等官方文件的刊物。如我国的国务院公报。

【公报私仇】gōngbàosīchóu 借公事来报私人的仇怨。

【公倍数】gōngbèishù 名 两个或两个以上数的共同的倍数。

【公布】gōngbù 动 公开发布（文告、账目等） ▷～选举结果。☛ 参见 33 页"颁布"的提示。

【公厕】gōngcè 名 公共厕所。

【公差】gōngchāi ❶ 名 旧指官府的差役。❷ 名 临时派遣到外地执行的公务 ▷出～。

【公产】gōngchǎn 名 属于公家的财产（跟"私产"相区别） ▷不许私自变卖～。

【公车】gōngchē 名 属于公家的车（跟"私车"相区别） ▷不准～私用。

【公尺】gōngchǐ 量 长度非法定计量单位，1 公尺等于 1 米。

【公出】gōngchū 动 为办公事而外出 ▷局长～期间，由副局长主持工作。

【公畜】gōngchù 名 雄性牲畜；特指配种用的雄畜。

【公寸】gōngcùn 量 长度非法定计量单位，1 公寸等于 1 分米。

【公担】gōngdàn 量 质量非法定计量单位，1 公担等于 100 千克。

【公道】gōngdào 名 公正的道理 ▷主持～。

【公道】gōngdao 形 公平合理 ▷办事要～。

【公德】gōngdé 名 社会共同遵守的道德 ▷加强～教育｜遵守～。

【公敌】gōngdí 名 共同的敌人 ▷人民～。

【公断】gōngduàn ❶ 动 秉公裁断 ▷是非曲直，敬请～。❷ 动 由执法部门裁断 ▷是～还是私了，你自己选择。❸ 动 由各方都信任的非当事人居中裁断 ▷把两家争持不下的问题交居委会～。

【公吨】gōngdūn 量 质量非法定计量单位，1 公吨等于 1 吨。

【公而忘私】gōng'érwàngsī 为了国家或集体的利益而不考虑个人的利益。

【公法】gōngfǎ ❶ 名 指有关国家地位和利益的法律（跟"私法"相区别）。如宪法、行政法。❷ 名 指国际上制定的调整国际关系的法律准则 ▷国际～。

【公方】gōngfāng 名 指公私合营企业中国家的一方；也指私人与国家或集体等的合作中非私人的一方（跟"私方"相对）。

【公房】gōngfáng 名 所有权属于公家的房屋。

【公费】gōngfèi 名 由公家支付的费用 ▷严禁～旅游。

【公费医疗】gōngfèi yīliáo 一种主要由国家和单位供给医疗费用的医疗保健制度。

【公分】gōngfēn ❶ 量 长度非法定计量单位，1 公分等于 1 厘米。❷ 量 质量非法定计量单位，1 公分等于 1 克。

【公愤】gōngfèn 名 公众共同的愤怒情绪 ▷他的倒行逆施引起了～。

【公干】gōnggàn ❶ 动 办理公家的事 ▷外出～。❷ 名 公事 ▷二位到此，有何～？

【公告】gōnggào ❶ 名 以政府或团体名义向国内外宣布重要事项的文告 ▷政府～。❷ 动 公开宣布 ▷特此～。

【公告牌】gōnggàopái 名 发布公告用的牌子。也说公告板。

【公共】gōnggòng 区别 属于全社会的；公众共同所有或使用的 ▷～事业｜～交通。

【公共关系】gōnggòng guānxi 指社会组织或个人在社会活动中的相互关系。简称公关。

【公共积累】gōnggòng jīlěi 公积金。

【公共汽车】gōnggòng qìchē 指在一个城市内运营的有固定的行车路线、经停站和收发车时间，供公众乘坐的汽车。

【公公】gōnggong ❶ 名 对丈夫的父亲的称呼。○ ❷ 名 对太监的尊称（多见于古典小说和传统戏曲）。

【公股】gōnggǔ 名 联营的工商企业中，国家或集体所持有的股份。

【公关】gōngguān ❶ 名 公共关系的简称。❷ 名 指与公共关系相关的各项工作 ▷他在公司里搞～。

【公馆】gōngguǎn 名 旧称官员、富人的豪华住宅。

【公国】gōngguó 名 欧洲的诸侯国家，以公爵为国家元首。现今的公国大多为君主立宪制国家，如列支敦士登公国。

【公海】gōnghǎi 名 国家领海范围以外的、不属于任何国家主权所有的海域。

【公害】gōnghài ❶ 名 各种污染物对社会公共生活环境和生态环境造成的污染和破坏。废气、废水、废渣及噪声、恶臭、光污染等均能造成公害。❷ 名 泛指危害公众利益的事物 ▷扫黄打非,清除～|网络病毒是社会的～。

【公函】gōnghán 名 平级的或不相隶属的单位之间往来的公务信件;泛指公家的函件。

【公侯】gōnghóu 名 公爵和侯爵;泛指有爵位的贵族和官位显赫的人。

【公会】gōnghuì 名 同业公会的简称。

【公积金】gōngjījīn ❶ 名 生产单位从税后利润中每年按规定比例提取的用于扩大再生产等的资金。❷ 名 为公共福利事业积累的长期性专项资金 ▷住房～。

【公祭】gōngjì 动 政府机关、人民团体或社会各界对死者举行祭奠 ▷～英烈|国家～日。

【公家】gōngjiā 名 指国家或集体(跟"私人"相区别)。

【公价】gōngjià 名 国家规定的价格;官价。

【公假】gōngjià 名 公家按规定给予的假期。如产假、工伤假、因公事暂离岗位而请的假等。

【公检法】gōng-jiǎn-fǎ 公安局、检察院、法院的合称。

【公交】gōngjiāo ❶ 名 公共交通的简称 ▷～线路|～车。❷ 名 指公交车 ▷乘～。

【公交车】gōngjiāochē 名 公共交通工具中车辆的统称。如公共汽车、无轨电车等。

【公教人员】gōng-jiào rényuán 指政府机关工作人员和学校教职员。

【公斤】gōngjīn 量 千克。

【公举】gōngjǔ 动 公推。

【公决】gōngjué 动 公众裁决;共同决定(重大的事情) ▷全民～。

【公爵】gōngjué ❶ 名 我国古代五等爵位的最高一等。❷ 名 欧洲一些国家贵族的最高爵位。

【公开】gōngkāi ❶ 形 不隐蔽的;面对大众的(跟"秘密"相对) ▷～的行动|～反对。❷ 动 使公开 ▷～他的身份。

【公开化】gōngkāihuà 动 由隐蔽的、秘密的变为公开的 ▷资金管理～。

【公开赛】gōngkāisài 名 对参赛资格要求比较宽松、报名人数不作限制,运动员以个人身份报名即可参加的体育比赛。如世界网球公开赛。

【公开信】gōngkāixìn 名 针对特定对象公开发表的信。

【公筷】gōngkuài 名 集体用餐时公用的筷子,用来把菜夹到碗碟内,而不送入嘴里。

【公款】gōngkuǎn 名 属于公家的钱 ▷挪用～|严禁用～大吃大喝。

【公里】gōnglǐ 量 千米。

【公理】gōnglǐ ❶ 名 公众普遍认同的道理 ▷～战胜强权。❷ 名 已为实践反复证实、无须再加证明的命题。如"空间任意两点可以也只能确定一条直线"就是一条公理。

【公历】gōnglì 名 国际通用的历法。平年 1 年 365 天,分 12 个月,1、3、5、7、8、10、12 月为大月,每月 31 天,4、6、9、11 月为小月,每月 30 天,2 月 28 天。每隔 4 年加 1 个闰日。闰年的 2 月是 29 天,全年为 366 天。以传说的耶稣生年为元年。通称阳历。也说格里历。

【公立】gōnglì 区别 公家设立的(跟"私立"相区别) ▷～医院。

【公粮】gōngliáng 名 农民或农业生产单位向国家缴纳的作为农业税的粮食。自 2006 年 1 月 1 日起,我国已全面取消农业税,不再缴纳公粮。

【公了】gōngliǎo 动 发生纠纷时,由政府主管部门依法或按照规定了结(跟"私了"相对)。

【公路】gōnglù 名 市区以外主要供汽车通行的交通大道。☛ 参见 286 页"道路"的提示。

【公论】gōnglùn ❶ 名 公众的评论 ▷社会～。❷ 名 公正的评论 ▷群众自有～。

【公民】gōngmín 名 具有一国国籍、享有该国宪法和其他法律规定的权利并履行义务的人。

【公民权】gōngmínquán 名 公民依法享有的人身、政治、经济、文化等方面的权利。其中宪法规定的称为公民基本权利。

【公亩】gōngmǔ 量 土地面积非法定计量单位,1 公亩等于 100 平方米,合 0.15 市亩。

【公募】gōngmù 动 用公开方式向不特定投资者(社会大众)发售证券等来募集(资金) ▷～债券。

【公墓】gōngmù 名 公共坟地 ▷烈士～。

【公派】gōngpài 动 由国家或单位派遣 ▷～出国深造。

【公判】gōngpàn ❶ 动 公众评议判断 ▷此事可交群众～。❷ 动 公开宣判。

【公平】gōngpíng 形 办事公正,不偏袒任何一方 ▷～竞争|机遇～。

【公平秤】gōngpíngchèng 名 市场或商管部门设置的公用标准秤,供顾客检验所购商品分量是否准确。

【公婆】gōngpó 名 公公①和婆婆①。

【公仆】gōngpú 名 为公众服务的人。

【公卿】gōngqīng 名 公和卿。我国古代泛指朝廷中地位很高的官员 ▷位居～。

【公顷】gōngqǐng 量 土地面积法定计量单位。1 公顷等于 10,000 平方米,合 100 公亩、15 市亩。

【公权】gōngquán 名 法律确认和保护的国家行

为、国家利益(跟"私权"相对) ▷不得滥用～|严防～私化。也说公权力。

【公然】gōngrán 副 明目张胆地;毫无顾忌地 ▷～反对|～侵犯。

【公人】gōngrén 名 旧指官府衙门里的差役(多见于近代汉语)。

【公认】gōngrèn 动 公众一致认为 ▷他的成就得到世界～。

【公伤】gōngshāng 名 因公事受的伤。

【公设】gōngshè 名 不需要任何证明就可以判断为真实的假设。如不在一条直线上的三个点可以确定一个平面。

【公社】gōngshè ❶ 名 远古时代,人们共同劳动、共同生活的一种组织形式。如氏族公社。❷ 名 无产阶级政权的一种形式。如 1871 年的巴黎公社。❸ 名 指 20 世纪50—80年代初我国的农村人民公社。

【公升】gōngshēng 量 容积非法定计量单位,1 公升等于 1 升,合 1 市升。也说立升。

【公使】gōngshǐ 名 一国派驻另一国的、仅次于大使级的常驻外交代表。现在也有在大使馆中设公使一职的。级别介于大使和参赞之间。

【公使馆】gōngshǐguǎn 名 一国派驻另一国的常驻办事机构。最高长官是公使,级别低于大使馆。

【公示】gōngshì 动 指领导层把某些决策及其实施情况公布出来,让群众知道或向群众征求意见 ▷实行财务～制。

【公式】gōngshì ❶ 名 用数学符号或文字表示各个量之间关系的式子。它具有普遍性,适用于同类关系的所有问题。如表示圆面积 S 和半径 r 之间关系的公式是 $S=\pi r^2$。❷ 名 泛指经过概括的对于同类事物普遍适用的方式、方法 ▷"团结—批评—团结"是正确处理人民内部矛盾的～。

【公式化】gōngshìhuà ❶ 动 指文艺创作中套用某种固定的模式来表现生活。❷ 动 指不是根据具体情况而是套用某种固定的模式处理不同的问题。

【公事】gōngshì 名 公家的事情(跟"私事"相区别) ▷出差办～|～私事要严格分清。

【公事公办】gōngshì-gōngbàn 公家的事情按公家的规定办理。比喻做事不讲私情。

【公输】gōngshū 名 复姓。

【公署】gōngshǔ ❶ 名 旧指官员办公的处所 ▷长官～|县～。❷ 名 地区一级行政机构称地区行政公署。

【公司】gōngsī 名 依法定程序成立、以营利为目的的具有法人资格的企业。我国的公司有有限责任公司和股份有限公司两种。

【公私】gōngsī 名 公家和私人 ▷～分明。

【公私合营】gōngsī héyíng 20 世纪 50 年代中期,我国对民族资本主义工商业进行社会主义改造所采取的国家资本主义的形式。

【公私兼顾】gōngsī-jiāngù ❶既要以国家、集体的大局为重,又要照顾好个人利益。❷中华人民共和国成立初期特指对民族资本主义工商业的政策,兼顾公方(国家)和私方(资本家)的利益 ▷～,劳资两利。

【公诉】gōngsù 动 刑事诉讼的一种方式,由检察机关代表国家为追究被告人的刑事责任而向法院提起诉讼(跟"自诉"相区别)。

【公诉人】gōngsùrén 名 代表国家向法院提起诉讼的人,在诉讼中居原告地位。

【公孙】gōngsūn 名 复姓。

【公孙树】gōngsūnshù 名 银杏。

【公所】gōngsuǒ ❶ 名 旧时区、镇、乡政府办公的地方 ▷区～|乡～。❷ 名 旧时同业或同乡组织聚会和办理公务的地方 ▷米业～。

【公摊】gōngtān ❶ 动 (费用、建筑面积等)由相关的人或单位平均分摊 ▷各家～楼内公共照明费|楼道、电梯间所占面积由楼内各业主～。❷ 名 公摊的费用、建筑面积等 ▷扣除～,这套房的实测面积是 110 平方米。

【公堂】gōngtáng 名 旧指官吏办理公务或审理案件的厅堂;今也借指法庭 ▷对簿～。

【公投】gōngtóu 动 公决性投票 ▷全民～。

【公推】gōngtuī 动 由公众推举(某人做某事) ▷我们～他为这次活动的召集人。

【公文】gōngwén 名 机关、团体等向上呈报、向下布置或对外联系事务的正式文件。

【公文旅行】gōngwén-lǚxíng 指公文在各级机关传来传去,问题长时间得不到解决。形容办事手续繁琐,作风拖拉。

【公务】gōngwù 名 公家的事务 ▷执行～。

【公务卡】gōngwùkǎ 名 财政预算公务卡的简称。包括单位公务卡和个人公务卡两类。单位公务卡是预算单位指定工作人员持有,仅用于公务支出与财务报销,以单位为还款责任主体的信用卡。个人公务卡是预算单位工作人员持有的,主要用于公务支出与财务报销,并与个人信用记录相关联的信用卡。

【公务员】gōngwùyuán ❶ 名 旧指机关、团体中的勤杂人员。❷ 名 现指各级国家行政机关中的行政工作人员。

【公物】gōngwù 名 公家的东西 ▷保管～。

【公心】gōngxīn 名 公正的心;把公众的利益放在首位的思想 ▷秉持～|出于～。

【公信力】gōngxìnlì 名 取得公众信任的能力 ▷企业的～来自产品的质量和服务。

【公休】gōngxiū 动 在国家法定节假日休假 ▷～日。

【公序良俗】gōngxù-liángsú 良好的公共秩序与社会道德风尚(序:指秩序;俗:指风尚、习惯)。

【公学】gōngxué ❶ 名 14 世纪以来英国为培养贵族和资产阶级的子女而开办的一种私立寄宿中学。❷ 名 中国共产党曾经为培养干部而开办的学校,如陕北公学、西藏公学。

【公演】gōngyǎn 动 公开演出。

【公羊】gōngyáng 名 复姓。

【公冶】gōngyě 名 复姓。

【公义】gōngyì 名 公平正义的道理 ▷维护社会~|伸张~。

【公议】gōngyì 动 大家共同商议 ▷同行~。

【公益】gōngyì 名 社会公共的利益(多指群众的福利事业) ▷~事业|~金。

【公益广告】gōngyì guǎnggào 以维护社会公共利益为宗旨的非营利性广告。

【公益金】gōngyìjīn 名 企事业单位或集体经济组织用于本单位职工的社会保险和福利事业的基金。每年按规定的百分比从收益中提取。

【公营】gōngyíng ❶ 动 国家或集体投资经营(跟"私营"相区别,②同)。❷ 区别 国家或集体经营的 ▷~经济。

【公映】gōngyìng 动 公开放映 ▷这部影片~以来,反响强烈。

【公用】gōngyòng 动 社会公众或一定范围内的人共同使用 ▷~设施。

【公用电话】gōngyòng diànhuà 公共使用的电话机。一类有人收费;一类无人收费,使用者投币或刷卡付费。

【公用事业】gōngyòng shìyè 指为适应公众的生活需要而经营的各种事业。如煤气、电力、自来水、公共交通、通信等。

【公有】gōngyǒu ❶ 动 国家或集体所有(跟"私有"相区别,②同) ▷公共资源由全社会~公用。❷ 区别 国家或集体所有的 ▷这家公司是~企业。

【公有制】gōngyǒuzhì 名 生产资料归全民或集体所有的制度(跟"私有制"相区别)。

【公余】gōngyú 名 规定的办公时间之外的时间 ▷~活动|利用~写作。

【公寓】gōngyù ❶ 名 旧指一种租期较长、按月计算房租的旅馆。❷ 名 可以容纳许多人家居住的楼房,房间成套,设备较好 ▷外交~。❸ 名 由专人管理的集体宿舍,设备较好,多为楼房 ▷学生~|职工~。

【公元】gōngyuán 名 国际通用的公历纪元。以传说的耶稣诞生年为公元元年,此前称公元前。我国从 1949 年起正式采用公元纪年。

【公园】gōngyuán 名 供公众游览休息的园林,一般设在城市中,花草树木很多,有的还有湖水。

【公约】gōngyuē ❶ 名 指三个或三个以上国家就政治、经济、技术等方面的问题缔结的条约。如 1949 年关于保护战争受难者的四个《日内瓦公约》。❷ 名 单位或集体订立的共同遵守的条规。如市民文明公约。

【公约数】gōngyuēshù ❶ 名 两个或两个以上数的共同的约数。❷ 名 比喻符合各方需求的事物 ▷寻求合作的最大~。

【公允】gōngyǔn 形 公平适当 ▷评论~。

【公债】gōngzhài 名 国家以信用方式向国内或国外借的债。

【公债券】gōngzhàiquàn 名 公债债权人所持的债权凭证。☛"券"不读 juàn,不要误写作"卷"。

【公章】gōngzhāng 名 作为机构或部门凭信的印章。

【公正】gōngzhèng 形 公平而不偏私 ▷~无私。

【公证】gōngzhèng 动 国家专门授权的机关根据当事人申请,依法证明其民事法律行为、有法律意义的文书以及有关事实的真实性和合法性;也指由第三方确认某种事实。

【公证处】gōngzhèngchù 名 依法具有公证权力、从事公证活动的专门机构。

【公证人】gōngzhèngrén 名 代表公证部门进行公证的人员。

【公之于世】gōngzhīyúshì 把真实情况向社会公布 ▷把事实~。

【公之于众】gōngzhīyúzhòng 把真实情况向公众公布。

【公职】gōngzhí 名 党政机关、国有企事业单位中的正式职务 ▷恢复~|辞去~。

【公制】gōngzhì 名 国际公制的简称。

【公众】gōngzhòng 名 指社会上大多数的人;大众 ▷保障~的知情权|~的意愿。

【公众号】gōngzhònghào 名 通常指微信公众账号。即单位或个人向微信公众平台提出申请注册时所设定的应用账号。该公众号经验证通过后,便可以在微信公众平台上实现同特定群体和个人进行文字、图片、语音、视频等沟通、互动。简称公号。

【公众人物】gōngzhòng rénwù 社会普遍关注的人物。如政坛要人、影视明星、体坛健将等。

【公诸】gōngzhū 动 把情况向人们公开(诸:"之""于"的合音) ▷将改革方案~社会。

【公诸同好】gōngzhūtónghào 把自己喜爱的东西拿出来供有同样爱好的人共同欣赏、享受。☛"好"这里不读 hǎo。

【公主】gōngzhǔ 名 周代规定天子嫁女须由同姓公侯主婚,东周以后就用公主来代称帝王的女儿。

【公助】gōngzhù ❶ 动 公家资助 ▷自费~|民办~。❷ 动 共同资助 ▷得到各方~。

【公转】gōngzhuàn 动 指一个天体围绕另一个天

体转动(跟"自转"相区别)。如太阳系的行星围绕太阳公转,卫星围绕行星公转。

【公子】gōngzǐ 名 古代称诸侯的儿子;后用来称富贵人家的儿子,也用来尊称别人的儿子。

【公子哥儿】gōngzǐgēr 名 原指不懂人情世故的富贵人家的子弟;后泛指娇生惯养、游手好闲的年轻男子。

【公子王孙】gōngzǐ-wángsūn 指贵族、官绅的子弟。

功 gōng ❶ 名 作出的贡献;较大的业绩(跟"过"相对) ▷~大于过|立~|~劳。→ ❷ 名 成效;效果 ▷事半~倍|~效。⇒ ❸ 名 作出成效所需要的技术修养 ▷练~|基本~|~力。⇒ ❹ 名 测量能量转换的一种物理量。物理学上把一个力使物体沿力的方向移动叫做功。功的大小等于作用力和物体在力的方向上移动的距离的乘积。法定计量单位是焦耳。

【功败垂成】gōngbàichuíchéng 事情在将近成功的时候遭到失败(垂:接近)。

【功不可没】gōngbùkěmò 功劳不可以埋没。

【功臣】gōngchén 名 指有功劳的臣子;现指对人民、国家有很大功劳的人 ▷开国~|人民~。

【功成名就】gōngchéng-míngjiù 指功业建立了,名声也得到了(就:完成)。

【功成身退】gōngchéng-shēntuì《老子》九章:"功遂身退,天之道也。"后用"功成身退"指建功后便主动引退。

【功德】gōngdé ❶ 名 功业和德行 ▷人民永远铭记他的~。❷ 名 佛教指诵经、念佛、做法事、布施等善行 ▷~圆满。

【功德无量】gōngdé-wúliàng 功业和德行大得没有限量。用来称颂人的功劳、恩德非常大或做了非常有益于众人的事情。

【功德圆满】gōngdé-yuánmǎn 原指佛教的一些佛事活动圆满完成;现指事情已经圆满成功。

【功底】gōngdǐ 名 功夫的根底;基本功 ▷文章很有~。

【功夫】gōngfu ❶ 名 本领,技能;特指武术方面的本领、技能 ▷这幅画很见~|中国~。❷名(做事)所投入的精力、时间等 ▷下~。

【功夫茶】gōngfuchá 名 福建、广东一带流行的一种饮茶风尚。对茶叶、茶具、水质等有较高要求,茶的泡制和饮用有一定的程序和礼仪上的讲究 ▷广东潮州的~名闻遐迩|~讲究的就是"功夫"。也说工夫茶。

【功夫片】gōngfupiàn 名 以武打功夫为主要表演形式的影视片。口语中也说功夫片ル(piānr)。

【功过】gōngguò 名 功劳和过错 ▷是非~。

【功绩】gōngjì 名 功劳和业绩 ▷历史~。

【功架】gōngjià 名 戏曲演员表演时的身段和姿势。

【功课】gōngkè ❶ 名 学生在学校学习的课程 ▷学好每门~。❷ 名 指教师给学生布置的作业 ▷每日留的~不能太多。❸ 名 泛指做某事之前,为取得理想效果所做的准备工作 ▷来北京之前做了很多旅游知识方面的~。❹ 名 指佛教信徒每日的早、晚课,内容包括诵经、念佛等。

【功亏一篑】gōngkuīyīkuì《尚书·旅獒》:"为山九仞,功亏一篑。"(篑:盛土的竹器)意思是堆九仞高的土山,只因差一筐土而没有完成。比喻做一件事情最后只差一点ル而没有取得成功。☛"篑"不读 guì。

【功劳】gōngláo 名 对事业作出的贡献 ▷~簿。

【功力】gōnglì ❶ 名 效力 ▷药酒的~不可低估。❷ 名 功夫和力量 ▷她的书法颇见~。

【功利】gōnglì ❶ 名 功效和利益 ▷干事业不能不讲~|~主义。❷ 名 指名誉、地位和钱财等 ▷不能一味追求个人~。

【功利主义】gōnglì zhǔyì 用实际成效或利益作为行为准则的伦理学说。

【功率】gōnglǜ 名 表示做功快慢程度的物理量,即在单位时间内所做的功或所消耗的功。单位是瓦特。

【功名】gōngmíng 名 功业和名位;封建时代特指官职名位或科举考试中所获得的称号 ▷~利禄|~未就。

【功能】gōngnéng 名 事物的功用和效能 ▷肝~|语法~|~紊乱。

【功效】gōngxiào 名 功能;效果 ▷~显著。

【功勋】gōngxūn 名 重大贡献;特殊功劳 ▷建立~|~艺术家。

【功业】gōngyè 名 功绩和事业 ▷~不朽。

【功用】gōngyòng 名 事物所能发挥的作用 ▷字典的主要~是供人查考。

【功罪】gōngzuì 名 功劳和罪过 ▷千秋~。

红(紅) gōng 见 1014 页"女红"。另见 566 页 hóng。

攻 gōng ❶ 动 进击;攻打 ▷~下敌人的阵地|易守难~|~势。→ ❷ 动〈文〉指责;抨击 ▷群起而~之|~讦。→ ❸ 动 专心致志地研究;钻研 ▷专~哲学。

【攻城略地】gōngchéng-lüèdì 攻打城池,夺取地盘(略:夺取)。

【攻打】gōngdǎ 动 为夺取敌方占据的地方而进攻 ▷~要地。

【攻读】gōngdú 动 专心致志地读书或钻研某一门学问 ▷~《史记》|~地球物理学。

【攻防】gōngfáng 动 进攻和防守 ▷~策略。

【攻关】gōngguān 动 攻打关口;比喻努力突破难点 ▷组织课题组集中力量~。

【攻击】gōngjī ❶ 动 进攻;打击 ▷发起猛烈～|～敌人的右翼。❷ 动 恶意指责;诽谤 ▷恶意～|无端～他人。

【攻歼】gōngjiān 动 进攻并歼灭(敌人)。

【攻坚】gōngjiān 动 强攻顽敌及其坚固的防御工事;比喻努力解决最难解决的问题 ▷努力～,开发新产品|～克难。

【攻坚战】gōngjiānzhàn 名 向设防坚固的城镇或阵地发起强攻的战斗;也比喻集中力量完成艰巨任务的斗争 ▷打通隧道是一场～。

【攻讦】gōngjié 动〈文〉(因利害冲突)揭发并攻击别人的过失或阴私 ▷相互～。

【攻克】gōngkè 动 攻下(敌方的城镇、据点);比喻突破(难题、难关等) ▷～敌城|～科学难题。

【攻擂】gōnglèi 动 原指登上擂台与擂主比武;现多指在体育或其他比赛中应战。

【攻略】gōnglüè ❶ 动〈文〉攻打夺取。❷ 名 指钻研学问或做某事的方略 ▷常见病防治～|对大赛～进行研讨。

【攻其不备】gōngqíbùbèi 趁对方没有防备的时候或向对方没有防备的地方发起攻击。

【攻取】gōngqǔ 动 进攻并夺取 ▷～县城。

【攻势】gōngshì 名 进攻的态势;进攻的行动 ▷展开强大的～|主队频频发动～。

【攻守】gōngshǒu 动 进攻和防守 ▷联合作战,协同～。

【攻守同盟】gōngshǒu tóngméng 原指国与国之间为了在战时互相救援、联合攻防而结成的同盟;现多指共同作案的人为了对付追查或审讯而事先达成的口径一致的默契。

【攻无不克】gōngwúbùkè 只要进攻,就没有拿不下来的。形容力量强大,所向披靡。

【攻陷】gōngxiàn 动 攻克;攻下 ▷～敌方要塞。

【攻心】gōngxīn ❶ 动 瓦解对方的斗志或意志 ▷政策～。○ ❷ 动 (毒气、怒火等)侵袭身体以致危及生命 ▷毒气～|急火～。

【攻占】gōngzhàn 动 攻克并占领 ▷～高地。

郰 gōng 名 姓。

供 gōng ❶ 动 供给(jǐ);供应 ▷～孩子念书|～不应求|～电。→ ❷ 动 提供某种东西让人使用 ▷仅～参考。→ ❸ 动 用按期还贷的方式购物 ▷～房|～车。❹ 名 按期还贷的款项 ▷月～(按月还贷的款项)|房～。○ ❺ 名 姓。☛ 读 gōng,指一般的给予;读 gòng,指供奉、担任、交代案情等,如"供佛""供职""供认"。

另见 482 页 gòng。

【供不应求】gōngbùyìngqiú 供应不能满足需求。☛"应"这里不读 yīng。

【供大于求】gōngdàyúqiú 供应超过需求。

【供电】gōngdiàn 动 供给电能 ▷全天～。

【供稿】gōnggǎo 动 按要求给有关部门提供稿件 ▷本报欢迎广大读者～。

【供过于求】gōngguòyúqiú 供大于求。

【供货】gōnghuò 动 供给货物 ▷～单位。

【供给】gōngjǐ 动 向需要的人提供生产、生活必需的物资、钱财等 ▷发展生产,保障～|我上学的费用由叔叔～。☛"给"这里不读 gěi。

【供给侧】gōngjǐcè 名 指国民经济中供给的一方,包括劳动力、土地、资金和创新等要素。供给侧与需求侧是发展经济的两个方面,两者应该相匹配(侧:这里指方面) ▷从～推动经济稳步发展。

【供给制】gōngjǐzhì 名 直接供给生活必需品的一种分配制度。中华人民共和国成立前在解放区以及中华人民共和国成立初期,对参加革命的工作人员曾实行这一制度。1955 年改为工资制。

【供暖】gōngnuǎn 动 用人工方法保持室温,包括集中供暖和局部供暖。

【供求】gōngqiú 名 供给和需求(多指商品) ▷市场～变化。

【供求关系】gōngqiú guānxi 市场供应量同市场需求量之间的比例关系。它是决定商品价格及其变化的主要因素。

【供求率】gōngqiúlǜ 名 社会总商品量与社会有支付能力的总需求量之间的比率。它是商品生产与消费之间的关系在市场上的反映。

【供热】gōngrè 动 供给热能 ▷～不足。

【供水】gōngshuǐ 动 供给用水 ▷安全～。

【供销】gōngxiāo 动 供应和销售(商品) ▷～两旺。

【供销社】gōngxiāoshè 名 供销合作社的简称。对农村供应和销售生产资料、生活用品,同时向农民收购农副产品的商业机构。

【供需】gōngxū 名 供求 ▷～平衡。

【供养】gōngyǎng 动 供给生活、教育费用 ▷他要～两位老人|～子女。☛ 跟"供养(gòngyǎng)"不同。

【供应】gōngyìng 动 提供所需物资等 ▷及时～。

【供应点】gōngyìngdiǎn 名 提供所需某种物资的网点,一般规模较小 ▷液化气～。

【供应舰】gōngyìngjiàn 名 在海上专门承担为其他军舰提供物资补给和紧急修理等任务的军舰 ▷航空母舰～|弹药～。也说补给舰。

【供应站】gōngyìngzhàn 名 提供所需物资的分支机构,一般规模较大 ▷热力～|农用物资～。

肱 gōng ❶ 名 人的上臂,即从肩到肘的部分 ▷～骨。→ ❷ 名〈文〉手臂 ▷曲～而枕。

【肱骨】gōnggǔ 名 上臂的长骨。上连肩胛骨，下接桡骨和尺骨。

宫 gōng ❶ 名 古代泛指房屋；后来专指帝王的住所 ▷皇～|故～|～殿。→ ❷ 名 古代五音（宫、商、角、徵、羽）之一，相当于简谱的"1"。→ ❸ 名 神话中仙人的住所 ▷天～|龙～|月～。→ ❹ 名 某些庙宇的名称 ▷雍和～|天后～。→ ❺ 名 某些文化娱乐场所的名称 ▷文化～|民族～。→ ❻ 名 宫刑。→ ❼ 名 指子宫 ▷刮～|～颈炎。○ ❽ 名 姓。

【宫灯】gōngdēng 名 一种吊灯。六角或八角形，表面糊绢纱或嵌玻璃，上面有各种图画，下面缀有流苏。原为宫廷专用，故称。

【宫殿】gōngdiàn 名 帝王居住的高大豪华的建筑。

【宫调】gōngdiào 名 中国古乐曲的调式。以宫、商、角、徵、羽、变宫和变徵为七声（七个音阶）。以宫为主音的调式叫宫，以其他各声为主音的调式叫调，合称宫调。

【宫禁】gōngjìn ❶ 名 〈文〉宫门的禁令。❷ 名 旧指帝王居住和处理朝政的地方。因宫中禁卫森严，臣下不得擅入，故称 ▷～森严。

【宫颈】gōngjǐng 名 子宫颈 ▷～癌。

【宫女】gōngnǚ 名 在宫廷里服役的女子。也说宫娥。

【宫墙】gōngqiáng 名 皇宫的围墙。

【宫阙】gōngquè 名 宫殿。因为宫殿门前两边有阙（宫殿门前两边的楼台），故称。

【宫扇】gōngshàn ❶ 名 古时宫廷仪仗的一种，皇帝宝座后面交叉着的又叫障扇。❷ 名 团扇。古代宫中多用，故称。

【宫室】gōngshì 名 古代指房屋；后来专指帝王的宫殿。

【宫廷】gōngtíng ❶ 名 帝王居住和处理朝政的地方。❷ 名 借指以帝王为首的统治集团 ▷～政变。☛ 不宜写作"宫庭"。

【宫廷政变】gōngtíng zhèngbiàn 宫廷内部发生篡夺帝位的事变；现一般指国家统治集团内部自上而下地夺取政权的事变。

【宫外孕】gōngwàiyùn 动 受精卵在子宫外发育的妊娠现象。宫外孕可引起大量出血、休克以至生命危险。

【宫闱】gōngwéi ❶ 名 帝王后妃居住的地方。❷ 名 借指后妃。

【宫刑】gōngxíng 名 古代一种阉割生殖器或破坏生殖机能的酷刑。也说腐刑。

【宫苑】gōngyuàn 名 畜养禽兽和种植花木，供帝王及皇室贵族游玩和打猎的园林。

恭 gōng ❶ 形 恭敬 ▷洗耳～听|谦～。○ ❷ 名 姓。☛ 下边是"⺗"（心的变形），不是"小"或"氺"。

【恭贺】gōnghè 动 恭敬地祝贺或祝愿 ▷～新年。

【恭候】gōnghòu 动 恭敬地等候 ▷～大驾。

【恭谨】gōngjǐn 形 恭敬而谨慎 ▷处世～。

【恭敬】gōngjìng 形 对长者或宾客尊重而有礼貌。

【恭请】gōngqǐng 动 恭敬地邀请 ▷～光临。

【恭顺】gōngshùn 形 恭敬顺从 ▷对祖父很～。

【恭听】gōngtīng 动 恭敬地听取 ▷洗耳～。

【恭桶】gōngtǒng 名 便桶。参见 197 页"出恭"。

【恭维】gōngwéi 动 为讨好对方而奉承 ▷不敢～|～话。☛ 不要写作"恭惟"。

【恭喜】gōngxǐ 动 客套话，用于祝贺对方的喜事 ▷～你荣登榜首。

【恭迎】gōngyíng 动 恭敬地迎接 ▷～大驾。

【恭祝】gōngzhù 动 恭敬地祝贺或祝愿（多用于书信）▷～开业大吉|～贵体安康！

蚣 gōng 见 1455 页"蜈(wú)蚣"。

躬（*躳） gōng ❶ 名 身体 ▷鞠～。→ ❷ 副 〈文〉表示动作行为是由施事者自己发出的，相当于"亲自" ▷事必～亲|～行。→ ❸ 动 身子向前弯曲 ▷～身作揖。

【躬逢】gōngféng 动 〈文〉亲自遇见 ▷～其盛。

【躬耕】gōnggēng 动 〈文〉亲自种田 ▷～乐道。

【躬亲】gōngqīn 动 〈文〉亲自去做 ▷事必～。

【躬行】gōngxíng 动 〈文〉亲自实行 ▷～廉洁，率先垂范。

龚（龔） gōng 名 姓。

塨 gōng 用于人名。如李塨，清代人。

觥 gōng 名 古代饮酒用的器皿，多用兽角制成，也有用青铜或木制的 ▷～爵|～筹交错。参见插图 15 页。☛ 不读 guāng。

【觥筹交错】gōngchóu-jiāocuò 酒杯和酒筹交错起落（筹：喝酒时行令用的竹片等物）。形容相聚饮酒的热闹场面。

gǒng

巩（鞏） gǒng ❶ 形 牢固；坚固 ▷～固。○ ❷ 名 姓。

【巩固】gǒnggù ❶ 形 牢固；不易动摇（多用于抽象事物）▷民族团结更加～|～的经济基础。❷ 动 使牢固；在原有的基础上加以强化 ▷～学过的知识|～国防。☛ 跟"稳固"不同。作为形容词时，"巩固"强调的是结实，"稳

固"强调的是稳定。

【巩膜】gǒngmó 名 眼球表层的白色纤维膜，坚韧耐压，有支撑和保护眼球内部组织的作用。也说白眼珠。俗称眼白。

汞 gǒng ❶ 名 金属元素，符号 Hg。银白色液体，有毒，化学性质不活泼，能够溶解多种金属。可用来制造镜子、温度计、血压计、水银灯、药品等。通称水银。○ ❷ 名 姓。

【汞灯】gǒngdēng 名 水银灯。

【汞溴红】gǒngxiùhóng 名 一种有机化合物，呈片状或颗粒状，易溶于水。医药上用作消毒防腐剂。2%的水溶液通称红药水，用于皮肤小创伤和黏膜的消毒。也说红汞。

【汞柱】gǒngzhù 名 装在温度计、体温计里的水银。外观为圆柱形，能随温度的改变而改变长度，以指示数值。也说水银柱。

拱[1] gǒng ❶ 动 两手在胸前合抱，表示敬意 ▷～手。→ ❷ 动 围；环绕 ▷～卫｜众星～月。→ ❸ 形 弧形的(建筑物) ▷～门｜石～桥。→ ❹ 动 (肢体)向上耸或向前弯成弧形 ▷～肩缩背｜～腰。

拱[2] gǒng ❶ 动 用身体或身体的一部分向前或向上顶；向里或向外钻 ▷～开大门｜猪用嘴～地｜从人堆里向外～。→ ❷ 动 植物的幼苗从土里向外钻 ▷麦苗儿从土里～出来了。☛"拱"字不读 gōng 或 gòng。

【拱坝】gǒngbà 名 修建在河谷里的拦水坝。两端与两岸岩石相连，坝身向上游方向拱出，可以承受较大的水流压力。多用混凝土或浆砌石块筑成。

【拱抱】gǒngbào 动 (山峦等)环绕 ▷四面青山～，当中一块盆地。

【拱璧】gǒngbì 名〈文〉大璧；泛指珍贵的东西。

【拱顶】gǒngdǐng 名 拱券(xuàn)的顶部。

【拱火儿】gǒnghuǒr 动〈口〉用话语或行动惹人发火或使人火气更大。

【拱肩缩背】gǒngjiān-suōbèi 耸着肩，弯着背。形容身体蜷缩的样子。

【拱门】gǒngmén 名 顶部呈弧形的门。

【拱棚】gǒngpéng 名 顶部呈拱形、覆盖塑料薄膜的棚子，多用于培育花木、蔬菜等。

【拱桥】gǒngqiáo 名 桥身中部隆起，桥洞呈弧形的桥。如河北赵县的赵州桥。

【拱让】gǒngràng 动 拱手让给(他人) ▷此件为祖传墨宝，怎敢～！

【拱手】gǒngshǒu 动 拱[1]① ▷～而立｜～相让。

【拱卫】gǒngwèi 动 围绕在四周护卫着 ▷绿水环绕，群峰～｜众星～北辰。

【拱形】gǒngxíng 名 隆起呈一定弧度的形状。

【拱券】gǒngxuàn 名 桥梁、门窗等建筑物上部呈弧形的部分。☛"券"这里不读 quàn。

珙 gǒng 名〈文〉大璧。

【珙桐】gǒngtóng 名 落叶乔木，高可达 20 米。头状花序，基部有两个乳白色苞片，开花时，白色苞片布满树梢，如群鸽栖息。属国家保护植物。参见插图 6 页。

栱 gǒng 见 336 页"枓栱"。

硔 gǒng 用于地名。如：硔池，在山西；木梨硔，在安徽。

另见 570 页 hóng。

gòng

共 gòng ❶ 动 一起承受或进行 ▷同甘苦，～患难｜～事。→ ❷ 形 大家都具有的；相同的 ▷～性｜～识。→ ❸ 副 一同；一齐 ▷同舟～济｜和平～处｜～存。❹ 副 总计；合计 ▷～来了 9 个人｜～写了三十多万字。→ ❺ 名 指共产党 ▷中～中央。○ ❻ 名 姓。

【共产党】gòngchǎndǎng ❶ 名 工人阶级的政党，是工人阶级的先锋队和最高组织形式。指导思想和理论基础是马克思列宁主义，组织原则是民主集中制，根本目的是实现社会主义和共产主义。❷ 名 特指中国共产党。参见 1783 页"中国共产党"。

【共产党员】gòngchǎndǎngyuán 名 共产党的成员；特指中国共产党的成员。

【共产国际】gòngchǎn guójì 1919 年在列宁领导下在莫斯科成立的全世界共产党和共产主义组织的国际联合组织，总部设在莫斯科。1943 年 6 月解散。也说第三国际。

【共产主义】gòngchǎn zhǔyì ❶ 马克思主义所指明的人类最理想的社会制度。分两个阶段，初级阶段是社会主义，高级阶段是共产主义。通常说的共产主义是指共产主义的高级阶段。这个阶段的特点是：生产力高度发展，社会产品极大丰富，人们具有高度的思想觉悟，劳动成为生活的第一需要，消灭了三大差别，实行共产主义公有制和各尽所能、按需分配的分配原则。❷ 指马克思、恩格斯所创立的共产主义学说。

【共处】gòngchǔ 动 共同相处；共存 ▷和平～｜两人难以～。

【共存】gòngcún 动 共同存在；共同生存 ▷长期～，荣辱与共｜～共荣。

【共度】gòngdù 动 共同度过 ▷～周末。

【共犯】gòngfàn ❶ 动 共同犯罪。❷ 名 共同犯罪的人。包括主犯、从犯、胁从犯、教唆犯。

【共赴】gòngfù 动 共同奔赴；共同前往 ▷～前

线｜～国难(共同前往拯救国难)。

【共管】gòngguǎn ❶ 动 共同管理 ▷环境卫生要由有关部门～。❷ 动 指国际共管,即由两个或两个以上国家共同统治、管理某一国家或某一地区。

【共和】gònghé ❶ 名 历史上称西周从厉王出逃到宣王执政共14年为共和。共和元年(公元前841年)是我国有确切纪年的开始。○ ❷ 名 指共和制。

【共和国】gònghéguó 名 实施共和制的国家。

【共和制】gònghézhì 名 国家权力机关和国家元首由选举产生、并有一定任期的政治制度(跟"君主制"相区别)。

【共话】gònghuà 动 一起谈论 ▷老友相聚,～当年。

【共计】gòngjì ❶ 动 合在一起算 ▷两项开支～20万元。❷ 动 共同计议 ▷～大事。

【共建】gòngjiàn 动 共同建设 ▷军民～文明城市。

【共居】gòngjū ❶ 动 一起居住 ▷～一室。❷ 动 共同存在 ▷～榜首。

【共聚】gòngjù 动 共同聚会 ▷～一堂。

【共克时艰】gòngkè-shíjiān 共同战胜当前的困难。参见1245页"时艰"。

【共勉】gòngmiǎn 动 互相勉励;共同努力 ▷师生～｜同行(xíng)～。

【共鸣】gòngmíng ❶ 动 物体因共振而发声。❷ 名 比喻由别人的某种情绪、情感而引起的相同的情绪、情感 ▷唤起读者的～。

【共谋】gòngmóu 动 〈文〉一起谋划 ▷～大业。

【共栖】gòngqī 动 两种都能独立生存的生物以一定关系生活在一起。如海葵附着(zhuó)在有寄居蟹匿居的贝壳壳口周围,利用寄居蟹作为运动工具,并以它吃剩的残屑为食;寄居蟹可以受到海葵刺细胞的保护。

【共青团】gòngqīngtuán 名 中国共产主义青年团的简称。是中国共产党领导的先进青年的群众组织,是党的助手和后备军。

【共青团员】gòngqīngtuányuán 名 中国共产主义青年团的成员。

【共荣】gòngróng 动 共同繁荣 ▷共生～。

【共商】gòngshāng 动 共同商议 ▷～大计。

【共生】gòngshēng 动 泛指两个或两个以上的机体生活在一起。一般指一种生物生活于另一种生物体内或体外的互利共存的关系。

【共生矿】gòngshēngkuàng 名 储藏在同一矿床中的几种不同的矿物。例如黄铁矿、自然金和石英同生一矿。

【共时】gòngshí 区别 共处于某一时期的(跟"历时"相对) ▷～语言学。

【共识】gòngshí 名 一致的认识 ▷双方取得～。

【共事】gòngshì 动 在一起工作;在一起做事 ▷我们在同一家公司～｜合作～。

【共通】gòngtōng 形 通行或适用于各方面的;共同的 ▷～之处｜～的思想感情。

【共同】gòngtóng ❶ 区别 大家都有的;彼此相同的 ▷～的爱好｜～纲领。❷ 副 表示一起(做) ▷～奋斗。

【共同点】gòngtóngdiǎn 名 彼此都具有的方面或特点 ▷两人在性格上没有～。

【共同市场】gòngtóng shìchǎng ❶ 若干贸易国之间为了共同的经济利益而组成的相互合作的统一市场。❷ 特指欧洲共同市场,即欧洲经济共同体。

【共同体】gòngtóngtǐ ❶ 名 人们在某些相同条件下结成的集体 ▷利益～｜这个部落是许多氏族的～。❷ 名 若干国家由于在某些方面有共同利益而结成的联盟 ▷欧洲经济～。

【共同性】gòngtóngxìng 名 共同的性质特点 ▷～与差异性并存。☛ 适用范围比"共性"广。

【共同语】gòngtóngyǔ 名 民族内部共同使用的语言。一般是在一种方言的基础上发展起来的。现代汉民族共同语是以北京语音为标准音,以北方话为基础方言,以典范的现代白话文著作为语法规范的普通话。

【共同语言】gòngtóng yǔyán 指共同的思想感情、生活情趣等 ▷两人志趣迥异,没有～。

【共享】gòngxiǎng 动 共同享有;共同享用 ▷～发展机遇｜信息～｜～经济。

【共享单车】gòngxiǎng dānchē ❶ 指在公共区域提供的自行车共享服务。用户可以用手机扫描二维码或通过蓝牙技术等开锁骑车,使用完毕通过网络账户支付费用。❷ 也指这种共享服务所提供的自行车。

【共享经济】gòngxiǎng jīngjì 一种新的经济模式,通过互联网把社会闲散资源和需求集中到一个平台上,采用数字化匹配对接进行交易,供方获得报酬,需方获得闲散资源的有偿使用权 ▷～成为新的经济增长点。

【共性】gòngxìng 名 哲学上指某类事物共同具有的普遍性质,决定这类事物发展的基本趋势(跟"个性"相区别)。

【共议】gòngyì 动 共商 ▷～改革方案。

【共赢】gòngyíng 动 参与各方都得到利益 ▷互利～。

【共有】gòngyǒu 动 共同占有或享有 ▷合理分割～财产｜我们～一片蓝天。

【共振】gòngzhèn 动 两个物体振动频率相同,当一个物体振动时另一个物体也跟着振动。

【共总】gòngzǒng 副 总共 ▷～有一百余人。

贡(貢) gòng ❶ 动 贡奉 ▷～品｜～献。→ ❷ 名 贡品 ▷进～｜纳～。→

❸ 动古代为朝廷选拔举荐人才 ▷～生|～士。○ ❹ 名姓。

【贡缎】gòngduàn 名一种棉织品，纹路像缎子，光滑而有亮光。过去多用来做被面。

【贡奉】gòngfèng 动向朝廷贡献物品；进贡 ▷遣使～。☛ 跟"供奉"不同。

【贡酒】gòngjiǔ 名古代作为贡品的美酒。

【贡品】gòngpǐn 名古代臣民或属国向帝王进献的物品。

【贡生】gòngshēng 名明清两代指从府、州、县学推荐到京师国子监学习的生员（秀才）。

【贡士】gòngshì ❶ 动古代指地方向朝廷举荐人才 ▷诸侯岁献，～于天子。❷ 名被举荐给朝廷的人才；特指明清时期会试考中的人，可以参加殿试。

【贡献】gòngxiàn ❶ 动把自己的财物、才智、力量等不计回报地献给国家或公众 ▷把祖传秘方～出来。❷ 名对国家或公众所做的有益的事 ▷李时珍对药物学的～很大。

【贡院】gòngyuàn 名科举时代举行乡试或会试的场所。

供[1] gòng ❶ 动供奉① ▷桌上～着果品|～佛|～品。→ ❷ 名供品 ▷摆～|上～。○ ❸ 动从事；担任 ▷～事|～职。

供[2] gòng ❶ 动受审者交代案情 ▷～出同案犯|～词|～状。→ ❷ 名受审者交代的有关案情的话 ▷录～|翻～。

另见 478 页 gōng。

【供案】gòng'àn 名供桌。

【供称】gòngchēng 动受审者陈述交代 ▷犯罪嫌疑人～他的任务是刺探军事情报。

【供词】gòngcí 名受审者口头或书面陈述的有关案情的话。

【供奉】gòngfèng ❶ 动在神佛或先辈的遗像或牌位前陈设香烛、摆放祭品，以示敬奉。❷ 动向朝廷供(gōng)应 ▷这些黄绫是由织造府负责～的。❸ 名以某种技艺在帝王身边服务的人；特指被召进宫演唱的伶人。☛ 跟"贡奉"不同。

【供果】gòngguǒ 名祭祀时摆放的果品。

【供品】gòngpǐn 名供奉神佛、祖先时摆放的瓜果、酒食等物品。

【供认】gòngrèn 动被审讯的人承认所做的事情。

【供认不讳】gòngrèn-bùhuì 被审讯的人毫无隐瞒地承认所做的事情。

【供事】gòngshì 动〈文〉供职。

【供述】gòngshù ❶ 动被审讯的人叙述（所做的事）▷嫌犯主动～了自己的罪行。❷ 名供述的话语或话语记录 ▷审阅一个死刑犯的～。

【供养】gòngyǎng 动用供品祭祀神佛或祖先。☛ 跟"供养(gōngyǎng)"不同。

【供职】gòngzhí 动担任职务 ▷他在外交部～。

【供状】gòngzhuàng 名书面供词 ▷在～上签字、按手印。

【供桌】gòngzhuō 名供奉神佛、祖先时摆放供品的桌子。

唝（嗊）gòng［唝吥］gòngbù 名地名，在柬埔寨。现在写作"贡布"。

gōu

勾[1] gōu ❶ 形像钩子一样弯曲的 ▷鹰～爪|鹰～鼻子。→ ❷ 动用钩形符号表示重点或删掉 ▷把重点词～出来|～掉这笔账|～销。❸ 动勾画 ▷几笔就～出远山的轮廓|～脸。→ ❹ 动像用钩子钩住；串通 ▷～肩搭背|～结|～通。❺ 动招引；引出 ▷几句话～起了她对往事的回忆|着了点儿凉，竟～起了旧病。○ ❻ 动用加水和(huó)好的石灰、水泥等涂抹砖石建筑的缝隙 ▷～墙缝儿。○ ❼ 动调(tiáo)制 ▷～芡|～兑。○ ❽ 名姓。

勾[2] gōu 名我国古代数学上指不等腰直角三角形中较短的直角边 ▷～股形。☛ "勾"字读 gòu，只用于"勾当"。

另见 485 页 gòu。

【勾除】gōuchú 动在姓名、项目等上面画钩，表示删除或取消 ▷这几个人的名字已被～。

【勾搭】gōuda ❶ 动引诱别人或互相串通（干坏事）▷他们暗中～，形迹可疑。❷ 动特指男女相诱私通 ▷～成奸。

【勾兑】gōuduì 动按比例把不同的酒或酒跟果汁调制在一起，使成为不同口味的酒。

【勾缝】gōufèng 动用灰、泥等涂抹砖石建筑的缝隙 ▷这堵墙还没～呢。

【勾股形】gōugǔxíng 名我国古代数学上指直角三角形（两直角边为勾和股，斜边为弦）。

【勾画】gōuhuà ❶ 动勾勒描画 ▷～草图|～头像。❷ 动用简练的文字描述 ▷～出罪犯的丑恶嘴脸。☛ 不要写作"勾划"。

【勾绘】gōuhuì 动勾勒描绘 ▷甲骨文的记载～出商代社会的历史概貌。

【勾魂】gōuhún 动迷信指把灵魂从人体中勾取出来；比喻受某事物吸引而心神不定。

【勾魂摄魄】gōuhún-shèpò 迷信指把人的魂魄勾取出来。形容事物具有强大的魅力，使人心神不定，不能自制。

【勾稽】gōujī 现在一般写作"钩稽"。

【勾肩搭背】gōujiān-dābèi 彼此把手搭在对方的肩上或背上。形容亲昵。

【勾结】gōujié 动 互相串通、结合在一起(做坏事) ▷几个人~在一起造谣生事。

【勾栏】gōulán ❶ 名〈文〉栏杆 ▷桥上~,皆石也。❷ 名 宋元时期演出杂剧、百戏的场所。后泛指剧场;也指妓院。☛ 不宜写作"勾阑"。

【勾勒】gōulè ❶ 动 用简单的线条画出人或物的轮廓。❷ 动 用简洁的文字描写出人或物的概貌 ▷~人物形象。☛ 不宜写作"钩勒"。

【勾连】gōulián ❶ 动 勾结 ▷相互~,狼狈为奸。❷ 动 牵连 ▷这事把他也~上了。☛ 不要写作"勾联"。

【勾脸】gōuliǎn 动 戏曲中净角、丑角等按照角色的要求在脸上勾画出表现人物性格、特征的脸谱。

【勾留】gōuliú 动 停留;逗留 ▷回国途中,在巴黎稍作~|在上海~了一段时间。

【勾描】gōumiáo 动 勾画描绘 ▷临摹~。

【勾芡】gōuqiàn 动 做菜、做汤时将芡粉调成浆状,均匀倒入菜、汤内,使汤汁变稠。

【勾通】gōutōng 动 勾结串通 ▷恶势力相互~,扰乱社会治安。☛ 跟"沟通"不同。"勾通"是贬义的,只用于人;"沟通"是中性的,可用于人,也可用于事物。

【勾销】gōuxiāo 动 原指用笔勾去已了结的账目;后泛指取消、抹掉 ▷债务一笔~。☛ 不宜写作"勾消"。

【勾心斗角】gōuxīn-dòujiǎo 原指宫室建筑的结构精巧(心:宫室的中心;角:檐角;勾、斗:勾连结合);现比喻费尽心机,明争暗斗。

【勾乙】gōuyǐ 动 把像"乙"的符号(⌊ ⌉)画在报刊书籍的某些词句两端,表示要抄录下来作为资料。

【勾引】gōuyǐn ❶ 动 勾结串通 ▷臭味相投,互相~。❷ 动 引诱(别人做不正当的事) ▷他~多人共同作案。❸ 动 引发 ▷~起对往事的回忆。

句 gōu ❶ 古同"勾"。○ ❷用于"句践"(春秋时越国国王)、"高句丽"(中国古族名、古国名)。

另见 749 页 jù。

佝 gōu 见下。☛ 统读 gōu。

【佝偻】gōulóu 动 脊背弯曲 ▷~着腰|~病。

【佝偻病】gōulóubìng 名 缺乏维生素 D 引起的钙、磷代谢障碍性疾病。主要症状为鸡胸、驼背、下肢弯曲等。也说软骨病。

沟(溝) gōu ❶ 名 古代指田间灌溉或排水的水道;后泛指小的水道 ▷垄~|排水~|河~。→ ❷ 名 人工挖掘的沟状防御工事 ▷深~高垒|壕~|交通~。→ ❸ 名 指山谷 ▷七~八梁|山~。→ ❹ 名 浅槽或像浅槽的洼处 ▷车轮把耕地压了一道~|我们来到村东的田野,脚下一条~,~上一片绿。→ ❺ 名 比喻差别或隔阂 ▷代~。

【沟沟坎坎】gōugōukǎnkǎn 名 指崎岖不平的道路上众多的水沟和土坎;比喻人生道路上遇到的各种障碍和磨难。

【沟谷】gōugǔ 名 水流在地面上冲刷形成的沟,平时干涸,雨季有流水。

【沟灌】gōuguàn 动 一种灌溉方法,在农作物行间开沟灌水。

【沟壑】gōuhè 名 山沟;溪谷。

【沟坎】gōukǎn 名 沟和坎。

【沟堑】gōuqiàn 名 壕沟。也说沟壕。

【沟渠】gōuqú 名 为排灌而开掘的水道的统称。

【沟通】gōutōng 动 使彼此相通 ▷~思想|~海峡两岸关系。☛ 参见本页"勾通"的提示。

【沟沿儿】gōuyánr 名 沟渠两侧的边沿。☛ "沿儿"不要读作 yànr。

枸 gōu [枸橘] gōujú 名 枳。

另见 484 页 gǒu;747 页 jǔ。

钩(鈎*鉤) gōu ❶ 名 钩子 ▷把铁丝弯个~|秤~|鱼~|衣~。→ ❷ 动 用钩状物探取、悬挂或连接 ▷用拐棍儿把床底下的鞋~出来|火车挂钩把两节车厢紧紧地~住。⇒ ❸ 动〈文〉探求 ▷~沉|~玄。⇒ ❹ 动 用带钩的针编织 ▷~一块桌布|~花边。→ ❺ 名 汉字的笔画,呈钩形,附在横、竖等笔画的末端,形状是"亅""乀""乚"等。→ ❻ 名 钩形符号,形状是"√",用来表示"正确"或"合格" ▷对的打个~。→ ❼ 动 缝纫方法,用针线来回曲折地缝 ▷~贴边。→ ❽ 名 某些场合读数字时代替"9"(9 的字形像钩) ▷洞~(09)。☛ 跟"钓(diào)""钧(jūn)"不同。

【钩沉】gōuchén 动〈文〉探索深奥的道理或辑录散失的材料。

【钩秤】gōuchèng 名 一端系有铁钩的杆秤,把东西挂在钩上称出重量。

【钩虫】gōuchóng 名 一种寄生虫。成虫线形,口部有钩,寄生在人的小肠内,能引起贫血、丘疹等。

【钩稽】gōujī ❶ 动 探索考查 ▷~前人事迹。❷ 动 核算;稽核。

【钩心斗角】gōuxīn-dòujiǎo 现在一般写作"勾心斗角"。

【钩玄】gōuxuán 动〈文〉探求精深的道理。

【钩针】gōuzhēn 名 手工编织花边等用的带钩的针。☛ 不宜写作"勾针"。

【钩子】gōuzi 名 悬挂、探取、连接器物或捕捉鱼虾的用具，形状弯曲。

缑(緱) gōu ❶ 名〈文〉缠在刀剑等柄上的绳子。○ ❷ 名 姓。☛ 不读 hóu。

篝 gōu 名〈文〉竹笼 ▷衣物满～。

【篝火】gōuhuǒ 名 指在野外或空旷的地方架起木柴燃烧的火堆 ▷～晚会。

鞲 gōu [鞲鞴] gōubèi 名 德语 kolben 音译。汽缸或泵里的活塞。

韝 gōu 名〈文〉皮制的臂套。

gǒu

苟¹ gǒu ❶ 形 苟且① ▷一丝不～。→ ❷ 副 表示行为随便、不慎重 ▷不敢～同｜不～言笑。❸ 副 苟且③ ▷～全性命｜～延残喘｜～安。○ ❹ 名 姓。

苟² gǒu 连〈文〉连接分句，表示假设关系，相当于"假如""如果" ▷～富贵，无相忘。

【苟安】gǒu'ān 动 苟且偷安 ▷～一隅｜～一时。

【苟存】gǒucún 动 苟且生存；苟且存在 ▷～人世。

【苟得】gǒudé 动 不正当地取得 ▷不巧取，不～。

【苟合】gǒuhé ❶ 动〈文〉无原则地附和或迎合 ▷～取容。❷ 动 苟且结合；多指男女之间不正当地结合。

【苟活】gǒuhuó 动 苟且生存 ▷与其在敌寇铁蹄下～，不如奋起反抗。

【苟简】gǒujiǎn 形〈文〉苟且简略；草率粗略 ▷行文过于～。

【苟且】gǒuqiě ❶ 形 草率；不认真 ▷因循～｜一字一句都不敢～。❷ 形 不正当的(多指男女关系) ▷不做～之事。❸ 副 得过且过地；姑且 ▷～偷生｜～生存。

【苟且偷安】gǒuqiě-tōu'ān 得过且过，只图眼前的安逸。

【苟且偷生】gǒuqiě-tōushēng 得过且过，勉强地活着。形容生活得毫无意义。

【苟全】gǒuquán 动 苟且保全(性命) ▷～性命。

【苟同】gǒutóng 动 随便、轻易地同意 ▷不敢～。

【苟延残喘】gǒuyán-cánchuǎn 勉强延续临死前的喘息。比喻勉强维持着生命。

岣 gǒu [岣嵝] gǒulǒu 名 山名，衡山的主峰，在湖南衡山县西；也指衡山。

狗 gǒu 名 犬的通称 ▷～尾续貂｜蝇营～苟｜偷鸡摸～。

【狗吃屎】gǒuchīshǐ 形容人脸朝下跌倒在地的姿势(含诙谐意)。

【狗胆】gǒudǎn 名 用于贬称人干坏事的胆量。

【狗胆包天】gǒudǎn-bāotiān 骂人的话，形容胆大妄为。

【狗苟蝇营】gǒugǒu-yíngyíng 蝇营狗苟。

【狗獾】gǒuhuān 名 獾的一种。参见 596 页"獾"。

【狗急跳墙】gǒují-tiàoqiáng 比喻在走投无路时不顾一切地去冒险。

【狗命】gǒumìng 名 比喻卑鄙下贱、一钱不值的性命。

【狗刨】gǒupáo 名 一种非正规的泳姿，同狗刨水游泳的姿势相似。

【狗皮膏药】gǒupí gāoyao 一种把药膏涂在小块狗皮上的膏药。旧时江湖骗子常假造这种膏药骗钱，因而用来比喻骗人的货色。

【狗屁】gǒupì 名 比喻毫无价值的话或文章(骂人的话)。

【狗屎堆】gǒushǐduī 名 比喻遭人鄙弃的人 ▷不齿于人民的～。

【狗头军师】gǒutóu-jūnshī 对给坏人出谋划策的人或专爱给人出馊主意的人的蔑称。

【狗腿子】gǒutuǐzi 名 借指受坏人豢养并充当帮凶的人。

【狗尾草】gǒuwěicǎo 名 莠①的俗称。

【狗尾续貂】gǒuwěi-xùdiāo 古代侍从官员以貂尾为冠饰，后朝廷封官太滥，貂尾不足，只好以狗尾替代，民谚以"貂不足，狗尾续"相讽。后用"狗尾续貂"比喻以坏续好，前后不相称。

【狗熊】gǒuxióng ❶ 名 黑熊。❷ 名 比喻软弱无能的人 ▷当英雄，不当～。

【狗血喷头】gǒuxuè-pēntóu 原指把狗血喷在妖人头上，能破除其妖术。现指骂人骂得凶，使人狼狈难堪。

【狗咬狗】gǒuyǎogǒu 比喻坏人之间相互争斗。

【狗鱼】gǒuyú 名 鱼，体细长，稍侧扁，吻长口大，有锐利的牙齿。栖息在北半球寒冷地区淡水中，性凶猛，是淡水养殖业的害鱼。

【狗仔】gǒuzǎi 名 跟踪名人以获取独特新闻(多属个人隐私)的记者 ▷一些名演员的生活琐事常常成为～们追逐的热点｜～队。

【狗崽子】gǒuzǎizi 名〈口〉幼小的狗(多用作骂人的话)。

【狗仗人势】gǒuzhàngrénshì 狗依仗主人逞凶。比喻依仗别人的势力干坏事。

【狗彘不若】gǒuzhì-bùruò 连狗、猪都不如。形容人品极其低劣。

【狗嘴吐不出象牙】gǒuzuǐ tǔbuchū xiàngyá 比喻坏人嘴里说不出好话来。

耇 gǒu 〈文〉❶ 名 老年人面部的寿斑。→ ❷ 形 年老；高寿 ▷～老｜胡～(年纪很大的人)。→ ❸ 名 老年人。

枸 gǒu [枸杞] gǒuqǐ 名 落叶小灌木，茎丛生，有短刺，开淡紫色花。浆果叫枸杞子，红色,椭圆形,可以做药材;根皮也可以做药材,叫地骨皮。

另见 483 页 gōu;747 页 jǔ。

笱 gǒu 名 竹制的捕鱼工具,大口小颈,颈部装有逆向的细竹片,鱼进得去出不来。

gòu

勾 gòu [勾当] gòudàng 名 行为,今多指不好的事情 ▷尽干些见不得人的~。

另见 482 页 gōu。

构[1]（構*搆❶—❸） gòu ❶ 动 把各组成部分安排、结合起来 ▷~筑|~图|~词。→ ❷ 动 结成;组织(用于抽象事物) ▷~思|虚~。❸ 名〈文〉指文艺作品 ▷佳~。○ ❹ 名 姓。

构[2]（構） gòu 名 构树,落叶乔木,树身高大,开淡绿色小花,果实橘黄色。木材可制造家具,树皮是制造桑皮纸和宣纸的重要原料。也说楮或穀。

【构成】gòuchéng ❶ 动 组成;造成 ▷这部电视剧由几十集~|~威胁。❷ 名 结构;各组成部分的配搭 ▷合理调整教师队伍的~。

【构词法】gòucífǎ 名 由语素组合成词的方法。汉语构词法有复合式和附加式等。复合式是"词根+词根",如"人"和"民"合成"人民";附加式是"词根+词缀""词缀+词根"等,如"桌"和"子"构成"桌子","阿"和"姨"构成"阿姨"。

【构架】gòujià ❶ 名 建筑物的基本结构;泛指事物的框架 ▷大楼的~已经建筑完毕|重组体制~。❷ 动 构思设计(多用于抽象事物) ▷~海上中转网络。

【构件】gòujiàn 名 构成整个结构的相对独立的部分。如机械中的部件、零件,建筑中的梁、柱。

【构建】gòujiàn 动 构想并建立(多用于抽象事物) ▷~和谐社会。☛ 跟"构筑"不同。

【构拟】gòunǐ 动 构思与设计 ▷~施工方案。

【构思】gòusī ❶ 动 写文章、创作文艺作品前用心思酝酿 ▷这幅画儿~了很长时间。❷ 名 构思酝酿的结果 ▷~缜密|巧妙的~。☛ 参见本页"构想"的提示。

【构图】gòutú 动 在美术创作中,对要表现的形象进行设计、安排,构成协调完整的画面。

【构陷】gòuxiàn 动 罗织罪名,陷害别人 ▷~忠良|遭人~。

【构想】gòuxiǎng ❶ 动 构思;设想 ▷~新方案。❷ 名 已形成的构思设想 ▷关于治理沙漠的~|"一国两制"的伟大~。☛ 跟"构思"不同。作动词时,"构思"多用于文艺创作;作名词时,"构想"多用于重大的决策。

【构型】gòuxíng ❶ 名 事物的结构造型 ▷空间站目前有两种~|~别致。❷ 动 构造特定的形态或模式 ▷工程师为新产品~。

【构造】gòuzào ❶ 动 建造 ▷~房屋|~理想的大厦。❷ 名 事物内部各组成成分之间的组织和相互关系 ▷机器的~|地球的~。

【构筑】gòuzhù ❶ 动 建造;修筑 ▷~桥梁。❷ 动 构建 ▷~经济发展新框架。☛ ㊀跟"构建"不同。㊁参见 675 页"建筑"的提示㊁。

购（購） gòu 动 买 ▷~买|~置|采~|收~。

【购并】gòubìng 动 并购。

【购得】gòudé 动 买到手 ▷~黄豆 5 万斤。

【购价】gòujià 名 买价。

【购买】gòumǎi 动 买。

【购买力】gòumǎilì ❶ 名 指个人或社会集团在一定时期内购买商品和支付生活费用的能力,即货币的拥有量 ▷居民~|社会集团~。❷ 名 指单位货币在一定时期内购买商品的能力 ▷人民币~稳中有升。

【购物】gòuwù 动 购买物品。

【购物中心】gòuwù zhōngxīn 大型综合商场,一般开设在繁华区或交通便利处。

【购销】gòuxiāo 动 收购和销售 ▷~差价。

【购置】gòuzhì 动 购买置办(多指耐用的大件商品或器材等) ▷~仪器|~房产。

诟（詬） gòu〈文〉❶ 名 耻辱 ▷行莫丑于辱先,~莫大于宫刑|~丑。→ ❷ 动 辱骂;指责 ▷~骂|~詈。

【诟病】gòubìng 动〈文〉指责;责骂 ▷遭世人~。

【诟詈】gòulì 动〈文〉诟骂。

【诟骂】gòumà 动〈文〉辱骂 ▷相互~。

垢 gòu ❶ 名 污秽、肮脏的东西 ▷藏污纳~|污~|油~|牙~。→ ❷ 形 不干净;肮脏 ▷蓬头~面。○ ❸ 同"诟"①。

姤 gòu ❶ 形〈文〉善 ▷其人夷~。○ ❷ 古同"遘"。

冓 gòu〈文〉❶ 动 木材交错堆积。→ ❷ 动 遇;相遇 ▷~大雨。→ ❸ 名 借指内室 ▷中~之言。

够（*夠） gòu ❶ 动 满足或达到需要的数量、标准等 ▷买票的钱~了|刚~标准|时间不~用。→ ❷ 副 表示达到某种标准或程度很高 ▷这块布做上衣不~长|天气真~冷的。→ ❸ 形 达到并超过某一限度,难以承受 ▷天天都是一样的菜,真吃~了。○ ❹ 动〈口〉(用肢体等)伸向不易达到的地方去探取或接触 ▷把柜顶上的书~下来|~不着。

【够本】gòuběn ❶ 动 经商不赔不赚;赌博不输不赢 ▷这笔生意刚~。❷ 动 泛指得失持平。

【够不着】gòubuzháo 动 尽力伸出手或抬起脚跟仍探取不到；比喻相距太远，接触不到或达不到 ▷踮起脚也～|进步很大，但还～前几名。☛"着"这里不读 zhuó。

【够得着】gòudezháo 动 尽力伸出手或抬起脚跟就能探取到；比喻相距不远，可以接触到或能达到 ▷竿子再长点儿才能～|制定一个经努力可以～的目标。☛"着"这里不读 zhuó。

【够哥们儿】gòugēmenr〈口〉讲义气，够朋友。

【够格】gòugé 动 达到规定的条件或标准 ▷他参军已经～了。

【够交情】gòujiāoqing ❶ 指交情达到一定深度 ▷他俩无话不谈，真是～。❷ 够朋友。

【够劲儿】gòujìnr 形 形容达到相当高的程度 ▷这几天热得真～。

【够面子】gòumiànzi ❶ 很体面 ▷难道非把婚礼搞得这么排场才～？❷ 很有面子 ▷他真～，有那么多朋友帮忙。

【够朋友】gòupéngyou 指尽了朋友应尽的情义 ▷老兄真～，我一辈子忘不了你的好处。

【够呛】gòuqiàng 形〈口〉形容情况非常严重，令人难以承受 ▷气得～|伤口疼得～。

【够戗】gòuqiàng 现在一般写作"够呛"。

【够瞧的】gòuqiáode ❶ 形 形容程度很高 ▷这套房子的价钱可真～。❷ 形 很不好；不能令人满意 ▷这孩子的功课可～。

【够受的】gòushòude 形 令人难以忍受 ▷天这么热，可真～。

【够数】gòushù 动 达到所要求的数量 ▷买车的钱还没凑～。

【够味儿】gòuwèir 形 形容滋味、韵味等达到相当高的水准，让人满意 ▷这种龙井茶还真～|这段反二黄唱得真～。

【够意思】gòuyìsi ❶ 形容达到相当高的水平或程度 ▷家具做得～。❷ 够朋友。

遘 gòu 动〈文〉遇到 ▷～时（遇到好时机）|～疾|～难|～会（相逢）。

彀 gòu ❶ 动〈文〉拉满弓。→ ❷ 名〈文〉射箭所能达到的范围。比喻牢笼。○ ❸ 古同"够"。

【彀中】gòuzhōng 名〈文〉箭的射程范围。比喻掌握之中 ▷天下英雄入我～。

雊 gòu 动〈文〉雄性野鸡鸣叫 ▷雉之朝（zhāo）～，尚求其雌。

媾 gòu ❶ 动〈文〉亲上加亲；泛指结为婚姻 ▷婚～|媒～。→ ❷ 动 彼此交好；讲和 ▷～和。→ ❸ 动 两性交配 ▷交～。

【媾合】gòuhé 动〈文〉指男女性交或动物交配。

【媾和】gòuhé 动 交战双方讲和，结束战争状态 ▷两国～|拟订～条款。

觏（覯） gòu 动〈文〉遇见；看见。

gū

估 gū 动 大致推算；揣测 ▷～一～这筐梨有多重|群众热情不可低～|～计|～量。

另见 493 页 gù。

【估测】gūcè 动 估计；推测 ▷结局很难～。

【估产】gūchǎn 动 凭经验预先估计产量（多指农作物的产量）。

【估堆儿】gūduīr 动〈口〉估计成堆物品的数量或价钱 ▷这些白菜～卖。

【估计】gūjì 动 对人或事物进行大致的推断 ▷不要过低地～对手|～三两天就可完工。

【估价】gūjià ❶ 动 估计商品的价格 ▷这幅古画～10 万元。❷ 动 评价人或事物 ▷应该正确～自己。

【估量】gūliáng 动 估计 ▷后果难以～|我～他来不了。☛ 口语中也读 gūliang。

【估摸】gūmo 动〈口〉估计 ▷你～得用多少工？

【估算】gūsuàn 动 大致测算 ▷～一下成本。

咕 gū 拟声 模拟某些禽鸟的叫声（多叠用）▷母鸡～～地叫|鸽子的叫声～～～。

【咕叨】gūdao 动 叨咕。

【咕咚】gūdōng 拟声 模拟重物落地或大口喝水的声音 ▷～～几口就把一杯水喝光了。

【咕嘟】gūdū 拟声 模拟液体沸腾、涌出或大口喝水的声音 ▷污水～～往上翻。

【咕嘟】gūdu〈口〉❶ 动 用文火长时间地煮 ▷把肉锅放在小火上慢慢～着吧。○ ❷ 动 噘（嘴）▷整天～着嘴，不知生谁的气。

【咕叽】gūjī 拟声 模拟液体受压向外排出的声音 ▷靴子里进了水，走起路来～～地响。☛ 不宜写作"咕唧"。

【咕叽】gūji 动 小声交谈或自言自语 ▷俩人在屋里～了好半天。也说叽咕。☛ 不宜写作"咕唧"。

【咕隆】gūlōng 拟声 模拟某些物体滚动的声音 ▷从远处～～来了几辆马车。

【咕噜】gūlū 拟声 模拟水流动、胃肠蠕动或物体滚动的声音 ▷石头～～地滚下山坡|肚子里～～直响。☛ 不宜写作"咕碌"。

【咕噜】gūlu 动 言语含混不清；也指低声说话 ▷病人嘴里～着，听不清是在说什么。☛ 不宜写作"咕碌"。

【咕哝】gūnong 动 含混不清地小声说话 ▷你～什么呢？有意见就大声说。

呱 gū 见下。

另见 497 页 guā；497 页 guǎ。

【呱呱】gūgū 拟声〈文〉模拟小孩子哭的声音 ▷～而泣。☛ 这个意义不读 guāguā。

【呱呱坠地】gūgū-zhuìdì 指婴儿出生。

沽[1] gū ❶ 名 古水名，上游即今白河，下游即今北运河。→ ❷ 名 天津的别称。

沽[2] gū 〈文〉❶ 动 买 ▷～酒｜～名钓誉。→ ❷ 动 卖 ▷待价而～。

【沽名】gūmíng 动 猎取名誉 ▷～钓誉｜～之徒。

孤 gū ❶ 形 幼年失去父亲或父母亲的 ▷～儿。→ ❷ 名 幼年失去父亲或父母亲的人 ▷鳏寡～独。→ ❸ 形 单独 ▷～掌难鸣｜～军｜～单｜～立。⇒ ❹ 形 独特的；特出的 ▷～芳自赏。⇒ ❺ 名 古代王侯的自称 ▷称～道寡。☛ 跟"狐""弧"不同。

【孤傲】gū'ào 形 孤僻高傲 ▷性情～。

【孤本】gūběn 名 世间仅存的古籍本子；也指仅存一份的未刊手稿或拓(tà)本。

【孤残】gūcán 名 失去亲人而又身有残疾的人 ▷～老人｜～儿童。

【孤城】gūchéng ❶ 名 周围全部失陷而孤立无援的城 ▷坚守～。❷ 名 孤立的边远城镇 ▷戈壁滩上的～。

【孤单】gūdān ❶ 形 单独一个，没有依靠 ▷无亲无故，非常～｜一个人孤孤单单地度过晚年。❷ 形 (势力)单薄 ▷力量～，难以招架。

【孤胆】gūdǎn 形 胆量出众的；敢于单独与群敌作斗争的 ▷～英雄｜～涉险。

【孤岛】gūdǎo ❶ 名 远离大陆和其他岛屿的岛。❷ 名 比喻陷于敌人包围的地区 ▷上海在抗战初期成了～。

【孤灯】gūdēng 名 孤单的灯火；多比喻孤单寂寞的状况 ▷～幽暗｜苦雨～。

【孤独】gūdú 形 孤单寂寞 ▷生活～｜～无助。

【孤独症】gūdúzhèng 名 广泛性发育障碍的代表性疾病，起病于婴幼儿期，以不同程度的人际交往障碍、言语发育障碍、兴趣狭窄和行为方式刻板为特征。也说自闭症。

【孤儿】gū'ér ❶ 名 指父亲亡故或父母双亡的儿童 ▷～寡母｜他从五岁就成了父母双亡的～。❷ 名 指失去父母的儿童 ▷收养被遗弃的～。

【孤儿寡母】gū'ér-guǎmǔ 孤儿和寡母。含有无依无靠、困苦艰难的意思。

【孤儿院】gū'éryuàn 名 收容养育孤儿的慈善机构。

【孤芳自赏】gūfāng-zìshǎng 自认为是独放的香花而自我欣赏。比喻自命清高。

【孤愤】gūfèn 形 孤高耿直，愤世嫉俗 ▷满怀～之情。

【孤峰】gūfēng 名 独立高耸的山峰 ▷～独秀。

【孤负】gūfù 现在规范词形写作"辜负"。

【孤高】gūgāo 形〈文〉孤傲 ▷～自许。

【孤寡】gūguǎ ❶ 名 孤儿和寡妇。❷ 形 孤单；孤独 ▷～老人。

【孤魂】gūhún 名 孤独无依的魂灵；借指没有依靠、处境艰难的人 ▷漂泊异地的～游子。

【孤寂】gūjì 形 孤独寂寞 ▷一人独居，～难耐。

【孤家寡人】gūjiā-guǎrén "孤"和"寡人"都是古代君主的自称。现用"孤家寡人"比喻脱离群众、孤立无助的人。

【孤军】gūjūn 名 孤立无援的军队。

【孤军奋战】gūjūn-fènzhàn 孤立无援的军队奋勇作战；也比喻一个人或少数人在没有支持的情况下努力奋斗。

【孤苦】gūkǔ 形 孤独凄苦 ▷～度日。

【孤苦伶仃】gūkǔ-língdīng 形容孤独凄苦，没有依靠。☛ 不要写作"孤苦零丁"。

【孤老】gūlǎo 名 单独生活的老人。

【孤立】gūlì ❶ 形 孤单无助；脱离大多数，得不到同情、支持。❷ 动 使孤单无助 ▷一切企图～中国的阴谋都不会得逞。❸ 形 同其他事物没有联系 ▷任何物种都不可能～地存在。

【孤零零】gūlínglíng 形 孤孤单单，没有依靠或陪衬 ▷只剩～一个人｜～一座山。☛ 不宜写作"孤另另""孤伶伶"。

【孤陋寡闻】gūlòu-guǎwén 知识浅薄，见闻狭窄。

【孤男寡女】gūnán-guǎnǚ 指单身的男女；也指两个无婚姻或血缘关系的男女。

【孤女】gūnǚ ❶ 名 父亲亡故或父母双亡的女孩儿。❷ 名 指失去父母的女孩儿。

【孤僻】gūpì 形 性格独特怪僻 ▷性格～。

【孤身】gūshēn 名 孤单一人 ▷～一人。

【孤孀】gūshuāng 名〈文〉寡妇。

【孤雁】gūyàn 名 离群而孤单的大雁；比喻孤单一人 ▷～哀鸣｜他独往独来，是只～。

【孤掌难鸣】gūzhǎng-nánmíng 一个巴掌拍不响。比喻势单力薄，办不成事。

【孤证】gūzhèng 名 仅有的一个证据。

【孤注一掷】gūzhù-yīzhì 把所有的钱一次投作赌注以求侥幸获胜。比喻在危急时刻投入全部力量冒险行事。

姑[1] gū ❶ 名〈文〉丈夫的母亲 ▷翁～(公婆)。→ ❷ 名 父亲的姐妹 ▷二～｜～母。→ ❸ 名 丈夫的姐妹 ▷大～子｜小～子。❹ 名 (乡村里的)青年女子 ▷村～。→ ❺ 名 出家的女子或从事迷信职业的妇女 ▷尼～｜道～｜三～六婆。

姑[2] gū 副〈文〉暂且 ▷～妄言之｜～置勿论。

【姑表】gūbiǎo 名 兄妹或姐弟的子女之间的亲戚关系(跟"姨表"相区别) ▷～亲戚｜～姐弟。

也说姑舅。

【姑父】gūfu 名 对姑母的丈夫的称呼。也说姑夫、姑丈。

【姑姑】gūgu 名 对父亲的姐妹的称呼。

【姑老爷】gūlǎoye 名 岳父母家对女婿的尊称。

【姑姥姥】gūlǎolao 名 对母亲的姑母的称呼。

【姑姥爷】gūlǎoye 名 对母亲的姑父的称呼。

【姑妈】gūmā 名 对已婚姑姑的称呼。也说姑母。

【姑母】gūmǔ 名 姑妈。

【姑奶奶】gūnǎinai ❶ 名 对父亲的姑母的称呼。❷ 名 娘家对已出嫁女儿的尊称。

【姑娘】gūniang ❶ 名 未婚的女性 ▷年轻～|小～。❷ 名 女儿 ▷他有一个～，两个儿子。

【姑娘家】gūniangjiā 名 指未婚年轻女子。

【姑婆】gūpó 名 某些地区指父亲的姑母。

【姑且】gūqiě 副 表示暂时(采取某种行为) ▷这一点～不说，先说别的。

【姑嫂】gūsǎo 名 女子和她的嫂子(或弟媳)的合称。

【姑太太】gūtàitai ❶ 名 父亲的姑奶奶。❷ 名 娘家对已出嫁的长辈女子的尊称。

【姑妄听之】gūwàngtīngzhī 姑且随便听一听。含有不必信以为真的意思。☛“姑”不要误写作“估”。

【姑妄言之】gūwàngyánzhī 姑且随便说一说。含有不一定正确的意思。☛“姑”不要误写作“估”。

【姑息】gūxī 动 无原则地宽容；过分宽容 ▷不要～孩子|～迁就。

【姑息养奸】gūxī-yǎngjiān 过分宽容放纵，必然助长坏人坏事。

【姑爷爷】gūyéye 名 对父亲的姑父的称呼。也说姑爷(yé)。

【姑爷】gūye 名 岳父母家对女婿的称呼。

【姑子】gūzi 名 尼姑。

轱(軲) gū [轱辘] gūlu ❶ 名〈口〉车轮 ▷十个～的大卡车|前～撞在墙上了。❷ 动 滚动 ▷一块石头从山上～下去了。☛ 不宜写作“轱轳”“毂辘”。

骨 gū 见下。
另见 491 页 gǔ。

【骨朵儿】gūduor 名 花蕾 ▷花～。

【骨碌碌】gūlùlù 形 形容快速转动的样子 ▷两眼～地转个不停。☛ ㊀这里的“碌碌”口语中也读 lūlū。㊁不宜写作“骨噜噜”“骨渌渌”。

【骨碌】gūlu 动 滚；转(zhuàn) ▷把油桶～过来。

鸪(鴣) gū 见 102 页“鹁(bó)鸪”；1747 页“鹧(zhè)鸪”。

罛 gū 名〈文〉大渔网。

菰 gū 名 多年生草本植物，生长在池沼里。花轴基部被黑粉菌寄生后，形成肥大的嫩茎，叫茭白。颖果狭圆柱形，叫菰米。茭白和菰米均可食用。

菇 gū ❶ 名 蘑菇 ▷香～|冬～。○ ❷ 名 姓。

蛄 gū 见 617 页“蟪(huì)蛄”；890 页“蝼(lóu)蛄”。
另见 492 页 gǔ。

菁 gū [菁葖] gūtū ❶ 名 干果的一种。由一个心皮构成，子房只有一个室，多籽，成熟时果壳仅从一面裂开。如芍药、木兰、八角等的果实。○ ❷ 名 骨朵儿。

辜 gū ❶ 名 罪；罪过 ▷死有余～|无～。○ ❷ 名 姓。☛ 下边是“辛”，不是“幸”。

【辜负】gūfù 动 对不住(别人的好意、期望或帮助等) ▷～了他的好意。☛ 不要写作“孤负”。

軱 gū 名〈文〉大骨。

酤 gū〈文〉❶ 动 买酒。→ ❷ 动 卖酒。

觚 gū ❶ 名 古代盛酒的器皿。口部和底部呈喇叭形，细腰，高圈足。腹和圈足上有棱。参见插图 15 页。→ ❷ 名 古代书写用的木简。六面体或八面体，有棱 ▷操～(指写作)。

毂(轂) gū [毂辘] gūlu 现在一般写作“轱辘”。
另见 493 页 gǔ。

箍 gū ❶ 动 用竹篾、金属条、带子等勒紧或套紧 ▷～木桶|头上～着条白带子|袖子太瘦，～得慌。→ ❷ 名 勒在或套在外面的圈状物 ▷孙悟空头上有个金～儿|臂上戴着红～儿。

【箍嘴】gūzuǐ 名 笼嘴。

gǔ

古 gǔ ❶ 名 过去已久的年代；很久以前(跟“今”相对) ▷～今中外|～往今来|远～|上～。→ ❷ 名 古代的事物 ▷信而好～|怀～|考～。→ ❸ 形 过去很久的；年代久远的 ▷数这座墓最～|～书|～画|～藤。❹ 形 质朴；真挚 ▷人心不～|～朴|简～。→ ❺ 名 指古体诗 ▷五～|七～。○ ❻ 名 姓。

【古奥】gǔ'ào 形 (诗文等)古老深奥，不好理解 ▷文字艰深～。

【古板】gǔbǎn 形 呆板固执；不合时宜 ▷性格～，不合潮流。

【古堡】gǔbǎo 名 建筑年代久远的堡垒或城堡。

【古币】gǔbì 名 古代的钱币。也说古钱。

【古刹】gǔchà 名 古老的寺庙。☛"刹"这里不读 shā。

【古城】gǔchéng 名 古老的城市 ▷～邯郸。

【古代】gǔdài 名 距离现代较远的年代。我国的历史分期中指 1840 年鸦片战争以前；历史学上也特指远古的原始公社和奴隶社会时代。

【古代汉语】gǔdài hànyǔ ❶ 我国五四运动以前普遍使用的跟口语相脱离的书面语言，是在先秦口语基础上形成的。❷ 指研究古代汉语的文字、音韵、训诂和语法规律的学科 ▷我搞现代汉语，他搞～。‖也说古汉语。

【古道】gǔdào ❶ 名 古老的道路 ▷咸阳～｜丝绸～。❷ 名 指古代的政治、思想、风尚等 ▷～犹存｜～热肠。

【古道热肠】gǔdào-rècháng 形容古朴厚道，待人真诚热情。

【古典】gǔdiǎn ❶ 名 典故 ▷引用～。❷ 区别 古代流传下来的具有代表性或典范性的 ▷～文学｜～音乐。

【古典主义】gǔdiǎn zhǔyì 欧洲文艺复兴时期出现的一种文艺思潮。崇尚理性和自然，主张以类型化人物来表达伦理内容，尊奉古代希腊、罗马的文艺为典范。这一思潮既有反封建专制的积极作用，也有抽象化、形式主义的倾向。

【古董】gǔdǒng ❶ 名 古代流传下来的有价值的器物 ▷收藏～｜～商。❷ 名 比喻陈旧过时的东西或古板迂腐的人 ▷思想僵化的老～。☛ 不要写作"骨董"。

【古都】gǔdū 名 古代的都城 ▷～西安｜六朝～。

【古尔邦节】gǔ'ěrbāngjié 名 伊斯兰教节日，在伊斯兰教历 12 月 10 日。这一天要宰牲畜献礼(古尔邦：阿拉伯语 al-Qurbān 音译)。也说宰牲节。

【古方】gǔfāng 名 古代流传下来的药方。

【古风】gǔfēng ❶ 名 古代的风俗习惯、社会风尚；也指俭朴淳厚的风尚。❷ 名 指古体诗。

【古怪】gǔguài 形 怪异少见 ▷性情～｜装束～。

【古国】gǔguó ❶ 名 古代的国家 ▷楼兰～遗址。❷ 名 具有悠久历史的国家 ▷文明～。

【古画】gǔhuà 名 古代遗留下的绘画作品。

【古话】gǔhuà 名 古代流传下来的名言 ▷中国有句～：十年树木，百年树人。

【古籍】gǔjí 名 古书 ▷整理～。

【古迹】gǔjì 名 古代留传下来的建筑物或其他具有重要意义的遗迹 ▷名胜～。

【古建】gǔjiàn ❶ 名 古代建筑。❷ 名 指仿古建筑。

【古今】gǔjīn 名 古代和现代 ▷～有别。

【古今中外】gǔjīn-zhōngwài 从古代到现代，从中国到外国；形容范围广阔，无所不包。

【古旧】gǔjiù 形 古老而陈旧 ▷～书籍｜～家具。

【古来】gǔlái 副 自古以来 ▷～少有。

【古兰经】gǔlánjīng 名 伊斯兰教的最高经典。也说可兰经(古兰、可兰：阿拉伯语 Qur'ān 音译)。

【古老】gǔlǎo 形 历史悠久的；年代久远的 ▷～的文化｜～的传说。

【古墓】gǔmù 名 古老的坟墓。

【古朴】gǔpǔ 形 朴素而有古代的风格 ▷～的民风｜摆设典雅～。

【古琴】gǔqín 名 拨弦乐器，有七根弦。据说周代已有，定型于汉代，魏晋以后的形制跟现在大致相同。也说七弦琴。参见插图 12 页。

【古曲】gǔqǔ 名 古代的曲子。

【古人】gǔrén ❶ 名 古代的人 ▷～有言可以为训｜前不见～，后不见来者。❷ 名 人类学上指介于猿人与新人之间的人类，生活于约 20 万年至 4 万年前。

【古色古香】gǔsè-gǔxiāng 形容器物、书画、建筑等艺术品富有古朴典雅的色彩、情调。

【古生物】gǔshēngwù 名 生存在地球历史的地质年代中而现已大部灭绝的生物。如芦木、鳞木、三叶虫、恐龙、猛犸等。

【古诗】gǔshī ❶ 名 古体诗。❷ 名 泛指古人写的诗歌。

【古时】gǔshí 名 古代；过去已久的时代。

【古书】gǔshū 名 古代留传下来的书籍。

【古体诗】gǔtǐshī 名 唐代近体诗产生以前除楚辞以外的各种诗歌的统称。这种诗体格律自由，用韵较宽，句数不限(跟"近体诗"相区别)。也说古风、古诗。

【古铜色】gǔtóngsè 名 像古代铜器的颜色；深褐色 ▷皮肤晒成了～。

【古玩】gǔwán 名 可供玩赏、收藏的古代器物。

【古往今来】gǔwǎng-jīnlái 从古至今。

【古为今用】gǔwéijīnyòng 批判地继承古代的文化遗产，为今天的事业服务。☛"为"这里不读 wèi。

【古文】gǔwén ❶ 名 指先秦、两汉时期的散体文；泛指文言文(不包括"骈文")。❷ 名 古文字。

【古文献】gǔwénxiàn 名 指古代的具有历史价值的图书、资料。

【古文字】gǔwénzì 名 古代的文字。在我国指隶书出现以前的甲骨文、金文、大篆、小篆和战国时通行于秦以外其他六国的文字。

【古物】gǔwù 名 古代的器物 ▷鉴赏～。

【古昔】gǔxī 名 古代；古时候 ▷～圣贤。

【古稀】gǔxī 名 唐·杜甫《曲江》："酒债寻常行处有，人生七十古来稀。"后用"古稀"指七十岁的年纪 ▷～之年。

【古训】gǔxùn 名 古代流传下来的、至今仍有教育意义的话。

【古雅】gǔyǎ 形 古朴典雅(多指器物、诗文) ▷陈

设～|文辞～。

【古谚】gǔyàn 名 古代谚语。如“近朱者赤，近墨者黑”。

【古已有之】gǔyǐyǒuzhī（事物或现象）古代就有了 ▷流星雨现象～。

【古音】gǔyīn 名 古代语音的统称。我国传统的音韵学里曾把先秦两汉的语音称为古音；隋唐时期的语音称为今音。现在称前者为上古音，后者为中古音，统称古音。

【古语】gǔyǔ ❶ 名 古代流传下来的话 ▷～说，兼听则明，偏信则暗。❷ 名 古代的词语。

【古猿】gǔyuán 名 人和猿的共同祖先。也说化石类人猿、化石猿类。

【古远】gǔyuǎn 形 古老而遥远 ▷～的神话。

【古镇】gǔzhèn 名 古老的村镇 ▷千年～。

【古筝】gǔzhēng 名 筝①。参见插图 12 页。

【古装】gǔzhuāng 名 古代款式的服装 ▷～照。

【古装戏】gǔzhuāngxì 名 演员穿戴古装表演的戏剧。如《空城计》《桃花扇》。

【古拙】gǔzhuō 形 古朴而不华丽 ▷雕饰～。

谷[1] gǔ ❶ 名 两山之间狭长而有出口的夹道或水道 ▷山～|河～。〇 ❷ 名 姓。

谷[2]（穀）gǔ ❶ 名 谷类作物 ▷五～|～物。→ ❷ 名 谷子 ▷～穗儿|～草。→ ❸ 名 某些地区指稻子或稻子的籽实 ▷稻～。☛“穀”作姓氏时，不简化成“谷”。

另见 1688 页 yù；“穀”另见 493 页 gǔ。

【谷氨酸】gǔ'ānsuān 名 有机酸，酸性氨基酸的一种。在蛋白质代谢过程中占重要地位。动物脑中含量较多。主要用来治疗肝性昏迷。它的单钠盐即味精。

【谷仓】gǔcāng 名 储存谷物的仓库。

【谷草】gǔcǎo 名 谷子去穗后的秸秆，可做饲料。

【谷底】gǔdǐ 名 山谷或河谷的底部；比喻事物下降到的最低点或发展过程中的低潮、衰落时期 ▷股市行情已跌至～。

【谷地】gǔdì 名 两个或几个山脊之间的低洼地。如山谷、河谷等。

【谷风】gǔfēng ❶ 名 山谷中的风 ▷虎啸而～至。❷ 名 气象学上指白天从谷底吹向山顶的风。

【谷贱伤农】gǔjiàn-shāngnóng（丰收年景）粮价过低，损害农民利益。

【谷糠】gǔkāng 名 谷子碾后脱下的皮或壳。

【谷壳儿】gǔkér 名 谷子的外壳。

【谷类作物】gǔlèi zuòwù 谷子、稻、麦、玉米、高粱等粮食作物的统称。

【谷穗】gǔsuì 名 谷子茎顶端开花结籽的部分。

【谷物】gǔwù ❶ 名 谷类作物。❷ 名 谷类作物的籽实。

【谷芽】gǔyá ❶ 名 谷类种子萌发出的幼芽。❷ 名 经发芽干燥后供药用的稻谷，可医治消化不良、食欲不振等病症。

【谷雨】gǔyǔ 名 二十四节气之一，在公历每年 4 月 20 日前后。谷雨时节，我国大部分地区雨量增加，北方地区开始播种。

【谷子】gǔzi 名 粟。一年生草本植物，叶条状披针形，穗状圆锥花序。籽实圆形或椭圆形，未去壳时也叫谷子，去壳后叫小米。

汩 gǔ［汩汩］gǔgǔ 拟声 模拟水流动的声音 ▷泉水～流淌。☛ 跟“汨(mì)”不同。“汩”右边是“曰”，不是“日”。

诂（詁）gǔ 动〈文〉用通行的语言解释古代的语言或方言 ▷训～|解～。

股[1] gǔ ❶ 名〈文〉大腿，从胯到膝盖的部分 ▷头悬梁，锥刺～|～肱。→ ❷ 名 某些机关、企业、团体中的一个部门，一般比科小 ▷人事～|总务～。→ ❸ 名 组成线、绳等的一部分 ▷四～的粗毛线。→ ❹ 量 a)用于成条的东西 ▷一～线|两～道。b)用于气体、气味、力气等 ▷一～热气|一～清香|一～猛劲儿。c)用于成批的人 ▷几～顽匪|一～敌军。→ ❺ 名 财物分配或集资中的一份 ▷家产按三～均分|入～|～东。❻ 名 指股票 ▷～民|～市。

股[2] gǔ 名 我国古代数学上指不等腰直角三角形中较长的直角边 ▷勾～形。☛“股”字右上是“几”，末笔不带钩。

【股本】gǔběn ❶ 名 股份制企业股东投入的资本。股份有限公司的股本，应在核定的资本总额和股份总额的范围内发行股票。❷ 名 泛指一般合伙经营的工商企业的资本或资金。

【股东】gǔdōng ❶ 名 出资经营股份公司或持有股份公司股票的人。股东对公司享有资产收益权、重大事务的表决权和知情权等。❷ 名 泛指一般合伙经营的工商企业的投资人。

【股东大会】gǔdōng dàhuì 股份公司的最高权力机构，由全体股东组成，每年召开一次年会，必要时还可临时召开。股东大会决策公司重大事项，包括选举董事、监事，审批、决定经营方针、红利分配，变更公司章程等，原则上实行每股一票制。

【股匪】gǔfěi 名 纠集成伙的土匪。

【股份】gǔfèn 名 股份公司或一般合伙经营的工商企业的资本总额按相等金额分成的单位。简称股。☛ 不要写作“股分”。

【股份公司】gǔfèn gōngsī 通过发行和推销股票来聚集资本(或资金)进行经营的企业。股份公司自负盈亏，所得利润按股分配。

【股份有限公司】gǔfèn yǒuxiàn gōngsī 由有限责任股东组成的公司组织。其全部资本分为若干等额股份，由股东认缴或购买，取得股票。股东按所拥有的股份取得股息；对公司所承担的责任也以所拥有的股份为限。公司的最高权力机构是股东大会，大会选出董事会领导公司的一切活动。

【股份制】gǔfènzhì 名 一种资本组织形式和企业组织形式。由股东入股集资，建立法人企业，自主经营，并自负盈亏。股东对企业财产实行联合占有，按所占股份共享收益，共担风险。

【股肱】gǔgōng 名〈文〉大腿和上臂。比喻得力的辅佐人才 ▷～之臣。

【股骨】gǔgǔ 名 人和脊椎动物（四足类）大腿的骨头，上与髋骨相连，下与胫骨相接。

【股海】gǔhǎi 名 指变化不定而且充满风险的股票市场 ▷驾驭～风云。

【股价】gǔjià 名 股票价格 ▷～猛涨|～暴跌。

【股金】gǔjīn 名 股东对所认股份缴纳的款项。

【股民】gǔmín 名 在股票交易机构开立账户并参加股票交易的个人投资者。

【股票】gǔpiào 名 股份公司发行的所有权凭证，属于有价证券，用来证明该凭证持有者对该公司所具有的股份和股权。

【股票价格】gǔpiào jiàgé 股票市场上的股票买卖价格。它与股票面额不同，受股票市场供求关系变动的影响。

【股票价格指数】gǔpiào jiàgé zhǐshù 为反映股票总体价格波动和走势而编制的股价统计指标，通常以某年或某月的股票价格为比较标准。指数变化一般可反映经济发展趋势的变化情况。以百分点为单位。简称股指。

【股评】gǔpíng ❶ 动 对股市行情及股市操作进行分析和评论。❷ 名 进行股评的文章或言论。

【股权】gǔquán 名 股东在其投资的股份公司里所享有的权益。

【股市】gǔshì ❶ 名 买卖股票的市场 ▷～行情。❷ 名 指股票的行市 ▷～暴跌。

【股息】gǔxī 名 股份公司根据股东投资的数额分给股东的利润。

【股癣】gǔxuǎn 名 一种皮肤病，发生在腹股沟、会阴、肛门周围和臀部，病原体是一种真菌。症状是出现红斑，刺痒，严重时出现糜烂。

【股灾】gǔzāi 名 股价暴跌引起社会经济巨大动荡而造成的严重损失。

【股子】gǔzi 量 用于气体、气味、力气等 ▷一～香味|一～猛劲儿。

骨 gǔ ❶ 名 人和脊椎动物体内起支撑身体、保护内脏作用的坚硬组织 ▷～肉相连|筋～|肋～|～癌。→ ❷ 名 比喻人的精神、品格、气概等 ▷～气|傲～|奴颜媚～。→ ❸ 名 比喻诗文雄浑有力的艺术特色 ▷风～|～力。→ ❹ 名 物体内部起支撑作用的架子 ▷伞～|扇～。也说骨子。☛ ㊀读 gū，只用于口语词"花骨朵儿""骨碌"。㊁"骨"字上边里面是横折（𠃍），不要断成一横一竖。

另见 488 页 gū。

【骨刺】gǔcì 名 骨头上增生的针状物，能引起疼痛等症状，是中老年易发的一种病症。

【骨雕】gǔdiāo 名 用兽骨雕刻形象、花纹等的艺术；也指用这种艺术雕刻成的工艺品。

【骨顶鸡】gǔdǐngjī 名 一种水鸟，形状像鸡，背上的羽毛暗青灰色，前额有白色的角质裸出部分。生活在河湖边，善于游水，杂食性，常以水藻、嫩苗、水生昆虫、小鱼等为食。也说白骨顶。

【骨董】gǔdǒng 现在规范词形写作"古董"。

【骨粉】gǔfěn 名 由动物骨骼加工制成的粉状物。可以做肥料和饲料。

【骨感】gǔgǎn ❶ 名 指人瘦削、骨头凸出的形体给人的棱角分明的感觉 ▷为追求～，她拼命减肥。❷ 形 形容身材瘦削；也形容事物不丰满 ▷年轻时，她清瘦、～|从西域传入中原后，佛塔的外形更加高耸而～。

【骨干】gǔgàn ❶ 名 骨骼的主干。❷ 名 比喻在总体中起支撑作用的人或事物 ▷技术～。

【骨骼】gǔgé 名 支持人和动物形体，保护内部器官，供肌肉附着和作为肌肉运动杠杆的支架。位于体内的称内骨骼，如人和脊椎动物的骨骼；位于体外的称外骨骼，如虾、蟹的外壳，某些鱼的鳞片。成人的骨骼一般由 206 块骨头组成，大部分成对。

【骨骼肌】gǔgéjī 名 附着在骨骼上受意志支配的肌肉，肌细胞为细长圆柱形。也说横纹肌、随意肌。

【骨鲠】gǔgěng〈文〉❶ 名 鱼骨头 ▷～在喉。❷ 形 耿直；正直 ▷～之气。

【骨鲠在喉】gǔgěng-zàihóu 鱼骨头卡在喉咙里。比喻有话憋在心里，不说出来不痛快。☛"鲠"不要误写作"梗"。

【骨骺】gǔhóu 名 骺。

【骨灰】gǔhuī ❶ 名 人的尸体火化后骨骼烧成的灰。❷ 名 动物骨头烧成的灰，可以做肥料。

【骨灰盒】gǔhuīhé 名 盛放死者骨灰的盒子。

【骨架】gǔjià 名 由骨头自然连接而形成的架子；比喻物体内部起支撑作用的架子 ▷铁路大桥的～已经建好。

【骨胶】gǔjiāo ❶ 名 骨骼中起促进毛发生长、延缓骨髓老化等作用的一种物质。❷ 名 用动物骨头熬制而成的胶状黏合剂。

【骨节】gǔjié 名 两骨相接的关节。

【骨科】gǔkē 名 医学上指治疗骨骼疾病的一科 ▷～医院。

【骨痨】gǔláo 名 中医指由结核杆菌侵入骨组织引起的疾病。有局部疼痛、机能障碍、局部变形等症状。

【骨力】gǔlì ❶ 名 指诗文、书画作品中表现出的雄劲刚健的力量和气势 ▷～遒劲的楷书。❷ 名 借指刚强不屈的气概 ▷贫莫贫于无见识，贱莫贱于无～。

【骨立】gǔlì 形〈文〉形容形体消瘦 ▷形销～。

【骨龄】gǔlíng 名 骨骼年龄的简称。指肌体发育中主要骨骼的骨化年龄，是反映肌体发育水平和成熟程度的较精确的指标。

【骨膜】gǔmó 名 被覆在骨头表面的一层结缔组织膜。含有大量血管和神经，供给骨细胞营养，对骨的生长发育和骨损伤后的修补有重要作用。

【骨牌】gǔpái 名 用兽骨、象牙、竹木或塑料等制成的游戏、赌博用具。每副 32 张，上面刻着以不同方式排列的点子，最少 2 点，最多 12 点。

【骨牌效应】gǔpái xiàoyìng 连锁反应。参见 355 页"多米诺骨牌"。

【骨盆】gǔpén 名 人和哺乳动物特有的环状骨架。人的骨盆由髋骨、骶骨和尾骨组成，有支撑椎骨、保护膀胱等脏器的作用。

【骨气】gǔqì ❶ 名 坚强不屈的气节 ▷中国人民是有～的。❷ 名 指书法表现出的强劲挺拔的气势 ▷这几个字雄健挺拔，很有～。

【骨肉】gǔròu 名 骨头和肉。比喻父母兄弟子女等血统关系近的人；也比喻紧密而不可分离的关系 ▷～同胞｜亲如～。

【骨殖】gǔshi 名 尸骨。☛"殖"这里不读 zhí。

【骨瘦如柴】gǔshòurúchái 形容人极其消瘦。☛不要写作"骨瘦如豺"。

【骨髓】gǔsuǐ 名 骨内腔隙中柔软的胶状物，具有造血功能。

【骨头】gǔtou ❶ 名 骨①。❷ 名 比喻人的品质 ▷硬～｜贱～。❸ 名 骨气① ▷这个人有～。

【骨头架子】gǔtou jiàzi 人或高等动物的骨骼；借指极瘦的人 ▷一病几年，成了副～。

【骨血】gǔxuè 名 指子女；后代 ▷这孩子是他爹唯一的亲～，你千万要把他扶养成人。

【骨折】gǔzhé 动 骨头折断或碎裂，一般由外伤或骨组织本身病变引起。

【骨针】gǔzhēn 名 某些低等动物体内呈针状或其他形状的钙质或硅质小骨。具有支撑和保护身体的作用。如原生动物放射虫、海参等都有不同类型的骨针。也说骨片。

【骨质】gǔzhì 名 构成骨头的主要部分，分为骨密质和骨松质。骨密质在骨的表层，坚硬耐压；骨松质在骨的内部，呈海绵状，弹性较大。

【骨子】gǔzi 名 骨④ ▷扇～。

【骨子里】gǔzilǐ 名 比喻人的思想深处 ▷他表面上很谦虚，～却谁也看不起。

牯 gǔ 名 牯牛。

【牯牛】gǔniú 名 公牛。

貼 gǔ 用于地名。如宋貼，在山西。

贾（賈） gǔ〈文〉❶ 动 做买卖；经商 ▷长袖善舞，多财善～。→ ❷ 名 开店的商人 ▷行商坐～｜书～。→ ❸ 动 买 ▷每岁～马。❹ 动 招致 ▷～祸｜～害。→ ❺ 动 卖 ▷馀勇可～。

另见 660 页 jiǎ。

罟 gǔ 名〈文〉捕鱼和捕鸟兽的网 ▷网～。

钴（鈷） gǔ 名 金属元素，符号 Co。银白色，可磁化。用于制造磁性合金、超硬耐热合金等；放射性钴可用于医疗。

【钴𬭁】gǔmǔ 名〈文〉熨斗。

羖 gǔ 名〈文〉黑色公羊。

蛄 gǔ 见 813 页"拉(là)拉蛄"；814 页"蝲(là)蛄"；814 页"蝲(là)蝲蛄"。

另见 488 页 gū。

蛊（蠱） gǔ ❶ 名 古代传说中一种由人工培育的毒虫。把许多毒虫放在器皿里互相吞食，最后剩下不死的毒虫叫蛊，可以用来害人。→ ❷ 动 迷惑；毒害 ▷～惑。

【蛊惑】gǔhuò 动 使受毒害而迷惑 ▷不许传播封建迷信～人。☛ 跟"鼓惑"不同。

淈 gǔ 动〈文〉搅浑；搅乱 ▷世人皆浊，何不～其泥而扬其波？

鹄（鵠） gǔ 名〈文〉箭靶的中心；也指目标、目的 ▷～的(dì)｜中(zhòng)～。

另见 580 页 hú。

馉（餶） gǔ［馉饳］gǔduò 名 古代一种面制的食品。

鼓（*皷） gǔ ❶ 名 打击乐器，多为圆柱形，中空，两端或一端蒙着皮子 ▷敲锣打～｜腰～｜更～。→ ❷ 动 敲鼓 ▷一～作气。❸ 动 敲、弹或拍，使某些乐器或东西发出声音 ▷～琴｜～掌。→ ❹ 动 振奋；激发 ▷～起勇气｜～动｜～励｜～舞。❺ 动 使(风箱等)动起来；扇(风) ▷～风。→ ❻ 动 凸起 ▷～着腮帮子｜这堵墙有点儿向外～｜～胀。→ ❼ 名 古代夜间击鼓报时，几更也说几鼓 ▷五～天明。→ ❽ 名 外形、声音或作用像鼓的东西 ▷石～｜蛙～｜耳～。○ ❾ 名 姓。☛ 右边是"支"，不是"支"或"攵"。

【鼓板】gǔbǎn 名 板鼓和檀板，是戏曲乐队的指挥乐器，由鼓师一人负责掌握。常用于昆曲、京剧、越剧等戏曲的伴奏。

【鼓包】gǔbāo ❶ 动 身体或物体上鼓起疙瘩 ▷手背上～了。❷ 名 身体或物体上鼓起的疙瘩 ▷手背上长了个～。

【鼓吹】gǔchuī ❶ 动 大力宣扬；努力提倡 ▷～革命。❷ 动 吹嘘 ▷竭力～自己。

【鼓槌】gǔchuí 名 打鼓用的棒。接触鼓面的一头较粗或为球形。

【鼓词】gǔcí ❶ 名 一种曲艺，明清两代流行于北方。以鼓、板击节说唱。❷ 名 大鼓②；也指大鼓的唱词。

【鼓捣】gǔdao ❶ 动 摆弄；修理 ▷他爱～电脑。❷ 动 挑拨；怂恿 ▷不要～别人干坏事。

【鼓点】gǔdiǎn ❶ 名 击鼓所产生的音响节奏 ▷踏着军乐的～走进操场。❷ 名 传统戏曲中指挥演奏的鼓板的节奏。‖也说鼓点子。

【鼓动】gǔdòng 动（用文章、言辞等）激励而使行动起来 ▷他很有宣传～才能。

【鼓风机】gǔfēngjī 名 一种产生气流的机械。有离心式、轴流式和旋转式三类，用于各种炉灶的送风和矿井、建筑物的通风排气等。

【鼓风炉】gǔfēnglú 名 装有鼓风装置的冶炼炉，用来冶炼有色金属；也指冶炼炉的鼓风装置。

【鼓鼓囊囊】gǔgunāngnāng 形 形容口袋、包裹等被塞得很满而撑起来的样子 ▷口袋～的。

【鼓惑】gǔhuò 动 鼓动，使受迷惑 ▷要独立思考，不受人～。☛ 跟"蛊惑"不同。

【鼓角】gǔjiǎo 名 战鼓和号角，古代军队用来发出号令 ▷～声声｜山头～相闻。

【鼓劲】gǔjìn 动 激发干劲 ▷给球队～。

【鼓励】gǔlì 动 激发并勉励 ▷～他努力学习。

【鼓楼】gǔlóu 名 旧时城市或寺庙中安放大鼓的城楼式建筑。

【鼓膜】gǔmó 名 外耳和中耳之间的卵圆形薄膜。声波震动鼓膜，经过与其相贴连的听小骨放大，传入内耳后，引起听觉。也说耳鼓、耳膜。

【鼓弄】gǔnong 动〈口〉鼓捣①。

【鼓气】gǔqì 动 鼓舞士气；鼓劲 ▷给队员～。

【鼓舌】gǔshé 动 卖弄唇舌，多指花言巧语进行煽动、游说或诡辩 ▷摇唇～。

【鼓师】gǔshī 名 戏曲乐队中敲击鼓板的人，是乐队指挥，也是演奏者。用鼓点、板声以及手势、眼神等统一节拍、控制速度，使整个乐队和演员的表演紧密配合。也说司鼓、鼓佬。

【鼓手】gǔshǒu 名 乐队中打鼓的人。

【鼓书】gǔshū 名 大鼓②。

【鼓舞】gǔwǔ ❶ 动 使振奋 ▷～斗志。❷ 形 振奋 ▷群情～｜欢欣～。

【鼓乐】gǔyuè 名 敲鼓和奏乐的声音 ▷～大作。

【鼓噪】gǔzào 动 古代指出战时击鼓呐喊，以壮声威；现指喧嚷、起哄 ▷～而出｜聚众～。

【鼓掌】gǔzhǎng 动 拍手，表示高兴、赞赏、欢迎或感谢 ▷热烈～｜～欢迎。

【鼓胀】gǔzhàng ❶见本页"臌胀"。现在一般写作"臌胀"。❷ 动 膨胀凸起 ▷书包～起来了。

【鼓子词】gǔzicí ❶ 名 宋代说话艺术之一，以同一曲调重复演唱多遍，或间以念白，用来叙事写景。因说唱时击鼓配合，故称。❷ 名 一种曲艺，流行于河南开封、洛阳等地。伴奏乐器主要有三弦、琵琶、筝、檀板、八角鼓等。演唱时多是若干个曲牌连续使用。也说大调曲子。

毂（轂） gǔ 名〈文〉车轮中心的部分，有圆孔，可以插入车轴并同辐条相连接。☛ 左下是"车"，"车"上没有短横；繁体作"轂"，"車"上有一短横。

另见 488 页 gū。

【毂击肩摩】gǔjī-jiānmó 肩摩毂击。

榾 gǔ 名〈文〉树墩。

【榾柮】gǔduò 名 木头块儿；树根疙瘩 ▷烧几块～取暖。

榖 gǔ 名 构树。参见 485 页"构²"。☛ 跟"穀"不同。

嘏 gǔ 名〈文〉福 ▷祝～｜承～。

鹘（鶻） gǔ［鹘鸼］gǔzhōu 名 古书上说的一种鸟，像山鹊而稍小，羽毛青黑色，尾短。也说鹘鸠。

另见 580 页 hú。

穀 gǔ ❶ 形〈文〉善良；美好 ▷不～。○❷ 名 姓。☛ ㊀跟"榖"不同。㊁"谷"和"穀"是两个不同的姓。

另见 490 页 gǔ"谷²"。

【穀梁】gǔliáng 名 复姓。

臌 gǔ 名 臌胀 ▷～症｜水～｜气～。

【臌胀】gǔzhàng 名 中医指由水、气、瘀血、寄生虫等引起腹部膨胀的病。主要症状是腹部膨胀，面色萎黄和四肢消瘦。一般多见于肝硬化后期。

瞽 gǔ〈文〉❶ 动 眼瞎；失明 ▷～者｜～叟。→ ❷ 形 不明事理的；没有见识的 ▷～说（不明事理的言论）｜～言｜～论。

盬 gǔ〈文〉❶ 名 盐池。→ ❷ 名 未经加工的粗盐。○ ❸ 动 休止 ▷王事靡～。

瀔 gǔ 名 瀔水，古水名，在今河南。

gù

估 gù［估衣］gùyi 名 出售的旧衣服或质地差、加工粗的新衣服。

另见 486 页 gū。

固[1] gù ❶ 形 结实;牢靠 ▷本～枝荣|坚～|牢～|稳～。→ ❷ 动 使结实、牢靠 ▷～沙造林|～本。→ ❸ 形 坚硬 ▷～体|～态|凝～。❹ 形 不易改变的 ▷～执|顽～。❺ 副 坚决地 ▷～辞|～守|～请。

固[2] gù 〈文〉❶ 副 本来;原来 ▷人～有一死。→ ❷ 连 固然 ▷人～不易知,知人亦未易也。

【固本】 gùběn 动 巩固根基 ▷～强基|～培元(元:元气,指生命力)。

【固步自封】 gùbù-zìfēng 现在一般写作"故步自封"。

【固辞】 gùcí 动〈文〉坚决谢绝 ▷～不受。

【固氮菌】 gùdànjūn 名 能把空气中的氮转变成植物可以吸收和利用的氨或其他含氮有机物的细菌。

【固定】 gùdìng ❶ 形 不移动的;不变动的 ▷～地点|～收入。❷ 动 使固定 ▷把开关～好。

【固定电话】 gùdìng diànhuà 一种有线电话,须将电话线、电话机安装在相对固定的位置上来使用,不可随意移动。简称固话。也说座机。

【固定资产】 gùdìng zīchǎn 企业、机关、事业单位或其他经济组织中,可供长期使用并保持实物形态的劳动资料和生活资料(跟"流动资产"相区别)。如房屋、机器、设备等。

【固定资金】 gùdìng zījīn 企业资金中用于购置机器设备、运输工具及修建厂房、职工住宅的资金。其周转时间较流动资金慢,但其代表的物资能长期使用(跟"流动资金"相区别)。

【固化】 gùhuà ❶ 动 液体凝固变成固体 ▷这种胶黏剂～时间短。❷ 动 使牢固或固定;变得牢固或固定(多用于抽象事物) ▷要逐步～这种协作关系|利益～阻碍改革深入。

【固件】 gùjiàn 名 计算机中具有软件功能的硬件。

【固陋】 gùlòu 形〈文〉(知识)陈旧浅陋 ▷～无知。

【固然】 gùrán ❶ 连 表示确认某一事实,然后转入下文,前后意思有转折 ▷远～远些,不过交通还方便。❷ 连 表示确认某一事实,也不否认另一事实,前后意思无转折 ▷考上了～好,考不上也别灰心。

【固若金汤】 gùruòjīntāng 形容工事坚固,防守严密,难以攻破(金:指金属铸造的城墙;汤:指蓄有沸水的护城河)。

【固沙】 gùshā 动 (用种草、种树等方法)固定流沙,使沙漠不再扩展 ▷种草～,造林防沙。

【固沙林】 gùshālín 名 在沙荒和沙漠地带为固定流沙防止风沙危害而营造的防护林。

【固守】 gùshǒu ❶ 动 坚决守卫 ▷～河堤|～节操。❷ 动 一成不变地遵循或守护(多用于贬义) ▷～陈规|～国内市场。

【固态】 gùtài 名 物质的固体状态,是物质存在的一种形态。参见本页"固体"。

【固碳】 gùtàn 动 指采取一定措施,将部分二氧化碳固定在大气之外。如:物理固碳,将二氧化碳长期储存在开采过的油气井、煤层、深海中;生物固碳,利用植物的光合作用,将二氧化碳转化为碳水化合物,并以有机碳的形式固定在植物体内或土壤中 ▷加强生物～,缓解空气污染|～释氧。也说碳封存。

【固体】 gùtǐ 名 有一定体积和形状、质地比较坚硬的物体。如常温下的钢、砖、木材等。

【固体饮料】 gùtǐ yǐnliào 指加水后能变为液体饮料的固态物质。

【固有】 gùyǒu 区别 原来就有的 ▷根除～弊端。

【固执己见】 gùzhí-jǐjiàn 顽固坚持自己的意见。

【固执】 gùzhi 形 形容顽固地认定某种道理或做法,不愿变通 ▷他很～,听不进别人的意见。

故[1] gù ❶ 名 原因 ▷借～推辞|缘～。→ ❷ 连 连接分句,表示因果关系,相当于"所以""因此" ▷近日旧病复发,～未能如期返校。○ ❸ 名 事情;特指意外的或不幸的事情 ▷事～|变～。○ ❹ 副 表示有意识地或有目的地(这样做),相当于"故意" ▷明知～犯|～作姿态|欲擒～纵。○ ❺ 名 姓。

故[2] gù ❶ 名 旧的、过去的事物 ▷温～知新|吐～纳新。→ ❷ 名 指老朋友;旧交 ▷非亲非～|沾亲带～|一见如～。→ ❸ 区别 原来的;过去的 ▷～乡|～居|～土难离。→ ❹ 动 婉词,指人死去 ▷病～|～去。

【故步自封】 gùbù-zìfēng 只在自己划定的范围内走老步子(封:限制)。比喻安于现状,不求进取。☛ 跟"墨守成规"不同。"故步自封"侧重指不求进步;"墨守成规"侧重指不求创新。

【故城】 gùchéng 名 旧城;老城 ▷～展新容。

【故此】 gùcǐ 连 因此 ▷洪水泛滥,铁路中断,～不能按时抵京。

【故道】 gùdào ❶ 名 过去走过的路 ▷～重行。❷ 名 河流改道后留下的旧河道 ▷黄河～。

【故地】 gùdì 名 曾经生活过的地方 ▷寻访～。

【故都】 gùdū 名 历史上的国都。

【故而】 gù'ér 连 因而;因此 ▷此文内容空泛,语言晦涩,～不予采用。

【故宫】 gùgōng 名 旧王朝遗留下来的宫殿;特指北京明清两代的皇宫。

【故国】 gùguó 〈文〉❶ 名 具有悠久历史的国家。❷ 名 已经灭亡的国家;前代王朝 ▷～神游。❸ 名 祖国 ▷身居海外,心系～。❹ 名 故乡;旧地 ▷取醉他乡客,相逢~人。

【故伎】gùjì 名 惯用的伎俩;老手法 ▷重施~。

【故伎重演】gùjì-chóngyǎn 再一次玩弄以前惯用的手段。

【故技】gùjì 现在一般写作"故伎"。

【故交】gùjiāo 名 老朋友 ▷多年~。

【故旧】gùjiù 名〈文〉旧交;老朋友 ▷亲朋~。

【故居】gùjū 名 曾经居住过的房屋和院落 ▷宋庆龄~。☛ 跟"旧居"不同。"故居"通常用于知名人物;"旧居"适用范围较宽,既可用于名人,也可用于普通人。

【故里】gùlǐ 名 家乡;老家 ▷重返~。

【故弄玄虚】gùnòng-xuánxū 故意用难以捉摸的言辞使人莫测高深;也指故意玩弄花招儿迷惑别人。☛ "玄"不要误写作"悬"。

【故去】gùqù 动 婉词,死去(多指长辈) ▷岳父~了。

【故人】gùrén〈文〉❶ 名 老朋友;旧友 ▷~相聚。❷ 名 已经去世的人 ▷昔日巨擘皆成~。

【故实】gùshí 名〈文〉有历史意义的旧事;典故 ▷谙熟~|征引~。

【故世】gùshì 动 故去 ▷祖父已经~。

【故事】gùshì 名〈文〉过去的制度、办法;例行的事 ▷虚应~|因袭~。

【故事】gùshi ❶ 名 用来作为讲述对象的真实或虚构的事情,特点是情节连贯,有吸引力,能感染人 ▷讲~|动人的~。❷ 名 文学作品中能够展现人物性格并能体现主题思想的情节 ▷这本小说~性很强。

【故事片】gùshipiàn 名 由演员扮演人物,有故事情节贯串始终,表达一定主题思想的影视片。口语中也说故事片儿(piānr)。

【故态】gùtài 名 以往的脾气、态度、状况等 ▷一如~|~不改。

【故态复萌】gùtài-fùméng 老样子又恢复了。形容坏习气、老毛病重新出现。

【故土】gùtǔ 名 故乡 ▷~难离|远离~。

【故我】gùwǒ 名〈文〉旧我;原来的我 ▷与~决裂|今非~。

【故习】gùxí 名 旧习。

【故乡】gùxiāng 名 出生或长期生活过的地方 ▷重返~。☛ 参见 658 页"家乡"的提示。

【故意】gùyì ❶ 副 有意识地 ▷~捣乱。❷ 名 刑法上指一种犯罪心理状态,即明知自己的行为会发生危害社会的结果,却希望或者放任这种结果发生。民法上指过错的一种形式,即行为人明知其行为将侵害他人的权益而有意或听任侵害的发生。☛ 参见 1554 页"蓄意"的提示。

【故友】gùyǒu ❶ 名 老朋友 ▷寻访~。❷ 名 死去的朋友 ▷吊祭~。

【故园】gùyuán 名〈文〉故乡 ▷情系~。

【故障】gùzhàng ❶ 名 使机械、仪器等不能顺利运转的毛病 ▷汽车出了~。❷ 名 比喻影响工作顺利进行的障碍 ▷事情险些出了~。

【故知】gùzhī 名〈文〉老相识;老朋友 ▷他乡遇~。

【故址】gùzhǐ 名 原先的地址 ▷~已无从查考。

【故纸堆】gùzhǐduī 名 指大量古旧的文献资料。

【故智】gùzhì 名〈文〉曾经用过的计谋或办法 ▷师他人之~,步他人之后尘。

【故作】gùzuò 动 有意识地作出(某种样子) ▷~姿态|~多情|~镇静。

顾(顧) gù ❶ 动 回头看;看 ▷瞻前~后|左~右盼。→ ❷ 动 看望;探访 ▷三~茅庐。❸ 动 商业、服务行业称服务对象到来 ▷惠~|光~|~客。❹ 名 指顾客 ▷主~。→ ❺ 动 照顾;照应 ▷自~不暇。❻ 动 怜惜;眷念 ▷奋不~身|~恋。→ ❼ 副〈文〉表示相反,相当于"却""反而" ▷人之立志,~不如蜀鄙之僧哉? ❽ 连〈文〉连接分句,表示转折关系,相当于"但是" ▷痛不可禁,~亦忍而不号(háo)。○ ❾ 名 姓。

【顾不上】gùbushàng 动 无法顾及(做某事) ▷忙得连饭都~吃|~休息。

【顾此失彼】gùcǐ-shībǐ 顾了这个,丢了那个。形容不能全面顾及,穷于应付。

【顾得上】gùdeshàng 动 能够顾及(做某事) ▷这几天没~写日记|~就去。

【顾及】gùjí 动 考虑到;照顾到 ▷这份合同~了双方的利益|不能不~现实状况。

【顾忌】gùjì ❶ 动(说话、做事)顾虑和畏忌 ▷他有所~而不敢大胆提意见。❷ 名 顾虑和畏忌的(言语或事情) ▷不讲诚信是商家最大的~。

【顾家】gùjiā 动 顾念自己的家庭 ▷这个人工作起来就不~了。

【顾客】gùkè 名 商业或服务行业称服务对象 ▷竭诚为~服务。也说主顾。

【顾怜】gùlián 动 顾念怜惜 ▷~妻儿老小。

【顾脸】gùliǎn 动 顾惜脸面;怕丢面子 ▷你不~,我还~呢!

【顾恋】gùliàn 动 挂念;眷恋 ▷~家乡的亲人。

【顾虑】gùlǜ ❶ 动 怕造成不利的后果而不敢照本意说或做 ▷你不要~干不好。❷ 名 因怕造成不利的后果而产生的疑虑 ▷思想~。

【顾名思义】gùmíng-sīyì 看到名称就能联想到它的含义 ▷公务员,~,就应该是公众的勤务员。

【顾念】gùniàn 动 关心惦念 ▷~旧日情谊。

【顾盼】gùpàn 动〈文〉向左右或四周来回观看 ▷～自雄(自雄:自认为比众人高明)。
【顾全】gùquán 动顾及并保全,使不受损害 ▷～大局|～民族大义。
【顾问】gùwèn 名有专门的知识或经验,受聘为机关团体或个人提供咨询的人 ▷法律～。
【顾惜】gùxī 动顾及爱惜 ▷～荣誉。
【顾绣】gùxiù 名我国明清时期一种刺绣技法及其制品。所绣山水、花鸟、人物、走兽极为生动逼真。因始创于明代进士顾名世之家,故称。
【顾影自怜】gùyǐng-zìlián 看着自己的身影,自己怜惜自己。形容孤独失意;也形容自我欣赏。
【顾主】gùzhǔ 名顾客。

堌 gù 名河堤(多用于地名) ▷青～集(在山东)|牛王～(在河南)。

梏 gù 名古代套住罪犯两手的木制刑具,相当于现在的手铐 ▷桎～。

崮 gù 名四面陡峭、顶端较为平坦的山(多用于地名) ▷孟良～|抱犊～(均在山东)。

牿 gù 名〈文〉绑在牛角上防止牛顶人的横木。

雇(*僱❶—❸) gù ❶ 动出钱请人做事 ▷～保姆|解～。→ ❷ 动受人雇佣 ▷～员|～农。→ ❸ 动出钱临时使用别人的车、船等 ▷～车|～牲口。○ ❹ 名姓。☛ 右下是“隹(zhuī)”,不是“隹(jiā)”。

【雇工】gùgōng ❶ 动雇用工人 ▷临时～帮忙。❷ 名被雇用的工人。
【雇农】gùnóng 名农村阶级成分划分中指完全不占有或仅占有极少量土地和生产工具,完全或主要依靠出卖劳动力为生的农民。
【雇请】gùqǐng 动出钱请人做事 ▷～家庭教师。
【雇佣】gùyōng 动出钱雇用劳动力等 ▷～兵。
【雇佣兵】gùyōngbīng 名按雇佣兵役制服兵役的士兵。参见 978 页“募兵制”。
【雇佣观点】gùyōng guāndiǎn 做事消极,不尽心尽力,把做工作仅当作受雇于他人而被动从事的观点 ▷我们应该摒弃～,以主人翁的态度对待工作。
【雇用】gùyòng 动出钱让人做事 ▷～民工。
【雇员】gùyuán 名受雇用的员工。
【雇主】gùzhǔ 名雇用工人或车船等的人。

锢(錮) gù ❶ 动用熔化的金属浇灌填塞(物体的空隙) ▷～漏。→ ❷ 动禁止;监禁 ▷党～|禁～。→ ❸ 形〈文〉闭塞 ▷～蔽。☛ 统读 gù,不读 gū。

【锢漏】gùlou 动用熔化的金属浇灌填塞金属器物的漏洞。☛ 不宜写作“锢露”。

痼 gù ❶ 形积久难治的(病) ▷～疾。→ ❷ 形长期形成不易改掉的 ▷～习|～癖。

【痼弊】gùbì 名长期形成不易消除的弊端 ▷消除了管理混乱的～。
【痼疾】gùjí 名积久难治的病 ▷～缠身◇根治公车私用这种～。☛ 不宜写作“锢疾”“固疾”。
【痼癖】gùpǐ 名长期形成的不易改掉的不良嗜好 ▷抽烟是他的～。
【痼习】gùxí 名长期形成的不易改掉的坏习惯 ▷改掉积年～。☛ 不宜写作“固习”。

鲴(鯝) gù 名鱼,色银白带黄,口小,下颌铲形,食藻类和其他水生植物。广布于我国江河湖泊中。

guā

瓜 guā ❶ 名蔓生植物,叶掌状,多开黄色花。果实也叫瓜,可以吃。种类很多,如冬瓜、南瓜、黄瓜、丝瓜、西瓜、香瓜等。→ ❷ 名形状像瓜的东西 ▷脑～儿|糖～儿。☛ 跟“爪”不同。由“瓜”构成的字有“孤”“呱”“狐”“瓢”“瓣”等。

【瓜菜代】guācàidài ❶ 指人们在生活物资匮乏时,以野菜、南瓜等代替口粮度日的做法。❷ 比喻标准低、质量差 ▷要有质量和效益的速度,不是～的速度|不能～,要 100%合格。
【瓜代】guādài 动《左传·庄公八年》记载:春秋时齐襄公让连称和管至父两人去守卫葵丘,当时正值瓜熟季节,便与他们约定“及瓜而代”,即等明年瓜熟时再派人来接替他们。后来就用“瓜代”指任期届满时换人接替。
【瓜瓞】guādié 名〈文〉比喻子孙繁衍,相继不绝(瓞:小瓜) ▷～绵延。
【瓜分】guāfēn 动像切瓜似的分割占有(多指分割领土、财产) ▷列强妄图～别国领土。
【瓜葛】guāgé 名瓜和葛,两种蔓生植物,能缠绕和攀附在别的物体上。比喻辗转相连的社会关系或事物之间互相牵连的关系 ▷我同王先生毫无～|这两件事很有些～。
【瓜果】guāguǒ 名瓜和果子;泛指果品。
【瓜架】guājià 名为支撑瓜藤而搭的架子。
【瓜农】guānóng 名以种瓜为主业的农民;特指以种西瓜为主业的农民。
【瓜皮帽】guāpímào 名一种旧式便帽。形状像半个西瓜皮,一般用六块黑缎子或绒布连缀而成,顶上有一个小结。
【瓜片】guāpiàn 名一种绿茶。因叶片加工后形状像瓜子壳,故称。产于安徽六安、霍山一带。
【瓜瓤】guāráng 名瓜皮里包裹种子的肉,有的可以吃。如西瓜瓤、香瓜瓤。
【瓜熟蒂落】guāshú-dìluò 瓜熟了,瓜蒂自然会脱落。比喻条件或时机成熟,事情自然会成功。

【瓜藤】guāténg 名 泛指瓜类植物的匍匐茎或攀缘茎。如西瓜藤、黄瓜藤。

【瓜田李下】guātián-lǐxià 古乐府《君子行》:"君子防未然,不处嫌疑间。瓜田不纳履,李下不正冠。"意思是经过瓜田时不要弯身提鞋子,走过李树下时不要举手整理帽子,以避免偷窃嫌疑。后用"瓜田李下"泛指容易引起嫌疑的场合或情况。

【瓜条】guātiáo 名 北京果脯的一种,用糖腌渍的冬瓜条。

【瓜蔓】guāwàn 名 瓜类植物的茎蔓。

【瓜秧】guāyāng 名 瓜类植物的幼苗。

【瓜子】guāzǐ 名 瓜类植物的种子;特指炒制成食品的西瓜子、南瓜子等,也包括葵花籽。☛ 不宜写作"瓜籽"。

【瓜子儿脸】guāzǐrliǎn 名 指上部略圆下部略尖,像瓜子儿似的脸型。

呱 guā 拟声 模拟物体撞击或鸭子、青蛙等鸣叫的声音 ▷一个耳光～地一下打在他脸上|青蛙～～地叫着。

另见 486 页 gū;本页 guǎ。

【呱嗒】guādā 拟声 模拟物体撞击的声音 ▷竹板一打～响。☛ 不宜写作"呱哒"。

【呱嗒】guāda〈口〉❶ 动 因不高兴而板起(面孔)▷她～着脸,扭头就走了。❷ 动 滔滔不绝地乱说(含厌恶意)▷别瞎～了,快走吧! ☛ 不宜写作"呱哒"。

【呱嗒板儿】guādabǎnr ❶ 名 演唱数来宝、快板儿时打拍子的器具。由两块大竹板用绳连接而成。❷ 名 某些地区指木屐。

【呱呱叫】guāguājiào 形 形容非常好 ▷响当当的连队～的兵|她的舞姿～。

【呱唧】guājī 拟声〈口〉模拟鼓掌的声音 ▷他一上台,观众就～～地直鼓掌。

【呱唧】guāji 动 指鼓掌 ▷给小李～～,感谢他的帮忙。

刮[1] guā ❶ 动 用有锋刃的器具挨着物体的表面移动,使平整光滑或清除附着在上面的东西 ▷用铲子～一～壶底的水垢|～胡子|～刀。→ ❷ 动 用各种方法贪婪地索取(财物)▷钱都让贪官～光了|搜～。→ ❸ 动 用片状物沾上糨糊等,贴着物体的表面均匀涂抹 ▷～糨子|～泥(nì)子。

刮[2](颳) guā 动 (风)吹 ▷～大风了|什么风把你～来了?

【刮鼻子】guābízi ❶ 用食指在对方鼻子上轻轻地刮一下,是玩牌等游戏中处罚输家的一种方式。❷ 用食指当着对方刮自己的鼻子,表示使对方感到羞愧或难堪。

【刮刀】guādāo 名 手工工具,条形,用来刮光工件表面。

【刮地皮】guādìpí 比喻贪官污吏极力搜刮民财。

【刮宫】guāgōng 动 用医疗器械刮去子宫内的胚胎或子宫内膜。多用于人工流产手术。

【刮垢磨光】guāgòu-móguāng 刮去污垢,打磨光亮。比喻对人才进行培养、教育,使之纯洁高尚;也比喻仔细探究,力求精湛。

【刮骨疗毒】guāgǔ-liáodú《三国志·蜀书》记载:蜀将关羽左臂中箭,箭毒入骨。遂令医者为其破皮肉,刮骨去毒。后用"刮骨疗毒"比喻用坚强的意志清除积弊。

【刮刮叫】guāguājiào 现在一般写作"呱呱叫"。

【刮胡子】guāhúzi 用剃须刀具刮掉胡须;比喻训斥、批评。

【刮脸】guāliǎn 动 用剃须刀具刮掉脸上的胡须和汗毛。

【刮脸皮】guāliǎnpí 用食指在面颊上从上向下或从后向前划,表示对方不知害臊 ▷他整天游手好闲,早该向他～了。

【刮目相看】guāmù-xiāngkàn 擦亮眼睛看待变化了的人或事,表示不能再用老眼光看待。

【刮痧】guāshā 动 用铜钱等蘸上油或水,刮患者的背、颈或胸等部位,使局部皮肤充血,以减轻内部炎症。民间常用以治疗中暑、胃炎、肠炎等疾病。

【刮削】guāxuē ❶ 动 (用刀具)刮和削 ▷将器件表面～平滑。❷ 动 比喻克扣或榨取(钱财)▷绝对不能容许巧立名目,～农民。

【刮雨器】guāyǔqì 名 装置在汽车挡风玻璃前,在雨天行车时自动刮掉雨水的装置。

胍 guā 名 有机化合物,无色结晶体,水解后成尿素,是制药工业的重要原料。

栝[1] guā〈文〉❶ 名 桧(guì)树。○ ❷ 名 箭末端扣弦的地方 ▷箭～|机～。

栝[2] guā [栝楼] guālóu 名 多年生草本植物,茎上有卷须,夏秋季开白花。果实卵圆形。果皮、种子和根都可以做药材。☛ 不宜写作"瓜蒌"。

另见 810 页 kuò。

鸹(鴰) guā 见 826 页"老鸹"。

緺 guā 名〈文〉紫青色的绶带。

guǎ

呱 guǎ 见 812 页"拉呱(gua)"。

另见 486 页 gū;本页 guā。

剐(剮) guǎ ❶ 动 分割人体,古代一种酷刑 ▷舍得一身～,敢把皇帝拉下马|千刀万～。也说凌迟。○ ❷ 动 (被尖锐的东西)划破 ▷手让钉子～流血了|裤腿

～破了。

寡 guǎ ❶ 形 少(跟"众"相对) ▷敌众我～|沉默～言|～欢。→ ❷ 形 死了丈夫的 ▷～妇。→ ❸ 名 死了丈夫的女人 ▷鳏～孤独。→ ❹ 名 古代王侯的谦称 ▷称孤道～。→ ❺ 形 淡而无味;菜肴里所含的油脂或提味儿成分少 ▷清汤～水。

【寡不敌众】 guǎbùdízhòng 人少的一方敌不过人多的一方。

【寡淡】 guǎdàn ❶ 形 味道淡薄 ▷～无味。❷ 形 冷淡 ▷态度～。

【寡妇】 guǎfu 名 死了丈夫没有再婚的妇女。

【寡合】 guǎhé 动〈文〉(性情)同别人不易投合 ▷～离群。

【寡欢】 guǎhuān 形 缺少欢乐;不愉快 ▷寂寞～|郁郁～。

【寡酒】 guǎjiǔ 名 不就菜单喝的酒;单人独饮的酒 ▷他没吃饭菜,只喝了几杯～。

【寡居】 guǎjū 动 妇女丧夫后独居。

【寡廉鲜耻】 guǎlián-xiǎnchǐ 既不廉洁,又不知羞耻(鲜:少)。☛"鲜"这里不读 xiān。

【寡陋】 guǎlòu 形〈文〉见闻狭窄,学识浅薄 ▷自知～,未敢妄言。

【寡母】 guǎmǔ 名 守寡的母亲 ▷孤儿～。

【寡情】 guǎqíng 形 缺少情义;缺少情感 ▷～薄义|冷漠～。

【寡人】 guǎrén 名 寡德之人。古代君主用来自称。

【寡头】 guǎtóu 名 独揽政治、经济大权的极少数巨头 ▷～政治|金融～。

【寡味】 guǎwèi 形 缺少滋味;缺乏意味 ▷清汤～|意义肤浅,语言～。

【寡言】 guǎyán 形 很少说话;不爱讲话 ▷～少语|沉默～。

【寡欲】 guǎyù ❶ 形 欲望少 ▷～恬淡。❷ 动 使欲望减少 ▷清心～。

guà

卦 guà ❶ 名 古代占卜的符号,以阳爻(—)、阴爻(--)相配,每卦三爻,共组成八个单卦,八卦互相搭配,又演为六十四卦 ▷八～|～辞。→ ❷ 名 泛指其他预测吉凶的行为 ▷用骨牌打了一～。

坬 guà 名〈文〉土堆。
另见 1406 页 wā。

诖(註) guà 动〈文〉牵累;连累 ▷～误。

【诖误】 guàwù 动〈文〉因受牵连而遭处罚或损害。☛不宜写作"罣误"。

挂(*罣❶❷❺掛) guà ❶ 动 用钩子、钉子等使物体悬在某个地方 ▷墙上～着字画|把帽子～在衣架上|悬～◇红日高～。→ ❷ 动 惦念;惦记 ▷～着家里的事|～念|牵～。→ ❸ 动 表面带着;蒙着 ▷脸上～着笑容|玻璃上～了一层霜。→ ❹ 动 放置;搁置 ▷这个问题先～起来。→ ❺ 动 钩住;绊住 ▷风筝～到树上了|树枝把衣服～住了。→ ❻ 动 把听筒放回电话机上,使线路切断 ▷电话不要～,我给你找人去。❼ 动 接通电话;打电话 ▷给我～个电话。→ ❽ 量 a)用于成串成套可以悬挂的东西 ▷一～鞭炮|一～朝珠。b)用于畜力车 ▷一～大车。○ ❾ 动 登记 ▷～失|～号。

【挂碍】 guà'ài 动 阻碍;牵制 ▷处处受阻,步步～|心无～|另有～。

【挂鞭】 guàbiān ❶ 名 连成长串的小鞭炮,点燃后连续爆响。○ ❷ 动 把教鞭搁置起来不用。指教师、教练结束教学生涯 ▷～改行。

【挂不住】 guàbuzhù 动 脸面上受不了;难堪 ▷提意见要委婉点儿,别让人家～。

【挂彩】 guàcǎi ❶ 动 披挂彩绸,表示庆贺 ▷披红～。○ ❷ 动 指作战负伤流血 ▷班长～了。也说挂花、挂红。

【挂车】 guàchē 名 本身无动力装置,不能独立行驶,需由汽车、拖拉机等牵引的车。

【挂齿】 guàchǐ 动 挂在嘴边。指谈到;提及(常用于客套话中) ▷区区小事,何足～。

【挂锄】 guàchú 动 挂起锄头。指锄地工作全部结束 ▷大暑以后,就该～了。

【挂挡】 guàdǎng 动 把汽车等的操纵杆扳到非空挡的某挡位,以便发动行驶或获得相应车速。

【挂斗】 guàdǒu 名 拖车①(常指小型、无篷的)。

【挂断】 guàduàn 动 挂⑥ ▷他把电话～了。

【挂钩】 guàgōu ❶ 名 悬挂东西、吊起重物或连接车厢的钩子 ▷把书包挂在～上|吊车～|火车～。❷ 动 用钩子把两节车厢连接起来;比喻两者之间建立联系 ▷产销～。☛"钩"不要误写作"勾"。

【挂冠】 guàguān 动〈文〉挂起官帽。借指辞去或放弃官职 ▷～务农。

【挂果】 guàguǒ 动(果树)结果 ▷梨树～了。

【挂号】 guàhào ❶ 动 医院为按顺序看病而对患者进行登记编号 ▷先～,再就诊。❷ 动 重要邮件邮寄时交邮局登记编号,如有遗失,邮局负责追查或赔偿 ▷～信。

【挂号信】 guàhàoxìn 名 经邮局登记编号的信件。如有遗失由邮局负责追查或赔偿。

【挂红】 guàhóng ❶ 动 悬挂起红幛子,表示庆贺 ▷～庆祝开业。○ ❷ 动 酒后脸上出现红晕 ▷一喝酒脸上就～。○ ❸ 动 挂彩②。

【挂花】guàhuā ❶ 动（草木）开花 ▷这种树头年栽上，第二年就～。○ ❷ 动 挂彩②。

【挂怀】guàhuái 动 惦念；牵挂 ▷请勿～。

【挂机】guàjī 动 通完电话，将话筒放回原位。

【挂记】guàji 动 惦记；挂念 ▷心里～着你。

【挂甲】guàjiǎ ❶ 动 披挂盔甲。指穿上戎装 ▷～上阵。❷ 动 把盔甲挂起来。指脱去戎装，离开队伍 ▷～归田。

【挂件】guàjiàn 名 能悬挂在某处的装饰品；也指挂在主件上的附属品 ▷玉石～|汽车～。

【挂镜线】guàjìngxiàn 名 为悬挂镜框、画幅等而钉在室内墙面上部的水平木条。也说画镜线。

【挂靠】guàkào 动 一个单位在名义上或组织关系上隶属于另一个较大的单位 ▷这个学会～在新闻出版署。

【挂累】guàlěi ❶ 动 心里牵挂 ▷这件事总让他～着|心里又多了一份～。❷ 动 连累 ▷不可～无辜。

【挂历】guàlì 名 挂着使用的月历或年历。

【挂镰】guàlián 动 挂起镰刀。指收割工作全部结束。

【挂零】guàlíng 动 指整数之后还有零头 ▷年纪五十～|这次旅游共花了两千～。

【挂漏】guàlòu 动 挂一漏万 ▷难免～。

【挂虑】guàlǜ 动 牵挂；担心 ▷您不必～这事儿。

【挂面】guàmiàn 名 制成细丝状或带状的干面条。因制作时需悬挂晾干，故称。

【挂名】guàmíng 动 列上姓名；借指空担名义，不做实事或并无实权 ▷～厂长|他没有做什么实质性工作，不过是挂个名而已。

【挂念】guàniàn 动 心中惦念，放心不下 ▷放心去吧，家里有我，你不用～。

【挂拍】guàpāi 动 收起球拍。指以球拍为比赛器具的球类运动员退役 ▷一批老队员已～。

【挂牌】guàpái ❶ 动 挂出写有其名称的牌子，表示正式成立；特指医生、律师等挂出招牌营业 ▷～行医。❷ 动 工作人员在工作时佩戴胸卡 ▷～上岗。❸ 动 在证券市场中获得交易资格的股票等证券都有一块牌子标明名称挂出，以证明可以在证券市场上市交易 ▷该种股票将～上市。❹ 动 指职业体育组织的运动员要求转换组织时，由有关部门公布姓名，供其他组织挑选 ▷～转会。

【挂屏】guàpíng 名 一种将字画等作品贴在带框的木板上或镶在镜框里供悬挂的工艺品。

【挂牵】guàqiān 动 牵挂。

【挂欠】guàqiàn 动 赊账。

【挂失】guàshī 动 票据、证件等丢失后，到原发出单位登记备案，声明作废 ▷存折丢了，赶紧到银行～。

【挂帅】guàshuài 动 执掌帅印；泛指担任领导工作或居于领导、统帅的位置 ▷专案组由你～。

【挂锁】guàsuǒ 名 可以挂在钌铞儿、屈戌儿等的环孔中的锁。

【挂毯】guàtǎn 名 壁毯。

【挂图】guàtú 名 挂在墙上的大幅地图、图表等。

【挂心】guàxīn 动 心中挂念；不放心 ▷这孩子太调皮，真叫父母～。

【挂靴】guàxuē 动 收起靴子。借指足球、滑冰、田径等运动员退役 ▷这位门将去年～离队。也说挂鞋。

【挂羊头卖狗肉】guà yángtóu mài gǒuròu 打着好的招牌，兜售不好的货色。讽刺名不副实的欺骗行为。

【挂一漏万】guàyī-lòuwàn 举出一个，却漏掉一万个。形容列举不全，多有遗漏。

【挂账】guàzhàng 动 赊账。☛ 不要写作"挂帐"。

【挂职】guàzhí 动 保留原来的职务，短期在基层或其他单位工作；临时担任某种职务，进行锻炼或实习 ▷从省里～下放到县里|他在县里～当副县长。

【挂钟】guàzhōng 名 在墙上悬挂的时钟。

【挂轴】guàzhóu 名 装裱后带轴的可以悬挂的字画。

罣 guà 同"挂"①②⑤。现在一般写作"挂"。

絓 guà 动〈文〉绊住。

褂 guà 名 中式的单衣 ▷短～儿|长袍马～儿|大～儿。

【褂子】guàzi 名 中式单上衣。

guāi

乖[1] guāi〈文〉❶ 动 违背 ▷言与义～|与原意相～|～背。→ ❷ 形（性情、行为）不正常；不合情理 ▷～戾|～僻|～张。

乖[2] guāi ❶ 形 机灵；伶俐 ▷你嘴倒挺～|他上了一次当就学～了|～巧。→ ❷ 形（小孩儿）不淘气；听话 ▷小宝贝真～|～孩子。☛ "乖"字由"千"和"北"构成。

【乖舛】guāichuǎn〈文〉❶ 形 不一致；相矛盾 ▷叙事前后～。❷ 形 荒谬；错误 ▷赏罚～。❸ 形（命运）坎坷；不顺利 ▷命运～|身世～。

【乖乖】guāiguāi ❶ 名 对小孩儿的昵称 ▷小～，真懂事。❷ 形 老实、驯服的样子 ▷这孩子～地在家里玩|把霸占的财产～儿地退出来！

【乖乖】guāiguai 叹 表示惊奇或赞叹 ▷～，怎么这张图纸这么难画呀！

【乖蹇】guāijiǎn 形〈文〉乖舛③。

【乖觉】guāijué 形 机智；聪敏 ▷这孩子很～。

【乖戾】guāilì 形（性情或言行）古怪而不合情理 ▷性格～|言行～。

【乖谬】guāimiù 形 荒谬；不合情理 ▷行为～。

【乖僻】guāipì 形（性情）乖张孤僻 ▷生性～。

【乖巧】guāiqiǎo ❶ 形 机灵；聪明 ▷这孩子能说会道，～可爱。❷ 形 形容善解人意，讨人喜欢 ▷他处事～，善于周旋。

【乖张】guāizhāng ❶ 形 不顺 ▷命运～。❷ 形 怪僻；反常 ▷性情～。

掴（摑） guāi 动 用手掌打；打耳光 ▷～了他一巴掌。

guǎi

拐[1]（*柺❶） guǎi ❶ 名 拐杖。→ ❷ 名 特指下肢患病或伤残的人拄在腋下帮助走路的棍子，上端有横木 ▷架着双～。→ ❸ 动 瘸；跛 ▷～着腿走了老远|一瘸一～。→ ❹ 动 转弯；行进时改变方向 ▷往东一～就是商店|～进一条小巷|～弯。→ ❺ 数 某些场合读数字时代替"7"(7的字形像拐) ▷洞～(07)。

拐[2] guǎi 动 把人或财物骗走 ▷孩子被骗子～走了|～款潜逃|～卖|诱～。

【拐棒】guǎibàng ❶ 名 弯曲的棍子。❷ 名 某些地区指剔了肉的牛、羊、猪等的腿骨。

【拐脖儿】guǎibór 名 弯成直角的管道，用来连接两节管道使改变方向。如烟筒的拐脖儿，水暖管道的拐脖儿。

【拐带】guǎidài 动 拐骗并携带人口或财物逃走 ▷～孩子的嫌疑人已被抓获|跟朋友借的几千元现金也被～走了。

【拐点】guǎidiǎn 名 数学上指改变曲线走向的点；借指人或事物的发展开始发生转变的地方 ▷完成这项改革将是公司发展的～。

【拐棍】guǎigùn 名 拐杖。

【拐角】guǎijiǎo 名 拐弯的地方 ▷大楼～。

【拐卖】guǎimài 动 拐骗并贩卖（人口） ▷严厉打击～妇女儿童的不法分子。

【拐骗】guǎipiàn 动 骗走（人或财物） ▷坑蒙～。

【拐弯】guǎiwān ❶ 动（行路时）转变方向 ▷照直走，别～。❷ 动 比喻思路发生转折或说话委婉 ▷他性子直，说话不会～。❸ 名 拐角。

【拐弯抹角】guǎiwān-mòjiǎo 沿着弯弯曲曲的路走；形容说话、写文章绕弯子，不直截了当。

【拐诱】guǎiyòu 动 拐骗引诱 ▷孩子被人～了。

【拐枣】guǎizǎo 名 枳椇的俗称。

【拐杖】guǎizhàng 名 走路时拄的棍子，手持的一端一般有弯柄。也说拐棍、手杖。

【拐肘】guǎizhǒu 名〈口〉胳膊肘儿 ▷衣袖～处有个大补丁。

【拐子】guǎizi ❶ 名 拐[1]②。❷ 名 对腿脚有残疾的人的不尊重的称呼。○ ❸ 名 桄子。○ ❹ 名 拐骗人口、财物的人。

guài

夬 guài 名《周易》六十四卦之一。

怪（*恠） guài ❶ 形 奇异的；不常见的 ▷脾气～|～现象|古～。→ ❷ 名 奇异的事物或人 ▷妖魔鬼～|扬州八～(指清代扬州八位画家)。→ ❸ 动 感到惊奇；惊异 ▷大惊小～。→ ❹ 副〈口〉表示程度高，相当于"挺" ▷～不好意思。○ ❺ 动 埋怨；责备 ▷这事儿不能～他|责～。

【怪不得】guàibude ❶ 动 不应埋怨或责备 ▷这件事是我没办好，～别人。❷ 副 表示明白了原因，不再觉得奇怪（前后常有说明原因的语句） ▷～屋里这么冷，原来窗户开着。

【怪才】guàicái 名 性情、思想古怪却很有才干的人 ▷他被称为文坛～。

【怪诞】guàidàn 形 离奇荒诞，不合情理 ▷情节～，难以置信。

【怪诞不经】guàidàn-bùjīng 荒诞不经。

【怪调】guàidiào ❶ 名 奇怪的论调 ▷他满腹牢骚，经常发些～。❷ 名 怪异的腔调 ▷怪腔～。

【怪话】guàihuà ❶ 名 离奇荒诞的话 ▷不能听信这些～。❷ 名 牢骚话 ▷不要背后说～。

【怪谲】guàijué 形〈文〉怪异反常 ▷言语～。

【怪里怪气】guàiliguàiqì 形（形状、装束、声音等）稀奇古怪，不同一般（含贬义）。

【怪论】guàilùn 名 违背常理的论调或言论 ▷奇谈～。

【怪模怪样】guàimú-guàiyàng 模样、形态奇怪（含贬义） ▷她打扮得～的，不像个正派人。

【怪癖】guàipǐ 名 稀奇古怪的嗜好。

【怪僻】guàipì 形 古怪孤僻 ▷脾气～。

【怪圈】guàiquān 名 比喻难以摆脱的恶性循环状况 ▷必须走出应试教育的～。

【怪声怪气】guàishēng-guàiqì 声音、腔调等不正常，令人讨厌。

【怪石嶙峋】guàishí-línxún 形容山石形状奇特、重叠高耸。

【怪事】guàishì 名 离奇的、不合常规的现象或事情 ▷真是～，这条蛇有两个头！

【怪兽】guàishòu 名 神话传说中的奇特野兽；泛指奇形怪状的野兽。

【怪胎】guàitāi 名 形状异常的胎儿；比喻有意制造的奇异丑恶的事物。

【怪味儿】guàiwèir ❶ 名 不正常的味道或气味 ▷牛奶有～了。❷ 名 奇特的味道 ▷～豆。

【怪物】guàiwu ❶ 名 怪异的东西；神话、传说中的妖魔鬼怪 ▷风闻前面那片树林里有～。❷ 名 比喻相貌、性情、行为等古怪的人 ▷他真是个～，说话做事总神经兮兮的。

【怪相】guàixiàng ❶ 名 怪异的相貌 ▷四大金刚，个个都是一副～。❷ 名 故意做出来的滑稽表情 ▷儿子出个～，把全家人逗笑了。

【怪象】guàixiàng 名 奇怪的现象；不正常的现象 ▷湖边出现鱼在泥上爬的～｜股市～剖析。

【怪笑】guàixiào 动 不正常地笑；嗤笑 ▷人家说的没有错，你干吗要～呢？

【怪样儿】guàiyàngr 名 奇怪的模样；不正常的样子。

【怪异】guàiyì ❶ 形 奇怪异常 ▷行为～。❷ 名 奇怪异常的现象 ▷～屡现，令人不解。

【怪怨】guàiyuàn 动 责怪；埋怨 ▷出了问题不能～群众。

【怪罪】guàizuì 动 指摘；责备 ▷错误是我犯的，不能～别人。

guān

关（關） guān ❶ 动〈文〉贯穿。→ ❷ 名 门闩 ▷门插～儿。⇒ ❸ 动 闭；使开着的东西合上（跟"开"相对）▷把门～上｜～闭。⇒ ❹ 动 使开动的机器、电气设备等停止工作 ▷～机｜～灯｜～电视。⇒ ❺ 动 拘禁；放在里面不让出来 ▷罪犯被～起来了｜把老虎～在笼子里｜～押。⇒ ❻ 动 停止营业；歇业 ▷由于经营不善，只好把铺子～了｜～停并转｜～张。⇒ ❼ 名 在险要地方或边境出入口设立的守卫处所 ▷一夫当～，万夫莫开｜玉门～｜～口◇把住质量～。⇒ ❽ 名 特指山海关 ▷～外｜～东｜清兵入～。⇒ ❾ 名 关厢 ▷城～｜北～。⇒ ❿ 名 对进出口货物查验并征税的机构 ▷海～｜～税。⇒ ⓫ 名 比喻不易度过的一段时间 ▷难～｜年～。⇒ ⓬ 名 起重要转折作用的环节 ▷突破这一～｜紧要～头｜～键。⓭ 名 中医指关上脉（人体的关键部位之一）▷寸、～、尺｜～脉。→ ⓮ 动 牵涉；牵挂 ▷无～大局｜～心。⓯ 名 人与人或事物与事物之间的关系 ▷与我无～｜有～人员。〇 ⓰ 动 旧指发放或领取（薪饷）▷～饷。〇 ⓱ 名 姓。

【关爱】guān'ài 动 关怀爱护 ▷对孩子十分～。

【关隘】guān'ài 名〈文〉险要的关口 ▷扼守～。

【关碍】guān'ài 动 妨碍；阻碍 ▷暴饮～健康。

【关闭】guānbì ❶ 动 关③ ▷晚九点，～校门。❷ 动 关⑥ ▷～了两家长期亏损的工厂。

【关帝庙】guāndìmiào 名 供奉三国时期蜀汉大将关羽的庙宇。

【关东】guāndōng 名 指山海关以东一带；泛指东北各省。

【关东糖】guāndōngtáng 名 一种用麦芽和糯米或杂粮制成的麦芽糖。白色或略带黄色，黏性很大，形状多样。

【关防】guānfáng ❶ 动〈文〉守关防边。❷ 名〈文〉驻军防守的要塞 ▷～重地。❸ 名 明清时期军队、政府使用的一种长方形印信，即半印。原用正方形官印，明初为防止作弊，改用长方形半印，以便拼合验对。称关防，取"关防严密"之意。

【关公】guāngōng 名 对三国时期蜀汉大将关羽的尊称。关羽以忠义著称，他的事迹在民间广为流传，并被神化，成为忠义的象征。

【关乎】guānhū 动 牵涉到；关系到 ▷～环保的大事。

【关怀】guānhuái 动 关心爱护（多用于上对下、长对幼、集体对个人）▷领导～我们的成长。☛ 跟"关心"不同。1."关怀"的对象一般是人；"关心"无此限制。2.用于对国家、民族等的大事时，"关怀"侧重表示关爱之情常在心怀；"关心"侧重表示重视、关注。

【关机】guānjī ❶ 动 切断电源，使机器停止运转。❷ 动 特指影视片拍摄完毕。

【关键】guānjiàn ❶ 名 门闩；比喻紧要的部分或起决定作用的因素 ▷培养人才，～在教育。❷ 形 对事情起决定作用的 ▷这是最～的一招。☛ 参见 1604 页"要害"的提示。

【关键词】guānjiàncí ❶ 名 检索资料时所查内容中必须出现的核心词语。❷ 名 文章或著作中出现频率高、对所阐述的问题起关键作用的概念性词语。

【关节】guānjié ❶ 名 骨头与骨头相连接的部位 ▷膝～｜肘～｜～炎。❷ 名 起关键作用的环节 ▷～点｜打通发展与治理的～。❸ 名 指行贿、托人情、走后门等串通官员的事 ▷买通～。

【关节炎】guānjiéyán 名 关节部位的炎症。关节红肿疼痛，有时体温增高，严重的能使关节变形或脱位。

【关口】guānkǒu ❶ 名 关⑦ ▷山海关是个重要～。❷ 名 关头 ▷紧要的～。

【关联】guānlián 动（事物之间）互相联系和影响 ▷互相～互相依存。☛ 不要写作"关连"。

【关联词语】guānlián cíyǔ 在语句中起关联作用的词语。如"不但……而且……""如果……

就……”“总而言之”。也说关联词。

【关门】guānmén ❶ 动 借指停止营业或歇业 ▷该厂因亏损太多而～|商店已～。❷ 动 比喻把话说死、说绝，没有商量的余地 ▷你先别～，我们再商量。❸ 动 借指不与外界接触或不愿容纳不同的人或意见 ▷不能～办报。❹ 区别 借指最后收的(徒弟) ▷～弟子。

【关门打狗】guānmén-dǎgǒu 比喻使敌人陷入包围圈，然后痛击或歼灭。

【关门大吉】guānmén-dàjí 戏称商店、工厂等倒闭或停办。

【关门主义】guānmén zhǔyì 通常指工人阶级政党中，某些人反对建立广泛的统一战线，拒绝团结可以团结的力量参加革命，或把符合人党条件的人拒之于党外的错误倾向。

【关内】guānnèi 名 指山海关以西或嘉峪关以东地区。也说关里。

【关卡】guānqiǎ ❶ 名 在交通要道设立的收税站、检查站或岗哨等。❷ 名 比喻不易通过的难关或人为设置的障碍 ▷过去办营业执照要通过许多道～。☛“卡”这里不读 kǎ。

【关切】guānqiè 动 十分关心 ▷对灾区人民十分～。

【关塞】guānsài 名 边关和要塞 ▷镇守～。☛“塞”这里不读 sāi 或 sè。

【关山】guānshān 名 关隘和山岭 ▷～阻隔。

【关涉】guānshè 动 关联；涉及 ▷～到多人利益。

【关税】guānshuì 名 海关根据有关法律法规对进出口货物或进出境物品征收的一种税。纳税人是进口货物的收货人、出口货物的发货人、进出境物品的拥有人。

【关税壁垒】guānshuì bìlěi 指用征收高额关税来阻止或限制外国某些商品输入的外贸措施 ▷经济全球化，～减少了。

【关停并转】guān-tíng-bìng-zhuǎn 我国在经济改革中对亏损的国有企业根据不同情况，采取或关闭、或停业、或兼并、或转产等措施予以整顿。

【关头】guāntóu 名 具有决定意义的时机或转折点 ▷生死～|成败～。

【关外】guānwài 名 指山海关以东或嘉峪关以西的地区。

【关系】guānxi ❶ 名 人或事物之间的相互联系 ▷朋友～|社会～|教育事业与社会发展的～。❷ 名 对事物产生的影响 ▷碰一下没～|这对工作很有～。❸ 动 关联；涉及 ▷这件事～着事业的全局。❹ 名 泛指原因、条件等 ▷由于健康～他从一线退了下来。❺ 名 特指组织关系或表明组织关系的证件 ▷他的～已经转过来了。❻ 名 特指性关系 ▷他俩发生了～。

【关系户】guānxihù 名 在工作中关系密切、互相给予特殊照顾的单位或个人。

【关系网】guānxiwǎng 名 关系户之间组成的人际关系和社会关系的网络 ▷冲破～。

【关系学】guānxixué 名 指拉关系、走后门等手段(含讥讽意) ▷社会风气不正，～就盛行。

【关衔】guānxián 名 区分海关工作人员等级、表明海关工作人员身份的称号和标志。我国现行制度设海关关衔共五等十三级：海关总监、海关副总监；关务监督(分三级)；关务督察(分三级)；关务督办(分三级)；关务员(分二级)。

【关厢】guānxiāng 名 指城门外的大街及附近的地区。

【关饷】guānxiǎng 动 旧指发放或领取军饷；后也指发放或领取薪金。

【关心】guānxīn 动 (对人或事物)爱惜、重视，经常挂在心上 ▷～国家大事|～群众。☛ 参见 501 页“关怀”的提示。

【关押】guānyā 动 把犯罪嫌疑人或罪犯拘捕看管起来。

【关于】guānyú 介 引进动作行为涉及的事物 ▷～污水处理的问题|～彗星的知识，人们比从前知道得多了。☛ 跟“对于”不同。1.表示关联、涉及的事物，用“关于”；指出对象，用“对于”。2.“关于……”作状语，只能用在主语前；“对于……”作状语，用在主语前后都可以。3.用“关于”组成的介词短语可以作文章的标题，用“对于”组成的介词短语则不可以。

【关张】guānzhāng 动 商店、旅馆等倒闭或停止营业(跟“开张”相对) ▷那家钟表店～了。

【关照】guānzhào ❶ 动 关心照料 ▷一定要多多～下岗人员。❷ 动 提醒；告诉 ▷你～小刘一声，明天早点儿起床。

【关中】guānzhōng 名 古代地域名，所指范围大小不一，大体包括函谷关以西秦国故地；现指陕西渭河平原一带。

【关注】guānzhù 动 重视；特别注意 ▷全世界都～着中国的经济建设。

【关子】guānzi 名 小说、戏剧中情节最紧张、最令人产生悬念的地方(常跟“卖”连用)；比喻事情的关键所在 ▷快说吧，别卖～了|这件事老不解决，谁也不知道其中的～。

观(觀) guān ❶ 动 看；察看 ▷走马～花|～天象|～光。→ ❷ 名 外观；景象 ▷洋洋大～|改～。❸ 名 对客观事物的认识和态度 ▷人生～|价值～|乐～。☛ 读 guān，基本意义是看。读 guàn，指道教庙宇，如“白云观”；古代指高大的建筑物，如“楼观”。

另见 507 页 guàn。

【观测】guāncè ❶ 动 观察并测量(天文、地理、气象等) ▷～星象|～地形。❷ 动 观察并揣测(情况等) ▷～动向。

【观察】guānchá 动 仔细察看 ▷～现场。

【观察家】guānchájiā 名 指对国内、国际的重大问题进行分析、评论的专家。报刊上常用作重要政治评论文章的署名。

【观察哨】guāncháshào 名 为观察敌情或治安情况等而设置的哨位、哨所或哨兵。

【观察室】guāncháshì 名 医院观察病人症状以便确诊的专用病房。

【观察所】guānchásuǒ 名 军队作战时,在隐蔽且视野较开阔的地点设置的观察战场的处所。

【观察员】guāncháyuán 名 观察并报告情况的人员;特指一国派往国际会议或国际组织的非正式代表。按照国际惯例,观察员只能进行联络工作,有发言权而无表决权。

【观潮】guāncháo ❶ 动 观赏海潮或江潮 ▷到钱塘江～。❷ 动 比喻对某项事业或工作不亲身投入,只站在一边观看和评论 ▷～派。

【观潮派】guāncháopài 名 比喻抱着旁观态度观察事态发展而不积极参与的人。

【观点】guāndiǎn 名 从某一立场或角度出发对事物所持的看法或态度 ▷政治～|～正确。

【观风】guānfēng ❶ 动〈文〉观察民俗风情 ▷～问俗。❷ 动 观察动静以便相机行事 ▷两个战士在门外～,其余的人冲了进去。

【观感】guāngǎn 名 观察事物得到的印象、感想、看法等 ▷畅谈西藏之行的～。

【观光】guānguāng 动 到外国或外地参观、游览或考察 ▷外国朋友前来～|～客。

【观光电梯】guānguāng diàntī 井道和轿厢同一侧或多侧的壁板均用透明材料制成的电梯,乘客可以在乘坐时观赏外面的景物,多安装于高层宾馆、商场或办公楼。

【观光农业】guānguāng nóngyè 旅游农业。

【观后感】guānhòugǎn 名 参观或观看某处、某展览或某影剧等后产生的感想体会;也指发表感想体会的文章。

【观看】guānkàn 动 特意看;参观 ▷～演出。

【观览】guānlǎn 动 参观游览 ▷前来～的游客络绎不绝。

【观礼】guānlǐ 动 应邀参观盛大的庆典 ▷国庆节那天,劳模们登上天安门城楼～。

【观礼台】guānlǐtái 名 专供观礼用的规模较大的建筑,多为阶梯形。

【观摩】guānmó 动 同行(háng)的人互相参观学习,交流经验 ▷～教学|欢迎前来～。

【观念】guānniàn ❶ 名 思想意识 ▷～更新|法制～。❷ 名 客观事物在头脑中留下的概括印象 ▷参观后我们对西部开发有了新的～。

【观赏】guānshǎng 动 观看欣赏 ▷～节目|～菊花。☛ 参见 1528 页"欣赏"的提示。

【观赏鱼】guānshǎngyú 名 供观赏的形状奇异、体色美丽的鱼。如金鱼、热带鱼等。

【观赏植物】guānshǎng zhíwù 人工培植的主要供观赏的植物。

【观世音】guānshìyīn 名 梵语Avalokiteśvara意译。佛教大乘菩萨。佛教徒认为是救苦救难,普度众生之神。唐代因避太宗李世民讳,简称"观音"。也说观音大士、观音菩萨。

【观望】guānwàng ❶ 动 眺望;张望 ▷向四周～。❷ 动 以怀疑、犹豫的心情和态度观看事物的发展 ▷他至今还在～,下不了决心。

【观象台】guānxiàngtái 名 古代观测天文气象的机构。现在按观测对象,分别叫做天文台、气象台、地震台等。

【观音菩萨】guānyīn púsà 观世音。

【观音土】guānyīntǔ 名 一种白色黏土。旧社会一些灾民用来充饥,常因不能消化、无法排泄而致死。

【观瞻】guānzhān ❶ 动〈文〉观赏瞻望 ▷时而移步换景,时而驻足～。❷ 名 显露在外的景象及其给人的印象 ▷有碍～|以壮～。

【观战】guānzhàn 动 在一旁察看战斗或观看比赛 ▷在城头～|～助威。

【观照】guānzhào 动 美学上指以超然态度对审美对象进行审视;泛指仔细观察、审视 ▷作家从新的视角～生活才能获取重大题材。

【观者如堵】guānzhě-rúdǔ 观看的人一层层挤着,好像围墙一样(堵:墙壁)。形容观众极多。

【观阵】guānzhèn 动 本指观察战场上的阵势;现多指从旁观看事态的情势 ▷看台上有数万球迷～。

【观止】guānzhǐ 动〈文〉看到这里可以不再看其他的了,表示所看到的东西好到极点 ▷叹为～|《古文～》。

【观众】guānzhòng 名 观看表演、比赛、展出等的人 ▷～成千上万|一个～都没有。

纶(綸) guān [纶巾] guānjīn 名 古代男子戴的配有青丝带的头巾 ▷羽扇～。

另见 905 页 lún。

官 guān ❶ 形 属于国家或政府的 ▷～办|～价|～商。→ ❷ 名 国家机构中经过任命、达到一定级别的公职人员 ▷封～许愿|外交～|～员。→ ❸ 形 共同享有或使用的 ▷～道|～话。→ ❹ 名 器官 ▷五～|感～。○ ❺ 名 姓。

【官办】guānbàn ❶ 动 政府开办或经营 ▷教育事业应以～为主。❷ 区别 由政府开办或经

营的 ▷～学校|～企业。

【官报私仇】guānbàosīchóu 公报私仇。

【官本位】guānběnwèi 图 以官职高低、权力大小作为标准衡量人的社会地位和价值的观念。

【官逼民反】guānbī-mínfǎn 指统治者残酷压榨人民，使人民走投无路而奋起反抗。

【官兵】guānbīng ❶ 图 军官和士兵的合称 ▷～团结一致。❷ 图 旧指政府的军队 ▷起义军与～作战。

【官差】guānchāi ❶ 图 官府的差事 ▷应付～。❷ 图 旧指官府的差役。

【官场】guānchǎng 图 政界；政界人物所活动的范围(多含贬义) ▷～生涯|《～现形记》。

【官倒】guāndǎo ❶ 动 指党政机关及其工作人员凭借职权进行倒买倒卖活动 ▷坚决禁止～。❷ 图 指进行倒买倒卖活动的党政机关及其工作人员。

【官邸】guāndǐ 图 政府为高级官员提供的住所(跟"私邸"相区别) ▷总统～|大使～。

【官方】guānfāng 图 指政府方面 ▷同～进行联系|～报纸。

【官费】guānfèi 图 旧指由政府供给的费用 ▷～留洋。

【官风】guānfēng ❶ 图 官僚主义风气 ▷～官气，令人厌恶。❷ 图 领导干部的作风、品德修养 ▷～正，则民风正。

【官府】guānfǔ 图 旧指政府机关或官吏。

【官复原职】guānfùyuánzhí 被免职的人恢复原来的职务。

【官官相护】guānguān-xiānghù 指官员之间互相包庇、袒护。也说官官相卫。

【官话】guānhuà ❶ 图 旧指元明清以来以北京话为代表的北方话。因长期以来我国的政治、经济、文化中心基本上都在北方，官场上一般均用北方话交际，故称。❷ 图 官腔 ▷你别满口～，这事到底怎么办？

【官宦】guānhuàn 图 泛指官员 ▷～子弟。

【官家】guānjiā ❶ 图 某些朝代对皇帝的称呼。❷ 图 指朝廷、官府；现也指公家。❸ 图 旧时对官吏的称呼。

【官价】guānjià 图 政府限定的价格 ▷按～出售。

【官架子】guānjiàzi 图 做官的威势和气派(含贬义) ▷这人官儿不大，～不小。

【官阶】guānjiē 图 官职的等级。

【官爵】guānjué 图 官职和爵位。

【官吏】guānlì 图 古代对政府官员的总称。

【官僚】guānliáo ❶ 图 官吏 ▷封建～。❷ 图 指官僚主义作风 ▷对群众不能耍～。

【官僚主义】guānliáo zhǔyì 指脱离群众、脱离实际、独断专行的领导作风和工作作风。

【官僚资本】guānliáo zīběn 官僚资产阶级所拥有的资本。

【官僚资本主义】guānliáo zīběn zhǔyì 半殖民地半封建国家中，买办的、封建的国家垄断资本主义。

【官僚资产阶级】guānliáo zīchǎn jiējí 半殖民地半封建国家中，与国家政权结合在一起，垄断全国经济命脉，具有买办性和封建性的垄断资产阶级。

【官了】guānliǎo 动 公了。

【官帽】guānmào ❶ 图 旧时官吏戴的可以表明身份的帽子。❷ 图 借指官职 ▷宁可不要～，也不能丧失人格。

【官媒】guānméi 图 官方媒体的简称。

【官迷】guānmí 图 对当官着迷的人。

【官名】guānmíng ❶ 图 官衔。❷ 图 旧指人的正式名字；学名。

【官能】guānnéng 图 生物体器官的生理功能。如嗅觉是鼻子的官能。

【官能症】guānnéngzhèng 图 生物体器官出现的生理功能障碍，属非器质性症状。如神经官能症。

【官气】guānqì 图 官僚作风和习气 ▷摒除～。

【官腔】guānqiāng 图 旧指官场中的应酬话；现指利用政策、规章制度等冠冕堂皇的理由推托、搪塞的话 ▷打～|～十足。

【官人】guānrén ❶ 图 古代指做官的人，宋代用作对一般男子的尊称。❷ 图 妻子对丈夫的称呼(见于近代汉语)。

【官商】guānshāng ❶ 图 旧指官府经营的商业；也指从事这种商业的人。❷ 图 指官僚作风严重的国有商业部门或这些部门中官僚作风严重的人 ▷一副～面孔。

【官绅】guānshēn 图 旧指官僚和绅士。

【官书】guānshū ❶ 图 旧时官府的文书；公文。❷ 图 旧时官府收藏的书；官府编修或刊行的书。

【官署】guānshǔ 图 旧称官吏办公的机关；衙门。

【官司】guānsi ❶ 图 指诉讼 ▷打～。❷ 图 比喻不同意见的争论 ▷打嘴皮～|笔墨～。

【官厅】guāntīng 图 官署。

【官网】guānwǎng 图 官方网站的简称。指官方开设的或官方授权开设的网站；也指社会团体、企事业单位等开设的网站，能代表开设单位发布正式信息。

【官位】guānwèi 图 官职 ▷无论～高低，都要勤政为民。

【官衔】guānxián 图 官员职位等级的名称。

【官修】guānxiū 区别 由官方编修的 ▷～史书。

【官学】guānxué 图 旧指官府办的学校(跟"私学"相区别)。如朝廷办的太学、国子监；地方办的府学、州学、县学。

【官样文章】guānyàng-wénzhāng 旧指官场例行的公文，有固定的格式和套语。比喻徒具形式、敷衍应付的活动或空话。

【官窑】guānyáo 名 古代官办的专为宫廷烧制瓷器的窑场；特指宋代及明清两代的官窑。

【官瘾】guānyǐn 名 做官的强烈欲望或浓厚兴趣(含贬义) ▷过～|～太大。

【官印】guānyìn 名 官府机构的印信。

【官员】guānyuán 名 具有一定级别的政府工作人员 ▷随访～。

【官运】guānyùn 名 当官的运气。

【官运亨通】guānyùn-hēngtōng 做官的运气好，仕途顺利(含贬义)。

【官长】guānzhǎng 名 旧指行政单位的主管官员或军官；泛指官吏。

【官职】guānzhí 名 官员的职位。

【官佐】guānzuǒ 名 旧指军官。

冠 guān ❶ 名 帽子 ▷衣～整齐|王～|桂～|免～照片。→ ❷ 名 像帽子的东西 ▷鸡～|花～|树～。☛ ㊀读 guān，多表示事物，如"桂冠""衣冠"等。读 guàn，多表示动作，指戴帽子、超群，如"沐猴而冠""勇冠三军"等；也作姓氏。㊁跟"寇(kòu)"不同。

另见 507 页 guàn。

【冠带】guāndài 〈文〉❶ 名 帽子和腰带；特指旧时官吏的装束。❷ 名 借指官吏。

【冠盖】guāngài ❶ 名 古代指官员的帽子和车盖 ▷～如云。❷ 名〈文〉借指官吏 ▷～满京华。

【冠冕】guānmiǎn ❶ 名 古代帝王、官吏戴的礼帽。❷ 形 光彩；体面(现多含贬义) ▷～堂皇。

【冠冕堂皇】guānmiǎn-tánghuáng 形容表面上庄严体面或光明正大的样子(多含讥讽意)。

【冠心病】guānxīnbìng 名 冠状动脉粥样硬化性心脏病的简称。多由冠状动脉硬化、心肌供血不足引起。主要症状为心绞痛、心律失常、胸闷憋气，严重时发生心肌梗死。

【冠状病毒】guānzhuàng bìngdú 一种直径大约为80—120纳米的病毒，能引起人呼吸道感染和肠道感染。因其在电子显微镜下呈日冕状或王冠状，故称。

【冠状动脉】guānzhuàng dòngmài 供给心脏养分的动脉。起于主动脉，分左右两条环绕在心脏表面。因形状像王冠，故称。

【冠子】guānzi 名 某些鸟类头顶上的肉质冠状凸起物或毛饰 ▷鸡～|孔雀～。

矜 guān 古同"鳏"。
另见 715 页 jīn；1111 页 qín。

莞 guān 名 古书上指水葱一类的植物。
另见本页 guǎn；1415 页 wǎn。

倌 guān ❶ 名 旧指在酒店、饭馆等场所服杂役的人 ▷堂～儿|磨～儿(磨面的人)。→ ❷ 名 农村中专职饲养、放牧牲畜的人 ▷猪～儿|羊～儿|牛～儿。

蒄 guān ❶ 名 古书上说的一种草。○ ❷ 名 有机化合物，针状晶体，淡黄色，溶于苯，其苯溶液呈蓝色荧光。

棺 guān 名 棺材 ▷盖～论定|～木|水晶～|～椁。

【棺材】guāncai 名 装殓死人的器具。多用木材制成。也说棺木。

【棺材瓤子】guāncai rángzi 咒骂或戏称年老或体弱多病的人。

【棺椁】guānguǒ 名 棺和椁；泛指棺材。

【棺柩】guānjiù 名 灵柩。

【棺木】guānmù 名 棺材。

鳏(鰥) guān ❶ 形 没有妻子或妻子死亡的 ▷～夫|～居。→ ❷ 名 指没有妻子或妻子死亡的男人 ▷～寡孤独。

【鳏夫】guānfū 名 无妻或丧妻的男人。

【鳏寡孤独】guān-guǎ-gū-dú《孟子·梁惠王下》："老而无妻曰鳏，老而无夫曰寡，老而无子曰独，幼而无父曰孤。"后用"鳏寡孤独"泛指丧失或缺乏劳动能力而生活没有依靠的人。

guǎn

莞 guǎn 用于地名。如东莞，在广东。
另见本页 guān；1415 页 wǎn。

馆(館*舘) guǎn ❶ 名 专供宾客、旅客食宿的场所 ▷宾～|旅～。→ ❷ 名 华丽的住宅 ▷公～。→ ❸ 名 古代官署的名称 ▷弘文～|修文～。⇒ ❹ 名 一国驻设在另一国的外交机构 ▷大使～|领事～。⇒ ❺ 名 储藏、陈列文献、文物或开展文化体育活动的场所 ▷图书～|档案～|博物～|体育～|文化～。⇒ ❻ 名 旧指私塾 ▷蒙～|坐～(在私塾或别人家里教书)。⇒ ❼ 名 某些服务行业店铺的名称 ▷饭～|茶～|理发～|照相～。

【馆藏】guǎncáng ❶ 动 图书馆、博物馆、档案馆等收藏 ▷～大量善本古籍。❷ 名 图书馆、博物馆、档案馆等收藏的书刊、资料、物品等 ▷～十分丰富。

【馆舍】guǎnshè 名〈文〉旅馆；宾馆。

【馆驿】guǎnyì 名〈文〉驿站所设的旅舍。

【馆员】guǎnyuán ❶ 名 指图书馆、博物馆、档案馆等单位的工作人员。❷ 名 图书馆等系列专业技术人员的中级职称。

【馆子】guǎnzi ❶ 图 指酒馆、饭馆 ▷下～。❷ 图 旧指戏园子 ▷去～听戏。

琯 guǎn 图 古代一种玉制的管乐器，形状像笛子，上有六个孔。

筦 guǎn ❶用于人名。○❷图 姓。另见本页 guǎn"管"。

管（*筦❶—⑯） guǎn ❶ 图 古代一种像笛的乐器，圆而细长，中空，旁有六孔，两支并起来吹奏。→ ❷ 图 管乐器的通称 ▷黑～｜双簧～｜～弦乐。→ ❸ 图 泛指细长中空的圆筒 ▷竹～｜钢～｜输油～。⇒ ❹ 图〈文〉毛笔 ▷搦(nuò)～(握笔)。⇒ ❺ 量 用于管状物 ▷两～毛笔｜一～长笛。⇒ ❻ 图 特指外形像管的电器件 ▷真空～｜电子～｜晶体～。→ ❼ 图 古代车子上的部件，管状，安在毂端，配合车辖，使车轮固定在车轴上。⇒ ❽ 动 管理并统辖 ▷这个县～着 18 个乡｜～辖。❾ 动 负责某项工作或事务 ▷分～教学｜～账。⇒ ❿ 动 照料；约束 ▷～孩子｜这学生得好好～一～了｜～教。⇒ ⓫ 动 过问；参与 ▷～闲事｜楼道卫生要大家～。⓬ 连 连接分句，表示行动不受所举条件的限制，相当于"不管""无论" ▷～他什么难关，都要闯过去｜～他三七二十一，先干起来再说。⇒ ⓭ 动 负责供给 ▷～吃～住｜～饭。⓮ 动 保证① ▷次品～换｜～保。○ ⓯ 介 构成"管……叫……"的格式，用来称说人和事物，相当于"把" ▷大家～他叫"小辣椒"｜有些地区～土豆叫山药蛋。○ ⓰ 介〈口〉引进动作行为的对象，略相当于"向" ▷去～小唐借支笔。○ ⓱ 图 姓。☛ 跟"菅"不同。"管"上边是"⺮"，不是"艹"。

"筦"另见本页 guǎn。

【管保】guǎnbǎo 动 保证① ▷用这种办法去试，～成功。

【管材】guǎncái 图 管状材料。如钢管、铜管、陶管、塑料管等。

【管道】guǎndào ❶ 图 用来输送或排除气体、液体等的管子。用钢材、水泥、塑料等材料制成。❷ 图 借指途径 ▷谈判～堵塞。

【管儿灯】guǎnrdēng 图 管形荧光灯的俗称。

【管段】guǎnduàn 图 分段管理中所管辖的地段 ▷这条公路分 8 个～。

【管饭】guǎnfàn 动 免费提供饭菜 ▷中午谁～？

【管风琴】guǎnfēngqín 图 大型键盘乐器。用几种音色不同的金属管或木管构成，由风箱压缩空气通过管子，用键盘操纵发音。

【管护】guǎnhù 动 管理并保护 ▷～林木。

【管家】guǎnjiā 图 旧指为有钱人家管理家务和其他仆役的地位较高的仆人；现指为集体掌管财物或管理日常生活的人 ▷老王是咱厂的好～。

【管家婆】guǎnjiāpó ❶ 图 旧指为有钱人家管理家务的地位较高的女仆。❷ 图 戏称家庭主妇。

【管见】guǎnjiàn 图 谦词，指自己狭隘浅陋的见解，就像通过管子看到的，只能是范围很狭窄的一部分 ▷发展远程教学网之～。

【管教】guǎnjiào ❶ 动 管束并教育 ▷～子女。❷ 动 管制并教育 ▷～少年犯。❸ 图 负责管制、教育的人员。○ ❹ 动 管保；保证让 ▷～你满意。

【管教所】guǎnjiàosuǒ 图 负责对未成年罪犯进行管制和劳动教养的机构。

【管界】guǎnjiè ❶ 图 所管辖的地区。❷ 图 所管辖地区的边界。

【管井】guǎnjǐng 图 一种汲取深层地下水的井。用机械开凿，通过钢管、铸铁管等把水汲上来。旧时也说洋井。

【管控】guǎnkòng 动 管理并控制；管制① ▷利用电视监视系统实行交通～｜严加～。

【管窥】guǎnkuī 动〈文〉从管子里看东西；比喻见解狭窄片面(多用作谦词) ▷～之见。

【管窥蠡测】guǎnkuī-lícè 从管子里看天，用瓢量海(蠡：瓢)。比喻对事物的观察和了解狭窄片面。

【管理】guǎnlǐ ❶ 动 保管并料理 ▷～报刊资料。❷ 动 看管并约束 ▷～俘虏。❸ 动 主管某项工作，使顺利进行 ▷～学校｜经营～。

【管理员】guǎnlǐyuán 图 管理人员；特指负责管理物资的人员 ▷仓库～。

【管片】guǎnpiàn 图 分片管理中所管辖的那一片地区 ▷～儿内治安情况良好。

【管卡压】guǎn-qiǎ-yā 单凭行政命令等手段来管束、阻拦和压制的管理方法。☛"卡"这里不读 kǎ。

【管钳】guǎnqián 图 用来卡住或扳动钢管或其他圆柱形工件的工具。也说管钳子、管扳子。

【管区】guǎnqū 图 管辖的区域。

【管事】guǎnshì ❶ 动 管理事务 ▷不能占着位置不～。❷ 形 管用 ▷他的话很～。❸ 图 旧称在企业单位或有钱人家里管总务的人。

【管束】guǎnshù 动 管教约束 ▷严加～。

【管辖】guǎnxiá 动 管理统辖 ▷全县～23 个乡镇｜内河航运属交通部门～。

【管弦乐】guǎnxiányuè 图 管乐器、弦乐器和打击乐器协同演奏的音乐。是器乐合奏的主要种类，如西洋管弦乐、民族管弦乐。

【管线】guǎnxiàn 图 管道和线路(电线、电缆等) ▷维修～。

【管押】guǎnyā 动 依法临时拘禁。

【管涌】guǎnyǒng 动 堤坝坝体或坝基出现孔洞，水由孔洞大量涌出。管涌会引起堤坝下陷、崩塌，造成洪水泛滥。

【管用】guǎnyòng 形 能起作用 ▷方法～。

【管乐】guǎnyuè 名 以管乐器演奏为主的音乐。

【管乐队】guǎnyuèduì 名 以管乐器为主演奏乐曲的乐队。

【管乐器】guǎnyuèqì 名 用铜、竹等制成的管状乐器。如笛、箫、唢呐、号等。也说吹奏乐器。

【管账】guǎnzhàng 动 管理账目。

【管制】guǎnzhì ❶ 动 强制性管理 ▷～交通。❷ 动 我国的一种刑罚，依法对犯罪分子施行强制性管理，由人民法院判决，由公安机关执行。

【管中窥豹】guǎnzhōng-kuībào 从管子中去看豹，只能看见豹身上的一个斑点。比喻只看到事物的一小部分，看不到全貌。与"可见一斑"或"略见一斑"等连用，则比喻可以从观察到的一部分推测全貌。

【管子】guǎnzi 名 管③。

鳤（鰫） guǎn 名 鱼，圆筒形，银白色，头小而尖。以小鱼为食，是淡水养殖业的害鱼。

guàn

毌 guàn ❶［毌丘］guànqiū 名 古地名，在今山东曹县南。○ ❷ 古同"贯"。○ ❸ 名 姓。☛ 跟"毋"的形、音、义都不同。

观（觀） guàn ❶ 名 古代楼台之类的高大建筑物 ▷楼～｜台～。→ ❷ 名 道教祭祀天地、供奉神灵和举行法事的场所 ▷白云～｜寺～。○ ❸ 名 姓。

另见 502 页 guān。

贯（貫） guàn ❶ 名 古代穿铜钱的绳子。→ ❷ 量 用于铜钱。古代用绳子穿铜钱，每 1000 个为 1 贯 ▷万～家私｜腰缠万～。→ ❸ 动 穿过；连通 ▷如雷～耳｜～穿｜横～｜～通。→ ❹ 动 一个一个地互相衔接 ▷鱼～而入｜连～。→ ❺ 名〈文〉事例；成例 ▷一仍旧～。→❻ 名 世代居住的地方；出生地 ▷籍～。○ ❼ 名 姓。☛ 上边是"毌"，不是"毋"或"母"。

【贯彻】guànchè 动 贯通；彻底实现或体现（方针、政策、精神等）▷深入～会议精神。

【贯穿】guànchuān ❶ 动 穿过；连通 ▷京广铁路～大江南北。❷ 动 从头到尾地体现 ▷实事求是的精神～工作的全过程。

【贯串】guànchuàn 动 贯穿②。

【贯口】guànkǒu 名 曲艺表演中一口气快速连续说、唱出一节或一段词儿的技巧。

【贯通】guàntōng ❶ 动 全部透彻地理解领悟 ▷融会～。❷ 动 首尾连接畅通 ▷～南北。

【贯注】guànzhù ❶ 动（精神、精力等）集中到一点上 ▷全神～。❷ 动（说话或行文）连贯 ▷一气呵成，前后～。

冠 guàn ❶ 动〈文〉戴帽子 ▷～礼（古代男子 20 岁时举行的表示成年的加冠礼仪）。→ ❷ 动 超出众人，居第一位 ▷勇～三军｜～军。❸ 名 指冠军 ▷夺～｜成绩为全班之～。→ ❹ 动 在前边加上（某种名号或称谓）▷～以模范称号｜～名权。○ ❺ 名 姓。☛ 跟"寇"不同。

另见 505 页 guān。

【冠军】guànjūn 名 竞技体育等比赛中的第一名 ▷夺取～｜获得～。

【冠军赛】guànjūnsài 名 争夺冠军的比赛。

【冠名】guànmíng 动 对某项事物使用某名号；在某事物前面加上某名号 ▷独家～赞助这次大赛。

【冠名权】guànmíngquán 名 在某项事物前面加上某种称谓或名号的权利。如企业通过赞助获得对某项赛事的冠名权等。

【冠以】guànyǐ 动 把某种名号或称谓加在人或物上 ▷他被～发明家的称号。

掼（摜） guàn 动 某些地区指扔或摔 ▷～纱帽｜～了一个跟头。

涫 guàn 动〈文〉沸腾 ▷～沸｜～汤。

惯（慣） guàn ❶ 形 经常接触而逐渐适应；习以为常 ▷干～了，不觉得累｜看不～｜～例｜习～。→ ❷ 动 纵容；溺爱 ▷她把孩子给～坏了｜娇生～养｜娇～。

【惯常】guàncháng ❶ 形 习以为常的；习惯了的 ▷这种竞争办法十分～｜～的做法。❷ 副 经常 ▷她～等丈夫回来才吃饭。❸ 名 平时 ▷校园恢复了～的宁静。

【惯犯】guànfàn 名 刑法规定的以某种犯罪为常业，或以某种犯罪所得为其生活主要来源，积习不改的犯罪分子。

【惯匪】guànfěi 名 一贯抢劫财物、行凶作恶的匪徒。

【惯伎】guànjì 名 经常采用的手段（多含贬义）▷装疯卖傻是他的～。

【惯技】guànjì 现在一般写作"惯伎"。

【惯例】guànlì ❶ 名 习惯性的做法；常规 ▷按～，吃过中饭他总要睡一觉。❷ 名 法律上虽无明文规定，但过去曾经施行、可以仿照办理的做法 ▷国际～。

【惯量】guànliàng 名 物体惯性的量。惯量与物体的质量成正比，质量大的惯量就大，质量小的惯量就小。

【惯扒】guànpá 名 扒窃成性、屡教不改的扒手。

【惯偷】guàntōu 名 偷窃成性、屡教不改的小偷。也说惯盗、惯窃、惯贼。

【惯性】guànxìng 名 物体所具有的保持自身原有运动状态的性质。如汽车开动时乘客会向车后方向倒,急刹车时乘客又会向车前方向倒,就是惯性的表现。

【惯用】guànyòng 动 习惯使用;常用 ▷敌人~贼喊捉贼的伎俩。

【惯用语】guànyòngyǔ 名 口语中一种相沿习用的定型短语。形式多为三个音节,语义多为比喻义或引申义。如"碰钉子""吹牛皮"等。

【惯于】guànyú 动 习惯于 ▷他~深夜读书。

【惯纵】guànzòng 动 娇惯而不加约束 ▷~孩子,实际上就是害孩子。

祼 guàn 名 古代一种祭礼,祭祀时把奉献的酒浇在地上。☛ 跟"裸(luǒ)"不同。

盥 guàn 动 洗手洗脸 ▷~漱|~洗。

【盥漱】guànshù 动 洗脸漱口。

【盥洗】guànxǐ 动 洗手洗脸。

【盥洗室】guànxǐshì 名 洗漱的专用房间;借指厕所。

灌 guàn ❶ 动 把水放进田里;浇地 ▷放水~田|~溉|排~。→ ❷ 动 注入;倒进(多指液体、气体或颗粒状物体) ▷~开水|~了一肚子凉气|鞋里~了沙子。❸ 动 录入声音 ▷~唱片。

【灌肠】guàncháng 动 为了清洗肠道或治疗疾病,从肛门把水、药液等灌入肠内。

【灌肠】guànchang 名 把肉末儿和淀粉等灌入肠衣内制成的食品;也有用淀粉制成肠状物的,削成片,用油煎熟吃。

【灌顶】guàndǐng 动 佛教仪式。弟子进入佛门或继承高僧位子时,师父用水或醍醐灌洒头顶,表示灌输大智慧。

【灌服】guànfú 动 (把药液等)强制倒入病人口中,使喝下去 ▷病人昏迷,药只能~。

【灌溉】guàngài 动 用水浇灌农田 ▷适时~。

【灌溉渠】guàngàiqú 名 引水灌溉农田的较大的人工渠道。也说灌渠。

【灌浆】guànjiāng ❶ 动 建筑上指把灰浆浇灌到砌起来的砖石的空隙中,使建筑物坚固并能防止渗漏。❷ 动 谷类作物开花受粉后,茎叶中的养料通过导管灌输到种子中去,使胚乳逐渐发育成浆液状。❸ 动 疱疹中的液体变成脓,使疱疹表面凸起。

【灌录】guànlù 动 把声音录制到唱片、磁带等上面。

【灌米汤】guànmǐtāng 比喻用阿谀奉承的话迷惑人。

【灌木】guànmù 名 无明显主干,低矮丛生的木本植物。如玫瑰、酸枣、紫穗槐等。

【灌区】guànqū 名 某一水利灌溉工程所灌溉的地区 ▷都江堰~。

【灌输】guànshū ❶ 动 把水或其他液体引到需要的地方。❷ 动 比喻传播、输送(思想、知识等) ▷~新思想。

【灌水】guànshuǐ ❶ 动 把水浇入田地或注入容器。❷ 动 比喻在互联网上发表缺少实际内容的意见 ▷这个帖子发出,有人拍砖,有人~|这几个帖子都是在~,没什么可看的。

【灌洗】guànxǐ 动 灌注液体清洗肠胃或其他器官 ▷支气管肺泡~术|~液。

【灌音】guànyīn 动 录音。

【灌制】guànzhì 动 录制 ▷~唱片。

【灌注】guànzhù ❶ 动 把液体灌进(模具等)。❷ 动 比喻把心血、精力等集中投入某事业 ▷恪尽职守,把全部精力~于本职工作。

【灌装】guànzhuāng 动 (把液体或气体)注入容器并封装 ▷~液化气。

瓘 guàn 名〈文〉一种玉。

爟 guàn〈文〉❶ 动 祭祀时举火,用以消除不祥 ▷司~。→ ❷ 名 祭祀时使用的火把。→ ❸ 名 烽火① ▷塞垣萧条,烽~灭焰。

鹳(鸛) guàn 名 鸟,外形像鹤,也像鹭,嘴长而直,翼大尾短。善飞翔,生活在近水地区,捕食鱼、虾等。种类很多,常见的有白鹳、黑鹳两种。

罐(*鑵) guàn ❶ 名 罐子 ▷玻璃~儿|蛐蛐儿~儿|瓶瓶~~|~头。→ ❷ 名 煤矿装煤用的斗车。

【罐车】guànchē 名 装有封闭圆筒,用来装运液体货物的货车 ▷油~。

【罐笼】guànlóng 名 矿井中运送人员、矿石、材料的升降装置,用途跟电梯相似。

【罐头】guàntou 名 加工后密封在广口瓶或金属盒子里的食品,可以贮存较长的时间。

【罐头盒】guàntouhé 名 装罐头食品或饮料的金属罐儿。

【罐装】guànzhuāng 区别 用罐子密封包装的 ▷~食品|~啤酒。

【罐子】guànzi 名 盛东西用的圆筒形器皿,一般口较大,有盖,多用陶、瓷、玻璃或金属等制成。较小的也说罐儿。

guāng

光 guāng ❶ 名 太阳、火、电等放射出来照在物体上,使眼睛能看见物体的那种物质,广义也包括眼睛看不见的红外线和紫外线 ▷发~|阳~|灯~|~线。→ ❷ 形 明亮 ▷~

明|～辉|～泽。→ ❸ 名 光彩;荣誉 ▷公司名声好,员工脸上也有～|增～|～荣。⇒ ❹ 动 使荣耀;显耀 ▷～宗耀祖|～前裕后。⇒ ❺ 副 敬词,表示对方的行动使自己感到光荣 ▷～临|～顾。⇒ ❻ 名 比喻好处 ▷沾～|借～。→ ❼ 名 时间;日子 ▷时～|～阴。→ ❽ 名 景色;景物 ▷春～明媚|观～|风～。→ ❾ 形 光滑;平滑 ▷地板擦得挺～|～溜|～洁。→ ❿ 形 净;尽;一点ㄦ不剩 ▷钱花～了|把病虫害消灭～|精～。⇒ ⓫ 动 露出(身体或身体的一部分) ▷～着膀子|～脚。⇒ ⓬ 副 只;仅 ▷～动嘴,不动手|不～想到,还要做到|～鞋就有十几双。○ ⓭ 名 姓。☛"光"作左偏旁时,最后一画竖弯钩(乚)改写成竖提(𠄌),如"辉""耀"。

【光斑】guāngbān 名 太阳光球上比周围更明亮的斑状物。是太阳活动比较剧烈的部分,与太阳黑子有密切关系。

【光板ㄦ】guāngbǎnr ❶ 名 指磨掉了毛的皮制衣物 ▷这条皮褥已经磨成～了。❷ 名 没有吊上面子和里子的皮筒子 ▷～皮袄。

【光膀子】guāngbǎngzi ❶ 动 裸露着上身 ▷～上街不文明。❷ 名 裸露着的上身。

【光笔】guāngbǐ 名 电子计算机输入装置的一种。与阴极射线管(CRT)等显示设备配套使用,形状如笔,多用电缆跟主机连接。在人机通信时,可以用它指定CRT屏幕上的某一点,并对相应的信息进行修改、增添或删除,也可以在屏幕上画图等。

【光标】guāngbiāo 名 计算机显示屏上有规则闪动的图标(多为小的横线或竖线),用来显示将要输入文字或指令的位置。

【光波】guāngbō 名 光①。

【光彩】guāngcǎi ❶ 名 光泽和色彩 ▷～照人|大放～。❷ 形 光荣 ▷参军是很～的事|这种做法太不～。☛不要写作"光采"。

【光彩夺目】guāngcǎi-duómù 形容光泽色彩鲜明耀眼;也形容人或事物十分美好,引人注目。

【光彩照人】guāngcǎi-zhàorén 形容人光艳美丽或事物色彩鲜明。

【光灿灿】guāngcàncàn 形 形容明亮耀眼 ▷一把～的宝剑。

【光大】guāngdà 动 使更加发展兴盛 ▷～祖国优秀文化传统。

【光导】guāngdǎo 名 通常指半导体受到光照后导电能力增强的现象。是半导体的主要特征之一。也说光电导。

【光电】guāngdiàn 名 利用光的照射而产生的电能。

【光电池】guāngdiànchí 名 半导体元件,能在光的照射下产生电动势,主要用于仪表及自动化、遥测、遥控和空间技术等方面。

【光电管】guāngdiànguǎn 名 利用光电效应把光能变成电能的二极管。主要用于测光、计数、自动控制等设备。

【光电子】guāngdiànzǐ 名 物质在光照射下释放的电子。

【光电子技术】guāngdiànzǐ jìshù 面向信息和材料加工以及能量传输等,由光子技术和电子技术结合而成的新兴应用技术。

【光碟】guāngdié 名 光盘。俗称碟片。

【光风霁月】guāngfēng-jìyuè 雨雪过后风清月朗的景象。比喻高洁的人品,开阔的胸襟;也比喻清明的政治局面。

【光伏电池】guāngfú diànchí 太阳能电池。

【光辐射】guāngfúshè ❶ 动 电磁辐射中可见光的辐射。❷ 动 军事上指核武器爆炸放出闪光及从火球发出强光和强热,能在几秒至十几秒内使附近可燃物燃烧,烧伤人畜。

【光复】guāngfù 动 恢复(已灭亡的国家或旧的典章、文物);收复(被侵占的国土) ▷～旧物|～国土。

【光杆ㄦ】guānggǎnr ❶ 名 落尽了花叶的草木或没有叶子衬托的花朵 ▷～牡丹。❷ 名 比喻孤独的人 ▷这里只有我～一人了。

【光杆ㄦ司令】guānggǎnr sīlìng 没有士兵的司令;比喻没有助手、失掉群众的领导者。

【光顾】guānggù 动 敬词,指赏光照顾(用于欢迎顾客到来) ▷欢迎～。

【光怪陆离】guāngguài-lùlí 形容形象奇特,色彩斑斓。

【光棍】guānggùn 名 指地痞流氓。

【光棍ㄦ】guānggùnr 名 没有妻子的成年男子;单身汉。也说光棍ㄦ汉。

【光合作用】guānghé zuòyòng 绿色植物在阳光的照射下把二氧化碳和水转化成有机物质并放出氧气的过程。

【光华】guānghuá 名 明亮的光辉 ▷月亮的～普照大地|她的眼睛已失去往日的～。

【光滑】guānghuá 形 (物体表面)平滑;细腻 ▷冰面平整～|皮肤～。

【光化作用】guānghuà zuòyòng 物质在光照射下产生的化学反应,包括光合作用和光解作用两类。也说光化学反应。

【光环】guānghuán ❶ 名 环绕某些行星的明亮的物质。如天王星有8个光环,土星有1个光环。❷ 名 太阳和月亮周围有时出现的七彩光圈。❸ 名 泛指环状的光;特指雕刻或画在神像头部的环形光辉。❹ 名 比喻荣誉 ▷名校～|褪去～,回归平凡。

【光辉】guānghuī ❶ 名 闪烁耀眼的光 ▷太阳的

～普照四方。❷ 形 灿烂光明 ▷～的榜样。

【光辉灿烂】guānghuī-cànlàn 光彩鲜艳夺目。多形容事物美好壮丽。

【光火】guānghuǒ 动 某些地区指恼火或发怒 ▷平白诬赖我偷了他的东西，我能不～吗？

【光洁】guāngjié 形 光滑洁净 ▷桌面～。

【光洁度】guāngjiédù 名 机器零件、工件表面光洁的程度。

【光解作用】guāngjiě zuòyòng 物质分子在可见光或紫外线的照射下发生化学分解的过程。如碘化氢在紫外线的照射下，吸收光能，分解成氢和碘。

【光景】guāngjǐng ❶ 名 风光景色 ▷滇池～｜好一派清秋～。❷ 名 境况；状况 ▷现在农民的～好多了。❸ 名 用在时间或数量短语后面，表示同这个数值相差不远，相当于"左右" ▷下午五点～他才来｜他女儿三十～。

【光可鉴人】guāngkějiànrén 形容物体表面非常光亮，可以照见人影儿。

【光控】guāngkòng 动 利用光线的有无或强弱来控制 ▷实行～｜～警报器。

【光缆】guānglǎn 名 光纤电缆的简称。用于传递光信号的线路。由若干根光纤组成，具有重量轻、高速、保密性能好等优点。

【光亮】guāngliàng ❶ 形 明亮 ▷汽车擦得很～。❷ 名 亮光 ▷油灯的～越来越暗淡了。

【光疗】guāngliáo 动 利用太阳光或人工光（如红外线、紫外线等）照射来治疗疾病。

【光临】guānglín 动 敬词，用于称客人来到 ▷欢迎顾客～｜请～寒舍一叙。

【光溜溜】guāngliūliū ❶ 形 形容十分光滑 ▷头发梳得～的。❷ 形 形容赤裸、没有遮盖。

【光溜】guāngliu 形 光滑；不粗糙 ▷桌面～，像是打了一层蜡。

【光芒】guāngmáng 名 向四周放射的强烈的光线 ▷太阳放射着耀眼的～｜～万丈。

【光面】guāngmiàn 名 只有清汤，不加肉、菜等的面条。

【光面儿】guāngmiànr 名 光滑的表面 ▷用纸的～写字。

【光明】guāngmíng ❶ 名 亮光 ▷重见～。❷ 形 明亮 ▷大厅里灯火辉煌，一片～。❸ 形 坦白无私 ▷～磊落｜正大～。❹ 形 比喻正义的、有希望的 ▷～的前途。

【光明磊落】guāngmíng-lěiluò 形容胸怀坦白，正直无私。

【光明正大】guāngmíng-zhèngdà 形容心地坦白，言行正派，公正无私。也说正大光明。

【光能】guāngnéng 名 光所具有的能量 ▷把电能转变成～。

【光年】guāngnián 量 指光在真空中 1 年内所走过的距离。1 光年约等于 9.46 万亿千米。

【光盘】guāngpán 名 用激光来记录和读取信息的圆盘形存储介质。用于电子计算机、激光唱机、激光放像机等。也说光碟。

【光盘刻录机】guāngpán kèlùjī 能用强激光束在光盘上写入经数字化的声音、图像等信息的专用设备。简称刻录机。

【光盘驱动器】guāngpán qūdòngqì 用来驱动光盘匀速转动，从而读取光盘所存信息的装置，应用于电子计算机及 VCD、DVD 等声像设备。简称光驱。

【光谱】guāngpǔ 名 包含多种波长或频率的光通过棱镜或光栅分光后形成的按波长大小或频率高低依次排列的图案。如太阳光通过三棱镜分光后形成按红、橙、黄、绿、蓝、靛、紫次序连续分布的光谱。

【光谱仪】guāngpǔyí 名 使复色光通过棱镜或光栅分光形成光谱并进行测量记录的精密光学仪器的统称。

【光前裕后】guāngqián-yùhòu 光耀前人，造福后代。

【光驱】guāngqū 名 光盘驱动器的简称。

【光圈】guāngquān 名 摄影机、照相机等的镜头内调节光孔大小、控制通光量的装置。

【光荣】guāngróng ❶ 形 公认值得尊敬赞扬的 ▷为正义事业而牺牲是十分～的。❷ 名 荣誉 ▷～属于人民。

【光荣榜】guāngróngbǎng 名 公开张贴的或在媒体公布的表扬先进人物、单位等的名单，有的还附有受表扬者的照片、事迹等。

【光润】guāngrùn 形（皮肤等）光滑而润泽。

【光栅】guāngshān 名 进行光谱分析的精密光学元件。一般用玻璃或金属片制成，上面刻有大量的平行而密集的狭缝。光线透过它或被它反射时形成光谱。

【光闪闪】guāngshǎnshǎn 形 光芒闪射的样子 ▷～的奖章。

【光是】guāngshì 副 表示范围，相当于"只是""仅仅是"，后面常和"就"连用 ▷～小麦，就收了几万斤｜～找人，就花了三天时间。

【光束】guāngshù 名 聚集成柱状的光线。如探照灯、手电筒等射出的光线。也说光柱。

【光速】guāngsù 名 光波传播的速度。在真空中约为 30 万千米/秒。在不同介质中，光速不同，但都比在真空中小。

【光天化日】guāngtiān-huàrì 原形容太平盛世（光天：阳光普照之天；化日：太平无事之日）。后转指大庭广众、众目睽睽的场合。

【光通量】guāngtōngliàng 名 在单位时间内通过一定面积的光的量（以引起人眼感觉的强弱

为标准进行测量)。单位为流明。

【光通信】guāngtōngxìn 名 将数据、声音、图像等信息变换成激光的强弱变化等进行传送的通信方式。可通过空气、真空、光纤等介质传送,具有通信量大、保密性能好、抗电磁干扰强等优点。也说激光通信。

【光头】guāngtóu ❶ 名 头发脱光了或剃光了的头。❷ 动 不戴帽子,让头裸露着。

【光秃秃】guāngtūtū 形 表面光光的,没有任何东西覆盖着 ▷～的荒山|头顶～的。

【光网】guāngwǎng 名 用光纤作为传输介质的通信网络。

【光污染】guāngwūrǎn 动 指对人体和生态环境有害的光所形成的污染。包括白亮污染、人工白昼污染和彩光污染等。

【光雾】guāngwù 名 光化学烟雾的简称。指工业生产和交通运输过程中排出的废气经太阳紫外线照射,发生光化学反应所形成的烟雾。可对环境造成严重污染。

【光纤】guāngxiān 名 光导纤维的简称。一种能传导光的极细的纤维丝。用石英或塑料在高温下拉制而成。广泛应用于医疗器械、光通信线路等方面。

【光纤电缆】guāngxiān diànlǎn 光缆。

【光纤通信】guāngxiān tōngxìn 以激光为光源、以光纤为传输介质进行信息传输的通信方式。具有信息量大、保密性能好、抗电磁干扰强等优点。

【光鲜】guāngxiān 形 光泽鲜艳;整洁漂亮 ▷室内陈设豪华～。

【光线】guāngxiàn 名 光①。

【光学】guāngxué 名 物理学的一个分支。研究光的本性,光的发射、传播和接收,光和其他物质相互作用的规律及其应用等。

【光学玻璃】guāngxué bōli 具有良好光学性能的、供制造光学仪器用的高级玻璃。摄影机、望远镜、显微镜等的镜头都用光学玻璃制成。

【光压】guāngyā 名 光对被照射物所产生的压力。光压的存在说明电磁波具有动能。

【光艳】guāngyàn 形 鲜明艳丽 ▷～夺目。

【光焰】guāngyàn ❶ 名 火焰;火光 ▷油灯的～很小。❷ 名 光芒;光辉 ▷～四射。

【光洋】guāngyáng 名 旧时某些地区指银元。

【光耀】guāngyào ❶ 名 光亮;光辉 ▷～可鉴。❷ 形 光彩;荣耀 ▷～荣华。❸ 动 光辉照耀 ▷～神州。❹ 动 显扬;光大 ▷～师门。

【光阴】guāngyīn 名 时间① ▷一寸～一寸金。

【光源】guāngyuán 名 指能发出可见光的物体,如太阳、灯、火等。物理学上指能发出电磁波的物体。

【光泽】guāngzé 名 物体表面反射出来的亮光;特指矿物表面的光反射 ▷～艳丽|金属～。

【光照】guāngzhào ❶ 动 光芒普照 ▷鲜红的太阳～大地◇～千秋。❷ 动 光线照射 ▷～时间长。

【光照度】guāngzhàodù 名 物体被光照射的亮度,是以物体单位面积所受到的光通量来计算的,单位是勒克斯。简称照度。

【光针】guāngzhēn 名 利用激光代替毫针进行针灸的器具;也指这种器具产生的激光束。

【光子】guāngzǐ 名 组成光的粒子。稳定,不带电,具有一定能量,是光能的最小单位。光子的能量与波长成反比。也说光量子。

【光宗耀祖】guāngzōng-yàozǔ 让宗族光彩,使祖先荣耀。

垙 guāng ❶ 名〈文〉田间的小路。○ ❷ 用于地名。如上垙、下垙,均在北京。

咣 guāng 拟声 模拟物体撞击震动的声音 ▷～的一声,脸盆掉在地上了。

【咣当】guāngdāng 拟声 模拟物体撞击震动的声音 ▷～一声,汽车撞到护栏上了。

洸 guāng ❶ 形〈文〉形容水波动荡闪光的样子。○ ❷ 形〈文〉威武 ▷～～乎干城之具也。○ ❸ 名 洸河,水名,在山东。

珖 guāng 名〈文〉一种玉。

桄 guāng [桄榔] guāngláng 名 常绿大乔木,大型羽状复叶生于茎端。花序的汁液可以制糖,茎中的髓可制淀粉,叶柄的纤维可以制绳。也说砂糖椰子。

另见 512 页 guàng。

輄(輄) guāng 名〈文〉车厢底部的横木。

胱 guāng 见 1028 页"膀(páng)胱"。

guǎng

广(廣) guǎng ❶ 形 宽大;宽阔(跟"狭"相对) ▷受灾面很～|～场|宽～。→ ❷ 动 使宽阔;扩大 ▷推而～之|以～招徕。→ ❸ 形 普遍 ▷用途很～|～泛。→ ❹ 形 多;众多 ▷大庭～众。○ ❺ 名 指广东或广州 ▷～柑|～货|京～铁路。○ ❻ 名 姓。

☛ 广西别称"桂",只有在广东和广西并列时才合称"两广"。

另见 6 页 ān。

【广播】guǎngbō ❶ 动 利用无线电或有线电向外播送声音、图像 ▷～重要新闻|大厅里正在～找人。❷ 名 电台播送的节目 ▷听～。

【广播电视大学】guǎngbō diànshì dàxué 利用无线电广播和电视等手段进行教学的高等学

校。简称电视大学、电大。

【广播电台】 guǎngbō diàntái 用无线电波向外播送节目的传播机构。有确定的台名、呼号，使用一定的频率，定时播音。

【广播剧】 guǎngbōjù 名 专供广播电台播送的以创造听觉形象见长的戏剧。

【广播体操】 guǎngbō tǐcāo 通过广播配乐指挥的徒手操。简称广播操。

【广播卫星】 guǎngbō wèixīng 将地面广播、电视节目转播给用户的应用卫星。覆盖面很广，可不受地理环境限制。

【广播站】 guǎngbōzhàn 名 企事业单位或农村基层用无线电广播设备播放节目的机构。

【广博】 guǎngbó 形（学识、胸怀等）宽广博大 ▷～的知识｜胸怀～。☛ 参见1693页"渊博"的提示。

【广场】 guǎngchǎng 名 广阔的场地；特指城市中专门辟出来供群众活动的广阔场地。如天安门广场。

【广场舞】 guǎngchǎngwǔ 名 以中老年群众为主兴起并组织，以娱乐、健身为目的，以广场为主要活动场所，动作简单易学的集体舞。

【广大】 guǎngdà ❶ 形（面积、空间）宽阔 ▷地域～。❷ 形（范围、规模）大 ▷具有～的群众基础。❸ 形（人数）众多 ▷～听众。

【广电】 guǎngdiàn 名 广播和电视。

【广东音乐】 guǎngdōng yīnyuè 流行于广东、香港、澳门一带的民间音乐，演奏以高胡、扬琴等弦乐器为主，辅以笛子、洞箫等。

【广度】 guǎngdù 名 宽窄的程度（多用于抽象事物）▷大学生的知识既要有一定～，又要有一定深度。

【广而告之】 guǎng'érgàozhī 广泛宣传，使大家都知道。

【广泛】 guǎngfàn 形 范围大，涉及面广 ▷～地团结群众｜涉猎的知识十分～。

【广柑】 guǎnggān 名 甜橙。

【广告】 guǎnggào 名 通过各种媒体向公众介绍商品、服务内容、文体节目等的宣传方式。

【广告牌】 guǎnggàopái 名 张贴或显示广告的牌子，多用木板、金属板、电子显示屏制作。

【广告色】 guǎnggàosè 名 由粉质颜料与胶水混合而成的绘画颜料。具有色彩鲜明、耐光性好、覆盖力强等特点，用于绘制广告宣传画、舞台设计等。☛ 这里的"色"口语中也读 shǎi。

【广寒宫】 guǎnghángōng 名 月宫。

【广交】 guǎngjiāo 动 广泛、普遍地结交（朋友）。

【广交会】 guǎngjiāohuì 名 指在广州举办的中国进出口商品交易会。1957年开始举办，每年春秋各举办一届。

【广角】 guǎngjiǎo ❶ 名 宽广的角度或视角 ▷～镜头。❷ 名 内容丰富、涉及面宽的专题园地，多用于媒体栏目的名称 ▷文化～。

【广角镜头】 guǎngjiǎo jìngtóu 焦距短、视角广的镜头。多用于拍摄范围宽广的景物。也说广角镜。

【广开财路】 guǎngkāi-cáilù 尽力创造条件，使有更多的机会赚钱。

【广开言路】 guǎngkāi-yánlù 广泛打开进言的途径。指尽力创造条件，让各方面的人都能充分发表意见。

【广阔】 guǎngkuò 形 广大宽阔 ▷湖面十分～｜～的天地。☛ 参见766页"开阔"的提示。

【广袤】 guǎngmào ❶ 名 土地的面积（东西的长度叫"广"，南北的长度叫"袤"）▷～千里。❷ 形 广阔；辽阔 ▷～的国土。

【广漠】 guǎngmò 形 辽阔空旷 ▷～的荒野。

【广厦】 guǎngshà 名〈文〉高大宽阔的房屋。

【广土众民】 guǎngtǔ-zhòngmín 国土广阔，人民众多。

【广为】 guǎngwéi 副 表示动作行为广泛普遍地（进行）▷～宣传｜～流行。

【广绣】 guǎngxiù 名 粤绣。

【广义】 guǎngyì 名 范围较为宽泛的定义（跟"狭义"相对）▷～的现代汉语包括普通话和方言，狭义的现代汉语只指普通话。

【广域网】 guǎngyùwǎng 名 由若干局域网相互连接而成的电子计算机通信网络，可分布在方圆数十乃至数千千米的区域范围内。

【广种薄收】 guǎngzhòng-bóshōu 农业上粗放的经营方式，即大面积地种植而单位面积的产量不高。

犷（獷） guǎng 形 粗野 ▷～悍｜粗～。☛ 统读 guǎng，不读 kuàng。

【犷悍】 guǎnghàn 形 粗野强悍。

guàng

桄 guàng ❶ 名 桄子。→ ❷ 动 把线绕在桄子等器具上 ▷把线给～上｜～线。→ ❸ 名 桄儿，在桄子或其他器具上绕好后取下来的成圈的线 ▷线～儿。→ ❹ 量 用于线 ▷一～线。

另见511页 guāng。

【桄子】 guàngzi 名 竹木制成的手工绕线器具。一般呈"工"字形，中间立木较长。

逛 guàng 动 闲游；游览 ▷～大街｜～商店｜东游西～｜闲～。

【逛荡】 guàngdang 动 闲逛（多含贬义）。

【逛灯】 guàngdēng 动 指农历正月十五夜晚上街观赏花灯。

【逛街】 guàngjiē 动 在大街上闲逛；也指在商业

街、商场等场所购物或随意游览。

【逛游】guàngyou 动 逛荡。

guī

归(歸) guī ❶ 动 返回 ▷早出晚～|回～|～国|～巢。→ ❷ 动 还给;使返回 ▷物～原主|完璧～赵|～还。→ ❸ 动 集中到一起 ▷百川～海|众望所～|～并。⇒ ❹ 动 依附 ▷～附|～依|～顺。❺ 动 属于 ▷土地～国家所有|房子～他,家具～你|～属。❻ 介 由(某人负责) ▷派车～他管。⇒ ❼ 动 用在两个相同的词中间,表示尽管如此,但与后面所说的事没有必然的联系 ▷美观～美观,但质量是另一码事|答应～答应,办不办就难说了。⇒ ❽ 名 珠算中指一位除数的除法 ▷九～。〇 ❾ 名 姓。☛ 第二画是竖撇(丿),左边跟第二画是竖的"临"不同。

【归案】guī'àn 动 把隐藏或潜逃的犯罪嫌疑人逮捕、押解或引渡到有关的司法机关,以便审讯结案 ▷凶手已缉拿～。

【归并】guībìng 动 几个合在一起或一个合到另一个里去 ▷把两个班～成一个班。

【归程】guīchéng 名 归途 ▷～遥远。

【归档】guīdàng 动 将办理过的文件、材料等分类保存起来。☛ "档"不读 dǎng。

【归队】guīduì ❶ 动 返回原来所在的部队或队伍。❷ 动 比喻回到原来所从事的行业或专业。

【归服】guīfú 动 归顺并服从。

【归附】guīfù 动 归顺依附 ▷各路人马纷纷～起义军。

【归根】guīgēn 动 比喻在外的游子最终返回祖国或家乡。参见 1609 页"叶落归根"。

【归根结底】guīgēn-jiédǐ 归结到根本上。也说归根到底。☛ 不要写作"归根结柢""归根结蒂"。

【归公】guīgōng 动 上交公家 ▷罚没款必须～。

【归功】guīgōng 动 把功劳归于(某人或某集体) ▷胜利～于全体将士。

【归还】guīhuán 动 还给;退还 ▷借书要按时～|非法征用的东西要～原主。

【归回】guīhuí 动 归还 ▷借的东西请及时～。

【归结】guījié ❶ 动 归纳或总括 ▷大家的意见可以～为三句话。❷ 名 结果;结局 ▷这件事总算有了～。

【归咎】guījiù 动 归罪。

【归口】guīkǒu ❶ 动 把业务或机构按性质划归应属的系统 ▷按行业～|～领导。❷ 动 回到本行业或专业工作 ▷改行的教师多已～。

【归来】guīlái 动 回来;回到原处 ▷打靶～。

【归类】guīlèi 动 把具有相同特点的事物归为一类 ▷给下列词语～|图书～编目。

【归零】guīlíng 动 数字回到零;比喻结束或回到起点 ▷会员卡里的积分年底将～|以往取得的荣誉全部～。

【归拢】guīlǒng 动 把分散的东西汇聚在一起。

【归路】guīlù 名 归途 ▷切断敌人的～。

【归谬法】guīmiùfǎ 名 一种间接证明的方法。先假定被反驳的观点是正确的,再从它推出明显荒谬的结论,从而证明它是错误的。多用于驳论。

【归纳】guīnà ❶ 动 归并梳理;概括(多用于抽象事物) ▷～大家的意见后形成了会议纪要。❷ 名 指归纳法。

【归纳法】guīnàfǎ 名 一种逻辑推理方法。通常指由一系列个别的、特殊性的前提推出一般的、普遍性的结论的推理方法。也说归纳推理、归纳。

【归宁】guīníng 动 〈文〉出嫁的女子回娘家探望父母 ▷～省亲。

【归期】guīqī 名 回去的日期 ▷～已近。

【归侨】guīqiáo 名 回国定居的侨胞。

【归属】guīshǔ 动 归某一方面所有;属于 ▷这些机构都～一个部门管辖。

【归顺】guīshùn 动 归附顺从 ▷～朝廷。

【归宿】guīsù 名 最后的着落;结局 ▷为人民的利益而献身,这是他最好的～。

【归天】guītiān 动 婉词,指人死亡。

【归田】guītián 动 〈文〉辞职回乡 ▷辞官～|告老～。

【归途】guītú 名 回来的路途 ▷踏上～。

【归位】guīwèi 动 回归到原来或应在的位置 ▷报刊阅后,请予～|挪用的公款必须立即～。

【归西】guīxī 动 婉词,指人死亡。

【归降】guīxiáng 动 归顺投降 ▷～正义之师。

【归向】guīxiàng 动 归依;投向 ▷人心～。

【归心】guīxīn ❶ 动 〈文〉诚心地归附 ▷周公吐哺,天下～。❷ 名 渴望回家的心情 ▷～似箭。

【归心似箭】guīxīn-sìjiàn 形容渴望回家或返回原地的心情像离弦的箭一样,十分急切。

【归省】guīxǐng 动 〈文〉回家探望(父母)。☛ "省"这里不读 shěng。

【归依】guīyī ❶见 515 页"皈依"。现在一般写作"皈依"。❷ 动 投靠;依附 ▷身心有所～。

【归隐】guīyǐn 动 回到老家或民间隐居。

【归于】guīyú ❶ 动 归某一方面所有 ▷功劳～人民。❷ 动 趋向某种状况(多指原有的状况)

▷气氛～缓和。

【归葬】guīzàng 动〈文〉(把遗体)送回原籍安葬。

【归真】guīzhēn ❶ 动 回到原本的状态 ▷返璞～。○ ❷ 动 中国伊斯兰教指人死亡。意为灵魂离开躯体,返归真主。

【归整】guīzhěng 动 归置。

【归政】guīzhèng 动 交还政权 ▷按清制,皇帝成年,皇太后就要～于皇帝。

【归置】guīzhi 动 整理;收拾 ▷把乱七八糟的东西～～。

【归宗】guīzōng 动 送给外姓的人或流落、移居在外的人复归本宗 ▷认祖～。

【归总】guīzǒng ❶ 动 归并 ▷把账目～一下。❷ 副 总共 ▷我校～超不过三千人。

【归罪】guīzuì 动 把罪过归于(别人) ▷不能把失利的责任～于下级。☛ 常跟"于"连用。

圭[1] guī ❶ 名 古代帝王、诸侯在举行典礼时手执的玉器。长方形,尖顶。→ ❷ 名 指圭表 ▷～臬。

圭[2] guī 量 a)古代容积单位,1 圭为 0.1 撮。b)古代重量单位,1 圭为 0.1 铢。☛ "圭"字由二"土"相叠而成,不要写成四横一竖。

【圭表】guībiǎo 名 古代测量日影长度以定方向、节气和时刻的天文仪器。由圭和表两部分组成:圭是平放在石座上的尺,表是直立在圭上南北两端的标杆。

【圭角】guījiǎo〈文〉❶ 名 圭的棱角;泛指棱角 ▷侧锋用笔,～鲜明。❷ 名 比喻锋芒;也比喻迹象 ▷温和柔顺,不露～|行藏诡秘,不见～。

【圭臬】guīniè〈文〉❶ 名 圭和臬。❷ 名 借指典范、准则 ▷奉若～|道德～。

龟(龜) guī 名 爬行动物,身体扁平呈椭圆形,背部有甲壳,四肢短,趾有蹼。头、尾和脚能缩入甲壳内。多栖息在水边,寿命很长。种类很多,常见的有乌龟、水龟等。☛ ㊀下边是"电",不是"电"。㊁读 guī,指乌龟、水龟等;读 jūn,指田地等开裂(指皮肤开裂现在一般写作"皲裂");读 qiū,只用于古代西域国名"龟兹(qiūcí)"。

另见 761 页 jūn;1126 页 qiū。

【龟板】guībǎn 名 指做药材用的龟甲。

【龟背】guībèi ❶ 名 乌龟的背部;比喻物体中间隆起像龟背一样的形状。❷ 名 指佝偻病。因患者脊背隆起,故称。

【龟趺】guīfū 名 石碑的龟形底座。

【龟鹤延年】guīhè-yánnián 像龟和鹤那样长寿。常用作对老人的祝词。

【龟甲】guījiǎ 名 乌龟的硬壳。可以做药材。古人用它来占卜吉凶。殷代在龟甲上刻有与占卜有关的文字,就是卜辞。

【龟鉴】guījiàn 名 借指供人学习的经验或引以为戒的教训(龟:指占卜用的龟甲;鉴:镜子) ▷以历史为～。也说龟镜。

【龟年鹤寿】guīnián-hèshòu 像乌龟和仙鹤一样长寿。常用作老人生日时的贺词。

【龟缩】guīsuō 动 像乌龟把头、尾、四肢都缩进甲壳里那样藏起来(含贬义) ▷歹徒～在洞里。

【龟头】guītóu 名 阴茎前端形似乌龟头的部分。

【龟足】guīzú 名 甲壳动物,外形像龟的脚。体外有壳,足能从壳口伸出捕食。生活在海岸边的岩石缝里。产于我国浙江以南沿海。也说石蜐(jié)。

妫(媯) guī 名 妫水河,水名,在北京。

规(規 *槼❶—❹) guī ❶ 名 画圆的工具 ▷圆～|两脚～。→ ❷ 名 法度;准则 ▷～则|～范|法～|校～。→ ❸ 动 打算;谋划 ▷～划|～避。→ ❹ 动 劝告;告诫 ▷～劝。○ ❺ 名 姓。

【规避】guībì 动 设法躲开 ▷不得～检查。

【规程】guīchéng 名 为进行操作或执行某种制度而作的具体规定 ▷施工～|驾驶～。

【规定】guīdìng ❶ 动 预先对事物在方式、方法、数量、质量等方面提出要求、作出决定 ▷～收费标准。❷ 名 所规定的内容 ▷对税收问题作出了几项～。

【规定动作】guīdìng dòngzuò 某些竞技体育项目中,要求参赛运动员必须完成的技术动作。

【规范】guīfàn ❶ 名 标准;准则 ▷语法～|行为～。❷ 形 符合规范的 ▷说普通话,写～字。❸ 动 使符合规范 ▷～市场秩序。

【规范化】guīfànhuà 动 使符合规定的标准 ▷语言文字～。

【规格】guīgé 名 规定的要求和标准;特指产品、原材料等的参数标准 ▷产品完全符合～。

【规划】guīhuà ❶ 名 全面而长远的发展计划 ▷制定教育发展～。❷ 动 做规划 ▷～根治黄河的宏伟蓝图。☛ 参见 647 页"计划"的提示㊁。

【规谏】guījiàn 动〈文〉用正直或耿直的话语劝诫。

【规诫】guījiè 动 规劝告诫 ▷婉言～。☛ 不要写作"规戒"。

【规矩】guīju ❶ 名 画圆形和方形的两种工具;比喻一定的标准、准则或惯例 ▷要按～办事|一点儿～都不懂。❷ 形 符合标准或常理;老实本分 ▷他写字总是一笔一画,非常～|他是个～人。☛ 参见 515 页"规则"的提示。

【规律】guīlǜ ❶ 名 事物之间的本质的、必然的联系,决定着事物发展的趋向,具有必然性、普遍性和稳定性。规律是客观存在的,不以人们的意志为转移。❷ 形 合乎一定方式或秩序的 ▷他的生活很不~。

【规律性】guīlǜxìng 名 事物发展演变的必然性。

【规模】guīmó 名(某些事物的)格局、范围 ▷建筑~|大~开展城市建设。

【规模化】guīmóhuà 动(生产、经营等)发展到相当的规模 ▷生产~|实现~经营。

【规模经营】guīmó jīngyíng 生产要素较集中、配置较合理、自成一定体系的生产经营方式 ▷把农村经济引向~的道路。

【规模效益】guīmó xiàoyì 生产经营达到一定规模后所产生的较大的效益 ▷通过整体运作,实现资产配置的~。

【规劝】guīquàn 动 告诫或劝说,使改正错误 ▷警察耐心地~他重新做人。☛ 跟"劝说"不同。"规劝"的对象通常是犯了错误的人;"劝说"的对象则不受此限制。

【规行矩步】guīxíng-jǔbù 按规矩走路。比喻言行合乎规矩,一点儿都不马虎;也比喻因循守旧,不知变通。

【规约】guīyuē 名 经协商确定的共同遵守的规章、条例 ▷个体工商户制定了同行~。

【规则】guīzé ❶ 名 供大家共同遵守的具体规定 ▷竞赛~|交通~。❷ 形 合乎一定标准或规则的 ▷这种比赛很不~|车辆摆放得很~。☛ 跟"规矩"不同。"规则"一般指形成条文的规定或标准;"规矩"一般指不成文的惯例、习惯、礼仪等。用作形容词时,"规则"不可重叠,"规矩"可重叠成 AABB 式。

【规章】guīzhāng ❶ 名 规则和章程 ▷~制度|完善管理~。❷ 名 特指国家行政机关依法制定的有关行政管理的规范性文件。

【规整】guīzhěng ❶ 形 规矩整齐;符合一定标准的 ▷衣物放得~。❷ 动 使规矩整齐;使符合一定标准 ▷把图书~好|~产业格局。

【规正】guīzhèng ❶ 动〈文〉规劝使改正 ▷严格律己,~后人。○ ❷ 形 规整① ▷底座上花纹~有致,构思精巧。

【规制】guīzhì ❶ 名(建筑物的)规模形制 ▷赵州石拱桥~十分宏大。❷ 名 规则制度 ▷加强金融业的~建设。❸ 动 规范制约 ▷加强对劳动力市场的~和引导。

邽 guī 名 姓。

皈 guī [皈依] guīyī 动 原指佛教的入教仪式,表示对佛、法、僧归顺依附;后泛指虔诚地信奉佛教或参加其他宗教 ▷~佛门|他最终~了天主教。

闺(閨) guī 名 内室;特指闺房 ▷深~|~秀。

【闺房】guīfáng 名 旧时指女子居住的内室。

【闺阁】guīgé 名 闺房。

【闺门】guīmén 名 闺房的门;借指闺房。

【闺蜜】guīmì 名 闺中私密朋友,是女子对同性挚友的称呼。因彼此在一起感到愉快、甜蜜,故称。

【闺女】guīnü ❶ 名 未出嫁的女子。❷ 名 女儿。

【闺秀】guīxiù 名 旧指大户人家的有教养的女儿 ▷名门~。

珪 guī ❶ 古同"圭[1]"①。→ ❷ 名〈文〉借指爵位、官位。因古代封爵授土时赐珪以为凭证,故称。

硅 guī 名 非金属元素,符号 Si。暗棕色无定形的粉末或灰黑色的晶体。高纯度硅是重要的半导体材料,硅酸盐可以制造水泥和玻璃。旧称矽。

【硅肺】guīfèi 名 由于长期吸入含二氧化硅的粉尘而引起的职业病。有不同程度的咳嗽、胸痛、气喘等症状。旧称矽肺。

【硅钢】guīgāng 名 硅含量占一定比例的合金钢。硅钢导磁性能好,是电器制造业的重要原料。

【硅谷】guīgǔ 名 美国高新技术产业中心,位于旧金山附近。因早期生产以硅为材料的半导体芯片,又地处两山之间,故称。现常用于借指高新技术工业园区。

【硅片】guīpiàn 名 由单晶硅切成的片。参见 270 页"单晶硅"。

【硅酸盐】guīsuānyán 名 二氧化硅同金属(主要是铝、钙、镁、钾、钠等)氧化物结合而成的化合物的统称。在地壳中分布极广,如长石、石棉、云母、滑石等。硅酸盐制品在工业中应用很广。

【硅橡胶】guīxiàngjiāo 名 含有硅氧原子主链的特种合成橡胶,能耐高温和低温。主要用来制作飞机和宇宙飞船的某些密封件和某些人造的器官,也用作电绝缘材料。

【硅藻】guīzǎo 名 藻类植物,藻体一般为单细胞,有时集成群体。分布在淡水、海水和湿土中,是鱼类和无脊椎动物的食物。

庪 guī 名 庪山,古山名,在河南洛阳西。现名谷口山。

另见 1432 页 wěi。

瑰[1](*瓌) guī ❶ 名〈文〉美石。→ ❷ 形 珍奇;珍贵 ▷~宝|~丽。

瑰[2] guī 见 934 页"玫瑰(gui)"。☛ "瑰"字不读 guì。

【瑰宝】guībǎo 名 珍奇的宝物 ▷秦兵马俑是我国的~。

【瑰丽】guīlì 形 珍奇美丽 ▷～的东方艺术。

【瑰奇】guīqí 形 瑰丽奇特 ▷～的神话传说。

【瑰玮】guīwěi〈文〉❶ 形（人品、才干）奇特卓越 ▷～大度，不拘细行。❷ 形（文辞）华美壮丽 ▷《吊屈原赋》文辞～，开汉赋之先河。☛ 不宜写作"瑰伟"。

【瑰异】guīyì 形 瑰奇。

鲑（鮭） guī 名 鲑鱼，体大，口大而斜，鳞细而圆。种类很多，是重要的食用鱼类，著名的有大马哈鱼。通称鲑鱼。也说三文鱼。☛ "鲑鱼"跟"鳜（guì）鱼"是不同的鱼。

另见 1521 页 xié。

鬶（鬹） guī 名 古代一种陶制炊具，像鼎，有嘴、柄和三个空心足。

guǐ

氿 guǐ 名〈文〉从山侧流出的泉水 ▷～泉。☛ "氿"不是"酒"的简化字。

另见 739 页 jiǔ。

宄 guǐ 名〈文〉坏人 ▷奸～。☛ 不读 jiǔ。

轨（軌） guǐ ❶ 名〈文〉车辙；车轮碾压的痕迹。→ ❷ 名 事物运行的一定路线 ▷～迹。⇒ ❸ 名 比喻法度、规矩、秩序等 ▷步入正～｜越～｜常～。⇒ ❹ 名 用条形的钢材铺成的供火车、电车等行驶的道路 ▷火车出～了｜无～电车。❺ 名 铺设火车道或电车道等用的长条钢材 ▷钢～｜铁～。

【轨道】guǐdào ❶ 名 轨④。❷ 名 天体和物体有规则的运动路线。如地球围绕太阳运行，弹道导弹在空中飞行，都有一定轨道。❸ 名 比喻事物正常发展或人们应遵守的规范、程序等 ▷工作已步入正常～。

【轨道交通】guǐdào jiāotōng 指利用在固定轨道上行驶的车辆运送乘客的城市公共交通系统。包括地下铁道和地铁列车、轻轨铁路和轻轨列车及磁悬浮列车等。

【轨迹】guǐjì ❶ 名 一个物体按照某种规律运动时，它所经过的全部路线叫做这个物体运动的轨迹。如在一个平面上，某点与定点作等距离的运动，留下的轨迹是一个圆。❷ 名 比喻人生的经历或事物发展的路径 ▷人生～｜社会发展的～。

【轨距】guǐjù 名 铁路等轨道两根钢轨内侧间的距离。

【轨辙】guǐzhé 名 车轮轧出的痕迹；比喻前人走过的道路 ▷循着先贤的～继续探究。

【轨枕】guǐzhěn 名 铁路上直接支承钢轨的横向结构物，用来固定钢轨的位置，将火车的压力传导到道床和路基上。有木枕、钢枕、钢筋混凝土枕等。

庋 guǐ〈文〉❶ 名 放东西的架子。→ ❷ 动 搁置；保存 ▷～藏｜～置。☛ 统读 guǐ，不读 jǐ。

匦（匭） guǐ 名〈文〉匣子；小箱子 ▷票～。

诡（詭） guǐ ❶ 形 狡诈；虚伪 ▷～诈｜～计｜～辩。〇 ❷ 形 怪异；奇特 ▷～怪｜～异。☛ "诡"①跟"鬼"④不同。"诡"①强调狡猾奸诈，如"诡诈""诡计"；"鬼"④强调在暗中、不正大光明，如"鬼把戏""鬼鬼祟祟"。

【诡辩】guǐbiàn ❶ 动 逻辑学上指故意歪曲事实，违反逻辑规律，作出似是而非的推论，为荒谬的言行辩解。❷ 动 强词夺理，无理狡辩 ▷事实俱在，不要再～了。

【诡称】guǐchēng 动 狡诈地宣称 ▷敌人～自己兵力强大。

【诡诞】guǐdàn 形 怪异荒诞 ▷此人言行～，不合常理｜～之说。

【诡计】guǐjì 名 狡诈的计谋；坏主意 ▷阴谋～｜～多端。

【诡谲】guǐjué ❶ 形 奇异而富于变化 ▷～多变。❷ 形 离奇怪诞 ▷言辞～｜思路～。❸ 形 狡黠；狡诈 ▷他～地笑了笑｜～的神情。

【诡秘】guǐmì 形（行动、态度等）隐秘难测 ▷态度～｜行迹～。

【诡奇】guǐqí 形 诡异 ▷～的神话｜景色～。

【诡异】guǐyì 形 怪异；奇特 ▷～多变的海底世界。

【诡诈】guǐzhà 形 狡猾奸诈 ▷阴险～。

垝 guǐ 动〈文〉毁坏；坍塌 ▷～垣。

鬼 guǐ ❶ 名 迷信指人死后能离开躯体而存在的灵魂 ▷世界上没有～｜～魂｜～神。→ ❷ 名 对具有某种特点的人的蔑称 ▷胆小～｜酒～｜吸血～。→ ❸ 名 不可告人的打算或行为 ▷他心里有～｜捣～。❹ 形 不正大光明；不正当 ▷～头～脑｜～～祟祟｜～混。❺ 区别 不好的；令人不快的 ▷～天气｜～地方。→ ❻ 形 机灵 ▷这小家伙真～。❼ 名 对人的昵称（多用于未成年人）▷小～｜机灵～儿。〇 ❽ 名 星宿名，二十八宿之一。☛ ㊀第六画是长撇，不要写成一竖一撇。由"鬼"构成的字有"瑰""槐""魂""魄""魁"等。㊁参见本页"诡"的提示。

【鬼把戏】guǐbǎxì 名 暗中坑害或捉弄人的手段。

【鬼才】guǐcái 名 指在某方面有奇特才能的人 ▷诗坛～。

【鬼打墙】guǐdǎqiáng 迷信认为鬼魂可以在野外布设无形障碍，使人夜间迷路；比喻暗中设下的无形障碍。

【鬼点子】guǐdiǎnzi 图 鬼主意。

【鬼斧神工】guǐfǔ-shéngōng 鬼神所造，非人力所为。形容建筑、雕塑等技艺高超奇妙。

【鬼怪】guǐguài 图 魔鬼和妖怪；比喻邪恶势力 ▷妖魔～｜铲除～。

【鬼鬼祟祟】guǐguǐsuìsuì 形 形容行为诡秘，不光明正大。☛"祟"不要误写作"崇"。

【鬼画符】guǐhuàfú ❶比喻潦草难辨、不成形体的拙劣字迹。❷比喻哄骗人的话或伎俩。

【鬼话】guǐhuà 图 谎话；胡话 ▷满嘴～。

【鬼魂】guǐhún 图 鬼①。

【鬼混】guǐhùn ❶ 动 糊里糊涂、无所事事地混日子。❷ 动 跟品行不好的人在一起混，过不正当的生活；特指男女厮混 ▷不要同那些不三不四的人在一起～。

【鬼火】guǐhuǒ 图 磷火的俗称。

【鬼哭狼嚎】guǐkū-lángháo 形容大哭大喊，声音凄厉刺耳。☛不要写作"鬼哭狼嗥"。

【鬼脸】guǐliǎn ❶ 图 厚纸、塑料等做的假面具。多按戏曲中的脸谱绘制，游戏或跳舞时戴在脸上。❷ 图 故意做出的滑稽可笑的面部怪表情 ▷扮～儿。

【鬼灵精】guǐlíngjīng 图 比喻十分聪明机灵的人。也说鬼精灵。

【鬼魅】guǐmèi 图〈文〉鬼怪 ▷～伎俩。

【鬼门关】guǐménguān 图 迷信指阳间通往阴间的关口；比喻死亡边缘；也比喻险恶的地方。

【鬼迷心窍】guǐmíxīnqiào 比喻受到迷惑，失去理智。

【鬼名堂】guǐmíngtang 图 使人揣摩不透的花招儿 ▷谁知他在搞什么～？

【鬼神】guǐshén 图 鬼怪和神灵 ▷惊天地，泣～。

【鬼使神差】guǐshǐ-shénchāi 形容不由自主地做了原先没想做的事，像是鬼神在暗中指使一样。也说神差鬼使。☛跟"阴差阳错"不同。"鬼使神差"侧重于行动不由自主；"阴差阳错"侧重于结果缘自偶然。

【鬼祟】guǐsuì ❶ 图〈文〉作祟害人的鬼怪。❷ 形 形容行为诡秘，不光明正大 ▷行动～。☛"祟"不要误写作"崇"。

【鬼胎】guǐtāi 图 比喻不可告人的打算或念头。

【鬼剃头】guǐtìtóu 图 斑秃的俗称。

【鬼头鬼脑】guǐtóu-guǐnǎo 形容心怀鬼胎、行为鬼祟的样子。

【鬼物】guǐwù 图 鬼；鬼怪。

【鬼雄】guǐxióng 图 鬼中的英雄。称颂壮烈死去的人 ▷生当作人杰，死亦为～。

【鬼蜮】guǐyù 图 鬼和蜮（蜮：古代传说中一种为害人的动物）。指用心险恶、暗中害人的人 ▷～伎俩。

【鬼蜮伎俩】guǐyù-jìliǎng 指用心险恶、暗中害人的手段。☛"蜮"不要误写作"域"。

【鬼主意】guǐzhǔyi ❶ 图 坏主意。❷ 图 巧妙的主意 ▷亏得这孩子～多，才骗过敌人。

【鬼子】guǐzi 图 对外国侵略者的憎称。

姽 guǐ［姽婳］guǐhuà 形〈文〉形容女子娴静美好。

癸 guǐ 图 天干的第十位，常用来表示顺序或等级的第十位。参见1354页"天干"。☛㊀不读 kuí。㊁上边是"癶"，不是"夂"。由"癸"构成的字有"葵""睽""揆""暌"等。

晷 guǐ ❶ 图〈文〉日影；日光 ▷焚膏继～。→❷ 图 日晷，古代观测日影、确定时刻的仪器。→❸ 图〈文〉光阴；时间 ▷日无暇～。

簋 guǐ 图 古代盛食物的器皿，一般为圆形，大口，深腹，有两耳。参见插图15页。

guì

柜（櫃） guì ❶ 图 用来收藏衣物、文件等的器具。通常为长方形，有盖或有门，多为木制或铁制 ▷衣～｜书～｜保险～｜～橱。→❷ 图 特指商店的钱柜 ▷现款都交～了｜掌～的。☛原读 jǔ，专用于"柜柳"；后作为器具"櫃"的简化字，才又读 guì。

另见747页 jǔ。

【柜橱】guìchú 图 橱柜。

【柜房】guìfáng 图 店铺的账房。

【柜上】guìshang 图 柜房；借指商店。

【柜台】guìtái 图 商店的售货台；金融机构及一些服务部门的业务台 ▷站～。

【柜员】guìyuán 图 以柜台为工作场所的工作人员；特指金融机构里的柜台工作人员。

【柜员机】guìyuánjī 图 指自动柜员机。

【柜子】guìzi 图 柜①。

炅 guì 图 姓。

另见737页 jiǒng。

刿（劌） guì 动〈文〉刺伤；割伤。

刽（劊） guì 动〈文〉砍断；剖开。☛统读 guì，不读 kuài 或 guài。

【刽子手】guìzishǒu 图 旧指执行斩刑的人；比喻镇压、屠杀人民的人。

贵（貴） guì ❶ 形 价格或价值高（跟"贱"相对）▷价钱太～｜昂～。→❷ 形 社会地位高 ▷～族｜～宾｜富～。→❸ 形 值得珍视或珍爱的 ▷宝～｜名～。❹ 动 以……为可贵 ▷人～有自知之明｜体育锻炼，～在坚持。→❺ 形 敬词，用于称与对方有关的事物 ▷～姓｜～校｜～处。○❻ 图

贵州的简称 ▷云～高原。〇 ❼ 名 姓。

【贵宾】guìbīn 名 尊贵的宾客 ▷接待～|～室。

【贵耳贱目】guì'ěr-jiànmù 轻信传闻,却不相信亲眼看到的事实。

【贵妃】guìfēi 名 古代君王设立的后妃名号之一,地位一般仅次于皇后。

【贵妇】guìfù 名 旧指官宦或富豪人家的妇女。

【贵干】guìgàn 名 敬词,称对方要做的事情,一般用于询问 ▷先生有何～?

【贵庚】guìgēng 名 敬词,用于询问人的年龄(庚:年龄)。

【贵贱】guìjiàn ❶ 形 地位的高低 ▷交友不分～|尊卑～。❷ 形 价钱的高低 ▷买东西还是要问问～。❸ 副〈口〉不管怎样;无论如何 ▷～也不干伤天害理的事。

【贵金属】guìjīnshǔ 名 地球上储量很少、开采较难,因而价格昂贵的金属。包括金、银、铂等。

【贵客】guìkè 名 尊贵的客人。

【贵气】guìqì ❶ 名 高贵的或富贵的气度 ▷一身的～。❷ 形 气度高贵或富贵 ▷扮相十分～。

【贵人】guìrén ❶ 名 地位显贵的人 ▷达官～|～多忘事。❷ 名 古代女官名,历代地位尊卑不一。❸ 名 指能给人很大帮助的人 ▷自强不息的人更容易得到～相助。

【贵体】guìtǐ 名 敬词,用于称对方的身体 ▷保重～。

【贵姓】guìxìng 名 敬词,称对方姓氏,一般用于询问 ▷请问您～?

【贵恙】guìyàng 名 敬词,用于称对方的病 ▷～如何?

【贵重】guìzhòng 形 价值高;珍贵 ▷～药材|～物品。

【贵胄】guìzhòu 名 古代指帝王或贵族的后代。

【贵子】guìzǐ 名 敬词,用于称对方的儿子(多用于祝福) ▷早生～。

【贵族】guìzú ❶ 名 奴隶社会、封建社会以及现代君主制国家中享有世袭特权的统治阶级上层。❷ 名 泛指享有某种特权或在某方面富有的一类人 ▷～学校|精神～。

桂[1] guì ❶ 名 肉桂 ▷～皮|～枝。→ ❷ 名 月桂 ▷～冠。〇 ❸ 名 桂花 ▷丹～。〇 ❹ 名 姓。

桂[2] guì ❶ 名 桂江,水名,在广西。→ ❷ 名 广西的别称 ▷～剧。

【桂冠】guìguān 名 用月桂树叶编制的帽子。古希腊人常将它授予杰出的诗人或竞技的优胜者。后用来指某种光荣称号或竞赛中的冠军 ▷赢得最佳女主角的～|夺得网球赛～。

【桂花】guìhuā 名 常绿灌木或小乔木,花也叫桂花,极香,可提取芳香油或做香料。常见的有金桂(花橙黄色)、丹桂(花橘红色)、银桂(花黄白色)和四季桂(花黄白色)等。也说木樨。

【桂剧】guìjù 名 地方戏曲剧种,流行于广西桂林、柳州一带。

【桂皮】guìpí ❶ 名 桂皮树,常绿乔木,叶卵形,花黄色。树皮也叫桂皮,可以做药材和香料。❷ 名 肉桂树的皮,可以做药材,也可以做香料。

【桂香柳】guìxiāngliǔ 名 沙枣。

【桂圆】guìyuán 名 龙眼。

桧(檜) guì 名 常绿乔木,幼树叶针形,大树叶鳞形。木材细致坚实,有香气,可供建筑及制作家具等用。也说圆柏、桧柏。

另见 616 页 huì。

匮(匱) guì 古同"柜"。另见 807 页 kuì。

笙 guì 名 笙竹,古书上说的一种竹子。也说桂竹。

跪 guì 动 两膝弯曲,单膝或双膝着地 ▷～在地上|下～|～射。

【跪拜】guìbài 动 跪下磕头,旧时一种礼节。

【跪射】guìshè 动 一种射击姿势,单腿跪地射击。

【跪姿】guìzī 名 下跪的姿势。

聩 guì〈文〉❶ 形 眼睛昏花。→ ❷ 名 盲人。

鳜(鱖) guì 名 鳜鱼,体黄绿色,有黑色斑纹,口大,鳞圆而细小。性凶猛,吃鱼虾,生活在淡水中。是我国特产的名贵食用鱼之一。☛ ㊀不读 jué。㊁"鳜鱼"不宜写作"桂鱼"。㊂"鳜鱼"跟"鲑(guī)鱼"是不同的鱼。

gǔn

衮 gǔn 名 古代君主、王公的礼服 ▷～服。☛ 中间是"公",不是"台"。由"衮"构成的字有"滚""磙"等。

【衮衮诸公】gǔngǔn-zhūgōng 指众多身居高位而碌碌无为的官僚政客(衮衮:众多)。

绲(緄) gǔn ❶ 名〈文〉编织的带子;绳子。→ ❷ 动 一种缝纫方法,沿着衣服、鞋等的边缘缝上布条、带子等,形成棱 ▷在袖口上～一道边儿|～边。

【绲边】gǔnbiān ❶ 动 绲②。❷ 名 用绲边的方法缝上的边儿。

辊(輥) gǔn 名 机器中可以滚动的圆柱形机件 ▷～轴|轧～。

【辊轴】gǔnzhóu 名 泛指能滚动的圆柱状机件。

【辊子】gǔnzi 名 辊。

滚 gǔn ❶ 动 旋转着移动;使翻转 ▷石头从山坡上～下来|～雪球|翻～|打～儿◇

利～利。→ ❷ 动 液体达到沸点而翻腾 ▷水～了｜油～了。→ ❸ 动 走开(用于辱骂或斥责) ▷～出去｜～蛋。○ ❹ 副 非常;特别 ▷～热｜～烫｜～圆。○ ❺ 同"绲"②。现在一般写作"绲"。○ ❻ 名 姓。

【滚边】 gǔnbiān 现在一般写作"绲边"。

【滚蛋】 gǔndàn 动 滚③。

【滚刀】 gǔndāo 名 金属切削刀具,形状像蜗杆,沿轴向开有沟槽形的刀刃。用来加工齿轮、蜗轮等。有齿轮滚刀、蜗轮滚刀和花键滚刀等。

【滚刀肉】 gǔndāoròu 名〈口〉指随刀滚动难以切开的肉;比喻胡搅蛮缠、软硬不吃、难以对付的人。

【滚动】 gǔndòng ❶ 动 物体整体不断翻转着移动 ▷车轮～。❷ 动 在原有基础上逐步积累扩大或不断周转 ▷～发展｜～投资。❸ 动 连续不断地一轮接一轮进行 ▷～播出比赛实况。

【滚翻】 gǔnfān 名 一种体操动作,全身向前、向后或向侧翻转 ▷前～｜后～。

【滚肥】 gǔnféi 形 (动物)特别肥 ▷马喂得～。

【滚沸】 gǔnfèi 动 (液体受热)翻滚沸腾 ▷～的水。

【滚杠】 gǔngàng 名 搬运重物时垫在重物和地面之间起车轮作用的圆柱形物体。

【滚瓜烂熟】 gǔnguā-lànshú 形容记得非常牢固,念得或背得非常流利。

【滚瓜溜圆】 gǔnguā-liūyuán 非常圆。多形容牲畜长得膘肥体壮。

【滚瓜流油】 gǔnguā-liúyóu 肥得像瓜一样圆,像要流出油的样子。形容牲口十分肥壮。

【滚滚】 gǔngǔn ❶ 形 形容急速地翻腾或滚动 ▷～浓烟。❷ 形 形容连续不断 ▷财源～。

【滚开】 gǔnkāi ❶ 动 (液体)翻滚沸腾 ▷壶里的水～了｜～的水。○ ❷ 动 滚蛋。

【滚雷】 gǔnléi 名 声音连续不断的雷。

【滚轮】 gǔnlún 名 体育运动器械,两个相同的铁环被若干根铁棍连接成圆柱形的轮子。人在铁轮里手攀脚蹬,使铁轮不断滚动。旧称虎伏。

【滚落】 gǔnluò 动 滚动落下 ▷微风一吹,荷叶上的水珠便～下来。

【滚木】 gǔnmù 名 古代作战时从高处推下用来杀伤来犯之敌的大圆木头。

【滚热】 gǔnrè 形 非常热 ▷～的姜糖水｜额头～。

【滚石乐】 gǔnshíyuè 名 摇滚乐。

【滚水】 gǔnshuǐ 名〈口〉滚开的水。

【滚烫】 gǔntàng 形 滚热;热得烫手。

【滚梯】 gǔntī 名 自动扶梯。

【滚筒】 gǔntǒng 名 泛指能够转动的圆筒形机件。

【滚雪球】 gǔnxuěqiú 在雪地上滚动雪球,体积越滚越大;比喻事物越聚越多,越发展越大。

【滚圆】 gǔnyuán 形 非常圆 ▷小猪肚子～～的。

【滚轴】 gǔnzhóu 名 轴①②。

【滚珠】 gǔnzhū 名 圆珠形轴承零件,用钢制成。也说钢珠。

【滚珠轴承】 gǔnzhū zhóuchéng 在内钢圈和外钢圈中间装上滚珠的轴承。轴转动时滚珠随着滚动,减小摩擦力。

磙 gǔn ❶ 名 磙子 ▷石～。→ ❷ 动 用磙子碾轧 ▷～地｜～路面。

【磙子】 gǔnzi ❶ 名 播种后用来轧碎、轧紧覆土的圆柱形石制农具。❷ 名 泛指某些圆柱形的碾压器具 ▷碾盘上的～。

鲧(鯀) gǔn ❶ 名 古书上说的一种大鱼。○ ❷ 名 古代人名,传说是夏禹的父亲。

gùn

棍 gùn ❶ 名 棍子 ▷拄着～儿｜木～｜铁～｜～棒。→ ❷ 名 指具有某些特点的坏人 ▷恶～｜赌～｜讼～。

【棍棒】 gùnbàng ❶ 名 棍子、棒子的统称。❷ 名 特指用作武术或体操器械的棍棒 ▷～操。

【棍子】 gùnzi 名 用木、竹或金属制成的长圆柱形物体。

guō

过(過) guō 名 姓。
另见 525 页 guò;528 页 guo。

呙(咼) guō 名 姓。

埚(堝) guō 见 443 页"坩(gān)埚"。

郭 guō ❶ 名 外城,古代城墙以外围着的大墙 ▷城～。○ ❷ 名 姓。

涡(渦) guō 名 涡河,水名,源于河南,流经安徽入淮河。
另见 1444 页 wō。

崞 guō 名 崞山,山名,在山西。

聒 guō 动〈文〉(声音)嘈杂扰人 ▷～噪｜～耳。☛ 统读 guō,不读 guā 或 kuò。

【聒耳】 guō'ěr 形〈文〉声音杂乱刺耳 ▷机声～。

【聒噪】 guōzào 动〈文〉声音杂乱扰人;吵闹 ▷我们在谈正事,你别来～。

锅(鍋) guō ❶ 名 烹饪用具,半球形或浅筒形,多用铁、铝或不锈钢等制成 ▷铁～｜蒸～｜高压～｜～台。→ ❷ 名 形状

像锅的东西 ▷烟袋～儿。

【锅巴】guōbā ❶ 名 饭焖熟以后紧贴着锅底的那层焦煳的米饭。❷ 名 用大米粉、小米粉等加作料烤制成的锅巴状食品。

【锅饼】guōbǐng 名 用含水较少的面团在平底锅里烙成的又厚又硬的大饼。

【锅铲】guōchǎn 名 炒菜用的铲子，多用铁或不锈钢制成。

【锅底儿】guōdǐr ❶ 名 指火锅的汤料 ▷海鲜～。❷ 名 指锅里剩下的或最靠下的食物。

【锅盔】guōkuī 名 一种用平底锅烙的又厚又硬的圆形大饼。

【锅炉】guōlú 名 产生水蒸气或用来烧水的装置。一般由盛水容器和加热装置两部分构成。

【锅炉房】guōlúfáng 名 安装有锅炉的房屋。

【锅台】guōtái 名 灶台。

【锅贴儿】guōtiēr 名 在铛上加少量的油和水烙熟的形似饺子的带馅儿面食。

【锅烟子】guōyānzi 名 锅底上的黑灰，可制作黑色颜料。

【锅灶】guōzào 名 锅和灶。

【锅庄】guōzhuāng 名 藏语音译。一种藏族民间舞蹈，男女各站成弧形，相对而立，转着圈儿边歌边舞。

【锅子】guōzi ❶ 名 锅②。❷ 名 火锅 ▷涮～。

蝈（蟈） guō [蝈蝈儿] guōguor 名 昆虫，绿色或褐色，腹部大，雄的能振翅发出清脆的声音。参见插图 4 页。☛"蝈"统读 guō，不读 yù。

啯 guō ❶ 拟声 模拟蛙鸣声。〇 ❷ 拟声 模拟汤水下咽的声音。

彍 guō 〈文〉❶ 动 张满弓弩。→ ❷ 动 光大。→ ❸ 动 乘；驾驭 ▷驾尘～风，与电争先。

guó

国（國） guó ❶ 名 国家 ▷为～争光｜祖～｜～际｜～外。→ ❷ 名 代表国家的 ▷～旗｜～歌｜～徽。→ ❸ 名 指我国的 ▷～产｜～画｜～货。〇 ❹ 名 姓。

【国宝】guóbǎo ❶ 名 国家的宝物；特指国家级的文物。❷ 名 比喻对国家有特殊贡献的人才 ▷这些科学家是我们的～。

【国本】guóběn 名 立国的根基 ▷提高全民素质，巩固～。

【国标】guóbiāo 名 国家标准的简称；有时也指国际标准(汉语拼音缩写为 GB) ▷行业标准要服从～｜～舞。

【国别】guóbié 名 指所属国家的名称。

【国宾】guóbīn 名 应本国政府邀请来访的外国元首或政府首脑。

【国宾馆】guóbīnguǎn 名 专用于接待国宾的宾馆。

【国策】guócè 名 国家的基本方针、政策。

【国产】guóchǎn 区别 本国生产的 ▷～轿车。

【国产片】guóchǎnpiàn 名 本国生产的电影片、电视片。口语中也说国产片儿(piānr)。

【国耻】guóchǐ 名 国家所蒙受的耻辱 ▷勿忘～。

【国仇】guóchóu 名 因国家受到侮辱或侵略而激起的对敌人的仇恨 ▷～未复，死不瞑目。

【国粹】guócuì 名 一国特有的文化中的精华 ▷京剧是我国的～。

【国道】guódào 名 由国家规划、修建并管理的全国性的干线公路。

【国都】guódū 名 首都。

【国度】guódù 名 指国家(多就领域、历史而言) ▷来自不同的～｜英雄的～。

【国法】guófǎ 名 国家的法律和纲纪 ▷～难容。

【国防】guófáng 名 国家为捍卫主权、防御外来侵略而拥有的一切武装力量和安全设施 ▷～力量｜加强～建设。

【国防建设】guófáng jiànshè 国家为提高国防能力而进行的建设。主要包括武装力量建设，边防、海防、空防、人防建设，国防科技与国防工业建设等。

【国防教育】guófáng jiàoyù 对公民进行的国防思想、军事知识等方面的普及性教育。

【国防军】guófángjūn 名 某些国家称国家的正规军队。

【国防绿】guófánglǜ ❶ 形 军绿①。❷ 名 军绿②。

【国防体制】guófáng tǐzhì 国家为进行国防建设而确定的组织体系和相应制度。主要包括国防领导体制、武装力量体制、国防经济体制、国防科技与武器装备发展体制等。

【国父】guófù 名 对在创建国家中功勋最为卓著的领袖的尊称。

【国富民安】guófù-mín'ān 国家富强，人民安定。

【国富民强】guófù-mínqiáng 国家富裕，人民强大。

【国歌】guógē 名 由国家规定的代表国家的歌曲。我国的国歌是《义勇军进行曲》。

【国格】guógé 名 在国际社会中一个国家应有的荣誉和尊严 ▷不能丧失～。

【国故】guógù ❶ 名 〈文〉国家遭受的灾害、战争等重大事故或变故。〇 ❷ 名 指我国传统的学术文化 ▷研究～。

【国号】guóhào 名 国家的称号。我国历代王朝更易，都改定国号，如秦、汉、唐、宋等。

【国花】guóhuā 名 为本国公众所珍爱、作为国家象征的花。

【国画】guóhuà 名 指我国的传统绘画。用墨和水质颜料在宣纸或绢上绘成，可分为工笔画、写意画、水墨画、重彩画等(跟"西洋画"相区别)。

也说中国画。

【国徽】guóhuī 名 由国家规定的代表国家的标志。我国的国徽中间是五星照耀下的天安门，周围是谷穗和齿轮。

【国会】guóhuì 名 议会。

【国魂】guóhún 名 国家的灵魂，即一个国家特有的值得弘扬的精神。

【国货】guóhuò 名 本国的产品。

【国籍】guójí ❶ 名 指一个人具有的属于某个国家的公民的法律资格 ▷取得中国～。❷ 名 指飞机、船舶等的国家归属关系 ▷海关扣押了一艘不明～的走私船。

【国计民生】guójì-mínshēng 国家经济和人民生活 ▷社会保障是关系～的重大课题。

【国际】guójì ❶ 名 国家与国家之间；世界各国之间 ▷～往来。❷ 区别 国家与国家之间的；世界各国之间的 ▷～准则｜～公法。

【国际标准】guójì biāozhǔn 国际通用的技术标准，由国际标准化组织(ISO)通过并公开发布。有时也简称国标。

【国际标准交谊舞】guójì biāozhǔn jiāoyìwǔ 体育舞蹈。简称国标舞。

【国际裁判】guójì cáipàn 经国际体育运动组织批准，有资格在国际体育比赛中担任裁判的人。

【国际单位制】guójì dānwèizhì 国际通用的计量制度。1960 年第 11 届国际计量大会通过，以长度的“米”、质量的“千克”、时间的“秒”、电流量的“安培”、热力学温度的“开尔文”、物质的量的“摩尔”、发光强度的“坎德拉”7 个单位为基本单位。国际符号是 SI。

【国际歌】guójìgē 名 全世界无产阶级的革命歌曲。1871 年由巴黎公社委员、法国诗人鲍狄埃作词，1888 年由法国工人作曲家狄盖特谱曲。

【国际公法】guójì gōngfǎ 调整国家间相互关系的法律准则的统称。包括条约法、使领法、空间法、海洋法、争议法、战争法等。简称国际法。

【国际公制】guójì gōngzhì 一种计量制度，始创于法国，1875 年 17 个国家的代表在法国巴黎开会议定为国际通用的计量制度。主要单位是：长度单位为米，质量单位为千克，容量单位为升。我国政府 1959 年曾规定以国际公制为我国的基本计量制度，直至 1984 年国务院发布《关于在我国统一实行法定计量单位的命令》为止。简称公制。也说米制。

【国际共管】guójì gòngguǎn 若干国家对某一特定地区或国家的领土实行共同统治或管理。简称共管。

【国际惯例】guójì guànlì 国际习惯和国际通例的统称。是在国际交往中逐渐形成的不成文的行为规则。

【国际互联网】guójì hùliánwǎng ❶ 因特网的旧称。❷ 跨国的互联网。参见 582 页“互联网”。

【国际化】guójìhuà 动 使某事务、问题、标准等成为具有国际性质的 ▷结算方式～｜促进本地化与～协调发展。

【国际贸易】guójì màoyì 世界各国(或地区)之间的贸易。包括商品交易、证券交易、商业信息交易等。

【国际日期变更线】guójì rìqī biàngēngxiàn 日界线的旧称。

【国际私法】guójì sīfǎ 调整涉外民事法律关系的法规的统称。

【国际象棋】guójì xiàngqí 棋类运动的一种。棋子分黑白两种，每种 16 枚，各有一王、一后、双车、双象、双马、八兵。对弈双方按规则轮流行棋，以“将(jiāng)死”对方为胜。相传起源于古印度，后经阿拉伯传入欧洲。

【国际性】guójìxìng 名 同世界各国有关的、对于世界各国来说具有普遍意义的性质 ▷缉毒、反恐等问题都具有～。

【国际音标】guójì yīnbiāo 国际上通行的标记语音的符号系统。1888 年由国际语音学会制定，后经多次修改。可以用来标记任何语言的语音。

【国际主义】guójì zhǔyì 马克思主义关于国际无产阶级团结的思想和政治原则，是国际共产主义运动的指导原则之一。国际主义用于认识和处理国际关系和民族问题，强调各国无产阶级和劳动人民在反对压迫和剥削、消灭资本主义制度、争取民族解放和建设社会主义进而实现共产主义的斗争中的国际团结与相互支持、相互援助。

【国际组织】guójì zǔzhī 由来自不同国家和地区的成员依据协约建立的机构团体。如国际奥林匹克委员会、国际刑警组织、国际货币基金组织等。

【国家】guójiā ❶ 名 在一定的历史阶段中由固定的土地和人民组成、有一个进行管理的组织的共同实体。❷ 名 指一个国家所领有的整个区域。

【国家标准】guójiā biāozhǔn 全国通用的技术标准。我国的国家标准由国务院标准化行政主管部门组织制定并发布，分为强制性标准和推荐性标准。简称国标。

【国家裁判】guójiā cáipàn 国家级裁判员的简称。是我国体育运动组织批准的最高一级裁判员。

【国家队】guójiāduì 名 由国家组建、代表国家参加国际比赛的体育运动队。

【国家公园】guójiā gōngyuán 国家为了保护自然生态和自然景观而划定的区域。它既有旅游观光价值，也有重要的科学研究和科学普及价值。

【国家机关】guójiā jīguān ❶ 行使国家权力、管理国家事务的机关，包括国家各级权力机关、行政机关、审判机关、检察机关以及军队、警察、监狱等暴力机关。也说政权机关。❷ 特指中央一级的国家机关。

【国家赔偿】guójiā péicháng 国家机关及其工作人员在行使国家权力时侵犯公民、法人和其他组织的合法权利并造成损害的，由法定的赔偿义务机关对受害者予以赔偿。

【国家所有制】guójiā suǒyǒuzhì 国家占有生产资料和产品的制度，它的性质因社会制度不同而不同。

【国家通用语言文字】guójiā tōngyòng yǔyán wénzì 一国之内由历史形成并由政府规定的标准化的通用语言和文字。我国的国家通用语言文字是普通话和规范汉字。

【国家元首】guójiā yuánshǒu 国家的最高领导人。在不同类型国家有不同名称，如国王、皇帝、总统、主席等。其职权不完全相同，有的掌握行政实权，有的只是象征性的和礼仪性的。

【国交】guójiāo 名 邦交。

【国脚】guójiǎo 名 指人选国家队的具有本国国籍的足球运动员。

【国教】guójiào 名 得到国家支持并取得统治特权或被执政当局定为国家意识形态的宗教。

【国界】guójiè 名 国家之间的领土分界线。

【国境】guójìng ❶ 名 一个国家的领土范围。❷ 名 指国家的边境 ▷～线｜封锁～。

【国境线】guójìngxiàn 名 国界。

【国剧】guójù 名 指在全国普遍流行、具有广泛代表性的传统剧种。我国的国剧现多指京剧。

【国君】guójūn 名 君主制国家的最高统治者。

【国库】guókù 名 国家金库的简称。是负责国家预算资金保管和出纳的机构。也说金库。

【国库券】guókùquàn 名 由国家发行的一种定期还本付息的债券。☛"券"不读 juàn。

【国力】guólì 名 国家所具备的实力，表现在政治、经济、军事、科技等方面 ▷增强综合～。

【国立】guólì 区别 国家设立的(文化、医疗等单位) ▷～研究院｜～博物馆。

【国脉】guómài 名 国家的命脉 ▷国防科技的发展是事关～的大事。

【国门】guómén ❶ 名〈文〉国都的城门。❷ 名 指国家的边境、边关 ▷～卫士。

【国民】guómín 名 具有某国国籍的人就是某国的国民。作为法律名词，多数国家称公民。

【国民待遇】guómín dàiyù 一个国家给予外国自然人或法人与本国自然人或法人同等的民事权利的待遇。给予国民待遇有利于双方在同等地位、同等条件下进行竞争和扩大贸易。

【国民党】guómíndǎng 名 1912 年 8 月孙中山在同盟会的基础上，联合统一共和党、国民共进会、国民公党等党派组建的资产阶级政党。1914 年 7 月改组为中华革命党，1919 年 10 月改名为中国国民党，简称国民党。

【国民经济】guómín jīngjì 指一国或一个地区范围内生产、流通、分配和消费的总体。包括生产部门、流通部门和文化教育、科学研究、医药卫生等非生产部门。

【国民生产总值】guómín shēngchǎn zǒngzhí 一定时期内一国居民在国内和国外所生产的全部最终产品和劳务的市场价值总额(英语缩写为 GNP)。

【国民收入】guómín shōurù 一个国家从事物质生产的劳动者在一个时期(如一年)内所创造的价值的总和。就是从一个时期内社会总产值中，减去生产上消耗掉的生产资料的价值后剩余的部分。

【国难】guónàn 名 国家危急的处境和灾难；特指由外敌入侵造成的危难 ▷摒弃前嫌，共赴～。

【国内生产总值】guónèi shēngchǎn zǒngzhí 一定时期内(一个季度或一年)一个国家或地区的经济中所生产出的全部最终产品和劳务的价值总额(英语缩写为 GDP)。

【国破家亡】guópò-jiāwáng 国家灭亡，家庭毁灭。

【国戚】guóqī 名 外戚 ▷皇亲～。

【国旗】guóqí 名 由国家规定的代表国家的旗帜，体现国家的主权和尊严。我国的国旗是五星红旗。

【国企】guóqǐ 名 国有企业的简称。

【国情】guóqíng 名 指一个国家政治、经济、文化、自然地理环境、国际关系等方面的基本情况。

【国情咨文】guóqíng zīwén 某些国家的元首每年年初向国会所作的报告，内容主要是分析国内外基本情况并提出当年的施政纲领。

【国庆】guóqìng 名 国家创建或获得独立的纪念日。我国的国庆是 10 月 1 日。也说国庆节。

【国球】guóqiú 名 指在一个国家广泛开展、在国际比赛中处于优势的球类运动。如乒乓球被称作我国的国球。

【国人】guórén 名 本国的人；全国的人 ▷强敌入侵，～震怒。

【国丧】guósāng 名 古代指皇帝、皇后、太上皇、太后的丧事；现在指以国家名义为有特殊功勋的人及国家重大灾难或事件中的遇难者办理的丧事。

【国色】guósè ❶ 名 指一国中容貌最美丽的女子。❷ 名 指牡丹花 ▷～天香。

【国色天香】guósè-tiānxiāng 本指牡丹香色不凡；后多形容女子美貌。

【国殇】guóshāng 名〈文〉指在保卫国家的战争中牺牲的人。

【国史】guóshǐ ❶ 名 一国的历史；本国或本朝的人称本国或本朝的历史。❷ 名 古代修撰史书的史官。

【国势】guóshì ❶ 名 国力 ▷～强盛。❷ 名 国家的形势 ▷～稳定。

【国事】guóshì 名 国家的重大事务 ▷操劳～｜进行～访问。☛ 参见本页"国是"的提示。

【国事访问】guóshì fǎngwèn 国家元首或政府首脑应邀到别国进行的正式访问。

【国是】guóshì 名〈文〉国家大计 ▷共商～。☛ 跟"国事"不同。"国是"指国家重大而长远的计划、大政方针，含庄重色彩，用于书面语；"国事"多指具体的国家事务，口语和书面语都可用。

【国手】guóshǒu ❶ 名 精通某项技艺，在全国数一数二的人（多指名医、棋手等）。❷ 名 指国家队的运动员。

【国书】guóshū 名 一国元首派遣或召回大使或公使时，由大使或公使向驻在国元首递交的由本国元首签署的正式文书。

【国术】guóshù 名 指我国的传统武术。

【国税】guóshuì 名 国家税收的统称；特指中央税。

【国泰民安】guótài-mín'ān 国家太平，人民安乐。形容太平盛世。

【国体】guótǐ ❶ 名 国家的政治体制。它表明社会各阶级在国家中的地位和由此决定的国家根本性质。我国的国体是工人阶级领导的、以工农联盟为基础的人民民主专政的社会主义国家。❷ 名 国家的尊严、荣誉 ▷有伤～。

【国统区】guótǒngqū 名 指抗日战争时期和解放战争时期国民党所统治的地区。

【国土】guótǔ 名 指一个国家的领土。

【国王】guówáng 名 古代某些君主国家的最高统治者；现代指某些君主制国家的元首。

【国威】guówēi 名 国家的力量和威严 ▷扬我～。

【国文】guówén ❶ 名 本国的语言文字；旧指汉语、汉文。❷ 名 旧指中小学语文课。

【国务】guówù 名 国家的政务。

【国务卿】guówùqīng 名 美国国务院的领导人，主管外交，相当于其他国家的外交部长。

【国务院】guówùyuàn ❶ 名 我国最高国家行政机关，即中央人民政府。由总理、副总理、国务委员、各部部长、各委员会主任等人员组成，实行总理负责制，对全国人民代表大会及其常务委员会负责并报告工作。❷ 名 美国联邦政府的一个部门，主管外交，负责人是国务卿。

【国学】guóxué 名 研究我国传统学术文化的学问，包括哲学、史学、文学、考古学、中医学、语言文字学等 ▷～大师。

【国宴】guóyàn 名 国家元首或政府首脑为招待国宾、庆祝节日等而举行的正式宴会。

【国药】guóyào 名 旧指中药 ▷～店。

【国医】guóyī 名 指中医。

【国音】guóyīn 名 旧指由国家审定的汉语标准音。

【国营】guóyíng ❶ 动 国家投资经营（跟"民营""私营"相区别，②同）▷这些企业国有～。❷ 区别 国家投资经营的 ▷～企业｜～单位。

【国优】guóyōu 名 指获得国家质量奖或符合国家优质产品条件的产品 ▷荣获～称号。

【国有】guóyǒu ❶ 动 国家所有（跟"民有""私有"相区别，②同）▷收归～｜土地～。❷ 区别 国家所有的 ▷～农场｜～资产。

【国有股】guóyǒugǔ 名 在股份公司中，由国家持有的股份。包括国家投资购买的股份和股份制改造中以国有资产入股的股份。

【国有化】guóyǒuhuà 动 指土地、矿藏、大银行、大工业等实行国家所有，由国家统一经营。

【国有经济】guóyǒu jīngjì 指生产资料归国家所有的经济类型。在社会主义条件下，国有经济属于全民所有制经济，对经济发展起主导作用。

【国有民营】guóyǒu mínyíng 国家所有，集体或个人筹资经营。

【国有企业】guóyǒu qǐyè 国家全民所有制企业，国家控制全部或大部分资产。经济体制改革后，国家具有所有权，但原则上不直接参与经营，而是由企业自主经营。简称国企。

【国有资产】guóyǒu zīchǎn 国家所有并能为国家提供经济和社会效益的各种经济资源的总和。不仅指资金、固定资产、流动资产，而且还包括各种自然资源等。

【国语】guóyǔ ❶ 名 由历史形成并由国家规定的全国通用的标准语或共同语。我国的国家通用语言是普通话，旧称国语。❷ 名 国文②。

【国乐】guóyuè 名 我国的传统音乐（跟"西乐"相区别）。

【国运】guóyùn 名 国家的命运 ▷～昌盛。

【国葬】guózàng 名 以国家名义为有特殊功勋的人举行的葬礼。

【国贼】guózéi 名 出卖国家或对国家有重大危害的人。

【国债】guózhài 名 国家借的各种债务。包括内债和外债。

【国债券】guózhàiquàn 名 国家发行的债券。

【国子监】guózǐjiàn 名 我国古代的中央教育管理机关，有的朝代兼为最高学府。☛"监"这里不读 jiān。

帼（幗） guó 名 古代妇女的发饰 ▷巾～。

涠（漍） guó 用于地名。如北涠，在江苏。

腘（膕） guó 名 膝盖后面大腿与小腿之间可以弯曲的部位。腿弯曲时，腘部形成的窝儿叫腘窝儿。

虢 guó 名 周朝诸侯国名。西虢为周文王弟虢仲的封地，在今陕西宝鸡东；东虢为周文王弟虢叔封地，在今河南荥阳。

馘 guó ❶ 动 古代战争中割取被杀死的敌人的左耳，用来计功 ▷～百人。→ ❷ 名 所割取的左耳 ▷献俘授～。

guǒ

果[1]（*菓❶） guǒ ❶ 名 植物的果实 ▷开花结～|～树|～园|水～。→ ❷ 名 事情的最后结局(跟"因"相对) ▷前因后～|成～|恶～。⇒ ❸ 副 果然① ▷～不出我所料|～不其然|～真。⇒ ❹ 连 果然② ▷～如此，则皆大欢喜。→ ❺ 动 〈文〉饱；充实 ▷食不～腹。〇 ❻ 名 姓。

果[2] guǒ 形 坚决；不犹豫 ▷～敢|～断。

【果报】guǒbào 名 佛教指由过去的因由而引起的结果和报应。参见 1641 页"因果"①、50 页"报应"。

【果不其然】guǒbuqírán 果然；不出所料 ▷我总担心考试不及格，～，这次又没过关。

【果茶】guǒchá 名 带有果肉的果汁饮料。

【果丹皮】guǒdānpí 名 用干、鲜红果儿或制作红果儿脯、苹果脯等的下脚料制成的食品。皮状，味酸甜，助消化。

【果冻儿】guǒdòngr 名 用果汁加糖、果胶等冷凝制成的半固体食品。

【果断】guǒduàn 形 当机立断，不犹豫 ▷采取～措施|～决定。☛ 参见 1458 页"武断"的提示。

【果饵】guǒ'ěr 名 糖果、点心等食品的总称。

【果脯】guǒfǔ 名 将鲜果用糖液或蜜浸渍制成的食品。☛"脯"不读 pǔ。

【果腹】guǒfù 动 吃饱肚子 ▷以野菜～。☛"果"不要误写作"裹"。

【果干儿】guǒgānr 名 把鲜果晒干或烘干制成的食品，水分在 12%以内，便于保存。

【果敢】guǒgǎn 形 果断勇敢 ▷英勇～。

【果核】guǒhé 名 核[1](hé)①。口语中也说果核儿(húr)。

【果酱】guǒjiàng 名 用水果果肉加糖、果胶等制成的糊状食品。也说果子酱。

【果胶】guǒjiāo 名 存在于植物果实细胞间质中的无定形胶状物质。溶于水，可用以制果酱、果冻儿等食品。

【果酒】guǒjiǔ 名 用水果发酵制成的酒。如葡萄酒。也说果子酒。

【果决】guǒjué 形 果断坚决 ▷处置～。

【果篮】guǒlán 名 经过装饰作礼品用的装有各色水果的篮子 ▷买个～作老师的生日礼物。

【果料】guǒliào 名 加在点心或面包上的佐味辅料。如青丝、红丝、瓜子仁、葡萄干等。

【果木】guǒmù ❶ 名 果树。❷ 名 砍伐果树枝干形成的木柴 ▷～烤鸭。

【果农】guǒnóng 名 以栽培果树、从事果品生产为主业的农民。

【果盘】guǒpán 名 盛果品用的盘子；也指水果拼盘。

【果皮】guǒpí 名 植物果实的皮，分内、中、外三层，通常指外果皮。

【果品】guǒpǐn 名 干果和鲜果的统称。

【果然】guǒrán ❶ 副 表示实际情况与预料的相同 ▷他～来了。❷ 连 连接分句，表示假设的情况与所预料的相符合 ▷～像你所说的那么简单，事情就好办了。

【果仁】guǒrén 名 果核中的仁儿。

【果肉】guǒròu 名 水果的皮与核之间的可以吃的部分。通常指中果皮，如桃的果肉。

【果实】guǒshí ❶ 名 花受精后，子房或连同花的其他部分发育而成的器官。❷ 名 比喻经过努力所取得的成绩、收获 ▷胜利～。

【果树】guǒshù 名 果实可以食用的树木。如桃树、杏树、梨树。也说果木。

【果酸】guǒsuān 名 有机酸，广布于植物体中，葡萄和梨内含量很多。具有促进消化和缓泻的功效，可供制药，也是工业用品。

【果穗】guǒsuì 名 某些植物(如高粱、玉米等)所结的颗粒状果实的聚合体。

【果糖】guǒtáng 名 有机化合物，白色晶体，味甜。水果、蜂蜜中含量较多，可供食用或药用。

【果蝇】guǒyíng 名 一种小型蝇类昆虫。喜欢在腐烂水果和发酵物周围飞舞，适于作遗传学等学科的实验材料。

【果园】guǒyuán 名 集中种植果树的园子。

【果真】guǒzhēn ❶ 副 果然① ▷他～得了冠军。❷ 连 果然② ▷你～同意，那就太好了。

【果汁】guǒzhī 名 鲜果的汁水；也指用鲜果的汁水制成的饮料。

【果枝】guǒzhī 名 果树或其他植株上能开花结果

的枝条。

【果子】guǒzi ❶ 名 可以吃的植物果实。❷见本页"馃子"。现在一般写作"馃子"。

【果子狸】guǒzilí 名 哺乳动物，像家猫但较细长，四肢较短，背部灰棕色，鼻、眼部有白纹。生活在山林中，夜间活动。也说青猺、花面狸。

【果子露】guǒzilù 名 用果汁、蒸馏水和香料制成的饮料。

馃(餜) guǒ [馃子] guǒzi 名 一种油炸面食，条形或圈形 ▷煎饼～。

椁(*槨) guǒ 名 古代套在棺材外面的大棺材 ▷棺～。

蜾 guǒ [蜾蠃] guǒluǒ 名 昆虫，一种寄生蜂。常在竹筒或泥墙洞中做窝，捕捉螟蛉等昆虫的幼虫放在窝里并将卵产在它们的身体里，卵孵化后，又把螟蛉等当作幼虫的食物。参见插图 4 页。

裹 guǒ ❶ 动 包；缠绕 ▷把伤口～好｜～腿｜包～。→ ❷ 动 夹杂在里面；卷进去 ▷狂风～着沙尘｜庙会里面人山人海，他被潮水似的人群～着往前走。○ ❸ 名 姓。☛ 中间是"果"，上下合起来是"衣"。

【裹脚】guǒjiǎo 动 缠足。

【裹脚布】guǒjiǎobù 名 旧时妇女缠足用的长布条 ▷他的文章就像懒婆娘的～，又臭又长。也说裹脚(jiao)。

【裹腿】guǒtui 名 从下向上呈螺旋形缠在裤子外边小腿部分的布条。过去士兵行军时，往往缠上裹腿。

【裹胁】guǒxié 动 胁迫使跟从(做坏事) ▷～他人犯罪。☛ 参见本页"裹挟"的提示。

【裹挟】guǒxié ❶ 动 (风、水流等)把别的东西卷入，使之随着移动 ▷雪花在大风的～下扑面而来。❷ 动 (形势、潮流等)把人卷进去，迫使其跟着表态或行动 ▷被战争～而不知前途命运在何方。☛ 跟"裹胁"不同。1."裹挟"的行为发出者可以是自然事物，也可以是形势、社会潮流等；"裹胁"的行为发出者多是具体的人。2."裹挟"侧重于被挟持而不由自主；"裹胁"侧重于受胁迫而不得不如此。

【裹扎】guǒzā 动 缠绕包扎 ▷～伤口。

【裹足不前】guǒzú-bùqián 脚被缠住，不能前进。指因害怕或有顾虑而停步不前。

粿 guǒ 名 用米粉或面粉、薯粉等加工制成的食物。如甜粿、菜头粿等。

guò

过(過) guò ❶ 动 从一个地方移到另一个地方；经过 ▷～了这条街就到了｜～河｜路～。→ ❷ 动 超出(某种界限) ▷下班时间早～了｜～量｜～期。⇒ ❸ 形 超过某种限度的 ▷话说得太～。⇒❹ 副 十分；非常 ▷～细｜～硬。⇒❺ 名 过失；过错(跟"功"相对) ▷将功补～｜记～。⇒ ❻ 动 用在形容词后，表示超过 ▷呼声一浪高～一浪。→ ❼ 动 经历；度过(一段时间) ▷老人～着幸福的晚年｜～节｜～冬。→ ❽ 动 过目；回忆 ▷把这篇文章再～一下｜把刚才的事在脑子里～了一遍。→ ❾ 量 用于动作的次数 ▷衣服已经洗了三～了｜这面粉得多筛几～。→ ❿ 动 从一方转移到另一方 ▷～门｜～继｜～录。→ ⓫ 动 使经过(某种处理) ▷您～个数｜把衣裳～一下水｜～秤。→ ⓬ 动 用在动词后。a)表示人或物随动作经过某处或从一处到另一处 ▷从树下走～｜翻～这座山｜接～奖状。b)表示物体随动作改变方向 ▷回～头去｜把车头转～来｜翻～一页。c)表示动作超过了合适的界限 ▷坐～站了｜使～了劲儿｜明天还要赶早班车，千万别睡～了。d)表示胜过("过"与前面的动词之间可以加"得"或"不") ▷三个臭皮匠，赛～诸葛亮｜他跑得～你吗？☛ 读 guō，专用作姓氏；读 guo，用作助词。

另见 519 页 guō；528 页 guo。

【过半】guòbàn 动 超过总数或全部的一半 ▷票数～｜工程～。

【过磅】guòbàng 动 用磅秤称重量。

【过不去】guòbuqù ❶ 动 不能通过 ▷前边修路，～。❷ 动 为难 ▷他存心跟我～。❸ 动 超不过 ▷这台拖拉机～两万元。❹ 动 过意不去；抱歉 ▷没实现承诺，心里觉得～。

【过场】guòchǎng ❶ 动 戏剧角色从一侧上场，在舞台上不作停留，立刻从另一侧下场，有时边走边作简单表演 ▷走～。❷ 名 戏剧中衔接前后情节的过渡场次 ▷～戏。

【过程】guòchéng 名 事物发展变化所经过的程序 ▷发展～｜～复杂。

【过秤】guòchèng 动 用秤称重量。

【过从】guòcóng 动 〈文〉交往；相互往来 ▷～甚密。

【过错】guòcuò ❶ 名 过失；差错。❷ 名 民法上指因故意或过失损害他人的违法行为。

【过当】guòdàng 形 超过适当的限度；过分 ▷言辞～｜防卫～。☛ "当"这里不读 dāng。

【过道】guòdào ❶ 名 房与房、墙与墙或房与墙之间狭窄的通道。❷ 名 旧式宅院大门或二门所在的小屋。也说门道(dào)。

【过得去】guòdeqù ❶ 动 能通过 ▷桥一修好，车就～了。❷ 动 心安理得(多用于反问) ▷

不道一声谢就走，心里怎能～呢？❸ 动 达到起码的标准；说得过去 ▷房子装修～就行了。

【过电】guòdiàn ❶ 动 电流通过（身体）；触电 ▷别用湿手按电门，小心～！ ❷ 动 施用电刑。

【过电影】guòdiànyǐng 比喻比较完整地回想经历过的某些事情或情景 ▷这次调查到的全部情况都在他的脑子里反复～。

【过冬】guòdōng 动 度过冬季 ▷必须确保灾民安全～|～作物。☛ 参见 1704 页“越冬”的提示。

【过度】guòdù 形 超过一定的限度 ▷～紧张|操劳～。☛ 跟“过渡”不同。

【过渡】guòdù ❶ 动 乘船过江河 ▷从汉口～到武昌。❷ 动（事物）从一个阶段逐步发展转变到另一个阶段 ▷由新民主主义～到社会主义。☛ 跟“过度”不同。

【过房】guòfáng 动 过继。

【过访】guòfǎng 动〈文〉访问 ▷～亲友。

【过分】guòfèn 形（说话、做事）超过适当的限度或程度 ▷～悲痛|话说得有些～。☛ 不要写作“过份”。

【过付】guòfù 动 由中间人或第三方转交双方交易或诉讼等活动中应交接的钱或物 ▷法院及时把赔偿金～给了胜诉方。

【过关】guòguān 动 通过关口；比喻达到某种标准或要求而获得通过和认可 ▷从珠海到澳门可在拱北～|外语～了。

【过关斩将】guòguān-zhǎnjiàng《三国演义》中说，关羽从曹营出发，过五道关口，斩六员大将，最终找到刘备。比喻克服重重困难或战胜许多对手，终于获得成功。

【过河拆桥】guòhé-chāiqiáo 比喻靠别人的帮助达到目的后，就把帮助过自己的人一脚踢开。

【过河卒】guòhézú 名 在象棋规则中，过了界河的卒（兵），只能向前或向左、向右移动，不能后退。比喻身不由己、没有回头路的人；也比喻处境改变后，勇往直前、决不后退的人。也说过河卒子。

【过后】guòhòu 名 以后；后来 ▷找工作的事～再说|答应了的事，～又不认账了。

【过户】guòhù 动 依照法定程序，办理房地产、车辆等改换物主的手续。

【过话】guòhuà〈口〉❶ 动 谈话；交谈 ▷他俩闹矛盾，有一年不～了。❷ 动 传话 ▷老张让我给你～，说他明天就回家了。

【过活】guòhuó 动 生活；过日子。

【过火】guòhuǒ 形（言行）超过适当的分寸 ▷玩笑开得太～了。

【过激】guòjī 形 过于激烈 ▷言辞～|～行动。

【过季】guòjì 动（食品、用品等）过了应时当令的季节；泛指过时陈旧 ▷～水果|这是多年前的款式，已经～了。

【过继】guòjì ❶ 动 把自己的儿子给没有儿子的兄弟或亲戚当儿子。也说出继。❷ 动 没有儿子的人以兄弟或亲戚的儿子当儿子 ▷他的儿子是～来的。

【过家家】guòjiājiā 一种儿童游戏，模仿成年人家庭生活中的某些活动。

【过奖】guòjiǎng 动 谦词，表示对方的夸奖过分了，不敢承受 ▷先生～了，实在不敢当。

【过街老鼠】guòjiē lǎoshǔ 比喻人人痛恨、厌恶的人或物（常跟“人人喊打”连用）▷让造假者成为人人喊打的～。

【过街楼】guòjiēlóu 名 横跨在街道或胡同上空的楼，底下可以通行。

【过街天桥】guòjiē tiānqiáo 在城市交通要道上空架设的供行人横穿马路的桥。也说过街桥。

【过节】guòjié 动 度过节日；在节日进行庆祝等活动 ▷今年～，咱可得热闹热闹。

【过节儿】guòjiér〈口〉❶ 名 待人接物时必要的程序或礼节 ▷第一次会亲（qìng）家，每个～都不能出错。○ ❷ 名 彼此之间的隔阂 ▷他们之间是有点儿～，可算不上什么冤仇。

【过劲儿】guòjìnr 形 过度。

【过境】guòjìng 动 通过国家或地区管辖的地界 ▷国际列车从这里～。

【过客】guòkè 名 过往的行人；旅客。

【过来】guòlái ❶ 动 离开原地向说话人所在的方向移动 ▷从对面店铺里～一个人。❷ 动 通过某个时期或某种考验 ▷大风大浪我都～了，还怕这点儿小事吗？☛ 以上各用法中的“来”口语中有时读轻声。

【过来】guòlai 动 用在动词后。a）表示人或物随动作从一处到另一处 ▷他朝我走～|一群鸭子游～了。b）表示物体随动作改变方向 ▷把脸转～，面对着我。c）表示回到原来的、正常的或较好的状态 ▷人们这才明白～。d）表示能力许可（常跟“得”“不”连用）▷活儿不多，我一个人干得～。☛ 以上各用法中的“来”有时可不读轻声。

【过来人】guòláirén 名 对某类事情有过亲身体验或经历的人 ▷我是～，你的心情我理解。

【过劳】guòláo 形 形容操劳过度 ▷身体不能不劳，也不能～|～猝死。

【过劳死】guòláosǐ 动 因过度劳累而突然死亡。

【过礼】guòlǐ 动 旧指婚前男女双方互送礼物；特指男方把彩礼送给女方。

【过量】guòliàng 形 超过限量的 ▷～捕捞。

【过淋】guòlìn 动 过滤。☛"淋"这里不读 lín。

【过录】guòlù 动 把文字从一个载体上抄写到另一个载体上 ▷把专家审读的意见～到校样上。

【过路】guòlù 动 途中经过(某地) ▷商店的橱窗吸引了不少～人驻足参观。

【过路财神】guòlù cáishén 比喻经手大量不属于自己的钱财的人。

【过虑】guòlǜ 动 过分地、不必要地忧虑 ▷他已长大成人，对他的生活不必～。

【过滤】guòlǜ 动 通过滤纸、滤布等多孔材料，把气体或液体中的固体物或有害成分分离出去 ▷把熬好的中药用纱布～一下。

【过滤嘴儿】guòlǜzuǐr 名 装在烟卷儿的一端起过滤作用的烟嘴儿，多用泡沫塑料等制成；也指带有过滤嘴儿的香烟。

【过门】guòmén 动 女子出嫁到丈夫家。

【过门儿】guòménr 名 戏曲唱段或歌曲唱词前后、中间由乐器单独演奏的乐段，起营造氛围、承前启后等作用。

【过敏】guòmǐn ❶ 动 有机体对药物或外界刺激产生异常反应 ▷他对青霉素～。❷ 形 过分敏感 ▷神经～。

【过目】guòmù 动 看；看过 ▷请您～|～不忘。

【过目成诵】guòmù-chéngsòng 看一遍就能够背诵下来。形容人的记忆力极强。

【过年】guònián ❶ 动 度过新年或春节；进行新年或春节的庆祝活动 ▷到北京～。❷ 名 明年 ▷爷爷～就 80 岁了。

【过期】guòqī 动 超过规定或约定的期限 ▷～作废。

【过气】guòqì 动 (某人或某事物)失去了以往的旺盛人气 ▷～拳王|这种 20 年前的流行装束已经～了。

【过谦】guòqiān 形 过分地谦虚 ▷～之词。

【过去】guòqù ❶ 动 离开说话人所在地向另一地点移动 ▷刚刚～一辆班车。❷ 动 表示曾经历过某个阶段 ▷半年～了，工作才走上正轨。❸ 动 表示某个时期、某种状况已经消失 ▷最困难的时期已经～了。❹ 动 婉词，指人死亡(后面要加"了") ▷还没送到医院，人就～了。❺ 名 指以前的时期；也指以前的事情 ▷忘记～就意味着背叛。☛ 以上各用法中的"去"除义项⑤外口语中有时读轻声。

【过去】guòqu 动 用在动词后。a) 表示人或物随动作从一处到另一处 ▷汽车开了～。b) 表示物体随动作改变方向 ▷把这一页翻～。c) 表示失去原来的正常状态 ▷病人昏迷～了。d) 表示事情通过或动作完毕 ▷这点儿小事，说～就算了。☛ 以上各用法中的"去"有时可不读轻声。

【过热】guòrè 形 太热；比喻事物的发展势头过分猛烈 ▷防止房地产业的～现象。

【过人】guòrén ❶ 动 超过常人 ▷才智～。❷ 动 足球、篮球等运动中指进攻球员带着球避开对方球员，冲向目标 ▷带球～。

【过日子】guòrìzi 生活 ▷年轻人得学会～。

【过筛子】guòshāizi ❶ 用筛子筛(粮食、矿石等颗粒状物品)进行选择 ▷这些黄豆～了没有？❷ 比喻进行严格选择 ▷经过一遍又一遍地～，才确定了参赛选手。

【过山车】guòshānchē 名 一种大型电动游乐设施。人坐在特制的椅子中，在起伏很大的环形轨道上作高速旋转运行，有翻山越岭的惊险感受。

【过甚】guòshèn 形 大大地超过了应有的程度 ▷思虑～|～其词。

【过甚其词】guòshèn-qící 形容话说得过于夸张，言过其实。

【过剩】guòshèng ❶ 动 数量大大超过需要的限度 ▷劳动力～。❷ 动 供给超过市场需要或购买能力 ▷产品～。

【过失】guòshī ❶ 名 由于疏忽大意造成的错误 ▷丢失文件是机要人员的～。❷ 名 法律上指由于疏忽大意而导致的犯罪 ▷～杀人。

【过时】guòshí ❶ 动 过了规定或约定的时间 ▷赴约不能～，以免误事。❷ 形 已经不时兴或不流行的；陈旧的 ▷～款式|花色～了。

【过世】guòshì 动 去世。

【过手】guòshǒu 动 经手办理、处理 ▷那笔账不是我～的|经他～的材料不会有问题。

【过数】guòshù 动 清点数目 ▷货已经～了。

【过速】guòsù 形 超过正常速度 ▷心动～。

【过堂】guòtáng 动 旧指在公堂上接受审问。

【过堂风】guòtángfēng 名 穿堂风。

【过厅】guòtīng ❶ 名 前后开门，可以从中间穿行的厅堂。❷ 名 楼房里连接各房间的通道。

【过头】guòtóu 形 过分 ▷这话说得有点儿～了。

【过屠门而大嚼】guò túmén ér dà jué 经过肉铺的时候，空着嘴使劲咀嚼(屠门：肉铺；嚼：咀嚼)。比喻愿望不能实现，只能用不切实际的办法来自我安慰。☛"嚼"这里不读 jiáo。

【过往】guòwǎng ❶ 动 来往；经过 ▷～行人。❷ 动 交往；过从 ▷素无～|～甚密。

【过望】guòwàng 动 超过自己本来的希望;抱有过大的希望 ▷大喜～|不敢～。

【过问】guòwèn ❶ 动 了解情况,参与意见 ▷请老专家～一下这件事。❷ 动 干预 ▷这事与你无关,你就别～了。

【过午】guòwǔ 动 过了中午 ▷已经～了,连早饭还没吃呢。

【过细】guòxì 形 十分仔细;很细心 ▷思想工作不怕～|要逐一作～的研究。

【过眼云烟】guòyǎn-yúnyān 从眼前飘过的云彩和烟雾。比喻存在不久、很快就消失的事物。

【过夜】guòyè ❶ 动 夜里住下;留宿 ▷在候车室～。❷ 动 隔夜 ▷天太热,饭菜不能～。

【过意不去】guòyìbùqù 抱歉;心中歉疚不安。

【过瘾】guòyǐn 形 癖好或爱好得到满足 ▷这场球赛看着真～。

【过硬】guòyìng 形 经得起严格的检查或考验 ▷作风～|～的医术。也说过得硬。

【过犹不及】guòyóubùjí 事情做过了头跟做得不够一样都是不合适的(犹:如同)。

【过于】guòyú 副 表示程度或数量超过限度,相当于"太" ▷不能～急躁。

【过誉】guòyù 动 谦词,过奖 ▷先生如此～,倒叫我于心不安了。

【过载】guòzài ❶ 动 超载;超负荷 ▷网络信息～会降低运行速度。❷ 动 把货物或旅客从一个运输工具上转移到另一个运输工具上。☛ 不宜写作"过儎"。

【过账】guòzhàng 动 指把甲账转入乙账;簿记学上指把传票、单据记入总账或把日记账转记到分类账上。☛ 不要写作"过帐"。

【过招儿】guòzhāor 动 武打或博弈中彼此使用招数进行较量;泛指比赛、较量 ▷跟一流球队～|两家公司在拓宽销路上频频～。

【过重】guòzhòng 动 超重②。

guo

过(過) guo ❶ 助 用在动词后面,表示动作完毕 ▷吃～饭再去|会已经开～了。→ ❷ 助 用在动词后,表示某种行为或变化曾经发生过 ▷这本书我看～|他没去～上海|你找～他吗? ❸ 助 用在形容词后,表示曾经有过某种性质或状态,有同现在相比较的意思 ▷立秋以前还热～几天|他以前也穷～,现在富裕了。☛ 以上各用法中的"过"有时可不读轻声。

另见 519 页 guō;525 页 guò。

H

hā

哈[1] hā ❶ 叹 表示得意或惊喜 ▷～,试验成功啦!|～～,这下可好了!→❷ 拟声 模拟大笑的声音(多叠用) ▷～～～,传来一阵爽朗的笑声|～～大笑。

哈[2] hā 动 (人)张开嘴呼气 ▷～气。

哈[3] hā 动 〈口〉弯(腰) ▷～着腰跑过去|点头～腰。

另见本页 hǎ;本页 hà。

【哈哈】 hāhā ❶ 拟声 模拟大笑的声音 ▷～大笑|嘻嘻～。❷ 叹 表示得意 ▷～! 看你往哪儿跑?

【哈哈镜】 hāhājìng 名 一种镜面凹凸不平的镜子,照出来的形象奇形怪状,令人发笑。

【哈喇子】 hālázi 名 〈口〉流到嘴边的口水。

【哈喇】 hāla 形 〈口〉食油或带油食品放久变质而味道不正 ▷火腿～了|月饼有～味儿。

【哈雷彗星】 hāléi huìxīng 一颗能被肉眼看到的著名的周期性彗星。1705 年英国天文学家哈雷计算出它的运行轨道和周期(约 76 年绕太阳一周),故称。

【哈里发】 hālǐfā 阿拉伯语 khalifah 音译。❶ 名 原意为代理者、继承者。自穆罕默德逝世(公元 632 年)后,用来指称政教合一的伊斯兰教国家的领袖。❷ 名 我国伊斯兰教对在清真寺中学习伊斯兰经典的人员的称呼。

【哈密瓜】 hāmìguā 名 甜瓜的一个变种。一年生草本植物,茎蔓生,花冠黄色。果实也叫哈密瓜,个头儿较大,果皮青色或黄色,有网纹,果肉绵软,味道香甜。因多产于新疆哈密一带,故称。☛ “密”不要误写作“蜜”。

【哈尼族】 hānízú 名 我国少数民族之一。主要分布在云南。

【哈气】 hāqì ❶ 动 张口呼气 ▷～成霜|哈了一口气。❷ 名 张口呼出的气 ▷～在车窗玻璃上冻成了冰。❸ 名 玻璃等物体表面凝结的水蒸气 ▷擦干镜片上的～。

【哈欠】 hāqian 名 困倦或刚醒来时,不自觉地张嘴深吸气又呼出的生理现象 ▷打～|～连连。

【哈萨克文】 hāsàkèwén 名 哈萨克族的拼音文字。我国现行哈萨克文字母以阿拉伯字母为基础,有 9 个元音字母、24 个辅音字母,以词为拼写单位,从右到左横行书写。

【哈萨克族】 hāsàkèzú ❶ 名 我国少数民族之一。主要分布在新疆和甘肃、青海。❷ 名 哈萨克斯坦共和国人数最多的民族。

【哈腰】 hāyāo 〈口〉❶ 动 弯腰 ▷这节体操就是专门练～的。❷ 动 稍微弯腰,表示敬意 ▷点头～|脱帽～。☛ 不宜写作“呵腰”。

铪(鉿) hā 名 金属元素,符号 Hf。银白色,熔点高。用于制造高强度高温合金,也用作 X 射线管的阴极、真空管中的吸气剂和核反应堆的控制棒等。

há

虾(蝦) há 古同“蛤”。另见 1477 页 xiā。

蛤 há 见下。☛ 读 há,用于“蛤蟆”;读 gé,指一种贝类,又用于爬行动物名“蛤蚧”。另见 462 页 gé。

【蛤蟆】 háma 名 青蛙和蟾蜍的统称。☛ 不要写作“虾蟆”。

【蛤蟆镜】 hámajìng 名 一种镜片宽大的太阳镜。因略像蛤蟆眼,故称。

hǎ

哈 hǎ 名 姓。另见本页 hā;本页 hà。

【哈巴狗】 hǎbagǒu ❶ 名 一种供玩赏的狗。体小、毛长、腿短。也说狮子狗、巴儿狗。❷ 名 比喻受主子豢养的奴才。

【哈达】 hǎdá 名 藏语音译。藏族和部分蒙古族人表示敬意或祝贺时献给神佛或对方的长丝巾或纱巾,多为白色。

畬 hǎ [畬沓屯] hǎbātún 名 地名,在北京。

hà

哈 hà 见下。另见本页 hā;本页 hǎ。

【哈士蟆】 hàshimá 名 满语音译。中国林蛙的俗称。

【哈什蚂】 hàshimǎ 现在一般写作“哈士蟆”。

hāi

咍 hāi 〈文〉❶ 动 嘲笑;讥笑 ▷众兆之所～。→❷ 动 欢笑 ▷抚掌而～。

咳 hāi 叹 表示招呼、提醒或惊异、伤感等 ▷～,你到哪儿去?|～,能有这样的好事?

另见 779 页 ké。

嗨 hāi ❶同"咳(hāi)"。〇 ❷歌词中的衬字 ▷～啦啦|呼儿～哟。☛ 义项①口语中有时也读 hēi。

另见 562 页 hēi。

【嗨呀】 hāiya 叹 表示惊讶、痛苦等 ▷～,这么多人!|～,疼死我了!

【嗨哟】 hāiyāo,又读 hāiyō 叹 多人一块儿干同一件重体力活儿时,为协调动作而发出的有节奏的呼喊声 ▷齐用力哟!嗨—哟!加油干哪!嗨—哟!

hái

还(還) hái ❶ 副 表示动作或状态保持不变,相当于"仍然" ▷他～在办公|天气～那么热。→ ❷ 副 表示在已指出的范围以外有所增益或补充 ▷要社会效益,～要经济效益|问了他的姓名、年龄,～问了一些别的问题。❸ 副 跟"比"连用,表示被比较事物的性状、程度有所增加,相当于"更加" ▷去年比前年热,今年比去年～热|成绩比预想的～好。→ ❹ 副 表示程度不高,但能过得去 ▷这本小说写得～不错|味道～能将就。→ ❺ 副 用在上半句里作陪衬,下半句作出推论,相当于"尚且" ▷人～不认识,更不用说交情了。→ ❻ 副 表示超出预料,有赞叹的语气 ▷想不到你～真把事儿办成了。

另见 596 页 huán;1556 页 xuán。

【还好】 háihǎo ❶ 形 大体可以;勉强过得去(多用于答话) ▷稿子写得怎么样?～,可以提交讨论了。❷ 形 还算幸运(多用作插入语) ▷～,虽然耽误了很久,可总算解决了。

【还是】 háishi ❶ 副 仍然 ▷多年不见,他～那么年轻|虽然路滑难走,我们～准时到达了。❷ 副 表示经过比较、考虑,作出选择(句子多含商量或希望口气) ▷你比我熟悉情况,这个会～你去参加吧。❸ 副 表示对某一事实的强调 ▷这本词典～我读大学时买的|这种事我～第一次遇到。❹ 连 表示选择(常与"是"呼应,多用于问句) ▷你是上午走～下午走?|出国～留下,你自己决定。❺ 连 与"无论(不管、不论)"和"都"配合,表示在列举的范围内都如此 ▷无论城市～农村,都发生了巨大变化。

孩 hái 名 孩子 ▷男～儿|小～儿|～儿他爹。

【孩提】 háití 名〈文〉幼儿;儿童 ▷～时代。

【孩童】 háitóng 名 幼儿;儿童。

【孩子】 háizi ❶ 名 儿童 ▷他才十岁,还是个～。❷ 名 儿女 ▷他的几个～都很争气。

【孩子气】 háiziqì ❶ 名 小孩子一样的脾气或神气 ▷一说话就露出了～|这么大了,还满脸～。❷ 形 形容脾气、神气等像孩子一样;天真幼稚,不懂事 ▷都上大学了,还这么～。

【孩子头儿】 háizitóur ❶ 名 一群孩子中的头儿 ▷他小时候是村里的～。❷ 名 喜欢领着孩子们一起玩耍的成年人 ▷都 30 岁的人了,还是我们大院的～。‖也说孩子王。

【孩子王】 háiziwáng ❶ 名 孩子头儿。❷ 名 对幼儿园教师或小学教师的戏称(有时含诙谐意或轻视意)。

骸 hái ❶ 名 人的骨头 ▷～骨|尸～。→ ❷ 名 身体 ▷形～|病～。

【骸骨】 háigǔ 名 骨头(多指死人的) ▷墓穴里有一具完整的古代男性～。

hǎi

胲 hǎi 名 羟胺。也用作羟胺的烃基衍生物的统称。

另见 439 页 gǎi。

海 hǎi ❶ 名 靠近陆地跟大洋连接的水域;泛指海洋 ▷站在窗前就可以看见～|渤～|～港。→ ❷ 名 古时指从海外来的 ▷～棠|～枣。→ ❸ 名 用于一些湖泊的名称 ▷青～|里～|洱～。→ ❹ 名 比喻聚集成一大片的很多人或同类事物 ▷人～|林～|学～无涯。❺ 形〈口〉比喻众多 ▷国庆节广场上摆的花儿～了去啦。→ ❻ 形 大 ▷～碗|～报|～量。→ ❼ 副〈口〉漫无边际地;毫无节制地 ▷～聊|胡吃～喝。〇 ❽ 名 姓。

【海岸】 hǎi'àn 名 与海洋边缘邻接的陆地。

【海岸炮】 hǎi'ànpào 名 部署在海岸或岛屿上的大炮。有固定式和移动式两种。简称岸炮。

【海岸线】 hǎi'ànxiàn 名 海洋与陆地的分界线 ▷我国有很长的～。

【海拔】 hǎibá 名 以平均海平面为起点的高度 ▷这座雪山的主峰～6900 米。

【海白菜】 hǎibáicài 名 石莼的俗称。一种藻类植物。形状像白菜叶,生长在海边,涨潮时被淹没。可以食用。

【海报】 hǎibào 名 通报文艺演出、电影放映或体育比赛等的招贴。

【海豹】 hǎibào 名 哺乳动物,头圆,背部黄灰色,有暗褐色斑点,四肢短,呈鳍状,趾间有蹼。善游泳,主食鱼类,生活在温带和寒带沿海。属国家保护动物。参见插图2页。

【海滨】hǎibīn 名 靠近大海的地方；海边 ▷青岛、大连都在～|到～避暑去。

【海菜】hǎicài 名 泛指生长在海洋中的可供食用的植物。如海带、紫菜等。

【海草】hǎicǎo 名 热带和温带浅海中的各种单子叶草本植物的统称。

【海产】hǎichǎn ❶ 名 海洋里出产的动植物及其制品。如海鳗、海带、海蜇皮等。❷ 区别 海洋里出产的 ▷～大对虾。

【海肠子】hǎichángzi 名 单环刺螠的俗称。螠的一种，形似海参而较粗大，浑身光滑，浅黄色。可食用，肉味鲜美，营养价值高。

【海潮】hǎicháo 名 海洋潮汐的简称。海洋水面周期性涨落的现象 ▷到钱塘江口观～。参见160页"潮汐"。

【海程】hǎichéng 名 船只在海上航行的路程或距离 ▷由这里到刘公岛仅半天的～|～以海里为单位计算。

【海船】hǎichuán 名 在海上行驶或作业的船只。

【海带】hǎidài 名 一种海生褐藻。扁平带状，最长可达20米。含碘量较高，可食用，也可做药材。

【海胆】hǎidǎn 名 棘皮动物，多呈半球形，全身长着能活动的长刺。种类很多，生活在海底，以海藻和小动物为食。参见插图3页。

【海岛】hǎidǎo 名 海洋里的岛屿。

【海岛棉】hǎidǎomián 名 棉花的一种。一年生半灌木或多年生灌木，叶掌状，花黄色。果实内的纤维也叫海岛棉，细长，强度大，适于纺织高档棉织品或与化纤混纺。

【海盗】hǎidào 名 在海洋上抢掠过往船只的强盗。也说海匪、海寇。

【海堤】hǎidī 名 海边的防水堤岸。

【海底】hǎidǐ 名 海洋的深处；海洋的底部。

【海底捞月】hǎidǐ-lāoyuè ❶ 比喻不可能做到，白费力气。❷ 形容从下向上捞起的动作 ▷他猛下腰，一个～，把球救了起来。

【海底捞针】hǎidǐ-lāozhēn 大海捞针。

【海防】hǎifáng 名 为保卫国家安全，在沿海地区和领海内部署的军事防务。

【海风】hǎifēng 名 海洋上的风；自海洋刮向陆地的风。

【海港】hǎigǎng 名 沿海的港口，按功用的不同可分为商港、渔港、军港等。

【海沟】hǎigōu 名 分布在大洋地壳边缘，两侧坡度陡急、深度超过6000米的狭长海底凹地。如太平洋西部的马里亚纳海沟、大西洋西部的波多黎各海沟等。

【海狗】hǎigǒu 名 哺乳动物，毛紫褐色或深灰色，头圆，四肢短，像鳍，有蹼，尾短。生活在海洋中，能在陆上爬行。以乌贼、鱼类、贝类等为食。属国家保护动物。也说腽肭(wànà)兽、海熊。参见插图2页。

【海关】hǎiguān 名 国家行政管理机关，主要职责是对进出国境或边境的商品和物品进行监督检查、征收关税，并执行缉私任务。

【海归】hǎiguī ❶ 动 由海外归来；多指在海外学成或工作一段时间后回国求职或创业 ▷他～后很快就成了某科研单位的骨干|～人才|～派。❷ 名 由海外归来的人；多指在海外学成或工作一段时间后回国求职或创业的人 ▷吸引～加盟为祖国服务。

【海龟】hǎiguī 名 爬行动物，生活在海洋和沿海，形状似普通龟，但长可达1米，吃海藻、鱼虾等。属国家保护动物。参见插图2页。

【海涵】hǎihán 动 敬词，像大海那样容纳包涵。用于请人原谅宽容 ▷多有不恭，敬请～。

【海魂衫】hǎihúnshān 名 水兵穿的蓝色和白色横条相间的圆领套衫。

【海货】hǎihuò 名 指市场出售的海产品。

【海疆】hǎijiāng 名 领海和沿海地区 ▷保卫～。

【海角天涯】hǎijiǎo-tiānyá 天涯海角。

【海界】hǎijiè 名 国家海域的边界。

【海禁】hǎijìn 名 指禁止外国商船进入我国沿海通商和我国商船出海经商的禁令。如明、清两代就有过这种禁令。

【海景】hǎijǐng 名 海洋景观 ▷万里～游。

【海警】hǎijǐng 名 在近海负责边防保卫的武装警察，主要任务是维护领海主权、保护航船安全、打击海上犯罪等。

【海军】hǎijūn 名 在海上作战的军种。通常由水面舰艇部队、海军航空兵、海军陆战队等兵种和各专业部队组成。

【海军航空兵】hǎijūn hángkōngbīng 海军兵种，主要担负海洋上空作战任务，并担负海上侦察、巡逻、反潜、通信、运输、救护等任务。

【海军陆战队】hǎijūn lùzhànduì 海军兵种，主要担负登陆作战任务。在海、空兵力支援下，可独立或配合其他兵种实施登陆作战；参加海军基地、港口、岛屿的防御和特种作战。

【海军呢】hǎijūnní 名 用粗毛纱织成的紧密、厚实、有绒面的呢子。适合制作海军制服，故称。

【海口】hǎikǒu ❶ 名 河流的入海处。❷ 名 位于海湾内的港口。○ ❸ 名 指漫无边际的大话 ▷夸下～。

【海枯石烂】hǎikū-shílàn 海水枯竭，山石风化粉碎。形容历时久远，世上万物都已经发生巨变。多用于发誓，反衬意志坚定，永不改变。

【海况】hǎikuàng ❶ 名 海区的物理、化学、生物等情况，如海水的温度、密度，海水的成分和流动，浮游生物的组成等。❷ 名 特指海面因风力引起的波动状况。根据海浪的有无和大小，分为0—9共10个级别。

【海葵】hǎikuí 名 腔肠动物，无骨骼，圆筒状，颜色鲜艳，口周围生着好几圈大小长短不同的触手，在海水中伸展时形如葵花。多生长在海洋石缝或泥沙里，也有的附着在螺壳或蟹壳上，以小鱼等为食。参见插图3页。

【海阔天空】hǎikuò-tiānkōng 大海广阔无垠，天空寥廓无边。形容大自然广阔无边；比喻说话、写文章等无拘无束，或漫无边际；也比喻心胸开阔，豪放不拘 ▷从～的大洋洲到广袤辽阔的亚细亚｜老同学相聚，边食边聊，～，无所顾忌｜展现～的胸怀、海纳百川的气度。

【海蓝】hǎilán 形 形容颜色像海水一样蓝。

【海狸】hǎilí 名 河狸的旧称。

【海狸鼠】hǎilíshǔ 名 哺乳动物，头大，眼小，耳朵宽而短，有蹼，善潜水。生活在水边，以水生植物、野草、瓜果等为食。参见插图2页。

【海里】hǎilǐ 量 长度法定计量单位，用于计量海上的距离，1海里等于1852米。← 旧曾写作"浬""海浬"。现在规范写作"海里"。

【海蛎子】hǎilìzi 名 牡蛎。

【海量】hǎiliàng ❶ 名 敬词，大海一样宽宏的度量 ▷您～，请多包涵。❷ 名 很大的酒量 ▷他真是～，喝一瓶白酒都不醉。❸ 区别 数量极大的 ▷～数据｜～信息｜～检索。

【海聊】hǎiliáo 动 漫无边际地聊 ▷天南地北一通～。

【海岭】hǎilǐng 名 海洋底部的山脉。一般在海面以下，两侧坡度较陡。有的峰顶露出海面，成为岛屿。也说海脊。

【海流】hǎiliú ❶ 名 海洋中沿着一定方向涌流的水。也说洋流。❷ 名 泛指流动的海水。

【海路】hǎilù 名 海上航行的路线。也说海道。

【海轮】hǎilún 名 适用于海洋航行的轮船。

【海螺】hǎiluó ❶ 名 海洋中螺的统称。个头儿比田螺大。壳可以做号角或工艺品。❷ 名 指海螺壳 ▷吹起～。

【海洛因】hǎiluòyīn 名 英语heroin音译。有机化合物，由吗啡制成的白色晶体，医学上用作镇静药、麻醉药。常用成瘾，比吗啡的成瘾性更大。作为毒品，俗称白面儿。

【海马】hǎimǎ 名 鱼，一般长10厘米左右，浅褐色，头部像马头，尾细长能卷曲，直立游动。生活在海洋中，种类很多，其中克氏海马属国家保护动物。参见插图3页。

【海鳗】hǎimán 名 鱼，体长可达1米以上，银灰色，口大牙尖，背鳍、臀鳍与尾鳍相连，无腹鳍，无鳞。肉食，性凶猛。我国沿海均产，为重要经济鱼类之一。某些地区也说狼牙鳝。

【海米】hǎimǐ 名 海产小虾去头去壳后的干制品。

【海绵】hǎimián ❶ 名 低等多细胞动物，种类很多，多生在海底岩石间，有的有柔软而富有弹性的骨骼。❷ 名 指海绵的骨骼。❸ 名 用橡胶或塑料制成的多孔材料，像海绵一样柔软而有弹性。

【海绵城市】hǎimián chéngshì 采用科学方法对雨水进行管理的城市。能够像海绵一样，在适应环境变化和应对自然灾害等方面具有良好的"弹性"，下雨时吸水、蓄水、渗水、净水，需要水时能将蓄存的雨水"释放"并加以利用。

【海面】hǎimiàn 名 海洋的表面。

【海纳百川】hǎinàbǎichuān 大海能够容纳成百上千条江河的水。比喻胸怀宽广，具有很强的包容性 ▷中华民族是兼容并包、～的民族｜～的胸襟。

【海难】hǎinàn 名 船舶在海上发生的灾难。如沉船、触礁、相撞、火灾等。

【海内】hǎinèi 名 国境以内。因古人以为我国四面临海，故称 ▷～存知己。

【海鸟】hǎiniǎo 名 生活在海岛或海边的鸟类。

【海牛】hǎiniú 名 哺乳动物，前肢呈鳍状，后肢退化，尾圆形，皮厚，灰黑色，有很深的皱纹。栖于浅海，或上溯河湖中，以海藻或其他水生植物为食。参见插图2页。

【海鸥】hǎi'ōu 名 鸟，上体多呈苍灰色，下体白色。常成群在海上或江河湖泊上飞翔，以小鱼及其他水生动物为食，兼食农田害虫和田鼠等。属国家保护动物。

【海派】hǎipài ❶ 名 指具有上海风格的京剧流派。❷ 名 泛指具有上海风格的流派 ▷～时装｜～作家。

【海螵蛸】hǎipiāoxiāo 名 乌贼体内像螵蛸（螳螂的卵块）的舟状白色骨板。有止血作用，可以做药材。也说乌贼骨。

【海平面】hǎipíngmiàn ❶ 名 海洋所保持的水平面。❷ 名 平均海平面的简称。

【海平线】hǎipíngxiàn 名 从水平方向看到的海面与天空相接的界线。

【海侵】hǎiqīn 名 由于海面上升或地壳下降等原因使海水逐渐进入并淹没陆地的过程 ▷地壳升降、～海退，改变着地形地貌。

【海区】hǎiqū 名 海洋上的一定区域。有由自然地理条件形成的，如黄海海区、西太平洋海区；有根据军事或其他需要在海洋上划定的，如军演海区、捕捞海区。

【海撒】hǎisǎ 动 一种丧葬方式，把骨灰撒入海洋。

【海蛇】hǎishé 名 生活在海水中的蛇类，有毒。一般在近海沿岸活动，以鱼为主要食物。

【海参】hǎishēn 名 棘皮动物，体圆柱形，体壁多肌肉，体表常有肉质突起，多呈黑褐色。生活在海底,以浮游生物等为食。种类很多,有的可食用,部分种类可人工养殖。

【海狮】 hǎishī 名 哺乳动物,多深褐色,四肢呈鳍状,尾扁平,有的种类雄性颈部有长毛,像狮子。生活在海洋中,以鱼类、乌贼及贝类等为食。属国家保护动物。参见插图 2 页。

【海蚀】 hǎishí 动 海水冲击和侵蚀海岸或近岸海底。

【海市蜃楼】 hǎishì-shènlóu ❶ 蜃景的通称。光线因不同密度空气层的折射,把远处景物显示在空中或地面的奇异幻景。多发生在夏天沿海一带或沙漠中,发生时可见极远处隐约有山峦、城池、亭台楼阁等,不久就全部消失。古人以为由蜃(大蛤蜊)吐气而成。❷ 比喻虚无缥缈的事物。☛"蜃"不读 chén。

【海事】 hǎishì ❶ 名 指海洋航行及其他有关海上的事务。如航海、海运、造船、海损事故处理等。❷ 名 指船舶在海上发生的事故。如触礁、失火、沉没等。

【海誓山盟】 hǎishì-shānméng 以海和山的恒久作比喻立下誓言和盟约。形容爱情的忠贞不渝。

【海兽】 hǎishòu 名 生活在海洋中的哺乳动物的统称。如海狮、海豚、鲸等。

【海水】 hǎishuǐ 名 海洋中的水,占地球水总量的 95%以上,含有多种盐类,不能直接饮用和灌溉。

【海水淡化】 hǎishuǐ dànhuà 用蒸馏法等多种方法除去海水中的盐分,使其变为适用于工业生产和饮用的淡水。也说海水脱盐。

【海水浴】 hǎishuǐyù 动 在海水中洗浴、浸泡或游泳 ▷他冬季也坚持~|夏季,我几乎每天一次~。

【海损】 hǎisǔn 名 航海中因事故造成的船舶或所载货物的损失 ▷加强航运管理,减少~事故发生。

【海獭】 hǎitǎ 名 哺乳动物,毛深褐色,头小,前肢短,后肢长,趾间有蹼,善于游泳和潜水,以鱼和软体动物等为食。分布于太平洋沿岸海中。

【海滩】 hǎitān 名 由泥沙、砾石或生物壳等堆积的、向海面平缓倾斜的海边滩地。可分为泥滩、沙滩、砾滩和珊瑚滩等。

【海棠】 hǎitáng 名 落叶乔木,叶子卵形或椭圆形,春季开白色或淡粉色花。果实也叫海棠,球形,黄色或红色,味酸甜。

【海塘】 hǎitáng 名 为防御海潮侵袭而筑的堤防、塘坝。

【海图】 hǎitú 名 标明海洋情况,供航海用的地图。

【海涂】 hǎitú 名 河流入海处或海岸附近泥沙沉积形成的滩地,随潮汐涨落而淹没或露出。有的海涂可修筑堤防,用来养殖或垦种。

【海退】 hǎituì 名 由于海面下降或地壳上升等原因使海水逐渐退出陆地的过程 ▷经历多次海侵与~,这里留下了丰富的化石。

【海豚】 hǎitún 名 哺乳动物,身体呈纺锤形,长可达 2 米,背部青黑色,有背鳍,腹部白色,前肢呈鳍状。常群游海面,以鱼、虾、乌贼等为食。通过训练能学会许多动作。属国家保护动物。

【海外】 hǎiwài 名 国境以外;国外 ▷留学~|~侨胞。参见 532 页"海内"。

【海外兵团】 hǎiwài bīngtuán 在海外作战的部队,规模一般较大;现多指在某领域(如体育)形成一定规模、具有一定影响的本国在海外的人员群体 ▷乒乓球运动中,我国的~人数不少。

【海外关系】 hǎiwài guānxi 指我国公民与居住在国外、境外的人所具有的亲属或朋友关系。

【海外奇谈】 hǎiwài-qítán 外国的奇异传闻;也指荒诞无稽的言论或稀奇古怪的传说。

【海湾】 hǎiwān ❶ 名 海洋伸进陆地的部分。如我国黄海的胶州湾,印度洋北部的孟加拉湾。❷ 名 特指波斯湾 ▷~国家。

【海碗】 hǎiwǎn 名 特别大的碗。

【海王星】 hǎiwángxīng 名 太阳系八大行星之一,按距太阳由近而远的顺序排列是第八颗。赤道半径约是地球的 3.9 倍,质量约是地球的 17 倍。光度较弱,在地球上无法用肉眼看到。

【海味】 hǎiwèi 名 供食用的海产品(多指珍贵的) ▷山珍~。

【海西】 hǎixī 名 指台湾海峡西岸经济区。范围包括福建及其周边地区。该区与台湾仅一水之隔,地理位置独特,是我国沿海经济带的重要组成部分。

【海峡】 hǎixiá 名 两块陆地之间连接两个海域的狭窄水道。如连接我国东海和南海的台湾海峡、连接太平洋和北冰洋的白令海峡。

【海鲜】 hǎixiān 名 供食用的新鲜的鱼虾等海产品 ▷生猛~|~市场。

【海象】 hǎixiàng 名 哺乳动物,深褐色或灰黄色,体大,头圆,眼小,鼻口部有硬须,四肢呈鳍状,上颌有两个像象牙的獠牙。生活在海洋中和海岸附近,吃贝类等。参见插图 2 页。

【海啸】 hǎixiào 名 因海底地震、火山爆发或海上风暴等引起的伴有巨响的大海浪。浅海海浪可高达 10 余米,冲上陆地,往往造成严重灾害。

【海蟹】 hǎixiè 名 海生的螃蟹。身体多略呈菱形,比河蟹大。

【海星】 hǎixīng 名 棘皮动物,种类很多,身体扁平,大多有 5 个腕,形状多像五角星。生活在海底石缝中,以扇贝等软体动物为食。参见插图 3 页。

【海选】 hǎixuǎn 动 一种不提名候选人的选举,由选举人直接投票选举，得票多的当选 ▷村干部是由全体村民～产生的。

【海盐】hǎiyán 图 从海水中提取的盐，是主要的食用盐和重要的工业原料。

【海蜒】hǎiyán 图 幼鳀(tí)加工成的鱼干。

【海晏河清】hǎiyàn-héqīng 河清海晏。

【海燕】hǎiyàn ❶ 图 鸟，体形小，像燕子，嘴端钩状，羽毛灰褐色，腰白色，趾有蹼。常在海面上掠飞，以海洋小生物为食。○ ❷ 图 海星的一个小类，全身呈五角星形，背部稍隆起，密布颗粒状短棘，有朱红与深蓝色斑纹交杂排列。我国北方沿海多见。

【海洋】hǎiyáng 图 海和洋的统称。地球上海洋面积约为 36,200 万平方千米，约占地球总面积的 71%。

【海洋国土】hǎiyáng guótǔ 指国家拥有的海域。也说蓝色国土。

【海洋科学】hǎiyáng kēxué 研究海洋的自然现象、性质及其变化规律，以及与开发利用海洋有关知识的科学。是地球科学的重要组成部分。

【海洋权】hǎiyángquán 图 沿海国家对距离海岸线一定宽度的海域及其资源的所有权。《联合国海洋法公约》对各国的海洋权有明确规定。

【海洋性气候】hǎiyángxìng qìhòu 近海地区受海洋影响明显的气候。全年和一天内温差不大，全年降水量多，分布均匀，空气湿润。

【海域】hǎiyù 图 海洋的某一区域(包括水上和水下)。

【海员】hǎiyuán 图 在海轮上工作的船员。

【海运】hǎiyùn 动 从海路运输 ▷这批货～到大连。

【海葬】hǎizàng 动 一种丧葬方式，把尸体或骨灰投入海洋。现多指海撒。

【海枣】hǎizǎo 图 常绿大乔木，羽状复叶，叶片狭长。浆果也叫海枣，形状像枣，味甜。木材可供建筑用，果实可做药材。原产西亚和北非，因来自海外，故称。也说椰枣。

【海藻】hǎizǎo 图 海洋中生长的藻类，如海带、紫菜等。有的可以吃，有的可以做药材。

【海战】hǎizhàn 图 交战双方在海洋上进行的战役或战斗。现代海战多是在水面、水下和空中等广泛领域进行。

【海蜇】hǎizhé 图 腔肠动物，身体半球形，上半部隆起呈伞状，下半部有 8 枚口腕。生活在海水中。经过加工处理的伞状部分称为海蜇皮，口腕称为海蜇头，都可以食用。

【海震】hǎizhèn 图 由海底或海岸附近发生地震引起海水震动的现象。

【海子】hǎizi 图 某些地区指湖泊。

盍 hǎi 图 古代一种盛酒的器具。

醢 hǎi ❶ 图〈文〉肉酱 ▷～酱｜～脯。→ ❷ 动 将人杀死后剁成肉酱，古代一种酷刑。

hài

亥 hài 图 地支的第十二位。参见 304 页“地支”。☛ 末笔是长点，不是捺。由“亥”构成的字有“核”“孩”“骇”“咳”“该”等。

【亥时】hàishí 图 我国传统计时法指夜间 9—11 点的时间。

恼 hài 形〈文〉痛苦；愁苦。

骇(駭) hài 动 震惊；使震惊 ▷惊涛～浪｜～人听闻｜惊～。

【骇客】hàikè 图 黑客。

【骇然】hàirán 形〈文〉形容震惊的样子 ▷～不知所措。

【骇人听闻】hàirén-tīngwén 使人听了非常震惊 ▷这是一起～的凶杀案。☛ 跟“耸人听闻”不同。“骇人听闻”一般指社会上发生的坏事，所指的内容通常是真实可信的；“耸人听闻”不一定都指坏事，所指的内容是夸大的，甚至是有意编造的。

【骇异】hàiyì 形〈文〉惊讶 ▷惊闻噩耗，不胜～。

氦 hài 图 非金属元素，符号 He。无色无臭气体，在空气中含量稀少。可用来填充电子管、飞艇和潜水服等，也可用于原子反应堆和加速器，冶炼或焊接金属时可用作保护气体，液态的氦常用作冷却剂。通称氦气。

害 hài ❶ 动 使蒙受损失；使招致不良后果 ▷～人～己｜～得我连饭也没吃上｜迫～。→ ❷ 图 坏处，对人或事物不利的因素(跟“利”“益”相对) ▷这种药物对人体有～｜有益无～。❸ 图 祸患；灾祸 ▷为百姓除～｜病虫～。→ ❹ 形 有害的(跟“益”相对) ▷～虫。→ ❺ 动 杀；杀死 ▷被～身亡｜遇～。→ ❻ 动 患(病) ▷～了一种怪病｜～眼。❼ 动 产生(某种不安的感觉或情绪) ▷～怕｜～羞。☛ 中间是“丰”。由“害”构成的字有“割”“豁”“瞎”“辖”等。

【害虫】hàichóng 图 对人畜或林木、农作物等有危害作用的昆虫。如苍蝇、棉铃虫等。

【害处】hàichù 图 坏处；不利的因素 ▷酸雨对庄稼的～很大。

【害河】hàihé 图 有害物质的含量严重超标或经常发生洪涝灾害的河流 ▷变～为益河。

【害怕】hàipà 动 在困难或危险面前，心里发慌，情绪不安 ▷走独木桥她一点儿也不～。

【害群之马】hàiqúnzhīmǎ 危害马群的劣马。比喻危害集体的人。

【害人虫】hàirénchóng 名 指加害于别人的人 ▷扫除一切～。

【害人精】hàirénjīng 名 害人的妖怪。指专损害别人的人。

【害臊】hàisào 动 害羞 ▷说出这种话来你也不～？

【害兽】hàishòu 名 危害家畜、家禽、森林、草原或农作物等的兽类。

【害喜】hàixǐ 动 怀孕时出现恶心、呕吐、偏食等反应 ▷她在～期间喜欢吃酸的东西。

【害羞】hàixiū 动 因怕生、胆怯或担心被人笑话而心中不安 ▷这孩子一见生人就～。

【害眼】hàiyǎn 动 生眼病 ▷她在～，怕光。

嗐 hài ❶ 叹 表示不满 ▷～，京戏没有这么唱的！→ ❷ 叹 表示惋惜或懊悔 ▷～，真没想到！|～，这下全完了！

駴 hài〈文〉❶ 动 擂(léi)① ▷鼓皆～。→ ❷ 形 惊骇。

hān

犴 hān 名 驼鹿。
另见 10 页 àn。

顸(頇) hān ❶ 形〈口〉粗，圆柱形东西横剖面的直径大 ▷擀面杖太～了|拔河要用～绳子。○ ❷ 名 姓。

蚶 hān 名 软体动物，双壳坚厚，呈卵圆形、长方形或不等边四边形，外表淡褐色，有瓦楞状纵线。生活在海底泥沙或岩礁缝隙中，种类很多，大都可以食用，有的壳可以做药材，现已有人工养殖。也说蚶子。

【蚶子】hānzi 名 蚶。

酣 hān ❶ 形 酒喝得畅快尽兴 ▷～饮|酒～。→ ❷ 形 畅快；深沉 ▷～笑|～梦。❸ 形 (战斗)激烈 ▷万马战犹～|～战。

【酣畅】hānchàng ❶ 形 (睡觉、喝酒等)舒畅痛快 ▷睡得很～。❷ 形 充分；饱满 ▷笔意～淋漓。

【酣梦】hānmèng 名 深沉的睡梦 ▷她从～中惊醒。

【酣眠】hānmián 动 酣睡。

【酣然】hānrán 形 形容舒畅痛快的样子 ▷～沉醉在乐曲的旋律中|～熟睡。

【酣睡】hānshuì 动 酣畅深睡 ▷～在沉沉的梦乡中。☛ 跟"鼾睡"不同。

【酣饮】hānyǐn 动 痛快地饮酒 ▷开怀～。

【酣战】hānzhàn 动 激烈地战斗或比赛。

【酣醉】hānzuì 动 大醉 ▷适量饮酒，切勿～。

憨 hān ❶ 形 傻；痴呆 ▷这人有点儿～|～笑|～痴。→ ❷ 形 朴实；天真 ▷～厚|～直|～态。○ ❸ 名 姓。

【憨厚】hānhòu 形 朴实厚道 ▷为人～。

【憨实】hānshí 形 憨厚实在 ▷大叔～寡言，不好(hào)表现|长相～。

【憨态】hāntài 名 憨厚的样子；傻气而可爱的神态 ▷大熊猫一副～。

【憨态可掬】hāntài-kějū 憨厚的情态好像可以用手捧住。形容憨态明显而突出。

【憨笑】hānxiào 动 带有傻气地笑；天真无邪地笑 ▷他咧嘴～的样子，实在可爱。

【憨直】hānzhí 形 朴实直爽 ▷待人～。

鼾 hān 名 睡眠中呼吸道受阻而发出的声音 ▷打～|～声。

【鼾声】hānshēng 名 睡觉时打呼噜的声音 ▷他那如雷的～，使我彻夜难眠。

【鼾睡】hānshuì 动 打着呼噜熟睡 ▷～不醒。☛ 跟"酣睡"不同。

hán

邗 hán [邗江] hánjiāng 名 地名，在江苏。

汗 hán 名 可(kè)汗的简称。☛ 这个意义不读 hàn。如"成吉思汗""四大汗国"的"汗"都读 hán。
另见 539 页 hàn。

邯 hán [邯郸] hándān ❶ 名 地名，在河北。○ ❷ 名 复姓。

【邯郸学步】hándān-xuébù《庄子·秋水》里说，战国时有个燕国人到了赵国都城邯郸，看到那里的人走路姿势很美，就学习起来，结果不但没学会，反而连自己原来的走法也忘了，只好爬着回去。后用"邯郸学步"比喻盲目地模仿别人不成，反而把自己原有的技能也丢了。

含 hán ❶ 动 嘴里放着东西，不嚼不咽也不吐 ▷嘴里～着糖。→ ❷ 动 存或藏在里面；包括 ▷～着泪|蔬菜中～多种维生素|～义|包～。⇒ ❸ 动〈文〉忍受 ▷～垢忍辱|～辛茹苦。⇒ ❹ 动 带着或隐藏着(某种感情) ▷～羞|～恨。☛ 上边是"今"，不是"令"。

【含苞】hánbāo 动 花没开时花苞裹着花蕾 ▷～待放|几株水仙花或～或绽放。

【含苞待放】hánbāo-dàifàng 裹着的花蕾正待开放。多形容美丽娇嫩而富有生气。

【含悲】hánbēi 动 怀着悲痛。

【含而不露】hán'érbùlù 隐含或隐藏着不显露。

【含愤】hánfèn 动 怀着愤恨 ▷～出走。

【含服】hánfú 动 含在嘴里服用(多指用药) ▷这药片～效果好。

【含垢忍辱】hángòu-rěnrǔ 忍着耻辱(垢：耻辱)。

【含恨】hánhèn 动 怀着怨恨或仇恨 ▷～死去。

【含糊】hánhu ❶ 形（态度、话语等）模糊、不明确 ▷措辞～|话说得很～。❷ 形（说话、做事等）马虎；草率（多用于否定）▷他做工作，从来没～过。❸ 动 畏惧；退缩（多用于否定）▷奉陪到底，决不～。☛ 不要写作"含胡"。

【含糊其词】hánhu-qící 话说得不清楚，模棱两可。

【含糊其辞】hánhu-qící 现在一般写作"含糊其词"。

【含混】hánhùn 形 模糊；不清晰 ▷语意～|～不清。

【含金量】hánjīnliàng ❶ 名 物体中纯金的含量或所占比例。❷ 名 比喻事物的实际价值 ▷文章不长，～却很高。

【含量】hánliàng 名 物质中含有某种成分的数量 ▷新鲜蔬菜和水果里维生素 C 的～较高。

【含怒】hánnù 动 忍着怒气未发作 ▷～而去。

【含片】hánpiàn 名 以口含方式服用的药片 ▷薄荷～。

【含情】hánqíng 动 内心怀着或在神态上显露出情意（多指爱情）▷杏眼～。

【含情脉脉】hánqíng-mòmò 眼神中默默地流露出内心的深情。☛ "脉"这里不读 mài。

【含沙射影】hánshā-shèyǐng 古代传说水中有一种怪物叫蜮（yù），看到人影儿就喷射沙子，被射中影子的人会因此生病以至死亡。比喻用影射的手法暗中攻击或陷害他人。☛ 跟"指桑骂槐"不同。"含沙射影"侧重于暗中诽谤、中伤人；"指桑骂槐"侧重于公开骂人（虽然并非直接）。

【含水层】hánshuǐcéng 名 饱含水分的透水岩层。

【含笑】hánxiào 动 带着笑容 ▷～九泉。

【含辛茹苦】hánxīn-rúkǔ 形容受尽艰难困苦（茹：吃，吞咽）。

【含羞】hánxiū 动 面带羞涩 ▷眉目～|～一笑。

【含羞草】hánxiūcǎo 名 多年生半灌木状草本植物，羽状复叶，叶柄长，花淡红色。因受触动时，小叶合拢，叶柄下垂，像人害羞的样子，故称。可供观赏，全草可以做药材。

【含蓄】hánxù ❶ 动 里边含有 ▷～着深意。❷ 形 形容思想、情感等不轻易流露 ▷他的性格～内敛。❸ 形 形容言辞、诗文意思含而不露，耐人寻味 ▷话说得很～。☛ 不要写作"涵蓄"。

【含血喷人】hánxuè-pēnrén 比喻用捏造的事实诬陷别人。

【含饴弄孙】hányí-nòngsūn 含着饴糖，逗弄小孙子玩儿。形容老年人安享天伦之乐。

【含义】hányì 名（字、词、句等）所包含的意义 ▷要理解词语的确切～。

【含意】hányì 名（言语、行为、事件等）含有的意思（多指隐藏的深层意或言外意）▷你要仔细体味他这些话的～。

【含英咀华】hányīng-jǔhuá 比喻细细体味诗文中的精华（英、华：本义指花朵，引申指精华。咀：含在嘴里细嚼品味）。☛ "咀"这里不读 zuǐ。

【含有】hányǒu 动（事物）里面存有 ▷水果中～人体需要的维生素|～放射性元素。

【含冤】hányuān 动 有冤屈没能得到申诉 ▷忍辱～|～饮恨。

【含怨】hányuàn 动 心存怨恨 ▷～离职。

【含蕴】hányùn 动 包含；含有（某种思想、感情等）▷画作中北方山脉的雄奇大都～在质朴之中|神情里～着女人的羞涩。

函（*圅）hán ❶ 名〈文〉匣子；封套 ▷镜～|剑～|这套书共四～。→ ❷ 名 古代寄信用木函，后用函指信件 ▷公～|～授。

【函大】hándà 名 函授大学的简称。

【函电】hándiàn 名 书信和电报 ▷～往来。

【函调】hándiào ❶ 动 用信函方式调动 ▷～他来北京。❷ 动 用信函方式调查 ▷对考察对象进行～了解。

【函复】hánfù 动 用通信的方式回复对方 ▷对方已经～。

【函告】hángào 动 用通信的方式告知 ▷～亲友。

【函购】hángòu 动 用通信的方式购买 ▷～电脑。

【函寄】hánjì 动 用信件的形式邮寄 ▷文稿已于昨日～贵社。

【函件】hánjiàn 名 信函 ▷来往～很多。

【函洽】hánqià 动 用通信方式进行商谈 ▷此事可先行～，待双方意向明确后再面谈。

【函授】hánshòu 动 主要用通信辅导的方式传授课业（跟"刊授""面授"相区别）▷～生|～大学|～教育。

【函授教育】hánshòu jiàoyù 主要通过函授进行的教育。

【函售】hánshòu 动 以通信和邮递方式销售 ▷为满足顾客需求，我店特开辟～业务。

【函数】hánshù 名 有两个变量 x 和 y，当 x 取其变化范围中的每一个特定值时，相应地有唯一的 y 与它对应，则称 y 是 x 的函数。记为 $y=f(x)$，其中 x 为自变量，y 为因变量。

虷 hán 名〈文〉孑孓。

另见 444 页 gān。

浛 hán ❶ 动〈文〉沉没。○ ❷ 名〈文〉涵洞。○ ❸ 名 水名，连江（在广东）的古称。○ ❹ 用于地名。如浛洸，在广东。

琀 hán 名 古代死者含在口中的珠、玉等。

晗 hán 形〈文〉天将亮。

崡 hán 名 古地名，即函谷，在今河南灵宝东北。

焓 hán 名 热力学中表示物质系统能量状态的一个参数。单位是焦耳。

涵 hán ❶ 动 包容;包含 ▷～养|内～|蕴～。○ ❷ 名 涵洞 ▷桥～|～闸。

【涵洞】hándòng 名 公路、铁路、堤坝等下面像桥洞一样的泄水通道。

【涵盖】hángài 动 包含;覆盖 ▷这篇论文～了多门学科的理论知识|～面太窄。

【涵养】hányǎng ❶ 动 滋润;培养;化育 ▷好家风～好政风|阅读～人生。❷ 名 待人处世方面的修养;特指控制个人情绪的能力 ▷要不是他有～,刚才非吵起来不可。○ ❸ 动 使(水分)蓄积、保持 ▷植树造林,～水分。

【涵义】hányì 现在一般写作"含义"。

韩(韓) hán ❶ 名 周朝诸侯国,在今山西河津东北。❷ 名 战国七雄之一,在今河南中部和山西东南部。○ ❸ 名 姓。☛ 右边不能简化成"卜"。

崴 hán 岚崴(lánhán) 名 古山名。

寒 hán ❶ 形 冷;温度低(跟"暑"相对,②同) ▷天～地冻|～风|～冷。→ ❷ 名 寒冷的季节 ▷～来暑往|～假。→ ❸ 动 畏惧;害怕 ▷胆～|心～。→ ❹ 形 贫困 ▷贫～|清～|～士。❺ 形 谦词,用于对人称述自己的家庭等 ▷～舍|～门不幸。→ ❻ 名 中医指"六淫"(风、寒、暑、湿、燥、火)之一,是致病的一个重要因素 ▷祛风散～|外感风～。

【寒蝉】hánchán ❶ 名 蝉的一种。体小,青赤色,秋凉而鸣。❷ 名 天冷时鸣声很小或不鸣叫的蝉 ▷～哀鸣|噤若～。

【寒潮】háncháo 名 由极地或寒带大规模地向低纬度地区袭来的强冷空气。寒潮过境时,气温显著下降,常带来大风、雨雪,过境后常有霜冻。我国大部分地区在晚秋到早春季节常受寒潮侵袭。

【寒伧】hánchen 现在规范词形写作"寒碜"。

【寒碜】hánchen〈口〉❶ 形 (外貌)不好看;丑陋 ▷长得太～。❷ 形 不光彩;丢人 ▷当面撒谎,不感到～吗? ❸ 动 使难堪;使丢人 ▷你别～我啦。☛ 不要写作"寒伧""寒尘"。

【寒窗】hánchuāng 名 借指寂寞艰苦的读书生活 ▷～苦读|十年～。

【寒带】hándài 名 地球南、北极圈以内的地带。这里气候终年寒冷,每年有极昼和极夜现象。共占地球表面积的8.3%。

【寒冬】hándōng 名 很冷的冬天;冬季 ▷正值～。

【寒冬腊月】hándōng-làyuè 指一年中最冷的时候。

【寒光】hánguāng 名 给人以清冷或可怕感觉的光(多形容刀剑的反光);也指寒冷季节的月光 ▷宝剑闪着～|～照铁衣。

【寒假】hánjià 名 学校中寒冬季节的假期,一般在公历一二月间。

【寒螿】hánjiāng 名〈文〉寒蝉。

【寒噤】hánjìn 名 因受冷或受惊而引起的身体不由自主的颤抖 ▷打了一个～。

【寒苦】hánkǔ 形 穷苦 ▷～家庭|出身～。

【寒来暑往】hánlái-shǔwǎng 热天已去,冷天到来。指四季更替,岁月流逝。

【寒冷】hánlěng 形 温度很低 ▷天气～|～地区。

【寒流】hánliú ❶ 名 从高纬度流向低纬度的海流。寒流的水温低于所流经区域的水温。❷ 名 寒潮 ▷～南下 ◇当前股市遭遇～。

【寒露】hánlù 名 二十四节气之一,在公历每年10月8日前后。

【寒毛】hánmáo 名 汗毛。

【寒门】hánmén ❶ 名 指贫寒的家庭 ▷出身～。❷ 名 寒舍。

【寒暖】hánnuǎn ❶ 名 寒冷和温暖的情况 ▷根据天气～增减衣服。❷ 名 借指生活状况 ▷挂记着下岗职工的～。

【寒气】hánqì ❶ 名 寒冷的空气或气流 ▷～袭人。❷ 名 寒冷的感觉 ▷喝碗热汤驱驱～。

【寒峭】hánqiào 形〈文〉形容寒气逼人 ▷朔风～。

【寒秋】hánqiū 名 深秋 ▷万木凋零的～。

【寒热】hánrè 名 中医指身体时而发冷时而发热的症状。

【寒舍】hánshè 名 谦词,用于对人称自己的家 ▷欢迎光临～。

【寒食】hánshí 名 节名,在清明前一日或二日。旧俗从这天起连续三天不生火做饭。相传是为了悼念春秋时期被火烧死的晋国忠臣介子推。也说寒食节。

【寒士】hánshì 名 旧指贫穷的读书人。

【寒暑】hánshǔ ❶ 名 冷和热 ▷～表(温度计)。❷ 名 凉天和热天;借指一年的时间 ▷不论～,坚持锻炼|一晃过了20个～。

【寒暑表】hánshǔbiǎo 名 测量气温的温度计 ▷摄氏～◇经理的脸成了经营状况的～。

【寒暑假】hán-shǔjià 寒假和暑假的合称。

【寒酸】hánsuān ❶ 形 形容穷苦读书人窘迫的样子 ▷～气|～相。❷ 形 形容不体面或不大方 ▷小院已显得有些～破旧。

【寒酸相】hánsuānxiàng 名 寒酸的模样 ▷孔乙己一副十足的～。

【寒腿】hántuǐ 名 腿部的风湿性关节炎病;也指患这种病的腿。

【寒微】hánwēi 形 家境贫寒,社会地位低微 ▷家世～。

【寒心】hánxīn ❶ 动 痛心失望 ▷令人～。❷ 动恐惧;害怕 ▷想起那次车祸,现在也还~。

【寒星】hánxīng 名 寒夜的星;闪着寒光的星 ▷冬月~|坐数~。

【寒暄】hánxuān 动 见面时问候起居、冷暖等(多指说应酬性的话) ▷熟人见面,~了几句。☛"暄"不要误写作"喧"。

【寒鸦】hányā ❶ 名 鸟,像乌鸦而略小,颈后羽毛及胸腹部灰白色,背部黑色。冬季喜与乌鸦混合成群。也说小山老鸹。❷ 名 冬天里的乌鸦。

【寒夜】hányè 名 寒冷的夜晚 ▷隆冬~。

【寒衣】hányī 名 御寒的衣服。如棉衣、棉裤、皮袄等。

【寒意】hányì 名 寒冷的感觉 ▷秋风带着丝丝~。

【寒战】hánzhàn 名 寒噤 ▷冻得他直打~。☛不宜写作"寒颤"。

【寒症】hánzhèng 名 中医指感受风寒或身体机能下降而出现的寒性症候。如畏寒、手足发凉、腹泻、脉搏迟缓等。

hǎn

罕 hǎn ❶ 形 稀少 ▷人迹~至|~见|稀~。○ ❷ 名 姓。☛不读 hān 或 hàn。

【罕见】hǎnjiàn 形 非常少见 ▷这种病十分~。

【罕闻】hǎnwén 动 极少听说 ▷世所~。

【罕有】hǎnyǒu 动 极少有 ▷自古~的奇事。

喊 hǎn ❶ 动 大声呼叫 ▷~口号|大~大叫|呼~|叫~。→ ❷ 动 招呼;叫(人) ▷你把他~来|我给你~他一声。

【喊话】hǎnhuà 动 在前沿阵地向敌人大声宣传或劝降;泛指向距离较远的对方大声传递信息,提出要求 ▷向敌军~,敦促投降|向违法占用应急车道的车辆~,要其尽快离开。

【喊价】hǎnjià 动 (卖方)报价 ▷商家~太贵。

【喊叫】hǎnjiào 动 大声叫。

【喊口号】hǎnkǒuhào 呼喊口号;借指说空话、大话 ▷光~没用,要拿出实绩来才行。

【喊嗓子】hǎnsǎngzi 戏曲演员不用乐器伴奏,多在空旷处练嗓子(跟"吊嗓子"相区别)。也说喊嗓。

【喊冤】hǎnyuān 动 大声呼叫冤屈;也指诉说冤屈 ▷击鼓~|~叫屈。

㘎(嚂) hǎn 动 〈文〉(虎等)吼叫 ▷(虎)跳踉大~,断其喉。

hàn

汉(漢) hàn ❶ 名 汉水,水名,长江最大的支流。源出陕西,经湖北流入长江。→ ❷ 名 指银河 ▷银~|河~|气冲霄~。→ ❸ 名 朝代名。a)公元前 206—公元 220 年,刘邦所建。先建都长安(今陕西西安),史称西汉,也说前汉;后建都洛阳,史称东汉,也说后汉。b)五代之一,公元 947—950 年,刘知远所建,史称后汉。❹ 名 汉族(古代北方民族称汉朝人为汉人) ▷~人|~字|~语。❺ 名 成年男子 ▷关西大~|男子~|~子。○ ❻ 名 姓。

【汉白玉】hànbáiyù 名 一种白色的大理石。质地坚硬致密,是上等的建筑和雕刻材料。

【汉堡包】hànbǎobāo 名 一种中间夹着熟肉、蔬菜等的圆面包(汉堡:英语 hamburger 音译)。

【汉化】hànhuà ❶ 动 逐步向汉族的语言文化、风俗习惯等融合、转化。❷ 动 指通过软件把另一个软件的外文操作界面转化成中文界面。

【汉奸】hànjiān 名 原指汉民族中出卖民族利益的败类;后泛指中华民族中投靠外国侵略者,甘心受其驱使,出卖国家、民族利益的败类。

【汉剧】hànjù 名 地方戏曲剧种,流行于湖北全省和河南、陕西、湖南等省部分地区,曲调以西皮、二黄为主。约有三百年历史。旧称汉调。

【汉卡】hànkǎ 名 电子计算机里用以处理中文信息的软盘。

【汉隶】hànlì 名 汉代的隶书。参见 850 页"隶书"。

【汉民】hànmín 名 汉族人。

【汉人】hànrén ❶ 名 汉族人。❷ 名 指汉代的人。❸ 名 元朝对生活在北方地区的汉族和契丹、女真等族人的统称,是元朝划分的四等人之一。政治地位低于蒙古人、色目人,高于南人。

【汉文】hànwén 名 汉族的语言文字。

【汉显】hànxiǎn 名 指电子计算机等的信息用汉字显示的功能 ▷~手机。

【汉姓】hànxìng ❶ 名 汉族人的姓。❷ 名 特指汉族以外的人使用的汉族人的姓 ▷这个外国留学生还有一个~欧阳。

【汉学】hànxué ❶ 名 指训诂、名物考据等方面的学问。因始于汉代,故称。❷ 名 国际上指关于中国文化、历史、文学、语言等方面的学问。

【汉语】hànyǔ 名 汉民族的语言。属汉藏语系汉语族,是我国的主要语言,也是联合国六种工作语言之一。当代我国的国家通用语言是现代汉民族共同语普通话。

【汉语拼音方案】hànyǔ pīnyīn fāng'àn 拼写汉语普通话语音和给汉字注音的方案。1958 年 2 月 11 日第一届全国人民代表大会第五次会议批准。方案采用 26 个拉丁字母,有字母表、声母表、韵母表、声调符号和隔音符号五部分,是帮助推广普通话和学习汉字的重要工具。

【汉语水平考试】hànyǔ shuǐpíng kǎoshì 为母语非汉语的人(主要是外国人)测试汉语水平而

设立的标准化考试(汉语拼音缩写为HSK)。

【汉字】hànzì 图 记录汉语的文字,是世界上最古老的文字之一。一般一个汉字代表一个音节。

【汉子】hànzi ❶ 图 成年男子。❷ 图 好汉;大丈夫。❸ 图 某些地区指丈夫。

【汉族】hànzú 图 我国各民族中人口最多的民族,也是世界上人口最多的民族。遍布全国各地,也有不少侨居海外。使用汉语和汉字,拥有悠久的历史。

扞 hàn 动〈文〉相互抵触 ▷～格。☛ 用于其他意义时,"扞"是"捍"的异体字。

另见540页hàn"捍"。

【扞格】hàngé 动〈文〉相互抵触;格格不入 ▷言语多相～。

汗 hàn ❶ 图 人和某些动物从皮肤表面排出的液体 ▷出了一身～。→ ❷ 动 出汗;使出汗 ▷～颜|～马功劳。❸ 动〈文〉用火烘烤竹子,使排出水分 ▷～青。〇 ❹ 图 姓。

另见535页hán。

【汗斑】hànbān 图 汗液蒸发后留在衣帽等上面的盐碱斑迹。也说汗碱。

【汗背心】hànbèixīn 图 贴身穿的背心,多用棉纱织成。因吸汗功能较强,故称。

【汗涔涔】hàncéncén 形 形容汗水不断渗流的样子 ▷浑身～的。

【汗臭】hànchòu 图 人或某些动物汗液散发出的难闻的气味。

【汗脚】hànjiǎo 图 出汗较多的脚。

【汗津津】hànjīnjīn 形 形容微微出汗的样子 ▷穿得太多了,身上～的。

【汗孔】hànkǒng 图 皮肤排泄汗液的细孔。也说汗毛孔、毛孔。

【汗淋淋】hànlínlín 形 形容汗水不断往下流的样子 ▷头上～的。

【汗流浃背】hànliú-jiābèi 汗水湿透了脊背(浃:湿透)。形容出汗很多;也形容极度惶恐和惭愧。☛"浃"不要误写作"夹"。

【汗马功劳】hànmǎ-gōngláo 在战场上立下的功劳(汗马:将士骑马奋勇作战,使马奔跑出汗);泛指作出的重大贡献。

【汗毛】hànmáo 图 人体皮肤表面的细毛。也说寒毛。

【汗牛充栋】hànniú-chōngdòng 用牛运书,牛要累得出汗;用屋子放书,书要堆到屋顶(栋:脊檩)。形容著作或藏书非常多。

【汗青】hànqīng ❶ 动 古代用竹简书写,书写前先把青竹烤去水分,称为汗青。后用来指完成著作 ▷～有日。❷ 图 借指史册 ▷留取丹心照～|彪炳～。

【汗衫】hànshān 图 一种贴身穿的柔软、吸汗的薄上衣(多为针织品)。

【汗水】hànshuǐ 图 汗(一般指较多的) ▷满脸～。

【汗腺】hànxiàn 图 皮肤中分泌汗液的腺体。

【汗颜】hànyán 动〈文〉满脸出汗。表示十分羞愧 ▷为之～。

【汗液】hànyè 图 汗① ▷分泌～。

【汗珠子】hànzhūzi 图 凝聚成滴的汗 ▷热得～直往下掉。也说汗珠儿。

【汗渍】hànzì 图 汗留下的痕迹。

旱 hàn ❶ 形 长时间不下雨或雪,田地缺水(跟"涝"相对) ▷天～|～灾。→ ❷ 图 旱灾 ▷抗～|防～。→ ❸ 形 加在某些原本与水有关的事物前,表示跟水无关或属于陆地上的 ▷～稻|～伞。❹ 图 指陆路交通 ▷～路。

【旱魃】hànbá 图 魃。

【旱冰】hànbīng 图 轮滑。因类似滑冰而又没有冰面,故称。

【旱船】hànchuán 图 一种民间舞蹈所用的船形道具。参见1030页"跑旱船"。

【旱稻】hàndào 图 旱田里种植的稻。也说陆稻。

【旱地】hàndì 图 土地表面不蓄水的田地;特指浇不上水而要依靠雨水耕种的田地。也说旱田。

【旱季】hànjì 图 缺雨或不下雨的季节。

【旱井】hànjǐng ❶ 图 为了积蓄雨水而挖的井,口小膛大,比水井浅,多见于水源缺少的地区。❷ 图 用于贮藏蔬菜、薯类等的井式地窖。

【旱涝保收】hànlào-bǎoshōu 不论干旱或洪涝收成都有保证;比喻不论出现什么意外都能得到收益。

【旱路】hànlù 图 陆路。也说旱道。

【旱魔】hànmó 图 指严重的旱灾。

【旱桥】hànqiáo 图 下面没有水的桥。多架设在山谷、枯水的河沟或交通要道上。

【旱情】hànqíng 图 天气干旱的情况 ▷今年这里～严重。

【旱区】hànqū 图 遭受旱灾的地区。

【旱伞】hànsǎn 图 阳伞。

【旱獭】hàntǎ 图 哺乳动物,背部多为土黄色,腹部黄褐色,前肢的爪发达,善掘洞。成群穴居,有冬眠习性,喜啃食植物,能传播鼠疫等烈性传染病。也说土拨鼠。

【旱象】hànxiàng 图 天气干旱的现象 ▷本地～已有缓解。

【旱鸭子】hànyāzi 图 比喻不会游泳的人(含诙谐意) ▷～竟也练就了一身好水性。

【旱烟】hànyān 图 供装在旱烟袋里吸的烟丝或碎烟叶。

【旱烟袋】hànyāndài 图 吸烟用具,在一段细竹管的一头安烟袋锅儿,另一头安烟嘴儿,在烟袋锅儿里装人烟丝或碎烟叶，点燃后通过烟嘴儿直接吸。因烟气不经水过滤，故称。

【旱灾】hànzāi 名 干旱少雨造成的灾害。

【旱作】hànzuò ❶ 名 旱地农作物的简称。❷ 动 在旱地上种植 ▷小麦适宜～。

埠 hàn〈文〉❶ 名 小堤(多用于地名) ▷堤、堰、圩、～，率皆破损|中～(在安徽)。→ ❷ 动 用堤拦水 ▷筑堤～水为田。

捍(*扞) hàn 动 护卫；抵御 ▷～卫|～御。
"扞"另见 539 页 hàn。

【捍卫】hànwèi 动 用武力等手段保卫，使不受侵犯或损害 ▷～祖国领土|～国家尊严。☛ 参见 47 页"保卫"的提示。

悍(*猂) hàn ❶ 形 勇猛；干练 ▷强～|剽～|短小精～。→ ❷ 形 凶暴；蛮横 ▷凶～|蛮～|刁～|～妇。

【悍妇】hànfù 名 凶狠蛮横的女人。

【悍将】hànjiàng 名 勇猛的将领。

【悍然】hànrán 副 蛮横粗暴地 ▷～发动战争。

【悍勇】hànyǒng 形 强悍勇猛 ▷性～，善格斗。

菡 hàn［菡萏］hàndàn 名〈文〉莲花。

閈 hàn ❶ 名〈文〉里巷的门。○ ❷ 名〈文〉墙。○ ❸ 名 姓。

焊(*釬銲) hàn 动 用熔化的金属连接金属工件或修补金属器物 ▷接口～得不结实|～铁壶|～接|电～。

【焊缝】hànfèng ❶ 动 把金属工件的缝隙焊接起来。❷ 名 金属部件焊接的部位或焊接留下的痕迹。

【焊工】hàngōng ❶ 名 焊接金属的工种。❷ 名 从事金属焊接工作的工人。

【焊剂】hànjì 名 焊接时用来清除金属焊接部位表面杂质，防止氧化，使工件容易焊接的粉粒状或糊状物。如松香、盐酸等。也说焊药。

【焊接】hànjiē ❶ 动 用加热熔化或加压或两者并用等方法把金属或非金属工件连接起来 ▷～钢管。❷ 动 用熔化的焊料把金属工件连接起来。

【焊料】hànliào 名 焊接时用来填充焊接工件之间空隙的金属材料。

【焊枪】hànqiāng 名 气焊金属用的枪状工具，前端有能喷射火焰的喷嘴。也说焊炬。

【焊丝】hànsī 名 焊接用的比工件熔点低的金属丝。焊接时，熔化填充在焊接工件的缝隙处或接合处，使焊接工件弥合或连接。

【焊条】hàntiáo 名 供焊接用的金属条，长约20—30厘米，外面有涂料层。焊接时，涂料层也熔化，具有改善焊接工件焊接处化学成分和机械性能的作用。

【焊锡】hànxī 名 镴的通称。

领(頷) hàn ❶ 名 下巴 ▷燕～虎颈◇～联。○ ❷ 动 点头 ▷～首。

【领联】hànlián 名 律诗的第二联(三、四两句)，要求对仗。

【领首】hànshǒu 动〈文〉点头。

撖 hàn 名 姓。

蔊 hàn［蔊菜］hàncài 名 一年生草本植物，开黄色小花。嫩茎叶可以吃，全草可以做药材，种子榨出的油能做润滑剂。

暵 hàn〈文〉❶ 形 干旱；干涸。→ ❷ 动 晒干；曝晒 ▷宜五六月时～之。

撼 hàn 动 摇动 ▷蚍蜉～树|震～|摇～。

【撼动】hàndòng 动 摇动；震动 ▷炮声～着大地|这是一起～世界的恐怖事件。

【撼人心魄】hànrén-xīnpò 震撼人的心灵 ▷凄厉的哀号～。

【撼天动地】hàntiān-dòngdì 震动天和地。形容声音或声势巨大。

翰 hàn 名〈文〉长而坚硬的鸟羽；借指毛笔、文章、书信等(古代用羽毛做笔) ▷挥～|～墨|文～|华～。

【翰林】hànlín 名 由唐代开始历朝所设的一种官职，或做皇帝的文学侍从，或为朝廷撰拟文书，或修国史、记录皇帝言行等。

【翰墨】hànmò 名〈文〉笔和墨；借指文章、书画等 ▷～相赠，略表寸心。

憾 hàn 动 不满意；失望 ▷千古～事|遗～|缺～。

【憾事】hànshì 名 令人感到遗憾的事情 ▷此次出游非常尽兴，没有留下任何～。

瀚 hàn 形 形容广大的样子 ▷浩～。

【瀚海】hànhǎi 名 指沙漠 ▷一片～，茫茫无边。

hāng

夯 hāng ❶ 名 砸实地基的工具 ▷打～|蛤蟆～。→ ❷ 动 用夯砸 ▷～地基。
另见 64 页 bèn。

【夯歌】hānggē 名 打夯时集体唱的歌。多是一人领唱，众人应和，以协调劳动节奏。

【夯实】hāngshí ❶ 动 用夯或夯机把地基砸结实。❷ 动 比喻打牢基础；也比喻把工作做扎实 ▷基础知识要步步～|～基层安全工作。

【夯土】hāngtǔ ❶ 动 用夯把土砸实 ▷～筑墙。❷ 名 夯实的土 ▷这堵墙是用～修筑的。

háng

行 háng ❶ 名 行列 ▷站成五～|单～。→ ❷ 量 用于成行的东西 ▷两～眼泪|写了几～字。→ ❸ 名 某些营业机构 ▷商～|洋～|银～。❹ 名 行业;职业 ▷各～各业|隔～如隔山|改～|～话。❺ 名 指某种行业的知识、经验 ▷懂～|在～|内～|～家。→ ❻ 动 兄弟姊妹按出生先后排列顺序 ▷我～三|你～几?☛ 读háng,与"行(háng)列"有关,多表示事物或作量词。读 xíng,与"行(xíng)走"有关,多表示动作。读 hàng,仅用于"树行子"。读 héng,仅用于"道行"(指修炼的功夫)。

另见 542 页 hàng;563 页 héng;1536 页 xíng。

【行帮】hángbāng 名 旧时城市中同一行业或同一籍贯的人为维护共同利益而结成的帮派组织。如商帮、手工帮、广东帮等。

【行辈】hángbèi 名 辈分 ▷我们当中,他～最大。

【行当】hángdang ❶ 名 行业;职业 ▷清洁工这个～是很辛苦的。❷ 名 戏曲演员根据角色类型分成的专业类别。如京戏有生、旦、净、丑等行当。

【行东】hángdōng 名 旧指商行或作坊的业主。

【行风】hángfēng 名 全行业的风气 ▷整顿商业秩序,端正商业～。

【行规】hángguī 名 全行业共同遵守的规章。

【行话】hánghuà 名 各行业为适应自身需要而创造和使用的专用词语。也说行业语。

【行会】hánghuì 名 旧指城市手工业者或商人的同业组织。

【行货】hánghuò ❶ 名 制作粗糙、质量差的商品(多指服饰、器物等)。○ ❷ 名 指由正常渠道进出口和销售的货物;也指正品。

【行家】hángjia 名 非常内行的人 ▷他在计算机编程方面是个～。

【行家里手】hángjia-lǐshǒu 非常内行的人(里手:某些地区指行家)。

【行间】hángjiān 名 行与行之间 ▷～距离要均等|字里～。

【行距】hángjù 名 行与行之间的距离 ▷这些树的～都是 3 米。

【行款】hángkuǎn 名 书写或排印的顺序和格式 ▷字迹清楚,～规范。

【行列】hángliè ❶ 名 人或物排列起来,直的叫行,横的叫列,合称行列 ▷整齐的～。❷ 名 借指有共同性质和共同目标或从事同一活动的群体 ▷加入教师的～。

【行频】hángpín 名 指电视的图像扫描系统每秒钟在水平方向来回扫描的次数。也说行扫描频率。

【行情】hángqíng 名 市场上商品、证券等的价格以及利率、汇率等的情况 ▷粮食～看好|打听股市～。

【行市】hángshi 名 行情。

【行首】hángshǒu 名 一行文字的开头 ▷逗号、句号、问号等标点符号不能用于～。

【行伍】hángwǔ 名 旧指军队(古代军队编制,五人为"伍",二十五人为"行") ▷他是～出身|猛将起于～。

【行业】hángyè 名 指职业的类别 ▷建筑～|电信～。

【行院】hángyuàn 名 金元时期指妓女或杂剧艺人的住所;借指妓女或杂剧艺人。

吭 háng 名 喉咙 ▷引～高歌|仰首伸～。☛ 不读 kàng。

另见 787 页 kēng。

迒 háng 〈文〉❶ 名 鸟兽的脚印。→ ❷ 名 车轮经过的痕迹。❸ 名 小路。

杭 háng ❶ 名 指杭州 ▷沪～高速公路|～纺。○ ❷ 名 姓。

【杭纺】hángfǎng 名 杭州出产的纺绸。

【杭菊】hángjú 名 白菊花的一种,产于杭州。干花可以泡茶或做药材。

【杭育】hángyāo,又读 hángyō 拟声 模拟许多人同时从事同一项重体力劳动(如打夯或抬重物等)时,为协调动作而发出的有节奏的喊声。

绗(絎) háng 动 用针线把衣、被的面子和里子以及其中的棉絮等稀疏地缝缀在一起,使不分离滑动 ▷～被子。

衖 háng [衖衖] hángyuàn 现在一般写作"行院"。

航 háng ❶ 名 〈文〉船 ▷慈～普度。→ ❷ 动 (船)行驶;(飞行器)飞行 ▷～行|～向|～海|～空|～天。○ ❸ 名 姓。

【航班】hángbān 名 轮船或飞机在某一航线上的航行班次;也指某一班次的轮船或飞机。

【航标】hángbiāo 名 为导引船舶安全航行而设置在岸上或水上的标志(岸上航标有灯塔、灯柱、导标等,水上航标有灯船、灯浮等)。

【航标灯】hángbiāodēng 名 用作航标的灯具;比喻指示前进方向的事物。

【航测】hángcè 动 航空摄影测量。在飞行器上用航空摄影仪对地面进行拍摄,并根据拍摄的资料绘制地形图;也指在飞行器上用遥感、磁感等技术检测地球,作出识别和判断。

【航程】hángchéng ❶ 名 飞机、船舶自出发点至终点的距离。❷ 名 飞机按预定方向耗尽其燃料所能飞越的水平距离。

【航船】hángchuán 名 航行的船只;某些地区指

短途行驶的载客运货的木船。

【航次】hángcì ❶ 名 船只、飞机等出航编排的次序。❷ 名 指船只、飞机等完成一次运输任务的周期。❸ 量 复合计量单位，表示船只、飞机等出航架数和出航次数的总量。如某日出航飞机 10 架，每架出航 2 次，该日出航总量为 20 航次。

【航道】hángdào 名 供船舶安全航行的通道 ▷开辟远洋～。

【航海】hánghǎi 动 在海洋上航行 ▷～日志|～技术。

【航空】hángkōng 动 飞机等在大气层中飞行 ▷夜间～|～兵|～港。

【航空兵】hángkōngbīng ❶ 名 装备各种军用飞机在空中执行任务的兵种，除空军外，陆军和海军也配备有航空兵。❷ 名 在航空兵部队服役的将士。

【航空港】hángkōnggǎng 名 具有相当规模、设施比较完善的机场。简称空港。

【航空母舰】hángkōng mǔjiàn 以舰载飞机为主要武器并为海军飞机提供海上活动基地的巨型军舰。简称航母。

【航空器】hángkōngqì 名 在大气层中飞行的各种飞行器的统称。如飞艇、滑翔机、飞机等。

【航空摄影】hángkōng shèyǐng 在飞行器上对地面或空中目标进行拍摄。广泛应用于勘测、军事侦察、新闻报道和电影拍摄等。也说航拍。

【航空信】hángkōngxìn 名 邮局通过空运传递的信。

【航路】hánglù 名 航线。

【航模】hángmó 名 飞机或船只的模型；特指参加体育竞赛的航空或航海模型。

【航拍】hángpāi 动 航空摄影。

【航速】hángsù 名 飞机、船舶等的航行速度。

【航天】hángtiān 动 宇宙飞行器在宇宙空间航行 ▷～飞机|～科技。

【航天飞船】hángtiān fēichuán 指在地球附近空间或太阳系空间飞行的宇宙飞船。能往返于地面和空间站之间运送人员或物资。

【航天飞机】hángtiān fēijī 利用助推器垂直起飞，然后启动轨道推行器在预定的轨道上航行，可滑翔降落返回地面的一种航空航天飞行器。

【航天服】hángtiānfú 名 航天员穿的特制服装，由密闭服和密闭头盔等组成，可保持与地面相同的气压和氧气供应，保障航天员的生命安全和工作能力。也说太空服、宇航服。

【航天器】hángtiānqì 名 从地球上发射到宇宙空间飞行的各类人造天体的统称。包括人造地球卫星、宇宙飞船、宇宙空间站和航天飞机等。也说宇航器。

【航天员】hángtiānyuán 名 能够操纵航天器或随航天器在宇宙空间航行并在其中从事科研等工作的人员。也说宇航员。

【航天站】hángtiānzhàn 名 空间站。

【航务】hángwù 名 有关船舶或飞机航行的事务。

【航线】hángxiàn 名 船舶或飞机等航行的路线。

【航向】hángxiàng 名 船舶或飞机等航行的方向；比喻前进的方向 ▷测定船位，修正～|我们的工作沿着正确的～前进。

【航校】hángxiào 名 培养航空或航海人才的学校。

【航行】hángxíng 动 船舶在水面或水下行驶；飞机及其他飞行器在空中或宇宙空间飞行 ▷～于全球|中速～。

【航讯】hángxùn ❶ 名 有关航行的资料信息。❷ 名 在远洋轮船上或通过航空发来的新闻报道。

【航运】hángyùn 动 水路运输 ▷～中断|～部门。

【航站楼】hángzhànlóu 名 飞机场的一种主要服务设施。一侧连着停机坪，另一侧与地面交通衔接，为乘客提供登机、托运行李、航运货物等服务。也说候机楼。

颃（頏） háng 动 鸟向下飞 ▷颉（xié）～（鸟上下飞）。

hàng

行 hàng 义同“行（háng）”①，用于“树行子”。另见 541 页 háng；563 页 héng；1536 页 xíng。

沆 hàng 形〈文〉水面广阔无边。☛“沆”不读 háng 或 kàng。

【沆瀣】hàngxiè 名〈文〉夜空中的水汽；露水。

【沆瀣一气】hàngxiè-yīqì 宋·钱易《南部新书·戊集》中说，唐代崔瀣参加科举考试，被考官崔沆录取，有人说他们“座主门生，沆瀣一气”。后用来泛指臭味相投的人勾结在一起。

巷 hàng ［巷道］hàngdào 名 采矿或探矿时所挖的坑道。用于通行、运输、通风、排水。另见 1504 页 xiàng。

hāo

蒿 hāo ❶ 名 一年、二年或多年生草本植物，叶子羽状分裂，花小。带有某种特殊气味。常见的有茼蒿、蒌蒿、青蒿、艾蒿等。有的嫩茎叶可以作蔬菜，有的可以驱蚊、做药材。〇 ❷ 名 姓。☛ 跟“篙（gāo）”不同。

【蒿草】hāocǎo 名 蒿①；泛指杂草 ▷田园荒芜，～丛生。

【蒿子】hāozi 名 蒿的通称。

【蒿子秆儿】hāozigǎnr 名 食用茼蒿的嫩茎。

薅 hāo ❶ 动 拔去杂草 ▷～草。→ ❷ 动 用手揪 ▷～住头发不放。☛ 参见 1170 页"辱"的提示㊂。

【薅锄】hāochú 名 短柄小锄，用于锄草或间苗。

嚆 hāo [嚆矢] hāoshǐ 名 古代一种带响声的箭；比喻事物的开端或先声 ▷20 世纪初流行在上海一带的文明戏是我国话剧运动的～。

háo

号（號） háo ❶ 动 拉长声音大声呼叫 ▷呼～|～叫。→ ❷ 动（风）呼啸 ▷狂风怒～。→ ❸ 动 大声哭 ▷干(gān)～了几声|哀～|～丧(sāng)。☛ 下边是"丂"，末笔上端不出头。

另见 546 页 hào。

【号叫】háojiào 动 号(háo)① ▷痛哭～。

【号哭】háokū 动 大声喊叫着哭。

【号丧】háosāng 动 哭丧。

【号咷】háotáo 现在一般写作"号啕"。

【号啕】háotáo 动 大声地哭 ▷～大哭。

蚝（*蠔） háo 名 牡蛎。

【蚝豉】háochǐ 名 煮熟晒干的蚝肉。

【蚝油】háoyóu 名 用加工蚝豉时的浓汁制成的调料。

毫 háo ❶ 名 动物身上细而尖的毛 ▷狼～|羊～笔|明察秋～。→ ❷ 名 毛笔 ▷挥～泼墨。→ ❸ 量 a)市毫，长度非法定计量单位。b)市毫，质量非法定计量单位。❹ 数 某些计量单位的千分之一 ▷～米|～克|～升。→ ❺ 副 表示极少；一点儿(只用于否定) ▷～不费力。〇 ❻ 名 秤或戥子上的提绳 ▷头～|二～。

【毫发】háofà 名 毫毛和头发；比喻极小的数量(多用于否定) ▷细如～|～未伤|～不差。

【毫发不爽】háofà-bùshuǎng 毫厘不爽。

【毫分】háofēn 名 分毫 ▷～不差。

【毫克】háokè 量 质量法定计量单位，1 毫克等于 0.001克。

【毫厘】háolí 名 一毫一厘；借指极小的数量 ▷失之～，谬以千里|～不差。

【毫厘不爽】háolí-bùshuǎng 丝毫差错也没有(爽：产生差错)。形容非常准确。

【毫毛】háomáo 名 人或鸟兽身上的细毛；比喻极细微的东西 ▷不敢动他一根～|绣线细如～。

【毫米】háomǐ 量 长度法定计量单位，1 毫米等于0.1 厘米。

【毫末】háomò 名〈文〉毫毛的末梢。比喻极微小的数目或极细微的东西 ▷腐败生于～|～必辨。

【毫升】háoshēng 量 容积法定计量单位，1 毫升等于 0.001 升。

【毫无二致】háowú-èrzhì 丝毫没有两样(二致：不一样，两样)。形容完全相同。

【毫针】háozhēn 名 针灸用的细针。有多种型号，现在多用不锈钢制成。

嗥（*嘷獋） háo 动(某些野兽)吼叫 ▷～叫|狼～。☛ 右下是"夲"，不是"本"。

貉 háo 义同"貉(hé)"，用于"貉绒""貉子"。另见 557 页 hé；971 页 mò。

【貉绒】háoróng 名 去掉硬毛的貉子皮，质地十分柔软。

【貉子】háozi 名 貉(hé)的通称。

豪 háo ❶ 名 才能出众的人 ▷文～|英～|～杰。→ ❷ 形 气魄大；直爽痛快，不拘谨 ▷～情满怀|～爽|～放|～迈。❸ 形 权势大；强横 ▷～门|～横(hèng)|巧取～夺。❹ 名 指有钱有势的人 ▷富～|土～。→ ❺ 动 感到光荣；认为值得骄傲 ▷自～|引以为～。

【豪赌】háodǔ 动 投入巨额赌注进行赌博。

【豪放】háofàng 形 气魄宏大而无拘无束 ▷～潇洒的风姿|文风～。☛ 跟"豪迈"不同。"豪放"侧重不受拘束，多形容性格、风格；"豪迈"侧重勇往直前，多形容情怀、气概或行为。

【豪放不羁】háofàng-bùjī 性情豪放，不受拘束(羁：拘束，约束)。

【豪富】háofù ❶ 形 钱多势大 ▷～之家。❷ 名 指钱多势大的人 ▷他是本城的一个～。

【豪横】háohèng 形 强暴蛮横 ▷～的歹徒。☛ "横"这里不读 héng。

【豪华】háohuá ❶ 形 铺张；奢侈 ▷～的生活。❷ 形(建筑、设备、装饰等)富丽堂皇；非常华丽 ▷～的住宅|～游艇。❸ 形 充裕强劲的 ▷～阵容。

【豪杰】háojié 名 才能超常的人 ▷结交四方～。

【豪举】háojǔ 名 气魄很大的举动；也指显示阔绰的举动。

【豪迈】háomài 形 气势宏大而勇于进取 ▷气势～|～的步伐。☛ 参见本页"豪放"的提示。

【豪门】háomén 名 钱多势大的人家 ▷～望族。

【豪气】háoqì 名 豪迈的气概或气势 ▷有一股英雄～|～冲天。

【豪强】háoqiáng ❶ 形 蛮横(hèng)强硬 ▷逞

～。❷ 名 依仗权势横行霸道的人 ▷打击～。

【豪情】háoqíng 名 豪迈的情怀 ▷抒～，寄壮志。

【豪情壮志】háoqíng-zhuàngzhì 豪迈的情怀，远大的志向。

【豪绅】háoshēn 名 旧指地方上依仗权势欺压百姓的绅士。

【豪爽】háoshuǎng 形 豪放直爽；爽快开朗 ▷为人～。

【豪侠】háoxiá ❶ 形 勇敢而又重信义 ▷～气概。❷ 名 勇敢而又重信义的人。

【豪兴】háoxìng 名 极高的兴致 ▷～未尽。

【豪言壮语】háoyán-zhuàngyǔ 气势豪壮的话语。

【豪饮】háoyǐn 动 纵情大量饮酒 ▷～贪吃有损健康。

【豪雨】háoyǔ 名 特别大的雨。

【豪语】háoyǔ 名 豪迈的话语。

【豪宅】háozhái 名 豪华的住宅；借指阔绰人家。

【豪猪】háozhū 名 哺乳动物，全身黑色或褐色，肩部至尾长满长而硬的刺，腿短，体笨。穴居，夜间活动。以植物为食，为害庄稼。也说箭猪。

【豪壮】háozhuàng 形 豪迈雄壮 ▷气势～｜～的诗篇。

【豪族】háozú 名 豪门大族；有钱有势的家族 ▷名门～。

壕 háo ❶ 名 护城河 ▷城～。→ ❷ 名 沟 ▷防空～｜战～｜～沟。

【壕沟】háogōu ❶ 名 人工挖掘的作战时起掩护作用的沟。❷ 名 沟。

【壕堑】háoqiàn 名 堑壕。

嚎 háo ❶ 动 大声叫（多指动物）▷鬼哭狼～｜～叫。→ ❷ 同"号（háo）"③。现在一般写作"号"。

【嚎叫】háojiào 动 嚎①。

【嚎哭】háokū 现在一般写作"号哭"。

【嚎啕】háotáo 现在一般写作"号啕"。

濠 háo ❶ 用于地名。如：濠水，水名，在安徽，流入淮河；濠江，水名，在广东，流入南海。○ ❷ 同"壕"①。现在一般写作"壕"。

hǎo

好 hǎo ❶ 形 美；优点多的；令人满意的（跟"坏"相对）▷这孩子长得真～｜～脾气｜美～。→ ❷ 形 友爱；和睦 ▷他们俩刚吵完又～了｜～朋友｜和～。→ ❸ 形 用在动词后面，表示动作已经完成 ▷衣服做～了｜会场布置～了。→ ❹ 形（身体）健康；（疾病）痊愈 ▷身体比以前～多了｜感冒还没～。→ ❺ 副 a）表示程度深（多含感叹语气）▷～大的广场｜～漂亮！b）强调数量多 ▷来了～些人｜喝了～些水。c）强调时间久 ▷去了～几年。→ ❻ 形 表示赞同、答应、结束或不满、警告等语气 ▷～，这个主意不错！｜～吧，就这么办！｜～，就谈到这儿吧｜～，这下可糟了！｜～，等着瞧吧！❼ 形 容易 ▷这事儿～办｜山歌～唱口难开｜四川话～懂。❽ 动 表示使下文所说的目的容易实现，相当于"可以""便于" ▷吃饱了～赶路｜把房间收拾干净～招待客人。→ ❾ 形 用在某些动词前面，表示效果好 ▷～用｜～看｜～闻。→ ❿ 名 指赞扬的话或问候的话（口语中多儿化）▷不落（lào）～儿｜叫～儿｜捎个～儿。

另见 547 页 hào。

【好比】hǎobǐ ❶ 动 如同；好像 ▷少年儿童～祖国的花朵。❷ 动 比如（用于举例）▷～你吧，处在这种情况会怎么办呢？

【好不】hǎobù 副 修饰一些双音节形容词，表示程度深（带感叹语气）▷～威风！｜～漂亮！☛"好不＋形容词"和"好＋形容词"意思相同，都表示肯定，如"好不威风"和"好威风"都是"很威风"的意思。只有"好不容易"和"好容易"情况较特殊：用在动词前或用在转折复句的前一分句时，都表示"不容易"；"好容易"单独作谓语或补语时，往往表示"很容易"。

【好处】hǎochǔ 形 形容容易相处 ▷他为人厚道，十分～。

【好处】hǎochù ❶ 名 益处；优点；恩惠 ▷经常散步对身体有～｜这个人的～就是心胸宽广，不爱计较｜人家对咱们的～，不能忘了。❷ 名 为办成事情而给相关人的利益（多指不正当的）▷从中捞了不少～。

【好处费】hǎochùfèi 名 为办成事情而给予或得到的额外酬金（多指不正当的）▷不收取～。

【好歹】hǎodǎi ❶ 名 好的和坏的 ▷别不识～。❷ 名 指生命危险的情况 ▷你要是有个～，我可怎么办？❸ 副 表示将就；凑和 ▷～有个地方睡就行了。❹ 副 无论如何；不管怎么样 ▷他在你身边～也能帮个忙｜你～不能走。

【好端端】hǎoduānduān ❶ 形 好好儿的。形容情况正常或良好 ▷前天还～的，怎么今天就病了呢？｜～的绿地被毁掉，令人气愤｜行李仍然～地放在那里。❷ 副 表示无缘无故 ▷你怎么～地辞职不干了？｜她不可能是自己～跳下河去的。

【好多】hǎoduō 数 很多；许多 ▷～天｜～次。

【好感】hǎogǎn 名 满意或喜爱的感觉 ▷给人留下了～｜我对这儿的环境没有什么～。

【好过】hǎoguò ❶ 形 生活上富裕；日子过得宽松 ▷现在的日子～了。❷ 形 感到舒服、愉快 ▷出了一身汗，身体～多了。

【好汉】hǎohàn 名 勇敢坚毅，敢作敢当的男子汉 ▷不到长城非～。

【好好】hǎohǎo ❶ 形 很好；很正常 ▷～的一笔生意，让他给搅黄了｜说得～的｜树长得～的｜干得～的。❷ 副 尽心尽力地；尽最大限度地 ▷～想一想｜～干｜～玩两天。❸ 副 规规矩矩地 ▷你～做买卖，别搞那些歪门邪道｜～待在家里，别上马路乱跑。‖ 口语中也说"好好儿（hǎohāor）"。

【好好先生】hǎohǎo-xiānsheng 一团和气，只求息事宁人，不问是非曲直的人。

【好话】hǎohuà ❶ 名 使人感觉舒服、高兴的话；表扬的话 ▷见面说～，逢人三分笑。❷ 名 有益的话；正确的话 ▷老伯的一片好心、一番～，我都记住了。❸ 名 求情的话；道歉的话 ▷跟他说了一大堆～，他就是不松口。

【好坏】hǎohuài 名 好与坏的情况 ▷比赛成绩～带有一定偶然性。

【好几】hǎojǐ ❶ 数 用在量词、时间词前面表示多 ▷～篇｜～万｜～天。❷ 数 用在整数后面表示还有较多的零数 ▷二十～的人了，还跟小孩子一样｜月工资有一万～呢！

【好家伙】hǎojiāhuo 叹 表示赞叹或惊讶 ▷～，这么重的箱子，一下就提起来了｜～！差点儿撞着我。

【好景不长】hǎojǐng-bùcháng 好的景况不长久。多表示对美好光景消逝的惋惜和感伤。

【好久】hǎojiǔ 形（时间）很长 ▷～不见了｜排队排了～～。

【好看】hǎokàn ❶ 形 让人看了舒服，产生愉悦感 ▷那人长得～｜封面挺～。❷ 形 精彩 ▷这本小说很～｜戏真～。❸ 形 体面；光彩 ▷儿女有出息，父母的脸上也～。❹ 形 表示使某人难堪 ▷当众揭他的底儿，这是成心要他的～。

【好来宝】hǎoláibǎo 名 蒙古语音译。蒙古族的一种曲艺，流行于内蒙古自治区等地。原来是民间歌手自拉自唱、自问自答，现有独唱、对唱、重唱、合唱等形式，一般用马头琴伴奏，有时还夹有快板儿节奏的念白。也说好力宝。

【好莱坞】hǎoláiwù 名 英语 Hollywood 音译。原为地名，在美国加利福尼亚州洛杉矶市的西北郊。1908 年在这里拍摄了故事影片《基度山恩仇记》后，这里逐渐成为美国电影制片业的中心，并成为美国电影业的同义语。

【好赖】hǎolài ❶ 名 好歹①。❷ 副 好歹③。❸ 副 好歹④。

【好了】hǎole ❶ 动 用在句首，表示制止或结束 ▷～，你先别说了｜～，就先干到这里吧。❷ 助 用在句末，表示听凭去做，不在乎 ▷别管他，让他去告～｜他非要这样干，就让他干～。❸ 助 用在句末，表示安抚的语气 ▷这事儿一定能成，你放心～。

【好脸】hǎoliǎn 名 和悦的脸色；和善的态度（多用于否定）▷从来没见过老板今天这副～。

【好评】hǎopíng 名 好的评价；较高的评价 ▷获得一致～。

【好气儿】hǎoqìr 名 好心绪；好态度（多用于否定）▷他整天板着脸，没～。

【好人】hǎorén ❶ 名 品行端正的人；善良的人。❷ 名 身体健康的人 ▷他不是病号，是～。❸ 名 不得罪人的人（有时含贬义）▷让我得罪人，他却当～。

【好人好事】hǎorén-hǎoshì 表现出良好公德的人和有益于公众的事 ▷表扬～。

【好人家】hǎorénjiā ❶ 名 清白、正经的人家 ▷他是～的孩子，有教养。❷ 名 生活条件好的人家 ▷嫁个～，好好过日子。

【好人主义】hǎorén zhǔyì 指不分是非曲直，处处不得罪人的处世态度。

【好日子】hǎorìzi ❶ 名 舒心、宽裕的生活 ▷家家都过上了～。❷ 名 吉祥的日子；办喜事的日子 ▷今天是他们俩的～，庆贺的人来了不少。

【好容易】hǎoróngyì ❶ 形 很不容易 ▷我～才买到一张票。❷ 形 很容易 ▷这局赢得～呀！☛ 参见 544 页"好不"的提示。

【好身手】hǎoshēnshǒu ❶ 名 矫健的体格；高超的技艺（有时只指技艺）▷练成一副～。❷ 名 指具有这种体格和技艺的人 ▷他们个个都是～。

【好生】hǎoshēng ❶ 副 好好地 ▷～待在家里，别到处乱跑。❷ 副 表示程度较深，相当于"很""非常" ▷～奇怪。

【好声好气】hǎoshēng-hǎoqì 声音温和，语气平顺。形容态度和蔼。

【好使】hǎoshǐ 形 使用顺手；使用起来效果好 ▷这把菜刀不～｜那人脑子～。

【好事】hǎoshì ❶ 名 有益的事情 ▷学雷锋，做～｜他能够参加我们的活动当然是件～。❷ 名 喜庆事；特指男女结合的事 ▷成其～。❸ 名 慈善事 ▷多行～。❹ 名 佛事 ▷做了七天七夜～。☛ 跟"好（hào）事"不同。

【好事多磨】hǎoshì-duōmó 好事情的实现往往要经历许多波折。

【好手】hǎoshǒu 名 技艺精湛或能力强的人 ▷他修车是一把～。

【好受】hǎoshòu 形（身心）愉快、舒服 ▷心里～

多了|感冒了，浑身不～。

【好说】hǎoshuō ❶ 动 客套话，当别人感谢或赞扬自己时，表示不值得感谢或不敢承当 ▷～，～，千万不必客气！❷ 动 表示好商量或可以同意 ▷这件事～，就这么办吧。

【好说歹说】hǎoshuō-dǎishuō 用种种理由、方式再三请求或反复劝说、开导 ▷～他才同意带我去|～才把他劝走。

【好说话】hǎoshuōhuà 形 性格随和，容易商量和沟通 ▷我们姐弟几个，大姐最～。

【好似】hǎosì ❶ 动 好像；类似 ▷他又高又胖，站在我面前就～一堵墙。❷ 动 胜于；好于 ▷一日～一日|一代～一代。

【好天儿】hǎotiānr 名 无风无雨的晴天 ▷挑个～，咱们去郊游吧。

【好听】hǎotīng ❶ 形（声音）听起来让人舒服、愉快 ▷轻音乐～|唱得非常～。❷ 形（话语）听起来让人舒服、满意 ▷～的话未必中肯|话是挺～的，就是不照办。❸ 形 光彩；体面 ▷这是家丑，传扬出去不～。

【好玩儿】hǎowánr 形 玩起来有意思；有趣味 ▷这里真～|这部动画片真～。

【好戏】hǎoxì ❶ 名 思想性、艺术性很强的戏；精彩的戏 ▷这次戏曲汇演，～连台。❷ 名 比喻矛盾冲突的火爆场面或难以应付的事情 ▷得罪了他，这下可有～看了。

【好险】hǎoxiǎn 形 太危险了（有惊叹的意味）▷我一扭身，差点儿掉下去，～哪！

【好像】hǎoxiàng ❶ 动 有点儿像；类似 ▷草原上的羊群，～绿波里倒映着的白云。❷ 副 表示不很肯定，相当于"似乎""大概" ▷他～明白我的意思了。☛ ㊀"像"这里不要误写作"象"。㊁参见 1306 页"似乎"的提示。

【好笑】hǎoxiào ❶ 形 令人发笑；有趣 ▷晚会上那个小品挺～|他讲的笑话一点儿也不～。❷ 形 令人嗤笑；可笑 ▷他居然自称天下无敌，太～了|这么大的人了还撒娇，真～。

【好些】hǎoxiē 数 许多 ▷仓库里有～粮食。

【好心】hǎoxīn ❶ 名 好意 ▷谢谢一番～|～当作了驴肝肺。❷ 形 心地善良 ▷～地帮助别人|～的路人。

【好心人】hǎoxīnrén 名 心地善良的人 ▷村里的～收养了这个残疾孤儿。

【好性儿】hǎoxìngr 名〈口〉好脾气 ▷她也是～，换成别人早就闹翻了！也说好性子。

【好言好语】hǎoyán-hǎoyǔ 指中(zhòng)肯的或中(zhōng)听顺耳的话 ▷～地劝他|他对我从来没有过～。

【好样儿的】hǎoyàngrde 名〈口〉指有志气、有胆识、有作为，值得称赞的人。

【好意】hǎoyì 名 良好的愿望或心意 ▷他这样做也是一番～|谢谢你的～。

【好意思】hǎoyìsi 动 不觉得难为情；不害臊（多用于反问或否定）▷你～拿这么多吗？|我觉得不～。

【好友】hǎoyǒu 名 感情深厚的朋友 ▷同窗～。

【好运】hǎoyùn 名 好的运气；好的机遇 ▷交～|走～。

【好在】hǎozài 副 表示庆幸，引出在困难或不利情况下存在着的有利因素 ▷天黑路滑，～他对这里的路很熟悉|大家已经走得精疲力尽，～快到了。☛ 参见 1541 页"幸亏"的提示。

【好找】hǎozhǎo ❶ 动 容易找到 ▷我家～，就在胡同口。❷ 动 很费时间或精力地找 ▷原来你在这儿呢，可让我～哇！

【好转】hǎozhuǎn 动 向好的、有利的方面转化 ▷病情有点儿～|情况正在～。

【好自为之】hǎozìwéizhī 自己好好地去做（含有告诫意味）。

【好走】hǎozǒu ❶ 形（路）走起来顺利、方便 ▷羊肠山路不～。❷ 动 客套话，多用于送客时，意思是走好或慢走 ▷不远送了，您～。

郝

hǎo 名 姓。

hào

号（號）

hào ❶ 动 呼唤；召唤 ▷～召。→ ❷ 动 发布并传达（命令）▷～令三军。⇒ ❸ 名 发布的命令 ▷发～施令。⇒ ❹ 名 古代军队传达命令用的管乐器；军队或乐队用的西式喇叭 ▷～角|吹～|军～|小～。❺ 名 用军号吹出的表示特定意义的声音 ▷冲锋～|熄灯～。→ ❻ 名 名称 ▷国～|年～|牌～。⇒ ❼ 名 别号 ▷"稼轩"是辛弃疾的～。❽ 动 以……为号 ▷李白，字太白，～青莲居士。⇒ ❾ 名 事物的标记；信号 ▷约定以咳嗽为～|记～|符～|暗～|句～。⇒ ❿ 名 号码；排定的次序 ▷把我的书都编上～|上医院挂一个～|对～入座。⓫ 名 型号；类别 ▷大～鞋|二～电池|这～人。⓬ 名 出现某种特殊情况的人员 ▷病～|伤～。⓭ 量 用于人，相当于"个" ▷五百多～人。⇒ ⓮ 动 画上记号（表示归谁使用或所有）▷～房子。⇒ ⓯ 名 旧时用作店名；也指商店 ▷源丰～|宝～。○ ⓰ 动 中医指切脉 ▷～脉。☛ ㊀读 háo，专用于大声叫。㊁下边是"丂"，末笔上端不出头。

另见 543 页 háo。

【号兵】hàobīng 名 司号员。

【号称】hàochēng ❶ 动 因某种名号著称 ▷泰山～五岳之首。❷ 动 宣称；声称（有夸张成分）▷～发行50万份儿。

【号房】hàofáng ❶ 名 旧指传达室或做传达工作的人。❷ 动 部队行军途中宿营前，打前站的人员安排和分配住房。

【号角】hàojiǎo 名 古代军中传递信号或号令用的响器，多用兽角或竹木制成；后泛指喇叭一类的吹奏乐器 ▷～一响，士兵们迅速集合◇吹响了开发大西北的～。

【号令】hàolìng ❶ 动 发布、传达命令 ▷～全军将士。❷ 名 发布、传达的命令 ▷发出冲锋的～。☛ 参见本页"号召"的提示。

【号码】hàomǎ 名 代表事物顺序的数字 ▷拨打的～不正确。

【号码机】hàomǎjī 名 为文件、凭证、单据等编印号码的工具。

【号脉】hàomài 动 诊脉。

【号牌】hàopái 名 上面标有号码的牌子 ▷机动车～。

【号炮】hàopào 名 用于发信号的炮；为发出信号而放的炮 ▷阵地上摆放着两门～｜～一响，士兵们个个奋勇向前。

【号手】hàoshǒu 名 负责吹号的人。

【号数】hàoshù 名 标记序号或型号的数字 ▷门牌～改了｜棉纱线越细，～就越高。

【号筒】hàotǒng 名 旧时军队里用以传达命令的管细口大的筒状乐器。

【号外】hàowài 名 报社为及时或抢先报道重大新闻而临时增出的单张报纸。因在定期出版的报纸编号顺序之外，故称。

【号型】hàoxíng 名 型号。多用于鞋帽、服装等。

【号衣】hàoyī 名 旧时标志士兵、当差者等身份的制服。

【号召】hàozhào ❶ 动（政府、政党、团体等）向群众郑重提出做某件事的要求，希望大家努力去实现 ▷政府～大力开展爱国卫生运动。❷ 名（政府、政党、团体等）向群众郑重提出的做某件事的希望或要求 ▷发出～。☛ 跟"号令"不同。"号召"指希望群众按提出的要求去完成，不具有强制性；"号令"具有强制性。

【号志灯】hàozhìdēng 名 铁路上使用的手提式信号灯。

【号子】hàozi ❶ 名 在劳动或其他集体活动中为协调动作、鼓舞士气而喊的简短语句或唱的歌（多由一人领喊或领唱，大伙儿应和）▷川江～｜打夯～。○ ❷ 名 某些地区指拘留所、看守所、监狱等关押犯罪嫌疑人或罪犯的牢房 ▷小萝卜头儿在敌人的～里度过童年。○ ❸ 量 种；类（用于人或事，含贬义）▷这～人，少跟他来往！｜那～事儿，咱躲远点儿。也说号儿。

好 hào ❶ 动 喜爱；喜欢（跟"恶（wù）"相对）▷这个人～搬弄是非｜～高骛远｜～客。→ ❷ 副 表示容易（发生某事）▷酒喝多了～惹事｜～流眼泪。

另见544页hǎo。

【好吃懒做】hàochī-lǎnzuò 指只图吃喝享受，不愿劳动。

【好大喜功】hàodà-xǐgōng 一心想做大事、立大功。指办事不切实际，喜欢铺张浮夸。

【好高骛远】hàogāo-wùyuǎn 不切实际，追求过高过远的目标（骛：追求）。☛ ㊀不宜写作"好高务远"。㊁"骛"不要误写作"鹜"。

【好客】hàokè 形 乐于接待客人；对客人热情 ▷女主人十分～。

【好奇】hàoqí 形 对不了解的事物感到新奇，发生兴趣 ▷～的目光。

【好强】hàoqiáng 形 好胜；要强 ▷她非常～，事事总想领先。

【好色】hàosè 形 贪恋女色 ▷～之徒。

【好善乐施】hàoshàn-lèshī 乐善好施。

【好尚】hàoshàng 动〈文〉喜好和崇尚 ▷～儒学。

【好胜】hàoshèng 形 形容喜欢胜过或超过别人 ▷年轻人大都有～心｜他是非常～的人。

【好事】hàoshì 形 喜欢管闲事 ▷～之徒｜不是我～，这事该我管。☛ 跟"好（hǎo）事"不同。

【好为人师】hàowéirénshī 喜欢做别人的老师。形容总是以教育者自居，不谦虚。☛ "为"这里不读wèi。

【好恶】hàowù 名 喜爱与厌恶的感情 ▷不能以个人～对待工作。☛ "恶"这里不读è。

【好学】hàoxué 动 喜爱学习 ▷勤奋～。

【好逸恶劳】hàoyì-wùláo 贪图安逸，厌恶劳作。☛ "恶"这里不读è。

【好战】hàozhàn 动 热衷于挑起战争 ▷～分子。

【好整以暇】hàozhěngyǐxiá 形容在紧张繁忙之中仍能严整有序，从容不迫 ▷治军有方，～。

昊 hào 名〈文〉广阔的天 ▷～空｜苍～｜～天。

耗 hào ❶ 动 减损；消耗 ▷壶里的水～干了｜～损。→ ❷ 名 消息（多指坏的）▷噩～。→ ❸ 动〈口〉拖延 ▷别～着，快说！

【耗材】hàocái ❶ 动 消耗材料 ▷按这种方法剪裁，～太多。❷ 名 消耗性的材料。

【耗电】hàodiàn 动 消耗电能。

【耗费】hàofèi ❶ 动 花费掉；用掉 ▷～了精力。❷ 名 耗费的钱或物 ▷做这件事～太大。

【耗竭】hàojié 动 耗尽 ▷精力～|燃料即将～。
【耗尽】hàojìn 动 全部消耗完 ▷老师为孩子们～了心血。
【耗能】hàonéng 动 消耗能源、能量 ▷高～企业已部分转产|冶炼厂每日～极大。
【耗散】hàosàn 动 消耗散失 ▷家产～净尽。
【耗神】hàoshén 动 耗费精力 ▷酗酒吸烟，伤身～。
【耗损】hàosǔn ❶ 动 消耗损失 ▷这场官司～了他大量的精力。❷ 名 消耗掉或损失掉的财物 ▷减少哈密瓜在运输中的～。
【耗用】hàoyòng ❶ 名 费用 ▷家里人口多，～大。❷ 动 耗费 ▷这项工作～了近两年时间。
【耗油】hàoyóu 动 消耗油料 ▷～大户。
【耗资】hàozī 动 用掉资金 ▷～百万。
【耗子】hàozi 名 老鼠。

浩 hào ❶ 形 形容水势大；泛指大或远 ▷～渺|～瀚|～大|～劫。→ ❷ 形 众多；繁多 ▷～如烟海|征引～博。
【浩博】hàobó 形 丰富；又多又广 ▷读书～，学贯中西。
【浩大】hàodà 形（气势、规模、数量等）极大 ▷气势～|～的工程|道路改造经费～。
【浩荡】hàodàng ❶ 形 水势壮阔浩大 ▷～无垠的大海。❷ 形 形容规模、声势、场面等壮阔 ▷军威～|浩浩荡荡的科技大军。
【浩繁】hàofán 形（规模）浩大，（数量）繁多 ▷工程～|～的开支。
【浩瀚】hàohàn ❶ 形 广大无边 ▷～的大海|星空～。❷ 形 广大繁多 ▷～的典籍。
【浩浩】hàohào ❶ 形 形容水势盛大 ▷～长江奔腾入海。❷ 形 广大辽阔 ▷～苍穹。
【浩劫】hàojié 名 巨大的灾难 ▷经历一场～。
【浩茫】hàománg 形 辽阔无垠 ▷天宇～|～的海域◇心事～连广宇。
【浩渺】hàomiǎo 形 水面辽阔，无边无际 ▷烟波～。☛ 不要写作"浩淼"。
【浩气】hàoqì 名 正大刚直的气概 ▷～贯长虹。
【浩然】hàorán ❶ 形 盛大广阔 ▷水势～。❷ 形 刚正豪迈 ▷～之气。
【浩如烟海】hàorúyānhǎi 浩大繁多，犹如烟波浩渺的大海。形容书籍、资料等多得无法计算。
【浩叹】hàotàn 动 长叹；大声叹息 ▷人间巨变。
【浩特】hàotè 名 蒙古语音译。蒙古族牧民居住的自然屯；也指城市 ▷呼和～|锡林～（均在内蒙古）。

淏 hào 形〈文〉水清。

皓（*暠皜） hào ❶ 形 光亮 ▷～月当空。→ ❷ 形 洁白 ▷～齿朱唇|～首|～发(fà)。
【皓齿】hàochǐ 名〈文〉洁白的牙齿 ▷明眸～。
【皓首】hàoshǒu 名〈文〉白头。指年老 ▷～苍颜|～穷经。
【皓月】hàoyuè 名 明亮的月亮 ▷～初圆。

鄗 hào ❶ 古同"镐(hào)"。〇 ❷ 名 古地名，在今河北柏乡北。〇 ❸ 名 古地名，在今山东蒙阴西北。〇 ❹ 名 姓。

滈 hào ❶ 形〈文〉形容雨下得很久的样子。〇 ❷ 名 滈河，水名，发源于陕西西安石砭峪。〇 ❸ 古同"镐(hào)"。

镐（鎬） hào 名 周朝初年的国都，在今陕西西安西南。
另见 457 页 gǎo。

皞 hào 形〈文〉洁白而明亮。

颢（顥） hào 形〈文〉白 ▷～露|～气。

灏（灝） hào 形〈文〉浩大。

hē

诃（訶） hē ❶ 古同"呵[1]"(hē)。❷ 音译用字，用于"诃子"、"契诃夫"（俄国作家）、《摩诃婆罗多》（古印度长篇叙事诗）、《堂吉诃德》（西班牙长篇小说）等。〇 ❸ 名 姓。☛ 不读 kē。
【诃子】hēzǐ 名 常绿乔木，叶子卵形或椭圆形。果实也叫诃子，橄榄形，可以做药材。木材坚硬，可以做建筑材料。

呵[1] hē 动 大声斥责 ▷～斥|～责。

呵[2] hē 动 呼(气) ▷～了一口气|～了～手|一气～成。☛ 不读 hā。

呵[3] hē 同"嗬"。现在一般写作"嗬"。
另见 777 页 kē。
【呵叱】hēchì 动 呵斥。
【呵斥】hēchì 动 厉声训斥 ▷～了他一顿。
【呵呵】hēhē 拟声 模拟笑的声音 ▷～地笑个不停。
【呵护】hēhù 动 卫护；爱护 ▷在父母的～下成长|～绿色家园。
【呵欠】hēqian 名 某些地区指哈欠 ▷～连连。
【呵责】hēzé 动〈文〉呵斥 ▷厉声～。

喝[1] hē ❶ 动 咽下液体或流质食物 ▷～茶|～牛奶|～汤|～粥。→ ❷ 动 特指饮酒 ▷到我家去～两杯|～醉了。→ ❸ 名 喝的东西；特指酒 ▷家里有吃有～。

喝[2] hē 同"嗬"。现在一般写作"嗬"。☛ "喝"字读 hè，表示大声叫嚷。

另见 558 页 hè。

【喝闷酒】hēmènjiǔ 心情烦闷时独自一人饮酒 ▷他心情不好，又到小饭馆～去了。

【喝墨水】hēmòshuǐ 借指上学读书 ▷过去一个穷山村里，能有几个～的？

【喝西北风】hēxīběifēng 指没有任何东西可吃；挨饿 ▷这点儿粮食吃光了，全家人都得～。

【喝醉】hēzuì 动 醉①。

嗬 hē 叹 表示惊讶 ▷～，真棒！|～，这回考得真不错！

蠚 hē 动〈文〉蜇（zhē）①。

hé

禾 hé ❶ 名〈文〉粟；谷子。→ ❷ 名 禾苗；特指水稻的植株 ▷～苗|～穗。○ ❸ 名 姓。

【禾场】héchǎng 名 用于谷物脱粒、晾晒的场地。

【禾谷】hégǔ 名 指谷类作物 ▷杂草不除，会妨害～生长。

【禾苗】hémiáo 名 谷类作物的幼苗 ▷绿油油的～。

合[1]（閤❸）hé ❶ 动 闭；合拢（跟"开"相对）▷乐得～不上嘴|把书～上|～眼|～抱。→ ❷ 动 聚集（到一起）；结合（跟"分"相对）▷两股人马～到一起|齐心～力|～流|聚～。⇒ ❸ 形 全 ▷～家欢乐|～城。⇒ ❹ 副 共同；一起 ▷这本书是三个人～译的|～唱。⇒ ❺ 名 交战双方交手一次叫一合或一回合 ▷大战二十～，不分胜负。→ ❻ 动 匹配 ▷天作之～。→ ❼ 动 和睦；融洽 ▷百年好～|貌～神离。→ ❽ 动 符合；适合 ▷你的话正～我意|这双鞋不～脚|～辙押韵|～格|～法。⇒ ❾ 动 相当于；折合 ▷1 市斤～500 克|加上损耗，～两块钱 1 斤。⇒ ❿ 副〈文〉应该；应当 ▷理～如此|～该。○ ⓫ 名 姓。

"閤"另见 461 页 gé"阁""閤"。

合[2] hé 名 我国民族音乐中的传统记音符号，表示音阶上的一级，相当于简谱的"5̣"。

☛"合"字读 gě，指量具和容量单位。

另见 463 页 gě。

【合办】hébàn 动 共同经营；共同举办 ▷三人～一个公司|晚会由两个学校～。

【合抱】hébào 动 张开两臂围拢。常用于对树木、柱子等物体粗细的估测 ▷河堤上有一棵两人～的大古槐。

【合璧】hébì 动 两块半月形的璧合成一块圆形的璧。比喻两种事物完美地结合在一起 ▷双剑～|中西～|诗书～。

【合编】hébiān ❶ 动 合作编辑或编写 ▷这本书是师生二人～的。❷ 动 把若干种文献或若干篇文章汇合编在一起。

【合并】hébìng ❶ 动 把几个事物合成一个事物 ▷精简机构，～科室。❷ 动 由一种疾病引发另一种疾病；（多种病）同时发作 ▷风湿病～心肌炎|～症。

【合并症】hébìngzhèng 名 并发症。

【合不来】hébulái 形 形容脾气不合，不能友好相处 ▷兄弟俩近两年～。

【合唱】héchàng ❶ 动 共同演唱或演出 ▷他们俩～了一首歌|～一台戏。❷ 动 特指由多组演唱者分成若干声部共同演唱一首歌曲 ▷童声～|女声～。

【合称】héchēng ❶ 动 把同一类的几种事物合起来命名 ▷笔、墨、纸、砚～文房四宝。❷ 名 包括几种事物的名称 ▷皮黄是西皮和二黄的～。

【合成】héchéng ❶ 动 若干部分或个体合并成整体 ▷诸兵种～演习。❷ 动 成分简单的物质通过化学反应后成为成分复杂的物质 ▷～纤维|～橡胶。

【合成词】héchéngcí 名 由两个或两个以上的语素合成的词（跟"单纯词"相区别）。合成词按结构可分为两类：一类是词根加词根构成的复合词，如书本、友谊、树干等；一类是词根加词缀构成的派生词，如桌子、苦头、花儿等。

【合成革】héchénggé 名 用合成材料制成的类似皮革的产品，是改进型的人造革，具有透气、吸湿等性能。主要用于制作鞋、箱包等。

【合成洗涤剂】héchéng xǐdíjì 具有去除污垢作用的合成化学产品。常用于家庭洗涤，也用于纺织、印染、选矿、金属加工等领域。

【合成纤维】héchéng xiānwéi 以人工合成的高分子化合物为原料制成的化学纤维，如涤纶、锦纶、维纶等。

【合成橡胶】héchéng xiàngjiāo 高分子化合物，用煤、石油、天然气等为主要原料合成。成本较天然橡胶低廉，某些性能，如耐热、耐磨、耐老化等优于天然橡胶。

【合得来】hédelái 形 形容脾气投合，能友好相处 ▷他们几个脾气相投，挺～|他跟谁都～。

【合订本】hédìngběn 名 把分册的书籍或分卷分期的报刊合起来装订成的本子 ▷《人民日报》1 月份～|《人民文学》～。

【合度】hédù 形 合于尺度、法度的；适宜 ▷裁剪十分～|言行～。

【合而为一】hé'érwéiyī 混合成一体 ▷把儒、道、

释三教～|我把这些剩菜～了。

【合二而一】hé'èr'éryī ❶ 哲学上指对立的双方是统一的整体。❷ 把两个东西合为一体 ▷我们两个单位已经～。

【合法】héfǎ 形 合于法律规定的 ▷～收入|～权益|这种行为不～。

【合法化】héfǎhuà 动 使获得合法地位 ▷在有些国家安乐死已经～了。

【合缝】héfèng ❶ 动 使缝隙密合 ▷箱子～不严密。❷ 形（闭合）非常严密 ▷严丝～。

【合该】hégāi 动 应该；理所应当 ▷～如此|～倒霉。

【合格】hégé 形 合乎规格、标准的 ▷～人才|成绩～。

【合共】hégòng 副 总共 ▷三个年级～多少学生？

【合股】hégǔ ❶ 动 把多股纤维合成一股。❷ 动 把若干人的股份资金合在一起（经营）▷～办厂。

【合乎】héhū 动 符合；与之相一致 ▷～常理|～规格。

【合欢】héhuān ❶ 动 联欢；欢聚在一起 ▷除夕～宴。❷ 动 特指男女交媾。○ ❸ 名 落叶乔木，羽状复叶，小叶对生，白天张开，夜间合拢。木材可制家具。通称合欢树。也说马缨花。参见插图 8 页。

【合伙】héhuǒ 动 结成相对固定的伙伴关系做某事 ▷～开店。

【合伙企业】héhuǒ qǐyè 私人合伙出资经营的企业，合伙人共同受益，共担风险。

【合击】héjī 动（几路部队）从不同的方向攻击同一个目标 ▷我军从四面～敌人据点。

【合计】héjì 动 合起来计算 ▷三项～120 元。

【合计】héji ❶ 动 考虑；盘算 ▷这件事他～了好久。❷ 动 商量；商议 ▷入不入股，你们全家再～一下。

【合剂】héjì 名 由两种或两种以上药物按一定比例配制而成的液体药剂。

【合家】héjiā 名 全家 ▷～安乐。

【合家欢】héjiāhuān 名 全家福①。

【合脚】héjiǎo 形（鞋袜等）穿在脚上大小肥瘦儿都合适。

【合金】héjīn 名 一种金属元素跟其他金属或非金属元素熔合而成的金属。一般比原来的金属熔点低，硬度高。

【合金钢】héjīngāng 名 特种钢，含有一定量的一种或几种合金元素，具有高强度、耐腐蚀、耐高温等特殊性能。如铬钢、锰钢、锰镍钢等。

【合卺】héjǐn 动 古代婚礼的一种仪式，将一个匏瓜剖成两个瓢，新婚男女各执一个，用来舀酒漱口（卺：瓢）。后借指成婚。

【合刊】hékān ❶ 动 合并刊行。多指两个以上作者的诗文合集刊印或两期以上的报刊合成一期出版。❷ 名 合并刊印的诗文或合成一期出版的报刊。

【合口】hékǒu ❶ 形（食品、菜肴等）适合口味 ▷这几个菜吃起来都很～。○ ❷ 动 疮口或伤口愈合 ▷刀伤已～，很快就可出院。❸ 动 合上嘴巴 ▷笑到几时方～|笑得合不上口。

【合口呼】hékǒuhū 名 指韵头或韵腹是 u 的韵母。参见 1305 页“四呼”。

【合理】hélǐ 形 符合道理；合乎常理 ▷～的报酬。

【合理化】hélǐhuà 动 对现状进行调整、改进或改革，使趋向合理 ▷～分工|布局～。

【合力】hélì ❶ 动 共同出力 ▷～经营|齐心～。❷ 名 物理学上指如果一个力对物体的作用效果跟另几个力同时作用于该物体的效果相同，则这个力就是那几个力的合力。

【合流】héliú ❶ 动 两条或几条江河汇流在一起 ▷两江～后，水势更加汹涌。❷ 动 比喻不同观点、流派融合为一体，或思想行动趋于一致 ▷几股势力～。

【合龙】hélóng 动 两端同时施工的桥梁或堤坝等工程，最后在中间对接 ▷大桥今日～。

【合拢】hélǒng ❶ 动 闭上；合上 ▷两眼～|笑得合不拢嘴。❷ 动 收拢；聚合 ▷两臂～|几支人马～在一起。

【合谋】hémóu 动 共同谋划 ▷两人～报复。

【合拍】hépāi ❶ 动 共同拍摄制作 ▷这部电影是中日两国～的。❷ 动 一起照相 ▷两人～了几张照片。○ ❸ 动 合得上节拍 ▷舞步要跟乐曲～。❹ 形 比喻协调 ▷跟时代的脉搏不～。

【合情合理】héqíng-hélǐ 符合常情和事理。

【合群】héqún 形 跟大家合得来，能融于群体之中 ▷他性格开朗，很～。

【合身】héshēn 形 衣服的大小肥瘦儿适合身材。也说合体。

【合十】héshí 动 佛教的一种礼节，两掌放在胸前，十指对合，表示敬意。

【合时】héshí 形 合于时尚；适合时宜 ▷她的打扮很～|～进补才有益于健康。

【合适】héshì 形 符合实际情况和主观意愿 ▷这间屋放两张床正～|问题这样解决很～。

【合手】héshǒu ❶ 动 合掌。❷ 动 联手 ▷双方～办工厂。❸ 形 适用；合用 ▷买台～的电脑|这种鼠标用着不～。

【合数】héshù 名 一个正整数，除了 1 和它本身以外，还能被其他正整数整除，这个数就叫做合数。如4、6、9、10等。

【合算】 hésuàn ❶ 动 考虑;计算 ▷我~过,这笔生意可以做。❷ 形 算起来利大于弊,得大于失 ▷这样交换~吗?|还是坐船去~。

【合体】 hétǐ ❶ 动 合为一体 ▷飞船与火箭~试飞|玄武是龟蛇~的神兽。〇 ❷ 形 合身 ▷衣服大小正~。

【合体字】 hétǐzì 名 由两个或两个以上部件构成的汉字(跟"独体字"相区别)。如"较"是由"车""交"两个部件构成的,"树"是由"木""又""寸"三个部件构成的。

【合同】 hétong 名 为共同办理某事,当事人双方或数方依法订立的有关民事权利和义务关系的协议。对当事人具有法律约束力。

【合同工】 hétonggōng 名 签订了劳动合同的工人。

【合同书】 hétongshū 名 合同文本。

【合同制】 hétongzhì 名 以合同方式确立劳动者与用人单位间劳动关系的用工制度。

【合围】 héwéi ❶ 动 四面包围 ▷用三个团的兵力~敌人。❷ 动 合抱 ▷寺内有一棵两人才能~的古柏。

【合胃口】 héwèikǒu 适合自己的口味;形容跟心意、志趣相合 ▷这个菜~|~的节目。

【合心】 héxīn ❶ 形 齐心;同心 ▷~合力谋发展。❷ 形 称心;符合心意 ▷这下可~了|这话很合他的心。

【合眼】 héyǎn ❶ 动 两眼闭合;借指睡觉 ▷五更天了,他还没~。❷ 动 婉词,指人死亡。

【合演】 héyǎn 动 合作演出;同台表演 ▷他俩~了一出双簧。

【合叶】 héyè 现在一般写作"合页"。

【合页】 héyè 名 用两块长方形金属片制成的铰链,装在门窗、箱、柜等上面,使能开合。

【合一】 héyī ❶ 动 合并为一个 ▷工作网、联系网、服务网"三网~"。❷ 动 统一;一致 ▷知行~。

【合宜】 héyí 形 合适;恰当 ▷"五一"期间外出旅游最~。

【合议】 héyì 动 共同商议;特指审判人员共同审判案件 ▷村民~修建一所小学|法官与陪审员~案件。

【合议庭】 héyìtíng 名 由审判员组成或由审判员和陪审员共同组成审判案件的审判庭。

【合议制】 héyìzhì 名 组成合议庭审理判决案件的制度(跟"独任制"相区别)。

【合意】 héyì 形 合心② ▷不能~的就干,不~的就不干|那么多服装没有一件合她的意。

【合音字】 héyīnzì 名 指合二字的读音为一个字音的字。如"不用"为"甭","之于"为"诸"等。

【合营】 héyíng 动 合作经营 ▷公私~。

【合影】 héyǐng ❶ 动 合拍照片 ▷~留念。❷ 名 合拍的照片 ▷一张全家的~。

【合用】 héyòng ❶ 动 共同使用 ▷两个公司~一层楼。❷ 形 适合使用 ▷这套家具不~。

【合于】 héyú 动 合乎 ▷~音律。

【合约】 héyuē 名 合同;契约。

【合葬】 hézàng 动 埋葬在同一个坟墓里。

【合闸】 hézhá 动 合上电闸,指接通电路 ▷等我把保险丝安好了再~。

【合掌】 hézhǎng 动 合十 ▷~而坐。

【合照】 hézhào ❶ 动 一起照相 ▷咱们~一张吧。❷ 名 一起照的相片 ▷拍张~。

【合辙】 hézhé ❶ 动 车轮的印痕与路上已有的车辙相合。比喻想法等一致或性情合得来 ▷他们几个挺~的。❷ 动 (戏曲、小调等的唱词)押韵 ▷这快板儿不~,拗口。

【合众国】 hézhòngguó 名 由相对独立的若干个邦、州等联合组成的国家,有统一的中央政府,如美利坚合众国。

【合著】 hézhù 动 合作著述。

【合资】 hézī 动 由双方或多方共同投资(跟"独资"相区别) ▷~办厂。

【合子】 hézi ❶ 名 北方流行的一种在面片中夹馅儿烙成的饼 ▷猪肉韭菜馅儿~。❷见557页"盒子"。现在一般写作"盒子"。

【合奏】 hézòu 动 由几种或几组乐器分别担任某些声部(或不分声部)同奏一支乐曲 ▷器乐~|~曲。

【合租】 hézū 动 共同租用 ▷他俩~了一套房|两家公司~了这层楼|这辆车是我俩~的。

【合作】 hézuò 动 相互配合做事;共同进行 ▷两人~得很好|分工~|~施工。

【合作化】 hézuòhuà 动 使具有合作的性质;特指20世纪50年代初我国以合作社的形式把分散的个体劳动者和小私有者组织起来 ▷县域经济~|以新的~方式实现农村致富。

【合作社】 hézuòshè 名 以互助合作为原则,自愿组织起来的群众性经济组织。按经营业务分为消费合作社、信用合作社、生产合作社等。

【合作医疗】 hézuò yīliáo 我国农村现行的一种福利性质的医疗保健制度。由政府组织、引导、支持,农民自愿参加,个人、集体和政府多方筹资,以大额医疗费用或住院医疗费用补助为主的农民医疗互助共济制度。

纥(紇)

hé 见610页"回纥"。

另见459页 gē。

何

hé ❶ 代 〈文〉表示疑问。a)代人或事物,相当于"什么" ▷~人|~事|~故|为~。b)代处所,相当于"哪里" ▷~去~从|公理

～在|～往。c)代原因,相当于"为什么"或"怎么" ▷夫子～哂(shěn)由也(您为什么讥笑子路呢)?|～至于此? → ❷ 副〈文〉强调程度深,相当于"多么" ▷秦王扫六合,虎视～雄哉!|～其愚也! ○ ❸ 名 姓。

【何必】hébì 副 用反问语气表示没有必要 ▷都是老朋友,～这么客气?

【何必当初】hébì-dāngchū 当初何必那样做。表示对行为过错的埋怨或后悔。☛ 常跟"早知今日"连用。

【何不】hébù 副 用反问语气表示应该或可以 ▷你～亲自跑一趟呢?|既然不愿意,～早走?

【何曾】hécéng 副 用反问语气表示从来没有 ▷他每天起早贪黑搞试验,～叫过一声苦?

【何尝】hécháng 副 用反问语气婉转地表示从来没有或并不是 ▷在那最艰苦的年代,他～动摇过?|我～不想把这件事做好,可时间实在是太紧啊! ☛ 用在肯定式前表示否定,如"何尝动摇过"即"从来没有动摇过";用在否定式前构成双重否定,表示肯定,如"何尝不想做好"即"很想做好"。

【何啻】héchì 副〈文〉用反问语气表示不止 ▷天涯海角,～千里之遥。

【何等】héděng ❶ 代 怎样的;什么样的 ▷～工程,敢如此索价? ❷ 副 多么,用赞叹或强调的语气表示不同于一般 ▷～壮观哪!

【何妨】héfáng ❶ 动 妨碍什么 ▷让他一让又～? ❷ 副 用反问语气表示不妨 ▷～不拘一格用人才?

【何干】hégān 动 用反问语气表示不相干 ▷你自己把事情搞砸了,与我～?

【何故】hégù 副 为什么 ▷～如此伤心?

【何苦】hékǔ 副 用反问语气表示不值得 ▷不就几块钱吗,～大吵大闹呢?

【何况】hékuàng ❶ 连 用反问语气表示比较起来更显而易见、在情理之中 ▷那么大的困难都克服了,～这么点儿小事儿? ❷ 连 表示进一步申述理由或追加理由 ▷这地方本来就不好找,～他又是第一次来。

【何乐而不为】hé lè ér bù wéi 用反问语气表示很值得做或很愿意做 ▷这样两全其美的好事,我～?

【何其】héqí 副 用感叹语气表示程度深,相当于"多么" ▷心肠～毒辣!|差距～大!

【何去何从】héqù-hécóng 指(在重大问题上)采取什么态度,如何选择(去:抛弃;从:选择)。

【何如】hérú〈文〉❶ 代 如何;怎么样 ▷此乃上策,兄意～? ❷ 动 用反问语气表示比不上 ▷高处～低处好,下来还比上来难。❸ 连 用在后一分句开头,以反问语气表示经过比较后作出选择(常跟上文的"与其"相呼应) ▷与其强攻,～智取?

【何伤】héshāng 动〈文〉用反问语气表示没有什么伤害 ▷～大雅?

【何首乌】héshǒuwū 名 多年生草本植物,地上茎细长,能缠绕物体,叶子互生,秋天开白花。根状茎呈块状,可以做药材。也说首乌。

【何谓】héwèi〈文〉❶ 动 什么叫做;什么是 ▷～哲理? ❷ 动 指什么;是什么意思 ▷此言～?

【何须】héxū 副 用反问语气表示无须、不必 ▷你心里明白不就得了,～挑明呢?

【何许】héxǔ 代〈文〉什么地方;什么样的 ▷贵乡～?|～人竟敢如此无礼!

【何以】héyǐ ❶ 副 为什么 ▷他～变得如此不通人情? ❷ 副 用什么;凭借什么 ▷～为证?

【何异】héyì 动〈文〉用反问语气表示没有什么差别或不同 ▷此二者～?

【何在】hézài 动〈文〉在哪里;在什么地方 ▷出路～?|天良～?

【何止】hézhǐ 动 用反问语气表示不止 ▷这个大城市的立交桥～一两座?

【何足挂齿】hézú-guàchǐ 哪里值得挂在口头上,表示不值得一提 ▷区区小事,～。

【何罪之有】hézuìzhīyǒu 有什么罪过? 强调行为正当,无可指摘 ▷当面向你提点儿意见,～! ☛ 用于反问,语气较强烈。

和[1](*咊❶—❺龢❶—❺) hé ❶ 形 配合得协调;相处得融洽 ▷～衷共济|天时地利人～。→ ❷ 形 温顺;不激烈;不粗暴 ▷心平气～|～缓|～善。❸ 形 气候温暖 ▷风～日丽|～暖。→ ❹ 动 平息争端;使和睦 ▷讲～|～解|～事佬。❺ 动 比赛打成平手,不分胜负 ▷这盘棋～了。○ ❻ 名 姓。

和[2] hé ❶ 动 连带;连同 ▷～衣而卧|～盘托出。→ ❷ 介 a)引进共同行动的对象 ▷有事要～群众商量。b)引进动作涉及或比较的对象 ▷我～这事毫无关系|他的技术～你不相上下。→ ❸ 连 连接类别或结构相似的词或短语。a)表示并列关系 ▷教师～同学都到齐了。b)表示选择关系,常用在"无论""不论""不管"等后面,相当于"或" ▷无论去～不去,都由你自己决定。→ ❹ 名 两个或两个以上的数相加的得数,如2加2的和是4。也说和数。

和[3] hé 名 指日本(日本自称"大和民族",简称"和") ▷～服|《汉～词典》。☛ "和"字读hè,指跟着唱、说,如"一唱一和";读hú,专指打麻将、斗纸牌取胜。

另见557页hè;578页hú;621页huó;627页huò;629页huo。"龢"另见557页hé。

【和蔼】hé'ǎi 形 态度温和;待人和气 ▷亲切～|说话态度～。☛ ㊀跟"和善"不同。"和蔼"侧重于态度;"和善"侧重于性情。㊁参见本页"和气"的提示。

【和蔼可亲】hé'ǎi-kěqīn 态度温和,待人和气,使人愿意亲近。

【和畅】héchàng 形 温和顺畅 ▷惠风～。

【和风】héfēng 名 温和的风(多指春天的微风) ▷嫩绿的柳枝在～中摇曳|～细雨。

【和风细雨】héfēng-xìyǔ 温和的风,细小的雨;比喻方式和缓,态度温和。

【和服】héfú 名 日本的民族服装。

【和光同尘】héguāng-tóngchén《老子》五十六章:"和其光,同其尘。"意思是含敛光耀,混同尘世。后用"和光同尘"比喻随波逐流,不露锋芒的处世态度。

【和好】héhǎo ❶ 动 恢复和睦关系 ▷夫妻已经～了。❷ 形 和睦友好 ▷邻里～。

【和合】héhé 形 我国传统的哲学概念和文化思想,指事物与其所处的环境调和、事物内部的组成部分相合 ▷崇正义,尚～。

【和缓】héhuǎn ❶ 形 缓和① ▷语调～|药性～。❷ 动 缓和② ▷～了医患关系。

【和会】héhuì 名 为了正式结束战争状态而举行的和平会议。

【和解】héjiě 动 停止仇视、争执或争战,归于和好 ▷结怨多年,终于～了。

【和局】héjú 名(下棋、赛球等)分不出输赢的结局 ▷下成了～|以～结束。

【和乐】hélè 形 和睦欢乐 ▷家庭～。

【和美】héměi 形 和睦美满 ▷生活～|小日子过得和和美美的。

【和睦】hémù 形 和好相处,关系融洽 ▷妯娌～|～的大家庭。

【和暖】hénuǎn 形 暖和;温暖 ▷～的春风。

【和盘托出】hépán-tuōchū 端东西时,连同托盘一起端出来。比喻毫无保留地把东西全部拿出来或把话全都说出来。☛"和"不要误写作"合"。

【和平】hépíng ❶ 名 没有战争的状态(跟"战争"相对) ▷～时期|热爱～。❷ 形 平和②。

【和平鸽】hépínggē 名《圣经·创世记》中说,古时大地被洪水淹没,义士挪亚(诺亚)带领家人等坐方舟逃脱。一天,他放出鸽子去探测洪水是否已退,不久鸽子衔着新鲜的橄榄枝飞回,表明洪水已退。后来就用鸽子和橄榄枝象征和平,称鸽子为和平鸽。

【和平共处】hépíng-gòngchǔ 指国家之间使用和平方式解决彼此的争端,并在平等互利的基础上,发展经济、文化等方面的关系。

【和平共处五项原则】hépíng-gòngchǔ wǔxiàng yuánzé 1953年由我国首次提出,1954年中印(度)、中缅总理联合声明中将其作为处理两国关系的指导原则。这些原则是:互相尊重主权和领土完整;互不侵犯;互不干涉内政;平等互利;和平共处。这五项原则已为世界上许多国家所接受,成为中国政府处理国与国相互关系的基本准则。

【和平崛起】hépíng juéqǐ 以和平的方式迅速发展。

【和平谈判】hépíng tánpàn 为结束战争,交战双方进行谈判。

【和棋】héqí 名 下成和局的棋 ▷两盘都是～。

【和气】héqi ❶ 形(待人)友善温和 ▷待人～|一团～。❷ 形(关系)和谐融洽 ▷兄弟之间很～。❸ 名 和睦的感情;和谐的气氛 ▷不要伤了朋友之间的～。☛ 跟"和蔼"不同。"和气"侧重于措辞和神态上使人感到温和平易;"和蔼"侧重于上级对下级、长辈对晚辈的态度温和可亲。

【和洽】héqià 形 和睦融洽 ▷喜悦～的气氛。

【和亲】héqīn 动 指汉族封建王朝与少数民族统治者结亲,以利于建立和睦友好的关系;也指不同少数民族统治者之间的联姻。

【和善】héshàn 形 温和善良;和蔼友善 ▷性情～。☛ 参见本页"和蔼"的提示㊀。

【和尚】héshang 名 出家修行的男性佛教徒。

【和尚头】héshangtóu 名 像和尚一样的光头。

【和声】héshēng 名 声乐上一般指两个以上不同的音,按一定规则同时发声而构成的组合。

【和声细语】héshēng-xìyǔ 说话声音柔细,语调温和。

【和事老】héshìlǎo 现在一般写作"和事佬"。

【和事佬】héshìlǎo 名 指不讲原则的调解人。

【和数】héshù 名 和[2]④。

【和顺】héshùn 形(性情)和善温顺。

【和谈】hétán 动 和平谈判。

【和田玉】hétiányù 名 产于我国新疆和田地区的软玉的统称,质地细腻温润,为玉中的上品。

【和婉】héwǎn 形(语气、声音等)温和委婉 ▷琴声～。

【和弦】héxián 名 音乐上指三个或三个以上不同的音按三度关系叠置同时发声而构成的组合。

【和谐】héxié 形 协调;配合适当 ▷音韵～优美|色调～|关系～。

【和谐社会】héxié shèhuì 指民主法治、公平正义、诚信友爱、充满活力、安定有序、人与自然和谐相处的社会。构建社会主义和谐社会是建设中国特色社会主义的一项基本任务。

【和谐世界】héxié shìjiè 指倡导开放包容精神，尊重文明、宗教、价值观的多样性，尊重各国选择社会制度和发展模式的自主权，推动不同文明友好相处、平等对话、发展繁荣的世界。构建和谐世界，是我国发展国际关系的指导思想。

【和谐文化】héxié wénhuà 着眼于促进人与人、人与社会、人与自然相和谐的文化。

【和煦】héxù 形 温暖 ▷阳光～|～的东风。

【和颜悦色】héyán-yuèsè 温和的脸色，喜悦的表情（颜、色：脸色、表情）。形容和蔼可亲。

【和衣】héyī 动 指不脱衣服 ▷～而卧。

【和议】héyì ❶ 名 关于结束战争、恢复和平的提议或主张。❷ 名 指双方结束战争状态的和平协议 ▷达成～。

【和易】héyì 形 温和平易 ▷性情～。

【和约】héyuē 名 交战国之间为结束战争状态，恢复正常关系而签订的法律条文。

【和悦】héyuè 形 和蔼喜悦 ▷～的脸色|目光～。

【和衷共济】hézhōng-gòngjì 比喻同心协力共渡难关（衷：内心）。

郃 hé ❶［郃阳］héyáng 名 地名，在陕西，现在改为“合阳”。○ ❷ 名 姓。

劾 hé 动 检举揭发（罪状）▷弹～。

河 hé ❶ 名 黄河的专称 ▷～套|～西走廊|～南省。→ ❷ 名 泛指大的水道 ▷城外有一条～|江～湖海|淮～|运～|护城～。❸ 名 指银河 ▷天～|～汉。○ ❹ 名 姓。

【河岸】hé'àn 名 河边的陆地。

【河坝】hébà ❶ 名 河流中拦水的建筑物。❷ 名 为加固河流险要处的堤防而修的建筑物。

【河蚌】hébàng 名 软体动物，有两个可以开闭的椭圆形介壳，生活在江河湖泊的淡水中。

【河北梆子】héběi bāngzi 地方戏曲剧种，流行于华北、东北等地。清代由传入河北的陕西梆子、山西梆子与当地的老调融合而成，唱腔粗犷、高亢。也说京梆子、直隶梆子。

【河边】hébiān 名 河和岸相连的地方（含河上和陆上）▷在～钓鱼。也说河滨。

【河汊子】héchàzi 名 与大河相通的小河沟。也说河汊。

【河川】héchuān 名 大小河流的统称 ▷～密布。

【河床】héchuáng 名 河流两岸之间承托水流的部分。也说河槽、河身。

【河道】hédào 名 江河水流的路线；特指能通航的河流水道 ▷～纵横|～畅通。

【河堤】hédī 名 沿河道两旁用土、石等筑成的挡水的堤岸 ▷加固～。☛“堤”不读 tí。

【河东狮吼】hédōng-shīhǒu 宋·洪迈《容斋三笔》记载苏东坡写诗戏说陈慥之妻的凶悍：“忽闻河东师（狮）子吼，拄杖落手心茫然。”（师子吼：佛家语，比喻威严）后用“河东狮吼”比喻悍妇发怒。

【河段】héduàn 名 河流的某一段。

【河防】héfáng ❶ 名 预防河流水患的工作；特指预防黄河水患的工作 ▷～工程。❷ 名 黄河的堤防；泛指一切河流的堤防 ▷防止～决口。❸ 名 指黄河两岸的军事防御 ▷～部队。

【河肥】héféi 名 用作肥料的河泥。

【河港】hégǎng 名 江河沿岸供船只停泊的港口。

【河工】hégōng ❶ 名 指修筑堤坝、疏浚河道等治理江河的工程。❷ 名 治理江河的工人。

【河沟】hégōu 名 小的水道。

【河谷】hégǔ 名 河水长期流动、涨落形成的长条形凹地，包括河床、河滩和两边的坡地。

【河汉】héhàn 名〈文〉银河 ▷星沉～。

【河麂】héjǐ 名 獐子。

【河口】hékǒu 名 江河注入海洋、湖泊或其他河流的河段。

【河狸】hélí 名 哺乳动物，后肢发达，有蹼，善游泳，多栖息于河流或湖沼边缘。雄性能分泌河狸香。属国家保护动物。旧称海狸。参见插图 2 页。

【河流】héliú 名 地球表面自然形成或人工开凿的水道的统称。

【河马】hémǎ 名 哺乳动物，身体肥硕，头大嘴阔，皮厚无毛，黑褐色。大部分时间生活在水中。产于非洲。参见插图 2 页。

【河漫滩】hémàntān 名 河流两侧的可耕地。由洪水携带泥沙淤积而成，肥沃但易遭水淹。

【河面】hémiàn 名 河水的表面 ▷～碧波粼粼。

【河姆渡文化】hémǔdù wénhuà 距今约 7000 年前我国新石器时代母系氏族社会繁荣时期的文化。遗址发现大量栽培稻、木建筑等遗存。因 1973 年在浙江余姚河姆渡发现，故称。

【河南梆子】hénán bāngzi 豫剧。

【河南坠子】hénán zhuìzi 坠子④的通称。

【河泥】héní 名 江河湖泊或池塘中的淤泥，是很好的有机肥料。

【河畔】hépàn 名 河边。

【河清海晏】héqīng-hǎiyàn 黄河水清，大海平静。比喻天下太平。

【河曲】héqū 名 河流弯曲迂回的河段。

【河渠】héqú 名 河流和渠道的合称 ▷挖～，筑堤防|～纵横。

【河山】héshān 名 河和山；借指国家的疆土 ▷美丽的～|还我～。

【河滩】hétān 名 河边的滩地，水深时淹没，水浅时露出。

【河塘】hétáng 名 江河和塘堰；泛指零星水域 ▷海水养殖不同于～养殖。

【河套】hétào ❶ 名 河流弯曲成大半个圆的河道；也指这样的河道围着的地方 ▷～里的5亩地都种了玉米。❷ 名 特指内蒙古自治区和宁夏回族自治区境内贺兰山以东，狼山、大青山以南的黄河沿岸地区，是著名的农业区。

【河豚】hétún 名 鲀的一种。头圆口小，背部黑褐色，腹部白色。肉味鲜美，但肝脏、生殖腺和血液内含有剧毒，经处理方可食用。也说河鲀。

【河外星系】héwài xīngxì 跟银河系本质相同的位于银河系以外的庞大恒星系统。由几十亿甚至上万亿颗恒星，还有星云、星际气体和尘埃物质等构成。旧称河外星云。

【河湾】héwān 名 弯曲的河段。

【河网】héwǎng 名 纵横交错的网状水道。

【河网化】héwǎnghuà 动 开挖许多河渠，形成纵横交错的水道，以利灌溉和交通。

【河西走廊】héxī zǒuláng 甘肃西北部祁连山以北，合黎山和龙首山以南，乌鞘（shāo）岭以西，甘肃、新疆边界以东的西北—东南走向的狭长高平地带。东西长约1000千米，南北宽数千米至近百千米，自古就是沟通西域的要道。因位于黄河以西，形如走廊，故称。又因在甘肃境内，也称甘肃走廊。

【河系】héxì 名 水系。

【河鲜】héxiān 名 供食用的新鲜淡水鱼、虾、蟹等。

【河蟹】héxiè 名 生活在淡水中的螃蟹。

【河心】héxīn 名 河中央 ▷～水流湍急。

【河沿】héyán 名 沿河岸一带。

【河鱼】héyú 名 淡水鱼。如草鱼、鲢鱼、鲤鱼等。

【河源】héyuán 名 河流发源的地方。

【河运】héyùn 动 从河道运输 ▷把货物～至武汉｜发展～事业。

【河长】hézhǎng 名 我国各省（自治区、直辖市）、市、县、乡负责河流管理保护工作的领导，由各地同级负责人担任。

曷 hé 〈文〉❶ 代 表示疑问，相当于“何”“什么” ▷激昂大义，蹈死不顾，亦～故哉？→ ❷ 代 表示疑问，相当于“何日”“何时” ▷吾子其～归？→ ❸ 代 表示疑问或反问，相当于“为什么”“哪里” ▷～足道哉？☛ 下边是“匃”，不是“匄”。“匃”只处在“曷”的下边。

饸（餄） hé [饸饹] héle 名 北方一种面食。把和（huó）好的荞麦面、玉米面或高粱面等用专用工具挤压成长条，煮着吃。☛ 不宜写作“合饹”。

阂（閡） hé 动 阻隔 ▷隔～。

盍（*盇） hé 副 〈文〉用于动词前表示反问或疑问，相当于“何不” ▷～尝问焉？（为什么不试着问问他呢？）

荷 hé ❶ 名 莲① ▷～花｜～叶｜～塘。○ ❷ 名 姓。

另见558页hè。

【荷包】hébāo 名 随身带的装零钱或零用东西的小袋，袋面通常绣有花纹图案 ▷绣～。

【荷包蛋】hébāodàn 名 去壳后煮熟或煎熟的家禽蛋，多为鸡蛋。因蛋清包裹着蛋黄就像蛋黄装在荷包里一样，故称。

【荷尔蒙】hé'ěrméng 名 英语hormone音译。激素的旧称。

【荷花】héhuā ❶ 名 莲①。❷ 名 莲的花。参见插图7页。

【荷兰豆】hélándòu 名 食荚豌豆的统称。豌豆的一个变种，原产于欧洲，今我国普遍种植。嫩豆荚鲜嫩香甜，口感清脆，是常见蔬菜。参见插图9页。

【荷塘】hétáng 名 栽种莲藕的池塘。

【荷叶】héyè 名 莲的叶子，绿色，大而圆，高出或浮于水面。可以做药材。

【荷叶饼】héyèbǐng 名 一种双层面饼。因形状像荷叶，故称。

核[1] hé ❶ 名 果实中心包含果仁的坚硬部分 ▷枣～｜桃～｜杏～。→ ❷ 名 物体中像核的部分 ▷原子～｜菌～。❸ 名 特指原子核 ▷～能｜～武器｜～燃料。

核[2]（*覈） hé 动 对照；考查 ▷～算｜～定｜考～。☛ “核”字读hé是文读；hú是白读，只用于单说的“核儿”和少数日常生活词语“枣核儿”“杏核儿”等。

另见580页hú。

【核按钮】hé'ànniǔ ❶ 名 指用于启动核武器系统密码开关装置的指令。通常由国家最高领导人掌握。❷ 名 借指国家首脑发布使用本国核武器命令的权力。

【核保护伞】hébǎohùsǎn 名 指超级大国凭借其核武器对无核武器国家提供的有限保护力量。对无核国提供核保护均附有政治、经济等方面的条件，以达到控制被保护国的目的。

【核裁军】hécáijūn 动 指拥有核武器的国家根据国际公约裁减本国的核军事力量。

【核查】héchá 动 审查核实 ▷～账目｜认真～。

【核磁共振】hécí gòngzhèn 原子核在外加磁场作用下对特定频率的电磁波产生共振吸收的现象。利用核磁共振可测定有机物的结构，用于脑部疾病、血管病和肿瘤等的检查与诊断。

【核弹】hédàn 名 核武器的统称。如原子弹、氢弹等。

【核弹头】hédàntóu 名 指作为导弹弹头部分的原子武器或氢武器；也指炮弹弹头部分的原子武器。

【核蛋白】hédànbái 名 复合蛋白，是核酸和蛋白质复合而成的有机物质。存在于生物体的细胞中。

【核电】hédiàn ❶ 名 核能发电的简称 ▷～机组。❷ 名 由核能转换成的电能。

【核电厂】hédiànchǎng 名 利用核能发电的电厂。

【核电站】hédiànzhàn 名 利用核能发电的电站。

【核定】hédìng 动 经过审核后确定、认定 ▷～固定资产。

【核动力】hédònglì 名 利用核反应堆中核燃料裂变或聚变反应产生的热能转变成的动力。

【核对】héduì 动 审核查对 ▷～数字|～笔迹。

【核讹诈】hé'ézhà 动 倚仗核武器的优势对别国进行威胁恫吓(hè)。

【核发】héfā 动 核准后发给 ▷由工商部门～营业执照。

【核反应】héfǎnyìng 动 某种微观粒子与原子核相互作用,使核的状态或结构发生变化。有些核反应可形成新核,并放出一个或几个粒子。

【核反应堆】héfǎnyìngduī 名 用铀或钚等作核燃料,产生可控的核裂变链式反应,从而获得核能的装置。简称反应堆。也说原子反应堆。

【核废料】héfèiliào 名 在核设施运行中,核燃料所产生的废弃物,多含放射性物质。

【核辐射】héfúshè ❶ 动 放射性原子核放射 α、β、γ 射线或中子。❷ 名 指放射性原子核释放的辐射,包括 α、β、γ 辐射和中子辐射等。

【核苷酸】hégānsuān 名 有机酸,核酸的基本组成单位。

【核果】héguǒ 名 果实类型的一种。外果皮薄,中果皮多汁,内有木质化的核,里面包着种子。如桃、杏等。

【核计】héjì 动 核算 ▷～资金。

【核减】héjiǎn 动 核定后减少 ▷投资～20%。

【核聚变】héjùbiàn 动 轻原子核聚合变成较重的原子核,同时释放大量核能。只有在加速器中高速相撞、氢弹爆炸或在太阳等恒星内部的极高温度和密度的条件下才会发生。

【核军备】héjūnbèi 名 核武器方面的装备 ▷制止～竞赛。

【核扩散】hékuòsàn 动 扩散核武器和核技术、核资料 ▷防止～。

【核裂变】hélièbiàn 动 一个重原子核分裂成两个或两个以上质量相近的原子核,同时放出中子。核裂变时释放出巨大能量,产生多种放射性同位素。

【核垄断】hélǒngduàn 动 控制和垄断核武器,不让其他国家拥有。

【核能】hénéng 名 原子能。因原子能是原子核发生裂变或聚变反应时释放出的能量,故称。

【核批】hépī 动 审核批准 ▷报告须领导～。

【核潜艇】héqiántǐng 名 以核动力推进的潜艇,能长时间连续在水中潜行、工作。

【核燃料】héránliào 名 能通过核裂变或聚变大量释放原子能以提供动力的放射性物质。如铀、钚、钍等。

【核仁】hérén ❶ 名 果核中的仁儿。如核桃仁儿、杏仁。❷ 名 动植物细胞核中的球状体,由核蛋白、核酸等组成。

【核审】héshěn 动 审核。

【核实】héshí 动 审核查实 ▷把案情再～一下。

【核试验】héshìyàn 动 指进行核武器试验。

【核收】héshōu 动 审核后收取或接收 ▷～运费|～入库原材料。

【核素】hésù 名 具有一定的质子数和中子数的一类原子核。核素的表示方法,是在元素符号的左上角标明质量数,左下角标明质子数。如核素 $^{16}_{8}O$ 表示质量数为 16 的氧核。

【核酸】hésuān 名 有机酸,一种存在于动植物细胞、微生物、病毒和噬菌体内的高分子化合物,是生命的最基本物质之一。对生物的生长、繁殖、遗传和变异等起着重要的作用。

【核算】hésuàn 动 核查计算;特指企业经营上的核查计算 ▷～生产费用|～单位。

【核糖】hétáng 名 单糖的一种,是核糖核酸的组成成分之一。

【核糖核酸】hétáng hésuān 核酸的一类,因分子中含有核糖而得名。存在于细胞的细胞质和细胞核中。

【核桃】hétao 名 落叶乔木,羽状复叶,木质坚硬。球形核果也叫核桃,内果皮坚硬有皱纹。核仁可食用或榨油,也可以做药材。也说胡桃。

【核桃仁儿】hétaorénr 名 核桃壳儿里面的果仁儿。可以吃,也可以榨油,还可以做药材。

【核威慑】héwēishè 动 某些拥有大量核武器的国家对别国构成威胁和震慑。

【核武器】héwǔqì 名 利用核反应所放出的能量和辐射造成巨大杀伤破坏效应的武器。如原子弹、氢弹等。也说核子武器、原子武器。

【核销】héxiāo 动 核查后销账或注销 ▷差旅费已经～|～富余编制。

【核心】héxīn 名 事物中起主导或中坚作用的部分;中心 ▷～力量|谈话的～。

【核心家庭】héxīn jiātíng 一对夫妻及其未婚子女所组成的家庭,是现代家庭的基本形式。

【核心期刊】héxīn qīkān 指水平高、能反映某学科前沿研究状况及其发展趋势的刊物。

【核验】héyàn 动 核查检验 ▷～指纹。

【核战争】hézhànzhēng 名 使用核武器的战争。

【核账】hézhàng 动 核查账目 ▷年终～。☛ 不要写作"核帐"。

【核装置】hézhuāngzhì 名 能发生核反应的装置。如原子弹、氢弹、原子反应堆。

【核准】hézhǔn 动 审查核对后批准 ▷方案须经上级～。

【核资】hézī 动 核查资金或资产。

【核子】hézǐ 名 构成原子核的粒子，包括质子和中子。

䶅 hé 动 上下牙齿咬合。

盉 hé 名 古代一种铜制酒器，上半截像壶，下半截有三条腿。古人用它调节酒的浓淡，也可以温酒。参见插图 15 页。

菏 hé [菏泽] hézé 名 地名，在山东。☛ 下边是"河"，不是"何"。

龁（齕） hé 动〈文〉咬。

盒 hé ❶ 名 盒子① ▷饭～｜火柴～。→ ❷ 量 用于盒子装的东西 ▷一～糕点｜两～茶叶。参见插图 13 页。☛ 不能简化成"合"。

【盒带】hédài 名 盒式录音磁带或录像磁带的简称 ▷买了两盘名曲～。

【盒饭】héfàn 名 用盒子包装出售的方便快餐。

【盒式】héshì 区别 装在盒子中的；外形像盒子的 ▷～快餐｜～录音带。

【盒装】hézhuāng 区别 用盒子包装的 ▷～糖果。

【盒子】hézi ❶ 名 一种较小的可以开合的容器。用木板、金属、塑料或硬纸等制成，一般分底座和盖子两部分 ▷鞋～。❷ 名 指盒子枪。

【盒子炮】hézipào 名 驳壳枪。

【盒子枪】héziqiāng 名 驳壳枪。

涸 hé 形（水）干枯 ▷干～｜枯～｜～辙之鲋。☛ 不读 gù。

【涸辙之鲋】hézhézhīfù 在干涸的车辙里的鲫鱼。比喻处在困境中急需援救的人。

颌（頜） hé 名 由骨头和肌肉组织构成的口腔的上部和下部。上部称上颌，下部称下颌 ▷上～｜下～。

另见 462 页 gé。

【颌骨】hégǔ 名 口腔上部和下部的骨头。

嗑 hé 古同"喝(hē)"。

另见 778 页 kē；785 页 kè。

貉 hé 名 哺乳动物，外形像狐狸，尾毛蓬松，毛棕灰色。穴居于山林或田野中，昼伏夜出，食鱼、虾、鼠、蛙及野果等。通称貉子(háozi)。☛ hé 是文读，如"一丘之貉"；háo 是白读，如"貉子""貉绒"；读 mò，是古代对北方一些少数民族的称呼。

另见 543 页 háo；971 页 mò。

阖（闔） hé〈文〉❶ 动 关闭；闭合 ▷～户｜～眼。→ ❷ 形 全 ▷～城。

【阖府】héfǔ 名〈文〉敬词，用于称对方全家人 ▷祝～康泰。

【阖家】héjiā 名〈文〉敬词，用于称对方全家人 ▷敬请～光临。

鹖（鶡） hé 名 古书上说的一种善斗的鸟。

【鹖冠】héguān 名 用鹖的尾羽装饰的冠冕，多是武官佩戴，有的隐士也佩戴。

翮 hé〈文〉❶ 名 禽类羽毛基部无毛中空的部分。→ ❷ 名 鸟的翅膀 ▷振～高飞。

鞨 hé 见 971 页"靺(mò)鞨"。

龢 hé 用于人名。如翁同龢，清代人。

另见 552 页 hé"和[1]"。

hè

吓（嚇） hè ❶ 叹 表示不满意，认为不该如此 ▷～，两个人才弄来半桶水！｜～，这不是存心闹事儿嘛！→ ❷ 动 用威胁的话或手段要挟、吓唬(xiàhu) ▷恐～｜恫～。☛ 表示以上意义时不读 xià。

另见 1483 页 xià。

和（*咊） hè ❶ 动 声音相应；和谐地跟着唱或伴奏 ▷曲高～寡。→ ❷ 动 跟着别人说 ▷随声附～｜应(yìng)～。→ ❸ 动 依照别人诗词的题材和格律作诗、填词 ▷步原韵～诗一首｜唱～｜奉～｜～韵。

另见 552 页 hé；578 页 hú；621 页 huó；627 页 huò；629 页 huo。

【和诗】hèshī ❶ 动 依照对方诗的格律、题材作诗并回赠对方。❷ 名 跟别人相唱和的诗 ▷这首～发表在《诗刊》上。

【和韵】hèyùn 动 依照被和诗的原韵和诗。

佫 hè 名 姓。

垎 hè ❶ 形〈文〉土壤干而硬 ▷燥则坚～，湿则污泥。○ ❷ 用于地名。如垎塔埠，在山东。

贺（賀） hè ❶ 动 表示庆祝；道喜 ▷庆～｜～喜｜～年。○ ❷ 名 姓。

【贺词】hècí 名 祝贺的话语 ▷新年～｜致～。

【贺辞】hècí 现在一般写作"贺词"。

【贺电】hèdiàn 名 表示祝贺的电报、电传等。

【贺函】hèhán 名 贺信。

【贺卡】hèkǎ 名 祝贺节日、生日或其他喜庆事的卡片，一般印有祝词和图画。

【贺礼】hèlǐ 名 表示祝贺的礼品或礼金 ▷生日～。

【贺联】hèlián 名 表示祝贺的对联 ▷敬赠～。

【贺年】hènián 动 祝贺新年、春节 ▷向老师～。

【贺年卡】hèniánkǎ 名 贺年片。

【贺年片】hèniánpiàn 名 表示祝贺新年或春节的

卡片。也说贺年卡。

【贺岁】hèsuì 动 贺年。

【贺岁片】hèsuìpiàn 名 为祝贺新年或春节而上映的影视片，多题材轻松，有诙谐欢快的场面和情节。口语中也说贺岁片儿(piānr)。

【贺喜】hèxǐ 动 对喜庆的事表示祝贺 ▷客人们纷纷向新郎的父母～。

【贺信】hèxìn 名 表示祝贺的信。也说贺函。

【贺仪】hèyí 名〈文〉贺礼。

【贺幛】hèzhàng 名 祝贺时赠送的有贺词的丝绸幛子 ▷～上绣着"寿比南山"四个大字。

荷 hè ❶ 动 背(bēi)；扛 ▷～枪实弹｜～锄。→ ❷ 动 承担；担负 ▷～重。⇒ ❸ 动〈文〉承受恩惠(多用于书信，表示礼貌) ▷无任感～｜是～。⇒ ❹ 名 电荷的简称。→ ❺ 名 承受的压力；担当的责任 ▷肩负重～。☛ 以上意义不读 hé。

另见 555 页 hé。

【荷枪实弹】hèqiāng-shídàn 扛着枪并且子弹上了膛。形容全副武装、高度戒备。

【荷载】hèzài ❶ 动 承担；负载 ▷～重任。❷ 名 载荷。

【荷重】hèzhòng ❶ 动 承受重物 ▷他那身子骨儿能～吗？❷ 名 指物体承受的重量。

隺 hè ❶ 动〈文〉鸟往高处飞去。○ ❷ 古同"鹤"。

喝 hè 动 大声叫嚷 ▷大～一声｜～令｜～彩。另见 548 页 hē。

【喝彩】hècǎi 动 大声喊好，表示赞赏 ▷全场～｜～声不断。☛ 不要写作"喝采"。

【喝倒彩】hèdàocǎi 喊倒好儿 ▷初次登台演出，她偶然唱错一句，不该给她～◇广大网友都对他的信口开河～。☛ 不要写作"喝倒采"。

【喝道】hèdào 动 古代官员外出时，前面引路的差人喝令行人回避或让路。

【喝令】hèlìng 动 大声地命令 ▷～大家让开。

【喝问】hèwèn 动 大声责问。

赫[1] hè ❶ 形 显明；盛大 ▷显～｜～～有名。○ ❷ 名 姓。

赫[2] hè 量 赫兹的简称 ▷千～｜兆～。

【赫赫】hèhè 形 显耀盛大的样子 ▷名声～。

【赫赫有名】hèhè-yǒumíng 名声非常显赫。

【赫连】hèlián 名 复姓。

【赫然】hèrán〈文〉❶ 形 形容非常醒目或令人惊讶的样子 ▷～在目。❷ 形 形容盛怒的样子 ▷～大怒。❸ 形 形容显赫的样子 ▷权势～。

【赫哲族】hèzhézú 名 我国少数民族之一。主要分布在黑龙江。

【赫兹】hèzī 量 频率法定计量单位，物体每秒振动 1 次为 1 赫兹。因纪念首先用实验证明电磁波存在的德国物理学家赫兹，故称。简称赫。

熇 hè 形〈文〉火热；炽盛。

褐 hè ❶ 名〈文〉用兽毛或粗麻制成的衣服 ▷无衣无～｜裋(shù)～。→ ❷ 形 棕③ ▷～色｜～藻。☛ 统读 hè，不读 hé。

【褐马鸡】hèmǎjī 名 鸟，体长约 1 米，乌褐色，眼周裸出，呈红色，耳、颏和上喉部羽毛白色。属我国特有珍禽，国家保护动物。也说鹖(hé)鸡。参见插图 5 页。

【褐煤】hèméi 名 煤的一种。褐色或灰黑色，含有较多的水分。除可作燃料外，还可提炼汽油、煤油和焦油等。

【褐色】hèsè 名 棕色。

【褐铁矿】hètiěkuàng 名 含铁的矿物。褐色或黄棕色，多呈块状。是炼铁的原料。

【褐土】hètǔ 名 褐色土壤。土质较黏，肥力较高。我国的褐土主要分布在华北、东北和西北部分地区。

【褐藻】hèzǎo 名 藻类植物的一类，藻体一般为多细胞，呈黄褐色或深褐色，有些种类体形很大。主要分布在海中，寒冷地区的海中尤其繁盛。种类很多，常见的有海带、鹿角菜、裙带菜等。

鹤(鶴) hè 名 鸟，头小，颈、嘴和腿都很长，翼大善飞，羽毛白色或灰色。生活在水边。种类很多，常见的有丹顶鹤、灰鹤等，都属国家保护动物。☛ 统读 hè，不读 háo。

【鹤发童颜】hèfà-tóngyán 像鹤的羽毛一样雪白的头发，像孩童一样红润的脸庞。形容老年人气色好，身体健康。

【鹤立】hèlì ❶ 动 像鹤一样高高地挺立着 ▷古松～。❷ 动 引颈站立；翘首企盼 ▷～远眺。❸ 动 肃立 ▷全场静默～。

【鹤立鸡群】hèlì-jīqún 鹤立于群鸡当中显得特别高。多比喻人的才能或仪表出众。

翯 hè［翯翯］hèhè 形〈文〉形容羽毛洁白而有光泽的样子 ▷白鸟～。

壑 hè ❶ 名 山谷 ▷千山万～｜丘～。→ ❷ 名 深沟或大坑 ▷沟～｜以邻为～。☛ 统读 hè，不读 huò。

hēi

黑 hēi ❶ 形 形容颜色像煤一样(跟"白"相对) ▷头发真～｜乌～。→ ❷ 形 光线昏暗 ▷屋里太～｜～灯瞎火｜昏～。❸ 名 夜晚 ▷起早贪～。→ ❹ 形 与"白"对举，比喻是非

或善恶 ▷～白不分。⇒ ❺ 形 坏；恶毒 ▷心～|心毒手～。⇒ ❻ 动 欺骗、坑害或暗中攻击 ▷这事我不懂，你可别～我|他被人～了一笔钱。⇒ ❼ 形 隐秘的；非法的 ▷～话|～货|～市。⇒ ❽ 形 象征反动 ▷～帮|～社会。〇 ❾ 名 姓。☛ ㊀统读 hēi，不读 hè。㊁"黑"处在字左时，第八画横要改写成提（㇀），如"黔""默"。

【黑暗】hēi'àn ❶ 形 没有光亮 ▷～潮湿的地下室。❷ 形 象征腐败、反动 ▷～的旧社会。

【黑白】hēibái ❶ 名 黑色和白色 ▷～分明。❷ 名 比喻是非、善恶 ▷～混淆。❸ 区别 非彩色的（跟"彩色"相区别）▷～电视机|～片|～照片。

【黑白电视机】hēibái diànshìjī 屏幕上显示的图像只有黑、白颜色的电视机。

【黑白片】hēibáipiàn 名 银幕上放映的图像只有黑、白颜色的影片。口语中也说黑白片儿（piānr）。

【黑斑】hēibān 名 黑色的斑点或斑纹。

【黑斑病】hēibānbìng 名 甘薯、甜菜、仙人掌等植物的病害。由真菌引起，得病植物的叶子、茎、块根上出现黑褐色的斑点。

【黑板】hēibǎn 名 用木板或磨砂玻璃等制成的可以用粉笔等写字的黑色或墨绿色平板，用作教学或宣传工具。

【黑板报】hēibǎnbào 名 工厂、机关、学校等办的一种写在黑板上的小报。

【黑板擦】hēibǎncā 名 板擦儿。

【黑帮】hēibāng 名 秘密的反动组织、犯罪团伙和黑社会帮派等；也指这些组织、团伙、帮派中的成员 ▷～元凶|～爪牙|铲除～。

【黑榜】hēibǎng 名 正式公布的、列有不良记录的人或单位等的名单 ▷上班无故迟到、早退的人都上了公司的～|～上列了 10 种质量不合格的产品。

【黑不溜秋】hēibuliūqiū 形〈口〉形容颜色黑得不好看 ▷来了一个～的傻大个儿。☛ 不宜写作"黑不溜湫""黑不溜偢""黑不溜鳅""黑不溜球"。

【黑材料】hēicáiliào 名 为诬陷别人而在暗中搜集或编造的材料。

【黑茶】hēichá 名 茶叶的一大类。以较老的毛茶为原料，经较长时间发酵制成，色泽油黑或黑褐色，汤色橙黄。主要产于湖南、湖北、广西、云南等地。

【黑潮】hēicháo ❶ 名 北太平洋西部流势最强的暖流。由北赤道海流在菲律宾群岛以东向北转向而形成。主流沿台湾岛东岸、琉球群岛西侧北流，再沿日本群岛东岸流向东北。因暖流的水呈蓝黑色，故称。也说日本暖流。❷ 名 黑色的潮流。借指反动的潮流。

【黑车】hēichē 名 没有有效证件的或非法行驶、运营的车辆；也指来路不正的车辆。

【黑沉沉】hēichénchén 形 形容十分黑暗或昏暗 ▷天色～的。☛ 不宜写作"黑沈沈"。

【黑吃黑】hēichīhēi 从事非法活动的团伙或个人之间为争夺赃款赃物、势力范围等而相互倾轧、争斗 ▷这两个团伙为了独霸这一带的毒品交易，经常～，大的火并就发生了三次。

【黑船】hēichuán 名 没有有效证件的或非法航运的船只；也指来路不正的船只。

【黑道】hēidào ❶ 名 黑夜没有光亮的路 ▷胆小怕走～。❷ 名 指黑社会或带有黑社会性质的犯罪团伙等（跟"白道"相对，③同）▷打入～|心狠手辣的～人物。❸ 名 非法的秘密行径或途径 ▷～交易|通过～走私汽车。

【黑灯瞎火】hēidēng-xiāhuǒ 形容黑夜没有灯光或星月 ▷～的，走道儿当心点儿。☛ 不宜写作"黑灯下火"。

【黑地】hēidì 名 没有经主管部门登记在册的土地。

【黑店】hēidiàn ❶ 名 旧指谋财害命的客店。❷ 名 没有营业执照，非法经营的商店、客店等。

【黑貂】hēidiāo 名 紫貂。

【黑洞】hēidòng ❶ 名 科学上预言存在的一种天体。它有巨大的引力场，有一个封闭的视界，外来的辐射和物质可以进入它的视界以内，而它自身视界内的任何物质却不能跑到外面。因此人们只能根据引力作用来预测它的存在而不能真正地看到它。❷ 名 比喻隐藏在社会深层的庞大的黑暗势力。

【黑洞洞】hēidòngdòng 形 形容没有光线或光线很暗 ▷地下室里～的，什么也看不见。

【黑豆】hēidòu 名 大豆的一种，表皮黑色，多用作饲料。

【黑恶势力】hēi'è shìlì 指带有黑社会性质的邪恶的犯罪集团。

【黑粉菌】hēifěnjūn 名 一种寄生真菌。寄生在植物上，呈黑色粉状孢子堆，对谷类作物危害很大。

【黑咕隆咚】hēigulōngdōng 形〈口〉形容光线黑暗或物体颜色很黑 ▷屋里～的|前面有个～的东西。☛ 不宜写作"黑鼓隆咚""黑古龙冬"。

【黑管】hēiguǎn 名 单簧管。

【黑光灯】hēiguāngdēng 名 以辐射紫外线为主的低压汞蒸气荧光灯。农业上常用来诱杀害虫。

【黑乎乎】hēihūhū ❶ 形 形容颜色发黑或光线昏暗 ▷两只手～的|仓库里～的。❷ 形 形容成堆或成片密集的人或物模糊不清 ▷～的

一大片，分不清谁是谁。☛ 不宜写作"黑糊糊""黑忽忽"。

【黑户】hēihù ❶ 名 在居留地没有户籍或没有在户籍管理部门办理居留手续的住户。❷ 名 借指没有合法经营权的经营单位。

【黑话】hēihuà 名 帮会、盗匪、流氓团伙等所使用的只有同伙才能听懂的暗语。

【黑货】hēihuò ❶ 名 指偷漏税款或违犯禁令的货物 ▷查抄～|偷运～。❷ 名 借指反动腐朽的思想、文化等 ▷贩卖封建主义的～。

【黑胶绸】hēijiāochóu 名 莨(liáng)绸。

【黑金】hēijīn 名 用于犯罪活动(多指官商勾结活动)的钱 ▷潜规则必然导致～交易|寻租就是追逐～。

【黑金子】hēijīnzi 名 指具有宝贵能源价值的煤炭或石油。

【黑颈鹤】hēijǐnghè 名 鸟，头顶有红色肉冠，因头和颈部黑色，故称。身体的羽毛灰白色，翅膀后缘和尾部的羽毛黑色。生活在高原湖泊和沼泽地带，以鱼、蛙、螺和昆虫等为食。属国家保护动物。

【黑科技】hēikējì 名 指超越现有科技水平、出乎大众想象而突然出现的技术及其产品。

【黑客】hēikè 名 英语 hacker 音译。原来指精通计算机软件技术的专家；现在多指善于编制计算机程序，侵入对方电脑系统进行攻击破坏或窃取资料的人。也说骇客。

【黑牢】hēiláo 名 阴森黑暗的牢房；也指非法私设的牢房。

【黑脸】hēiliǎn ❶ 动 脸色变得阴沉 ▷他一不高兴就～，挺吓人的。❷ 名 古典戏曲中象征正直和铁面无私之人的黑头脸谱；借指刚正不阿的人；也借指态度严厉的人(多跟"白脸"连用，且相对) ▷京剧中的包公是典型的～|执法从严，敢唱～|他俩每次批评儿子时，都是一个扮～，一个扮白脸。

【黑亮】hēiliàng 形 乌黑发亮 ▷一头～柔顺的长发。

【黑溜溜】hēiliūliū 形 形容乌黑发亮的样子 ▷转动着一双～的大眼珠。

【黑马】hēimǎ 名 英国小说《年轻的公爵》中，描述了一匹素不引人注意的黑马在一次赛马中出人意料地夺魁。后用"黑马"借指比赛或竞争中出现的出人意料的优胜者或强有力的对手 ▷这届锦标赛冲出了一匹～。

【黑麦】hēimài 名 一年或二年生草本植物，叶子细长而尖，花穗跟小麦相似，抗寒和抗旱能力很强。籽实可食用或做饲料。我国东北、西北一带均有种植。

【黑茫茫】hēimángmáng 形 形容一片漆黑，无边无际 ▷冲入～的太空。

【黑霉】hēiméi 名 霉菌的一种。初生为白色茸毛，菌丝顶端逐渐长成球形的孢子囊，囊内有许多黑色孢子。多生长在腐败的馒头、面包、水果等有机物上。

【黑蒙蒙】hēiméngméng 形 形容光线昏暗，模糊不清 ▷前边～的什么也看不清。

【黑米】hēimǐ 名 稻米的一种，黑色。可煮粥，也可酿酒。古人称为贡米，专供帝王食用。

【黑面】hēimiàn 名 麸子含量较多，颜色微黑的面粉 ▷白面包饺子，～蒸馒头。

【黑面包】hēimiànbāo 名 用黑麦面或青稞面烤制成的面包。

【黑名单】hēimíngdān ❶ 名 反动统治者或反动集团等为确定迫害对象而暗中开列的名单。❷ 名 主管部门开列的严重违规单位或质量低劣产品等的名单。这种名单通过一定途径向社会公布 ▷无良商户～|伪劣产品～。

【黑木耳】hēimù'ěr 名 木耳。

【黑幕】hēimù 名 黑暗的内幕；隐秘而丑恶的内情 ▷～重重|人们还不了解其中的～。

【黑奴】hēinú 名 黑人奴隶；欧美殖民主义者对黑种人的蔑称。

【黑啤酒】hēipíjiǔ 名 用黑大麦酿制成的啤酒，颜色深黑，酒味比一般啤酒重。原产于德国、丹麦等国。

【黑屏】hēipíng ❶ 名 指计算机、手机等因操作系统严重错误而出现的显示屏变黑的情况。❷ 动 计算机、手机等的显示屏变为黑色状态，致使无法继续操作。

【黑漆漆】hēiqīqī 形 形容很黑很暗 ▷外面～的，伸手不见五指。

【黑钱】hēiqián 名 非法得来的钱。

【黑枪】hēiqiāng ❶ 名 非法收藏的枪支。❷ 名 乘人不备暗中射出的枪弹 ▷挨～|打～。

【黑黢黢】hēiqūqū 形 形容很黑 ▷地道里～的。

【黑热病】hēirèbìng 名 由黑热病原虫引起的寄生虫病。通过白蛉叮咬传播。症状是长期不规则发烧，肝脾肿大，白细胞减少，贫血，鼻或牙龈出血等。

【黑人】hēirén ❶ 名 黑种人。○ ❷ 名 没有户籍的人。

【黑色】hēisè ❶ 名 黑的颜色。❷ 区别 象征非法的 ▷～收入|～交易。

【黑色火药】hēisè huǒyào 我国古代四大发明之一。由硝酸钾(75%)、硫(10%)、木炭(15%)混合制成的火药。黑色，颗粒状，爆炸时产生很大的烟雾。用于军事、打猎或爆破，也用于制造爆竹。

【黑色金属】hēisè jīnshǔ 铁、锰和铬的统称。包括钢和其他以铁为主的合金。是工业中应用最广泛的金属材料。

【黑色食品】hēisè shípǐn 含有天然黑色素，外观黑色或黑褐色、黑紫色的粮食、菌类、调味品等的统称。如黑米、黑芝麻、木耳、香菇、豆豉等。

【黑色素】hēisèsù 名 皮肤、毛发和眼球虹膜所含的一种色素。黑色素含量的多少，决定了这些组织颜色的深浅。

【黑色幽默】hēisè yōumò 20 世纪 60 年代在美国兴起的文学流派。大多描写小人物处于困境中的玩世不恭，用一些荒谬滑稽的事件来衬托乖僻的行为，在冷嘲热讽之余流露出人物的悲观、苦闷和无奈。

【黑森森】hēisēnsēn ❶ 形 形容黑暗阴森 ▷～的地牢。❷ 形 形容黑而浓密的样子 ▷～的树林。

【黑纱】hēishā 名 黑色的纱或布；现常用作哀悼死者的标志 ▷追悼会上，人们左臂上戴着～。

【黑哨】hēishào 名 指某些球类比赛中，裁判员为获取非法利益等而故意偏袒某一方的裁判行为。因裁判时吹哨，故称。

【黑社会】hēishèhuì 名 进行犯罪活动和其他非法活动的秘密社会集团。内部组织严密，作案手段残忍，行为与活动具有强烈的掠夺性、寄生性和反社会性。

【黑市】hēishì 名 暗中进行非法买卖活动的场所 ▷～交易|取缔～。

【黑手】hēishǒu 名 借指暗中进行阴谋活动或在背后指挥、操纵别人干坏事的人或势力。

【黑手党】hēishǒudǎng 名 起源于意大利西西里岛的跨国秘密犯罪集团。因曾在行动后留下黑手印，故称。19 世纪传入美国，后来散布到很多国家。从事恐怖、绑架、走私、贩毒、讹诈、烧杀抢掠、贩卖人口等罪恶活动。

【黑瘦】hēishòu 形 又黑又瘦 ▷战士们从抗洪前线归来，一个个～～的。

【黑死病】hēisǐbìng 名 鼠疫。

【黑穗病】hēisuìbìng 名 小麦、高粱和玉米等易得的一种病害，病患部位产生很多黑色粉末。也说黑疸病、黑粉病。

【黑糖】hēitáng 名 红糖。

【黑陶】hēitáo 名 新石器时代晚期大汶口文化和龙山文化遗址发现的一种陶胎较薄，表面漆黑光亮的陶器。

【黑体】hēitǐ ❶ 名 汉字印刷字体的一种，笔画粗而均匀，起笔收笔皆呈方形（跟"白体"相区别）。○ ❷ 名 物理学上指能全部吸收外来电磁辐射而无反射或透射的理想物体。

【黑天】hēitiān 名 某些地区指夜晚。

【黑天鹅事件】hēitiān'é shìjiàn 17 世纪时在澳大利亚首次发现黑天鹅，因而颠覆了人们认为天鹅都是白色的传统认知。后来人们常将难以预测、非同寻常、负面影响巨大的事件称作"黑天鹅事件"，有时也简称"黑天鹅"。

【黑头】hēitóu 名 戏曲中净角的一种，重唱功。因勾黑色脸谱，故称。起初专指扮演包公的角色，后泛指偏重唱功的花脸。

【黑土】hēitǔ 名 黑色土壤。腐殖质含量高，养料丰富，土质肥沃。我国的黑土主要分布在东北地区。

【黑窝】hēiwō ❶ 名 指不法分子暗中聚集、从事违法犯罪活动的地方 ▷铲除传销组织的～。也说黑窝点。❷ 名 指暗无天日的地方 ▷那是个藏污纳垢的～，你去了千万要提高警惕。

【黑匣子】hēixiázi 名 指飞行记录仪。飞机上的一种记录设备，装在黑色的匣子里，分飞行数据仪和驾驶舱语音记录仪两种，能自动记录并保存飞行情况的各种数据、机内对话与地面通信、时间等，供飞行实验、事故分析用。黑匣子耐高温高压，防水防腐。现代飞机的黑匣子多为橙色或黄色，但习惯上仍叫黑匣子。

【黑箱操作】hēixiāng-cāozuò 暗箱操作。

【黑心】hēixīn ❶ 名 阴险毒辣的心肠 ▷他见钱眼开，起了～。❷ 形 心肠阴险毒辣 ▷他太～了。

【黑信】hēixìn 名 不具真实姓名的诬告信或恐吓信。

【黑猩猩】hēixīngxing 名 哺乳动物，直立时可高达 1.5 米，全身披黑毛，面部灰褐无毛，眉骨高，耳大眼凹，犬齿发达，有智力，是和人类最相似的高等动物。群居非洲森林中，以野果、昆虫等为食。

【黑熊】hēixióng 名 哺乳动物，身体肥大，尾巴短，脚掌厚大，爪有钩，胸部有新月形白斑，全身其余部分为黑色。会游泳，能爬树，也能直立行走，有冬眠习性。属国家保护动物。也说狗熊。

【黑魆魆】hēixūxū 形 形容光线很暗 ▷屋里～的。

【黑压压】hēiyāyā 形 形容人或物多而密集成片的样子 ▷广场上聚集了～的人群|成群的候鸟～地铺满了整个山崖。☛ 不宜写作"黑鸦鸦"。

【黑眼珠】hēiyǎnzhū 名 眼球中的黑色部分。

【黑夜】hēiyè 名 夜晚 ▷漫漫～|不分白天～连着干。

【黑衣法官】hēiyī fǎguān 足球比赛的裁判员。因履行裁判职责时多穿黑色裁判服，故称 ▷绿茵场上，～应该执法如山。

【黑影】hēiyǐng 名 影子；黑色的身影。

【黑油油】hēiyóuyóu 形 黑得发亮 ▷头发～的。

【黑黝黝】hēiyǒuyǒu ❶ 见本页"黑油油"。现在一般写作"黑油油"。❷ 形 光线发暗，看不清楚 ▷淡淡的月光下，西边的群山～的。☛ 不宜写作"黑幽幽""黑悠悠"。

【黑鱼】hēiyú 名 鳢。

【黑枣】hēizǎo 名 落叶乔木,叶子椭圆形,花暗红色或绿白色。果实也叫黑枣,球形或椭圆形,指头肚儿大小,初为绿色,成熟后呈黄色,贮藏一段时间变为黑色。味甜,可食用,也可做药材。

【黑痣】hēizhì 名 皮肤上的黑色或棕色斑点或小疙瘩。

【黑种人】hēizhǒngrén 名 属黑色人种的人。主要分布在非洲及美洲、大洋洲和亚洲东南部。也说黑人。参见 1157 页“人种”。

【黑竹】hēizhú 名 紫竹。

嗨[1] hēi 义同“嗨(hāi)”①。

嗨[2] hēi 同“嘿(hēi)”。

另见 530 页 hāi。

嘿 hēi ❶ 叹 a)表示得意或赞叹 ▷~,就凭咱们队的实力,这场球准赢|~,真了不起! b)表示惊讶 ▷~,我的自行车怎么不见了? |~,你怎么来了? ◯ ❷ 拟声 模拟笑声(多叠用) ▷~~地傻笑|~~地冷笑了两声。

另见 971 页 mò。

镙(鍶) hēi 名 金属元素,符号 Hs。有强放射性,化学性质近似锇,由人工核反应获得。

hén

痕 hén ❶ 名 伤口或疮口愈合后的印迹 ▷伤~|瘢~。→ ❷ 名 痕迹 ▷泪~|裂~。

【痕迹】hénjì 名 物体留下的印痕;残存的迹象 ▷手抓的~|水灾的~还没消除。也说印迹。

hěn

佷 hěn〈文〉❶ 形 凶狠。→ ❷ 形 刚愎;倔强。

诅(詛) hěn〈文〉❶ 形 形容言语不合情理。→ ❷ 形 形容性情执拗,不顺从。

很 hěn 副 表示程度较高 ▷天~黑|~幸福|~喜欢|~伤我的心|不~好|~不好。

狠 hěn ❶ 形 凶恶;残暴 ▷暴徒的手段真~|心~手辣|~毒|凶~。→ ❷ 形 严厉而坚决 ▷人要有股子~劲儿|下~心。❸ 动 抑制情感;不犹豫(多叠用,或叠用中间加“了”) ▷他~了~心,跟她分手了。→ ❹ 同“很”(多见于近代汉语)。

【狠毒】hěndú 形 凶狠毒辣 ▷手段~。

【狠狠】hěnhěn 副 表示凶狠或严厉 ▷~地揍了他一顿|~地教训了他一番。

【狠劲】hěnjìn 名 很大的力量 ▷拧螺丝别用~|~一拧,盖子打开了。

【狠辣】hěnlà 形 凶狠毒辣 ▷出手~。

【狠命】hěnmìng 副 竭尽全力地;拼命地 ▷~地打|~地咬了他一口。

【狠心】hěnxīn ❶ 形 硬着心肠;心地残忍 ▷~地打孩子|~的强盗。❷ 动 下定决心,不再考虑其他 ▷他掉转头来,一~,坚决走了。❸ 名 极大的决心 ▷发~|下~。

【狠心狼】hěnxīnláng 名 借指心肠狠毒的人。

【狠抓】hěnzhuā 动 下大力气去做或领导(某事) ▷~质量|~环境保护。

hèn

恨 hèn ❶ 动 怨;仇视 ▷~那些坏人|~之入骨|怨~|仇~。→ ❷ 名 冤仇 ▷报仇雪~|新仇旧~。◯ ❸ 动〈文〉遗憾;懊悔 ▷遗~|~事|相见~晚。

【恨不得】hènbude 动 强烈而急切地希望(做成某事或出现某种情况) ▷一听说儿子病了,她~立刻飞到他身边。也说恨不能。

【恨人】hènrén 形 形容让人生气或怨恨 ▷让他干啥也干不成,太~了!

【恨事】hènshì 名 遗憾的事情 ▷没有教育好子女,是我终生的~。

【恨铁不成钢】hèn tiě bù chéng gāng 比喻对自己期望成材的人不能如愿而十分焦急。

【恨之入骨】hènzhīrùgǔ 形容极端痛恨。

hēng

亨[1] hēng ❶ 形 通达;顺利 ▷~通。◯ ❷ 名 姓。

亨[2] hēng 量 亨利的简称。☛ ㊀“亨”字统读 hēng,不读 héng。㊁跟“享”不同。

【亨利】hēnglì 量 电感法定计量单位,电路中电流强度在 1 秒钟内的变化为 1 安培、产生的电动势为 1 伏特时,电感为 1 亨利。为纪念美国物理学家亨利而命名。简称亨。常用的电感单位是毫亨,1 毫亨等于 0.001 亨利。

【亨通】hēngtōng 形 顺利畅达 ▷万事~。

哼 hēng ❶ 拟声 模拟鼻子里发出的声音 ▷~~唧唧。→ ❷ 动 呻吟 ▷一声也不~|疼得直~~。→ ❸ 动 低唱或吟咏 ▷嘴里~着歌|这些歌都是跟着电视~会的。

另见 565 页 hèng;565 页 heng。

【哼哧】hēngchī 拟声 模拟人或动物粗重的喘息声 ▷3000 米跑下来,他~~地喘个不停。

【哼儿哈】hēngrhā 拟声 模拟从鼻子和嘴里发出的含糊的应答声音。多用来形容对他人说话漫不经心的应付态度；也形容对他人一味顺从的神态 ▷你说得那么认真，他却～地不往心里去｜老板说什么他都～应承。

【哼哈二将】hēnghā-èrjiàng 原指佛教寺庙中守门的两尊凶神。一叫郑伦，能从鼻中哼出白气；一叫陈奇，能从口中哈出黄气。后多用来比喻某头目手下的两个得力干将。

【哼哼】hēngheng ❶ 拟声 模拟病痛时从鼻子里发出的声音 ▷病人的～声，一会儿大，一会儿小。❷ 动 病痛时从鼻子里发出声音 ▷疼得他直～。

【哼唧】hēngji ❶ 拟声 模拟低声说话、唱歌或吟咏时不清晰的声音(多叠用) ▷～～地说了半天，谁也听不清｜一个人坐在那里，哼哼唧唧地唱歌。❷ 动 不清晰地低声说话、唱歌或吟咏 ▷声音太小，不知你～什么。

【哼唷】hēngyāo，又读 hēngyō 叹 许多人同时从事同一项重体力劳动(如打夯或抬木头等)时用来协调动作而发出的有节奏的呼应声 ▷～，～，纤夫们唱着号子，把船拉到了岸边。

脝 hēng 见 1038 页“膨脝”。

héng

行 héng 见 286 页“道行”。
另见 541 页 háng；542 页 hàng；1536 页 xíng。

恒(*恆) héng ❶ 形 长久；固定不变的 ▷～温｜永～。→ ❷ 名 恒心 ▷持之以～｜有～。→ ❸ 形 经常；通常 ▷～言。○ ❹ 名 姓。☛ 跟“桓(huán)”“垣(yuán)”不同。

【恒产】héngchǎn 名 相对固定不变的产业，即不动产，如房屋、田地等。

【恒常】héngcháng 副 平常；经常 ▷～未见有人来此｜这样的事～发生。

【恒等式】héngděngshì 名 未知数在允许值范围内取任何数值，都能使等号两边的值相等的方程式。如$(x+y)(x-y)=x^2-y^2$。

【恒定】héngdìng 形 永恒固定的。

【恒河沙数】hénghé-shāshù 比喻数量多得像恒河里的沙子一样无法计数(恒河：印度的一条大河)。

【恒久】héngjiǔ 形 长久；永久。

【恒量】héngliàng 名 常量①。

【恒湿】héngshī 名 基本不变的湿度 ▷实验室要保持～。

【恒温】héngwēn 名 基本不变的温度 ▷孵鸡要在～中进行。

【恒温动物】héngwēn dòngwù 有完善的体温调节机制，在环境温度变化的情况下仍能保持体温相对稳定的动物(跟“变温动物”相区别)。如哺乳动物和鸟类。也说热血动物、温血动物。

【恒心】héngxīn 名 持久不变的意志 ▷要想成功，就得有～。

【恒星】héngxīng 名 由炽热气体组成，自身能发光的天体。如太阳、织女星等星体。因古人认为它们的位置恒定，故称。

【恒星年】héngxīngnián 名 太阳在天球上连续两次通过某一恒星所经历的时间。一恒星年是 365 天 6 小时 9 分 10 秒。

【恒星系】héngxīngxì 名 无数恒星的集合，如银河系和河外星系等。简称星系。

【恒性】héngxìng 名 持之以恒的品性。

【恒牙】héngyá 名 人和多数哺乳动物乳牙脱落后长出的牙齿。恒牙脱落后不能再生。人的恒牙全部长齐共 32 颗。

姮 héng [姮娥] héng'é 名 〈文〉嫦娥。

珩 héng 名 古代指一组玉佩上端横着的玉，形状像磬而较小。

【珩磨】héngmó 动 一种金属加工方法。用油石组成磨具，在工件内往复或旋转着研磨，以提高工件的精度和光洁度。

桁 héng 名 檩 ▷～木｜～架｜屋～。

【桁架】héngjià 名 骨架式的承重结构，由杆件组成，多为三角形，用在房屋、桥梁等建筑中，跨越空间承受重量。

鸻(鴴) héng 名 鸟，体小，羽色浅，多为沙灰色而缀有黄、褐等色斑纹，嘴短而直，腿细长，适于涉水。

横 héng ❶ 形 跟水平面平行的(跟“竖”“直”相对) ▷～梁｜～额｜～空。→ ❷ 形 东西方向的(跟“纵”相对，⑥同) ▷陇海铁路～跨我国中部。❸ 形 不顺情理的；蛮不讲理的 ▷～加干涉｜～行霸道。→ ❹ 形 左右方向的(跟“竖”“直”“纵”相对) ▷～笛｜～排本｜～队｜～批｜～幅。❺ 名 汉字的笔画，平着由左到右，形状是“一” ▷“王”字是三～一竖。→ ❻ 形 跟物体的长边垂直的 ▷～渡长江｜～穿马路｜～断面。→ ❼ 动 把长形物体横向摆放或把持 ▷把尺子～过来｜～刀立马。→ ❽ 形 杂乱 ▷蔓草～生｜血肉～飞。☛ ㊀读 héng，基本意义是形容方向的，与直、竖、纵相对，如“横向”；读 hèng，专指蛮不讲理和不正常，如“蛮横”“飞来横祸”。㊁“横(héng)”③跟“横(hèng)”①意思相近，但只用于成语或文言词中。
另见 565 页 hèng。

【横比】héngbǐ 动 将性质、类型接近的不同事物或情况作横向对比 ▷纵比看变化，～找差距。

【横匾】héngbiǎn 名 横写的匾额。也说横额。

【横标】héngbiāo 名 横幅的标语或横着的标牌等。

【横波】héngbō ❶ 名〈文〉横流的水；比喻女子流转生姿的眼神。○ ❷ 名 物理学上指质点的振动方向与波的传播方向垂直的波（跟“纵波”相区别）。

【横冲直撞】héngchōng-zhízhuàng 乱冲乱撞。形容行为鲁莽，没有顾忌或凶悍勇猛。

【横穿】héngchuān 动 横向穿过 ▷～马路。

【横裆】héngdāng 名 裤子上围绕大腿根部一周的尺寸；也指裤子的这个部位。

【横倒竖歪】héngdǎo-shùwāi 形容人坐卧或东西存放的状态歪斜杂乱 ▷几个醉汉～地躺在大床上｜赌窝里的桌椅～。

【横笛】héngdí 名 笛子。

【横渡】héngdù 动 从江河湖海的此岸到达彼岸 ▷万里长江～｜～英吉利海峡。

【横断】héngduàn 动 从垂直于物体轴心线的方向截断 ▷把木料～成三截。

【横断面】héngduànmiàn 名 横断物体时切断处的平面。也说横切面、横剖面、横截面。

【横队】héngduì 名 横向排列的队形。

【横额】héng'é 名 横匾。

【横幅】héngfú ❶ 名 幅面左右宽、上下窄的书画、标语、锦旗、会标等（跟“条幅”相区别）▷墙上挂一～。❷ 名 指布帛、呢绒等的宽度 ▷这块布料～三米多。

【横膈膜】hénggémó 名 膈的旧称。

【横亘】hénggèn 动 横向延伸 ▷雪峰～天际｜大桥～江面。

【横贯】héngguàn 动 横向贯穿 ▷两道绚丽的彩虹～苍穹。

【横加】héngjiā 动 强横地施加 ▷～拦阻。

【横街】héngjiē 名 由主要马路分岔出来的较窄的街道；东西向的街 ▷～窄巷。

【横空】héngkōng 动 横亘在天空 ▷长虹～，好像一座彩色的大桥。

【横空出世】héngkōng-chūshì 横亘天空，超出凡世。形容超群出众。

【横跨】héngkuà 动 跨越（多指两个不同的空间或时间）▷～欧亚大陆｜～两个世纪。

【横联】hénglián ❶ 名 横批。○ ❷ 动 横向联合。

【横梁】héngliáng 名 建筑中指水平方向承重的长条形构件。

【横列】hénglìè 名 横排的行列。

【横流】héngliú ❶ 动 水往四处流淌；泛滥 ▷山洪暴发，河水～◇物欲～。❷ 动 形容泪流满面 ▷试验终于成功，父亲激动得老泪～。

【横眉】héngméi 动 耸起眉毛。形容怒目而视 ▷～怒目。

【横眉冷对】héngméi-lěngduì 怒目而视，冷峻地面对 ▷～千夫指，俯首甘为孺子牛。

【横眉怒目】héngméi-nùmù 形容愤怒或强横（hèng）的神情。也说横眉立目、横眉竖眼。

【横楣】héngméi 名 门框、窗框上端的横木。

【横拍】héngpāi 名 乒乓球运动中一种握拍方式。以中指、无名指、小指握住球拍柄，拇指在球拍正面，食指斜放在球拍背面（跟“直拍”相区别）。

【横排】héngpái ❶ 动 横向排列；横向排印 ▷～成一队｜《全唐诗》～重印。❷ 名 横排的行列 ▷战士排成了一个～。

【横批】héngpī 名 跟对联相配的横幅。一般由四个字构成，起画龙点睛或深化主题的作用。也说横联。

【横披】héngpī 名 横幅的字画，一般两端有轴 ▷～挂在客厅里。

【横七竖八】héngqī-shùbā 纵横交错，杂乱无序。

【横肉】héngròu 名 脸上凸起的使人看起来觉得凶恶的肌肉 ▷刽子手满脸～。

【横扫】héngsǎo ❶ 动 全面扫荡 ▷～千军如卷席｜～一切害人虫。❷ 动 扫视；两眼左右迅速移动着看 ▷～了大家一眼。

【横生】héngshēng ❶ 动 纵横交错、杂乱无序地生长 ▷杂草～。❷ 动 出乎意料地发生 ▷～事端。❸ 动 不断地出现 ▷百弊～。

【横生枝节】héngshēng-zhījié 比喻突然出现或插入一些枝节问题，干扰主要问题的顺利解决。

【横是】héngshi 副〈口〉表示揣测语气，相当于“也许”“大概” ▷这么晚了，他～不来了吧。

【横竖】héngshù 副 表示无论出现什么情况或条件，结果或结论都不会改变，相当于“反正” ▷债～是要还的，能按时还不是更好吗？

【横躺竖卧】héngtǎng-shùwò（人们）横七竖八地躺着；也形容东西杂乱无章地放着。

【横挑鼻子竖挑眼】héng tiāo bízi shù tiāo yǎn 比喻百般挑剔，处处乱挑毛病。

【横卧】héngwò 动 横躺着。

【横向】héngxiàng ❶ 区别 左右方向的；东西方向的（跟“纵向”相对）▷～发展｜亚欧大陆桥将成为世界上最长的～铁路通道之一。❷ 区别 平行的；没有隶属关系的 ▷～联合｜加强校际～交流。

【横心】héngxīn 动 狠下决心；决心豁出去 ▷他一～把院里的树砍了｜横下一条心。

【横行】héngxíng 动 依仗势力胡作非为 ▷～乡

里|看他～到几时？

【横行霸道】héngxíng-bàdào 形容仗势胡作非为,蛮横不讲理。

【横行无忌】héngxíng-wújì 胡作非为,无所顾忌。

【横痃】héngxuán 名 由下疳引起的腹股沟淋巴结肿胀、发炎的症状。也说便毒。

【横溢】héngyì ❶ 动 江河湖泊里的水泛滥 ▷暴雨过后,河水～。❷ 动 比喻人的才思等充分显露出来 ▷才华～。

【横越】héngyuè 动 横向跨越 ▷大桥～海峡。

【横征暴敛】héngzhēng-bàoliǎn 强行大量地征收苛捐杂税,搜刮民财。

【横直】héngzhí 副 某些地区指横竖 ▷不管多忙,～得去一趟。

【横坐标】héngzuòbiāo 名 平面上任何一点到纵坐标轴的距离叫做这一点的横坐标(跟"纵坐标"相对)。

衡 héng ❶ 名〈文〉秤;泛指称重量的器具。→ ❷ 动〈文〉称物体的重量 ▷～其轻重。❸ 动 斟酌;比较 ▷～情度理|权～利弊|～量。→ ❹ 形 平 ▷平～|均～。○ ❺ 名 姓。

【衡量】héngliáng 动 比较并评判;斟酌 ▷～轻重缓急|要仔细～以后再作决定。

【衡器】héngqì 名 称重量的器具。如天平、秤。

蘅 héng 见 342 页"杜蘅"。

hèng

哼 hèng,又读 hǹg ❶ 叹 表示鄙视或愤慨 ▷～,这些人真是胆大包天。→ ❷ 叹 表示威胁 ▷～,咱走着瞧!

另见 562 页 hēng;本页 heng。

啈 hèng ❶ 叹 表示发狠(多见于近代汉语)。○ ❷ 动 哄骗(多见于近代汉语) ▷休把人厮～。

堼 hèng 用于地名。如:堼店,古地名,在今湖南祁阳;东堼,在天津。

横 hèng ❶ 形 粗暴,不讲道理 ▷强～|蛮～。○ ❷ 形 意想不到的;不正常的 ▷～祸|发～财。☛ 以上意义不读 héng。

另见 563 页 héng。

【横暴】hèngbào 形 蛮横残暴 ▷手段野蛮～|骄奢～。

【横财】hèngcái 名 侥幸得来的或用不正当手段获得的钱财。

【横祸】hènghuò 名 意外遭遇的灾祸 ▷飞来～。

【横蛮】hèngmán 形 蛮横。

【横事】hèngshì 名 意外的事故或灾祸 ▷家有贤妻,男儿不遭～|没想到竟遭此～。

【横死】hèngsǐ 动 非正常死亡。如自杀、他杀或遭遇灾祸而死。

【横遭】hèngzāo 动 意外地或无辜地遭到 ▷～迫害|～不测。

heng

哼 heng,又读 hng 叹 表示不满或不相信 ▷～,他的话你也信!

另见 562 页 hēng;本页 hèng。

hōng

吽 hōng 佛教咒语用字。即佛教"六字真言"(唵、嘛、呢、叭、𡁠、吽)之一。

轰(轟) hōng ❶ 拟声 模拟巨大的声响 ▷～的一声巨响。→ ❷ 动 雷鸣、爆炸或炮击 ▷雷～电闪|大炮向敌人猛～|～炸。○ ❸ 动 驱赶 ▷把他～走|～鸡。

【轰动】hōngdòng 动 引起很多人的震惊和各方面的关注 ▷这个消息～了整个山城。☛ 不要写作"哄动"。

【轰动效应】hōngdòng xiàoyìng 引起各方面广泛关注和强烈反响的效果。

【轰赶】hōnggǎn 动 赶走;驱逐 ▷把牲口从麦地里～出来。

【轰轰烈烈】hōnghōnglièliè 形容气势雄壮浩大。

【轰击】hōngjī 动 用炮火攻击;雷电袭击 ▷～敌人机场|遭到霹雳～。

【轰隆】hōnglōng 拟声 模拟雷鸣、爆炸、机器开动、车轮滚动等的声音 ▷～～的雷声|～一声巨响,屋顶被炸飞了。

【轰鸣】hōngmíng 动 发出巨响 ▷雷声～。

【轰然】hōngrán 形 形容声响巨大 ▷炸药点燃后,旧楼～倒塌。☛ 跟"哄然"不同。"轰然"形容物体倒塌时发出的声音;"哄然"形容人发出的声音。

【轰响】hōngxiǎng 动 轰鸣。

【轰炸】hōngzhà 动 由航空器从空中向地面、水面或水下目标投放炸弹等爆炸性武器,进行袭击 ▷遭受敌机～◇铺天盖地的广告～。

【轰炸机】hōngzhàjī 名 从空中对地面、水面或水下目标实施轰炸的作战飞机。

哄 hōng ❶ 拟声 模拟许多人同时大笑的声音 ▷～的一声,观众都笑了。→ ❷ 动 很多人同时发声 ▷～抬物价|～堂大笑|～传。☛ 读 hòng,指吵闹,如"起哄";读 hǒng,指骗人或逗人,如"哄骗""哄孩子"。

另见 571 页 hǒng;571 页 hòng。

【哄传】hōngchuán 动 到处纷纷传说 ▷～那里出现过野人。

【哄闹】hōngnào 动 很多人一起喧闹 ▷聚众～。

【哄抢】hōngqiǎng 动 很多人一拥而上纷纷抢购或抢夺 ▷～一空。

【哄然】hōngrán 形 形容很多人一齐发出声音；纷乱喧闹 ▷～大笑。☛ 参见 565 页"轰然"的提示。

【哄抬】hōngtái 动（商人）争相抬高（价格）▷要制止～紧俏商品价格。

【哄堂大笑】hōngtáng-dàxiào 满屋人同时大笑 ▷引起～。☛ 不宜写作"轰堂大笑"。

【哄笑】hōngxiào 动 很多人同时大笑 ▷众人～了一阵。☛ 不宜写作"轰笑"。

訇 hōng ❶ 拟声〈文〉模拟很大的声音 ▷～然倒下。○ ❷ 见 1 页"阿(ā)訇"。☛ 统读 hōng，不读 hòng。

烘 hōng ❶ 动 烤（多指加热烤干或靠近火取暖）▷把衣服～干｜～手｜～箱｜～焙。○ ❷ 动 渲染；衬托 ▷～云托月｜～衬｜～托。

【烘焙】hōngbèi 动 用微火或电热烤，使干燥 ▷～茶叶。

【烘衬】hōngchèn 动 烘托映衬 ▷落日的余晖～着白塔。

【烘房】hōngfáng 名 专门用来烘干东西的屋子 ▷烟叶要在～里烘干。也说烘干房。

【烘干】hōnggān 动 烘烤使干燥 ▷在火炉旁坐会儿，淋湿的衣服就～了｜～机。

【烘干机】hōnggānjī 名 用来给谷物或衣物等除湿的机器。

【烘烘】hōnghōng 拟声 模拟火烧得很旺的声音 ▷火～地烧了起来。

【烘烤】hōngkǎo 动 用火或电热烤，使变熟或变干。

【烘篮】hōnglán 名 内有陶瓷火盆的竹篮，可用来烤暖手脚。

【烘笼】hōnglóng 名 罩在炉具上烘烤衣物的笼子，多用铁丝或竹片、柳条等编成。

【烘炉】hōnglú 名 用于烘干东西、烘烤食品或取暖的炉子。

【烘漆】hōngqī 名 涂于物体表面，经烘烤干燥才能成膜的漆。

【烘染】hōngrǎn 动 衬托渲染 ▷影片极力～战争的残酷。

【烘手机】hōngshǒujī 名 干手机。

【烘托】hōngtuō ❶ 动 绘画时，在画面物体景象外围用淡墨或淡彩加以点染，使物体景象鲜明突出。❷ 动 写作时从侧面着意描述，作为陪衬，使主要事物更加鲜明突出。❸ 动 陪衬；衬托 ▷红花有绿叶～才显得更鲜艳。

【烘箱】hōngxiāng 名 用于烘烤物品的箱状器具。

【烘云托月】hōngyún-tuōyuè 一种绘画技法。比喻描写渲染周围事物，以突出中心事物的写作手法。☛"烘"不要误写作"拱"。

【烘制】hōngzhì 动 烘烤制作 ▷用炭火～。

薨 hōng 动 古代称诸侯死亡；也称三品以上大官死亡。

hóng

弘 hóng ❶ 形 广大；广博。现在一般写作"宏"。→ ❷ 动 使广大；发扬 ▷～扬。

【弘扬】hóngyáng 动 大力宣传、发扬 ▷～民族文化｜～爱国主义传统。☛ 不要写作"宏扬"。

红（紅） hóng ❶ 形 形容颜色像鲜血一样 ▷～旗｜鲜～。→ ❷ 名 借指某些红色的织物、花、血等 ▷披～戴绿｜落～｜流～挂彩。❸ 形 象征喜庆 ▷～白喜事。❹ 形 象征成功或受到重视 ▷唱戏唱～了｜～人。❺ 名 指红利 ▷分～。→ ❻ 形 象征革命或政治觉悟高 ▷～军｜～心｜又～又专。○ ❼ 名 姓。☛ 读 hóng，基本意义形容颜色；读 gōng，现只用于"女红"，指妇女的针线活儿。

另见 477 页 gōng。

【红案】hóng'àn 名 厨师分工中属于烹调菜肴的工作（跟"白案"相区别）。也说菜案。

【红白喜事】hóngbái xǐshì 男婚女嫁的喜事和高寿老人去世的喜丧；泛指婚丧事。也说红白事。

【红斑】hóngbān ❶ 名 红色的斑点或斑纹 ▷两翅有～。❷ 名 红色的斑疹。

【红斑狼疮】hóngbānlángchuāng 名 自身免疫性疾病。主要症状是面部出现蝶形淡红色斑块，发烧，疲倦，关节酸痛等。患者多为女性。

【红榜】hóngbǎng 名 用红纸书写的光荣榜；泛指正式公布的、列有受表扬的人或单位等的名单 ▷见别人又上～又拿奖励，很是羡慕｜消费者的口碑是最好的～。

【红包】hóngbāo 名 包着钱的红纸包儿。用于喜庆时馈赠的礼金或给小孩儿的压岁钱；现也借指奖金、额外酬金或贿赂他人的钱。

【红宝石】hóngbǎoshí 名 红色透明的刚玉。硬度大，可做首饰、精密仪器的轴承等。

【红茶】hóngchá 名 茶叶的一大类。经全发酵制成的成品茶。色泽黑褐油润，汤色红艳。主要产于安徽、云南、海南、四川等地。

【红潮】hóngcháo ❶ 名 因害羞、醉酒或激动等而脸上泛起的红晕。❷ 名 赤潮。❸ 名 指妇女的月经。因如同潮水涨落一样有规律，故称。

【红尘】hóngchén ❶ 名〈文〉闹市的扬尘；借指繁华热闹的地方 ▷～滚滚｜～喧嚣，琐事烦心。❷ 名 佛教、道教等称人世间 ▷看破～。

【红丹丹】hóngdāndān 形 形容色彩红得鲜艳夺目 ▷～的山茶花。

【红灯】hóngdēng ❶ 名 红色的灯或灯笼。❷ 名设置在交叉路口的红色交通信号灯，红灯亮时表示车辆、行人须停止前进 ▷遵守交通规则，不要闯～。

【红灯区】hóngdēngqū ❶ 名 指某些国家、地区的城市中色情行业集中的街区。因色情场所的门外多有红灯标志，故称。○ ❷ 名 经济学上指存在损害、威胁或阻碍的状况。

【红点颏】hóngdiǎnké 名 歌鸲（qú）的一种。雄鸟喉部羽毛鲜红，眼上条纹白色；雌鸟喉部白色，眼上条纹淡黄色。叫声好听，是食虫益鸟。也说红靛颏儿、红喉歌鸲。

【红豆】hóngdòu ❶ 名 红豆树，常绿乔木，羽状复叶，小叶椭圆形，圆锥花序，荚果扁平，生长在亚热带。❷ 名 红豆树等植物种子的统称。颜色鲜红，我国古诗文多用以表达相思之情。也说相思豆。❸ 名 小豆。

【红粉】hóngfěn 〈文〉❶ 名 女子化妆用的胭脂和铅粉；借指美女 ▷～知己。❷ 名 指落花 ▷流水暗随～去。

【红汞】hónggǒng 名 汞溴红。

【红股】hónggǔ 名 上市企业作为红利赠送给股东的股票。

【红光满面】hóngguāng-mǎnmiàn 形容人的脸色红润而有光泽。

【红果儿】hóngguǒr ❶ 名 山楂。❷ 名 山里红。☛ 不要写作"红菓儿"。

【红黑榜】hóng-hēibǎng 红榜和黑榜的合称 ▷建立诚信～发布平台。

【红红绿绿】hónghónglǜlǜ 形 形容有红有绿，色彩丰富 ▷贴着～的欢迎标语。

【红花】hónghuā 名 一年生草本植物，叶互生，披针形，有尖刺；花也叫红花，黄红色，筒状，可以做药材。

【红花草】hónghuācǎo 名 紫云英。

【红火】hónghuo ❶ 形（场面）热闹；热烈 ▷龙灯赛会非常～｜桃花开得～。❷ 形（生计、事业）兴旺 ▷日子越过越～｜生意～。

【红极一时】hóngjí-yīshí 在一段时间里声名极盛。

【红教】hóngjiào 名 藏传佛教中宁玛派的俗称。公元 11—12 世纪创立，是藏传佛教中最早的教派。因该派喇嘛戴红色僧帽，故称。

【红军】hóngjūn ❶ 名 中国工农红军的简称。第二次国内革命战争时期中国共产党领导的军队。❷ 名 指 1946 年以前的苏联军队。

【红利】hónglì ❶ 名 指企业分给股东的超过股息部分的利润，有时也指企业分给职工的额外报酬 ▷派发～。❷ 名 泛指某方面的利益、收益或实惠 ▷改革～｜人口～｜政策～。

【红脸】hóngliǎn ❶ 动 脸红 ▷小姑娘见了生人就～。❷ 动 指发脾气 ▷动不动就跟人～｜没跟别人红过脸。❸ 名 古典戏曲中象征忠诚、勇敢之人的红生脸谱；借指忠诚直爽的人（多跟"白脸"连用，且相对）▷京剧中的关公是典型的～｜两个骗子串通一气，一个充～，一个充白脸，讹诈路人。

【红磷】hónglín 名 磷的同素异形体，暗红色粉末，无毒，遇热直接变成气体。燃点高达 250℃，可用来制作安全火柴头。也说赤磷。

【红铃虫】hónglíngchóng 名 昆虫，幼虫淡红色，危害棉花、木棉、锦葵等植物。可喷药或放寄生蜂防治。

【红领巾】hónglǐngjīn ❶ 名 中国少年先锋队队员佩戴的红色的领巾，代表红旗的一角，象征革命传统。❷ 名 借指中国少年先锋队队员 ▷～们迈着整齐的步伐从主席台前走过。

【红领章】hónglǐngzhāng 名 红色的领章，是中国工农红军指战员的领章，也是中国人民解放军指战员曾经使用过的领章。

【红柳】hóngliǔ 名 柽（chēng）柳。

【红绿灯】hóng-lǜdēng 名 交通信号灯。

【红麻】hóngmá 名 一年生草本植物，茎紫红色或褐色，有节，叶对生，披针形。茎皮的纤维也叫红麻，可织布、制绳、造纸等。

【红马甲】hóngmǎjiǎ ❶ 名 红色背心。❷ 名 借指证券交易所的交易员。因他们上岗时穿红背心，故称。

【红帽子】hóngmàozi ❶ 名 指白色恐怖时期反动派迫害进步人士而给扣上的"共产党员"或"与共产党有联系"的政治"帽子"。○ ❷ 名 借指车站、码头上头戴红帽子的搬运工人。

【红霉素】hóngméisù 名 抗生素，白色或淡黄色结晶，抗菌范围与青霉素大致相同。对葡萄球菌、白喉杆菌、肺炎双球菌等的感染有疗效。

【红棉】hóngmián 名 木棉。

【红模子】hóngmúzi 名 描红②。

【红木】hóngmù ❶ 名 紫檀一类树木的木材，多为紫色或红褐色，质地坚硬，有光泽，纹理细密美观。多用来做贵重家具和工艺品。❷ 名 常绿灌木或小乔木，叶卵形，蒴果卵形或近球形，种子红色，可以做药材，种皮可制红色染料。原产美洲热带，我国南方也有栽培。

【红男绿女】hóngnán-lǜnǚ 服饰鲜艳漂亮的青年男女。

【红娘】hóngniáng 名 中国古典戏剧《西厢记》里崔莺莺的侍女，她在莺莺和张生之间传递信息，促成了他们的结合。后借指热心促成别人婚姻的人。

【红牌】hóngpái ❶ 名 某些球类比赛中，裁判员对严重违反竞赛规则的运动员、教练员出示的红色警示牌。被出示红牌的运动员、教练员立即罚出场外。❷ 名 借指有关管理部门对企业、学校等因设施、人员、产品质量等不合格而给予的停业整顿或停办的警告或处罚。

【红皮书】hóngpíshū ❶ 图 某些国家的政府或议会正式公开发表的文件。参见 25 页“白皮书”。❷ 图 国际自然与自然资源保护同盟发布的有关濒危物种的最新状况的文件。

【红萍】hóngpíng 图 水生蕨类植物，浮生在水面，秋季呈红色。是优良绿肥，也可做鱼类和家畜的饲料。

【红扑扑】hóngpūpū 形 形容脸色红红的 ▷～的小脸蛋儿。

【红旗】hóngqí ❶ 图 红色的旗帜；象征革命 ▷高举～向前进。❷ 图 奖励优胜者的红色锦旗。❸ 图 借指先进榜样 ▷～单位。

【红旗手】hóngqíshǒu 图 先进生产者、先进工作者的光荣称号 ▷三八～|全行业的～。

【红契】hóngqì 图 旧指置买田地、房产时，上过税并加盖了官方印章的契约(跟“白契”相区别)。

【红区】hóngqū 图 指我国第二次国内革命战争时期和抗日战争时期，在中国共产党领导下建立的革命根据地(跟“白区”相区别)。因红色象征革命，故称。

【红曲】hóngqū 图 用粳米饭加酒曲密封发酵而制成的红色霉曲。可为食品着色，也可以做药材。

【红壤】hóngrǎng 图 红色土壤。土质中富含铁、铝，酸性强，养分少。在我国主要分布在长江以南和台湾的丘陵地区。也说红土。

【红热】hóngrè 形 某些固体物质加热到一定温度时呈暗红色至橙红色状态。继续升温，可由红热转为白热。

【红人】hóngrén 图 指受领导或握有实权者赏识、重用的人；也指受公众追捧的人 ▷他是领导跟前的～儿|想不到她竟成了校园里的～|网络～。

【红日】hóngrì 图 刚刚升起的太阳 ▷～东升。

【红肉】hóngròu 图 红颜色的肉，如猪肉、牛肉、羊肉等。纤维较粗，脂肪含量较高，不饱和脂肪酸含量较低(跟“白肉”相区别)。

【红润】hóngrùn 形 (皮肤)红而润泽 ▷面色～。

【红色】hóngsè ❶ 图 红的颜色。❷ 区别 象征革命的 ▷～政权。

【红山文化】hóngshān wénhuà 我国新石器时期的一种文化。年代约与仰韶文化的中晚期相当，主要分布在辽宁西部和内蒙古西拉木伦河流域、河北东北部。从遗存物等考查，生产工具中有打制石器、磨制石器以至细石器。经济生活以农业为主，饲养猪、羊等，并辅以狩猎。因 1935 年首次发现于辽宁赤峰(今属内蒙古)红山，故称。

【红烧】hóngshāo 动 烹调方法，把肉、鱼等用酱油着色再加调料炖熟或焖熟，使呈棕红色。

【红参】hóngshēn 图 指蒸熟晒干或烘干的人参的根，可以做药材。

【红生】hóngshēng 图 戏曲中的一种行当，化装时勾成红色脸谱，表演注重功架。如关羽、赵匡胤即由红生扮演。也说红净。

【红十字会】hóngshízìhuì 图 国际性的志愿救护、救济团体。以白底红十字为该会的标志。

【红薯】hóngshǔ 图 甘薯的通称。

【红树】hóngshù 图 常绿灌木或小乔木，叶对生，长椭圆形，花黄白色，果实长圆锥形。树皮可以制染料及栲胶。生长在热带和亚热带海岸的泥滩上，是沿海防潮护岸的优良树种。

【红丝带】hóngsīdài 图 红色的丝带；特指防治艾滋病的国际通用标志，呈ℵ形，是人们的心紧紧连在一起参与防治艾滋病工作的象征。

【红松】hóngsōng 图 常绿乔木，叶粗硬针状，球果圆锥形，高可达 40 米。木材细致轻软，材质优良。属国家保护植物。

【红糖】hóngtáng 图 用甘蔗糖浆熬制的食用糖。多为褐黄色或黑红色。结晶细软而黏，含杂质较多。也说黑糖。

【红通通】hóngtōngtōng 现在规范词形写作“红彤彤”。

【红彤彤】hóngtóngtóng 形 形容红得鲜艳夺目 ▷朝霞～的|～的脸庞。☛ ㊀不要写作“红通通”。㊁这里的“彤彤”口语中也读 tōngtōng。

【红铜】hóngtóng 图 紫铜。

【红头文件】hóngtóu wénjiàn 指党政领导机关下发的文件；特指中央文件。因版头文件的名称印成红色，故称。

【红外线】hóngwàixiàn 图 在光谱上位于红色光外侧，波长比可见光长的电磁波。有很强的热能和穿透云雾的能力，广泛用于探测、医疗、通信和摄影等。也说红外光。

【红细胞】hóngxìbāo 图 血细胞的一种，内含血红蛋白，比白细胞小，无细胞核。功能是输送氧气到各组织并把二氧化碳带到肺泡内。旧称红血球。

【红霞】hóngxiá 图 红色的霞光 ▷～满西天。

【红线】hóngxiàn ❶ 图 红色的线；比喻贯穿文章、著作始终的正确思想；也比喻贯穿整个文学作品的主题思想或主要线索 ▷实事求是作为一条～贯穿报告的始终|全书贯穿着一条～。❷ 图 城市建筑工程图纸上划分建筑用地、道路用地的界线。因常用红色线条表示，故称。❸ 图 底线②；警戒线③ ▷法律是不可逾越的～|划定煤炭安全生产的～。

【红小豆】hóngxiǎodòu 图 小豆。

【红心】hóngxīn 图 借指忠于革命事业的思想 ▷一颗～献戈壁。

【红星】hóngxīng ❶ 图 红色五角星 ▷闪闪的

~。○ ❷ 名 走红的明星。

【红杏出墙】hóngxìng-chūqiáng 宋·叶绍翁《游小园不值》:“春色满园关不住,一枝红杏出墙来。”形容春意盎然;现多用来比喻已婚女子另有情人;也比喻名声在外。

【红学】hóngxué 名 指研究我国古典长篇小说《红楼梦》的学问 ▷~研究|~家。

【红血球】hóngxuèqiú 名 红细胞的旧称。

【红殷殷】hóngyānyān 形 形容颜色红中带黑 ▷~的血迹。☛“殷”这里不读 yīn。

【红颜】hóngyán 名 女子艳丽的容貌。借指美女。

【红眼】hóngyǎn ❶ 名 红眼病①。❷ 形 形容愤怒或着急的样子 ▷吵架吵~了|他急红了眼,才说了几句粗话。❸ 动 眼红① ▷不能看见别人得奖就~。❹ 名 借指飞机夜间航行的班次。因乘客无法正常休息而熬红眼睛,故称 ▷~航班。

【红眼病】hóngyǎnbìng ❶ 名 传染性急性结膜炎。发病期间,眼白泛红。❷ 名 比喻因羡慕而忌妒别人的毛病。

【红艳艳】hóngyànyàn 形 形容红得鲜丽耀眼 ▷~的山茶花|石榴花开~。

【红样】hóngyàng 名 用红笔修改过的文稿校样。

【红药水】hóngyàoshuǐ 名 2%的汞溴红水溶液的通称。参见 480 页“汞溴红”。

【红叶】hóngyè 名 秋天变红的枫树、槭树、黄栌树等的叶子 ▷霜后~色更浓|香山~。

【红衣主教】hóngyī zhǔjiào 天主教的最高级主教。因穿红色主教服,故称。

【红缨枪】hóngyīngqiāng 名 旧式兵器,长柄,顶端装有很尖的金属枪头,枪头下方装饰红色的穗状缨子。

【红运】hóngyùn 名 好运气 ▷~当头|交了~。

【红晕】hóngyùn 名 中心较浓、周围渐淡的一团红色(多见于脸上) ▷脸颊上泛起了~。

【红枣】hóngzǎo 名 熟透或晒干的枣。皮色深红,肉甜,供食用,有调理与滋补肌体的功能。

【红藻】hóngzǎo 名 藻类植物的一类。藻体一般为多细胞,体形不大,呈红、紫红、暗红等色。种类很多,多数分布在海中,少数分布在淡水中。有的可食用,如紫菜、麒麟菜等,有的可做工业原料,如石花菜、江蓠等。

【红蜘蛛】hóngzhīzhū 名 节肢动物,体极小,呈红色或黄色,群集在植物的叶部,吸食植物汁液,危害很大。

【红肿】hóngzhǒng 动 因皮肤黏膜或肌肉组织发炎、化脓而发红肿胀。

【红种人】hóngzhǒngrén 名 美洲印第安人种的通称。分布在北美、南美及加勒比海地区。皮肤棕黄色,是黄色人种的一大分支,由于崇拜红色,常以红色涂脸,被误认为红种人。

【红烛】hóngzhú 名 红色的蜡烛。

【红专】hóngzhuān 形 又红又专,指思想进步、专业能力强(多用于 20 世纪五六十年代)。

【红妆】hóngzhuāng 现在一般写作“红装”。

【红装】hóngzhuāng ❶ 名 女子的盛装 ▷~素裹|不爱~爱武装。❷ 名 借指年轻女性。

玒 hóng 名〈文〉一种玉。

吰 hóng 见 170 页“噌(chēng)吰”。

闳(閎) hóng ❶ 名〈文〉巷门;泛指门 ▷蒙衣乘辇而入于~。→ ❷ 形〈文〉宏大;广博 ▷~议。○ ❸ 名 姓。

【闳中肆外】hóngzhōng-sìwài 形容文章内容充实丰富,文笔豪放不羁(肆:奔放)。

宏 hóng ❶ 形 广大;广博 ▷~大|~伟|~图|~论。→ ❷ 动 使广大;发扬。现在一般写作“弘”。○ ❸ 名 姓。

【宏才】hóngcái 名 非凡的才干;杰出的人才 ▷~大略|商界~。

【宏达】hóngdá ❶ 形 广博通达 ▷学识~。❷ 形 豁达 ▷处世~。

【宏大】hóngdà 形 (规模、气魄等)巨大 ▷气势~。

【宏富】hóngfù 形 丰富 ▷典藏~|著述~。

【宏观】hóngguān ❶ 区别 自然科学中指不涉及分子、原子以及各种粒子内部结构或机制的(跟“微观”相对,②同) ▷地球构造是~领域的研究对象。❷ 形 形容大范围的或整体的 ▷这个想法很~|~调控。

【宏观经济】hóngguān jīngjì 指国民经济中全局性的经济活动及状况(跟“微观经济”相区别)。如经济活动中各有关的总量及其变化和比例关系的调整等。

【宏观世界】hóngguān shìjiè 微观世界(物质粒子领域)以外的物质世界。

【宏观调控】hóngguān tiáokòng 从总体和全局上对事物的发展和变化进行控制和调节。

【宏丽】hónglì 形 宏伟壮丽 ▷庙宇~,松柏苍苍。

【宏亮】hóngliàng 现在一般写作“洪亮”。

【宏论】hónglùn 名 学识广博、见解高深的言论。☛ 不要写作“弘论”。

【宏图】hóngtú 名 规模宏伟的计划、设想 ▷四化~|大展~。☛ 不要写作“弘图”“鸿图”。

【宏伟】hóngwěi 形 (规模、场面等)宏大壮观 ▷规模~的三峡工程|~的计划。☛ 跟“雄伟”不同。“宏伟”通常形容规模、计划等;“雄伟”通常形容人的形体、事物的气势等。

【宏愿】hóngyuàn 名 远大的志向或愿望 ▷立下~。☛ 不要写作“弘愿”。

【宏旨】hóngzhǐ 名 重大的意义；主要的意思 ▷明确本书的～要义。☛ 不要写作"弘旨"。

纮（紘） hóng ❶ 名 古代冠冕上的带子，系在颔下或由颔下挽过 ▷朝冠飘彩～。→ ❷ 动〈文〉维系 ▷～宇宙而章三光。

泓 hóng〈文〉❶ 形 水又深又广。→ ❷ 量 用于清水，相当于"道""片" ▷一～春水。

荭（葒） hóng［荭草］hóngcǎo 名 一年生草本植物，茎高可达 3 米，叶子宽阔呈卵形，全株有毛，开粉红色或白色花。有观赏价值，果实及全草可以做药材。也说水荭。

虹 hóng 名 出现在空中跟太阳方向相对的弧形彩色光带。由散布于空中的小水珠经折射和反射阳光而形成，由外圈到内圈呈红、橙、黄、绿、蓝、靛、紫七种颜色。也说彩虹。

另见 683 页 jiàng。

【虹膜】hóngmó 名 眼球前部角膜和晶状体之间含色素的环形薄膜。膜的中间是瞳孔。旧称虹彩。

【虹吸管】hóngxīguǎn 名 利用大气压强使液体产生虹吸现象所用的曲管或曲管形的装置。参见本页"虹吸现象"。

【虹吸现象】hóngxī xiànxiàng 依靠大气压强，利用曲管或曲管形的装置使液体经过高出液面的地方再流向低处的现象。

【虹鳟】hóngzūn 名 鱼，体侧扁，长约 30 厘米，背绿褐色，有小黑斑。因体侧有红色横条，状如彩虹，故称。原产美国，我国已引进养殖。

竑 hóng 形〈文〉广大 ▷正言～议。

洪 hóng ❶ 名 因大雨或融雪而引起暴涨的水流 ▷～灾｜山～｜抗～。→ ❷ 形 大 ▷～福｜～炉｜声如～钟。○ ❸ 名 姓。

【洪帮】hóngbāng 名 旧中国民间流行较广的帮会组织。清末曾多次举行抗清和反抗帝国主义侵略的斗争。后来有些派别被反动势力所利用。也说洪门。

【洪大】hóngdà 形（水势、声音）大。

【洪泛区】hóngfànqū 名 江河两岸、湖泊周边因洪水泛滥而造成的受灾区域。

【洪峰】hóngfēng 名 洪水暴发时河流的最高水位；也指涨到最高水位的洪水。

【洪福】hóngfú 名 大的福分 ▷～齐天｜托您的～。☛ 不要写作"鸿福"。

【洪荒】hónghuāng 名 混沌蒙昧的状态。借指太古时代；也指神奇超常的事物 ▷天地玄黄，宇宙～｜～时代｜迸发出无坚不摧、无往不胜的～伟力。

【洪涝】hónglào 名 降水过多淹没农田的灾害现象 ▷遭受历史上罕见的～灾害。

【洪亮】hóngliàng 形（声音）大而响亮 ▷声音～。

【洪量】hóngliàng ❶ 名 宽大的度量 ▷先生～，不计前嫌。❷ 名 大的酒量。

【洪流】hóngliú ❶ 名 巨大的水流 ▷他在抢险过程中被～卷走。❷ 名 比喻不可抗拒的社会发展趋势 ▷时代的～滚滚向前。

【洪炉】hónglú 名 大火炉；比喻培养、锻炼人的场所或环境 ▷军队是座造就人才的～。

【洪水】hóngshuǐ 名 江河因大雨或冰雪消融导致的猛涨的水流 ▷～横流｜战胜～。

【洪水猛兽】hóngshuǐ-měngshòu 比喻有极大危险和能造成极大祸患的事物。

【洪灾】hóngzāi 名 洪水造成的灾害。

【洪钟】hóngzhōng 名 大钟；也指撞击大钟发出的声响 ▷～一般的响声｜声若～。

翃 hóng 动〈文〉飞。

硔 hóng 名〈文〉矿石 ▷火盛～镕。

另见 480 页 gǒng。

铗（鉷） hóng 名〈文〉弩上钩弦射箭的装置。

鸿（鴻） hóng ❶ 名 鸿雁 ▷雪泥～爪。→ ❷ 形 宏大；广博 ▷～篇巨制。→ ❸ 名〈文〉指书信 ▷来～。○ ❹ 名 姓。

【鸿沟】hónggōu 名 古运河名，战国时开凿，从今河南省荥阳市北引黄河水，经开封，再往南至淮阳入颍水。楚汉对峙后期曾以鸿沟为界，东为楚，西为汉。后常用来借指明显的界线或距离 ▷不可逾越的～。

【鸿鹄之志】hónghúzhīzhì 比喻远大的志向（鸿鹄：天鹅，能高飞）。☛ "鹄"不读 gào 或 gū。

【鸿毛】hóngmáo 名 大雁的羽毛。比喻分量很轻、微不足道的事物 ▷轻于～。

【鸿门宴】hóngményàn 名《史记·项羽本纪》记载：公元前 206 年刘邦攻占咸阳后，派兵把守函谷关。不久，项羽率大军攻入，在鸿门设宴"招待"刘邦。酒宴上，项羽的谋士范增命项庄舞剑，想刺杀刘邦。刘邦在樊哙等人护卫下脱险。后用"鸿门宴"比喻暗藏杀机，图谋加害客人的宴会。参见 1504 页"项庄舞剑，意在沛公"。

【鸿蒙】hóngméng 名〈文〉称宇宙形成之前的混沌状况。☛ 不要写作"鸿濛"。

【鸿篇巨制】hóngpiān-jùzhì 规模宏伟的著述 ▷反映重大变革的～。也说鸿篇巨著。

【鸿儒】hóngrú 名〈文〉指学识渊博的学者。

【鸿雁】hóngyàn ❶ 名 鸟，颈长，腿短，趾间有蹼，羽毛棕灰色，腹部白色，有黑色条纹。群居水边，以鱼虾及植物种子为食。飞行时排列成行，或为"一"字形，或为"人"字形。也说大雁。

❷ 名 古书上有用鸿雁传递书信的故事；后借指书信 ▷～往来。

【鸿运】hóngyùn 现在一般写作“红运”。

荭 hóng 同“荭”。

鋐（鋐） hóng 形〈文〉(声音)洪亮 ▷扣之若钟鼓，其声～以远者｜击之声～～。

䜫 hóng ❶ 名〈文〉大的山谷；深沟 ▷～中万木秋。→ ❷ 名〈文〉桥拱下的水道 ▷疏渠浚～。→ ❸ 名〈文〉山洪 ▷发～喷涌。○ ❹ 用于地名。如：鲁䜫，山名，又地名，均在安徽。

魟 hóng 名 鱼，体扁平阔大，呈斜方形或团扇状。软骨无鳞，胸鳍发达，尾细长如鞭，有毒刺。生活在海底，种类繁多，产于我国沿海。

蕻 hóng 见 1563 页“雪里蕻”。
另见本页 hòng。

黉（黌） hóng 名 古代指学校 ▷～门｜～舍。

hǒng

哄 hǒng ❶ 动 用假话骗人 ▷你可不能～我｜～骗。→ ❷ 动 用语言或行动逗人高兴；特指照看小孩儿时使高兴 ▷她生气了，快去～～她｜整天在家～孩子。
另见 565 页 hōng；本页 hòng。

【哄逗】hǒngdòu 动 用话语或举动逗人高兴 ▷～着小孙子玩儿。

【哄骗】hǒngpiàn 动 用假话或要手段欺骗 ▷你可不能～我们。☛ 参见 1070 页“欺骗”的提示。

【哄劝】hǒngquàn 动 用好言好语劝说宽慰，使消除烦恼 ▷姐姐耐心地～着妹妹。

【哄人】hǒngrén ❶ 动 骗人 ▷这分明是～！❷ 动 逗人喜欢 ▷这孩子会～了。

hòng

讧（訌） hòng 动 争吵；溃乱 ▷内～｜～争。☛ 统读 hòng，不读 hóng。

哄（*閧鬨） hòng 动 吵闹；喧嚣；开玩笑 ▷一～而起｜起～。
另见 565 页 hōng；本页 hǒng。

【哄闹】hòngnào 动 很多人在一起吵嚷 ▷农贸市场上的～声不绝于耳。

蕻 hòng 形〈文〉茂盛。
另见本页 hóng。

hōu

齁[1] hōu［齁声］hōushēng 名 鼾声。

齁[2] hōu ❶ 动 食物太咸或太甜而使口腔和嗓子感到不好受 ▷咸得～人｜这糖太甜，别～着。→ ❷ 副〈口〉用在形容词前，表示程度高，相当于“很”“非常”(多表示不满意) ▷～咸｜～酸｜～苦｜～热｜～疼。

hóu

侯 hóu ❶ 名 古代贵族五等爵位的第二等 ▷公～伯子男｜～爵。→ ❷ 名 泛指封国的国君或达官贵人 ▷诸～｜王～将相｜～门公府。○ ❸ 名 姓。☛ ㊀读 hòu，仅用于地名“闽侯”(在福建)。㊁跟“候(hòu)”不同。“侯”中间没有一竖。“侯”可作偏旁，由“侯”构成的字有“喉”“猴”“瘊”等；“候”只能独立成字。
另见 575 页 hòu。

【侯爵】hóujué 名 侯①。

喉 hóu 名 人和陆栖脊椎动物呼吸器官的一部分，位于咽和气管之间，兼有通气和发音的功能。通常把咽和喉混称喉咙或嗓子。

【喉管】hóuguǎn ❶ 名 气管上位于喉头的部分。❷ 名 竹制簧管乐器，由哨子、管身等部分组成，有七个音孔。流行于广东和广西地区。参见插图 12 页。

【喉结】hóujié 名 男子颈部前边隆起的部分，由甲状软骨构成。也说结喉。

【喉咙】hóulóng 名 咽喉①。

【喉舌】hóushé 名 咽喉和舌头。比喻代言人或媒体 ▷报纸应该成为人民的～。

【喉头】hóutóu 名 喉。

【喉炎】hóuyán 名 喉黏膜发炎的病症。

猴 hóu ❶ 名 哺乳动物，种类很多，常见的是猕猴，形状跟人相像，毛灰色或褐色，面部和耳朵无毛，有尾巴，两颊有储存食物的颊囊。行动敏捷灵活，性情乖巧，群居在山林中，主食野果、野菜、昆虫等。通称猴子。→ ❷ 形〈口〉机灵；淘气(多用于儿童) ▷这孩子～得厉害。

【猴儿急】hóurjí 形〈口〉急得像猴儿一样抓耳挠腮 ▷时间足够，用不着那么～。

【猴年马月】hóunián-mǎyuè 原说“驴年马月”。我国传统农历用干支搭配纪年，而十二地支又和十二生肖对应，因十二生肖中无驴，不可能出现驴年，所以就用“驴年马月”指遥遥无期或不能预测的时间。在流传过程中，后人多说成“猴年马月”。也说牛年马月。

【猴皮筋儿】hóupíjīnr 名 橡皮筋。

【猴拳】hóuquán 名 模仿猴子的动作、形态设计的拳术。有多种流派，基本要求是形似、意真、步轻、身活，动作紧密连贯。

【猴头】hóutóu 名 猴头菌的简称。

【猴头菌】hóutóujūn 名 高等菌类，生长在林间树上，肉嫩味鲜，营养丰富，是珍贵的食品和药品。因形状像猴子的头，故称。简称猴头。

【猴戏】hóuxì ❶ 名 耍猴子的把戏。演出者指挥经过训练的猴子模仿人的种种动作进行表演。❷ 名 特指以孙悟空为主角的戏曲剧目，如《大闹天宫》《孙悟空三打白骨精》等。

【猴枣】hóuzǎo 名 中药，用猴子等的胆囊或肠胃道中的结石制成，椭圆形，略似小枣，表面青铜色或墨绿色，平滑而有光泽。

【猴子】hóuzi 名 猴的通称。也说猴儿。

锻(鍭) hóu 名〈文〉一种箭。

瘊 hóu 名 瘊子 ▷刺儿～。

【瘊子】hóuzi 名 疣的通称。

骺 hóu 名 长形骨两端的膨大部分。也说骨骺。

篌 hóu 见 790 页"箜(kōng)篌"。

糇(*餱) hóu 名〈文〉干粮 ▷～粮。

hǒu

吼 hǒu ❶ 动（人）因愤怒或情绪激动而大声喊叫 ▷大～一声，扑向敌人。→ ❷ 动（猛兽）嚎叫 ▷狮～。❸ 动 泛指发出巨大声响 ▷风在～，马在叫｜～叫。〇 ❹ 名 姓。

【吼叫】hǒujiào 动 大声叫 ▷棕熊～着扑过来。

【吼声】hǒushēng 名 非常大的叫声 ▷狮子的～｜发出最后的～◇大炮的～震耳欲聋。

犼 hǒu 名 古书上说的一种野兽，形状像狗，吃人 ▷金毛～。

hòu

后[1] hòu ❶ 名〈文〉君主 ▷三～（夏禹、商汤、周文王）｜～羿。→ ❷ 名 皇帝或国王的妻子 ▷皇～｜王～。〇 ❸ 名 姓。

后[2](後) hòu ❶ 名 未来的或较晚的时间（跟"先""前"相对）▷～来居上｜日～。→ ❷ 名 后代子孙 ▷无～｜绝～。→ ❸ 名 人背对的方向；房屋等背面所对的方向（跟"前"相对，④同）▷～背｜～门｜鞍前马～｜前廊～厦｜～院。→ ❹ 名 次序在末尾的 ▷排在～十名之中。

【后爸】hòubà 名〈口〉继父的背称。也说后爹。

【后半天】hòubàntiān 名 下午。

【后半夜】hòubànyè 名 夜间 12 点至天亮以前这段时间。也说下半夜。

【后备】hòubèi ❶ 区别 为以后需要而预先准备或储备的 ▷～干部｜～物资。❷ 名 为以后需要而预先准备或储备的物资、人员等 ▷要留有～｜～不足。

【后备军】hòubèijūn ❶ 名 预备役军人组成的武装力量。❷ 名 泛指可用作补充的力量。

【后备役】hòubèiyì 名 预备役。

【后背】hòubèi 名 人体躯干后面跟胸部相对的部位。

【后辈】hòubèi 名 后代人；晚辈。

【后步】hòubù 名 后路② ▷给自己留点儿～。

【后撤】hòuchè 动 向后撤退；从前边撤回 ▷～30 千米｜部队要立即～。

【后尘】hòuchén 名〈文〉人或车马行进时后边扬起来的尘土。跟"步"连用，借指跟在他人后面，向他人学习 ▷步先贤～。

【后代】hòudài ❶ 名 以后的时代 ▷兵马俑是古代留给～的宝贵财富。❷ 名 后代人；特指晚辈子孙 ▷植树造林，为～造福｜他的～个个都有出息。

【后盾】hòudùn 名 身背后的盾牌。比喻背后支持和援助的力量 ▷全国人民是前方将士的坚强～。

【后发制人】hòufā-zhìrén 在斗争中，让对方先行动，待对方暴露弱点后，再发动反击制服对方（发：开始行动）。

【后方】hòufāng ❶ 名 向后的方向；后面（跟"前方"相对）▷阵地左～发现敌情。❷ 名 作战中自己一方离前线较远的地方（跟"前方""前线"相对）▷～支援前方｜～医院。

【后妃】hòufēi 名 皇后和嫔妃的统称。

【后夫】hòufū 名 再嫁的丈夫。

【后福】hòufú 名 未来的福分；晚年的福分 ▷大难不死，必有～｜子女都很孝顺，他真有～。

【后跟】hòugēn 名 鞋袜上贴近脚跟儿的部分。

【后宫】hòugōng ❶ 名 皇帝的嫔妃居住的宫室。❷ 名 借指嫔妃 ▷这首诗描绘了～们的愁怨。

【后顾】hòugù ❶ 动 回头看；回忆过去的事 ▷前瞻与～。❷ 动 借指顾及身后的人和事 ▷家事安排妥了，就～无忧。

【后顾之忧】hòugùzhīyōu 指后方或家里令人牵挂的烦心事。也说后顾之虑、后顾之虞、后顾之患。

【后滚翻】hòugǔnfān 名 一种体操动作。由蹲撑、含胸、低头姿势快速后倒，使身体向后滚动翻转。

【后果】 hòuguǒ 名 结果(多指不好的) ▷～不堪设想。

【后话】 hòuhuà 名 留待以后再说的话或再办的事 ▷先把这事做好,下一步怎么办,那是～。

【后患】 hòuhuàn 名 以后可能出现的祸患 ▷这些问题不解决,将来必然会有～。

【后悔】 hòuhuǐ 动 事情过后感到懊悔 ▷当时不注意,现在～也来不及了。

【后悔莫及】 hòuhuǐ-mòjí 事后懊悔也来不及(补救)。

【后悔药】 hòuhuǐyào 名 比喻使人从后悔中解脱的办法 ▷世上没有～。

【后会有期】 hòuhuì-yǒuqī 往后还有见面的日子(用在长期离别时,表示安慰、希望等)。

【后婚】 hòuhūn 动 再婚。

【后脊梁】 hòujǐliang 名 脊梁;后背。

【后记】 hòujì 名 放在书籍或文章的正文后面,用来说明写作目的、经过或介绍其背景等的文字 ▷成书的缘由,～中有所交代。

【后继】 hòujì 动 后面的人继续跟上;后面的人接续前面的人 ▷前仆～|～乏人。

【后继乏人】 hòujì-fárén (技艺、事业等)缺少继承人 ▷努力解决地方戏曲～的问题。

【后继有人】 hòujì-yǒurén 有了可靠的人来继承前人的事业。

【后脚】 hòujiǎo ❶ 名 人站立或迈步时,位于后面的那只脚。❷ 名 前后相关的两个动作行为在时间上接得很紧时,指后一个动作行为(前面有"前脚"相呼应) ▷他前脚刚来还钱,你～就来借钱。

【后襟】 hòujīn 名 上衣或长袍的身后部分。

【后进】 hòujìn ❶ 名 年纪轻、学识和资历浅的人 ▷奖掖～。❷ 形 进步较慢、水平较低的 ▷～单位|过于～。❸ 名 进步较慢、水平较低的个人或集体 ▷先进帮～。

【后劲】 hòujìn ❶ 名 用在后一阶段的力量 ▷～足。❷ 名 需要经过一定过程后才逐步显现出来的作用和力量 ▷这种酒没～|他知识功底扎实,搞研究有～。

【后景】 hòujǐng 名 画面或舞台上在主体后面起衬托作用的景物 ▷照片的～是一片新绿|舞台的～太杂乱。

【后空翻】 hòukōngfān 名 一种体操动作。不用支撑而身体向后翻腾。有团身后空翻、直身后空翻、屈体后空翻等。

【后来】 hòulái 名 指在过去某一时间以后的时间 ▷我们俩一起上大学,～又在同一个单位工作|我只知道这些,～的事情就不太清楚了。

☛ ㊀跟"以后"不同。1."后来"只能单用,不能作后置成分;"以后"可单用,也可作后置成分,构成表时间的方位短语,如"下班以后"。2."后来"只能指过去的时间,如可以说"以后你要努力",而不能说"后来你要努力";"以后"可以指过去的时间,也可以指将来的时间。㊁"他先来,我后来"中的"后来",是"后到"的意思,是动词短语,不是时间名词。

【后来居上】 hòulái-jūshàng《史记·汲郑列传》记载:汉武帝重用汲黯时,公孙弘等人还是小官;后来公孙弘等人却位在汲黯之上,汲黯说:"陛下用群臣,如积薪耳,后来者居上。"后用"后来居上"泛指后人超过前人,新事物胜过旧事物。

【后来人】 hòuláirén 名 后成长起来的人;常特指前辈事业的继承者 ▷革命自有～。

【后浪推前浪】 hòulàng tuī qiánlàng 后面的波浪推动前面的波浪前进。比喻新生事物推动或替换陈旧事物,不断前进。

【后脸儿】 hòuliǎnr 名〈口〉人或某些物体的背面 ▷看～,她不像 70 岁的人|院子～的角上有个小门儿。

【后路】 hòulù ❶ 名 指军队作战时的退路或后方的供应线 ▷掐断敌人的～。❷ 名 借指说话、做事所留的回旋余地 ▷得给自己留条～。

【后轮】 hòulún ❶ 名 车或某些机械上靠后的轮子。❷ 形 轮次在后面的 ▷～比赛。

【后妈】 hòumā 名〈口〉继母的背称。也说后母、后娘。

【后门】 hòumén ❶ 名 建筑物等背面的门。❷ 名 比喻靠私人关系办事的门径 ▷走～。

【后面】 hòumiàn ❶ 名 背面所对着的某一位置;背后的一面 ▷背心～印着字|他家院子的～有一片树林。❷ 名 靠后的空间或位置 ▷我的座位在～。❸ 名 次序靠后的部分;文章或讲话中,后于正在叙述的部分 ▷先解决主要问题,其他问题～再谈。‖也说后边(bian)、后头(tou)。

【后脑】 hòunǎo 名 脑的一部分,由脑桥、延髓和小脑构成,位于脑颅的后部;泛指头的后部。

【后脑勺儿】 hòunǎosháor 名〈口〉脑袋后面凸起的部分。因呈半球形,形似勺子,故称。

【后年】 hòunián 名 明年的后一年。

【后怕】 hòupà 动 事后感到害怕 ▷这事一想起来就～。

【后排】 hòupái 名 指多排的横队、座位等后面的一排或几排 ▷高个子站～。

【后妻】 hòuqī 名 再娶的妻子。

【后期】 hòuqī 名 指某一时段或过程的后一阶段 ▷封建社会～|进入～制作阶段。

【后起】 hòuqǐ 区别 指新生长发展起来的或后出现的 ▷～之秀|～的青年画家。

【后起之秀】hòuqǐzhīxiù 指新成长起来的优秀人物。

【后勤】hòuqín 名 原指军队的后方勤务，负责前线的军需供应；现也泛指企事业单位内部的财务、物资、生活管理等方面的工作 ▷～部队|～部门|他管教务，我抓～。

【后鞧】hòuqiū ❶ 名 套在驾辕牲口臀部周围的套具。多用皮带、帆布带等制成。❷ 名 作为食物的猪的臀部。

【后人】hòurén ❶ 名 子孙后代 ▷这个村的赵家～，已分散到全国各地了。❷ 名 泛指后世的人 ▷前人开创的事业～来继承。

【后任】hòurèn 名 接替前任职务的人 ▷～县长|前任要为～打好基础。

【后晌】hòushǎng 名 某些地区指下午。也说后半晌。

【后身】hòushēn ❶ 名 指人体后部 ▷看～这孩子和他爸年轻时一模一样。❷ 名 上衣、袍子等的背后部分；借指事物的背后部分 ▷这件上衣的～短了点儿|从那座楼房的～绕过去。○ ❸ 名 佛教指转世之身。❹ 名 指事物发展变化后的形态或名称 ▷京师大学堂的～就是现在的北京大学。

【后生】hòushēng 名 某些地区指年轻男子；晚辈 ▷这～干起活儿来可不含糊。

【后生可畏】hòushēng-kěwèi 年轻一代超过前人，令人敬畏。

【后世】hòushì ❶ 名 后代①。❷ 名 后裔。❸ 名 佛教指死后转生之世。

【后市】hòushì ❶ 名 指证券等市场一个交易日下午的交易时段（跟“前市”相区别）。❷ 名 指未来一个时期的行情 ▷对～颇有信心。

【后事】hòushì ❶ 名 后来发生的事情 ▷要知～如何，请看下集。❷ 名 死后的丧葬等事情 ▷他来不及交代～就去世了|～从简。

【后视镜】hòushìjìng 名 汽车、摩托车等供司机观察后面情况的镜子。

【后手】hòushǒu ❶ 动 下棋或争夺中后出手或后动手（跟“先手”相对） ▷对方先手出击，我方～防御。❷ 名 棋局或争夺中的被动应付局面 ▷险些落个～|要步步抢先，千万别下～棋。❸ 名 后路② ▷留～。

【后嗣】hòusì 名 子孙 ▷他虽然没有～，但在敬老院里一样活得舒坦。

【后台】hòutái ❶ 名 舞台后部从事幕后工作及演员化装、休息的地方，有屏障与前台隔开。❷ 名 比喻背后操纵、撑腰的人或势力 ▷这些人来头不小，必有～。

【后台老板】hòutái lǎobǎn 原指旧时戏班子里的班主（演出时多在后台坐镇）；今比喻在背后操纵、支持的人或集团。

【后天】hòutiān ❶ 名 明天的后一天。也说后日。口语中也说后儿、后儿个。○ ❷ 名 指人和动物离开母体后的生长时期（跟“先天”相区别） ▷人的思想不是先天就有的，而是～形成的。

【后腿】hòutuǐ 名 兽的后肢；也指人站立或迈步时位于后面的那条腿 ▷前腿弓，～绷◇拖～。

【后退】hòutuì ❶ 动 向后移动；退却 ▷～到警戒线外|只许前进，不准～。❷ 动 退回到以往的发展阶段 ▷他刚有点儿进步又～了。

【后臀尖】hòutúnjiān 名 供食用的猪等臀部隆起处的肉，肉质较好。也说臀尖。

【后卫】hòuwèi ❶ 名 部队进军、作战或撤退时，在后面负责掩护、保卫或警戒的部队 ▷三连担任～。❷ 名 篮球、足球等球类比赛中，主要担任防御任务的队员。

【后效】hòuxiào 名 以后的表现或效果 ▷保留学籍，以观～。

【后心】hòuxīn 名 后背中间的部位。

【后行】hòuxíng 动 以后进行；然后进行 ▷人员招聘要先行考核，～录用。

【后续】hòuxù ❶ 区别 后边接上来的 ▷～工程。❷ 动〈口〉续娶 ▷这是王大爷～的老伴儿。

【后学】hòuxué 名 年纪轻、资历浅的读书人（常用作谦词） ▷先生对～勉励有加。

【后仰】hòuyǎng 动 头或上身向后倾斜 ▷前俯～。

【后遗症】hòuyízhèng ❶ 名 某些疾病愈后所遗留下的器官缺损或功能障碍等症状。如脊髓灰质炎（小儿麻痹症）患者往往会有肌肉萎缩的后遗症。❷ 名 比喻处理不当而遗留下来的消极影响 ▷操之过急往往会留下～。

【后尾儿】hòuyǐr 名〈口〉末尾；后面 ▷个子矮的排在～。☛“尾”这里不读 wěi。

【后裔】hòuyì 名 子孙后代。也说后世。

【后影】hòuyǐng 名 背影；从后面看到的影像 ▷从～看像是他哥哥。

【后援】hòuyuán 名 后面增援的军队；泛指支援、支持的力量 ▷～部队|强大的～。

【后院】hòuyuàn ❶ 名 正房后面的院子。❷ 名 比喻后方或内部 ▷前方吃紧，～起火。

【后账】hòuzhàng ❶ 名 不公开的账目；有待以后结清的账目。❷ 名 借指有待事后追究的责任 ▷有意见要事先提，不要留着算～。☛不要写作“后帐”。

【后者】hòuzhě 代 称上文所列举的两件事中的后一件或两个人中的后一个（跟“前者”相区别） ▷“油船”和“游船”，音同义不同，前者是运油的船，～是载客游览的船。

【后肢】hòuzhī 名 昆虫及有四肢的脊椎动物靠近身体后部的两条腿。

【后轴】hòuzhóu 名 机动车辆后面的主动轴，受动力驱动，并带动后轮滚动。

【后缀】hòuzhuì 名 附加在词根后面的词缀。如汉语“桌子”中的“子”、“木头”中的“头”等。

【后坐力】hòuzuòlì 名 坐力 ▷无～炮。

【后座】hòuzuò ❶ 名 后排的座位。❷ 名 借指不显要的位置 ▷～议员。

郈 hòu ❶ 名 古地名，在今山东东平东南。○ ❷ 名 姓。

厚 hòu ❶ 形 扁平物体上下、正反两面之间的距离较大(跟“薄”相对) ▷这本书真～|被子太～|～嘴唇。→ ❷ 名 厚度 ▷2厘米～的钢板|玻璃有5毫米～。→ ❸ 形 多；大；重 ▷家底～|～礼。❹ 动 看重；厚待 ▷～今薄古|～此薄彼。→ ❺ 形 (情意)深 ▷深情～谊。❻ 形 厚道 ▷宽～|忠～|憨～。→ ❼ 形 (味道)浓 ▷酒味～|醇～。○ ❽ 名 姓。

【厚爱】hòu'ài 动 敬词，指对方对自己的关爱 ▷承蒙～，感激不尽。

【厚薄】hòubó ❶ 名 厚度 ▷这床棉被～均匀。❷ 名 指某些事物多少、深浅、浓淡的程度 ▷不了解他家底的～|不管酒味～如何，他都喜欢。❸ 名 指感情的深和浅、关系的亲和疏 ▷都是学生，就不分～了。☛ 义项①多用于口语，指扁平物体大概的厚度。

【厚此薄彼】hòucǐ-bóbǐ 重视一方，轻视另一方。指对人或事不能同样对待，有偏向。

【厚待】hòudài 动 热情优厚地对待 ▷～客人。

【厚道】hòudao 形 待人诚恳宽厚 ▷他为人～，群众关系极好。

【厚德】hòudé ❶ 名 深厚真诚的品德 ▷以～待人。❷ 动 崇尚品德修养 ▷崇文～。

【厚德载物】hòudé-zàiwù《周易·坤》：“地势坤。君子以厚德载物。”意思是君子取法于地，像大地那样以深厚真诚的品德容载万物。后多用来指注重品德修养才能具有包容、开放的襟怀；也指品德高尚的人才能承担重任。

【厚度】hòudù 名 扁平物体上下、正反两面之间的距离 ▷这块木板的～是4厘米。

【厚墩墩】hòudūndūn 形 形容很厚实 ▷这双棉鞋～的，穿上真暖和。

【厚古薄今】hòugǔ-bójīn (在学术研究等方面)看重古代的，轻视或忽略现代的。

【厚黑】hòuhēi 名 指某些官场人物逢迎拍马、瞒上欺下、尔虞我诈的卑劣手段和为官态度(厚：脸皮厚；黑：心肠黑) ▷不要小看～之风对廉政建设的破坏作用。

【厚积薄发】hòujī-bófā 充分地积累，少量地放散(sàn)。指根基雄厚才能拿出确有见地的东西。

【厚今薄古】hòujīn-bógǔ (在学术研究等方面)看重现代的，轻视或忽略古代的。

【厚礼】hòulǐ 名 丰厚贵重的礼物。

【厚利】hòulì 名 高利润或高利息 ▷牟取～。

【厚禄】hòulù 名〈文〉优厚的俸禄 ▷高官～。

【厚实】hòushi ❶ 形 又厚又密实 ▷椅垫挺～|床上铺得厚厚实实的。❷ 形 富足；富裕 ▷家底很～。❸ 形 深厚扎实 ▷～的功底。

【厚望】hòuwàng 名 深切的期望 ▷不负～。

【厚颜无耻】hòuyán-wúchǐ 厚着脸皮，不知羞耻。

【厚谊】hòuyì 名 深厚的情谊 ▷结下了深情～。☛ 参见本页“厚意”的提示。

【厚意】hòuyì 名 深厚的情意 ▷你的～我心领了。☛ 跟“厚谊”不同。“厚意”只指单方面的情意；“厚谊”通常指相互之间的交情。

【厚遇】hòuyù ❶ 动 给予优厚的待遇 ▷～贵宾。❷ 名 优厚的待遇。

【厚葬】hòuzàng 动 用隆重的仪式、花大量的钱财办理丧事(跟“薄葬”相对)。

【厚植】hòuzhí 动 深厚地培植(多用于抽象事物) ▷～两岸关系和平发展的民意基础。

【厚重】hòuzhòng ❶ 形 厚度大，分量重 ▷～的体操垫子。❷ 形 丰厚贵重 ▷这一份礼品太～了。❸ 形 厚道稳重 ▷为人朴实～。

侯 hòu 用于地名。如闽侯，在福建。
另见571页hóu。

垕 hòu 用于地名。如神垕，在河南。

逅 hòu 见1523页“邂(xiè)逅”。

候 hòu ❶ 动 守望；观察 ▷～望|～风地动仪|斥～。→ ❷ 动〈文〉问候 ▷敬～起居。→ ❸ 动 等待 ▷你在这里～一会儿|请大家稍～|～诊|～补|～车。→ ❹ 名 指气象情况 ▷气～|天～。⇒ ❺ 名 古代五天为一候，现在气象学中还沿用 ▷～平均气温达到22℃，就算进入了夏天|～温。❻ 名 一段时间；时节 ▷时～|～鸟。⇒ ❼ 名 指某些变化中的情况或程度 ▷症～|征～|火～。○ ❽ 名 姓。☛ 参见571页“侯(hóu)”的提示㊀。

【候补】hòubǔ ❶ 动 等候补缺或预备取得某种正式资格 ▷后面报名的人只能等待机会～|～委员|～梯队。❷ 名 候补的人或物 ▷正式比赛时他只能当一名～。

【候场】hòuchǎng 动 (演员)等候上场表演 ▷演员化装后聚在休息室～。

【候车】hòuchē 动 等候乘车 ▷在车站～。

【候车室】hòuchēshì 名 火车站或长途汽车站里

供旅客等候乘车的休息室。

【候虫】hòuchóng 名 随季节出现或鸣叫的昆虫。如夏季的蝉、秋季的蟋蟀等。

【候风地动仪】hòufēng dìdòngyí 公元 132 年东汉天文学家张衡发明的世界上最早的测验地震方位的仪器。简称地动仪。

【候机】hòujī 动 等候上飞机 ▷在机场～。

【候机楼】hòujīlóu 名 航站楼。

【候机厅】hòujītīng 名 航站楼内供乘客等候登机的大厅。也说候机大厅。

【候教】hòujiào 动 敬词，表示等候对方指教。

【候鸟】hòuniǎo ❶ 名 随季节变化而变更栖息地的鸟类(跟"留鸟"相区别)。如燕子、黄鹂等。❷ 名 借指随着季节变化而变更居住地的人 ▷～养老产业。

【候审】hòushěn 动 法律上指(原告、被告)等候审讯 ▷同案人已到庭～。

【候选】hòuxuǎn ❶ 动 古代指有做官资格的人等候朝廷选拔、任用。❷ 动 等候入选 ▷～人|～方案。

【候诊】hòuzhěn 动 病人在医院等候医生看病。

堠 hòu 名 古代用来瞭望敌情的土堡 ▷烽～。

鲎(鱟) hòu 名 节肢动物，头胸部的甲壳呈半月形，腹部甲壳较小，略呈六角形，尾呈剑状。生活在海中。可以食用，也可以做药材。通称鲎鱼。

【鲎虫】hòuchóng 名 甲壳动物，体扁平，形状像鲎，头胸部被甲壳掩盖，甲前侧有一对复眼和一只单眼，尾部呈叉状。生活在池沼、水潭中或水田中。俗称水鳖子、王八鱼。

【鲎鱼】hòuyú 名 鲎的通称。

鲘(鮜) hòu ❶ 名〈文〉鲼。○ ❷ 用于地名。如鲘门，在广东。

hū

乎[1] hū〈文〉❶ 助 用于句末。a)表示疑问、反问等语气，相当于"吗""呢" ▷汝知之～？|孰为汝多知～？b)表示推测语气，相当于"吧" ▷国其将亡～？|日食饮得无衰～？c)表示祈使语气，相当于"吧" ▷长铗归来～！d)表示感叹语气，相当于"啊" ▷天～！|时～！○ ❷ 词的后缀。用于形容词或副词之后 ▷巍巍～若太山|迥～不同。

乎[2] hū 介 用在动词之后，引进处所、时间、原因等，相当于"于" ▷取法～上|运用之妙，存～一心|出～意料|合～常情。

戏(戲*戯) hū 见 1447 页"於(wū)戏"。另见 1474 页 xì。

昒 hū 形〈文〉形容天将亮还没亮的样子 ▷～爽|～昕。

呼[1](*虖❷嘑❷謼❷) hū ❶ 动 通过鼻、口把肺内的气体排出体外(跟"吸"相对) ▷～气|～吸。→❷ 动 大喊 ▷～口号|～喊。❸ 动 称呼；唤 ▷直～其名|一～百应|招～。○ ❹ 名 姓。

呼[2] hū 拟声 模拟刮风、吹气等的声音 ▷风～～地吹|～的一声，吹灭了蜡烛。

【呼哧】hūchī 拟声 模拟喘气的声音 ▷累得～～直喘气。☛ 不宜写作"呼蚩""呼嗤""呼吃"。

【呼风唤雨】hūfēng-huànyǔ 迷信指神仙道士用法力驱使风雨；现多比喻随心所欲支配自然或左右某种局面。

【呼喊】hūhǎn 动 喊叫；叫唤 ▷～救命|你～什么！轻点儿不行吗？

【呼号】hūháo ❶ 动 大声哭叫 ▷痛不欲生，彻夜～。❷ 动 为寻求支持而呼吁(常跟"奔走"连用) ▷孙中山先生为推翻清王朝而四处奔走～。☛ 跟"呼号(hūhào)"不同。

【呼嚎】hūháo ❶ 动(野兽、风等)吼叫 ▷远处传来野兽的～。❷ 见本页"呼号(háo)"①。现在一般写作"呼号"。

【呼号】hūhào ❶ 名 广播或通信中使用的各种代号。❷ 名 某些组织富有特色的简明的专用口号。如中国少年先锋队的呼号是："准备着：为共产主义事业而奋斗！"回答："时刻准备着！" ☛ 跟"呼号(hūháo)"不同。

【呼唤】hūhuàn ❶ 动 呼叫；叫人来 ▷轻轻地～着她的名字|他～我们赶快过去。❷ 动 召唤② ▷时代～着我们前进。

【呼饥号寒】hūjī-háohán 啼饥号寒。☛ "号"这里不读 hào。

【呼机】hūjī 名 寻呼机的简称。

【呼叫】hūjiào ❶ 动 叫；呼喊。❷ 动 特指通过电台或无线电话用代号与对方联系。

【呼救】hūjiù 动 呼唤求救。

【呼啦】hūlā ❶ 拟声 模拟某些片状物抖动或飘动发出的声音(多叠用) ▷风卷战旗～～地飘。❷ 拟声 模拟建筑物突然崩塌或人群快速聚散时的杂音 ▷土墙～一下倒了|队伍～一下散了。☛ 不宜写作"呼喇"。

【呼啦啦】hūlālā 拟声 模拟流水声、鸟雀振翅声等 ▷流水～地响。☛ 不宜写作"呼喇喇"。

【呼啦圈】hūlāquān 名 圆圈形的健身器械，多用塑料制成。可以套在身上随身体摆动而转动。

【呼隆】hūlōng 拟声 模拟重物滚动或震动的声音(多叠用) ▷装甲车～～地开了过来。

【呼噜】hūlū 拟声 模拟呼吸受阻或吞食时从喉咙

里发出的响声 ▷喉咙里～～地响。

【呼噜】hūlu 名〈口〉睡觉时因呼吸受阻而发出的响声 ▷打～。

【呼朋引类】hūpéng-yǐnlèi 呼喊朋友，招引同类(多含贬义)。

【呼扇】hūshan〈口〉❶ 动（平而薄的物体）颤动 ▷大风吹得窗户纸直～。❷ 动 用平而薄的物体扇风 ▷天太热，他用扇子不停地～着。☛ 不宜写作"呼搧""唿扇"。

【呼哨】hūshào 名 人把手指放进嘴里用力吹时，或物体迅速移动时，发出的像吹哨子的声音 ▷吹了个～｜秋风打着～吹过树林。

【呼声】hūshēng 名 呼喊的声音；借指人们强烈的要求和愿望 ▷反映群众的～。

【呼天抢地】hūtiān-qiāngdì 仰首叫天，俯首撞地。形容极度悲伤和痛苦的状态。☛"抢"这里不读 qiǎng。

【呼吸】hūxī 动 呼气和吸气，生物体同外界进行气体交换；有时偏指吸气 ▷～困难｜～新鲜空气。

【呼吸道】hūxīdào 名 人或高等动物与外界进行气体交换的通道，由支气管、气管、喉、咽、鼻腔、口腔等构成。

【呼吸系统】hūxī xìtǒng 人或高等动物与外界进行气体交换的系统，由鼻、咽、喉、气管、支气管和肺组成。

【呼吸相通】hūxī-xiāngtōng 比喻思想观点和利害一致。

【呼吸与共】hūxī-yǔgòng 共同呼吸。比喻思想一致，利害相关。

【呼啸】hūxiào 动 发出尖而长的声音 ▷狂风～。

【呼延】hūyán 名 复姓。

【呼幺喝六】hūyāo-hèliù ❶ 形容赌徒掷色(shǎi)子时希望掷出好点数而高声喊叫(幺、六：色子的点数)。泛指赌博时的喧嚣声。❷ 形容耍威风，呼唤驱使别人的样子。

【呼应】hūyìng ❶ 动 呼唤与答应，指相互联系 ▷二人遥相～，配合默契。❷ 动 前后关联，相互照应 ▷剧情前后缺少～。

【呼吁】hūyù 动 向个人或社会申述，希望得到同情、支持 ▷～社会各界都来关心教育。

【呼吁书】hūyùshū 名 向个人或社会申述，希望得到同情、支持的书面材料 ▷草拟了一份保护野生动物的～。

【呼之即来，挥之即去】hūzhījílái，huīzhījíqù 招呼就来，挥手就去。形容受人任意支使；也形容时刻听从调遣。

【呼之欲出】hūzhīyùchū 形容人物画得逼真或描写得生动，好像一叫就会走出来；现也指某事物即将出现或某项政策、措施等即将出台。

忽[1] hū 动 不经心；没有注意到 ▷玩～职守｜～略｜～视｜疏～。

忽[2] hū ❶ 副 忽然 ▷～听得林中沙沙作响。→ ❷ 副 忽而② ▷～大～小｜～走～停。

忽[3] hū ❶ 量 a) 市忽，长度非法定计量单位。b)市忽，质量非法定计量单位。c)忽米。→ ❷ 数 某些计量单位的十万分之一 ▷～米。

【忽地】hūde 副 忽然 ▷他～倒下了。

【忽而】hū'ér ❶ 副 忽然 ▷脸上～显出惊恐的神色。❷ 副 同时用在两个或多个意思相反或相关的形容词、动词等词语前面，表示一会儿这样，一会儿那样 ▷声音～高～低｜他看上去有些疯疯癫癫的，～大哭～大笑。

【忽忽】hūhū〈文〉❶ 形 形容时间过得很快 ▷日～其将暮。❷ 形 形容失意或心中空虚 ▷～不得志｜～无聊。

【忽冷忽热】hūlěng-hūrè 一会儿冷一会儿热。也形容人的情绪不稳定。

【忽略】hūlüè ❶ 动 应该注意而没有注意；疏忽 ▷千万不能～细节。❷ 动 认为不重要而有意省去或不予考虑(常跟"不计"连用) ▷小数点右边第三位以后的数字可以～不计。☛ 跟"忽视"不同。"忽略"指未顾及某方面；"忽视"指不重视，语意比"忽略"重。

【忽米】hūmǐ 量 长度非法定计量单位，1 忽米等于 0.01 毫米。

【忽明忽暗】hūmíng-hū'àn 光线或景象时而明亮，时而暗淡；形容情况不明确、变化多。

【忽然】hūrán 副 表示情况发生得迅速而又出人意料 ▷说着说着，～停住了｜～，从阳台上掉下一个花盆来。☛ 跟"突然"不同。1."忽然"侧重于时间之快；"突然"侧重于出人意外。2."忽然"是副词，只能充当状语；"突然"是形容词，可充当谓语、定语、状语和补语。

【忽闪】hūshǎn 动 光线闪耀 ▷天上～一亮，接着是一声炸雷｜星星～～地眨着眼睛。

【忽闪】hūshan 动 闪动 ▷～着两只大眼睛。

【忽视】hūshì 动 疏忽；不重视 ▷不要～体育锻炼。☛ 参见本页"忽略"的提示。

【忽隐忽现】hūyǐn-hūxiàn 时而隐没，时而出现。

【忽悠】hūyou〈口〉❶ 动 晃动；摇摆 ▷杂技演员在钢丝上～个不停。❷ 动 哄骗 ▷无良商家夸大产品效果，～消费者。

轷(軤) hū 名 姓。

烀 hū 动〈口〉用少量水半蒸半煮，把食物做熟 ▷～白薯｜放到锅里～一～。

唿 hū [唿哨] hūshào 现在一般写作"呼哨"。

猢 hū［猢狫］hūlǔ 图 指鳄（多见于近代汉语）。

滹 hū 形〈文〉形容水的样子。

【滹泱】hūyāng 形〈文〉形容水流急速的样子。

【滹浴】hūyù 动 某些地区指洗澡。

惚 hū 见 607 页“恍惚”。

滹 hū［滹沱］hūtuó 图 水名，发源于山西，流入河北，同滏阳河汇合成子牙河。

糊 hū 动 用糊（hú）状的东西涂抹缝隙或物体表面 ▷用水泥～墙缝｜苇席上～了一层泥｜淤血～住了伤口。

另见 580 页 hú；584 页 hù。

hú

搰 hú 动〈文〉发掘 ▷深～得甘泉。

囫 hú 见下。☛ 统读 hú，不读 hū。

【囫囵】húlún 形 整个的；完整的 ▷～吞枣｜～觉。

【囫囵个儿】húlúngèr 形〈口〉整个儿；完整不破碎 ▷药片别咬碎，～吞下去。

【囫囵觉】húlúnjiào 图〈口〉指不被惊醒的完整睡眠 ▷她伺候多病的母亲，从没睡过一个～。

【囫囵吞枣】húlún-tūnzǎo 比喻不经过分析辨别，照原样笼统地接受。

和 hú 动 打麻将或玩纸牌时，达到规定的要求而取胜 ▷这把牌我～了｜开～。

另见 552 页 hé；557 页 hè；621 页 huó；627 页 huò；629 页 huo。

狐 hú 图 哺乳动物，形状略似狼，尾巴长，毛赤褐色、黄褐色或灰褐色。性狡猾多疑，遇敌时能放出臭气，乘机逃跑。多栖息于树洞或土穴中，昼伏夜出。主食鼠类、鸟类、昆虫，兼食野果等。通称狐狸。☛ 跟“孤”“弧”不同。

【狐步舞】húbùwǔ 图 一种交谊舞。源于美国黑人的民间舞蹈，$\frac{4}{4}$拍，有快、慢两种舞步。

【狐臭】húchòu 图 腋窝、阴部发出的刺鼻臭味，多由皮肤汗腺分泌异常引起。也说狐臊。☛ 不要写作“胡臭”。

【狐假虎威】hújiǎhǔwēi 狐狸借着老虎的威风吓跑其他野兽（假：凭借，利用）。比喻凭借别人的威势来吓唬或欺压他人。

【狐狸】húli 图 狐的通称。由于狐性狡猾，常用来比喻狡诈的人。

【狐狸精】húlijīng 图 古代传说中常有狐狸的精怪变成美女的故事。后多用“狐狸精”来比喻淫荡的女人或贬称艳丽迷人的女子；也比喻奸诈狡猾的人。

【狐狸尾巴】húli wěiba 古代传说狐狸变成人形后尾巴隐藏不住。后用“狐狸尾巴”比喻干坏事留下的迹象或证据。

【狐媚】húmèi 动 像狐狸精一样用媚态迷惑人。

【狐朋狗友】húpéng-gǒuyǒu 指不三不四的朋友。

【狐裘】húqiú 图 用狐皮制作的衣服。

【狐群狗党】húqún-gǒudǎng 指相互勾结的一帮坏人。也说狐朋狗党。

【狐死首丘】húsǐ-shǒuqiū 传说狐狸如果死在外边，必定让头部朝向自己洞穴所在的土丘。后用“狐死首丘”比喻不忘根本或怀念家乡。

【狐仙】húxiān 图 古代传说中修炼成仙、化为人形的狐狸。

【狐疑】húyí 动 像狐狸一样多疑；怀疑 ▷满腹～｜不免～起来。

弧 hú ❶ 图〈文〉木弓；泛指弓。→ ❷ 图 圆周或曲线（如抛物线）上的任意一段 ▷圆～｜～线。☛ 跟“狐”“孤”不同。

【弧度】húdù 量 量角的一种单位。当圆周上某段圆弧的弧长和该圆的半径相等时，它所对应的圆心角就是 1 弧度角。旧称弳（jìng）。

【弧光】húguāng 图 电弧发出的很强的带蓝紫色的光 ▷～灯｜发出刺眼的～。

【弧光灯】húguāngdēng 图 利用电流通过两根炭精棒电极产生的电弧作光源的照明装置。能发出极强的光，可用于电影拍摄和放映，也可安装在探照灯上。

【弧圈球】húquānqiú 图 乒乓球的一种击球法。击球时用力摩擦球面，使球体高速旋转并沿弧形路线行进。特点是冲力大，旋转强，变化多。也说弧旋球。

【弧线】húxiàn 图 弧② ▷球在空中划了一道～。

【弧线球】húxiànqiú 图 足球运动中，使球呈弧形路线前进的踢球技术。主要用于绕过传球路线上的防守队员或射门时迷惑门将，使产生错误判断。

【弧形】húxíng 图 圆周或曲线上的任意一段的形状；像弧一样的形状 ▷～的抛物线。

胡[1] hú ❶ 图 古代称我国北方和西方的民族 ▷南有大汉，北有强～｜五～十六国。→ ❷ 形 来自北方和西方民族的；泛指来自外国的 ▷～琴｜～豆｜～椒｜～萝卜。❸ 图 指胡琴 ▷二～｜板～。→ ❹ 副 没有根据地；任意地 ▷～说｜～来。〇 ❺ 图 姓。

胡[2] hú 代〈文〉表示询问原因或理由，相当于“为什么” ▷田园将芜，～不归？

胡[3]（鬍） hú 图 胡子 ▷八字～｜连鬓～｜山羊～｜～须。

胡[4]（*衚） hú 见本页"胡同"。

【胡编乱造】húbiān-luànzào 无根据地随意编造。

【胡啰啰】húbōbō 名 戴胜的俗称。

【胡缠】húchán 动 无理纠缠 ▷一味～，不讲理。

【胡扯】húchě 动 随意瞎说。

【胡吃海喝】húchī-hǎihē 大吃大喝。

【胡吹】húchuī 动 无根据地说大话 ▷他整天～自己如何如何能干。

【胡豆】húdòu 名 蚕豆。

【胡蜂】húfēng 名 昆虫，体大，头胸部褐色，有黄斑纹，腹部深黄色，中间有黑色及褐色条带，翅狭长，尾部有毒刺。有蜂王、雄蜂及工蜂等，工蜂采集花蜜和捕捉虫类喂养幼蜂。通称马蜂。也说土蜂。

【胡服骑射】húfú-qíshè 战国时，赵国的武灵王提倡穿西北方民族的服装，教百姓骑马射箭，从而为赵国训练了一支强大的骑兵队伍，史称胡服骑射。现常用这个典故说明要善于学习外部或别人长处的道理。

【胡搞】húgǎo ❶ 动 胡乱做；乱来 ▷办事要讲规则，不能～。❷ 动 特指乱搞男女关系。

【胡话】húhuà ❶ 名 神志不清时说的话 ▷昏迷之中不断地说～。❷ 名 毫无根据或毫无道理的话 ▷根本没那回事，别净说～。

【胡笳】hújiā 名 我国古代北方民族的一种类似笛子的管乐器。

【胡椒】hújiāo 名 多年生藤本植物，叶卵形或长椭圆形，开黄色花，果实球形，黄红色。未成熟的果实干后果皮变黑，叫黑胡椒；成熟的果实去皮后白色，叫白胡椒。果实可以做调味品，也可以做药材。原产印度，唐代传入我国。

【胡椒面儿】hújiāomiànr ❶ 名 胡椒碾成的粉末。一种调味品，放入少量，即有浓郁的香辣味。❷ 名 比喻数量少而分散的东西（常跟"撒"连用）▷资金要集中用在关键处，不能撒～。

【胡搅】hújiǎo ❶ 动 胡闹；捣乱 ▷要不是他在这儿～，事情早干完了。❷ 动 强词夺理；狡辩 ▷别～了，情况并不像你说的那样。

【胡搅蛮缠】hújiǎo-mánchán 蛮不讲理，纠缠捣乱。

【胡侃】húkǎn 动 胡乱闲聊 ▷俩人～个没完。

【胡来】húlái ❶ 动 随意乱做；乱来 ▷一定要按经济规律办事，绝不能～。❷ 动 捣乱取闹 ▷在教室里踢球，简直是～。

【胡乱】húluàn ❶ 副 任意；无理地 ▷不许～占用耕地。❷ 副 马虎地；草率地 ▷～吃几口算了。

【胡萝卜】húluóbo 名 一年或二年生草本植物，茎直立，叶柄长，花白色。根也叫胡萝卜，圆锥或圆柱形，肉质，有橙黄、橘红等颜色，是常见蔬菜。原产于地中海地区。参见插图 9 页。

【胡萝卜素】húluóbosù 名 有机化合物，紫红色或深红色结晶体。胡萝卜、蛋黄和乳汁中含量较多。在人体内能转化成维生素 A。

【胡麻】húmá ❶ 名 芝麻。相传是汉朝张骞从西域引进的，故称。❷ 名 油用亚麻。茎比一般亚麻短而粗，分枝和果实较多，籽粒较大。

【胡闹】húnào ❶ 动 胡乱打闹；无理取闹 ▷要听从劝导，别在这里～了。❷ 动 蛮干；乱来 ▷自己不懂，偏要拆掉彩电重装，简直是～。

【胡琴】húqin 名 古代泛指从北方和西方各民族传来的拨弦乐器。宋元以后指琴弓用马尾毛作弦的拉弦乐器，由琴筒、琴杆、琴弦、转动轴、琴弓等构成。演奏时，弓弦在两根琴弦之间拉动发出声音。有二胡、京胡、板胡等。

【胡人】húrén 名 我国古代对北方或西域各民族人民的称呼。

【胡说】húshuō ❶ 动 瞎说；乱说 ▷你在那儿～了些什么？|～了一通。❷ 名 胡话②。

【胡说八道】húshuō-bādào 信口胡说。

【胡思乱想】húsī-luànxiǎng 不切合实际地随意瞎想。

【胡桃】hútáo 名 核桃。

【胡同】hútòng 名 蒙古语音译。北方地区的小街小巷 ▷北京城里的～数不清。☛ ㊀不要写作"衚衕"。㊁"同"这里不读 tóng。

【胡须】húxū 名 胡子①。

【胡言】húyán ❶ 动 瞎说；乱说 ▷～乱语。❷ 名 胡话② ▷一派～，没有一句正经话。

【胡言乱语】húyán-luànyǔ ❶没有根据地随意乱说。❷没有根据或没有道理的话。

【胡杨】húyáng 名 落叶乔木，树干可高达 15 米，叶形多变异。耐盐碱，生长较快。木材可做家具、板料等，也可供建筑用。是西北地区河流两岸的主要造林树种。参见插图 6 页。

【胡诌】húzhōu 动 信口胡说；随口瞎编 ▷甭听他～，他的话一点儿都不可信。

【胡子】húzi ❶ 名 嘴周围（有的连着鬓角）长的毛。❷ 名 某些地区指土匪。

【胡子茬儿】húzichár 名 又短又硬的胡子。

【胡子工程】húzi gōngchéng 指中途停停建建、长期不能竣工的工程。

【胡子拉碴】húzilāchā 形 形容满脸胡子没有修整的样子。

【胡作非为】húzuò-fēiwéi 毫无顾忌地干坏事。

壶（壺） hú 名 盛液体的器皿，一般有盖，有嘴，有的还有柄或提梁 ▷把～提来|茶～|铝～|瓷～|暖～。☛ 跟"壸（kǔn）"不同。"壶"下边是"业"；"壸"下边是"亚"。

核 hú［核儿］húr 义同"核¹(hé)"①②。另见 555 页 hé。

斛 hú ❶ 名 古代一种方形量器，口小底大。→ ❷ 量 古代容积单位，1 斛原为 10 斗，南宋末年改为 5 斗。☛ 不读 hù。

搰 hú 动〈文〉掘。

葫 hú ❶［葫芦］húlu 名 一年生草本植物，茎蔓生，开白色花。果实也叫葫芦，因品种不同而形状多样，大多中间细，上、下部膨大，像大小两只连在一起的球。可以食用，也可以做容器。○ ❷ 名 姓。

鹄（鵠） hú 名〈文〉天鹅 ▷～立｜～望｜鸠形～面。

另见 492 页 gǔ。

【鹄立】húlì 动〈文〉像鹄一样直立 ▷～桥头。

【鹄望】húwàng 动〈文〉直立翘望。形容殷切盼望 ▷长夜～。

猢 hú［猢狲］húsūn 名 猴子 ▷树倒～散。

湖 hú ❶ 名 四周是陆地的大片水域 ▷江河～海｜～泊。→ ❷ 名 指浙江湖州(北临太湖) ▷～笔。→ ❸ 名 指湖南、湖北(分别位于洞庭湖的南北) ▷～广熟，天下足。

【湖笔】húbǐ 名 浙江湖州制造的毛笔，以品质优良闻名。

【湖滨】húbīn 名 湖边 ▷～别墅。

【湖汊】húchà 名 指湖泊向陆地延伸的狭长部分；汇入湖泊的河道 ▷～纵横。

【湖光】húguāng ❶ 名 湖水闪烁的光芒 ▷～闪闪。❷ 名 湖的景色 ▷～山色。

【湖光山色】húguāng-shānsè 湖景与山景相互映衬而成的秀丽景色。

【湖蓝】húlán 形 形容颜色像湖水那样淡蓝而有光泽。

【湖绿】húlǜ 形 形容颜色像湖水那样淡绿而有光泽。

【湖畔】húpàn 名 湖边；湖岸附近 ▷漫步～。

【湖泊】húpō 名 湖的统称。

【湖色】húsè 名 淡绿色。

【湖滩】hútān 名 湖边的滩地，水浅时露出，水深时淹没。

【湖田】hútián 名 湖泊周围筑有围埝的水田。

【湖心】húxīn 名 湖的中心部位 ▷小船在～漂荡。

【湖心亭】húxīntíng 名 修建在湖中的亭子。有的有路或桥跟岸边相连。

【湖羊】húyáng 名 绵羊的一种。毛白色，公、母都没有角。繁殖力强，产乳量高，羔皮质地柔软。因产于太湖地区，故称。

【湖泽】húzé 名 湖泊和沼泽。也说湖沼。

【湖长】húzhǎng 名 我国各省(自治区、直辖市)、市、县、乡负责湖泊管理保护工作的领导，由各地同级负责人担任。

【湖绉】húzhòu 名 浙江湖州出产的一种有皱纹的丝织品。

瑚 hú ❶［瑚琏］húliǎn 名 古代宗庙中的祭器；比喻有才能、有本领的人。○ ❷ 见 1196 页"珊瑚"。☛ 统读 hú。

煳 hú 动(食品、衣物等)被烧烤而变焦或变黑 ▷饭～了｜衣服烤～了。

鹕（鶘） hú 见 1350 页"鹈(tí)鹕"。

鹘（鶻） hú 名 古代指隼类猛禽。另见 493 页 gǔ。

槲 hú 名 落叶乔木，高可达 25 米，小枝粗，叶片大，开黄褐色花，结圆卵形坚果。木材坚实，可用于建筑，叶可饲养柞蚕，坚果可食用。

【槲栎】húlì 名 落叶乔木，高可达 20 米，雌雄同株。种子含淀粉，树皮可提取栲胶，叶可做饲料，木材可用于建筑。

蝴 hú 见下。☛ 统读 hú，不读 hù。

【蝴蝶】húdié 名 昆虫，有两对大翅膀，颜色美丽。吸食花蜜，能传播花粉。种类极多，有的是害虫。参见插图 4 页。☛ 不要写作"胡蝶"。

【蝴蝶斑】húdiébān 名 人体皮肤色素沉着性皮肤病。症状是皮肤上显现黄褐色斑点，有时为点状，有时为片状，形如蝴蝶。

【蝴蝶花】húdiéhuā 名 三色堇的俗称。

【蝴蝶结】húdiéjié 名 用绳、带系成的形如蝴蝶的结子。也说蝴蝶扣儿。

糊¹（*粘❶❷ 餬❶❷） hú ❶ 名〈文〉粥。→ ❷ 动 用粥充饥 ▷～口。→ ❸ 动 用黏性糊状物把两个物体粘在一起 ▷～信封｜～窗户｜裱～。→ ❹ 名 有黏性的东西 ▷～剂｜～料｜糨～。

糊² hú 同"煳"。☛ "糊"字读 hū，指用糊(hú)状的东西涂抹或封闭，如"眼睛被眼眵糊住了"；读 hú，是使粘牢，还可表示事物；读 hù，除动词"糊弄"外，一般表示事物，如"芝麻糊"。

另见 578 页 hū；584 页 hù。

【糊糊】húhu 名 某些地区指用玉米面或面粉等搅拌熬成的黏稠食品。

【糊口】húkǒu 动 勉强维持生活 ▷难以～。☛ 不要写作"餬口"。

【糊里糊涂】húlihútú 形 糊涂。☛ ㊀语气往往比"糊涂"重。㊁不要写作"胡里胡涂"。

【糊涂】hútu ❶ 形 认识模糊不清；头脑不清醒 ▷他大事一点儿也不～。❷ 形 混乱；没有条理 ▷一笔～账。☛ 不要写作"胡涂"。

【糊涂虫】hútuchóng 名 指不懂事理的人。

【糊涂账】hútuzhàng 名 混乱不清的账目；也比喻搞不清楚的事情 ▷这件事谁也说不清，成了一笔～。☛ 不要写作"糊涂帐"。

縠 hú 名〈文〉绉纱类的丝织物。

鹕 hú 见 1350 页"鹈(tí)鹕"。

觳 hú [觳觫] húsù 动〈文〉因害怕而发抖。

hǔ

虎 hǔ ❶ 名 哺乳动物，毛淡黄色或褐色，有黑色横纹，前额有像"王"字形的斑纹。性凶猛，夜间出来捕食猪、鹿、獐、羚羊等动物，有时也伤人。属国家保护动物。通称老虎。→ ❷ 形 比喻威武勇猛 ▷一员～将|～头～脑。→ ❸ 动 脸上露出凶狠或严厉的表情 ▷～着脸|～起脸。○ ❹ 名 姓。☛ 右下是"几"，不是"儿"。

另见 583 页 hù。

【虎背熊腰】hǔbèi-xióngyāo 形容身材魁梧，体格健壮。

【虎贲】hǔbēn 名 古代指像追逐猎物的老虎一样勇猛的武士(贲：奔跑)。

【虎步】hǔbù ❶ 名 威武雄健的步伐 ▷一个～跨过了那条沟。❷ 形〈文〉形容举止威武 ▷龙行～。❸ 动〈文〉称雄于一方 ▷～河西。

【虎胆】hǔdǎn 名 指无所畏惧的胆量 ▷英雄～。

【虎符】hǔfú 名 古代调兵遣将用的凭证。用铜铸成虎形，背面有铭刻的文字。分为两半，右半存朝廷，左半交给统兵的将领。调动军队时须持符验合。

【虎骨酒】hǔgǔjiǔ 名 用白酒浸泡虎骨制成的中药。现已禁止制作。

【虎虎】hǔhǔ 形 形容气势旺盛、威武 ▷～生风。

【虎将】hǔjiàng 名 勇猛善战的将领；泛指有能力、有朝气的人才。

【虎劲】hǔjìn 名 像老虎那样勇猛无畏的劲头。

【虎踞龙盘】hǔjù-lóngpán 像虎一样蹲着，像龙一样盘着。形容地势雄伟险要。☛ 不宜写作"虎踞龙蟠"。

【虎口】hǔkǒu ❶ 名 老虎的嘴；比喻危险的境地 ▷～拔牙|～逃生。○ ❷ 名 大拇指根和食指根相连的部位 ▷一锤下去，把～震裂了。

【虎口拔牙】hǔkǒu-báyá 比喻冒极大危险去做某件事。

【虎口余生】hǔkǒu-yúshēng 比喻在极其危险的经历中侥幸保全下来的生命。

【虎狼】hǔláng 名 比喻凶残暴虐的人 ▷～之辈。

【虎落平阳】hǔluò-píngyáng "虎落平阳被犬欺"的缩略。虎离开深山落到平地，就会被犬欺侮(平阳：平地)。比喻强者一旦失去优势，身处不利环境，也会无所作为，受制于弱者。

【虎气】hǔqì 名 像老虎一样威武的气势 ▷战士们个个～十足。

【虎钳】hǔqián 名 台钳。

【虎生生】hǔshēngshēng 形 像老虎一样威武而有生气 ▷几个～的年轻人都报名参军了。

【虎视】hǔshì 动 像老虎要扑食那样瞪眼注视着 ▷战士们～着来犯的敌人，个个摩拳擦掌。

【虎视眈眈】hǔshì-dāndān 像老虎要扑食那样凶猛地注视着，准备随时攫取。☛ ㊀"眈眈"不读 shěnshěn 或 chénchén。㊁"眈"左边是"目"，不是"耳"。

【虎势】hǔshi 形〈口〉虎实。

【虎实】hǔshi 形〈口〉形容健壮威武 ▷小伙子长得可～了。

【虎头虎脑】hǔtóu-hǔnǎo 形容健壮可爱的样子(多指儿童)。

【虎头蛇尾】hǔtóu-shéwěi 虎头大，蛇尾细。比喻做事开始劲头很大，到后来就泄劲了，不能善始善终。

【虎威】hǔwēi 名 像老虎一样威武的气概 ▷凭着将军的～，就可镇住那些蠢蠢欲动的人。

【虎啸猿啼】hǔxiào-yuántí 形容深山野林里各种动物的鸣叫声此起彼伏。

【虎穴】hǔxué 名 老虎的窝；比喻极其危险的境地 ▷不入～，焉得虎子|深入～探敌情。

【虎穴龙潭】hǔxué-lóngtán 龙潭虎穴。

【虎牙】hǔyá 名 指人的凸出的尖牙 ▷笑起来露出两个小～，实在是太可爱了。

【虎跃龙腾】hǔyuè-lóngténg 龙腾虎跃。

浒(滸) hǔ 名〈文〉水边。

另见 1552 页 xǔ。

唬 hǔ 动 吓人；蒙(mēng)人 ▷你别～人了|把他给～住了|吓～(hu)|诈～(hu)。

另见 1484 页 xià。

【唬人】hǔrén 动 吓唬人；蒙骗人。

琥 hǔ [琥珀] hǔpò 名 古代松柏树脂的化石，淡黄色、褐色或红褐色的透明体。可用来制漆或做装饰品，也可以做药材。☛ 不要写作"虎魄"。

hù

互 hù 副 互相 ▷～敬～爱|～帮～学|～惠～利|～致问候|～通有无|～不退让|～助。☛"互"一般只修饰单音节动词，中间不能加入其他成分；修饰双音节动词时，只用于否定，如"互不退让""互无关联"。

【互爱】hù'ài 动 互相爱护 ▷互敬～。

【互补】hùbǔ 动 互相补充 ▷优势～。

【互动】hùdòng 动 共同参与,互相推动 ▷在师生～中完成教学任务。

【互访】hùfǎng 动 互相访问 ▷两国元首～。

【互换】hùhuàn 动 互相交换 ▷～名片。

【互惠】hùhuì 动 互相给予优惠 ▷～互利｜两国之间的贸易是平等～的。

【互济】hùjì 动 互相接济 ▷互助～。

【互检】hùjiǎn 动 相互检验 ▷为了消除隐患,在自检的基础上再～。

【互见】hùjiàn ❶ 动 (两处或几处的文字)相互参见或补充 ▷两个条目彼此～。❷ 动 两者并存,都可看到 ▷良莠～。

【互教互学】hùjiāo-hùxué 相互传授(知识、技能),相互学习。

【互利】hùlì 动 互相得到好处 ▷彼此～。

【互联网】hùliánwǎng 名 指由若干个电子计算机网络相互连接而成的更大的网络。目前世界上最大的互联网是因特网。

【互联网+】hùliánwǎng+ 指将互联网与各种传统行业进行融合,实现传统行业的优化、升级和转型,形成以互联网为基础设施和实现工具的新的经济发展形态("+"表示融合) ▷大力推进"～政务服务",实现政府各部门之间的数据共享。

【互谅】hùliàng 动 互相体谅;互相谅解 ▷～互让｜互信～。

【互勉】hùmiǎn 动 〈文〉互相勉励 ▷同窗～。

【互派】hùpài 动 互相派遣人员到对方那里去(工作或学习) ▷～联络员。

【互让】hùràng 动 互相让步;互相谦让。

【互生】hùshēng 动 茎的每节只生一片叶子,上下相邻的两叶交互长在茎的两侧。如桃树、蚕豆的叶子就是互生的。

【互市】hùshì 动 指相邻地区(包括国家或民族)之间进行通商贸易。

【互通】hùtōng 动 互相交流沟通 ▷～信息。

【互通有无】hùtōng-yǒuwú 交换余缺,互相补充,以满足各自的需求。

【互为】hùwéi 动 相互之间是或成为某种关系 ▷～补充｜两国～重要的经贸伙伴。

【互文】hùwén 名 一种修辞方法。上下文各有交错省略而互相补充。如"战城南,死郭北"意即战死在城南或战死在城北,"秦时明月汉时关"意即秦汉时的明月和秦汉时的关隘。

【互相】hùxiāng 副 表示彼此进行相同的动作或具有相同的关系 ▷～勉励｜～依存。

【互训】hùxùn 动 指同义词语互相注释,用甲释乙,用乙释甲 ▷词典释义要避免～。

【互译】hùyì 动 两种语言或方言之间互相翻译 ▷汉英～。

【互赢】hùyíng 动 互相获益 ▷资源共享,互利～｜创造～模式。

【互助】hùzhù 动 互相帮助 ▷经济上～合作。

【互助会】hùzhùhuì 名 指单位内部群众性的经济互助组织,多由基层工会领导。盛行于20世纪50年代至60年代。

【互助组】hùzhùzǔ ❶ 名 农业生产互助组的简称。中华人民共和国成立前在解放区以及中华人民共和国成立初期在农村所实行的几户或十几户农民自愿换工互助的一种组织形式。❷ 名 泛指在生产、工作、学习等方面互相帮助的小组。

户 hù ❶ 名 单扇的门;泛指门 ▷夜不闭～｜～枢不蠹。→ ❷ 名 人家;住户 ▷这栋楼住了一百多～｜家喻～晓｜～口｜～主。⇒ ❸ 名 从事某种职业的人家或人 ▷农～｜工商～｜个体～。⇒ ❹ 名 门第 ▷门当～对。⇒ ❺ 名 指跟某种机构建立了正式财物往来关系的个人或团体 ▷账～｜订～｜开～。○ ❻ 名 姓。☛ 参见892页"卢"的提示。

【户籍】hùjí ❶ 名 公安部门以户为单位登记当地居民的册子。❷ 名 借指属于某地区内居民的身份 ▷她的～在乡下。

【户籍警察】hùjí jǐngchá 在公安机关中负责管理户籍的警察。简称户籍警。

【户口】hùkǒu ❶ 名 住户及其人口的总称 ▷登记～。❷ 名 户籍② ▷暂住～｜注销～。

【户口簿】hùkǒubù 名 登记居民户口的册子。载有住户成员的姓名、年龄、籍贯、职业等内容。也说户口本。

【户枢不蠹】hùshū-bùdù 经常转动的门轴不会被虫蛀蚀。比喻经常运动着的东西不容易被侵蚀(常跟"流水不腐"连用)。

【户头】hùtóu 名 财务会计部门指在账本上有账务关系的个人或团体 ▷在银行里立了～。

【户外】hùwài 名 指房屋外面 ▷～作业。

【户型】hùxíng 名 根据住房内部格局划分出的类型。如两室一厅、三室两厅等。也说房型。

【户主】hùzhǔ 名 户口簿上一户的负责人;家长。

沍 hù 〈文〉❶ 动 冻结;凝固 ▷～寒｜～凝。→ ❷ 动 闭塞①。

护(護) hù ❶ 动 尽力照顾,使不受损害;保卫 ▷爱～｜～航。→ ❷ 动 偏袒;包庇 ▷别老～着孩子｜～短｜庇～。

【护岸】hù'àn 名 用水泥或石块等修建的保护堤岸的工程设施。用来防止堤岸发生崩塌。常见的有斜坡式护岸和陡墙式岸壁两种。

【护壁】hùbì 名 墙裙。

【护兵】hùbīng 名 跟随并保护官员的卫兵。

【护城河】hùchénghé 名 围绕在城墙外边的河。

多为人工开凿，古代借以自卫御敌。

【护持】hùchí 动 保护维持；爱护扶持 ▷小区的安全靠大家来～|刚栽的树苗要有人～。

【护从】hùcóng ❶ 动 随从护卫 ▷他被人～着出了城门。❷ 名 从事随从护卫工作的人。

【护犊子】hùdúzi 〈口〉比喻袒护自家的孩子（含贬义） ▷要让孩子认识到错误，不能～。

【护短】hùduǎn 动 袒护自己或跟自己亲近的人的短处或过失 ▷对孩子不要～|俗话说："～短常在，揭短短无踪。"

【护耳】hù'ěr 名 覆盖在耳朵部位，起保护作用的用品。多用来防冻御寒。

【护法】hùfǎ 动 原指护卫佛法；后也指维护法律。

【护发】hùfà 动 养护头发 ▷这种洗发液有去屑～的疗效。

【护封】hùfēng 名 指包在图书封面外起保护、装饰作用的纸，一般印有书名和图案。

【护肤】hùfū 动 养护皮肤 ▷～养颜。

【护工】hùgōng 名 指受雇护理病人的人；泛指从事护理工作的人 ▷聘请病房～。

【护航】hùháng 动 护卫并陪同船只或飞机航行 ▷用战斗机为总统专机～◇～精准扶贫，实现共同富裕。

【护航舰】hùhángjiàn 名 负责护航的护卫舰。参见本页"护卫舰"。

【护驾】hùjià 动 保驾。

【护肩】hùjiān ❶ 名 垫肩①。❷ 名 对肩关节周围组织提供保暖、缓解疼痛等作用的护具。

【护具】hùjù 名 进行体育等活动时穿戴的各种护身器具。如头盔、护腕、护膝、护身等。

【护栏】hùlán ❶ 名 设置在边缘上起保护作用的栏杆 ▷请勿跨越绿地～。❷ 名 马路中间或人行道和车道之间的栏杆 ▷禁止行人跨越～。

【护理】hùlǐ ❶ 动 配合医生对病人或老者、残疾人等进行治疗和照顾 ▷～重伤员。❷ 动 保护并管理，使正常生活或生长 ▷～幼苗。

【护林】hùlín 动 保护森林；看管树林 ▷造林～。

【护领】hùlǐng 名 衬领②。

【护路】hùlù 动 保护和养护公路、铁路。

【护面】hùmiàn 名 击剑等运动中戴在头上，保护面部的器具。

【护目镜】hùmùjìng 名 用来防强光、防风、防尘等的劳保眼镜。特殊行业的护目镜还有特殊功能，如医用护目镜有放大功能，军用护目镜有防激光、可夜视等功能。

【护坡】hùpō 名 用片石、块石或草皮等修建的工程设施。呈斜坡形，防止路基、堤坝和河渠等被风雨、水流等侵蚀。

【护秋】hùqiū 动 看护大秋作物。

【护身】hùshēn ❶ 动 保护自身；防身 ▷随手拿根棒子，只是为了～。❷ 名 穿在身体的胸腹部位，起保护作用的用品。

【护身符】hùshēnfú 名 迷信指可以驱鬼除邪、保护自身安全的类似图画的符号或物体；现多用来比喻可以仗恃的人或物 ▷你别拿这个处长当～。

【护士】hùshi 名 医院或防疫机构里专门从事护理工作的人员。

【护送】hùsòng 动 随同前往并加以保护，使人员或物资等安全到达目的地 ▷～大熊猫。

【护田林】hùtiánlín 名 围绕田地营造的防护林。可减轻风害，调节水分和气温，预防土壤流失。

【护腿】hùtuǐ 名 套在小腿上，起保护作用的用品。

【护腕】hùwàn 名 套在腕关节处，起保护作用的用品。

【护卫】hùwèi ❶ 动 防卫；保护 ▷战士日夜～大桥。❷ 名 担任护卫工作的人 ▷有～护送。

【护卫舰】hùwèijiàn 名 以舰炮、导弹和反潜武器为主要装备的轻型或中型军舰。任务是护航、反潜、巡逻、警戒等。

【护卫艇】hùwèitǐng 名 以小口径舰炮为主要武器的小型舰艇。主要任务是近岸海区巡逻、护渔和护航。也说炮艇。

【护膝】hùxī 名 套在膝关节处，起保护作用的用品。

【护校】hùxiào ❶ 动 保护学校安全；维护学校秩序 ▷～队。○ ❷ 名 护士学校的简称。

【护胸】hùxiōng 名 覆盖在胸部，起保护作用的用品。

【护养】hùyǎng ❶ 动 护理培育 ▷～幼林。❷ 动 维护保养 ▷车间有专人～机器。

【护腰】hùyāo 名 围在腰部，起保护腰椎、髋骨等作用的用品。

【护佑】hùyòu 动 扶持，帮助；呵护，庇佑 ▷乞求上苍～。

【护渔】hùyú 动 为保护渔业生产和渔业资源而进行水上巡逻警戒活动。

【护院】hùyuàn ❶ 动 守护庭院 ▷看家～。❷ 名 守护庭院的人。

【护照】hùzhào 名 由国家主管机构发给出国公民以证明其国籍、身份的证件。一般有外交护照、公务护照和普通护照三种。

沪（滬） hù ❶ 名 上海的别称 ▷～剧。○ ❷ 名 姓。

【沪剧】hùjù 名 地方戏曲剧种，流行于上海和江苏、浙江的部分地区。由上海滩簧等发展而来，早期曾称申曲。

桓 hù 见73页"梐(bì)桓"。

虎 hù [虎不拉] hùbulǎ 名 某些地区指伯劳。另见581页hǔ。

昈 hù〈文〉❶ 形 明白；分明 ▷～分殊事。→ ❷ 形 形容色彩斑斓 ▷五彩杂～。

岵 hù 名〈文〉有草木的山。

怙 hù〈文〉❶ 动 依靠；凭借 ▷无父何～，无母何恃？|～恶不悛。→ ❷ 名 指父亲 ▷失～|～恃。

【怙恶不悛】hù'è-bùquān 坚持作恶，不思悔改（悛：悔改）。☛"恶"这里不读 wù；"悛"不读 jùn。

【怙恃】hùshì ❶ 动 凭借；仗恃 ▷～权势，欺压百姓。❷ 名〈文〉《诗经·小雅·蓼莪》："无父何怙，无母何恃？"后以"怙恃"借指父母 ▷～双亡。

戽 hù ❶ 名 戽斗 ▷风～。→ ❷ 动 用戽斗等农具汲水灌田 ▷～水。

【戽斗】hùdǒu 名 汲水灌田的旧式农具，外形像斗，两边系绳。操作时，两人对站拉绳汲水。

祜 hù 名〈文〉福 ▷受天之～。

笏 hù 名 古代臣子朝见君主时，君臣手中拿的狭长的板子，按等级分别用玉、象牙、竹木制成，上面可以记事；后来只由大臣使用。

瓠 hù 名 瓠瓜。

【瓠瓜】hùguā 名 一年生草本植物，茎蔓生，茎、叶有茸毛，叶心形，开白色花。果实也叫瓠瓜，细长，圆筒形，可以作蔬菜。通称瓠子。

扈 hù ❶ 动〈文〉随从；护卫 ▷～从|～卫。○ ❷ 名 姓。

楛 hù 名 古代指可制箭杆的荆类植物。
另见 798 页 kǔ。

鄠 hù 名 鄠县，地名，在陕西，现在改为"户县"。

嫭 hù〈文〉❶ 形 美好 ▷～目宜笑。→ ❷ 名 美女 ▷知众～之嫉妒兮，何必扬累之蛾眉？

糊 hù 名 称某些半流体食物 ▷芝麻～|辣椒～。
另见 578 页 hū；580 页 hú。

【糊弄】hùnong〈口〉❶ 动 欺骗；蒙混 ▷你别想～我，我什么都明白。❷ 动 将就；凑合 ▷自行车还能～着骑，先别买新的了。

濩 hù 动〈文〉分布；散布 ▷除草～粪，频助其长。
另见 628 页 huò。

鹱（鸌） hù 名 鸟，体大，嘴的尖端呈钩状，翼长而尖，善飞翔，也能游泳。生活在海边，捕食鱼类和软体动物。种类很多，我国常见的有白额鹱。

鳠（鱯） hù 名 鱼，身体细长，灰褐色，有的有黑色小点，头扁平，口边有四对须，无鳞。种类很多，生活在淡水中。

huā

化 huā 同"花[2]"。现在一般写作"花"。
另见 590 页 huà。

【化子】huāzi 现在一般写作"花子"。

花[1]（*苍蘤❶—⑮） huā ❶ 名 被子植物的有性生殖器官，由花冠、花萼、花托、雌雄蕊群组成，有多种形状和颜色，有的有香味 ▷开～结果|～粉。→ ❷ 名 泛指具有观赏价值的植物 ▷种～儿|～展|～匠。→ ❸ 名 像花朵的东西 ▷浪～|炒腰～儿。⇒ ❹ 名 指棉花 ▷纺～|弹～机。⇒ ❺ 名 焰火；礼花 ▷放～|～炮。⇒ ❻ 名 指某些滴珠、颗粒、碎末状的东西 ▷泪～|盐～儿|葱～儿。→ ❼ 名 花纹；图案 ▷黑地白～|这块布～儿太艳了。→ ❽ 形 色彩或种类驳杂的 ▷这件衣裳太～，你穿不合适|～牛|～哨。❾ 形（看东西）模糊 ▷老眼昏～|老～镜。→ ❿ 形 好看或好听但不实在的；用来迷惑人的 ▷～架子|～言巧语|～招。→ ⓫ 名 比喻美女 ▷校～|交际～。⓬ 形 旧指妓女或跟妓女有关的 ▷～魁|～街柳巷。⓭ 形 花心③ ▷你小子可够～的。→ ⓮ 名 打仗、打斗受的外伤 ▷挂～。→ ⓯ 名 比喻精华 ▷艺术之～|自由之～。○ ⓰ 名〈口〉天花；痘苗 ▷孩子没有出过～儿|种～儿。○ ⓱ 名 姓。

花[2] huā 动 花费 ▷～完了再挣|～工夫。

【花把式】huābǎshi ❶ 名 指有经验的花农或花匠；泛指对种花有经验、有专长的人。○ ❷ 名 花架子②③。

【花把势】huābǎshi 现在一般写作"花把式"。

【花白】huābái 形（头发、胡子）黑白间杂 ▷两鬓～。

【花斑】huābān 名 某些动物皮毛上不同颜色的斑点。如豹子背部的棕色、褐色斑。

【花瓣】huābàn 名 花冠的组成部分，多呈薄片状，由于细胞内含的色素不同，形成各种不同的颜色。

【花苞】huābāo 名 花开前包着花蕾的小叶片。

【花边】huābiān ❶ 名 绘或嵌在器物边缘，起装饰作用的花纹 ▷盘子上的～真好看。❷ 名 用来镶在衣物边缘的各种花样的长条形织品 ▷柜台里摆着各种颜色的缎带～。❸ 名 报刊书籍上文字图画的花纹边框。

【花边新闻】huābiān xīnwén 指报刊为迎合部分读者兴趣而刊载的轶闻趣事。因常在文章周围加上花纹边框，以引起读者注意，故称。

【花布】huābù 名 带有图案的布。

【花不棱登】huābulēngdēng 形〈口〉花里胡哨①。

【花草】huācǎo 名 供观赏的花和草的统称。

【花插】huāchā ❶ 名 可放在浅水盆里的插花用的底座。❷ 名 供插花用的瓶子。○ ❸ 动〈口〉交错；夹杂（后面常跟"着"）▷男生和女生～着坐在观众席上。

【花茶】huāchá 名 茶叶的一大类。以绿茶为原料，用茉莉、玫瑰等香花窨（xūn）制而成，汤色较绿茶略浓，既有茶香，又有花香。我国南方很多地区都产花茶。也说香片。

【花车】huāchē 名 装饰得有喜庆气氛的车辆。多用于婚礼喜庆活动或迎送贵宾等。

【花池子】huāchízi 名 中间种植花草、四周围有矮栏的地方。

【花窗】huāchuāng 名 漏窗。

【花丛】huācóng 名 丛生的花 ▷小虫在～里鸣叫。

【花簇】huācù 名 密集成团的花朵 ▷蜜蜂在～间飞来绕去。

【花搭】huādā 动〈口〉不同品种或不同质量的东西交叉搭配（后面常跟"着"）▷几件毛衣～着穿｜粗粮细粮～着吃。

【花旦】huādàn 名 戏曲中旦角的一种，多扮演天真活泼或泼辣的年轻女子。

【花灯】huādēng ❶ 名 装饰得十分漂亮的彩灯；特指农历正月十五（元宵节）供人观赏的各种彩灯。❷ 名 一种民间舞蹈，常在元宵节等节日演出。

【花点子】huādiǎnzi 名 华而不实的主意；也贬称狡猾的计谋 ▷都是他乱出～，把事情搞砸了。

【花雕】huādiāo 名 上等的绍兴黄酒。一般都用彩色的雕花酒坛贮存，故称。

【花儿洞子】huārdòngzi 名 半截在地面以下，以利于保温保湿的花房。

【花朵】huāduǒ 名 花的统称 ▷石榴的～火红火红的◇儿童是祖国的～。

【花萼】huā'è 名 包在花瓣外面的片状物，多为绿色，花芽期保护花芽，花开时托着花冠，是花的一个组成部分。

【花儿】huā'ér 名 流行于甘肃、青海、宁夏一带的民歌。在青海，这类民歌也称"少年"，词称"花儿"，演唱称"漫少年"。

【花房】huāfáng 名 专门种养花草的温室。

【花肥】huāféi ❶ 名 棉花、油菜等开花期施用的肥料。❷ 名 盆栽花施用的肥料。

【花费】huāfèi 动 消耗；用掉（金钱、时间、精力）▷～了不少钱｜～了半年工夫｜～精力。☛ 跟"破费"不同。"花费"的对象除金钱外，还可以是时间、精力、力气等；"破费"的对象多是金钱。

【花费】huāfei 名 耗费的钱 ▷旅游～很多。

【花粉】huāfěn 名 种子植物雄蕊内的粉粒，多为黄色。每个粉粒中都有一个生殖细胞。

【花岗岩】huāgāngyán ❶ 名 火成岩，质地坚硬、细腻而有光泽。多为肉红色或灰白色，是优质建筑材料。也说花岗石。俗称麻石。❷ 名 比喻顽固不化的思想 ▷～脑袋。

【花糕】huāgāo 名 一种传统糕点。因食材种类众多，形成花样，故称。

【花梗】huāgěng 名 花跟枝连接的部分。也说花柄。

【花鼓】huāgǔ 名 民间歌舞，流行于湖北、湖南、江苏、江西和安徽等地。一般由男女两人表演，女的打小鼓，男的敲小锣，边敲打边歌舞。

【花鼓戏】huāgǔxì 名 地方戏曲剧种，流行于湖南、湖北、安徽等地。由花鼓发展而来。

【花冠】huāguān ❶ 名 花朵上由若干花瓣组合而成的那一部分。❷ 名 用花编制成的环状头饰；特指新娘头上帽状的华美装饰。

【花果山】huāguǒshān 名《西游记》中描写的孙悟空居住的山。泛指花木果树满坡的山 ▷过去有名的穷山沟，如今变成了～。

【花好月圆】huāhǎo-yuèyuán 比喻幸福美满。多用于对新婚的祝贺。☛ "圆"不要误写作"园"。

【花和尚】huāhéshang 名 指不守戒律的和尚 ▷～鲁智深。

【花红】huāhóng ❶ 名 落叶小乔木，叶卵形或椭圆形，春夏之交开花，花粉红色。果实也叫花红，像苹果而小，黄色或红色。也说沙果、林檎。○ ❷ 名 旧指婚姻等喜庆事的礼物。❸ 名 旧指企业分给股东和职工的红利。

【花红柳绿】huāhóng-liǔlǜ 形容花木茂盛，景色艳丽；也形容色彩繁丽（多用于衣着打扮）。

【花花公子】huāhuā-gōngzǐ 指不务正业，只知吃喝玩乐的富贵人家子弟。

【花花绿绿】huāhuālǜlǜ 形 形容颜色艳丽多彩。

【花花世界】huāhuā-shìjiè ❶ 指繁华的都会；也指花天酒地、纸醉金迷的场所。❷ 泛指人世间（多含贬义）。

【花花肠子】huāhuachángzi 坏主意；鬼点子 ▷他满肚子的～。

【花环】huāhuán 名 用鲜花、纸花或塑料花等扎成的环状物。常在歌舞表演或迎接贵宾时使用。

【花卉】huāhuì ❶ 名 供观赏的花草的总称。❷ 名 国画的一种。以花卉为题材。也说花卉画。

【花会】huāhuì ❶ 名 展览并销售花卉的集会 ▷～上百花吐蕊，群芳争艳。❷ 名 民间体育、文艺演出活动，多在春节期间进行。

【花季】huājì 名 鲜花盛开的季节；比喻少年时代（多指少女）▷正值美好的～|～少年。

【花甲】huājiǎ 名 旧时用天干与地支递相搭配纪年，周而复始，每六十年一循环，一个循环为一个花甲。后用以指六十岁的年纪 ▷年届～。

【花架子】huājiàzi ❶ 名 摆放盆花的架子。也说花架。○ ❷ 名 指好看而不实用的武术架势。也说花把式。❸ 名 比喻虚有其表而无实用价值的东西 ▷工作要扎扎实实，不要搞～。也说花把式。

【花剑】huājiàn ❶ 名 击剑比赛项目之一。比赛时只准刺，不能劈，击中对方躯干为有效。❷ 名 这一项目使用的剑，长 101 厘米，重量不超过 500 克。

【花匠】huājiàng 名 以种花养花为职业的人。

【花椒】huājiāo 名 灌木或小乔木，枝有刺，奇数羽状复叶，夏季开花。果实也叫花椒，球形，红黑色，含挥发油。味辛麻，可做调料和药材。

【花轿】huājiào 名 旧时婚礼中用以迎娶新娘的装饰华丽的轿子。也说彩轿。

【花街柳巷】huājiē-liǔxiàng 旧指妓院聚集的地方。

【花镜】huājìng 名 用来矫正老花眼的眼镜，镜片是凸透镜。

【花卷】huājuǎn 名 面食，用发面制作，多层，层与层之间涂有油盐或其他调味品，一般拧成螺旋状，蒸熟即成。

【花魁】huākuí ❶ 名 居首位的花 ▷梅花开在百花之前，有～之称。❷ 名 旧指名妓。

【花篮】huālán ❶ 名 编有图案的篮子。❷ 名 装满鲜花的篮子，多用作喜庆的贺礼，有时也用作奠礼。

【花蕾】huālěi 名 含苞未放的花。俗称花骨朵儿。

【花里胡哨】huālihúshào ❶ 形 形容色彩过于艳丽而繁杂。❷ 形 形容言辞浮华而不实在 ▷他写的文章～，没多少实在内容。☛ 不宜写作"花狸狐哨"。

【花鲢】huālián 名 鳙。

【花脸】huāliǎn ❶ 名 指不洁净，有汗渍、泥土等的脸。❷ 名 戏曲里净角的通称。因净角须勾画脸谱，故称。

【花翎】huālíng 名 清朝官帽上表示官阶高低的孔雀翎。

【花柳病】huāliǔbìng 名 性病的旧称。因旧时以"花柳"指代妓院或娼妓，故称。

【花露水】huālùshuǐ 名 卫生用品，由酒精加某些药物和少量香精等制成。

【花榈木】huālǘmù 名 常绿小乔木，树皮光滑青绿，羽状复叶，夏季开黄白色花。我国中部及东南、西南各地均有分布。木质坚硬，花纹美丽，多用来做上等家具。也说花梨木。

【花蜜】huāmì 名 花朵分泌出来的甜汁，能招引蜂蝶等传粉。

【花面狸】huāmiànlí 名 果子狸。

【花苗】huāmiáo 名 供观赏的花木的幼苗。

【花名】huāmíng ❶ 名 人名，旧时编造户口册时把人名称作花名。❷ 名 旧时妓院中妓女在接客时使用的名字。

【花名册】huāmíngcè 名 名册。

【花木】huāmù 名 花草树木；也特指供观赏的花草树木。

【花呢】huāní 名 表面呈条、格、点儿等多种花纹的毛织品。

【花鸟】huāniǎo ❶ 名 花木和鸟类。❷ 名 花鸟画。

【花鸟画】huāniǎohuà 名 国画的一种。以花卉、禽鸟为题材。也说花鸟。

【花农】huānóng 名 以种花养花为主业的农民。

【花盘】huāpán ❶ 名 某些花的花托因膨大而在子房附近形成的盘状构造。○ ❷ 名 附置在机床主轴上的圆盘形夹具，用来固定某些复杂的工件。

【花炮】huāpào 名 烟花和爆竹的统称。

【花盆】huāpén 名 种养花卉用的盆子。

【花瓶】huāpíng ❶ 名 插花用的瓶子，多用作居室的装饰品 ▷景泰蓝～。❷ 名 比喻只能用来装点门面，不起实际作用的人或事物 ▷她在剧组里只是个～。

【花圃】huāpǔ 名 培育花草的园地。

【花期】huāqī 名 植物开花的时间 ▷昙花～很短。

【花旗】huāqí 名 指美国国旗；借指美国。

【花旗参】huāqíshēn 名 西洋参。

【花扦儿】huāqiānr 名 带枝折下来的鲜花；也指人工制作的绢花、纸花等。

【花前月下】huāqián-yuèxià 花阴前，月光下；指引发人情思的或谈情说爱的幽美的自然环境。

【花枪】huāqiāng ❶ 名 古代兵器，形状似矛，比矛短。❷ 名 花招儿② ▷不要耍～。

【花腔】huāqiāng ❶ 名 戏曲或声乐中特意使基本唱腔曲折变化的唱法 ▷～女高音。❷ 名 指动听而虚假的话 ▷油嘴滑舌耍～。

【花墙】huāqiáng 名 我国传统建筑上部砌有各种镂空花样的墙。

【花俏】huāqiào 形 形容色彩鲜艳、式样时髦 ▷打扮得真～。

【花圈】huāquān 名 祭奠用的由纸花或鲜花扎成的圆形物。

【花拳绣腿】huāquán-xiùtuǐ 动作姿势花哨好看、但无实际用处的拳脚。比喻表面动听或好看而实际无用的言行。

【花容月貌】huāróng-yuèmào 形容女子容貌清秀美丽。

【花蕊】huāruǐ 名 种子植物的生殖器官。分雄蕊和雌蕊,雌蕊接受雄蕊的花粉后才能结出果实。也说花心。口语中也说花心儿。

【花色】huāsè ❶ 名 花的颜色 ▷白玉兰～洁白无瑕。❷ 名 花纹和颜色 ▷这款运动服～很美观。❸ 名 同品种物品的类型 ▷手机～很多。

【花纱布】huāshābù 名 棉花、棉纱、棉布的合称。

【花哨】huāshao ❶ 形 色彩艳丽 ▷这么～的衣服我不敢穿。❷ 形 变化大;样式多 ▷鼓点打得真～。☛ 不宜写作"花梢""花稍"。

【花生】huāshēng 名 落花生。

【花生酱】huāshēngjiàng 名 用炒熟的花生米磨碎制成的糊状食品。

【花生米】huāshēngmǐ 名 落花生去壳后的仁儿。也说花生豆儿、花生仁儿。

【花生油】huāshēngyóu 名 用花生米榨的油。主要供食用,也可用来制肥皂、化妆品等。

【花市】huāshì 名 买卖花卉的市场。

【花饰】huāshì 名 用于装饰的花纹或物品 ▷古朴的～|头戴～,下穿羽裙。

【花束】huāshù 名 捆扎成束的花。

【花丝】huāsī 名 雄蕊下部支撑花药的丝状体。

【花坛】huātán 名 四周围有矮墙或砖石砌边的种植花卉的地面或台子 ▷进了校门,迎面是一个很大的～。也说花台。

【花天酒地】huātiān-jiǔdì 形容吃喝玩乐、腐化奢侈的生活。

【花厅】huātīng 名 旧式住宅内的一种客厅,多建在花园或跨院儿内。

【花头】huātóu ❶ 名 某些地区指花招儿② ▷玩～。❷ 名 某些地区指花色③ ▷食堂菜品能翻出许多～。❸ 名 新奇的主意或办法 ▷安全复工出现了不少新～。❹ 名 奥妙的地方 ▷这个故事很有～。

【花团锦簇】huātuán-jǐncù 花成团,锦成簇。形容色彩缤纷、繁华绚丽的景象。

【花托】huātuō 名 花梗顶端托着花冠的部分。

【花纹】huāwén 名 各种条纹或图形的统称。

【花线】huāxiàn ❶ 名 彩色的丝线。❷ 名 两股或三股拧在一起的包有带花纹的绝缘材料的电源线。也说软线。

【花香鸟语】huāxiāng-niǎoyǔ 鸟语花香。

【花销】huāxiāo ❶ 动 开支;花费 ▷一个月的工资被～一空。❷ 名 开支的费用 ▷这次旅游的～并不大。☛ 不宜写作"花消"。

【花心】huāxīn ❶ 名 花蕊。❷ 名 指对爱情不专一的心思 ▷她不相信丈夫有～。❸ 形 形容对爱情不专一 ▷这小子太～。

【花信】huāxìn ❶ 名 花期 ▷月季的～很长。❷ 名 指花信风。

【花信风】huāxìnfēng 名 开花期间吹来的风。古人认为,从小寒到谷雨共有 8 个节气 120 天,其间每隔 5 天会有一种花开放,应花期吹来的风似乎就在传递着这种花开放的信息。所以民间有"二十四番花信风"的说法。也说花信。

【花序】huāxù 名 花生长在花轴上的序列。根据花轴可否无限伸长的情况,分为无限花序和有限花序两大类。

【花絮】huāxù ❶ 名 某些花木种子上的白色茸毛,可随风飞散 ▷满天飘着柳树的～。❷ 名 比喻有趣的零散新闻 ▷奥运～|文坛～。

【花押】huāyā 名 旧时文书契约上用草书签的名字或代替签名的特殊符号。

【花芽】huāyá 名 能发育成花朵的幼芽 ▷梅树上吐出了许多～。

【花言巧语】huāyán-qiǎoyǔ ❶ 铺张夸饰而没有实际内容的言辞,多指虚假而动听的话。❷ 说虚假而动听的话。

【花眼】huāyǎn ❶ 名 老视的通称。❷ 动 眼睛发花 ▷看电视看得～了。❸ 动 眼睛因视野范围里的东西太多而感到迷惑,分不清好坏 ▷挑衣服挑花了眼。

【花秧】huāyāng 名 供移栽的花木幼株。

【花样】huāyàng ❶ 名 花纹的样式;泛指事物的样式或种类 ▷草编工艺品的～|饭菜的～。❷ 名 绣花的底样 ▷描～|兜肚～。❸ 区别 有各种体态、造型等的 ▷～游泳|～滑冰。❹ 区别 像花一样的,比喻富有青春活力的 ▷～年华|～人生。❺ 名 花招儿② ▷鬼～。

【花样刀】huāyàngdāo 名 花样滑冰用的冰刀。刀口有槽,头部弯曲有齿,尾部直而短。

【花样滑冰】huāyàng huábīng 冰上运动项目。在音乐伴奏下,运动员在冰上滑行并伴以各种姿势的跳跃和旋转。有单人、双人等不同的类别。

【花样游泳】huāyàng yóuyǒng 女子游泳运动项目。在音乐的伴奏下,运动员在水中做出各种优美的舞蹈动作。有单人、双人和集体多种类别。也说水上芭蕾。

【花药】huāyào ❶ 名 长在雄蕊花丝上端,内含花粉的囊状物。❷ 名 治花卉病虫害用的药。

【花椰菜】huāyēcài 名 一年或二年生草本植物,叶大,包在花周围,花黄白色球状。可以食用。通称菜花。也说花菜。参见插图 9 页。

【花叶病】huāyèbìng 名 由病毒引起的植物病害,病株的叶皱缩变黄。玉米、油菜等易受感染。

【花园】huāyuán 名 种植花木供游玩、观赏、休息的地方。

【花账】huāzhàng 名 虚报不实的账目。

【花招儿】huāzhāor ❶ 名 武术中灵巧好看而不实

用的动作、招数。❷ 名 指骗人的奸猾狡诈的手段 ▷耍弄～。☛ 不要写作“花着”。

【花枝招展】huāzhī-zhāozhǎn 开满鲜花的枝条迎风摆动;形容女子打扮得格外漂亮。

【花轴】huāzhóu 名 生长花的茎或梗。也说花茎。

【花烛】huāzhú 名 旧俗结婚时洞房中点燃的饰有龙凤图案等的红烛。

【花柱】huāzhù 名 花的雌蕊子房和柱头之间的部分,形状像细长的管子。

【花砖】huāzhuān 名 有彩色花纹,主要用来铺地面的砖。

【花子儿】huāzǐr 现在一般写作“花籽儿”。

【花籽儿】huāzǐr 名 花儿的种子。

【花子】huāzi 名〈口〉乞丐。

砉 huā 拟声 模拟急速动作的声音 ▷白兔～的一声直跳上来。

哗（嘩） huā 拟声 模拟水流淌、下雨等的声音 ▷雨～～地下个不停｜眼泪～～地流。

另见 589 页 huá。

【哗啦】huālā 拟声 模拟下雨、水流、建筑物倒塌等的声音 ▷河水～～地流着｜～一声房子塌了。☛ 不宜写作“哗喇”“哗剌”。

huá

划[1] huá 动 拨水前进 ▷～船｜～桨｜～水。

划[2] huá 形 合算;上算 ▷～得来｜～不来｜～算。

划[3]**（劃）** huá 动 用刀或其他尖锐的东西把另一物体割裂或从表面擦过 ▷皮包让扒手～了个大口子｜～火柴。

另见 592 页 huà。

【划不来】huábulái 形 不合算;不值得 ▷花大钱买这东西,真～。

【划船】huáchuán 动 摇动桨或橹使船体行进。

【划得来】huádelái 形 合算;值得 ▷这样做,还是～的。

【划桨】huájiǎng ❶ 动 用桨拨水;摇桨。❷ 名 划船用的桨。

【划拉】huála〈口〉❶ 动 不经心地擦、扫 ▷～两下,算是擦了桌子了｜你没事,拿扫帚把院子～～。❷ 动 随意涂抹、书写 ▷拿着笔在纸上瞎～。❸ 动 寻找;设法取得 ▷到山坡上～点儿柴火｜他就知道往自己口袋里～钱。

【划拳】huáquán 动 饮酒时,两人伸出手指叫数,呼出两人所伸手指数的和的人为胜,负者饮酒。☛ 不要写作“豁拳”“搳拳”。

【划水】huáshuǐ 动 拨水前进;游泳 ▷他～的姿势很优美。

【划算】huásuàn ❶ 动 筹划算计 ▷他反复～,始终拿不定主意。❷ 形 合算;值得 ▷这些东西既便宜又耐用,很～。

【划艇】huátǐng ❶ 名 赛艇,形状像独木小船。❷ 名 用划艇进行比赛的水上运动项目。

【划行】huáxíng 动 用桨或其他工具在水中划动使船只行进。

【划子】huázi 名 靠桨划水前进的小船。

华[1]**（華）** huá ❶ 花[1]①。→ ❷ 形 繁荣 ▷繁～。→ ❸ 形 虚华;浮华 ▷奢～。→ ❹ 形 光彩;光辉 ▷～丽｜～灯。⇒ ❺ 名 太阳或月亮周围由于光线在云层中衍射而形成的彩色光环 ▷月～｜日～。⇒ ❻ 名 指(美好的)时光 ▷韶～｜年～。⇒ ❼ 形 敬词,用于称跟对方有关的事物 ▷～诞｜～章。→ ❽ 形 (头发)黑白混杂 ▷早生～发。→ ❾ 名 事物最美好的部分 ▷含英咀～｜精～｜英～。

华[2]**（華）** huá ❶ 名 指中国(古称华夏,后称中华,简称华) ▷驻～使馆｜～人｜～侨｜～东。→ ❷ 名 指汉族(语言文字) ▷～语广播｜～文报纸｜《英～大词典》。☛ “华”字读 huà,用于姓氏和山名“华山”。

另见 592 页 huà。

【华北】huáběi 名 指我国北部地区,包括北京、天津、河北、山西、内蒙古等地。

【华表】huábiǎo 名 上古时期用来指路或表示帝王纳谏的木柱。后演变成古代宫殿、陵墓、城垣等建筑物前具有装饰作用的巨大石柱,柱的上部横插着云形雕花石板,顶端为石兽。

【华达呢】huádání 名 带有斜纹的毛织品或棉织品。呢面平整光洁,质地柔软结实,多用作制服的面料。

【华诞】huádàn 名 敬词,用于称人的生日或机构的成立之日 ▷恭庆大师九十～｜母校百年～。

【华灯】huádēng 名 装饰精美、光辉灿烂的灯;泛指街市灯火 ▷～齐放。

【华东】huádōng 名 指我国东部地区,包括上海、山东、安徽、江苏、浙江、江西、福建、台湾等地。

【华而不实】huá'érbùshí 只开花不结果。比喻空有华美的外表而没有实质内容。

【华尔街】huá'ěrjiē 名 美国纽约市的一条街。驻有许多大公司和大金融机构的总部,故常借指美国的大财团(华尔:英语 Wall 音译)。

【华尔兹】huá'ěrzī 英语 waltz 音译。❶ 名 一种起源于奥地利的民间舞曲,节奏明快,旋律流畅。也说圆舞曲。❷ 名 一种起源于奥地利的民间舞蹈,$\frac{3}{4}$拍。分快步、慢步两种。

【华发】huáfà 名〈文〉花白的头发。

【华服】huáfú ❶ 名 华丽的服装 ▷崇尚简朴生

活，淡泊～豪筵。❷ 名 中华民族的传统服装 ▷这套～洋溢着古蜀风情。

【华盖】huágài ❶ 名 古代帝王将相车上的伞盖；借指帝王将相所乘的车。❷ 名 古代星名，迷信认为，若有华盖星犯命，运气就不好。

【华工】huágōng 名 旧指在国外出卖劳动力的中国工人。

【华贵】huáguì ❶ 形 华美而贵重 ▷～的首饰。❷ 形 富有而高贵 ▷优雅～。

【华翰】huáhàn 名〈文〉敬词，用于称对方的来信 ▷拜读～。

【华里】huálǐ 量 市里。

【华丽】huálì 形 光彩美丽 ▷装饰～｜辞藻～。

【华美】huáměi 形 华丽精致 ▷～的建筑。

【华南】huánán 名 指我国南部地区，包括广东、广西、海南、香港、澳门等地。

【华年】huánián 名 青少年时代 ▷时值～，血气方刚。

【华侨】huáqiáo 名 旅居国外具有中国国籍的人。

【华人】huárén ❶ 名 中国人。❷ 名 取得所在国国籍的中国血统的人 ▷美籍～。

【华商】huáshāng 名 境外有华人血统的商人。

【华氏度】huáshìdù 量 华氏温标的计量单位，用符号"℉"表示。参见本页"华氏温标"。

【华氏温标】huáshì wēnbiāo 温标的一种。规定在 1 标准大气压下，纯水的冰点为 32 华氏度，沸点为 212 华氏度，其间分为 180 等份，每份表示 1 华氏度。因由德国物理学家华仑海特制定而得名。

【华文】huáwén 名 指中文，多用于境外华人对汉语言文字的称谓。

【华夏】huáxià 名 中国的古称；后指中华民族 ▷～子孙。

【华裔】huáyì ❶ 名 古代指我国四邻和边远地方。○ ❷ 名 指华侨在侨居国所生并取得侨居国国籍的子女；泛指在国外的华人后代。

【华语】huáyǔ 名 中国话，多用于境外华人对汉语的称谓。

【华章】huázhāng 名 华美的诗文（多用于称赞别人的诗文作品）▷谱写旷世～。

【华中】huázhōng 名 指我国中部地区，一般包括河南、湖北、湖南等地。

【华胄】huázhòu〈文〉❶ 名 华夏族的后代。○ ❷ 名 名门贵族的后代。

【华族】huázú 名〈文〉名门贵族 ▷出身～。

哗（嘩*譁） huá 形 人声嘈杂；喧闹 ▷听众大～｜喧～。

另见 588 页 huā。

【哗变】huábiàn 动（军队）叛变 ▷敌军有两个团～。

【哗然】huárán 形 形容很多人喧闹吵嚷的样子 ▷众人～｜全场～。

【哗众取宠】huázhòng-qǔchǒng 用言论和行为迎合众人，以博取人们的称赞和支持。

骅（驊） huá［骅骝］huáliú 名〈文〉赤色的骏马；泛指骏马 ▷～骐骥，日行千里。

铧（鏵） huá 名 犁铧。

猾 huá 形 奸诈；诡诈 ▷狡～｜奸～。☛"猾"和"滑"④意思相同，但"猾"通常只用于"狡猾""奸猾"二词中，"滑"④可以单独使用，也可以用于"圆滑""滑头""耍滑"等词中。

滑 huá ❶ 形 物体表面光溜，摩擦力小 ▷雨后路～｜缎子被面摸着真～｜～腻｜光～。→ ❷ 动 在光滑的物体表面迅速移动 ▷～了个跟头｜～行｜～冰◇～翔。❸ 动 蒙混过去 ▷人证物证俱在，你是～不过去的。→ ❹ 形 狡诈；不诚恳 ▷这个算命的真～，说出一句话来能作四五种解释｜油腔～调｜～头。○ ❺ 名 姓。☛ 参见本页"猾"的提示。

【滑板】huábǎn 名 体育运动器械，平板下面装有四个小轮子，运动员将脚踩在板上滑行。

【滑冰】huábīng ❶ 动 在冰上滑行。❷ 名 体育运动项目，运动员穿特制的冰鞋在冰上滑行，或比赛速度，或表演花样动作。

【滑车】huáchē 名 简单的吊挂式起重机械的统称。由绳索依次绕过若干滑轮组成，可省力或改变力的方向。

【滑道】huádào 名 借助斜面修筑的槽道。高处的人或物体可沿槽道自动下滑。

【滑动】huádòng 动 一个物体在另一物体上不改变接触面地移动 ▷雪橇在雪上快速～。

【滑竿】huágān 名 某些地区一种古老的人力交通工具。在两根粗而长的竹竿之间架上像躺椅的座位，由两个人抬着行走。

【滑旱冰】huáhànbīng 一种体育运动。参见 539 页"旱冰"。

【滑稽】huájī ❶ 形（言谈、动作或姿态）逗人发笑 ▷他的样子很～。❷ 名 一种曲艺，流行于上海和江浙一带，近似于相声。☛ ㊀跟"诙谐"不同。"滑稽"侧重可笑，使用范围较广，有时含讥讽意，如"竟然这样强词夺理，岂不太滑稽了"；"诙谐"侧重风趣，形容言谈，多用于书面语。㊁在文言中表示能言善辩、言辞流利时，"滑"读作 gǔ。

【滑稽戏】huájīxì 名 专门以逗人发笑为手段来表现人物的剧种。由滑稽演变而来。流行于上海和江浙一带。也说滑稽剧。

【滑精】huájīng 动 中医指清醒时或无梦时遗精。

【滑溜】huáliū 现在一般写作"滑熘"。

【滑溜】huáliu 形 光滑；光溜 ▷冰面很～。

【滑溜溜】huáliūliū 形 形容很光滑 ▷泥鳅～的。

【滑熘】huáliū 动 烹调方法，把切成片状的鱼、肉等用芡粉抓拌，入滚油锅略炒，再加入葱、姜等作料，迅速勾芡出锅 ▷～鸡片。

【滑轮】huálún 名 简单的起重工具。把周缘有槽的轮子装在架子上，绕上绳子或链条，用来提起重物。

【滑轮包】huálúnbāo 名 底部装有轮子的箱形旅行包，容量一般比挎包大。

【滑落】huáluò ❶ 动 滑动跌落 ▷这次滑坡事故共～岩石100多万立方米。❷ 动（价格、数量、名次等）下降 ▷股票价格指数迅速～｜竟从积分榜榜首的宝座～到进不了前三名。

【滑嫩】huánèn 形 光滑细嫩 ▷皮肤洁白～。

【滑腻】huánì 形（皮肤等）光润细腻。

【滑坡】huápō ❶ 动 地表斜坡上不稳定的土石在重力作用下整体向下滑动 ▷山体～，交通受阻。❷ 动 比喻生产等急剧下降 ▷生产～。

【滑润】huárùn 形 光滑润泽 ▷地板上打蜡以后，显得～多了。

【滑石】huáshí 名 矿物，含水的硅酸镁。淡绿色或白色，硬度小，有滑润感。在工业、医药上有广泛的用途。

【滑石粉】huáshífěn 名 滑石碾成的粉状物，可用于造纸、制药等工业。

【滑爽】huáshuǎng 形 光滑清爽 ▷～的面料。

【滑水】huáshuǐ ❶ 动 在水面上滑行。❷ 名 水上运动项目，运动员脚踏滑水板，由汽艇拖着快速滑行，并做各种动作。

【滑梯】huátī 名 供儿童游戏和进行体育活动的器械。儿童从一侧的梯子上去，经过高台再从另一侧的滑板滑下来。

【滑铁卢】huátiělú 名 地名，在比利时南部，1815年，拿破仑率领法军在滑铁卢与英国、普鲁士等国联军展开激战，法军惨败，从此拿破仑退位，被流放，结束了政治生涯；后常用"滑铁卢"比喻惨痛失败的结局 ▷开赛不久，红队便惨遭～。

【滑头】huátóu ❶ 形 油滑；不诚恳 ▷小小年纪竟这么～。❷ 名 指油滑而不诚恳的人。

【滑头滑脑】huátóu-huánǎo 形容人油滑、不诚恳。

【滑翔】huáxiáng 动 不依靠动力，只借助空气的浮力在空中飘行。

【滑翔机】huáxiángjī 名 没有动力装置的飞行器。外形与飞机相似，但须依靠飞机拖带、汽车牵引或弹性绳索弹射等外力升空，在空中滑翔。常用于飞行训练和航空体育运动。

【滑行】huáxíng ❶ 动 滑动行进 ▷快艇在水面上高速～。❷ 动 行驶中的汽车、火车等不用发动机的动力，而靠本身惯性或利用向下的坡度继续行进 ▷山路严禁空挡～。

【滑雪】huáxuě ❶ 动 在雪地上滑行。❷ 名 体育运动项目，两脚固定在滑雪板上，手撑两支滑雪杖，在雪地上滑行 ▷高山～。

【滑雪板】huáxuěbǎn 名 滑雪时固定在脚上的前端微微上翘的长条形薄板。

【滑雪衫】huáxuěshān 名 冬季穿的夹克式上衣，内层为羽绒等保暖材料。因是登山、滑雪时常穿的服装，故称。

【滑音】huáyīn 名 音乐上指从一个音向上或向下滑至另一个音的唱法或演奏法。乐谱上用波纹线或带箭头的直线标示。

搳 huá［搳拳］huáquán 现在规范词形写作"划拳"。

豁 huá［豁拳］huáquán 现在规范词形写作"划拳"。

另见621页 huō；628页 huò。

鲭 huá 名 鱼，头部略尖，有须一对；银灰色，有黑斑。生活在淡水中。

huà

化 huà ❶ 动 变化 ▷顽固不～｜～脓｜进～｜转～。→ ❷ 动 使变化 ▷～悲痛为力量｜～整为零。❸ 动 用言语、行动来影响、诱导人，使有所转变 ▷潜移默～｜教～｜感～。⇒ ❹ 名 风气；风俗习惯 ▷文～｜有伤风～。⇒ ❺ 动（僧尼、道士）募集财物、食品等 ▷～缘｜～斋。→ ❻ 动 消化；祛除 ▷～食｜～痰。❼ 动 烧成灰烬 ▷火～｜焚～。→ ❽ 动（僧人、道士）死去 ▷坐～｜羽～。→ ❾ 动 融解；熔化 ▷雪～了｜塑料烤～了｜～铁炉。→ ❿ 名 指化学 ▷数理～｜～肥｜～工。→ ⓫ 词的后缀。附着在名词性或形容词性成分之后构成动词，表示转变成某种状态或性质 ▷网络～｜美～｜净～。〇 ⓬ 名 姓。☛ 右边是"匕"，不是"匕(bǐ)"。由"化"构成的字有"花""华""哗""桦"等。

另见584页 huā。

【化冻】huàdòng 动 冰冻的东西融化；解冻 ▷春天来临，江河～｜把冻肉放在微波炉里～。

【化肥】huàféi 名 化学肥料的简称。以矿物、空气、水等为原料，经化学反应或机械加工而制成的肥料。如硫酸铵、硝酸铵等。

【化粪池】huàfènchí 名 处理粪便污水的池子，常建在住宅或其他建筑物旁边的地下。粪便集中于此，经过发酵后定期清除，用作肥料。

【化干戈为玉帛】huà gāngē wéi yùbó 把兵器变为玉器和丝帛（古代诸侯会盟执玉帛）。借指变战争为和平，变争斗为友好。

【化合】huàhé 动 化学上指两种或多种物质经过化学反应而形成新的物质。如氧和铁化合成氧化亚铁或三氧化二铁等。☛ 跟“混合”不同。

【化合价】 huàhéjià 名 表示一个原子或原子团能跟其他原子相结合的数目。国际规定以氢的化合价作1,其他原子的化合价即为该原子能够跟氢原子结合或替代氢原子的数目。如在水分子中,氧原子能够跟两个氢原子结合,氧的化合价就是2。简称价。也说原子价。

【化合物】 huàhéwù 名 两种或多种元素的原子或离子按一定比例化合成的新物质。如水是两个氢原子和一个氧原子的化合物。

【化解】 huàjiě 动 消除;消释 ▷～冲突|误会很深,不易～。

【化疗】 huàliáo ❶ 名 化学疗法的简称。❷ 动 用化学疗法治疗 ▷医生建议住院～。

【化名】 huàmíng ❶ 动 为了不暴露真实姓名而改用其他名字 ▷李永～赵士文。❷ 名 为隐瞒真名而改用的名字。

【化募】 huàmù 动 募化。

【化脓】 huànóng 动 人或动物的肌体组织因细菌感染而发炎生脓。

【化身】 huàshēn ❶ 名 佛教用语,指佛或菩萨出现在世间的形体。❷ 名 指体现人、物或某些抽象观念的具体形象 ▷司法机关应该是公平与正义的～。

【化石】 huàshí 名 保存在地层中的古代生物遗体或遗迹等变成的像石头一样的东西,是确定地层年代和研究生物进化过程等的珍贵资料。

【化痰】 huàtán 动 中医指化解、消除肺泡和支气管、气管里分泌出来的痰液。

【化铁炉】 huàtiělú 名 能把生铁块熔化成铁水的工业用炉。

【化外】 huàwài 名 旧指统治者政令教化达不到的偏远的地方。

【化为泡影】 huàwéi-pàoyǐng 变成气泡和影子。比喻希望完全落空。参见1031页“泡影”。

【化为乌有】 huàwéi-wūyǒu 变得什么都没有了。指全部消失或完全落空。

【化纤】 huàxiān 名 化学纤维的简称。

【化险为夷】 huàxiǎnwéiyí 使险阻变为平坦;使危险化为平安。

【化学】 huàxué 名 自然科学中的基础学科之一,研究物质(单质、化合物)的组成、结构、性质及其变化规律的科学。

【化学变化】 huàxué biànhuà 物质变化的一种类型。变化中,物质的化学组成和性质等发生改变,产生新物质,并产生能量的吸收或释放。如氢和氧在一定条件下发生反应,生成水。

【化学电池】 huàxué diànchí 把化学能直接转变成电能的能源装置。主要由电解质溶液和浸在该溶液中的正、负电极构成。

【化学反应】 huàxué fǎnyìng 物质发生化学变化的过程。物质经过化学反应会产生跟原来性质、成分、结构不相同的新物质。

【化学反应式】 huàxué fǎnyìngshì 化学方程式。

【化学方程式】 huàxué fāngchéngshì 表示化学反应的式子。左边写反应物的化学式,右边写生成物的化学式,中间用箭头或等号连接,两侧原子数相等。如氯和钠反应的化学方程式为 $2Na+Cl_2=2NaCl$。也说化学反应式。

【化学分析】 huàxué fēnxī 以化学反应为基础来确定物质的化学成分或组成的方法。按分析的物质,可分为无机分析和有机分析;按分析的要求,可分为定性分析和定量分析。

【化学工业】 huàxué gōngyè 利用化学反应,通过改变物质结构、成分和形态等途径来生产化学产品的工业。如石油、合成纤维、制药等。简称化工。

【化学键】 huàxuéjiàn 名 分子或晶体中两个或多个原子之间强烈的相互吸引作用。在化学结构式中用横线(—)表示。

【化学疗法】 huàxué liáofǎ 西医的一种治疗疾病的方法。将化学药物直接作用于病原体,以将其灭杀或抑制其增生,达到治疗的目的。多用于治疗恶性肿瘤等。简称化疗。

【化学能】 huàxuénéng 名 物质进行化学反应时放出的能量。如煤燃烧时放出的光和热。

【化学式】 huàxuéshì 名 用化学符号表示各种物质的化学组成的式子。包括分子式、电子式、结构式等。

【化学武器】 huàxué wǔqì 主要指以毒剂的毒害作用杀伤有生力量的武器。具有极强的杀伤力和后续破坏力,会引起全人类的灾难。国际上已有多个协议和公约规定禁止使用。

【化学纤维】 huàxué xiānwéi 以天然或人工合成的高分子化合物为原料,经过化学和物理方法加工制成的纤维。包括人造纤维和合成纤维两类。简称化纤。

【化学性质】 huàxué xìngzhì 物质在发生化学反应时表现出来的性质。如氧化、还原、酸性、碱性、化学稳定性。

【化学元素】 huàxué yuánsù 元素②。

【化学战】 huàxuézhàn 名 使用化学武器杀伤人畜、毁坏作物和森林、污染环境等的作战形式。为国际协议和公约所禁止。俗称毒气战。

【化验】 huàyàn 动 用物理的、化学的或物理化学的方法检验物质的成分和性质 ▷～血液。

【化验室】 huàyànshì 名 负责化验工作的机构;也指专门用于化验工作的房间。

【化验员】 huàyànyuán 名 负责化验的工作人员。

【化用】 huàyòng 动 文艺创作中指把他人作品中的词句、表现手法等转化运用到自己的作品

中 ▷这篇散文中对古诗词的～俯拾皆是◇～传统建筑风格。

【化油器】huàyóuqì 名 汽化器。

【化瘀】huàyū 动 中医指化解祛除瘀积的血 ▷～散结|消积～。

【化育】huàyù ❶ 动 孳生和养育 ▷大自然～万物。❷ 动 教化培育 ▷～英才|～八方。

【化缘】huàyuán 动 佛教、道教指僧尼或道士向人要求布施。

【化斋】huàzhāi 动 僧尼或道士向人乞讨饭食。

【化整为零】huàzhěngwéilíng 把一个整体分解成许多零散的部分。

【化妆】huàzhuāng 动 修饰容貌使美丽 ▷描眉～。☛ 跟"化装"不同。"化妆"重在美化;"化装"重在改扮。

【化妆品】huàzhuāngpǐn 名 用于修饰容貌、保护皮肤等的用品。如脂粉、唇膏、护肤霜等。

【化装】huàzhuāng ❶ 动 为了演出的需要,把演员装扮成特定的角色。❷ 动 改扮;假扮 ▷他～成一个打柴的,混进了敌人的驻地。☛ 参见本页"化妆"的提示。

划(劃) huà ❶ 动 把整体分开 ▷～归地方领导|～时代。→ ❷ 动 谋划;计划 ▷策～|规～|出谋～策。→ ❸ 动 (把账目或钱物)分出来拨给 ▷～款|～账|～拨。→ ❹ 同"画"⑤—⑦。现在一般写作"画"。

另见 588 页 huá。

【划拨】huàbō ❶ 动 (账目、款项等)从某一单位或户头转到另一单位或户头上 ▷货款由银行～到你们账号上。❷ 动 分配并拨给(财物等) ▷～粮食|建材已经～到工地了。

【划策】huàcè 动 出主意;谋划计策 ▷出谋～。

【划定】huàdìng 动 划分并确定(界限、范围等) ▷～边界|～管辖的地段。

【划分】huàfēn ❶ 动 将整体分为若干部分 ▷全市～成四个区。❷ 动 区别开 ▷～界限。

【划归】huàguī 动 划分出来并转归于 ▷这些企业已～地方管理。

【划价】huàjià 动 (药房)计算患者医药费,并把款额写在处方单上。

【划界】huàjiè 动 划分边界或地界 ▷两国的～工作已经完成。

【划框框】huàkuàngkuang 事先划定行为界限 ▷不～,大家自由讨论。

【划清】huàqīng 动 区分清楚 ▷～敌我界限。

【划时代】huàshídài 区别 开创新时代的 ▷具有～的意义。

【划线】huàxiàn 动 根据一定的标准,把人或事物加以区分,划出界限范围 ▷作为领导不应该以人～,亲一派,疏一派。

【划一】huàyī ❶ 形 一致;统一 ▷队伍的服装要整齐～。❷ 动 使统一 ▷～规格。

【划一不二】huàyī-bù'èr ❶ 不二价;不在定价以外再讲价 ▷本店价格～。❷ 形容呆板,没有变化 ▷文章结构要富于变化,不能～。

华(華) huà ❶ 名 华山,山名,在陕西华阴。○ ❷ 名 姓。

另见 588 页 huá。

画(畫) huà ❶ 动 在地上划分界限 ▷～为九州|～地为牢。→ ❷ 动 用笔等摹写成图形 ▷～张路线图|～龙点睛|～蛇添足|～像。⇒ ❸ 名 画成的图形 ▷风景如～|国～|画～儿。⇒ ❹ 动 用语言描写 ▷刻～人物形象|描～。→ ❺ 动 用笔之类的东西制作线条、符号、标记等 ▷用指甲～了一道印儿|～十字|签字～押|～到。⇒ ❻ 名 汉字的一笔叫一画 ▷"大"字是三～|一笔一～写得很认真。⇒ ❼ 动 用手做出某种姿势帮助示意 ▷指天～地。○ ❽ 名 姓。

【画板】huàbǎn 名 作画时垫在画纸下面的板子。

【画报】huàbào 名 画刊(多用于刊物名称) ▷《人民～》|《电影～》。

【画笔】huàbǐ 名 用来作画的笔。

【画饼充饥】huàbǐng-chōngjī 画个饼子来解除饥饿。比喻徒有虚名的东西于事无补;也比喻用空想来自我安慰。

【画布】huàbù 名 用来画油画的布。

【画册】huàcè 名 装订成册的画或图片。

【画等号】huàděnghào 比喻把两种事物同等看待 ▷一个人的学历和能力不能完全～。

【画地为牢】huàdì-wéiláo 在地面上画个圈作为牢狱。比喻只许在指定范围内活动。☛ "画"不要误写作"划"。

【画法】huàfǎ ❶ 名 绘画的技法 ▷～细腻|～不同,风格各异。❷ 名 画图形的方法 ▷这张鸟瞰图的～不对。

【画舫】huàfǎng 名 装饰华丽的游船。

【画粉】huàfěn 名 画线用的粉块,常用于剪裁衣服等。

【画符】huàfú 动 道士、法师等画出一些称为符箓的图形或线条,谎称可以驱鬼免灾。

【画幅】huàfú ❶ 名 图画的总称 ▷馆藏的～不少|展销多帧～。❷ 名 指图画的尺寸 ▷这个大厅里挂的画,～当然应该是大一些的好。

【画稿】huàgǎo 名 图画的底稿或初稿。

【画工】huàgōng ❶ 名 以绘画为职业的工匠。❷ 见本页"画功"。现在一般写作"画功"。

【画功】huàgōng 名 指绘画的技巧和方法;绘画

的功力 ▷这位画家的～很深。

【画供】huàgòng 动 犯罪的人在供词上签字画押，表示承认供词属实。

【画虎类犬】huàhǔ-lèiquǎn 画虎不成反而像狗。比喻模仿别人不到家，反而弄巧成拙，留下笑柄。也说画虎类狗。

【画集】huàjí 名 汇集绘画作品编成的集子。

【画夹】huàjiā 名 铺置或收放绘画用纸的大夹子。

【画家】huàjiā 名 从事绘画创作卓有成就的人。

【画架】huàjià 名 绘画用的支架。一般为三脚，上端有一斜面可以放置画板或画布框。

【画匠】huàjiàng ❶ 名 画工①。❷ 名 贬称缺乏艺术创造力的画家。

【画境】huàjìng 名 图画中的境界；比喻优美如画的环境。

【画镜线】huàjìngxiàn 名 挂镜线。

【画句号】huàjùhào 画上句号表示一句话完了。比喻事情有了结果或结论 ▷这件事到此算是画了句号。

【画具】huàjù 名 各种绘画用具的统称。

【画卷】huàjuàn ❶ 名 能够卷（juǎn）起来的长幅画或宽幅画。两端或一端有木轴，可以悬挂。❷ 名 比喻壮丽的自然景色或宏大动人的场面 ▷历史的～。

【画绢】huàjuàn 名 画国画用的绢。

【画刊】huàkān 名 以登载图画、照片等为主的刊物。也说画报。

【画廊】huàláng ❶ 名 供展览图画、照片的长廊 ▷～里挂满了参展的作品。❷ 名 有图案、彩绘装饰的走廊 ▷颐和园的长廊是一条名副其实的～。❸ 名 某些美术作品商店的名称。

【画龙点睛】huàlóng-diǎnjīng 传说南朝·梁画家张僧繇画龙不画眼珠，说画上眼珠就会变成真龙飞走。人们不信，要他画上。结果他刚给两条龙点上眼珠，这两条龙就飞走了。后用“画龙点睛”比喻文学艺术创作等在关键之处用一两笔点明要旨，会起到激活整体的作用，使通篇变得更精彩传神。

【画眉】huàméi 名 鸟，背部和翅膀棕褐色，腹部灰白色，眼圈白色，并向后延伸成蛾眉状。叫声清脆悦耳，是常见的观赏鸟。参见插图5页。

【画面】huàmiàn 名 画幅、银幕、荧屏等上面呈现出来的图像。

【画派】huàpài 名 绘画的流派 ▷扬州～。

【画皮】huàpí 名 清·蒲松龄《聊斋志异》篇名，描写一个披着画有美女模样的人皮的恶鬼。现比喻掩盖凶恶面貌和残暴本质的漂亮外表。

【画片】huàpiàn 名 用较硬的纸张印制的小幅图画。

【画屏】huàpíng 名 绘制着图画的屏风。

【画谱】huàpǔ ❶ 名 画帖。❷ 名 对图画进行鉴别的书；也指评论画法的书。

【画蛇添足】huàshé-tiānzú《战国策·齐策二》记载：有人画完了蛇以后又添上蛇足，弄得不像蛇了。后用“画蛇添足”比喻多此一举，弄巧成拙。

【画师】huàshī ❶ 名 画家。❷ 名 画工①。

【画十字】huàshízì ❶不识字的人在契约或文书上画个“十”字代替签字。❷天主教、正教教徒在祈祷时，用右手从额到胸前，再从一肩到另一肩比画“十”字，以表示对耶稣被钉在十字架上的纪念。

【画室】huàshì 名 用来绘画的房间；也用作某些绘画机构或画品商店的名称。

【画坛】huàtán 名 绘画界。

【画堂】huàtáng 名 有彩绘的厅堂；泛指装饰华丽的厅堂。

【画帖】huàtiè 名 学习绘画时供临摹用的范本。

【画图】huàtú ❶ 动 绘制图画 ▷全神贯注地～。❷ 名 图画 ▷这篇散文就像一幅优美的风景～｜画最新最美的～。

【画外音】huàwàiyīn 名 指影视片中由画面外的人或物体发出的声音。它是影视片处理伴音的一种方式，起提示或解说作用。

【画问号】huàwènhào 句末画上问号表示疑问。比喻对某人或某事物持怀疑态度 ▷对来路不明的网络信息是要～的｜对这个人，我一直画有问号。

【画像】huàxiàng ❶ 动 画人像 ▷在街头给顾客～。❷ 名 画成的人像 ▷父亲的～。

【画选】huàxuǎn 名 经选择后编印成册的绘画作品。

【画押】huàyā 动 旧时当事人在公文、契约或供词上画上花押或写上“押”字、“十”字，表示认可。

【画页】huàyè 名 书刊中印有图画或照片的页面。

【画意】huàyì ❶ 名 作画的意愿、兴趣 ▷面对此景，心生～。❷ 名 图画的美好意境和情趣；图画般的美好意境和情趣 ▷把敦煌莫高窟“飞天”的～化为舞台形象｜这里山清水秀，充满诗情～。

【画苑】huàyuàn 名 荟萃绘画作品的地方；泛指绘画界。

【画院】huàyuàn ❶ 名 古代为宫廷服务的绘画机构，画法以工细著称。后将这种风格称为画院派。❷ 名 现指以研究、创作、观摩交流为主要活动的绘画机构。

【画展】huàzhǎn 名 绘画的展览。

【画轴】huàzhóu ❶ 名 在裱好的画幅一端或两端安装的轴。❷ 名 带轴的画幅 ▷花卉～。

【画作】huàzuò 名 绘画作品。

话（話 *語） huà ❶ 名 话语 ▷让人把～说完｜废～。→ ❷ 动

说;谈论 ▷～别|～旧|对～。→❸名语言;方言 ▷外国～|普通～|广东～。

【话吧】huàbā 名供人们打电话的营业场所,一般使用话费较低的网络电话。

【话把儿】huàbàr 名〈口〉话柄。

【话本】huàběn 名宋元时期民间艺人说唱故事用的底本。多以历史故事和当时社会生活为题材,用通俗的文字写成。如《清平山堂话本》。

【话别】huàbié 动临别时叙谈 ▷宾主～。

【话柄】huàbǐng 名被别人当作凭据或谈笑资料的言行 ▷弄巧成拙,落下～。

【话茬儿】huàchár〈口〉❶名话题;话头 ▷我接着他的～再说一点。❷名话语中流露出来的意思 ▷听他的～,好像不大愿意去。☛不宜写作"话碴儿"。

【话费】huàfèi 名电话使用费;有时单指用电话通话的费用。

【话锋】huàfēng 名谈话的主题 ▷说着说着把～一转,离开了正题。

【话机】huàjī 名电话机的简称。

【话家常】huàjiācháng 谈论家庭日常生活。

【话旧】huàjiù 动叙谈往事 ▷老朋友们在一起～,感到十分亲切。

【话剧】huàjù 名主要通过对话和动作塑造人物形象、展现社会生活的戏剧形式。

【话口儿】huàkǒur 名〈口〉话语的口气;话语中透露出的意思 ▷听那～,他是想继续深造。

【话唠】huàláo 名话痨。

【话痨】huàláo 名指话特别多的人(含讥讽诙谐意) ▷他一说起来就没完没了,简直就是个～。也说话唠。

【话里有话】huàli-yǒuhuà 话语中隐含有另外的意思。

【话梅】huàméi 名用梅子腌制的食品,有酸甜咸味。

【话说】huàshuō ❶动旧时话本、章回小说等开头处常用的发端语,意思是"故事说的是"。❷动谈论;述说 ▷～长城。

【话题】huàtí 名谈论的主题;议题 ▷换了～|围绕一个～来谈。

【话筒】huàtǒng ❶名指电话机上的送话器。❷名传声器的通称。

【话头】huàtóu 名话语的头绪;话语的主题 ▷～一打开就收不住了|要我发言,总得找一个～。

【话外音】huàwàiyīn 名言外之意 ▷你恐怕还没听懂他的～。

【话网】huàwǎng 名电话通信网络。

【话务员】huàwùyuán 名电话交换机房内负责接通线路的工作人员。

【话匣子】huàxiázi ❶名旧指留声机;后也指收音机。❷名〈口〉比喻爱说话的人 ▷你这个～,说起话来没完没了。

【话音】huàyīn ❶名说话的声音;口音 ▷一听～就知道他是哪里人。❷名话语中透露的另外的意思 ▷听她的～,好像有什么不便说出来的事。

【话语】huàyǔ 名说出来的话 ▷～不多含义深。

【话语权】huàyǔquán 名人们所应享有的发表见解的权力;特指强势人物通过语言左右他人言行的权力。

桦(樺) huà 名落叶乔木或灌木,树皮分层剥落。品种很多,主要有白桦、黑桦、红桦等。木材坚硬,可供建筑、制作家具、胶合板等用;树皮含鞣质,可用于制革。☛统读 huà,不读 huá。

婳(嫿) huà 见 517 页"婳婳"。

觟 huà ❶名〈文〉有角的母羊。○❷名姓。

huái

怀(懷) huái ❶名胸部;胸前 ▷敞着～|～里揣着钱|～抱着孩子。→❷动〈文〉藏在怀里 ▷～珠抱玉。⇒❸动心中存有 ▷～才不遇|～恨|～疑。❹动挂念;想念 ▷～乡|～旧|～念|缅～。❺名心意;心情 ▷正中下～|抒～|情～。⇒❻动怀孕 ▷～着孩子|～胎。○❼名姓。

【怀抱】huáibào ❶动抱在胸前 ▷～着不满周岁的孩子。❷名胸部;胸前 ▷孩子在妈妈～里睡着了◇回到故乡的～。❸动心中装有 ▷～着雄心壮志。❹名〈文〉抱负;打算② ▷一展～。

【怀表】huáibiǎo 名一种表,一般比手表略大,常放在胸前衣兜里。

【怀才不遇】huáicái-bùyù 身怀才学却没有受到赏识和重用(遇:指受到礼遇)。

【怀春】huáichūn 动〈文〉(少女)春心萌动,爱恋异性 ▷情窦初开,少女～。

【怀古】huáigǔ 动追念古代的人和事 ▷～之作|见景生情,不免怀起古来。

【怀鬼胎】huáiguǐtāi 比喻心怀见不得人的邪念。

【怀恨】huáihèn 动心里存有怨恨 ▷～在心。

【怀旧】huáijiù 动怀念老朋友或过去的事 ▷人到老年常常～。

【怀恋】huáiliàn 动怀念;留恋 ▷～童年伙伴。

【怀念】huáiniàn 动想念;思念 ▷～那段美好的日子|～一起浴血奋战过的老战友。

【怀柔】huáiróu 动〈文〉指统治者用笼络、安抚等手段,使其他民族或国家归顺自己。

【怀胎】huáitāi 动（人或哺乳动物）怀上幼体。

【怀乡】huáixiāng 动 怀念故乡。

【怀想】huáixiǎng 动 怀念 ▷～家乡的父老。

【怀疑】huáiyí ❶ 动 心存疑惑 ▷我不～这件事的真实性。❷ 动 推测 ▷我～这是他干的。

【怀有】huáiyǒu 动 内心存有 ▷～善良愿望。

【怀孕】huáiyùn 动 怀胎。

徊 huái 见 1023 页"徘徊"。☛ 统读 huái，不读 huí。

淮 huái ❶ 名 淮河，水名，发源于河南，流经安徽、江苏，经洪泽湖分流注入长江和黄海。○ ❷ 名 姓。

【淮海】huáihǎi 名 指以徐州为中心的淮河以北及连云港（旧称海州）以西的地区，包括江苏、山东、安徽、河南四省各一部分 ▷～战役。

【淮剧】huáijù 名 地方戏曲剧种，流行于上海以及江苏淮安、盐城一带。起源于淮安一带，故称。

【淮扬菜】huáiyángcài 名 长江下游一带风味的菜肴，以清鲜平和为主要特色，是我国著名菜系之一。

槐 huái ❶ 名 槐树，落叶乔木，花淡黄色。木材坚硬，可制作车船、器具等，花蕾和果实可做药材。参见插图 6 页。○ ❷ 名 姓。

【槐豆】huáidòu 名 槐树的种子。可以做药材，也可用来制酱油、酒等。

【槐花】huáihuā 名 槐树的花。可以做药材，也可制黄色染料。

踝 huái 名 小腿与脚连接处左右两侧凸起的圆骨。☛ 统读 huái，不读 guǒ 或 luǒ。

【踝骨】huáigǔ 名 踝。

【踝子骨】huáizigǔ 名〈口〉踝。

耲 huái［耲耙］huáibà 名 东北地区一种碎土整地的农具。

huài

坏（壞） huài ❶ 形 破损；腐败；失去功用或者有害 ▷镜子摔～了｜天热，剩饭容易～。→ ❷ 动 使破损；使败坏 ▷～了大事｜喝生水～肚子。→ ❸ 形 恶劣；令人不满的（跟"好"相对）▷表现太～了｜～习惯。⇒ ❹ 名 坏主意；卑劣手段 ▷使～。⇒ ❺ 形 用在某些动词或形容词后面，表示达到了极深的程度 ▷急～了｜乐～了。

【坏处】huàichù 名（对人或事）有害的方面 ▷吸烟有很多～。

【坏蛋】huàidàn 名 坏人（骂人的话）。

【坏点子】huàidiǎnzi 名 坏主意；坏办法。

【坏东西】huàidōngxi 名 坏人（骂人的话）。

【坏分子】huàifènzǐ 名 不良分子；特指各类严重破坏社会安定和秩序的人。

【坏话】huàihuà ❶ 名 不正确的话；不顺耳的话 ▷不能光听好话，不听～。❷ 名 对人或事有损害作用的话 ▷有人在背后讲你的～。

【坏疽】huàijū 名 一种病变。机体局部组织死亡，外观呈黑色，常发生在四肢或某些与外界空气相通的内脏，如肺、肠等部位。

【坏人】huàirén ❶ 名 品质恶劣、道德败坏的人。❷ 名 坏分子。

【坏事】huàishì ❶ 名 不好的事情；对社会有害的事 ▷跟坏人～作斗争。❷ 动 使事情败坏；搞糟 ▷不能成事，光～。

【坏水】huàishuǐ 名 坏心眼儿；坏主意 ▷这人一肚子～儿，跟他交往可得小心点儿。

【坏死】huàisǐ 动 机体的局部组织或细胞死亡，丧失原有功能。

【坏心眼儿】huàixīnyǎnr 名 不良的心思 ▷他心地善良，没有～。

【坏血病】huàixuèbìng 名 缺乏维生素 C 引起的病症。由于血管壁受到损害，致使身体多部位出血，以牙龈、皮肤、黏膜出血最为常见。

【坏账】huàizhàng 名 会计上指已确定无法收回的应收账款。☛ 不要写作"坏帐"。

【坏种】huàizhǒng 名 坏人（骂人的话）。

huān

欢（歡*懽讙驩） huān ❶ 形 高兴；喜悦 ▷人～马叫｜悲～离合｜～度佳节｜～聚。→ ❷ 名 古代女子对恋人的爱称；今泛指喜爱或与之有恋情的人 ▷另有新～｜不忘旧～。→ ❸ 形〈口〉活跃；带劲 ▷马跑得很～｜越干越～。

【欢蹦乱跳】huānbèng-luàntiào 活蹦乱跳。

【欢畅】huānchàng 形 欢乐痛快 ▷内心无比～。

【欢唱】huānchàng 动 欢快地歌唱 ▷～我们的新生活◇火车的汽笛在～。

【欢度】huāndù 动 高高兴兴地度过（某一段时间）▷～佳节｜～晚年。☛"度"不要误写作"渡"。

【欢歌笑语】huāngē-xiàoyǔ 高兴地歌唱、说笑。形容气氛欢快，心情舒畅。

【欢呼】huānhū 动 欢快地大声呼喊 ▷～祖国万岁｜万众～。

【欢聚】huānjù 动 欢快地相聚 ▷亲朋～｜～一堂。

【欢聚一堂】huānjù-yītáng 欢聚在一个屋子里；快乐地团聚在一起。

【欢快】huānkuài 形 欢乐而轻快 ▷～的舞曲｜心情比任何时候都～。

【欢乐】huānlè 形 欢欣快乐 ▷千家万户齐～｜～的歌声。

【欢闹】huānnào ❶ 动 兴高采烈地玩耍 ▷孩子

们在海滩上～嬉戏。❷ 形 喧闹① ▷～的说话声、喇叭声交织在一起。

【欢洽】huānqià 形 高兴而融洽 ▷双方谈得～。

【欢庆】huānqìng 动 兴高采烈地庆祝 ▷～胜利。

【欢声雷动】huānshēng-léidòng 欢呼声雷鸣般地震响。形容热烈欢呼的动人场面。

【欢声如雷】huānshēng-rúléi 欢呼声像雷声一样响。参见本页"欢声雷动"。

【欢声笑语】huānshēng-xiàoyǔ 欢乐的笑声和话语 ▷屋里传出阵阵～。

【欢实】huānshi 形〈口〉开心；起劲 ▷他舞得更～了｜孩子们玩得挺～。☛ 不宜写作"欢势"。

【欢送】huānsòng 动 愉快地送行 ▷～战友。

【欢腾】huānténg 动 欢呼跳跃 ▷大坝合龙，工地上一片～。

【欢天喜地】huāntiān-xǐdì 形容特别高兴。

【欢跳】huāntiào 动 欢快地跳跃 ▷胜利的消息传来，人们都～起来了。

【欢慰】huānwèi 形 喜悦欣慰 ▷～的心情难以用言语表达。

【欢喜】huānxǐ ❶ 形 快乐；喜悦 ▷～的心情。❷ 动 喜欢；喜爱 ▷很～小白兔。

【欢喜若狂】huānxǐ-ruòkuáng 高兴得像发狂一样，形容非常高兴。

【欢笑】huānxiào 动 欢快地笑 ▷纵情～。

【欢心】huānxīn 名 喜爱和赏识的心情 ▷博得老人的～。

【欢欣】huānxīn 形 喜悦而兴奋 ▷～雀跃。

【欢欣鼓舞】huānxīn-gǔwǔ 形容心情非常高兴，精神非常振奋。

【欢颜】huānyán 名〈文〉快乐喜悦的表情；笑脸。

【欢宴】huānyàn ❶ 动 欢乐地宴请 ▷～贵宾。❷ 动 欢乐地宴饮 ▷中秋佳节，合家～。

【欢迎】huānyíng ❶ 动 高兴地迎接 ▷～贵客。❷ 动 乐于接受 ▷～批评指正。

【欢娱】huānyú 形 欢乐 ▷尽兴～｜～氛围。

【欢愉】huānyú 形 欢乐愉快 ▷心情～。

【欢悦】huānyuè 形 欢快喜悦 ▷无比～。

獾（*貛貒）huān 名 哺乳动物，头长耳短，前肢爪长，全身黑棕色与灰白色混杂，头部有三条白纵纹。穴居于山野，夜间活动，杂食。有狗獾、猪獾等种类。

huán

还（還）huán ❶ 动 返回；恢复（原状）▷告老～乡｜生～｜～原。→ ❷ 动 把借来的钱或物归回原主 ▷借东西要～｜归～。❸ 动 回报 ▷以牙～牙｜～手｜～礼。

另见 530 页 hái；1556 页 xuán。

【还报】huánbào 动 回报；报答 ▷～救命之恩。

【还本】huánběn 动 归还所借款的本金 ▷国债到期～付息。

【还贷】huándài 动 偿还贷款。

【还魂】huánhún 动 迷信认为人死而复活，灵魂又回到了躯体；比喻已经消亡的事物又重新出现 ▷借尸～。

【还击】huánjī 动 回击。

【还家】huánjiā 动 返回家园；借指返回原处 ▷几十年故乡情伴我～｜公物～。

【还价】huánjià 动 买方提出比卖方要价低的价钱 ▷讨价～。

【还口】huánkǒu 动 还嘴 ▷打不还手，骂不～。

【还礼】huánlǐ ❶ 动 向给自己敬礼的人敬礼，以示回敬 ▷团长向战士～。❷ 动 回赠礼品。

【还迁】huánqiān 动 回迁。

【还清】huánqīng 动 全部归还所欠的钱物等。

【还情】huánqíng 动 回报别人的恩情或人情。

【还手】huánshǒu 动 挨打或遭到攻击后回击对方。

【还俗】huánsú 动 僧尼或道士恢复世俗的身份和生活。

【还田】huántián ❶ 动 把占用的土地退给农民耕种。❷ 动（把作物秸秆沤成肥料）送回田里。

【还席】huánxí 动（受人宴请后）回请对方 ▷～答谢。

【还乡】huánxiāng 动 返回故乡 ▷载誉～。

【还阳】huányáng 动 迷信指人死而复活或人昏迷后醒来。

【还原】huányuán ❶ 动 恢复原状。❷ 动 化学上指含氧物质失掉氧（即得到电子）。如经过冶炼，氧化铁变为铁。参见 1596 页"氧化"。

【还原剂】huányuánjì 名 在化学反应中能使其他物质还原而自身被氧化的物质。如氢、锌粉、铁屑等。

【还愿】huányuàn ❶ 动（求神佛保佑的人如愿后）兑现对神佛许下的酬谢（跟"许愿"相对）。❷ 动 实现自己的许诺 ▷现在厂子终于步入正轨，老厂长总算～了。

【还债】huánzhài 动 偿还欠债。

【还账】huánzhàng 动 偿还欠账。☛ 不要写作"还帐"。

【还嘴】huánzuǐ 动 受到辱骂或指责后，反过来骂对方或进行辩驳 ▷有人挖苦他，他也不～｜对爸爸的批评，他从来没还过嘴。

环（環）huán ❶ 名 中间有大孔的圆形玉器 ▷玉～｜佩～。→ ❷ 名 泛指圆圈形的东西 ▷耳～｜花～｜门～。⇒ ❸ 动 围绕 ▷～太平洋地区｜～球旅行｜～城地铁｜～绕｜～行。❹ 名 四周；周围 ▷～顾｜～视｜～境。⇒ ❺ 名 环节② ▷调查研究是解

决问题的重要一～|工作要一～扣一～地做。⇒ ❻ 量 用于记录射中环靶的成绩 ▷3枪打了29～|第一箭就射了10～。○ ❼ 名 姓。

【环靶】huánbǎ 名 用于射击或射箭的靶子，中心是圆点，外面围绕着一个个同心圆圈。

【环保】huánbǎo ❶ 名 环境保护的简称。❷ 形 符合环境保护要求的；具有环境保护性质的 ▷这种材料很～|～炸药。

【环保产业】huánbǎo chǎnyè 根据保护自然环境的需要而开发的各种产业。包括为控制污染物的排放、对废物的处理与利用等方面提供的产品生产和技术服务。也说绿色产业。

【环抱】huánbào 动 环绕；围绕 ▷青山～着寺院。

【环比】huánbǐ 动 某项统计的本周期数据与上周期数据相比。通常分为日环比、周环比、月环比、年环比等(跟“同比”相区别) ▷今年4月份，热点楼市销售量～下跌30%(即同今年3月份比，下跌30%)。

【环城】huánchéng 动 环绕城市 ▷～赛跑。

【环岛】huándǎo 名 十字路口中间略高出地面的圆形设施，供过往车辆逆时针方向绕行，以避免紊乱。

【环顾】huángù 动 向四周看 ▷～全球|～四方。

【环海】huánhǎi 动 被海水围绕着 ▷这里四面～，远离陆地|山东半岛三面～。

【环环相扣】huánhuán-xiāngkòu 链条上一环扣一环；比喻工作中一个步骤紧接另一个步骤，井井有条；也比喻几件事物紧密关联。

【环节】huánjié ❶ 名 某些低等动物身上的环状结构。如蚯蚓、蜈蚣等的身体就是由许多环状结构连接而成的。❷ 名 比喻互相关联的许多事物中的一个 ▷关键～|教学～。

【环境】huánjìng ❶ 名 所在地周围的地方和有关事物 ▷～幽静|生态～。❷ 名 周围的自然状况和人为条件 ▷投资～|创造良好～。

【环境保护】huánjìng bǎohù 指对自然环境的保护工作。包括合理利用资源、防治生态破坏和环境污染等，使环境能更适合人类劳动、生活和其他生物的生存。简称环保。

【环境保护税】huánjìng bǎohùshuì 国家对应税污染物征收的一种税。纳税人是排放应税污染物而造成环境污染的企业事业单位和其他生产经营者。

【环境壁垒】huánjìng bìlěi 绿色壁垒。

【环境标志】huánjìng biāozhì 产品符合环保要求的标志，是一种证明性商标。表明产品在生产、使用及废弃处理过程中对环境无害或污染很小。我国的环境标志图形由青山、绿水、太阳和10个相衔接的环组成。也说绿色标志、生态标志。

【环境标准】huánjìng biāozhǔn 国家和地方政府就保护环境质量、维护生态平衡所制定的各种技术要求和技术规范。

【环境监测】huánjìng jiāncè 对环境中有无污染物、污染物种类、污染浓度及其影响范围和后果等所进行的观察、分析和测定。

【环境科学】huánjìng kēxué 研究人类与环境之间相互关系的科学。涉及自然科学、社会科学和技术科学等领域，旨在探求人类社会与环境协同演化、持续发展的途径与方法等。

【环境难民】huánjìng nànmín 因原住地地质变异、生态失衡等致使环境恶化而丧失生计、不得不迁往别处或别国的人 ▷全球现已有2500多万人沦为～|乱砍滥伐、荒漠扩展、水资源污染等产生了大量～。

【环境退化】huánjìng tuìhuà 指自然环境遭受破坏，以致环境系统自身的调节功能减弱的现象。在我国主要表现为水土流失和土地沙化、植被破坏、大气污染、水污染、化肥农药污染等。

【环境污染】huánjìng wūrǎn 指人类在生产、生活过程中因不断产生或排放有害物质而造成的对自然环境的破坏，从而影响人类及其他生物的正常生存和发展。

【环境效益】huánjìng xiàoyì 因环境保护而产生的功效和利益 ▷保持生态平衡，提高～。

【环境要素】huánjìng yàosù 构成环境整体的基本物质要素。一般指自然环境要素，包括水、空气、阳光、生物、土壤、岩石等。

【环境意识】huánjìng yìshí 对环境与人类发展的紧密关系和保护环境的重大意义的认识。

【环境质量】huánjìng zhìliàng 指在某一具体环境中，环境总体或某些环境要素对人类生存繁衍以及社会经济发展的适宜程度。

【环流】huánliú 名 水流、气流等流体循环流动的现象 ▷大气～。

【环路】huánlù 名 围绕城市中心地区修建的环形大道，一般规模较大，多为双向6至8车道。也说环城路或环城公路。

【环幕电影】huánmù diànyǐng 使观众在360°水平视角内观看全部景物的新型电影。由于置身于巨大画幅的包围中，再加上多路立体声效果的配合，使观众有身临其境的感觉。

【环球】huánqiú ❶ 动 环绕地球 ▷卫星～飞行。❷ 名 全球；全世界 ▷～贸易。

【环绕】huánrào 动 围绕；围在四周 ▷绿化带～着城市。

【环山】huánshān ❶ 动 被山环抱着 ▷～抱水，风景秀丽。❷ 动 围绕着山 ▷汽车～盘行。

【环生】huánshēng 动 接连不断地出现 ▷险象～。

【环食】huánshí 名 日环食。参见1161页“日食”。

【环视】huánshì 动 向周围看 ▷～众人|～周围。

【环卫】huánwèi 名 环境卫生 ▷～设施。

【环线】huánxiàn 名 环形线路(多用于交通) ▷乘～地铁。

【环行】huánxíng 动 绕着圈子运行。

【环形】huánxíng 名 圆环形状 ▷～立交桥。也说环状。

【环形交叉】huánxíng jiāochā 一种平面交叉的道路布局。两条或多条道路在设有环岛的路口相交,车辆通过时一律围绕环岛单向行驶后,再转入所去的方向。

【环形山】huánxíngshān 名 指月球、水星、火星等表面的一种特殊的地形结构。山呈环状,四周高起,中间平地上又多有小山。多由陨星撞击或火山爆发形成。

【环氧树脂】huányǎng shùzhī 含有很强黏合力的某些合成树脂的统称。常用以制作涂料、塑料或绝缘制件,并广泛用作黏合剂。

【环游】huányóu 动 绕着圈子游览;周游 ▷～世界。

【环宇】huányǔ 现在一般写作"寰宇"。

【环志】huánzhì 名 为研究候鸟迁徙规律而在候鸟腿上戴的环形标志,上面标有国名、单位、编号等记号。

【环子】huánzi 名 圆圈状的物品 ▷门～|铁～|钥匙～。

郇 huán 名 姓。
另见 1567 页 xún。

萱 huán 名 多年生草本植物,地下茎粗壮,花淡紫色,果实椭圆形。全草可以做药材。

峘 huán ❶ 动〈文〉大山和小山相连。○ ❷ 名 姓。

洹 huán ❶ 名 洹水,水名,在河南,流入卫河。也说安阳河。○ ❷ 名 姓。

垸 huán 动〈文〉用漆掺和骨灰涂抹器物。
另见 1700 页 yuàn。

桓 huán 名 姓。☛ 跟"恒(héng)""垣(yuán)"不同。

绕(綄) huán 名 古代一种测风的装置,用鸡毛五两(或八两)系在高竿顶上制成。也说五两。

萑 huán 名 古书上指荻类植物 ▷七月流火,八月～苇。

【萑苻】huánfú 名 春秋时郑国泽名。《左传·昭公二十年》记载,那里常有盗贼出没。后用来借指盗贼出没的地方或盗贼。

貆 huán 〈文〉❶ 名 幼小的貉。○ ❷ 名 豪猪。

锾(鍰) huán 量 我国古代重量单位,1锾约等于旧制6两。

圜 huán 动〈文〉环绕。
另见 1699 页 yuán。

澴 huán 名 澴水,水名,在湖北,流入长江。

寰 huán 名 广大的区域 ▷～球|～宇|人～。

【寰球】huánqiú 名 全球;全世界。

【寰宇】huányǔ 名 天下;寰球 ▷一声霹雳震～|光照～。

嬛 huán 见 821 页"琅嬛";821 页"娜嬛"。

缳(繯) huán 〈文〉❶ 动 用绳子缠绕。→ ❷ 名 绳套 ▷投～(指上吊)。→ ❸ 动 绞死 ▷～首。

瓛(瓛) huán 名〈文〉玉圭。也说桓圭。

鹮(鹮) huán 名 鸟,外形像鹭,嘴细长而向下弯曲,腿长,足粗健,趾爪很长,生活在水边。种类很多,其中白鹮较常见,朱鹮为濒临灭绝的珍禽,属国家保护动物。

镮(鐶) huán 〈文〉❶ 名 指圆圈形的东西 ▷刀～|玉～。→ ❷ 名 铜钱 ▷终岁不偿一～。

轘 huán [轘辕] huányuán 名 山名,在河南。
另见 601 页 huàn。

阛 huán [阛阓] huánhuì 名〈文〉街市。

鬟 huán 名 古代妇女梳的环形发髻,多为青年女子的发式 ▷云～|双～。

huǎn

缓(緩) huǎn ❶ 形(局势、气氛等)宽松;不紧张 ▷～和|～解。→ ❷ 形 慢(跟"急"相对) ▷轻重～急|～行|迟～。❸ 动 推迟;延迟 ▷这事～两天再办|～期。→ ❹ 动 恢复生理常态 ▷半天才～过气来|雨后,打蔫儿的玉米苗又～过来了。

【缓办】huǎnbàn 动 暂缓办理 ▷这件事可以～。

【缓兵之计】huǎnbīngzhījì 延缓对方进攻的计策;也指设法拖延时间,使紧急态势缓和,以便设法对付的策略。

【缓步】huǎnbù 动 放慢脚步 ▷～走下讲台|股市总体呈～上扬态势。

【缓冲】huǎnchōng ❶ 动 使冲击的力度减弱。❷ 动 使矛盾冲突缓和下来 ▷稍微～一下|还有～的余地。

【缓冲器】huǎnchōngqì ❶ 名 用以缓和外间纵向冲击的部件,装置在机床、车辆以及起重机等的前、后部。❷ 名 缓冲寄存器的简称。计算机数据传输中用来弥补不同计算机数据处理速度差距的存储装置。

【缓和】huǎnhé ❶ 形 舒缓平和 ▷～的气氛｜局势～。❷ 动 使缓和 ▷～紧张局势。☛ 参见本页"缓解"的提示。

【缓缓】huǎnhuǎn 形 慢慢 ▷～的江流。

【缓急】huǎnjí ❶ 名 缓和与急迫的情况 ▷做事情要有先后、分～。❷ 名 偏指紧急情况 ▷不能不管别人的～，一味替自己打算。

【缓建】huǎnjiàn 动 延缓兴建 ▷这个工程应该～。

【缓解】huǎnjiě ❶ 动 程度减轻；状况好转 ▷紧张局势渐趋～。❷ 动 使减轻 ▷～了矛盾。☛ 跟"缓和"不同。"缓解"仅用作动词，表示程度上的改变；"缓和"既可用作动词，又可用作形容词，既可表示程度上的改变，又可表示性质。

【缓慢】huǎnmàn 形（速度）慢；不快 ▷节奏～。

【缓聘】huǎnpìn 动 延缓聘用 ▷对师德考试不合格者，学校一律～。

【缓坡】huǎnpō 名 倾斜度小的坡。

【缓期】huǎnqī 动 向后推延原定的时间 ▷～付息｜～执行。

【缓气】huǎnqì 动 使急促的呼吸平缓下来；借指使紧张状态得到松缓 ▷留点儿～的时间。

【缓限】huǎnxiàn 动 延缓时限 ▷还款期最多可以～一个月。

【缓刑】huǎnxíng 动 我国现行法律指对被判处拘役、三年以下有期徒刑的犯罪分子，在一定条件下实行缓期执行的刑罚制度。缓刑期满，如不再犯罪或未发现漏罪，原判刑罚就不再执行；否则，则撤销原判缓刑，把新旧罪按数罪并罚处理。

【缓行】huǎnxíng ❶ 动 缓慢地行走或行驶 ▷前方修路，车辆～。❷ 动 推迟施行（条例、规定等）▷本办法～一年。

【缓征】huǎnzhēng 动 延缓征收（税款等）或征集（兵员等）▷～部分税收。

暑 huǎn ❶ 形〈文〉明亮。○ ❷ 名 姓。

huàn

幻 huàn ❶ 形 虚妄的；不真实的 ▷～觉｜～想。→ ❷ 动 奇异地变化 ▷变～莫测｜～化｜～术。☛ 跟"幼（yòu）"不同。"幻"只能单独成字；"幼"可作构字部件。

【幻灯】huàndēng ❶ 名 一种光学装置，即放映幻灯片的设备。利用强光和透镜等，把透明胶片上的图片或文字放大后映射到银幕上，多用于辅助教学。❷ 名 利用幻灯机放映出的图片或文字 ▷看～｜放～。

【幻灯片】huàndēngpiàn 名 印有图像或文字，供幻灯机放映时使用的透明胶片；也指用幻灯机映出的画面系列和内容。口语中也说幻灯片儿（piānr）。

【幻化】huànhuà 动 梦幻般地变化 ▷影片中的小主人公～成一头小鹿。

【幻景】huànjǐng 名 虚幻不实的景象。

【幻境】huànjìng 名 虚幻缥缈的境界；幻想的境界 ▷仙山琼阁，奇花异草，恰似～。

【幻觉】huànjué 名 没有受到外界刺激而在听觉、视觉和触觉等方面出现的虚幻感觉。

【幻梦】huànmèng 名 虚幻的梦境；比喻不能实现的东西 ▷～破灭了｜～不等于现实。

【幻灭】huànmiè 动（愿望等）如同幻影一样地破灭 ▷他的理想～了。

【幻视】huànshì 名 虚幻的视觉。

【幻术】huànshù ❶ 名 方士、术士用来迷惑人的法术。❷ 名 魔术。

【幻听】huàntīng 名 虚幻的听觉。

【幻想】huànxiǎng ❶ 动 对事物未来的发展进行不切实际地或无拘束地想象 ▷我还～他能改变态度｜～着自己长上翅膀遨游太空。❷ 名 脱离现实基础的空想；毫无拘束的畅想 ▷你这种想法完全是一种不切实际的～｜古人的许多～今天都变成了现实。☛ 跟"空想""妄想"不同。1."幻想"既可指不能实现的想法，也可指可能实现的想法；"空想""妄想"则指不能实现的想法。2."幻想"是中性词；"空想"多含贬义；"妄想"是贬义词。

【幻想曲】huànxiǎngqǔ ❶ 名 西方音乐中一种形式自由的器乐曲。原为管风琴和古钢琴的即兴性独奏曲，后演变为结构更为自由的独立的器乐曲。莫扎特、贝多芬等均创作了钢琴幻想曲。❷ 名 比喻幻想的事物 ▷人像鸟儿一样在天空自由飞翔，这在古代只是一首美妙的～。

【幻象】huànxiàng 名 由幻想或幻觉产生的虚幻的形象。☛"象"不要误写作"像"。

【幻影】huànyǐng 名 虚无缥缈、似有似无的景象；幻梦中的景象 ▷她神志不清，眼前常出现种种～。

奂 huàn〈文〉❶ 形 盛大；众多。○ ❷ 形 鲜明。☛ 下边是"大"，不是"央"。

宦 huàn ❶ 动〈文〉当官 ▷～游｜仕～｜～途。→ ❷ 名 官吏 ▷～海沉浮｜官～｜乡～。❸ 名 宦官 ▷阉～｜～竖。○ ❹ 名 姓。☛ 跟"宧（yí）"不同。下边是"臣"，不是"巨"。

【宦官】huànguān 名 古代宫廷内侍奉君主及其家族成员，承担各种杂役的被阉男子。春秋战国开始兼有官员身份，明朝开始称太监。

【宦海】huànhǎi 名〈文〉官场。因官吏追逐功名利禄的场所有如大海起伏，吉凶难测，故称。

【宦海浮沉】huànhǎi-fúchén 官场如大海，沉浮不定。形容官场变幻，升沉难测。

【宦途】huàntú 名〈文〉仕途。

【宦游】huànyóu 动〈文〉做官；在官场上奔忙。

换 huàn ❶ 动 交换 ▷拿鸡蛋～盐|调～|兑～|～取。→ ❷ 动 变换；更替 ▷～衣服|～个姿势|～～口味|～季。

【换班】huànbān 动（人员）按时交替上下班。

【换茬】huànchá 动 作物收割后，改种不同的作物 ▷加强农田地力建设，实施粮田～。

【换乘】huànchéng 动 中途改换所乘坐交通工具的类型或线路 ▷坐汽车到县城～火车去北京|多条地铁线间可以在站内～。☛"乘"不读 chèng。

【换代】huàndài ❶ 动 变换朝代 ▷改朝～。❷ 动 用新的更先进的（产品）替代旧的 ▷～产品|那台老式冰箱也该换换代了。

【换挡】huàndǎng 动 把机动车辆的排挡从原来的位置推到所需要的位置，以调整行车速度。

【换防】huànfáng 动 原驻防部队被新来的部队调换；也指原驻防某地的部队调到新防地。

【换岗】huàngǎng ❶ 动 值勤的岗哨按时交接 ▷中午 12 点～。❷ 动 调换或变动工作岗位。

【换个儿】huàngèr 动〈口〉互相调换位置 ▷你们俩不要～|设身处地换个个儿想想。

【换工】huàngōng 动 指自愿换着干活儿。

【换购】huàngòu ❶ 动 一种以旧换新的购物方式。顾客购买商家指定的商品时，可用旧物作价抵偿部分货款。❷ 动 商家的一种促销手段。顾客购买了一定金额的商品后，可低价购买商家指定的商品。

【换汇】huànhuì 动 换取外汇。

【换货】huànhuò ❶ 动 交换货物 ▷～贸易。❷ 动 更换货物 ▷要求卖主～。

【换季】huànjì 动 春夏秋冬四季更换；随季节的更换而更换（衣服等）▷～前后注意预防感冒|该～了，把棉衣收起来吧。

【换肩】huànjiān 动（肩负的东西）从一个肩上倒换到另一个肩上。

【换届】huànjiè 动 机构或部门原有的领导成员任期届满，选举或任命新的一届 ▷～选举。

【换句话说】huànjùhuàshuō 改用另外一句话来说明。常插在谈论或行文过程中，引出另一说法或从另一角度说的话 ▷遇事踢皮球是不负责的表现，～，是一种渎职行为。

【换马】huànmǎ 动 比喻更换领导人（多用于贬义）。

【换脑筋】huànnǎojīn 转变思想，更新观念 ▷随着时代的发展，人们要不断地～。

【换气】huànqì ❶ 动 屏气并呼气后，大口吸气 ▷游泳要学会～。❷ 动 排放污浊空气，补充新鲜空气 ▷打开门窗换换气。❸ 动 拿用空了的液化气罐换购充足气的液化气罐 ▷到液化气站～。

【换气扇】huànqìshàn 名 排风扇。

【换钱】huànqián ❶ 动 整钱和零钱相互兑换；不同的货币相互兑换。❷ 动 卖出物品得到钱。

【换亲】huànqīn 动 两家互娶对方的女儿做儿媳。是一种封建包办婚姻。

【换取】huànqǔ 动 用交换或付出代价的办法取得 ▷用辛勤的劳动～应得的报酬。

【换容】huànróng ❶ 动 通过手术改变原来的面容 ▷～术。❷ 动 改变人或事物的面貌 ▷经过几年的绿化，厂子里整个～了。

【换手】huànshǒu ❶ 动 改用另一只手 ▷～投篮。❷ 动 更换人手；特指变更股票、债券等的持有人 ▷让他一个人干完，不要～|～频频，成交量明显增大。

【换算】huànsuàn 动 同一事物中不同种类的单位数量相互折合 ▷把美元～成人民币。

【换汤不换药】huàntāng bù huànyào 比喻形式变了，内容没变（含贬义）。

【换帖】huàntiě 动 旧指结拜为兄弟的人，互换帖子，帖上写有姓名、年龄、籍贯和家世等内容 ▷他们已经～拜把子了。☛"帖"这里不读 tiē 或 tiè。

【换位】huànwèi 动 交换位置；更换角度 ▷角色～。

【换位思考】huànwèi sīkǎo 从对方的立场和角度来考虑问题（多指为别人考虑）▷双方～，问题不难解决。

【换文】huànwén ❶ 动 国家之间交换外交文书。❷ 名 国家之间就某一已达成协议的事项而交换的内容相同的照会，以此证明协议的存在。如有关建交的换文等。

【换洗】huànxǐ 动 更换并洗净（衣物）。

【换血】huànxiě 动 更换体内部分或全部血液；比喻调整、更换人员；也比喻更新内容 ▷这个领导班子不～不行。

【换心】huànxīn ❶ 动 以真心换真心；比喻双方真诚相待。○ ❷ 动 心脏移植。

【换型】huànxíng 动 变换类型 ▷机车～提速。

【换牙】huànyá 动 指儿童乳牙逐一脱落并长出恒牙（一般在 6—8 岁开始，12—14 岁结束）。

【换言之】huànyánzhī〈文〉换句话说。

【换样】huànyàng ❶ 动 变换样式 ▷饭菜～了。❷ 动 变换面貌 ▷房子装修后大～了。

【换羽】huànyǔ 动 鸟类在寒暑更替的季节羽毛脱落，并长出新羽毛。也说换毛。

【换装】huànzhuāng ❶ 动 更换装备、服装或包装 ▷这次～使特种部队的枪械装备跟常规部队不同|武警士兵～后将穿上仿毛料常服|这种酒已经几次～。❷ 动 换下旧的，安装新的 ▷办公室已～了铝合金窗。

唤 huàn 动 呼喊；叫 ▷你把他～来问一下|呼～|～醒|召～。

【唤起】huànqǐ ❶ 动 呼唤使振奋起来 ▷～劳苦大众。❷ 动 引发 ▷～对教育的关注。

【唤头】huàntou 名 走街串巷的工匠或小贩为招徕顾客使用的各种响器。

【唤醒】huànxǐng ❶ 动 叫醒 ▷村民们被小喇叭从沉睡中～。❷ 动 使醒悟 ▷一场"非典"，～了人们的公共卫生意识。

涣 huàn 动 消；散 ▷～然冰释|～散。

【涣然冰释】huànrán-bīngshì 像冰块融化一样完全消散。形容疑难或误会全部消除。☛"涣"不要误写作"焕"。

【涣散】huànsàn ❶ 形 松弛散漫 ▷纪律非常～。❷ 动 使松弛散漫 ▷～斗志。

浣（*澣） huàn ❶ 动〈文〉洗 ▷～衣|～纱。○ ❷ 名 姓。☛ 统读 huàn，不读 wǎn。

【浣熊】huànxióng 名 哺乳动物，形似貉，体长65—75厘米，灰色，尾有黑色环纹。食软体动物和鱼、蟹等，也吃植物。因进食前有把食物放入水中洗涤的习惯，故称。

患 huàn ❶ 动 忧虑；担忧 ▷欲加之罪，何～无辞？|～得～失。→ ❷ 名 灾祸；灾难 ▷养痈遗～|有备无～|水～。→ ❸ 名 疾病；弊病 ▷疾～|不察之～。❹ 动 生病；害病 ▷身～重病|～者。

【患病】huànbìng 动 生病。

【患处】huànchù 名 身体受伤或病痛的部位。

【患得患失】huàndé-huànshī 没有得到时担心得不到，得到了又担心失去。形容总是计较个人利害得失。

【患难】huànnàn ❶ 名 忧患和灾难 ▷同甘苦，共～。❷ 动 经历患难 ▷他～时，孩子才五岁。

【患难与共】huànnàn-yǔgòng 共同承受忧患和灾难。

【患难之交】huànnànzhījiāo 在一起经历过忧患和灾难而结下的深厚友谊；形容最亲密的朋友 ▷～才是真朋友。

【患者】huànzhě 名 患有某种疾病的人。

焕 huàn ❶ 形 鲜明；光亮 ▷～然一新。→ ❷ 动 放射(光芒) ▷容光～发。

【焕发】huànfā ❶ 动 光彩闪耀 ▷英姿～|容光～。❷ 动 振奋；振作 ▷～斗志。

【焕然一新】huànrán-yīxīn 形容人或事物呈现出全新的面貌。☛"焕"不要误写作"涣"。

逭 huàn 动〈文〉逃避 ▷罪无可～。

痪 huàn 见1331页"瘫痪"。

豢 huàn 动 饲养牲畜 ▷～养。

【豢养】huànyǎng ❶ 动 喂养(牲畜) ▷～狼狗。❷ 动 比喻收买培植(帮凶) ▷～打手。

漶 huàn 见924页"漫漶"。

鲩（鯇） huàn 名 草鱼。☛ 不读 wǎn。

擐 huàn 动〈文〉穿 ▷～甲执兵(穿着铠甲，拿着武器)。

轘 huàn 动 用车分裂人体，古代一种酷刑。另见598页 huán。

huāng

肓 huāng ❶ 名 我国古代医学指心脏和膈之间的部分，认为是药力达不到的地方 ▷病入膏～。○ ❷ 名 姓。☛ 跟"盲"不同。

荒 huāng ❶ 形 形容田地长满草 ▷地都～了|～芜。→ ❷ 名 荒地 ▷开～|生～。→ ❸ 形 歉收；年成不好 ▷～年|～歉|饥～(huang)。❹ 名 灾荒 ▷度～|救～|备～|逃～。❺ 名 严重匮乏的情况 ▷水～|房～|油～。→ ❻ 形 人烟稀少；荒凉 ▷～郊野外|～僻。→ ❼ 动 荒疏 ▷不要～了学业|～废。○ ❽ 形 极不合情理的 ▷～谬|～诞。○ ❾ 形 没有节制的；极为放纵的 ▷～淫。☛ 中间是"亡"，不是"云"。由"荒"构成的字有"慌""谎"等。

【荒草】huāngcǎo 名 荒地里长的草。

【荒村】huāngcūn 名 人烟稀少、交通不便的村子。

【荒诞】huāngdàn 形 过于离奇，非常不真实，不合情理 ▷～离奇。☛ 跟"荒谬"不同。"荒诞"多指不合事实；"荒谬"多指不合事理。

【荒诞不经】huāngdàn-bùjīng 荒唐而不合常理(经：正常，合理)。

【荒诞无稽】huāngdàn-wújī 荒诞离奇，没有任何根据(无稽：无从查考)。

【荒岛】huāngdǎo 名 没有人迹的岛屿。

【荒地】huāngdì 名 没有开垦或无人耕种的土地。

【荒废】huāngfèi ❶ 动 (土地)无人耕种 ▷这块地～了。❷ 动 (学业、技艺等)荒疏 ▷业务～了。❸ 动 白白地浪费 ▷～青春。

【荒沟】huānggōu 名 荒废的沟渠;荒凉的山沟。

【荒古】huānggǔ 名 指人类尚未开化的远古时代 ▷没有历史记载的~年代。

【荒瘠】huāngjí 形 荒凉贫瘠 ▷~的山梁。

【荒寂】huāngjì 形 荒凉冷落 ▷~的大漠。

【荒郊】huāngjiāo 名 荒凉的郊野 ▷~野外。

【荒凉】huāngliáng 形 人烟稀少,冷冷清清 ▷渺无人烟,十分~。☛ 参见 1069 页"凄凉"的提示。

【荒乱】huāngluàn 形 (局面、形势)动荡不安。

【荒谬】huāngmiù 形 极端错误,毫无道理 ▷~的言论|这个观点~得很。☛ ㊀"谬"不读 niù 或 miào。㊁参见 601 页"荒诞"的提示。

【荒谬绝伦】huāngmiù-juélún 形容荒谬到了极点。

【荒漠】huāngmò ❶ 名 荒无人烟的沙漠或旷野 ▷戈壁~|~上看不到一个人影儿。❷ 形 荒凉而漫无边际的 ▷~的河滩。

【荒漠化】huāngmòhuà 动 在干旱、半干旱和部分半湿润地区,由于气候变异和人类活动等因素造成大片土地退化,出现类似荒漠的状况 ▷过量放牧导致草原~。

【荒年】huāngnián 名 农作物歉收或绝收的年景。

【荒僻】huāngpì 形 荒凉偏僻 ▷~的小山村。

【荒坡】huāngpō 名 荒芜的坡地。

【荒弃】huāngqì 动 长期荒废弃置 ▷土地~。

【荒歉】huāngqiàn 动 没有收成或收成很差 ▷这片地连续~了三年。

【荒丘】huāngqiū 名 荒芜的土山。

【荒沙】huāngshā 名 荒凉的沙漠地带。

【荒山】huāngshān 名 没有开发利用的荒凉的山岭 ▷~野岭|绿化~。

【荒时暴月】huāngshí-bàoyuè 指歉收或绝收的年份;也指青黄不接的时日。

【荒疏】huāngshū 动 因长时间不学习或不操作而变得生疏(多指学业、技艺) ▷英语早就~了|很久没干,这手艺快~了。☛ 跟"荒芜"不同。

【荒滩】huāngtān 名 荒芜的滩地。

【荒唐】huāngtáng ❶ 形 思想、言论、行为离奇古怪,非常不近情理 ▷~可笑。❷ 形 (行为)放纵,不加检点 ▷他的生活十分~。

【荒无人烟】huāngwúrényān 非常荒凉,没人居住。

【荒芜】huāngwú 形 形容因无人耕种或管理而杂草丛生的样子 ▷土地~|庭院~。☛ 跟"荒疏"不同。

【荒野】huāngyě 名 荒凉的旷野。

【荒淫】huāngyín 形 沉迷于酒色,生活腐化堕落 ▷~无度。

【荒原】huāngyuán 名 荒凉的原野 ▷莽莽~。

【荒置】huāngzhì 动 长期闲置,不加利用 ▷房屋长期~也不好。

塃 huāng 名 某些地区指开采出来的矿石。

慌 huāng ❶ 形 慌张;忙乱 ▷沉住气,不要~|不~不忙|恐~|惊~|~乱。→❷ 动 发慌 ▷心里~极了|~神儿。〇 ❸ 形 〈口〉用在"得"字后面作补语,表示前面所说的情况程度高,让人难以忍受(读轻声) ▷闷得~|他的话叫人气得~。☛ 跟"惶"不同。"慌"侧重于外在的不冷静、不沉着,语意较轻;"惶"侧重于内心的惊恐,语意较重。

【慌促】huāngcù 形 急迫;慌忙 ▷临行~,忘带家里的钥匙了。

【慌里慌张】huānglihuāngzhāng 形 形容思想紧张、动作忙乱 ▷~地跑进一个人来。

【慌乱】huāngluàn 形 慌张而忙乱 ▷难以掩盖他~的心情。

【慌忙】huāngmáng 形 慌张匆忙 ▷~逃窜。

【慌神儿】huāngshénr 动 〈口〉心神慌乱 ▷沉住气,别~!

【慌手慌脚】huāngshǒu-huāngjiǎo 手忙脚乱,惊慌失措。

【慌张】huāngzhāng 形 不沉着,举止失去常态 ▷没人逼你,你别~|干吗那么慌慌张张?

huáng

皇 huáng ❶ 形 〈文〉大 ▷~~巨著。→❷ 名 传说中远古的君主 ▷三~五帝。❸ 名 皇帝,秦以后封建王朝的最高统治者 ▷~位|~后|~室。〇 ❹ 名 姓。

【皇朝】huángcháo 名 封建时代称当时的王朝。

【皇城】huángchéng 名 封建时代指京城的内城;泛指京城。

【皇城根儿】huángchénggēnr 名 〈口〉皇城的脚下;泛指京城。

【皇储】huángchǔ 名 已经确立将继承皇位的人。

【皇帝】huángdì 名 皇③。

【皇甫】huángfǔ 名 复姓。

【皇宫】huánggōng 名 皇帝居住和理朝的地方。

【皇冠】huángguān 名 皇帝在某些隆重场合所戴的礼帽(多用作皇权的象征);也借指最高权威或最高水平 ▷摘取数学~上的明珠。☛ "冠"这里不读 guàn。

【皇后】huánghòu 名 皇帝的正妻。

【皇皇】huánghuáng ❶ 形 〈文〉(气势)盛大 ▷~华夏。〇 ❷见 606 页"惶惶"。现在一般写作"惶惶"。❸见 606 页"遑遑"。现在一般写作"遑遑"。

【皇家】huángjiā 名 皇室。

【皇历】huángli 名 按我国传统历法排列年、月、日，并记有节气与宜忌内容的历书。近现代皇历增加了公历。因古时由朝廷编制颁发，故称。

【皇粮】huángliáng 名 封建王朝调拨发放的粮饷；借指由国家负责供给的经费、物资等。

【皇亲】huángqīn 名 皇帝的亲戚。

【皇亲国戚】huángqīn-guóqī 皇帝的家属和亲戚；借指极有权势的人 ▷～也得遵纪守法。

【皇权】huángquán 名 皇帝的权力。

【皇上】huángshang 名 封建时代对在位皇帝的称呼。

【皇室】huángshì ❶ 名 皇帝的家族。❷ 名 指朝廷 ▷～衰微。

【皇太后】huángtàihòu 名 皇帝的母亲。

【皇太子】huángtàizǐ 名 已经确立将要继承皇位的皇子。

【皇天】huángtiān 名 古人对天的尊称 ▷～后土（后土：古人对地的尊称）|～无亲，唯德是辅。

【皇位】huángwèi 名 皇帝的宝座；借指皇帝的统治地位。

【皇庄】huángzhuāng 名 明清时期直接由宫廷管辖的田庄。

【皇子】huángzǐ 名 皇帝的儿子。

【皇族】huángzú 名 皇室①。

黄 huáng ❶ 形 形容颜色像小米或向日葵花一样 ▷～布|米～|杏～。→ ❷ 名 指黄帝。→ ❸ 名 指黄河 ▷治～|～泛区。→ ❹ 名 指某些黄颜色的东西 ▷蛋～|蒜～|牛～。→ ❺ 形 指有色情内容的 ▷重拳出击，一举端掉了几个～窝。❻ 名 指有色情内容的书刊、音像制品等 ▷扫～。○ ❼ 动〈口〉事情办不成；计划落空 ▷买卖～了|事儿～了。○ ❽ 名 姓。☛ ㊀统读 huáng。㊁中间是“由”，不是“田”。由“黄”构成的字有“横”“簧”“磺”等。

【黄斑】huángbān 名 眼球视网膜正中央稍微凹陷的部分，正对着瞳孔，略呈圆形，黄色。是视觉细胞最集中的地方，视觉最敏感。

【黄包车】huángbāochē 名 某些地区指人力车②。

【黄骠马】huángbiāomǎ 名 黄毛夹杂着白点儿的马。

【黄表纸】huángbiǎozhǐ 名 迷信的人祭祀时焚烧的一种柔软的土制黄纸。

【黄柏】huángbò 现在一般写作“黄檗”。

【黄檗】huángbò 名 落叶乔木，树皮厚实、灰色，羽状复叶，小叶卵形或卵状披针形，开黄绿色小花，果实黑色。木材坚硬，可作建筑等用材；枝茎可提制黄色染料；树皮可以做药材。属国家保护植物。参见插图 6 页。

【黄灿灿】huángcàncàn 形 形容金黄耀眼 ▷～的金首饰|那些花～的，开了一大片。

【黄疸】huángdǎn ❶ 名 由人的血液中胆红素增高引起的皮肤、黏膜和眼球的巩膜等处发黄的症状。某些肝脏病、胆囊病和血液病常出现黄疸。俗称黄病。❷ 名 植物的病害，病株的茎、叶上出现条形黄斑，籽粒不饱满。也说黄锈病。

【黄道】huángdào 名 地球一年绕太阳一周，人们把它看成是太阳一年在天空中移动一圈，并把太阳移动的这个轨迹称为黄道。它是人们在天球上假设的一个大圆圈，即地球轨道在天球上的投影。它与赤道平面成 23°26′的角，相交于春分点和秋分点。

【黄道吉日】huángdào-jírì 迷信指可以避免凶险、适宜办事的吉利日子。现泛指好日子。

【黄灯】huángdēng 名 设置在交叉路口的黄色交通信号灯。黄灯亮时表示通行时间已经结束，此时已经越过停止线的车辆可以继续通过交叉路口，未越过停止线的车辆应当停车。

【黄灯区】huángdēngqū 名 经济学上指已经出现危机前兆的经济状态。

【黄澄澄】huángdèngdèng 形 形容颜色金黄而鲜明 ▷胸前挂着一枚～的金牌。☛ ㊀这里的“澄澄”口语中也读 dēngdēng。㊁这里的“澄澄”不读 chéngchéng。“澄澄（chéngchéng）”形容清澈透明的样子，如“皓月澄澄”“澄澄碧水”。

【黄帝】huángdì 名 传说中我国上古时期中原各部族的首领。因他以土为德，土色黄，故称。

【黄豆】huángdòu 名 大豆的一种，表皮呈黄色。是制豆腐等的原料。

【黄豆芽】huángdòuyá 名 黄豆用水浸泡后生出的芽，是常见蔬菜。

【黄毒】huángdú 名 指宣传色情淫秽、毒害人们思想的书刊及音像制品等；也指这类物品给人们造成的精神危害 ▷扫清～。

【黄赌毒】huáng-dǔ-dú 指从事色情淫秽、赌博、吸毒贩毒等违法犯罪活动的合称 ▷加大打击～的力度|必须从源头上治理～。

【黄泛区】huángfànqū ❶ 名 黄河泛滥造成的沙荒地区。1938 年 6 月侵华日军向中原地区进犯，国民党军队在河南郑州附近的花园口炸开黄河大堤，淹没河南、安徽及江苏三省几十个县，并使这一地区变成沙荒地。这一地区称黄泛区。中华人民共和国成立后才得到根本改造。○ ❷ 名 指色情行业猖獗的地区。

【黄贩】huángfàn 名 贩卖色情淫秽书刊、音像制品等的不法商贩。

【黄蜂】huángfēng 名 胡蜂一类的昆虫。

【黄瓜】huángguā 名 一年生草本植物，茎蔓生，有卷须，花黄色。果实也叫黄瓜，通常呈绿色，棒形，有刺，是常见蔬菜。参见插图9页。

【黄河】 huánghé 图 我国第二大河。发源于青海巴颜喀拉山北麓卡日曲，流经青海、四川、甘肃、宁夏、内蒙古、陕西、山西、河南、山东等省区，在山东北部注入渤海。全长5464千米，流域面积75.24万平方千米。黄河流域是中华民族古代文明的发源地之一。

【黄褐斑】 huánghèbān 图 发生在面部的黄褐色色素沉着斑。病因尚不明，妇女发生较多，常与妊娠或妇科疾病有关。

【黄褐色】 huánghèsè 图 褐中带黄的颜色。

【黄花】 huánghuā ❶ 图 指菊花 ▷人比～瘦｜明日～。❷ 图 金针菜的一个品种。❸ 区别 保有童贞的(青年女子) ▷～姑娘。

【黄花菜】 huánghuācài 图 金针菜的一个品种。

【黄花闺女】 huánghuā guīnü 处女①的俗称。也说黄花女儿。

【黄花鱼】 huánghuāyú 图 小黄鱼。

【黄昏】 huánghūn 图 指太阳落山到天黑前的一段时间。

【黄昏恋】 huánghūnliàn 图 指老年人的婚恋。

【黄酱】 huángjiàng 图 黄豆、面粉等发酵后加食盐制成的糊状调味品，呈黄色或棕红色。

【黄教】 huángjiào 图 藏传佛教中格鲁派的俗称。15世纪初由宗喀巴创立，是藏传佛教中的重要教派。因该派喇嘛戴黄色僧帽，故称。

【黄金】 huángjīn ❶ 图 金[1]④的通称。❷ 图 比喻完美的或宝贵的东西 ▷～搭档｜～海域｜～时段。

【黄金储备】 huángjīn chǔbèi 指国家所存金块和金币的总额。纸币本位制代替黄金本位制后，黄金仍是主要的国际储备资金和国际结算手段。国家的黄金储备除了维持货币信誉外，主要是作为国际支付的准备金。

【黄金搭档】 huángjīn dādàng 指最佳、最默契的合作双方 ▷这对双打选手堪称～。

【黄金地带】 huángjīn dìdài 指交通方便、商业繁华、容易取得经济效益的最佳地带；也指地价最高的区域 ▷北京王府井大街是商业的～。也说黄金地段。

【黄金分割】 huángjīn fēngē 造型艺术中最容易给人美感的构图法则。分割的方法是把一条线分成两部分，全长跟其中较长的一部分的比等于这一部分跟余下部分的比，即$a:b=b:(a-b)$。这一部分约等于全长的0.618。也说中外比。

【黄金时代】 huángjīn shídài ❶ 指政治、经济或文化最繁荣的时期 ▷唐代是我国历史上诗歌创作的～。❷ 指人生最宝贵或最有作为的时期 ▷这部长诗出自他创作的～。

【黄金时间】 huángjīn shíjiān 指一天中最宝贵的时间；常用来指广播、电视在一天中收听、收视人数最多的时间。我国的黄金时间一般在每晚的7点到9点之间。也说黄金时段。

【黄金周】 huángjīnzhōu 图 我国春节、国庆节各有七天长假，其间人们购物、出游等活动十分活跃，称为黄金周。

【黄酒】 huángjiǔ 图 用糯米、大米或黄米等为主要原料酿制的酒。颜色发黄，酒精含量较低，除作饮料外，还可作调料。以浙江绍兴所产最佳，因而也说绍兴酒。

【黄口小儿】 huángkǒu xiǎo'ér 指婴幼儿(黄口：雏鸟的嘴)。多用于讥讽无知的年轻人。

【黄蜡】 huánglà 图 蜂蜡。

【黄梨】 huánglí ❶ 图 菠萝的俗称。❷ 图 某些地区用作梨的通称。

【黄鹂】 huánglí 图 鸟，羽毛黄色或黄中带绿，眼部至头后有黑纹，翼和尾中央黑色。鸣声清脆悦耳，吃树林中的害虫，是常见的观赏益鸟。也说仓庚、黄莺、黄鸟。参见插图5页。

【黄历】 huángli 现在一般写作"皇历"。

【黄连】 huánglián 图 多年生草本植物，茎高三四寸到一尺多，羽状复叶，春季开白色小花。根茎味苦，性寒，可以做药材。

【黄连木】 huángliánmù 图 落叶乔木，羽状复叶，小叶披针形，圆锥花序，核果近球形，红色或紫蓝色。木材黄色，木质坚硬致密，可以作建筑材料；种子可以榨油，树皮和叶子可以制栲胶；鲜叶可以提制芳香油。

【黄连素】 huángliánsù 图 小檗碱的通称。从黄连、黄檗、三棵针等植物中提取，也可人工合成，是一种抗菌性生物碱。用于治疗痢疾、眼结膜炎、中耳炎等。

【黄粱梦】 huángliángmèng 图 唐·沈既济《枕中记》中说，一个姓卢的读书人，一天在旅店睡觉做梦，梦中享尽荣华富贵。待梦醒来，旅店为客人准备的小米饭还没有煮熟(黄粱：黄小米)。后用"黄粱梦"比喻虚幻的梦想或根本不能实现的愿望。也说黄粱一梦、黄粱美梦。☛"粱"不要误写作"梁"。

【黄磷】 huánglín 图 白磷。

【黄栌】 huánglú 图 落叶灌木或小乔木，叶子卵形或倒卵形，秋天变红，开小花，圆锥花序，果实肾脏形。木材黄色，可以做器具，也可以提制黄色染料；枝叶可以做药材。

【黄麻】 huángmá 图 一年生草本植物，茎绿色或红紫色，成熟后褐色，叶子披针形，花黄色，蒴果球形。茎皮纤维也叫黄麻，供纺织用，根、叶可以做药材。也说络麻。

【黄毛丫头】 huángmáo yātou 年少幼稚的女孩儿(含轻视或谐谑意)。

【黄梅季】 huángméijì 图 春末夏初我国长江中下

游的梅雨季节。因正是梅子黄熟的时候，故称。也说黄梅天、黄梅季节。

【黄梅戏】huángméixì 名 地方戏曲剧种，流行于安徽和湖北、江西等省，主要曲调由湖北黄梅的采茶调变来。也说黄梅调。

【黄梅雨】huángméiyǔ 名 梅雨。

【黄米】huángmǐ 名 去壳的黍子籽实，比小米的颗粒略大，性黏，色黄。

【黄牛】huángniú ❶ 名 牛的一种。角短，毛短，皮毛多为黄褐色，也有黑色或杂色的。用来耕地、拉车等。〇 ❷ 名 指抢购紧俏商品或车票、门票后高价出售从中牟利的人 ▷～党｜～票。

【黄牌】huángpái ❶ 名 某些球类比赛中，裁判员对违规运动员、教练员出示的黄色警示牌，以示警告。❷ 名 借指对有违法、违章或违规行为的单位或个人提出的警告。

【黄袍加身】huángpáo-jiāshēn 五代后周时，太尉赵匡胤在驻地陈桥驿发动兵变，诸部将替他披上黄袍，拥立他为皇帝，即宋太祖。后用"黄袍加身"指政变成功，夺得政权；也指获得显赫的地位或荣誉(含贬义)。

【黄皮书】huángpíshū 名 某些国家政府或议会公开发表的有关重大问题的文件。因封面为黄色，故称。参见 25 页"白皮书"。

【黄片】huángpiàn 名 指内容色情淫秽的影视片。口语中也说黄片儿(piānr)。

【黄芪】huángqí 名 多年生草本植物，羽状复叶，开淡黄色花，主根长圆柱形。根可做药材。

【黄芩】huángqín 名 多年生草本植物，叶对生，披针形，夏季开淡紫色花。根黄色，可以做药材。

【黄曲霉】huángqūméi 名 常见的腐生真菌，多出现在发霉的粮食、粮食制品或其他霉腐的有机物上，呈黄绿色。可用于生产淀粉酶、蛋白酶等，是酿造工业常用的菌种。其代谢物有剧毒，并有致癌作用。也说黄曲霉菌。

【黄泉】huángquán 名 地下的泉水。借指人死后埋葬的地穴；迷信指阴间。

【黄雀】huángquè 名 鸟，体长约 12 厘米，雄鸟上体浅黄绿色，有黑色羽冠；雌鸟上体微黄，有暗褐色条纹，无黑色羽冠。以植物种子、幼芽和昆虫等为食。鸣声清脆悦耳，可供观赏。

【黄壤】huángrǎng 名 含有大量铁的含水氧化物的黄色土壤，有黏性和强酸性。分布在热带、亚热带的潮湿地区，我国主要分布在广西、贵州、四川及长江以南某些丘陵地区。

【黄热病】huángrèbìng 名 急性传染病，症状是头痛和低热，严重时出现高烧、黄疸、心跳迟缓、呕吐、黏膜出血。由蚊子叮咬传播，多见于南美洲和非洲热带森林地区。

【黄色】huángsè ❶ 名 黄的颜色。❷ 区别 19 世纪末，美国《世界报》为招徕读者、扩大销量，曾专门用黄颜色的版面刊载淫秽、色情的漫画。后用"黄色"指有色情内容的 ▷～书刊。

【黄色工会】huángsè gōnghuì 19 世纪后期，法国一个工会被厂主收买，破坏工人的罢工，工人在愤怒中砸了工会的门窗，厂主用黄纸糊上了这些门窗。后用"黄色工会"指被资方收买、替资本家效劳的工人组织。

【黄色炸药】huángsè zhàyào 梯恩梯。

【黄沙】huángshā 名 沙土；沙漠 ▷狂风大作，～滚滚｜茫茫～，寸草不见。

【黄鳝】huángshàn 名 鳝鱼。

【黄书】huángshū 名 指内容色情、淫秽的书籍。

【黄熟】huángshú 动 指谷类作物植株由绿变黄，籽实成熟 ▷小麦已～。

【黄鼠】huángshǔ 名 哺乳动物，松鼠的一种。形似大家鼠，尾短，体长 16—26 厘米，毛灰黄色。穴居，以植物的茎叶为食，能传播鼠疫。也说地松鼠。

【黄鼠狼】huángshǔláng 名 黄鼬的通称。

【黄水疮】huángshuǐchuāng 名 中医指一种皮肤病。初起时皮肤上出现米样小疱，四周略有红晕，发痒，搔破后出黄水。多发生于小儿头、面、耳、颈等部位。包括脓疱疮与湿疹。

【黄檀】huángtán 名 落叶乔木，羽状复叶，小叶 9—11 枚，倒卵形，互生，花淡紫色或黄白色。木材黄色，木质坚硬，是制作木器的优质材料。

【黄汤】huángtāng 名 指黄酒或其他酒(用于骂人喝酒)。

【黄体】huángtǐ 名 指女性和雌性哺乳动物卵巢里由许多黄色颗粒状细胞形成的内分泌腺体。有分泌雌激素和孕激素的功能。卵细胞受精后，黄体即发育增大，孕激素能刺激子宫黏膜增厚，促进乳腺生长，因而有安胎作用。

【黄铜】huángtóng 名 铜和锌的合金。比铜耐腐蚀，工业上用途很广。

【黄土】huángtǔ 名 黄色土壤。在干旱或半干旱气候下形成的沙粒、黏土和少量方解石(矿物名)的灰黄或棕黄色混合物，较肥沃。在我国主要分布在西北和华北部分地区。

【黄土高原】huángtǔ gāoyuán 世界上最大最厚的黄土堆积区。在我国秦岭及渭河平原以北、长城以南、太行山以西、洮河及乌鞘岭以东，面积约 64 万平方千米，海拔 800—3000 米，山岭高达 2500 米以上。黄土层厚 50—80 米。大部分属温带半干旱气候区。

【黄萎病】huángwěibìng 名 植物病害，主要症状是叶上先出现淡黄色的斑纹，逐渐扩展成褐色，最后干枯。容易感染这种病的作物有棉花、茄子、辣椒、南瓜等。

【黄癣】huángxuǎn 名 头癣的一种。先出现黄色斑点或小脓疱,有异臭,结痂后毛发脱落,痊愈后留下疤痕,不再生长毛发。也说秃疮。

【黄羊】huángyáng 名 羊的一种,体长可达1.3米,角短,颈细长,尾短,肢细,体毛棕黄,有光泽。野生在草原和沙漠地带。分布于我国北方地区。属国家保护动物。也说黄羚。

【黄杨】huángyáng 名 常绿灌木或小乔木,叶子对生,宽椭圆形或倒卵形,花黄色。木材淡黄色,木质坚韧致密,可用作雕刻的材料。

【黄页】huángyè 名 电话号码簿中登录企事业单位(有的也包括部分住宅)电话号码的部分;泛指电话号码簿。因用黄色纸张印刷,故称(跟"白页"相区别)。

【黄莺】huángyīng 名 黄鹂。

【黄油】huángyóu ❶ 名 从石油中分馏提炼出来的黄褐色膏状油脂。工业上多用作润滑油。❷ 名 奶油②的俗称。

【黄鼬】huángyòu 名 哺乳动物,体形细长,四肢较短,背部棕灰色,胸腹淡黄褐色。肛门旁有臭腺一对,能释放臭气,用以自卫。昼伏夜出,以鼠类等为食,有时也吃家禽。尾毛可制作毛笔的笔头儿。通称黄鼠狼。

【黄鱼】huángyú 名 大黄鱼和小黄鱼的统称。参见1243页"石首鱼"。

【黄玉】huángyù ❶ 名 一种铝氟硅酸盐矿物,硬度大,可作研磨材料。其中透明而颜色美丽的可作宝石,叫托帕石。❷ 名 黄色或米黄色的软玉。

【黄钟大吕】huángzhōng-dàlǚ 我国古乐十二律中,六种阳律的第一律称黄钟,六种阴律的第四律称大吕。后用"黄钟大吕"借指正大、庄严而高妙的音乐或文辞。

【黄种人】huángzhǒngrén 名 属黄色人种的人。主要分布在亚洲。美洲的印第安人、北极地区的因纽特人(旧称爱斯基摩人)也属黄种人。参见1157页"人种"。

凰 huáng 见415页"凤凰"。

隍 huáng 名〈文〉没有水的护城壕 ▷城～。

喤 huáng [喤喤] huánghuáng〈文〉❶ 拟声 模拟小孩子洪亮的啼哭声 ▷其泣～。❷ 拟声 模拟洪亮和谐的钟鼓声 ▷钟鼓～。

遑 huáng〈文〉❶ 名 闲暇 ▷不～(没有闲暇)。○ ❷ 形 急迫;匆促不安 ▷～急|～～。

【遑遑】huánghuáng 形〈文〉匆忙;急促不安。

【遑论】huánglùn 动〈文〉不必论及;谈不上 ▷人无诚信,～道德|素未谋面,～了解。

徨 huáng 见1027页"彷(páng)徨"。

湟 huáng 名 湟水,水名,发源于青海,流经甘肃入黄河。

【湟鱼】huángyú 名 青海湖裸鲤的通称。体扁长,无须无鳞,杂有斑点,卵有毒。为淡水鱼类,在咸水中也能存活。产于我国青海湖。

惶 huáng 形 恐惧 ▷～～不安|～恐|惊～。☛ 参见602页"慌"的提示。

【惶惶】huánghuáng 形 形容惊恐不安 ▷人心～。

【惶惶然】huánghuángrán 形 形容惊慌不安的样子 ▷～不可终日。也说惶然。

【惶惑】huánghuò 形 恐惧而疑惑 ▷内心～。

【惶急】huángjí 形 恐惧慌忙 ▷～不知所措。

【惶遽】huángjù 形〈文〉惊慌不安 ▷心神～。

【惶恐】huángkǒng 形 惊慌恐惧 ▷～万状。

【惶悚】huángsǒng 形〈文〉恐惧不安 ▷～战栗。

媓 huáng ❶ 名 古代人名,传说是舜的妻子。○ ❷ 名〈文〉母亲。

瑝 huáng 拟声〈文〉模拟玉相互撞击的声音。

煌 huáng 形 明亮;光明 ▷辉～|～～。

【煌煌】huánghuáng 形〈文〉明亮;显赫 ▷明星～|～之功。

锽(鍠) huáng 名 古代一种像钺的兵器。

【锽锽】huánghuáng 拟声〈文〉模拟钟鼓的声音 ▷钟鼓～。

潢[1] huáng 名〈文〉积水的地方 ▷～池(池塘)。

潢[2] huáng 动 古代指用黄檗汁染纸(可防蛀) ▷装～。

璜 huáng 名〈文〉玉器,形状像半块璧。

蝗 huáng 名 昆虫,体细长,绿色或黄褐色,口器坚硬,后肢发达,前翅狭窄坚韧,后翅宽大柔软,善于跳跃和飞行。主要危害禾本科植物,是农业害虫。种类很多。通称蝗虫。某些地区也说蚂蚱。

【蝗虫】huángchóng 名 蝗的通称。

【蝗蝻】huángnǎn 名 蝗虫的若虫,头大,翅短。

【蝗灾】huángzāi 名 蝗虫肆虐造成的灾害。也说蝗害。

篁 huáng 名〈文〉竹林;也指竹子 ▷幽～。

艎 huáng〈文〉❶ 名 船;特指渡船 ▷长江天堑,飞～难渡。→ ❷ 名 船舱 ▷舟人始自～下出。

磺 huáng 名 指硫磺。"硫磺"现在一般写作"硫黄"。

【磺胺】huáng'àn 名 一种有机化合物的简称。白色颗粒或粉末状晶体。可制消炎药。

镄(鐄) huáng 名〈文〉锁簧。

癀 huáng［癀病］huángbìng 名 某些地区称牛、马等家畜的炭疽病。

蟥 huáng 见 917 页“蚂蟥”。

簧 huáng ❶ 名 簧片 ▷巧舌如～。→ ❷ 名 某些器物中有弹力的部件 ▷弹～|锁～。

【簧片】huángpiàn 名 乐器里用以振动发声的有弹性的薄片，多用金属制成。

鳇(鰉) huáng 名 鱼，头略呈三角形，体棱形，有 5 行硬鳞；背灰绿色，两侧黄色，腹面灰白，长可达 5 米，重可达 1000 千克。平时生活在海洋里，夏季在江河中产卵。通称鳇鱼。古代也说鳣。

huǎng

恍(*怳) huǎng ❶ 形 模糊；不清楚 ▷～惚。→ ❷ 副〈文〉似乎；好像（跟“如”“若”等连用）▷～若置身其境|～如隔世。○ ❸ 形 恍然 ▷～悟。

【恍惚】huǎnghū ❶ 形 神志不清；心神不定 ▷精神～，说话颠三倒四|神情～。❷ 形 隐约不清；模模糊糊 ▷我～记得有那么回事|恍恍惚惚的梦。☛ 不要写作“恍忽”。

【恍然】huǎngrán 形 形容猛然领悟 ▷经他这么一说，我才～醒悟|直到破案以后，人们才～。

【恍然大悟】huǎngrán-dàwù 突然间一切都明白了。

【恍如隔世】huǎngrúgéshì 仿佛隔了一世（古代以三十年为一世）。形容世事、景物的巨大变化。

晃 huǎng ❶ 形〈文〉明亮。→ ❷ 动（亮光）闪耀 ▷光线太强，～得眼睛难受|～眼。❸ 动 快速地闪过 ▷一～而过|虚～一刀。☛ 读 huǎng，表示明亮或闪过；读 huàng，指摇摆，如“晃动”。

另见本页 huàng。

【晃眼】huǎngyǎn ❶ 形（光线）强烈刺眼 ▷阳光太～。❷ 动 眼光瞬间闪动，表示时间短暂 ▷一～他就不见了。

谎(謊) huǎng ❶ 名 谎话 ▷我从没说过～|扯～|圆～|弥天大～。→ ❷ 形 假；不真实 ▷～价|～报|～称。

【谎报】huǎngbào 动 编造不真实的情况向上报告 ▷～灾情。

【谎称】huǎngchēng 动 虚假不实地声称 ▷～有病|他丢失了公款，却～被人抢劫。

【谎话】huǎnghuà 名 谎言。

【谎价】huǎngjià 名 售货人开出的比正常价格高出许多的价格 ▷这套衣服，～要到 500 元。

【谎骗】huǎngpiàn 动 用谎言欺骗；用谎言骗取 ▷～钱财。

【谎信】huǎngxìn 名 不真实的消息。

【谎言】huǎngyán 名 骗人的话；假话 ▷在事实面前，～不攻自破。也说谎话。

幌 huǎng ❶ 名〈文〉幔帐；窗帘 ▷窗～。→ ❷ 名 幌子① ▷酒～|布～。

【幌子】huǎngzi ❶ 名 悬挂在店铺门外，表明店铺经营特点的标志。❷ 名 比喻进行某种活动时所假借的名义或打出的招牌 ▷打着考察的～到处游山玩水。

huàng

晃(*愰) huàng 动 摇；摆 ▷电线让风刮得来回乱～|药水～一～再喝|酒喝多了，两腿直打～儿|摇头～脑。

另见本页 huǎng。

【晃板】huàngbǎn 名 杂技项目，在滚木上放一块木板，双脚蹬在上面左右晃动，同时做出各种动作。

【晃荡】huàngdang ❶ 动 来回晃动 ▷水面有风浪，小船直～。❷ 动 游逛；不干正事 ▷你成天在街上～，也不找点儿正事干。

【晃动】huàngdòng 动 摇晃；摇摆 ▷旗杆有点儿～。

【晃摇】huàngyao 动〈口〉摇晃。

【晃悠】huàngyou ❶ 动 晃荡①。❷ 动 晃荡② ▷在街上随便～。

皝 huàng 名 中医学上指因气血虚弱而面色苍白的病症。

滉 huàng 动〈文〉摇荡；摇动 ▷有云如水～。

榥 huàng ❶ 名〈文〉窗棂。→ ❷ 量 用于窗棂等（多见于近代汉语）▷几～儿疏棂。

huī

灰 huī ❶ 名 物体燃烧后残留的粉末 ▷炉～|烟～|骨～。→ ❷ 名 像粉末状的东西 ▷桌上都是～|～尘|石～。❸ 名 特指石灰 ▷和(huò)点儿～|抹(mò)～。→ ❹ 形 形容颜色介于黑白之间，像草木灰一样 ▷～鹤|～白色。→ ❺ 形 消沉；沮丧 ▷心～意冷。

【灰暗】huī'àn 形 昏暗；不明朗 ▷色调～|～的天空。

【灰白】huībái 形 浅灰；灰而泛白 ▷～的衣服。

【灰不溜丢】huībuliūdiū 形〈口〉灰暗;不鲜明(含贬义) ▷总穿着那身~的衣服,多难看啊! 也说灰不溜、灰不溜秋。

【灰菜】huīcài 名 藜①。

【灰尘】huīchén 名 飞扬的或附着在物体表面的细土 ▷桌面上落满~。

【灰沉沉】huīchénchén 形 形容天色阴沉灰暗 ▷~的天,让人感到压抑。

【灰顶】huīdǐng 名 用水泥、石灰等抹(mò)的屋顶(不需盖瓦)。

【灰度】huīdù 名 黑白照片或黑白图像清晰程度的一个参量。把白色和黑色之间分成若干级,称为"灰度等级"。能显现的灰度等级越多,画面的黑白层次就越丰富。

【灰飞烟灭】huīfēi-yānmiè 比喻物体完全消失了;也比喻人死,不复存在。

【灰分】huīfèn 名 物质燃烧后剩下的灰的重量与原物质重量的比值。如100千克煤,燃烧后剩下10千克灰,这种煤的灰分就是10%。

【灰膏】huīgāo 名 经过除渣沉淀的熟石灰,呈膏状。多用于房屋的建造和维修。

【灰姑娘】huīgūniang 名 欧洲民间故事中的女主人公,从小受后母和异母姐姐虐待,后来神灵拯救了她,一个王子爱上她并和她结婚,改变了她的命运。后来"灰姑娘"成了贫穷、善良而最终改变了境遇的女性的典型。

【灰浆】huījiāng ❶ 名 用来粉刷墙壁的浆,由石灰、水泥或青灰等加水搅拌而成。❷ 名 砂浆。

【灰烬】huījìn 名 物体燃烧后剩下的灰一类的东西 ▷一场大火,库房内的物品化为~。

【灰蓝】huīlán 形 形容颜色灰里透蓝 ▷~色军服。

【灰领】huīlǐng 名 原指技术工人,因他们多穿灰色工作服,故称。后指既能动脑又能动手,具有较高的知识层次、较强的创新能力的复合型技术人才。也说银领。

【灰溜溜】huīliūliū ❶ 形 形容颜色灰暗,没有光泽 ▷这件衣服~的,穿着不精神。❷ 形 形容情绪低落,意志消沉 ▷别那么~的,打起精神来。

【灰霾】huīmái 名 霾。

【灰蒙蒙】huīméngméng 形 形容暗淡不清晰的样子 ▷天空~的|~的夜空。

【灰锰氧】huīměngyǎng 名 高锰酸钾的俗称。

【灰泥】huīní 名 用来抹墙或砌墙时黏结砖石的泥状物,用石灰或石灰加上水泥、沙土和水和(huò)成。

【灰色】huīsè ❶ 名 黑白两色之间,类似草木灰一样的颜色 ▷~的高墙。❷ 区别 象征消极颓废或不明朗、不透明的 ▷~人生观|~收入。

【灰色消费】huīsè xiāofèi 指国家公职人员利用国家法律法规的空白,将公款公物用于私人消费。如超过有关标准的公款招待以及公车私用等。

【灰鼠】huīshǔ 名 哺乳动物,松鼠的一种。毛灰褐色,颈下和腹下的毛白色,多生活在我国东北地区。

【灰头土脸】huītóu-tǔliǎn ❶形容面容污秽,落满尘土的样子 ▷小孩子玩得~的。❷形容精神颓废,心情沮丧 ▷你看他整天~的,打不起精神来。

【灰土】huītǔ ❶ 名 灰尘。❷ 名 石灰土,由三成熟石灰、七成黏土合成。也说三七土。

【灰犀牛事件】huīxīniú shìjiàn 灰犀牛体形笨重、行动迟缓,人们往往对其不加警惕。可一旦它狂奔起来,却能造成巨大的破坏力。后来人们将已有危险迹象而没有受到重视、最终导致灾难性后果的事件称作"灰犀牛事件",也简称"灰犀牛"。

【灰心】huīxīn 动 丧失信心 ▷失败了不要~。

【灰心丧气】huīxīn-sàngqì 形容因失败或不顺利而失去信心,意志消沉。

【灰质】huīzhì 名 脑和脊髓中色泽灰暗的部分,主要由神经细胞组成。

㧑(撝) huī 动〈文〉指挥。

诙(詼) huī ❶ 动〈文〉开玩笑 ▷~谑。→❷ 形(说话)幽默风趣 ▷~谐。

【诙谐】huīxié 形 言谈幽默风趣,引人发笑 ▷~的语言|谈吐~。☛ 参见589页"滑稽"的提示㊀。

【诙谑】huīxuè 动 戏谑;开玩笑。

挥(揮) huī ❶ 动 挥动 ▷~拳|~鞭|~戈上阵。→❷ 动 抹去或甩掉(泪、水等) ▷~泪|~汗如雨。❸ 动 散发;消耗 ▷~发|~金如土。→❹ 动 指挥 ▷~师北上。

【挥鞭】huībiān 动 挥动马鞭 ▷~驰骋。

【挥斥】huīchì〈文〉❶ 动 斥责;指斥 ▷~敌顽,义正词严。❷ 形(意气)奔放 ▷书生意气,~方遒。

【挥动】huīdòng 动 举起手臂或用手臂举起东西摇动 ▷~拳头|~指挥棒。

【挥发】huīfā 动 在常温下液态或固态物质变为气态向四周散布 ▷酒精~完了。

【挥发油】huīfāyóu 名 精油。

【挥戈】huīgē 动〈文〉挥动兵器;借指奋勇进军 ▷~相向|~南下。

【挥汗】huīhàn 动 用手把汗水抹下甩掉。

【挥汗如雨】huīhàn-rúyǔ 挥洒下的汗,就像下雨一样。原形容人多,现也形容出汗很多。也说挥汗成雨。

【挥毫】huīháo 动 拿起毛笔写字作画(多用于书画造诣较高的人) ▷书法家当场～。

【挥霍】huīhuò 动 无节制地耗费钱财 ▷～浪费|钱财～殆尽。

【挥霍无度】huīhuò-wúdù 没有限度地花费钱财。

【挥金如土】huījīn-rútǔ 像扔泥土一样挥霍钱财。形容极端浪费、奢侈。

【挥泪】huīlèi 动 用手抹眼泪 ▷～而别。

【挥洒】huīsǎ ❶ 动 使(泪、血等)洒落 ▷～热泪。❷ 动 (写文章、作画)挥笔洒墨 ▷～自如|任意～。☛"洒"不要误写作"撒"。

【挥洒自如】huīsǎ-zìrú 随意挥洒。形容文笔流畅或书画技艺纯熟,能充分表情达意。

【挥师】huīshī 动 指挥军队 ▷～东进。

【挥手】huīshǒu 动 举起手臂摇动 ▷～致意。

【挥舞】huīwǔ 动 举起手臂(连同手中的东西)起劲舞动 ▷～手中的彩旗|～大棒。

虺 huī [虺虺] huītuí 形〈文〉形容马疲劳得病的样子。

另见 613 页 huǐ。

咴 huī [咴儿咴儿] huīrhuīr 拟声 模拟马叫的声音 ▷小马驹～地叫着。

恢 huī〈文〉❶ 形 宽广;广大 ▷天网～～。→ ❷ 动 扩大 ▷丰功垂世久弥～。

【恢复】huīfù ❶ 动 变成原样 ▷～了健康。❷ 动 使变成原样 ▷～名誉|～外交关系。❸ 动 把失去的收回来 ▷～失地。

【恢弘】huīhóng 现在一般写作"恢宏"。

【恢宏】huīhóng〈文〉❶ 形 宽宏;广大 ▷气势～。❷ 动 发扬光大 ▷～正气。

袆(禕) huī 名 古代王后穿的绘有翚(huī,野鸡)形图纹的祭服。☛ 跟"祎(yī)"不同。"袆"左边是"衤",意思是美好。

珲(琿) huī 瑷珲(àihuī) 名 地名,在黑龙江。

另见 619 页 hún。

豗 huī ❶ 动〈文〉撞击 ▷波涛相～。→ ❷ 形〈文〉喧闹。○ ❸ 名 姓。

晖(暉) huī 名 阳光 ▷落日的余～|朝(zhāo)～|斜～|春～。

眭 huī 形〈文〉目光深邃 ▷～然能视。

另见 1317 页 suī。

辉(輝 *煇) huī ❶ 名 闪射的光;光彩 ▷与日月同～|增～|光～。→ ❷ 动 照射;闪耀 ▷星月交～|～耀。

【辉光】huīguāng ❶ 名 闪烁夺目的光辉 ▷朝阳的～照耀着群山。❷ 名 气体在低气压下导电时出现的瑰丽的色光 ▷～灯|～放电。

【辉煌】huīhuáng ❶ 形 光彩夺目;光辉灿烂 ▷灯火～。❷ 形 形容成就显著出色 ▷成果～。

【辉映】huīyìng 动 照射;映照 ▷霞光～着白云|湖光山色交相～。☛ 不要写作"晖映"。

翚(翬) huī〈文〉❶ 名 五彩羽毛的野鸡。○ ❷ 动 高速飞翔 ▷～飞。

麾 huī ❶ 名 古代用来指挥军队的旗帜 ▷旌～|～下。→ ❷ 动〈文〉指挥(军队) ▷～军南下。

【麾下】huīxià〈文〉❶ 名 指将帅旌旗之下;借指部下 ▷虎将～无弱兵。❷ 名 敬词,称将军 ▷愿随～征战。

徽[1](*微) huī ❶ 名 标志 ▷国～|帽～|校～|～章。○ ❷ 形〈文〉美;善 ▷～号|～音。

徽[2](*微) huī 名 指徽州,旧府名,在今安徽歙县一带 ▷～墨|～剧。

【徽标】huībiāo 名 徽记;标志 ▷这个～图案,构思新颖巧妙。

【徽调】huīdiào 名 徽剧的旧称。

【徽号】huīhào 名 美好的称号。

【徽记】huījì 名 标志 ▷机身涂有公司的～。

【徽剧】huījù 名 地方戏曲剧种,其声腔包括吹腔、高拨子、西皮、二黄等,清代传入北京,对京剧唱腔的形成有重大影响。流行于安徽及江苏、浙江、江西等地。旧称徽调。

【徽墨】huīmò 名 徽州(今安徽歙县)出产的墨。墨色如漆,历史悠久,闻名全国。

【徽章】huīzhāng 名 佩戴在胸前表示身份、职业等的标志。

隳 huī 动〈文〉毁坏 ▷～三都。

huí

回[1](迴❶❼ *廻❶❼ 洄❶❼) huí ❶ 动 曲折环绕;旋转 ▷峰～路转|巡～|迂～|～旋|～形针。→ ❷ 动 掉转 ▷～过头去|～身|～马枪。❸ 动 返回 ▷～到祖国|春～大地|撤～|～升。⇒ ❹ 动 回答;报答 ▷给他～一封信|～敬|～赠。⇒ ❺ 动 谢绝(邀请、来访);辞掉(雇工、工作等) ▷把要见我的人都给～了|孩子大了,把保姆～了吧|～绝。⇒ ❻ 量 a)用于动作行为,相当于"次" ▷去过两～|看了好几～。b)用于事情,相当于"件"或"种" ▷那是两～事|没拿它当～事。c)说书的一个段落、章回小说的一章叫一回 ▷且听下～分解|《三国演义》第五～。→ ❼ 动 绕开;避开 ▷～避。

回[2] huí ❶ 名 指回族 ▷～民。○ ❷ 名 姓。

【回拜】huíbài 动 回访① ▷专程登门～。

【回报】huíbào ❶ 动 报告(任务或使命的完成、执行情况) ▷火速～灾情。❷ 动 报答 ▷救命之恩定当～。❸ 动 报复;回击 ▷～敌军的猖狂挑衅。

【回避】huíbì ❶ 动 躲避;避开 ▷不能～困难。❷ 动 法律上特指跟案件或案件当事人有利害关系的司法人员等不参与该案件的诉讼事宜。

【回禀】huíbǐng 动 旧指向尊长回报(情况)。

【回驳】huíbó 动 否定或驳斥对方的意见或观点;驳回 ▷经理～了他的辩解|有力地～。

【回肠荡气】huícháng-dàngqì 荡气回肠。

【回潮】huícháo ❶ 动 晒干或烤干的东西又变潮湿。❷ 动 比喻旧的事物或习俗重新出现 ▷赌博活动近年来有所～。

【回车】huíchē ❶ 动 掉转车头。❷ 动 敲击回车键。❸ 名 回车键的简称。

【回车键】huíchējiàn 名 电子计算机键盘上的Enter键。功能是使电子计算机执行某一指令或字符输入时换行(háng)。简称回车。

【回撤】huíchè 动 往回撤退 ▷急速～|～防守。

【回嗔作喜】huíchēn-zuòxǐ 由恼怒转为高兴。

【回程】huíchéng 名 返程。

【回春】huíchūn ❶ 动 冬去春来 ▷万物～。❷ 动 比喻高明的医术或灵验的药物使危重病人恢复健康 ▷妙手～|～乏术。

【回窜】huícuàn 动 窜回原来的地方 ▷防止逃犯～。

【回答】huídá ❶ 动 对提出的问题、要求给予解答或表示意见 ▷～记者的问题|用事实～了人们的疑问。❷ 名 对提出的问题、要求所作出的答复 ▷这个～不能令人满意。

【回单】huídān 名 返回的单据;回条。

【回荡】huídàng 动 (声音等)回旋飘荡 ▷山谷里～着小伙子们嘹亮的歌声。

【回到】huídào 动 返回并到达(原来所在的地方);(情况变化后)恢复到原来的状态 ▷～家里,天已经黑了|气温又～了27℃。

【回电】huídiàn ❶ 动 给对方回复电报、电传或电话 ▷姐姐已～,她明天出差|我已经给他回了电。❷ 名 回复的电报、电传或电话 ▷收到～。

【回跌】huídiē 动 上涨后又降下来 ▷股票小幅～。

【回返】huífǎn 动 返回;往回走 ▷～原籍|急速～。

【回访】huífǎng ❶ 动 在对方来访后去拜访对方。❷ 动 特指机关、企事业单位等访问用户或服务对象,征求对产品或服务的意见 ▷主动服务,积极～。

【回放】huífàng 动 重新播放已经播放过的影视片、录像片的某些镜头或片段。

【回复】huífù ❶ 动 (用书信等)回答;答复。❷ 动 恢复原样 ▷～古建筑的原貌。

【回顾】huígù ❶ 动 回过头看 ▷他频频～,只见送行的人还站在原地不动。❷ 动 回忆;反思 ▷～峥嵘岁月|～一年工作。☛“回顾”②跟“回想”“回忆”不同。“回顾”②既可用于个人,也可用于集体、社会,多是重大经历,常含有总结意味,书面语色彩较浓;“回想”“回忆”一般用于个人的经历,没有明显的书面语色彩。“回顾”②一般不作宾语,“回想”“回忆”可作宾语。

【回顾展】huígùzhǎn 名 展示以往成绩和发展道路的展览。如电影回顾展就是集中放映历年有代表性的影片,以展示电影创作的成就。

【回光返照】huíguāng-fǎnzhào 日落时,因光线反射,天空中会出现短时发亮的现象。比喻人临死前精神短暂兴奋的现象;也比喻事物灭亡前短暂兴旺的景象。

【回归】huíguī 动 回到(原来的地方、组织等) ▷～故里|香港、澳门～祖国。

【回归带】huíguīdài 名 热带。

【回归年】huíguīnián 名 太阳中心连续两次经过春分点所经历的时间。一回归年是365天5小时48分46秒。也说太阳年。

【回归热】huíguīrè 名 急性传染病,症状是高烧、头痛、肝脾肿大等。因第一次症状消失一周后又重新出现,并反复发作数次,故称。

【回归线】huíguīxiàn 名 地球上赤道南北23°26′两处的纬线,赤道以北的叫北回归线,赤道以南的叫南回归线。在夏至和冬至这两天,太阳分别直射这两条纬线。因太阳直射范围限于这两条纬线之间,来回移动,故称。

【回锅】huíguō 动 把冷却的熟食重新加热。

【回锅肉】huíguōròu 名 一种菜肴。将煮熟的肉切成片,加配料回锅爆炒制成。

【回航】huíháng 动 返航。

【回合】huíhé 名 旧指双方对打交锋一次为一个回合;现指双方较量一次 ▷打了四个～|这场拳击赛要经过十二个～的较量。

【回纥】huíhé 名 我国古代民族,主要分布在今鄂尔浑河流域。后改称回鹘(hú)并向西迁至今新疆地区,与当地的其他部族融合形成维吾尔族。

【回护】huíhù 动 袒护;庇护 ▷对违法乱纪的人要严肃处理,任何人不得～。

【回话】huíhuà ❶ 动 回答别人问话 ▷爷爷问你,你怎么不～呢|回老太太话。❷ 名 答复的话 ▷去不去,就等你的一句～了。

【回还】huíhuán 动 返回原来的地方。

【回环】huíhuán ❶ 动 循环往复 ▷世事～。❷ 动 环绕曲折 ▷长廊～。❸ 名 修辞手法，通过词语的循环往复使用，表达两种事物相互制约或彼此依存的关系。如"人人为我，我为人人"。

【回回】huíhuí 量 每次 ▷～都能圆满完成任务。

【回火】huíhuǒ ❶ 动 金属工件淬火后，再加热到低于临界温度，保温，然后冷却以提高其塑性或韧性等。❷ 动 指气焊等过程中，火焰向管道出口的反方向燃烧。

【回击】huíjī 动 受到攻击后反过来攻击对方 ▷坚决～敌人的挑衅。

【回见】huíjiàn 动〈口〉客套话，再见。

【回敬】huíjìng ❶ 动 回报答谢(别人的敬意或馈赠) ▷他拱了拱手，表示～｜～对方一些礼物。❷ 动 报复；还击 ▷他这样出言不逊，你为什么不～他两句？

【回绝】huíjué 动 拒绝(对方的要求) ▷他的要求遭到了～｜断然～了对方的无理要求。

【回空】huíkōng 动 指车船等返程时空载。

【回扣】huíkòu ❶ 名 经济活动中卖方返还给买主或付给中介的钱。因这笔钱从买主支付的货款中扣出，故称。❷ 名 泛指其他活动中有收入的一方付给中介或经办人的好处费。

【回馈】huíkuì 动 回报；回赠 ▷以更好的作品～广大读者的关爱。

【回来】huílái 动 从某处回到原处(说话人现在在原处) ▷你务必～一趟。☛"来"在口语中有时读轻声。

【回来】huílai 动 用在动词后，表示动作使人或事物从别处到原处或说话人所在地 ▷鸽子飞～了。☛"来"有时可不读轻声。

【回廊】huíláng 名 回绕盘曲的走廊。

【回老家】huílǎojiā ❶ 返回故乡 ▷～探亲访友。❷ 指死亡(含诙谐意)。

【回礼】huílǐ ❶ 动 回应对方的敬礼 ▷首长向战士～。❷ 动 回赠给对方礼品 ▷他送你不少东西，你也应当～才对。❸ 名 回赠给对方的礼品 ▷厚重的～。

【回历】huílì 名 伊斯兰教的教历。

【回流】huíliú ❶ 动 水往回流 ▷河水～◇人才～。❷ 名 往回流的水 ▷一股～。

【回笼】huílóng ❶ 动 把冷却了的熟食放进笼屉再蒸。❷ 动 把已发出而能重复使用的东西收回；特指流通的货币重新回到发行银行 ▷包装箱～｜货币～。

【回炉】huílú ❶ 动 (金属)再次熔化 ▷钢材～。❷ 动 (食品)再次烘烤 ▷把凉烧饼回回炉。

【回路】huílù ❶ 名 返回的路 ▷截断敌人的～。❷ 名 电路中任何一个闭合路径。

【回落】huíluò 动 上升后又降下来 ▷河水～。

【回马枪】huímǎqiāng ❶ 名 本为古代长枪的一种枪法，即在佯装败走中突然回头给追击者一击；后也泛指作战中转移兵力，突然掉转方向袭击敌人的战术。❷ 名 比喻同伙改变立场，转过来揭发、攻击原来一方的行为。

【回门】huímén 动 女子出嫁不久，在规定的时日内，偕同丈夫一起回娘家探亲。

【回民】huímín 名 回族人。

【回眸】huímóu 动〈文〉回转眼睛(看)；回过头看 ▷～一笑。

【回目】huímù 名 指章回小说各回的标题；也指章回小说标题的总目录。

【回娘家】huíniángjia (已婚女子)到娘家探亲；比喻已离开某地或某单位的人重访故地(含亲切意) ▷乡亲们欢迎当年的知青～。

【回暖】huínuǎn 动 气温回升，由冷变暖。

【回聘】huípìn ❶ 动 返聘。❷ 动 指离职人员又被本单位重新聘用 ▷公司～他为另一部门的经理。

【回迁】huíqiān 动 迁离原住地后又重新搬回来 ▷～户可购买原址新建的经济适用房。

【回请】huíqǐng 动 受人邀请招待后，再邀请招待对方。

【回去】huíqù 动 从某处回到原处 ▷春节～看望母亲。☛"去"在口语中有时读轻声。

【回去】huíqu 动 用在动词后，表示动作使人或事物从别处到原处或离开说话人所在地 ▷就两站地，咱们走～吧｜把上级指示带～。☛"去"有时可不读轻声。

【回绕】huírào 动 盘曲环绕 ▷公路在山间～。

【回身】huíshēn 动 转过身子 ▷他～向相反方向走去｜请你回过身来。

【回神】huíshén 动 从惊慌、出神中恢复到正常状态 ▷稍一～，他自知刚才有点儿失态了｜让他回回神再作商量。

【回升】huíshēng 动 下降后又升上来 ▷经济～。

【回生】huíshēng ❶ 动 从已死或将死的状态中重新获得生机 ▷起死～。〇 ❷ 动 本来熟悉的东西因搁置而变得生疏 ▷外语学习一间断就～。

【回声】huíshēng 名 反射回来的声音 ▷山谷～。

【回师】huíshī 动 将军队往回调动(用于褒义) ▷～北上。

【回收】huíshōu ❶ 动 把废旧物品收回利用 ▷～旧家电。❷ 动 把发出的东西收回来 ▷～贷款｜人造卫星按照预定时间、地点～。

【回手】huíshǒu ❶ 动 回过身伸手或把手伸到身后 ▷那本书放在桌上，你～就能取到｜～关门。❷ 动 还手；回击 ▷你打吧，我不会～的。

【回首】huíshǒu ❶ 动 回头;向后扭头 ▷～一望,敌骑已追至身后。❷ 动〈文〉回顾;回忆 ▷往事不堪～。

【回水】huíshuǐ ❶ 动 江河渠道受阻后,下游的水向上游回流;也指排出的水向供水方向回流 ▷暖气管～不畅。❷ 名 逆向流动的水。

【回溯】huísù 动 向前追溯;回忆;回顾 ▷～历史,开拓未来。

【回天】huítiān 动 比喻扭转危难的局面 ▷力能～|～有术。

【回填】huítián 动 把挖掘出来的土石重新填回去 ▷排水管道安装后,土石全部～到沟里去了。

【回条】huítiáo 名 交给来人带回的收条。用以表示信件或物品已经收到。也说回单、回执。

【回调】huítiáo 动(价格、指数等)上涨后往回调整 ▷玉米收购价格出现季节性～|经济增速适当～。

【回帖】huítiě ❶ 名 旧时收到汇款后,由收款人盖章,交邮局寄回给汇款人的收据。○ ❷ 动 指在互联网上回复某人发表的帖子。❸ 名 指回帖的文章或简短的文字。

【回头】huítóu ❶ 动 向后扭头 ▷～看|回了一下头。❷ 动 返回来 ▷～重做一遍。❸ 动 借指悔改 ▷浪子～金不换。○ ❹ 副 过一段时间;稍等一会儿 ▷～我再找你。

【回头客】huítóukè 名 再次光临的顾客。

【回头路】huítóulù 名 指已经走过的路;比喻倒退的路。

【回头率】huítóulǜ ❶ 名 餐馆、宾馆等服务性行业指回头客在全部顾客中所占的比率 ▷由于味美价廉,这家小吃店的～多年一直很高。❷ 名 在公共场所被人们回过头再次看的比率。多指人或物引人注目的程度 ▷一对相互搀扶的银发伉俪赢来满街的～|对这款新型节能车,人们的～很高。

【回头是岸】huítóu-shì'àn 佛教有"苦海无边,回头是岸"的说法,比喻不管有多大的罪恶,只要决心悔改,就可以重新做人。

【回望】huíwàng 动 回顾 ▷～家国往事|蓦然～。

【回味】huíwèi ❶ 名 食物留在嘴里的余味 ▷～绵长。❷ 动 对经历或接触过的事情重新体味 ▷他仔细～长者的教诲。

【回味无穷】huíwèi-wúqióng 吃过好东西后余味不尽;形容事后越想越觉得意味深长。

【回文】huíwén ❶ 名 回环③。❷ 名 回文诗。

【回文诗】huíwénshī 名 通常指倒读也可以成诗的诗。多为一种文字游戏。如唐·戴叔伦《泊雁》:"泊雁鸣深渚,收霞落晚川。柝随风敛阵,楼映月低弦。漠漠汀帆转,幽幽岸火燃。壑危通细路,沟曲绕平田。"

【回稳】huíwěn 动(指数、价格等)由较快上涨或连续下跌转为平稳 ▷房价走势大概率～,总体涨幅下降|股市止跌～。

【回戏】huíxì 动 指由于特殊原因,剧场临时停止演出 ▷不能因为我这点儿小病就～。

【回翔】huíxiáng 动 盘旋地飞 ▷白鸽在碧空～。

【回响】huíxiǎng ❶ 动 发出回声;回荡 ▷雷声在山谷间～|他的谆谆教导仍在我耳边～。❷ 名 回声;反响 ▷荒野长号(háo),绝无～|倡议引起了巨大～。

【回想】huíxiǎng 动 回忆。☛ 参见 610 页"回顾"的提示。

【回销】huíxiāo 动 返销。

【回心转意】huíxīn-zhuǎnyì 改变态度,放弃原先的成见或主张。

【回信】huíxìn ❶ 动 回复对方来信 ▷立即～。❷ 名 回复的信;答复的话 ▷正在读这封～。

【回形针】huíxíngzhēn 名 曲别针。

【回叙】huíxù ❶ 动 叙述往事 ▷这部作品～了一段特殊的历史。❷ 动 倒(dào)叙。

【回旋】huíxuán ❶ 动 盘旋;旋转 ▷老鹰在天空中～|小船在湖面上～。❷ 动 指商量变通 ▷请你从中～～|这事还有～余地。

【回旋曲】huíxuánqǔ 名 西方音乐中指表现基本主题的旋律反复出现的乐曲,适于表达活跃欢腾的情景。

【回血】huíxuè 动 静脉注射时,少量的血回流进针管内(说明针头已扎进血管)。

【回忆】huíyì 动 往回想从前经历过的事 ▷～童年|～起往事来,也真有趣。☛ 参见 610 页"回顾"的提示。

【回忆录】huíyìlù 名 一种文学体裁,真实记叙个人经历或个人所熟悉的历史人物和事件。

【回音】huíyīn ❶ 名 回声 ▷爆破的～在隧道内回荡。❷ 名 回信;答复。

【回音壁】huíyīnbì 名 能将声音从这一边传到相对的另一边的环形墙壁;特指北京天坛公园南部砖砌的圆形大围墙。

【回应】huíyìng 动 应答;响应 ▷对记者的提问,他没有～。

【回游】huíyóu ❶ 动(水)回环流动。❷ 见 613 页"洄游"。现在一般写作"洄游"。

【回赠】huízèng 动 接受他人赠礼后,还赠对方礼物 ▷我～你一本书。

【回涨】huízhǎng 动(物价、水位等)下降后再次上升。

【回执】huízhí ❶ 名 回条。❷ 名 向寄件人证明邮件已经递到的凭据,由收件人盖章或签字交邮局寄回寄件人。❸ 名 答复会议通知、邀请函等的回条。多由寄件方拟成，由收件方填写，并寄回寄件方。

【回转】huízhuǎn ❶ 动 掉转 ▷～头来。❷ 动 返回 ▷半路～。

【回族】huízú 名 我国少数民族之一。主要分布在宁夏、甘肃、新疆、青海、河南、河北、山东、云南、安徽、辽宁、吉林、北京、天津。

【回嘴】huízuǐ 动 还嘴；顶嘴 ▷他这么数落我，我都没～。

茴 huí 见下。

【茴香】huíxiāng ❶ 名 多年生草本植物，气味芳香，叶子羽状分裂，开黄色小花。果实长椭圆形，可以做调味香料，也可以做药材。嫩茎、叶可以食用。也说小茴香。○ ❷ 名 八角茴香。

【茴香豆】huíxiāngdòu 名 蚕豆做的一种食品，味清香，耐咀嚼，可以当下酒菜。

洄 huí 动〈文〉水流回旋。

【洄游】huíyóu 动 某些鱼类等海洋水生动物，由于季节影响、生殖要求等原因，形成的定期定向的规律性迁移。☛ 不宜写作“回游”。

烠 huí 名〈文〉光；光的颜色。
另见本页 huǐ。

蛔（*蚘痐蛕蜖） huí 名 蛔虫 ▷驱～灵糖浆。

【蛔虫】huíchóng 名 寄生虫，白色或米黄色，体长圆柱形，似蚯蚓。成虫寄生在人的小肠内，引起疾病。

鮰 huí ❶ 名 鱼，体侧扁，深灰色，口小。生活在温水性淡水底，杂食。○ ❷ 名 古书上指鮠(wéi)。

huǐ

虺 huǐ 名 古代传说中的一种毒蛇 ▷～蜮（比喻险恶的小人）。
另见 609 页 huī。

烠 huǐ 名〈文〉火焰的颜色。
另见本页 huí。

悔 huǐ 动 做错事或说错话后心里责怪自己 ▷～不当初｜追～莫及｜后～｜～改。

【悔不当初】huǐbùdāngchū 后悔开始的时候不该这么做或没有那么做。

【悔不该】huǐbùgāi 后悔不应该(那样做) ▷～私心太重，犯了错误。

【悔改】huǐgǎi 动 后悔自己犯了错误并主动改正 ▷犯错误不要紧，～就好｜有～表现。

【悔过】huǐguò 动 悔改过错 ▷诚心～。

【悔过书】huǐguòshū 名 交代自己所犯错误及原因并表示悔改的文字。也说检讨书。

【悔过自新】huǐguò-zìxīn 追悔并改正错误，重新做人。

【悔恨】huǐhèn 动 懊悔怨恨(自己) ▷无限～。

【悔婚】huǐhūn 动 (订婚后)一方解除婚约。

【悔棋】huǐqí 动 将已下定的棋子收回重下。

【悔悟】huǐwù 动 (认识到错误后)懊悔而醒悟 ▷幡然～，痛改前非。

【悔约】huǐyuē 动 对已签订的条约或作出的承诺表示反悔，要求取消。

【悔罪】huǐzuì 动 对自己所犯的罪恶表示悔恨。

毁（*燬❷譭❸） huǐ ❶ 动 破坏；损坏 ▷雹灾～了庄稼｜～了前途｜～坏。→ ❷ 动 烧掉 ▷焚～｜销～。→ ❸ 动 说别人坏话 ▷诋～｜～谤｜～誉。○ ❹ 名 姓。☛ 左边是“㿝”，不是“呈”。“㿝”只用在字左，构成“毁”字；“呈”只用在字右，由“呈”构成的字有“涅”“捏”等。

【毁谤】huǐbàng 动 诬蔑；说别人的坏话 ▷恶毒～｜～他人。

【毁害】huǐhài 动 毁坏；伤害 ▷～山林｜～他人的名誉。

【毁坏】huǐhuài 动 损坏；破坏 ▷严禁～文物｜这种行为是在故意～政府形象。☛ 参见 1062 页“破坏”的提示。

【毁家纾难】huǐjiā-shūnàn 贡献出全部家产，缓解国家危难。☛ “难”这里不读 nán。

【毁灭】huǐmiè 动 毁坏使消灭 ▷地震～了这座城市。

【毁灭性】huǐmièxìng 名 破坏非常严重、不可恢复的性质 ▷～的灾害｜进行～打击。

【毁弃】huǐqì 动 毁坏丢弃 ▷不得～原始记录。

【毁容】huǐróng 动 毁坏面容。

【毁伤】huǐshāng 动 毁坏伤害。

【毁损】huǐsǔn 动 毁坏损伤 ▷这批瓷器在运输中无一～。

【毁于一旦】huǐyúyīdàn 在一天的时间里被毁灭。多指长期劳动的成果或来之不易的东西一下子被毁掉(含惋惜意味)。

【毁誉】huǐyù 动 诽谤和赞誉 ▷～不一。

【毁誉参半】huǐyù-cānbàn (对某人或某事物)诽谤和赞誉各占一半。

【毁约】huǐyuē 动 废除已签订的合同、条约等 ▷单方～｜食言～。

【毁证】huǐzhèng 动 销毁罪证。

huì

卉 huì 名 草(多指观赏性的)的统称 ▷花～｜奇花异～。

汇[1]（滙彙❷❸ *滙） huì ❶ 动（水流）汇合到一起 ▷细水～成巨流。→ ❷ 动 聚集；综合 ▷～印成册｜～报｜～总。❸ 名 聚集而成的东西 ▷语～｜词～｜字～。

汇[2]（滙 *滙） huì ❶ 动 通过邮局、银行等把钱由一地拨付到另一地 ▷～款｜电～。→ ❷ 名 指外国货币 ▷创～｜换～。

【汇报】huìbào 动 汇总工作的情况或有关材料，向上级或群众报告 ▷～救灾情况。

【汇编】huìbiān ❶ 动 把资料或文章等编辑到一起 ▷～资料｜文件～成册。❷ 名 编辑到一起的文献资料 ▷会议文件～｜查阅～。

【汇兑】huìduì 动 汇出和兑取，指银行或邮局受汇款人委托将款项拨付给指定的收款人。

【汇费】huìfèi 名 银行或邮局按汇款金额向汇款人所收的手续费。也说汇水。

【汇合】huìhé 动（江河等）合流；比喻事物合在一起 ▷嘉陵江与长江在重庆～｜将三股力量～在一起。☛ 跟"会合"不同。"汇合"后融为一体，其比喻义多用于意志、力量等抽象事物；"会合"后仍分彼此，一般仅用于人或人群，且可有"相见"义。如"我们约好在出站口会合"，有在出站口见面的意思，不能用"汇合"替换。

【汇集】huìjí 动 聚集（多用于物）▷江河～了无数条细流。

【汇寄】huìjì 动 用电汇或邮汇的方式寄款 ▷从邮局～稿费。

【汇聚】huìjù 动 汇合聚积（多用于物）▷各地的货物都～到这里。

【汇款】huìkuǎn ❶ 动 把钱汇寄出去 ▷～单。❷ 名 汇寄出或汇寄到的钱 ▷给作者的～已经寄出｜到邮局领取～。

【汇流】huìliú 动 水流汇合 ▷海河流域各河流在天津～入海。

【汇拢】huìlǒng 动 使分散的聚合到一起 ▷各路兵马～以后再出发。

【汇率】huìlǜ 名 指一种货币兑换另一种货币的比率。也说汇价。

【汇票】huìpiào 名 银行或邮局开具的兑取汇款的票据。

【汇市】huìshì ❶ 名 外汇买卖市场。❷ 名 外汇买卖的行情 ▷近期～持续走高。

【汇演】huìyǎn 动 若干演出团体集中在一起，单独或同台进行带有总结、交流性的演出。

【汇映】huìyìng 动 一段时间内集中放映某一类型的影片 ▷～爱国主义教育影片。

【汇展】huìzhǎn 动 汇集在一起展览 ▷两岸美食～。

【汇总】huìzǒng 动（情况、材料等）汇集到一块儿 ▷准确及时地收集、～食品安全信息。

会[1]（會） huì ❶ 动 会合 ▷～师｜～餐｜～诊。→ ❷ 动 见面 ▷我去～～他｜～客。→ ❸ 名 会议；进行某项活动的聚会 ▷群众大～｜座谈～｜纪念～｜舞～。⇒ ❹ 名 设在寺庙附近的集市或民间朝山进香时举行的活动 ▷庙～｜赶～｜香～｜赛～。⇒ ❺ 名 为共同目的而结成的团体或组织 ▷妇女联合～｜戏剧研究～｜工～。⇒ ❻ 名 民间的一种小型经济互助组织，入会人按期等量交款，按约定的办法由入会人分期轮流使用。→ ❼ 名 中心城市 ▷都～｜省～。→ ❽ 名 时机 ▷适逢其～｜机～。

会[2]（會） huì ❶ 动 领悟；理解 ▷只可意～，不可言传｜心领神～｜体～｜误～。→ ❷ 动 通晓；能掌握 ▷他～三门外语｜什么也不～。⇒ ❸ 动 表示懂得或有能力做某事（带动词宾语，可以单独回答问题）▷他不～说英语｜你～骑自行车吗？～。⇒ ❹ 动 表示擅长做某事（能受程度副词修饰，带动词宾语，不能单独回答问题）▷她很～唱戏｜他最不～说话。○ ❺ 动 表示有可能实现（可以单独回答问题）▷只要坚持下去，你～成功的｜他～不～来？～。

会[3]（會） huì 动（在茶楼、饭馆等处）付款 ▷饭钱我已经～过了｜～账。

会[4]（會） huì［会儿］huìr 量〈口〉一小段时间 ▷再坐一～｜用不了多大～｜请等～。☛ "会"字读 kuài，表示总计，只用于"会计"一词。

另见 799 页 kuài。

【会标】huìbiāo ❶ 名 某些团体、组织或集会的标志 ▷奥运会的～是五色环。也说会徽。❷ 名 写有会议名称的横幅 ▷会场上挂着～。

【会餐】huìcān 动 聚餐 ▷毕业～。

【会操】huìcāo 动 会合在一起操练。

【会场】huìchǎng 名 开会的地方。

【会车】huìchē 动 两辆或两列相向行驶的车同时交错通过同一地点 ▷两列火车在徐州～。

【会当】huìdāng 动〈文〉真应当 ▷～凌绝顶，一览众山小。

【会党】huìdǎng 名 旧时某些民间秘密团体的统称。如哥老会、三合会等。

【会道门】huì-dàomén 会门和道门的合称。

【会典】huìdiǎn 名 记载某一朝代法令制度及事例的书籍（多用于书名）。如《清会典》。

【会费】huìfèi 名 某些团体、组织向所属成员收取的费用。

【会风】huìfēng 名 指开会的方式或会议的风气

▷端正～。

【会歌】huìgē ❶ 动 会合在一起比赛唱歌 ▷全省民歌手在省城～。❷ 名 专为某类大型集会或某团体谱写演唱的歌曲。如亚运会会歌。

【会攻】huìgōng 动 联合起来共同进攻 ▷两支部队～敌人。

【会馆】huìguǎn 名 旧时同一个省、府、县或同行业的人在京城、省城或其他城市设立的供同乡、同业聚会、寄宿的馆舍。

【会规】huìguī 名 团体、组织等订立的规章制度；也指某个会议应遵守的事项。

【会合】huìhé 动（人或人群等）聚集、聚合到一起 ▷各路人马已经～。☛ 参见 614 页"汇合"的提示。

【会话】huìhuà 动 对话（多指用母语以外的语言）▷用英语～。

【会集】huìjí 动 聚集（多用于人）▷人们从四面八方～到广场上。

【会籍】huìjí 名 经过一定手续而取得的作为某团体、组织成员的资格。

【会见】huìjiàn 动 与客人、朋友等见面 ▷～外国贵宾｜～朋友。☛ 参见 698 页"接见"的提示。

【会剿】huìjiǎo 动 集中多支力量围剿 ▷～贩毒团伙。

【会聚】huìjù 动 聚集（多用于人）▷～一堂。

【会刊】huìkān 名 某些团体、组织的刊物。

【会客】huìkè 动 会见来访的客人。

【会客室】huìkèshì 名 用来接待来访客人的房间。

【会门】huìmén 名 旧时某些封建迷信组织。

【会盟】huìméng 动 古代国君、诸侯结盟。

【会面】huìmiàn 动 见面。

【会期】huìqī ❶ 名 会议所需天数 ▷～五天。❷ 名 会议开始的日期 ▷～定在 3 月 5 日。

【会齐】huìqí 动 集合到一起 ▷人马已经～。

【会旗】huìqí 名 某些大型集会或团体、组织的专用旗帜。如奥运会会旗。

【会签】huìqiān 动 几个部门会同签署。

【会商】huìshāng 动 双方或多方在一起商议 ▷～对策。☛ 参见 1332 页"谈判"的提示。

【会审】huìshěn 动 会同审理或会同审查、审议 ▷三堂～｜～账目｜～设计方案。

【会师】huìshī 动 兄弟部队或友军聚集在一起；泛指各方面的人员和力量会合 ▷起义的队伍～井冈山｜全国劳模在京城～。

【会试】huìshì 名 明清时期，每三年一次在京城举行的科举考试。考期在春季，应考的是各省举人，考中后称贡士，可以参加殿试。

【会首】huìshǒu 名 旧指民间各种以会命名的组织的发起人或主持人。也说会头。

【会水】huìshuǐ 动 懂水性；会游泳 ▷他～，到船上工作没问题。

【会所】huìsuǒ ❶ 名 指某些以会员制形式管理，提供社交、休闲、娱乐、餐饮等服务的经营性场所 ▷社区～今晚放映电影。❷ 名 指某些团体、组织（如行会、学会等）的办公处所 ▷我们研究会的～就在附近。

【会谈】huìtán 动（双方或多方）在一起商谈 ▷两国总理举行了～。☛ 参见 1332 页"谈判"的提示。

【会堂】huìtáng 名 集会的大厅、礼堂。

【会通】huìtōng 动〈文〉融会贯通 ▷见多识广，～中外。

【会同】huìtóng 动 会合有关方面共同（办事）▷环保局～水利局联合调查。

【会务】huìwù 名 有关集会、会议或某些团体、组织的事务 ▷秘书处负责大会的～工作。

【会晤】huìwù 动 会见；会面 ▷两国首脑定期～。

【会心】huìxīn 动 领悟到别人没有明说的心思 ▷～地笑了｜彼此～地点了点头。

【会演】huìyǎn 现在一般写作"汇演"。

【会厌】huìyàn 名 位于舌根后方、喉头前方的树叶状结构，由软骨和黏膜构成。呼吸或说话时，会厌向上，喉腔开放；吞咽食物时会厌向下盖住气管，防止食物进入。

【会要】huìyào 名 记载一个朝代经济、政治、典章、制度等资料的汇编（多用于书名）。如《唐会要》。

【会议】huìyì ❶ 名 由有关组织召开的听取情况、讨论问题和布置工作的集会 ▷农村工作～。❷ 名 一种经常商讨并处理重要事务的常设机构或组织 ▷中国人民政治协商～。

【会意】huìyì ❶ 名 汉字六书之一，指把两个或两个以上已有的独体字组合起来表示一个新的意义的造字方法。如"休"由"亻"和"木"组成，人靠着木，表示休息。○ ❷ 动 会心。

【会阴】huìyīn 名 人体肛门和外生殖器之间的部位。

【会友】huìyǒu ❶ 动〈文〉结交朋友 ▷以文～。❷ 动 跟朋友相会 ▷来北京访亲～。○ ❸ 名 指同一团体、组织的成员 ▷协会的～。

【会元】huìyuán 名 会试的第一名。参见本页"会试"。

【会员】huìyuán 名 指某些团体组织的成员。

【会员国】huìyuánguó 名 联合国或其他以国家名义参加的国际组织的成员 ▷中国是联合国的～。

【会员证】huìyuánzhèng 名 某些团体或组织颁发给会员以证明其会员资格的证件。

【会员制】huìyuánzhì ❶ 名 按照一定章程，由众多会员构成某团体(如学会、协会等)的组织形式。❷ 名 发展会员参与某项消费活动的经营模式。会员一般要办理一定手续,交纳会费,从而享受一定的优惠待遇。

【会展】huìzhǎn ❶ 名 (与经济活动有关的)会议和展览。❷ 动 联合举办展览 ▷进行汽车～。❸ 名 联合举办的展览会 ▷大型～。

【会展经济】huìzhǎn jīngjì 为举办会议、展览提供场所和相关服务以获取利益的经济行为。

【会战】huìzhàn ❶ 动 敌对双方的主力部队在一定地区和时间内进行大规模决战。❷ 动 比喻调集有关力量,短期内共同完成某项任务 ▷青藏铁路大～。

【会章】huìzhāng 名 协会等团体组织的章程;也指协会等团体组织的印章 ▷～中规定了学会的宗旨和任务|～不能随便盖。

【会账】huìzhàng 动 付账(多用于在饭店请人吃饭等)。也说会钞。

【会诊】huìzhěn 动 (若干医生)会合共同诊断 ▷几位名医前来～◇通过有关部门～,废水治理得到了妥善解决。

【会址】huìzhǐ 名 开会的地址;某些团体、组织的所在地。

【会众】huìzhòng ❶ 动 聚众。○ ❷ 名 参加会议的人。❸ 名 旧指参加会道门的人。

【会子】huìzi 量 〈口〉较短的一段时间 ▷咱们再坐～|他去了好一～了。

讳(諱) huì ❶ 动 因忌讳或有顾虑而不敢说或不便说 ▷～疾忌医|直言不～|隐～|忌～。→ ❷ 名 需要忌讳的事物 ▷不想这一下犯了他的～了。❸ 名 旧指已故帝王或尊长的名字 ▷名～|避圣～。☛ 不读 wéi 或 wěi。

【讳疾忌医】huìjí-jìyī 忌讳说自己有病,不肯医治。比喻隐瞒缺点,不愿别人帮助改正。

【讳忌】huìjì 动 忌讳①。

【讳莫如深】huìmòrúshēn 指隐瞒得很严实,唯恐泄漏。

【讳言】huìyán 动 因有忌讳或顾虑而不说 ▷毋庸～|不必～。

沬 huì 动 〈文〉洗脸。

另见 938 页 mèi。

荟(薈) huì ❶ 形 〈文〉草木茂盛 ▷木～草蔚。→ ❷ 动 汇聚 ▷～集。

【荟萃】huìcuì 动 (杰出的人或美好的事物)聚集、汇聚在一起 ▷名家～|精品～。☛ 不宜写作"荟粹"。

【荟集】huìjí 动 (杰出人物或精美物品)聚集 ▷各地专家～于此|～了一批精美的作品。

哕(噦) huì [哕哕] huìhuì 拟声 〈文〉模拟有节奏的铃声 ▷銮声～。

另见 1701 页 yuě。

浍(澮) huì 名 浍河,水名。一条发源于河南,流经安徽,至江苏入洪泽湖;另一条是汾河的支流,在山西南部。

另见 801 页 kuài。

诲(誨) huì ❶ 动 教导 ▷～人不倦|教～|训～。→ ❷ 动 引诱;诱使 ▷～淫～盗。☛ 统读 huì,不读 huǐ。

【诲人不倦】huìrén-bùjuàn 耐心地、不知疲倦地教诲别人。

【诲淫诲盗】huìyín-huìdào 诱导别人去干奸淫偷盗的坏事。

绘(繪) huì ❶ 动 画 ▷～画|～图|～制。→ ❷ 动 描写 ▷～声～色。

【绘画】huìhuà ❶ 动 用色彩和线条在纸、布等平面上描绘出形象。❷ 名 描绘出的作品。

【绘声绘色】huìshēng-huìsè 形容描述得生动逼真。也说绘声绘影、绘影绘声。

【绘图】huìtú 动 绘制建筑设计、机器制造等用的图样。

【绘图板】huìtúbǎn ❶ 名 制图时用来放置并固定制图纸的木板。❷ 名 计算机的一种信息输入设备,配合特制的笔可将操作者的绘画或制图轨迹输入到计算机里,再利用相应的识别或绘画软件来完成绘画或制图的功能。

【绘图仪】huìtúyí 名 绘制图表用的比较精密的器具。

【绘制】huìzhì 动 描绘制作(图表等) ▷～地图◇～现代化建设的宏伟蓝图。

恚 huì 动 〈文〉愤怒;怨恨 ▷忿～|～恨。

【恚恨】huìhèn 动 〈文〉愤恨;怨恨 ▷无比～。

桧(檜) huì 用于人名,如秦桧(南宋奸臣)。

另见 518 页 guì。

贿(賄) huì ❶ 名 〈文〉财物 ▷妄取民～。→ ❷ 动 贿赂① ▷～选。❸ 名 贿赂② ▷受～。☛ 统读 huì,不读 huǐ。

【贿金】huìjīn 名 用于贿赂的钱财。

【贿款】huìkuǎn 名 行贿、受贿的钱。

【贿赂】huìlù ❶ 动 用钱物买通掌握某种权力的人或部门来替自己办事 ▷～干部。❷ 名 指贿赂的钱物 ▷拒收～。

【贿赂公行】huìlù-gōngxíng 行贿、受贿的犯罪行为公开进行(公:公然,公开)。

【贿买】huìmǎi 动 贿赂收买或谋取 ▷～职位|～文凭。

【贿选】huìxuǎn 动 贿赂选举人,以达到自己或同伙当选的目的。

烩(燴) huì ❶ 动 烹调方法,把菜放在锅里炒后加水烧煮勾芡 ▷～虾仁。

○ ❷ 动 烹调方法，把主食和菜或把多种菜混在一起煮 ▷～饼｜素杂～。

【烩饼】huìbǐng 名 大饼切成丝加菜肴煮成的食品。

【烩饭】huìfàn 名 米饭加菜肴煮成的食品。

彗 huì 名〈文〉扫帚。☛ 下边是"彐"，不是"ヨ"。

【彗核】huìhé 名 彗星里由比较密集的固体块和质点组成的核心部分。

【彗尾】huìwěi 名 彗星接近太阳时，受太阳影响而形成的扫帚状部分。

【彗星】huìxīng 名 一种围绕太阳旋转的星体，呈云雾状。主要部分是彗核，一般认为是由冰物质组成，形状特殊，肉眼多看不到。因彗尾形状像扫帚，故俗称扫帚星。

硊 huì 石硊(shíhuì) 名 地名，在安徽芜湖。

晦 huì ❶ 名 指农历每月的最后一天 ▷～朔。→ ❷ 名〈文〉黑夜 ▷风雨如～。❸ 形 昏暗不明 ▷～暗｜～冥。❹ 形（意思）不明显 ▷～涩｜隐～。❺ 动 隐藏 ▷韬～。

【晦暗】huì'àn 形〈文〉昏黑暗淡 ▷灯光～。

【晦明】huìmíng 名〈文〉黑夜和白天；阴天和晴天 ▷日行百里，～兼程｜天有～｜～交替。

【晦冥】huìmíng 形〈文〉昏暗 ▷天色～。

【晦暝】huìmíng 现在一般写作"晦冥"。

【晦气】huìqì ❶ 名（人生病或不顺利时）难看的气色 ▷满脸～。❷ 形 倒霉；遇事不顺利 ▷真～，还没走几步车就抛锚了。

【晦涩】huìsè 形（诗文等）含意隐晦难懂 ▷这首诗～得很。☛ 跟"艰深"不同。"晦涩"着重于隐晦，难以弄懂，多用于贬义；"艰深"着重于深奥，不易理解，是中性词，适用范围较大。

【晦朔】huìshuò 名〈文〉农历每月的最后一天到下月的第一天；也指从天黑到次日天明。

秽（穢） huì ❶ 形 肮脏；不洁净 ▷～土｜～物｜～气｜污～。→ ❷ 形 下流的；淫乱的 ▷～行｜～语｜～闻｜～亵｜淫～。→ ❸ 形 丑恶；丑陋 ▷自惭形～。

【秽迹】huìjì ❶ 名 肮脏的痕迹 ▷清理外套上的～。❷ 名 丑恶的事迹 ▷此人～昭彰。

【秽气】huìqì 名 恶浊难闻的气味 ▷～冲天。

【秽水】huìshuǐ 名 污水。

【秽土】huìtǔ 名 脏土；垃圾 ▷清除～。

【秽闻】huìwén 名〈文〉淫乱丑恶的名声。

【秽亵】huìxiè 形 肮脏下流；淫秽 ▷～的画面。

【秽行】huìxíng 名〈文〉淫乱丑恶的行为。

【秽语】huìyǔ 名 脏话；下流话 ▷污言～。

惠 huì ❶ 形〈文〉仁爱 ▷昊天不～。→ ❷ 名 给人的或受到的好处 ▷受～无穷｜恩～｜实～。❸ 动 给别人好处 ▷平等互～｜口～。❹ 副 敬词，用于对方的行动，表示这样做是对自己的恩惠 ▷～存｜～顾｜～临。→ ❺ 形 温和；柔顺 ▷～风和畅｜贤～。○ ❻ 名 姓。

【惠存】huìcún 动 敬词，用于赠送给对方物品时所题上款中，表示请保存 ▷刘兄～。

【惠顾】huìgù 动 敬词，用于表示对来人光临照顾的敬意(多用于商家) ▷欢迎～｜承蒙～。

【惠及】huìjí 动〈文〉把好处给予(某人或某地等) ▷～后世｜～四方。

【惠临】huìlín 动 敬词，用于指客人到自己这里来 ▷敬请～寒舍。

【惠民】huìmín 动 把好处、实惠给予人民 ▷～政策。

【惠允】huìyǔn 动 敬词，用于指对方允许自己(做某事) ▷如蒙～，不胜感激！

【惠赠】huìzèng 动 敬词，用于指别人赠送给自己(物品) ▷砚台为恩师～，珍藏至今。

喙 huì〈文〉❶ 名 鸟兽的嘴 ▷鸟～｜虎～。→ ❷ 名 借指人的嘴 ▷百～莫辩｜毋庸置～(不用插嘴)。☛ 参见 1395 页"彖(tuàn)"的提示。

翙（翽） huì［翙翙］huìhuì 拟声〈文〉模拟鸟飞的声音 ▷～其羽。

溃（潰） huì 动（疮或伤口）溃(kuì)烂 ▷～脓。

另见 807 页 kuì。

【溃脓】huìnóng 动（疮）溃(kuì)烂化脓。☛ 不要写作"殨脓"。

谑（譓） huì〈文〉❶ 动 分辨清楚。○ ❷ 动 顺服；服从。

慧 huì ❶ 形 聪明；有才智 ▷智～｜聪～。○ ❷ 名 姓。

【慧根】huìgēn 名 佛教指悟彻佛理的天资；现泛指天赋的智慧。

【慧心】huìxīn 名 佛教指能领悟真谛的心；现泛指聪颖智慧的心灵。

【慧眼】huìyǎn 名 佛教指能看到过去和未来的眼力；现泛指敏锐的洞察力 ▷～识人才。

蕙 huì ❶ 名 香草名，香味浓郁。古人常用它来避疫。也说薰草。○ ❷ 名 指蕙兰。○ ❸ 名 姓。

【蕙兰】huìlán 名 兰花的一种。参见 817 页"兰花"。

槵 huì 名 古书上说的一种树。

殨 huì 同"溃(huì)"。现在一般写作"溃"。

蟪 huì［蟪蛄］huìgū 名 蝉的一种。体长 2—2.5厘米，紫青色，有黑色条纹，嘴长，后翅除外缘均为黑色。危害桃、李、梨等果树。

繢 huì ❶ 名〈文〉布帛的头和尾。○ ❷ 古同"绘"。

阓 huì 见598页"阛(huán)阓"。

hūn

昏(*昬) hūn ❶ 名 天色将黑的时候 ▷晨～|黄～。→ ❷ 形 光线暗淡;模糊不清 ▷天～地暗|～天黑地|～暗|老眼～花。❸ 形 头脑糊涂;神志不清 ▷～头～脑|利令智～|～睡|～君|～庸|发～。❹ 动 失去知觉 ▷～倒在地|～迷|～厥。○ ❺ 古同"婚"。

【昏暗】hūn'àn 形 光线暗;不明亮 ▷月色～。

【昏沉】hūnchén ❶ 形 昏暗阴沉 ▷天色～。❷ 形(头脑)迷糊;不清醒 ▷过度劳累,头脑～|一夜未眠,脑子昏昏沉沉的。

【昏倒】hūndǎo 动 失去知觉而倒下 ▷～在地。

【昏黑】hūnhēi 形 昏沉黑暗 ▷～的夜晚。

【昏花】hūnhuā 形(视力)模糊不清 ▷两眼～。

【昏话】hūnhuà ❶ 名 头脑不清醒时说的话;胡话 ▷神志不清,直说～。❷ 名 荒谬无理的话 ▷不讲道理,净说～。

【昏黄】hūnhuáng 形 形容颜色黄而暗淡模糊 ▷～的月光|灯火～。

【昏昏】hūnhūn 形 思维不清或精神萎靡不振 ▷～欲睡。

【昏镜重磨】hūnjìng-chóngmó 把影像模糊的镜子重新磨光亮(镜:古代指铜镜)。指重见光明。

【昏厥】hūnjué 动 突然发生短时间的意识丧失。多因脑部贫血、供氧不足引起。也说晕厥。

【昏君】hūnjūn 名 昏庸的帝王。

【昏聩】hūnkuì 形 眼花耳聋。形容头脑不清醒,不明事理 ▷～糊涂|～不明。

【昏乱】hūnluàn ❶ 形(头脑、神志)昏沉迷乱 ▷脑子里一片～。❷ 形〈文〉政治黑暗,社会混乱。

【昏迷】hūnmí 动 因中枢神经系统功能紊乱而长时间丧失意识,对外界刺激毫无反应。

【昏睡】hūnshuì 动 昏昏沉沉地睡。

【昏死】hūnsǐ 动 昏厥,不省人事 ▷他已经～过好几次了。

【昏天黑地】hūntiān-hēidì ❶ 形容天色昏黑不明。❷ 形容神志模糊不清。❸ 形容人荒唐颓废或社会黑暗混乱。

【昏头昏脑】hūntóu-hūnnǎo 头脑糊涂,思维混乱。

【昏星】hūnxīng 名 日落以后出现在西方天空的星星;特指水星和金星。

【昏眩】hūnxuàn 动 头昏眼花;眩晕。

【昏庸】hūnyōng 形 愚昧;糊涂 ▷～无能。

荤(葷) hūn ❶ 名 指葱、蒜、韭等有特殊气味的蔬菜 ▷不饮酒不茹～|五～。→ ❷ 名 指肉食(跟"素"相对) ▷吃素不吃～|～腥|开～。❸ 形 比喻低俗的、淫秽的 ▷～话|相声不能靠～段子吸引人。

另见1566页xūn。

【荤菜】hūncài 名 用鸡鸭鱼肉等烧制的菜肴。

【荤话】hūnhuà 名 脏话;低级下流的话。

【荤食】hūnshí 名 含肉类的食物。

【荤腥】hūnxīng 名 泛指鱼肉等动物类食物。

【荤油】hūnyóu 名 指食用的猪油。

阍(閽) hūn〈文〉❶ 名 看门的人。→ ❷ 名 宫门;门 ▷叩～|掩～。

惛 hūn 形〈文〉糊涂;不明白。

婚 hūn ❶ 动 结婚,男女正式结合成夫妻 ▷未～|新～|～礼|～期。→ ❷ 名 婚姻 ▷～约|离～|～外恋。

【婚变】hūnbiàn 动 夫妻离异或婚姻关系发生变化 ▷他俩前年发生～,离婚了。

【婚典】hūndiǎn 名 结婚典礼。

【婚假】hūnjià 名 结婚时的假期 ▷他请了一个星期的～。

【婚嫁】hūnjià 动 指男女结婚。

【婚检】hūnjiǎn 动 婚前检查身体。

【婚介】hūnjiè 名 指给人介绍对象,撮合婚姻的工作 ▷～所。

【婚礼】hūnlǐ 名 结婚典礼。

【婚恋】hūnliàn 动 恋爱和结婚(多指恋爱) ▷～三年,最终还是分手了。

【婚龄】hūnlíng ❶ 名 法定的最低结婚年龄。我国法律规定,男子的结婚年龄不得早于22周岁,女子不得早于20周岁。❷ 名 结婚的年数 ▷西方国家把有50年～的称为金婚。

【婚配】hūnpèi 动 结婚 ▷尚未～|男女～。

【婚期】hūnqī 名 结婚日期 ▷～定在国庆节。

【婚庆】hūnqìng 名 结婚庆典 ▷～仪式。

【婚娶】hūnqǔ 动 指男女结婚。

【婚丧】hūnsāng 名 婚事和丧事的合称 ▷～习俗。

【婚纱】hūnshā 名 婚礼上新娘穿的一种特制的礼服。面料多为轻柔飘逸的罗、纱。

【婚生子女】hūnshēng zǐnǚ 具有合法婚姻关系的夫妻所生的子女。

【婚事】hūnshì 名 有关结婚的事情 ▷操办～。

【婚书】hūnshū 名 旧指承诺婚姻关系的文书。

【婚俗】hūnsú 名 有关婚姻的风俗 ▷世界各地的～各不相同。

【婚外恋】hūnwàiliàn 名 指已婚者与婚姻之外的人发生的恋爱关系。也说婚外情。

【婚外孕】hūnwàiyùn 名 未婚先孕或因婚外情造成的受孕现象。

【婚宴】hūnyàn 名 为庆祝结婚而举办的宴席。

【婚姻】hūnyīn 名 结婚的事；特指男女结婚所形成的夫妻关系 ▷～自由｜美满～｜～介绍所。

【婚姻法】hūnyīnfǎ ❶ 名 国家制定的有关婚姻和家庭关系的法律。❷ 名 特指《中华人民共和国婚姻法》(已于 2021 年 1 月 1 日起废止)。

【婚育】hūnyù 动 结婚和生育。

【婚约】hūnyuē 名 男女双方确立婚姻关系的约定 ▷订～｜解除～。

榗 hūn 名 古书上指合欢树。

硧 hūn 用于地名。如赵家硧、南硧，均在湖南。

hún

浑[1]（渾）hún 形 浑浊 ▷把水搅～｜～水。

浑[2]（渾）hún ❶ 动〈文〉混同；合为一体。→❷ 形 质朴的；自然的 ▷～厚｜～朴。→❸ 形 糊涂；不明事理 ▷～人｜～小子｜～～噩噩。→❹ 形 整个的；满 ▷～身｜～如｜～然一体。

【浑噩】hún'è 形 糊里糊涂，愚昧无知 ▷～之徒｜～不敏。

【浑厚】húnhòu ❶ 形 朴实敦厚 ▷风俗～。❷ 形 (诗文、书画等格调)质朴自然，不雕琢 ▷风格～。❸ 形 (声音)低而有力 ▷歌声～。

【浑话】húnhuà 名 无理的话；无聊的话。

【浑浑噩噩】húnhún'è'è 形 形容糊里糊涂，愚昧无知。☛ 不宜写作"混混噩噩"。

【浑家】húnjiā 名 指妻子(多见于早期白话)。

【浑金璞玉】húnjīn-púyù 璞玉浑金。

【浑朴】húnpǔ 形 (人品、风格、风俗等)浑厚朴实 ▷为人～｜人物造型～自然。

【浑然】húnrán ❶ 形 完整不可分割的样子 ▷～一片｜～一体。❷ 副 完全地 ▷～不晓。

【浑然一体】húnrán-yītǐ 完全融合为一个整体，不能分割。

【浑如】húnrú 动 非常像；完全像 ▷他们两家不分彼此，～一家。

【浑身】húnshēn 名 全身 ▷～是劲｜～上下都湿透了。☛ 不宜写作"混身"。

【浑身是胆】húnshēn-shìdǎn 形容胆量大，无所畏惧。

【浑身解数】húnshēn-xièshù 全身的技艺、本领。☛ "解"这里不读 jiě。

【浑水摸鱼】húnshuǐ-mōyú 比喻趁混乱的机会捞取好处。☛ 不要写作"混水摸鱼"。

【浑说】húnshuō 动 乱说；瞎说。

【浑似】húnsì 动 完全像；非常像(多用于近代汉语)。

【浑天仪】húntiānyí 名 我国古代测定天体位置和表示天象运转的仪器。也说浑仪、浑象。

【浑小子】húnxiǎozi 名 指不明事理、行为不理智的青少年男子。

【浑圆】húnyuán 形 (形体)很圆 ▷玛瑙球通体～。

【浑浊】húnzhuó 形 混浊。

珲（琿）hún ❶ 名〈文〉一种美玉。○ ❷ [珲春]húnchūn 名 地名，在吉林。另见 609 页 huī。

馄（餛）hún [馄饨] húntun 名 一种用薄面片包馅ㄦ(多为肉馅ㄦ)制成的面食，煮熟后连汤吃。

混 hún 同"浑[1]""浑[2]"③。另见 620 页 hùn。

【混水摸鱼】húnshuǐ-mōyú 现在规范词形写作"浑水摸鱼"。

魂（*䰟）hún ❶ 名 迷信认为附在人体上的一种非物质的东西，它离开人体人即死亡，而它依然独立存在 ▷像丢了～ㄦ似的｜～不附体｜借尸还～｜～魄｜招～。→❷ 名 指人的精神或情绪 ▷神～颠倒｜～牵梦萦。⇒❸ 名 泛指存在于事物中的人格化了的精神 ▷花～｜诗～。⇒❹ 名 特指高尚的精神 ▷国～｜民族～。○ ❺ 名 姓。

【魂不附体】húnbùfùtǐ 灵魂不附在躯体上。形容极度惊慌恐惧，神态失常。

【魂不守舍】húnbùshǒushè 灵魂离开了身体。形容神志不清，精神不集中；也形容非常惧怕。

【魂飞魄散】húnfēi-pòsàn 形容惊慌恐惧到了极点。

【魂灵】húnlíng 名 灵魂①。

【魂魄】húnpò 名 魂和魄的总称。

【魂牵梦萦】húnqiān-mèngyíng 形容思念非常深切，达到梦中都在牵挂的地步。

hùn

诨（諢）hùn ❶ 名 开玩笑的话 ▷插科打～。→❷ 形 开玩笑的 ▷～名｜～号。☛ 不读 hūn。

【诨号】hùnhào 名 带有戏谑、玩笑性质的外号 ▷不要给别人起侮辱性的～｜他的～叫二赖子。☛ 不宜写作"浑号""混号"。

【诨名】hùnmíng 名 诨号。☛ 不宜写作"浑名""混名"。

圂 hùn 名〈文〉猪圈；厕所。

混 hùn ❶ 动 混合① ▷枪声和喊叫声～成一片｜～同。→ ❷ 动 真假掺杂，以假乱真；蒙混 ▷鱼目～珠｜别让坏人～进来。→ ❸ 形 不清洁 ▷～浊。→ ❹ 动 在一起往来 ▷俩人早就～熟了｜厮～。❺ 动 马马虎虎地度过；勉强凑合地谋取 ▷～日子｜～几个钱花。❻ 副 胡乱地 ▷～出馊主意｜别～闹了，快去干正经事。☛ 以上意义不读 hún。

另见 619 页 hún。

【混编】hùnbiān 动 混合编在一起 ▷师生～一个队。

【混充】hùnchōng 动 混同冒充 ▷～正品。

【混搭】hùndā 动 不同类型的人或物混合搭配在一起 ▷老中青大腕儿～，同台演绎经典剧目｜这套家具的色彩～得十分自然。

【混沌】hùndùn ❶ 名 古代传说中指天地未分之前浑然一体的状态。❷ 形 模糊；糊涂 ▷原野～｜脑子一片～。☛ 不宜写作"浑沌"。

【混纺】hùnfǎng ❶ 动 用两种或两种以上的纤维混合在一起纺织 ▷棉纱和人造纤维～。❷ 名 混纺的纺织品。

【混合】hùnhé ❶ 动 合在一起 ▷玉米、大豆～磨面。❷ 动 指两种或多种物质掺杂在一起后不发生化学反应，仍然保持各自的性质。☛ 跟"化合"不同。

【混合面儿】hùnhémiànr 名 用玉米心、豆饼、糠秕等混合磨成的粉（抗日战争时期北方沦陷区的百姓曾以此为主粮）。

【混合物】hùnhéwù 名 两种或多种物质混杂而形成的物质，没有固定的组成，各物质都还保留着原有的化学性质。

【混合泳】hùnhéyǒng 名 游泳运动项目之一，运动员按规定分别用蝶泳、蛙泳、仰泳和（除蝶泳、蛙泳、仰泳之外任一姿势的）自由泳交替游完比赛规定的游程。分个人混合泳和混合泳接力（4 人）两种形式。

【混合语】hùnhéyǔ 名 两种或两种以上的语言互相接触而产生的混杂语言。

【混混儿】hùnhunr 名〈口〉地痞流氓。

【混迹】hùnjì 动 不暴露真实身份或不具备某种资格而混杂在某种群体或场合之中 ▷～于闹市。

【混交林】hùnjiāolín 名 两种或两种以上的树木混生在一起的森林。

【混乱】hùnluàn 形 杂乱；没有条理；没有秩序 ▷思想～｜工作～｜交通～。

【混凝土】hùnníngtǔ 名 用水泥、沙、石子和水按一定比例混合配制的建筑材料。硬化后具有耐压、耐水、耐火等性能。

【混日子】hùnrìzi ❶ 指无所事事地打发日子 ▷找点事儿干干吧，不能再～了。❷ 勉强凑合着生活 ▷这点儿收入，只够～。

【混声】hùnshēng 名 合唱的一种形式，男女声混合共同演唱同一乐曲。如混声四部合唱，包括女高音、女低音、男高音、男低音四个声部。

【混世魔王】hùnshì-mówáng ❶ 比喻扰乱社会、给人们带来严重灾难的恶人或骄横恣肆的坏人。❷ 戏称家中特别调皮捣蛋的小孩儿 ▷我那小外孙可是个了不得的～。

【混事】hùnshì 动 戏称干某种工作或在某处就职 ▷他在合资企业里～。

【混双】hùnshuāng 名 混合双打的简称。某些运动项目（如网球、羽毛球、乒乓球）中由一男一女两名选手搭配为一组参赛的比赛形式。

【混同】hùntóng 动 混淆等同 ▷两类不同性质的矛盾不能～起来。

【混为一谈】hùnwéiyītán 把不同的事物不加区别地说成是相同的事物。

【混淆】hùnxiáo 动 混杂；使界限不分明 ▷是非～。☛ "淆"不读 yáo。

【混淆视听】hùnxiáo-shìtīng （用谎言或假象）使人们的视听（看到的、听到的）混乱，真假难辨。

【混淆是非】hùnxiáo-shìfēi 使对的和错的界限不清。

【混血儿】hùnxuè'ér 名 指不同种族的男女相结合所生的子女。

【混血种】hùnxuèzhǒng ❶ 名 不同品种的雌雄动物交配产出的新个体 ▷骡子是驴和马的～。❷ 名 对混血儿的不礼貌称呼。

【混养】hùnyǎng 动 混杂养殖 ▷有些鱼可以～在一个池塘里。

【混杂】hùnzá 动 混合掺杂 ▷豆麦～｜真假～。

【混战】hùnzhàn 动 交战各方没有固定目标和对象地打乱仗 ▷～一场。

【混账】hùnzhàng 形（言行）无理、无耻（骂人的话）。☛ 不要写作"混帐"。

【混浊】hùnzhuó ❶ 形（水、空气等）含有杂质，不纯净 ▷空气～｜～的液体。❷ 形 形容社会环境黑暗、肮脏。☛ 不宜写作"溷浊"。

溷 hùn 名〈文〉猪圈；厕所 ▷猪～｜～藩｜～厕。

huō

耠 huō 动 用耠子松土 ▷～地。

【耠子】huōzi 名 一种松土的农具。中有高脊，比犁轻便。也用于开沟播种。

骷(騞) huō 拟声〈文〉模拟刀割和东西破裂的声音。

锪(鍃) huō 动 用刀具对工件上已有的孔进一步加工 ▷～孔。

劐 huō ❶ 动〈口〉用刀剪等划开物体 ▷用刀子把面袋～个口子。→ ❷ 同"耠"。

嚄 huō 叹 表示惊讶 ▷～,真了不起!|～,两年不见,长成大小伙子了。

另见 1017 页 ǒ。

豁 huō ❶ 动 裂开;缺损 ▷鞋帮～了个口子|～嘴|～口。→ ❷ 动 不惜代价;狠心舍弃 ▷～出三天时间陪你|～上这条老命。

另见 590 页 huá;628 页 huò。

【豁出去】 huōchuqu 动 不管付出多大的代价也不顾惜 ▷把老命～也要办好这件事。

【豁口】 huōkǒu 名 缺口① ▷城墙～。

【豁子】 huōzi〈口〉❶ 名 缺口① ▷箱子被老鼠啃了个～。❷ 名 对唇裂的人的不尊重的称呼。

【豁嘴】 huōzuǐ ❶ 名 唇裂的俗称。❷ 名 借指唇裂的人(含不尊重意)。

攉 huō 动 把堆在一处的煤、矿石等铲起来放到另一处或运载的车厢里 ▷～石渣|～煤机。

【攉煤机】 huōméijī 名 铲煤、装煤的机械。

huó

和 huó 动 在粉状物中加入水等搅拌,使粘在一起 ▷～面|～泥。

另见 552 页 hé;557 页 hè;578 页 hú;627 页 huò;629 页 huo。

【和面】 huómiàn 动 往面粉里掺水并加以搅拌、揉弄,使成面团。

佸 huó 动〈文〉会面;聚会。

活 huó ❶ 动 有生命;生存(跟"死"相对,⑤⑥同) ▷～了一辈子|存～|复～。→ ❷ 动 使生存;维持生命 ▷养家～口|～命之恩。❸ 名 赖以生存的手段;活计(一般指体力劳动) ▷干～儿|力气～儿|农～儿。❹ 名 产品;制成的东西 ▷不出～儿|这批～儿不合格|铁～。→ ❺ 形 活动的;可变动的 ▷～水|～塞|～期存款|～页文选。❻ 形 生动活泼;灵活 ▷这段文字写得很～|这孩子心眼儿～。→ ❼ 副 表示在活着的状态下(作某种处置) ▷～捉|～埋。❽ 副 表示程度深,相当于"真正""简直" ▷长得～像他爸爸。

【活宝】 huóbǎo 名 指言行滑稽可笑的人(含讥讽意) ▷他简直是个～。

【活报剧】 huóbàojù 名 及时反映时事,进行宣传的短小活泼的戏剧形式。多在街头、广场演出。

【活蹦乱跳】 huóbèng-luàntiào 形容富有生命力。

【活便】 huóbian〈口〉❶ 形 轻便;灵活 ▷别看他80岁的人了,手脚却很～。❷ 形 灵活方便 ▷出差到外地,用信用卡取钱很～。

【活茬】 huóchá 名 农田里的活儿。

【活地图】 huódìtú 名 比喻对某地区地形、地貌、水文、道路、建筑等状况非常熟悉的人。

【活地狱】 huódìyù 名 比喻人间黑暗而悲惨的生活环境 ▷渣滓洞集中营是～。

【活动】 huódòng ❶ 动 运动 ▷～筋骨|每天到室外～～。❷ 动 能摇动;松动 ▷桌子腿儿有点儿～|铁锨把儿～了|听了大家的意见,他的思想也有点儿～。❸ 动 通过说情或行贿等手段,打通关节 ▷他遇到麻烦了,你替他～～吧。❹ 动 为达到某种目的而行动 ▷这人常在小区附近～。❺ 名 为达到某种目的而采取的行动 ▷开展文娱～。❻ 形 可灵活变动或移动的 ▷～房屋|靶标分～靶标和不～靶标两种。

【活动房】 huódòngfáng 名 用轻便建材搭建的可以随时拆卸、组装或整体移动的房屋。

【活动家】 huódòngjiā 名 积极参与政治生活、社会活动并有较大影响的人物。

【活法】 huófǎ 名 指生活态度和生活方式 ▷各人有各人的～。

【活泛】 huófan〈口〉❶ 形 机敏;能随机应变 ▷遇事要～点儿,别太古板了。❷ 形 经济状况宽裕 ▷加了工资,手头才～点儿了。❸ 形 (动作)敏捷灵活 ▷都70岁的人了,脑子不糊涂,手脚也挺～。

【活佛】 huófó ❶ 名 喇嘛教的上层喇嘛,通过转世制度继位。❷ 名 旧小说中称某些高僧 ▷济公～。

【活该】 huógāi 动〈口〉本来就应该如此,不值得同情 ▷他挨打是自找的,～!

【活工资】 huógōngzī 名 根据贡献大小、效益好坏等因素而上下浮动的工资。

【活化】 huóhuà ❶ 动 使物质的分子或原子能量增强 ▷～剂。❷ 动 使机动灵活 ▷实行招聘制,～了用人机制。

【活化石】 huóhuàshí 名 指孑遗生物;也指出现于某一地质年代而至今仍广泛分布的生物,如海豆芽(海洋中的一类软体动物)。

【活话】 huóhuà 名 不很确定、留有余地的话 ▷他说的是～儿,结果怎么样还不一定。

【活活】huóhuó ❶ 副 表示在活的状态下（遭受某种不幸）▷～烧死｜～轧死。❷ 形 有生命的；充满生机的 ▷～的一条鱼，怎么一会儿就死了？❸ 副 简直；完全 ▷他扮演的武松，～就是个真武松。

【活火山】huóhuǒshān 名 还在经常或作周期性喷发的火山。

【活计】huóji ❶ 名 原指手艺或女红（gōng）等；今泛指维持生活的各种劳动 ▷地里和家里的～，全由他一个人干。❷ 名 手工制品 ▷精细的～。

【活检】huójiǎn 动 活体组织检查的简称。从病人活体取少量组织进行病理学检查。

【活见鬼】huójiànguǐ 形容对事物的发生感到不可思议 ▷刚出门就摔了一跤，这不是～吗！

【活教材】huójiàocái 名 指具有教育意义的活生生的真人真事 ▷抗洪英雄的动人事迹，是进行爱国主义教育的～。

【活结】huójié 名 一拉就能解开的结子（跟"死结"相区别）。也说活扣儿。

【活口】huókǒu ❶ 名 曾在命案现场而没有被杀死，能为案件提供情况或线索的人 ▷歹徒为了不留～，竟将在场的人全部杀害。❷ 名 能提供情况或线索的俘虏 ▷侦察兵抓了一个～。○ ❸ 名〈口〉活话 ▷对方留了个～，说以后再定。

【活劳动】huóláodòng 名 指物质资料生产过程中劳动者的体力和脑力消耗。是生产的决定性因素。

【活力】huólì 名 蓬勃的生命力 ▷充满了～的年轻人｜企业的～在于创新。

【活灵活现】huólíng-huóxiàn 形容描述得非常逼真，就像真的一样。也说活龙活现。

【活路】huólù ❶ 名 可以通行的道路 ▷左边是条死胡同，右边才是～。❷ 名 维持生活的门路和办法。❸ 名 行得通的办法；进退周旋的余地 ▷不把话说绝，留条～。

【活路】huólu 名 泛指体力活儿。

【活络】huóluò ❶ 动 摇动；松动 ▷～筋骨｜收音机的旋钮～了。❷ 形 某些地区指（头脑）灵活 ▷他的脑子挺～。❸ 形 某些地区指不明确；不肯定 ▷净说些～话，谁也摸不清他的真意。

【活埋】huómái 动 把活人埋在坑里致死。

【活门】huómén 名〈口〉阀门。

【活命】huómìng ❶ 名 生命；性命 ▷捡条～。❷ 动 维持生计；过日子 ▷靠手艺～。❸ 动 救命 ▷～之恩。

【活泼】huópo ❶ 形 活跃；充满活力的 ▷晚会开得生动～｜孩子很～。❷ 形 化学上指物质的性质活跃，容易跟其他物质起化学反应。

【活菩萨】huópúsa 名 比喻心地慈善、扶危济困的人 ▷这位老中医医德高尚，医术高明，被人们誉为～。

【活期】huóqī 区别 不确定期限的 ▷～存款｜存～的。

【活气】huóqì 名 活跃的气氛；活力 ▷那里死气沉沉的，没有一丝～。

【活契】huóqì 名 房地产买卖双方立下的可以（让卖主）赎回的契约（跟"死契"相区别）。

【活钱】huóqián ❶ 名 现钱；流动资金 ▷手里总得有些～，花起来方便｜做买卖哪能没有一点儿～。❷ 名 固定收入以外的收入 ▷除正常上班外，他还要去挣点儿～贴补家用。

【活人】huórén 名 有生命的人（多用于跟"死人"对举时）。

【活塞】huósāi 名 汽缸或泵里往复运动的机件，一般是圆饼形或圆柱形，在发动机汽缸里把蒸汽或燃料爆发的压力转换为机械能。

【活生生】huóshēngshēng ❶ 形 有生命力的；现实存在的 ▷～的人物形象。❷ 副 活活① ▷被～地残杀了。

【活食】huóshí 名 指某些动物吃的活动物。如狼吃的羊、鸡吃的昆虫。

【活受罪】huóshòuzuì 活着而遭受折磨。多用来夸张地表达某种不愿或难以承受的情况 ▷躺在床上动不了，简直是～。

【活水】huóshuǐ 名 流动的有源头的水。

【活似】huósì 动 非常像 ▷这孩子～她妈妈小时候的样子。

【活体】huótǐ 名 活的生命体。

【活土层】huótǔcéng 名 质地松软的土层，可供耕作。

【活脱儿】huótuōr ❶ 动（举止、仪表、相貌等）像在同一个模子里脱胎出来；活像 ▷他的所作所为～一个洋奴。❷ 形 活泼；灵活 ▷～的金丝猴｜话可以说得更～一些。

【活脱脱】huótuōtuō 动 活脱儿① ▷在舞台上他～一个美猴王。☛ 语气往往比"活脱儿"①重，一般不再接受副词修饰。

【活物】huówù 名 活着的生物 ▷在茫茫的戈壁滩上竟然还有野兔、胡杨之类的～。

【活现】huóxiàn 动 生动逼真地显现出来 ▷活灵～。

【活像】huóxiàng 动 很像；极像 ▷他又蹦又跳，～只小猴子。

【活性】huóxìng 区别 有较强吸附性或反应能力的 ▷～炭|～染料。

【活性染料】huóxìng rǎnliào 化学性质活泼，能与纤维发生化学反应的染料。有色泽鲜艳、耐洗、耐晒等特点。广泛用于各种纤维及纺织物的染色和印花。也说反应性染料。

【活性炭】huóxìngtàn 名 吸附能力强，结构疏松多孔的炭。以硬木、果壳、骨头等为原料烧制而成，在工业和医学方面有多种用途。

【活学活用】huóxué-huóyòng 联系现实的情况学习和运用，而不是机械地死抠教条。

【活血】huóxuè 动 中医指促进血液循环，使血脉畅通 ▷～通络。

【活阎王】huóyánwang 名 比喻凶恶残暴的人。

【活页】huóyè 名 不装订成册，可以随意分合的散页 ▷～歌谱|～本。

【活用】huóyòng ❶ 动 灵活运用 ▷书本上的知识，要根据实际情况变通～。❷ 动 特指临时改变词的语法功能和意义。

【活跃】huóyuè ❶ 形 活泼、热烈而有生气 ▷晚会开得十分～。❷ 动 使活跃 ▷～气氛。❸ 动 积极活动 ▷文艺战士经常～在基层。

【活捉】huózhuō 动 活活地抓住 ▷～敌军团长。

【活字】huózì 名 印刷用的由金属、胶泥或木料制成的方柱形物体，一头铸着或刻着单个儿的反字或符号，可以自由组合。最早由我国宋代毕昇发明泥活字。

【活字版】huózìbǎn 名 用活字排成的印刷版；也指用活字版印刷的书籍。也说活版。

【活字典】huózìdiǎn 名 指对字词等知识特别熟悉的人；泛指对某种业务或情况特别精通，能随时给人们提供所需信息的人。

huǒ

火 huǒ ❶ 名 物体燃烧时发出的光和焰 ▷炉～很旺|水～无情|～焰|烈～。→ ❷ 副 比喻紧急 ▷～速|十万～急。→ ❸ 名 比喻激动、暴躁或愤怒的情绪 ▷窝着一肚子～|～冒三丈|发～|怒～。❹ 动 发怒 ▷他～儿了|恼～。→ ❺ 名 中医指"六淫"(风、寒、暑、湿、燥、火)之一，是致病的一个重要因素 ▷肝～|上～。→ ❻ 名 指枪炮弹药 ▷军～|～力点。❼ 名 借指作战的行动 ▷交～|停～|～线立功。→ ❽ 名 比喻像火一样的颜色 ▷～狐|～鸡。→ ❾ 形〈口〉比喻热烈、兴旺 ▷生意很～。○ ❿ 名 姓。☛"火"作左偏旁时，第四画捺(㇏)要改写成点(丶)，如"灯""灶""烧""炮"。

【火把】huǒbǎ 名 夜间照明物。多用竹枝、树枝捆成，或在棍棒的一端扎上棉花，蘸上油。

【火把节】huǒbǎjié 名 我国彝、白、傈僳、纳西、拉祜等民族的传统节日，一般在农历六月二十四日前后。白天举行斗牛、赛马、摔跤等活动，夜里饮酒歌舞，并举着火把在田间奔驰，以驱除虫害。

【火伴】huǒbàn 现在规范词形写作"伙伴"。

【火棒】huǒbàng 名 娱乐用具，在棍棒的一端或两端钉上团成球的碎布，蘸上油或酒精，点燃后在黑暗处舞动，形成多变的火光曲线。

【火暴】huǒbào ❶ 形 形容性格暴躁，像火一样暴烈 ▷脾气～。❷见本页"火爆"①。现在一般写作"火爆"。

【火爆】huǒbào ❶ 形 形容兴旺、热闹，像火一样爆裂 ▷生意～|小日子过得挺～。❷见本页"火暴"①。现在一般写作"火暴"。

【火并】huǒbìng 动 同伙之间自相残杀或吞并 ▷土匪内部频频～。也说火拼。

【火柴】huǒchái 名 取火用品，在细小木条的一头蘸上磷或硫的化合物制成。在火柴盒侧面的砂纸上摩擦生火。旧称洋火。

【火场】huǒchǎng 名 火灾的现场。

【火车】huǒchē 名 在铁路上运行的交通运输工具，由机车及其所牵引的若干节车厢组成。

【火车皮】huǒchēpí 名 车皮。

【火车头】huǒchētóu ❶ 名 机车的通称。❷ 名 比喻起带头作用的人或事物。

【火车站】huǒchēzhàn 名 为乘客上下火车或装卸货物而设置的固定停车地点，一般设有站台、售票处、候车室等。

【火车座】huǒchēzuò 名 某些餐饮店里的一种座位，每格用两个宽度约能坐下两人的相向高靠背椅隔开，中间放置餐桌，就餐者可以相对而坐。因格局很像火车车厢里的座位，故称。

【火成岩】huǒchéngyán 名 地壳三大岩类之一。多指地壳内部的熔融岩浆受到某些地质构造作用的影响在地下或喷出地表冷凝而成的岩石。也说岩浆岩。

【火炽】huǒchì 形 像火一样炽烈。形容旺盛、热烈 ▷～的场面。

【火铳】huǒchòng 名 我国古代用火药发射石弹和铁弹等的管形火器，用铜或铁铸成。

【火电】huǒdiàn ❶ 名 火力发电的简称。❷ 名 火力发电产生的电能。

【火电站】huǒdiànzhàn 名 用火力发电的电站。

【火堆】huǒduī 名 成堆的火 ▷围着～取暖。

【火夫】huǒfū ❶ 名 旧指烧锅炉的工人。❷见 626

页“伙夫”。现在一般写作“伙夫”。

【火攻】huǒgōng 动 用火攻打 ▷～敌营。

【火罐儿】huǒguànr 名 拔罐儿用的器具，多用陶瓷、玻璃或竹筒制成。扣在身体病痛处可起治疗作用。参见18页“拔罐儿”。

【火光】huǒguāng 名 物体燃烧时发出的光芒 ▷熊熊～|～闪耀。

【火锅】huǒguō 名 锅与炉合一的炊具。旧式炭火锅用金属制成，炉在锅的中央，置炭火在其内，锅中放汤、肉片儿和蔬菜等，随煮随吃。现除炭火锅外，还有电火锅、煤气火锅等。

【火海】huǒhǎi ❶ 名 大片的熊熊之火 ▷消防队员奋不顾身冲向～。❷ 名 指极其危险的境地 ▷上刀山，下～，在所不辞。

【火海刀山】huǒhǎi-dāoshān 刀山火海。

【火红】huǒhóng ❶ 形 像火一样红 ▷战旗～|～的石榴。❷ 形 形容旺盛、兴隆 ▷～的年代。

【火候】huǒhou ❶ 名（烧火时）火力的强弱和时间的长短 ▷掌握好炒菜的～。❷ 名 比喻纯熟的地步 ▷武艺练到～了。❸ 名 比喻最佳的时机 ▷～不到不要轻举妄动。

【火花】huǒhuā ❶ 名 物体燃烧时迸发出的火焰 ▷炉灶里不时迸出细小的～◇生命的～。○ ❷ 名 贴在火柴盒上的印有图案的画纸。

【火花放电】huǒhuā fàngdiàn 气体放电现象，由两极间的高电压击穿中间的空气而产生。放电时空气温度迅速上升，并出现火花和爆裂声。雷电就是自然界中大规模的火花放电现象。

【火花塞】huǒhuāsāi 名 内燃机汽缸盖上的电点火装置。形状像塞子，高压电接通时产生火花，使汽缸内的燃料燃烧。

【火化】huǒhuà 动 用焚烧的方式处理遗体 ▷～场。

【火鸡】huǒjī 名 家禽，体高大，无冠，喉下有肉垂，胸肌和腿肌发达。今北美洲南部地区尚有野生的。也说吐绶鸡。

【火急】huǒjí 形 极其紧急 ▷～报警。

【火急火燎】huǒjí-huǒliǎo 形容心里焦急万分。

【火碱】huǒjiǎn 名 烧碱。

【火箭】huǒjiàn 名 利用反作用力向前推进的高速飞行器。用来发射人造卫星、宇宙飞船等，也可装上弹头制成导弹。

【火箭弹】huǒjiàndàn 名 靠火箭发动机的动力发射的炮弹，由弹头、推进装置和稳定装置构成；也指火箭弹的弹头。

【火箭炮】huǒjiànpào 名 发射较大口径火箭弹的炮兵武器。有多轨式和多管式等。火力猛，威力大。

【火箭筒】huǒjiàntǒng 名 单人使用的发射火箭弹的轻型武器，呈圆筒形。主要用于摧毁近距离的装甲目标和坚固工事。

【火警】huǒjǐng 名 失火的事故 ▷发生～|～现场。

【火炬】huǒjù 名 火把；特指一种新式的火把，用金属制成，内装可燃物，可举着行进。

【火炬计划】huǒjù jìhuà 1988年8月，根据中共中央、国务院的有关部署，国家科学技术委员会制定并在全国组织实施的促进高新技术及其研究成果商品化、产业化、国际化的一项指导性计划。

【火炕】huǒkàng 名 我国北方烧火取暖的炕，多用土坯、砖砌成，内有排烟传热的通道。

【火坑】huǒkēng 名 比喻极悲惨困苦的境地 ▷落入～|逃出～。

【火筷子】huǒkuàizi 名 通火或夹取炉中煤炭的铁制炉具。形似筷子，一头由铁链相连。

【火辣】huǒlà ❶ 形 形容受高温、辛辣等刺激后的疼痛感觉 ▷喝了一口白酒，喉咙～～的。❷ 形 形容性格泼辣或言辞爽直尖锐 ▷～的脾气|他的发言～得很。

【火辣辣】huǒlàlà ❶ 形 形容咬伤、烧伤、烫伤或鞭打等以后的疼痛感觉 ▷手被烫得～的。❷ 形 形容极热 ▷～的太阳。❸ 形 形容情绪特别激动等 ▷动员会上，大家心里～的。❹ 形 形容性格泼辣或言辞尖刻 ▷～的脾气|话说得～的。☛不宜写作“火剌剌”“火拉拉”。

【火老鸦】huǒlǎoyā 名〈口〉向上蹿的火苗；火舌。也说火老鸹。

【火力】huǒlì ❶ 名 燃料燃烧所产生的能量 ▷管道煤气～很强。❷ 名 武器弹药的杀伤力和破坏力 ▷～侦察|步枪～。❸ 名（人体）耐寒力 ▷年轻人～壮，不怕冷。

【火力点】huǒlìdiǎn 名 枪炮等武器配置和发射的地点 ▷摧毁敌人的～。

【火力发电】huǒlì fādiàn 利用火力产生动力而发电。简称火电。

【火力圈】huǒlìquān 名 枪炮等火力所能达到的范围 ▷敌人进入我方～。

【火镰】huǒlián 名 旧式取火用具。钢制品，形状略似镰刀头，与火石急速碰擦，能迸发出火星儿，点燃火绒、火纸等。

【火龙】huǒlóng 名 传说中浑身带火的神龙。比喻延续不断的或成串的灯火或火焰 ▷火把节的夜晚，漫山遍野奔腾着无数条～。

【火炉】huǒlú 名 做饭、取暖等用的炉子。

【火轮船】huǒlúnchuán 名 旧指轮船。也说火轮。
【火冒三丈】huǒmàosānzhàng 形容十分生气、愤怒的样子。
【火媒】huǒméi 名 指引火用的东西。如引柴、纸捻等。也说火媒子。
【火煤】huǒméi 现在一般写作"火媒"。
【火苗】huǒmiáo 名 刚升起的或小股的火焰。
【火捻】huǒniǎn 名 裹着或涂上硝等易燃物的纸捻。旧时用来引火。也说火纸捻、火纸筒。
【火炮】huǒpào 名 炮(pào)①。
【火盆】huǒpén 名 烧炭火等用的盆子,用来取暖或烘烤衣物。
【火拼】huǒpīn 动 火并。
【火漆】huǒqī 名 用松香等加颜料制成的黏性物质,遇冷凝固,遇热熔化,可用来封瓶口、信件等。也说封蜡。
【火气】huǒqì ❶ 名 人体中的热量 ▷年轻人～旺,耐寒。❷ 名 中医学上指引起发炎、红肿、烦躁等症状的原因。❸ 名 比喻怒气 ▷不知谁惹着他了,～那么大。
【火器】huǒqì 名 用火药的燃烧爆炸来发挥杀伤和破坏作用的武器。如古代的火枪、火铳,现代的步枪、手榴弹、火箭筒等。
【火枪】huǒqiāng 名 旧式武器,膛内装火药和铁砂,今多用来打猎。
【火墙】huǒqiáng ❶ 名 内有热气通道,可供取暖的墙 ▷屋里有～,暖烘烘的。❷ 名 由大片烈火形成的障碍 ▷消防队员迅速冲过～,入室救人。也说火网。
【火情】huǒqíng 名 (火灾时)大火燃烧的情况 ▷密切监视～。
【火球】huǒqiú 名 呈球形的火焰。
【火热】huǒrè ❶ 形 像火一样炽热 ▷～的岩浆。❷ 形 形容紧张激烈 ▷作家要投身到～的生活中去。❸ 形 形容亲热 ▷他们来往密切,打得～。
【火绒】huǒróng 名 引火用的东西,用艾草等拌上硝石制成。可用火镰和火石擦出的火星儿点燃。
【火色】huǒsè 名 某些地区指火候① ▷炼钢工人在炉前观察～。
【火山】huǒshān 名 由地球内部喷出的高温岩浆等在地面凝固成的锥形山体。人类有史以来,常作周期性喷发的叫活火山,不再喷发的叫死火山,长期不喷发而又突然喷发的叫休眠火山。
【火山地震】huǒshān dìzhèn 由火山爆发引起的地震。强度和波及范围一般较小。
【火山灰】huǒshānhuī 名 火山爆发时随岩浆喷出的粉尘。
【火山口】huǒshānkǒu 名 火山顶部的漏斗状凹口,是地球内部向地面喷发岩浆的出口处;常用来比喻极危险的境地 ▷他就像坐在～上一样,惶惶不可终日。
【火上浇油】huǒshàng-jiāoyóu 比喻激化矛盾或使态势、情绪更加恶化。也说火上加油。
【火烧】huǒshāo 动 放火烧毁 ▷英法联军～了圆明园。
【火烧】huǒshao 名 表面没有芝麻的烧饼。
【火烧火燎】huǒshāo-huǒliǎo 形容身上热得难受或心中非常焦急。
【火烧眉毛】huǒshāo-méimao 形容情势非常紧迫。也说火燎眉毛。
【火烧云】huǒshāoyún 名 (日出或日落时)火红的云霞。
【火舌】huǒshé 名 喷吐的火苗 ▷数米高的～蹿上了屋顶◇机枪吐着愤怒的～。
【火蛇】huǒshé 名 蜿蜒如蛇的火势 ▷森林大火像一条～向前蔓延。
【火绳】huǒshéng 名 用艾草、蒿草等搓成的绳子,晒干后点燃生烟,可驱逐蚊虫,也可引火。
【火石】huǒshí ❶ 名 燧石的俗称。❷ 名 用铈、镧、铁等制成的合金,摩擦时能产生火花,多用在打火机里。
【火势】huǒshì 名 火燃烧的态势 ▷～越来越猛|控制～的蔓延。
【火树银花】huǒshù-yínhuā 形容夜晚灿烂绚丽的灯火、焰火。
【火速】huǒsù 副 急速地 ▷～前往|～增援。
【火炭】huǒtàn 名 烧得通红的木炭。
【火塘】huǒtáng 名 室内挖的小坑,四周砌以砖石,中间点火,用以取暖、做饭等。
【火烫】huǒtàng ❶ 形 像火烧一样灼热 ▷钢板被烤得～。○ ❷ 动 用火剪烫发。
【火头】huǒtóu ❶ 名 火焰;火苗 ▷用土把～压住。❷ 名 火势 ▷控制～。❸ 名 正在发作的怒气 ▷等他把～消消再说|～上。
【火头军】huǒtóujūn 名 旧指军队中的炊事员(含诙谐意)。
【火腿】huǒtuǐ 名 以猪腿为原料,经腌渍、洗晒、晾挂、发酵而成的食品。
【火网】huǒwǎng ❶ 名 由枪炮火力纵横交错形成的像网一样的封锁圈。也说火力网。❷ 名 火墙②。
【火险】huǒxiǎn ❶ 名 发生火灾的危险 ▷～等级。❷ 名 以火灾为标的(dì)的保险种类。

【火线】huǒxiàn ❶ 图 敌对双方交火的地带 ▷轻伤不下～。〇 ❷ 图 电路中输送电的电源线（跟"零线"相区别）。

【火星】huǒxīng 图 太阳系八大行星之一，按距太阳由近而远的顺序排列是第四颗。比地球小，呈火红色。大气相当稀薄，主要成分是二氧化碳。绕太阳公转周期为 687 日，自转周期为 24 小时 37 分。有两颗小的卫星。

【火星儿】huǒxīngr 图 极小的火 ▷炉子里噼噼啪啪，～四溅◇气得眼冒～。也说火星子。

【火性】huǒxìng 图 急躁、暴烈的脾气和性格。

【火眼】huǒyǎn 图 中医指急性结膜炎。

【火眼金睛】huǒyǎn-jīnjīng 原指《西游记》中孙悟空在八卦炉内炼成的能识别妖魔鬼怪的眼睛。后借指能洞察一切的眼力。

【火焰】huǒyàn 图 物质燃烧时生成的发光、发热的气体区域。分三层，内层蓝色；中层明亮，温度比内层高；最外层无色，温度最高。

【火焰喷射器】huǒyàn pēnshèqì 喷火器。

【火药】huǒyào 图 炸药的一种。燃烧时释放出大量气体和热能，具有爆破和推动作用。

【火药桶】huǒyàotǒng 图 装满火药的桶。比喻潜伏着极大危险且随时可能爆发的地方或事物 ▷在这里工作总有置身于～中的感觉。

【火药味】huǒyàowèi 图 火药的气味。比喻激烈的冲突或敌对气氛 ▷这是一篇～很浓的文章。

【火印】huǒyìn 图 把铁器或铁质图章烧红，烙在器物上的印记。

【火源】huǒyuán 图 指可燃并能引起火灾的东西 ▷清除～，以免引起火灾。

【火灾】huǒzāi 图 失火造成的灾害。

【火葬】huǒzàng 动 一种丧葬方式，火化。

【火葬场】huǒzàngchǎng 图 承办火化事宜的单位。也说火化场。

【火针】huǒzhēn ❶ 图 一种针灸疗法。将特制的针烧红针尖后，刺入患病部位，有祛寒、排脓等疗效。❷ 图 用作火针疗法的针，针柄有隔热材料包裹。‖也说淬针、烧针。

【火纸】huǒzhǐ 图 敷有硝石的纸，易燃，多用来制作火媒。

【火中取栗】huǒzhōng-qǔlì 法国作家拉·封丹写的一则寓言，说狡猾的猴子骗猫去偷炉火中烤着的栗子，结果偷出的栗子全被猴子吃了，猫不仅毫无所得，还把脚上的毛烧掉了。比喻冒险替人出力，吃尽苦头，自己却一无所获。☛"栗"不要误写作"粟"或"票"。

【火种】huǒzhǒng 图 供引火用的火；比喻能引起事物发生、发展的东西 ▷保留好～，以便起灶开伙｜撒下革命的～。

【火烛】huǒzhú 图 灯火。泛指易引起火灾的东西 ▷小心～，注意安全。

【火柱】huǒzhù 图 像柱子一样的火焰。

【火砖】huǒzhuān 图 耐火砖。

伙（夥❷—❻） huǒ ❶ 图 古代兵制，十个士兵为一火，共灶起火做饭。后写作"伙"。→ ❷ 图 同伴 ▷～伴｜～友。⇒ ❸ 图 同伴组成的集体 ▷同～｜散～｜拉帮结～。❹ 量 用于人群 ▷进来了一～儿学生｜三个一群，五个一～。⇒ ❺ 图 旧指店员 ▷店～｜东～双方（店主和店员双方）。⇒ ❻ 动 跟别人合起来 ▷两家～着开店｜合～｜～同。→ ❼ 图 指伙食 ▷包～｜退～。〇 ❽ 图 姓。☛ 参见本页"夥"的提示。

"夥"另见本页 huǒ。

【伙伴】huǒbàn 图 同伴 ▷我们是共事多年的老～。☛ 不要写作"火伴"。

【伙房】huǒfáng 图 指单位中集体开伙的厨房。

【伙夫】huǒfū 图 旧指伙房中挑水、烧火、煮饭的人。☛ 不宜写作"火夫""伙伕"。

【伙计】huǒji ❶ 图 旧指店员或长工 ▷他在这家商店当了 20 年～。❷ 图 指合伙经营工商业的人；泛指合作共事的同伴（含亲切意）。

【伙食】huǒshí 图 指单位集体食堂的饭食 ▷学生食堂～不错｜～费自理。

【伙同】huǒtóng 动 跟别人共同（做事）▷～他人作案。

【伙子】huǒzi 量 用于人群 ▷这一～人去哪儿？

钬（鈥） huǒ 图 金属元素，符号 Ho。银白色，有光泽。有重要磁学和电学性质，有低毒。可以用作真空管的吸气剂。

漷 huǒ 图 漷县，地名，在北京通州。

夥 huǒ 形〈文〉多 ▷游人甚～。☛ 用于其他意义时，"夥"是"伙"的繁体字。

另见本页 huǒ "伙"。

huò

或 huò ❶ 代〈文〉泛指某人或某事物，相当于"有人""有的" ▷～告之曰｜人固有一死，～重于泰山，～轻于鸿毛。→ ❷ 副 a）表示估计、推测，相当于"或许" ▷年底前～可完工｜～能如愿以偿。b）表示程度低、范围小，相当于"稍微" ▷不可～缺。→ ❸ 连 或者② ▷～赞成，～反对，总要表个态吧｜课间，同学们～唱歌，～做游戏，玩得可开心了｜

那种水果叫龙眼～桂圆，不是荔枝。

【或多或少】huòduō-huòshǎo 指不确定的数量或程度 ▷这次赢球～有些侥幸成分。

【或然】huòrán 形 有可能却非必然 ▷～命题。

【或然率】huòránlǜ 名 概率的旧称。

【或然性】huòránxìng 名 指事物发展、变化过程中有可能但不一定出现或发生的情况(跟"必然性"相区别)。也说盖然性。

【或是】huòshì ❶ 副 或许是；也许是 ▷他今天没参加晨练，～家里有什么事走不开吧？❷ 连 表示选择 ▷～你来～我去，都可以。

【或许】huòxǔ 副 表示猜测、估计(不能肯定)，相当于"也许""大概" ▷到了广州，～会多住几天｜再等一下，他～能来。

【或则】huòzé 连 表示选择关系，相当于"或者" ▷业余时间，他～打网球，～去公园划船。

【或者】huòzhě ❶ 副 或许；也许 ▷你快进屋看看，～她还没走。❷ 连 连接词、短语或分句。a)表示选择关系 ▷这个会～老赵去～小吴去，都可以。b)表示几种情况同时发生或交替发生 ▷许多人在广场上～照相，～放风筝，～散步。c)表示等同关系 ▷我们都叫他老李～李老头儿。

和 huò ❶ 动 混合(多用于粉粒状物) ▷别把这两种米～在一起。→ ❷ 动 加水搅拌使变稀 ▷～芝麻酱。〇 ❸ 量 用于洗衣物换水的次数或一服中药煎的次数，一次叫"一和" ▷衣服刚洗了一～｜一剂汤药可以煎两～。

另见 552 页 hé；557 页 hè；578 页 hú；621 页 huó；629 页 huo。

【和弄】huònong 动〈口〉搅拌；从中搅弄(抽象事物) ▷你把饺子馅儿再～～｜这个人特别爱～是非。

【和稀泥】huòxīní 往泥土里掺水，使变稀。比喻不讲原则、不分是非地调和折中。☛"和"这里不读 hé。

货(貨) huò ❶ 名〈文〉钱财、珠宝、布帛等的统称 ▷杀人越～｜～贿公行｜～财。→ ❷ 名 商品 ▷～真价实｜进～｜存～｜大路～｜皮～。❸ 名 称具有某种不良品行的人(用于骂人) ▷蠢～｜贱～｜骚～。→ ❹ 名 钱币 ▷～币｜通～。

【货币】huòbì 名 固定地充当一切商品等价物的特殊商品，是商品价值的一般代表，可以购买其他一切商品。

【货舱】huòcāng 名 船或飞机上装货的舱位。

【货场】huòchǎng 名 专门用来堆放大宗货物的场地。

【货车】huòchē 名 运载货物的列车或卡车。

【货船】huòchuán 名 专门运载货物的船只。

【货单】huòdān 名 登记所托运货物的清单。

【货柜】huòguì ❶ 名 摆放商品的柜台。❷ 名 集装箱。

【货机】huòjī 名 专门运载货物的飞机。

【货价】huòjià 名 货物的价格。

【货架】huòjià ❶ 名(商店、库房等)摆放货物的架子。❷ 名 自行车座后面用来载物的架子。

【货检】huòjiǎn 动 检查或检验进出的货物 ▷只有通过～才能入库｜～员。

【货款】huòkuǎn 名 买卖货物的钱款。

【货郎】huòláng 名 农村、山区中流动的小商贩。

【货郎担】huòlángdàn 名 货郎挑的盛放商品的担子。

【货郎鼓】huòlánggǔ 名 可以来回转动作响的带把儿的小鼓，状如拨浪鼓但较大。货郎用来招引顾客。

【货流】huòliú 名 货物从始发地沿一定的交通线路，到达指定目的地的运输移动过程 ▷合理规划～，可以提高货运效率。

【货轮】huòlún 名 运载货物的轮船。

【货品】huòpǐn 名 货物；也指货物的品种 ▷货场里～堆积如山｜商店里～琳琅满目。

【货色】huòsè ❶ 名 货物的品种或质量 ▷这批服装都是上等～。❷ 名 指人品或思想言论、作品等(含贬义) ▷这些文章都是一路～。

【货摊】huòtān 名 出卖货物的摊子。

【货梯】huòtī 名 主要用来运送货物的电梯(跟"客梯"相区别)。

【货位】huòwèi 名 铁路车站内指定的暂时堆放货物的地方，供堆放一车皮货物的位置，称为一个货位；泛指码头、港口、仓库、车站中划定的堆放货物的位置。

【货物】huòwù 名 泛指供买卖的物品。

【货箱】huòxiāng 名 装货物的箱式装置。

【货样】huòyàng 名 货物的样品。

【货源】huòyuán 名 货物的来源 ▷广开～。

【货运】huòyùn 名(交通运输部门)运输货物的业务 ▷代办～｜～单｜～量。

【货栈】huòzhàn 名 营业性的货场或堆放货物的仓库。

【货真价实】huòzhēn-jiàshí ❶ 货物质量可靠，价钱公道。❷ 比喻实实在在，没有一点儿虚假。

【货殖】huòzhí ❶ 动 古代指经营货物生产和交换以营利。❷ 名 古代指经商的人。如《史记》中有《货殖列传》。

【货主】huòzhǔ 名 货物的主人。

获(獲❶❷穫❸) huò ❶ 动 捉到;擒住 ▷捕~|擒~|俘~。→❷ 动 得到 ▷不劳而~|~利|~奖。→❸ 动 收割(庄稼) ▷收~。☛ 统读 huò。

【获得】huòdé 动 得到(多用于抽象事物) ▷~成功。☛ 参见 1656 页“赢得”的提示。

【获奖】huòjiǎng 动 获得奖励 ▷她多次在国际大赛中~|~名单。

【获救】huòjiù 动 得到救助;被救 ▷~脱险。

【获利】huòlì 动 得到利益 ▷从中~。

【获取】huòqǔ 动 取得;得到 ▷~情报|~食物。

【获胜】huòshèng 动 取得胜利。

【获释】huòshì 动 得到释放 ▷被拘留人员全部~。

【获悉】huòxī 动 得知(某种消息或情况) ▷日前~兄已回国。

【获选】huòxuǎn 动 当选 ▷~人大代表。

【获益】huòyì 动 得到好处和利益 ▷~匪浅。

【获益匪浅】huòyì-fěiqiǎn 得到的好处不少(匪:不是)。☛ “匪”不要误写作“非”。

【获知】huòzhī 动 得知;知晓 ▷他是从别人那里~这一消息的。

【获致】huòzhì 动 得到;取得 ▷论文~好评。

【获准】huòzhǔn 动 得到许可;被批准 ▷~重返国家队|~出国深造。

【获罪】huòzuì 动 被加上某种罪名;被认为有罪 ▷动辄~|屡屡~而遭贬谪。

祸(禍*旤) huò ❶ 名 灾难(跟“福”相对) ▷是福是~,很难预料|~从口出|嫁~于人|车~|~根。→❷ 动 使受害;损害 ▷~国殃民。

【祸不单行】huòbùdānxíng 多种灾祸同时发生。

【祸从天降】huòcóngtiānjiàng 灾祸好像从天上落下来。形容灾祸来得意外、突然。

【祸端】huòduān 名〈文〉祸根 ▷姑息养奸,必成~。

【祸福】huòfú 名 灾祸与幸福 ▷人有旦夕~。

【祸根】huògēn 名 引起灾祸的根源。也说祸胎。

【祸国殃民】huòguó-yāngmín 使国家受害,人民遭殃。

【祸害】huòhai ❶ 名 灾难;祸患 ▷水利失修,酿成~。❷ 名 引起祸害的人或事 ▷这个流氓团伙,是当地居民的一大~。❸ 动 严重损害 ▷~百姓。

【祸患】huòhuàn 名 灾祸;常指会造成严重后果的灾难 ▷根除~。

【祸及】huòjí 动 灾祸牵涉或影响到 ▷污染环境,~子孙。

【祸乱】huòluàn 名 灾祸与动乱 ▷荡平~。

【祸起萧墙】huòqǐ-xiāoqiáng 指祸患发生在内部。参见 1508 页“萧墙”。☛ “萧”不要误写作“肖”。

【祸事】huòshì 名 灾难的事。

【祸首】huòshǒu 名 造成祸害的首要分子;也指造成恶果的主要事物 ▷罪魁~|小麦枯死的~是假化肥。

【祸水】huòshuǐ 名 旧指惑人败事的女人;现指引起祸患和灾难的社会势力。

【祸祟】huòsuì 名 迷信指鬼神施于人的灾祸。

【祸心】huòxīn 名 作恶害人的心思 ▷包藏~。

【祸殃】huòyāng 名 祸害;灾殃 ▷横遭~。

【祸种】huòzhǒng 名 引起灾祸的人或事。

惑 huò ❶ 形 弄不明白;迷惑 ▷大~不解|惶~|疑~|困~。→❷ 动 使迷惑 ▷造谣~众|蛊~|诱~。

【惑乱】huòluàn 动 使陷于迷惑混乱 ▷~民心。

【惑人耳目】huòrén'ěrmù 迷惑别人的耳朵和眼睛;指以假象蒙蔽人,使人迷惑。

【惑众】huòzhòng 动 迷惑许多人 ▷造谣~。

霍 huò ❶ 副 表示迅速;忽然 ▷~地站起来|~然。○❷ 名 姓。☛ 统读 huò,不读 huǒ。

【霍地】huòde 副 表示动作突然发生 ▷~扭转身来|~站了起来。

【霍霍】huòhuò 拟声〈文〉模拟磨刀的声音 ▷磨刀~向猪羊。

【霍乱】huòluàn ❶ 名 烈性肠道传染病,病源是霍乱弧菌,主要通过水、食物、生活接触等途径而感染。多见于夏秋两季。主要症状是腹泻、呕吐,严重失水,以致虚脱,死亡率极高。❷ 名 中医学上泛指胃肠疾病。

【霍然】huòrán ❶ 形〈文〉形容疾病迅速祛除的样子 ▷病体~|~而愈。❷ 副 忽然 ▷~起风。

濩 huò ❶ 形〈文〉形容水从屋檐流下的样子。○❷ 名 姓。

另见 584 页 hù。

謋 huò [謋然] huòrán 形〈文〉形容迅速裂开的样子 ▷~已解。

豁 huò ❶ 名〈文〉通达宽敞的山谷。→❷ 形 阔;宽敞 ▷~亮。❸ 形 通达;开朗 ▷~达大度|~朗。○❹ 动 免去 ▷~免。○❺ 名 姓。☛ 读 huō,指裂开,如“鞋帮豁了个口子”;引申指割舍,如“豁上老命”。读 huá,用于“豁拳”(现在规范词形写作“划拳”)。

另见 590 页 huá;621 页 huō。

【豁达】huòdá 形 胸襟开阔;性格爽朗 ▷胸怀～。

【豁朗】huòlǎng 形 开阔明朗;豁达开朗 ▷草原的天空格外～|心情立刻～多了。

【豁亮】huòliàng ❶ 形 宽阔敞亮 ▷房间很～◇心里～多了。❷ 形(嗓音)洪亮 ▷嗓门儿～。

【豁免】huòmiǎn 动 (依法)免除;取消 ▷外交～权|灾区各种税款一概～。

【豁然】huòrán 形 形容开阔敞亮的样子 ▷穿过密林,一片草原～出现在眼前。

【豁然贯通】huòrán-guàntōng 形容(久思不解的问题)一下子明白过来,迎刃而解。

【豁然开朗】huòrán-kāilǎng 形容由狭小幽暗顿时变得宽敞明亮;也形容(经过别人的指点或自己的思考)突然明白和领悟。

镬(鑊) huò ❶ 名 古代煮肉、鱼等的无足鼎;也用作烹人的刑具 ▷鼎～(多指刑具)。参见插图 15 页。→ ❷ 名 某些地区指锅。

濩 huò [濩濩] huòhuò 拟声 〈文〉模拟水流的声音 ▷流水～。

藿 huò 名 〈文〉豆类作物的叶子 ▷葵～(冬葵和豆叶)。

【藿香】huòxiāng 名 多年生草本植物,茎方形,叶对生,三角状卵形,开白色、紫色或蓝色花。茎、叶可以提取芳香油,也可以做药材。

嚯 huò ❶ 叹 表示惊讶或赞叹 ▷～,你们来得真早哇!|～,长这么高了! ○ ❷ 拟声 模拟笑声 ▷～～地笑了起来。

蠖 huò ❶ 见 183 页"尺蠖"。○ ❷ 名 姓。☛ 统读 huò,不读 hù。

鳠 huò 名 鱼,体形侧扁,牙齿呈绒毛状,头部的鳞圆形,其他部位的鳞呈栉状。种类很多,生活在海洋中。

獾 huò [獾㹢狓] huòjiāpí 名 英语 okapi 音译。哺乳动物,形状像长颈鹿而较小,毛赤褐色,臀部与四肢有黑白相间的横纹。生活在非洲原始森林中,吃嫩枝叶等。

臛 huò 名 〈文〉肉羹。

爜 huò 形 〈文〉形容火光闪烁的样子;明亮 ▷～若白日。

huo

和 huo 词的后缀,附着在某些形容词性语素、动词性语素后面,构成形容词或动词 ▷暖～|热～|掺～|搅～。

另见 552 页 hé;557 页 hè;578 页 hú;621 页 huó;627 页 huò。

J

jī

几[1] jī 名 矮小的桌子 ▷茶～|窗明～净。

几[2]（幾） jī 副〈文〉几乎① ▷迄今～四十年|～陷虎口|柔肠～断。✒“几”字读 jī,表示事物,本指矮桌子,如“茶几”;又作副词,表示接近,如“几乎”“几近”。读 jǐ,作数词,如“现在是几点钟?”

另见 645 页 jǐ。

【几案】jī'àn 名〈文〉长条形的桌子;泛指桌子。

【几乎】jīhū ❶ 副 表示非常接近;差不多 ▷～走遍全国|头发～全白了。❷ 副 表示眼看就要发生而结果并未发生;差一点儿 ▷一个跟头,～摔破了头|事情～办成了。

【几近】jījìn 动 几乎到了;极为接近 ▷～崩溃。

【几率】jīlǜ ❶ 名 概率的旧称。❷ 名 泛指某一类事情发生的可能性 ▷减少发病～|后市反弹的～大增。

讥（譏） jī 动 讽刺;挖苦 ▷～讽|～笑|反唇相～。

【讥嘲】jīcháo 动 讽刺嘲笑。

【讥刺】jīcì 动〈文〉讽刺。

【讥讽】jīfěng 动 用含蓄或尖刻的话挖苦、指责 ▷对别人的缺点可以批评,但不要～。✒参见本页“讥笑”的提示。

【讥评】jīpíng 动 讥讽评议 ▷～朝政。

【讥诮】jīqiào 动〈文〉讥笑讽刺 ▷妄加～。

【讥弹】jītán 动〈文〉讥讽抨击(弹:抨击;检举) ▷～时弊|备受～。

【讥笑】jīxiào 动 讽刺嘲笑 ▷先生一生俭朴,尽管有人～他寒酸,他也毫不理会。✒跟“讥讽”不同。“讥笑”侧重于用讽刺的话嘲笑别人;“讥讽”侧重于用尖刻的话来挖苦别人,语意较重。

击（擊） jī ❶ 动 敲打;拍打 ▷旁敲侧～|～鼓|～掌。→ ❷ 动 刺;杀 ▷反戈一～|～剑。❸ 动 攻打 ▷声东～西|无懈可～|攻～|打～。→ ❹ 动 碰撞;触及 ▷撞～|目～。✒统读 jī,不读 jí。

【击败】jībài 动 打败 ▷一举～来犯之敌。

【击毙】jībì 动 打死(一般指用枪) ▷公安干警～了持枪拒捕的杀人凶犯。

【击沉】jīchén 动 (用炮火)打沉(舰船) ▷～敌舰3艘。

【击穿】jīchuān 动 打穿 ▷穿甲弹～敌军坦克。

【击打】jīdǎ 动 拍打;打击 ▷浪涛～着堤岸|拳击比赛中不能～对手的腹部。

【击发】jīfā 动 扣动扳机将子弹射出。

【击毁】jīhuǐ 动 击中并毁坏 ▷～敌军飞机5架。

【击剑】jījiàn 名 体育运动项目,比赛时运动员穿戴护具,在特定的场地上用剑刺或劈,击中对方有效部位次数多者获胜。比赛项目有花剑、佩剑、重剑,分团体赛和个人赛。

【击节】jījié 动 打拍子(节:古代用来控制乐曲演奏节奏的打击乐器);后多用来表示非常赞赏 ▷～唱和|他的散文令人～叹赏。

【击溃】jīkuì 动 打垮;打得四处逃散 ▷～敌军。

【击落】jīluò 动 (把飞机等)从空中打下来 ▷～敌机两架。

【击破】jīpò 动 攻破;打败 ▷采取各个～的战术。

【击伤】jīshāng 动 打伤(多指用武器) ▷敌机被击落3架,～8架。

【击赏】jīshǎng 动〈文〉击节赞赏 ▷～不已。

【击水】jīshuǐ〈文〉❶ 动 拍打水面 ▷～踉跄。❷ 动 指游泳 ▷到中流～,浪遏飞舟。

【击掌】jīzhǎng ❶ 动 拍巴掌 ▷～赞叹。❷ 动 互相拍击对方的手掌,表示誓不反悔,或庆祝、鼓励等 ▷～为誓|～相庆。

【击中】jīzhòng ❶ 动 打中 ▷～目标|被雷电～。❷ 动 比喻触及;切中 ▷～问题的要害|～时弊。✒“中”这里不读 zhōng。

叽（嘰） jī 拟声 模拟小鸡、小鸟的叫声(多叠用) ▷小鸟～～地叫个不停。

【叽咕】jīgu 动 咕叽(ji)。

【叽叽嘎嘎】jījigāgā 拟声 模拟说笑声 ▷大家～地又说又笑。

【叽叽歪歪】jījiwāiwāi 现在一般写作“唧唧歪歪”。

【叽叽喳喳】jījizhāzhā 拟声 模拟鸟叫等细碎杂乱的声音 ▷树上的鸟儿～地叫。

【叽里旮旯儿】jīligālár 名〈口〉每个角落 ▷～都找遍了,还是没找到。

【叽里咕噜】jīligūlū ❶ 拟声 模拟听不清或听不懂的说话声 ▷他～说了半天,谁也没听懂。❷ 拟声 模拟物体滚动的声音 ▷倒出来的苹果～滚了一地。

【叽里呱啦】jīliguālā 拟声 模拟嚷嚷的声音 ▷熄灯了,别再～地说了。也说叽里哇啦。

饥[1]（飢） jī 形 饿 ▷～一顿,饱一顿|如～似渴|～饿。

饥[2]（饑） jī 形 庄稼歉收或没有收成 ▷～荒|～馑。

【饥饱】jībǎo 名 饥和饱的状态;借指生活(一般指

困难的生活）▷这孩子见到好吃的就猛吃，不知个～|时刻关心贫困户的～。

【饥不择食】jībùzéshí 饿急了就不挑食。比喻迫切需要时顾不上选择。

【饥餐渴饮】jīcān-kěyǐn 饿了吃饭，渴了喝水。多用来形容旅途生活的艰苦劳累。

【饥肠辘辘】jīcháng-lùlù 饥饿时腹内辘辘作响。形容非常饥饿。

【饥饿】jī'è 形 胃里没食，急需吃东西 ▷～难忍。

【饥饿线】jī'èxiàn 名 指饥饿的处境 ▷挣扎在～上。

【饥寒交迫】jīhán-jiāopò 饥饿和寒冷同时袭来（交：同时）。形容生活极端穷困。

【饥荒】jīhuāng 名 因歉收造成的灾荒 ▷大旱三年，～严重|那年正赶上闹～。

【饥荒】jīhuang〈口〉❶ 名 指（家庭或个人）经济上的困难 ▷他家收入少，经常闹～。❷ 名 指债务 ▷拉～。

【饥馑】jījǐn 名〈文〉饥荒（huāng）▷～之患。

【饥渴】jīkě 形 腹饥口渴 ▷～难忍◇知识～。

【饥民】jīmín 名 荒年挨饿的百姓。

【饥色】jīsè 名 因长期饥饿而呈现出的营养不良的脸色 ▷面有～。

玑（璣） jī ❶ 名〈文〉不圆的珍珠 ▷珠～。○ ❷ 名 古代一种观测天象的仪器。

圾 jī 见 811 页"垃圾"。☛ 统读 jī，不读 jí。

芨 jī 见 24 页"白芨"。☛ 统读 jī，不读 jí。

【芨芨草】jījīcǎo 名 多年生草本植物，叶狭长，花灰绿色或紫色。生长在微碱性土壤中，是良好的固沙耐碱植物。可以编筐、造纸、做饲料。

机（機） jī ❶ 名 古代弓弩上木制的发箭机关 ▷弩～。→ ❷ 名 机器 ▷织布～。⇒ ❸ 形 灵巧；灵敏 ▷～灵|～敏|～智。⇒ ❹ 名 生物的生活机能 ▷有～体|无～物。⇒ ❺ 名 特指飞机 ▷战斗～|～场|～身。→ ❻ 名 事物发生、变化的关键因素 ▷契～|生～。⇒ ❼ 名 事物发展、变化的关键时刻或适宜的时候 ▷～不可失|乘～|～遇。⇒ ❽ 名 极重要而有保密性质的事情 ▷军～|～要|～密。→ ❾ 名 心里萌发的念头 ▷动～|杀～。○ ❿ 名 姓。

【机变】jībiàn 动〈文〉机智、灵活地应付突然发生的变化 ▷长于～|缺乏～。

【机不可失】jībùkěshī 机会不可错过。

【机舱】jīcāng ❶ 名 轮船上安装动力机器的地方。❷ 名 飞机上载客或装货的地方。

【机场】jīchǎng 名 飞机场的简称。

【机车】jīchē 名 牵引火车车厢的动力车。通称火车头。

【机窗】jīchuāng 名 飞机机舱两侧的密封窗。

【机床】jīchuáng 名 制造机器、机械的机器。即对金属或非金属材料进行机械加工的机器。如车床、铣床、刨床、磨床等。也说工作母机。

【机电】jīdiàn 名 机械和电力、电子设备的合称。

【机顶盒】jīdǐnghé 名 数字视频解码接收器的通称。可将数字电视信号转换成普通电视所能接收的模拟信号。因通常放在电视机顶部，故称。

【机动】jīdòng ❶ 区别 有动力推进设备的 ▷～车。○ ❷ 形 灵活变通的 ▷～使用|～灵活。❸ 区别 可以灵活使用的 ▷～款项。

【机动车】jīdòngchē ❶ 名 用发动机驱动的车。○ ❷ 名 可以灵活使用的车 ▷高峰期加开～。

【机帆船】jīfānchuán 名 装有动力推进装置的帆船。

【机房】jīfáng 名 安装机器或有关设备的专用房屋 ▷～重地|～内有 10 台计算机。

【机锋】jīfēng 名〈文〉佛教禅宗指问答迅捷又含有深意的话语；也指机敏的才思 ▷语多～|～过人。

【机耕】jīgēng 动 用拖拉机等耕作。

【机耕船】jīgēngchuán 名 一种自走式的水田耕作船。船体通常用钢板制成，船后拖挂 1—2 副犁，靠叶轮驱动。

【机构】jīgòu ❶ 名 机器内部由若干零件组成的机械装置。如钟表的齿轮机构、车床的走刀机构。❷ 名 机关、团体等及其内部组织 ▷最高权力～|成立专门～|精简～。

【机关】jīguān ❶ 名 旧指某些用机械控制的装置；也指机械装置的制动部件 ▷打开大坝水闸的～。❷ 区别 用机械控制的 ▷～枪|～炮。❸ 名 计谋；心计 ▷～算尽。❹ 名 办理公众事务的单位或部门 ▷～干部。

【机关报】jīguānbào 名 国家机关、政党、社会团体主办的宣传其主张的报纸 ▷《人民日报》是中共中央～。

【机关刊物】jīguān kānwù 国家机关、政党、社会团体主办的宣传其主张的刊物 ▷《求是》是中共中央～。也说机关刊。

【机关炮】jīguānpào 名 可以利用机械装置自动连续发射炮弹的武器。

【机关枪】jīguānqiāng 名 机枪的旧称。

【机关算尽】jīguān-suànjìn 费尽心机（含贬义）▷他为追逐名利～，到头来仍逃脱不了可耻的下场。

【机灌】jīguàn 动 用机器抽水灌溉。

【机徽】jīhuī 名 飞机上标明国别、军用或民航、所属公司等的标志。

【机会】jīhuì 名 难得的有利的时刻；时机 ▷这个～很难得｜抓住～。☛ 跟“机缘”不同。“机会”强调时机，通用于口语和书面语；“机缘”强调缘分，有较强的不可知性或偶然性的意味，多用于书面语。

【机会主义】jīhuì zhǔyì 工人运动或无产阶级政党内部出现的反马克思主义思潮。包括右倾机会主义和“左”倾机会主义。两者都以主观和客观相分离、认识和实践相脱离为特征，对革命有很大的危害性。

【机加工】jījiāgōng 动 指对金属材料或非金属材料进行切削加工或压力加工。也说机械加工。

【机件】jījiàn 名 机器的零部件。

【机降】jījiàng 动 用飞机、直升机等航空器搭载人员、装备、物资等直接降落到地面（跟“伞降”相区别）▷全连～敌后，实施突袭｜确定救灾物资的～地点。

【机井】jījǐng 名 用机器开掘并用水泵抽水的深井。

【机警】jījǐng 形 机智灵敏；反应迅速 ▷～过人。

【机具】jījù 名 机械和工具的合称。

【机理】jīlǐ 名 机制②③。

【机灵】jīling 形 聪明伶俐；灵活机智 ▷这孩子真～｜～鬼。☛ 不要写作“机伶”。

【机灵鬼】jīlingguǐ 名 聪明伶俐的人（含诙谐喜爱意）▷这孩子是个～，什么事都瞒不过他。

【机率】jīlǜ 名 概率的旧称。

【机米】jīmǐ 名 碾米机碾出的大米；某些地区特指碾米机碾的籼（xiān）米。

【机密】jīmì ❶ 形 重要而秘密 ▷～档案。❷ 名 重要而秘密的事务 ▷军事～｜泄漏～。

【机敏】jīmǐn 形 机智灵敏 ▷～过人。

【机谋】jīmóu 名 遇事应变的计谋、谋略 ▷他是一位善思考、多～的人。

【机能】jīnéng 名 生物体的细胞、组织或器官的作用和功能 ▷消化～◇这个机构形同虚设，完全丧失了它应有的～。

【机票】jīpiào 名 乘坐客机的凭证。

【机器】jīqì 名 由金属或非金属零部件组成，执行机械运动或按照程序运行，以变换或传递能量、物料和信息的装置。如实现机械能与其他能量转换的动力机器内燃机、发电机、电动机等，搬运物料或改变物料形态的工作机器汽车、起重机、冲床、包装机械等，处理和贮存信息的信息机器打字机、绘图机、电子计算机等。

【机器翻译】jīqì fānyì 利用电子计算机等装置，按一定的程序把一种语言文字译成另一种语言文字。简称机译。也说自动化翻译。

【机器人】jīqìrén 名 一种由电子计算机控制，能代替人做某些工作的自动机械。

【机器语言】jīqì yǔyán 计算机可以直接使用的语言，即不用经过翻译就能直接由机器执行的语言。它的各种信息都由二进制数字组成。

【机枪】jīqiāng 名 带有支架等固定装置，可以自动连续发射子弹的枪械。有轻机枪、重机枪、大口径机枪等。旧称机关枪。

【机巧】jīqiǎo 形 机智灵巧 ▷处事～。

【机群】jīqún 名 编队成群飞行的飞机 ▷～从检阅台上空飞过。

【机师】jīshī 名 操作或管理机器的技术人员；特指飞机驾驶员。

【机时】jīshí 名 使用计算机或其他机器、仪器的时间，多用小时计算。

【机体】jītǐ 名 自然界中生物个体的统称 ▷增强～的免疫功能。也说有机体。

【机头】jītóu 名 飞机或某些机器的前端部分。

【机位】jīwèi ❶ 名 摄像机、摄影机等拍摄时所安放的位置 ▷为保证直播取得更好效果，摄制组拍摄时选择了不同的～。❷ 名 停放飞机的位置 ▷停机坪拥有 40 个～。❸ 名 客机座舱的位子 ▷预订～。

【机务】jīwù 名 机车等的操纵、维修、保养等方面的事务 ▷负责～的人员｜～段。

【机械】jīxiè ❶ 名 机器和其他利用力学原理组成的装置的统称。如机床和钟表的齿轮、千斤顶、滑轮、枪炮等。❷ 形 呆板；不灵活 ▷脑子太～了。

【机械波】jīxièbō 名 机械振动在介质中传播形成的波。如声波、水波等。

【机械化】jīxièhuà 动 指普遍使用机器设备进行生产或活动 ▷食品生产全部实现～。

【机械能】jīxiènéng 名 机械运动的能量，包括动能和势能。

【机械师】jīxièshī 名 从事机械制造和修理的技术人员。

【机械手】jīxièshǒu 名 能模仿手臂的功能，代替人手从事某些劳动的自动机械。

【机械唯物主义】jīxiè wéiwù zhǔyì 17、18 世纪盛行于欧洲的一种唯物主义哲学。承认世界是物质的，但用纯粹力学的原理解释一切现象，用片面、孤立、静止的观点观察世界，因而是形而上学的，在说明社会历史现象时陷入唯心主义。

【机械效率】jīxiè xiàolǜ 机械输出的有用功同外界输入给机械的总功之比。一般用百分数表示。

【机械运动】jīxiè yùndòng 物体之间或物体内各部分之间相对位置发生改变的运动。如车辆行驶、地球转动。

【机心】jīxīn ❶ 名〈文〉诡诈狡猾的用心。○ ❷ 见本页“机芯”。现在一般写作“机芯”。

【机芯】jīxīn 名 指钟表等机械内部的机件。

【机型】jīxíng 名 机器或飞机的型号。

【机修】jīxiū 动 机器检修 ▷进行～|～车间。

【机绣】jīxiù 区别 用机器刺绣的 ▷～制品。

【机要】jīyào 区别 机密而重要的 ▷～单位|～室。

【机宜】jīyí 名 根据客观态势所采取的相应对策 ▷面授～。

【机翼】jīyì 名 安装在飞机机身两侧、提供飞机升力的翼状部件。

【机引】jīyǐn 区别 用机械动力牵引的 ▷～农具。

【机油】jīyóu 名 用来润滑机器中运转或摩擦部件的油剂。

【机遇】jīyù 名 机会;时机(多指有利的) ▷抓住～,谋求发展。

【机缘】jīyuán 名 机会和缘分 ▷～犹在。☛ 参见 632 页"机会"的提示。

【机运】jīyùn 名 机会和时运 ▷～不佳。

【机载】jīzài 区别 用飞机装载的 ▷～导弹。

【机织】jīzhī 区别 用机器编织的 ▷～毛衣。

【机制】jīzhì ❶ 区别 用机器制造的 ▷～纸|～水饺。〇 ❷ 名 机器的构造和工作原理 ▷联合收割机的～。❸ 名 借指有机体的构造、功能和相互关系 ▷皮肤的生理～。❹ 名 借指由事物的内在规律及其与外部事物的有机联系所形成的系统 ▷市场～|竞争～。

【机智】jīzhì 形 头脑机敏,能随机应变 ▷～多谋|～勇敢。

【机种】jīzhǒng 名 机器的种类;特指飞机或电子计算机的种类。

【机杼】jīzhù 〈文〉 ❶ 名 织布机。❷ 名 比喻诗文的构思和布局 ▷文章须自出～。

【机子】jīzi 名 指某些机械装置 ▷这台～好用。

【机组】jīzǔ ❶ 名 由几种机器组成的一组机器。如汽轮发电机组。〇 ❷ 名 飞机上全体工作人员组成的集体 ▷先进～。

【机座】jīzuò ❶ 名 客机上的座位。❷ 名 机器的底座。

乩 jī 见 419 页"扶乩"。

肌 jī ❶ 名 肌肉 ▷面黄～瘦|～肤|心～。→ ❷ 名 皮肤 ▷雪～|～理。

【肌肤】jīfū 名 〈文〉 肌肉和皮肤 ▷伤及～。

【肌腱】jījiàn 名 腱。

【肌理】jīlǐ 名 〈文〉皮肤的纹理。

【肌肉】jīròu 名 人和部分动物肌体的基本组织之一,主要由纤维状的肌细胞组成,能收缩,是躯体运动及体内消化、呼吸、循环、排泄等生理过程的动力来源。可分为平滑肌、骨骼肌、心肌三种。

【肌体】jītǐ 名 身体 ▷提高～免疫力◇防止政治微生物侵蚀我们党的～。

矶(磯) jī 名 露出水面的大块岩石或石滩(多用于地名) ▷钓～(钓鱼时坐的岩石)|燕子～(在江苏)。

鸡(鷄*雞) jī ❶ 名 家禽,嘴短而尖,头部有肉冠。翅膀不发达,不能高飞。肉和蛋可以食用。〇 ❷ 名 姓。

【鸡雏】jīchú 名 雏鸡。

【鸡蛋里挑骨头】jīdàn li tiāo gǔtou 比喻故意找碴儿,硬要在没有毛病的地方找出毛病。

【鸡丁】jīdīng 名 切成小块的鸡肉。

【鸡飞蛋打】jīfēi-dàndǎ 比喻两头落空,一无所获。

【鸡飞狗跳】jīfēi-gǒutiào 形容一片惊恐慌乱的场面。

【鸡冠】jīguān 名 鸡头上隆起的肉冠。也说鸡冠子。

【鸡冠花】jīguānhuā 名 一年生草本植物,夏秋季开花,花多为红色,呈鸡冠状,故称。花和种子可以做药材。参见插图 7 页。

【鸡奸】jījiān 动 男性之间发生性行为。

【鸡精】jījīng 名 用味精、食盐、鸡肉(骨)的粉末等为原料加工而成的、具有鸡的鲜味和香味的调味品。

【鸡口牛后】jīkǒu-niúhòu "宁为鸡口,无为牛后"的缩略。参见 1007 页"宁为鸡口,无为牛后"。

【鸡肋】jīlèi 名 鸡的肋骨,吃着肉不多,扔了又可惜。比喻没有多大价值但又舍不得抛弃的东西。

【鸡零狗碎】jīlíng-gǒusuì 形容事物零碎,不完整。

【鸡毛掸子】jīmáo dǎnzi 掸灰尘的用具,在藤条或细竹竿上扎上鸡毛制成。

【鸡毛蒜皮】jīmáo-suànpí 比喻无关紧要的小事或毫无价值的东西。

【鸡毛信】jīmáoxìn 名 旧指插上鸡毛以示必须火速传递的紧急公文、信件。

【鸡鸣狗盗】jīmíng-gǒudào《史记·孟尝君列传》记载:战国时齐国的孟尝君被秦王扣留,幸亏他的一个门客装成狗潜入秦宫,偷出已经献给秦王的白狐裘,再献给秦王的爱姬,才得以获释;又靠一个会学公鸡叫的门客骗开城门,才逃回齐国。后用"鸡鸣狗盗"指微不足道的技能;也指偷偷摸摸的行为。

【鸡内金】jīnèijīn 名 中药材,鸡胗的内皮,黄色,有健脾消食的功能。

【鸡皮】jīpí 名 鸡的皮,表面粗糙,布满细小疙瘩。

【鸡皮疙瘩】jīpí gēda 由于寒冷或惊恐,皮肤毛孔突然收缩形成的许多小疙瘩,样子像去了毛的鸡皮 ▷冻得直起～。

【鸡栖凤巢】jīqī-fèngcháo 鸡住进凤凰的窝里。比喻好的位置、处所等被不相称的人或物占据。

【鸡犬不留】jīquǎn-bùliú 连鸡和狗都不留下。形容残酷杀戮，把人全部杀光。

【鸡犬不宁】jīquǎn-bùníng 连鸡和狗都不得安宁。形容骚扰得非常厉害。

【鸡犬升天】jīquǎn-shēngtiān 传说汉代淮南王刘安修炼成仙，他家的鸡和狗吃了他剩下的丹药，也跟着升了天。比喻一人得势，同他有关系的人也都跟着发迹。

【鸡犬相闻】jīquǎn-xiāngwén 鸡犬的叫声彼此都能听见。形容住得很近。

【鸡舍】jīshè 名 养鸡的棚子、笼子等。也说鸡窝、鸡笼。

【鸡汤】jītāng ❶ 名 用鸡熬制的富有营养的汤。❷ 名 心灵鸡汤的简称。

【鸡头米】jītóumǐ 名 芡实。

【鸡尾酒】jīwěijiǔ 名 用几种酒或用酒和其他饮料混合调制成的酒，多在饮用前临时调制。

【鸡瘟】jīwēn 名 鸡的各种急性传染病的统称。

【鸡心】jīxīn ❶ 名 鸡的心脏。❷ 区别 指上圆下尖，像鸡心形状的 ▷～领|～项链坠子。

【鸡胸】jīxiōng 名 因佝偻病形成的胸骨凸起像鸡胸脯的症状。

【鸡血石】jīxuèshí 名 一种含朱砂而带红色斑块的石料。在我国主要产于浙江临安和内蒙古自治区林西、巴林等地，是石雕和印章的名贵材料。

【鸡血藤】jīxuèténg 名 常绿木质藤本植物。小叶长椭圆形，夏季开紫红色花。茎可以做药材。

【鸡眼】jīyǎn 名 皮肤病。脚掌、脚跟或脚趾上因角质层增生而形成的圆形小硬结，形状像鸡的眼睛，故称。

【鸡杂】jīzá 名 做食品用的鸡内脏，包括心、肝、肫等。

【鸡子儿】jīzǐr 名〈口〉鸡蛋。

【鸡枞】jīzōng 名 蕈(xùn)的一种。刚出土时菌盖呈圆锥形，展开后中央有显著凸起。菌褶白色，老熟时微黄。可食用。

其 jī 用于人名。如郦食(yì)其，西汉人。

另见 1071 页 qí。

枅 jī〈文〉❶ 名 柱子上或门上垫的方木。○ ❷ 名 悬挂大秤的横木。

奇 jī ❶ 形 单的；不成双的(跟"偶"相对) ▷～偶|～数。→ ❷ 名〈文〉数目的零头 ▷身长六尺有～|～零。

另见 1072 页 qí。

【奇零】jīlíng 名〈文〉大数目后边的尾数。

【奇数】jīshù 名 不能被 2 整除的整数(跟"偶数"相区别)。如 1、3、5、-1、-3、-5 等。正奇数也说单数。

隮(躋) jī〈文〉❶ 动 登上；升起 ▷日朝～于东。→ ❷ 动 坠落。

咭 jī 同"叽"。

剞 jī［剞劂］jījué〈文〉❶ 名 雕刻用的曲刀。❷ 动 雕刻；刻书 ▷付之～。

唧 jī ❶ 动 喷射(液体) ▷～他一身水|～筒。○ ❷ 同"叽"。现在一般写作"叽"。

【唧咕】jīgu 现在一般写作"叽咕"。

【唧唧】jījī 拟声 模拟小鸟和虫的鸣叫声 ▷燕子绕梁～叫|秋虫～。

【唧唧嘎嘎】jījigāgā 现在一般写作"叽叽嘎嘎"。

【唧唧歪歪】jījiwāiwāi 形〈口〉形容说话或做事啰唆，不干脆 ▷他整天～地说个没完|别～的，干脆点儿。

【唧唧喳喳】jījizhāzhā 现在一般写作"叽叽喳喳"。

【唧哝】jīnong 动 小声说话；叽咕 ▷你～什么？有话大声说。

【唧筒】jītǒng 名 泵的旧称。

积(積) jī ❶ 动 逐渐聚集 ▷院子里～满了水|～雪。→ ❷ 形 长期积累形成的 ▷～习|～怨。→ ❸ 名 中医指积久形成的内脏疾病；特指小儿消化不良症 ▷食～|这孩子有～了。→ ❹ 名 数学上指几个数相乘所得的数。如 3 乘以 4 的积是 12。

【积案】jī'àn 名 长期积压没有结案的案件。

【积弊】jībì 名 长时间累积和沿袭下来的弊病 ▷～难除。

【积储】jīchǔ 动 积存①。

【积存】jīcún ❶ 动 积攒储存；积蓄 ▷～财物。❷ 名 积存的钱物 ▷一点儿～也没有。

【积德】jīdé 动 指为积累德行而做好事 ▷～行善。

【积淀】jīdiàn ❶ 动 积累沉淀(多指思想、文化等) ▷几千年～下来的习俗影响很深。❷ 名 指积累沉淀下来的思想、文化等 ▷文化～。

【积非成是】jīfēi-chéngshì 谬误的东西流传久了，反被当成正确的。☛ 跟"习非成是"不同。

【积肥】jīféi 动 收集、贮存肥料。

【积分】jīfēn ❶ 名 即积分法，数学上指从局部研究整体的方法。○ ❷ 动 参加比赛或其他有记分的活动积累分数 ▷本店用会员卡消费可～。❸ 名 参加比赛或其他有记分的活动所累积的分数 ▷我队～小组第一|计算客户～。

【积愤】jīfèn 名 郁积已久的愤恨 ▷抒发心中的～。

【积垢】jīgòu 名 积存的污垢 ▷洗刷～|～难除。

【积毁销骨】jīhuǐ-xiāogǔ 诽谤的话积累多了，会置人于死地(毁：指诽谤的话；销：熔化)。

【积极】jījí ❶ 形 正面的；起促进作用的(跟"消极"相对，②同) ▷～的力量|调动一切～因素。❷ 形 主动；热心；努力 ▷工作～|～进取。

【积极分子】jījí fènzǐ ❶ 指政治上要求进步，工作上努力进取的人 ▷组织要求入党的～学习党章。❷ 指积极参加某些工作或活动的人 ▷文体活动～|社区工作～。

【积极性】jījíxìng 名 积极进取的精神和表现 ▷工人的生产～很高。

【积久】jījiǔ 动 经历很长时间 ▷～成癖。

【积聚】jījù 动 积累聚集 ▷～资金|～力量。

【积劳成疾】jīláo-chéngjí 因长时间过度劳累而患病。

【积累】jīlěi ❶ 动 逐渐积聚 ▷～财富。❷ 名 积累起来的东西；特指国民收入中用于扩大再生产的部分 ▷公共～逐年增加。

【积木】jīmù 名 儿童玩具。用木头或塑料等制成的一套大小、形状及色彩不同的块状物，可以拼搭成各种模型。

【积年】jīnián 动 积累多年 ▷债务～。

【积年累月】jīnián-lěiyuè 长年累月。☛"累"这里不读 lèi。

【积贫积弱】jīpín-jīruò 形容(国家、民族、地区等)长期处于贫穷、衰弱状态。

【积欠】jīqiàn ❶ 动 累积拖欠 ▷～税款。❷ 名 累积亏欠的财物 ▷公司的～已全部还清。

【积善】jīshàn 动〈文〉积累善行；指多做好事 ▷～之家必有余庆。

【积少成多】jīshǎo-chéngduō 一点一滴地长时间积累，就能由少变多。

【积食】jīshí ❶ 动 停食。❷ 名 滞留在胃里的食物。

【积水】jīshuǐ ❶ 动 水积聚起来 ▷积土为山，～成海。❷ 名 积存的水 ▷雨后，路上的～很多。❸ 动 医学上特指病人胸腔、腹腔、脑腔等积聚了多余的液体 ▷头部受伤，颅内大量～。❹ 名 病人胸腔、腹腔、脑腔等积聚的多余的液体 ▷脑～|肾～。

【积愫】jīsù 名〈文〉蕴蓄多年的真情 ▷倾叙～。

【积微成著】jīwēi-chéngzhù 细微的事物不易察觉，积累多了便显著起来。

【积习】jīxí 名 长期形成的习惯(多指不良习惯) ▷～难改。

【积蓄】jīxù ❶ 动 积聚储存 ▷～物资|～力量。❷ 名 积蓄的钱 ▷把～捐给希望工程。

【积压】jīyā 动 长时间积存搁置 ▷～资金|产品～。

【积羽沉舟】jīyǔ-chénzhōu 羽毛堆积多了也会把船压沉。比喻某事的消极作用虽小，但积累多了，也会造成严重后果。

【积雨云】jīyǔyún 名 由水滴和冰晶构成的浓暗云块。云体臃肿高大，出现时常伴有雷电、阵雨和阵风，发展猛烈时也会出现龙卷风或冰雹。也说雷雨云。

【积郁】jīyù ❶ 动 (忧愁、愤恨等)在心中长期积聚而得不到发泄 ▷～已久。❷ 名 长期积聚在心中的忧愁或愤恨等 ▷内心存有～。

【积怨】jīyuàn ❶ 动 积聚怨恨 ▷两人～已久。❷ 名 积压很久的怨恨 ▷心中～难消。

【积云】jīyún 名 低云。白色，常见于晴天。可分为淡积云、中积云和浓积云。浓积云可发展成积雨云，多形成降雨。

【积攒】jīzǎn 动〈口〉把零散的、少量的东西一点儿一点儿地积存起来 ▷～零花钱。

【积重难返】jīzhòng-nánfǎn 长期积累，情况严重，难以改变。形容长期形成的恶习或弊端不易改变。

【积铢累寸】jīzhū-lěicùn 铢积寸累。

笄 jī ❶ 名 古人束发的簪子。→ ❷ 动〈文〉指女子 15 岁绾起头发，插上簪子(表示成年) ▷～礼。

屐 jī ❶ 名 木底鞋 ▷木～。→ ❷ 名〈文〉泛指鞋 ▷～履。

姬 jī ❶ 名〈文〉对妇女的美称 ▷秦～越女。→ ❷ 名〈文〉妾 ▷宠～。→ ❸ 名〈文〉歌女；舞女 ▷名～。〇 ❹ 名 姓。☛ 右边是"𦣞(yí)"，不是"臣"。由"𦣞"构成的字还有"熙""颐""茝""宧"等。

【姬妾】jīqiè 名〈文〉妾。

基 jī ❶ 名 基础① ▷墙～|房～|路～|地～。→ ❷ 形 最底层的；起始的；根本的 ▷～层|～价|～调|～业。→ ❸ 名 化合物的分子中所含的一部分原子被当成一个单位时的名称。如巯基、氨基。〇 ❹ 名 姓。

【基本】jīběn ❶ 名 根本①。❷ 形 起基础作用的 ▷最～的特征|～路线。❸ 形 主要依靠的 ▷最～的成员|～力量。❹ 副 大体上 ▷目的～达到|～相同。

【基本词汇】jīběn cíhuì 词汇中最主要、最稳定的部分。这类词历史最久，使用面最广，构词能力最强。如汉语的天、地、水、火、走、打等。

【基本单位】jīběn dānwèi 国际单位制中构成其他单位基础的单位。参见 521 页"国际单位制"。

【基本点】jīběndiǎn 名 事物最主要、最根本的方面。

【基本法】jīběnfǎ 名 (适用于某些地区的)基本的法律。如《中华人民共和国香港特别行政区基本法》。

【基本功】jīběngōng 名 从事某项工作或学习某种技艺所必须掌握的基础知识和基本技能。

【基本建设】jīběn jiànshè ❶ 指国民经济各部门增添固定资产的建设。如建造厂房、修筑道路、兴修水利、添置设备、兴办学校等。简称基建。❷ 比喻对全局的发展起基础作用的工作 ▷搞好师资培训是学校的～。

【基本粒子】jīběn lìzǐ 粒子(zǐ)的旧称。

【基本矛盾】jīběn máodùn 规定事物发展全过程的本质，贯穿事物发展过程的始终，并对全过程起支配作用的矛盾。也说根本矛盾。

【基本上】jīběnshàng ❶ 副 主要地 ▷许多老队员都已退役，目前～依靠年轻队员上场。❷ 副 大体上 ▷书稿到年底～可以完成。

【基层】jīcéng 名 各种组织中与群众直接联系的最低的一层 ▷～组织｜面向～。

【基础】jīchǔ ❶ 名 建筑物的根基 ▷这座楼房～打得坚实。❷ 名 事物发展的根基或起点 ▷小学教育是整个教育工作的～。

【基础代谢】jīchǔ dàixiè 人和动物在清醒、静卧、空腹的情况下测得的单位时间内的能量消耗水平。通常以氧消耗率为指标。

【基础工业】jīchǔ gōngyè 指为国民经济各部门提供能源、材料和技术装备的工业。

【基础教育】jīchǔ jiàoyù 国家对国民实施的基本科学文化知识的教育。目前在我国指中小学教育。

【基础科学】jīchǔ kēxué 研究自然界物质运动规律的科学。一般分为数学、物理学、化学、生物学、地学、天文学六大类。是应用科学的理论基础。

【基础课】jīchǔkè 名 高等学校和中等专业学校为使学生获得某一学科的基本概念、基本规律和基本能力而开设的课程，是进一步学习专业知识的基础(跟“专业课”相区别)。

【基底】jīdǐ ❶ 名 基础；根底 ▷以东方文明为～｜～材料。❷ 名 特指底色 ▷以湖蓝色为～。

【基地】jīdì ❶ 名 作为发展某种事业基础的地区 ▷钢铁～｜渔业～。❷ 名 开展某项事业的专用场所 ▷导弹～｜足球训练～。

【基点】jīdiǎn ❶ 名 作为发展某项事业或开展某项活动的基础的地方 ▷以集镇为～发展农村商品经济。❷ 名 根本；起点 ▷发展基础教育是提高全民族素质的～。

【基调】jīdiào ❶ 名 音乐作品中主要的曲调。❷ 名 借指基本精神、观点、风格、情调、色调等 ▷会议的～是团结奋进｜积极向上是他生活的～｜这幅画的～是暖色。

【基督】jīdū 名 希腊语 Christos 音译。救世主。基督教认为耶稣是救世主，故用来专称耶稣。

【基督教】jīdūjiào 名 世界三大宗教之一，信仰上帝，奉耶稣为救世主，以《旧约全书》和《新约全书》为主要经典，合称《圣经》。公元 1 世纪产生于亚洲西部地区，11 世纪分裂为天主教和正教，16 世纪天主教又分裂出许多新的教派，统称新教。我国所称基督教通常专指新教。

【基督徒】jīdūtú 名 基督教的教徒。

【基肥】jīféi 名 作物播种、移栽前施用的肥料。一般为迟效的厩肥、堆肥、绿肥等。也说底肥。

【基干】jīgàn 名 基本骨干 ▷～队伍｜～民兵。

【基价】jījià ❶ 名 为计算各个时期的平均物价指数而用作基础的某一固定时期的物价。❷ 名 对外贸易中，根据买卖双方协议，以商品的一定品质为基础所计算的价格。

【基金】jījīn ❶ 名 为兴办或发展某项事业而储备的资金或专门拨款 ▷扶贫～。❷ 名 指投资基金。

【基金会】jījīnhuì 名 为兴办或发展某项事业而储有一定资金的组织 ▷联合国儿童～。

【基民】jīmín 名 在基金交易机构开立账户并参加基金交易的个人投资者。

【基尼系数】jīní xìshù 表示社会成员之间收入不平均程度的系数。系数数值在 0—1 之间，数值越大，分配的不平均程度越高。首先由意大利统计学家基尼提出，故称。

【基诺族】jīnuòzú 名 我国少数民族之一。主要分布在云南。

【基期】jīqī 名 统计中计算指数或发展速度等动态指标时，用作对比基础的时期。如 2000 年同 1996 年对比物价指数时，1996 年为基期。

【基色】jīsè 名 原色。

【基石】jīshí ❶ 名 用作建筑物基础的石料。❷ 名 比喻事物的根基 ▷同人民群众保持密切联系是人民政权的～。

【基数】jīshù ❶ 名 普通整数，如 1、2、3……500、6000 等。❷ 名 统计中计算指数或发展速度等动态指标时，用作对比基础的数目 ▷以 1990 年的产值为～，如今已翻了两番。

【基围虾】jīwéixiā 名 虾的一种。生活在咸水和淡水交界处，喜随海潮游到基围(堤坝)下水流平缓区域产卵，故称。现已人工大量养殖。也说基尾虾。

【基线】jīxiàn 名 测量时作为基准的线段；借指某种境况的边缘 ▷划定领海～。

【基薪】jīxīn 名 基本薪金(多用于实行年薪制的企业负责人)。

【基业】jīyè 名 作为发展根基的事业 ▷千秋～｜为子孙后代创立～。

【基因】jīyīn 名 英语 gene 音译。生物体携带和传递遗传信息的基本单位。主要存在于细胞核内的染色体上。

【基因工程】jīyīn gōngchéng 一种生物工程技术。用生物化学手段将生物细胞中带有遗传功能的基因分离出来，在体外进行重新组合，然后引入另一种生物的活细胞内，从而改变另一种生物的遗传性状或产生新的品种。也说基因重组技术、遗传工程。

【基因库】jīyīnkù 名 一个进行有性生殖的生物群

中各成员所共有的全部基因。一个完整的基因库应包含一个特定物种所具有的全部遗传信息。

【基因芯片】 jīyīn xīnpiàn 生物芯片的一种。参见1230页“生物芯片”。也说DNA芯片。

【基因组】 jīyīnzǔ 名 个体或细胞所含的全套基因信息的总和。

【基于】 jīyú 介 引进动作行为的前提或根据 ▷～现有条件，我们还不能作出最后的决定。

【基站】 jīzhàn 名 移动通信系统中，连接固定部分与无线部分，并通过空中的无线通道与移动终端相连的设备 ▷新建开通5G～超过60万个。

【基质】 jīzhì ❶ 名 结缔组织细胞所产生的一种复杂的蛋白质混合物，各种结缔组织的细胞和纤维都包埋在基质内。❷ 名 混合物中起溶剂作用的成分 ▷橄榄油是多种护肤膏的～。

【基准】 jīzhǔn ❶ 名 测量时的起算标准。如测量地理高度时常以平均海平面高度为基准。❷ 名 泛指基本标准 ▷检验质量以此为～。

【基座】 jīzuò 名 石碑、雕塑等的底座。

銈（銈） jī 名〈文〉金制的圭形礼器。

赍（賫*賷齎） jī〈文〉❶ 动 拿着东西送给人 ▷～助。→ ❷ 动 心里怀着（某种想法）▷～恨｜～志。

犄 jī 见下。

【犄角】 jījiǎo〈口〉❶ 名 物体两个边沿相接的地方；棱角 ▷柜子～儿。❷ 名 角落 ▷墙～儿。

【犄角】 jījiao 名 兽角 ▷一对～。

【犄角旮旯儿】 jījiǎo gālár〈口〉各个角落。

嵇 jī 名 姓。

缉（緝） jī 动 搜查；捉拿 ▷～捕｜～私｜通～。

另见1070页qī。

【缉捕】 jībǔ 动 搜查捉拿 ▷～杀人凶手。

【缉查】 jīchá 动 搜查 ▷～走私犯。

【缉毒】 jīdú 动 缉查毒品；缉捕贩毒的人。

【缉获】 jīhuò 动 查获；捕获 ▷～毒品｜～逃犯。

【缉拿】 jīná 动 缉捕 ▷～犯罪嫌疑人。

【缉私】 jīsī 动 缉查走私活动；缉捕走私罪犯 ▷海上～部队｜～艇。

【缉凶】 jīxiōng 动 缉拿凶犯 ▷制定～方案。

畸 jī ❶ 名 上古指划分出正方形的井田之后所余下的零碎田地，形状多是偏斜不规则的。→ ❷ 形 不规则的；不正常的 ▷～形｜～变。→ ❸ 形 偏 ▷～轻～重。→ ❹ 名〈文〉数的零头；余数 ▷～零。☛ 不读qí。

【畸变】 jībiàn ❶ 动 非正常的变化 ▷遗传～｜染色体～。❷ 名 光、电、磁波在传导过程中，由于受到外界的干扰，波形发生变化的现象。如图像变形、音质改变等。

【畸恋】 jīliàn 名 非正常状态的恋情。

【畸零】 jīlíng ❶ 见634页“奇零”。现在一般写作“奇零”。❷ 形〈文〉孤单；孤独 ▷～之人，举目无亲。

【畸轻畸重】 jīqīng-jīzhòng 不是偏轻就是偏重；形容事物发展不平衡，或对人对事的态度不公平。

【畸形】 jīxíng ❶ 形 生物体某部分发育不正常 ▷～胎儿。❷ 形 事物发展不正常 ▷～社会。

跻（躋） jī 动 上升；登上 ▷～于富强之列｜～升｜～身。

【跻身】 jīshēn 动 使自己上升到（某个行列或位置）▷～世界强国之林｜～甲级队。

錤（錤） jī 见1824页“镃（zī）錤”。

襀（襀） jī 名〈文〉衣服上的褶子。

箕 jī ❶ 名 簸箕 ▷粪～。→ ❷ 名 星宿名，二十八宿之一。→ ❸ 名 形状像簸箕的指纹 ▷～斗｜右手有三个～两个斗。☛ ㊀跟“萁（qí）”不同。“萁”指豆秸，如“豆萁”。㊁“箕”在“簸箕”一词中读轻声。

【箕斗】 jīdǒu ❶ 名 星宿名，箕宿和斗宿。《诗经·小雅·大东》：“维南有箕，不可以簸扬；维北有斗，不可以挹酒浆。”后用“南箕北斗”或“箕斗”比喻徒有虚名。❷ 名 人的指纹，簸箕形的叫箕，螺旋形的叫斗。

【箕踞】 jījù 动 古人指席地而坐时两腿向前叉开，是一种轻慢、不礼貌的坐姿。

稽[1] jī ❶ 动〈文〉停留 ▷～留｜～延。○ ❷ 名 姓。

稽[2] jī ❶ 动 考核；调查 ▷无～之谈｜～古。→ ❷ 动 计较；责难 ▷反唇相～。

另见1080页qǐ。

【稽查】 jīchá ❶ 动 检查（违法行为）▷～走私活动。❷ 名 担任稽查工作的人。

【稽核】 jīhé 动 计算核对（多指账目）。

【稽考】 jīkǎo 动〈文〉查对考核 ▷年代久远，无从～。

【稽留】 jīliú 动〈文〉停留 ▷在此～多日。

【稽延】 jīyán 动〈文〉拖延 ▷～数月之久。

【稽征】 jīzhēng 动 核查征收 ▷～税款。

觭 jī ❶ 动〈文〉犄角一俯一仰。→ ❷ 动〈文〉偏向一边；侧重 ▷～重。○ ❸ 古同“奇（jī）”①。

齑（齏） jī〈文〉❶ 名 调味用的姜、蒜等的碎末儿。→ ❷ 形 细；碎 ▷～粉。

【齑粉】jīfěn 名〈文〉碎末儿;细粉 ▷碾为～。

畿 jī 名 古代称国都附近的地方 ▷京～|～辅。

【畿辅】jīfǔ 名 古代指国都附近的地方。

墼 jī ❶ 名 土墼,未经烧制的砖坯。→ ❷ 名 用炭末或粪渣等压制的块状燃料。

激 jī ❶ 动 水流受到阻碍、冲击或震荡而涌起或溅起 ▷江水在礁石前～起阵阵浪花◇～起一场轩然大波。→ ❷ 形 急剧;猛烈 ▷产量～增|～战。→ ❸ 动 因受刺激而感情冲动 ▷～于义愤|感～|慷慨～昂。❹ 动 使激动;使发作 ▷他存心～你,别上当|～怒。❺ 动 因受冷水刺激而得病 ▷被雨水～着了,浑身发烧。❻ 动〈口〉把食物放在冷水里使变凉 ▷在井水里～过的西瓜特凉。〇 ❼ 名 姓。

【激昂】jī'áng 形 (情绪、语调等)激奋昂扬 ▷慷慨～|雄浑～的歌声。

【激变】jībiàn ❶ 动 矛盾激化而生变。❷ 动 迅速而剧烈地变化 ▷战局～,胜负未卜。

【激荡】jīdàng ❶ 动 受冲击而动荡 ▷江潮～◇豪情～。❷ 动 冲击使震荡 ▷海浪～着航船◇悲壮的音乐～着每一位听众。

【激动】jīdòng ❶ 动 因受刺激而感情冲动 ▷～得热泪盈眶。❷ 动 使激动 ▷～人心。☛ 跟"感动"不同。"激动"多因受到积极的或消极的刺激,强调内心的活动,程度较强烈,持续时间较短;"感动"则由于受到正面的影响,内心活动持续时间或短或长。

【激发】jīfā ❶ 动 刺激引发;激励使奋发 ▷～斗志。❷ 动 使分子、原子等由能量较低的状态转变为能量较高的状态 ▷～活性物质。

【激奋】jīfèn ❶ 动 激动振奋 ▷心情～。❷ 动 使激动振奋 ▷～人心。

【激愤】jīfèn 动 激动气愤 ▷群情～。☛ 不要写作"激忿"。

【激光】jīguāng 名 某些物质原子中的粒子受到激发而射出的光。由激光器发射,亮度极高、颜色极为单纯、能量密度极大、方向极为集中。广泛应用于工业、军事、医疗、探测、通信等方面。旧称莱塞。

【激光唱机】jīguāng chàngjī 播放激光数码唱片的唱机。参见本页"激光数码唱片"。

【激光唱片】jīguāng chàngpiàn 激光数码唱片。

【激光打印机】jīguāng dǎyìnjī 计算机的输出装置,利用激光束的照射,把字符、图像等打印到纸上。具有分辨率高、打印速度快和色彩丰富等特点。

【激光刀】jīguāngdāo 名 利用激光束代替手术刀切割肌体组织的医疗装置。因光束集中、能量密集,具有速度快、切口平滑、出血少、不易感染等优点。常用的有二氧化碳激光刀、氩激光刀等。

【激光电视】jīguāng diànshì 利用激光显示图像的电视系统,属于全数字化技术。彩色激光电视用红、绿、蓝三种颜色扫描,被调制的激光束投射在屏幕上,图像清晰、自然、逼真,色彩绚丽。

【激光反导】jīguāng fǎndǎo 使用激光武器拦截、摧毁袭来的弹道导弹。

【激光盘】jīguāngpán 名 光盘。

【激光器】jīguāngqì 名 用于发射激光的装置。按工作物质不同可分为固体激光器、液体激光器、气体激光器、半导体激光器等几种。旧称莱塞。

【激光视盘】jīguāng shìpán 视频光盘。

【激光数码唱片】jīguāng shùmǎ chàngpiàn 采用数码录音方法录制的一种新型密纹唱片。这种唱片音响效果好,容量大,不易磨损。也说激光唱片、数字唱片。

【激光武器】jīguāng wǔqì 利用激光束直接攻击、毁伤目标的武器。由激光器、精密瞄准跟踪系统、光束控制与发射系统组成。

【激光照排】jīguāng zhàopái 印刷业指利用激光扫描成像技术进行照相排版。整个系统由输入部分、电子计算机信息处理部分和激光扫描记录部分组成。

【激光制导】jīguāng zhìdǎo 利用激光技术获得引导信息,从而控制导弹或其他飞行器向选定的目标飞行。有激光波制导和激光导的(dì)制导两种。

【激化】jīhuà ❶ 动 向激烈尖锐的方向变化 ▷对立情绪～。❷ 动 使激烈尖锐 ▷～冲突。

【激活】jīhuó ❶ 动 刺激有机体内的某些物质,使活跃起来 ▷～造血功能。❷ 动 比喻刺激、影响某事物,使活跃起来 ▷调整货币政策,～金融市场。

【激将】jījiàng 动 用刺激性的话或反话激发人下决心做某事 ▷你用不着～,他答应了。

【激将法】jījiàngfǎ 名 用激将的方法激发人下决心去做原先不愿做或不敢做的事的一种手段 ▷当年他用～刺激我,促使我以勤补拙。

【激进】jījìn 形 急于进取或变革(多指对革命或改革的态度) ▷～派|～分子|思想～。

【激剧】jījù 形 迅速而猛烈 ▷社会发生了～变化。

【激浪】jīlàng 名 激烈汹涌的波浪。

【激励】jīlì 动 激发鼓励 ▷英雄事迹～了几代人。

【激励机制】jīlì jīzhì 能够鼓励人们努力上进的系统措施 ▷引入～|建立一套完善的～。

【激烈】jīliè ❶ 形 剧烈;猛烈 ▷打斗的场面很～|竞争～。❷ 形 激昂慷慨 ▷情绪～。☛

"激烈"①跟"剧烈"有所不同。"激烈"①多修饰涉及矛盾的双方或多方的词语,如"战斗""竞争"等;"剧烈"多修饰反映事物自身矛盾的词语,如"运动""疼痛"等。

【激灵】jīling 动〈口〉因受惊吓或寒冷等刺激,身体猛然抖动 ▷突如其来的吼声吓得她一~。

【激流】jīliú 名 水势猛、流速快的水流 ▷~险滩◇生活的~撞击着人们的心灵。

【激怒】jīnù 动 刺激使愤怒 ▷被冷嘲热讽~了。

【激起】jīqǐ 动 刺激使产生 ▷~众怒。

【激切】jīqiè 形 (言辞)激烈而直率。

【激情】jīqíng 名 强烈而难以抑制的感情 ▷~奔放|抒发胸中的~。

【激赏】jīshǎng 动 极力赞赏 ▷~慈行善举。

【激素】jīsù 名 人和动物的内分泌腺所分泌的物质。如甲状腺素、肾上腺素、胰岛素等。现可人工合成。对调节新陈代谢、维持正常生理活动有重要作用,激素过多或不足都会引起内分泌疾病。旧称荷尔蒙。

【激扬】jīyáng ❶ 动 激浊扬清 ▷指点江山,~文字。❷ 形 激动昂扬 ▷神情~|军乐~。❸ 动 激励使振作 ▷~工作热情。

【激越】jīyuè ❶ 形 (声音)高亢清远 ▷钟声~。❷ 形 (情绪)激烈高昂 ▷~的爱国之情。

【激增】jīzēng 动 急剧增长 ▷人口~。

【激战】jīzhàn 动 激烈战斗。

【激浊扬清】jīzhuó-yángqīng 冲走污水,扬起清流。比喻抨击坏的,弘扬好的。

羁(羈*覊) jī ❶ 名〈文〉马笼头。→ ❷ 动 约束;拘束 ▷落拓不~|~绊|~押。○ ❸ 动〈文〉寄居或停留在外地 ▷~旅|~留。☛ 统读 jī,不读 jì。

【羁绊】jībàn 动 束缚;牵制 ▷摆脱精神~。

【羁留】jīliú ❶ 动 (在外地)长期停留 ▷~异域。❷ 动 拘押;拘留 ▷嫌疑人已被警方~。

【羁旅】jīlǚ 动〈文〉长期居留他乡 ▷~海外。

【羁縻】jīmí〈文〉❶ 动 笼络 ▷~外藩。❷ 动 控制;束缚 ▷~所及,大者百里。❸ 动 被拘禁 ▷予~不得还,国事遂不可收拾。

【羁束】jīshù 动〈文〉约束;束缚 ▷不受~。

【羁押】jīyā 动 拘留;关押 ▷~候审。

jí

及 jí ❶ 动 从后面赶上 ▷望尘莫~。→ ❷ 动 到 ▷由此~彼|~格。⇒ ❸ 连 连接并列关系的词或短语等,相当于"跟""和" ▷工人、农民~士兵|教练~相关工作人员|教育教学~校园管理。⇒ ❹ 动 推广到;照顾到;牵涉到 ▷爱屋~乌|攻其一点,不~其余。→ ❺ 动 比得上;赶得上(多用于否定) ▷论手艺,谁也不~大师兄。○ ❻ 名 姓。☛ ㈠笔顺是丿乃及,3 画。㈡"及"作连词时,一般用于书面语;连接三个以上词语时,要用在最后一个词语之前。㈢"及"所连接的成分有的意义有主次之分,主要成分要放在"及"的前面。㈣参见 654 页"暨"的提示。

【及第】jídì 动 科举考试中选。因榜上题名有甲、乙次第,故称。明清两代殿试考取前三名称赐进士及第,也简称及第 ▷状元~。

【及锋而试】jífēng'érshì 指趁士气旺盛时用兵打仗(锋:锋利,比喻士气旺盛)。借指趁人有为之时加以任用,或抓住有利时机及时行动。

【及格】jígé 动 (考试成绩)达到规定的最低标准 ▷各门功课都~了。

【及冠】jíguàn 动 古代指男子年满 20 岁。古代男子 20 岁时举行冠礼,戴上成年人的帽子,表示已经长大成人。

【及笄】jíjī 动 古代指女子年满 15 岁。古代女子 15 岁时把头发绾起来,插上簪子,表示已经长大成人(笄:古人束发的簪子)。

【及龄】jílíng 动 到达规定的年龄 ▷凡~公民均有依法服兵役的义务。

【及门】jímén 动〈文〉正式登门拜师求学 ▷~弟子。

【及期】jíqī 动〈文〉到期;到时候 ▷~而往。

【及时】jíshí ❶ 形 赶上需要的时候;适时 ▷来得很~|~雨。❷ 副 立即;不迟延 ▷有病要~治疗。☛ 跟"即时"不同。

【及时雨】jíshíyǔ 名 正在最需要雨时下的雨;比喻及时的援助或给予及时援助的人。

【及早】jízǎo 副 趁早 ▷~准备|~动手。

【及至】jízhì 介 等到 ▷~改组了领导班子,工厂才扭亏为盈。

伋 jí 用于人名。如孔伋,字子思,孔子的孙子。

吉[1] jí ❶ 形 吉利;没有灾难(跟"凶"相对) ▷逢凶化~|~兆|~祥。○ ❷ 名 姓。

吉[2] jí 名 指吉林 ▷~剧。☛ "吉"字上边是"士",不是"土"。由"吉"构成的字有"结""秸""洁"等。

【吉卜赛人】jíbǔsàirén 名 罗姆人(吉卜赛:英语 Gypsy 音译)。

【吉光片羽】jíguāng-piànyǔ 吉光的一小块毛皮(传说吉光是一种神兽,用它的毛皮做成裘,入水不沉,入火不焦)。比喻残存的珍贵文物。

【吉剧】jíjù 名 地方戏曲剧种,流行于吉林等地。是在二人转的基础上发展起来的。

【吉利】jílì 形 吉祥顺利。

【吉尼斯世界纪录】jínísī shìjiè jìlù ❶ 一种专门收集、认证并发布世界纪录的权威资讯。传说起初是吉尼斯啤酒公司印了一些小册子，讲述世界上什么最大、最小等，为在那里喝酒闲聊的顾客提供谈资。1955年首次出版了《吉尼斯世界纪录大全》，很快成为畅销书。以后不断补充修订，记载各种世界之最。❷ 指《吉尼斯世界纪录大全》中记载的各种世界纪录。

【吉普】 jípǔ 名 英语 jeep 音译。一种前后轮都能驱动的中、小型越野汽车。也说吉普车。

【吉期】 jíqī 名 吉日；特指婚期。

【吉庆】 jíqìng 形 吉祥喜庆 ▷～日子|～有余。

【吉人天相】 jírén-tiānxiàng 好人自有上天保佑（相：帮助）。多用作遭遇危难时的安慰话。

【吉日】 jírì 名 吉祥的日子 ▷～良辰。

【吉他】 jítā 名 英语 guitar 音译。弹拨乐器，有六根弦。种类很多，常见的有西班牙式和夏威夷式两种。也说六弦琴。

【吉祥】 jíxiáng 形 吉利；幸运 ▷～如意|～话儿。

【吉祥物】 jíxiángwù 名 某些大型运动会、展览会用以象征吉祥成功的标志物。多选用主办国或主办地区具有代表性的动植物为原型加以设计。如在北京举行的第11届亚运会的吉祥物是以大熊猫为原型设计的。

【吉星高照】 jíxīng-gāozhào 多用来形容人交了好运（吉星：指福、禄、寿三星，古人认为是吉祥的征兆）。

【吉凶】 jíxiōng 名 好运与坏运；吉利与凶险 ▷～难料。

【吉言】 jíyán 名 吉利的话 ▷借您～，这事能成。

【吉兆】 jízhào 名 吉祥的兆头 ▷这场大雪是明年丰收的～。

岌 jí〈文〉❶ 形 形容山高。→ ❷ 形 十分危险。

【岌岌】 jíjí〈文〉❶ 形 形容高耸的样子 ▷群峰～。❷ 形 形容十分危险的样子 ▷～可危。

汲 jí ❶ 动 从井里打水；泛指从下往上打水 ▷～水|～引。〇 ❷ 名 姓。☛ 统读 jí，不读 jī 或 xī。

【汲汲】 jíjí〈文〉❶ 形 形容心情迫切 ▷～以求。❷ 动 急切追求 ▷不～于名利。

【汲取】 jíqǔ 动 汲；吸取 ▷～养分|～教训。

级（級） jí ❶ 名 等次 ▷一～品|上～|高～|等～。→ ❷ 名 台阶 ▷石～|拾(shè)～而上。❸ 量 用于台阶、楼梯、塔层等 ▷这楼梯有十多～|七～浮屠。→ ❹ 名 年级 ▷同～不同班|升～|留～。

【级别】 jíbié 名 等级的类别；等级系列中的某一级 ▷行政～|工资～。

【级差】 jíchā 名 等级之间的差额 ▷分数～。

【级任】 jírèn 名 指中小学校里负责管理一个班级的教师，现多称班主任。

极（極） jí ❶ 名 最高点；顶端；尽头 ▷登峰造～|无所不用其～。→ ❷ 动 用尽；达到顶点 ▷～目远眺|乐～生悲。→ ❸ 形 最高的；最终的 ▷～点|～端|～限。❹ 副 表示最高程度 ▷～兴奋|～重要|～个别|累～了。→ ❺ 名 地球的南北两端，南端叫南极，北端叫北极；磁体的两端，指南的一端叫南极，指北的一端叫北极；电源或电器上电流的输入端或输出端。

【极处】 jíchù〈文〉❶ 名 极高极远的地方 ▷天山～。❷ 名 绝地 ▷～逢生。

【极地】 jídì 名 北极圈或南极圈以内的地区。

【极点】 jídiǎn 名 最高的限度 ▷兴奋到了～。

【极顶】 jídǐng ❶ 名 山的最高处 ▷玉皇顶是泰山的～。❷ 副 表示程度极高 ▷～聪明。

【极度】 jídù ❶ 名 极点 ▷兴奋到了～。❷ 副 表示程度极高 ▷～紧张|～憎恨。

【极端】 jíduān ❶ 名 事物发展所达到的顶点 ▷走向～。❷ 副 表示程度极高 ▷～负责。❸ 形 绝对；不受任何限制的 ▷看法过于～|～民主。

【极而言之】 jí'éryánzhī 把话说到最大限度 ▷～，即使牺牲了，也在所不惜。

【极光】 jíguāng 名 在地球高纬度地区高空中出现的彩色强光。由太阳发出的高速带电粒子受地球磁场影响，进入两极附近，激发高空的原子和分子而引起。呈带状、弧状或放射状，异常瑰丽壮观。

【极口】 jíkǒu 副 在讲话中竭力地（称道、抨击或抗辩等）▷～赞扬|～抨击。

【极乐鸟】 jílèniǎo 名 鸟，雄鸟的两翼下有很长的绒毛，尾部中央有一对长羽。羽毛美丽，鸣声动听，是观赏鸟。产于新几内亚岛附近的阿鲁群岛。也说风鸟。

【极乐世界】 jílè shìjiè 佛经中指阿弥陀佛居住的地方。佛教徒认为居住在那里，可以摆脱人间的烦恼痛苦，获得光明、清净和快乐。

【极力】 jílì 副 竭尽全力 ▷～抑制冲动的感情。

【极量】 jíliàng ❶ 名 医学上指一定时间内允许病人用药的最大剂量。❷ 名 泛指达到极限的数量。

【极目】 jímù 动〈文〉用尽目力（远望）▷～远望。

【极品】 jípǐn ❶ 名 最高的官阶 ▷官居～。❷ 名 物品中最优等的 ▷茶中～。

【极其】 jíqí 副 极端；非常（一般只修饰双音节形容词、动词）▷～诚恳|～重视。

【极圈】 jíquān 名 地球上距离南北极各23°26′的纬度圈。分别称为南极圈和北极圈。它们是温带和寒带的分界。

【极权】 jíquán 名 依靠暴力实行独裁统治的权力

▷专制和～都是强行同一，强加于人|～政治。☛ 跟"集权"不同。

【极盛】jíshèng 形 极其兴盛 ▷唐代是中国诗歌的～时期。

【极为】jíwéi 副 非常；十分（用于书面语，语气庄重）▷工作～认真|手段～残暴。

【极限】jíxiàn 名 最大限度 ▷忍耐已经达到～。

【极限运动】jíxiàn yùndòng 具有很大冒险性和刺激性的、接近或达到身心承受极限的体育运动。如难度攀岩、空中滑板、高山滑翔、蹦极。

【极刑】jíxíng 名 最严厉的刑罚，通常指死刑。

【极夜】jíyè 名 极圈以内地区，每年冬季有一段时间每天 24 小时都是黑夜，这种现象叫做极夜。

【极意】jíyì 副〈文〉费尽心思 ▷～逢迎|～劝解。

【极右】jíyòu 形 政治上极端反动或保守的（跟"极左"相对）▷～分子|～势力。

【极致】jízhì 名 最高的境界；顶点① ▷把潜能发挥到～|作品把人物的矛盾冲突推到～。

【极昼】jízhòu 名 极圈以内地区，每年夏季有一段时间每天 24 小时都是白天，这种现象叫做极昼。

【极左】jízuǒ 形 政治上极端偏激的、貌似革命实则偏离革命方向的（跟"极右"相对）▷～口号|～路线。

即 jí ❶ 动 接近 ▷若～若离|可望而不可～。→ ❷ 动 到；开始从事 ▷～位。→ ❸ 介 引进动作行为靠近的处所、环境等，相当于"就着" ▷～席演说|～兴赋诗。→ ❹ 名 目前，最靠近说话的时间 ▷成功在～。❺ 副 相当于"就""便"。a)表示前一件事发生了，后一件事紧接着发生 ▷一触～溃。b)表示在某种条件下就会产生某种结果 ▷招之～来。c)表示加强肯定的语气 ▷问题的严重性～在于此。⇒ ❻ 动 表示肯定的判断，相当于"就是" ▷鲁迅～周树人|非此～彼。⇒ ❼ 连〈文〉连接分句，表示假设兼让步，相当于"即使"。○ ❽ 名 姓。☛ 跟"既(jì)"不同。以上意义不要误写作"既"。

【即便】jíbiàn 连 即使 ▷～说错了也不要紧。

【即或】jíhuò 连 即使 ▷～没有人支援，我们也能完成任务。

【即将】jíjiāng 副 就要；将要 ▷收获季节～到来。

【即景】jíjǐng 动 就眼前景物（创作诗文或绘画）▷～赋诗|泰山～。

【即景生情】jíjǐng-shēngqíng 被眼前景物所触发而产生出某种感情。

【即可】jíkě 动 就可以 ▷奶粉冲上开水～食用。

【即刻】jíkè 副 立即；立刻 ▷接到命令，～出发。

【即令】jílìng 连 即使。

【即日】jírì ❶ 名 当天 ▷～抵京。❷ 名 近日；最近几天 ▷该片～首映。☛ 跟"不日"不同。"即日"强调日程已定，语气肯定；"不日"侧重表示具体日期不确定。

【即如】jírú 动 就像 ▷～这位先生所说，赚钱要赚正道的钱。

【即时】jíshí 副 立刻；当即 ▷～启程。☛ 跟"及时"不同。

【即食】jíshí 动 可以立刻食用 ▷开罐～。

【即使】jíshǐ ❶ 连 表示假设兼让步，常同"也""还"等副词搭配使用 ▷～富了也要勤俭节约|～国力强盛，也不称霸。❷ 连 表示一种极端的情况 ▷～能喝到一口水也好。

【即事】jíshì 动 就当前事物（说或写）▷～写景。

【即位】jíwèi 动 就位；特指开始做帝王或诸侯 ▷赵匡胤死，赵光义～。

【即席】jíxí ❶ 动 入席；就座 ▷～用餐。❷ 副 表示在当场（讲话、作诗等）▷～作画。

【即兴】jíxìng 动 对眼前事物有感受，产生兴致（而演说、创作等）▷～发挥|～挥毫。

佶 jí 形〈文〉形容健壮的样子。☛ 不读 jié。

【佶屈】jíqū 形〈文〉曲折；不顺畅 ▷枝干～|～拗口。

【佶屈聱牙】jíqū-áoyá 形容文句读起来不顺口。☛ 不宜写作"诘屈聱牙"。

亟 jí 副〈文〉急切地；赶紧 ▷～待讨论|～须转变。

另见 1084 页 qì。

【亟待】jídài 动 急切地等待 ▷珍稀物种～保护|～商讨。☛ 跟"急待"不同。"亟待"文言色彩较浓，语意也较重，多用于较庄重的场合；"急待"较口语化，多用于一般场合。

【亟亟】jíjí 副〈文〉急切地 ▷～来京，必有所为。

【亟盼】jípàn 动 急切地盼望 ▷农民～电影下乡。

【亟宜】jíyí 动 应该尽快（处理、办理）▷这种传统艺术～扶持和发展|大计～早定。

革 jí 形〈文〉（病）急；（病）危 ▷病～。

另见 461 页 gé。

笈 jí〈文〉❶ 名 盛书的箱子 ▷负～游学。→ ❷ 名 书籍 ▷古～|秘～。

急 jí ❶ 形 迅速而且猛烈（跟"缓"相对）▷水流太～|～行军。→ ❷ 形 紧迫；迫切 ▷我有～事|～件|～救。⇒ ❸ 名 紧急严重的事 ▷当务之～|救～|告～。⇒ ❹ 动 把他人的事当作急事而立即帮助解决 ▷～人之难(nàn)|～公好(hào)义。→ ❺ 形 急躁 ▷性子～|～脾气|操之过～。⇒ ❻ 动 着急；焦躁不安 ▷～着往回走。❼ 动 使着急 ▷该来的不来，真～人。⇒ ❽ 动 气恼；发

怒 ▷我可要跟你～了。☛ 中间是“彐”，不是“ヨ”。

【急巴巴】jíbābā 形〈口〉形容急切的样子 ▷～地望着售票窗口，生怕买不上票。

【急暴】jíbào 形 急躁暴烈 ▷性格～。

【急变】jíbiàn 名 紧急的变故 ▷应付～|～突起。

【急病】jíbìng 名 突发的来势凶猛的疾病 ▷死于～|得的是～。

【急不可待】jíbùkědài 急得不能再等待。形容十分急切。

【急步】jíbù 名 快步 ▷～生风。

【急茬儿】jíchár 名〈口〉紧急的事情或工作 ▷这活儿可是～，你得抓紧哪。

【急匆匆】jícōngcōng 形 急急忙忙 ▷～跑去。

【急促】jícù ❶ 形 快速而短促 ▷～的电铃声。❷ 形 时间短；仓促 ▷时间～，不及详谈。

【急待】jídài 动 迫切地等待 ▷～解决。☛ 参见641页“亟待”的提示。

【急电】jídiàn ❶ 名 急速拍发和传送的电报 ▷收到～。❷ 动 拍发加急电报 ▷～各自然保护区加强珍稀动物保护。

【急风暴雨】jífēng-bàoyǔ 急剧而猛烈的风雨。形容(社会变革)来势迅猛，声势浩大。

【急公好义】jígōng-hàoyì 指热心公益，爱帮助人。☛ “好”这里不读 hǎo。

【急功近利】jígōng-jìnlì 急于在短时间里获得成效和利益。

【急火】jíhuǒ ❶ 名 烹调上指较猛的火 ▷～熬(āo)鱼，慢火炖肉。○ ❷ 名 中医指因着急而产生的火气，能引起牙痛、嗓子发炎、肝部疼痛、昏厥等症状 ▷～攻心。

【急急风】jíjífēng 名 戏曲中一种节奏很快的锣鼓点儿，用来配合急促的动作，烘托紧张的气氛；也指按这种锣鼓点儿表演的快捷的动作。

【急急巴巴】jíjibābā 形 形容急急忙忙的样子 ▷他～地来找我，说有要紧事。

【急件】jíjiàn 名 必须很快传递或处理的紧急文件、信件以及物品 ▷批阅～|这邮包是～。

【急进】jíjìn ❶ 动 急速前进 ▷红军～云南，兵临昆明。❷ 形 激进 ▷思想过于～。

【急惊风】jíjīngfēng 名 中医指小儿由于受惊或高烧等引起的伴有神志昏迷、手足抽搐等症状的疾病；借指急躁的性格 ▷他俩在一起可真是～遇上了慢郎中。

【急救】jíjiù 动 紧急医疗救护 ▷抓紧灾后～。

【急救包】jíjiùbāo 名 用于紧急抢救伤病员的小药包。外皮通常用橡胶布制成，内装已消毒的三角巾、绷带卷、棉垫等包扎材料和止痛、抗感染的药品等。

【急救车】jíjiùchē 名 救护车。

【急救箱】jíjiùxiāng 名 外出紧急抢救危重病人时携带的药箱，内装应急药品和器具。

【急就章】jíjiùzhāng ❶ 名 汉代史游编著的一部供儿童启蒙的识字课本。也说《急就篇》。❷ 名 借指为了应急而匆促完成的文章或工作 ▷编辑部催稿太急，只好用这～交差。

【急剧】jíjù 形 迅速而猛烈 ▷矛盾～转化|变化十分～|海外投资～增加。

【急遽】jíjù 副 快速地 ▷社会～变化。

【急口令】jíkǒulìng 名 某些地区指绕口令。

【急来抱佛脚】jílái bào fójiǎo 临时抱佛脚。

【急流】jíliú 名 速度很快的水流 ▷～勇进。

【急流勇进】jíliú-yǒngjìn 在急流中奋勇前进。比喻不畏艰险，勇往直前。

【急流勇退】jíliú-yǒngtuì 比喻当官顺利时为了避祸而及时退出官场；现也比喻事业有成时及时抽身。

【急忙】jímáng 副 由于着急而行动匆忙 ▷下班后～奔向车站。

【急难】jínàn ❶ 动〈文〉迫不及待地帮助别人摆脱危难 ▷扶危～。❷ 名 危难的事 ▷朋友有～，理当救助。☛ “难”这里不读 nán。

【急迫】jípò ❶ 形 紧急迫切，不容拖延 ▷情况十分～|～的心情。❷ 形 急促①。

【急起直追】jíqǐ-zhízhuī 立即行动起来，径直追赶上去。

【急切】jíqiè ❶ 形 迫切 ▷～的心情。❷ 形 仓促 ▷～间说不出话来。

【急如星火】jírúxīnghuǒ 形容十分急迫(星火：流星的光)。

【急刹车】jíshāchē 紧急刹闸停车；比喻赶紧停止或禁止。

【急速】jísù 形 十分迅速 ▷部队～出击。

【急湍】jítuān 名 急流 ▷～飞瀑，气象万千。

【急弯】jíwān 名 指转弯角度大的弯道 ▷前方100米处是90度～|拐了个～。

【急务】jíwù 名 紧急的事务；急需处理的事务 ▷抗旱保苗是当前的～。

【急先锋】jíxiānfēng 名 指冲锋在前的人；比喻积极带头的人 ▷在民主革命运动中，他是～。

【急行军】jíxíngjūn 动 为执行紧急任务而以最快的速度行进 ▷一夜～，拂晓抢占制高点。

【急性】jíxìng ❶ 形 发作突然、变化急剧的(病) ▷肠炎～发作。❷ 形 急性子①。

【急性病】jíxìngbìng ❶ 名 发病急、变化快、症状较重的病。❷ 名 比喻不考虑实际，急于求成的毛病 ▷制定发展计划，不能害～。

【急性子】jíxìngzi ❶ 形 (脾气、性格)急躁的 ▷～人。❷ 名 急性子的人 ▷他是个～，有事总想一口气干完。

【急需】jíxū 动 迫切需要 ▷～血浆｜以备～。

【急眼】jíyǎn〈口〉❶ 动 着急；焦急 ▷大批水果运不出去，她可真～了。❷ 动 生气；发火 ▷他脾气不好，动不动就跟人家～。

【急用】jíyòng 动 急需使用 ▷你～，这点儿钱就先拿去。

【急于】jíyú 动 想很快实现 ▷～重返阔别多年的祖国。

【急于求成】jíyú-qiúchéng 不顾客观条件，想很快地达到目的。

【急躁】jízào ❶ 形 着急不安；遇事不冷静 ▷遇事要沉着，不要～。❷ 形 急于求成而行动不慎重 ▷～冒进｜事情处理得～了一点儿。

【急诊】jízhěn ❶ 动 紧急诊治 ▷赶快去医院～。❷ 名 医院为患急病的人特设的门诊 ▷看～｜～室。

【急症】jízhèng 名 急病。

【急中生智】jízhōng-shēngzhì 在紧急情况下猛然想出好办法。

【急骤】jízhòu 形 迅速而猛烈 ▷功能～减退。

【急转弯】jízhuǎnwān 车辆等突然改变行驶方向；比喻事物突然发生方向性变化。

【急转直下】jízhuǎn-zhíxià（形势、剧情、文笔等）突然转变并顺势迅速发展下去 ▷战场上的形势～。

姞 jí 名 姓。

疾 jí ❶ 形 快；迅速 ▷手～眼快｜～驰。→ ❷ 形 迅猛 ▷～风知劲草。→ ❸ 名 病 ▷讳～忌医。❹ 动 疼 ▷痛心～首。❺ 形（生活上）痛苦 ▷～苦。○ ❻ 动 厌恶；憎恨 ▷～恶如仇。☛ 统读 jí，不读 jī。

【疾病】jíbìng 名 病的总称 ▷同～作斗争。

【疾步】jíbù 名 快步 ▷～追赶。

【疾驰】jíchí 动 奔驰 ▷骏马～。

【疾恶如仇】jí'è-rúchóu 憎恨坏人坏事像憎恨仇人一样。

【疾风】jífēng 名 迅猛的风；气象学上指 7 级风 ▷～知劲草，路遥知马力｜～暴雨。

【疾风劲草】jífēng-jìngcǎo "疾风知劲草"的缩略。在迅猛的大风中才看得出什么样的草最坚韧。比喻在艰苦危难中才能显出谁的意志最坚强。☛ ㊀"劲"这里不读 jìn。㊁"疾"不要误写作"急"。

【疾呼】jíhū 动 急切呼喊；强烈呼吁 ▷大声～。

【疾患】jíhuàn 名〈文〉疾病。

【疾进】jíjìn 动 快速前进 ▷迎风～。

【疾苦】jíkǔ 名（生活上的）困难和苦痛 ▷时刻把群众的～放在心上。

【疾驶】jíshǐ 动 急速行驶 ▷列车～而过。

【疾首蹙额】jíshǒu-cù'é 形容厌恶、痛恨的样子（疾首：头痛；蹙额：皱眉头）。☛ "蹙"不读 qī 或 zú。

【疾书】jíshū 动〈文〉急速地写 ▷伏案～。

【疾速】jísù 形 急速 ▷"神舟"号飞船～飞向太空｜脚步声～逼近。

【疾言厉色】jíyán-lìsè 说话急促，神情严厉。形容愤怒时说话的神态。

【疾走】jízǒu 动 快速行走 ▷在山间小径～。

堲 jí 名〈文〉用火烧过的土坯。

棘 jí ❶ 名 酸枣树。→ ❷ 名 泛指有刺的草木 ▷荆～丛生｜披荆斩～。→ ❸ 动 草木刺人；刺 ▷～手。☛ ㊀统读 jí，不读 jǐ 或 jì。㊁两边都是"朿(cì)"，不是"束(shù)"。

【棘刺】jícì 名 荆棘的芒刺；泛指动植物身上的刺。如海星、豪猪、沙棘、仙人掌等的棘刺。

【棘皮动物】jípí dòngwù 无脊椎动物的一门，外皮一般有石灰质的刺状突起，身体球形、星形或圆棒形。生活在海底，运动缓慢或不运动。现存的棘皮动物有海参、海胆、海星等。

【棘手】jíshǒu 形 扎手，形容事情难办 ▷治疗这种病，是医学界～的难题。☛ 不读 làshǒu。

殛 jí 动〈文〉杀死 ▷雷～。

戢 jí ❶ 动〈文〉收聚；收敛 ▷～兵｜～怒。○ ❷ 名 姓。☛ 统读 jí，不读 jǐ。

集 jí ❶ 动 聚在一起；会合 ▷～思广益｜聚～｜召～｜～中。→ ❷ 名 由许多单篇著作或单幅作品汇编成的书 ▷诗～｜画～｜全～。❸ 量 用于某些书籍或影视片因篇幅较大而分成的段落或部分 ▷40～电视连续剧｜上～｜第二～。→ ❹ 名 定期或临时进行商品交易的场所 ▷～市｜赶～。→ ❺ 名 集合③的简称。○ ❻ 名 姓。

【集部】jíbù 名 我国古代图书四部分类中的第四大部类。包括各种体裁的文学作品。也说丁部。参见 1305 页"四部"。

【集藏】jícáng 动 收集并保藏 ▷～书画精品。

【集成】jíchéng ❶ 动 汇集某一方面的著述成果（多用于书名）▷《诸子～》。❷ 动 为完成某一个项目而汇总各方面的技术、设备、材料等，使实现最终的设定功能 ▷～芯片｜提供系统～服务｜～化。

【集成电路】jíchéng diànlù 在一块半导体硅片上由许多个晶体管、电阻、电容等元件组成的能完成设定功能的电路。具有体积小、功耗低、耐震、耐潮、稳定性强等优点。广泛应用于电子计算机、通信设备和遥控、遥测设备等。

【集成电路卡】jíchéng diànlùkǎ 智能卡。

【集成块】jíchéngkuài 名 按照设定功能，用若干

芯片集合成的更为完整的综合性部件 ▷大屏幕彩电～|电脑主板～。

【集萃】jícuì 动 荟萃;聚集 ▷古典名曲～。

【集大成】jídàchéng 集中某类事物的各个方面或各家的成就而达到完备的程度 ▷贝多芬是西方古典音乐的～者。

【集合】jíhé ❶ 动 (分散的人或物)聚集在一起 ▷示威者开始～。❷ 动 使集合;汇集 ▷～部队。❸ 名 数学上指若干具有共同属性的事物的总体。简称集。

【集会】jíhuì ❶ 动 集合起来开会 ▷～庆祝。❷ 名 集合起来开的会 ▷群众性～。

【集结】jíjié 动 指武装力量聚集在一处;泛指许多人聚集在一处 ▷～部队|迅速～。

【集解】jíjiě 动 汇集或综合诸家对同一古籍的语言文字和思想内容的解释,并说明编者的观点(多用于书名) ▷《论语～》|《史记～》。

【集锦】jíjǐn 名 汇集在一起的精彩诗文、图画、镜头等 ▷优秀相声～。

【集居】jíjū 动 聚集在一起居住 ▷整个家族～在一个村子里|贫民～之地。

【集句】jíjù ❶ 动 摘用前人诗、词、文句拼成诗、词或对联 ▷这首诗是从唐诗中～而成的。❷ 名 集句而成的诗、词或对联。

【集聚】jíjù 动 会合;集合 ▷人们～在街头赏灯。

【集刊】jíkān 名 汇集同类单篇论文而成的定期或不定期出版的文集。如《红楼梦研究集刊》《汉语史研究集刊》。

【集拢】jílǒng 动 会合在一起;向一处集中 ▷事故现场～了很多人|将散乱的物料～起来。

【集录】jílù 动 收集并抄录有关资料、文稿。

【集贸市场】jímào shìchǎng 集市贸易的场所。

【集权】jíquán 动 集中权力(跟"分权"相对) ▷中央～|适度～|高度～。☛ 跟"极权"不同。

【集群】jíqún ❶ 动 聚集成群 ▷苍鹭～而居。❷ 名 聚集而成的群体 ▷产业～。

【集日】jírì 名 集市开市的日子。

【集散】jísàn 动 集中和分散 ▷物流～基地。

【集散地】jísàndì 名 本地区的货物等由此集中外运、外地运入的货物等由此分散到本地区各地的地方。集散地多因交通便利或其他条件适宜而形成 ▷交易～◇应使互联网成为先进思想文化的～。

【集市】jíshì 名 农村或城镇定期进行商品交易的市场。

【集市贸易】jíshì màoyì 活跃城乡经济,促进物资交流的一种商品交换形式。主要由农民和个体商贩定期或不定期地在相对固定的场地摆摊儿设点,出售农副产品和各种小百货。简称集贸。

【集束】jíshù 区别 聚合成捆的 ▷～炸弹。

【集思广益】jísī-guǎngyì 集中大家的智慧,广泛采纳各种有益的意见。

【集体】jítǐ 名 许多人在其中工作、学习或生活的有组织的整体 ▷维护～的利益|～宿舍。

【集体户】jítǐhù 名 由若干单身集合在一起组成的住户;特指"文化大革命"时期到农村插队落户的知识青年住在一起构成的小集体。

【集体户口】jítǐ hùkǒu 以单位名义统一办理和管理的户籍关系;也指集体户籍关系中的单人户口。

【集体婚礼】jítǐ hūnlǐ 由有关单位组织,为多对夫妇共同举办的结婚典礼。

【集体经济】jítǐ jīngjì 以生产资料集体所有制为基础的经济形式。

【集体所有制】jítǐ suǒyǒuzhì 主要的生产资料和产品归生产者集体所有的所有制形式。

【集体舞】jítǐwǔ ❶ 名 群众参与的娱乐性舞蹈,形式较自由,动作较简单 ▷欢乐的人群在广场上跳起了～。❷ 名 多人共同表演的舞蹈。也说群舞。

【集体照】jítǐzhào 名 由若干人集合在一起拍摄的相片 ▷毕业前全班同学拍一张～留念。

【集体主义】jítǐ zhǔyì 以人民群众的共同利益为出发点,把集体利益置于个人利益之上的思想。是社会主义、共产主义道德的基本精神。集体主义反对利己主义,但承认和尊重个人利益,并为个人的全面发展创造条件。

【集团】jítuán ❶ 名 为一定目的组成的共同行动的团体 ▷军事～|国际贩毒～。❷ 名 由一个经济实力强、知名度高的大企业牵头,联合或兼并有关企业而组成的,有专门经营方向的经济实体 ▷北京建工～|报业～。

【集团军】jítuánjūn 名 军队中下辖若干军或师的一级编制。

【集训】jíxùn 动 集中在一起训练 ▷冬季～。

【集腋成裘】jíyè-chéngqiú 聚集狐狸腋下的小块毛皮就能制成皮衣(腋:特指狐狸腋下的毛皮;裘:毛皮做的衣服)。比喻积少成多。

【集邮】jíyóu 动 收集、保存、鉴赏、研究邮票及其他邮品(首日封、明信片等) ▷～册|～展。

【集约】jíyuē ❶ 形 形容农业的生产方式是在一定面积土地上投入较多生产资料和劳动,采用新技术精耕细作,用提高单位面积产量的方法来增加产品总量(跟"粗放"相对,②同) ▷～农业|耕地使用～化。❷ 形 泛指在经营方式上采用现代化管理方法和科学技术,加强分工协作,提高资金、资源使用效率 ▷～经营|全国养老金实行～化管理。

【集运】jíyùn ❶ 动 用集装箱运输 ▷～行业|～公司。❷ 动 集中运输(货物)。

【集镇】jízhèn 名 以非农业人口为主的比城市小的居民区。由县(区)管辖。

【集中】jízhōng ❶ 动 把分散的聚集或归纳在一起 ▷～精力|～物力。❷ 形 聚集在一起的;归纳在一起的 ▷思想不～|分布过于～。

【集中营】jízhōngyíng 名 集中监禁、摧残革命者、战俘和无辜群众的地方。如德国法西斯的奥斯威辛集中营、国民党反动派的上饶集中营。

【集注】jízhù ❶ 动 (眼光、精神等)集中 ▷精神高度～在一点上。○ ❷ 动 汇集或综合诸家对同一古籍的注释(多用于书名) ▷该书由朱熹～|《楚辞～》|《四书章句～》。

【集装箱】jízhuāngxiāng 名 装运货物的大型箱状容器。这种容器具有一定规格,便于机械装卸和运输,可重复使用,多用金属材料制成。也说货柜。

【集资】jízī 动 汇集资金 ▷～办学。

【集子】jízi 名 集② ▷这本～里收了 30 篇散文。

湒 jí 形 〈文〉形容水流很急的样子(多用于地名) ▷汩～漂疾|～滩(在河南)。

蒺 jí［蒺藜］jílí ❶ 名 一年生草本植物,茎平卧地上,果皮有尖刺。果实也叫蒺藜,可以做药材。❷ 名 像蒺藜那样有刺的东西 ▷铁～。☛ 不要写作"蒺蔾"。

楫(*檝) jí 名 〈文〉桨 ▷舟～。

辑(輯) jí ❶ 动 收集材料编成书刊 ▷～录|编～。→ ❷ 量 用于整套书籍或资料按内容或写作、发表顺序分成的部分 ▷《文史资料》第一～|这套丛书准备出五～。

【辑集】jíjí 动 收集作品、资料编纂成集 ▷鲁迅将《狂人日记》等小说～成书,取名《呐喊》。

【辑录】jílù 动 收集、摘录有关作品、资料,编辑成书。

【辑要】jíyào ❶ 动 辑录要点 ▷～刊发了本次会议的全部论文。❷ 名 由某些文献的要点辑成的书或文章(多用于书名) ▷《古文～》。

【辑佚】jíyì ❶ 动 辑录散失在文集以外的文稿、资料。❷ 名 用辑佚的方式编成的书籍或文章 ▷《宋诗话～》。

【辑逸】jíyì 现在一般写作"辑佚"。

嵴 jí 名 〈文〉山脊。

嫉 jí ❶ 动 因别人比自己强而心怀怨恨 ▷～贤妒能。→ ❷ 动 愤恨 ▷愤世～俗。☛ ㊀统读 jí,不读 jì。㊁参见 650 页"忌[1]"的提示。

【嫉妒】jídù 动 忌妒。

【嫉恶如仇】jí'è-rúchóu 现在一般写作"疾恶如仇"。

【嫉恨】jíhèn 动 忌妒怨恨 ▷不要～别人。

【嫉贤妒能】jíxián-dùnéng 对于德才超过自己的人心怀嫉恨。

耤 jí 用于地名。如:耤河,水名;耤口,地名。均在甘肃。

蕺 jí［蕺菜］jícài 名 多年生草本植物,茎细长,开淡黄色小花。茎和叶有鱼腥味儿。全草可以做药材,嫩茎、叶可以作蔬菜。也说鱼腥草。

瘠 jí ❶ 形 瘦 ▷枯～|～瘦。→ ❷ 形 不肥沃 ▷～薄|贫～。

【瘠薄】jíbó 形 不肥沃 ▷土地～。

【瘠瘦】jíshòu ❶ 形 瘦削 ▷～的身影|～的面颊。❷ 形 不肥沃 ▷这里土地～,干旱少雨。

【瘠田】jítián 名 贫瘠的农田。

【瘠土】jítǔ 名 贫瘠的土壤。

鹡(鶺) jí［鹡鸰］jílíng 名 鸟,体小,嘴尖细,尾长。捕食昆虫和小鱼。种类很多,常见的有白鹡鸰、黄鹡鸰等。

藉 jí ❶ 动 〈文〉践踏;凌辱。○ ❷ 形 盛多;杂乱 ▷狼～。○ ❸ 名 姓。☛ ㊀"藉"读 jiè,用于凭借、假托的意义时,是"借"的繁体字;读 jí 用于以上意义和读 jiè 用于垫子、垫等意义时,不能简化为"借"。㊁跟"籍"不同。

另见 711 页 jiè;710 页 jiè "借"。

蹐 jí 动 〈文〉小步行走 ▷～步|～地局天(形容谨慎小心)。

籍 jí ❶ 名 古代记载赋税、户口等的档案;书册 ▷书～|典～。→ ❷ 名 籍贯 ▷祖～|原～。→ ❸ 名 指个人对国家或组织的隶属关系 ▷国～|党～|学～。○ ❹ 名 姓。☛ 跟"藉"不同。

【籍贯】jíguàn 名 祖居地或本人出生地。

jǐ

几(幾) jǐ ❶ 数 用来询问数目的多少 ▷现在～点了?|来了～个人?→ ❷ 数 表示二至九之间的不定的数目 ▷～十年如一日。❸ 数 在具体的上下文里,代替某个确定的数目 ▷屋里只有老张、小王、大周和我～个人。→ ❹ 数 〈口〉儿化后用于询问哪一天 ▷今儿是～儿啊?

另见 630 页 jī。

【几曾】jǐcéng 副 几时曾经;何尝。用反问语气表示从未做过某事或发生过某种情况 ▷～料到他竟做出这种事来?

【几次三番】jǐcì-sānfān 多次;一次又一次。

【几度】jǐdù 几次 ▷教练～易人|～夕阳红。

【几多】jǐduō 代 〈文〉多少 ▷问君能有～愁?

【几分】jǐfēn ❶ 几成;十分之几 ▷有～把握? ❷ 一些;少许 ▷露出～得意之色。

【几何】jǐhé ❶ 代〈文〉多少 ▷青春～? ❷ 名 指几何学,数学的分支学科,研究物体的形状、大小和位置以及它们之间的相互关系。

【几何级数】jǐhé jíshù ❶ 按相同倍数扩大或缩小的数列(跟"算术级数"相区别)。如 2、4、8、16……。❷ 指大而快的增减幅度或速度 ▷上网人数按～上升|亏损速度呈～。

【几何体】jǐhétǐ 名 由平面和平面或由平面和曲面等围成的有限空间部分。如正方体、圆柱体、球体。也说立体。

【几何图形】jǐhé túxíng 数学上指点、线、面、体以及它们的组合。简称图形。

【几经】jǐjīng 动 经历多次 ▷～变化|～周折。

【几时】jǐshí 代 什么时候 ▷你～来我们都欢迎。

【几许】jǐxǔ 代〈文〉多少;若干 ▷庭院深深深～?

己[1] jǐ 名 天干的第六位。常用来表示顺序或等级的第六位。参见 1354 页"天干"。

己[2] jǐ 代 自己 ▷克～奉公|先人后～|身不由～|异～|知～|～方。☛ "己"字跟"已""巳"不同。由"己"构成的字有"记""纪""忌""配""岂""起"等。

【己方】jǐfāng 名 自己一方 ▷～观点|～队员。

【己见】jǐjiàn 名 自己的见解 ▷坚持～。

【己任】jǐrèn 名 自己的义务或责任 ▷以振兴中华为～。

纪(紀) jǐ 名 姓(近年也有读 jì 的)。
另见 649 页 jì。

沛 jǐ ❶ 动〈文〉过滤。○ ❷ 名 古地名,在今河南浚县、滑县一带。○ ❸ 名 用于地名。如沛河,水名,在河北。

虮(蟣) jǐ 名 虮子 ▷～虱。

【虮子】jǐzi 名 虱子的卵。

挤(擠) jǐ ❶ 动 用身体排开(密集的人);互相推、拥 ▷按顺序上车,不要乱～。→ ❷ 动 强行使人离开或不进入 ▷～轧|排～。→ ❸ 动 加压力使从孔隙中出来 ▷～牙膏|～牛奶◇～出时间学习。→ ❹ 动 紧紧地挨在一起 ▷～成一团|拥～。

【挤兑】jǐduì 动 争相兑取。多指货币信用危机爆发或严重通货膨胀时,存款人争着到银行提取存款。也说挤提。

【挤对】jǐdui 动〈口〉逼迫;难为 ▷愣把他给～走了|你不该～老人。

【挤咕】jǐgu 动〈口〉眨;以眼示意 ▷两眼一～,流出了眼泪|我冲他～眼儿,让他别说。

【挤垮】jǐkuǎ ❶ 动 挤压使坍塌 ▷拥挤的人群把货摊～了。❷ 动 比喻以激烈的竞争使倒闭或解体 ▷不思进取,最终就会被～。

【挤眉弄眼】jǐméi-nòngyǎn 用眉眼传情、示意(多指不庄重的表情)。

【挤压】jǐyā ❶ 动 挤和压 ▷～得变了形。❷ 动 排挤打压 ▷粗放的城镇化必然～农村发展。

【挤牙膏】jǐyágāo 比喻说话、做事或交代问题不痛快,经别人一步一步追问或催促,才一点儿一点儿说出来或做出来 ▷别～了,有什么想法都讲出来|这家伙退赃就像～,一点儿也不老实!

【挤轧】jǐyà 动 挤和轧;排挤倾轧 ▷左臂被～致残|派系之间相互～。

【挤占】jǐzhàn 动 强行挤入并占用 ▷～公房。

济(濟) jǐ ❶ 名 济水,古水名,发源于今河南,流经山东入渤海。今黄河下游河道就是古济水的河道。河南济源,山东济南、济宁、济阳,都因济水得名。○ ❷ 名 姓。
另见 651 页 jì。

【济济】jǐjǐ 形 形容众多的样子 ▷人才～|～一堂。☛ "济"这里不读 jì。

【济济一堂】jǐjǐ-yītáng 形容很多人才聚集在一起。☛ "济"这里不读 jì。

给(給) jǐ ❶ 动 供应 ▷自～自足|～养|补～|配～。→ ❷ 形 富裕;丰足 ▷家～人足|～足。
另见 465 页 gěi。

【给付】jǐfù 动 交付 ▷～赔款|～保险金。

【给水】jǐshuǐ 动 供给生活、生产用水 ▷～工程。

【给养】jǐyǎng 名 军队生活必需物资的总称 ▷～充足|急需补充～。

【给与】jǐyǔ 现在一般写作"给予"。

【给予】jǐyǔ 动 给(gěi)以 ▷～表扬|～支援。

脊 jǐ ❶ 名 脊椎动物背部中间的骨骼,由若干形状不规则的椎骨借助椎间盘、韧带互相连接而成 ▷～椎|～柱|～背。→ ❷ 名 物体上像脊一样高起的部分 ▷屋～|山～。○ ❸ 名 姓。☛ ㊀统读 jǐ,不读 jī 或 jí。㊁笔顺是丶丷丷丷𠂇乂乂脊脊脊,10 画。

【脊背】jǐbèi 名 躯干上跟胸、腹相对的部位。

【脊梁】jǐliáng 名 脊柱;比喻支撑事物的中坚力量 ▷民族的～。

【脊梁】jǐliang 名〈口〉脊背 ▷光着～在院里乘凉。

【脊梁骨】jǐlianggǔ ❶ 名 脊柱。❷ 名 借指志气、骨气等 ▷做人要有～。❸ 名 比喻事物的关键部分或支撑事物的中坚力量 ▷这条路是全市公路网的～|他是咱们村的～。

【脊檩】jǐlǐn 名 架在屋架或山墙最高处的檩条。也说大梁、正梁。

【脊鳍】jǐqí 名 背鳍。

【脊神经】jǐshénjīng 名 从脊髓两侧发出的成对神经。人体共有 31 对脊神经,主要支配躯干和四肢的知觉和活动。

【脊髓】 jǐsuǐ 名 人和脊椎动物中枢神经系统的一部分，在椎管里，上端连接延髓，两旁发出成对的神经，分布到躯干、四肢和内脏。脊髓是周围神经与脑神经之间的通路，是许多简单反射的中枢。

【脊髓灰质炎】 jǐsuǐ huīzhìyán 由病毒引起的急性传染病。患者多为1—6岁儿童。症状是发热、肢体疼痛，严重时出现软瘫，甚至危及生命。通称小儿麻痹症。

【脊髓炎】 jǐsuǐyán 名 脊髓发炎的病症，由病毒或细菌感染引起，常见于背脊髓。起病急，迅速出现下肢瘫痪、下半身感觉丧失和大小便失禁、滞留等。

【脊索动物】 jǐsuǒ dòngwù 动物界最高等的一门。成体或幼体背侧有一略呈棒形的支柱脊索，故称。

【脊柱】 jǐzhù 名 人和脊椎动物的中轴骨骼。人的脊柱由颈椎、胸椎、腰椎、骶椎和尾椎等椎骨构成。中央有椎管，内有脊髓。也说脊梁骨。

【脊椎】 jǐzhuī 名 构成脊柱的椎骨。

【脊椎动物】 jǐzhuī dòngwù 动物界最高等的类群。体形左右对称，全身分头、躯干、尾3部分，有脊柱和发达的头骨，有较完善的感觉器官、运动器官和高度分化的神经系统。包括鱼类、两栖类、爬行类、鸟类和哺乳类5大类。

【脊椎骨】 jǐzhuīgǔ 名 椎骨的通称。

掎 jǐ〈文〉❶ 动 拖住；拉住。→❷ 动 牵制 ▷成～角之势。

【掎角之势】 jǐjiǎozhīshì《左传·襄公十四年》："譬如捕鹿，晋人角之（抓住它的角），诸戎掎之（拖住它的后腿），与晋踣之（同晋国人一起把它摞倒）。"后用"掎角之势"比喻作战时互相配合，分兵牵制或合兵夹击敌人的态势。☛"掎"不要误写作"犄"。

鲯（鯕） jǐ 名 鱼，体侧扁，呈椭圆形，绿褐色。生活在热带、亚热带海底礁岩间。

戟 jǐ 名 古代兵器，长柄一端有枪尖，旁边附有月牙形的利刃，可以直刺或横击。

麂 jǐ 名 鹿的一种。体形较小，口中有长牙，雄的有短角，腿细而有力，毛黄黑色。产于我国的有黄麂、黑麂、菲氏麂和赤麂，其中黑麂属国家保护动物。通称麂子。

【麂子】 jǐzi 名 麂的通称。

jì

计（計） jì ❶ 动 计算① ▷不～其数｜～量(liàng)｜统～。→❷ 动 总计 ▷全组～有5人。→❸ 动 谋划；打算 ▷商～｜～议｜设～图纸。⇒❹ 名 策略；主意 ▷言听～从｜～谋｜心～。⇒❺ 动 计较；考虑 ▷不～名利｜无暇～及。→❻ 名 测量数值的仪器 ▷安培～｜血压～。○❼ 名 姓。

【计步器】 jìbùqì 名 戴在身上用来计算一定时间内行走步数的仪表。也说计步表。

【计策】 jìcè 名 计谋；策略 ▷运用～使敌人上当。

【计程表】 jìchéngbiǎo 名 指示运行里程的仪表，安装在汽车、轮船上。也说计程仪。

【计程车】 jìchéngchē 名 出租汽车①。

【计酬】 jìchóu 动 计算劳动报酬 ▷按字数～。

【计出万全】 jìchū-wànquán 形容谋划周密稳妥，万无一失。

【计费】 jìfèi 动 计算费用 ▷～合理｜～标准公开。

【计分】 jìfēn 动 计算分数 ▷～方法｜按百分制～。

【计划】 jìhuà ❶ 名 预先拟定的工作内容、步骤和方法 ▷工作～｜训练～。❷ 动 打算；做计划 ▷～拍摄一部历史剧｜他们正在～明年的生产项目。☛ ㊀不要写作"计画"。㊁跟"规划"不同。"计划"多较周密、具体，事项可大可小，时间可长可短；"规划"多较全面、概括，着眼远景，时间多较长。

【计划单列市】 jìhuà dānlièshì 在制定、执行、审批经济计划方面由中央政府赋予其省级管理权限而行政关系仍隶属于所在省份的城市。如大连、青岛、宁波等。

【计划经济】 jìhuà jīngjì 在生产资料社会主义公有制的基础上，由国家按照统一制定的计划来控制和管理国民经济的经济体制（跟"市场经济"相区别）。

【计划免疫】 jìhuà miǎnyì 国家为了控制和消灭某些多发性疾病，有计划地开展免疫接种，使婴幼儿及时获得抵抗能力。

【计划生育】 jìhuà shēngyù 按照控制人口增长的要求，指导公民有计划地生育子女。实行计划生育是我国的一项基本国策。简称计生。

【计价】 jìjià 动 计算价钱 ▷论质～｜～器。

【计件工资】 jìjiàn gōngzī 按照生产的合格产品的件数或完成的工作量的多少来计算的工资（跟"计时工资"相区别）。

【计较】 jìjiào ❶ 动 计算得非常仔细，毫不让步 ▷斤斤～｜他对这些小事从不～。❷ 动 争辩；较量 ▷不要和他～了，免得气坏了身体。❸ 动 打算；商议 ▷这件事等你爸爸回来再作～。☛"较"不读jiǎo。

【计量】 jìliàng ❶ 动 用标准的已知量去测定同类型的未知量。如用尺量布、用秤称物等。❷ 动 计算① ▷损失之大，难以～。☛"量"这里不读liáng。

【计谋】 jìmóu 名 为对付某个人或某种情况而预先设计的办法和步骤 ▷用～取胜｜很有～。

【计票】 jìpiào 动 统计票数；特指统计选票票数。

【计穷智短】jìqióng-zhìduǎn 计谋用尽，想不出任何办法。

【计日程功】jìrì-chénggōng 可以数着日子计算功效（程：估计）。形容进展快，有把握在较短时期内完成。☛"程"不要误写作"成"。

【计时】jìshí ❶ 动 显示时间 ▷日晷（guǐ）是中国古老的～工具｜～器。❷ 动 按时间计算（费用）▷～收费｜～工。

【计时工资】jìshí gōngzī 按照劳动时间多少和技术熟练程度来计算的工资（跟"计件工资"相区别）。

【计数】jìshǔ 动 计算① ▷不可～。

【计数】jìshù 动 统计数量 ▷边登记边～。

【计税】jìshuì 动 依照相关规定和标准，计算应缴纳的税额 ▷调整税制结构，避免重复～。

【计算】jìsuàn ❶ 动 利用已知数求得未知数 ▷～题｜～行程。❷ 动 考虑；筹划 ▷干什么事都要～，不能心中无数。❸ 动 算计；暗中谋划损害别人 ▷不要老～人。

【计算尺】jìsuànchǐ 名 根据对数原理制成的计算工具。由尺身、滑尺和指示滑标三部分组成。可用于乘、除、乘方、开方、三角函数值等运算。也说算尺。

【计算机】jìsuànjī 名 电子计算机的简称。

【计算机病毒】jìsuànjī bìngdú 指人为的、用计算机高级语言编成的、可以存储和执行的非法程序。也说电脑病毒、病毒。

【计算机层析成像】jìsuànjī céngxī chéngxiàng 医学上指利用X射线扫描透视人体，经过电子计算机处理，重建出人体器官的断层图像，以便观察和诊断（英语缩写为CT）。也说计算机断层扫描。

【计算机犯罪】jìsuànjī fànzuì 利用电子计算机网络进行诈骗、破坏数据、盗窃情报等的犯罪活动。也说电脑犯罪。

【计算机网络】jìsuànjī wǎngluò 用通信线路把多台电子计算机连接起来，使联机的各用户实现资源共享和信息交换的系统。现已广泛应用于生产、科研、办公、教学等领域。

【计算机综合征】jìsuànjī zōnghézhēng 由于长时间操作电子计算机，受电磁波、光线等影响而出现的头晕、目眩、眼胀、呕吐等病征。也说电脑综合征、计算机病。

【计算器】jìsuànqì ❶ 名 用于计算的器具。如算盘、计算尺等。❷ 名 特指板状、可手持的小型电子计算器。

【计算中心】jìsuàn zhōngxīn 利用通用电子计算机收集、储存和自动处理各种信息、数据的机构或部门。

【计息】jìxī 动 按照一定的利率和时间计算利息 ▷本期国债从购买之日开始～。

【计议】jìyì 动 商议；谋划 ▷从长～。

记（記） jì ❶ 动 把听到的话或发生的事写下来 ▷讲得太快，～不下来｜～载｜登～。→❷ 动 把印象保持在脑子里 ▷～得很清楚｜～忆。❸ 名 记号 ▷标～｜暗～。❹ 名 皮肤上天生的色斑 ▷胎～。→❺ 名 记载事物的书或文章 ▷日～｜游～｜《石钟山～》。○ ❻ 量 用于表示某些动作的次数 ▷一～耳光｜一～劲射，球应声入网。○ ❼ 名 姓。

【记仇】jìchóu 动 把仇恨记在心里，多指对人不宽容 ▷这个人心胸狭窄，好～。

【记得】jìde 动 脑子里有印象；没有忘记 ▷我们第一次见面不～是哪一年了。

【记分】jìfēn 动 记录比赛、游戏等的得分。

【记工】jìgōng 动 记录工作时间或工作量。

【记功】jìgōng 动 记录功绩，以示奖励 ▷请上级给你～。

【记挂】jìguà 动 挂念；牵挂 ▷时时～着外出的子女。

【记过】jìguò 动 记录过错。现为处分的一个等级 ▷受到行政～处分。

【记号】jìhao 名 为帮助记忆或识别而做的标志 ▷不懂的地方做个～，上课问老师。

【记恨】jìhèn 动 心里记着对别人的仇恨 ▷你还真～我了｜说开了，就别～了。

【记录】jìlù ❶ 动 把听到的话或发生的事用文字记下来或用拍摄手段保存下来 ▷边听讲边～。❷ 名 记录下来的文字、音像等材料 ▷审讯～｜整理～。❸ 名 做记录的人 ▷老师叫她当～。❹见649页"纪录"①②。现在一般写作"纪录"。

【记录片】jìlùpiàn 现在一般写作"纪录片"。

【记名】jìmíng 动 为表明权利或责任而记载姓名 ▷购买国库券可以～，可以挂失。

【记名制】jìmíngzhì 名 办理某种手续时需要登记姓名的制度。

【记念】jìniàn 现在规范词形写作"纪念"。

【记念】jìnian 动 惦记；挂念。

【记取】jìqǔ 动 记住并吸取（教训等）。

【记认】jìrèn 动 辨认并记住 ▷他的字很好～。

【记事】jìshì 动 记录事情；记述史实 ▷结绳～｜《春秋》三传中，《左传》侧重于～。

【记事儿】jìshìr 动（小孩儿）开始具有记忆能力 ▷在他～以前，爷爷就去世了。

【记述】jìshù 动 用文字记载、叙述 ▷～一段历史。

【记诵】jìsòng 动 记忆和背诵 ▷小时候学的唐诗，至今还能～。

【记性】jìxing 名〈口〉记忆力 ▷～好｜～差。

【记叙】jìxù 动 记述 ▷～事实｜～翔实。

【记叙文】jìxùwén 名 以记叙为主要表达手段的文体。记人、叙事、写景、状物的文章都属于记叙文。

【记要】jìyào 现在一般写作"纪要"。

【记忆】jìyì ❶ 动 记住或想起(经验过的事物) ▷他～起小时候的情景。❷ 名 往事在头脑中的印象 ▷童年的～|凭～画了一张图。

【记忆合金】jìyì héjīn 形状记忆合金的简称。

【记忆卡】jìyìkǎ 名 存储卡。

【记忆力】jìyìlì 名 记住事物的能力 ▷～衰退。

【记忆犹新】jìyì-yóuxīn 过去的事记得很清楚,就像新近发生的一样。

【记载】jìzǎi ❶ 动 用文字记下来 ▷如实～。❷ 名 记载事情的文章、材料 ▷这是一篇关于古代民俗的～。☛ 不宜写作"纪载"。

【记账】jìzhàng 动 把收支情况登记在账册上。☛ 不要写作"记帐"。

【记者】jìzhě 名 新闻媒体从事采访、报道的专职人员。

伎 jì ❶ 名 技巧;本领 ▷～俩。→ ❷ 名 古代称表演技艺的女子 ▷歌～|舞～。

【伎俩】jìliǎng 名 做坏事的手段;花招儿 ▷识破他骗人的～|鬼蜮～。

齐(齊) jì〈文〉❶ 动 调配。→ ❷ 名 调味品。→ ❸ 名 合金(这个意义今读 qí) ▷锰镍铜～。

另见 1071 页 qí。

纪(紀) jì ❶ 名〈文〉丝缕的头。→ ❷ 名 法度;纪律 ▷风～|法～|军～|违～。→ ❸ 名 记年代的单位,古代以 12 年为 1 纪,现代以 100 年为 1 世纪。❹ 名 地质年代分期的第三级。参见 304 页"地质年代"。○ ❺ 同"记"①②。多用于"纪元""纪年""纪传""纪念""纪行""纪录片"等词中。

另见 646 页 jǐ。

【纪纲】jìgāng 名〈文〉法纪;法度 ▷整饬～。

【纪检】jìjiǎn 动 纪律检查 ▷～部门。

【纪录】jìlù ❶ 名 一定时期、一定范围内记载下来的最好成绩 ▷全国～|世界～|打破～|刷新～。❷ 名 对有新闻价值的人物或事件,经过综合、整理、加工而成的记录 ▷新闻～片。❸ 见 648 页"记录"①②③。现在一般写作"记录"。

【纪录片】jìlùpiàn 名 选择有新闻价值的人物或事件,以现场拍摄为主要手段,经过综合、整理、剪辑、加工而成的影视片。按题材及表现方法的不同,可分为新闻纪录片、文献纪录片、传记纪录片等。口语中也说纪录片儿(piānr)。

【纪律】jìlǜ 名 集体生活中每个成员必须遵守的行为准则 ▷课堂～|加强劳动～性。

【纪年】jìnián ❶ 动 记载年代。我国古代用干支纪年,从汉武帝建元元年起到清末宣统三年止又兼用皇帝年号纪年,现在用各国通用的公历纪年。❷ 名 我国传统史书的一种体裁,按年月顺序排列史实。如《竹书纪年》。

【纪念】jìniàn ❶ 动 用一定的方式对人对事表示怀念 ▷～死去的母亲。❷ 名 表示纪念的事物 ▷种上一棵树,作为永久的～|留作～。☛ 不要写作"记念"。

【纪念碑】jìniànbēi 名 为纪念重大事件或有重大功绩的人而立的石碑 ▷抗洪～|英雄～。

【纪念币】jìniànbì 名 为纪念重大事件、重要人物及其他有重要意义的事物而用金、银等制作的特殊硬币,发行后一般不作流通使用。

【纪念册】jìniàncè 名 收集签名、题词或有关照片等以留作纪念的册子。

【纪念封】jìniànfēng 名 邮政部门为纪念重大事件、重要人物及其他有重要意义的事物等而发行的专供集邮者收藏的特制信封。上面印有纪念性的文字和图案。

【纪念馆】jìniànguǎn 名 为纪念重要历史人物或重大历史事件而建立的陈列有关物品的机构 ▷徐悲鸿～|中国人民抗日战争～。

【纪念品】jìniànpǐn 名 留作纪念的物品。

【纪念日】jìniànrì 名 值得纪念的日子 ▷抗日战争胜利 50 周年～|结婚～。

【纪念塔】jìniàntǎ 名 为纪念重大历史事件或牺牲的英烈、著名人物而建立的塔 ▷烈士～。

【纪念邮票】jìniàn yóupiào 邮政部门为纪念重大事件、重要人物及其他有重要意义的事物等而发行的邮票。

【纪念章】jìniànzhāng 名 有纪念性质的徽章 ▷校庆 100 周年～|收藏各类～。

【纪实】jìshí ❶ 动 记录真实情况 ▷～片|～手法。❷ 名 记录真实情况的文字(多用于篇名或书名) ▷《校医院修建～》。☛ 不宜写作"记实"。

【纪事】jìshì ❶ 动 记录事实 ▷～作品。❷ 名 记载历史事实、人物事迹的诗文 ▷《唐诗～》。

【纪事本末体】jìshì-běnmòtǐ 名 我国传统史书的一种体裁,以重要的历史事件为题,按年月顺序记叙事件的本末。始于南宋袁枢的《通鉴纪事本末》。

【纪行】jìxíng 名 记述旅途见闻的作品(多用于标题) ▷《加拿大～》|《延安～》。

【纪要】jìyào 名 记述要点的文字 ▷会议～。

【纪元】jìyuán ❶ 名 纪年的起算年代。如中国古代多以皇帝即位或中途改换年号的第一年为元年,现在世界多数国家采用的公历纪年以传说的耶稣诞生之年为元年。❷ 名 借指时代 ▷开创历史的新～。

【纪传体】jìzhuàntǐ 名 我国传统史书的一种体裁,以人物传记为中心记载史实。始于西汉司马迁的《史记》。

技 jì 名 某方面的能力;本领 ▷一～之长|～艺|～术|演～|口～。

【技法】jìfǎ 名 技巧和方法 ▷绘画～|～高超。

【技高一筹】jìgāoyīchóu 技艺高人一等。

【技工】jìgōng 名 有专门技术的工人。

【技工学校】jìgōng xuéxiào 培养中等技术工人的学校。简称技校。

【技击】jìjī 名〈文〉用于搏斗的武艺 ▷擅长～。

【技能】jìnéng 名 掌握和运用某种技术的能力 ▷职业～培训|劳动～。

【技巧】jìqiǎo 名 精巧的技能 ▷写作～。

【技巧运动】jìqiǎo yùndòng 体操运动项目,由平衡、倒立、翻腾、跳跃等动作组成,有单人、双人、三人、四人等项。

【技穷】jìqióng 动 技能用尽或本领使完(再也无能为力) ▷黔驴～|自感～。

【技师】jìshī 名 工人中的技术职称,相当于初级工程师或高级技术员。

【技术】jìshù ❶ 名 人类在实践活动中直接应用的知识、技能和操作方法 ▷科学～|电工～|学～。❷ 名 技巧;本领 ▷～过硬。

【技术改造】jìshù gǎizào 指用新技术、新设备、新工艺装备和改造国民经济各部门;也指采用新的生产技术提高效率,降低消耗,改进产品质量。简称技改。

【技术革命】jìshù gémìng 指生产技术上重大的根本性的变革。如18世纪后期蒸汽机的发明和应用,19世纪后期电力的发现和应用,20世纪中期原子能和电子计算机的发现、发明和应用。

【技术革新】jìshù géxīn 指生产技术上的更新改进。

【技术含量】jìshù hánliàng 指产品本身的科学技术成分的含量。包括产品构成材料的科技成分的含量和产品生产方法的科技成分的含量。

【技术科学】jìshù kēxué 关于技术的基本理论的科学。是介于基础科学和应用科学的中间环节,既是基础科学的特殊应用,又对应用科学具有理论指导作用。

【技术密集型】jìshù mìjíxíng 指主要依靠先进技术和设备投入而对劳动力依赖较少的产业类型。

【技术市场】jìshù shìchǎng 指有关技术转让、技术咨询、技术培训、技术承包、技术入股和联合开发新产品等技术贸易活动的市场。

【技术性】jìshùxìng 名 在技术水平或技术含量方面的特性 ▷这活儿～强。

【技术学校】jìshù xuéxiào 培养某种专业技术人员的中等职业学校或培训机构。简称技校。

【技术员】jìshùyuán 名 技术人员的初级职称之一,低于助理工程师。在工程师的指导下,能够完成一定的专业技术工作。

【技校】jìxiào 名 技工学校或技术学校的简称。

【技痒】jìyǎng 动 指有某种技艺的人遇到适当的机会很想一试身手 ▷看人家下棋,他不觉～。

【技艺】jìyì 名 富于技巧性的艺术、手艺、武艺等 ▷～精湛|制作盆景的～|擒拿格斗的～。

芰 jì 名〈文〉菱。

系(繫) jì 动 打结;扣 ▷头上～了个蝴蝶结|～领带|～扣子。☛ 首笔是平撇(㇀),不是横。

另见1475页xì。

忌[1] jì 动 忌妒 ▷猜～|疑～。☛"忌[1]"和"嫉(jí)"①意义相同,但形、音都不同。

忌[2] jì ❶ 动 畏惧 ▷横行无～|～惮|顾～。→ ❷ 动 认为不适宜而避免 ▷～生冷|～口|～讳。❸ 动 戒除 ▷～烟|～酒。

【忌辰】jìchén 名 忌日①。

【忌惮】jìdàn 动〈文〉惧怕;顾忌 ▷肆无～。

【忌妒】jìdu 动 因别人比自己强而心怀怨恨。

【忌恨】jìhèn 动 嫉恨。

【忌讳】jìhuì ❶ 动 由于习俗或个人原因,避免或禁止某些言语或举动。如船夫忌讳说"翻"和"沉"。❷ 名 指所要忌讳的言语或举动 ▷对不同民族的～应多加理解|他没有那么多的讲究和～。❸ 动 泛指力求避免或不希望出现(某些可能产生消极后果的事) ▷当领导的最～偏听偏信|律师～当事人隐瞒实情。

【忌刻】jìkè 动 忌妒刻薄 ▷心存～|言多～。☛ 不宜写作"忌克"。

【忌口】jìkǒu 动 因生病或其他原因不适宜吃某些食物 ▷糖尿病人要～,避免甜食。也说忌嘴。

【忌日】jìrì ❶ 名 原指先辈去世的日子(旧俗这一天忌娱乐、宴会,故称);泛指亲友等去世的日子 ▷每到母亲～,他都要去祭奠。❷ 名 迷信指不宜做某事的日子。

【忌食】jìshí ❶ 动 因守宗教教规而不吃(某些食物) ▷伊斯兰教～猪肉|印度教～牛肉。❷ 动 因生病或其他原因而不宜吃(某些食物) ▷患皮肤病～海鲜。

【忌用】jìyòng 动 因不适宜而不要使用 ▷这种药孕妇～。

【忌语】jìyǔ 名 忌用的话语。

【忌嘴】jìzuǐ 动 忌口。

际(際) jì ❶ 名〈文〉两堵墙相接的边。→ ❷ 名 交界或靠近边缘的地方 ▷一望无～|涯～。❸ 名 中间;里边 ▷脑～|胸～。→ ❹ 动 互相接触;交往 ▷交～。❺

名彼此之间 ▷国～|人～。→ ❻ 名指先后交接的时候；也指某个特定的时候 ▷隋唐之～|强敌压境之～。❼ 动〈文〉恰好遇到(某个时机)；遭遇 ▷～此盛会|～此多事之秋。

【际会】jìhuì〈文〉❶ 动遇合；遭逢 ▷风云～。❷ 名机遇；机会 ▷人生～。

【际涯】jìyá 名〈文〉边缘地带；边际。

【际遇】jìyù 名机遇；机会 ▷人生有此～，十分难得。

妓 jì ❶ 名古代称专门表演歌舞杂技的女子 ▷舞～。→ ❷ 名妓女 ▷～院|娼～。

【妓女】jìnǚ 名旧时以卖淫为生的女子。

【妓院】jìyuàn 名旧时妓女卖淫的专门场所。

季[1] jì ❶ 名〈文〉兄弟排行中的老四或最小的 ▷伯仲叔～|～父(称父亲最小的弟弟)。→ ❷ 名指某个朝代、时期的末期 ▷明～(明朝末年)|～世。→ ❸ 名指农历一季里的第三个月 ▷～春。○ ❹ 名姓。

季[2] jì ❶ 名一年分为春夏秋冬四时，每时各有一个季月，故也称四季，三个月为一季 ▷春～|～度。→ ❷ 名指一年中在某方面具有显著特点的时期 ▷雨～|淡～|演出～。❸ 量用于进行某项活动的段落 ▷这部连续剧的第二～即将开播|首～比赛。→ ❹ 量一年内农作物等成熟一次叫一季 ▷双～稻。

【季度】jìdù 名把一季作为一个计时单位时称为季度 ▷第一～|～计划|～结算。

【季风】jìfēng 名以一年为周期，随季节改变风向的风。如有的季风冬季多由大陆吹向海洋，夏季多由海洋吹向大陆。

【季风气候】jìfēng qìhòu 受季风影响显著的气候。如有的地区夏季主要受海洋气流影响，高温多雨；冬季受大陆气流影响，低温干燥。

【季节】jìjié 名一年中在某方面具有显著特点的时期 ▷严冬～|收获～|～差价。

【季节工】jìjiégōng 名从事季节性劳务的临时工 ▷冬季需要大批烧锅炉的～。

【季节性】jìjiéxìng 名随季节而变化的特性 ▷这种花的～很强。

【季军】jìjūn 名体育或其他比赛中的第三名。

【季刊】jìkān 名每季出版一期的刊物。

【季世】jìshì 名〈文〉末代；衰败时期 ▷南宋～。

剂(劑) jì ❶ 动配制或调和(药物、味道等) ▷调(tiáo)～。→ ❷ 名配制或调和而成的药 ▷感冒冲～。⇒ ❸ 名具有某种化学功能或物理功能的物品的通称 ▷杀虫～|润滑～。⇒ ❹ 量用于中药 ▷一～汤药。也说服(fù)。○ ❺ 名剂子 ▷面～儿。

【剂量】jìliàng 名药品或生化制品的使用量。

【剂型】jìxíng 名药物加工后制成的不同类型。如片剂、丸剂、散剂、汤剂、膏剂等。

【剂子】jìzi 名做馒头、饺子等面食时，把大面团揉成长条后再分成的均匀小块 ▷馒头～。

垍 jì 名〈文〉坚硬的土。

荠(薺) jì 名荠菜 ▷其甘如～。☛ 读qí，仅用于"荸荠"("荠"读轻声)。

另见1073页qí。

【荠菜】jìcài 名一年或二年生草本植物，叶有茸毛，开白花；茎、叶可以食用，也可以做药材。

迹(*跡蹟) jì ❶ 名脚印 ▷兽蹄鸟～|足～。→ ❷ 名行动留下的印痕 ▷毁尸灭～|行～|劣～。❸ 名前人留下的事物(一般指建筑或器物等) ▷遗～|古～|陈～。→ ❹ 名物体留下的印痕 ▷血～|汗～|痕～。☛ 统读jì，不读jī。

【迹象】jìxiàng 名指可借以推断事物的过去或未来的痕迹和现象 ▷从种种～看，他的嫌疑最大。

洎 jì 动〈文〉至；及 ▷自古～今。

济[1](濟) jì 动过河；渡 ▷同舟共～。

济[2](濟) jì ❶ 动用钱和物帮助有困难的人 ▷扶危～困|赈～。→ ❷ 名补益 ▷无～于事。

另见646页jǐ。

【济困扶危】jìkùn-fúwēi 扶危济困。

【济贫】jìpín 动救济贫穷的人。

【济世】jìshì 动救助世人 ▷～良策|有～之才。

【济事】jìshì 动顶事；中用(多用于否定) ▷眼睛越来越不～了|空谈不～，必须动手实干。

既 jì ❶ 动〈文〉完了；终了 ▷食～|言未～。→ ❷ 副表示动作行为已经完结，相当于"已经" ▷～成事实|～得利益。⇒ ❸ 连跟"又""且""也"配合，连接并列的动词、形容词或分句，表示两种情况同存 ▷～能文，又能武|～要实干，也要巧干。⇒ ❹ 连用于复句的前一分句，提出已成为现实或已肯定的前提，后一分句据以推出结论，常同"就""那么"等呼应 ▷～要说，就要说清楚|～是写给大家读的，那么深入浅出就十分必要了。☛ ㊀右边是"旡(jì)"，不是"无"。㊁跟"即(jí)"不同。以上意义不要误写作"即"。

【既成事实】jìchéng shìshí 已经形成的事实。

【既得利益】jìdé lìyì 已经到手的利益。

【既定】jìdìng 动已经确定 ▷目标～，重在落实|～方针。

【既而】jì'ér 连表示前文所说的情况过去不久 ▷开始老师独唱，～学生跟着合唱。

【既来之,则安之】jì lái zhī, zé ān zhī《论语·季氏》:“夫如是,故远人不服,则修文德以来之。既来之,则安之。”原意是既然把远方的人招抚来了,就要把他们安顿下来。今多指既然来到这里,就要安下心来面对现实。

【既然】jìrán 连 既④ ▷我～管,就管到底|～时间还早,何不顺便逛逛书店?

【既往】jìwǎng 名 以往;以往的事 ▷一如～。

【既往不咎】jìwǎng-bùjiù 对以往的过错不再追究责罚。☛“咎”不要误写作“究”。

【既望】jìwàng 名〈文〉农历称每月十五日为望,十六日为既望。

勣(勣) jì 用于人名。如李勣,唐代人。“勣”另见 653 页 jì“绩”。

觊(覬) jì 动〈文〉企图;希望 ▷～觎。

【觊觎】jìyú〈文〉❶ 动 企图获取(非分的东西)▷～大位|～他国领土。❷ 名 非分的愿望或企图 ▷心怀～。

继(繼) jì ❶ 动 接续;连续 ▷前仆后～|夜以～日|～续。〇 ❷ 名 姓。

【继承】jìchéng ❶ 动 接受前人的传统;接续前人的事业 ▷～孙中山先生的遗愿。❷ 动 依法或遵遗嘱承受死者的遗产或权利等 ▷～王位。

【继承法】jìchéngfǎ ❶ 名 规定财产继承关系的法律。❷ 名 特指《中华人民共和国继承法》(已于 2021 年 1 月 1 日起废止)。

【继承权】jìchéngquán 名 依法或遵遗嘱继承遗产等的权利。

【继承人】jìchéngrén 名 依法或遵遗嘱有权继承遗产或权利的人 ▷财产～|王位～。

【继电器】jìdiànqì 名 用于自动控制系统和通信设备的一种电器。当电压、电流、温度、压力等达到、超过或低于预定值时,继电器会接通或中断电路,对设备起控制和保护作用。

【继而】jì'ér 连 表示紧接在某一行为或变化之后,相当于“接着” ▷始则刮风,～下雪。

【继父】jìfù 名 母亲的后夫(用于背称)。

【继母】jìmǔ 名 父亲的后妻(用于背称)。

【继配】jìpèi 名 继室。

【继任】jìrèn 动 接替前任职务 ▷主席缺任时,由副主席～主席职务。☛ 跟“留任”不同。“继任”不是“继续担任”的意思。

【继室】jìshì 名 原配妻子死后续娶的妻子。

【继嗣】jìsì〈文〉❶ 动 延续;继续 ▷殷商～三十一王。❷ 动 传宗接代 ▷老年丧子,～无人。❸ 名 后代;特指帝王的继位者 ▷定立～。

【继往开来】jìwǎng-kāilái 继承前人的事业,开辟未来的道路。

【继位】jìwèi 动 继承皇位或王位。

【继武】jìwǔ 动〈文〉接着前面的步伐(武:足迹;脚步)。比喻继续前人的事业。

【继续】jìxù ❶ 动 延续下去;不间断地进行 ▷这种状况～了很长时间。❷ 名 与某事有连续关系的另一件事 ▷姜维九伐中原是诸葛亮六出祁山的～。☛ 参见 183 页“持续”的提示。

【继续教育】jìxù jiàoyù 面向学龄期学校教育之后所有社会成员的教育,是终身教育的重要组成部分。

【继业】jìyè 动〈文〉继承前人的事业;继承先人的业绩 ▷承师～。

【继子女】jìzǐnǚ ❶ 名 过继而来的子女。❷ 名 法律上指妻与前夫或夫与前妻所生的子女。

偈 jì 名 梵语音译词“偈陀(Gatha)”的简称。佛经中的唱词;泛指与佛教有关或带有佛教色彩的诗作 ▷诵～|～语。

另见 705 页 jié。

【偈语】jìyǔ 名 偈。也说偈子。

徛 jì 名〈文〉放在水中用来供人渡水的石头;也指石桥。

祭 jì ❶ 动 祭祀;祭奠 ▷～神|～祖|～天|公～革命烈士|～品。→ ❷ 动 古代神怪小说中指用咒语施放法宝 ▷土行孙～起捆仙绳。☛ 上边是“⺼”,不是“⺥”。由“祭”构成的字有“察”“蔡”等。

另见 1730 页 zhài。

【祭拜】jìbài 动 祭祀礼拜 ▷～祖先。

【祭典】jìdiǎn ❶ 名 古代记载有关祭祀制度的典籍。如《礼记》中的《祭法》《祭义》等篇。❷ 名 祭祀的礼仪法度;隆重的祭祀活动。

【祭奠】jìdiàn 动 在灵前或墓前举行仪式,对死者表示悼念 ▷～亡灵。

【祭告】jìgào 动 祭祀时把事情告诉神灵或祖先 ▷～上苍|～仪式。

【祭礼】jìlǐ ❶ 名 祭祀或祭奠的仪式 ▷举行～。❷ 名 祭祀或祭奠用的供品或其他物品。

【祭灵】jìlíng 动 在死者灵前祭奠。

【祭品】jìpǐn 名 祭祀或祭奠用的供品。

【祭器】jìqì 名 祭祀或祭奠时陈设的器具。

【祭扫】jìsǎo 动 到墓前打扫祭奠 ▷～烈士陵园。

【祭司】jìsī 名 宗教中专职掌管祭祀活动的人。

【祭祀】jìsì 动 置备供品对神灵或祖先行礼,表示崇敬并祈求护佑。

【祭坛】jìtán 名 祭祀或祭奠用的台子。

【祭文】jìwén 名 祭祀或祭奠时诵读的文章。

【祭灶】jìzào 动 祭祀灶神。旧俗在农历腊月二十三或二十四日。

【祭幛】jìzhàng 名 祭奠时用的幛子。

悸 jì ❶ 动 心脏急速跳动 ▷心～。→ ❷ 动 惊恐;惧怕 ▷惊～。

【悸动】jìdòng 动 因惊恐而心跳加快 ▷事故过去这么久,心里还时时～不安。

寄 jì ❶ 动 托付;委托 ▷～存|～托。→ ❷ 动 依附 ▷～人篱下|～居。❸ 形 本无亲属关系而以亲属关系相认的 ▷～父|～子。→ ❹ 动〈文〉托人传送 ▷～书故友。❺ 动 通过邮局传递 ▷～信|邮～。○ ❻ 名 姓。

【寄存】jìcún 动 把东西暂时存在某处,请人代为保管 ▷～行李。

【寄存器】jìcúnqì 名 电子计算机中暂时存放信息的部件。

【寄递】jìdì 动(邮递员)递送邮件。

【寄读】jìdú 动 指中小学生到非户籍所在地的学校就读,户籍不变,学籍仍属原在学校 ▷外地民工的孩子可以来城里学校～|～生。

【寄放】jìfàng 动 寄存 ▷行李～在亲戚家里。

【寄费】jìfèi 名 邮寄信件、钱物等所需的费用。

【寄父】jìfù 名 义父。

【寄怀】jìhuái 动〈文〉寄托情怀(多用于作品名) ▷《六十～》|借景～。

【寄籍】jìjí ❶ 动 离开原籍,而在寄居地落户 ▷他是青岛人,～天津多年。❷ 名 客籍①。

【寄居】jìjū 动 在他乡或他人家里居住 ▷～南京|在姑母家～。

【寄居蟹】jìjūxiè 名 甲壳动物,成体寄居在空的螺壳内,头、胸部能伸出壳外,在海底或海滩上带壳爬行。也说寄居虾。

【寄卖】jìmài ❶ 动 委托他人代卖(自己的物品) ▷这些家具准备运去～。❷ 动 受托代卖(他人的物品) ▷本店受理～业务|～行。

【寄母】jìmǔ 名 义母。

【寄情】jìqíng 动 寄托感情 ▷～于景。

【寄人篱下】jìrénlíxià 寄居在他人家里。比喻依附他人生活。

【寄身】jìshēn 动 在某处暂时停留或生活。

【寄生】jìshēng ❶ 动 一种生物依附在另一种生物体内或体表,靠吸收寄主体内的营养而生活。如蛔虫、菟丝子。❷ 动 指自己不劳动而靠剥削他人生活 ▷～阶层。

【寄生虫】jìshēngchóng ❶ 名 寄生在另一生物体上的动物。如血吸虫、蛔虫、跳蚤、小麦线虫等。❷ 名 比喻自己有劳动能力而不劳动,靠剥削他人生活的人。

【寄生蜂】jìshēngfēng 名 蜂类昆虫,寄生于其他昆虫的幼虫、蛹及卵中。种类很多,如金小蜂、赤眼蜂等。能抑制农业害虫繁殖。

【寄食】jìshí 动〈文〉依附他人过活。

【寄售】jìshòu 动 寄卖。

【寄宿】jìsù ❶ 动 借住 ▷在朋友家～。❷ 动 学生在学校宿舍住宿 ▷～生。

【寄宿学校】jìsù xuéxiào 学生一律在校内住宿的学校。

【寄托】jìtuō ❶ 动 托付 ▷把孩子～给王大妈。❷ 动 把理想、希望、情感等放在某人身上或体现在某事物之中 ▷她把希望～在孩子身上。

【寄押】jìyā 动 暂时拘禁(未经审判的犯罪嫌疑人) ▷把他～起来。

【寄养】jìyǎng 动 委托他人抚养或饲养 ▷她幼年～在外婆家里|有三只羊～在邻居家。

【寄予】jìyǔ ❶ 动 给予(关切、同情等) ▷～深切的同情。❷ 动 寄托着 ▷人民对你们～厚望。☛ 不要写作“寄与”。

【寄语】jìyǔ ❶ 动 传递话语 ▷～小读者。❷ 名 传递的话语或寄托希望的话语(多用于文章或栏目的名称) ▷新春～。

【寄寓】jìyù ❶ 动 寄居 ▷～海外。❷ 动 寄托(某种思想感情) ▷～着作者的离情别绪。

【寄主】jìzhǔ 名 被别的生物所寄生的生物。如钉螺是血吸虫的寄主。也说宿主。

寂 jì ❶ 形 静;没有声响 ▷～静|沉～|万籁俱～。→ ❷ 形 冷清;孤独 ▷～寞|枯～|孤～。☛ 统读 jì,不读 jí。

【寂静】jìjìng 形 没有声音,十分安静 ▷～的夜晚|周围一片～。

【寂寥】jìliáo〈文〉❶ 形 寂静 ▷～无人。❷ 形 空旷 ▷～的宇宙。

【寂寞】jìmò ❶ 形 孤独冷清 ▷老人丧偶后很～。❷ 形 寂静 ▷～荒凉的坟场。

【寂然】jìrán 形〈文〉形容寂静的样子 ▷月明星稀,四野～|～无声。

绩(績*勣❷) jì ❶ 动 把麻或其他纤维搓捻成线 ▷～麻|纺～。→ ❷ 名 功业;成果 ▷丰功伟～|业～|成～|战～。☛ 统读 jì,不读 jī。

“勣”另见 652 页 jì“勣”。

【绩差股】jìchàgǔ 名 指业绩差而对投资价值有负面影响的股票。

【绩效】jìxiào 名 业绩和成效 ▷～考核。

【绩优股】jìyōugǔ 名 指业绩优良而有较高投资价值的股票 ▷争相购买～。

惎 jì〈文〉❶ 动 毒害 ▷～害其子弟以固宠禄。○ ❷ 动 憎恨;嫉恨。○ ❸ 动 启发;教导。

塈 jì 动〈文〉涂抹屋顶 ▷～茨(茨:茅草苫盖的屋顶)。

蓟[1](薊) jì 名 多年生草本植物,开紫红色花,果实椭圆形。全草可以做药材。常见的有大蓟和小蓟。

蓟[2](薊) jì ❶ 名 古地名,在今北京城西南。○ ❷ 用于地名。如蓟县,在天津,现已改为蓟州区。○ ❸ 名 姓。

霁(霽) jì〈文〉❶ 动 雨或雪停止,天色放晴 ▷雨～|雪～。→ ❷ 动 怒气

消除，表情变为和悦 ▷～怒|色～。→ ❸ 形 晴朗；明朗 ▷～野|～月。

跽 jì 动〈文〉两膝跪着，上身挺直 ▷～坐|～跪。

穊 jì 形〈文〉稠密。

鲚（鱭） jì 名 鱼，体小，侧扁，银白色，尾长而尖。生活在西太平洋海域中。是优质的食用鱼类。我国产的有凤鲚（通称凤尾鱼）、刀鲚（通称刀鱼）等。

漈 jì ❶ 名〈文〉水边。○ ❷ 名 某些地区指瀑布（多用于地名）▷九龙～（在福建）。

暨 jì ❶ 动〈文〉到；至 ▷自古～今。→ ❷ 连 连接并列的词或短语，相当于"和""与""及" ▷竣工典礼～庆功大会|跨境光缆开通～商用化仪式在当地举行。☛ 连词"暨"跟"及"不同。"暨"具有典雅庄重意味；"及"不具有这种特定意味。

稷 jì ❶ 名 古代指一种粮食作物，一说为谷子或黍子，一说为高粱。→ ❷ 名 古代指谷神。古人以稷为五谷之长（zhǎng），与土神"社"合称"社稷"。☛ 跟"谡（sù）"不同。

鲫（鯽） jì 名 鲫鱼，体侧扁，头尖尾窄，背部隆起，青褐色，腹部银灰色。生活在淡水中，是常见的食用鱼。它的变种叫金鱼，可供观赏。

髻 jì 名 盘在头顶或脑后的头发 ▷高～|发～|抓～。

【髻子】jìzi 名 髻 ▷头发往上拢着，绾了个～。

冀[1] jì ❶ 动 希望 ▷希～|～图。○ ❷ 名 姓。

冀[2] jì 名 河北的别称 ▷～中平原|晋察～边区。

【冀求】jìqiú 动 希望求得 ▷要有长期奋斗的准备，不要～一时之功|～进取。

【冀图】jìtú 动〈文〉希图；图谋 ▷～掩人耳目。

【冀望】jìwàng 动〈文〉期望；希望。

穄 jì［穄子］jìzi 名 糜（méi）子。

罽 jì 名〈文〉毡子之类的毛织品 ▷～帐。

鳖（鱀） jì 见 24 页"白鳖豚"。

檵 jì 名 檵木，常绿灌木或小乔木。枝叶可提制栲胶，种子可榨油，花和茎、叶可以做药材。☛ 右边"繼"不能简化成"迷"。

鲚（鰶） jì 名 鱼，体侧扁，银灰色，有黑斑，背鳍条中最后一根延长成丝状。生活在东亚和东南亚浅海一带。

骥（驥） jì〈文〉❶ 名 千里马 ▷老～伏枥，志在千里|骐～。→ ❷ 名 比喻杰出的人才 ▷～足|～才。

瀱 jì 形 形容泉水涌出的样子。

jiā

加 jiā ❶ 动 把一个东西放在另一个东西上 ▷黄袍～身|～冕。→ ❷ 动 把本来没有的添上去 ▷往菜里～点儿盐|添～。→ ❸ 动 在原有的基础上增多、扩大或提高 ▷～演三场|～映|～宽|～温。→ ❹ 动 把某种行为加在别人身上 ▷强～于人|施～压力。❺ 动 施行；采用 ▷多～小心。→ ❻ 动 进行加法运算 ▷3～4 等于 7。○ ❼ 名 姓。

【加班】jiābān 动 额外增加工作时间或班次。

【加倍】jiābèi ❶ 动 增加到原数量的两倍 ▷价钱～|～奉还。❷ 副 表示比原来的程度高得多 ▷～用力|～小心。

【加餐】jiācān ❶ 动 增加饭食顿数 ▷每天上午 10 点给小学生～一次。❷ 名 正常三餐之外增加的饭食 ▷午饭和晚饭之间再来一顿～。

【加车】jiāchē ❶ 动 在原定的运行车辆或车次外临时增加车辆或车次 ▷清明节前后，公交专线每天～5 辆。❷ 名 临时增加的车辆或车次 ▷春运期间，京广线增开 5 对～。

【加持】jiāchí ❶ 动 佛教用语，意思是佛、菩萨施加法力护持众生。❷ 动 助力；支持 ▷多位名演员～，电影票房一路走高|新技术的～使监督更加精准。

【加大】jiādà 动 使数量或程度增加 ▷～工作量|～改革力度。

【加点】jiādiǎn 动 在规定的上班时间之外增加工作时间 ▷她常常加班～工作。

【加法】jiāfǎ 名 求两个或两个以上数的和的运算方法。

【加封】jiāfēng ❶ 动 古代指在原有基础上再封给（名位、土地等）▷～孔子为文宣王。○ ❷ 动 贴上封条 ▷把赃款～入库。

【加工】jiāgōng ❶ 动 把原材料、半成品制成成品或使达到规定要求 ▷服装～。❷ 动 使成品更精致、更完美 ▷剧本还要进行～润色。

【加工水】jiāgōngshuǐ 名 经加工处理达到规定要求的水。如纯净水、蒸馏水等。

【加固】jiāgù 动 采取措施使坚固 ▷～河堤。

【加官进爵】jiāguān-jìnjué 指升官晋级（爵：爵位）。

【加害】jiāhài 动 有意给别人造成危害 ▷～于人。

【加害国】jiāhàiguó 名 加害于别国的国家。

【加号】jiāhào ❶ 名 加法运算符号，即"+"。❷ 名 疾病诊断时表示某种试验或化验所得结果呈阳性的符号。参见 1593 页"阳性"②。

【加急】jiājí 区别 特别紧急的；必须加快办理的 ▷～电报。

【加价】jiājià 动 提高价格 ▷不许任意～。

【加减】jiājiǎn 动 增加或减少 ▷收费项目不得随意～。

【加紧】jiājǐn 动 使速度加快或力度增大 ▷～合作｜～排涝，确保丰收。

【加劲】jiājìn 动 加大干劲；努力 ▷～干｜大家再加把劲儿，坚持到底就是胜利。

【加剧】jiājù 动 变得比原来更严重 ▷病情～。

【加快】jiākuài ❶ 动 提高速度 ▷～脚步｜施工进度～了。❷ 动 铁路部门指乘客把持有的慢车车票通过一定手续改为快车车票。

【加宽】jiākuān 动 增加宽度 ▷～街道。

【加料】jiāliào ❶ 动 添加物料或饲料 ▷～装置｜给牛～。❷ 区别 因增加原料而使质量或功效提高的 ▷～饼干｜～药酒。

【加仑】jiālún 量 英美制容积计量单位。1 英加仑约等于4.546升。美制中，1 液量加仑约等于3.785 升，1 干量加仑约等于 4.405 升。

【加码】jiāmǎ ❶ 动 提高价格 ▷门票又～了。❷ 动 提高数量或质量要求 ▷指标层层～。

【加盟】jiāméng 动 参加某团体或组织 ▷～北约｜特邀外国名演员～演出。

【加盟店】jiāméngdiàn 名 以订立合同方式加盟某企业，从而取得专门营销该企业特定商品资格的商店 ▷我厂在全省拥有数百家～。

【加密】jiāmì ❶ 动 加大密度 ▷～轮换班次。○ ❷ 动 规定文件的保密性 ▷这是一份～文件。❸ 动 给电子计算机、电话、存折等设置密码，以防止他人随意动用，给物主造成损失。

【加冕】jiāmiǎn 动 某些国家君主即位时举行仪式，当众把王冠戴到君主的头上。

【加农炮】jiānóngpào 名 一种火炮。炮身长，初速大，射程远，弹道低。多用于射击装甲目标和远距离目标(加农：英语 cannon 音译)。

【加强】jiāqiáng 动 使更强或更有力 ▷～攻势。

【加权】jiāquán 动 数据统计中指因某种需要而对某些参数事先增加一定的数值或一定的比例，再进行计算和比较。

【加热】jiārè 动 使物体温度升高 ▷在电炉上～。

【加入】jiārù ❶ 动 添加进去 ▷～冷水｜～调料。❷ 动 参加；参与 ▷～少先队｜～联合国。☛ 参见 126 页"参加"的提示。

【加塞儿】jiāsāir 动〈口〉比喻不守秩序，硬插入已排好的队伍中 ▷请按顺序上车，不要～。

【加深】jiāshēn 动 使深度加大；使程度更深 ▷～印象｜认识～｜矛盾～。

【加湿器】jiāshīqì 名 增加室内空气湿度的电器设备。

【加时赛】jiāshísài 名 足球、篮球、曲棍球等在比赛时间结束形成平局而又必须决出胜负时，按照规则延长时间继续进行的比赛 ▷场上正在进行～。

【加试】jiāshì 动 在共同科目的考试外，增加其他考试科目或内容 ▷～体育｜～题。

【加数】jiāshù 名 加法运算中指用来求和的各个数。

【加速】jiāsù ❶ 动 加快速度 ▷列车开始～了。❷ 动 使速度加快 ▷～政务电子化的进程。

【加速度】jiāsùdù 名 表示速度变化的快慢和方向的物理量。速度的变化与所用时间的比值，称为这段时间内的平均加速度。常用单位是米/秒^2、厘米/秒^2 等。

【加速器】jiāsùqì 名 用人工方法使带电粒子获得高速度的装置。是研究原子、原子核和粒子物理的重要设备。

【加温】jiāwēn 动 使温度升高；比喻增加某种行动的强度 ▷高炉继续～｜给群众性的环境保护活动～。

【加洗】jiāxǐ 动 洗印整个胶卷后再将其中一张或几张相片多印若干张。

【加薪】jiāxīn 动 增加工资。

【加刑】jiāxíng 动 加重刑罚 ▷给越狱逃犯～。

【加压】jiāyā 动 加大压力；使压强增加 ▷～、降温可使气体液化｜～气焊。

【加以】jiāyǐ ❶ 动 用在双音节动词前，表示后面的动词对前面提到的人或事物施加某种动作 ▷对代表资格～审查。❷ 连 承接前一分句，提出进一层的原因或条件 ▷他基础好，～学习认真，因而进步很快。

【加意】jiāyì 动 格外注意或注重 ▷～调养。

【加油】jiāyóu ❶ 动 添加燃油或润滑油 ▷机器该～了｜～站。❷ 动 比喻加把劲儿 ▷～儿干｜为运动员～儿。

【加油添醋】jiāyóu-tiāncù 添油加醋。

【加之】jiāzhī 连 加以② ▷大风降温，～暖气已停，房间里冷极了。

【加重】jiāzhòng ❶ 动 (分量)增大 ▷～负担。❷ 动 (情况)变得更严重 ▷病情～了。

【加注】jiāzhù ❶ 动 加上或注上 ▷这里需～一个说明。❷ 动 加上注释 ▷这句话要～，不然别人看不懂。

夹(夾) jiā ❶ 动 从两旁同时向同一对象用力或采取行动 ▷拿筷子～菜｜两面～攻｜～击。→ ❷ 名 夹子 ▷票～｜讲义～｜皮～。→ ❸ 动 使处在两者之间；从两旁限制住 ▷把书签～在书里｜～缝｜～道欢迎。❹ 动 掺杂 ▷雨～雪｜～生。

另见 436 页 gā；659 页 jiá。

【夹板】jiābǎn ❶ 名 用来夹住物体的板子 ▷左臂打着～。❷ 名 双层或多层的板 ▷～墙。

【夹板气】jiābǎnqì 名 指所受到的来自对立双方的责难 ▷～不好受啊！

【夹层】jiācéng 名 双层片状物之间的空间 ▷～墙里藏着机密文件。

【夹层玻璃】jiācéng bōli 一种安全玻璃，在两片玻璃之间加上塑料黏合而成，破碎时碎片不会飞散伤人。多用在轿车、飞机的门窗上。

【夹带】jiādài ❶ 动 夹杂携带 ▷狂风～着沙粒卷过来。❷ 动 将物品藏在身上或混在他物中秘密携带 ▷～私货｜～毒品。❸ 名 考试时暗中携带的作弊用的资料 ▷衣服里藏有～。

【夹道】jiādào ❶ 名 两边都是墙的狭窄通道；北京常用作胡同名 ▷～太窄，三轮车进不去｜养蜂～(北京胡同名)。❷ 动 排列在道路两旁 ▷～欢送｜白杨树～挺立。

【夹缝】jiāfèng ❶ 名 两个物体之间的狭窄空间 ▷从两列火车的～中穿行很危险。❷ 名 比喻夹在两种对立的势力之间的处境 ▷只得在～中求生存。

【夹攻】jiāgōng 动 从相对的两个方向同时攻击一个目标 ▷两路～顽敌。

【夹棍】jiāgùn 名 旧时刑具，用两根木棍制成，行刑时用力夹犯人的腿。

【夹击】jiājī 动 夹攻 ▷采取～战术。

【夹剪】jiājiǎn 名 夹取物品的金属工具，形似剪刀，接触物品的一端宽而平，没有锋刃。

【夹角】jiājiǎo 名 两条直线所夹的角。

【夹具】jiājù 名 加工、检验或装配时，用来定位和夹紧工件的机具。

【夹克】jiākè 名 英语 jacket 音译。多为袖口和下摆束紧、身长到腰的短外套。☛ 不要写作"茄克"。

【夹批】jiāpī 名 夹在正文中间的批语。

【夹七夹八】jiāqī-jiābā 形容语言混乱，条理不清 ▷～地说了半天，大家还是不得要领。

【夹生】jiāshēng ❶ 形 (饭食)半生不熟 ▷这饭有点儿～。❷ 形 比喻对知识没有学懂学透，一知半解 ▷他缺课较多，功课都是～的。

【夹生饭】jiāshēngfàn ❶ 名 没有熟透的饭 ▷煮了一锅～。❷ 名 比喻开始没做好、重新再做便很难取得预期效果的事情 ▷学习贪快，容易搞成～。☛ "夹"这里不读 jiá。

【夹馅儿】jiāxiànr 区别 (食品中间)夹着馅儿 ▷～饼干｜～馒头。

【夹心】jiāxīn 区别 夹馅儿 ▷～巧克力。

【夹杂】jiāzá 动 掺进(另外的东西) ▷一头黑发中～着几根白发｜不能～个人成见。

【夹峙】jiāzhì 动 耸立于两侧 ▷两岸峭壁～。

【夹竹桃】jiāzhútáo 名 常绿灌木，叶子像竹叶但厚而有韧性，夏季开桃红色或白色花。花可供观赏；叶、花、树皮有毒，可制强心剂。

【夹注】jiāzhù 名 夹在正文字句中的注释，字体一般较正文小。

【夹子】jiāzi 名 夹东西的用具 ▷钱～｜文件～。

伽 jiā 音译用字，用于"伽倻琴"(朝鲜族的一种弦乐器，近似古筝)、"伽利略"(意大利科学家)等。☛ 在"伽蓝""伽南香"等中读 qié；在"伽倻琴""伽利略"等中读 jiā；在"伽马刀""伽马射线"等中读 gā。

另见 436 页 gā；1107 页 qié。

茄 jiā 音译用字，用于"雪茄"。

另见 1107 页 qié。

佳 jiā 形 好；美 ▷最～阵容｜成绩欠～｜～话｜～境。☛ ㊀跟"隹(zhuī)"不同。右边是"圭(guī)"，上下都是"土"。由"圭"构成的字还有"桂""卦""街""封""鞋"等。㊁跟"嘉"不同。"佳"多描绘人或事物的性状，如"佳人""佳节"；"嘉"多指人或事物的品质、品位，如"嘉宾"。

【佳宾】jiābīn 现在规范词形写作"嘉宾"。

【佳话】jiāhuà 名 被作为谈话资料而传诵的好事或趣事 ▷广为流传的～。

【佳绩】jiājì 名 好成绩 ▷再创～。

【佳节】jiājié 名 欢乐、美好的节日 ▷元宵～。

【佳境】jiājìng ❶ 名 景致优美的处所 ▷太湖～。❷ 名 美妙的境界 ▷渐入～。

【佳句】jiājù 名 诗文中精彩的句子 ▷不乏～。

【佳丽】jiālì 〈文〉❶ 形 美好秀丽 ▷容貌～｜风物～。❷ 名 美女。

【佳酿】jiāniàng 名 美酒 ▷陈年～。

【佳偶】jiā'ǒu 〈文〉❶ 名 理想的配偶 ▷喜得～。❷ 名 幸福美满的夫妻 ▷一对新人，百年～。

【佳品】jiāpǐn 名 优质品；上等品 ▷营养～｜散文中的～。

【佳期】jiāqī ❶ 名 〈文〉相爱男女的约会日期 ▷七月七，牛郎织女会～。❷ 名 婚期。

【佳趣】jiāqù 名 〈文〉高雅的情趣 ▷别有～。

【佳人】jiārén 名 美女；美人 ▷旷世～｜才子～。

【佳婿】jiāxù 名 好女婿；称心的女婿。

【佳肴】jiāyáo 名 精美的菜肴 ▷美味～。

【佳音】jiāyīn 名 好消息 ▷静候～｜喜获～。

【佳作】jiāzuò 名 优秀的作品 ▷诗文～。

枷 jiā 见 629 页"獾(huò)枷狓(pí)"。

泇 jiā 名 泇河，水名，分东泇、西泇两支，均源于山东，至江苏汇合，流入大运河。

迦 jiā 音译用字，用于"释迦牟尼"(佛教创始人)等。

珈 jiā 名古代妇女的一种玉饰。

枷 jiā 名古代套在犯人颈项上的刑具 ▷披～戴锁|木～|～锁。

【枷锁】 jiāsuǒ 名枷和锁链,古代刑具;比喻遭受的束缚和禁锢 ▷挣脱思想～|砸碎～。

浃(浹) jiā ❶形〈文〉周遍;满 ▷倾盆大雨,～地交流。→❷动湿透;浸透 ▷汗流～背。

梜(梜) jiā〈文〉❶名保护书籍、册页等用的夹板。○❷名筷子。

痂 jiā 名疮口或伤口表面结成的硬块,愈后自然脱落 ▷伤口已经结～了|疮～。

家(傢) jiā ❶名本人和共同生活的眷属的固定住所;住处 ▷对门就是他的～。→❷名家庭;家族 ▷成～立业|李～祠堂。⇒❸名学术上的流派 ▷儒～。❹名从事某种社会活动或精通某种知识、技艺,并有一定知名度的人;具有某种特征的人 ▷科学～|画～|阴谋～。❺名从事某种行业的人家或具有某种身份的人 ▷农～|东～。❻名指下棋、打牌时相对各方中的一方 ▷两～下成和棋|上～|对～。⇒❼名指民族 ▷苗～儿女|傣～姑娘。⇒❽形经过驯化、培育、饲养的 ▷～禽|～畜|～兔。⇒❾名谦词,用于对别人称辈分比自己高或同辈中年纪比自己大的亲属 ▷～父|～兄。⇒❿名跟自己有某种关系的人家或个人 ▷亲(qìng)～|冤～。⇒⓫量用于人家、店铺、工厂等 ▷全村只有五～人家|一～商店|三～工厂。○⓬名姓。☛ ㊀汉字简化前,“傢”只用于“傢什”“傢伙”“傢具”三词中。㊁义项⑨跟“舍(shè)”④不同。谦称辈分低于自己或同辈中年纪小于自己的人,用“舍”不用“家”,如“舍妹”“舍侄”。㊂义项⑨跟“令²(lìng)”②不同。参见879页“令²(lìng)”的提示。

另见663页jia;711页jie。

【家财】 jiācái 名家庭的钱财 ▷耗尽～。

【家蚕】 jiācán 名蚕的一种。幼虫灰白色,吃桑叶,蜕皮4次后,吐丝做茧。茧可缫丝。蚕丝是重要的纺织原料。也说桑蚕。

【家产】 jiāchǎn 名家庭的财产 ▷微薄的～。

【家长里短】 jiācháng-lǐduǎn 指家庭生活中的琐事。☛“长”不要误写作“常”。

【家常】 jiācháng ❶形家庭生活中平常的;普通的 ▷～菜。❷名家庭日常生活 ▷聊～。

【家常便饭】 jiācháng-biànfàn ❶家庭日常吃的普通饭食。❷比喻极其平常的事情。‖也说家常饭。

【家成业就】 jiāchéng-yèjiù 已经结婚成家并且在事业方面也做出了成绩。

【家丑】 jiāchǒu 名家中不光彩的事情;泛指内部不光彩的事情 ▷～不可外扬。

【家畜】 jiāchù 名经过人类长期驯养的兽类。如马、牛、羊、猪、狗等。☛“畜”这里不读xù。

【家传】 jiāchuán 动家族中世代相传 ▷～秘方。

【家祠】 jiācí 名祖庙;宗祠。

【家慈】 jiācí 名〈文〉家母。

【家当】 jiādàng 名家产。口语中也说家当(dang)、家当儿。

【家道】 jiādào 名家庭的经济状况 ▷～殷实。

【家底】 jiādǐ 名家里长期积累的财产 ▷～厚实|～太薄。

【家电】 jiādiàn 名家用电器的简称。家庭日常生活中使用的各种以电为动力的设备。如电视机、电冰箱、洗衣机、电磁炉等。

【家丁】 jiādīng 名旧时富豪人家雇来护院或供差使的仆役。

【家法】 jiāfǎ ❶名古代学者师承的治学方法和学术理论。❷名封建家长管理家族、教育子弟的一套法度 ▷恪守～。❸名封建家长责打子弟和奴婢的用具 ▷取～来|～伺候。

【家访】 jiāfǎng 动到有关人的家里访问;特指教师到学生家里与家长联系、沟通 ▷定期～。

【家风】 jiāfēng 名指家庭或家族世代相传的风尚 ▷败坏～。

【家父】 jiāfù 名谦词,用于对别人称说自己的父亲 ▷～已退休。☛不能用来称别人的父亲。

【家鸽】 jiāgē 名家禽,由原鸽驯化而成。喙短,翅长大,善飞,体呈纺锤形,腿短。也说鹁鸽。

【家规】 jiāguī 名治家的规矩。

【家伙】 jiāhuo〈口〉❶名指工具或武器 ▷干活儿没有顺手的～不成|腰里别着～。❷名指人(含蔑视或诙谐意) ▷这～不简单|那～不是好人。❸名指牲畜 ▷这～跑起来一阵风,可快呢。☛不要写作“傢伙”。

【家给人足】 jiājǐ-rénzú 家家充裕,人人富足(给:富裕)。☛“给”这里不读gěi。

【家计】 jiājì 名家庭生计 ▷贴补～|～无着。

【家祭】 jiājì 动在家里祭祀祖先。

【家家户户】 jiājiāhùhù 每家每户。

【家教】 jiājiào ❶名家长在礼仪、道德等方面对子女进行的教育 ▷～很严|缺乏～。❷名家庭教师的简称 ▷他为孩子请了一位～。

【家景】 jiājǐng 名家境。

【家境】 jiājìng 名家庭的经济状况 ▷～贫寒。

【家居】 jiājū ❶动没有工作,在家闲住 ▷～数月,甚觉无聊。○❷名家庭居室 ▷～风格。

【家具】 jiājù 名家用器具。主要包括床、桌、椅、橱等。☛不要写作“傢具”“傢俱”“家俱”。

【家眷】jiājuàn 名 妻子儿女等家庭成员，有时专指妻子。

【家口】jiākǒu 名 家庭中的人口 ▷～多，生活困难。

【家累】jiālěi 名 家庭负担 ▷他爱人有病，孩子又小，～太重。☛"累"这里不读 lèi。

【家门】jiāmén ❶ 名 自家住所的大门；借指自己的家 ▷三过～而不入｜远离～。❷ 名 指自己的家族 ▷败坏～｜～不幸。❸ 名 指个人的家世、经历或姓名、职业等 ▷自报～。

【家母】jiāmǔ 名 谦词，用于对别人称说自己的母亲 ▷～年迈。☛不能用来称别人的母亲。

【家奴】jiānú 名 封建社会被卖到达官贵人或富豪人家当奴仆的人。

【家破人亡】jiāpò-rénwáng 家庭毁灭，家人死亡。形容家庭惨遭不幸。

【家谱】jiāpǔ 名 记载本家族世系和重要人物事迹的本子。

【家雀儿】jiāqiǎor 名 麻雀①的俗称。

【家禽】jiāqín 名 经过人类长期驯养的鸟类。如鸡、鸭、鹅等。

【家人】jiārén 名 一个家庭里的人 ▷亲如～。

【家史】jiāshǐ 名 家庭的历史。

【家世】jiāshì 名 家庭的门第和世系。

【家事】jiāshì 名 家庭事务。

【家室】jiāshì ❶ 名 家庭的住宅 ▷营造～。❷ 名 家属（多指妻子） ▷～不在身边。

【家什】jiāshi 名〈口〉家具；用具 ▷做饭的～很齐全｜锣鼓～。☛不要写作"傢什""傢俬"。

【家书】jiāshū 名 家信 ▷～抵万金。

【家塾】jiāshú 名 旧时雇请教师来家里教自己子弟或兼教亲友子弟读书的私塾。

【家属】jiāshǔ 名 户主、职工本人或当事人以外的家庭成员 ▷军人～｜～办的幼儿园｜死难者～｜罪犯～。

【家鼠】jiāshǔ 名 鼠的一种。穴居在房屋地下或墙壁等处，昼伏夜出，吃粮食、咬衣物，并能传播鼠疫等疾病。通称老鼠。

【家私】jiāsī 名 家产；家财 ▷积攒～。

【家天下】jiātiānxià 指帝王把国家作为自己一家的私产而世代相传的政治观念。

【家庭】jiātíng 名 以婚姻和血缘关系为基础的社会单位。一般包括父母、夫妻、子女等亲属。

【家庭暴力】jiātíng bàolì 对家庭成员在身心方面实施的暴力行为。简称家暴。

【家庭病床】jiātíng bìngchuáng 为缓解医院床位的紧张状况，把病床设在家里，由医生定时到病人家里看病治病的一种医疗形式。家庭病床多为行走不便的慢性病老年患者设立。也说家庭病房。

【家庭服务员】jiātíng fúwùyuán 受雇为他人料理家务的人。

【家庭妇女】jiātíng fùnǚ 没有职业，只操持家务的妇女。

【家庭副业】jiātíng fùyè 利用业余时间在家里进行的私人生产经营活动，如饲养、编织、缝纫、刺绣等。

【家庭教师】jiātíng jiàoshī 指到雇主家里为学生授课或辅导的人。简称家教。

【家庭联产承包责任制】jiātíng liánchǎn chéngbāo zérènzhì 1978 年党的十一届三中全会以后，我国农村实行的农业生产制度。即在生产资料集体所有制不变的条件下，农户跟集体签订合同，承包经营集体所有的土地或其他生产资料，在完成国家和集体的任务后，其他收入由农户自己支配。

【家庭农场】jiātíng nóngchǎng 由独户或联户家庭兴办的小型农场。

【家庭托儿所】jiātíng tuō'érsuǒ 居民在自己家里开办的小型托儿所。

【家庭医生】jiātíng yīshēng 能上门提供医疗保健服务的社区医生；也指受雇于某个家庭的医生。

【家庭影院】jiātíng yǐngyuàn 指可供家庭使用的音像设备，通常由大屏幕电视机、影碟机和音响等家用电器组成。

【家徒四壁】jiātúsìbì 家里只有四周的墙壁，室内空无一物。形容极其贫穷。

【家兔】jiātù 名 兔的一种，眼多为红色。吃蔬菜、青草等，皮、肉、毛有经济价值。

【家务】jiāwù 名 家庭杂务 ▷料理～。

【家乡】jiāxiāng 名 自家世代居住的地方 ▷思念～。☛跟"故乡"不同。"家乡"指现在可能仍然居住的地方；"故乡"指出生地或长期居住过的地方，但现在已经不住在那里了。

【家小】jiāxiǎo 名 妻子儿女；有时专指妻子。

【家信】jiāxìn 名 家里的来信；寄给家里的信。

【家兄】jiāxiōng 名 谦词，用于对别人称说自己的哥哥。☛不能用来称别人的哥哥。

【家学】jiāxué 名 家族世代相传的学问 ▷继承～｜～渊源。

【家训】jiāxùn 名〈文〉家长教诲子孙持家治学、立身处世的话。

【家严】jiāyán 名〈文〉家父。

【家宴】jiāyàn 名 家庭举办的宴会 ▷中秋～｜设～招待客人。

【家燕】jiāyàn 名 燕的一种。身体较小，背部羽毛黑色，有光泽，腹部白色，属于候鸟。因多在屋内筑窝，故称。通称燕子。

【家养】jiāyǎng 动 家庭饲养和栽培 ▷他将～的金丝雀放回了自然｜花店出售的多是可以～的花卉。

【家业】jiāyè ❶ 名 家产 ▷～殷实。❷ 名 家传的事业或学问、技艺等 ▷传承～。
【家蝇】jiāyíng 名 蝇的一种。身体较小，灰黑色。活动于室内外，能传染疾病。
【家用】jiāyòng ❶ 名 家庭的花销 ▷～开支。❷ 区别 供家庭使用的 ▷～轿车。
【家喻户晓】jiāyù-hùxiǎo 每家每户都知道。形容人人皆知。
【家园】jiāyuán 名 家中庭园；泛指家乡或家庭 ▷告别～｜重返～。
【家院】jiāyuàn 名 旧指富豪人家的男仆。
【家贼】jiāzéi 名 指家庭成员中盗窃自家财物的人；比喻暗藏在内部的坏人 ▷～难防。
【家宅】jiāzhái 名 私人住宅；借指家庭 ▷祖上留下两处～｜福临～。
【家长】jiāzhǎng ❶ 名 家长制下的一家之主。❷ 名 未成年人的父母或其他监护人 ▷开～会。
【家长学校】jiāzhǎng xuéxiào 指导学生家长如何更好地抚养教育子女而开办的学校。
【家长制】jiāzhǎngzhì 名 家长拥有绝对权力的家庭制度，是奴隶社会和封建社会的产物；也用来比喻领导者个人独断专行的工作作风 ▷党内生活要民主化，不能搞～。
【家政】jiāzhèng 名 家务管理工作 ▷主持～。
【家装】jiāzhuāng 动 家居装修 ▷他这几天正忙着～呢｜～不得扰民｜绿色～。
【家资】jiāzī 名 家中的财产 ▷～丰厚。
【家子】jiāzi 名〈口〉家庭 ▷瞧这一～！
【家族】jiāzú 名 同一血统的几代人构成的群体，通常包括若干家庭。

笳 jiā 名 胡笳。

袈 jiā［袈裟］jiāshā 名 梵语 Kaṣāya 音译。僧人披的法衣，用各色布片拼缀而成。布片最初是不规则形状，后来改为长方形。

葭 jiā ❶ 名〈文〉初生的芦苇 ▷蒹～（蒹：没有出穗的芦苇）。○ ❷ 名 葭县，地名，在陕西，现在改为"佳县"。○ ❸ 名 姓。

跏 jiā［跏趺］jiāfū 名 佛教徒的一种坐姿，盘着腿，两脚交叉脚面放在左右大腿上。

嘉 jiā ❶ 形 善；美 ▷～宾。→ ❷ 动 赞美；褒扬 ▷～许｜～奖。○ ❸ 名 姓。☛ ㊀上边是"士"，不是"土"；中间是"䒑"，不是"艹"。㊁参见 656 页"佳"的提示㊁。
【嘉宾】jiābīn 名 对来宾的尊称。☛ 不要写作"佳宾"。
【嘉奖】jiājiǎng ❶ 动 表彰奖励 ▷成绩卓著，应予～。❷ 名 给予的表彰奖励 ▷屡获～。
【嘉勉】jiāmiǎn 动〈文〉表彰勉励 ▷予以～。
【嘉年华】jiāniánhuá 名 英语 carnival 音译。狂欢节。
【嘉许】jiāxǔ 动〈文〉称赞；夸奖 ▷深得领导～。
【嘉言懿行】jiāyán-yìxíng 美好的言辞和高尚的行为。

镓（鎵） jiā 名 金属元素，符号 Ga。银白色，有光泽，质软，有延展性，熔点低而沸点高。可用于制造微波材料和半导体材料等。

豭 jiā 名〈文〉公猪；泛指猪。

jiá

夹（夾*袷裌） jiá 形 里外两层的（衣被等）▷这件外套是～的｜～袄｜～裤｜～鞋。
另见 436 页 gā；655 页 jiā。"袷"另见 1085 页 qiā。
【夹袄】jiá'ǎo 名 里外两层的中式上衣。
【夹被】jiábèi 名 只有面和里而没有棉絮的被子。
【夹衣】jiáyī 名 里外两层的衣服。

郏（郟） jiá ❶ 名 郏县，地名，在河南。○ ❷ 名 姓。

荚（莢） jiá ❶ 名 豆类等植物的果实 ▷豆～｜槐树～｜皂～。○ ❷ 名 姓。
【荚果】jiáguǒ 名 干果的一种，豆类等植物的果实。外壳狭长，单室，多籽，成熟时外壳裂成两片。

恝 jiá 形〈文〉不放在心里；不动心 ▷～然置之。

戛（*戞） jiá 动〈文〉敲打 ▷～玉敲金。另见 436 页 gā。
【戛然】jiárán〈文〉❶ 形 形容鸟的叫声 ▷～长鸣。○ ❷ 形 形容声音突然停止 ▷歌声～而止。❸ 动 事情突然停止 ▷促销活动～而止。

铗（鋏） jiá〈文〉❶ 名 夹东西的钳形金属工具。○ ❷ 名 剑；剑柄 ▷长～。

颊（頰） jiá 名 人的面部两侧从眼到下颌的部分 ▷面～。☛ 不读 xiá。

蛱（蛺） jiá［蛱蝶］jiádié 名 蝴蝶的一类。成虫色彩鲜艳美丽；幼虫灰黑色，身上多刺。有的吃麻类植物的叶子，是害虫。

跲 jiá〈文〉❶ 动 绊倒。→ ❷ 动 阻碍 ▷言前定则不～，事前定则不困。

jiǎ

甲[1] jiǎ ❶ 名 天干的第一位。常用来表示顺序或等级的第一位 ▷～班｜～等。参见 1354 页"天干"。→ ❷ 动 位居第一 ▷桂林山水～天下。○ ❸ 名 姓。

甲[2] jiǎ ❶ 名 甲壳 ▷龟～|～鱼。→ ❷ 名 手指和脚趾上的角质硬壳 ▷指～。→ ❸ 名 古人作战时穿的、用皮革或金属等制成的护身衣 ▷铠～。❹ 名 用金属制成的起保护作用的装备 ▷装～车。〇 ❺ 名 旧时的一种户口编制单位，若干户编成一甲，若干甲编成一保 ▷保～制度。☛"甲"字统读 jiǎ。

【甲板】 jiǎbǎn 名 将船分隔成几层的隔板（多指兼作船面的一层）。

【甲苯】 jiǎběn 名 有机化合物，无色的可燃液体，有芳香气味。可用来制造染料、药物、炸药、合成纤维等。

【甲兵】 jiǎbīng 〈文〉❶ 名 铠甲和兵器；泛指武器装备或军事。❷ 名 身着铠甲手执兵器的士卒。

【甲部】 jiǎbù 名 经部。

【甲虫】 jiǎchóng 名 身体外面有硬壳的昆虫的统称。如金龟子、天牛等。

【甲醇】 jiǎchún 名 有机化合物，无色易燃的液体，有毒。可作燃料或溶剂。

【甲方】 jiǎfāng 名 两个或两个以上单位或个人共同参与某项活动而签订合同、协议时，规定以一方为"甲方"（通常以委托方为甲方），另一方为"乙方"。

【甲肝】 jiǎgān 名 甲型病毒性肝炎的简称。由甲型肝炎病毒引起的传染病，多经胃肠道及血液途径传染。症状有厌食、恶心、乏力、发热、肝大、肝区疼痛等，多数病人有黄疸。

【甲骨文】 jiǎgǔwén 名 已发现的最早的成系统的汉字字体，是殷商时代刻在龟甲和兽骨上的文字，内容多为占卜的记录。

【甲亢】 jiǎkàng 名 甲状腺功能亢进症的简称。由甲状腺激素分泌过多引起，主要症状是甲状腺肿大、心悸、手抖、畏热、多汗、食欲过旺、体重下降等。

【甲壳】 jiǎqiào 名 甲壳动物身上的坚硬外壳，可起到保护身体的作用。

【甲壳动物】 jiǎqiào dòngwù 节肢动物的一纲。全身有甲壳，以鳃呼吸，前端有两对触角，多数水生。最常见的有虾、蟹等。

【甲醛】 jiǎquán 名 有机化合物，无色有毒气体，有刺激性臭味。用于制造塑料、染料和药物等。

【甲烷】 jiǎwán 名 有机化合物，无色无味的可燃气体，是天然气、沼气的主要成分。可作燃料和化工原料。

【甲午战争】 jiǎwǔ zhànzhēng 指 1894 年（农历甲午年）日本发动的并吞朝鲜、侵略中国的战争。因清政府腐败无能，中国方面惨遭失败，于 1895 年 4 月 17 日同日本签订丧权辱国的《马关条约》。

【甲鱼】 jiǎyú 名 鳖。

【甲胄】 jiǎzhòu 名〈文〉铠甲和头盔。

【甲状腺】 jiǎzhuàngxiàn 名 内分泌腺，在颈部前面，喉和气管之间，分左右两叶。它分泌的甲状腺素是含碘的氨基酸，能调节新陈代谢和生长发育。

【甲子】 jiǎzǐ 名 古代用十天干和十二地支依次相配（如甲子、乙丑、丙寅……）共得六十组，统称甲子，用以纪日和纪年。纪年时六十年为一个轮回，也叫一个甲子。

岬 jiǎ 名 岬角（多用于地名）▷成山～（在山东，也说成山角）。

【岬角】 jiǎjiǎo 名 伸向海中的陆地尖角。如非洲南端的好望角、山东半岛的成山角等。

胛 jiǎ 名 肩胛，背脊上部跟胳膊连接的部分。

贾（賈） jiǎ 名 姓。☛ ㊀读 jiǎ，只用于姓氏；读 gǔ，文言词，与经商有关，如"富商大贾"。㊁文言中指价钱、价格时，同"价"，读 jià。

另见 492 页 gǔ。

钾（鉀） jiǎ 名 金属元素，符号 K。银白色，质软，化学性质极活泼，在空气中易氧化，遇水能起火燃烧，引起爆炸。钾对动植物生长发育作用很大，其化合物在工农业中用途广泛。

【钾肥】 jiǎféi 名 以钾元素为主的肥料。如氯化钾、硫酸钾、草木灰等。能使作物茎秆粗壮，促进开花结实，增强抗寒、抗旱、抗病能力。

【钾盐】 jiǎyán 名 矿物，成分是氯化钾。多产于干涸的盐湖中。用于制造钾肥和钾的其他化合物。

假（*叚❶） jiǎ ❶ 动〈文〉借 ▷～道|～借。→ ❷ 动 凭借；利用 ▷狐～虎威。→ ❸ 动 设想或推断；姑且认定 ▷～说|～设|～言判断。❹ 连 连接分句，表示假设关系，多同"如""若""使"连用，相当于"如果" ▷～如打起来，非出人命不可。→ ❺ 形 伪；不真实（跟"真"相对）▷真～难辨|～象。❻ 名 伪造的或不真实的东西 ▷掺～|打～。☛ ㊀读 jiǎ，表示不真实、推想及作连词用；读 jià，是后分化出的读音，用于假期，如"请假""休假"。㊁右边是"叚"，不是"段"。由"叚"构成的字还有"暇""霞""遐""瑕""瘕"等。

另见 663 页 jià；"叚"另见 1478 页 xiá。

【假案】 jiǎ'àn 名 为诬陷他人而捏造出来的案件 ▷防止冤案、～。

【假扮】 jiǎbàn 动 有意装扮成另一种面目以掩饰其真实身份 ▷卖柴的农民是侦察员～的|～夫妻。

【假币】 jiǎbì 名 伪造的货币。

【假唱】 jiǎchàng 动 演唱者在台上只做出相应的

口形而不发音，用放送的录音代替现场歌唱。是一种欺骗观众的行为。

【假钞】jiǎchāo 名 伪造的钞票。

【假充】jiǎchōng 动 假装成某种样子；冒充 ▷～正经|～名牌产品。

【假大空】jiǎ-dà-kōng 假话、大话、空话的合称。

【假道】jiǎdào 动〈文〉借路；取道 ▷～法国赴非洲。

【假道学】jiǎdàoxué 名 指表面上装得一本正经，实际上卑劣无耻的人。

【假定】jiǎdìng ❶ 动 姑且认为是（某种情况）▷～明天来，还能见上他。❷ 名 假设②。

【假发】jiǎfà 名 人工制作的头发，有掩饰脱发或装饰的作用。

【假根】jiǎgēn 名 由单细胞或单列多细胞构成的，具有吸收和固着作用的根状结构。多见于某些藻类植物、苔藓与蕨类植物等。

【假公济私】jiǎgōng-jìsī 假借公家的名义牟取私利。

【假果】jiǎguǒ 名 不是由子房壁，而是由子房和花托或花萼、花冠等共同发育形成的果实。如梨、苹果等的果实。

【假话】jiǎhuà 名 隐瞒真相或真实思想的话。

【假货】jiǎhuò 名 假冒别的品牌的货物 ▷～严重损害消费者利益。

【假借】jiǎjiè ❶ 动 借用某种名义或力量来达到目的 ▷～"义演"之名，行敛财之实。❷ 名 汉字六书之一，借用已有的字形表示语言中同音不同义的词的用字方法。如"而"，本义是胡须，后借用为连词，连词"而"就叫假借字。

【假冒】jiǎmào 动 冒充；以假充真 ▷～名牌产品。

【假冒伪劣】jiǎmào-wěiliè 以假充真，质量低劣。多用来指商品。

【假寐】jiǎmèi 动〈文〉打盹儿 ▷～片刻。

【假面具】jiǎmiànjù ❶ 名 仿照人或动物的脸形制成的面具，原供演出化装用，后多作玩具。❷ 名 比喻伪装的表面现象 ▷戳穿他的～。

【假名】jiǎmíng ❶ 名 化名②。❷ 名 日文字母。一个字母表示一个音节。有两种字体，一种为楷体（多借用汉字楷书的偏旁），叫片假名，如ア、イ、ウ、エ、オ；一种为草体（多借用汉字草书），叫平假名，如あ、い、う、え、お。

【假模假式】jiǎmó-jiǎshì 装模作样。

【假撇清】jiǎpiēqīng 动 为了显示清白，假装自己与坏人坏事没有关联 ▷明明是该腐败集团的重要成员，但他在媒体上一再～。

【假球】jiǎqiú 名 球类比赛中，出于某种目的，双方串通作弊，弄虚作假，人为地控制或改变比赛结果的行为 ▷这场～引起了公愤|打～。

【假仁假义】jiǎrén-jiǎyì 虚伪的仁义道德。

【假如】jiǎrú 连 连接分句，表示假设关系，后面常同"那么""就""便"等呼应，相当于"如果" ▷～我会干，就不来麻烦你了。

【假若】jiǎruò 连 假如。

【假嗓子】jiǎsǎngzi 名 非自然的嗓音。如京剧中的青衣就是用假嗓子唱戏。

【假山】jiǎshān 名 园林中用石头堆砌而成的供观赏的小山。

【假设】jiǎshè ❶ 动 假定①。❷ 名 科学研究上指根据某些现象概括出来有待证明的解释或论断。也说假说。

【假使】jiǎshǐ 连 假如。

【假释】jiǎshì 动 法律上指对服刑未满的犯人在一定条件下提前释放。被判处有期徒刑的犯罪分子，执行原判刑期二分之一以上，被判处无期徒刑的犯罪分子，实际执行十三年以上，如果确有悔改表现，离开监狱后不致再危害社会，可按照法律规定的程序予以假释。

【假手】jiǎshǒu ❶ 动 借别人的手达到自己的目的 ▷他～于人，搞文物走私活动，牟取暴利。❷ 动 请人代笔 ▷向上级写工作汇报，应该亲自动手，不要～他人。

【假说】jiǎshuō 名 假设②。

【假死】jiǎsǐ ❶ 动 生命功能极度衰微，外表好像已经死亡。表现为四肢冰冷，脸色苍白，呼吸、脉搏、心跳不易测到等，多由溺水、中毒、脑出血、电击、脑震荡等引起；婴儿初生，有的由于肺未张开，不能呼吸和啼哭，也叫假死。如能及时抢救，大多可以复苏。❷ 动 某些动物遇到危险时，为了保护自己，装作死的样子。

【假托】jiǎtuō ❶ 动 借故推托 ▷～有病，不去上班。❷ 动 假冒（名义）▷～厂长的名义，同外单位联系。❸ 动 凭借 ▷～一个故事来说明这个道理。

【假戏真做】jiǎxì-zhēnzuò 指把假事当作真事来做；也指把原来的假事做成真事 ▷他们～，假夫妻成了真夫妻。

【假想】jiǎxiǎng ❶ 动 想象；虚构 ▷～的乐园。❷ 名 想象的或虚构的内容 ▷这个～将很快得到证实。

【假想敌】jiǎxiǎngdí ❶ 名 军事演习或军事游戏中设想的敌人 ▷对～发起攻击。❷ 名 设想的可能成为敌人的国家、团体或个人。

【假相】jiǎxiàng 现在一般写作"假象"。

【假象】jiǎxiàng 名 虚假的表面现象 ▷识破～，看清本质。

【假小子】jiǎxiǎozi 名 指性格或长相、打扮像男孩儿的姑娘。

【假惺惺】jiǎxīngxīng 形 形容虚情假意的样子。

【假性】jiǎxìng 区别 表面相似而实际上不是的 ▷～近视｜～肿瘤。

【假牙】jiǎyá 名 人工制作的牙齿，用以替代缺落的自然牙齿。也说义齿。

【假洋鬼子】jiǎyángguǐzi 名 对模仿洋人装腔作势的本国人的蔑称。

【假药】jiǎyào 名 指所含成分与国家药品标准规定的成分不符的药品，以非药品冒充的药品或者以他种药品冒充的此种药品，变质的药品和所标明的适应症或者功能主治超出规定范围的药品。

【假以时日】jiǎyǐshírì 给予一定时间（假：给予）。多用来表示经过一段时间后，会达到某种效果 ▷人工智能方兴未艾，～，必定发展成为大产业｜这种模式能否普遍采用，还需～观察。

【假意】jiǎyì ❶ 名 虚假的情意 ▷虚情～。❷ 副 虚伪地；故意地 ▷～奉承。

【假造】jiǎzào ❶ 动 仿照真的制造假的 ▷～文凭。❷ 动 捏造 ▷～罪名陷害好人。

【假账】jiǎzhàng 名 与财务实际不符的虚假账目 ▷不做～、花账是财会（kuài）工作者最起码的职业道德。

【假肢】jiǎzhī 名 人工制作的代用肢体。如假腿、假胳臂等。也说义肢。

【假装】jiǎzhuāng 动 为了掩饰真相故意做出某种姿态或动作 ▷他很难过，却～满不在乎。

斝 jiǎ 名 古代盛酒的器具，圆口，有三足。参见插图 15 页。

槚（檟） jiǎ〈文〉❶ 名 楸树。○ ❷ 名 茶树。

瘕 jiǎ 名〈文〉中医指腹内结块的病 ▷症（zhēng）～。

jià

价（價） jià ❶ 名 价格 ▷讨～还～｜标～。→ ❷ 名 价值① ▷等～交换。→ ❸ 名 化学中化合价的简称。○ ❹ 名 姓。

另见 708 页 jiè；711 页 jie。

【价差】jiàchā 名 同一商品价格之间的差距。

【价格】jiàgé 名 商品价值的货币表现形式，即商品出售的钱数。

【价格体系】jiàgé tǐxì 国民经济中各种价格所形成的系统及其相互关系的总和。它体现着各种价格之间及价格构成的各因素之间的内在有机联系。

【价款】jiàkuǎn 名 商品买卖时按价格收付的货款 ▷用现金支付～｜～收讫。

【价廉物美】jiàlián-wùměi 物美价廉。

【价码】jiàmǎ〈口〉❶ 名 价格。❷ 名 价目。

【价目】jiàmù 名 标示出来的商品价格。

【价签】jiàqiān 名 标着商品价格的小纸片。

【价钱】jiàqián 名 价格 ▷～便宜。

【价位】jiàwèi 名 一种商品的价格在同类商品的价格中所处的位置 ▷这里商品房～太高。

【价值】jiàzhí ❶ 名 凝结在商品中的社会必要劳动。商品价值的大小决定于生产该商品所需的社会必要劳动时间。它通过商品的交换价值表现出来。❷ 名 事物的用途或积极作用 ▷营养～｜努力实现自身的～。

【价值观】jiàzhíguān 名 通常指人生价值观，即对一个人在社会生活中的作用、地位和意义的认识。

【价值规律】jiàzhí guīlǜ 商品生产和商品交换的经济规律，即商品的价值取决于社会必要劳动时间，商品按照价值相等的原则互相交换。价值规律促使商品生产者力图使自己的劳动消耗低于社会必要劳动量，并调节社会劳动在各部门间的分配，从而推动社会生产按比例发展。

【价值连城】jiàzhí-liánchéng《史记·廉颇蔺相如列传》记载：战国时，赵惠文王得到和氏璧，秦昭王表示愿意用十五座城换这块璧（价：价钱；连城：连成一片的多座城池）。后用“价值连城”形容物品特别值钱，十分珍贵。

【价值量】jiàzhíliàng 名 指体现在商品中的社会必要劳动量，即社会价值量。与劳动生产率成反比，即劳动生产率越高，单位商品的价值量就越低；劳动生产率越低，单位商品的价值量就越高。

【价值形式】jiàzhí xíngshì 商品价值的表现形式，即交换价值。某一商品的价值不能由它自身来表现，只有当它在同另一种商品交换时，通过同那一种商品的交换数量才能表现出来。如一双鞋可以交换十斤米，十斤米就作为一双鞋的交换价值而成为一双鞋的价值形式。

驾（駕） jià ❶ 动 用牲畜拉（车或农具）▷牛耕地，马～车｜～辕。→ ❷ 动 骑；乘（chéng）▷腾云～雾。→ ❸ 动 操纵（车、船、飞机等）▷～车｜～驶。❹ 动 控制；驱使 ▷～驭。→ ❺ 名 指车；特指对方的车；借用为尊称对方 ▷～临｜大～｜挡～｜劳～。❻ 名 特指帝王的车；借指帝王 ▷车～｜救～。⇒ ❼ 量 辆（多用于马拉的车辆）▷两～马车。○ ❽ 叹 吆喝骡、马等牲口前进的声音。

【驾崩】jiàbēng 动〈文〉婉词，指帝王死亡。

【驾到】jiàdào 动 敬词，指对方到来。

【驾临】jiàlín 动 驾到 ▷贵宾～｜～寒舍。

【驾凌】jiàlíng 动 凌驾。

【驾龄】jiàlíng 名 驾驶汽车、火车、飞机等的年数 ▷他刚学会开车，～还不到一年。

【驾轻就熟】jiàqīng-jiùshú 驾轻便的车，走熟悉的路。比喻对所做的事很熟悉，办起来很容易。

【驾驶】jiàshǐ 动 操纵机动车、船、飞机等行驶 ▷～汽车｜小心～。

【驾驶室】jiàshǐshì 名 驾驶员的操作室。

【驾驶员】jiàshǐyuán 名 操纵机动车、船、飞机等行驶的人 ▷～合格证｜汽车～。

【驾驶证】jiàshǐzhèng 名 由主管部门颁发的驾驶资格凭证。如机动车驾驶证、铁路机车驾驶证、坦克驾驶证、拖拉机驾驶证等。也说驾驶执照、驾照。

【驾校】jiàxiào 名 培训汽车驾驶员的学校。

【驾驭】jiàyù ❶ 动 驱使牲口或车行进 ▷～烈马。❷ 动 使按照自己的意愿行事；控制 ▷～语言的能力。☛ 不要写作"驾御"。

【驾辕】jiàyuán 动 驾着车辕拉车 ▷骡子～，毛驴拉边套。

架 jià ❶ 名 支撑物体的构件或放置器物等的用具 ▷葡萄～｜脚手～｜担～。→ ❷ 名 人体或事物的组织、结构 ▷骨～｜框～｜间～。→ ❸ 动 支撑；搭起 ▷～电线｜～桥。⇒ ❹ 动 搀扶；握着别人的胳臂向上用力 ▷～着老奶奶上楼。❺ 动 劫持 ▷绑～。⇒ ❻ 动 抵挡；承受 ▷招～｜～不住。❼ 名 有关殴斗、争吵的事 ▷打～｜骂～｜劝～。→ ❽ 量 用于某些有支柱或骨架的物体 ▷10～飞机｜买了～钢琴。

【架不住】jiàbuzhù〈口〉❶ 动 禁受不住 ▷工资不少，但～大手大脚地花。❷ 动 抵不上 ▷客队虽然个人技术好，却～我们配合默契，战术灵活。

【架次】jiàcì 量 复合计量单位，飞机出航或出现架数和次数的总量。1架飞机出动1次为1架次，2架飞机各出动5次为10架次。

【架得住】jiàdezhù 动〈口〉禁受得住（多用于反问）▷父母岁数大了，～这么折腾吗？

【架豆】jiàdòu 名 扁豆的一种。其攀缘茎爬在架子上生长，故称。

【架构】jiàgòu ❶ 名 框架结构或格局 ▷历史题材的文艺创作，要尊重历史的基本～和事实｜完善市场～。❷ 动 构筑；建造 ▷～跨海大桥｜～大旅游网络。

【架空】jiàkōng ❶ 动 用东西支撑建筑物、器物使离开地面 ▷傣家竹楼多是～的。❷ 动 比喻没有根基 ▷这些设计不过是一些～的想法而已。❸ 动 比喻暗中排斥，使失去实权 ▷副局长拉山头、搞宗派，企图～局长。

【架设】jiàshè 动 支撑起；在支架上设置 ▷～机枪｜～运输索道｜～接收天线。

【架势】jiàshi〈口〉❶ 名 姿势；姿态 ▷做了个"白鹤亮翅"的～｜摆出一副吓人的～。❷ 名 态势；趋势 ▷看这～，两家非打官司不可。☛ 不要写作"架式"。

【架子】jiàzi ❶ 名 支撑物体的构件或放置器物的用具，多用竹、木、钢管等纵横交叉构成 ▷花盆～｜书～。❷ 名 比喻事物的大体框架 ▷剧本的～已经有了。❸ 名 高傲的神态 ▷官不大，～不小。❹ 名 姿态；架势 ▷摆出要大干一场的～。

【架子车】jiàzichē 名 一种用人力推拉的两轮车。

【架子工】jiàzigōng ❶ 名 搭拆脚手架的工种。❷ 名 从事搭拆脚手架工作的工人。

【架子花脸】jiàzi huāliǎn 古典戏曲花脸行当的一种，表演重功架、念白和做功。如京剧《芦花荡》中的张飞。也说架子花、二花脸。

【架子猪】jiàzizhū 名 骨架已经基本长成，还没有人工催膘的猪。

假 jià 名 法定的或经过批准的暂时停止工作或学习的时间 ▷放～｜请～｜寒～｜事～。另见660页jiǎ。

【假期】jiàqī 名 放假或休假的时期。

【假日】jiàrì 名 放假或休假的日子。

【假日经济】jiàrì jīngjì 节假日是购物、旅游的旺盛时段，商业、餐饮、旅游等行业利用机会扩大经营。这种经济活动被称作假日经济。

【假条】jiàtiáo 名 写明请假原因和期限，报请领导或老师批准的便条。

嫁 jià ❶ 动 女子结婚并成为男方家庭的一员（跟"娶"相对）▷～闺女｜出～｜～娶。→ ❷ 动 转移（祸害、罪名等）▷～祸于人。

【嫁祸】jiàhuò 动 转移灾祸、罪责等 ▷～他人。

【嫁祸于人】jiàhuòyúrén 把灾祸、罪责等转移到别人身上。

【嫁鸡随鸡】jiàjī-suíjī 旧指女子出嫁后，无论丈夫好坏，都要一辈子跟着他。

【嫁接】jiàjiē 动 把一种植物的枝或芽移接到另一种植物上，使两者结合为新的植株 ▷～果树。

【嫁娶】jiàqǔ 动 出嫁和娶妻。

【嫁妆】jiàzhuang 名 女子出嫁时陪嫁的物品 ▷置办～。☛ 不要写作"嫁装"。

稼 jià ❶ 动〈文〉栽种（谷物）▷～穑。→ ❷ 名 谷物 ▷庄～。○ ❸ 名 姓。

【稼穑】jiàsè 动〈文〉播种和收获；泛指从事农业劳动 ▷不知～之艰难。

jia

家 jia 词的后缀。附着在某些指人的名词后面，表示属于某一类人 ▷小孩子～｜姑娘

～|女人～|学生～。

另见 657 页 jiā；711 页 jie。

jiān

戋(戔) jiān［戋戋］jiānjiān 形〈文〉少；小 ▷为数～|～微物。

尖 jiān ❶ 形 末端极细小；锐利 ▷～刀|～锐。→ ❷ 名 物体细小锐利的一端 ▷这支笔没～儿了|针～儿。❸ 名 物体中像尖儿的凸出部分；顶点 ▷鼻子～儿|脚～儿。⇒ ❹ 名 尖子② ▷冒～儿|拔～儿。⇒ ❺ 形 在前的或先进的 ▷～兵|高精～。→ ❻ 形 声音又高又细 ▷声音～得刺耳。❼ 动 使嗓音又高又细 ▷～着嗓子唱戏。→ ❽ 形 感觉敏锐 ▷他的眼睛很～|警犬的鼻子真～。→ ❾ 形 尖酸刻薄 ▷这句话又～又毒|～刻。

【尖兵】jiānbīng ❶ 名 行军时担任警戒侦察任务的小部队。❷ 名 比喻起开创作用或先锋模范作用的人物或群体 ▷改革的～|科技～。

【尖刀】jiāndāo 名 前端尖锐的刀；比喻战斗中最先插入敌人阵地的战士或战斗集体 ▷～班。

【尖顶】jiāndǐng 名 物体尖形的顶端；泛指顶端 ▷宝塔的～。

【尖端】jiānduān ❶ 名 物体尖锐的一端；顶点 ▷避雷针的～|科学～。❷ 形 科学技术上指发展水平最高的 ▷这项技术很～|～项目。

【尖椒】jiānjiāo 名 辣椒的一种。果实细长条形，末端尖细。

【尖叫】jiānjiào 动 用尖厉的声音喊叫 ▷吓得她～一声。

【尖刻】jiānkè 形 尖酸刻薄 ▷说话～，容易伤人。

【尖厉】jiānlì 形（声音）尖而刺耳 ▷汽笛发出了～的叫声。

【尖利】jiānlì ❶ 形 尖锐锋利 ▷大象有一对～的长牙◇语言～。❷ 形 尖⑧。❸ 见本页“尖厉”。现在一般写作“尖厉”。

【尖溜溜】jiānliūliū 形〈口〉形容尖细或锋利的样子 ▷锥子磨得～的。

【尖劈】jiānpī 名 劈⑤。

【尖脐】jiānqí 名 雄蟹的尖形腹甲；借指雄蟹（跟“团脐”相区别）。

【尖锐】jiānruì ❶ 形（物体末端）尖而锋利 ▷～如刺|鹰喙极～。❷ 形 尖厉 ▷～刺耳的刹车声。❸ 形 敏锐而深刻 ▷～地指出矛盾的焦点|～的眼光。❹ 形 激烈 ▷措辞～。

【尖锐化】jiānruìhuà 动（矛盾）变得尖锐起来 ▷矛盾～。

【尖酸】jiānsuān 形 刻薄；说话带刺儿 ▷～的语气|说话太～，使人难以接受。

【尖头】jiāntóu 名 尖细的顶端 ▷～皮鞋|线就拴在渔竿～。

【尖团音】jiān-tuányīn 尖音和团音。尖音指声母 z、c、s 同 i、ü 或 i、ü 开头的韵母相拼；团音指声母 j、q、x 同 i、ü 或 i、ü 开头的韵母相拼。普通话已经没有尖音，但在某些方言和京剧的念唱中，仍然有尖音。

【尖细】jiānxì 形（末端）细小；（声音）高而细 ▷～的钢针|女人～的哭声。

【尖牙】jiānyá 名 牙齿的一种，在切牙的两侧。人的上下颌各有两颗，牙冠锐利，便于撕裂食物。通称犬牙。也说犬齿。

【尖音】jiānyīn 名 语音学上指 z、c、s 同 i、ü 或 i、ü 开头的韵母相拼的音节。参见本页“尖团音”。

【尖子】jiānzi ❶ 名 尖② ▷枪～|塔～。也说尖儿。❷ 名 借指出类拔萃的人或物 ▷业务～|～班。

【尖子户】jiānzihù 名 指农村中收入显著高于其他农户的人家。也说冒尖户。

【尖嘴薄舌】jiānzuǐ-bóshé 形容说话尖刻。☛“薄”这里不读 báo。

【尖嘴猴腮】jiānzuǐ-hóusāi 尖嘴巴，瘦面颊。形容人脸庞瘦削，相貌丑陋。

奸(*姦) jiān ❶ 形 狡诈；邪恶 ▷～商|～计|～诈。→ ❷ 名 狡诈、邪恶的人 ▷权～。→ ❸ 形 对君主或国家不忠 ▷～臣。❹ 名 背叛或出卖国家、民族或团体利益的人 ▷汉～|内～。→ ❺ 形 自私自利；虚伪 ▷这个人真～，一毛不拔|藏～要滑。○ ❻ 动 男女间发生不正当的或不合法的性行为 ▷通～|强～|～污。

【奸臣】jiānchén 名 对君主或国家不忠的大臣。

【奸党】jiāndǎng 名 结党营私、祸国殃民的集团。

【奸恶】jiān'è 形 奸诈凶恶 ▷一副～的面孔。

【奸夫】jiānfū 名 通奸的男方 ▷～淫妇。

【奸妇】jiānfù 名 通奸的女方。

【奸宄】jiānguǐ 名〈文〉奸诈不法的坏人（出自内部的叫奸，来自外部的叫宄）。

【奸猾】jiānhuá 形 奸诈狡猾。

【奸滑】jiānhuá 现在一般写作“奸猾”。

【奸计】jiānjì 名 奸诈邪恶的计谋。

【奸佞】jiānnìng〈文〉❶ 形 奸诈邪恶，阿谀谄媚 ▷～之徒。❷ 名 奸诈邪恶、阿谀谄媚的人 ▷～当道。

【奸情】jiānqíng 名 通奸的事 ▷～败露。

【奸人】jiānrén 名 狡诈阴险的人。

【奸杀】jiānshā 动 奸污并杀害。

【奸商】jiānshāng 名 以不正当手段牟取暴利的商人。

【奸徒】jiāntú 名 阴险狡诈的人。

【奸污】jiānwū 动 用暴力或欺骗手段与人性交。

【奸细】jiānxi 名 为敌方刺探机密、传递情报的人。
【奸险】jiānxiǎn 形 狡诈阴险。
【奸笑】jiānxiào 动 阴险狡诈地笑 ▷他～了两声｜一脸～，不怀好意。
【奸邪】jiānxié ❶ 形 狡诈邪恶 ▷～小人。❷ 名 狡诈邪恶的人 ▷～横行。
【奸凶】jiānxiōng ❶ 形 奸诈凶恶 ▷他为人～，人们不敢同他交往｜～的眼睛。❷ 名 奸诈凶恶的人 ▷攘除～。
【奸雄】jiānxióng 名 旧指用奸诈手段窃取高位的人。
【奸淫】jiānyín 动 奸污 ▷～掳掠。
【奸贼】jiānzéi 名 奸臣；泛指奸诈的人。
【奸诈】jiānzhà 形 阴险狡诈。

歼(殲) jiān 动 消灭；灭绝 ▷一举全～来犯之敌｜围～｜～灭。☛ 统读 jiān，不读 qiān。

【歼敌】jiāndí 动 消灭敌人 ▷～近万人。
【歼击】jiānjī 动 攻击并消灭 ▷～顽敌。
【歼击机】jiānjījī 名 主要用于歼灭敌机和其他空袭武器的飞机。装备有航空机关炮、导弹、火箭等武器。体积小、速度快、操纵灵便、爬升迅速，空战火力强。也说战斗机。旧称驱逐机。
【歼灭】jiānmiè 动 消灭② ▷～入侵之敌。☛ 参见 1507 页“消灭”的提示。
【歼灭战】jiānmièzhàn 名 以消灭全部或大部敌人为目的的战斗或战役。

坚(堅) jiān ❶ 形 硬；牢固 ▷～冰｜～如磐石｜～固。→ ❷ 名 坚固的事物 ▷披～执锐｜无～不摧｜攻～战。→ ❸ 形 坚定；不动摇 ▷～守｜～持｜～决。

【坚壁】jiānbì ❶ 动〈文〉加固壁垒 ▷～不战，自养其锋。❷ 动 把物资转移出去或隐藏起来，使不落入敌手 ▷把军械、粮草～起来。
【坚壁清野】jiānbì-qīngyě 加固防御工事，转移周围的群众和物资，使敌人既攻不下据点，又抢不到物资。是防御战的一种策略。
【坚冰】jiānbīng 名 坚实厚重的冰；借指重重困难 ▷～已被打破，航线已经开通，胜利就在前面。
【坚不可摧】jiānbùkěcuī 非常坚固，难以摧毁。
【坚持】jiānchí ❶ 动 坚定地保持；使某种状态或行为继续下去 ▷～不懈｜天天～长跑。❷ 动 坚决维护 ▷～真理｜～原则。
【坚持不懈】jiānchí-bùxiè 坚持到底，毫不松懈。
【坚定】jiāndìng ❶ 形（立场、主张、意志等）坚固稳定，不动摇 ▷～的爱国主义者。❷ 动 使坚定 ▷群众的支持，更加～了我们的决心。
【坚定不移】jiāndìng-bùyí（立场、主张、意志等）非常坚固稳定，毫不动摇。
【坚固】jiāngù 形 结构紧密，不易毁坏或磨损 ▷城墙～｜～的堡垒。
【坚果】jiānguǒ 名 干果的一种。果皮坚硬，内有一粒种子。如核桃、栗的果实。
【坚甲利兵】jiānjiǎ-lìbīng 坚固的盔甲，锐利的兵器；借指装备精良的军队。
【坚决】jiānjué 形（态度、行动等）坚定果断，不犹豫 ▷口气很～｜～完成任务。
【坚苦】jiānkǔ 形 坚忍刻苦 ▷向恶势力作～的抗争。☛ 跟“艰苦”不同。“坚苦”多指主观状态；“艰苦”多指客观环境。
【坚苦卓绝】jiānkǔ-zhuójué 形容坚忍刻苦的精神超乎寻常。☛ 跟“艰苦卓绝”不同。
【坚强】jiānqiáng ❶ 形 坚固强劲，经得起考验（跟“脆弱”相对）▷～的后盾｜意志～。❷ 动 使坚强 ▷～党的组织，增加党的战斗力。
【坚忍】jiānrěn 形 在艰难困苦的条件下坚持不动摇 ▷～的毅力｜～不拔。
【坚韧】jiānrèn ❶ 形 坚固而有韧性 ▷桑木扁担非常～。❷ 形 顽强而持久 ▷意志～。
【坚韧不拔】jiānrèn-bùbá 意志坚定，不可动摇。
【坚如磐石】jiānrúpánshí 像大石头一样坚固，不可摧毁。☛“磐”不要误写作“盘”“蟠”。
【坚实】jiānshí 形 牢固结实 ▷～的根基。
【坚守】jiānshǒu ❶ 动 坚决守住；不离开 ▷～二号高地｜日夜～在抗洪第一线。❷ 动 坚定地遵守或保持 ▷～信义｜～操行。
【坚挺】jiāntǐng ❶ 形 结实有力；硬而直 ▷身架～。❷ 形 指行情、价格等呈上升趋势或稳定（跟“疲软”相对）▷股市价格～。
【坚信】jiānxìn 动 坚定地相信 ▷～社会主义现代化一定能实现。☛ 参见 1220 页“深信”的提示。
【坚毅】jiānyì 形 坚定而有毅力 ▷～果敢。
【坚硬】jiānyìng 形 硬而坚固 ▷～的花岗石。
【坚贞】jiānzhēn 形 坚定而有气节 ▷～不渝。
【坚贞不屈】jiānzhēn-bùqū 节操坚定，不为外力所屈服。

间(間) jiān ❶ 名 两个事物或两段时间当中 ▷彼此之～｜两可之～｜课～。→ ❷ 名 一定的范围之内 ▷区～｜人～｜夜～｜期～。→ ❸ 量 用于房间 ▷两～教室｜三～房子。❹ 名 房间 ▷套～｜卫生～｜车～。○ ❺ 名 姓。☛ 读 jiān，主要指中间；读 jiàn，主要指缝隙或使有缝隙等，如“亲密无间”“挑拨离间”。

另见 674 页 jiàn。

【间冰期】jiānbīngqī 名 介于两个冰期之间的气候较为温暖的时期。
【间不容发】jiānbùróngfà 距离极近，中间容不下一根头发。形容离灾祸极近，情势危急到了极点。

☛"发"这里不读 fā。

【间架】jiānjià 名 房屋的结构形式;借指汉字的结构或书画诗文的布局 ▷～匀称,详略得当。

【间距】jiānjù 名 两者间的距离 ▷两楼～20米。

【间奏曲】jiānzòuqǔ ❶ 名 戏曲的过场音乐;歌剧中两幕或两场之间演奏的乐曲。❷ 名 形式较自由、篇幅较短小的器乐曲;也指交响乐或室内乐等套曲中较短小的中间乐章。

浅(淺) jiān [浅浅] jiānjiān 〈文〉❶ 拟声 模拟流水的声音 ▷流水～。❷ 形 形容水流急速的样子 ▷石濑兮～,飞龙兮翩翩。

另见 1095 页 qiǎn。

肩 jiān ❶ 名 人的上臂同躯干相连的部分;也指四足动物的前腿根部 ▷～上挑着担子|羊～。→ ❷ 动 担负 ▷身～重任|～负。

【肩膀】jiānbǎng 名 肩①。

【肩负】jiānfù 动 承担 ▷～重任。

【肩胛】jiānjiǎ 名 肩膀后部。

【肩胛骨】jiānjiǎgǔ 名 人体肩部背侧的三角形扁骨,左右各一。

【肩摩毂击】jiānmó-gǔjī 肩挨着肩,车轮碰着车轮(毂:车轮的中心部分,借指车轮)。形容行人、车辆很多,非常拥挤。也说毂击肩摩、摩肩击毂。

【肩头】jiāntóu 名 肩膀上 ▷千斤重担压～。

【肩窝】jiānwō 名 肩膀前侧凹下的部分。

【肩章】jiānzhāng 名 佩戴在制服两肩上表示行业或职衔级别的标志。

【肩周炎】jiānzhōuyán 名 肩关节周围、肩周肌肉和肌腱等软组织的慢性炎症。表现为肩痛和关节功能障碍。

艰(艱) jiān 形 不容易;困难 ▷步履维～|～难|～险。

【艰巨】jiānjù 形 艰难而繁重 ▷任务光荣而～。

【艰苦】jiānkǔ 形 艰难困苦 ▷～创业|生活～。☛ 参见 665 页"坚苦"的提示。

【艰苦备尝】jiānkǔ-bèicháng 各种艰难困苦都经受过。

【艰苦奋斗】jiānkǔ-fèndòu 在艰难困苦的条件下进行顽强的斗争 ▷发扬～的光荣传统。

【艰苦朴素】jiānkǔ-pǔsù 吃苦耐劳,生活节俭。

【艰苦卓绝】jiānkǔ-zhuójué 形容斗争极其艰难困苦,超乎寻常。☛ 跟"坚苦卓绝"不同。

【艰难】jiānnán 形 很困难。

【艰难险阻】jiānnán-xiǎnzǔ 指前进道路上的艰苦、困难、危险和障碍;也比喻人生经历中的艰险和挫折。

【艰涩】jiānsè 形 (文辞)深奥晦涩 ▷文义～。

【艰深】jiānshēn 形 深奥难懂 ▷内容～。☛ 参见 617 页"晦涩"的提示。

【艰危】jiānwēi 形 艰难危急 ▷他目前的处境十分～|～时刻。

【艰险】jiānxiǎn ❶ 形 艰难危险 ▷极地考察很～。❷ 名 艰难危险的情况 ▷历尽～。

【艰辛】jiānxīn 形 艰难辛苦 ▷生活～。

监[1](監) jiān 动 从旁严密注视;督察 ▷～工|～考|～督。

监[2](監) jiān ❶ 名 专门关押犯人的处所 ▷探～|～狱|～牢。→ ❷ 动 关押 ▷～禁。☛ ㊀"监"字通常读 jiān;读 jiàn,用于"太监""国子监"等。㊁上边是"ᅟ",不是"ᅟ"。由"ᅟ"构成的字还有"览""鉴"等。

另见 676 页 jiàn。

【监测】jiāncè 动 (借助仪器、仪表)监视并检测 ▷～震情|～城市噪声|～器。

【监察】jiānchá 动 监督考察;特指监督国家机关及其工作人员的工作,检举其违法失职行为。

【监场】jiānchǎng ❶ 动 监考①;泛指在现场进行监督,如在赛场、电影拍摄场、戏剧表演现场等进行监督。❷ 名 在现场进行监督的人 ▷水上乐园招聘演艺～。

【监督】jiāndū ❶ 动 严密注视并督促 ▷陪审员～法院的审判活动。❷ 名 担任监督工作的人。

【监督电话】jiāndū diànhuà 党政机关以及商业、服务业等部门为便于接受社会监督而设立的专线电话。电话号码向社会公布。

【监督岗】jiāndūgǎng 名 从事监督工作,以防止安全事故或社会不良行为发生的岗位 ▷安全～|商品质量～。

【监犯】jiānfàn 名 监狱中的罪犯。

【监工】jiāngōng ❶ 动 监督工人劳动 ▷在工地上～。❷ 名 担任监工的人。

【监管】jiānguǎn 动 监督或监视管理 ▷～市场|对犯人进行～。

【监规】jiānguī 名 监狱的规章制度。

【监护】jiānhù ❶ 动 严密注视并保护 ▷～大堤,防止水患。❷ 动 观察护理 ▷～重病患者。❸ 动 法律上指对未成年人或精神病人等的人身、财产及其他合法权益进行监督和保护。

【监护人】jiānhùrén 名 法律上指对未成年人或精神病人等负有监护责任的人。

【监禁】jiānjìn 动 把人关押起来,限制其自由 ▷判处终身～|对任何人不得非法～。

【监考】jiānkǎo ❶ 动 监视考场,维持考场纪律。❷ 名 担任监考工作的人。

【监控】jiānkòng ❶ 动 监测控制 ▷～室内温度。❷ 动 监督控制 ▷对工程进度全程～。❸ 动 监视控制 ▷～犯罪嫌疑人。

【监牢】jiānláo 名 监狱。

【监理】jiānlǐ ❶ 动 监督管理 ▷工程～。❷ 名 担任监理工作的人 ▷他是这个工程的～。

【监票】jiānpiào ❶ 动 对发放和计算选票进行监督,防止出现舞弊现象 ▷选举时设专人～。❷ 名 担任监票工作的人。

【监审】jiānshěn ❶ 动 监督并审查 ▷～网络安全。❷ 动 监测并审查 ▷二十四小时～春运车票的发售情况。

【监事】jiānshì 名 监事会的成员。

【监事会】jiānshìhuì 名 股份制性质的企业、学校或团体等的监督机构。成员由股东大会选举产生,代表股东大会独立行使监督职权。

【监视】jiānshì 动 从旁严密注视 ▷～敌人的动静|～病情的变化。

【监视器】jiānshìqì 名 闭路监控系统的显示设施。

【监誓】jiānshì 动 对宣誓的仪式进行监督 ▷由大法官～|～人。

【监守】jiānshǒu 动 监视看守 ▷～危险地段。

【监守自盗】jiānshǒu-zìdào 盗窃自己负责看管的财物。

【监所】jiānsuǒ 名 监狱和看守所、戒毒所、行政拘留所等的合称。

【监听】jiāntīng 动 利用电信设备监测收听别人的谈话或电信信号。

【监外执行】jiānwài zhíxíng 执行刑罚时,对于被判处有期徒刑或拘役的罪犯,经有关司法部门批准,可在监狱外由罪犯居住地公安机关监管。监外执行须有下列法定情形之一:(1)有严重疾病需要保外就医的;(2)怀孕或正在哺乳期的。如果监外执行的条件消失而罪犯刑期未满,仍应收监执行。监外执行的时间计入刑期。

【监押】jiānyā ❶ 动 监禁;拘押 ▷非法～|～期间。❷ 动 监视押送 ▷～犯人转移。

【监狱】jiānyù 名 国家执行刑罚的机构;关押犯人的处所。

【监制】jiānzhì ❶ 动 监督制造或制作 ▷车辆号牌由公安部门负责～|该片由一位新人～|市场监管部门统一～停车场标志牌。❷ 名 担任影视片等监制工作的人,负责影视等的日常运作与策划 ▷他是这部电影的～|歌曲～在首发式上发言。

兼 jiān ❶ 动 同时具有;同时做几件事情 ▷书记～校长|～课。→ ❷ 副 表示动作行为同时涉及两个以上的方面或包括某一范畴的全部 ▷～顾双方利益|德才～备|～收并蓄。→ ❸ 形 两倍的 ▷～旬|～程。☛ 中间是“⺕”,不是“彐”。由“兼”构成的字有“廉”“镰”“谦”等。

【兼爱】jiān'ài 名 春秋战国时期墨子提倡的伦理学说,主张人与人不分亲疏、等级,平等相爱。

【兼备】jiānbèi 动 同时具备(几个方面) ▷智勇～|～众长。

【兼并】jiānbìng ❶ 动 侵占;并吞(领土、产业等) ▷～土地。❷ 动 由经营好的企业通过购买等手段合并亏损的或濒于破产的企业 ▷企业～是企业重组的一种方式。

【兼差】jiānchāi ❶ 动 在本职工作之外兼做其他的事。❷ 名 在本职工作之外兼做的工作。

【兼程】jiānchéng 动 一天走两天的路程;泛指加速赶路 ▷风雨～|水陆～。

【兼而有之】jiān'éryǒuzhī 同时具有 ▷二者～。

【兼顾】jiāngù 动 同时照顾到 ▷～国家、集体和个人的利益。

【兼管】jiānguǎn 动 本职之外同时管理其他事情 ▷该办公室～外事工作。

【兼毫】jiānháo 名 用较硬的狼毫、兔毫和较软的羊毫合制的毛笔,软硬适中。

【兼课】jiānkè 动 本职之外兼任授课工作。

【兼任】jiānrèn 动 同时担任两项或两项以上的职务 ▷系主任～教研室主任。

【兼容】jiānróng 动 同时接受、容纳不同的事物或方面 ▷～并蓄,博采众长。

【兼容并包】jiānróng-bìngbāo 兼收并蓄。

【兼施】jiānshī 动 几种方法、手段同时实行 ▷软硬～|恩威～。

【兼收并蓄】jiānshōu-bìngxù 把内容、性质不同的东西都吸收并保存下来。

【兼祧】jiāntiāo 动〈文〉封建宗法制度下,一个男子兼做两房或两家的继承人。兼祧人不脱离原来家庭的裔系,兼做所继承家庭的嗣子。

【兼听则明,偏信则暗】jiāntīng-zémíng,piānxìn-zé'àn 多方面听取意见,就能明辨是非;只听信一方面的话,就会是非不分。☛“兼听则明”常单用。

【兼营】jiānyíng 动 本业之外同时经营其他项目 ▷这家书店～文化用品。

【兼有】jiānyǒu 动 同时具有(几种情况);附带还有 ▷本药除止咳以外,还～平喘功能。

【兼职】jiānzhí ❶ 动 在本职之外担任其他职务 ▷他在校外～|～辅导员。❷ 名 在本职之外担任的职务 ▷他在校外有两个～。

菅 jiān ❶ 名 多年生草本植物,叶子多毛,细长而尖,茎、叶可以作造纸原料 ▷草～人命。○ ❷ 名 姓。☛ 跟“管(guǎn)”不同。“菅”是草字头;“管”是竹字头。

笺[1](箋) jiān 名 古书注释的一种 ▷～注|郑玄作《毛诗～》。

笺[2]（箋*牋椾❷） jiān ❶ 名〈文〉书信 ▷长～|～札。→ ❷ 名 写信、题词用的纸 ▷素～|信～|便～。☛ “笺”字不读 jiàn 或 qiān。

【笺注】jiānzhù 名 给古书作的注释。

渐（漸） jiān〈文〉❶ 动 流进 ▷东～于海。○ ❷ 动 浸渍；滋润 ▷～染。另见 677 页 jiàn。

【渐染】jiānrǎn 动〈文〉因经常接触而逐渐受到影响 ▷～陋习。

靬 jiān ❶ 名 干皮革。○ ❷ 犁靬（líjiān）名 汉代西域国名，即大秦国（我国古代对罗马帝国的称呼）。

另见 1094 页 qián。

犍 jiān 名 犍牛 ▷黄～。☛ 不读 jiàn。另见 1094 页 qián。

【犍牛】jiānniú 名 阉割过的公牛。

溅（濺） jiān［溅溅］jiānjiān 古同“浅浅”。另见 678 页 jiàn。

湔 jiān〈文〉❶ 动 洗涤。→ ❷ 动 洗掉（耻辱、冤屈、哀痛等）▷～洗国耻|～雪。

缄（緘*椷❸） jiān〈文〉❶ 动 闭 ▷～口|～默。→ ❷ 动 特指为书信封口（常用在信封上寄信人姓名后）▷张伟～。❸ 名 书信。☛ 不读 xián。

【缄口】jiānkǒu 动〈文〉闭着嘴；借指不说话 ▷～不言。

【缄默】jiānmò 动 闭上嘴不说话 ▷～不语。

搛 jiān 动（用筷子）夹 ▷～了一块肉放进嘴里|～菜。

蒹 jiān 名〈文〉没有出穗的芦苇 ▷～葭。

煎 jiān ❶ 动 烹调方法，把食物放在有少量热油的锅里使热或使熟 ▷～鱼|～鸡蛋|～炒烹炸。→ ❷ 动 把东西放在水中熬煮，使所含成分进入水中 ▷～药|～茶。❸ 量 用于中药熬汁的次数 ▷头～|二～。

【煎熬】jiān'áo 动 把东西放在油里煎，水里煮；比喻折磨 ▷备受～。

【煎饼】jiānbing 名 用调成稀糊状的小米面、绿豆面等在鏊子上摊匀烙熟的薄饼。

【煎心】jiānxīn 形 形容心中痛苦，如受煎熬 ▷老年丧子，倍感～|～熬肺。

缣（縑） jiān 名〈文〉双股丝织成的细绢 ▷～囊|～帛。

【缣帛】jiānbó 名 古代一种质地细薄的丝织品。在纸普遍使用以前，古人常在缣帛上书写文字。

鲣（鰹） jiān 名 鱼，体呈纺锤形，头大，嘴尖，尾柄细小。生活在热带和亚热带海洋中。

【鲣鸟】jiānniǎo 名 鸟，体长约0.7米，成鸟胸部为纯白色，其余部分为棕褐色。常成群在海面低飞寻食鱼类，夜宿海岛。分布于热带太平洋西部，亦见于我国南部沿海，属国家保护动物。参见插图 5 页。

鹣（鶼） jiān 名 传说中的比翼鸟。也说鹣鹣。

篯（籛） jiān 名 姓。

鞬 jiān 名〈文〉挂在马身上用来装弓箭的器具 ▷弓～。

鞯（韉） jiān 名〈文〉鞍子下的垫子。☛ 统读 jiān，不读 jiàn。

鳒（鰜） jiān 名 鱼，体侧扁，不对称，两眼都在身体的左侧或右侧。主要产于我国南海和东海南部。

槭 jiān 名〈文〉木楔；木签。

jiǎn

囝 jiǎn 名 某些地区指儿子。

拣（揀） jiǎn ❶ 动 挑选；选择 ▷专～重活儿干|挑肥～瘦|挑～。○ ❷ 同“捡”。现在一般写作“捡”。☛ 右边“东”是“柬”的简化，第三画是横折钩，不是竖钩。

【拣选】jiǎnxuǎn 动 挑选 ▷～良种。

【拣择】jiǎnzé 动〈文〉挑选 ▷～精粟。

枧（梘） jiǎn ❶ 名 某些地区指肥皂 ▷洋～|香～（香皂）。○ ❷ 同“笕”。

茧（繭*蠒） jiǎn ❶ 名 蚕类等昆虫的幼虫在变成蛹之前吐丝做成的包裹自己的壳。○ ❷ 名 茧子②。

【茧绸】jiǎnchóu 名 柞绸的旧称。

【茧丝】jiǎnsī 名 蚕茧的丝。

【茧子】jiǎnzi ❶ 名 蚕茧。可以缫丝。○ ❷ 名 手掌、脚掌等部位因长期摩擦而生成的硬皮。也说老茧。

柬 jiǎn 名 指信札、请帖等 ▷请～|书～|～帖。☛ ㊀作为独体字，不能简化成“东”。作偏旁时，除“拣”“炼”“练”三字外，其他含“柬”的字，如“楝”“谏”“阑”“谰”等均不能简化。㊁“请柬”“柬帖”的“柬”，不要误写作“简”。

【柬帖】jiǎntiě 名 泛指信札、帖子等。

俭（儉） jiǎn 形 节省（跟“奢”相对）▷省吃～用|节～|勤～|～朴。☛ ㊀统读 jiǎn，不读 jiàn。㊁参见 1088 页“佥”的提示。

【俭朴】jiǎnpǔ 形 节俭朴素 ▷衣食～。☛ 参见 672 页“简朴”的提示。

【俭省】jiǎnshěng 形 不浪费；节省 ▷～度日。

【俭约】jiǎnyuē 形〈文〉俭朴节约。

捡（撿）jiǎn 动 拾取 ▷～麦穗｜～破烂儿｜～拾 ◇～便宜。

【捡漏】jiǎnlòu〈口〉❶ 动 修理房顶漏雨的地方 ▷雨季到了，房屋要赶紧～｜刚捡过漏，这回不怕下雨了。❷ 动 利用对方的疏漏，侥幸得到便宜 ▷他们这次是靠～踢进了一球。也说捡漏儿。☛ 跟"检漏"不同。

【捡漏儿】jiǎnlòur〈口〉❶ 动 捡漏②。❷ 动 捡拾别人漏掉的有价值的东西（多指古玩）。

【捡破烂儿】jiǎnpòlànr 收取废旧物品以供再利用；比喻拾取别人不要的东西 ▷～也是正当劳动｜办刊物一定要注意稿件质量，不要～。

【捡拾】jiǎnshí 动 捡取；拾取 ▷在树下～落果。

笕（筧）jiǎn 名 用来引水的长竹管 ▷～水潺潺。

检（檢）jiǎn ❶ 动 约束；限制 ▷～点｜行为不～。〇 ❷ 动 查 ▷～字表｜～验。〇 ❸ 同"捡"。现在一般写作"捡"。

【检波】jiǎnbō 动 将已调制的高频信号还原成原来的调制信号；在通信技术中，指去掉载波取出原信号。

【检测】jiǎncè 动 检验测试 ▷～仪器。

【检查】jiǎnchá ❶ 动 为了发现问题而细心查看 ▷～卫生｜～证件｜～站。❷ 动 翻阅查考 ▷文件要编号归档，以便～。❸ 动 检讨① ▷认真～自己的错误。❹ 名 指检讨书 ▷写～。

【检察】jiǎnchá 动 考察；特指审查被检举的犯罪事实。

【检察官】jiǎncháguān 名 各级检察院中依法行使国家检察权的检察人员。我国现行检察官等级制度设四等十二级：首席大检察官（最高人民检察院检察长）；大检察官（分二级）；高级检察官（分四级）；检察官（分五级）。

【检察院】jiǎncháyuàn 名 审查批准逮捕、决定起诉、提起公诉、监督审判的国家机关。

【检场】jiǎnchǎng ❶ 动 旧指戏曲演出过程中在舞台上摆放或收拾道具等。❷ 名 担任检场工作的人。

【检点】jiǎndiǎn ❶ 动 验看查点 ▷～邮件。❷ 动 注意检查、约束自己的言行 ▷处处多加～。

【检定】jiǎndìng 动 检验鉴定 ▷～汽油的质量和标号｜企业资格要经过有关部门～。

【检核】jiǎnhé 动 检查核实 ▷～史料｜反复～。

【检获】jiǎnhuò 动 查获（赃物、毒品、罪证等）▷在案发现场～了大量物证。

【检举】jiǎnjǔ 动 向司法和纪检机关等揭发违法犯罪行为 ▷～贪污分子｜～信。

【检控】jiǎnkòng ❶ 动 检举控告 ▷～肇事司机。❷ 动 检查并控制 ▷严格～拨款程序。❸ 动 检测并控制 ▷～温室内的温度和湿度。

【检漏】jiǎnlòu 动 检修管道、阀门等漏油、漏气的情况 ▷供气管道要定时～，防止发生事故。☛ 跟"捡漏"不同。

【检录】jiǎnlù 动 运动会赛前召集运动员点名并引导至比赛场地。

【检票】jiǎnpiào 动 检验车票、船票、机票或入场券、选票等。

【检视】jiǎnshì 动 检验查看 ▷定期～公用设施。

【检束】jiǎnshù 动 检点、约束 ▷～言行｜严加～。

【检索】jiǎnsuǒ 动 查找（资料、图书等）▷按音序～。

【检讨】jiǎntǎo ❶ 动 查找并认识自己的缺点或错误 ▷自我～。❷ 名 检讨书，检查并认识自己缺点或错误的书面材料 ▷写～。❸ 动 总结；分析研究 ▷～工作｜～成败得失。

【检修】jiǎnxiū 动 检查维修 ▷～工｜～机器。

【检验】jiǎnyàn 动 检查验看；检查验证 ▷～证件｜～理论。

【检疫】jiǎnyì 动 为防止某些传染病在国内蔓延和国际间传播而对人员、货物等进行医学检查、卫生检查和卫生处理。包括接触者检疫、疫区检疫和国境卫生检疫。

【检阅】jiǎnyuè ❶ 动 首长检验视察部队或群众队伍，有一定的仪式 ▷～台｜～三军仪仗队。〇 ❷ 动 翻检阅读 ▷文件归档，以备～。

【检字】jiǎnzì ❶ 动 从工具书中按照字词排列次序查找所需的字词 ▷～法。❷ 动 从字架上检取所需的铅字（以便排版印刷）。

【检字法】jiǎnzìfǎ 名 工具书排列字词次序和查找字词的方法。汉语工具书多使用音序检字法、部首检字法、笔画检字法等。

趼 jiǎn ❶ 名 趼子。〇 ❷ 用于地名。如趼脚塘，在贵州。☛ 统读 jiǎn，不读 jiǎng。

【趼子】jiǎnzi 见 668 页"茧子"②。现在一般写作"茧子"。

减（*減）jiǎn ❶ 动 从总体或原数中去掉一部分 ▷～员｜裁～。→ ❷ 动 降低；衰退 ▷～速｜热情有增无～｜～慢。→ ❸ 动 进行减法运算 ▷10～6 等于 4。

【减半】jiǎnbàn 动 减去一半 ▷任务～。

【减仓】jiǎncāng 动 指投资者抛出部分有价证券、期货，减少仓位 ▷大盘不稳，适当～。

【减产】jiǎnchǎn ❶ 动 产量减少 ▷庄稼遭灾～。❷ 动 减少生产 ▷产油国达成～协议｜避免企业因～停产造成工人失业。

【减持】jiǎnchí 动 减少股票、债券等的持有量。

【减低】jiǎndī 动 降低 ▷～消耗｜浓度～。

【减法】jiǎnfǎ 名 求两个数的差的运算方法。

【减肥】jiǎnféi 动 采取节食、锻炼、服药、按摩、手术等方法，减少体内多余的脂肪，使肥胖程度减轻 ▷她已经～10 公斤了|～降脂。

【减幅】jiǎnfú 名 减少或降低的幅度 ▷～不大。

【减负】jiǎnfù 动 减轻过重的或不合理的负担 ▷落实对农民的～政策。

【减号】jiǎnhào ❶名 减法运算符号，即"－"。❷名 疾病诊断时对某种试验或化验所得结果呈阴性的符号。参见 1643 页"阴性"②。

【减耗】jiǎnhào ❶ 动 减少；减损 ▷人口～大半。❷ 动 减少消耗；特指生产过程中减少能源等的消耗 ▷蔬菜销售，要促进流通，～增效|节能～|～增产。

【减缓】jiǎnhuǎn 动 速度放慢；程度减轻 ▷人口增速～|病情～。

【减价】jiǎnjià 动 降低商品的价格。

【减亏】jiǎnkuī 动（企业）减少亏损。

【减慢】jiǎnmàn 动 放慢速度 ▷船速～。

【减免】jiǎnmiǎn 动 减轻或免除 ▷～刑罚。

【减排】jiǎnpái 动 采取措施，减少废气、废水等污染物的排放 ▷控污～|节能～。

【减轻】jiǎnqīng 动 数量减少；程度降低 ▷体重～了|～痛苦。

【减弱】jiǎnruò 动（力量、声势等）由强变弱；削弱 ▷火势逐渐～|扫黄打黑的力度绝不能～。

【减色】jiǎnsè 动 降低精彩程度 ▷今天主力队员缺阵，使比赛～不少。

【减少】jiǎnshǎo 动 减去一部分，使变少 ▷～开支|失误～了。

【减省】jiǎnshěng 动 减少；节省 ▷～开支。

【减收】jiǎnshōu 动 减少收成 ▷春旱使小麦～。

【减数】jiǎnshù 名 减法运算中减去的数。

【减税】jiǎnshuì 动 减少税收。

【减速】jiǎnsù 动 放慢速度 ▷～飞行。

【减速带】jiǎnsùdài 名 横铺在道路上使经过的车辆减速的交通设施。一般是黄黑两色相间的凸起物，多由橡胶、金属等制成。

【减速器】jiǎnsùqì 名 封闭在箱体内的齿轮传动或蜗杆传动的减速装置，一般装在原动机和工作机之间，可以降低转速。也说减速箱。

【减损】jiǎnsǔn 动 减少；削弱 ▷防止国有资产流失、～|收入多了，艰苦朴素的作风却没有～。

【减缩】jiǎnsuō 动 减少、压缩 ▷～编制。

【减碳】jiǎntàn 动 指减少二氧化碳的排放量 ▷节能～，保护地球|～、固碳两手抓。

【减退】jiǎntuì 动（程度）降低；减弱 ▷听力～。

【减息】jiǎnxī 动 减少利息。

【减小】jiǎnxiǎo 动 去掉一部分；变小 ▷把伤害～到最低程度|风力～。

【减薪】jiǎnxīn 动 减少薪水。

【减刑】jiǎnxíng 动 法院根据犯罪分子在服刑期间的悔改表现依法予以减轻刑罚。

【减削】jiǎnxuē 动 减少；削减 ▷～开支。

【减压】jiǎnyā 动 降低或减轻压力 ▷～装置|给出征运动员～。

【减压阀】jiǎnyāfá 名 使流体压力降低到规定标准的阀门。常用以降低蒸气或压缩空气、液压油等的压力。

【减员】jiǎnyuán ❶ 动 使人员减少 ▷伤亡～不多|自然～。❷ 动 裁减人员 ▷缩编～。

【减灾】jiǎnzāi 动 减少自然灾害带来的损失。

【减震】jiǎnzhèn 动 减小震动，降低震动造成的影响 ▷这种垫子既隔音又～|～装置。

【减征】jiǎnzhēng 动 减量征收（费用、税款等）▷对受灾企业～所得税。

【减租减息】jiǎnzū-jiǎnxī 抗日战争和解放战争时期，在中国共产党领导的根据地和解放区内实行过的一项重要政策。即减少农民租种地主、富农土地的地租和所借地主、富农、高利贷者贷款的利息。

剪 jiǎn ❶ 动 割断 ▷～草除根。→ ❷ 动 除掉；除去 ▷～除|～灭。→ ❸ 动 用剪刀等把东西断开 ▷～头发|～指甲|修～。❹ 名 剪刀 ▷理发～|手术～。❺ 名 像剪刀的器具 ▷火～|夹～。

【剪报】jiǎnbào ❶ 动 从报纸上剪下需要的资料。❷ 名 从报纸上剪下的资料 ▷积累了不少～。

【剪裁】jiǎncái ❶ 动 把衣料按一定尺寸剪断裁开 ▷～衣服。❷ 动 比喻写作时对材料进行恰当的取舍安排 ▷写文章要学会～，不要堆砌材料。

【剪彩】jiǎncǎi 动 在开幕、竣工、开业等仪式上剪断彩带。

【剪除】jiǎnchú 动 剪去；除掉 ▷～枯枝|～奸邪。

【剪刀】jiǎndāo 名 用来剪断物品的金属工具，两刃交错，可以开合。也说剪子。

【剪刀差】jiǎndāochā 名 指在工农业产品交换中，工业品价格偏高，农业品价格偏低所形成的差额。在统计图表上，两种价格的走向呈张开的剪刀状，故称。

【剪发】jiǎnfà ❶ 动 修剪头发；理发。❷ 动 指削发。

【剪辑】jiǎnjí ❶ 动 把拍摄完毕的镜头按创作构思的要求进行选择、剪裁、整理、组接、编排成结构完整的影片或电视片。也说剪接。❷ 名 经过剪辑而成的作品 ▷电影录音～。

【剪接】jiǎnjiē 动 剪辑①。

【剪径】jiǎnjìng 动 拦路抢劫（多见于近代汉语）。

【剪灭】jiǎnmiè 动 铲除和消灭 ▷～敌寇。

【剪票】jiǎnpiào 动 交通部门查验旅客票证时，在票上剪出缺口(表示已经查验)。

【剪切】jiǎnqiē 动 截取;剪取切入 ▷把这篇材料的第三段从网上～下来|恰当地～电影镜头是为了增强艺术效果。

【剪贴】jiǎntiē ❶ 动 把需要的资料从报刊上剪下来贴在纸上 ▷他～了10大本资料。❷ 动 用彩纸等剪成文字或图案贴在纸或其他东西上。

【剪影】jiǎnyǐng ❶ 动 按照人或物的轮廓剪纸成形 ▷～是一种手工工艺。❷ 名 剪影作品。❸ 名 比喻对于事物轮廓或概况的描写(多用于标题) ▷青年志愿者活动～。

【剪纸】jiǎnzhǐ ❶ 动 一种民间工艺,用纸剪出或刻出各种形象。❷ 名 剪纸作品 ▷窗上贴了一幅～。参见插图16页。

【剪纸片】jiǎnzhǐpiàn 名 一种美术片。根据情节,把人、物的表情、动作、变化等剪成许多连续的剪纸,再用摄影机依次拍摄而成。口语中也说剪纸片儿(piānr)。

【剪子】jiǎnzi 名 剪刀。

揃 jiǎn 〈文〉❶ 动 剪断;剪下。→ ❷ 动 分割。→ ❸ 动 剪除;剪灭。

睑(瞼) jiǎn 名 眼睛上下能开闭的皮,边缘长着睫毛。

锏(鐧) jiǎn 名 古代兵器,形状像鞭,有四棱而无刃,下端有柄 ▷镔铁～|撒手～。

另见677页jiàn。

裥(襇) jiǎn 名 衣服上打的褶子。

暕 jiǎn 形〈文〉明亮;也形容阴雨转晴的样子。

简[1](簡) jiǎn ❶ 名 古代书写用的狭长竹片或木片 ▷竹～|～册。→ ❷ 名〈文〉书信 ▷短～|书～。○ ❸ 名 姓。

简[2](簡) jiǎn ❶ 形 简单①(跟"繁"相对) ▷言～意赅|～体字|～历。→ ❷ 动 使繁变简;使多变少 ▷精兵～政|精～机构。○ ❸ 动 慢待;轻视 ▷～慢。

简[3](簡) jiǎn 动〈文〉挑选(人才) ▷～拔|～选。

【简板】jiǎnbǎn 名 打击乐器,一副两片,长条形,竹制或木制。用左手夹击发声。常用于为河南坠子或道情伴奏。

【简报】jiǎnbào 名 内容比较简略的情况报道。多用于内部反映情况,沟通信息。

【简本】jiǎnběn 名 比原著篇幅小、内容简略一些的版本。包括删节本、改写本。

【简编】jiǎnbiān ❶ 名 内容简要的著作 ▷《逻辑学～》。❷ 名 指简本 ▷《中国通史～》。

【简便】jiǎnbiàn 形 简单而又便利 ▷操作～|～解法。☛ 参见1115页"轻便"的提示。

【简表】jiǎnbiǎo 名 内容简略的表格 ▷常用标点符号用法～。

【简帛】jiǎnbó 名 竹简和缣帛。在纸张普遍使用以前,古人用作书写的两种主要材料。

【简称】jiǎnchēng ❶ 动 简单地称作 ▷技工学校～技校。❷ 名 复杂名称的简化形式(跟"全称"相区别)。如"政协"(中国人民政治协商会议)、"石化"(石油化工)。也说缩略语。

【简单】jiǎndān ❶ 形 结构单一,头绪不多,容易理解、处理或使用(跟"复杂"相对) ▷内容～|操作方法～◇头脑～。❷ 形 平凡(多用于否定) ▷这个人临危不惧,真不～。❸ 形 马虎;不仔细 ▷做思想工作不能～粗暴。

【简单化】jiǎndānhuà 动 使复杂的事物变得简单(跟"复杂化"相对) ▷繁琐的手续～了。

【简单劳动】jiǎndān láodòng 指没有专业特长的普通劳动者都能承担的劳动(跟"复杂劳动"相区别)。

【简单商品生产】jiǎndān shāngpǐn shēngchǎn 以生产资料个体所有制和个体劳动为基础,以交换或出卖为目的的商品生产。也说小商品生产。

【简单再生产】jiǎndān zàishēngchǎn 指不改变原有生产规模的再生产。

【简牍】jiǎndú ❶ 名 古代书写用的竹片和木片。❷ 名〈文〉指书信、书籍。

【简短】jiǎnduǎn 形 (文字、话语)不长。

【简而言之】jiǎn'éryánzhī 简言之。

【简古】jiǎngǔ 形〈文〉简略古奥,不易理解 ▷文字～,晦涩难解。

【简化】jiǎnhuà 动 变复杂为简单 ▷～审批手续。

【简化汉字】jiǎnhuà hànzì ❶ 减少汉字的笔画,精简汉字的数量。如把"體""畢"简化为"体""毕";在"俯""俛""頫"三个异体字中选用"俯"。❷ 经过简化的汉字。如"体""毕"。

【简化字】jiǎnhuàzì 名 指经过简化并由国家正式公布的汉字,是国家通用规范汉字的重要组成部分。

【简洁】jiǎnjié 形 简明扼要,干净利索 ▷文字～,没有废话。☛ 跟"简捷"不同。

【简捷】jiǎnjié ❶ 形 (言行)直率,爽快 ▷她为人爽快,说话也很～。❷ 形 简便快捷 ▷选一种～的办法。☛ 跟"简洁"不同。

【简截】jiǎnjié 见本页"简捷"②。现在一般写作"简捷"。

【简介】jiǎnjiè ❶ 动 简要地介绍。❷ 名 简要介绍的文字 ▷故宫博物院～|作者～。

【简况】jiǎnkuàng 名 简要的情况 ▷科研进展～。

【简括】jiǎnkuò ❶ 动 简要地概括 ▷挽联～了先生的生平。❷ 形 简要而概括 ▷行文～。

【简历】jiǎnlì 名 简要的履历 ▷个人～。

【简练】jiǎnliàn 形 简洁精炼 ▷语言～。☛ 不要写作"简炼"。

【简陋】jiǎnlòu 形 简单粗陋 ▷厂房～|～的家具。

【简略】jiǎnlüè 形 简单粗略;不详细 ▷内容～。

【简慢】jiǎnmàn 动 对人冷淡,不礼貌 ▷千万不要～了客人。

【简明】jiǎnmíng 形 简单明了 ▷～扼要|注释～。

【简评】jiǎnpíng ❶ 动 简要地评论 ▷无须长篇大论,～几句即可。❷ 名 简要的评论。

【简朴】jiǎnpǔ ❶ 形 简单朴素 ▷生活作风～|衣着～。❷ 形 简练朴实 ▷语言～。☛ 跟"俭朴"不同。"简朴"使用范围较广泛;"俭朴"仅用于个人生活方面。

【简谱】jiǎnpǔ 名 以阿拉伯数字1、2、3、4、5、6、7及附加符号为音符的乐谱。

【简省】jiǎnshěng 动 把繁琐的、不必要的省去 ▷～手续|～程序。

【简史】jiǎnshǐ 名 简要的历史(多用于书名) ▷《中国哲学～》。

【简释】jiǎnshì ❶ 动 简要地注释;简单地解释 ▷文字浅近,～即可。❷ 名 简要的注释、解释(多用于书名) ▷《荀子～》。

【简述】jiǎnshù ❶ 动 简要地叙述 ▷内容～|～故事梗概。❷ 名 简要叙述的文字(多用于书名) ▷《书史～》。

【简缩】jiǎnsuō 动 精简压缩 ▷～编制。

【简体】jiǎntǐ ❶ 名 笔画经过简化的汉字形体(跟"繁体"相区别) ▷～字。❷ 名 指简体字 ▷写～,不要写繁体。

【简体字】jiǎntǐzì 名 笔画经过简省的字。也说简笔字。

【简图】jiǎntú 名 略图 ▷市区～。

【简析】jiǎnxī 动 简要分析 ▷～人物形象。

【简写】jiǎnxiě ❶ 动 把复杂的汉字改写成简单的;把繁体字改为简体 ▷把"漢"～为"汉"。❷ 名 汉字的简体写法 ▷"汉"是"漢"的～。

【简讯】jiǎnxùn 名 简短的消息。

【简言之】jiǎnyánzhī 简要地说。常用作插入语,引出下文概括性的说明。也说简而言之。

【简要】jiǎnyào 形 简明扼要 ▷文字～|～新闻。

【简易】jiǎnyì ❶ 形 简单容易 ▷方法～,便于操作。❷ 形 结构简单、设施简陋的 ▷～房。

【简易病床】jiǎnyì bìngchuáng 医院因条件所限,或为节省患者费用,在基本设施、患者生活用品等方面降低标准而设置的病床。患者一般要自理伙食、自带被褥、自带陪护人员。

【简约】jiǎnyuē ❶ 形 简要概括 ▷表述～。❷ 形 节约俭省 ▷食宿～。

【简则】jiǎnzé 名 简明扼要的规则。

【简札】jiǎnzhá 名〈文〉书信。

【简章】jiǎnzhāng 名 简明扼要的章程 ▷招工～。

【简政放权】jiǎnzhèng-fàngquán 指(行政机关)精简机构或减少行政干预,下放管理权力 ▷～,搞活企业。

【简直】jiǎnzhí 副 表示完全如此或差不多如此,相当于"完全"(含夸张语气) ▷他画的竹子～跟真的一样|他干这工作～是个外行。

【简装】jiǎnzhuāng 区别 (商品)包装、装帧简单,不豪华的(跟"精装"相对) ▷～本。

谫(譾) jiǎn 形〈文〉浅薄 ▷～陋。

【谫陋】jiǎnlòu 形〈文〉(见识)浅薄贫乏。

戬 jiǎn〈文〉❶ 动 除掉;消灭。○ ❷ 名 福;吉祥 ▷人生大～。

碱(*堿鹻鹼) jiǎn ❶ 名 化学上指在水溶液中电离产生氢氧根离子的一类化合物,能同酸中和生成盐和水。→ ❷ 名 指纯碱。→ ❸ 动 受到盐碱的侵蚀 ▷墙根已经～了。

【碱地】jiǎndì 名 盐碱地。

【碱化】jiǎnhuà 动 变成盐碱地 ▷防止土地大面积～。

【碱荒】jiǎnhuāng 名 因碱化而撂荒了的土地 ▷让～变稻田。

【碱金属】jiǎnjīnshǔ 名 周期系第Ⅰ族(类)的主族元素,包括锂、钠、钾、铷、铯和钫。它们的氢氧化合物易溶于水,呈强碱性,故称。

【碱面儿】jiǎnmiànr 名 用于洗涤等的粉末状碳酸钠。

【碱土】jiǎntǔ 名 含碱质而呈强碱性反应的土壤。

【碱土金属】jiǎntǔ jīnshǔ 周期系第Ⅱ族(类)的主族元素,包括铍、镁、钙、锶、钡和镭。它们的氧化物都呈碱性,古代炼丹家称钙、锶和钡的氧化物为"土",故称。

【碱性】jiǎnxìng 名 碱类水溶液所具有的共同性质。如能使红色石蕊试纸变蓝,能同酸中和生成盐等。

翦 jiǎn 名 姓。

蹇 jiǎn ❶ 形〈文〉跛;瘸 ▷～足。→ ❷ 形〈文〉艰难;迟钝 ▷～涩。○ ❸ 名 姓。

【蹇涩】jiǎnsè〈文〉❶ 形 行动艰难 ▷步履～。❷ 形 不顺利;不流畅 ▷命运～|文笔～。

【蹇滞】jiǎnzhì 形〈文〉困窘;不顺利 ▷命运～。

謇 jiǎn〈文〉❶ 形 口吃;讲话不流利 ▷～吃。○ ❷ 形 正直 ▷～辞(正直的话)。

瀽 jiǎn 动 泼出；倾倒（多见于近代汉语）。

jiàn

见[1]（見） jiàn ❶ 动 看到 ▷到现在没～他回来｜视而不～｜～闻。→ ❷ 动 会面，跟别人碰面 ▷这孩子怕～生人｜一～如故｜接～｜会～。❸ 动 碰到；接触 ▷汽油～火就着｜这种药怕～光。→ ❹ 名 对事物的认识和看法 ▷真知灼～｜固执己～｜～解。→ ❺ 动 看得出；显现出 ▷日～好转｜相形～绌。→ ❻ 动 听到 ▷叫了半天，不～有人答应｜到现在没～回话。→ ❼ 动 指明文字的出处或参看的地方 ▷"一鼓作气"～《左传·庄公十年》｜～附表。→ ❽ 动 用在某些动词后面，表示结果，多同视觉、听觉、嗅觉等有关，中间可插入"得""不" ▷瞅～｜听得～｜闻不～｜遇～。〇 ❾ 名 姓。

见[2]（見） jiàn 〈文〉 ❶ 助 用在动词前，表示被动 ▷信而～疑，忠而被谤｜～笑于大方之家。→ ❷ 助 用在动词前，表示对我如何 ▷～教｜～告｜～谅｜～示。☛ "见"字读 xiàn，指显现，文言词，如"风吹草低见牛羊"。

另见 1492 页 xiàn。

【见爱】jiàn'ài 动 〈文〉喜爱（我） ▷承蒙～。

【见报】jiànbào 动 在报纸上发表 ▷消息已～。

【见不得】jiànbudé ❶ 动 不能接触 ▷麻疹病人～风。❷ 动 不光彩，不愿让人知道 ▷我没做过～人的事。❸ 动 不愿意看或不忍心看 ▷他～女人哭。

【见财起意】jiàncái-qǐyì 见到钱财就产生想要占有的念头。

【见长】jiàncháng 动 （在某方面）表现出特长 ▷他以画山水～。☛ 跟"见长（zhǎng）"不同。

【见称】jiànchēng 动 受人称赞。常与"以"构成"以……见称"的格式 ▷怀素以狂草～于世。

【见得】jiàndé 动 能看出来；能肯定（只用于否定或疑问） ▷你认为他会来，何以～？

【见底】jiàndǐ 动 见到底部；比喻降到最低点（跟"见顶"相区别） ▷湖水清澈～｜股价～，开始反弹｜疫情带来的影响已经～。

【见地】jiàndì 名 见解；见识 ▷～不凡。

【见顶】jiàndǐng 动 见到顶部；比喻达到最高点（跟"见底"相区别） ▷那栋摩天大楼高不～｜股价～回落｜中国电视剧产量～的 2012 年。

【见多识广】jiànduō-shíguǎng 见闻多，知识面广。形容阅历深，经验丰富。

【见方】jiànfāng 名 〈口〉用在指长度或面积的数量短语后面，表示以这个长度为边长的正方形或这个面积是正方形的 ▷40 米～｜这块地大约半亩～。

【见分晓】jiànfēnxiǎo 显现出事情的结果 ▷开赛不到半小时，胜负已～｜举办权归哪个城市，明晚即可～。

【见风使舵】jiànfēng-shǐduò 看风使舵。

【见风是雨】jiànfēng-shìyǔ 比喻看到一点儿迹象或听到一点儿传言就轻率地相信并采取某种行动。

【见风转舵】jiànfēng-zhuǎnduò 看风使舵。

【见缝插针】jiànfèng-chāzhēn 比喻善于利用一切可以利用的空间或时间。

【见高低】jiàngāodī 显现出能力的大小或水平的高低 ▷基本功如何，赛场上～｜见个高低。

【见告】jiàngào 动 〈文〉告诉（我） ▷希～婚期。

【见怪】jiànguài 动 责备；怪罪（多指对自己） ▷我说话直率，请不要～。

【见怪不怪】jiànguài-bùguài 见到怪异的事物不大惊小怪。

【见光死】jiànguāngsǐ 比喻见不得人的或虚假的事情，一旦被曝光就不能继续或以失败告终 ▷虚幻网络世界里产生的恋情容易～｜暗箱操作逃脱不了～的命运。

【见鬼】jiànguǐ ❶ 形 比喻离奇古怪，不合事理 ▷笔掉到地上就找不着了，真～！❷ 动 指死去或消亡 ▷让这些丑恶现象～去吧！

【见好】jiànhǎo ❶ 动 出现好的情况 ▷病情～。❷ 动 取得好的效果 ▷～就收。

【见机】jiànjī 动 看当时的情况、机会等（选择做法） ▷～迅速拉开车门｜～而为。

【见机行事】jiànjī-xíngshì 看准机会就立即行动；也指根据情况灵活处理。

【见教】jiànjiào 动 〈文〉指教（我） ▷祈请～。

【见解】jiànjiě 名 对事理的认识和看法 ▷学术～。

【见景生情】jiànjǐng-shēngqíng 触景生情。

【见老】jiànlǎo 动 样子显得比过去老 ▷几年没见面，你是～了。

【见礼】jiànlǐ 动 相见行礼（多见于近代汉语） ▷大嫂请来～。

【见利忘义】jiànlì-wàngyì 看到有利可图就不顾道义。

【见谅】jiànliàng 动 〈文〉原谅（我） ▷来函迟复，诚望～。

【见猎心喜】jiànliè-xīnxǐ 爱打猎的人见到别人打猎，内心就兴奋起来。比喻旧习难忘，一旦触动了自己原有的爱好，便跃跃欲试。

【见面】jiànmiàn 动 当面相见 ▷与应聘者～｜两人从未见过面◇思想～，开诚布公。

【见面礼】jiànmiànlǐ 名 初次见面时赠送的礼物或金钱等 ▷婆婆拿手镯给新媳妇作～。

【见钱眼开】jiànqián-yǎnkāi 看见钱就把眼睛睁得很大。形容非常贪财。

【见俏】jiànqiào 动 (商品)显出好的销售势头 ▷经济适用房～。

【见轻】jiànqīng 动 显得比原来轻(多指病情) ▷这半年来,病总不～|负担～|体重～。

【见仁见智】jiànrén-jiànzhì 指对同一事物,不同的人会有不同的见解和认识。参见 1157 页"仁者见仁,智者见智"。

【见示】jiànshì 动〈文〉请给(我)看或告诉(我) ▷先生大作,亟望～。

【见世面】jiànshìmiàn 指到社会上去熟悉情况,增长见识。

【见识】jiànshi ❶ 动 接触实际以增长见闻 ▷这次考察,～了不少新鲜事情。❷ 名 见闻;见解 ▷长～|～广。

【见死不救】jiànsǐ-bùjiù 看见别人陷入困境甚至面临死亡而不去救援。

【见所未见】jiànsuǒwèijiàn 见到以前没有见过的事物。形容非常稀罕。

【见天】jiàntiān 名〈口〉每天;天天 ▷～下雨。

【见外】jiànwài 动 当成外人看待。指过分客气 ▷随便吃,别～。

【见危授命】jiànwēi-shòumìng 临危授命。

【见微知著】jiànwēi-zhīzhù 见到一点儿苗头就能看出事物的实质或发展的趋向(著:显著)。

【见闻】jiànwén 名 看到和听到的事 ▷～广博|西藏～。

【见习】jiànxí 动 初上工作岗位的人在现场观察学习 ▷～一年,才算正式职工。

【见贤思齐】jiànxián-sīqí《论语·里仁》:"子曰:'见贤思齐焉,见不贤而内自省也。'"后用"见贤思齐"表示见到品德高尚而有才能的人,就向他看齐,希望跟他一样优秀。

【见笑】jiànxiào ❶ 动〈文〉被人耻笑 ▷～于大方之家。❷ 动 笑话(我) ▷说出来,不怕您～。

【见效】jiànxiào 动 显示出功效 ▷科技投入～快,效益高。

【见义勇为】jiànyì-yǒngwéi 看到符合道义的事就勇敢地去做。

【见异思迁】jiànyì-sīqiān 见到别的人或事物就改变主意。指志向、爱好或感情不专一。

【见于】jiànyú 动 在某处可见到(多用于指明文字的出处或可参看的资料) ▷这些古代神话～《列子》《搜神记》《山海经》等书。

【见长】jiànzhǎng 动 看着比以前高、大 ▷雨后春笋天天～。☛ 跟"见长(cháng)"不同。

【见证】jiànzhèng ❶ 动 亲眼所见因而可以作证 ▷老人～了这座城市翻天覆地的变化。❷ 名 可以作证的人或物。

【见诸】jiànzhū 动〈文〉见之于;见于(诸:"之""于"的合音) ▷～报端。☛ 不要误写作"见诸于"。

【见罪】jiànzuì 动〈文〉怪罪(我) ▷请勿～。

件 jiàn ❶ 名 指总体或同类中可以分开一一计算的事物 ▷零～|案～|文～。→ ❷ 名 指文件 ▷急～|密～|附～。→ ❸ 量 用于某些可以一一计算的事物 ▷一～衣服|两～事|三～公文。○ ❹ 名 姓。

间(間) jiàn ❶ 名 缝隙;空隙 ▷～隙|亲密无～|中～儿。→ ❷ 形 非直接的 ▷～接。→ ❸ 动 隔开;断开 ▷黑白相～|晴～多云|～隔。⇒ ❹ 动 使有缝隙;挑拨(别人的关系) ▷挑拨离～|反～计。⇒ ❺ 动 除去(多余的幼苗) ▷～小白菜|～苗。

另见 665 页 jiān。

【间壁】jiànbì 名 隔壁 ▷～住着叔叔一家人。

【间谍】jiàndié 名 潜入敌方或别国,从事刺探、窃取情报或进行破坏、颠覆活动的人。

【间断】jiànduàn 动 (连续的事物)中间隔断,不再连接 ▷训练从不～|不～的噪声。

【间伐】jiànfá 动 有选择地砍伐部分林木,以保证林木的合理密度,增强林木对自然灾害的抵抗能力,有利其天然更新和生长,并获取部分木材。

【间隔】jiàngé ❶ 动 在时间或空间上隔开,形成距离 ▷两次测验之间至少～四周。❷ 名 时间或空间上的距离 ▷两节课之间不能没有～|两个字之间要留有一定的～。

【间隔号】jiàngéhào 名 标点符号,形式为"·"。用在外国或我国某些少数民族人名内各部分之间,书名与篇(章、卷)名之间,词牌、曲牌、诗体名等和题名之间,构成标题或栏目名称的并列词语之间,以某月某日简称命名的事件、节日等的月和日之间,表示隔开。

【间或】jiànhuò 副 有时;偶尔 ▷～有卡车驶过。

【间接】jiànjiē 形 通过中间环节而发生关系的(跟"直接"相对) ▷～描写|～联系|～了解。

【间接经验】jiànjiē jīngyàn 指从书本或他人的经验中取得的经验(跟"直接经验"相区别)。

【间接税】jiànjiēshuì 名 纳税人可能通过提高商品价格等方式转嫁给他人负担的税(跟"直接税"相区别)。如消费税。因这些税间接由消费者负担,故称。

【间接推理】jiànjiē tuīlǐ 由两个以上前提推出结论的推理(跟"直接推理"相对)。

【间接选举】jiànjiē xuǎnjǔ 先由选民选出代表,再由这些代表选出上一级代表或领导人的选举方式(跟"直接选举"相区别)。

【间苗】jiànmiáo 动 拔去过密的幼苗,使保持适当的株距。

【间日】jiànrì 动 中间隔一天 ▷本次列车~开行。

【间色】jiànsè 名 红、黄、蓝三种原色中的某两种混合而成的颜色。如红、黄混合成的橙色,蓝、红混合成的紫色。

【间隙】jiànxì 名 未被利用的较短的时间或较小的空间 ▷抓紧训练~学习文化|利用房前的~种点儿花。

【间歇】jiànxiē 动 (连续的动作或变化)每隔一定时间停顿一下 ▷诵读时两个自然段之间要~一小会儿|~性痉挛。

【间歇河】jiànxiēhé 名 经常无水或缺水的河流。多出现在干旱地区。有的间歇河仅在雨季或融雪时节才有水流。

【间歇泉】jiànxiēquán 名 周期性喷发的热水泉。大多每隔一定时间喷出一次热水柱或汽柱。

【间杂】jiànzá 动 混杂;错杂 ▷黑白~|真伪~。

【间作】jiànzuò 动 在同一块耕地上,隔株、隔行或隔畦同时栽培两种或两种以上作物。

戋(諓) jiàn [戋戋] jiànjiàn 〈文〉❶ 形 机巧善辩的 ▷忘謇謇之忠,习~之辞。→ ❷ 形 形容进谗言的样子 ▷谗人~。❸ 形 形容浅薄的样子 ▷~者之不足以云。

饯[1](餞) jiàn 动 设酒食送行 ▷~行|~别。

饯[2](餞) jiàn 动 用蜜或糖浸渍(果品) ▷蜜~。

【饯别】jiànbié 动 设宴送别 ▷长亭~。

【饯行】jiànxíng 动 设宴送行 ▷为将要远行的老友~。

建[1] jiàn ❶ 动 创立;设立 ▷~国|~立。→ ❷ 动 修筑;修造 ▷~一座体育馆|~造。→ ❸ 动 提出(自己的主张) ▷~议。○ ❹ 名 姓。

建[2] jiàn 名 指福建 ▷~漆|~兰。☛ ㊀"建"字右上是"聿(yù)"。由"聿"构成的字还有"津""律""肄""肆"等。㊁左下是"廴",不是"辶"。"廴"用于"建""廷""延"以及由这三个字构成的字。

【建材】jiàncái 名 建筑材料。

【建仓】jiàncāng 动 指投资者购入有价证券、期货 ▷慎重~。

【建党】jiàndǎng 动 创建政党;特指创建中国共产党。

【建档】jiàndàng 动 建立档案 ▷为每株名木古树~|对低保对象按户~,分类帮扶。

【建点】jiàndiǎn 动 在某一地方建立开展业务活动的据点 ▷在各省都要~。

【建都】jiàndū 动 建立国都;把某地定为首都 ▷金、元、明、清几代都在北京~。

【建功立业】jiàngōng-lìyè 建立功勋,成就事业。

【建构】jiàngòu 动 建立②(多用于抽象事物) ▷~理论框架|~新机制。☛ 跟"构筑"不同。

【建国】jiànguó ❶ 动 建立国家。❷ 动 建设国家 ▷勤俭~。

【建交】jiànjiāo 动 (两国之间)建立外交关系。

【建兰】jiànlán 名 兰花的一种。原产于我国福建,故称。也说四季兰。参见 817 页"兰花"。

【建立】jiànlì ❶ 动 创设;成立 ▷~领导机构|~生产基地。❷ 动 使形成;使产生 ▷~联系。

【建模】jiànmó 动 为了研究某种现实或事物而建立相应的模型 ▷~分析数据。

【建漆】jiànqī ❶ 名 福建出产的一种漆,由生漆和树脂清漆加工制成。❷ 名 指用建漆制造的器物。

【建设】jiànshè ❶ 动 创建;建造 ▷~理论体系|~桥梁。❷ 动 通过劳动来创造和改善生产生活的环境与条件 ▷~大西北。❸ 名 有关建设方面的工作 ▷搞好各项~。☛ 参见本页"建筑"的提示㊀。

【建设性】jiànshèxìng 名 对工作或事业的发展有积极促进作用的性质 ▷~意见|富有~。

【建树】jiànshù ❶ 动 建立功绩;作出成绩 ▷~功勋|在学术方面有所~。❷ 名 建立的业绩 ▷他在古文字研究方面多有~。

【建言】jiànyán 动 提建议;出主意 ▷~献策。

【建议】jiànyì ❶ 动 提出自己的主张或意见 ▷医生~做手术。❷ 名 提出的主张或意见 ▷合理化~|提出~。

【建造】jiànzào 动 建筑;制造(大型设备) ▷~宫殿|~货轮。

【建章立制】jiànzhāng-lìzhì 建立章程,订立制度 ▷严格~,规范工作职能。

【建制】jiànzhì 名 机关、军队的组织编制和行政区划等制度的总称。

【建置】jiànzhì ❶ 动 建立设置 ▷~相应机构。❷ 名 设施 ▷公园里的~比较完备。❸ 名 机构 ▷省级~|非行政~。

【建筑】jiànzhù ❶ 动 建造构筑(土木工程) ▷~高楼◇把幸福生活~在勤劳的基础上。❷ 名 建筑物 ▷佛香阁是颐和园的标志性~。☛ ㊀跟"建设"不同。"建筑"的对象多为土木工程;"建设"的对象除了土木工程,还可以是"国家""生活""环境""家园"等,适用范围较宽。㊁跟"构筑"不同。"构筑"不能用作名词。

【建筑面积】jiànzhù miànjī 建筑物各自然层面积的总和,包括使用面积、辅助面积和结构面积。

也说建筑展开面积。

【建筑群】jiànzhùqún 名 有内在联系的一组建筑物 ▷紫禁城是我国现存的最大最完整的古代宫殿～。

【建筑师】jiànzhùshī 名 从事建筑行业的专业工程技术人员。

【建筑物】jiànzhùwù 名 人工建造的土木工程。如房屋、桥梁等。

【建筑业】jiànzhùyè 名 从事土木建筑的行业。

荐[1]（薦） jiàn〈文〉❶ 名 草席；草垫子 ▷草～。→ ❷ 名 野兽、牲口吃的草 ▷麋鹿食～。

荐[2]（薦） jiàn 动 推举；介绍 ▷推～｜～举｜～引。

【荐介】jiànjiè 动 推荐介绍 ▷经人～任教。

【荐举】jiànjǔ 动 推荐 ▷～他当校长。

【荐引】jiànyǐn 动 介绍；引荐 ▷～人才。

贱（賤） jiàn ❶ 形 价格低（跟"贵"相对）▷小摊儿上的东西～｜～价。→ ❷ 形 地位低 ▷～民｜卑～。⇒ ❸ 形 卑鄙下流 ▷～骨头｜下～货。⇒ ❹ 形 谦词，用于称跟自己有关的 ▷"您贵姓？""～姓赵。"

【贱骨头】jiàngǔtou ❶ 名 指不知自重或自轻自贱的人（骂人的话）。❷ 名 指有福不享，甘心受苦的人（含讥讽或诙谐意）▷人家说我是个～，有福不会享。

【贱货】jiànhuò ❶ 名 价钱便宜的货物。❷ 名 指下贱的人（骂人的话）。

【贱价】jiànjià 名 低价 ▷货物～处理。

【贱卖】jiànmài 动 降价出售 ▷～积压商品。

【贱民】jiànmín ❶ 名 旧时对社会地位低下的人的蔑称。❷ 名 印度指种姓以外的社会地位最低的阶层。

【贱内】jiànnèi 名 谦词，旧时用于对人称说自己的妻子。

【贱人】jiànrén 名 下贱的人。旧时多用于辱骂妇女。

【贱物】jiànwù ❶ 名 价格低贱的货物；不值钱的东西。❷ 名 骂人的话，指下贱的人。

牮 jiàn ❶ 动 支撑倾斜的房屋，使平正 ▷～墙｜打～拨正（房屋倾斜，用柱子支起使正）。○ ❷ 动 用土石挡水。

剑（劍 *劒） jiàn ❶ 名 古代兵器，长条形，顶端尖，两边有刃，中间有脊，安有短柄并多配有鞘；也指击剑运动用的无刃剑。○ ❷ 名 姓。

【剑拔弩张】jiànbá-nǔzhāng 拔剑拉弓。形容形势紧张，一触即发。☛"剑"不要误写作"箭"。

【剑锋】jiànfēng 名 剑的尖端。

【剑客】jiànkè 名 指精通剑术的人；剑侠。

【剑兰】jiànlán 名 唐菖蒲的通称。多年生草本植物，叶剑形，叠状排列，花大，有红、粉、黄等颜色，供观赏。球茎扁圆球形，可以做药材。参见插图 7 页。

【剑麻】jiànmá 名 多年生草本植物，叶剑形，大而肥厚，聚生于茎的顶端。叶纤维拉力很强，耐水浸，可制船缆和造纸，也是制造渔网、牵引带和防水布的重要原料。

【剑眉】jiànméi 名 较直而末端微向上翘的眉毛。

【剑鞘】jiànqiào 名 装剑的套子。

【剑术】jiànshù 名 击剑的技艺。

【剑舞】jiànwǔ 名 传统民间舞蹈，手执双剑或单剑起舞，舞姿威武俊美。

【剑侠】jiànxiá 名 旧小说中指剑术高强且行侠仗义的人。

【剑走偏锋】jiànzǒupiānfēng 用剑时，不采用正面攻防的常规剑法，而采用闪避迂回、侧面出击的非常规剑法，以便出奇制胜。比喻思维或行动不守常规、不合常理。

洊 jiàn 副〈文〉再次；一再 ▷不数岁～升御史。

监（監） jiàn 名 古代某些官府的名称 ▷中书～｜钦天～｜国子～。

另见 666 页 jiān。

【监生】jiànshēng 名 明清两代称在最高学府国子监就读或取得就学资格的人为国子监生员，简称监生。监生可以参加乡试。

健 jiàn ❶ 形 具有活力的；强壮的 ▷～儿｜强～。→ ❷ 动 使强壮 ▷～身｜～胃。→ ❸ 动 善于；易于 ▷～谈｜～忘。

【健步】jiànbù 名 矫健的步伐 ▷～登山｜～如飞。

【健儿】jiàn'ér 名 身体强健、精力充沛、动作敏捷的人（多指运动员或战士）▷体操～。

【健将】jiànjiàng ❶ 名 在某个领域中起重要作用的能手 ▷新文化运动的～。❷ 名 由国家授予的运动员等级中最高一级的称号 ▷获得登山运动～的称号。

【健康】jiànkāng ❶ 形（人）生理机能和心理状况处于完好状态，没有缺陷和疾病 ▷身体非常～｜～人应该帮助残疾人｜吸烟有害～。❷ 形（事物）状况正常，没有问题或缺陷 ▷事业～发展｜内容不～的出版物。

【健康寿命】jiànkāng shòumìng 人口学上指人们能够健康生存的平均年龄。

【健朗】jiànlǎng 形 健康硬朗 ▷～善谈。

【健美】jiànměi ❶ 形 身体健康，体形优美 ▷～的体态。❷ 动 使健美 ▷体操可以～身心。❸ 名 指健美运动 ▷～表演。

【健美操】jiànměicāo 名 使人健美的体操。特点是把体操动作和舞蹈动作结合起来，在音乐的伴奏下进行锻炼。

【健美裤】jiànměikù 名 有弹性的紧身锦纶裤。适于运动员穿着进行锻炼,并显示线条美。

【健美运动】jiànměi yùndòng 一种使身体强健,肌肉发达,体态优美的体育运动。主要用各种健身器材进行锻炼。

【健全】jiànquán ❶ 形 身心健康,没有缺陷 ▷~的肌体。❷ 形 (事物)完善,没有缺欠 ▷制度~。❸ 动 使完善;使完备 ▷~组织机构|~监管手段。

【健身】jiànshēn 动 使身体健康 ▷~器械|开展群众性~活动。

【健身操】jiànshēncāo 名 具有使身体健康、体形优美等作用的体操。

【健身房】jiànshēnfáng 名 备有各种健身器械供人们锻炼的屋子。

【健身器】jiànshēnqì 名 专门用于锻炼身体的器械 ▷这种~设计独特,轻便耐用。

【健身球】jiànshēnqiú 名 石制或金属等制的圆球,略大于乒乓球,分大小不等的型号,通常两个为一副。放在手心上来回转动,促使手指关节频繁运动,有一定的健身作用。

【健谈】jiàntán 形 喜欢并且善于跟人交谈 ▷这位老先生很~。

【健忘】jiànwàng 形 记忆力差,容易忘事 ▷他真~,刚问过的事又问|~症。

【健旺】jiànwàng 形 身体健壮,精力旺盛 ▷老人年事已高,却依然~。

【健在】jiànzài 动 健康地活着(多指老年人) ▷双亲~。

【健壮】jiànzhuàng 形 健康强壮 ▷体格~。

【健走】jiànzǒu 动 为了健身而在户外大步快走 ▷为了减肥,他每天~5千米。

舰(艦) jiàn 名 军用的大型船只 ▷军~|~艇|~队。

【舰船】jiànchuán 名 各类军舰和民船的统称 ▷海上~往来不绝。

【舰队】jiànduì ❶ 名 担负某一战略海区警卫和作战任务的海军建制单位。通常由舰艇、海军航空兵、海军陆战队等组成。❷ 名 海军根据某种任务组成的海上编队。

【舰艇】jiàntǐng 名 军用船只的统称。

【舰长】jiànzhǎng 名 军舰上的最高指挥官。

【舰只】jiànzhī 名 各类舰艇的总称。

涧(澗) jiàn 名 山间的水沟 ▷山~|溪~。

渐(漸) jiàn ❶ 副 渐渐 ▷天气~暖|库存~少|循序~进。→ ❷ 名 事物发展的开端;苗头 ▷防微杜~。○ ❸ 名 姓。

另见668页jiān。

【渐变】jiànbiàn ❶ 动 缓慢地变化(跟"突变"相区别) ▷语言~的过程|由~到突变。❷ 动 量变。

【渐次】jiàncì 副 逐渐;渐渐 ▷炒作~升温。

【渐渐】jiànjiàn 副 表示程度或数量随着时间的推移而缓慢地变化 ▷心中的波澜~平息。

【渐进】jiànjìn 动 逐渐地进展 ▷循序~。

【渐入佳境】jiànrù-jiājìng《晋书·顾恺之传》:"恺之每食甘蔗,恒自尾至本。人或怪之。云:'渐入佳境。'"意思是甘蔗的根部比梢部甜,由梢及根,越吃越甜。后用"渐入佳境"比喻状况越来越好或兴味越来越浓。

【渐悟】jiànwù 动 佛教指不断排除障碍,逐渐觉悟;泛指对事理逐渐认识领悟。

谏(諫) jiàn 动 直言劝告(一般用于下对上) ▷进~|兵~|~官(古代专门规劝皇帝的官)。

【谏言】jiànyán ❶ 动 直言劝告,使改正错误 ▷积极~献策。❷ 名 诤言 ▷广纳~。

【谏诤】jiànzhèng 动 〈文〉诤谏。

楗 jiàn 〈文〉❶ 名 竖着插在门闩上防止左右滑动的木棍。→ ❷ 名 河工在堤岸所竖的桩柱,它的作用是把埽(sào)固定住;篱笆的桩柱 ▷修缮堤~。

践(踐) jiàn ❶ 动 踏;踩 ▷~踏。→ ❷ 动 履行;实行 ▷~约|实~。

【践履】jiànlǚ 动 实践;履行 ▷~条约|~誓言。

【践诺】jiànnuò 动 〈文〉实践诺言。

【践踏】jiàntà ❶ 动 踩;踏 ▷请勿~幼苗。❷ 动 比喻摧残 ▷民主权利岂容~。

【践行】jiànxíng 动 实践;履行 ▷自觉~全心全意为人民服务的宗旨|~承诺。

【践约】jiànyuē 动 履行已约定的事 ▷~赴会。

锏(鐧) jiàn 名 嵌在木制车轴上的方形铁棍,车行走时它与车毂上的铁圈相摩擦,可以减少车轴的磨损。

另见671页jiǎn。

毽 jiàn 名 毽子 ▷踢~运动。

【毽子】jiànzi 名 游戏用具,用鸡毛等制作。下面有用布等包扎好的铜钱或金属片,使重心下垂。玩时用脚连续向上踢,不使落地。

腱 jiàn 名 连接肌肉和骨骼的结缔组织,白色,质地坚韧。也说肌腱。

【腱鞘】jiànqiào 名 包围肌腱的管状纤维组织。位于腕、手、足、肩等处。分泌滑液,可润滑肌腱,以减少肌腱运动时的摩擦。

【腱鞘炎】jiànqiàoyán 名 腱鞘的损伤性炎症。由慢性外伤、积劳等引起,分创伤性、化脓性两种,多发生在手指和腕部。患处局部肥厚、红肿、疼痛,活动不便。

溅(濺) jiàn 动 液体因急速下落或受冲击而向四外迸射 ▷～了一身水。

另见 668 页 jiān。

【溅落】jiànluò 动 重物从高空落入江河湖海中；特指人造卫星、宇宙飞船、火箭等返回地球，按预定计划落入大海 ▷宇宙飞船～在预定海域。

【溅洒】jiànsǎ 动 液体受冲击向四外飞射喷洒 ▷疾驶的车轮将泥浆～在行人身上。

鉴(鑒*鑑鑬) jiàn ❶ 名 古代的镜子，多用铜制成。→❷ 动〈文〉照；映照 ▷光可～人｜水清可～。→❸ 名 可以使警诫或仿效的事 ▷前车之～｜引以为～｜借～。→❹ 动 观察；审视 ▷～定｜～别｜～赏。❺ 动〈文〉书信套语，用在开头称呼之后，表示请对方看信 ▷台～｜钧～。

【鉴别】jiànbié 动 通过观察，辨别真伪优劣 ▷～文物｜有比较才好～。

【鉴察】jiànchá 动 认真察看 ▷仔细～物证。

【鉴定】jiàndìng ❶ 动 鉴别并确定（事物的真伪优劣）▷～古钱｜产品质量～会。❷ 动 对人在一定时期内的表现作出评定 ▷自我～。❸ 名 对人或物作出的评定 ▷给他写一份～｜文物的～要存档。

【鉴戒】jiànjiè ❶ 动 引为教训使人借鉴或警惕 ▷列举几例，以资～。❷ 名 引为教训使人借鉴或警惕的事情 ▷引为～。

【鉴谅】jiànliàng 动〈文〉请人体察并原谅 ▷敬请～。

【鉴评】jiànpíng 动 鉴别评审 ▷请专家～。

【鉴认】jiànrèn 动 鉴别辨认 ▷古画已经专家～。

【鉴赏】jiànshǎng 动（对艺术品、文物等）进行鉴别和欣赏 ▷～古董｜～唐诗｜～力。

【鉴往知来】jiànwǎng-zhīlái 审视过去的经验教训，可以推知未来的发展变化。

【鉴于】jiànyú ❶ 介 引进某种看到或考虑到的情况作为行为的依据 ▷～我们的现实情况，可先采取一些变通的办法。❷ 连 用在因果复句前一分句开头，表示原因或依据 ▷～目前时机已经成熟，建议尽快通过这部法规。

【鉴证】jiànzhèng 动 鉴定证实；特指对合同的合法性、真实性进行审查核实。在我国是对合同的一种行政管理手段，由业务主管部门和工商行政管理部门负责。

键(鍵) jiàn ❶ 名〈文〉插在门闩上起固定作用的金属棍 ▷关～。→❷ 名〈文〉钥匙。⇒❸ 名 某些乐器上按动使发声的部件；电子计算机或其他机器上按动使进入或停止工作状态，或按动以输入信息的部件 ▷琴～｜按～｜～盘。⇒❹ 名 机械零件，一般是钢制的长方块，用来使皮带轮或齿轮跟轴连接并固定在一起。

【键盘】jiànpán 名 钢琴、风琴、电子计算机、打字机、电话机等上边安有许多按键的部件。

【键盘乐器】jiànpán yuèqì 用键盘演奏的乐器。键盘为长方形，由一系列按音阶排列的黑键和白键组成。按键使琴箱内的弦、管或簧片振动，发出声音。如钢琴、风琴等。

【键入】jiànrù 动 按动电子计算机等键盘的键输入（信息）▷～有关词语｜～用户名和密码。

槛(檻) jiàn〈文〉❶ 名 关牲畜、野兽的栅栏 ▷兽～｜樊～。→❷ 名 押送犯人的囚笼 ▷～车｜～送。→❸ 名 栏杆；栏板 ▷～外长江空自流。

另见 771 页 kǎn。

僭 jiàn 动〈文〉僭越 ▷～号｜～言。

【僭越】jiànyuè 动〈文〉超越本分，冒用比自己地位高的人的名义、器物或职权等 ▷～法律底线｜这事科长才有权批准，我可不敢～。

踺 jiàn［踺子］jiànzi 名 体操运动等的一种腾空翻身动作 ▷他在地上翻了个～。

箭 jiàn ❶ 名 古代兵器，多用竹制成，杆长二三尺，一端装有尖头，一端附有羽毛，用弓弩发射。现代射箭运动用的箭，多用金属或塑料制成 ▷一～双雕｜射～｜～杆。→❷ 名 形状像箭的东西 ▷令～。→❸ 量 用于计算距离，一箭指箭能射到的距离 ▷半～之远｜一～之地。

【箭靶】jiànbǎ 名 练习射箭时用作目标的器物 ▷箭箭射中～。也说箭靶子。

【箭步】jiànbù 名 像箭一样一下子跃出很远的步子 ▷一个～赶了上去。

【箭垛】jiànduǒ ❶ 名 箭靶。❷ 名 堞墙。

【箭法】jiànfǎ 名 射箭的技艺。

【箭楼】jiànlóu 名 城门上的楼，有瞭望孔和射箭孔。

【箭头】jiàntóu ❶ 名 箭前端的尖头。❷ 名 箭头形的符号 ▷朝着牌子上～指引的方向走。

【箭在弦上】jiànzàixiánshàng 比喻已经到了非做不可的地步。☛ 常用在"不得不发"之前。

【箭猪】jiànzhū 名 豪猪。

【箭竹】jiànzhú 名 竹子的一种。竿高可达 3 米，直径约 10 毫米。竿可作箭杆，故称。也可制伞柄、纸张等。嫩枝叶是熊猫的主要食物。

【箭镞】jiànzú 名〈文〉箭头，用骨、石或金属制成。

瞷 jiàn 动〈文〉窥视；窥伺 ▷窥～。

jiāng

江 jiāng ❶ 名 长江的专称 ▷渡～战役｜～南水乡。→ ❷ 名 泛指大的河流 ▷松花～｜～河湖海｜宽阔的～面。○ ❸ 名 姓。

【江北】 jiāngběi 名 长江以北地区；特指长江下游北岸（即苏北、皖北一带）。

【江东】 jiāngdōng ❶ 名 古代指长江下游芜湖、南京以下的南岸地区。❷ 名 特指三国时期孙权统治的吴国。

【江防】 jiāngfáng ❶ 名 江河水患的防护工作；特指长江的防护工作。❷ 名 长江的军事防御。

【江河】 jiānghé 名 泛指河流 ▷～湖泊。

【江河日下】 jiānghé-rìxià 江河的水天天往下流。比喻景况一天不如一天。

【江湖】 jiānghú ❶ 名 江河湖海；泛指四方各地 ▷浪迹～｜落泊～。❷ 名 旧指文人士大夫隐居的地方 ▷退隐～。❸ 名 旧指靠卖药、占卜、卖艺等为生而流浪四方的人。

【江湖骗子】 jiānghú piànzi 指流浪江湖，靠占卜、卖假药等手段骗钱谋生的人；泛指到处招摇撞骗的人。

【江湖气】 jiānghúqì 名 走江湖的人特有的鄙俗油滑的习气。

【江郎才尽】 jiāngláng-cáijìn 南朝人江淹，少时以文才著称，到晚年诗文无佳句，人们说他才尽了。后用"江郎才尽"泛指才思衰竭。

【江蓠】 jiānglí ❶ 名 古书上说的一种香草。❷ 名 藻类植物，藻体线状圆柱形，紫褐或黄绿色。生活在海湾浅水中。可以直接食用，也可以提取琼脂供食用或作工业原料。也说龙须菜。

【江流】 jiāngliú ❶ 名 江河 ▷～密布。❷ 名 江中水流 ▷～湍急。

【江轮】 jiānglún 名 在大江中航行的轮船。

【江米】 jiāngmǐ 名 糯米 ▷～小枣粽子。

【江米酒】 jiāngmǐjiǔ 名 用蒸熟的糯米加酒曲发酵制成的食品。也说酒酿、醪糟。

【江米纸】 jiāngmǐzhǐ 名 糯米纸。

【江南】 jiāngnán 名 指长江以南广大地区；特指长江下游南岸（即苏南、皖南、浙北一带）。

【江山】 jiāngshān ❶ 名 江和山；泛指自然风光 ▷～如画｜～壮丽。❷ 名 借指国家的疆土或政权 ▷人民的～。

【江涛】 jiāngtāo 名 江中的波涛 ▷～汹涌。

【江天】 jiāngtiān 名 江河上面的广阔天空 ▷～辽阔，万里无云。

【江豚】 jiāngtún 名 哺乳动物，形状像鱼，长1.2—1.6米，全身灰黑色，头短，眼小，尾扁平，没有背鳍。栖息在温带和热带的淡水中。属国家保护动物。也说江猪。

【江心】 jiāngxīn 名 江水的中央。

【江心补漏】 jiāngxīn-bǔlòu 船驶到江水中央才修补漏洞。比喻错过时机，事情已无法补救。

【江洋大盗】 jiāngyáng dàdào 指出没在江河海洋上的强盗。泛指强盗。

【江珧】 jiāngyáo 名 软体动物，壳大而薄，呈楔形，表面淡褐至黑褐色。生活在海边泥沙里。参见插图 3 页。

【江珧柱】 jiāngyáozhù 名 干贝的一种。江珧的闭壳肌的干制品，是名贵的海味。

茳 jiāng［茳芏］jiāngdù 名 多年生草本植物，叶子长而细，茎呈三棱形，可以编席。是改良盐碱地的优良草种。通称席草。

将[1]（將） jiāng ❶ 动〈文〉搀扶；扶助 ▷出郭相扶～｜～助。→ ❷ 动〈文〉奉；奉养。❸ 动 保养 ▷～息｜～养。→ ❹ 动〈文〉带着 ▷挈妇～雏（领着妻子，带着孩子）。⇒ ❺ 动〈文〉持；拿 ▷～文房四宝来。❻ 介 a)拿；用 ▷～功折罪｜～心比心。b)把 ▷～他请来｜～皮包放在桌子上。⇒ ❼ 动 下象棋时攻击对方的"将"或"帅" ▷没走几步就让人～死了｜～他一军。❽ 动 用言语刺激或为难（对方） ▷我提了个问题，把他～住了｜他用话～我。○ ❾ 名 姓。

将[2]（將） jiāng ❶ 副 a)表示动作或情况不久就要发生 ▷飞机～起飞｜天色～晚。b)表示对未来的判断 ▷随着经济的发展，人民生活水平～不断提高。c)表示接近一定数量，相当于"刚刚" ▷工资～够过日子。○ ❷ 副 又；且（叠用） ▷～信～疑。○ ❸ 助 用在动词和趋向补语之间（多见于近代汉语） ▷赶～进去｜捆～起来。☛ "将"字右上是"夕"，不是"夕"或"爫"。

另见 683 页 jiàng；1098 页 qiāng。

【将错就错】 jiāngcuò-jiùcuò 自己发现事情已经做错了，干脆继续顺着错误做下去。

【将功补过】 jiānggōng-bǔguò 用功劳抵补过失。

【将功赎罪】 jiānggōng-shúzuì 用功劳抵偿罪过。

【将功折罪】 jiānggōng-zhézuì 将功赎罪。

【将计就计】 jiāngjì-jiùjì 利用对方施展的计策反过来向对方施计。多指佯装中了对方计谋，使对方上当。

【将近】 jiāngjìn 动 接近；临近 ▷～千人｜～黄昏。

【将就】 jiāngjiu 动 勉强适应 ▷条件不好，～点儿吧。

【将军】 jiāngjūn ❶ 名 将（jiàng）级军官；泛指高级将（jiàng）领。○ ❷ 动 将[1]（jiāng）⑦⑧。

【将军肚】 jiāngjūndù 名 指男子因发胖而挺起的肚子（含谐谑意）。

【将来】 jiānglái 名 今后的时间（多指较长远的） ▷这孩子～一定有出息。

【将息】jiāngxī 动〈文〉调养;休息 ▷~数日。

【将心比心】jiāngxīn-bǐxīn 用自己的心去比别人的心,指设身处地为别人着想。☛ 跟"设身处地"不同。"将心比心"侧重于体谅或同情对方,可单独作谓语;"设身处地"侧重于换位思考,一般只用来修饰其他动词。

【将信将疑】jiāngxìn-jiāngyí 半信半疑。

【将养】jiāngyǎng 动〈文〉将息。

【将要】jiāngyào 副 表示不久就会发生 ▷他~到大西北工作。

姜[1] jiāng 名 姓。

姜[2]**(薑)** jiāng 名 多年生草本植物。地下茎也叫姜,呈不规则块状,灰白或黄色,有辛辣味,是常用的调味品,可以加工为食品,也可以做药材。通称生姜。

【姜黄】jiānghuáng ❶ 名 多年生草本植物,根状茎黄色,有香味。茎可以做药材,也可提取黄色染料。○ ❷ 形 形容颜色像姜一样黄 ▷面色~,看似有病。

【姜汤】jiāngtāng 名 用姜加水(也可同时加入红糖)煮成的汤,可治伤风感冒等。

豇 jiāng [豇豆] jiāngdòu 名 一年生草本植物,荚果长条形,种子肾形。荚果和种子也叫豇豆。有豇豆、长豇豆、饭豇豆三种,豇豆和长豇豆的嫩荚是普通蔬菜,饭豇豆的种子可以煮食。参见插图 9 页。

浆(漿) jiāng ❶ 名 浓的汁液 ▷豆~|糖~|小麦灌~了。→ ❷ 动 用含淀粉的液体浸润纱、布、衣服等,使干后光滑硬挺 ▷奶奶洗过衣服总爱~一~|~洗缝补。☛ ㊀上边是"丬",不是"将"。由"丬"构成的字还有"桨""奖""酱"等。㊁跟"桨"不同。

另见 683 页 jiàng。

【浆果】jiāngguǒ 名 肉果的一类,外果皮薄而软,中果皮和内果皮肉质,多汁,内含一至数粒种子。如葡萄、番茄等。

【浆洗】jiāngxǐ 动 洗涤后再用含淀粉的液体浸揉 ▷~床单。

【浆液】jiāngyè 名 有机体内浆膜分泌的液体 ▷割开橡胶树的树皮,白色的~就会流出来。

【浆汁】jiāngzhī 名 浆果的汁液。

僵(*殭❶) jiāng ❶ 形 (肢体)僵硬 ▷脚冻~了|~尸。→ ❷ 形 比喻事情无法变通,或两种意见相持不下 ▷事情闹~了|~持|~局。

【僵板】jiāngbǎn 形 僵硬死板;不灵活 ▷老年人腿脚~,行动不便。

【僵蚕】jiāngcán 名 感染白僵菌(一类昆虫寄生真菌,可使虫体变硬)而僵死的蚕。干燥的僵蚕可以做药材。也说天虫。

【僵持】jiāngchí 动 双方争执,互不让步,形成对峙局面 ▷~不下。

【僵化】jiānghuà 动 变得僵硬;比喻凝固不变,停止发展 ▷体制~|头脑~。

【僵局】jiāngjú 名 相持不下的局面 ▷谈判出现~|打破~,扭转局势。

【僵冷】jiānglěng 形 僵硬冰冷 ▷~的双手渐渐恢复了知觉。

【僵尸】jiāngshī 名 僵硬的尸体;常用来比喻失去生命力的事物 ▷政治~|~企业。

【僵尸企业】jiāngshī qǐyè 指已停产或半停产,连年亏损、资不抵债,主要靠政府补贴或银行续贷维持的企业 ▷分类处置~。

【僵死】jiāngsǐ 动 死亡后尸体僵硬;比喻失去生命力 ▷虫子已经~◇~的教条。

【僵卧】jiāngwò 动 僵直地躺着;一动不动地躺着 ▷疾病折磨得他~床上已经多年。

【僵硬】jiāngyìng ❶ 形 (肢体)不能活动 ▷四肢~。❷ 形 呆板;不灵活 ▷态度~|指法~。

【僵直】jiāngzhí 形 僵硬而难以弯曲 ▷风湿病使他下肢~。

【僵滞】jiāngzhì ❶ 动 僵化停滞 ▷关节~|制度~。❷ 形 呆板;不灵活 ▷表情~|思维~。

缰(繮*韁) jiāng 名 缰绳 ▷马脱~了|名~利锁。☛ 统读 jiāng,不读 gāng。

【缰绳】jiāngshéng 名 牵引牲口的绳子。

鳉(鱂) jiāng 名 鱼,体长约 4 厘米,银灰色,头宽扁,口小,腹凸出。种类很多,生活在淡水中。

螿 jiāng 见 537 页"寒螿"。

礓 jiāng [礓礤] jiāngcā 名 园林等传统建筑门口铺设的有坡度的石块。上面凿有平行的凸起横纹防滑,可以代替台阶,多供车马行走。

疆 jiāng ❶ 名 (国家与国家、地区与地区之间的)边界 ▷~界|边~。→ ❷ 名 界限 ▷万寿无~。→ ❸ 名 指新疆 ▷南~(新疆天山以南的地区)。

【疆场】jiāngchǎng 名 战场 ▷奋战在~。☛ 跟"疆埸(yì)"不同。

【疆陲】jiāngchuí 名 边疆;边境 ▷守卫~。

【疆界】jiāngjiè 名 地界;国界 ▷勘察~。

【疆土】jiāngtǔ 名 国土;领土 ▷捍卫祖国的~。

【疆埸】jiāngyì 〈文〉❶ 名 边界;边境 ▷镇守~。❷ 名 指战场 ▷效命~。☛ 跟"疆场"不同。

【疆域】jiāngyù 名 指领土的范围或面积 ▷~辽阔。

jiǎng

讲(講) jiǎng ❶ 动 说;评说 ▷～故事|～理。→ ❷ 动 就某方面来说 ▷～业务水平他不如你,～工作态度你不如他。→ ❸ 动 商议;商谈 ▷～条件|～价钱。→ ❹ 动 解说;口头传授 ▷给我～～这道题|～解|听～。○ ❺ 动 注重;追求 ▷～卫生|～交情|～求。○ ❻ 名 姓。

【讲法】jiǎngfǎ ❶ 名 表达的方法;措辞 ▷换个～|同样的意思有不同的～。❷ 名 看法;见解 ▷这种～看似新颖,其实是哗众取宠。

【讲稿】jiǎnggǎo 名 为讲演、报告或授课而写的稿子。

【讲古】jiǎnggǔ 动 讲述以往的传说、故事 ▷夏日的夜晚,奶奶常指着天上的星星～。

【讲和】jiǎnghé 动 战争或矛盾的双方彼此和解 ▷冲突双方～了。

【讲话】jiǎnghuà ❶ 动 说话;发言 ▷请首长～。❷ 名 讲演时说的话 ▷他的～简短扼要|《在延安文艺座谈会上的～》。❸ 名 讲解性的文字(多用于书名) ▷《语法修辞～》。

【讲价】jiǎngjià 动 买卖双方商议价钱。

【讲价钱】jiǎngjiàqián ❶ 讲价。❷ 比喻谈判、接受任务等时提出条件或要求 ▷他接受任务从不～。

【讲解】jiǎngjiě 动 讲述;解释 ▷～操作要领。

【讲究】jiǎngjiu ❶ 动 讲求;注重 ▷工作要～实效|～卫生。❷ 名 值得讲求或研究的道理、方法 ▷写文章是很有～的。❸ 形 精美;符合某些高雅条件的 ▷穿着～|他吃饭很～。

【讲课】jiǎngkè 动 讲授功课。

【讲理】jiǎnglǐ ❶ 动 评判是非 ▷不能这么欺侮人,跟他～去。❷ 动 讲道理;通情达理 ▷他一向很～|蛮不～|总该讲点儿理吧。

【讲论】jiǎnglùn 动 讲述;议论 ▷～书法|～国际形势。

【讲排场】jiǎngpáichǎng 追求奢华的形式。

【讲评】jiǎngpíng 动 讲解和评论 ▷～试卷|名家作品～。

【讲情】jiǎngqíng 动 替别人请求宽恕或帮助 ▷必须依法办案,谁～也没用。

【讲求】jiǎngqiú 动 注重并设法实现;追求 ▷～实效|穿着要得体,不能盲目～时髦。

【讲师】jiǎngshī 名 高等学校或中等专业学校中高于助教、低于副教授的教师职称。

【讲师团】jiǎngshītuán ❶ 名 为支援边远地区和贫困落后地区的教育事业,由中央国家机关、事业单位以及各省、市、自治区抽调大专以上文化程度的干部、教师组成的任教集体。❷ 名 临时抽调人员组成的宣讲党的方针、政策的团体。☛"讲师"在这里不是职称名。

【讲授】jiǎngshòu 动 讲解传授 ▷～保健知识。

【讲述】jiǎngshù 动 叙述;讲出来 ▷～家史。

【讲台】jiǎngtái 名 教室或会场前方供人讲课或演讲的台子。

【讲坛】jiǎngtán 名 讲台;泛指讲演、发表意见的场所 ▷国际经济～。

【讲堂】jiǎngtáng ❶ 名 教室的旧称。❷ 名 寺院中讲经说法的场所。

【讲题】jiǎngtí ❶ 动 讲解习题或题目。❷ 名 讲授或讲演的题目。

【讲武】jiǎngwǔ 动〈文〉讲习武艺或军事 ▷～论剑|阅兵～。

【讲习】jiǎngxí 动 讲授和学习 ▷～所|～兵法。

【讲习班】jiǎngxíbān 名 有特定学习内容的短期学习组织。

【讲席】jiǎngxí 名 高僧讲经或学者讲学的席位;后也用作对对方的尊称(多用于书信) ▷重登～,传授弟子|～教授(受聘讲授某门课程或某个专题的非常任教授)|某某先生～。

【讲学】jiǎngxué 动 向听众阐述自己的学术观点和理论 ▷请专家来我校～。

【讲演】jiǎngyǎn ❶ 动 演讲①。❷ 名 演讲②。

【讲义】jiǎngyì ❶ 名 讲解经义的书 ▷《〈周易〉～》。❷ 名 为讲课编写的讲稿或教材。

【讲座】jiǎngzuò 名 为讲授某门学科或某一专题所采用的教学形式,一般通过现场讲课或广播、电视连播、报刊连载等方式进行。

奖(獎*奬) jiǎng ❶ 动 称赞;夸赞 ▷夸～|褒～。→ ❷ 动 为了鼓励或表扬而授予(荣誉或钱物等) ▷～给他一枚勋章|～励|～品|嘉～。❸ 名 授予的荣誉或钱物等 ▷他得了～|一等～。

【奖杯】jiǎngbēi 名 竞赛中奖给优胜者的特制的杯状奖品。

【奖惩】jiǎngchéng 动 奖励和惩处 ▷严格执行～制度。

【奖池】jiǎngchí 名 指彩票发行中未发放的奖金积累总额。

【奖额】jiǎng'é 名 奖金的数额 ▷～要适度。

【奖罚】jiǎngfá 动 奖励和处罚 ▷～分明。

【奖级】jiǎngjí 名 奖励的等级;奖金或奖品的等级 ▷本次比赛共设5个～。

【奖金】jiǎngjīn 名 为奖励而发给的现金。

【奖励】jiǎnglì ❶ 动 给予荣誉或财物表示鼓励 ▷～有突出贡献的科学家。❷ 名 用来表示鼓励的荣誉或财物 ▷获得～|参赛者有～。

【奖牌】jiǎngpái 名 竞赛中奖给优胜者的特制的金属牌，通常分金牌、银牌、铜牌3种。

【奖品】jiǎngpǐn 名 为奖励而发给的物品。

【奖旗】jiǎngqí 名 为奖励而发给的锦旗。

【奖勤罚懒】jiǎngqín-fálǎn 奖励勤奋的，惩罚懒惰的。

【奖券】jiǎngquàn 名 作为奖励而赠送的优待票券。☛"券"不读 juàn。

【奖赏】jiǎngshǎng ❶ 动 以现金或奖品奖励有功者或优胜者 ▷公安部门～立功的警察。❷ 名 奖赏的财物 ▷他获得5000元的～。

【奖授】jiǎngshòu 动 为奖励而授予 ▷～锦旗。

【奖售】jiǎngshòu 动 作为奖励而售给某种紧缺物资 ▷过去对超额完成粮食征购任务的农户～平价化肥。

【奖台】jiǎngtái 名 颁奖、领奖的台子；摆放奖品的台子。

【奖项】jiǎngxiàng 名 奖励的项目 ▷这届电影节设有最佳男、女主角等多种～。

【奖学金】jiǎngxuéjīn 名 学校、团体或个人给予思想品德好、学习成绩优秀的学生的奖金。

【奖掖】jiǎngyè 动〈文〉奖励提拔；鼓励扶持 ▷～后学。

【奖优罚劣】jiǎngyōu-fáliè 奖励表现好、成绩优秀的，处罚表现坏、成绩低劣的。

【奖章】jiǎngzhāng 名 发给获奖者的证章。

【奖状】jiǎngzhuàng 名 发给获奖者的证书。

桨(槳) jiǎng 名 划船的用具，多用木制。手握部分为圆杆，划水部分为板状 ▷船～|双～。☛ 跟"浆"不同。

蒋(蔣) jiǎng 名 姓。

耩 jiǎng 动 用耧播种 ▷1天～了9亩地|～荞麦。

膙 jiǎng [膙子] jiǎngzi 名〈口〉茧子②。☛"膙"统读 jiǎng，不读 jiǎn。

jiàng

匠 jiàng ❶ 名 有专门技术的手工业工人 ▷木～|瓦～|能工巧～。→ ❷ 名 在文化艺术上成就大或修养深的人 ▷文坛巨～|一代宗～。→ ❸ 形 灵巧；巧妙 ▷～心。

【匠气】jiàngqì 名 工匠习气。指艺术作品拙笨呆滞，缺乏艺术特色的毛病 ▷～较浓。

【匠人】jiàngrén 名 手艺人。

【匠心】jiàngxīn 名 巧妙的构思 ▷独具～。

【匠心独运】jiàngxīn-dúyùn 形容在文学艺术创作等方面独创性地运用巧妙的构思。

降 jiàng ❶ 动 向下或向低处移动(跟"升"相对，②同) ▷升～机|～半旗|下～。→ ❷ 动 降低(级别等) ▷～级|～格|～价。→ ❸ 动 出生；出世 ▷～生|～世。☛ 右下是"ㄓ"，第二画是竖折(ㄴ)。

另见1501页 xiáng。

【降半旗】jiàngbànqí 下半旗。

【降尘】jiàngchén ❶ 名 指空气中的粉尘颗粒。颗粒较大，可以自然降沉到地面，故称。也说落尘。❷ 动 空气中的粉尘颗粒降到地面 ▷大面积地～。❸ 动 使空气中的粉尘颗粒降到地面 ▷人工增雨～。

【降等】jiàngděng 动 降低等级 ▷商品～出售。

【降低】jiàngdī ❶ 动 由高变低(跟"提高"相对) ▷质量～|气温～。❷ 动 使降低 ▷～录取分数线|～成本。

【降调】jiàngdiào ❶ 名 音高由高而低的声调 ▷普通话的去声字读～。○ ❷ 动 降职调动 ▷因不能胜任原职，已被～到基层。

【降幅】jiàngfú 名 (价格、产量等)下降的幅度 ▷这款车价格～为9%。

【降格】jiànggé 动 降低规格、等级或身份等 ▷～以求|～使用。

【降格以求】jiànggéyǐqiú 降低标准、规格去求取 ▷宁缺毋滥，不能～。

【降耗】jiànghào 动 降低(能源、原材料等的)消耗 ▷开展节能～劳动竞赛|挖潜～。

【降火】jiànghuǒ 动 中医指使内热下降 ▷清热～。

【降级】jiàngjí 动 降低级别、等级或年级 ▷～处分|～出售|他功课跟不上，家长要求～。

【降价】jiàngjià 动 降低原定价格 ▷家用电器连续～。☛ 参见1571页"压价"的提示。

【降解】jiàngjiě 动 高分子化合物受到日晒或酸、碱等浸蚀后，分子量降低；泛指有机物含量、浓度等降低，化学成分被分解 ▷～有机垃圾|可～包装材料。

【降临】jiànglín 动 来到；来临 ▷夜幕～|厄运～|小宝宝～人间。

【降落】jiàngluò 动 从空中或高处往下落 ▷飞机安全～|跳伞运动员缓缓～在广场上。

【降落伞】jiàngluòsǎn 名 利用空气阻力使人或物品从空中缓慢下降安全着陆的伞状器具。用于空降人员、空投物资、跳伞运动等。

【降密】jiàngmì 动 降低保密等级、保密要求 ▷机要文件～、解密要严格履行手续。

【降聘】jiàngpìn 动 降格聘用 ▷岗位有限，这位副教授被～为讲师。

【降生】jiàngshēng 动 出世；出生(一般指宗教创始人等非凡人物) ▷耶稣～。

【降世】jiàngshì 动〈文〉出生；诞生。

【降水】jiàngshuǐ ❶ 动 液态或固态水从大气中降落到地面 ▷人工～|～量。❷ 名 从大气

中降落到地面的液态或固态水的统称。如雨、雪、雹等。

【降水量】jiàngshuǐliàng 名 一定时段内降落到单位面积地面上的液态水和固态水(须折合成液态水)的数量。一般用所积降水的深度表示,单位为毫米。

【降温】jiàngwēn ❶ 动 使温度下降 ▷防暑~。❷ 动 气温下降 ▷下雪后,本市将~10℃左右。❸ 动 比喻热情减退或发展势头减弱 ▷两人的关系逐渐~|房地产投资热明显~。

【降息】jiàngxī 动 降低利率。

【降薪】jiàngxīn 动 降低薪金。

【降压】jiàngyā ❶ 动 降低血压 ▷戒烟有利于~|~药。❷ 动 减轻压力 ▷采取措施为拥堵的交通~|进行心理~。

【降雨】jiàngyǔ 动 下雨 ▷本周将有一次~过程。

【降噪】jiàngzào 动 降低噪声 ▷火车既要提速,又要~|铺设~沥青。

【降职】jiàngzhí 动 降低职位 ▷受到~处分。

虹 jiàng 义同"虹(hóng)",用于口语,只限单用,不用于合成词中 ▷天上出~了。

另见 570 页 hóng。

将(將) jiàng ❶ 动 〈文〉统率;带领 ▷不善~兵,而善~将。→ ❷ 名 高级军官;泛指军官 ▷损兵折~|~士。→ ❸ 名 指将官 ▷上~|少~。☛ 右上是"夕",不是"夕"或"爫"。

另见 679 页 jiāng;1098 页 qiāng。

【将才】jiàngcái ❶ 名 统率、指挥军队的才能 ▷颇具~。❷ 名 具有将才的人 ▷难得的~。

【将官】jiàngguān 名 军官军衔的一等,高于校官。我国现行军衔制设上将、中将、少将三个等级。

【将领】jiànglǐng 名 高级军官的统称。

【将令】jiànglìng 名 军事命令(多见于近代汉语) ▷元帅~,不得有违。

【将门】jiàngmén 名 将帅之家 ▷~出虎子。

【将士】jiàngshì 名 军队官兵的统称 ▷全军~奋勇杀敌。

【将帅】jiàngshuài 名 指高级将领。

【将校】jiàngxiào 名 将级军官和校级军官;泛指高级军官。

【将校呢】jiàngxiàoní 名 制作将官、校官军装用的呢子,较厚密,纤维较粗。

【将佐】jiàngzuǒ 名 〈文〉将领及其僚属;泛指高级将官。

洚 jiàng 动 〈文〉水流泛滥。

绛(絳) jiàng 形 深红 ▷~紫|~色。

【绛红】jiànghóng 形 绛 ▷~裙子。

【绛紫】jiàngzǐ 形 形容颜色暗紫中带红(多用于书面)。

浆(漿) jiàng 同"糨"。现在一般写作"糨"。

另见 680 页 jiāng。

【浆糊】jiànghu 现在一般写作"糨糊"。

弶 jiàng ❶ 名 捕捉鸟兽的一种工具。→ ❷ 动 用弶捕捉。

强(*強 彊) jiàng 形 态度强硬不屈 ▷倔~。

另见 1099 页 qiáng;1102 页 qiǎng。

【强嘴】jiàngzuǐ 现在一般写作"犟嘴"。

酱(醬) jiàng ❶ 名 用发酵的豆、面粉等制成的糊状调料 ▷黄~|甜面~。→ ❷ 动 用酱或酱油腌制、炖煮 ▷~了一坛黄瓜|把牛肉~一~|~肘子。→ ❸ 名 像酱的食品 ▷果~|芝麻~|花生~。

【酱菜】jiàngcài 名 用酱或酱油腌制的蔬菜。

【酱豆腐】jiàngdòufu 名 豆腐乳。

【酱缸】jiànggāng 名 制造和储存酱、酱菜、酱油等的缸。

【酱瓜】jiàngguā 名 用酱或酱油腌制的黄瓜等。

【酱肉】jiàngròu 名 用酱油及其他作料炖熟的大块肉。

【酱色】jiàngsè 名 深褐色。

【酱油】jiàngyóu 名 用大豆、小麦等加盐酿制成的深褐色液体调料。

【酱园】jiàngyuán 名 专门制造并销售酱、酱菜等的作坊或商店。也说酱坊。

【酱紫】jiàngzǐ 形 形容颜色像酱一样紫。

犟 jiàng 形 执拗;不听人劝 ▷脾气太~|这老头儿有股~劲儿。

【犟劲】jiàngjìn 名 倔强(jiàng)固执的劲头 ▷这孩子有股~儿,谁也不服。

【犟嘴】jiàngzuǐ 动 〈口〉顶嘴;(同长辈)争辩 ▷不许跟大人~。

糨 jiàng 形 面糊、粥等所含米、面成分较多;稠 ▷把粥熬~一点儿|~糊。

【糨糊】jiànghu 名 用面粉等制成的用来粘贴纸张、布等的糊状物。☛ 不宜写作"浆糊"。

【糨子】jiàngzi 名 〈口〉糨糊。

jiāo

艽 jiāo 见 1111 页"秦艽"。

交[1] jiāo ❶ 动 互相交叉;连接 ▷两条铁路在这里相~|~错|~界。→ ❷ 名 指相连的时间或地区 ▷秋冬之~|检查站设于两省之~。❸ 动 进入某个时辰或季节 ▷已~子时|~芒种。❹ 动 碰到(某种运气)

▷～好运。→❺ 动 互相往来联系 ▷这种人不可～|～朋友|～往。⇒❻ 名 交情；朋友 ▷深～|至～|旧～。⇒❼ 名 外交关系 ▷建～|邦～。→❽ 动 互相接触 ▷～头接耳|～手|～锋。→❾ 动 (人)发生性行为；(动植物)交配 ▷性～|～合|杂～。→❿ 副 互相 ▷～接|～换。→⓫ 副 一齐；同时 ▷内外～困|风雨～加|饥寒～迫。〇⓬ 动 把某事或某物转移给有关方面 ▷这事～给我办|把信～给他带走。〇⓭ 名 姓。☛ 参见693页"缴(jiǎo)"的提示。

交[2] jiāo 同"跤"。现在一般写作"跤"。

【交白卷】 jiāobáijuàn ❶ 把什么都没答的空白试卷交上去 ▷数学考试他～了。❷ 比喻任务一点儿也没有完成。

【交拜】 jiāobài 动 旧俗两人见面时相对而拜；特指旧时结婚典礼上新郎新娘互相对拜。

【交班】 jiāobān 动 把工作交代给下一班 ▷每天下午4点钟～◇再有两年就～了。

【交办】 jiāobàn 动 交给(下级)办理 ▷领导～的事，他都完成得很好。

【交棒】 jiāobàng 动 接力赛跑中，先跑的队员在规定的地段将接力棒交给接着跑的队员；比喻原任职者将职权等交给继任者 ▷～失误，致使我队落后|几年来，我一直在物色人选，准备～。

【交保】 jiāobǎo 动 司法机关把犯罪嫌疑人交给保证人，保证人必须担保被保证人随时接受侦查和审判。

【交杯酒】 jiāobēijiǔ 名 旧俗举行婚礼时，新婚夫妇要交换着喝用彩色丝线连在一起的两个酒杯里的酒，叫喝交杯酒。现也把新婚夫妇手端酒杯相互钩着手臂同时饮酒叫喝交杯酒。

【交臂】 jiāobì ❶ 动 拱手，表示恭敬 ▷～相迎。❷ 动 彼此靠得很近，胳膊挨着胳膊 ▷失之～。

【交兵】 jiāobīng 动 〈文〉交战 ▷两国～。

【交叉】 jiāochā ❶ 动 方向不同的线或条状物互相穿过 ▷两臂在胸前～|～路口。❷ 动 间隔穿插 ▷大小会～进行。❸ 动 (涉及的内容)互相渗透 ▷～科学。

【交叉感染】 jiāochā gǎnrǎn 不同疾病的患者之间相互传染。

【交叉学科】 jiāochā xuékē 由不同的学科在理论或方法层面互相交叉、渗透而形成的新学科。如数学物理、生物化学、法律语言学。

【交差】 jiāochāi 动 完成任务后向有关方面报告结果 ▷大案已破，我们可以～了。

【交车】 jiāochē 动 会车。

【交错】 jiāocuò 动 (两种以上的事物)交叉、错杂 ▷线路～|叙述、议论、抒情～使用。

【交代】 jiāodài ❶ 动 把自己经管的事交给别的人 ▷～工作。❷ 动 把自己的意图、嘱咐告诉别人 ▷领导～今晚加班。❸ 动 说明；解释 ▷不管办成与否都要～清楚。❹ 动 坦白自己的错误或罪行 ▷～问题|如实～犯罪事实。❺ 动 完结(含诙谐意) ▷他的小命儿差点儿～了。☛ 不宜写作"交待"。

【交待】 jiāodài 现在一般写作"交代"。☛ "交代"的本义是交接代替，其他义项都是由这个意义引申而来的；"交待"的本义是交际接待，现已不用。

【交道】 jiāodào 名 指人与人之间交往的事(常跟"打"连用) ▷和他打～不容易。

【交底】 jiāodǐ 动 交代底细 ▷到底怎么回事，你必须向我～。

【交点】 jiāodiǎn 名 线与线、线与面相交的点。

【交电】 jiāodiàn 名 交通器材和电器器材的合称。

【交费】 jiāofèi 动 交纳费用。

【交锋】 jiāofēng ❶ 动 交战。❷ 动 比喻竞赛或争论 ▷两支球队后天～|会上两种意见激烈～。

【交付】 jiāofù 动 付给；交给 ▷～现金|～全体代表表决。

【交感神经】 jiāogǎn shénjīng 植物性神经系统的一部分。从胸部和腰部的脊髓发出，分布到平滑肌、心肌和腺体，有调节心脏及其他内脏活动的作用。

【交割】 jiāogē ❶ 动 买卖双方结清交付和收受的手续 ▷款货～完毕。❷ 动 移交；交代 ▷工作已经～清楚。

【交工】 jiāogōng 动 施工一方把完成的工程移交给投资一方。

【交公】 jiāogōng 动 (财物等)上交公家 ▷拾到的财物要～。

【交媾】 jiāogòu 动 〈文〉性交。

【交管】 jiāoguǎn ❶ 名 交通管理 ▷制定～新方案。❷ 名 指交通管理部门或交通管理人员 ▷～人员|一位热心的～。

【交好】 jiāohǎo 动 往来结交，相互友好 ▷他们～多年|两国～，互惠互利。

【交合】 jiāohé ❶ 动 相连；连接 ▷路两边的树枝～在一起了。❷ 动 交配；性交 ▷雌雄～。

【交互】 jiāohù ❶ 副 互相 ▷练操时大家～纠正姿势。❷ 副 轮流替换 ▷叙述、议论～进行。❸ 动 互相交流 ▷人机～|网站～。

【交欢】 jiāohuān ❶ 动 互相交好 ▷握手～。❷ 动 性交。

【交还】 jiāohuán 动 还给；归还 ▷失物～原主。

【交换】 jiāohuàn ❶ 动 双方相互把自己的物品、人员、情绪等传递或给予对方 ▷～礼品|～

俘虏|～眼神。❷ 动 互相调换 ▷～场地。

【交换机】jiāohuànjī 名 设在各电话用户之间、按通话人要求接通电话的机器，分人工操作和自动接通两种。现多使用自动接通的。

【交换价值】jiāohuàn jiàzhí 商品价值的表现形式。一种商品和另一种商品互相交换时的量的比例。如1口铁锅换20斤小麦，20斤小麦就是1口铁锅的交换价值。

【交换台】jiāohuàntái 名 设置电话交换机的工作机构。

【交辉】jiāohuī 动 交相辉映。

【交汇】jiāohuì 动（水流、气流等）汇合到一起 ▷潮白河、永定河、大清河、子牙河、卫河在天津～成海河|冷暖空气～。☛ 参见本页"交会"的提示。

【交汇点】jiāohuìdiǎn 名 交汇的地方 ▷汉水与长江的～在武汉三镇之间。

【交会】jiāohuì 动 会合；交叉 ▷三条公路在这里～。☛ 跟"交汇"不同。"交会"强调在某一点上接合，多用于交通、道路等；"交汇"强调汇集交融，一般用于水流、气流等，"交汇"的结果是事物融为一体。

【交火】jiāohuǒ 动 互相开火；交战 ▷双方前哨部队已经～。

【交货】jiāohuò 动 把货交付对方 ▷一手交钱，一手～。

【交集】jiāojí 动 交叉汇集 ▷风雨～|百感～|多条高速公路在这里～|严禁利用工作～，进行利益交换。

【交际】jiāojì 动 人与人之间交往应酬 ▷～能力。

【交际花】jiāojìhuā 名 指在社交场合中活跃而出名的美貌女子（常含轻蔑意）。

【交寄】jiāojì 动 交付邮局寄出 ▷～信件。

【交加】jiāojiā 动（两种或两种以上的事物）同时出现或同时加在一个人身上 ▷风雨～|贫病～|拳脚～。

【交接】jiāojiē ❶ 动 连接 ▷两省～处。❷ 动 结交；接触 ▷看你都～了些什么人！❸ 动 交替；移交接替 ▷春夏～|权力～。

【交接班】jiāo-jiēbān 交班和接班。

【交结】jiāojié 动 结交。

【交界】jiāojiè 动 两地地界相接 ▷江苏北面跟山东～。

【交颈】jiāojǐng 动〈文〉颈项厮磨，雌雄动物之间亲昵的表现；比喻夫妻恩爱 ▷～复同心。

【交警】jiāojǐng 名 交通警察的简称。

【交九】jiāojiǔ 动 数九② ▷今年～以后天气不很冷。

【交卷】jiāojuàn ❶ 动 参加考试的人考完后交出考卷。❷ 动 比喻完成任务 ▷这份报告必须在一星期内～。

【交口】jiāokǒu 副 众口一齐（说）▷～称赞。

【交困】jiāokùn 动 各种困难一齐出现 ▷贫病～。

【交流】jiāoliú ❶ 动 同时流淌 ▷涕泪～。❷ 动 相互沟通；相互交换（信息等）▷～感情|学术～。

【交流电】jiāoliúdiàn 名 大小和方向随时间作周期性变化的电流（跟"直流电"相区别）。我国现在工业和日常生活用的多是交流电。

【交流学者】jiāoliú xuézhě 访问学者。

【交纳】jiāonà 动 向有关单位等交付规定数量的钱物 ▷～养路费|～公粮。

【交配】jiāopèi 动 雌雄动物发生性行为；植物雌雄生殖细胞相结合。

【交迫】jiāopò 动（不同的有害事物）同时逼来 ▷饥寒～。

【交强险】jiāoqiángxiǎn 名 机动车交通事故责任强制保险的简称。是国家法律规定实行的，由保险公司对被保险机动车发生道路交通事故造成受害人（不包括本车人员和被保险人）人身伤亡、财产损失，在责任限额内予以赔偿的强制性责任保险。参见1100页"强制保险"。

【交情】jiāoqing 名 在交往中建立起来的感情 ▷我们之间有很深的～。

【交融】jiāoróng 动 融合为一体 ▷情景～。

【交涉】jiāoshè 动 跟有关方面协商解决问题 ▷经过～，他们答应退赔。

【交手】jiāoshǒu 动 双方搏斗；彼此较量 ▷～多次，不分胜负。

【交售】jiāoshòu 动 指农民按规定向国家出售农副产品 ▷～棉花|～粮食。

【交税】jiāoshuì 动 缴纳税款。

【交谈】jiāotán 动 互相谈话 ▷用普通话～。

【交替】jiāotì ❶ 动 一个代替另一个 ▷新旧～|昼夜～。❷ 动 轮流替换 ▷～上场|～演奏。

【交通】jiāotōng ❶ 动〈文〉互相连通 ▷阡陌～。❷ 动〈文〉结交；勾结 ▷～王侯。❸ 名 运输事业的统称 ▷～发达|～网络。

【交通标志】jiāotōng biāozhì 设置在道路、桥梁等上用来显示引导、限制、警告或指示信息的符号或文字。

【交通车】jiāotōngchē 名 机关、团体等接送员工上下班的车辆。

【交通岛】jiāotōngdǎo 名 设在十字路口中间的小平台，供警察站在上面指挥交通。

【交通法规】jiāotōng fǎguī 在道路上通行时必须遵守的法令、规则和条例的统称。

【交通岗】jiāotōnggǎng 名 机动车道上指挥交通

的固定位置。

【交通工具】jiāotōng gōngjù 运输用的车辆、船只、飞机等的统称。

【交通壕】jiāotōngháo 图 战场上为便于联络而挖的连接阵地内各堑壕和其他工事的壕沟。在其重要地段上有射击设施。也说交通沟。

【交通监理】jiāotōng jiānlǐ 指依据国家交通法规、技术标准和规范，对机动车辆进行行政管理和技术监督。

【交通警察】jiāotōng jǐngchá 负责交通管理的警察。简称交警。

【交通量】jiāotōngliàng 图 单位时间内，通过某段道路的车辆数或行人数。

【交通线】jiāotōngxiàn ❶ 图 海陆空各种运输线路的统称 ▷海上～|～畅通无阻。❷ 图 指通信联络线路 ▷在敌后建立～。

【交通信号】jiāotōng xìnhào 道路上用来显示交通管理信息的光、电、声音、指挥手势和文字符号等的统称。

【交通信号灯】jiāotōng xìnhàodēng 道路上用来指挥车辆和行人通行的信号灯。一般安装在城市交叉路口和人行横道两端，分为红灯、绿灯和黄灯三种。也说红绿灯。

【交通员】jiāotōngyuán 图 抗日战争和解放战争时期，革命队伍中担任通信联络工作的人员。

【交通肇事罪】jiāotōng zhàoshìzuì 我国现行法律指违反交通运输管理法规，造成重大事故，致人重伤、死亡或使公私财产遭受重大损失的犯罪行为。

【交头接耳】jiāotóu-jiē'ěr 头靠着头，凑在耳旁低声说话。

【交往】jiāowǎng 动 互相往来 ▷频繁～。

【交尾】jiāowěi 动 动物交配。

【交恶】jiāowù 动 互相憎恶敌视，关系变坏 ▷领土争端使两国～。☛"恶"这里不读 è。

【交相辉映】jiāoxiāng-huīyìng（各种光亮、色彩等）相互映照。

【交响诗】jiāoxiǎngshī 图 由序曲演变而来的单乐章标题管弦乐曲。多以诗歌、绘画、戏剧或历史事件、英雄人物为题材。一般采用奏鸣曲式，但比较自由。如俄国作曲家柴可夫斯基创作的《罗密欧与朱丽叶幻想曲》《意大利随想曲》等。

【交响乐】jiāoxiǎngyuè 图 大型的管弦乐套曲。最初形成于欧洲，通常由 4 个乐章构成，适于表现宏伟的意境和磅礴的气势。也说交响曲。

【交卸】jiāoxiè ❶ 动 官员解除职务，跟接替任职的人办理交接手续。○ ❷ 动 卸下货物，交付给收货方 ▷～航空邮件|运往港口～。

【交心】jiāoxīn 动 毫无保留地说出内心的想法 ▷朋友之间应互相～。

【交学费】jiāoxuéfèi 比喻因缺乏经验等原因做错了事，造成了损失，付出了代价 ▷这次失败算是～吧！

【交验】jiāoyàn ❶ 动 交出证件等接受验证核实 ▷～身份证。❷ 动 交付产品或工程等接受检验 ▷工程～合格。

【交椅】jiāoyǐ 图 古代一种能折叠、腿交叉、有靠背的椅子。借指领导者的地位 ▷第一把～（指第一把手）。

【交易】jiāoyì ❶ 动 买卖商品 ▷公平～|期货～。❷ 图 指买卖活动 ▷这笔～很大◇肮脏的政治～。

【交易会】jiāoyìhuì 图 以集会形式进行产品展销、洽谈订货等的经贸活动。

【交易所】jiāoyìsuǒ 图 专门从事大宗商品交易或证券交易的场所。

【交谊】jiāoyì 图 交情；友谊 ▷～很深。

【交谊舞】jiāoyìwǔ 图 社交场合中男女二人合跳的舞蹈。如华尔兹、狐步、探戈等。也说交际舞。

【交映】jiāoyìng 动 互相映照 ▷前后～。

【交游】jiāoyóu 动 与朋友结交往来 ▷～甚广。

【交友】jiāoyǒu 动 结交朋友。

【交运】jiāoyùn ❶ 动 交付运输 ▷货物已经～。○ ❷ 动 遇到好运气；走运 ▷这一次我总算是～了，买彩票竟中了头奖。

【交杂】jiāozá 动 混杂在一起 ▷正品和次品～。

【交战】jiāozhàn 动 打仗 ▷两国～。

【交战国】jiāozhànguó 图 已经宣战或事实上处于交战状态的国家。

【交账】jiāozhàng ❶ 动 交付账款 ▷定时向财务科～。❷ 动 移交账务 ▷会计要调走了，正在～。❸ 动 比喻交差 ▷事情办成这样，我看你怎么～！☛ 不要写作"交帐"。

【交织】jiāozhī ❶ 动 用不同质地或不同色彩的经纱和纬纱编织 ▷毛麻～|红黑双色线～。❷ 动 交叉错杂在一起 ▷惊讶和喜悦的感情～在一起。

郊 jiāo 图 城市四周的地区 ▷四～|近～|～区。

【郊区】jiāoqū 图 环绕在城市周围，隶属城市管辖的地区（跟"城区"相区别）。☛ 参见本页"郊外"的提示。

【郊外】jiāowài 图 城市周围的地方 ▷疗养院建在～。☛ 跟"郊区"不同。"郊外"着眼于自然地理；"郊区"着眼于行政区划。

【郊县】jiāoxiàn 图 地处某城市郊区，由该城市管辖的县。

【郊野】jiāoyě 图 郊外的旷野。

【郊游】jiāoyóu 动 到郊外游玩。

茭 jiāo 图〈文〉用作饲料的干草 ▷刍～。

【茭白】jiāobái 名 由于菰黑粉菌的侵入而膨大的菰的嫩茎，可以食用。参见插图9页。

峧 jiāo 用于地名。如：刘家峧，在山西；峧头，在浙江。

浇（澆） jiāo ❶ 动 灌溉 ▷～地｜～花。→❷ 动 把液体倒（dào）在物体上 ▷冷水～头｜～汁儿鱼。❸ 动 把熔化的金属或混凝土浆等注入模型 ▷～铸｜～筑。◯ ❹ 形〈文〉轻薄，不厚道 ▷民风～薄。☛ 右上是“戈”，不是“戈”或“弋”。

【浇愁】jiāochóu 动 指用喝酒来解愁 ▷借酒～。

【浇灌】jiāoguàn ❶ 动 用水灌溉 ▷～小麦。❷ 动 把流体灌到模子里 ▷整体～预制件。

【浇冷水】jiāolěngshuǐ 泼冷水。

【浇水】jiāoshuǐ 动 往地面或物体上洒水；特指灌溉 ▷往庄稼地里～。

【浇注】jiāozhù 动 把金属熔化后的液体、混凝土浆等灌入模型 ▷～混凝土。

【浇铸】jiāozhù 动 把金属熔化后的液体注入模型制成铸件。

【浇筑】jiāozhù 动 将混凝土浆等材料灌注入模型制成建筑物的一部分 ▷～大厦地基。

娇（嬌） jiāo ❶ 形 柔媚可爱 ▷～姿｜～柔｜～小。→❷ 形 颜色鲜嫩 ▷嫩红～绿｜～艳。→❸ 名 指美女 ▷金屋藏～。→❹ 形 意志脆弱；不坚强 ▷一点儿苦都吃不得，真是太～了｜～气。→❺ 动 过分宠爱 ▷～生惯养｜～纵。

【娇嗔】jiāochēn 动（女子）娇媚地表示不满、责怪 ▷小嘴一撇，做出一副～的样子。

【娇痴】jiāochī 形 娇媚而又天真可爱 ▷小姑娘时而顽皮，时而～。

【娇宠】jiāochǒng 动 娇惯宠爱 ▷小女儿备受父母～。☛“娇”不要误写作“骄”。

【娇滴滴】jiāodīdī 形 形容妩媚娇柔的样子 ▷说话老是那么～的。

【娇儿】jiāo'ér 名 宠爱的儿子；泛指幼小的儿女 ▷～痴女。

【娇惯】jiāoguàn 动 溺爱放纵 ▷不可～孩子。

【娇贵】jiāoguì ❶ 形 形容因认为宝贵而过分爱护 ▷一点儿苦也不肯吃，未免太～了。❷ 形 形容物品贵重而且容易损坏 ▷精密仪器很～，要特别爱护。

【娇憨】jiāohān 形 娇痴。

【娇好】jiāohǎo 形 妩媚；美好 ▷姿容～。

【娇客】jiāokè ❶ 名 指女婿。❷ 名 娇贵的人 ▷新过门的儿媳妇成了家中的～。

【娇里娇气】jiāolijiāoqì 形 形容只会享受，不能吃苦，受不得委屈的样子。

【娇美】jiāoměi 形 娇艳美丽 ▷～动人。

【娇媚】jiāomèi ❶ 形 美好可爱 ▷～动人。❷ 形 形容（女子）撒娇献媚的样子 ▷她那～的样子，让人看了不舒服。

【娇嫩】jiāonèn 形 娇柔稚嫩 ▷她长得挺壮实，不那么～｜～的幼芽。

【娇娘】jiāoniáng 名 少女；美女。

【娇妻】jiāoqī 名 娇美的妻子。

【娇气】jiāoqì ❶ 形 性格脆弱，吃不得苦，受不得委屈 ▷这孩子太～，说他两句就受不了。❷ 名 脆弱的性格和作风 ▷克服～。❸ 形（物品）容易损坏；（花草）不容易培育 ▷这东西～，用的时候要格外小心｜这种花太～，水多了不成，水少了也不成。☛ 跟“骄气”不同。

【娇怯】jiāoqiè 形 娇柔怯弱 ▷～的姑娘。

【娇娆】jiāoráo 形〈文〉娇艳妩媚 ▷～多姿。

【娇柔】jiāoróu 形 娇美温柔 ▷～的神态。

【娇弱】jiāoruò 形 娇嫩柔弱 ▷～的小花｜身体～。

【娇生惯养】jiāoshēng-guànyǎng 从小受娇惯，在溺爱中长大。☛“娇”不要误写作“骄”。

【娇声】jiāoshēng 名 娇媚的声音 ▷～细语。

【娇态】jiāotài 名 娇柔妩媚的神态 ▷～万千。

【娇甜】jiāotián 形（话音或歌声）娇柔甜美。

【娇小】jiāoxiǎo 形 柔嫩细小 ▷身材～。

【娇小玲珑】jiāoxiǎo-línglóng 娇美小巧，机灵活泼。

【娇羞】jiāoxiū 形 形容女子娇美害羞的样子 ▷她～地低下了头。

【娇妍】jiāoyán 形 娇美 ▷～多姿。

【娇艳】jiāoyàn 形 娇嫩艳丽。

【娇养】jiāoyǎng 动 娇惯 ▷不能～孩子。

【娇纵】jiāozòng 动 娇惯放纵 ▷～子女没好处。☛ 跟“骄纵”不同。“娇纵”指对子女或他人的行为，是动词，能带宾语；“骄纵”指自身的行为，是形容词，不能带宾语。

姣 jiāo 形〈文〉容貌美好 ▷～美｜～好。

【姣好】jiāohǎo 形〈文〉相貌好看 ▷面目～。

【姣美】jiāoměi 形 古代指体态健美；今泛指美丽 ▷身材～。

【姣妍】jiāoyán 形〈文〉娇美 ▷体态～。

【姣艳】jiāoyàn 形〈文〉美好艳丽 ▷色彩～。

骄（驕） jiāo ❶ 形 强烈；旺盛 ▷～阳似火。◯ ❷ 形 放纵；傲慢自大 ▷～奢淫逸｜戒～戒躁｜～傲｜～气。◯ ❸ 形 受宠爱的 ▷天之～子。

【骄傲】jiāo'ào ❶ 形 自负；看不起人 ▷恃功～｜～自满。❷ 形 自豪 ▷为中国女排的成就而～。❸ 名 指使感到光荣的人或事物 ▷我们冠军队是全校的～。

【骄兵必败】jiāobīng-bìbài 恃强轻敌的军队必定

失败。

【骄横】jiāohèng 形 自以为了不起而蛮横不讲理 ▷～跋扈。☛"横"这里不读 héng。

【骄横恣肆】jiāohèng-zìsì 骄傲专横，为所欲为。☛"横"这里不读 héng。

【骄矜】jiāojīn 形〈文〉傲慢自负 ▷～不群。

【骄狂】jiāokuáng 形 骄傲狂妄 ▷他为人～。

【骄慢】jiāomàn 形 骄傲轻慢 ▷～无礼。

【骄气】jiāoqì 名 骄傲的作风 ▷～十足｜打掉身上的～。☛ 跟"娇气"不同。

【骄人】jiāorén ❶ 动〈文〉傲视他人；显示出傲气 ▷富贵不可～。❷ 形 让人感到自豪；值得骄傲 ▷创造了～的业绩｜战绩～。‖也说傲人。

【骄奢淫逸】jiāoshē-yínyì 骄横、奢侈、荒淫、放荡。☛ 不要写作"骄奢淫佚""骄奢淫泆"。

【骄阳】jiāoyáng 名 炎热的太阳；强烈的阳光 ▷～当空｜～似火。

【骄躁】jiāozào 形 骄傲浮躁 ▷情绪～。

【骄子】jiāozǐ 名 受到宠爱的儿子；比喻受到宠爱的人 ▷时代的～。

【骄纵】jiāozòng 形 傲慢放纵 ▷～不轨｜～任性。☛ 参见 687 页"娇纵"的提示。

胶(膠) jiāo ❶ 名 黏性物质，有用动物的皮、角等熬制的，也有植物分泌的或人工合成的。通常用来黏合器物，如桃胶、万能胶等；也有的供食用或做药材，如果胶、鹿角胶等。→ ❷ 动 用胶粘住 ▷～柱鼓瑟｜～合。→ ❸ 名 像胶一样有黏性的东西 ▷～泥。→ ❹ 名 指橡胶 ▷～鞋｜～皮｜～垫。

【胶版】jiāobǎn 名 胶印用的底版。

【胶版纸】jiāobǎnzhǐ 名 胶印用的纸。纸质平滑洁白，密度均匀，伸缩性小。

【胶布】jiāobù ❶ 名 涂有黏性橡胶的布，有绝缘性，多用于包扎电线接头儿。❷ 名 橡皮膏。

【胶带】jiāodài ❶ 名 带状胶布。❷ 名 用塑料制成的带状物；特指用塑料制成的声像带。

【胶附】jiāofù 动 像被胶黏合那样附着在一起。

【胶合】jiāohé 动 用胶黏合 ▷～板。

【胶合板】jiāohébǎn 名 多层木质单板黏合压制而成的板材。各层的木纹纵横交错。常见的有三合板和五合板。

【胶合剂】jiāohéjì 名 黏合剂。

【胶结】jiāojié 动 胶、糨糊等干燥后黏结成固体 ▷胶水干了，～成一个硬块儿了。

【胶卷】jiāojuǎn 名 摄影用的成卷胶片。常用的有黑白胶卷、彩色胶卷两种。

【胶轮】jiāolún 名 用橡胶制的轮子 ▷～马车。

【胶木】jiāomù 名 以木粉为填料的酚醛塑料。绝缘性能好，广泛用作电绝缘材料。也说电木。

【胶囊】jiāonáng 名 医药上指用明胶制成的囊状物，将粉状或细颗粒状药物装在囊内，便于吞服。多用于味苦或刺激性大的制剂。

【胶泥】jiāoní 名 含水分的黏土。可用作泥塑的材料。

【胶黏剂】jiāoniánjì 名 黏合剂。

【胶皮】jiāopí 名 硫化橡胶的俗称。

【胶片】jiāopiàn 名 涂有感光药膜的塑料薄片。主要有黑白和彩色两种，用于摄影。也说软片。

【胶漆】jiāoqī 名 胶和漆。泛指黏结物。比喻亲密无间的关系 ▷天下朋友皆～。

【胶乳】jiāorǔ ❶ 名 从橡胶树上割取的白色乳状液体，是制造橡胶的原料。❷ 名 乳胶。

【胶水】jiāoshuǐ 名 一种液体胶。可用来粘贴物品。

【胶体】jiāotǐ 名 呈胶状的物质。根据聚集状态的不同，可分为液溶胶（固体分散在液体介质中），如墨汁、豆浆；气溶胶（液体或固体分散在气体介质中），如烟、雾；固溶胶（气体、液体或固体分散在固体介质中），如珍珠、琥珀。

【胶丸】jiāowán 名 呈球状的胶体，多指用胶体裹成的药丸 ▷深海鱼油～。

【胶鞋】jiāoxié 名 用橡胶制成的雨鞋；也指胶底布面系鞋带的鞋。

【胶靴】jiāoxuē 名 用橡胶制成的靴子。

【胶印】jiāoyìn 动 用胶版印刷。把金属平版图文上的油墨先印到包有弹性橡皮布的滚筒上，再移印到纸上。

【胶纸】jiāozhǐ 名 一种单面涂胶的纸，可用来粘贴。

【胶质】jiāozhì 名 胶体。

【胶柱鼓瑟】jiāozhù-gǔsè 用胶粘住瑟上调弦的短木然后弹奏，音调不能调整，无法奏出美妙的音乐（柱：瑟上调节音高的短木；瑟：古代一种像琴的弦乐器）。比喻做事拘泥呆板，不知灵活变通。

【胶着】jiāozhuó 动 牢固地粘住；比喻相持不下 ▷战局陷入～状态。

教 jiāo 动 传授（知识或技能）▷我～她织毛衣｜这门课不好～｜～书｜～跳舞｜～徒弟。☛"教（jiāo）"一般单用，指具体行为，常带代词、名词宾语。很少用于合成词。"教¹（jiào）"①多用于表示抽象意义，构成合成词，如"教育""教化"。

另见 695 页 jiào。

【教课】jiāokè 动 给学生讲课。

【教授】jiāoshòu 动 讲授 ▷～果木栽培技术｜～得法。☛ 跟"教（jiào）授"不同。

【教书】jiāoshū 动 教学生学习文化科学知识。

【教书匠】jiāoshūjiàng 名 指教师（含轻蔑意或谐谑意）。

【教学】jiāoxué 动 教书 ▷他一直在农村～。☛ 跟"教（jiào）学"不同。

鵁(鵁) jiāo［鵁鶄］jiāojīng 名 水鸟，即池鹭。体长40—50厘米，喙和腿都很长。活动于湖沼、稻田里，在我国分布很广。

椒 jiāo ❶ 名 指花椒 ▷～房｜～盐。○ ❷ 名 指胡椒。○ ❸ 名 指辣椒 ▷青～｜柿子～。☛ 不读 shū。

【椒房】jiāofáng 名 古代指后、妃居住的宫室；后也借指后、妃。汉代后、妃宫室的墙壁用花椒和(huò)泥涂饰，既有香气，又寓意多子，故称。

【椒盐】jiāoyán 名 把花椒和盐焙过后，混合碾碎制成的调味品。

蛟 jiāo 名 蛟龙 ▷登山伏虎，入水击～。

【蛟龙】jiāolóng 名 传说中能兴云雨、发洪水的龙。

【蛟龙得水】jiāolóng-déshuǐ 蛟龙有了水就可以兴云作雾，腾跃升空。比喻有才能的人获得施展才能的条件和机会。

焦[1] jiāo ❶ 形 物体经高温后，变黑变硬 ▷饭烧～了｜～土◇～头烂额。→ ❷ 形 干枯；干燥 ▷唇～舌敝｜～枯｜～渴。→ ❸ 形 酥脆；易碎裂 ▷麻花炸得挺～｜～枣。→ ❹ 形 心急烦躁 ▷～急｜心～。→ ❺ 名 结成块状的炭渣 ▷～砟。❻ 名 特指焦炭 ▷炼～。○ ❼ 名 姓。

焦[2] jiāo 量 焦耳的简称。☛ "焦"字上边是"隹"，不是"佳"。由"焦"构成的字有"礁""蕉"等。

【焦愁】jiāochóu 形 焦虑忧愁 ▷～的神态。

【焦脆】jiāocuì ❶ 形 (煎炸或烘烤的食物)又焦又脆 ▷～的排叉儿。❷ 形 (声音)短促而响亮 ▷～的枪声。

【焦点】jiāodiǎn ❶ 名 数学上指跟椭圆、双曲线、抛物线等有特殊关系的点。❷ 名 光学上指平行光束经透镜折射或曲面镜反射后的交点。❸ 名 比喻问题的关键或人们关注的集中点 ▷斗争的～｜～访谈。

【焦耳】jiāo'ěr 量 能量、功、热量的法定计量单位。1焦耳相当于1牛顿的力使物体在力作用的方向上移动1米时所做的功，也等于1瓦特的功率在1秒内所做的功。为纪念英国物理学家焦耳而命名。简称焦。

【焦干】jiāogān 形 (物体)完全失去水分而变干 ▷嘴唇～｜～的柴草沾火就着。

【焦黑】jiāohēi 形 形容颜色像烧焦的物体那样黑；很黑 ▷大火熄灭，留下～的树干｜一双干裂～的手。

【焦煳】jiāohú 形 又焦又煳 ▷一股～味儿。

【焦化】jiāohuà 动 有机物质碳化变焦；特指煤的高温干馏。

【焦黄】jiāohuáng 形 形容干枯而发黄 ▷面色～｜面包烤得～。

【焦急】jiāojí 形 十分着急 ▷～不安｜～等待。

【焦距】jiāojù 名 光学上指曲面镜顶点或透镜中心与主焦点之间的距离。

【焦渴】jiāokě ❶ 形 十分干渴。❷ 形 形容心情急切 ▷大家～地盼望着医生到来。

【焦枯】jiāokū 形 (植物)干枯 ▷～的秧苗。

【焦苦】jiāokǔ 形 焦急愁苦 ▷内心～｜～地等待着。

【焦烂】jiāolàn 形 焦黑糜烂 ▷红薯烤得～。

【焦雷】jiāoléi 名 声音又响又脆的雷。

【焦虑】jiāolǜ 形 焦急忧虑 ▷心情过分～。

【焦煤】jiāoméi 名 烟煤的一种。黏结性强，结焦性好。主要用于炼焦。

【焦圈儿】jiāoquānr 名 油炸的焦脆面食，圆圈状。是北京地区的一种小吃。

【焦思】jiāosī 动 苦苦思索 ▷双眉紧锁，苦心～。

【焦炭】jiāotàn 名 煤经过高温干馏而成的固体燃料。有金属光泽，坚硬多孔，发热量很高。主要用于冶炼钢铁。

【焦糖】jiāotáng 名 用饴糖、蔗糖等熬制成的黏稠液体或粉末，深褐色。是食品中广泛使用的天然着色剂，多用于制作酱油、糖果、醋、啤酒等。也说焦糖色(shǎi)。

【焦头烂额】jiāotóu-làn'é 形容头部烧伤严重。也形容处境十分狼狈窘迫。

【焦土】jiāotǔ 名 烧焦的土地；多指建筑物、庄稼等遭受火灾或战火破坏的景象 ▷化为一片～。

【焦心】jiāoxīn 形 心里着急 ▷流血不止，令人～。

【焦油】jiāoyóu 名 煤、油母页岩或木材等经干馏生成的油状物。

【焦枣】jiāozǎo 名 一种酥脆的枣。大枣去核后经烘烤而成。

【焦躁】jiāozào 形 焦急烦躁 ▷情绪～不安｜～的心情。☛ "躁"不要误写作"燥"。

【焦砟】jiāozhǎ 名 煤炭燃烧后凝成的块状物。

【焦炙】jiāozhì ❶ 动 烘烤 ▷似火骄阳～着大地。❷ 形 形容心里像火烤一样着急 ▷事态严重，令人～。

【焦灼】jiāozhuó 形 形容心急如焚 ▷神色～。

跤 jiāo 名 跟头① ▷摔了一～｜一～跌到水沟里｜跌～。

【跤场】jiāochǎng 名 训练和比赛摔跤的场地。

【跤手】jiāoshǒu 名 摔跤手(摔跤运动员)。

僬 jiāo［僬侥］jiāoyáo 名 古代传说中的矮人。

鲛(鮫) jiāo 名 鲨。参见1192页"鲨"。

【鲛人】jiāorén 名 传说中的人鱼。

【鲛绡】jiāoxiāo 名〈文〉传说中鲛人所织的绡。借指薄纱、手帕 ▷～为幔｜泪痕红浥～透。

蕉 jiāo ❶ 名 芭蕉、香蕉等芭蕉科植物的统称；也指某些叶子像芭蕉叶的植物，如美人蕉。○ ❷ 名 姓。

【蕉农】jiāonóng 名 以种植香蕉为主业的农民。

【蕉藕】jiāo'ǒu 名 多年生草本植物，根块状，茎直立粗壮，紫色，叶长椭圆形，花鲜红色。根茎供食用或制淀粉，粉渣可作猪饲料，茎、叶纤维可造纸。

嶕 jiāo［嶕峣］jiāoyáo 形〈文〉形容高耸的样子。

燋 jiāo ❶ 名〈文〉引火用的柴。○ ❷ 古同"焦[1]"①。

礁 jiāo ❶ 名 江河、海洋中隐没在水下或露出水面的岩石 ▷船触～了|～石|暗～。→ ❷ 名 珊瑚虫等生物遗骸构筑而成的岩石状物 ▷珊瑚～。

【礁石】jiāoshí 名 礁①。

鹪（鷦） jiāo［鹪鹩］jiāoliáo 名 鸟，体小，尾羽短而略向上翘。捕食昆虫，是益鸟。筑巢十分精巧，古人又叫它巧妇鸟。

鐎 jiāo 名 刁斗，古代炊具，军队中也用来打更。

jiáo

矫（矯） jiáo［矫情］jiáoqing 动〈口〉强(qiǎng)词夺理 ▷这人好(hào)～。☛ 跟"矫情(jiǎoqíng)"不同。

另见 691 页 jiǎo。

嚼 jiáo 动 用牙齿把食物切碎、磨碎 ▷嘴里～着饭|细～慢咽|味同～蜡◇咬文～字。☛ jiáo 是白读，多单用；jué 是文读，不单用，组成"咀(jǔ)嚼""过屠门而大嚼"等少数书面语词；读 jiào，只用于"倒(dǎo)嚼(反刍)"。

另见 696 页 jiào；758 页 jué。

【嚼舌】jiáoshé ❶ 动 信口乱说，挑拨是非 ▷背后～，制造矛盾。❷ 动 没意义地争论 ▷俩人整天在那儿～。‖也说嚼舌头。

【嚼子】jiáozi 名 横勒在牲口嘴里的细铁链，两端连在缰绳或笼头上，以便驾驭。也说嚼口。

jiǎo

角[1] jiǎo ❶ 名 有蹄类动物头顶或鼻前长的骨质或角质凸起物，有攻击、防御的功能 ▷头上长着两只～|牛～|犀～。→ ❷ 名 星宿名，二十八宿之一。→ ❸ 名 动物头上像角的东西 ▷触～。→ ❹ 名 物体两个边沿相接的地方 ▷墙～|眼～。❺ 名 凸入海中的尖形陆地(多用于地名) ▷成山～(在山东)|镇海～(在福建)。→ ❻ 名 形状像角的东西 ▷菱～|豆～。❼ 量 用于从整块上划分成的角形的东西 ▷一～儿饼。→ ❽ 名 古代军队中一种吹的乐器(多用兽角制成) ▷号～|鼓～。→ ❾ 名 几何学上指从一点引两条直线所形成的图形；也指从一条直线上展开的两个平面或从一点上展开的多个平面所形成的空间 ▷这个图形有 5 个～|直～|锐～。

角[2] jiǎo 量 我国货币的辅币单位。1 角等于 10 分，10 角等于 1 元。俗称毛。☛ ㊀"角"字读 jiǎo，多指兽角和由兽角引申出来的具体事物；读 jué，主要用于角逐、角色两义，如"角斗""口角""主角"。㊁"角"字下边是"用"，不是"用"。由"角"构成的字有"斛""觞""触""确"等。

另见 755 页 jué。

【角尺】jiǎochǐ 名 曲尺。

【角雕】jiǎodiāo 名 用牛、羊、犀牛等动物的角雕刻形象、花纹等的艺术；也指用这种艺术雕刻成的工艺品。☛ 犀牛属受保护的野生动物，现禁止非法用犀牛角雕刻。

【角度】jiǎodù ❶ 名 指角的大小。通常用度或弧度来表示。❷ 名 指看问题的出发点 ▷看问题～不同，往往会得出不同的结论。

【角钢】jiǎogāng 名 横断面成"L"形的条状钢材，工业上用途广泛。也说角铁、三角铁。

【角楼】jiǎolóu 名 建在城墙角上供瞭望和防守用的楼。如北京紫禁城的角楼。

【角落】jiǎoluò ❶ 名 墙角 ▷房子的每一个～都打扫得干干净净。❷ 名 比喻偏僻的或隐蔽的地方 ▷躲在阴暗的～里搞阴谋诡计。

【角门】jiǎomén 名 设在建筑物角上的小门；旁门。☛ 不要写作"脚门"。

【角膜】jiǎomó 名 人和某些动物眼球前方最外面的一层纤维膜。无色透明，没有血管，反应灵敏。

【角膜炎】jiǎomóyán 名 角膜发炎的病症。主要症状为角膜溃烂或混浊，球结膜充血，并伴有畏光、疼痛、流泪和视力减退等。多由角膜损伤继发感染所致。

【角票】jiǎopiào 名 以角为单位的纸币。也说毛票。

【角球】jiǎoqiú 名 足球比赛中，守方队员将球踢出或触出己方端线(底线)时，判为角球，由攻方在底线与边线交角处发球。水球、曲棍球也有类似角球的判罚。

【角速度】jiǎosùdù 名 物理学上指物体转动时在单位时间内所转过的角度。常用的单位为"弧度/秒""度/秒"等。

【角质】jiǎozhì 名 某些动植物表皮的一层有机化合物，质地坚韧，可对内部组织起保护作用。

【角子】jiǎozi 名 某些地区指旧时通用的小银币，有一角和两角两种。

侥(僥*儌) jiǎo [侥幸] jiǎoxìng 形 形容意外或偶然地获得利益或免去不幸 ▷～过了考试这一关|不要有～心理。☛ 不要写作"儌倖"。

另见 1600 页 yáo。

佼 jiǎo ❶ 形 佼佼。○ ❷ 形 美好 ▷～好。

【佼好】jiǎohǎo 形 美好。

【佼佼】jiǎojiǎo 形 超出一般的 ▷～者。

【佼佼者】jiǎojiǎozhě 名 超出一般水平的人 ▷她是剧团里的～。

狡 jiǎo 形 奸猾;诡诈 ▷～兔三窟|～计|～辩|～猾。

【狡辩】jiǎobiàn 动 强词夺理地辩解 ▷无理～。

【狡猾】jiǎohuá 形 善于耍花招儿、使手段,极不老实 ▷～得像只狐狸。☛ 不要写作"狡滑"。

【狡计】jiǎojì 名 狡诈的计策 ▷～多端。

【狡谲】jiǎojué 形〈文〉狡诈 ▷为人～诡秘。

【狡狯】jiǎokuài 形〈文〉狡猾 ▷～之徒。

【狡赖】jiǎolài 动 狡辩抵赖 ▷事实俱在,无法～。

【狡兔三窟】jiǎotù-sānkū《战国策·齐策四》:"狡兔有三窟,仅得免其死耳。今君有一窟,未得高枕而卧也。请为君复凿二窟。"后用"狡兔三窟"比喻避祸藏身的地方多。

【狡黠】jiǎoxiá 形〈文〉狡诈。☛ "黠"不读 jié。

【狡诈】jiǎozhà 形 狡猾奸诈 ▷～多疑。

饺(餃) jiǎo 名 饺子 ▷水～|蒸～|烫面～。

【饺子】jiǎozi 名 用面皮包馅捏成的半扁圆形面食,煮、蒸或煎熟后食用 ▷包～。

佼 jiǎo 形〈文〉聪明;狡黠。

另见 1516 页 xiào。

绞(絞) jiǎo ❶ 动 把两根以上的线、绳、铁丝等拧在一起 ▷～船缆。→ ❷ 动 拧;扭紧 ▷把衣服上的水～干◇～尽脑汁。❸ 动(用绳索)勒死 ▷～杀|～刑。→ ❹ 动 绳索的一端系在轮子上,另一端系在某个物体上,转动轮子,使物体移动 ▷～辘轳打水|～车。→ ❺ 动 纠缠 ▷几件事～在一起。→ ❻ 量 用于纱、毛线等 ▷一～纱。

【绞缠】jiǎochán ❶ 动 扭结缠绕 ▷棉线、毛线～在一起了。❷ 动 纠缠搅扰 ▷问题太多,～得他不得安宁。

【绞肠痧】jiǎochángshā 名 中医指一种腹部剧烈绞痛,不吐不泻的霍乱病。

【绞车】jiǎochē 名 卷扬机。

【绞刀】jiǎodāo 现在一般写作"铰刀"。

【绞结】jiǎojié 动 相互纠缠交织 ▷千头万绪～心头。

【绞尽脑汁】jiǎojìn-nǎozhī 形容费尽心思。

【绞脸】jiǎoliǎn 动 妇女用两条细线一张一合绞去脸上的汗毛。

【绞脑汁】jiǎonǎozhī 费心思。

【绞盘】jiǎopán 名 绞车的一种。利用轮轴原理制成,多用于船上起锚,也用于牵引重物。

【绞肉机】jiǎoròujī 现在一般写作"铰肉机"。

【绞杀】jiǎoshā ❶ 动 用绳索勒死。❷ 动 比喻摧残、扼杀使不能生存 ▷新生事物被～了。

【绞绳】jiǎoshéng 名 绞车上用的牵引索。

【绞手】jiǎoshǒu 名 用来卡住丝锥、铰刀等,对工件进行切削的手工工具。

【绞索】jiǎosuǒ ❶ 名 绞刑架上的绳索。❷ 名 绞车上的牵引绳索。

【绞痛】jiǎotòng 形 内脏绳绞般剧烈疼痛 ▷心～|肚子～。

【绞心】jiǎoxīn 形 形容费尽心机 ▷～杰作|～地坑害消费者。

【绞刑】jiǎoxíng 名 死刑的一种,在绞刑架上用绞索把犯人勒死。

【绞刑架】jiǎoxíngjià 名 架子上系有绞索,用以绞死犯人的刑具。也说绞架。

铰(鉸) jiǎo ❶ 动 用剪刀把东西断开 ▷把辫子～了。○ ❷ 动 用铰刀对工件上的孔进行切削,使孔壁光洁或直径扩大 ▷～孔。○ ❸ 名 指铰链 ▷～接。

【铰刀】jiǎodāo ❶ 名 剪刀。❷ 名 金属切削工具,用来切削工件孔壁,使表面光洁或使直径扩大。

【铰接】jiǎojiē 动 用铰链连接。如通道式公共汽车就是用铰链把车厢连接起来的。

【铰链】jiǎoliàn 名 连接机械、门窗、器物上两部分的装置或零件。所连接的两部分或其中一部分可绕铰链的轴转动。

【铰肉机】jiǎoròujī 名 把肉块铰成肉末儿的机械。

【铰削】jiǎoxuē 动 铰②。

矫[1](矯) jiǎo ❶ 动 使弯曲的东西变直;纠正 ▷～枉过正|～治|～形。→ ❷ 动 抑制本性;做作 ▷～饰|～情|～揉造作。❸ 动〈文〉假托;诈称 ▷～诏|～命。○ ❹ 名 姓。

矫[2](矯) jiǎo 形 强;勇敢 ▷～健|～捷。☛ "矫"字通常读 jiǎo;读 jiáo,只用于"矫情"。

另见 690 页 jiáo。

【矫健】jiǎojiàn 形 强健有力 ▷～的体魄|笔画纵横奔放,苍劲～。

【矫捷】jiǎojié 形 矫健敏捷 ▷身手～。

【矫命】jiǎomìng 动〈文〉假托上级命令(行事)。

【矫情】jiǎoqíng 动 故意违反常情,以示与众不同 ▷～自饰。☛ 跟"矫情(jiáoqing)"不同。

【矫揉造作】jiǎoróu-zàozuò 把弯的变直，把直的变弯。形容装腔作势，故意做作。☛"矫"不要误写作"娇"。

【矫饰】jiǎoshì 动 故意做作，掩饰真相 ▷～欺人。

【矫枉过正】jiǎowǎng-guòzhèng 矫正弯曲的东西，做过了头，又弯向另一面。比喻纠正偏差超过了应有限度。

【矫形】jiǎoxíng 动 通过外科手术使人体畸形部位恢复正常状态。

【矫正】jiǎozhèng 动 纠正；改正 ▷～视力。☛ 跟"纠正"不同。"矫正"侧重消除偏差，对象多较具体，如视力、姿势等；"纠正"侧重消除错误，对象多较抽象，如缺点、错误等。

【矫直】jiǎozhí 动 矫正弯曲使直 ▷改邪归正，～从善。

【矫治】jiǎozhì 动 矫正治疗 ▷～口吃。

皎 jiǎo 形 洁白明亮 ▷一轮～月｜～洁。

【皎白】jiǎobái 形 明亮洁白 ▷～的月光。

【皎皎】jiǎojiǎo 形 形容又白又亮的样子 ▷明月～。

【皎洁】jiǎojié 形 明亮洁白 ▷星月～｜～的冬雪。

脚（*腳） jiǎo ❶ 名 人和某些动物腿下面的接触地面的部分，用以支撑身体和行走 ▷光着～走路｜～面｜～掌。→ ❷ 名 物体的最下部 ▷墙～｜山～｜柜～。→ ❸ 区别 旧指跟体力搬运有关的 ▷～夫｜～行（háng）｜～钱。☛ 右边是"卩"，不是"阝"。

另见 758 页 jué。

【脚板】jiǎobǎn 名 某些地区指脚掌 ▷铁～｜大～。

【脚背】jiǎobèi 名 脚不接触地的一面。也说脚面。

【脚本】jiǎoběn 名 戏剧表演或电影、电视摄制等所依据的底本 ▷电影～。

【脚脖子】jiǎobózi 名〈口〉脚腕。

【脚步】jiǎobù ❶ 名 走路时前后脚之间的距离 ▷～很大。❷ 名 走路时跨出腿的动作 ▷迈开～｜熟悉的～声◇加快改革开放的～。

【脚踩两只船】jiǎo cǎi liǎng zhī chuán 比喻为了投机取巧或给自己留后路，同对立的双方都主动亲近。也说脚踏两只船。

【脚灯】jiǎodēng ❶ 名 安装在舞台前沿或舞池底部向舞台照射的灯。❷ 名 泛指靠近地面安装的灯。

【脚蹬子】jiǎodēngzi 名 某些器械或车辆上供脚踏的部件 ▷自行车～。

【脚底】jiǎodǐ 名 脚掌。

【脚底板】jiǎodǐbǎn 名〈口〉脚掌。

【脚垫】jiǎodiàn ❶ 名 脚掌上由于角质增生形成的硬块。❷ 名 用来垫脚的垫子。

【脚夫】jiǎofū ❶ 名 旧指搬运工人。❷ 名 旧指赶牲口供人雇用的人。

【脚感】jiǎogǎn 名 脚接触物体时的感觉 ▷这种鞋～好，轻软舒适。

【脚跟】jiǎogēn 名 脚的后部 ▷～并拢。也说脚后跟。☛ 不要写作"脚根"。

【脚行】jiǎoháng 名 旧指搬运行业；也指从事搬运工作的人。☛"行"这里不读 xíng。

【脚尖】jiǎojiān 名 脚最前边的部分 ▷芭蕾舞女演员跳舞时常用～着地。

【脚劲】jiǎojìn 名〈口〉腿脚的力气 ▷他～好，跑得快。

【脚扣】jiǎokòu 名 电工等攀登电线杆时套在鞋上的环形铁制用具。

【脚力】jiǎolì ❶ 名 走路的能力 ▷他～不济，不能走远路。❷ 名 脚夫①。❸ 名 指供人代步的牲口 ▷这匹白马送给你做～。

【脚链】jiǎoliàn 名 用金银等打造的戴在脚腕上的链状装饰品。

【脚镣】jiǎoliào 名 套在脚腕上的戒具，由一条铁链连着两个铁箍组成。

【脚炉】jiǎolú 名 冬天烘脚用的小铜炉。扁圆，有提梁。炉中烧炭、锯末或谷糠，通过盖儿上的小孔散热。

【脚轮】jiǎolún 名 安装在箱子、沙发、提包等下边的小轮子。

【脚门】jiǎomén 现在规范词形写作"角门"。

【脚面】jiǎomiàn 名 脚背。

【脚蹼】jiǎopǔ 名 套在脚上的像蹼一样的用具，可以增加划水的能力。

【脚气】jiǎoqì ❶ 名 维生素B_1缺乏症。症状是疲劳软弱，下肢肌肉疼痛、萎缩、水肿，心跳气喘等。❷ 名 脚癣的通称。

【脚钱】jiǎoqián 名 旧指付给脚夫的工钱。

【脚手架】jiǎoshǒujià 名 建筑施工时因高空作业需要而搭的架子。

【脚踏板】jiǎotàbǎn 名 一种用脚操纵的装置。参见 1325 页"踏板"③。

【脚踏车】jiǎotàchē 名 某些地区指自行车。

【脚踏实地】jiǎotà-shídì 形容做事踏踏实实。

【脚腕】jiǎowàn 名 脚和小腿连接的部位。也说脚脖子、脚腕儿、脚腕子、腿腕子。

【脚下】jiǎoxià 名 脚踩的地方；泛指人或物所在的地方 ▷～是一片草地。

【脚心】jiǎoxīn 名 脚掌的凹陷部分。

【脚癣】jiǎoxuǎn 名 皮肤病，由真菌引起，多发生在脚趾间，症状是起水疱、奇痒，破后流黄水，严重时溃烂。通称脚气。

【脚丫子】jiǎoyāzi 名〈口〉脚①。☛ 不宜写作"脚鸭子"。

【脚印】jiǎoyìn 名 脚踩出的痕迹。

【脚掌】jiǎozhǎng 名 脚接触地的一面。

【脚爪】jiǎozhǎo 名 某些地区指动物的爪子。

【脚指】jiǎozhǐ 现在一般写作"脚趾"。

【脚趾】jiǎozhǐ 名 脚掌前端的分支。也说脚指头。

【脚注】jiǎozhù 名 印在书页最下端的注解。

【脚镯】jiǎozhuó 名 戴在脚腕上的环状装饰物。

搅(攪) jiǎo ❶ 动 扰乱;打乱 ▷~得我一夜没睡好|好事都让你给~坏了|~扰|打~。○ ❷ 动 搅拌 ▷混凝土得用机器搅拌,人力~不动|饺子馅里加点ㄦ香油,用筷子~~。

【搅拌】jiǎobàn 动 用手或工具拌和(huò),使混合物均匀 ▷肉馅ㄦ加上调料后要使劲~。

【搅拌机】jiǎobànjī 名 用来搅拌的机器;特指搅拌混凝土的机器。

【搅动】jiǎodòng ❶ 动 翻动搅拌 ▷咖啡加糖后要用小勺ㄦ~一下。❷ 动 搅扰 ▷小虎被拐卖的消息~了整个山村。

【搅浑】jiǎohún 动 搅动使浑浊(多用于比喻) ▷把水~|澄清了被~的是非。

【搅和】jiǎohuo〈口〉❶ 动 使混杂 ▷~不清|把粥~~。❷ 动 扰乱 ▷好好一个晚会,硬叫你~了。

【搅局】jiǎojú 动 搅乱已确定的或正在做的事 ▷事情都安排妥当,你这会ㄦ又来~。

【搅乱】jiǎoluàn 动 扰乱 ▷别~他的思路。

【搅扰】jiǎorǎo 动 扰乱,使不得安宁 ▷别~病人。

筊 jiǎo〈文〉❶ 名 竹编的绳索。○ ❷ 名 一种较短的排箫。

湫 jiǎo 形〈文〉(地势)低洼 ▷街巷~隘。另见 1127 页 qiū。

【湫隘】jiǎo'ài 形〈文〉低洼狭小。

敫 jiǎo 名 姓。

剿(*勦勦) jiǎo 动 讨伐;消灭 ▷~匪|~灭|围~|追~。
另见 159 页 chāo。

【剿除】jiǎochú 动 剿灭 ▷~盗匪。

【剿匪】jiǎofěi 动 剿灭匪徒。

【剿绝】jiǎojué 动 剿灭干净 ▷~残匪。

【剿灭】jiǎomiè 动 用武力消灭 ▷~叛军。

撟 jiǎo 动〈文〉举;翘 ▷~首。

缴(繳) jiǎo ❶ 动 交付;付出 ▷~税|~纳。→ ❷ 动 迫使交出(武器) ▷~了他的枪。○ ❸ 名 姓。☛ "缴"①跟"交¹"⑫在"交付""付给"义上的区别:"交"的适用范围较广,而"缴"只限于履行义务而交纳或被迫交出。
另见 1822 页 zhuó。

【缴费】jiǎofèi 动 按照规定或履行义务而交纳费用 ▷照章~。

【缴获】jiǎohuò 动 从敌人或犯罪分子手中取得(物资) ▷~大批武器装备。

【缴纳】jiǎonà 动 照章交纳 ▷~税款。

【缴枪】jiǎoqiāng 动 被迫交出枪支 ▷~不杀。

【缴税】jiǎoshuì 动 缴纳税款 ▷纳税人应主动~。

【缴销】jiǎoxiāo 动 缴回注销(原来的注册) ▷~执照|~证书。

【缴械】jiǎoxiè ❶ 动 被迫交出武器 ▷~投降。❷ 动 迫使敌人交出武器。

【缴租】jiǎozū 动 缴纳租金。

璬 jiǎo 名〈文〉玉佩。

皦 jiǎo〈文〉❶ 形 洁白;明亮 ▷~~|~日。→ ❷ 形 分明;清晰。

jiào

叫(*呌) jiào ❶ 动 用较大的声音呼喊 ▷他疼得直~|大喊大~。→ ❷ 动 动物或某些器物发出声音 ▷喜鹊喳喳~|报警器~个不停。→ ❸ 动 招呼;传唤 ▷有事就~我一声|把他~来。⇒ ❹ 动 通知人送来 ▷~出租车|再~几个菜。⇒ ❺ 动 要求;命令;使 ▷医生~他好好休息|连长~你马上出发|这事真~人摸不透。❻ 动 容许;听任 ▷我不~你走|~他们闹去。❼ 介 用于被动句,引进动作行为的施事者,相当于"被""让" ▷~人家给打了|别~人笑话。→ ❽ 形〈口〉雄性的(某些鸣叫声较大的家畜或家禽) ▷~驴。→ ❾ 动 称呼;称作;算是 ▷你~什么名字?|那~潜水艇|这才~英雄。

【叫板】jiàobǎn ❶ 动 戏曲中演员通过把最后一句念白末尾的语调拖长等方式向鼓师示意,以便向唱腔过渡。❷ 动 指叫阵;挑衅 ▷你敢跟我~,我奉陪到底。

【叫春】jiàochūn 动 猫等动物(雌性)发情求偶时发出特殊的叫声。

【叫法】jiàofǎ 名 称说的方法 ▷马铃薯在不同的地区有不同的~。

【叫喊】jiàohǎn 动 高声呼喊。

【叫好】jiàohǎo 动 大声喊"好",表示对表演等的赞赏 ▷为他的出色表演~。

【叫号】jiàohào ❶ 动 呼叫按顺序编的号 ▷~办理。❷ 动 某些地区指用话语挑战或挑衅。

【叫花子】jiàohuāzi 名 乞丐。☛ 不要写作"叫化子"。

【叫唤】jiàohuan ❶ 动 叫①。❷ 动 叫②。

【叫魂】jiàohún 动 迷信认为人患某些疾病是灵魂离开身体的缘故，呼唤其名可以把灵魂招回来，故称。

【叫价】jiàojià 动 公开报价；开价 ▷～太高｜这架飞机～800 万元。

【叫劲】jiàojìn 动 使劲；需要使劲 ▷他一～，就把铁门撞开了｜正是～的时候，不能松懈。

【叫绝】jiàojué 动 称赞好到极点，不能再好了 ▷击掌～。

【叫苦】jiàokǔ 动 诉苦；喊苦 ▷～连天｜从不～。

【叫苦不迭】jiàokǔ-bùdié 不停地叫苦（不迭：不停）。

【叫苦连天】jiàokǔ-liántiān 连续不断地叫苦。

【叫驴】jiàolǘ 名〈口〉公驴。

【叫骂】jiàomà 动 大声地骂。

【叫卖】jiàomài 动 吆喝着卖东西 ▷～声不断。

【叫门】jiàomén 动 招呼门里的人开门。

【叫屈】jiàoqū 动 倾诉冤屈 ▷为受害人～。

【叫嚷】jiàorǎng 动 叫喊；吵闹。

【叫停】jiàotíng ❶ 动 在某些球类比赛进行中要求暂停 ▷主队被迫～。❷ 动 泛指要求停止或下令停止 ▷奢侈包装被～｜这个地区近日～了 12 个路桥收费站。

【叫响】jiàoxiǎng 动 比喻获得成功并赢得称誉 ▷演出～了｜～的名牌产品。

【叫嚣】jiàoxiāo 动 大声地喊叫喧嚷 ▷敌人～着要反攻。

【叫啸】jiàoxiào 动 呼啸 ▷狂风～。

【叫真】jiàozhēn 现在一般写作"较真"。

【叫阵】jiàozhèn 动 在阵前叫喊挑衅，引诱敌方出战。

【叫作】jiàozuò 现在一般写作"叫做"。

【叫座儿】jiàozuòr 形 演出等吸引人，上座率很高 ▷这出戏很～。

【叫做】jiàozuò 动（名称）是；称为 ▷工业革命也～产业革命｜90°角～直角。

峤（嶠） jiào 名〈文〉山道。

另见 1104 页 qiáo。

觉（覺） jiào 名 从入睡到睡醒的过程 ▷睡了一～｜午～｜睡懒～。☛ 读 jiào，与睡有关，如"午觉""睡觉"；读 jué，与醒有关，引申为醒悟、感到、感受到，如"觉醒""觉得""视觉"。

另见 756 页 jué。

校 jiào ❶ 动 比较 ▷～场。→ ❷ 动 比较不同文本，改正文字上的错误 ▷～订｜～对｜～样｜点～。☛ 以上意义不读 xiào。

另见 1516 页 xiào。

【校本】jiàoběn 名 根据不同版本及有关资料校勘过的版本。

【校补】jiàobǔ 动 考订并补正（多用于书名）▷凡文字脱漏处，一一～｜《〈战国策〉～》。

【校场】jiàochǎng 名 旧时比武或演练兵马的场地。

【校雠】jiàochóu 动〈文〉校对；校勘。

【校点】jiàodiǎn 动 校勘并添加标点符号。

【校订】jiàodìng 动 对照有关材料改正书籍、文件中的错误。

【校对】jiàoduì ❶ 动 根据标准核对 ▷这杆秤已经～过了。❷ 动 根据原稿逐字核对抄件或校样，改正差错 ▷打印稿～了三次。❸ 名 担任校对工作的人 ▷他是出版社的～。

【校改】jiàogǎi 动 校对并改正错误 ▷稿件已录入完毕，请予～。

【校核】jiàohé 动 校对并核查 ▷～账单。

【校勘】jiàokān 动 用同一书籍的不同版本及有关资料相互比较核对，考订文字的异同，以确定正误真伪 ▷～古籍是一项十分严肃的工作。

【校释】jiàoshì 动 校勘并注释（多用于书名）▷《墨经～》｜鲁迅做过大量的古籍～工作。

【校验】jiàoyàn 动 校正并检验 ▷～仪表。

【校样】jiàoyàng 名 印刷品正式印刷前印出来供校对用的样张。

【校阅】jiàoyuè ❶ 动 审阅校订 ▷～书稿。❷ 动〈文〉检阅，检查 ▷～禁军｜～防务。

【校正】jiàozhèng 动 校对并纠正 ▷～准星｜～底本中的讹漏。

【校注】jiàozhù ❶ 动 校勘并注释 ▷～《战国策》。❷ 名 经过校注的作品 ▷《马氏文通～》。

【校准】jiàozhǔn 动 校正（仪器、机器等）使准确 ▷～天平｜机器～后才可试用。

轿（轎） jiào 名 轿子 ▷文官坐～，武官骑马｜花～｜抬～｜～夫。

【轿车】jiàochē ❶ 名 旧时供人乘坐的车厢外套着帷子的畜力车。❷ 名 供人乘坐的，较为高级舒适的，有车顶和座位的汽车 ▷国产～。

【轿夫】jiàofū 名 旧指抬轿子的人。

【轿子】jiàozi 名 旧时一种乘坐工具，方形有顶，三面套帷子，前面有帘，两边各有一根杆子，由人抬着走或由骡马驮着走。

较（較） jiào ❶ 动 比较① ▷～劲儿｜～量。→ ❷ 副 表示相比而言更进一层 ▷近来气温～低｜取得～大的成绩。→ ❸ 介 引进比较的对象，相当于"比" ▷产量～去年同期有所增长｜～前大有进步。◯ ❹ 形〈文〉明显 ▷彰明～著｜差别～然。☛ 统读 jiào，不读 jiǎo。

【较场】jiàochǎng 现在一般写作"校场"。

【较劲】jiàojìn ❶ 动 比赛力气；较量高低 ▷两家公司在市场上公开～。❷ 动 斗气；对着干 ▷你别故意跟人家～了。❸ 动 格外用劲

▷已进入冲刺阶段,该～了。

【较量】jiàoliàng 动 比较实力的强弱或本领的高低 ▷要是不服就～一下。

【较为】jiàowéi 副 表示与同类事物相比略有差别 ▷环境～清静|条件～落后。

【较真】jiàozhēn 形〈口〉特别认真 ▷办事～。

教[1] jiào ❶ 动 教诲;教育 ▷言传身～|～育|～养|管～|求～。→ ❷ 名 指宗教 ▷我不信～|佛～|～徒。→ ❸ 名 指教育或教师 ▷尊师重～|小～高级相当于中～一级。○ ❹ 名 姓。

教[2] jiào ❶ 动 使;命令 ▷他～我来找你|管～山河换新装。→ ❷同"叫"⑦。现在一般写作"叫"。

另见 688 页 jiāo。

【教案】jiào'àn ❶ 名 教师的教学方案。包括教学目的、内容、方法、步骤,教具,课时分配,板书设计,作业布置等。○ ❷ 名 近代也指外国传教士与中国民众之间发生冲突造成的事件 ▷天津～|山东～。

【教鞭】jiàobiān 名 课堂教学中教师用来指示板书、图片等的细长棍儿。

【教材】jiàocái 名 供教学用的材料,包括教科书、讲义、参考资料、录像、图片等。☛ 跟"教科书"不同。"教科书"包含在"教材"之内,多指国家指定并正式出版的课本。

【教程】jiàochéng 名 专门学科的课程(多用于书名) ▷《解剖学～》|《计算机～》。

【教导】jiàodǎo 动 教诲指导 ▷老师～学生立志报国|牢记父亲的～。

【教导员】jiàodǎoyuán 名 中国人民解放军营级单位负责政治思想工作的政治教导员的简称。

【教法】jiàofǎ 名 教学方法 ▷教材～。

【教范】jiàofàn 名 军事上指技术教育方面的基本教材。如射击教范、队列教范等。

【教辅】jiàofǔ 区别 对教学起辅助或辅导作用的 ▷～人员|～资料。

【教父】jiàofù ❶ 名 一般指基督教创立之初至六七世纪间在制订或阐述教义方面为后世奠定了基础的神学家或教会首领。❷ 名 天主教、正教及新教某些教派接收新教徒举行洗礼时的男性监护人。

【教改】jiàogǎi 动 教育改革或教学改革的简称。

【教官】jiàoguān 名 军队或军事院校里负责军事训练的军官。

【教规】jiàoguī 名 宗教要求教徒遵守的律条。

【教化】jiàohuà 动 用伦理道德等约束和引导人,使人受到教育和感化 ▷～百姓。

【教皇】jiàohuáng 名 天主教会的最高首脑,驻在梵蒂冈。也说罗马教皇。

【教会】jiàohuì 名 基督教各派组织形式的统称。可指基督教各派的整个组织(如天主教会、正教会、新教各教派教会);也可单指某一个国家、地区或教堂的组织。

【教诲】jiàohuì 动 教育诱导 ▷深受熏陶和～|牢记师长的～。

【教具】jiàojù 名 教学中用来讲解说明教材内容的实物、模型、图表、幻灯片等辅助用具的统称 ▷老师们自己动手制作～。

【教科书】jiàokēshū 名 根据教学大纲编写的供教师讲授和学生学习的正式课本。也说教本。☛ 参见本页"教材"的提示。

【教科书式】jiàokēshūshì 区别 像教科书那样经典、严整的 ▷～案例|～表演。

【教科文组织】jiào-kē-wén zǔzhī 联合国教育、科学及文化组织的简称。

【教练】jiàoliàn ❶ 动 训练别人掌握某种技能。❷ 名 从事教练工作的人 ▷武术～|国家游泳队总～。也说教练员。

【教练机】jiàoliànjī 名 培训飞机驾驶员用的飞机,驾驶舱里一般是双座;现也指培训宇航员用的教练机。

【教龄】jiàolíng 名 从事教育教学工作的年数。

【教令】jiàolìng 名 军队中近似条令的或带试验性的原则规定,通常以命令形式颁发。如实弹射击教令等。

【教门】jiàomén 名 宗教教派。

【教民】jiàomín 名 信奉宗教的人。

【教名】jiàomíng 名 基督教教徒在受洗礼时取的名字。

【教母】jiàomǔ 名 天主教、正教及新教某些教派接收新教徒举行洗礼时的女性监护人。

【教派】jiàopài 名 宗教内部的派别。如佛教的大乘、小乘,喇嘛教的红教、黄教等。

【教区】jiàoqū 名 天主教主教管辖的宗教事务行政区。

【教师】jiàoshī 名 担任教育教学工作的专业人员。☛ 参见 829 页"老师"的提示。

【教师节】jiàoshījié 名 为提倡尊师重教而设定的教师的节日。自 1985 年起每年 9 月 10 日是我国的教师节。

【教师爷】jiàoshīyé 名 旧时受雇在大户人家里传授武艺、看家护院的人。

【教士】jiàoshì 名 基督教各派神职人员的通称。

【教室】jiàoshì 名 学校里专供上课用的房间。

【教授】jiàoshòu 名 高等学校教师的最高一级职称。☛ 跟"教(jiāo)授"不同。

【教唆】jiàosuō 动 指使、怂恿别人干坏事 ▷严厉打击～青少年犯罪的不法分子。

【教唆犯】jiàosuōfàn 名 教唆他人犯罪的罪犯。

【教态】jiàotài 名 教师讲课时的仪态。

【教堂】jiàotáng 名 基督教举行宗教仪式的场所。

在我国，天主教称教堂为天主堂，新教称教堂为礼拜堂。

【教条】jiàotiáo ❶ 名 宗教要求教徒们绝对遵守的宗教律条。❷ 名 比喻僵死的、凝固不变的抽象定义和公式，不结合具体情况盲目引用的原理和概念 ▷不能把马克思主义的普遍真理当成～。❸ 形 形容处理事情不考虑客观条件、不作具体分析，而盲目地硬搬书本上的原理和概念等 ▷打仗太～了准吃大亏。

【教条主义】jiàotiáo zhǔyì 主观主义的一种表现形式。主要特征是：不研究事物矛盾的特殊性，不分析事物的发展变化，一味生搬硬套现成的理论、概念来处理问题。

【教廷】jiàotíng 名 天主教教会的最高统治机构，设在梵蒂冈。

【教头】jiàotóu 名 宋代军队中教练武艺的人；后泛指传授技艺的人。

【教徒】jiàotú 名 信仰某种宗教的人。

【教务】jiàowù 名 学校里有关教学管理方面的工作 ▷～主任｜～会议。

【教习】jiàoxí ❶ 动 教导；传授 ▷～绘画。❷ 名 教员的旧称。

【教学】jiàoxué 名 教师传授知识、技能和学生学习知识、技能的共同活动；也指教师传授知识、技能的工作 ▷课堂～｜～计划。☛ 跟"教(jiāo)学"意义不同。

【教学法】jiàoxuéfǎ 名 研究教学任务、原则、过程、内容、方法以及教学组织形式的科学。

【教学相长】jiàoxué-xiāngzhǎng 教师的教育和学生的学习互相促进(相长：互相促进)。指通过教学，学生获得进步，教师自己也得到提高。☛"长"这里不读 cháng。

【教训】jiàoxùn ❶ 动 教育训导 ▷～学生｜不要动不动就～别人◇用枪杆子～侵略者。❷ 名 从错误或挫折中总结出的经验和认识 ▷血的～｜牢记历史～。

【教研】jiàoyán 动 教学研究 ▷～室。

【教养】jiàoyǎng ❶ 动 教育抚养 ▷～遗孤。❷ 名 文化品德方面的修养 ▷有～｜缺乏～。

【教养员】jiàoyǎngyuán 名 幼儿园里负责儿童教育工作的教师。

【教义】jiàoyì 名 指一个宗教所信奉的基本理论、主张等。

【教益】jiàoyì 名 受教育后获得的好处 ▷这场报告使我们得到很多～。

【教友】jiàoyǒu 名 基督教徒相互之间的称谓。

【教育】jiàoyù ❶ 名 指以影响人的身心发展为直接目的的社会活动；主要指学校对学生进行培养的过程 ▷学校～｜～方针。❷ 动 教导培育；启发，使明白道理 ▷～青年一代｜要说服～，不要强迫命令。

【教员】jiàoyuán 名 教师。☛ 参见 829 页"老师"的提示。

【教正】jiàozhèng 动〈文〉指教纠正，多用于把自己的作品送给别人时的敬词 ▷敬请～。

【教职工】jiào-zhí-gōng 学校的教员、职员和工人的合称。也说教工、教职员工。

【教职员】jiào-zhíyuán 学校的教员和职员的合称。

【教旨】jiàozhǐ ❶ 名 教皇的旨意。❷ 名 某一宗教及其教义的核心思想与根本主张。

【教主】jiàozhǔ 名 某一宗教的创始人或领袖人物。如佛教的教主是释迦牟尼。

窖 jiào ❶ 名 为贮藏物品在地下挖的洞或坑 ▷入～保存｜冰～｜菜～｜地～。→ ❷ 动 把物品贮藏在窖里 ▷～了好几百斤白菜｜～冰。

【窖藏】jiàocáng 动 在地窖里储藏 ▷～大白菜。

【窖肥】jiàoféi 名 沤肥②。

滘 jiào 名 河道分支或汇合的地方(多用于地名) ▷道～｜何～(均在广东)。

斠 jiào 动〈文〉校订；校正 ▷《说文解字～诠》。

酵 jiào 动 发酵。☛ 统读 jiào，不读 xiào。

【酵母菌】jiàomǔjūn 名 真菌，单细胞，圆形或卵形。是重要的发酵微生物，可用来发面、酿酒、制酱等。简称酵母。

漖 jiào 用于地名。如东漖，在广东。

噍 jiào 动〈文〉嚼；吃东西 ▷饮～自若。

【噍类】jiàolèi 名〈文〉活着的人；也指活着的动物。

徼 jiào 名〈文〉边界。

藠 jiào［藠头］jiàotou 名 薤(xiè)的俗称。

醮 jiào ❶ 动 古代行冠礼、婚礼时长辈为晚辈斟酒。→ ❷ 动〈文〉女子嫁人 ▷改～｜再～。○ ❸ 动 僧、道设坛祈祷 ▷打～。

嚼 jiào 见 283 页"倒(dǎo)嚼"。
另见 690 页 jiáo；758 页 jué。

皭 jiào 形〈文〉洁白；洁净。

釂 jiào 动〈文〉把杯里的酒喝完；干杯。

jiē

节(節) jiē 见下。
另见 701 页 jié。

【节骨眼儿】jiēguyǎnr 名〈口〉比喻关键的环节或

时机 ▷在这～上，可不能后退。

【节子】jiēzi 名 木材上的疤痕，是树枝断离后在干(gàn)枝上留下的疤。☛ 跟"疖子"不同。

阶(階*堦❶) jiē ❶ 名 建筑物中用砖、石等砌成的呈层级状的部分，多在门前或坡道上，供人踏脚上下用 ▷～梯|石～。→ ❷ 名 用来区分高低的等级 ▷官～|军～|音～。○ ❸ 名 年代地层单位的第五级。参见 300 页"地层单位"。○ ❹ 名 姓。

【阶层】jiēcéng ❶ 名 同一阶级中因财产状况、社会地位或谋生方式不同而区分的社会层次。如资产阶级内部分为大资产阶级和中等资产阶级等。❷ 名 指具有某种共同特征的社会群体 ▷工薪～|白领～。

【阶墀】jiēchí 名〈文〉台阶上的地面；泛指台阶 ▷～晓露寒|月移竹影上～。

【阶地】jiēdì 名 河岸、湖边、海滨呈阶梯状的地貌。

【阶段】jiēduàn 名 事物发展过程中根据不同特点划分的段落 ▷起始～|初级～|～性成果。

【阶级】jiējí ❶ 名〈文〉台阶。❷ 名 在一定社会经济结构中处于不同地位的社会集团。不同的社会集团对生产资料占有关系不同，在社会劳动组织中所起的作用不同，因而取得社会财富的方式和多少也不同。

【阶级性】jiējíxìng 名 在阶级社会里，人的思想意识、行为习惯，以及政治、法律、哲学、文学、艺术等所具有的阶级特性。

【阶石】jiēshí ❶ 名 砌台阶用的石头。❷ 名 借指台阶 ▷踏着一级一级的～走上去。

【阶梯】jiētī ❶ 名 台阶。❷ 名 比喻上升的凭借物或路径 ▷书籍是人类进步的～。

【阶下囚】jiēxiàqiú 名 旧指公堂台阶下面受审的囚犯；泛指在押者或俘虏 ▷由座上客沦为～。

疖(癤) jiē 名 疖子。☛ 统读 jiē，不读 jié。

【疖子】jiēzi 名 皮肤病。症状是皮下局部出现充血硬块，红肿，疼痛，以至化脓。☛ 跟"节子"不同。

皆 jiē 副 表示总括所提到的人或事物的全体，相当于"都""都是" ▷尽人～知|比比～是|有口～碑|四海之内～兄弟。

【皆大欢喜】jiēdàhuānxǐ 大家都欢欢喜喜，非常满意、高兴。

结(結) jiē 动 植物长出(果实或种子) ▷这种花～籽很多|开花～果。

另见 703 页 jié。

【结巴】jiēba ❶ 形 口吃。❷ 名 口吃的人 ▷他是个～，越着急越说不出话来。

【结果】jiēguǒ 动 结出果实 ▷苹果树～了。☛ 跟"结(jié)果"不同。

【结结巴巴】jiējiebābā 形 结巴① ▷他说话老那么～，让人听起来很费劲。

【结实】jiēshi ❶ 形 坚固耐用，不容易损坏 ▷书架很～。❷ 形 健壮 ▷小伙子身体真～。

接 jiē ❶ 动 挨近；碰；触 ▷摩肩～踵|交头～耳|～触。→ ❷ 动 连接 ▷把线头儿～上|焊～。❸ 动 连续；继续 ▷跑得上气不～下气|请您～着说。❹ 动 接过别人的工作继续干 ▷～王老师的课|～班。→ ❺ 动 用手托住或承受 ▷～球|～过孩子。❻ 动 接收；接受 ▷～到来信|～电话|～纳。→ ❼ 动 迎接 ▷到机场～人|～送宾客。○ ❽ 名 姓。

【接班】jiēbān ❶ 动 接替上一个班次的工作任务 ▷你该交班了，我来～。❷ 动 借指接替前辈的职务或事业 ▷那年张师傅退休时要求让他的儿子来～|革命前辈开创的事业要由青年一代来～。

【接班人】jiēbānrén 名 接替上一个班次的工作任务的人；比喻接替前辈的职务或事业的人 ▷培养～。

【接办】jiēbàn ❶ 动 承办。❷ 动 接过别人未办完的工作，继续办理 ▷侦查组长调走了，我～这个案子。

【接棒】jiēbàng 动 接力赛跑中，后跑的队员在规定的地段从先跑的队员手中接过接力棒继续跑；比喻继任者承接原任职者的职权等 ▷在 4×100 米比赛中，A 组第三个上场的队员～时失误，致使我队最终成了最后一名|～以来，他的工作颇有起色。

【接驳】jiēbó ❶ 动 驳运。❷ 动 交通线路相互连接，交通工具在连接处转运旅客或货物 ▷上岸后乘坐～车辆去机场|做好机场、火车站雪天～运输服务。

【接茬儿】jiēchár〈口〉❶ 动 接着别人的话茬儿说下去 ▷我还没说完呢，你少～！❷ 动 继续做已经在做的事或紧接着做另一件事 ▷我先接个电话，然后咱们再～聊|上午上课，下午～又去搞实验。☛ 不宜写作"接碴儿"。

【接产】jiēchǎn 动 帮助孕妇分娩；也指帮助母畜分娩。

【接车】jiēchē ❶ 动 指购买汽车者按手续到生产厂家或指定地点接收车辆 ▷按计划到年底～。❷ 动 车站工作人员安排车辆进站、卸载等事宜 ▷～组到 3 站台～。❸ 动 接站。

【接触】jiēchù ❶ 动 挨着；触及 ▷不要～裸露的电线◇他第一次～外国音乐。❷ 动 接近并交往 ▷他常～各方面的代表人物。❸ 动 军事上指交火 ▷敌对双方还没有～。

【接船】jiēchuán ❶ 动 指购买船只者按手续到生

产厂家或指定地点接收船只 ▷船长带队去国外～。❷ 动 港口工作人员安排船舶进港、卸载等事宜 ▷按惯例，验关后才能～。❸ 动 去港口接人 ▷码头上～的人很多。

【接待】jiēdài 动 迎接招待 ▷～亲友｜～来访。☛ 跟"招待"不同。"接待"多为公务性的；"招待"既可用于公务性的，也可用于私人之间。

【接待日】jiēdàirì 名 指领导干部为及时了解群众的呼声、解决群众关心的问题而安排的接待群众的固定日子 ▷市长～。

【接地】jiēdì 动 把电器的金属外壳经导线和埋在地下的金属物连接起来，以保证人身和设备安全。

【接地气】jiēdìqì（政策、主张、艺术作品等）能紧密贴近社会现实生活，反映基层群众的需求和情感 ▷扶贫工作要～｜传统文化～，传承起来有人气。

【接二连三】jiē'èr-liánsān 一个接连着一个。形容不间断。

【接防】jiēfáng 动 接替原驻守部队的防务。

【接访】jiēfǎng 动（领导或上级主管机关）接待群众上访 ▷领导干部既要～，又要走访。

【接风】jiēfēng 动 宴请刚从远道来的人 ▷为凯旋的战士～。

【接缝】jiēfèng 名 物体接合处 ▷裤腿的～开线了｜焊得不牢，～容易开裂。

【接羔】jiēgāo 动 照料母羊等生羔。

【接骨】jiēgǔ 动 用中医的手法或西医的手术使断裂、错位的骨头接合复位。

【接管】jiēguǎn 动 接收过来加以管理 ▷～电台｜～银行。

【接轨】jiēguǐ ❶ 动 把铁轨连接起来 ▷全线就差这一段没～了。❷ 动 比喻使制度、办法等相互衔接、一致 ▷银行运作逐步与国际～。

【接柜】jiēguì 动 指在柜台接待顾客 ▷她在储蓄所做～、记账等工作｜～员。

【接合】jiēhé 动 连接在一起 ▷认真检查路轨上每个～点的螺丝钉。☛ 参见 703 页"结合"的提示。

【接合部】jiēhébù ❶ 名 物体上不同构件相连接的部位 ▷自行车三角架的～焊接不牢。❷ 名 地区之间相连接的部分；相邻部队衔接的地带 ▷城乡～｜选定敌军的～作为突破口。☛ 跟"结合部"不同。"接合部"强调连接；"结合部"强调融合。

【接活儿】jiēhuór 动（服务行业）接受顾客的制作、修理等活计 ▷这家成衣店一开业就～不少｜接了不少活儿。

【接火】jiēhuǒ 动 交火。

【接机】jiējī ❶ 动 指购买飞机者按手续到生产厂家或指定地点接收飞机 ▷举行～仪式。❷ 动 机场工作人员安排飞机进港、卸载等事宜 ▷准时～、送机。❸ 动 去机场接人 ▷爸爸明天回国，我和姐姐去～。

【接济】jiējì ❶ 动 对生活困难的人给予财物上的帮助 ▷老人的生活费用全靠亲友～。❷ 动 接续 ▷运输线被敌人切断，粮食、弹药已经～不上了。☛ 跟"救济"不同。"接济"①通常指个人行为；"救济"则指国家或社会团体有组织的救援行动。

【接驾】jiējià 动 古代指迎接皇帝；后泛指迎接客人（含诙谐意）▷～来迟，请仁兄见谅！

【接见】jiējiàn 动 跟前来作客、访问、开会等的人见面（多用于上对下）▷总理～外国大使｜～战斗英雄。☛ 跟"会见"不同。"接见"一般用于上对下，"会见"既可以用于上对下，也可以用于对等的双方，还可以用于下对上；"接见"可用于被动句，"会见"一般不用于被动句。

【接界】jiējiè 动 地界相接 ▷广西西南部跟越南～。

【接近】jiējìn ❶ 动 靠近；临近 ▷教师要主动～学生｜～全国纪录。❷ 形 差别小；距离近 ▷两人的水平很～｜我们的兴趣爱好非常～。

【接警】jiējǐng 动 接到报警；警方受理警务性案件 ▷消防队～后立即赶赴火灾现场。

【接境】jiējìng 动 国家或地区边界相连 ▷我国与朝鲜～｜河北与河南～。

【接客】jiēkè ❶ 动 迎接或接待客人。❷ 动 特指娼妓接待嫖客。

【接口】jiēkǒu 名 两个物件相连接的部位 ▷～裂开了｜把～焊牢。

【接力】jiēlì 动 一个接替一个连贯地进行 ▷～传递火炬｜4×100 米～赛跑。

【接力棒】jiēlìbàng 名 接力赛跑中运动员之间交接传递的短棒。

【接力赛】jiēlìsài 名 田径运动或游泳运动的竞技项目，接力队由 4 人组成，每人依次承担四分之一赛程，最后一人直到终点；也指用接力方式进行的其他比赛或工作。

【接连】jiēlián 副 一次又一次地 ▷～加班。

【接邻】jiēlín 动 毗邻连接 ▷我国西藏自治区与尼泊尔、印度～。

【接龙】jiēlóng ❶ 动 把同一类型或具有某相似点的事物按一定方式接续起来。因像长龙一样延伸，故称 ▷在微信群里报名～｜成语～。❷ 动 顶牛儿②。

【接纳】jiēnà ❶ 动 吸收纳入 ▷被～为会员国。❷ 动 接受；采纳 ▷她不～我的意见。

【接盘】jiēpán 动 工商业主购买别人企业的全部财产（如房屋、设备、用具、货物等），继续经营

(跟"出盘"相对)。

【接气】jiēqì 动(语意)前后连贯 ▷段与段之间写得还不太～。

【接洽】jiēqià 动接触商谈 ▷～业务。

【接腔】jiēqiāng 动接过别人的话茬儿说话 ▷我的话还没说完,你先别～。

【接亲】jiēqīn 动举行婚礼时男方到女方家里去接新娘。

【接壤】jiērǎng 动两地边境相接;交界 ▷山东跟河南、江苏～。

【接任】jiērèn 动接替前任职务 ▷科长由你～。

【接墒】jiēshāng 动由于下雨或浇水使上层土壤变湿,与深层的湿土接上,达到适合农作物生长的墒情。

【接生】jiēshēng 动帮助产妇分娩 ▷请助产大夫～|～婆。

【接生员】jiēshēngyuán 名指给产妇接生的专业医护人员。

【接收】jiēshōu ❶ 动收受 ▷～信号|～情报。❷ 动接纳;吸收 ▷～新生。❸ 动依法接管(机构、财产等) ▷～敌伪财产。☛ 参见本页"接受"的提示。

【接手】jiēshǒu 动从别人手中把工作接过来 ▷他走了,你来～这项工作。

【接受】jiēshòu 动领受;采纳 ▷～礼物|～处罚|～合理化建议。☛ 跟"接收"不同。1."接受"的对象可以是具体事物,也可以是抽象事物;"接收"的对象多是具体事物。2."接受"多带被动意味;"接收"所指的动作行为多带主动意味。

【接送】jiēsòng 动接和送 ▷孩子上幼儿园,每天都要～。

【接穗】jiēsuì 名嫁接到另一个植物体上的枝或芽。

【接榫】jiēsǔn ❶ 动把榫头插入卯眼 ▷～严丝合缝。❷ 动比喻事物之间紧密衔接 ▷文章段落～要自然。

【接谈】jiētán 动接见并与之交谈 ▷来访～|～记录。

【接替】jiētì 动接过别人的工作、职务等继续干;代替 ▷你的工作由老王～。

【接听】jiētīng 动指接电话 ▷大赛会场上安排有专人～电话。

【接通】jiētōng 动连接使畅通 ▷电话～了。

【接头】jiētóu ❶ 动把两个条状物或一个条状物的两端连接在一起。❷ 动接洽;联络 ▷派人跟厂家～。❸ 动熟知事情的头绪 ▷他刚毕业,对工作还不～|这件事,我还接不上头。

【接头儿】jiētóur 名两个东西的连接处 ▷被面上有个～|找到～就好拆了。

【接吻】jiēwěn 动两个人嘴唇相接触,表示亲热。

【接物】jiēwù 动与人交往(物:他人) ▷待人～。

【接戏】jiēxì 动(演员)接受演戏或拍戏任务 ▷今年她很少～。

【接线】jiēxiàn ❶ 动连接输电线路以及交通线路等 ▷电话机买来了,可还没～呢|大桥的建成,使两岸公路～了。❷ 名连接电源或电器元件用的导线 ▷～太短。❸ 动接听热线电话或客服电话等 ▷缓解客服～压力。

【接线员】jiēxiànyuán 名话务员。

【接续】jiēxù 动接着前面的继续下去 ▷～前任的工作|～祖业。

【接引】jiēyǐn 动接待并引导 ▷～宾客。

【接应】jiēyìng ❶ 动跟自己人配合、照应 ▷攻城的时候,有人在城里～你们|球传得很好,但没有人～。❷ 动接续;供应 ▷水泥～不上|人员～不上。

【接援】jiēyuán 动接应援助 ▷派三连～尖刀班。

【接站】jiēzhàn 动去车站接人。

【接招儿】jiēzhāor ❶ 动武打或博弈等比赛中,回应对手攻击的招式 ▷他的拳法～有致,守中有攻。❷ 动应对具有挑战性的行动 ▷企业求解难题,科研单位～|风险太大,我不敢～。

【接着】jiēzhe ❶ 动用手或器皿接住 ▷我把球传过去,你～|房顶漏水了,赶快拿脸盆～。❷ 动跟着;挨着 ▷一个～一个走出会场|大街两旁,店铺一家～一家。❸ 副表示后一动作行为紧跟着前一动作行为,相当于"随后" ▷我做了一半,你～做吧。

【接诊】jiēzhěn 动接待患者并给予治疗 ▷每天都有专家～。

【接枝】jiēzhī 动在植物枝条上嫁接 ▷果树～。

【接踵】jiēzhǒng 动〈文〉后面人的脚尖接着前面人的脚后跟。形容人很多,一个接着一个 ▷摩肩～|～而来。

【接种】jiēzhòng ❶ 动为预防疾病往人或动物体内注射疫苗 ▷～卡介苗。❷ 动在无菌条件下,把微生物移植到活的生物体内或人工培养基之中。

【接转】jiēzhuǎn 动接收后转交给相关的人或部门 ▷～电话|组织关系由组织部门～。

秸(*稭) jiē 名某些农作物去穗或脱粒后剩下的茎秆 ▷～秆|秫～。

【秸秆】jiēgǎn 名秸 ▷高粱、玉米的～。

【秸子】jiēzi 名〈口〉秸秆 ▷麦～。

痎 jiē 名〈文〉指两天发作一次的疟疾。

揭 jiē ❶ 动高举 ▷～竿而起。→ ❷ 动掀起;撩(liāo)开 ▷～锅盖|～下面纱|～

幕。⇒ ❸ 动 使隐蔽的事物显露 ▷～老底｜～晓｜～露。⇒ ❹ 动 把粘贴着的片状物取下 ▷～封条｜把邮票～下来。○ ❺ 名 姓。

【揭榜】jiēbǎng ❶ 动 指考试后张榜公布成绩或录取名单。❷ 动 旧指揭下征召的榜文，表示应征、应聘等。

【揭标】jiēbiāo 动 公布招标活动的结果，公布中标对象。

【揭不开锅】jiēbukāiguō 指生活极其困难，连饭都吃不上。

【揭彩】jiēcǎi 动 公布中(zhòng)彩的名单 ▷当场～。

【揭丑】jiēchǒu 动 把不光彩的事公开出来 ▷当众～。

【揭穿】jiēchuān 动 揭露；戳穿 ▷～阴谋诡计｜他的谎言被～了。

【揭疮疤】jiēchuāngbā 比喻揭露别人的短处或痛处。

【揭底】jiēdǐ ❶ 动 揭露内情 ▷怕人～。❷ 动 揭示结果 ▷能否扭亏，年终～。

【揭短】jiēduǎn 动 揭露缺点或错误 ▷工作中要肯定成绩，也要敢于～。

【揭发】jiēfā 动 揭露告发(坏人坏事) ▷～犯罪分子｜～腐败丑行。☛ 跟"揭露"不同。"揭发"侧重于告发；"揭露"侧重于使真相显露。

【揭盖子】jiēgàizi 比喻揭开被掩盖的矛盾或问题，露出事物的真相。

【揭竿而起】jiēgān'érqǐ 贾谊《过秦论》："斩木为兵，揭竿为旗。"原是描写秦末陈胜、吴广发动农民起义的情况。后用"揭竿而起"泛指人民高举起义的旗帜。☛ "竿"不要误写作"杆"。

【揭锅】jiēguō 动 (食物蒸煮熟了后)打开锅盖；比喻公开结果或真相 ▷新蒸的馒头马上就要～｜入选国家队的名单明天～。

【揭开】jiēkāi ❶ 动 把覆盖的东西掀去 ▷～锅盖◇～西部开发的序幕。❷ 动 使被掩盖的事物显现出来 ▷～生命的奥秘。

【揭老底】jiēlǎodǐ 揭底①。

【揭露】jiēlù 动 使被掩盖的事物显露出来 ▷～内幕｜～诡计。☛ ㊀参见本页"揭发"的提示。㊁参见 52 页"暴露"的提示㊀。

【揭秘】jiēmì 动 揭开秘密(多用于标题或书名)。

【揭幕】jiēmù ❶ 动 在纪念碑、雕像等落成典礼上揭开蒙在上面的幕布。❷ 动 比喻重大事件或活动开始 ▷第十三届亚运会在曼谷隆重～。

【揭牌】jiēpái 动 把蒙在机关、企业等名称牌匾上的红布揭下，表示正式开始运作等 ▷新成立的公司今天正式～。

【揭批】jiēpī 动 揭露和批判 ▷～坏人坏事。

【揭破】jiēpò 动 揭穿 ▷～谎言｜～阴谋。

【揭示】jiēshì ❶ 动 公开展示出来 ▷文告～了候选干部的主要业绩。❷ 动 指出或阐明不易看清的事物本质 ▷～真理｜～奥秘。

【揭晓】jiēxiǎo 动 公布结果使人知道 ▷年度考核结果已经～｜获奖名单将～。

喈 jiē 形〈文〉风雨急速。

【喈喈】jiējiē〈文〉❶ 拟声 模拟鸡、鸟的叫声 ▷鸡鸣～。❷ 拟声 模拟钟、鼓、铃等的声音 ▷钟鼓～。

嗟 jiē〈文〉❶ 叹 表示招呼或感叹 ▷～我怀人｜～！来食｜～我白发，生一何早！→ ❷ 动 叹息 ▷～叹｜～惋。☛ 统读 jiē，不读 juē。

【嗟来之食】jiēláizhīshí《礼记·檀弓下》记载：春秋时齐国闹饥荒，黔敖在路旁施舍食物，对一个饥民说："嗟！来食。"饥民说，我正是因为不吃"嗟来之食"，才饿成这个样子。后用"嗟来之食"指带有侮辱性的施舍。

【嗟叹】jiētàn 动〈文〉感叹 ▷睹此惨状，莫不～。

街 jiē 名 两边有建筑物的大路 ▷大～小巷｜～头｜～道。☛ 不能简化成"亍"。

【街道】jiēdào ❶ 名 街。❷ 名 有关街巷居民的事务 ▷～工作｜～积极分子。

【街灯】jiēdēng 名 街道上的路灯。

【街坊】jiēfang 名 邻居 ▷～四邻｜老～。

【街角】jiējiǎo 名 街道拐弯的地方。

【街景】jiējǐng 名 街道的景观 ▷繁华的～。

【街口儿】jiēkǒur 名 街道的一端；街道汇合的地方。

【街垒】jiēlěi 名 在街道或建筑物之间的空地上用砖、石、沙袋等堆成的障碍物，作战时用来掩蔽自己，阻碍敌人。

【街门】jiēmén 名 临街的房门或院门。

【街面儿上】jiēmiànrshang〈口〉❶ 名 街市 ▷风雪交加，～冷冷清清。❷ 名 指周围街巷 ▷他在～人缘儿挺好。

【街区】jiēqū 名 由若干条街道形成的一片区域；也指以某种特征划分的地区 ▷这片～里有个农贸市场｜历史文化～。

【街容】jiēróng 名 街巷的面貌。也说街貌。

【街市】jiēshì 名 城市里商店集中的地区 ▷～上人来人往，车水马龙。

【街谈巷议】jiētán-xiàngyì 人们在街巷里的言谈议论。

【街头】jiētóu 名 街口儿；街道上 ▷～报亭｜～楼房鳞次栉比。

【街头巷尾】jiētóu-xiàngwěi 大街小巷；泛指城镇各个地方。

【街舞】jiēwǔ 名 产生于美国街头的一种舞蹈。舞蹈动作由头、颈、肩、四肢的屈伸和旋转以及走、跑、跳等连贯而成。

【街巷】jiēxiàng 名 大街和小巷。

【街心】jiēxīn 名 街道中央;街市的中心 ▷~有绿色隔离带|商厦建在繁华的~地带。

湝 jiē [湝湝] jiējiē 形〈文〉形容水流动的样子 ▷水流~。

楷 jiē 名 黄连木。

另见 769 页 kǎi。

jié

孑 jié 形 单独;孤独 ▷茕茕~立|~然一身。

【孑孓】jiéjué 名 蚊子的幼虫。体细长,生活在污水中,游动时身体一屈一伸。俗称跟头虫。

【孑立】jiélì 动〈文〉孤孤单单地生活 ▷茕茕~。

【孑然】jiérán 形〈文〉形容孤单的样子 ▷~一身|~独处。

【孑遗】jiéyí ❶ 动 指物种在经历了大变故以后个别少量地存留 ▷~生物。❷ 名〈文〉大变故以后个别少量存留的物种 ▷靡有~。

【孑遗生物】jiéyí shēngwù 在某一地质年代中曾繁盛一时,而现代仅在个别地区残留的濒临灭绝的动物或植物。如大熊猫、银杏等。

节(節) jié ❶ 名 竹节;泛指草、禾茎上生叶的部位或植物枝干相连接的部位 ▷小麦拔~了|藕~|枝~。→ ❷ 名 人或动物骨骼连接的地方 ▷骨~|关~。→ ❸ 名 节气 ▷四时八~|清明~|~令。❹ 名 具有某种特点的一段时间或一个日子 ▷季~|时~|春~|中秋~|国庆~。→ ❺ 动 限制;约束 ▷~制|~育。⇒ ❻ 动 俭省 ▷开源~流|~约。⇒ ❼ 名 礼节 ▷仪~|繁文缛~。⇒ ❽ 名 操守 ▷高风亮~|气~|变~。⇒ ❾ 名 古代用来控制乐曲节奏的打击乐器 ▷击~|抚~。❿ 名 节奏;节拍 ▷应律合~|~律。→ ⓫ 名 互相衔接的事物中的一个段落;整体中的一个部分 ▷环~|章~。⇒ ⓬ 动 从整体中截取一部分 ▷~录|删~。⇒ ⓭ 量 用于分段的事物 ▷一~甘蔗。→ ⓮ 名 古代用来证明身份的凭证 ▷符~|使~。○ ⓯ 名 姓。☛ 通常读 jié;读 jiē,用于"节骨眼儿""节子"。

另见 696 页 jiē。

【节哀】jié'āi 动〈文〉抑制悲痛(多用来安慰死者家属) ▷~顺变。

【节疤】jiébā 名 节子(jiēzi)。

【节本】jiéběn 名 原著删节后的版本 ▷《红楼梦》~。

【节操】jiécāo 名 气节操守 ▷保持~。

【节点】jiédiǎn ❶ 名 电路中三个或三个以上支路的连接点;泛指连接点 ▷输电线路~|交通~。❷ 名 比喻整个事物的关键点 ▷根据时间~安排各项工作。

【节电】jiédiàn 动 节约用电 ▷珍惜资源,节水~。

【节妇】jiéfù 名 旧指丈夫死后不再嫁人,坚守贞节的妇女。

【节候】jiéhòu 名 季节气候 ▷~转换。

【节假日】jié-jiàrì 节日和假日。

【节俭】jiéjiǎn 形 节约;俭省 ▷用度~。

【节减】jiéjiǎn 动 节省削减 ▷~开支。

【节节】jiéjié 量 量词重叠,表示动作行为一段接一段地(进行) ▷~败退|产量~上升。

【节礼】jiélǐ 名 节日礼物。

【节烈】jiéliè 形 贞节刚烈 ▷忠义~。

【节令】jiélìng 名 节气时令 ▷~小吃。

【节流】jiéliú 动 节制水流;比喻节约开支 ▷开源~。

【节录】jiélù ❶ 动 摘取原文的重要部分 ▷~了原书几个精彩章节。❷ 名 从原文摘取下来的部分 ▷报上只刊登了文章的~。

【节律】jiélù 名 节奏和规律 ▷这首诗有鲜明的~|心跳失去了~。

【节略】jiélüè ❶ 动 删减;省略 ▷~了文章的开头和结尾。❷ 名 纲要;摘要 ▷只转发了文章的~,没有发表全文。❸ 名 重要性次于照会的外交文书。用以说明事实、证据或有关法律问题,不签字也不用印章。我国一般用作备忘录的一种。

【节目】jiémù 名 文艺表演或电台、电视台播放的项目或项目单元 ▷预报~|~策划。

【节目卡】jiémùkǎ 名 指家用电子游戏机的存储器。储存有体育、博弈、教学、战斗等各种各样的游戏软件。

【节能】jiénéng 动 节约能源消耗。

【节能灯】jiénéngdēng 名 能节省电能的灯具。

【节拍】jiépāi 名 音乐中均匀地交替出现的有强弱区别的一系列拍子,是度量节奏的单位。如$\frac{2}{4}$的节拍就是以 4 分音符为 1 拍,每小节有 2 拍。

【节气】jiéqi 名 我国农历根据太阳在黄道上的位置,在一年的时间里定出 24 个点,每两点之间为一个节气。全年共有 24 个节气,各有专名,如立春、雨水等。也指每个节气的起始点(通常也指该点所在的那一天),如"今天是立春"。参见 367 页"二十四节气"。

【节庆】jiéqìng 名 节日庆典 ▷举行~活动。

【节日】jiérì ❶ 名 指有重大意义的纪念日;也指让全社会关注的日子。如国庆节、教师节等。❷ 名 传统的欢庆或祭祀的日子,如春节、泼水节、清明节等。

【节省】jiéshěng ❶ 动 有节制地使用,减少不必要的耗费 ▷～原料|～财力。❷ 形 不浪费 ▷爷爷花钱一向很～。☛ 参见本页"节约"的提示。

【节食】jiéshí 动 控制饮食。

【节水】jiéshuǐ 动 节约用水。

【节外生枝】jiéwài-shēngzhī 不该生枝的地方生出枝杈来。比喻在原有问题之外又产生出新问题。

【节下】jiéxia 名〈口〉节日或快到节日的日子 ▷眼看到～了,一点儿准备也没有。

【节选】jiéxuǎn ❶ 动 从原作中选取若干部分 ▷～了文章的前半部分。❷ 名 节选出来的部分 ▷这只是文章的～而不是全文。

【节衣缩食】jiéyī-suōshí 省穿省吃;形容生活非常俭省。

【节译】jiéyì ❶ 动 节选原著的一部分进行翻译 ▷他～了大仲马的《三个火枪手》。❷ 名 节译的部分 ▷你读的是《基督山伯爵》的～。

【节用】jiéyòng 动 节省用度;节约使用 ▷～能源。

【节余】jiéyú ❶ 动 节约使剩余 ▷年终～经费近千万元。❷ 名 节余的财物 ▷～已存入银行。☛ 参见 704 页"结余"的提示。

【节育】jiéyù 动 节制生育 ▷提倡～。

【节欲】jiéyù 动 克制欲望(多指性欲)。

【节约】jiéyuē ❶ 动 有节制地使用;节省不必要的开支 ▷增产～|～用水。❷ 形 节俭,不奢侈 ▷他在生活上很～。☛ 跟"节省"不同。"节约"重在不铺张,不奢侈,该用的才用,使用范围较广,可用于重大、庄重的场合,如"厉行节约""勤俭节约"等;"节省"重在"省",意思是尽量少用或不用,多用于一般场合。

【节支】jiézhī 动 节约支出 ▷增收～。

【节肢动物】jiézhī dòngwù 无脊椎动物的一门,身体由许多体节构成,一般分头、胸、腹 3 部分,表面有壳质的外骨骼,有成对分节的腿。如蜈蚣、蜘蛛、虾、蟹等。

【节制】jiézhì ❶ 动 指挥统辖 ▷～三军|不受～。❷ 动 限制 ▷～开销。

【节子板】jiézibǎn 名 演唱数来宝、快板儿时打拍子的器具。一般由五块较小的竹板用绳连接而成。

【节奏】jiézòu ❶ 名 音乐中音的长短、强弱有规律地交替出现的现象 ▷鲜明强烈的～|～明快。❷ 名 比喻调节适当、张弛有致的进程 ▷生活～加快|打球要控制～。

【节奏感】jiézòugǎn ❶ 名 指乐曲的节奏性;对乐曲节奏的感觉能力 ▷摇滚乐～很强。❷ 名 借指工作和生活调节适当、有张有弛而形成的规律 ▷生活有～,才有益于健康。

讦(訐) jié 动〈文〉攻击别人的短处;揭发别人的阴私 ▷攻～|～发。

劫[1](*刦刧刼) jié ❶ 动 用暴力强取;抢夺 ▷趁火打～|打家～舍|抢～|洗～。→ ❷ 动 威胁;逼迫 ▷～持人质。

劫[2](*刦刧刼) jié ❶ 名 梵语音译词"劫波(Kalpa)"的简称。佛教称天地从形成到毁灭的一个很长的周期为一劫 ▷万～不复。→ ❷ 名 指灾难 ▷在～难逃|浩～|～数。

【劫案】jié'àn 名 抢劫案件 ▷发生重大～。

【劫持】jiéchí 动 用暴力威逼挟持 ▷～人质。

【劫盗】jiédào ❶ 动 抢劫偷盗 ▷大肆～财物。❷ 名 强盗 ▷捕获一伙儿～。

【劫道】jiédào 动 拦路抢劫。

【劫夺】jiéduó 动 用暴力夺取 ▷财物被～一空。

【劫犯】jiéfàn 名 实施抢劫的罪犯 ▷追捕～。

【劫匪】jiéfěi 名 劫夺财物或劫持人员的匪徒。

【劫富济贫】jiéfù-jìpín 夺取富人的财产,救济穷人。

【劫后余生】jiéhòu-yúshēng 大灾大难后幸存的生命。

【劫机】jiéjī 动 劫持飞机。

【劫掠】jiélüè 动 抢劫掠夺 ▷惨遭～。

【劫难】jiénàn 名 灾难;祸患 ▷～临头。

【劫杀】jiéshā 动 劫持并加以杀害。

【劫数】jiéshù 名 佛教指注定的灾难;厄运 ▷～难逃。

【劫营】jiéyíng 动 偷袭敌军营寨。

【劫狱】jiéyù 动 把被关押的人从监狱里抢出来。

岊 jié 名〈文〉山的转弯处(多用于地名) ▷山岳之～|白～(地名,在陕西)。

劼 jié〈文〉❶ 形 慎重。○ ❷ 形 勤奋。

杰(*傑) jié ❶ 形 杰出 ▷人～地灵|～作。→ ❷ 名 才能出众的人 ▷俊～|豪～。○ ❸ 名 姓。

【杰出】jiéchū 形(才智、成就)出众的 ▷～贡献。

【杰作】jiézuò 名 杰出的作品 ▷《红楼梦》是文学史上的一部～。

疌 jié 形〈文〉迅速。

诘(詰) jié 动 追问;质问 ▷～问|～责|反～。

【诘难】jiénàn 动〈文〉责问;责难 ▷遭人～。

【诘问】jiéwèn 动〈文〉质问;盘问 ▷反复～。

【诘责】jiézé 动〈文〉质问 ▷～当局。

掔 jié 同"洁"(多用于人名)。

拮 jié [拮据] jiéjū 形 缺钱;经济境况窘迫 ▷手头～。☛ "据"这里不读 jù。

洁(潔*絜) jié ❶ 形 干净 ▷清～|整～|～净。→ ❷ 形 清白

▷廉～|贞～。→❸ 动 使干净;使清白 ▷～肤|～身自好。☛ 右上是"士",不是"土"。

"絜"另见 705 页 jié;1521 页 xié。

【洁白】jiébái ❶ 形 纯白,没有一点儿杂色 ▷～的婚纱。❷ 形 纯洁 ▷心地～。

【洁肤】jiéfū 动 使皮肤清洁 ▷～护肤。

【洁净】jiéjìng 形 清洁干净。

【洁具】jiéjù 名 指卫生设备。

【洁癖】jiépǐ 名 过分追求清洁的习性。☛ "癖"不读 pì。

【洁身自好】jiéshēn-zìhào 指保持自身清白,不同流合污;也指只顾惜自己,对公众的事置之不理。☛ "好"这里不读 hǎo。

结(結) jié ❶ 动 用条状物绾成疙瘩或用这种方法制成物品 ▷～绳|～网。→❷ 名 条状物绾成的疙瘩 ▷在彩带上打个～|领～。❸ 名 疙瘩形的东西 ▷喉～。→❹ 动 凝聚 ▷河面上～了冰|凝～|～晶。→❺ 动 结合;形成某种关系 ▷～成兄弟|～交。○❻ 动 结束;了结 ▷账还没～|～业|完～。→❼ 名 旧时表示承认了结或保证负责的字据 ▷具～|保～。☛ 通常读 jié。读 jiē,用于植物长出果实、种子,如"开花结果";又用于"结实""结巴"等。

另见 697 页 jiē。

【结案】jié'àn 动 作出判决或最终处理,了结案件。

【结疤】jiébā 动 伤口愈合后留下疤痕 ▷手术很成功,脸上没有～。

【结拜】jiébài 动 非亲属关系的人因感情好或有共同目的,通过一定形式结为兄弟姐妹。

【结伴】jiébàn 动 结成同伴;作伴 ▷三人～|我跟他们～去旅行。

【结帮】jiébāng 动 结成团伙(含贬义) ▷～成伙|～干坏事。

【结冰】jiébīng 动 水在 0℃时凝结成固体。

【结彩】jiécǎi 动 用彩色绸布、彩纸、气球等装饰场面以增添喜庆隆重气氛 ▷张灯～。

【结肠】jiécháng 名 大肠的主要部分。上接盲肠,下连直肠,功能是分泌黏液,吸收水分,形成粪便。

【结仇】jiéchóu 动 因利害冲突等结下仇恨 ▷他们虽然吵了一架,但没～。

【结存】jiécún ❶ 动 经结算余存(钱物) ▷本月～不少现金。❷ 名 结存的钱或物 ▷把～上交财政。

【结党营私】jiédǎng-yíngsī 结成小集团谋求私利。

【结缔组织】jiédì zǔzhī 人和高等动物体内起连接和支持等作用的基本组织。由细胞、纤维和基质组成。如软骨、韧带等。

【结队】jiéduì 动 聚合成队伍;排成队列 ▷成群～|～行进。

【结对子】jiéduìzi 双方为互相学习和帮助或为建立协作关系而结合在一起 ▷大中城市的青少年跟边远山区的青少年～|小区和当地驻军～,开展军民共建活动。

【结发夫妻】jiéfà fūqī 指初成年时结成的夫妻(结发:束发,古代男童长到成年时开始束发);泛指原配夫妻。

【结疙瘩】jiégēda 比喻人与人之间产生隔阂和矛盾;产生思想包袱 ▷为这点儿小事,你俩不该～呀!|受了委屈,心里不要～。

【结构】jiégòu ❶ 名 构成事物整体的各个部分及其配搭、组合的方式 ▷人体～|房屋～|原子～|篇章～。❷ 名 建筑上受力部分的构造 ▷钢木～|混凝土～。

【结构工资】jiégòu gōngzī 由几个体现不同功能的部分构成的工资。一般由基础工资、职务工资、绩效工资、岗位津贴、工龄津贴等构成。

【结垢】jiégòu 动 指锅炉、水壶等容器烧水时,水中溶解的钙、镁、碳酸氢盐受热分解,析出白色沉淀物,附着在容器内壁上。

【结果】jiéguǒ ❶ 名 在一定阶段事物发展变化的最后状态(跟"原因"相对,②同) ▷得金牌是勤学苦练的～。❷ 名 哲学上指由他事物或现象而产生的事物或现象。❸ 动 杀死;了结性命 ▷～了两个叛徒。❹ 连 连接分句,表示引出"结果"① ▷他因公负伤,～43 岁就退休了。☛ 跟"结(jiē)果"不同。

【结合】jiéhé ❶ 动 人或事物之间形成紧密关系 ▷理论与实践相～|老中青三～。❷ 动 特指结成夫妻 ▷恋爱三年后他俩终于～了。☛ 跟"接合"不同。"结合"是融为一体,既能用于人,也能用于事物;"接合"是相互连接,只用于事物。

【结合部】jiéhébù 名 两者或数者之间有紧密关系的部分 ▷这里是工业园区和农业生产区的～。☛ 参见 698 页"接合部"的提示。

【结核】jiéhé ❶ 名 身体上某些组织因结核杆菌侵入而引起的病变。❷ 名 指结核病 ▷肺～。❸ 名 地质学上指在固体核周围凝结而成的球状可溶解的矿物。如铁质结核。

【结核病】jiéhébìng 名 由结核杆菌引起的慢性传染病。主要通过呼吸道传染,少数经消化道传染。常见的有肺结核、肠结核、淋巴结结核、骨结核等。中医称痨病。

【结核杆菌】jiéhé gǎnjūn 结核病的病原菌。菌体细长,常呈颗粒状,能引起肺结核、淋巴结结核等。

【结汇】jiéhuì 动 一般指从事外贸的企业出口收汇后,向开户银行按当时牌价出售外汇。

【结婚】jiéhūn 动 符合法定条件和程序的男女双

方结为夫妻。

【结伙】jiéhuǒ 动 结集成一伙儿 ▷成群～|～犯罪。

【结集】jiéjí ❶ 动 把若干单篇的作品汇集在一起，编辑成书 ▷他把过去写的几十篇散文～出版。○ ❷ 动 把分散的军队调到某地集合待命。

【结痂】jiéjiā 动 伤口或疮口表面凝结成块状物 ▷伤口已经～了。

【结交】jiéjiāo 动 与人认识交往 ▷～学者名流。

【结焦】jiéjiāo 动 煤经高温干馏后变成焦炭。

【结节】jiéjié 名 皮内或皮下形成的小突起。小的像黄豆，大的像胡桃，颜色、软硬各不相同。多由感染、代谢物沉积等引起。

【结晶】jiéjīng ❶ 动 物质由液态或气态凝结成晶体。❷ 名 指晶体。❸ 名 比喻来之不易的珍贵成果 ▷这种新产品是集体智慧的～。

【结晶水】jiéjīngshuǐ 名 以水分子形式参加到晶体结构中的水。

【结晶体】jiéjīngtǐ 名 晶体。

【结局】jiéjú 名 最终的局面；故事情节发展的最后阶段 ▷令人欣慰的～|～不堪回首。

【结缡】jiélí ❶ 动 古代女子出嫁时，母亲给女儿系结佩巾，以示到男家后要侍奉公婆，操持家务；借指女子出嫁。❷ 动〈文〉指男女成婚 ▷～甫一日，慷慨赴疆场。

【结论】jiélùn ❶ 名 从推理的前提中推出的判断。参见 1180 页“三段论”。❷ 名 对人或事物进行调查研究后作出的最终论断 ▷他的历史问题已有～|不了解情况就不要下～。

【结盟】jiéméng 动 以缔约形式结为同盟 ▷不与任何国家～。

【结膜】jiémó 名 覆盖在上、下眼睑内表面直到角膜边缘的一层透明薄膜。有保护眼球和便于眼球转动的作用。

【结膜炎】jiémóyán 名 眼结膜充血性炎症。症状为眼球充血并伴有肿胀感，眼内分泌物增多，畏光，流泪。

【结幕】jiémù 名 多幕戏剧中的最后一幕；比喻事物发展的高潮或结局。

【结亲】jiéqīn ❶ 动 两家因婚姻关系结为亲戚 ▷两家～后处得很和睦。❷ 动 结婚。

【结清】jiéqīng 动（账目）结算清楚。

【结球甘蓝】jiéqiú gānlán 二年生草本植物，叶片大而厚，叶柄短，心叶层层重叠抱合成球状，是常见蔬菜。俗称圆白菜、洋白菜。某些地区也说包心菜、卷心菜、莲花白。

【结群】jiéqún 动 结伙 ▷～而居|～南迁。

【结舌】jiéshé 动 舌头不能动。指因吃惊或窘迫而说不出话来；不敢说话 ▷瞠目～|钳口～。

【结社】jiéshè 动 组织社团 。

【结绳】jiéshéng 动 指文字产生之前，古人用绳子打结的方法来记事。

【结石】jiéshí 名 有机物或无机盐类在机体的某些空腔器官及其导管内沉积而成的坚硬物质。如胆结石、肾结石等。

【结识】jiéshí 动 跟人交往而相识 ▷在学术讨论会上～了许多专家。

【结束】jiéshù 动 完结；停止进行，不再继续 ▷演出～|～战争状态。☛ 跟“停止”不同。“结束”多指一件事情的完成或一个过程的终了；“停止”多指事情未完因故停下来。

【结束语】jiéshùyǔ 名 讲话或文章最后的总括性的话。也说结语。

【结算】jiésuàn 动 核算清楚一定阶段的经济收支；结账。

【结体】jiétǐ 名 汉字书法指字的各部件间的组合情况 ▷笔力遒劲，～疏朗。

【结尾】jiéwěi ❶ 动 结束；完成最后的工作 ▷工程还没有～|这件事由我来～。❷ 名 结束的阶段或部分 ▷事情有开头，也得有个～|小说的～余味无穷。

【结项】jiéxiàng 动 立项的建设工程、研究课题等完成并由主管部门鉴定通过，宣布结束 ▷年底工程要～，工地上还要增加人手|经匿名评审，这个项目的首批子课题顺利～。

【结业】jiéyè 动 完成学业（多指短期学习培训）▷他在教师进修班已经～。

【结义】jiéyì 动 结拜 ▷桃园～。

【结余】jiéyú ❶ 动 经结算剩余 ▷～3 吨大米。❷ 名 结存② ▷略有～|财政～。☛ 跟“节余”不同。“结余”指收支相抵后账面上算出剩余数额；“节余”指因节约而产生剩余。

【结冤】jiéyuān 动 结下冤仇 ▷两人～多年。

【结缘】jiéyuán 动 佛教指人与佛结下缘分；泛指人与人、人与事物之间结下缘分 ▷～颇深，相交甚厚|与文学结了缘。

【结怨】jiéyuàn 动 结下怨恨 ▷～太深。

【结扎】jiézā ❶ 动 捆扎 ▷把火腿肠两端分别～起来|～木筏。❷ 动 医学上指用特制的线把血管或输精管、输卵管等扎住，以便止血或绝育等。☛“扎”这里不读 zhā 或 zhá。

【结账】jiézhàng 动 结算账目 ▷月底～|饭用过了，请～。☛ 不要写作“结帐”。

桔

jié 见下。☛ 不是“橘”的简化字。

【桔槔】jiégāo 名 一种从井里汲水的工具。在井边架一杠杆，一端挂水桶，一端坠重物，汲水时两端一起一落。

【桔梗】jiégěng 名 多年生草本植物，叶子卵形或卵状披针形，花暗蓝色或暗紫色。根可以做药材。

倢

jié ❶古同“捷”。○ ❷古同“婕”。

【倢伃】jiéyú 现在一般写作"婕妤"。

桀 jié ❶ 形 凶暴;凶悍 ▷～骜不驯。○ ❷ 名 人名,夏朝最后一个君主,相传是个暴君。

【桀骜不驯】jié'ào-bùxùn 暴躁倔强,不驯顺。

【桀犬吠尧】jiéquǎn-fèiyáo 夏桀的狗朝着尧(传说中远古时代的圣君)狂叫。比喻坏人一心帮其主子干坏事或攻击好人。

【桀纣】jiézhòu 名 夏朝末代君主桀和商朝末代君主纣,相传都是暴君;泛指暴虐的统治者。

捷[1](*捷) jié 动 胜利 ▷大～|告～|～报。

捷[2](*捷) jié ❶ 形 快;迅速 ▷～足先登|敏～。→ ❷ 动〈文〉斜着走近路 ▷～而行。❸ 形 近便;方便 ▷～径|便～。☛"捷"字右中是"彐",不是"ヨ"。

【捷报】jiébào 名 胜利的消息 ▷前线传来～。

【捷才】jiécái 名 才思敏捷的人 ▷这位作家是～,作品既多又好。

【捷径】jiéjìng ❶ 名 近便的路 ▷有条～可以直通山顶。❷ 名 比喻速成的方法或手段 ▷在学习的道路上,没有～可走。

【捷音】jiéyīn 名 捷报 ▷～频传。

【捷运】jiéyùn 名 台湾地区指轨道交通(多指地下铁道)。

【捷足先登】jiézú-xiāndēng 比喻行动快捷,抢先达到目的。

偈 jié〈文〉❶ 形 奔跑迅速。○ ❷ 形 勇武;强壮。

另见 652 页 jì。

袺 jié 动〈文〉用手提起衣襟兜(东西) ▷采采芣苢,薄言～之。

婕 jié [婕妤] jiéyú 名 古代宫中女官名。

絜 jié 用于人名。

另见 702 页 jié "洁";1521 页 xié。

颉(頡) jié 用于人名。如仓颉,传说中汉字的创造者。

另见 1521 页 xié。

榤 jié〈文〉❶ 名 作标记用的小木桩。→ ❷ 动 标示;标明 ▷～而玺之|～橥。

【榤橥】jiézhū〈文〉❶ 名 标记;标志 ▷立～于碣石山。❷ 动 标明;揭示 ▷～生命之真谛。

睫 jié 名 睫毛 ▷迫在眉～|目不交～。☛统读 jié,不读 jiē。

【睫毛】jiémáo 名 上下眼睑边缘的细毛。有阻挡异物侵入眼内和减弱强光刺激的作用。

蜐 jié 见 1242 页"石蜐"。

截 jié ❶ 动 割断 ▷～长补短|～肢。→ ❷ 动 在中途阻拦 ▷赶快～辆车送病人上医院|堵～|～获。→ ❸ 量 相当于"段"② ▷一～铁丝|剁成三～。→ ❹ 动 到一定期限(为止) ▷～至|～止。○ ❺ 名 姓。

【截查】jiéchá 动 拦截检查 ▷～过往车辆。

【截长补短】jiécháng-bǔduǎn 截取长的补足短的;比喻以多余补不足,以长处补短处。

【截断】jiéduàn ❶ 动 割断 ▷把钢筋～。❷ 动 拦截;挡住 ▷～敌人的退路。

【截稿】jiégǎo 动 停止收稿 ▷征文～日期已到。

【截获】jiéhuò 动 中途夺取或缴获 ▷～情报。

【截击】jiéjī 动 拦截并袭击 ▷～逃匪|～敌舰。

【截劫】jiéjié 动 拦路抢劫 ▷遭遇海盗～。

【截留】jiéliú 动 扣留经手的财物 ▷～资金。

【截流】jiéliú 动 堵截水流,使改变方向或提高水位。

【截门】jiémén 名 安装在管道中间的阀门,可以控制管道的开闭。

【截面】jiémiàn 名 把物体剖开所呈现的平面图形。工程上多称剖面。也说断面、切面。

【截屏】jiépíng ❶ 动 在电子计算机、手机等设备上截取屏幕内容 ▷他将转账信息～,留作证据|～图。❷ 名 由截屏内容制成的图像 ▷这是本期目录页的～|他发来的是一张虚假～。

【截取】jiéqǔ 动 从中截下并取出一段或一部分 ▷～全书的部分章节。

【截然】jiérán 副 表示界限非常分明 ▷他俩的性格～相反。

【截收】jiéshōu 动 中途拦截收取(信号) ▷～敌台信号|研制外星信息～设备。

【截瘫】jiétān 动 脊髓损伤造成损伤平面以下的两侧肢体瘫痪。常伴有这些部位的感觉、反射及膀胱、肛门括约肌功能部分或全部丧失 ▷车祸导致下肢～。

【截肢】jiézhī 动 用外科手术截去坏死或无法治疗的肢体。

【截止】jiézhǐ 动 到某一时间后停止 ▷报名到 30 日～。☛跟"截至"不同。"截止"表示到某个时间节点就结束,后面不能带宾语;如果需要带宾语,须用"截止到",如"截止到 3 月 21 日"。"截至"可带宾语,表示某个时间是节点,但未必结束。

【截至】jiézhì 动 截止到(某一限定时间) ▷全市上网人数～今年 12 月 31 日共 89,216 人。☛参见本页"截止"的提示。

【截子】jiézi 量 段 ▷他比她高一大～。

榤 jié 名〈文〉鸡栖息的横木。

碣 jié 名〈文〉圆顶的石碑 ▷断～残碑|墓～。

鲒(鮚) jié 名〈文〉蚌。

竭 jié ❶ 动 完;尽 ▷取之不尽,用之不～|精疲力～|衰～。→ ❷ 动 用尽;全部拿出 ▷～尽全力|～力。→ ❸ 形 干涸 ▷枯～。

【竭诚】jiéchéng 副 表示竭尽忠诚,实心实意 ▷～为顾客服务|～拥戴。

【竭尽】jiéjìn 动 全部用完 ▷～所能|～家资。

【竭蹶】jiéjué〈文〉❶ 形 走路跌跌撞撞、匆匆忙忙的样子 ▷远者～而趋之。❷ 动 不足但仍尽力 ▷～以求。❸ 形(经济、人才等)窘迫;匮乏 ▷经费尤为～|人才渐见～。

【竭力】jiélì 动 用尽全力 ▷尽心～|～反对。

【竭泽而渔】jiézé'éryú 排干池塘或湖泊的水捕鱼。比喻只图眼前利益,不作长远打算。☛"渔"不要误写作"鱼"。

羯[1] jié 名 羯羊。

羯[2] jié 名 我国古代民族,曾附属匈奴,散居于上党郡(今山西潞城一带)。东晋时在黄河流域建立后赵政权(公元311—334年)。

【羯鼓】jiégǔ 名 我国古代一种两面蒙皮、腰部细小的鼓。相传来源于羯族。

【羯羊】jiéyáng 名 阉割过的公羊。

蝍 jié 名 甲壳动物,体长3厘米左右,呈细杆状,胸部有七对胸肢,第二对特别大。生活在海洋里藻类或苔藓虫群体间。也说麦秆虫。

jiě

姐 jiě ❶ 名 姐姐① ▷三～|～妹|堂～。→ ❷ 名 姐姐② ▷表～。→ ❸ 名 对年轻的或年龄比自己稍大的女子的称呼 ▷刘～|李～。❹ 名 对某些年轻职业女性的敬称▷空～。

【姐夫】jiěfu 名 姐姐的丈夫。也说姐丈。

【姐姐】jiějie ❶ 名 同父母(或只同父、只同母)或同族同辈中年龄比自己大的女子。❷ 名 亲戚中同辈而年龄比自己大的女子。

【姐妹】jiěmèi ❶ 名 姐姐和妹妹 ▷～俩都爱打篮球。❷ 名 指同胞的兄弟姐妹 ▷他们～几个都是教师。

【姐妹城】jiěmèichéng 名 姊妹城。

【姐妹篇】jiěmèipiān 名 姊妹篇。

【姐们儿】jiěmenr 名〈口〉姐妹们(多含亲切意)。

毑 jiě 见3页"娭毑"。

解 jiě ❶ 动 剖开 ▷～牛|～剖。→ ❷ 动 离散;分裂 ▷瓦～|～散|～体。❸ 动 消除 ▷～忧|～围|～渴。❹ 动 排泄大小便 ▷大～|小～。→ ❺ 动 把捆着或系(jì)着的东西打开 ▷把绳子～开|～扣子。→ ❻ 动 分析;说明 ▷～说|讲～|注～。❼ 动 明白;懂 ▷大惑不～|了～|理～。→ ❽ 动 分析演算 ▷这道题不好～|～方程。❾ 名 代数方程式中未知数的值 ▷求这个方程的～。☛通常读jiě。读jiè,指押运、押送,如"押解";又,古代州府考试或乡试的第一名称"解元"。读xiè,用于地名、姓氏及指武术、杂技的技艺,如"解数"等。

另见711页jiè;1523页xiè。

【解表】jiěbiǎo 动 中医指用药物使病人出汗祛风退热 ▷清热～,祛风散寒。

【解馋】jiěchán 动 满足了想吃某种食物的欲望 ▷吃了一顿烤鸭,真～。

【解嘲】jiěcháo 动 用言行掩饰自己受到嘲笑的事 ▷自我～。

【解愁】jiěchóu 动 排除愁闷 ▷借听音乐来～。

【解除】jiěchú 动 去掉;消除 ▷～武装|～警报。

【解答】jiědá 动 解释回答 ▷～问题。

【解大手】jiědàshǒu 动〈口〉大便①。

【解冻】jiědòng ❶ 动 冰冻消融 ▷春回大地,江河～。❷ 动 解除对资产、人事等的冻结状态 ▷资金已～,可以到银行提款了。❸ 动 比喻紧张的关系变得缓和 ▷冷战结束后,两国的关系～了。

【解毒】jiědú ❶ 动 除去或中和机体内的有危害的物质 ▷抗毒～。❷ 动 中医指解除热毒、寒毒、湿毒、火毒等致病因素 ▷清热～。

【解读】jiědú 动 通过分析来理解 ▷～古书|经历过坎坷的人更有～人生的能力。

【解饿】jiě'è 动 消除饥饿的感觉 ▷吃了碗馄饨,还不～。

【解乏】jiěfá 动 消除疲乏 ▷睡一觉也没～|洗个热水澡解解乏。

【解法】jiěfǎ 名 解题的方法 ▷这道代数题有两种～。

【解放】jiěfàng ❶ 动 解除约束,使自由发展 ▷～思想,实事求是|高科技的运用～了大批劳动力。❷ 动 推翻反动统治,摆脱压迫和剥削 ▷～被压迫民族。

【解放军】jiěfàngjūn 名 为推翻反动统治、使人民摆脱压迫和剥削而组织起来的军队;特指中国人民解放军。

【解放区】jiěfàngqū 名 指推翻了反动政权,建立了人民政权的地区;特指在抗日战争和解放战争时期,中国共产党领导的军队从日伪统治或国民党反动派统治下解放出来的地区。

【解放鞋】jiěfàngxié 名 解放军战士穿的一种橡胶底、军绿色帆布面的系带鞋。

【解放战争】jiěfàng zhànzhēng ❶ 被压迫的阶级或民族为获得解放而进行的战争。❷ 特指我国第三次国内革命战争(1946—1949)。即中国人民在中国共产党领导下，推翻国民党反动统治，赶走帝国主义势力，成立中华人民共和国的革命战争。

【解纷】jiěfēn 动〈文〉化解纠纷 ▷～排难|斡旋～。

【解疙瘩】jiěgēda 比喻化解人际间的隔阂或解决思想上的问题 ▷街坊邻居争吵，她主动去做工作，～。

【解构】jiěgòu ❶ 动 对事物的内容结构进行剖析 ▷～历史。❷ 动 解体 ▷传统模式被～、颠覆。

【解雇】jiěgù 动 解除雇佣关系 ▷被老板～了。

【解恨】jiěhèn 动 消除心头的怨恨 ▷恨不得亲手痛打一顿这个坏蛋才～。

【解惑】jiěhuò 动 解除疑惑 ▷～释疑。

【解甲归田】jiějiǎ-guītián 脱下铠甲，回家种田。原指军人离开军队回乡务农；现泛指军人退役或转到地方工作。

【解禁】jiějìn 动 解除禁令；解除禁锢。

【解酒】jiějiǔ 动 醒酒 ▷浓茶并不能～。

【解救】jiějiù 动 从危险或困境中救出来 ▷～人质|～濒于灭绝的珍稀野生动物。

【解决】jiějué ❶ 动 使问题得到处理，有了结果 ▷妥善～内部矛盾|问题还没～。❷ 动 消灭；除掉 ▷黑恶势力被～了。

【解渴】jiěkě 动 消除口渴的感觉；比喻满足要求、解决问题 ▷喝茶比喝汽水～|专家深入浅出的报告真～。

【解扣儿】jiěkòur ❶ 动 解开纽扣。❷ 动〈口〉比喻解决矛盾或消除仇怨 ▷他俩长期不和，还得你帮着～。‖也说解扣子。

【解困】jiěkùn ❶ 动 解决困难 ▷扶贫～。○ ❷ 动 消除困乏或睡意 ▷在沙发上眯了一会儿，解解困。

【解铃还须系铃人】jiě líng hái xū xì líng rén 宋·惠洪《林间集》及明·瞿汝稷《指月录》记载：法眼和尚问众僧："老虎脖子上的金铃，谁能解下来？"大家答不上来。这时泰钦禅师来了，回答说："系上去的人能解下来。"后用"解铃还须系铃人"比喻谁惹出麻烦还得由谁去解决。

【解铃系铃】jiělíng-xìlíng "解铃还须系铃人"的缩略。

【解码】jiěmǎ 动 把蕴含信息的编码翻译或恢复成信息（文字、数据或图像等）。

【解闷】jiěmèn 动 解除烦闷 ▷听相声～|下盘棋解解闷儿。

【解密】jiěmì ❶ 动 解除对文件、档案等保密的规定 ▷刚刚～的档案。❷ 动 电子计算机操作中指给加密过的信息除去密码，使还原成加密前的状态。❸ 动 彻底了解事物的真相或规律 ▷克隆技术～。

【解民倒悬】jiěmín-dàoxuán《孟子·公孙丑上》："当今之时，万乘之国行仁政，民之悦之，犹解倒悬也。"后用"解民倒悬"指把老百姓从困苦危难中解救出来。☛"倒"这里不读 dǎo。

【解难】jiěnán 动 解决困难；解释疑难 ▷邻里帮助～|老师耐心地答疑～。☛ 跟"解难（nàn）"不同。

【解难】jiěnàn 动 解除危险或灾难 ▷消灾～|排忧～。☛ 跟"解难（nán）"不同。

【解囊】jiěnáng 动 解开口袋。指掏出钱物帮助别人 ▷～赈灾|慷慨～|～相助。

【解聘】jiěpìn 动 解除聘用关系 ▷～雇员。

【解剖】jiěpōu ❶ 动 用特制的刀剪把生物体剖开，以便观察研究其内部构造或探寻伤病原因 ▷～小白鼠|～尸体。❷ 动 比喻对事物进行深入观察分析 ▷～思想|～内心世界。

【解剖麻雀】jiěpōu-máquè 比喻选取典型进行剖析，从中找出规律，指导全面工作。

【解气】jiěqì 动 消除心头的气愤 ▷心里不痛快，也不要拿孩子来～。

【解劝】jiěquàn 动 劝解。

【解热】jiěrè 动 医学上指消除发热的症状 ▷～镇痛|～剂。

【解散】jiěsàn ❶ 动 聚集的人散开 ▷现在～，10点再集合。❷ 动（机构或团体）取消或自动离散 ▷军政府～了国民议会|球队～了。

【解绳松绑】jiěshéng-sōngbǎng 比喻解除束缚或限制 ▷简政放权，为国有企业～。

【解释】jiěshì ❶ 动 分析阐明；讲解说明 ▷这个问题我～不清|～原因。❷ 动 说明理由；分辩 ▷事情已经查清楚，你不用～了。

【解释权】jiěshìquán 名 对法律或法规进行解释的权力；泛指解释的权力。

【解手】jiěshǒu 动 婉词，指排泄大小便。

【解暑】jiěshǔ 动 消除暑热 ▷吃西瓜～。

【解说】jiěshuō 动 讲解说明 ▷教练反复～动作要领|～词|～员。

【解套】jiětào ❶ 动 解开绳套；比喻识破圈套。❷ 动 指在股市行情上涨时，抛售被套牢的股票。

【解题】jiětí ❶ 动 演算或解答练习题、试题 ▷他用粉笔在黑板上～。❷ 动 解说诗文的题意 ▷老师讲每首诗都要先～。

【解体】jiětǐ ❶ 动 整体结构分解。❷ 动 瓦解；垮台 ▷奴隶社会～|军事防线～。

【解脱】jiětuō ❶ 动 佛教指脱离烦恼，获得自由。❷ 动 从困境中脱离出来 ▷从繁重的体力劳动中～出来。❸ 动 推卸；开脱 ▷这个责任你～不了|为他人～罪责。☛"解脱"②跟"摆脱"不同。"解脱"②侧重指从精神枷锁或

困境中解放出来,"摆脱"侧重指脱离不利处境或不良状况。

【解围】jiěwéi ❶ 动 解除敌方的包围 ▷派一个营去～。❷ 动 帮助人摆脱困境或窘境 ▷他正无言以对,幸好有同事来给～。

【解悟】jiěwù 动 理解领悟 ▷哲理深奥,难以～。

【解析】jiěxī 动 剖析;深入分析 ▷～老庄哲学的精髓。

【解析几何】jiěxī jǐhé 用代数方法解决几何学问题的学科。广泛应用于高等数学、物理学、力学等领域。

【解小手】jiěxiǎoshǒu 动〈口〉小便。

【解压】jiěyā ❶ 动 缓解、减少压力 ▷～阀｜听听音乐,给自己解解压。❷ 动 指解压缩,信息处理中使压缩档恢复为正常档 ▷这组文档尚未～。

【解严】jiěyán 动 解除戒严状态。

【解药】jiěyào ❶ 动 消解药力 ▷茶水能～,服药不要用茶水。❷ 名 能化解毒性的药物 ▷他被毒蛇咬伤了,赶快用～。

【解衣推食】jiěyī-tuīshí 脱下衣服给别人穿,让出食物给别人吃(推:让)。形容慷慨助人。

【解颐】jiěyí 动〈文〉脸上露出笑容(颐:面颊) ▷诙谐小品,令人～。

【解疑】jiěyí ❶ 动 解除怀疑 ▷经你一分析我才算～了。❷ 动 解答疑难问题 ▷有不懂的地方可以请老师～。

【解忧】jiěyōu 动 解除忧愁 ▷消愁～。

【解约】jiěyuē 动 解除原有的约定 ▷未经协商,单方不能～。

【解职】jiězhí 动 解除职务 ▷因犯大错被～。

檞 jiě 名 古书上说的一种木质像松的树。

jiè

介[1] jiè ❶ 动 处在两者之间 ▷产品质量～于优劣之间｜～入｜～音。→ ❷ 动 使二者发生联系 ▷～绍｜～词。❸ 名 使二者发生联系的人或事 ▷媒～｜中～。○ ❹ 动 存留;放在(心里) ▷～意｜～怀。○ ❺ 名 姓。

介[2] jiè〈文〉❶ 名 铠甲 ▷～胄。→ ❷ 名 甲壳 ▷～虫。❸ 名 带甲壳的水生动物 ▷鳞～。

介[3] jiè〈文〉❶ 量 用于人,相当于"个" ▷一～书生｜一～武夫。○ ❷ 形 正直;有骨气 ▷耿～｜贞～。

介[4] jiè 名 古代戏曲剧本中指示动作、情态和效果的术语 ▷坐～｜哭～｜犬吠～。

【介虫】jièchóng 名 身体外部有甲壳的动物。如虾、蟹等。

【介词】jiècí 名 虚词的一类。用在名词、代词或名词性短语前边,引进动作行为的时间、处所、方式、目的、涉及或比较的对象以及动作的施事者等。如"在""从""以""为了""把""比""被"等。

【介乎】jièhū 动 介于 ▷～二者之间。

【介怀】jièhuái 动〈文〉介意;放在心里 ▷区区小事,何必～。

【介壳】jièqiào 名 软体动物等身上的坚硬外壳,可起到保护身体的作用。

【介入】jièrù 动 参加进去干预其事 ▷他们两口子的事,你不要～。

【介绍】jièshào ❶ 动 从中引见使双方认识或发生联系 ▷是他～我们认识的。❷ 动 推荐;引进 ▷我给你～一本好书｜他～我加盟。❸ 动 说明情况,使人了解 ▷～灾情｜～产品特点。

【介绍人】jièshàorén ❶ 名 从中沟通双方关系的人;媒人 ▷他是我们双方合作的～｜老李是我们两口子的～。❷ 名 特指加入党团组织的介绍人。

【介绍信】jièshàoxìn 名 由机关、单位开具的证明持信人身份和说明有关接洽事宜的信件 ▷出差时要带单位～。

【介意】jièyì 动 放在心里;在意 ▷一句玩笑,不必～｜他很～个人名誉。

【介音】jièyīn 名 汉语音节中介于声母和韵母的主要元音之间的元音。如"jiāo"中的 i。普通话语音的 i、u、ü 可以充当介音。也说韵头。

【介于】jièyú 动 处在(两者当中) ▷这个村子～两条河之间。

【介质】jièzhì 名 物体系统在其间存在或物理过程(如力、光和能量的传递)在其间进行的物质。如水、空气可以是声音传播的介质。也说媒质。

【介子】jièzǐ 名 质量介于电子和核子之间的粒子。种类很多,有带电荷的,也有中性的。能用来撞击原子核,引起核爆炸。

价 jiè 名 旧指受派遣为人传递物件或信息的人。

另见 662 页 jià;711 页 jie。

戒 jiè ❶ 动 提防 ▷～骄～躁｜～备｜～心。→ ❷ 动 使警觉而不犯错误 ▷言者无罪,闻者足～。→ ❸ 动 革除;改掉(不良嗜好) ▷～烟｜～酒。❹ 名 佛教指教徒必须遵守的准则;泛指不允许做的事 ▷～律｜受～｜杀～。→ ❺ 名 指戒指 ▷钻～。○ ❻ 名 姓。

【戒备】jièbèi 动 警惕防范 ▷严密～｜加意～。

【戒尺】jièchǐ ❶ 名 佛教戒师说戒时的用具。为两块长方形小木，敲击发声使听众集中注意力。❷ 名 旧时塾师体罚学生所用的尺形小木板。也说戒方、手板。

【戒除】jièchú 动 改掉(不良的嗜好或习气) ▷～陋习。

【戒刀】jièdāo 名 旧指和尚佩带的刀。佛教戒律规定，这种刀不得杀生，只能切割衣物。

【戒牒】jièdié 名 旧时寺院发给受戒僧尼的受戒证明书。

【戒毒】jièdú 动 改掉吸毒的嗜好。

【戒骄戒躁】jièjiāo-jièzào 警惕、防止产生骄傲和急躁情绪。

【戒具】jièjù 名 用来限制行动自由，以防止逃脱、自杀、施暴等行为的器具。如手铐、脚镣。

【戒惧】jièjù 动 戒备和害怕 ▷毫无～|心存～。

【戒律】jièlǜ 名 宗教禁止教徒违反教义的法规 ▷恪守佛门～|清规～◇冲破～，大胆改革。也说戒规。

【戒坛】jiètán 名 佛教徒受戒的台子。

【戒条】jiètiáo 名 戒律中的条款。

【戒心】jièxīn 名 警惕戒备的意识 ▷消除～。

【戒严】jièyán 动 国家在发生战争或非常情况时，在全国或局部地区采取严格的警戒措施，如实行宵禁、管制交通、加强巡逻等。

【戒严令】jièyánlìng 名 由政府颁布的在全国或局部地区实行戒严的命令。

【戒指】jièzhi 名 戴在手指上的环形装饰品，多用金银、玉石等制成 ▷钻石～|结婚～。也说指环。

芥[1] jiè 名 芥菜 ▷～末|～子。

芥[2] jiè 名〈文〉小草；借指细微的事物 ▷草～|纤～之祸。

另见 439 页 gài。

【芥菜】jiècài 名 一年或二年生草本植物，开黄色小花。种子黄色，有辣味，可研成粉末作调料，也可榨油。芥菜的变种很多，有叶用芥菜(如雪里蕻)、茎用芥菜(如榨菜)和根用芥菜(如大头菜)等。都可以食用。☛ 跟"芥(gài)菜"不同。

【芥蒂】jièdì 名〈文〉细小的梗塞物；比喻积存在心中的怨恨和不快 ▷心存～|胸无～。

【芥末】jièmo 名 芥子研磨成的粉末。味辣，用作调料。

【芥子】jièzǐ 名 芥菜种子。

【芥子气】jièzǐqì 名 糜烂性毒剂的一种，纯品为无色油状液体，有芥末或大蒜味。有剧毒，能造成皮肤溃烂。

玠 jiè 名 古代一种玉器，即大圭。

届(*屆) jiè ❶ 动 到(预定的时候) ▷～时|～期。→ ❷ 量 用于定期的会议或毕业生等，略相当于"次""期" ▷第一～|本～|历～|应～。☛ 右下是"由"，不是"田"或"㐫"。

【届满】jièmǎn 动 规定的任期已满 ▷任期～。

【届期】jièqī ❶ 动 到约定的日期 ▷～务请拨冗出席。❷ 名 常设机构或组织的每一届或某一届的任期 ▷本届党委～5 年。

【届时】jièshí 动 到预定的时间 ▷恭请～莅临指导。

界 jiè ❶ 名 地区跟地区相交的地方 ▷地～|国～|分～。→ ❷ 名 泛指一定的范围或限度 ▷外～|境～|自然～。⇒ ❸ 名 特指按职业、工作、性别等划定的范围或领域 ▷教育～|工商～|妇女～|各～人士。⇒ ❹ 名 特指某一特殊境域 ▷如登仙～|神仙下～。⇒ ❺ 名 生物分类系统中的最大类别 ▷动物～|植物～|真菌～。⇒ ❻ 名 年代地层单位的第二级。参见 300 页"地层单位"。→ ❼ 动〈文〉接界 ▷北～黄河。

【界碑】jièbēi 名 作为分界标志的碑。

【界标】jièbiāo 名 指界碑、界石等分界的标志。

【界别】jièbié 名 社会成员按行业、职业等划分的类别。如政协委员可分为科技、教育等不同界别。

【界尺】jièchǐ 名 画直线用的没有刻度的木尺。

【界定】jièdìng ❶ 动 划定界限；确定范围 ▷～职责|～边界。❷ 动 下定义，给界说 ▷讨论知识经济必须先对知识经济加以～。

【界河】jièhé 名 作为两国或两地区分界的河流 ▷鸭绿江是中朝两国的～。

【界岭】jièlǐng 名 界山。

【界面】jièmiàn 名 两个物件相连接的部位；也指计算机硬软件系统不同组成部分之间或系统与系统之间交接的部分 ▷复合材料～开裂|把～口焊牢|软件～。

【界内】jiènèi 名 界线以内；管辖范围之内 ▷球落在～|在河北省～。

【界山】jièshān 名 作为两国或两地区分界线的山。

【界石】jièshí 名 作为分界标志的石碑或石桩。

【界说】jièshuō 名 对某一词语或概念所作的界定；定义。

【界外】jièwài 名 界线以外；管辖范围之外 ▷掷～球|事件发生在～。

【界限】jièxiàn ❶ 名 不同事物之间的分界 ▷划清敌我～。❷ 名 限度 ▷不要随便突破～。

【界线】jièxiàn ❶ 名 两个地区之间分界的线 ▷两国边境的～是河流与航道的中心线。❷ 见本页"界限"①。现在一般写作"界限"。

【界域】jièyù 名 一定的范围、地域。

【界约】jièyuē 名 相邻国家有关边界问题缔结的条约。

【界址】jièzhǐ 名 两国或两地区交界的位置 ▷～上立有界碑。

【界桩】jièzhuāng 名 作为分界标志的桩子。

疥 jiè 名 疥疮 ▷癣～之疾。

【疥疮】jièchuāng 名 由疥螨寄生引起的传染性皮肤病。症状是皮肤上出现丘疹，刺痒难忍。多发生于手、臀、腹等部位。

【疥蛤蟆】jièháma 名 蟾蜍的俗称。

【疥螨】jièmǎn 名 寄生虫，借脚上的吸盘寄生在人的皮肤下，能引起疥疮。也说疥虫。

诫（誡） jiè 动 规劝；警告 ▷告～｜规～｜训～。

【诫勉】jièmiǎn 动 告诫勉励。今指对思想、工作、作风等方面存在问题的干部进行教育的一种方式，由组织和纪律监察部门对他们谈话规诫、监督管理，并组织跟踪考核 ▷三名干部违纪被～谈话。

蚧 jiè 见 462 页“蛤（gé）蚧”。

借（藉❸—❺） jiè ❶ 动 临时使用别人的财物，一定时间内归还 ▷跟人～钱｜有～有还，再～不难。→ ❷ 动 把自己的财物临时给别人使用 ▷把车～给同学了。→ ❸ 动 凭借；利用 ▷火～风势。❹ 介 引进动作行为所凭借、利用的对象（其后可跟“着”）▷～着回家探亲，看望了自己的小学老师｜～题发挥。→ ❺ 动 假托 ▷～故｜～口。

“藉”另见 645 页 jí；711 页 jiè。

【借词】jiècí 名 外来词。

【借代】jièdài 名 修辞手法，不直称客观事物本身的名称，而用与之密切相关的另一种事物的名称去代替。如“不拿群众一针一线”，就是借“一针一线”代替一切物品。

【借代义】jièdàiyì 名 某个词语经常被用作借代而相对固定下来的意义。如“红领巾”的借代义是少先队员；“白大褂”的借代义是医生。

【借贷】jièdài ❶ 动 向别人借钱或借钱给别人。❷ 名 借方和贷方。

【借刀杀人】jièdāo-shārén 比喻自己不露面而是借助或利用别人去害人。

【借调】jièdiào 动 不改变隶属关系，临时从一个单位借用人员到另一个单位工作。

【借读】jièdú 动 指不具备某校学籍而进入该校就读。

【借端】jièduān 副 借口某事；借故 ▷～发作｜～离去。

【借方】jièfāng 名 执行会计制度权责发生制时，反映资产增加、负债及所有者权益的减少的科目总称（跟“贷方”相对）。

【借风使船】jièfēng-shǐchuán 借助风力行船；比喻凭借别人的力量来达到自己的目的。也说借水行舟。

【借古讽今】jiègǔ-fěngjīn 利用议论古人古事的是非来影射讽刺现实。

【借故】jiègù 副 假借某种原因 ▷～逃学｜～推托。☛ 跟“借口”①不同。“借故”是副词，所“借”之缘故没有明白说出来；“借口”①是动词，后面带的宾语说明了所“借”之口实。

【借光】jièguāng ❶ 动 指分沾他人的利益或荣耀 ▷父母当了领导，子女就跟着～，别人会戳脊梁骨。❷ 动 客套话，用于请别人给予方便或向别人询问 ▷～，让我过去一下｜～，去火车站怎么走？

【借花献佛】jièhuā-xiànfó 比喻用别人的东西做人情。

【借机】jièjī 副 利用机会；乘机 ▷～开拓国内市场｜～报复。

【借鸡生蛋】jièjī-shēngdàn 比喻利用他人或他物使自己获利。

【借记卡】jièjìkǎ 名 指不具有透支功能的银行卡。持卡人须先存款而后才可用此卡消费、取款、转账、缴费等，有的还附加理财功能和增值服务。

【借鉴】jièjiàn 动 拿别人的事作对照，以便从中学习或吸取经验教训 ▷～外国的先进经验。也说借镜。

【借景】jièjǐng 动 园林艺术中的一种造园手法。取园外的景物来陪衬、丰富园内景致，使与园内景致融为一体，或使园内各景点互相映衬。

【借据】jièjù 名 借用别人财物时所立的字据。

【借考】jièkǎo 动 经招生部门批准，到非户籍所在地参加招生考试。

【借口】jièkǒu ❶ 动 假借某种理由 ▷～生产忙而忽视环境治理。❷ 名 假借的理由；托词 ▷找～推卸责任。☛ 参见本页“借故”的提示。

【借款】jièkuǎn ❶ 动 向别人借钱；借钱给别人 ▷向亲友～购房｜～给朋友交付医疗费。❷ 名 借的钱 ▷偿还～。☛ 跟“贷款”不同。“借款”多用于日常个人或集体之间，也可指银行等金融机构借钱给人；“贷款”只限于银行等金融机构通过一定手续借钱给人或单位。

【借聘】jièpìn 动 以借调的方式聘用 ▷从兄弟院校～两位教师。

【借契】jièqì 名 借据。

【借尸还魂】jièshī-huánhún 迷信指人死后灵魂附

在他人的尸体上复活。比喻已经没落或死亡的思想、势力、事物等凭借另一种名义或形式重新出现。

【借势】jièshì ❶ 动 凭借他人的权势;仗势 ▷～欺人。❷ 副 利用某种形势;趁势 ▷～逃脱｜～反击。

【借宿】jièsù 动 借别人的地方暂时住宿 ▷荒郊旷野,无处～。

【借题发挥】jiètí-fāhuī 利用某事为题发表自己另外的想法。

【借条】jiètiáo 名 作借据用的便条 ▷打～。

【借位】jièwèi 动 数学上指在减法运算中,被减数的某一位小于减数时,向前一位的数借1,合成本位的数,然后再减该位减数。

【借问】jièwèn 动 客套话,用于向对方询问 ▷～邮局在哪里?

【借以】jièyǐ 连 连接分句,用在后一分句开头,表示后一分句所说内容以前一分句所说内容为凭借,相当于"以便" ▷仅举一例,～说明问题的严重性。

【借用】jièyòng ❶ 动 把人家的东西借来使用 ▷桌子我先～一天。❷ 动 把某事物借作他用 ▷借喻是～喻体来代表本体。

【借喻】jièyù 名 比喻的一种,不出现本体和比喻词,直接借用喻体来代表本体。如"只见树木不见森林",直接用喻体"树木""森林"分别比喻局部和整体。

【借约】jièyuē 名 借据。

【借阅】jièyuè 动 把图书、杂志等借来阅读。

【借债】jièzhài 动 向别人借钱 ▷四处～｜～经营。

【借支】jièzhī 动 在发工资之前支用工资。

【借指】jièzhǐ 动 释词术语之一,用来指明由借代所产生的词义。如"烽火",原指报警的烟火,借指战争。

【借重】jièzhòng ❶ 动 借他人的名望、地位、实力等来抬高自己 ▷不要～他人的名望,来抬高自己。❷ 动 敬词,用于请别人帮忙 ▷这事还得～您。

【借助】jièzhù 动 凭借其他力量的帮助 ▷风筝～风力,越飞越高。

【借住】jièzhù 动 借宿。

悈 jiè 动〈文〉警戒;警惕。

骱 jiè 名 某些地区指骨节跟骨节衔接的地方 ▷脱～(脱臼)。

解 jiè 动 押送 ▷～到京城｜起～｜～送。另见 706 页 jiě;1523 页 xiè。

【解差】jièchāi 名 古代指押送犯人的公差。

【解送】jièsòng 动 押送;押运 ▷～犯人｜这车货由你～。

【解押】jièyā 动 解送;押送 ▷～犯人。

【解元】jièyuán 名 唐宋时期州府举行的考试称"解试",解试第一名称"解元"。明清两代把在省城举行的考试叫乡试,考中的称举人,第一名也称解元。

【解运】jièyùn 动 押运 ▷～文物｜～军用物资。

犗 jiè〈文〉❶ 名 阉过的牛。→ ❷ 动 阉割。

褯 jiè [褯子] jièzi 名〈口〉婴儿的尿布。

藉 jiè ❶ 名〈文〉垫子 ▷草～。→ ❷ 动〈文〉垫;衬 ▷枕～｜～茅(用茅草垫着)。○ ❸ 见 1436 页"慰藉"。○ ❹见 1710 页"蕴藉"。另见 645 页 jí;710 页 jiè "借"。

jie

价(價) jie〈口〉❶ 助 用在状语与动词或形容词之间,相当于"地" ▷整天～哭丧着脸｜炮声震天～响｜成天～忙。○ ❷ 助 用在独立成句的否定副词后面,加强语气 ▷别～｜甭～｜要不～,你就别来。另见 662 页 jià;708 页 jiè。

家 jie 同"价(jie)"①。现在一般写作"价"。另见 657 页 jiā;663 页 jia。

jīn

巾 jīn 名 用来擦、包或盖东西的小块织物 ▷手～｜头～｜枕～｜纱～。

【巾帼】jīnguó 名 古代妇女的头巾和发饰;借指妇女 ▷～不让须眉｜～英雄。

【巾箱本】jīnxiāngběn 名 古代开本很小的书。因开本小,可以放在巾箱(放头巾、手巾等的小箱子)中,便于携带,故称。

斤[1] jīn 名 古代砍伐树木的工具,类似斧子 ▷斧～。

斤[2](*觔) jīn 量 市斤。

【斤斗】jīndǒu 现在一般写作"筋斗"。

【斤斤计较】jīnjīn-jìjiào 过分计较微小的利益或琐细的事情(斤斤:过分注重)。

【斤两】jīnliǎng 名 分量 ▷～不足◇话虽不多,却很有～。

今 jīn ❶ 名 现在;当前 ▷从～以后｜当～｜～年｜～春｜～晚。→ ❷ 名 现代(跟"古"相对) ▷古为～用｜厚～薄古｜古文～译。→ ❸ 代 此;这 ▷～生～世｜～次。→ ❹ 名 姓。

【今草】jīncǎo 名 草书的一种,由章草结合楷书发展而成。相传为东汉张芝所创,六朝时为区别于章草,故称。

【今番】jīnfān 今天这一回;这次 ▷~故地重游。

【今非昔比】jīnfēixībǐ 当今不是过去所能比得上的。形容变化很大。

【今儿个】jīnrgè 名〈口〉今天。也说今儿。

【今后】jīnhòu 名 从说话的时间以后 ▷~要更加勤奋|看我~的表现吧!

【今年】jīnnián 名 说话时的这一年。

【今人】jīnrén 名 现在的人 ▷追思先辈,激励~|不要把~的观念强加给古人。

【今日】jīnrì ❶ 名 今天(多用于书面语) ▷~事~毕。❷ 名 现在;目前 ▷~之中国,变化之大,令人惊讶。

【今生】jīnshēng 名 此生;这一辈子 ▷~今世。

【今世】jīnshì ❶ 名 现代;当代 ▷~豪杰。❷ 名 今生 ▷今生~,永不反悔。

【今是昨非】jīnshì-zuófēi 现在正确,过去错了。表示认识到过去的错误。也说今是昔非、昨非今是。

【今岁】jīnsuì 名〈文〉今年 ▷~风调雨顺。

【今体诗】jīntǐshī 名 近体诗。

【今天】jīntiān ❶ 名 说话时的这一天 ▷~天气晴好。口语中也说今儿、今儿个。❷ 名 现在;如今 ▷不改革开放,哪有~的好生活?

【今文】jīnwén ❶ 名 汉代称当时通行的隶书。❷ 名 用隶书记录的儒家经典。汉代人把已经被焚毁的儒家经典,根据宿儒的口授,用隶书记录下来,后人称为今文或今文经。

【今昔】jīnxī 名 现在与以往 ▷说起~变化,令人感慨万千|~对照。

【今宵】jīnxiāo 名 今夜;今晚 ▷难忘~|~月圆。

【今译】jīnyì 名 古代典籍的现代汉语译文 ▷《史记》~。

【今音】jīnyīn ❶ 名 现代语音。❷ 名 特指以《切韵》《广韵》等韵书为代表的隋唐音。

【今雨】jīnyǔ 名〈文〉指新朋友。参见 741 页“旧雨”。

【今朝】jīnzhāo ❶ 名 今天① ▷~大雾弥漫。❷ 名 今天② ▷看~,举国上下一片欢腾。

金[1] jīn ❶ 名 金属的统称。通常指金、银、铜、铁、锡等 ▷五~|冶~。→ ❷ 名 货币;钱 ▷现~|~钱。→ ❸ 名 古代指金属制成的器物 ▷鸣~收兵。→ ❹ 名 金属元素,符号 Au。深黄色,有光泽,延展性强,化学性质稳定。主要用于制造货币、装饰品等。通称金子或黄金。⇒ ❺ 形 比喻珍贵、尊贵 ▷~口玉言|~枝玉叶。⇒ ❻ 形 形容颜色像金子的 ▷~橘|~灿灿。○ ❼ 名 姓。

金[2] jīn 名 朝代名,公元 1115—1234 年,女真族完颜阿骨打所建,曾统治中国北部。☛“金”字在字左时简化为“钅”,如“针”“铁”。

【金榜】jīnbǎng 名 科举时代称殿试录取的榜,录取者的姓名依成绩顺序写在榜上 ▷~题名。

【金榜题名】jīnbǎng-tímíng 科举时代指殿试的录取榜上有自己或某人的名字。被录取者由此就能进入仕途,获取功名利禄;后泛指考试被录取。☛“题”不要误写作“提”。

【金杯】jīnbēi 名 金质的杯。特指体育或其他比赛中颁发给冠军的奖杯。

【金本位】jīnběnwèi 名 以黄金作为本位货币的货币制度。

【金笔】jīnbǐ 名 高级自来水笔。笔头儿用黄金的合金、笔尖用铱的合金制成。

【金币】jīnbì 名 古代指金属铸造的货币;今指以黄金为主要成分铸造的货币。

【金碧辉煌】jīnbì-huīhuáng 形容建筑物等华丽精美、光彩夺目。

【金匾】jīnbiǎn 名 用金色颜料题写文字的匾额 ▷大殿中央挂着一块“正大光明”~。

【金箔】jīnbó 名 用黄金锤成的薄片;也指涂上金粉的纸片。多用于装饰佛像或器物。

【金不换】jīnbuhuàn 金子都换不来。形容格外珍贵 ▷浪子回头~。

【金灿灿】jīncàncàn 形 形容金光闪闪、十分耀眼的样子 ▷胸前挂着~的奖章。

【金钗】jīnchāi ❶ 名 古代妇女用来固定发髻的金制首饰,双股长针形。❷ 名〈文〉借指妇女(多指富贵人家) ▷红楼十二~。

【金蝉脱壳】jīnchán-tuōqiào 蝉的幼虫变为成虫时脱去身上的壳。比喻用计脱身,不让对方察觉。☛“壳”这里不读 ké。

【金城汤池】jīnchéng-tāngchí 金属铸造的城墙,蓄有沸水的护城河。形容城池坚固,难以攻破。

【金翅雀】jīnchìquè 名 鸟,体形大小像麻雀,羽毛颜色艳丽,两翼多为黑色而带有亮黄色翼斑,尾羽末端近黑色而基部鲜黄。主食杂草种子,兼食昆虫。冬季常成群活动。

【金疮】jīnchuāng 名 中医指刀、剑等金属器械造成的外伤 ▷中医治疗~一般用外敷药。

【金丹】jīndān 名 古代方士用黄金或铅汞等炼成的丹药,认为服用之后能长生不老。

【金点子】jīndiǎnzi 名 非常有价值的主意或办法 ▷人家那几条建议都是~,我们一定要落实。

【金店】jīndiàn 名 打造、出售黄金首饰的店铺。

【金锭】jīndìng 名 块状的黄金货币。

【金额】jīn'é 名 钱的数额。

【金发】jīnfà 名 金黄色的头发。

【金饭碗】jīnfànwǎn 名 比喻非常稳定而且待遇优厚的职业、职位 ▷不能让官职成为~。

【金粉】jīnfěn 名 旧指妇女妆饰用的金钿和铅粉；借指繁华绮丽的生活 ▷六朝～，自古繁华｜～世家。

【金风】jīnfēng 名 指秋风。因古人以五行之一的金与西方、秋季相配，故称 ▷～送爽。

【金刚】jīngāng 名 佛教指佛身边的侍从力士，因手执金刚杵（古印度兵器），故称 ▷四大～。

【金刚经】jīngāngjīng 名 佛教经典《金刚般若（bōrě）波罗蜜经》的简称。主要说明世上一切事物空幻不实，对现实世界不应执着或留恋。因用金刚比喻智慧，有能摆脱烦恼的作用，故称。

【金刚努目】jīngāng-nǔmù 金刚怒目。

【金刚怒目】jīngāng-nùmù 形容面目像佛殿里的金刚一样威猛可怕。

【金刚砂】jīngāngshā 名 工业上用作磨料的金刚石、石榴子石、碳化硅及刚玉的统称。

【金刚石】jīngāngshí 名 矿物，碳的同素异形体。多为八面体结晶，无色透明或微带蓝、黄、灰、黑等色，有光泽，是自然界已知的最硬的物质。可做高级的切削、研磨材料，也可加工成宝石。也说金刚钻。

【金刚石婚】jīngāngshíhūn 名 钻石婚。

【金刚钻】jīngāngzuàn ❶ 名 金刚石。❷ 名 用金刚石为材料制作的钻头。旧时锔瓷器匠人在瓷器上打洞的工具 ▷没有～，别揽瓷器活儿。

【金糕】jīngāo 名 山楂糕。

【金戈铁马】jīngē-tiěmǎ 金属制造的戈，披着铁甲的马。借指战争或戎马生涯；也形容军队的威武雄姿。

【金工】jīngōng ❶ 名 古代指从事金属加工工艺的匠人。❷ 名 金属的各种加工工艺的统称。

【金箍棒】jīngūbàng 名 古典小说《西游记》中孙悟空使用的棒，变化万端，威力无穷。

【金鼓齐鸣】jīngǔ-qímíng 金钲和战鼓一齐响起（金：金钲，古代行军时用的一种乐器；鼓：战鼓。古代作战时用金钲和战鼓发号令、壮军威）。形容军威盛大或战斗激烈。

【金瓜】jīnguā ❶ 名 南瓜的一种，扁圆形，成熟时表皮多呈金黄色。❷ 名 古代兵器，棒端呈瓜状，金黄色。后常用为仪仗。

【金冠】jīnguān 名 用黄金装饰的帽子，多为古代帝王的礼帽。

【金光】jīnguāng 名 金色的光 ▷～闪闪｜太阳一出，～万道◇～大道。

【金龟子】jīnguīzǐ 名 昆虫，体多为卵圆形，黑绿色或铜绿色，有甲壳。幼虫生活在土中，叫蛴螬。危害大豆、花生、小麦、薯类等，是农业害虫。参见插图4页。

【金贵】jīnguì 形 宝贵；珍贵 ▷耕地十分～。

【金桂】jīnguì 名 桂花的一种。参见518页“桂花”。

【金合欢】jīnhéhuān 名 灌木或小乔木，有刺，春夏开黄色花，有香味。木材坚硬，可制贵重器具；花可提取香精。

【金黄】jīnhuáng 形 形容颜色像金子似的，黄中略带红 ▷～～的柑橘｜～的麦浪。

【金煌煌】jīnhuánghuáng 现在一般写作“金晃晃”。

【金晃晃】jīnhuǎnghuǎng 形 形容像黄金一样闪闪发亮 ▷～的奖杯。

【金婚】jīnhūn 名 西方风俗称结婚50周年为金婚。

【金鸡独立】jīnjī-dúlì 指武术或某种技艺中单腿独立的姿势。

【金鸡纳霜】jīnjīnàshuāng 名 奎宁（金鸡纳：西班牙语 quinquina 音译）。

【金奖】jīnjiǎng 名 金质奖品。颁发给体育或其他比赛中的冠军（第一名）。也说金质奖。

【金橘】jīnjú 名 常绿灌木或小乔木，花白色。果实也叫金橘，似鸽蛋，色金黄，味酸甜而芳香。也说金柑。

【金卡】jīnkǎ 名 缴纳高额会费，持卡人可以享受特别待遇的高级信用卡或会员卡。

【金卡工程】jīnkǎ gōngchéng 金融电子化工程的通称。实施该工程的目的主要是为了推行信用卡，以电子信息转账方式进行货币流通，从而提高资金利用率和周转率，提高国家金融机构对资金的宏观调控能力。

【金科玉律】jīnkē-yùlǜ 原形容法律条文完美无缺（科、律：法律条文）；后指必须遵守、不能更改的法令或信条。

【金口玉言】jīnkǒu-yùyán 原指帝王说的话；现泛指不可更改的话（含讥讽诙谐意）。

【金库】jīnkù ❶ 名 储存黄金和钱币的库房。❷ 名 国库。

【金矿】jīnkuàng ❶ 名 蕴藏或开采黄金的地方。❷ 名 含金的矿石。

【金兰】jīnlán 名《周易·系辞上》：“二人同心，其利断金；同心之言，其臭如兰。”（臭 xiù：气味）后用“金兰”指稳固深厚的友情；也借指结拜的兄弟姐妹 ▷结为～｜～之好。

【金莲】jīnlián 名 旧指缠足女子的小脚。

【金领】jīnlǐng 名 指企业中收入较高的高级科技人员和高层管理人员。

【金龙鱼】jīnlóngyú 名 鱼，体形侧扁，长可达1米，微红，色彩鲜艳明亮，唇端有须一对。性凶猛，肉食。生长快，寿命长。是重要的大型热带观赏鱼。

【金缕玉衣】jīnlǚ yùyī 汉代贵族的葬服，用金线连缀玉片制成。

【金銮殿】jīnluándiàn 名 原为唐代宫殿名，后古典小说、戏曲中用来指皇帝处理政务或举行大典的殿堂。也说金殿。

【金霉素】 jīnméisù 图 抗菌素的一种,金黄色结晶,味苦。主要用于治疗肺炎、葡萄球菌败血症、斑疹伤寒、阿米巴痢疾等。

【金迷纸醉】 jīnmí-zhǐzuì 纸醉金迷。

【金瓯】 jīn'ōu 图〈文〉盛酒的金属器皿。《南史·朱异传》:"我国家犹若金瓯,无一伤缺。"后用"金瓯"比喻完整的国土;泛指国土 ▷～无缺。

【金牌】 jīnpái ❶ 图 用作标志的金质牌子。❷ 图 体育或其他比赛中颁发给冠军(第一名)的金质奖牌。

【金盆洗手】 jīnpén-xǐshǒu ❶ 用金盆盛水洗手,是旧时江湖人物退出江湖时举行的仪式,表示不再从事原先的活动;后也指黑道人物改邪归正,不再干坏事(金盆:铜盆)。❷ 借指放弃长期从事的行业或某件事 ▷他～退出了足坛。

【金器】 jīnqì 图 黄金制成的器物。

【金钱】 jīnqián 图 金属铸成的钱;泛指货币 ▷不为～所动。

【金钱豹】 jīnqiánbào 图 豹的一种。似虎而较小,尾长,毛黄色,密布圆形或椭圆形黑褐色斑点和黑环。因黑环形似古钱,故称。属国家保护动物。参见插图 1 页。

【金钱松】 jīnqiánsōng 图 落叶乔木,树干高大,叶线形,在短枝上簇生,排列成圆形,形似铜钱。树姿优美,秋天叶子变为金黄色,是著名的观赏树种。属国家保护植物。

【金枪鱼】 jīnqiāngyú 图 鱼,体呈纺锤形,头尖,鳞细,肌肉发达。种类较多,生活在海洋中。

【金桥工程】 jīnqiáo gōngchéng 为建立国家公用经济信息网而启动的重大工程。该工程可为各级领导和有关部门及时、准确地提供国家有关经济信息和国民经济数据,对提高宏观经济调控和决策水平具有重要意义。

【金秋】 jīnqiū 图 秋天;秋季。因古人以五行之一的金与秋季相配,故称 ▷～时节。

【金曲】 jīnqǔ 图 指受到普遍欢迎,广泛流行的歌曲。

【金融】 jīnróng 图 货币资金的融通。一般指与货币流通和银行信用有关的一切活动。如货币的发行、流通和回笼,存款的吸收和提取,信贷的发放和收回,国内外汇兑的往来等,都属于金融的范畴。

【金融寡头】 jīnróng guǎtóu 指少数掌握庞大金融资本的大资本家,他们往往操纵国家经济命脉,控制国家政权。旧称财政寡头。

【金融市场】 jīnróng shìchǎng 资金供求双方通过各种途径实现货币借贷、资金融通和有价证券交易的场所。

【金融危机】 jīnróng wēijī 指货币信用制度的混乱和动荡。主要表现为债务关系遭到破坏,银行存款大量被提取,借贷资本极度缺乏,企业和银行大批破产等。

【金三角】 jīnsānjiǎo ❶ 图 指位于泰国、缅甸和老挝三国交界处的崇山峻岭地区,是世界上最大的毒品产地之一。❷ 图 指经济富庶发达的三角洲地区或三地交界地带 ▷地处闽南～的泉州市。

【金嗓子】 jīnsǎngzi 图 指清脆、圆润、动听的嗓音。

【金色】 jīnsè 图 黄金般的颜色 ▷～的朝阳◇～的童年。

【金闪闪】 jīnshǎnshǎn 形 形容金光闪耀的样子 ▷～的勋章。

【金石】 jīnshí ❶ 图 金属和玉石(多用于比喻) ▷锲而不舍,～可镂|～之志|～之言。❷ 图 古代铜器(钟、鼎、兵器、用具等)和石碑的合称。上面常刻有文字,因此称研究这些文字资料的学问为金石学。❸ 图 指钟、磬之类的乐器 ▷～丝竹|～之声。

【金石为开】 jīnshí-wéikāi 金属和玉石这样坚硬的东西也会被打开。形容真挚的感情足以打动人心,坚强的意志可以克服一切困难 ▷精诚所至,～。☛"为"这里不读 wèi。

【金饰】 jīnshì 图 金制饰品。

【金属】 jīnshǔ 图 具有导电、导热和延展性质,有光泽而不透明的物质。常温下除汞外都是固体。通常可分为黑色金属(铁、铬、锰等)和有色金属(金、银、铅、锌等)两大类。

【金属探伤】 jīnshǔ tànshāng 用探伤仪检测金属材料内部情况。参见 1335 页"探伤"、1335 页"探伤仪"。

【金丝猴】 jīnsīhóu 图 猴的一种。尾长同体长大体相等,背有金黄色光亮的长毛,鼻孔向上。是我国特产,属国家保护动物。参见插图 1 页。

【金丝雀】 jīnsīquè 图 鸟,体长 12—14 厘米,比麻雀瘦小,羽毛颜色多种多样。啼声婉转动听,是一种观赏鸟。也说芙蓉鸟。参见插图 5 页。

【金丝绒】 jīnsīróng 图 桑蚕丝和有光黏胶丝交织而成并经起绒的单层织物。多用来制作女装、帷幕或装饰品。

【金松】 jīnsōng 图 常绿乔木,高可达 40 米。叶片轮生,细长线形,树冠呈狭圆锥形,是观赏树。

【金汤】 jīntāng 图 金城汤池的缩略 ▷固若～。

【金条】 jīntiáo 图 铸成条状的黄金。以前每条通常重 10 两(旧制,合312.5克);现在重量规格多样,以克为计量单位。

【金童玉女】 jīntóng-yùnǚ 道教称供神仙役使的童男童女;泛指纯真无邪的男女孩童。

【金文】 jīnwén 图 指商、周和秦汉时代铸或刻在青铜器上的文字。旧称钟鼎文。

【金乌】jīnwū 名〈文〉借指太阳。因神话传说太阳中有金色的三足飞禽，叫三足乌，故称。

【金屋藏娇】jīnwū-cángjiāo《汉武故事》记载：汉武帝刘彻年幼时喜爱表妹陈阿娇，说"若得阿娇作妇，当作金屋贮之也"。后用"金屋藏娇"泛指对娇妻美妾格外宠爱；也指纳妾或在外包养女人。

【金小蜂】jīnxiǎofēng 名 昆虫，体细小，长 1—2 毫米，呈绿、蓝、金黄等颜色。能行走、跳跃和飞行。种类极多，多数是害虫的天敌。

【金星】jīnxīng ❶ 名 太阳系八大行星之一，按距太阳由近而远的顺序排列是第二颗。绕太阳公转周期约224.7天，自转周期约 243 天。自转方向和其他行星相反，自东向西逆转。除太阳、月亮外，它是在地球上肉眼能看到的最亮的星。我国古代称太白星。○ ❷ 名 金色的五角星，常用作勋章 ▷～英雄｜～奖章。❸ 名 人在头晕眼花时眼前出现的小星星似的闪动光点 ▷两眼直冒～。

【金牙】jīnyá 名 用黄金或其他金属镶嵌的假牙。

【金钥匙】jīnyàoshi 名 童话故事中指能打开宝库大门的钥匙；比喻极其有效的方法或手段 ▷先进科技是促进农业大发展的～。

【金银花】jīnyínhuā 名 忍冬的通称。多年生半常绿缠绕灌木，叶卵形，有柔毛，花唇形，初白后黄。茎和花可以做药材。

【金印】jīnyìn ❶ 名 古代用黄金铸成的官印。❷ 名 宋代称在流放罪犯脸上刺的字。

【金鱼】jīnyú 名 鲫鱼经人工长期培养而形成的变种。一般体短而肥，两眼凸出，尾鳍四叶，有红、橙、蓝、黑等多种颜色。可供观赏。

【金玉】jīnyù 名 黄金和美玉；泛指珍宝或华美的东西 ▷～首饰｜～良言｜～其外，败絮其中。

【金玉良言】jīnyù-liángyán 像黄金、美玉一样珍贵的话。形容极其宝贵的教导或告诫。

【金圆券】jīnyuánquàn 名 国民党政府于 1948 年发行的一种纸币。金圆券没有现金准备，没有发行限制，导致币值猛跌、物价暴涨。

【金盏花】jīnzhǎnhuā 名 一年或二年生草本植物，春夏季开橘红色或乳黄色花。可供观赏，也可以做药材。参见插图 7 页。

【金针】jīnzhēn ❶ 名〈文〉刺绣、缝纫用的金属针。❷ 名 毫针。○ ❸ 名 指金针菜的花。

【金针菜】jīnzhēncài 名 多年生宿根草本植物，花蕾长，黄色，形似金针。花蕾也叫金针菜，可供食用。有黄花、黄花菜等多个品种。

【金针度人】jīnzhēn-dùrén 传说唐人郑侃的女儿采娘，在七夕祭织女时，梦见织女送给她一根金针，从此她的刺绣更加精巧(度：传授)。比喻把技艺的诀窍传授给别人。

【金枝玉叶】jīnzhī-yùyè 美丽娇嫩的枝叶。指帝王的后代或富贵人家的子孙。

【金质】jīnzhì 区别 用金制成的或含金的 ▷～奖章。

【金砖】jīnzhuān ❶ 名 标金②。因呈长方形，像小砖块，故称。❷ 名 铸成砖状的黄金。

【金砖国家】jīnzhuān guójiā 21 世纪初，巴西、俄罗斯、印度、中国成为全球新兴经济体的代表。因这四个国家的英文首字母组合在一起是"BRIC"，与英文中的"brick"(砖)发音相近，故称"金砖四国"。2010 年 12 月，新兴经济体的又一代表南非加入，英文首写字母组合变成"BRICS"，改称"金砖国家"。也说金砖五国。

【金字塔】jīnzìtǎ 名 古代埃及、美洲等地用石头建成的建筑物，古代埃及的是法老陵墓，古代美洲的是宗教建筑。因远看像汉字的"金"，故称。

【金字招牌】jīnzì zhāopái 用金粉涂写的商店招牌。借指过硬的信誉，也比喻冠冕堂皇的名义或称号 ▷他打着某某公司的～，到处招摇撞骗｜作家头衔就是他的～。

【金子】jīnzi 名 金[1]④的通称。

斤(釿) jīn ❶ 古同"斤[1]"。→ ❷ 量 古代金属重量单位；也用作古代货币单位。

津[1] jīn〈文〉❶ 名 渡口 ▷～渡｜～筏｜无人问～。→ ❷ 名 比喻重要职位 ▷窃据要～。

津[2] jīn ❶ 名 人体或动植物体内的液体 ▷～液。→ ❷ 名 特指唾液 ▷生～止渴。→ ❸ 名 特指汗液 ▷遍体生～。→ ❹ 动 滋润；润泽 ▷润叶～茎｜～润。

【津津】jīnjīn ❶ 形 形容有滋味或有兴趣 ▷～有味｜～乐道。❷ 形 形容汗、水等渗出来的样子 ▷汗～。

【津津乐道】jīnjīn-lèdào 很有兴趣地说个不停。

【津津有味】jīnjīn-yǒuwèi 形容兴味浓厚。

【津梁】jīnliáng 名〈文〉渡口和桥梁。比喻起桥梁作用的事物或方法 ▷这是学习古汉语的～。

【津贴】jīntiē ❶ 名 工资以外根据规定发给的补助金 ▷政府特殊～。❷ 名 发给供给制人员或战士的零用钱。❸ 动 发给补贴 ▷～我生活费。

【津要】jīnyào 名〈文〉水陆要道；比喻显要的地位 ▷位居～。

【津液】jīnyè 名 中医对人体体液的统称；也专指唾液。

衿 jīn ❶同"襟"①②。○ ❷ 名〈文〉系(jì)衣裳的带子。

矜 jīn ❶ 动〈文〉怜悯；同情 ▷～恤｜～惜。○ ❷ 动〈文〉认为自己了不起 ▷骄～｜自～｜～夸。○ ❸ 形 拘谨；慎重 ▷～持。

另见 505 页 guān；1111 页 qín。

【矜持】jīnchí ❶ 形 庄重;严肃 ▷仪态～优雅|态度冷漠而～。❷ 形 拘谨 ▷言谈～|～的神情。☛ 参见 744 页“拘谨”的提示。

【矜功自伐】jīngōng-zìfá 自恃功大,自我夸耀(伐:自夸)。

【矜夸】jīnkuā 动〈文〉骄傲自满,自我夸耀 ▷好(hào)自～。

【矜重】jīnzhòng 形 庄重自持 ▷深沉～。

珒 jīn 名〈文〉一种玉。

紟 jīn 名〈文〉系(jì)衣服的带子。

筋 jīn ❶ 名 附着在肌腱或骨头上的韧带 ▷抽～剥皮|牛蹄～儿。→ ❷ 名 肌肉 ▷～疲力尽|腿肚子转(zhuàn)～|～肉。→ ❸ 名 可以看见的皮下静脉血管 ▷青～。→ ❹ 名 像筋的东西 ▷橡皮～儿|钢～。

【筋道】jīndao〈口〉❶ 形 形容食物有韧性,有嚼头 ▷刀削面吃起来～,就是不易消化。❷ 形 身体硬朗 ▷老人身体～着呢。

【筋斗】jīndǒu 名 跟头。

【筋骨】jīngǔ 名 肌肉和骨头;借指身体 ▷～强健。

【筋节】jīnjié 名 肌肉和关节;比喻文章、话语中关键的部分或影响全局的转折点 ▷行文要在～处下功夫。

【筋力】jīnlì 名 体力 ▷～衰退。

【筋络】jīnluò 名 中医指气血的通路 ▷～不通。

【筋脉】jīnmài ❶ 名 指静脉管。❷ 名 比喻文章的线索、条理 ▷文章～清晰。

【筋疲力竭】jīnpí-lìjié 筋疲力尽。

【筋疲力尽】jīnpí-lìjìn 形容用尽气力,十分疲乏。

【筋肉】jīnròu 名 肌肉。

禁 jīn ❶ 动 承受;忍受 ▷～不起考验|～得住摔打|～受。→ ❷ 动 忍住;控制住(常跟“不”结合) ▷不～长叹一声|情不自～。→ ❸ 动 承受得住;耐 ▷皮鞋比布鞋～穿。

另见 722 页 jìn。

【禁不起】jīnbuqǐ 动 禁不住①。

【禁不住】jīnbuzhù ❶ 动 承受不住 ▷孩子小,～吓唬|绳子太细了,～那么重的物体。❷ 动 抑制不了,控制不住 ▷眼泪～流了下来。

【禁得起】jīndeqǐ 动 禁得住。

【禁得住】jīndezhù 动 承受得了 ▷做学问要～寂寞|这座大坝～百年一遇的洪水冲击。

【禁受】jīnshòu 动 忍受;经受 ▷～磨难。

襟 jīn ❶ 名 对开或侧开的上衣或袍子胸前或背后的部分 ▷大～|对～|开～|前后～。→ ❷ 名 指胸怀;抱负 ▷胸～|～怀。→ ❸ 名 指连襟,姊妹的丈夫间的互称 ▷～兄|～弟。

【襟抱】jīnbào 名〈文〉胸怀;抱负 ▷一生～向谁开。

【襟怀】jīnhuái 名 心胸;气度 ▷博大的～。

【襟怀坦白】jīnhuái-tǎnbái 心地纯洁正直,光明磊落。

jǐn

仅(僅) jǐn ❶ 副 表示限制在某个范围之内或数量少,相当于“只”“才” ▷～供参考|破案～用了两天时间|年～20 就大学毕业了。〇 ❷ 名 姓。

另见 718 页 jìn。

【仅够】jǐngòu 动 只够 ▷这点饭～一个人吃。

【仅见】jǐnjiàn 动 只一次见到;非常少见 ▷这么完整的恐龙化石,是世界上所～的。

【仅仅】jǐnjǐn 副 表示只限于某个范围,相当于“只” ▷～一个星期,他就学会了汉语拼音。

【仅有】jǐnyǒu 动 只有 ▷这里～一所大学。

【仅只】jǐnzhǐ 副 仅仅。

尽(儘) jǐn ❶ 动 力求达到最大限度 ▷～先|～早|～快|～可能。→ ❷ 介 引进范围的极限,表示不得超过 ▷～着一个月完成|～着这点钱花。→ ❸ 介 表示把某些人或事物放在最前面 ▷～着年纪大的人坐|先～旧衣裳穿。→ ❹ 副 用在方位词语前面,表示达到了最大限度的,相当于“最” ▷～前头|～底下|～南边。

另见 718 页 jìn。

【尽管】jǐnguǎn ❶ 副 表示没有条件限制,可以放心去做,相当于“只管” ▷有什么话～说。❷ 连 用于复句的前一分句,常与“也”“还是”“但是”“却”等呼应,表示让步关系,相当于“虽然” ▷～环境艰苦,但是没有人退缩。

【尽可能】jǐnkěnéng 副 表示尽力使可能性成为现实 ▷～出席|～满足要求。

【尽快】jǐnkuài 副 表示及早(行动)或以尽可能快的速度(进行) ▷完成任务后～回来|～把调查报告写好。

【尽量】jǐnliàng 副 表示动作行为力求达到最大限度 ▷文章要～写得通俗些|凡是有利的条件,～加以利用。☛ 跟“尽(jìn)量”不同。

【尽速】jǐnsù 副 尽快 ▷～赶赴现场。

【尽先】jǐnxiān 副 表示尽可能放在优先位置 ▷～安排灾民就医。

【尽早】jǐnzǎo 副 表示尽可能提前 ▷～拿出方案。

【尽自】jǐnzi 副〈口〉表示自身的动作行为始终进行,相当于“一直”“总是” ▷他～干活儿,不说

一句话|她～唠叨，也不管别人烦不烦。

卺 jǐn 名 古代婚礼上新郎新娘用作酒器的瓢。由一个匏瓜剖成两半而成，新郎新娘各执一半 ▷合～。

紧（緊＊緊緊） jǐn ❶ 形 物体受到较大的拉力或压力后呈现的状态(跟"松²"相对，②③④⑥⑦⑧同) ▷琴弦太～了|绷带缠得太～。→ ❷ 形 牢固；固定 ▷～握手中枪|把绳子绑～。→ ❸ 动 使紧 ▷～～鞋带|～一～弦。⇒ ❹ 形 空隙小；挨(āi)近 ▷几座楼挨得太～。⇒ ❺ 形 事情紧密连接；急迫 ▷一个会～接着一个会|任务很～|雨下得很～。→ ❻ 形 严格；严紧 ▷管得太～|大院的门户～，外人很难进去。→ ❼ 形 紧张② ▷风声～。→ ❽ 形 紧缺；不宽裕 ▷人手～|日子过得～。

【紧巴巴】jǐnbābā〈口〉❶ 形 形容物体表面发紧的样子 ▷洗完脸不擦点油，脸上～的。❷ 形(钱财等)不宽裕 ▷资金～的。

【紧绷绷】jǐnbēngbēng ❶ 形 形容绷得很紧，或捆扎填塞得很结实 ▷绳子勒得～的|袋子塞得～的。❷ 形 形容面部皮肤绷得很紧，表情不自然，心情紧张 ▷他那张脸总是～的。

【紧逼】jǐnbī 动 紧紧逼近；逼迫 ▷改用全场～防守|对方棋手步步～，难以招架。

【紧闭】jǐnbì 动 紧紧地闭合 ▷大门～|～双唇。

【紧凑】jǐncòu 形 衔接紧密，没有空隙或多余的部分 ▷文章写得很～|节目安排得很～。

【紧促】jǐncù 形 紧迫急促 ▷时间～|事情～。

【紧跟】jǐngēn 动 一步不离地跟随；比喻积极主动地跟随(某种意志、形势、安排等) ▷母亲身边～着个小孩儿|～上级的部署。

【紧箍咒】jǐngūzhòu 名 古典小说《西游记》中唐僧所念的咒语。能使孙悟空头上的金箍缩紧，头疼难忍，只得俯首听命。比喻控制、束缚人的东西。

【紧急】jǐnjí 形 形容必须马上行动，不容拖延 ▷情况万分～|～救援。

【紧邻】jǐnlín 名 紧紧挨在一起的邻居 ▷我们两家是～。

【紧锣密鼓】jǐnluó-mìgǔ 旧时戏曲开演前，为督促观众入场、落座、安静下来，打三通节奏急促紧密的锣鼓。比喻为某事出台而紧张地进行舆论准备。

【紧忙】jǐnmáng 副 连忙；赶紧 ▷要搬家了，一家人～收拾|～上前劝止。

【紧密】jǐnmì ❶ 形 非常密切而不可分离 ▷保持～的联系|～地结合在一块儿。❷ 形 连续不断；密集 ▷枪炮声更～了。

【紧迫】jǐnpò 形 急迫 ▷时间～|十分～的任务。

【紧迫感】jǐnpògǎn 名 紧张和急迫的感觉或意识 ▷要增强工作的责任心和～。

【紧迫性】jǐnpòxìng 名 时间紧迫的性质 ▷必须充分认识反腐败斗争的～和长期性。

【紧俏】jǐnqiào 形 形容商品销售快而供应不足 ▷钢材～|～药品。

【紧缺】jǐnquē 形 严重短缺，供不应求 ▷物资～|人才～。

【紧身】jǐnshēn 形 紧贴身体的 ▷～内衣。

【紧身儿】jǐnshēnr 名 瘦而紧的贴身上衣 ▷纯棉～。

【紧身衣】jǐnshēnyī 名 用有弹性的面料制成的紧裹身体的衣裤。

【紧实】jǐnshí 形 坚实；结实 ▷化肥施用不当，会使土壤变得过于～|身子骨儿～。

【紧随】jǐnsuí 动 紧紧跟随 ▷～其后。

【紧缩】jǐnsuō 动 收紧；缩小 ▷～费用|～包围圈。

【紧锁】jǐnsuǒ 动 紧紧锁住 ▷房门～◇双眉～。

【紧要】jǐnyào 形 紧急重要 ▷～任务|～环节。

【紧衣缩食】jǐnyī-suōshí 节衣缩食。

【紧张】jǐnzhāng ❶ 形 形容精神高度兴奋不安 ▷心情很～。❷ 形 紧迫；激烈 ▷战斗很～。❸ 形 紧缺；不充裕 ▷供应～|大城市的住房～。❹ 形 节奏快，不拖拉 ▷～而有秩序的工作。

【紧着】jǐnzhe ❶ 动〈口〉抓紧；加速 ▷别慢腾腾的，～点儿干|稿子要得很急，你得～写。❷ 动 紧缩(花销)；节省 ▷钱不多了，要～点儿花|水怕不够，得～点儿用。

【紧追不舍】jǐnzhuī-bùshě 紧紧追赶或追求，毫不放松。

堇 jǐn 见下。

【堇菜】jǐncài 名 多年生草本植物，叶子边缘呈锯齿状，花瓣白色带紫色条纹。也说堇堇菜。

【堇色】jǐnsè 名 淡紫的颜色。

锦（錦） jǐn ❶ 名 用彩色丝线织出的有花纹的丝织品 ▷～上添花|织～。❷ 名 比喻花样繁多而美好的东西 ▷名家唱段集～|蜜饯什～。❸ 形 色彩华丽 ▷～缎|～鸡。○ ❹ 名 姓。☛ 参见949页"绵(mián)"的提示㊁。

【锦标】jǐnbiāo 名 奖给竞赛优胜者的纪念物。如锦旗、奖杯等。

【锦标赛】jǐnbiāosài 名 为检查某一单项运动发展情况和训练成绩而定期举行的比赛。锦标赛确定该项运动的个人或团体冠军。如世界排球锦标赛、世界杯足球赛等。

【锦缎】jǐnduàn 名 质地滑软厚实，有彩色花纹的丝织品，可制作服装、装饰品等。

【锦鸡】jǐnjī 名 鸟，形状像雉，雄性体长约1米，头顶有金色丝状羽冠，颈部羽毛金棕色，尾长，雌性羽毛呈黑褐色，尾短。为我国西南部特产，属国家保护动物。也说山鸡。参见插图5页。

【锦葵】jǐnkuí 名 二年或多年生草本植物，叶圆形或肾形，边缘呈圆锯齿状。夏天开紫红色花。可供观赏。

【锦纶】jǐnlún 名 合成纤维的一种。强度高，弹性大，耐磨，耐腐蚀。可制作衣袜、绳索、渔网、降落伞等。旧称尼龙。

【锦囊妙计】jǐnnáng-miàojì 旧小说中描写的有高人在事先写出并封存在一个锦缎做的袋子里的巧妙计策，供紧急情况时拆看依计行事。现借指能及时解除危难的好办法。

【锦旗】jǐnqí 名 用彩色绸缎制成的旗子，多呈长方形或等腰三角形。用来赠给竞赛的优胜者或送给团体、个人表示敬意或谢意。

【锦上添花】jǐnshàng-tiānhuā 在漂亮的锦缎上再绣上花。比喻好上加好。

【锦心绣口】jǐnxīn-xiùkǒu 形容文思巧妙，辞藻华丽(绣：五彩斑斓)。

【锦绣】jǐnxiù 名 精美鲜艳的丝织品；多用来比喻美好的事物 ▷～山河|～前程。

【锦衣玉食】jǐnyī-yùshí 穿锦绣的衣服，吃珍贵的食品。形容豪华奢侈的生活。

谨(謹) jǐn ❶ 形 谨慎 ▷～防|拘～。→ ❷ 副 敬词，用于表示说话者的郑重或对听话者的恭敬 ▷～致谢忱|～启。☛ 右下是三横，不是两横。

【谨饬】jǐnchì 形〈文〉谨慎而周密 ▷布局工整～。

【谨防】jǐnfáng 动 小心地防范 ▷～受骗。

【谨记】jǐnjì 动 敬词，表示对对方的话一定认真记住 ▷老师教诲，学生～。

【谨启】jǐnqǐ 动〈文〉敬词，恭敬而郑重地陈述(书信常用语，多用于开头或结尾) ▷～恩师|～，不具(置于信的末尾，表示写信人恭敬地作了以上的陈述，不再署上自己的名字)。

【谨慎】jǐnshèn 形 (言行)慎重；小心 ▷他讲话很～|事关重大，必须～从事。

【谨小慎微】jǐnxiǎo-shènwēi 在细小的事情上也很谨慎小心。形容过分小心谨慎。

【谨严】jǐnyán 形 严谨。

【谨言慎行】jǐnyán-shènxíng 言语行动小心谨慎。

馑(饉) jǐn 形〈文〉菜蔬歉收；泛指农作物歉收 ▷饥～。☛ 统读 jǐn，不读 jìn。

廑 jǐn ❶ 名 古书上指小屋。○ ❷ 古同"仅(jǐn)"①。

另见1112页 qín。

瑾 jǐn 名〈文〉一种美玉。

槿 jǐn 见975页"木槿"。

jìn

仅(僅) jìn 副〈文〉用在数量谓语前，表示接近于某一数量，相当于"差不多""将近"(多见于唐人诗文) ▷山城～百层|士卒～万人。

另见716页 jǐn。

尽(盡) jìn ❶ 动 完 ▷用～全身的力气|想～办法|取之不～。→ ❷ 动 达到极点 ▷山穷水～|～头。❸ 动 死亡 ▷同归于～|自～。→ ❹ 动 全部使出；使发挥全部作用 ▷他已经～心了|人～其才，物～其用|～力。⇒ ❺ 动 竭力做到 ▷～职～责|～忠。⇒ ❻ 形 全部的 ▷～人皆知|～数收回。❼ 副 完全；都 ▷屋里～是烟|应有～有。

另见716页 jǐn。

【尽瘁】jìncuì 动〈文〉竭尽心力，受尽劳累 ▷～国事|鞠躬～，死而后已。

【尽欢】jìnhuān 动 尽情欢乐 ▷～而散。

【尽力】jìnlì 动 用尽全力 ▷为国～|～而为。

【尽量】jìnliàng 动 达到最大限度 ▷饭要吃饱，酒不要～。☛ 跟"尽(jǐn)量"不同。

【尽其所长】jìnqísuǒcháng 充分发挥所具有的长处、才能。也说尽其所能。

【尽其所有】jìnqísuǒyǒu 把所有的东西全部拿出来。

【尽情】jìnqíng 副 表示最大限度地由着自己的感情(去做某事) ▷～歌唱|～抒发自己的感情。

【尽然】jìnrán 形 全都这样(多用在否定副词之后) ▷你说的也不～|也有不～的地方。

【尽人皆知】jìnrén-jiēzhī 所有的人都知道。

【尽人事】jìnrénshì 努力做好人力所能做到的事情 ▷抗天灾，～。

【尽日】jìnrì 名〈文〉终日；整天 ▷桃花～随流水。

【尽如人意】jìnrú-rényì 完全合乎人们的心意(如：符合) ▷岂能～？☛ 否定式是"不如人意"或"不尽如人意"，不能说"不尽人意"。

【尽善尽美】jìnshàn-jìnměi 形容事物完美无缺。☛ 跟"十全十美"意义有所不同。"尽善尽美"强调程度；"十全十美"强调范围。

【尽是】jìnshì 动 全都是 ▷山上～树。

【尽收眼底】jìnshōu-yǎndǐ (景物等)全部进入视野以内。

【尽数】jìnshù 副 全数；统统 ▷枪支弹药～上交。

【尽头】jìntóu 名 终点 ▷小路～是一片树林。

【尽显】jìnxiǎn 动 充分显露；完全暴露 ▷～其

能|邪恶之心～。

【尽孝】jìnxiào 动（对父母长辈）尽力履行孝道。

【尽心】jìnxīn 动（为别人）用尽心思 ▷～国事|他对卧病多年的老伴儿总算尽了心。

【尽心竭力】jìnxīn-jiélì 用尽心思，使出全力。形容做事非常努力认真。

【尽心尽意】jìnxīn-jìnyì 竭尽心意。

【尽兴】jìnxìng 动 兴致得到最大限度的满足 ▷～而归|这次旅游，大家都很～。

【尽性】jìnxìng 动〈文〉充分发挥人和物的天性 ▷穷理～。

【尽责】jìnzé 动 尽全力负起责任 ▷尽职～。

【尽职】jìnzhí 动 尽全力做好本职工作 ▷敬业～。

【尽忠】jìnzhōng ❶ 动 竭尽忠诚 ▷～报国。❷ 动 指为尽忠心而献出生命 ▷他在民族解放战争中为国～了。

进（進）jìn ❶ 动 向上移动；向前移动（跟"退"相对）▷又～了一步|不～则退|前～|推～|～化。→ ❷ 动 呈上；奉上 ▷～言|～献。→ ❸ 动 由外边到里边（跟"出"相对）▷队伍～村了|～门|～驻。⇒ ❹ 动 指吃、喝 ▷～餐|滴水未～。⇒ ❺ 动 接纳；收入 ▷商店～了一批货|我们单位今年不～人|～款。⇒ ❻ 动 用在动词后，表示动作由外到里 ▷走～大厅|住～新楼|引～新技术。⇒ ❼ 量 宅子里的房屋由外到里有几排的，一排叫一进 ▷这宅子一共 3～，每～都是 5 间。

【进逼】jìnbī 动 前进并逼近（目标）▷步步～对方球门|我军～敌军据点。

【进兵】jìnbīng 动 军队向战斗目的地进发 ▷向大西南～。

【进补】jìnbǔ 动 食用滋补品 ▷手术过后需要～。

【进步】jìnbù ❶ 动 比原来有所提高或发展（跟"退步"相对）▷学习上～很大|世界在～。❷ 形 适应时代潮流的；对社会发展起推动作用的（跟"落后"相对）▷～力量|起～作用。

【进餐】jìncān 动 吃饭 ▷共同～。

【进谗】jìnchán 动〈文〉在尊长或上级跟前说别人的坏话 ▷奸臣～，陷害忠良。

【进场】jìnchǎng 动 入场 ▷运动员开始～。

【进呈】jìnchéng 动〈文〉呈上；献上 ▷～良策。

【进程】jìnchéng 名 事物变化、发展的过程 ▷工作～|加快改革的～。

【进尺】jìnchǐ 名 开掘隧道、采矿或钻探时掘进或钻头推进的距离，通常以米为单位计算 ▷平均日～30 米。

【进出】jìnchū ❶ 动 进来和出去 ▷～自由|从旁门～。❷ 动 收入和支出 ▷他对几家连锁店每个月的～了如指掌。

【进出口】jìn-chūkǒu ❶ 进口和出口 ▷～贸易额。○ ❷ 供人进入和走出的门的合称 ▷这个场地的～太少。

【进抵】jìndǐ 动（队伍）前进抵达 ▷我军～大别山|石油工人～新油田。

【进度】jìndù 名（工作、学习等）进行的速度 ▷加快～|制订教学～表。

【进而】jìn'ér 连 用于复句的后一分句，表示在原有基础上更进一步 ▷先学好第一外语，～再学习第二外语。☛ 参见 230 页"从而"的提示。

【进发】jìnfā 动 朝着目的地出发前进 ▷车队向东～。

【进犯】jìnfàn 动（敌军）进入某地侵扰 ▷侵略者胆敢来～，就叫他有来无回。

【进奉】jìnfèng ❶ 动 恭敬地送上 ▷～贡品。❷ 名 进奉的财物 ▷各地的～各有特色。

【进攻】jìngōng ❶ 动 主动向敌方逼近并发起攻击 ▷～敌人大本营。❷ 动 指在竞争或比赛中向对方发动攻势 ▷猛烈～，直捣球门。

【进贡】jìngòng ❶ 动 旧时藩属向宗主国或臣民向朝廷进献财物。❷ 动 指给有权势的人送礼（含讥讽意）▷不～就办不成事的歪风必须刹住。

【进化】jìnhuà ❶ 动 生物由简单到复杂，由低级到高级，逐渐发展演变 ▷物种～。❷ 动 泛指事物逐渐向好的方向发展变化 ▷人类的文明在不断～。

【进化论】jìnhuàlùn 名 英国生物学家达尔文所创立的关于物种起源和发展变化规律的学说。也说达尔文学说。

【进货】jìnhuò ❶ 动 商家买进货物，以备销售 ▷把仓库腾出来，明天～。❷ 动 指投资者买进有价证券 ▷股市行情不稳，不忙～。

【进击】jìnjī 动 进攻 ▷乘胜～。

【进价】jìnjià 名 货物的购进价格。

【进见】jìnjiàn 动 前往拜见（长辈或首长）。

【进谏】jìnjiàn 动〈文〉直言规劝（君主、尊长）。

【进剿】jìnjiǎo 动 进军剿灭 ▷～残敌。

【进军】jìnjūn ❶ 动 进兵 ▷～敌后，开展游击战。❷ 动 比喻前往执行某项任务并努力为之奋斗 ▷向沙漠～。

【进军号】jìnjūnhào ❶ 名 军队进攻的号声。❷ 名 比喻动员人们向目标前进的号令 ▷吹响绿化荒山的～。

【进口】jìnkǒu ❶ 动（船舶）开进港口。❷ 动 从外国或其他地区把货物运进本国或本地区 ▷从澳大利亚～羊毛。○ ❸ 名 建筑物或场地的入口处 ▷剧院～有人检票。

【进款】jìnkuǎn 名 收入的钱 ▷～数额不小。

【进来】jìnlái 动 从外边到里边来（朝着说话人所在地）▷从外边～两个人|快～，外边冷。

☛"来"口语中有时可读轻声。

【进来】jìnlai 动 用在动词后，表示人或事物随动作由外向里（朝着说话人所在地）▷从大门外跑～。☛"来"口语中有时可不读轻声。

【进门】jìnmén ❶ 动 从门外走进门内。❷ 动 入门①。❸ 动 指女子初嫁到丈夫家 ▷新娘子昨天刚～。

【进取】jìnqǔ 动 努力上进，以求有所作为 ▷不思～，必然落后｜他不断～，取得很大成绩。

【进取心】jìnqǔxīn 名 积极向上、努力进取的思想 ▷他是个有～的好青年。

【进去】jìnqù 动 从外边到里边去（离开说话人所在地）▷我～看看｜他刚～。☛"去"口语中有时可读轻声。

【进去】jìnqu 动 用在动词后，表示人或事物随动作由外向里（离开说话人所在地）▷路太窄，车子开不～。☛"去"口语中有时可不读轻声。

【进入】jìnrù 动 到达（某个时期、某种状态或某一范围）▷～新的历史时期｜工程～收尾阶段｜敌人～我军伏击圈。

【进身】jìnshēn 动〈文〉升入较高的层次或地位。

【进深】jìnshēn 名 院子或房间的纵向长度 ▷正房～比厢房多 1.5 米。

【进食】jìnshí 动 吃饭 ▷一日三餐准时～。

【进士】jìnshì 名 唐代称参加礼部考试的人；明清两代称殿试被录取的人。

【进退】jìntuì ❶ 动 往前走和往后退 ▷～两难。❷ 动 指言行有分寸，进与退恰如其分 ▷要识大局，知～。

【进退两难】jìntuì-liǎngnán 形容进退都处于困难的境地。

【进退维谷】jìntuì-wéigǔ《诗经·大雅·桑柔》："人亦有言，进退维谷。"（维：古汉语助词，用以调节语气；谷：山谷，比喻困境）形容进退两难。

【进位】jìnwèi 动 加法运算中本位数满额后向前一位数进 1。如在十进制的运算中，个位满 10，在十位数上加 1。

【进献】jìnxiàn 动 向长辈或上级奉献 ▷～厚礼。

【进香】jìnxiāng 动 教徒或香客到宗教圣地或庙宇烧香朝拜。

【进项】jìnxiàng 名 收入的项目；收入的钱 ▷家里的～一年比一年多。

【进行】jìnxíng ❶ 动 行进；前进 ▷～曲。❷ 动 从事（某种持续性的活动）▷～说服教育｜事情～得很顺利。☛ 义项②：1. 有庄重色彩。2. 宾语不能是单音节词。3. 用作"进行"宾语的动词不能再带宾语，如果在语义上要求受事，表受事的词可以用介词"对"引进。如可以说"对他进行帮助"，不能说"进行帮助他"。

【进行曲】jìnxíngqǔ 名 适合于队伍行进时演奏或演唱的乐曲。曲调雄壮有力，节奏鲜明，每小节 2 拍或 4 拍。

【进修】jìnxiū 动 为提高业务水平而进一步学习 ▷在职～｜～班｜～生。

【进言】jìnyán 动 向人提出建议或意见（含委婉的口气）▷向领导～｜对朋友进一言。

【进谒】jìnyè 动〈文〉进见；拜见。

【进一步】jìnyībù 副 表示程度比原来更高 ▷～提高人民的生活水平｜有了～的认识。

【进益】jìnyì ❶ 名 指学识、修养的提高 ▷学识大有～。❷ 名 进项。

【进展】jìnzhǎn 动 向前推进发展 ▷～顺利。

【进占】jìnzhàn 动 进攻并占领 ▷我前方部队已顺利～敌控区◇国产品牌正稳步～国际市场。

【进账】jìnzhàng ❶ 动 入账 ▷每笔收入、支出都要及时～。❷ 动 收入① ▷一天就～数万元◇刚开赛，客队就有一球～。❸ 名 进项；收入② ▷他每月的～都很多。☛ 不要写作"进帐"。

【进驻】jìnzhù 动 进入某地或某单位并驻扎下来 ▷部队北上～盐城｜审计组～工程指挥部。

近 jìn ❶ 形 空间或时间的距离短（跟"远"相对，②③同）▷远处是山，～处是水｜～代。→ ❷ 形 关系密切 ▷～亲｜～支。→ ❸ 动 靠近；接近 ▷平易～人｜不～人情｜相～。

【近便】jìnbian 形 距离近，往来方便 ▷从这里进城十分～。

【近场通信】jìnchǎng tōngxìn 一种短距离的高频无线通信技术，允许电子设备之间进行非接触式点对点数据传输，交换数据（英语缩写为 NFC）。

【近处】jìnchù 名 距自己或目标不远的地方；附近 ▷他家就在～，容易找到。

【近代】jìndài 名 现代的前一个时代。我国历史通常以 1840 年鸦片战争至 1919 年五四运动为近代。世界史通常以 1640 年英国资产阶级革命至 1917 年俄国十月社会主义革命为近代。

【近道】jìndào 名 行程比较短的路 ▷抄～走｜走～，可早到 10 分钟。也说近路。

【近地点】jìndìdiǎn 名 特指月球或人造地球卫星绕地球运行的轨道上离地心最近的点。

【近古】jìngǔ 名 距今最近的古代。我国历史分期多指宋、元、明到清代鸦片战争这段时期。

【近海】jìnhǎi 名 离陆地较近的海域 ▷～岛屿。

【近乎】jìnhū 动 近似于 ▷太不认真，～儿戏。

【近乎】jìnhu 形〈口〉密切；亲密 ▷套～｜关系挺～。

【近郊】jìnjiāo 名 靠近城区的郊区 ▷～的经济比远郊发展得快。

【近景】jìnjǐng ❶ 名 近处的景物 ▷这张照片以湖为～，以山为远景。❷ 名 目前的景况 ▷

他的～似乎不妙。❸ 名 影视拍摄中一种取景范围，指摄取人物胸部以上或景物局部面貌的画面。

【近况】jìnkuàng 名 最近的状况 ▷～如何？

【近来】jìnlái 名 指前不久到现在的一段时间 ▷～身体好多了。

【近邻】jìnlín 名 相距较近的邻居 ▷远亲不如～◇中缅两国是～。

【近年】jìnnián 名 距今最近的几年 ▷～这里一直风调雨顺。☛ 跟"近期"不同。"近年"一般指过去，不指未来。

【近旁】jìnpáng 名 离所在位置不远的地方 ▷学校～有个书店。

【近期】jìnqī 名 最近的一段时间 ▷～我不打算回南方｜设计方案～已经敲定。☛ 参见本页"近年"的提示。

【近前】jìnqián ❶ 动 走到跟前；靠近（多见于近代汉语）▷禁中原有女监，不许男犯～。❷ 名 附近；跟前 ▷走到～仔细观察。

【近亲】jìnqīn 名 亲缘关系近的人 ▷～不能通婚◇～繁殖。

【近亲繁殖】jìnqīn fánzhí ❶亲缘关系相近的生物之间繁殖后代。这种繁殖会导致物种退化。❷比喻部门或单位只注重使用和培养有亲属关系、师承关系等亲近关系的人 ▷高等院校里的～现象对学术发展不利。

【近情】jìnqíng 形 合乎情理的；合乎人情的 ▷话说得～近理｜他做事太不～。

【近人】jìnrén 名 近代人；现代人 ▷这一问题，～多有论述。

【近日】jìnrì 名 近来；距今最近的前后几天 ▷～气温变化很大｜此案将于～转检察机关。

【近日点】jìnrìdiǎn 名 指地球等行星或彗星绕太阳运行的轨道上离太阳最近的点。

【近世】jìnshì 名 近代。

【近侍】jìnshì 名 帝王、官僚身边的侍从人员。

【近视】jìnshì ❶ 形 一种视力功能缺陷，看近处清楚，看远处模糊 ▷～眼｜～镜。❷ 形 比喻目光短浅 ▷心胸狭窄，目光～。〇 ❸ 动 朝近处看 ▷凝神～。

【近水楼台】jìnshuǐ-lóutái 宋·俞文豹《清夜录》引宋人苏麟诗："近水楼台先得月，向阳花木易为春。"后用"近水楼台"比喻接近某些人或事物，可以优先获得某种利益。

【近似】jìnsì 动 接近于；类似 ▷～值｜那时的"讲武堂"与现在的军官学校～。

【近似值】jìnsìzhí 名 接近于准确值的数值。如3.1416就是圆周率3.14159265……的近似值。

【近体诗】jìntǐshī 名 指唐代形成的格律诗。包括律诗和绝句（跟"古体诗"相区别）。这种诗体在句数、字数、用韵、平仄和对仗等方面都有严格的要求。也说今体诗。

【近因】jìnyīn 名 造成某种结果的直接原因（跟"远因"相区别）▷探究造成这一局面的～。

【近于】jìnyú 动 接近于 ▷此说～荒诞。

【近在咫尺】jìnzàizhǐchǐ 形容距离很近（咫：古代长度单位，8寸为1咫）。

【近战】jìnzhàn ❶ 动 近距离作战 ▷力求～取胜。❷ 名 近距离进行的战斗。

【近照】jìnzhào 名 近期拍摄的照片。也说近影。

【近朱者赤，近墨者黑】jìnzhūzhěchì，jìnmòzhěhēi 接近朱砂容易变红，接近墨容易变黑。比喻人的习性受环境的影响而改变。

妗 jìn［妗子］jìnzi ❶ 名 某些地区称舅母。→ ❷ 名 妻兄、妻弟的妻子 ▷大～｜小～。

劲（勁） jìn ❶ 名 力气；力量 ▷小伙子～儿大｜用～儿。→ ❷ 名 效力；作用 ▷这种灭蚊剂～儿大｜药～儿过了。→ ❸ 名 精神或情绪（多指积极方面的）▷有股子闯～儿｜干～儿冲天。⇒ ❹ 名 神情；样子 ▷高兴～儿｜瞧这副脏～儿。⇒ ❺ 名 兴致；趣味 ▷越看越带～｜这电影真没～。〇 ❻ 名 姓。☛ 读 jìn，指力气、力量等事物；读 jìng，形容事物，表示强而有力，如"劲旅""疾风知劲草"。

另见 733 页 jìng。

【劲头】jìntóu〈口〉❶ 名 力气；力量 ▷浑身像有使不完的～。❷ 名 精神或情绪 ▷一聊起集邮他就有～。

荩[1]（藎） jìn［荩草］jìncǎo 名 一年生草本植物，节上生根。汁液可以做黄色染料，茎和叶可以做药材，茎皮纤维是造纸原料。

荩[2]（藎） jìn 形〈文〉忠诚 ▷～臣｜忠～。

浕（濜） jìn 名 浕水，古水名。一在湖北，现称沙河；一在陕西，现称白马河。

晋[1]（*晉） jìn 动 向前或向上移动 ▷～见｜～谒｜～升｜～级。

晋[2]（*晉） jìn ❶ 名 周朝诸侯国名。疆域最大时，据有今山西大部、河北西南部、河南北部和陕西一角。→ ❷ 名 山西的别称 ▷～剧。〇 ❸ 名 朝代名。a)公元265—420年，司马炎所建。先建都洛阳，史称西晋；公元317年迁都建康（今南京），史称东晋。b)五代之一，公元936—947年，石敬瑭所建，史称后晋。〇 ❹ 名 姓。

【晋级】jìnjí 动 提升级别 ▷由中校～为上校。

【晋见】jìnjiàn 动 进见。

【晋剧】jìnjù 名 地方戏曲剧种，流行于山西、内蒙古和冀北、陕北等地。也说山西梆子、中路梆子。

【晋升】jìnshēng 动 提升(职位、等级等) ▷由科长～为副处长|八段棋手～为九段棋手。☛ 不宜写作"进升"。

【晋谒】jìnyè 动〈文〉进见;拜见。

【晋职】jìnzhí 动 提升职务 ▷经考核合格～。

赆(贐) jìn 名〈文〉送行时赠送的财物 ▷～仪|致～。

【赆仪】jìnyí 名〈文〉送行的礼物 ▷我那未来的亲家,还送了我些～。

烬(燼) jìn 名 物体燃烧后剩下的东西 ▷余～|灰～|烛～。

浸 jìn ❶ 动 泡(在液体里) ▷放在水里～一～|～种|～泡。→ ❷ 动 (液体)渗入 ▷露水～湿了衣服|～透|～润。☛ 统读 jìn,不读 qīn 或 qǐn。

【浸沉】jìnchén 动 沉浸。

【浸没】jìnmò ❶ 动 淹没 ▷附近五个村庄都～在洪水中。❷ 动 沉浸② ▷山村～在丰收的喜悦之中。

【浸泡】jìnpào 动 浸① ▷～蚕豆|～药材。

【浸取】jìnqǔ 动 用溶液浸泡固体混合物,从中提取某些成分。如用水或其他溶剂浸泡出中草药材所含的有效成分,用某种溶剂浸取矿物中的稀有元素。

【浸染】jìnrǎn ❶ 动 浸泡在染液中,使染上颜色 ▷～毛线。❷ 动 比喻人处在某种环境中慢慢受到沾染 ▷～上了不少恶习。

【浸润】jìnrùn ❶ 动 水分等慢慢渗透 ▷春雨～着干旱的土地。❷ 动 医学上指由于细菌侵入或外物刺激,有机体发生病变,出现白细胞等聚集的现象。

【浸湿】jìnshī 动 泡在水中,使水分渗透 ▷把布～后再捞出来。

【浸蚀】jìnshí 动 经水或酸性、碱性等液体浸泡而受到损伤或腐蚀 ▷石灰岩地层因受地下水长期～而形成溶洞。

【浸透】jìntòu ❶ 动 浸泡使饱含水分 ▷钱包掉进脸盆,钱都让水～了。❷ 动 渗透 ▷棉衣被汗水～。❸ 动 比喻饱含着某种情感、意识等 ▷小说里～着作者的爱和恨。

【浸淫】jìnyín ❶ 动 浸润 ▷春日江南～在绵绵细雨中。❷ 动 濡染 ▷不为世俗所～。❸ 动 过分沉浸 ▷～在书本里。

【浸育】jìnyù 动〈文〉浸润养育 ▷～万物。

【浸种】jìnzhǒng 动 用水或一定浓度的药液浸泡种子,使种子提早发芽或预防病虫害。

【浸渍】jìnzì ❶ 动 浸泡 ▷用浓糖浆～果脯。❷ 动 浸染②。

琎(璡) jìn 名〈文〉一种像玉的美石。

祲 jìn 名〈文〉指阴阳之气相侵而形成的象征不祥的妖气 ▷～氛。

搢 jìn 动〈文〉插 ▷～绅。

【搢绅】jìnshēn 现在一般写作"缙绅"。

靳 jìn ❶ 动〈文〉舍不得给。○ ❷ 名 姓。

禁 jìn ❶ 动 禁止 ▷严～赌博|～运|查～。→ ❷ 名 不许从事某项活动的法令、规章或习俗 ▷令行～止|入国问～|海～|违～|解～。⇒ ❸ 名 旧时称帝王居住的地方 ▷宫～|紫～城。⇒ ❹ 名〈文〉监狱 ▷～卒|～子。❺ 动 禁锢② ▷监～|囚～|～闭。☛ 读 jìn,基本意义是不准,不许;读 jīn,基本意义是承受,如"禁穿""禁不住"。

另见 716 页 jīn。

【禁闭】jìnbì 动 一种处罚,把犯错误的人关在房间里令其反省。

【禁地】jìndì 名 禁止一般人进入的地方 ▷军事～。

【禁毒】jìndú 动 禁止生产、贩卖、吸食毒品。

【禁放】jìnfàng 动 禁止燃放(烟花、爆竹) ▷本市城区平时～鞭炮。

【禁锢】jìngù ❶ 动 旧指统治阶级禁止异己做官参政。❷ 动 囚禁 ▷～在土牢里。❸ 动 约束;控制 ▷封建礼教～人们的思想。

【禁果】jìnguǒ 名《圣经》中说上帝禁止亚当和夏娃采食"知善恶树"上的果子,亚当、夏娃吃了这种果子,被逐出伊甸园。后用"禁果"泛指不准接触的事物。

【禁毁】jìnhuǐ 动 禁止并销毁(多指书刊、音像制品等) ▷～黄色书刊。

【禁忌】jìnjì ❶ 名 忌讳的言行 ▷毫无～|民间有许多关于"死"的～。❷ 动 避免某些行为,多指忌食(某些食品或药物) ▷～辛辣厚味。

【禁绝】jìnjué 动 彻底禁止 ▷～猎捕珍稀动物。

【禁军】jìnjūn 名 古代称守卫京城或皇宫的军队 ▷八十万～教头。也说御林军。

【禁例】jìnlì 名 禁止某些言行的条例。

【禁猎】jìnliè 动 禁止狩猎 ▷～稀有野生动物。

【禁令】jìnlìng 名 禁止某种活动的法令。

【禁律】jìnlǜ 名 禁止某些行为的法律或法规。

【禁脔】jìnluán 名〈文〉《晋书·谢混传》:"每得一㹠,以为珍膳,项上一脔尤美,辄以荐帝,群下未尝敢食,于时呼为'禁脔'。"(㹠:同"豚",小猪;脔:切成块状的肉)原指别人不得擅自食用的猪脖子肉,后用来泛指个人独占、别人不能分享的物品 ▷莫近～。

【禁片】jìnpiàn 名 被禁止放映的影视片。口语中也说禁片儿(piānr)。

【禁区】jìnqū ❶ 名 禁止一般人进入的区域 ▷军

事～|误入～。❷ 名 比喻某些不许触动的领域 ▷冲破理论上的～。❸ 名 医疗上指某些禁止做手术或针灸的部位。❹ 名 指某些球类运动的赛场上有一定特殊规则限制的区域 ▷在～内犯规，被判罚点球。

【禁燃】 jìnrán ❶ 动 禁止燃烧 ▷～烟火|我市各城区均为高污染燃料的～区。❷ 动 禁放 ▷～烟花爆竹。

【禁赛】 jìnsài 动 因违反竞赛规定而禁止参加比赛 ▷红牌罚下，～一场。

【禁食】 jìnshí ❶ 动 禁止食用 ▷～珍稀野生动物。❷ 动 暂时停止进食 ▷胃肠手术前要～。

【禁售】 jìnshòu 动 禁止销售。

【禁书】 jìnshū 名 禁止刊行、收藏和阅读的书籍。

【禁卫】 jìnwèi ❶ 动 守卫帝王、京城 ▷～森严。❷ 名 守卫帝王、京城等的军队。

【禁烟】 jìnyān ❶ 动 禁止种植罂粟以及贩卖、吸食鸦片 ▷林则徐～。❷ 动 禁止吸香烟。

【禁药】 jìnyào 名 指对人体有害而禁止使用的药品。

【禁用】 jìnyòng 动 禁止使用 ▷～假钞。

【禁渔】 jìnyú 动 为保证鱼虾繁殖、生长，在一定季节或一定区域禁止捕捞 ▷～期|贯彻"划区分时，统一实施"的～原则。

【禁欲】 jìnyù 动 抑制欲望；特指抑制性欲。

【禁运】 jìnyùn 动 指禁止向某国或某地区输入或禁止从某国或某地区输出物资、商品，以实行经济封锁或制裁。

【禁止】 jìnzhǐ 动 不准；不许 ▷～车辆通行。

【禁制品】 jìnzhìpǐn 名 未经特别允许不准制造的物品。

【禁子】 jìnzi 名 旧指在监狱里看守犯人的人。

【禁阻】 jìnzǔ 动 禁止；阻止 ▷～核扩散|严行～。

溍 jìn ❶ 形 形容水流动的样子。○ ❷ 用于地名。如溍江村，在海南。

缙（縉） jìn ❶ 名〈文〉红色的丝织品。○ ❷ 古同"搢" ▷～绅。

【缙绅】 jìnshēn 名 古代官员把笏插在腰间束带之上，故以"缙绅"借指官宦。

瑨 jìn 名〈文〉一种像玉的美石。

墐 jìn 动〈文〉用泥涂塞（门窗）▷塞向～户（向：朝北的窗；户：门）。

觐（覲） jìn 动 朝见（君王）；朝拜（圣地）▷～见|朝～。☛ 统读 jìn，不读 jǐn。

【觐见】 jìnjiàn 动〈文〉朝见（君王）。

殣 jìn 动〈文〉饿死 ▷道～（饿死在道路上）。

噤 jìn ❶ 动〈文〉闭上嘴不出声 ▷～口不言|～声。→ ❷ 动〈文〉因寒冷而闭口 ▷蝉～觉秋深。❸ 名 因寒冷而引起的身体颤抖 ▷寒～|冷～。

【噤若寒蝉】 jìnruòhánchán 像深秋的蝉一样不再鸣叫。形容因害怕而不敢说话。☛ "噤"不要误写作"禁"。

jīng

坙 jīng 名〈文〉地下水脉。

茎（莖） jīng ❶ 名 植物体的主干部分，上部一般生有叶、花和果实，下部和根连接。茎能输送和贮存水分、养料，并有支持枝、叶、花、果实生长的作用。有直立茎、缠绕茎、攀缘茎、匍匐茎等不同类型。→ ❷ 名 像茎的东西 ▷阴～|刀～（刀把儿）。→ ❸ 量〈文〉用于细长条形的东西 ▷数～白发（fà）。☛ ㊀统读 jīng，不读 jìng。㊁下边是"𢀖"，不是"圣"。由"𢀖"构成的字还有"劲""经""颈""径""氢"等。

京¹ jīng ❶ 名 京城 ▷～师|～畿。→ ❷ 名 特指我国首都北京 ▷～腔|～戏|～味儿。○ ❸ 名 姓。

京² jīng 数〈文〉数目，指一千万。

【京白】 jīngbái 名 京剧中指按照北京话发声的念白（跟"韵白"相区别）。丑、花旦等行当多说京白。

【京白梨】 jīngbáilí 名 产于北京地区的一种梨。皮薄而光滑，熟透后果肉变软，香甜多汁。

【京城】 jīngchéng 名 国都；首都。也说京都。

【京官】 jīngguān 名 旧称在京城里任职的官员。

【京胡】 jīnghú 名 胡琴的一种。形似二胡而略短小，琴筒竹制，发音清脆高亢。主要用于京剧伴奏。

【京华】 jīnghuá 名〈文〉京城。因京城是人才、文化荟萃的地方，故称。

【京畿】 jīngjī 名〈文〉首都及其附近地区。

【京郊】 jīngjiāo ❶ 名 首都的郊区。❷ 名 特指北京郊区。

【京剧】 jīngjù 名 我国戏曲的主要剧种。18 世纪末，徽剧、汉剧相继入京，逐渐融合演变而成。因为唱腔以西皮、二黄为主，又称皮黄戏。也说京戏。

【京派】 jīngpài ❶ 名 以北京演员的表演风格为代表的京剧流派。❷ 名 泛指具有北京风格的流派。

【京片子】 jīngpiànzi 名〈口〉指北京土话 ▷他说的是～，不是普通话。

【京腔】jīngqiāng ❶ 名 戏曲声腔，清初流传北京的弋阳腔同当地语言相结合而形成的唱腔。❷ 名 指北京语音 ▷一口～。

【京师】jīngshī 名〈文〉首都。

【京味儿】jīngwèir 名 北京风味；北京地方特色 ▷～小吃｜这出话剧～很浓。

【京油子】jīngyóuzi 名〈口〉指久居北京，世故油滑的人。

【京韵大鼓】jīngyùn dàgǔ 曲艺中大鼓的一种，流行于华北、东北和华东部分地区。清末由河北一带的木板大鼓和子弟书在北京融合发展而成。

【京兆】jīngzhào ❶ 名 汉代指京畿的行政管辖区域。后借指国都。❷ 名 京兆的行政长官京兆尹的简称。

【京族】jīngzú ❶ 名 我国少数民族之一。主要分布在广西。❷ 名 越南人数最多的民族。

泾（涇） jīng 名 泾河，水名，发源于宁夏，流至陕西境内人渭河。

【泾渭不分】jīngwèi-bùfēn 比喻是非不分，界限不清。参见本页“泾渭分明”。

【泾渭分明】jīngwèi-fēnmíng 泾河水清，渭河水浊，泾河水流入渭河，清浊分明，不相混杂。比喻是非分明，界限清楚。

经（經） jīng ❶ 名 纺织物纵向的纱线（跟“纬”相区别） ▷～纱｜～线。→ ❷ 名 经久不变的道理；法则 ▷天～地义。⇒ ❸ 名 传统的权威性的著作；宣扬宗教教义的根本性著作 ▷四书五～｜不见～传｜～典｜《圣～》｜念～。⇒ ❹ 形 长时间不变的；正常 ▷～常｜荒诞不～。⇒ ❺ 名 指月经 ▷～期｜闭～。→ ❻ 动 治理；经营 ▷～世济民｜～商｜～理。→ ❼ 动 经过；经历 ▷途～上海｜饱～风霜｜身～百战。❽ 动 禁(jīn)受；承受 ▷～得住挫折｜～不起考验。→ ❾ 动〈文〉上吊 ▷自～。→ ❿ 名〈文〉南北方向的道路；泛指道路 ▷国中九～九纬（国都有九条南北方向的路、九条东西方向的路）。⇒ ⓫ 名 中医指人体气血运行的通路 ▷急火攻心，血不归～｜～脉｜～络。⇒ ⓬ 名 地理学上指假想的通过地球南北极与赤道成直角的线，在本初子午线以东的称东经，以西的称西经 ▷～度。○ ⓭ 名 姓。

另见 734 页 jìng。

【经办】jīngbàn 动 经手办理 ▷他～了好几起大案、要案。

【经闭】jīngbì 动 闭经。

【经部】jīngbù 名 我国古代图书四部分类中的第一大部类。包括《周易》《尚书》《诗经》《公羊传》等儒家经典和小学（文字、音韵、训诂）等著作。也说甲部。参见 1305 页“四部”。

【经不起】jīngbuqǐ 动 禁(jīn)不起。

【经常】jīngcháng ❶ 形 平常的；日常的 ▷干我们这一行，开夜车是～的事。❷ 副 表示动作行为屡次发生 ▷～出差｜～工作到深夜。☛ 参见 152 页“常常”的提示㊀。

【经常化】jīngchánghuà 动 使（活动）经常进行 ▷绿化工作要～。

【经幢】jīngchuáng 名 佛教的柱型石刻。柱身为六角形或圆形，上面刻有佛名、佛像或经文。

【经得起】jīngdeqǐ 动 禁(jīn)得起。

【经典】jīngdiǎn ❶ 名 旧指作为典范的儒家著作。如四书、五经等。❷ 名 指宣扬宗教教义的典籍。如《古兰经》《圣经》。❸ 名 指最重要的、具有权威性的著作 ▷奉为～。❹ 形（著作或作品等）具有典型性、权威性的 ▷这是一部～的著作｜～乐章。

【经度】jīngdù 名 地理坐标，即地球表面东西距离的度数。以通过英国格林尼治天文台原址的子午线（称为本初子午线）为 0°，以东为东经，以西为西经，东西各 180°。某地的经度就是该地的子午线同本初子午线相距的度数。如北京的经度是东经 116°28′。

【经费】jīngfèi 名 经办某项事业所需的、有计划地予以支出的款项 ▷～不足｜增加教育～。

【经风雨，见世面】jīngfēngyǔ，jiànshìmiàn 比喻到艰苦复杂的环境中接受锻炼，增长才干。☛“经风雨”和“见世面”也可以分别单用。

【经管】jīngguǎn 动 经手管理 ▷他～教务。

【经过】jīngguò ❶ 动 从某处通过 ▷轮船～武汉到达上海。❷ 动 时间延续 ▷～了一年时间，才查清事实真相。❸ 动 经历（活动、事件） ▷～讨论，终于作出决定。❹ 名 事情的原委；过程 ▷请介绍一下手术的～。

【经籍】jīngjí ❶ 名〈文〉经书 ▷讽诵～。❷ 名 泛指古书 ▷整理～。

【经纪】jīngjì ❶ 动 经营；料理 ▷～有方。❷ 名 指经纪人。

【经纪人】jīngjìrén 名 为交易双方充当中介或在交易所里替人买卖并收取佣金的人。

【经济】jīngjì ❶ 动〈文〉经世济民，治理国家。○ ❷ 名 一定历史时期社会生产关系的总和。是政治和思想意识等上层建筑的基础。❸ 名 指国民经济；也指国民经济的某一部门 ▷发展～｜～学｜农业～。❹ 名 指经济活动，包括生产、流通、分配和消费以及金融、保险等活动或过程。❺ 名 指个人的收支情况 ▷家庭～状况良好｜他～上并不宽裕。❻ 形 形容耗费少而收益大；价格便宜 ▷为这个项目投入那么多资金，很不～｜大众饭菜～实惠。

【经济舱】jīngjìcāng 名 指飞机、轮船等的普通客舱，设备较简单，票价较低廉。

【经济担保】jīngjì dānbǎo 为某人或某法人的贷款所提供的担保。参见 268 页“担保”②。

【经济法】jīngjìfǎ 图 调整全局性的、社会性的、需要由国家干预的经济关系的法律规范的统称。包括宏观经济调控、微观经济规制、涉外经济管制、市场活动监管等方面的法律规范。

【经济犯罪】jīngjì fànzuì 自然人或单位为牟取非法利益，在经济领域中违反国家经济管理制度、危害经济运行正常秩序的违法犯罪行为。

【经济杠杆】jīngjì gànggǎn 国家用以调节社会经济活动的手段。包括财政、税收、信贷、工资、奖金等。

【经济合同】jīngjì hétong 社会经济生活中法人之间、法人与个体经营者之间或公民之间为实现一定的经济目的，依法明确各自权利义务关系的契约、协议书。如购销合同、建筑工程承包合同、科技协作合同等等。参见 551 页“合同”。

【经济核算】jīngjì hésuàn 企业经营管理的一项重要制度。即对生产经营中的劳动耗费、生产成本、财务成果和资金使用情况等进行严格计算、分析和对比，力求以较少的消耗取得较大的效果。

【经济机制】jīngjì jīzhì 社会经济活动中有机地结合在一起的各个组成部分和环节，通过相互推动和制约而形成的经济运转形式。

【经济基础】jīngjì jīchǔ 社会一定历史发展阶段上的生产关系的总和。主要包括生产资料所有制、生产过程中人与人的关系和分配关系三个方面。参见 1203 页“上层建筑”。

【经济技术开发区】jīngjì jìshù kāifāqū 我国为利用外资、引进先进技术，在有条件的地方实行特殊开放政策的区域。1984 年 5 月，国务院决定首先在沿海 14 个港口城市设立经济技术开发区，随后各地也陆续设立了一批这样的区域。简称经济开发区、开发区。

【经济林】jīngjìlín 图 以某种经济收益为主要目的而经营的林木。包括生产果品、油料、药材及其他工业原料的林木。

【经济模式】jīngjì móshì 指国民经济管理体制、运行方式的类型。如集中计划模式、社会主义市场模式等。

【经济全球化】jīngjì quánqiúhuà 由现代科学技术迅猛发展和社会生产力大幅提高带来的商品、劳务、资本、信息等在全球范围内自由流动的趋势，表现为世界各国经济上相互联系、相互作用、相互渗透、相互依存的程度日益深化，经济活动与经济发展过程的全球性不断增强。

【经济适用房】jīngjì shìyòngfáng 由政府出资扶持的具有经济性和适用性两方面特点的社会保障住房。价格低于市场价格，仅限低收入家庭购买。简称经适房。

【经济手段】jīngjì shǒuduàn 管理经济的方法和措施。主要包括按照客观经济规律的要求，制定各种经济政策，运用各种经济杠杆，编制各类经济计划等。

【经济特区】jīngjì tèqū 一个国家或地区内划出的实行特殊经济政策和经济体制的地区。如 1979 年起，我国先后建立的深圳、珠海、汕头、厦门、海南等经济特区。

【经济体制】jīngjì tǐzhì 国家管理经济活动的方式方法、组织形式、组织机构的统称。

【经济危机】jīngjì wēijī ❶ 指资本主义再生产过程中发生的使社会经济陷于混乱和瘫痪的状态。具体表现是商品滞销，生产下降，企业倒闭，失业增多等。❷ 指由于经济工作中的严重政策失误、自然灾害的损失或战争的破坏造成的生产萎缩、经济秩序混乱和社会极度动荡的状态。

【经济效益】jīngjì xiàoyì 指社会经济活动中劳动占用量和消耗量跟劳动成果的比较。如生产同等数量和质量的产品，占用劳动和消耗劳动少，经济效益就高；反之经济效益就低。

【经济学】jīngjìxué 图 研究人类社会经济发展过程中的经济关系与经济活动规律及其应用的科学。包括理论经济学和应用经济学等。

【经济制度】jīngjì zhìdù ❶ 一个社会中经法律确认的、占统治地位的生产关系的总和。它构成该社会上层建筑赖以存在的经济基础，规定着该社会经济活动的总体方向和基本性质。如资本主义经济制度、社会主义经济制度。也说社会经济制度。❷ 指一定社会经济部门或一个方面的具体制度。如工业经济制度、农业经济制度等。

【经济作物】jīngjì zuòwù 给工业提供原料的农作物。如芝麻（油料作物）、甜菜（糖料作物）、枸杞（药用作物）等。

【经久】jīngjiǔ ❶ 动 经过长时间 ▷这种病～不愈｜～难忘。❷ 形 形容经过的时间长而不变；耐久 ▷具有～魅力｜～耐穿。

【经卷】jīngjuàn 图 指佛教经书。如《金刚经》《百喻经》。

【经理】jīnglǐ ❶ 动 经营管理 ▷～酒店｜公司的财务由他～。❷ 图 某些企业中负责经营管理的人 ▷由他担任～。

【经历】jīnglì ❶ 动 亲身遭遇；亲自经受 ▷～了千辛万苦，才找到革命队伍。❷ 图 经历的过程 ▷他的～异常曲折。☛ 跟“阅历”不同。

用作动词,"经历"侧重亲身经受;"阅历"范围较广,还包括耳闻目睹。用作名词,"经历"侧重经受的事情,通用于口语和书面语;"阅历"侧重获得的经验、知识,多用于书面语。

【经略】jīnglüè 动〈文〉经营谋划;治理 ▷～边塞。

【经纶】jīnglún ❶ 动〈文〉梳理蚕丝;比喻管理国家大事 ▷～海内。❷ 名 整理过的蚕丝;比喻治理国家的才能 ▷满腹～。

【经络】jīngluò 名 中医指经脉和络脉,即人体内气血运行的纵横通路。纵行的干线叫经,横行的分支叫络。

【经脉】jīngmài 名 中医指人体气血运行的纵行干线。

【经贸】jīngmào 名 经济和贸易的合称。

【经年累月】jīngnián-lěiyuè 经历了很多岁月。形容时间长久。

【经期】jīngqī 名 妇女来月经的时间。

【经纱】jīngshā 名 纺织品纵向排列的纱。

【经商】jīngshāng 动 从事商业活动。

【经史子集】jīng-shǐ-zǐ-jí 我国传统图书分类法所分出的四大部类。经部包括儒家的经典和语言文字方面的著作;史部包括各种历史著作和部分地理著作;子部包括诸子百家的著作;集部包括诗、文、词、赋等文学作品。

【经事】jīngshì 动 经历事情 ▷～多,经验丰富。

【经手】jīngshǒu 动 经过某人的手办理;承办 ▷～展览会的筹备工作|这个案件由他～。

【经受】jīngshòu 动 接受;承受 ▷～群众监督|～过恶劣环境的磨炼。

【经售】jīngshòu 动 经手销售 ▷由专卖店～。

【经书】jīngshū 名 儒家的经典著作。包括《周易》《尚书》《诗经》《周礼》《仪礼》《礼记》《春秋》《论语》《尔雅》《孝经》等。

【经天纬地】jīngtiān-wěidì 以天为经,以地为纬。比喻治理天下 ▷有～之才。

【经痛】jīngtòng 动 痛经。

【经纬】jīngwěi ❶ 名 织物或织布机上的经线和纬线。❷ 名 为确定地球坐标或时区,在地球表面假定的经线和纬线或经度和纬度。❸ 名 作画或制图时在纸上画的等距离纵线和横线。

【经纬度】jīng-wěidù 地理坐标中的经度和纬度。

【经纬线】jīng-wěixiàn 地理坐标中的经线和纬线。

【经纬仪】jīng-wěiyí 名 测量水平角和垂直角的仪器。主要部件有望远镜、度盘、水准器、读数设备和基座等。目前最常用的是光学经纬仪。

【经文】jīngwén 名 指经书和宗教经典著作的正文。

【经线】jīngxiàn ❶ 名 经①(跟"纬线"相区别,②同)。❷ 名 经⑫。也说子午线。

【经销】jīngxiāo 动 经营销售 ▷独家～|～商。

【经心】jīngxīn 动 留意;放在心上 ▷事事～|漫不～。☛ 跟"精心"不同。"经心"是动词,强调放在心上,如"漫不经心";"精心"是形容词,强调心细的程度,如"精心设计"。

【经穴】jīngxué ❶ 名 针灸学上指隶属于经脉的穴位。❷ 名 针灸穴位,十二经脉各有一个经穴,位置多在腕、踝等关节附近。

【经学】jīngxué 名 训解或阐述儒家经典的学问。形成于汉代,汉武帝后成为封建文化的正统,至清代历经两千余年。

【经学院】jīngxuéyuàn 名 学习宗教经典的学校。

【经血】jīngxuè 名 中医指月经。

【经验】jīngyàn ❶ 名 从实践中得到的知识、技能等 ▷他们积累了许多教学～。❷ 动 亲身经历或体验 ▷他～过长期失眠的痛苦。

【经验论】jīngyànlùn 名 哲学上指轻视或否定理性认识,认为只有感性经验才是知识的唯一源泉的认识论。

【经验主义】jīngyàn zhǔyì ❶ 经验论。❷ 主观主义的一种表现形式,轻视理论的作用,把局部经验当作普遍真理。

【经意】jīngyì 动 经心 ▷此事要格外～。

【经营】jīngyíng ❶ 动 筹划并管理 ▷～制造业|惨淡～。❷ 动 组织商品进行销售 ▷独自～一个小杂货铺|三楼～文具。

【经由】jīngyóu 动 经过 ▷～苏北进入山东境内。

【经院哲学】jīngyuàn zhéxué 西欧中世纪占统治地位的哲学思想。以哲学的形式论证基督教教义与信条,主张理性服从信仰,因在教会学院里讲授,故称。也说烦琐哲学。

【经传】jīngzhuàn 名 经(儒家的经典著作)和传(解说、注释儒家经典的书)的合称。泛指重要的古籍 ▷名不见～的小人物。☛ "传"这里不读 chuán。

荆 jīng ❶ 名 落叶灌木,叶子掌状分裂,有长柄。枝条柔韧,可以编筐、篮、篱笆等;果实可以做药材。→ ❷ 名 荆条,古代用作刑杖 ▷负～请罪。→ ❸ 名 旧时对人谦称自己的妻子 ▷拙～|～室|～妻。○ ❹ 名 春秋时楚国的别称。○ ❺ 名 姓。

【荆钗布裙】jīngchāi-bùqún 荆枝作钗,粗布作裙。形容贫家妇女简朴的服饰。

【荆棘】jīngjí 名 泛指山野丛生的多刺的小灌木。

【荆棘载途】jīngjí-zàitú 沿路长满了荆棘。比喻环境恶劣,障碍很多。

【荆条】jīngtiáo 名 荆的枝条。长而柔韧,可以编制筐、篮、篱笆等。

【荆榛】jīngzhēn 名〈文〉荆和榛树;泛指丛生的灌木。多用来形容荒芜的景象。

菁 jīng 名 韭菜花；泛指花。

【菁华】jīnghuá 现在一般写作"精华"。

【菁菁】jīngjīng 形〈文〉形容草木茂盛的样子。

猄 jīng 名 古书上指一种兽。

旌 jīng ❶ 名 古代指一种旗帜，旗杆顶上有牦牛尾或五色羽毛作为装饰。→ ❷ 名 泛指旗帜 ▷～旗。→ ❸ 动 表彰 ▷～表。

【旌表】jīngbiǎo 动 封建统治者为遵守礼教的突出人物立牌坊、挂匾额等加以表彰。

【旌旗】jīngqí 名 古代指旗杆顶上用彩色羽毛作装饰的旗帜；今泛指各种旗帜 ▷～招展。

惊（驚） jīng ❶ 动 骡、马因受到突然的刺激而狂奔不止 ▷马～了。→ ❷ 动 由于受到突然的刺激而精神紧张或恐惧不安 ▷～呆了｜胆战心～。❸ 动 使受惊；惊动 ▷～天动地｜打草～蛇｜一鸣～人。

【惊爆】jīngbào ❶ 动 令人震惊地突然传出（多指新闻、内情等）▷～丑闻。❷ 形 令人惊讶的；出人意料的 ▷～价。

【惊诧】jīngchà 形 惊讶、诧异 ▷这座摩天大楼建设速度之快令人～。

【惊呆】jīngdāi 动 因震惊而发呆 ▷这张白血病诊断书～了陪他前来看病的妻子。

【惊动】jīngdòng 动 使受到惊扰 ▷不要～群众。

【惊愕】jīng'è 动 因吃惊而失神发呆。

【惊风】jīngfēng 名 中医指一种小儿危重病症，有急、慢性两种。急惊风多因突然受到惊吓或外感风寒、内积痰热，而致高烧昏迷、手足抽搐、牙关紧闭、颈项强直等；慢惊风多因身体虚弱或久病不愈而致面色苍白、神志萎靡、或吐或泻、浑身发冷等。

【惊服】jīngfú 动 感到震惊而佩服 ▷高超的技艺令人～。

【惊弓之鸟】jīnggōngzhīniǎo《战国策·楚策四》记载：有一只受过箭伤、惊心未去的大雁，听到弓弦声就坠落下来。后用"惊弓之鸟"比喻受过惊吓，遇到一点儿动静就惶恐不安的人。

【惊怪】jīngguài 形 惊奇。

【惊骇】jīnghài 形〈文〉惊恐 ▷～不已。

【惊鸿】jīnghóng 名 受惊飞起的鸿雁；比喻美女轻盈优美的体态或舞姿；借指体态轻盈的美女 ▷翩若～，婉若游龙｜～一现，满座哗然。

【惊呼】jīnghū 动 吃惊地呼喊 ▷～救命。

【惊慌】jīnghuāng 形 惊恐慌张 ▷面临袭来的洪峰，他毫不～。

【惊慌失措】jīnghuāng-shīcuò 惊恐慌张，不知如何是好。

【惊惶】jīnghuáng 形 惊惧惶恐 ▷～不安。

【惊魂】jīnghún 名 惊恐不安的心态 ▷～未定。

【惊魂未定】jīnghún-wèidìng 惊恐失魂的神态还没有安定下来。

【惊悸】jīngjì 动 因受惊吓而心脏急剧跳动。

【惊叫】jīngjiào 动 吃惊地喊叫。

【惊惧】jīngjù 动 又惊又怕。

【惊觉】jīngjué 动 因受惊而醒来 ▷一声高叫使他忽然～，再也没有睡意。

【惊厥】jīngjué ❶ 动 因受惊吓而昏过去 ▷听到这不幸的消息，妻子顿时～，半天不省人事。❷ 动 医学上指四肢和面部肌肉阵发性抽动，眼球上翻，神志不清，甚至呼吸暂停的症状。多发于婴幼儿。

【惊恐】jīngkǒng 形 惊慌恐惧 ▷～万状。

【惊恐万状】jīngkǒng-wànzhuàng 形容惊慌害怕到了极点（万状：状态多种多样，形容程度极深）。

【惊雷】jīngléi 名 令人震惊的雷声；比喻突然发生的令人震惊的事件 ▷五四运动犹如一声～，震醒了广大爱国青年。

【惊怕】jīngpà 动 惊慌害怕 ▷错了也不要～。

【惊奇】jīngqí 形 惊讶奇怪 ▷令人～｜～万分。

【惊扰】jīngrǎo 动 惊动搅扰 ▷大军过境，丝毫没有～百姓。

【惊人】jīngrén 形 形容令人吃惊 ▷～的新闻｜速度快得～。

【惊世骇俗】jīngshì-hàisú 因思想、言行等不同寻常而震惊世人。

【惊悚】jīngsǒng 形 惊慌恐惧 ▷这一幕令人～不已｜激战场面十分～。

【惊叹】jīngtàn 动 惊奇赞叹 ▷不能不～这一人间奇迹。

【惊叹号】jīngtànhào 名 叹号。

【惊堂木】jīngtángmù 名 旧时官吏审案时用来敲击桌案以示声威的长方形硬木块。

【惊涛】jīngtāo 名 令人惊惧的大浪 ▷～拍岸。

【惊涛骇浪】jīngtāo-hàilàng 凶猛可怕的大浪；比喻险恶的境遇。

【惊天】jīngtiān 形 形容影响极大，使社会震惊 ▷～之举。

【惊天动地】jīngtiān-dòngdì ❶ 形容声音巨大 ▷锣鼓声～。❷ 形容声势浩大或影响巨大 ▷爆发了～的革命斗争｜取得了～的成就。

【惊悉】jīngxī 动〈文〉惊愕地获悉 ▷～先生辞世，不胜悲恸。

【惊喜】jīngxǐ 形 又惊又喜 ▷～万分。

【惊吓】jīngxià 动 因受惊而害怕 ▷羊群受到～，四散奔逃。

【惊险】jīngxiǎn 形 形容情景或场面危险而令人紧张惊恐 ▷场面异常～｜～片。

【惊现】jīngxiàn 动 惊奇地出现或发现 ▷海市蜃楼～于大漠｜洞里～贝壳化石。

【惊羡】jīngxiàn 动 惊奇而羡慕 ▷～他的业绩。

【惊心动魄】jīngxīn-dòngpò 形容使人受到极大震动。

【惊醒】jīngxǐng ❶ 动 因受惊而醒来；因受震动而醒悟 ▷枪炮声～了他|他从事故中～，意识到自己责任重大。❷ 动 使突然醒来或醒悟 ▷动作轻点儿，别～了病人|不狠狠地敲打一下，是不能～他的。

【惊醒】jīngxing 形 形容睡觉不沉，容易醒来 ▷她睡觉特别～，有一点儿动静都听得见。

【惊讶】jīngyà 形 感到意外、奇怪 ▷听了这个消息，她很～。

【惊艳】jīngyàn 动 对女性的美艳感到惊羡；泛指对事物的美妙感到惊羡 ▷这次的造型，连她自己都非常～|上百种美食～全场。

【惊疑】jīngyí 形 惊讶疑惑 ▷他～地瞪着眼睛。

【惊异】jīngyì 形 惊奇诧异 ▷那场景令人～。

【惊蛰】jīngzhé 名 二十四节气之一，通常在公历每年3月6日前后。

晶 jīng ❶ 形 明亮 ▷亮～～。→ ❷ 名 指水晶 ▷茶～|墨～。❸ 名 指晶体 ▷结～。

【晶亮】jīngliàng 形 透明光亮 ▷荷叶上滚动着～～的露珠。

【晶体】jīngtǐ 名 原子、离子或分子按一定的空间次序有规律地排列所形成的固体。有些晶体有规则的外形。多数金属、矿物属于晶体。也说结晶体、结晶。

【晶体管】jīngtǐguǎn 名 用于无线电工业的整流、放大、检波等的半导体器件，用锗、硅等晶体材料制成。具有体积小、不怕震、电耗少等优点。

【晶莹】jīngyíng 形 光亮而透明 ▷～的露珠。

【晶莹剔透】jīngyíng-tītòu 形容非常光亮明澈。

【晶状体】jīngzhuàngtǐ 名 眼球的屈光部分。呈凸透镜状，无色透明，有弹性。由睫状肌调节其凸度，使不同距离的影像能清晰地投射到视网膜上。也说水晶体。

腈 jīng 名 含有氰基的有机化合物。无色液体或固体，有特殊气味，遇酸或碱即分解。☛ 不读 qíng。

【腈纶】jīnglún 名 合成纤维的一种。耐光、耐腐蚀，可制成蓬松、轻暖、类似羊毛的短纤维，纺成毛线或织成纺织品。

鹡(鶺) jīng 见689页"鸡(jiāo)鹡"。

睛 jīng 名 眼珠 ▷目不转～|画龙点～|眼～。

粳（*秔粇稉） jīng 名 粳稻 ▷～米。☛《普通话异读词审音表》统读 jīng。

"粇"另见773页 kāng "糠"。

【粳稻】jīngdào 名 一种水稻。分蘖力弱，茎秆较硬，叶幅较窄，深绿色。籽粒短而粗，不易脱落。

【粳米】jīngmǐ 名 去壳的粳稻籽实。颗粒短而粗，黏性大，涨性小。

兢 jīng 见下。☛ 由两个"克"组成，不是由两个"竞"组成。

【兢兢】jīngjīng 形 形容小心谨慎的样子 ▷战战～|～业业。

【兢兢业业】jīngjīngyèyè 小心谨慎，勤恳踏实。

精 jīng ❶ 名〈文〉经过拣选的优质米。→ ❷ 名 提炼出来的东西；精华 ▷酒～|香～。⇒ ❸ 名 精神；精力 ▷聚～会神|～疲力尽。❹ 名 精液；精子 ▷射～|受～。⇒ ❺ 名 精怪 ▷老人们说村头那棵老槐树成～了|白骨～。→ ❻ 形 经过提纯或挑选的 ▷～盐|～兵。❼ 形 完美；最好 ▷～益求～|～良。⇒ ❽ 形 对某门学问或技术掌握得很娴熟 ▷手艺很～|博大～深|～通。⇒ ❾ 副〈口〉放在某些形容词前面，表示程度深，相当于"很""非常" ▷～瘦|～光。→ ❿ 形 细致；严密 ▷～雕细刻|～密。⓫ 形 心细机敏 ▷这人很～，骗不了他|～明|～干。

【精白】jīngbái 形 精纯洁白 ▷～米|～面。

【精编】jīngbiān ❶ 动 精心编纂或编排 ▷～诗集|～节目。❷ 动 精心编织 ▷～细织。

【精兵】jīngbīng 名 经过挑选的、战斗力强的士兵 ▷～强将。

【精兵简政】jīngbīng-jiǎnzhèng 精简人员，压缩机构。

【精兵强将】jīngbīng-qiángjiàng 战斗力强的兵员，善于指挥的将领；泛指杰出的人才。

【精彩】jīngcǎi 形 美妙；出色 ▷～的表演。☛ ㊀不要写作"精采"。㊁跟"精美""精妙"不同。在形容艺术作品时，"精彩"多用于形容音乐、舞蹈等；"精美""精妙"多用于形容绘画、雕塑等。

【精菜】jīngcài 名 经过精选，没有杂质，可以直接烹饪的菜。

【精巢】jīngcháo 名 雄性动物的生殖腺。是产生精子的主要器官。人和其他脊椎动物的精巢也说睾丸。

【精诚】jīngchéng 形 非常真诚 ▷～团结|～所至，金石为开。

【精赤】jīngchì 动（身体）完全裸露 ▷几个孩子～着身子在河沟里玩水。

【精虫】jīngchóng 名 精子。

【精纯】jīngchún 形 精良纯粹 ▷～的黄金。

【精粹】jīngcuì ❶ 形 精炼纯粹 ▷文笔～。❷ 名（事物的）精华部分 ▷古今散文～。

【精打细算】jīngdǎ-xìsuàn（使用人力、物力时）精心细致地计算、计划。

【精当】jīngdàng 形 精确恰当 ▷释义～。

【精到】jīngdào 形 精细周到 ▷释文十分～。

【精雕细刻】jīngdiāo-xìkè 精心细致地雕刻；形容对艺术作品精心细致地加工；也比喻做事认真仔细。

【精雕细镂】jīngdiāo-xìlòu 精雕细刻。

【精读】jīngdú 动 仔细深入地阅读（跟"泛读""略读"相区别）▷老师要求～范文。

【精度】jīngdù 名 准确和精密的程度 ▷这种仪表的～已经达到国家标准。

【精纺】jīngfǎng ❶ 动 精细地纺织 ▷这种纱不宜～。❷ 名 精细的纺织品。

【精粉】jīngfěn 名 精制的面粉。

【精干】jīnggàn 形 精明干练 ▷队员个个～。

【精耕细作】jīnggēng-xìzuò 精心细致地耕种和管理。

【精工】jīnggōng 形 精致工巧 ▷～制作。

【精怪】jīngguài 名 迷信指鸟兽花木等经多年修炼而变成的妖怪。也说精灵。

【精光】jīngguāng ❶ 形 什么也没有；一点儿也没剩下 ▷把钱花了个～。❷ 形 光亮洁净 ▷皮鞋擦得～锃亮。

【精悍】jīnghàn ❶ 形 精明能干 ▷～练达。❷ 形 （文笔）精炼而锐利有力 ▷杂文贵在～。

【精华】jīnghuá 名 事物中最精粹、最优良的部分 ▷剔除糟粕，吸取～。

【精加工】jīngjiāgōng 动 精细加工 ▷～食品。

【精减】jīngjiǎn 动 经过挑选，减少不必要的 ▷人员～｜～开支。☛ 跟"精简"不同。"精减"侧重的是经挑选后数量的减少；"精简"侧重的是经调整后，机构、内容等的简化。

【精简】jīngjiǎn 动 经过调整，去掉多余的，留下必要的 ▷～机构。☛ 参见本页"精减"的提示。

【精讲】jīngjiǎng 动 精细或精辟地讲解。

【精进】jīngjìn ❶ 动〈文〉积极进取 ▷～不懈。❷ 动 向精深的方向前进 ▷棋艺日渐～。

【精矿】jīngkuàng 名 通过选矿得到的品位最高的矿石。

【精力】jīnglì 名 精神和体力 ▷～过人。

【精练】jīngliàn ❶ 动 在印染加工中，除去纺织纤维材料里的天然杂质，以提高其吸水性。❷ 见本页"精炼"②。现在一般写作"精炼"。❸ 形 精明干练 ▷一支～的队伍。

【精炼】jīngliàn ❶ 动 除净杂质，提炼精华 ▷～原油。❷ 形 简练；没有多余的文字或话语 ▷文字～｜内容～。

【精良】jīngliáng 形 精致优良 ▷设备～｜武器～。☛ 不用于形容人员。形容人员可用"精锐"（整体或群体）或"精干""精悍"（个体）。

【精料】jīngliào ❶ 名 精良的材料 ▷这件工艺品必须用～制作。❷ 名 经过加工的原材料 ▷冶金生产要～精炼。❸ 名 精饲料。

【精灵】jīnglíng ❶ 名 精怪；现多指童话里所说的有魔法的小生灵。❷ 形 机灵 ▷小姑娘非常可爱，双眼圆圆很～。

【精美】jīngměi 形 精致美观 ▷这套丛书装帧～。☛ 参见 728 页"精彩"的提示㊂。

【精密】jīngmì 形 精确细密 ▷～机床｜工艺～。

【精密度】jīngmìdù 名 精确细密的程度 ▷～高的仪器｜提高思维的～。

【精妙】jīngmiào 形 精致巧妙 ▷这个鼻烟壶的内画十分～。☛ 参见 728 页"精彩"的提示㊂。

【精明】jīngmíng 形 精细聪明 ▷～干练。

【精明强干】jīngmíng-qiánggàn 精细聪明，办事能力强。

【精囊】jīngnáng 名 男子和雄性动物生殖器官中由腺体膨胀而成的囊状部分，左右各一。精囊分泌的液体是精液的一部分。

【精疲力竭】jīngpí-lìjié 精神十分疲惫，体力消耗殆尽。形容极度疲乏。

【精疲力尽】jīngpí-lìjìn 精疲力竭。

【精辟】jīngpì 形 深刻；透彻 ▷他对我省的经济走势作了～的分析｜议论～。

【精品】jīngpǐn 名 精美优良的物品或作品 ▷服装～｜国画～｜～意识。

【精气】jīngqì ❶ 名 古代指天地万物赖以生存的阴阳精灵之气；也指人的精神元气。❷ 名 中医指肾气 ▷～不足。

【精巧】jīngqiǎo 形 精细巧妙 ▷结构～。

【精确】jīngquè 形 非常准确 ▷统计数字很～。

【精肉】jīngròu 名〈口〉瘦肉（多指猪的瘦肉）。

【精锐】jīngruì 形 形容装备精良，战斗力强 ▷～之旅。

【精舍】jīngshè ❶ 名 古代指学堂或书斋 ▷立～讲学｜～藏书甚多。❷ 名 僧道居住或讲经说道的地方。❸ 名 精致的房舍 ▷深居～。

【精深】jīngshēn 形（学问、理论、思想等）精密高深 ▷学识～｜理论～。

【精神】jīngshén ❶ 名 指人的意识、思维、情感等主观世界 ▷～生活｜～文明。❷ 名 内容的实质所在；主旨 ▷深入领会文件～。

【精神】jīngshen ❶ 名 表现出来的活力 ▷～饱满｜没有～。❷ 形 有活力；有生气 ▷小伙子显得格外～｜老两口如今都挺～的。

【精神暴力】jīngshén bàolì 一种精神虐待行为，对他人进行侮辱、恐吓、威胁等，使其精神上受到严重折磨和伤害。也说软暴力。

【精神病】jīngshénbìng 名 人类高级神经活动失调的疾病。临床表现为幻觉、妄想、意识障碍、行为异常等。俗称神经病。

【精神产品】jīngshén chǎnpǐn 指以满足人们精神

生活需求为目的而生产的学习、娱乐等方面的产品。如文学艺术作品、影视作品等。

【精神抖擞】 jīngshén-dǒusǒu 精神振奋 ▷虽然奋战了一夜,大伙儿依然～。

【精神分裂症】 jīngshén fēnlièzhèng 一种精神病。表现为思维、知觉、行为等多方面发生障碍,但一般没有意识及智能障碍。

【精神垃圾】 jīngshén lājī 指对人们思想有毒害作用的思想、言论、作品等 ▷警惕～污染社会环境|清理～。

【精神食粮】 jīngshén shíliáng 指能满足人们精神生活所必需的各种文化产品。如思想、理论、文艺作品等。

【精神损害赔偿】 jīngshén sǔnhài péicháng 公民在人身权利或财产权利受到不法侵害而遭受精神痛苦向法院起诉要求得到的赔偿。简称精神赔偿。

【精神文明】 jīngshén wénmíng 人类在社会实践中创造的、体现社会发展进步的精神成果,包括思想、道德、科学、文化、教育、艺术等。

【精神污染】 jīngshén wūrǎn 指腐朽、反动的思想、言论、作品等对人们思想的毒害和侵蚀。

【精审】 jīngshěn 形〈文〉精密审慎 ▷论述～。

【精神头儿】 jīngshentóur 名〈口〉精神(shen)① ▷电视里一有球赛,他的～就来了。

【精湿】 jīngshī 形〈口〉非常湿 ▷衣服被雨打得～。

【精瘦】 jīngshòu 形〈口〉非常瘦 ▷～的老头儿。

【精饲料】 jīngsìliào 名 营养价值较高的优质饲料。也说精料。

【精算】 jīngsuàn ❶ 动 精确计算 ▷这个数字是～出来的。❷ 名 指以数学、统计、会计、金融等学科为基础的交叉学科,用于商业保险、各种社会保障业务中需要精算的项目 ▷～技术|首席～师。

【精髓】 jīngsuǐ 名 比喻事物的精华 ▷实事求是是马克思主义的～。

【精通】 jīngtōng 动 深入地了解;熟练地掌握 ▷～业务|诗、词、赋无不～。

【精微】 jīngwēi ❶ 形 精深微妙 ▷～之论。❷ 名 指精微之处 ▷大自然的～。

【精卫填海】 jīngwèi-tiánhǎi《山海经·北山经》中说,上古炎帝的女儿淹死在东海,灵魂化为精卫鸟,天天衔西山的树枝和小石头投入东海,誓把东海填平。后用"精卫填海"比喻有报仇雪恨的决心;也比喻不畏艰险,不达目的誓不罢休。

【精细】 jīngxì ❶ 形 非常细巧 ▷这件工艺品做工很～。❷ 形 非常细心 ▷～的好管家。☛ 参见本页"精致"的提示。

【精细胞】 jīngxìbāo 名 雄性生殖细胞。

【精心】 jīngxīn 形 特别用心;非常小心 ▷～护理|～培育。☛ ㊀跟"专心"不同。"精心"指用心精细,常和"组织""设计""制作""治疗"等搭配;"专心"指用心专一,可与"工作""学习""听讲""研究"等搭配。㊁参见726页"经心"的提示。

【精选】 jīngxuǎn ❶ 动 精心选择 ▷～优良品种|展品是从几千幅作品中～出来的。❷ 动 特指矿业中在粗选出的精矿中进一步筛选。

【精盐】 jīngyán 名 经过加工,除去杂质的细末儿状食盐。

【精要】 jīngyào ❶ 形 精粹切要 ▷摘取全书～的章节。❷ 名 精粹切要的部分 ▷文章～。

【精液】 jīngyè 名 男子和雄性动物的生殖腺分泌出来的含有精子的液体。

【精义】 jīngyì 名 精深微妙的义理 ▷探求华夏文化的～。

【精益求精】 jīngyìqiújīng 已经很好了,还要更加完美。

【精英】 jīngyīng ❶ 名 精华 ▷展品都是出土文物中的～。❷ 名 杰出的人物 ▷两院院士都是科学界的～|文坛～。

【精油】 jīngyóu 名 从植物的花、叶、茎、根或果实等中提取的油状物质。气味芳香,容易挥发。用于化妆品、食品、药品等。也说挥发油、芳香油。

【精于】 jīngyú 动 对某事擅长或精通 ▷～棋艺。

【精湛】 jīngzhàn 形 (技艺)高超;(学问)精深 ▷～的球艺|～的论述。

【精制】 jīngzhì ❶ 动 精工制作 ▷这是景德镇～的瓷器。❷ 动 对粗制品进行加工 ▷精盐是用粗盐加工～而成的。

【精致】 jīngzhì 形 精巧周密 ▷～的手表。☛ 跟"精细"不同。"精致"侧重于工巧美好,多形容器物;"精细"侧重于细腻,不粗疏,既可用于物,也可用于人,适用范围较宽。

【精忠】 jīngzhōng 形 无限忠诚 ▷～铸军魂。

【精装】 jīngzhuāng ❶ 区别 (书籍)装帧精美考究的(一般指硬封面、布包书脊的,跟"平装"相对) ▷这本词典是～的|～本。❷ 区别 (商品)包装精致的(跟"简装"相对) ▷同样品牌的,～的要比简装的贵。

【精壮】 jīngzhuàng 形 精悍强壮 ▷～劳动力。

【精准】 jīngzhǔn 形 精确;非常准确 ▷～的预算管理|射击～|～扶贫。

【精子】 jīngzǐ 名 雄性生殖细胞,与卵子结合后可产生下一代。

【精子库】 jīngzǐkù 名 存放和提供优良精液的专门机构。

鲸(鯨) jīng 名 哺乳动物,生活在海洋中,少数种类分布在某些河流、湖泊中。外形像鱼，体长可达30多米，是现今世界上最大的动物。鼻孔在头顶，用肺呼吸，胎生。大致分为须鲸、齿鲸两大类。属国家保护动物。俗称鲸鱼。☛ 统读jīng，不读qíng。

【鲸鲨】jīngshā 名 鱼，体长可达20米，是现今最大的鱼。灰褐色或青褐色，有黄色斑纹。性温顺，以浮游生物和小鱼为食。

【鲸吞】jīngtūn 动 像鲸一样吞食。形容大量吞并土地或贪污财物 ▷～国家财产。

【鲸油】jīngyóu 名 从鲸的脂肪里提炼出来的油脂，加工后可食用或作工业原料。

【鲸鱼】jīngyú 名 鲸的俗称。

麖 jīng 名 古书上说的一种鹿，体大。

鼱 jīng 见1133页"鼩(qú)鼱"。

jǐng

井[1] jǐng ❶ 名 凿地而成的能取水的深洞 ▷挖～|打～|水～。→ ❷ 名 形状像井或井架的东西 ▷矿～|天～|藻～。→ ❸ 名 人口聚居处；乡里 ▷背～离乡|市～。○ ❹ 名 星宿名，二十八宿之一。○ ❺ 名 姓。

井[2] jǐng 形 整齐；有条理 ▷～然有序|～～有条。

【井场】jǐngchǎng 名 地质勘探、石油开采等的钻井工作场地 ▷钻探工人常年不离～。

【井底之蛙】jǐngdǐzhīwā 生活在井底的青蛙，它们只能看到井口那么大的一片天。比喻眼界狭隘、见识短浅的人。

【井灌】jǐngguàn 动 用井水浇灌(农田)。

【井架】jǐngjià 名 架设在矿井、油井等井口上的支架，用以装置滑轮、钻具等。

【井井有条】jǐngjǐng-yǒutiáo 形容有条理，整齐不乱。

【井口】jǐngkǒu 名 水井、矿井、油井等的开口处。

【井栏】jǐnglán 名 水井的围栏。

【井喷】jǐngpēn ❶ 动 开采石油天然气时地下的高压原油、天然气突然从井口喷射出来。❷ 动 比喻事物突然大量涌现 ▷表演类综艺～|政务短视频呈～之势。

【井然】jǐngrán 形〈文〉形容整齐、有条理的样子 ▷～有序|秩序～。

【井绳】jǐngshéng 名 从井下提水用的绳子。

【井水不犯河水】jǐngshuǐ bù fàn héshuǐ 比喻彼此界限分明，互不干涉。

【井台】jǐngtái 名 井口周围用砖、石等砌成的高出地面的台子。

【井田制】jǐngtiánzhì 名 相传殷周时代的一种土地制度。因把土地划分成许多方块，形状像"井"字，故称。

【井筒】jǐngtǒng ❶ 名 从井口到井底的筒状空间。❷ 名 采矿或修建地铁及隧道时，沟通地面和地下的通道。

【井蛙】jǐngwā 名 井底之蛙 ▷～之见。

【井下】jǐngxià ❶ 名 水井底下。❷ 名 矿井下面工人工作的地方 ▷必须确保～安全。

【井盐】jǐngyán 名 从含盐的井水中提取的盐。我国四川、云南等地均有出产。

阱(*穽) jǐng 名 用来防御敌人或捕捉野兽的陷坑 ▷陷～。

汫 jǐng [汫洲] jǐngzhōu 名 地名，在广东。

刭(剄) jǐng 动〈文〉用刀割脖子 ▷自～。

肼 jǐng 名 有机化合物，指联氨或联氨中氢原子被烃基取代后生成的化合物(如苯肼)。联氨为无色油状液体，有剧毒，可以用来制药或做火箭燃料。

颈(頸) jǐng ❶ 名 古代指脖子的前面部分；现在指整个脖子 ▷刎～|长～鹿。→ ❷ 名 形状像颈或部位相当于颈的部分 ▷瓶～|曲～甑|～联。☛ 通常读jǐng；读gěng，限于口语词"脖颈儿"等。

另见469页gěng。

【颈联】jǐnglián 名 指律诗的第三联，即五、六两句。要求对仗。

【颈项】jǐngxiàng 名 脖子。

【颈椎】jǐngzhuī 名 颈部的椎骨。人类的颈椎由7块椎骨构成。

【颈椎病】jǐngzhuībìng 名 由颈椎增生、椎间盘发生变化引起的疾病。主要症状是颈肩部疼痛、手臂麻木、下肢无力、眩晕等，严重时会出现四肢痉挛性瘫痪。多发生于中老年。

景[1] jǐng ❶ 名 现象；情况 ▷～象|情～|前～|远～。→ ❷ 名 风景 ▷良辰美～|雪～|胜～|～致|～色。❸ 名 布景；场景 ▷内～|外～。❹ 量 剧本的一幕中因布景不同而划分的段落 ▷第二幕第一～。○ ❺ 名 姓。

景[2] jǐng 动 仰慕；敬佩 ▷～慕|～仰。

【景点】jǐngdiǎn 名 供游览的景物布局集中的处所，包括自然景点和人文景点。

【景观】jǐngguān 名 指自然形成的景色；也指人工创造的景物 ▷三峡～|人文～。

【景观灯】jǐngguāndēng 名 安装在广场、居住区、公共绿地等景观场所的具有观赏性的灯 ▷节能型～。

【景况】jǐngkuàng 名 光景；境况 ▷～逐年好转。☛ 跟"情况"不同。"景况"适用于经济、日常生活等;"情况"不限于此,适用范围较大。

【景慕】jǐngmù 动〈文〉景仰;思慕 ▷先生人品学问令后学～。

【景片】jǐngpiàn 名 舞台布景上绘有图形和景物的构件。

【景颇族】jǐngpōzú 名 我国少数民族之一。主要分布在云南。

【景气】jǐngqì 形 指(经济情况)繁荣兴旺 ▷市场不～|今年的生产比去年～多了。

【景区】jǐngqū 名 风景区。

【景色】jǐngsè 名 风景;景致 ▷～秀丽|秋天的～真美。☛ 参见本页"景物"的提示。

【景深】jǐngshēn 名 照相时景物形成清晰影像的纵深范围。景深的大小取决于光圈的大小、焦距的长短和景物到镜头的距离。

【景泰蓝】jǐngtàilán 名 我国的特种工艺品,在铜胎上焊以铜丝掐成的各种花纹图案,填上珐琅彩釉,再经烧制、磨光、镀金或银而成。有瓶、碗、手镯、烟具等各种造型。因明代景泰年间开始大量制造,所用彩釉多为蓝色,故称。参见插图 16 页。

【景物】jǐngwù 名 风景、事物(多指可供观赏的) ▷眼前的～令人惊叹。☛ 跟"景色""景致"不同。"景物"指山水、树木、花草、建筑物等具体的物体;"景色""景致"都指多个具体物体组成的风景。

【景象】jǐngxiàng 名 情景;状况 ▷一片丰收～。

【景仰】jǐngyǎng 动 敬佩;仰慕 ▷令人～。

【景遇】jǐngyù 名 景况和遭遇 ▷悲惨的～。

【景致】jǐngzhì 名 风景 ▷西湖的～美极了。☛ 参见本页"景物"的提示。

儆 jǐng 动〈文〉告诫;使人警醒而不犯错误 ▷杀一～百|以～效尤。

憬 jǐng 动〈文〉觉悟;醒悟。

璥 jǐng 名〈文〉一种玉。

璟 jǐng 名〈文〉玉的光彩。

警 jǐng ❶ 动 告诫;使人注意 ▷～告|～钟。→ ❷ 动 注意并防备(可能发生的危险) ▷～卫|～备|～戒。⇒ ❸ 形 (对危险或异常情况)感觉敏锐 ▷～觉|机～。⇒ ❹ 名 指警察 ▷民～|法～|武～。⇒ ❺ 名 危急的情况或事件 ▷报～|火～。〇 ❻ 名 姓。

【警报】jǐngbào 名 对即将到来的危急情况发出的报告、通知或信号 ▷空袭～|台风～。

【警报器】jǐngbàoqì 名 用来发出警报信号的设备。

【警备】jǐngbèi 动 警惕戒备 ▷加强～。

【警察】jǐngchá 名 国家维护社会治安的武装力量,是国家机器的重要组成部分;也指这支武装力量的成员。

【警车】jǐngchē 名 警察执行任务时的专用车辆。

【警灯】jǐngdēng 名 警车顶上的标志灯。

【警笛】jǐngdí ❶ 名 用以示警或报警的哨子。❷ 名 警告发生危急情况的汽笛。

【警督】jǐngdū 名 警衔级别名。参见 733 页"警衔"。

【警方】jǐngfāng 名 警察方面 ▷交给～处理。

【警匪片】jǐngfěipiàn 名 以警察跟歹徒斗争为题材的影视片。口语中也说警匪片儿(piānr)。

【警风】jǐngfēng 名 警察队伍的作风;警容风纪。

【警服】jǐngfú 名 警察穿的制服。

【警告】jǐnggào ❶ 动 告诫,使警惕或正视 ▷～球迷要严格遵守球场纪律|～大家,上山时一定要注意安全。❷ 名 给予犯错误的人的告诫或处分 ▷给他一个～处分。

【警官】jǐngguān 名 警察中的官员;泛指警察。

【警棍】jǐnggùn 名 警察执勤时携带的特制棍棒。

【警号】jǐnghào ❶ 名 报警的信号 ▷～是连续敲墙 3 次。❷ 名 警察的编号。

【警花】jǐnghuā 名 对年轻女警察的美称。

【警徽】jǐnghuī 名 警察的标志。我国的警徽图案由国徽、盾牌、长城、松枝和飘带构成。

【警籍】jǐngjí ❶ 名 登录警务人员姓名及其有关信息的册子。❷ 名 作为警察队伍正式成员的资格、身份。

【警纪】jǐngjì 名 警察队伍规定的、每个警务人员和各级警务单位必须遵守的纪律 ▷严守～。

【警监】jǐngjiān 名 警衔级别名。参见 733 页"警衔"。

【警戒】jǐngjiè ❶见本页"警诫"。现在一般写作"警诫"。❷ 动 警惕防备;特指军队采取防范措施,以防备敌人的各种破坏活动或突然袭击。☛ 参见 733 页"警惕"的提示。

【警戒色】jǐngjièsè 名 某些有恶臭或毒刺的动物身上的鲜艳色彩或斑纹。用以警告敌害,使自身不致遭到攻击和伤害。如毒蛾幼虫的鲜艳色彩。

【警戒水位】jǐngjiè shuǐwèi 江河湖泊的水涨到必须开始警戒并准备防汛时的水位。

【警戒线】jǐngjièxiàn ❶ 名 为防备敌人的突然袭击或侦察而设立的防线。❷ 名 警方在案发现场布置的封锁线 ▷设置交通～。❸ 名 引起警惕防备的界线 ▷水位超过了～。

【警诫】jǐngjiè 动 告诫,使改正 ▷公开销毁假冒商品,以示～。

【警句】jǐngjù 名 语言精炼,寓意深刻的语句。如"业精于勤荒于嬉,行成于思毁于随"。也说警语。

【警觉】jǐngjué ❶ 动 警醒;醒悟 ▷错误会使人

～起来。❷ 形 感觉敏锐 ▷～地注视着敌人的动静。❸ 名 对可能发生事变或危险的敏锐感觉 ▷政治～|～性。

【警力】jǐnglì 名 警察的人力和装备 ▷部署～。

【警铃】jǐnglíng 名 报警的铃或铃声。

【警龄】jǐnglíng 名 警察从事警务工作的年数。

【警民共建】jǐngmín gòngjiàn 公安干警和人民群众共同建设社会主义精神文明。

【警情】jǐngqíng 名 有关社会治安的危急情况或事件 ▷发生盗劫～。

【警犬】jǐngquǎn 名 经过专门训练，能协助侦查、搜捕、警戒的犬。

【警容】jǐngróng 名 警察队伍和警务人员的仪容、作风、纪律等 ▷～整肃。

【警嫂】jǐngsǎo 名 对警察妻子的称呼。

【警绳】jǐngshéng 名 警察执行任务时使用的特制绳子。

【警示】jǐngshì 动 警告示意 ▷若有不测，请速～。

【警世】jǐngshì 动〈文〉告诫世人 ▷～励俗。

【警司】jǐngsī 名 警衔级别名。参见本页"警衔"。

【警探】jǐngtàn 名 从事侦探破案工作的警察。

【警惕】jǐngtì 动 对可能出现的错误或危险保持警觉 ▷高度～敌人的突然袭击。☛ 跟"警戒"不同。"警惕"指心理上或意识上有所戒备；"警戒"指采取实际行动来戒备。

【警惕性】jǐngtìxìng 名 对可能出现的错误或危险所具有的防范意识 ▷警卫员的～很高。

【警亭】jǐngtíng 名 供交通警察、守门警卫等值勤时使用的建筑物，形状像亭子，可以遮阳光、避风雨。

【警卫】jǐngwèi ❶ 动 警戒保卫 ▷～长江大桥。❷ 名 担任警戒保卫工作的人 ▷向～出示证件。也说警卫员。

【警务】jǐngwù 名 警察在维护社会治安方面的事务 ▷～繁忙。

【警衔】jǐngxián 名 表明警察等级和身份的称号和标志。我国现行人民警察警衔制度设五等十三级：总警监（公安部部长）、副总警监（分二级）；警监（分三级）；警督（分三级）；警司（分三级）；警员（分二级）。武装警察的警衔跟军衔相同。

【警械】jǐngxiè 名 警察执行任务时使用的器械。如警棍、警笛、手铐等。

【警省】jǐngxǐng 见本页"警醒"①。现在一般写作"警醒"。

【警醒】jǐngxǐng ❶ 动 警戒醒悟 ▷这场大火应该使你们～了。❷ 形 形容睡觉不沉，容易醒来 ▷夜里要～些，不要睡得太死。

【警营】jǐngyíng 名 武装警察部队居住的营房；泛指警察的工作场所。

【警员】jǐngyuán ❶ 名 警察，多指担任具体警务工作的基层人员。❷ 名 警衔级别名。参见本页"警衔"。

【警钟】jǐngzhōng 名 报警的钟（多用于比喻）▷首场比赛的失利给全队敲响了～。

【警种】jǐngzhǒng 名 依据担负任务、职能、领域的不同而划分的警察类别，一般分为户籍、交通、治安、司法、铁道、边防、经济、武装等警种。

jìng

劲（勁） jìng 形 强而有力 ▷～敌|～旅|强～。☛ 这个意义不读 jìn。

另见 721 页 jìn。

【劲拔】jìngbá 形〈文〉雄劲挺拔 ▷树干～。

【劲爆】jìngbào ❶ 形 热烈火爆的；有感染力的；爆炸性的 ▷庆祝活动相当～|他的表演火热～|这项证物相当～。❷ 形 特别追求时髦的；标新立异的 ▷一头～的发式|这种～的打扮很吸引眼球。❸ 动 爆出惊人的、令人震撼的（消息等）▷抽奖活动～出令人怦然心动的一等奖|～黑材料。

【劲草】jìngcǎo 名〈文〉坚韧的草；比喻坚守节操、意志坚强的人 ▷疾风知～。

【劲敌】jìngdí 名 实力雄厚的敌人；比喻强有力的对手 ▷敌人的王牌师是我军的～|战胜～，取得冠军。

【劲风】jìngfēng 名 强劲有力的风。

【劲歌】jìnggē ❶ 动 使劲地唱 ▷～一曲。❷ 名 指风格粗犷、节奏强烈的流行歌曲。

【劲旅】jìnglǚ 名 实力强劲的队伍 ▷足球～。

【劲曲】jìngqǔ 名 风格豪放、节奏强烈的乐曲 ▷雄歌～，激情回荡。

【劲射】jìngshè 动 强有力地射出（多指足球或手球运动中的射门动作）▷～入网。

【劲升】jìngshēng 动（价格等）迅猛上升 ▷股价～。

【劲松】jìngsōng 名 高大挺拔的松树。

【劲舞】jìngwǔ ❶ 动 使劲地舞蹈 ▷锣鼓喧天，金狮～。❷ 名 指风格粗犷、节奏强烈的现代舞蹈。

径（徑 *逕❶❸❹） jìng ❶ 名 小路；狭窄的道路 ▷小～|曲～。→ ❷ 名 指直径 ▷口～|半～。→ ❸ 名 比喻途径、方法 ▷捷～|门～。→ ❹ 副〈文〉径直 ▷～飞北京|～向上级举报。

"逕"另见 734 页 jìng"迳"。

【径流】jìngliú 名 降水沿着地面流动或渗入地下流动所形成的水流。

【径情直遂】jìngqíng-zhísuì 随着自己的意愿顺利达到目的（径情：任意；遂：成功）▷世上少

有～的事。

【径赛】jìngsài 名 田径运动中赛跑和竞走项目的统称(跟"田赛"相区别)。

【径行】jìngxíng 副 表示直接进行 ▷～处理。

【径直】jìngzhí ❶ 副 表示不绕道,不耽搁,直接前往 ▷～朝大海走去。❷ 副 表示直接做某事,无须考虑其他 ▷你～把初稿写出来。☛ 跟"径自"不同。"径直"侧重于不间断,不停止,直接行事,主体既可以是人,也可以是物;"径自"侧重于不请示,不商量,自作主张,主体只能是人。

【径自】jìngzì 副 表示自己直接行动 ▷任务还没有完成,怎么能～离开岗位呢? ☛ 参见本页"径直"的提示。

净[1](*淨) jìng ❶ 形 清洁;没有污垢或杂质 ▷把脸洗～|窗明几～|干～|洁～。→ ❷ 动 使清洁 ▷～一～桌面|～～手。❸ 动 佛教指清除情欲;旧时也指阉割男子生殖器 ▷六根已～|～身。→ ❹ 形 尽;一点儿不剩 ▷把屋里的东西搬～了|钱花～了。❺ 副 表示范围,说明除此以外没有别的。a)表示动作范围,相当于"总" ▷别～打岔,让人把话说完|心里着急,～写错字。b)表示事物的范围,相当于"都" ▷我们车间～是小伙子|满院子～是树叶。→ ❻ 形 纯;单纯 ▷除了开销,～赚3万元|～增|～重。❼ 副 表示单纯,相当于"单""只" ▷好的都挑完了,～剩下些次的。

净[2](*淨) jìng 名 戏曲里的一个行当,扮演性格勇猛、刚烈或粗暴、奸诈的男性人物 ▷生旦～末丑|武～|红～。通称花脸。

【净菜】jìngcài 名 经过加工和包装的保鲜蔬菜 ▷～比一般蔬菜贵一些。

【净产值】jìngchǎnzhí 名 生产单位、生产部门或整个国民经济在一定时期内新创造的价值,即总产值减去生产中的全部物质消耗后的剩余部分。也说净值。

【净化】jìnghuà 动 清除物体中的杂质,使纯净 ▷～水源◇思想得到～。

【净价】jìngjià 名 原价;特指没有折扣,也没有附加价的价格。

【净尽】jìngjìn 形 一点儿也不剩 ▷扫除～。

【净角】jìngjué 名 净[2]。

【净口】jìngkǒu 动 曲艺表演中指去除粗俗、低级趣味的话,使语言净化。

【净利】jìnglì 名 纯利。

【净身】jìngshēn 动 旧指男子被阉割。

【净胜】jìngshèng 动 指某些比赛中,胜方进球数、得分数或胜局数多于对方若干 ▷这场足球比赛,我队～3个球。

【净是】jìngshì 动 〈口〉全都是 ▷手里～大票,没有零钱。

【净手】jìngshǒu ❶ 动 洗手。❷ 动 婉词,指大小便。

【净水】jìngshuǐ ❶ 名 没有污染的干净水;净化了的水。❷ 动 使水洁净 ▷～工程|～器。

【净水器】jìngshuǐqì 名 用来除去水中有害杂质,使水达到使用标准的小型装置。通过沉淀、吸附、过滤、消毒、电渗析、离子交换、反渗透等方法使水净化。

【净桶】jìngtǒng 名 婉词,指马桶。

【净土】jìngtǔ ❶ 名 佛教所说的极乐世界。❷ 名 泛指未被污染的地方 ▷发现了一块人迹罕至的～◇儿童心灵是一片～。

【净余】jìngyú 动 纯剩余 ▷除去路费等,～5000元。

【净增】jìngzēng 动 纯增加 ▷粮食比去年～5000吨。

【净重】jìngzhòng 名 货物除去包装物后或禽畜除去毛、皮等后的重量(跟"毛重"相区别) ▷这箱饼干,毛重3公斤,～2.5公斤。

迳(逕) jìng ❶ 用于人名。○ ❷ 用于地名。如迳头、迳口,均在广东。
"逕"另见733页jìng"径"。

经(經) jìng 动 梳理纱线,使成经(jīng)纱或经(jīng)线 ▷～纱。
另见724页jīng。

胫(脛*踁) jìng 名 小腿 ▷不～而走|～骨。

【胫骨】jìnggǔ 名 小腿内侧的长骨,两端粗,中间细。

倞 jìng 形 〈文〉强;强劲。
另见863页liàng。

痉(痙) jìng [痉挛] jìngluán 动 肌肉紧张,不由自主地收缩 ▷手脚～|胃～。☛ ㊀"痉"统读jìng,不读jīng。㊁"挛"不要误写作"孪"。

竞(競) jìng ❶ 动 竞赛 ▷～争|～选|～走。→ ❷ 副 争着(做事) ▷～相支援。☛ 跟"竟"不同。

【竞标】jìngbiāo 动 竞相投标 ▷这项工程有15家建筑公司～。

【竞猜】jìngcāi 动 竞相猜测 ▷有奖～。

【竞唱】jìngchàng 动 争着唱;进行歌唱比赛 ▷举办～活动。

【竞答】jìngdá 动 竞相回答(问题) ▷四位嘉宾～节目主持人提出的问题。

【竞渡】jìngdù ❶ 动 比赛划船 ▷龙舟～。❷ 动 比赛游泳渡过江河湖泊 ▷万名健儿～长江。

【竞岗】jìnggǎng 动 竞争上岗,即用竞争方式谋取工作岗位。

【竞购】jìnggòu 动 竞相报价，争取买到 ▷该处房产拍卖，有200多人参加～。

【竞技】jìngjì 动 比赛技艺(多指体育竞赛) ▷同场～｜～高手。

【竞技体操】jìngjì tǐcāo 竞技体育项目，男子有自由体操、吊环、鞍马、跳马、单杠、双杠6项，女子有自由体操、跳马、高低杠、平衡木4项。

【竞技体育】jìngjì tǐyù 具有竞赛特征和较高技术要求的体育运动项目。包括田径、游泳、足球、篮球、跳水、举重、体操、射击等。

【竞价】jìngjià 动 竞相报价(以争取成交) ▷向社会公开～拍卖。

【竞买】jìngmǎi 动 竞购。

【竞卖】jìngmài 动 竞相报价，争取卖出 ▷促销～。

【竞拍】jìngpāi 动 在拍卖现场竞相报价以争取买到拍卖品。

【竞聘】jìngpìn 动 通过接受考核、选拔等竞争，争取得到聘任 ▷他有条件参与～。

【竞赛】jìngsài 动 为争夺优胜而互相比赛 ▷游泳～｜军备～｜开展～活动。☛ 参见68页"比赛"的提示。

【竞投】jìngtóu 动 竞争投标或参与竞拍 ▷全部建设项目公开招标，欢迎各公司参与～｜出价～藏品。

【竞相】jìngxiāng 副 争相。

【竞销】jìngxiāo 动 竞相推销(商品) ▷～年货。

【竞选】jìngxuǎn 动 候选人在选举前进行各种活动，以争取当选 ▷～总统｜～班长。

【竞争】jìngzhēng 动 双方或多方之间，为了各自的利益，通过自身力量的相互较量来争夺胜利 ▷商业～｜～上岗｜～力｜～性。

【竞争机制】jìngzhēng jīzhì ❶ 通过商品生产者和经营者占有市场的竞争，促进和制约商品经济发展的内在功能体系。它有利于不断革新生产技术，提高产品质量，增加花色品种和改善经营管理；有利于资源配置的优化，产业结构和产品结构的调整。❷ 泛指各行各业为提高工作质量和效率而开展竞争的方法、制度等。

【竞逐】jìngzhú 动 竞争角逐 ▷群雄～。

【竞走】jìngzǒu ❶ 动 两脚不能同时离地，脚着地时膝关节不能弯曲地走。❷ 名 指这种径赛项目。

弪 jìng 量 弧度的旧称。

竟[1] jìng 〈文〉❶ 动 结束；完毕 ▷未～之志。→ ❷ 副 终究；到底 ▷有志者事～成。→ ❸ 形 自始至终；整个 ▷～日｜～夜。→ ❹ 动 彻底追究 ▷穷原～委。

竟[2] jìng 副 表示出乎意料，相当于"居然" ▷他～敢公开否认事实｜没想到进展～如此顺利。☛ "竟"字跟"竞"不同。

【竟敢】jìnggǎn 动 居然敢于 ▷～置国法于不顾。

【竟然】jìngrán 副 竟[2] ▷这么重要的事儿，他～忘了｜他的判断～如此准确。☛ 跟"居然"不同。"竟然"常用在主语后面，侧重表示"不该这样而这样"，语气较重，多为书面语；"居然"可以用在主语前面，多表示不应该或不可能发生的事成为事实，通用于口语和书面语。

【竟日】jìngrì 副 〈文〉表示从早到晚 ▷～闭户。

【竟至】jìngzhì 动 居然达到(某种程度) ▷为了升官发财，～认贼作父。

【竟自】jìngzì 副 竟然；居然 ▷群众刚刚提点儿意见，他～勃然大怒。

竫 jìng 〈文〉❶ 形 安定；安静 ▷～立安坐。○ ❷ 动 编造；捏造 ▷～言。

婧 jìng 〈文〉❶ 形 (女子)纤弱苗条。○ ❷ 形 (女子)有才能。

靓(靚) jìng 〈文〉❶ 动 妆饰；修饰 ▷浅妆匀～。→ ❷ 形 妆饰艳丽 ▷～妆｜～服。☛ 读jìng，表示行为，指妆饰；读liàng，是后起的来自广东话的读音，指漂亮。

另见864页liàng。

敬 jìng ❶ 动 全神贯注；专心致志 ▷～业。→ ❷ 形 (对尊长或宾客等)态度严肃而有礼貌 ▷～请光临｜毕恭毕～｜～意。⇒ ❸ 动 尊重；重视并且恭敬地对待 ▷先生德高望重，大家都～他三分｜～老怜贫｜～重｜孝～。⇒ ❹ 动 有礼貌地献上(酒、菜、烟、茶等) ▷～您一杯｜～酒。○ ❺ 名 姓。

【敬爱】jìng'ài 动 尊敬热爱；崇敬爱戴 ▷学生～老师｜人民～领袖。

【敬称】jìngchēng ❶ 动 尊敬地称呼 ▷古人～梅、兰、竹、菊为"四君子"。❷ 名 尊敬的称呼 ▷"孔子"是对孔丘的～。

【敬呈】jìngchéng 动 恭敬地呈上 ▷～领导审阅。

【敬词】jìngcí 名 含恭敬意味的词语。如"光临""赐教""拜托"等。也说敬语。

【敬辞】jìngcí 现在一般写作"敬词"。

【敬而远之】jìng'éryuǎnzhī《论语·雍也》："敬鬼神而远之。"意思是对待鬼神要尊敬，但不必去亲近。后用"敬而远之"表示对某些人因有某种顾忌，表面上以礼相待，实际上并不愿意接近。

【敬奉】jìngfèng ❶ 动 恭敬地供奉 ▷～神佛。❷ 动 恭敬地进献 ▷～薄礼。

【敬服】jìngfú 动 尊敬佩服 ▷事迹令人～。

【敬告】jìnggào 动 敬词，告诉 ▷～各位听众。

【敬贺】jìnghè 动 敬词，祝贺 ▷～寿诞。

【敬候】jìnghòu ❶ 动 敬词，等候 ▷～光临。❷ 动 恭敬地问候 ▷～康健。

【敬酒】jìngjiǔ 动 恭敬地举杯请对方饮酒。

【敬酒不吃吃罚酒】jìngjiǔ bù chī chī fájiǔ 比喻好言劝说不听，被逼迫或受惩罚时才接受。

【敬老院】jìnglǎoyuàn 名 收养孤寡老人的福利机构；现也指为帮助老年人安度晚年而设置的社会服务机构。也说养老院。

【敬礼】jìnglǐ ❶ 动 用注目、举手、立正、鞠躬等动作表示敬意 ▷向国旗～。❷ 动 敬词，用于书信的末尾。

【敬慕】jìngmù 动 敬重仰慕 ▷～他的为人。

【敬佩】jìngpèi 动 敬重钦佩 ▷人们非常～他的高超技艺。

【敬请】jìngqǐng 动 敬词，邀请或请求(做某事) ▷～光临|～审阅。

【敬上】jìngshàng ❶ 动 尊敬长辈或上级 ▷～爱下|～不唯上。❷ 动 敬词，恭敬地奉上(多用于书信末尾署名之后) ▷女儿～。

【敬颂】jìngsòng 动 敬词，用于书信末尾，表示祝愿 ▷～近安|～时绥。

【敬挽】jìngwǎn 动 敬词，用于向死者表示哀悼。

【敬畏】jìngwèi 动 既尊重又害怕 ▷祖父对儿孙既慈祥又严格，全家无不～。

【敬悉】jìngxī 动 敬词，表示详细地知道 ▷大札～。

【敬献】jìngxiàn 动 恭敬地送上 ▷～鲜花。

【敬谢不敏】jìngxiè-bùmǐn 婉词，以自己的能力不够为理由而恭敬地推辞(谢：辞谢；不敏：没有才能)。常用来客气地表示拒绝做某事。

【敬仰】jìngyǎng 动 崇敬仰慕 ▷先生德艺双馨，学生无比～。

【敬业】jìngyè 动 对事业专心致志 ▷发扬～精神。

【敬业乐群】jìngyè-lèqún 专心致志地对待学习、工作，和谐愉快地同群众相处(chǔ)。

【敬意】jìngyì 名 敬重的情意 ▷表达～。

【敬赠】jìngzèng 动 敬词，赠送 ▷～礼品。

【敬重】jìngzhòng 动 恭敬尊重 ▷受人～。

【敬祝】jìngzhù 动 敬词，祝愿 ▷～健康长寿。

靖 jìng ❶ 形 〈文〉(社会)安定；平安 ▷安～|宁～。→ ❷ 动 〈文〉使(秩序)安定；平定(动乱) ▷～难|～乱|绥～。○ ❸ 名 姓。

静 jìng ❶ 形 安定不动 ▷～物|～坐|～止。→ ❷ 形 安详；(内心)安定 ▷心里总～不下来|心情平～|镇～。⇒ ❸ 形 没有声音；不出声 ▷四周～极了|夜深人～|寂～|～默。⇒ ❹ 动 使(内心)安定 ▷～下心来。○ ❺ 名 姓。

【静场】jìngchǎng ❶ 动 戏剧中安排在特定时间内保持寂静无声，以制造氛围，增强演出效果；比喻一时无人说话 ▷会议～了好几分钟。❷ 动 演出或放映结束后，观众退出剧场或影院。

【静电】jìngdiàn 名 不形成电流的电荷。如化纤织物受摩擦产生的电荷。

【静电复印】jìngdiàn fùyìn 利用带电墨粉在电场力作用下被吸附到电极上的原理复制印刷品。

【静观】jìngguān 动 冷静地观察而不参与或干预 ▷～时局的变化|看棋只准～。

【静候】jìnghòu 动 耐心安静地等候 ▷～佳音。

【静寂】jìngjì 形 没有声响；寂静 ▷～的山林。

【静脉】jìngmài 名 输送血液返回心脏的血管(跟"动脉"相区别)。

【静脉曲张】jìngmài qūzhāng 由于静脉血液回流受阻、压力增大等因素导致静脉扩张、伸长或弯曲的病症。多发生在下肢、肛管等部位。

【静谧】jìngmì 形 〈文〉安静 ▷环境～。

【静默】jìngmò ❶ 动 不出声 ▷听到这个意外的消息，他～了好一阵子。❷ 动 肃立不语，表示哀悼 ▷向烈士们～致哀。

【静穆】jìngmù 形 宁静肃穆 ▷庄严～。

【静僻】jìngpì 形 寂静偏僻 ▷找个～的地方住。

【静悄悄】jìngqiāoqiāo 形 形容很安静，没有任何声响 ▷偌大的操场～的，没有一个人。

【静态】jìngtài 名 相对静止的状态；平衡的状态 ▷保持～|处于～|在～中蕴蓄着动的生命。

【静听】jìngtīng 动 静心仔细地听 ▷侧耳～。

【静物】jìngwù 名 静止的物体；特指作为绘画、摄影对象的静止物体，如花瓶、水果、餐具等 ▷～画。

【静心】jìngxīn 动 使心神安定平静 ▷～休养|别说了，让我静静心。

【静养】jìngyǎng 动 静心调养 ▷他的身体需要～些时日。

【静园】jìngyuán 动 指公园规定的游园时间即将结束，要求游人退出。

【静止】jìngzhǐ 动 停止不动 ▷处于～状态。

【静坐】jìngzuò ❶ 动 安静地坐着 ▷～抚琴|～养神。❷ 动 指练气功时排除杂念，闭目安坐。❸ 动 为了向当局抗议或施加压力而长时间在某地无声地坐着不动 ▷～抗议|～示威。

境 jìng ❶ 名 疆土的边界 ▷出～|入～|国～。→ ❷ 名 较大的空间范围；区域 ▷湘江是湖南～内最大的河流|如入无人之～|环～。❸ 名 所处的环境或状况 ▷事过～迁|处～|家～|～遇。☛ 统读 jìng，不读 jǐng。

【境地】jìngdì ❶ 名 境界② ▷达到了忘我的～。❷ 名 所处的景况或所遇到的情况(多用于消极方面）▷没想到晚年会落到这般～。

【境界】jìngjiè ❶ 名 土地的界限 ▷走进了邻省的～。❷ 名 事物所达到的程度或表现出的状况 ▷鲁迅的杂文已达到炉火纯青的～。

【境况】jìngkuàng 名 处境；状况（多指经济方面的）▷贫困地区群众的～已有根本好转。

【境内】jìngnèi 名 国家或区域的边界以内 ▷严禁毒品进入～。

【境外】jìngwài 名 国家或区域的边界以外 ▷～敌对势力｜主力部队正在该省～集结待命。

【境域】jìngyù ❶ 名 疆界之内的地域 ▷进入我区～。❷ 名 境界② ▷达到理想的～。

【境遇】jìngyù 名 境况；遭遇（多用于消极方面）▷苦难的～。

獍 jìng 名 传说中一种像虎豹的恶兽。

镜（鏡） jìng ❶ 名 镜子① ▷铜～｜穿衣～｜明～。→ ❷ 名 泛指利用光学原理制成的，用以改善视力、摄影摄像或进行科学实验的器具 ▷眼～｜望远～｜～头。

【镜花水月】jìnghuā-shuǐyuè 镜里的花，水里的月。比喻虚幻不实的东西。

【镜框】jìngkuàng 名 用来装相片、奖状、字画等的框子。用木头、金属、塑料等制成框架，再镶上玻璃。

【镜片】jìngpiàn 名 眼镜、光学仪器等上面的透镜。

【镜台】jìngtái 名 镶有镜子的梳妆台。

【镜头】jìngtóu ❶ 名 摄影机、放映机等的主要部件。由若干透镜组合而成，用来形成影像。❷ 名 照相机、摄影机、摄像机拍摄下的画面 ▷拍了两个～｜特技～。

【镜匣】jìngxiá 名 用来放梳妆用品的匣子，里面有可以支起来的镜子。

【镜像】jìngxiàng ❶ 名 物体在镜中的影像。借指对客观情况的真实反映 ▷从支气管～中找准了病灶的位置｜艺术是生活的～。❷ 名 一个存储器上存储的与另一个存储器上的数据完全相同的副本。因像平面镜成像一样不走样，故称 ▷未经授权，禁止建立～。

【镜子】jìngzi ❶ 名 用来映照形象的器具。古代用铜磨制，现在用平面玻璃背面涂上水银或镀铝制成。❷ 名〈口〉指眼镜 ▷这副～度数大了些。

jiōng

坰 jiōng 名〈文〉郊野；远郊 ▷出行经～野。

駉（駉） jiōng〈文〉❶ 名 古代专门养马的场所。→ ❷ 名 骏马。→ ❸ 形 形容马匹肥壮 ▷～～牡马。

扃 jiōng〈文〉❶ 名 从外面关门用的门闩、门环等。→ ❷ 名 门。→ ❸ 动 关门；上闩。

jiǒng

冏 jiǒng 形〈文〉光明；明亮。☛ 参见本页"炯"的提示。

炅 jiǒng 形〈文〉明亮。
另见 517 页 guì。

迥（*逈） jiǒng 形 远；差别很大 ▷天高地～｜性格～异｜～若两人。☛ 不要误写作"迴"。

【迥乎】jiǒnghū 形 迥然。

【迥然】jiǒngrán 形 形容差别很大的样子 ▷两者～不同｜～有别。

【迥异】jiǒngyì 形 完全不一样 ▷她俩相貌相似，可是气质～。

泂 jiǒng〈文〉❶ 形 远。→ ❷ 形 形容水清深广阔的样子 ▷登高临下水～～。

絅（絅） jiǒng 名〈文〉罩在外面的单衣。

炯（*烱） jiǒng 形〈文〉明亮。☛ 右边是"冋"，不是"冏"。由"冋"构成的字有"苘""扃""迥"等；由"冏"构成的字有"裔""橘""谲"等。

【炯炯】jiǒngjiǒng 形 形容（目光等）明亮 ▷目光～。

颎（熲） jiǒng 名〈文〉火光。

窘 jiǒng ❶ 动〈文〉陷于困境 ▷～于阴雨｜～于饥寒。→ ❷ 形 穷困 ▷日子过得很～｜生活～迫｜～困。→ ❸ 形 难堪；为难 ▷没想到让人给问住了，弄得很～｜～境｜～态。❹ 动 使为难 ▷算了，不要～他了。☛ 统读 jiǒng，不读 jǔn。

【窘促】jiǒngcù 形〈文〉处（chǔ）境困难 ▷～无计。

【窘境】jiǒngjìng 名 尴尬的处境 ▷陷入～。

【窘况】jiǒngkuàng 名 难以摆脱的困境。

【窘困】jiǒngkùn ❶ 形 穷困 ▷生活～。❷ 形 难堪；尴尬 ▷听了这话，他显得十分～。

【窘迫】jiǒngpò ❶ 形 形容境遇使人难堪 ▷～的场面。❷ 形 非常穷困 ▷生活～。

【窘态】jiǒngtài 名 尴尬为难的神态 ▷掩饰～。

【窘相】jiǒngxiàng 名 尴尬为难的样子 ▷满脸～｜现出～。

褧 jiǒng ❶ 名 古代用细麻布或轻纱制成的单罩衣。○ ❷ 名 姓。

jiū

纠[1]（糾*糺） jiū ❶ 名〈文〉绞合的绳索。→ ❷ 动 纠合（多用于贬义）▷～集。→ ❸ 动 纠缠① ▷～结。◯ ❹ 名 姓。

纠[2]（糾*糺） jiū ❶ 动 纠正 ▷有错必～｜～偏。→ ❷ 动 督察 ▷～察。☛ "纠"字统读 jiū，不读 jiǔ。

【纠察】jiūchá ❶ 动 维持公共秩序 ▷在广场周围执行～任务。❷ 名 执行纠察任务的人员 ▷路边站着好多～。

【纠缠】jiūchán ❶ 动 缠绕在一起 ▷葛藤的枝条互相～｜各种矛盾～在一起。❷ 动 找麻烦；搅扰 ▷不答应要求，他还会来～。

【纠错】jiūcuò 动 纠正错误 ▷有错～，有理说理。

【纠纷】jiūfēn 名 争执不下的事情 ▷化解～。

【纠风】jiūfēng 动 纠正不正之风 ▷严肃～。

【纠葛】jiūgé 名 纠缠在一起的葛藤。比喻纠缠不清的事情 ▷这些陈年～就不必再提了。

【纠合】jiūhé 动 集合；聚合（现多用于贬义）▷～流氓，扰乱治安。☛ 不要写作"鸠合"。

【纠集】jiūjí 动 纠合 ▷～党羽｜～残匪。☛ 不要写作"鸠集"。

【纠结】jiūjié ❶ 动 缠绕联结 ▷紫藤和爬山虎～在一起｜几件事～在一起了。❷ 形 形容心里矛盾，不知该怎么办 ▷这件事使我很～。

【纠举】jiūjǔ 动〈文〉督察举发 ▷弹劾～｜～违法失职的机关和人员。

【纠谬】jiūmiù 动〈文〉纠错 ▷～补漏。

【纠偏】jiūpiān 动 纠正偏差 ▷～要防过头。

【纠正】jiūzhèng 动 改正 ▷～不正之风｜发现错误，就要认真～。☛ ㊀参见 439 页"改正"的提示。㊁参见 692 页"矫正"的提示。

鸠[1]（鳩） jiū 名 鸟，常指斑鸠。参见 33 页"斑鸠"。

鸠[2]（鳩） jiū 动 聚集 ▷～集｜～合。☛ "鸠"字跟"鸩"不同。

【鸠合】jiūhé 现在规范词形写作"纠合"。

【鸠集】jiūjí 现在规范词形写作"纠集"。

【鸠形鹄面】jiūxíng-húmiàn 身体像斑鸠（肚子低陷，胸骨凸出），脸像黄鹄（一点儿肉都没有）。形容人因饥饿而身体瘦削、面容憔悴。

【鸠占鹊巢】jiūzhànquècháo 鹊巢鸠占。

究 jiū ❶ 动 深入探求；钻研 ▷研～｜探～。→ ❷ 动 追查 ▷违法必～｜追～。❸ 副〈文〉表示归根到底，相当于"毕竟""到底" ▷万马齐喑～可哀｜责任～属何方？☛ 统读 jiū，不读 jiù。

【究办】jiūbàn 动 追究查办 ▷～渎职者。

【究根儿】jiūgēnr 动〈口〉追究事情发生的根源 ▷这事儿早已过去，就别～了。

【究诘】jiūjié 动 追查质问 ▷严词～｜～真相。

【究竟】jiūjìng ❶ 名 原委；结果 ▷我就是要问个～｜不查出个～来，决不罢休。❷ 副 用于疑问句，表示追究 ▷他的病～怎么样了？❸ 副 归根结底；毕竟 ▷礼物虽轻，～是他的一片心意。☛ 跟"毕竟"不同。"究竟"可用于疑问，有名词用法；"毕竟"不能用于疑问句，没有名词用法。

【究其实】jiūqíshí 探求实际情况（多用作插入语）▷总喊没空儿读书，～，还是求知欲不强。

【究问】jiūwèn 动 追究查问 ▷再三～。

赳 jiū［赳赳］jiūjiū 形 形容威武健壮的样子 ▷雄～，气昂昂。

阄（鬮） jiū 名 赌胜负或决定事情时供人们抓取的物品（现多用纸团），上面做有记号 ▷抓～儿。

揪（*揫） jiū 动 紧紧抓住；抓住并用力拉 ▷～住衣襟不放｜绳子被他～断了◇～心。参见插图 14 页。

【揪辫子】jiūbiànzi 抓辫子。☛ 语气往往比"抓辫子"重。

【揪扯】jiūchě 动 抓住并拉扯；形容绞在一起，分理不开；也形容担心牵挂 ▷很多事情～在一起｜孩子的未来～着父母的心。

【揪斗】jiūdòu 动 把人揪出来批判斗争。

【揪痧】jiūshā 动 民间治疗中暑、霍乱、肠炎等疾病的一种方法。一般是用手揪住颈、喉、额等部位的皮肉，反复上提，直至皮肤充血发红。

【揪心】jiūxīn ❶ 动 非常担心 ▷日夜为此～。❷ 形 形容疼痛难忍 ▷伤口～地痛。

【揪心扒肝】jiūxīn-bāgān 形容非常担心，非常痛苦。

啾 jiū 见下。

【啾唧】jiūjī 拟声〈文〉模拟虫、鸟等细碎的叫声 ▷蟋蟀～。

【啾啾】jiūjiū ❶ 拟声 模拟鸟、兽、虫等的叫声 ▷黄雀～｜猿声～。❷ 拟声 模拟凄切尖细的声音 ▷天阴雨湿声～。

樛 jiū 动〈文〉树枝向下弯曲。

鬏 jiū 名 头发盘成的发髻 ▷头上盘着一个～儿｜髽～。

jiǔ

九 jiǔ ❶ 数 数字，比八大一的正整数。→ ❷ 数 表示很多 ▷～死一生｜～牛一毛。→

❸ 名 时令名，从冬至起每九天为一个“九”，到九个“九”为止，共八十一天 ▷数（shǔ）～寒天｜冬练三～，夏练三伏。○ ❹ 名 姓。☛ 数字“九”的大写是“玖”。

【九重霄】jiǔchóngxiāo 名 古代传说天有九重，九重霄指天空的极高处（重：层；霄：天空）。也说重霄、九霄、九天。☛ “霄”不要误写作“宵”。

【九鼎】jiǔdǐng ❶ 名 古代传说夏禹铸造的九个大鼎，象征九州；夏、商、周三代作为传国之宝，象征国家政权。❷ 名 比喻极重的分量 ▷一言～。

【九宫】jiǔgōng 名 我国古乐曲调式中，正宫、中吕宫、南吕宫、仙吕宫、黄钟宫和大石调、双调、商调、越调合称九宫调，通称九宫。

【九宫格儿】jiǔgōnggér 名 临摹字帖、练习书法用的一种印有格子的纸。每个大方格里分成“井”字形的九个小方格。

【九九表】jiǔjiǔbiǎo 名 乘法口诀表。

【九九歌】jiǔjiǔgē 名 乘法口诀。如“一一得一，一二得二”等。

【九九归一】jiǔjiǔ-guīyī 原为珠算口诀，意思是九除以九得一；后用来比喻事物几经周转最后又回到原处，相当于“归根到底”。

【九牛二虎之力】jiǔ niú èr hǔ zhī lì 形容极大的力量 ▷用了～才上到山顶。

【九牛一毛】jiǔniú-yīmáo 许多牛身上的一根毛。比喻极大数量中极其微小的一部分。

【九泉】jiǔquán 名 地下深处的泉水。指埋葬死人的地方；借指阴间 ▷告慰～｜～有知。

【九死一生】jiǔsǐ-yīshēng 形容历尽危难，死里逃生，幸存下来。

【九天九地】jiǔtiān-jiǔdì 一个在天的最上层，一个在地的最下层。形容相差悬殊。

【九头鸟】jiǔtóuniǎo 名 传说中有九个头的不吉祥的怪鸟。借指奸佞狡猾的人。

【九霄云外】jiǔxiāo-yúnwài 形容极高极远的地方或无影无踪的去处 ▷我的话被抛到～了。

【九一八事变】jiǔ-yībā shìbiàn 日本帝国主义大规模武装侵略我国东北的事件，是日本帝国主义侵华战争的开始，也是中国人民十四年艰苦抗战的开始。1931 年 9 月 18 日夜，日军自行炸毁沈阳北郊一段路轨，反诬中国军队所为，并突然发动进攻，次日占领沈阳，仅四个多月，就占领了东北全境。

【九州】jiǔzhōu 名 传说中我国上古的九大行政区域。具体所指说法不一，《尚书·禹贡》称冀州、兖州、青州、徐州、扬州、荆州、豫州、梁州、雍州为九州。后“九州”成为“中国”的代称。☛ “州”不要误写作“洲”。

【九族】jiǔzú 名 九代直系亲属。除自身外，上及父、祖父、曾祖父、高祖父，下及子、孙、曾孙、玄孙（一说包括异姓亲属，父族四代，母族三代，妻族两代，合为九族）。

久 jiǔ ❶ 形 时间长 ▷很～没见了｜年深日～｜～远。→ ❷ 名 经历的时间；时间的长短 ▷他走了有多～了？｜离别数年之～。

【久别】jiǔbié 动 长久地分别 ▷～重逢。

【久病成医】jiǔbìng-chéngyī 长时间生病的人，对病情和疗法已经熟悉，俨然是个医生了。

【久而久之】jiǔ'érjiǔzhī 经过很长时间 ▷过量开采地下水，～，地面就会大幅度下沉。

【久负盛名】jiǔfù-shèngmíng 长期享有很高的声誉。

【久旱逢甘雨】jiǔhàn féng gānyǔ 长久干旱，忽然遇到一场好雨。比喻盼望已久的事物终于到来。也说久旱逢甘霖。

【久经考验】jiǔjīng-kǎoyàn 长时期地经受住了各种考验。

【久经沙场】jiǔjīng-shāchǎng 经历过长期的战争考验；比喻具有丰富的阅历和实践经验。

【久久】jiǔjiǔ 副 表示经过很长一段时间，相当于“好久”“许久” ▷他的教诲～难忘。

【久久为功】jiǔjiǔwéigōng 长久坚持，才会取得成效（为：这里是动词，指成就、成为；功：成效）。

【久留】jiǔliú 动 长久停留 ▷事情紧急，不宜～。

【久慕】jiǔmù 动 〈文〉久仰。

【久拖不决】jiǔtuō-bùjué 拖了很久没有决定下来。也说久悬不决。

【久违】jiǔwéi 动 客套话，长时间没见面 ▷～了，一向可好？

【久仰】jiǔyǎng 动 客套话，久已仰慕 ▷～大名。

【久已】jiǔyǐ 副 表示很早就已经发生、出现 ▷那种念头～在他心中存在。

【久远】jiǔyuǎn 形 时间很长 ▷由于时间～，记不太清楚了。

氿 jiǔ 名 湖名。分东氿、西氿，均在江苏。另见 516 页 guǐ。

玖[1] jiǔ 名 〈文〉一种像玉的黑色美石。

玖[2] jiǔ 数 数字“九”的大写。☛ 跟“玫（méi）”不同。

灸 jiǔ 动 中医的治疗方法，用艾炷或艾条等烧灼或熏烤人体的穴位表面 ▷针～｜急脉缓～（比喻用和缓的办法应付紧急的事情）。☛ ㊀不读 jiū。㊁跟“炙（zhì）”不同。“灸”上边是“久”；“炙”上边是“夕”（“肉”的变形）。

韭（*韮） jiǔ 名 韭菜。☛ 跟“艽（jiāo）”不同。“艽”不是“韭”的简化字。

【韭菜】jiǔcài 名 多年生草本植物，叶子细长扁平而柔软，开白色小花。叶、花、茎可以食用，种子可以做药材。

【韭黄】jiǔhuáng 名 采用培土、覆盖等遮光措施培育的韭菜，色黄鲜嫩。

酒 jiǔ ❶ 名 用粮食、水果等经发酵制成的含乙醇的饮料，一般分白酒、黄酒、果酒、啤酒等几种类型 ▷茶余～后|～壶|酗～。〇 ❷ 名 姓。☛ 不能简化成"氿"。

【酒吧】jiǔbā 名 专设的或附设在西餐馆、西式旅馆中的卖酒的地方。也说酒吧间（吧：英语bar音译）。

【酒保】jiǔbǎo 名 旧指卖酒的人或酒店伙计。

【酒菜】jiǔcài ❶ 名 酒和菜。❷ 名 用来下酒的菜。

【酒池肉林】jiǔchí-ròulín《史记·殷本纪》记载：商纣王以酒为池，悬肉为林。后用"酒池肉林"形容穷奢极欲、腐朽糜烂的生活。

【酒刺】jiǔcì 名 痤疮。

【酒店】jiǔdiàn ❶ 名 酒馆。❷ 名 大型饭店、旅馆。

【酒逢知己】jiǔféngzhījǐ "酒逢知己千杯少"的缩略。形容和知心朋友相逢畅饮，无话不谈的情致。

【酒馆】jiǔguǎn 名 卖酒或兼卖饭菜的店铺。也说酒店。

【酒鬼】jiǔguǐ 名 称好（hào）酒贪杯的人（含诙谐或鄙视意）。

【酒酣耳热】jiǔhān-ěrrè 形容喝酒喝得正尽兴。

【酒花】jiǔhuā 名 啤酒花。

【酒会】jiǔhuì 名 只用酒和点心招待客人的简便宴会，多用于外交场合。

【酒家】jiǔjiā 名 酒馆；现多用作饭馆的名称。

【酒驾】jiǔjià 动 饮酒后驾驶机动车。依据我国《道路交通安全法》，对酒驾者视其情节轻重给予相应处罚。

【酒浆】jiǔjiāng 名〈文〉酒。

【酒窖】jiǔjiào 名 贮藏酒的地下室。能保持较低恒温，以便长期保存，使酒味更醇。

【酒精】jiǔjīng 名 乙醇的通称。

【酒具】jiǔjù 名 饮酒用具。

【酒力】jiǔlì 名 酒对饮酒者的刺激力度 ▷～猛烈。也说酒劲儿。

【酒帘】jiǔlián 名 旧时酒店门前挂的幌子。也说酒望、酒旗。

【酒量】jiǔliàng 名 一个人一次饮酒的最大限量 ▷他～不大，二两到头了。

【酒令】jiǔlìng 名 众人饮酒时为助酒兴而做的一种游戏。大都推一人为令官，其他的人轮流听令行事，不能行事或行事迟延者为输，罚酒。

【酒楼】jiǔlóu 名 酒店；饭店。

【酒囊饭袋】jiǔnáng-fàndài 装酒饭的口袋。比喻除了吃喝外没有别的本事的人。

【酒酿】jiǔniàng 名 江米酒。

【酒器】jiǔqì 名 盛酒和饮酒的器皿。

【酒钱】jiǔqián ❶ 名 旧指给酒店伙计的小费。❷ 名 饮酒的费用。

【酒曲】jiǔqū 名 酿酒用的发酵物，内含曲霉。

【酒肉朋友】jiǔròu-péngyou 只能在一起吃喝玩乐，不能共患难的朋友。

【酒色】jiǔsè 名 美酒和女色 ▷贪恋～|～之徒。

【酒色财气】jiǔ-sè-cái-qì 指嗜酒、好色、贪财、逞气。

【酒食】jiǔshí 名 酒饭。

【酒水】jiǔshuǐ 名 酒类和汽水等饮料的合称。

【酒肆】jiǔsì 名〈文〉酒店① ▷～小酌。

【酒徒】jiǔtú 名 过分嗜酒的人。

【酒涡】jiǔwō 现在一般写作"酒窝"。

【酒窝】jiǔwō 名 笑时脸颊上现出的小圆窝。也说笑窝。

【酒席】jiǔxí 名 宴请宾客或聚餐时的整桌酒水菜肴。也说酒宴。

【酒兴】jiǔxìng 名 喝酒的兴致 ▷行令以助～。

【酒意】jiǔyì 名 似醉非醉时的感觉或神情 ▷略带～。

【酒瘾】jiǔyǐn 名 饮酒的嗜好。

【酒友】jiǔyǒu 名 常在一起喝酒的朋友。

【酒糟】jiǔzāo 名 酿酒剩下的渣滓。可用作饲料。

【酒糟鼻子】jiǔzāo bízi 酒渣鼻的通称。

【酒渣鼻】jiǔzhābí 名 发生在鼻尖和鼻翼两侧的慢性皮肤病。轻者出现红斑，进而出现丘疹或脓疱；重者鼻尖、鼻翼肥大。通称酒糟鼻子。

【酒盅】jiǔzhōng 名 小酒杯。

【酒钟】jiǔzhōng 现在一般写作"酒盅"。

【酒足饭饱】jiǔzú-fànbǎo 酒喝足了，饭吃饱了。形容吃喝痛快满足。

【酒醉】jiǔzuì 动 因饮酒过量而神志不清。

jiù

旧（舊） jiù ❶ 形 使用过久或长期放置不用的（跟"新"相对，②同）▷房子太～了|～家具|～衣服。→ ❷ 形 过时的；不合时宜的 ▷他的思想观念太～|～传统|～章程。⇒ ❸ 形 从前的；曾经有过的 ▷～居|～事。⇒ ❹ 名 原有的人、事物或状况 ▷叙～|复～|守～。❺ 名 特指老朋友、老交情 ▷故～|访～|念～。

【旧案】jiù'àn ❶ 名 过去的案件；没有审结的案件 ▷早已审决的～，还提它干什么？|～未清又添新案。❷ 名 已有的成例 ▷按～处理。

【旧病】jiùbìng 名 迁延较久、时好时犯的疾病；也比喻过去常有的缺点或常犯的错误 ▷～复发。

【旧部】jiùbù 名 以前的部下。

【旧地】jiùdì 名 曾经住过或到过的地方 ▷重返～|～重游。

【旧调重弹】jiùdiào-chóngtán 老调重弹。

【旧都】jiùdū 名 过去的首都 ▷六朝～。

【旧恶】jiù'è〈文〉❶ 名 过去的仇恨 ▷不念～。❷ 名 以往的过失或罪恶。

【旧观】jiùguān 名 原来的模样 ▷恢复～。

【旧国】jiùguó 名〈文〉旧都(国:国都) ▷～新貌。

【旧好】jiùhǎo〈文〉❶ 名 以前的交情 ▷笃守～。❷ 名 以前的好友 ▷不忘～。

【旧货】jiùhuò 名 存放时间久或已经用过的货物 ▷商店处理～|走街串巷收购～。

【旧迹】jiùjì ❶ 名 过去的事物留下的痕迹 ▷楼兰古国～。❷ 名 前人的墨迹 ▷扬州八怪～。

【旧教】jiùjiào 名 16 世纪欧洲宗教改革后基督教中的天主教被称为旧教,脱离天主教而产生的多教派统称新教。

【旧居】jiùjū 名 过去居住过的地方 ▷祖父的～保存完好。☛ 参见 495 页"故居"的提示。

【旧历】jiùlì 名 农历①。

【旧例】jiùlì 名 从前的规章制度;成例 ▷援引～。

【旧貌】jiùmào 名 过去的面貌 ▷～变新颜。

【旧梦】jiùmèng 名 比喻过去亲身经历的事情 ▷重温～。

【旧年】jiùnián 名 指农历新年,现在一般称春节。

【旧瓶装新酒】jiùpíng zhuāng xīnjiǔ 比喻以旧的形式表现新的内容。

【旧情】jiùqíng 名 过去的友情、爱情 ▷难忘～。

【旧日】jiùrì 名 往日;以前。

【旧石器时代】jiùshíqì shídài 考古学分期中石器时代的早期。这时人类使用的工具是打制石器,依靠渔猎和采集生活。

【旧时】jiùshí 名 过去;从前。

【旧式】jiùshì 区别 形式或样式过时的、陈旧的 ▷～怀表|～装束。

【旧事】jiùshì 名 过去的事。

【旧书】jiùshū ❶ 名 用过的或破旧的书 ▷收购～。❷ 名 特指古书 ▷家藏～万卷。

【旧说】jiùshuō 名 旧时的或陈旧的说法、观点 ▷要创新,不要拘泥于～。

【旧俗】jiùsú 名 旧时的或陈旧的习俗 ▷破～,树新风。

【旧体诗】jiùtǐshī 名 用文言和传统格律写的诗,包括古体诗和近体诗(跟"新诗"相区别)。也说旧诗。

【旧闻】jiùwén 名 指社会上过去的传闻;特指掌故、轶事等。

【旧物】jiùwù ❶ 名 指过去的典章制度 ▷承袭～。❷ 名 指国家原有的疆土 ▷光复～。❸ 名 祖上留传下来的物品 ▷这对雕花瓷瓶是我家～。

【旧习】jiùxí 名 旧的习惯或习俗(多指不好的) ▷改掉～|～不破,新风难立。

【旧学】jiùxué 名 清末随着西方新兴科学技术和哲学社会科学大规模传入中国,人们把中国传统的义理、考据、辞章等学问统称为"旧学"(跟"新学"相区别)。

【旧业】jiùyè ❶ 名 原先的职业 ▷重操～。❷ 名 旧日的家业 ▷重整～。

【旧友】jiùyǒu 名 以前的朋友;老朋友。也说旧交。

【旧雨】jiùyǔ 名〈文〉唐·杜甫《秋述》:"卧病长安旅次,多雨……常时车马之客,旧,雨来,今,雨不来。"意思是宾客过去下雨也来,如今下雨就不来了。后用"旧雨"借指老朋友。

【旧约】jiùyuē ❶ 名 从前订的契约、盟约。❷ 名 指《旧约全书》,为基督教《圣经》的前一部分。

【旧宅】jiùzhái 名 以前住过的住宅 ▷变卖～|鲁迅～。

【旧章】jiùzhāng 名 旧有的典章制度 ▷不循～。

【旧账】jiùzhàng 名 以前欠下的账;比喻以往的过失或怨恨 ▷不要老是算～,要向前看。☛ 不要写作"旧帐"。

【旧知】jiùzhī 名 故知;旧友。

【旧址】jiùzhǐ ❶ 名 现在的某个机构原来的地址 ▷红楼是北京大学的～。❷ 名 现在已不存在的某个机构或建筑物当年的地址 ▷段祺瑞执政府～。❸ 名 历史上发生重大事件的地方 ▷遵义会议～|赤壁之战～。

【旧制】jiùzhì 名 过去的制度;特指我国过去使用的计量制度 ▷废除～|～1 斤是 16 两。

臼 jiù ❶ 名 舂米或捣物用的器具,多用石头或木头制成,圆形,中间部分凹下 ▷石～|蒜～子。→ ❷ 名 形状像臼的东西 ▷～齿|脱～。☛ 跟"臼"不同。由"臼"构成的字有"舂""舀""毁""插""鼠""舅"等。

【臼齿】jiùchǐ 名 磨(mó)牙的通称。牙齿的一种,在口腔后部两侧。人的臼齿上下颌各 6 颗,形状像臼,用于磨碎食物。也说槽牙、大牙。

咎 jiù ❶ 名 罪责;过失 ▷引～辞职|归～。→ ❷ 动 追究罪过;责备 ▷既往不～|自～。○ ❸ 名〈文〉灾祸;凶 ▷休～(吉凶)。☛ ㊀不读 jiū。㊁不要误写作"昝(zǎn)"。㊂跟"疚"不同。

【咎由自取】jiùyóuzìqǔ 罪过或灾祸是由自己招致的。

疚 jiù 动 由于自己的过失而产生不安或惭愧的心情 ▷内～|负～。☛ ㊀跟"咎(jiù)"不同。㊁不读 jiū 或 jiǔ。

柩 jiù 名 装着尸体的棺材 ▷棺～|灵～。☛ 最后一画是竖折(乚)。

桕 jiù 名 乌桕。

救（*捄） jiù ❶ 动 采取措施，使灾难或危急情况终止 ▷～火｜～灾｜～亡｜～急。→ ❷ 动 援助，使脱离危险或免遭灾难 ▷～死扶伤｜挽～｜营～｜拯～。

【救兵】 jiùbīng 名 解救危急的军队；比喻前来救助的人 ▷～一到，我们立即反攻｜搬～。

【救场】 jiùchǎng 动 指戏曲演出中顶替临时因故不能演出的演员上场 ▷～如救火。

【救国】 jiùguó 动 拯救面临危亡的祖国 ▷寻求～之路。

【救护】 jiùhù 动 救治看护 ▷～伤员。

【救护车】 jiùhùchē 名 抢救伤病人员的专用车辆。车上有专职医护人员并备有担架和供急救用的医疗设备。也说急救车。

【救荒】 jiùhuāng 动 采取措施度过饥荒 ▷以工代赈～。

【救活】 jiùhuó 动 使生命体从危急状态中活过来 ▷孩子～了◇一条建议～了一个企业。

【救火】 jiùhuǒ 动 扑灭大火 ▷奋力～。

【救火车】 jiùhuǒchē 名 消防车的俗称。

【救急】 jiùjí 动 解救急难(nàn) ▷～措施。

【救济】 jiùjì 动 用钱物救助灾民或其他生活贫困的人 ▷～灾民。☛ 参见 698 页"接济"的提示。

【救济金】 jiùjìjīn 名 政府用于救济灾民或其他生活贫困的人的专用款项。也说救济款。

【救驾】 jiùjià 动 救护帝王。现也用来比喻帮助人摆脱困境(含诙谐意)。

【救苦救难】 jiùkǔ-jiùnàn 救助人脱离苦难。

【救命】 jiùmìng 动 把人从死亡的威胁中救出来 ▷～要紧｜～之恩。

【救命稻草】 jiùmìng dàocǎo 快要被淹死的人把漂浮在水面上的稻草也当成可以救生的东西。比喻无助于解救危难的东西。

【救穷】 jiùqióng 动 在别人穷困时给以救助 ▷科技扶贫是～的好办法。

【救生】 jiùshēng 动 救护突然遭受威胁的生命 ▷海上～。

【救生筏】 jiùshēngfá 名 救生用的筏子。多用橡胶制成，筏内充气。

【救生圈】 jiùshēngquān ❶ 名 水上救生的环形用具。用橡胶、泡沫塑料、软木等制成。外裹帆布，涂以油漆。用时套在腋下，可使落水者头部浮出水面。❷ 名 橡皮圈①。

【救生艇】 jiùshēngtǐng 名 水上救生用的小船。一般配置在较大的船上，船舶失事时用以救护遇险人员。也说救生船。

【救生衣】 jiùshēngyī 名 水上救生的背心式上衣。一般用漆布包裹泡沫塑料或软木等制成。

【救生员】 jiùshēngyuán 名 从事救生工作的人员；特指在游泳场所抢救溺水者的专职人员。

【救世主】 jiùshìzhǔ 名 基督教认为耶稣是上帝的儿子，为拯救世人而降生人间，所以尊称耶稣为救世主。

【救市】 jiùshì 动 政府等利用政策手段对市场施加影响，使其稳定或摆脱困境 ▷多国央行联手～。

【救赎】 jiùshú 动《圣经》中指耶稣为解救世人，洗刷掉世人的原罪，为他们替罪而献身；现泛指拯救 ▷帮助别人就是～自我｜心灵～。

【救死扶伤】 jiùsǐ-fúshāng 拯救生命垂危的人，照顾身体受伤的人。

【救亡】 jiùwáng 动 把国家从危亡中拯救出来。

【救亡图存】 jiùwáng-túcún 把国家或民族从危亡中拯救出来，谋求生存。

【救险】 jiùxiǎn 动 解救，使脱离险境 ▷火场～。

【救星】 jiùxīng 名 比喻把人从苦难中拯救出来的个人或团体。

【救应】 jiùyìng 动 救助接应 ▷派直升机前去～｜阻击敌方～部队。

【救援】 jiùyuán 动 救助支援 ▷当地驻军立即赶往事发地点～｜～被洪水围困的群众。

【救灾】 jiùzāi 动 援救受灾的人；挽救灾害造成的损失 ▷开仓～｜抢险～。

【救治】 jiùzhì 动 救护治疗，使脱离危险 ▷～危重患者。

【救助】 jiùzhù 动 拯救援助 ▷～灾民。

厩（*廄廏） jiù 名 马棚；泛指牲口棚 ▷马～｜～肥。☛ ㊀不读 jiū。㊁右下是"旡(jì)"，不是"无"。

【厩肥】 jiùféi 名 圈(juàn)肥。

就 jiù ❶ 动 接近；凑近 ▷避重～轻。→ ❷ 动 到 ▷各～各位｜～座｜～席。⇒ ❸ 动 开始进入或从事(某种事业) ▷～职｜～学｜～业。⇒ ❹ 动 完成 ▷功成名～｜草草写～。⇒ ❺ 动 遭受 ▷～刑｜～擒。→ ❻ 动 依从 ▷半推半～｜迁～。→ ❼ 介 a)引进动作行为发生时所靠近的处所 ▷～地取材｜～近入学。b)引进动作的对象或范围 ▷～职工教育问题展开讨论｜～写作技巧来说，这篇小说是很成熟的。c)表示利用条件、时机等，相当于"趁" ▷～着这场雨，赶紧把苗补齐｜～着进城的机会，买两件好衣服。→ ❽ 副 a)表示将在很短的时间以内发生 ▷我马上～走｜眼看麦子～熟了。b)表示动作行为在很久以前已经发生(前面往往有时间词语) ▷他们以前～认识｜风早～停了。c)表示前后两件事紧接着发生 ▷抬腿～走｜一说话～脸红。d)表示在某种条件下自然发生某种结果(常跟"如果""只要""既然"等搭配) ▷既然不同意～算了｜你愿意走～走吧。e)表示事实如此 ▷这儿～是我的

家|车站～在前面。f)加强肯定 ▷我～知道他不会来的|不去，～不去！ g)限定范围，相当于"只""仅" ▷屋里～剩下我一个人|这次聚会～他没有来。h)强调数量多寡 ▷他～要了 1 张票，没多要|咱俩才抬 100 斤，人家一个人～挑 120 斤。❾ 连 表示假设兼让步，相当于"即使" ▷你～坐汽车也赶不上他了|这本书他～拿去也看不懂。〇 ❿ 动 菜肴、果品等搭配着主食或酒吃 ▷稀饭～咸菜。

【就伴】jiùbàn 动 结伴；作伴 ▷我也去商场，咱俩正好～|请邻居跟你～。

【就便】jiùbiàn 副 顺便 ▷他去北京出差，～看看老母亲。

【就餐】jiùcān 动 去吃饭 ▷按时～。

【就此】jiùcǐ 副 表示就在这个地方或这个时候 ▷～埋锅造饭|演出～结束。

【就地】jiùdì 副 就在当地 ▷～解决|～取材|～正法。

【就地取材】jiùdì-qǔcái 就在当地选取需要的材料或人才。

【就读】jiùdú 动 进入学校读书 ▷他在北大～。

【就范】jiùfàn 动 听从控制和支配 ▷逼他～。

【就合】jiùhe 动〈口〉勉强凑合；将就 ▷吃住要求不高，能～就～吧|你们感情已彻底破裂，就别～了。

【就歼】jiùjiān 动 被消灭 ▷土匪彻底～。

【就教】jiùjiào 动 向对方求教；请教 ▷～于广大读者。

【就近】jiùjìn 副 表示就在附近 ▷～入学。

【就里】jiùlǐ 名 内情；内幕(多用于否定) ▷不明～。

【就木】jiùmù 动〈文〉到棺材里去。婉词，指人死亡 ▷行将～。

【就聘】jiùpìn 动 接受聘请。

【就擒】jiùqín 动 被抓获 ▷束手～。

【就寝】jiùqǐn 动 去睡觉 ▷晚上 10 点～。

【就任】jiùrèn 动 到任；到工作岗位担任(某种职务) ▷～以来成绩卓著|～厂长。

【就势】jiùshì ❶ 副 表示顺着某种动作(接着做出另一动作) ▷他从单杠上掉下来，～做了个前滚翻。❷ 副 趁便 ▷下班～接孩子。

【就事论事】jiùshì-lùnshì 只按照事情本身的情况来谈论，不涉及其他。

【就是】jiùshì ❶ 动 独立使用，表示同意 ▷～，我跟你的看法相同。❷ 副 表示坚决、肯定或强调 ▷随你怎么劝，我～不愿意|这孩子～聪明|伸手～一巴掌。❸ 副 表示限定范围，排除其他 ▷我们家～两口人|～这种便宜，别的都贵。❹ 连 连接分句，表示假设兼让步关系，相当于"即使" ▷～砸锅卖铁，也要供孩子上学。❺ 助 用在句末，表示肯定，让对方放心(后面多加"了") ▷您放心～了。

【就是说】jiùshìshuō 多在句中充当插入语，表示后面的话是对前面的解释或说明 ▷你们产品有问题，～，质量不合格。

【就手】jiùshǒu 副 表示不需要特地去做，相当于"顺便""顺手" ▷端菜时～把筷子带过来。

【就算】jiùsuàn 连〈口〉连接分句，表示假设兼让步关系，常与"也"配合，相当于"即使" ▷～是真的，也用不着这么高兴。

【就位】jiùwèi 动 到自己的位置上去 ▷请～。

【就席】jiùxí 动 入席 ▷请客人～。

【就绪】jiùxù 动 (事情)处置妥当；安排停当 ▷运动会的筹备工作大体～|一切安排～。

【就学】jiùxué 动 到学校上学 ▷孩子们都在本村～。

【就要】jiùyào ❶ 副 表示情况即将发生，相当于"将要""快要" ▷球赛再有 10 分钟～结束。❷ 副 表示应该怎样，相当于"就应""就得" ▷我们的干部～时刻想着人民群众。

【就业】jiùyè 动 走上工作岗位；得到职业。

【就医】jiùyī 动 到医生那里看病 ▷到医院～。

【就义】jiùyì 动 走向正义，即在可以选择的情况下，甘愿为正义而牺牲生命 ▷从容～，视死如归。

【就诊】jiùzhěn 动 就医。

【就正】jiùzhèng 动 请求别人指正 ▷～于方家。

【就职】jiùzhí 动 到职；就任(多指较高的职务) ▷省长将于近日～。

【就中】jiùzhōng ❶ 副 表示就在中间(做某事)，相当于"从中" ▷他一定～做了手脚|～加以协调。❷ 名 那里面，相当于"其中" ▷卷内是技术资料，～夹有一份专家名单。

【就座】jiùzuò 动 到座位上坐下 ▷请各位～。☛ 不要写作"就坐"。

舅 jiù ❶ 名 母亲的兄弟(dì) ▷大～。→ ❷ 名〈文〉丈夫的父亲 ▷～姑(公婆)。→ ❸ 名 舅子 ▷妻～。

【舅父】jiùfù 名 母亲的兄弟。

【舅舅】jiùjiu 名〈口〉舅父。

【舅妈】jiùmā 名〈口〉舅母。

【舅母】jiùmǔ 名 舅父的妻子。

【舅奶】jiùnǎi 名 舅爷的妻子。

【舅爷】jiùyé 名 祖母的兄弟。

【舅子】jiùzi 名〈口〉妻子的兄弟 ▷大～。

僦 jiù 动〈文〉租赁 ▷～屋而居。

崺 jiù 用于地名。如崺峪，在陕西。

鹫(鷲) jiù ❶ 名〈文〉雕[1]。→ ❷ 名 鸟，像鹰而较大，嘴呈钩状，视觉敏锐，善飞翔,性凶猛,捕食鸟兽。种类很多,常见的有秃鹫、兀鹫。

jū

车(車) jū 名 象棋棋子中的一种 ▷～让马给吃了|丢卒保～。

另见 161 页 chē。

且 jū 助〈文〉用在句末,表示感叹,相当于"啊" ▷狂童之狂也～。

另见 1107 页 qiě。

拘 jū ❶ 动 逮捕;扣押 ▷～捕|～留|～禁。→❷ 动 约束;束缚 ▷无～无束|～谨。⇒❸ 动 局限;限制 ▷多少不～|不～一格。⇒❹ 动 不知变通 ▷～泥|～礼。

【拘捕】jūbǔ 动 逮捕;捉拿 ▷依法～。

【拘传】jūchuán 动 司法机关依法强制传唤不到案的犯罪嫌疑人、被告人到案。

【拘管】jūguǎn 动 管束;限制。

【拘谨】jūjǐn 形 (言行)过分拘束谨慎 ▷随便一点儿,不必过于～。☛ 跟"矜持"不同。"拘谨"是因缺乏自信而显得不适应某种场合;"矜持"是为了保持自尊或显示身份而有意采取的谨慎态度。

【拘禁】jūjìn 动 把抓获的人依法暂时关押起来 ▷非法～。

【拘礼】jūlǐ 动 拘泥于礼节 ▷不必～。

【拘留】jūliú 动 拘禁留置,指公安、司法机关对特定的人依法暂时限制其人身自由。

【拘留所】jūliúsuǒ 名 公安机关对特定的人依法暂时扣押的处所。

【拘留证】jūliúzhèng 名 公安机关依法对犯罪嫌疑人实施拘留的凭证。

【拘挛】jūluán 动 因肌肉痉挛,手脚不能自由伸展 ▷上肢～。

【拘泥】jūnì ❶ 动 固守某种东西,不知变通 ▷～书本。❷ 形 自我约束;拘束 ▷老熟人了,不必那么～! ☛ "泥"这里不读 ní。

【拘票】jūpiào 名 司法机关拘传被告人到案的书面通知。

【拘审】jūshěn 动 拘留审查。

【拘束】jūshù ❶ 动 过分限制别人的言行 ▷不要太～学生,要让学生大胆发表意见。❷ 形 自我约束;不自然 ▷他说话一点儿也不～。☛ 跟"约束"不同。"拘束"可作动词,侧重于过分的不必要的限制,也能作形容词;"约束"只能作动词,侧重于使不自由,语意较轻。

【拘押】jūyā 动 拘禁。

【拘役】jūyì 动 一种刑罚,短期剥夺犯罪分子人身自由。拘役的期限为 1 个月以上 6 个月以下,数罪并罚时可延长到 1 年。

【拘囿】jūyòu 动〈文〉拘泥;限制 ▷不为陈规所～。

【拘执】jūzhí 形〈文〉拘泥固执 ▷相机行事,不可～。

苴 jū[苴麻]jūmá 名 大麻的雌株,只开雌花,开花后结籽。也说种(zhǒng)麻。☛ "苴"统读 jū,不读 zū。

岨 jū,又读 qū 名〈文〉覆盖着土的石山(多用于地名) ▷梁家～(在陕西)。

狙 jū ❶ 名 古书上指一种猴子。○❷ 动 窥伺 ▷～击。☛ 不读 zǔ。

【狙击】jūjī 动 乘敌不备,突然袭击 ▷～敌人。☛ 参见 1842 页"阻击"的提示。

【狙击手】jūjīshǒu 名 担负狙击任务的射手。

沮 jū 名 沮水,水名,在湖北。与漳水汇合为沮漳河,流入长江。

另见 747 页 jǔ;750 页 jù。

洵 jū 名 洵河,水名,发源于河北,流入蓟运河。

居 jū ❶ 动 居住 ▷分～|～民。→❷ 名 居住的处所 ▷新～|故～。→❸ 动〈文〉停留;固定 ▷岁月不～|变动不～。❹ 动 积蓄;存有 ▷奇货可～|～心不良。→❺ 动 处在(某种位置) ▷甘～人后|～高不下。⇒❻ 动 任;当 ▷以功臣自～|～功自傲。⇒❼ 动 属于(某种情况);占据 ▷二者必～其一|～多。→❽ 名 用作某些店铺的名称 ▷六必～(在北京)|陶陶～(在广州)。○❾ 名 姓。

【居安思危】jū'ān-sīwēi 处在太平安乐的环境里要想到会有危难发生。

【居处】jūchǔ 动 居住(在某处) ▷～闹市。☛ "处"这里不读 chù。

【居多】jūduō 动 在整体中占多数 ▷赞成者～。

【居高不下】jūgāo-bùxià (物价等)处在高位而不下降 ▷服药后,血压仍～。

【居高临下】jūgāo-línxià 占据高处,面对低处。形容处于有利的地势或地位。

【居功】jūgōng 动 自以为有功 ▷不～,不诿过|～自傲。

【居家】jūjiā 动 居住在家 ▷～也好,外出也好,都要精打细算。

【居间】jūjiān 动 处在双方之间 ▷充当～角色|～说合。

【居留】jūliú 动 留下居住 ▷～上海多年。

【居留权】jūliúquán 名 一国政府根据本国法律规定,给予外国人的在本国居留的权利。

【居留证】jūliúzhèng 名 国家依法允许外国人在本国居住停留而发给的凭证。

【居民】jūmín 名 在某个地方固定居住的人 ▷多数～已经搬迁|～身份证。

【居民点】jūmíndiǎn 名 居民集中居住的地方。

【居民区】jūmínqū 名 居民住宅集中的地区。

【居民身份证】jūmín shēnfènzhèng 证明本国公民身份的法定证件。我国的居民身份证是证明居住在我国境内的公民身份的法定证件。证件上标明姓名、性别、民族、出生日期、住址等,并有唯一的、终身不变的身份代码。由公安机关印发和管理。简称身份证。

【居民消费价格指数】jūmín xiāofèi jiàgé zhǐshù 在一段时间内,具有代表性的一组消费品价格和服务项目价格的变动趋势和变动程度的相对数。它反映居民购买力的变动情况,常用作考量通货膨胀程度的重要指标(英语缩写 CPI)。也说消费者价格指数。

【居奇】jūqí 动 把稀少或珍贵奇特的货物留存起来以便卖高价 ▷囤积～|～以获暴利。

【居然】jūrán 副 表示出乎意料,相当于"竟然" ▷刚说过的事,他～给忘了|他～考上了。☛ 参见 735 页"竟然"的提示。

【居丧】jūsāng 动〈文〉因丧守孝 ▷～三年。

【居士】jūshì ❶ 名 古代指辞官隐居的人。❷ 名 指不出家的佛教信徒。

【居室】jūshì 名 住人的房间 ▷～陈设简朴。

【居孀】jūshuāng 动 守寡 ▷中年～。

【居所】jūsuǒ 名 住所 ▷临时～。

【居停】jūtíng 动 居住停留 ▷在京～数日。

【居心】jūxīn 名 心里存在的某种念头(多用于贬义) ▷～叵测|～险恶。

【居心叵测】jūxīn-pǒcè 内心的想法让人揣摩不透(叵:不可)。形容用心险恶。

【居于】jūyú 动 处在(某种地位) ▷～领先地位。

【居中】jūzhōng ❶ 动 放在中间 ▷栏目的小标题要～。❷ 动 处在双方中间 ▷～调解。

【居住】jūzhù 动 较长时间地住在某个地方 ▷晚年一直在县城～。

【居住面积】jūzhù miànjī 指住宅建筑中卧室、客厅、卫生间、厨房等所占的面积。

【居住证】jūzhùzhèng 名 公民离开常住户口所在地到其他城市居住半年以上、符合申领条件领取的证明。

驹(駒) jū ❶ 名 少壮的马 ▷千里～(常用来比喻英俊有为的青年)。○ ❷ 名 初生的马、骡、驴 ▷小驴～儿。

【驹子】jūzi 名 驹② ▷马～。

砠 jū ❶ 名〈文〉表层有土的石山。○ ❷ 用于地名。如留砠,在湖北。

罝 jū 名〈文〉捕兔子的网;泛指捕鸟兽的网。

俱 jū 名 姓。
另见 750 页 jù。

疽 jū 名 中医指局部皮肤肿胀坚硬的毒疮 ▷痈～。

掬 jū ❶ 动〈文〉用双手捧 ▷～水◇笑容可～。○ ❷ 名 姓。☛ 统读 jū,不读 jú。

【掬诚】jūchéng 副〈文〉表示拿出真心实意 ▷～相告|～相见。

据 jū 见 702 页"拮(jié)据"。
另见 750 页 jù。

崌 jū ❶ 名 崌山,古山名,在四川西部,崃山(即邛崃山)以东。○ ❷ 见 848 页"岠崌"。

娵 jū 名 姓。

琚 jū ❶ 名〈文〉一种佩玉。○ ❷ 名 姓。

趄 jū 见 1824 页"趑(zī)趄"。
另见 1108 页 qiè。

椐 jū 名〈文〉灵寿木,一种有肿节的小树,可制作手杖。

跔 jū 动〈文〉腿脚抽筋。

锔(鋦) jū ❶ 动 用锔子连接破裂的金属、陶瓷类器物 ▷把大缸～一下|～锅|～碗。○ ❷ 名 姓。
另见 746 页 jú。

【锔子】jūzi 名 扁平的两脚铜钉或铁钉,用来连接破裂的金属或陶瓷类器物。

腒 jū 名〈文〉腌后晾干的鸟肉。

雎 jū [雎鸠] jūjiū 名〈文〉鱼鹰。参见 361 页"鹗"。☛ 跟"睢(suī)"不同。"雎"左边是"且",不是"目"。

锯(鋸) jū 同"锔"。现在一般写作"锔"。
另见 751 页 jù。

鮈(鮈) jū 名 鱼,体侧扁或呈圆筒形,有须一对,背鳍一般没有硬刺。生活在温带淡水中,我国各河流、湖泊均有出产。

裾 jū 名 古代指衣服的前襟或后襟 ▷～长曳地。

踘 jū 古同"鞠[1]"①。

鞠[1] jū ❶ 名 古代一种革制的用来习武或游戏的实心球 ▷蹴～(蹴:踢)|蹋～(蹋:踢)。○ ❷ 名 姓。

鞠[2] jū 动〈文〉生育;抚养 ▷～育|～养。

鞠[3] jū 动 弯曲 ▷～躬。☛ "鞠"字统读 jū,不读 jú。

【鞠躬】jūgōng ❶ 动 身躯下弯表示行礼 ▷向老师～|鞠个躬。❷ 形 形容小心谨慎的样子

▷～尽瘁。

【鞠躬尽瘁】jūgōng-jìncuì 三国·蜀·诸葛亮《后出师表》："鞠躬尽力，死而后已。"意思是小心谨慎，尽力去做，一直到死为止。后用"鞠躬尽瘁"形容恭敬谨慎，尽心竭力。☛"瘁"不要误写作"粹"。

鞫 jū 动〈文〉审问 ▷～问|～审|～讯。☛统读 jū，不读 jú。

jú

局[1]（*侷跼） jú 形 拘束；狭窄 ▷～限|～促|～蹐。

局[2] jú ❶ 名 一部分 ▷～部。→ ❷ 名 政府中按业务划分的办事机构 ▷财政～|商业～。❸ 名 某些业务机构的名称 ▷邮～|民航～。→ ❹ 名 某些商店的名称 ▷书～。

局[3] jú ❶ 名〈文〉棋盘 ▷棋～。→ ❷ 量 某些比赛一次叫一局 ▷连赛了三～|五～三胜。→ ❸ 名 形势 ▷大～已定|结～|～面。❹ 名 圈套 ▷骗～。→ ❺ 名 指某些聚会 ▷饭～|赌～|牌～。

【局部】júbù 名 整体中的一部分 ▷～利益服从全局利益。

【局促】júcù ❶ 形 狭小；不宽敞 ▷在～的小屋里写作。❷ 形 拘谨，不自然 ▷～不安|平日里他能说会道，今天倒～起来。☛不要写作"侷促""跼促"。

【局地】júdì 名 局部地区 ▷今夜我省～降温 10℃以上。

【局点】júdiǎn 名 排球、网球等比赛，把再赢一球就赢得整局比赛的时机称为局点。如乒乓球甲乙两运动员在非决胜局比分打成 10∶9时，甲运动员率先进入局点。

【局蹐】jújí 形〈文〉局促不安；谨慎小心 ▷～不安。

【局面】júmiàn 名 事情在一定时间内所呈现的状态 ▷出现了对我公司极为有利的～|僵持的～被打破了。☛跟"局势"不同。"局面"可用于一般事务，"局势"只用于重大事务；"局面"侧重指已形成的状况，"局势"侧重指发展趋势。

【局内人】júnèirén 名 原指棋局对阵的人；泛指参与某事的人。

【局势】júshì 名（政治、军事、经济等）在一定时期内所呈现的态势 ▷把握政治～|～已发生了重大变化。☛参见本页"局面"的提示。

【局外】júwài 名 棋局之外；比喻某事之外 ▷～旁观。

【局外人】júwàirén 名 原指棋局对弈者以外的人；泛指跟某事没有关系的人 ▷当局者迷，～往往十分清醒。

【局限】júxiàn 动 限制在狭小的范围内 ▷普法教育不能～在成年人中。

【局限性】júxiànxìng 名 受到局限的性质 ▷古代文学作品常常具有一定的～|无论什么人，其认识都有一定的～。

【局域网】júyùwǎng 名 小区域内将多台电子计算机和数据通信设备直接连接而成的网络。各计算机终端可以进行数据传输，实现软件资源共享。

【局子】júzi 名〈口〉官署；特指旧时的警察局、现在的公安局等。

菊 jú ❶ 名 菊花 ▷赏～。○ ❷ 名 姓。☛不读 jū。

【菊部】júbù 名 宋·周密《齐东野语》中说：宋高宗时宫中有个伶人叫菊夫人，善歌舞，精音律，宫中称为"菊部头"。后用"菊部"作为戏班或戏曲界的雅称。

【菊花】júhuā 名 多年生草本植物，叶卵圆形至披针形，边缘呈锯齿状或深裂。秋季开花，花也叫菊花，颜色和形状因品种而异。是观赏植物，有的品种可以做药材。参见插图 7 页。

【菊坛】jútán 名 指戏曲界；特指京剧界 ▷～新秀。

【菊芋】júyù 名 多年生草本植物，块茎梨形或不规则瘤形，皮红色、黄色或白色。地上茎粗大，叶长卵形，头状花序。以块茎繁殖。块茎可作蔬菜，也可制淀粉、酒精。俗称洋姜。

【菊月】júyuè 名 农历九月的别称。因此时菊花盛开，故称。

焗 jú 动 烹饪方法，把食物放在密闭的容器中焖煮 ▷～全鸡|盐～鸡。

【焗油】júyóu 动 一种染发护发方法。给头发涂上染发剂或护发膏，在特制的罩子里用蒸汽加热，使油质渗入头发，冷却后再用水冲洗干净，以起到护发美发作用。

锔（鋦） jú 名 金属元素，符号 Cm。银白色，化学性质活泼，有放射性。可用作人造卫星和宇宙飞船的热电源。

另见 745 页 jū。

湨 jú 名 湨水，水名，在河南，流入黄河。

鶪（鶪） jú 名〈文〉伯劳。

橘 jú 名 常绿灌木或小乔木，叶子长卵圆形，开白色花。果实也叫橘，通称橘子，扁圆形，红黄色，果肉多汁，是常见的水果。果皮、种子、树叶等都可以做药材。参见插图 10 页。☛不能简化成"桔"。

【橘饼】júbǐng 名 用带皮的整个金橘做成的饼状蜜饯。

【橘柑】júgān 名 某些地区指橘子。

【橘红】júhóng ❶ 形 形容颜色像橘皮一样黄里带红 ▷～色。❷ 名 柑橘属常绿乔木,高约 4 米,枝条无刺或带钝刺,嫩枝、叶片、嫩果均披茸毛。产于广东化州等地。果实也叫橘红。嫩果和果皮可以做药材。

【橘黄】júhuáng 形 形容颜色像橘皮一样黄。

【橘络】júluò 名 连接橘皮和橘瓣的网络状白色纤维。可以做药材。

【橘子】júzi 名 橘树果实的通称。

jǔ

弆 jǔ 动〈文〉收藏 ▷藏～。

柜 jǔ [柜柳] jǔliǔ 名 枫杨。☛ "柜"这里不读 guì。
另见 517 页 guì。

咀 jǔ 动 含在嘴里细嚼品味 ▷～嚼|含英～华。
另见 1844 页 zuǐ。

【咀嚼】jǔjué ❶ 动 把食物嚼(jiáo)碎 ▷～食物。❷ 动 比喻对事物反复揣摩、体会 ▷～文义|他～着队长刚才那番话的含意。

沮 jǔ ❶ 动〈文〉阻止 ▷～遏。○ ❷ 形 颓丧 ▷～丧。☛ 不读 zǔ。
另见 744 页 jū;750 页 jù。

【沮丧】jǔsàng 形 灰心丧气 ▷试验多次失败,但他从不～|神情～。

莒 jǔ 名 莒县,地名,在山东。

枸 jǔ 见下。
另见 483 页 gōu;484 页 gǒu。

【枸橼】jǔyuán 名 常绿大灌木或小乔木,有短而坚硬的刺,叶子长圆形或倒卵状长圆形。开白色带紫色大花。果实也叫枸橼,卵形或长圆形,黄色,有香味,可供观赏。果皮可以做药材。也说香橼。

【枸橼酸】jǔyuánsuān 名 柠檬酸。

矩(*榘) jǔ ❶ 名 曲尺 ▷～尺。→ ❷ 名 方形;几何学中特指长方形 ▷～形。→ ❸ 名 规则;法度 ▷循规蹈～|守规～(ju)。☛ 不读 jù。

【矩尺】jǔchǐ 名 矩①。

【矩形】jǔxíng 名 除正方形外,四个内角都是直角的四边形。也说长方形。

【矩矱】jǔyuē 名〈文〉规矩;法度 ▷不逾～。

举(舉*擧) jǔ ❶ 动 向上托;往上抬;往上伸 ▷～着火把|高～红旗|～重|～手。→ ❷ 名 动作;行为 ▷一～一动|创～。❸ 动 发动;兴起 ▷～兵|～行|～办。→ ❹ 动 推荐;选拔 ▷群众～他为代表|推～。❺ 名 指举人 ▷中～|武～。→ ❻ 动 提出;揭示 ▷～一反三|检～|～报。○ ❼ 形 全;整个 ▷～世闻名|～国同庆。○ ❽ 名 姓。☛ 下边是"⺧",不是"丰"。

【举哀】jǔ'āi ❶ 动 举办悼念活动 ▷全国～。❷ 动 在丧礼中大声号哭,以示哀悼。

【举案齐眉】jǔ'àn-qíméi《后汉书·梁鸿传》记载:东汉孟光给丈夫梁鸿送饭时,总是把托盘举到跟眉毛一般齐,以示尊敬(案:古代端食物用的矮脚木盘)。后用"举案齐眉"形容夫妻互敬互爱。

【举办】jǔbàn 动 举行;经办 ▷～庆典|～奥运会。

【举报】jǔbào 动 检举报告 ▷～行贿受贿行为。

【举兵】jǔbīng 动〈文〉兴兵;起兵 ▷敌人～犯境|～东进。

【举不胜举】jǔbùshèngjǔ 列举不尽(胜:尽)。形容类似的情况非常多。

【举步】jǔbù 动〈文〉迈步 ▷～艰难。

【举步维艰】jǔbùwéijiān 迈步艰难(维:古汉语助词)。比喻办事情每进展一步都很艰难。

【举槌】jǔchuí 动 举起槌子,借指拍卖会开始。

【举措】jǔcuò 名 举动;措施 ▷大～|～得当。

【举动】jǔdòng 名 动作;行动 ▷她的～引人发笑|注意病人的异常～。☛ 跟"行动"不同。"举动"只用作名词,一般仅用于人;"行动"既用作名词,也用作动词,适用范围不限于人。

【举发】jǔfā 动 检举告发 ▷受贿罪行已被～。

【举凡】jǔfán 副 表示所举无一例外或事物都在列举之中,相当于"凡是" ▷～说、学、逗、唱,他无不精通。

【举国】jǔguó 名 全国 ▷～欢庆|～上下。

【举火】jǔhuǒ〈文〉❶ 动 点火 ▷昼则举烽,夜则～。❷ 动 特指烧火做饭 ▷旧俗寒食节三日不～。

【举家】jǔjiā 名 全家 ▷～南迁。

【举荐】jǔjiàn 动 推举引荐 ▷～贤才|向领导～。

【举例】jǔlì 动 举出例证 ▷简述即可,无须～。

【举目】jǔmù 动 抬头看;睁眼看 ▷～四望|～无亲。

【举棋不定】jǔqí-bùdìng 拿起棋子不能决定这着棋如何下。比喻拿不定主意,办事不果断。

【举人】jǔrén 名 明清两代科举考试中,称乡试考取的人。

【举世】jǔshì 名 全世界;全社会 ▷～关注|取得～公认的成就|～闻名|～无双。

【举世瞩目】jǔshì-zhǔmù 全世界的人都关注重视。

【举事】jǔshì 动〈文〉起义;暴动 ▷聚众～。

【举手】jǔshǒu ❶ 动 抬起手,表示容易做到 ▷～

之劳|一～就能办到。❷ 动 把手举起来，表示赞同或示意 ▷～表决|行～礼。

【举手投足】jǔshǒu-tóuzú 泛指一举一动。

【举手之劳】jǔshǒuzhīláo 像举一举手那样简单，毫不费力。形容事情很容易办到。

【举行】jǔxíng 动 进行(正式或隆重的活动) ▷～画展|～毕业典礼。

【举要】jǔyào 动 列举主要的(多用于书名) ▷《唐宋诗～》。

【举一反三】jǔyī-fǎnsān 指从一件事类推出其他许多同类的事。参见本页"举隅"。

【举隅】jǔyú 动〈文〉《论语·述而》："举一隅，不以三隅反，则不复也。"(隅：角落)意思是教人认识四方形的东西，先给他指出一个角，再让他类推另外三个角，如果不能类推，就不再教他了。后用"举隅"指举出个别事例来说明一类问题(多用于书名或文章篇名) ▷《略读指导～》|《唐宋诗文鉴赏～》。

【举债】jǔzhài 动〈文〉借债 ▷～救困。

【举证】jǔzhèng 动 提供证据 ▷原告负有～责任。

【举止】jǔzhǐ 名 人的动作、姿态、风度等 ▷言谈～文雅得体。

【举重】jǔzhòng ❶ 动 两手举起杠铃。❷ 名 指这种竞技体育项目。分挺举、抓举两种。

【举重若轻】jǔzhòng-ruòqīng 举重东西像举轻东西一样。形容尽管是完成艰巨任务或处理繁难事务，却显得很轻松。

【举足轻重】jǔzú-qīngzhòng《后汉书·窦融传》："方蜀汉相攻，权在将军，举足左右，便有轻重。"指有实力的人，在两强之间，只要稍微倾向一方，就能打破均势；形容所处地位重要，一举一动都会影响全局。

【举座】jǔzuò 名 全体在座的人 ▷～皆惊。☛ 不宜写作"举坐"。

椇 jǔ ❶ 见 1775 页"枳椇"。〇 ❷ 名〈文〉祭祀时放置宰杀了的牲畜的架子。

筥 jǔ 名〈文〉盛食物的圆竹筐。

蒟 jǔ 见下。

【蒟酱】jǔjiàng 名 蒌叶；也指用蒌叶的果实制成的酱。

【蒟蒻】jǔruò 名 魔芋。

榉(櫸) jǔ 名 榉树，落叶乔木，高可达 25 米以上。叶卵形或椭圆披针形，秋天鲜黄色，供观赏。材质优良，是珍贵的硬叶阔叶树种。属国家保护植物。参见插图 6 页。

龃(齟) jǔ [龃龉] jǔyǔ 动 上下牙齿对不齐。比喻意见不合 ▷彼此并无～|双方发生～。☛ ㊀"龃龉"不读 zǔwǔ。㊁"龃龉"不要写作"钼铻"。

踽 jǔ [踽踽] jǔjǔ 形〈文〉形容(一个人行走时)孤独的样子 ▷～独行。☛ 不读 yǔyǔ。

jù

巨(*鉅❶) jù ❶ 形 大；非常大 ▷～幅标语|万吨～轮|～人|～款|～变|～大。〇 ❷ 名 姓。

"鉅"另见 750 页 jù"钜"。

【巨变】jùbiàn 动 发生巨大的变化 ▷山乡～。

【巨擘】jùbò 名〈文〉大拇指；比喻在某一领域最杰出的人物 ▷文坛～|商界～。

【巨大】jùdà 形(规模、数量等)非常大 ▷影响～|耗资～。

【巨额】jù'é 区别 数额巨大的 ▷～经费。

【巨幅】jùfú 区别 宽度很大的(画面、布帛等) ▷～画像|～广告牌。

【巨富】jùfù ❶ 形 财富非常多 ▷他家～，财产上亿|～人家。❷ 名 财富非常多的人 ▷本地～捐资办了一所小学。

【巨奖】jùjiǎng 名 数额巨大的奖金或价值很高的奖品。

【巨匠】jùjiàng 名 在科技、文艺领域内取得杰出成就的人 ▷文学～|画坛～。

【巨款】jùkuǎn 名 数额巨大的钱 ▷筹集～。

【巨浪】jùlàng 名 巨大的波浪；比喻声势浩大的社会力量 ▷～冲击海岸|改革～席卷神州。

【巨流】jùliú 名 洪流；比喻时代潮流 ▷两条河汇成一条～|改革的～奔腾不息。

【巨龙】jùlóng 名 巨大的龙(多用于比喻) ▷东方～|～腾飞。

【巨轮】jùlún ❶ 名 巨大的车轮。比喻时代发展的潮流 ▷时代的～驶进了 21 世纪。❷ 名 吨位很大的轮船 ▷万吨～。

【巨片】jùpiàn 名 投入巨额资金且规模巨大的影片。口语中也说巨片儿(piānr)。

【巨人】jùrén ❶ 名 身材异常高大的人 ▷篮坛～。❷ 名 童话里指身材异常高大而有神力的人物。❸ 名 比喻有杰出贡献和巨大影响的人物 ▷历史～。

【巨商】jùshāng 名 资金特别雄厚的商人。

【巨贪】jùtān 名 侵吞公款数额巨大的人。

【巨头】jùtóu 名 政治、经济界有强大实力，能左右局势的人 ▷政坛～|工商界～。

【巨万】jùwàn 形〈文〉形容数目极大；特指钱财数目极大 ▷耗资～。

【巨无霸】jùwúbà 名 西汉末年的巨人，原作巨毋霸(见《汉书·王莽传下》)。借指实力特强或规模巨大的事物。

【巨细】jùxì 名 大或小；借指大事和小事 ▷事无～，他都一一亲自过问。

【巨响】jùxiǎng 名 巨大的响声。

【巨星】jùxīng ❶ 名 光度大、体积大、密度小的恒星。❷ 名 比喻成就或影响巨大的人物 ▷他是数学王国里的一颗～。

【巨型】jùxíng 区别 超大型号的 ▷～吊车｜～电子计算机。

【巨眼】jùyǎn 名〈文〉比喻善于鉴别的眼力 ▷～识俊才。

【巨婴】jùyīng ❶ 名 体形巨大的婴儿 ▷营养过剩，～增多。❷ 名 比喻心智滞留在婴儿阶段的成年人，无自理能力，缺乏责任感 ▷不能把子女惯成啃老～。

【巨制】jùzhì 名 指成就或规模巨大的作品 ▷长篇～。

【巨著】jùzhù 名 篇幅大，内容丰富、思想深刻的著作 ▷《红楼梦》是一部古典小说～。

【巨资】jùzī 名 巨额资金 ▷投～兴建科技园。

【巨子】jùzǐ 名 著名的、有巨大成就的人物 ▷商业～｜学术～。

【巨作】jùzuò ❶ 名 巨著。❷ 名 巨大而精湛的艺术作品 ▷观赏艺术～《清明上河图》。

句 jù ❶ 名 句子 ▷造～｜语～｜病～。→ ❷ 量 用于言语或诗文 ▷几～话就击中要害｜我来说两～｜两～诗。

另见 483 页 gōu。

【句点】jùdiǎn 名 句号。

【句读】jùdòu 名 古代一种断句方法。一句结束为“句”，句中停顿为“读”，合称“句读”。☛ ㊀“读”这里不读 dú。㊁不宜写作“句逗”。

【句法】jùfǎ 名 语法学组成部分之一。研究短语、句子的结构规律和类型。

【句号】jùhào 名 标点符号，形式为“。”，科技文献中一般为“.”。用在陈述句或语气舒缓的祈使句的末尾，表示停顿。

【句群】jùqún 名 语段。

【句式】jùshì 名 句子的结构形式。

【句型】jùxíng 名 按一定标准划分出来的句子类型。如根据句子的语气，可以划分为陈述句、疑问句、祈使句、感叹句；根据句子的结构，可以划分为单句和复句。

【句子】jùzi 名 由词或短语构成、具有独立语调、能表达一个相对完整意思的语言单位。

【句子成分】jùzi chéngfèn 句子的组成部分。根据词或短语在句子结构里所处的地位和结构层次，可以划分出主语、谓语、宾语、补语、定语、状语等成分。

讵（詎） jù 副〈文〉表示反问，相当于“岂”，略等于口语的“怎”“难道”或“哪里” ▷华亭鹤唳～可闻，上蔡苍鹰何足道？｜～料。

拒 jù ❶ 动 抵御；抵挡 ▷～腐蚀，永不沾｜～敌｜抗～。→ ❷ 动 拒绝；不接受 ▷来者不～｜～不执行｜～聘。

【拒捕】jùbǔ 动 抗拒抓捕 ▷案犯～，被当场击毙。

【拒敌】jùdí 动〈文〉抵御敌人 ▷～于国门之外。

【拒毒】jùdú 动 拒绝、抵制毒品 ▷增强～意识。

【拒付】jùfù 动 拒绝支付 ▷不合手续的开支，财务人员可以～。

【拒黄】jùhuáng 动 拒绝、抵制黄色淫秽书刊、影视作品 ▷加强～意识｜～扫黄。

【拒贿】jùhuì 动 拒收贿赂。

【拒谏饰非】jùjiàn-shìfēi 拒绝规劝，掩饰过错。☛“谏”不要误写作“诔”。

【拒绝】jùjué 动 不接受；不同意 ▷～帮助｜～了他的非分要求。

【拒聘】jùpìn 动 不接受聘用或聘任 ▷因不满意公司的待遇，他～了。

【拒人千里】jùrén-qiānlǐ 把人挡在千里之外。形容对人态度非常傲慢，不愿与人接触或商谈。

【拒收】jùshōu 动 拒绝收受（礼物、赠品等） ▷～回扣。

【拒守】jùshǒu 动〈文〉抵御防守 ▷派重兵～。

【拒载】jùzài 动 指出租车等拒绝载客。

【拒之门外】jùzhī-ménwài 不让人家进门。形容对人态度冷淡、傲慢无礼；也形容拒绝与他人共事或协商处理问题。

苣 jù 见 1444 页“莴（wō）苣”。

另见 1134 页 qǔ。

岠 jù ❶ 名〈文〉大山。○ ❷ 用于地名。如：东岠，岛名，在浙江；岠嵎（yú），山名，在山东。

具 jù ❶ 动〈文〉备办 ▷敬～菲酌｜谨～薄礼。→ ❷ 名 日常生活或生产活动中使用的东西 ▷炊～｜家～｜工～｜农～｜文～。⇒ ❸ 量 用于某些整体的事物 ▷棺木数～｜一～尸体。⇒ ❹ 名〈文〉才能；人才 ▷干城之～｜才～。→ ❺ 动 具有；具备（多用于抽象的事物） ▷颇～特色｜别～一格。❻ 动 陈述；列出 ▷条～时弊｜～结｜～名。☛ 中间是三横，不是两横。由“具”构成的字有“俱”“惧”等。

【具保】jùbǎo 动 找人担保 ▷～监外就医。

【具备】jùbèi 动 齐备；具有 ▷必须～口头的和书面的表达能力｜～参加比赛的条件。☛ 跟“具有”不同。“具备”含有完备的意思，即“该有的都有”；“具有”只表示存在。

【具结】jùjié 动 正式提出表示承担责任的文书 ▷责令肇事者～悔过。

【具名】jùmíng 动 在文件上签名 ▷提案写好后，提案人要～。

【具体】jùtǐ ❶ 形 细节内容很实在、详尽；不抽象，不笼统（跟"抽象"相对）▷规定的内容十分～｜了解～情况｜回答得不～。❷ 区别 特定的 ▷～人选现在还不能确定。❸ 动 把理论、原则、标准等结合到特定的人或事物上（其后接"到"）▷～到不同的城市，楼市供求变化是受着不同因素制约的。

【具体而微】jùtǐ'érwēi 事物的内容基本具备，但规模较小。

【具体劳动】jùtǐ láodòng 经济学上指按照不同的生产目的和操作方法、针对不同的劳动对象、创造不同的使用价值的劳动（跟"抽象劳动"相区别）。

【具文】jùwén ❶ 动 写成文字（多用于公文）▷～报告如下。❷ 名 仅有空洞形式，没有实际意义的规章制度 ▷形同～。

【具象】jùxiàng ❶ 名 具体的形象 ▷把抽象的神韵化作永恒的～。❷ 形 具体的；不抽象的 ▷这种表现形式既～又抽象｜～思维。

【具有】jùyǒu 动 有；存有（多用于抽象事物）▷～中国特色｜～戒备心理。☛ 参见 749 页"具备"的提示。

炬 jù ❶ 名 火把 ▷目光如～。→ ❷ 名 蜡烛 ▷蜡～。→ ❸ 动 焚烧 ▷付之一～。

沮 jù 形〈文〉潮湿 ▷～泽。
另见 744 页 jū；747 页 jǔ。

【沮泽】jùzé 名〈文〉低洼潮湿，水草丛生的沼泽地带 ▷奔走于山林～之间。

钜（鉅） jù ❶ 用于人名。○ ❷ 用于地名。如：钜桥，在河南；钜兴，在安徽。○ ❸ 名 姓。
"鉅"另见 748 页 jù"巨"。

秬 jù 名〈文〉黑黍子。

俱 jù 副 表示不同的主体发出同样的动作或具备相同的特征，相当于"都"▷万事～备｜与时～进。☛ ㊀读 jū 只作姓氏。㊁跟"具"不同。"万事俱备""面面俱到"等词语中的"俱"，不要误写作"具"。
另见 745 页 jū。

【俱乐部】jùlèbù 名 英语 club 音译。进行社交、文艺、体育等活动的机构或场所 ▷足球～｜桥牌～｜在～下棋。

【俱全】jùquán 形 完全；齐备 ▷一应～｜五毒～。

倨 jù 形〈文〉傲慢；不谦逊 ▷前～而后恭｜～傲｜～慢。

【倨傲】jù'ào 形〈文〉高傲 ▷～不逊。

【倨慢】jùmàn 形〈文〉傲慢 ▷～无礼。

粔 jù ［粔籹］jùnǚ 名 古代一种油炸食品，类似今天的麻花、馓子。

剧[1]（劇） jù ❶ 形 厉害；猛烈 ▷病情加～｜～痛｜急～。○ ❷ 名 姓。

剧[2]（劇） jù 名 戏剧 ▷话～｜演～｜～本｜～情。

【剧本】jùběn 名 文学作品的一种体裁，由剧中人物的对话（有的有唱词）和舞台指示等构成。是戏剧演出的文字底本。

【剧变】jùbiàn 动 剧烈变化 ▷局势～。

【剧场】jùchǎng 名 演出戏剧、歌舞等的场所。

【剧毒】jùdú 名 强烈的毒性 ▷氰化物有～。

【剧减】jùjiǎn 动 急剧地减少 ▷篇幅～｜人数～。

【剧烈】jùliè 形 急剧猛烈 ▷～活动｜～的疼痛。☛ 参见 638 页"激烈"的提示。

【剧目】jùmù 名 各种戏剧剧本的统称；特指戏剧的名目 ▷《雷雨》是该剧院的保留～。

【剧评】jùpíng 名 分析评论戏剧、影视剧作品的文章。

【剧情】jùqíng 名 戏剧、影视剧的情节 ▷～曲折复杂。

【剧社】jùshè 名 剧团的旧称（一般规模较小）。

【剧坛】jùtán 名 指戏剧界 ▷蜚声～。

【剧痛】jùtòng 形 剧烈疼痛。

【剧团】jùtuán 名 戏剧演出团体。

【剧务】jùwù ❶ 名 剧团、剧组里有关排演、演出的事务。❷ 名 担任剧务工作的人。

【剧饮】jùyǐn 动 猛饮；狂饮 ▷～伤身。

【剧院】jùyuàn ❶ 名 剧场。❷ 名 规模较大、档次较高的戏剧团体 ▷中国儿童艺术～。

【剧增】jùzēng 动 急剧地增加 ▷产量～。

【剧照】jùzhào 名 戏剧、电影、电视剧中某个场面或人物镜头的照片 ▷剧院门前挂着大幅～。

【剧中人】jùzhōngrén 名 戏剧、影视剧中的人物。

【剧终】jùzhōng 动 戏剧表演结束；电视剧完结。

【剧种】jùzhǒng 名 根据一定标准划分出的戏剧或戏曲种类。根据不同艺术特点和表现手法，戏剧可分为话剧、歌剧、舞剧、戏曲等。根据音乐曲调、语言、流行地区等的不同，戏曲可分为京剧、豫剧、河北梆子等。

【剧组】jùzǔ 名 为演出某一出戏剧或拍摄某一部电影、电视剧而由有关导演、演员和职员等组成的团体 ▷《三国演义》～。

【剧作】jùzuò 名 戏剧作品 ▷优秀～。

据（據*攄） jù ❶ 动 依仗；凭借 ▷～险固守｜～点。→ ❷ 介 引进动作行为凭借的对象或方式，相当于"依照""根据"▷～我看来｜～同名小说改编。→ ❸ 名 可以用作证明的东西 ▷单～｜真凭实

~。○ ❹ 动 占有 ▷~为己有|占~。

另见 745 页 jū。

【据称】jùchēng 动 据说 ▷~该校扩招。

【据传】jùchuán 动 根据传闻 ▷~该俱乐部下个赛季将聘请外籍教练。

【据此】jùcǐ 动 根据前已说及的情况或理由 ▷~提出指控|~作出新的决议。

【据点】jùdiǎn 名 军队防守或进攻所凭借的地点；泛指据以活动的地点 ▷~里的敌人被消灭了|秘密~。

【据理力争】jùlǐ-lìzhēng 依据道理，竭力维护自己方面的权益、观点等。

【据实】jùshí 动 根据事实；根据实际情况 ▷~招来|~上报。

【据守】jùshǒu 动 占据险要位置防守 ▷~要塞。☛ 跟"防守"不同。"据守"侧重占据有利地形，只用于军事行动；"防守"适用范围较大，除用于军事行动外，还可用于各种竞技比赛。

【据说】jùshuō 动 据别人说；据传说 ▷~，他已迁往新居|这个人~很有才华。

【据为己有】jùwéijǐyǒu 把不属于自己的东西拿过来归自己。

【据闻】jùwén 动 根据传闻；听说 ▷~该公司不日上市。

【据悉】jùxī 动 根据了解得知 ▷~，他的论文在评比中获一等奖。

【据险固守】jùxiǎn-gùshǒu 凭借险要地势坚守。

【据以】jùyǐ 动 用(某种事实、情况等)作根据 ▷~定罪量刑的必须是犯罪事实。

【据有】jùyǒu 动 占有 ▷~主场作战的优势。

距[1] jù 名 雄鸡等的腿后面凸出像脚趾的东西。

距[2] jù ❶ 动 两者在时间或空间上相隔 ▷谢庄~圆明园十里|~今已有几十年|相~甚远。→ ❷ 名 距离② ▷行(háng)~|差~。

【距今】jùjīn 动 以往的某一时间距离现在 ▷~已有 300 年。

【距离】jùlí ❶ 动 距[2]① ▷现在~开车只有十分钟|汽车在~他不足三米的地方紧急刹住了。❷ 名 两者相隔的长度 ▷两座楼的~太小。

惧(懼) jù 动 害怕 ▷临危不~|~怕|恐~|畏~。

【惧内】jùnèi 动〈文〉怕老婆。

【惧怕】jùpà 动 害怕 ▷~腹背受敌|什么艰难困苦也不~。

【惧色】jùsè 名 害怕的神色 ▷在危险面前没有半点儿~。

犋 jù 量 牵引犁、耙等农具的畜力单位。能拉动一张犁或耙的畜力叫一犋。

飓(颶*颶) jù [飓风] jùfēng ❶ 名 古代指海上强烈的风暴。❷ 名 气象学上旧指 12 级风。❸ 名 发生在北大西洋、墨西哥湾、加勒比海和北太平洋东部的热带气旋。

锯(鋸) jù ❶ 名 剖开或截断物体的工具，主要部分是具有许多尖齿的薄钢片 ▷~条|~齿|电~。→ ❷ 动 用锯剖开或截断 ▷~木头|~钢管。参见插图 14 页。

另见 745 页 jū。

【锯齿】jùchǐ 名 锯条上的尖齿。

【锯床】jùchuáng 名 金属切削机床。用来锯金属材料。常见的有带锯床、弓锯床和圆锯床等。

【锯末】jùmò 名 锯木头等时产生的碎末儿。

【锯条】jùtiáo 名 上面有很多锯齿的长条形薄钢片。是锯的主要构件。

【锯子】jùzi 名 锯①。

聚 jù ❶ 动 会集；集合 ▷路边~了一群人|~餐。○ ❷ 名 姓。☛ 下边是"乑"，不是"豕"或"乐"。

【聚宝盆】jùbǎopén 名 传说中能聚集宝物而且取之不尽的盆。多比喻有丰富资源的地方 ▷这里简直就是个~，矿藏十分丰富。

【聚变】jùbiàn 动 核聚变。

【聚财】jùcái 动 积聚钱财。

【聚餐】jùcān 动 为了庆贺、纪念或联谊等许多人聚在一起吃饭。

【聚赌】jùdǔ 动 聚在一起赌博 ▷捣毁~窝点。

【聚光】jùguāng 动 把光束集中起来 ▷凸透镜和凹面镜都能~。

【聚光灯】jùguāngdēng 名 装有凸透镜，能将分散的光聚合起来发出强光的灯具。常用于室内摄影及舞台照明。

【聚光镜】jùguāngjìng ❶ 名 能使光线聚成光束的凸透镜。❷ 名 能使平行光聚焦的凹面镜。

【聚合】jùhé 动 会合；集聚 ▷广场上~了不少人。

【聚合果】jùhéguǒ 名 果实的一种。由一朵花内聚生的多个离生雌蕊及花托共同形成的果实。如草莓、莲、覆盆子等的果实。也说聚生果。

【聚合物】jùhéwù 名 由简单小分子化合物聚合而成的分子量较高的化合物。

【聚花果】jùhuāguǒ 名 果实的一种。由生长在一个花序上的许多花的子房及其他花器官共同发育成的果实。如桑葚、无花果、菠萝等的果实。也说复果。

【聚会】jùhuì ❶ 动 集聚会合在一起 ▷老战友在北京~。❷ 名 指聚会的活动 ▷咱们趁此机会举行一次~。☛ 参见 1394 页"团聚"的提示。

【聚积】jùjī 动 逐步地聚集累积起来 ▷坑里～了很多水。☛ 跟“聚集”不同。“聚积”侧重在由少而多，强调随时间而发展变化；“聚集”侧重在由分散而集中，强调空间位置上的变化。

【聚集】jùjí 动 会合；集中 ▷～各路人马。☛ 参见本页“聚积”的提示。

【聚歼】jùjiān 动 迫使敌人聚集起来全部消灭。

【聚焦】jùjiāo ❶ 动 把光或电子束等集中到一个点上。❷ 动 比喻人们把注意力集中到某件事上 ▷～奥运会。

【聚精会神】jùjīng-huìshén 集中精神，专心一意。

【聚居】jùjū 动 集中在某一地点居住 ▷这里～着几千户渔民。

【聚敛】jùliǎn ❶ 动 搜刮（钱财）▷～民财。❷ 动 收集（零散东西）▷～丢弃的钢材。

【聚拢】jùlǒng 动 聚集到一起 ▷从四面八方～到这里。

【聚落】jùluò 名 人们聚居的地方；村落 ▷先民～遗址。

【聚齐】jùqí 动 全体都到约定地方会合 ▷全班同学明晨 8 点在北海后门～。

【聚散】jùsàn 动 聚集和分散。

【聚沙成塔】jùshā-chéngtǎ 一粒粒细沙可以累积成塔。比喻积少可以成多。也说积沙成塔。

【聚生】jùshēng 动 聚合在一起生长。如莲子聚生在莲蓬里。

【聚首】jùshǒu 动〈文〉相会 ▷～京都。

【聚讼纷纭】jùsòng-fēnyún 形容许多人在一起争论不休，没有一致看法（讼：争论）。

【聚谈】jùtán 动 聚合在一起交谈 ▷～多时。

【聚义】jùyì 动 旧指为维护正义而聚集在一起（多指对反动统治者进行武装斗争）▷英雄好汉～梁山。

【聚珍版】jùzhēnbǎn 名 指清乾隆年间印《四库全书》部分善本书所用的枣木活字版，后改称“聚珍版”。

【聚众】jùzhòng 动 把很多人纠集在一起 ▷～滋事｜～斗殴。

窭（窶） jù 形〈文〉贫困 ▷贫～。

踞 jù ❶ 动〈文〉蹲或坐 ▷虎～龙盘｜～坐。→ ❷ 动 占据 ▷久～山寨｜盘～。

【踞坐】jùzuò 动〈文〉坐时两脚底和臀部着地，两膝上耸。在客人面前采取这种坐姿，是极不礼貌的。

屦（屨） jù 名 古代用麻、葛等做的单底鞋；泛指鞋 ▷织～｜截趾适～。

遽 jù ❶ 形〈文〉仓促；匆忙 ▷～别。→ ❷ 形〈文〉惊慌 ▷惶～。→ ❸ 副〈文〉赶快；立即 ▷～扑之。○ ❹ 名 姓。

【遽然】jùrán 副〈文〉忽然 ▷滂沱大雨～而至。

澽 jù 名 澽水，水名，在陕西。

醵 jù〈文〉❶ 动 凑钱聚饮 ▷共～为筵。→ ❷ 动 凑钱；集资 ▷～资八千。

juān

捐 juān ❶ 动 抛弃；舍弃 ▷～弃｜～躯。→ ❷ 动 献出财物 ▷～钱｜～献｜～赠｜～助。❸ 名 旧指向官府捐献或官府以各种名目强制捐献的钱款 ▷苛～杂税｜国难～｜车～。☛ 跟“损（sǔn）”不同。

【捐款】juānkuǎn ❶ 动 捐助钱款 ▷为希望工程～。❷ 名 捐助的款项 ▷不能随便动用～。

【捐弃】juānqì 动〈文〉抛弃；舍弃 ▷～前嫌。

【捐躯】juānqū 动（为正义而崇高的事业）舍弃生命 ▷为反抗外国侵略而～｜为国～。

【捐税】juānshuì 名 捐和税的合称。也说税捐。

【捐献】juānxiàn 动 把财物献给（国家、集体等）▷把全部积蓄～给家乡｜～遗体。

【捐赠】juānzèng 动 捐助赠送 ▷～一批教具给山区中学。

【捐助】juānzhù 动 捐献财物援助 ▷～失学儿童。

【捐资】juānzī 动 捐出资财（用于公共事业）▷各界纷纷～，兴办福利工厂。

涓 juān 名〈文〉细小的水流 ▷～滴｜～埃。

【涓埃】juān'āi 名〈文〉细小的水流和尘埃。用于比喻，形容极其微小的事物 ▷～之功。

【涓滴】juāndī 名 细小的水滴；用于比喻，形容极小或极少的事物 ▷旱得河里～不存｜～不争。

【涓滴归公】juāndī-guīgōng 属于公家的财物一点一滴也要交公。

【涓涓】juānjuān 形〈文〉形容细水慢慢流淌的样子 ▷泉水～｜～细流。

娟 juān 形 秀丽；美好 ▷～秀｜～丽。

【娟秀】juānxiù 形 美丽而清秀 ▷容貌～。

圈 juān ❶ 动 把家禽、家畜关起来 ▷把鸡～在笼子里。→ ❷ 动 拘禁；关闭 ▷～在牢里｜成天把自己～在家里不出门。

另见 754 页 juàn；1136 页 quān。

朘 juān〈文〉❶ 动 削减；收缩 ▷～省用度。→ ❷ 动 剥削 ▷～民脂膏｜～削。

另见 1844 页 zuī。

焆 juān 形〈文〉明亮。

鹃（鵑） juān 见 342 页“杜鹃”。

镌(鐫) juān 动〈文〉雕刻 ▷～刻|～碑|雕～。☛ 不读 juàn。

【镌刻】 juānkè 动〈文〉雕刻;雕凿 ▷～图章|于岩壁之上～佛像。

蠲 juān 动〈文〉减免;除去 ▷～免|～除。

【蠲除】 juānchú 动〈文〉免除 ▷～肉刑。

【蠲免】 juānmiǎn 动〈文〉免除(税赋、劳役等) ▷～徭役。

juǎn

卷(捲) juǎn ❶ 动 把东西弯转成圆筒形或半圆形 ▷把凉席～起来|刀刃～了|～铺盖|～帘子。→ ❷ 动 强力裹挟、带动或掀起 ▷狂风～起巨浪|马车过后,～起一片尘土|木材被洪水～走了◇街上的行人也都～进了游行队伍。→ ❸ 名 弯转成的圆筒形的东西 ▷烟～儿|蛋～儿。❹ 量 用于成卷的东西 ▷一～纸|一～胶卷。☛ ㊀读 juǎn,表示动作;读 juàn,表示事物。作量词时,读 juǎn,用于成卷的东西;读 juàn,只用于书籍。㊁下边是"㔾",不是"巳"。由"卷"构成的字有"倦""圈""蜷"等。

另见本页 juàn。

【卷笔刀】 juǎnbǐdāo 名 转笔刀。

【卷尺】 juǎnchǐ 名 可以卷成一卷的软尺,多用薄钢片或皮子等制成。

【卷帘门】 juǎnliánmén 名 可以像竹帘一样卷起来的门。由许多金属横条并排连接制成,多用于商店、仓库。

【卷铺盖】 juǎnpūgai 把被褥等卷起来准备离开。借指被解雇或辞职。

【卷曲】 juǎnqū 形 弯曲 ▷～的头发。

【卷刃】 juǎnrèn 动 刀、斧等利器的刃因砍硬物而卷曲。

【卷入】 juǎnrù 动 裹挟进去;牵扯进去 ▷～水中|莫名其妙地～一场官司。

【卷舌】 juǎnshé 动〈文〉卷起舌头,闭口不语 ▷袖手～。

【卷舌元音】 juǎnshé yuányīn 语音学上指把舌尖卷起对着硬腭发出的元音。如普通话韵母中的"er"("儿""耳""二"等字的读音)。

【卷缩】 juǎnsuō 动 卷曲收缩 ▷刺猬～成一团。

【卷逃】 juǎntáo 动(内部人)席卷钱财逃跑 ▷那个会计～没几天就被抓获了。

【卷筒】 juǎntǒng 名 能把线、布或纸等卷成筒状的器具 ▷～纸|～印刷机。

【卷土重来】 juǎntǔ-chónglái 唐·杜牧《题乌江亭》:"江东子弟多才俊,卷土重来未可知。"(卷土:卷起尘土,形容人马奔跑)后用"卷土重来"比喻失败后重新组织力量再干。☛ 原为中性词,今多用于贬义。

【卷心菜】 juǎnxīncài 名 某些地区指结球甘蓝。

【卷须】 juǎnxū 名 某些植物用来附着或缠绕其他物体的卷曲的须状器官。有的是由茎变态形成的,如葡萄的卷须;有的是由叶变态形成的,如豌豆的卷须。

【卷烟】 juǎnyān ❶ 动 用纸把烟丝或烟末儿卷成细杆状或喇叭状 ▷～机。❷ 名 香烟③ ▷～厂。

【卷扬机】 juǎnyángjī 名 一种由卷筒、钢丝绳等构成的起重装置,多用于矿山或建筑工地。也说绞车。

【卷子】 juǎnzi 名 一种卷成卷儿的面食。多用发面做成,卷层之间一般有油、盐、花椒末、芝麻酱等。☛ 跟"卷子(juànzi)"不同。

锩(錈) juǎn 动〈文〉刀剑等卷刃。

juàn

卷 juàn ❶ 量 用于书籍的本册或篇章 ▷第一～|下～。→ ❷ 名 可以卷(juǎn)起来收藏的书、画;泛指书画 ▷开～有益|手不释～|画～。⇒ ❸ 名 机关里保存的文件 ▷～宗|案～。⇒ ❹ 名 试卷 ▷阅～|考～|交～儿。☛ 跟"券(quàn)"不同。"券"是作为凭证的纸片。

另见本页 juǎn。

【卷次】 juàncì 名 书刊按卷编排的次序。

【卷帙】 juànzhì 名〈文〉书籍(从数量方面说) ▷～浩繁。

【卷轴】 juànzhóu 名 装裱好的带轴的书画,可以打开或卷(juǎn)起。

【卷轴装】 juànzhóuzhuāng 名 图书装订的一种方法。用木棒(或象牙、玉石等)做轴,粘在抄写或印刷了图文的长幅纸左侧,可以从左到右卷成一束,称为一卷。

【卷子】 juànzi ❶ 名 可以卷(juǎn)起来的带轴字画或古抄本图书。❷ 名 试卷 ▷判～。☛ 跟"卷子(juǎnzi)"不同。

【卷宗】 juànzōng ❶ 名 案卷。❷ 名 保存文件的特制纸夹子。

隽(*雋) juàn ❶ 形〈文〉(言论、诗文)意味深长 ▷～永。○ ❷ 名 姓。

另见 762 页 jùn。

【隽永】 juànyǒng 形〈文〉(诗文等)含意深长,耐人寻味 ▷文辞～|诗意～。

【隽语】 juànyǔ 名 含意深长、耐人寻味的话语 ▷不乏警句～。

倦(*勌) juàn ❶ 形 疲乏 ▷疲～|困～。→ ❷ 形 懈怠;厌烦 ▷诲人不～|孜孜不～|厌～。

【倦怠】juàndài 形 疲倦懈怠 ▷毫无～之意。

【倦乏】juànfá 形 疲倦困乏。

【倦容】juànróng 名 疲倦的面容。

【倦色】juànsè 名 疲倦的神色。

【倦意】juànyì ❶ 名 疲倦的感觉 ▷清新的空气驱走了～|长时间的工作使人产生了～。❷ 名 厌倦的感觉 ▷生活天天老样子,让人心生～。

【倦游】juànyóu ❶ 动 对在外游玩感到疲倦或厌倦 ▷～的人陆续下山。❷ 动〈文〉比喻对官场感到厌倦 ▷宦海～。

猬(*獧) juàn〈文〉❶ 形 急躁;偏激 ▷～急。→ ❷ 形 耿直 ▷～直。

【猬急】juànjí 形〈文〉性情急躁。

【猬介】juànjiè 形〈文〉性情耿直,洁身自好。

桊 juàn 名 穿在牛鼻子上的小木棍或小铁环 ▷牛鼻～儿。

绢(絹) juàn 名 一种薄而挺括的丝织品 ▷～花|～扇。☛ 不读 juān。

【绢本】juànběn 名 写或画在绢上的字画 ▷珍藏著名书法家的～|～花卉。

【绢绸】juànchóu 名 一种用丝织成的平纹绸。

【绢纺】juànfǎng 名 用双股绢丝织成的平纹纺织品。质地坚牢,料面平整,适宜做内衣。

【绢花】juànhuā 名 用绢、绸、纱、绒等材料制作的假花,是我国民间传统手工艺品。也说京花。

【绢画】juànhuà 名 在绢上画的画。

【绢毛猴】juànmáohóu 名 狨。

【绢丝】juànsī 名 以制丝业和丝织业所产生的下脚料为原料,进行精选和加工后纺成的产品。富有光泽,手感柔和,适于制造高级织物。

【绢子】juànzi 名 手绢。

鄄 juàn [鄄城] juànchéng 名 地名,在山东。

圈 juàn 名 饲养家畜或家禽的场所,一般有栏或围墙,有的还有棚 ▷羊～|猪～|～肥。另见 752 页 juān;1136 页 quān。

【圈肥】juànféi 名 用混有家畜粪尿的垫圈(juàn)的土和秸秆等沤成的肥料。

【圈养】juànyǎng 动 在圈里饲养。

眷(*睠❶) juàn ❶ 动 关心;挂念 ▷～顾|～恋|～念。→ ❷ 名 亲属 ▷～属|家～|亲～。

【眷爱】juàn'ài 动〈文〉关照爱护(指长辈或上级对自己的关爱) ▷独承～,不啻子侄。

【眷顾】juàngù 动〈文〉关心;顾念 ▷～民众。

【眷怀】juànhuái 动 挂念;关心 ▷深深地～着祖国|～桑梓。

【眷眷】juànjuàn 形〈文〉形容爱怜而依依不舍的样子 ▷～之心|情～,意绵绵。

【眷恋】juànliàn 动 怀念;留恋 ▷～故土。

【眷念】juànniàn 动 满怀深情地思念;怀念 ▷～祖国|～妻小。

【眷属】juànshǔ ❶ 名 家属;亲属 ▷～已安置妥当。❷ 名 指夫妻 ▷多情男女,得成～。

【眷注】juànzhù 动〈文〉关怀 ▷承蒙～,铭感不忘。

罥 juàn 动〈文〉悬挂;缠绕 ▷挂～。

juē

撅[1] juē 动 翘起 ▷～着尾巴。☛ 表示嘴唇翘起写作"噘"。

撅[2] juē〈口〉❶ 动 折断 ▷一根甘蔗～成两截|把尺子～折(shé)了。○ ❷ 动 使人感到为难 ▷这是成心出难题～人。

【撅嘴】juēzuǐ 现在规范词形写作"噘嘴"。

噘 juē 动 (嘴唇)翘起 ▷～嘴。

【噘嘴】juēzuǐ 动 翘起嘴唇,表示不满意或不高兴等 ▷怎么说你两句,就～了?☛ 不要写作"撅嘴"。

jué

孓 jué 见 701 页"孑(jié)孓"。

决(*決) jué ❶ 动 大水冲垮(堤岸) ▷～堤|～口。→ ❷ 动 破裂;断绝 ▷～裂。❸ 动 作出判断;确定 ▷～定|～断|表～|判～。⇒ ❹ 动 特指执行死刑 ▷处～|枪～。⇒ ❺ 动 分出最后胜负 ▷～一死战|～赛。⇒ ❻ 形 果断;坚定 ▷犹豫不～|果～|坚～。→ ❼ 副 一定;必定(用在否定词前面) ▷不达目的,～不罢休|～不反悔。☛ "决"⑦跟"绝"⑥意义和用法相近,区别在于:"决"⑦强调的是主观态度,如"决不反悔""决不肯妥协";"绝"⑥强调的是客观上完全否定,排除其他可能性,如"绝无此事""绝不可能"。

【决标】juébiāo 动 依据招标标准和应标的条件,选定中标者 ▷工程的招标从一季度开始,预计二季度～。

【决策】juécè ❶ 动 决定策略、方针等 ▷重大问题应由董事会集体～。❷ 名 决定的策略、方

针等 ▷伟大的战略～。

【决出】juéchū 动 通过比赛分出(名次或优胜者) ▷～冠亚军。

【决雌雄】juécíxióng 比喻分出胜负、高低 ▷在赛场上争胜负,～。

【决堤】juédī ❶ 动 (洪水)冲溃堤岸。❷ 动 挖开堤岸(排泄洪水) ▷准备～泄洪。

【决定】juédìng ❶ 动 对如何行动拿定主意 ▷～政策|到底应该怎么办,你～吧。❷ 名 决定了的事项 ▷会议作出了三项～。❸ 动 某事物成为另一事物的基础或先决条件 ▷产品的质量～厂家的声誉。

【决定权】juédìngquán 名 作出决策的权力 ▷事关重大,我没有～。

【决定性】juédìngxìng 名 对产生某种结局起决定作用的性质 ▷这一球对夺冠起～作用。

【决斗】juédòu ❶ 动 进行决定最后胜负的斗争;进行殊死的斗争 ▷两军主力展开～。❷ 动 欧洲旧俗。双方发生不可调和的矛盾,则约定时间、地点,邀请证人,互相持剑或手枪格斗、对射 ▷俄国诗人普希金死于～。

【决断】juéduàn ❶ 动 作出决定、判断 ▷刘备死后,蜀汉的一切事情都由诸葛亮～。❷ 名 作出的决定、判断 ▷要立即落实这个～。❸ 名 指坚决果断地决定事情的作风 ▷他处理问题既精细,又有～。

【决非】juéfēi 动 (主观上认定)肯定不是 ▷～有意冒犯。☛ 跟"绝非"不同。

【决计】juéjì ❶ 动 打定主意 ▷他～离开这里。❷ 副 表示十分肯定地判断,相当于"一定""必定" ▷一意孤行,～失败。

【决绝】juéjué ❶ 动 坚决地断绝关系 ▷毅然与反动组织～。❷ 形 坚决 ▷没想到他的做法竟如此～。

【决口】juékǒu ❶ 动 堤岸被水冲溃形成缺口 ▷历史上黄河曾多次～。❷ 名 堤岸被水冲溃形成的缺口 ▷堵塞～。

【决裂】juéliè 动 彻底断绝(关系等) ▷从此两人关系～,再无来往|与封建家庭～。

【决明】juémíng 名 一年生半灌木状草本植物,夏秋开花,黄色。种子叫决明子,可以做药材。

【决然】juérán ❶ 形 形容毫不犹豫的样子 ▷采取～的态度|～回归祖国。❷ 副 必然;一定 ▷不深入生活,～写不出好作品来。

【决赛】juésài 动 竞技比赛中,为确定名次进行最后一场或一轮比赛 ▷在哪儿～?|双方正在为争夺冠军进行～。

【决胜】juéshèng 动 决定最后的胜败 ▷决战～|～局(决定最后胜败的一局)。

【决死】juésǐ 动 (用战斗、决斗等)决定生死 ▷～一战|进行～的抗争。

【决算】juésuàn 名 根据年度预算执行情况编制的会计报告。

【决心】juéxīn ❶ 名 坚定的信心和意志 ▷正确的～来源于正确的判断|下定～。❷ 动 下决心 ▷～把学习搞好。

【决心书】juéxīnshū 名 表示决心的书面文字。

【决一雌雄】juéyīcíxióng 在竞争或斗争中分出高低、胜负。

【决一死战】juéyīsǐzhàn 进行一次决定生死的战斗。

【决议】juéyì 名 会议上集体作出的决定。

【决议案】juéyì'àn 名 事先形成书面提案并经有关会议通过的决议 ▷全票通过了这项～。

【决意】juéyì 动 拿定主意 ▷他～投笔从戎。

【决战】juézhàn ❶ 动 进行决定胜负的战斗 ▷双方都在调兵遣将准备～。❷ 名 决定胜负的战争 ▷这将是一场战略性的～。

诀[1](訣) jué 动 告别;分别(多指不再相见的离别) ▷～别|永～。

诀[2](訣) jué ❶ 名 高明的或关键性的方法 ▷～窍|妙～|秘～。→ ❷ 名 口诀 ▷歌～|十六字～。

【诀别】juébié 动 分别;永别 ▷与老友～|没想到我们那次见面竟成了～。

【诀窍】juéqiào 名 窍门;高明的方法 ▷找～|做什么事做多了,都会摸索出～。

抉 jué ❶ 动 〈文〉挖出;剜出 ▷～目。→ ❷ 动 挑选 ▷～择。

【抉择】juézé 动 选定;选择 ▷两条路由你～|顽抗还是投降,必须马上～。

【抉摘】juézhāi 〈文〉❶ 动 抉择 ▷～是非|～精要。❷ 动 挑剔;指摘 ▷～瑕疵|～积弊。

角[1] jué 名 古代盛酒的器皿,口部前后两端斜出,有盖,下部有三足。参见插图 15 页。

角[2] jué 名 古代五音(宫、商、角、徵、羽)之一,相当于简谱的"3"。

角[3] jué ❶ 名 角色① ▷你扮演什么～儿?|主～|配～。→ ❷ 名 行当② ▷旦～|丑～。→ ❸ 名 泛指演员 ▷名～|坤～。☛ 在口语中常读儿化音。

角[4] jué 动 较量;竞争 ▷～力|～斗|～逐|口～。☛ "角"字以上意义不读 jiǎo。

另见 690 页 jiǎo。

【角斗】juédòu 动 搏斗比赛;争斗 ▷双方～几个回合,不分胜负|他们正在暗中～。

【角力】juélì 动 徒手相搏,比赛力气 ▷两个蒙古族小伙子正在～。

【角色】juésè ❶ 名 剧中人物;也指演员扮演的人物形象 ▷反派～|不论演什么～,他都很认

真。❷ 名 比喻社会生活中的某一类人 ▷在这场政治斗争中他扮演了极不光彩的～。☛ 不要写作"脚色"。

【角逐】juézhú ❶ 动 武力争斗 ▷军阀互相～。❷ 动 竞争；竞赛 ▷32 强展开～。

駃（駃） jué [駃騠] juétí ❶ 名 驴骡。○ ❷ 名 古书上说的一种骏马。

玦 jué 名〈文〉一种佩戴的玉器，环形，有一个缺口。

珏 jué 名〈文〉合在一起的两块玉。

砄 jué 名〈文〉岩石（多用于地名）▷石～（在吉林）。

觉（覺） jué ❶ 动〈文〉睡醒 ▷大梦初～。→ ❷ 动 醒悟；明白 ▷～悟｜～醒｜自～。❸ 动 感到 ▷我～得有点儿冷｜不知不～。❹ 名 对外界刺激的感受和辨别 ▷视～｜嗅～｜幻～｜直～。

另见 694 页 jiào。

【觉察】juéchá 动 看出；发觉 ▷我当时就～到会场的气氛不对头｜悄悄溜出去，谁也不会～。

【觉得】juéde ❶ 动 感觉到 ▷他昨天睡得太晚，今天～昏沉沉的｜～两腿发麻。❷ 动 认为 ▷我～你去比较合适｜我～这样不大好。

【觉悟】juéwù ❶ 动 由迷惑而清醒 ▷误入歧途的人都～过来了｜～得越早越好。❷ 名 对政治理论、社会理想等的认识 ▷政治～高｜提高思想～。☛ 参见本页"觉醒"的提示。

【觉醒】juéxǐng 动 醒悟；明白过来 ▷被压迫的人们～了，纷纷起来反抗。☛ 跟"觉悟"不同。"觉醒"只用作动词，强调结果；"觉悟"强调过程，可以用作名词。

绝（絕） jué ❶ 动 断绝 ▷不～如缕｜络绎不～｜～交｜～望。→ ❷ 动 穷尽；完了 ▷手段都用～了｜弹尽粮～。⇒ ❸ 形（水平、程度）达到极点的 ▷手艺真～｜～技｜～招。❹ 副 最；特别 ▷～大多数｜～密｜～妙。⇒ ❺ 形 没有出路的；无法挽救的 ▷～境｜～路｜～症。→ ❻ 副 绝对；完全（用在否定词前面）▷～无此事｜～不可能。→ ❼ 动 气息终止；死 ▷悲痛欲～｜～命。→ ❽ 名 指绝句 ▷五～｜七～。☛ 参见 754 页"决"的提示。

【绝版】juébǎn 动 图书印刷后，毁版不再重印 ▷此书已经～，很有收藏价值。

【绝笔】juébǐ ❶ 名 生前最后的诗文、字画等 ▷临终～。❷ 名〈文〉绝妙的诗文、字画 ▷旷世～。

【绝壁】juébì 名 极陡峭的山崖 ▷悬崖～。

【绝产】juéchǎn ❶ 名 没有合法继承人或合法继承人放弃继承权的遗产 ▷到公证处办理～证书。❷ 动（农田）颗粒未收 ▷工业污染造成农田大幅度减产以至～。❸ 动 绝育。

【绝唱】juéchàng ❶ 名 生前最后的歌唱 ▷这次个人演唱会，成了她的～◇这个赛季成为他退役前的百米生涯～。❷ 名 指具有最高水平的诗文等 ▷《史记》被誉为"史家之～，无韵之《离骚》"｜第 3 窟的壁画，成为莫高窟晚期石窟艺术的～。

【绝处逢生】juéchù-féngshēng 在陷入绝境的情况下忽然得到生路。

【绝代】juédài 形 当代举世无双的 ▷～奇才。

【绝倒】juédǎo ❶ 动 信服；折服 ▷精辟的内容使与会者无不～。❷ 动 笑得前仰后合，不能自已 ▷表演趣味横生，令人～。

【绝地】juédì ❶ 名 极其险恶的地方 ▷考察队横越塔克拉玛干大漠～。❷ 名 绝境② ▷敌军已陷于孤立无援的～。

【绝顶】juédǐng ❶ 名〈文〉山的最高峰 ▷登临泰山～。❷ 副 表示达到最高程度，相当于"极""非常" ▷～鲜艳｜聪明～。

【绝对】juéduì ❶ 形 无条件的；不受任何限制的 ▷～优势｜不要把问题看得太～了。❷ 区别 只以某个条件为依据而不管其他条件的（跟"相对"相对）▷～高度｜～真理。❸ 副 表示坚决肯定，相当于"完全""一定" ▷这个人～可靠｜～不准离开。

【绝对高度】juéduì gāodù 以海平面为基准的高度。

【绝对化】juéduìhuà 动 把事情看得太绝对，认为只能是这样，否认还有其他情况 ▷看问题不能～。

【绝对零度】juéduì língdù 热力学上即-273.15℃温标的零度。

【绝对湿度】juéduì shīdù 指单位体积空气中所含水蒸气的质量。

【绝对温标】juéduì wēnbiāo 热力学温标的旧称。

【绝对真理】juéduì zhēnlǐ 对客观世界无条件的、完全的、绝对正确的认识，是无数相对真理的总和。

【绝对值】juéduìzhí 名 数学上指不计正负号的实数的值。实数 a 的绝对值记作|a|。正数或零的绝对值是它本身；负数的绝对值是它的相反数。

【绝非】juéfēi 动（客观上）绝对不是 ▷纯熟的技术～短时间能学来的｜这里连续出现矿工伤亡事故～偶然。☛ 跟"决非"不同。

【绝后】juéhòu ❶ 动 没有后代 ▷这一家到他这一代就～了。❷ 动 以后不会再出现 ▷盛况空前，但不会～。

【绝户】juéhu ❶ 动 绝后①。❷ 名 没有后嗣的人或家庭。

【绝活儿】juéhuór 名 高超的或独有的技艺 ▷拿出你的～来让我们瞧瞧。

【绝技】juéjì 名 不容易学到的高超技艺 ▷捏面人儿是他的～。

【绝迹】juéjì 动 断绝踪迹;不再出现 ▷这种动物已经～|血吸虫病在这里～了。

【绝交】juéjiāo ❶ 动 断绝交往 ▷两人误会很深,已～多年。❷ 动 特指国与国之间断绝外交关系 ▷边境冲突导致两国～。

【绝经】juéjīng 动 女子因卵巢功能衰退或患病而停止月经。生理性绝经期约在45—50岁之间。

【绝景】juéjǐng 名 绝妙的景色 ▷这是天下～。

【绝境】juéjìng ❶ 名〈文〉与外界隔绝的境地 ▷率妻子邑人来此～。❷ 名 没有任何出路的境地 ▷生活濒临～|敌人已陷入～。

【绝句】juéjù 名 我国格律诗体裁之一。每首四句。每句五个字的称五言绝句,七个字的称七言绝句。也说截句。

【绝口】juékǒu ❶ 动 闭嘴;不开口(用于"不"之前) ▷该他说句话,他却～不说。❷ 动 住口(用于"不"之后) ▷骂不～|赞不～。

【绝路】juélù 名 无法走通的路;死路 ▷这是一条走不出去的～|与人民为敌,～一条。

【绝伦】juélún 动〈文〉达到没有能与之相比的程度 ▷精美～|荒诞～。

【绝卖】juémài 动 将房产、土地等不动产卖给别人,再也不得赎回。

【绝门】juémén 名 绝户②。

【绝门儿】juéménr〈口〉❶ 名 比喻后继无人的职业、行当等 ▷不能让修脚这个行业成为～。❷ 名 绝技 ▷高抛发球是他的～。❸ 形 形容做事、说话出乎人们的想象 ▷他竟然说出这种话,真是～了。

【绝密】juémì 形 最机密的;机密程度最高的 ▷确属～|～情报。

【绝妙】juémiào 形 极其美妙;非常巧妙 ▷～的工艺品|～的讽刺。

【绝灭】juémiè 动 灭绝;消失 ▷有的稀有动物隐匿山林,尚未～|踪迹～。

【绝命】juémìng 动 死亡;今多指自杀。

【绝命书】juémìngshū 名 临终(多指自杀)前写下的遗书。

【绝品】juépǐn 名 无与伦比的物品 ▷这方端砚堪称世间～。

【绝情】juéqíng ❶ 动 断绝情谊 ▷他俩已经～,没有挽回余地了。❷ 形 形容无情无义 ▷这样做未免太～了。

【绝然】juérán 副 绝对③ ▷两者～不同。

【绝热】juérè 动 与外界不发生热交换,使热能不易传导 ▷～材料。

【绝色】juésè 形〈文〉(女子)容貌绝顶美丽 ▷～女子。

【绝食】juéshí 动 表示抗议或不想活下去而拒绝饮食。

【绝世】juéshì 形〈文〉绝代 ▷～才华|聪明～。

【绝收】juéshōu 动 没有一点儿收成 ▷灾害严重,土地～。

【绝嗣】juésì 动〈文〉没有后代。

【绝望】juéwàng 动 希望破灭 ▷他身患重病,但并不～。

【绝无仅有】juéwú-jǐnyǒu 形容极其少有。

【绝响】juéxiǎng ❶ 名 指失传的音乐;泛指失传的技艺、学问等 ▷古琴曲《广陵散》已成～|这些非遗技艺至今已近～。❷ 名 绝唱② ▷《楚辞》堪称一代～。

【绝续】juéxù 动〈文〉中断或延续 ▷生死～,在此一举。

【绝学】juéxué 名〈文〉没有流传下来的或难以掌握的学问 ▷很多人视音韵学为～。

【绝艺】juéyì 名 绝技 ▷练就一身～。

【绝育】juéyù 动 用结扎输卵管或输精管等办法使不再生育。

【绝缘】juéyuán ❶ 动 与外界或某一事物不发生联系 ▷自从知道了吸烟有害健康,他便与香烟～了。❷ 动 隔绝电流,使不能通过。

【绝缘体】juéyuántǐ 名 极不容易导电或传热的物体。玻璃、橡胶、云母等都是良好的绝缘体。

【绝缘子】juéyuánzǐ 名 支撑电力线路的固体绝缘装置的统称。俗称瓷瓶。

【绝早】juézǎo 形 极早 ▷来得～,走得最迟。

【绝招儿】juézhāor ❶ 名 独特高超的技艺;绝妙的手段 ▷治这种顽症,王大夫有～|得想个～把对方制服。❷ 见本页"绝着儿"①。现在一般写作"绝着儿"。

【绝着儿】juézhāor ❶ 名 下棋时走出的一般人想不到的着数。❷ 见本页"绝招儿"①。现在一般写作"绝招儿"。

【绝症】juézhèng 名 目前还不能治愈的危及生命的疾病 ▷他身患～。

【绝种】juézhǒng 动 某些生物因不能适应环境而逐渐灭绝 ▷从发掘出的化石看,这种动物早在几十万年前就已～。

【绝子绝孙】juézǐ-juésūn 断子绝孙。

倔 jué 义同"倔(juè)",用于"倔强"。另见758页juè。

【倔强】juéjiàng 形 性情刚强而又固执 ▷小伙子太～。☛"强"这里不读qiáng。

【倔犟】juéjiàng 现在一般写作"倔强"。

掘 jué 动 挖 ▷～土|～井|～进|发～|挖～。

【掘进】juéjìn 动 在采矿等作业中,用凿岩爆破等方法开凿地下巷道。

【掘墓人】juémùrén 名 挖掘墓穴的人。比喻埋葬旧制度旧事物的新生力量 ▷资本主义社会为自己准备了～。

【掘土机】juétǔjī 名 挖掘机。

桷 jué 名〈文〉方形椽子 ▷大木为杗(máng),细木为～。

崛 jué 形(山峰等)突起 ▷～起|～立|奇～。

【崛起】juéqǐ ❶ 动(山峰等)突起 ▷高楼大厦平地～。❷ 动 兴起 ▷中华民族正在～。

脚(*腳) jué 同"角³(jué)"。
另见 692 页 jiǎo。

【脚色】juésè 现在规范词形写作"角色"。

觖 jué 形〈文〉不满意 ▷～然失望|～怅。

厥¹ jué 动 中医指气闭;晕倒;失去知觉 ▷惊～|痰～|晕～|昏～。

厥² jué〈文〉❶ 代 其 ▷～后|大放～词。○ ❷ 副 乃;才 ▷左丘失明,～有《国语》。

傕 jué 用于人名。如李傕,东汉末年人。

劂 jué 见 634 页"剞(jī)劂"。

谲(譎) jué〈文〉❶ 形 诡诈 ▷狡～|～诈。→ ❷ 形 奇异怪诞;变化多端 ▷怪～|奇～。☛ 不读 jú。

【谲诈】juézhà 形〈文〉奸猾诡诈 ▷为人～阴险。

蕨 jué 名 多年生草本植物,高一米多,根状茎横生地下,用孢子繁殖。嫩叶可以食用,茎可制淀粉,全草可以做药材。通称蕨菜。

【蕨类植物】juélèi zhíwù 植物的一大类。远古时多为高大树木,现多为草本,少数为木本,以孢子繁殖。无花,有根、茎、叶。多种蕨类植物可以食用或药用。

嶡 jué 名 嶡山,山名,在河南宜阳西北。

獗 jué 见 149 页"猖(chāng)獗"。

潏 jué 名 潏水,水名,在湖北。

潏 jué 名 潏河,水名,在陕西。

橛(*橜) jué 名 橛子 ▷墙上钉个小木～儿。

【橛子】juézi 名 短小的木桩 ▷在路基上钉几根～作为测量标志。

噱 jué 动〈文〉大笑 ▷聊录于此,以资一～。
另见 1563 页 xué。

镢(鐝) jué 名 镢头。

【镢头】juétou 名 一种类似镐的刨土农具。

镯(鐍) jué〈文〉❶ 名 箱笼上装锁的环状物;借指锁。→ ❷ 动 上锁。

爵¹ jué 名 古代饮酒用的器皿,青铜制成,下部有三足。参见插图 15 页。

爵² jué 名 爵位 ▷公～|官～。

【爵禄】juélù 名〈文〉爵位和俸禄。

【爵士】juéshì 名 欧洲某些君主国最低一等的封号,不在贵族之列,不能世袭。

【爵士乐】juéshìyuè 名 一种以黑人的劳动歌曲为基础形成的通俗音乐。20 世纪初首先在美国新奥尔良的黑人中兴起,现已流行于美国各地及世界上许多国家(爵士:英语 jazz 音译)。

【爵位】juéwèi 名 君主国贵族的封号以及等级。

蹶 jué 动 跌倒;比喻失败或挫折 ▷一～不振。
另见本页 juě。

矍 jué 形〈文〉形容惊惶四顾的样子。

【矍铄】juéshuò 形 形容老年人精神好,有神采 ▷精神～。

嚼 jué 义同"嚼(jiáo)",用于某些合成词或成语 ▷咀～|过屠门而大～。
另见 690 页 jiáo;696 页 jiào。

爝 jué 名〈文〉火把 ▷～火。

攫 jué 动〈文〉抓取;夺取 ▷～为己有|～夺。

【攫取】juéqǔ 动 夺取;掠取 ▷英法联军把圆明园的珍宝～一空|～暴利。

玃 jué ❶ 名〈文〉一种大猕猴;泛指猴。○ ❷ 同"攫"。

钁 jué 名〈文〉一种大锄。

juě

蹶 juě [蹶子] juězi 名 骡、马等跳起用后腿腾空后踢的动作 ▷那马直尥(liào)～|大黑骡一个～,把他踢倒在地。
另见本页 jué。

juè

倔 juè 形 性子耿直,待人态度生硬 ▷这老爷子可真～|～脾气|～头～脑。
另见 757 页 jué。

【倔头倔脑】juètóu-juènǎo 形容脾气倔,态度生硬。☛"倔"这里不读 jué。

jūn

军(軍) jūn ❶ 名 军队;部队 ▷参~|~旗|~人。→ ❷ 名 军队的编制单位,在师以上。○ ❸ 名 姓。

【军备】 jūnbèi 名 军事编制、设施和装备 ▷加强~|削减~。

【军兵种】 jūn-bīngzhǒng 军种和兵种的合称。一个军种一般由几个兵种组成。

【军部】 jūnbù 名 军队建制中军一级的领导机关。

【军车】 jūnchē 名 军队使用的机动车。

【军代表】 jūndàibiǎo 名 军队派驻地方的代表。

【军刀】 jūndāo 名 军人用的长刀。如指挥官用的指挥刀。

【军地】 jūndì 名 军队和地方的合称 ▷~共建|~两用人才。

【军队】 jūnduì 名 为政权或政治目的服务的武装组织,是国家机器的主要组成部分。旧称军伍。

【军阀】 jūnfá 名 旧时指拥有军队,自成派系,操纵政治,割据一方的人 ▷~割据|~混战。

【军法】 jūnfǎ 名 军队的刑法 ▷军人违法由军事法庭按~论处。

【军方】 jūnfāng 名 军队方面 ▷~发言人。

【军费】 jūnfèi 名 国家用于军事方面的财政支出。

【军风】 jūnfēng 名 军队的作风 ▷整顿~。

【军风纪】 jūnfēng-jì 军风和军纪的合称。

【军服】 jūnfú 名 军人的制服。在式样、颜色、用料和穿着方式等方面有统一规定。

【军港】 jūngǎng 名 专为军用舰船设置的港口。

【军歌】 jūngē 名 一般指正式代表本国军队的歌曲;有时也指代表某支军队的歌曲。前者如《中国人民解放军进行曲》;后者如《新四军军歌》。

【军工】 jūngōng ❶ 名 同军事有关的工业。❷ 名 同军事有关的工程。

【军功】 jūngōng 名 作战或从事其他军事工作所建立的功绩。

【军功章】 jūngōngzhāng 名 授予军队中有功人员的勋章或奖章。

【军官】 jūnguān 名 军队中尉官以上军人的统称;也指军队中排级以上的干部。

【军管】 jūnguǎn 动 军事管制 ▷实行~|~会。

【军管会】 jūnguǎnhuì 名 军事管制委员会的简称。

【军规】 jūnguī 名 军队所制定的军人必须遵守的规章。

【军棍】 jūngùn ❶ 名 古代军队的刑杖。❷ 名 旧时童子军用来操演和维持秩序的木棍。

【军国主义】 jūnguó zhǔyì 把国家置于军事控制之下,使国家生活的各个方面都为军事侵略目的服务的思想和政策。第二次世界大战期间的德国和日本都是典型的军国主义国家。

【军号】 jūnhào 名 用以传达号令、发布警告等的军用喇叭。

【军徽】 jūnhuī 名 军队的标志。中国人民解放军军徽为镶金黄色边的五角红星,中间嵌有金黄色的"八一"两字。

【军婚】 jūnhūn 名 夫妻中一方或双方为现役军人的婚姻。

【军火】 jūnhuǒ 名 武器和弹药的统称。

【军火库】 jūnhuǒkù 名 储藏军火的库房。

【军火商】 jūnhuǒshāng 名 买卖军火牟取暴利的商人。

【军机】 jūnjī ❶ 名 关于军事方面的方针、策略、措施等 ▷策划~。❷ 名 军事机密 ▷刺探~。

【军机处】 jūnjīchù 名 清代雍正年间开始设立的辅佐皇帝处理军务、政务的机要机构。

【军籍】 jūnjí ❶ 名 登录军人姓名等的册子。❷ 名 指作为军队正式成员的资格、身份 ▷保留~。

【军纪】 jūnjì 名 军队规定的、每个军人和各级部队都必须遵守的纪律 ▷严守~。

【军舰】 jūnjiàn 名 各种军用舰艇的统称。包括战列舰、巡洋舰、驱逐舰、航空母舰、潜艇等。也说兵舰。

【军阶】 jūnjiē 名 军衔的等次和级别。

【军警】 jūnjǐng 名 军队和警察的合称。

【军眷】 jūnjuàn 名 军人眷属。

【军垦】 jūnkěn 动 军队开荒种田。

【军礼】 jūnlǐ 名 军人表示尊敬的礼节,包括立正、注目、举手、鸣炮等。

【军力】 jūnlì 名 军队的数量、装备、作战能力等综合力量 ▷~是国力强弱的重要标志。

【军粮】 jūnliáng 名 专供军队食用的粮食。

【军列】 jūnliè ❶ 名 军人队列 ▷~整齐。○ ❷ 名 军用列车的简称。

【军烈属】 jūn-lièshǔ 军属和烈属的合称。

【军龄】 jūnlíng 名 军人在军队中服役的年数。

【军令】 jūnlìng 名 军事命令 ▷~不可违抗。

【军令状】 jūnlìngzhuàng 名 旧小说、戏曲中指为完成军令所立的保证书,表示若完不成,愿受军法处置;借指接受任务时做出的坚决保证。

【军旅】 jūnlǚ 名 〈文〉军队;军事活动 ▷~岁月。

【军绿】 jūnlǜ ❶ 形 颜色接近于草绿的。因中国人民解放军陆军服是这类颜色的,故称 ▷服装一色~|~毛毯。❷ 名 借指军服 ▷穿着一身~。‖也说国防绿。

【军马】 jūnmǎ 名 军用马匹。

【军帽】jūnmào 名 军人戴的制式帽子。

【军民】jūnmín 名 军队和人民 ▷～联欢。

【军民共建】jūnmín gòngjiàn 指军队和驻地人民群众共同建设社会主义精神文明活动。

【军品】jūnpǐn 名 军用物品(跟"民品"相区别)。

【军棋】jūnqí 名 棋类游戏。棋子均按军职和武器定名,有陆军棋和陆海空军棋两种。两人对局,以先夺得对方军旗者为胜。

【军旗】jūnqí 名 代表军队的旗帜。中国人民解放军军旗为红地,左上角有金黄色五角星和"八一"两字。

【军情】jūnqíng 名 军事情况 ▷～紧急。

【军区】jūnqū 名 根据战略需要划分的军事区域。军区的领导机构统一领导该区域内部队的作战、训练、后勤保障等工作。

【军权】jūnquán 名 领导、指挥、调动军队的权力。

【军犬】jūnquǎn 名 军队训练的用来协助巡逻、侦察、通信或搜捕等的特种犬。

【军人】jūnrén 名 有军籍的人员;正在军队中服役的人员 ▷现役～|～家属。

【军容】jūnróng 名 军队或军人的仪容、作风、纪律等 ▷整顿～军纪。

【军嫂】jūnsǎo 名 对现役军人妻子的称呼。

【军师】jūnshī 名 旧小说、戏曲中称为主帅出谋划策的人;泛指替人出谋划策的人 ▷他是总经理的～,出谋划策全靠他。

【军史】jūnshǐ 名 军队创建和发展的历史。

【军士】jūnshì ❶ 名 军人(多指士兵) ▷全营～奋勇杀敌。❷ 名 士兵军衔的一等。我国现行军衔制设初级军士、中级军士、高级军士三个等级。初级军士设中士、下士两级,中级军士设一级上士、二级上士两级,高级军士设一级军士长、二级军士长、三级军士长三级。

【军士长】jūnshìzhǎng 名 高级军士军衔名称。我国现行军衔制设一级军士长、二级军士长、三级军士长。

【军事】jūnshì 名 有关军队和战争的事务 ▷～要地|～演习|发生～摩擦。

【军事法庭】jūnshì fǎtíng 在军队中设立的专门审判机构,或由军事部门组织的临时审判机构。

【军事管制】jūnshì guǎnzhì 由于战争或其他特殊情况的需要,由军事部门对特定的部门、地区以至国家政权实施接管。

【军事化】jūnshìhuà 动 使行动、措施等具有军队的特点或与军事相联系的性质。

【军事基地】jūnshì jīdì 为满足军事上进攻和防守的需要而建设的根据地,用来驻扎军队并储备武器弹药和给(jǐ)养。

【军事科学】jūnshì kēxué 研究有关战争和战争指导规律的科学。一般分为军事理论科学和军事技术科学两大门类。

【军事体育】jūnshì tǐyù 跟军事知识和军事技能训练有关的体育运动。国际军事体育竞赛项目陆海空军各有五项,称军事五项。简称军体。

【军事演习】jūnshì yǎnxí 按照设计的作战行动进行军事演练。是最接近实战的高级训练形式。可以提高军队的实战能力、指挥协调能力、各军兵种协同作战能力等。简称军演。

【军属】jūnshǔ 名 现役军人的家属,包括直系血亲、配偶等。

【军团】jūntuán 名 执行战役作战任务的军队编制单位。我国红军时期的军团相当于集团军。某些外国的军团相当于我国的军。

【军屯】jūntún 动 古代指边防驻军就地开荒种地。

【军威】jūnwēi 名 军队的声威 ▷～大振。

【军伍】jūnwǔ 名 军队的旧称。

【军务】jūnwù 名 军队中的事务;军事任务 ▷执行～|～在身。

【军衔】jūnxián 名 区分军人等级、表明军人身份的称号和标志。我国现行现役军人的军衔分为将官(上将、中将、少将)、校官(大校、上校、中校、少校)、尉官(上尉、中尉、少尉)、军士(高级军士、中级军士、初级军士)、义务兵(上等兵、列兵)。

【军饷】jūnxiǎng 名 军人的给养和薪金。

【军校】jūnxiào 名 培养军事干部的专门学校。

【军械】jūnxiè 名 枪炮、弹药及其他军用器材的统称。

【军心】jūnxīn 名 军队的斗志、心态等 ▷～稳固。

【军需】jūnxū 名 军队所必需的装备、给养、被服及其他物资。也说军需品。

【军训】jūnxùn 动 军事训练。指与战争有关的知识、技能的教育和练习 ▷新生要进行～。

【军衣】jūnyī 名 军服。

【军医】jūnyī 名 军队里的专职医生。

【军营】jūnyíng 名 军队驻扎的营地。

【军用】jūnyòng 区别 供军队使用的(跟"民用"相区别) ▷～卡车|～机场。

【军邮】jūnyóu 名 军队内部的邮政。

【军乐】jūnyuè 名 指用管乐器和打击乐器演奏的音乐。因多用于军队,故称 ▷～队。

【军乐团】jūnyuètuán 名 演奏军乐的乐团,规模一般较大。

【军运】jūnyùn 动 与军队有关的运输。

【军政】jūnzhèng ❶ 名 军事和政治。❷ 名 军队和政府 ▷～团结、军民团结|～领导。❸ 名 军队中的行政工作。

【军职】jūnzhí 名 军队中的职务 ▷他调到地方工作,不再担任～。

【军制】jūnzhì 名 军事制度的简称。国家或政治集团组织、管理、维持、储备和发展军事力量的制度。如国防(军事)领导体制,武装力量体制，军队的教育训练、政治工作、军事管理等工作制度，以及兵役、国防教育等方面的制度。

【军种】jūnzhǒng 名 军队中按作战领域和作战任务划分的种类。通常分为陆军、空军、海军三个军种。

【军转民】jūnzhuǎnmín 指由军事工业转为民用工业；或指由生产军用品转为生产民用品。

【军装】jūnzhuāng 名 军服。

【军姿】jūnzī 名 军人的风姿；特指军人站立的姿势，是各种军事训练的基础性内容 ▷～飒爽｜苦练～。

均 jūn ❶ 形 均等；均衡 ▷分配不～｜势～力敌｜～匀。→ ❷ 副 全；都 ▷历次考试～名列前茅。

【均等】jūnděng 形 分布或分配的各部分数量或力量相等 ▷机会～｜实力～。

【均分】jūnfēn 动 平分 ▷这笔钱哥儿俩～。

【均衡】jūnhéng 形 均匀平衡 ▷这里气温适度，雨水～｜收支大体～。

【均价】jūnjià 名 平均价格 ▷这种电视机各商场售价有高有低，但～是平稳的。

【均势】jūnshì 名 力量均衡的态势 ▷双方维持～｜产销～被打破了。

【均摊】jūntān 动 平均分担 ▷所需资金由受益地区按人口～。

【均线】jūnxiàn 名 在股市、外汇市场上，某个指数、价位等在一段时间内的平均值所连成的坐标线 ▷今日股指接近 30 日～｜汇价位于昨日～之上。

【均匀】jūnyún 形 分布的数量相同；大小粗细、时间间隔相等 ▷下种（zhǒng）要～｜线纺得很～｜呼吸很～。

【均沾】jūnzhān 动 平均享有(好处) ▷利益～。

【均值】jūnzhí 名 平均数 ▷该市今年空气质量的～达到国家二级。

龟（龜） jūn 见下。另见 514 页 guī；1126 页 qiū。

【龟裂】jūnliè ❶ 动（田地等）裂开许多缝隙 ▷干旱缺雨，农田～。❷见本页"皲裂"。现在一般写作"皲裂"。

君 jūn ❶ 名 古代称帝王或诸侯 ▷～王｜～主｜国～｜～臣。→ ❷ 名 古代的一种封号 ▷商～(商鞅)｜孟尝～(田文)。→ ❸ 名 对人的敬称 ▷诸～｜李～。○ ❹ 名 姓。

【君临】jūnlín 动〈文〉君主统治；泛指统治 ▷～海内。

【君权】jūnquán 名 君主的权力。

【君王】jūnwáng 名 帝王。

【君主】jūnzhǔ 名 奴隶制、封建制时代以及现代实行君主专制国家的最高统治者；君主立宪制国家的元首。

【君主国】jūnzhǔguó 名 君主是最高统治者或国家元首的国家。

【君主立宪制】jūnzhǔ lìxiànzhì 君主的权力受到宪法限制的国家政治制度。

【君主制】jūnzhǔzhì 名 以君主为最高统治者或国家元首的政治制度，可分为君主专制和君主立宪制两类(跟"共和制"相区别)。

【君子】jūnzǐ ❶ 名 古代指地位高的人 ▷彼～兮，不素餐兮！❷ 名 指品德高尚的人 ▷谦谦～｜防～，不防小人。

【君子国】jūnzǐguó 名 传说中人人讲究礼仪、谦让、淳朴的国度。

【君子兰】jūnzǐlán 名 多年生草本植物，花呈红黄色，像漏斗，花序伞状；叶子宽，带状。可供观赏。参见插图 7 页。

【君子协定】jūnzǐ xiédìng 以守信为基础，用口头允诺或函件往来的形式订立的协定。

钧（鈞） jūn ❶ 名 制陶器用的转轮。→ ❷ 形〈文〉敬词，用于称尊长或上级 ▷～座｜～鉴｜～安。○ ❸ 量 古代重量单位，30 斤为 1 钧 ▷一发（fà）千～｜雷霆万～。

☛ 跟"钓(diào)""钩(gōu)"不同。

莙 jūn [莙荙菜] jūndácài 名 二年生草本植物，叶肥厚，卵形，开绿色花。嫩叶可以食用。

菌 jūn ❶ 名 指细菌 ▷大肠杆～｜抗～素｜无～操作。○ ❷ 见 1750 页"真菌"。

☛ 通常读 jūn；读 jùn，专指蕈(xùn)，如"香菌"。另见 762 页 jùn。

【菌肥】jūnféi 名 细菌肥料的简称。

【菌类】jūnlèi 名 生物的低级群类。习惯上包括细菌、黏菌和真菌三大类。它们不具叶绿素，不能自己制造营养，以寄生或腐生方式摄取营养。

【菌落】jūnluò 名 指由单个儿菌体或孢子在固体培养基上生长繁殖后形成的肉眼能看到的微生物群落。

【菌苗】jūnmiáo 名 用细菌培养成的能使机体产生免疫力的疫苗。有死菌苗和活菌苗两种，前者如霍乱、百日咳、伤寒疫苗等，后者如鼠疫菌苗、卡介苗等。

【菌种】jūnzhǒng 名 用于制造免疫菌苗，进行微生物工程试验的细菌。

皲（皸） jūn 动 皮肤因寒冷或干燥而裂开 ▷～裂。

【皲裂】jūnliè 动〈文〉皮肤因受冻干燥而出现裂口 ▷足跟～｜面颊～。

筠 jūn [筠连] jūnlián 名 地名，在四川。另见 1708 页 yún。

鲪（鮶） jūn 名 鱼，体侧扁而长，灰褐色，有黑色斑纹，口大而斜，牙细小。生活在近海岩礁间。

麇 jūn 名 古书中指獐子。
另见 1145 页 qún。

jùn

俊(*儁❶—❸ 㑺❶—❸) jùn ❶ 名 才智超群的人 ▷～杰。→ ❷ 形 才智超群 ▷英～有为。❸ 形 容貌秀美出众 ▷长得很～|～秀|～美。○ ❹ 名 姓。☛ 统读 jùn,不读 zùn。

【俊才】jùncái 名 才智出众的人。

【俊杰】jùnjié 名 才智杰出的人;豪杰 ▷海内～。

【俊朗】jùnlǎng 形 俊美清朗 ▷～潇洒|眉宇～。

【俊美】jùnměi 形 容貌英俊秀美 ▷翩翩少年,姿容～。

【俊气】jùnqì 形 俊美 ▷这姑娘挺～的。

【俊俏】jùnqiào 形 长相漂亮 ▷容貌～。☛ 跟"美丽"不同。"俊俏"多形容年轻女子容貌;"美丽"适用范围较大,除形容女子的容貌外,还可以形容物品以及景物等。

【俊伟】jùnwěi ❶ 形 英俊魁伟 ▷受检阅的运动员个个英武～。❷ 形 才智过人,超群出众 ▷英才～,名扬天下。

【俊秀】jùnxiù 形 俊美秀丽 ▷容貌～。

【俊雅】jùnyǎ 形 俊秀文雅 ▷面容～。

【俊逸】jùnyì 形〈文〉俊美潇洒 ▷姿容～|文笔～。☛ 不宜写作"隽逸"。

郡 jùn 名 古代的地方行政区划单位。周朝郡比县小,秦汉时郡比县大,隋唐以后州郡互称,宋元以后郡名渐废 ▷～邑(府县)|～县|～守。

【郡守】jùnshǒu 名 郡的行政长官,主管一郡的政事。

【郡县制】jùnxiànzhì 名 我国古代的地方行政制度。春秋时秦、晋、楚等国在部分地方设立郡和县,战国末期形成以郡辖县的行政制度。秦统一后,全国分为三十六郡,下设县,郡、县长官均由朝廷任免。

【郡主】jùnzhǔ 名 唐代称太子之女;宋代称宗室之女;明清称亲王之女。

捃 jùn 动〈文〉拾;取 ▷～拾。

峻 jùn ❶ 形(山)高而陡峭 ▷崇山～岭|险～。→ ❷ 形 严厉 ▷严刑～法|严～。

【峻拔】jùnbá 形(山势)高峻挺拔 ▷峰峦～。

【峻陡】jùndǒu 形 高峻陡峭 ▷崖壁～。

【峻法】jùnfǎ 名 严酷的法令 ▷严刑～。

【峻岭】jùnlǐng 名 高大陡峭的山岭 ▷崇山～。

【峻峭】jùnqiào 形(山势)高峻陡峭 ▷山峰～。

【峻险】jùnxiǎn 形 险峻。

【峻秀】jùnxiù 形(山峰)高峻秀丽 ▷山岭～,四季如画。

隽(*雋) jùn 同"俊"①②。
另见 753 页 juàn。

浚(*濬) jùn ❶ 动 深挖;疏通(水道) ▷疏～|～河|～井。○ ❷ 名 姓。
另见 1570 页 xùn。

骏(駿) jùn 名 良马 ▷～马。

【骏马】jùnmǎ 名 良马;跑得很快的马 ▷～飞驰。

珺 jùn 名〈文〉一种美玉。

菌 jùn 名 蕈(xùn) ▷香～|～子。
另见 761 页 jūn。

晙 jùn〈文〉❶ 名 早晨。→ ❷ 形 明亮。

焌 jùn 动〈文〉点火。
另见 1132 页 qū。

葰 jùn 形〈文〉大 ▷～茂。
另见 1323 页 suǒ。

畯 jùn 名 古代掌管农事的官 ▷田～。

䐃 jùn〈文〉❶ 名 肌肉的凸起部分。→ ❷ 名 腹内或肠中积聚的脂肪。

竣 jùn 动 完成;结束 ▷～工|～事|完～。

【竣工】jùngōng 动 工程结束;完工 ▷按时～|～投产。☛ "竣"不要误写作"峻"。

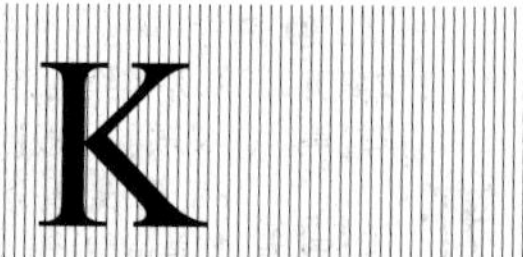

kā

咔 kā 拟声 模拟物体碰撞、断裂等的声音 ▷～的一声把门锁上了。
另见764页kǎ。

【咔吧】kābā 拟声 模拟物体折断的声音 ▷～一声，树枝断了。

【咔喳】kāchā 现在一般写作“咔嚓”。

【咔嚓】kāchā 拟声 模拟物体猛然断裂的声音 ▷～一声，一大片浮冰撞成了两半。

【咔哒】kādā 现在一般写作“咔嗒”。

【咔嗒】kādā 拟声 模拟轻微撞击的声音 ▷～一声，门锁碰上了。

咖 kā 音译用字，用于“咖啡”等。
另见436页gā。

【咖啡】kāfēi 英语coffee音译。❶ 名 常绿灌木或小乔木，叶长卵形而尖，花白色，结浆果。种子称咖啡豆，炒熟研成粉末可以做饮料。产在热带和亚热带地区。❷ 名 用炒熟的咖啡种子研成的粉末。❸ 名 用咖啡粉末制成的饮料。

【咖啡馆】kāfēiguǎn 名 出售咖啡及其他饮料供顾客坐饮的店铺。

【咖啡色】kāfēisè 名 像咖啡一样的深棕色。

【咖啡厅】kāfēitīng 名 出售咖啡及其他饮料供顾客坐饮的厅堂，有的也提供西式简餐等，多附设于宾馆或大的娱乐场所。

【咖啡因】kāfēiyīn 名 英语caffeine音译。有机化合物，白色粉末，有苦味。多含在咖啡、可可的种子和茶叶中。可做兴奋剂和利尿剂等。也说咖啡碱、茶素。

喀 kā 拟声 模拟咳嗽的声音 ▷～～地直咳嗽。

【喀吧】kābā 现在一般写作“咔吧”。

【喀嚓】kāchā 现在一般写作“咔嚓”。

【喀哒】kādā 现在一般写作“咔嗒”。

【喀秋莎】kāqiūshā 名 俄语катюша音译。第二次世界大战时苏联军队使用的一种多管火箭炮。战士们曾以对姑娘的爱称“喀秋莎”来称呼它。

【喀斯特】kāsītè 名 英语karst音译。石灰岩等可溶性岩石受地表水或地下水的溶蚀而形成的地貌，有洞穴也有峭壁。近代对这种地貌的研究始于亚得里亚海岸喀斯特高地，故称。也说岩溶。

揢 kā 动〈口〉用刀或其他片状物刮 ▷把肉皮上的毛～掉|～土豆皮。

【揢哧】kāchi 动〈口〉揢 ▷口香糖粘在地上很难～掉。

kǎ

卡 kǎ 音译用字。❶ 量 卡路里的简称 ▷含热量500～。○ ❷ 名 卡片；类似卡片形状的凭证 ▷会员～|充值～|刷～。○ ❸ 名 卡车 ▷十轮～。○ ❹ 名 录音机上放置盒式磁带的仓式装置 ▷单～录音机。
另见1085页qiǎ。

【卡宾枪】kǎbīnqiāng 名 骑枪(卡宾：英语carbine音译)。

【卡车】kǎchē 名 载重汽车(卡：英语car音译)。

【卡尺】kǎchǐ 名 游标卡尺的简称。

【卡带】kǎdài 名 盒带 ▷录音～。☛ 跟“卡(qiǎ)带”不同。

【卡丁车】kǎdīngchē 名 一种用于娱乐或竞赛的微型汽车。构造简单，车体底盘低，安全性高(卡丁：英语karting音译)。

【卡规】kǎguī 名 用来测量轴或凸形工件的量具。

【卡介苗】kǎjièmiáo 名 一种主要用于预防结核病的疫苗。由法国细菌学家卡默特和介林首先制成，故称。

【卡拉OK】kǎlā OK 名 20世纪70年代首先出现在日本的一种音响设备，日语的意思是“无人的乐队”；现也指利用这种音响设备进行娱乐的方式，娱乐者可以一边欣赏影像，一边跟着播出的音乐和字幕演唱(卡拉：日语から音译；OK：译自英语orchestra)。

【卡路里】kǎlùlǐ 量 热量非法定计量单位，1卡路里等于4.1868焦耳。简称卡。

【卡片】kǎpiàn 名 用来摘录资料或记录各种事项以便查考的硬纸片(卡：英语card音译)。

【卡其】kǎqí 名 英语khaki音译。一种质地较厚实、纹路较明显的斜纹布。也说卡其布。

【卡钳】kǎqián 名 一种测量尺寸的量具。有两个可以开合的卡脚。分内卡钳和外卡钳两种。内外卡钳分别用于测量工件的内直径和外直径及其他表面尺寸。

【卡式】kǎshì ❶ 区别 采用磁卡记事、计费方式的 ▷～电话机|～检票机。也说插卡式。❷ 区别 带有可以安装盒式磁带装置的 ▷～录音机。

【卡特尔】kǎtè'ěr 名 法语cartel音译。资本主义垄断组织的一种形式。生产同类商品的企业为了垄断市场和获取高额利润，通过订立各种协定而形成的同盟。

【卡通】kǎtōng 英语 cartoon 音译。❶ 图 动画片 ▷～片。❷ 图 漫画 ▷～画。

【卡通片】kǎtōngpiàn 图 动画片。

佧 kǎ [佧佤族] kǎwǎzú 图 佤族的旧称。

咔 kǎ 音译用字，用于"咔叽""咔唑"等。另见 763 页 kā。

【咔叽】kǎjī 现在一般写作"卡其"。

【咔唑】kǎzuò 图 有机化合物，难溶于水及其他溶剂，是制作染料、合成塑料等的原料。

咯 kǎ 动 用力把东西从食道或气管里咳出来 ▷把鱼刺～出来｜～痰｜～血。

另见 459 页 gē；887 页 lo；909 页 luò。

【咯血】kǎxiě 动 指由呼吸道咳出鲜血或痰中夹血。常见于肺部、支气管等较重的疾病。也说咳血。

胩 kǎ 图 异腈。

kāi

开[1]（開） kāi ❶ 动 打开；使闭合的东西不再闭合（跟"关""合"相对）▷门～了｜～抽屉｜～锁｜笑口常～。→ ❷ 动（收拢的东西）舒张或舒展；（冻结的东西）融化 ▷花儿～了｜孔雀～屏｜～冻。⇒ ❸ 动 解除（禁令、限制等）▷～禁｜～戒。❹ 动 除去；放走 ▷～除｜～释。⇒ ❺ 动（液体）沸腾 ▷水～了。❻ 量〈口〉用于水沸腾的次数 ▷煮饺子有三～儿就行了。→ ❼ 动 开辟 ▷～路先锋｜～山劈岭｜～荒。⇒ ❽ 动 创立；设置 ▷～商店｜电视台新～了两个频道。⇒ ❾ 动 起始；开始 ▷～春｜～学｜～演。⇒ ❿ 动 举行（会议等）▷～运动会｜召～。→ ⓫ 动 发动或操纵 ▷～飞机｜～机器｜～车。⓬ 动（队伍）出发 ▷人马都～走了｜～拔。→ ⓭ 动（连接的东西）分离；散开 ▷鞋带～了｜～缝（fèng）｜云～日出。⇒ ⓮ 动 列出；写出（多指分项目写出）；标出（价钱）▷～账单｜～药方｜～证明信｜～价太高。⇒ ⓯ 动 支付 ▷～工资｜～销｜～支。⇒ ⓰ 动 指按一定比例分开 ▷三七～（三份对七份）。⓱ 量 印刷上用来表示整张纸的若干分之一 ▷大 32～｜16～纸。→ ⓲ 动 用在动词后。a）表示分开或离开 ▷把馒头掰～｜走～。b）表示展开或扩展 ▷传染病蔓延～了｜消息传～了。c）表示放开、明白 ▷想不～｜事情说～了也就没事了。d）表示开始并继续 ▷唱～了｜笑～了。e）表示容下 ▷地方太小，住不～｜人不多，会议室坐得～。○ ⓳ 图 姓。☛ ㊀用在动词后表示分开或离开、开始并继续的意义时，在口语中可读轻声。㊁义项⑥一般读儿化音。

开[2]（開） kāi ❶ 量 黄金中含纯金量的计算单位（24 开为纯金）▷18～的金项链。○ ❷ 量 开尔文的简称。

【开拔】kāibá 动（军队等）从驻地出发。

【开班】kāibān ❶ 动 开设培训班、研究班等 ▷～授徒。❷ 动 培训班、研究班等开始上课 ▷本期研讨班明天正式～。

【开办】kāibàn 动 开设；创办（企业或事业实体）▷～工厂｜～幼儿园。

【开本】kāiběn 图 书刊幅面的大小。用整张印刷纸切成大小相同的等份，用这样等份的纸印成的书刊就是多少开本。常见的有 32 开本（多用于一般书籍）、16 开本（多用于杂志）、64 开本（多用于小型工具书、连环画）。

【开笔】kāibǐ ❶ 动 旧指学生开始学作诗文 ▷他读书聪明，～比别的孩子早。❷ 动 指在新的一年开始写字或写作。❸ 动 开始某项写作。

【开编】kāibiān 动 着手编写；着手编辑 ▷丛书～以来进展顺利。

【开标】kāibiāo 动 招标单位开启投标人提交的投标文件，公布投标人名称、投标报价等。

【开播】kāibō ❶ 动 开始播种 ▷抓紧整地，按时～。○ ❷ 动（广播电台、电视台）建成并正式投入运营；某节目开始播放 ▷电视台～10 周年｜新闻联播每晚 7 时～。

【开采】kāicǎi 动 开掘取出（地下资源）▷～煤炭资源。

【开仓】kāicāng 动 建仓。

【开衩】kāichà ❶ 动 在衣服下端等处开口儿 ▷这件西服后身不～｜这条裙子需要～吗？❷ 图 在衣服下端等处开的口儿。

【开场】kāichǎng 动 戏剧演出、体育比赛等开始；泛指活动开始 ▷准时～｜～容易收场难。

【开场白】kāichǎngbái 图 戏曲演出开场时引入本题的念白；借指文章或讲话引入正题的开头部分 ▷主持人先说了几句～。

【开车】kāichē ❶动 驾驶汽车等机动车辆 ▷酒后严禁～。❷动 机动车辆开始运行；发车 ▷准点～｜～时间已到。❸动 指开动机器 ▷三台铣床同时～。

【开诚布公】kāichéng-bùgōng《三国志·蜀书·诸葛亮传》："开诚心，布公道。"后用"开诚布公"形容诚恳待人，坦白无私。☛ 跟"推心置腹"不同。"开诚布公"侧重于公开、坦率；"推心置腹"侧重于真心、诚挚。

【开诚相见】kāichéng-xiāngjiàn 坦率真诚地与

人交往。

【开秤】kāichèng 动 开始用秤称量；借指开始交易（多用于收购季节性货物的商业）▷供销社～收购棉花。

【开初】kāichū 名 开始阶段 ▷～他不习惯北京的气候，后来慢慢适应了。

【开除】kāichú 动 将成员从组织或单位中除名，使退出 ▷～公职｜～学籍。

【开锄】kāichú 动 指一年中开始用锄中耕。

【开创】kāichuàng 动 创建；开拓 ▷～新事业。

【开创性】kāichuàngxìng 名 开拓、创新的性质和意义 ▷他的思路很有～。

【开槌】kāichuí 动 指拍卖会开始 ▷两场公车拍卖会都在明天上午 9:00～。

【开春】kāichūn 动 春天开始 ▷一～就该备耕。

【开打】kāidǎ 动 戏曲中演员表演武打。

【开裆裤】kāidāngkù 名 幼儿穿的裤裆不缝合的裤子（跟"连裆裤"相区别）。

【开刀】kāidāo ❶ 动 旧指斩首 ▷～问斩。❷ 动 医生给病人做手术 ▷～切除肿瘤。❸ 动 比喻从某方面或某人下手整治 ▷向官场陋习～｜拿首恶分子～。

【开导】kāidǎo 动 启发诱导 ▷他一时想不通，你要多～～他。

【开倒车】kāidàochē 比喻背离发展趋势向后倒退 ▷坚持改革开放，反对～。

【开道】kāidào 动 在前边引路并排除障碍 ▷警车～。

【开吊】kāidiào ❶ 动 旧指丧家在出殡前开始接待亲友吊唁。○ ❷ 动 开始吊装大型物件 ▷体育馆大梁今天～。

【开顶风船】kāidǐngfēngchuán 逆风驶船；比喻迎着困难前进。

【开动】kāidòng ❶ 动 启动车辆、机器使运转 ▷火车已经～｜～机器◇～脑筋。❷ 动 开拔 ▷队伍已经～了。

【开冻】kāidòng 动 冰封的江河解冻；冰冻的土地融化。

【开端】kāiduān 名 事物开头的阶段或部分 ▷这是个充满希望的～｜小说的～。

【开恩】kāi'ēn 动 给予宽恕或施与恩惠（多用来表示请求或感谢）▷蒙老太太～，饶了她。

【开尔文】kāi'ěrwén 量 热力学温度法定计量单位，是国际单位制中基本单位之一。为纪念英国物理学家汤姆森（被授予开尔文男爵）而命名。简称开。

【开发】kāifā ❶ 动 通过垦殖、开采等手段利用原来没有利用的自然资源 ▷～荒山｜～能源。❷ 动 发现或发掘人才、技术等供利用 ▷～智力。❸ 动 创制；研制 ▷～新产品。

【开饭】kāifàn ❶ 动 开始用餐 ▷客人已经到齐，可以～了。❷ 动（食堂）开始供应饭菜 ▷中午 12 点～。

【开方】kāifāng ❶ 动 写药方。○ ❷ 动 数学上指求一个数的方根的运算，如 9 开平方得±3。

【开房】kāifáng ❶ 动 在宾馆、旅店等租用房间。❷ 动 非夫妻关系的男女在宾馆、旅店等租用房间发生性关系的含蓄说法。‖也说开房间。

【开放】kāifàng ❶ 动（花苞）展开 ▷通过调整光照改变菊花～时间。❷ 动（公共场所）开门接纳群众 ▷图书馆全天～。❸ 动 解除封锁、禁令或限制 ▷对外～的城市。❹ 形（思想）无拘束；（性格）开朗 ▷思想～｜性格～。

【开付】kāifù 动 开具并交付 ▷给捐款者～收据。

【开赴】kāifù 动（队伍）向某处进发 ▷～灾区。

【开割】kāigē ❶ 动 橡胶树长成后首次割取胶乳；泛指割胶 ▷这批橡胶树可以～了。❷ 动 开始收割。

【开革】kāigé 动 开除。

【开工】kāigōng 动 开始生产或开始施工。

【开弓没有回头箭】kāigōng méiyǒu huítóujiàn 拉开弓、射出箭就无法收回。比喻既然已经开始做某事，就必须一直做下去；也比喻认定方向做某事，决不后退 ▷～，反腐没有休止符。

【开关】kāiguān ❶ 名 用来接通或切断电路的器件 ▷电灯～。通称电门。❷ 名 安在管道上控制流体或气体流量的装置 ▷煤气管道～。

【开馆】kāiguǎn 动 某些以"馆"命名的文化体育场所开门接纳群众 ▷图书馆上午 8 点～。

【开光】kāiguāng 动 为塑好的佛像、神像举行仪式，开始供奉。

【开锅】kāiguō 动 液体在锅里沸腾起来 ▷肉很嫩，～就熟｜开了锅再下饺子◇消息一传开，村里炸开了锅。

【开国】kāiguó 动 建立新的国家政权 ▷～大典。

【开航】kāiháng ❶ 动 新开辟的航线开始通航；停用的航线恢复通航。❷ 动 船只起航。

【开河】kāihé ❶ 动 开挖河道 ▷～挖渠，保障灌溉。○ ❷ 动 河面的冰融化。

【开后门】kāihòumén 比喻利用职权违反政策、法规或正常程序，给予他人不应有的好处或方便。

【开户】kāihù 动 单位或个人在银行、证券交易所等金融单位开设户头，建立储蓄、信贷、买卖证券等业务关系。

【开花】kāihuā ❶ 动 花朵开放 ▷铁树～。❷ 动 比喻像花朵那样绽开 ▷～豆｜脑袋碰得开了花。❸ 动 比喻十分高兴，脸上绽开笑容 ▷乐开了花。❹ 动 比喻事业开展或经验传开 ▷全面～。

【开化】kāihuà ❶ 动 指人类由原始蒙昧状态进入

文明状态。❷ 形 思想开通，不守旧 ▷他的脑子很不～。〇 ❸ 动 江河、大地解冻 ▷冰冻慢慢～了。

【开怀】kāihuái 动 敞开胸怀。形容内心无拘无束，很高兴 ▷～大笑｜乐开了怀。

【开荒】kāihuāng 动 开垦荒地 ▷～种地。

【开会】kāihuì 动 在有关人的召集和主持下，众人聚在一起议事、联欢、听演说等。

【开荤】kāihūn ❶ 动 指某些宗教徒解除吃素的戒律或吃斋期满，开始吃肉；也指常吃素食的人偶尔吃荤。❷ 动 比喻第一次经历某种新奇的事情 ▷这次坐飞机出国旅游，可真～了。

【开火】kāihuǒ ❶ 动 发射枪炮；战斗打响。❷ 动 比喻抨击、声讨 ▷向不正之风～。

【开伙】kāihuǒ ❶ 动 办伙食 ▷我们公司不～｜自己在家～。❷ 动 （集体食堂等）开始供应饭食 ▷机关从明天起～。

【开机】kāijī ❶ 动 开动机器、计算机等，使进入工作状态 ▷合闸～。❷ 动 特指开始拍摄影视片 ▷这部影片明日～。

K

【开价】kāijià 动 （售货者）提出价格；（拍卖者）提出底价 ▷你～这么低，能赚钱吗？

【开架】kāijià ❶ 动 图书馆敞开书架、刊架，供读者自行选取书刊 ▷我馆书刊一律～借阅。❷ 动 商店敞开货架，供顾客自行选购商品 ▷～销售。

【开间】kāijiān ❶ 量 旧式房屋的宽度单位，大约一丈 ▷正房是两～的，偏房是单～的。❷ 名 指房间的宽度 ▷屋子～太小。

【开讲】kāijiǎng 动 开始讲述。

【开奖】kāijiǎng 动 在有奖活动中，通过一定的形式，确定并公布奖券中奖号码和等次。

【开胶】kāijiāo 动 用胶黏合起来的地方开裂 ▷球拍～了。

【开叫】kāijiào ❶ 动 桥牌游戏中开始叫牌。❷ 动 拍卖会主持人报出拍卖物的底价 ▷这辆轿车～15 万元。

【开街】kāijiē 动 新建的街道正式向公众开放、提供营业（多指商业街） ▷我市为老人打造的特色服务街于重阳节～｜～营业，迎接八方来客。

【开解】kāijiě 动 开导劝解 ▷经过耐心～，他才平静下来。

【开戒】kāijiè 动 宗教徒解除戒律；借指一般人解除禁忌 ▷今天～，喝一杯。

【开金】kāijīn 名 含有黄金的合金 ▷～戒指。参见 764 页"开[2]"①。

【开襟】kāijīn 名 中式上衣或长袍的一种样式。纽扣在胸前的叫对开襟；在右侧的叫右开襟。

【开禁】kāijìn 动 解除禁令。

【开镜】kāijìng 动 打开摄影机的镜头；借指影视片开始拍摄 ▷这部影片即将～。

【开局】kāijú ❶ 动 棋赛或球赛开始；泛指某项工作或活动开始 ▷比赛刚刚～。❷ 名 棋赛或球赛的开始阶段；泛指某项工作或活动的开始阶段 ▷机构改革工作～良好。

【开具】kāijù 动 开出（单据、证明信等） ▷～证明｜～发票。

【开卷】kāijuàn ❶ 动 打开书本；借指读书 ▷～有益。❷ 动 考试时允许应考者查看有关资料（跟"闭卷"相对） ▷～考试。

【开掘】kāijué ❶ 动 开凿；挖掘 ▷～隧道。❷ 动 比喻文艺创作中对现实生活的深入了解和充分表达 ▷选材要严，～要深。

【开浚】kāijùn 动 挖掘疏浚 ▷～沟渠。

【开考】kāikǎo 动 开始考试 ▷我校入学考试明天～｜通知考生～日期。

【开课】kāikè ❶ 动 开始上课 ▷新生 9 月 1 日～。❷ 动 开设课程 ▷研究生班的～计划已获通过。

【开垦】kāikěn 动 翻耕荒地，使成为能够种植的土地 ▷～荒地。

【开口】kāikǒu ❶ 动 张开嘴；借指说话、演唱、提出请求等 ▷没等别人说完，他就先～了｜不好意思～。❷ 动 打开口子；裂开口子；留出口子 ▷～引水｜豆荚～了｜这件毛衣～太低。〇 ❸ 动 开刃儿 ▷这把刀还没～。

【开口饭】kāikǒufàn 名 旧时指演艺人员以说唱来维持的生计 ▷那年月，吃～可不容易啊！

【开口呼】kāikǒuhū 名 指没有韵头，韵腹也不是 i、u、ü 的韵母。参见 1305 页"四呼"。

【开口笑】kāikǒuxiào 名 一种油炸的面食，炸熟后膨胀开裂，像大笑的嘴。

【开口子】kāikǒuzi ❶（堤岸）被洪水冲开缺口 ▷大堤～了。❷比喻突破原有的规定 ▷要卡得严一些，不要轻易～。

【开快车】kāikuàichē 比喻加快工作、学习等方面的进度 ▷工期再紧也要重质量，不能盲目～。

【开矿】kāikuàng 动 开采矿产。

【开阔】kāikuò ❶ 形 宽阔而没有阻碍 ▷地势～｜视野～。❷ 形 心胸开朗；不狭隘 ▷胸襟～。❸ 动 使开阔 ▷～思路｜～眼界。☛ 跟"广阔"不同。1."开阔"多用于形容有一定空间范围的场所，如"平整开阔的飞机场、屋内开阔整洁"等；"广阔"多用于形容广大无边的地方，如"广阔的大海、广阔世界"等。2."开阔"常与"眼界、思路、胸襟"等词语搭配，"广阔"常与"前景、市场、领域"等词语搭配。3."开阔"有动词用法，可以带宾语，如"开阔了视野、开阔了路径”等；“广阔”没有动词用法。

【开阔地】kāikuòdì 名 宽阔空旷的平地（多用于军事方面）▷阵地前面是一片～。

【开朗】kāilǎng ❶ 形 开阔明亮 ▷雪后初霁，天空分外～。❷ 形（思想）豁达；（性格）爽朗 ▷他性格热情～。

【开擂】kāilèi 动 打擂开始；泛指比赛开始。

【开犁】kāilí 动 进入春天后开始犁地。

【开例】kāilì 动 做出没有先例、使人得以效仿的事情 ▷违反规定的事不可～。

【开镰】kāilián 动 庄稼成熟，开始收割 ▷小麦不日即可～。

【开脸】kāiliǎn 动 指旧时女子出嫁前用线绞净脸上的汗毛，修齐鬓角。

【开列】kāiliè 动 逐项写出来 ▷～清单。

【开裂】kāiliè 动 裂开缝儿 ▷水管～。

【开路】kāilù ❶ 动 在没有路的地方开出路来 ▷用推土机～。❷ 动 在队伍前面引路 ▷摩托车～。

【开绿灯】kāilǜdēng 开亮绿色信号灯，表示准予通行。比喻提供方便，许可做某事 ▷不能给盗版图书～。

【开锣】kāiluó 动 开始敲锣打鼓，表示戏曲即将开演 ▷准时～。

【开门】kāimén ❶ 动 敞开门户；比喻打破界限，跟外界协作进行某项工作 ▷～办学｜～整改。❷ 动 开始营业 ▷邮局上午 9 点～。

【开门红】kāiménhóng 比喻在一年开始或工作、事业一开始时就取得好成绩。

【开门见山】kāimén-jiànshān 比喻说话、写文章直截了当，一开始就点明正题。

【开门揖盗】kāimén-yīdào 打开大门迎接强盗。比喻引来坏人，自招祸害。☛“揖”不读 jí。

【开蒙】kāiméng 动 脱离蒙昧状态；旧时特指儿童开始识字、学习 ▷她 7 岁～。

【开明】kāimíng 形 思想开通，不保守 ▷～人士。

【开幕】kāimù 动 拉开舞台上的幕布，指演出开始；也泛指盛大隆重的会议或活动开始 ▷演出准时～｜大会～｜～词。

【开幕式】kāimùshì 名 大型集会或活动开始时所举行的仪式。

【开拍】kāipāi ❶ 动（影视片）开始拍摄 ▷外景已经～。❷ 动 开始拍卖 ▷这件拍品明天～。

【开排】kāipái 动（戏剧等）开始排练。

【开盘】kāipán ❶ 动 指棋类比赛开始。❷ 动 指证券市场全天交易开始。❸ 动 楼盘开始出售 ▷这几栋楼～后立即热销。参见 890 页“楼盘”。

【开盘价】kāipánjià 名 指证券市场每天第一笔交易成交的价格。

【开炮】kāipào ❶ 动 发射炮弹 ▷～还击。❷ 动 比喻严厉批评或抨击 ▷欢迎大家向我～。

【开辟】kāipì ❶ 动 打通；开通 ▷～道路｜～航线。❷ 动 开发；创建 ▷～新领域｜～历史的新纪元。☛ 参见 768 页“开拓”的提示。

【开篇】kāipiān ❶ 名 苏州弹词或江浙一带某些地方戏正式演出前附加的短篇唱段。❷ 名 某些作品的开头部分 ▷小说的～交代了故事的时代背景。

【开瓢儿】kāipiáor 动〈口〉把成熟后的匏瓜对半剖开，用作水瓢。比喻打破脑袋（含诙谐意）。

【开票】kāipiào ❶ 动 打开投票箱，统计选票。❷ 动 填写发货票或单据 ▷交款～。

【开屏】kāipíng 动 指雄性孔雀尾巴展开呈扇状，并不断抖动作响。

【开启】kāiqǐ ❶ 动 打开 ▷宾馆的大门能自动～。❷ 动 开创 ▷～科技新时代。

【开腔】kāiqiāng 动 开口说话 ▷会场很沉闷，谁也不～。

【开窍】kāiqiào ❶ 动 中医指开通人体孔窍 ▷～通神。❷ 动 借指思想搞通，开始领悟 ▷经过启发诱导，他终于～了。❸ 动 开始懂得道理 ▷这孩子～早。

【开缺】kāiquē 动 旧指官员因离职或去世职位空缺，待另选人员担任。

【开刃儿】kāirènr 动 新的刀、剪等使用前加以抢（qiǎng）、磨，使刃锋利 ▷这把新剪子还没～。

【开赛】kāisài 动 开始比赛。

【开山】kāishān ❶ 动 挖开或炸开山岩 ▷～筑路。❷ 动 重新开放已封禁的山林，准许放牧、采伐。❸ 动 佛教指在某个名山创建寺院。

【开山祖师】kāishān zǔshī 佛教指最早在某名山创建寺院的人；泛指某一事业或某一流派的创始人。也说开山祖。

【开衫】kāishān 名 开襟的针织上衣。

【开哨】kāishào 动 裁判吹响开始比赛的哨子。表示足球、篮球等体育比赛开始 ▷我省本届少年足球联赛今日～。

【开设】kāishè ❶ 动 开办设立 ▷～工厂｜～商店。❷ 动 设置 ▷～现代汉语课。

【开审】kāishěn 动（案件）开始审理。

【开始】kāishǐ ❶ 动（行为、现象等）发生 ▷表演即将～｜大风降温～了。❷ 动 着手进行 ▷～练字｜～修订。❸ 动 以某一点作为起始 ▷从不自满～。❹ 名 开始的阶段 ▷～我并不明白。

【开市】kāishì ❶ 动 商店、集市等开始营业 ▷商场将于 5 月 1 日～。❷ 动 商店或摊贩一天中第一次成交 ▷快晌午了，我还没～呢。

【开释】kāishì 动 释放被拘禁的人 ▷刑满～。

【开首】kāishǒu 名 开始的时间;起头的部分 ▷～打得比较拘谨|～写得很精彩。

【开涮】kāishuàn 动〈口〉拿人开玩笑;戏弄人 ▷你这不是拿我～吗?

【开水】kāishuǐ 名 煮沸的水。

【开司米】kāisīmǐ 英语 cashmere 音译。❶ 名 原指克什米尔地区出产的羊绒;泛指羊绒。❷ 名 用羊绒制成的毛线或织品。

【开台】kāitái 动 戏曲开演。

【开膛】kāitáng 动 剖开(家畜、家禽等的)胸腔和腹腔 ▷～破肚。

【开题】kāití ❶ 动 开始宣讲某一专题 ▷一～就提问。❷ 动 启动科研课题或对该课题的现状、存在问题及研究目标、方向等作出说明 ▷作～报告。

【开天窗】kāitiānchuāng 旧时报纸在排好版面后,因新闻检查而撤下有关文章,使版面上留下成块空白,叫开天窗。

【开天辟地】kāitiān-pìdì 神话传说。盘古氏把混沌一片的宇宙开辟出天和地,创造了世界。指有史以来第一次。☛"辟"这里不读 bì。

【开庭】kāitíng 动 按照法律规定的方式对某案件开始审判。狭义指法官在法庭上宣布对某案件开始审判;广义指法院对某案件从开始审判到宣布判决的全过程 ▷此案已由法院受理,并于近日～审判。

【开通】kāitōng ❶ 动 挖通;疏浚 ▷～隧洞|～河道。❷ 动 开导,使不闭塞 ▷多听听新闻,就能～思想|～思路。❸ 动 指交通、通信等线路开始使用 ▷航线～。

【开通】kāitong 形 通达明智;不守旧、不固执 ▷老人很～,不干涉子女的婚事。

【开头】kāitóu ❶ 动(事情、行动等)开始发生或出现 ▷好日子才～|下面的自由发言请老王开个头吧。❷ 名(事情、行动等)开始的时候或阶段;事物最前面的部分 ▷～他并不同意|文章的～需要重写。‖口语中也说开头儿(tóur)。

【开脱】kāituō 动 推卸、解脱罪名或责任 ▷这不是检讨而是为自己～。

【开拓】kāituò 动 扩展;使开阔 ▷～市场|～科技新领域。☛跟"开辟"不同。"开拓"指由小而大地扩展;"开辟"指从无到有地创建。

【开挖】kāiwā ❶ 动 挖掘 ▷～鱼塘。❷ 动 开始挖掘 ▷明天～。

【开外】kāiwài 名 表示大于某一整数的约数(多用在数量短语后) ▷五十岁～|八十里～。

【开玩笑】kāiwánxiào ❶用言语或行动打趣或逗弄别人 ▷这样～有点儿过分。❷把严肃的事情当成儿戏 ▷事关重大,可不能～。

【开胃】kāiwèi 动 引起食欲 ▷山楂能～。

【开悟】kāiwù ❶ 动 启发或开导,使觉悟 ▷～解惑。❷ 动 领悟;觉悟 ▷经他点拨,豁然～。

【开线】kāixiàn 动 衣物缝合的地方断线开裂。

【开销】kāixiāo ❶ 动 开支;花销 ▷每月的工资刚够～。❷ 名 开支的费用 ▷这是一笔很大的～。☛不宜写作"开消"。

【开小差】kāixiǎochāi ❶军人逃离自己的队伍;泛指擅自离开岗位溜走。❷比喻注意力不集中 ▷上课时思想总是～。

【开小会】kāixiǎohuì 指开会时几个人凑在一起私下说话。

【开小灶】kāixiǎozào 提供集体伙食中最高标准的伙食;比喻给予特殊待遇。

【开心】kāixīn ❶ 形 心情愉快;高兴 ▷小日子过得很～|玩得～极了。❷ 动 取笑;取乐 ▷别总拿人～。

【开心果】kāixīnguǒ ❶ 名 阿月浑子(一种落叶小乔木)的核果,卵形或椭圆形,果仁淡绿色或淡黄色,有香味,可食用。果实成熟后,果壳裂开,露出果仁,故称。❷ 名 借指能使人开心的人或物(含谐谑意) ▷他性格开朗,多才多艺,是我们班的～|这片山坡栽种的是"摇钱树",收获的是"～"。

【开行】kāixíng 动(车、船)开动行驶 ▷轮船就要～。

【开学】kāixué 动 新的学期开始 ▷9月1日～。

【开言】kāiyán 动 开口说话(多见于旧小说、戏曲和曲艺中) ▷～相劝。

【开颜】kāiyán 动 脸上露出高兴的神情。

【开眼】kāiyǎn 动 看到新奇事物而增长见识 ▷这次去桂林,我算～了。

【开演】kāiyǎn 动(戏剧、电影等)开始演出或放映 ▷戏还没～|电影7点钟～。

【开洋荤】kāiyánghūn 第一次吃外国的食品;比喻初次接触外来事物或享用新奇东西。

【开业】kāiyè 动 开始营业 ▷商场～|律师事务所～。

【开夜车】kāiyèchē 比喻夜间继续学习或工作。

【开印】kāiyìn 动 开始印刷。

【开映】kāiyìng 动 开始放映 ▷新片日内～。

【开园】kāiyuán ❶ 动 园里瓜果成熟,开始采摘。○❷ 动 以"园"命名的单位等正式对外开放 ▷世博园明天～。

【开源节流】kāiyuán-jiéliú 开辟水源,节制流量。比喻开辟财源,节省开支。

【开云见日】kāiyún-jiànrì 云雾散去,见到太阳。比喻黑暗过去,见到光明。

【开凿】kāizáo 动 开辟;挖掘(河道等) ▷～运河|～隧道。

【开闸】kāizhá 动 打开闸门 ▷～放水。

【开斋】kāizhāi ❶ 动 因斋戒而吃素的人解除斋戒，恢复吃荤。❷ 动 伊斯兰教教徒结束封斋。

【开斋节】kāizhāijié 名 伊斯兰教节日。该教教历九月为斋月，白天封斋，至第 29 天黄昏如望见新月，第二天结束封斋，否则推迟一天。结束封斋的这一天称开斋节。也说尔德节。

【开展】kāizhǎn ❶ 动 大规模地展开（某项活动）▷戒烟运动很快在国内～起来｜～全民健身运动。❷ 形 豁达开朗 ▷思想不大～。○ ❸ 动 展览会开始展出 ▷美术展览明日～。

【开战】kāizhàn ❶ 动 开始打仗 ▷两国～。也说开仗。❷ 动 比喻展开激烈斗争 ▷向封建迷信思想～。

【开绽】kāizhàn 动 衣物缝合处开裂 ▷新买的衬衣没穿几天就～了。

【开张】kāizhāng ❶ 动 新建的商店、旅馆等开始营业（跟"关张"相对）▷百货店就要～了。❷ 动 营业单位一天中第一次成交。

【开仗】kāizhàng 动 开战①。

【开账】kāizhàng ❶ 动 开列账单。❷ 动 支付账款（多用于吃饭、住旅店等）▷这顿饭我～。☛ 不要写作"开帐"。

【开诊】kāizhěn 动 医院或医生开始接收病人治病 ▷张大夫今天挂牌～。

【开征】kāizhēng 动 开始征收（税款等）▷我国从 1980 年起～个人所得税。

【开支】kāizhī ❶ 动 支付费用 ▷今年～5 万元。❷ 名 支付的费用 ▷预算中没有这项～。❸ 动〈口〉发放工资 ▷我们单位月初～。

【开宗明义】kāizōng-míngyì《孝经》第一章的篇名，这一章说明全书的主旨（开宗：阐发宗旨；明义：说明义理）。后用来指说话、写文章一开始就点明主旨。

【开罪】kāizuì 动〈文〉得罪 ▷～于人。

揩 kāi 动 用手、布等擦拭 ▷～干血迹｜～拭。☛ 统读 kāi，不读 kǎi。

【揩拭】kāishì 动 擦拭 ▷把桌椅～干净。

【揩油】kāiyóu 动 因擦碰有油的东西而使自己沾上油。比喻从中占便宜 ▷他从车险中～。

锎（鐦） kāi 名 金属元素，符号 Cf。有放射性，由人工核反应获得。化学性质活泼，易挥发，能自发裂变产生中子。

kǎi

剀（剴） kǎi [剀切] kǎiqiè〈文〉❶ 形 与事理切合 ▷～中理｜～详明。❷ 形 恳切 ▷～教导｜～陈词。

凯（凱） kǎi 名 军队打了胜仗后所奏的乐曲 ▷～歌｜奏～｜～旋。

【凯歌】kǎigē 名 胜利的乐曲 ▷～嘹亮。

【凯旋】kǎixuán 动 胜利归来 ▷欢迎大军～。

【凯旋门】kǎixuánmén 名 古罗马统治者及以后的欧洲帝王为炫耀战绩而建造的一种纪念性建筑物。如罗马的第度凯旋门、法国巴黎的雄狮凯旋门。

垲（塏） kǎi 形〈文〉（地势）高而干燥 ▷爽～。

闿（闓） kǎi 动〈文〉打开 ▷～门｜～导。

恺（愷） kǎi 形〈文〉安乐；和乐。

铠（鎧） kǎi 名 铠甲 ▷铁～。

【铠甲】kǎijiǎ 名 古代打仗时穿的护身服，多用金属片连缀而成。

蒈 kǎi 名 有机化合物，跟莰分子式相同，但结构和化学性质不同，其天然物尚未发现。

慨（*嘅❷） kǎi ❶ 动 激愤 ▷愤～。○ ❷ 动 感叹 ▷～叹｜感～。○ ❸ 形 慷慨 ▷～然相赠｜～允。☛ ㊀统读 kǎi，不读 kài。㊁中间是"艮"，不是"艮"；右边是"旡"，不是"无"。

【慨然】kǎirán〈文〉❶ 形 形容感慨的样子 ▷不胜～｜～叹息。❷ 副 慷慨地 ▷～相助｜～允诺。

【慨叹】kǎitàn 动 感叹 ▷打拼多年的成果毁于一旦，他～不已｜看着这来之不易的美景，他～连声。

【慨允】kǎiyǔn 动 慷慨允诺 ▷承蒙～｜～救援。

楷 kǎi ❶ 名 法式；典范 ▷～模。→ ❷ 名 楷书 ▷～体｜大～｜小～。

另见 701 页 jiē。

【楷模】kǎimó 名 模范；典范 ▷学习的～。

【楷书】kǎishū 名 汉字字体之一。由隶书演变而来。因形体方正，笔画平直，可作楷模，故称。也说正楷、真书等。

【楷体】kǎitǐ ❶ 名 汉字印刷字体的一种。形体方正，笔形自然流畅，跟手写楷书相似。❷ 名 指拼音字母的印刷体。

锴（鍇） kǎi 名〈文〉好铁。

kài

忾（愾） kài 动 愤恨 ▷同仇敌～。☛ 统读 kài，不读 qì。

炌 kài 名〈文〉明火①。

欬 kài 动〈文〉咳嗽。☛ "欬"读 ké 时，是"咳"的异体字。

另见 779 页 ké"咳"。

【欬謦】kàiqǐng 动〈文〉謦欬。

kān

刊(*栞) kān ❶ 动〈文〉砍削。→ ❷ 动 订正；修改 ▷不～之论｜～谬补缺｜～误｜～正。→ ❸ 动 古代指雕刻书版；后泛指印刷出版 ▷～行｜创～｜停～。❹ 名 刊物；也指在报纸上定期刊出的专版 ▷报～｜月～｜特～。

【刊本】kānběn 名 木刻版印刷本；泛指印刷本 ▷清～｜大字～。

【刊播】kānbō 动 刊登和播出 ▷～国内外新闻｜严禁～虚假广告。

【刊布】kānbù 动〈文〉刊登公布。

【刊登】kāndēng 动 在报刊上登载 ▷～寻人启事。

【刊定】kāndìng 动 修改审定 ▷～谬误。

【刊发】kānfā 动 刊登发表 ▷此文即将～。

【刊号】kānhào 名 中国标准连续出版物号的通称。是出版主管部门核发的准予报纸、期刊和连续型电子出版物等公开出版的标准化识别代码。中国标准连续出版物号由国际标准连续出版物号和国内统一连续出版物号组成。其中，国际标准刊号的英文缩写为 ISSN。

K

【刊刻】kānkè 动 木版书刻板印行 ▷作者生前未及～。

【刊授】kānshòu 动 主要用编发辅导刊物的方式传授课业(跟"面授""函授"相区别)。

【刊头】kāntóu 名 报刊上标示名称、期数等内容的部分 ▷～几个大红字，格外醒目｜～画。

【刊物】kānwù 名 登载各类作品的定期或不定期的出版物 ▷学术～｜机关～｜创办～。

【刊误】kānwù 动 修改订正文字上的错误。☛ 跟"勘误"不同。"刊误"侧重指最终的改错；"勘误"侧重指用比对的方法校正。

【刊行】kānxíng 动 刊印发行 ▷该书正式～。

【刊印】kānyìn 动 刻板印刷；泛指书刊印刷 ▷这部作品已多次～。

【刊用】kānyòng 动(报刊)录用刊登(稿件) ▷这篇文章已被～。

【刊载】kānzǎi 动 刊登 ▷连续～。

【刊正】kānzhèng 动〈文〉修改订正(文字) ▷～碑文。

看 kān ❶ 动 守护；照管 ▷～好大门｜～家护院｜～护｜～青。→ ❷ 动 监视；监管 ▷～住他，别让他跑了｜～守。

另见 771 页 kàn。

【看财奴】kāncáinú 名 守财奴。

【看管】kānguǎn ❶ 动 照看管理 ▷～仓库。❷ 动 监视并管理(犯人、俘虏等)。

【看护】kānhù ❶ 动 照看护理 ▷～重病号｜悉心～。❷ 名 旧称护士。

【看家】kānjiā ❶ 动 看门 ▷我们上班，奶奶～。❷ 区别 最擅长、最拿手的(本领) ▷把～的本事都使出来了。

【看家狗】kānjiāgǒu 名 看守门户的狗；旧时贬称官僚、财主的管家、护院一类人。

【看家戏】kānjiāxì 名 某个演员或剧团最拿手的戏。

【看门】kānmén 动 看守门户。

【看青】kānqīng 动 看护快要成熟的庄稼，防止被偷或被动物损害 ▷在地里搭个窝棚～。

【看守】kānshǒu ❶ 动 看管守护 ▷～果园｜～仓库。❷ 动 看管监视 ▷～所｜～犯人。❸ 名 担任看守工作的人。☛ 参见 20 页"把守"的提示。

【看守内阁】kānshǒu nèigé 实行内阁制的国家，因故更换内阁，在新内阁组成之前，暂时留任继续处理日常工作的原内阁。也说看守政府。

【看守所】kānshǒusuǒ 名 羁押依法被逮捕、被刑事拘留的犯罪嫌疑人的处所。对被判处有期徒刑的罪犯，在被交付执行刑罚前，剩余刑期在三个月以下的，由看守所代为执行。看守所由公安机关管辖，其监管活动受检察院监督。

【看摊儿】kāntānr ❶ 动 看守摊位；泛指看管某项工作、某项事务 ▷这家小店仅店主自己～｜办公室今天就我一个人～。❷ 动 比喻维持现状，不思进取 ▷要积极进取，不要只满足于～守业。

【看押】kānyā 动 临时拘禁 ▷～犯罪嫌疑人。

【看养】kānyǎng 动 照看抚养 ▷～孩子。

勘 kān ❶ 动 校对；核定 ▷～误｜校～。○ ❷ 动 实地察看；探测 ▷～察｜～测｜～探。☛ 统读 kān，不读 kàn。

【勘测】kāncè 动 勘察测量 ▷～水位。

【勘查】kānchá 动 实地查验，寻找证据和线索 ▷对案发现场进行～取证。☛ 跟"勘察"不同。"勘查"侧重指检查、调查；"勘察"侧重指实地考察。

【勘察】kānchá 动 采矿或施工前，对地形、地质结构、地下资源等情况进行实地察看或调查 ▷～地形。☛ 参见本页"勘查"的提示。

【勘定】kāndìng ❶ 动 核定；校定 ▷书中的数据都进行了～。❷ 动 勘测确定 ▷～了地下矿脉的走向。

【勘校】kānjiào ❶ 动 审核校对 ▷～书稿。❷ 动 校勘。☛ "校"这里不读 xiào。

【勘界】kānjiè 动 实地勘测区域或地块儿，以确定边界 ▷～海域｜宅基地～。

【勘探】kāntàn 动 用钻探等手段，查明地质及矿

产情况 ▷～队|～石油。

【勘误】kānwù 动 校正印刷品中的差错 ▷～表。☛ 参见 770 页“刊误”的提示。

【勘验】kānyàn 动 实地查验；法律上特指对具有物证意义的痕迹、物品、尸体或场所进行实地勘查和检验 ▷～血迹。

【勘正】kānzhèng 动 核查订正(文字)。

龛(龕) kān 名 供奉神像、佛像的小阁子或石室 ▷佛～|神～|壁～。

堪 kān ❶ 动 经得起；受得住 ▷不～一击|困苦不～|难～。→ ❷ 动 能够；可以 ▷～当重任|～称杰作|不～入目。○ ❸ 名 姓。

【堪比】kānbǐ 动 可以比得上 ▷这些滋补品副作用很大，～慢性毒药。

【堪布】kānbù 藏语音译。❶ 名 喇嘛教中主持受戒的上层喇嘛。❷ 名 喇嘛寺的主持人。❸ 名 原西藏地方政府的僧官，为达赖、班禅的高级侍从，握有政治、经济大权。

【堪称】kānchēng 动 可以称为；称得上 ▷～女中豪杰。

【堪当】kāndāng 动 能够担当 ▷～重任。

【堪忧】kānyōu 动 值得忧虑 ▷肥胖儿童比例逐年上升，这一趋势实在～|～的是人才流失。

【堪舆】kānyú 〈文〉❶ 名 天地① ▷茫茫～。❷ 名 风水。

嵁 kān 名〈文〉高低不平的山岩；峭壁 ▷层～|～岩(高峻的山岩)。

另见 1735 页 zhàn。

戡 kān 动 平定(叛乱) ▷～乱。

【戡乱】kānluàn 动 讨平叛乱 ▷～有功。

kǎn

坎¹(*埳❶) kǎn ❶ 名〈文〉地面低洼的地方；坑 ▷凿地为～。→ ❷ 名 八卦之一，卦形为“☵”，代表水。→ ❸ 名 田间高出地面的土埂 ▷土～儿|田～儿。→ ❹ 名 比喻不容易越过的关键地方或时刻 ▷事情正在～儿上，千万别大意。

坎² kǎn 量 坎德拉的简称。

【坎德拉】kǎndélā 量 发光强度法定计量单位，是国际单位制中基本单位之一。一个光源在给定方向上发出频率为 540×10^{12} 赫的单色辐射，且辐射强度为$\frac{1}{683}$瓦每球面度时，其发光强度为 1 坎德拉。简称坎。

【坎肩】kǎnjiān 名 无袖的对襟上衣(多指非单层的) ▷棉～。口语中也说坎肩儿(jiānr)。

【坎儿井】kǎnrjǐng 名 我国新疆等地的一种水利设施。在坡地上打一连串的竖井，井底有暗渠相通，引地下水和山上融化的雪水流入明渠，灌溉农田。

【坎坷】kǎnkě ❶ 形 形容地面、道路高低不平 ▷山路～。❷ 形 比喻经历曲折不顺 ▷一生～|～的创业经历。

【坎壈】kǎnlǎn 形〈文〉困顿不得志；不顺利 ▷～人生。

【坎土曼】kǎntǔmàn 名 维吾尔语音译。维吾尔族地区的主要铁制农具之一，可用来锄地、挖土等。

【坎子】kǎnzi 名 坎¹③。

侃(*偘❶) kǎn ❶ 形〈文〉理直气壮，从容不迫 ▷～然|～～而谈。○ ❷ 动 用言语戏弄；调笑 ▷调(tiáo)～。○ ❸ 动〈口〉闲扯；聊天儿 ▷两人神～一通。

【侃大山】kǎndàshān〈口〉闲聊。

【侃价】kǎnjià 现在一般写作“砍价”。

【侃侃而谈】kǎnkǎn'értán 从容不迫、理直气壮地谈论。

【侃爷】kǎnyé 名〈口〉指爱好和擅长侃大山的人(含诙谐意)。

砍 kǎn ❶ 动 用刀斧等猛劈 ▷～柴|～伐。→ ❷ 动 除掉；削减 ▷把项目～掉三分之一。→ ❸ 动〈口〉将东西用力扔出去击打 ▷捡起一块砖头照他～去。○ ❹ 名 姓。

【砍大山】kǎndàshān 现在一般写作“侃大山”。

【砍刀】kǎndāo 名 砍柴等用的刀，刀身比菜刀长，刀背较厚。

【砍伐】kǎnfá 动 用锯、斧等把树锯断或砍倒。

【砍价】kǎnjià 动〈口〉买方同卖方商量要求降低售价 ▷双方正在～|先砍砍价再说。

【砍头疮】kǎntóuchuāng 名 指长在脖子后部的痈。因脖子经常扭动，不易治愈。也说砍头痈。

莰 kǎn 名 有机化合物，跟蒈(kǎi)分子式相同，但结构和化学性质不同。白色结晶，有樟脑气味，容易挥发。

欿 kǎn〈文〉❶ 形 不自满 ▷自视～然，则过人远矣。○ ❷ 形 忧愁 ▷～然以为己病也。

槛(檻) kǎn 名 门框下部贴近地面的横木或石条等 ▷门～。

另见 678 页 jiàn。

顑 kǎn [顑颔] kǎnhàn 形〈文〉因饥饿而面黄肌瘦。

轗 kǎn [轗轲] kǎnkě 现在一般写作“坎坷”。

kàn

看 kàn ❶ 动 用眼睛感受外界事物 ▷～报|～电视|观～。→ ❷ 动 观察并分析；认

为 ▷～问题要～本质|我～可以买。⇒ ❸ 动 对待 ▷没拿你当外人～|刮目相～。❹ 动 照料 ▷照～孩子。⇒ ❺ 助 用在动词或动词性短语后，表示尝试着做某事（前面的动词常重叠）▷做做～|想想办法～。⇒ ❻ 动 诊治 ▷孩子发烧了，快请医生～一下|去医院～牙。⇒ ❼ 动 经过观察，断定要出现某种趋势 ▷行情～涨|销路～好。⇒ ❽ 动 决定于；取决于 ▷能否出线就～今天了|三年计划～头年。⇒ ❾ 动 表示提醒 ▷别跑，～摔着！→ ❿ 动 探望 ▷～～乡亲们|～病人。☛ ㊀读 kān，指守护或监视，如"看家""看守"。㊁参见本页"看见"的提示。

另见 770 页 kān。

【看板】kànbǎn 名 公布通告、启事或张贴广告等的板子；也用作报刊上刊登某些短文章的栏目名称 ▷演艺～|市场～。

【看扁】kànbiǎn 动 小看；看不起 ▷别把人～了。

【看病】kànbìng ❶ 动（医生）给人或动物诊治疾病 ▷大夫在给病人～。❷ 动 请医生给人或动物诊治疾病 ▷建立社区医院，方便居民就近～|去兽医站给小狗～去了。

【看不起】kànbuqǐ 动 轻视；小看 ▷不要～环卫工作。

【看茶】kànchá 动 旧时吩咐仆人给客人端茶。

【看成】kànchéng 动 当作；认定为 ▷把环境建设～自己义不容辞的责任。

【看穿】kànchuān 动 看清本质；识破（别人的计策、用意等）▷～了，不过就是那么回事！|他的诡计早就被人～了。

【看待】kàndài 动（对人或事）持某种态度或看法 ▷另眼～|不知该怎样～这件事。

【看淡】kàndàn ❶ 动（把某事、某物等）看得不重要 ▷把名利～一些。〇 ❷ 动 销售情况趋于清淡 ▷暑期快过了，空调市场～。

【看得起】kàndeqǐ 动 尊重；看重 ▷要想别人～，首先得自重。

【看低】kàndī 动 小看；低估 ▷不要～这些年轻人。

【看点】kàndiǎn 名（报纸、电影、电视等）值得看的地方 ▷这部电视剧有不少～。

【看跌】kàndiē 动 预料（行情）有下降的趋势（跟"看涨"相对）▷行情～|股票～。

【看法】kànfǎ 名 对事物的认识和想法 ▷请谈谈你的～|彼此～不同。

【看风使舵】kànfēng-shǐduò 比喻随着情势的变化而改变态度和做法（多含贬义）。

【看顾】kàngù 动 看管照顾 ▷耐心地～着伤病员|我住院期间，孩子由亲戚朋友～。

【看官】kànguān 名 旧时对观众或读者的尊称。

【看好】kànhǎo 动 预料（情况）将出现好的势头 ▷形势～|下半年房地产行情～。

【看见】kànjiàn 动 看到 ▷一眼就～|看得见|看不见。☛ 跟"看（kàn）"①不同。"看"①指动作本身，"看见"指动作的结果；"看"①可以表示动作正在进行，"看见"则表示动作已经完成。

【看紧】kànjǐn 动 预料（行情、局势等）趋于紧张 ▷这几天汽油供应～，加油站里汽车排成了长龙。

【看开】kànkāi 动 把心胸放开，不让不如意的事影响心情 ▷遇事～点儿|看得开|看不开。

【看客】kànkè 名 观众；旁观的人 ▷要积极参与，不要只当～。

【看来】kànlái 动 表示说话人对情况的大概估计（多在句子中充当插入成分）▷～，这事不好办|他～还没下决心。

【看破】kànpò 动 看清楚；识破 ▷～阴谋诡计。

【看破红尘】kànpò-hóngchén 看透了人世间的一切（红尘：佛教、道教等称人世间）。指对世间一切抱消极态度。

【看齐】kànqí ❶ 动 整队时，以指定的人为基准，站到一条直线上 ▷向右～。❷ 动（向榜样）学习 ▷向三八红旗手～。

【看起来】kànqǐlai ❶动 看来 ▷～得你亲自出马。❷动 从表面上看 ▷～老实，实际上未必。

【看俏】kànqiào 动 预料（某种商品）将因受消费者欢迎而畅销；泛指前景看好 ▷新鲜水果行情～|网上教学前景～。

【看轻】kànqīng 动 轻视；小看 ▷我们的工作是一个整体，不能～任何一个环节。

【看上】kànshàng 动 相中；看中 ▷小李～了邻村的那个姑娘|看得上|看不上。

【看上去】kànshàngqù 动 从外观上估计（多在句子中充当插入成分）▷老人～有 70 岁。

【看上眼】kànshàngyǎn 看中；称心 ▷能～的衣服不多|这些东西她都看不上眼。

【看死】kànsǐ 动 看得一成不变 ▷不能把这些人～，他们的思想也在起变化。

【看似】kànsì 动 看起来好像 ▷这活儿～容易，做起来挺难。

【看台】kàntái 名 建在场地一旁或周围的台子或台阶，供观众坐着观看比赛或演出。

【看透】kàntòu 动 了解得深透；看清本质 ▷妈妈～了女儿的心事。

【看头儿】kàntour 名〈口〉值得一看的价值（跟"有"或"没""没有"搭配）▷这出戏很有～。

【看望】kànwàng 动 前往会面并表示问候 ▷回家～父母亲|部队首长～大家来了。

【看相】kànxiàng ❶ 动 迷信指通过观察人的相貌、骨骼或掌纹等来判断人的命运。❷ 名（在他人眼中的）相貌 ▷这人～挺面善。

【看笑话】kànxiàohua 以幸灾乐祸的态度看待他人不体面的事 ▷工作出错，让人～。

【看样子】kànyàngzi 看来；根据情况估计（多作句子的插入成分）▷～，他不会来了。

【看医生】kànyīshēng 找医生看病 ▷有病就赶快～。

【看涨】kànzhǎng 动 预料（行情）有上升的趋势（跟"看跌"相对）▷行情～｜股票～。

【看中】kànzhòng 动 看了感到合意；选中 ▷几件样品都没～。☛"中"这里不读 zhōng。

【看重】kànzhòng 动 认为重要；重视 ▷不可只～金钱｜～人品。☛参见 1085 页"器重"的提示。

【看准】kànzhǔn 动 观察判断得准确 ▷～机会。

【看作】kànzuò 动 看成；当作 ▷把顾客～上帝。

【看座】kànzuò 动 旧时吩咐仆人给客人安排座位。

【看做】kànzuò 现在一般写作"看作"。

衎 kàn ❶ 形〈文〉和乐；愉快。→ ❷ 形〈文〉自得。○ ❸ 名 姓。

埳 kàn 用于地名。如赤埳，在台湾。

墈 kàn 名 高而陡的堤岸（多用于地名）▷～上（在江西）。

阚（闞） kàn 名 姓。

磡 kàn 名 山崖下面（多用于地名）▷王～头｜槐花～（均在浙江）。

瞰（*矙） kàn ❶ 动 看；俯视 ▷俯～｜鸟～。→ ❷ 动〈文〉窥视 ▷驱驰十万众，怒目～中原。

kāng

阓（閌） kāng［阓阆］kāngláng 名 某些地区指建筑物中空阔的部分。

另见 775 页 kàng。

康 kāng ❶ 形 安乐；安定 ▷～乐。→ ❷ 形 富裕；丰盛 ▷国富民～｜小～之家。→ ❸ 形 健康 ▷～复。○ ❹ 名 姓。☛右下的"氺"，上边是"⺕"，不是"彐"。

【康拜因】kāngbàiyīn 名 英语 combine 音译。联合收割机。

【康采恩】kāngcǎi'ēn 名 德语 Konzern 音译。资本主义垄断组织的一种高级形式。由工业、商贸、金融、交通等不同经济部门的许多大企业联合组成。

【康复】kāngfù 动 病后恢复健康 ▷望先生早日～。☛跟"痊愈"不同。"康复"是就身体而言；"痊愈"是就疾病而言。

【康健】kāngjiàn 形 健康① ▷老人依然～。

【康居工程】kāngjū gōngchéng 国家康居示范工程的简称。1999 年由国家建设部开始实施。以推进住宅产业现代化为目标，带动住宅建设新材料、新设备、新技术的应用，提升住宅设计和施工档次，提高居住生活质量。

【康乐】kānglè 形 安康快乐 ▷～的生活。

【康乐球】kānglèqiú 名 英语 cornerbool 音意合译。一种游艺项目。在周围有档板、四角有洞的方盘上进行。二至四人轮流用木杆击一扁圆形公用球子，将己方的球全部先撞击入洞者为胜。也说克郎球、克郎棋。

【康乃馨】kāngnǎixīn 名 英语 carnation 音译。香石竹的通称。多年生草本植物，花大，边缘有齿，分单瓣或重瓣，有红、粉红、黄、白等颜色，有香气，可供观赏。参见插图 7 页。

【康宁】kāngníng 形〈文〉健康安宁 ▷万民～。

【康衢】kāngqú 名〈文〉四通八达的平坦大道。

【康泰】kāngtài 形〈文〉健康安泰 ▷～美满｜阖家～。

【康庄大道】kāngzhuāng-dàdào 四通八达、宽阔平坦的大路。比喻美好而广阔的前景。

塃 kāng 用于地名。如盛塃，在湖北。

慷 kāng 见下。☛统读 kāng，不读 kǎng。

【慷慨】kāngkǎi ❶ 形 满怀正气，情绪激昂 ▷～就义｜～陈词。○ ❷ 形 不吝啬；肯用钱物助人 ▷为人～｜～相助。

【慷慨陈词】kāngkǎi-chéncí 情绪激昂地陈述看法。

【慷慨激昂】kāngkǎi-jī'áng 形容满怀正气，情绪、语调激动昂扬。

【慷慨解囊】kāngkǎi-jiěnáng 豪爽大方地把口袋打开。形容毫不吝惜地拿出钱物来帮助别人或资助公益事业。

【慷他人之慨】kāng tārén zhī kǎi 毫不吝惜地拿别人的财物做人情。

糠（*粇穅） kāng ❶ 名 稻、谷等作物籽实舂碾后脱下的皮或空壳 ▷吃～咽菜｜米～。→ ❷ 形（萝卜等）因失去水分而内部发空，质地变松 ▷萝卜～了。

"粇"另见 728 页 jīng"粳"。

【糠秕】kāngbǐ 名 秕糠。

【糠虾】kāngxiā 名 糠虾科动物的统称。形体像虾，多数生活在海水中，可作鱼饵，也可食用。

鱇（鱇） kāng 见 9 页"鮟（ān）鱇"。

káng

扛 káng 动 用肩膀承载 ▷～枪|～行李。另见 448 页 gāng。

【扛长工】kángchánggōng 当长工。也说扛长活。

【扛大个儿】kángdàgèr 某些地区指在车站、码头等处用人力搬运重物▷他早年在粮库～|～的。

【扛大梁】kángdàliáng 挑大梁。

【扛活】kánghuó 动 旧时指给地主或富农当长工 ▷爷爷年轻的时候长年给地主～|扛了半年活。

kàng

亢 kàng ❶ 形 高 ▷高～。→ ❷ 形 傲慢 ▷不卑不～。→ ❸ 形 高度的;过度的 ▷～奋|～进。○ ❹ 名 星宿名,二十八宿之一。○ ❺ 名 姓。

【亢奋】kàngfèn 形 极度兴奋 ▷神情～。

【亢旱】kànghàn 形〈文〉大旱 ▷～之灾。

【亢进】kàngjìn 形 (生理机能)异常兴奋 ▷甲状腺机能～。

伉 kàng ❶ 动 匹敌;相称 ▷～俪。○ ❷ 形〈文〉强壮 ▷～健。

【伉俪】kànglì 名〈文〉夫妇 ▷结为～。

抗 kàng ❶ 动 抵御;抵挡 ▷～敌|防冻～寒|～震|抵～|顽～。→ ❷ 动 不接受;不妥协 ▷～税|～议|违～。→ ❸ 动 匹敌;对等 ▷～衡|分庭～礼。○ ❹ 名 姓。

【抗暴】kàngbào 动 抗击暴力迫害。

【抗辩】kàngbiàn 动 对责难进行辩驳 ▷据理～。

【抗病】kàngbìng 动 抵抗病害 ▷～力很强。

【抗大】kàngdà 名 中国人民抗日军事政治大学的简称。1937 年初由中国抗日红军大学改称,是中国共产党培养抗日军政干部的学校。

【抗敌】kàngdí 动 抗击来犯的敌人 ▷英勇～。

【抗丁】kàngdīng 动 旧指人民群众抗拒官府抓壮丁去当兵或服劳役。

【抗毒素】kàngdúsù 名 对毒素具有中和作用的特异性抗体。由抗体感染某种疾病或注射类毒素后产生。

【抗法】kàngfǎ 动 抗拒法律、法令;现多指抗拒法律裁决的执行和其他执法行动 ▷这伙毒贩竟然持枪～|只有公正执法,才能有效防止暴力～。

【抗干扰】kànggānrǎo 抵御干扰;特指排除电波的干扰 ▷强化通信卫星的～性能。

【抗寒】kànghán 动 抵御严寒,避免严寒对人畜和作物等带来的损害。

【抗旱】kànghàn ❶ 动 采取措施,避免或减轻干旱对农作物造成的损害 ▷～救灾。❷ 动 能抵御干旱 ▷这种玉米能～。

【抗衡】kànghéng 动 对抗 ▷敢于与大国～。

【抗洪】kànghóng 动 采取措施避免或减轻洪水灾害造成的损害 ▷～排涝。

【抗婚】kànghūn 动 抗拒包办和强迫的婚姻。

【抗击】kàngjī 动 抵抗并反击 ▷～侵略者。

【抗拒】kàngjù 动 抵抗、拒绝 ▷历史潮流不可～|～诱惑。

【抗捐】kàngjuān 动 拒绝纳捐。

【抗涝】kànglào 动 采取措施,避免或减轻雨水过多对农作物造成的损害 ▷排水～。

【抗联】kànglián 名 中国共产党领导的东北人民抗日武装东北抗日联军的简称。1936 年 2 月由东北人民革命军改称东北抗日联军,1945 年 9 月又改称东北人民自卫军。

【抗粮】kàngliáng 动 旧指拒绝向官府或佃主交纳粮食。

【抗命】kàngmìng 动 拒不执行命令 ▷～不遵。

【抗凝】kàngníng 动 防止液体凝固 ▷～药物。

【抗热】kàngrè 动 抵抗高温伤害 ▷这种构件能～。

【抗日战争】kàngrì zhànzhēng 我国人民在中国共产党倡导建立的抗日民族统一战线旗帜下,以中国共产党为中流砥柱,以国共合作为基础,抗击日本帝国主义侵略的民族解放战争,是第二次世界大战中国际反法西斯战争的重要组成部分。从 1931 年九一八事变后开始局部抗日战争,1937 年卢沟桥事变后开始全面抗日战争,到 1945 年 9 月 2 日日本签署无条件投降书止。我国已将 9 月 3 日定为中国人民抗日战争胜利纪念日。

【抗上】kàngshàng 动 对抗上级 ▷斗胆～。

【抗生素】kàngshēngsù 名 某些微生物或动植物所产生的或人工合成的化学物质,能抑制或杀死另外一些微生物。常用的如青霉素、链霉素等。抗生素可以防治许多微生物感染的疾病,广泛用于医学。旧称抗菌素。

【抗税】kàngshuì 动 拒绝纳税。

【抗诉】kàngsù 动 人民检察院发现人民法院的判决或裁定确有错误时,向上级人民法院提出重新审理的申诉。这是检察院对法院审判活动实行监督的一种形式。

【抗体】kàngtǐ 名 指具有特异性免疫功能的球蛋白。是由抗原进入人或动物机体的血清里产生的。可跟相应抗原发生特异性结合,并促使白细胞吞噬病菌或病毒,起到诊断和防治疾病的作用。

【抗性】kàngxìng 名 植物抵抗外界不良环境,如寒冷、高温、干旱、水涝以及病虫害等的能力,是植物适应环境的结果。也说抗逆性。

【抗药性】kàngyàoxìng 名 生物对药物的抵抗力。

一般指由于常用某种药物而使病菌或害虫对该药产生的抵抗力。

【抗议】kàngyì 动 提出强烈的反对意见 ▷～霸权主义侵略行径。

【抗御】kàngyù 动 抗击；抵御 ▷～入侵｜～病菌、病毒感染。

【抗原】kàngyuán 名 能激发机体产生抗体和细胞免疫，并能与抗体相结合的物质。如某些蛋白质、微生物等。

【抗灾】kàngzāi 动 采取措施，抵御灾害，减轻灾害造成的损失 ▷～自救。

【抗战】kàngzhàn ❶ 动 进行抗击外来侵略者的战争 ▷浴血～。❷ 名 抗击外来侵略者的战争；特指我国的抗日战争。

【抗震】kàngzhèn ❶ 动（建筑物、机器、仪表等）承受和抗御震动 ▷这种手表～性能较强。❷ 动 对破坏性地震采取防御和补救措施，减轻震灾造成的损失 ▷～抢险，重建家园。

【抗争】kàngzhēng 动 抗议争辩；抵抗斗争 ▷写文章进行～｜奋起～。☛ 不能带宾语。

闶（閌） kàng 形〈文〉高大。另见 773 页 kāng。

炕（*匟❷） kàng ❶ 动 烤干 ▷快把湿衣服～干。→ ❷ 名 我国北方农村睡觉用的土台，用土坯等砌成，内有烟道，可以烧火取暖 ▷～上铺着苇席｜热～头儿。☛ 跟"坑（kēng）"不同。

【炕洞】kàngdòng 名 炕面下过火的通道，一头与烟囱相通，一头多与炉灶相接。

【炕屏】kàngpíng 名 放在炕上作装饰用的屏风。

【炕梢】kàngshāo 名 炕面上离炉灶远的一端 ▷孩子睡～，老人睡炕头。

【炕头】kàngtóu 名 炕面上离炉灶近的一端。

【炕席】kàngxí 名 炕上铺的席子。

【炕沿】kàngyán 名 炕临地一边的上沿，多镶以扁方木。

【炕桌儿】kàngzhuōr 名 放在炕上用的矮脚小桌。也说炕几（jī）。

钪（鈧） kàng 名 金属元素，符号 Sc。银白色，质软，易溶于酸，在空气中容易失去光泽。用于制造特种玻璃、轻质耐高温合金及半导体器件等。

kāo

尻 kāo 名〈文〉臀部。

kǎo

考[1]（*攷） kǎo ❶ 动 观察；调查 ▷～核｜～勤。→ ❷ 动 提出问题要求对方回答 ▷他被我～住了｜～问。→ ❸ 动 考试 ▷今天～语文｜大～｜高～。→ ❹ 动 研究；推求 ▷思～｜～古。

考[2] kǎo ❶ 形〈文〉老；活的岁数大 ▷福禄寿～。→ ❷ 名〈文〉父亲；特指已去世的父亲 ▷如丧～妣｜先～。○ ❸ 名 姓。☛ "考"字下边的"丂"，末笔上端不出头。由"考"构成的字有"拷""栲""烤""铐"等。

【考妣】kǎobǐ 名〈文〉父母；特指已去世的父母 ▷～延年。

【考博】kǎobó 动 参加博士研究生招生考试以取得入学资格。

【考查】kǎochá 动（用一定的标准）查看评定 ▷～工作成绩。☛ 参见本页"考察"的提示。

【考察】kǎochá ❶ 动 到现场观察了解 ▷～冰川。❷ 动 深入推求研究 ▷～土地沙化的成因。☛ 跟"考查"不同。"考察"侧重指观察了解；"考查"侧重指检查评定。

【考场】kǎochǎng 名 举行考试的场所。也说试场。

【考点】kǎodiǎn 名 设有考场的地点 ▷这个～设有 10 个考场。

【考订】kǎodìng 动 考查订正 ▷～各种版本及诸家校释。

【考分】kǎofēn 名 应试人员考试所得的分数。

【考风】kǎofēng 名 考场上考试的风气 ▷整顿～。

【考古】kǎogǔ ❶ 动 对古代的遗迹、遗物和文献等进行考察研究 ▷他们每年都到各地去～。❷ 名 指考古学 ▷从事～研究。

【考古学】kǎogǔxué 名 根据古代留传下来的遗物和遗迹，研究古代历史的学科。

【考官】kǎoguān 名 旧指主持或担任考试各项事宜的官员；现泛指在招生、招工或招干中负责考试工作的人。

【考核】kǎohé ❶ 动 考查核实 ▷～事实，归纳例证。❷ 动 特指对部门或人员进行考查评审 ▷～企业状况｜～在岗的工作人员。

【考级】kǎojí 动 参加某一专业或某项技能的定级或晋级考试 ▷参加英语水平～｜钢琴～。

【考绩】kǎojì ❶ 动 考核工作人员的业绩 ▷进行年终～。❷ 名 考核的成绩 ▷～良好。

【考究】kǎojiu ❶ 动 考查研究 ▷这些史料几经～，准确无误。❷ 动 刻意讲求 ▷他生活简朴，对穿戴从不～。❸ 形 精致 ▷家具十分～。❹ 名 值得注意和研究的地方 ▷文章不长，但内容大有～。

【考据】kǎojù 动 考证。

【考卷】kǎojuàn 名 试卷。

【考量】kǎoliáng 动 考察和衡量 ▷综合～各种因素｜能力大小，要通过实际工作来～。

【考虑】kǎolǜ ❶ 动 进行思考，以便作出判断或决

定 ▷这个问题要认真～。❷ 动 设想;打算 ▷我们～明年开始修订这部词典。☛ 跟"思考"不同。"考虑"的对象多指要解决的问题;"思考"的对象多指要认识的问题。

【考评】kǎopíng 动 考核评审 ▷～领导干部。

【考期】kǎoqī 名 考试的日期;也指考试期间。

【考勤】kǎoqín 动 考查并记录出勤情况 ▷严格～|对领导干部也要～。

【考求】kǎoqiú 动 研究探求 ▷～古义。

【考区】kǎoqū 名 统一考试中,为便于管理而划分的区域 ▷北京～。

【考取】kǎoqǔ 动 考试合格被录取 ▷～了研究生。

【考任】kǎorèn 动 通过考试选拔任用。

【考生】kǎoshēng 名 应考的人。

【考试】kǎoshì 动 考查测试掌握知识、技能的情况 ▷学生们正在～|星期一有数学～。

【考释】kǎoshì 动 考证源流并进行解释(古文字或古代文献、文物)。

【考题】kǎotí 名 试题。

【考问】kǎowèn 动 为考查而提问;为难倒对方而提问 ▷你这是有意～我。☛ 跟"拷问"不同。

【考学】kǎoxué 动 报考高一级学校 ▷毕业后你～还是就业?

【考研】kǎoyán 动 参加研究生招生考试以取得入学资格;特指参加硕士研究生招生考试以取得入学资格。

【考验】kǎoyàn 动 在实践中考查检验(人) ▷共产党员要经得起～。

【考语】kǎoyǔ 名 指对公职人员考核后的评语;泛指对人的思想品德、工作成绩的评语。

【考证】kǎozhèng ❶ 动 根据资料,考核证实文物、文献中有关史实、文字、语言等方面的问题,并作出一定的结论 ▷～了这部书的成书年代。也说考据。❷ 名 陈述考证情况和结论的文章。

【考中】kǎozhòng 动 参加考试被录取 ▷～举人|～北京大学。

拷[1] kǎo 动 拷打 ▷～问。

拷[2] kǎo 动 拷贝③ ▷把文件从电脑里～出来。☛ "拷"字统读 kǎo,不读 kào。

【拷贝】kǎobèi 英语 copy 音译。❶ 动 电影拍摄完成后,将画面和声音、信号从底片转印到正片上 ▷影片已拍摄完成,正在～。❷ 名 指制成的供发行和放映的电影成品 ▷这部影片只发行了一百多份～。❸ 动 复制(电子计算机文件、音像制品等) ▷把这份文件～一份。❹ 名 复制的电子计算机文件、音像制品等 ▷你能不能给我弄一份～来?

【拷绸】kǎochóu 名 莨(liáng)绸。

【拷打】kǎodǎ 动 刑讯时用棍棒打;泛指用刑具逼供。

【拷问】kǎowèn 动 拷打审问 ▷严刑～。☛ 跟"考问"不同。

洘 kǎo ❶ 形〈文〉(水)干涸。○ ❷ 用于地名。如洘溪,在广东。

栲 kǎo 名 栲树,常绿乔木,叶子长圆状披针形,果实球形,表面有刺。木材坚硬,纹理致密,可以作建筑、枕木、车船等用材;树皮含鞣酸,可以制栲胶和染料。

【栲胶】kǎojiāo 名 从栲树、红树、栎树等树中提取的鞣料。用于鞣革、石油钻探、选矿等方面。

【栲栳】kǎolǎo 名 笆斗。

烤 kǎo ❶ 动 把东西放在近火处使变熟或变干 ▷～鸡|～玉米|～衣服。→ ❷ 动 靠近火或其他热源取暖 ▷挨着暖气～一～手|～火。

【烤串儿】kǎochuànr 名 用炭火或电热烤熟的成串儿食物,烤时可撒上不同的佐料(如孜然末儿、辣椒末儿等)。

【烤电】kǎodiàn 动 利用高频电流使人体患病部位受热,从而达到治疗目的。

【烤火】kǎohuǒ 动 靠近火取暖 ▷围炉～。

【烤炉】kǎolú 名 烘烤食品或其他物品的用具。

【烤肉】kǎoròu 名 用炭火或电热烤熟的肉。

【烤箱】kǎoxiāng 名 烤制食品或使物品干燥的箱形用具。

【烤鸭】kǎoyā 名 宰杀后挂在特制烤炉里烤熟的填鸭。

【烤烟】kǎoyān 名 在特设的烤房中烤干变黄的烟叶,是制造卷烟的主要原料。也指专门用于制作烤烟的烟草。

篝 kǎo [篝笼] kǎolǎo 古同"栲栳"。

kào

铐(銬) kào ❶ 名 手铐 ▷镣～。→ ❷ 动 给人戴上手铐 ▷把犯人～起来。

焅 kào 同"熇"。
另见 798 页 kù。

犒 kào 动 犒劳 ▷～赏。

【犒劳】kàoláo ❶ 动 在对方进行紧张艰苦的战斗或劳动之后,用酒食等表示慰问 ▷～抗洪归来的官兵。❷ 名〈口〉用来表示慰问的酒食等 ▷吃～|慰问团送～来了。

【犒赏】kàoshǎng 动 犒劳奖赏 ▷～凯旋将士。

靠 kào ❶ 动 (人)凭借别的人或物支持身体;(物体)凭借别的东西支持而立住 ▷她～在姐姐怀里睡着了|把梯子～在墙上。

→❷ 动 挨近 ▷船～码头了|～拢|停～。→❸ 动 依赖 ▷～别人不如～自己|依～。❹ 动 信赖;信得过 ▷可～|～不住。○ ❺ 名 戏曲中武将所穿的代表铠甲的服装 ▷带着～翻跟头|扎～。

【靠岸】kào'àn 动 船舶在岸边停靠。

【靠背】kàobèi 名 坐具上供人背部倚靠的部分。

【靠背椅】kàobèiyǐ 名 靠背较高的椅子。

【靠边】kàobiān ❶ 动 靠到旁边;接近边缘 ▷请～站一站|这块面料～处有残损。❷ 动 靠边儿站 ▷我已经～儿不主事了。❸ 形 挨边儿③。

【靠边儿站】kàobiānrzhàn 站到边上。比喻担负领导职务的人被免去原来的职务;也指不让参与某事 ▷别再请示我,我已经～了|你给我～!

【靠泊】kàobó 动 (船只)靠岸停泊 ▷大轮船～在码头的左侧。

【靠不住】kàobuzhù 形 不可靠;不可信任 ▷他这消息～|他是～的人。

【靠得住】kàodezhù 形 可靠;可以信任 ▷他为人正直忠厚,～|这人说话～吗?

【靠垫】kàodiàn 名 供倚靠的垫子 ▷沙发～。

【靠近】kàojìn ❶ 动 移动而使相互间的距离缩小 ▷向目标～。❷ 动 接近 ▷～村边有一条小河。

【靠拢】kàolǒng 动 (向某一目标)挨近;接近 ▷请向主力部队～。

【靠谱儿】kàopǔr 形 〈口〉接近某个标准的;较有把握的 ▷这个价钱定得太不～了|这事让他去办,～。

【靠旗】kàoqí 名 传统戏曲中扎靠(身着铠甲)的武将背后插的三角形绣旗,通常有四面。

【靠山】kàoshān 名 比喻足以依靠的人或势力 ▷华侨的～是日益富强的祖国。

【靠山吃山,靠水吃水】kàoshān-chīshān,kàoshuǐ-chīshuǐ 指充分利用周围的有利条件发展生产,提高生活水平。

【靠手】kàoshǒu 名 椅子上的扶手。

【靠头儿】kàotour 名 〈口〉可以依靠的人或条件。

【靠椅】kàoyǐ 名 椅子。

【靠枕】kàozhěn 名 像枕头一样的靠垫。

熇 kào 动 烹调方法,将菜烧熟后,用微火使汤汁变浓 ▷～大虾。

kē

坷 kē [坷垃] kēla 名〈口〉土块 ▷把～砸碎|土～。☛ 不宜写作"坷拉"。
另见 782 页 kě。

苛 kē ❶ 形 繁琐 ▷～细|～捐杂税。→❷ 形 苛刻 ▷～责|～待。

【苛待】kēdài 动 苛刻地对待 ▷不能～保姆。

【苛法】kēfǎ 名 琐细而严厉的法律。

【苛捐杂税】kējuān-záshuì 名目繁多的捐税。

【苛刻】kēkè 形 要求过严或条件过高 ▷对刚入学的儿童不应提出～的要求。

【苛求】kēqiú 动 过高、过严地要求 ▷不要以今律古,～前人。

【苛细】kēxì 形〈文〉苛刻琐细 ▷此令～难行。

【苛性钠】kēxìngnà 名 烧碱。

【苛杂】kēzá 名 指苛捐杂税 ▷取消～。

【苛责】kēzé 动 过于严厉地责备 ▷有错改了就好,不必～。

【苛政】kēzhèng 名〈文〉暴政。

【苛重】kēzhòng 形 苛刻繁重 ▷徭役极为～。

匼 kē [匼河] kēhé 名 地名,在山西。

呵 kē [呵叻] kēlè 名 地名,在泰国。
另见 548 页 hē。

珂 kē 名〈文〉一种像玉的白色美石。

【珂罗版】kēluóbǎn 名 英语 collotype 音意合译。印刷版的一种。用照相的方法把图文晒印在涂有感光胶层的玻璃板上制成。多用于印刷美术品、手迹和重要文献。也说玻璃版。

【珂瓈版】kēluóbǎn 现在一般写作"珂罗版"。

柯 kē ❶ 名〈文〉粗大的树枝或草茎 ▷茎～。→❷ 名〈文〉斧头的柄 ▷斧～。○❸ 名 姓。

【柯尔克孜族】kē'ěrkèzīzú 名 我国少数民族之一。主要分布在新疆、黑龙江。

轲(軻) kē ❶ 名〈文〉轴用两木接续的车;泛指车。○ ❷ 用于人名。如孟轲,即孟子,战国时思想家。
另见 782 页 kě。

科 kē ❶ 名〈文〉品类;等级。→❷ 名 条目 ▷～目。❸ 名〈文〉法令 ▷作奸犯～。❹ 动〈文〉判处 ▷～罪|～以罚金。❺ 名 刑罚 ▷前～。→❻ 名 学术或业务的类别 ▷理～|学～|牙～。→❼ 名 指古代分科考选文武官吏后备人员的科目、等第、年份等 ▷博学鸿词～(按科目)|中了甲～(按等第)|甲子～(按年份)|～举。→❽ 名 某些按业务职能划分的行政单位 ▷教育局基础教育～。→❾ 名 某些不含行政级别义、按业务职能划分的单位 ▷邮局分拣～|他在这家私企的销售～上班。→❿ 名 生物学分类范畴的一个等级,目以下为科,科以下为属 ▷门、纲、目、～、属、种|松树属于松柏目松～。○ ⓫ 名 古代戏曲剧本中指示演员动作的用语 ▷作掩泪～|插～打诨。○ ⓬ 名 姓。

【科班】kēbān 名 旧时培养儿童成为戏曲演员的

训练班;现比喻正规的训练和教育 ▷～出身|他的绘画是经过～训练的。

【科场】 kēchǎng 名 旧时举行科举考试的场所。

【科处】 kēchǔ 动〈文〉判处 ▷～罪犯极刑。

【科第】 kēdì 名 指科举考试。因科举考试分科录取,每科按成绩排列等第,故称▷名登～。

【科幻】 kēhuàn 名 科学幻想 ▷～影片。

【科技】 kējì 名 科学技术 ▷～水平|～界。

【科技城】 kējìchéng 名 集科学技术应用开发和示范推广为一体的区域。

【科技扶贫】 kējì fúpín 用帮助提高科学技术水平的方式援助贫困地区的人民发展生产,提高生活水平。

【科技含量】 kējì hánliàng 产品中包含的科学技术成分的量 ▷提高产品的～。

【科技示范户】 kējì shìfànhù 指种植、养殖业中率先利用新的科学技术且成绩突出的农户。简称科技户。

【科甲】 kējiǎ 名 汉唐时期考试选拔后备官员分甲、乙等科,后用"科甲"泛指科举。

【科教】 kējiào 名 科学和教育 ▷～兴国。

【科教片】 kējiàopiàn 名 运用形象化手段传播科学知识的影视片。口语中也说科教片儿(piānr)。

【科教兴国】 kējiào xīngguó 大力发展科技、教育,并使之与经济紧密结合的社会发展的战略方针。是我国 20 世纪 90 年代确定的强国方略。

【科举】 kējǔ 名 我国古代一种分科考试、选拔官吏的制度。始于隋代,唐代得到完善,宋代正式形成三年一次、分三个等级的考试制度。考试内容各个朝代有所不同,明清时期文科考八股文,武科考骑射、举重等。1905 年废除。

【科考】 kēkǎo ❶ 名 科举考试的简称。❷ 动 参加科举考试 ▷进京～。〇 ❸ 动 科学考察 ▷南极～队。

【科盲】 kēmáng 名 没有起码科学技术知识的成年人。

【科目】 kēmù ❶ 名 指科举考试所分各科的名目。❷ 名 按照事物性质划分的类别 ▷研究～|会计～。

【科普】 kēpǔ 动 科学普及 ▷～作品。

【科室】 kēshì 名 机关、学校、工厂等按工作性质分设的下属单位,如总务科、资料室。

【科头跣足】 kētóu-xiǎnzú 不戴帽子,光着脚。形容困苦、窘迫或极随便的情态。

【科学】 kēxué ❶ 名 关于自然界、人类社会和思维发展规律的知识体系。从研究对象看,可分为自然科学、社会科学和思维科学;从同实践的关系看,可分为理论科学、技术科学和应用科学。❷ 形 正确;合乎科学的 ▷设计得很～。

【科学城】 kēxuéchéng 名 以高科技为主要特征的,融科研、教育和生产为一体的新型城区 ▷北京中关村～。

【科学发展观】 kēxué fāzhǎnguān 坚持以人为本、全面协调可持续地发展中国特色社会主义的总体思路和基本观点。

【科学家】 kēxuéjiā 名 在科学研究方面有成就的专家。

【科学社会主义】 kēxué shèhuì zhǔyì 以马克思主义的唯物史观和剩余价值学说为基础的,关于阶级斗争和无产阶级革命、无产阶级专政的理论与实践。是马克思主义学说的三大组成部分之一。也说科学共产主义。

【科学性】 kēxuéxìng 名 合乎科学的性质 ▷科普图书要注重～与趣味性相结合。

【科学学】 kēxuéxué 名 以科学为研究对象的学科。科学学从整体上研究科学的本质特征、结构体系、发展规律、社会功能等,从而为科学的发展提供原理和方法。

【科学院】 kēxuéyuàn 名 规模较大、级别较高的专门从事科学研究的机构。

【科研】 kēyán 动 科学研究 ▷从事～工作。

牁 kē 见 1718 页"牂(zāng)牁"。

砢 kē [砢碜] kēchen ❶ 形〈口〉寒碜①②。❷ 动 寒碜③。

疴(*痾) kē 名〈文〉病 ▷沉～(重病)|微～(小病)|染～。☛ 统读 kē,不读 ē。

棵 kē 量 用于植物等 ▷一～树|几～草。☛ "棵"和"颗"②都是量词,但使用范围不同。"棵"多用于植物;"颗"②多用于小球状或粒状的东西。

颏(頦) kē 名 脸的最下部,在嘴的下面。通称下巴颏儿、下巴。也说下颏。另见 779 页 ké。

嗑 kē 见 831 页"唠(lào)嗑"。另见 557 页 hé;785 页 kè。

稞 kē 见 1113 页"青稞"。

窠 kē 名 鸟窝;泛指动物栖息的地方 ▷鸡犬同～|蜂～。

【窠臼】 kējiù 名〈文〉旧式门下承受转轴的臼形小坑。比喻写作或其他艺术创作方面现成的格式、陈旧的手法 ▷落入～。

榼 kē 名 古代盛酒、贮水的容器。

颗(顆) kē ❶ 名 小而圆的东西 ▷～粒。→ ❷ 量 多用于小球状或粒状的东西 ▷一～珍珠|几～豆子|五～子弹|一～赤子之心。☛ 参见本页"棵"的提示。

【颗粒】kēlì ❶ 名 小而圆或小碎块儿状的东西 ▷～饱满。❷ 名 指一颗一粒(粮食) ▷～归仓。

【颗粒剂】kēlìjì 名 药材提取物与辅料混合制成的干燥颗粒状药剂。也说冲剂。

磕 kē ❶ 动 撞在硬的物体上;磕打 ▷脑袋不小心～到墙上|～破了皮|～烟袋。❷ 动 比喻争斗、作对 ▷死～。

【磕巴】kēba〈口〉❶ 形 口吃 ▷他是个～嘴儿|磕磕巴巴地半天也说不清楚。❷ 名 指说话口吃的人。

【磕打】kēda 动〈口〉把物件向较硬的地方碰撞,以震掉附着物 ▷～～烟袋锅儿。

【磕磕绊绊】kēkebànbàn ❶ 形 形容路不平坦或腿脚不灵便,走路时磕脚绊腿的样子 ▷夜间走山路,～走不快。❷ 形 比喻事情有障碍,进行得不顺利或不顺心 ▷干工作,～的在所难免。

【磕磕撞撞】kēkezhuàngzhuàng 形 形容走路摇摇晃晃、东倒西歪的样子 ▷～地走出酒店。

【磕碰】kēpèng ❶ 动 人与物或物与物互相碰撞 ▷瓷器经不起～。❷ 动 比喻人与人发生矛盾 ▷再好的夫妻也免不了～。❸ 名 器物受撞击破损留下的痕迹 ▷碗口上有个～儿。❹ 名 比喻受到的挫折 ▷人的一生总会有一些～儿。

【磕头】kētóu 动 旧时一种礼节,双腿下跪,两手扶地,使前额着地或接近地面。

【磕头虫】kētóuchóng 名 叩头虫。

【磕头碰脑】kētóu-pèngnǎo ❶形容人多拥挤互相碰撞或人与物相碰 ▷集市上～的|屋里挂满了东西,～的。❷形容到处都可以碰到 ▷商贸大楼里～的全是经理。❸比喻发生冲突 ▷避免发生～的事。

瞌 kē 动 由于困倦而想睡 ▷～睡。

【瞌睡】kēshuì ❶ 动 打盹儿;小睡 ▷～一会儿就不困了。❷ 动 困;想睡觉 ▷刚吃过晚饭就～了|快睡吧,我～极了。

【瞌睡虫】kēshuìchóng ❶ 名 神话中指能使人打瞌睡的虫子。❷ 名 指经常打瞌睡的人(含讥讽意)。

蝌 kē [蝌蚪] kēdǒu 名 蛙、蟾蜍、蝾螈等两栖动物的幼体。黑色,椭圆形,有长尾,生活在水中。

髁 kē 名 骨头两端靠近关节处的凸出部分 ▷枕骨～|～间窝。

ké

壳(殼) ké 义同"壳(qiào)",用于口语 ▷鸡蛋～儿|外～儿|贝～儿。☛ ㊀读 ké,用于口语,可单用;读 qiào,用于书面语,不单用,如"地壳""甲壳""金蝉脱壳"。㊁上边是"士",不是"土"。

另见 1105 页 qiào。

【壳郎猪】kélangzhū 名〈口〉架子猪;还没有长膘的半大猪。

【壳子】kézi 名 壳 ▷报废的汽车～。

咳(*欬) ké 动 咳嗽 ▷他整整～了一夜|百日～。☛ 读 ké,表示动作,如"咳嗽";读 hāi,叹词,表示招呼、惊异等。

另见 530 页 hāi;"欬"另见 769 页 kài。

【咳嗽】késou 动 喉部或气管的黏膜受到刺激而发出反射动作,在阵发性猛烈呼气的同时声带振动发声,可以清除呼吸道中的痰或异物。

揢 ké〈口〉❶ 动 夹住;卡住 ▷鞋小了～脚|抽屉～住了,拉不开。→ ❷ 动 故意刁难 ▷～人。

颏(頦) ké 见 567 页"红点颏";818 页"蓝点颏"。

另见 778 页 kē。

kě

可[1] kě ❶ 动 表示同意 ▷许～|认～|不置～否。→ ❷ 动 用在动词或形容词前面,表示许可或可能 ▷不～忽视|～望成功|～大～小。⇒ ❸ 动 表示值得、应该 ▷北京～游览的地方不少|～爱|～歌～泣。⇒ ❹ 副 a)用于反问句,加强反问语气 ▷这么大的地方,～上哪儿找去呢? b)用于疑问句,表示疑问 ▷您近来～好? c)用于一般陈述句,表示强调 ▷这一下～把他难住了。d)用于感叹句,加强语气 ▷这担子～不轻啊!|～把他累坏了! e)用于祈使句,强调必须如何,有时有劝导的意味 ▷你～要来信啊!|路上～得小心! ◯ ❺ 连 连接分句,表示转折关系,相当于"可是" ▷话虽不多,～分量很重。◯ ❻ 副〈文〉用在数词前,表示约计,相当于"大约" ▷年～二十|长～八尺。◯ ❼ 名 姓。

可[2] kě 动 适合 ▷这样才～了他的心|～口|～人|～意|～体。☛"可"字通常读 kě;读 kè,只用于"可汗(hán)"。

另见 782 页 kè。

【可爱】kě'ài 形 值得爱;让人喜爱 ▷～的家乡|动物园里的小猴子～极了。

【可悲】kěbēi 形 令人悲痛;使人伤心 ▷～的命运|这些人如此愚昧,太～了。

【可比价格】kěbǐ jiàgé 不变价格。

【可鄙】kěbǐ 形 让人瞧不起 ▷这种吹吹拍拍的作风实在～。

【可变】kěbiàn 形 可以变化 ▷～电容器｜～价格｜关系复杂而～。

【可不是】kěbushì 〈口〉怎么会不是；哪能不是（表示赞同或肯定别人的话） ▷～，我也有这种感觉。☛ 有时省略"是"，只说"可不"。

【可怖】kěbù 形 〈文〉可怕 ▷阴森～。

【可操左券】kěcāo-zuǒquàn 古代的契约写在左右两个竹片上，称为券。立约双方各拿一券，债权人拿左券，作为讨还债务的凭据。比喻对成功有把握。☛ "券"不要误写作"卷"。

【可操作性】kěcāozuòxìng 名 规定、章程等具体、明确，便于在实践中贯彻落实的性质 ▷这个条例～强。

【可曾】kěcéng 副 表示疑问语气，相当于"是否曾经" ▷他的新居，你～去过？

【可乘之机】kěchéngzhījī 可以利用的机会。也说可乘之隙。

【可持续发展】kěchíxù fāzhǎn 指能满足当前需要而又不危及子孙后代长远需要的协调发展。包括国际公平与合作、合理利用自然资源、重视环境保护等内容。

【可耻】kěchǐ 形 应该感到羞耻 ▷损人利己实在～。

【可丁可卯】kědīng-kěmǎo ❶指就着某个数量不多不少，或就着某个范围不大不小 ▷这块衣料～，刚够做一套西服。❷指严格按照某种标准或制度办事。参见 323 页"丁是丁，卯是卯"。

【可钉可铆】kědīng-kěmǎo 现在一般写作"可丁可卯"。

【可读性】kědúxìng 名 （文章）能引起读者阅读兴趣的特点 ▷这本书生动有趣，～强。

【可否】kěfǒu 动 〈文〉允许不允许；可以不可以 ▷不置～｜～一试？

【可歌可泣】kěgē-kěqì 值得歌颂，能使人感动得流泪 ▷刘胡兰的事迹英勇悲壮，～。

【可耕地】kěgēngdì 名 适合种植农作物的土地。

【可观】kěguān ❶ 形 值得观看 ▷景色～。❷ 形 达到的水平、程度较高 ▷获得～的成果｜收入相当～。

【可贵】kěguì 形 值得珍视；宝贵 ▷难能～｜～的奉献精神。

【可好】kěhǎo 副 表示正在适当的时候，相当于"恰好""正好" ▷正要去找你，～你来了。

【可恨】kěhèn 形 使人憎恨 ▷～的卖国贼。

【可嘉】kějiā 形 值得赞扬 ▷精神～。

【可见】kějiàn ❶ 动 能够看见 ▷这种产品市场上到处～。❷ 连 连接分句等，表示后一部分承上作出判断或结论 ▷基本公式都错了，～没有认真学习。

【可见度】kějiàndù 名 能见度。

【可见光】kějiànguāng 名 指波长在770—390纳米的红光到紫光之间的光，即肉眼可以看见的光。

【可鉴】kějiàn 动 〈文〉可以当作镜子照 ▷水清～。

【可脚】kějiǎo 形 （鞋、袜）穿在脚上正合适。

【可敬】kějìng 形 值得敬重 ▷～的长者｜他大义灭亲，确实可钦～。

【可卡因】kěkǎyīn 名 英语 cocaine 音译。一种从古柯叶中提取的生物碱。白色结晶状粉末。有收缩血管的作用，可用于局部麻醉。经常摄入后能上瘾。也说古柯碱。

【可靠】kěkào ❶ 形 可以相信、依靠 ▷这个小伙子办事很～。❷ 形 真实可信；准确无误 ▷～的消息｜你的数据是否～？

【可靠性】kěkàoxìng 名 可以相信、依靠的程度。

【可可】kěkě 英语 cocoa 音译。❶ 名 常绿乔木，叶椭圆形，花萼红色，花瓣黄色，果实呈卵形，红、黄或褐色，成熟后制成粉可做饮料，也是制作巧克力的主要原料，榨出的油供药用。❷ 名 可可树果实制成的粉末；可可粉。❸ 名 用可可粉冲制的饮料。‖也说蔻蔻。

【可口】kěkǒu 形 （食品或饮料）口感舒适，味道好 ▷饭菜～｜清凉～的饮料。

【可兰经】kělánjīng 名 古兰经。

【可乐】kělè ❶ 形 使人开心 ▷这孩子净闹傻样，真～。〇❷ 名 英语 cola 音译。小乔木，一年开花结果两次，种子含可可碱和咖啡碱，可制作饮料。❸ 名 一种有甜味、不含酒精的碳酸饮料。因最早是用可乐果为原料制成的，故称。

【可怜】kělián ❶ 形 值得怜悯 ▷八十多岁的孤老头儿，又有重病，怪～的。❷ 动 怜悯 ▷这样的人不必～他。❸ 形 形容数量少到不值一提 ▷今年北方雨水少得～。

【可怜巴巴】kělián-bābā ❶ 形 形容非常可怜的样子 ▷～地等待着。❷ 形 形容稀少和不足 ▷就这么两个菜，～的，够谁吃？

【可怜虫】kěliánchóng 名 比喻可怜而又可鄙的人 ▷任人摆布的～。

【可怜见】kěliánjiàn 形 〈口〉值得同情；叫人心疼 ▷她年纪轻轻就患上了白血病，真是～的。

【可恼】kěnǎo 形 令人气恼 ▷最～的是他总是擅作主张。

【可能】kěnéng ❶ 形 会成为事实的 ▷让他改变看法是不～的｜在～的条件下给予帮助。❷ 名 能成为事实的趋势或机会 ▷成功的～很大。❸ 动 用在动词或形容词前，表示估计 ▷他～了解情况｜他个子～高一些。

【可能性】kěnéngxìng 名 可能 ▷有多种～|同意你脱产进修的～不大。

【可逆反应】kěnì fǎnyìng 在同一条件下，可同时向正、反两个方向进行的化学反应。在化学方程式中常用"⇌"表示。

【可怕】kěpà 形 让人害怕。

【可期】kěqī 动 可以期待 ▷增长趋势～|清晰～的发展前景。

【可欺】kěqī 形 可以欺负 ▷软弱～。

【可气】kěqì 形 使人生气 ▷这孩子天黑了还不回家，真～。

【可巧】kěqiǎo 副 表示几件事同时发生，相当于"恰好""碰巧" ▷～你也在这里。

【可亲】kěqīn 形 使人愿意亲近 ▷和蔼～。

【可取】kěqǔ 形 可以采纳；值得赞同 ▷他的建议确实～。

【可圈可点】kěquān-kědiǎn 过去读书、评阅诗文时常在文章精妙处加圈加点，表示赞赏；形容表现出色，值得赞美 ▷该文～之处颇多|他在足球场上表现出的精湛技艺～。

【可燃】kěrán 区别 能够燃烧的 ▷～物|～性。

【可燃冰】kěránbīng 名 天然气水合物的通称。是天然气(甲烷)和水在高压低温条件下结合而成的晶体，外形像冰，可以燃烧，是清洁能源。主要分布在大陆的永久冻土带和海洋深处。

【可人】kěrén ❶ 名〈文〉有长处可取的人。❷ 名 可爱的人；意中人。❸ 形 合人心意或使人满意 ▷气候～|～的秋色。

【可溶】kěróng 区别 能够溶化的 ▷食盐是一种～物质|～性。

【可身】kěshēn 形 (衣服)穿着长短、肥瘦儿正合适 ▷这套衣服很～。

【可视电话】kěshì diànhuà 一种利用摄像机和光纤传输设备，能同时发送和接收通话人声音和图像的电话。也说视频电话。

【可视性】kěshìxìng 名 (电影、电视等)能引起观众观看兴趣的特性。

【可是】kěshì ❶ 连 连接分句等，表示转折关系，相当于"但是" ▷小伙子心里虽然不高兴，～脸上却依然笑嘻嘻的。❷ 副 表示强调语气，相当于"的确" ▷这件事我～一点儿办法都没有了！

【可塑性】kěsùxìng ❶ 名 固体因外力或高温等作用而发生变形且不破裂的性质。如胶泥在外力作用下就有这种特性。❷ 名 生物体的某些性质因不同生活环境影响，能发生某种变化的特性。❸ 名 比喻人的思想、性格、才智等因外界影响而发生变化的特性 ▷青少年～很强。☛"塑"不读 suò 或 shuò。

【可叹】kětàn 形 令人感慨叹息 ▷英年早逝，真是～。

【可体】kětǐ 形 可身。

【可望】kěwàng 动 可以看到或盼到 ▷～而不可即|～成功。

【可望而不可及】kěwàng ér bù kě jí 形容与某目标差距很大，虽然可以看到，却难以赶上。

【可望而不可即】kěwàng ér bù kě jí 可以看到却不能接近(即：接近)。形容好像有实现的希望，实际上却不能实现。

【可谓】kěwèi 动〈文〉可以说是；可以称为 ▷～用心良苦|～强者。

【可恶】kěwù 形 让人讨厌痛恨 ▷干这种损人利己的事，太～了。☛"恶"这里不读 è。

【可吸入颗粒物】kěxīrù kēlìwù 指飘浮于空气中，容易被人体吸入呼吸道的微粒，直径小于或等于 10 微米。是主要的空气污染物之一。也说 PM_{10}。旧称飘尘。

【可惜】kěxī 形 值得惋惜 ▷我那支新钢笔没使就丢了，真～。☛参见 1415 页"惋惜"的提示。

【可喜】kěxǐ 形 值得欣喜 ▷～的成就。

【可想而知】kěxiǎng'érzhī 通过推想就可以知道 ▷当时的惨景是～的。

【可笑】kěxiào ❶ 形 惹人耻笑 ▷荒唐～。❷ 形 让人开心发笑 ▷那个小品有许多～的情节。

【可心】kěxīn 形 符合心意 ▷～的住房。

【可信】kěxìn 形 能够相信 ▷他的话很～。

【可行】kěxíng 形 行得通 ▷这种办法比较～。

【可行性】kěxíngxìng 名 (计划、方案等)符合实际、可以实行的特性 ▷论证这项计划的～。

【可疑】kěyí 形 令人怀疑的 ▷神色～。

【可以】kěyǐ ❶ 动 表示可能 ▷这种车～坐 7 个人。❷ 动 表示有某种用途 ▷玉米秸秆～做饲料。❸ 动 表示条件、环境、情理上许可 ▷你不～乱来|谁都～提意见。❹ 动 表示值得(做某事) ▷这个电视剧倒～看看。❺ 形 表示不错；勉强过得去(前面常加"还") ▷他普通话说得还～。❻ 形 表示在程度上超出想象(前面常加"真") ▷饭量大得真够～。

【可意】kěyì 形 可心 ▷这辆车买得还～。

【可有可无】kěyǒu-kěwú 可以有，也可以没有。形容无关紧要或不重要。

【可再生资源】kězàishēng zīyuán 经开发利用后可以不断得到恢复和补充的资源。如生物、水、土壤等。也说再生资源、可更新资源。

【可憎】kězēng 形 让人憎恨；可恶(wù) ▷敌人的卑鄙行径实在～。☛"憎"不读 zèng。

【可着】kězhe〈口〉❶ 动 限定在某个范围不增减 ▷～这点儿钱，能买多少是多少。❷ 动 力求

达到最大限度 ▷～嗓子喊。

【可知】kězhī 动可以知道 ▷从他的口音中～他是福建人。

【可资】kězī 动〈文〉可以提供 ▷～参考。

坷 kě ❶ 见 771 页“坎(kǎn)坷”。○ ❷ 名姓。

另见 777 页 kē。

岢 kě [岢岚] kělán 名山名,又地名,均在山西。

轲(軻) kě 见 771 页“轗(kǎn)轲”。

另见 777 页 kē。

炣 kě 名〈文〉火;火焰。

渴 kě ❶ 形口干想喝水 ▷半天没喝水,～极了|喝碗茶解解～|饥～难忍。→ ❷ 形比喻迫切 ▷～望|～求|～慕。→ ❸ 动使渴 ▷～他一会儿。

【渴慕】kěmù 动非常景仰 ▷～英雄。

【渴念】kěniàn 动渴想 ▷～故乡。

【渴盼】kěpàn 动急切地盼望;渴望。

【渴求】kěqiú 动迫切地追求 ▷～知识|～真理。

【渴望】kěwàng 动迫切地盼望 ▷～上大学深造。

【渴想】kěxiǎng 动非常想念。

kè

可 kè [可汗] kèhán 名古代鲜卑、突厥、回纥、蒙古等族最高统治者的称号。简称汗(hán)。

另见 779 页 kě。

克[1] kè ❶ 动〈文〉能够 ▷～勤～俭|不～前往。○ ❷ 名姓。

克[2]**(剋*尅)** kè ❶ 动战胜;攻取 ▷～敌制胜|攻无不～|～复。→ ❷ 动制服;抑制 ▷柔能～刚|～己奉公|～制|～服。❸ 动消化(食物) ▷～化不动|这药是～食的。○ ❹ 动削减 ▷～扣。

克[3]**(剋*尅)** kè 动〈文〉限定;约定 ▷～日完稿|～期发兵。

“剋”另见 786 页 kēi。

克[4] kè ❶ 量质量法定计量单位,1 克等于 0.001千克,合 0.02 市两。○ ❷ 量藏族地区的计量单位。a)容积单位,多是量谷物用,各地大小不一,1 克重量约合 25—28 市斤。b)地积单位,以播种 1 克种子的土地为 1 克土地,约合 1 市亩。

【克敌制胜】kèdí-zhìshèng 打败敌人,夺取胜利。☛“制”不要误写作“致”。

【克服】kèfú ❶ 动战胜或消除(不利条件或消极现象) ▷～困难|～缺点。❷ 动忍耐;克制 ▷屋里热,大家～一下。

【克复】kèfù 动战胜敌人,夺回失地。

【克格勃】kègébó 名俄语缩写词 КГБ 音译。苏联国家安全委员会;也指其中的工作人员。

【克己】kèjǐ ❶ 动克制私欲,严格要求自己 ▷事事～,处处为他人着想。❷ 形节俭 ▷他一生～,生活艰苦朴素。

【克己奉公】kèjǐ-fènggōng 严格约束自己,一心为公。

【克扣】kèkòu 动扣减按标准应发给别人的财物 ▷绝不允许～救灾物品。

【克拉】kèlā 量质量非法定计量单位,用于计量金刚石等宝石的质量,1 克拉等于 0.200 克。

【克郎球】kèlángqiú 名康乐球。

【克里姆林宫】kèlǐmǔlíngōng 名莫斯科大公国的王宫,建于 12 世纪,位于莫斯科市中心。十月革命后,是苏联最高党政机关所在地,现俄罗斯联邦政府设在这里。常作为苏联政府和现俄罗斯联邦政府的代称(克里姆林:俄语 Кремль 音译)。

【克隆】kèlóng 英语 clone 音译。❶ 动生物体通过体细胞进行无性繁殖,复制出具有完全相同遗传性状的生命物质或生命体。❷ 动比喻复制(强调跟原来的完全一样,有时用于贬义) ▷成功经验可以借鉴,但不能～。

【克难】kènán 动克服困难;攻克难关 ▷～制胜|攻坚～。

【克期】kèqī 副在限定的期限内 ▷～会师|～完成。☛ 不要写作“刻期”“剋期”。

【克勤克俭】kèqín-kèjiǎn 既能勤劳,又能俭省。

【克日】kèrì 副克期。☛ 不要写作“刻日”“剋日”。

【克山病】kèshānbìng 名一种地方病。主要症状是胸闷、恶心、吐黄水、血压下降、呼吸困难等。最早在黑龙江省克山地区发现,故称。

【克食】kèshí 动帮助消化食物 ▷干酵母可以～。

【克丝钳子】kèsī qiánzi 用来剪断导线和金属丝的手工工具,柄上有绝缘保护层。

【克星】kèxīng 名迷信的人根据“金木水火土”五行相生相克的理论,认为有些人的命运是相克的,把克者叫做被克者的克星。常比喻对某种对象能起制服作用的人或物 ▷老鼠的～是猫。

【克制】kèzhì 动对感情、言行等进行自我抑制 ▷～着内心的愤怒。☛ 参见 792 页“控制”的提示。

刻 kè ❶ 动用刀子或其他尖利的东西雕(花纹、文字等) ▷～字|～花纹|雕～。→ ❷ 形(待人)冷酷;苛刻 ▷～薄|尖～|～毒。→ ❸ 名雕刻的物品 ▷石～。→ ❹ 量古代用漏壶计时,水由播水壶滴入受水壶,

受水壶里插有立箭，箭上刻有标记，1昼夜共分为100刻。后代用钟表计时，以15分钟为1刻 ▷现在是6点1～。❺ 名 短暂的时间；时候 ▷～不容缓｜即～。→ ❻ 形 程度深 ▷深～｜～苦。〇 ❼古同"克³"。☛ 统读kè，不读kē。

【刻板】kèbǎn ❶ 动 把木板或金属板刻成印刷底版。❷ 形 比喻因循呆板，不知变通 ▷办事～｜～地模仿。

【刻版】kèbǎn 见本页"刻板"①。现在一般写作"刻板"。

【刻本】kèběn 名 用刻板印刷的书籍。

【刻薄】kèbó 形 对人苛刻而缺乏善意 ▷～地挖苦人｜为人狭隘～。

【刻不容缓】kèbùrónghuǎn 一点儿时间也不容耽搁。形容非常紧迫。

【刻刀】kèdāo 名 雕刻用的刀子。

【刻毒】kèdú 形 刻薄狠毒 ▷心肠～。

【刻度】kèdù 名 量具、仪表等上面显示量的大小的标记。

【刻度尺】kèdùchǐ 名 刻有长度标记的尺子。

【刻工】kègōng ❶ 名 雕刻的技艺 ▷～精细。❷ 名 从事刻板工作的工人。

【刻骨】kègǔ 形 形容感念或仇恨深切难忘，像刻在骨头上那样 ▷～铭心｜～仇恨。

【刻骨镂心】kègǔ-lòuxīn 刻骨铭心。

【刻骨铭心】kègǔ-míngxīn 铭刻在骨头上和心灵深处。形容感受极深，永远难忘。也说刻骨镂心。

【刻花】kèhuā ❶ 动 雕刻花纹、花形 ▷这位老工人正在聚精会神地～。❷ 名 雕刻出来的花纹、花形 ▷栏杆上的～十分精细。

【刻划】kèhuà 现在规范词形写作"刻画"。

【刻画】kèhuà ❶ 动 用刀刻或用笔画 ▷禁止随意～。❷ 动 用语言或其他艺术手段表现人物和景物等 ▷人物～得栩栩如生。☛ 不要写作"刻划"。

【刻记】kèjì 动 像刀刻在心上一样牢牢记住 ▷～不忘。

【刻苦】kèkǔ ❶ 形 勤奋努力，能下苦功夫 ▷～学习科学技术｜训练很～。❷ 形（生活）节俭 ▷～度日｜生活～。

【刻镂】kèlòu 动〈文〉雕刻 ▷～花鸟。

【刻漏】kèlòu 名 漏壶。

【刻录】kèlù ❶ 动 刻画记录 ▷门廊上～着题诗◇残损的石碑～着历史的沧桑。❷ 动 把电子音像和文字资料通过刻录设备录入光盘。

【刻录机】kèlùjī 名 光盘刻录机的简称。

【刻期】kèqī 现在规范词形写作"克期"。

【刻日】kèrì 现在规范词形写作"克日"。

【刻石】kèshí ❶ 动 在石头上雕刻（文字、图案等）▷～纪念。❷ 名 刻有文字、图案等的碑碣或石壁等 ▷泰山～。

【刻书】kèshū 动 雕刻制版印刷书籍。是近代印刷出版业兴起以前的主要出版方式。

【刻丝】kèsī 现在一般写作"缂丝"。

【刻下】kèxià 名 现在；眼下 ▷～便去广州。

【刻写】kèxiě 动 用铁笔在垫着钢板的蜡纸上写 ▷～钢板｜～习题。

【刻意】kèyì 副 表示用尽心思 ▷～打扮。

【刻印】kèyìn ❶ 动 刻制印章 ▷十字路口有一家～店。❷ 动 刻板印刷 ▷这是一部宋代～的珍本书。❸ 动 比喻留下极深刻的印象 ▷当时的景象还深深地～在我的脑海里。

【刻制】kèzhì 动 雕刻制作 ▷～图章。

【刻舟求剑】kèzhōu-qiújiàn《吕氏春秋·察今》记载：一个楚国人乘船过江时，剑掉进江里，他就在掉剑的船帮处刻上记号，船靠岸后，从刻记号处下水找剑，结果当然找不到。后用"刻舟求剑"比喻思想僵化，不懂得随客观情况的变化来处理事情。

恪 kè 形 恭敬而谨慎 ▷～遵｜～守。☛ 统读kè，不读gè或què。

【恪尽职守】kèjìn-zhíshǒu 谨慎认真地履行自己的职责 ▷一生～，任劳任怨。

【恪守】kèshǒu 动〈文〉谨慎认真地遵守 ▷～诺言。☛ "恪"不要误写作"克"或"刻"。

客 kè ❶ 名 被邀请的人；来探访的人（跟"主"相对）▷家里来～了｜～随主便｜会～。→ ❷ 动 出门在外或寄居外地 ▷久～江南。⇒ ❸ 名 各处奔走从事某种活动的人 ▷政～｜说（shuì）～｜剑～｜掮～。❹ 名 特指往返各地贩运货物的商人 ▷珠宝～｜骆驼～。⇒ ❺ 形 外来的；非本地区、本单位、本行业的 ▷～座教授｜～队｜～串。→ ❻ 名 商业、交通、服务行业对来光顾的人的称呼 ▷顾～｜乘～｜旅～｜～车。❼ 量 某些地区用于论份儿出售的饭菜、饮料等 ▷一～蛋炒饭｜三～冰激凌。→ ❽ 形 独立于人的意识之外的 ▷～体｜～观。〇 ❾ 名 姓。

【客帮】kèbāng 名 旧指外地来本地经商的群体。

【客舱】kècāng 名 船或飞机中供旅客乘坐的舱室。

【客场】kèchǎng 名 体育比赛中，在对方所在地进行比赛时所用的场地。

【客车】kèchē 名 铁路、公路上运载旅客的车辆。

【客船】kèchuán 名 运载旅客的船只。

【客串】kèchuàn 动 非专业演员临时参加专业演出；也指非本地或本单位的演员临时参加演出 ▷票友都喜欢登台～一番◇数学老师～教体育。

【客店】kèdiàn 名 规模小、服务设施简单的旅馆。

【客队】kèduì ❶ 名 体育比赛中，应邀或按赛制前来参加比赛的外单位、外地、外国的运动队。❷ 名 在客场参加比赛的运动队。参见 783 页“客场”。

【客饭】kèfàn ❶ 名 单位食堂专为临时来客准备的饭食。❷ 名 火车、轮船、旅店、饭馆为旅客准备的饭食，多论份儿出售。

【客房】kèfáng 名 供客人住宿的房间（包括营业性的和非营业性的）。

【客服】kèfú 名 专门从事为客户直接服务的部门或人员 ▷给银行～打电话，询问透支规则｜这位～正在接受记者采访｜～中心｜～电话。

【客观】kèguān ❶ 名 哲学上指不依赖人的主观意识而存在的物质世界；泛指认识的一切对象（跟“主观”相对，②同） ▷主观与～相统一｜～事实｜～世界。❷ 形 形容依据实际情况，不带个人偏见 ▷他的评价很～。

【客观上】kèguānshàng 名 事情的实际情况方面 ▷你的想法主观上是善意的，但～不允许。

【客观世界】kèguān shìjiè 客观①。

【客观唯心主义】kèguān wéixīn zhǔyì 唯心主义哲学的基本派别之一。认为某种脱离物质世界、不依赖于个人意识而存在的客观精神是第一性的；而物质世界则是这种精神或精神原则的表现和附属品，是第二性的。

【客观性】kèguānxìng 名 反映事物本来面目，不掺进个人偏见的性质 ▷评分的首要原则是～和公正性。

【客官】kèguān 名 对客人的敬称（多见于近代汉语）。

【客户】kèhù ❶ 名 旧时当地人称由外地迁来的住户。❷ 名 工商企业称主顾或经销商 ▷该厂在新老～中以诚信著称。

【客户端】kèhùduān 名 指在网络上与服务器对应，交互运行的硬件设备或软件程序。也说用户端。

【客机】kèjī 名 运载旅客的飞机。

【客籍】kèjí ❶ 名 长期客居的籍贯（跟“土籍”“原籍”相区别）。也说寄籍。❷ 名 借指寄住的外地人。

【客家】kèjiā 名 指从西晋末年到元朝以前为躲避战乱，从中原迁徙到南方定居的汉族人。现在主要分布在广东、广西、福建、江西、湖南、四川、海南、台湾等地。

【客家方言】kèjiā fāngyán 汉语七大方言之一，主要分布在广东、广西、福建、江西、湖南、四川、海南、台湾等地。

【客居】kèjū 动 在外地或别人家里居住 ▷～省城｜长期～于远房亲戚家。

【客里空】kèlǐkōng 名 俄语 Крикун 音译。苏联作家柯涅楚克在作品《前线》中所塑造的一个惯于捕风捉影、捏造事实的记者形象。后用来泛指脱离事实、虚构浮夸的新闻报道或爱讲假话、华而不实的人。

【客流】kèliú ❶ 名 交通运输部门指旅客在一定时间内的流向、流量等情况 ▷～方向｜～规律。❷ 名 指顾客在一定时间内进出某一商业服务场所的情况。

【客流量】kèliúliàng ❶ 名 一定范围和一定线路在一定时间内运送旅客的数量 ▷每年春节期间全国铁路的～最大。❷ 名 指顾客在一定时间内进入某一商业服务场所的总量。

【客轮】kèlún 名 运载旅客的轮船。

【客满】kèmǎn 形 旅店、餐馆、影剧院或交通工具等的顾客或旅客已经达到最大容量 ▷这家旅馆天天～。

【客票】kèpiào 名 旅客乘坐车、船、飞机等交通工具的凭证 ▷～中已包含保险费。

【客气】kèqi ❶ 形 有礼貌；谦让 ▷他们对他很～。❷ 动 说谦让话；表示礼让 ▷他～了几句｜你也不～～，就坐了上位。

【客卿】kèqīng 名 古代称在某一诸侯国做官的其他诸侯国的人。

【客人】kèrén ❶ 名 被邀请的来宾；来访的人。❷ 名 旅客；顾客；客商 ▷欢迎各地～光临。

【客商】kèshāng 名 往来各地做生意的商人。

【客舍】kèshè 名〈文〉供旅客居住的房屋 ▷～青青柳色新。

【客死】kèsǐ 动〈文〉死在异国他乡 ▷他最终～他乡。

【客堂】kètáng 名 旧式建筑中居中的房间，常用来接待客人。

【客套】kètào ❶ 名 用来表示客气的程式 ▷不讲～｜～话。❷ 动 说客套话 ▷都是老熟人，就别～了。

【客套话】kètàohuà 名 表示客气、寒暄的话，如劳驾、借光、留步等。

【客梯】kètī 名 主要用来运送人的电梯（跟“货梯”相区别）。

【客体】kètǐ ❶ 名 哲学上指主体实践活动和认识活动指向的对象，是客观存在的事物（跟“主体”相区别）。❷ 名 法律上指主体（如法人）的权利和义务所指向的事物，如财物、智力成果和行为等。

【客厅】kètīng 名 接待客人的房间。

【客土】kètǔ ❶ 名 从别处移来的泥土。❷ 名 旅居的地方 ▷寄居～。

【客位】kèwèi ❶ 名 宾客的席位 ▷招待来宾在～坐定。❷ 名 车、船等交通工具中供乘客使用的座位或铺位 ▷这辆卧车有 40 个～。

【客席】kèxí 名 为客人设立的席位。

【客星】kèxīng 名 古代指天空中新出现的星，如新星、彗星等。

【客姓】kèxìng 名 聚族而居的村庄里称后来迁入落户的外姓。

【客源】kèyuán 名 旅客、顾客、乘客、游客等的来源 ▷～充足。

【客运】kèyùn 名（交通运输部门）运送旅客的业务 ▷～站｜春节前后～最为繁忙。

【客运量】kèyùnliàng 名 在一定时间内，交通运输部门运送旅客的数量 ▷～成倍增长。

【客栈】kèzhàn 名 旧时指服务设施简单的旅店。多兼营货物存放和转运业务。

【客座】kèzuò ❶ 名 宾客或顾客的座位。❷ 区别 受聘于外单位、外国而不在其正式编制内的（教授、研究员、演员等）▷～教授。

【客座教授】kèzuò jiàoshòu 应聘在高校讲学而不在该校正式编制内的教授。

课（課）kè ❶ 动〈文〉（按规定的程式、内容、数量）考核；考试 ▷～吏（考核官吏的政绩）。→ ❷ 动〈文〉讲授或学习 ▷～徒｜～诗。⇒ ❸ 名 在规定的单位时间进行的教学活动 ▷上～｜备～｜旷～。❹ 名 教学活动的时间单位 ▷上午上 4 节～｜～间。⇒ ❺ 名 教学的科目 ▷这学期上 7 门～｜语文～｜专业～。❻ 名 教材中一个相对独立的单位 ▷这本语文教材有 30～。→ ❼ 动〈文〉征收（赋税）▷～税。❽ 名〈文〉赋税；租税 ▷国～｜纳～。○ ❾ 名 一种占卜方法，主要是摇铜钱看正反面或转动刻有干支字样的占盘来推断吉凶 ▷起～｜占～。○ ❿ 名 旧时某些机关、企业、学校按工作性质分设的单位，类似现在的"科" ▷秘书～｜会计～。

【课本】kèběn 名 教科书。

【课本剧】kèběnjù 名 为配合教学，由中小学语文课本中某些课文（多是记叙性强的）改写成的短剧，主要由学生表演和观赏。合理指导学生改写课本剧，可起到活跃教学、提高学生语文能力的效果。

【课标】kèbiāo 名 课程标准的简称。国家规定中小学培养目标和教学内容的文件，是教材编写、教学、教学评估和考试命题的基本依据 ▷研制新～｜语文～解读。

【课程】kèchéng 名 教学的科目和进程；有时专指教学科目 ▷9 门～｜～安排。

【课程表】kèchéngbiǎo 名 安排教学科目和进程的表格，通常按星期编制。也说课表。

【课代表】kèdàibiǎo 名 教学班中负责跟某门课程的任课教师沟通教学情况的学生代表，一般每门课程一名。也说科代表。

【课间】kèjiān 名 两节课之间的间歇时间 ▷～操｜～休息 10 分钟。

【课间餐】kèjiāncān 名 中小学学生和幼儿园孩子在上课间歇时间吃的一顿点心。多由学校统一供应。

【课间操】kèjiāncāo 名 学生在上课间歇时间做的集体操，多是广播体操。

【课件】kèjiàn 名 一种教学软件。用于展示一个或一系列相关的知识点、概念和原理，用电子计算机制成多媒体形式，可通过屏幕演示。

【课目】kèmù 名 按课程性质划分的类别；特指军事训练中讲解和训练的项目。

【课内】kènèi 名 学校上课的时间 ▷～打牢基础，课外拓宽知识。

【课时】kèshí 名 学时。

【课室】kèshì 名 教室。

【课税】kèshuì 动 征税。

【课堂】kètáng 名 进行教学活动的教室；泛指进行各种教学活动的场所 ▷～秩序｜以车间为～◇社会是个大～。

【课题】kètí 名 需要安排专人有计划地研究或讨论的重要问题；也指必须解决的重大事项 ▷治理环境污染是一个重大～。

【课题组】kètízǔ 名 由专业人员组成的承担某一课题研究任务的组织。

【课外】kèwài 名 学校上课以外的时间 ▷～参考书｜利用～时间活动活动。也说课余。

【课文】kèwén 名 课本中每一课的正文 ▷讲解～。

【课业】kèyè 名 功课；学业 ▷～不能太重。

【课椅】kèyǐ 名 学生上课时坐的椅子或凳子。

【课桌】kèzhuō 名 学生上课时使用的桌子。

氪 kè 名 非金属元素，符号 Kr。无色无臭气体，在空气中含量稀少，不易同其他元素化合。能吸收 X 射线，可用作 X 射线工作时的遮光材料。

骒（騍）kè 形 雌性的（马等）▷～马。

【骒马】kèmǎ 名 母马。

缂（緙）kè［缂丝］kèsī ❶ 动 指将绘画织在丝织品上。织成以后，看上去图形好像刻镂而成。这种工艺始于宋代，主要流行于苏州。❷ 名 用这种工艺织成的衣料和物品。

嗑 kè 动 用门牙咬有壳的或较硬的东西 ▷～瓜子儿｜柜子上的洞是老鼠～的。

另见 557 页 hé；778 页 kē。

锞（錁）kè 名 锞子 ▷金～｜银～。

【锞子】kèzi ❶ 名 旧指金银铸成的小锭，作货币流通使用。❷ 名 用金箔或锡箔折叠成的给死人烧的元宝。

溘 kè 副〈文〉表示发生得急速或突然 ▷～然长逝｜朝露～至。

【溘然】kèrán 副〈文〉表示突然发生 ▷～降临。

【溘逝】kèshì 动〈文〉突然死亡。

kēi

剋（*尅） kēi〈口〉❶ 动 打(人)；打架 ▷把头都～破了｜不但吵嘴，还～起来了。→ ❷ 动 骂；训斥 ▷被领导～了几句没敢吭声。☛ 用于其他意义时，"剋"是"克(kè)"的繁体字。

另见 782 页 kè"克²""克³"。

kěn

肯¹（*肎） kěn 名〈文〉依附在骨头上的肉 ▷～綮｜中(zhòng)～。

肯² kěn ❶ 动 同意；许可 ▷我再三请求，他才～去｜首～。→ ❷ 动 用在动词或形容词前，表示愿意、乐意 ▷～帮助同学｜怎么也不～讲｜对工作向来不～马虎。

【肯定】kěndìng ❶ 动 承认事物存在或事物的真实性、合理性(跟"否定"相对) ▷应该～他们的工作｜～一切和否定一切都是错误的。❷ 区别 可以承认的；正面的 ▷该不该完成任务？答案是～的｜～判断。❸ 形 确定；明确 ▷他的态度十分～｜得出了～的结论。❹ 副 必定；一定；无疑 ▷情况～没变｜胜利～是我们的。❺ 动 哲学上指事物发展过程中新质要素对旧质要素的继承。

【肯干】kěngàn ❶ 动 乐意做(某事) ▷什么脏活儿、累活儿他都～。❷ 形 努力或主动(做事) ▷踏实～。

【肯綮】kěnqìng 名〈文〉筋骨结合处；比喻问题的关键、要害 ▷切中～。

【肯于】kěnyú 动 乐意(做某事) ▷～事事带头。☛ 总是带谓词性宾语，不单用。

垦（墾） kěn ❶ 动 翻耕土地 ▷～田。→ ❷ 动 开发荒地 ▷～殖｜开～。

【垦荒】kěnhuāng 动 开垦荒地或荒山。

【垦区】kěnqū 名 为便于开垦、种植和管理而划出的农业开发区。

【垦殖】kěnzhí 动 开荒生产 ▷部队官兵在戈壁滩上进行～。

【垦种】kěnzhòng 动 垦荒种植 ▷～荒地。

恳（懇） kěn ❶ 形 真诚 ▷诚～｜～切｜～求。〇 ❷ 动〈文〉请求 ▷敬～。

【恳辞】kěncí 动 诚恳地谢绝 ▷他～了国外的高薪聘请，按时回国工作。

【恳切】kěnqiè 形 诚恳而热切 ▷态度～｜～祝愿。

【恳亲】kěnqīn 动 恳切地亲近 ▷～联谊｜学校邀请学生家长开～会。

【恳请】kěnqǐng 动 诚恳地邀请；恳切地请求 ▷～光临｜～同意。

【恳求】kěnqiú 动 恳切地请求 ▷～核准。

【恳谈】kěntán 动 诚恳地交谈 ▷双方定期～。

【恳托】kěntuō 动 诚恳地托付。

【恳挚】kěnzhì 形 恳切诚挚 ▷言辞～｜态度～。

硍 kěn 动 啃(多见于近代汉语)。
另见本页 kèn；1646 页 yín。

啃 kěn 动 从较硬的东西上一点儿一点儿地用力往下咬 ▷～老玉米｜～窝头｜老鼠把柜子～了个洞◇～书本。

【啃骨头】kěngǔtou 啃下骨头上难啃的肉；比喻一点儿一点儿地解决难以解决的问题 ▷用蚂蚁～的精神攻克难关。

【啃老族】kěnlǎozú 名 一般指不自食其力，一味靠父母养活的成年人。

【啃啮】kěnniè 动 啃咬；比喻折磨 ▷悔恨～着他的心。

【啃青】kěnqīng〈口〉❶ 动 (牲畜)吃青苗。❷ 动 把未完全成熟的庄稼收割下来吃。

【啃书本】kěnshūběn 一字一句地弄懂书本上的内容；形容认真读书或死读书 ▷整天～。

龈（齦） kěn 古同"啃"。
另见 1647 页 yín。

kèn

掯 kèn ❶ 动 某些地区指按压 ▷～住腿，别让他乱踢。→ ❷ 动 某些地区指压制或刁难 ▷勒(lēi)～。

硍 kèn 名〈文〉石上的痕迹。
另见本页 kěn；1646 页 yín。

裉 kèn 名 衣服腋下接缝的部分 ▷煞～(把裉缝上)。

kēng

坑（*阬） kēng ❶ 名 地面上凹陷下去的地方 ▷挖个～｜土～｜水～。→ ❷ 动〈文〉挖坑活埋 ▷焚书～儒｜～杀。❸ 动 陷害；设计害人 ▷把我给～苦了｜～蒙拐骗｜～人｜～害。→ ❹ 名 地洞；地道 ▷矿～｜～井｜～道。☛ 跟"炕"不同。

【坑道】kēngdào ❶ 名 为开矿在地下挖的通道。❷ 名 为作战而修筑的互相连通的地下工事。

【坑害】kēnghài 动 用阴险狡诈的手段危害他人 ▷贩毒者～无知的青少年。☛ 跟"损害"不同。"坑害"通常是对他人施行的有意行为；

“损害”则不一定是有意的。

【坑井】kēngjǐng 名 坑道和矿井。

【坑坑洼洼】kēngkengwāwā 形 形容地面或物体表面高低不平 ▷这条路～，很难走。

【坑蒙】kēngmēng 动 欺骗陷害 ▷甜言蜜语，～他人|～拐骗。

【坑木】kēngmù 名 矿井中用来支撑巷道的木料。

【坑骗】kēngpiàn 动 用欺诈手段使人上当受骗 ▷～无知少女|他被不法分子～了。

【坑气】kēngqì 名 某些地区指沼气。

【坑杀】kēngshā 动 挖坑活埋 ▷～降卒|日本侵略者～我无辜百姓。

【坑洼】kēngwā 名 凹陷的地方 ▷这段路～太多。

【坑子】kēngzi 名 坑①。

吭 kēng 动 发出声音；说话 ▷问了半天，他一声也不～|～气。☛ 读 kēng，表示动作，如“吭气”；读 háng，指咽喉，如“引吭高歌”。

另见 541 页 háng。

【吭哧】kēngchi ❶ 拟声 模拟用力干活儿时发出的喘息声 ▷累得～～直喘气。❷ 动 费力地、吞吞吐吐地说话 ▷他～了半天，谁也听不懂他讲什么。❸ 动 缓慢费力地做 ▷好容易才把这篇作文～出来。

【吭气】kēngqì 动 发出声音。指发表意见 ▷问谁谁也不～|他正在火头上，谁敢～呀！

【吭声】kēngshēng 动 吭气 ▷她多累也不～。

硁（硜） kēng 拟声〈文〉模拟敲击石头的声音。

铿（鏗） kēng 拟声 模拟响亮的声音 ▷榔头敲在木桩上～～地响。

【铿锵】kēngqiāng 形 形容声音响亮而有节奏 ▷～激越的旋律|话语～，掷地有声。

【铿然】kēngrán 形 形容声音响亮有力 ▷～有金石声。

kōng

空 kōng ❶ 形 里面没有东西 ▷缸是～的，一点儿水都没有|～着手来的|挖～心思|～腹|～虚。→ ❷ 形 内容浮泛，不切实际 ▷～谈|～想|～泛。→ ❸ 名 天空 ▷皓月当～|碧～|航～|～中楼阁。→ ❹ 动 无；没有 ▷～前绝后|目～一切|人财两～。→ ❺ 副 白白地；徒然 ▷～高兴一场|～忙。

另见 791 页 kòng。

【空靶】kōngbǎ 名 训练对空射击时所使用的靶子，如氢气球、无人驾驶的靶机。

【空仓】kōngcāng 动 指投资者尚未建仓或将所持有的有价证券、期货全部卖出，只持有资金 ▷这支股票低迷，已有半数股民～。

【空敞】kōngchǎng 形 空旷而敞亮，能够一览无余 ▷门外有一片～地|大厅里很～。

【空巢】kōngcháo 名 从幼鸟离巢到再次孵卵这一段时间的鸟巢；比喻老人身边没有子女陪伴的家庭 ▷老人独守～|～家庭。

【空城计】kōngchéngjì 名《三国演义》中说，魏军攻下街亭后，直逼西城，诸葛亮因没有兵力迎战，索性大开城门，并在城楼上从容弹琴。魏将司马懿疑有伏兵，带兵退去。后用“空城计”泛指掩饰自己力量空虚而迷惑对方使受骗的计策。

【空乘】kōngchéng ❶ 名 航空乘务，即客机上为乘客服务的各种事务 ▷他干的是～|～人员。❷ 名 指客机上的乘务人员 ▷这趟班机上有 4 名～。

【空挡】kōngdǎng 名 汽车、拖拉机等的变速装置中，变速齿轮处在与从动齿轮、主动齿轮不相连接的位置，从而不能获得驱动力，这种状态叫空挡。汽车、拖拉机等在刹车后期、平地停车等状态时使用该挡。

【空荡】kōngdàng 形 空阔无物 ▷新建的仓库显得很～。

【空荡荡】kōngdàngdàng ❶ 形 形容场景空阔冷清的样子 ▷开会的人还没有来，会场还是～的。❷ 形 形容精神空虚，不充实 ▷心里老是～的。

【空洞】kōngdòng ❶ 名 物体上或物体内部的孔隙；窟窿。❷ 形 比喻言论和文章没有实际内容 ▷内容～|～无物。

【空对空】kōngduìkōng ❶在空中向着空中的目标 ▷～导弹。❷形容全篇说的都是空话；也形容争论的双方说的都是空话 ▷写十篇～的文章不如办一件实事。

【空乏】kōngfá 形 空洞贫乏。多形容文章没有实际内容 ▷这本书内容～。

【空翻】kōngfān 名 一种体操动作。身体向前或向后腾空翻转一周或一周以上。

【空泛】kōngfàn 形（文章、讲话）空洞而浮泛；不具体 ▷这篇文章内容～|少发～的议论。

【空防】kōngfáng 名 为保卫领空而设置的防务。

【空房】kōngfáng 名 没有堆放东西或没有住人的房子。

【空腹】kōngfù 动 空着肚子(进行) ▷别～喝酒。

【空岗】kōnggǎng 动 值勤岗位上无人值勤；泛指工作岗位上无人工作 ▷做好假日值班工作，严禁～、脱岗。☛ 跟“空(kòng)岗”不同。

【空港】kōnggǎng 名 航空港的简称。

【空谷足音】kōnggǔ-zúyīn 在空荡寂静的山谷里听到脚步声。比喻极为难得的信息、言论等。

【空管】kōngguǎn ❶ 动 空中交通管制的简称。利用通信、导航技术和监控设备等对航空器在空中飞行情况进行管理和控制，以保证飞行安全和空域使用效率。也说空中管制。❷ 名 承担空中交通管制职责的部门 ▷等候～通知我机起飞时间。

【空喊】kōnghǎn 动 光叫喊，没有实际行动 ▷～喊不来小康社会。

【空耗】kōnghào 动 白白地消耗 ▷～燃料。

【空话】kōnghuà 名 没有内容或不切实际的话；不准备实现的承诺 ▷少说～，多办实事。

【空怀】kōnghuái ❶ 动 胸中白白地抱有（理想、志向等） ▷～凌云壮志。○ ❷ 动 指适龄的母畜交配或人工授精后没有怀孕。

【空幻】kōnghuàn 形 虚幻不实 ▷～的梦境。

【空际】kōngjì 名 天空 ▷一道彩虹浮现～。

【空寂】kōngjì 形 空旷寂静 ▷～的原野。

【空架子】kōngjiàzi 名 比喻没有实际内容，徒有其表的组织机构、文章等 ▷有的研究所没有研究人员，只是挂个牌子的～。

【空间】kōngjiān ❶ 名 哲学上指物质运动的一种存在形式，由长度、宽度和高度构成，具有客观性和无限性；一般指某一区域或部位 ▷真皮沙发占了很大的～。❷ 名 未被占用的某一空间 ▷屋子里家具太多，留下的～太少。❸ 名 指太空 ▷～科学|～探测。

【空间技术】kōngjiān jìshù 关于各种航天器的设计、制造、发射和应用的科学技术。也说宇航技术。

【空间科学】kōngjiān kēxué 研究发生在宇宙空间的天文、物理、化学和生命活动等自然现象及其规律的科学。

【空间探测器】kōngjiān tàncèqì 人类送入太空或太空星体进行科学探测的仪器，能记录各种信息供研究分析。如火星探测器。也说宇宙探测器。

【空间通信】kōngjiān tōngxìn 以航天器或天体为对象的无线电通信。包括航天器之间的通信、航天器与地球站之间的通信，以及通过航天器转发或反射电磁波进行的地球站之间的通信。

【空间站】kōngjiānzhàn ❶ 名 在地球卫星轨道上运行的载人航天器，里面有工作和生活设施，有先进完善的通信计算等设备，可作多方面的观测和研究。❷ 名 设在月球及其他行星或宇宙飞船上的空间通信设施。‖ 也说航天站、太空站。

【空降】kōngjiàng 动 利用航空器或降落伞从空中降落地面 ▷～兵|～物资。

【空降兵】kōngjiàngbīng 名 能以空降方式迅速到达指定地点执行任务的兵种；也指这一兵种的士兵。通称伞兵。

【空姐】kōngjiě 名 空中小姐的简称。

【空军】kōngjūn 名 在空中作战的军种。一般由航空兵和空军地面部队组成。

【空空如也】kōngkōngrúyě 形容空荡荡，什么也没有的样子（如：古汉语中的形容词词缀，相当于"……的样子"） ▷兜里没有一分钱，～。

【空口】kōngkǒu ❶ 副 只是嘴说，没有行动或事实 ▷～说是一回事，真正做是另一回事|～无凭。❷ 副 不吃饭、不喝酒而只吃菜，或只吃饭、只喝酒而不吃菜 ▷这小孩儿光～吃菜|～喝酒会伤胃。

【空口说白话】kōngkǒu shuō báihuà ❶说没有根据的话 ▷不能～，你得拿出证据来。❷只是说，没有实际行动 ▷～就会失信于人。

【空口无凭】kōngkǒu-wúpíng 只是嘴上说，没有凭据 ▷～，立字为证。

【空旷】kōngkuàng 形 地方宽广，没有遮拦 ▷～的训练场。

【空阔】kōngkuò 形 空旷宽阔 ▷～的大草原。

【空廓】kōngkuò 形 空旷寥廓 ▷天寒地冻，郊野显得格外～。

【空栏】kōnglán ❶ 名 没有家畜的栏圈。❷ 名 表格中没有填写内容的格子。

【空灵】kōnglíng 形 虚幻神奇而难以捉摸 ▷这～、梦幻般的景色，令人陶醉。

【空论】kōnglùn 名 空洞的言论 ▷多提具体建议，少发～。

【空落落】kōngluòluò 形 空荡荡。

【空茫】kōngmáng ❶ 形 空旷而迷茫 ▷远山～。❷ 形 形容心中没有着落，若有所失 ▷心里一片～，万念俱消。

【空门】kōngmén ❶ 名 佛门（佛教认为大千世界一切皆空） ▷削发为尼，遁入～。○ ❷ 名 在足球等球类比赛中，因守门员离开而暂时无人把守的球门 ▷球入～。

【空蒙】kōngméng 形〈文〉迷茫缥缈的样子 ▷一片～烟雨中。☛ 不要写作"空濛"。

【空名】kōngmíng 名 虚名；没有实际意义的名义 ▷我这副厂长不过是挂个～而已。

【空漠】kōngmò 形〈文〉空虚寂寞；无人的 ▷～的原野。

【空难】kōngnàn 名 飞机或其他航空器在航行中因失事而造成的灾难。

【空气】kōngqì ❶ 名 弥漫于地球周围的混合气体。主要成分为氮和氧，另外还有水蒸气、二氧化碳、稀有气体等。❷ 名 指气氛 ▷让紧张～缓和下来。

【空气锤】kōngqìchuí 名 用压缩空气产生动力的锻锤。也说气锤。

【空气加湿器】kōngqì jiāshīqì 一种能喷出水汽，增加室内空气湿度的电器。

【空气调节器】kōngqì tiáojiéqì 调节室内或载人

交通工具内的温度、湿度、清洁度等的电器。简称空调器、空调。

【空气污染】kōngqì wūrǎn 大气污染。

【空气污染指数】kōngqì wūrǎn zhǐshù 评价空气质量的一种数据。用0—500表示空气中污染物的浓度,数字越大,污染物浓度越高,空气质量越差(英语缩写为API)。

【空气浴】kōngqìyù 动 把身体直接裸露在新鲜空气流中以健身防病 ▷他们风浴、雨浴、~、太阳浴,锻炼体魄,磨砺意志。

【空气质量】kōngqì zhìliàng 指空气的清洁程度。我国目前把空气质量按空气污染指数的高低分为5级。级数越高,空气质量越差。

【空气质量指数】kōngqì zhìliàng zhǐshù 报告空气质量的参数。描述空气清洁或者污染的程度,以及对人体健康的影响(英语缩写为AQI)。

【空前】kōngqián 动 以前不曾有 ▷国力~强大|规模~。

【空前绝后】kōngqián-juéhòu 以前不曾有,以后也不会有。多用来形容独一无二的成就或非凡的盛况。

【空勤】kōngqín 名 航空部门指在空中为飞行服务的各项工作;也指从事空勤工作的人员(跟"地勤"相区别)。

【空嫂】kōngsǎo 名 年龄稍大的已婚的客机女乘务员。

【空身】kōngshēn 动 空着身子。指(外出时)身上没有携带东西 ▷~前往。

【空驶】kōngshǐ 动 空载行驶。

【空手】kōngshǒu ❶ 动 手里没有拿东西;没有带礼物 ▷~对白刃|你也不能~去看你老丈人呀! ❷ 动 指不用范本或图样 ▷~刺绣。

【空手道】kōngshǒudào 名 日本的一种徒手格斗拳术,源于中国少林寺的技击,现已成为一种国际性体育竞技项目。

【空疏】kōngshū 形〈文〉(文章、言论、学问等)空虚浅薄 ▷~之谈。

【空谈】kōngtán ❶ 动 只说不做 ▷他是个实干家,不尚~。❷ 名 脱离实际的言论 ▷这种不切实际的~,毫无用处。

【空调】kōngtiáo 名 空气调节器的简称。

【空调病】kōngtiáobìng 名 空调使用不当而引起的身体不良反应,如头昏、头痛、胸闷、心跳加速、倦怠乏力等。

【空头】kōngtóu ❶ 区别 有名无实的;不能实现的 ▷~理论家|送个~人情。❷ 名 证券、外汇、期货市场上交易活动的一种。交易者在预计某种证券、外汇或商品的行情将跌时先卖出,待价格下跌后再买回来,从中赚取差价。因交易者在补进之前手头没有证券等,故称。

【空头支票】kōngtóu zhīpiào ❶ 票面金额超过存款余额或透支限额而不能生效的支票。❷ 比喻不能实现的承诺。

【空投】kōngtóu 动 从航空器上用降落伞把人或物资投向指定的地点 ▷向灾区~救灾物资。

【空文】kōngwén ❶ 名 说空话的文章。❷ 名 无实际意义或未得实施的规章条文 ▷政令竟成一纸~。

【空袭】kōngxí 动 从空中进行袭击 ▷~警报。

【空衔】kōngxián 名 没有实际权力或不发挥实际作用的头衔。

【空想】kōngxiǎng ❶ 动 只想不做;脱离实际地想象 ▷改变落后面貌要靠实干,不能~。❷ 名 脱离实际的想法和理论。☛ 参见599页"幻想"的提示。

【空心】kōngxīn ❶ 动 内部变空或空着 ▷萝卜~了|这棵树已经空了心。❷ 区别 物体中空或不实的(跟"实心"相区别) ▷~砖|~板。☛ 跟"空心(kòngxīn)"不同。

【空心菜】kōngxīncài 名 蕹(wèng)菜。因茎秆中空,故称。

【空心砖】kōngxīnzhuān 名 一种中心有空洞的砖。重量较轻,具有较好的保暖和隔音性能。

【空虚】kōngxū 形 里面没有东西;形容实际力量薄弱,精神不充实 ▷敌人兵力~|内心~。

【空穴来风】kōngxué-láifēng 有洞穴的地方,风就能透进来。原比喻出现的传言都有一定原因或根据;现多用来指传言没有根据。

【空言】kōngyán ❶ 名 不切实际的空话 ▷需要的不是天花乱坠的~,而是实际行动|徒托~。❷ 动 说空话而并不行动;空谈 ▷没有任何具体措施,还~什么防范。

【空邮】kōngyóu 动 用飞机运送邮件。

【空域】kōngyù 名 划定的空中范围 ▷学员驾驶的飞机要在一定的~内飞行。

【空援】kōngyuán 动 从空中援助 ▷派直升机~地面部队。

【空运】kōngyùn 动 从空中运输(跟"陆运""水运"相区别) ▷那批物资已~到京。

【空载】kōngzài 动 零负荷装载 ▷飞机~试飞|周密调度,尽量避免~。

【空葬】kōngzàng 动 一种丧葬方式,通常是在飞机上把骨灰撒在死者的故乡或生前工作过的地方。

【空战】kōngzhàn ❶ 动 敌对双方的飞机在空中交战。❷ 名 在空中进行的战斗。

【空置】kōngzhì 动 空着放在一边不用;闲置 ▷把~的房子租出去。

【空中】kōngzhōng ❶ 名 离地面较高的空间 ▷飞机在~盘旋。❷ 区别 指依靠卫星、电视和广播等手段传播信息的 ▷~市场|~学校。

【空中飞人】kōngzhōng fēirén 杂技、马戏中借助摆动惯性在空中飞来飞去的特技表演。

【空中花园】kōngzhōng huāyuán 在楼房屋顶上建造的花园。

【空中警察】kōngzhōng jǐngchá 维护民航治安，保证民航飞机顺利飞行和乘客安全的警察。简称空警。

【空中客车】kōngzhōng kèchē 短程或中程的大型宽体客机。20 世纪 70 年代由法国、德国、英国和西班牙 4 国共同研制生产。

【空中楼阁】kōngzhōng-lóugé 比喻脱离实际的理论、计划或凭空虚构的事物。

【空中小姐】kōngzhōng xiǎojiě 在客运飞机上从事服务性工作的年轻女乘务员。简称空姐。

【空竹】kōngzhú 图 一种玩具。用竹木或塑料制成，中间为短轴，两端或一端装有带小孔的轮形盒子。用绳子转动短轴，使其迅速旋转，发出嗡嗡的响声。也说空钟。

【空转】kōngzhuàn ❶ 动 机器在没有负荷的情况下运转。❷ 动 车轮或皮带轮转动时，因摩擦力太小而不能有效地工作 ▷汽车轱辘在泥水里～。☛“转”这里不读 zhuǎn。

倥 kōng［倥侗］kōngtóng 形〈文〉愚昧无知。另见 791 页 kǒng。

埪 kōng ❶ 名〈文〉龛。○ ❷ 用于地名。如：庙埪，在广东；裴家埪，在陕西。

崆 kōng［崆峒］kōngtóng 名 山名，在甘肃；岛名，在山东。

悾 kōng［悾悾］kōngkōng 形〈文〉诚恳。

硿 kōng 拟声〈文〉模拟石头落下或其他物体撞击的声音 ▷于乱石间择其一二扣之，～～焉。

另见 792 页 kòng。

箜 kōng［箜篌］kōnghóu 名 古代一种拨弦乐器，有竖式、卧式两种，弦数因乐器大小而异，最少 5 根，最多 25 根。参见插图 12 页。

kǒng

孔 kǒng ❶ 名 窟窿；洞眼儿 ▷这座桥有 7 个～|无～不入|鼻～|～穴。→ ❷ 形 通达的 ▷交通～道。→ ❸ 量 常用于窑洞、油井等有孔的东西 ▷一～油井。○ ❹ 名 姓。

【孔道】kǒngdào ❶ 名 两地来往必须经过的道路；通道 ▷新建的大桥是沟通南北的～|开辟两国文化交流的～。❷ 名 物体内部的管状空隙 ▷蛀虫的侵蚀使木柱形成许多～。

【孔洞】kǒngdòng 名 窟窿；器物上穿的眼儿。

【孔方兄】kǒngfāngxiōng 名 对钱的戏称（旧时的铜钱中间有方孔）▷这种人爱的只是～。也说孔方、孔兄、方兄。

【孔教】kǒngjiào 名 儒教。

【孔径】kǒngjìng ❶ 名 物理学上指能使光线或微观粒子通过的口径。❷ 名 通常指涵洞、桥洞等的跨度或机件上圆孔的直径 ▷这座桥的～为 3 米。

【孔孟之道】kǒngmèngzhīdào 以孔子、孟子为代表的儒家思想和理论体系。

【孔庙】kǒngmiào 名 纪念和祭祀孔子的庙宇。也说孔子庙、夫子庙、文庙。

【孔雀】kǒngquè 名 鸟，头上有羽冠，雄的尾羽特别长，展开呈扇形。常见的有绿孔雀和白孔雀，是重要的观赏鸟。参见插图 5 页。

【孔雀蓝】kǒngquèlán 形 形容颜色像绿孔雀颈部羽毛的色泽一样深蓝而富有光泽。景泰蓝的底色、蓝琉璃瓦的颜色都属孔雀蓝。

【孔雀绿】kǒngquèlǜ ❶ 形 形容颜色像绿孔雀的羽毛一样绿 ▷～的裙子。❷ 名 一种碱性有机染料，能染出孔雀绿的颜色。

【孔雀石】kǒngquèshí 名 矿物，翠绿色，有的花纹呈孔雀尾羽状，是炼铜的原料，也可做装饰品。

【孔武有力】kǒngwǔ-yǒulì 非常勇武有力（孔：很；非常）。

【孔隙】kǒngxì 名 小窟窿；缝隙。

【孔穴】kǒngxué 名 窟窿；洞。

【孔眼】kǒngyǎn 名 窟窿眼儿；小孔 ▷这种钻头钻的～很小。

【孔子】kǒngzǐ 名 春秋时鲁国人，姓孔，名丘，字仲尼。是伟大的思想家、政治家、教育家，儒家学说的创始人。其学说两千多年来影响极大，是我国传统文化的主流。也说孔夫子。

恐 kǒng ❶ 动 害怕；惊惧 ▷争先～后|～惧|惶～。→ ❷ 动 使害怕 ▷～吓(hè)。→ ❸ 副 表示担心或推测 ▷～有不测|～不能参加。

【恐怖】kǒngbù ❶ 形 因感到危险可怕而恐惧 ▷目睹那惨状，我心中很～|～手段。❷ 名 使人感到恐怖的手段和气氛 ▷制造～|正义的力量不会被～吓倒。☛ 语意比“恐惧”重。

【恐怖分子】kǒngbù fènzǐ 进行恐怖活动的人；一般称恐怖组织的成员。

【恐怖片】kǒngbùpiàn 名 充满恐怖情节和场面的影视片。口语中也说恐怖片儿(piānr)。

【恐怖主义】kǒngbù zhǔyì 以制造谋杀、劫持、爆炸等恐怖事件为手段来达到政治目的的主张和行为。

【恐怖组织】kǒngbù zǔzhī 信奉恐怖主义，对人民和国家进行恐怖活动的犯罪组织。

【恐高症】kǒnggāozhèng 名 登高时心慌、头晕的病症 ▷他有～，不能住高层。

【恐吓】kǒnghè 动 威胁；吓唬 ▷游人不得～动

物|～信。☛"吓"这里不读 xià。

【恐慌】kǒnghuāng ❶ 形 因害怕而慌张 ▷～的神色。❷ 名 指恐慌心理 ▷消除～。

【恐惧】kǒngjù 形 因感到危险而害怕 ▷脸上流露出～的神色|～心理。☛ 语意比"恐怖"轻。

【恐龙】kǒnglóng 名 中生代(地质年代名称,指距今2.5亿年至6500万年间)的一种爬行动物。种类很多,体形各异,大的长达数十米,体重可达四五十吨,小的不足一米。中生代末期灭绝。

【恐鸟】kǒngniǎo 名 已知鸟类中体形最大的鸟。体高可达4米,翅膀退化,不能飞翔。以嫩树叶、浆果、树籽等为食。很早生活在新西兰,大约在19世纪初灭绝。

【恐怕】kǒngpà ❶ 动 担心;疑虑 ▷妈妈～孩子走错了路,才再三叮嘱。❷ 副 表示推测、估计 ▷下这么大的雨,～他不会来了。

【恐水病】kǒngshuǐbìng 名 狂犬病。

倥 kǒng [倥偬] kǒngzǒng 形〈文〉事务繁忙、紧迫 ▷戎马～。
另见790页 kōng。

kòng

空 kòng ❶ 动 使空缺;腾出来 ▷不会写的字先～着|两段中间～一行|把外屋～出来。→ ❷ 形 空缺的;没有使用的 ▷～地|～额|～白。❸ 名 还没有安排利用的时间、空间 ▷这几天一点儿～儿都没有|园子里已经种满了蔬菜,没～儿了|抽～|得～|填～。
另见787页 kōng。

【空白】kòngbái ❶ 名(书页、版面、书画等上面)没有文字图画的部分;泛指某些没有东西的地方 ▷书上～的地方都写满了批语◇填补了一项高科技的～。❷ 形 空着的,尚未利用或使用的 ▷～支票|～介绍信。

【空白点】kòngbáidiǎn 名 还没有涉及的地方或方面 ▷法制教育不要留有～。

【空场】kòngchǎng ❶ 名 空着的场地。❷ 名 文艺演出过程中,舞台上出现的没有演员的空当。

【空当】kòngdāng 名 未被占用的空间或时间;空隙 ▷孩子从栅栏的～挤了过去|利用会议休息的～,你去把他叫来。

【空档】kòngdàng 名 某些事物短缺的时段 ▷瞄准市场的～,加紧生产。

【空地】kòngdì ❶ 名 闲置着的土地 ▷场院里的那块～可以栽花种草。❷ 名 没放东西的地方 ▷仓库里堆得满满的,连一块～也没有。

【空额】kòng'é 名 没有占用的名额 ▷为引进人才留了几个～。

【空岗】kònggǎng 名 缺工作人员的岗位 ▷我市现有适合高校毕业生就业的三产～近万个。也说空(kòng)位。☛ 跟"空(kōng)岗"不同。

【空格】kònggé 名 一行中没有字的空白处 ▷每段开头留两个～。

【空缺】kòngquē ❶ 名 空着的岗位、名额 ▷调你来就是补副校长这个～。❷ 名 泛指不足的部分 ▷经费还有很大的～。

【空日】kòngrì 名 某些历法中不记日月的日子。如傣族历法中除夕和次年元旦之间的一天或两天。

【空位】kòngwèi ❶ 名 没有人坐的座位 ▷楼上还有～,我们去那儿坐吧。❷ 名 空(kòng)岗。

【空隙】kòngxì ❶ 名 中间空着的地方 ▷株与株之间都有一定的～。❷ 名 没有占用的空闲时间 ▷两节课之间的～。❸ 名 空子;可利用的机会 ▷要使对方无～可钻。

【空暇】kòngxiá 名 闲暇;没有事情的时候。

【空闲】kòngxián ❶ 名 闲暇时间 ▷下午能有～。❷ 动 闲着没事;有了闲暇 ▷等你～下来再讨论。❸ 动 闲着不用 ▷这房一直～着。

【空心】kòngxīn 动 没有进食,使肚子空(kōng)着 ▷这种药切忌～服用。☛ 跟"空心(kōngxīn)"不同。

【空余】kòngyú ❶ 动 剩余;空着没有被利用 ▷～半小时做习题。❷ 形 剩余的;闲置的 ▷时间很～|～设备。

【空子】kòngzi ❶ 名 还没有被利用的空间或时间 ▷人都挤满了,一点儿～也没有了|抽个～把房间收拾一下。❷ 名 可乘的机会;可以被利用的疏漏 ▷这些人钻了管理不严的～。

控[1] kòng 动 掌握;操纵 ▷～制|遥～。

控[2] kòng 动 告发;揭发 ▷～告|～诉|指～。

控[3] kòng ❶ 动 使身体的一部分失去支撑 ▷椅子太高,把腿～肿了。→ ❷ 动 使人的头部朝下,吐出食物或水;使容器口朝下,让里面的液体流出 ▷把落水的人拖上岸,先～～肚里的水|把油瓶～干净。

【控扼】kòng'è 动〈文〉掌握并控制 ▷～咽喉要地。

【控告】kònggào 动 向国家机关、司法机关揭露某个人或集体违法、失职或犯罪的事实,并要求依法惩治。

【控购】kònggòu 动 控制社会集团购买某些非生产所需或市场紧缺的商品。

【控股】kònggǔ 动 拥有企业相对多数股份,因而能够对企业业务加以控制。

【控股公司】kònggǔ gōngsī 拥有某企业较多股份,并能对该企业加以控制的公司。

【控盘】kòngpán 动 在股票、期货等交易中,操纵、控制市场行情。

【控诉】kòngsù 动 受害人向有关机关或公众陈述受害事实,揭发加害者的罪行,要求依法惩处加害者 ▷~绑匪的罪行。☛ 参见 1079 页"起诉"的提示。

【控烟】kòngyān 动 对生产、销售、吸食烟草予以控制 ▷加大公共场所~力度|从源头上严格~。

【控制】kòngzhì ❶ 动 掌握、支配,使不越出一定范围 ▷~货币发行量|~洪水|~情绪。❷ 动 占据,使不丧失 ▷~阵地。☛ 跟"克制"不同。"控制"的对象可以是该行为发出者自身,也可以是别的人或事物;"克制"的对象则是该行为发出者自己的情绪、欲望等。

【控制论】kòngzhìlùn 名 研究生物(包括人类)和机器中的控制以及信息传递的一般规律的学科。主要研究控制和传递过程中的数学关系。有助于生产自动化、国防现代化,也可使经济管理等提高到一个新的水平。

硿 kòng 用于地名。如硿南,在广东。另见 790 页 kōng。

鞚 kòng 〈文〉❶ 名 马笼头。→ ❷ 动 驾驭。○ ❸ 名 古代指一种鼓。

kōu

抠(摳) kōu ❶ 动 用手指或尖细的东西挖或掏 ▷掉进窟窿眼儿里的螺丝还真难~。→ ❷ 动 雕刻(花纹) ▷木板上~花纹。→ ❸ 动 向深处或狭窄的方面钻研 ▷~字眼儿|~了几年书本儿。○ ❹ 形 〈口〉吝啬 ▷该花的钱不肯花,真~。

【抠门儿】kōuménr 形 〈口〉小气;吝啬 ▷别~,今天该你请客了。

【抠搜】kōusou 〈口〉❶ 动 抠① ▷好半天也没把洞里的小虫~出来。❷ 形 不爽快;磨蹭 ▷你干活儿怎么这么~?❸ 形 该花的钱舍不得花;小气,不大方 ▷瞧他那个~劲儿,钱那么多就是舍不得拿出来一点儿!

【抠字眼儿】kōuzìyǎnr 专门在用词用字上下功夫或挑毛病。

芤 kōu 名 〈文〉葱。

【芤脉】kōumài 名 中医指浮大而软的脉搏,按起来如葱管,多见于大失血之后。

弬(彄) kōu ❶ 名 〈文〉弓弩两端系弦的地方。○ ❷ 名 姓。

眍(瞘) kōu 动 眼窝深陷 ▷发了两天烧,眼睛都~进去了|累得都~眼了。☛ 统读 kōu,不读 kóu 或 ōu。

【眍䁖】kōulou 动 眍 ▷~着两只眼睛。

kǒu

口 kǒu ❶ 名 人和动物吃东西的器官,有的也是发声器官的一部分 ▷病从~入|漱~|~试|~技。通称嘴。→ ❷ 名 指人对饮食味道的感觉和喜好 ▷香甜可~|~重|~轻。→ ❸ 名 指话语 ▷~才|~气|~音。→ ❹ 名 指人口(多指一个家庭内部的) ▷五~之家|户~。→ ❺ 名 容器与外界相通的部位 ▷瓶子~|碗~。❻ 名 泛指一般器物与外界相通的部位 ▷窗~|枪~|~径。→ ❼ 名 出入通过的地方 ▷门~|出~|入海~。⇒ ❽ 名 特指长城的关口 ▷古北~|西~|~外。⇒ ❾ 名 特指港口 ▷出~产品|进~|转~。⇒ ❿ 名 专业方向;行业系统 ▷对~分配|文教~。→ ⓫ 名 (人体或物体表面)破裂张开的地方 ▷手上剐了个~儿|裂~|决~。→ ⓬ 名 刀、剪等利器的刃 ▷剪子还没开~|刀~。→ ⓭ 名 指骡、马等的年龄(它们的年龄可以从牙齿的多少和磨损的程度看出来) ▷这匹马~还轻|七岁~。→ ⓮ 量 a)用于人或某些牲口 ▷三~人|两~猪。b)用于某些有口或有刃的器物 ▷一~井|一~铡刀。参见插图 13 页。c)用于跟口有关的动作或事物 ▷吸了一~气|三~两~吃完了。○ ⓯ 名 姓。

【口岸】kǒu'àn ❶ 名 港口 ▷开放~。❷ 名 边境贸易关卡。

【口杯】kǒubēi 名 喝水、漱口等用的杯子。

【口碑】kǒubēi 名 指大家的口头称颂(旧时称颂文字多刻在碑上);泛指大家的口头评价 ▷~很好|~不佳。

【口碑载道】kǒubēi-zàidào 称颂的话语一路上都能听到(载道:充满道路)。形容到处都有人称颂。

【口辩】kǒubiàn ❶ 名 口才;能言善辩的才能 ▷他虽有~,却不很务实。❷ 动 争辩;辩论。

【口才】kǒucái 名 口头表达的才能 ▷~训练。

【口彩】kǒucǎi 名 吉利的话 ▷讨个~。

【口称】kǒuchēng ❶ 动 开口称呼 ▷小伙子走过来,~"大哥"。❷ 动 只在口头上表示 ▷~尊重群众意见,实际上是推卸责任。

【口吃】kǒuchī 形 说话时发音不由自主地重复、停顿,语气不连贯。也说结巴。

【口齿】kǒuchǐ 名 指说话发音吐字状况;口头表达的能力 ▷~清晰。

【口臭】kǒuchòu ❶ 动 嘴里发出难闻的气味。多由龋齿、口腔炎症、消化不良等引起 ▷病人~得厉害。❷ 名 嘴里发出的难闻气味。

【口出狂言】kǒuchū-kuángyán 说出狂妄的话。

【口传】kǒuchuán 动 口头传授或传达 ▷许多民间故事都是~下来的|~命令。

【口传心授】kǒuchuán-xīnshòu (传授技艺)口头讲解,心灵沟通。

【口疮】kǒuchuāng 名 口腔黏膜发炎形成的溃疡,边缘红肿,有较剧烈的灼痛。

【口袋】kǒudai ❶ 名 用布或皮革、塑料等制成的装东西的用具 ▷塑料~◇敌人钻进我军预设的~。❷ 名 衣兜 ▷把钱放在上衣~里。

【口袋书】kǒudaishū 名 一种开本较小、可以放进衣服口袋里的图书。也说口袋本、袋装书。

【口耳相传】kǒu'ěr-xiāngchuán 口说耳听,递相传授。形容口头流传或口头传授 ▷这些戏没有演出本子,是靠~保留下来的。

【口风】kǒufēng 名 从话语中透露出来的信息 ▷事先一点儿~也没露。

【口服】kǒufú ❶ 动 嘴上说信服 ▷~心不服。〇 ❷ 动 把药物吃进去。

【口服液】kǒufúyè 名 含有某些药物或营养成分的口服液体 ▷蜂王浆~。

【口福】kǒufú 名 能吃到好食物的福气 ▷分享~|大饱~|~不浅。

【口腹】kǒufù 名 嘴和肚子。借指吃喝儿 ▷耽于~|贪图~。

【口干舌燥】kǒugān-shézào 口腔、舌头干燥。形容说话太多、太久。

【口感】kǒugǎn 名 食物、饮料等在嘴里引起的感觉 ▷这种饮料~不错。

【口供】kǒugòng 名 受审者口头陈述案情的话(跟"笔供"相区别) ▷录下了他的~。

【口号】kǒuhào 名 用来宣传、鼓动的可供呼喊的简短句子 ▷~声此起彼伏。

【口红】kǒuhóng 名 涂抹嘴唇以增加嘴唇色泽或改变嘴唇颜色的化妆品。多为红色,故称。

【口惠而实不至】kǒuhuì ér shí bùzhì《礼记·表记》:"口惠而实不至,怨灾及其身。"后用"口惠而实不至"指仅在口头上答应给别人好处,而实际上却并不兑现。☛"口惠"也可单用。

【口技】kǒujì 名 一种杂技艺术,用口腔发音来模拟各种声音。

【口角】kǒujiǎo 名 嘴的左右两端 ▷口水从~流了出来。☛ 跟"口角(jué)"不同。

【口紧】kǒujǐn 形 说话小心谨慎,不轻易透露情况或作出承诺。

【口径】kǒujìng ❶ 名 器物圆口的内径 ▷小~步枪。❷ 名 比喻说话的内容、对问题的处理原则等(多就双方或多方来说) ▷要和上级的指示对上~|两个人讲话的~不一致。

【口诀】kǒujué 名 根据事物的内容要点编成的文辞简约、读来顺口的语句 ▷乘法~|笔顺~。

【口角】kǒujué 动 吵嘴;争吵 ▷两人经常~。☛ 跟"口角(jiǎo)"不同。

【口口声声】kǒukoushēngshēng 把某些话挂在嘴边,不断重复地说 ▷这小伙子~说要进城打工,可就是迟迟不动身。

【口快】kǒukuài 形 形容有话就说,不多加思索,不顾及后果 ▷就你~,也不管人家听了喜欢不喜欢|心直~。

【口粮】kǒuliáng 名 原指按人头发给的粮食;后泛指每人维持日常生活所需要的粮食。

【口令】kǒulìng ❶ 名 作战或操练时口头下达的简短命令 ▷排长喊着~。❷ 名 识别敌我的口头暗号 ▷~相符,是自己人。

【口蜜腹剑】kǒumì-fùjiàn 话说得甜蜜动听,心里却阴险狠毒。形容人狡诈阴险。☛"蜜"不要误写作"密"。

【口蘑】kǒumó 名 一种有白色肥厚菌盖的蘑菇,味鲜美,多生长于内蒙古草原。因以前都经由张家口输往内地,故称。

【口气】kǒuqì ❶ 名 语气的强弱缓急;说话的气势 ▷态度诚恳,~缓和|好大的~!❷ 名 说话时语气所表示出的意向或感情色彩 ▷听~,他好像不大赞成|~傲慢。

【口器】kǒuqì 名 节肢动物嘴周围的器官,具有摄取食物和感觉等功能。

【口腔】kǒuqiāng 名 嘴唇内的空腔,由两唇、两颊、硬腭、软腭等构成,内有牙齿、舌、唾液腺等。

【口腔科】kǒuqiāngkē 名 医学上指治疗口腔疾病的一科。

【口琴】kǒuqín 名 一种乐器。长方体,上面有两行并列的小孔,内装铜制簧片,吹吸小孔,便按音阶发出声响。

【口轻】kǒuqīng ❶ 形 (食物)不咸;含盐少 ▷这个菜~点儿。❷ 形 人的口味偏淡 ▷小杨一向~。〇 ❸ 形 牲口年龄小。

【口若悬河】kǒuruòxuánhé 说话像瀑布往下流一样,滔滔不绝。形容能言善辩。

【口哨儿】kǒushàor 名 双唇撮起,中间留一小孔(有的把手指插在口内),用力吹气而发出的类似哨子的声音 ▷他吹着~走路。

【口舌】kǒushé ❶ 名 口和舌。借指话语 ▷~之争|费了那么多~才劝住了他。❷ 名 因说话引起的误会、纠纷 ▷搬弄~。

【口实】kǒushí 名 可以被人利用的借口、话柄 ▷不要给人留下~。

【口试】kǒushì 动 一种考试方式,要求应试者口

头回答试题(跟"笔试"相区别) ▷各外语专业都要～|上午笔试,下午～。

【口是心非】kǒushì-xīnfēi 嘴里说得很好,心里想的却不是那样。形容心口不一。

【口授】kǒushòu ❶ 动 口头传授 ▷旧时艺人的技艺多由师傅～。❷ 动 口头述说而由别人记录整理成文字 ▷请按他～的内容拟一个讲话稿。

【口述】kǒushù 动 口头讲述 ▷～了常委会的处理意见。

【口水】kǒushuǐ 名 唾液的通称 ▷馋得流～。也说涎水、口涎。

【口水战】kǒushuǐzhàn 名 双方无休止的争吵或争辩(常跟"打"连用) ▷争论要抓住问题的实质,不要打无谓的～。也说口水仗。

【口算】kǒusuàn 动 一边心算一边说出运算过程和结果。

【口蹄疫】kǒutíyì 名 偶蹄动物(牛、羊、猪等)的一种病毒性急性传染病。主要症状是体温升高,口腔黏膜和蹄部起水疱并溃烂,口吐白沫,腿瘸。传染性极强。

【口条】kǒutiáo 名 作为菜肴的猪舌或牛舌。

【口头】kǒutóu ❶ 名 嘴上 ▷～革命派|只停留在～上。❷ 名 (用)口头叙说的形式(跟"书面"相区别) ▷～通知|～传达。

【口头禅】kǒutóuchán 名 原指有的禅宗和尚空谈而并不实行的禅理;也指平常谈话中借用的一些禅宗话语。今指经常挂在口头的习惯语。

【口头文学】kǒutóu wénxué 没有书面记载的口耳相传的民间文学。

【口头语】kǒutóuyǔ 名 说话时不自觉地反复说出的习惯用语 ▷他说话常带"这个这个"一类的～。

【口外】kǒuwài 名 指张家口以北的河北省北部和内蒙古自治区中部;泛指长城以北地区。也说口北。

【口味】kǒuwèi ❶ 名 (食物等)给人的味觉感受 ▷那盘藕片～真不错。❷ 名 个人对食物等味道的喜好 ▷红烧肉对我的～。❸ 名 指个人的情趣、爱好 ▷再好的文艺节目也不能适合所有人的～。

【口吻】kǒuwěn ❶ 名 (猪、狗等动物)嘴、鼻向前凸出的部分 ▷哈巴狗的～比狼狗的～短。○ ❷ 名 口气② ▷傲慢的～|他用商量的～提了几个问题。

【口误】kǒuwù ❶ 动 因不经意而说错了话或念错了字 ▷他一时～把意思说反了。❷ 名 因不经意说错的话或念错的字 ▷出现两处～。

【口涎】kǒuxián 名 口水。

【口香糖】kǒuxiāngtáng 名 一种糖果,用人心果(常绿乔木,浆果大如梨,心脏形,故称)树干内流出的胶质液汁加糖和香料等制成。只可咀嚼,不可咽下。也说香口胶。

【口信】kǒuxìn 名 口头转达的话 ▷捎个～。

【口形】kǒuxíng 名 人口部的形状;语音学上特指在发某个音时两唇的形状 ▷普通话的 i 和 ü 发音时～不同。

【口型】kǒuxíng 名 指说话或发音时口部的形状 ▷电影配音时要注意～是否吻合。

【口血未干】kǒuxuè-wèigān 结盟时涂在嘴上的牲畜血还没干。古人订立盟约时,要宰杀牲畜,并用牲畜的血涂在嘴上,以示信守。后用"口血未干"指刚订立盟约不久。

【口译】kǒuyì 动 口头翻译(跟"笔译"相区别)。

【口音】kǒuyīn ❶ 名 说话时个人所具有的声音特点 ▷听～,她像是唱京剧的。❷ 名 指方音 ▷小范没～,小吴～重。❸ 名 口气② ▷听～,她好像不太赞成这么做。

【口语】kǒuyǔ 名 口头使用的语言(跟"书面语"相区别)。

【口谕】kǒuyù 名 旧指上司或尊长的口头指示。

【口占】kǒuzhàn 动 (作诗词不打草稿)随口吟诵出来 ▷～绝句一首。

【口罩】kǒuzhào 名 罩在嘴和鼻子上用以防止风寒、灰尘或病菌侵入的一种卫生用品,一般用纱布缝制而成。

【口重】kǒuzhòng ❶ 形 (食物)比较咸;含盐多 ▷那个菜～了。❷ 形 人的口味偏咸 ▷有的人～,有的人口轻。

【口诛笔伐】kǒuzhū-bǐfá 用口头和书面形式对罪状进行揭露、声讨。

【口拙】kǒuzhuō 形 嘴笨;口头表达能力不强 ▷他～,但很能写。

【口子】kǒuzi ❶ 名 身体或物体破裂的地方 ▷胳膊被划了一道～。❷ 名 山谷、堤岸、墙体等中间的大豁口 ▷堵住了被洪水冲开的～|在西墙打了一个～。❸ 名 比喻违规的破例做法 ▷这个～千万不能开。○ ❹ 量 多用于家庭或家族成员 ▷他家祖孙三代总共五～。❺ 名 借指配偶 ▷两～|我家那～。

kòu

叩(*敂❶) kòu ❶ 动 敲打 ▷～诊|～齿|～门。→ ❷ 动 磕头 ▷三拜九～|～拜|～贺。○ ❸ 动 〈文〉询问;探问 ▷～以边事|～问。○ ❹ 名 姓。

【叩拜】kòubài 动 磕头;现多用作礼节性客套话 ▷～祖宗|～老师。

【叩打】kòudǎ 动 敲打 ▷用力～铁门。

【叩击】kòujī 动 敲打 ▷～门环。

【叩见】kòujiàn 动 〈文〉进见(尊长、上司);拜见

▷～父母大人。

【叩首】kòushǒu 动〈文〉磕头 ▷三～！

【叩头】kòutóu 动 磕头 ▷给母亲～。

【叩头虫】kòutóuchóng ❶ 名 昆虫，成虫体色暗褐。若抓住它，用手指按其腹部，其头和前胸即不停弹动，状如叩头，故称。❷ 名 比喻见了上司就点头哈腰、溜须拍马的人。‖ 也说磕头虫。

【叩谢】kòuxiè 动〈文〉磕头表示感谢；泛指恭敬地表示谢意 ▷当面～。

【叩诊】kòuzhěn 动 西医指用手指或小锤敲击人体某一部位，以诊断疾病。

扣（*鈕❸）kòu ❶ 动 用圈、环一类的东西套住或拴住 ▷～上纽扣｜一环～一环。参见插图 14 页。→ ❷ 名 绳结 ▷绳子～儿｜系(jì)一个活～儿。❸ 名 纽扣 ▷领～｜子母～。→ ❹ 动 扣留；扣押 ▷～他作人质｜～了一个月。❺ 动 从原有的数量中减除一部分 ▷～工资｜～除｜克～。❻ 量 折(zhé)⑥ ▷打八～(减到原价的 80%)｜九五～。→ ❼ 名 螺纹 ▷螺丝～。○ ❽ 动 器物口朝下放置；覆盖 ▷茶碗上～一个碟子｜把鸡～在笼子里。→ ❾ 动 用力自上而下地掷或击(球) ▷～篮｜～球｜～杀。○ ❿ 名 姓。

【扣除】kòuchú 动 从总数中减去 ▷房租已从工资中～｜～成本。

【扣发】kòufā 动 强行留下，不发给或不发出、不发表 ▷～工资｜～稿件。

【扣减】kòujiǎn 动（从总量中）扣掉一部分使减少 ▷不得无故～职工工资。

【扣缴】kòujiǎo ❶ 动 扣留收缴 ▷依法～其营业执照。❷ 动 扣除上缴 ▷从奖金中～个人所得税。

【扣留】kòuliú 动 强行留下 ▷人被～了 3 天｜～了所有的钱物。

【扣帽子】kòumàozi 比喻把不好的名义强加于人 ▷乱～，乱打棍子。

【扣球】kòuqiú 动 排球、羽毛球、乒乓球等球类运动中指用力将球由上向下击向对方的球场或球台 ▷～得分。

【扣人心弦】kòurénxīnxián 形容文艺作品或表演、比赛等使人心情激动，引起共鸣。☛“弦”不读 xuán。

【扣肉】kòuròu 名 一种菜肴。将煮得半熟的肉块油炸后切片，肉皮朝下一片挨一片地码放在碗里，加上作料蒸熟，最后再扣在盘子里。

【扣杀】kòushā 动 凶狠地扣球 ▷大力～。

【扣屎盆子】kòushǐpénzi〈口〉比喻栽赃、诬蔑 ▷互联网不能成为给别人乱～的地方。

【扣题】kòutí 动（写文章或讲话）切合题意 ▷短文更要～，不要东拉西扯。

【扣压】kòuyā 动 截留搁置 ▷群众来信不得～。☛ 跟“扣押”不同。“扣压”一般作普通语文词使用，其对象多是物品；“扣押”一般用于跟司法有关的行为，其对象可以是物品，也可以是人，多含强制意。

【扣押】kòuyā ❶ 动 拘禁 ▷把这些犯罪嫌疑人～起来｜非法～人质。❷ 动 扣留（多用于物）▷～物证、书证。☛ 参见本页“扣压”的提示。

【扣眼】kòuyǎn 名 套纽扣的小孔。

【扣子】kòuzi ❶ 名 条状物打成的结 ▷系(jì)了几个～◇他心里这个～解不开。❷ 名 纽扣。❸ 名 章回小说或评书在情节最紧张最吸引人的地方留下的悬念 ▷～能吊人胃口。

寇（*寇寇）kòu ❶ 名 入侵者；盗匪 ▷敌～｜贼～。→ ❷ 动 外敌入侵 ▷入～｜～边。○ ❸ 名 姓。☛ 跟“冠”不同。

【寇仇】kòuchóu 名〈文〉仇敌 ▷剿灭～。

【寇盗】kòudào 名 盗寇。

筘 kòu 名 织布机上像梳子的机件，可以用来确定经纱的密度和位置，并把纬纱打紧。

蔻 kòu 见 337 页“豆蔻”。

【蔻丹】kòudān 名 英语 Cutex 音译。染指甲用的油。

【蔻蔻】kòukòu 名 可可。

彀 kòu 名〈文〉初生的小鸟。

kū

矻 kū［矻矻］kūkū 形〈文〉辛勤不懈 ▷终年～｜孜孜～。☛“矻”统读 kū，不读 kù。

刳 kū 动〈文〉从中间破开；破开后再挖空 ▷～竹｜～木为舟。

枯 kū ❶ 形 草木等失去水分或失去生机 ▷草～了｜～树｜～木逢春｜～萎｜～骨。→ ❷ 形（河、井等）干涸 ▷海～石烂｜～井｜～竭。→ ❸ 形 干瘦；憔悴 ▷～瘦。→ ❹ 形 单调；没有趣味 ▷～坐｜～燥｜～寂。

【枯饼】kūbǐng 名 大豆、芝麻等榨油后压成的饼状的渣滓。

【枯肠】kūcháng 名〈文〉借指写作中出现的贫乏枯竭的思路 ▷搜遍～，终难命笔。

【枯干】kūgān 形 枯萎；干枯 ▷禾苗～。

【枯槁】kūgǎo ❶ 形（草木）干枯 ▷草木～。❷ 形（人体）干瘦而憔悴 ▷容颜～。

【枯骨】kūgǔ 名 干枯的死人骨头 ▷古墓～。

【枯涸】kūhé 形 干枯无水 ▷河道～。

【枯黄】kūhuáng 形 干枯发黄 ▷花草日渐～｜～

的脸。

【枯寂】kūjì 形 枯燥寂寞 ▷～度日。

【枯焦】kūjiāo 形 干枯发焦 ▷农田禾苗半～。

【枯竭】kūjié ❶ 动 (水源)断绝 ▷长江之水,永不～。❷ 动 比喻用尽而没有来源 ▷财源～|文思～。

【枯井】kūjǐng 名 没有水的井。

【枯木逢春】kūmù-féngchūn 行将枯死的树木遇到了春天。比喻重新获得生机。

【枯荣】kūróng 形 枯萎与茂盛;衰败和发达 ▷一岁一～|～相关。

【枯涩】kūsè ❶ 形 干燥不滑润 ▷～的眼睛。❷ 形 枯燥乏味,不流畅 ▷文笔～。

【枯瘦】kūshòu 形 又干又瘦 ▷～的身躯。

【枯水】kūshuǐ 动 雨水少,河湖水位降低 ▷～季|～期。

【枯水期】kūshuǐqī 名 河湖水位最低的时期。

【枯死】kūsǐ 动 (植物)枯萎死亡 ▷再不浇水,树苗就要～了。

【枯萎】kūwěi 形 干枯萎缩 ▷青草一经霜就～了。

【枯朽】kūxiǔ 形 干枯腐烂 ▷～的老树。

【枯燥】kūzào 形 单调乏味 ▷语言～|罗列一大堆～的数字。

【枯坐】kūzuò 动 呆坐;干坐着没事做 ▷他们几位～在那里,显得十分无聊。

哭 kū 动 由于痛苦或激动而流泪出声 ▷她伤心地～了|号啕大～|痛～流涕|～泣。

【哭鼻子】kūbízi 〈口〉哭的诙谐说法 ▷长大了,不能再～了。

【哭哭啼啼】kūkutítí 形 断断续续地哭个没完。

【哭灵】kūlíng 动 面对着灵柩或灵位痛哭。

【哭泣】kūqì 动 小声地哭 ▷她躲在一旁～。

【哭腔】kūqiāng ❶ 名 戏曲演唱中表示哭泣的唱腔。❷ 名 说话时悲伤哭泣的腔调。

【哭墙】kūqiáng 名 犹太教圣迹。公元前 10 世纪犹太人在耶路撒冷建所罗门圣殿,后圣殿屡遭破坏,现仅存第二圣殿西侧护墙一部分。因常有犹太人来此号哭,哀思故国,故称。

【哭穷】kūqióng 动 向别人诉说自己的穷困。多指故意装穷。

【哭丧】kūsāng 动 旧俗办丧事时,前来吊祭的人和守灵的人在灵前大声哭(多是干哭)。

【哭丧棒】kūsāngbàng 名 旧俗出殡时孝子拿的缠着白纸或麻丝的棍棒。

【哭丧着脸】kūsangzheliǎn 脸上表现出沮丧或很不高兴的神情。

【哭诉】kūsù 动 一边哭一边诉说或控诉 ▷向母亲～心中的委屈|向法庭～凶犯的罪行。

【哭天抹泪】kūtiān-mǒlèi 形容伤心啼哭的样子 ▷快别这么～的。

【哭笑不得】kūxiào-bùdé 形容情况又可气又可笑,使人不知怎么做才好。

堀 kū 〈文〉❶ 名 洞穴。→ ❷ 动 打洞;挖 ▷～井。

圐 kū [圐圙] kūlüè 名 蒙古语音译。指圈(quān)起来的草场(多用于村镇名) ▷马家～(在内蒙古)|薛家～(在山西)。今多译作"库伦"。

窟 kū ❶ 名 土室;洞穴 ▷狡兔三～|石～。→ ❷ 名 指某种人聚集的地方、场所 ▷匪～|赌～|魔～|贫民～。☛ 不读 kù。

【窟窿】kūlong ❶ 名 孔洞 ▷袜子上烧了个～|～眼儿。❷ 名 比喻钱财方面的亏空或工作中的漏洞 ▷值钱的都卖出去抵账了,～还没填上|堵住扫黄工作中的～。

【窟窿眼儿】kūlongyǎnr 名〈口〉小孔;小洞 ▷用电钻打个～。

【窟穴】kūxué ❶ 名 洞穴。❷ 名 比喻土匪等坏人盘踞隐藏的地方。

骷 kū [骷髅] kūlóu 名 干枯的死人头骨或全身骨骼 ▷一具～。

kǔ

苦 kǔ ❶ 形 形容味道像苦瓜或黄连一样(跟"甘""甜"相对) ▷药很～|酸甜～辣|～胆。→ ❷ 形 劳累;艰辛 ▷～工|～练|劳～。❸ 副 竭力地;耐心地 ▷～劝|～～相求。→ ❹ 形 难过;痛苦 ▷～日子|孤～伶仃|～恼。⇒ ❺ 动 使痛苦;使难受 ▷我病了这一年多,可～了你了|～肉计。⇒ ❻ 动 对某种情况感到痛苦 ▷～夏|～旱。❼ 形〈口〉形容在某方面超过一定程度 ▷枝条修剪得太～|别把老队员用得太～了。

【苦熬】kǔ'áo 动 忍受煎熬,艰难度日 ▷～了 10 年,终于把他培养成人。

【苦不堪言】kǔbùkānyán 苦得难以用言语表达。

【苦差】kǔchāi 名 辛苦难办的差事;得不到多少好处的差事。

【苦楚】kǔchǔ 名 精神上受折磨造成的痛苦 ▷心里的～又能向谁诉说?

【苦处】kǔchu 名 所受的艰难痛苦 ▷她的～得到大家的理解和同情。

【苦大仇深】kǔdà-chóushēn 苦难大,仇恨深。

【苦胆】kǔdǎn 名 胆囊。胆汁味苦,故称。

【苦丁茶】kǔdīngchá 名 常绿灌木,产于广东、广西和海南地区。嫩叶制成的茶也叫苦丁茶,汤色淡绿明亮。

【苦斗】kǔdòu 动 艰难地奋斗。

【苦读】kǔdú 动 刻苦读书 ▷～成才。

【苦干】kǔgàn 动 不惜力气地干活儿；艰苦奋斗 ▷～加巧干|～10年，改变家乡面貌。

【苦根】kǔgēn 名 比喻穷苦的根源 ▷缺水是这个地区的～|挖掉～翻了身。

【苦工】kǔgōng ❶ 名 条件恶劣、待遇低下的繁重体力劳动 ▷过去做～受歧视。❷ 名 指从事这种体力劳动的人 ▷他在小煤窑里当～。

【苦功】kǔgōng 名 踏实刻苦的功夫 ▷下～学习写作。也说苦功夫。

【苦瓜】kǔguā 名 一年生草本植物，开黄花。果实也叫苦瓜，长圆形或卵圆形，表面有长条形的瘤状突起，味略苦，是常见蔬菜。俗称癞瓜。参见插图 9 页。

【苦果】kǔguǒ 名 借指令人痛苦的或坏的结果 ▷自尝～|一念之差，种下～。

【苦海】kǔhǎi 名 原为佛教用语，指尘世间的一切烦恼和苦难。后泛指苦难的处境 ▷～无边，回头是岸。

【苦寒】kǔhán ❶ 形 十分寒冷 ▷梅花香自～来。❷ 形 极其贫寒 ▷出身于～之家。

【苦活儿】kǔhuór 名 劳苦的工作；特指报酬低而劳累的工作。

【苦尽甘来】kǔjìn-gānlái 苦日子结束，好日子到来。也说苦尽甜来。

【苦境】kǔjìng 名 艰难困苦的处境。

【苦酒】kǔjiǔ 名 质劣味苦的酒；比喻错误行为造成的恶果 ▷环境恶化是人类自酿的～。

【苦口】kǔkǒu ❶ 动 使嘴里发苦 ▷良药～利于病。❷ 动 恳切耐心地说 ▷～相劝|～婆心。

【苦口婆心】kǔkǒu-póxīn 形容像老妇人那样怀着慈善的心肠诚恳地反复劝说。

【苦苦】kǔkǔ ❶ 副 表示极其痛苦地 ▷～熬过了那漫长的艰难岁月。❷ 副 表示十分恳切；坚决执着 ▷～相劝|～挽留|～追求。

【苦劳】kǔláo 名 付出的辛苦劳动 ▷没有功劳也有～。☛ 一般只能和"功劳"对举使用。

【苦力】kǔlì ❶ 名 干重活儿付出的劳力 ▷卖～。❷ 名 旧时指受雇干重活儿的劳动者 ▷当～。

【苦脸】kǔliǎn 名 表情愁苦的脸 ▷愁眉～。

【苦旅】kǔlǚ 名 艰辛的旅程（多用于比喻）▷艺术是人生的～|踏上小说创作的漫漫～。

【苦闷】kǔmèn 形 苦恼郁闷 ▷排解～情绪。

【苦命】kǔmìng 名 迷信认为天生受苦的命运 ▷他是个～的人。

【苦难】kǔnàn ❶ 名 痛苦和灾难 ▷经历无数的～。❷ 形 受苦受难的 ▷熬过了最～的日子。

【苦恼】kǔnǎo ❶ 形 痛苦懊恼 ▷不必为这点儿小事～。❷ 动 使痛苦懊恼 ▷儿子的就业问题～着他。

【苦情】kǔqíng 名 痛苦的感情；痛苦的情形 ▷互吐～。

【苦日子】kǔrìzi 名 艰难困苦的生活 ▷熬过～。

【苦肉计】kǔròujì 名 用故意损伤自己身体的方法蒙骗对方，获取信任，以达到某种目的的计谋。

【苦涩】kǔsè ❶ 形 味道又苦又涩 ▷～的果子。❷ 形 形容内心痛苦难受 ▷～的感情经历。

【苦水】kǔshuǐ ❶ 名 味道苦的水 ▷～井。❷ 名 因患某种疾病吐出来的苦味液体。❸ 名 借指藏在内心的痛苦 ▷把一肚子～倒了出来。❹ 名 借指使人痛苦的环境 ▷我们老哥儿几个都是在～里泡大的。

【苦思】kǔsī 动 反复尽力地思索 ▷～冥想。

【苦痛】kǔtòng 名 痛苦的感受 ▷失去妻子的～，使他难以忍受。

【苦头】kǔtou 名 稍苦的味道；比喻受到的苦楚、磨难或挫折 ▷这药有点儿～|这个人太猖狂，应该让他尝点～。

【苦土】kǔtǔ 名 氧化镁的俗称。

【苦夏】kǔxià 动 指人的身体承受不了夏天的炎热而出现食欲不振、身体消瘦等症状。

【苦想】kǔxiǎng 动 绞尽脑汁地思索 ▷冥思～。

【苦相】kǔxiàng 名 愁苦的面相 ▷装出一副～。

【苦笑】kǔxiào 动 心情不快又无可奈何时勉强发笑 ▷～了一下|脸上挂着一丝～。

【苦心】kǔxīn ❶ 名 为某件事情辛苦操劳而付出的心思和精力 ▷煞费～|一片～。❷ 副 表示费尽心思和精力 ▷～经营|～培养。

【苦心孤诣】kǔxīn-gūyì 尽心钻研、思索，力求达到别人难以达到的境界（孤诣：独自达到的境界）。☛ "诣"不读 zhǐ。

【苦刑】kǔxíng 名 酷刑。

【苦行】kǔxíng 动 拒绝享乐，忍受痛苦，宗教修行的一种途径。

【苦行僧】kǔxíngsēng 名 采用苦行手段修行的僧人。借指生活格外清苦的人。

【苦役】kǔyì 名 旧指被迫从事的艰苦繁重的劳役 ▷强迫劳工做～。

【苦于】kǔyú ❶ 动 为某种情况所苦恼 ▷～缺乏人才。❷ 动 比起……更苦 ▷挖煤～种田。

【苦雨】kǔyǔ 名 持续不停或过量成灾的雨 ▷凄风～|～成灾。

【苦战】kǔzhàn 动 竭尽全力殊死战斗；泛指竭尽全力地劳动或工作 ▷与敌人～五昼夜|昼夜～，抢修堤坝。

【苦中作乐】kǔzhōng-zuòlè 在艰苦的环境里寻求欢乐。

【苦衷】kǔzhōng 名 有苦处或为难处而又不便说出的心情 ▷你不了解他的～。

【苦槠】kǔzhū 名 常绿乔木，叶多为椭圆形，穗状花序，坚果卵圆形。木材坚实、耐用，可用于建筑和制造家具。

【苦主】kǔzhǔ 名 指命案中被害人的家属；泛指受害人或其家属 ▷为～申冤｜不少人是这起诈骗案的～。

楛 kǔ 形〈文〉粗劣；不坚固。

另见 584 页 hù。

kù

库[1]（庫） kù ❶ 名 古代储存兵车和武器的处所 ▷兵～｜武～。→ ❷ 名 储存物品的建筑、设备 ▷粮～｜书～｜血～｜水～｜仓～｜～房。→ ❸ 名 保管、出纳国家预算资金的机关 ▷金～｜国～。→ ❹ 名 电子计算机上指保存一系列同类资料或数据的文件，可以通过程序管理 ▷数据～｜语料～。○ ❺ 名 姓。

库[2]（庫） kù 量 库仑的简称。

【库藏】kùcáng ❶ 动 放入库房储藏 ▷把这批武器先～起来。❷ 名 库房里储藏的物资 ▷清理～｜～丰富。

【库存】kùcún ❶ 动 在库房里存放 ▷～物资。❷ 名 指库房里存放的财物 ▷动用～。

【库房】kùfáng 名 作仓库用的房子。

【库仑】kùlún 量 电荷量法定计量单位。电流强度为 1 安培时，1 秒钟内通过导体横截面的电荷量为 1 库仑。为纪念法国物理学家库仑而命名。简称库。

【库仑表】kùlúnbiǎo 名 用来测定电流量的仪表。

【库伦】kùlún 名 蒙古语音译。用于地名。参见 796 页“圐圙(kūlüè)”。

【库区】kùqū 名 水库及其周边地区，一般设有专门管理机构 ▷三峡～｜综合整治～环境。

【库容】kùróng 名 库房的容量；水库的容水量。

【库藏】kùzàng 名〈文〉存着财物的仓库。

绔（絝） kù 名〈文〉裤子。现只用于“纨绔”。☛ 不读 kuà。

焅 kù ❶ 名〈文〉旱气；热气。○ ❷ 古同“酷”。

另见 776 页 kǎo。

喾（嚳） kù 名 帝喾，传说中上古的一个帝王名。

裤（褲*袴） kù 名 裤子 ▷短～｜棉毛～。

【裤衩儿】kùchǎr 名 贴身穿的短裤 ▷游泳～。某些地区也说裤头儿。

【裤带】kùdài 名 裤腰带；背带裤的带子。

【裤裆】kùdāng 名 两条裤腿相接的地方。

【裤兜】kùdōu 名 裤子上的口袋。

【裤脚】kùjiǎo 名 裤腿的下端。

【裤裙】kùqún 名 裙裤。

【裤腿】kùtuǐ 名 裤子穿于腿部的筒状部分。某些地区也说裤管。

【裤袜】kùwà 名 连裤袜。

【裤线】kùxiàn 名 裤腿前后正中从上到下的笔直褶线。

【裤腰】kùyāo 名 裤子上端围在腰间的部分。

【裤腰带】kùyāodài 名 系(jì)在腰间固定裤子的带子。

【裤子】kùzi 名 有裤腰、裤裆和裤腿的下衣。

酷[1] kù ❶ 形 残暴；凶狠 ▷～刑｜残～｜～吏。→ ❷ 副 表示程度深，相当于“极”“甚” ▷～热｜～爱｜～似。

酷[2] kù 形 英语 cool 音译。洒脱，有个性；特别时尚 ▷模特儿的扮相好～｜这位男歌星的造型很～。

【酷爱】kù'ài 动 极其爱好 ▷～文学。

【酷寒】kùhán 形 极度寒冷。气象上指-30℃至-39℃的气温。

【酷好】kùhào 动 特别喜好 ▷～读书。

【酷吏】kùlì 名〈文〉滥用刑罚的残暴官吏。

【酷烈】kùliè ❶ 形 残酷惨烈 ▷～的争夺战。❷ 形（气味）极其浓烈 ▷酒香～。❸ 形 炽热、猛烈 ▷火焰～。

【酷虐】kùnüè 形 残暴凶狠 ▷一个～的迫害狂｜～成性。

【酷热】kùrè 形 极其炎热 ▷～难耐。

【酷暑】kùshǔ 名 炎热的夏天。

【酷似】kùsì 动 极其像 ▷二人相貌～。

【酷肖】kùxiào 动〈文〉非常像 ▷体态～其母。

【酷刑】kùxíng 名 残酷的刑罚。也说苦刑。

【酷炫】kùxuàn 形 炫酷。

kuā

夸（誇❶❷） kuā ❶ 动 说大话 ▷～下海口｜自～｜～耀｜～张。→ ❷ 动 赞扬；赞美 ▷老师～他善于动脑筋｜～赞｜～奖。○ ❸ 名 姓。☛ 末笔是竖折折钩(㇉)，上端不出头。由“夸”构成的字有“垮”“挎”“胯”“跨”等。

【夸大】kuādà 动 故意把事情说得超过实际程度 ▷～其词｜既不～，也不缩小。

【夸大其词】kuādà-qící 不尊重事实，把话说过了头。

【夸大其辞】kuādà-qící 现在一般写作“夸大其词”。

【夸诞】kuādàn 形〈文〉言辞虚夸而荒诞 ▷言辞～，有哗众取宠之嫌。

【夸父逐日】kuāfù-zhúrì 夸父追日。

【夸父追日】kuāfù-zhuīrì《山海经·海外北经》中说：夸父跟太阳赛跑，渴极了，喝了黄河、渭水的水还不够，又往北方去找水，没等找到就渴死了。后用“夸父追日”比喻征服自然意志坚定、决心很大；也比喻不自量力。

【夸海口】kuāhǎikǒu 漫无边际地夸口。

【夸奖】kuājiǎng 动 称赞；赞美 ▷老师常常～他｜金奖银奖不如老百姓的～。☛ 跟“夸耀”不同。“夸奖”常用于称赞别人，多含褒义；“夸耀”一般是炫耀自己，多带贬义。

【夸克】kuākè 名 英语 quark 音译。理论上设想的组成质子、中子等的更小的粒子。

【夸口】kuākǒu 动 说大话 ▷不是我～，这盘棋我准赢。

【夸夸其谈】kuākuā-qítán 浮夸空泛地大发议论。

【夸示】kuāshì 动 向人炫耀吹嘘自己 ▷他向我们～自己的棋艺如何高明。

【夸饰】kuāshì 动 用文辞夸张地修饰或描绘 ▷记述性语言力求朴实，切忌～。

【夸脱】kuātuō 量 英美制容积计量单位。1 英夸脱约等于1.1365升。美制中，1 液量夸脱约等于 0.9464 升，1 干量夸脱约等于 1.1012 升。

【夸许】kuāxǔ 动 夸奖赞许 ▷她精湛的技艺受到专家们的～。

【夸耀】kuāyào 动 向人炫耀（自己的长处等）▷这点儿功劳不值得～。☛ 参见本页“夸奖”的提示。

【夸赞】kuāzàn 动 夸奖；称赞。

【夸张】kuāzhāng ❶ 动 夸大；把话说得过分 ▷说话要恰如其分，不要～。❷ 名 修辞手法，有意言过其实，用夸大的言辞来形容事物。❸ 名 文艺创作中突出描写对象某些特点的表现手法。

【夸嘴】kuāzuǐ 动〈口〉夸口。

姱 kuā〈文〉❶ 形 美丽；美好。→ ❷ 动 夸饰；夸耀。

kuǎ

侉 kuǎ〈口〉❶ 形 说话口音不纯正；跟本地语音不合 ▷这个人说话有点儿～｜～子。→ ❷ 形 粗笨；土气 ▷～大个儿｜～里～气。

【侉子】kuǎzi 名 指非本地口音的人（含轻视意）。

垮 kuǎ ❶ 动 倒塌；坍塌 ▷堤坝被洪水冲～了。→ ❷ 动 崩溃；溃败 ▷打～了敌人的进攻｜～台。→ ❸ 动（身体）支持不住 ▷身体～了｜累～了。

【垮塌】kuǎtā 动 坍塌 ▷那座老房子～了。

【垮台】kuǎtái 动 比喻溃败、瓦解。

kuà

挎 kuà ❶ 动 用胳膊钩或挂（东西）▷两人～着胳膊｜～着提包。→ ❷ 动 把东西挂在肩头、腰间 ▷～着书包｜腰里～着刀｜～包。

【挎包】kuàbāo 名 可以挎在肩上的包儿。

【挎斗】kuàdǒu 名 附在摩托车右边的斗状装置，可以坐人、载物。

胯 kuà 名 人体腰部两侧到大腿之间的部分 ▷～下｜～骨。

【胯裆】kuàdāng 名 两条大腿中间相连的部位。

【胯骨】kuàgǔ 名 髋骨的通称。

【胯下】kuàxià 名 张开的两条大腿之间 ▷球从守门员的～滚入球门。

跨 kuà ❶ 动 迈步越过 ▷～出家门｜向右～一步｜～栏｜～越。→ ❷ 动 两腿分开，使物体处在胯下 ▷小孩子～着根竹竿满院子跑。⇒ ❸ 动 越过一定的界限 ▷～世纪｜～年度｜～省｜～学科｜～行业。⇒ ❹ 形 位于旁边的 ▷～院儿。

【跨度】kuàdù ❶ 名 桥梁、屋顶、桁架等跨越空间的大小；也指构件支撑点之间的距离 ▷桥梁～。也说跨径。❷ 名 指时间距离 ▷年龄～。

【跨国】kuàguó 动 超越国界，涉及两个或两个以上国家 ▷～旅游｜打击～贩毒集团。

【跨国公司】kuàguó gōngsī 在若干国家设立分支机构进行生产经营活动的经济实体。

【跨栏】kuàlán 名 田径运动项目，运动员起跑后依次跨过按规定摆设的一个个栏架，直到终点。

【跨线桥】kuàxiànqiáo 名 横跨在其他交通线路上方的桥形道路。

【跨业】kuàyè 动 跨行业 ▷～经营。

【跨页】kuàyè 名 书刊中某页的反面与它后面一页的正面组成的内容独立完整的版面。多用于刊登大幅图片或广告 ▷书中有 5 个～。

【跨院儿】kuàyuànr 名 正院两旁或侧后的院子。

【跨越】kuàyuè 动 越过某个界限、障碍或时间 ▷～分界线｜～黄河天险｜～古今。

kuǎi

㧟（擓） kuǎi〈口〉❶ 动 用指甲搔 ▷～痒痒｜～破了一块皮。○ ❷ 动 用胳膊挎着 ▷大妈～着篮子上街了。○ ❸ 动 舀 ▷从缸里～一瓢水｜给我～点米汤。

蒯 kuǎi ❶ 名 蒯草，多年生草本植物，叶子条形，开褐色花。丛生在水边或阴湿的地方。茎可以编席或造纸。○ ❷ 名 姓。

kuài

会（會） kuài 动 总合；合计 ▷～计。另见 614 页 huì。

【会计】kuàijì ❶ 名 对企业、机关、事业单位的经济活动或财政情况系统、全面地进行记录、计算、分析和检查的工作。是管理经济的重要一环。❷ 名 担任会计工作的人。

【会计师】kuàijìshī ❶ 名 会计人员的中级职称，高于助理会计师，低于高级会计师。❷ 名 指取得会计专业技术资格证书，可以接受当事人委托，承办有关审计、会计、咨询、税务等方面业务的会计人员，包括助理会计师、会计师、高级会计师、注册会计师等。

【会计证】kuàijìzhèng 名 从事会计工作的资格证书。取得会计证的人员，可以依法独立行使会计人员的职权，参加会计专业职务的评选。

块(塊) kuài ❶ 名〈文〉土疙瘩。→ ❷ 名 泛指疙瘩状或团状的东西 ▷冬瓜切片儿还是切～儿？|豆腐～儿|～根|～茎。❸ 量 a)用于块状的东西 ▷一～砖头|一～香皂。b)用于某些扁状或片状物 ▷两～饼干|一～布|一～宝地。c)〈口〉用于货币，相当于"元" ▷三～五毛。

【块儿八毛】kuài'er-bāmáo〈口〉一元或将近一元。形容钱数少。

【块根】kuàigēn 名 根的一种。粗大呈块状，适于贮藏养料和越冬。如甘薯供食用的部分。

【块茎】kuàijīng 名 植物地下茎的一种。肥大呈块状，表面有芽眼，适于贮藏养料和越冬。如马铃薯供食用的部分。

【块块】kuàikuài 名 比喻同一范围内部的横向的组织关系或领导关系(跟"条条"相区别) ▷要处理好条条与～的关系。

【块垒】kuàilěi 名 累积而成的块状的东西。比喻胸中郁结的不平或愁闷 ▷消除胸中的～。

【块头】kuàitóu 名 指人身材的高矮胖瘦 ▷老李～不大，但很有力气。

【块状】kuàizhuàng ❶ 名 成块或团的形状 ▷～淋巴结|地下茎呈～。❷ 名 比喻横向集结的团体 ▷～经济。

快 kuài ❶ 形 高兴；喜悦 ▷亲者痛，仇者～|人心大～|愉～|～乐。→ ❷ 形 速度高；用时短(跟"慢"相对) ▷跑得～|进步很～|～车。⇒ ❸ 形 锋利 ▷新磨的刀真～|～刀斩乱麻。⇒ ❹ 形 反应迅速；敏捷 ▷脑子～|手疾眼～。⇒ ❺ 副 赶快 ▷～走吧。⇒ ❻ 副 表示短时间内就要出现某种情况或接近某一时刻 ▷天～黑了|～8点了。⇒ ❼ 形 直爽；直截了当 ▷心直口～|办事爽～。⇒ ❽ 名 旧时州县衙门专管缉捕的差役 ▷捕～|马～。

【快班】kuàibān ❶ 名 教学进度较快的教学班。❷ 名 停站少、速度快的车、船班次 ▷～车。

【快板】kuàibǎn 名 戏曲唱腔的板式，速度快，节奏急促紧凑，用于表现剧情紧张、人物心情激动或急于辩理。如京剧《铡美案》中包拯向陈世美念秦香莲的状纸那个唱段。

【快板儿】kuàibǎnr 名 一种曲艺，把要说的内容编成韵语，一边说，一边用竹板打节拍，节奏较快。有单口、对口、快板儿群(三人以上表演)之分。也说快板儿书。

【快报】kuàibào 名 为及时反映情况而快速编印的小型报纸；也用作墙报、黑板报的名称。

【快步】kuàibù 名 快捷的步伐 ▷～如飞|一个～冲进屋。

【快步流星】kuàibù-liúxīng 大步流星。

【快餐】kuàicān ❶ 名 指事先制作好的能迅速供应的简便饭食 ▷吃～|～店。❷ 名 比喻速成、通俗、大众化的事物 ▷～文化|信息～。

【快车】kuàichē 名 中途停站少，行车速度较快，全程行车时间较短的客运火车或公共汽车。

【快车道】kuàichēdào 名 公路上划分出来的供机动车快速行驶的车道。一般在公路的内侧。也说快行线。

【快当】kuàidang 形 行动快速敏捷，不拖拉 ▷她办事～麻利，从不拖拖拉拉。

【快刀斩乱麻】kuàidāo zhǎn luànmá 用锋利的刀切断乱成一团的麻。比喻采取果断的措施，迅速解决纷繁复杂的问题。

【快递】kuàidì ❶ 动 快速投递 ▷～邮件|～生日蛋糕。❷ 名 指特快专递。

【快感】kuàigǎn 名 愉快或舒服的感觉 ▷优美的风景给人以说不尽的～。

【快攻】kuàigōng 动 快速进攻 ▷向敌方阵地发起～|中场断球后，马上组织～。

【快货】kuàihuò 名 畅销商品。

【快活】kuàihuo 形 形容心情舒畅、喜悦；也形容气氛轻松、活跃 ▷日子过得很～|几句家常话使得屋里紧张的气氛变得～起来|快快活活地过日子。

【快件】kuàijiàn 名 指运送及时、速度较快的托运物品或邮件。

【快捷】kuàijié 形 迅速、敏捷 ▷运输～。

【快镜头】kuàijìngtóu 名 电影或电视屏幕上动作变化比实际速度快的连续画面，是用慢速拍摄、常速放映造成的效果。

【快乐】kuàilè 形 形容心情舒畅、喜悦 ▷回到故乡，他格外～|快快乐乐地生活。

【快马加鞭】kuàimǎ-jiābiān 比喻快上加快。

【快慢】kuàimàn 名 指速度 ▷掌握好行车的～。

【快门】kuàimén 名 照相机中控制感光底片曝光时间的装置。

【快枪】kuàiqiāng 名 旧指步枪。因步枪上子弹较土枪、鸟枪要快，故称。

【快人快语】kuàirén-kuàiyǔ 爽快人说爽快话。

【快事】kuàishì 名 让人感到痛快的事 ▷闷热的夏天能在海里游泳，确实是件～。

【快手】kuàishǒu 名 指动作敏捷，做事效率高的人 ▷插秧～｜他是写作班子里的～。

【快书】kuàishū 名 一种曲艺，用铜板或竹板伴奏，词儿合辙押韵，注重说唱故事、刻画人物，节奏较快。较著名的有山东快书。

【快速】kuàisù 形 速度快；迅速 ▷～前进。

【快速反应部队】kuàisù fǎnyìng bùduì 一种机械化和信息化程度高，装备精良，具有快速反应能力的特种部队。用于对付恐怖活动和突发事件等。

【快速路】kuàisùlù 名 城市中专供汽车以较高速度行驶的道路。设施和速度标准略低于高速公路，有 4 条以上机动车道，一般设有中央分隔带。

【快艇】kuàitǐng 名 汽艇。

【快慰】kuàiwèi 形 感到愉快和欣慰 ▷儿女们都争气，父母十分～。

【快信】kuàixìn 名 快速投递的信件。

【快行线】kuàixíngxiàn 名 快车道。

【快性子】kuàixìngzi ❶ 形 性情爽快 ▷他这个人～，说话不会拐弯。❷ 名 快性子的人 ▷他是～，说干就干。

【快婿】kuàixù 名 称心的女婿 ▷乘龙～｜东床～。

【快讯】kuàixùn 名 快速采集、传播的信息 ▷体育～｜从现场发回了几条～。

【快要】kuàiyào 副 表示时间上接近；很快就会出现某种情况 ▷教学楼～建成了。

【快意】kuàiyì 形 心情愉快舒畅 ▷这里的景色让人感到十分～。

【快鱼】kuàiyú 现在一般写作"鲙鱼"。

【快运】kuàiyùn 动 快速运送(多用于货物) ▷这批货今夜～外省｜行包～。

【快照】kuàizhào ❶ 名 拍摄后立即冲印出来的照片；也指这种照相业务 ▷拍张～去办理证件。❷ 名 用一次成像机拍摄的照片。

【快嘴】kuàizuǐ ❶ 形 形容有话藏不住，当即就说 ▷～快舌。❷ 名 爱说而又不谨慎的人 ▷事情就坏在他这个～身上。

侩(儈) kuài 名 旧指专为别人介绍买卖以从中取利的人 ▷市～｜牙～。

郐(鄶) kuài ❶ 名 周朝诸侯国名，在今河南新密市东北。○ ❷ 名 姓。

哙(噲) kuài 动〈文〉吞咽。

狯(獪) kuài 形〈文〉狡诈；狡猾 ▷狡～。

浍(澮) kuài 名〈文〉田间的水沟。另见 616 页 huì。

脍(膾) kuài 名 切得很细的鱼或肉 ▷～不厌细｜～炙人口。

【脍炙人口】kuàizhì-rénkǒu 切得很细、烤得很香的鱼、肉等人人爱吃。比喻美好的诗文人人赞美传诵。☛ ㊀"脍"不读 huì，也不要误写作"烩"。㊁"炙"上边是"夕"，不是"夂"。不读 jiǔ。

筷 kuài 名 筷子 ▷竹～｜漆木～。

【筷笼】kuàilóng 名 盛筷子的笼状器具。

【筷子】kuàizi 名 成双的夹取饭菜或其他物品的细长棍儿，多用竹、木制成。

鲙(鱠) kuài [鲙鱼] kuàiyú 名 鳓。

kuān

宽(寬) kuān ❶ 形 横向的距离大(跟"窄"相对) ▷河面很～｜～银幕。→ ❷ 名 宽度 ▷马路有 50 米～。→ ❸ 形 开阔；范围广 ▷视野～｜～敞。→ ❹ 动 使开阔；放松 ▷～衣解带｜～心。❺ 形 度量大；不严厉 ▷～以待人｜从～处理｜～容。→ ❻ 形 富裕；富余 ▷这几年手头～多了｜～裕｜～绰。

【宽畅】kuānchàng 形 (心情)开朗舒畅 ▷你这么一说，我心里～多了。

【宽敞】kuānchang 形 (场地或空间)面积大；不拥挤 ▷院落～｜车多，路面显得不～了。

【宽绰】kuānchuo ❶ 形 宽敞 ▷住得挺～。❷ 形 宽畅 ▷心里很～。❸ 形 充裕 ▷手头比以前～多了。

【宽打窄用】kuāndǎ-zhǎiyòng 计划时留有余地，使用时从严控制、力求节省。

【宽大】kuāndà ❶ 形 又宽又大 ▷～的房间｜裤腿比较～。❷ 形 (对人)宽厚，不苛刻 ▷～为怀。❸ 动 (对犯错误或犯罪的人)从轻处理 ▷他已经回心转意了，～他吧｜～处理。

【宽大为怀】kuāndà-wéihuái 胸怀博大，待人宽厚 ▷为人处世当～。

【宽带】kuāndài 名 一种传输信息多而快的电子计算机网络通道，传输速度超过 2 兆比特/秒。

【宽贷】kuāndài 动 宽恕 ▷对首恶分子，决不～。

【宽待】kuāndài 动 宽厚对待；从宽处理 ▷～俘虏。

【宽度】kuāndù 名 横向的距离；宽窄的程度 ▷河的～大约 50 米。

【宽泛】kuānfàn ❶ 形 涉及面广，范围大 ▷经济建设包含的内容相当～。❷ 形 (文章或讲话)过于笼统而不对具体对象作具体分析 ▷

你说得太～了，能不能再具体一点儿。

【宽幅】kuānfú 区别 幅面宽的(布帛、呢绒等) ▷做窗帘还是用～布合适|～大银幕。

【宽广】kuānguǎng 形 面积大；范围广 ▷场地～|知识领域～|视野～。

【宽轨】kuānguǐ 名 指轨距大于 1435 毫米(标准轨距)的铁轨。

【宽和】kuānhé 形 宽厚谦和 ▷对人～。

【宽宏】kuānhóng ❶ 形 气量大 ▷他对人历来～大量。❷见本页"宽洪"①。现在一般写作"宽洪"。

【宽宏大量】kuānhóng-dàliàng 形容人气量大，能容人。也说宽宏大度。

【宽洪】kuānhóng ❶ 形 (声音)宽厚洪亮 ▷嗓音～。❷见本页"宽宏"①。现在一般写作"宽宏"。

【宽洪大量】kuānhóng-dàliàng 现在一般写作"宽宏大量"。

【宽厚】kuānhòu ❶ 形 又宽又厚 ▷肩膀～。❷ 形 对人宽容厚道 ▷待人～|心地～。

【宽怀】kuānhuái ❶ 动 宽心 ▷妹妹的身体日渐好转，请母亲～。❷ 形 心胸宽阔 ▷～大度。

【宽解】kuānjiě 动 使放宽心怀，解除烦恼 ▷老太太心里不痛快，要好好～～。

【宽旷】kuānkuàng 形 宽阔空旷 ▷～的操场。

【宽阔】kuānkuò ❶ 形 横向距离大，总体面积广 ▷道路～。❷ 形 形容胸怀开朗博大 ▷心胸～。

【宽免】kuānmiǎn 动 减少或免除(租税、刑罚等) ▷～赋税。

【宽让】kuānràng 动 宽容忍让 ▷对朋友要～。

【宽饶】kuānráo 动 宽容饶恕 ▷对敌人的罪行决不能～。

【宽容】kuānróng 动 宽大容忍 ▷念他初犯，就～他一回吧|仁德～|～大度。

【宽赦】kuānshè 动 宽大赦免，不予追究 ▷不可～恶人。

【宽舒】kuānshū ❶ 形 愉快舒畅 ▷心态～。❷ 形 宽敞舒适；宽阔舒展 ▷车上座位～|出了山谷，顿觉得天地～。

【宽恕】kuānshù 动 宽容饶恕 ▷～他这一次|对坏人决不能～。

【宽松】kuānsōng ❶ 形 宽大不拥挤；舒松不局促 ▷搬走几件旧家具，屋里～了|上年纪的人爱穿～的衣服。❷ 形 (环境、气氛、心情等)轻松；不紧张 ▷～的课堂气氛|政策～。❸ 形 (经济)宽裕 ▷老两口的日子过得很～。

【宽慰】kuānwèi ❶ 动 宽解安慰 ▷多方～。❷ 形 宽松欣慰 ▷看到一切都安排得很周到，心里很～。

【宽限】kuānxiàn 动 延长限期 ▷再～几天。

【宽心】kuānxīn 动 解除忧虑；放心 ▷说了许多让人～的吉利话。

【宽心丸】kuānxīnwán 名 比喻使人宽慰的话 ▷你别给我～吃，我知道事情已经没有办法了。也说开心丸。

【宽延】kuānyán 动 放宽延缓(原定期限) ▷～还贷日期。

【宽衣】kuānyī 动 敬词，用于请人脱去外衣 ▷请诸位～入席。

【宽以待人】kuānyǐdàirén 用宽容的态度对待别人 ▷严于律己，～。

【宽银幕】kuānyínmù 名 比一般银幕宽而且略呈弧形的银幕。宽银幕电影的画面大，又常配有立体声，可给人以身临其境的感觉。

【宽宥】kuānyòu 动 〈文〉宽恕；原谅 ▷多有冒犯，尚祈～。

【宽余】kuānyú ❶ 形 富余而不紧张 ▷生活～了。❷ 形 闲暇；安适 ▷今日得～。

【宽裕】kuānyù 形 充足；富裕 ▷有～的时间|日子过得很～。

【宽窄】kuānzhǎi ❶ 名 面积、范围的大小 ▷客厅的～正合适。❷ 名 宽度 ▷量量布的～。

【宽展】kuānzhǎn ❶ 形 宽阔舒展 ▷马路比以前～了。❷ 形 宽裕 ▷家境不很～。❸ 动 延缓 ▷保修期到期后，可～6 个月。

【宽纵】kuānzòng 动 过分宽容；放纵 ▷对孩子不要～溺爱。

髋(髖) kuān 见下。

【髋骨】kuāngǔ 名 组成骨盆的大骨，左右各一，形状不规则，由髂骨、坐骨和耻骨合成。通称胯骨。

【髋关节】kuānguānjié 名 髋骨与股骨衔接的部分。

kuǎn

款[1](*欵) kuǎn 形 恳切 ▷～待|～留|～～之心。

款[2](*欵) kuǎn ❶ 名 钟鼎等器物上刻铸的文字；书画上的题名 ▷～识(zhì)|上～|落～。→ ❷ 名 规格；样式 ▷～式|新～时装|行(háng)～。❸ 量 用于式样，相当于"种" ▷两～法式点心。○ ❹ 名 法令、规章、条约等条文下面分列的项目 ▷第三条第五～|条～。○ ❺ 名 款子 ▷拨～|公～|专～。

款[3](*欵) kuǎn 形 〈文〉缓慢 ▷～步而来|～～而飞。

【款步】kuǎnbù 动 〈文〉缓慢行走 ▷～林间小路。

【款待】kuǎndài 动 真诚地接待;特指宴请 ▷盛情～来客|受到朋友的～。

【款额】kuǎn'é 名 钱财或经费的数额 ▷～巨大。

【款款】kuǎnkuǎn〈文〉❶ 形 诚恳忠实 ▷～情怀。❷ 副 徐缓、从容地 ▷点水蜻蜓～飞。

【款留】kuǎnliú 动 诚恳地挽留 ▷再三～。

【款目】kuǎnmù〈文〉❶ 名 账目 ▷所有～均需亲自检阅。❷ 名 项目;条款。

【款洽】kuǎnqià 形〈文〉亲密融洽 ▷相处～。

【款曲】kuǎnqū〈文〉❶ 名 殷切的心意 ▷互叙～。❷ 动 殷勤地应酬 ▷不善～。

【款式】kuǎnshì 名(服装等的)样式 ▷～齐全。

【款项】kuǎnxiàng ❶ 名 指有专门用途的数目较大的钱 ▷这笔～不准挪用。❷ 名(法令、规章、条约等)条文的项目。

【款型】kuǎnxíng 名 款式和型号。

【款爷】kuǎnyé 名〈口〉指钱很多的男人(含诙谐意或贬义)。

【款识】kuǎnzhì ❶ 名〈文〉钟鼎等器物上刻的图案和文字。花纹称款,刻字为识;也可把凹入的阴字称款,凸出的阳字称识。❷ 名 书法或国画作品上作者题写的名字。☛"识"这里不读shí。

【款子】kuǎnzi 名 数目较大的一笔钱 ▷买房的～已经筹集得差不多了。

窾 kuǎn 名〈文〉孔穴;空隙。

kuāng

匡 kuāng ❶ 动 纠正;改正 ▷～谬|～正。→ ❷ 动〈文〉救助;辅助 ▷～乏困,救灾难|～时。○ ❸ 动〈口〉大概估算 ▷～一～这堆土有多少方|～算。○ ❹ 名 姓。

【匡扶】kuāngfú 动〈文〉辅佐 ▷～社稷。

【匡复】kuāngfù 动〈文〉挽救危亡的国家使之复兴 ▷～汉室。

【匡计】kuāngjì 动 匡算。

【匡济】kuāngjì 动〈文〉救助。

【匡救】kuāngjiù 动〈文〉匡正挽救。

【匡谬】kuāngmiù 动〈文〉纠正谬误 ▷～正俗。

【匡时】kuāngshí 动〈文〉挽救艰危的时势 ▷～济世。

【匡算】kuāngsuàn 动 大概估算 ▷据～,今年将增产10%。

【匡正】kuāngzhèng 动〈文〉纠正;扶正 ▷错误之处,敬请～。

诓(誆) kuāng 动 欺骗;哄骗 ▷你别～我|～人|～骗。

【诓骗】kuāngpiàn 动 说谎骗人 ▷别看他人小,谁也～不了他。

哐 kuāng 拟声 模拟物体撞击、震动的声音 ▷～的一声,铁门关上了|大锣敲得～～响。

【哐当】kuāngdāng 拟声 模拟器物撞击的声音 ▷火车～～地驶离了站台。

【哐啷】kuānglāng 拟声 模拟器物撞击的声音 ▷空油桶从车上滚下来,发出～～的响声。

洭 kuāng 名 洭河,水名,在广东。

恇 kuāng〈文〉❶ 形 恐惧。→❷ 形 虚弱。

筐 kuāng 名 用竹篾、柳条、荆条等编成的盛物器具 ▷竹～|土～。

【筐子】kuāngzi 名 较小的筐。

kuáng

狂 kuáng ❶ 形 疯;精神失常 ▷疯～|癫～|发～|～人。→ ❷ 形 傲慢;狂妄 ▷这个人也太～了|口出～言|轻～。→ ❸ 副 毫无节制地;任意 ▷～喜|～笑|～饮。→ ❹ 形 超出通常程度的;猛烈 ▷～风暴雨|～飙|～澜|～浪|～奔。

【狂傲】kuáng'ào 形 狂妄傲慢 ▷一副～的样子。

【狂暴】kuángbào ❶ 形 凶狠残暴 ▷～如虎。❷ 形 猛烈 ▷～的风雪持续了一天。

【狂悖】kuángbèi 形〈文〉狂妄到违背常理 ▷言行～。

【狂奔】kuángbēn 动 迅猛地奔跑 ▷骏马～◇汽车在高速公路上～。

【狂飙】kuángbiāo ❶ 名 暴风 ▷～骤起,飞沙走石。❷ 名 比喻急骤猛烈的社会变革 ▷革命的～席卷全国。

【狂草】kuángcǎo 名 草书的一种,笔势相连,字形狂放。

【狂潮】kuángcháo 名 汹涌的浪潮。多比喻来势迅猛、威力巨大的势头 ▷革命～势不可当。

【狂荡】kuángdàng 形 轻狂放荡 ▷～不驯。

【狂跌】kuángdiē 动(价格等)急剧下跌 ▷股价～。

【狂放】kuángfàng 形 放荡任性 ▷～不羁。

【狂吠】kuángfèi 动 狗疯狂地叫;比喻疯狂地叫嚣 ▷一群跳梁小丑声嘶力竭地～。

【狂风】kuángfēng 名 狂烈的风;气象学上旧指10级风 ▷～吹不倒|～大作。

【狂轰滥炸】kuánghōng-lànzhà 狂暴地无节制地轰炸。

【狂话】kuánghuà 名 狂妄的话。

【狂欢】kuánghuān 动 纵情欢乐 ▷围着篝火～。

【狂欢节】kuánghuānjié 名 欧洲和美洲某些国家

的民间节日，一般在基督教大斋节前3天开始。节日期间人们举行游行、宴饮、跳舞等各种活动，纵情欢乐。也说嘉年华。

【狂劲】kuángjìn ❶ 名 迅急而不顾一切的劲头 ▷他奔跑的那股～，像匹惊马。❷ 名 狂妄的神情 ▷看他那股～，简直目空一切了。口语中也说狂劲儿(jìnr)。

【狂澜】kuánglán 名 汹涌的大浪；比喻动荡危急的局势 ▷力挽～。

【狂烈】kuángliè 形 猛烈得像发狂似的 ▷一股强风～地袭来。

【狂乱】kuángluàn ❶ 形 昏乱；错乱 ▷举止～。❷ 形 猛烈而无序 ▷柳枝在大风中～地摇摆。

【狂怒】kuángnù 动 暴怒 ▷～之下，出口伤人。

【狂虐】kuángnüè 形 异常暴虐 ▷～的绑匪。

【狂气】kuángqi ❶ 形〈口〉趾高气扬的样子；狂妄 ▷刚当上科长，就～起来了。❷ 名 狂妄傲慢的作风 ▷他有才气，但也有～。

【狂犬病】kuángquǎnbìng 名 急性传染病，常见于狗、猫等家畜。人被患狂犬病的狗、猫咬伤后容易感染，出现恶心、恐水、精神失常等症状，直至死亡。也说恐水病。

【狂热】kuángrè ❶ 形 极度热情 ▷～的欢呼声。❷ 名 极度热烈的情绪 ▷掀起一阵～。

【狂人】kuángrén ❶ 名 精神失常的人。❷ 名 目空一切而胆大妄为的人 ▷战争～。

【狂涛】kuángtāo 名 巨大、凶猛的波涛 ▷～拍打着船舷。

【狂徒】kuángtú 名 不顾一切胡作非为的人 ▷一伙儿扰乱社会治安的～。

【狂妄】kuángwàng 形 极端高傲，目空一切 ▷这个人太～了，不知天高地厚。

【狂喜】kuángxǐ 形 极端喜悦 ▷这个消息使他～万分。

【狂想】kuángxiǎng ❶ 动 幻想。❷ 动 妄想 ▷不要～一夜发财。

【狂想曲】kuángxiǎngqǔ 名 西方音乐中一种富有民族特色和幻想成分的器乐曲，常直接采用欧洲民间曲调。如李斯特的《匈牙利狂想曲》。

【狂笑】kuángxiào 动 放纵地大笑 ▷～不已。

【狂泻】kuángxiè 动 大股的水急速向下奔流 ▷瀑布～而下。

【狂言】kuángyán ❶ 名 狂妄放肆的话 ▷一派～｜口吐～。❷ 动 说狂妄放肆的话 ▷～自己从未输过球。☛ 跟"诳言"不同。

【狂野】kuángyě 形 狂放 ▷他的性格时而温柔时而～｜～不羁。

【狂饮】kuángyǐn 动 放纵地大量喝(酒) ▷～伤肝，暴食伤胃。

【狂躁】kuángzào 形 极其焦躁 ▷～不安。

诓(誆) kuáng 动 欺骗；瞒哄 ▷～语｜～言。

【诓骗】kuángpiàn 动 用谎言来欺骗 ▷～世人。

【诓言】kuángyán ❶ 名 诓语。❷ 动 说诓言 ▷他～自己是领导｜从不～。☛ 跟"狂言"不同。

【诓语】kuángyǔ 名 欺骗人的话 ▷虚言～。也说诓话、诓言。

鵟(鵟) kuáng 名 鸟，形体像老鹰，全身褐色，尾部稍淡，尾羽不分叉，腿粗壮，有锐利的长爪。主食鼠类，为农田益鸟。种类很多，分布在我国东北和俄罗斯西伯利亚南部广大地区。

kuǎng

夼 kuǎng 名 两山之间的大沟(多用于地名) ▷大～｜刘家～(均在山东)。

kuàng

邝(鄺) kuàng 名 姓。

圹(壙) kuàng〈文〉❶ 名 墓穴 ▷生～｜～穴。○ ❷ 名 原野。

【圹埌】kuànglàng 形〈文〉形容原野一望无际。

【圹穴】kuàngxué 名〈文〉墓穴。

纩(纊) kuàng 名〈文〉丝绵絮 ▷属(zhǔ)～(古人将死时，在口鼻处放上丝绵絮，检验是否断气)。

旷(曠) kuàng ❶ 形 空阔；宽广 ▷地～人稀｜空～。→ ❷ 动 荒废；耽误 ▷～课｜～工｜～废。→ ❸ 形 心胸开朗 ▷心～神怡｜～达。→ ❹ 形 久远 ▷年代～远。→ ❺ 形 相互配合的东西间隙过大 ▷车轴磨～了｜这双鞋穿着太～了。○ ❻ 名 姓。

【旷达】kuàngdá 形 心胸开阔；达观 ▷性格～。

【旷代】kuàngdài〈文〉❶ 名 历代；自古至今 ▷～未有之奇勋。❷ 形 空前的；当代无可比拟的 ▷～豪杰｜～奇珍。

【旷荡】kuàngdàng〈文〉❶ 形 辽阔；宽广 ▷烟波～。❷ 形 开朗；豁达 ▷心怀～。

【旷废】kuàngfèi 动 荒废 ▷学业～。

【旷费】kuàngfèi 动 浪费；耽误 ▷～时日。

【旷工】kuànggōng 动(职工)未经准假而不上班。

【旷古】kuànggǔ 名〈文〉远古；自古以来 ▷～绝伦｜～未有。

【旷久】kuàngjiǔ ❶ 形〈文〉旷日持久 ▷～不决。❷ 形(年代)久远 ▷～失修。

【旷课】kuàngkè 动(学生)未经准假而不上课。

【旷男怨女】kuàngnán-yuànnǚ〈文〉未婚嫁的大

龄男子和女子。旷男，也说旷夫。

【旷日持久】kuàngrì-chíjiǔ 拖延时日，历时长久。

【旷世】kuàngshì ❶ 形 历时久远 ▷～不遇｜～流传。❷ 形 空前；绝代 ▷～奇才｜～大业。

【旷野】kuàngyě 名 空阔的原野 ▷～荒郊。

【旷远】kuàngyuǎn ❶ 形 辽阔深远 ▷万里无云，天空显得那么～。❷ 形 久远 ▷影响～。

【旷职】kuàngzhí 动（职员）未经准假而不上班。

况[1]（*況）kuàng ❶ 动 比拟；比方 ▷以古～今｜比～。〇 ❷ 名 情形；状况 ▷近～｜盛～｜情～。〇 ❸ 名 姓。

况[2]（*況）kuàng 连〈文〉连接分句，表示递进关系，相当于"况且""何况" ▷秋初即寒不可耐，～严冬乎？

【况且】kuàngqiě 连 连接分句，表示递进关系 ▷路不算远，～还是坐车，准能按时赶到。

【况味】kuàngwèi 名〈文〉景况和情味 ▷人生～。

矿（礦*鑛）kuàng ❶ 名 蕴藏在地层中有开采价值的物质 ▷开～｜煤～。→ ❷ 名 开采矿物的场所或单位 ▷在～里干活儿｜以～为家。❸ 形 跟采矿有关的（事物）▷～工｜～井。〇 ❹ 名 姓。☛ 统读 kuàng。

【矿藏】kuàngcáng 名 埋藏在地下的各种矿物资源的统称 ▷～丰富｜勘探～。

【矿层】kuàngcéng 名 夹在地层中的呈层状分布的矿物。

【矿产】kuàngchǎn 名 有开采价值的矿物，如铁、金、石油、天然气等。

【矿场】kuàngchǎng 名 采矿的场所。

【矿车】kuàngchē 名 矿山巷（hàng）道中运输矿石等的车辆（多为有轨的）。

【矿床】kuàngchuáng 名 有开采价值的矿物集合体。也说矿体。

【矿灯】kuàngdēng 名 下矿人员随身携带的特制照明灯具。

【矿工】kuànggōng 名 采矿工人。

【矿井】kuàngjǐng 名 通往采矿工作面的井筒和巷（hàng）道。

【矿坑】kuàngkēng 名 为采矿挖掘的坑或坑道。

【矿脉】kuàngmài 名 填充在岩石裂缝中呈脉状分布的矿床。

【矿苗】kuàngmiáo 名 矿床露出地面的部分。

【矿难】kuàngnàn 名 矿区因瓦斯爆炸、塌方、大量渗水等造成的灾难（多发生在矿井内）。

【矿区】kuàngqū 名 采矿的地区；大的采矿企业所在地。

【矿泉】kuàngquán 名 含有大量矿物质和微量元素的泉水，有的可以用来治病。

【矿泉壶】kuàngquánhú 名 装有对饮用水进行净化、矿化装置的盛水容器，形状像壶。

【矿泉水】kuàngquánshuǐ 名 指供饮用的含有一定量矿物盐、微量元素或二氧化碳的地下水。

【矿砂】kuàngshā 名 呈砂状的矿物。

【矿山】kuàngshān 名 采掘矿物的地方。

【矿石】kuàngshí 名 从矿体中开采出来的，从中可以提取有用物质的矿物集合体。

【矿体】kuàngtǐ 名 矿床。

【矿务】kuàngwù 名 有关矿物开采、运输、营销等的事务 ▷加强～管理｜～局。

【矿物】kuàngwù 名 地壳中因地质作用天然生成的化合物和单质。绝大部分是固态的，也有液态和气态的。

【矿物纤维】kuàngwù xiānwéi 从纤维状结构的矿物岩石中获得的纤维。如石棉的纤维。

【矿物油】kuàngwùyóu 名 从石油、油母页岩等矿物中提炼出来的油。如汽油、润滑油等。

【矿物质】kuàngwùzhì 名 营养学上指机体内所必需的元素。已知人体所必需的主要有钙、磷、钾、钠、硫、氯、镁等常量元素和碘、锌、硒、铜、钼、铬、钴、铁等微量元素。

【矿盐】kuàngyán 名 岩盐。

【矿业】kuàngyè 名 采矿产业。

【矿源】kuàngyuán 名 矿产资源 ▷寻找～。

【矿渣】kuàngzhā 名 矿山开采、选矿以及冶炼过程中产生的废渣。

【矿柱】kuàngzhù 名 地下采矿过程中为安全需要而保留下来的矿体。有支撑顶板，保护巷道和地面建筑物等作用。

贶（貺）kuàng 动〈文〉赐；赠送 ▷～赐｜～赠。

框 kuàng ❶ 名 门窗四周起支撑和固定作用的架子 ▷门～｜窗～。→ ❷ 名 某些器物周边起支撑作用的架子 ▷画～｜镜～。❸ 名 加在器物或文字、图片周围的圈 ▷烈士照片四周有个黑～。❹ 动 在文字、图片的四周加上线条 ▷重要的段落拿红笔～起来。→ ❺ 动 约束；限制 ▷不要被旧的一套东西～住了手脚。☛ 统读 kuàng，不读 kuāng。

【框定】kuàngdìng 动 划定范围 ▷各职能部门的职责已初步～。

【框架】kuàngjià ❶ 名 在建筑物中由梁柱等联结起来的结构 ▷大厦的主体～正在施工。❷ 名 比喻事物的总体结构 ▷制订发展～。

【框框】kuàngkuang ❶ 名 周围的边或线 ▷错别字都用红笔画了～。❷ 名 比喻事物原有的格式、规矩或限定的范围 ▷不能让条条～束缚手脚。

【框子】kuàngzi ❶ 名 框 ▷门～｜给这幅油画配一个古铜色的～｜文章周围加一个花～。❷ 名 框框② ▷画～，定调子。

眶 kuàng 名 眼睛的四周 ▷热泪盈～|眼泪夺～而出|眼～。

kuī

亏（虧） kuī ❶ 动 损失；损耗（跟"盈"相对）▷～本儿|盈～。→ ❷ 动 缺欠；短少 ▷～秤|理～。→ ❸ 动 亏待；亏负 ▷放心吧，～不了你|～心。〇 ❹ 动 多亏 ▷～他及时发现，不然就坏事了。→ ❺ 动 "多亏"的反说，表示斥责讥讽的语气 ▷～你做得出|跟孩子怄气，～你还是长辈！☛ 末笔是竖折折钩，上端不出头。由"亏"构成的字有"污""夸""胯""跨""愕""鄂"等。

【亏本】kuīběn 动 亏损本钱；把本钱赔进去 ▷不能做～的买卖|～经营。

【亏产】kuīchǎn 动 欠产；产量没达到预定的指标 ▷化肥～50 吨。

【亏秤】kuīchèng ❶ 动 用秤称过的东西实际分量不够 ▷这批货物～了。❷ 动 折（shé）秤 ▷对收奶站给予 1%的～补贴。

【亏待】kuīdài 动 待人不尽心或委屈了人 ▷你到我这里来，我能～你吗？

【亏得】kuīde ❶ 动 亏④ ▷～你指点，不然要走许多冤枉路。❷ 动 亏⑤ ▷～你还是大学生，连这点儿道理都不懂！

【亏短】kuīduǎn 动 比原定数量短少 ▷仓库的存货～了不少。

【亏负】kuīfù 动 对不住他人；使他人吃亏 ▷～别人，你会内疚的|你确实～了我。

【亏耗】kuīhào ❶ 动 损耗①。❷ 名 损耗②。

【亏空】kuīkong ❶ 动 支出超过收入而欠债 ▷一年下来～了几十万。❷ 名 所欠下的债务 ▷拉下不少～。

【亏累】kuīlěi 动 连续亏空 ▷不堪～。

【亏欠】kuīqiàn 动 亏空；拖欠 ▷～税款。

【亏折】kuīshé 动 损失；亏损 ▷生意不好，～了本钱。☛ "折"这里不读 zhé。

【亏蚀】kuīshí ❶ 名 日食和月食。❷ 动 亏损；损耗 ▷采取措施减少～。

【亏损】kuīsǔn ❶ 动 经营中支出超过收入；亏本 ▷扭转～局面。❷ 动 因劳累、伤病而身体虚弱，精力衰减 ▷元气～。

【亏心】kuīxīn 动 违背良心；问心有愧 ▷赚这种黑心钱，你～不～？|一辈子没做过～事。

刲 kuī 动〈文〉割；割取。

岿（巋） kuī 形〈文〉形容高山屹立的样子。☛ 不读 guī。

【岿然】kuīrán 形〈文〉形容高高耸立的样子 ▷～屹立|～不动。

【岿巍】kuīwēi 形〈文〉形容高大矗立的样子 ▷大厦～|～十峰，直插云汉。

悝 kuī 用于人名。如：孔悝，春秋时人；李悝，战国时人。

盔 kuī ❶ 名 盔子 ▷瓦～。→ ❷ 名 形状像盔的保护头部的帽子，多用藤条、金属或硬塑料制成 ▷～甲|头～|钢～。

【盔甲】kuījiǎ 名 盔和甲，古代打仗时为护身而穿戴的帽子和衣服，用金属、藤或皮革制成。

【盔头】kuītou 名 戏曲中角色所戴的各种帽子的统称。主要用来表示人物的身份，不同性别、年龄、性格的角色戴的盔头都不一样。

【盔子】kuīzi 名 一种比瓦盆略深的敞口容器，多用陶瓷制成。

窥（窺*闚） kuī 动 从孔隙或隐蔽处察看 ▷管中～豹|偷～。

【窥豹一斑】kuībào-yībān 只看到豹的一个斑纹。比喻只见到事物的局部。参见 507 页"管中窥豹"。

【窥测】kuīcè 动 暗中观察推测 ▷不让敌人～。

【窥察】kuīchá 动 暗地里观察 ▷～动向。

【窥度】kuīduó 动 暗中猜测 ▷他的心思难以～。☛ "度"这里不读 dù。

【窥见】kuījiàn 动 看出；觉察到 ▷从言谈话语中可以～他们的意图。

【窥破】kuīpò 动 看穿；看透 ▷～他的企图。

【窥视】kuīshì 动 暗中察看 ▷～对方动静。

【窥视镜】kuīshìjìng 名 装在门上的小型透镜，可从屋里察看门外情况。也说门镜。俗称猫眼。

【窥视孔】kuīshìkǒng 名 某些器物或设备上安装的、用来观察其内部情况的孔洞。如冶炼炉上的窥视孔，可用来观察炉内的冶炼情况。

【窥伺】kuīsì 动 暗中观察，等待有利时机（多用于贬义）▷当心有贼人～。

【窥探】kuītàn 动 暗中探听或查看 ▷～内情。

kuí

奎 kuí ❶ 名 星宿名，二十八宿之一。〇 ❷ 名 姓。

【奎宁】kuíníng 名 英语 quinine 音译。防治疟疾的西药，是从金鸡纳树等植物中提炼出来的。也说金鸡纳霜。

逵 kuí 名〈文〉四通八达的道路 ▷大～|～途。

馗 kuí 古同"逵"，用于人名。如钟馗，传说中善于打鬼的人。

隗 kuí 名 姓。另见 1432 页 wěi。

揆 kuí 动〈文〉估量；推测 ▷～情度（duó）理｜～时度（duó）势｜～其本意。

【揆度】 kuíduó 动〈文〉猜测；估摸。

【揆情度理】 kuíqíng-duólǐ 按照情理来推测估计。☛"度"这里不读 dù。

葵 kuí ❶ 名 锦葵科某些植物的统称，包括锦葵、蜀葵、秋葵等。○ ❷ 名 指蒲葵 ▷～扇。○ ❸ 名 指向日葵 ▷～花。○ ❹ 名 姓。☛ 中间是"癶"，不是"夂"。

【葵花】 kuíhuā 名 向日葵。

【葵花子】 kuíhuāzǐ 现在一般写作"葵花籽"。

【葵花籽】 kuíhuāzǐ 名 向日葵的种子。可以炒了吃，也可以榨油。

【葵扇】 kuíshàn 名 用蒲葵叶制成的扇子。因形似芭蕉叶，俗称芭蕉扇。

喹 kuí ［喹啉］kuílín 名 英语 quinoline 音译。有机化合物，无色液体，有特殊臭味，可以制作药物和染料。

骙（騤） kuí ［骙骙］kuíkuí 形〈文〉形容马威武雄壮。

睽 kuí 动〈文〉分隔；离开 ▷～别｜～违｜～离｜～隔。☛ 跟"暌"不同。

【睽别】 kuíbié 动〈文〉分别；离别 ▷故里～50年｜～经年。

【睽隔】 kuígé 动〈文〉分开；离别 ▷彼此～多年。

【睽离】 kuílí〈文〉❶ 动 睽隔；离散 ▷难堪～之苦。❷ 动 违背 ▷～常理。

【睽违】 kuíwéi 动〈文〉分离 ▷南北～，天各一方。

魁 kuí ❶ 名 北斗七星的第一颗星（即离斗柄最远的一颗）。一说北斗七星的第一至第四颗星（即构成斗形的四颗星）的总称。→ ❷ 名 居首位的人或事物 ▷党～｜花～｜夺～。○ ❸ 形（身材）高大 ▷～梧｜～伟。

【魁岸】 kuí'àn 形〈文〉魁梧高大 ▷体态～。

【魁首】 kuíshǒu 名〈文〉首领；多指才华出众，在同类中居首位的人 ▷诗坛～｜武林～。也说魁元。

【魁伟】 kuíwěi 形（身体）高大壮实 ▷身材～。

【魁梧】 kuíwú 形 魁伟 ▷小伙子真～。

【魁星】 kuíxīng ❶ 名 魁①。❷ 名 神话中指主宰文运兴衰的神 ▷～楼｜～阁。

【魁元】 kuíyuán〈文〉❶ 名 魁首。❷ 名 第一名 ▷得中～。

戣 kuí 名 古代指戟一类的长柄兵器。

䁟[1] kuí ［䁟䁟］kuíkuí 形 形容睁大眼睛注视的样子 ▷众目～。

䁟[2] kuí 动〈文〉违背；不合 ▷～异（主张不合）。☛"䁟"字跟"睽"不同。

蝰 kuí ［蝰蛇］kuíshé 名 毒蛇的一种。背面暗褐色，有三列淡褐色链状椭圆斑纹，腹面灰白色，每一片腹鳞有三至五个紫褐色斑点。生活在山林或草丛中，捕食鼠类、青蛙、小鸟等。

櫆 kuí 名〈文〉北斗星。

夔 kuí ❶ 名 古代传说中的一种怪兽。○ ❷ 名 夔州，古地名，在今重庆奉节一带。

kuǐ

颏（頍） kuǐ 名 古代一种用来束发（fà）固冠（guān）的发饰。

傀 kuǐ 见下。☛ 统读 kuǐ，不读 kuí 或 guī。

【傀儡】 kuǐlěi ❶ 名 木偶 ▷～戏。❷ 名 比喻被人操纵、摆布的人或组织 ▷伪满洲国不过是日本人的～。

【傀儡戏】 kuǐlěixì 名 木偶戏。

跬 kuǐ 名 古人把行走时举足一次叫跬，双足各举一次叫步 ▷～步。

【跬步】 kuǐbù 名 古代指半步，相当于现在的一步 ▷不积～，无以致千里。

【跬步千里】 kuǐbù-qiānlǐ 一步一步地走，就可以远达千里之外。比喻做事只要不懈努力，就能达到目的。

煃 kuǐ 形〈文〉形容火燃烧的样子。

kuì

匮（匱） kuì 动 不足；缺少 ▷～乏｜～缺。另见 518 页 guì。

【匮乏】 kuìfá 形 形容缺少或缺乏 ▷资源～｜人才～。

【匮竭】 kuìjié 形 形容匮乏以至枯竭 ▷饮水～。

【匮缺】 kuìquē 形 匮乏 ▷药品十分～。

蒉（蕢） kuì 名〈文〉用草编织的盛土或谷物等的器具。

喟 kuì 动〈文〉叹息 ▷感～不已｜～叹。☛ 不读 wèi。

【喟然】 kuìrán 形〈文〉形容叹气的样子 ▷在座者无不～叹息。

【喟叹】 kuìtàn 动〈文〉因感慨而叹息 ▷望空～。

馈（饋*餽） kuì ❶ 动 赠送（礼物）▷～赠｜～送。→ ❷ 动 传送（信息等）▷反～。

【馈送】 kuìsòng 动 赠送 ▷～礼物。

【馈线】 kuìxiàn 名 从发射机传送信号到天线的传输线。

【馈赠】 kuìzèng 动 赠送 ▷慷慨～｜～纪念品。

溃（潰） kuì ❶ 动 大水冲破堤防 ▷～决｜～堤。→ ❷ 动 突破（包围）▷～

围。→❸动(队伍)被打垮;逃散 ▷一触即～|击～。→❹动肌肉腐烂 ▷～烂|～疡。

另见 617 页 huì。

【溃败】kuìbài 动(军队)被打垮 ▷～的敌军狼狈逃窜。

【溃兵】kuìbīng 名溃败的士兵 ▷～四处逃窜。

【溃不成军】kuìbùchéngjūn 队伍溃散而不成队形。形容惨败。

【溃堤】kuìdī 动(大水)冲破堤岸 ▷洪水～。

【溃决】kuìjué 动(堤防被)大水冲开 ▷大坝一旦～,后果不堪设想。

【溃军】kuìjūn 名溃败的军队 ▷～南逃。

【溃口】kuìkǒu ❶动堤坝决口 ▷严防江堤～。❷名堤坝的决口 ▷堵住～。

【溃烂】kuìlàn 动(肌肉组织)腐烂化脓。

【溃乱】kuìluàn 动(队伍)溃败后秩序大乱 ▷敌军早已～。

【溃灭】kuìmiè 动崩溃灭亡 ▷伪政权彻底～。

【溃散】kuìsàn 动溃败逃散 ▷在我军强大攻势下,敌军狼狈～。

【溃逃】kuìtáo 动溃败逃窜 ▷敌军仓皇～。

【溃退】kuìtuì 动溃败后退 ▷节节～。

【溃疡】kuìyáng 动皮肤或黏膜溃烂、缺损 ▷胃～|十二指肠～。

愦(憒) kuì 形〈文〉昏乱;糊涂 ▷～乱|昏～。

愧(*媿) kuì 形因有缺点、做错事或没尽到责任而内心不安 ▷却之不恭,受之有～|问心无～|羞～。

【愧对】kuìduì 动因感到惭愧而羞于面对 ▷～大家|～祖宗。

【愧恨】kuìhèn 动因感到惭愧而悔恨 ▷～难当。

【愧悔】kuìhuǐ 动因感到惭愧而后悔 ▷万分～。

【愧疚】kuìjiù 形惭愧内疚 ▷深感～。

【愧领】kuìlǐng 动不好意思领受(接受馈赠时的客套话) ▷蒙大家资助,我只好～了。

【愧色】kuìsè 名惭愧的神色 ▷面有～。

【愧痛】kuìtòng 形因惭愧而痛心 ▷～难言。

【愧怍】kuìzuò 形〈文〉惭愧 ▷～不安。

聩(聵) kuì ❶形耳聋 ▷振聋发～。→❷形糊涂;不明事理 ▷昏～。

篑(簣) kuì 名盛土的竹器 ▷功亏一～。☛统读 kuì,不读 kuài。

襀 kuì ❶名某些地区指用绳子、带子等拴成的结 ▷打个活～儿|死～儿。→❷动某些地区指拴或系(jì) ▷把牛～上。

kūn

坤(*堃) kūn ❶名八卦之一,卦形为"☷",代表地(跟"乾"相对,②同) ▷乾～。→❷名代表女性 ▷～车。"堃"另见本页 kūn。

【坤包】kūnbāo 名女式小挎包、小手提包等。

【坤表】kūnbiǎo 名女式手表。

【坤车】kūnchē 名女车②。

【坤角】kūnjué 名旧指女戏曲演员。也说坤伶。☛"角"这里不读 jiǎo。

【坤伶】kūnlíng 名坤角。

昆[1] kūn ❶名〈文〉哥哥 ▷～仲|～弟(兄弟)。○❷形众多 ▷～虫。

昆[2](*崐崑) kūn[昆仑] kūnlún 名山名,西起帕米尔高原东部,横贯新疆、西藏,东面延伸到青海境内。☛不要写作"崑崙"。

【昆布】kūnbù 名一种海藻。藻体黑褐色,长一米以上,固着于岩礁上。生长在温带海洋中。可以食用,也可以做药材。

【昆虫】kūnchóng 名节肢动物的一纲。身体由头、胸、腹三个部分组成,头有口器和触角,胸部有足三对,有的有翅。大都经过卵、幼虫、蛹、成虫等发育阶段。如蜜蜂、螳螂、蝴蝶、蚊、蝇、蚜虫等。

【昆腔】kūnqiāng 名戏曲声腔之一。元代起源于江苏昆山,明代以后发展成为主要的戏曲声腔,对许多剧种的形成和发展都有影响。也说昆山腔、昆曲。

【昆曲】kūnqǔ ❶名地方戏曲剧种,最早流行于江浙一带,明朝万历末年传入北京,并在全国很多地区流行,对许多戏曲剧种有深远影响。用昆腔演唱,唱腔华丽婉转,念白儒雅,表演细腻,舞蹈飘逸。2001 年入选联合国"人类口头和非物质遗产代表作"名单。也说昆剧。❷名昆腔。

【昆吾】kūnwú ❶名夏代的一个同盟部落。○❷名〈文〉一种次于玉的山石。一说山名,此山出美石、红铜。

【昆仲】kūnzhòng 名〈文〉对他人兄和弟的称呼 ▷沈氏～均为著名学者。

崑 kūn ❶[崑蕗]kūnlù 名古书上说的一种香草。○❷古同"琨"。

堃 kūn 用于人名。另见本页 kūn"坤"。

裈(褌) kūn 名古代指连裆裤。

婫 kūn 用于人名(一般用于女性)。

琨 kūn 名〈文〉玉石。

【琨珸】kūnwú 见本页"昆吾"②。现在一般写作"昆吾"。

焜 kūn 形〈文〉光亮。

裩 kūn 用于地名。如哮裩塘，在安徽。

髡 kūn 动 剃去男子的头发（古代男子留长发），古代的一种刑罚 ▷～刑。

鹍（鵾） kūn［鹍鸡］kūnjī 名 古书上指一种形状像鹤的鸟。

锟（錕） kūn［锟铻］kūnwú 名 古书上说的山名。传说所产的铁可铸造锋利的刀剑，因此也借指宝剑。

醌 kūn 名 有机化合物的一类，由芳香族母核的两个氢原子分别被一个氧原子代替而形成。如对苯醌、蒽醌等。

鲲（鯤） kūn 名 传说中的一种大鱼 ▷～鹏。

【鲲鹏】kūnpéng 名 传说中的大鱼和大鸟；也指由鲲化成的大鹏鸟 ▷～展翅。

kǔn

捆（*綑） kǔn ❶ 动 用绳索等把人或东西缠紧并且打上结 ▷～铺盖卷儿｜～绑｜～扎。参见插图 14 页。→ ❷ 名 捆起来的东西 ▷捆成～儿｜大～大～地买葱。❸ 量 用于成捆的东西 ▷一～旧报纸｜五～甘蔗｜每～六公斤。

【捆绑】kǔnbǎng 动 捆；绑（多用于人）▷解救被～的人质。

【捆绑式】kǔnbǎngshì 区别 把多个物体捆绑在一起的；把多项事务归并在一起的 ▷～运载火箭｜不得采用～销售手段强迫顾客买单｜进行多种实战项目的～训练。

【捆扎】kǔnzā 动 用绳子之类把东西绑在一起 ▷把这几根竹竿～在一起。

【捆子】kǔnzi ❶ 名 成捆的东西 ▷秋秸～。❷ 量 用于成捆的东西 ▷一～干草。

阃（閫） kǔn〈文〉❶ 名 门槛 ▷～外。→ ❷ 名 闺门，妇女居住的内室 ▷～闱｜闺～。❸ 名 借指妇女；特指妻子 ▷～范（妇女的品德、规范）｜令～（敬称别人的妻子）。

悃 kǔn 名〈文〉诚恳的心意 ▷聊表谢～。

壸（壼） kǔn 名〈文〉宫中的道路 ▷宫～。☛ 参见 579 页"壶"的提示。

kùn

困（睏❺） kùn ❶ 形 艰难窘迫；穷苦 ▷～难｜～境｜～苦｜贫～。→ ❷ 动 陷入艰难痛苦的境地难以摆脱 ▷～在沙漠里｜身无分文，真把我给～住了。❸ 动 围困；包围 ▷乡亲们被大水～在一块高地上｜把敌人～在城里｜～守。→ ❹ 形 疲乏 ▷～乏｜～顿。❺ 形 形容疲乏得想睡觉 ▷～得睁不开眼｜刚才睡了一会儿，不太～了。

【困惫】kùnbèi 形〈文〉十分疲乏 ▷～不支。

【困顿】kùndùn ❶ 形 极端疲乏 ▷人马～。❷ 形（生活或处境等）艰难窘迫 ▷～潦倒。

【困厄】kùn'è 形〈文〉困苦艰难 ▷毕生～。

【困乏】kùnfá ❶ 形〈文〉贫困，匮乏 ▷连年征战，黎民不堪～。❷ 形 疲劳乏力 ▷身体～。

【困谷】kùngǔ 名 比喻窘困的处境 ▷拉动内需，走出经济疲软的～｜摆脱题海～。

【困惑】kùnhuò ❶ 形 疑惑不解 ▷脸上露出～的神情。❷ 动 使困惑 ▷这个问题始终～着我。

【困境】kùnjìng 名 困难的境地 ▷身处～而志不衰。

【困窘】kùnjiǒng ❶ 形 贫困窘迫 ▷生活～｜～的处境。❷ 形 为难；感到难办 ▷他感到自己工作力不从心，十分～。

【困局】kùnjú 名 困难的局面；困境。

【困倦】kùnjuàn 形 疲倦想睡。

【困苦】kùnkǔ 形（处境或生活）艰难痛苦 ▷生活～。

【困难】kùnnan ❶ 形 事情进行起来难度大，阻碍多 ▷想得到满分很～｜呼吸～。❷ 形 贫困 ▷经济～。❸ 名 困难的事情 ▷克服～。

【困扰】kùnrǎo 动 围困搅扰；使处于困境而无法摆脱 ▷～敌人｜整天被琐事～着。

【困人】kùnrén 形 使人发困（的）▷～的天气。

【困守】kùnshǒu 动 在被围困的境况下坚守 ▷～孤岛。

【困兽犹斗】kùnshòu-yóudòu 被围困的野兽还会拼命相斗。比喻身陷绝境仍然竭力挣扎（多含贬义）。

【困阻】kùnzǔ 动 围困使不能行进 ▷被洪水～在一个小山冈上。

kuò

扩（擴） kuò 动 使（范围、规模等）增大 ▷～张｜～建｜～军｜～音机。

【扩版】kuòbǎn 动 报刊增加版面或页码 ▷报纸～后增加了不少广告。

【扩编】kuòbiān 动 增加编制 ▷军队～。

【扩充】kuòchōng 动 扩大，补充 ▷～实力｜～兵员。

【扩大】kuòdà 动 使范围、规模等增大 ▷～规模。

【扩大化】kuòdàhuà 动 不顾事实地扩大（范围、数量等）；特指在政治运动中扩大了打击面 ▷不要把矛盾～｜肃反～。

【扩大再生产】kuòdà zàishēngchǎn 在扩大的规

模上进行的再生产。

【扩放】kuòfàng ❶ 动 用底片放大照片。❷ 动 通过电子设备把声音或图像放大。

【扩股】kuògǔ 动 扩充股份 ▷增资～。

【扩建】kuòjiàn 动 扩大原有建筑的面积或规模 ▷～校舍|～旅游景点。

【扩军】kuòjūn 动 扩充军备 ▷～备战。

【扩权】kuòquán 动 扩大权限；特指扩大企业的自主权。

【扩容】kuòróng 动 扩大容量 ▷对河道清淤～|实施移动通信网～工程。

【扩散】kuòsàn 动 向外扩展散布 ▷癌细胞已经～|化工厂排放的污染物不断～。

【扩写】kuòxiě 动 不改变主题、体裁、题材、结构等，把篇幅短的文章扩展成篇幅长的文章 ▷他把这篇短文～成一部小说。

【扩胸器】kuòxiōngqì 名 拉力器。

【扩音机】kuòyīnjī 名 由声频功率放大器及辅助设备构成的能扩大声音的装置。

【扩音器】kuòyīnqì 名 将声音放大使传播更远的电器。也说扩大器。

【扩印】kuòyìn 动 放大洗印(照片等) ▷彩色～。

【扩展】kuòzhǎn 动 扩大；伸展 ▷～绿化面积|～公司业务。☛ 跟"扩张"①不同。"扩展"偏重于平面的扩大；"扩张"①偏重于立体的、多方面的扩大，用于抽象意义时多含贬义。

【扩张】kuòzhāng ❶ 动 扩大(势力、领地) ▷跨国公司把势力～到世界各国。❷ 动 (血管)舒张 ▷静脉～。☛ 参见本页"扩展"的提示。

【扩张主义】kuòzhāng zhǔyì 指霸权主义国家推行的对外侵略政策。

【扩招】kuòzhāo 动 在原定指标之外，增加招收人数 ▷外语专业～20 名新生。

括(*挌❶—❸) kuò ❶ 动〈文〉结扎；捆束 ▷内(纳)狼于囊，遂～囊口。→ ❷ 动 包含；把各方面合在一起 ▷总～|包～。→ ❸ 动 (给文字)加上括号 ▷把这段话～起来。○ ❹ 名 姓。☛ 统读 kuò，不读 guā。

【括号】kuòhào ❶ 名 数学上用来表示几个数或项的结合关系和运算顺序的符号，有( )、〔 〕、{ }三种形式，分别称为小括号、中括号、大括号，或者叫做圆括号、方括号、花括号。❷ 名 标点符号，最常用的是圆括号"( )"，还有方括号"[ ]"、尖括号"〈 〉"、六角括号"〔 〕"、方头括号"【 】"等多种。主要作用是标示文中的注释部分；也用于标示某些有特殊作用或特殊意义的文字。

【括弧】kuòhú ❶ 名 指算式中的小括号(圆括号)。❷ 名 标点符号中各种括号的统称。

【括约肌】kuòyuējī 名 肛门、膀胱口、幽门等处的环状肌肉，能收缩和舒张。

适 kuò 古同"逜"。
另见 1260 页 shì。

栝 kuò 见 1651 页"檃(yǐn)栝"。
另见 497 页 guā。

逜 kuò 形〈文〉疾速(多用于人名。如南宫逜，春秋末年鲁国人)。也作适(kuò)。

蛞 kuò 见下。

【蛞蝼】kuòlóu 名〈文〉蝼蛄。

【蛞蝓】kuòyú 名 软体动物，身体圆而长，像去壳的蜗牛，能分泌黏液，爬行后留下银白色痕迹。生活在阴暗潮湿处，昼伏夜出，危害果树、蔬菜等。也说蜒蚰。俗称鼻涕虫。参见插图 3 页。

筈 kuò 名〈文〉箭的尾端，即射箭时搭在弓弦上的部分。

阔(闊*濶) kuò ❶ 形 空间距离大；时间距离长 ▷～步|～别。→ ❷ 形 空泛；不切实际 ▷迂～|高谈～论。→ ❸ 形 面积大；宽 ▷海～天空|～叶树|宽～|广～。❹ 形 富裕；生活奢侈 ▷这几年～起来了|～佬|摆～|～气。

【阔别】kuòbié 动 长久地分别 ▷～父老乡亲。

【阔步】kuòbù 动 迈开大步 ▷～向前|昂首～。

【阔绰】kuòchuò 形 阔气；奢华 ▷出手非常～|～人家。

【阔达】kuòdá ❶ 形 豁达 ▷他性情～。❷ 形 开阔通畅 ▷江面～，船只众多。

【阔佬】kuòlǎo 名 阔绰而有钱的人。☛ 不要写作"阔老"。

【阔气】kuòqi ❶ 形 铺张奢侈 ▷婚事办得这样～，太不应该了。❷ 名 豪华奢侈的派头 ▷摆～。

【阔人】kuòrén 名 富人。

【阔少】kuòshào 名 指富贵人家的子弟。

【阔叶树】kuòyèshù 名 属双子叶植物的树木，树冠较大，叶片宽阔。如杨、樟、枫等。

廓 kuò ❶ 形〈文〉广大；空阔 ▷寥～|～落(空阔寂静)。→ ❷ 动〈文〉开拓；扩大 ▷～张|～大。→ ❸ 动〈文〉使空阔；清除 ▷～清寰宇|～除阴霾。→ ❹ 名 物体的外缘 ▷轮～。

【廓清】kuòqīng 动 澄清；清除 ▷～谣言|～道路。

鞹 kuò 名〈文〉去毛的兽皮。

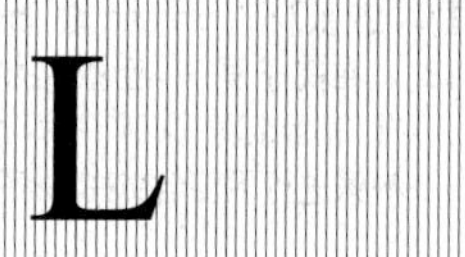

lā

垃 lā 见下。☛ 统读 lā,不读 lè。

【垃圾】lājī ❶ 名 各种废弃物的统称 ▷倒～|～堆|～箱。❷ 名 比喻腐朽没落的思想、言论、作品等;也比喻没有价值的东西 ▷精神～|文化～|～股。

【垃圾电站】lājī diànzhàn 利用可燃烧的垃圾的热能发电的电站。

【垃圾分类】lājī fēnlèi 为减少环境污染、资源浪费和土地占用,将垃圾按不同类别予以分别放置、分别处理。我国通常将生活垃圾分为厨余垃圾、可回收垃圾、有害垃圾和其他垃圾四类。

【垃圾股】lājīgǔ 名 指公司效益差,经营业务不看好而没有投资价值的股票。

【垃圾食品】lājī shípǐn 指仅提供热量而缺少其他营养成分,或提供的热量等超过人体需要而变成了多余成分,对人的健康无益甚至有害的食品。如油炸类食品等。

【垃圾新闻】lājī xīnwén 指没有新闻价值的新闻,包括某些小道来的消息和格调不高、低级媚俗甚至虚假的报道等。

【垃圾邮件】lājī yóujiàn 指电子信箱里收到的不受欢迎的商业广告、文章等电子邮件。

【垃圾债券】lājī zhàiquàn 指级别低、风险大、缺乏本金保障的债券。

拉 lā ❶ 动 用力使人或物靠向自己或跟着自己移动;牵引 ▷把椅子～过来|～车|～网。参见插图 14 页。→ ❷ 动 用车运送 ▷～粮食|～我到机场。→ ❸ 动 牵引乐器的某些部件使乐器发出声音 ▷～小提琴|～手风琴。→ ❹ 动 带领;集结 ▷把队伍～进山里去|～起一支队伍。→ ❺ 动 拖长;使延长 ▷～长声音|～开距离。❻ 动 拖欠 ▷～下几千块钱的债。→ ❼ 动 牵连;牵扯 ▷自己做了错事,不要～上别人。→ ❽ 动 提携;帮助 ▷他家遭了灾,大家～他一把。→ ❾ 动 拉拢;招揽 ▷～关系|～生意。→ ❿ 动〈口〉闲谈;闲扯 ▷～家常|～话。○ ⓫ 动 排泄(大便) ▷～屎|～稀。

另见 813 页 lá;813 页 lǎ;813 页 là。

【拉巴】lāba〈口〉❶ 动 不辞艰辛地抚养 ▷把两个孩子～成人。❷ 动 提携;扶植 ▷多亏老师傅～他。

【拉帮结派】lābāng-jiépài 拉拢勾结一帮人,组成帮派。也说拉帮结伙。

【拉场子】lāchǎngzi ❶ 艺人在街头空地招引观众围成圈子,进行表演。❷ 比喻以某种手段打开或维持局面 ▷借名人～,不是好风气。

【拉扯】lāche〈口〉❶ 动 拉;拽 ▷小妹～着我的衣襟。❷ 动 艰难地抚养 ▷妈妈～着我们长大成人。❸ 动 提携;扶持 ▷你富裕了,别忘了～你兄弟一把。❹ 动 拉拢 ▷他～一帮人结成盗窃团伙。❺ 动 牵扯;牵连 ▷这是你们之间的事,别把我～进去。❻ 动 闲聊 ▷我忙着呢,哪有工夫跟你们～。

【拉大旗作虎皮】lā dàqí zuò hǔpí 比喻打着有威势的旗号,虚张声势,吓唬或蒙骗人。

【拉倒】lādǎo 动〈口〉算了;停止进行 ▷既然双方都不同意,那就～吧。

【拉丁】lādīng 动 旧时指抓青壮年男子当兵或服劳役。

【拉丁化】lādīnghuà 动 把原来不使用拉丁字母拼写语言的文字改为使用拉丁字母的文字(拉丁:英语 Latin 音译)。

【拉丁美洲】lādīng měizhōu 指美国以南的美洲地区,包括墨西哥、中美洲、西印度群岛和南美洲。该地区绝大多数国家通用源于拉丁语的西班牙语、葡萄牙语,故称。简称拉美。

【拉丁人】lādīngrén 名 公元前 1000 年在意大利半岛阿尔巴山地区形成的民族,后定居拉丁姆地区,语言属印欧语系;后也泛指受拉丁文化影响较深、同操印欧语系罗曼语族语言的地中海北岸各民族,包括今意大利、法国、西班牙、葡萄牙诸国的各民族。

【拉丁文】lādīngwén 名 古代拉丁人所使用的文字。

【拉丁舞】lādīngwǔ 名 一类国际性舞蹈的总称,如恰恰舞、桑巴舞、伦巴舞、斗牛舞、牛仔舞等。

【拉丁语】lādīngyǔ 名 属印欧语系罗曼语族。公元前 5 世纪初成为罗马共和国的官方语言。罗马共和国被罗马帝国取代后,随着罗马帝国的扩张,拉丁语作为行政语言传播到罗马帝国统治下的欧洲西南部各地区。葡萄牙语、西班牙语、意大利语、法语、罗马尼亚语等都由拉丁语演变分化而来。现在天主教仍以拉丁语为宗教语言。

【拉丁字母】lādīng zìmǔ 拉丁文所使用的字母;泛指以拉丁字母为基础加以补充的字母系统。最初只有 20 个,后来增加到 26 个。大部分西欧语言使用拉丁字母拼写,如英语、法语、德语、西班牙语等。《汉语拼音方案》也采用拉丁字母。也说罗马字母。

【拉动】lādòng 动 采取措施带动某事物提高或发展 ▷发展消费信贷,～内需增长。

【拉肚子】lādùzi〈口〉腹泻。

【拉夫】lāfū 动 旧时官府、军队强迫百姓去服劳役。

【拉杆】lāgān ❶ 名 机械或建筑物上起牵引作用的杆形物件。如自行车闸上的长铁棍。❷ 名 指能拉长或缩短的杆,由不同直径的管儿套接而成。如收音机上的拉杆天线。

【拉钩】lāgōu 动 两人的食指或小拇指相互钩着拉一下,表示事情确定下来了,不反悔;泛指信守承诺 ▷我同她～,保证立即戒烟|她跟粉丝们～:明年一定还来这里演戏。

【拉呱】lāgua 动 某些地区指聊天儿 ▷她俩边干活儿边～。

【拉关系】lāguānxi 为达到某种目的,拉拢、联络有关人员,并同他们建立关系(多含贬义) ▷～,走后门,都是不正之风。

【拉管】lāguǎn 名 长号的俗称。

【拉黑】lāhēi ❶ 动 在手机等通信工具,QQ、微信等通信软件,及网络游戏软件中把某联系人拉入黑名单屏蔽掉 ▷就算不常联系,也不要轻易～好友。❷ 动 将某些违规、违法的人或单位予以列入黑名单的制裁 ▷一批老赖被法院～。

【拉后腿】lāhòutuǐ 拖后腿。

【拉祜族】lāhùzú 名 我国少数民族之一。主要分布在云南。

【拉花儿】lāhuār 名 用彩纸折叠后裁剪成的链状纸花,多用于节日、喜庆时装饰居室、厅堂等。

【拉话】lāhuà 动〈口〉攀谈;聊天儿。

【拉簧】lāhuáng 名 一种弹簧。受拉力作用时,长度可伸长,拉力消失后自动恢复原状。常用于减震装置、电器、开关、光学仪器等。

【拉活儿】lāhuór 动 揽活儿。

【拉饥荒】lājīhuang 欠人钱财。

【拉家常】lājiācháng 闲谈家庭日常琐事 ▷现在我正忙,没空儿跟你～。

【拉家带口】lājiā-dàikǒu 拖家带口。

【拉架】lājià 动 拉开吵架或打架的人,从中调解。

【拉交情】lājiāoqing 拉拢关系,联络感情(多含贬义)。

【拉脚】lājiǎo 动 用车载客或替人运货获取报酬。

【拉近乎】lājìnhu 套近乎。

【拉锯】lājù 动 两个人各自握住大锯的一端,一来一往地锯东西;比喻双方你来我往,相持不下 ▷～战。

【拉客】lākè ❶ 动(旅店、饭馆等)招揽顾客。❷ 动(出租汽车、人力车)运载乘客。❸ 动 妓女招引嫖客。

【拉亏空】lākuīkong 欠人钱财。

【拉拉扯扯】lālāchěchě ❶ 动 反复拉或拽 ▷两人在院子里～,险些打起来。❷ 动 牵手挽臂,表示亲昵 ▷别～的,放规矩点儿。❸ 动 频繁进行不正当交往 ▷不要同不三不四的人～。

【拉拉队】lālāduì 名 举行竞技比赛时,为参赛者呐喊助威的有组织的观众队伍。

【拉郎配】lāláng pèi 为逃避皇帝挑选民间美女入宫而仓促拉青年男子强行与自家的女儿成婚。比喻强令两种事物联合起来 ▷对口支援要双方自愿,不要搞～。

【拉力】lālì ❶ 名 牵引、拉拽的力量 ▷这种型号的牵引机～大。❷ 名 物体所能承受的拉拽的力 ▷这种纤维的～很强。

【拉力器】lālìqì 名 一种体育锻炼器材,由多根带挂钩的弹簧并排挂在把手上组成。使用时握住把手用力拉伸弹簧,以达到锻炼肌肉的目的。也说扩胸器。

【拉力赛】lālìsài 名 一种远距离的汽车或摩托车竞赛活动(拉力:英语 rally 音译)。

【拉练】lāliàn 动 野营训练;多指部队按实战要求,在长途行军和野营中进行训练。

【拉链】lāliàn 名 缝在衣服、提包等上面衔接处的链条形制品,多用金属、锦纶等制成。使用时,相对应的齿通过咬合或分开实现拉上与分开。也说拉锁。

【拉拢】lālǒng 动 使手段把别人拉到自己这边来 ▷～一部分人,排挤另一部分人。

【拉买卖】lāmǎimai 想方设法招揽生意 ▷到车站、码头给旅馆～。

【拉毛】lāmáo 动 用机器把粗纺毛纱织物等表面加工成松软的绒面。

【拉美】lāměi 名 拉丁美洲的简称。

【拉面】lāmiàn ❶ 动 用手把准备好的面团拉成面条。❷ 名 用手把准备好的面团拉成的面条,我国北方独具地方风味的传统面食。‖也说抻面。

【拉尼娜现象】lānínà xiànxiàng 指赤道附近东太平洋表层海水温度大范围持续变冷的异常现象。往往每隔几年发生一次,持续时间长,对全球气候有重大影响。因与厄尔尼诺现象相反,也说反厄尔尼诺现象(拉尼娜:西班牙语 La Niña音译)。

【拉皮条】lāpítiáo 为男女发生不正当的性关系牵线。

【拉偏架】lāpiānjià 拉架时故意偏袒一方。也说拉偏手儿。

【拉票】lāpiào 动 想方设法让人投自己或某候选人的票。

【拉平】lāpíng 动 消除差距,使变得一致或不分上下 ▷两队的积分逐渐～|奖金不能～。

【拉纤】lāqiàn ❶ 动 人在岸上用纤绳拉着河里的船行进。❷ 动 比喻替双方牵线、说合并从中取利 ▷说媒~。

【拉山头】lāshāntóu 拉拢一帮人，结成以自己为首的宗派或小集团。

【拉手】lāshǒu 动 握手；牵手。

【拉手】lāshou 名 安装在门、窗、抽屉、柜橱等上面便于用手拉动的部件。

【拉丝】lāsī 动 拔丝①。

【拉套】lātào ❶ 动（骡、马等）在驾辕的牲口前面或侧面帮着拉车 ▷骡子驾辕马~。❷ 动 比喻帮别人出力 ▷他很热心为乡亲们~。

【拉网式】lāwǎngshì 区别（搜索、排查等）全覆盖而没有遗漏的 ▷开展~检查，排除安全隐患|~搜救幸存者。

【拉稀】lāxī ❶ 动 腹泻的俗称。❷ 动〈口〉比喻怯懦、退缩 ▷正在节骨眼儿上，咱可不能~。

【拉下脸】lāxiàliǎn ❶指不讲情面 ▷对坏人坏事要敢于~来。❷露出不愉快的神情 ▷他一看到损坏公物的行为，立刻就~来了。☛ 后面多带"来"。否定式为"拉不下脸"。

【拉下马】lāxiàmǎ 比喻把某人或某团体赶下台 ▷舍得一身剐，敢把皇帝~。

【拉下水】lāxiàshuǐ 比喻引诱他人跟自己一起干坏事 ▷他交友不慎，被坏人~。

【拉线】lāxiàn 动 指从中进行联系、说合 ▷多亏有他~，才签了这项合同。

【拉秧】lāyāng 动 把过了收获期的瓜类及某些蔬菜等农作物的秧子拔掉。

【拉洋片】lāyángpiān 动 一种民间文娱活动，表演者一边拉换西洋景中的画片，一边说唱画片的内容。也说拉大片。参见 1465 页"西洋景"①。

【拉杂】lāzá 形 拖沓杂乱，缺少条理 ▷语言~|文章写得拉拉杂杂的。

【拉闸】lāzhá 动 拉开电闸，停止供电 ▷~限电。

【拉账】lāzhàng 动 拖欠债务 ▷他从来都是付现钱，不~|拉了不少账。

啦 lā 用于"呼啦啦""哗啦啦""哩哩啦啦"等词语。
另见 815 页 la。

【啦呱】lāgua 现在一般写作"拉呱"。

【啦啦队】lālāduì 现在一般写作"拉拉队"。

喇 lā 用于"呼喇""哇喇"等词语。现在一般写作"啦"。
另见本页 lá；本页 lǎ。

邋 lā [邋遢] lāta 形〈口〉不整洁；不利落 ▷他打扮得整整齐齐，不像往常那么~了|你真够~的，吃饭把饭粒撒了一桌子|家里弄得邋里邋遢(tā)的，也不打扫|他做什么事情都邋邋遢遢(tātā)的。☛ ㊀"邋"统读 lā，不读 lá。㊁"邋遢"不宜写作"邋遢"。

lá

旯 lá 见436 页"旮(gā)旯儿"。

拉 lá 动 割开；划破 ▷~一块玻璃|衣服~了个口子|别把手~了|~开。
另见 811 页 lā；本页 lǎ；本页 là。

剌 lá 同"拉(lá)"。现在一般写作"拉"。
另见本页 là。

砬 lá 名 砬子，山上耸立的大岩石(多用于地名) ▷红石~(在河北)|白石~子(在黑龙江)。

喇 lá 见529 页"哈喇子"。
另见本页 lā；本页 lǎ。

lǎ

拉 lǎ 见36 页"半拉"。
另见 811 页 lā；本页 lá；本页 là。

喇 lǎ 名 姓。
另见本页 lā；本页 lá。

【喇叭】lǎba ❶ 名 一种铜制的管乐器，吹气的一端较细，越往下越粗，末端口部呈圆形张开，可以扩大声音。❷ 名 能扩音的形状像喇叭的器物 ▷高音~|汽车~。❸ 名 扬声器的通称。

【喇叭花】lǎbahuā 名 牵牛花的俗称。

【喇叭口】lǎbakǒu 名 喇叭下端向四周张开的部分；比喻喇叭口形状的东西。

【喇叭裤】lǎbakù 名 裤腿上窄下宽，呈喇叭形的长裤。

【喇叭筒】lǎbatǒng 名 手持式扩音器和传声筒的俗称。

【喇嘛】lǎma 名 藏语音译。藏传佛教对高僧的尊称。汉族常把蒙、藏传佛教僧人统称为喇嘛。

【喇嘛教】lǎmajiào 名 藏传佛教。

là

拉 là [拉拉蛄] làlàgǔ 名 蝼蛄的俗称。
另见 811 页 lā；本页 lá；本页 lǎ。

剌 là 形〈文〉(性情或行为)怪僻，不合常情、事理 ▷乖~|~谬。☛ 跟"刺(cì)"不同。"剌"左边是"朿(shù)"；"刺"左边是"朿(cì)"。
另见本页 lá。

落 là〈口〉❶ 动 跟不上，被丢在后面 ▷他走路总~在别人后面。→ ❷ 动 把东西遗留在某处，忘了带走 ▷铅笔盒~在家里了。❸ 动 遗漏 ▷把老师的话一字不~地

记下|通知上～了他的名字。☛ ㊀这三个意义在口语中不读 luò。㊁跟"拉(là)"不同。不要误写作"拉"。

另见 831 页 lào;910 页 luò。

腊(臘*臈) là ❶ 名 古代农历十二月合祭百神的祭祀活动。→ ❷ 名 指农历十二月 ▷～月|～八。❸ 名 腊月或冬天腌渍后风干或熏干的(鱼、肉等) ▷～肉|～鱼|～味。☛ 跟"蜡"不同。

另见 1469 页 xī。

【腊八】làbā 名 腊月初八。相传是佛祖释迦牟尼成道的纪念日,在这一天寺院要举行法会,民间有喝腊八粥的习俗。

【腊八粥】làbāzhōu 名 腊八这一天,用黄米、糯米、花生米、菱角、枣、莲子、栗子和杏仁等煮成的粥。

【腊肠】làcháng 名 一种肉制品。将猪肉等切绞腌制后,灌入肠衣,经晾晒或烘烤制成。传统多为腊月制作,故称。

【腊梅】làméi ❶ 见本页"蜡梅"。现在一般写作"蜡梅"。❷ 名 特指腊月前后开的梅花。

【腊日】làrì 名 古代农历年末祭祀百神的日子,后来固定为农历十二月初八。

【腊肉】làròu 名 冬天(多在腊月)腌渍后晒干、风干或熏干的猪肉。

【腊味】làwèi 名 腊肉、腊鱼、腊鸭、腊鸡等的统称。

【腊月】làyuè 名 农历十二月。

蜡(蠟) là ❶ 名 某些动植物或矿物所产生的油质,具有可塑性,常温下是固体。有蜂蜡、白蜡、石蜡等。可以用来防湿、密封、浇塑、做蜡烛等。→ ❷ 名 指蜡烛 ▷把～吹灭|～扦。→ ❸ 形 形容颜色像蜂蜡那样淡黄 ▷～梅。☛ 跟"腊"不同。

另见 1729 页 zhà。

【蜡白】làbái 形 形容(面色)像蜡一样白里带黄。

【蜡笔】làbǐ 名 用颜料和蜡混合制成的彩色画笔。

【蜡果】làguǒ 名 一种工艺品,用蜡制成的各种仿真水果或蔬菜。

【蜡花】làhuā 名 蜡烛燃烧过程中,烛芯灰烬结成的花状物。

【蜡黄】làhuáng 形 形容颜色像蜂蜡一样淡黄 ▷～的软缎|脸色～。

【蜡炬】làjù 名〈文〉蜡烛。

【蜡泪】làlèi 名 蜡烛燃烧时像眼泪一样流下的蜡油。

【蜡疗】làliáo 动 把加热成液态的石蜡敷在患处,以促进局部血液循环,抑制炎症的发展。常用来治疗关节炎、扭伤等。

【蜡梅】làméi 名 落叶灌木,叶对生,多于冬末开花。花也叫蜡梅,花色似蜂蜡,香味浓郁。是著名的观赏植物。参见插图 8 页。

【蜡扦】làqiān 名 插蜡烛的器具,上有尖锥,下有底座。

【蜡染】làrǎn ❶ 动 我国传统的民间印染工艺,用熔化的黄蜡在白布上绘制图案,染色后煮去蜡质,便现出白色图案。❷ 名 指蜡染制品。参见插图 16 页。

【蜡人】làrén 名 蜡塑的人像。

【蜡台】làtái 名 插蜡烛的器具,上有槽,下有底座。

【蜡丸】làwán ❶ 名 用蜡做成的空心球,古代用以封存机密文件,有防潮、防泄露等作用。❷ 名 用蜡皮包裹的丸药。

【蜡像】làxiàng 名 用蜡塑成的人或物的形象。

【蜡纸】làzhǐ ❶ 名 一种表面涂有蜡层的防潮包装纸。❷ 名 用蜡液浸过的纸,用作刻写或打字的油印底版纸。

【蜡烛】làzhú 名 用蜡或其他油脂制成的照明用品,多为圆柱形,中心有捻ル,可以点燃。

瘌 là 见下。

【瘌痢】làlì 名 某些地区指黄癣 ▷～头。

【瘌痢头】làlìtóu 名 某些地区指长有黄癣的脑袋;借指头上长黄癣的人。

辣(*辢) là ❶ 形 像辣椒、蒜、姜等有刺激性味道的 ▷这道菜太～了|辛～|～酱。→ ❷ 动 辣味刺激(感官) ▷吃了点ル辣椒,～得满头是汗|～舌头。→ ❸ 形 狠毒 ▷手段真～|毒～。○ ❹ 名 姓。

【辣乎乎】làhūhū 形 形容热辣辣的感觉 ▷面条里辣椒放多了,吃起来～的。

【辣酱】làjiàng 名 用辣椒、大豆等制成的酱。

【辣椒】làjiāo 名 一年生草本植物,叶片卵圆形,花白色或淡紫色。果实也叫辣椒,青色,成熟后多变为红色,多有辣味,可以作蔬菜或调料。

【辣椒油】làjiāoyóu 名 炸过辣椒的油,是一种调料。

【辣妹子】làmèizi ❶ 名 指从四川或湖南来的女孩子。❷ 名 泛指性情泼辣、伶牙俐齿的女孩子。

【辣手】làshǒu ❶ 名 狠毒的手段 ▷他用～整人。○ ❷ 形 棘手 ▷这会ル碰上了～的事。

【辣丝丝】làsīsī 形 形容有点ル辣的感觉。

【辣酥酥】làsūsū 形 辣丝丝。

【辣子】làzi 名〈口〉辣椒 ▷炒～|～鸡丁。

蝲 là 见下。

【蝲蛄】làgǔ 名 甲壳动物,形状像龙虾而小,前三对步足都有螯,第一对特别发达。生活在淡水中,肺吸虫的幼虫常寄生在它体内。

【蝲蝲蛄】lálàgǔ 现在一般写作"拉拉蛄"。

鯻(鯻) là 名 鱼,银灰色,有黑色纵条纹。生活在热带和亚热带近海。可食

L

用，多制成咸干食品，也供鲜食。

癞（癩） là［癞痢］làlì 现在一般写作“瘌痢”。

另见 817 页 lài。

鬎 là［鬎鬁］làlì 现在一般写作“瘌痢”。

镴（鑞） là 名 锡和铅的合金。熔点较低，可以焊接金属，也可制作器皿。通称焊锡。也说锡镴、白镴。

la

啦 la 助“了(le)”和“啊(a)”的合音词，兼有二者的意义 ▷你们都回来～？|我们已经干完～|那他就不管～？

另见 813 页 lā。

鞡 la 见1463 页“靰(wù)鞡”。

lái

来[1]（來） lái ❶ 动 从另外的地方到说话人这里(跟“去”“往”相对) ▷开会的人都～了|～信了|～去自由。→ ❷ 形 未来的 ▷～年|～日。→ ❸ 动 用在动词后，表示动作朝着说话人所在的地方 ▷开～一辆空车|拿榔头～。→ ❹ 名 从过去到说话时为止的一段时间 ▷多年～|近～|向～。❺ 助 用在“十”“百”“千”等整数或数量短语后面，表示概数，通常略小于那个数目 ▷二十～岁|一百～件|二里～地。→ ❻ 动 (事情、问题等)来到；发生 ▷上级的指示刚～|麻烦～了也不用急。→ ❼ 动 用在动词性短语(或介词短语)与动词(或动词性短语)之间，表示前者是方法、态度，后者是目的 ▷扒着门缝～偷看|我们一定尽最大努力～完成任务。→ ❽ 动 a)用在动词性短语后面，表示来做某事 ▷老师看望大家～了|我向诸位学习～了。b)用在动词性短语前面，表示要做某事 ▷我～说几句|咱们一起～想想办法。❾ 动 表示做某个动作(代替意义具体的动词) ▷你搬不动，我～吧|唱得真好，再～一个|不要跟我～这一套。○ ❿ 动 跟“得”或“不”连用，表示能够或不能够 ▷他跟她还合得～|这道题我可做不～。○ ⓫ 名 姓。☛“来”用在动词后，表示动作的趋向时，一般读轻声。

来[2]（來） lái 助 用在诗歌、叫卖声里作衬字 ▷二月里～呀好春光|磨剪子～抢(qiǎng)菜刀。

来[3]（來） lái ❶ 助〈口〉用在句尾，表示曾发生过什么事情，相当于“来着” ▷这话我什么时候说～？○ ❷ 助 用在序数词“一”“二”“三”等后面，表示列举原因、理由等 ▷我到上海去，一～是办点儿事，二～是看看朋友。

【来宾】 láibīn 名 应邀前来的客人。

【来不得】 láibude 动 不能有；不应该有 ▷做学问～半点儿浮躁。

【来不及】 láibují 动 因时间不够而顾不上或赶不上 ▷时间太紧，这件事～跟你细说了。

【来潮】 láicháo ❶ 动 涨潮；比喻思绪像潮水般涌起 ▷心血～。❷ 动 指女子来月经。

【来到】 láidào ❶ 动 从别处到达这里 ▷大队人马～城下|客人已经～宾馆。❷ 动 实现；到达(某一目标) ▷幸福的日子终于～了。

【来得】 láide ❶ 动 能够干；胜任 ▷钳工活儿他也～。○ ❷ 动 相比之下显得 ▷要退烧，打针比吃药～快。

【来得及】 láidejí 动 还有时间，可以顾得上或赶得上 ▷这些事都～办|乘 12 点的火车还～。

【来电】 láidiàn ❶ 动 打来电报或电话 ▷事情有了结果，请～相告。❷ 名 打来的电报或电话 ▷刚收到他的～。○ ❸ 动 接通电路，恢复供电 ▷上午停电，下午才～。❹ 动〈口〉比喻被异性吸引而产生好感 ▷他俩真是有缘，一见面就～。

【来电显示】 láidiàn xiǎnshì 程控电话中为电话被呼方显示呼叫方电话号码等信息的业务。

【来犯】 láifàn 动 前来侵犯 ▷坚决消灭～之敌。

【来访】 láifǎng 动 前来拜访 ▷谢绝～|群众～。

【来复枪】 láifùqiāng 名 步枪的一种，因枪膛内刻有来复线而得名(来复：英语 rifle 音译)。

【来复线】 láifùxiàn 名 膛线。

【来稿】 láigǎo ❶ 动 编辑、出版部门称作者投来稿件 ▷这位专栏作家每次都按期～。❷ 名 编辑、出版部门称作者投来的稿件 ▷～一经采用，即付稿酬。

【来归】 láiguī ❶ 动 归顺；归附 ▷四方～|盛赞弃暗投明者～。❷ 动 古代称女子嫁到夫家来。❸ 动 归来；特指回家 ▷欢迎海外赤子～。

【来函】 láihán ❶ 动 寄来或送来信件 ▷务请～告知。❷ 名 寄来或送来的信件 ▷～收阅。

【来航鸡】 láihángjī 名 一种优良的产蛋鸡，羽毛多为纯白色。原产意大利，由来航港输往国外，故称。也说来亨鸡(来航、来亨：意大利语 Leghorn 音译)。

【来鸿】 láihóng 名〈文〉来信②。参见 570 页“鸿”③。

【来回】 láihuí ❶ 动 (在某一段距离之内)一去一

回 ▷坐汽车～半天就够了。❷ 名 往返一次的过程 ▷这段路半天可以走两个～｜当天打～。❸ 副 多次地或反复地 ▷～折腾，把事情搞乱了｜我～思索了许久。

【来回来去】láihuí-láiqù 表示不断重复某个动作、行为 ▷急得他～地转悠｜车轱辘话～地说。

【来回票】láihuípiào 名 往返票。

【来火】láihuǒ 动〈口〉发怒；生气 ▷只要一提这件事，他就～。

【来件】láijiàn 名 寄来或送来的文件或物件 ▷～已经收到。

【来劲】láijìn〈口〉❶ 形 起劲 ▷试验越搞越～｜你看他越吵越～了！❷ 形 使人起劲 ▷看这么精彩的演出，可真～。

【来客】láikè 名 来访的客人。

【来历】láilì 名 人或事物的经历或背景 ▷不知道这个人的～｜这方砚台可有～呢。

【来料】láiliào 名 指对方提供的原材料 ▷承揽～加工业务。

【来临】láilín 动 到来 ▷销售旺季～｜胜利即将～。

【来龙去脉】láilóng-qùmài 看风水的人，把连绵起伏的山势称为龙脉，龙脉的起源处称为来龙，龙脉结尾处称为去脉。后用"来龙去脉"比喻人、物的来历或事情的前因后果。

【来路】láilù ❶ 名 来这里的道路。❷ 名 指事物的来源或人的来历 ▷断绝了经济～｜这个人～不明。

【来年】láinián 名 明年 ▷～能迁入新居。

【来钱】láiqián 动 挣来钱；有收入 ▷不能什么～就干什么。

【来去】láiqù 动 到来和离去；往返 ▷～匆匆｜他经常～于北京和天津之间。

【来人】láirén 名 指对方派来取送东西、交涉事情的人 ▷请把复信交～带回。

【来日】láirì 名 未来的日子 ▷～无多｜以待～。

【来日方长】láirì-fāngcháng 未来的时日还很长。表示日后必有所作为或劝人不必急于做某事。

【来神】láishén 动 有了精神 ▷一到晚上就～。

【来生】láishēng 名 下一辈子（迷信认为人死后可以投胎转世）。

【来使】láishǐ 名 被派来的负有使命的人 ▷接待～。

【来世】láishì 名 来生。

【来势】láishì 名（人或事物）到来的气势 ▷台风～凶猛｜～汹汹。

【来势汹汹】láishì-xiōngxiōng 形容人或事物到来的势头很嚣张或很猛烈 ▷敌人～｜大暴雨～。☛ ㊀"汹汹"不要误写作"凶凶"。㊁不宜写作"来势汹汹"。

【来事】láishì 动〈口〉处事 ▷我没他那么会～｜那孩子年纪不大，可会～了。

【来书】láishū 名〈文〉来信②。

【来头】láitou ❶ 名 指人的身份、资历、背景等 ▷听说话的口气，这个人恐怕有～。❷ 名 缘由；原因 ▷他这样发脾气，肯定有什么～。❸ 名 来源（多指经济收入）▷除了工资，还有别的～。❹ 名 势头 ▷这场暴风雪～不小，要作好防灾准备。❺ 名（某种活动的）趣味 ▷这种游戏没有什么～。

【来往】láiwǎng ❶ 动 到来和离开；往返 ▷～于京沪之间｜街上来来往往的车辆很多。❷ 动 交际往来 ▷今年才开始同他～。

【来文】láiwén 名 寄来或送来的文件。

【来向】láixiàng 名 所来的方向；来处 ▷从乌云～可判断会不会下雨｜这种病毒～已查明。

【来项】láixiang 名 某些地区指收入、进项 ▷他们的～不多，生活不太富裕。

【来信】láixìn ❶ 动 寄来或送来信件 ▷请～。❷ 名 寄来或送来的信件 ▷阅读～，十分高兴。

【来意】láiyì 名 来这里的用意 ▷先说清～，再谈别的。

【来由】láiyóu 名 事物、现象出现或发生的缘由、根据 ▷这样对待他是有～的。

【来源】láiyuán ❶ 名 事物的根源；事物产生的地方 ▷典故～｜生活～｜税收是国家财政的～之一。❷ 动 起源；产生（常跟"于"配合使用）▷货币～于物资交换。

【来者】láizhě ❶ 名〈文〉未来将要出现的人或事 ▷前无古人，后无～｜往者不可谏，～犹可追。❷ 名 到来的人或事物 ▷～不善｜～不拒。

【来着】láizhe 助〈口〉用在句末，表示事情曾经发生过 ▷昨天你在办公室忙什么～？｜他刚刚还在图书馆看书～。☛ 用"来着"的句中动词不能带"了""过"。

【来之不易】láizhībùyì 来得不容易；形容愿望实现的过程很困难 ▷胜利果实～。

【来自】láizì 动 从（某处）来；来源于 ▷我们公司的员工～十几个省份｜问题～思想上的麻痹。

倈（倈） lái ❶ 名 元代称供使唤的小厮。→ ❷ 名 元杂剧中指扮演小孩儿或小厮的角色。也说倈儿。○ ❸ 用于地名。如大倈庄，在山东。

莱（萊） lái〈文〉❶ 名 藜。→ ❷ 名 丛生的野草 ▷草～。❸ 名 郊外休耕的田地；荒地 ▷田～。

【莱菔】láifú 名 萝卜。

【莱塞】láisè 英语 laser 音译。❶ 名 激光的旧称。❷ 名 激光器的旧称。

崃（崍） lái 见1124页"邛(qióng)崃"。

徕（徠） lái 见1739页"招徕"。
另见本页 lài。

涞（淶） lái 名 涞水，古水名，即今拒马河，在河北西部。

梾（棶） lái 名 梾木，落叶乔木或灌木，叶子对生，开白色小花，核果球形黑色。木材致密坚硬，可以制作车轴、农具等；种子榨的油可制肥皂、润滑油。

铼（錸） lái 名 金属元素，符号 Re。银灰色，电阻高，耐高温，耐腐蚀。用于制造白炽灯灯丝、催化剂等；铼合金用于制造宇宙飞行器外壳及原子反应堆防护板等。

lài

徕（徠） lài 动〈文〉慰劳 ▷劳～（慰勉）。
另见本页 lái。

赉（賚） lài 动〈文〉赏；赐给 ▷赏～|～赐。

睐（睞） lài 动〈文〉向旁边看；看 ▷明眸善～|青～。

赖[1]（賴＊頼） lài ❶ 动 依靠；仗恃 ▷百无聊～|信～。→ ❷ 形 刁钻撒泼，不讲道理 ▷要～|撒～|～皮。⇒ ❸ 形〈口〉坏 ▷不分好～|唱得不～。⇒ ❹ 动 该离开而不肯离开 ▷逐客令下了，他还～着不走。○ ❺ 名 姓。

赖[2]（賴＊頼） lài ❶ 动 抵赖，拒不承认错误或拒不承担责任 ▷人证、物证俱在，～是～不掉的|～账|狡～。→ ❷ 动 诬赖，硬说别人有过错 ▷明明是你忘了，还～人家。❸ 动 归咎；怪罪 ▷不～条件不好，只怪自己不努力。☛ "赖"字左边是"束(shù)"，不是"朿(cì)"。由"赖"构成的字有"癞""懒"等。

【赖氨酸】lài'ānsuān 名 有机酸，一种含有两个氨基的人体必需氨基酸。动物蛋白质中一般含量较高，谷类蛋白质中含量较低。

【赖婚】làihūn 动 不履行已经订立的婚约。

【赖皮】làipí ❶ 动 刁钻撒泼，不讲道理 ▷他～起来真让人难办。❷ 名 指赖皮的人 ▷这人是个～。❸ 名 指赖皮的作风、行为 ▷要～。

【赖以】làiyǐ 动 依靠（某种条件）才得以（出现某种情况） ▷保护珍稀动物～生存的环境。

【赖账】làizhàng ❶ 动 欠债不还或不承认所欠下的账 ▷借了钱就得还，不能～。❷ 动 比喻不承认自己所说的话 ▷说话算数，不能～。☛ 不要写作"赖帐"。

【赖子】làizi 名 刁钻撒泼，蛮不讲理的人。

濑（瀨） lài 名〈文〉（沙石上的）湍急的水流。

癞（癩） lài ❶ 名 麻风。→ ❷ 名 黄癣。❸ 形 形容外表粗糙、凹凸不平，像生了黄癣的 ▷～瓜|～蛤蟆。
另见 815 页 là。

【癞疮】làichuāng 名 黄癣。

【癞瓜】làiguā 名 苦瓜的俗称。

【癞蛤蟆】làiháma 名 蟾蜍的俗称。

【癞皮狗】làipígǒu 名 身上长着癞疮、毛秃皮厚的狗；比喻品质卑劣的人。

【癞子】làizi ❶ 名 黄癣。❷ 名 指头上长黄癣的人。

籁（籟） lài ❶ 名 古代一种竹制管乐器。→ ❷ 名 发自孔穴的声音；泛指声音 ▷万～俱静|天～。

lán

兰（蘭） lán ❶ 名〈文〉泽兰。→ ❷ 名〈文〉木兰。→ ❸ 名 兰花 ▷春～秋菊。○ ❹ 名 姓。☛ ㊀参见 818 页"蓝"的提示。㊁不要写成上"艹"下"二"。由"兰"构成的字有"拦""栏""烂"等。

【兰草】láncǎo ❶ 名 兰花的俗称。❷ 名 古书上多指泽兰。

【兰花】lánhuā 名 多年生草本植物，叶子丛生、狭长，根肉质、条状。因种类不同，开花的季节各异，花有白、黄、绿、黑等多种颜色，气味清香，可供观赏。花可制作香料，根皮可以做药材。常见的有春兰、建兰、墨兰、蕙兰等。俗称兰草。

【兰花指】lánhuāzhǐ 名 拇指和中指捏合或向掌内弯曲、其余三指翘起的手势，状似兰花。多运用于传统戏曲旦角的表演。也说兰花手。

【兰若】lánrě 名 阿兰若的简称。

【兰章】lánzhāng 名〈文〉美好的辞章（多用来赞誉他人的诗文、书信）。

岚（嵐） lán 名〈文〉山林中的雾气 ▷山～|～气|晓～。

拦（攔） lán ❶ 动 挡住不让通过；阻挡 ▷～住去路|把水～到水库里。→ ❷ 动 正对着某个部位 ▷～腰抱住。

【拦挡】lándǎng 动 阻挡使不能通过 ▷花圃周围用栅栏～。

【拦堵】lándǔ 动 拦截阻挡 ▷～洪水。

【拦柜】lánguì 现在一般写作"栏柜"。

【拦河坝】lánhébà 名 拦截河流、挡住河水的建筑物。

【拦洪】lánhóng 动 拦截洪水 ▷筑堤～。

【拦洪坝】lánhóngbà 名 拦截洪水的建筑物。

【拦击】lánjī 动 拦截并攻击 ▷～敌军援兵。

【拦劫】lánjié 动 拦路抢劫 ▷匪徒～行人。

【拦截】lánjié 动 中途阻拦,使不能通过 ▷～敌机｜洪水被大坝～住了。

【拦路虎】lánlùhǔ 名 原比喻拦路抢劫的强盗;现多比喻遇到的困难、障碍等。

【拦网】lánwǎng 动 排球运动中从球网上方拦阻对方扣过来的球。

【拦蓄】lánxù 动 用堤坝截流并将水蓄积起来。

【拦腰】lányāo 副 正对着腰。表示从中间 ▷强台风～折断了大树｜江水被～截断。

【拦阻】lánzǔ 动 拦截阻挡 ▷～逆行车辆。

栏(欄) lán ❶ 名 栏杆 ▷雕～玉砌｜凭～远望｜栅～。→ ❷ 名 饲养家畜的圈 ▷存～头数｜牛～。→ ❸ 名 表格中区分项目的格子 ▷全表共7～｜备注～。❹ 名 书刊、报纸上用线条或用空白贯通隔开的部分;也指按内容、性质划分的版面 ▷上下两～｜通～标题｜广告～。→ ❺ 名 张贴布告、报纸等的固定装置 ▷宣传～｜报～。→ ❻ 名 拦在跑道上供跨跃用的体育器材;也指使用这种器材的体育项目 ▷跨～｜110米～。

【栏肥】lánféi 名 圈(juàn)肥。

【栏杆】lángān 名 道路、桥梁两侧或凉台、看台等的边上起拦挡、保护作用的设施。

【栏柜】lánguì 名 柜台。

【栏目】lánmù 名 报刊版面、电视或广播节目中按内容性质划分并标有名称的部分。如经济栏目、文化生活栏目等。

婪(*惏) lán 形 贪;不满足 ▷贪～。

阑(闌) lán〈文〉❶ 名 栅栏;栏杆 ▷门～｜凭～。〇 ❷ 形 将尽 ▷岁～｜更深夜～。〇 ❸ 副 擅自(出入) ▷～入。☛"阑"字不能简化成"闲"。

【阑干】lángān ❶ 形〈文〉纵横交错;参差错落 ▷涕泗～｜星斗～。❷见本页"栏杆"。现在一般写作"栏杆"。

【阑入】lánrù 动〈文〉进入不该进入的地方;加入不适宜的内容 ▷～内宫｜乘隙～。

【阑珊】lánshān〈文〉❶ 动 衰减;衰落 ▷意兴～。❷ 形 零乱;散乱 ▷灯火～。

【阑尾】lánwěi 名 盲肠下端的蚯蚓状小管,长约7—9厘米,管腔狭窄,容易阻塞而引发炎症。

【阑尾炎】lánwěiyán 名 由于病菌、寄生虫或其他异物侵入阑尾而引起的炎症。主要症状是右下腹部疼痛、恶心、呕吐、白细胞增多、体温上升等。过去误称盲肠炎。

蓝(藍) lán ❶ 名 蓼蓝。→ ❷ 名 泛指某些可做蓝色染料的植物或某些叶子是蓝绿色的植物 ▷马～｜甘～｜芥～。→ ❸ 形 形容颜色像晴天的天空那样 ▷～衣服｜湛～｜天～｜毛～。〇 ❹ 名 姓。☛ 跟"兰"不同。"兰"是"蘭"的简化字。

【蓝宝石】lánbǎoshí 名 红色以外颜色的透明刚玉。多为蓝色,鲜蓝微带紫色者最为名贵。可做首饰、精密仪器的轴承等。

【蓝本】lánběn 名 著作、图画等所根据的底本。因其作用类似施工的蓝图,故称 ▷该剧以历史名人故事为～。

【蓝筹股】lánchóugǔ 名 经营业绩优良,经济实力强大,并在行业中占支配地位的大公司发行的股票。一般认为这类股票收益比较稳定可靠(蓝筹:西方赌场上面值最高的筹码)。

【蓝点颏】lándiǎnké 名 歌鸲(qú)的一种。大小如麻雀,羽毛褐色,食害虫。雄鸟喉部蓝色,鸣声悦耳。也说蓝靛颏儿、蓝喉歌鸲。

【蓝靛】lándiàn 名 靛蓝的通称。

【蓝矾】lánfán 名 含有结晶水的硫酸铜,蓝色晶体。可制造电池、颜料以及防腐剂、杀虫剂等。俗称胆矾。

【蓝鲸】lánjīng 名 鲸的一种。生活于海洋中,体长可达三十多米,为现存最大的动物。蓝灰色,杂有白色斑点。属国家保护动物。

【蓝领】lánlǐng 名 指以体力劳动为主的雇员。因他们劳动时多穿蓝色工装,故称。

【蓝皮书】lánpíshū 名 一般指学术机构等第三方完成,由政府发布的重大问题的报告。因封面为蓝色,故称。参见25页"白皮书"。

【蓝屏】lánpíng ❶ 名 指计算机、手机等因操作系统崩溃或强制停止时而出现的显示屏变蓝的情况,一般会显示错误原因或错误类型等信息。❷ 动 计算机、手机等的显示屏变为蓝色状态,致使无法继续操作。

【蓝青官话】lánqīng guānhuà 旧称方言地区的人所说的夹带着方音的普通话(蓝青:蓝不蓝,青不青;比喻不纯粹)。

【蓝色】lánsè 名 蓝的颜色 ▷～的海洋。

【蓝色产业】lánsè chǎnyè 指利用海洋资源开发的产业。如养殖业、种植业、捕捞业、海产品加工业、海洋交通运输业、修造船业、海洋化工、海洋生物药业和旅游业等。

【蓝色国土】lánsè guótǔ 海洋国土。

【蓝色农业】lánsè nóngyè 指利用海洋资源开发的养殖业、种植业、捕捞业等。参见本页"蓝色产业"。

【蓝田猿人】lántián yuánrén 中国猿人的一种,生活在距今约65万至60万年以前。1963年在陕西蓝田陈家窝村发现下颌骨化石,1964年在蓝田公王村公王岭发现头盖骨化石和部分面骨化石。从化石展现的特征来看,蓝田猿人比北京猿人更为原始。也说蓝田直立人、蓝田人。

【蓝图】lántú ❶ 名 用感光纸晒印成的图纸。因感光后呈现出蓝地白线或白地紫线,故称。❷ 名 借指规划或计划 ▷为实现中国梦绘制美好～。

【蓝牙技术】lányá jìshù 一种近距离的无线传输应用技术。把专用的半导体器件装入机器中,在10—100米范围内,无需借助电缆,即可传输数据、语音,现已广泛用于便携式电子计算机、移动电话和其他移动设备(蓝牙:英语 blue tooth 直译。10 世纪统一丹麦的丹麦国王瓦伊金的绰号。据说因开发蓝牙技术的企业想让它在本领域逐步占有统治地位,故称)。☛ 作定语时常说"蓝牙",如蓝牙音箱、蓝牙耳机等。

【蓝盈盈】lányíngyíng 现在一般写作"蓝莹莹"。

【蓝莹莹】lányíngyíng 形 形容蓝得透明光亮 ▷青花瓷的花瓶发出～的光彩。

【蓝藻】lánzǎo 名 藻类植物中原始、低级的一类。藻体为单细胞或群体,多为蓝绿色,也有一些是红色或紫色。主要生长在淡水中,部分生长在湿土、岩石、树干上或海水中。种类很多,常见的有螺旋藻、发菜等。

礛(礛) lán 干礛(gānlán) 名 地名,在浙江。

谰(讕) lán 动 抵赖;诬赖 ▷～言。☛ 不读 làn。

【谰言】lányán 名 没有根据的话;诬赖的话 ▷驳斥～。

澜(瀾) lán 名 波浪 ▷波～壮阔|力挽狂～|死水微～。

褴(襤) lán [褴褛] lánlǚ 形 (衣服)破破烂烂 ▷衣衫～。☛ ㊀不要写作"蓝缕"。㊁"筚路蓝缕"中的"蓝缕"不要写作"褴褛"。

篮(籃) lán ❶ 名 篮子 ▷竹～|花～。→ ❷ 名 篮筐 ▷上～|投～。❸ 名 指篮球或篮球队 ▷～坛|男～|女～。○ ❹ 名 姓。☛ 以上意义不要误写作"蓝"或"兰"。

【篮板】lánbǎn ❶ 名 篮球架上端固定篮筐的背板,长方形。❷ 名 指篮板球。

【篮板球】lánbǎnqiú 名 碰在篮板或篮筐上没有投中而反弹回场内的球。

【篮筐】lánkuāng 名 固定在篮板下部的带网铁圈。

【篮球】lánqiú ❶ 名 球类运动项目,场上比赛双方各上场 5 人,把球投入对方篮筐得分,得分多的队获胜。❷ 名 篮球运动使用的球。

【篮子】lánzi 名 用竹篾、藤条、柳条等编织成或用塑料压制成的盛物器具,带有提梁。

斓(斕) lán 见 33 页"斑斓"。

镧(鑭) lán 名 金属元素,符号 La。银白色,质软,在空气中易氧化而生成氧化镧。可用来制造合金,也可作催化剂。

襕(襴) lán 名 古代一种上衣和下裳(cháng)连在一起的服装,相当于后来的长衫或长袍。

籣 lán 名〈文〉盛弩箭的器具。

韊 lán 名〈文〉盛弩箭的袋子,多用皮革制成。

lǎn

览(覽) lǎn 动 观看 ▷浏～|展～|阅～|博～群书。☛ 上边是"𠂉",不是"収"。由"览"构成的字还有"揽""榄""缆"等。

【览古】lǎngǔ 动〈文〉游览或观赏古迹 ▷长城～。

【览胜】lǎnshèng 动〈文〉观赏或游览胜景、胜地 ▷庐山～。

揽(攬) lǎn ❶ 动 把分散的东西聚在一起握住;握;把持 ▷～总|～镜自照|独～大权。→ ❷ 动 把人或事物吸引到自己这边或自己身上来 ▷延～人才|～买卖|把责任都～过来了|招～。→ ❸ 动 围抱;搂 ▷把孩子紧紧～在怀里|将她一把～住。→ ❹ 动 用手或绳子等把东西拢住,使不松散 ▷装完车要用绳子～一下。

【揽承】lǎnchéng 动 承揽。

【揽储】lǎnchǔ 动 (金融机构)招揽客户存款 ▷银行开展～活动。也说揽存。

【揽活儿】lǎnhuór 动 招揽活计 ▷外出～。

【揽货】lǎnhuò 动 承揽货物的运输或销售。

【揽客】lǎnkè 动 招揽顾客 ▷各大商家竞价～。

【揽权】lǎnquán 动 把持权力 ▷～徇私。

【揽胜】lǎnshèng 现在一般写作"览胜"。

【揽爷】lǎnyé 名 为别人招揽生意而从中得到好处的男子(含讥讽意)。

【揽总】lǎnzǒng 动 总揽;全面掌握 ▷后勤工作由他～。

缆(纜) lǎn ❶ 名 缆绳 ▷解～|船～|钢～。→ ❷ 名 像缆绳的东西 ▷电～|光～。→ ❸ 动〈文〉用绳索拴住(船) ▷～舟。☛ 统读 lǎn,不读 làn。

【缆车】lǎnchē 名 由卷扬机带动钢丝绳,牵引车厢或吊椅等沿轨道或索道运行的机械,多用于工矿、游览区及船舶等的人员和货物运输。

【缆绳】lǎnshéng 名 由多股棕、麻、竹篾、尼龙丝或金属丝等拧成的粗绳。多用来系船。

【缆索】lǎnsuǒ 名 缆绳。

榄(欖) lǎn 见 447 页"橄榄"。

罱 lǎn ❶ 名 捕鱼或捞水草、河泥的工具。把网子装在两根平行的短竹竿上,再安上用两根交叉的长竹竿做成的手柄,使网子可以开合。→ ❷ 动 用罱捞 ▷～河泥。☛ 统读 lǎn,不读 nán。

漤 lǎn ❶ 动 用糖、盐等调味品腌或拌(生的鱼、肉、水果、蔬菜) ▷～桃。→ ❷ 动 用热水或石灰水浸泡(柿子)使脱涩 ▷～柿子。

壈 lǎn 见 771 页"坎壈"。

懒(懶*嬾) lǎn ❶ 形 懒惰(跟"勤"相对) ▷这人太～,不爱干活儿|好吃～做。→ ❷ 形 疲乏;打不起精神 ▷身上发～,干什么都没精神|伸～腰。

【懒虫】lǎnchóng 名 指懒惰的人(含诙谐意) ▷这个～怎么还不起床?

【懒怠】lǎndài ❶ 形 懒惰。❷ 动 懒得 ▷这几天～看书。

【懒得】lǎnde 动 没兴趣或不愿意(做某事) ▷～理他|～管闲事。

【懒惰】lǎnduò 形 不勤快;不爱工作、学习、动脑筋等 ▷这种病多是由～和不良生活习惯引起的|思想～,安于现状。

【懒骨头】lǎngǔtou 名 指十分懒惰的人(骂人的话)。

【懒鬼】lǎnguǐ 名 指懒惰的人。

【懒汉】lǎnhàn 名 指懒惰的男子。

【懒汉鞋】lǎnhànxié 名 没有鞋带,鞋口两侧有松紧带,便于穿、脱的布鞋。

【懒猴】lǎnhóu 名 猴的一种。尾短,头圆,耳小,四肢粗短,体背及两侧棕褐色,腹面灰白色。白天睡在树上,夜间出来活动。属国家保护动物。也说蜂猴。

【懒龙】lǎnlóng 名 一种面食。把肉馅儿摊在发面片上,卷成长条状,蒸熟后再切成段。

【懒散】lǎnsǎn 形 懒惰散漫 ▷应该用纪律约束～的工作人员。

【懒洋洋】lǎnyángyáng 形 形容没精神的样子 ▷他～的,连话都不想说。

làn

烂(爛) làn ❶ 形 食物熟透后十分松软 ▷肉炖得很～。→ ❷ 形 某些固态物体吸收水分后变得松软 ▷纸泡～了|～泥。→ ❸ 形 有机体由于微生物的孳生而腐败 ▷葡萄都放～了|臭鱼～虾|溃～|腐～。⇒ ❹ 形 残破 ▷鞋穿～了|破衣～衫。⇒ ❺ 形 混乱 ▷～摊子|一本～账。→ ❻ 副 表示程度极深 ▷背得～熟|～醉。

【烂糊】lànhu 形〈口〉很烂(多指食物) ▷大米粥熬得挺～的。

【烂漫】lànmàn ❶ 形 颜色鲜艳 ▷山花～。❷ 形 天真自然,毫不做作 ▷天真～。☛ 不要写作"烂熳""烂缦"。

【烂熳】lànmàn 现在规范词形写作"烂漫"。

【烂泥塘】lànnítáng 名 全是稀泥浆的洼地。

【烂熟】lànshú ❶ 形 (肉、菜等)炖或煮得非常熟 ▷牛肉炖得～。❷ 形 很熟悉;很熟练 ▷课文背得～|～于心。

【烂摊子】làntānzi 名 比喻问题多、难以整顿的单位或不好收拾的混乱局面 ▷厂子连年亏损,这个～谁接下来也不好办。

【烂尾】lànwěi 动 工程等由于盲目上马、资金短缺、管理混乱等原因,无法收尾 ▷这个工程已经～多年|～楼|～账。

【烂账】lànzhàng ❶ 名 头绪混乱、无法理清的账目。❷ 名 指拖欠很久、难以收回的账。☛ 不要写作"烂帐"。

【烂醉】lànzuì 形 醉得非常厉害 ▷～如泥。

滥(濫) làn ❶ 动 (江河湖泊的水)漫溢出来 ▷泛～。→ ❷ 形 过度;没有节制 ▷～捕|～杀|狂轰～炸|宁缺毋～。❸ 形 浮泛而不切实际 ▷～调|～套子。

【滥调】làndiào 名 空泛而不切实际的言辞或论调 ▷陈词～|～重弹。

【滥发】lànfā 动 无节制地发放或发行 ▷～补贴。

【滥伐】lànfá 动 无节制地砍伐 ▷保护森林,不准乱砍～。

【滥交】lànjiāo 动 无选择地结交 ▷朋友不能～。

【滥权】lànquán 动 滥用职权 ▷严禁官员～、越权。

【滥觞】lànshāng ❶ 名 原指江河发源地的水很少,只能浮起酒杯(觞:酒杯)。后比喻事物的起源 ▷古代神话是中国文学的～。❷ 动 起源 ▷中国诗歌大抵～于殷周。

【滥套子】làntàozi 名 浮泛而不切实际的固定格式或办法。

【滥用】lànyòng 动 无节制地使用 ▷～职权。

【滥竽充数】lànyú-chōngshù《韩非子·内储说上》记载:齐宣王喜欢听吹竽(古代一种竹制吹奏乐器),让三百人一齐吹奏。南郭先生本不会吹竽,也混在里面充数。后用"滥竽充数"比喻没有本事的人混在有真才实学的人里面充数,或以次充好。有时也用作谦词。☛“滥竽”不要误写作“烂芋”。

爁 làn〈文〉❶ 动 焚烧。→ ❷ 动 烤①。

lāng

啷 lāng 见276 页“当啷”;803 页“哐啷”;39 页“啷啷”。

láng

郎¹ láng ❶ 名 古代官名 ▷侍～|员外～。○ ❷ 名 姓。

郎² láng ❶ 名 旧时女子对情人或丈夫的称呼 ▷情～|～君。→ ❷ 名 对青年男女的称呼 ▷三国周～|妙龄女～。⇒ ❸ 名 对别人的儿子的称呼 ▷令～。⇒ ❹ 名 从事某些职业的男子 ▷放牛～|货～。☛“郎”字左边不要写成“良”。由“郎”构成的字有“廊”“啷”“榔”“螂”等。

另见 822 页 làng。

【郎才女貌】lángcái-nǚmào 男子才华出众,女子容貌美丽。形容男女双方十分般配。

【郎当】lángdāng ❶ 形 颓唐或随便的样子 ▷这个人从来不修边幅,～惯了。○ ❷ 见本页“锒铛”。现在一般写作“锒铛”。

【郎舅】lángjiù 名 男子与其妻子的弟兄的合称。

【郎君】lángjūn 名 对丈夫的称呼(多见于近代汉语)。

【郎猫】lángmāo 名〈口〉公猫。

【郎中】lángzhōng ❶ 名 古代官名。隋唐以后为六部中各司的长官。❷ 名 旧时对中医医生的称呼。

狼 láng 名 哺乳动物,形状像狗,耳朵直立,尾巴下垂,毛多为黄灰色。昼伏夜出,主要捕食鹿、兔等动物,也伤害人畜。

【狼狈】lángbèi 形 形容困顿、窘迫,进退两难 ▷～逃窜|～不堪。

【狼狈为奸】lángbèi-wéijiān 传说狈的前腿短,前腿必须搭在狼身上才能行走。比喻相互勾结,为非作歹。

【狼奔豕突】lángbēn-shǐtū 像狼和野猪那样奔突。形容成群的坏人到处乱窜乱闯。☛“奔”这里不读 bèn。

【狼疮】lángchuāng 名 由结核杆菌引起的皮肤病。症状是皮肤出现暗红色的结节,逐渐增大,形成溃疡,结黄褐色痂,愈后常留下瘢痕。多发生于面部和臀部等。

【狼狗】lánggǒu 名 牧羊犬的通称。

【狼孩】lánghái 名 指婴儿时期离开人的生活环境,被狼哺育长大的孩子。自 19 世纪以来,世界各地均有发现。狼孩的智力一般很低下。

【狼毫】lángháo 名 用黄鼠狼的尾毛做笔头儿的毛笔。

【狼藉】lángjí ❶ 形 形容凌乱不堪 ▷他的卧室一片～。❷ 形 形容人的名声极坏 ▷声名～。☛不要写作“狼籍”。

【狼吞虎咽】lángtūn-hǔyàn 形容吃东西像狼、虎一样又猛又急。

【狼心狗肺】lángxīn-gǒufèi 形容凶狠毒辣或忘恩负义。

【狼牙棒】lángyábàng 名 古代兵器,木制,长四五尺。上端较粗,呈枣核形,遍嵌铁钉,形如狼牙。

【狼烟】lángyān 名 燃烧狼粪时升起的烟,传说古代边防用作报警信号;借指战火 ▷～四起。

【狼主】lángzhǔ 名 传统戏曲、旧小说中北方民族对本族君主的称呼。

【狼子野心】lángzǐ-yěxīn 狼崽有野性,难以驯化。比喻残暴的人贪婪狠毒,恶性难改。

阆(閬) láng 见773 页“闶(kāng)阆”。另见 822 页 làng。

琅(*瑯) láng 见下。☛统读 láng,不读 lǎng。

【琅玕】lánggān 名〈文〉形状像珍珠的美石。

【琅嬛】lánghuán 名〈文〉神话中天帝藏书的地方;也指仙境 ▷～福地。也作嫏嬛。

【琅琅】lángláng 拟声〈文〉模拟清脆响亮的声音 ▷～书声|玉音～。

桹 láng〈文〉❶ 名 高大的树木。○ ❷ 名 渔人系在船舷上用来敲击发声以赶鱼入网的长木棒。

【桹桹】lángláng 拟声〈文〉模拟木头相撞击的声音 ▷～残夜木鱼响。

廊 láng 名 廊子 ▷前～后厦|走～|游～|长～。

【廊桥】lángqiáo 名 带顶的桥,供人通行,兼可遮阳避雨;也指用于乘客上下飞机、轮船等的带顶通道。

【廊檐】lángyán 名 廊顶伸展到柱子以外的部分 ▷雨水顺着～直泻。

【廊子】lángzi 名 有顶的过道。有的在屋檐下,有的独立建在室外。

嫏 láng [嫏嬛] lánghuán 名 琅嬛。

榔 láng [榔头] lángtou 名 敲打东西的工具,柄的一端装有一个同它垂直的铁制或木制的头。☛不要写作“鎯头”“狼头”。

硠 láng 拟声〈文〉模拟石头相互撞击等的声音 ▷雷～电飞。

锒(鋃) láng [锒铛] lángdāng〈文〉❶ 拟声 模拟金属相撞击的声音 ▷铁索～。❷ 名 拘禁被关押者的铁锁链 ▷～

入狱(被铁锁链锁着进监狱)。

稂 láng ❶ 图 古书上说的一种对禾苗有害的杂草,形状像禾苗,有穗无实;一说即狼尾草 ▷～莠。〇 ❷ 图 姓。

【稂莠】lángyǒu 图 形状像禾苗而对禾苗有害的两种杂草;比喻坏人。☛"莠"不读 xiù。

筤 láng 图〈文〉幼竹;也指竹丛。

螂(*蜋) láng 见 465 页"蛇(gè)螂";913 页"蚂螂(māláng)";1098 页"蜣(qiāng)螂";1339 页"螳螂";1737 页"蟑螂"。

鋃 láng [鋃头] lángtou 现在规范词形写作"榔头"。

lǎng

朗 lǎng ❶ 形 明亮;光线充足 ▷天～气清|豁然开～|晴～。→ ❷ 形 声音清晰响亮 ▷～读|～诵。〇 ❸ 图 姓。

【朗读】lǎngdú 动 用清晰响亮的声音诵读 ▷大声～。

【朗朗】lǎnglǎng ❶ 形 形容声音清晰响亮 ▷歌声～。❷ 形 明亮 ▷秋月～|～乾坤。

【朗声】lǎngshēng 副 大声地 ▷～说笑。

【朗诵】lǎngsòng 动 大声诵读 ▷～旧诗。

【朗笑】lǎngxiào 动 爽朗地笑 ▷开怀～。

【朗照】lǎngzhào ❶ 动 明亮地照射 ▷一轮明月～大地。❷ 动 明察 ▷～群物。

烺 lǎng 形〈文〉明亮。

蓢 lǎng 图 沼泽或滩涂(多用于地名) ▷南～(在广东)。

塱 lǎng 用于地名。如东塱、河塱,均在广东。

閬 lǎng [閬梨] lǎnglí 图 地名,在湖南。

làng

郎 làng 见1251 页"屎壳郎"。

另见 821 页 láng。

埌 làng 见804 页"圹(kuàng)埌"。

莨 làng [莨菪] làngdàng 图 一年生或二年生草本植物。叶互生,椭圆形,根茎块状,花黄色,结蒴果。全株有黏性腺毛,并有特殊臭气,有毒。种子叫天仙子,可以做药材。

另见 859 页 liáng。

崀 làng 用于地名。如:崀山,在湖南;大崀,在广东。

阆(閬) làng [阆中] làngzhōng 图 地名,在四川。

另见 821 页 láng。

【阆苑】làngyuàn 图〈文〉神话中的神仙住处,诗文中常用来指宫苑。

浪[1] làng ❶ 图 波浪 ▷风平～静|惊涛骇～|～花。→ ❷ 图 像波浪一样起伏的东西 ▷声～|麦～|热～。

浪[2] làng ❶ 动 不受约束;放纵 ▷放～|～迹|～费。→ ❷ 形 淫荡 ▷淫语～声。

【浪潮】làngcháo ❶ 图 巨浪和大潮 ▷～汹涌。❷ 图 比喻大规模的群众运动或时代变革 ▷时代的～。

【浪船】làngchuán 图 儿童游戏器械,支架上挂着船形装置,可以坐在上面来回摇荡。

【浪荡】làngdàng ❶ 动 到处游逛;游手好闲 ▷放弃学业,到处～。❷ 形 (行为)放荡;不检点 ▷～不羁。

【浪费】làngfèi 动 无节制或不恰当地使用财物、人力、时间等 ▷不要～粮食|～人才。

【浪峰】làngfēng 图 波浪的最高点;高峰 ▷～高两米多◇该厂的利润从～跌入了浪谷。

【浪谷】lànggǔ 图 波浪的最低点;低谷。

【浪花】lànghuā 图 波浪互相撞击或拍击其他物体而溅起的水点和泡沫 ▷海水溅起朵朵～◇激起感情的～。

【浪迹】làngjì 动 行踪不定,四处漂泊 ▷～四方|～天涯|～多年。

【浪漫】làngmàn ❶ 形 英语 romantic 音译。富有情趣的,充满幻想的 ▷他这种想法挺～的。❷ 形 无拘束;不拘小节 ▷一个～轻浮的人。

【浪漫主义】làngmàn zhǔyì ❶ 文学艺术思潮和创作方法之一,强调按照人们的愿望、理想去反映现实生活,常用丰富的想象和夸张的手法塑造人物形象、描写事物和环境(跟"现实主义"相区别)。❷ 指从愿望、理想等出发看待事物的一种思维方法或昂扬进取的精神状态。

【浪木】làngmù 图 体育运动器械。将一根长方木头横着悬挂在木架子下,人站在木头上,用力使它摇荡,并顺势做各种动作。也说浪桥。

【浪人】làngrén ❶ 图 四处流浪的人 ▷江湖～。❷ 图 日本幕府时代失去禄位、四处流浪的武士。

【浪涛】làngtāo 图 波涛;大浪 ▷～汹涌。

【浪头】làngtou ❶ 图 波浪 ▷一个大～向小船扑来。❷ 图 比喻社会潮流 ▷他赶～去炒股了。

【浪笑】làngxiào 动 放纵、轻浮地笑;淫荡地笑。

【浪游】làngyóu 动 四处游逛 ▷～江湖。

【浪语】làngyǔ ❶ 名 低级、下流的话 ▷淫词～。❷ 名 虚妄、不切实际的话。❸ 动 任意乱说 ▷酒后～，请多包涵。

【浪子】làngzǐ 名 游手好闲、不务正业的年轻人（多指男性）。

【浪子回头金不换】làngzǐ huítóu jīn bù huàn 形容不走正道的人改邪归正比金子还珍贵。

哴 làng 动 某些地区指晒或晾干。

蒗 làng 宁蒗（nínglàng）名 地名，在云南。

lāo

捞（撈） lāo ❶ 动 从水或其他液体里取出（东西）▷～鱼｜～面条｜打～。→ ❷ 动 用不正当的手段取得 ▷趁机～一把｜～油水。→ ❸ 动 比喻把被拘禁的人或被扣押的财物弄出来（多是通过不正当手段）▷托关系～人｜把被扣押的车～出来。☛ 统读 lāo，不读 láo。

【捞本】lāoběn 动 把赌博输掉的本钱赢回来；泛指设法补偿所受的损失。

【捞稻草】lāodàocǎo 快要淹死的人，抓住落入水中的稻草，想借以活命。比喻在绝境中徒劳挣扎；也比喻乘机捞取非分的好处。

【捞饭】lāofàn 名 煮后捞出再上锅蒸熟的米饭。

【捞取】lāoqǔ 动 捞①② ▷～水草｜～政治资本。

【捞外快】lāowàikuài 谋取工资以外的收入。

【捞油水】lāoyóushui 比喻为自己牟取非分的好处或额外的收入。

【捞着】lāozháo 动〈口〉得到机会；得到好处 ▷这下可让他～了，又升职又提薪。

láo

劳（勞） láo ❶ 形 辛勤；劳苦 ▷一～永逸｜～累。→ ❷ 动 使劳苦 ▷～民伤财｜～心。❸ 动 烦劳（请别人做事时的客套话）▷～驾｜有～｜偏～。→ ❹ 名 功勋 ▷汗马之～｜功～｜～绩。→ ❺ 动 慰劳 ▷犒～｜～军。→ ❻ 动 劳动 ▷不～而获｜多～多得｜～务。❼ 名 指劳动者 ▷～资关系。○ ❽ 名 姓。☛ 统读 láo，不读 lào。

【劳保】láobǎo ❶ 名 劳动保险的简称。❷ 名 劳动保护的简称。

【劳步】láobù 动 客套话，用于请人或感谢人来访 ▷多谢老师～来看我。

【劳瘁】láocuì 形〈文〉辛苦劳顿 ▷身心～。

【劳动】láodòng ❶ 名 人们使用工具创造物质财富和精神财富的活动，是人类生存与发展的最基本条件。分为体力劳动和脑力劳动两个方面。❷ 名 特指体力劳动 ▷不要轻视～。❸ 动 进行体力劳动 ▷下乡～。

【劳动】láodong 动 客套话，用于烦劳对方做事 ▷～各位了，再干一阵子吧。

【劳动保护】láodòng bǎohù 指为保障劳动者在生产过程中的安全和健康而采取的各种措施，包括安全技术、工业卫生、规定劳动时间和休息时间、对女职工及未成年工进行保护等。简称劳保。

【劳动保险】láodòng bǎoxiǎn 以保险形式对因丧失、部分丧失劳动能力或劳动机会而不能从事正常劳动的工人、职员提供一定的物质帮助或补偿的制度。简称劳保。

【劳动布】láodòngbù 名 一种斜纹布，质地细密结实，由粗棉纱或棉线织成，常用来制作工作服等。

【劳动法】láodòngfǎ ❶ 名 调整劳动关系以及由此产生的其他关系的法规的总称。一般包括劳动合同、集体合同、劳动报酬、劳动保护、工作时间、社会保险、劳动规则、劳动纪律、职工培训、劳动争议等方面的法规、法令、条例等。❷ 名 特指《中华人民共和国劳动法》。

【劳动服】láodòngfú 名 用劳动布缝制成的工作服；泛指劳动时穿的服装。

【劳动关系】láodòng guānxi 广义指在一定的生产资料所有制形式的基础上人们在社会劳动中相互产生的社会联系，属于生产关系的组成部分；狭义指劳动者与用人单位在实现劳动过程中发生的社会关系，属于劳动法的调整对象。

【劳动合同】láodòng hétong 劳动者与用人单位依法确立劳动关系、明确双方权利和义务的协议。

【劳动教养】láodòng jiàoyǎng 我国对有轻微犯罪行为但不够刑事处分的人给予强制性教育改造的一种措施。是介于刑事处罚和治安管理处罚之间的一种行政处罚。2013 年 12 月 28 日，第十二届全国人大常委会第六次会议决定废止劳动教养制度。简称劳教。

【劳动节】láodòngjié 名 五一国际劳动节。

【劳动力】láodònglì ❶ 名 人的劳动能力，即人所具有的能运用于劳动过程的脑力和体力的总和。❷ 名 指相当于一个一般成年人所具有的体力劳动的能力；也指参加劳动的人。

【劳动密集型】láodòng mìjíxíng 指主要依靠大量劳动力投入而对技术和设备依赖程度较低的产业类型。

【劳动模范】láodòng mófàn 对在生产和工作中成绩卓著、贡献重大的先进人物所授予的光荣称号;也指被授予这种称号的先进人物。简称劳模。

【劳动强度】láodòng qiángdù 劳动的繁重或紧张程度,即在单位时间内劳动力消耗的程度。

【劳动权】láodòngquán 名 凡具有劳动能力的公民依法享有的参加劳动和取得报酬的权利。

【劳动日】láodòngrì 名 计算劳动(多指体力劳动)时间的单位,我国一般以8小时为1个劳动日。

【劳动生产率】láodòng shēngchǎnlǜ 劳动的生产效率。通常以在单位时间内生产的产品数量来计算,或以生产单位产品所用的劳动时间来计算。

【劳动者】láodòngzhě 名 参加劳动并以劳动报酬为主要生活来源的人;特指体力劳动者。

【劳动争议】láodòng zhēngyì 用人单位与职工之间由于对执行劳动法规、履行劳动合同等发生分歧而产生的争议或纠纷。也说劳动纠纷。

【劳顿】láodùn 形〈文〉劳累困顿 ▷鞍马～。

【劳而无功】láo'érwúgōng 付出辛劳,却没成效。

【劳乏】láofá 形 劳累疲乏。

【劳方】láofāng 名 私营企业中职工一方。

【劳工】láogōng ❶ 名 旧指工人 ▷～神圣。❷ 名 旧指被迫服苦役的人。

【劳绩】láojì 名 功劳和业绩 ▷把工资和～密切联系起来。

【劳驾】láojià 动 客套话,有劳大驾,用于请人帮忙或让路 ▷～给我带个口信儿|～,让我过去|劳您驾,帮我捎本书。

【劳倦】láojuàn 形 辛劳疲倦 ▷他刚从抗洪前线回来,显得十分～。

【劳军】láojūn 动 慰劳军队官兵。

【劳苦】láokǔ 形 劳累辛苦 ▷～功高。

【劳苦功高】láokǔ-gōnggāo 付出了很多辛苦,建立了大功。

【劳累】láolèi ❶ 形 劳动过度而感到疲乏 ▷连续多天加班,实在太～了。❷ 动 敬词,用于表示请某人受累做某事 ▷～您把这篇稿子再审一审吧。

【劳力】láolì ❶ 动〈文〉从事体力劳动(跟"劳心"相区别)。❷ 动 耗费体力 ▷～又劳心,疲劳过度。❸ 名 有劳动能力的人 ▷集中～抢修堤坝。❹ 名 体力劳动时所消耗的力气。

【劳碌】láolù 形 劳苦忙碌 ▷辛勤～。

【劳民伤财】láomín-shāngcái 既使百姓劳苦,又浪费钱财。指滥用人力、物力和财力。

【劳伤】láoshāng 名 中医指因过度劳累造成的内伤病。

【劳神】láoshén ❶ 动 费神;操心 ▷～费力。❷ 动 客套话,用于拜托人办事 ▷这件事让您～了。

【劳师】láoshī ❶ 动 使队伍或众人疲劳 ▷～远征|～动众。❷ 动 劳军。

【劳什子】láoshízi 名〈口〉指令人讨厌的东西 ▷快把这些～扔掉!

【劳损】láosǔn 动 过度劳累而受损伤 ▷膝关节～。

【劳务】láowù 名 以劳动的形式为他人提供服务的活动 ▷～市场|～资源|～费。

【劳务市场】láowù shìchǎng ❶ 指为求职者和需要劳务的单位或个人建立劳动关系的场所或组织机构。具体形式有职业介绍所、人才交流中心等。❷ 指市场劳务需求与供给的情况 ▷～趋于饱和。

【劳心】láoxīn ❶ 动〈文〉从事脑力劳动(跟"劳力"相区别)。❷ 动 耗费心血 ▷办这件事,既劳力又～。

【劳燕分飞】láoyàn-fēnfēi 古乐府《东飞伯劳歌》:"东飞伯劳西飞燕。"意思是伯劳鸟和燕子各飞东西。后用"劳燕分飞"比喻人(多指夫妻、情侣)离别。

【劳役】láoyì ❶ 名 指强迫性的无偿劳动 ▷百姓不堪～之苦。❷ 动 指牲畜供使用。

【劳逸结合】láoyì jiéhé 劳动和休息互相结合,既有紧张劳动也有必需的休息。

【劳资】láozī 名 私营企业中的职工和资产所有者的合称 ▷～双方。

【劳作】láozuò ❶ 动 进行劳动(多指进行体力劳动)▷下地～。❷ 名 旧时小学的一门课程,教学生做手工或进行其他的体力劳动。

牢 láo ❶ 名 圈(juàn) ▷亡羊补～。→ ❷ 名 监牢 ▷坐了三年～。→ ❸ 形 坚固;结实;经久 ▷把钉子钉～|～固|～记。❹ 形 稳妥 ▷办事不～|～靠。○ ❺ 名 姓。

【牢不可破】láobùkěpò 非常牢固,不能摧毁(多用于抽象事物) ▷共守诚信,才能结成～的合作伙伴|友谊～。

【牢房】láofáng 名 监狱里关押犯人的房间;泛指监狱。

【牢固】láogù 形 坚固;结实 ▷地基～。

【牢记】láojì 动 牢牢地记在心里 ▷时刻～为人民服务的宗旨。☛ 参见964页"铭记"的提示。

【牢靠】láokao ❶ 形 稳固;坚固 ▷把梯子放～点儿,千万别摔着。❷ 形 稳妥可靠 ▷这种口头协议不～。

【牢牢】láoláo 形 牢固;经久不变 ▷～抓住母亲的手|～记住人民的嘱托。

【牢笼】láolóng ❶ 名 关鸟兽的圈(juàn)和笼;比喻束缚人的事物 ▷封建礼教是禁锢妇女的～。❷ 名 比喻骗人的圈套 ▷陷入～。

【牢骚】láosāo ❶ 名 抱怨不满的情绪 ▷发～|～太盛。❷ 动 说抱怨、不满的话 ▷动不动就～一气。

【牢什子】láoshízi 现在一般写作“劳什子”。
【牢实】láoshi 形 牢固结实 ▷基础～。
【牢头】láotóu ❶ 名 旧指狱卒。❷ 名 现指同一监室中，欺压其他在押人员的人。
【牢稳】láowěn ❶ 形 稳当；牢固 ▷把梯子放～了再登上去。❷ 形 稳妥可靠 ▷这个人办事～。
【牢狱】láoyù 名 监狱。

塝(塝) láo 见459页“圪塝”。

唠(嘮) láo［唠叨］láodao 动 没完没了地说 ▷老奶奶又～开了。☛“唠”字读 láo，用于“唠叨”；读 lào，某些地区指闲谈、谈话，如“唠嗑”“唠了一晚上”。

另见831页 lào。

哰 láo［哰哰］láoláo 拟声〈文〉模拟动物叫的声音 ▷小犬～。

崂(嶗) láo 名 崂山，山名，又地名，均在山东。☛“崂山”不宜写作“劳山”。

铹(鐒) láo 名 金属元素，符号 Lr。有放射性，由人工核反应获得。

痨(癆) láo 名 痨病 ▷肺～|干血～|防～。

【痨病】láobìng 名 中医指结核病。

醪 láo〈文〉❶ 名 汁渣混合的酒 ▷浊～。→ ❷ 名 酒的统称 ▷甘～|琼～。☛ 统读 láo，不读 lāo。

【醪糟】láozāo 名 江米酒。

lǎo

老 lǎo ❶ 形 年龄大(跟“少”“幼”相对) ▷～奶奶|人～心不老。→ ❷ 名 年龄大的人 ▷敬～院|尊～爱幼。❸ 名 对年龄大的人的尊称 ▷谢～|董～。→ ❹ 形 老练；富有经验的 ▷～手|～于世故。→ ❺ 形 历时长久的(跟“新”相对) ▷这种酒牌子很～|～朋友。⇒ ❻ 形 陈旧的；过时的 ▷这衣服样式太～|～脑筋。⇒ ❼ 形 原来的 ▷～地方|～毛病。⇒ ❽ 形 (某些颜色)重、深 ▷～黄|～蓝布。⇒ ❾ 形 (蔬菜)长得时间过久而不好吃(跟“嫩”相对) ▷～黄瓜|豆角儿长～了。❿ 形 (食物)加工超过适当的火候 ▷肉炒～了，咬不动|鸡蛋羹蒸得太～。⇒ ⓫ 形 (某些高分子化合物变得)黏软或硬脆 ▷塑料～化|防～剂。⇒ ⓬ 副 老是；一直 ▷这屋子～不住人，有股霉味儿|他对人～那么客气。⓭ 副 表示经常 ▷他做作业～问人|～来这里玩。→ ⓮ 词的前缀。a)加在某些动植物名称前面 ▷～虎|～鹰|～玉米。b)加在姓氏前面(复姓不加) ▷～李。c)加在“大、二、三……十”前面，表示排行 ▷～大|～三。→ ⓯ 副 表示程度深，相当于“很” ▷岁数不～小了|这条街～长～长的|～早。→ ⓰ 动〈口〉婉词，指老人死亡 ▷他奶奶前几天～了。→ ⓱ 形〈口〉排行最末的 ▷～儿子|～舅|～叔。○ ⓲ 名 姓。

【老媪】lǎo'ǎo 名〈文〉老年妇女。
【老八板儿】lǎobābǎnr〈口〉❶ 形 形容古板守旧，不知变通 ▷时代变了，不要太～。❷ 名 指古板守旧的人 ▷这人是个～，一点儿也不接受新事物。
【老八辈子】lǎobābèizi〈口〉形容年代久远 ▷这都是～的事了，还提它做什么。
【老白干儿】lǎobáigānr 名〈口〉白酒。
【老百姓】lǎobǎixìng 名 平民；泛指人民群众 ▷当官的应该为～办实事。
【老板】lǎobǎn ❶ 名 指私营企业的所有者或经营者；也指工商企业的经理，并作为对一般商人、店主的尊称。❷ 名 旧时对著名戏曲演员或兼任戏班班主的戏曲演员的尊称。
【老板娘】lǎobǎnniáng ❶ 名 老板的妻子。❷ 名 女老板；对一般女性工商业者的尊称。
【老半天】lǎobàntiān 名〈口〉指较长的一段时间 ▷找了～也没找到那本书。
【老伴儿】lǎobànr 名 老年夫妻的一方。
【老鸨】lǎobǎo 名 鸨母。
【老辈】lǎobèi ❶ 名 先代；前辈 ▷他的医术是～传下来的。❷ 名 年纪大或辈分高的人。
【老本儿】lǎoběnr ❶ 名 开始经营时投入的本钱 ▷炒股票赔了～。❷ 名 比喻原有的基础、本领或功劳 ▷吃～。
【老本行】lǎoběnháng 名 指曾经长期从事并具有丰富经验的行业或工作 ▷教书是他的～。
【老鼻子】lǎobízi 形〈口〉数量很大 ▷救灾捐的钱可～啦！
【老表】lǎobiǎo ❶ 名 表兄弟。❷ 名 江西等地对年龄相近的成年男子的亲切称呼；外地人对江西人的称呼。
【老兵】lǎobīng ❶ 名 入伍时间较早的现役军人；借指在某个领域工作时间较长的人 ▷～新兵，个个身手不凡|环保～。❷ 名 早先复员的军人 ▷这里展示的是日本～对南京大屠杀史实的证言。
【老病】lǎobìng ❶ 名 久治未愈或经常发作的疾病 ▷支气管炎是他的～。❷ 动 年老多病 ▷他因～，已多年不出远门。
【老伯】lǎobó 名 对父亲的朋友或朋友的父辈的尊称；也用于对老年男子的尊称。
【老伯伯】lǎobóbo 名 对老年男子的尊称(多指不

相识的)。

【老不死的】lǎobusǐde 名 对老年人的贬称(有时含诙谐意)▷我家那个～出门半天还没回来。

【老财】lǎocái 名 旧指有钱人、雇主 ▷地主～。

【老巢】lǎocháo 名 鸟长期栖息的窝;借指敌人或匪徒长期盘踞的地方 ▷捣毁敌人的～。

【老成】lǎochéng 形 老练成熟 ▷这年轻人很～。

【老成持重】lǎochéng-chízhòng 老练成熟,做事稳重。

【老诚】lǎochéng 形 老实忠诚 ▷他父亲是个～的农民,不会干这种昧良心的事。

【老抽】lǎochōu 名 加入焦糖色的浓酱油,颜色较深,味道较淡,烹调中用于增加菜肴的色泽(跟"生抽"相区别)。

【老处女】lǎochǔnǚ 名 未曾有过性生活的、年龄较大的女子。

【老粗】lǎocū 名 指缺乏文化素养的人(多用作谦词)▷我是个～,斗大的字认不了一筐。

【老搭档】lǎodādàng 名 指多年共事的伙伴。

【老大】lǎodà ❶ 形〈文〉年纪大 ▷少小离家～回。❷ 名 兄弟姐妹中排行第一的人。❸ 名 指行船掌舵的人;也指一般船夫 ▷船～。❹ 名 有些帮会或黑社会团伙对首领的称呼。○ ❺ 副〈口〉表示程度高,相当于"很""非常"(只用于否定)▷心里～不高兴。

【老大不小】lǎodà-bùxiǎo 指人已长大,不是小孩子了 ▷～了,该懂事了。

【老大哥】lǎodàgē 名 对同辈的年长男子的尊称 ▷他是我们班里的～◇工人～。

【老大妈】lǎodàmā 名 对老年妇女的尊称(多指不相识的)。

【老大难】lǎodànán ❶ 形 形容问题严重,长期难以解决 ▷～车间。❷ 名 指老大难问题或存在这种问题的单位 ▷污水处理已经成了～|这个车间是我们厂的～。

【老大娘】lǎodàniáng 名〈口〉对老年妇女的尊称(多指不相识的)。

【老大爷】lǎodàye 名〈口〉对老年男子的尊称(多指不相识的)。

【老旦】lǎodàn 名 戏曲中旦角的一种,扮演老年妇女。

【老当益壮】lǎodāngyìzhuàng《后汉书·马援传》:"丈夫为志,穷当益坚,老当益壮。"意思是男子汉立志,越是处于困境越要坚强,越是年老越要豪壮。后用"老当益壮"表示虽然年老,但志向更高,干劲更大。

【老到】lǎodào 形 老练周到 ▷办事十分～。

【老道】lǎodào 名〈口〉道士。

【老底】lǎodǐ ❶ 名 内情;底细 ▷别以为我不敢兜他的～。❷ 名 指祖上留下的产业 ▷这是他家几辈子攒下来的～。

【老弟】lǎodì 名 对比自己年轻的男子的亲切称呼。

【老雕】lǎodiāo 名 雕¹的通称。

【老调】lǎodiào ❶ 名 陈旧的曲调;借指陈旧的话或重复多次、令人生厌的言论 ▷陈年～|～重弹。○ ❷ 名 地方戏曲剧种,流行于河北保定一带。也说老调梆子。

【老调重弹】lǎodiào-chóngtán 比喻把陈旧的话或重复多次、令人生厌的言论又重新搬出来。

【老掉牙】lǎodiàoyá 形 形容陈旧过时 ▷～的机器|这些～的话早就没人信了。

【老爹】lǎodiē ❶ 名 某些地区对父亲的称呼(多指年老的)。❷ 名 某些地区对老年男子的尊称。

【老豆腐】lǎodòufu ❶ 名 北方小吃。在煮开的豆浆里点上盐卤或石膏溶液凝结而成的含水分较多的豆腐。吃时加上调料。❷ 名 北豆腐。

【老坟】lǎofén 名 祖坟。

【老夫】lǎofū 名 年老男子的自称。

【老夫子】lǎofūzǐ ❶ 名 旧时称在私塾教书的先生。❷ 名 称迂阔的读书人。

【老赶】lǎogǎn〈口〉❶ 形 土气;外行(háng)▷连手机都不会用,太～了。❷ 名 指土气或外行的人 ▷你真是个～,相机都拿颠倒了。

【老干部】lǎogànbù 名 年岁大或资格老的干部;特指中华人民共和国成立以前参加革命的干部。

【老哥】lǎogē 名 某些地区对比自己年长的同辈男子的尊称。

【老革命】lǎogémìng 名 对参加革命时间早的人的尊称。

【老公】lǎogōng 名 某些地区称丈夫(zhàngfu)。

【老公】lǎogong 名 太监的俗称。

【老公公】lǎogōnggong ❶ 名 某些地区小孩子对老年男子的称呼。❷ 名 某些地区指丈夫的父亲。❸ 名 旧时对太监的尊称。

【老姑娘】lǎogūniang ❶ 名 老处女。❷ 名 排行最小的女儿。‖也说老闺女。

【老古董】lǎogǔdǒng 名 年代久远的古玩;比喻陈旧过时的事物;也比喻思想陈旧迂腐的人。

【老鸹】lǎoguā 名 乌鸦的俗称。

【老光】lǎoguāng 名 老视 ▷～眼镜。

【老汉】lǎohàn 名 老年男子;也用于老年男子自称 ▷一位背筐的～|～我不服这口气。

【老好人】lǎohǎorén 名 厚道随和、安分守己、谁也不得罪的人。

【老狐狸】lǎohúli 名 比喻诡计多端、极为狡猾的人。

【老糊涂】lǎohútu ❶ 形 年老而糊涂 ▷他已经～了,很多事都记不准了。❷ 名 年老而糊涂的人 ▷他是个～,跟他说不清楚。

【老虎】lǎohǔ ❶ 名 虎①的通称。❷ 名 比喻耗费大量能源或原材料的机器设备等 ▷这些老船都是油～。❸ 名 比喻凭借权势进行大量贪污、盗窃、偷税漏税等犯罪活动的人；特指职位高、权力大的严重腐败分子 ▷深入开展反腐斗争，～、苍蝇一起打。

【老虎凳】lǎohǔdèng 名 一种残酷的刑具。受刑人坐在长凳上顺凳面伸直腿，膝盖被紧紧绑住，然后在脚跟下垫砖，垫得越高越痛苦。

【老虎机】lǎohǔjī 名 一种专用于赌博的游戏机。机器设定获胜的规则，参赌者把一定数额的硬币投入机器中，如获胜，机器会自动吐出按规则赢得的硬币，否则硬币就被吞掉。

【老虎屁股摸不得】lǎohǔ pìgu mōbude 比喻骄横跋扈，谁也不能招惹。

【老虎钳】lǎohǔqián ❶ 名 手工工具，钳口有刃，可以夹断钉子、铁丝等。❷ 名 台钳。

【老虎灶】lǎohǔzào 名 某些地区指烧开水的大灶；也指出售开水、热水的地方。

【老花镜】lǎohuājìng 名 矫正老花眼的眼镜。

【老花眼】lǎohuāyǎn 名 老视的通称。

【老化】lǎohuà 动 变老；指年龄结构变老或知识、设备等陈旧，机能、性能等衰退 ▷人口～｜细胞～｜知识～｜塑料～。

【老话】lǎohuà ❶ 名 长久流传的话 ▷～说得好："吃一堑，长一智"｜还是那句～：一切从实际出发。❷ 名 关于往事的话 ▷提起当年勤工俭学的～，大家都很感慨。

【老皇历】lǎohuángli 名 过时的历书；比喻陈旧、不合时宜的办法、规矩等 ▷都什么年代了，你还老是翻那～。☛ 不宜写作"老黄历"。

【老黄牛】lǎohuángniú 名 比喻踏实、埋头苦干的人 ▷做人民的～。

【老几】lǎojǐ〈口〉❶ 代 排行中的位次 ▷不知道他是～｜你在家里是～？❷ 代 用于反问，表示所论及的人在某个范围内地位低(含自谦或轻蔑语气) ▷跟那些有名气的画家比，我算～？｜你算～？动不动就摆谱儿！

【老骥伏枥】lǎojì-fúlì 汉·曹操《步出夏门行》："老骥伏枥，志在千里。"(骥：千里马；枥：马槽)比喻有作为的人虽然年老，但仍有雄心壮志。

【老家】lǎojiā ❶ 名 故乡的家庭(多用于区别在外地成立的家庭) ▷给～寄些钱。❷ 名 原籍 ▷山东是我的～。

【老奸巨猾】lǎojiān-jùhuá 形容老谋深算或极其奸诈狡猾。☛ 不宜写作"老奸巨滑"。

【老茧】lǎojiǎn 名 茧子②。

【老趼】lǎojiǎn 现在一般写作"老茧"。

【老江湖】lǎojiānghú 名 指多年在外地闯荡，阅历深而老于世故的人。

【老将】lǎojiàng ❶ 名 久经战场的将领；比喻长期从事某一行业，经验丰富的人 ▷有～坐镇，仗一定能打赢｜乒坛～。❷ 名 指象棋里的将帅 ▷过河卒直逼～。

【老窖】lǎojiào 名 使用多年的地窖；借指窖藏的酒 ▷百年～。

【老姐】lǎojiě 名〈口〉最小的姐姐 ▷大姐、二姐都已出嫁，～在北京上大学。

【老景】lǎojǐng 名 老年时的景况 ▷～安闲。

【老境】lǎojìng ❶ 名 指老年时期 ▷步入～。❷ 名 老景 ▷孤身一人，～堪悲。

【老酒】lǎojiǔ 名 贮藏多年的酒；特指绍兴黄酒。

【老框框】lǎokuàngkuang 名 过时的死板规定和限制 ▷要改革就必须打破～。

【老辣】lǎolà ❶ 形 老练毒辣 ▷阴险～。❷ 形 (文辞等)纯熟泼辣 ▷文笔～，言辞犀利。

【老来俏】lǎoláiqiào 名 指年老而喜欢打扮的人。

【老来少】lǎoláishào 名 指年老而童心未泯的人。

【老赖】lǎolài 名〈口〉指长期欠债赖账不还的人。这种人主观上故意拖延，客观上拒不履行债务。

【老老少少】lǎolǎoshàoshào 名 年岁大大小小的一群人 ▷全村的～都知道这件事。

【老泪】lǎolèi 名 老年人流的泪 ▷～纵横。

【老例】lǎolì 名 相沿已久的规矩或惯例。

【老脸】lǎoliǎn ❶ 名 老年人的面子 ▷你把我这～都给丢尽了｜他连～也不要了。❷ 名 厚脸皮。

【老练】lǎoliàn 形 老成干练 ▷办事沉着～。

【老两口】lǎoliǎngkǒu 名 指老年夫妇 ▷～还是那么硬朗。☛ "两"不要误写作"俩"。

【老林】lǎolín 名 未经开发的森林 ▷深山～。

【老龄】lǎolíng 区别 老年的 ▷～群体。

【老龄大学】lǎolíng dàxué 专为老年人开设的学校。老年人可以根据个人兴趣选学各种课程，以继续学习，过好晚年。也说老年大学。

【老龄化】lǎolínghuà 动 人口的年龄结构变老。在一定地区或范围内，60 岁及以上人口数达到或超过总人口数的 10%，或者 65 岁及以上人口数达到或超过总人口数的 7%，这样的社会就叫老龄化社会。

【老路】lǎolù 名 从前走过的路；比喻旧的方法和途径 ▷不能走过去的～。

【老妈子】lǎomāzi 名 旧指年纪较大的女佣人。

【老马识途】lǎomǎ-shítú《韩非子·说林上》记载：管仲跟随齐桓公出征，回来时迷了路，管仲让老马走在队伍前边，果然找到了路。后用"老马识途"比喻有经验的人熟悉情况，能起引导作用。

【老迈】lǎomài 形 年老体衰 ▷～年高。

【老帽儿】lǎomàor 名〈口〉指不合时尚而又带有

傻气的人(含讥讽意)。

【老面】lǎomiàn 名 面肥。

【老面孔】lǎomiànkǒng ❶ 名 熟面孔;借指熟悉的人 ▷今天来的不少是~。❷ 名 比喻仍是以前的样子、面貌或状态 ▷公园还是多年前的~。

【老命】lǎomìng 名 老年人的性命;泛指性命(含谐谑意) ▷拼上~也要兑现承诺。

【老谋深算】lǎomóu-shēnsuàn 周密地谋划,深远地盘算。形容办事老练,考虑周全。

【老衲】lǎonà 名 年老的和尚(多用于自称)。

【老奶奶】lǎonǎinai ❶ 名 曾祖母。❷ 名 小孩儿对老年妇女的尊称。

【老脑筋】lǎonǎojīn 名 指顽固守旧的思想;也指思想守旧的人 ▷靠~办事不行|她爹是个~。

【老蔫儿】lǎoniānr 名〈口〉指性格内向、不善言谈、不爱交际的人。

【老年】lǎonián 名 一般指 60 岁以上的年纪。

【老年斑】lǎoniánbān 名 老年人皮肤上出现的黑色或褐色斑痕。也说老人斑、寿斑。

【老年病】lǎoniánbìng 名 老年期易患的疾病。常见的有冠心病、急性脑血管疾病、肿瘤、骨质疏松、高血压、糖尿病、前列腺肥大等。

【老年公寓】lǎonián gōngyù 专供老年人集中居住的公寓式住宅,具备餐饮、环卫、娱乐和医疗保健等服务系统。

【老年间】lǎoniánjiān 名 很多年以前。

【老年人】lǎoniánrén 名 按照《中华人民共和国老年人权益保障法》界定,指 60 周岁以上的人;按照世界卫生组织的划分,指75—89周岁的人;泛指年纪大的人。

【老年性痴呆症】lǎoniánxìng chīdāizhèng 一种老年期常见的精神病。多发生在 65 岁以后。主要症状有个性改变、记忆力和判断力下降以至丧失等。也说老年性痴呆。

【老娘】lǎoniáng ❶ 名 年老的母亲。❷ 名 已婚的中老年妇女的自称(含自负意) ▷~我活了这把年纪了,什么世面没见过?

【老娘们儿】lǎoniángmenr 名〈口〉指已婚妇女(有时含轻蔑意)。

【老牛破车】lǎoniú-pòchē 老牛拉破车。形容办事慢慢腾腾。

【老牛舐犊】lǎoniú-shìdú 老牛舔小牛。比喻父母疼爱子女。☛"舐"不要误写作"舔"。

【老农】lǎonóng 名 年纪大又有生产经验的农民。

【老牌】lǎopái ❶ 名 创制时间久、人们信得过的商标品牌 ▷这种车是~。也说老牌子。❷ 区别 资历深的 ▷~外交家。

【老派】lǎopài ❶ 形 形容气派、风格等比较传统;也形容作风、习惯等中规中矩 ▷这个发型很~|他的教学,功夫扎实,方式~。❷ 名 指守旧的派别;也指气派、风格等比较传统的人或作风、习惯等不能与时俱进的人。

【老婆婆】lǎopópo ❶ 名 某些地区小孩子对老年妇女的称呼。❷ 名 某些地区指丈夫的母亲。

【老婆儿】lǎopór 名〈口〉老年妇女。

【老婆子】lǎopózi〈口〉❶ 名 老年妇女(多含轻蔑意)。❷ 名 丈夫对妻子的称呼(多指老年的)。

【老婆】lǎopo 名〈口〉妻子(zi)。

【老气】lǎoqì ❶ 形 显得比实际年龄大;显得老练成熟 ▷这人长得挺~|年纪不大,言谈举止却挺~。❷ 形 (颜色、款式等)陈旧 ▷衣服料子不错,就是样式太~。

【老气横秋】lǎoqì-héngqiū 原形容老练而自负的神态。现多形容暮气沉沉、缺乏朝气的样子。

【老前辈】lǎoqiánbèi 名 对同行里年岁大、资历深的人的尊称。

【老亲】lǎoqīn ❶ 名 多年的亲戚 ▷~旧邻。❷ 名 指年老的父母 ▷堂上~。

【老亲旧邻】lǎoqīn-jiùlín 多年的亲戚和邻居;泛指来往密切的亲友。

【老区】lǎoqū 名 指老解放区,即中华人民共和国成立以前,中国共产党建立的革命根据地。

【老拳】lǎoquán 名 (打人的)拳头 ▷恼羞成怒挥~|~相向。

【老人】lǎorén ❶ 名 老年人。❷ 名 指年老的父母或祖父母 ▷他从家乡把~接来了。❸ 名 指在一个单位里工作很久的人 ▷这几位都是剧团的~了。

【老人家】lǎorénjia ❶ 名 对老年人的尊称。❷ 名 对人称说自己或别人的父母、师长等 ▷别打扰她~。

【老人星】lǎorénxīng 名 天空中第二亮的恒星,是南半球天球中最亮的星,亮度仅次于天狼星。我国南方可以看到它在近地平线处出现。古人认为它象征长寿,并将其画成或塑成头部长而前额隆起的老人形象,故也说寿星。

【老弱病残】lǎo-ruò-bìng-cán 老年人、幼弱者、病患者和残疾人的合称。

【老弱残兵】lǎoruòcánbīng 原指军队中年老、病弱或因伤而不能打仗的士兵;泛指年老体弱或缺乏工作能力的成员。

【老三届】lǎosānjiè 名 指"文化大革命"期间 1966、1967、1968 三届初高中毕业生。

【老少边穷】lǎo-shǎo-biān-qióng 老解放区、少数民族地区、边疆地区和穷困地区的合称;泛指贫困地区。☛"少"这里不读 shào,不当"年少"讲。

【老少】lǎoshào 名 年老的和年少的;也指一家人或不同年龄的所有人 ▷男女~|~三代。

【老少咸宜】lǎoshào-xiányí 对老人和孩子都合

适(咸:全,都)。

【老身】 lǎoshēn 名 老年妇女的自称(多用于近代汉语)。

【老生】 lǎoshēng 名 戏曲行当中生行的一种。扮演中老年男子,通常挂髯口(胡须)。分唱功老生、做功老生和唱念做打并重的靠把老生。也说须生。

【老生常谈】 lǎoshēng-chángtán 原指老书生的平凡议论;今指常讲的没有新意的老话。

【老师】 lǎoshī 名 对教员的尊称;泛称有某种特长、值得学习的人。☛ 跟"教师""教员"不同。"老师"可以接受表示人的名词或人称代词的限定,如"小王的老师""她的老师";"教师""教员"不能这样用。"老师"是称谓词,适用范围宽泛,还可用来称呼其他行业的某些专业人员;"教师""教员"是职业名称,仅指担任教学工作的专职人员。

【老师傅】 lǎoshīfu 名 对有某种技艺的年长者的尊称。

【老式】 lǎoshì 区别 旧式 ▷~汽车。

【老视】 lǎoshì 名 老年人由于眼球调节能力衰退而形成的视力缺陷,症状是对近处的东西看不清楚。通称老花眼。

【老是】 lǎoshì 副 表示动作在继续或状态不变,相当于"一直" ▷~咳嗽|他~那么年轻。☛ 跟副词"老"相比,"老是"有强调意味。

【老实】 lǎoshi ❶ 形 忠厚诚实 ▷~可靠|~人。❷ 形 守规矩;顺从管理 ▷小宝很~,从不调皮捣蛋。❸ 形 婉词,指不聪明 ▷你太~,驾驭不了这种复杂的局面。

【老实巴交】 lǎoshibājiāo 形〈口〉形容循规蹈矩,谨守本分 ▷这个人~,不会做违规的事。

【老实说】 lǎoshishuō 说实在的。多在句中充当插入语,表示强调 ▷你那个办法,~,根本行不通。

【老手】 lǎoshǒu 名 指在某一方面富有经验的人 ▷行家~|谈判~。

【老寿星】 lǎoshòuxing 名 对高寿老人的尊称;也用来称被祝寿的老年人 ▷百岁~。

【老熟人】 lǎoshúrén 名 很早就熟识的人 ▷大家都是~,别说客套话了。

【老鼠】 lǎoshǔ 名 家鼠的通称。

【老鼠过街,人人喊打】 lǎoshǔ guò jiē,rén rén hǎn dǎ 比喻坏人坏事,人人都痛恨和反对。

【老帅】 lǎoshuài 名 对元帅的尊称。

【老死不相往来】 lǎo sǐ bù xiāng wǎnglái《老子》八十章:"邻国相望,鸡犬之声相闻,民至老死不相往来。"形容彼此从不联系,从不交往。

【老宋体】 lǎosòngtǐ 名 汉字印刷字体的一种。参见 1309 页"宋体"。

【老太婆】 lǎotàipó 名〈口〉老年妇女。☛ 用作称呼有时欠尊重。

【老太太】 lǎotàitai 名 对老年妇女的尊称。

【老太爷】 lǎotàiyé 名 对老年男子的尊称。

【老态】 lǎotài 名 衰老的样子 ▷步伐轻盈,不显~。

【老态龙钟】 lǎotài-lóngzhōng 形容体态衰老,动作不灵便的样子。

【老汤】 lǎotāng ❶ 名 炖过多次鸡、鸭、肉等的汤汁。❷ 名 多次腌制咸菜、泡菜等的陈汤。

【老饕】 lǎotāo 名〈文〉贪食的人。

【老套】 lǎotào 名 陈旧过时的形式、方法、言辞等 ▷文学创作不能沿袭~。也说老套子。

【老天爷】 lǎotiānyé 名 对主宰一切的神的尊称。多用来表示祈求或惊叹 ▷~,救救苦命的孩子吧!|~,吓死我了。

【老头儿】 lǎotóur 名〈口〉老年男子 ▷来的多半是~、老太太。☛ 用作称呼时欠尊重;用作背称,有时含亲昵意。

【老头儿乐】 lǎotóurlè 名 一种挠痒痒的小器具。柄约一尺长,一端弯曲像手的形状,多为竹制。

【老头子】 lǎotóuzi ❶ 名〈口〉老年男子(多含厌恶意) ▷那个~站在门口,横竖不让我进去。❷ 名〈口〉妻子对丈夫的称呼(多指老年的)。❸ 名 帮会中的人称他们的首领。

【老土】 lǎotǔ〈口〉❶ 形 形容没见过世面,思想观念、行为举止等跟不上时代 ▷你真~,连手机都不会用。❷ 名 指没见过世面,思想观念、行为举止等跟不上时代的人 ▷我是个~,不会网购。

【老外】 lǎowài ❶ 名 外行② ▷做买卖,你是内行;修汽车,你可是个~! ❷ 名 对外国人的一种称呼(含诙谐意)。

【老顽固】 lǎowángù 名 指思想保守僵化,拒绝接受新思想、新事物的人。

【老翁】 lǎowēng 名〈文〉老年男子。

【老窝】 lǎowō 名 鸟兽长期栖息的地方;借指坏人长期聚居盘踞的地方 ▷直捣贩毒分子的~。

【老先生】 lǎoxiānsheng ❶ 名 对老年男子的尊称 ▷~多保重。❷ 名 特指年高的专家学者 ▷我们系的几位~都在指导研究生。

【老乡】 lǎoxiāng ❶ 名 同乡 ▷他是我的~。❷ 名 对不认识的农民的称呼 ▷~,去县城怎么走?

【老相识】 lǎoxiāngshí 名 认识很久的人 ▷这是我在上海工作时的~。

【老相】 lǎoxiàng 形 相貌显得比实际年龄老 ▷他五十开外了,可一点儿也不~|长得~。

【老小】 lǎoxiǎo ❶ 名 老人和孩子;泛指某一范围内从老到小的所有人 ▷一家~|全村~。❷ 名 某些地区指排行最小的孩子。

【老小子】lǎoxiǎozi 名〈口〉最小的儿子。

【老兄】lǎoxiōng 名男性的朋友或熟人之间互相的尊称。

【老羞成怒】lǎoxiū-chéngnù 因极度羞愧而发怒。

【老朽】lǎoxiǔ ❶ 形（人）衰老陈腐 ▷～愚钝。❷ 名〈文〉谦词，用于老年人自称 ▷先生过誉了，～实不敢当。

【老鸦】lǎoyā 名乌鸦的俗称。

【老眼光】lǎoyǎnguāng 名陈旧的观点；过时的衡量标准 ▷别总拿～看人|不能用～看待年轻人。

【老眼昏花】lǎoyǎn-hūnhuā 形容老年人的视力模糊不清。

【老幺】lǎoyāo 名某些地区称同辈中年龄最小的人 ▷在我们兄弟中他是～。

【老爷们儿】lǎoyémenr ❶ 名〈口〉男子汉；成年男子 ▷这个村的～外出打工的不少。❷ 名某些地区指丈夫（zhàngfu）▷她～当上了村主任。

【老爷爷】lǎoyéye ❶ 名曾祖父。❷ 名小孩儿对老年男子的尊称 ▷小英子扶着一位～下车。

【老爷子】lǎoyézi〈口〉❶ 名对年老男子的尊称。❷ 名对人称呼自己或对方上了年纪的父亲、岳父、公公等 ▷您家～身子骨儿还挺硬朗的。

【老爷】lǎoye ❶ 名旧时用于称官吏或有财势的人；现多用来讽刺高高在上、不关心群众利益的领导者 ▷请知府～明鉴|是做官当～，还是为人民服务？❷ 名旧时仆人对男主人的称呼。❸见本页“姥爷”。现在一般写作“姥爷”。❹ 区别 形容陈旧过时的 ▷～车|～机床。

【老爷车】lǎoyechē 名早年生产的款式陈旧、工艺落后的车辆；也指使用年限过长，现在需要经常进行修理的车辆。

【老一辈】lǎoyībèi 名辈分在前面的一代 ▷～艺术家。

【老一套】lǎoyītào 名老套。

【老鹰】lǎoyīng 名鸢的通称。

【老营】lǎoyíng 名部队长期驻扎的营房 ▷部队回到了～。

【老油子】lǎoyóuzi 名〈口〉阅历多、处世圆滑的人。也说老油条。

【老幼】lǎoyòu 名老人和小孩儿 ▷照顾～。

【老于世故】lǎoyúshìgù 形容处世经验丰富（多含贬义）。

【老玉米】lǎoyùmi 名某些地区指玉米。

【老妪】lǎoyù 名〈文〉老年妇女。

【老战友】lǎozhànyǒu 名以前曾在同一部队或同一工作单位里一起战斗或工作过的人 ▷父亲的～|几个～相聚，显得格外亲热。

【老丈】lǎozhàng 名〈文〉对老年男子的尊称。

【老丈人】lǎozhàngren 名〈口〉岳父。

【老账】lǎozhàng ❶ 名旧账；旧债 ▷清理～|还（huán）清～。❷ 名比喻过去多年的事情 ▷别翻那个～了，还是向前看吧。☛ 不要写作“老帐”。

【老者】lǎozhě 名〈文〉老年男子。

【老中青】lǎo-zhōng-qīng 老年人、中年人和青年人的合称 ▷～三代人。

【老子】lǎozǐ ❶ 名春秋时人，姓李，名耳。是著名的思想家、哲学家，道家学派创始人。他所说的“道”可以解释为客观自然规律，其学说对我国哲学的发展有很大影响，后代将他与他的学说继承者庄子并称“老庄”。❷ 名道家主要经典。一般认为是老子所著。书中提出了以“道”为核心的思想体系，具有丰富的朴素辩证法思想。也说《道德经》。

【老子】lǎozi〈口〉❶ 名指父亲 ▷他的～是老干部。❷ 名男性用于自称（含傲慢意；常用于气愤、开玩笑等场合）▷他竟敢跟～作对。

【老字辈】lǎozìbèi 名泛指资格老或年龄大的人 ▷他虽然才三十出头，可在球坛已是～了。

【老字号】lǎozìhào 名指开设年代久、有一定声誉的商店、饭店等。

【老总】lǎozǒng ❶ 名旧时称一般军人和警察。❷ 名尊称中国人民解放军的总司令以及其他一些高级将领（经常跟姓连用）。❸ 名对总经理或某些部门总负责人的尊称。

【老祖宗】lǎozǔzong ❶ 名祖先 ▷我们的～曾经有过许多伟大的发明。❷ 名对家族中活着的辈分最高、年纪最大的人的尊称（多用于近代汉语）。

佬 lǎo 名称成年男人（有时含轻蔑意）▷大～|阔～。

荖 lǎo ❶ 名一种生长在热带、亚热带地区的藤本植物。〇 ❷ 用于地名。如荖浓溪，水名，在台湾。

姥 lǎo 见下。
另见 974 页 mǔ。

【姥姥】lǎolao 名〈口〉外祖母。☛ 不宜写作“老老”。

【姥爷】lǎoye 名〈口〉外祖父。☛ 不宜写作“老爷”。

栳 lǎo 见776 页“栲（kǎo）栳”。

铑（銠） lǎo 名金属元素，符号 Rh。银白色，质极硬，熔点高。常镀在探照灯等的反射镜上，铑合金用于制造化学仪器和测量高温的仪器。

笺 lǎo 见776页"筹笺"。

潦 lǎo 〈文〉❶ 形 雨水大 ▷～雨。→ ❷ 名 雨后的积水 ▷积～。

另见865页 liáo。

lào

乐(樂) lào 用于地名。如乐亭,在河北。另见本页 lè;1703页 yuè。

络(絡) lào 义同"络(luò)",用于"络子"。另见910页 luò。

【络子】làozi ❶ 名 用线编结成的网袋。〇 ❷ 名 绕纱、线的器具,多用竹子或木条制成。中间有孔,安装在有轴的座子上,用手摇动旋转。

唠(嘮) lào 动 某些地区指闲谈、谈话 ▷有空儿咱俩好好～一～|大伙儿～得很热闹|～嗑。

另见825页 láo。

【唠嗑】làokē 动 某些地区指闲谈 ▷几个老乡坐在门口～。

烙 lào ❶ 动 用烧热的金属工具熨烫,使衣物等平整或在物体上留下标记 ▷～衣服|～花|～印。→ ❷ 动 把食物放在烧热的铛或锅上使熟 ▷～饼|～锅贴儿。

另见910页 luò。

【烙花】làohuā 动 一种民间工艺,用烧热的铁扦在竹、木、骨等器具上烫出各种图案或花纹。也说烫花。

【烙铁】làotie ❶ 名 底面平滑,一端或上部有柄,烧热后可以熨烫衣服的铁器。❷ 名 一种可熔化焊锡的焊接工具。一端有柄,另一端是紫铜或合金制成的头。过去用炭火加热,称火烙铁;今多以电加热,称电烙铁。

【烙印】làoyìn ❶ 名 在牲口或器物上烫的作为标记的火印 ▷军马的身上被打上了～。❷ 名 比喻不易磨灭的痕迹或印象 ▷时代的～。

涝(澇) lào ❶ 形 雨水过多,淹了庄稼(跟"旱"相对) ▷庄稼～了|旱～保收。→ ❷ 名 田地里积存的雨水 ▷排～。

【涝害】làohài 名 由于雨水过多,农作物被淹而造成的灾害。

【涝灾】làozāi 名 涝害造成的农作物减产或绝收、房屋倒塌等的灾害。

落 lào 义同"落(luò)"①②⑧⑨,多用于口语 ▷价格有涨(zhǎng)有～|等～～汗再走|～色|～枕|～不是|～埋怨。

另见813页 là;910页 luò。

【落不是】làobùshi 被认为做错事而受指责 ▷做这事我不怕苦,就怕～。

【落汗】làohàn 动 汗水消退 ▷待～后再洗澡|落落汗再干(gàn)。

【落价】làojià 动 降低价格 ▷近期汽油可能～。

【落埋怨】làományuàn 被人埋怨 ▷他热心为集体办事,不怕～。☛"埋"这里不读 mái。

【落忍】làorěn 动〈口〉忍心(多用于否定) ▷他日子过得那么难,我真不～要他的钱。

【落色】làoshǎi 动 (布匹、衣服等)颜色减退或脱落。☛"色"这里不读 sè。

【落枕】làozhěn ❶ 动 中医病名,主要症状是脖子酸痛,转动不灵。多因睡觉时脖子受凉或枕枕头姿势不当引起。❷ 动 (头)靠上枕头 ▷我真羡慕他,一～很快就睡着了。

【落子】làozi 名 莲花落的俗称。

耢(耮) lào ❶ 名 农具,长方形,用藤条或荆条编成,用来弄碎耙过的耕地里的土块,进一步平整地面。也说耱。→ ❷ 动 用耢平整土地 ▷～地。‖也说盖。

酪 lào ❶ 名 用牛、羊、马的乳汁制成的半凝固状食品 ▷奶～。→ ❷ 名 用植物的果实做成的糊状食品 ▷山楂～|杏仁～。

嫪 lào 用于人名。如嫪毐(ǎi),战国时秦国人。

lē

肋 lē [肋脦] lēte 形〈口〉邋遢 ▷别穿戴得那么～!

另见835页 lèi。

嘞 lē [嘞嘞] lēle 动〈口〉唠叨 ▷你瞎～什么!

另见836页 lei。

lè

仂 lè 名〈文〉余数;一个数的若干分之一。

【仂语】lèyǔ 名 短语(词组)的旧称。

艻 lè 见908页"萝艻"。

叻 lè 名 指新加坡(我国侨民称新加坡为石叻或叻埠) ▷～币。

乐(樂) lè ❶ 形 快活;欢喜 ▷～以忘忧|欢～。→ ❷ 名 令人快乐的事情 ▷找～儿|取～儿。→ ❸ 动 很高兴(做某事) ▷喜闻～见|津津～道。→ ❹ 动〈口〉笑 ▷～得合不拢嘴。〇 ❺ 名 姓。☛"乐(lè)"和"乐(yuè)"是两个不同的姓。

另见本页 lào;1703页 yuè。

【乐不可支】lèbùkězhī 乐得支撑不住。形容乐到极点。

【乐不思蜀】lèbùsīshǔ《三国志·蜀书·后主传》裴

松之注引《汉晋春秋》记载：蜀汉后主刘禅(shàn)投降司马昭后住在魏国首都洛阳，仍过着奢侈的生活。司马昭问他想念不想念蜀国，他说："此间乐，不思蜀。"后用"乐不思蜀"泛指乐而忘返或乐而忘本。

【乐此不疲】lècǐ-bùpí 喜欢做某种事情而不知疲倦。形容对某事极其爱好，十分投入。也说乐此不倦。

【乐道】lèdào ❶ 动 很有兴趣地谈论 ▷津津～。❷ 动 乐于恪守自己的信仰 ▷安贫～。

【乐得】lèdé 动 出现的情况正好跟自己的心意吻合，因而顺其自然 ▷他们都出去了，我～清静一会儿。

【乐而忘返】lè'érwàngfǎn 快乐得意而忘记了返回。形容留恋的程度极深。

【乐观】lèguān 形 精神愉快，对未来充满信心(跟"悲观"相对) ▷～向上｜前景很～。

【乐观其成】lèguānqíchéng 乐于看到某事能够成功(通常用来表示对该事的立场) ▷对开展这项公益活动，我们不仅～，而且一定积极参与。

【乐观主义】lèguān zhǔyì 指对生活、事业等充满希望和信心的思想和态度(跟"悲观主义"相区别)。

【乐呵呵】lèhēhē 形 形容快乐的样子 ▷他从不发愁，整天～的。☛ 不宜写作"乐和和"。

【乐和】lèhe 形〈口〉快乐；高兴 ▷一家人过得挺～｜孩子们整天乐乐和和的。

【乐活】lèhuó 形 英语缩写词 LOHAS 音译。形容精致、自然、健康、快乐，乐于自律、重视环保、可持续的生活方式 ▷～人生｜～社区。

【乐极生悲】lèjí-shēngbēi 快乐到了极点，往往转而发生悲伤的事情。

【乐见】lèjiàn 动 乐意看到 ▷～官员财产公开｜～其成。

【乐趣】lèqù 名 使人快乐的趣味 ▷校园生活充满～。

【乐融融】lèróngróng 形 形容快乐和睦的样子 ▷全家老小～。

【乐善好施】lèshàn-hàoshī 爱做善事，喜欢施舍。☛ "好"这里不读 hǎo。

【乐事】lèshì 名 使人快乐的事情 ▷练书法成为他退休后的一大～。

【乐陶陶】lètáotáo 形 形容非常快乐的样子 ▷欢声笑语～。

【乐天】lètiān 动 指安于现状，无忧无虑 ▷～达观｜～知命。

【乐天派】lètiānpài 名 处世乐观旷达，无所忧虑的人。

【乐天知命】lètiān-zhīmìng《周易·系辞上》："乐天知命，故不忧。"后多指听任命运的安排，随遇而安。

【乐土】lètǔ 名 安适快乐的地方 ▷世间～。

【乐以忘忧】lèyǐwàngyōu 高兴得忘记了忧愁。也说乐而忘忧。

【乐意】lèyì ❶ 动 心甘情愿；愿意 ▷他是个热心肠，～帮助别人。❷ 形 满意；愉快 ▷他嘴上没说什么，可心里不大～。

【乐悠悠】lèyōuyōu 形 形容快乐闲适的样子 ▷在河边钓鱼，心里～的。

【乐于】lèyú 动 乐意(做某事) ▷～听取群众意见。

【乐园】lèyuán ❶ 名 基督教指天堂或伊甸园。❷ 名 供人游乐的园地；泛指使人快乐的地方 ▷儿童～｜人间～。

【乐滋滋】lèzīzī 形 形容因满意而高兴的样子 ▷孩子工作有了成绩，父母心里～的。☛ 不宜写作"乐孜孜"。

【乐子】lèzi〈口〉❶ 名 快乐的事 ▷遇到烦恼事，应该想法找～。❷ 名 令人发笑的事 ▷他在会上出了洋相，～大了。

泐 lè ❶ 动〈文〉石头顺着纹理裂开 ▷石有时以～，水有时以凝。○ ❷ 同"勒²"。

勒[1] lè ❶ 名〈文〉马笼头。→ ❷ 动 拉紧缰绳不让牲口前进 ▷悬崖～马。→ ❸ 动〈文〉统率 ▷亲～六军。→ ❹ 动 强迫 ▷～令｜～索｜～逼。☛ "勒"字读 lēi，用于口语，指用绳子缠住后用力拉紧，如"勒紧裤带""勒死"。这个意义是由"勒(lè)"的"拉紧缰绳"义引申出来的。

勒[2] lè〈文〉❶ 动 雕刻 ▷～石｜～碑。→ ❷ 动 书写(多用于书信) ▷手～｜专此～布。

勒[3] lè 量 勒克斯的简称。

另见 833 页 lēi。

【勒逼】lèbī 动 强制；催逼 ▷～还债｜～签字画押。

【勒克斯】lèkèsī 量 光照度法定计量单位。适宜于阅读或缝纫等的光照度约为 60—100 勒克斯。简称勒。

【勒口】lèkǒu 名 书籍封皮的内折部分。多印有作者或译者的简介及本书的内容提要。

【勒令】lèlìng 动 强制命令(做某事) ▷～停职。

【勒派】lèpài 动 强制摊派 ▷～劳役。

【勒索】lèsuǒ 动 用威逼手段向他人索取(钱财、物品等) ▷～财物。

簕 lè [簕竻] lèdǎng 名 常绿灌木或乔木，枝上生刺，叶小，长圆形，花淡青色，结紫红色蒴果。种子黑色，可以提炼芳香油。根、果可以做药材。

鳓(鰳) lè 名 鱼，银白色，头小，腹部有硬鳞。生活在海中。也说鲙鱼、白鳞鱼、曹白鱼。

le

了 le ❶ 助 用在动词或形容词后，表示动作或性质、状态等变化已经完成（既可以表示过去或现在完成，也可以表示将来完成）▷去图书馆借～一本书｜人又老～许多。→ ❷ 助 用在句尾或句中停顿的地方，表示出现某种新情况或发生某种变化（这种新情况可以是已经发生，也可以是即将发生，还可以是一种假设）▷小王来信～｜都四月份～，天还这么冷｜天快亮～｜要是不走就见到他～。⇒ ❸ 助 用在句尾或句中停顿的地方，表示劝阻或命令的语气 ▷好～，不要说话～｜别干～。⇒ ❹ 助 用在句尾或句中停顿的地方，表示感叹的语气 ▷太不应该～！｜太棒～，一枪打中 10 环。

另见 866 页 liǎo。

饹（餎） le 见 555 页“饸(hé)饹”。
另见 459 页 gē。

lēi

勒 lēi 动〈口〉用绳子等缠住或套住后用力拉紧 ▷受害人是被～死的｜～紧裤腰带。

另见 832 页 lè。

léi

累（纍） léi 名〈文〉绳索。
另见 834 页 lěi；836 页 lèi。

【累累】léiléi〈文〉❶ 形 形容瘦弱颓丧的样子 ▷～若丧家之犬。○ ❷ 形 多得连成串 ▷硕果～。☛ 跟“累累(lěilěi)”音、义不同。

【累赘】léizhui ❶ 形（文字）繁复；（事物）多余，麻烦 ▷文章的结尾显得～。❷ 动 使人感到多余或麻烦 ▷他太～人了。❸ 名 给人增添麻烦的或多余的事物 ▷这么多包装盒，放在哪儿都是个～。☛ 不要写作“累坠”。

雷 léi ❶ 名 阴雨天气云层放电时发出的巨响 ▷电闪～鸣｜春～。→ ❷ 名 指某些爆炸性武器 ▷水～｜手～。→ ❸ 动 使震惊 ▷～人｜你这话说得够～的｜她的演唱～倒了所有评委。○ ❹ 名 姓。

【雷暴】léibào 名 由积雨云产生的雷电交加天气现象，常伴有暴风和大雨，有时还有冰雹。

【雷暴雨】léibàoyǔ 名 随雷暴产生的强烈阵雨。

【雷场】léichǎng 名 埋设大量地雷的地方。

【雷达】léidá 名 英语 radar 音译。利用电磁波反射原理来探测目标位置、距离、运动速率和方向的装置。广泛应用于军事、天文、气象、航海、航空和航天等领域。

【雷达兵】léidábīng 名 以雷达为基本装备的兵种，主要任务是对空警戒、侦察，提供空中情报；也指这一兵种的士兵。

【雷达站】léidázhàn 名 装有雷达探测设备，承担对空观测、警戒等任务的机构。

【雷打不动】léidǎbùdòng 形容十分坚定，毫不动摇。

【雷电】léidiàn 名 雷和闪电。

【雷动】léidòng 动（响声）像雷轰鸣 ▷欢声～。

【雷锋精神】léifēng jīngshén 雷锋(1940—1962)，一位平凡而伟大的共产主义战士。1960 年参军，同年加入中国共产党，1962 年 8 月 15 日因公殉职。毛泽东题词“向雷锋同志学习”。周恩来题词把雷锋精神概括为“憎爱分明的阶级立场，言行一致的革命精神，公而忘私的共产主义风格，奋不顾身的无产阶级斗志”。

【雷公】léigōng 名 神话传说中指掌管打雷的神。

【雷汞】léigǒng 名 有机化合物，白色或灰色结晶，有毒，受到热、摩擦或冲击时，极易爆炸。可用来制雷管等。

【雷管】léiguǎn 名 用于引爆炸药的管状物（多为金属管）。因最初只装雷汞而得名。按引发方式分为电雷管、针刺雷管、拉发雷管、火焰雷管等。

【雷害】léihài 名 雷击造成的灾害。

【雷击】léijī 动 打雷时，由于强大电流的通过而使人、畜、建筑物等受到杀伤或破坏。

【雷厉风行】léilì-fēngxíng 像打雷一样猛烈，像刮风一样急速。形容做事行动快，声势猛。☛“厉”不要误写作“历”“励”。

【雷鸣】léimíng 动 雷声轰鸣 ▷电闪～｜爆发出～般的欢呼声。

【雷鸟】léiniǎo 名 鸟，像鸡而大，羽毛冬季呈白色，夏季变为淡黄色或褐色。飞行迅速，但只能短距离飞行。属国家保护动物。参见插图 5 页。

【雷区】léiqū ❶ 名 雷害多发的地区。❷ 名 布设地雷或水雷的区域；也比喻敏感问题或棘手问题较多的地区或领域。

【雷声大，雨点小】léishēngdà，yǔdiǎnxiǎo 比喻声势很大，实际行动却很少。

【雷霆】léitíng ❶ 名 声音极大的雷；霹雳。❷ 名 比喻威势或怒火 ▷～万钧｜大发～。

【雷霆万钧】léitíng-wànjūn 比喻威力巨大，势不可当。

【雷同】léitóng ❶ 动 古人认为打雷时，万物都同时响应。后用来比喻随声附和。❷ 形 现多比喻彼此不该相同而相同 ▷两份试卷答案完全～，怀疑有抄袭现象。

【雷雨】léiyǔ 名 由积雨云形成的一种天气现象。雨来得急骤,常伴以阵风和雷鸣电闪。

【雷阵雨】léizhènyǔ 名 伴有雷电的短时降雨。

嫘 léi 用于人名。如嫘祖,传说中黄帝的妻子,发明了养蚕。

缧(縲) léi 名〈文〉捆绑犯人的大绳索 ▷～绁。

【缧绁】léixiè 名〈文〉捆绑犯人的大绳索;借指监狱 ▷～之祸。

㹎 léi 名〈文〉公牛。

擂 léi ❶ 动 敲;打 ▷～鼓|自吹自～。○❷ 动 研磨 ▷～钵(研磨东西用的钵)。☛ 读 léi,表示动作;读 lèi,表示事物,指擂台。

另见 836 页 lèi。

檑 léi 名 古代作战时为阻挡敌人进攻,从高处推下的大段圆木 ▷～木。

礌 léi ❶ 动 古代作战时从高处推下石头以打击敌人 ▷滚木～石。→ ❷ 名 古代作战时从高处推下的打击敌人的大块石头。☛ 统读 léi,不读 lèi。

镭(鐳) léi 名 金属元素,符号 Ra。银白色,放射性强,具有强大穿透力,并不断大量放热。用于治疗癌症;镭盐和铍粉的混合制剂可以作为中子源,用于地质勘测。

羸 léi ❶ 形〈文〉瘦;弱 ▷～弱|～顿。○❷ 名 姓。☛ ㊀统读 léi,不读 lěi。㊁跟"赢""嬴"不同,"羸"下边中间是"羊",不是"贝""女"。

【羸弱】léiruò 形〈文〉瘦而弱 ▷～不堪。

罍 léi 名 古代一种壶形的盛酒器具。口小,腹深,有盖,方形或圆形。参见插图 15 页。

儽 léi [儽儽] léiléi 见833 页"累累(léiléi)"①。现在一般写作"累累"。

欙 léi 名 古代走山路时乘坐的一种轿子。

lěi

耒 lěi ❶ 名 古代翻土农具耒耜上的曲木柄 ▷～耜。→ ❷ 名 古代一种直向安柄的农具,形状像叉子。☛ 首笔是横,不是撇。由"耒"构成的字有"诔""耕""耘""耙"等。

【耒耜】lěisì 名 古代耕地用的像犁的农具;泛指农具。

诔(誄) lěi〈文〉❶ 动 叙述死者功德,表示哀悼并评定谥号(多用于上对下) ▷～德|～谥。→ ❷ 名 叙述死者生平事迹表示哀悼的文章 ▷～文|～辞。

垒(壘) lěi ❶ 名 军队驻地用来防御敌人的建筑 ▷两军对～|深沟高～|壁～|堡～。→ ❷ 动 用土坯、砖、石等砌 ▷～墙|把锅台～高点儿。→ ❸ 名 棒球、垒球运动的守方据点 ▷跑～。

【垒垒】lěilěi 形 形容重重叠叠的样子 ▷山峰～。

【垒砌】lěiqì 动 用砖、石等砌筑 ▷～工事。

【垒球】lěiqiú ❶ 名 球类运动项目,球场为直角扇形,由内场和外场两部分组成,内场四角各设一个垒位。比赛时两队每局交换一次攻守,攻方的一名队员依照一定规则安全通过全部的垒即得一分。比赛一般进行 7 局,累计得分多的队获胜。❷ 名 垒球运动使用的球。

累[1](纍) lěi ❶ 动 堆积;积聚 ▷危如～卵|日积月～|成千～万|积～。→ ❷ 动 连续;连接 ▷连篇～牍|长年～月。❸ 副 屡次;多次 ▷～教不改|～迁。→ ❹ 同"垒"②。现在一般写作"垒"。

累[2] lěi 动 牵连 ▷牵～|～及。

另见 833 页 léi;836 页 lèi。

【累次】lěicì 副 表示动作行为多次重复;屡次 ▷工作～失误。

【累犯】lěifàn ❶ 动 多次犯罪。❷ 名 被判处有期徒刑以上刑罚,服刑完毕或被赦免后,在法定期限内又犯应判处有期徒刑以上刑罚之罪的罪犯。

【累积】lěijī 动 累加;聚积 ▷把全年的收入～在一起,数目相当可观。

【累及】lěijí 动 牵连;涉及 ▷～乡里。

【累计】lěijì 动 合起来计算;合计 ▷全年贷款～550 万元。

【累加】lěijiā 动 层层递加 ▷到时不能还债,本金与利息将～计算。

【累减】lěijiǎn 动 层层递减 ▷牲畜这样～下去,将所剩无几。

【累见不鲜】lěijiàn-bùxiān 屡见不鲜。

【累教不改】lěijiào-bùgǎi 屡教不改。

【累诫不改】lěijiè-bùgǎi 多次劝诫仍不改正错误。

【累进】lěijìn 动 以某一个数为基数,另一个数与它的比值按一定的比例逐步增加。基数越大,增加的比率数也就越大 ▷对超定额用水～收费|～税。

【累进税】lěijìnshuì 名 税率随纳税人应税收入或财产数额的增加而递增的税。

【累累】lěilěi ❶ 形 形容积累得多 ▷～白骨|恶行～。❷ 副 屡屡 ▷事故～出现。☛ 跟"累累(léiléi)"音、义不同。

【累卵】lěiluǎn 名 层层摞(luò)起来的蛋。比喻非常危急的形势 ▷势如～。

【累年】lěinián 动 连年 ▷战祸～|～亏损。

【累日】lěirì 动 连日 ▷狂风～|～闭门思过。

【累世】lěishì 动 连续几代 ▷～经商。

【累月经年】lěiyuè-jīngnián 经年累月。

磊 lěi 见下。

【磊磊】lěilěi 形〈文〉形容石头堆积得很多 ▷山石～。

【磊落】lěiluò ❶ 形 襟怀坦白；光明正大 ▷襟怀～。○ ❷ 形〈文〉形容石块堆积很多的样子。

蕾 lěi 名 含苞待放的花朵；花骨朵儿 ▷花～｜蓓～。☛ 统读 lěi，不读 léi。

【蕾铃】lěilíng 名 棉花的花蕾和棉铃的合称。

【蕾丝】lěisī 名 英语 lace 音译。网眼织物，常用来为衣物镶花边，也用于制作窗帘、女裙、女士内衣等。

儡 lěi 见807 页“傀(kuǐ)儡”。

藟 lěi〈文〉❶ 名 藤。→ ❷ 动 缠绕 ▷萦～。○ ❸ 古同“蕾”。

癗 lěi 名 中医指皮肤上起的小疙瘩或小肿块。

灅 lěi 名 古水名。发源于山西北部，向东流经河北、天津入海。今上游称桑干河，中游称永定河，下游称海河。

lèi

肋 lèi 名 人或脊椎动物胸部的两侧 ▷两～｜～骨。

另见 831 页 lē。

【肋骨】lèigǔ 名 人或脊椎动物胸部两侧一系列成对的窄而弯曲的长条骨，有支撑胸膛、保护内脏器官的作用。人有 12 对肋骨。

【肋膜】lèimó 名 胸膜的旧称。

【肋条】lèitiáo ❶ 名 某些地区指肋骨。❷ 名 带肋骨的猪肉 ▷两斤～。

泪(*涙) lèi 名 眼泪 ▷流～｜～如雨下｜～水。

【泪奔】lèibēn 动 表示因极度感动而泪水奔涌(含夸张意) ▷英模事迹感人至深，令全场～。

【泪崩】lèibēng 动 因受到强烈触动而泪水像决堤洪水般奔涌(含夸张意) ▷两人紧紧抱在一起，瞬间～。

【泪点】lèidiǎn ❶ 名 使人感动流泪的场景、表演、故事情节等 ▷夫妻失散重逢在这部影片中最具～。❷ 名 指使人感动流泪的最低程度 ▷他的演唱动情缠绵，直戳观众的～｜～低(形容人爱哭)。

【泪痕】lèihén 名 泪水留下的痕迹 ▷～斑斑。

【泪花】lèihuā 名 含在眼内将要流出的泪水 ▷眼里闪着～。

【泪涟涟】lèiliánlián 形 形容眼泪不断流出来的样子。

【泪人】lèirén 名 哭得满脸都是泪水的人 ▷她悲痛欲绝，哭成了个～。

【泪水】lèishuǐ 名 眼泪。

【泪汪汪】lèiwāngwāng 形 形容眼眶里饱含眼泪的样子 ▷她两眼～的，让人看着伤心。

【泪腺】lèixiàn 名 分泌泪液的腺体。位于眼眶外侧上方，略呈椭圆形，由副交感神经支配。

【泪眼】lèiyǎn 名 含泪的眼睛 ▷～含悲。

【泪液】lèiyè 名 眼泪的学名。

【泪珠】lèizhū 名 成滴的像珠子一样的泪水 ▷脸上还挂着～。

类(類) lèi ❶ 名 种类；相同事物或相似事物的综合 ▷～别｜分～。→ ❷ 动 相似 ▷～人猿｜～似。→ ❸ 量 用于人或事物的类别 ▷两～人｜各～矛盾。○ ❹ 名 姓。

【类比】lèibǐ ❶ 名 一种逻辑推理方法，根据两类事物某些属性相似，推出它们的其他属性也可能相似的结论。❷ 动 进行类比 ▷两者性质截然不同，不能简单～。

【类别】lèibié 名 指事物、观念等的不同种类 ▷植物的～很多｜社会思潮有不同的～。

【类毒素】lèidúsù 名 外毒素经化学处理而失去毒性的制品，但仍保留其抗原性。能刺激机体产生主动免疫能力，预防某些传染病。

【类风湿】lèifēngshī 名 一种慢性关节疾病。常见于青壮年，女性尤多。病变主要发生在大、小关节。反复发作会导致关节屈曲畸形或关节强直，关节周围肌肉组织萎缩。

【类固醇】lèigùchún 名 有机化合物的一类。广泛存在于动植物体内，种类繁多，如胆酸、胆固醇、维生素 D、性激素等。类固醇在血液中含量超过标准，会沉积在动脉壁周围，引起动脉硬化。也说甾族化合物。

【类乎】lèihū 动〈文〉类似；好像 ▷画法～其师。

【类聚】lèijù 动 同类的聚合在一起。

【类人猿】lèirényuán 名 除人类以外的灵长目人科动物和长臂猿科动物的统称。与人类的亲缘关系最为接近，形态结构也与人相似。如大猩猩、黑猩猩、长臂猿等。

【类书】lèishū 名 我国古代的一种工具书。辑录各门类或某一门类的资料，并按一定方式编排，以供查检、征引。如《艺文类聚》《太平御览》《佩文韵府》等。

【类似】lèisì 动 大致相似 ▷试验结果跟预估的情况～。

【类同】lèitóng 动 大致相同 ▷图案～｜手法～。

【类推】lèituī 动 比照某一事物的原理、情况或做法等推出同类其他事物的原理、情况或做法等 ▷依此～。

【类型】lèixíng 名 具有相同特征的事物所形成的类别 ▷产品～|～不同。☛ 参见 308 页“典型”的提示㊀。

累 lèi ❶ 形 疲乏 ▷我～了|今天～坏了|劳～。→ ❷ 动 使疲乏 ▷这孩子真～人|慢慢干，别～着您。→ ❸ 动 操劳 ▷～了一天，晚上还得忙家务。☛ 读 lèi，表示疲劳、操劳等意思；读 lěi，表示积聚、牵连等，如“积累”“累计”等；读 léi，用于“硕果累累”“累赘”等词语中。

另见 833 页 léi；834 页 lěi。

【累乏】lèifá 形 劳累疲乏 ▷～了一天，得好好休息。

【累活儿】lèihuór 名 繁重的体力或脑力劳动 ▷脏活儿、～，他都抢着干。

【累死累活】lèisǐ-lèihuó 不顾劳累地；拼命地 ▷这么大年岁了，别一天到晚～地干。

酹 lèi 动〈文〉庄重地把酒洒在地上，表示祭奠 ▷～地|～祝（祭奠祝告）。

擂 lèi 名 擂台 ▷打～|～主。

另见 834 页 léi。

【擂台】lèitái 名 古代为比武而搭的台子；泛指竞技、比赛场地 ▷摆～|～赛。

【擂台赛】lèitáisài 名 由挑战者和应战者展开的具有打擂台性质的比赛。失败者被淘汰，获胜者作为擂主再接受挑战。

【擂主】lèizhǔ 名 擂台赛中接受攻擂手挑战的人。

纇 lèi 〈文〉❶ 名 丝上的结。→ ❷ 名 缺点；毛病。

lei

嘞 lei 助 用在句中停顿的地方或句末，表示愉快地答应或同意 ▷好～，我马上就过去|得～，这您就放心吧！|行～，就照您说的办！|“你现在就来。”“好～！”

另见 831 页 lē。

lēng

棱 lēng 见1064 页“扑棱”。

另见本页 léng；876 页 líng。

䗀 lēng 拟声 模拟纺车等转动的声音 ▷纺车～～转。

léng

崚 léng［崚嶒］léngcéng 形〈文〉形容山体高峻的样子。

塄 léng 名 某些地区指田地边上的坡 ▷～坎|地～。

【塄坎】léngkǎn 名 某些地区指田地边缘的坡儿或田埂子。☛ 不宜写作“棱坎”。

棱（*稜） léng ❶ 名 立体物上不同方向的两个平面相连接的边 ▷桌子～儿|三～镜。→ ❷ 名 物体表面条状凸起的部分 ▷这搓板都没～了|眉～。

另见本页 lēng；876 页 líng。

【棱角】léngjiǎo ❶ 名 棱和角 ▷山石如刀砍斧劈，～分明。❷ 名 比喻人显露出来的锋芒或敢于斗争的性格 ▷他态度鲜明，敢作敢为，很有～。

【棱镜】léngjìng 名 用玻璃、石英等透明材料制成的多面体。光线通过它时发生折射、反射或色散。在光学仪器中应用很广。

【棱台】léngtái 名 棱锥的底面和平行于底面的一个截面间的部分。

【棱柱】léngzhù 名 上下由两个互相平行的全等多边形、侧面由一些平行四边形围成的柱体。

【棱锥】léngzhuī 名 由一个多边形底面和若干个同一顶点的三角形侧面围成的多面体。

【棱子】léngzi 名 棱（léng）①。

楞[1] léng 名 棱（léng）② ▷瓦～。

楞[2] léng 音译用字，用于《楞严》《楞伽》（均为佛经名）、“色楞格”（蒙古国省名）等。☛ “楞”字不读 lèng。

薐 léng 见100 页“菠薐菜”。

lěng

冷 lěng ❶ 形 温度低；感觉温度低（跟“热”相对，②④⑦⑨同）▷天气很～|你～不～？→ ❷ 形 不热情；不温和 ▷～嘲热讽|～淡|～酷。❸ 动 使热情降低 ▷不要～了大家伙儿的心。→ ❹ 形 不热闹；萧条 ▷～寂|～落|～～清清。⇒ ❺ 形 偏僻；少见的 ▷～僻|～字。❻ 形 意外的；突然的 ▷～枪|～不防。⇒ ❼ 形 不受欢迎的；很少人过问的 ▷～门儿。→ ❽ 形 比喻消沉、失望 ▷心灰意～。→ ❾ 动 使冷却 ▷开水很烫，～一下再喝。〇 ❿ 名 姓。☛ 参见 874 页“泠（líng）”的提示。

【冷傲】lěng'ào 形 冷淡傲慢 ▷神情～|～无礼。

【冷板凳】lěngbǎndèng 名 比喻清闲不重要的职务、受到的冷遇或寂寞清苦的工作 ▷十多年的～让他饱尝了世情冷暖|数学研究是～，

他竟用了30年时间把这个～坐热了。

【冷暴力】lěngbàolì 图 一种精神虐待行为，用冷淡、疏远、漠不关心等方式，使他人在精神和心理上受到侵害 ▷夫妻相互施用～，致使婚姻破裂。

【冷冰冰】lěngbīngbīng 形 像冰一样冷。形容物体冰凉或态度冷淡 ▷屋子里～的，一点儿热乎气也没有|态度～的。

【冷兵器】lěngbīngqì 名 指不带有炸药和其他燃烧爆炸物质的兵器。如刀、剑、棍、锤等。

【冷不防】lěngbufáng 副 出乎预料；忽然 ▷～飞过来一块大砖头，险些砸到他。

【冷布】lěngbù 名 用来防蚊蝇的稀疏通风的布。

【冷餐】lěngcān 名 适于凉着吃的饭菜。

【冷藏】lěngcáng 动 低温贮存 ▷～车|～室。

【冷场】lěngchǎng ❶ 动 文艺演出时，由于演员迟到或忘记台词等而使演出短时中断。❷ 动 开会讨论时无人发言，使场面冷清；也指演出、比赛等出现观众很少以至没有观众的场面。

【冷嘲热讽】lěngcháo-rèfěng 尖刻、辛辣地嘲笑讽刺。

【冷处理】lěngchǔlǐ ❶ 动 工件淬火后立即放进低温空气中冷却，以提高其机械性能，或稳定工件尺寸。❷ 动 比喻事情发生后暂时不作处理，等待适当的时机再行处理。☛"处"这里不读chù。

【冷床】lěngchuáng ❶ 名 在冶金工业中热轧加工后用于冷却和校直轧件的设备。❷ 名 不加热，只靠避风、向阳以保证一定温度的苗床。

【冷待】lěngdài 动 冷淡地对待 ▷不得～顾客。

【冷淡】lěngdàn ❶ 形 淡漠；不热情 ▷待人～。❷ 形 冷清；不兴旺 ▷生意～|市面～。❸ 动 冷淡地对待(人) ▷不要～了客人。

【冷点】lěngdiǎn 名 指在一定时期内不被人关注的事物或地方(跟"热点"相区别) ▷对～问题尤应关注|～行业。

【冷碟】lěngdié 名 盛在碟子或小盘子里的凉菜。也说凉碟。

【冷冻】lěngdòng 动 把温度降低到0℃以下，使某些含水分的物品冻结 ▷～机|把鱼肉等～起来。

【冷冻机】lěngdòngjī 名 能够降温制冷的机械。

【冷冻食品】lěngdòng shípǐn 经过快速降温冻结的食品，如冰棍儿、速冻蔬菜、速冻饺子等。

【冷风】lěngfēng ❶ 名 寒冷的风。❷ 名 比喻背后散布的消极言论 ▷吹～。

【冷锋】lěngfēng 名 气象学上指冷气团向暖气团区推进时两者的锋面。

【冷敷】lěngfū 动 把冰袋或冷水浸湿的毛巾等敷在身体的局部以降温或减轻疼痛等。

【冷宫】lěnggōng 名 旧戏曲、小说中描写的失宠后妃所住的冷落宫院；比喻不被重视的、弃置不用的境地 ▷这些非常有价值的论著，曾多年被打入～。

【冷光】lěngguāng ❶ 名 冷峻的目光 ▷他眼中射出一道逼人的～。❷ 名 光学上指某些物质因受外来光线或电子、高能粒子的照射而发出的光，如荧光和磷光。因为这种光线所含热量极少，故称。

【冷柜】lěngguì 名 电冰柜。

【冷害】lěnghài 名 某些动植物因气温降低而遭受的灾害。

【冷汗】lěnghàn 名 由于惊恐或生病等原因出的汗。因出汗时手足冰凉，全身发冷，故称。

【冷话】lěnghuà 名 打击别人热情的讥讽话 ▷不要站在一旁说～，评头品足。

【冷荤】lěnghūn 名 供凉吃的荤菜。如小肚儿、肉皮冻儿等。

【冷寂】lěngjì 形 清冷寂静；冷落寂寞 ▷深夜的月光显得那么～|～的庭院。

【冷加工】lěngjiāgōng 动 用金属切削工具在机床上对金属工件进行加工。因加工时通常不需要对工件加热，故称。

【冷箭】lěngjiàn 名 乘人不备在暗处放出的箭。比喻暗中害人的行径 ▷当面笑脸恭维，背后放～。

【冷噤】lěngjìn 名 寒战；寒噤 ▷冷风吹得她直打～|想到前途不妙，他不禁打了个～。

【冷静】lěngjìng ❶ 形 冷清寂静；不热闹 ▷一放暑假，校园变得～多了。❷ 形 沉稳；不冲动 ▷遇事要沉着～。

【冷峻】lěngjùn 形 冷酷严峻；冷静严肃 ▷他的目光～得令人胆寒|市长表情～地思考着解决办法。

【冷库】lěngkù 名 冷藏食品、药品等的库房。也说冷藏库。

【冷酷】lěngkù 形 冷漠严酷 ▷待人～。

【冷厉】lěnglì 形 冷漠严厉 ▷神情～。

【冷脸子】lěngliǎnzi 名〈口〉冷面孔 ▷我可不愿意去看人家的～。

【冷冽】lěngliè 形 寒冷 ▷北风～。

【冷落】lěngluò ❶ 形 不热闹 ▷市面～萧条。❷ 动 冷淡地对待(人) ▷不要～客人。

【冷眉冷眼】lěngméi-lěngyǎn 形容冷漠、轻蔑的神情。

【冷门】lěngmén 名 原指赌博时很少有人下注的一门；后多用来比喻不引人注目的或不时兴的事物 ▷报考～专业。

【冷门货】lěngménhuò 名 过时的、不好销售的货物。也说冷货。

【冷面】lěngmiàn ❶ 形 态度严峻,铁面无私 ▷~包公。○ ❷ 名 凉面 ▷朝鲜~。

【冷面孔】lěngmiànkǒng 名 冷漠严肃的脸色 ▷板着~,让人不好接近。

【冷漠】lěngmò 形 态度淡漠;漠不关心 ▷~无情。

【冷凝】lěngníng 动 气体或液体因温度降低到一定程度而凝结 ▷水蒸气在空中~成雨。

【冷凝器】lěngníngqì 名 将连续流进的蒸气加以冷却使凝成液体的换热器。常用于冷却设备,制取蒸馏液,分离蒸气混合物等。

【冷暖】lěngnuǎn ❶ 名 寒冷和温暖;泛指人的日常生活 ▷外出旅游,要注意~变化|时刻把人民群众的~挂在心上。❷ 名 比喻炎凉的世态 ▷人情~。

【冷暖自知】lěngnuǎn-zìzhī 原指喝水的人自己知道水的温度。佛教禅宗用来比喻通过亲身领悟把握禅理的真旨。后常用来说明对各种事物只有亲身体验才能深刻理解。

【冷盘】lěngpán 名 用盘子盛的凉菜。

【冷炮】lěngpào ❶ 名 乘人不备发射的零星炮弹。❷ 名 比喻出人意料并起到某种轰动效应的言行。

【冷僻】lěngpì ❶ 形 冷落偏僻;不热闹 ▷地点~,很少有人来。❷ 形 不常用的(多指字、名称、典故等) ▷用词~|这则典故十分~。

【冷气】lěngqì ❶ 名 寒冷的气流 ▷一股~从门缝里钻了进来。❷ 名 利用制冷设备冷却的空气 ▷夏天商场~很足。❸ 名 指冷气设备 ▷安装~。

【冷气团】lěngqìtuán 名 一种移动的本身温度比经过的地区温度低的气团,多在地球两极地区或西伯利亚大陆形成。

【冷枪】lěngqiāng ❶ 名 乘人不备而发射的零星枪弹。❷ 名 比喻暗中伤人的行径 ▷用~中伤好人。

【冷峭】lěngqiào ❶ 形 寒气逼人 ▷~的寒风。❷ 形 形容言语刻薄,神情严峻 ▷语气~。

【冷清】lěngqīng 形 冷落凄清 ▷场面十分~。

【冷泉】lěngquán 名 温度比当地年平均气温低的泉水。

【冷却】lěngquè 动 物体的温度降低;使物体温度降低 ▷等机器~后再冲洗|~装置。

【冷然】lěngrán 形 形容神情冷淡 ▷~一笑。

【冷热病】lěngrèbìng ❶ 名 某些地区称疟疾。❷ 名 比喻情绪忽低忽高的毛病 ▷干工作不能犯~。

【冷若冰霜】lěngruòbīngshuāng 形容对人很冷淡,不热情;也形容过分严肃而使人难以接近。

【冷色】lěngsè 名 使人产生凉爽、沉静感觉的颜色,如白、绿、蓝等。

【冷涩】lěngsè 形 凝滞;不流畅 ▷冰泉~|眼神~。

【冷森森】lěngsēnsēn 形 形容寒气袭人 ▷~的隧道。

【冷杉】lěngshān 名 常绿乔木,树干高大,树皮灰色,叶子条状。木质轻软,可用于建筑、造纸、制作火柴杆等。

【冷食】lěngshí 名 原指生冷食品;现指雪糕、冰激凌等凉的食品。

【冷霜】lěngshuāng ❶ 名 寒冷的霜。❷ 名 一种雪花膏。因涂在皮肤上有凉爽的感觉,故称。

【冷水】lěngshuǐ ❶ 名 凉水 ▷用~洗脸。❷ 名 生水 ▷~不能喝。

【冷丝丝】lěngsīsī 形 形容微有冷意 ▷门开了一道缝儿,风吹到身上~的。

【冷飕飕】lěngsōusōu 形 形容(风)相当寒冷 ▷北风卷着雪花~的,吹得他浑身打战。

【冷缩】lěngsuō 动 遇冷收缩 ▷热胀~。

【冷烫】lěngtàng 动 用药水而不用热能烫发。

【冷天】lěngtiān 名 寒冷的天气;寒冷的日子。

【冷笑】lěngxiào 动 发出表示讽刺、轻蔑、不满或恼怒等意味的笑 ▷~一声,拂袖而去|脸上现出一丝无可奈何的~。

【冷笑话】lěngxiàohua 名 具有冷幽默效果的笑话。参见本页"冷幽默"。

【冷血动物】lěngxuè dòngwù ❶ 变温动物的俗称。❷ 比喻缺乏感情的人 ▷他对群众的疾苦无动于衷,真是个~。

【冷言冷语】lěngyán-lěngyǔ 尖酸刻薄含有讥讽意味的话。

【冷眼】lěngyǎn ❶ 名 冷静客观的眼光 ▷~看待周围的一切。❷ 名 冷漠、轻蔑的眼光 ▷遭到别人的~。

【冷眼旁观】lěngyǎn-pángguān 以冷静或冷漠的态度从旁观察事态的发展。

【冷艳】lěngyàn ❶ 形 素雅而美好 ▷秋菊~|~的月夜。❷ 形 形容女子冷峻而美丽 ▷一副~而庄重的神态。

【冷饮】lěngyǐn 名 清凉饮料,如汽水、果茶等。

【冷幽默】lěngyōumò 名 不是以幽默的表象展示出的幽默。通常开始并不觉得好笑,经回味思索领悟后才觉幽默无穷。

【冷遇】lěngyù 名 冷淡的待遇 ▷遭人~。

【冷轧】lěngzhá 动 通常指在室温下对金属进行轧制(跟"热轧"相对)。

【冷战】lěngzhàn 名 指国际间除战争以外的各种敌对活动;特指第二次世界大战后西方国家和社会主义国家除战争以外的对抗状态。

【冷战】lěngzhan 图〈口〉因着凉或惊恐身体突然发抖的现象 ▷身上直打～。

【冷颤】lěngzhan 现在一般写作"冷战"。

【冷字】lěngzì 图 不常用的字。

lèng

堎 lèng 用于地名。如长堎,在江西;王家堎,在陕西。

愣 lèng ❶ 动 发呆 ▷听了这话,他～住了|发～。○ ❷ 形〈口〉鲁莽;冒失 ▷这小伙子～得很。○ ❸ 副〈口〉表示不合常情,违反事理,相当于"偏偏""竟然" ▷明明是他弄坏的,还～说不知道|这么简单的道理,他～不懂。

【愣干】lènggàn 动 鲁莽冒失地硬干 ▷做事要考虑后果,不能～。

【愣乎乎】lènghūhū ❶ 形 形容失神发呆的样子 ▷他～地站在那儿,不知如何是好。❷ 形 形容莽撞冒失的样子 ▷这个人～的,办事叫人不放心。

【愣劲儿】lèngjìnr 图 倔强的性情;不服输的精神 ▷这小伙子干起活来,有一股子～。

【愣神儿】lèngshénr 动〈口〉发呆;出神 ▷快干活儿,别站在那里～!

【愣是】lèngshì 副〈口〉愣③ ▷他疼得直哆嗦,可～一声不叫|当年形影不离的好伙伴,今天～认不出来了。

【愣头愣脑】lèngtóu-lèngnǎo ❶ 形 形容鲁莽冒失的样子 ▷这个人～的,干不了接待工作。❷ 形 形容发呆或反应迟钝的样子 ▷他～地坐着,好像有什么心事。

【愣头儿青】lèngtóurqīng 图〈口〉指鲁莽冒失的人。

【愣怔】lèngzheng 动 神情发呆 ▷听到一声凄厉的叫声,他猛一～,停下了脚步。

睖 lèng [睖睁] lèngzheng 动 睁大眼睛发呆地直视 ▷～着眼睛,不知在想什么。

lī

哩 lī 见下。☛ "哩"又读 lǐ 或 yīnglǐ,是"英里"的旧写法。现改用"英里"。

另见 851 页 li。

【哩哩啦啦】līlilālā 形〈口〉形容零散或断断续续的样子 ▷这雨～的,真烦人。

【哩哩啰啰】līliluōluō 形〈口〉形容说话啰唆、拉杂或口齿不清,叫人听不清 ▷他说话老是～的,谁也听不明白。

lí

丽(麗) lí ❶ [丽水] líshuǐ 图 地名,在浙江。○ ❷ 见454 页"高丽"。

另见 848 页 lì。

郦(酈) lí 图 古地名,春秋时属鲁国。另见 850 页 lì。

厘[1](*釐) lí 动〈文〉整理;治理 ▷～定|～正(订正)。

厘[2](*釐) lí ❶ 量 a)市厘,长度非法定计量单位。b)市厘,土地面积非法定计量单位。c)市厘,质量非法定计量单位。→ ❷ 量 利率单位,年利率 1 厘是本金的 1%,月利率 1 厘是本金的 1‰。→ ❸ 数 某些计量单位的百分之一 ▷～米。

"釐"另见 1470 页 xī。

【厘定】lídìng 动〈文〉整理确定。

【厘米】límǐ 量 长度法定计量单位,1 厘米等于 10 毫米,合 0.3 市寸。

【厘清】líqīng 动 梳理得清晰而有条理 ▷～政企关系|工作思路需要～。

狸(*貍) lí [狸猫] límāo 图 豹猫。

离[1](離) lí 图 八卦之一,卦形为"☲",代表火。

离[2](離) lí ❶ 动 分开;分别 ▷这孩子～不开妈妈|悲欢～合|～别|分～。→ ❷ 动 背叛;不合 ▷众叛亲～|～心～德。→ ❸ 动 缺少 ▷～了科学技术,现代化就不可能实现。→ ❹ 动 相隔;相距 ▷他家～公园不远|～出发还有半小时。→ ❺ 动 特指离婚 ▷他俩去年就～了|闪～。

☛ "离"字下边的部件(内)跟"禺""禹"下边的部件(内)不同。前者是 4 画,第 3 画是撇折;后者是 5 画,第 3 画是竖。由"离"构成的字有"禽""漓""璃""篱"等;由"禺""禹"构成的字有"偶""遇""愚""龋""属""瞩"等。

【离岸】lí'àn ❶ 动 离开岸边;距离岸边 ▷船～还有一段距离。❷ 区别 离开口岸到国外或境外的(多用于国际贸易、国际金融等方面) ▷签订～合同|～商务|～结算。

【离别】líbié 动 跟熟悉的人或地方较长时间地分开 ▷～父老乡亲|～故乡。

【离愁】líchóu 图 离别的愁苦 ▷～别绪。

【离岛】lídǎo 图 大岛屿周边的小岛。

【离队】líduì 动 离开队伍或岗位 ▷～复员到地方。

【离岗】lígǎng ❶ 动 离任。❷ 动 脱岗。

【离格儿】lígér 形 (言行)不合乎公认的准则 ▷我们做事不能～,要时刻想到老百姓。

【离宫】lígōng 图 京都以外的帝王宫殿;泛指皇帝

巡行时的住所。

【离合】líhé ❶ 动 分离和聚合 ▷～未定｜悲欢～。❷ 动 分开和结合 ▷～词。

【离合器】líhéqì 名 装在主动轴和从动轴间的机械零件，可以使汽车、拖拉机或某些机器上的两个轴或两个零件结合或分开，用于启动、停止、换向或变速。

【离婚】líhūn 动 依法解除婚姻关系。

【离间】líjiàn 动 从中挑拨，使彼此怀疑，互不信任 ▷散布流言，～亲人。☛"间"这里不读 jiān。

【离解】líjiě 动 分子可逆地分离成两个或两个以上的较简单的分子、原子、离子或原子团。

【离经叛道】líjīng-pàndào 原指背离儒家经典的主张和道统；今泛指背离占主导地位的思想准则和行为规范等。

【离境】líjìng 动 出境。

【离开】líkāi 动 跟人、地、事物分开 ▷～父母去求学｜～北京去天津了｜～工作岗位。

【离乱】líluàn 名 因战争或灾荒而导致骨肉离散、社会混乱的状况 ▷历经～。

【离叛】lípàn 动 叛离 ▷～革命。

【离谱儿】lípǔr 形 唱得与曲谱不合；比喻言行背离公认的准则 ▷这种说法太～了。

【离奇】líqí 形 奇特怪异，不同寻常 ▷曲折～的故事｜谣言越传越～。

【离弃】líqì 动 离开并抛弃 ▷～家园。

【离情】líqíng 名 别离的情思 ▷～绵绵。

【离群索居】líqún-suǒjū 离开人群，孤独地生活。

【离任】lírèn 动 离开所任的职务 ▷～养病。

【离散】lísàn ❶ 动 分离失散 ▷～多年的夫妻终于团聚了。❷ 形 涣散 ▷人心～。❸ 形 不连续的 ▷破碎～的文件。

【离世】líshì 动 去世。

【离题】lítí 动（文章或谈话的内容）离开中心或脱离主题 ▷下笔千言，～万里。

【离席】líxí 动 离开座位 ▷～而去。

【离弦】líxián ❶ 动 箭离弓弦；表示迅速 ▷运动员像～之箭，向终点冲刺。○ ❷ 动 演唱走调儿。比喻言行离谱儿 ▷他的话已经～走板儿了。

【离乡背井】líxiāng-bèijǐng 背井离乡。

【离心】líxīn ❶ 动（个人与集体或群众与领导）不同心 ▷干部不能跟群众～。❷ 动 离开中心 ▷～泵｜～力。

【离心泵】líxīnbèng 名 利用离心力的作用增加液体压力并使之流动的一种泵。是各种泵中使用最广的一种。

【离心机】líxīnjī 名 利用离心力把密度不同的固体和液体或液体和液体分离开的机械。可用来选矿、选种，或从牛奶中分离出奶油等。

【离心离德】líxīn-lídé 人心各异，彼此思想、行动不统一（跟"同心同德"相对）。

【离心力】líxīnlì ❶ 名 由旋转产生的离开中心的力。如绳子系住的球作圆周运动时，球对绳子的反拉力就是离心力。❷ 名 比喻摆脱集体的思想和行动 ▷化解矛盾，消除～。

【离休】líxiū 动 符合国家规定条件的老年干部离职休养，待遇优于退休。

【离异】líyì 动 离婚。

【离辙】lízhé 动 离开车辙；比喻背离准则或正道 ▷办事要讲原则，可不能～。

【离职】lízhí ❶ 动 临时离开工作岗位 ▷～进修。❷ 动 离开工作岗位，不再复职 ▷前年他自动～去别处工作了。

【离子】lízǐ 名 由原子失去或得到电子而形成的带电粒子。带电的原子团也称离子。带正电荷的称为阳离子或正离子，带负电荷的称为阴离子或负离子。

骊（驪） lí ❶ 名〈文〉纯黑色的马。○ ❷ 用于山名、地名。如：骊山，山名，在陕西临潼；铁骊，地名，在黑龙江，现在改为"铁力"。☛不读 lì。

梨（*棃） lí ❶ 名 梨树，落叶乔木或灌木，叶子卵圆形，开白花。品种很多。果实也叫梨，是常见水果，还可以制梨膏、梨脯和罐头等。参见插图 10 页。○ ❷ 名 姓。

【梨膏】lígāo 名 用梨汁和蜂蜜熬制而成的膏状物，有镇咳止喘作用。

【梨园】líyuán 名 原指唐玄宗时教练宫廷歌舞艺人的处所，设于皇家的梨树园，故称。后泛称戏班或戏曲界。

【梨园戏】líyuánxì 名 地方戏曲剧种，流行于福建南部和台湾等地。

【梨园子弟】líyuán zǐdì 唐玄宗时对梨园歌舞艺人的称谓；今指戏曲演员。

犁（*犂） lí ❶ 名 耕田的农具，用人力、畜力或机器牵引 ▷～铧｜～杖。→ ❷ 动 用犁耕地 ▷～田。○ ❸ 名 姓。

【犁铧】líhuá 名 装在犁的下端，略呈三角形的铁器，用于翻土。

【犁镜】líjìng 名 安在犁铧上方的弯板，用铸铁或钢制成，表面光滑耐磨，向一侧倾斜，以便把犁起的土翻到一边。

【犁杖】lízhàng 名〈口〉犁①。

鹂（鸝） lí 见604 页"黄鹂"。

喱 lí 音译用字，用于"咖（gā）喱"等。☛统读 lí，不读 lī。

剺 lí 动〈文〉割；用刀划开。

蓠(蘺) lí 见679页“江蓠”。

蜊 lí 见462页“蛤蜊(géli)”。

漓[1] lí 见871页“淋漓”。

漓[2](灕) lí 名 漓江,水名,桂江的上游,在广西。

缡(縭) lí 名 古代妇女系在衣襟上的佩巾 ▷结～(指女子结婚)。

璃(*琍瓈) lí 见99页“玻璃”;884页“琉璃”。

嫠 lí [嫠妇] lífù 名〈文〉寡妇。

黎 lí ❶ 形〈文〉黑①。○ ❷ 形〈文〉众多 ▷～民。○ ❸ 动〈文〉等到;接近 ▷～明。○ ❹ 名 姓。

【黎黑】líhēi 现在规范词形写作“黧黑”。

【黎锦】líjǐn 名 黎族的织锦。

【黎民】límín 名 平民;百姓。

【黎明】límíng 名 天将亮或刚亮的时候 ▷他每天～就出车。☛ 参见875页“凌晨”的提示。

【黎庶】líshù 名〈文〉黎民 ▷上告苍天,下安～。

【黎族】lízú 名 我国少数民族之一。主要分布在海南。

鲡(鱺) lí 见922页“鳗(mán)鲡”。

罹 lí 动 遭到;遭遇(不幸的事情) ▷～祸|～难(nàn)|～病|～患。

【罹病】líbìng 动〈文〉遭受疾病折磨 ▷～数载。

【罹患】líhuàn 动〈文〉患(病) ▷～绝症。

【罹难】línàn ❶ 动 遇到意外灾祸而死亡 ▷幸免～。❷ 动 遭到杀害 ▷英雄～。

篱(籬) lí ❶ 名 篱笆 ▷竹～茅舍|藩～。○ ❷见1742页“笊篱(zhàoli)”。

【篱笆】líba 名 起遮拦或防护作用的设施。用竹子、秸秆、树枝等编成,或种植带刺儿的植物围成,环绕在房屋、场地等周围。

【篱落】líluò 名〈文〉篱笆。

【篱栅】lízhà 名 篱笆。☛“栅”这里不读shān。

醨 lí 名〈文〉薄酒。

藜(*蔾❷) lí ❶ 名 一年生草本植物,茎挺直粗壮,叶略呈三角形,夏秋开黄绿色小花。嫩叶可以食用,全草可以做药材。也说灰菜。○ ❷见645页“蒺(jí)藜”。

【藜藿】líhuò〈文〉❶ 名 藜和藿;泛指粗劣的饭菜 ▷～之羹。❷ 名 借指贫贱的人。

【藜芦】lílú 名 多年生草本植物,叶椭圆形,开黑紫色小花。根与根状茎有毒,可以做药材。

氂 lí 名〈文〉硬而卷曲的毛。

樆 lí [樆檬] líméng 名 常绿灌木或小乔木,是柑橘的优良砧木。枝上有刺,叶椭圆形,花白色,果实球形,果肉极酸,可制饮料和蜜饯。

黧 lí 形〈文〉黑;黑里带黄。

【黧黑】líhēi 形〈文〉(脸色)黑里带黄 ▷面目～。☛ 不要写作“黎黑”。

蠡 lí 名〈文〉瓢 ▷以～测海。

另见844页lǐ。

【蠡测】lícè 动〈文〉用瓢测量海水。比喻用浅陋的见解揣度(博大精深的事理) ▷管窥～。

纚 lí ❶ 动〈文〉系住。→ ❷ 名〈文〉绳索。❸ 见872页“绁纚”。

另见1474页xǐ。

lǐ

礼(禮) lǐ ❶ 名 对神祇(qí)、祖先、尊长、宾客等表示敬意,或对社会生活中某些重大事情表示庆祝、纪念而举行的仪式 ▷祭～|婚～|典～|～堂。→ ❷ 名 我国古代制定的行为准则和道德规范 ▷～义廉耻|封建～教|～法。→ ❸ 名 表示尊敬的态度或言语、动作 ▷赔～道歉|给老师敬个～|～节|军～。→ ❹ 名 为表示尊敬、庆贺或感谢等而赠送的物品 ▷送一份厚～|不吃请,不受～|彩～|～金。○ ❺ 名 姓。

【礼拜】lǐbài ❶ 动 宗教徒向所尊奉的神致敬 ▷到清真寺～|～堂。❷ 名 指星期 ▷这～任务紧|寒假有三个～。❸ 名 跟“一、二、三、四、五、六、日(或天)”连用,表示一星期中的某一天 ▷今天是～三,明天是～四。❹ 名 指星期日 ▷今天赶上～,公园里人很多。

【礼拜日】lǐbàirì 名 星期日。基督教新教认为耶稣在这一天复活,便在礼拜堂举行礼拜活动,所以称为礼拜日。也说礼拜天。

【礼拜寺】lǐbàisì 名 清真寺。

【礼拜堂】lǐbàitáng 名 基督教新教教徒做礼拜的地方。

【礼包】lǐbāo 名 装有礼品的包儿。

【礼宾】lǐbīn 区别 按一定礼仪招待来宾的 ▷商定～事宜|～司|～服务。

【礼兵】lǐbīng 名 在重大活动中接受检阅、担负升旗或护卫灵柩等任务的军人。

【礼成】lǐchéng 动 仪式完毕 ▷～后发布新闻。

【礼单】lǐdān 名 送礼时所列礼品名称和数量的清单。也说礼帖。

【礼法】lǐfǎ 名 礼仪和法度 ▷～不周|不遵～。

【礼佛】lǐfó 动 对佛像行礼 ▷虔诚～。

【礼服】lǐfú 名 在庄重的社交和礼仪场合穿用的服装(跟"便服"相对)。

【礼服呢】lǐfúní 名 直贡呢。

【礼花】lǐhuā 名 盛大节日或庆典时燃放的焰火。

【礼记】lǐjì 名 儒家经典之一,是秦汉以前各种礼仪论著的选集。相传是西汉戴圣编纂,共收入《曲礼》《礼运》《乐记》《中庸》《大学》等49篇。

【礼教】lǐjiào 名 礼仪教化;特指封建统治者为维护宗法关系和等级制度而制定的礼法和道德准则。

【礼节】lǐjié 名 表示尊敬、祝福、欢迎、哀悼等的各种惯用形式,如鞠躬、握手等。

【礼节性】lǐjiéxìng 名 符合一般仪礼习惯的性质 ▷~拜访。

【礼金】lǐjīn 名 作为礼物的现金。

【礼经】lǐjīng 名 仪礼①。

【礼帽】lǐmào 名 跟礼服相配的帽子(跟"便帽"相对)。

【礼貌】lǐmào ❶ 名 言行谦恭、文明的表现 ▷孩子懂~了。❷ 形 言行谦恭、文明 ▷这样做太不~了。

【礼貌用语】lǐmào yòngyǔ 表示对人谦恭、尊敬的文明用语,如"请、对不起、谢谢、再见"等。

【礼炮】lǐpào 名 举行庆典活动或欢迎贵宾时放的炮 ▷~齐鸣。

【礼品】lǐpǐn 名 礼物。☛ 较之"礼物",庄重意味强。

【礼聘】lǐpìn 动 以礼征聘 ▷本厂~高级工程师两名。

【礼器】lǐqì 名 古时贵族举行祭祀、婚嫁、丧葬等礼仪活动时使用的器具,如鼎、豆、钟等。

【礼券】lǐquàn 名 一种代替礼物的凭证。持券人可到发券商店选取券面指定的或与券面所标金额等价的商品。☛ "券"不读 juàn,也不要误写作"卷"。

【礼让】lǐràng 动 有礼貌地谦让 ▷减速慢行,安全~|~三分。

【礼尚往来】lǐshàngwǎnglái 指在礼节上注重有来有往;也指用对等的方式回报对方。☛ "尚"这里是崇尚的意思,不要误写作"上"。

【礼数】lǐshù ❶ 名 古代按名位而分的礼仪等级制度。❷ 名 礼节 ▷~不到,请多原谅。

【礼俗】lǐsú 名 礼仪和习俗 ▷各民族~不同。

【礼堂】lǐtáng 名 开会或举行庆典等使用的大厅。

【礼帖】lǐtiě 名 礼单。☛ "帖"这里不读 tiē 或 tiè。

【礼物】lǐwù 名 为表示尊敬、庆贺等而馈赠的物品。☛ 较之"礼品",庄重意味弱。

【礼贤下士】lǐxián-xiàshì 指地位高的人降低自己的身份,以恭敬谦虚的态度对待并结交有德有才的人。形容身居高位的人尊重人才。

【礼仪】lǐyí 名 礼节和仪式 ▷~从简|社交~。

【礼仪电报】lǐyí diànbào 电信部门为顾客的礼仪交往提供的一种服务。种类很多,有庆贺电报、慰问电报、吊唁电报和鲜花礼仪电报等。

【礼仪先生】lǐyí xiānsheng 在各种庆典、集会和社交活动中担任引导和招待宾客、递送礼物或奖品等礼仪性服务工作的年轻男子。

【礼仪小姐】lǐyí xiǎojiě 在各种庆典、集会和社交活动中担任引导和招待宾客、递送礼物或奖品等礼仪性服务工作的年轻女子。

【礼义廉耻】lǐ-yì-lián-chǐ 崇礼、行义、廉洁、知耻,是古代提倡的四种道德规范,合称四维。

【礼遇】lǐyù ❶ 动 以礼相待 ▷~贤才。❷ 名 敬重而有礼貌的待遇 ▷这是最高的~。

【礼赞】lǐzàn 动 赞美歌颂 ▷祖国~。

【礼制】lǐzhì 名〈文〉旧时国家规定的礼法。

【礼治】lǐzhì 名 儒家的政治主张,倡导封建统治阶级内部各阶层安于名位,遵循礼制,保持国家长治久安。

李 lǐ ❶ 名 李子 ▷房前屋后,遍栽桃~。〇 ❷ 名 姓。

【李代桃僵】lǐdàitáojiāng 古乐府《鸡鸣》:"桃生露井上,李树生桃旁。虫来啮桃根,李树代桃僵。树木身相代,兄弟还相忘。"意思是李树代替桃树被虫蛀而枯死。本比喻兄弟应同甘苦,共患难,互相帮助;后多比喻以此代彼或代人受过。

【李子】lǐzi 名 李子树,落叶灌木或小乔木,叶子倒卵形,开白色花。果实也叫李子,卵球形,多为黄色或紫红色。是常见水果,果仁可以做药材。

里[1] lǐ ❶ 名 众人聚居的地方;街巷 ▷邻~|~弄。→ ❷ 名 古代户籍管理的一级组织,一般以二十五家为一里。→ ❸ 量 市里。→ ❹ 名 家乡 ▷故~|乡~。〇 ❺ 名 姓。

里[2](**裏** ***裡**) lǐ ❶ 名 里子(跟"面"相对) ▷被~|这种布分不清~儿和面儿。→ ❷ 名 一定的界限以内;内部(跟"外"相对) ▷~院|~应外合。

另见 851 页 li。

【里边】lǐbian 名 里面。

【里层】lǐcéng 名 靠里边的部分 ▷墙皮~抹的是砂浆|深入事物的~。

【里程】lǐchéng ❶ 名 路途的长度 ▷计算~|~表。❷ 名 借指人生的经历或事物发展的过程 ▷战斗~。

【里程碑】lǐchéngbēi ❶ 名 设在路边用来记载里数的碑状标志物。❷ 名 比喻标志历史发展阶段性的重大事件 ▷辛亥革命是中国历史上的~。

【里程表】lǐchéngbiǎo 名 某些交通工具上安装的显示里程的仪表。

【里出外进】lǐchū-wàijìn 有的凸出,有的凹进。形容物体表面不平整或排列不整齐。

【里带】lǐdài 名 内胎的通称。

【里勾外联】lǐgōu-wàilián 内外勾结做坏事。

【里急后重】lǐjí-hòuzhòng 中医指直肠刺激症状。"里急"指腹痛急欲排出粪便,却排泄不出或不畅;"后重"指肛管有沉重下坠的感觉。

【里脊】lǐji 名 牛、羊、猪等的脊椎骨两侧的嫩肉,呈条状,供食用时叫里脊。

【里间】lǐjiān 名 不与户外直接相通的里边房间。

【里拉】lǐlā ❶ 名 意大利、马耳他等国的旧本位货币。❷ 量 意大利、马耳他等国的旧本位货币单位,1 意大利里拉等于 100 分。

【里弄】lǐlòng 名 某些地区对小巷的总称。☛"弄"这里不读 nòng。

【里闾】lǐlǘ ❶ 名 里巷;邻里 ▷~趣闻。❷ 名 泛指民间 ▷~故事|~往来。☛"闾"不读 lǚ。

【里面】lǐmiàn 名 在一定的时间、空间或范围以内。也说里边。

【里手】lǐshǒu ❶ 名 车辆或机器的左侧 ▷司机在~,我在外手。○ ❷ 名 内行 ▷行家~。

【里通外国】lǐtōngwàiguó 与外国反动势力勾结,背叛祖国。

【里头】lǐtou 名〈口〉里边;里面 ▷大楼~还亮着灯|他心~的苦没人知道。

【里外】lǐwài 名 里边和外边 ▷~都挂着彩灯|会场的里里外外都挤满了人。

【里外里】lǐwàilǐ〈口〉❶ 副 表示从相对的或不同的两方面合起来计算 ▷投篮不进,又被对方快攻成功,~丢了 4 分。❷ 副 表示无论怎样计算(都没有什么不同) ▷骑自行车要 20 分钟,抄小路步行也是 20 分钟,~一个样。

【里屋】lǐwū 名 里间。

【里巷】lǐxiàng 名 小街巷;小胡同。

【里应外合】lǐyìng-wàihé 外边进攻,里边配合;里边起事,外边接应。☛ ㊀"应"这里不读 yīng。㊁"合"不要误写作"和"。

【里院】lǐyuàn 名 几进的宅院中靠里边的院子。

【里子】lǐzi 名 衣服被褥等的内层;纺织品的反面 ▷大衣~。

俚 lǐ ❶ 形〈文〉粗野庸俗 ▷文辞鄙~。→ ❷ 形 民间的;通俗的 ▷~歌|~语。

【俚歌】lǐgē 名 民间通俗歌谣。

【俚曲】lǐqǔ 名 通俗的民间歌曲 ▷陌上田间,山歌~,遥相应答。也说俗曲。

【俚俗】lǐsú 形 粗俗不雅 ▷词曲~。

【俚谚】lǐyàn 名 民谚。

【俚语】lǐyǔ 名 民间通俗的口头词语,常带有方言性。如北京话中的"撒丫子"(快步离去),天津话中的"糟改"(挖苦,戏弄)等。

逦(邐) lǐ 见1631 页"迤(yǐ)逦"。

浬 lǐ 用于地名。如浬浦,在浙江。

娌 lǐ 见1794 页"妯娌(zhóuli)"。

理 lǐ ❶ 动〈文〉治玉,顺着纹路把玉从璞里剖分出来 ▷~璞得宝。→ ❷ 动 治理;管理 ▷日~万机|料~。❸ 动 理睬 ▷同学们都不~他|搭~。→ ❹ 动 修整 ▷把头发~一~|整~|清~。→ ❺ 名 玉石的纹路;泛指物质组织的条纹 ▷纹~|肌~◇条~。❻ 名 事物的规律;道理 ▷合情合~|不讲~|事~|真~|~论。❼ 名 特指自然科学或物理学 ▷文~各科|数~化。

【理财】lǐcái 动 管理财物;负责财务工作 ▷~有方|~顾问。

【理睬】lǐcǎi 动 对他人的言行表示态度或意见(多用于否定) ▷不予~。

【理当】lǐdāng 动 按照道理应当 ▷朋友患病,~前去探望。

【理短】lǐduǎn 形 理亏。

【理发】lǐfà 动 修剪头发 ▷~店|~刮脸。

【理该】lǐgāi 动 理当。

【理工】lǐgōng 名 理科和工科的合称 ▷~大学。

【理化】lǐhuà 名 物理学和化学的合称。

【理会】lǐhuì ❶ 动 理解;领会 ▷文章浅显,不难~。❷ 动 注意;留心(多用于否定) ▷我只顾看书了,没~他说什么。❸ 动 理睬(多用于否定) ▷他从不~别人的意见。

【理家】lǐjiā 动 料理家务。

【理解】lǐjiě 动 懂得;了解 ▷道理上能~,感情上不容易接受|要全面~教育方针。

【理据】lǐjù 名 论据;事理的根据 ▷申辩要有~。

【理科】lǐkē 名 教学上对数学、物理、化学、生物等学科的统称。

【理亏】lǐkuī 形 理由不充分;不占理 ▷他觉得~,就不再作声。

【理疗】lǐliáo ❶ 名 物理疗法的简称。❷ 动 用物理疗法治疗。

【理路】lǐlù 名 (思想、文章的)条理 ▷自己的~不清,怎么能去说服别人?

【理论】lǐlùn ❶ 名 从实践中概括出来的关于自然界和社会的系统化的理性认识 ▷基本~|~联系实际。❷ 动 据理争论,辨别是非 ▷这件事,咱们得跟他~~。

【理论家】lǐlùnjiā 名 具有很高的理论修养和理论水平,能运用理论解决实际问题的专家。

【理念】lǐniàn ❶ 名 思想;观念 ▷文化~。❷ 名 信念 ▷人生~。❸ 名 认定和追求的某种目标、原则、方法等。多具有个性、行业性和学科性 ▷语文教育新～。

【理赔】lǐpéi 动 指交易的一方对另一方提出的索赔要求进行处理。

【理气】lǐqì 动 中医指用药物治疗气滞、气虚、气逆等症 ▷～调中。

【理屈】lǐqū 形 理亏 ▷他也有～的地方｜自知～。☛"屈"不要误写作"曲"。

【理屈词穷】lǐqū-cíqióng 理亏而无话可说。

【理事】lǐshì ❶ 动 处理事务 ▷～有方｜抱病～。❷ 名 代表团体行使职权并处理事务的人。

【理事国】lǐshìguó 名 代表国际组织行使职权、处理国际事务的国家 ▷中国是联合国安理会常任～之一。

【理事会】lǐshìhuì 名 代表社会团体或国际组织行使职权并处理事务的机构 ▷联合国安全～。

【理数】lǐshù 名 道理；事理 ▷无论如何也该说出点儿～来，才能使人信服。

【理顺】lǐshùn 动 整治使顺畅妥帖或顺乎情理 ▷～商品价格｜～工资关系。

【理所当然】lǐsuǒdāngrán 按道理讲应该这样。

【理所应当】lǐsuǒyīngdāng 理所当然。

【理想】lǐxiǎng ❶ 名 对未来事物的合理的设想或希望 ▷他的～是当一名飞行员。❷ 形 符合意愿的；令人满意的 ▷比赛成绩很不～。

【理想化】lǐxiǎnghuà 动 脱离现实地设想或要求事物跟自己所希望的一样美好、圆满 ▷看问题要实事求是，不要～。

【理想主义】lǐxiǎng zhǔyì 原指文学艺术上的一种理论或主张，认为理想中的事物比现实存在的事物更完美；泛指完全从理想出发看待事物的一种思维方法。

【理性】lǐxìng ❶ 名 理智① ▷遇事要冷静处置，不可丧失～。❷ 形 指属于概念、判断、推理等抽象思维活动的（跟"感性"相区别） ▷～认识高于感性认识｜这是非常～的选择。

【理性认识】lǐxìng rènshi 对事物的本质和规律性的认识。是在实践的基础上，对感性认识所获得的丰富材料加以去粗取精、去伪存真、由此及彼、由表及里的整理和改造，从而获得的比感性认识更深刻、更正确、更全面的认识。

【理学】lǐxué ❶ 名 宋明时期的儒家哲学思想。包括以程颢（hào）、程颐、朱熹为代表的客观唯心主义的理学和以陆九渊、王守仁为代表的主观唯心主义的心学。也说道学。❷ 名 大学教育中重要的一支学科，是研究自然物质运动基本规律的科学。

【理应】lǐyīng 动 理当 ▷邻里之间～和睦相处。

【理由】lǐyóu 名 这样或那样说话、做事的道理、缘由 ▷～充分。

【理喻】lǐyù 动 用道理解说，使明白 ▷不可～。

【理直气壮】lǐzhí-qìzhuàng 道理正确充分，因而说话有气势。

【理智】lǐzhì ❶ 名 辨别是非，分析判断，并据以控制感情、行为的能力 ▷丧失～。❷ 形 清醒；冷静 ▷在危难关头表现得非常～。

锂（鋰） lǐ 名 金属元素，符号 Li。银白色，是最轻的金属，化学性质活泼。在原子能工业中有重要用途。

【锂电池】lǐdiànchí ❶ 名 由锂金属或锂合金作负极材料、使用非水电解质溶液的电池。❷ 名 泛指各种含锂元素的电池。常见的是锂离子电池，体积小，质量轻，充放电寿命长，广泛用于移动电源。

鲤（鯉） lǐ 名 鲤鱼，体略呈侧扁形，青黄色，尾鳍下叶呈红色，口边有须两对。杂食，生活在淡水底层。肉鲜美，鳞和鳔可以制胶，内脏和骨可以制鱼粉。

澧 lǐ 名 澧水，水名，在湖南，流入洞庭湖。

醴 lǐ〈文〉❶ 名 甜酒 ▷～酒。→❷ 名 甘甜的泉水 ▷～泉｜～液。☛ 地名"醴泉"（在陕西）现在改为"礼泉"。

鳢（鱧） lǐ 名 鱼，体呈圆筒形，青褐色，口大牙尖。栖息在淡水底层，吃小鱼小虾，对淡水养殖业有害。肉肥美。也说乌鳢、乌鱼、黑鱼。

蠡 lǐ ❶用于人名。如范蠡，春秋时人。○❷ 名 蠡县，地名，在河北。

另见 841 页 lí。

lì

力 lì ❶ 名 力气；体力 ▷～大无穷｜气～。→❷ 名 人体器官的功能 ▷听～｜脑～｜生命～。❸ 名 泛指事物的功能 ▷火～｜药～｜战斗～。❹ 名 物理学上指改变物体运动状态或改变物体形状的作用 ▷地心引～｜冲击～｜磁～｜重～。→❺ 动 努力；尽力 ▷工作不～。❻ 副 尽力地；竭力地 ▷～挽狂澜｜据理～争。○❼ 名 姓。

【力保】lìbǎo 动 尽力保护；努力保住 ▷～国家财产不受损失｜～丰收。

【力避】lìbì 动 极力避免 ▷～正面交锋。

【力臂】lìbì 名 有转轴的物体受与轴垂直的力作用时，力的作用线与转轴间的垂直距离。

【力搏】lìbó 动 努力拼搏 ▷放胆～争取过关。

【力不从心】lìbùcóngxīn 心里想做某事而力量或能力达不到。

【力场】lìchǎng 名 物理学指存在某种作用力的处所或空间。如磁力场、电力场、重力场。

【力持】lìchí 动〈文〉全力坚持 ▷～公正。

【力畜】lìchù 名 役畜。

【力促】lìcù 动 极力促进或促成 ▷～早日签约。

【力挫】lìcuò 动 奋力打败 ▷～群芳，勇夺冠军。

【力道】lìdào ❶ 名 力气；力量 ▷这位按摩师按摩的～适中｜言语间充满了～。❷ 名 效力；作用 ▷这种农药～很强，使用时一定要稀释。

【力点】lìdiǎn 名 杠杆上受力的地方。

【力度】lìdù ❶ 名 力量强弱、大小的程度 ▷加大打击走私的～。❷ 名 指乐曲音量变化的强弱程度。一般用中文、意大利文字母或符号表示，如强(f)、中强(mf)、弱(p)、渐强(<)、渐弱(>)等。❸ 名 功力的深度；内涵的深度 ▷要尽快拿出真正有～的作品来。

【力荐】lìjiàn 动 极力推荐 ▷多位著名学者～他担任中国工程院院士。

【力戒】lìjiè 动 尽力防止或革除(不良思想、作风、习惯等) ▷～浮躁｜～不良嗜好。

【力矩】lìjǔ 名 表示力对物体产生转动效应的物理量，其数值等于力和力臂的乘积。

【力克】lìkè 动 奋力战胜 ▷～群雄，夺得冠军。

【力量】lìliàng ❶ 名 力气 ▷浑身都是～。❷ 名 能力；能量 ▷为建设祖国贡献～。❸ 名 效果；效力 ▷思想政治工作的～不可低估。❹ 名 借指可以发挥作用的人或集体 ▷新生～。

【力偶】lì'ǒu 名 两个大小相等但方向相反而且不作用在同一直线上的力。如司机双手转动方向盘时施加的力就常是一个力偶。力偶能使物体转动或改变其转动状态。

【力排众议】lìpái-zhòngyì 竭力驳斥排除各种不同的议论，坚持自认为正确的意见。

【力拼】lìpīn 动 力搏。

【力破】lìpò 动 竭尽全力打破或攻破 ▷～10,000米长跑纪录｜～重围。

【力气】lìqi 名 肌肉收缩所产生的能量 ▷他浑身有用不完的～。☛ 跟"气力"不同。"力气"多指体力；"气力"除指体力外，还包含精神。

【力气活儿】lìqihuór 名 需费力气的体力劳动 ▷适当干些～，对身体有好处。

【力求】lìqiú 动 极力寻求；尽力求得 ▷～全面完成生产计划。

【力士】lìshì 名 大力士。

【力所能及】lìsuǒnéngjí 能力可以做到的。

【力挺】lìtǐng ❶ 动 极力支持或举荐 ▷～现任学生会主席连任。❷ 动 努力发展或前进 ▷我国客车～海外市场。

【力透纸背】lìtòu-zhǐbèi 形容书法、绘画笔力刚劲；也形容诗文立意深刻有力。

【力图】lìtú 动 竭力谋求 ▷～扩大实力。

【力挽狂澜】lìwǎn-kuánglán 唐·韩愈《进学解》："障百川而东之，回狂澜于既倒。"意思是把已经倾倒的狂浪拉回来。后用"力挽狂澜"比喻竭力把动荡危急的局势扭转过来。

【力行】lìxíng 动 努力去做 ▷身体～。

【力学】lìxué ❶ 动〈文〉努力学习 ▷躬耕～。○ ❷ 名 物理学的一个分支，研究宏观物体机械运动规律及其应用的学科。

【力战】lìzhàn 动 奋力战斗 ▷～群雄。

【力争】lìzhēng ❶ 动 努力争取 ▷～农业大丰收｜～上游。❷ 动 竭力争辩 ▷据理～。

【力证】lìzhèng ❶ 名 很有说服力的证据。❷ 动 尽力证明 ▷～清白。

【力主】lìzhǔ 动 极力主张 ▷～改革。

【力作】lìzuò 名 精心写出的功力深厚的作品 ▷这部～享誉海内外。

历

(歷❶—❹ 曆❺❻ *歴厤❶—❹ 厯❺❻) lì ❶ 动 经过；经历 ▷～时3年｜～尽千辛万苦｜～程。→ ❷ 名 亲身经历的事 ▷简～｜来～。→ ❸ 形 过去的各个或各次 ▷～年｜～代｜～次。❹ 副 一个一个地 ▷～游名山大川｜～访各位专家｜～数。→ ❺ 名 历法 ▷阳～｜农～。❻ 名 记录年月日和时令季节的书、表、册、页等 ▷日～｜年～｜挂～。☛ 跟"厉"不同。由"历"构成的字有"雳""沥"等。

【历朝】lìcháo ❶ 名 以往各个朝代 ▷～文物典章。❷ 名 指同一朝代各个君主的在位时期。

【历陈】lìchén 动 一条一条地陈说 ▷～功过。

【历程】lìchéng 名 经历的过程 ▷革命的～。

【历次】lìcì 名 以往的每一次 ▷～演出，均获成功。

【历代】lìdài ❶ 名 历朝① ▷～诗话。❷ 名 以往的许多世代 ▷他家～从医。

【历法】lìfǎ 名 根据天象等来推算年、月、日、时、节气的方法。主要分阳历、阴历和阴阳历三种。

【历观】lìguān 动 逐一观察 ▷～名山大川。

【历届】lìjiè 区别 从以往至今各届的(包括本届，有时可以不包括本届) ▷本届参赛作品数量创～书法比赛之最(包括本届)｜本届会议较之～会议具有特殊性(不包括本届，相当于"往届")。

【历尽】lìjìn 动 (所有的苦难、不幸等)都经历过 ▷～人间苦难｜～沧桑。

【历经】lìjīng 动 多次经历 ▷～磨难。

【历久】lìjiǔ 动 经历过很长时间 ▷～弥坚。

【历来】lìlái 副 表示从过去到现在(都是如此)，相当于"向来""从来" ▷～信守承诺。

【历历】lìlì 形 一个一个清晰可见的样子 ▷晴川

～，芳草萋萋｜～在目｜～可数。

【历练】lìliàn ❶ 动 经历世事得到磨炼 ▷他还年轻，要～～才行。❷ 形 经历的事情多，经验丰富 ▷他～沉稳，善于应对复杂形势。

【历年】lìnián 名 以往各年；过去的许多年 ▷～的雨量都低于今年｜这种事～都有。

【历任】lìrèn ❶ 动 先后担任 ▷～乡长、县长、市长等职。❷ 区别 以往各任的 ▷我厂～厂长都是工程师。

【历时】lìshí ❶ 动 经过(一定)时间；时间持续 ▷谈判～一个月。❷ 区别 处于不同历史时期的；具有历史变化过程的(跟"共时"相对) ▷～语言学。

【历史】lìshǐ ❶ 名 自然界和人类社会的发展过程；也指某种事物或个人的发展过程 ▷宇宙的～｜社会演变的～｜回忆录是他的～的真实写照。❷ 名 以往的事实 ▷那段～谁都翻不了案。❸ 名 指历史学科 ▷他是学～的。

【历史观】lìshǐguān 名 人们对人类社会的起源、本质和发展规律等问题的见解，是世界观的重要组成部分。

【历史剧】lìshǐjù 名 取材于历史故事的戏剧。

【历史唯物主义】lìshǐ wéiwù zhǔyì 用唯物主义解释社会历史的哲学理论。是马克思主义哲学的重要组成部分之一。

【历史唯心主义】lìshǐ wéixīn zhǔyì 用唯心主义解释社会历史的哲学理论。

【历史文物】lìshǐ wénwù 指古代的文化遗存。如古墓葬、古建筑群和其他有历史价值的字画、古籍、玉石、雕刻以及丝织品等。

【历史性】lìshǐxìng 名 体现事物发展进程的具有某种时代意义的性质 ▷取得了～的胜利。

【历世】lìshì 名 以往的各个时代 ▷～典章。

【历书】lìshū 名 根据一定历法排列年、月、日并提供有关数据，以备查考的书。我国的历书一般提供公历和农历的日序、干支、星期、节气和纪念日等数据。

【历数】lìshǔ 动 一个个地列举 ▷～其犯罪事实。

【历险】lìxiǎn 动 经历艰险 ▷北极～记。

厉(厲) lì ❶ 形 猛烈；严峻 ▷凌～｜色～内荏。→ ❷ 形 严格；认真 ▷～行节约｜～禁赌博。○ ❸ 名 姓。☛ 跟"历""励"不同。

【厉兵秣马】lìbīng-mòmǎ 秣马厉兵。

【厉鬼】lìguǐ 名 迷信指害人的恶鬼。

【厉害】lìhai ❶ 形 凶猛；难以对付 ▷这个家伙很～，谁也不敢惹他。❷ 形 了不起① ▷训练一年就拿下全省跆拳道冠军，真～！❸ 形 严厉；严格 ▷这个教练员虽然～，但运动员都很尊敬他。❹ 形 剧烈；严重 ▷心跳得～｜他的病一天比一天～。☛ 跟"利害(lìhài)"不同。

【厉色】lìsè 名 严峻的面色；愤怒的神情 ▷疾言～。

【厉声】lìshēng 副 表示说话声音大而严厉 ▷～呵斥。

【厉行】lìxíng 动 严格而认真实行 ▷～禁令。

立 lì ❶ 动 直着身子，两脚着地或踩在物体上；物体垂直地放着 ▷坐～不安｜门前～着一根旗杆。→ ❷ 动 使直立；竖起 ▷把旗杆～起来。⇒ ❸ 动 成立；设立 ▷在上海～个分号｜成家～业｜建～。❹ 动 订立；制定 ▷～个公约｜～法。⇒ ❺ 形 直立的 ▷～柱｜～柜。→ ❻ 动 生存；存在 ▷独～自主｜势不两～。→ ❼ 动 旧指君主即位 ▷桓公～｜～君。❽ 动 旧指确立某种地位或名分 ▷～太子｜～嗣。→ ❾ 副 即刻；马上 ▷当机～断｜～见功效。

【立案】lì'àn ❶ 动 在主管部门备案；注册登记 ▷所提建议已分类～。❷ 动 设立专案。一般指司法机关把犯罪事实、民事纠纷和行政纠纷等列为诉讼案件；也指监察机关把涉嫌职务违法和职务犯罪立为专案 ▷～侦查｜～调查。

【立碑】lìbēi 动 竖立起石碑 ▷～记功。

【立标】lìbiāo ❶ 动 设立标志 ▷划界～。❷ 名 设有灯光设备的航标，多为圆柱形或梯形。

【立场】lìchǎng 名 认识、处理问题时所处的地位和所持的态度 ▷消费者～｜从维护儿童合法权益的～出发。

【立春】lìchūn 名 二十四节气之一，在公历每年2月4日前后。我国习惯把这一天作为春季的开始 ▷今日～。

【立此存照】lìcǐ-cúnzhào 立下这个(字据、契约等)，保存起来以备核查(旧时契约等文书的专门用语，现今广泛借用)。

【立德】lìdé 动 树立道德楷模 ▷～守信｜修身～。

【立等】lìděng ❶ 动 站着等候，表示等候的时间很短；略等一会儿 ▷～可取。❷ 动 急着等待(办某事) ▷～答复。

【立地】lìdì ❶ 动 站立在地上 ▷顶天～。○ ❷ 副 立刻；即刻 ▷～成交｜放下屠刀，～成佛。

【立定】lìdìng ❶ 动 停住脚步；站住 ▷～跳远。❷ 动 军事或体操口令，命令队伍或个人停止前进并就地立正。❸ 动 拿定；确定 ▷～意向｜～主张。

【立冬】lìdōng 名 二十四节气之一，在公历每年11月7日或8日。我国习惯把这一天作为冬季的开始 ▷今日～。

【立法】lìfǎ 动 国家权力机关按照一定的程序制定、认可、修改、补充或废止法律 ▷～机构｜教育已经～。

【立方】lìfāng ❶ 名 3个相同数的乘积是这个数的立方。如8是2的立方(2×2×2)。❷ 名 立方体的简称。❸ 量 立方米的简称。

【立方厘米】lìfāng límǐ 量 体积法定计量单位，1立方厘米等于0.000001立方米，合0.027立方市寸。

【立方米】lìfāngmǐ 量 体积法定计量单位，1立方米等于10^6立方厘米，合27立方市尺。简称立方。

【立方体】lìfāngtǐ 名 各面均为正方形的平行六面体。简称立方。也说正方体。

【立竿见影】lìgān-jiànyǐng 竖起竹竿，在阳光下立刻便能见到竿影。比喻见效快。☛"竿"不要误写作"杆"。

【立功】lìgōng 动 建立功绩 ▷在部队～3次｜在这次抢险救灾中，很多战士立了功。

【立功赎罪】lìgōng-shúzuì 建立功绩以抵消所犯的罪行或过失。

【立柜】lìguì 名 立式的柜子。较高，前面开门，多内装隔板或设置若干抽屉。多用来存放衣物等。

【立国】lìguó 动 建立或建设国家 ▷发展生产是～的基础。

【立候】lìhòu ❶ 动 站着等候。❷ 动 立等② ▷～佳音。

【立户】lìhù ❶ 动 组成家庭；建立户口 ▷分家另过，各自～。❷ 动 (在金融机构等)建立户头 ▷在银行～｜在电脑网络里～。

【立即】lìjí 副 立刻 ▷～抢救伤员。

【立交】lìjiāo 动 立体交叉 ▷～桥。

【立交桥】lìjiāoqiáo 名 立体交叉的桥梁。架在交叉路口，可使不同行驶方向的车辆同时通行。

【立脚】lìjiǎo 动 立足①。

【立井】lìjǐng 名 竖井。

【立卷】lìjuàn 动 建立卷宗 ▷全部档案已～归宗。

【立决】lìjué 动 〈文〉立即处决 ▷～死囚｜斩～。

【立克次体】lìkècìtǐ 名 微生物的一类。只能在活细胞内生长繁殖，多以虱子、跳蚤等为媒介传播，少数可引起斑疹伤寒等疾病。由美国病理学家立克次发现，故称。

【立刻】lìkè 副 表示很快或紧接着(就要发生某种动作行为) ▷一下飞机，～给家里打电话。☛跟"马上"不同。"立刻"表示即刻要发生，较为紧迫；"马上"所表示的紧迫性比"立刻"弱。

【立领】lìlǐng 名 直立而不翻折的衣领。

【立论】lìlùn 动 对某个问题提出看法、论点 ▷～稳妥。

【立马】lìmǎ 副 〈口〉立刻；马上 ▷吃完饭～动身。

【立秋】lìqiū 名 二十四节气之一，在公历每年8月8日前后。我国习惯把这一天作为秋季的开始 ▷今日～。

【立射】lìshè 动 站着射击 ▷～三箭｜～五发子弹。

【立身处世】lìshēn-chǔshì 自立做人并跟人往来相处。也说立身行事。

【立时】lìshí 副 〈口〉立刻；马上 ▷吃了药，～就见效了｜～三刻。

【立式】lìshì ❶ 区别 物体样式的长度和宽度都小于高度的(跟"卧式"相区别) ▷～衣柜｜～锅炉。❷ 区别 站立着的 ▷～射击。

【立誓】lìshì 动 立下誓言 ▷～不再酗酒。

【立说】lìshuō 动 创立学说或理论系统 ▷著书～｜开宗～。

【立嗣】lìsì ❶ 动 确立王位继承人。❷ 动 没有儿子的人从同族中选择并确定同辈人的儿子为儿子。

【立体】lìtǐ ❶ 名 具备长、宽、厚的物体 ▷～模型。❷ 名 几何体。❸ 区别 多层次的；多方面的 ▷～进攻。❹ 区别 给人以立体感受的 ▷～声。

【立体电影】lìtǐ diànyǐng 画面令人有立体感的电影。观看时通常要戴一种特殊的眼镜。也说3D电影。

【立体雕】lìtǐdiāo 名 圆雕。

【立体感】lìtǐgǎn 名 (画面等给人造成的)具有立体形状的感受 ▷这幅油画～特别强烈。

【立体化】lìtǐhuà 动 多层面、多角度地进行 ▷考察工作～。

【立体几何】lìtǐ jǐhé 几何学的一个分科，研究立体图形的形状、大小、位置等性质。

【立体交叉】lìtǐ jiāochā 采用引桥、地道、坡道等技术措施，把道路上不同方向的车流等分别引至不同高度的平面上，以便同时交叉通过。

【立体绿化】lìtǐ lǜhuà 指道路、地面、墙体、房顶等的多层面综合绿化 ▷部分小区已实现～。

【立体盲】lìtǐmáng 名 双眼不能形成视差，看东西丧失立体感的眼病。

【立体媒体】lìtǐ méitǐ 指电视、互联网、智能化手机等从视觉、听觉等多方面地传递信息的电子媒体(跟"平面媒体"相区别)。

【立体声】lìtǐshēng 名 使人感到声源分布在整个空间的声音。立体声效果是通过适当组合和安排传声器、放大系统和扬声器而产生的。

【立体图】lìtǐtú 名 按照透视原理观察物体的形状而绘出的图形。

【立体战争】lìtǐ zhànzhēng 指陆、海、空军联合行动的战争。

【立夏】lìxià 名 二十四节气之一，在公历每年5月6日前后。我国习惯把这一天作为夏季的开始 ▷今日～。

【立宪】lìxiàn 动 制定宪法；特指君主国家制定宪

法，实行议会制度。

【立项】lìxiàng 动 某项建设工程、研究课题等经主管部门批准，立为项目 ▷新建自然博物馆的项目由发改委批复～|研制新一代智慧机器人的课题已经～。

【立言】lìyán ❶ 动〈文〉著书立说 ▷立德立功～。❷ 动 立论 ▷～应实事求是，力求公允。

【立窑】lìyáo 名 直立式圆筒状高温窑炉，主要用于煅烧石灰石、白云石或硅酸盐水泥等。

【立业】lìyè ❶ 动 成就事业 ▷建功～。❷ 动 置办产业 ▷成家～。

【立异】lìyì 动 持有不同于一般的观点、态度、方法等 ▷标新～|百家～，各持其说。

【立意】lìyì ❶ 动 拿定主意 ▷他～要考研。❷ 动 确立作品的中心思想 ▷先～后动笔。❸ 名 作品的中心思想 ▷文章的～很好。

【立于】lìyú 动 站立在(某个地方或方面) ▷～高山之巅|～不败之地。

【立约】lìyuē 动 订立条约或契约 ▷两国已经～，共同维持边界现状|～盟誓。

【立账】lìzhàng 动 设立账册以记载钱物收支等事项。☛ 不要写作"立帐"。

【立正】lìzhèng 动 军事或体操口令。命令队伍或个人在原地挺直身体，双腿并拢站立。

【立志】lìzhì 动 立下志向 ▷～改变家乡的落后面貌。

【立轴】lìzhóu 名 供竖挂的长条形字画，尺寸比中堂小。

【立柱】lìzhù 名 直立的柱子。

【立传】lìzhuàn 动 编写传记 ▷树碑～。

【立锥之地】lìzhuīzhīdì 仅能插锥子的地方。形容极小的一点儿地方(多用于否定) ▷无～。

【立姿】lìzī 名 站立的姿势 ▷用～射击。

【立字】lìzì 动 写下书面凭证 ▷空口无凭，～为证。

【立足】lìzú ❶ 动 站得住脚；借指生存、安身 ▷车厢里挤得没处～|到此地能～，还得好好感谢各位。❷ 动 处在(某种位置或地域) ▷～山村，放眼世界。

【立足点】lìzúdiǎn ❶ 名 认识、解决问题时所持的立场 ▷实现小康的出发点和～是改善民生。❷ 名 赖以存身的地方 ▷先找个～安顿下来。‖也说立脚点。

枥 lì ❶ 名 古县名，约在今山东商河东北。○ ❷ 名 姓。

吏 lì ❶ 名 古代官员的通称 ▷贪官污～|官～。→ ❷ 名 特指官府中的小官或差役 ▷胥～|刀笔～。○ ❸ 名 姓。

【吏部】lìbù 名 古代朝廷所设六部之一，掌管官吏的任免、考核、升降或调动等事务。

【吏治】lìzhì 名 官吏的作风和政绩 ▷革新～|～清明。

坜(壢) lì 中坜(zhōnglì) 名 地名，在台湾。

苈(藶) lì 见1371页"葶(tíng)苈"。

丽[1](麗) lì ❶ 形 漂亮；美好 ▷美～|秀～|风和日～。○ ❷ 名 姓。

丽[2](麗) lì 动 附着(zhuó) ▷附～。☛ "丽"字上边是一长横，不要断成两短横。

另见839页lí。

【丽人】lìrén 名〈文〉美丽的女子 ▷～倩影。

【丽日】lìrì 名〈文〉明媚的太阳 ▷和风～。

【丽质】lìzhì 名(女子)美丽的容貌 ▷～天成。

励(勵) lì ❶ 动 鼓舞；劝勉 ▷奖～|勉～。○ ❷ 名 姓。☛ 跟"厉"不同。

【励精图治】lìjīng-túzhì 振奋精神，谋求治理好国家。☛ 不宜写作"厉精图治"。

【励志】lìzhì 动〈文〉激发志气，以求有所作为 ▷～报国。

呖(嚦) lì [呖呖] lìlì 拟声 模拟鸟类清脆的叫声 ▷莺声～。

疬(癧) lì [疬岠] lìjū 名 山名，在江西乐(lè)平。

利 lì ❶ 形 器物头尖或刃薄，容易刺进或切入物体；快③(跟"钝"相对) ▷～刃|锋～。→ ❷ 形 顺利，没有或很少遇到困难 ▷无往不～|吉～。❸ 名 好处(跟"害""弊"相对) ▷有～无害|兴～除弊|福～。⇒ ❹ 名 通过生产、交易等方式获得的本金以外的钱 ▷一本万～|薄～多销。❺ 名 通过存款、放款而获得的本金以外的钱 ▷～率|高～贷。⇒ ❻ 动 使得到好处 ▷～国～民。○ ❼ 名 姓。

【利弊】lìbì 名 好处和坏处 ▷衡量～|～得失。

【利齿】lìchǐ ❶ 名 锋利的牙齿。❷ 名 利口①。

【利导】lìdǎo 动 向有利方向引导 ▷因势～|～思维|健全～机制。

【利钝】lìdùn 形(刀、刃等)锋利或不锋利。形容顺利或不顺利 ▷成败～，难以逆料。

【利多】lìduō 名 利好。

【利改税】lìgǎishuì 指把国有企业向国家上缴利润改为按国家规定的税种和税率向国家纳税，税后利润留归企业。

【利滚利】lìgǔnlì 名 复利。

【利国利民】lìguó-lìmín 既对国家有益，又对人民有利。

【利害】lìhài 名 利益和害处 ▷～得失|晓以～。☛ 跟"厉害"不同。

【利害攸关】lìhài-yōuguān 关系到利益和害处

（攸：所）。指有密切的利害关系。☛“攸”不要误写作“悠”。

【利害】lìhai 现在一般写作“厉害”。

【利好】lìhǎo 名 证券市场上指能够刺激股票价格上涨的因素和消息（跟“利空”相区别）。也说利多。

【利己】lìjǐ 动 对自己有利 ▷这事～利人，何乐而不为？

【利己主义】lìjǐ zhǔyì 把个人利益放在首位，不顾他人或集体利益的思想。

【利剑】lìjiàn 名 锋利的剑；比喻能用来有效地达到某种目的的人和事物 ▷锻造～｜～出鞘，直指贪腐。

【利空】lìkōng 名 证券市场上指引起股票价格下跌的因素和消息（跟“利好”相区别）。

【利口】lìkǒu ❶ 名 能说会道、口齿伶俐的嘴 ▷她天生一张～。❷ 形〈口〉可口；爽口 ▷这盘糖拌西红柿很～。‖也说利嘴。

【利令智昏】lìlìngzhìhūn 因贪图私利而使头脑发昏，丧失理智。☛“智”不要误写作“志”。

【利禄】lìlù 名 指官吏的钱财和俸禄 ▷功名～。

【利率】lìlǜ 名（一定时期内）利息额与存入或贷出本金的比率。有年利率、月利率和日利率之分。

【利落】lìluo〈口〉❶ 形（言行）干脆敏捷，不拖沓 ▷口齿～｜干活儿～。❷ 形 整齐；条理分明 ▷屋子收拾得很～。❸ 形 形容完结；妥当 ▷工作交接已经～了｜那件事昨天才～。

【利尿】lìniào 动 促使排尿 ▷清热～｜～剂。

【利器】lìqì ❶ 名 锐利的兵器 ▷手执～。❷ 名 指精良的工具。

【利钱】lìqián 名 利息。

【利权】lìquán 名 经济上的权益（多指国家的）▷维护～。

【利刃】lìrèn ❶ 名 锋利的刀口或剑刃 ▷～伤手。❷ 名 借指锋利的刀、剑等 ▷面对歹徒的～，他毫不畏惧。

【利润】lìrùn 名 工商企业销售收入扣除成本和税金后的余额。

【利润率】lìrùnlǜ 名 指某一商品的利润与成本的比率；也指一定时期企业的总利润额与企业占用资金等的比率。

【利市】lìshì ❶ 形 有利于做交易的；吉利 ▷采取～利民措施。❷ 名 利润 ▷～翻番。❸ 名 买卖上好的预兆 ▷讨个～。

【利税】lìshuì 名 利润和税款的合称。

【利索】lìsuo 形〈口〉利落 ▷动作干净～｜把书稿整理～了寄出去｜病还没好～。

【利他】lìtā 动 把他人或集体利益放在首位，不顾个人利益 ▷无私～｜～行为要从小培养。

【利息】lìxī 名 因存款或贷出资金按约定利率得到的本金以外的钱。

【利益】lìyì 名 好处 ▷经济～｜人民的～高于一切。

【利益均沾】lìyì-jūnzhān 好处平均分享，有关各方都有份儿。

【利用】lìyòng ❶ 动 使人或事物发挥效用 ▷充分～人力资源。❷ 动 采取措施使人或事物为自己所用 ▷～矛盾，各个击破。

【利用率】lìyònglǜ 名 人或事物实际的效用与可以发挥的效用二者之间的比率。

【利诱】lìyòu 动 用利益引诱 ▷威胁～。

【利于】lìyú 动 对某人或某事物有好处 ▷消除误解，～团结。

【利欲熏心】lìyù-xūnxīn 贪图名位、钱财等的欲望迷住心窍。

【利爪】lìzhǎo 名（某些鸟兽）锋利的爪子 ▷老鹰用～抓住了一只野兔。

沥（瀝）lì〈文〉❶ 动 液体一滴一滴地落下 ▷呕心～血｜～泣。→ ❷ 名 滤过的酒；渗出的液体 ▷余～｜竹～。

【沥沥】lìlì 拟声〈文〉模拟风声、水声等 ▷～风声｜泉水涌流，～作响。

【沥青】lìqīng 名 一种有机胶凝材料，有天然形成的，有由分馏石油或煤焦油取得的。黑色，有光泽，呈液态、半固态或固态。可用来铺路，或做防水、防腐、绝缘材料等。

【沥水】lìshuǐ 名 雨后存留在地面上的水 ▷花生让～淹了。

枥（櫪）lì 名〈文〉马槽 ▷老骥伏～，志在千里。

例 lì ❶ 名 类；列 ▷酒后开车也在必纠之～｜不在此～。→ ❷ 名 从前有过的可以用来比照或依据的同类事物 ▷史无前～｜惯～｜范～。⇒ ❸ 动〈文〉比照；对照 ▷以此～彼｜溯古～今。⇒ ❹ 名 例子 ▷举～｜事～｜案～｜～题。⇒ ❺ 名 用作依据的标准或规则 ▷体～｜条～｜凡～。❻ 形 按照条例规定进行的 ▷～行公事｜～会。

【例规】lìguī ❶ 名 惯例；常规 ▷照～办理。❷ 名 条例法规 ▷证券工作已有～可循。

【例话】lìhuà 名 列有实例的分析评论（多用于书名）▷《诗词～》《文章～》。

【例会】lìhuì 名 按常规定期举行的会议。

【例假】lìjià ❶ 名 按常规放的假，如五一劳动节、国庆节等。❷ 名 婉词，指月经或月经期。

【例举】lìjǔ 动 把实例列举出来 ▷～了一连串不容否认的事实。

【例句】lìjù 名 用作例证的句子 ▷～要典型。

【例如】lìrú 动 用在所举例子的前面，表示后面就是例子 ▷京剧的行当很多，～老生、青衣、花脸等。

【例题】lìtí 名 为具体说明某一定理或定律而用来作例子的问题。

【例外】lìwài ❶ 动 在一般规律或规定之外 ▷照章纳税谁也不能～。❷ 名 例外的情况 ▷这是个～。

【例行】lìxíng 动 按惯例办理或处理 ▷～登记。

【例行公事】lìxíng-gōngshì 照惯例处理事物；现多借指在形式上按惯例或规定办理，而不注重实效。

【例言】lìyán 名 说明一本书的内容、体例等的文字，一般放在正文之前。

【例证】lìzhèng 名 用来证明某一观点或理论的例子 ▷～充分，说理透彻。

【例子】lìzi 名 性质类同的事物中有代表性的，可以用来说明情况或证明道理的事物 ▷～精当｜用～说明道理。

疠（癘） lì〈文〉❶ 名 毒疮；麻风病。→ ❷ 名 瘟疫 ▷～疫｜～疾。☛ 跟"疬"不同。

戾 lì〈文〉❶ 形（性情、行为）有悖情理；凶暴 ▷乖～｜暴～恣睢。→ ❷ 名 罪过 ▷罪～。

【戾气】lìqì 名 指情绪不稳定、易冲动、易使用暴力等的状态 ▷球场～害人害己｜用心理疏导化解～。

隶（隸 *隷隸） lì ❶ 名 旧时指附属于主人，没有人身自由的人；泛指社会地位低下被役使的人 ▷奴～｜仆～。→ ❷ 动 附属；从属 ▷～属。→ ❸ 名 旧时衙门里的差役 ▷皂～｜～卒。❹ 名 隶书 ▷真草～篆｜～体｜汉～。☛ 上边是"ヨ"，不是"彐"。凡当中有笔画相交的均作"ヨ"，如"秉""肃""唐""事"等；凡没有笔画相交的均作"彐"，如"妇""扫""当"等。由"隶"构成的字有"康""棣""逮"等。

【隶书】lìshū 名 汉字字体之一。由篆书简化演变而成，笔画平直方正，便于书写，奠定了楷书的基础。产生于秦，盛行于汉魏。最初为隶人（指官府中办理文书的小吏）所用，故称。也说隶体、隶字。

【隶属】lìshǔ 动 受（上级）管辖；从属 ▷这几个公司都～外贸总公司。

【隶卒】lìzú 名 旧时官府里的差役。

珠（瓅） lì 见304页"玓(dì)珠"。

荔（*茘） lì ❶ 名 指荔枝 ▷鲜～｜～肉。○ ❷ 名 姓。

【荔枝】lìzhī 名 常绿乔木，叶子长椭圆形或披针形，开绿白色或淡黄色花。果实也叫荔枝，球形，外壳有米粒状突起，成熟时多为紫红色，果肉呈半透明凝脂状，汁多味甜，是常见水果，我国南方特产。参见插图10页。

栎（櫟） lì 名 栎树，落叶乔木，叶子披针形或倒卵形，坚果卵形，脱涩后可以做饲料。木材坚而重，可作器具、枕木等用材。品种很多，如麻栎、白栎等。通称橡。

另见1704页 yuè。

郦（酈） lì ❶ 名 古县名，在今河南南阳西北。○ ❷ 名 姓。

另见839页 lí。

轹（轢） lì〈文〉❶ 动 车轮碾轧 ▷妄～道中行人。→ ❷ 动 欺压 ▷以富～贫。

俪（儷） lì ❶ 形 成对的；对偶的 ▷～句｜骈～。→ ❷ 名 指夫妇 ▷～影。

【俪影】lìyǐng 名 夫妇的合影；成对恋人的身影 ▷墙上挂着一幅新婚～｜～双双游西湖。

俐 lì 见873页"伶俐"。

疬（癧） lì 见909页"瘰(luǒ)疬"。☛ 跟"疠"不同。

珕 lì 名〈文〉蚌蛤一类的软体动物，壳可用来制作刀剑鞘上的饰物。

莉 lì 见970页"茉(mò)莉"。

莅（*涖蒞） lì 动 来；到（含尊敬意）▷～会｜～临｜～任。

【莅会】lìhuì 动 敬词，指来到会场 ▷～发言。

【莅临】lìlín 动 敬词，指到来 ▷欢迎～指导。

【莅任】lìrèn 动〈文〉（官吏）到职。

鬲 lì 名 古代一种炊具。样子像鼎，圆口，三足，足部中空而弯曲 ▷陶～｜青铜～。☛ 下内是"丫"，不是"羊"。"丫"只处在"鬲"内，"羊"主要处在"南"内和"幸"下。

另见462页 gé。

栗[1] lì ❶ 名 栗子。○ ❷ 名 姓。

栗[2]（*慄） lì 动 因恐惧或寒冷而发抖 ▷不寒而～｜战～。☛ "栗"跟"粟(sù)""票"不同。"粟"下边是"米"，指谷子；"票"下边是"示"，指作为凭证的纸片。

【栗暴】lìbào 名 手指弯曲起来，用骨节敲打别人头部的动作 ▷额头上挨了个～。也说栗凿。

【栗冽】lìliè 现在规范词形写作"溧冽"。

【栗然】lìrán 形〈文〉形容发抖的样子。

【栗色】lìsè 名 像栗子皮那样的颜色。

【栗子】lìzi 名 落叶乔木，叶子边缘呈锯齿状，初夏开花。果实也叫栗子，包在球形带刺儿的壳内，可以食用；木材坚实，可以制地板、枕木、矿柱等；树皮及木材可以提取栲胶。种类较多，我国常见的是板栗。

砺（礪） lì ❶ 名〈文〉质地较粗的磨刀石 ▷金就～则利｜～石。→ ❷ 动〈文〉磨（刀等）。❸ 动 磨炼；修养 ▷砥～。

【砺兵秣马】lìbīng-mòmǎ 现在一般写作"厉兵秣马"。

砾（礫） lì 名 碎石块；碎块 ▷～岩｜～石｜沙～｜瓦～。

【砾石】lìshí 名 磨去棱角的岩石碎块儿。由水流不断冲击而形成。

【砾岩】lìyán 名 由砾石胶结成的一种碎屑岩。按成因与形成时的环境，可分为河流砾岩、滨海砾岩、洪积砾岩、冰积砾岩和底砾岩等。

鉝（鉝） lì 名 金属元素，符号 Lv。有放射性，由人工核反应获得。

猁 lì 见1212页"猞（shē）猁"。

浰 lì ❶ 形〈文〉水流急。○ ❷ 用于地名。如：浰江，水名；浰源，地名。均在广东。

另见 858 页 liàn。

悧 lì 见 874 页"怜（líng）悧"。

蛎（蠣） lì 名 指牡蛎 ▷～黄（牡蛎的肉）。

唳 lì 动〈文〉（鹤、雁等）鸣叫 ▷风声鹤～。

笠 lì 名 用竹或草编制的圆形宽檐帽，可以挡雨遮阳 ▷斗～｜竹～。

粝（糲） lì 名〈文〉糙米。

粒 lì ❶ 名 像米一样细小的颗粒状物 ▷谷～｜盐～｜颗～。→ ❷ 量 用于颗粒状的东西 ▷一～粮食｜两～珍珠｜几～子弹。

【粒肥】lìféi 名 颗粒状的肥料。

【粒选】lìxuǎn 动 按一定的标准逐粒挑选。

【粒子】lìzǐ 名 比原子核小的物质单元，包括电子、中子、质子、光子、介子和重子等。旧称基本粒子。

【粒子】lìzi 名 粒① ▷大米～｜黄豆～。

雳（靂） lì 见1041 页"霹（pī）雳"。

跞（躒） lì 动〈文〉走；跳跃 ▷骐骥一～，不能千里｜跨～古今。

另见 912 页 luò。

詈 lì 动〈文〉骂 ▷～骂｜～言｜～辞。

【詈骂】lìmà 动〈文〉责骂。

傈 lì［傈僳族］lìsùzú 名 我国少数民族之一。主要分布在云南和四川。

溧 lì 形〈文〉寒冷 ▷～冽｜不胜寒～。

【溧冽】lìliè 形〈文〉非常寒冷 ▷朔风～。☛ 不要写作"栗冽"。

痢 lì 名 痢疾 ▷赤～｜白～。

【痢疾】lìji 名 由痢疾杆菌或溶组织内阿米巴原虫引起的肠道传染病的统称。症状是腹痛，发烧，腹泻，粪便中带脓、血或黏液。

溧 lì ❶ 用于地名。如：溧水，水名，又地名；溧阳，地名。均在江苏。○ ❷ 名 姓。

篥 lì 见73 页"筚（bì）篥"。

鬁 lì 见815 页"鬎（là）鬁"。

盭 lì〈文〉❶ 形 弯曲。→ ❷ 形 乖戾；背离。→ ❸ 形 凶狠。

欐 lì 名〈文〉梁[1]②；栋①。

li

里（裏 *裡） li ❶ 名 用于名词和某些单音节形容词等后面，表示处所、时间、范围、方向等 ▷房间～有人｜他住在机关～｜假期～｜话～有话｜手～拿着一封信｜嘴～不说，心～有数｜往好～想｜朝斜～拉。○ ❷ 词的中缀 ▷稀～哗啦｜喊～喀嚓。☛ 义项①有时可不读轻声。

另见 842 页 lǐ。

哩 li 助 用法同"呢（ne）"。

另见 839 页 lī。

liǎ

俩（倆） liǎ ❶ "两个"的合音词 ▷买～馒头｜兄弟～｜他们～。→ ❷ 数 指不多的数量 ▷就来这么～人｜仨瓜～枣。☛ 跟"两"不同。1."俩"是"两个"的合音词，后面不能再加"个"或其他量词。2. 口语中，"两"常跟"三"搭配使用；"俩"常跟"仨（sā）"搭配使用。

另见 863 页 liǎng。

lián

奁（奩 *匲匳籢） lián 名 古代女子梳妆用的镜匣 ▷镜～｜妆～。

连（連） lián ❶ 动 连接① ▷根～着根｜心心相～。→ ❷ 副 表示连续 ▷～喊了几声｜～开三天会。→ ❸ 介 引进对象，表示包括在内 ▷～你一共三个人｜香蕉不能～皮吃。❹ 介 引进对象，表示强调，

后面有“也”“都”等呼应，有“甚至”的意思 ▷～我也觉得不好意思|激动得～话都说不出来。○ ❺ 名 军队编制单位，在营以下，排以上。○ ❻ 名 姓。☛ ㊀统读 lián，不读 liān。㊁跟“联”不同。“连”侧重相接；“联”侧重相合。“水天相连”“连日”“连年”“连续”“连接”“株连”“牵连”的“连”不能写作“联”；“联合”“联邦”“联欢”“对联”的“联”不能写作“连”。

【连蹦带跳】 liánbèng-dàitiào 又蹦又跳。

【连鬓胡子】 liánbìn húzi 络腮胡子。

【连播】 liánbō 动 电台或电视台在一个固定栏目里把内容较长的节目分若干次连续播出 ▷长篇小说～。☛ 跟“联播”不同。

【连茬儿】 liánchár 动 连作。

【连串儿】 liánchuànr 形 一个接一个的 ▷门外响着～的鞭炮声。

【连词】 liáncí 名 连接词、短语、分句或句子，表示它们之间的逻辑关系的词。如“和”“而且”“但是”“如果”等。

【连带】 liándài ❶ 动 互相关联 ▷～关系|把～的几件事一起办完。❷ 动 牵连 ▷一人做事一人当，不要把无辜者也～上。❸ 动 附带；捎带 ▷去邮局发信，～买几个信封。

【连裆裤】 liándāngkù 名 裆不开口的裤子(跟“开裆裤”相区别)。

【连队】 liánduì 名 军队中对连或相当于连一级的单位的称呼。

【连发】 liánfā ❶ 动 连续发射 ▷这枪能～能点射。❷ 动 连续发送 ▷～多份邮件。

【连番】 liánfān 副 表示在较短时间内动作行为接连多次进行 ▷～轰炸|～出击。

【连杆】 liángǎn 名 机器中把活塞的往复运动传给曲轴或把曲轴的旋转运动传给活塞的钢条。

【连根拔】 liángēnbá 连同根一起拔掉；比喻全部铲除，彻底消灭。也说连根刨。

【连亘】 liángèn 动 连绵不断 ▷群山～。

【连拱坝】 liángǒngbà 名 用钢筋混凝土筑成的若干拱形面板相连接，在背水面有墩支撑的拦河坝。

【连拱桥】 liángǒngqiáo 名 桥面呈拱形或平面形，桥下有多个并排的拱形桥洞的桥。

【连贯】 liánguàn 动 连接贯通 ▷这条高速公路把京津塘～起来了。☛ 不要写作“联贯”。

【连贯性】 liánguànxìng 名 前后连续的性质 ▷制定政策要注意～。

【连冠】 liánguàn 动 连续获得冠军 ▷中国女排曾获得五～的辉煌战绩。

【连锅端】 liánguōduān 比喻全部除掉或统统搬走。

【连环】 liánhuán ❶ 名 一个套一个的成串的环。❷ 形 形容互相关联的 ▷～骗局|～爆炸。

【连环保】 liánhuánbǎo 名 旧时官府把住在一起的几个人或几户人家编成一组，强逼他们相互监督。如果其中一人或一家出事，其余各人或各家都得连带获罪。

【连环画】 liánhuánhuà 名 多幅的、连续表现某一故事情节的绘画。每幅画大都配有文字说明。

【连环计】 liánhuánjì 名 指一环套一环、计中有计的计策。

【连击】 liánjī ❶ 动 连续射击或击打。❷ 动 指某些球类运动中同一个运动员连续两次击球，是违例动作。

【连及】 liánjí 动 牵扯涉及 ▷这个案件不管～什么人都要一查到底。

【连枷】 liánjiā 名 脱粒农具，由手柄和一组平排的木条或竹条构成。用来拍打谷物，使之脱粒。

【连耞】 liánjiā 现在一般写作“连枷”。

【连脚裤】 liánjiǎokù 名 婴儿穿的一种裤子，裤筒下端缝合成袜状以包住脚。

【连接】 liánjiē ❶ 动 相互衔接 ▷这两段文字～得很紧凑。❷ 动 使连接 ▷～光缆。☛ 不要写作“联接”。

【连接号】 liánjiēhào 名 标点符号，形式有短横线“-”(占半个字的位置)、一字线“—”(占一个字的位置)、浪纹线“～”(占一个字的位置)三种。用来标示某些相关联成分之间的连接，如：连接相关的词语成一个整体；连接相关的时间、地点或数目，表示起止；连接相关的字母、阿拉伯数字，表示产品、型号等。

【连结】 liánjié 现在规范词形写作“联结”。

【连襟】 liánjīn 名 姐妹的丈夫之间的亲戚关系。

【连裤袜】 liánkùwà 名 一种有裤腰、裤裆和两条裤腿的袜子。也说裤袜。

【连累】 liánlei 动 牵连并使别人受到损害 ▷敢作敢当，不要～别人。☛ ㊀“累”这里也读 lěi。㊁参见 1401 页“拖累”的提示。

【连理】 liánlǐ 〈文〉❶ 动 本不同根的草木彼此枝干连生在一起(古时被看作是吉祥的征兆) ▷～枝。❷ 名 比喻恩爱夫妻 ▷喜结～。

【连理枝】 liánlǐzhī 名 两树连在一起的枝条。比喻恩爱夫妻。

【连连】 liánlián 副 表示动作连续不断 ▷～招手。

【连忙】 liánmáng 副 表示动作行为迅速急迫，相当于“赶紧”或“急忙” ▷一看时间不早了，奶奶～把他叫醒。

【连袂】 liánmèi 现在规范词形写作“联袂”。

【连绵】 liánmián 动 连续不断 ▷秋雨～|山峦～|～不绝。☛ 不要写作“联绵”。

【连年】 liánnián 动 连续多年 ▷战争～|～盈利。

【连跑带跳】 liánpǎo-dàitiào 又跑又跳。

【连篇】liánpiān ❶ 动 (文章)一篇连着一篇 ▷佳作～。❷ 动 满篇 ▷错字～。

【连篇累牍】liánpiān-lěidú 形容文字冗长或篇幅过多(牍:古人写字用的木片)。

【连翘】liánqiáo 名 落叶灌木,枝条中空、下垂,单叶对生,呈卵形或长椭圆形,春季开黄花。果实和果壳可以做药材。☛"翘"这里不读 qiào。

【连任】liánrèn 动 连续担任 ▷～三届职代会委员|连选～。

【连日】liánrì 动 连续多日 ▷雨雪～|～奔波。

【连射】liánshè 动 连续射击 ▷～数枪,全都击中目标。

【连声】liánshēng 动 一声连着一声 ▷爆竹～|～叫好。

【连史纸】liánshǐzhǐ 名 一种古籍印刷和毛笔书写用纸,以嫩竹子为原料,色白,质地细密。产于江西、福建等地。

【连书】liánshū 动 连写①。

【连锁】liánsuǒ 形 像锁链一样,环环相连。形容连续不断 ▷多店～|～推理。

【连锁店】liánsuǒdiàn 名 零售、餐饮、洗衣等服务业的一种经营形式。在总店统一管理下,在不同地点或区域分布若干分店,各分店使用同一店名,按照统一标准经营相同项目。

【连锁反应】liánsuǒ fǎnyìng ❶ 物理学上指链式反应,即每一次原子核产生变化都为以后的原子核变化创造条件,使反应能自动进行的原子核反应。❷ 比喻相互关联的若干事物,其中一个发生变化引起其他的也跟着变化的现象 ▷进价上扬带来一系列～。

【连锁商店】liánsuǒ shāngdiàn 零售商品的连锁店。参见本页"连锁店"。

【连台】liántái 动 一台接着一台 ▷好戏～。

【连台本戏】liántái běnxì 戏曲剧目中分若干次连续演出的整本大戏。每次演一两本,每本都有相对完整的故事情节。

【连体婴儿】liántǐ yīng'ér 两个身体某部分先天连接在一起的畸形婴儿。

【连天】liántiān ❶ 动 连续多日 ▷～奔波。❷ 动 接连不断 ▷叫苦～。〇 ❸ 动 (远望山水、草木、光焰等)与天际相连 ▷烽火～。

【连通】liántōng 动 连接贯通 ▷长廊～前后两座大楼。

【连通器】liántōngqì 名 底部彼此连通的容器,同一种液体的水平面在容器内保持着相同的高度。

【连同】liántóng 连 连接名词或名词性短语,表示并列关系,相当于"和""与" ▷考古学家～助手都赶到了古物出土地点。

【连写】liánxiě ❶ 动 写字时笔画连续不断 ▷草书讲究～。❷ 动 指用汉语拼音拼写一个表示整体概念的双音节、三音节以及四音节以上不能按词或语节划分的词语时,连起来书写。如"guójiā(国家)""jiāotōngxiàn(交通线)""yánjiūshēngyuàn(研究生院)""gǔshēngwùxuéjiā(古生物学家)"。

【连续】liánxù 动 一个接着一个;接连不断 ▷～10 年获得丰收|发球～得分。

【连续剧】liánxùjù 名 有连续性的多集戏剧,多指电视连续剧。

【连续性】liánxùxìng 名 事物具有的接连不断的性质 ▷政策的～。

【连夜】liányè ❶ 副 当夜 ▷～赶赴灾区|～召开紧急会议。❷ 动 连续几夜 ▷连日～抢救危重病人。

【连衣裙】liányīqún 名 一种女装,上衣和裙子连为一体。

【连阴天】liányīntiān 名 连续多日的阴天或阴雨天气。

【连阴雨】liányīnyǔ 名 连续多日不停的雨。

【连音】liányīn 名 音乐上指两个或两个以上连续出现的音符,演奏或演唱时需要圆滑而连贯地奏出或唱出。乐谱上用弧线"⌒"标记。

【连用】liányòng ❶ 动 连在一块儿使用 ▷同义词～。❷ 动 连续使用 ▷～了三组排比句。

【连载】liánzǎi 动 篇幅较长的作品或篇数较多的作品在同一家报刊上分若干次连续登载 ▷长篇小说～。

【连中三元】liánzhòng-sānyuán ❶ 科举考试时通过乡试、会试、殿试接连考中解(jiè)元、会元、状元。❷ 比喻在一项考试或比赛中接连取得三科或三次优异成绩;或在三次考试或比赛中连续获得优胜。

【连轴转】liánzhóuzhuàn 比喻不分昼夜,连续不断地工作 ▷三天～,终于排除了险情。

【连珠】liánzhū ❶ 名 串联起来的珠子 ▷～般的发问使他应接不暇。❷ 动 像成串珠子一样连续出现 ▷妙语～|～炮。

【连珠炮】liánzhūpào 名 连续发射的火炮;比喻连续不断的发言等 ▷山那边响起了～|他一说就是～,别人都插不上嘴。

【连属】liánzhǔ 动 连接 ▷种种干扰使他思绪不能～。☛"属"这里不读 shǔ。

【连缀】liánzhuì 动 连接;组合 ▷～成篇|袈裟是用许多布片～成的。☛ 不要写作"联缀"。

【连作】liánzuò 动 在同一块田里连续种植同一种作物 ▷水稻～。也说连种(zhòng)。

【连坐】liánzuò 动 旧指一人犯法,其家属、亲友和邻居等连带受罚。

怜(憐) lián ❶ 动 怜悯 ▷同病相～|摇尾乞～。→ ❷ 动 爱 ▷爱～。另见 874 页 líng。

【怜爱】lián'ài 动 爱；疼爱 ▷奶奶十分～她。

【怜悯】liánmǐn 动 同情或可怜(不幸的人)。

【怜念】liánniàn 动 关怀想念(晚辈) ▷老人时时～在外面打工的孙子。

【怜贫惜老】liánpín-xīlǎo 惜老怜贫。

【怜惜】liánxī 动 怜悯爱惜 ▷～生灵｜心生～。

【怜香惜玉】liánxiāng-xīyù 比喻男子对女子温存怜爱(香、玉：比喻女子)。

【怜恤】liánxù 动 同情照顾 ▷～老弱病残。

帘[1] lián 名 店铺挂在门前作为标志的旗帜 ▷酒～高挂。

帘[2]（簾） lián 名 帘子 ▷门～｜窗～｜苇～◇眼～。

【帘布】liánbù 名 用棉、麻、丝等纤维织成的轮胎里面的衬布，起保护橡胶、抵抗张力的作用。也说帘子布。

【帘幕】liánmù 名 挂在门窗处起遮挡作用的帘子或帷幕。

【帘子】liánzi 名 用布、竹子、苇子、塑料等做成的起遮蔽作用的东西。

莲（蓮） lián ❶ 名 多年生水生草本植物，地下茎叫藕，白色，有节；叶子大而圆，叫荷叶；开淡红色或白色大花，有清香，可供观赏；种子叫莲子。藕和莲子可以食用，藕节、莲子、荷叶可以做药材。也说荷、芙蓉、芙蕖等。〇 ❷ 名 姓。

【莲步】liánbù 名〈文〉美女的脚步 ▷轻挪～。

【莲房】liánfáng ❶ 名 莲花开过后的花托，倒圆锥形，有许多小孔，孔内包裹着莲子。各孔相隔如房，故称。也说莲蓬。❷ 名 僧人的居室。

【莲花】liánhuā ❶ 名 莲①。❷ 名 莲的花。

【莲花白】liánhuābái 名 某些地区指结球甘蓝。

【莲花落】liánhuālào 名 一种曲艺，流行较广。用竹板打拍，一人或二人演唱，每段常用"莲花落，落莲花"一类语句作托腔或结尾。俗称落(lào)子。

【莲藕】lián'ǒu ❶ 名 指莲的地上茎和地下茎 ▷～同根(常比喻关系密切，不可分离)。❷ 名 藕①。

【莲蓬】liánpeng 名 莲房①。

【莲蓬头】liánpengtóu 名〈口〉淋浴用的喷头。参见1036页"喷头"。

【莲心】liánxīn 名 莲子中的绿色胚芽，味苦，可以做药材。

【莲子】liánzǐ 名 莲的种子。长在莲房中，椭圆形，内有莲心，肉呈乳白色，可食用，也可以做药材。也说莲蓬子。

【莲宗】liánzōng 名 佛教净土宗的别名。因其创始人慧远于庐山东林寺建白莲社而得名。

【莲座】liánzuò ❶ 名 莲花花瓣底部与花托相连的部分，呈倒圆锥形。❷ 名 佛像的底座。因多呈莲花形，故称。也说莲台。

涟（漣） lián〈文〉❶ 名 风吹水面形成的波纹 ▷轻～｜～漪。〇 ❷ 形 形容泪流不止的样子 ▷涕泪～～。

【涟洏】lián'ér 形〈文〉形容涕泪交流的样子。

【涟涟】liánlián 形 涟②。

【涟漪】liányī 名 水面上细小的波纹 ▷秋风拂过，水面上泛起金鳞似的～。

梿（槤） lián［梿枷］liánjiā 现在一般写作"连枷"。

联（聯） lián ❶ 动 接续不断 ▷～运｜蝉～｜～袂。→ ❷ 动（彼此）结合在一起 ▷～欢｜～盟。→ ❸ 动（彼此）交接发生关系 ▷～络｜～系。→ ❹ 名 律诗、骈文中相连的对仗句；对联 ▷颔～｜春～｜挽～。☛ 参见851页"连"的提示㊂。

【联邦】liánbāng 名 由若干成员单位(邦、州、共和国等)组成的统一国家。联邦是国际交往中的主体，有统一的宪法、立法机关和政府。各成员也有自己的宪法、法律、立法机关和政府，在自己管辖区域内行使职权。美国是联邦制国家的典型代表。

【联保】liánbǎo ❶ 动 联合保修。在产品保修期内，若干商家、维修点对该产品提供维修和升级服务 ▷全国～。❷ 动 联合担保。两个以上的担保人或担保机构共同担保同一债权 ▷积极稳妥地扩大～贷款的覆盖面。

【联播】liánbō 动 若干广播电台或电视台，在规定的时间内同时播送或转播(同一内容的节目) ▷经济信息～。☛ 跟"连播"不同。

【联产承包责任制】liánchǎn chéngbāo zérènzhì 1978年后我国农村逐步兴起的一种农业经营方式，即把产量指标落实到承包人，超产有奖，亏产受罚。

【联产计酬】liánchǎn jìchóu 我国农村合作经济组织按成员生产所得的最后成果计算劳动报酬。

【联唱】liánchàng 动 一种演唱形式，由两个或两个以上的人连接着演唱，或一个人连着唱两个以上的歌、曲牌等。

【联程】liánchéng ❶ 动 在时间安排上使旅客途中的换乘彼此衔接 ▷中转客票一体～｜空陆～｜～售票。❷ 动 使本不衔接或相互独立的工作流程彼此衔接 ▷相关部门定期集中办公，～审批，大大提高了政府的行政效能。❸ 动 通过互联网，两个或两个以上电子计算机程序连接工作 ▷～检索。

【联电】liándiàn 动 联名用电报宣布(共同的政治主张)。

【联动】liándòng 动 相互关联的若干部件或事物，其中一个运动或变化时，其他的也跟着运

动或变化 ▷～装置|～效应。

【联队】liánduì 名 由若干国家、地区、部门或单位联合组成的队伍 ▷明星～|空军～。

【联防】liánfáng ❶ 动 双方或多方联合起来共同防御或防范 ▷警民～|居民小区～。❷ 动 篮球比赛中队员分区域联合防守 ▷二三～|区域～。

【联贯】liánguàn 现在规范词形写作"连贯"。

【联合】liánhé ❶ 动 为共同行动而联系或结合在一起 ▷～几位代表提了一项议案|～起来应对新挑战。❷ 形 结合或组合在一起的 ▷～收割机|～演出。☛ 不宜写作"连合"。

【联合国】liánhéguó 名 第二次世界大战后建立的国际组织。1945 年 10 月 24 日正式成立，总部设在美国纽约。主要机构有联合国大会、安全理事会、经济和社会理事会、托管理事会、国际法院和秘书处等。行政首长为秘书长。宗旨是维护国际和平与安全，发展国际间友好关系，促进国际合作等(英语缩写为 UN)。

【联合收割机】liánhé shōugējī 可同时进行多种收获作业的机器。如收割谷物时可以先后完成割取、脱粒、切割秸秆等。也说康拜因。

【联合体】liánhétǐ 名 由若干企业横向联合组成的经济实体。

【联合战线】liánhé zhànxiàn 统一战线。

【联合政府】liánhé zhèngfǔ 代表不同阶级、阶层的各党派、集团在一定条件下共同组成的政府。

【联欢】liánhuān 动 (一个或多个单位的成员)在一起欢聚 ▷老同学与新同学～|国庆～会。

【联机】liánjī ❶ 名 指电子计算机系统在中央处理器的直接控制下，与其直接交互通信的设备、装置、系统等。❷ 动 指电子计算机终端设备与传输线连接 ▷4000 个终端用户已经～。❸ 动 两台电子计算机用信号线或红外线或蓝牙设备连接起来交换信息 ▷～打游戏。

【联接】liánjiē 现在规范词形写作"连接"。

【联结】liánjié 动 联系结合(在一起) ▷把他们母子～起来的是亲情。☛ 不要写作"连结"。

【联句】liánjù 动 旧时作诗方式之一，两人或多人参与，每人出一句或一联，最后组成全篇(多用于酒宴及同好间应酬) ▷限韵～|～成诗。

【联军】liánjūn 名 由两个及两个以上国家或两支及两支以上武装力量联合组成的军队 ▷美英～|民主～。

【联络】liánluò 动 联系；沟通 ▷～几位代表写个提案|～友谊。☛ 不宜写作"连络"。

【联络员】liánluòyuán 名 负责联络工作的人员；特指上级机关派到下级机关沟通情况、指导工作的人员。

【联袂】liánmèi 动 手拉着手(袂：衣袖)。比喻一起做(某事) ▷群英～|名角荟萃，～献艺。☛ ㊀"袂"不读 jué。㊁不要写作"连袂"。

【联盟】liánméng ❶ 名 国家、阶级、政党、团体或个人之间订立盟约而结成的集团或联合体。❷ 名 联邦制国家的名称之一。❸ 动 结为联盟 ▷与他人～|实现～。

【联绵】liánmián 现在规范词形写作"连绵"。

【联绵词】liánmiáncí 名 由两个音节连缀成义而不能分割的单纯词。包括双声联绵词(如"流连""参差")、叠韵联绵词(如"逍遥""蹉跎")、双声叠韵联绵词(如"辗转""缱绻")和非双声叠韵联绵词(如"妯娌""蝌蚪")。也说联绵字。☛ "联绵词(字)"属传统术语，"联"不能改写为"连"。

【联名】liánmíng 动 (若干个人、团体或单位)共同署名 ▷～倡议|～上书。

【联翩】liánpiān 形 形容鸟飞翔的样子；比喻连续不断 ▷～起舞。☛ 不要写作"连翩"。

【联赛】liánsài 名 体育比赛的一种组织形式，由三支或三支以上同等级的运动队(多为球队)之间进行比赛，一般有升降级制度。

【联社】liánshè ❶ 名 我国农业合作化后期，几个农业生产合作社的联合组织。❷ 名 由几个经营业务不同的合作社，或不同地方的同一性质的合作社联合组建的集体经济组织。

【联手】liánshǒu 动 联合起来；共同合作 ▷几家电视台～拍摄一部大型电视剧。

【联署】liánshǔ 动 (若干团体、单位等)联合签署 ▷公告由公安部、司法部～发布。

【联通】liántōng 动 横向联系、贯通 ▷信息～。

【联网】liánwǎng 动 指供电、通信或计算机等各自系统的网络，按一定的方法连接形成更大的网络 ▷～供电|～教学。

【联席会议】liánxí huìyì 不同的单位为解决共同有关的问题而联合举行的会议。

【联系】liánxì ❶ 动 相互接上关系；结合 ▷他正用手机与单位～|理论必须～实际。❷ 名 哲学上指事物内部矛盾的双方或事物之间相互依赖、相互制约、相互渗透和相互转化的关系。☛ 不宜写作"连系"。

【联系人】liánxìrén 名 代表单位或他人与外界沟通、接洽的人员。

【联想】liánxiǎng ❶ 名 由一事物想到另一事物的心理过程。它是现实事物之间的某种联系在人脑中的反映 ▷产生许多～。❷ 动 由某人、某事或某概念引发而想到相关的人、事或概念 ▷谈到母亲的近况，我不由～起老人家辛酸的过去。☛ "联"不要误写作"连"。

【联销】liánxiāo 动 联合销售 ▷各公司合作～。

【联谊】liányì 动 联络情谊 ▷校际～|～晚会。

【联姻】liányīn ❶ 动 通过婚姻结成亲戚关系 ▷

秦晋～。❷ 动 比喻双方或多方联合或合作 ▷校企～，培养专业技术人才。

【联营】liányíng 动 共同经营 ▷中外合资～。

【联营经济】liányíng jīngjì ❶ 我国经济体制改革过程中出现的一种企业联合体。参与联营的企业通过签订协议或合同而在投资、生产、供销等方面进行协作。❷ 指不同所有制性质的企业之间或企业、事业单位之间共同投资组成经济实体的一种经济类型。

【联运】liányùn 动 使用同一运送凭证，由不同运输方式或几个运输企业衔接运送客货到达目的地 ▷空铁～｜国际～。

【联展】liánzhǎn 动 联合展览或展销 ▷在京书法家作品～｜迎春灯饰大～。

【联珠】liánzhū 现在一般写作“连珠”。

【联属】liánzhǔ 现在一般写作“连属”。

【联缀】liánzhuì 现在规范词形写作“连缀”。

【联宗】liánzōng 动 同姓不同宗族的人彼此认同属于一个宗族。

【联奏】liánzòu 动 把一组乐曲串联起来，由若干不同的乐器轮流演奏或同一团队依次演奏。

裢（褳） lián 见244页“褡裢(dālian)”。

廉（*亷廉） lián ❶ 形 廉洁 ▷清～｜～正。〇 ❷ 形 价钱低；便宜 ▷～价销售｜物美价～｜低～。〇 ❸ 名 姓。

【廉耻】liánchǐ 名 廉洁的作风和知羞耻的心理 ▷贪赃枉法，毫无～。

【廉价】liánjià 名 较便宜的价格 ▷～商品。

【廉洁】liánjié 形 不贪污受贿；不损公肥私 ▷～清正｜～自律。

【廉洁奉公】liánjié-fènggōng 不贪污受贿和损公肥私，一心为公家办事。

【廉明】liánmíng 形 廉洁清明 ▷从政～。

【廉内助】liánnèizhù 名 廉洁的妻子(多用于尊称廉洁干部的妻子) ▷当好～，树立好家风。

【廉正】liánzhèng 形 廉洁公正 ▷为官～。

【廉政】liánzhèng 动 廉洁从政；使政治清廉 ▷～爱民｜严格遵守～准则。

【廉政建设】liánzhèng jiànshè 采取措施使政治清廉。

【廉直】liánzhí 形 廉洁正直 ▷为人～。

【廉租】liánzū ❶ 名 低廉的租价 ▷把闲房租出去，收取～｜～住房｜～公寓。❷ 动 以低廉的价格出租 ▷把闲房～给农民工。

【廉租房】liánzūfáng 名 政府为解决城市特困人口的居住困难而低价出租的住房。

磏 lián 〈文〉❶ 名 红色的磨刀石；泛指有棱角的石块。→ ❷ 动 激励；磨炼。另见 1090 页 qiān。

鲢（鰱） lián 名 鲢鱼，鳞细，腹部银灰色。主食浮游植物，是我国主要的淡水养殖鱼类。也说白鲢、鲢子。

濂 lián 名 濂江，水名，在江西；濂溪，水名，在湖南。

臁 lián 名 小腿的两侧 ▷～骨｜～疮。

镰（鐮*鎌鐮） lián ❶ 名 镰刀 ▷开～｜挂～。〇 ❷ 名 姓。

【镰刀】liándāo 名 割庄稼或草的农具，由柄和刀片组成。

蠊 lián 见398页“蜚(fěi)蠊”。

鬑 lián 形 〈文〉形容须发长而下垂的样子。

【鬑鬑】liánlián 形 〈文〉形容须发稀疏的样子 ▷为人洁白皙，～颇有须。

liǎn

琏（璉） liǎn 名 古代宗庙里盛黍稷的器皿。

敛（斂*歛） liǎn ❶ 动 聚集；征收 ▷清洁费～齐了｜聚～。→ ❷ 动 收起；约束 ▷～容｜收～。☛ ㊀统读 liǎn，不读 liàn。㊁右边是“攵”，不是“欠”。

【敛步】liǎnbù 动 〈文〉控制脚步，使放轻、放慢或停住 ▷～前往榻前。

【敛财】liǎncái 动 搜刮财物。

【敛迹】liǎnjì 〈文〉❶ 动 隐蔽形迹，不公开活动 ▷车匪路霸销声～。❷ 动 隐居 ▷～深山。❸ 动 因有所顾忌而约束自己的言行 ▷屏气～。

【敛钱】liǎnqián 动 〈口〉向大家收钱 ▷艺人向观众～｜为救助失学儿童敛了一笔钱。

【敛衽】liǎnrèn 动 〈文〉提起衣襟夹于带间，表示敬意；元代以后专指妇女行礼 ▷～参拜。

【敛容】liǎnróng 动 〈文〉收起笑容，现出庄严的脸色 ▷～直言。

【敛足】liǎnzú 动 〈文〉敛步。

脸（臉） liǎn ❶ 名 头前部从额到下巴的部分 ▷洗～｜～色｜刮～。→ ❷ 名 脸上的神情 ▷～说变就变｜愁眉苦～｜翻～。❸ 名 面子 ▷没～见人｜丢～｜赏～。→ ❹ 名 某些物体的前部 ▷门～儿｜鞋～儿。

【脸薄】liǎnbáo 形 脸皮薄。参见 857 页“脸皮”③。

【脸蛋儿】liǎndànr 名 〈口〉脸的两侧；泛指脸(含亲切意) ▷亲了亲孩子的～。也说脸蛋子。

【脸红】liǎnhóng 动 脸色变红；多指害臊 ▷她一见生人就～｜说了那么多谎话也不～！

【脸红脖子粗】liǎn hóng bózi cū 面部和颈部红胀。形容着急、发怒或情绪激动时的样子。

【脸厚】liǎnhòu 形 脸皮厚。参见本页"脸皮"③。

【脸颊】liǎnjiá 名 脸的两侧 ▷～绯红。

【脸面】liǎnmiàn ❶ 名 脸① ▷～憔悴。❷ 名 情面 ▷看在他的～上，这事儿就算了。❸ 名 声誉 ▷他是个重～的人。

【脸嫩】liǎnnèn 形 脸薄。

【脸盘儿】liǎnpánr 名〈口〉脸的形状或轮廓 ▷四方～|瓜子儿～。

【脸庞】liǎnpáng 名 脸盘儿。

【脸皮】liǎnpí ❶ 名 脸部的皮肤 ▷黝黑的～|～被火烧伤了。❷ 名 情面 ▷他拉不下～去求人。❸ 名 对羞耻的敏感程度。容易害羞叫脸皮薄，不容易害羞叫脸皮厚。

【脸谱】liǎnpǔ 名 古典戏曲中某些角色（主要是净、丑）脸上画的各种彩色图案，借以突出人物的性格特征。

【脸谱化】liǎnpǔhuà 动 指文艺创作中按照固定的模式塑造人物形象，因而不能生动地表现人物个性；公式化 ▷文艺创作切忌～。

【脸热】liǎnrè 动 脸上发热；多指害羞或羞愧 ▷见到生人，她有点儿～。

【脸软】liǎnruǎn 形 形容过分看重情面 ▷这个人～，不会让你下不来台。

【脸色】liǎnsè ❶ 名 脸部的色泽；气色 ▷～焦黄|～苍白。❷ 名 脸部的神情 ▷不想看人家的～行事|～阴沉可怕。

【脸膛儿】liǎntángr 名〈口〉脸①。

【脸形】liǎnxíng 名 脸的形状（侧重于个体特征）▷～瘦长，颧骨突兀。

【脸型】liǎnxíng 名 脸的类型（侧重于共同特征）▷这几个人～相似，大概都是蒙古族。

【脸子】liǎnzi〈口〉❶ 名 指不愉快的表情 ▷动不动就给人家～看。❷ 名 脸面 ▷挨了一顿训斥，他～上怎么下得来呢！

裣（襝） liǎn［裣衽］liǎnrèn 现在一般写作"敛衽"。

蔹（蘞） liǎn 见25页"白蔹"。

liàn

练（練） liàn ❶ 动〈文〉把生丝或生丝织品煮熟，使洁白柔软。→ ❷ 名〈文〉煮过的丝织物，一般指白绢 ▷波光如～|彩～。→ ❸ 动 练习① ▷～本领|～功|演～。❹ 形 经验多，阅历广 ▷熟～|老～|～达|干～。○ ❺ 名 姓。☛ ㊀右边是"东"，不是"东"。㊁跟"炼"不同。"练"的常用义是练习，即反复操作，以使纯熟，"练习""操练"等的"练"不要误写作"炼"；"炼"指提高纯度、性能，引申指使精当、使素质等提高，"锤炼""锻炼"等的"炼"不要误写作"练"。"精练"与"精炼"意义不同。

【练笔】liànbǐ ❶ 动 练习写文章 ▷经常～才能提高写作水平。❷ 动 练习写字、画画儿 ▷刻苦～，争取有好的书画作品问世。

【练兵】liànbīng 动 训练军人；泛指训练其他人员 ▷部队正在山地～|先～，后上岗。

【练达】liàndá 形〈文〉阅历丰富，通达人情世故 ▷精明～。

【练队】liànduì 动（为参加游行、检阅等）对队列、步伐等进行训练。

【练功】liàngōng 动 练习技艺、武功等 ▷～房|舞蹈演员要天天坚持～。

【练就】liànjiù 动 练成 ▷～一身好武艺。

【练手】liànshǒu 动 练习干活儿的技能技巧 ▷老师傅指导徒弟～|先用旧机器练练手。

【练摊儿】liàntānr 动〈口〉摆摊儿卖货（含诙谐意）。

【练武】liànwǔ ❶ 动 练习武艺。❷ 动 练习军事技术 ▷组织新兵～。

【练习】liànxí ❶ 动 反复操作，以使纯熟 ▷～技术。❷ 名 为巩固所学知识而设置的作业等 ▷基础～|布置～|～本。

炼（煉*鍊） liàn ❶ 动 用加热等方法提高物质的纯度或性能 ▷～出一炉好钢|～油|提～。→ ❷ 动 仔细推敲使字句简洁精当 ▷～字|～句。→ ❸ 动 通过实际工作或其他活动，提高品质、技能、身体素质等 ▷～出一颗赤胆红心。○ ❹ 名 姓。☛ 参见本页"练"的提示㊁。

【炼丹】liàndān 动 原指古代方士或道教徒用朱砂等炼制"长生不死"丹药；后也指以静功和心法修炼精、气、神。

【炼钢】liàngāng 动 把生铁或废钢投入炉中冶炼，使所含杂质和碳素降低到规定含量，或加入某些元素而得到所需求的钢。

【炼焦】liànjiāo 动 在隔绝空气的条件下，将煤置于干馏炉中，经高温处理，使煤发生分解而得到焦炭和高温煤焦油、焦炉煤气等。

【炼句】liànjù 动 推敲语句，使简洁精当 ▷锻字～。

【炼乳】liànrǔ 名 乳制品，用鲜牛奶或羊奶经消毒后在真空蒸发器中浓缩制成，比鲜奶便于保存。

【炼山】liànshān 动（为了造林或更新森林）烧掉山上的杂草、灌木等。

【炼铁】liàntiě 动 通过冶炼，从铁矿石中提取铁。

【炼油】liànyóu ❶ 动 分馏石油，提取汽油、煤油、柴油等产品。❷ 动 将含油物质加热，把油分离出来。

【炼狱】liànyù ❶ 图 天主教、正教指人死后灵魂为赎罪而暂时受苦的地方，待炼尽罪过之后才能进入天国。❷ 图 比喻险恶的境遇或磨炼人的艰苦环境 ▷苦苦承受～煎熬，才有了今日的成就。

【炼制】liànzhì 动 通过提炼制成(需要的产品) ▷～蜂王浆|～煤焦油。

【炼字】liànzì 动 推敲用字，使简洁精当。☛"炼"不要误写作"练"。

恋(戀) liàn ❶ 动 念念不忘；不忍舍弃或分离 ▷～家|依～。→ ❷ 动 男女相爱 ▷～人|～爱。☛ ㊀统读 liàn，不读 luán。㊁上边是"亦"，不是"亦"。由"亦"构成的字还有"变""弯""峦""孪""蛮"等。

【恋爱】liàn'ài ❶ 动 男女相爱 ▷他们正在～。❷ 图 男女相爱的表现 ▷他俩正在谈～。

【恋歌】liàngē 图 抒发男女间爱情的歌曲。

【恋家】liànjiā 动 留恋家庭，不愿离开 ▷男儿志在四方，不要老是～。

【恋旧】liànjiù 动 怀念以往的生活或故人、故土 ▷老年人往往～，经常回忆往事。

【恋恋不舍】liànliàn-bùshě 形容非常留恋，不忍离开或舍弃。

【恋慕】liànmù 动 眷恋爱慕 ▷他俩已相互～多年|他不～都市的繁华。

【恋念】liànniàn 动 眷恋怀念 ▷～久别的亲人。

【恋情】liànqíng ❶ 图 留恋的感情 ▷对故土的～愈加深厚。❷ 图 爱情。

【恋群】liànqún 动 依恋所在的群体 ▷鸿雁～|弟弟真～，干什么事都要叫上他那些小伙伴。

【恋人】liànrén 图 相爱的男女或其中的一方 ▷几对～|她的～。

【恋土】liàntǔ 动 留恋故土，不愿离开 ▷～恋乡，人之常情。

【恋栈】liànzhàn 动 马舍不得离开马棚；比喻做官的人贪恋职位 ▷无心～。

【恋战】liànzhàn 动 为了获得更多战果，舍不得退出战斗(多用于否定) ▷敌众我寡，不可～。

浰 liàn 用于地名。如洴(píng)浰，在江苏。另见 851 页 lì。

殓(殮) liàn 动 把死人装入棺材 ▷入～|装～。

链(鏈) liàn 图 链子① ▷铁～|～条|项～。

【链轨】liànguǐ 图 履带。

【链环】liànhuán ❶ 图 链条中的一个环；链条。❷ 图 比喻相互关联的许多事物中的一个；相互关联的许多事物 ▷灭绝某种生物，等于砍断某一生物～|构建完整的经营～。

【链接】liànjiē ❶ 动 像链子一样相互衔接 ▷～装置。❷ 动 指连接电子计算机程序的模块，组成一个可执行的完整过程。❸ 动 介绍与某事物相关的其他资料 ▷～相关新闻。

【链霉素】liànméisù 图 从灰色链霉菌培养液中提取的抗生素。对某些杆菌，特别是结核杆菌具有显著的抑制、杀灭作用。

【链球】liànqiú ❶ 图 田赛项目，运动员双手握住链球上的把手，利用旋转后的惯性将球掷出，以距离远近决定胜负。❷ 图 这项比赛使用的器械，由球体、链子和把手组成。

【链球菌】liànqiújūn 图 一种呈链状排列的化脓性球菌。广泛存在于自然界，有的能致病。

【链条】liàntiáo 图 机械上用于传动的链子。

【链子】liànzi ❶ 图 用金属环连起来制成的条状物 ▷怀表上系着一根金～。❷ 图 指自行车、摩托车等连接轮盘和后车轮的链条。

琏 liàn 图〈文〉一种玉。

楝 liàn 图 楝树，落叶乔木，高可达 20 米，羽状复叶，开紫色小花，果实褐色，椭圆形。木材坚实，可制作各种器具；种子、树皮、根皮都可以做药材。也说苦楝。

潋(瀲) liàn 见下。

【潋滟】liànyàn〈文〉❶ 形 形容水波荡漾的样子 ▷湖光～。❷ 形 形容水满或溢出的样子 ▷玉杯～。

鲢(鰱) liàn 图 鲱。

liáng

良 liáng ❶ 形 好；优秀 ▷～师益友|～好。→ ❷ 图 善良的人；优秀人才 ▷除暴安～|忠～。→ ❸ 副 表示程度深，相当于"很""甚" ▷～久|用心～苦。○ ❹ 图 姓。☛"良"作左偏旁时要改写成"⻓"，如"郎""朗"。

【良策】liángcè 图 高明的计策或办法 ▷另谋～。

【良辰】liángchén 图 美好的时光；美好的日子 ▷～美景|吉日～。

【良导体】liángdǎotǐ 图 电学上指导电性强的导体。如铜、铝等金属。

【良方】liángfāng 图 疗效好的方剂；比喻能解决问题的好办法 ▷名医的～|～妙计。

【良好】liánghǎo 形 好；令人满意的 ▷成绩～。

【良机】liángjī 图 良好的时机 ▷坐失～。

【良家】liángjiā 图 清白正派的人家 ▷～女子。

【良将】liángjiàng 图 优秀的将领。

【良久】liángjiǔ 形〈文〉很长时间；好一会儿 ▷沉吟～，迟疑不决。

【良苦】liángkǔ 形〈文〉十分辛苦;现多形容(思虑得)很深远 ▷～用心。

【良民】liángmín 名 旧指安守本分的百姓。

【良人】liángrén ❶ 名 古代女子对丈夫的称呼。❷ 名 平民百姓(不是奴婢等下等人)。

【良善】liángshàn ❶ 形 完美妥善 ▷～之策。❷ 形 善良 ▷待人～|～之心。❸ 名 善良的人 ▷保护～,惩治邪恶。

【良师益友】liángshī-yìyǒu 给人以教益和帮助的好老师和好朋友。

【良田】liángtián 名 肥沃的农田。

【良宵】liángxiāo 名〈文〉美好的夜晚 ▷中秋佳节,欢度～。

【良心】liángxīn 名 善良的心地(多指内心对是非善恶合于道德标准的认知) ▷～受到谴责|凭～做事。

【良性】liángxìng 区别 能产生良好效果的或不至于有严重后果的(跟"恶性"相对) ▷～循环。

【良性肿瘤】liángxìng zhǒngliú 肿瘤的一种。细胞分化成熟,生长慢,不转移,对机体危害较小。如纤维瘤、脂肪瘤。

【良言】liángyán 名 有益的话;善意的话 ▷～一句三冬暖。

【良药】liángyào 名 疗效好的药物;比喻能解决困难或问题的好办法 ▷保持心态平和是老年人健康长寿的～。

【良药苦口】liángyào-kǔkǒu 好药往往味道很苦;比喻有益的规劝或批评,听起来常常觉得不舒服。

【良医】liángyī 名 高明的医生 ▷久病成～。

【良友】liángyǒu 名 品行端正、对自己有帮助的朋友 ▷他既是我的师长,亦是我的～。

【良莠不齐】liángyǒu-bùqí 谷苗和莠草混杂在一起。比喻好的和坏的混杂在一起。☛"莠"不读 xiù。

【良缘】liángyuán 名 美满的姻缘 ▷天作～。

【良知】liángzhī ❶ 名 指人们先天具有的判断是非善恶的本能。❷ 名 良心 ▷毫无～|～发现。

【良种】liángzhǒng 名(作物或家畜中)优良的品种 ▷～杂交水稻|培育～。

【良渚文化】liángzhǔ wénhuà 我国新石器时代晚期的一种文化,距今约 5200—4200 年。遗址发现大量的陶器、石器和制作精美的玉器,手工业和农业的分化已十分明显。因 1936 年首次发现于浙江余杭良渚镇,故称。☛"渚"不读 zhě。

俍 liáng 动〈文〉善于;擅长。

莨 liáng ❶ 见1279 页"薯(shǔ)莨"。○ ❷ 名 姓。☛ 参见 467 页"茛(gèn)"的提示。

另见 822 页 làng。

【莨绸】liángchóu 名 一种涂有薯莨汁液的平纹丝织品。有红、黄、黑等色;透气,耐腐蚀,适合做夏季衣料。主要产于广东、福建。也说黑胶绸、拷绸。

【莨纱】liángshā 名 香云纱。

凉(*涼) liáng ❶ 形 温度较低;微寒(比"冷"的程度浅) ▷天气转～|饭已经～了|～爽|～茶。→ ❷ 形 悲伤 ▷悲～。→ ❸ 形 形容灰心或失望 ▷一听到小儿子四进戒毒所,她心里～透了。→ ❹ 形 冷落;不热闹 ▷荒～|苍～。→ ❺ 名 指阴凉的环境或凉风 ▷歇～|乘～|纳～。→ ❻ 形 防暑避热用的 ▷～席|～鞋|～帽。☛ 读 liáng,形容事物;读 liàng,表示动作,使温度降低,如"稀饭凉一凉再喝"。

另见 863 页 liàng。

【凉白开】liángbáikāi 名 凉了的白开水。

【凉拌】liángbàn ❶ 动 把适宜生吃的及熟制后放凉的食物加上佐料拌和 ▷～豆腐。❷ 名 指凉拌后适宜凉着吃的菜肴 ▷买了两个～、两个热炒。

【凉冰冰】liángbīngbīng 形 形容像冰一样凉 ▷～的饭团子|土炕没烧,～的。

【凉菜】liángcài 名 不用加热,专供凉吃的菜。

【凉垫】liángdiàn 名 在密封的塑料袋里填充遇热熔化并吸热的化合物制成的垫子。

【凉碟】liángdié 名 冷碟。

【凉粉】liángfěn 名 将绿豆粉等熬成糊状,冷却后凝结成的半透明块状食物。多凉拌着吃。

【凉快】liángkuai ❶ 形 凉爽舒适 ▷躺在竹席上真～|凉凉快快地洗个澡。❷ 动 使身体凉爽 ▷到外面～～。

【凉帽】liángmào 名 夏天戴的遮阳的帽子。

【凉面】liángmiàn 名 凉着吃的面条。面条煮好后过冷水捞出,拌上佐料即可食用。

【凉棚】liángpéng 名 天棚①。

【凉气】liángqì 名 凉爽的空气;寒气 ▷深秋的～让人感到冷飕飕的|冻得浑身冒～。

【凉爽】liángshuǎng 形 清凉舒适 ▷～的秋风。

【凉爽呢】liángshuǎngní 名 一种精纺呢绒。以涤纶和羊毛混纺织成,质地轻薄、挺括,耐穿。

【凉水】liángshuǐ ❶ 名 不热的水。❷ 名 生水。

【凉丝丝】liángsīsī 形 形容略微有些凉 ▷拌凉粉吃起来～的。

【凉飕飕】liángsōusōu 形 形容凉气袭人 ▷寒风刮到身上～的◇这话听着让人心里～的。☛ 不宜写作"凉嗖嗖"。

【凉台】liángtái 名 指可以乘凉的阳台或晒台。

【凉亭】liángtíng 名 供游人或行人歇脚乘凉的

亭子。

【凉席】liángxí 名 用竹篾、蒲草等编织成的席子，热天铺在身下使人感到凉爽。

【凉鞋】liángxié 名 夏天穿的鞋帮可以透气的鞋。

【凉药】liángyào 名 一般指祛火解热的中药。

【凉意】liángyì 名 凉的感觉 ▷秋雨带来了～。

【凉枕】liángzhěn 名 用竹藤或陶瓷等制成的枕头，枕在上面可以使头部感到凉爽。

梁[1]（*樑） liáng ❶ 名 桥 ▷桥～|津～。→ ❷ 名 架在墙上或柱子上支撑屋顶的长木 ▷房～|栋～。❸ 名 水平方向承重的长条形构件 ▷门～|横～。→ ❹ 名 物体或身体上隆起呈长条或弧形的部分 ▷山～|鼻～|脊～。

梁[2] liáng ❶ 名 战国时期迁都后的魏国。魏惠王于公元前 361 年（一说为前 364 年）迁都大梁（今河南开封），故此后称梁。〇 ❷ 名 朝代名。a）南朝之一，公元 502—557 年，萧衍（梁武帝）所建。b）五代之一，公元 907—923 年，朱温所建，史称后梁。〇 ❸ 名 姓。☛ ㊀"梁"字右上是"刅"，不是"刃"；下边是"木"，不是"米"。㊁参见本页"粱"的提示。

【梁木】liángmù 名 梁[1]② ▷房子的～很粗。

【梁上君子】liángshàng-jūnzǐ《后汉书·陈寔（shí）传》记载：有个窃贼夜里藏在陈寔家的屋梁上准备行窃。陈寔发现了，称他为梁上君子。后用来借指窃贼。

【梁柱】liángzhù 名 房梁和柱子。

綡（綡） liáng 名 古代系帽子的丝带。

椋 liáng 名 树名，叶似柿叶，果实圆形，木质坚硬。也说椋子木。俗称灯台树。

【椋鸟】liángniǎo 名 鸟，中型鸣禽，喜群飞，羽毛大部灰褐色，喙和足橙红色，喜食昆虫。种类很多，我国常见的是灰椋鸟。

辌（輬） liáng 见1437 页"辒（wēn）辌"。

量 liáng ❶ 动 用器具测定事物的轻重、长短、大小、多少或其他性质 ▷～一～体重|用尺～布|～血压|车载斗～|丈～|测～。→ ❷ 动 估计 ▷估～（liang）|端～（liang）。☛ 读 liáng，表示动作，指用器具测定；在表示估计时，多读轻声，如"掂量"。读 liàng，多表示事物，如"饭量""胆量""大量"；也表示动作，如"量刑""量体裁衣"。

另见 864 页 liàng。

【量杯】liángbēi 名 测量液体体积的量具，形状像杯子，上有刻度，多用玻璃制成。

【量程】liángchéng 名 测量仪器在测试各种参数时所能测到的范围 ▷量角器的～是 180°。

【量度】liángdù 动 对长度、质量、容量以及功、能等各种量进行测量。

【量规】liángguī 名 一种无刻度的专用检验量具，用于检验工件的尺寸、形状或表面相互位置是否合格。如测孔用的塞（sāi）规和测轴用的卡规等。

【量角器】liángjiǎoqì 名 量角度的量具。常见的为半圆形透明薄片，周缘刻有0—180的度数。多用塑料或有机玻璃制成。

【量具】liángjù 名 计量和检验用具的统称，如尺、天平、量角器、测纬仪等。也说量器。

【量热器】liángrèqì 名 用于测定热量，并测量比热、潜热和化学反应热等的仪器。

【量筒】liángtǒng 名 圆筒形量具，上面有刻度，用于测量液体体积，多为玻璃材质。

粮（糧） liáng ❶ 名 粮食 ▷这里买～很方便|五谷杂～。→ ❷ 名 指农业税。因农业税一般用粮食充当，故称 ▷完～纳税。〇 ❸ 名 姓。

【粮仓】liángcāng ❶ 名 储粮的仓库。❷ 名 比喻盛产粮食的地方 ▷这片沃土是祖国的～。

【粮草】liángcǎo 名 供军队用的粮食和草料 ▷兵马未动，～先行。

【粮店】liángdiàn 名 出售粮食的店铺。

【粮囤】liángdùn 名 囤，储存粮食的器物。

【粮行】liángháng 名 经营粮食的大型商业机构。

【粮荒】liánghuāng 名 严重缺粮的状况 ▷连续多年干旱少雨，造成严重～。

【粮库】liángkù 名 储存粮食的仓库。

【粮秣】liángmò 名 粮草 ▷筹措～。

【粮农】liángnóng 名 以种植粮食作物为主的农民。

【粮票】liángpiào 名 计划经济时期按定量发给城镇居民购买粮食及其制品的票证。

【粮区】liángqū 名 主要种植粮食作物的地区。

【粮食】liángshi 名 供食用的谷类、豆类、薯类等原粮和成品粮的统称。

【粮食作物】liángshi zuòwù 稻子、麦子和杂粮作物的统称。

【粮饷】liángxiǎng 名 旧时军队中发给官兵的口粮和薪金。

【粮油】liángyóu ❶ 名 粮食和食油 ▷～加工厂。❷ 名 粮食和油料 ▷～作物。

【粮栈】liángzhàn 名 储存粮食的栈房；批发粮食的商店。

【粮站】liángzhàn 名 负责粮食收购、存储、调拨、管理的机构。

粱 liáng ❶ 名 〈文〉谷子的优良品种。→ ❷ 名 〈文〉精美的饭食 ▷膏～|～肉。〇 ❸ 名 姓。☛ 跟"梁"不同。"粱"下边是"米"，跟谷类

作物有关；"梁"下边是"木"，跟建筑有关。

墚 liáng 名 我国西北黄土高原上呈条状延伸的山冈。顶部平缓，两侧是狭而深的山谷。

踉 liáng 见1364页"跳踉"。
另见864页liàng。

liǎng

两（兩） liǎng ❶ 数 数目，一个加一个是两个。常用于成双的事物、量词或"半""千""万""亿"前 ▷～手抓｜～扇门｜～小无猜｜小～口｜～张纸｜～半儿。→ ❷ 名 双方 ▷势不～立｜～全其美｜～可。→ ❸ 量 市两。→ ❹ 数 表示不定的数目，大致相当于"几" ▷再看～眼｜多待～天｜说～句话就走。○ ❺ 名 姓。☛ ㊀跟"二"不同。古代以"二"为一般数词，以"两"称成双或被认为成双的事物。现代"二"和"两"的用法区别主要是：1. 当作数字读或在数学中，用"二"不用"两"，如"一、二、三、四""一加一等于二""一元二次方程"。2. 序数、小数、分数中用"二"不用"两"，如"第二""二嫂""零点二""二分之一"。3. 在一般量词前，个位数用"两"不用"二"，多位数中的个位数用"二"不用"两"，如"两个人""两只""两条""两次""一百五十二人""十二次"。4. 在传统的度量衡单位前"二""两"都可用，只是在质量单位"两"前用"二"不用"两"，属于特例。如"二（两）亩地""二（两）尺布""二两酒（不说'两两酒'）"。在我国法定计量单位和某些非法定计量单位前多用"两"，如"两吨""两公里""两（二）米"。5. 在多位数中，百位、十位、个位用"二"，千位以上多用"两"，但首位以后的百、千、万前多用"二"，如"二百二十二""两千元""两亿人""三万二千二百人"。㊁参见851页"俩"的提示。

【两岸】liǎng'àn ❶ 名 江、河、海峡等两边的陆地。❷ 名 特指台湾海峡的两边，即中国大陆和中国台湾 ▷～同胞。

【两败俱伤】liǎngbài-jùshāng 斗争的双方都遭受损害（俱：都）。☛ "俱"不要误写作"具"。

【两边】liǎngbiān ❶ 名 物体的两个边缘 ▷这块布的～儿都有残损。❷ 名 物体前后或左右的两个方向 ▷大楼东西～都临马路。❸ 名 两个地方 ▷他在师大和师院～任课。❹ 名 双方 ▷跟他俩通了电话，～都同意明天见面。

【两边倒】liǎngbiāndǎo 形容摇摆不定，没有坚定的立场和鲜明的观点 ▷在大是大非面前不能～。

【两便】liǎngbiàn ❶ 形 彼此方便 ▷明天我去那边办事，正好捎上你，～！❷ 形 对双方或一件事的两个方面都有好处 ▷公私～。

【两鬓】liǎngbìn 名 左右鬓角或鬓发 ▷～斑白。

【两不找】liǎngbùzhǎo 双方用于交易的东西等值，不必找钱。

【两侧】liǎngcè 名 物体的两个侧面或左右两个方向 ▷公路～全是绿油油的麦田。

【两重】liǎngchóng 形 两层的；两个方面的 ▷表里不一的～人格｜～使命。

【两重天】liǎngchóngtiān 名 两个天地。比喻完全不同的两种景况 ▷新旧社会～。

【两重性】liǎngchóngxìng 名 二重性。

【两弹一星】liǎngdàn yīxīng 特指我国在发展高能技术、空间技术初期所研制成功的原子弹、氢弹和人造地球卫星。

【两党制】liǎngdǎngzhì 名 某些国家由两大政党轮流执政的制度。通过几年一次的议会选举或总统选举，由获得多数席位或当选总统所在的政党组织政府，成为执政党。最早形成于英国，后来逐渐被美国、加拿大等国家采用。

【两抵】liǎngdǐ 动 彼此抵偿或抵消 ▷输赢～。

【两点论】liǎngdiǎnlùn 名 唯物辩证法的思想方法，即用对立统一观点全面地分析事物。既要看到正面，又要看到反面；既要看到共性，又要看到个性；既要看到事物的现状，又要看到矛盾的双方经过斗争在一定条件下可以互相转化。也说两分法。

【两端】liǎngduān 名 长条物体的两个顶端；两头 ▷这根木头的～粗细一样。

【两广】liǎngguǎng 名 广东和广西的合称。

【两汉】liǎnghàn 名 西汉和东汉的合称。

【两湖】liǎnghú 名 湖北和湖南的合称。

【两回事】liǎnghuíshì 彼此无关的两件事情 ▷诙谐幽默和油腔滑调完全是～。也说两码事。

【两极】liǎngjí ❶ 名 地球的南极和北极。❷ 名 电极的阴极和阳极；磁极的南极和北极。❸ 名 比喻相反的两个极端 ▷防止～分化。

【两江】liǎngjiāng 名 清初对江南省和江西省的合称。康熙后把江南省分为江苏、安徽两省，仍沿用此称呼，实际是三个省的合称。

【两脚规】liǎngjiǎoguī 名 绘图仪器。上端是一个轴，下端是两只可以开合的脚。常见的有分规和圆规两种。

【两可】liǎngkě 动 两者都可以；两者都可能 ▷去不去～｜能不能录取，还在～之间。

【两口子】liǎngkǒuzi 名 夫妻两人 ▷他们～多般配！也说两口儿。

【两肋插刀】liǎnglèi-chādāo 形容重情义，为朋友敢于承担风险或作出牺牲。

【两立】liǎnglì 动 相对的双方同时存在；对立的双方同时存在 ▷势不～。

【两利】liǎnglì 动 双方都获利或都顺利 ▷～双

赢|供需～。

【两面】liǎngmiàn ❶ 名 正面和反面 ▷硬币～都有图案。❷ 名 两旁 ▷马路～都是高楼。❸ 名 相对的两个方面;相对的两种方式 ▷事物往往有～性|采取～手法。

【两面光】liǎngmiànguāng 指两面讨好,谁也不得罪。

【两面派】liǎngmiànpài ❶ 名 指表里不一的人;也指两面讨好的人。❷ 名 指两面派的手法 ▷要光明正大,不要耍～。

【两面三刀】liǎngmiàn-sāndāo 比喻当面一套,背后一套,玩弄两面手法。

【两面性】liǎngmiànxìng 名 本身同时存在互相矛盾的两方面的性质。

【两难】liǎngnán 形 两种选择都难办 ▷进退～|～境地。

【两旁】liǎngpáng 名 左右两边 ▷马路～是便道。

【两栖】liǎngqī ❶ 动 能在水中也能在陆上生活或活动 ▷～动物|水陆～坦克。❷ 动 比喻能在两种领域或以两种身份工作或活动 ▷影视～|他既做文字报道,又搞新闻摄影,是～记者。☛ "栖"这里不读 xī。

【两栖动物】liǎngqī dòngwù 脊椎动物亚门的一纲,既能在陆地又能在水中生活。一般没有鳞或甲,皮肤无毛,四肢有趾,无爪,卵生。如青蛙、鲵等。

【两栖植物】liǎngqī zhíwù 既能在陆地又能在水中生长的植物。如两栖蓼等高等植物。

【两歧】liǎngqí ❶ 动 分权成两枝 ▷茎端～。❷ 动 两种主张、做法等有分歧。

【两讫】liǎngqì 动 商业上指卖方和买方各自将货和款付清,交易手续完成 ▷银货～。

【两清】liǎngqīng 动 借贷或买卖双方债务债权或钱款货物已结清 ▷咱们钱货～了◇他们的恩怨～了。

【两全】liǎngquán 动 两个方面都顾全 ▷忠孝不能～。

【两全其美】liǎngquán-qíměi 两方面都完满地顾全到(全:顾全)。

【两人世界】liǎngrén shìjiè 二人世界。

【两世为人】liǎngshì-wéirén 形容死里逃生,就像死后又回到人世。

【两手】liǎngshǒu ❶ 名 指本领、技能 ▷露～儿。○ ❷ 名 指两个方面 ▷坚持～抓,～都要硬。

【两手空空】liǎngshǒu-kōngkōng 两只手里什么都没有。形容一无所有。

【两条腿走路】liǎng tiáo tuǐ zǒulù 比喻为达到同一目的,同时采取两种不同的方法 ▷办教育要采取～的办法,公办与私办并举。

【两头】liǎngtóu ❶ 名 事物相对的两端 ▷高速公路的～都设有收费处|考分分布的情况是～小、中间大。❷ 名 两方面;双方 ▷买方卖方～满意|～为难。

【两下子】liǎngxiàzi ❶ 表示动作次数,相当于"几次" ▷用木棍在地上戳了～。○ ❷ 名 指办法、本领、技艺等 ▷他讲课真有～。

【两相情愿】liǎngxiāng-qíngyuàn 现在一般写作"两厢情愿"。

【两厢】liǎngxiāng ❶ 名 正房两边的厢房 ▷正房敞亮,～较暗。❷ 名 两旁 ▷站立～。❸ 名 相对的两方面 ▷～情愿。

【两厢情愿】liǎngxiāng-qíngyuàn 双方都愿意。

【两小无猜】liǎngxiǎo-wúcāi 男孩儿和女孩儿在一起玩耍,天真纯洁,彼此没有嫌疑和猜忌。

【两心】liǎngxīn 名 彼此的心意;双方的思想或感情 ▷～相照。

【两性】liǎngxìng ❶ 名 男性和女性;雄性和雌性 ▷～相配|～花。❷ 名 两种属性 ▷氧化锌、氧化铅等具有酸碱～。

【两性关系】liǎngxìng guānxi 指男女之间的性爱关系。

【两性花】liǎngxìnghuā 名 一朵花内同时具有充分发育的雄蕊和雌蕊的花(跟"单性花"相区别)。如梅花、杏花、百合花。

【两性人】liǎngxìngrén 名 因胚胎畸形发育而具有男女两种性器官的人。也说阴阳人。

【两性生殖】liǎngxìng shēngzhí 有性生殖。

【两袖清风】liǎngxiù-qīngfēng 除清风外,袖子里别无所有。借指为官清廉。

【两样】liǎngyàng 形 不相同 ▷这里的建筑风格跟苏州园林没什么～|说的和做的不能～。

【两姨亲】liǎngyíqīn 名 姐妹的子女之间的亲戚关系 ▷他们是～,从小就熟。

【两翼】liǎngyì ❶ 名 两只翅膀。❷ 名 比喻主体两侧的部分 ▷正房～有耳房|全歼～敌军。

【两用】liǎngyòng 动 有两种用途 ▷这种车可以客货～|军地～人才。

【两用人才】liǎngyòng réncái 指部队培养的军队和地方都适用的人才。

【两用衫】liǎngyòngshān 名 指适合春秋两季穿的短外套。也说春秋衫。

【两院制】liǎngyuànzhì 名 资本主义国家议会设有上下两院并由两院共同行使议会职权的制度。英国首先建立这种制度,后为资本主义国家广泛采用,但名称有所不同。

【两造】liǎngzào 名 指法律行为或诉讼行为中的双方当事人(造:相对两方中的一方)。如原告和被告。

【两张皮】liǎngzhāngpí 比喻不能融为一体 ▷文

章把两个问题硬捏在一起，形如～。

【两者】liǎngzhě 代 指代上文所说的两个人或两种事物 ▷决心和毅力～缺一不可。也说二者。

俩（倆） liǎng 见649页"伎(jì)俩"。另见851页liǎ。

蒳（蒳） liǎng 名 靠近水边的平缓高地(多用于地名) ▷沙～圩|～塘(均在广东)。

裲 liǎng［裲裆］liǎngdāng 名 古代一种只遮蔽胸背、长仅至腰的上衣，类似今天的背心。

蜽 liǎng 见1421页"蝄(wǎng)蜽"。

魉（魎） liǎng 见1421页"魍(wǎng)魉"。

liàng

亮 liàng ❶ 形 光线充足；有光泽 ▷灯～得刺眼|铜壶擦得真～|雪～。→❷ 形 音量大而清脆 ▷嗓音～|嘹～。→❸ 形 明白；清楚 ▷打开天窗说～话|心明眼～。→❹ 动 摆在明处；显露出来 ▷～出家底儿|～相。→❺ 名 光线 ▷山洞里一点～儿也没有。❻ 名 灯火等照明物 ▷快拿个～儿来。→❼ 动 显现出亮光 ▷屋里～着灯|天刚～。

【亮丑】liàngchǒu 动 公开说出缺点或揭露错误(多指自身的) ▷他严于律己，敢于～。

【亮底】liàngdǐ〈口〉❶ 动 将内情公开 ▷别卖关子了，快～吧。❷ 动 显示结果 ▷谁是第一名，评委们很快就要～了。

【亮点】liàngdiǎn 名 发出亮光的点；比喻美好的、值得称道而引人关注的人或事物 ▷这部电影有不少～。

【亮度】liàngdù ❶ 名 明亮程度。❷ 名 特指屏幕的发光强度。

【亮分】liàngfēn 动 比赛时裁判或评委当场公布分数 ▷当场～|举牌～。

【亮光】liàngguāng ❶ 名 黑暗中出现的光亮 ▷漆黑的海上有一点儿～。❷ 名 平滑物体表面的反光 ▷刚擦过的皮鞋有～。

【亮光光】liàngguāngguāng 形 形容表面很光亮 ▷～的奖杯。

【亮红灯】liànghóngdēng 开亮红色信号灯，表示不准通行。比喻不允许做某事；也比喻对某事物提出警告 ▷向以权谋私行为～|他的身体已经被～。

【亮化】liànghuà 动 变得明亮；使变得明亮 ▷城市夜景～|～乡村道路。

【亮话】liànghuà 名 直接明白的话 ▷打开天窗说～|到底行不行，你说个～。

【亮晃晃】liànghuǎnghuǎng 形 形容光芒闪耀的样子 ▷～的太阳光照进窗来。

【亮剑】liàngjiàn ❶ 动 亮出宝剑。借指应战；也借指宣战、挑战 ▷面对腐败，敢于～|向醉驾～。❷ 动 比喻展示实力 ▷一批国产新型歼击机～，令国人扬眉吐气。

【亮节】liàngjié 名 高尚的节操 ▷～昭世人。

【亮晶晶】liàngjīngjīng 形 形容晶莹闪烁的样子 ▷～的宝石。

【亮丽】liànglì ❶ 形 美丽而有光彩 ▷装潢～|一身合体的打扮，使她更加～。❷ 形 响亮优美 ▷音质清晰～。

【亮牌子】liàngpáizi 亮出牌子；比喻说出名字，表明身份、地位等。

【亮色】liàngsè 名 鲜亮的色彩；也比喻美好的事物 ▷～的毛衣|这个节目为晚会增添了～。

【亮闪闪】liàngshǎnshǎn 形 形容闪闪发光的样子 ▷明朗的月光下，湖面～的。

【亮堂堂】liàngtángtáng 形 形容光线充足、敞亮的样子 ▷华灯齐放，照得广场～的。☛ 这里的"堂堂"口语中也读 tāngtāng。

【亮堂】liàngtang ❶ 形 豁亮；明朗 ▷会客室宽敞～。❷ 形 (心胸)开朗；(认识)明确 ▷经他这么一解释，我心里～多了。

【亮相】liàngxiàng ❶ 动 戏曲表演中，某些角色在上下场或一段舞蹈结束时做出短暂静止姿势，以展现精神状态。❷ 动 比喻人或事物公开露面 ▷新校长登台～。❸ 动 比喻公开表明观点 ▷大家的意见都说了，就等你～了。

【亮泽】liàngzé 形 明亮而有光泽 ▷肌肤～|乌黑～的秀发。

【亮锃锃】liàngzèngzèng 形 形容光亮耀眼的样子 ▷～的不锈钢餐具|大刀擦得～的。☛ 这里的"锃锃"口语中也读 zēngzēng。

倞 liàng ❶ 动〈文〉索取；求索。○❷ 古同"亮"。

另见734页jìng。

凉（*涼） liàng 动 把热东西放一会儿，使温度降低 ▷把饭～一会儿再吃|～点儿凉(liáng)开水。

另见859页liáng。

悢 liàng 动〈文〉惆怅；悲伤。

谅（諒） liàng ❶ 动 体察别人的处境，原谅别人的错误 ▷体～|原～|～解|～察。○❷ 动 预料；估计 ▷去信～已收到。

【谅察】liàngchá 动〈文〉谅解体察(多用于书信)▷如有不恭,尚祈~。

【谅解】liàngjiě 动 体察对方的情况而予以原谅 ▷他这样做实属无奈,你应该~。☛ 参见1695页"原谅"的提示。

辆(輛) liàng 量 用于车类 ▷一~汽车|两~坦克。

靓(靚) liàng 形 某些地区指漂亮 ▷~女|~仔(zǎi)。

另见735页jìng。

【靓丽】liànglì 形 美丽;漂亮(多用于年轻女性)▷能歌善舞,~俊美。

量 liàng ❶ 名 古代指斗、升一类测量体积的器物 ▷度~衡。→ ❷ 名 指能容纳的限度 ▷饭~|胆~|度~。→ ❸ 名 指数量 ▷保质保~|产~|信息~|大~。→ ❹ 动 估计;权衡 ▷~入为出|不自~力。

另见860页liáng。

【量变】liàngbiàn 动 哲学上指事物逐渐的不显著的变化,包括数量的增减、场所的更换、构成成分排列次序和结构形式的变化等(跟"质变"相区别)。也说渐变。

【量才录用】liàngcái-lùyòng 衡量才能的大小,决定录取任用。

【量词】liàngcí 名 表示人、事物或动作行为单位的词,常同数词一起使用。如"米""升""吨""个""种""次""回""番"等。

【量贩店】liàngfàndiàn 名 以批量销售、薄利多销为营销特色的商店。

【量化】liànghuà 动 使变为可以用数量来计算 ▷~、细化服务的内容和标准。

【量力】liànglì 动 估量自身力量或能力 ▷~而行|不自~。

【量入为出】liàngrù-wéichū 依据收入的多少来决定支出。

【量体裁衣】liàngtǐ-cáiyī 比照身体裁剪衣服;比喻办事要符合实际情况。☛ "量"这里不读liáng。

【量刑】liàngxíng 动 法院根据罪犯的犯罪事实、认罪态度及有无立功表现,依照有关法律规定处以适当的刑罚。

【量子】liàngzǐ 名 在微观领域中,某些物理量的变化不是连续的,而是以最小单位的整数倍进行的,这个最小单位叫做量子。

晾 liàng ❶ 动 把东西放在阴凉通风处使干燥 ▷~衣服。→ ❷ 动 放在一旁不予理睬 ▷他们几个有说有笑,把我~在那儿了。○ ❸ 同"凉(liàng)"。现在一般写作"凉"。

【晾晒】liàngshài 动 把东西放在通风而有阳光的地方使干燥 ▷~柴草。

【晾台】liàngtái 名 楼顶上可晒衣物或乘凉的平台。

踉 liàng [踉跄] liàngqiàng 形 形容走路不稳,摇摇晃晃的样子 ▷多喝了几杯,走路踉踉跄跄的。☛ 不要写作"踉蹡"。

另见861页liáng。

liāo

撩 liāo ❶ 动 把下垂的东西掀起来 ▷~起长袍|往上~了~头发。→ ❷ 动 用手舀水由下往上洒 ▷给花儿~点儿水|蹲在河边,往脸上~了几把水。

另见865页liáo;867页liào。

蹽 liāo〈口〉❶ 动 跑;快速行走 ▷那只鹿很机灵,听到脚步声,早~了!|一口气~出了十几里地。→ ❷ 动 大步跨 ▷~开长腿向车站跑去。

liáo

辽[1](遼) liáo 形 远 ▷~远|~阔。

辽[2](遼) liáo ❶ 名 朝代名,公元916—1125年,契丹人耶律阿保机所建,在我国北部地区与北宋对峙。初名契丹,938年(一说947年)改称辽。1125年为金所灭。○ ❷ 名 姓。

【辽阔】liáokuò 形 非常广阔 ▷~的草原|湖面~。

【辽远】liáoyuǎn 形 遥远;久远 ▷~的南极|岁月~。

疗(療) liáo 动 医治 ▷医~|治~|~养|~效。

【疗程】liáochéng 名 医学上指对某些疾病所规定的连续治疗的时段 ▷~短,见效快。

【疗法】liáofǎ 名 医治疾病的方法 ▷针灸~。

【疗饥】liáojī 动〈文〉消除饥饿 ▷五谷~|无以~。

【疗救】liáojiù 动 医治救助 ▷及时实施~。

【疗效】liáoxiào 名 医治疾病的效果 ▷~显著。

【疗养】liáoyǎng 动 治疗疾病,调养身心;特指患有慢性病或体质衰弱的人,在特设的医疗机构里,进行以休息调养为主的治疗 ▷住院~|到北戴河海滨~。

【疗养院】liáoyǎngyuàn 名 为某些慢性病患者或体质弱的人疗养而设立的医疗机构。

聊[1] liáo ❶ 副 姑且;暂且 ▷~备一格|~以解嘲。→ ❷ 副 略微;稍微 ▷~胜于无|~表谢意。

聊[2] liáo 动 依赖;依靠 ▷民不~生|无~|百无~赖。

聊[3] liáo 动 闲谈 ▷～起来没完｜～天儿｜咱们好好～～。☛"聊"字右边是"卯(mǎo)",不是"卬(áng)"。

【聊备】 liáobèi ❶ 动 姑且备办 ▷～薄酒,略表敬意。❷ 动 姑且提供 ▷此观点可～一说。

【聊备一格】 liáobèi-yīgé 姑且算作一种风格或格式。表示姑且承认某种事物存在的价值。

【聊表】 liáobiǎo 动 略微表示 ▷～寸心。

【聊赖】 liáolài 动 精神上或生活上依赖、凭借(多用于否定) ▷百无～｜无以～。

【聊且】 liáoqiě 副 〈文〉姑且 ▷～言之。

【聊生】 liáoshēng 动 〈文〉赖以维持生活(多用于否定) ▷民不～｜无以～。

【聊胜】 liáoshèng 动 略微胜过;略微强于 ▷这种茶只是～于白开水而已。

【聊胜一筹】 liáoshèng-yīchóu 略微好一点儿 ▷他自认为写的文章要比别人～。

【聊胜于无】 liáoshèngyúwú 比完全没有略好些。

【聊天儿】 liáotiānr 动 闲谈 ▷网上～。

【聊天室】 liáotiānshì 名 指互联网上供两个或几个终端用户通过输入文本或语音相互问答、交换信息等的服务软件。

【聊以】 liáoyǐ 副 姑且用来 ▷～解嘲｜～充饥。

【聊以自慰】 liáoyǐ-zìwèi 姑且用来安慰自己。

【聊以卒岁】 liáoyǐ-zúsuì 〈文〉勉强地度过一年。形容生活艰辛困苦。

僚 liáo ❶ 名 官吏 ▷官～｜同朝臣～。→ ❷ 名 同一官署的官吏 ▷同～｜～友。☛右上是"𡗗",不是"大"。由"尞"构成的字还有"撩""嘹""缭""嫽""潦""镣""瞭"等。

【僚机】 liáojī 名 在编队中配合长(zhǎng)机执行任务的飞机。

【僚属】 liáoshǔ 名 旧指同一官署的下属官吏。

漻 liáo 形 〈文〉水清澈而幽深。

寥 liáo ❶ 形 空旷高远 ▷～廓。→ ❷ 形 寂静 ▷寂～。○ ❸ 形 稀少;稀疏 ▷～若晨星｜～落。

【寥寂】 liáojì ❶ 形 沉寂无声 ▷万籁～。❷ 形 孤寂;冷落 ▷门庭～。

【寥廓】 liáokuò 形 空阔高远 ▷碧空～。

【寥寥】 liáoliáo 形 很少 ▷～无几｜～数语。

【寥落】 liáoluò ❶ 形 稀少零落 ▷晨星～。❷ 形 沉寂冷落 ▷深夜,独步在～的小街上。

【寥若晨星】 liáoruòchénxīng 像早晨的星星一样稀少。

撩 liáo 动 挑逗 ▷春色～人｜～拨。
另见 864 页 liāo;867 页 liào。

【撩拨】 liáobō 动 挑逗;招惹 ▷他脾气躁,别～他。

【撩动】 liáodòng 动 拨动;撩起 ▷琴声～人们的情思｜春风～柳枝。

【撩逗】 liáodòu 动 引逗;挑逗 ▷孩子们互相～着,嬉戏着。

【撩惹】 liáorě 动 撩动;招惹 ▷～得那条狗汪汪叫个不停。

嘹 liáo [嘹亮] liáoliàng 形 (声音)清脆响亮 ▷歌声～｜～的军号声。☛不要写作"嘹喨"。

獠 liáo 形 凶恶丑陋 ▷青面～牙。

【獠牙】 liáoyá 名 雄性麝、獐、野猪等由犬齿发达形成的露在嘴外的长牙。

潦 liáo 见下。
另见 831 页 lǎo。

【潦草】 liáocǎo ❶ 形 字迹不工整 ▷字写得太～。❷ 形 做事不细致,不认真 ▷这件事很重要,不要～从事。

【潦倒】 liáodǎo 形 颓丧;不得意 ▷一生～。

寮 liáo 名 〈文〉小屋 ▷僧～｜茶～｜～舍。

【寮房】 liáofáng ❶ 名 僧人的居室。❷ 名 某些地方称简陋的居室。

嫽 liáo,又读 liǎo 形 〈文〉美好 ▷～俏｜～妙。

缭(繚) liáo ❶ 动 缠绕;围绕 ▷～绕｜～乱。○ ❷ 动 用针线斜着缝缀 ▷～衣缝｜随便～上几针。

【缭乱】 liáoluàn 形 杂乱;纷乱 ▷眼花～｜～的心情。☛不要写作"撩乱"。

【缭绕】 liáorào 动 云雾、声音等回环缠绕 ▷烟雾～｜余音～,不绝于耳。

橑 liáo ❶ 名 〈文〉屋檐。○ ❷ 名 柴薪。○ ❸ 用于地名。如太平橑,在福建。

燎 liáo ❶ 动 蔓延燃烧 ▷放火～荒｜星火～原。→ ❷ 动 烫 ▷～泡。☛读 liǎo,用于挨近火而烧焦,如"差点儿燎了眉毛"。
另见 866 页 liǎo。

【燎泡】 liáopào 名 皮肤或黏膜表面因烧伤或烫伤而形成的水疱。

【燎原】 liáoyuán 动 (大火)延烧原野;比喻气势旺盛,不可阻挡(多跟"星火"等连用) ▷星火～｜改革已成～之势。

鹩(鷯) liáo 见690 页"鹪(jiāo)鹩"。

簝 liáo 〈文〉❶ 名 一种竹子。→ ❷ 名 在宗庙中举行祭祀时用来盛肉的竹制器皿。

髎 liáo ❶ 名 〈文〉髋骨。○ ❷ 名 关节间的空隙;中医多用作穴位名称。

liǎo

了[1] liǎo ❶ 动 完结;结束 ▷又~了(le)一桩心事|没完没~|敷衍~事|一~百~。→ ❷ 副〈文〉全然(多用于否定) ▷~无痕迹。→ ❸ 动 跟"得"或"不"组合用在动词后面,表示可能或不可能 ▷干得~|去得~|这病好不~。○ ❹ 名 姓。

了[2]（瞭） liǎo 动 很清楚地知道 ▷~如指掌|一目~然|明~。

另见 833 页 le;"瞭"另见 867 页 liào。

【了不得】 liǎobudé ❶ 形 不寻常;很突出 ▷他干了一件~的事|他真~,枪法那么准。❷ 形 形容情况很严重 ▷~啦,大堤决口了! ☛ 参见 108 页"不得了"的提示。

【了不起】 liǎobuqǐ ❶ 形 非常棒;优点非常突出 ▷这种工匠精神太~了! ❷ 形 严重;影响大(用于否定) ▷没什么~的事。

【了当】 liǎodàng ❶ 形 直爽;痛快 ▷直截~|办事~。❷ 形 妥当;完备 ▷准备~|万事俱已~。☛ "当"这里不读 dāng。

【了得】 liǎodé ❶ 形 了不得①(多见于近代汉语) ▷他的辩才十分~。❷ 形 了不得②(多用于反问句末尾,强调语意的严重) ▷要是被毒蛇咬伤,那还~!

【了断】 liǎoduàn 动 了结 ▷这件事该~了。

【了结】 liǎojié 动 完结;彻底解决 ▷还有点儿债务没有~|纠纷已经~。

【了解】 liǎojiě ❶ 动 清楚地知道 ▷彼此十分~。❷ 动 调查;搞清楚 ▷~一下市场行情。

【了局】 liǎojú ❶ 动 了结 ▷无法~。❷ 名 彻底解决问题的办法 ▷靠别人救济终非~。

【了了】 liǎoliǎo〈文〉❶ 形 对事理或情况很明白、很了解 ▷~于心。❷ 形 聪明;懂事 ▷小时~,大未必佳。

【了期】 liǎoqī 名〈文〉事情了结的时间 ▷尚无~。

【了却】 liǎoquè 动 了结 ▷~终身大事。

【了然】 liǎorán 形 清楚;明白 ▷一目~|~于心。

【了如指掌】 liǎorúzhǐzhǎng 对事物了解得非常清楚,就像指着自己的手掌上的东西给人看一样。

【了事】 liǎoshì 动 平息纠纷或了结事端(多指不彻底或不得已) ▷敷衍~|一走~。

【了无】 liǎowú 动 全然没有 ▷~情义|~兴趣。

【了悟】 liǎowù 动〈文〉觉悟;领悟 ▷~人生真谛。

【了账】 liǎozhàng 动 结清欠账;比喻结束事情或恩怨 ▷谁欠钱谁就去~|纠纷尚未~。

钌（釕） liǎo 名 金属元素,符号 Ru。银灰色,质硬而脆,熔点很高,不溶于王水。可用来制耐磨的硬质合金和催化剂等。

另见本页 liào。

蓼 liǎo 名 一年或多年生草本植物,节常膨大,单叶互生,多开淡红色或白色花。种类很多,常见的有水蓼、蓼蓝、何首乌等。☛ 不读 liào。

另见 897 页 lù。

【蓼蓝】 liǎolán 名 一年生草本植物,茎红紫色,叶长椭圆形,秋季开淡红色花。叶可制蓝靛,做染料,也可做药材。也说蓝。

憭 liǎo 动〈文〉明白。

燎 liǎo 动 靠近火而被烧焦 ▷头发让火~了一大片|烟熏火~。

另见 865 页 liáo。

liào

尥 liào [尥蹶子] liàojuězi 动 骡、马等跳起来用后腿向后踢。

钌（釕） liào [钌铞儿] liàodiàor 名 用来扣住门、窗、箱盖、柜门等的铁片,一端钉在门、窗等上面,另一端有钩钩住屈戌儿,或有眼儿套在屈戌儿上 ▷扣上~,锁上门。

另见本页 liǎo。

料 liào ❶ 动〈文〉量;估计数量。→ ❷ 动 预料 ▷没~到你会来|~事如神。❸ 动 处理;照看 ▷~理|照~。→ ❹ 名 材料① ▷不缺人,只缺~|偷工减~|木~|备~|原~。⇒ ❺ 名 具有某种特定用途的物品 ▷饮~|调~|饲~|肥~|燃~|电~|颜~。⇒ ❻ 名 材料②③ ▷史~|笑~。⇒ ❼ 名 一种低熔点的玻璃,可以加工成为仿珠玉的手工艺品 ▷~器|~货。⇒ ❽ 量 a)中医配制丸药时,处方规定的剂量的全份为 1 料 ▷按处方配几~丸药。b)旧制木材计量单位,两端截面为 1 平方尺,长足 7 尺的木材为 1 料。⇒ ❾ 名 材料④ ▷他不是教书的~|这孩子是块唱戏的~。

【料定】 liàodìng 动 料想并断定 ▷~他不会同意。

【料斗】 liàodǒu 名 盛饲料的器具,样子像斗,平口圆底,多用柳条编成。

【料豆儿】 liàodòur 名 喂牲口的黑豆、黄豆等。

【料度】 liàoduó 动〈文〉预料;推测 ▷结果如何,尚难~。☛ "度"这里不读 dù。

【料及】 liàojí 动〈文〉预料到 ▷此事始未~。

【料酒】 liàojiǔ 名 用作调料的黄酒。

【料理】 liàolǐ ❶ 动 办理;处理 ▷把家务~得井

井有条|～杂事。〇 ❷ 动 烹调 ▷名厨～。❸ 名 指某种风格的菜肴 ▷韩国～。

【料器】liàoqì 名 用熔化的玻璃加颜料制成的手工艺品。质地光洁晶莹，色彩斑斓美观。

【料峭】liàoqiào 形〈文〉形容略有寒意 ▷春风～|～轻寒。☛ 参见 873 页“凛冽”的提示。

【料事如神】liàoshì-rúshén 像神灵一样，猜度未来的事情非常准确。

【料想】liàoxiǎng 动 预料；猜想 ▷没～会有这么好的效果。

【料子】liàozi ❶ 名 衣料；特指毛料 ▷衣服～。❷ 名 材料④ ▷我不是做生意的～。

撂 liào ❶ 动 不经心地放；搁下 ▷把行李～在地上|～下饭碗就走了|这件事先～一～再说。→ ❷ 动 扔掉；抛弃 ▷没用的材料都～了|不能～下一家老小不管。→ ❸ 动 摔倒；弄倒 ▷一个绊子就把他～倒了|一梭子子弹，～倒一大片敌人。

【撂地】liàodì 动 指艺人在集市、庙会、街头摆地摊卖艺。也说撂地摊。

【撂荒】liàohuāng 动〈口〉任土地荒芜而不耕种 ▷这么肥沃的地，～太可惜了。

【撂开】liàokāi 动 丢开；放下 ▷村里的事，我怎么能～不管呢？|～那些不愉快的事。

【撂手】liàoshǒu 动 撒手不做；丢开不管 ▷这么多事，怎能一～全推给别人呢！

【撂挑子】liàotiāozi 放下担子。比喻放下应做的工作不干 ▷不能一不高兴就～。

墂 liào 用于地名。如圪墂，在山西。

廖 liào 名 姓。☛ 跟“寥(liáo)”不同。“寥”指空旷、寂静、稀少，“寥廓”“寂寥”“寥寥”的“寥”不能误写作“廖”。

撩 liào 同“撂”。现在一般写作“撂”。
另见 864 页 liāo；865 页 liáo。

瞭 liào 动 从高处向远处看 ▷站在阳台上往下～着点儿|～望。☛ 读 liǎo(了解)时，简化为“了”；读 liào(瞭望、瞭哨等)时作“瞭”，不简化为“了”。
另见 866 页 liǎo“了[2]”。

【瞭哨】liàoshào 动 站岗；放哨 ▷他已上岗～。

【瞭望】liàowàng 动 登高远望；特指从高处监视远处的情况 ▷登泰山极顶～群山。

【瞭望哨】liàowàngshào 名 为从高处或远处监视敌情或火警等而设立的哨位、哨所或人员。

【瞭望台】liàowàngtái 名 为监视敌情或火警等而架设的高台子。

镣(鐐) liào 名 套在脚腕上的刑具 ▷脚～|～铐。

【镣铐】liàokào 名 脚镣和手铐；比喻受到的束缚、禁锢 ▷挣脱种族隔离的～。

liē

咧 liē 见下。
另见本页 liě。

【咧咧】liēliē 见253 页“大大咧咧”；918 页“骂骂咧咧”。

【咧咧】liēlie〈口〉❶ 动 胡说；乱说 ▷别听他瞎～。❷ 动 (小孩儿)啼哭 ▷这孩子是不是生病了，怎么总～呀？

liě

咧 liě 动 嘴角张开向两边伸展 ▷～着大嘴哭开了|龇牙～嘴。
另见本页 liē。

裂 liě 动〈口〉朝两边分开；敞开 ▷麻袋缝儿～开了|没系扣子，～着怀。
另见 869 页 liè。

liè

列 liè ❶ 动 把一个个事物按一定顺序排放；一个个人按一定顺序排成行 ▷～出名单|陈～|罗～|～队欢迎。→ ❷ 名 人或物排成的行 ▷队～|出～|数～。⇒ ❸ 代 各；众 ▷～位|～国|～强。⇒ ❹ 名 类 ▷不在讨论之～。⇒ ❺ 量 用于成行成列的东西 ▷一～火车。→ ❻ 动 安排 ▷～入议事日程|把防洪～为首要任务。〇 ❼ 名 姓。

【列兵】lièbīng 名 义务兵军衔中的一级，低于上等兵。

【列车】lièchē 名 连挂成列的火车，由机车牵引并配有乘务人员和规定标志；通常指载客火车。

【列车员】lièchēyuán 名 客运列车上为旅客服务的人员。

【列当】lièdāng 名 一年生或二年生寄生草本植物，茎单一直立，叶退化为鳞片状，干后黄褐色，夏季开花。全草可以做药材。

【列岛】lièdǎo 名 呈直线形或弧线形排列的群岛，如澎湖列岛。

【列队】lièduì 动 排成行列 ▷～出发。

【列国】lièguó 名 同一时期内共存的各国；特指我国春秋战国时期的各诸侯国 ▷《～志》|诸侯割据，～纷争。

【列举】lièjǔ 动 逐个或逐项举出 ▷～证据。

【列宁主义】lièníng zhǔyì 帝国主义和无产阶级革命时代的马克思主义。列宁在领导俄国革命并同第二国际修正主义的斗争中，继承、捍卫了马克思主义，在关于帝国主义的理论、关于社会主义可能首先在一国取得胜利、关于建立无产阶级新型政党、关于无产阶级革命和无产阶级专政等问题上，发展了马克思主义，把马克思主义推进到一个新的阶段。

【列强】lièqiáng 名 同一时期内并存的众多强国；多指19—20世纪对外实行侵略扩张的资本主义各国。

【列位】lièwèi 代 各位；诸位 ▷～稍候。

【列席】lièxí 动 非正式成员参加会议。有发言权而没有表决权 ▷他～了本次大会｜～代表。

【列阵】lièzhèn ❶ 动 排列成阵 ▷～伫立，接受检阅。❷ 名 排成的队伍 ▷～整齐威严。

【列支】lièzhī 动 财务上指将某项费用列入某项目中支出 ▷这笔招待费不应在会议费中～。

【列传】lièzhuàn 名 我国纪传体史书的体裁之一。司马迁撰《史记》时首创，一般用以记述帝王以外的著名人物的事迹。如《史记·李将军列传》。

【列装】lièzhuāng 动 列入军队装备 ▷新一代战机～我空军部队｜该旅～某新型雷达。

【列祖列宗】lièzǔ-lièzōng（家族或民族）历代的各位祖先。

劣 liè ❶ 形 弱小 ▷～株。→ ❷ 形 低下；坏（跟"优"相对）▷～等｜低～｜～马｜恶～｜～迹。→ ❸ 形 小于一定标准的 ▷～弧。☛ 统读 liè，不读 lüè。

【劣等】lièděng 形 下等 ▷质量过于～｜最～的原料。

【劣根性】liègēnxìng 名 长期养成而难以改变的不良习性 ▷阿Q体现了那个时代的民族～。

【劣弧】lièhú 名 比半圆小的弧。

【劣迹】lièjì 名 恶劣的事迹 ▷～昭彰。

【劣绅】lièshēn 名 行为恶劣、为害一方的绅士 ▷土豪～。

【劣势】lièshì 名 相比之下不利的形势 ▷实力不强，比赛一开始就处于～。

【劣质】lièzhì 形 质量差的 ▷～工程｜做工太～了。

【劣种】lièzhǒng 名（作物或家畜）性能低劣的品种、种子 ▷严禁销售假种、～。

冽 liè 形 寒冷 ▷凛～。☛ 参见本页"冽"的提示。

峛 liè［峛屿］lièyǔ 名 地名，在福建，现在改为"列屿"。

洌 liè 形〈文〉清澈；不混浊 ▷泉香而酒～。☛ 跟"冽(liè)"不同。"洌"义为"清澈"，左边是"氵"；"冽"义为"寒冷"，左边是"冫"。

埒 liè〈文〉❶ 名 指矮墙、田埂、堤坝等 ▷湖～。○ ❷ 动 等同 ▷富～王侯｜才力相～。

烈 liè ❶ 形 火势猛 ▷～火熊熊｜～焰。→ ❷ 形 形容强度、浓度、力量等很大 ▷～日｜～酒｜兴高采～｜热～。❸ 形 刚强；正直 ▷他是个～性子｜刚～。⇒ ❹ 形 为正义事业而牺牲的 ▷～士。⇒ ❺ 名 为正义事业而牺牲的人 ▷先～｜～属。○ ❻ 名〈文〉功绩；功业 ▷功～｜余～（先人留下的功业）。

【烈度】lièdù 名 地震烈度的简称。

【烈风】lièfēng 名 猛烈的风；气象学上指9级风。

【烈火】lièhuǒ 名 猛烈的大火 ▷～吞没了大片的森林◇抗日救亡的～在全国各地熊熊燃烧起来。

【烈火见真金】lièhuǒ jiàn zhēnjīn 比喻在危急关头才能考验出人的高贵品质。

【烈酒】lièjiǔ 名 酒精度数高、酒性猛烈的酒。

【烈军属】liè-jūnshǔ 烈属和军属。

【烈马】lièmǎ 名 性子暴烈、不易驯服的马。

【烈女】liènǚ 名 旧指刚正守节的女子；也指以死保持贞节的女子。

【烈日】lièrì 名 灼热难当的太阳。

【烈士】lièshì ❶ 名〈文〉把建功立业作为志向的人 ▷～暮年，壮心不已。❷ 名 为正义事业献出生命的人 ▷革命～。

【烈属】lièshǔ 名 烈士遗属。在我国，一般指烈士的父母或抚养人、配偶、子女及兄弟姐妹等。

【烈性】lièxìng ❶ 形 性格刚烈 ▷他的脾气过于～｜～女子。❷ 形 性质猛烈；效力强大 ▷这种酒十分～｜～农药。

【烈性子】lièxìngzi 名 指性情刚烈的人。

【烈焰】lièyàn 名 炽烈的火焰 ▷～冲天。

捩 liè 动〈文〉扭转 ▷～转｜转～点。☛ 统读 liè，不读 lì。

鴷（鴷） liè 名〈文〉啄木鸟。

脟 liè 名〈文〉禽兽肋骨上的肉。另见902页 luán。

猎（獵） liè ❶ 动 打猎；捕捉禽兽 ▷渔～｜～手｜～狗。→ ❷ 动 寻求；追求 ▷～取｜～奇｜～艳。

【猎豹】lièbào 名 哺乳动物，似豹而小，皮黄色，有黑色斑点。奔跑速度极快，时速可达100千米。主要产于非洲和亚洲的一些地区。

【猎捕】lièbǔ 动 猎取；捕获（禽兽）▷～珍奇野生动物是违法的。

【猎场】lièchǎng 名 限定范围供人打猎的场所，多为山林或草原。

【猎刀】lièdāo 名 打猎用的刀。刀头可折叠在刀柄内，由于弹簧片的自锁作用，不会因用力过猛而折回。

【猎狗】liègǒu 名 经过训练，用来帮助捕猎的狗。也说猎犬。

【猎户】lièhù 名 以打猎为生的人家；也指猎人。

【猎户座】lièhùzuò 名 赤道带星座之一，其中星的分布形状像一位系腰带、持弓箭的猎人，在双子座、天兔座和金牛座之间。我国古代称参宿(shēnxiù)。

【猎获】lièhuò 动 捕猎到 ▷～5只野兔。

【猎具】lièjù 名 打猎用的工具，如枪、刀、箭等。

【猎猎】lièliè 拟声 模拟刮风的声音或旗帜被风吹动的声音 ▷寒风～|～战旗。

【猎奇】lièqí 动 刻意寻找奇异的事物(多含贬义) ▷我们是去学习，不是去～。

【猎潜艇】lièqiántǐng 名 以反潜武器为主要装备的小型水面战斗舰艇，用于近海搜索和攻击敌潜艇等。

【猎枪】lièqiāng 名 打猎用的枪。

【猎取】lièqǔ ❶ 动 通过捕猎而获取。❷ 动 用不正当手段夺取 ▷～名利|～不义之财。

【猎人】lièrén 名 以打猎为生的人。

【猎杀】lièshā 动 捕捉并杀死。

【猎食】lièshí 动 猎杀动物等作为食物 ▷老鹰～野兔。

【猎手】lièshǒu 名 打猎技术熟练的人。

【猎头】liètóu ❶ 名 英语 head hunting 直译。为企业等物色、挖掘所需人才的工作 ▷～公司。❷ 名 指从事这项工作的人 ▷他是一名专业～。

【猎物】lièwù 名 捕猎到的或作为捕猎对象的鸟兽；比喻已被伤害的或将要被伤害的对象 ▷提高警觉，不要成了骗子的～。

【猎艳】lièyàn ❶ 动 搜寻丽词艳句(多含贬义) ▷逐奇～。❷ 动 追逐女色 ▷～贪杯。

【猎鹰】lièyīng 名 经过训练，用来帮助打猎的鹰。

【猎装】lièzhuāng 名 打猎穿的服装，一般有肩襻和腰带、裹腿。

裂 liè ❶ 动 整体破开或分离 ▷西瓜摔～了|四分五～|～开|分～。→ ❷ 动 出现缝隙(尚未分开) ▷碗碰～了|～痕|～纹。

另见 867 页 liě。

【裂变】lièbiàn ❶ 动 一个重原子核(如铀核)分裂成两个质量相近的核，并放出中子，同时释放出巨大的能量。❷ 动 分裂改变 ▷在社会转型时期，传统的思维模式不断发生～。

【裂唇】lièchún 名 唇裂。

【裂缝】lièfèng ❶ 动 裂开缝隙 ▷墙体～了。❷ 名 裂开的缝隙 ▷玻璃上有一道～。

【裂谷】liègǔ 名 断裂地带之间的谷地 ▷～的两壁十分陡峭。

【裂果】lièguǒ 名 成熟后果皮会自动开裂的干果。如荚果、蒴果、角果等。

【裂痕】lièhén 名 物体破裂的痕迹 ▷鱼缸上有一条～◇他们夫妻间的～是可以弥合的。

【裂化】lièhuà 动 石油分馏加工的一种方法。以重油为原料，在加热、加压或催化剂的作用下，重油所含的烷烃断裂为分子量较小的烃类，从而获得可燃气体、汽油、煤油和焦油等产品。

【裂解】lièjiě 动 将石油系原料中的烷烃在高温(750℃以上)下断裂分解为活性较大、分子量较小的烯烃。

【裂口】lièkǒu ❶ 动 裂开口子 ▷自来水管冻得～了。❷ 名 裂开的口子 ▷桌面有一条～。

【裂片】lièpiàn 名 边缘有明显缺口的叶子；组成花冠的小片。

【裂纹】lièwén ❶ 名 器物将要裂开的纹路痕迹 ▷罐子的～越来越明显了。❷ 名 瓷器在烧制中特意制成的类似裂纹的装饰性花纹。

【裂璺】lièwèn 名 裂纹。

【裂隙】lièxì ❶ 名 地质学上指岩石受地质作用影响而出现的缝隙。❷ 名 指一般器物上的缝隙；也比喻感情上的隔阂 ▷双方感情上有了～。

【裂眦】lièzì 动 〈文〉眼角睁裂。

趔 liè [趔趄] lièqie 动 身体摇晃，走路不稳 ▷往前～了两步，但没摔倒|～着走了过来。☛"趔"统读 liè，不读 liē 或 lüè。

躐 liè 〈文〉❶ 动 践踏；踩 ▷～乎王庭。→ ❷ 动 越过；超越 ▷～等|～升。

【躐等】lièděng 动 〈文〉不按次序；超越等级 ▷～拔擢(拔擢：提拔)。

鱲(鱲) liè 名 鱼，体侧扁，长约10厘米，银灰带红色，有蓝色横纹。生活在淡水中，可供食用。也说桃花鱼。

鬣 liè 名 马颈上的长毛；泛指动物头、颈上的毛 ▷马～|狮～|～鬃|～狗。

【鬣狗】liègǒu 名 哺乳动物，外形像狗，颈有鬣毛，前腿长，后腿短。生长在非洲和亚洲，常成群夜出捕猎斑马、角羚等，也吃动物的尸体。

līn

拎 līn 动 用手提(东西) ▷～着一包东西|～不动。☛统读 līn，不读 līng。

lín

邻(鄰*隣) lín ❶ 名 挨在一起住的人家 ▷街坊四～|左～右舍|～里。→ ❷ 动 位置接近 ▷～近|～接|～县。

【邻邦】línbāng 名 国土相邻的国家。

【邻村】líncūn 名 邻近的村庄。

【邻国】línguó 名 邻邦。

【邻角】línjiǎo 名 在同一平面上，有同一顶点和一条公共边，且其他两条边分别处在公共边两旁的两个角。

【邻接】línjiē 动（国家、地区等）相连接；紧靠着 ▷我国南部～越南、缅甸等国。

【邻近】línjìn ❶ 动（位置）靠近 ▷常德市～洞庭湖。❷ 名 近旁 ▷工厂～有一个加油站。☛ 参见 871 页“临近”的提示。

【邻近色】línjìnsè 名 光谱上相邻的颜色。如红与橙、黄与绿。

【邻居】línjū 名 住处相连或靠近的人或家庭。

【邻里】línlǐ ❶ 名 家庭所在的乡里或街道。❷ 名 同一乡里或街道的人家或人 ▷～和睦。

【邻舍】línshè 名 邻居的房子；借指邻居。☛“舍”这里不读 shě。

【邻座】línzuò 名 邻近的座位或邻近座位上的人 ▷～还空着｜向～打招呼。

林 lín ❶ 名 连成一片的树木或竹子 ▷植树造～｜竹～｜森～。→ ❷ 名 指林业 ▷农～牧副渔。→ ❸ 名 比喻聚集在一起的同类事物或人 ▷石～｜碑～｜艺～。〇 ❹ 名 姓。

【林产】línchǎn 名 林业产物，包括树木、野果及森林中的菌类、动物等。

【林场】línchǎng ❶ 名 负责森林的培育、管理、采伐等工作的单位。❷ 名 培育、采伐林木的地方。

【林丛】líncóng 名 丛林① ▷野兽在～中出没。

【林带】líndài 名 用乔木和灌木混合营造的狭长防护林，可以防风、防沙等。

【林地】líndì 名 长有成片林木的土地。

【林冠】línguān 名 森林中树冠相连形成的一体 ▷～依地势而起伏。☛“冠”这里不读 guàn。

【林海】línhǎi 名 像海一样一望无边的大片森林。

【林火】línhuǒ 名 森林里的火种；也指森林火灾 ▷～管制｜扑灭～。

【林垦】línkěn 动 垦荒造林。

【林立】línlì 动 像森林中的树木那样密集地竖立着。表示众多 ▷厂房～｜学派～。

【林林总总】línlínzǒngzǒng 形 形容数量、种类众多。

【林莽】línmǎng 名 茂密的林木草丛 ▷～葱郁。

【林木】línmù ❶ 名 树林 ▷～茂盛。❷ 名 树林中的树木。

【林农】línnóng 名 以从事林业生产为主业的农民。

【林檎】línqín 名 花红①。

【林区】línqū ❶ 名 生长大片森林的地区。❷ 名 我国行政区划单位，与县同级。如湖北省神农架林区。

【林泉】línquán 〈文〉❶ 名 树林和山泉 ▷～密布。❷ 名 借指退隐后在乡野的住处 ▷终老～。

【林涛】líntāo 名 风吹森林发出的波涛般的声音 ▷朔风吹，～吼。

【林网】línwǎng 名 像网一样纵横交错的林带。

【林下】línxià ❶ 名 林中树下 ▷～听经｜发展～经济。❷ 名〈文〉泛指幽静的地方。❸ 名〈文〉借指退隐的地方 ▷退居～，潜心治学。

【林相】línxiàng ❶ 名 指林冠层次（单层和复层）不同而呈现的森林外形 ▷～错落有致。❷ 名 泛指森林的外貌及林木品质状况。

【林型】línxíng 名 根据森林综合自然性状而划分的类型。常见的有水藓落叶松林、湿润肥沃栎林、山地黄壤高灌木马尾松林等。

【林业】línyè 名 从事森林培育、管理、保护，综合经营开发森林资源的产业。

【林独】línyì 名 猞（shē）猁。

【林阴道】línyīndào 名 两旁有树木荫蔽的道路。也说林阴路。

【林园】línyuán 名 山林田园；园林。

【林苑】línyuàn 名 古代供皇家或达官贵族打猎玩乐的园林。

【林政】línzhèng 名 森林管理的有关事务，包括森林培育、保护和采伐等。

【林子】línzi 名〈口〉树林 ▷～里鸟特别多。

临（臨） lín ❶ 动 从高处往下看 ▷居高～下。→ ❷ 动 从上面到下面去 ▷光～｜降～｜亲～现场。❸ 动 来到 ▷大难～头｜身～其境。→ ❹ 动 面对着；靠近 ▷～街｜背山～水｜如～大敌｜～危不惧。⇒ ❺ 副 表示动作将要发生 ▷～行｜～产｜～别｜～终。⇒ ❻ 动 对照着字或画描摹 ▷～帖｜～画｜～摹。☛ 左边是“〢”，不是“刂”；右下是“皿”，不是“罒”。参见 513 页“归”的提示。

【临别】línbié 动 临近离别 ▷～饯行。

【临产】línchǎn 动 即将分娩。

【临场】línchǎng 动 亲临现场；在现场（多指考场、剧场、赛场等）▷～指挥｜～发挥正常。

【临池】línchí 动〈文〉相传汉代书法家张芝在池边练习写字，因常用池水涮笔洗砚，池水都变黑了。后借指练习书法。

【临床】línchuáng 动 医学上指医生直接为病人诊治疾病 ▷～治疗｜～试验。

【临到】líndào ❶ 动 接近于（某时、某地、某事等）▷～上课，才发现忘了带眼镜。❷ 动 摊到；落到 ▷这事还是～我头上了。

【临风】línfēng 动〈文〉迎风；冲着风 ▷～洒泪｜把酒～。

【临机】línjī 动 面对时机（采取行动）▷～处事。

【临街】línjiē 动 正对街道；紧靠街道 ▷南面的窗户～｜～有许多店铺。

【临界】línjiè 动 临近某一界限 ▷我们县跟河北省～|～温度。

【临界点】línjièdiǎn 名 物理学上指物体由一种状态转变为另一种状态所必需的条件,如气体转化为液体所必需的一定温度和压力;也指事物性质发生变化的转折点。

【临近】línjìn 动 (时间或地点)快到;靠近 ▷假期～了|我们村～大海。☛ 跟"邻近"不同。"临近"不仅指位置接近,也可指时间接近;"邻近"仅指位置相邻。

【临渴掘井】línkě-juéjǐng 临到渴了才挖井。比喻事到临头才匆忙作准备。

【临空】línkōng ❶ 动 当空;在天空 ▷烈日～。❷ 区别 临近航空港的 ▷发展～经济。

【临了】línliǎo 动〈口〉到了最后 ▷他亲口答应的事,～却变卦了。

【临门】línmén ❶ 动 到了家门口 ▷喜事～。❷ 动 到了球门前 ▷～劲射|～一脚。

【临门一脚】línmén-yījiǎo ❶ 足球比赛中,在靠近对方球门的地方抬脚射门 ▷他～,将球射入球门。❷ 比喻在某个过程中对最后的成功起决定性作用的行动、步骤等 ▷在整个研制过程中,他的建议起到了～的作用|我公司的正式成立只差～了。

【临摹】línmó 动 照着(书画碑帖等)模仿 ▷～字帖|～壁画。

【临难】línnàn 动 面临灾难 ▷～不惊。

【临盆】línpén 动 临产。

【临深履薄】línshēn-lǚbó 形容提心吊胆,小心翼翼。参见 1167 页"如临深渊,如履薄冰"。

【临时】línshí ❶ 副 表示临到事情发生的时候 ▷～变卦。❷ 形 暂时的;一时的 ▷～借用。

【临时抱佛脚】línshí bào fójiǎo 指平时不烧香,遇到危难时才求佛保佑。比喻事到临头才慌忙想办法应付。也说急来抱佛脚。

【临时代办】línshí dàibàn 指临时代表大使行使职权的外交官。☛ 跟"代办"不同。

【临时工】línshígōng 名 短期雇用的非正式的工作人员。

【临时性】línshíxìng 名 暂时的性质 ▷～措施。

【临死】línsǐ 动 临近死亡 ▷～不惧。

【临帖】líntiè 动 模仿字帖练习写字。☛ "帖"这里不读 tiē 或 tiě。

【临头】líntóu 动 (危难或不幸的事情)降临到身上 ▷大难～|事到～还不快想法子!

【临危】línwēi ❶ 动 面临危险 ▷～受命|～不惧。❷ 动 临终 ▷～留下遗言。

【临危受命】línwēi-shòumìng 在危急时刻接受任命。☛ 跟"临危授命"不同。

【临危授命】línwēi-shòumìng 在危难之时勇于献出自己的生命。也说见危授命。☛ 跟"临危受命"不同。

【临刑】línxíng 动 即将被处死刑。

【临行】línxíng 动 临到出发。

【临渊羡鱼】línyuān-xiànyú《汉书·董仲舒传》:"临渊羡鱼,不如退而结网。"意思是看着水里有鱼而眼热,不如先回去织好渔网。后用"临渊羡鱼"比喻虽有愿望而不采取实际行动,就什么也得不到。

【临月】línyuè 动 指怀孕足月,将要分娩。

【临战】línzhàn 动 临近战斗或竞赛 ▷～前的准备工作|球队训练有素,～一点儿不慌。

【临阵】línzhèn ❶ 动 临近阵地或战斗 ▷～逃跑|～不怯。❷ 动 指来到阵地参加战斗 ▷～多年,战功卓著。

【临阵磨枪】línzhèn-móqiāng 临到上阵打仗才磨枪;比喻事到临头才匆忙准备。

【临阵脱逃】línzhèn-tuōtáo 临近打仗时逃跑;比喻事到临头或遇到艰险时畏缩逃避。

【临终】línzhōng 动 临近死亡(一般用于人) ▷～嘱托。

【临终关怀】línzhōng guānhuái 对将要死亡的病人给予特殊关心和照顾,以减轻病人的心理负担和生理痛苦 ▷～医院。

啉 lín 音译用字,用于"喹(kuí)啉"等。

淋 lín ❶ 动 液体落在身上或东西上 ▷小心～了雨|日晒雨～|～浴。→ ❷ 动 把液体洒在东西上 ▷花儿蔫了,快～点儿水吧!
另见 873 页 lìn。

【淋巴】línbā 名 拉丁语 lympha 音译。淋巴液的简称。循行于淋巴管中的无色透明液体。淋巴存在于人体的各个部位,对于人体的免疫系统有着至关重要的作用。

【淋巴管】línbāguǎn 名 人和动物体内构造与静脉相似的管子,分布在全身各部,是淋巴液循环并流经的管道。

【淋巴结】línbājié 名 分布于淋巴系统的腺样结构,蚕豆状,大小不等,多存在于颈部、腋窝、腹股沟等部位。主要功能是过滤淋巴、清除细菌和异物、产生淋巴细胞和抗体等,是重要的免疫器官。

【淋巴细胞】línbā xìbāo 体积较小的白细胞。主要产生于骨髓及淋巴结、脾脏等器官中。有产生和储存抗体的功能。也说淋巴球。

【淋漓】línlí ❶ 形 形容液体大量往外渗或往下滴 ▷鲜血～|大汗～。❷ 形 形容痛快、尽兴 ▷～尽致|酣畅～。

【淋漓尽致】línlí-jìnzhì 形容表达得详尽透彻;也形容暴露得非常彻底 ▷这组画～地展现了东方艺术的无穷魅力|他的贪婪本性暴露

得～。

【淋淋】línlín 形 形容水、汗等接连往下滴落的样子 ▷水～|血～。

【淋雨】línyǔ 动 被雨淋 ▷～了，快洗个热水澡。

【淋浴】línyù 动 在喷头下让水冲着洗澡 ▷他正在～。

【淋浴器】línyùqì 名 洗淋浴用的家用设备。

綝（綝） lín，又读 shēn［綝纚］línlí〈文〉❶ 形 形容衣服上的佩带物等下垂的样子。❷ 形 形容盛装的样子 ▷珮～以辉煌。

另见 164 页 chēn。

琳 lín 名〈文〉一种美玉 ▷玫瑰碧～。

【琳琅】línláng 名 美玉；比喻美好的东西 ▷～满目。

【琳琅满目】línláng-mǎnmù 形容眼前美好的东西很多。

箖 lín ❶ 名 古书上说的一种竹子。〇 ❷ 用于地名。如白箖、箖投围，均在广东。

粼 lín［粼粼］línlín 形 形容（水）清澈或（石）明净的样子 ▷波光～|白石～。

嶙 lín［嶙峋］línxún〈文〉❶ 形 形容山石峻峭、重叠的样子 ▷山石～。❷ 形 形容瘦削 ▷瘦骨～。❸ 形 形容人刚毅正直，气节高尚 ▷风骨～。

遴 lín 动〈文〉慎重挑选 ▷～才|～选。☛ 统读 lín，不读 lìn。

【遴选】línxuǎn 动 严格挑选 ▷～人才|～作品。

潾 lín［潾潾］línlín〈文〉❶ 形 形容水清澈的样子 ▷泗水～弥以清。❷ 形 形容水波荡漾、波光闪动的样子 ▷月随波动碎～。

驎（驎） lín 名〈文〉身上有鳞状斑纹的马。

璘 lín 名〈文〉玉的光彩（多用于人名）。

【璘瑸】línbīn 形〈文〉花色驳杂；色彩缤纷。

霖 lín 名〈文〉久下不停的雨 ▷～雨|甘～。

【霖雨】línyǔ 名 连绵大雨 ▷～连日，河水暴涨。

辚（轔） lín［辚辚］línlín 拟声〈文〉模拟很多车行进的声音 ▷车～，马萧萧。

磷（*粦燐） lín 名 非金属元素，符号 P。有白磷（黄磷）、红磷和黑磷（紫磷）3 种同素异形体。白磷可用来制造烟幕弹或燃烧弹，红磷可以制造安全火柴，磷的化合物可用于医疗和制造化肥等。

【磷肥】línféi 名 以磷元素为主的肥料，如骨粉、过磷酸钙等。合理施用能促使作物发育，增强抗逆能力，提早成熟，籽粒饱满。

【磷光】língguāng 名 金刚石、方解石、萤石等所发出的光，是这些物质受到摩擦、振动或光、热、电波等作用而产生的。

【磷灰石】línhuīshí 名 矿物，主要成分是磷酸钙，并含有氯和氟。多为无色透明或浅绿色的晶体，分布很广，是制造磷肥的主要原料。

【磷火】línhuǒ 名 磷质遇空气燃烧发光形成的白中带蓝绿色的火焰。人和动物尸体腐烂时能分解出可以自燃的磷化氢，夜间在坟地有时可看到这种自燃的火焰。俗称鬼火。

【磷酸】línsuān 名 无机酸，通常指正磷酸。透明晶体，在空气中容易潮解，属次强酸。一般所用的是浓稠液体，主要用来制肥料、药品等。

【磷虾】línxiā 名 甲壳动物，形似虾，眼柄、胸部及腹部有发光器。在海水中浮游生活，为鱼类主要饵料之一。

【磷脂】línzhī 名 含磷酸的脂质，是构成细胞膜和细胞器膜的重要成分。在动物的脑、肝、红细胞和卵黄中及植物的种子中含量较多。可用来做糕点、糖果等，也用在化妆品、肥皂、橡胶、皮革等工业中。

瞵 lín 动〈文〉注视 ▷鹰～鹗视（像鹰和鹗一样目光锐利地注视着）|～盼。

鏻（鏻） lín 名 含磷的有机化合物的一类。

翷 lín 形〈文〉形容飞翔的样子。

鳞（鱗） lín ❶ 名 鱼类、爬行动物和少数哺乳动物身体表面的角质或骨质薄片状组织，具有保护身体的作用。可分为盾鳞、硬鳞和骨鳞。→ ❷ 形 形状像鳞片的 ▷～波|～茎|遍体～伤。

【鳞波】línbō 名 鱼鳞状的波纹 ▷～闪烁。

【鳞次栉比】líncì-zhìbǐ 像鱼鳞和梳子齿那样紧密有序地排列着（次：按顺序排列；比：并列）。多用来形容房屋等密集排列。也说栉比鳞次。☛ "栉"不读 jié。

【鳞甲】línjiǎ 名 鳞片和甲壳；借指有鳞或甲的水生动物。

【鳞茎】línjīng 名 植物地下茎的一种。短缩呈盘状，其上密生肉质鳞叶和芽。如百合、洋葱、水仙等的地下茎。

【鳞片】línpiàn ❶ 名 鳞①。❷ 名 昆虫翅膀或躯体表面上的壳质小片，能反光，有色彩。❸ 名 包在植物幼芽外面的像鱼鳞一样的薄片，其作用是保护幼芽不受损伤。

【鳞爪】línzhǎo 名〈文〉鳞和爪；比喻事情的片断。常说一鳞半爪 ▷仅闻～。

【鳞状】línzhuàng 名 像鱼鳞一样的形状 ▷～茎|外皮～。

麟（*麐） lín ❶ 名〈文〉指麒麟 ▷凤毛～角。参见 1075 页“麒麟”。○ ❷ 名 姓。

【麟凤龟龙】lín-fèng-guī-lóng 古代称这四者为象征吉祥、高贵、长寿的四灵。比喻品德高尚或杰出的人物；也比喻珍稀物品。

【麟角】línjiǎo 名 麒麟的角；比喻罕见可贵的人才或事物 ▷凤毛～。

lǐn

菻 lǐn 名 古书上指蒿类植物。

凛 lǐn ❶ 形 寒冷 ▷～若霜晨｜～气袭人｜～冽｜～秋。→ ❷ 形〈文〉畏惧；害怕 ▷～畏。❸ 形 严肃；威严 ▷～遵（严肃地遵照）｜～若冰霜｜～不可犯。

【凛冽】lǐnliè 形 极其寒冷 ▷朔风～。☛ 跟“料峭”不同。“凛冽”形容严寒；“料峭”形容微寒。

【凛凛】lǐnlǐn ❶ 形 形容寒冷 ▷北风～。❷ 形 形容神情严峻令人敬畏的样子 ▷～正色。

【凛然】lǐnrán 形 形容态度严肃、令人敬畏的样子 ▷神态～｜大义～。

廪 lǐn〈文〉❶ 名 粮仓；仓库 ▷仓～。→ ❷ 动 由官府供给（粮食等）▷～米｜～膳｜～生（由官府供给膳食的生员）。

懔 lǐn 古同“凛”②③。

檩 lǐn 名 架在房梁上或山墙上用来托住椽子或屋面板的横木。也说桁、檩条、檩子。

lìn

吝（*悋） lìn ❶ 形 吝啬 ▷悭～｜不～赐教。○ ❷ 名 姓。

【吝色】lìnsè 名 舍不得的表情 ▷捐资助学，毫无～。

【吝啬】lìnsè 形 形容舍不得使用应当使用的财物；小气 ▷她从不舍得把东西借给别人，～得很｜～鬼。

【吝啬鬼】lìnsèguǐ 名 对吝啬的人的鄙称。

【吝惜】lìnxī 动 过分爱惜；舍不得使用或拿出（力气或财物）▷并不～那几个钱。

赁（賃） lìn ❶ 动 租用；出租 ▷这辆车是～的｜～出两间房。○ ❷ 名 姓。

淋（*痳❷） lìn ❶ 动 过滤 ▷把汤药～出来再喝｜～盐｜～硝｜过～。→ ❷见本页“淋病”。

另见 871 页 lín。

【淋病】lìnbìng 名 由淋球菌感染所引起的一种传染性性病。症状是尿道发炎，排尿涩痛，尿中带有脓性分泌物。旧称白浊。

蔺（藺） lìn ❶ 见916 页“马蔺”。○ ❷ 名 姓。☛ 下边“门”里是“隹”，不是“佳”。

膦 lìn 名 磷化氢中的氢原子部分或全部被烃基取代而形成的有机化合物。

躏（躪） lìn 见1165 页“蹂(róu)躏”。

líng

〇 líng 数 同“零”，在用汉字的小写数字书写数目时，表示数的空位 ▷三～一医院｜公元二～二～年。☛ 阿拉伯数字“0”有“零”和“〇”两种汉字书写形式。用于计量时，“0”的汉字书写形式为“零”；用于编号时，“0”的汉字书写形式为“〇”。

令 líng［令狐］línghú ❶ 名 古地名，在今山西临猗一带。○ ❷ 名 复姓。

另见 877 页 lǐng；879 页 lìng。

伶 líng 名 旧指戏曲演员 ▷～人｜优～｜名～｜坤～。

【伶仃】língdīng ❶ 形 孤单，无依无靠 ▷孤苦～。❷ 形 衰弱；瘦弱 ▷瘦骨～。☛ 不要写作“零丁”。

【伶俐】língli 形（头脑、口齿等）灵活 ▷聪明～｜～可爱｜口齿～。

【伶俜】língpīng 形〈文〉孤独；孤单 ▷～无依。

【伶人】língrén 名 古代指演奏音乐的人；也指戏曲演员。

【伶牙俐齿】língyá-lìchǐ 口齿灵活乖巧。形容口才好。

灵（靈） líng ❶ 名 指神或神仙 ▷神～。→ ❷ 名 灵魂；精神 ▷在天之～｜英～｜心～。→ ❸ 名 灵柩；跟死人有关的事物 ▷停～｜守～｜～位。→ ❹ 形 灵验 ▷这种药治痢疾最～｜他的办法不～｜天气预报还挺～。→ ❺ 形 聪明；机敏 ▷脑瓜真～｜心～手巧｜机～。❻ 形 灵活迅速；反应快捷 ▷信息特别～｜失～｜～通。○ ❼ 名 姓。

【灵便】língbian ❶ 形 灵活敏捷 ▷身子很～。❷ 形（工具等）轻便好用 ▷这辆车开着～。

【灵车】língchē 名 运载灵柩或骨灰盒的车。

【灵榇】língchèn 名〈文〉灵柩。

【灵床】língchuáng 名 入殓前停放死者的床。

【灵丹妙药】língdān-miàoyào 号称能治百病的神奇丹药；比喻能解决问题的好办法。

【灵动】língdòng 形 灵活机敏；不刻板 ▷～的眼神｜这个人挺～的。

【灵幡】língfān 名 旧俗送葬时孝子手持的引魂幡。

【灵符】língfú 名 道士画的符。迷信称这种符很灵验,可以驱鬼神,降祸福。

【灵感】línggǎn 名 在文艺创作或科技研究活动中敏捷地感悟而突然产生的富有创造性的思路 ▷只有深入生活,才能获得艺术～。

【灵怪】língguài 名 传说中的神灵和鬼怪 ▷《西游记》把众多的～描绘得栩栩如生。

【灵光】língguāng ❶ 名〈文〉神异的光辉。❷ 名 指画在神像头部四周的光辉。

【灵慧】línghuì 形 机敏聪明 ▷天资～。

【灵魂】línghún ❶ 名 迷信指附在人体上的一种非物质的东西,离开人体人即死亡,而它依然独立存在。也说魂灵。❷ 名 指思想、心灵等 ▷教师是人类～的工程师。❸ 名 良心;人格 ▷不能拿～作交易。❹ 名 比喻起主导或决定作用的因素 ▷路线方针是一切工作的～|文化是一个民族的精神和～。

【灵活】línghuó ❶ 形 敏捷;不僵硬 ▷动作～。❷ 形 善于变通;不拘泥 ▷～处理。

【灵活性】línghuóxìng 名(思想、行为等)不拘泥于成规而善于变通的性质 ▷小企业～强。

【灵机】língjī 名 机敏的思维 ▷～一动,计上心来。

【灵境】língjìng 名〈文〉仙境 ▷佛国～。

【灵柩】língjiù 名 已装入死者的棺材。

【灵猫】língmāo 名 哺乳动物,比家猫大,嘴尖,毛灰黄色,背脊有黑色鬣毛。肛门下部有囊状腺,分泌物有香味,可以做香料或药品。

【灵敏】língmǐn 形 反应迅速 ▷思维～|感觉～。

【灵敏度】língmǐndù 名 指仪器、设备、试剂或测试方法等的敏感程度。如电表对微弱电流通过的敏感程度等。

【灵牌】língpái 名 灵位。

【灵气】língqì 名 悟性;聪慧机敏的气质 ▷这孩子真有点儿～。

【灵巧】língqiǎo 形 灵敏巧妙 ▷一双～的手|玩具做得非常～。

【灵寝】língqǐn 名 停放灵柩的处所。

【灵塔】língtǎ 名 宝塔;特指存放活佛和高僧遗骸的宝塔。

【灵台】língtái ❶ 名 停放灵柩、骨灰盒或摆放死者遗像、灵位等的台子。❷ 名〈文〉心灵 ▷～无计逃神矢。

【灵堂】língtáng 名 放置灵柩、骨灰盒或悬挂死者遗像,设置灵位供人吊唁的厅堂。

【灵通】língtōng 形(信息)快捷通畅 ▷信息～。

【灵童】língtóng 名 藏传佛教活佛的继承人。在活佛圆寂后,寺院上层通过占卜、掣签等仪式,从活佛圆寂时出生的若干男婴中选定。

【灵位】língwèi 名 为供奉死者而设置的牌位。一般为木制,上面写着死者的姓名。也说灵牌。

【灵犀】língxī 名 犀牛角。传说犀牛角中有白纹,感应灵敏,故称。比喻相通的心意、共鸣的情感 ▷心有～一点通。

【灵性】língxìng ❶ 名 天赋的聪明才智 ▷这孩子挺有～。❷ 名 指动物的某种感知力 ▷这只小狗有点儿～。

【灵秀】língxiù 形 灵巧秀美 ▷～的女孩儿◇山川～。

【灵验】língyàn ❶ 形 效应神奇 ▷这药还真～,抹上就不疼了。❷ 形 形容预言能够变成现实 ▷算命先生的话并不～。

【灵药】língyào ❶ 名 传说中仙人所制的药,即仙药 ▷嫦娥自悔偷～。❷ 名 有神奇疗效的药;比喻能解决问题的好办法 ▷名医自有～|要解决公司的困难,目前尚无～。

【灵异】língyì ❶ 名 神怪 ▷《西游记》里有不少～。❷ 形 神奇怪异 ▷～的飞碟|～现象。

【灵长目】língzhǎngmù 名 哺乳动物中最高等的一目,猴和类人猿属于这一目。大脑发达,眼眶朝向前方,四肢都有五趾,能够握物。

【灵芝】língzhī 名 真菌的一种,菌盖多为肾形,赤褐色或暗紫色,有光泽和环纹。生长在山地枯树根上,也可人工培植。可以做药材。

玲 líng ❶ 名〈文〉陡峻的崖岸。○ ❷ 用于地名。如玲头,在广东。

苓 líng ❶ 见421页"茯(fú)苓"。○ ❷ 名 姓。☛ 跟"芩(qín)"不同。

囹 líng [囹圄] língyǔ 名〈文〉监狱 ▷身陷～。☛ 不要写作"囹囫"。

泠 líng 形〈文〉清凉。☛ 跟"冷(lěng)"不同。"泠"左边是"氵";"冷"左边是"冫"。

【泠泠】línglíng〈文〉❶ 形 清凉 ▷清清～。❷ 形 形容声音清脆 ▷～琴声。

【泠然】língrán 形〈文〉形容声音清脆 ▷幽韵～。

伶 líng [伶俐] línglì 现在一般写作"伶俐"。另见853页 lián。

呤 líng 形〈文〉形容女性聪明伶俐。

玲 líng 名 姓。

【玲玎】língdīng 拟声〈文〉玎玲。

【玲玲】línglíng 拟声〈文〉模拟玉石撞击的声音 ▷玉响～。

【玲珑】línglóng ❶ 形(器物)精致细巧 ▷～宝塔。❷ 形 机灵敏捷 ▷～活泼|心路～。

【玲珑剔透】línglóng-tītòu ❶ 形容镂空的工艺品等做工精致,结构奇巧。❷ 形容人聪慧机敏。

柃 líng 名 常绿灌木或小乔木,嫩枝有棱,叶厚革质,开白色小花,浆果近球形,紫黑色。果实可做黑色染料,枝、叶可以做药材。也说柃木。

昤 líng［昤昽］línglóng 名〈文〉阳光。

瓴 líng ❶ 名 古代一种盛水的瓦器，形状像瓶子 ▷高屋建～。〇 ❷ 名 姓。

铃（鈴） líng ❶ 名 古代乐器，金属制成，像钟而小。→ ❷ 名 泛指某些音响器具，如门铃、电话铃、车铃等。→ ❸ 名 形状像铃的东西 ▷哑～｜棉～。〇 ❹ 名 姓。

【铃铛】língdang 名 可摇晃发声的铃。钟形、球形或扁圆形，下部或中部开口儿，内有悬锤、金属丸或小石子，有供儿童玩的、骡马身上带的或作饰品用的等。

【铃铎】língduó 名 宫殿、塔观（guàn）、楼阁等檐下挂着的铃，风吹时能发出响声。

鸰（鴒） líng 见645页"鹡（jí）鸰"。

凌[1] líng 名 冰 ▷～汛｜冰～。

凌[2] líng ❶ 动 升高；超越 ▷～空｜壮志～云。→ ❷ 动 欺压；侵犯 ▷盛气～人｜欺～。❸ 动 迫近；接近 ▷～晨。〇 ❹ 名 姓。

【凌暴】língbào 动 暴力侵犯；欺压 ▷不堪～。

【凌逼】língbī 动〈文〉欺压逼迫 ▷～百姓。

【凌波】língbō 动〈文〉在水波上行走；形容美女步履轻盈 ▷微步～｜～仙子。

【凌晨】língchén 名 临近天亮的时候。☛ 跟"拂晓""黎明"不同。"凌晨"指午夜后至天亮前；"拂晓"指天将亮的时候；"黎明"指天将亮或刚亮的时候。

【凌迟】língchí 动〈文〉剐①。

【凌风】língfēng 动 乘风 ▷红旗～飘动。

【凌驾】língjià 动 超越或压倒（别人或别的事物）▷个人利益不应～于人民利益之上。

【凌空】língkōng 动 升入空中；在高空中 ▷大雁～飞翔｜纪念碑～矗立。

【凌厉】línglì 形 形容气势迅猛 ▷攻势～。

【凌轹】línglì 动〈文〉欺压；倾轧 ▷～群僚。

【凌乱】língluàn 形 杂乱无序 ▷室内很～｜～的脚步声｜心绪～。

【凌虐】língnüè 动 欺凌虐待 ▷反抗～｜遭人～。

【凌辱】língrǔ 动 欺凌侮辱 ▷备受～｜不堪～。

【凌侮】língwǔ 动 凌辱。

【凌霄】língxiāo ❶ 动 直上云霄 ▷战鹰～｜～宝殿。❷ 名 指凌霄花。

【凌霄花】língxiāohuā 名 落叶木质藤本植物，茎上有攀缘的气生根，羽状复叶，夏秋开花，花冠钟状，大而鲜艳，红色或橙红色。常栽培在庭园中，可供观赏，花可以做药材。也说紫葳。

【凌汛】língxùn 名 江河中大量冰块堆积阻塞水流形成的洪水暴涨现象。

【凌夷】língyí 现在一般写作"陵夷"。

【凌云】língyún 动 直冲云霄；形容志趣高远 ▷摩天大厦～而立｜壮志～。

【凌杂】língzá 形 凌乱错杂 ▷一堆～的破烂儿。

【凌灾】língzāi 名 凌汛所造成的灾害。

陵 líng ❶ 名 土山 ▷丘～｜山～。→ ❷ 名 陵墓 ▷中山～｜烈士～园。☛ 右上是"土"，不是"厶"，右下是"夂"，不是"攵"。由"夌"构成的字还有"凌""菱""棱"等。

【陵迟】língchí ❶ 形〈文〉衰败 ▷家业～。❷ 见本页"凌迟"。现在一般写作"凌迟"。

【陵轹】línglì 现在一般写作"凌轹"。

【陵墓】língmù 名 帝王或诸侯的坟墓；现也指杰出人物的坟墓。

【陵寝】língqǐn 名〈文〉帝王的坟墓及附近相关建筑物的统称（寝：帝王陵墓上的正殿）。

【陵替】língtì〈文〉❶ 动 纲纪废弛不振 ▷法制～。❷ 动 衰败；衰落 ▷纲常～。

【陵夷】língyí 动〈文〉衰败；衰落 ▷家道～｜世风～。

【陵园】língyuán 名 陵墓及其周围的园林 ▷烈士～。

聆 líng 动 聆听 ▷～取｜～教。

【聆听】língtīng 动〈文〉仔细听取 ▷～宏论｜洗耳～。

【聆讯】língxùn 动 法庭在案件公开审讯前，聆听诉讼各方的陈述；行政机关和交易所等在作出决定前，聆听有关方面的意见 ▷等候法庭～｜对该公司进行上市～。

菱（*蔆） líng 名 一年生草本植物，生长在池沼中，水上叶片略呈三角形，开白色或淡红色花。果实也叫菱，外面包裹着带角或无角的硬壳，可以食用或制作淀粉。通称菱角。

【菱角】língjiao 名 菱的通称。

【菱形】língxíng 名 四边相等而邻角不相等的平行四边形。

棂（欞） líng 名 窗户、栏杆或门上雕有花纹的格子 ▷窗～。

蛉 líng 见25页"白蛉"；965页"螟（míng）蛉"。☛ 统读líng，不读lìng。

㥄 líng 名 姓。

舲 líng〈文〉❶ 名 有窗户的小船；泛指船。❷ 名 船窗。

翎 líng ❶ 名 鸟翅和鸟尾上长而硬的毛；泛指羽毛 ▷雁～｜～毛。→ ❷ 名 翎子① ▷花～。

【翎毛】língmáo ❶ 名 羽毛 ▷～扇。❷ 名 国画

的一种，以鸟类为主要题材。也说翎毛画。

【翎子】língzi ❶ 图 清代官员礼帽上标志官品高低的孔雀翎或雉尾翎。❷ 图 戏曲中武将帽子上起装饰作用的雉尾翎。

羚 líng ❶ 图 羚羊。→ ❷ 图 指羚羊角。

【羚牛】língniú 图 哺乳动物，形似水牛，短角、短尾，毛棕黄色或褐色。生活在高山上，以草、树枝等为食物。属国家保护动物。也说扭角羚。

【羚羊】língyáng 图 羊的一种，形似山羊，四肢细长，善于奔跑，雄的都有角，雌的有的有角。大多生长在草原或沙漠地区。种类很多，现生活在我国的有藏原羚、鹅喉羚、藏羚等。属国家保护动物。

崚 líng〈文〉❶ 动 哀怜 ▷～惋而叹。→ ❷ 动 惊恐 ▷昔之登高者，下人代之～，手足为之汗出。

绫(綾) líng 图 绫子 ▷～罗绸缎｜素～。

【绫罗绸缎】líng-luó-chóu-duàn 泛指丝织品。

【绫子】língzi 图 一种丝织品。质地轻薄，光滑柔软，有花纹。

棱 líng 穆棱(mùlíng) 图 地名，在黑龙江。另见 836 页 lēng；836 页 léng。

祾 líng 图〈文〉神灵的威福。

零[1] líng ❶ 动 (雨、露、眼泪等)落下 ▷感激涕～。→ ❷ 动 (草木的花叶)枯萎下落 ▷～落｜飘～｜凋～。

零[2] líng ❶ 形 分散的；细碎的(跟"整"相对) ▷化整为～｜～件｜～卖｜～头｜～数。→ ❷ 图 一定单位(如计量单位)外多出的零碎部分 ▷找～｜年纪七十有～。❸ 数 a)用于表示质量、长度、时间、年岁等的两位数中间，表示单位较高的量下附有单位较低的量 ▷五斤～六两｜一丈～二尺｜一年～十天｜三点～一刻｜一岁～五个月。b)表示小于任何正数、大于任何负数的数；表示没有数量 ▷三减三等于～｜我的医学知识几乎等于～｜～利率｜～口供｜～容忍。c)在汉字数字中表示数的空位 ▷三千～五十二｜叁仟柒佰～伍元整。d)某些量度的计算起点 ▷～下五摄氏度｜～点二十分。☛ ㊀参见 873 页"〇"的提示。㊁参见 879 页"另"的提示。

【零部件】líng-bùjiàn 零件和部件。

【零存整取】língcún zhěngqǔ 储蓄的一种形式，储户按月存入固定金额，到约定取款时间一次性取出。

【零担】língdàn 图 零散不够装满一车的货物 ▷～货运。

【零蛋】língdàn 图〈口〉数字"0"的诙谐说法 ▷这门课得了个～。

【零点】língdiǎn 图 夜间 12 点 ▷～15 分。也说零时。

【零丁】língdīng 现在规范词形写作"伶仃"。

【零风险】língfēngxiǎn 图 风险为零，指没有风险或风险小得可以忽略不计 ▷～职业。

【零工】línggōng ❶ 图 短工 ▷打～。❷ 图 做短工的人 ▷请～干活儿。

【零和】línghé 动 绝对值相等的两个相反数相加，和为零；比喻竞争中一方胜利或盈利，另一方必然失败或失利 ▷摒弃～，共创双赢。

【零花】línghuā ❶ 动 零星地花费 ▷这点儿钱留着～吧。❷ 图〈口〉零花钱。‖也说零用。

【零花钱】línghuāqián 图 数额不大、个人用于零星花费的钱 ▷把～攒起来买书。

【零活儿】línghuór 图 琐碎的工作或家务事 ▷他只能帮着做些～。

【零件】língjiàn 图 机器、仪表以及各种设备的基本组成单元。

【零距离】língjùlí 图 距离为零，指没有距离或距离近得可以忽略不计 ▷～感受｜公交～换乘。

【零料】língliào 图 零碎的原料或材料。

【零乱】língluàn 形 散落而紊乱 ▷头发～。

【零落】língluò ❶ 动 凋谢；脱落 ▷花叶～。❷ 动 衰落；衰败 ▷家业～。❸ 形 稀疏；不集中 ▷树上剩几片～的黄叶｜零零落落的掌声。

【零配件】líng-pèijiàn 零件和配件。

【零票】língpiào ❶ 图 面值较小的纸币。❷ 图 散票。

【零七八碎】língqībāsuì ❶ 零散而纷乱 ▷一堆～的下脚料。❷ 零散的杂事或没有多大用处的东西 ▷那些～我不管｜整天鼓捣那些～儿。

【零钱】língqián ❶ 图 面值相对较小的钱 ▷带点儿～买水喝。❷ 图 零花钱。❸ 图 工资以外的零星收入。☛"零钱"①是相对于"整钱"而言。若以 1 元为"整"，则角、分为"零钱"；若以 10 元为"整"，则不足 10 元的钱叫"零钱"。

【零敲碎打】língqiāo-suìdǎ 指以零散细碎、时断时续的方式做事。

【零容忍】língróngrěn 动 容忍度为零，指绝对不容忍 ▷惩治腐败要～｜把对学术造假～落到实处。

【零散】língsǎn 形 分布不集中的；分散的 ▷把～的资金集中起来｜～资料。☛ 参见 877 页"零碎"的提示。

【零声母】língshēngmǔ 图 汉语中以元音起头的音节，语音学上把它的声母称为零声母。如"爱(ài)""额(é)""欧(ōu)"等的声母。

【零食】língshí 图 正餐以外的零星食品。也说零吃。

【零售】língshòu 动 零散地直接向消费者出售（跟“批发”相对）▷既～，又批发｜～店。

【零数】língshù 名 一个数中整数以外的尾数。☛ 跟“零头”用法有所不同。“零数”多用于可数的数量；“零头”还可用于不可确数的数量。

【零碎】língsuì ❶ 形 零散细碎 ▷～时间｜零零碎碎的事儿。❷ 名 零碎的东西 ▷到集市上买了点～儿。☛ 跟“零星”“零散”不同。“零碎”强调不完整，只用于事物，并有名词用法；“零星”强调数量很少，“零散”强调状态分散，两者均既用于人也用于事物。

【零头】língtóu ❶ 名 不足一定单位（如计算单位、包装单位）的零碎部分 ▷三筐没装完，剩下点儿～。也说零头儿（tóur）。❷ 名 剩下的零碎材料 ▷做家具剩下的～。☛ 参见本页“零数”的提示。

【零突破】língtūpò 从无到有；打破以往没有某种成绩或纪录的局面 ▷实现卫星整星出口～。也说零的突破。

【零污染】língwūrǎn 动 污染为零，指没有污染或污染程度小得可以忽略不计 ▷发展绿色化工，实现环境～｜～产业。

【零线】língxiàn 名 从三相电源中点引出的对地电压为零的导线（跟“火线”相区别）。

【零星】língxīng ❶ 形 细碎的；少量的 ▷干了一些～活儿｜～出现。❷ 形 零散的；稀疏的 ▷～雪花｜山下零零星星地住着几户人家。☛ 参见本页“零碎”的提示。

【零讯】língxùn 名 零星的信息 ▷物价～｜本报增设了“体坛～”栏目。

【零用】língyòng ❶ 动 零花①。❷ 名 零花②。

【零杂工】língzágōng 名 做零星杂活儿的短工。

【零增长】língzēngzhǎng 动 增长为零，指原有数量没有增长或增长很小以至于可以忽略不计 ▷人口～。

【零嘴】língzuǐ 名〈口〉零食。也说零嘴儿（zuǐr）。

龄（齡） líng ❶ 名 岁数 ▷年～｜适～｜老～。→ ❷ 名 年数；年限 ▷工～｜党～｜舰～｜树～。→ ❸ 名 生物学上指某些生物生长过程中划分的阶段 ▷一～虫｜七叶～。

鲮（鯪） líng 名 鲮鱼，银灰色，口小，有两对短须。生活在淡水中，是我国南方重要养殖鱼类之一。也说土鲮鱼。

【鲮鲤】línglǐ 名 穿山甲。

澪 líng 用于地名。如浒（xǔ）澪，在江苏。

酃 líng 用于地名。如：酃湖，湖名；酃湖乡，地名。均在湖南。

醽 líng［醽醁］línglù 名 古代一种美酒。

lǐng

令 lǐng 量 纸张计量单位，机制的整张原纸 500 张为 1 令 ▷10～道林纸。

另见 873 页 líng；879 页 lìng。

岭（嶺） lǐng ❶ 名 有路可通山顶的山 ▷翻山越～｜崇山峻～｜山～｜分水～。→ ❷ 名 高大的山脉 ▷秦～｜小兴安～｜南～｜北～。❸ 名 特指五岭（越城岭、都庞岭、萌渚岭、骑田岭、大庾岭）▷～南。○ ❹ 名 姓。

【岭南】lǐngnán 名 指五岭以南的地区，即广东、广西一带。

领[1]（領） lǐng ❶ 名 脖子 ▷～巾｜引～而望。→ ❷ 名 领子 ▷～扣｜硬～｜翻～。⇒ ❸ 名 要点；纲要 ▷要～｜纲～。⇒ ❹ 动 拥有；管辖 ▷～土｜总～事｜占～。❺ 动 引导；带领 ▷把客人～到上房｜～孩子去动物园｜～航｜～路。⇒ ❻ 量 用于上衣、长袍、席子等 ▷一～道袍｜三～席。⇒ ❼ 名 领口① ▷圆～｜鸡心～。☛ “领[1]”①跟“颈”“项”都指脖子，但“颈”常指脖子的前部，如“刎颈之交”；“项”常指脖子的后部，如“望其项背”。

领[2]（領） lǐng ❶ 动 接受 ▷～教｜～情。→ ❷ 动 领取（发给的东西）▷～奖｜～工资。○ ❸ 动 了解（其中的含义）▷～会｜～悟。

【领班】lǐngbān ❶ 动 带领一班人工作 ▷今天轮到他～。❷ 名 领班的人 ▷跟～请假。

【领办】lǐngbàn 动 带头兴办；主持兴办 ▷鼓励科技人员承包～乡镇企业｜谁投资，谁～。

【领操】lǐngcāo ❶ 动 带领大家做操 ▷教练亲自～。❷ 名 领操的人。

【领唱】lǐngchàng ❶ 动 在齐唱或合唱的开头或中间由一个或几个人演唱（随后众人同唱）▷一人～众人和。❷ 名 领唱的人 ▷由著名歌唱家担任～。

【领带】lǐngdài 名 系（jì）在衬衫领子上悬在胸前的带子。

【领带夹】lǐngdàijiā 名 把领带固定在胸前的夹子，一般为金属制成。

【领导】lǐngdǎo ❶ 动 带领并引导大家开展工作 ▷～群众奔小康。❷ 名 担任领导职务的人 ▷各级～都要关心群众的生活｜～班子。

【领道】lǐngdào 动 领路。

【领地】lǐngdì ❶ 名 领主占有的土地 ▷西藏民

主改革前，农奴主有大量～。❷ 名 领土。

【领跌】lǐngdiē 动（价格、股指等）领先下跌 ▷该市住宅价格已连续数月～全国｜家电股今日～。

【领读】lǐngdú 动 一种教学方式，由教师或一个学生带领学生一句一句地读课文。

【领队】lǐngduì ❶ 动 带领队伍 ▷代表队由老郭～。❷ 名 领队的人。

【领港】lǐnggǎng ❶ 动 引领船舶出入港口。❷ 名 担任领港工作的人。‖也说引港。

【领工】lǐnggōng ❶ 动 带领做工。❷ 名 领工的人。

【领钩】lǐnggōu 名 扣紧衣领的小钩。钩和环分别钉在衣领的两边。

【领海】lǐnghǎi 名 沿海国家主权管辖下的距海岸线一定宽度的海域（包括该海域上空和海底部分），是该国领土的一部分。

【领航】lǐngháng ❶ 动 引领船舶或飞机沿预定航线航行。❷ 名 担任领航工作的人。也说领航员。

【领花】lǐnghuā ❶ 名 领结。❷ 名 军人、警察等佩戴在制服领子上识别军种、专业等的标志。

【领会】lǐnghuì 动 领悟；理解 ▷～上级的意图｜对教材的内容～得不深。

【领江】lǐngjiāng ❶ 动 引领船舶在江河上航行。❷ 名 担任领江工作的人。

【领教】lǐngjiào ❶ 动 客套话，表示接受对方的指教或欣赏对方的技艺 ▷先生高论，我们要认真～。❷ 动 请教 ▷有首诗向您～。❸ 动 感受、见识、欣赏（含讥讽或诙谐意）▷他那暴躁脾气我可～过了｜他的唱腔我不敢～。

【领结】lǐngjié 名 系（jì）在衬衫领子前的横结。

【领巾】lǐngjīn 名 围或系（jì）在脖子上的三角巾；也指妇女用的披巾。

【领军】lǐngjūn ❶ 动 统领军队；泛指起领头作用 ▷～作战｜～人物。❷ 名 泛指起领头作用的人或事物 ▷他成了这一新兴学科的～。

【领空】lǐngkōng 名 一个国家主权管辖下的空间，包括领陆、领水的上空（不包括外层空间），是该国领土的一部分。

【领口】lǐngkǒu ❶ 名 衣领围成的空当 ▷～的大小要开得合适。❷ 名 衣领两头相接的地方 ▷～上缝着个领花。

【领扣】lǐngkòu 名 衣领或领口上的纽扣。

【领陆】lǐnglù 名 一个国家主权管辖下的全部陆地，包括大陆和岛屿，是该国领土的基本组成部分。

【领路】lǐnglù 动 带路 ▷请个当地人～◇中国共产党是社会主义事业的～人。

【领略】lǐnglüè 动 领会；感受 ▷十年的风风雨雨使他～了人生的甘苦｜～大自然的壮美。

【领命】lǐngmìng 动 接受命令 ▷～应敌｜主动～。

【领跑】lǐngpǎo ❶ 动 在队伍的前面领着跑；比喻发展的势头、取得的业绩等领先 ▷西部地区在发展速度上开始～全国｜这部电视剧的收视率处于～位置。❷ 名 领跑的人。

【领情】lǐngqíng 动 接受并感激别人的好意 ▷她是一番好意，你怎么就不～呢？

【领取】lǐngqǔ 动 把发给的东西取到手 ▷～养老金｜～托运的行李。

【领赏】lǐngshǎng 动 领取奖赏 ▷请功～。

【领事】lǐngshì 名 一国政府根据同另一国政府的协议派驻对方国家某城市或地区的政府代表。其职责是保护该领事区内本国和本国公民、法人的合法权益，管理侨民事务等。

【领事裁判权】lǐngshì cáipànquán 历史上帝国主义国家在亚非国家的领事按照本国法律对本国侨民行使司法管辖权的特权。第二次世界大战后，在世界范围内不复存在。

【领事馆】lǐngshìguǎn 名 一国政府驻在他国城市或地区的领事代表机关的统称。有总领事馆、领事馆、副领事馆和领事代理处数种。

【领受】lǐngshòu 动 接受 ▷～美意｜无法～那种歧视的眼光。

【领属】lǐngshǔ 动 一方领有而另一方隶属 ▷～关系｜～权。

【领水】lǐngshuǐ 名 一个国家主权管辖下的江河、湖泊、海湾和领海等的统称，是该国领土的一部分。

【领诵】lǐngsòng ❶ 动 集体朗诵时，在开头或中间的某些段落或句子，由一人或几人带头朗诵。❷ 名 领诵的人。

【领条】lǐngtiáo ❶ 名 领取钱物时开具的凭证。❷ 名 缝在衣领圈上的窄布条，起护领作用。

【领头】lǐngtóu 动 带头 ▷～无偿献血｜～闹事。

【领头羊】lǐngtóuyáng 名 羊群中领头的羊；借指带头干某事的人或单位 ▷小王庄是我县乡镇企业的～。也说带头羊、头羊。

【领土】lǐngtǔ 名 指一国主权管辖下的全部区域，包括领陆（包括飞地）、领水和领空，是国家的构成要素之一。

【领舞】lǐngwǔ ❶ 动 群舞时带领众人跳舞。❷ 名 领舞的人。

【领悟】lǐngwù 动 领会；悟出 ▷稍一点拨，马上～｜～出他的用意。

【领洗】lǐngxǐ 动 基督教教徒入教时接受洗礼。

【领先】lǐngxiān 动（速度、成绩等）超越同类的人或事物，处于最前列 ▷成绩遥遥～｜这项科研成果处于世界～地位。

【领衔】lǐngxián 动 署名排在最前面 ▷联合通电由一位著名的物理学家～｜～主演。

【领袖】lǐngxiù 名 国家、政党、群众团体等的最高领导人。

【领养】lǐngyǎng ❶ 动 自愿认领并负责抚养 ▷～孤儿。❷ 动 自愿领取并负责养护(宠物、绿地、树木等) ▷～流浪狗｜～草地｜～树苗。

【领有】lǐngyǒu ❶ 动 拥有或占有(土地、资源等) ▷～丰富的石油资源。❷ 动 领取并拥有 ▷～土地使用证。

【领域】lǐngyù ❶ 名 国家主权所及的整个区域 ▷确保祖国～安全。❷ 名 学术研究、思想意识或社会活动的范围 ▷文学～｜经济～。

【领章】lǐngzhāng 名 军人和某些部门的工作人员佩戴在制服领子上识别军种、专业等的标志。

【领涨】lǐngzhǎng 动 (价格、股指等)领先上涨 ▷燃气价格一路～｜近日～股指的是新能源股。

【领主】lǐngzhǔ 名 奴隶社会、早期封建社会中受封领地的掌权人。他们在领地里是最高统治者。一般是有世袭爵位的贵族。

【领子】lǐngzi 名 衣服上围绕脖子的部分。

【领奏】lǐngzòu ❶ 动 合奏时带头演奏。❷ 名 领奏的人。

【领罪】lǐngzuì 动 承认罪行 ▷～服法。

lìng

另 lìng ❶ 代 指所说范围之外的人或事物 ▷～一个人｜～一只手｜～案。→ ❷ 副 表示在所说的范围之外 ▷你忙吧，我～找个人｜～想办法｜～辟蹊径｜～立门户。〇 ❸ 名 姓。☛ "另"不是"零"的简化字。"零件""零售""零散""零碎"的"零"不能写作"另"。

【另案】lìng'àn ❶ 名 另外的案件 ▷情节涉及～｜～处理。❷ 名 另外的案卷 ▷记入～。

【另册】lìngcè 名 清代把户口册分为正册和另册，另册用来登记盗匪等坏人。后常用来比喻受歧视的人或事物所属的范围 ▷打入～。

【另当别论】lìngdāng-biélùn 当作另外的情形来对待或处理。

【另加】lìngjiā ❶ 动 另外增加 ▷工资外～补贴。❷ 动 另外加以 ▷～分析。

【另类】lìnglèi ❶ 名 另外的一类，多指有个性、有特点、反传统的人或事物 ▷他的创作算得上当代文学中的～。❷ 形 形容与众不同；特殊 ▷～想法｜唱得很～。

【另辟蹊径】lìngpì-xījìng 另外开辟一条路(蹊径：小路)。比喻开创新方法、新风格、新思路。

【另起炉灶】lìngqǐ-lúzào 比喻重新做或独立另做。

【另请高明】lìngqǐng-gāomíng (让对方)另外聘请能力高强的人。常用来表示推托。

【另外】lìngwài ❶ 代 指上文所说的范围之外的人或事物 ▷你们俩先走，～的人留下｜～的问题下次再讨论。❷ 副 表示在上文所说的范围之外，常和"再""又""还"等连用 ▷～再找一个人｜～还设计了一个方案。❸ 连 连接分句、句子或段落，表示并列关系，相当于"此外" ▷书稿已经完成，～还请人写了篇序。☛ 参见 227 页"此外"的提示。

【另行】lìngxíng 动 另外进行(后面必须跟动词搭配) ▷～商议｜～安排。

【另眼相看】lìngyǎn-xiāngkàn 用另一种眼光看待。指特别重视或歧视；也指改变看法。也说另眼相待。

令[1] lìng ❶ 动 命令，上级对下级发出强制性的指示 ▷严～部队加强警戒｜电～各地参照执行｜通～全国。→ ❷ 名 上级所发布的命令 ▷军～如山｜法～｜手～。❸ 名 季节；某个季节的气候和物候 ▷时～｜夏～。→ ❹ 动 使；让 ▷～大家激动不已｜～人羡慕｜利～智昏。→ ❺ 名 古代某些政府部门的行政长官 ▷尚书～｜郎中～｜县～。❻ 名 酒令 ▷猜拳行～。❼ 名 小令 ▷十六字～｜如梦～。〇 ❽ 名 姓。

令[2] lìng ❶ 形 〈文〉善；美好 ▷～名｜～德。→ ❷ 形 敬词，用于称说对方的家属和亲戚 ▷～尊｜～堂｜～兄｜～妹。☛ "令[2]"②跟"家(jiā)"⑨不同。1."令"是敬词；"家"是谦词。对别人称自己的亲属时应用"家"。2."令"的使用范围不受辈分的限制；"家"则只限用于长辈或同辈中年纪长于自己的人。3.敬称对方的父母为"令尊""令堂"(不说"令父""令母")，而谦称自己的父母为"家严""家慈"或"家父""家母"。

另见 873 页 líng；877 页 lǐng。

【令爱】lìng'ài 名 敬词，用于称对方的女儿。

【令嫒】lìng'ài 现在一般写作"令爱"。

【令出法随】lìngchū-fǎsuí 法令颁布后必须执行，违背者就要依法惩办。

【令箭】lìngjiàn 名 古代军中发令用的一种形状像箭的凭证。

【令郎】lìngláng 名 敬词，用于称对方的儿子。

【令名】lìngmíng 〈文〉❶ 名 好的声誉 ▷～远扬｜君子树～。❷ 名 好的名称 ▷欲更择～名之｜赢得联合国教科文组织"世界文化遗产"～。

【令牌】lìngpái 名 旧指道士做法事时发令的木牌。现多用于比喻法令、指令等 ▷禁止乱收费的～频频公布。

【令旗】lìngqí 名 古代军中发令用的小旗。
【令亲】lìngqīn 名 敬词,用于称对方的亲属。
【令堂】lìngtáng 名 敬词,用于称对方的母亲。
【令闻】lìngwén 名〈文〉美好的名声。
【令行禁止】lìngxíng-jìnzhǐ 有令即行,有禁则止。形容法纪严明。
【令尊】lìngzūn 名 敬词,用于称对方的父亲。
呤 lìng 音译用字,用于"嘌呤(piàolìng)"(有机化合物)。

liū

溜 liū ❶ 动 沿着平面滑行或向下滑动 ▷~冰|从滑梯上~下来。→ ❷ 动 偷偷走掉 ▷留神别让小偷~了|~之大吉。→ ❸ 形 光滑;平滑 ▷~光|~平|光~|滑~。→ ❹ 同"熘"。现在一般写作"熘"。☛ 读 liū,表示动作,如"溜冰""溜走"。读 liù,一与水有关,如"檐溜";二作量词,如"排成一溜";三表示沿缝隙填塞,如"用水泥溜墙缝"。
另见 886 页 liù。
【溜边儿】liūbiānr 动〈口〉靠着边(行动);比喻遇事不介入,躲在一边 ▷这种鱼总是~游|他身为领导,遇事怎么能~呢?
【溜冰】liūbīng 动 滑冰。
【溜冰场】liūbīngchǎng 名 供滑冰用的场地。
【溜冰鞋】liūbīngxié 名 冰鞋。
【溜槽】liūcáo 名 往低处输送物品的沟槽,多用竹木或铁皮制成,也有在斜坡上挖成的。
【溜达】liūda 动〈口〉散步,随便走走 ▷边~边闲谈|到市场~~。☛ 不要写作"蹓跶"。
【溜光】liūguāng〈口〉❶ 形 形容非常光滑 ▷~的地板。❷ 形 精光 ▷地里的草拔得~。
【溜号】liūhào 动〈口〉偷偷地走掉 ▷活儿还没干完他就~了◇开车时思想可不能~。
【溜肩膀】liūjiānbǎng ❶ 名 明显向下倾斜的两肩。❷ 动〈口〉比喻不负责任 ▷对这种事不能~。
【溜溜球】liūliūqiú 名 一种玩具。用一根绳子系在一只带槽的扁圆形塑料球上,用力提绳可使球一边飞转,一边上下运动,玩出各种花样。
【溜溜转】liūliūzhuàn 动 圆的东西迅速转动 ▷两只眼睛~。也说滴溜溜转。
【溜门撬锁】liūmén-qiàosuǒ 乘人不备或撬开门锁,偷偷进入别人的住宅(进行盗窃)。
【溜索】liūsuǒ 名 悬空拴在河流两岸供人员来往或运送物资用的粗绳,用竹篾、藤等编成,现多用钢丝绳。
【溜须】liūxū 动 巴结讨好;奉承 ▷他可真能~|~拍马。
【溜圆】liūyuán 形 非常圆 ▷眼睛瞪得~。
【溜之大吉】liūzhī-dàjí 偷偷离开;一走了事(含诙谐意)。
【溜之乎也】liūzhīhūyě 偷偷离开(含诙谐意)。
熘 liū 动 烹调方法,把菜肴油炸、水煮或清蒸后,加入用作料、淀粉等调好的汁液,均匀地浇在菜肴上并加热 ▷滑~里脊|~肝尖|醋~白菜。
另见 887 页 liù。
瞜 liū 动 某些地区指斜着眼睛看 ▷他向马路那边~了一眼。
蹓 liū[蹓跶] liūda 现在规范词形写作"溜达"。
另见 887 页 liù。

liú

刘(劉) liú 名 姓。
【刘付】liúfù 名 复姓。
【刘海儿】liúhǎir 名 传说中的仙童。他前额垂着短发,骑在蟾蜍上,手舞钱串子;后借指妇女或儿童披在前额的整齐短发。
旒 liú〈文〉❶ 名 旌旗的下垂饰物。→ ❷ 名 冠冕前后悬垂的玉串。
另见 1669 页 yóu。
浏(瀏) liú 见下。
【浏览】liúlǎn 动 大致看一下;泛泛地阅读 ▷~校园美景|这种书~一下就可以了。
【浏览器】liúlǎnqì 名 一种方便用户在互联网上查阅网站各站点信息的软件工具。
留(*畱畄畱) liú ❶ 动 停在某一处所或地位;不离开 ▷一个人~在家里|~任|停~。→ ❷ 动 不让离去;不让带走 ▷~客人多住几天|挽~|扣~|收~。⇒ ❸ 动 不丢掉;保存 ▷~底稿|~个名额|保~。⇒ ❹ 动 不带走;遗留 ▷房子是祖上~下的|~言|残~。⇒ ❺ 动 把别人送来的东西收下 ▷赠书我~下,别的礼物一概不能收|送来的样品,我~了几种。⇒ ❻ 动 注意力集中在某个方面 ▷~心|~意|~神。→ ❼ 动 特指留学 ▷~洋|~美。〇 ❽ 名 姓。☛ 上边是"卯"的变形"𠂎",不要丢掉一点(丶)。由"留"构成的字有"馏""溜""榴""瘤""遛"等。
【留别】liúbié 动〈文〉临别时赠诗或赠礼物给亲友,以作纪念 ▷《梦游天姥吟~》。
【留步】liúbù 动 客套话,用于客人劝阻主人相送。
【留成】liúchéng 动 从总收入或利润总额中留下一定比例。
【留传】liúchuán 动 留存下来传给后世 ▷~千古|先人~下来的绝技。☛ 跟"流传"有所不

同。"留传"只指时间上由前往后传;"流传"既指时间上传下来,又指空间上传开去。

【留存】liúcún ❶ 动 保留;存放 ▷当时来不及带走,就～在这里了。❷ 动 一直存在 ▷慕田峪长城～至今,雄风依旧。

【留待】liúdài 动 放置一边等待(处理) ▷此事不能～后人解决。

【留得青山在,不怕没柴烧】liú dé qīngshān zài, bù pà méi chái shāo 比喻只要保留最根本最重要的东西(常指生命、健康),就不愁以后的恢复和发展。

【留底】liúdǐ ❶ 动 留下底稿 ▷稿子寄出时一定要～,以便校对。❷ 动 留下必需的部分 ▷资金一定要～|原材料必须～。

【留都】liúdū 名 古代王朝迁都之后,把原来的都城称作留都。如明朝迁都北京后,称南京为留都。☛ 跟"陪都"不同。

【留海儿】liúhǎir 现在一般写作"刘海儿"。

【留后路】liúhòulù 为防万一,事前留下退路。

【留后手】liúhòushǒu 为防万一,事先采取留有余地的措施 ▷指标不能定得太高,要给自己～。

【留级】liújí 动 学习成绩达不到升级标准而留在原年级重新学习。也说留班。

【留居】liújū 动 留下居住 ▷～海外。

【留空】liúkòng 动 留出空闲的时间或空间 ▷您还是～锻炼锻炼身体吧。

【留兰香】liúlánxiāng 名 多年生草本植物,茎方形,叶椭圆状披针形,穗状花序,开紫色或白色花。全草有香味,茎、叶经蒸馏可提取留兰香油,做食品添加剂、化妆品等。

【留利】liúlì ❶ 动 (企业)留存利润 ▷不～就无法扩大再生产。❷ 名 留存的利润。

【留连】liúlián 现在规范词形写作"流连"。

【留恋】liúliàn 动 舍不得离开;不忍舍弃 ▷～故乡|那种生活没有什么可～的。☛ 参见 883 页"流连"的提示㊀。

【留门】liúmén 动 等人回来而不插门或不锁门。

【留名】liúmíng 动 留下名字 ▷青史～。

【留难】liúnàn 动 故意阻止或刁难 ▷你一再～,是何用心?|从没～过谁。

【留念】liúniàn 动 留作纪念 ▷题诗～|签名～。

【留鸟】liúniǎo 名 终年栖息在某一地域,不随季节变化而迁徙的鸟(跟"候鸟"相区别)。如麻雀、喜鹊等。

【留聘】liúpìn ❶ 动 对某人的聘用到期后,原单位将其留下来继续聘用 ▷我公司再次～他做顾问。❷ 动 将毕业生留校聘用 ▷～3 名应届毕业生做本课题的研究助理。

【留情】liúqíng 动 顾及情面而宽恕别人 ▷笔下～|对贪腐分子依法惩处,决不～。

【留任】liúrèn 动 留下来继续担任原职务 ▷仍～办公室主任。☛ 参见 652 页"继任"的提示。

【留神】liúshén 动 小心;注意可能发生的不好的事 ▷上下楼～别摔着|跟他打交道要留点儿神。

【留声机】liúshēngjī 名 把录在唱片上的声音放出来的机器。

【留守】liúshǒu ❶ 动 古代皇帝离开京城时,命大臣督守京城。平时派官员在陪都、行都督守也叫留守。❷ 动 部队或单位离开原驻地时,留少数人员负责守卫、联系等工作。

【留宿】liúsù ❶ 动 留客人住宿 ▷主人诚恳～,我们就住下了。❷ 动 留下来住宿 ▷此地环境尚好,可～几日。‖也说留住。

【留题】liútí ❶ 动 (在参观或游览的地方)写下意见、观感等 ▷～诗句。❷ 名 所写下的意见、观感等 ▷纪念簿上有这位老先生的～。❸ 动 布置需要完成的习题。

【留尾巴】liúwěiba 比喻事情没有彻底了结,还有遗留问题。

【留心】liúxīn ❶ 动 注意;关心 ▷～观察|～科研信息。❷ 动 小心;当心 ▷～别受骗|上下台阶要留点儿心。

【留学】liúxué 动 居留国外求学 ▷～英国|他在意大利留了 9 年学。

【留学生】liúxuéshēng 名 正在留学或留过学的人。

【留言】liúyán ❶ 动 将要分别时把要说的话写下来 ▷毕业生请老师～。❷ 名 书面留下的话 ▷认真研究旅客的～。

【留洋】liúyáng 动 旧指中国人到外国留学。

【留一手】liúyīshǒu 故意保留自己的某些本领,不使出来或不传授别人。

【留意】liúyì 动 留心;注意 ▷一不～就要出错。

【留影】liúyǐng ❶ 动 照相留念 ▷会后集体～。❷ 名 留作纪念的照片 ▷这张～太珍贵了。

【留用】liúyòng 动 留下来继续使用或任用 ▷把～的材料编号登记|～人员。

【留余地】liúyúdì 说话、办事或订计划等留出可供回旋的空间。

【留针】liúzhēn 动 针灸时,针刺入穴位内停留一定时间,以强化针刺效应。

【留职】liúzhí 动 保留原任的职务 ▷停薪～|～察看。

【留置】liúzhì ❶ 动 留下并安置(在某处) ▷～后方|～部分兵力以牵制敌人。○ ❷ 动 监察机关调查涉嫌贪污贿赂、失职渎职等严重职务违法或者职务犯罪时,将被调查人带至并留在特定场所,使其就案件所涉及的问题配合调查。

【留种】liúzhǒng 动 留作种子。

【留驻】liúzhù ❶ 动 留下并驻扎下来 ▷维和部队继续～。❷ 动 留存② ▷～青春容光。

流[1] liú ❶ 动 水或其他液体移动 ▷水向东～|泪～满面|血～不止|～淌。→ ❷ 动 没有固定方向地移动 ▷～星|～动|～浪。⇒ ❸ 动 传下来；传播 ▷～芳百世|～传|～毒|～行。⇒ ❹ 动 趋向(不好的方面) ▷～于庸俗|～于一般。→ ❺ 名 水道中的流水 ▷投鞭断～|水～|洪～。❻ 名 像水流一样移动的东西 ▷气～|车～。→ ❼ 名 指江河水离开源头以后的部分(跟"源"相区别) ▷源远～长|支～◇开源节～。❽ 名 分支；派别；等级 ▷三教九～|～派|二～作品。→ ❾ 动 流放 ▷～刑。→ ❿ 形 像流水那样顺畅 ▷～畅|～利。〇 ⓫ 名 姓。

流[2] liú 量 流明的简称。☛"流"字右边是"㐬",不是"㐬"。

【流弊】liúbì 名 长期流传下来的弊病 ▷"大锅饭"的～显而易见。

【流变】liúbiàn 动 演变；变迁 ▷汉字～。

【流标】liúbiāo ❶ 动 招标时,因无人投标或投标者均达不到招标要求而使招标未能实现。❷ 动 流拍。

【流别】liúbié 名 诗文或学术的源流和派别 ▷文章～。

【流冰】liúbīng 名 江河上流动的冰块。

【流播】liúbō 动 〈文〉流传；传布 ▷～天下|口耳～。

【流布】liúbù 动 流传；散布 ▷谣言～|～甚广。

【流产】liúchǎn ❶ 动 妊娠不足七个月的胎儿,自然地或用人工方法使其从子宫排出。前者叫自然流产,后者叫人工流产。❷ 动 比喻事情中途失败 ▷搬迁计划～了。

【流畅】liúchàng 形 流利顺畅 ▷语言清新～|优美～的舞姿。

【流程】liúchéng ❶ 名 水流的路程 ▷长江的整个～是 6300 千米。❷ 名 工艺流程的简称。

【流传】liúchuán 动 顺着时间往下传或扩大范围向外传 ▷古代～下来的谣谚|到处～。☛ 参见 880 页"留传"的提示。

【流窜】liúcuàn 动 四处流动逃窜 ▷打击～作案的犯罪嫌疑人。

【流窜犯】liúcuànfàn 名 流窜作案或作案后流窜的罪犯。

【流弹】liúdàn 名 无端飞来的子弹 ▷不幸被～击中。

【流荡】liúdàng ❶ 动 流动；飘荡 ▷一股浓烟在原野上～。❷ 动 流浪；漂泊 ▷到处～。

【流动】liúdòng ❶ 动 (液体或气体)移动 ▷～的小溪|空气～。❷ 动 指经常变动位置 ▷～人口|～演出。

【流动人口】liúdòng rénkǒu 离开常住地(我国指户籍所在地)到其他地方居住的人口 ▷我国现有～已超过两个亿|引导～向中小城市分流。

【流动性】liúdòngxìng ❶ 名 经常变换处所的情势 ▷城市人口的～很大。❷ 名 指债券、股票等资产变现的难易程度。流动性越强,资产变现越容易,变现的成本越低；流动性越差,资产变现越难,变现的成本越高 ▷市场～需求大,银行下调存款准备金率有利于保持～合理充裕。

【流动资产】liúdòng zīchǎn 在企业生产经营过程中经常改变其存在状态的资产(跟"固定资产"相区别)。如原料、在制品、产成品、现金、债券和银行存款等。

【流动资金】liúdòng zījīn 企业资金中用来购买原材料、支付劳动力报酬等不断循环周转的部分(跟"固定资金"相区别)。

【流毒】liúdú ❶ 动 流传对人有害的东西(多指精神文化方面的) ▷～甚广。❷ 名 流传下来的有害的东西 ▷清除封建～。

【流芳】liúfāng 动 流传美名(芳：指美名) ▷～百世。

【流放】liúfàng ❶ 动 旧指把被判有罪的人放逐到边远地区生活或劳动。〇 ❷ 动 把原木、毛竹等放在河流中顺流运走。

【流风】liúfēng 名 前代流传下来的风尚(多指好的风尚) ▷～余韵。

【流感】liúgǎn 名 流行性感冒的简称。

【流光】liúguāng ❶ 名 不断流逝的光阴 ▷～匆匆,岁月无情。❷ 名 指月光。

【流光溢彩】liúguāng-yìcǎi 形容光彩流动闪烁,明亮艳丽 ▷夜晚的南京路～,游人如织。

【流火】liúhuǒ ❶ 动 〈文〉每年农历五月间黄昏时火(星名)的位置在正南天空,六月以后逐渐偏西,暑热开始减退。后用"流火"表示暑热渐退,凉秋将至 ▷七月～,九月授衣。❷ 形 形容酷热的暑气像火在流动 ▷盛夏～。❸ 名 中医指发生在下肢的丹毒。

【流金铄石】liújīn-shuòshí 能熔化金石(流、铄：熔化)。形容天气极热。

【流寇】liúkòu 名 到处流动骚扰的盗匪。

【流浪】liúlàng 动 漂泊各地,居无定所,生活没有着落 ▷到处～|～儿|～汉。

【流泪】liúlèi 动 泪水涌出眼眶 ▷伤心～。

【流离】liúlí 动 〈文〉(因灾荒、战乱等)流转离散 ▷～失所|颠沛～。

【流离失所】liúlí-shīsuǒ 流转离散,没有安身之地。

【流丽】liúlì 形〈文〉流畅而华丽，多用来形容诗文、书法等 ▷文笔～|～的旋律。

【流利】liúlì ❶ 形 灵活；不涩 ▷笔法豪放～。❷ 形 说话、写文章通畅清楚 ▷他能讲一口～的普通话|文笔～酣畅。

【流里流气】liúliliúqì 形 流气②。☛ 语气往往比单用"流气"重。

【流连】liúlián 动 舍不得离开 ▷～在迷人的夜色之中|～忘返。☛ ㊀不要写作"留连"。㊁跟"留恋"不同。"流连"指受吸引而不愿返回，对象仅限于自然景色、名胜佳境等可供游乐观赏的处所、环境。"留恋"指心存依恋而不忍离去，对象通常是亲人、故乡、母校等与自己的经历有过密切关系的人或事物。

【流量】liúliàng ❶ 名 单位时间内，流体通过某一横断面的量。一般以立方米/秒计算。❷ 名 一定时间内通过某处的行人、车辆等的数量 ▷客～|车～。❸ 名 一定时间内网络上信息传输的数据量 ▷微信～巨大|信用卡的积分可以换话费和～。

【流量计】liúliàngjì 名 用于测量管道中气体、液体等的流量的仪表。

【流露】liúlù 动（思想感情）不自觉地或含蓄地表现出来 ▷真情～|临行前～出依恋之情。

【流落】liúluò ❶ 动 穷困失意，在外漂泊 ▷～异乡。❷ 动（物品）流转散失 ▷这件宫中珍宝～到了民间。

【流氓】liúmáng ❶ 名 原指无业游民；后指不务正业、经常干坏事的人 ▷地痞～。❷ 名 指调戏妇女等为非作歹的恶劣行为 ▷耍～|～举动。

【流媒体】liúméitǐ 名 一种基于宽带技术的媒体传输方式。将某些连续的图像、声音及文字信息压缩处理后，由服务器向用户计算机、电视机、手机等按顺序实时传送，以供用户收看、收听，而不用等上述信息全部下载后才可收看、收听。

【流民】liúmín 名 流亡在外、生活没有着落的灾民。

【流明】liúmíng 量 光通量法定计量单位，发光强度为 1 坎德拉的点光源在单位立体角内发出的光通量为 1 流明。简称流。

【流脑】liúnǎo 名 流行性脑膜炎的简称。

【流年】liúnián ❶ 名〈文〉不断流逝的岁月 ▷虚掷～。❷ 名 算命的人指一年的运气（现使用中多含诙谐意或讥讽意）▷～不利。

【流拍】liúpāi 动 拍卖会上拍品因无人应价而没有成交 ▷这几件玉器相继～。

【流派】liúpài 名 水的支流。比喻学术、文艺、武术等方面的派别。

【流盼】liúpàn 动〈文〉转动目光看（多指女子）▷美目～。

【流配】liúpèi 动 把犯人流放发配到边远地方当兵或服苦役，古代一种刑罚 ▷～边塞。

【流气】liúqì ❶ 名 流氓习气 ▷满身～|～十足。❷ 形（举止、作风等）轻浮而不正派 ▷他玩笑开得太～|有人～地吹了声口哨儿。

【流散】liúsàn 动 流失散落；流离分散 ▷～的古籍善本已陆续搜集起来|亲朋～各地。

【流沙】liúshā ❶ 名 沙漠中被风吹动转移不定的散沙。❷ 名 地层中随地下水流动转移的沙土。❸ 名 堆积在河底或河口的不稳定的、松散的沙。

【流失】liúshī ❶ 动 水、土、矿物等有用物质白白地流走或散失 ▷水土～|肥效～。❷ 动 比喻人员、财物等从本地、本单位流动或转移出去而散失 ▷人才～是最大的损失|制止国有资产～。☛ 跟"流逝"不同。"流失"的对象多指具体事物；"流逝"的对象一般指时间以及某些抽象事物。

【流失生】liúshīshēng 名 指义务教育阶段中途辍学的学生 ▷要让～尽快复学。

【流食】liúshí 名 液体食物，如牛奶、果汁、粥等。

【流矢】liúshǐ 名 无端飞来的箭 ▷为～所伤。

【流势】liúshì 名 水流的速度和强度 ▷～强劲。

【流逝】liúshì 动 像流水一样消逝 ▷岁月～，光阴荏苒。☛ 参见本页"流失"的提示。

【流水】liúshuǐ ❶ 名 流动的水 ▷～不腐，户枢不蠹。❷ 名 像流水一样接连不断的方式等 ▷进行～处理|～作业。❸ 名 指商店的营业额。

【流水不腐，户枢不蠹】liúshuǐ-bùfǔ，hùshū-bùdù 流动的水不会腐臭，经常转动的门轴不会被虫蛀蚀。比喻经常运动的东西不易受侵蚀，能保持旺盛的生命力。

【流水对】liúshuǐduì 名 对偶的一种，上下两句之间是一个意思连贯下来。如"请看石上藤萝月，已映洲前芦荻花"。

【流水席】liúshuǐxí 名 客人随到随吃随走的宴客方式。

【流水线】liúshuǐxiàn 名 按流水作业形式组织的生产工序。

【流水账】liúshuǐzhàng ❶ 名 把钱物进出情况不分类别地按日期顺序登记的账目。❷ 名 比喻不分主次和类别，一味罗列现象的记载或叙述。☛ 不要写作"流水帐"。

【流水作业】liúshuǐ zuòyè 一种生产组织形式。把生产全过程分解为若干工序，每道工序定人定岗，按顺序排列，像流水似的连续进行，直至产出成品。

【流苏】liúsū 名 车马、花轿、帐幕、锦旗等上面悬垂的穗状装饰物。常用彩色丝线等制成。

【流俗】liúsú 名 流行的习俗（多含贬义）▷不为～所容|革除大操大办的婚丧～。

【流速】liúsù 名 单位时间内流体流过的距离，常用米/秒表示。

【流淌】liútǎng 动 液体流动 ▷小河～|汗水～。

【流体】liútǐ 名 能流动的物体，指液体和气体 ▷～力学|～有导热性。

【流通】liútōng ❶ 动 流动畅通；不停滞 ▷血脉～|～迅速。❷ 动 指商品、货币流动转移 ▷商品～|股票上市～|～领域。☛ 跟"流行"的适用对象不同。

【流亡】liúwáng 动 因灾害、战乱或政治原因而逃亡在外。

【流亡政府】liúwáng zhèngfǔ 因政变、内乱或本国领土被他国占领而在流亡中组建的政府。

【流徙】liúxǐ ❶ 动〈文〉流放 ▷～荒漠。❷ 动 流动迁徙；四处漂泊 ▷～江湖。

【流涎】liúxián 动〈文〉流口水 ▷口角～。

【流线型】liúxiànxíng 名 类似水滴前圆后尖的形状。这种形状的物体在空气或水中运动时阻力最小，小汽车、飞机机身和潜艇等常制成类似形状 ▷机身设计向～发展|～轿车。

【流向】liúxiàng ❶ 名 水流的方向 ▷河水到这里改变了～。❷ 名 人员、财物等流动的去向 ▷人才～|资金～。

【流泻】liúxiè 动 液体快速流下；比喻光线向下照射 ▷飞瀑～|月光～在花丛中。

【流星】liúxīng ❶ 名 星际空间的固体块和尘粒闯入地球大气层时，同大气摩擦燃烧形成的飞速划过天空的光迹。俗称贼星。❷ 名 古代一种兵器，在铁链两端各系一铁锤。❸ 名 杂技的一种，把水碗或火球拴在长绳两端，手持长绳中段，使水碗或火球在空中飞舞而水不溢、火不灭。因形似流星锤，故称。

【流星赶月】liúxīng-gǎnyuè 像流星追赶月亮一样。形容非常快。

【流星雨】liúxīngyǔ 名 在短时间内流星大量出现犹如下雨的现象。

【流刑】liúxíng 名 流放的刑罚。

【流行】liúxíng ❶ 动 广泛传播 ▷传染病～|新款式已经～开了。❷ 形 盛行一时的 ▷～歌曲|十分～。☛ 跟"流通"的适用对象不同。

【流行病】liúxíngbìng ❶ 名 能在大范围内迅速传染蔓延的病，如流行性感冒、霍乱等。❷ 名 比喻传播较广的社会弊病 ▷摆阔气、讲排场成了某些地区的～。

【流行歌曲】liúxíng gēqǔ ❶ 在一定时间内被广大群众广泛传唱的歌曲。❷ 指通俗歌曲。

【流行色】liúxíngsè 名 在一定时间、地区内流行的色彩（多指服装）▷白色是今夏的～。

【流行性】liúxíngxìng 名 在大范围内传播的性质或特点 ▷～腮腺炎|～感冒。

【流行性感冒】liúxíngxìng gǎnmào 由流行性感冒病毒引起的急性呼吸道传染病。起病急，传播快，容易造成广泛蔓延。有高热、流涕、咳嗽、咽痛、头痛、肢体酸痛等症状。简称流感。

【流行性脑膜炎】liúxíngxìng nǎomóyán 由脑膜炎球菌从呼吸道侵入脑膜引起的急性传染病。有高热、剧烈头痛、呕吐、颈部僵直、惊厥等症状。多见于儿童。简称流脑。

【流行语】liúxíngyǔ 名 在一定时期内社会上广泛流行的词语 ▷年度～。

【流血】liúxuè ❶ 动 血液从血管里流出来。❷ 动 借指牺牲或负伤 ▷～牺牲|～事件。☛ 义项①口语中也读 liúxiě，如"鼻子流血了"。

【流言】liúyán 名 到处流传的没有根据的话 ▷～惑众|不为～所动。

【流言飞语】liúyán-fēiyǔ 现在一般写作"流言蜚语"。

【流言蜚语】liúyán-fēiyǔ 到处流传的没有根据的话（多指诬蔑、挑拨或背后议论的话）。

【流溢】liúyì 动（液体或气体）充满而向外流或向外散发 ▷江河～◇才思～。

【流莺】liúyīng ❶ 名 叫声婉转的黄莺。❷ 名 某些地区指街头妓女。

【流萤】liúyíng 名 飘飞不定的萤火虫 ▷轻罗小扇扑～。

【流于】liúyú 动 趋向（不好的方面）▷～形式。

【流域】liúyù 名 一个水系的干流和支流形成的整个集水区域。如黄河流域，包括黄河及其支流渭河、汾河等流经的全部地域。

【流寓】liúyù 动〈文〉流落到他乡寄居 ▷～海外。

【流云】liúyún 名 飘动的云。

【流贼】liúzéi 名 流寇。

【流质】liúzhì ❶ 名 液态食物 ▷进食～。❷ 区别 医疗上指食物属于液态的 ▷～食物。

【流注】liúzhù 动 流入；注入 ▷溪水向东～潭中。

【流转】liúzhuǎn ❶ 动 流动转移 ▷～各地。❷ 动 商品或资金在流通过程中周转 ▷加速资金～。❸ 形 诗文等通顺流畅 ▷一行行诗句抑扬顿挫，～倾泻|歌喉～。

琉（*瑠瑠）

liú 见下。

【琉璃】liúli 名 指用铝和钠的硅酸盐化合物制成的釉料，涂于缸、盆、砖瓦坯体表面烧制形成玻璃质表层，多为绿色或金黄色 ▷～砖|～瓦。

【琉璃瓦】liúliwǎ 名 表面涂上琉璃烧制成的瓦。美观、质坚耐久，多用来修盖宫殿或庙宇。

硫

liú 名 非金属元素，符号 S。浅黄色结晶体，质硬而脆。在工业和医药上有广泛用途。通称硫黄。

【硫化】liúhuà 动 在生橡胶中加入硫黄、炭黑等，再通入高压蒸气加热，使变成具有弹性的硫化橡胶。

【硫化汞】liúhuàgǒng 名 银朱的学名。

【硫化氢】liúhuàqīng 名 硫和氢的化合物。为无色气体,有毒并散发恶臭。在分析化学上用作沉淀剂,也可用于分离和鉴定金属离子。

【硫化橡胶】liúhuà xiàngjiāo 经硫化的橡胶。有耐热、弹性较好的特点。也说熟橡胶。俗称橡皮、胶皮。

【硫黄】liúhuáng 名 硫的通称。旧作硫磺。

【硫酸】liúsuān 名 无机酸,强酸之一,无色油状液体,能和许多金属发生反应。可用于制造肥料、染料、炸药、药品等,也用于石油和冶金工业。

遛 liú 见337 页“逗遛”。
另见 886 页 liù。

馏(餾) liú 动 通过加热等方法使物质分离或分解 ▷蒸～|分～|干(gān)～。☛ 读 liù,指用蒸汽加热熟食,如“馏馒头”。
另见 886 页 liù。

旒 liú ❶ 名 古代旗子上飘带之类的饰物 ▷旌旗垂～。→ ❷ 名 古代帝王礼帽前后下垂的玉串 ▷垂～正冕。

骝(騮) liú 名〈文〉黑鬃黑尾的红马。

榴 liú 名 石榴 ▷五月～花红似火。☛ 统读 liú,不读 liù。

【榴弹】liúdàn ❶ 名 杀伤弹、爆破弹和杀伤爆破弹的统称。爆炸时依靠弹体碎片和冲击波杀伤或摧毁目标。❷ 名 泛指各种手榴弹、枪榴弹和榴弹发射器发射的炮弹。

【榴弹炮】liúdànpào 名 一种火炮。炮筒较短,弹道弯曲,初速较小,可以射击复杂地形上的各种目标。

【榴莲】liúlián 名 常绿乔木,叶子长椭圆形。果实也叫榴莲,球形,表面多有硬刺,果肉味道鲜美,为热带著名水果,也可以做药材。某些地区也写作“榴梿”。参见插图 10 页。

【榴霰弹】liúxiàndàn 名 一种炮弹。弹内装有炸药和预制杀伤元件(如钢珠、钢柱、小钢箭等),弹头有定时引信,能在预定的目标爆炸,杀伤密集的敌人。旧称子母弹。

飗(飀) liú [飗飗] liúliú 形〈文〉形容微风轻轻吹拂的样子。

镏(鎦) liú [镏金] liújīn 动 我国特有的一种镀金法。使溶解在水银里的黄金附着在器物表面,再晾干、烘烤、轧光。
另见 887 页 liù。

鹠(鶹) liú 见1547 页“鸺(xiū)鹠”。

瘤(*癅) liú 名 瘤子 ▷肿～|肉～|毒～|根～。

【瘤胃】liúwèi 名 反刍动物的第一胃,内壁有许多瘤状突起。主要起贮藏食物的作用。

【瘤子】liúzi 名 肿瘤。

塯 liú 古同“旒”。

畱 liú ❶ 动〈文〉烧去山地上的草木后下种(zhǒng)。→ ❷ 动〈文〉开沟灌田 ▷～田千余顷。○ ❸ 用于地名。如后畱,在江苏。

【畱城】liúchéng 名 上海嘉定区的别称。因隋唐时期为昆山县畱城乡,故称。也说畱塘。

镠(鏐) liú 名〈文〉精纯色美的黄金。

鎏 liú ❶ 名〈文〉成色好的黄金。○ ❷ 古同“镏(liú)”。

【鎏金】liújīn 见本页“镏金”。现在一般写作“镏金”。

liǔ

珋 liǔ 名〈文〉有光泽的美石。

柳(*桺栁) liǔ ❶ 名 柳树,落叶乔木或灌木,枝条柔韧,叶子狭长,开黄绿色花。种类很多,常见的有垂柳、旱柳、杞柳等。枝条可编织器具。参见插图 6 页。○ ❷ 名 星宿名,二十八宿之一。○ ❸ 名 姓。☛ 右边是“卯”,不是“卬”。

【柳暗花明】liǔ'àn-huāmíng 宋·陆游《游山西村》:“山重水复疑无路,柳暗花明又一村。”“柳暗花明”形容绿树成阴、鲜花亮丽的景象,后常用来比喻在困境中出现希望或转机。

【柳编】liǔbiān 名 用柳条编成的生活用具或工艺品,如筐、盘、提篮等。参见插图 16 页。

【柳笛】liǔdí 名 用嫩柳条外皮制成的哨子,吹出的声音像笛子。

【柳眉倒竖】liǔméi-dàoshù 形容女子发怒时耸起眉毛的样子。

【柳腔】liǔqiāng 名 地方戏曲剧种,流行于山东青岛及其附近地区。

【柳琴】liǔqín 名 拨弦乐器,像琵琶而小,有 4 根弦。发音清脆爽朗。参见插图 12 页。

【柳杉】liǔshān 名 常绿乔木,高可达 40 米,皮深褐色,叶子条状,枝叶可提取芳香油,木材可制家具、农具等。

【柳梢】liǔshāo 名 柳树的顶端;柳树枝条的末端。

【柳丝】liǔsī 名 指垂柳细长的枝条。

【柳体】liǔtǐ 名 以唐代柳公权书法为代表的字体。笔画清瘦劲拔,结构紧凑,骨力硬朗。

【柳条】liǔtiáo 名 柳树的枝条;特指杞柳的枝条 ▷～箱|～帽|用～编筐。

【柳絮】liǔxù 名 柳树种子上的白色茸毛,犹如棉絮，能随风飘飞。

【柳腰】liǔyāo 名 指女子柔软纤细若柳条的腰身。

【柳叶眉】liǔyèméi 名 指女子细长秀美宛如柳叶的眉毛。也说柳眉。

【柳莺】liǔyīng 名 鸟，体形比麻雀瘦小，羽毛黄绿以至暗褐色。常生活在森林草丛间，以昆虫为食。

【柳子戏】liǔzixì 名 地方戏曲剧种，形成于明末清初，流行于山东和江苏、河南、安徽的部分地区。表演粗犷豪放，伴奏乐器有三弦、笛、笙。也说弦子戏。

绺（綹） liǔ 量 用于聚集成束的细丝状的东西 ▷一～麻｜三～头发。

【绺窃】liǔqiè 动 剪绺偷窃，即剪断别人系钱包的带子或剪破别人的衣袋来偷东西 ▷将正在～的扒手当场抓获。

锍（鋶） liǔ 名 铜、镍等有色金属冶炼过程中产生出的金属硫化物的互熔体，常含有多种贵重金属。

罶 liǔ 名〈文〉捕鱼的竹笼，口阔颈狭，腹大而长，鱼只能进去不能出来。

liù

六[1] liù 数 数字，比五大一的正整数。☛ 数字“六”的大写是“陆”。

六[2] liù 名 我国民族音乐乐谱中的记音符号，表示音阶上的一级，相当于简谱的“5”。☛“六”字用于地名“六安”（在安徽）、“六合”（在江苏）等时，当地人读 lù。

【六边形】liùbiānxíng 名 同一平面上六条线段围成的几何图形。

【六部】liùbù 名 我国隋唐至清中央行政机构中的吏、户、礼、兵、刑、工六个部的合称。

【六尘】liùchén 名 佛教指色、声、香、味、触、法六境，它们使人产生欲望，污染净心，所以叫尘。

【六畜】liùchù 名 马、牛、羊、猪、狗、鸡六种家畜家禽的合称；泛指各种家畜家禽 ▷～兴旺。

【六腑】liùfǔ 名 腑。

【六根】liùgēn 名 佛教指眼（视根）、耳（听根）、鼻（嗅根）、舌（味根）、身（触根）、意（念虑之根），认为这六者是罪孽的根源。

【六宫】liùgōng 名 原指皇后所居的六座寝宫。后泛指后妃所居宫院；借指后妃。

【六合】liùhé 名〈文〉指上下和东南西北四方；泛指天下或宇宙 ▷秦王扫～，虎视何雄哉！

【六甲】liùjiǎ ❶ 名 指古代计算时日的干支。因其中甲子、甲戌、甲申、甲午、甲辰和甲寅等六组带有“甲”字，故称。❷ 名 女子怀孕旧称身怀六甲。

【六经】liùjīng 名 古代指儒家《诗经》《尚书》《礼记》《乐经》《周易》和《春秋》六部经典。

【六路】liùlù 名 指上、下、前、后、左、右六个方面，泛指周围或各个方面 ▷眼观～，耳听八方。

【六亲】liùqīn 名 指六种亲属，通常指父、母、兄、弟、妻、子；泛指亲属 ▷～不认。

【六亲不认】liùqīn-bùrèn 形容无情无义、不通人情；也形容秉公办事、不讲私情。

【六神】liùshén 名 道教指主宰人的心、肺、肝、肾、脾、胆的神；借指精神智慧 ▷～不安。

【六神无主】liùshén-wúzhǔ 形容心慌意乱，没有主意。

【六书】liùshū 名 古人指汉字的六种造字法，即象形、指事、会意、形声、转注和假借。今人一般认为转注和假借不属造字法。

【六弦琴】liùxiánqín 名 吉他。

【六一国际儿童节】liù-yī guójì értóngjié 全世界儿童的节日。国际民主妇女联合会于 1949 年 11 月在莫斯科举行的会议上，决定以 6 月 1 日为国际儿童节。也说儿童节、国际儿童节。

【六艺】liùyì ❶ 名 西周学校教育的六个科目：礼（礼仪）、乐（音乐）、射（射箭）、御（驾车）、书（识字）、数（计算）。❷ 名 六经。

【六指】liùzhǐ 名 长着六个指头的畸形手或脚。

陆（陸） liù 数 数字“六”的大写。另见 894 页 lù。

碌（*磟） liù［碌碡］liùzhou 名 轧谷物或轧平场地用的圆柱形石制器具。也说石磙。☛ 不要写作“磟碡”。

另见 896 页 lù。

遛 liù ❶ 动 慢步走；随便走走 ▷～大街｜出去～了一趟。→ ❷ 动 牵着牲畜或提着鸟笼慢步走 ▷～马｜～鸟。

另见 885 页 liú。

【遛马】liùmǎ 动 为了解除马的疲劳或减轻马的病情牵着马慢慢走。

【遛鸟】liùniǎo 动 带着鸟到空气好的地方漫步或休息。

【遛弯儿】liùwānr 动〈口〉散步；溜（liū）达 ▷每天吃完晚饭他都要出去～｜到公园遛个弯儿。

【遛早儿】liùzǎor 动〈口〉早晨散步。

馏（餾） liù 动〈口〉把凉了的熟食蒸热 ▷～馒头。

另见 885 页 liú。

溜[1] liù ❶ 名 水流；急速的水流 ▷大～。→ ❷ 名 房檐上流下来的雨水 ▷承～。⇒ ❸ 名 房檐下横向的槽形排水沟 ▷水～。⇒ ❹ 量 用于成排或成条的事物 ▷几个人排成一～｜一～烟似的跑了。❺ 名〈口〉某处附近的地方 ▷咱们这～儿快安煤气管道啦！

溜[2] liù 动〈口〉填满或封住缝隙 ▷用水泥～墙缝｜拿纸把窗户缝～上。

另见 880 页 liū。

【溜子】liùzi 名 矿井中槽形运输器械的统称。

熘 liù 同"馏(liù)"。现在一般写作"馏"。
另见 880 页 liū。

镏（鎦）liù [镏子] liùzi 名〈口〉戒指 ▷金～。
另见 885 页 liú。

鹨（鷚）liù 名 鸟，体小、嘴细长。吃昆虫。种类很多，常见的有田鹨、水鹨等。

蹓 liù 同"遛(liù)"。现在一般写作"遛"。
另见 880 页 liū。

【蹓弯儿】liùwānr 现在一般写作"遛弯儿"。

【蹓早儿】liùzǎor 现在一般写作"遛早儿"。

lo

咯 lo 助 用法同"了(le)"②③④。
另见 459 页 gē；764 页 kǎ；909 页 luò。

lōng

隆 lōng 用于"轰隆""咕隆""黑咕隆咚"等词语。
另见 889 页 lóng。

lóng

龙（龍）lóng ❶ 名 传说中的神异动物，有角、鳞、爪、须，能上天入水，兴云降雨 ▷～的传人｜画～点睛｜蛟～。→❷ 名 封建时代用作帝王的象征；也指称属于帝王的东西 ▷～颜｜～袍｜～床。→❸ 名 指某些连成一串像龙的或装饰着龙的图案的东西 ▷排成长～｜水～｜～旗◇配套成～。→❹ 名 指远古某些巨大的爬行动物 ▷恐～｜翼手～。○❺ 名 姓。

【龙柏】lóngbǎi 名 桧的栽培变种。树冠圆柱形，叶鳞形，插条容易成活，生长快。

【龙齿】lóngchǐ 名 古代象、犀牛、三趾马等哺乳动物牙齿的化石，可以做药材。

【龙船】lóngchuán 名 龙舟。

【龙胆】lóngdǎn 名 多年生草本植物，叶卵状披针形，秋季开蓝紫色花。根可以做药材，称龙胆草。因叶如龙葵，味苦如胆，故称。

【龙胆紫】lóngdǎnzǐ 名 碱性染料，带有金属光泽的深绿色粉末，溶于水和酒精。医疗上用作消毒防腐剂。溶液深紫色，通称紫药水。

【龙灯】lóngdēng 名 用竹、木、纸、布扎成的龙形灯，由多节组成，每节内能燃烛，下有木棍供握持，用于龙舞。

【龙洞】lóngdòng 名 天然石灰岩山洞，由石灰岩山体被含有碳酸的水溶解后部分消失而形成。

【龙飞凤舞】lóngfēi-fèngwǔ 神龙腾飞，凤凰起舞。形容山势绵延起伏或书法笔势遒劲飘逸。

【龙凤】lóngfèng ❶ 名 龙和凤两种神物；比喻杰出的人。❷ 名 象征帝王和帝后 ▷～之姿。❸ 名 指男女 ▷～胎。

【龙宫】lónggōng 名 神话中龙王的水底宫殿。

【龙骨】lónggǔ ❶ 名 古代象、犀牛等动物的骨骼化石，可以做药材。❷ 名 鸟类的胸骨。❸ 名 在船只、飞机、建筑物等的结构中，像脊椎和肋骨那样起支撑和承重作用的构件。

【龙骨水车】lónggǔ shuǐchē 一种木制水车，由车槽、刮板、木链条和木齿轮等组成，以人力或畜力转动，用来戽(hù)水。

【龙虎斗】lónghǔdòu 形容实力相当的对手激烈争斗 ▷这两款车之间势必要～。

【龙江剧】lóngjiāngjù 名 地方戏曲剧种，流行于黑龙江等地。在二人转、皮影戏的基础上吸收当地民间曲调发展而成。

【龙井茶】lóngjǐngchá 名 成品绿茶的一种，叶片扁平挺直，颜色翠绿。产于浙江杭州龙井一带，故称。

【龙驹】lóngjū 名〈文〉骏马的美称；比喻才华出众的英俊少年 ▷～日行千里｜～凤雏。

【龙卷风】lóngjuǎnfēng 名 范围小、时间短而风力极强的旋风。风速常达 100 米/秒以上，一般出现在发展强烈的积雨云下，形成漏斗状。在陆地上可把人畜卷上天空，把大树连根拔起，能摧毁建筑物；在海洋上可把海水吸到空中形成水柱。也说龙卷。

【龙口夺粮】lóngkǒu-duóliáng 指在多雨的夏收季节，趁无雨的间隙抢收农作物(龙口：借指大雨)。也说龙口夺食。

【龙葵】lóngkuí 名 一年生草本植物，叶卵形互生，夏季开白色小花，浆果球形，熟时紫黑，全草可以做药材。

【龙马精神】lóngmǎ-jīngshén 指旺盛奋发的精神(龙马：传说中龙头马身的神兽)。

【龙门刨】lóngménbào 名 一种大型刨床。因机床的立柱和横梁的形状像门，故称。

【龙门吊】lóngméndiào 名 一种大型起重机，可以在轨道上来回移动。因立柱和横梁的结构像门，故称。

【龙门阵】lóngménzhèn 名〈口〉闲话②；故事(常跟"摆"连用) ▷家乡的～摆不完｜科幻～。

【龙脑】lóngnǎo 名 有机化合物，白色晶体，具有樟脑香气。由龙脑树干提炼而成，也可以人工合成。可用做香料，称龙脑香。其中有的可以做药材，习惯称作冰片。

【龙脑树】lóngnǎoshù 名 常绿乔木，叶卵形，花白色，芳香，圆锥花序，果实含一粒种子。树干经蒸馏后所得的结晶称为龙脑或冰片，中医用作芳香开窍药。

【龙盘虎踞】lóngpán-hǔjù 虎踞龙盘。

【龙袍】lóngpáo 名 帝王所穿的绣有龙形图纹的袍服。

【龙山文化】lóngshān wénhuà 我国新石器时代晚期的文化，距今约4000年，分布于黄河中下游、辽东半岛和江淮地区。生产工具有很发达的磨制石器；陶器以灰陶为主，黑陶次之。以农业为主，有较发达的畜牧业。因1928年首次发现于山东章丘的龙山镇，故称。

【龙舌兰】lóngshélán 名 多年生草本植物，叶丛生，肉质，长形而尖，边缘有钩刺；花茎高大，顶端生花数朵，淡黄绿色，开花结实后植株便死亡。可供观赏。

【龙蛇混杂】lóngshé-hùnzá 鱼龙混杂。

【龙虱】lóngshī 名 水生昆虫，幼虫身体细长，成虫椭圆形、扁平，黑色或褐色，善于游泳，以捕食鱼苗或其他小虫为生。可以做药材。

【龙潭虎穴】lóngtán-hǔxué 龙潜居的深渊，虎栖息的巢穴。比喻极为凶险的地方。

【龙套】lóngtào 名 传统戏曲中扮演成队出场的随从或兵士的行当。因所穿戏服绣有龙纹，且每队演员（多为4人）戏服同色，故称。

【龙腾虎跃】lóngténg-hǔyuè 龙在飞腾，虎在跳跃。形容威武矫健的动作或生气勃发的场面。

【龙庭】lóngtíng ❶ 名 古代匈奴单于祭天的地方。❷ 名 指朝廷。❸ 名 相面的人把隆起的前额叫龙庭，认为是帝王之相。

【龙头】lóngtóu ❶ 名 自来水管或其他液体容器上的开关 ▷水～。❷ 名 比喻带头的、起支配作用的人或事物 ▷～老大｜～产品。

【龙王】lóngwáng 名 传说中的神，在水中统率水族，并掌管兴云布雨。

【龙舞】lóngwǔ 名 我国一种传统的民间舞蹈。用竹、木、纸、布等扎成龙形，舞者握持各节下的木棍，随龙头前持彩球者起舞。也说舞龙、耍龙、舞龙灯。

【龙虾】lóngxiā 名 甲壳动物，体长可达30厘米，颜色鲜艳。生活在海里。

【龙涎香】lóngxiánxiāng 名 抹香鲸肠胃产生的分泌物，黄色、灰色或黑色，蜡状，类似结石。加热制成液体，香气持久，是名贵的香料。

【龙行虎步】lóngxíng-hǔbù 形容人行走时姿态庄重、威武，气度不凡。

【龙须菜】lóngxūcài ❶ 名 江蓠②。❷ 名 石刁柏的俗称。

【龙须草】lóngxūcǎo 名 蓑草。

【龙须面】lóngxūmiàn 名 一种极细的面条。

【龙颜】lóngyán 名 旧指帝王的容貌；也借指帝王。

【龙眼】lóngyǎn 名 常绿乔木，果实也叫龙眼，球形，果肉白色，味甜多汁，是常见水果，也可以做药材。产于福建、广东等地。也说桂圆。参见插图10页。

【龙吟虎啸】lóngyín-hǔxiào 龙虎吼叫。形容声音洪亮雄壮。

【龙爪花】lóngzhǎohuā 名 石蒜。

【龙爪槐】lóngzhǎohuái 名 槐树的变种，枝条弯曲下垂，形如龙爪，可供观赏。也说盘槐、蟠槐。

【龙争虎斗】lóngzhēng-hǔdòu 形容双方势力难分高低，争斗或竞赛激烈。

【龙钟】lóngzhōng 形〈文〉形容年老体衰、行动不灵便的样子 ▷老态～｜～老翁。

【龙舟】lóngzhōu 名 装饰成龙形的船。有些地区端午节用来进行划船比赛。也说龙船。

【龙准】lóngzhǔn 名 指帝王的鼻子（准：鼻子）。

茏（蘢）lóng［茏葱］lóngcōng 形 葱茏。

咙（嚨）lóng 见571页“喉咙”。

泷（瀧）lóng 名 湍急的河流（多用于地名）▷七里～（在浙江）。

另见1287页shuāng。

珑（瓏）lóng 名 古人求雨时所用的玉，上面刻有龙纹。

【珑璁】lóngcōng ❶ 拟声〈文〉模拟金玉等相撞击发出的声音。❷ 见本页“茏葱”。现在一般写作“茏葱”。

栊（櫳）lóng〈文〉❶ 名 围养禽兽的栅栏。○ ❷ 名 窗上的格木；窗户 ▷珠～｜帘～。

昽（曨）lóng ❶ 见942页“曚昽”。○ ❷ 见1380页“曈昽”。

胧（朧）lóng 形 似明不明 ▷朦～｜～明。

砻（礱）lóng ❶ 名 用竹木制成的磨去稻壳的工具，形状像磨（mò）。→ ❷ 动 用砻磨去稻壳 ▷～稻谷。

【砻糠】lóngkāng 名 砻稻谷脱下的外壳。

眬（矓）lóng 见942页“蒙眬”。

竜 lóng 古同“龙”。

聋（聾）lóng 形 听觉丧失或非常迟钝 ▷耳朵完全～了｜耳～眼花。

【聋聩】lóngkuì 形〈文〉耳聋；形容愚昧无知。

【聋哑】lóngyǎ 形 丧失听力和说话能力 ▷～症｜～人。

【聋子】lóngzi 名 对丧失听力的人的不尊重的称呼。

笼（籠）lóng ❶ 名 笼子 ▷鸟～。→ ❷ 名 旧时囚禁犯人的笼形刑具 ▷囚～。→ ❸ 名 指笼屉 ▷小～包子。☛ 以上意义不读lǒng。

另见889页lǒng。

【笼火】lónghuǒ 动〈口〉点燃柴草；用柴草引燃煤炭 ▷找些树枝～烤手｜劈柴湿了，没法儿～。

【笼屉】lóngtì 名 由一层或多层扁平的像箅子一

样的盛器组成的蒸食物的厨具,多为圆形,用竹、木、铝、铁皮等制成。

【笼头】lóngtou 名 套在骡马等头上用来系缰绳、挂嚼子的东西,多用皮条或麻绳制成。

【笼养】lóngyǎng 动 在笼中饲养(家畜家禽)。

【笼中鸟】lóngzhōngniǎo 名 关在笼子里的鸟。比喻受束缚处于不自由境地的人。

【笼子】lóngzi 名 用竹篾、木条、铁丝等做成的器具,用来饲养鸟兽或装东西 ▷鸟从～里飞走了◇扎牢不能腐的～。

【笼嘴】lóngzuǐ 名 戴在牲口嘴上以防使役时乱吃东西的网状器具,多用麻绳或铁丝等编织而成。也说箍嘴。

隆 lóng ❶ 形 盛大;气势大 ▷～重。→ ❷ 动 鼓起 ▷～起。→ ❸ 形 兴盛;兴旺 ▷兴～|～盛。→ ❹ 形 程度深 ▷～冬|～情厚谊。○ ❺ 名 姓。☛ 右下"生"上有一横。由"隆"构成的字有"漋""癃""窿"等。

另见 887 页 lōng。

【隆冬】lóngdōng 名 冬季最冷的时候 ▷数九～|塞外的～干冷干冷的。

【隆隆】lónglóng 拟声 模拟剧烈震动时发出的沉重声音 ▷机器～|～的雷声。

【隆起】lóngqǐ 动 凸起 ▷头上～一个包。

【隆情】lóngqíng 名 深厚的情谊;盛情 ▷～挚爱|～难忘。

【隆盛】lóngshèng〈文〉❶ 形 兴隆;昌盛 ▷事业～。❷ 形 隆重;盛大 ▷庆典～。

【隆胸】lóngxiōng ❶ 名 指女性丰满而隆起的乳房。❷ 动 用手术、药物等方法使女性的乳房丰满而隆起。‖也说隆乳、丰乳、丰胸。

【隆重】lóngzhòng 形 盛大庄严 ▷仪式～。

【隆准】lóngzhǔn 名〈文〉高鼻梁(准:鼻子)。

漋 lóng 永漋(yǒnglóng) 名 水名,又地名,均在湖北。

癃 lóng ❶ 形〈文〉体衰多病 ▷疲～|～病。○ ❷ 名 癃闭,中医指小便不畅的病。

窿 lóng 见796 页"窟窿(long)"。

lǒng

陇(隴) lǒng ❶ 名 陇山,山名,在甘肃和陕西交界的地方。→ ❷ 名 甘肃的别称 ▷～海铁路|～西高原。

拢(攏) lǒng ❶ 动 聚合在一起;收束使不松散或不离开 ▷笑得嘴都合不～|两人谈不～|聚～。→ ❷ 动 停靠;靠近 ▷～岸|靠～。→ ❸ 动 总计 ▷把账～一～|～共|归～。→ ❹ 动 梳理(头发) ▷用梳子～头|～一～头发。○ ❺ 名 姓。☛ 跟"扰(rǎo)"不同。"扰"是"擾"的简化字。

【拢岸】lǒng'àn 动 将船靠岸 ▷渡轮进港～。

【拢共】lǒnggòng 副 总共 ▷4 个组～30 人。也说拢总。

【拢音】lǒngyīn 动 使声音聚合在一定的范围内 ▷会场不～,听不清发言人的讲话。

【拢子】lǒngzi 名 齿细而密的梳子。

垄(壟) lǒng ❶ 名 田地分界处略微高起的小路。→ ❷ 名 在耕地上培起的用来种植农作物的土埂 ▷两人合打一条～|～作|～沟。⇒ ❸ 名 农作物的行(háng)或行间空地 ▷缺苗断～|宽～密植。⇒ ❹ 名 形状像垄的东西 ▷瓦～。○ ❺ 名 姓。

【垄断】lǒngduàn 动《孟子·公孙丑下》:"必求龙(垄)断而登之,以左右望而罔市利。"意思是站在集市的高地上操纵贸易。后用"垄断"指把持和独占(多用于经济贸易方面) ▷～行业。

【垄断资本】lǒngduàn zīběn 垄断组织拥有的资本。自由竞争发展到垄断阶段,垄断组织利用拥有的资本控制社会生产,操纵和独占市场,以攫取高额利润。有工业垄断资本、银行垄断资本以及两者混合形成的金融资本。

【垄沟】lǒnggōu 名 田垄之间的沟,用来灌溉、排水或施肥。

【垄作】lǒngzuò 动 起垄耕作,即把农作物种在垄上。如芋头、甘薯都采用垄作方式。

笼(籠) lǒng ❶ 动 笼罩 ▷晨雾～住了山城|烟～雾罩。○ ❷ 名 较大的箱子 ▷箱～。☛ 以上意义不读 lóng。

另见 888 页 lóng。

【笼络】lǒngluò 动 用手段使靠拢 ▷～人心。

【笼统】lǒngtǒng 形 概括;不具体 ▷他提的意见太～了|只是笼笼统统地说了一遍。

【笼罩】lǒngzhào 动 像笼子一样罩在上面 ▷蒙蒙细雨～着大地|～着沉痛的气氛。

篢(篢) lǒng 织篢(zhīlǒng) 名 地名,在广东。

儱 lǒng [儱侗] lǒngtǒng 古同"笼统"。

壠 lǒng 同"垄"。现在一般写作"垄"。

lòng

弄(*衖) lòng 名 巷子;胡同 ▷～堂|里～。☛ 这个意义不读 nòng。

另见 1012 页 nòng。

【弄堂】lòngtáng 名 某些地区指小巷。

哢 lòng ❶ 动〈文〉鸟鸣。○ ❷ 用于地名。如哢村，在广东。

㟖 lòng 名 某些地区指山间的小片平地。

lōu

搂（摟） lōu ❶ 动 用手或工具把东西向自己面前聚集 ▷～柴火｜用耙子～地。→ ❷ 动 搜刮（财物） ▷他早就～足了｜～钱。→ ❸ 动 撩起或挽起（衣服） ▷～起袖子。→ ❹ 动 某些地区指用算盘计算；泛指核算 ▷拿算盘一～，就知道赔赚｜～账。

另见 891 页 lǒu。

【搂头盖脸】lōutóu-gàiliǎn 对着头和脸 ▷～就是一巴掌。也说搂头盖顶、搂头盖脑。

瞜（瞜） lōu 动〈口〉看；瞧 ▷让我～一眼｜～一～。

lóu

剅 lóu 名 某些地区指堤坝下面进出水的口；也指横穿河堤的小水道。

娄（婁） lóu ❶ 形〈口〉（某些瓜类）过熟而中空变质 ▷西瓜～了。→ ❷ 形〈口〉比喻体虚、衰弱 ▷身子骨儿可～了。○ ❸ 名 星宿名，二十八宿之一。○ ❹ 名 姓。

【娄子】lóuzi 名〈口〉乱子；麻烦 ▷出～了｜他又捅了个～。

偻（僂） lóu ❶ 见 483 页"佝偻（gōulóu）"。○ ❷［偻儸］lóuluó 现在规范词形写作"喽啰"。

另见 899 页 lǚ。

塿（塿） lóu 名 疏松的土壤。另见 891 页 lǒu。

蒌（蔞） lóu 见下。

【蒌蒿】lóuhāo 名 多年生草本植物，茎下部带紫色，叶互生，开黄色花。嫩茎可以食用，干茎叶可以焚烧驱蚊，全草可以做药材。也说水蒿。

【蒌叶】lóuyè 名 常绿攀缘藤本植物，叶宽卵形或心形，穗状花序。果实有辣味，可以做酱；藤、叶可以做药材。也说蒟（jǔ）酱。

喽（嘍） lóu［喽啰］lóuluó 名 旧时指强盗头子的部下；现在多比喻坏人的帮凶和爪牙 ▷犯罪团伙里的小～。☛ 不要写作"喽罗""偻儸"。

另见 892 页 lou。

溇（漊） lóu 名 溇水，水名，发源于湖北，流经湖南入澧水。

楼（樓） lóu ❶ 名 楼房 ▷盖～｜～堂馆所｜高～大厦。→ ❷ 名 某些建筑物上加盖的房子 ▷城～｜箭～。→ ❸ 名 某些下面有通道的高大的装饰性建筑 ▷门～｜牌～。→ ❹ 名 用于某些店铺或娱乐场所的名称 ▷酒～｜戏～。→ ❺ 量 指楼房的某一层 ▷他家住二～，不用乘电梯。○ ❻ 名 姓。☛ 汉语中一般以楼房在地面以上部分的底层为一楼，底层之上的一层为二楼。

【楼板】lóubǎn 名 楼房内上下两层之间的木板或水泥板。

【楼层】lóucéng 名 楼房的一层 ▷他家住的～比较高。

【楼船】lóuchuán 名 有几层船舱的船。

【楼道】lóudào 名 楼内的过道。

【楼房】lóufáng 名 两层或两层以上的房子。

【楼阁】lóugé 名 楼和阁；泛指楼房。☛"阁"不读 gě。

【楼花】lóuhuā 名 指尚未竣工而开始预售的楼房。

【楼盘】lóupán 名 房地产业指正在出租的、在建的或出售的多层或高层商品房。

【楼区】lóuqū 名 有多座楼房的地方。

【楼群】lóuqún 名 建在同一楼区的多座楼房。

【楼市】lóushì 名 楼房交易市场；泛指房地产市场。

【楼台】lóutái 名 楼上的凉台；泛指楼房 ▷近水～先得月。

【楼堂馆所】lóu-táng-guǎn-suǒ 办公楼、礼堂、宾馆、招待所等的合称。

【楼梯】lóutī 名 在楼房的两层之间供人上下的阶梯。

【楼体】lóutǐ 名 楼房的总体框架结构 ▷装修房屋不得损坏～。

【楼宇】lóuyǔ 名 楼房 ▷～林立。

膢（膢） lóu，又读 lǘ 名 古代一种祭祀活动，常伴有宴饮、馈赠等。

耧（耬） lóu 名 开沟播种的农具。用畜力或人力牵引，人在后面扶持。

【耧播】lóubō 动 用耧播种（zhòng）。

蝼（螻） lóu 名 蝼蛄 ▷～蚁。

【蝼蛄】lóugū 名 昆虫，背部茶褐色，腹部灰黄色，前足呈铲状，适于掘土。昼伏夜出，咬食植物的根、嫩茎和幼苗，危害农作物。俗称拉拉蛄（làlàgǔ）。

【蝼蚁】lóuyǐ 名 蝼蛄和蚂蚁；比喻势单力薄或地位低下的人 ▷视黎民如～。

【蝼蛭】lóuzhì 名〈文〉蝼蛄。

髅（髏） lóu 见341 页"髑（dú）髅"；796 页"骷（kū）髅"。

lǒu

塿(塿) lǒu〈文〉❶ 名 小土丘。❷ 名 小坟冢。

另见 890 页 lóu。

搂(摟) lǒu ❶ 动 两臂合抱;用胳膊拢着 ▷把孩子~在怀里|妹妹~着姐姐的腰。→ ❷ 量 用于计量周长,一搂约相当于两臂合抱的长度 ▷门前的杨树有一~粗了。☛ 读 lǒu,基本义是两臂合抱;读 lōu,基本义是把东西拢向自己,如"搂柴"。

另见 890 页 lōu。

【搂抱】lǒubào 动 两臂合抱 ▷久别重逢的姐妹激动地~在一起。

嵝(嶁) lǒu 见484 页"岣(gǒu)嵝"。

篓(簍) lǒu 名 篓子 ▷鱼~|字纸~。

【篓子】lǒuzi 名 用竹篾、荆条、铁丝等编成或塑料制作的盛物器具。多为圆筒形,较深。

lòu

陋 lòu ❶ 形 (住所)狭窄;简陋 ▷~室|~巷。→ ❷ 形 缺少见识;浅薄 ▷孤~|鄙~|浅~。❸ 形 不文明的;不好的 ▷~俗|陈规~习。→ ❹ 形 丑;难看 ▷丑~。→ ❺ 形 粗劣 ▷因~就简|粗~。☛ 右边是"丙"加"乚",不是"内"加"匚"。

【陋规】lòuguī 名 不好的惯常做法 ▷革除~。

【陋见】lòujiàn 名 浅薄的看法(多用作谦词) ▷略陈~。

【陋室】lòushì 名 简陋而狭小的房屋(多用作谦词) ▷请到~小叙。

【陋俗】lòusú 名 不良的风俗。

【陋习】lòuxí 名 不良的习惯 ▷破除~。

【陋巷】lòuxiàng 名 狭窄的里巷 ▷身处~。

镂(鏤) lòu 动 雕刻 ▷~刻|~花|~空。☛ 不读 lóu。

【镂骨铭心】lòugǔ-míngxīn 刻骨铭心。

【镂刻】lòukè 动 雕刻;比喻深深地记住 ▷~玉石|父亲的教诲~在他的脑海里。

【镂空】lòukōng 动 刻透金属、玉石、象牙、竹木等材料,形成花纹或文字 ▷~屏风。

【镂月裁云】lòuyuè-cáiyún 镂刻月亮,剪裁云彩。形容技艺精巧高超。

瘘(瘻) lòu ❶ 名〈文〉瘰(luǒ)疬。→ ❷ 名 瘘管 ▷肠~|肛~。

【瘘管】lòuguǎn 名 空腔脏器与体表或空腔脏器之间不正常的通道。前者为外瘘;后者为内瘘。病灶内的分泌物可由瘘管流出。常因外伤、炎症、手术并发症等引起。

漏 lòu ❶ 动 东西由孔隙中滴下、透出或掉出 ▷盆里的水~光了|口袋破了,米~了不少。→ ❷ 名 漏壶 ▷宫~|更(gēng)残~尽。❸ 名〈文〉指时刻 ▷夜已三~(三更)。→ ❹ 动 泄漏 ▷没~过半个字|走~消息。→ ❺ 动 应该列入的而没有列入;遗漏 ▷把他的名字~了|挂一~万|脱~。→ ❻ 动 物体有孔隙,可以漏出东西 ▷水壶~了|房顶~了|~勺。→ ❼ 名 中医指某些流出脓、血、黏液的病 ▷痔~|崩~。

【漏报】lòubào 动 遗漏而未呈报 ▷不得~灾情。

【漏乘】lòuchéng 动 乘客购票后因误点或在中途站离开未能及时返回等原因而未能乘上应乘的火车、航船等。

【漏窗】lòuchuāng 名 园林建筑中饰有各种镂空图案、不糊纸也不安玻璃的窗户,用以装饰墙面和点缀景色。也说花窗、花墙洞、漏花窗。

【漏电】lòudiàn 动 由于电路中某一处绝缘损坏而使电流逸出。

【漏洞】lòudòng ❶ 名 器物上可以漏下东西的缝隙或小窟窿 ▷壶底有~。❷ 名 比喻言行不严密的地方;破绽 ▷~百出|这是管理上的~,要设法堵住。

【漏洞百出】lòudòng-bǎichū 指破绽或不严密的地方很多。

【漏斗】lòudǒu 名 用来把液体或颗粒、粉末状物装入小口容器中的器皿,多为倒锥形。

【漏风】lòufēng ❶ 动 因有孔隙而挡不住风 ▷这房子四面~。❷ 动 因牙齿脱落,说话时拢不住气 ▷门牙掉了,说话有点儿~。❸ 动 走漏消息 ▷这事要是漏了风可就麻烦了。

【漏光】lòuguāng 动 胶片等感光材料因封闭不严而感光。

【漏壶】lòuhú 名 我国古代一种计时仪器,一般分为播水壶、受水壶两部分。播水壶有小孔可漏水;受水壶中插有立箭,箭上划分一百刻,蓄水逐渐上升,可从箭上的刻数读出时间。另有以沙代水的沙漏壶。也说漏、刻漏。

【漏检】lòujiǎn 动 在检查中被遗漏而未作检查 ▷~商品必须补检。

【漏票】lòupiào 动 逃票。

【漏勺】lòusháo 名 有许多小孔的勺子。多用金属制成,用来从汤或油中捞取食物。

【漏失】lòushī ❶ 动 漏掉而损失 ▷~石油百吨。❷ 名 疏漏和失误 ▷火箭发射的丝毫~都会造成严重后果。

【漏税】lòushuì 动 (纳税人)没有依法缴纳应缴纳

的税款 ▷加强财务管理,防止～。

【漏题】lòutí ❶ 动 漏做试题或练习题 ▷他很粗心,考试时经常～。❷ 动 泄漏试题 ▷严禁～。

【漏脱】lòutuō 动 脱漏。

【漏网】lòuwǎng 动 (鱼、虾等)逃出渔网;比喻(罪犯、敌人等)侥幸逃脱 ▷几名毒贩无一～。

【漏网之鱼】lòuwǎngzhīyú 从渔网的网眼中逃脱的鱼。比喻侥幸逃脱的罪犯、敌人等。

【漏泄】lòuxiè 动 泄漏。

【漏夜】lòuyè 名〈文〉深夜;后半夜。

【漏诊】lòuzhěn 动 医生诊断时没诊出某种病患。

【漏卮】lòuzhī 名〈文〉有漏洞的盛酒器具;比喻导致国家利益外溢的漏洞;也比喻没有限度的大酒量 ▷严塞～,以培国本。

【漏子】lòuzi ❶ 名〈口〉漏斗。○ ❷ 名 破绽 ▷手脚做得再严密,也会有～。

【漏嘴】lòuzuǐ 动 不小心说出了不该说或不想说的话。

露 lòu 义同"露(lù)"③,多用于口语 ▷～着胳膊|～脸|～馅儿|～一手|泄～|走～。

另见 897 页 lù。

【露白】lòubái 动 指在人前露出所带的较多钱财(白:指银子;泛指钱财) ▷把钱带好,小心～。

【露丑】lòuchǒu 动 丢脸;出丑 ▷丢人～|当众～。

【露底】lòudǐ 动 泄露底细 ▷这是机密,谁也不能～。

【露风】lòufēng 动 透露信息。

【露富】lòufù 动 显露出富有。

【露脸】lòuliǎn ❶ 动 形容取得成绩或受到称赞,脸上有光彩 ▷得了冠军,真是～了。❷ 动 露面。

【露马脚】lòumǎjiǎo 比喻无意中暴露出隐蔽的真相。

【露面】lòumiàn 动 在公开场合出现 ▷他躲在后面操纵,从不～。

【露苗】lòumiáo 动 出苗。

【露怯】lòuqiè 动〈口〉显露出无知而出洋相 ▷不懂装懂,准得～。

【露头】lòutóu 动 露出头部;比喻刚刚出现 ▷吓得老鼠再也不敢～了|对公款吃喝的歪风零容忍,～就打。

【露馅儿】lòuxiànr 动 比喻隐秘的事或实际情况暴露出来 ▷弄虚作假早晚会～。

【露相】lòuxiàng ❶ 动 露出真实面目 ▷真人不～。❷ 动 露面 ▷他常在屏幕上～。

【露一手】lòuyīshǒu 显示一下某种技能 ▷给你们～|真要露上一手儿。

【露拙】lòuzhuō 动 显露出弱点或不足 ▷～有利于补拙,比藏拙强。

lou

喽(嘍) lou 助〈口〉表示提醒注意的语气 ▷客人来～|开饭～|天快黑～,赶紧走!

另见 890 页 lóu。

lū

撸(擼) lū〈口〉❶ 动 捋(luō) ▷～榆钱儿|～起袖子。→ ❷ 动 撤去(职务) ▷他的小组长职务被～了。→ ❸ 动 训斥 ▷叫爷爷～了一顿。

【撸子】lūzi 名 某些地区指小型手枪。

噜(嚕) lū [噜苏] lūsū 形 啰唆。

lú

卢(盧) lú 名 姓。☛ 跟"户"不同。由"盧"构成的字,有的类推简化为"卢",如"瀘""壚""顱""鸕""臚""轤""艫""櫨""鱸",分别简化为"泸""垆""颅""鸬""胪""轳""舻""栌""鲈";有的简化为"户",如"廬""爐""蘆""驢",分别简化为"庐""炉""芦""驴"。

【卢比】lúbǐ ❶ 名 印度、巴基斯坦等国的本位货币。❷ 量 印度、巴基斯坦等国的本位货币单位。

【卢布】lúbù ❶ 名 俄罗斯的本位货币。❷ 量 俄罗斯的本位货币单位。

【卢沟桥事变】lúgōuqiáo shìbiàn 七七事变。

芦(蘆) lú ❶ 名 芦苇 ▷～花|～荡。○ ❷ 名 姓。☛ 参见本页"卢"的提示。

另见 893 页 lǔ。

【芦柴】lúchái 名 当柴火用的芦苇茎。

【芦荡】lúdàng 名 苇荡的通称。

【芦柑】lúgān 名 福建漳州等地出产的柑橘。

【芦根】lúgēn 名 芦苇的地下根状茎,较粗壮,可以做药材。

【芦花】lúhuā 名 芦苇花轴上密生的白毛。

【芦荟】lúhuì 名 多年生草本植物,叶簇生,肉质肥厚,边缘有黄色刺状小齿。主要产于热带,我国也有栽培。可以做药材。参见插图 8 页。

【芦笙】lúshēng 名 簧管乐器,流行于我国苗、侗、瑶、水、彝等少数民族地区。形制多样,较常见的为六管芦笙,由笙管、笙头、铜簧片构成。音色明亮浑厚,富有民族特色。参见插图 12 页。

【芦笋】lúsǔn ❶ 名 芦苇的嫩芽,似笋而小,可供食用。❷ 名 石刁柏的俗称。参见插图 9 页。

【芦苇】lúwěi 名 多年生草本植物，地下有粗壮匍匐的根状茎，叶子宽披针形，夏秋开紫色花。生长于池沼、河岸或道旁。茎秆可以编席、造纸，也可以做人造丝、人造棉的原料；根状茎叫芦根，可以做药材。也说苇子。

【芦席】lúxí 名 苇席的通称。

庐（廬）lú ❶ 名 简陋的小屋 ▷茅～|草～|～舍。◯ ❷ 名 指庐州（旧府名，府治在今安徽合肥）▷～剧。◯ ❸ 名 姓。☛ 右下是"户"，不是"卢"。

【庐剧】lújù 名 地方戏曲剧种，流行于安徽合肥、芜湖一带。以大别山和江淮之间的民间歌舞为基础发展而成。

【庐山真面目】lúshān zhēn miànmù 宋·苏轼《题西林壁》："横看成岭侧成峰，远近高低各不同。不识庐山真面目，只缘身在此山中。"后用"庐山真面目"借指事情的真实情况或人的本来面目。也说庐山真面。

【庐舍】lúshè 名〈文〉庐①。

垆[1]（壚）lú 名 黑色坚实的土壤 ▷～土。

垆[2]（壚）lú 名 古代酒店里放酒瓮的土台子；借指酒店 ▷酒～|当～（卖酒）。

炉（爐*鑪）lú 名 炉子 ▷火～|电～|锅～|熔～|司～。☛ ㊀右边是"户"，不是"卢"。㊁参见本页"铲"的提示。

"鑪"另见本页 lú"铲"。

【炉箅子】lúbìzi 名 炉膛下面用来承放燃料及通气漏灰的铁屉子。

【炉衬】lúchèn 名 用耐火材料砌成的工业用炉的内壁。

【炉火】lúhuǒ ❶ 名 炉子里的火 ▷～熊熊。❷ 名 生了火的炉子 ▷把～搬进屋来。

【炉火纯青】lúhuǒ-chúnqīng 传说道家炼丹时，炉中发出纯青的火焰才算成功。比喻学问、技艺等达到精湛完美的境地。

【炉具】lújù 名 炉子及其附属用具（如烟筒、火钳等）的统称。

【炉料】lúliào 名 放到炉内冶炼的矿石和其他原料的混合物。

【炉龄】lúlíng 名 工业用炉炉衬的使用寿命。

【炉门】lúmén 名 炉子的通风、投料口，用来控制火势和投放炉料、燃料。

【炉台】lútái 名 炉子口周围可以放东西的平台。

【炉膛】lútáng 名 炉内烧火的中空部分。

【炉条】lútiáo 名 安置在炉膛下方承放固体燃料的铁条，作用与炉箅子相同。

【炉瓦】lúwǎ 名 砌在炉内作为炉衬的瓦状物。

【炉温】lúwēn 名 炉内燃烧时的温度；特指冶炼炉中的温度。

【炉灶】lúzào 名 炉子和灶的合称 ▷搭建～◇另起～。

【炉渣】lúzhā ❶ 名 煤燃烧后结成的块状物。❷ 名 冶炼金属过程中产生的渣滓。有的可用来制造水泥、化肥等。

【炉长】lúzhǎng 名 炉前冶炼工作的负责人。

【炉子】lúzi 名 供做饭、烧水、取暖、冶炼等用的器具或设备。

【炉嘴儿】lúzuǐr 名 煤气灶喷气的部位。

泸（瀘）lú 名 泸州，地名，在四川。

栌（櫨）lú 名 栌木，即黄栌。

轳（轤）lú 见897页"辘轳（lùlu）"。

胪（臚）lú 动〈文〉陈列；罗列 ▷～陈|～列。

鸬（鸕）lú［鸬鹚］lúcí 名 水鸟，羽毛黑色而带有紫色金属光泽，嘴的尖端有钩，善于潜水捕食鱼类。渔人多驯养帮助捕鱼。通称鱼鹰。

铲（鑪）lú 名 金属元素，符号 Rf。有放射性，由人工核反应获得。☛ "鑪"可用于科技术语，但须类推简化为"铲"。

"鑪"另见本页 lú"炉"。

颅（顱）lú 名 头盖骨；也指头 ▷开～手术|头～。☛ 左边是"卢"，不是"户"。

【颅骨】lúgǔ 名 人和脊椎动物头部的骨质支架。人的颅骨分脑颅（由 8 块组成）和面颅（由 15 块组成）两部分。也说头骨。

【颅内压】lúnèiyā 名 颅腔内脑脊液的压力，成年人侧卧时正常值为0.78—1.76千帕，合80—180毫米水柱。

【颅腔】lúqiāng 名 颅骨构成的空腔。有容纳和保护脑子的作用。

舻（艫）lú 名〈文〉船头；泛指船 ▷舳～|登～。

鲈（鱸）lú 名 鲈鱼，体侧扁而长，口大，下颌凸出，背部及背鳍上有黑斑。捕食鱼虾。栖息于近海，也进入淡水。

矑 lú 名〈文〉瞳孔。

纑 lú 名〈文〉麻线。

lǔ

芦（蘆）lǔ 见1668页"油葫芦"。另见892页 lú。

卤（鹵滷❶—❸） lǔ ❶ 名 盐卤。→ ❷ 动 用盐水或酱油加调料煮 ▷～鸡|～肉|～味|～煮火烧。→ ❸ 名 饮料的浓汁或食物的汤羹 ▷茶～|打～面。→ ❹ 名 指卤素。

【卤菜】lǔcài 名 卤制的荤菜，如卤鸡、卤蛋。

【卤莽】lǔmǎng 现在规范词形写作“鲁莽”。

【卤水】lǔshuǐ ❶ 名 盐卤。❷ 名 从盐井中取出的液体，供熬制井盐用。

【卤素】lǔsù 名 卤族元素，氟、氯、溴、碘、砹五种能直接同大多数金属及非金属反应的元素的统称。也说卤族。

【卤味】lǔwèi 名 卤制的凉菜。如卤鸭、卤肉、卤豆腐干等。

【卤虾】lǔxiā 名 虾磨成糊状加盐制成的食品。

【卤虾油】lǔxiāyóu 名 用卤虾的浓汁制成的调料。

【卤盐】lǔyán 名 用盐碱土滤水熬制成的盐。

【卤汁】lǔzhī 名 制作卤菜的汁液 ▷～花生米。

【卤制】lǔzhì 动 用盐水或酱油加调料煮。

【卤质】lǔzhì 名 土壤中含有的碱质 ▷～土壤。

虏（虜*虜） lǔ ❶ 动 俘获 ▷～获|俘～敌兵多人。→ ❷ 名 交战时捉住的敌人 ▷抓俘～。⇒ ❸ 名〈文〉对敌人的蔑称 ▷强～入寇。⇒ ❹ 名 古代对北方民族的蔑称 ▷鞑～。☛ 统读 lǔ，不读 luǒ。

【虏获】lǔhuò 动 俘虏；俘虏并缴获 ▷～万余人|～人、马、枪械无数。

掳（擄） lǔ ❶ 同“虏”。现在一般写作“虏”。→ ❷ 动 掳掠 ▷～夺。☛ 统读 lǔ，不读 luǒ。

【掳夺】lǔduó 动 掳掠。

【掳掠】lǔlüè 动 掠夺人和财物 ▷侵略者烧杀～，无恶不作。

鲁[1]（魯） lǔ ❶ 形〈文〉愚钝；蠢笨 ▷～钝|愚～。○ ❷ 形 冒失；粗野 ▷～莽|粗～。

鲁[2]（魯） lǔ ❶ 名 周朝诸侯国名，在今山东曲阜一带。→ ❷ 名 山东的别称 ▷～菜。○ ❸ 名 姓。

【鲁班】lǔbān 名 春秋时鲁国人，复姓公输，名般（也作班、盘），后人称为鲁班。是我国古代杰出的建筑工匠，被奉为建筑工匠的祖师。

【鲁班尺】lǔbānchǐ 名 木工使用的曲尺。相传为鲁班所发明。

【鲁菜】lǔcài 名 山东风味的菜肴，以鲜咸脆嫩为主要特色，是我国著名菜系之一。

【鲁钝】lǔdùn 形 愚笨迟钝 ▷天性～。

【鲁莽】lǔmǎng 形 言行粗鲁、轻率 ▷办事太～。☛ 不要写作“卤莽”。

【鲁鱼亥豕】lǔyú-hàishǐ “鲁”与“鱼”、“亥”与“豕”篆文字形相近，容易写错。指文章、书籍在传抄刊印过程中出现的文字错误。

【鲁直】lǔzhí 形 莽撞而直爽 ▷性格～。

澛（澛） lǔ 用于地名。如澛港，在安徽。

橹[1]（櫓*樐艣艪艫） lǔ 名 安在船尾或船边用来拨水使船前进的工具，比桨长（cháng）大 ▷摇～|～声咿呀。

橹[2]（櫓*樐） lǔ 名 古代作战时用来防身的大盾牌。

氇（氌） lǔ 见1067 页“氆氇（pǔlu）”。

镥（鑥） lǔ 名 金属元素，符号 Lu。银白色，富延展性，在空气中较稳定，有低毒。用于核工业。

lù

甪 lù 用于地名。如：甪直，在江苏；甪堰，在浙江。

陆（陸） lù ❶ 名 陆地（跟“水”相对） ▷大～|登～|内～。→ ❷ 名 指陆路 ▷水～兼程|水～交通|～运。○ ❸ 名 姓。
另见 886 页 liù。

【陆沉】lùchén 动 陆地沉降或沉没；比喻国土沦陷 ▷东北～，志士扼腕。

【陆稻】lùdào 名 旱稻。

【陆地】lùdì 名 地球表面未被海洋浸没的部分，总面积约 14,900 万平方千米，约占地球总面积的29.2%。

【陆风】lùfēng 名 气象学上指夜间从大陆吹向海洋的风。

【陆架】lùjià 名 大陆架。

【陆军】lùjūn 名 在陆地上作战的军种。现代陆军一般由步兵、炮兵、装甲兵、工程兵、陆军防空兵、陆军航空兵、通信兵、防化兵等兵种和各种专业部队组成。

【陆离】lùlí 形 形容色彩繁多杂乱、变化多端的样子 ▷斑驳～|光怪～。

【陆路】lùlù 名 陆地上的交通道路。

【陆棚】lùpéng 名 旧指大陆架。

【陆坡】lùpō 名 大陆坡。

【陆桥】lùqiáo 名 连接两块大陆的狭长地带。如连接南北美洲的巴拿马地峡。

【陆禽】lùqín 名 不能远飞而善于在地上行走的鸟类。如鸵鸟、鹌鹑等。

【陆续】lùxù 副 表示动作行为先先后后、断断续续 ▷围观的群众～散去|～出版。

【陆运】lùyùn 动 从陆路运输（跟“水运”“空运”相区别）。

【陆战队】lùzhànduì 名 指海军陆战队，即主要担负登陆作战任务的海军兵种。

录（録）lù ❶ 动 记载；誊写 ▷记～|抄～|摘～。→ ❷ 名 记载言行、事物的表册或文字 ▷目～|语～|通信～|见闻～。→ ❸ 动 接纳；任用 ▷～取|～用。→ ❹ 动 用仪器记录(声音或图像) ▷～音|～像。○ ❺ 名 姓。☛ 上边是"彐"，不是"⺕"。由"录"构成的字有"绿""碌""氯""剥""禄"等。

【录播】lùbō 动 录制好后再播放(跟"直播"相区别) ▷以直播取代～。

【录放】lùfàng 动 记录并播放音像 ▷～机。

【录供】lùgòng 动 法律上指讯问时记录当事人的口供。

【录取】lùqǔ ❶ 动 选择接受(考试合格的人) ▷～公务员|～新生。❷ 动 讯问记录 ▷～口供。

【录取线】lùqǔxiàn 名 指录取的最低分数标准。

【录入】lùrù 动 把文字、图像等输入电子计算机。

【录像】lùxiàng ❶ 动 用录像机、摄像机等把图像和声音转换成电磁信号，并记录到磁带、光盘或芯片上 ▷会议全程～|他们的婚礼都录了像。❷ 名 录下来的音像 ▷这盘～不清晰。☛ 不要写作"录象""录相"。

【录像带】lùxiàngdài 名 录制音像用的磁带；也指已录好音像并可以播放的磁带。

【录像机】lùxiàngjī 名 记录并能重新放出图像和伴音信号的电子设备。

【录像片】lùxiàngpiàn 名 用来播放的录像制品，包括电影片、电视片等。口语中也说录像片儿(piānr)。

【录音】lùyīn ❶ 动 用机械、光学或电磁等方法把声音记录下来 ▷今天的讲座没能～。❷ 名 用专门设备记录下来的声音 ▷播放实况～。

【录音报道】lùyīn bàodào 广播电台利用记者现场采访中所录的谈话和记者的现场口述所做的新闻报道。

【录音笔】lùyīnbǐ 名 形状像笔的小型录音设备，形制较多 ▷数码～。

【录音带】lùyīndài 名 录音用的磁带；也指录好声音可以播放的磁带。

【录音电话】lùyīn diànhuà 有录音功能的电话机。可自动录下并播出来电的话音，或录下主人的话音供来电话时自动播放。

【录音合成】lùyīn héchéng 把分别录制的各种声音重新进行组合，使其形成完整的作品。

【录音机】lùyīnjī 名 记录并播放声音的电声设备。通常指磁带录音机。

【录用】lùyòng ❶ 动 接纳任用 ▷～干部。❷ 动 采纳使用 ▷稿件一经～，即付稿酬。☛ 参见1159页"任用"的提示。

【录制】lùzhì 动 通过录音、录像等加工制作音像作品 ▷～音乐电视片|～广播剧。

辂（輅）lù 名 古代一种大车，多指帝王乘坐的车 ▷龙～(皇帝的车)。

赂（賂）lù ❶ 动〈文〉赠送财物。→ ❷ 动 用财物买通别人 ▷贿～。→ ❸ 名〈文〉财物；赠送的财物 ▷货～。

菉 lù ❶ 用于人名。○ ❷ 用于地名。如梅菉，在广东。☛ "菉"读 lù 时，是"绿"的异体字。

另见900页 lǜ "绿"。

箓 lù 名 某些地区指土山之间的平地。

鹿 lù ❶ 名 哺乳动物，种类很多。一般雄的头上有角，四肢细长，尾短，毛多为褐色，有的有白斑。听觉嗅觉灵敏，性温顺，善奔跑。→ ❷ 名 比喻政权 ▷逐～中原。○ ❸ 名 姓。

【鹿角】lùjiǎo ❶ 名 鹿的角；特指雄性梅花鹿、马鹿等已骨化的角，可以做药材。❷ 名 鹿寨。

【鹿角菜】lùjiǎocài 名 藻类植物，新鲜时呈褐黄色，干后黑色。扁平而阔，两叉分枝，状如鹿角。生长于岩石上，可以食用。

【鹿茸】lùróng 名 雄性梅花鹿、马鹿等尚未骨化的幼角。含血液，外带茸毛，是名贵的中药。

【鹿死谁手】lùsǐ-shéishǒu《晋书·石勒载记下》："当并驱于中原，未知鹿死谁手。"用鹿比喻政权，不知政权最后落到谁的手里。现"鹿死谁手"多用来比喻在比赛或竞争中不知胜利最终属于谁。参见1799页"逐鹿"。

【鹿苑】lùyuàn 名 饲养鹿的园林。

【鹿寨】lùzhài 名 军用障碍物，把树木枝干交叉设置在防御地点，用来阻碍敌人前进。因形如鹿角，故称。☛ 不要写作"鹿砦"。

渌 lù ❶ 形〈文〉清澈 ▷～水荡漾清猿啼。○ ❷ 名 渌水，水名，发源于江西，流经湖南入湘江。

逯 lù 名 姓。

騄（騄）lù [騄耳] lù'ěr 名 古代一种骏马。

绿（緑）lù ❶ 义同"绿(lǜ)"，用于"绿林""鸭绿江"等。○ ❷ 名 姓。

另见900页 lǜ。

【绿林】lùlín ❶ 名 西汉末年王匡、王凤领导农民在绿林山(今湖北大洪山一带)起义，称"绿林军"。后泛指聚集山林反抗官府的武装集团 ▷～英雄。❷ 名 指啸聚山林的盗匪。

【绿营】lùyíng 名 清代由汉人编成的分驻在地方的武装力量。因旗帜为绿色，故称。

琭 lù 名〈文〉一种玉石。

禄 lù ❶ 名 古代指官吏的薪俸 ▷高官厚～｜无功受～｜俸～。○ ❷ 名 姓。

【禄蠹】lùdù 名〈文〉对钻营功名利禄的人的贬称。

【禄位】lùwèi 名〈文〉俸禄和爵位；借指官职。

碌 lù ❶ 形 平庸 ▷庸～｜～～无为。○ ❷ 形 繁忙 ▷忙～｜劳～。☛ 通常读 lù。读 liù，专用于"碌碡(zhou)"。

另见 886 页 liù。

【碌碌】lùlù 形 平庸 ▷～终生｜～无为。

【碌碌无为】lùlù-wúwéi 平庸而无所作为。

路 lù ❶ 名 道路①；通道 ▷开山修～｜公～｜马～｜水～｜陆～。→ ❷ 名 路程 ▷～很近｜几里～。→ ❸ 名 途径 ▷生～｜门～｜～子。→ ❹ 名 轨迹 ▷思～｜纹～。→ ❺ 名 线路 ▷走东～去最近｜坐五～车去公园。❻ 名 方面；地区 ▷西～军｜各～人马｜外～人。❼ 名 类型；等次 ▷一～货色｜二三～角色。→ ❽ 量 用于队列，相当于"排""行" ▷六～纵队｜排成两～。○ ❾ 名 姓。

【路霸】lùbà 名 在公路、铁路等沿线为非作歹、拦路抢劫的坏人；也指在路上非法拦截过往车辆强行收费的人。

【路标】lùbiāo 名 交通标志；指示路线或道路情况的标志。

【路不拾遗】lùbùshíyí 遗失在路上的东西都没人拾取。形容社会风气非常好。

【路程】lùchéng ❶ 名 所走道路的长度 ▷一个多小时的～｜～遥远。❷ 名 比喻事物的发展过程 ▷改革开放的～｜人生的～。

【路灯】lùdēng 名 安装在路边的照明灯。

【路堤】lùdī 名 比原地面高的路基。

【路段】lùduàn 名 道路的一段 ▷交通事故多发～。

【路费】lùfèi 名 旅途的交通、食宿等费用。

【路风】lùfēng 名 铁路、公路等交通部门的工作作风和风气。

【路服】lùfú 名 铁路员工穿的工作服。

【路规】lùguī 名 铁路、公路等交通部门有关客运、货运等的规章制度。

【路轨】lùguǐ ❶ 名 铺设铁路或有轨电车道的长条钢材。❷ 名 轨道。

【路过】lùguò 动 中途经过(某处) ▷～商店，顺便买点ㄦ东西｜本次列车～武汉。

【路徽】lùhuī 名 铁路交通系统使用的徽记。

【路基】lùjī 名 铁路轨道或公路路面的基础。通常包括路堤和路堑。

【路祭】lùjì 动 旧俗出殡时死者亲友在灵柩经过的路上祭奠。也说路奠。

【路肩】lùjiān 名 公路路基两边没有铺路面的部分或铁路路基上钢轨两侧的部分 ▷及时修补被雨水冲塌的～。

【路检】lùjiǎn 动 在运行线路上对机动车辆进行检查并处理违章现象。

【路劫】lùjié 动 拦路打劫。

【路警】lùjǐng 名 维护铁路或公路治安，保证火车、公路机动车安全运行和乘客安全的警察。

【路径】lùjìng ❶ 名 指到达目的地必经的道路 ▷～不熟勤打听。❷ 名 比喻门道 ▷找到了解决问题的～。

【路局】lùjú 名 路政管理机构。

【路考】lùkǎo 动 司机资格考试时，让应试者在指定的路段驾车，以考查其驾驶技术。

【路口】lùkǒu ❶ 名 道路交叉汇合的地方 ▷三岔～◇人生的十字～。❷ 名 道路的一端 ▷通往大桥的各个～都封锁了。

【路况】lùkuàng 名 指道路的路面、设施、保养以及人、车的流量等情况。

【路矿】lùkuàng 名 铁路和矿山的合称。

【路面】lùmiàn 名 铺筑在道路路基上供车辆行驶的结构层，由表层、基层和垫层组成；也指道路的表层 ▷宽阔的～｜～清洁。

【路牌】lùpái 名 用作路标的牌子。

【路卡】lùqiǎ 名 为收费或检查、警戒而在交通要道设立的站点。☛"卡"这里不读 kǎ。

【路签】lùqiān 名 列车或汽车通过车站或调度点时，站上发给的准予通行的凭证。

【路堑】lùqiàn 名 比原地面低的路基。

【路人】lùrén 名 路上的行人；比喻不相干的人 ▷～绕道而行｜视兄弟为～。

【路上】lùshang ❶ 名 道路上 ▷～车辆很多。❷ 名 旅途中 ▷去上海的～遇见个老同学。

【路数】lùshù ❶ 名 路子 ▷我～有限，不适合搞公关。❷ 名 招数；手法 ▷写文章各有各的～。❸ 名 底细 ▷已经摸清了内部的～。

【路条】lùtiáo 名 一种简易的道路通行证。

【路途】lùtú ❶ 名 道路 ▷山区的～，曲折难行。❷ 名 旅途 ▷他踏上游览青藏的～。❸ 名 路程 ▷～漫长。

【路网】lùwǎng 名 纵横交错的道路所形成的网状格局 ▷国道、省道的～覆盖了全省。

【路线】lùxiàn ❶ 名 从一地到另一地所经过的道路 ▷马拉松比赛的～已确定｜选择最佳～。❷ 名 国家、政党制定的在一定历史时期指导其活动的基本准则 ▷坚持党的基本～｜搞建设，～不能走偏。☛ 参见 1494 页"线路"的提示。

【路线图】lùxiàntú 名 标明行进路线的图；借指完成某事或实现某个目标的行动步骤或途径 ▷游览～｜列出收入分配改革的时间表和～。

【路向】lùxiàng 名 道路延伸的方向；比喻事物发展的方向、倾向 ▷～指示牌｜发展～。

【路演】lùyǎn 英语 road show 直译。❶ 名 指股份公司为使投资者了解情况、与投资者沟通信息而举行的股票发行推荐介绍会；也指电台、电视台或公司等为介绍产品而进行的巡回宣传活动 ▷通过～确定这支股票的价格幅度｜在这出戏的～中看到了几位新演员。❷ 动 举行这种股票发行推荐介绍会；也指进行这种巡回宣传活动 ▷三家公司组团来我市～融资｜这部影片将赴高校～。

【路椅】lùyǐ 名 路旁或公园、居民小区等里面的甬道旁设置的供人休息的椅子。

【路遇】lùyù 动 在路上遇到 ▷～老友。

【路障】lùzhàng 名 道路上设置的障碍物。

【路政】lùzhèng 名 铁路、公路等的行政管理。

【路子】lùzi 名 道路；门路 ▷找到了适合国情的发展～｜拓宽油画创作的～。

稑 lù 名〈文〉晚播而早熟的谷物。

僇 lù ❶ 动〈文〉羞辱；侮辱 ▷受～｜～辱。○ ❷ 古同"戮"。

勠 lù 动〈文〉合力；齐力 ▷～力同心｜齐心～力。

【勠力同心】lùlì-tóngxīn 协同用力，团结一致。

蓼 lù 形〈文〉(植物)高大。
另见 866 页 liǎo。

箓（籙） lù 名 道教登录奉道人或天神的名册。认为人能登仙箓，则可望成为神仙。

漉 lù 动 (液体)向下渗漏；过滤 ▷～酒。

【漉网】lùwǎng 名 造纸时捞取纸浆的网，用竹丝、金属丝或塑料等制成。

醁 lù 见877 页"醽(líng)醁"。

辘（轆） lù 见下。

【辘辘】lùlù 拟声 模拟车轮滚动等的声音 ▷运粮车一辆接一辆，～之声不绝于耳｜饥肠～。

【辘轳】lùlu ❶ 名 安在井边绞动绳索汲水的起重装置 ▷摇着～把ㄦ打水。❷ 名 指某些机械上的绞盘。

戮（*剹） lù 动 杀 ▷杀～。

蕗 lù 名〈文〉甘草的别名。

【蕗蕨】lùjué 名 蕨类植物，高可达 15—25 厘米，叶干后褐色或绿褐色，根状茎像粗铁丝。附生在树干上或林中潮湿的岩石上。种类较多，有的可以做药材，有的可以食用。

潞 lù 名 潞江，水名，即云南的怒江。

璐 lù 名〈文〉一种美玉。

簏 lù 名 竹篾、柳条等编的盛东西的器具。一般为圆筒形，较高，类似竹篓或箩筐 ▷书～。

鹭（鷺） lù 名 鸟，体形多高大瘦削，嘴直而尖，颈和腿较长。常活动于水边，捕食鱼、蛙及水生昆虫。种类很多，常见的有白鹭、苍鹭等。

【鹭鸶】lùsī 名 白鹭。

麓 lù 名 山脚 ▷山～｜天山南～。

鲸 lù 名 鱼，体小，侧扁，灰褐色，鳞呈栉状，口和眼都大。生活在近海岩石间。

露 lù ❶ 名 露水 ▷～珠｜雨～｜甘～。→ ❷ 动 在房屋、帐篷等的外面，没有遮盖 ▷～宿｜～营｜～天。❸ 动 显出；表现出 ▷不～声色｜～骨｜裸～｜暴～｜流～。→ ❹ 名 用花、叶、果实、药材等制成的饮料或化妆品 ▷果子～｜玫瑰～｜～酒｜花～水。
另见 892 页 lòu。

【露布】lùbù ❶ 名〈文〉不封口的文书。❷ 名〈文〉檄文；捷报。❸ 名 某些地区指布告、通告等。

【露地】lùdì 名 露天种植蔬菜、花卉等的土地。

【露点】lùdiǎn 名 一种空气湿度表示方法。指气压不变、湿度不变的情况下，未饱和空气因冷却而达到饱和时的温度。

【露骨】lùgǔ 形 形容用意十分明显，毫不隐晦(多含贬义) ▷自私自利的动机实在～｜～的军事威胁。

【露酒】lùjiǔ 名 带花香味或含果汁的酒。

【露水】lùshuǐ 名 空气中的水分夜间遇冷凝结在物体上形成的水珠；比喻短暂的、容易消失的事物 ▷～夫妻｜～市场。

【露宿】lùsù 动 在旷野、街头或室外住宿 ▷～山野｜在广场～。

【露台】lùtái ❶ 名 某些地区指晒台。❷ 名 某些地区指阳台。

【露天】lùtiān ❶ 名 室外 ▷～宿营。❷ 区别 上面没有遮盖的 ▷～货场｜～夜市｜～影院｜～煤矿。

【露天矿】lùtiānkuàng 名 不是在地层下，而是在地面上开采的矿床或矿场。

【露头角】lùtóujiǎo 比喻初次显露才能 ▷他才 18 岁就已经在文艺界～了。

【露营】lùyíng ❶ 动 军队在野外宿营。❷ 动 仿照军队组织形式到野外住宿 ▷到海滩～。

【露珠】lùzhū 名 凝结成水珠的露水。

lú

驴（驢） lú 名 哺乳动物，像马而小，耳朵和脸部都较长，毛多为灰褐色或黑色，尾巴根毛少，尾端像牛尾。家驴性温驯，富忍耐力，多用作力畜。☛ 右边是"户"，不是"卢"。

【驴唇不对马嘴】 lúchún bù duì mǎzuǐ 比喻两事物不相吻合或答非所问 ▷把这两件事硬扯到一起，纯粹是～。

【驴打滚儿】 lúdǎgǔnr ❶ 名 一种高利贷，借债到期不还，利息加倍；利上加利，越滚越多。○ ❷ 名 一种食品，将和(huó)好的黄米面裹入馅儿，卷成圆柱形，蒸熟后再滚上熟黄豆面。

【驴肝肺】 lúgānfèi 名 比喻极坏的用心 ▷别把好心当成～。

【驴骡】 lúluó 名 駃騠(juétí)①的通称。母驴和公马交配所生的骡子，比马骡身躯短，耳朵大，尾毛少。

【驴年马月】 lúnián-mǎyuè 猴年马月。

【驴皮胶】 lúpíjiāo 名 阿(ē)胶。

【驴皮影】 lúpíyǐng 名 皮影戏。因人物剪影为驴皮所制，故称。

【驴子】 lúzi 名 驴。

闾（閭） lú ❶ 名〈文〉里巷的大门 ▷倚～而望。→ ❷ 名 古代户籍编制单位，周代以二十五家为一闾。民国以后某些地区也用过。❸ 名〈文〉里巷；邻里 ▷穷～隘巷｜村～｜～巷。○ ❹ 名 姓。

【闾里】 lúlǐ 名〈文〉里巷；借指民间。

【闾巷】 lúxiàng 名〈文〉里巷；借指民间。

【闾阎】 lúyán〈文〉❶ 名 里巷内外的门；借指里巷 ▷～十室九空。❷ 名 借指民间、平民 ▷普施～。

【闾左】 lúzuǒ 名〈文〉贫苦人居住的地区（左：指较低的地位）；借指平民 ▷陈胜、吴广起于～。

榈（櫚） lú 见1835页"棕榈"。☛ 统读 lú，不读 lǚ。

lǚ

吕 lǚ ❶ 名 我国古代十二音律中六种阴律的总称 ▷六～｜律～。○ ❷ 名 姓。☛ "吕"旧字形是"呂"，7画；新字形是"吕"，6画，中间没有一撇。由"吕"构成的字有"侣""铝""营""闾"等。

【吕剧】 lǚjù 名 地方戏曲剧种，流行于山东及河南、江苏、安徽等省，由山东琴书演变而来。

【吕宋烟】 lǚsòngyān 名 雪茄烟。因菲律宾吕宋岛所产的在我国最为驰名，故称。

侣 lǚ ❶ 名 伙伴；同伴 ▷伴～｜情～。○ ❷ 名 姓。

捋 lǚ ❶ 动 用手顺着长条状物向一端抹过去（使物体顺溜或干净）▷～胡子｜把黄瓜～了几下就吃。→ ❷ 动〈口〉梳理；整理 ▷问题太多，～不出头绪｜把那堆纸～一～。

另见 907 页 luō。

梠 lǚ 名〈文〉屋檐。

旅[1] lǚ ❶ 名〈文〉众人。→ ❷ 名 军队编制单位，在师以下，团或营以上。❸ 名 泛指军队 ▷军～｜劲～。→ ❹ 副〈文〉俱；共同 ▷～进～退。

旅[2] lǚ 动 到远处去；离家在外，居留异乡 ▷～行｜～居｜～途｜～客。☛ "旅"字右边不要写成"𠂢"。

【旅伴】 lǚbàn 名 一同旅行的伙伴。

【旅部】 lǚbù 名 军队建制中旅一级的领导机关。

【旅差费】 lǚchāifèi 名 差旅费。

【旅程】 lǚchéng 名 旅行的路程 ▷他只身踏上漫游世界的～ ◇人生～。

【旅店】 lǚdiàn 名 旅馆。

【旅费】 lǚfèi 名 路费。

【旅馆】 lǚguǎn 名 供旅客住宿的营业单位，有的也提供饮食。也说旅店。

【旅进旅退】 lǚjìn-lǚtuì 一起前进或后退。形容无主见，随大溜。

【旅居】 lǚjū 动 较长时间地在外地或外国居住 ▷～广州｜～海外 30 年。

【旅客】 lǚkè 名 旅行的人。

【旅鸟】 lǚniǎo 名 在迁徙途中经过某地而不在那里繁殖或越冬的候鸟，对某地来说叫做旅鸟。

【旅人】 lǚrén 名 旅行的人；旅居在外的人。

【旅社】 lǚshè 名 旅店。

【旅舍】 lǚshè 名〈文〉旅店。

【旅途】 lǚtú 名 旅行路上 ▷～览胜｜身在～。

【旅行】 lǚxíng 动 为办事、游览等而到较远的外地去 ▷～结婚｜出国～。

【旅行车】 lǚxíngchē 名 旅游车；也指后备厢与车顶齐平的适合旅行使用的轿车等。

【旅行袋】 lǚxíngdài 名 旅行时用来装物品的袋子。

【旅行社】 lǚxíngshè 名 为旅客提供食宿、交通、导游等项服务的专业机构。

【旅行团】 lǚxíngtuán ❶ 名 为某种相同的目的而旅行的人组成的团体 ▷探险～｜寻根～。❷ 名 旅游团。

【旅游】 lǚyóu 动 去外地游览观光 ▷去泰山～。

【旅游车】 lǚyóuchē 名 供旅行、游览用的较舒适豪华的汽车。

【旅游农业】lǚyóu nóngyè 农事活动与旅游相结合的农业发展形式。农村提供必要的旅游设施，游客在欣赏农村自然风光的同时，还可以参与耕作、收获、采摘、垂钓、饲养等活动，吃农家饭，享受田园生活的乐趣。也说观光农业。

【旅游热线】lǚyóu rèxiàn ❶ 指运送旅游者的繁忙的交通线路 ▷来这里度假，有五条～可供选择。❷ 为旅游服务而开通的通信线路 ▷拨打～。

【旅游市场】lǚyóu shìchǎng 旅游的需求和经营之间构成的市场 ▷规范～的管理。

【旅游团】lǚyóutuán 名 把旅游行程相同的游客临时组织起来的团体。

【旅游鞋】lǚyóuxié 名 一种轻便的适宜旅游或长途行走穿用的鞋。一般由橡胶和皮革制成，鞋底和鞋口边缘衬有海绵等松软材料，鞋底呈坡形，前后多微翘。

【旅游业】lǚyóuyè 名 为旅游提供服务的产业。包括与旅游有关的交通业、旅馆业、饮食业、娱乐业及制造业等。

【旅游资源】lǚyóu zīyuán 指能吸引旅游者的自然和社会事物。如自然景观、文物古迹、民族风俗、园林和现代建筑、风味佳肴、艺术珍品等。

铝（鋁） lǚ 名 金属元素，符号 Al。银白色，质轻，富延展性，易导电导热，化学性质活泼。是重要的工业原料，用途广泛。

【铝箔】lǚbó 名 铝薄片，多用于包装。

【铝粉】lǚfěn 名 银色金属颜料，用纯铝箔添入少量润滑剂加工制成，用来配制油漆、油墨等。俗称银粉。

【铝合金】lǚhéjīn 名 以铝为主要成分的合金的统称。塑性、铸造性能和切削性能好，是应用很广的一种有色金属材料。

【铝土矿】lǚtǔkuàng 名 以某些铝的氢氧化物矿物为主，并包含有高岭石、蛋白石、针铁矿等矿物的混合物。常呈豆状、块状、多孔状或土状；颜色不一，光泽暗淡。是提炼铝的重要原料。

稆 lǚ 形 不种自生的（谷物等） ▷～生｜～瓜｜～豆子｜～高粱。

偻（僂） lǚ〈文〉❶ 形 腰背弯曲；泛指弯曲 ▷伛（yǔ）～｜～指。○ ❷ 副 很快地；立即 ▷不可～售。

另见 890 页 lóu。

【偻指】lǚzhǐ 动〈文〉屈指而数 ▷数量浩繁，不胜～。

屡（屢） lǚ 副 屡次 ▷～次三番｜～教不改｜～见不鲜｜～战～胜。

【屡败屡战】lǚbài-lǚzhàn 虽然连遭失败，但仍坚持战斗。形容不怕挫折，顽强不屈。

【屡次】lǚcì 副 表示多次 ▷～受挫，但毫不气馁。☛ 参见 1714 页“再三”的提示。

【屡次三番】lǚcì-sānfān 反复多次。

【屡见不鲜】lǚjiàn-bùxiān 原作“数（shuò）见不鲜”，意思是经常到某家作客，主人就没有新鲜食物招待了。后用来形容多次见到，不觉得新奇。☛ “鲜”这里不读 xiǎn，意义跟“少”不同。

【屡教不改】lǚjiào-bùgǎi 经多次教育，仍不悔改。

【屡禁不绝】lǚjìn-bùjué 多次禁止，仍未杜绝。

【屡禁不止】lǚjìn-bùzhǐ 屡禁不绝。

【屡屡】lǚlǚ 副 屡次 ▷～出现。

【屡试不爽】lǚshì-bùshuǎng 多次验证都准确无误（爽：产生差错）。

【屡战屡胜】lǚzhàn-lǚshèng 打一仗，胜一仗，连续获胜。

缕（縷） lǚ ❶ 名 线 ▷千丝万～｜金～玉衣。→ ❷ 副 一条一条地；详详细细地 ▷条分～析｜～述｜～陈。→ ❸ 量 用于细长而轻柔的东西 ▷一～丝线｜几～青烟｜一～白云。

【缕陈】lǚchén 动〈文〉（向上级）详细陈述 ▷～其不得不然之故。

【缕缕】lǚlǚ 形 形容线条状的东西很多或连续不断的样子 ▷～银线｜～清香｜～情丝。

【缕述】lǚshù 动 一条条地叙述；详细叙述 ▷～事情的经过｜恕不～。

【缕析】lǚxī 动 细细分析 ▷条分～。

膂 lǚ 名〈文〉脊梁骨。

【膂力】lǚlì 名 体力；力气 ▷～过人。

褛（褸） lǚ 见819 页“褴（lán）褛”。

履 lǚ ❶ 动 踩；践 ▷～险如夷｜如～薄冰。→ ❷ 名 鞋 ▷西装革～｜草～。→ ❸ 动 经历 ▷～历。→ ❹ 动 实践；实行 ▷～行｜～约。→ ❺ 名 脚；脚步 ▷步～艰难。

【履带】lǚdài 名 围绕坦克、拖拉机等车轮的钢制链带，用来减少车体对地面的压强，提高车辆的越野和牵引能力。也说链轨。

【履历】lǚlì ❶ 名 个人的经历 ▷～表｜人生～。❷ 名 记述履历的文字材料 ▷他的～上分明写着曾在国外讲学多年。

【履任】lǚrèn 动〈文〉到任；就任 ▷～新职。

【履险如夷】lǚxiǎn-rúyí 走险路像走平地一样（夷：指平地）。形容本领高强；也形容身处险境而毫不惧怕。

【履新】lǚxīn 动 到新的职务岗位上任 ▷去一家公司～｜正式～董事长。

【履行】lǚxíng 动 按约定或职责去做 ▷～公约｜～职责。☛ 跟“实行”“执行”不同。“履行”指实践所承诺的义务，对象多为带约束性的条约、合同、诺言等；“实行”指用行动来实现已有的设想，对象多为预定的政策、方针、计划、方案等；“执行”指实施上级规定的任务，对象多为带强制性的命令、指示、判决、法令等。

【履约】lǚyuē 动 履行约定的事 ▷守信～。

【履职】lǚzhí 动 履行职务；履行职责 ▷依法～｜提高～能力。

lǜ

埠 lǜ ❶ 名〈文〉土埂。○ ❷ 用于地名。如段埠、万家埠，均在湖北。

律 lǜ ❶ 名 古代校正乐音高低的标准，把乐音分为六吕和六律，合称十二律 ▷音～｜乐～。→ ❷ 名 法律；规章 ▷～条｜刑～｜规～｜纪～｜格～。⇒ ❸ 动 约束 ▷严于～己。⇒ ❹ 名 旧体诗的一种体裁，在形式上有较严格的规则 ▷五～｜七～｜排～。○ ❺ 名 姓。

【律动】lǜdòng 动 有节奏地跳动；有规律地运动 ▷心脏在～｜生命的～。

【律己】lǜjǐ 动 管束自己 ▷～严，待人宽。

【律例】lǜlì 名 法律及其成例 ▷援引～，加以惩处。

【律令】lǜlìng 名 法律条令。

【律吕】lǜlǚ 名 古代校正乐器音高的管状器具，由12根管径相同的竹管制成，以管的长短确定不同音高。从低音管算起，排列单数的6根管叫“律”，双数的6根管叫“吕”，合称律吕。后用来泛指乐律。

【律师】lǜshī 名 依照法定条件、程序取得特定资格的法律专业人员。依法可以接受当事人委托或法院指定，向当事人提供法律帮助，从事有关法律事务活动。

【律诗】lǜshī 名 近体诗的一种，起源于南北朝，成熟于唐朝，分五言、七言两种。格律较严，每首八句，偶数句押韵，三四两句、五六两句要对偶，字的平仄也有一定规则。每首超过八句的叫排律。

【律条】lǜtiáo 名 法律条文；泛指法则 ▷按～断案｜人生的～。

【律宗】lǜzōng 名 我国佛教派别。唐代道宣所创，以研习和遵守戒律为主。

葎 lǜ 见578页“葎(hū)葎”。

虑(慮) lǜ ❶ 动 思考 ▷深思熟～｜考～｜思～。→ ❷ 动 担忧 ▷忧～｜顾～｜过～。

率 lǜ 名 两个相关数量间的比例关系 ▷增长～｜圆周～｜出勤～｜功～｜利～。

另见1284页 shuài。

绿(緑*菉) lǜ 形 形容颜色像正在生长的草和树叶一样 ▷～草如茵｜花红柳～｜～灯｜碧～｜～豆。☛ ㈠通常读lǜ；读 lù，是传统读音，今只用于“鸭绿江”“绿林”“绿营”等少数词语。㈡“菉”作为“绿”的异体字，仅用于“绿豆”一词。

另见895页 lù；“菉”另见895页 lù。

【绿宝石】lǜbǎoshí 名 除去祖母绿和海蓝宝石以外的其他各种颜色绿柱石类宝石的统称。常见的绿宝石为金色、玫瑰色、紫色和暗褐色。

【绿菜花】lǜcàihuā 名 西兰花。

【绿茶】lǜchá 名 茶叶的一大类，只进行杀青、揉捻(或不揉捻)、干燥处理而不经发酵制成，色泽和汤色均呈青绿色。我国产茶地区一般都产绿茶。

【绿葱葱】lǜcōngcōng 形 形容(草木)苍翠茂盛的样子 ▷～的草地。

【绿灯】lǜdēng 名 设置在交叉路口的绿色交通信号灯。绿灯亮时指示车辆行人可以通行。

【绿地】lǜdì 名 城镇中经过绿化的土地(多指草坪)。

【绿豆】lǜdòu 名 一年生草本植物，茎直立或蔓生，花蝶形，金黄色或绿黄色，荚果内有绿色种子。种子也叫绿豆，可供食用、制淀粉、酿酒等。☛不要写作“菉豆”。

【绿豆芽】lǜdòuyá 名 绿豆经水浸渍发育长出的嫩芽。是常见的蔬菜。

【绿豆蝇】lǜdòuyíng 名 蝇的一种。比家蝇大，全身绿色，腹圆，形似绿豆。

【绿肥】lǜféi 名 把新鲜绿色植物的嫩茎叶翻压在地里或堆压在土里沤成的肥料。

【绿肥红瘦】lǜféi-hóngshòu 绿叶繁茂，红花凋谢。形容春光即将逝去的景象。

【绿化】lǜhuà 动 种植树木花草，以美化环境或防止水土流失 ▷～荒山｜～祖国。

【绿化带】lǜhuàdài 名 种植树木花草的带状区。

【绿卡】lǜkǎ 名 某些国家发给外国侨民的永久居留证。我国现也开始实行。

【绿篱】lǜlí 名 像篱笆一样围绕在花坛或房屋周围的密植木本植物群。

【绿帽子】lǜmàozi 名 绿头巾。

【绿内障】lǜnèizhàng 名 青光眼。

【绿泥石】lǜníshí 名 矿物，呈各种深浅不同的绿色。有光泽，有的透明，集合体呈鳞片状，薄片能弯曲。

【绿皮书】lǜpíshū 名 政府或其他机构正式发表的有关政治、经济、外交等重大问题的文件，其中封面为绿色的称绿皮书。参见25页“白皮书”。

【绿茸茸】lǜróngróng 形 形容碧绿而稠密的样子

▷～的草坪。

【绿色】lǜsè ❶ 名 绿的颜色。❷ 区别 无污染的；符合环保要求的 ▷～产品｜～营销。

【绿色包装】lǜsè bāozhuāng 指对生态环境不造成污染、对人体健康不造成危害并可回收和再利用的包装。

【绿色壁垒】lǜsè bìlěi 为保护本国或本地区的生态环境和卫生安全而对进口商品附加的贸易条件。也说环境壁垒。

【绿色标志】lǜsè biāozhì 环境标志。

【绿色产业】lǜsè chǎnyè 环保产业。

【绿色革命】lǜsè gémìng 以提高谷物产量为目的的农业技术改革。始于20世纪60年代。

【绿色食品】lǜsè shípǐn 在良好的生态环境中，通过无污染的生产过程生产出来的安全、营养、无公害的食品的统称。

【绿色通道】lǜsè tōngdào 指在机场、码头、车站进出境处设立的供携带无需向海关申报物品的旅客通关的关口；泛指简化手续、安全快捷的途径或方式 ▷医院为患者开辟了～。

【绿色消费】lǜsè xiāofèi 对环境不造成污染的消费 ▷消除白色污染，倡导～。

【绿色植物】lǜsè zhíwù ❶ 含叶绿素的植物。❷ 特指无污染的植物。

【绿生生】lǜshēngshēng 形 形容碧绿而鲜嫩的样子 ▷～的麦苗｜顶花带刺儿的黄瓜～的。

【绿视率】lǜshìlǜ 名 指人们眼睛所看到的物体中绿色植物所占的比率。一般认为，绿色在视野中达到25%时，人眼的感觉最舒适。绿视率强调立体的视觉效果，较之绿化、绿地的占比统计，绿视率更能反映公共绿化环境的质量。

【绿松石】lǜsōngshí 名 一种铜铝磷酸盐矿物。天蓝、蓝绿或苹果绿色，有蜡状光泽，可制作装饰品或颜料等。也说土耳其玉。

【绿头巾】lǜtóujīn 名 元明时规定娼家男子戴绿头巾。后讥称妻子有外遇的人为戴绿头巾。也说绿帽子。

【绿头鸭】lǜtóuyā 名 野鸭。

【绿野】lǜyě 名 绿色的原野 ▷～无垠｜雨润～。

【绿叶】lǜyè 名 鲜绿的叶子；有时比喻做配角的人 ▷～配红花。

【绿衣使者】lǜyī shǐzhě ❶ 指邮递员。因穿绿色制服，故称。❷ 鹦鹉的美称。相传唐代有人被谋杀，他家的鹦鹉说出实情，真相大白。皇帝封鹦鹉为"绿衣使者"。

【绿阴】lǜyīn 名 树阴 ▷～夹道。

【绿茵】lǜyīn ❶ 名 像地毯一样的成片草地（茵：垫子）。❷ 名 特指草地足球场 ▷～之上，激战正酣。❸ 名 借指足球运动 ▷～健儿。

【绿茵场】lǜyīnchǎng 名 指草地足球场。

【绿茵茵】lǜyīnyīn 形 形容草木丛生成片、碧绿鲜润的样子 ▷～的草坪。

【绿莹莹】lǜyíngyíng 形 形容绿而晶莹的样子 ▷～的翡翠。

【绿油油】lǜyóuyóu 形 形容浓绿而光润的样子 ▷～的松林｜玉米长得～的。

【绿藻】lǜzǎo 名 藻类植物的一类，藻体有单细胞、群体和多细胞个体等类型，多呈绿色。大多分布在淡水中，少数生长在海水、湿泥、岩石、树干上或附着在动植物体表。种类很多，不少可作鱼类的饵料和家畜的饲料。

【绿洲】lǜzhōu ❶ 名 水域中草木繁茂的小片陆地。❷ 名 沙漠中有水有草的地方◇把我们的小区建成文化～。

葎 lǜ［葎草］lǜcǎo 名 多年生草本植物。茎蔓生，具钩状刺毛，叶对生，有掌状分裂，花淡黄绿色。果实可以做药材。

氯 lǜ 名 非金属元素，符号Cl。浅黄绿色气体，味臭，有毒。可以制造漂白粉、合成盐酸和农药等。通称氯气。

【氯仿】lǜfǎng 名 有机化合物，无色液体，易挥发。曾用作全身麻醉药，因副作用多已停用。现常用作溶剂，溶解有机玻璃等。

【氯化铵】lǜhuà'ǎn 名 盐酸的铵盐，无色晶体，易溶于水。农业上用作氯肥，医疗上用作祛痰药，工业上有多种用途。

【氯化钾】lǜhuàjiǎ 名 盐酸的钾盐，纯品为无色立方晶体，工业品呈白色、淡黄色或带红色的细小颗粒，易溶于水。农业上用作钾肥，工业上用来提取某些钾盐。

【氯化钠】lǜhuànà 名 无机化合物，食盐的主要成分。白色立方晶体或细小的结晶粉末，味咸，溶于水。大量存在于海水和盐湖里。

【氯化物】lǜhuàwù 名 氯与其他元素的化合物。如氯化钾、氯化铵、氯化钠等。

【氯纶】lǜlún 名 合成纤维的一种。是最早人工合成的纤维。耐火，耐水，抗腐蚀，保暖性能好，可制作工业滤布、薄膜、包装布、工作服等。

【氯霉素】lǜméisù 名 抗生素，主要用于医治伤寒、斑疹伤寒、支原体肺炎、细菌性痢疾等症。

【氯气】lǜqì 名 氯的通称。

滤（濾） lǜ 动 使液体或气体通过沙子、纱布、木炭等以除去杂质 ▷用箅子～药｜过～｜～纸｜～尘。

【滤波】lǜbō 动 在无线电技术中，采用一定的电路，让所需要的频率信号顺利通过，除掉不需要的频率信号。

【滤波器】lǜbōqì 名 能选择、通过或抑制某频率范围信号的电路或器件。

【滤器】lǜqì 名 过滤装置。在管子或容器里装上多孔性材料，松散的固体颗粒、织物等，液体或气体通过时，可把所含的固体颗粒杂质滤出。

【滤色镜】lǜsèjìng 名 能有选择地吸收或透过某些色光的有色透明镜片。摄影中利用它来校正色调。

【滤液】lǜyè 名 过滤后的不含杂质的液体。

【滤渣】lǜzhā 名 过滤出来的固体颗粒或杂质。

【滤纸】lǜzhǐ 名 供过滤使用的纸。用精制漂白的化学木浆或棉浆制成，质地疏松，有均匀的微孔，强度好，能耐水，抗腐蚀。

鑢 lǜ〈文〉❶ 动 打磨。→ ❷ 名 打磨铜、铁、骨、角等的工具。

luán

峦（巒） luán 名 小而尖的山；泛指山峰 ▷山～起伏｜重～叠嶂｜峰～。☛ 上边是"亦"，不是"亦"。由"亦"构成的字还有"恋""孪""娈""栾"等。

【峦嶂】luánzhàng 名 像屏障一样陡峭直立的山。

孪（孿） luán 形 一胎双生的 ▷～生｜～子。☛ 统读 luán。

【孪生】luánshēng 区别 同一胎出生的 ▷～姐妹。

娈（孌） luán 形〈文〉相貌美好。

栾（欒） luán ❶ 名 栾树，落叶乔木，羽状复叶，开淡黄色花，蒴果囊状中空，种子球形，黑色。叶可做青色染料，也可制栲胶；花可做黄色染料，也可做药材；木材可制器具；种子可榨油。○ ❷ 名 姓。

挛（攣） luán 动 (手脚)弯曲不能伸开 ▷～缩｜痉～｜拘～。☛ 统读 luán。

【挛曲】luánqū 形 蜷曲的；弯曲的 ▷两腿～，不能站立。☛ "曲"这里不读 qǔ。

【挛缩】luánsuō 动 蜷曲萎缩 ▷肌肉～。

脟 luán 古同"脔"。
另见 868 页 liè。

鸾（鸞） luán 名 传说中凤凰一类的鸟。

【鸾俦】luánchóu 名 美好姻缘；夫妻 ▷～同心。

【鸾凤】luánfèng 名 鸾和凤。比喻夫妻 ▷重结～。

【鸾凤和鸣】luánfèng-hémíng 鸾鸟和凤凰和谐地鸣叫。比喻夫妻和美。

脔（臠） luán〈文〉❶ 动 把肉切成块状 ▷～割｜～分。→ ❷ 名 切成块状的肉 ▷尝鼎一～｜禁～。

【脔割】luángē 动〈文〉切碎；切割。

滦（灤） luán ❶ 名 滦河，水名，在河北，流入渤海。○ ❷ 名 姓。

銮（鑾） luán ❶ 名 古代安装在皇帝车驾上的铃铛 ▷～铃｜～音。→ ❷ 名〈文〉借指皇帝的车驾 ▷起驾回～｜迎～护驾。

【銮驾】luánjià 名 皇帝的车驾；借指皇帝。

【銮铃】luánlíng 名 系(jì)在车马上的铃铛。

【銮舆】luányú 名 銮驾。

圞 luán 见1394 页"团圞"。

luǎn

卵 luǎn ❶ 名 雌性生殖细胞，同精子结合后可产生第二代；也指鸟类等的蛋 ▷排～｜产～｜～生｜鸟～。→ ❷ 名 昆虫学上特指受精的卵。是昆虫生命周期的第一个发育阶段。→ ❸ 名 某些地区指睾丸。

【卵白】luǎnbái 名 蛋白①。

【卵巢】luǎncháo 名 人和哺乳动物的雌性生殖腺，是产生卵细胞和雌性激素的器官。人的卵巢位于盆腔内，左右各一个，扁椭圆形。

【卵黄】luǎnhuáng 名 蛋黄。

【卵块】luǎnkuài 名 某些卵生动物的卵产出后粘连而形成的块 ▷蝗虫～。

【卵磷脂】luǎnlínzhī 名 一种磷脂，由甘油、磷酸、脂肪酸和胆碱构成，无色蜡状。动物的脑、肝、卵等和大豆、花生、菜籽等含量最多。可用作乳化剂、抗氧化剂和营养增补剂等。

【卵泡】luǎnpāo 名 由卵细胞及其周围的细胞组成的囊泡，处于卵巢内。

【卵生】luǎnshēng 区别 动物的受精卵在母体外吸取卵中营养，经孵化发育而成新个体。绝大多数鱼类、两栖类、爬行类、鸟类都是卵生(跟"胎生""卵胎生"相区别)。

【卵石】luǎnshí 名 一种近似卵形的石块，由岩石经长期自然风化、水流冲击和摩擦而形成，可用作建筑材料、铺路等。也说鹅卵石。

【卵胎生】luǎntāishēng 区别 动物的受精卵在母体内孵化，吸取卵中营养，发育到一定阶段后脱离母体。某些鲨鱼和毒蛇是卵胎生(跟"卵生""胎生"相区别)。

【卵细胞】luǎnxìbāo 名 雌性生殖细胞。

【卵翼】luǎnyì 动 鸟用翅膀覆盖住卵，孵出小鸟。比喻养育或庇护(含贬义) ▷靠帝国主义的～苟延残喘。

【卵用鸡】luǎnyòngjī 名 蛋鸡。

【卵子】luǎnzǐ 名 雌性生殖细胞，与精子结合产生下一代。

【卵子】luǎnzi 名 卵③。

luàn

乱（亂） luàn ❶ 形 没有秩序和条理 ▷一团～麻|头发很～|杂～。→ ❷ 动 使混乱；使杂乱 ▷以假～真|～了阵脚|～伦。→ ❸ 形（社会）动荡不安 ▷天下大～|～世。❹ 名 战争；祸患 ▷内～|战～|避～。→ ❺ 形（心绪）不宁；烦乱 ▷心情很～|心烦意～|慌～。→ ❻ 形 两性关系不正当 ▷淫～。→ ❼ 副 不加限制；随便 ▷～花钱|～出主意|胡言～语。

【乱兵】luànbīng 名 叛变或被打散的士兵。

【乱臣贼子】luànchén-zéizǐ《孟子·滕文公下》："孔子成《春秋》而乱臣贼子惧。""乱臣贼子"原指犯上作乱的臣子和不孝的子孙；后泛指心怀异志、乘机作乱的人。

【乱党】luàndǎng 名 旧时统治者对叛逆集团及其成员的称呼。

【乱点鸳鸯】luàndiǎn-yuānyāng《醒世恒言》卷八《乔太守乱点鸳鸯谱》讲述乔太守把三对男女交互配成夫妻的故事。后用"乱点鸳鸯"比喻把不能共事的人组合在一起或把毫无联系的人或事物随意拉扯到一起。

【乱纷纷】luànfēnfēn 形 形容非常混乱；杂乱 ▷～的心绪|～的菜市场。

【乱坟岗】luànféngǎng 名 乱葬岗子。

【乱哄哄】luànhōnghōng 形 形容声音纷乱嘈杂 ▷院子里一直～的|～的酒吧。☛ 不宜写作"乱烘烘""乱轰轰"。

【乱局】luànjú 名 混乱的局面 ▷收拾～。

【乱砍滥伐】luànkǎn-lànfá 对林木无计划、无限制地砍伐。

【乱来】luànlái 动 胡来。

【乱离】luànlí 动 遭战乱而流亡离散 ▷百姓～，生灵涂炭。

【乱伦】luànlún 动 指违背伦理道德；特指违反法律和伦理道德而与近亲发生性行为。

【乱麻】luànmá 名 比喻十分杂乱，毫无头绪 ▷那里的经营管理简直是一团～。

【乱码】luànmǎ 名 电子计算机或通信系统中因操作不当，缺乏相应软件支持或病毒入侵等原因而造成内容、次序等混乱的编码或不能识别的字符。

【乱民】luànmín 名 旧时统治者对造反作乱的百姓的称呼。

【乱蓬蓬】luànpéngpéng 形 形容须发或草木散乱的样子 ▷～的胡子|杂草丛生，～的。

【乱七八糟】luànqībāzāo 形 形容杂乱不堪，毫无条理。

【乱世】luànshì 名 社会动荡的时代 ▷～见忠奸。

【乱说】luànshuō 动 没有根据地指责或叙说。

【乱弹】luàntán 名 清代中叶对昆腔以外戏曲声腔的统称；也指昆腔以外的戏曲剧种。

【乱弹琴】luàntánqín 比喻乱来或乱说 ▷把铜丝当保险丝，简直～|你可别再～了。

【乱套】luàntào 动 乱了次序，或秩序变得混乱不堪 ▷不遵守游戏规则，怎么能不～？

【乱腾腾】luànténgténg 形 形容混乱而骚动的样子 ▷这地方叫他们搞得～的|脑子里～的。

【乱腾】luànteng 形（秩序）混乱；无秩序，不安宁 ▷消息一传出，立刻～起来。

【乱象】luànxiàng 名 混乱的现象；无序的状态 ▷保障产品质量，杜绝市场～|改变政出多门的～。

【乱营】luànyíng 动〈口〉（人群）骚乱起来 ▷警察一进去，赌徒们就～了。

【乱葬岗子】luànzàng gǎngzi 无人管理，任人埋葬尸体的土岗子。

【乱糟糟】luànzāozāo 形 形容事物杂乱或思绪混乱 ▷院里院外到处～的|心里～的，理不出个头绪。

【乱真】luànzhēn 动 仿制得很像，让人难分真假 ▷有些临摹的名画，几乎可以～|以假～。

【乱政】luànzhèng 动〈文〉败坏政治；扰乱政局 ▷奸党～，国无宁日。

【乱子】luànzi 名 祸患；事故 ▷闯了个大～|谁惹的～谁解决。

【乱作一团】luànzuòyītuán 形容极为混乱。

lüè

䂮 lüè 形〈文〉锋利。

掠 lüè ❶ 动 掠夺 ▷抢～。○ ❷ 动 轻轻擦过或拂过 ▷海鸥～过水面|炮弹～过夜空|浮光～影。☛ 统读 lüè，不读 lüě。

【掠夺】lüèduó 动 用强力夺取 ▷～资源|～人才。

【掠夺婚】lüèduóhūn 名 原始社会的一种婚俗，男方以强力抢劫女子成婚。是一夫一妻制婚姻制度开始阶段普遍存在的方式。

【掠美】lüèměi 动 掠取别人的美名、成绩等以为己有 ▷不敢～|定有～之嫌。

【掠取】lüèqǔ 动 抢夺；夺取 ▷～财富。

【掠视】lüèshì 动 目光极快地扫过 ▷稍一～，便在人丛中认出了他。

【掠影】lüèyǐng 名 掠视得到的影像。借指表面观察和了解的大致情况(多用于标题或书名) ▷浮光～|《内蒙古～》。

略[1](*畧) lüè 动 夺取;掠夺 ▷攻城～地|侵～。

略[2](*畧) lüè 名 计谋;规划 ▷雄才大～|胆～|策～|战～。

略[3](*畧) lüè ❶ 名 梗概;概要 ▷要～|概～|事～|传～。→ ❷ 形 简单;不详细 ▷该详就详,该～就～|～写|简～|粗～。⇒ ❸ 动 省去 ▷把这一段话～去|省～|删～。⇒ ❹ 副 表示程度轻微,相当于"稍微" ▷～加分析|～有改进。

【略称】lüèchēng ❶ 动 非正式地简称为。❷ 名 非正式的简略名称。

【略读】lüèdú 动 粗略地阅读;泛读(跟"精读"相区别)。

【略加】lüèjiā 副 表示略微加以 ▷～思考|～说明。

【略见一斑】lüèjiàn-yībān 指从看到的某一部分,可以大略推知全貌。参见 507 页"管中窥豹"。

【略略】lüèlüè 副 稍微;略微 ▷～懂了点儿事|颜色～深了点儿。

【略论】lüèlùn 动 简要地论述(常用于论文题目)。

【略胜一筹】lüèshèng-yīchóu 两相比较,略微好一点儿(筹:指筹码)。

【略识之无】lüèshí-zhīwú 只认得像"之"和"无"这样简单而常见的字。表示识字不多。

【略图】lüètú 名 简略的图形 ▷针灸穴位～。

【略微】lüèwēi 副 稍微 ▷～长了点儿。

【略为】lüèwéi 副 略微 ▷～迟疑一下。

【略逊一筹】lüèxùn-yīchóu 两相比较,略微差一点儿。

【略语】lüèyǔ 名 缩略语,由短语简缩而成的词语。如"四化(四个现代化)""流感(流行性感冒)"等。

【略知皮毛】lüèzhī-pímáo 略微知道一点儿表面的东西。

【略知一二】lüèzhī-yī'èr 粗略地了解一些。

锊(鋝) lüè 量 古代重量单位,6 两多为 1 锊,20 两为 3 锊。

圙 lüè 见 796 页"圐圙"。

lūn

抡(掄) lūn 动 (手臂)使劲挥动 ▷～起拳头就打|～大锤。

另见本页 lún。

lún

仑(侖*崘❷崙❷) lún ❶ 名〈文〉条理;次序。现在一般写作"伦"。〇 ❷见808 页"昆仑"。☛ 跟"仓"不同。"仑"是"侖"的简化字,下边是"匕";"仓"是"倉"的简化字,下边是"㔾"。由"仑"构成的字有"伦""沦""抡""轮"等;由"仓"构成的字有"苍""沧""抢""枪""舱"等。

伦(倫) lún ❶ 名 同类;同等 ▷无与～比|不～不类|荒谬绝～。→ ❷ 名 人伦 ▷～常|五～|天～之乐。→ ❸ 名 条理 ▷语无～次。〇 ❹ 名 姓。

【伦巴】lúnbā 名 西班牙语 rumba 音译。一种交谊舞,源于古巴的黑人舞蹈。

【伦比】lúnbǐ 动〈文〉匹敌;相当 ▷无与～。

【伦常】lúncháng 名 我国古代的伦理纲纪,认为君臣、父子、夫妇、兄弟、朋友五种尊卑、长幼的关系是不可改变的;现指伦理道德。

【伦次】lúncì 名 条理次序 ▷杂乱无章,毫无～。

【伦理】lúnlǐ 名 处理人与人之间关系的各种道德准则。

【伦理学】lúnlǐxué 名 研究道德现象、揭示道德本质及其发展规律的学科。

论(論) lún 名〈文〉指《论语》 ▷熟读～孟(孟指《孟子》)|上～|下～。

另见 906 页 lùn。

【论语】lúnyǔ 名 儒家经典之一,孔子门徒所编纂。内容主要记载孔子及其弟子的言行,是研究孔子思想的主要资料。

抡(掄) lún 动〈文〉选择;选拔 ▷～材|～魁(中选第一名)。

另见本页 lūn。

囵(圇) lún 见 578 页"囫(hú)囵"。☛ 统读 lún,不读 lǔn。

沦(淪) lún ❶ 动 落到水里 ▷沉～|～没。→ ❷ 动 陷入(不好的境地) ▷～为殖民地|～为娼妓|～落|～陷。→ ❸ 动 丧亡;消失 ▷～亡|～丧。☛ 参见 131 页"沧"的提示。

【沦肌浃髓】lúnjī-jiāsuǐ 渗透到肌肉和骨髓里。形容感受极深。

【沦落】lúnluò ❶ 动 流落;漂泊 ▷～他乡。❷ 动 衰败;没落 ▷世风～。❸ 动 陷入(不好的境地) ▷关山～|～风尘。

【沦没】lúnmò〈文〉❶ 动 沉没;埋没 ▷珍宝～千年。❷ 动 死亡;衰亡。

【沦殁】lúnmò 见本页"沦没"②。现在一般写作"沦没"。

【沦丧】lúnsàng 动 沦亡;丧失 ▷家国～|道德～。

【沦亡】lúnwáng ❶ 动（国家、民族）灭亡。❷ 动 丧失 ▷羞耻之心～殆尽。

【沦陷】lúnxiàn 动（领土）陷落在敌人手里 ▷家乡～|～于敌手。

纶（綸） lún ❶ 名〈文〉青色的丝带。→ ❷ 名〈文〉钓鱼用的丝线。→ ❸ 名 指某些合成纤维 ▷丙～|锦～。☛ 通常读 lún；读 guān，用于文言词"纶巾"。

另见 503 页 guān。

轮（輪） lún ❶ 名 轮子 ▷三～车|～胎|齿～|涡～机。→ ❷ 动 依照次序替换 ▷明天该～到我值班了|～换|～流|～休。→ ❸ 名 像轮子的东西 ▷月～|耳～|年～。→ ❹ 名 指轮船 ▷海～|客～|渡～。→ ❺ 量 a)用于日、月等圆形的东西 ▷一～红日|一～明月。b)用于循环的事物或动作 ▷第二～会谈|循环赛已经进行了三～。→ ❻ 名 十二岁为一轮(用十二地支记人的属相，每十二岁轮回一次) ▷他也属猴，比我大一～|妻子比他小一～。

【轮班】lúnbān 动 分班轮换 ▷夜间站岗，由几个人～|实行～制。

【轮埠】lúnbù 名 停靠轮船的码头。

【轮唱】lúnchàng ❶ 动 演唱者分成两个或更多的组，按一定时距先后错综演唱同一首歌曲。❷ 名 指这种演唱形式。

【轮船】lúnchuán 名 以机器推进的船的统称。因早期的轮船是在船体两边安装两个靠蒸汽推动的大轮子，故称。

【轮次】lúncì ❶ 副 按顺序轮换地 ▷～放哨|～敬酒。❷ 名 轮换的次数，轮换一遍为一个轮次 ▷我们三班倒(dǎo)，24 小时一个～。

【轮带】lúndài 名 轮胎。

【轮渡】lúndù ❶ 名 在江河、湖泊或港湾、海峡的两岸之间，用轮船运送旅客、车辆等的运输方式。❷ 动 用渡轮等运载过江河、湖泊或港湾、海峡等 ▷把货物～过江。❸ 名 渡轮。

【轮番】lúnfān 副 轮流交替(做某事) ▷～劝说。

【轮辐】lúnfú 名 车轮上连接轮辋和轮毂的构件。

【轮岗】lúngǎng 动 轮换工作岗位 ▷定期～。

【轮箍】lúngū 名 套装在机车车轮外周，同钢轨接触的箍圈。

【轮毂】lúngǔ 名 车轮中心安装车轴的部分。

【轮候】lúnhòu 动 依照先后顺序等候 ▷按规定排队，～办理。

【轮滑】lúnhuá 名 体育运动项目，运动员穿着安装滑轮的鞋在平坦坚实的地面上滑行。也说旱冰。

【轮换】lúnhuàn 动 轮流更换 ▷～着护理病人。

【轮回】lúnhuí ❶ 动 佛教指众生都要依照自己所行善恶，在天、人、恶神、地狱、饿鬼、畜生等六道之中生死相续，像车轮旋转一样永不止息。❷ 动 循环 ▷四季～。

【轮机】lúnjī ❶ 名 现代船舶中全部动力设备、机械设备和管路系统的统称。有时特指船舶的动力装置。❷ 名 涡轮机的简称。

【轮机长】lúnjīzhǎng 名 机动船上机舱的负责人。

【轮奸】lúnjiān 动 指两个或两个以上男子轮流强奸同一女子。

【轮距】lúnjù 名 汽车两前轮或轮式拖拉机两后轮轮胎地面印迹中心线之间的距离。

【轮空】lúnkōng ❶ 动 指在分轮次比赛中，某参赛者在某轮没有安排对手，直接进入下一轮比赛。❷ 动（专业人员）暂时没有安排任务 ▷这学期～，正好修改我的书稿。

【轮廓】lúnkuò ❶ 名 构成图形或物体的外缘的线条 ▷老师画了一个水果的～，让孩子们上色|竹林农舍的～已看不清。❷ 名 事物的大致情形 ▷介绍了事件的大致～。

【轮流】lúnliú 动 按次序一个接一个地进行 ▷每班 8 个人，昼夜～|～发言。

【轮牧】lúnmù 动 在几处牧场或一处牧场的几部分轮流放牧，以保护草场。

【轮盘】lúnpán 名 机器上用来带动其他机件的圆盘。

【轮生】lúnshēng 动 茎的每节生长三片或三片以上叶子，呈辐射状环列在节的周围。如夹竹桃、金鱼藻等的叶子都是轮生的。

【轮胎】lúntāi 名 安装在车轮外围的橡胶制品。一般分充气内胎和耐磨外胎两层。轮胎充气后能够承受重力并减弱行驶时产生的震动。也说车胎、轮带。

【轮替】lúntì 动 轮流替换 ▷开机实行三班～。

【轮辋】lúnwǎng 名 车轮的外缘部分。

【轮系】lúnxì 名 用一组齿轮来传递动力做功的系统。

【轮休】lúnxiū ❶ 动（职工）轮换休假。❷ 动 为了恢复地力而在某个耕种时期不种植作物。

【轮训】lúnxùn 动 轮流培训 ▷全员分期～。

【轮养】lúnyǎng 动 渔业上指在同一鱼塘里轮换饲养不同种类的鱼。

【轮椅】lúnyǐ 名 供行走困难的人使用的特制的有轮子的坐具，可以用手操作轮盘或摇柄驱动。

【轮值】lúnzhí 动 轮换值班 ▷急诊部由大夫～。

【轮轴】lúnzhóu 名 由半径不同的两个轮子(大的称轮，小的称轴)固定在同一转轴上构成的杠杆类简单机械。在轮缘上用较小的力，轴便可带动较重的物体。轮和轴的半径差越大越省力。工地用的绞盘属于这类机械。

【轮转】lúnzhuàn 动 循环往复 ▷昼夜～|四时～。☛"转"这里不读 zhuǎn。

【轮子】lúnzi 名 车辆或机械上能转动的圆盘形部件。

【轮作】lúnzuò 动 同一块田地上有顺序地轮换种植不同的作物。合理轮作可以恢复和提高土壤肥力,防除病虫、杂草,提高产量和品质。也说轮种、倒(dǎo)茬、轮栽。

轮(錀) lún 名 金属元素,符号 Rg。有强放射性,化学性质近似金,由人工核反应获得。

lǔn

抡(掄) lǔn 名〈文〉田垄。

lùn

论(論) lùn ❶ 动 讨论研究;分析、说明事理 ▷议～|辩～|～文。→ ❷ 动 (按某种标准)衡量;评定 ▷迟到 15 分钟以上按旷课～|～功行赏|～处(chǔ)|～罪。❸ 介 a)表示以某种单位为准(与量词组合),相当于"按""按照" ▷～斤卖|～钟点儿收费。b)表示就某个方面来谈,相当于"从……方面来说""就……来说" ▷～下棋,他数第一|～吃苦,我比他强。→ ❹ 动 谈论;看待 ▷相提并～|一概而～。→ ❺ 名 言论或文章(多指分析说明事理或判断是非等方面的) ▷宏～|谬～|公～|舆～|长篇大～。❻ 名 主张;学说;观点 ▷立～|相对～|人性～。❼ 名 以议论为主的文体(多用于书名或篇名) ▷《过秦～》|《实践～》。☛ 通常读 lùn;读 lún,用于《论语》。

另见 904 页 lún。

【论辩】lùnbiàn 动 论证辩驳;辩论 ▷～言辞激烈|～起来理直气壮,义正词严。

【论处】lùnchǔ 动 确定处罚 ▷以诈骗罪～。

【论丛】lùncóng 名 由多篇论文汇编成的集子(多用于书名) ▷《明清小说～》。

【论道】lùndào 动 谈论或阐述某一领域所蕴含的哲理或某项技艺的门道 ▷谈学～|坐而～,不如起而行之。

【论敌】lùndí 名 辩论或争论的对手。

【论点】lùndiǎn 名 议论中阐述和论证的观点、主张 ▷中心～|～鲜明。

【论调】lùndiào 名 议论的基调或倾向(多含贬义) ▷荒谬的～|这种～不利于安定团结。

【论断】lùnduàn ❶ 动 通过论证作出判断 ▷对这个问题缺乏研究,不好～。❷ 名 对事物的性质、规律作出的结论性判断 ▷"科学技术是第一生产力"是科学的～。

【论功行赏】lùngōng-xíngshǎng《管子·地图》:"论功劳,行赏罚,不敢蔽贤。"评定功劳的大小,据以进行奖赏。

【论及】lùnjí 动 谈及;说到 ▷上文已经～。

【论价】lùnjià 动 议定物品的价格 ▷按质～。

【论据】lùnjù ❶ 名 在证明和反驳中用来作为根据的判断。❷ 名 立论的根据 ▷～不足。

【论理】lùnlǐ ❶ 动 讲道理;争辩是非 ▷叙事～|要是我,非跟他论论理不可。❷ 副 按道理说 ▷～法官应该是执法的模范。

【论理学】lùnlǐxué 名 逻辑学的旧称。

【论列】lùnliè 动 逐一论述评定 ▷～是非|这个问题暂不在～之内。

【论难】lùnnàn 动 针对对方的论点提出质问,进行辩论 ▷双方～,相持不下。☛"难"这里不读 nán。

【论述】lùnshù 动 论说并阐述 ▷分段～|～得很深刻。☛ 跟"叙述"不同。"论述"的对象是"事理";"叙述"的对象是"事情"。

【论说】lùnshuō ❶ 动 议论和评说 ▷～中外古今|逐一加以～。❷ 副〈口〉按道理说;按说 ▷～他不该管这个闲事。

【论说文】lùnshuōwén 名 议论文。

【论坛】lùntán 名 公开发表议论的场合,包括媒体组织的座谈会或开辟的栏目等 ▷学术～|经济改革～|网络～。

【论题】lùntí ❶ 名 逻辑学指真实性需要得到证明的判断。它可以是科学上已经得到证明的判断,也可以是未经证明的判断。❷ 名 议论的题目 ▷撰写论文要选好～。

【论文】lùnwén 名 探讨或论述某个问题的文章 ▷硕士～|发表～。

【论赞】lùnzàn 名 我国古代史书中附在传记后面的评语的统称。

【论战】lùnzhàn 动 因政治或学术观点不同而展开激烈辩论。

【论争】lùnzhēng 动 论战。

【论证】lùnzhèng ❶ 名 逻辑推理形式,指根据已知真实的判断来确定某一判断的真实性的思维过程。❷ 动 论述并证明 ▷～工程立项的必要性和可行性。❸ 名 立论的依据 ▷充足的～。

【论证会】lùnzhènghuì 名 指邀集有关专家对某课题、计划或建设项目、建设方案等的可行性进行研究讨论的专题会议。

【论旨】lùnzhǐ 名 议论的用意或主张 ▷～明确。

【论著】lùnzhù 名 具有理论性、研究性的学术著作。

【论资排辈】lùnzī-páibèi 指按照资历、辈分来确定级别、待遇的高低，提拔的先后等。

【论罪】lùnzuì 动 定罪 ▷量刑～|以妨碍公务～。

luō

捋 luō 动 用手握住（条状物）向一头滑动 ▷～起袖子|～胳膊|～树叶。

另见 898 页 lǚ。

【捋虎须】luōhǔxū 比喻冒犯有权有势的人或敢于干特别有风险的事。

啰（囉） luō 见下。

另见 908 页 luó；912 页 luo。

【啰唆】luōsuo ❶ 形 说话絮絮叨叨，重复繁琐 ▷他讲起话来太～。❷ 动 絮絮叨叨地说；一再说 ▷你～了半天，也没说明白。❸ 形（事情）琐碎；麻烦 ▷一天到晚净是～事儿|调动工作的手续真～。

【啰嗦】luōsuo 现在一般写作"啰唆"。

luó

罗[1]（羅） luó ❶ 名 捕鸟的网 ▷～网|天～地网。→ ❷ 动 张网捕捉 ▷门可～雀。❸ 动 搜集；招致；包括 ▷网～|搜～|～致|包～万象。→ ❹ 名 质地轻软稀疏，表面呈现有规则的孔眼儿的丝织品 ▷绫～绸缎|杭～。→ ❺ 名 一种用来过滤流质或筛细粉末的密孔筛子 ▷面粉磨（mò）好后要过一遍～|绢～|铜丝～。❻ 动 用罗筛 ▷～面|至少要～两遍。○ ❼ 动 排列；分布 ▷～列|星～棋布。○ ❽ 名 姓。

罗[2]（羅） luó 量 12 打为 1 罗。☛"罗"字不是"啰"的简化字。

【罗布】luóbù 动 陈列；分布 ▷星辰～|村落～。

【罗缎】luóduàn ❶ 名 泛指丝质衣料。❷ 名 棉织物。质地厚实，有凸起的横条纹路，表面有光泽，适于做鞋面、窗帘、运动衣等。

【罗非鱼】luófēiyú 名 鱼，形似鲫鱼，暗褐或灰褐色，生活于海水或淡水中，杂食，一年内能繁殖数代。原产热带非洲东部，我国已引入养殖。也说非洲鲫鱼。

【罗锅儿】luóguōr ❶ 动 驼背② ▷他年轻时就有点儿～。❷ 名 指驼背的人。❸ 形 像驼背形状的；拱形的 ▷～桥。

【罗锅】luóguo 动 弯（腰） ▷～着腰在地里锄草。

【罗汉】luóhàn 梵语音译词"阿罗汉（Arhat）"的简称。❶ 名 释迦牟尼的十种称号之一。❷ 名 小乘佛教指修行成功者的最高称号。佛教寺院中常有十八罗汉或五百罗汉的塑像。

【罗汉豆】luóhàndòu 名 某些地区指蚕豆。

【罗汉果】luóhànguǒ 名 多年生藤本植物，叶卵形或长卵形，花淡黄色。果实也叫罗汉果，圆形或长圆形，可以做药材。

【罗汉钱】luóhànqián 名 清康熙时一种金铜合铸的制钱。相传康熙平定准噶尔部叛乱时，军饷用尽，向当地寺庙求援，寺庙捐出铜佛像和金罗汉像，用以铸钱，故称。

【罗汉松】luóhànsōng 名 常绿乔木，叶条状披针形，初夏开花，种子卵圆形。可供观赏，木材可供建筑、制器具等用。

【罗口】luókǒu 名 针织衣物上能够松紧的领口、袖口、袜口等。

【罗勒】luólè 名 一年生草本植物，茎方形，常带紫色，花白色或淡紫色。茎和叶可提取芳香油，全草可以做药材。

【罗列】luóliè ❶ 动 分布；排列 ▷那里～着很多古典式建筑。❷ 动 逐一列举 ▷～证据。

【罗马教皇】luómǎ jiàohuáng 教皇。

【罗马数字】luómǎ shùzì 古罗马人的记数符号。1 至 10 是：I II III IV V VI VII VIII IX X。L 表示 50，C 表示 100，D 表示 500，M 表示 1000。相同数字并列表示相加，如 II＝2，XX＝20。不同数字并列，右边的小于左边的表示相加。如 VI 是 5＋1＝6。左边的小于右边的表示相减，如 IX 是 10－1＝9。数字上加一道横线表示一千倍。如 $\bar{X}$ 是 10×1000＝10,000。

【罗曼蒂克】luómàndìkè 形 英语 romantic 音译。浪漫。

【罗曼史】luómànshǐ 名 英语 romance 音译。指富有浪漫色彩的爱情故事或惊险故事。也译作罗曼司。

【罗姆人】luómǔrén 名 原来居住在印度西北部的一个民族，10 世纪前后开始外迁，在西亚、北非、欧洲、美洲等地流浪，多从事占卜、歌舞等职业（罗姆：英语 Rom 音译）。也说吉卜赛人、茨冈人。

【罗盘】luópán 名 测定方向的仪器。在有方位刻度的圆盘中间装着一根可以水平转动的指南针。也说罗经。

【罗绮】luóqǐ 名〈文〉罗和绮；借指丝绸衣裳 ▷遍身～者，不是养蚕人。

【罗圈】luóquān 名 罗筛的圆形框子。

【罗圈儿腿】luóquānrtuǐ 名 向外侧弯曲成罗圈形的畸形腿，多由佝偻病引起。

【罗圈儿揖】luóquānryī 名〈口〉身体转着圈儿向四周人们行的作揖礼。

【罗生门】luóshēngmén 图 源自日本导演黑泽明改编并导演的影片《罗生门》。影片以一宗案件为背景，剧中所有涉案人出于私利竟都编造谎言，隐瞒真相。后多用来指每个人为了各自的利益而编造谎言，致使事情真相难以分辨清楚的现象 ▷各种叙述和解读相互矛盾，好似～一般。

【罗网】luówǎng 图 捉鸟的罗和捕鱼的网。比喻束缚人的东西 ▷冲破旧观念的～。

【罗纹】luówén 见909页“螺纹”①。现在一般写作“螺纹”。

【罗唣】luózào 现在一般写作“啰唣”。

【罗织】luózhī 动 编造(罪名) ▷～罪名陷害好人。

【罗致】luózhì 动 搜集奇珍物品或招揽人才 ▷～天下英才。

萝(蘿) luó 图 指某些爬蔓植物 ▷女～|藤～|茑～。☛ 跟“箩”不同。

【萝卜】luóbo 图 一年或二年生草本植物，主根也叫萝卜，圆柱形或球形，为常见蔬菜。种子可以做药材，叫莱菔子。也说莱菔。

【萝卜花】luóbohuā 图 对因溃疡在眼角膜上留下的白色瘢痕的俗称。

【萝艻】luólè 现在一般写作“罗勒”。

【萝藦】luómó 图 多年生蔓草，茎中有乳白色汁液。叶对生，心脏形；夏季开带有紫红色斑点的白花；种子上端有白色丝状茸毛。茎、叶、果壳、种毛可以做药材。也说芄(wán)兰。

啰(囉) luó[啰唣] luózào 动 吵闹(多见于近代汉语) ▷休要～。

另见907页 luō；912页 luo。

逻(邏) luó 动 巡查 ▷巡～。

【逻辑】luóji 英语 logic 音译。❶ 图 逻辑学 ▷学点儿～|数理～。❷ 图 指客观事物发展的规律性 ▷生活的～就是优胜劣汰|不合～。

【逻辑思维】luóji sīwéi 图 借助概念、判断、推理等思维形式和逻辑形式，以抽象和概括的方法来反映事物本质的思维活动和思维方式。

【逻辑性】luójixìng 图 与客观事物规律或思维规律相符合的性质或特点 ▷他分析问题～很强。

【逻辑学】luójixué 图 研究思维形式及其规律的科学。包括形式逻辑和辩证逻辑。旧称名学、辩学、论理学。

脶(腡) luó 图 指纹 ▷～纹。

猡(玀) luó 见1797页“猪猡”。

椤(欏) luó 见1321页“桫(suō)椤”。

锣(鑼) luó 图 铜制打击乐器，盘状。边上穿孔系绳，手提或悬在架上，用槌敲击。

【锣鼓】luógǔ 图 锣和鼓；泛指我国民间打击乐器 ▷开场～|敲起～，庆祝胜利。

【锣鼓点儿】luógǔdiǎnr 图 指锣鼓等打击乐器敲击的节奏。

【锣鼓喧天】luógǔ-xuāntiān 敲锣打鼓，声响震天。形容喜庆热闹的场面。

箩(籮) luó 图 竹编器具，多为方底圆口。大的多用来盛粮食，小的多用来淘米 ▷～筐|笸～。☛ 跟“萝”不同。

【箩筐】luókuāng 图 用竹篾、柳条等编成的器具，多用来盛粮食、蔬菜。

【箩筛】luóshāi 图 用竹篾编成的筛子。

骡(騾 *蠃) luó 图 骡子 ▷马～|驴～。

【骡马】luómǎ 图 骡子和马；泛指大牲口 ▷～成群。

【骡子】luózi 图 哺乳动物，驴和马交配所生的后代。四肢筋腱强韧，抗病力及适应性强，力大而能持久，寿命长，一般无生殖力。分为驴骡和马骡两种。我国北方多用作力畜。

螺 luó ❶ 图 软体动物，体外包有锥形、纺锤形或扁椭圆形硬壳，壳上有回旋形纹。种类有田螺、红螺、钉螺等。→ ❷ 图 像螺一样有回旋形纹理的东西 ▷～纹|～钉|～母。

【螺甸】luódiàn 现在一般写作“螺钿”。

【螺钿】luódiàn 图 一种手工艺品。在器物表面上镶嵌螺蛳壳或贝壳薄片，制成有天然色彩、光泽的人物、鸟兽、花草或其他形象。

【螺钉】luódīng 图 圆柱形或圆锥形的小金属零件，一端有帽儿，杆上有螺纹。也说螺丝钉、螺丝。

【螺号】luóhào 图 用大海螺壳制成的号角。

【螺距】luójù 图 螺钉上相邻的两个螺旋线形凸棱之间的距离。

【螺菌】luójūn 图 体形弯曲呈螺旋形的杆菌。

【螺口】luókǒu 图 螺母中心的圆孔；有螺纹的接口 ▷～太小，拧不上去|～灯泡。

【螺帽】luómào 图 螺母①。

【螺母】luómǔ ❶ 图 跟螺栓配套使用的有孔零件。孔内有阴螺纹，与螺栓上的阳螺纹相啮合，使被连接的两个零件或构件固定在一起。也说螺帽、螺丝母、螺丝帽。❷ 图 在工件上制作的带有内螺纹的孔。

【螺栓】luóshuān 图 跟螺母配套使用的圆杆状零件。杆上带有一段阳螺纹，插入螺母中，与螺母的阴螺纹相啮合，可使被连接的两个零件或构件固定在一起。

【螺丝刀】luósīdāo 图 一种装卸螺钉的工具。细钢棍的一端有柄，另一端呈“一”字形或“十”字形，适用于钉帽上有槽型螺纹的螺钉。也说改锥。某些地区也说起子。

【螺丝扣】luósīkòu 图 螺纹②。

【螺丝帽】luósīmào 名 螺母①。

【螺丝母】luósīmǔ 名 螺母①。

【螺蛳】luósī 名 田螺。

【螺纹】luówén ❶ 名 手指、脚趾上的纹理。❷ 名 机件的外表面或内表面上呈螺旋形的凸棱。也说螺丝扣。

【螺纹钢】luówéngāng 名 表面轧有螺纹的圆条形钢材。

【螺线】luóxiàn 名 围绕在圆柱体上的螺旋形线路。

【螺旋】luóxuán ❶ 名 跟螺蛳壳纹理相似的曲线 ▷～体｜～式。❷ 名 力学上属于斜面类的简单机械。由外表面有阳螺纹的圆柱和内表面有阴螺纹的孔眼物体组成。旋转其中一个就可以使二者沿螺纹移动。螺旋可用来进行省力操作，压榨机、千斤顶等都是螺旋的应用。

【螺旋桨】luóxuánjiǎng 名 由叶面为螺旋面的桨叶与桨毂构成的推进器。在船只、飞机、风车、风扇上使用。

【螺旋式】luóxuánshì 区别 像螺旋一样盘绕的 ▷～台阶｜～上升。

【螺旋体】luóxuántǐ 名 介于细菌和原生动物之间的一类微生物。呈螺旋状弯曲，能伸缩运动，有的可使人致病。如梅毒、回归热等都是这类微生物引起的。

【螺旋藻】luóxuánzǎo 名 一种蓝藻，呈螺旋状。富含蛋白质、碳水化合物、脂肪、维生素以及微量元素等，是优质饲料，也可制作保健食品。

儸 luó 见890页“偻(lóu)儸”。

囉 luó 见777页“珂囉版”。

鑼 luó 见76页“饆(bì)鑼”。

luǒ

倮 luǒ 用于地名。如：倮柱，在贵州；倮格，在四川。

蓏 luǒ 名〈文〉瓜类植物的果实。

裸(*躶臝) luǒ ❶ 动 赤身露体；没有遮盖 ▷～露｜～体。→ ❷ 区别 除了自身以外，没有任何附带的（有时含夸张意味）▷～视｜～线｜～婚。☛ 跟“祼(guàn)”不同。

【裸大麦】luǒdàmài 名 大麦的一个变种，成熟后种子与稃壳易分离脱落。籽实供食用、酿酒，或做饲料。西藏、青海等地常称为青稞。也说裸麦、元麦。

【裸官】luǒguān 名 配偶、子女移居国（境）外的国家公职人员 ▷限制～出境。

【裸婚】luǒhūn 动 不置办房子、汽车等财产，甚至不举办婚礼而结婚 ▷他俩选择～，不用彩礼，连婚纱照什么的都免了。

【裸机】luǒjī ❶ 名 指没有加入通信网的手机、寻呼机等。❷ 名 指没有配置操作系统和其他软件的电子计算机。

【裸捐】luǒjuān 动 全部捐出 ▷他将自己收藏的字画～给了美术馆。

【裸露】luǒlù 动 没有遮盖，露在外面 ▷鹅卵石～在河床上｜～着上身。

【裸视】luǒshì ❶ 动 不戴眼镜看。❷ 名 不戴眼镜时的视力 ▷～约为1.2。

【裸体】luǒtǐ ❶ 动 裸露着身体 ▷赤身～。❷ 名 裸露着的身体。

【裸退】luǒtuì 动 指在官方、半官方或群众组织中不再担任任何职务，完全退休 ▷几年前他就已经～，闭门读书写作。

【裸线】luǒxiàn 名 外层没有包裹绝缘材料的金属导线 ▷室内照明不能用～。

【裸眼】luǒyǎn 名 测试视力时不戴眼镜的眼睛。

【裸照】luǒzhào 名 裸体相片。

【裸装】luǒzhuāng 动 在储存和运输过程中不加包装 ▷钢锭可以～｜这些板材捆成捆儿～。

【裸子植物】luǒzǐ zhíwù 种子植物的一大类，心皮不包成子房，胚珠裸露（跟“被子植物”相区别）。现代生存的裸子植物有水杉、银杉和银杏等。

瘰 luǒ［瘰疬］luǒlì 名 中医指颈项间的结核，类似于淋巴结核。症状是颈部或腋窝出现硬块，溃烂后流脓，不易愈合。俗称鼠疮。

臝 luǒ 见525页“蜾(guǒ)臝”。

luò

泺(濼) luò 用于地名。如：泺河，水名；泺口，地名。均在山东。

荦(犖) luò 形〈文〉显著；分明 ▷卓～。☛ 不读 láo。

【荦荦】luòluò 形〈文〉显著；分明 ▷～可记。

咯 luò 音译用字，用于“吡(bǐ)咯”等。另见459页gē；764页kǎ；887页lo。

洛 luò ❶ 名 洛河，水名。a）发源于陕西北部，流入渭河。也说北洛河。b）发源于陕西南部，流经河南入黄河。也说南洛河。古代作“雒”。○ ❷ 名 姓。

【洛阳纸贵】luòyáng-zhǐguì《晋书·文苑传》记载：晋代左思写成《三都赋》，人们争相传抄，一时使洛阳的纸都涨了价。后用“洛阳纸贵”称赞文章写得好，人们争相传诵，广泛流传。

骆(駱) luò ❶ 名〈文〉黑鬃的白马。○ ❷ 名 姓。

【骆驼】 luòtuo 名 哺乳动物，颈长，身体高大，毛褐色，四肢细长，蹄扁平，背上有一或两个驼峰，耐饥渴高温。性温驯，能负重在沙漠中长途行走，号称“沙漠之舟”。

【骆驼刺】 luòtuocì 名 落叶半灌木，茎灰绿色，有针刺；单叶互生；夏季开花，花紫色，总状花序，花序轴刺状；荚果串珠状，弯曲，不开裂。生长于沙漠地区，为骆驼的饲料。

【骆驼绒】 luòtuoróng 名 一种呢绒。背面用棉纱织成，正面用粗纺毛纱织成蓬松的毛绒，多用来做衣帽的里子。因颜色和形状都像骆驼的绒毛，故称。也说驼绒。

络(絡) luò ❶ 名 像网一样的东西 ▷丝瓜～|橘～|～腮胡子|网～。→ ❷ 名 络脉 ▷经～|脉～。→ ❸ 动（用网状物）兜住或罩住 ▷用发网～住头发◇笼～。○ ❹ 动 缠绕 ▷～丝|～纱。

另见 831 页 lào。

【络麻】 luòmá 名 黄麻。

【络脉】 luòmài 名 中医指经络系统中的组成部分。络脉是经脉的分支，散布全身，有沟通表里阴阳经脉和渗灌气血的作用。

【络腮胡子】 luòsāi húzi 与鬓角相连，兜住两腮的胡子。☛ 不要写作“落腮胡子”。

【络筒】 luòtǒng 动 纺织生产中把细纱卷绕在筒管上，使成卷装形式，同时除掉纱线上的部分杂质和疵点。也说络纱。

【络绎】 luòyì 形 前后相接，连接不断 ▷～不绝。

珞 luò ❶ 见 1653 页“瓔(yīng)珞”。○ ❷ 名 姓。

【珞巴族】 luòbāzú 名 我国少数民族之一。主要分布在西藏。

烙 luò 见1030 页“炮(páo)烙”。☛ 读 luò，指烧灼，用于文言词语“炮烙”等；读 lào，指熨烫或某种加热使熟的方法，用于普通词语，如“电烙铁”“烙饼”“烙印”。

另见 831 页 lào。

硌 luò 名〈文〉山上的巨石。

另见 465 页 gè。

落 luò ❶ 动 物体从高处掉下来 ▷叶～归根|～泪。→ ❷ 动 下降 ▷潮涨潮～|～日|降～。❸ 动 使下降 ▷把窗帘～下来|～帆。→ ❹ 动 跌入；陷入 ▷～水|～网|～汤鸡。→ ❺ 动 掉在后面或外面 ▷～伍|～后|～榜。→ ❻ 动 事物由兴盛转向衰败 ▷衰～|破～|零～|没～。→ ❼ 动 归属 ▷重担～在我们的肩上|大权旁～。❽ 动 获得 ▷～下好名声|～下话柄|～空。→ ❾ 动 止息；停留 ▷～脚|话音未～。⇒ ❿ 动 留下；（用笔）写下 ▷不～痕迹|～款|～账。⇒ ⓫ 名 停留的地方 ▷下～|段～|着(zhuó)～。○ ⓬ 名（许多人家）聚居的地方 ▷村～|院～|部～。☛ 读 luò，是文读；读 lào，是白读，用于日常生活词语，如“落色”“落价”“落不是”“落埋怨”“落枕”；读 là，专指丢下，如“丢三落四”“一字不落”。

另见 813 页 là；831 页 lào。

【落案】 luò'àn 动 结案。

【落败】 luòbài 动 遭受失败；被打败 ▷虽然～，但不气馁|仅以 1 分之差～。

【落榜】 luòbǎng 动 参加考试或选拔未被录取。

【落笔】 luòbǐ 动 下笔（写或画）▷构思好了再～|～要果断。

【落标】 luòbiāo 动 参加投标而未中标。

【落膘】 luòbiāo 动（牲畜）变瘦 ▷精心饲养，确保冬春不～。

【落泊】 luòbó 形 潦倒失意 ▷半生～。

【落魄】 luòbó 形 现在一般写作“落泊”。

【落槽】 luòcáo ❶ 动 水位下降，河水归入河槽。❷ 动 榫头插入卯眼。❸ 动 安心 ▷合同签了字，一颗心总算～了。

【落草】 luòcǎo ❶ 动 落身山林草野之中（当强盗）▷也曾绿林～。○ ❷ 动 某些地区指胎儿出生。

【落差】 luòchā ❶ 名 同一河道不同的两地在同一时间按同一基准面计算的水位高程差。如上游某地海拔 200 米，下游某地为 180 米，两地落差即为 20 米。相距短而落差大的地方水力资源大。❷ 名 泛指事物在对比中产生的差距 ▷各地的工资标准有些～|形成巨大～。

【落潮】 luòcháo 动 退潮。

【落尘】 luòchén 名 降尘①。

【落成】 luòchéng 动 建筑工程竣工 ▷大厦～。

【落槌】 luòchuí ❶ 动 拍卖会上，拍卖师敲槌表示物品拍卖成交 ▷这件珍品终于以 15 万元～。❷ 动 指拍卖会结束 ▷文物拍卖会昨日在上海～。

【落单】 luòdān ❶ 动（人或动物）脱离群体陷入孤单 ▷救起一只～的小天鹅◇其他拍品都顺利拍卖，唯这一件～流拍。❷ 动 下单；成交 ▷～仅 1 个小时货即送到|这项并购昨日～。

【落得】 luòde 动 陷入（某种地步）；得到（某种结果）▷～个鸡飞蛋打|～一身轻。

【落地】 luòdì ❶ 动（物体）从高处降落到地上 ▷树叶纷纷～◇心里一块石头落了地。❷ 动 指婴儿出生 ▷孩子～，全家欢喜。

【落地窗】luòdìchuāng 名 下端接近地面或楼板的窗户。

【落地灯】luòdìdēng 名 有立柱和底座，放在室内地面上可移动的电灯。

【落地签证】luòdì qiānzhèng 给持有护照和本国入境许可证明等的外国人在入境时现场办理签证手续。是一种特殊的签证办理方式。也说落地签。

【落地扇】luòdìshàn 名 有立柱和底座，放在室内地面上可移动的电扇。

【落地式】luòdìshì 区别 (器物)可着地或放置在地面上的 ▷～窗帘|～音响。

【落第】luòdì 动 参加乡试以上科举考试未考中；现泛指参加考试未被录取 ▷高考～。

【落点】luòdiǎn 名 (人或物体)所降落的位置 ▷跳伞的～真准|这个球的～很刁。

【落发】luòfà 动 剃掉头发(出家当和尚或尼姑) ▷～为尼。

【落帆】luòfān 动 把(帆船上的)帆降下来。

【落黑】luòhēi 动 天将黑 ▷～就出发。

【落后】luòhòu ❶ 动 在行进中或工作进度中落在别人后面 ▷他只～第一名不到 1 米。❷ 形 工作进度、发展水平或认识程度落在后面(跟"进步"相对) ▷改变家乡的～面貌。

【落户】luòhù ❶ 动 在异地安家定居 ▷他早就在山区～了◇这家企业已在我省～投产。❷ 动 取得户籍 ▷放宽到我市～的条件。

【落花】luòhuā ❶ 名 凋落的花瓣。❷ 名 纺织时掉落的碎棉花。

【落花流水】luòhuā-liúshuǐ 形容暮春的衰败景象；现多形容被打得大败。

【落花生】luòhuāshēng 名 一年生草本植物，茎匍匐或直立，叶卵形，开黄色花，受精后子房柄钻入土中，子房发育成茧状荚果。果仁可以榨油，也可以食用。也说花生。

【落荒而逃】luòhuāng'értáo 舍弃大路，逃向荒野。

【落晖】luòhuī 名 落日的余晖；夕阳。

【落籍】luòjí ❶ 动 〈文〉从名册中除去姓名；特指妓女从良，脱离娼籍。❷ 动 落户。

【落脚】luòjiǎo 动 暂时住下来 ▷暂借贵处～。

【落脚点】luòjiǎodiǎn 名 落脚的地方。比喻归宿或目标 ▷为顾客服务是一切服务业经营管理的出发点和～。

【落井下石】luòjǐng-xiàshí 唐·韩愈《柳子厚墓志铭》："一旦临小利害，仅如毛发比，反眼若不相识；落陷阱，不一引手救，反挤之，又下石焉者，皆是也。"意思是见人掉到井里，不但不救，反而往下扔石头。后用"落井下石"比喻在别人遇到危难时乘机加以陷害。也说投井下石。

【落空】luòkōng 动 想法或目标没有实现；没有着落 ▷计划～|如意算盘落了空。

【落款】luòkuǎn ❶ 动 在书信、字画、礼品等上面题写姓名、日期等 ▷这幅画还没～用印。❷ 名 落款的文字 ▷～是"白石老人，时年八十有五"。

【落铃】luòlíng 动 棉铃从棉株上掉下来。

【落落】luòluò ❶ 形 形容性格开朗、举止潇洒 ▷～大方。❷ 形 形容性情孤傲，跟人很难合得来 ▷～寡合。

【落马】luòmǎ ❶ 动 从马上掉下来；也比喻作战或比赛失利 ▷中箭～|不少种子选手纷纷～。❷ 动 比喻官员因劣迹败露而被惩处。

【落寞】luòmò 形 冷落；寂寞 ▷深巷～|晚年～。☛ 不要写作"落漠""落莫"。

【落墨】luòmò 动 下笔 ▷精心构思，而后～。

【落幕】luòmù 动 闭幕。

【落难】luònàn 动 遭受灾难。

【落聘】luòpìn 动 应聘时未被聘任。

【落魄】luòpò 形 失掉魂魄。形容惊慌；也形容潦倒 ▷失魂～|～文人。☛ 这个意义中的"魄"不读 bó、tuò。

【落日】luòrì 名 夕阳 ▷～没入西山。

【落纱】luòshā 动 指纺织生产中把绕满纱线的纱线卷取下并换上新的卷筒继续生产。

【落实】luòshí ❶ 动 (政策、计划、措施等)落到实处，得到实现 ▷计划～了|经费已～。❷ 动 使落实 ▷～责任制|～资金。

【落市】luòshì ❶ 动 某些地区指蔬菜、瓜果等过了时令 ▷枇杷～了。❷ 动 某些地区指收市。

【落水】luòshuǐ 动 掉入水中；比喻堕落 ▷失足～|经不起金钱的诱惑，他～了。

【落水狗】luòshuǐgǒu 名 比喻失势垮台的坏人。

【落水管】luòshuǐguǎn 名 把房檐或檐沟的水引流到地面的管道。也说雨水管。

【落锁】luòsuǒ 动 用锁锁住 ▷大门 23 时～。

【落汤鸡】luòtāngjī 名 掉到热水里的鸡。比喻浑身湿透的人(含诙谐意)。

【落套】luòtào 动 落入俗套 ▷古来咏桃花的诗不可胜数，再写难免～。

【落体】luòtǐ 名 受重力作用由空中下落的物体。

【落拓】luòtuò ❶ 形 豪迈，不拘束 ▷行为～。❷ 形 穷困潦倒。

【落拓不羁】luòtuò-bùjī 性情放浪，行为散漫，不受约束(羁：约束，拘束)。

【落魄】luòtuò 形 现在一般写作"落拓"。

【落网】luòwǎng 动 比喻犯罪嫌疑人被抓获 ▷团伙主犯终于～。

【落伍】luòwǔ ❶ 动 掉在队伍后面 ▷他人虽小，但行军从不～。❷ 动 比喻落在时代后面 ▷

思想保守必定～。

【落霞】luòxiá 名 晚霞。

【落选】luòxuǎn 动 未被选上。

【落叶归根】luòyè-guīgēn 叶落归根。

【落叶松】luòyèsōng 名 落叶乔木，叶柔软，长针形，果实卵圆形，表面有鳞片，种子上端有翅。木材坚实，可作枕木、桥梁等用材。

【落叶植物】luòyè zhíwù 秋冬季节叶子全部脱落的多年生植物。一般指温带的落叶乔木或灌木，如杨、柳、木槿等。

【落音】luòyīn 动 说话声音停止 ▷他的话刚一～，大家就七嘴八舌地议论开了。

【落英】luòyīng ❶ 名 落花① ▷风雨过后，满地～。❷ 名 初开的花 ▷夕餐秋菊之～。

【落英缤纷】luòyīng-bīnfēn 落花繁多。形容鲜花盛开后纷纷凋谢的景象。

【落葬】luòzàng 动 下葬。

【落账】luòzhàng 动 记入账簿 ▷收支款项要笔笔～。☛ 不要写作"落帐"。

【落照】luòzhào 名 夕阳的光辉。

【落座】luòzuò 动 坐到座席上 ▷我们刚一～就开演了｜观众都落了座。

跞（躒） luò 见1820 页"卓跞"。另见 851 页 lì。

摞 luò ❶ 动 一个压着一个地往上放 ▷把书～起来｜韭菜一捆～一捆。→ ❷ 量 用于重叠放置的东西 ▷一～线装书｜一～草帽。

雒 luò ❶ 名 古水名。一在河南，流入黄河，现称洛河。一在四川，即今广汉市境内沱江诸源之一。○ ❷ 名 姓。☛ 地名"商雒"(在陕西)现在改为"商洛"。地名"雒南"(在陕西)现在改为"洛南"。

漯 luò［漯河］luòhé 名 地名，在河南。另见 1325 页 tà。

luo

啰（囉） luo 助 用在句末。a)表示肯定语气 ▷功劳当然是大家的～！b)表示提醒语气 ▷准备下车～！

另见 907 页 luō；908 页 luó。

动物（一）

盘羊
长臂猿
野马
白鳖豚
野驴
小熊猫
青鼬(yòu)
藏羚
牦牛
儒艮(gèn)
大熊猫
獐子
金丝猴
棕熊
金钱豹
穿山甲
紫貂
抹香鲸
梅花鹿

动物（二）

水獭(tǎ)
蛤蚧(géjiè)
海象
扬子鳄
鼋(yuán)
蟒蛇
海狸鼠
蝾螈(róngyuán)
海狗
河马
蜥蜴
鸭嘴兽
海豹
玳瑁(dàimào)
海牛
海龟
海狮
河狸
大鲵(ní)

海葵
文昌鱼
蛞蝓(kuòyú)
水螅(xī)
乌贼
蜗牛
鹦鹉螺
中华鲟(xún)
贻(yí)贝
江珧(yáo)
海胆
章鱼
蛏(chēng)子
海星
蛤蜊(géli)
海马
扇贝

动物（四）

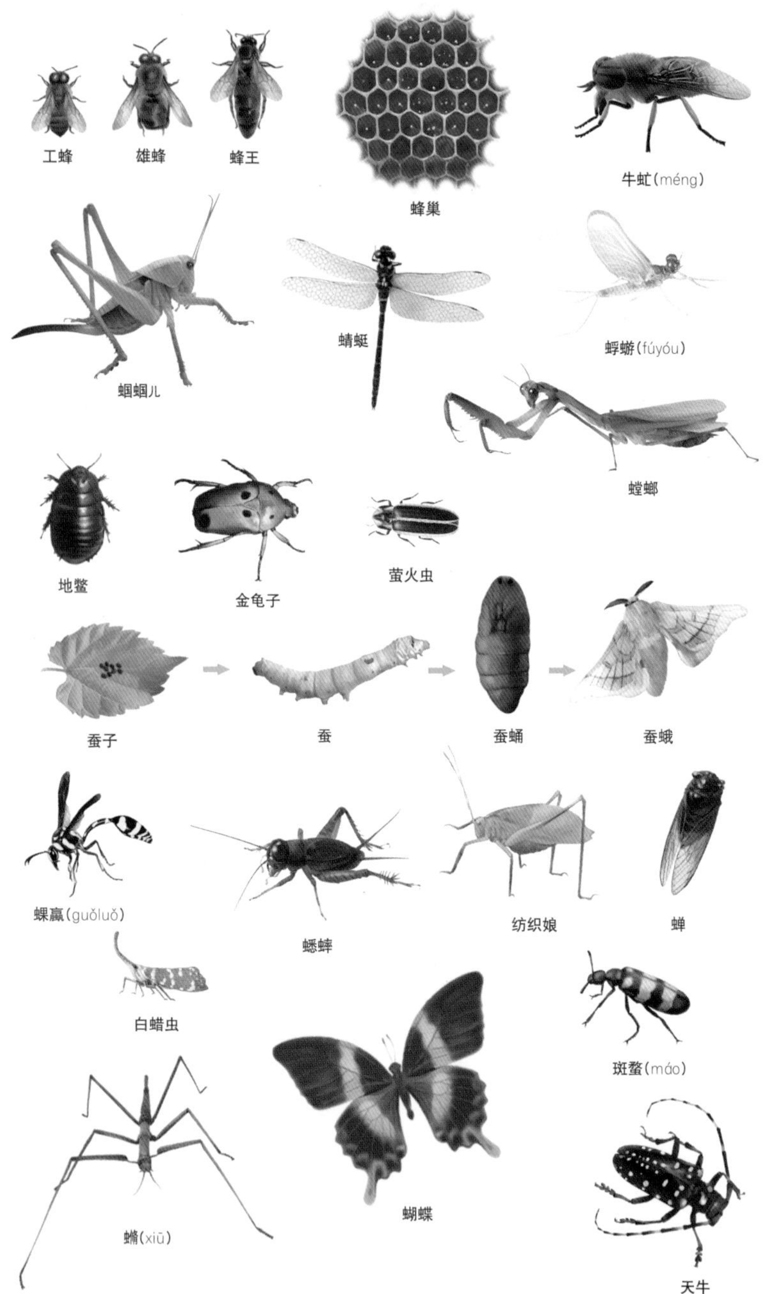

工蜂
雄蜂
蜂王
蜂巢
牛虻(méng)
蝈蝈儿
蜻蜓
蜉蝣(fúyóu)
螳螂
地鳖
金龟子
萤火虫
蚕子
蚕
蚕蛹
蚕蛾
蜾蠃(guǒluǒ)
蟋蟀
纺织娘
蝉
白蜡虫
斑蝥(máo)
蝴蝶
蟰(xiū)
天牛

动物（五）

朱鹮(huán)
猫头鹰
松鸡
鹦鹉
鸨(bǎo)
锦鸡
天鹅
雷鸟
杜鹃
画眉
黄鹂
乌鸦
褐马鸡
雀鹰
喜鹊
孔雀
丹顶鹤
百灵
犀鸟
鲣(jiān)鸟
白鹳(guàn)
金丝雀
兀鹫(wùjiù)
八哥
鹈鹕(tíhú)
鸵鸟
啄木鸟
鸳鸯
白鹇(xián)

植物（一）

植物（二）

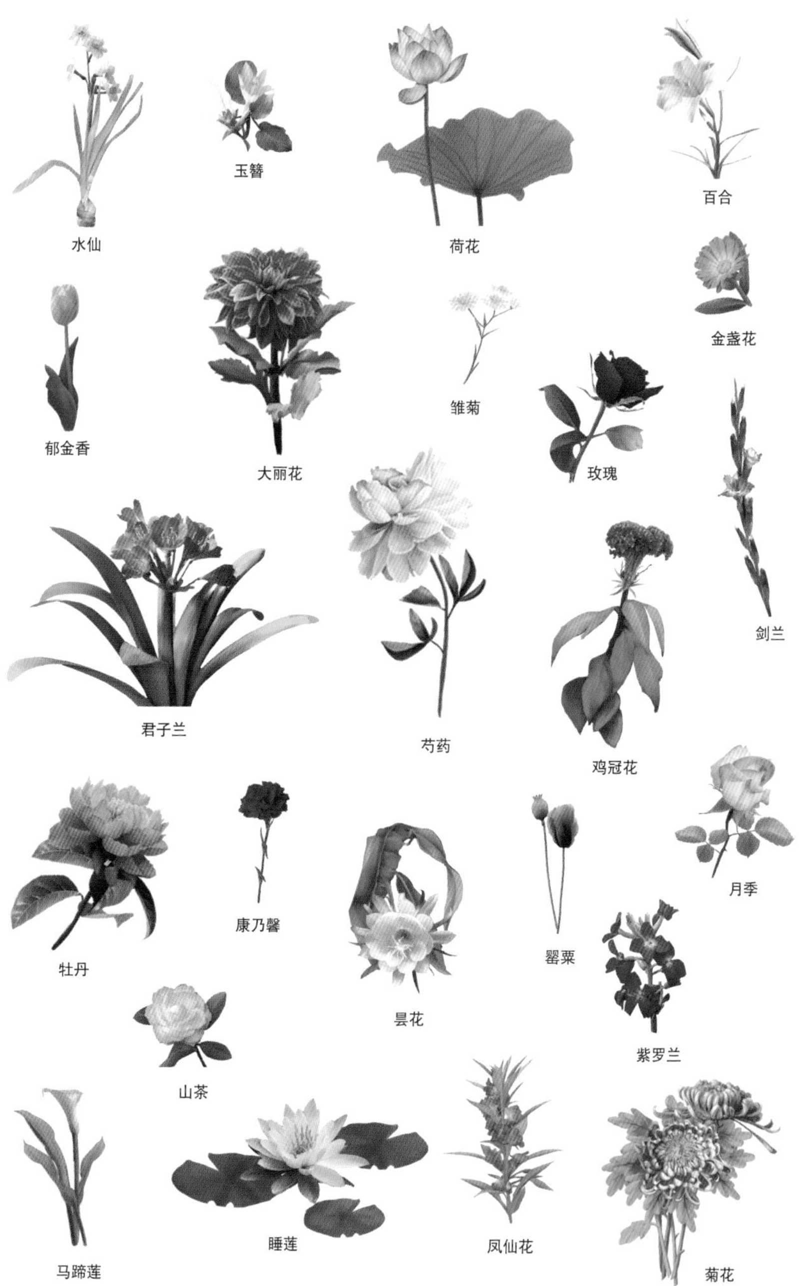

玉簪
百合
水仙
荷花
金盏花
雏菊
郁金香
大丽花
玫瑰
剑兰
君子兰
芍药
鸡冠花
月季
康乃馨
牡丹
罂粟
昙花
紫罗兰
山茶
睡莲
凤仙花
马蹄莲
菊花

植物（三）

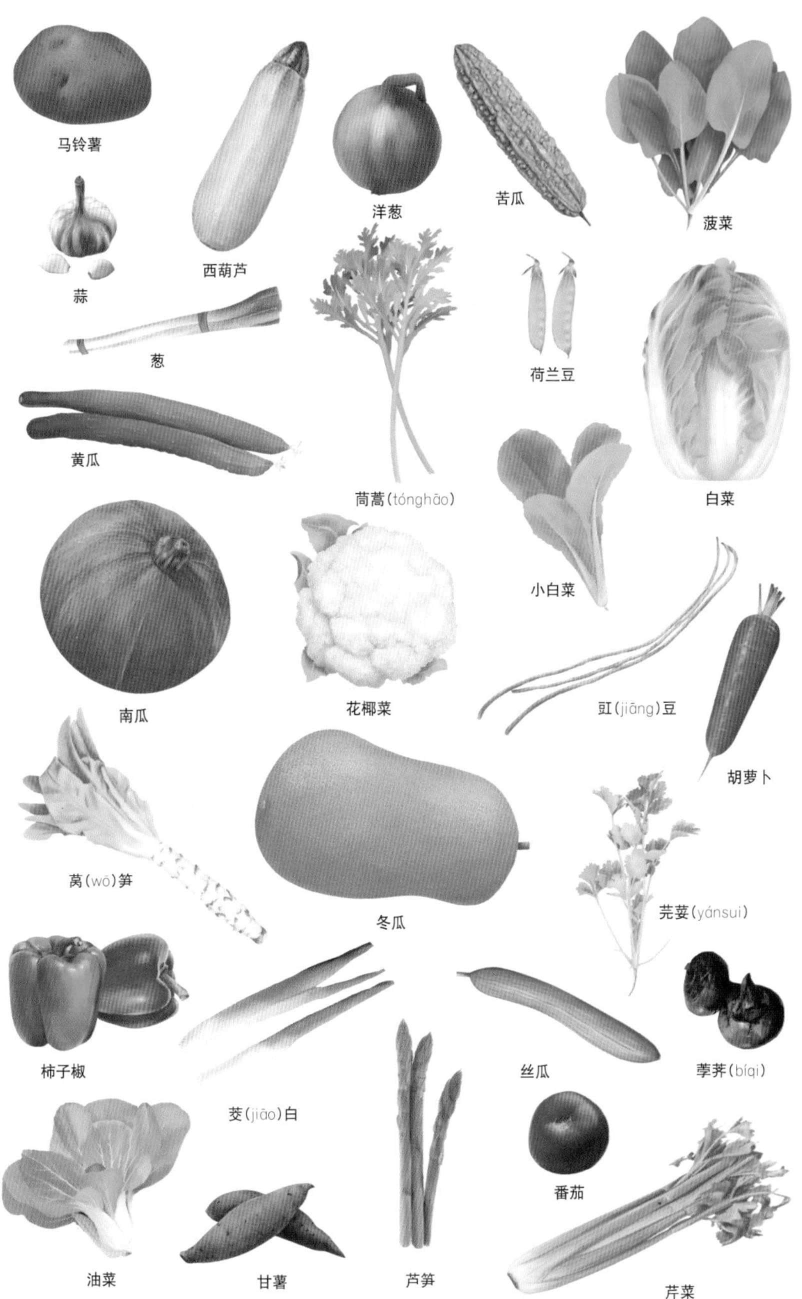
马铃薯
西葫芦
洋葱
苦瓜
菠菜
蒜
葱
荷兰豆
黄瓜
茼蒿(tónghāo)
白菜
小白菜
南瓜
花椰菜
豇(jiāng)豆
胡萝卜
莴(wō)笋
冬瓜
芫荽(yánsui)
柿子椒
丝瓜
荸荠(bíqi)
茭(jiāo)白
番茄
油菜
甘薯
芦笋
芹菜

水果

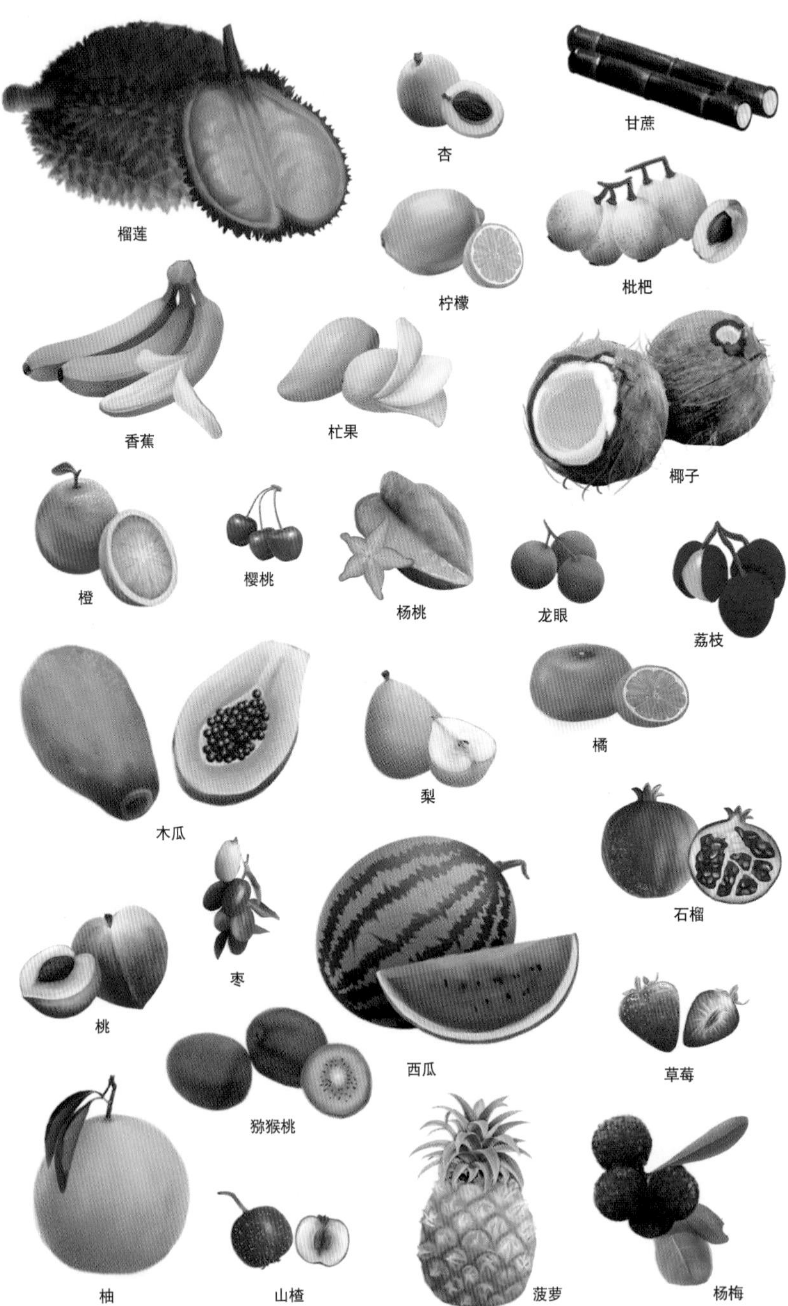

乐器（一）

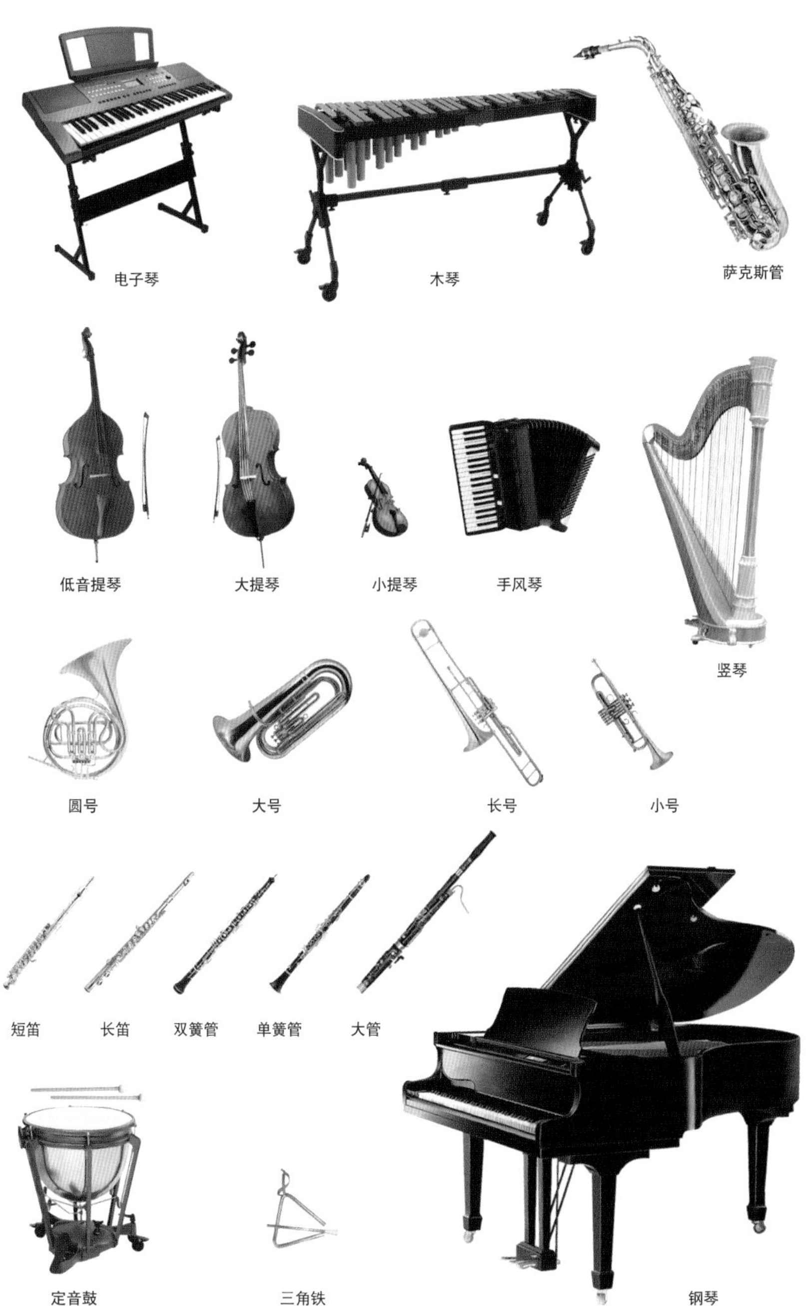
电子琴
木琴
萨克斯管
低音提琴
大提琴
小提琴
手风琴
竖琴
圆号
大号
长号
小号
短笛
长笛
双簧管
单簧管
大管
定音鼓
三角铁
钢琴

乐器（二）

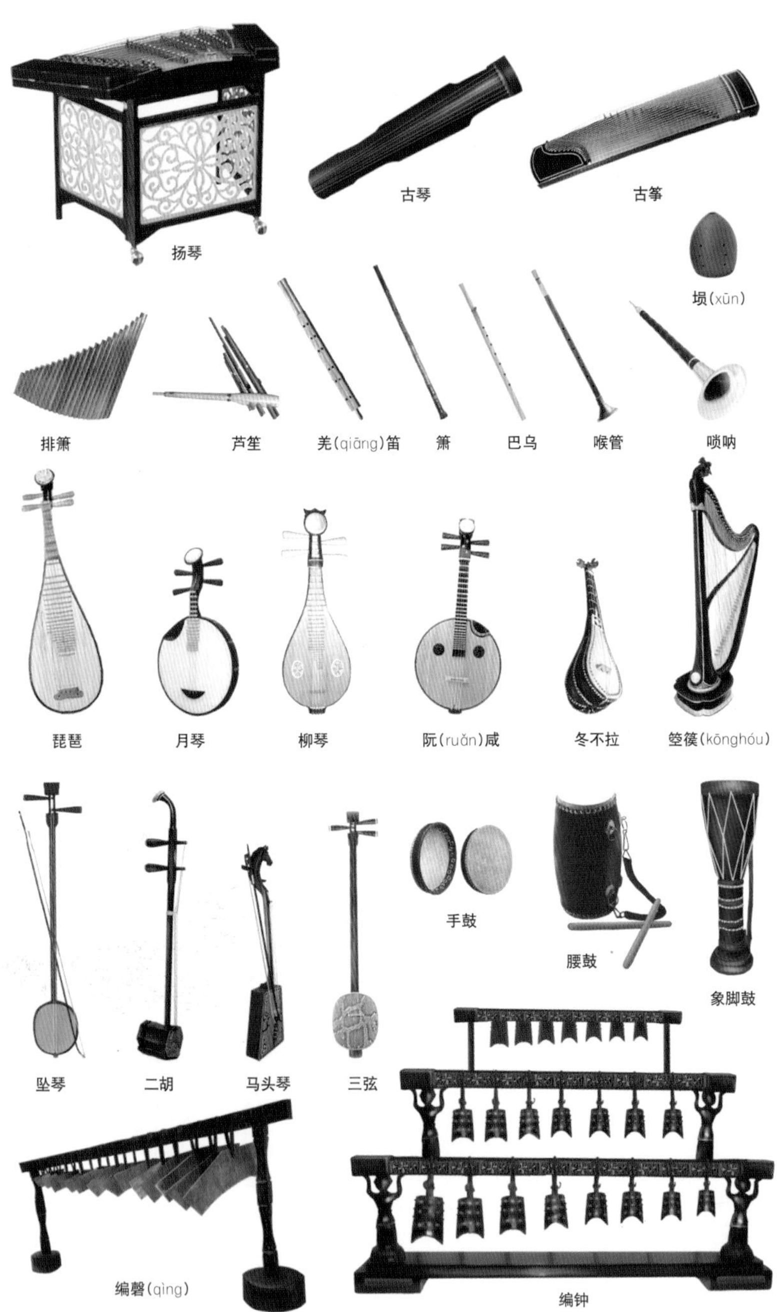
扬琴
古琴
古筝
埙(xūn)
排箫
芦笙
羌(qiāng)笛
箫
巴乌
喉管
唢呐
琵琶
月琴
柳琴
阮(ruǎn)咸
冬不拉
箜篌(kōnghóu)
坠琴
二胡
马头琴
三弦
手鼓
腰鼓
象脚鼓
编磬(qìng)
编钟

部分常用量词

一沓(dá)稿纸
一副眼镜
一封信
一瓣橘子
一口井
一幢(zhuàng)楼
一朵玫瑰
一本书
一张桌子
一簇花
一顶帽子
一条围巾
一座山
一丸药
一把斧头
一尾金鱼
一盒香烟
一支笔
ABCD
一串葡萄
一堵墙
一桌菜

部分常用动词

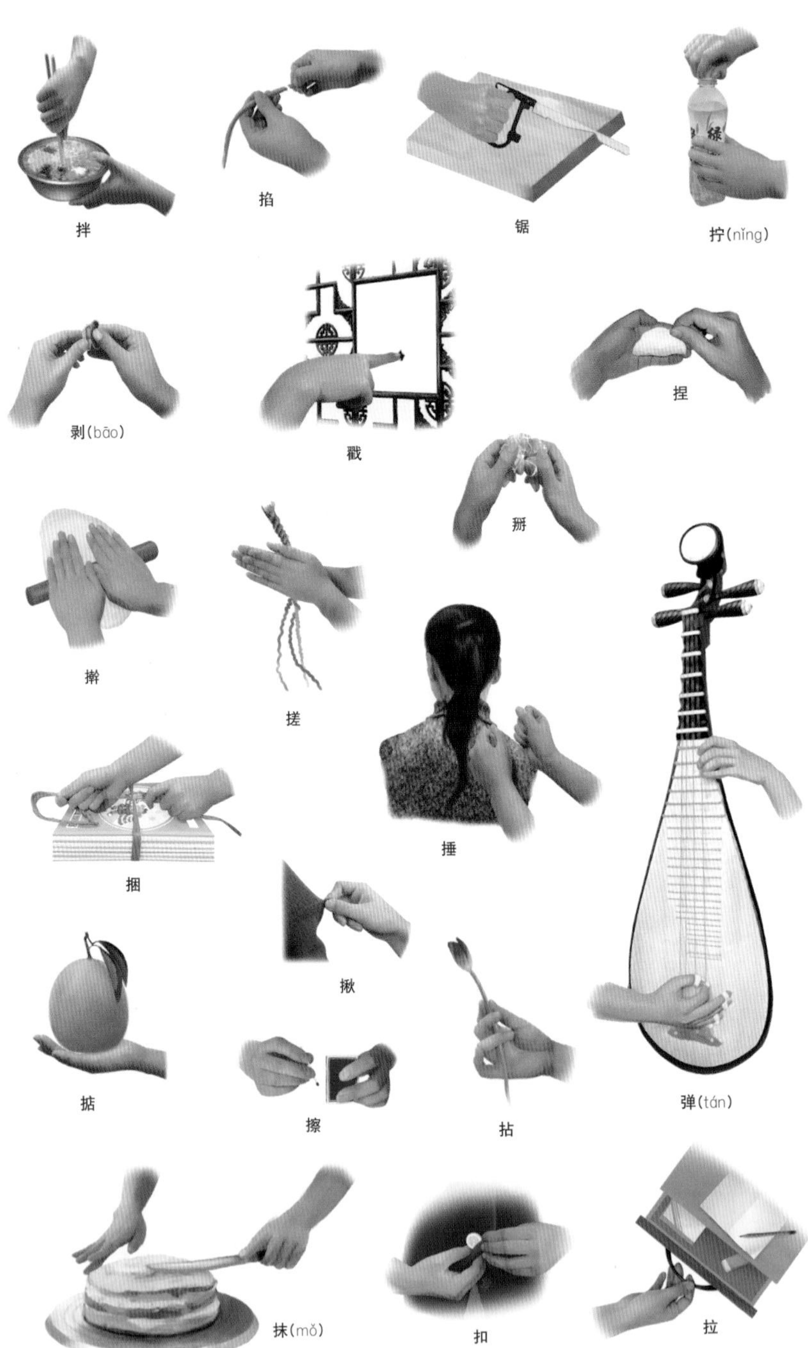

古代食器和酒器

敦(duì)
甗(yǎn)
釜(fǔ)
鼎(dǐng)
豆(dòu)
簠(fǔ)
簋(guǐ)
卮(zhī)
镬(huò)
樽(zūn)
盦(ān)
盨(xǔ)
觞(shāng)
钫(fāng)
盉(hé)
匜(yí)
缶(fǒu)
爵(jué)
斝(jiǎ)
觚(gū)
卣(yǒu)
觥(gōng)
觯(zhì)
角(jué)
罍(léi)

工艺美术

蜡染

瓷画

雕漆

柳编

中国结

竹雕

泥塑

椰雕

蛋雕

石雕

面人儿

根雕

唐三彩

彩塑

玉雕

刺绣

沙雕

蜀锦

瓷刻

陶塑

贝雕

漆画

绒花

景泰蓝

剪纸

M

mā

孖 mā 区别 某些地区指成双成对的 ▷～仔(双生子)｜～髻山(山名,在广东)。

妈(媽) mā ❶ 名〈口〉母亲 ▷我～不在家｜爹～。→ ❷ 名 对长一辈亲属中已婚女性的称呼 ▷大～｜姑～。❸ 名 旧时对中老年女仆的称呼 ▷王～。

【妈妈】 māma 名〈口〉母亲。

【妈祖】 māzǔ 名 我国东南沿海地区传说中掌管海上航运的女神。相传原名林默,宋代福建莆田湄洲岛人,经常在海上巡游,拯救遇难渔民和商人等,深受百姓爱戴。也说天妃、天后。

【妈祖庙】 māzǔmiào 名 奉祀妈祖的庙宇。公元1694年由湄洲岛居民最早立庙奉祀,其后随着妈祖信仰习俗的传播,妈祖庙也遍及海内外各地,其中以湄洲岛妈祖庙、天津天后宫、台湾北港妈祖庙为三大妈祖庙。

抹 mā ❶ 动 擦 ▷把桌子～干净｜～布。→ ❷ 动 用手按着向某一方向移动 ▷从手腕上～下镯子｜往后～了～头发。→ ❸ 动〈口〉撤去(职务) ▷他的官儿被～了。

另见969页 mǒ;970页 mò。

【抹布】 mābù 名 擦器物用的布块。也说搌布。

【抹脸】 māliǎn 动 拉下脸来,指突然表现出不高兴或愤怒的神情 ▷他一～六亲不认了。

蚂(螞) mā [蚂螂] mālang 名 某些地区指蜻蜓。

另见917页 mǎ;918页 mà。

麻 mā 见下。

另见本页 má。

【麻麻黑】 māmāhēi 形 某些地区形容天刚黑 ▷天～,他就收工回家了。

【麻麻亮】 māmāliàng 形 某些地区形容天刚亮 ▷天刚～,他就到公园晨练去了。

摩 mā [摩挲] māsa 动 用手掌轻轻按着向一个方向移动,使平展 ▷把衣褶～平｜～头发。☛ 跟"摩挲(mósuō)"不同。

另见967页 mó。

má

吗(嗎) má 代〈口〉什么 ▷干～去?

另见917页 mǎ;918页 ma。

麻[1] (*蔴❶—❸) má ❶ 名 麻类植物的统称。包括大麻、亚麻、苎麻、黄麻、剑麻等。茎皮纤维可以制绳索、麻袋,也可以织布。→ ❷ 名 麻类植物的茎皮纤维 ▷～绳｜～布｜～袋。→ ❸ 名 芝麻 ▷～油｜～酱。❹ 名 麻子① ▷～脸。⇒ ❺ 形 物体表面不光滑 ▷这种玻璃一面光一面～。⇒ ❻ 形 表面有细碎斑点的 ▷～雀｜～蝇。○ ❼ 名 姓。

麻[2] má ❶ 形 形容身体某部分失去知觉或产生像蚂蚁爬过那样不舒服的感觉 ▷胳膊枕一会儿就～了。→ ❷ 形 形容某些食物带有的使舌头麻木的味道 ▷她不喜欢花椒的～味儿。☛ ㊀"麻"字通常读 má;读 mā,用于"麻麻亮""麻麻黑"等个别词语。㊁"麻"在字的上边时,第三画撇要写成长撇,形成半包围结构,如"磨""摩""麋""靡"。

另见本页 mā。

【麻痹】 mábì ❶ 动 身体某一部分的感觉及运动功能完全或部分丧失 ▷局部～。❷ 形 思想麻木,失去警觉 ▷注意交通安全,克服～思想。❸ 动 使思想麻痹 ▷制造假象～对方。☛ ㊀"痹"不读 pí。㊁不要写作"痲痹"。㊂参见914页"麻木"的提示。

【麻布】 mábù 名 用麻类纤维织成的布。粗麻布多用来做衬布或包装物品;用苎麻织成的细麻布也叫夏布,用来做衣料或蚊帐。

【麻袋】 mádài 名 用粗麻布缝制的袋子。也说麻包。

【麻袋片儿】 mádàipiànr 名 缝制麻袋的粗麻布片子;比喻用粗劣衣料做的衣服(含诙谐意)。

【麻刀】 mádao 名 用刀剁碎的麻纤维。拌和(huò)在石灰或稀泥中,用以抹墙或搪炉子等,可以防裂。

【麻豆腐】 mádòufu 名 用绿豆做团粉等剩下的渣子,像细碎的豆腐,可做菜吃。

【麻烦】 máfan ❶ 形 形容费事;也形容头绪多而乱 ▷简化～的手续｜不嫌～。❷ 动 使人费事;给人增加负担 ▷这件事就～你了。❸ 名 额外负担;难解决的问题 ▷添～｜惹～。

【麻纺】 máfǎng 区别 用麻纤维纺织的 ▷～衬衫。

【麻风】 máfēng 名 由麻风杆菌引起的慢性传染病。症状是皮肤颜色变深,皮肤变厚,严重时表面形成结节,感觉麻木,毛发脱落,手指脚趾变形。☛ 不要写作"麻疯""痲风""痲疯"。

【麻秆儿】 mágǎnr 名 麻类植物的茎。

【麻花】 máhuā 名 一种食品,把和(huó)好的面揉成条状,像麻绳一样拧在一起,经油炸而成。

【麻黄】 máhuáng 名 草本状灌木,枝丛生,茎细长,叶鳞片状,初夏开花,雌雄异株。根、茎、枝可以做药材，茎、枝可提炼麻黄碱。

【麻黄碱】máhuángjiǎn 名 药名，从麻黄中提炼出来的一种生物碱。也可人工合成。也说麻黄素。

【麻将】májiàng 名 牌类娱乐用品，用竹子、骨头或塑料等制成。一副牌一般共136张，牌面主要分为"万"字、饼形和条形三个系列。某些地区也说麻雀。

【麻酱】májiàng 名 芝麻酱。

【麻经】májīng 名 用麻纤维搓、捻成的细麻绳。常用于捆扎小物品。

【麻辣】málà 形 形容味道像花椒或辣椒一样又麻又辣 ▷～豆腐◇骂得他脸上～火烧的。

【麻雷子】máléizi 名 一种响声很大的爆竹。

【麻栎】málì 名 栎的一种。参见850页"栎"。

【麻利】máli 形 敏捷；利索 ▷动作～｜干起活儿来很～。☛ 不宜写作"麻俐"。

【麻脸】máliǎn 名 因患天花而留下许多小疤痕的脸。

【麻木】mámù ❶ 形 肢体某部分的感觉不灵或完全丧失 ▷右手～。❷ 形 形容对外界事物反应迟钝，不敏感 ▷心事重重，表情～。☛ "麻木"②跟"麻痹"②不同。"麻木"②是形容反应迟钝；"麻痹"②是形容失去警觉。

【麻木不仁】mámù-bùrén 肢体麻痹，失去知觉(不仁：指肢体失去知觉)。比喻思想迟钝，对外界事物漠不关心。

M

【麻雀】máquè ❶ 名 鸟，喙黑色，头、颈部栗褐色，背部有细碎的黑褐色斑点或条纹。不能远飞，只会跳不会走，多栖息于屋檐下或柴草、树洞中，食谷米、草籽、小昆虫等。俗称家雀儿(qiǎor)。❷ 名 某些地区指麻将。

【麻仁】márén 名 大麻种子的仁儿，可以榨油，也可以做药材。

【麻纱】máshā ❶ 名 用麻的细纤维纺成的纱。❷ 名 用细棉纱或棉麻混纺织成的平纹布，表面有纵向的凸纹，质地轻薄。

【麻绳】máshéng 名 用麻的粗纤维制成的绳子。

【麻石】máshí 名 花岗岩①的俗称。

【麻酥酥】másūsū 形 形容轻微麻木的感觉 ▷两手冻得～的｜吃了颗花椒，舌头～的。

【麻糖】mátáng 名 芝麻糖，用芝麻拌以米粉和糖制成的食品。

【麻团】mátuán 名 一种食品。用糯米粉包糖馅儿做成圆球形，外面粘上芝麻，油炸而成。

【麻线】máxiàn 名 用麻的细纤维纺成的线。

【麻衣】máyī 名 旧指用麻布做成的丧服。

【麻油】máyóu 名 芝麻油。

【麻疹】mázhěn 名 麻疹病毒引起的急性传染病。小儿易感染。先发热、咳嗽、流涕、畏光，呼吸道和结膜发炎，然后全身起红色的丘疹，常并发肺炎、百日咳、腮腺炎等疾病。通称疹子。☛ 不要写作"痳疹"。

【麻织品】mázhīpǐn 名 各种麻纤维纺织品的统称。

【麻子】mázi ❶ 名 因患天花而在脸部留下的点状疤痕。❷ 名 对脸上有麻子的人的不尊重的称呼。

【麻醉】mázuì ❶ 动 用药物、针刺等方法使有机体全部或局部暂时失去知觉。❷ 动 比喻用某种手段消磨人的意志，使人失去辨别是非的能力 ▷不要被金钱、美色所～。

【麻醉品】mázuìpǐn ❶ 名 服用后能使人成瘾的麻醉性药品，如鸦片、吗啡等。❷ 名 比喻毒害身心健康的音像制品、书刊等。

【麻醉师】mázuìshī 名 施行外科手术时做麻醉工作的专职医务人员。

【麻醉药】mázuìyào 名 能麻醉有机体的药物。乙醚、氯仿等多用于全身麻醉，可卡因、普鲁卡因多用于局部麻醉。吗啡、鸦片等也有麻醉作用。也说麻醉剂、麻药、蒙(méng)药。

嘛 má 佛教咒语用字。参见565页"吽(hōng)"。

另见918页ma。

蟆(*蟇) má 见529页"蛤(há)蟆"。

mǎ

马(馬) mǎ ❶ 名 哺乳动物，耳朵小而直立，面部长，颈上有鬃，尾有长毛，四肢强健，善跑。性温驯而敏捷，是重要的力畜之一，可用来拉车、耕地或供人乘骑。→❷ 形 大 ▷～勺｜～蜂｜～蝇。○ ❸ 名 姓。☛ "马"的笔顺是ㄱ马马，3画。作左偏旁时，末笔横要改写成提(㇀)，如"骄""骑""驴""骗"。

【马鞍】mǎ'ān 名 用带子固定在骡马背上供人骑坐的用具，前后高，中间低。也说马鞍子。

【马鞍形】mǎ'ānxíng 名 像马鞍那样的形状。多指事物曲折、起伏的状态 ▷发展的步子要尽可能稳妥，不要大起大落，出现大的～。

【马帮】mǎbāng 名 驮运货物的马队。

【马鞭】mǎbiān 名 赶马用的鞭子。也说马鞭子。

【马弁】mǎbiàn 名 旧时军官的侍卫。

【马表】mǎbiǎo 名 秒表。因最初用于赛马计时，故称。

【马鳖】mǎbiē 名 水蛭的俗称。

【马不停蹄】mǎbùtíngtí 比喻一刻不停地持续赶路或不停顿地赶着做事。

【马步】mǎbù 名 武术或体操中像骑马的一种姿势。两脚分开略比肩宽，下蹲至大腿与小腿约成直角。

【马槽】mǎcáo 名 喂马的槽子，木制或石制；泛指喂牲口的槽子。

【马车】mǎchē 名 用马拉的载人或运货的车，有敞篷式或轿车式、两轮的或四轮的等；也指骡马拉的大车。

【马齿徒增】mǎchǐ-túzēng《谷梁传·僖公二年》："荀息牵马操璧而前曰：'璧则犹是也，而马齿加长矣。'"后用"马齿徒增"表示自谦，指自己年岁虽大却无所作为。

【马齿苋】mǎchǐxiàn 名 一年生草本植物，茎绿色或紫红色，匍匐地面，叶肥厚多汁。茎叶可以食用，也可用作饲料，全草可以做药材。

【马刺】mǎcì 名 马靴后跟上镶着的钉形圆头金属物。可以用来踢马腹，使马快跑。

【马褡子】mǎdāzi 名 搭在马背上的大型褡裢。

【马达】mǎdá 名 英语 motor 音译。电动机。

【马大哈】mǎdàhā ❶ 形 形容粗心大意，随随便便 ▷你也太～了，连自己家的电话号码都记不清。❷ 名 指粗心大意、随随便便的人。

【马刀】mǎdāo 名 骑兵用的一种弯形刀，刀身狭长，长约 1 米。也说战刀。

【马到成功】mǎdào-chénggōng 策马一上阵就取得胜利。形容事情顺利，迅速取得成功。

【马道】mǎdào ❶ 名 车马通行的大路；特指校场上跑马的路。❷ 名 为便于骑马上下城墙而修建的坡道。

【马灯】mǎdēng 名 一种煤油灯，有玻璃罩和提梁。骑马夜行时，可挂在马脖子上。

【马镫】mǎdèng 名 系在马鞍两侧供骑马时踏脚的金属制品。

【马丁炉】mǎdīnglú 名 平炉。

【马队】mǎduì ❶ 名 骑兵队伍。❷ 名 结队而行的马。多用来驮运货物。

【马粪纸】mǎfènzhǐ 名 一种以稻草、麦秸等为原料制成的黄色粗厚的纸板。质地粗糙，多用来制作纸盒子。

【马蜂】mǎfēng 名 胡蜂的通称。☛ 不要写作"蚂蜂"。

【马蜂窝】mǎfēngwō 名 马蜂的窝；比喻不好惹的人或容易引起纠纷的事 ▷这回你捅～了。

【马夫】mǎfū 名 旧指专职饲养马、照管马的人。

【马竿】mǎgān 名 盲人用来探路的竹竿或棍子。

【马革裹尸】mǎgé-guǒshī 用战马的皮把尸体包裹起来（从战场运回埋葬）。借指为正义而战死沙场；也形容英勇作战、视死如归的大无畏精神。

【马褂】mǎguà 名 旧时男子多穿在长袍外面的长袖对襟短褂。因原为满族人骑马时穿的一种服装，故称。

【马海毛】mǎhǎimáo ❶ 名 安哥拉山羊的马海种所产的毛。弹性大，耐磨性强，有光泽，是织造长毛绒织物的优良原料。❷ 名 用马海毛纺成的或混纺成的毛线。

【马号】mǎhào ❶ 名 旧时官府或大户人家养马的地方；泛指养马的地方。○ ❷ 名 骑兵用的细长形军号。

【马后炮】mǎhòupào 名 象棋术语；比喻事后提出的再也无法起作用的意见或办法。

【马虎】mǎhu 形 草率；粗心大意 ▷这孩子做作业一点儿也不～。☛ 不要写作"马糊"。

【马甲】mǎjiǎ ❶ 名 古代战马的护身甲。❷ 名 穿在衬衣或羊毛衫等外面的背心。

【马鲛】mǎjiāo 名 鱼，体侧扁，长可达 1 米多，银灰色，有暗色横纹或斑点。性凶猛，口大，牙齿尖利，鳞细小或退化。生活在海洋中。也说鲅、鰆。

【马脚】mǎjiǎo 名 比喻说话、做事的破绽 ▷捣鬼的人总会露出～。

【马厩】mǎjiù 名 养马的棚子。也说马圈。

【马驹】mǎjū 名 幼小的马。也说马驹子。

【马克】mǎkè ❶ 名 德国、芬兰等国旧本位货币。❷ 量 德国、芬兰等国旧本位货币单位。

【马克思列宁主义】mǎkèsī lièníng zhǔyì 马克思主义和列宁主义。简称马列主义。

【马克思主义】mǎkèsī zhǔyì 马克思和恩格斯创立的无产阶级思想体系。包含三个主要组成部分：马克思主义哲学（即辩证唯物主义和历史唯物主义）、政治经济学和科学社会主义。三者构成有机的统一体。马克思主义科学地阐明了自然界、人类社会和思维发展的一般规律，揭露了资本主义的剥削本质，指明资本主义必然灭亡，社会主义必然胜利。它是无产阶级和劳动人民进行革命的科学，是无产阶级政党指导思想的理论基础。

【马口铁】mǎkǒutiě 名 镀锡钢板的俗称。具有无毒、易焊接、不易生锈等特性。主要用于制作罐头食品的包装容器等。

【马裤】mǎkù 名 骑马时穿的裤子，上部肥大，下部紧裹小腿。

【马裤呢】mǎkùní 名 用精梳毛线织成的斜纹毛料。因质地厚实耐磨，适于缝制马裤，故称。

【马快】mǎkuài 名 旧时衙门里侦查、缉捕人犯的差役。

【马拉松】mǎlāsōng ❶ 名 英语 marathon 音译。指马拉松赛跑。❷ 区别 形容耗时很长的（含贬义）▷～工程｜～报告。

【马拉松赛跑】mǎlāsōng sàipǎo 一种超长距离赛跑。公元前 490 年，古希腊人在马拉松平原打了胜仗，士兵菲迪皮茨从马拉松镇一口气跑到雅典（全程 42，195 米）报捷后累死。为纪念此事，1896 年在雅典举行的近代第一届奥林匹克运动会上决定用这个距离作为竞赛项目，定名为马拉松赛跑。

【马兰】mǎlán 名 多年生草本植物，叶披针状椭圆形，边缘呈粗锯齿状；花多呈黄色筒状或淡紫色舌状。嫩苗可食，全草可以做药材。俗称马菜、马兰头。

【马蓝】mǎlán 名 多年生草本植物，叶倒卵状椭圆形，上有稠密狭细的钟乳体，花冠淡紫色。叶可以制蓝靛，叶和根可以做药材。也说板蓝。

【马力】mǎlì ❶ 量 功率非法定计量单位，1 马力等于 1 秒钟内把 75 千克重的物体提高 1 米所做的功，约等于 735.499 瓦特。❷ 名 动力；功率 ▷开足～。

【马利亚】mǎlìyà 现在一般写作"玛利亚"。

【马列主义】mǎliè zhǔyì 马克思列宁主义的简称。

【马蔺】mǎlìn 名 多年生草本植物，根状茎短而粗壮，叶细长，质坚韧，开蓝色花。叶子可用来捆东西，也可造纸；根可以制刷子；花和种子可以做药材。也说马莲。

【马铃薯】mǎlíngshǔ 名 多年生草本植物，多作一年生栽培。羽状复叶，花白色、红色或紫色。地下块茎也叫马铃薯，多为卵形、椭圆形，可供食用，也可制造淀粉、酒精等。通称土豆。某些地区也说山药蛋、洋芋。参见插图 9 页。

【马陆】mǎlù 名 节肢动物，体长而稍扁，多足，暗褐色，躯干分 20 节，有臭腺。生活在潮湿阴暗处，成群活动，昼伏夜出，吃草根或腐烂植物，有时损害农作物。

【马鹿】mǎlù 名 鹿的一种。肩高、尾短，夏季毛赤褐色，冬季毛灰褐色。雄的长有粗大有叉的角。有迁徙习性，喜群居。鹿茸可以做药材。属国家保护动物。也说赤鹿。

【马路】mǎlù 名 古代供马驰行的大路；今多指城市、城郊供各种车辆行驶的平坦宽阔的道路。☛ 参见 286 页"道路"的提示。

【马路新闻】mǎlù xīnwén 指道听途说未经证实的消息。也说马路消息。

【马路牙子】mǎlù yázi 指马路和人行道相接处凸起的条石或水泥铸件。

【马骡】mǎluó 名 公驴和母马交配所生的骡子。身体较驴骡大，耳朵较小，尾毛蓬松。役用价值高于马、驴，无繁殖能力。

【马马虎虎】mǎmǎhǔhǔ ❶ 形 很马虎；形容做事敷衍草率 ▷安全检查不能～。❷ 形 大致可以；凑合 ▷他的球技～。☛ 这里的"虎虎"口语中也读 hūhū。

【马趴】mǎpā 名〈口〉身体向前、面朝下倒地的一种姿势 ▷一个大～把下巴磕破了。

【马匹】mǎpǐ 名 马的统称。

【马屁精】mǎpìjīng 名 指善于拍马逢迎的人。

【马前卒】mǎqiánzú 名 旧指在车马前吆喝开路的兵卒、差役；后比喻在前面摇旗呐喊或奔走效力的人 ▷做革命的～。

【马枪】mǎqiāng 名 骑枪。

【马球】mǎqiú ❶ 名 骑马进行的一种体育运动项目。场地长 300 米，有木边的宽 160 米，无木边的宽 200 米。每队 4 人，骑马参赛，用藤柄曲棍把球打入对方球门得分，得分多的队获胜。❷ 名 马球比赛使用的球，多用藤根制成。

【马赛克】mǎsàikè ❶ 名 英语 mosaic 音译。一种多用于铺贴浴室、厨房等地面或墙面的小瓷砖。形状、色彩多样。❷ 名 用马赛克在墙面、地面镶嵌、拼贴出的图案，一种艺术形式，多用于教堂装饰。❸ 名 图像上出现的形状类似马赛克的图案。有的是因为设备故障造成的；有的是为遮蔽图像中某些不宜公开的部分而有意加上去的，如某些人的面部等。

【马上】mǎshàng 副 立即；立刻 ▷吃了两碗面，身上～暖和起来了｜～动身。☛ 参见 847 页"立刻"的提示。

【马勺】mǎsháo 名 盛饭、盛粥等用的大勺子，多用木头或铁皮等制成；也指带把儿的炒锅。

【马失前蹄】mǎshīqiántí 马因前蹄未站稳而跌倒；比喻由于疏忽大意而出现失误、遭受挫折。

【马首是瞻】mǎshǒushìzhān《左传·襄公十四年》："荀偃令曰：'鸡鸣而驾，塞井夷灶，唯余马首是瞻。'"后六个字的意思是兵士们看我的马头决定行动的方向。后用"马首是瞻"比喻愿意听从指挥或追随别人。

【马术】mǎshù 名 骑马或驾驭马车比赛技巧或速度的一类体育运动。

【马太效应】mǎtài xiàoyìng 指在一定条件下，强者愈强，弱者愈弱或多者愈多、少者愈少的两极分化现象。其名由美国社会学家罗伯特·默顿取自《圣经·新约·马太福音》中的一则寓言（马太：《圣经》中的人物，耶稣十二门徒之一），寓言中说："凡有的，还要加给他，叫他有余；没有的，连他所有的也要夺过来。"

【马蹄】mǎtí ❶ 名 马的蹄子。❷ 区别 形状像马蹄的 ▷～表｜～袖。○ ❸ 名〈口〉荸荠。

【马蹄表】mǎtíbiǎo 名 旧式圆形的小闹钟，上有马蹄形提梁。

【马蹄莲】mǎtílián 名 多年生草本植物，高可达 1 米。具肉质块茎，叶子有长柄，初夏开白色或乳白色花，可供观赏。参见插图 7 页。

【马蹄铁】mǎtítiě ❶ 名 钉在马、驴、骡蹄子下面的 U 字形铁，以防牲口脚掌磨损。通称马掌。❷ 名 U 字形磁铁。

【马蹄形】mǎtíxíng 名 像马蹄的形状，即 U 字形或三面构成 U 字形、另一面为直线的形状（Ụ）。

【马蹄袖】mǎtíxiù 名 清代男子礼服的袖口。因形状像马蹄，故称。

【马桶】mǎtǒng ❶ 名 供大小便用的有盖的桶，多是木质或塑料的。❷ 名 指抽水马桶，瓷质。

【马桶包】mǎtǒngbāo 名 圆桶形的双背带旅行包。

【马头琴】mǎtóuqín 名 蒙古族的一种弦乐器。木制，琴身长约1米，两根弦，共鸣箱呈梯形，音色苍劲浑厚。因琴柄顶端刻有马头作装饰，故称。参见插图12页。

【马尾辫】mǎwěibiàn 名 把头发在脑后扎成一束像马尾的发型。

【马尾松】mǎwěisōng 名 常绿乔木，高可达40米，针叶丛生如马尾，细长柔软。生长快，木材富有油脂，用途广，是荒山造林树种。

【马戏】mǎxì 名 原指骑在马上的技艺表演；现指经过特殊训练的各种兽类的技艺表演。

【马熊】mǎxióng 名 棕熊。

【马靴】mǎxuē 名 骑马时穿的长筒靴子；泛指一般的长筒靴子。

【马缨花】mǎyīnghuā 名 合欢③。

【马仔】mǎzǎi 名 黑恶势力中的打手、喽啰；泛指帮凶 ▷他曾在赌场当过～，恶行累累。

【马贼】mǎzéi 名 旧时称骑马打劫的盗匪，常成群活动。

【马扎】mǎzhá 名 一种携带方便的小型坐具。以木头或金属做支架，四腿两两交叉，上面绷以帆布或带子等，可折叠合拢。☛ 不要写作"马劄"。

【马掌】mǎzhǎng ❶ 名 马蹄下部的角质皮。❷ 名 马蹄铁①的通称。

【马鬃】mǎzōng 名 马脖子上的长毛。

【马醉木】mǎzuìmù 名 常绿灌木或小乔木，叶卵圆形或倒披针形，边缘呈锯齿状。夏初开白色花。因叶有剧毒，马误食可致昏醉，故称。煎汁成药能杀死毛虱和农作物害虫。也说梫木。

吗(嗎) mǎ [吗啡] mǎfēi 名 英语 morphine 音译。由鸦片制成的有机化合物，白色粉末，味苦，有毒。医药上用作镇痛、镇静剂，连续使用易成瘾。

另见913页 má；918页 ma。

犸(獁) mǎ 见943页"猛犸"。

玛(瑪) mǎ 见下。

【玛瑞脂】mǎdìzhī 名 一种沥青膏，用沥青材料加填充料(石粉、烟灰、木屑、石棉等)拌合而成的膏状物。具有黏结、防水、隔音等功能。用于粘贴墙面砖、地面砖等建筑材料。

【玛利亚】mǎlìyà 名 英语 Mary 音译。《圣经》中指耶稣的母亲。据《福音书》记载，她是童贞女，由"圣灵感孕"而生耶稣。天主教、正教尊之为"童贞圣母"。

【玛瑙】mǎnǎo 名 一种玉石，主要成分是二氧化硅，有不同颜色的条带或环纹，鲜艳美丽。质地坚硬、细腻而耐磨，可用来做仪表轴承、研磨工具、装饰品等。

【玛雅文明】mǎyǎ wénmíng 中美洲古代玛雅人创造的美洲古代文明。公元前3世纪已有象形文字。有高度发达的农业、数学、天文学、历法和宗教礼仪，并建有许多规模宏伟的石砌金字塔(玛雅：英语 Maya 音译)。

杩(榪) mǎ [杩槎] mǎchá 名 三根木头交叉搭成的三脚架，加上土、石以后可以用来挡水，最早用于都江堰工程。

另见918页 mà。

码[1](碼) mǎ ❶ 名 计算数目的用具 ▷筹～|砝～。→ ❷ 名 表示数目的符号 ▷号～|页～|邮政编～。→ ❸ 量 用于同类的事情 ▷毫不相干的两～事。

码[2](碼) mǎ 动 〈口〉一个压着一个往上放 ▷把白菜～整齐|～放。

码[3](碼) mǎ 量 英制长度单位，1码等于0.9144米，合3英尺。

【码表】mǎbiǎo 名 汽车里的时速表。

【码垛】mǎduò 动 (把物品)堆叠成垛。

【码放】mǎfàng 动 整齐有序地堆叠存放。

【码头】mǎtóu ❶ 名 海边、江河边专供船只停靠、乘客上下、货物装卸的建筑物。❷ 名 指水陆交通发达的商业城市 ▷天津早就是个大～了。

【码洋】mǎyáng 名 图书出版发行部门指图书的单本定价乘以发行数量所得的总款额 ▷这本书发行50万册，～1200万元。

【码子】mǎzi ❶ 名 〈口〉记录数目的符号 ▷过秤后记个～|洋～(指阿拉伯数字)。❷ 名 圆形的筹码。

蚂(螞) mǎ 见下。☛ 通常读 mǎ；读 mā，用于口语词"蚂螂"；读 mà，用于口语词"蚂蚱"。

另见913页 mā；918页 mà。

【蚂蜂】mǎfēng 现在规范词形写作"马蜂"。

【蚂蟥】mǎhuáng 名 蛭的通称。

【蚂蚁】mǎyǐ 名 昆虫，成虫体小，多呈红褐或黑色，一般雌蚁与雄蚁有翅膀，工蚁无翅。大多数在地下筑巢，成群穴居，食性复杂。种类很多。☛ 不宜写作"马蚁"。

【蚂蚁搬泰山】mǎyǐ bān tàishān 比喻人多心齐力量大，集微弱的力量可以成就大事业。

【蚂蚁啃骨头】mǎyǐ kěn gǔtou 比喻把许多小的力量集中起来，靠一点儿一点儿地苦干来完成艰巨的任务。

mà

杩（榪） mà 名〈文〉床两头的横木。

另见 917 页 mǎ。

祃（禡） mà 名 古代军队行军时在驻地举行的祭礼。

蚂（螞） mà［蚂蚱］màzha 名 某些地区指蝗虫。

另见 913 页 mā；917 页 mǎ。

骂（罵*傌駡） mà ❶ 动 用粗话、恶语侮辱人 ▷～人｜～街｜辱～｜谩～。→ ❷ 动 用严厉的话斥责 ▷朋友们～他忘恩负义｜责～。

【骂街】màjiē 动 不指名道姓而实有所指地当众谩骂。也说骂大街。

【骂骂咧咧】màmaliēliē 边说边骂；信口谩骂 ▷他一路上～，也不知是冲谁。

【骂名】màmíng 名 挨骂的名声 ▷留下～。

【骂娘】màniáng 动 指带着"娘""妈"等字眼骂人；泛指谩骂。

【骂阵】màzhèn 动 旧小说中指为激怒对方出来应战而在阵前叫骂。

ma

吗（嗎） ma ❶ 助 用在句尾，表示疑问语气 ▷你去过上海～？｜你听明白了～？→ ❷ 助 用在句子末尾，表示反诘 ▷你这么做对得起老师～？

另见 913 页 má；917 页 mǎ。

嘛 ma ❶ 助 用在陈述句末尾，表示当然如此 ▷这是我的家～，我当然要回来｜人多力量大～。→ ❷ 助 用在祈使句末尾，表示期望或劝阻 ▷动作快一点儿～！｜不让你去，就别去～！○ ❸ 助 用在句中，表示停顿，引起对方注意 ▷学生～，主要任务就是学习。

另见 914 页 má。

mái

埋 mái ❶ 动 用土盖住；也指用雪、落叶等盖住 ▷～点儿土｜大雪～住了道路。→ ❷ 动 隐藏；隐没 ▷～伏｜隐姓～名。☛ 通常读 mái；读 mán，用于口语"埋怨"。

另见 921 页 mán。

【埋藏】máicáng ❶ 动 藏在土里或地下深处 ▷把财宝～在院子里｜地下～着石油。❷ 动 隐藏 ▷把对她的思念深深地～在心底。

【埋单】máidān 动 买单①②。☛"埋单"来源于方言，进入普通话后，多演变成"买单"。

【埋伏】máifú ❶ 动 隐藏在敌人将要经过的地方，待机出击。❷ 名 指埋伏的兵力 ▷山口设有～。❸ 动 潜伏 ▷他曾在敌方要害部门～多年。

【埋名】máimíng 动 隐瞒真实姓名 ▷隐姓～。

【埋没】máimò ❶ 动 被埋起来而见不到 ▷古城被沙漠～了一千多年。❷ 动 使显露不出来 ▷可不能～人家的功劳｜～人才。

【埋青】máiqīng 动 把植物的鲜嫩茎叶翻压在地下，使之发酵分解成为绿肥。

【埋设】máishè 动 把某些设施安放在地下并掩埋好 ▷～输气管道。

【埋头】máitóu 动 不声不响地下功夫 ▷～苦干。

【埋葬】máizàng ❶ 动 掩埋尸体。❷ 动 比喻彻底消灭 ▷～一切封建制度。

霾 mái 名 空气中由于悬浮大量烟、尘等微粒而形成的混浊状态，能见度一般小于 10 千米，对人体有害。通称阴霾。也说灰霾。

mǎi

买（買） mǎi ❶ 动 用货币换取实物；购进（跟"卖"相对）▷～房子｜～主。→ ❷ 动 用金钱或其他手段拉拢 ▷收～人心｜～通。○ ❸ 名 姓。

【买办】mǎibàn 名 殖民地、半殖民地国家中，替外国资本家在本国市场上经营企业、开设银行等的代理人。

【买办资本】mǎibàn zīběn 买办资产阶级的资本。参见本页"买办资产阶级"。

【买办资产阶级】mǎibàn zīchǎn jiējí 殖民地、半殖民地国家中，勾结帝国主义并为帝国主义利益服务的大资产阶级。买办资产阶级掌握政权就发展成为官僚资产阶级。也说买办阶级。

【买春】mǎichūn 动 花钱换取性服务。

【买单】mǎidān ❶ 动 在饭馆用餐后结账付款；泛指付钱 ▷谁请客，谁～。❷ 动 比喻承担责任 ▷工程质量低劣，由谁～？‖也说埋单。❸ 名 指金融市场买进的凭证、单据 ▷股市上最大的一张～。☛ 参见本页"埋单"的提示。

【买点】mǎidiǎn ❶ 名 消费者购买商品时所看重的某种优点或优势 ▷省油是这款车的～。❷ 名 指证券、期货等的理想买入价。☛ 跟"卖点"不同。"买点"强调的是买方所看重的；"卖点"强调的是卖方认为买方所看重的。

【买椟还珠】mǎidú-huánzhū《韩非子·外储说左上》中说：有个楚国人去郑国卖珍珠，把装珍珠的匣子装饰得非常华美贵重，郑国人买下匣子，而把珍珠还给楚国人。后用"买椟还珠"比喻缺乏见识，取舍不当。

【买断】mǎiduàn 动 一次性买下交易对象的全部占有权,卖主不再保留跟该对象有关的经济关系 ▷~版权。

【买方】mǎifāng 名 贸易中买进的一方。

【买方市场】mǎifāng shìchǎng 当商品供大于求时,主动权掌握在买方手里的市场态势。

【买关节】mǎiguānjié 用钱物买通关键的人或部门,为自己办违纪或违法的事 ▷他到处~,为儿子开脱罪责。参见 501 页"关节"③。

【买好】mǎihǎo 动 故意用言语或行动迎合别人,以换取别人的好感。

【买家】mǎijiā 名 购买商品的人或单位。

【买价】mǎijià 名 买进商品等的价钱。

【买空卖空】mǎikōng-màikōng ❶ 一种商业投机活动。投机者预计证券、外币、期货等行情的涨落,通过交易所或经纪人乘机买进或卖出,到期结算,从差价中获取利润。因双方没有货物和现款过手,故称。❷ 比喻招摇撞骗的投机行为。

【买路钱】mǎilùqián 名 旧指盗贼拦路抢劫时,行人被迫交出的钱财;现谑称在交通要道设卡收取的过路费。

【买卖】mǎimai ❶ 名 生意;交易 ▷做~|~很忙。❷ 名 指商店 ▷他开的~挺红火。

【买卖人】mǎimairén 名〈口〉做生意的人;商人。

【买面子】mǎimiànzi 给对方情面;在对方求助的事情上提供帮助或方便 ▷他很~,答应帮忙。

【买私贩私】mǎisī-fànsī 购买和贩卖走私物品。

【买通】mǎitōng 动 用钱财等收买人,以给自己提供方便。

【买账】mǎizhàng 动 承认对方的某种优势或力量而表示佩服或愿意服从(多用于否定) ▷你再吹嘘,他也不会~。

【买主】mǎizhǔ 名 购买商品的人。

【买醉】mǎizuì 动 买酒痛饮,以图一醉(多指借酒行乐或消愁) ▷贪杯~,何益之有?

荬(蕒) mǎi 见1134 页"苣(qǔ)荬菜"。

mài

劢(勱) mài 动〈文〉努力;尽力。

迈[1](邁) mài 动 跨步;抬腿向前走 ▷~开大步|向前~出一步。

迈[2](邁) mài 形 年老 ▷年~|老~年高。

迈[3](邁) mài 量 英里(用于机动车行车的时速) ▷时速 80~。

【迈步】màibù 动 迈出脚步 ▷孩子学会~了。

【迈方步】màifāngbù 缓慢而又稳当地踱步。多形容老人或读书人慢条斯理的步态。

【迈进】màijìn 动 大步前进 ▷向现代化~。

麦(麥) mài ❶ 名 一年或二年生草本植物,种类很多,有小麦、大麦、黑麦、燕麦等。籽实用来磨面粉,也可以用来制糖或酿酒;茎秆可以编织器物或造纸。通称麦子。→ ❷ 名 特指小麦。○ ❸ 名 姓。☛"麦"作左偏旁时,最后一画捺(㇏)要改成点(丶),如"麸"。

【麦草】màicǎo 名 麦秸。

【麦茬】màichá ❶ 名 麦子收割后留在地里的根和残茎。❷ 区别 麦子收割后准备种植或已经种植的(土地或作物) ▷~复播|~玉米。

【麦冬】màidōng 名 多年生常绿草本植物,叶丛生,开淡紫色或白色花。块根略呈纺锤形,可以做药材。也说麦门冬。

【麦垛】màiduò 名 在麦地或场院堆积起来的未脱粒的麦秆堆。

【麦饭石】màifànshí 名 一种半风化的火成岩,是多种矿物部分风化产物的集合体。无毒,对生物无害,含有人体所需的多种元素。对某些有害重金属及微生物有较强吸附能力,可在一定程度上净化水质。因形似麦饭团,故称。

【麦麸】màifū 名 麸子。

【麦秆】màigǎn 名 麦子的茎。

【麦秆虫】màigǎnchóng 名 蝻。

【麦季】màijì 名 收割麦子的季节。

【麦秸】màijiē 名 脱粒后的麦秆。

【麦精】màijīng 名 用麦芽糖和淀粉酶加辅料制成的浸膏,常用来制麦精鱼肝油。

【麦酒】màijiǔ 名 啤酒。

【麦糠】màikāng 名 紧贴在麦粒外面的皮ル,一般在脱粒时就被分离出来。

【麦克风】màikèfēng 名 英语 microphone 音译。传声器。

【麦客】màikè 名 某些地区指出外帮人收割麦子的短工。

【麦浪】màilàng 名 大片的麦子随风起伏像波浪一样的景象 ▷金黄色的~。

【麦粒】màilì 名 麦子的籽实。

【麦粒肿】màilìzhǒng 名 急性睑腺炎。症状是眼睑边缘靠近睫毛处出现麦粒状小疙瘩,红肿疼痛。多由葡萄球菌侵入眼睑的皮脂腺引起。通称针眼(yan)。

【麦垄】màilǒng 名 长着麦子的地垄;播种麦子的地垄。

【麦芒】màimáng 名 麦粒外壳上的针状细刺。

【麦片】màipiàn 名 用大麦或燕麦粒压制成的片状食品。

【麦淇淋】màiqílín 名 英语 margarine 音译。人

造奶油的俗称。

【麦秋】màiqiū 名 麦子成熟和收割的季节，一般在夏季(秋:指庄稼成熟的季节)。

【麦乳精】màirǔjīng 名 用麦精、牛奶、砂糖、可可等配制成的颗粒状食品，用开水冲泡饮用。

【麦收】màishōu ❶ 动 收割麦子 ▷~时节。❷ 名 麦子的收成 ▷今年的~好于去年。

【麦莛】màitíng 名 麦秆最上面的一节，可用来编草帽或制作工艺品。

【麦芽】màiyá 名 麦子发出的芽；特指经加工发了芽的大麦，富含淀粉酶，能使淀粉转变成糖，也可以做药材。

【麦芽糖】màiyátáng 名 一种糖，白色晶体，能分解成单糖。可用来制糖果，工业上用作糖化剂。

【麦野】màiyě 名 指大片的麦田 ▷无边的~。

【麦子】màizi ❶ 名 麦①的通称。❷ 名 麦的籽实。

卖(賣) mài ❶ 动 用实物换取货币；售出(跟"买"相对) ▷~菜|把车~了|拍~。→ ❷ 动 用劳动、技艺等换取钱财 ▷~苦力|~艺|~唱。⇒ ❸ 动 以国家、民族和他人利益为代价达到个人目的 ▷~国投敌|~友求荣。⇒ ❹ 动 尽量使出来 ▷~力气|~命。→ ❺ 动 故意显示自己；炫耀 ▷倚老~老|~乖|~弄。→ ❻ 量 旧时饭馆称所卖的一份菜叫一卖 ▷一~熘里脊。

☛ 上边是"十"，不是"士"或"土"。

【卖场】màichǎng 名 规模较大的出售商品的场所 ▷电脑~生意兴隆|仓储式~。

【卖唱】màichàng 动 在街头或其他公共场所演唱挣钱。

【卖春】màichūn 动 卖淫。

【卖大号】màidàhào 商店不顾消费者利益把应零售的紧俏商品或国家计划供应的商品大量成批地卖给个别买主。也说卖大户。

【卖单】màidān 名 金融市场作为卖出凭证的单据。

【卖点】màidiǎn ❶ 名 商品能吸引消费者，唤起消费者购买欲望的特点或优势 ▷这款冰箱的~就是质优价廉。❷ 名 指证券、期货等的理想卖出价。☛ 参见918页"买点"的提示。

【卖方】màifāng 名 贸易中出售的一方。

【卖方市场】màifāng shìchǎng 当商品供不应求时，主动权掌握在卖方手里的市场态势。

【卖功】màigōng 动 向人炫耀自己的功劳 ▷这人技术不错，就是爱~。

【卖狗皮膏药】mài gǒupí gāoyao 旧时江湖郎中用花言巧语兜售名不副实的狗皮膏药，借以骗钱；比喻用漂亮的空话骗人。

【卖乖】màiguāi 动 卖弄乖巧，显示聪明 ▷她一味装模作样，~取巧。

【卖关节】màiguānjié 利用权力暗里收受贿赂，为他人办违纪或违法的事 ▷这人靠~弄了不少钱。参见501页"关节"③。

【卖关子】màiguānzi 指说书人说到故事情节的关键处突然停止，借以吸引听众继续听下去；比喻说话、做事到了关键处故弄玄虚，使对方着急，从而达到自己的目的。

【卖官鬻爵】màiguān-yùjué 指当权者出卖官职爵位，以收受钱财(鬻:卖)。

【卖国】màiguó 动 出卖国家和民族的利益 ▷~求荣。

【卖国贼】màiguózéi 名 出卖国家和民族利益的败类。

【卖好】màihǎo 动 卖人情 ▷到处~笼络人心。

【卖家】màijiā 名 指出售商品的人或单位。

【卖价】màijià 名 卖出商品等的价钱。

【卖劲】màijìn 形〈口〉卖力；不惜力气。

【卖老】màilǎo 动 卖弄老资格 ▷倚老~。

【卖力】màilì 形 把力量最大限度地使出来。

【卖力气】màilìqi ❶ 卖力。❷出卖劳动力 ▷靠~吃饭，心安理得。

【卖命】màimìng ❶ 动 冒着生命危险为某人、某集团干事 ▷为走私集团~，不会有好结果。❷ 形 形容竭尽全力(做工作) ▷他干活儿真~。

【卖弄】màinong 动 故意在别人面前显示(自己) ▷~乖巧|~风骚。

【卖钱】màiqián 动 卖掉物品得到钱 ▷废旧物品也可以~嘛!

【卖俏】màiqiào 动 故意做出娇媚的表情或姿态以诱惑人 ▷倚门~。

【卖人情】màirénqíng 有意答应别人的请求或给予好处，让人感激自己 ▷公事公办，不~。

【卖身】màishēn ❶ 动 出卖自身 ▷~为奴|~契。❷ 动 指卖淫 ▷卖艺不~。❸ 动 比喻出卖人格，投靠有权势的人 ▷~投靠|~求荣。

【卖身契】màishēnqì 名 旧时穷苦人家被迫出卖人身的契约。

【卖身投靠】màishēn-tóukào 出卖自身，投靠有钱有势的人。现多指甘心丧失人格，充当别人的工具。

【卖相】màixiàng 名 商品的外观 ▷~好的苹果价格高。

【卖笑】màixiào 动 指用声色供人取乐来挣钱 ▷陪酒~。

【卖解】màixiè 动 以表演武艺、马戏、杂技等挣钱(解:指武术套路)。☛ "解"这里不读jiě。

【卖艺】màiyì 动 凭借表演杂技、武术、曲艺等挣钱 ▷~为生。

【卖淫】màiyín 动 (女子)出卖肉体。

【卖友求荣】màiyǒu-qiúróng 出卖朋友，以换取个人的名利地位。

【卖主】màizhǔ 名 出售商品的人。

【卖嘴】màizuǐ ❶ 动 耍嘴皮子。❷ 动 指依赖口才为生，如算命、卜卦、叫卖等。

【卖座儿】màizuòr ❶ 名 指剧场、餐厅等顾客上座儿的情况 ▷上演新戏以来，我们这儿～火极了|～率。❷ 形 上座儿情况好 ▷这种影片不～|这家饭馆挺～。

脉（*脈衇䘑） mài ❶ 名 分布在人和动物体内的血管 ▷动～|静～。→ ❷ 名 脉搏 ▷诊～|号～。→ ❸ 名 像血管那样连贯而成系统的事物 ▷一～相承|山～|叶～。☛ mài 是白读；mò 是文读，用于"脉脉"。

另见 970 页 mò。

【脉案】mài'àn 名 中医在处方上写的诊断结果。

【脉搏】màibó 名 心脏收缩时，由于输出血液冲击动脉管壁而使动脉有规律地跳动的现象 ▷～正常◇时代的～。☛ "搏"不要误写作"博"或"膊"。

【脉冲】màichōng 名 电脉冲的简称。

【脉动】màidòng 动 动脉跳动；也指机器或电流像脉搏那样有规律地运动或变化。

【脉管炎】màiguǎnyán 名 血栓闭塞性脉管炎的简称。表现为肢体缺血性疼痛以至溃烂坏死和指趾脱落。

【脉金】màijīn 名 中医指患者付给医生的酬金。

【脉理】màilǐ ❶ 名 脉络①。❷ 名 中医指关于脉搏与病情反应的理论；泛指中医医术 ▷精通～|～高明。❸ 名 纹理 ▷叶子～清晰。

【脉络】màiluò ❶ 名 中医指人体内的血管和经络。❷ 名 比喻事物或文章的条理、头绪 ▷～清楚|弄清文章～。

【脉门】màimén 名 手腕上可以按摸到动脉跳动的部位。

【脉石】màishí 名 矿石中与有用矿物伴生的岩石。

【脉息】màixī 名 中医指脉搏。

【脉象】màixiàng 名 中医指脉搏的快慢、强弱、深浅等状况。依据脉象可以诊断病情。

【脉压】màiyā 名 血压收缩压(高压)和舒张压(低压)之差。正常值约为 40 毫米汞柱。

【脉枕】màizhěn 名 中医切脉时垫在患者手腕下的软垫。

唛（嘜） mài 名 英语 mark 音译。某些地区指进出口货物的包装上所做的标记，内容包括批号、件号、抵运港口、目的地、收货人、生产国名及地名、合同号码、货名、数量等；也指商标。也说唛头。

鿏（䥑） mài 名 金属元素，符号 Mt。具有较强的放射性，由人工核反应获得。

霢 mài [霢霂] màimù 名〈文〉小雨。

mān

嫚 mān 名 某些地区指女孩子。也说嫚子。另见 925 页 màn。

颟（顢） mān [颟顸] mānhān ❶ 形 某些地区指糊涂，不明事理 ▷这孩子太～，什么也不懂。❷ 形 某些地区指马虎，漫不经心 ▷老王办事太～，靠不住。

mán

埋 mán [埋怨] mányuàn 动 因事情不称心而对人或事物表示不满 ▷他～别人，也～自己太粗心。☛ ㊀"埋"这里不读 mái。㊁跟"抱怨"不同。"埋怨"的对象可以是他人，也可以是自己；"抱怨"的对象只能是他人。

另见 918 页 mái。

蛮（蠻） mán ❶ 名 我国古代称南方的民族 ▷南～|～夷。→ ❷ 形 粗野凶狠，不讲道理 ▷～横(hèng)|野～|～不讲理。⇒ ❸ 形 鲁莽；强劲有力 ▷～干。⇒ ❹ 副 某些地区用在形容词前，表示程度高，相当于"挺""很" ▷这东西～好|工资～高的。

【蛮不讲理】mánbùjiǎnglǐ 粗野蛮横，不讲道理。

【蛮缠】mánchán 动 无理纠缠 ▷胡搅～。

【蛮干】mángàn 动 鲁莽地干；不管实际情况而硬干 ▷做事要动脑筋，不能～。

【蛮悍】mánhàn 形 蛮横凶悍 ▷～霸道。

【蛮横】mánhèng 形 粗暴强横 ▷～霸道。☛ "横"这里不读 héng。

【蛮荒】mánhuāng ❶ 形 形容上古时代人类所处的没有开化的野蛮状态 ▷～时代。❷ 形〈文〉形容文化、经济都很落后 ▷～之地。

【蛮劲】mánjìn 名 不得法的死劲 ▷要动脑子，别光使～。

【蛮夷】mányí 名 古代称中原以外各民族；有时专指南方少数民族。

【蛮勇】mányǒng 形 蛮悍勇猛。

【蛮子】mánzi 名 旧时对中原以外的南方人的一种称呼(含鄙视意)。

谩（謾） mán 动〈文〉隐瞒真相；蒙蔽 ▷欺～|～天～地(比喻欺上瞒下)。

另见 923 页 màn。

蔓 mán [蔓菁] mánjing 名 芜菁。

另见 923 页 màn；1418 页 wàn。

馒（饅） mán [馒头] mántou 名 用发面蒸熟的一种食品，形状多为半球体，不带馅儿。有的地区也称带馅儿的为馒头，如糖馒头、肉馒头。

瞒（瞞） mán 动 隐藏实情，不让人知道 ▷欺上～下｜～哄｜隐～。

【瞒报】mánbào 动 隐瞒不报 ▷～产量。

【瞒产】mánchǎn 动 隐瞒产量。

【瞒哄】mánhǒng 动 隐瞒哄骗 ▷浮夸谎报，企图靠～过关。

【瞒骗】mánpiàn 动 隐瞒欺骗。

【瞒上欺下】mánshàng-qīxià 对上级隐瞒欺骗，对下级欺侮压制。

【瞒天过海】mántiān-guòhǎi 比喻采用种种欺骗手段暗中进行活动。

鞔 mán ❶ 名〈文〉鞋帮。→ ❷ 动 把布蒙在鞋帮上或用皮子给鞋打包头儿 ▷～鞋。❸ 动 把皮革绷紧在鼓的两端，做成鼓面 ▷～鼓。

鳗（鰻） mán 名 鳗鲡的简称。☛ 不读 màn。

【鳗鲡】mánlí 名 鱼，前部近圆筒形，后部侧扁，背侧灰黑色，腹部白色，鳞细小，埋在皮肤下面。生活在淡水中，成熟后到深海产卵。简称鳗。也说白鳝。

鬘 mán 〈文〉❶ 名 秀美的头发。→ ❷ 形 形容头发秀美的样子。〇 ❸ 名 指璎珞一类的饰物。

mǎn

满[1]（滿） mǎn ❶ 形 里面充实，没有余地；达到最大容量 ▷场场客～｜车装不～。→ ❷ 动 感到已经足够 ▷心～意足。❸ 形 骄傲 ▷～招损，谦受益｜自～。→ ❹ 动 达到一定期限或限度 ▷不～周岁｜限期已～。→ ❺ 动 使满 ▷～上一杯。→ ❻ 形 全；整个 ▷～身是血｜～口答应。❼ 副 表示完全 ▷～不在乎。〇 ❽ 名 姓。

满[2]（滿） mǎn 名 指满族 ▷～汉全席｜～人｜～文｜～语。

【满不在乎】mǎnbùzàihu 一点儿也不在意 ▷都火烧眉毛了，他还是～。

【满仓】mǎncāng ❶ 动 装满仓库 ▷粮食～。❷ 动 指投资者所持有的资金全部用于购买有价证券、期货 ▷不可轻易～。

【满产】mǎnchǎn 动 按照设计的最大生产能力足量生产 ▷这家工厂当年建成，当年～。

【满城风雨】mǎnchéng-fēngyǔ 宋代潘大临诗句："满城风雨近重阳。"意思是重阳节将近，满城都是秋风秋雨。后用"满城风雨"形容事情到处传扬，人们议论纷纷（多用于不好的事）。

【满处】mǎnchù 名 到处；处处 ▷弄得～都是土。

【满打满算】mǎndǎ-mǎnsuàn 把所有的全都计算在内。

【满当当】mǎndāngdāng 形 形容非常满 ▷～地坐了一屋子人。也说满登登。

【满点】mǎndiǎn 动 达到规定的钟点 ▷～营业。

【满舵】mǎnduò 动 使航行中的轮船、军舰的驾驶盘向左或向右转到极限的位置 ▷船长命令："左～，全速前进！"

【满额】mǎn'é 动 达到预定的名额 ▷招工已～。

【满分】mǎnfēn 名 规定的最高分 ▷打～。

【满服】mǎnfú 动 指为长辈服丧期满。

【满负荷】mǎnfùhè ❶ 指机器设备功率达到最大限度 ▷机器已～运转。❷ 比喻人以最大能力或最高速度工作 ▷长期这样～工作，身体会受不了的。

【满腹】mǎnfù 名 一肚子；整个心中 ▷～狐疑。

【满腹经纶】mǎnfù-jīnglún 形容富有政治才能或很有学问（经纶：整理过的蚕丝；比喻政治才能）。

【满弓】mǎngōng 名 指射箭时用力拉弦使弓弯到最大限度时的弓形 ▷拉了一个～。

【满贯】mǎnguàn ❶ 动 指铜钱串满绳子（钱串子）；比喻达到最高限度 ▷金银～｜罪恶～。❷ 名 指体育比赛或麻将等游戏中所达到的最高等级的成绩 ▷全～｜连续两届大～冠军得主｜对面麻将桌上一人高喊："我又和（hú）了副～！"

【满怀】mǎnhuái ❶ 动 心中充满 ▷～悲愤｜激情～。❷ 名 整个前胸 ▷两人撞了个～。

【满坑满谷】mǎnkēng-mǎngǔ 形容很多，到处都有。

【满口】mǎnkǒu ❶ 名 整个口腔 ▷～大蒜味儿。❷ 名 指嘴里说的全部话（都是某种口音或内容）▷～四川话｜～脏话。‖也说满嘴。❸ 副 表示口气肯定，毫无保留 ▷～称赞｜～答应。

【满满】mǎnmǎn ❶ 形 非常满 ▷报告厅里听众挤得～的｜运来～一车行李。❷ 形 充分 ▷对今后的发展，他自信～｜活力～｜爱心～。

【满满当当】mǎnmǎndāngdāng 形 满当当。也说满满登登。

【满门】mǎnmén 名 整个家庭或家族 ▷～喜庆。

【满面】mǎnmiàn 名 整个面部；满脸 ▷～红光。

【满面春风】mǎnmiàn-chūnfēng 形容脸上充满愉悦得意的神情。

【满目】mǎnmù ❶ 名 整个视野 ▷～疮痍｜～荒凉。❷ 动 充满视野 ▷琳琅～。

【满目疮痍】mǎnmù-chuāngyí 看到的都是创伤。形容到处都是遭到严重破坏的凄惨景象。也说疮痍满目。

【满拧】mǎnnǐng 形〈口〉完全颠倒；截然相反 ▷

他说的和事实～|他俩的意见～。

【满腔】mǎnqiāng ❶ 名 整个心胸 ▷～热忱。❷ 动 充满心胸 ▷热血～。

【满勤】mǎnqín 动 按规定时间上班，从未缺勤；全勤 ▷小李月月～。

【满山遍野】mǎnshān-biànyě 漫山遍野。

【满师】mǎnshī 动 出师①。

【满世界】mǎnshìjie 〈口〉到处；所有的地方 ▷你刚出院，不要～乱跑。

【满堂】mǎntáng ❶ 名 全场；也指全场的人 ▷～生辉|～喝彩。❷ 动 充满厅堂 ▷儿孙～。

【满堂彩】mǎntángcǎi 全场一致的喝彩声。

【满堂灌】mǎntángguàn 在课堂上教师只顾讲授，不注意调动学生学习积极性。

【满堂红】mǎntánghóng ❶ 名 紫薇。❷ 形容各方面都取得了好成绩。

【满天飞】mǎntiānfēi ❶形容到处跑；到处传播 ▷天南海北～。❷形容到处都是 ▷广告～。

【满头雾水】mǎntóu-wùshuǐ 一头雾水。

【满文】mǎnwén 名 满族使用过的记录满语的文字，1599 年创制。

【满销】mǎnxiāo 动（产品或商品）全部销售出去 ▷满产～|高产～。

【满孝】mǎnxiào 动 满服。

【满心】mǎnxīn 名 整个心里 ▷～想上大学。

【满眼】mǎnyǎn ❶ 名 整个眼眶内 ▷～都是泪。❷ 动 充满视野 ▷风光～。

【满以为】mǎnyǐwéi 动（心里）很有把握地认为 ▷～能够获胜，结果却输得这么惨。

【满意】mǎnyì 动 觉得完全符合自己的心意 ▷双方都～这个结果|使群众～放心。☛ 参见本页“满足”的提示。

【满园春色】mǎnyuán-chūnsè 春色满园。

【满员】mǎnyuán 动（乘客、人员等）达到规定的名额 ▷本次列车已经～|招工尚未～。

【满月】mǎnyuè ❶ 动 婴儿出生满一个月。○ ❷ 名 望月。

【满载】mǎnzài ❶ 动 运输工具装满东西或达到规定的载重量 ▷货轮已～|～煤炭的汽车。❷ 动 机器、设备等工作时达到规定的负荷 ▷机器已～，再加大负荷会出问题。

【满载而归】mǎnzài'érguī 装满东西返回来；形容收获很多。☛“载”这里不读 zǎi。

【满招损，谦受益】mǎn zhāo sǔn, qiān shòu yì 自满使人遭受损害，谦虚使人得到益处（招：引来）。

【满足】mǎnzú ❶ 动 感到满意；感到足够 ▷不～现状。❷ 动 使得到满足 ▷～你的愿望。☛ 跟“满意”不同。“满足”强调完整地得到所需求的，有时可用于贬义，表示自满；“满意”强调符合心意，一般不用于贬义。“满足”有使动用法，如可以说“满足你的愿望”；“满意”无使动用法。

【满族】mǎnzú 名 我国少数民族之一。主要分布在辽宁、河北、黑龙江、吉林、北京和内蒙古。

【满嘴】mǎnzuǐ 名 满口①②。

【满座】mǎnzuò ❶ 名 全部座位。借指全部座位上的人 ▷～叫好。❷ 动 剧场等的座位已坐满 ▷相声专场天天～。

螨（蟎） mǎn 名 节肢动物，体形微小，多呈圆形或椭圆形，繁殖快，数量多。分布地域很广，有些还寄生在人和动物体内外。种类很多，有的危害农作物，有的能传染疾病。

【螨虫】mǎnchóng 名 螨。

màn

蔄（蔄） màn ❶ 用于地名。如蔄山，在山东。○ ❷ 名 姓。

曼 màn ❶ 形 长（多用于空间）；远 ▷～延。○ ❷ 形 柔美；柔和 ▷轻歌～舞|～丽。○ ❸ 名 姓。

【曼福】mànfú 名 长远的幸福。多用于书信末尾对收信人表示祝福 ▷敬颂～。

【曼丽】mànlì 形 柔美俏丽 ▷容貌～。

【曼妙】mànmiào 形 柔和美妙 ▷～的舞姿。

【曼声】mànshēng 名 拖得很长的声音 ▷～低唱|～细语。

【曼陀林】màntuólín 名 英语 mandoline 音译。弦乐器，共鸣箱呈半梨形，有四对金属弦，用玳瑁、象牙或塑料制的拨子弹奏。也译作曼德琳、曼多林。

【曼陀罗】màntuóluó 名 一年生草本植物，叶卵形，花喇叭状，可供观赏，蒴果卵圆形，有刺。全株有毒，叶、花、种子均可做药材。

【曼舞】mànwǔ 动 轻盈柔美地起舞或飞舞 ▷轻歌～|～婆娑。

【曼延】mànyán ❶ 动 连绵不断地向远处延伸（多用于山脉、水流、道路等）▷山脉～千余里。❷见 924 页“蔓延”②。现在一般写作“蔓延”。

谩（謾） màn 动 对人傲慢无礼 ▷～骂。另见 921 页 mán。

【谩骂】mànmà 动 以轻蔑嘲讽的态度骂 ▷肆意～。

墁 màn 动 把砖、石、木块等铺在地面上 ▷大理石～地。

蔓 màn ❶ 名 草本植物细长柔软、不能挺立的枝茎 ▷～草|～生植物|枝～。→ ❷ 动 滋生；扩展 ▷～延|滋～。☛ 通常读 màn；读 mán，用于“蔓菁（jing）”（一种草本

植物);读 wàn,是口语读音,用于单说或日常生活词语中,如"丝瓜爬蔓了""瓜蔓儿"。

另见 921 页 mán;1418 页 wàn。

【蔓草】 màncǎo 名 蔓生的野草。

【蔓草难除】 màncǎo-nánchú 比喻恶势力或坏现象一旦蔓延开,就难以根除。

【蔓生】 mànshēng 动 茎能攀缘、缠绕或贴着地面向四周蔓延生长 ▷瓜类作物大都属~植物。

【蔓延】 mànyán ❶ 动 蔓草一类植物不断向周围延伸、扩展 ▷杂草~。❷ 动 比喻事物像蔓草一样向周围延伸、扩展 ▷~成风。

幔 màn 名 悬挂起来供遮挡用的布、纱、绸等 ▷窗~|纱~。

【幔帐】 mànzhàng 名 幔 ▷丝绒~。

【幔子】 mànzi 名 幔。

漫 màn ❶ 动 水过满而外流 ▷杯子里的水~出来了。→ ❷ 动 遍布;充满 ▷~山遍野|~天大雪|弥~。❸ 形 随意;无拘无束 ▷~游|~谈|散~。〇 ❹ 形 长;远;广 ▷~长|长夜~~|~无边际。〇 ❺ 副 表示否定,相当于"不要" ▷~说我根本没时间,就是有时间也不参加|~道。☛ 统读 màn,不读 mán。

【漫笔】 mànbǐ 名 不拘形式随手写出的文章(多用于文章标题或书名) ▷《中秋~》。

【漫不经心】 mànbùjīngxīn 随随便便,全不在意。

【漫步】 mànbù 动 悠闲随意地走 ▷~街头◇棋坛~。

【漫长】 màncháng 形 (时间、空间)延续得很长 ▷~的冬天|~的海岸线。

【漫道】 màndào 连 连接分句,表示让步关系,相当于"不要说" ▷~是长江,就是大海,我们也能跨越过去。

【漫反射】 mànfǎnshè 名 光线照在粗糙的物体表面,无规则地向各个方向反射的现象。

【漫灌】 mànguàn ❶ 动 一种粗放的灌溉方法,不筑畦埝,让水顺着地势自然流淌。❷ 动 洪水流入(低洼地区) ▷县城曾两次被洪水~。

【漫画】 mànhuà 名 具有较强的幽默感和讽刺效果的绘画。一般通过夸张、比拟、象征等手法,以简练的线条构成形象,表现主题。

【漫话】 mànhuà 动 无拘束、轻松地谈论 ▷~黄河。

【漫漶】 mànhuàn 形〈文〉字迹、图像等因磨损、浸水、受潮、年代久远而模糊不清 ▷碑文已~难考。

【漫记】 mànjì 名 随手记录而写出的文章(多用于文章标题或书名) ▷《回乡~》|《西行~》。

【漫卷】 mànjuǎn 动 随风翻卷 ▷红旗~西风。

【漫流】 mànliú 动 水过满,四面流淌 ▷江河横溢,洪水~。

【漫骂】 mànmà 现在一般写作"谩骂"。

【漫漫】 mànmàn 形 形容时间、空间没有尽头的样子 ▷岁月~|~征途。

【漫山遍野】 mànshān-biànyě 布满山冈原野;形容数量很多,到处都是。

【漫说】 mànshuō 连 漫道。

【漫谈】 màntán 动 不拘形式地发表意见,谈论看法 ▷分小组~。

【漫天】 màntiān ❶ 动 布满天空 ▷雪花~飞舞。❷ 形 没有边际的;没有限度的 ▷~胡吹|~要价。

【漫无边际】 mànwúbiānjì ❶形容广阔,望不到边际。❷形容谈话或文章远离中心,扯得太远。

【漫无止境】 mànwúzhǐjìng 形容没有尽头。

【漫延】 mànyán ❶ 动 水满而向四周扩散 ▷湖水~到了周围农田。❷ 见本页"蔓延"②。现在一般写作"蔓延"。

【漫议】 mànyì 动 不拘形式地议论;随意议论(多用于文章标题或书名) ▷《辞书质量~》。

【漫溢】 mànyì 动 水满向外流 ▷洪水~。

【漫应】 mànyìng 动 随便答应;漫不经心地答应 ▷他只是随口~而已,不一定可靠。

【漫游】 mànyóu ❶ 动 随意在水中游动 ▷鲸鱼在海洋中~。❷ 动 随意游览 ▷~欧洲。❸ 动 指移动电话等进入非注册服务区后,可以通过网络随时接通另一服务区的任一终端进行通信联络 ▷网上~。

【漫游生物】 mànyóu shēngwù 水生动物的一类。生活在海洋或河流中,活动范围较广,如鲸、乌贼等。

【漫语】 mànyǔ ❶ 名 无拘无束随意谈的话(多用于文章标题或书名) ▷《人生~》。❷ 名 不着边际的话 ▷~连篇。

慢 màn ❶ 形〈文〉懈怠 ▷君子宽而不~。→ ❷ 形 对人没有礼貌 ▷傲~|怠~。→ ❸ 形 速度低;延续的时间长(跟"快"相对) ▷走~点儿|这表~5 分钟。〇 ❹ 名 姓。

【慢班】 mànbān 名 学习进度较慢的班级。

【慢半拍】 mànbànpāi 比喻思维、言语或行动等略显迟缓,比正常速度落后一些。

【慢车】 mànchē 名 全程停靠的车站较多、行车时间较长的客运火车或汽车。

【慢车道】 mànchēdào 名 公路上划分出来的供机动车慢速行驶的车道。一般在快车道外侧。也说慢行道。

【慢词】 màncí 名 依慢调填写的词。字句较多,节奏较舒缓,如《声声慢》《莺啼序》。

【慢待】 màndài ❶ 动 (对人)怠慢 ▷对客人要热情,不能~。❷ 动 客套话,用于表示招待不周 ▷我家条件差,~了。

【慢道】màndào 现在一般写作"漫道"。

【慢调】màndiào 名 词的一种舒缓曲调。如《木兰花慢》《西江月慢》等。

【慢火】mànhuǒ 名 小火;文火 ▷~煎药。

【慢件】mànjiàn 名 托运货物时运输速度较慢、时间较长、收费较低的物件。

【慢镜头】mànjìngtóu 名 电影或电视屏幕上动作变化比实际速度慢的连续画面,是用快速拍摄、常速放映造成的效果。

【慢慢腾腾】mànmanténgténg 形 慢腾腾。☛ 这里的"腾腾"口语中也读 tēngtēng。

【慢慢悠悠】mànmanyōuyōu 形 慢悠悠。

【慢坡】mànpō 名 倾斜度不大的坡。

【慢热】mànrè 动 缓慢升温;多用来形容人的性格较内向,短时间内不易与人相熟;借指商品、作品等需要较长时间才能被人认可;也借指球队或运动员进入状态慢 ▷他的性格有些~,时间长了才能和大家打成一片|这支球队有些~,还没有进入比赛状态。

【慢生活】mànshēnghuó 名 慢节奏的生活方式。一般指顺应自然,遵守基本作息规律,在生活的各个方面适当放慢速度,劳逸适度,淡泊宁静 ▷漫步郊野,享受~|~方式越来越受到人们的推崇。

【慢说】mànshuō 现在一般写作"漫说"。

【慢腾腾】mànténgténg 形 形容行动缓慢 ▷他拄着拐杖~地走出了家门。☛ 这里的"腾腾"口语中也读 tēngtēng。

【慢条斯理】màntiáo-sīlǐ 形容说话、做事不慌不忙。

【慢吞吞】màntūntūn 形 慢腾腾。

【慢性】mànxìng ❶ 形 发作缓慢的、时间拖得久的(病) ▷~肝炎|~中毒。❷ 形 慢性子①。

【慢性病】mànxìngbìng 名 持续时间长,治疗难度大,恢复缓慢,治疗效果不明显的病症。如哮喘、肺结核、风湿性关节炎等。

【慢性子】mànxìngzi ❶ 形 (脾气、性格)缓慢的 ▷他是个~人,你得勤催着点儿。❷ 名 慢性子的人 ▷我和这~过不到一块儿。

【慢悠悠】mànyōuyōu 形 形容行动缓慢 ▷老人~地踱着方步。

【慢走】mànzǒu ❶ 动 委婉地阻止对方离开 ▷您~,我还有话说。❷ 动 客套话,用于送别客人时祝福路上平安 ▷您~!

嫚 màn 动〈文〉瞧不起;不尊重 ▷~易(轻视,侮辱)。

另见 921 页 mān。

【嫚骂】mànmà 现在一般写作"谩骂"。

缦(縵) màn ❶ 名〈文〉没有花纹的丝织品。○ ❷ 古同"慢"①。○ ❸ 古同"漫"②④。○ ❹ 古同"幔"。

熳 màn 见820 页"烂熳"。

镘(鏝) màn ❶ 名〈文〉抹子(mǒzi),往墙上抹(mò)泥、灰的工具 ▷泥~。○ ❷ 名 镘儿,金属钱币上没有币名的一面。有币名的一面叫"字儿"。

māng

牤 māng [牤牛] māngniú 名 公牛。☛ "牤"统读 māng,不读 máng。

máng

邙 máng 名 邙山,山名,在河南西北部。

芒 máng ❶ 名 某些禾本科植物籽实外壳上的细刺 ▷~刺在背|麦~。→ ❷ 名 多年生草本植物,秆高 1—2 米,叶子狭长,叶端尖刺形,秆皮可以造纸、编草鞋 ▷~鞋竹杖。→ ❸ 名 指某些像芒的东西 ▷光~|锋~。☛ 统读 máng,不读 wáng。

【芒草】mángcǎo 名 芒②。

【芒刺】mángcì 名 草木茎叶、果壳上长的小刺;稻、麦籽粒外壳上端的细刺。

【芒刺在背】mángcì-zàibèi 像芒和刺扎在背上一样;形容非常恐惧或着急,坐立不安。

【芒果】mángguǒ 名 杧果。

【芒硝】mángxiāo 名 无机化合物,是含有结晶水的硫酸钠。无色晶体,易溶于水。可用于制玻璃、制革等,医药上用作泻药。

【芒鞋】mángxié 名 用芒茎外皮编的鞋;泛指草鞋。

【芒种】mángzhòng 名 二十四节气之一,在公历每年 6 月 6 日前后。芒种时节,我国中部地区正忙于夏收夏种。

忙 máng ❶ 形 事情多,没有空闲(跟"闲"相对) ▷~得没空儿回家|农~|繁~。→ ❷ 动 急着去做(某事) ▷撂下饭碗就去~工作|~着回家|一个人~不过来。

【忙不迭】mángbùdié 副 急匆匆;连忙 ▷下了车就~地往家跑。

【忙叨】mángdao 形〈口〉形容匆忙的样子 ▷他整天这样~,没个空闲。

【忙乎】mánghu 动〈口〉忙活(huo)。

【忙活儿】mánghuór ❶ 动 忙着干活儿 ▷我正~呢,没时间聊天儿。❷ 名 需要赶快干的活儿 ▷这是件~,今天一定得干完。

【忙活】mánghuo 动 忙着做事。

【忙季】mángjì 名 农事繁忙的季节;泛指事务繁忙的时期 ▷春节前后是客运部门的~。

【忙里偷闲】mánglǐ-tōuxián 在繁忙中挤出一

点儿空闲时间。

【忙碌】mánglù ❶ 形 忙① ▷最近非常～，顾不上休息。❷ 动 忙② ▷为这事～了一天。

【忙乱】mángluàn 形 繁忙杂乱，缺乏条理 ▷工作～|整天忙忙乱乱的。

【忙忙叨叨】mángmangdāodāo 形〈口〉形容非常忙的样子 ▷他整天～的，总闲不下来。

【忙人】mángrén 名 成天忙碌的人。

【忙音】mángyīn 名 电话拨号后发出的连续而短促的嘟嘟声。表示线路被占，暂时无法通话。

【忙于】mángyú 动 为(某种事情)而忙碌 ▷～装修房子|～工作。

【忙月】mángyuè 名 农事繁忙的月份，一般指立夏后的四个月。

杧 máng［杧果］mángguǒ 名 常绿大乔木，叶子椭圆状披针形，开黄色或淡红色花。果实也叫杧果，肾脏形，淡绿色或淡黄色，汁多味美，可以食用。参见插图 10 页。☛ 现在通常写作"芒果"。

尨 máng〈文〉❶ 名 多毛的狗。→❷ 名 杂色。❸ 形 杂乱。

另见 941 页 méng。

宊 máng 名〈文〉房梁 ▷大木为～，细木为桷(jué)。

盲 máng ❶ 形 形容眼睛看不见东西；也形容分辨不清事物 ▷～人|夜～。→❷ 名 眼睛失明的人 ▷导～犬|问道于～。→❸ 名 对某些事物不认识或分辨不清的人 ▷文～|法～。→❹ 副 盲目地 ▷～从|～干。→❺ 形 不用眼睛看的；见不到的 ▷～棋|～打|～审。〇❻ 名 姓。☛ 跟"肓(huāng)"不同。

【盲肠】mángcháng 名 大肠起始段的袋状部分。位于腹腔右侧下部，上接回肠，下接结肠，下面有一小孔通阑尾。

【盲肠炎】mángchángyán 名 由阑尾发炎蔓延到整个盲肠所造成的炎症。

【盲从】mángcóng 动 不辨是非就盲目附和、听从 ▷一切从实际出发，对谁也不要～。

【盲打】mángdǎ 动 指打字者只看原稿不看键盘打字。

【盲道】mángdào 名 为方便盲人辨路而铺设的有别于周围地面的便道。

【盲点】mángdiǎn ❶ 名 眼球视网膜上视神经进入眼球处的一个凹陷点。因此处没有视觉细胞，不能感受光线而引起视觉，故称。❷ 名 比喻没有掌握的知识或技能 ▷天文学是我知识的～。❸ 名 比喻重视不够或被忽略的地方 ▷青少年的性教育存在着一些～。

【盲动】mángdòng 动 情况不清、目的不明、筹划不周时贸然行动 ▷～冒进导致失败。

【盲干】mánggàn 动 盲目行动。

【盲谷】mánggǔ 名 石灰岩地区的一种没有出口的河谷。

【盲降】mángjiàng ❶ 动 航空上指在能见度很低的情况下，飞机依靠地面导航设备降落到机场 ▷凭借机场雷达指挥，飞机成功～|进行～课目训练。❷ 名 仪表着陆系统的俗称。该系统可在能见度很低的情况下引导飞机着陆。

【盲目】mángmù 形 眼睛看不见东西。比喻缺乏明确目标或认识不清 ▷～投资。

【盲目性】mángmùxìng 名 指盲目行动的各种表现或因素 ▷少点儿～，多些计划性。

【盲棋】mángqí 名 棋类的一种下法。棋手不看棋盘，用嘴说出每一步棋的走法。

【盲区】mángqū ❶ 名 指计算机网络覆盖不到、雷达探测不到或胃镜、后视镜等观察不到的地方；也指借助光学设备无法扫视到的部位。❷ 名 比喻尚未被认识的或被忽略的领域、方面 ▷股市对我来说还是个～|监管～。

【盲人】mángrén 名 双目失明的人。

【盲人摸象】mángrén-mōxiàng 佛经故事说，几个盲人摸象，摸到耳朵的说大象像簸箕，摸到腿的说大象像柱子，摸到腹部的说大象像一堵墙，摸到尾巴的说大象像一条蛇。比喻只凭对事物的片面了解，便妄加推断。

【盲人瞎马】mángrén-xiāmǎ《世说新语·排调》："盲人骑瞎马，夜半临深池。"比喻处境非常危险。

【盲蛇】mángshé 名 无毒蛇，形似蚯蚓，体暗绿色，长约十几厘米，是我国蛇类中最小的一种。

【盲审】mángshěn 动 匿名评审。评审人不知道送审作品的作者，作者也不知道评审人，以使评审客观、公正 ▷对博士论文进行～。

【盲童】mángtóng 名 双目失明的儿童。

【盲文】mángwén ❶ 名 盲字。❷ 名 用盲字连缀成的文章。

【盲信】mángxìn ❶ 名 瞎信。❷ 名 用盲文写的信。

【盲杖】mángzhàng 名 盲人探路用的手杖。也说明杖。

【盲字】mángzì 名 供盲人使用的拼音文字。字母用数目不同和排列顺序不同的凸起圆点组成，盲人可以摸着辨识。也说点字。

氓 máng 见 883 页"流氓"。

另见 941 页 méng。

茫 máng ❶ 形 形容十分广阔，看不到边 ▷～无边际|大海～～。→❷ 形 不清晰；不明白 ▷～无所知|迷～|前途～然。

【茫茫】mángmáng 形 广阔无边；模糊不清 ▷～沧海|夜雾～。

【茫然】mángrán ❶ 形 形容辽阔无边的样子 ▷荒野～。❷ 形 形容完全不了解或不知所措

的神态 ▷～不知所措。❸ 形 形容因失意而神情恍惚的样子 ▷神色～。

【茫然若失】mángrán-ruòshī 精神恍惚,好像失掉了什么的样子。

【茫无头绪】mángwútóuxù 事情纷乱而没有头绪。☛ "绪"不要误写作"序"。

庬 máng ❶ 形〈文〉大 ▷湛恩～鸿。○ ❷ 形〈文〉纷乱;杂乱 ▷遗民意绪～。○ ❸ 名 姓。☛ 不要误写作"庞"。

硭 máng [硭硝] mángxiāo 现在一般写作"芒硝"。

牻 máng 名〈文〉毛色黑白相间的牛。

鋩 máng [鋩锣] mángluó 名 云南少数民族的铜制打击乐器,可以将大小不同的鋩锣同时挂在架上,交错敲打。

mǎng

莽[1] mǎng ❶ 名 茂密的草 ▷草～|丛～。→ ❷ 形(草)茂密 ▷～原|～～林海。❸ 形〈文〉大;广阔 ▷横空出世,～昆仑。

莽[2] mǎng 形 粗鲁;冒失 ▷～汉|～撞|鲁～。☛ "莽"字中间是"犬",不是"大"。

【莽苍】mǎngcāng 形 形容原野广阔迷茫 ▷原野～|莽莽苍苍的大草原。

【莽汉】mǎnghàn 名 粗鲁莽撞的男子。

【莽莽】mǎngmǎng ❶ 形 形容草木茂密 ▷山林～。❷ 形 形容广阔无边 ▷～草原。

【莽原】mǎngyuán 名 草木茂盛的原野。

【莽撞】mǎngzhuàng 形 行事鲁莽,不顾后果 ▷小伙子办事太～|别那么莽莽撞撞的!

漭 mǎng [漭漭] mǎngmǎng 形〈文〉形容水面漫无边际的样子 ▷～沧沧。

蟒 mǎng ❶ 名 蟒蛇。→ ❷ 名 指蟒袍 ▷穿～|～玉(蟒袍和玉带)。

【蟒袍】mǎngpáo ❶ 名 明清两代大臣及诰命夫人等的礼服,袍上绣有蟒纹。❷ 名 传统戏曲中将相等角色的袍服。

【蟒蛇】mǎngshé 名 一种蛇,无毒,长可达 6 米,是我国蛇类中最大的一种。头部长,口大,舌的尖端有分叉,背部黄褐色,腹部白色。多生活在热带近水的森林里,捕食小动物。属国家保护动物。也说蚺蛇。参见插图 2 页。

māo

猫(*貓) māo ❶ 名 哺乳动物,品种很多,耳朵小,眼睛大,瞳孔的大小随光线强弱而变化,脚掌有肉垫,行走无声。性温顺,行动敏捷,善于捕鼠。○ ❷ 动〈口〉躲藏 ▷别老～在家里。☛ 通常读 māo;读 máo,用于口语"猫腰"。

另见 930 页 máo。

【猫步】māobù 名 指时装模特儿表演时走的台步。因像猫行走时的步态,故称。

【猫耳洞】māo'ěrdòng 名 在阵地堑壕、交通壕的两侧挖的半圆形的简易军事工事。

【猫哭老鼠】māokūlǎoshǔ 比喻假装同情;假慈悲。也说猫哭耗子。

【猫儿腻】māornì〈口〉❶ 名 见不得人的事 ▷怀疑账目里有～。❷ 名 花招儿② ▷别跟我玩～,我心里有数。☛ 不宜写作"猫儿匿"。

【猫头鹰】māotóuyīng 名 鸮的通称。参见插图 5 页。

【猫熊】māoxióng 名 大熊猫。

【猫眼】māoyǎn ❶ 名 一种珍贵的宝石,有闪烁的光泽,做装饰品时多磨成球形,看似猫眼。也说猫儿眼。○ ❷ 名 窥视镜的俗称。

【猫鱼】māoyú 名 用来喂猫的小鱼;也指小而廉价的鱼。

máo

毛[1] máo ❶ 名 动植物皮上所生的细丝状的东西;鸟类的羽毛 ▷桃～|牛～|鸡～。→ ❷ 名 特指人的须发等 ▷眉～|寒～。→ ❸ 形 细小;细微 ▷～细管|～渠|～～雨。⇒ ❹ 量 我国辅币单位角的俗称(宋代以来泛称小钱为毛钱,后特指角) ▷一～钱|两～五。⇒ ❺ 形 指货币贬值 ▷这几年钱不～了。→ ❻ 名 物体上长的丝状霉菌 ▷天气潮湿,衣服都长～了。❼ 形 表示小 ▷～丫头|～孩子|～贼。○ ❽ 名 姓。

毛[2] máo ❶ 副 粗略 ▷～估|～算。→ ❷ 形 不单纯的 ▷～利|～重。→ ❸ 形 粗糙的;有待加工的 ▷～布|～坯|～样。→ ❹ 形 粗率;不细心 ▷～手～脚|～糙。○ ❺ 形 惊慌;害怕 ▷半夜走山路,心里发～。○ ❻ 动〈口〉发火;发怒 ▷可别把老奶奶惹～了。

【毛白杨】máobáiyáng 名 落叶乔木,树干高大挺直,叶背有白色茸毛。为防护林及绿化用树种,木材可用于建筑、造船、制作家具和造纸等。也说白杨、大叶杨、响杨。

【毛笔】máobǐ 名 中国传统的书写和绘画工具,笔头儿锥形,用兔、羊、黄鼬等的毛制成。也说墨笔。

【毛边】máobiān ❶ 名 书装订成册后未经裁切的边缘或衣服未经缝锁的边缘。❷ 名 指毛边纸。

【毛边纸】máobiānzhǐ 名 一种用嫩竹纤维制成的纸。浅黄色,质地柔韧,吸水性强,是我国传统的书法、绘画、古籍印刷用纸。

【毛病】máobìng ❶ 图 器物上的缺损或故障；泛指工作中存在的问题或弊端 ▷电视机出～了，图像不清。❷ 图 指人的缺点或不良习惯 ▷又抽烟又喝酒，～不少。❸ 图 疾病 ▷一点儿小～，不碍事。☛ 跟"缺点"不同。在指人的情况时，"毛病"多用于指不良习惯；"缺点"指不足之处，可用于多方面。

【毛玻璃】máobōli 图 经过化学处理或用金刚砂磨过的玻璃，表面粗糙，半透明。也说磨砂玻璃。

【毛布】máobù 图 用粗棉纱织成的布。

【毛糙】máocao ❶ 形 粗糙；不细致 ▷做工实在～。❷ 形 粗心；不仔细 ▷做事要细心，不可～｜考试时仔细点儿，别毛毛糙糙的。

【毛厕】máocè 现在一般写作"茅厕"。

【毛茶】máochá 图 茶树鲜叶加工后的初制品，是制红茶、绿茶、黑茶等的原料。也说毛条。

【毛虫】máochóng 图 蝶、蛾类昆虫的幼虫，身体多毛。也说毛毛虫。

【毛刺】máocì ❶ 图 某些动植物表皮上丛生的尖细的毛 ▷南瓜蔓(wàn)上有～。❷ 图 金属件表面因加工不当而产生的刺状物，通常应加工去掉。

【毛涤】máodí 图 用羊毛纤维和涤纶混纺而成的织物(羊毛含量多于涤纶)。

【毛豆】máodòu 图 内含豆粒的大豆嫩荚，荚上多细毛。豆粒也叫毛豆，青色，可以作蔬菜。

【毛发】máofà 图 指人的体毛和须发。

【毛纺】máofǎng 区别 用兽毛纤维或人造毛纺织的 ▷～行业｜～服装。

【毛葛】máogé 图 以蚕丝或化学长纤维为经线，棉纱为纬线织成的纺织品。质地厚实，有花纹，多做被面或服装。

【毛茛】máogèn 图 多年生草本植物，叶和茎都生有茸毛，开金黄色花。植株含毒素，可以做药材(外敷用)及杀虫剂。

【毛估】máogū 动 粗略地估算 ▷这头大象～不少于1吨。

【毛骨悚然】máogǔ-sǒngrán 汗毛竖起，脊梁骨发冷。形容极端害怕的样子。☛ 不宜写作"毛骨耸然""毛骨竦然"。

【毛孩】máohái 图 指生下来浑身长有长毛的小孩儿。是人类的一种返祖现象。

【毛孩子】máoháizi 图〈口〉小孩儿；也指阅历浅的年轻人。

【毛蚶】máohān 图 蚶的一种。生活在有淡水流入的浅海泥沙中。肉可食，壳可以做药材。☛ "蚶"不读gān。

【毛烘烘】máohōnghōng 形 形容毛多且长的样子 ▷胸脯上～的。

【毛猴儿】máohóur 图 一种传统手工艺品，用辛夷、蝉蜕等做成猴子形象，一般模拟各行业人物。

【毛乎乎】máohūhū 形 形容毛多而细密的样子 ▷一只～的小狗｜南瓜叶子～的。

【毛活】máohuó ❶ 图 编织毛线的活儿 ▷她的～干得不错。❷ 图 用毛线等编织成的各种衣物 ▷织了件～。

【毛货】máohuò ❶ 图 毛料；毛织品。❷ 图 指皮货。

【毛尖】máojiān 图 一种绿茶。精选优良茶树的嫩芽叶加工焙制而成。是我国名茶之一。

【毛巾】máojīn 图 一种针织品。经纱卷曲外露，形成糙面。多用于洗脸、洗澡等。

【毛巾被】máojīnbèi 图 跟毛巾质地相同的被子。

【毛举细故】máojǔ-xìgù 不厌其烦地列举琐碎小事。

【毛孔】máokǒng 图 汗孔。

【毛拉】máolā 图 阿拉伯语maulā音译。某些国家穆斯林对伊斯兰教学者的尊称；我国新疆部分穆斯林对阿訇的称呼；我国甘肃、宁夏、青海等省区穆斯林对在清真寺学习经文的学生的称呼。

【毛蓝】máolán 形 比深蓝色稍浅的 ▷～布。

【毛利】máolì 图 在经营销售的总收入中只扣除成本而未扣除其他支出的利润。

【毛料】máoliào 图 用羊毛等兽毛纤维或人造毛纺织成的料子。

【毛驴】máolǘ 图 驴，多指矮小的驴。

【毛毛虫】máomaochóng 图 毛虫。

【毛毛雨】máomaoyǔ ❶ 图 雨滴极细小、形不成雨丝的雨。❷ 图 比喻微不足道的事物 ▷这点儿钱对于换肾的费用来说只是～。

【毛南族】máonánzú 图 我国少数民族之一。主要分布在广西。原称毛难族。

【毛囊】máonáng 图 包裹毛发根部的囊状组织，开口处稍隆起。

【毛呢】máoní 图 呢子。

【毛坯】máopī 图 初具形体还需加工的半成品；特指在机器制造中需进一步加工的铸件或锻件 ▷～房｜大型锻件的～。

【毛皮】máopí 图 带毛的兽皮；多指已加工好的可以制作大衣、帽子等的带毛的兽皮。

【毛片】máopiàn ❶ 图 拍摄后未经剪辑加工的影视片。❷ 图 黄色淫秽的影视片。‖口语中也说毛片儿(piānr)。

【毛票】máopiào 图〈口〉角票。

【毛渠】máoqú 图 把水从斗渠引到每块田地的小渠。

【毛茸茸】máoróngróng 形 形容细毛又软又密的样子 ▷～的小鸡。

【毛瑟枪】máosèqiāng 图 旧时对德国毛瑟工厂制造的枪支的统称;多指该厂制造的步枪(毛瑟:德语 Mauser 音译)。

【毛衫】máoshān 图 较薄的毛衣。

【毛手毛脚】máoshǒu-máojiǎo 形容做事粗心大意,手忙脚乱 ▷做什么事都不能~。

【毛遂自荐】máosuì-zìjiàn《史记·平原君虞卿列传》记载:秦国大军包围了赵国都城邯郸,赵派平原君赴楚求救,他的门客毛遂主动请求随行。平原君与楚王谈判没有结果,毛遂按剑上前,慷慨陈词,晓以利害,终于说服楚王发兵救赵。后用"毛遂自荐"指自己推荐自己,主动要求承担重任。☛"遂"这里不读 suí。

【毛笋】máosǔn 图 毛竹的嫩芽,可以食用。

【毛毯】máotǎn 图 用毛、纱或化学纤维等织成的毯子。

【毛桃】máotáo ❶ 图 野生的桃树。果实也叫毛桃。❷ 图 桃的未成熟的果实。

【毛条】máotiáo ❶ 图 毛茶。○ ❷ 图 毛纺过程中,由毛纤维加工成的条状物,用以纺成毛纱。

【毛头】máotóu 图 指男孩儿;年轻人 ▷~小子。

【毛头毛脑】máotóu-máonǎo 鲁莽冒失。

【毛头纸】máotóuzhǐ 图 用劣质原料制造的纸,质地粗糙松软。也说东昌纸。

【毛细管】máoxìguǎn ❶ 图 像毛发一样特别细小的管子。❷ 图 毛细血管的简称。

【毛细现象】máoxì xiànxiàng 含有细微孔隙的物体与液体接触时,液体沿孔隙上升、渗透或下降的现象。它是物质分子间作用力的结果。如毛巾吸水、地下水沿土壤间隙上升等。

【毛细血管】máoxì xuèguǎn 最微细的血管。分布在各器官的组织和细胞间,呈网状。血液内的氧和营养物质由毛细血管渗入机体组织间,而代谢废物则由此进入血液内。简称毛细管。也说微血管。

【毛虾】máoxiā 图 虾的一种。形体扁小,外壳很薄。煮熟晒干,称虾皮,供食用。

【毛线】máoxiàn 图 用动物毛、人造毛纺成的线,可用来织毛衣、毛裤、毛袜等。某些地区也说绒线。

【毛象】máoxiàng 图 猛犸。

【毛丫头】máoyātou 图〈口〉对幼稚无知的女孩子的称呼。

【毛样】máoyàng 图 还没有拼版的校样。

【毛腰】máoyāo 现在一般写作"猫(máo)腰"。

【毛衣】máoyī 图 用毛线织成的上衣。

【毛蚴】máoyòu 图 扁形动物吸虫类幼虫发育中最早的一个阶段,绝大多数体表密覆纤毛。血吸虫卵便是在水中孵化成毛蚴,后变成尾蚴钻入人体为害。

【毛躁】máozào ❶ 形 急躁;不沉着 ▷性子过于~。❷ 形 粗心;不细致 ▷手脚~。

【毛泽东思想】máozédōng sīxiǎng 以毛泽东同志为主要代表的中国共产党人,把马克思列宁主义的基本原理同中国革命的具体实践结合起来而形成的思想体系,是马克思列宁主义在中国的运用和发展,是被实践证明了的关于中国革命和建设的正确的理论原则和经验总结,是中国共产党集体智慧的结晶。

【毛贼】máozéi 图 对盗贼的蔑称。

【毛毡】máozhān 图 用羊毛等压制成的片状物,用来铺垫、苫盖或制作帽子、靴子等。

【毛织品】máozhīpǐn ❶ 图 用兽毛纤维或人造毛等纺织成的料子的统称。❷ 图 用毛线编织的衣物。

【毛痣】máozhì 图 长(zhǎng)毛的、高出皮肤表面的痣。

【毛重】máozhòng 图 货物连同包装物的重量或禽畜煺毛、剥皮前的重量(跟"净重"相区别)。

【毛猪】máozhū 图 商业上指活猪。

【毛竹】máozhú 图 竹子的一种。茎高大,茎壁厚,坚韧有弹性,可以做家具、农具,也用于造纸或建筑。也说南竹。

【毛装】máozhuāng 区别 (书籍、簿册)装订后不切边的 ▷~本《三国演义》。

矛 máo 图 古代兵器,在长杆的一端装有扁平而有刃的金属头 ▷长~|~头。☛ 跟"予"不同。由"矛"构成的字有"茅""柔""揉""蹂"等,由"予"构成的字有"预""豫""野"等。

【矛盾】máodùn ❶ 图 矛和盾。《韩非子·难一》中说:楚国有一个卖矛和盾的人夸口说,我的盾是最坚硬的,什么东西也戳不破;又说,我的矛是最锐利的,什么东西都能刺进去。有人问,用你的矛刺你的盾怎么样?那个人不能回答。后用"矛盾"比喻言论或行为自相冲突或两种事物彼此抵触,互不相容的现象 ▷这篇文章前后有很多~。❷ 图 指隔阂或嫌隙 ▷他们之间的~由来已久。❸ 动 互相抵触或排斥 ▷接受还是拒绝?他心里一直在~。❹ 形 形容具有相互抵触或排斥的性质 ▷这两项规则之间很~。❺ 图 哲学上指客观事物和人类思维中普遍存在着的对立的两方面之间互相排斥又互相依存的关系。❻ 图 形式逻辑中指两个概念互相排斥或两个判断不能同真也不能同假的相互关系。

【矛盾律】máodùnlǜ 图 形式逻辑的基本规律之一,要求在同一思维过程中,对同一对象的判断必须是首尾一贯的,不能自相矛盾。如既说"甲是乙",又说"甲不是乙",这就违反了矛盾律。这两个判断必有一个是假的,必须否定其中的一个。

【矛头】máotóu 图 矛的尖端。比喻讽刺、打击的

方向 ▷把打击的～指向腐败现象。

茆 máo ❶古同“茅”①。○ ❷名姓。

茅 máo ❶名白茅 ▷～塞顿开|名列前～。○ ❷名姓。

【茅草】máocǎo 名白茅的通称。

【茅厕】máocè 名用茅、竹搭盖的简易厕所；泛指厕所。

【茅房】máofáng 名〈口〉茅厕。

【茅坑】máokēng 名〈口〉茅厕里的粪坑。

【茅庐】máolú 名〈文〉草屋；泛指简陋的房屋。

【茅棚】máopéng 名用茅草等盖顶的棚子。

【茅塞顿开】máosè-dùnkāi 像被茅草堵塞的心窍一下子打开了。形容经过启发诱导，忽然明白了。☛“塞”这里不读 sāi 或 sài。

【茅舍】máoshè 名〈文〉茅屋。

【茅亭】máotíng 名用茅草等盖顶的亭子。

【茅屋】máowū 名草房①。

牦（*犛氂） máo［牦牛］máoniú 名牛的一种。体矮身健，全身有黑褐色、棕色或白色长毛。我国主要分布于青海、西藏等海拔 3000 米以上的高寒地区。常用来在高山峻岭间驮运东西。野牦牛属国家保护动物。参见插图 1 页。

旄 máo 名古代一种旗帜，旗杆顶上有牦牛尾作装饰。

猫（*貓） máo 动弯（腰）▷～着腰跑过去。

另见 927 页 māo。

【猫腰】máoyāo 动弯腰。

锚（錨） máo 名铁或钢制成的停船用具。一端有钩爪，一端用铁链或绳索与船身相连。停泊时，把锚抛到水底或岸边，使钩爪钩住水底或岸边的固定物体，使船稳定 ▷起～|抛～|铁～。

【锚泊】máobó 动（船舰等）抛锚停泊。

【锚地】máodì 名根据水深、地质、能否避风等条件选定的，专供船舶抛锚停泊、装卸货物以及船队编组的水域。也说泊地。

【锚固】máogù 动为使钢筋可靠地固定在混凝土中而对钢筋进行一定的处理，如钢筋端部做成弯钩等。

【锚链】máoliàn 名连接锚和船身的铁链。

【锚位】máowèi 名船舶抛锚的位置。

髦 máo 名古代称儿童下垂在前额的短头发；借指儿童 ▷～稚（儿童）。

蝥 máo 见 33 页“斑蝥”。

蟊 máo 名〈文〉吃苗根的害虫。

【蟊贼】máozéi 名比喻危害国家或人民的人。

mǎo

冇 mǎo ❶动某些地区指“没有”①。❷副某些地区指“没有”②。

卯[1]（*夘戼） mǎo ❶名地支的第四位。参见 304 页“地支”。→ ❷名旧时官署规定在卯时开始办公，所以用“卯”作为点名、签到等活动的代称 ▷点～|应～|画～。○ ❸名姓。

卯[2]（*夘戼） mǎo 名卯眼 ▷凿个～|～榫。☛“卯”字跟“卬（áng）”不同。由“卯”构成的字有“铆”“柳”“聊”等，由“卬”构成的字有“昂”“仰”“迎”等。

【卯时】mǎoshí 名我国传统计时法指早晨5—7点的时间。

【卯榫】mǎosǔn 名卯眼和榫头。榫头插入卯眼，可使器物部件牢固连接。

【卯眼】mǎoyǎn 名器物或其构件上可以插入榫头使连接牢固的凹进部分。也说榫眼。

【卯子工】mǎozigōng 名指按天计酬的活儿。

峁 mǎo 名我国西北地区一种顶部浑圆、坡面陡峭的黄土丘陵；泛指小山包。

泖 mǎo 名水面平静的小湖（多用于地名）▷～桥（在上海）。

昴 mǎo 名星宿名，二十八宿之一。

铆（鉚） mǎo ❶动铆接 ▷把这两块钢板～在一起。→ ❷动〈口〉集中（全部力量）▷～～劲儿|～足了劲儿。☛统读 mǎo，不读 mǒu。

【铆钉】mǎodīng 名铆接金属构件用的钉子，圆柱形，一头有帽。

【铆钉枪】mǎodīngqiāng 名风动工具，形状略像枪，用来锤击、挤压铆钉，连接构件。

【铆工】mǎogōng ❶名铆接金属的工种。❷名从事铆接工作的工人。

【铆焊】mǎohàn 动铆接和焊接。

【铆接】mǎojiē 动用铆钉连接金属构件。先在构件上打眼儿，然后穿上铆钉，在没有帽的一端锤打出帽来，使构件固定在一起。

【铆劲儿】mǎojìnr 动〈口〉鼓足力气，猛然使出来 ▷大家一～就把洞口撬开了|铆足劲儿干。

mào

芼 mào 动〈文〉摘取；拔（菜、草）▷参差荇菜，左右～之。☛跟“笔”不同。

茂 mào ❶形茂盛 ▷根深叶～|～林修竹|～密。→ ❷形丰盛美好 ▷声情并～。☛下边是“戊（wù）”，不是“戌（shù）”。

【茂密】màomì 形（草木等）茂盛繁密 ▷～的芦苇。

【茂盛】màoshèng ❶ 形（植物）长得多而且茁壮 ▷花草～|～的庄稼。❷ 形兴旺 ▷财源～。

眊 mào 形〈文〉眼睛昏花，看不清楚 ▷昏～|～～。

冒[1]（*冐） mào ❶ 动 顶着；不顾（危险）▷～雨|～险。→ ❷ 动 触犯；违犯 ▷～天下之大不韪|～犯。⇒ ❸ 形 轻率；莽撞 ▷～失|～昧|～进。⇒ ❹ 动 用假的充当真的 ▷～名顶替|假～。○ ❺ 名 姓。

冒[2]（*冐） mào 动 向外涌出或漏出；露出 ▷浑身～汗|～烟|～泡|～尖儿。☛"冒"字上边是"冃(mào)"，不是"曰(yuē)"。"冂"跟中间的"二"左右不相连。由"冃"构成的字还有"冕""帽""瑁"等。

另见 970 页 mò。

【冒场】màochǎng 动 戏剧演出时演员在不该上场时上场。

【冒称】màochēng 动 假冒某种名义宣称 ▷～行家|～自己是记者。

【冒充】màochōng 动 以假充真 ▷假货～正品。

【冒顶】màodǐng 动 矿坑、坑道里顶板塌落下来。

【冒渎】màodú 动〈文〉冒犯亵渎 ▷～尊严。

【冒犯】màofàn 动（言行）不礼貌或不得当，触犯了对方 ▷不敢～长辈|不得～法律的尊严。

【冒风险】màofēngxiǎn 不顾可能出现的危险。

【冒富】màofù 动 显露出比别人富裕得多 ▷这个村靠果园～|手里有了钱，他也不敢～。

【冒功】màogōng 动 冒充有功；把别人的功劳归于自己 ▷～邀赏。

【冒汗】màohàn 动 出汗 ▷热得他直～。

【冒号】màohào 名 标点符号，形式为"："。用在称呼语、总说性或提示性词语后边，表示提起下文；用在需要解释的词语后边，表示引出解释或说明；用在总括性话语前边，表示总结上文。

【冒火】màohuǒ ❶ 动 冒出火苗。❷ 动 形容生气、发怒 ▷看见有人浪费粮食，他就～。

【冒尖】màojiān ❶ 动 容器里装的东西高出容器，露出尖端 ▷囤里的粮食已经～了。❷ 动 出头④ ▷他三十刚～。❸ 形 突出 ▷成绩～。❹ 动 冒头① ▷坏风气一～就应立刻刹住。

【冒进】màojìn 动 不顾实际情况和具体条件，就过早或过快地进行某项工作 ▷防止盲目～。

【冒领】màolǐng 动 假冒他人的名义领取。

【冒昧】màomèi 形 形容言行轻率，不顾身份、地位、场合等是否合适（常用作谦词）▷～前来，打扰了|不揣～。

【冒名】màomíng 动 冒充别人的名义 ▷～领取|～顶替。

【冒牌】màopái 区别 冒充名牌或其他正牌的 ▷～产品。

【冒然】màorán 现在一般写作"贸然"。

【冒认】màorèn 动 冒名认领；冒名指认 ▷～财物|～官亲。

【冒傻气】màoshǎqì〈口〉言谈举止中透着愚蠢或糊涂。

【冒失】màoshi 形 轻率；莽撞 ▷他做事太～|那家伙冒冒失失地闯进了我的房间。

【冒失鬼】màoshiguǐ 名 言行轻率、莽撞的人。

【冒死】màosǐ 动 不顾生命危险（做某事）▷没人敢去～|～冲过敌人封锁线。

【冒天下之大不韪】mào tiānxià zhī dà bùwěi 公然干天下人都认为不对的大坏事（不韪：不是，不对）。☛"韪"不读 huì，也不要误写作"讳"。

【冒头】màotóu ❶ 动 出现苗头 ▷不良倾向一～就要制止。❷ 动 出头④ ▷他二十刚～。

【冒险】màoxiǎn 动 不顾危险（做某事）▷～抢救伤员|这样做太～了。

贸（貿） mào ❶ 动 交易；交换财物 ▷～易|财～|外～。○ ❷ 副 轻率；鲁莽 ▷～然从事。

【贸然】màorán 副 轻率地；鲁莽地 ▷这事我没考虑好，不能～答应。

【贸易】màoyì 名 指商品交换等商业活动 ▷国内～|～市场。

【贸易壁垒】màoyì bìlěi 一个国家为限制和阻止别国商品进入本国而采取的各种措施。包括关税壁垒（对进口商品征收高额关税）和非关税壁垒（用法律和行政手段限制进口，如限定进口配额，使用进口许可证等）。也说贸易障碍。

【贸易风】màoyìfēng 名 信风。因古代商船主要借助信风在海上航行，故称。

【贸易伙伴】màoyì huǒbàn 指贸易往来十分密切的国家、地区或企业。

耄 mào 名〈文〉八九十岁的年纪；泛指老年 ▷老～之年。

【耄耋】màodié 名〈文〉七十岁至九十岁的年纪；泛指高龄或高寿 ▷～之年。☛不读 máozhì。

袤 mào 名〈文〉南北距离的长度；泛指长度 ▷广～千里。

鄚 mào 名 鄚州，地名，在河北。

帽（*帽） mào ❶ 名 帽子 ▷草～|鸭舌～|安全～|礼～。→ ❷ 名 作用或形状像帽子的东西 ▷笔～|螺丝～。☛

参见931页“冒(mào)”的提示。

【帽翅】màochì 名 纱帽后面伸向左右两侧像翅膀的部分。

【帽耳】mào'ěr 名 帽子两边保护耳朵的部分，一般能向上折叠。

【帽花】màohuā ❶ 名 缀在帽子上的装饰品。❷ 名 指帽徽。

【帽徽】màohuī 名 固定在制服帽子正前部的徽章，用来表示人的身份、职业等。

【帽盔】màokuī ❶ 名 没有帽檐的半球形硬壳帽子，顶上一般缀有硬疙瘩。❷ 名 头盔。

【帽舌】màoshé 名 帽子前边伸出的形状像舌头的檐儿，有遮挡阳光等作用。

【帽筒】màotǒng 名 放置帽子的器具。圆筒形，多为瓷制。

【帽檐】màoyán 名 帽子向前面或四周延伸的部分。

【帽子】màozi ❶ 名 戴在头上用来保护头部（如保暖、防雨、防晒等）或作装饰的用品。❷ 名 借指某种名义、名声 ▷批评要真诚，不要乱抓辫子，乱扣～｜他那顶“高学历”的～是伪造的｜摘掉“贫困县”的～。❸ 名 借指官职 ▷河长、湖长这两顶～，使命光荣，责任重大。

【帽子戏法】màozi xìfǎ 英国作家刘易斯·卡洛尔在童话《爱丽丝漫游奇境记》里，描写一位帽子匠人能用帽子变出各种戏法。后来把一个运动员在一场足球比赛中3次攻破对方球门，叫做上演帽子戏法。

瑁 mào 见266页“玳(dài)瑁”。☛ ㊀统读mào，不读mò或mài。㊁参见931页“冒(mào)”的提示。

楙 mào ❶ 古同“茂”①。○ ❷ 名〈文〉木瓜①。

貌 mào ❶ 名 相貌；长相 ▷容～｜美～。→ ❷ 名 人的外表 ▷～合心不合｜外～。❸ 名 事物的外观 ▷全～｜新～。☛ 右上是“白”，不是“臼”。

【貌不惊人】màobùjīngrén 外貌非常一般，不惹人注意。

【貌合神离】màohé-shénlí 表面上很亲密，内心里各有打算。

【貌似】màosì 动 表面上像（实际上不然）▷～诚实｜～公正。

【貌相】màoxiàng ❶ 名 相貌。❷ 动 根据外貌评价人 ▷人不可～，海水不可斗量。

鄮 mào ❶ 名 古县名，在今浙江宁波。○ ❷ 名 姓。

瞀 mào〈文〉❶ 形 眼睛昏花 ▷～病｜～眩。→ ❷ 形 心绪烦乱 ▷～迷｜～惑。

懋 mào〈文〉❶ 形 勤勉 ▷～学。→ ❷ 动 勉励 ▷～赏。○ ❸ 形 盛大 ▷～功｜～典。

me

么（麽） me ❶ 词的后缀。附着在某些词根后面，构成代词、副词等 ▷这～｜那～｜怎～｜什～｜多～｜要～。○ ❷ 歌词中的衬字 ▷二呀～二郎山，高呀～高万丈。☛ 跟“幺(yāo)”不同。

“麽”另见967页mó。

嚜 me 助 用法同“嘛(ma)”。

méi

没 méi ❶ 动 没有；无（跟“有”相对）。a）对领有、具有的否定 ▷手里～钱｜这本书～看头儿。b）对存在的否定 ▷街上～车｜今天～人来。c）表示数量不足，相当于“不到” ▷用了～两天就坏了｜这间屋子肯定～10平方米。d）用于比较，表示不及，相当于“不如” ▷弟弟～哥哥高｜谁都～他跑得快。→ ❷ 副 未；不曾（对“已然”“曾经”的否定）▷我～看过他演的电影｜衣服～干｜病还～好利落。☛ ㊀读mò，指沉入水中，如“沉没”；引申指消失、没收等，如“神出鬼没”“罚没”。读méi，基本义指无。㊁右上是“几”，末笔不带钩。㊂两个“没”连用，构成“没……没……”格式：1. 用在两个意义相近或相关的词前，强调没有。如：没遮没拦、没羞没臊、没心没肺。2. 用在两个意义相反或相对的词前，表示应区别而未区别。如：没日没夜、没轻没重。

另见970页mò。

【没边儿】méibiānr 形〈口〉形容行为、言语等没有底线或离实际太远 ▷价格高得～，谁还买？｜大话说得太～了。

【没承想】méichéngxiǎng 没有想到；出乎意料 ▷～事情会办得这么糟。

【没词儿】méicír 动〈口〉没有话可说；无言对答 ▷在人证、物证面前，他～了。

【没大没小】méidà-méixiǎo 不顾尊卑长幼，对老人或长辈没有礼貌和分寸 ▷～的，太不懂事了！

【没的说】méideshuō 没说的。

【没底】méidǐ 形 形容心中无数或没有把握 ▷这次数学考试能否考好，我实在～。

【没法儿】méifǎr ❶ 动 没有办法 ▷这样棘手的事，真是～解决。也说没法子。❷ 动 不可能；绝不会 ▷这个人好得～再好了｜你跟他相处多年，他的脾气你～不知道。

【没分晓】méifēnxiǎo ❶ 不明事理；没分寸 ▷净说一些～的话。❷（事情）还没结果；（情况）

还不清楚 ▷那事还～，有了结果再告诉你。

【没关系】 méiguānxi〈口〉不要紧 ▷说错了～。

【没好气】 méihǎoqì 没有好情绪，容易发脾气 ▷他这几天～，见谁顶谁。

【没话找话】 méihuà-zhǎohuà 本来没话，却故意找个话题来说，以便破除尴尬、缓解气氛。

【没家没业】 méijiā-méiyè 形容没有独立成家或没有家产。

【没劲】 méijìn ❶ 动 没有力气 ▷累得～了。❷ 形 没意思；没有趣味（表示不满）▷这种人真～｜这阵子天天应酬，真～。

【没精打采】 méijīng-dǎcǎi 无精打采。☛ 不宜写作"没精打彩"。

【没空儿】 méikòngr 动 没有空闲的时间 ▷忙得～打球。

【没来由】 méiláiyóu 无缘无故。

【没脸】 méiliǎn 形 没有脸面；不好意思 ▷～见人｜～向人开口。

【没门儿】 méiménr〈口〉❶ 动 没有门路；没有办法 ▷我实在～，帮不上你。❷ 动 不可能；办不到 ▷想让他帮忙，～！｜想把我挤走，～！

【没命】 méimìng〈口〉❶ 动 丧失性命 ▷让车撞上就～了。❷ 动 不顾一切；拼命 ▷～地干。

【没跑儿】 méipǎor 动〈口〉毫无疑问；一定是这样 ▷冠军是我们的，～啦！

【没皮没脸】 méipí-méiliǎn 形容不知羞耻，不顾脸面 ▷这人怎么这样～，你不给他就要赖。

【没脾气】 méipíqi〈口〉❶ 没有易怒的性情 ▷这人～，怎么惹他，他都不恼。❷ 指由于某种原因而无法发脾气 ▷技不如人，球输得～。

【没谱儿】 méipǔr〈口〉❶ 动 没把握；心中无数 ▷如何完成这项任务，他心中～。❷ 形 没准儿；不可靠 ▷他说话～，别听他的。

【没轻没重】 méiqīng-méizhòng 言行不知轻重，没有分寸 ▷孩子小，说话～的，别介意。

【没趣】 méiqù 形 处境尴尬；没有面子 ▷自讨～｜人们都不理他，他觉得很～。

【没日没夜】 méirì-méiyè 不分白天黑夜 ▷活儿太多，就是～地干也干不完。

【没臊】 méisào 形 没羞。

【没商量】 méishāngliang 没有商讨的余地 ▷他是个犟脾气，说走就走，～！

【没什么】 méishénme 没关系；不要紧 ▷这次没考上～，下次再努力。

【没事】 méishì ❶ 动 没有事情做 ▷他～就爱下象棋。❷ 动 没有发生事故或意外 ▷放心吧，～了。❸ 动 没关系 ▷不要介意，～！

【没事人】 méishìrén 名 对某事好像与己无关、满不在乎的人 ▷捅了大娄子还像～一样｜生了病还跟～似的。

【没说的】 méishuōde〈口〉❶ 没有可以指责或挑剔的 ▷他干活儿，～。❷ 表示理所当然，不需要商量或申说 ▷这个忙一定帮，咱哥俩～。

【没挑儿】 méitiāor 形 没什么可以挑剔的；非常完美 ▷说长相，论人品，他都是～的。

【没头苍蝇】 méitóu-cāngying 形容盲目行动、乱闯乱撞 ▷他就像只～似的四处乱窜。

【没头没脑】 méitóu-méinǎo ❶ 事情缘由或来龙去脉表述不清 ▷她～地说了半天我也没听明白。❷ 不讲原因，不分轻重 ▷～地把他呵斥了一顿｜怎能～乱打孩子？

【没完】 méiwán ❶ 动（事情）没有完结。❷ 动 决不善罢甘休 ▷他敢要赖，我跟他～！

【没完没了】 méiwán-méiliǎo 形容不停止或不了结 ▷雨一下起来就～的｜他～地说个不停。

【没问题】 méiwèntí 不存在问题；有把握 ▷～，我这就去办｜这活儿交给他准～。

【没戏】 méixì 动〈口〉指没可能、没前途 ▷别坚持了，这盘棋你恐怕～了。也说没戏唱。

【没心没肺】 méixīn-méifèi ❶骂人没有良心。❷形容人没有心机或不动脑筋。

【没羞】 méixiū 形 不知害羞 ▷～没臊｜真～！

【没样儿】 méiyàngr〈口〉❶ 形 失去原来的模样，形容变化大（多用于不正常的变化）▷他瘦得～了。❷ 形 形容没有规矩 ▷这孩子淘气得～。

【没意思】 méiyìsi ❶没有情趣；无聊 ▷成天搓麻将，真～！❷ 令人不感兴趣 ▷这部小说～。

【没影儿】 méiyǐngr ❶ 动 没有踪影 ▷他溜得真快，一会儿就～了。❷ 形 不存在的；没根据的 ▷别听他胡说，全是～的事。

【没用】 méiyòng ❶ 动 不中用 ▷这么简单的活儿也不会干，真～！❷ 动 没有用处；起不了作用 ▷不会骑，再好的车也～。

【没有】 méiyǒu ❶ 动 "没（méi）"①。❷ 副 "没（méi）"②。☛ 口语中多说"没（méi）"。

【没缘】 méiyuán 动 没有缘分；没有机遇 ▷他俩～，谈恋爱两年，还是吹了。

【没遮没拦】 méizhē-méilán ❶ 没有遮拦 ▷广场上～，太阳晒得厉害。❷ 比喻无约束、无顾忌（多用于说话方面）▷一着急说话就～了。

【没辙】 méizhé 动〈口〉没有办法（跟"有辙"相对）▷事情到了这个地步，就～了。

【没治】 méizhì〈口〉❶ 形 形容情况很坏，难以整治和挽救 ▷他俩的关系一直很僵，简直～了。❷ 形 形容极好 ▷公司利润年年翻番，真是～了。

【没准儿】 méizhǔnr〈口〉❶ 动 说不定 ▷他～今

天不回家了。❷ 形 不可靠 ▷他的话可~。

玫 méi 名〈文〉一种美玉。☛ 跟“玖(jiǔ)”不同。

【玫瑰】méigui 名 落叶灌木,茎上密生尖刺,夏季开紫红色或白色花。花也叫玫瑰,香味浓郁,可供观赏。花瓣可以用来窨茶、提炼芳香油等;花和根可以做药材。参见插图 7 页。

【玫瑰红】méiguihóng 形 形容颜色像紫红色玫瑰花一样。也说玫瑰紫。

【玫瑰茄】méiguiqié 名 一年生草本植物,茎淡紫色,叶绿色。花萼也叫玫瑰茄,紫红色,味酸,可做饮料、调味品、果冻儿等。

【玫瑰色】méiguisè 名 像玫瑰花那样的紫红色。

【玫瑰香】méiguixiāng ❶ 名 一种类似玫瑰花气味的芳香类型。❷ 名 指具有玫瑰花香味的葡萄品种。果实可以食用,也可以酿酒、制果汁。

枚 méi ❶ 名 像筷子一样的木制品,古代行军时放口中以免发声 ▷衔~。→ ❷ 量 a)用于形体扁而小的东西 ▷一~铜钱|一~棋子|两~邮票|三~勋章。b)用于某些形体较大的武器 ▷一~火箭|两~导弹。○ ❸ 名 姓。

【枚举】méijǔ 动 一个一个列举 ▷不胜~。

眉 méi ❶ 名 眉毛 ▷~开眼笑|描~。→ ❷ 名 书页正文上方空白处 ▷书~|~批。

【眉笔】méibǐ 名 描眉的笔,笔芯用炭黑制成。

【眉端】méiduān ❶ 名 眉头 ▷愁上~。❷ 名 指书页最上面的空白部分 ▷~写满了批语。

【眉飞色舞】méifēi-sèwǔ 形容高兴或得意的神态。

【眉峰】méifēng 名 眉毛隆起处;借指眉头 ▷勾勒~|~微皱。

【眉高眼低】méigāo-yǎndī 指脸上的表情、神色的变化 ▷遇事看人~,我做不来。也说眉眼高低。

【眉弓】méigōng 名 眉棱。因弯曲如弓,故称。

【眉嵴】méijí 名 眉棱 ▷猿人前额低平,~凸出。

【眉睫】méijié 名 眉毛和睫毛;借指眼前,多形容十分急迫 ▷治理污染迫在~。

【眉开眼笑】méikāi-yǎnxiào 形容非常高兴的神态。

【眉来眼去】méilái-yǎnqù 形容互相爱慕的双方用眉眼传情;比喻暗中勾结。

【眉棱】méiléng 名 额下凸起呈棱状的长眉毛的部位。也说眉弓。

【眉毛】méimao 名 人眼眶上缘丛生的毛。

【眉毛胡子一把抓】méimao húzi yībǎzhuā 比喻办事不分轻重缓急;也比喻把不同的事情混在一起。

【眉目】méimù ❶ 名 眉毛和眼睛;借指容貌 ▷~传情|~灵秀。❷ 名(文章的)条理;纲目 ▷文章虽长,但~清楚。

【眉目】méimu 名 事情的头绪 ▷那件事已经有了~。

【眉批】méipī 名 在书刊或文稿上方空白处写的批语或注解。

【眉清目秀】méiqīng-mùxiù 形容容貌清秀英俊。

【眉梢】méishāo 名 眉毛外侧的末梢 ▷喜上~。

【眉题】méití 名 报刊上的引入性、提示性副标题,排在主标题的上方,字号略小。也说引题。

【眉头】méitóu 名 双眉内侧的部位 ▷皱紧~。

【眉头一皱,计上心来】méitóuyīzhòu,jìshàngxīnlái 略经思考,就有主意了。

【眉线】méixiàn 名 用眉笔在眉棱上描画的线。

【眉心】méixīn 名 双眉中间的地方。

【眉眼】méiyǎn 名 眉毛和眼睛;借指容貌;也借指眼色、神情 ▷这孩子的~真像她妈|一看~就知道他正在生气。

【眉宇】méiyǔ 名〈文〉双眉的上方。借指容貌 ▷~间多了几分沉静和庄重。

【眉月】méiyuè 名 形状如眉的新月 ▷一弯~。

莓 méi 名 灌木或多年生草本植物,果实聚生在球形花托上。有的果实可以吃,有的还可以做药材。有山莓、草莓、蛇莓等种类。

娒 méi 用于人名。

梅(*楳槑) méi ❶ 名 落叶乔木,早春开花,花瓣多为 5 片,有白、红、粉红等色,气味清香,供观赏。果实叫梅子,球形,味酸,可以吃,也可以做药材。○ ❷ 名 姓。

【梅毒】méidú 名 一种性病,由梅毒螺旋体引起。初期在外生殖器部位发生硬下疳,中期全身皮肤发疹,后期可发展成心血管梅毒、神经梅毒或其他组织脏器的梅毒。也说杨梅疮。

【梅干菜】méigāncài 名 霉干菜。

【梅花】méihuā ❶ 名 梅树的花。❷ 名 有的地区指蜡梅。

【梅花鹿】méihuālù 名 鹿的一种。夏季毛色棕红,背部有梅花状白斑;冬季毛变棕黄色,白斑不明显。四肢细长,善于奔跑和跳跃。雄鹿第二年起生角,初生的角叫鹿茸。属国家保护动物。参见插图 1 页。

【梅花拳】méihuāquán 名 武术拳种,立于木桩上练习。布桩图形和桩势有多种。套数如行云流水,变化多端,快而不乱。也说梅花桩。

【梅花参】méihuāshēn 名 海参中最大的一种,体长可达 1 米,背部的肉刺基部相连呈梅花瓣状。是海参中的上品。

【梅花针】méihuāzhēn 名 中医针刺皮肤用的工具。针柄的一端装 5 枚小针,形如梅花,故称。

【梅开二度】méikāi'èrdù 梅花开放后再一次开放。比喻又一次获得成功 ▷她禁区内劲射

得手，～，帮助女足扩大领先优势|恭喜师姐～，再次荣获中国戏剧梅花奖。

【梅雨】méiyǔ 名 指夏初出现在江淮流域的连阴雨。其时梅子黄熟，故称。也说黄梅雨。☛ 参见936页“霉雨”的提示。

【梅子】méizi 名 梅树的果实。

脢 méi 名 某些地区指猪、牛等动物脊背上的肉 ▷～子肉（里脊）。

郿 méi 名 郿县，地名，在陕西，现在改为“眉县”。

嵋 méi 峨嵋（éméi） 名 山名，在四川。现在一般写作“峨眉”。

猸 méi［猸子］méizi 名 鼬獾的通称。哺乳动物，身体比猫小，毛棕、灰、白色相间。栖息在树林或岩石间，杂食。产于我国长江下游以南各省。也说山獾。

湄 méi 名〈文〉岸边 ▷所谓伊人，在水之～。

媒 méi ❶ 名 媒人 ▷～妁|大～|做～。→ ❷ 名 媒介 ▷溶～|～质|传～。→ ❸ 动 介绍婚姻 ▷～婆|～人。

【媒介】méijiè 名 起介绍或引导作用，使双方（人或事物）发生联系的人或事物 ▷新闻～|唾液飞沫是传播疾病的～。

【媒婆】méipó 名 旧时以介绍婚姻为业的妇女。

【媒人】méiren 名 介绍婚姻的人。

【媒妁】méishuò 名〈文〉媒人 ▷～之言。

【媒体】méitǐ 名 传播和交流信息的各种载体，如电视、广播、报刊等。

【媒质】méizhì 名 介质。

瑂 méi 名〈文〉一种像玉的美石。

楣 méi 名 门框上方的横木 ▷门～。

煤 méi 名 一种黑色固体可燃矿物。是埋在地下的古代植物经过复杂的生物化学变化，并经受高温高压而形成。主要成分是碳、氢、氧和氮。依煤化程度可分为泥炭、褐煤、烟煤和无烟煤。主要用作燃料和化工原料。也说煤炭。

【煤饼】méibǐng 名 煤末掺黏土制成的饼形煤块。用作燃料。

【煤层】méicéng 名 地下岩层之间的煤炭层。

【煤尘】méichén 名 粉尘状的煤末。

【煤矸石】méigānshí 名 与煤伴生的比煤坚硬的黑灰色岩石，含碳量较低，不易燃烧。

【煤耗】méihào 名 以煤为能源的设备做出单位功效所需消耗的煤量。

【煤核儿】méihúr 名 煤块或煤球的中心没有烧透的部分。☛“核”这里不读 hé。

【煤焦油】méijiāoyóu 名 干馏煤炭所得到的黑褐色有臭味的黏稠液体。是多种有机物的混合物，可从中提取苯、酚等化工原料，也是人造石油的原料。也说煤黑油。

【煤斤】méijīn 名 煤的统称。

【煤精】méijīng 名 一种特殊的煤，质地细密坚硬，黝黑有光泽，多用来雕刻工艺品。

【煤矿】méikuàng 名 蕴藏或开采出煤炭的地方。

【煤炉】méilú 名 以煤作燃料的炉子。

【煤末】méimò 名 粉末状的煤。

【煤坯】méipī 名 指经过加工的煤制品。如煤球、煤饼、煤砖等。

【煤气】méiqì ❶ 名 由固体燃料或液体燃料经干馏或汽化得到的气体。主要成分是氢、烷烃、烯烃、一氧化碳等，有毒，可用作燃料和化工原料。❷ 名 煤炭不完全燃烧时产生的有毒气体。主要成分是一氧化碳 ▷～中毒。❸ 名 液化石油气的俗称。

【煤气包】méiqìbāo 名 贮存煤气、天然气的密封囊袋。

【煤气灯】méiqìdēng 名 本生灯的通称。用煤气作燃料的一种主要供实验加热用的灯，由一个长管和一个套在外面的短管组成。由德国化学家本生发明。

【煤气罐】méiqìguàn 名 装液化石油气的钢瓶。

【煤气机】méiqìjī 名 以煤气、天然气、沼气等可燃气体为燃料的内燃机。

【煤气灶】méiqìzào 名 用煤气作燃料的灶具。

【煤球】méiqiú 名 煤末掺黏土加水制成的小圆球，用作燃料。

【煤炭】méitàn 名 煤 ▷～工业。

【煤田】méitián 名 含煤地层比较连续且分布范围较广的产煤地带。

【煤屑】méixiè 名 煤的碎末儿。

【煤烟子】méiyānzi 名 煤等物体燃烧时冒出的黑烟所聚积成的粉末。是制墨的主要原料。

【煤窑】méiyáo 名 指用土法采掘的小型煤矿。

【煤油】méiyóu 名 从石油中分馏、裂化出来的一种无色液体。挥发性低于汽油、高于柴油，作燃料和照明用 ▷～灯|～炉。

【煤油灯】méiyóudēng 名 利用煤油燃烧发光的照明灯具。

【煤油炉】méiyóulú 名 用煤油作燃料的炉具。

【煤渣】méizhā 名 煤炭燃烧后剩下的没有烧透的部分。

【煤砟子】méizhǎzi 名 小块儿煤。

【煤砖】méizhuān 名 煤末掺黏土加水制成的砖形煤块，用作燃料。

酶 méi 名 生物体的细胞分泌的具有催化能力的高分子物质，可以促进体内的氧化作用、消化作用、发酵等，如蛋白酶、淀粉酶、凝血酶等。酶制剂广泛应用于食品、皮革、纺织、石油等工业以及医药卫生等方面。

镅(鎇) méi 名 金属元素,符号 Am。银白色,有放射性,由人工核反应获得。

鹛(鶥) méi 名 鸟,嘴尖尾长,羽毛多为棕褐色。叫声婉转动听,可供观赏。种类很多,我国常见的有画眉、红顶鹛等。

霉(黴) méi ❶ 动 孳生霉菌而变质 ▷～烂|发～。→ ❷ 名 霉菌。

【霉斑】méibān 名 霉变的斑痕 ▷衣服上有～。

【霉变】méibiàn 动 发霉变质 ▷食物～。

【霉干菜】méigāncài 名 一种干菜,以芥(jiè)菜、雪里蕻等为原料,经盐渍、晾晒等工序制成。也说梅干菜。

【霉菌】méijūn 名 能生出可见菌丝的真菌的统称。种类很多,常见的有根霉、毛霉、曲霉和青霉等。有的可用来生产工业原料和制造抗生素;有的可使人和动植物产生病害。

【霉烂】méilàn 动 发霉腐烂。

【霉气】méiqì 名 发霉的气味。

【霉损】méisǔn 动 因霉变而受损 ▷粮食～严重。

【霉天】méitiān 名 下霉雨的天气。

【霉雨】méiyǔ 名 梅雨。梅雨天气衣物容易发霉,故称。☛ 跟"梅雨"不同。"霉雨"含厌恶的感情色彩。

縻 méi 名 縻子 ▷～黍。另见 946 页 mí。

【縻子】méizi 名 一年生草本植物,形状像黍子,但籽实发黑而不黏。籽实也叫縻子,磨粉后可以制作食品。也说穄(jì)子。

měi

每 měi ❶ 代 指全体中的任何个体,强调个体的共同点 ▷～组三人|～两周开一次会。→ ❷ 副 表示同一动作有规律地反复出现 ▷～逢双月出版|～到暑假,他都回老家。❸ 副〈文〉表示动作行为发生的次数多,相当于"常常" ▷言语不通,～为人所欺。

【每当】měidāng 介 引进动作行为或现象出现的时间,表示只要到了某时,就会发生某种动作、行为或现象 ▷～假期,有些家长就给孩子寻找各种培训班|～下雨,屋里就返潮。

【每逢】měiféng 动 每当遇到 ▷～星期日,孩子都要去学钢琴。

【每况愈下】měikuàng-yùxià 原作"每下愈况"。《庄子·知北游》:"正获之问于监市履豨也,每下愈况。"(正获:司正、司获,官名;监市:监管市场的人;履:踩;豨:猪;况:甚,更加)意思是用脚踩猪腿的方法来验猪,越往下踩越能看出猪的肥瘦。后讹变为"每况愈下",形容越往下发展情况越严重。

【每每】měiměi 副 常常;往往 ▷他～工作到深夜。

美[1] měi ❶ 形 好看;美丽(跟"丑"相对) ▷长得很～|家乡的景色像画一样～|俊～。→ ❷ 动 使事物变美 ▷～容|～发(fà)。→ ❸ 形 好的;令人满意的 ▷物～价廉|～名|～德。❹ 形〈口〉非常满意;得意 ▷瞧他～得不知怎么好了。〇 ❺ 名 姓。

美[2] měi ❶ 名 指美洲 ▷北～|欧～。→ ❷ 名 指美国 ▷～元|～金|～籍华人。

【美白】měibái ❶ 形(皮肤等)美丽白皙 ▷圆润～的双臂。❷ 动 使(皮肤等)美丽白皙 ▷据说用淘米水洗脸可以～|～祛斑。

【美不胜收】měibùshèngshōu 美好的东西太多,一时欣赏不过来(收:接受)。

【美餐】měicān ❶ 名 美味可口的饭菜 ▷享受～。❷ 动 满意地吃 ▷～一顿。

【美差】měichāi 名 称心的职务或工作;常指能得到好处的差事 ▷他刚毕业就求得一份待遇优厚的～|这次采访收获颇丰,真是一趟～。

【美称】měichēng ❶ 动 赞美地称作 ▷大家～她为"校花"。❷ 名 赞美的称呼 ▷送给他一个～。

【美传】měichuán 名 美好的传闻 ▷梁山伯与祝英台的故事成为～。

【美德】měidé 名 美好的品德 ▷勤劳、勇敢是中华民族的～。

【美发】měifà 动 用修剪、烫染、梳理等方式使头发美观 ▷美容～|～师。

【美感】měigǎn 名 人对于美的主观感受、体验与由此产生的愉悦感觉 ▷遍地的野花给人以生机勃勃的～。

【美工】měigōng ❶ 名 美术工作;多指电影、戏剧等艺术部门的舞台布景、道具、服装的设计制作等。❷ 名 担任美工的人员。

【美观】měiguān 形 好看;漂亮 ▷式样～|～大方。☛ 跟"美丽"不同。"美观"多用于形容物品,一般不形容人;"美丽"既可形容物品,也可形容人。

【美好】měihǎo 形 好的;令人愉快幸福的(多用于抽象事物) ▷～的生活|前途～。

【美化】měihuà ❶ 动 通过装饰、点缀使美观 ▷栽树植草,～环境。❷ 动 把坏的说成好的,丑的说成美的 ▷不要～自己。

【美景】měijǐng 名 美好的景色 ▷良辰～。

【美酒】měijiǔ 名 好酒。

【美丽】měilì 形 好看;能给人美感的 ▷～的容貌◇让青春更～。☛ ㊀参见本页"美观"的提示。㊁参见 762 页"俊俏"的提示。

【美轮美奂】měilún-měihuàn《礼记·檀弓下》:"晋献文子成室,晋大夫发焉。张老曰:'美哉轮焉，美哉奂焉。'"(轮：轮囷，古代圆形仓库，形容高大；奂：众多)后用"美轮美奂"形容房屋高大众多、宏伟壮丽；现也形容景色、装饰等非常美好。☛ 不宜写作"美仑美奂"。

【美满】měimǎn 形 美好圆满 ▷家庭～。☛ 跟"圆满"不同。"美满"强调的是幸福愉快，多形容生活、家庭、婚姻等的状况；"圆满"强调的是完整无缺，多形容会议、活动等的结果。

【美盲】měimáng 名 对缺乏美学常识和审美观念的人的谑称。

【美貌】měimào ❶ 名 美丽的容貌 ▷他看重的不只是她的～。❷ 形 容貌美丽 ▷她比电影里的林黛玉更加～。

【美美】měiměi 副〈口〉畅快、尽情地；舒舒服服地 ▷～地洗个热水澡|～地玩上一天。

【美梦】měimèng 名 好梦；借指美好的愿望 ▷～成真|黄粱～。

【美妙】měimiào 形 美好；绝妙 ▷～的年华。

【美名】měimíng 名 美好的名声或名称 ▷享有～|千古～传。

【美男子】měinánzǐ 名 英俊的男子。

【美女】měinǚ 名 年轻貌美的女子。

【美其名曰】měiqímíngyuē 故意为它起一个美好的名称叫做(多用于贬义) ▷明明是侵略，却～援助。

【美缺】měiquē 名 令人羡慕的职位空额；肥缺。

【美人】měirén 名 美貌的女子。

【美人计】měirénjì 名 用美女作诱饵使人上当受骗的计谋。

【美人蕉】měirénjiāo 名 多年生草本植物，叶子大而厚实，长椭圆形，形似芭蕉。四季开花，花红色或黄色，可供观赏。根状茎和花可做药材。参见插图 8 页。

【美容】měiróng 动 用修饰、护理等方式使容貌美丽 ▷～师。

【美容霜】měiróngshuāng 名 用以美化滋润皮肤的膏剂化妆品。

【美色】měisè 名 美好的姿色；也指美女 ▷～动人|不为金钱和～所诱惑。

【美声唱法】měishēng chàngfǎ 一种歌曲演唱技巧，起源于意大利。发声气息饱满，音色优美，音与音的连接平滑流畅，多用花腔装饰，乐句流利灵活。

【美食】měishí 名 色、香、味都好的食品。

【美食家】měishíjiā 名 对饮食有研究，善于品尝、鉴别美味佳肴的人。

【美事】měishì 名 美好的事情。

【美术】měishù 名 造型艺术，包括绘画、雕塑、工艺美术、建筑艺术等门类；特指绘画艺术。

【美术馆】měishùguǎn 名 专门储藏、保管、陈列、展览美术作品的机构。

【美术片】měishùpiàn 名 用动画、木偶、剪纸等美术手段表现故事情节的影视片。口语中也说美术片儿(piānr)。

【美术字】měishùzì 名 具有图案性、装饰性的字体。常用于牌匾、广告、宣传画等。

【美谈】měitán 名 人们乐于称道的好事或谈话资料 ▷木兰从军的故事至今传为～。

【美体】měitǐ 动 使体形优美 ▷这种锻炼方式既～，又健身。

【美味】měiwèi 名 鲜美的滋味；味道鲜美的食品 ▷～佳肴|品尝～。

【美学】měixué 名 研究人对现实的审美关系和审美意识，美的创造、发展及其规律的科学。

【美言】měiyán ❶ 名 美好的言辞 ▷不为～所惑。❷ 动 替人说好话 ▷帮我～几句。

【美艳】měiyàn 形 漂亮艳丽 ▷服饰～|～动人。

【美意】měiyì 名 美好的心意 ▷你的～我心领了。

【美玉】měiyù 名 美观优质的玉石。

【美育】měiyù 名 关于审美与创造美的教育。通过对艺术美、自然美、社会美的审美活动和理性美学教育，培养健康的审美情趣，提高对于美的欣赏力和创造力。

【美誉】měiyù 名 美好的声誉；美名 ▷享有全国十佳运动员的～。

【美元】měiyuán ❶ 名 美国本位货币。❷ 量 美国的本位货币单位，1 美元等于 100 分。‖也说美金、美钞。

【美圆】měiyuán 现在一般写作"美元"。

【美制】měizhì 名 一种单位制，以秒、磅、英尺分别作为时间、质量、长度的主单位。美制与英制在相应的某些单位的实际数值上略有差别。

【美中不足】měizhōng-bùzú 总体上很好，但还有缺点。

【美洲】měizhōu 名 亚美利加洲的简称。位于西半球，东临大西洋，西濒太平洋，北接北冰洋，南隔德雷克海峡同南极洲相望。由北美和南美两个大陆及邻近许多岛屿组成。总面积约 4220 万平方千米。

【美滋滋】měizīzī 形 形容非常高兴或满足 ▷看到儿女们有出息，老人心里～的。

浼 měi〈文〉❶ 动 污染；玷污。○ ❷ 动 请托；央求。

渼 měi 名〈文〉水波。

媄 měi 形〈文〉貌美；柔美(多用于女性) ▷娇～。

镁(鎂) měi ❶ 名 金属元素，符号 Mg。银白色，燃烧时发出极亮的白光。镁粉可制造焰火、照明弹等，铝镁合金可以制作航空器材。○ ❷ 名 姓。

【镁肥】měiféi 名 以镁元素为主的肥料。如硫酸镁、白云石等。能促使植物对磷的吸收，有利于幼嫩组织的发育和种子的成熟。

【镁光灯】měiguāngdēng 名 一种闪光灯，在灯泡内装入镁粉，通电时镁粉燃烧发出瞬间强光。多用于摄影时的瞬间照明。

mèi

沬 mèi 名 商朝的都城，在今河南汤阴南。也说朝(zhāo)歌。☛ 跟“沫(mò)”不同。

另见 616 页 huì。

妹 mèi ❶ 名 妹妹 ▷二～|堂～。→ ❷ 名 亲戚中同辈而年龄比自己小的女子 ▷表～。→ ❸ 名 年轻女子 ▷打工～。○ ❹ 名 姓。☛ 跟“妺(mò)”不同。

【妹夫】mèifu 名 妹妹的丈夫。

【妹妹】mèimei 名 同父母(或只同父、只同母)或同族同辈中年龄比自己小的女子。

【妹婿】mèixù 名〈文〉妹夫。

【妹子】mèizi ❶ 名〈口〉妹①②。❷ 名 某些地区称女孩子 ▷川～(四川女孩儿)。

昧 mèi ❶ 形〈文〉昏暗 ▷幽～|～爽(拂晓)。→ ❷ 形 糊涂；无知 ▷蒙～|愚～。❸ 动 不了解 ▷素～平生。→ ❹ 动 隐匿；背(bèi)着 ▷拾金不～|～着良心。○ ❺ 动 冒犯 ▷冒～。☛ 跟“眛(mò)”不同。

【昧良心】mèiliángxīn 违背良心 ▷做事不能～。

【昧心】mèixīn 动 昧良心 ▷不干～事，不说～话。

袂 mèi 名〈文〉袖子 ▷联～|分～。☛ 不读 jué。

谜(謎) mèi [谜儿] mèir 名〈口〉谜语 ▷猜～|破～。

另见 946 页 mí。

寐 mèi ❶ 动〈文〉睡着(zháo)(跟“寤”相对) ▷夜不能～|梦～以求。○ ❷ 名 姓。☛ 左下“爿”不能简化成“丬”。

媚 mèi ❶ 动〈文〉喜爱 ▷我既～君姿，君亦悦我颜。→ ❷ 动 故意讨人喜爱；巴结 ▷～外|谄～。❸ 形 谄媚的 ▷～态|奴颜～骨。❹ 名 谄媚的姿态 ▷献～。→ ❺ 形 可爱；美好 ▷妩～|娇～|春光明～。

【媚骨】mèigǔ 名 指奉承谄媚的卑劣品质 ▷他没有丝毫的奴颜和～。

【媚气】mèiqì 形 妩媚动人 ▷这个姑娘挺～的。

【媚世】mèishì 动 迎合世俗。

【媚俗】mèisú 动 媚世 ▷不贪功，不～。

【媚态】mèitài ❶ 名 娇媚的姿态 ▷动人的～。❷ 名 巴结讨好的丑态 ▷胁肩谄笑，～十足。

【媚外】mèiwài 动 奉承迎合外国 ▷崇洋～。

【媚笑】mèixiào 动 妩媚地笑。

【媚眼】mèiyǎn 名 娇美动人的眼睛或眼神。

【媚悦】mèiyuè 动 故意讨别人的欢心 ▷～世俗。

魅 mèi ❶ 名〈文〉传说中的鬼怪 ▷鬼～。→ ❷ 动 诱惑；吸引 ▷～惑|～人。

【魅惑】mèihuò 动 诱惑；使人迷惑 ▷他被金钱所～，走上了犯罪的道路。

【魅力】mèilì 名 吸引人、感动人的力量 ▷人格～。

【魅人】mèirén 形 迷人；吸引人 ▷才艺～。

mēn

闷(悶) mēn ❶ 形 空气不流通 ▷天气又～又热|这屋子窗户小，太～。→ ❷ 动 密闭使不透气 ▷盖上锅盖再～一会儿|茶～一～才好喝。⇒ ❸ 动 待在家里不出门 ▷不要一个人老～在家里。⇒ ❹ 形 声音低沉 ▷～声～气|这把胡琴声音发～。❺ 动 不说话；不张扬 ▷～头儿干。

另见 940 页 mèn。

【闷沉沉】mēnchénchén ❶ 形 闷气 ▷天气又阴又热，～的。❷ 形 (周围的)气氛压抑、沉重 ▷会场～的，半天没人说话。❸ 形 形容声音低沉 ▷脆生生的鸥鸣，～的涛声。☛ 跟“闷(mèn)沉沉”不同。

【闷气】mēnqì 形 气压低或空气不流通，使人感到喘不过气来 ▷屋里挺～的，开一下窗户吧。☛ 跟“闷(mèn)气”不同。

【闷热】mēnrè 形 又闷又热 ▷天气～。

【闷声不响】mēnshēng-bùxiǎng 不吭声；不说话。

【闷声闷气】mēnshēng-mēnqì 形容说话声音含混低沉。

【闷头儿】mēntóur 副〈口〉不声不响地(做事) ▷～学习|～干活儿|闷着头儿苦读。

mén

门(門) mén ❶ 名 建筑物或车、船、飞机等的出入口；也指安装在出入口可以开关的障蔽装置 ▷在院墙上开个～|车～|防盗～。→ ❷ 名 器物上某些可以打开和关闭的部分 ▷冰箱的～坏了|柜～儿。→ ❸ 名 起开关作用或像门的东西 ▷闸～|球～。❹ 名 特指人身体的孔窍 ▷肛～|贲～。→ ❺ 名 家族或家庭 ▷～风|寒～。❻ 名 学术、思想或宗教上的派别 ▷佛～|会道～|旁～左道。⇒ ❼ 名 特指老师或师傅的门庭 ▷同～弟子|～生|～徒。⇒ ❽ 名 泛指一般事物的类别 ▷分～别类|五花八～|

专～。❾ 名 生物学分类范畴的第二级。门以上是界，门以下是纲、目、科、属、种 ▷脊索动物～|被子植物～。⇒ ❿ 量 a)用于功课、科学技术等 ▷三～课程|一～科学。b)用于亲戚、婚事等 ▷一～亲戚|这～亲事。c)用于火炮 ▷一～迫击炮。→ ⓫ 名 途径；诀窍 ▷不摸～儿|～路|窍～儿。○ ⓬ 名 借指引起公众关注的丑闻 ▷虐囚～|黑金～。⓭ 名 姓。

【门巴】ménbā 名 藏族人对医生的称呼。

【门巴族】ménbāzú 名 我国少数民族之一。主要分布在西藏。

【门把】ménbǎ 名 门上的把手；拉手。☛"把"这里不读 bà。

【门板】ménbǎn ❶ 名 用木板做的门扇。❷ 名 临街店铺夜里用来作门用的木板（一般有若干块），关门时装上，开门时卸下。

【门鼻儿】ménbír 名 钉在门上的一种金属物，中空，半圆形。钌铞儿(liàodiàor)扣在上面，可以在露出的孔中挂上锁。

【门匾】ménbiǎn 名 挂在门额上的匾。

【门钹】ménbó 名 安装在旧式大门上的金属构件，形状像钹，装有环。叫门时用环击打门钹发出声音。

【门插关儿】ménchāguanr 名 安在旧式门上的短门闩。

【门窗】ménchuāng 名 门和窗的合称。

【门当户对】méndāng-hùduì 旧指婚姻双方家庭的社会地位、经济状况等相当。

【门道】méndào 名 过道②。

【门道】méndao 名 门路①；窍门 ▷发财的～。

【门第】méndì 名 旧指家庭的社会地位和文化状况等 ▷书香～|～显赫。

【门店】méndiàn 名 店铺。

【门丁】méndīng 名 旧时大宅院的看门人。

【门钉】méndīng 名 宫殿、庙宇等大门上一行行的半球形装饰物。

【门洞】méndòng 名 大门内有顶的过道；也指大门。

【门斗】méndǒu 名 屋门或厅室入口处设置的小间，内外各设一道门，有挡风、防寒作用。

【门对】ménduì 名 门联。

【门墩】méndūn 名 承载门扇转轴的石墩或木墩。

【门额】mén'é 名 门楣上边的部分 ▷～上挂着一块横匾。

【门阀】ménfá 名 指封建时代有功勋的世家或名门望族、官宦人家。

【门房】ménfáng ❶ 名 大门口内侧供看门人使用的房子。❷ 名 借指看门的人。

【门扉】ménfēi 名 门扇。

【门风】ménfēng 名 指一家、一族世代传承的道德风尚和处世准则 ▷有辱～。

【门缝】ménfèng 名 门扇与门扇间的缝隙。

【门岗】méngǎng 名 大门口设置的岗哨；也指在门口站岗的人 ▷～旁边有个公示栏|～请我出示证件。

【门馆】ménguǎn 名 家塾；借指家塾教师。

【门户】ménhù ❶ 名 门 ▷看守～。❷ 名 比喻出入必经之地 ▷塘沽是从海上进入天津的～。❸ 名 指家庭；门第 ▷婚后另立～|出身贫寒，～低微。❹ 名 派别 ▷～之争。

【门户网站】ménhù wǎngzhàn 指通向某类综合性互联网信息资源并提供相关信息服务的大型网站。主要提供新闻、搜索引擎、聊天室、电子公告板、电子邮箱、电子商务、网络游戏、网页空间等服务。

【门户之见】ménhùzhījiàn 指学术、艺术等领域中由于派别不同而产生的偏见。

【门环】ménhuán 名 装在门上的金属环。

【门将】ménjiàng 名 守门员。

【门禁】ménjìn ❶ 名 大门口的戒备防范设施 ▷楼口安有～|指纹～。❷ 名 指守门的人（多见于近代汉语）▷～料可瞒过。

【门警】ménjǐng 名 在大门口值勤的警卫。

【门径】ménjìng 名 门路① ▷找到了治学的～。

【门镜】ménjìng 名 窥视镜。

【门卡】ménkǎ 名 用于开门的卡片状电子钥匙。也说门禁卡。☛ 使用范围比"房卡"广。

【门坎】ménkǎn 现在规范词形写作"门槛"。

【门槛】ménkǎn ❶ 名 门框下端紧靠地面的横木或石条等。❷ 名 比喻要求、条件 ▷设立入市～。☛ 不要写作"门坎"。

【门可罗雀】ménkěluóquè 门前可以张网捕雀（罗：张网捕捉）。形容宾客稀少，门庭冷落。

【门客】ménkè ❶ 名 门下客，寄食在贵族豪门家里并为他们效劳的人。如毛遂是战国时赵国公子平原君赵胜的门客。❷ 名 宋代官僚贵族之家延请的塾师。

【门口】ménkǒu 名 门的出入口；门前 ▷堵住～不让进了|车就停在～。

【门框】ménkuàng 名 门扇四周固定在墙上的框子。

【门廊】ménláng ❶ 名 连接院门和屋门的走廊。❷ 名 屋门前的廊子。

【门类】ménlèi 名 事物的类别 ▷生物有许多～。

【门帘】ménlián 名 挂在门上的帘子。

【门联】ménlián 名 门两边的对联。也说门对。

【门脸儿】ménliǎnr ❶ 名 商店的门面 ▷五间～的大药铺。❷ 名 借指商店 ▷开个小～。

【门铃】ménlíng 名 供叫门用的铃铛或电铃。

【门楼】ménlóu ❶ 名 城楼。❷ 名 大门上牌楼式的顶。

【门路】ménlù ❶ 名 解决问题的途径或诀窍 ▷开辟经营～。❷ 名 特指投机取巧、以达到个人目的的途径 ▷堵塞少数人跑官的～。

【门楣】ménméi ❶ 名 门框上边的横木。❷ 名 指门第 ▷～生辉。

【门面】ménmian ❶ 名 商店临街用于接待顾客的房屋。❷ 名 比喻事物的外表 ▷充～。

【门面房】ménmianfáng 名 铺面房。

【门面话】ménmianhuà 名 应酬性的话；表面应付性的话 ▷酒桌上讲的～。

【门牌】ménpái 名 钉在大门外面写明街巷名称和房子号码的牌子。

【门派】ménpài 名 流派；派别 ▷～林立。

【门票】ménpiào 名 游览、娱乐等场所的人场券。

【门儿清】ménrqīng 形〈口〉形容了解得非常清楚 ▷对他的底细，我～。

【门球】ménqiú ❶ 名 球类运动项目，比赛时每队五人，手持长柄木槌，交替上场击球，使球滚入三道小门，最后碰到终点杆。以双方累计得分定胜负。多在老年人中开展。❷ 名 指门球运动所用的球。实心，由合成树脂制成。

【门人】ménrén ❶ 名 门生①。❷ 名 门客①。

【门扇】ménshàn 名 安装在门框上、可以开闭的板状物。

【门神】ménshén 名 旧俗贴在门扇上的神像，用来驱鬼避邪，保卫门户。

【门生】ménshēng ❶ 名 旧时指跟从老师或前辈学习的人；弟子 ▷～故旧｜得意～。❷ 名 科举考试及第者对主考官自称门生。

【门市】ménshì 名 指商店的零售业务或某些服务行业的业务 ▷兼营批发和～。

【门市部】ménshìbù 名 商店零售货物或某些服务性行业进行业务活动的处所。

【门闩】ménshuān 名 门关闭后，横插在门内使两扇门推不开的铁棍或木棍。

【门栓】ménshuān 现在一般写作“门闩”。

【门厅】méntīng 名 成套住房大门内的厅堂。大的可以兼作客厅或饭厅。

【门庭】méntíng ❶ 名 门前和庭院 ▷～冷落。❷ 名 指家庭或门第 ▷光大～｜有辱～。

【门庭冷落】méntíng-lěngluò 门口和庭院冷冷清清。形容上门交往的人稀少。

【门庭若市】méntíng-ruòshì 门口和庭院像集市一样热闹。形容上门交往的人很多。

【门童】méntóng ❶ 名 宾馆、酒店等营业场所中站在大门口，迎送客人、为客人服务的青年员工(多为男性)。❷ 名 古代指未满 20 岁的仆人或学生、徒弟。

【门徒】méntú 名 弟子；徒弟。

【门外汉】ménwàihàn 名 不懂行的人 ▷对于绘画，我是个～。

【门卫】ménwèi 名 门口的守卫人员。

【门下】ménxià ❶ 名 指老师或师傅的教导之下 ▷先生～的高徒。❷ 名 门客①。❸ 名 门生；弟子 ▷我们都是陈先生的～。

【门限】ménxiàn 名〈文〉门槛①。

【门牙】ményá 名 切牙的通称。牙齿的一种，人的上下颌前方中部的各 4 枚牙齿。也说门齿。

【门诊】ménzhěn 动 医生在医院或诊所给前来挂号就医的病人治病 ▷～病人。

【门子】ménzi ❶ 名 旧指衙门或大户人家看门的人。❷ 名 门路② ▷走～｜托～。❸ 量〈口〉用于亲戚、婚事等 ▷有两～好亲戚。

们(們) mén 用于地名。如：图们江，水名，源出吉林，流入日本海；图们，地名，在吉林。

另见 941 页 men。

扪(捫) mén 动 摸；按 ▷～心自问。

【扪心】ménxīn 动 摸着胸口。表示自我反省 ▷～无愧｜清夜～。

【扪心自问】ménxīn-zìwèn 摸着胸口问自己。指自我反省。

汶 mén [汶汶]ménmén 形〈文〉形容污浊的样子 ▷人又谁能以身之察察，受物之～者乎？

另见 1443 页 wèn。

钔(鍆) mén 名 金属元素，符号 Md。有放射性，由人工核反应获得。

璊(璊) mén 名〈文〉一种红色的玉。

亹 mén 名〈文〉山峡中两岸对峙像门的地方。☛ 地名“亹源”(在青海)现在改为“门源”。

另见 1432 页 wěi。

mèn

杏 mèn [杏塘]mèntáng 名 地名，在广西。

闷(悶) mèn ❶ 形 烦；不痛快 ▷心里～得慌｜烦～｜～～不乐。→ ❷ 名 烦闷的心情 ▷解～儿。→ ❸ 形 封闭的；不透气的 ▷～葫芦罐儿｜～子车。☛ 读 mèn，多跟心情有关；读 mēn，多跟不透气有关，如“闷热”。

另见 938 页 mēn。

【闷沉沉】mènchénchén 形 形容心情郁闷 ▷心里～的。☛ 跟“闷(mēn)沉沉”不同。

【闷堵】mèndǔ 形 烦闷 ▷挨了批心里～得很。

【闷罐儿】mènguànr 名 密闭的罐子。

【闷罐车】mènguànchē 名 铁路运输上指没有窗子的货车车厢，像个闷罐儿。也说闷子车。

【闷棍】mèngùn ❶ 名 古代一种棍状兵器；多指乘人不备时打来的棍棒 ▷他夜晚赶路时，挨了一～。❷ 名 比喻暗中的或突然的打击 ▷提防所谓朋友从背后打来的～。

【闷葫芦】mènhúlu 名 没有打开的葫芦。比喻令人不解的事或不爱说话的人 ▷猜不透的～｜～终于说话了。

【闷葫芦罐儿】mènhúluguànr 扑满。

【闷酒】mènjiǔ 名 心情烦闷时自斟自饮的酒 ▷～伤身。

【闷倦】mènjuàn 形 烦闷厌倦，精神不振 ▷整天一个人待在家里，实在～得很。

【闷雷】mènléi 名 声音沉闷的雷(常用于比喻) ▷噩耗传来，犹如～轰顶。

【闷闷不乐】mènmèn-bùlè 形容心情烦闷，不舒畅。

【闷气】mènqì 名 憋在心里不能发泄的怨气或怒气 ▷生～。☛ 跟"闷(mēn)气"不同。

【闷坐】mènzuò 动 烦闷地、百无聊赖地坐着。

焖(燜) mèn 动 烹调方法，把食物放在锅里，加少量的水，扣紧锅盖，用文火慢煮，使物熟汤干 ▷～扁豆｜黄～鸡翅。

【焖烧锅】mènshāoguō 名 一种节能锅，双层锅壁之间填入保温材料。食物加热到一定温度即可关火，利用保温材料的功能使食物熟透。

懑(懣) mèn 见407页"愤懑"。☛ 不读mǎn。

men

们(們) men 词的后缀，附着在人称代词或指人的名词后面，表示复数 ▷我～｜咱～｜孩子～。☛ ㈠"们"一般不用在指物的名词后面，修辞上的拟人手法除外。如"星星们眨着眼睛""猴子们听了欢呼起来"。㈡名词加"们"后就不能再受数量结构的修饰，例如不说"三个工人们""几个学生们"。

另见940页mén。

mēng

蒙[1](矇) mēng ❶ 动 哄骗 ▷你别～我｜～骗。〇 ❷ 动 胡乱猜测；碰运气 ▷净瞎～｜这球踢进门，全是～上的。

蒙[2] mēng ❶ 形 糊涂；不清楚 ▷一上台就～了，不知道该说什么好。→ ❷ 动 昏迷 ▷被人打～了｜乘车太久，我有些～头转向了。

另见本页méng；943页měng。

【蒙蒙亮】mēngmēngliàng 形 形容天刚发亮 ▷天～就起床。

【蒙骗】mēngpiàn 动 欺骗 ▷他花言巧语～了不少人。

【蒙人】mēngrén 动 骗人。

【蒙事】mēngshì 动〈口〉以欺骗手段达到自己的目的 ▷别想拿假文凭～！

【蒙头转向】mēngtóu-zhuànxiàng 晕头转向。☛ "蒙"这里不读méng，"转"这里不读zhuǎn。

méng

尨 méng [尨茸] méngróng 形〈文〉杂乱。

另见926页máng。

氓 méng 名〈文〉百姓；特指外地迁来的百姓 ▷群～｜愚～。

另见926页máng。

虻(*蝱) méng 名 昆虫，像蝇而稍大，粗壮多毛。种类很多，最常见的有华虻及中华斑虻。雄虫吸植物的汁液，雌虫吸人、畜的血。☛ 统读méng，不读máng。

郿(鄳) méng 名 古县名，治所在今河南罗山西北。

萌 méng ❶ 动 (草木)发芽 ▷～发｜～芽。→ ❷ 动 (事物)开始发生 ▷故态复～。→ ❸ 形 稚嫩可爱 ▷～娃娃｜表情～～的｜老大不小的，不要卖～。

【萌动】méngdòng ❶ 动 开始发芽 ▷天气转暖，草木～。❷ 动 萌发②。

【萌发】méngfā ❶ 动 发芽 ▷春风送暖，万木～。❷ 动 比喻某种思想、意念或感情开始发生 ▷心中～出怜悯的感情。

【萌生】méngshēng 动 萌发② ▷～创作欲望。

【萌芽】méngyá ❶ 动 植物发芽；比喻开始发生 ▷小麦～了｜新生事物正处于～状态。❷ 名 比喻刚出现的新事物 ▷新文学的～。

【萌育】méngyù 动 萌生孕育 ▷科技之花在青少年中～、绽放。

蒙[1] méng ❶ 动 覆盖 ▷～上被子发汗｜用布～着眼睛。→ ❷ 动 遭受 ▷～冤｜～难。❸ 动 敬词，表示得到别人的好处 ▷～您指教。→ ❹ 动 隐瞒；遮盖真相 ▷～混。〇 ❺ 形 不懂事理；没有文化 ▷～昧｜启～。〇 ❻ 名 姓。

蒙[2](濛) méng 形 形容雨点小 ▷～～细雨。

蒙[3](懞) méng 形〈文〉朴实敦厚。

蒙[4](矇) méng 动〈文〉眼睛失明。☛ ㈠"蒙"字读méng，指覆盖，引申义为遭受、蒙昧等；读 mēng，指欺瞒及意识模糊等，如“别蒙人”“瞎蒙”“蒙头转向”；读 měng，用于音译词“蒙古”等。㊁“蒙”字下边“豕”上有短横。由“蒙”构成的字有“檬”“朦”等。

另见 941 页 mēng；943 页 měng。

【蒙蔽】méngbì 动 隐瞒真相；骗人 ▷～群众。

【蒙尘】méngchén 动〈文〉蒙受风尘；多指帝王因战乱逃离都城。

【蒙垢】ménggòu 动 蒙受辱骂；蒙受耻辱 ▷不堪～，奋起反抗。

【蒙馆】méngguǎn 名 旧指对儿童进行启蒙教育的私塾。也说蒙学。

【蒙汗药】ménghànyào 名 旧戏曲小说中指一种麻醉药，放到酒里能使人暂时昏迷。

【蒙哄】ménghǒng 动 哄骗。

【蒙混】ménghùn 动 掩盖真相，骗人使相信虚假的事实 ▷～过关｜别想～过去！

【蒙眬】ménglóng ❶ 形 形容两眼半睁半闭，昏昏欲睡的样子 ▷醉眼～。❷ 形 形容景象模糊不清 ▷眼前～一片。☛ 不要写作“矇眬”。

【蒙昧】méngmèi ❶ 形 缺乏知识；不明事理 ▷～无知。❷ 形 没有开化的；没有文明的 ▷～状态。

【蒙蒙】méngméng ❶ 形 形容雨点细而密 ▷～细雨。❷ 形 形容云雾、烟尘等迷茫不清的样子 ▷烟雨～。☛ 不要写作“濛濛”。

【蒙难】méngnàn 动 遭受灾难 ▷因飞机失事，代表团几位同志不幸～。

【蒙师】méngshī 名 旧指给儿童进行启蒙教育的私塾先生；后泛指启蒙老师。

【蒙受】méngshòu 动 遭受；受到 ▷～灾难。

【蒙太奇】méngtàiqí 名 法语 montage 音译。电影界指电影制作中特有的表现手法，即把拍摄到的各个镜头加以剪接、编排，使产生连贯、呼应、悬念、对比、暗示、联想等艺术效果，构成一部完整的影片。

【蒙童】méngtóng 名 旧时称刚上学的儿童。

【蒙羞】méngxiū 动 蒙受羞辱 ▷假球令球坛～。

【蒙药】méngyào 名 麻醉药。

【蒙冤】méngyuān 动 遭受冤屈 ▷～而死。

【蒙在鼓里】méngzàigǔli 比喻受人蒙蔽，对身边发生的事全然不知。

盟 méng ❶ 动 古代指诸侯立誓缔约；现在指国家或政治集团之间联合起来 ▷～主｜～约｜～国。→ ❷ 动 发誓；宣誓 ▷对天～誓。→ ❸ 动 结拜 ▷～兄｜～弟。→ ❹ 名 依据一定的信约结成的联合体或组织 ▷同～｜联～｜加～。→ ❺ 名 古代我国北方蒙古等民族几个部落集结为一个盟；现指内蒙古自治区中相当于地区一级的管理区域。○ ❻ 名 姓。☛ 统读 méng，不读 míng。

【盟邦】méngbāng 名 盟国。

【盟国】méngguó 名 缔结联盟的国家。

【盟军】méngjūn 名 盟国的军队；特指第二次世界大战中同盟国的军队。

【盟誓】méngshì ❶ 动 发誓 ▷对天～。❷ 名 盟约 ▷立下～。

【盟书】méngshū 名 古代结盟立誓时记载盟约的文书。

【盟兄弟】méngxiōngdì 名 把兄弟。

【盟友】méngyǒu 名 结成同盟的人或国家间的互称。

【盟员】méngyuán 名 结盟的成员；特指民主党派中国民主同盟的成员。

【盟约】méngyuē 名 结成同盟时，共同订立的条约。

【盟主】méngzhǔ 名 古代诸侯同盟的领袖；后也指某些同盟的首领。

甍 méng 名〈文〉屋脊 ▷高～｜碧瓦朱～。

瞢 méng 形〈文〉眼睛不明亮 ▷～眊（mào，老眼昏花）。

【瞢眩】méngxuàn 动〈文〉头昏眼花。

𡾋 méng 名 古书上说的山名。

幪 méng 见1059 页“帡（píng）幪”。

檬 méng 见1006 页“柠檬”。

曚 méng 见下。

【曚昽】ménglóng ❶ 形〈文〉日光不明。❷ 见本页“蒙眬”②。现在一般写作“蒙眬”。

【曚曚】méngméng 形 模糊不清。

朦 méng［朦胧］ménglóng ❶ 形 月光不明 ▷月色～。❷ 见本页“蒙眬”②。现在一般写作“蒙眬”。

鹲（鸏） méng 名 鸟，羽毛白色或灰色，中央的一对尾羽特别长，喙的颜色鲜明。种类很多，生活于热带海洋，捕食鱼类。也说热带鸟。

礞 méng［礞石］méngshí 名 某些经过一定风化的变质岩，块状或粒状，有青礞石和金礞石两种。可以做药材。

艨 méng［艨艟］méngchōng 名 古代一种战船。☛ 不宜写作“蒙冲”。

měng

勐[1] měng 形〈文〉勇猛。

勐[2] měng 名 傣语音译，指平坦的地区。曾用作云南傣族地区行政区划单位，现仍用于地名，如勐海县。

猛 měng ❶ 形 凶暴 ▷～虎｜～兽｜凶～。→ ❷ 形 力量大；气势壮 ▷用力过～｜～将｜勇～。⇒ ❸ 动（使力气）集中爆发出来 ▷～劲儿一推。⇒ ❹ 副 突然；忽然 ▷～醒｜～不防。⇒ ❺ 副〈口〉无节制地；尽兴地 ▷～吃～喝｜两人～侃了一夜。

【猛不丁】 měngbudīng 副〈口〉忽然 ▷～从草丛里蹿出一只兔子。

【猛不防】 měngbufáng 副 表示情况突然出现，来不及防备 ▷～从门外闯进一个人来。

【猛将】 měngjiàng 名 勇猛的将领；泛指不顾艰险而勇往直前的人。

【猛进】 měngjìn ❶ 动 勇猛前进 ▷高歌～。❷ 动 快速前进 ▷突飞～。

【猛劲儿】 měngjìnr〈口〉❶ 动 使力气集中爆发出来 ▷一～抱起了那个石礅。❷ 名 集中爆发的力气 ▷举重靠的是～。❸ 名 勇猛的力量 ▷他干起活儿来有股～。❹ 副 用大力气地；尽兴或无节制地 ▷～鼓掌｜～吸烟。

【猛力】 měnglì ❶ 名 猛然爆发的力气 ▷用～推。❷ 副 猛然用力地 ▷～一踢。

【猛料】 měngliào 名 指具有一定轰动效应的新闻或消息 ▷连日来，网上～层出不穷。

【猛烈】 měngliè 形 力量大；来势猛 ▷炮火～｜～地抨击。

【猛犸】 měngmǎ 名 古代哺乳动物，形状、大小都像现代的象，全身有棕色长毛，门齿向上弯曲。现已绝种。也说猛犸象、毛象。

【猛男】 měngnán 名 指身体强壮且具有阳刚之气的男子。

【猛禽】 měngqín 名 指体大而凶猛的食肉鸟类，如鹫、鹰、雕、鹗等。嘴呈钩状，翼大善飞，脚强壮有力，趾有锐利钩爪。

【猛然】 měngrán 副 表示动作突然、迅速 ▷汽车～停住了。

【猛士】 měngshì 名 勇猛的人。

【猛兽】 měngshòu 名 指体大而凶猛的食肉野兽，如虎、狮、豹等。

【猛省】 měngxǐng 动 猛然察觉到或想起来 ▷现在～过来知道做错了。

【猛醒】 měngxǐng 动 猛然醒悟 ▷老师的批评使我～。

【猛增】 měngzēng 动 迅猛增加 ▷销量～。

【猛鸷】 měngzhì 名 猛禽；特指鹰。

【猛子】 měngzi 名 头朝下猛然钻入水里的游泳动作 ▷一个～扎下去。

蒙[1] měng 名 指蒙古族 ▷～文｜～语。

蒙[2]（懞） měng［蒙懂］měngdǒng 现在一般写作“懵懂”。

另见 941 页 mēng；941 页 méng。

【蒙古包】 měnggǔbāo 名 蒙古族牧民居住的用毡子做成的圆顶帐篷，可根据需要而迁移。

【蒙古文】 měnggǔwén 名 蒙古族的拼音文字。通常指以回鹘文字母为基础的拼音文字，从上到下竖写，行款由左到右。我国现行蒙古文有5个元音字母、24个辅音字母。

【蒙古语】 měnggǔyǔ 名 蒙古族的语言，属阿尔泰语系蒙古语族。

【蒙古族】 měnggǔzú ❶ 名 我国少数民族之一。主要分布在内蒙古、吉林、黑龙江、辽宁、宁夏、新疆、甘肃、青海。❷ 名 蒙古国人数最多的民族。

【蒙医】 měngyī ❶ 名 蒙古族医药学的简称。是我国传统医药学的组成部分。❷ 名 用蒙古族传统医药学的理论和方法治病的医生。

锰（錳） měng 名 金属元素，符号 Mn。银白色，有光泽，质硬而脆，在湿空气中易氧化。多用于制造特种钢和非铁合金。是生命必需的微量元素。

蜢 měng 见1728 页“蚱(zhà)蜢”。

艋 měng 见1723 页“舴(zé)艋”。

獴 měng 名 哺乳动物，身体细长，四肢短小。以蛇、蛙、鱼、蟹、鸟、鼠等为食。种类很多，分布在亚洲和非洲。

懵 měng［懵懂］měngdǒng 形 糊涂；不明事理 ▷～少年。☛ 不宜写作“蒙懂”“懵董”。

蠓 měng 名 昆虫，比蚊子小，褐色或黑色，触角细长。种类很多，有的吸食人、畜的血液，有的能传染疾病。

【蠓虫儿】 měngchóngr 名〈口〉蠓。

mèng

孟 mèng ❶ 名〈文〉兄弟姊妹排行中最大的 ▷～仲叔季。→ ❷ 名 指农历一季里的第一个月 ▷～春｜～冬。○ ❸ 名 姓。

【孟春】 mèngchūn 名 春季的第一个月，即农历正月。

【孟冬】 mèngdōng 名 冬季的第一个月，即农历十月。

【孟浪】 mènglàng〈文〉❶ 形 鲁莽；冒失 ▷举止～。❷ 动 到处漂泊 ▷～江湖。

【孟秋】 mèngqiū 名 秋季的第一个月，即农历七月。

【孟什维克】 mèngshíwéikè 名 俄语 меньшевик

音译。原意是少数派。后借指俄国社会民主工党内占少数的一个右倾机会主义派别。俄国1905年革命失败后，孟什维克堕落为取消派，1912年被驱逐出党。

【孟夏】mèngxià 名 夏季的第一个月，即农历四月。

【孟子】mèngzǐ ❶ 名 战国时邹(今山东邹城)人，姓孟，名轲，字子舆。是著名的思想家、政治家、教育家，孔子学说的继承者。❷ 名 儒家经典之一。孟子及其弟子所著，内容主要记载孟子及其弟子的政治、教育、哲学、伦理等思想观点和政治活动。

梦(夢) mèng ❶ 名 睡眠时，大脑皮质某些还没有完全停止活动的部位受外界和体内的弱刺激而产生的一种生理现象 ▷做～|夜长～多|～乡。→ ❷ 动 做梦 ▷～见自己飞上月球。→ ❸ 名 比喻幻想或愿望 ▷～想|他终于圆了当飞行员的～。○ ❹ 名 姓。

【梦笔生花】mèngbǐshēnghuā 五代·王仁裕《开元天宝遗事·梦笔头生花》中说：唐代诗人李白少年时梦见笔头儿上生花，从此才华横溢，名闻天下。后用"梦笔生花"形容文思敏捷，有杰出的写作才能。

【梦话】mènghuà 名 梦中说的话；比喻虚妄的、不能实现的话 ▷大白天说～。

【梦幻】mènghuàn 名 梦中的幻境；比喻想象出来的虚假景象。

【梦幻泡影】mènghuàn-pàoyǐng 佛经上认为世间一切都是虚幻的，犹如梦境、幻觉、水泡和影子一样。多比喻脱离实际、容易破灭的幻想。

【梦境】mèngjìng 名 梦中的境界 ▷恍如～。

【梦寐】mèngmèi 名 睡梦中 ▷～以求。

【梦寐以求】mèngmèiyǐqiú 睡梦中还在寻找追求。形容愿望十分迫切。

【梦乡】mèngxiāng 名 指熟睡时的境界 ▷进入～。

【梦想】mèngxiǎng ❶ 动 空想；幻想 ▷他～一夜之间成为巨富。❷ 动 渴望 ▷他从小就～成为音乐家。❸ 名 渴望的事；理想 ▷对于生活充满了美好的～|～成真。

【梦魇】mèngyǎn 名 使人感到压抑的梦境。多由睡眠姿势不正确、过度疲劳、大脑皮质过度紧张等引起。

【梦遗】mèngyí 动 在睡梦中遗精。

【梦呓】mèngyì 名 梦话；比喻胡言乱语 ▷他的所谓计划纯属～。

【梦游】mèngyóu ❶ 动 睡梦中游历 ▷～仙境。❷ 动 在睡梦中下意识地起来走动或做事。

mī

咪 mī 见下。

【咪表】mībiǎo 名 马路旁设的电子停车计时收费器(咪：英语 meter 音译)。

【咪咪】mīmī 拟声 模拟猫叫的声音或呼唤猫的声音 ▷小猫～地叫着|她～地叫她的小猫。

眯(*瞇) mī ❶ 动 眯缝 ▷眼睛～成一条缝儿。→ ❷ 动〈口〉短时间地睡 ▷在沙发上～了一会儿。☛ 读 mī，是主动行为，眼睛有意只睁开一条缝；读 mí，指眼睛由于外物进入而睁不开。

另见 945 页 mí。

【眯瞪】mīdeng 动〈口〉眯(mī)② ▷每天中午，他都在办公室～一会儿。☛ 跟"迷瞪"不同。

【眯缝】mīfeng 动 上下眼皮不完全闭合，留一条缝 ▷～着眼睛。

mí

弥(彌瀰❶) mí ❶ 形 满；遍 ▷大雾～天|～月。→ ❷ 动 填；补 ▷～缝|～合|～补。→ ❸ 副 更加 ▷意志～坚|欲盖～彰。→ ❹ 形〈文〉长久 ▷～历千载。○ ❺ 名 姓。

【弥补】míbǔ 动 填补；补上 ▷～赤字|～不足。

【弥封】mífēng 动 将试卷上应试者的姓名、报名号等用纸封住，防止舞弊；泛指密封 ▷～卷|机要档案须～保存。

【弥缝】míféng 动〈文〉弥补缝缀。借指补救或掩盖过失，以免暴露。

【弥合】míhé 动 弥补缝合；使愈合 ▷伤口已经～◇～分歧。

【弥勒】mílè 名 梵语 Maitreya 音译。佛教菩萨之一，塑像满面笑容，慈眉善目，袒胸露腹。也说弥勒佛。

【弥留】míliú 动〈文〉久病不愈；借指病危将死 ▷～之际。

【弥漫】mímàn 动 (烟雾、沙尘、气味等)充满空间 ▷烟尘～|～着烟草味儿。☛ 不要写作"瀰漫"。

【弥蒙】míméng 形 形容烟雾茫茫，看不清楚。☛ 不要写作"瀰濛"。

【弥撒】mísa 名 拉丁语 missa 音译。天主教、正教的主要宗教仪式。用面饼和葡萄酒象征耶稣的身体和血来祭祀天主。

【弥散】mísàn 动 光线、气体等向四处扩散 ▷大火后的森林～着一股焦煳的气味。

【弥天】mítiān 形 满天；形容极大 ▷大雾～|～

大谎|～大罪。

【弥陀】mítuó 名 阿弥陀佛的简称。

【弥望】míwàng 动〈文〉充满视野 ▷麦苗～，一片葱绿。

【弥月】míyuè〈文〉❶ 动 胎儿足月。❷ 动（婴儿）满月 ▷婴儿～。❸ 动 整整满一个月 ▷淫雨～。

【弥足珍贵】mízú-zhēnguì 更加值得珍惜、重视 ▷灾难关头的善行义举显得～。

迷 mí ❶ 动 失去辨别、判断的能力 ▷～了路|旁观者清，当局者～|～惑|昏～。→ ❷ 动 醉心于某事物 ▷被美丽的景色～住了|～上了小说|沉～。⇒ ❸ 名 过分喜爱某种事物的人 ▷影～|戏～|球～。⇒ ❹ 名 因特别喜爱某种事物而陷入的沉醉状态 ▷看足球着（zháo）了～。→ ❺ 动 使分辨不清；使陶醉入迷 ▷财～心窍|景色～人。

【迷彩】mícǎi 名 一种伪装方法。用不规则的不同颜色的色块组合改变人体或物体的颜色，使观测者产生错觉，起迷惑作用 ▷～服。

【迷瞪】mídeng〈口〉❶ 形 迷糊① ▷他说话前言不搭后语，显得很～|眼睛迷迷瞪瞪的什么也看不清。❷ 形 迷惑① ▷听了这番话，我心里更～了|看了半天还是迷迷瞪瞪，感到无法理解。☛ 跟"眯瞪"不同。

【迷宫】mígōng ❶ 名 指结构复杂，道路难辨，进去后不容易找到出路的建筑物。❷ 名 比喻充满奥秘，不易探索的领域 ▷数学～。

【迷航】míháng 动（轮船、飞机等）迷失航向。

【迷糊】míhu ❶ 形 视觉或神志模糊不清 ▷双眼～|酒喝多了，一直迷迷糊糊的。❷ 动 小睡；打盹儿 ▷在沙发上～一会儿。☛ 不宜写作"迷忽"。

【迷幻】míhuàn 形 迷蒙虚幻 ▷灯光绚丽而～。

【迷幻药】míhuànyào 名 麻醉性毒品，服用后会使人神志迷乱，大脑失控。被列入国家一类精神药品管理名单，绝对不许私自生产和销售。也说三唑仑、海乐神。

【迷魂汤】míhúntāng 名 迷信称阴曹地府中能使灵魂失去记忆的药汤；比喻迷惑人的言行。也说迷魂药。

【迷魂阵】míhúnzhèn 名 古代作战时摆下的复杂阵势，使敌军进入后迷失进退方向；比喻能使人迷惑的境地或圈套。

【迷惑】míhuò ❶ 形 分不清是非；弄不明白 ▷～不解。❷ 动 使迷惑 ▷假象～不了群众|逼真的造型～了不少人。

【迷津】míjīn 名 佛教指使人迷惘的境界；泛指错误的道路、方向 ▷指点～。

【迷离】mílí 形 模糊难辨 ▷醉眼～。

【迷恋】míliàn 动 极度爱好而不能割舍 ▷～故土。

【迷路】mílù 动 迷失道路；比喻失去正确的方向。

【迷乱】míluàn 形（思维）迷惑错乱 ▷神志～。

【迷漫】mímàn 形（烟尘、风雪等）漫天遍野，模糊了视线 ▷风沙～。

【迷茫】mímáng ❶ 形 广阔而模糊不清 ▷眼前一片～。❷ 形 迷惑茫然 ▷神情～。

【迷蒙】míméng ❶ 形 模糊而看不清 ▷夜色～。❷ 形 迷糊① ▷眼神～。☛ 不要写作"迷濛"。

【迷梦】mímèng 名 指沉迷不悟的状态 ▷严酷的事实使我从～中惊醒。

【迷迷怔怔】mímizhèngzhèng 形 形容迷糊不清醒的样子 ▷看他～的，好像还没睡醒。

【迷你】mínǐ 区别 英语 mini 音译。同类东西中较小的；微型的 ▷～裙|～摄像头。

【迷你裙】mínǐqún 名 超短裙。

【迷人】mírén 形 使人迷恋陶醉 ▷～的秋色。

【迷失】míshī 动 分辨不清（方向、道路等）▷～方向。

【迷思】mísī 英语 myth 音译。❶ 名 神话或幻想；泛指尚无法以科学方法验证的事物 ▷从历史的～中醒来|有关暗物质的诸多～尚未破解。❷ 名 认识上的误区 ▷正本清源，廓清～|摆脱～，科学探索。

【迷途】mítú ❶ 动 迷路 ▷～知返。❷ 名 歧途；错路 ▷误入～。

【迷途知返】mítú-zhīfǎn 迷失道路而知道回来；比喻觉察了错误而知道改正。

【迷惘】míwǎng 形 迷惑；因分辨不清而不知所措 ▷神情～。

【迷误】míwù〈文〉❶ 名 谬误 ▷陷入～。❷ 动 使迷惑；贻误 ▷～后学。

【迷雾】míwù 名 浓厚迷漫的雾；比喻使人迷惑的事物 ▷拨开～见青天。

【迷信】míxìn ❶ 动 相信世上不存在的神仙鬼怪等事物；泛指盲目地信仰和崇拜 ▷～鬼神|不要～古人和洋人。❷ 名 指这种思想意识 ▷破除～，崇尚科学。

【迷眼】míyǎn ❶ 动 尘土飞扬或强光照射，使眼睛睁不开 ▷风沙～。❷ 动 使陶醉入迷 ▷树木葱茏，繁花～。❸ 动 比喻失去判断是非的能力 ▷灯红酒绿不～。

【迷药】míyào 名 能使人昏迷或神志不清的药。

【迷阵】mízhèn 名 比喻让人迷惑的圈套或计谋。

【迷醉】mízuì 动 迷恋陶醉 ▷～于山水之间。

祢（禰） mí 名 姓。☛ 统读 mí，不读 nǐ。

眯（*瞇） mí 动 灰沙等细小的东西进入眼睛，使眼睛暂时不能睁开或

看不清东西 ▷灰尘～了眼。

另见 944 页 mī。

猕（獼） mí 见下。

【猕猴】míhóu 名 猴的一种。上身毛灰褐色，腰部以下橙黄色，臀疣显著，两颊有颊囊，用来贮藏食物。群居山林，采食野果、野菜等。

【猕猴桃】míhóutáo 名 中华猕猴桃的简称。落叶藤本植物，小枝密生茸毛，叶圆卵形，结球卵形浆果。果实也叫猕猴桃，富含维生素 C，味酸甜。参见插图 10 页。

谜（謎） mí ❶ 名 谜语 ▷这个～不难猜｜～面｜～底｜灯～。→ ❷ 名 比喻难以理解或尚未弄清的问题 ▷大自然中还有不少没有解开的～｜～团。

另见 938 页 mèi。

【谜底】mídǐ ❶ 名 谜语的答案。❷ 名 比喻事情的真相。

【谜面】mímiàn 名 谜语中影射谜底的语句或事物。

【谜团】mítuán 名 比喻令人费解的现象；疑团 ▷～终于解开了。

【谜语】míyǔ 名 暗射事物或文字等供人猜测的隐语。主要由谜面、谜底两部分组成。如"人有我大，天没我大"（字谜），谜底是"一"字。

醚 mí 名 有机化合物的一类，由一个氧原子联结两个烃基而成，一般为液体。如甲醚、乙醚。

糜 mí ❶ 名〈文〉稠粥；像粥的食品 ▷肉～｜乳～。→ ❷ 动 腐烂 ▷～烂。○ ❸ 同"靡（mí）"。现在一般写作"靡"。○ ❹ 名 姓。☛ 通常读 mí；读 méi，专用于"糜子"。

另见 936 页 méi。

【糜费】mífèi 现在规范词形写作"靡费"。

【糜烂】mílàn ❶ 动 （物体）腐烂 ▷尸体～。❷ 形 腐朽② ▷过着～的生活。

縻 mí 动〈文〉拴住；捆住 ▷羁～。

麋 mí 名 麋鹿。

【麋鹿】mílù 名 鹿的一种。雄的有角，角像鹿，头像马，身子像驴，蹄子像牛。性温顺，以植物为食。原产我国，属国家保护动物。也说四不像。

靡 mí 动 浪费 ▷～费｜奢～。

另见 947 页 mǐ。

【靡费】mífèi 动 浪费 ▷～钱财。☛ 不要写作"糜费"。

醾 mí 见1390 页"荼（tú）醾"。

蘼 mí［蘼芜］míwú 名 古书上指芎䓖（xiōngqióng）的苗，叶子像当归，有香气。

籋 mí 名 竹篾、苇篾等 ▷席～｜～子。

醾 mí 见1391 页"酴（tú）醾"。

mǐ

米[1] mǐ ❶ 名 去掉壳或皮后的籽实（多指可食用的）▷小～｜花生～。→ ❷ 名 特指稻谷去掉壳后的籽实 ▷南方人爱吃～，北方人爱吃面｜稻～｜～粉。❸ 名 像米粒的东西 ▷虾～｜海～。○ ❹ 名 姓。

米[2] mǐ 量 长度法定计量单位，是国际单位制中基本单位之一。1 米等于 100 厘米，合 3 市尺。

【米尺】mǐchǐ 名 以米为单位的量具。

【米醋】mǐcù 名 用大米、小米、高粱、玉米等粮食为原料酿制的食醋。

【米袋子】mǐdàizi 名 装米的口袋；借指城镇的口粮供应 ▷抓好～和菜篮子工程。

【米豆腐】mǐdòufu 名 用大米加水磨成的浆制成的一种食品，形状像豆腐。

【米囤】mǐdùn 名 储存大米的器物。用竹篾、荆条等编成或用席箔等围成。

【米饭】mǐfàn 名 用大米做成的饭。

【米粉】mǐfěn ❶ 名 用大米磨成的粉。❷ 名 大米加水磨成浆，经过加工制成的条状食品。

【米粉肉】mǐfěnròu 名 肉片儿加米粉、作料等蒸熟而成的菜肴。也说粉蒸肉。

【米泔水】mǐgānshuǐ 名 淘米用过的水。

【米糕】mǐgāo 名 用米粉加工制成的糕点。

【米黄】mǐhuáng 形 形容颜色白而微黄。

【米酒】mǐjiǔ 名 用糯米、黄米等酿造的酒，色黄，可作调料，也可饮用。

【米糠】mǐkāng 名 稻、谷的籽实舂碾后脱下的皮或壳。

【米老鼠】mǐlǎoshǔ 名 美国动画片导演迪士尼创造的老鼠卡通形象。米老鼠善良、聪明、快乐、天真和淘气的性格，深受广大观众特别是儿童的喜爱。

【米粒】mǐlì 名 米的颗粒。

【米粮川】mǐliángchuān 名 指盛产粮食的平川地带。

【米面】mǐmiàn ❶ 名 大米和白面。❷ 名 米粉① ▷～发糕。

【米色】mǐsè 名 白而略带浅黄的颜色。

【米寿】mǐshòu 名 指 88 岁寿辰。因"米"字拆开后，上面的一点一撇和下面的一撇一捺形近两个"八"，中间的一横一竖形近"十"，顺序恰是“八一十一八”，故称。

【米汤】mǐtāng ❶ 名 做捞饭时滤出的汤。❷ 名 用少量的大米或小米熬成的稀粥。

【米线】mǐxiàn 名 米粉② ▷炒～。

【米象】mǐxiàng 名 昆虫，成虫身体赤褐色，头部前伸似象鼻，鞘翅上有四个橙黄色斑点。成虫和幼虫均吃稻、麦等谷物，是贮存谷物的主要害虫。

【米制】mǐzhì 名 国际公制。

【米珠薪桂】mǐzhū-xīnguì《战国策·楚策三》：“楚国之食贵于玉，薪贵于桂。”是说米贵得像珍珠，柴贵得像桂木。形容物价昂贵。

【米猪】mǐzhū 名 体内寄生有米粒般大小囊虫的猪，人吃了这种猪的肉会得病。也说豆猪。

【米蛀虫】mǐzhùchóng 名 米里的蛀虫；比喻倒卖粮食的投机商。

【米仔兰】mǐzǐlán 名 常绿灌木或小乔木，叶倒卵形或长椭圆形，花黄色，形似小米，极香，可供观赏。也说米兰、鱼子兰、树兰。

芈 mǐ ❶ 拟声 模拟羊叫的声音。○ ❷ 名 姓。

洣 mǐ 名 洣水，水名。在湖南，流入湘江。

弭 mǐ ❶ 动〈文〉平息；消除 ▷风～雨停｜～乱｜～兵(平息战争)｜～患(消除祸患)。○ ❷ 名 姓。

脒 mǐ 名 一类有机化合物，无色晶体。不很稳定，遇酸能形成稳定的盐。

敉 mǐ 动〈文〉安抚；使平定 ▷～乱。

瀰 mǐ 形〈文〉水满。

靡[1] mǐ ❶ 动 倒下 ▷风～一时｜望风披～。○ ❷ 形 美好 ▷～丽。

靡[2] mǐ〈文〉❶ 动 无；没有 ▷～日不思。→ ❷ 副 表示否定，相当于“没”“不” ▷～得而记。

另见 946 页 mí。

【靡坚不摧】mǐjiān-bùcuī 没有什么坚固的东西不可以摧毁。形容力量强大。

【靡丽】mǐlì ❶ 形 奢侈华丽 ▷骄奢～。❷ 形 精美华丽 ▷～的服饰｜章句～。

【靡靡】mǐmǐ ❶ 形 迟缓；柔弱 ▷步履～｜细雨～。❷ 形 萎靡颓废；特指乐声萎靡颓废 ▷～情调｜～之音。☛ 不要误写作“糜糜”。

【靡靡之音】mǐmǐzhīyīn 柔弱、绵软的声音。特指含有低级趣味、萎靡颓废情调的乐曲。

【靡然】mǐrán 形〈文〉形容草木顺风而倒的样子；比喻多数人望风响应，形成一边倒的形势 ▷～成风｜～风从。

mì

汨 mì［汨罗］mìluó 名 水名，发源于江西，流入洞庭湖；地名，在湖南。☛ 跟“汩(gǔ)”不同。“汨”右边是“日”，不是“曰”。

觅(覓*覔) mì 动 找；寻求 ▷～食｜寻～。

【觅求】mìqiú 动 寻求 ▷四处～名人真迹。

【觅取】mìqǔ 动 寻找求取 ▷～古董。

【觅食】mìshí 动 (鸟兽等)寻找食物 ▷小鸡～。

泌 mì 动 液体由机体的细孔排出 ▷分～｜～尿。另见 72 页 bì。

【泌尿】mìniào 动 分泌尿液。

【泌尿系统】mìniào xìtǒng 分泌尿和排泄尿的器官的统称。由肾、输尿管、膀胱和尿道等组成。

宓 mì ❶ 形〈文〉安静 ▷静～。○ ❷ 名 姓。另见 420 页 fú。

祕 mì ❶ 用于人名。○ ❷ 名 姓。另见 73 页 bì “秘”；本页 mì “秘”。

秘(*祕) mì ❶ 形 不公开的；隐蔽的 ▷～方｜隐～｜～密。→ ❷ 形 稀奇的；罕见的 ▷～本｜～籍。→ ❸ 动 不让人知道；保密 ▷～而不宣｜～不示人。☛ 通常读 mì；读 bì，只用于音译，如“秘鲁”。

另见 73 页 bì；“祕”另见本页 mì。

【秘奥】mì'ào 名 奥秘 ▷探索宇宙的～。

【秘宝】mìbǎo 名 稀罕的珍宝。

【秘本】mìběn 名 珍藏的稀有的图书版本。

【秘藏】mìcáng ❶ 动 秘密收藏 ▷～于宫廷。❷ 名 秘密收藏的物品 ▷稀世～。

【秘传】mìchuán 动 秘密传授 ▷～良方。

【秘而不宣】mì'érbùxuān 保守秘密，不对外宣扬。

【秘方】mìfāng 名 秘密传授的药方 ▷祖传～。

【秘府】mìfǔ 名 古代宫中收藏珍贵图书的地方。

【秘笈】mìjí 名 秘密收藏的典籍 ▷武林～。

【秘籍】mìjí 名 罕见而珍贵的图书。

【秘计】mìjì 名 秘密的计谋。

【秘技】mìjì 名 特殊的技巧或手艺；特指计算机游戏的诀窍 ▷游戏～｜攻略～。

【秘诀】mìjué 名 不公开的方法、窍门 ▷获胜～。

【秘密】mìmì ❶ 形 隐蔽起来不让人知道的(跟“公开”相对) ▷～会议｜事情～进行。❷ 名 秘密的事情 ▷严守～｜不能泄露～。

【秘史】mìshǐ 名 不公开的内部史料；私人的生活经历的辑录 ▷清宫～｜明星～。

【秘书】mìshū ❶ 名 我国古代官名，掌管奏章、函牍、宫禁图书，宣示皇帝命令等。❷ 名 职务名称，管理文书并协助领导处理日常工作的人员。

【秘闻】mìwén 名 秘密的传闻 ▷宫廷～。

密[1] mì ❶ 形 隐蔽的;不公开的 ▷～件|～探|～谋。→ ❷ 名 隐蔽的、不公开的事物 ▷告～|保～。○ ❸ 名 姓。

密[2] mì ❶ 形 间隔小;距离近(跟"稀""疏"相对) ▷白菜种得太～了|雨点越来越～|～集|稠～。→ ❷ 形 关系亲;感情深 ▷～切|亲～|～友。→ ❸ 形 细致;精细 ▷细～|精～。☛"密"跟"蜜"不同。

【密报】 mìbào ❶ 动 秘密地向上级或有关部门报告。❷ 名 秘密的报告 ▷来自前线的～。

【密闭】 mìbì 动 严密封闭 ▷门窗～|～的容器。

【密不透风】 mìbùtòufēng 形容人或物非常密集;也形容防守、包围或封锁非常严密 ▷公交车上全是人,挤得～|红队的防守～,蓝队无计可施。

【密布】 mìbù 动 稠密地分布 ▷乌云～|岗哨～。

【密电】 mìdiàn ❶ 名 密码电报。❷ 动 拍发密电 ▷把此事～指挥部。

【密度】 mìdù ❶ 名 疏密的程度 ▷加大商业网点的～。❷ 名 物理学上指物体的质量和体积的比值。通常用千克/米^3 表示。如水的密度在4℃时为 10^3 千克/米^3。旧称比重。

【密封】 mìfēng 动 严密封闭 ▷信件要～。

【密告】 mìgào 动 密报① ▷～有关部门。

【密函】 mìhán 名 密信。

【密会】 mìhuì ❶ 动 秘密聚会。❷ 名 秘密会议。

【密级】 mìjí 名 国家事务秘密程度的等级,一般分为绝密、机密和秘密三级。

【密集】 mìjí ❶ 动 稠密地聚集 ▷～成堆。❷ 形 稠密;接连不断的 ▷～的枪声。

【密集型】 mìjíxíng 名 (劳动力、知识、技术等)高度集中的类型 ▷实现从劳动～向技术～转变。

【密件】 mìjiàn 名 机密的文件或信件。

【密林】 mìlín 名 茂密的树林。

【密令】 mìlìng ❶ 动 秘密地下达命令 ▷～各部撤防。❷ 名 秘密下达的命令 ▷接到～。

【密麻麻】 mìmámá 形 密密麻麻。

【密码】 mìmǎ ❶ 名 用特定法则编成,用以对通信双方的信息进行明密变换的符号(跟"明码"相区别) ▷～电报|破译～。❷ 名 对别人保密的号码 ▷设置～|～锁|～储蓄。

【密码箱】 mìmǎxiāng 名 安装有密码锁的箱子。

【密密层层】 mìmicéngcéng 形 形容一层又一层,很密很多 ▷树上果子结得～。

【密密丛丛】 mìmicóngcóng 形 形容草木密集、茂盛的样子 ▷～的灌木。

【密密麻麻】 mìmimámá 形 形容又多又密的样子 ▷树叶上～地爬满小虫。也说密麻麻。

【密密匝匝】 mìmizāzā 形 形容稠密的样子 ▷～的人群|～的野草。也说密匝匝。

【密谋】 mìmóu ❶ 动 秘密谋划(多含贬义) ▷～发动政变。❷ 名 秘密的计谋(多含贬义) ▷～败露。

【密切】 mìqiè ❶ 形 关系近 ▷交往～。❷ 动 使关系近 ▷～干群关系。❸ 形 严密周到 ▷～关注事态的发展。

【密商】 mìshāng 动 秘密商讨。

【密使】 mìshǐ 名 负有秘密使命的使者。

【密室】 mìshì 名 秘密的房间;不让外人知道的地方。

【密实】 mìshi 形 细密;紧密 ▷这鞋底纳得真～。

【密谈】 mìtán 动 秘密交谈。

【密探】 mìtàn 名 秘密搜集情报、刺探机密的人。

【密写】 mìxiě 动 为保密而用特殊的药水、纸张等书写,不经处理看不出字迹。

【密信】 mìxìn 名 保密的信件。

【密议】 mìyì 动 秘密商议。

【密友】 mìyǒu 名 亲密的朋友。

【密语】 mìyǔ ❶ 名 秘密的话 ▷隔屏听～。❷ 动 秘密交谈 ▷附耳～。❸ 名 暗语 ▷～联络。

【密约】 mìyuē ❶ 动 暗中约定 ▷～联合行动。❷ 名 秘密条约;秘密约定的事 ▷遵守～。

【密云不雨】 mìyún-bùyǔ 浓云密布而不下雨;比喻事情虽已酝酿成熟,但还没有发生。

【密匝匝】 mìzāzā 形 密密匝匝。

【密召】 mìzhào 动 秘密召唤 ▷～速回。

【密诏】 mìzhào 名 机密的诏书。

【密植】 mìzhí 动 缩小作物株距和行距,增加单位面积的种植株数。

【密旨】 mìzhǐ 名 机密的谕旨。

【密致】 mìzhì 形 周密细致 ▷思路～|质地～。

【密宗】 mìzōng 名 我国佛教宗派之一,以《大日经》《金刚顶经》等为主要经典。源于古印度佛教中的密教,唐开元年间传入我国,形成密宗。

幂(*冪) mì ❶ 名 〈文〉遮盖东西的巾类。→ ❷ 动 〈文〉遮盖;笼罩 ▷～盖。→ ❸ 名 数学上指一个数自乘若干次的形式。

谧(謐) mì 形 安宁;安静 ▷安～|静～。

【谧静】 mìjìng 形 安静;宁静 ▷关塞～。

蓂 mì 见1467 页"菥(xī)蓂"。
另见 965 页 míng。

嘧 mì 音译用字,用于"嘧啶(dìng)"(一种有机化合物,可制作化学药品)等。

滵 mì 形 〈文〉形容水流很急的样子。

蜜 mì ❶ 名 蜂蜜 ▷采～|酿～。→ ❷ 形 像蜜一样甜的 ▷～橘|～桃。❸ 形 比喻甜美 ▷甜言～语。→ ❹ 名 外观或味道像蜜

的东西 ▷糖～。☛ 跟"密"不同。

【蜜蜂】mìfēng 名 昆虫,由蜂王、工蜂和雄蜂组成蜂群,群体生活。工蜂能采集花粉酿蜜。

【蜜柑】mìgān 名 汁多味甜的柑。

【蜜供】mìgòng 名 本指供奉神、佛、祖宗等的用浓糖浆浸渍的面食,后成为一种糕点。

【蜜罐儿】mìguànr 名 装蜜的罐儿;比喻幸福甜美的生活环境 ▷她从小在～里长大。

【蜜饯】mìjiàn ❶ 动 用蜜或浓糖浆渍制果品 ▷～小枣。❷ 名 用蜜或浓糖浆渍制的果品。

【蜜橘】mìjú 名 汁多味甜的橘子。

【蜜色】mìsè 名 像蜂蜜那样淡黄的颜色。

【蜜糖】mìtáng 名 某些地区指蜂蜜。

【蜜桃】mìtáo 名 汁多味甜的桃 ▷水～。

【蜜丸】mìwán 名 在中药面儿中调入蜂蜜制成的丸药。

【蜜腺】mìxiàn 名 某些植物花上分泌蜜汁的外分泌组织。

【蜜源】mìyuán 名 指能供蜜蜂采集花蜜的植物,如紫云英、油菜、刺槐、椴树等。瓜类、玉米、桃、李也能提供少量花蜜。

【蜜月】mìyuè 名 指新婚的第一个月 ▷度～。

【蜜枣】mìzǎo 名 用蜜或浓糖浆渍制的枣。

mián

眠 mián ❶ 动 睡 ▷安～|催～|睡～。→ ❷ 动 指某些动物在一段较长时间内像睡觉那样不食不动 ▷冬～|蚕～。

绵(綿*緜) mián ❶ 动 接连不断 ▷～延|～亘|连～。→ ❷ 名 丝绵 ▷～里藏针。⇒ ❸ 形 柔软;薄弱 ▷～软|～薄。⇒ ❹ 动 缠绕 ▷缠～。☛ ㊀跟"棉"不同。"绵","纟"旁,本义是接连不断,引申指丝绵;"棉","木"旁,指木棉、棉花。㊁跟"锦"不同。"锦"指一种带有花纹的丝织品。

【绵白糖】miánbáitáng 名 一种白糖,细软如绵,具有不易结成硬块、易溶于水等特点。

【绵薄】miánbó 名 谦词,用于指自己微弱的能力 ▷勉竭～|略尽～之力。

【绵长】miáncháng 形 延续久远;漫长 ▷岁月～。

【绵绸】miánchóu 名 用绢纺中的下脚料为原料纺织成的平纹绸,表面不光滑,厚实柔韧,可作衣料等。☛ 跟"棉绸"不同。

【绵亘】miángèn 动 连续不断 ▷太行山～千里。

【绵和】miánhé 形〈口〉温和;不猛烈 ▷药性～。

【绵里藏针】miánlǐ-cángzhēn ❶ 比喻表面柔和而内心尖刻。❷ 比喻外柔内刚,柔中有刚。☛ "绵"不要误写作"棉"。

【绵力】miánlì 名 谦词,用于指自己微薄的力量 ▷尽我所能,以效～。

【绵连】miánlián 动 延续不断 ▷～百余里。☛ 不要写作"绵联"。

【绵联】miánlián 现在规范词形写作"绵连"。

【绵密】miánmì 形 细致周密 ▷思虑～。

【绵绵】miánmián 形 形容连续不断的样子 ▷情意～|～细雨。

【绵软】miánruǎn ❶ 形 柔软 ▷金丝绒手感～。❷ 形(身体)软弱无力 ▷浑身～。

【绵善】miánshàn 形 温和善良 ▷性格～。

【绵甜】miántián 形 柔和香甜 ▷酒味～。

【绵延】miányán 动 不断延续 ▷～千里|思绪～。

【绵羊】miányáng 名 羊的一种。性温顺,雄的多有螺旋状大角,雌的角小或无角。毛是纺织品的重要原料,皮可制革。

【绵羊绒】miányángróng ❶ 名 绵羊的绒毛。❷ 名 指绵羊绒织成的面料。

【绵纸】miánzhǐ 名 用树木的韧皮纤维制成的一种柔软而有韧性的白纸。因纤维细长如绵,故称。☛ "绵"不要误写作"棉"。

棉 mián ❶ 名 木棉。○ ❷ 名 棉花 ▷～布|～衣|～签。→ ❸ 名 像棉花的絮状物 ▷腈纶～|石～。○ ❹ 名 姓。☛ 参见本页"绵"的提示㊀。

【棉布】miánbù 名 用棉纤维织成的布。

【棉绸】miánchóu 名 用人造棉织成的布。可染性强,穿着舒适。☛ 跟"绵绸"不同。

【棉涤】miándí 名 涤棉。

【棉纺】miánfǎng 区别 用棉纤维或人造棉纺织的 ▷～连衣裙|～工艺。

【棉猴儿】miánhóur 名 一种衣领和风帽连在一起的棉大衣。

【棉花】miánhua 名 一年生亚灌木或多年生灌木,常作一年生草本栽培。有亚洲棉、草棉、陆地棉、海岛棉等品种,陆地棉在中国栽培最广。果实里面的纤维也叫棉花,可以纺纱和絮衣被等;种子可以榨油。

【棉活】miánhuó 名 制作、拆洗棉衣、棉被等活计。

【棉铃】miánlíng 名 棉花刚长出的果实。形状像铃铛,故称。

【棉铃虫】miánlíngchóng 名 昆虫,幼虫体色多变。蛀食棉花蕾、棉铃,造成蕾、铃脱落,是棉花的主要害虫,也危害玉米、豌豆、番茄等多种作物。

【棉毛】miánmáo 名 一种较厚的棉纱针织原料 ▷～保暖内衣。

【棉毛裤】miánmáokù 名 用棉纱针织的内裤。

【棉毛衫】miánmáoshān 名 用棉纱针织的内衣;有时单指这类上衣。

【棉农】miánnóng 名 以种植棉花为主业的农民。

【棉签】miánqiān 名 医疗、化妆或清洁身体等用的一头或两头裹着少许棉花的小细棍儿。

【棉球】miánqiú 名 团成小球状的消毒棉花。医学上用于局部消毒或擦拭伤口。

【棉区】miánqū 名 盛产棉花的地区。

【棉绒】miánróng 名 上面有一层绒毛的棉织品 ▷单面～|～裤。

【棉纱】miánshā 名 用棉纤维纺成的纱。

【棉毯】miántǎn 名 一种较厚实的双面有绒的毯子。

【棉桃】miántáo 名 棉花的果实,形状像桃,成熟后自动裂开露出棉纤维。

【棉套】miántào 名 包在茶壶、饭桶等器物外起保温作用的棉花套子。

【棉条】miántiáo 名 棉纤维组成的条子,是纺纱过程中的半成品。

【棉纤维】miánxiānwéi 名 棉花种子上被覆的纤维。根据长度和细度可分为粗绒棉、细绒棉和长绒棉三类,是主要的纺织原料。

【棉线】miánxiàn 名 用棉纱纺成的线。

【棉鞋】miánxié 名 絮有棉花等防寒物的保暖的鞋,有布棉鞋、皮棉鞋等。

【棉絮】miánxù ❶ 名 棉花的纤维。❷ 名 用棉花絮成的棉衣、被褥等的胎。

【棉蚜】miányá 名 蚜虫的一种。浅绿色,头胸部呈黑色。吸食植物汁液,造成卷叶枯萎,危害棉苗及其他多种作物。通称棉蚜虫。

【棉织品】miánzhīpǐn 名 用棉纱或棉线织成的布或衣物。

【棉子】miánzǐ 现在一般写作“棉籽”。

【棉籽】miánzǐ 名 棉花的种子。

【棉籽饼】miánzǐbǐng 名 棉籽榨油后剩下的饼状渣滓,可作肥料或饲料。也说棉饼。

【棉籽油】miánzǐyóu 名 用棉籽榨的油,含有微量的有毒物质。精制后可食用,也可作工业原料。

miǎn

丏 miǎn ❶ 动 〈文〉遮蔽;看不到。○ ❷ 名 姓。☛ ㊀跟“丐(gài)”不同。㊁笔顺是丅丆丏。由“丏”构成的字有“沔”“眄”等。

免 miǎn ❶ 动 去掉;除去 ▷～冠照片|这道手续就～了吧|～职|～除|罢～。→ ❷ 动 避开 ▷在所难～|～疫|避～|～灾。→ ❸ 动 不要;不可 ▷～开尊口|闲人～进。☛ 第六画是长撇,不要断成一竖一撇。由“免”构成的字有“晚”“挽”“勉”“娩”“冕”“搀”“谗”“馋”等。

【免不得】miǎnbude 动 免不了。

【免不了】miǎnbuliǎo 动 难以避免 ▷这种官司～要打。☛ 可以带动词或主谓短语作宾语。

【免除】miǎnchú 动 免掉;消除 ▷～烦恼。

【免单】miǎndān 动 免了账单,即免费 ▷老年人来我店理发～。

【免得】miǎnde 连 表示避免发生某种不希望发生的情况,多用于后一分句的开头 ▷写封信,～家里惦记|凡事防范在先,～惹麻烦。

【免费】miǎnfèi 动 不收费;不需缴费 ▷～咨询。

【免费午餐】miǎnfèi wǔcān 不收费的午饭;比喻不付出任何代价就得到的好处 ▷一些企业为员工提供～|购物塑料袋不再是～。

【免冠】miǎnguān ❶ 动 〈文〉脱帽,古代表示谢罪 ▷袒衣～。❷ 动 不戴帽子 ▷半身～照片。

【免检】miǎnjiǎn 动 免于检查或检验 ▷～产品。

【免开尊口】miǎnkāi-zūnkǒu 请不要开口讲话。表示要求对方不要发表意见或提出要求。

【免考】miǎnkǎo 动 免试。

【免礼】miǎnlǐ 动 客套话,用于劝阻对方行礼。

【免票】miǎnpiào ❶ 动 乘车、入场等不需要买票 ▷这个公园节日～开放。❷ 名 指可以免费乘车、入场等的凭证 ▷不用给我买票了,我有～。

【免签】miǎnqiān 动 免于办理签证。

【免去】miǎnqù 动 免除;避免 ▷～职务|闭门谢客,可以～许多麻烦。

【免试】miǎnshì 动 免于考试或测试 ▷～外语。

【免收】miǎnshōu 动 免于收取 ▷～手续费。

【免受】miǎnshòu 动 避免遭受 ▷～煎熬。

【免税】miǎnshuì 动 免予征收税款 ▷对残疾人个人经营的某些项目予以～。

【免税店】miǎnshuìdiàn 名 销售免税商品的商店。其服务对象主要是旅游、经商的外籍人士,或持护照和离境机票且即将离境的本国公民。

【免税区】miǎnshuìqū ❶ 名 对进口商品(包括生产资料和生活消费品)免征关税的区域。如巴拿马的科隆、我国的香港等。❷ 名 一国设立的、比一般保税区给予更多免税待遇的地区;有时也指保税区。

【免俗】miǎnsú 动 摆脱世俗的拘束 ▷在往来应酬方面难以～。

【免提】miǎntí ❶ 区别 固定电话等不用拿起听筒或不用放到耳边就可以通话的 ▷在～状态下,这款无绳电话的声音也是高保真的|～键。❷ 名 指电话机上用来控制免提功能的按钮 ▷先摁～再通话。

【免刑】miǎnxíng 动 免予刑事处分。

【免修】miǎnxiū 动 经批准可以不学习某一课程。

【免验】miǎnyàn 动 免检 ▷～商品。

【免役】miǎnyì 动 免除服役;现多指免除兵役。

【免疫】miǎnyì 动 机体对侵入体内的微生物及其毒素具有抵抗力,因而不易患某种传染病 ▷～力|～功能紊乱。

【免于】miǎnyú ❶ 动 免除；不需要 ▷～追究责任｜～检验。❷ 动 避免 ▷～被动。

【免予】miǎnyǔ 动 不给予（某种处罚等）▷～处分。

【免遭】miǎnzāo 动 免受。

【免战牌】miǎnzhànpái 名 旧小说、戏曲中指打仗时挂出的表示不应战的牌子；现多指停止争论、比赛等的声明 ▷这场比赛，我队因主力队员伤病而挂了～。

【免征】miǎnzhēng 动 免予征收（税、费等）▷～小微企业增值税。

【免职】miǎnzhí 动 免去现任职务。☛ 跟"撤职"不同。"撤职"多因为犯了错误；"免职"则不一定。

【免罪】miǎnzuì 动 免去法律处罚。

沔 miǎn ❶ 名 沔水，水名，古代指汉水，今指汉水上游在陕西境内的一段。○ ❷ 名 姓。☛ "沔县"（在陕西）现在改为"勉县"。

黾（黽） miǎn 古同"渑（miǎn）"。
另见 959 页 mǐn。

眄 miǎn，又读 miàn〈文〉❶ 动 斜着眼睛看 ▷～视。→ ❷ 动 看；望 ▷流～。

勉 miǎn ❶ 动 努力；尽最大力量 ▷～力而为｜勤～。→ ❷ 动 使努力；鼓励 ▷有则改之，无则加～｜共～｜～励。→ ❸ 动 力量不足或心里不愿意，但仍尽力去做 ▷～为其难｜～强。

【勉力】miǎnlì 动 努力① ▷～进取｜～而为。

【勉励】miǎnlì 动 劝勉；鼓励 ▷少批评，多～。

【勉强】miǎnqiǎng ❶ 形 不能、不愿而又不得不 ▷～支撑｜～答应。❷ 动 让人做他不愿做的事 ▷你既然不愿意参与，那我就不～了。❸ 形 理由不充分 ▷这样解释很～。❹ 形 将就；凑合 ▷材料～够用。☛ "强"这里不读 qiáng。

【勉为其难】miǎnwéiqínán 勉强去做力所不及或本来不愿做的事。

【勉慰】miǎnwèi 动 勉励安慰。

娩 miǎn 动 妇女生孩子 ▷分～｜～出。☛ 统读 miǎn，不读 wǎn。

【娩出】miǎnchū 动 胎儿和胎盘、胎膜等从母体中产出。

勔 miǎn 形〈文〉勤勉；努力 ▷～自强而不息。

冕 miǎn ❶ 名 古代帝王、诸侯、卿、大夫举行朝仪或祭礼时所戴的礼帽；特指皇帝在某些隆重场合所戴的礼帽 ▷加～｜冠～堂皇。→ ❷ 名 形状像冕的东西 ▷日～。→ ❸ 名 借指冠军的荣誉地位 ▷卫～。☛ 上边是"冃"，不是"曰"。由"冃"构成的字还有"冒""瑁"等。

偭 miǎn〈文〉❶ 动 向；面向。○ ❷ 动 违背。

渑（澠） miǎn [渑池] miǎnchí 名 地名，在河南。
另见 1232 页 shéng。

湎 miǎn 动〈文〉沉迷；迷恋 ▷沉～。

愐 miǎn〈文〉❶ 动 勉力。○ ❷ 动 思念。

缅（緬） miǎn 形 遥远 ▷～怀｜～想。

【缅怀】miǎnhuái 动 追念已往的人或事（含庄重色彩）▷～革命先烈。

【缅邈】miǎnmiǎo 形〈文〉久远；遥远 ▷岁月～。

【缅想】miǎnxiǎng 动 追怀 ▷～旧日同窗。

腼 miǎn [腼腆] miǎntiǎn 形 表情不自然；羞羞答答 ▷说话很～｜她人挺～，怕见生人。☛ 不要写作"靦覥"。

鮸（鮸） miǎn 名 鱼，体长而侧扁，灰褐色，尾鳍呈矛状。生活在近海中，可食用，也可以制鱼胶、鱼粉和鱼油。通称鮸鱼。也说米鱼。

靦 miǎn [靦覥] miǎntiǎn 现在规范词形写作"腼腆"。
另见 1360 页 tiǎn。

miàn

面[1] miàn ❶ 名 脸 ▷汗流满～｜～庞。→ ❷ 副 当面；在面前或面对面 ▷～谈｜～商｜～试。→ ❸ 动 会面 ▷谋～｜一～之交。❹ 量 用于会见的次数 ▷以前见过几～。→ ❺ 动 面对着 ▷背山～水｜～壁。→ ❻ 名 事物的前面部分 ▷门～｜店～。❼ 名 方面 ▷～～俱到｜独当一～。❽ 词的后缀，附在方位词的后面，相当于"边" ▷下～｜里～｜后～。→ ❾ 名 物体的表面 ▷水～｜地～。⇒ ❿ 量 用于带有平面的东西 ▷两～锦旗｜一～镜子。⇒ ⓫ 名 几何学上指线移动所形成的图形，有长和宽，没有厚 ▷点、线、～｜～积 ◇以点带～。⇒ ⓬ 名 东西露在外面的一层或纺织品的正面（跟"里"相对）▷缎子～儿的棉袄｜被～。○ ⓭ 名 姓。

面[2]（麵 *麪） miàn ❶ 名 小麦的籽实磨成的粉；泛指其他谷物的籽实磨成的粉 ▷白～｜荞麦～｜磨～。→ ❷ 名 粉状的东西 ▷药～儿｜胡椒～儿｜粉笔～儿。→ ❸ 名 特指面条 ▷挂～｜切～｜热汤～。→ ❹ 形〈口〉（某些食物）松软易嚼 ▷

这苹果太～，一点儿也不脆。

【面案】miàn'àn 名 白案。

【面板】miànbǎn 名 和(huó)面揉面等用的案板。

【面包】miànbāo 名 面粉发酵后烤制而成的一种较松软的食品。

【面包车】miànbāochē 名 一种中小型载客汽车。形状像长方形的面包。

【面包房】miànbāofáng 名 出售面包及西式糕点的商店。有的还附设加工作坊，自产自销。

【面包果】miànbāoguǒ 名 一种常绿乔木，高达10余米。叶大，掌状深裂。花单性，雌雄同株。果实直径20余厘米，肉白色，质地粗松如面包，可以食用。也说面包树。

【面包圈】miànbāoquān 名 呈环形的面包。

【面壁】miànbì ❶ 动 面向墙壁。表示闭门独处，对外面的事情不理不睬 ▷独自～，谢绝交往。❷ 动 佛教指面向墙壁静坐默念，潜心修炼；后也指潜心于学业、事业 ▷十年～。❸ 动 旧时的一种体罚，面对着墙壁站立 ▷～思过。

【面不改色】miànbùgǎisè 脸色不变；形容临危不惧，从容自若。

【面茶】miànchá 名 用糜子面或小米面煮成的糊状食品。吃时加麻酱、椒盐等。

【面陈】miànchén 动 当面陈述 ▷～利弊。

【面呈】miànchéng 动 当面呈交 ▷～市长。

【面斥】miànchì 动 当面训斥 ▷～不良行为。

【面的】miàndī 名 指用作出租汽车的小型面包车(面：面包车；的：的士)。

【面点】miàndiǎn 名 以米粉、面粉为主料，加入鸡蛋、果料等辅料制作的糕点。

【面对】miànduì 动 脸面对着；面向 ▷～困难。

【面对面】miànduìmiàn 脸对着脸；当面 ▷～把话讲清楚。

【面额】miàn'é 名 票面上标明的数额 ▷人民币有多种～。☛ 跟"面值"不同。"面额"指的是数额，除用于货币及其他有价证券外，还可用于某些票据，如我国实行计划经济时期的粮票、布票等；"面值"指的是金额，仅用于货币及其他有价证券。

【面坊】miànfáng 名 加工面粉的作坊。

【面访】miànfǎng 动 当面访问 ▷有些事电话里说不清，最好去～。

【面肥】miànféi 名 内含大量酵母菌的面团，发面时和(huó)进去使面发酵。也说老面。

【面粉】miànfěn 名 用小麦磨成的粉。

【面告】miàngào 动 当面告知。

【面馆】miànguǎn 名 以出售面条等面食为主的饭馆。

【面红耳赤】miànhóng-ěrchì 形容着急、发怒或害羞、激动时满脸通红的样子。

【面糊】miànhù 名 面粉加水调成的粥状物。

【面糊】miànhu 形 形容食物又松又软。

【面黄肌瘦】miànhuáng-jīshòu 脸色发黄，身体消瘦。形容身体有病或营养不良的样子。

【面积】miànjī 名 表示平面或曲面上一块区域的大小 ▷操场～｜球～。

【面颊】miànjiá 名 脸的两侧部分；脸蛋儿。

【面交】miànjiāo 动 当面交给 ▷把信～厂长。

【面巾】miànjīn 名 洗脸的毛巾。

【面巾纸】miànjīnzhǐ 名 用来擦脸的纸巾。

【面筋】miànjīn 名 一种食品，面粉加上适量的水搅和成面团，洗去淀粉后剩下的混合蛋白质，淡黄色。

【面具】miànjù ❶ 名 戴在脸上的防护用具 ▷防毒～。❷ 名 指假面具；比喻伪装 ▷撕掉敌人"亲善"的～。

【面孔】miànkǒng ❶ 名 脸；面部的表情 ▷绷着～｜他生气时～好吓人。❷ 名 借指人 ▷首发阵容多是新～。❸ 名 比喻事物的外观、样式等 ▷本刊改版后将以新的～和读者见面｜这些家具都是新～。☛ 参见本页"面目"的提示。

【面老】miànlǎo 形 形容面容比实际年龄显得老(跟"面嫩"相对) ▷他年岁不大，可有点儿～。

【面料】miànliào ❶ 名 做服装、鞋帽等面子用的纺织品。❷ 名 贴在器物等表面的材料 ▷桌面贴的是新型～。

【面临】miànlín 动 面对着；面前遇到(某种情况) ▷～困难｜～考验。

【面码儿】miànmǎr 名〈口〉用来拌面条的蔬菜等，多为生的或只用开水焯过的。

【面貌】miànmào ❶ 名 相貌 ▷他俩～酷似。❷ 名 比喻事物的形态、状况 ▷精神～｜整座城市～一新。☛ 参见953页"面容"的提示。

【面面观】miànmiànguān 从多方面或不同角度对事物所作的观察(多用作文章标题) ▷环保～。

【面面俱到】miànmiàn-jùdào 各方面都考虑到、照顾到。

【面面相觑】miànmiàn-xiāngqù 你看着我，我看着你，谁也不出声。形容大家惊异、恐惧或束手无策的样子。☛ "觑"不读 xū。

【面膜】miànmó 名 美容护肤品。种类很多，有的敷在面部若干分钟后取下，有的涂在面部形成膜后再揭下或洗掉。

【面目】miànmù ❶ 名 面貌① ▷光线太暗，～看不清｜～丑恶。❷ 名 面貌② ▷这个楼群的～已初步呈现。❸ 名 比喻本质或本性 ▷这件事暴露了他的真实～。❹ 名 脸面；面子

▷有何～见父老乡亲？☛ 跟"面孔"不同。1."面目"可指脸面、面子，还可比喻本质、本性；"面孔"不能。2."面孔"可指表情，"面目"不能。

【面目全非】miànmù-quánfēi 事物的面目变得完全不像原来的样子(含贬义)。

【面目一新】miànmù-yīxīn 事物的面目完全变新。

【面嫩】miànnèn ❶ 形 形容面容比实际年龄显得年轻(跟"面老"相对) ▷她～，根本不像40岁的人。❷ 形 脸皮薄；容易害羞 ▷这孩子～，一见生人就脸红。

【面庞】miànpáng 名 脸盘儿 ▷瘦削的～|～秀丽。

【面盆】miànpén 名 和(huó)面用的盆。

【面坯】miànpī ❶ 名 煮熟但未加佐料的面条。❷ 名 用生面做成而尚未加工成熟食的馒头、比萨饼、面包等。

【面皮】miànpí ❶ 名 包饺子、馄饨等用的皮儿。○ ❷ 名 脸皮。

【面片儿】miànpiànr 名 面粉加水制成的片状食品，煮熟后连汤吃。

【面洽】miànqià 动 当面协商 ▷至于确切交货日期，请来公司～|～合作的具体事宜。

【面签】miànqiān ❶ 动 当面在正式文件、合同等上面签字确认。❷ 动 使馆或领事馆对携带相关资料前来申请签证的人进行询问，核实情况，并给符合条件的人办理签证。

【面前】miànqián ❶ 名 面对着的地方；跟前 ▷在事实～，他只好承认了。❷ 名 当前 ▷～的事就够我伤脑筋的了。

【面人儿】miànrénr 名 民间传统工艺品，用掺入各色颜料的糯米面捏成的小型人像。参见插图16页。

【面容】miànróng 名 面貌①；脸上的气色 ▷慈祥的～|～憔悴。☛ 跟"面貌"不同。"面容"侧重指面部表现出的健康状况或精神状态；"面貌"侧重指固有的五官外形，并且另有比喻义。

【面如死灰】miànrúsǐhuī 面色像完全熄灭后的火灰；形容脸色灰暗，没有生气。

【面如土色】miànrútǔsè 形容因受严重惊吓而脸色变得像泥土的颜色一样。

【面软】miànruǎn 形 心软而拉不下脸来 ▷心慈～。

【面色】miànsè 名 脸色；面部的气色 ▷～苍白。

【面纱】miànshā 名 妇女蒙在脸部的纱巾；比喻掩盖事实真相的东西 ▷揭去神秘的～。

【面善】miànshàn ❶ 形 面熟 ▷进来的人有些～。❷ 形 面容和善 ▷～心不慈。

【面商】miànshāng 动 当面商量。

【面神经】miànshénjīng 名 人和脊椎动物的第七对脑神经，主管面部表情肌的运动、泪腺和唾液腺的分泌和舌前部的味觉。人的面神经麻痹可以造成口眼歪斜。

【面生】miànshēng 形 面貌生疏；不熟识 ▷来人很～。

【面食】miànshí 名 用面粉制成的食品，如馒头、烙饼、面条等。

【面世】miànshì 动 (作品、产品等)呈现在世人面前 ▷大作即将～。

【面市】miànshì 动 商品开始投放市场 ▷新款轿车即将～。

【面试】miànshì 动 采取当面口头问答的方式进行考试 ▷先笔试，后～|通过了～。

【面首】miànshǒu 名 旧指供贵妇人玩弄的容貌俊美的男子。

【面授】miànshòu ❶ 动 当面传授 ▷～机宜。❷ 动 主要用当面讲授的方式传授课业(跟"函授""刊授"相区别) ▷～、函授相结合。

【面授机宜】miànshòu-jīyí 当面传授应付局面的计策或办法。

【面熟】miànshú 形 面貌熟悉。

【面诉】miànsù 动 当面倾诉。

【面塑】miànsù 名 用加了色彩的糯米面或面粉等的面团作原料，捏成各种形象的一种工艺；也指用这种工艺制成的工艺品。

【面瘫】miàntān 动 指面神经瘫痪。症状为面部单侧(少数为双侧)表情肌瘫痪，口角斜向一侧，口涎外流，不能闭眼等。

【面谈】miàntán 动 当面交谈。

【面汤】miàntāng ❶ 名 煮过面条的水。❷ 名 〈口〉汤面。

【面条】miàntiáo 名 面粉加水制成的细长条食品。

【面团】miàntuán 名 和(huó)好的呈块状的面。

【面无人色】miànwúrénsè 因疾病或惊恐脸色极不正常。

【面晤】miànwù 动 见面；会晤(含庄重意) ▷有幸～先生并聆听教诲。

【面向】miànxiàng 动 面对着；着眼于 ▷屋子～大河|～未来。

【面相】miànxiàng 名 面容；相貌。

【面谢】miànxiè 动 当面致谢 ▷劳神之处，容后～。

【面叙】miànxù 动 当面交谈 ▷书不尽言，余容～。

【面议】miànyì 动 当面商议 ▷工资～。

【面影】miànyǐng 名 人体正面的形象。

【面有难色】miànyǒunánsè 脸上露出为难的神色。

【面谕】miànyù 动 〈文〉当面训示或下达命令。

【面誉背毁】miànyù-bèihuǐ 当面称赞，背后毁谤。

【面罩】miànzhào 名 遮挡、保护面部的罩子。

【面值】miànzhí 名 货币及其他有价证券上标明的金额 ▷～3000元的支票。☛ 参见952页

"面额"的提示。

【面砖】miànzhuān 名 用来装饰墙面的一种砖形建筑材料。

【面子】miànzi ❶ 名 物体表面的一层 ▷皮袄～|绸缎～。口语中也说面儿。❷ 名 声誉 ▷爱～|给学校争～。❸ 名 情面 ▷给我个～。

【面子工程】miànzi gōngchéng 形象工程。

miāo

喵 miāo 拟声 模拟猫叫的声音 ▷小猫～～叫。

miáo

苗[1] miáo ❶ 名 初生的、尚未开花结果的幼小植物 ▷麦～|～圃。→ ❷ 名 后代;年轻的继承者 ▷他是张家的独～|～裔。→ ❸ 名 特指某些蔬菜的嫩茎、叶 ▷蒜～|豌豆～儿。→ ❹ 名 事物刚出现的征兆、迹象 ▷祸～|～头。❺ 名 矿藏露出地面的部分 ▷矿～。→ ❻ 名 某些初生的饲养动物 ▷鱼～|猪～。→ ❼ 名 形状像苗的东西 ▷火～儿。→ ❽ 名 指疫苗 ▷牛痘～|卡介～。○ ❾ 名 姓。

苗[2] miáo 名 指苗族 ▷～家|～寨|～戏。

【苗床】miáochuáng 名 培育植物秧苗的场所,包括露天苗床和室内苗床。

【苗而不秀】miáo'érbùxiù《论语·子罕》:"苗而不秀者有矣夫!"原意指庄稼只长苗而不抽穗。后用"苗而不秀"比喻天资虽好,但没有成就;也比喻徒有其表,华而不实。

【苗家】miáojiā 名 对苗族人的称呼 ▷～姑娘。

【苗距】miáojù 名 禾苗与禾苗之间的距离。

【苗木】miáomù 名 植树造林等用的幼株。

【苗圃】miáopǔ 名 培育苗木的园地。

【苗期】miáoqī 名 作物从出苗到开花结实以前的生长阶段。

【苗情】miáoqíng 名 农作物苗期的生长情况。

【苗条】miáotiao 形 形容女子身材修长秀美 ▷身材～。

【苗头】miáotou 名 刚刚显露出来的新情况或事物发展的趋势 ▷事故的～|纪律松弛的～。

【苗戏】miáoxì 名 苗族戏曲剧种,流行于湘西土家族苗族自治州等地。俗称湘西苗戏。此外还有广西苗戏、云南苗戏等。也说苗剧。

【苗绣】miáoxiù 名 苗族妇女制作的刺绣品。

【苗裔】miáoyì 名〈文〉子孙后代。

【苗语】miáoyǔ 名 苗族的语言,属汉藏语系苗瑶语族。

【苗寨】miáozhài 名 苗族人聚居的村寨,周围多有围墙或栅栏。

【苗子】miáozi 名 比喻有希望成为某类人才的青少年 ▷体育～。

【苗族】miáozú 名 我国少数民族之一。主要分布在贵州、云南、广西、广东、湖南、湖北、重庆。

描 miáo ❶ 动 照着原样画或写(多指用透明薄纸蒙在底样上画) ▷～花样|照原图～下来|～红。→ ❷ 动 重复涂抹使颜色加重或改变形状 ▷把这一捺～粗些|～眉毛。

【描红】miáohóng ❶ 动 初学写毛笔字时,在印有红色楷体大字或空心红字的纸上摹写。❷ 名 印有描红用的红色楷体大字或空心红字的纸。也说红模子。

【描画】miáohuà 动 照实物画;形象地记述 ▷千姿百态,难以～。

【描绘】miáohuì 动 描画;描写 ▷～得很形象。☛ 跟"描摹"不同。在指用语言文字表现人和事物时,"描绘"侧重指艺术再现;"描摹"侧重指写实。

【描记】miáojì 名 某些仪器根据光电信号描出的线状图形。

【描金】miáojīn 动 在器物、墙、柱等的图案上,用金粉、银粉勾勒描画。

【描眉】miáoméi 动 用眉笔描画眉毛,使形状更美,颜色更深。

【描摹】miáomó ❶ 动 描①。❷ 动 用语言、文字刻画出人或事物的形象。☛ 参见本页"描绘"的提示。

【描述】miáoshù 动 描写和叙述 ▷文章详细～了比赛的经历。☛ 参见本页"描写"的提示。

【描图】miáotú 动 把薄纸盖在原图上,用笔或绘图仪器把原图描下来。

【描写】miáoxiě 动 用语言、文字把人物、事件或环境等具体形象地表现出来 ▷～人物性格|景物～。☛ 跟"描述"不同。"描写"多指细节的刻画;"描述"多指情节的形象叙述。

鹋(鶓) miáo ❶ 见 364 页"鸸(ér)鹋"。○ ❷ 名 姓。

瞄 miáo 动 目光集中在一个目标上;注视 ▷～准靶子|拿眼偷偷地～着他。

【瞄准】miáozhǔn ❶ 动 调整枪口、炮口、弓箭等的方位和高低,使对准射击目标 ▷～敌人的阵地。❷ 动 泛指对准某一特定的对象 ▷～市场,开发新产品。

miǎo

杪 miǎo〈文〉❶ 名 树枝的末端 ▷树～。→ ❷ 名 年、月、季节的末尾 ▷岁～|秋～。

眇（*眇）miǎo〈文〉❶ 动 本指一只眼睛失明；后也指两只眼睛失明 ▷目～耳聋。○ ❷ 形 小；微小 ▷～然一粟。

秒 miǎo ❶ 量 a）古代长度单位，1 秒为 0.0001 寸。b）时间法定计量单位，是国际单位制中基本单位之一。1 秒等于$\frac{1}{60}$分。c）弧、角和经度、纬度法定计量单位，1 秒等于$\frac{1}{60}$分。→ ❷ 名 借指极短的时间（多用作状语）▷～变｜～光（在极短的时间内便一点儿不剩）。

【秒表】miǎobiǎo 名 测定较短时间间隔的仪表。测量的最小数值可达$\frac{1}{5}$秒到$\frac{1}{1000}$秒。广泛用于科学研究、体育运动等方面。也说马表、跑表。

【秒杀】miǎoshā ❶ 动 指网络游戏中瞬间击杀对手；泛指在极短时间内击败对手 ▷游戏中，他几乎每次都能～其他玩家｜她的自由体操表演～了所有对手。❷ 动 指在极短的时间内结束；特指某商品瞬间被抢购一空 ▷这款产品刚上线就被～一空。

【秒针】miǎozhēn 名 钟表上用来指示秒数的指针。

淼 miǎo ❶ 用于人名。○ ❷ 用于地名。如淼泉，在江苏。

另见本页 miǎo“渺[1]”。

渺[1]（*淼❶渺）miǎo ❶ 形 大水辽阔无边 ▷烟波浩～。→ ❷ 形 渺茫 ▷～无人烟。

“淼”另见本页 miǎo。

渺[2]（*渺）miǎo 形 微小 ▷～不足道｜～小。

【渺茫】miǎománg ❶ 形 遥远而模糊不清 ▷～的远山。❷ 形 难以预测 ▷前景～｜希望～。☛ 不要写作“淼茫”。

【渺渺】miǎomiǎo〈文〉❶ 形 形容幽远不见尽头的样子 ▷烟云～｜青山～。○ ❷ 形 形容微弱渺小的样子 ▷西风～｜～之身。

【渺然】miǎorán 形〈文〉形容因遥远而形影模糊甚至消失 ▷～不知所在。

【渺无人烟】miǎowúrényān 一片迷茫，没有人家和炊烟。形容十分荒凉。

【渺无音信】miǎowúyīnxìn 很久没有消息。

【渺小】miǎoxiǎo 形 微小 ▷在大自然中，个人是多么～！

【渺远】miǎoyuǎn 现在一般写作“邈远”。

缈（緲）miǎo 见1048 页“缥（piāo）缈”。☛ 统读 miǎo，不读 miào。

藐 miǎo 形 小 ▷～视。

【藐视】miǎoshì 动 轻视；看不起 ▷～敌人｜～困难。☛ ㈠不宜写作“渺视”。㈡跟“蔑视”“鄙视”不同。“藐视”侧重于小看对方；“蔑视”是指根本不把对方放在眼里；“鄙视”是指把对方看得很卑贱，很低劣。

【藐小】miǎoxiǎo 现在一般写作“渺小”。

邈 miǎo 形〈文〉遥远 ▷～不可见｜～远。

【邈远】miǎoyuǎn 形 遥远。

miào

妙（*玅❶—❸）miào ❶ 形 精微 ▷微～｜精～｜奥～。→ ❷ 形 美好 ▷情况不～｜～不可言｜～龄｜美～。→ ❸ 形 奇巧；神奇 ▷灵丹～药｜～计。○ ❹ 名 姓。

【妙笔】miàobǐ 名 神妙的文笔 ▷～如神。

【妙笔生花】miàobǐ-shēnghuā 形容写作技巧高超，能创作出精美的作品。参见 944 页“梦笔生花”。

【妙不可言】miàobùkěyán 形容特别美妙，无法用言语表达。

【妙处】miàochù 名 神奇、美妙的所在 ▷细心的读者方能体味文中的～。

【妙法】miàofǎ 名 巧妙的方法 ▷克敌制胜的～。

【妙计】miàojì 名 巧妙的计谋。

【妙境】miàojìng 名 美妙的境界 ▷领略了大自然的～｜进入至善至美的艺术～。

【妙诀】miàojué 名 高明的窍门或方法 ▷成功的～。

【妙丽】miàolì ❶ 形 美妙华丽 ▷文章清秀～。❷ 名 指美丽的年轻女子。

【妙龄】miàolíng 名 青少年时期（多用于女子）。

【妙论】miàolùn ❶ 动 精妙地论述 ▷～天下时势。❷ 名 精妙的言论 ▷～惊四座。

【妙曼】miàomàn 形 曼妙 ▷～多姿的舞蹈｜音乐～高雅。

【妙年】miàonián 名 美好的年华，指少壮之年 ▷正值～｜青春～。

【妙品】miàopǐn 名 美好杰出的作品（多指书画）▷栩栩如生，堪称～。

【妙趣】miàoqù 名 美妙的情趣。

【妙趣横生】miàoqù-héngshēng 充满美妙的情趣（多用于人的谈吐或文学艺术作品）。

【妙手】miàoshǒu ❶ 名 指技艺高超的人 ▷丹青～。❷ 名 指高超的技艺 ▷～回春。

【妙手回春】miàoshǒu-huíchūn 称赞医术高超，能把垂危的病人治好。

【妙算】miàosuàn 名 神奇巧妙的计谋 ▷神机～。

【妙药】miàoyào 名 疗效神奇的药 ▷灵丹～。

【妙用】miàoyòng ❶ 动 巧妙运用 ▷～典故。❷

图 奇妙的作用或用处 ▷针灸大有～。

【妙语】miàoyǔ 图 意味深长或富有情趣的话 ▷～连珠|～惊人。

【妙语解颐】miàoyǔ-jiěyí 有趣或动听的话使人开颜而笑(颐:面颊)。

【妙语连珠】miàoyǔ-liánzhū 妙语像珍珠串一样接连出现。

【妙招儿】miàozhāor ❶ 图 巧妙高超的招数。❷ 见本页"妙着儿"①。现在一般写作"妙着儿"。

【妙着儿】miàozhāor ❶ 图 下棋时走出的巧妙的着数。❷ 见本页"妙招儿"①。现在一般写作"妙招儿"。

庙(廟) miào ❶ 图 旧时设有祖先牌位,以供祭祀的建筑 ▷太～|宗～|家～。→❷ 图 供奉神佛或历史名人的建筑 ▷寺～|孔～。❸ 图 指庙会 ▷逛～。〇 ❹ 图 姓。

【庙号】miàohào 图 我国封建时代给死去的皇帝在太庙立牌奉祀时起的名号。如世宗是汉武帝刘彻的庙号。

【庙会】miàohuì 图 设在寺庙或寺庙附近的集市,通常在节日或规定的日子举行 ▷赶～|逛～。

【庙堂】miàotáng 〈文〉❶ 图 古代帝王祭祀、议事的太庙和明堂;借指朝廷。❷ 图 庙宇。

【庙宇】miàoyǔ 图 庙②。

【庙主】miàozhǔ ❶ 图 主持庙观事务的和尚或道士。❷ 图 指宗庙里的牌位。

【庙祝】miàozhù 图 寺庙中照料香火的人。

缪(繆) miào 图 姓。
另见 966 页 miù;973 页 móu。

miē

乜 miē [乜斜] miēxié ❶ 动 眯着眼斜视(有看不起或不满意的意思) ▷～着眼睛看人。❷ 动 眼睛眯成一条缝 ▷醉眼～。
另见 1005 页 niè。

咩(*哶哶) miē 拟声 模拟羊叫的声音 ▷小羊～～地叫个不停。

哶 miē 佛教咒语用字。参见 565 页"吽(hōng)"。

miè

灭(滅) miè ❶ 动 停止燃烧或发光(跟"着(zháo)"相对) ▷火～了|灯～了|熄～。→❷ 动 使熄灭 ▷～灯|～火器。→❸ 动 淹没 ▷～顶。→❹ 动 不复存在 ▷自生自～|物质不～。❺ 动 使不复存在 ▷杀人～口|～种。

【灭茬】mièchá 动 除掉农作物收割后遗留的茎根。

【灭此朝食】miècǐ-zhāoshí《左传·成公二年》:"余姑翦(剪)灭此而朝食。"意思是消灭了这伙敌人再吃早饭。形容急切消灭敌人的心情。

【灭顶】mièdǐng 动 水淹没头顶,指淹死;多比喻灾难严重,令人致死 ▷惨遭～之灾。

【灭火】mièhuǒ ❶ 动 把火扑灭 ▷远距离～|制订～预案。❷ 动 熄火③。

【灭火剂】mièhuǒjì 图 能有效破坏燃烧条件、中止燃烧的物质。

【灭火器】mièhuǒqì 图 一种消防设备。由筒体、器头、喷嘴等部件组成,能将灭火剂喷射在火焰上或着火物表面,使火熄灭。

【灭迹】mièjì 动 消除痕迹(多指做坏事留下的痕迹) ▷杀人～|销赃～。

【灭绝】mièjué ❶ 动 彻底消灭 ▷天花病已经～。❷ 动 彻底丧失 ▷～人性。

【灭菌】mièjūn 动 消灭细菌 ▷消毒～。

【灭口】mièkǒu 动 为防止泄露内情而害死知情的人 ▷杀人～。

【灭门】mièmén 动 杀尽全家人 ▷～之罪。

【灭杀】mièshā 动 消灭;杀死(对象多是毒菌、害虫等) ▷～毒菌。

【灭失】mièshī 动 指物品因自然灾害、遗失、被盗、抛弃等原因而不复存在。

【灭亡】mièwáng ❶ 动 指国家、民族或政治集团等被消灭,不再存在 ▷封建制度早已～。❷ 动 使灭亡 ▷敌人永远不能～我们。

【灭种】mièzhǒng ❶ 动 灭绝整个种族 ▷亡国～。❷ 动 绝种 ▷大角鹿已经～。

【灭族】mièzú 动 古代一种刑罚,因一人犯罪而杀掉他整个家族的人。

蔑[1] miè 形 小;轻微 ▷～视|轻～。

蔑[2](衊) miè 动 造谣毁坏别人的名誉 ▷诬～。☛ "蔑"字下边是"戍(shù)",不是"戌(xū)"或"戊(wù)"。

【蔑称】mièchēng ❶ 动 轻蔑地称呼 ▷官府～农民起义军为"毛贼"。❷ 图 轻蔑的称呼。

【蔑视】mièshì 动 看不起;轻视 ▷～困难|～小人。☛ 参见 955 页"藐视"的提示㊂。

篾 miè 图 破成条状的薄竹片;也指苇子秆或高粱秆被破开后的条状皮 ▷竹～|～席。☛ 跟"蔑(miè)"不同。

【篾工】miègōng ❶ 图 用竹篾编制器物的技艺 ▷这竹席的～精致极了。❷ 图 篾匠。

【篾黄】mièhuáng 图 竹篾除去外皮剩下的部分,质地较脆。

【篾匠】mièjiang 图 用竹篾编制器物的手艺人。

【篾篓】mièlǒu 图 用竹篾编成的篓子。

【篾片】mièpiàn 图 竹子劈成的薄片,可以用来编制器具。

【篾青】mièqīng 名 竹篾的外皮，韧性较强。

【篾条】miètiáo 名 条状的篾。

【篾席】mièxí 名 用篾编的席子。

【篾子】mièzi 名 篾条；篾片。

蠛 miè［蠛蠓］mièměng 名 古书上指蠓。

mín

民 mín ❶ 名 以劳动群众为主体的社会基本成员 ▷为国为～|人～|国～。→ ❷ 名 民间 ▷～歌|～俗|～情。→ ❸ 名 指某个民族的人 ▷汉～|回～|藏～。→ ❹ 名 从事某种工作或具有某种特殊身份的人 ▷农～|牧～|渔～|侨～|网～。→ ❺ 名 非军人；非军事的 ▷军～一家|～航。○ ❻ 名 姓。

【民办】mínbàn ❶ 动 群众集体或个人开办和管理（跟"公办"相区别）▷～公助，成立了这个交响乐团。❷ 区别 群众集体或个人开办和管理的 ▷在～学校就读。

【民办教师】mínbàn jiàoshī 指农村学校中不列入国家正式编制的教师。

【民变】mínbiàn 名 旧指人民群众的反抗斗争 ▷～四起|暴政引起～。

【民兵】mínbīng 名 不脱产的群众性人民武装组织；也指其中的成员。

【民不聊生】mínbùliáoshēng 老百姓失去赖以生存的条件。

【民船】mínchuán 名 民用船只。

【民调】míndiào 动 民意调查 ▷～结果显示，群众对官员公款吃喝意见很大。☛ 跟"民调(tiáo)"不同。

【民法】mínfǎ 名 民事法律，即调整平等主体的公民之间、法人之间、公民和法人之间的财产关系和人身关系的法律规范的总称。

【民房】mínfáng 名 所有权属于私人的民用住房。

【民愤】mínfèn 名 人民群众对坏人坏事共有的义愤 ▷激起～|罪恶严重，～极大。

【民风】mínfēng 名 社会风气；民间风尚 ▷～古朴|考察～。

【民夫】mínfū 名 旧指被官府、军队征募为其服劳役的人。☛ 不宜写作"民伕"。

【民歌】míngē 名 民间口头创作并在流传中不断经过集体加工的诗歌、歌曲。

【民工】míngōng ❶ 名 临时参加国家的工程建设或其他劳动的人。❷ 名 指进城打工的农民。

【民工潮】míngōngcháo 名 像潮水一样涌入城市打工的农民人群 ▷～催生着城镇化。

【民国】mínguó 名 中华民国的简称。1912 年 1 月—1949 年 9 月中国国家的名称。1949 年中国人民在中国共产党领导下，推翻南京国民政府，建立了中华人民共和国，自此，中华人民共和国政府成为代表中国的唯一合法政府。

【民航】mínháng 名 民用航空的简称。

【民间】mínjiān ❶ 名 人民群众中间 ▷～故事|～艺术。❷ 名 人民之间；人民方面 ▷～学术交流|～往来|～组织。

【民间文学】mínjiān wénxué 指群众集体口头创作、口头流传，并不断修改、加工的文学作品。包括神话、传说、故事、戏曲、曲艺、民歌等。

【民间艺术】mínjiān yìshù 人民群众创造并在人民群众中流传的艺术。包括音乐、舞蹈、戏曲、工艺美术等。

【民警】mínjǐng 名 人民警察的简称。

【民居】mínjū 名 老百姓的住房。

【民康物阜】mínkāng-wùfù 百姓安康，物产丰富（阜：盛多，丰厚）。

【民力】mínlì 名 民众财力 ▷～雄厚。

【民命】mínmìng 名 民众的生命 ▷～国脉。

【民女】mínnǚ 名 旧指百姓家的女子。

【民品】mínpǐn 名 民用物品（跟"军品"相区别）。

【民气】mínqì 名 人民群众在国家大事面前所表现出的意志和气概 ▷～昂扬|～大振。

【民情】mínqíng ❶ 名 民间的生产、生活、风俗习惯等情况 ▷了解地理～。❷ 名 民众的情绪和意愿 ▷体察～。

【民权】mínquán 名 人民的民主权利 ▷保障～。

【民生】mínshēng 名 人民的生活、生计 ▷～凋敝|国计～。

【民事】mínshì 区别 有关民法的（跟"刑事"相区别）▷～案件|～纠纷|～法庭。

【民事法庭】mínshì fǎtíng 法院为审理民事案件而设置的法庭。

【民事权利】mínshì quánlì 自然人或法人享有的、依法进行一定活动或要求他人进行某种活动的权利。如财产所有人享有依法处置自己财产的权利，债权人有要求债务人履行债务的权利等。

【民事诉讼】mínshì sùsòng 为解决财产和婚姻家庭等方面的民事、经济纠纷而进行的诉讼。

【民事义务】mínshì yìwù 自然人或法人基于法律的规定或当事人的约定必须尽的一定义务。如果不尽这些义务，将承担民事责任。

【民事责任】mínshì zérèn 自然人或法人因违反法律或合同规定的民事义务，依法应当承担的法律责任。

【民俗】mínsú 名 民间的风俗习惯 ▷～学。

【民宿】mínsù 名 城乡居民利用自己拥有所有权或者使用权的住宅，为旅游者提供住宿服务的小型旅馆。

【民调】míntiáo 动 民事调解 ▷积极进行～，努力化解民事矛盾。☛ 跟"民调(diào)"不同。

【民庭】mínting 名 民事法庭的简称。

【民团】míntuán 名 旧时地主豪绅所组织的地方武装。

【民望】mínwàng ❶ 名 民众的愿望 ▷～所归。❷ 名 在人民中的声望 ▷～不断下跌。

【民校】mínxiào ❶ 名 群众业余学习文化的学校。❷ 名 指民办学校。

【民心】mínxīn 名 人民共同的感情和心愿 ▷～向背|大得～。☛ 跟"民意"不同。"民心"侧重指思想、情感，常跟"向""背""得""失"搭配；"民意"侧重指意见、愿望，常跟"符合""尊重""违背"搭配。

【民选】mínxuǎn 动 由人民直接或间接选举。

【民谚】mínyàn 名 民间谚语。如"庄稼一枝花，全靠肥当家"。也说俚谚。

【民谣】mínyáo 名 民间歌谣，内容多褒贬时事政治。

【民意】mínyì 名 人民群众的愿望和意见 ▷顺～，得民心。☛ 参见本页"民心"的提示。

【民意测验】mínyì cèyàn 通过抽样调查、问卷和电话提问等方式了解民众政治意愿或对某一热点问题的意见、要求和想法。

【民营】mínyíng ❶ 动 公民集体或个人投资经营(跟"国营"相区别，②同) ▷国有～|这家医院已实行～。❷ 区别 公民集体或个人投资经营的 ▷～商店。

【民营经济】mínyíng jīngjì 集体经济、合作经济、民间持股的股份经济、个体经济、私营经济等经济成分的统称。

【民用】mínyòng 区别 供民众使用的(跟"军用"相区别) ▷～产品|～建筑。

【民有】mínyǒu ❶ 动 集体或个人所有(跟"国有"相区别，②同) ▷这些企业全部～民营。❷ 区别 集体或个人所有的 ▷～资本不断增值。

【民怨】mínyuàn 名 民众的怨恨 ▷知民情，纾～，解民难|～沸腾。

【民约】mínyuē 名 人民群众共同制定、共同遵守的公约 ▷乡规～。

【民乐】mínyuè 名 用民族乐器演奏的民间乐曲，如《旱天雷》《百鸟朝凤》等。

【民运】mínyùn ❶ 名 指民用物资的运输工作。❷ 名 指民众运动。

【民贼】mínzéi 名 危害国家、民族利益，残害人民的人 ▷独夫～。

【民宅】mínzhái 名 老百姓的住宅 ▷私闯～。

【民政】mínzhèng 名 直接关系人民生活的行政事务，如婚姻登记、优抚、救济等。

【民脂民膏】mínzhī-míngāo 指人民用血汗创造的财富。

【民智】mínzhì 名 指人民群众的聪明才智、文化知识，是体现国民素质的一个重要方面。

【民众】mínzhòng 名 人民大众 ▷服务于～。

【民主】mínzhǔ ❶ 名 指人民享有参与国家事务和社会事务管理，并对国事自由发表意见等的权利。我国实行社会主义民主集中制，人民既享有广泛的民主和自由，同时必须遵守社会主义法制。❷ 形 符合民主原则的 ▷～选举|会风很～。

【民主党派】mínzhǔ dǎngpài 中国多党合作制度中除中国共产党之外的八个政党的统称。包括：中国国民党革命委员会、中国民主同盟、中国民主建国会、中国民主促进会、中国农工民主党、中国致公党、九三学社和台湾民主自治同盟。

【民主改革】mínzhǔ gǎigé 指中华人民共和国成立初期所进行的废除封建制度建立民主制度的社会改革。包括土地制度、婚姻制度、企业管理的改革，以及某些少数民族地区的农奴解放、奴隶解放等。

【民主革命】mínzhǔ gémìng 指资产阶级性质的革命。在中国，包括资产阶级领导的反对封建制度的旧民主主义革命和无产阶级领导的反对帝国主义和封建主义的新民主主义革命。

【民主集中制】mínzhǔ jízhōngzhì 在民主基础上的集中和在集中指导下的民主相结合的制度。民主集中制是马列主义政党、社会主义国家机关和人民团体的组织原则。

【民主人士】mínzhǔ rénshì 指在民主革命和社会主义建设时期，拥护中国共产党主张、接受中国共产党领导，有一定社会影响和知名度的民主党派成员和无党派爱国人士。

【民主政治】mínzhǔ zhèngzhì 保证人民群众享有参与国家事务管理、对国事自由发表意见等权利的政治制度。社会主义民主政治的本质是人民当家作主，主要包括民主选举、民主决策、民主管理、民主监督等内容。

【民族】mínzú ❶ 名 人类在历史上形成的有共同语言、共同地域、共同经济生活以及表现于共同文化上的共同心理素质的稳定的共同体 ▷多～国家。❷ 名 泛指历史上形成的处于不同社会发展阶段的各种人的共同体 ▷游牧～。

【民族共同语】mínzú gòngtóngyǔ 全民族共同使用的语言。我国现代汉民族共同语是全国通用的普通话。

【民族区域自治】mínzú qūyù zìzhì 我国少数民族在国家统一领导下，以民族聚居区为基础建立自治区域，管理本民族地区事务的制度。民族自治地方分自治区、自治州、自治县。

【民族形式】mínzú xíngshì 各民族在不同历史条件下形成的在政治、经济、文化、生活等方面的不同表现形式。

【民族英雄】mínzú yīngxióng 在反抗侵略者的斗争中，为捍卫本民族的利益，争取本民族的独立、自由而作出巨大贡献甚至英勇牺牲的人。

【民族运动】mínzú yùndòng 指在阶级社会中被压迫民族反对民族压迫，争取民族平等和独立所进行的斗争。

【民族资本】mínzú zīběn 殖民地国家、半殖民地国家或民族独立国家中民族资产阶级所拥有的资本，一般为中小资本。

【民族资产阶级】mínzú zīchǎn jiējí 殖民地、半殖民地和民族独立国家中致力于发展民族工商业的中等资产阶级。

【民族自决权】mínzú zìjuéquán 指各个民族按照自己的意志和愿望来处理自己的事情，发展自己的经济、社会和文化的权利。民族自决的要求是否适当，要从国家利益和是否有利于社会发展来衡量。

玟 mín 古同"珉"。
另见 1441 页 wén。

苠 mín 形（庄稼）生长期较长，成熟期较晚 ▷～高粱。

旻 mín 名〈文〉天空 ▷～天｜苍～。

岷 mín 用于地名。如：岷山，山名，在四川；岷江，水名，在四川；岷县，地名，在甘肃。

忞 mín 动〈文〉勉力。

珉 mín 名〈文〉一种像玉的美石。

缗（緡） mín ❶ 名 古代穿铜钱用的绳子 ▷～钱（用绳子穿成串的铜钱）。→ ❷ 量〈文〉一千文铜钱穿成一串叫一缗。

暋 mín 形〈文〉烦闷。
另见本页 mǐn。

mǐn

皿 mǐn 见1085 页"器皿"。☛ 统读 mǐn，不读 míng。

闵（閔） mǐn ❶ 古同"悯"。○ ❷ 名 姓。

抿¹ mǐn 动 用小刷子蘸水或油抹（头发等）▷往头发上～了点儿油｜～子。

抿² mǐn ❶ 动（嘴、翅膀等）略微闭上 ▷～着嘴笑｜小鸟～了～翅膀。→ ❷ 动 抿着嘴唇喝一点儿 ▷～了一口酒。

【抿子】mǐnzi 名 旧时妇女给头发抹油或水用的小刷子。☛ 不宜写作"笢子"。

【抿嘴】mǐnzuǐ 动 略微闭上嘴唇 ▷～一笑。

黾（黽） mǐn［黾勉］mǐnmiǎn 动〈文〉勤勉；尽力 ▷～从事。☛ 下边是"电"，不是"电"。由"黾"构成的字有"渑""绳""蝇""鼋"等。
另见 951 页 miǎn。

泯（*泯） mǐn 动 灭除；消失 ▷良心未～｜～灭。

【泯灭】mǐnmiè 动 消失；磨灭 ▷良心～｜～恩仇。

【泯没】mǐnmò 动 消失；埋没 ▷良知～。

闽（閩） mǐn ❶ 名 我国古代民族，居住在今福建一带。→ ❷ 名 闽江，水名，在福建。❸ 名 福建的别称 ▷～剧｜～菜｜～语。○ ❹ 名 姓。☛ 统读 mǐn，不读 mín。

【闽方言】mǐnfāngyán 名 汉语七大方言之一，包括闽北和闽南方言。闽北方言主要分布在福建北部地区，闽南方言主要分布在福建南部、广东东部、海南一部分和台湾大部地区。

【闽剧】mǐnjù 名 地方戏曲剧种，流行于福建省东北部地区。也说福州戏。

悯（憫） mǐn ❶ 形〈文〉忧愁 ▷厄穷而不～。→ ❷ 动 哀怜；同情 ▷悲天～人｜怜～。

笢 mǐn 名 竹篾。

敏 mǐn ❶ 形 反应快；灵活 ▷～捷｜灵～｜～感。→ ❷ 形 聪明 ▷聪～｜～慧。

【敏感】mǐngǎn ❶ 形 感觉敏锐；对外界事物反应快 ▷对新鲜事物非常～。❷ 形 容易引起强烈反应的 ▷物价是个～问题。

【敏慧】mǐnhuì 形 聪明而有智慧 ▷生性～。

【敏捷】mǐnjié 形（思维、动作等）灵敏快捷 ▷才思～｜非常～地跳了过去。

【敏锐】mǐnruì 形（思维）敏捷，（眼光）锐利 ▷～的观察力。

【敏悟】mǐnwù 形 聪明而有悟性 ▷自幼～。

湣 mǐn 古同"悯"，常用于谥号。如春秋时期有鲁湣公、齐湣王。

暋 mǐn〈文〉❶ 动 努力。→ ❷ 形 强悍。
另见本页 mín。

愍 mǐn 古同"悯"。

慜 mǐn 形〈文〉敏锐；聪明。

鳘（鰵） mǐn ❶ 名 古书上指鮸。○ ❷ 名 鳕。

míng

名 míng ❶ 名 名字 ▷她～叫春兰｜签～｜书～｜地～｜～单。→ ❷ 动〈文〉命名；取名

▷～余曰正则兮，字余曰灵均。⇒❸动说出；叫出名字 ▷莫～其妙｜不可～状｜无以～之。⇒❹动名字叫 ▷她姓张～春兰。→❺名名义 ▷～正言顺｜师出无～｜有～无实。❻动〈文〉占有 ▷不～一钱｜一文不～。→❼名声誉 ▷赫赫有～｜不求～利｜出～｜著～。❽形有名的；众所周知的 ▷～人｜～画｜～校｜～曲。→❾量 a)用于有某种身份的人 ▷两～代表｜招收职工 20～。b)用来表示名次 ▷第一～｜头一～。

【名笔】míngbǐ 名 名人的手笔。指名人的文章或书画 ▷名家～。

【名不符实】míngbùfúshí 名不副实。

【名不副实】míngbùfùshí 名称或名声跟实际不相称。指徒有其名(副：相称，符合)。

【名不见经传】míng bùjiàn jīngzhuàn 姓名未在经传中出现过。形容知名度不高。

【名不虚传】míngbùxūchuán 流传的好名声不虚假。

【名菜】míngcài 名 著名的菜肴。

【名册】míngcè 名 登记人员姓名及有关情况的册子。也说花名册。

【名茶】míngchá 名 著名的茶叶。

【名产】míngchǎn 名 著名产品。

【名称】míngchēng 名 事物或机关、团体及其所属部门的名字、叫法。

【名城】míngchéng 名 著名的城市。

【名厨】míngchú 名 有名的厨师。

【名垂千古】míngchuí-qiāngǔ 美好的名声将长久地流传下去(垂：留传到后世)。

【名垂青史】míngchuí-qīngshǐ 姓名和事迹载入史册，永远流传(垂：留传到后世)。

【名词】míngcí ❶名 表示人或事物名称的词。如“朋友”“大象”“黄河”“理论”“昨天”“前面”等。❷名 指专业术语或近似术语的字眼(就其词性而言不一定都是名词) ▷医学～｜满嘴都是新～儿。

【名次】míngcì 名 按照一定标准排列的姓名或名称的次序 ▷取得较好的～｜～靠前。

【名刺】míngcì 名〈文〉名片。东汉时叫刺，后来叫名刺，明清时叫名帖，现在叫名片。

【名存实亡】míngcún-shíwáng 名义上还存在，实质已经消失。

【名单】míngdān 名 记录人名的单子；也指记录单位名称、商品名称等的单子 ▷选手～｜巡视～｜获奖产品～。

【名额】míng'é 名 规定的人员数额 ▷我区有两个代表～。

【名分】míngfèn 名 人的名位和身份 ▷从不看重自己的～。☛“分”这里不读 fēn。

【名符其实】míngfúqíshí 名副其实。

【名副其实】míngfùqíshí 名称或名声跟实际相称(副：相称，符合)。

【名贵】míngguì 形 有名而且珍贵 ▷～古董。

【名过其实】míngguòqíshí 名声超过实际。

【名号】mínghào〈文〉❶名 名称；称号。❷名 名字和字号。

【名花有主】mínghuā-yǒuzhǔ 比喻女子已订婚或结婚；泛指某些名贵的东西有了主人 ▷本次运动会的多数奖项已经～。

【名讳】mínghuì 名 旧指尊长或所尊敬的人的名字。因不宜直呼，故称 ▷敢问先生～？

【名家】míngjiā ❶名 战国时期以辩论名实关系(即概念与事实的关系)问题为中心的一个学派。以惠施、公孙龙为代表。对我国古代逻辑学的发展有一定贡献。○❷名 著名的专家。

【名缰利锁】míngjiāng-lìsuǒ 名和利就像缰绳和锁链一样把人束缚住。

【名将】míngjiàng 名 著名的将领；泛指在竞技中屡屡获胜而著名的人 ▷抗战～｜球坛～。

【名教】míngjiào 名 以儒家正名分、定尊卑、三纲五常为主要内容的封建礼教。是维护封建统治的思想武器。

【名节】míngjié 名 名誉和气节 ▷重～，讲情操。

【名句】míngjù 名 长期以来经常被人引用的句子或短语 ▷千古～。

【名角】míngjué 名 著名演员(多指戏曲演员)。

【名款】míngkuǎn 名 书画上题写的作者姓名。

【名利】mínglì 名 指个人的名誉地位和物质利益。

【名利场】mínglìchǎng 名 追逐名利的场所。

【名列前茅】mínglièqiánmáo 动 名字排在前面。参见 1092 页“前茅”。

【名伶】mínglíng 名 旧时称著名的戏剧演员或电影演员。

【名流】míngliú 名 社会上的知名人士 ▷各界～。

【名录】mínglù 名 汇集人名或事物名称并作概括介绍的册子 ▷中国语言学家～。

【名落孙山】míngluòsūnshān 宋·范公偁《过庭录》记载：孙山考取最后一名回乡，有人向他询问自己的儿子考中了没有，他回答说“解(jiè)名尽处是孙山，贤郎更在孙山外”。后用“名落孙山”作为没有考取的委婉说法。

【名满天下】míngmǎntiānxià 名声显赫，天下的人都知道。

【名门】míngmén 名 有地位、有声望的门第 ▷世家～｜～弟子。

【名模】míngmó 名 著名的时装模特儿。

【名目】míngmù 名 名称；名义(多用于贬义) ▷巧立～｜以各种～乱收费。

【名牌】míngpái ❶名 著名的品牌 ▷～汽车｜～货。❷名 借指知名度很高的人或单位 ▷～

演员|～大学。○ ❸ 名 标有人名或事物名称的牌子 ▷领导和来宾各按～就座。

【名篇】míngpiān 名 著名的篇章 ▷～佳作。

【名片】míngpiàn 名 为便于交际而使用的小卡片，上面印有个人姓名、联系方式以及职务职称、所在单位等 ▷彼此交换～◇火车站是城市管理状况的一张～。

【名票】míngpiào 名 有名的票友。

【名品】míngpǐn 名 名贵的产品或品种 ▷～荟萃|西湖龙井是茶中～。

【名气】míngqì 名 名声；知名度 ▷小有～。

【名人】míngrén 名 知名度很高的人物。

【名人效应】míngrén xiàoyìng 名人在社会上产生的影响力和号召力。

【名儒】míngrú 名 著名的儒家学者；泛指著名的学者 ▷一代～|～大家。

【名山大川】míngshān-dàchuān 著名的高山大河。

【名山事业】míngshān-shìyè《史记·太史公自序》："藏之名山，副在京师，俟后世圣人君子。"后用"名山事业"指著书立说的事业。

【名声】míngshēng 名 在社会上广泛流传的评价 ▷～显赫|坏～。也说声名。

【名胜】míngshèng 名 著名的古迹遗存和风景区（胜：优美的地方）▷江南～|～古迹。

【名师】míngshī 名 著名的老师或师傅 ▷～指点|延请～主厨。

【名实】míngshí 名 名称和实质；名声和实际 ▷～相副。

【名士】míngshì 名 古代指知名于世而未出来做官的人；也指以诗文等闻名的人。

【名士派】míngshìpài 名 指读书人中恃才放达、不拘小节的一类人。

【名氏】míngshì 名〈文〉姓名。

【名手】míngshǒu 名 指在某一方面水平高超而著名的人 ▷围棋～|书法～。

【名数】míngshù 名 数学上指带有单位名称的数。如 3 千米、5 尺、4 小时、12 分等。

【名宿】míngsù 名 素有名望的老前辈 ▷学界～。

【名堂】míngtang ❶ 名 各种名称和样式 ▷文娱活动丰富多彩，～很多。❷ 名 内容；道理 ▷降价促销大有～|他能讲出个啥～？❸ 名 指成绩 ▷决心干出点～给大家看看。

【名特优新】míng-tè-yōu-xīn 名牌的、有特色的、优质的、新颖的(产品)。

【名帖】míngtiě 名 名片的旧称。

【名望】míngwàng 名 名誉和声望 ▷享有～。

【名位】míngwèi 名 名誉、地位 ▷～显赫。

【名闻遐迩】míngwén-xiá'ěr 远近闻名（遐：远；迩：近）。

【名物】míngwù 名 事物的特点及其名称 ▷～制度|～词。

【名下】míngxià 名 某人的名义之下，指归属于某人 ▷这套房子在我～。

【名衔】míngxián 名 头衔。

【名言】míngyán 名 著名的话；常被人们引用来说理的话 ▷至理～。

【名扬四海】míngyáng-sìhǎi 名声传播到天下各地。

【名义】míngyì ❶ 名 做某事时所用的名分、资格 ▷以叔叔的～劝你几句。❷ 名 表面；形式 ▷～上属于某某局，实际上二者并无关系。

【名优】míngyōu ❶ 名 名伶。○ ❷ 形 有名而且质量优良 ▷～产品。

【名誉】míngyù ❶ 名 名声 ▷珍惜～。❷ 区别 名义上的(多用于荣誉称号) ▷～会长。

【名誉权】míngyùquán 名 公民或法人的名誉不受侵害的权利。名誉受到侵害，受害者有权请求法律保护。

【名誉扫地】míngyù-sǎodì 名誉完全丧失（扫地：比喻声誉、威信等完全丧失）。

【名媛】míngyuàn 名 有名的美女；也指名门闺秀。

【名噪一时】míngzào-yīshí 在一个时期内名声很大，引起轰动。

【名章】míngzhāng 名 刻着人名的图章。

【名震中外】míngzhèn-zhōngwài 名声在国内外都有极大影响。☛"震"不要误写作"振"。

【名正言顺】míngzhèng-yánshùn《论语·子路》："名不正则言不顺，言不顺则事不成。"后用"名正言顺"形容说话做事理由充分、正当。

【名著】míngzhù 名 著名的著作 ▷文学～。

【名状】míngzhuàng 动 形容；描述（常用于否定）▷难以～|非语言所能～。

【名字】míngzi ❶ 名 原为名和字的合称；现指人的姓名，也单指名。❷ 名 事物的名称 ▷这条河的～叫子牙河。

【名嘴】míngzuǐ 名 指电视台或广播电台的著名主持人(含诙谐意)。

【名作】míngzuò 名 出名的艺术作品。

明[1] míng ❶ 形 亮（跟"暗"相对）▷月～星稀|～珠。→ ❷ 动 特指天亮 ▷黎～。❸ 名 次于今年、今天的那一年、那一天 ▷～春|今～两天有雨。→ ❹ 形 清楚；明白 ▷来路不～|～确|查～。⇒ ❺ 动〈文〉使清楚；表明 ▷开宗～义|蓄须～志。⇒ ❻ 形 公开的；显露的 ▷～枪易躲，暗箭难防|～码标价。❼ 副 表示显然如此或确实如此 ▷～知故问。→ ❽ 形 视力好；目光敏锐 ▷耳聪目～|精～。⇒ ❾ 名 视觉；眼力 ▷双目失～|～察秋毫。⇒ ❿ 动 懂得；了解 ▷不～真相|深～大义。

明[2] míng ❶ 名 朝代名，公元 1368—1644 年，朱元璋所建。先定都南京，后迁都北京。

○❷ 名 姓。

【明摆着】míngbǎizhe 动 情况明明白白地摆在面前 ▷～这是不同意你去。

【明白】míngbai ❶ 形 清楚;容易了解 ▷道理说得很～。❷ 形 公开的;明确 ▷他已～表示不去旅游了。❸ 形 通情达理的 ▷老张是个～人。❹ 动 知道;懂得 ▷我～你的用意。☛ 跟"清楚"不同。作动词时,"明白"常指"懂得";"清楚"常指"了解"。

【明白人】míngbairén 名 通达事理的人;对所从事的工作很懂行的人 ▷当领导的,应当是～|在技术上他算个～。

【明辨】míngbiàn 动 明确地分辨 ▷～是非。

【明补】míngbǔ 动 国家把财政补贴直接发给生产者、消费者或其他当事者(跟"暗补"相区别) ▷廉租房补贴从暗补改为～。

【明查暗访】míngchá-ànfǎng 公开调查,暗中寻访了解。

【明察】míngchá ❶ 动 公开考察或观察 ▷既～又暗访。❷ 动 细致入微地观察;清楚地看到 ▷悉心～|～秋毫。

【明察暗访】míngchá-ànfǎng 公开考察或观察,暗中寻访了解。

【明察秋毫】míngchá-qiūháo《孟子·梁惠王上》:"明足以察秋毫之末。"意思是说视力好得能看清楚秋天鸟兽身上新生的细毛。后用"明察秋毫"形容目光敏锐,观察入微。☛"毫"不要误写作"豪"。

【明畅】míngchàng 形 明白流畅 ▷文笔简洁～。

【明澈】míngchè 形 明亮清澈 ▷小溪～见底。

【明处】míngchù ❶ 名 明亮的或明显的地方 ▷坐到～去写作业|东西放在～容易找。❷ 名 比喻公开的场合 ▷奖罚做在～。

【明达】míngdá 动 明白,通达(事理) ▷～世事。

【明灯】míngdēng 名 明亮的灯;比喻指引前进方向的人或事物 ▷指路～。

【明断】míngduàn 动 正确地判定 ▷～是非。

【明矾】míngfán 名 硫酸钾和硫酸铝两种盐类的含水化合物。无色透明晶体,有酸味,溶于水。用于制革、造纸,也可用作媒染剂和净水剂。也说白矾。

【明儿个】míngrgè 名〈口〉明天。

【明沟】mínggōu 名 露天的排水沟(跟"暗沟"相区别)。也说阳沟。

【明后天】míng-hòutiān 名 明天或后天;泛指今后的一两天。

【明黄】mínghuáng 名 鲜亮纯正的黄色。

【明晃晃】mínghuǎnghuǎng 形 形容光亮闪烁的样子 ▷～的战刀|宝石项链～的。

【明慧】mínghuì 形 聪明,才智高。

【明火】mínghuǒ ❶ 名 冒火苗的火(跟"暗火"相区别) ▷～已经扑灭。❷ 动 点着火把。借指公开抢劫 ▷～执仗|～抢劫。

【明火执仗】mínghuǒ-zhízhàng 点着火把,拿着武器。指强盗公开抢劫;比喻毫无顾忌地公开干坏事(仗:刀、戟等兵器的统称)。☛ 不宜写作"明火执杖"。

【明间儿】míngjiānr 名 直接通向外面的房间;外间儿。

【明鉴】míngjiàn ❶ 名 明亮的镜子。❷ 动 敬词,用于祈求对方审察清楚 ▷望大人～。

【明胶】míngjiāo 名 用牛、驴等动物的皮、骨和鱼鳔等熬制而成的一种水溶性蛋白质混合物。白色或淡黄色,半透明,在热水中容易溶解。多用作黏合剂、彩色感光材料,也可以食用和做药材。

【明教】míngjiào 名 敬词,高明的指教 ▷敬候～。

【明净】míngjìng 形 明亮洁净 ▷湖水十分～。

【明镜】míngjìng 名 明亮的镜子 ▷心如～。

【明镜高悬】míngjìng-gāoxuán 明亮的镜子高高悬挂。比喻执法严明,办案公正;也比喻目光敏锐,洞察一切。因传说中的典故来源于秦始皇,故也说秦镜高悬。

【明快】míngkuài ❶ 形(文章、讲话、曲调等)明朗晓畅 ▷语言～|节奏～|～的色调。❷ 形 性格开朗,办事爽快 ▷作风～。

【明来暗往】mínglái-ànwǎng 明里暗里相互来往。形容接触频繁,关系密切(多用于贬义)。

【明朗】mínglǎng ❶ 形 光照充足;明亮 ▷月色～|色调～。❷ 形 明显;清楚 ▷局势～|态度～。❸ 形 爽朗;磊落 ▷性格～。

【明理】mínglǐ ❶ 动 明白道理 ▷知书～。❷ 名 明显的道理 ▷这是尽人皆知的～。

【明丽】mínglì 形(景物)明净秀丽 ▷风光～。

【明亮】míngliàng ❶ 形 光线充足;亮堂 ▷～的教室。❷ 形 闪亮 ▷～的玻璃墙|～的车灯。❸ 形 明白;清楚 ▷一席话使我心里～了。

【明了】míngliǎo ❶ 形 明白;清楚 ▷简单～。❷ 动 明白地了解;清楚地知道 ▷对情况不甚～。

【明令】mínglìng 名 明文发布的命令 ▷～禁止。

【明码】míngmǎ ❶ 名 公开通用的电码(跟"密码"相区别)。❷ 名 公开标明的价码 ▷～标价。

【明媒正娶】míngméi-zhèngqǔ 旧指有媒人说合、正式迎娶的婚姻。

【明媚】míngmèi 形 明亮美好 ▷春光～。

【明面】míngmiàn 名 表面;公开场合 ▷～上是拜访,实际上是探口风。

【明灭】míngmiè 动 忽明忽灭,时隐时现 ▷烛光～|繁星～。

【明明】míngmíng 副 表示现象或道理显然如此 ▷这不～是给我出难题吗?

【明眸皓齿】míngmóu-hàochǐ 明亮的眼睛，洁白的牙齿；多形容女子貌美。

【明目张胆】míngmù-zhāngdǎn 睁大眼睛，放开胆子。原指有胆有识，敢作敢为；现指公开地、毫无顾忌地做坏事。

【明年】míngnián 名 今年的后一年。

【明盘】míngpán 名 在市场上由交易双方公开议定的价格（跟“暗盘”相对）。

【明器】míngqì 现在一般写作“冥器”。

【明前】míngqián 名 一种绿茶。用清明前采摘的细嫩芽尖制成。

【明枪暗箭】míngqiāng-ànjiàn 比喻公开的和隐蔽的攻击（多用于贬义）。

【明抢】míngqiǎng 动 公开抢夺 ▷～暗夺。

【明渠】míngqú 名 露天的沟渠。

【明确】míngquè ❶ 形 明白而确定 ▷合同上写得很～。❷ 动 使明确 ▷～了前进的方向。

【明人】míngrén 名 光明磊落的人 ▷～不做暗事。

【明日】míngrì 名 明天。

【明日黄花】míngrì-huánghuā 宋·苏轼《九日次韵王巩》：“相逢不用忙归去，明日黄花蝶也愁。”意思是过了重阳节的菊花即将枯萎，没有什么观赏价值了。后用“明日黄花”比喻过时的事物。☛ 不要误写作“昨日黄花”。

【明锐】míngruì 形 明亮而锐利 ▷～的洞察力。

【明睿】míngruì 形〈文〉聪明而有远见（睿：眼光深远）。

【明润】míngrùn 形 明亮润泽 ▷雨后的荷花显得分外～。

【明闪闪】míngshǎnshǎn 形 形容光亮闪烁的样子 ▷～的刺刀｜～的项链。

【明示】míngshì 动 明确地指示或表示 ▷请老师～。

【明视距离】míngshì jùlí 正常眼睛观察近处较小物体最适当的距离，约 25 厘米。

【明誓】míngshì ❶ 名 明白的誓言。❷ 动 发誓。

【明说】míngshuō 动 明确地说出 ▷与其拐弯抹角，不如～。

【明天】míngtiān ❶ 名 今天的后一天。口语中也说明儿、明儿个。❷ 名 未来；不远的将来 ▷一切为了～。‖也说明日。

【明贴】míngtiē 名 明补。

【明瓦】míngwǎ 名 旧时镶嵌在窗间或屋顶上的、用以采光的半透明薄片。多用蛎、蚌等的壳磨制而成。

【明文】míngwén 名 公开发表的文件（多指法令、规章制度等）▷～规定｜～禁止。

【明晰】míngxī 形 明白清晰 ▷层次～｜思路～。

【明细】míngxì 形 明确而详细 ▷分工～｜～账。

【明细表】míngxìbiǎo 名 项目明确详细的表格。

【明细账】míngxìzhàng 名 明细分类账的简称。按明细科目在账簿中分别设置的账户。☛ 不要写作“明细帐”。

【明虾】míngxiā 名 对虾。

【明显】míngxiǎn 形 清楚地显露着的 ▷优势～。

【明效大验】míngxiào-dàyàn 显著而巨大的效验。

【明信片】míngxìnpiàn 名 邮局发行的供写信的硬纸片，含邮资。因邮寄时不加信封，故称。

【明星】míngxīng 名 明亮耀眼的星星；比喻著名的演员、运动员或企业等 ▷影视～｜～企业。

【明修栈道，暗度陈仓】míngxiū-zhàndào，àndù-chéncāng 楚汉相争时，刘邦采用韩信计策，表面上派兵去南郑修复被烧毁的栈道，以吸引敌军的主力，暗中却绕道北上，在陈仓突然袭击，夺取了关中。后用“明修栈道，暗度陈仓”借指故意制造假象迷惑人，暗中用出其不意的方式达到某种目的。

【明修栈道，暗渡陈仓】míngxiū-zhàndào，àndù-chéncāng 现在一般写作“明修栈道，暗度陈仓”。

【明言】míngyán 动 明白说出 ▷既已意会，不必～。

【明眼人】míngyǎnrén 名 对事物观察敏锐的人；有见识的人 ▷～一看就明白了。

【明艳】míngyàn 形 鲜明艳丽 ▷景色～。

【明油】míngyóu 名 淋在烧好的菜肴表面上的油。

【明喻】míngyù 名 比喻的一种，明显地用另一种事物作比方，来说明某事物的特点。中间常使用比喻词“像”“好像”“似”“如同”等。如“青年人好像早晨八九点钟的太阳”。

【明月】míngyuè 名 明亮的月亮。

【明早】míngzǎo 名 明天早上。

【明杖】míngzhàng 名 盲杖。

【明朝】míngzhāo ❶ 名 明早。❷ 名 明天。

【明哲保身】míngzhé-bǎoshēn《诗经·大雅·烝民》：“既明且哲，以保其身。”指明智的人能回避可能危及自身的事。现指为保全自己而回避原则性问题的处世态度。

【明争暗斗】míngzhēng-àndòu 公开和暗中都在相互争斗。

【明正典刑】míngzhèng-diǎnxíng 按照法律公开处以刑罚。

【明证】míngzhèng 名 明显有力的证据。

【明知】míngzhī 动 明明知道 ▷～不对，就是不改。

【明知故犯】míngzhī-gùfàn 明明知道法律或道义上不允许，还要故意去做。

【明知故问】míngzhī-gùwèn 明明知道却故意提问。

【明志】míngzhì 动 表明心志 ▷蓄须～。

【明智】míngzhì 形 聪明;睿智 ▷～的办法。

【明珠】míngzhū 名 光亮晶莹的珍珠;比喻珍爱的人或美好的事物 ▷掌上～|白洋淀是华北大平原上的一颗～。

【明珠暗投】míngzhū-àntóu 比喻贵重的东西得不到主人的赏识或有才华的人得不到重用。

【明子】míngzi 名 松明。

鸣(鳴) míng ❶ 动 (鸟兽、昆虫)叫 ▷鸡～狗吠|鹿～|蝉～。→ ❷ 动 泛指发出声响;使发出声响 ▷电闪雷～|耳～|～枪。❸ 动 公开表达;抒发 ▷百家争～|～冤叫屈。○ ❹ 名 姓。☛ 跟"呜(wū)"不同。

【鸣鞭】míngbiān 动 挥鞭作响 ▷～催马。

【鸣不平】míngbùpíng 对不公平的事公开表示不满或反对 ▷为他受到的不公正待遇～。

【鸣笛】míngdí 动 使汽笛、喇叭等发声器发出声音 ▷轮船～进港|校区禁止车辆～。

【鸣镝】míngdí 名 古代一种射出后能发声的箭。军中用以指示前进方向。

【鸣放】míngfàng ❶ 动 射出枪、炮弹,发出声响 ▷～礼炮。○ ❷ 动 "百花齐放,百家争鸣"的缩略,指自由地公开地发表意见。

【鸣鼓而攻之】míng gǔ ér gōng zhī《论语·先进》:"(求)非吾徒也,小子鸣鼓而攻之可也。"后用"鸣鼓而攻之"指公开宣布罪状并加以谴责或声讨。

【鸣叫】míngjiào 动 (鸟禽、昆虫等)发出叫声。

【鸣金】míngjīn ❶ 动 敲响指挥军队用的金属器物,一般用作退兵号令(金:金属器物,如钲、铙、锣等) ▷～收兵。❷ 动 泛指赛事等结束 ▷象棋赛昨日～收场。

【鸣锣开道】míngluó-kāidào 旧时官吏出行,让差役在前面敲锣,使行人回避;今多比喻为某种事物的出现制造舆论。

【鸣炮】míngpào 动 放礼炮。

【鸣枪】míngqiāng 动 开枪 ▷～示警。

【鸣禽】míngqín 名 鸟的一种类群,大多善于婉转鸣叫。如画眉、百灵、黄鹂、金丝雀等。

【鸣哨】míngshào 动 吹响哨子;借指赛事开始 ▷全国女足锦标赛已于昨日下午～。

【鸣谢】míngxiè 动 公开表示谢意 ▷登报～。

【鸣冤】míngyuān 动 申诉冤屈 ▷为受害者～。

【鸣冤叫屈】míngyuān-jiàoqū 为自己或别人所受的冤屈大声呼喊。

【鸣啭】míngzhuàn 动 (鸟)婉转地鸣叫 ▷百灵～。

【鸣奏】míngzòu 动 鸣叫 ▷秋蝉停止～。

茗 míng 名 茶树的嫩芽;泛指供饮用的茶 ▷香～|品～。☛ 统读 míng,不读 mǐng。

洺 míng 名 洺河,水名,在河北,流入北澧河。

冥(*冥冥) míng ❶ 形〈文〉昏暗 ▷晦～|幽～。→ ❷ 形〈文〉愚昧 ▷～顽不灵。→ ❸ 形 深;深刻 ▷苦思～想|～思。→ ❹ 名 指阴间 ▷～府|～寿|～钞。☛ 上边是"冖",不是"宀";下边是"六",不是"大"。

【冥暗】míng'àn 形〈文〉昏暗不清 ▷暮色～。

【冥钞】míngchāo 名 迷信用品,烧给死者的钱币状纸片。也说冥币。

【冥府】míngfǔ 名 阴曹地府,迷信认为是死者的鬼魂所归的地方。

【冥茫】míngmáng ❶ 形 苍茫无际 ▷烟水～|～空阔。❷ 形 渺茫;迷茫 ▷内心～|～之夜。☛ 不宜写作"溟茫"。

【冥蒙】míngméng〈文〉❶ 形 昏暗而模糊不清 ▷～混沌|雾霭～。❷ 形 形容草木茂密 ▷碧树～。☛ 不宜写作"溟濛""溟蒙"。

【冥冥】míngmíng 形〈文〉昏暗迷茫 ▷薄暮～时分|～之中。☛ 不宜写作"溟溟"。

【冥器】míngqì 名 原指用于殉葬的各种器物;后指烧给死者的纸制器物。

【冥寿】míngshòu 名 死去的人的生日。

【冥思】míngsī 动 苦思;深沉地思考 ▷凝神～。

【冥思苦想】míngsī-kǔxiǎng 形容绞尽脑汁,苦苦地思索。也说冥思苦索。

【冥顽】míngwán 形 愚昧顽固 ▷～不化。

【冥王星】míngwángxīng 名 原是太阳系九大行星之一。据新定行星标准,现为矮行星。

【冥想】míngxiǎng 动 深沉地思索和想象 ▷闭目～|～未来。

【冥衣】míngyī 名 迷信用品,烧给死者的纸衣。

铭(銘) míng ❶ 名 古代铸或刻在器物、碑碣上记述事实、事业或警诫自己的文字 ▷～文|座右～|墓志～。→ ❷ 名 古代一种文体 ▷《陋室～》。→ ❸ 动 在器物上刻纪念文字;比喻深深记住 ▷～功|刻骨～心|～记。○ ❹ 名 姓。

【铭感】mínggǎn 动 铭记在心,感激不忘 ▷～于心|～万分。

【铭记】míngjì 动 像刀刻般深深地记住 ▷～恩师的教导。☛ 跟"牢记"不同。"铭记"侧重指记忆深刻难忘,多用于庄重场合;"牢记"侧重指记忆牢固经久,可用于各种场合。

【铭旌】míngjīng 名 竖在灵柩前、写有死者官职和姓名的旗幡。☛ 不宜写作"明旌"。

【铭刻】míngkè ❶ 动 在金属或石制器物上铸造或镌刻(文字或图案)。❷ 动 比喻深深地记住 ▷他的名字～在人们的记忆中。

【铭牌】míngpái 名 标明产品名称、型号、性能、规格、出厂日期、厂名等的金属牌。多钉在机器、仪表、机动车等上面。

【铭文】míngwén 名 铭① ▷青铜器～。

【铭心】míngxīn 动 铭刻在心里，永记不忘 ▷～刻骨。

蓂 míng［蓂荚］míngjiá 名 古代传说的一种象征吉祥的草。
另见 948 页 mì。

溟 míng 名〈文〉海 ▷北～｜沧～。

暝 míng〈文〉❶ 形 昏暗 ▷大雾昼～。→ ❷ 动 天黑 ▷日欲～。❸ 名 黄昏 ▷～色。

瞑 míng 动 闭上眼睛 ▷彻夜不～｜～目。

【瞑目】míngmù 动 闭上眼睛。多指死后没有牵挂 ▷地下有知，可以～了。

螟 míng 名 螟虫。

【螟虫】míngchóng 名 螟蛾的幼虫，种类很多。多数生活在水稻、高粱、玉米等农作物的茎秆中，吃茎秆的髓部，危害农作物。

【螟蛾】míng'é 名 昆虫，种类很多，如二化螟、三化螟、玉米螟等。幼虫叫螟虫。

【螟蛉】mínglíng 名 稻螟蛉的幼虫；泛指稻螟蛉、棉蛉虫、菜粉蝶等多种昆虫的幼虫。体呈青绿色。寄生蜂蜾蠃常捕捉螟蛉存放在窝里，并以产卵管刺入螟蛉体内，注射蜂毒使它麻痹，供蜾蠃卵孵化出的幼虫食用。古人误以为蜾蠃不能产子，喂养螟蛉为子，因此用“螟蛉”比喻养子、义子。

mǐng

酩 mǐng［酩酊］mǐngdǐng 形 形容大醉 ▷～大醉。☛“酩”统读 mǐng，不读 míng。

mìng

命（*㑹） mìng ❶ 动 命令① ▷～人报信｜～舰队立即返航。→ ❷ 名 命令② ▷奉～转移｜原地待～｜唯～是从｜遵～。⇒ ❸ 名 命运 ▷不能怪自己～不好｜～中注定｜算～。⇒ ❹ 名 生命；寿命 ▷人～关天｜救～｜长～。〇 ❺ 动 给予、确定(名称、题目等) ▷～名｜～题。

【命案】mìng'àn 名 人命案件。

【命笔】mìngbǐ 动 执笔；拿起笔来作诗文书画 ▷愤然～，直抒胸臆。

【命薄】mìngbó 形 命运不好 ▷福浅～。

【命大】mìngdà 形 命运好；多指大难不死 ▷他～，居然能在空难中幸存下来。

【命定】mìngdìng 动 迷信指命中注定。

【命根子】mìnggēnzi 名 比喻最疼爱的晚辈或关系生死成败的事物 ▷他把文稿当成～。也说命根儿。

【命官】mìngguān 名 指由朝廷任命的官员。

【命令】mìnglìng ❶ 动 上级对下级发出指示 ▷～三团凌晨 3 时进入阵地。❷ 名 上级对下级发出的指示 ▷一道～｜服从～。

【命令主义】mìnglìng zhǔyì 不顾实际情况和群众的觉悟程度，只凭个人意愿，用简单粗暴、强迫命令的方式推动工作的领导作风。是官僚主义的一种表现形式。

【命脉】mìngmài 名 生命和血脉。比喻关系重大的事物 ▷铁路是国民经济的～。

【命门】mìngmén 名 中医指两肾之间的一个部位，认为它是人体生理功能和生命活动的根源。

【命名】mìngmíng 动 起名儿；给予名称 ▷这条街被～为平安大街｜工厂召开～大会。

【命题】mìngtí ❶ 动 出题目 ▷～作文｜高考～。〇 ❷ 名 逻辑学上指表达判断的语言形式。典型的命题是用系词“是”把主词和宾词联系起来。如“中国是发展中国家”就是一个命题。

【命途多舛】mìngtú-duōchuǎn 一生的经历多有坎坷。

【命相】mìngxiàng 名 迷信指能够显示人的命运的相貌特征；也指生辰八字。

【命运】mìngyùn ❶ 名 迷信指人一生中注定的吉凶祸福。❷ 名 比喻人或事物的发展前途 ▷掌握自己的～｜企业的～。

【命在旦夕】mìngzàidànxī 危在旦夕。

【命中注定】mìngzhōng-zhùdìng 迷信认为人的生死祸福都是命中预先决定的；借指必然的遭际或前途。

【命中】mìngzhòng 动 射中；打中 ▷～靶心。

【命中率】mìngzhònglǜ 名 射中或投中的次数与总次数的比 ▷这场比赛她的投篮～最高。

miù

谬（謬） miù ❶ 形 错误的；不合情理的 ▷～论｜荒～｜～误。→ ❷ 副〈文〉谦词，表示受到的评价或待遇超过自己的实际水平 ▷～当重任｜竟蒙～爱｜～奖。〇 ❸ 名 姓。☛ ㊀统读 miù，不读 niù。㊁参见 966 页“缪”的提示㊁。

【谬传】miùchuán ❶ 名 荒谬的传闻。❷ 动 荒谬地流传 ▷村里一直～这件怪事。

【谬错】miùcuò 名 谬误。

【谬奖】miùjiǎng 动〈文〉过奖；过誉 ▷承蒙～。

【谬论】miùlùn 名 荒谬的言论。

【谬说】miùshuō 名 谬论 ▷纯系～。

【谬误】miùwù 名 跟客观实际不一致的认识；差

错 ▷～是经不起实践检验的。

【谬种】miùzhǒng ❶ 名 荒谬错误的言论观点 ▷～流传。❷ 名 不吉利的人或事物；坏东西。

【谬种流传】miùzhǒng-liúchuán 荒谬错误的言论、观点流传开来。

缪（繆） miù 见1039 页"纰(pī)缪"。☛ ㊀ 读 móu，用于"绸缪"；读 miào，用于姓氏；读 miù，用于"纰缪"。㊁跟"谬"不同。"纰缪"的"缪"不要误写作"谬"，"谬误"的"谬"不要误写作"缪"。

另见 956 页 miào；973 页 móu。

【缪斯】miùsī 名 英语 Muse 音译。希腊神话中九位文艺和科学女神的通称，均是宙斯和记忆女神的女儿。

mō

摸 mō ❶ 动 用手轻触（物体）后拿开或用手在物体表面轻轻移动 ▷老虎屁股～不得｜～～桌面平不平。→ ❷ 动 以手探取；窃取 ▷从口袋里～出一张票｜偷鸡～狗。⇒ ❸ 动 探求；试着做或了解 ▷刚刚～出一点儿门道｜～情况｜～底。⇒ ❹ 动 在认不准的道路上行走 ▷半夜～进了山沟里。☛ 统读 mō，不读 māo 或 mó。

【摸彩】mōcǎi 动 在博彩活动中，用手从许多彩券中摸出一张，根据券面所示确定是否中彩。

【摸底】mōdǐ 动 了解底细；探查内情 ▷那事他还不～｜派人到村里摸摸底。

【摸高】mōgāo ❶ 动 双腿起跳并用手指尖尽力触及最高处的目标，用以测试弹跳能力。❷ 名 摸高时达到的高度。

【摸黑儿】mōhēir 动〈口〉在黑暗中摸索着（行动）▷～行军｜摸着黑儿赶回家来。

【摸奖】mōjiǎng 动 摸彩。

【摸门儿】mōménr 动 初步摸索到做某事的门径 ▷他刚来，不～。

【摸爬滚打】mō-pá-gǔn-dǎ 形容艰苦地训练或工作。

【摸排】mōpái 动 为侦破案件，对一定范围内的人进行逐个摸底调查，排除非涉案人员，从而找到犯罪嫌疑人。也说排摸。

【摸哨】mōshào 动 偷袭敌人的岗哨。

【摸索】mōsuǒ ❶ 动 试探着（前进）▷终于～着走出了迷宫。❷ 动 寻求找到（途径、经验等）▷～出一套管理方法。

【摸头】mōtóu 动 摸索到事情的头绪（多用于否定）▷他一直管行政，对教学的事不～。

【摸营】mōyíng 动 偷袭敌人营地。

【摸准】mōzhǔn 动 了解准确 ▷～市场需求。

mó

无（無） mó 见979 页"南(nā)无"。另见 1448 页 wú。

谟（謨*謩） mó 名〈文〉计策；谋略 ▷远～｜宏～。

馍（饃*饝） mó 名 饼类食物；北方一些地区特指馒头 ▷羊肉泡～｜白面～。

【馍馍】mómo 名 馍。

嫫 mó 用于人名。如嫫母，古代传说中的丑妇。

摹 mó 动 照着现成的样子写或画；模仿 ▷临～｜～写｜描～。

【摹本】móběn 名 按原本临摹或翻刻的书画。☛ 参见本页"模本"的提示。

【摹仿】mófǎng 现在规范词形写作"模仿"。

【摹绘】móhuì 动〈文〉照着原样或实物描画 ▷～壁画。

【摹刻】mókè ❶ 动 摹写并雕刻（书画等）。❷ 名 摹刻成的作品。

【摹拟】mónǐ 现在规范词形写作"模拟"。

【摹写】móxiě ❶ 动 照原样描写。❷ 动 描写。☛ 不要写作"模写"。

【摹印】móyìn 动 描摹印刷（书画等）。

【摹状】mózhuàng 动 描摹；描写。

模 mó ❶ 名 标准；规范 ▷楷～｜～型｜～式。→ ❷ 动 模仿 ▷～效｜～拟。→ ❸ 名 特指模范人物 ▷劳～｜评～。○ ❹ 名 指模特儿 ▷名～。☛ 读 mó，用于跟规范标准有关的意义；读 mú，指铸造或浇灌生产用的模(mó)型及其引申义"样子"，如"模具""模板""模样"。

另见 973 页 mú。

【模本】móběn 名 供临摹用的书画的底本。☛ 跟"摹本"不同。"摹本"是按照"模本"临摹而成的。

【模范】mófàn ❶ 名 作为榜样的先进人物或事物 ▷劳动～。❷ 形 可以作为榜样学习的 ▷～家庭。☛ 跟"榜样"不同。"模范"仅指正面的人或事物；"榜样"多指正面的，也可指反面的。

【模仿】mófǎng 动 照着现成样子做 ▷相声演员～京剧名家的唱段。☛ 不要写作"摹仿"。

【模仿秀】mófǎngxiù 名 模仿名人或某些事物的表演（秀：英语 show 音译）。

【模糊】móhu ❶ 形 不明晰；不清楚 ▷观点～｜模模糊糊的，记不清了。❷ 动 使不清楚 ▷泪水～了他的视线。☛ 不要写作"模胡"。

【模块】mókuài ❶ 名 把组合成整体的零件按形状、尺寸、功能等要素的共同性分成的若干单元。如一艘轮船就是由若干模块拼接而成的。❷ 名 电子计算机软件中，指一个具有独立功能的程序单元。

【模棱两可】móléng-liǎngkě 对于对立的两个方面既不肯定，也不否定。形容态度含混、不明确。☛ 不宜写作"摸棱两可"。

【模拟】mónǐ 动 模仿；比照着正式的样子做 ▷～考试｜～试验。☛ 不要写作"摹拟"。

【模拟信号】mónǐ xìnhào 通过电磁波幅度、频率等的变化来传输呈现的连续的信号。如传统的电话、传真、广播、电视等的信号。

【模式】móshì 名 作为标准的结构或样式 ▷管理～｜外国～不能照搬。

【模式化】móshìhuà 动 按照固定的模式去制作或做同类事情 ▷文艺创作切忌公式化、～。

【模特儿】mótèr 法语 modèle 音译。❶ 名 美术工作者写生或雕塑时，用作参照物的人体或模型、实物。❷ 名 原型。❸ 名 展示某种商品款式的人或人体模型 ▷广告～｜时装～。

【模效】móxiào 动 模仿；仿效。☛ 不宜写作"摹效"。

【模写】móxiě 现在规范词形写作"摹写"。

【模型】móxíng ❶ 名 仿照实物或图样按比例制作的物品 ▷火箭～｜机车～。❷ 名 铸造机件、器物等的模(mú)子 ▷铸件～。

【模压】móyā 动 将模型加热，再把具有可塑性的材料放在模型内，压成各种制品。

膜 mó ❶ 名 生物体内一层薄皮状的组织，一般具有控制其内外物质交换的作用或保护作用 ▷细胞～｜耳～｜骨～｜竹～。→ ❷ 名 像膜一样的东西 ▷橡皮～｜塑料薄～｜面～。☛ 统读 mó，不读 mò 或 mú。

【膜拜】móbài 动 古代一种礼节，跪在地上，两手合掌举到额头行拜礼。表示虔诚的敬意 ▷顶礼～。

【膜片】mópiàn 名 像膜的薄片 ▷塑料～。

麽 mó ❶ 见1598 页"幺(yāo)麽"。○ ❷ 名 姓。☛ "麽"读 mó 时，不简化为"么"；读 me 时，是"么"的繁体字。

另见 932 页 me"么"。

摩[1] mó ❶ 动 摩擦 ▷～拳擦掌。→ ❷ 动 用手轻轻按着来回移动 ▷抚～｜按～。❸ 动 接触；接近 ▷～肩接踵｜～天大楼。→ ❹ 动 研究；探求 ▷观～｜揣～。☛ 跟"磨"不同。"摩"多用于身体摩擦，如"按摩"，引申为研究、探求，如"观摩""揣摩"；"磨"多用于物体相磨，如"磨制石器""临阵磨枪"，引申为遇到困难或障碍，如"好事多磨"。

摩[2] mó 量 摩尔的简称。

另见 913 页 mā。

【摩擦】mócā ❶ 动 物体之间紧密接触并来回移动 ▷～生电。❷ 名 相互接触的两个物体在接触面上产生的阻碍相对运动的作用 ▷滴些油以减少～。❸ 名 借指双方之间发生的冲突。☛ 不要写作"磨擦"。

【摩擦力】mócālì 名 相互接触的两个物体在接触面上产生的阻碍相对运动的力。它的大小决定于接触面的材料、表面情况及相对运动的速度等。

【摩擦音】mócāyīn 名 擦音。

【摩登】módēng 形 英语 modern 音译。时髦；式样新 ▷～发型｜打扮得十分～。

【摩的】módī 名 摩托车的士的简称。指用来出租载客的摩托车(的：的士)。

【摩电灯】módiàndēng 名 自行车上的一种灯具。靠车轮转动带动小型发电机发电，提供光源。

【摩尔】mó'ěr 量 物质的量的法定计量单位，是国际单位制中基本单位之一。1 摩尔的物质约含 6.022×10^{23} 个原子、分子或其他粒子。简称摩。

【摩肩击毂】mójiān-jīgǔ 肩摩毂击。

【摩肩接踵】mójiān-jiēzhǒng 肩挨着肩，后面人的脚尖紧接着前面人的脚跟。形容行人众多，非常拥挤。

【摩尼教】móníjiào 名 公元 3 世纪波斯人摩尼创立的宗教。其教义的核心是善恶二元论。公元 6—7 世纪传入中国，后被严禁。

【摩拳擦掌】móquán-cāzhǎng 形容投入战斗或工作前精神振奋、跃跃欲试的样子。☛ 不要写作"磨拳擦掌"。

【摩丝】mósī 名 法语 mousse 音译。一种用来固定发型并有护发作用的美发用品。

【摩挲】mósuō 动 用手抚摸 ▷～着孩子的小脸。☛ 跟"摩挲(māsa)"不同。

【摩天】mótiān 动 与天相接。形容极高 ▷石柱～｜～岭。

【摩天大楼】mótiān dàlóu 原指 20 世纪初美国建造的一幢 50 余层的建筑；后泛指非常高的高层建筑。也说摩天楼。

【摩托】mótuō 英语 motor 音译。❶ 名 内燃机。❷ 名 由汽油内燃机驱动的两轮或三轮轻便车。也说摩托车。

【摩托车】mótuōchē 名 摩托②。

【摩托艇】mótuōtǐng 名 汽艇。

【摩崖】móyá 名 在山崖石壁上镌刻的字画等 ▷～石刻｜彝文～。

磨 mó ❶ 动〈文〉用磨具加工玉石等坚硬材料 ▷如切如磋，如琢如～。→ ❷ 动 摩擦① ▷鞋底～破了｜手上～出茧子｜～墨。→ ❸ 动 因时间久而逐渐消失 ▷～灭。❹ 动 消耗(时间)；拖延 ▷一上午就这么～过去了｜～

洋工。→ ❺ 动 折磨;遇到困难或挫折 ▷好事多～|～难(nàn)。❻ 动 纠缠不放 ▷～了半天他也不答应|软～硬泡。→ ❼ 动 使物体与磨具反复摩擦,以达到光滑、锋利等目的 ▷用砂纸～光|～刀|打～|研～。☛ ㊀读mó,表示多种行为动作;读mò,专指加工粮食用的磨及其引申义,如"磨盘""屋太小,磨不开身子"。㊁参见967页"摩¹"的提示。

另见972页mò。

【磨擦】mócā 现在规范词形写作"摩擦"。

【磨蹭】móceng ❶ 动 慢慢地移动;泛指动作缓慢 ▷别～了,快走吧。❷ 动 纠缠 ▷～了半天他才答应。

【磨杵成针】móchǔ-chéngzhēn 传说唐代李白小时弃学回家,路见老妇磨铁棒做针,深受感动,从此发愤读书。比喻只要有毅力和恒心,再困难的事也能做成。☛ "杵"不读wǔ。

【磨穿铁砚】móchuān-tiěyàn 形容长期不懈地刻苦钻研学问。

【磨床】móchuáng 名 一种机床。用砂轮打磨硬度较高的工件表面,使光洁,提高精确度。

【磨刀不误砍柴工】mó dāo bù wù kǎn chái gōng 比喻在准备工作上花些时间,不会耽误工作进度。

【磨刀霍霍】módāo-huòhuò 刀磨得霍霍作响;现常形容敌人加紧准备,企图进犯。

【磨刀石】módāoshí 名 供磨刀用的质地细腻的石头。

【磨电灯】módiàndēng 现在一般写作"摩电灯"。

【磨工】mógōng ❶ 名 使用磨床切削工件的工种。❷ 名 担任这一工种的工人。

【磨耗】móhào 动 磨损。

【磨合】móhé ❶ 动 新的或经过大修的机器、车辆等,经过一定时间的运行,把加工痕迹磨光,使摩擦面更加密合。❷ 动 比喻经过一段时间的共同经历与生活,逐渐相互适应 ▷经过～,小两口的感情越来越好。❸ 动 探讨磋商 ▷几经～,终于达成了协议。

【磨花】móhuā 动 在物体上磨出花纹图案 ▷～玻璃。

【磨具】mójù 名 打磨工具的统称。由碳硅、金刚石等磨粒黏结而成。如砂轮、油石、砂纸等。

【磨砺】mólì 动 在磨刀石上摩擦使锐利。比喻磨炼 ▷～成材。

【磨练】móliàn 现在一般写作"磨炼"。

【磨炼】móliàn 动(在艰苦的环境或完成繁难任务的过程中)锻炼 ▷在艰苦的环境中～。

【磨料】móliào 名 工业上用于切削、研磨和抛光其他较软材料的硬质材料。分天然磨料和人造磨料两类。天然磨料有金刚石、刚玉、石英等,人造磨料有碳化硅、人造刚玉等。

【磨灭】mómiè 动 因时间久远,痕迹、印象等逐渐消失 ▷英雄的业绩是不可～的。

【磨墨】mómò 动 研墨。

【磨难】mónàn 名 折磨和苦难 ▷遭受～。☛ 不要写作"魔难"。

【磨漆画】móqīhuà 名 造型艺术。用松脂油调和油漆、金银和朱砂等在板上绘画,干后再用木炭或磨石加水打磨而成。

【磨拳擦掌】móquán-cāzhǎng 现在规范词形写作"摩拳擦掌"。

【磨人】mórén 形〈口〉折磨人,费心费力 ▷孩子生病时最～。

【磨砂玻璃】móshā bōli 毛玻璃。

【磨蚀】móshí ❶ 动 流水、冰川、风等所挟带的沙石等磨损地表;也指这些沙石相互摩擦而破坏。❷ 动 使逐渐消失 ▷做人的棱角被～了。

【磨损】mósǔn 动 机件、器具等在使用中由于摩擦而逐渐损耗 ▷机器～严重。

【磨洗】móxǐ 动 摩擦冲洗 ▷～污垢。

【磨削】móxiāo 动 用砂轮在磨床上加工工件。

【磨牙】móyá ❶ 动 熟睡时上下牙齿相互摩擦发声。❷ 动 比喻毫无意义地争辩;白费口舌 ▷别跟他～了。也说磨嘴皮子、磨嘴皮、磨嘴。○ ❸ 名 臼齿的学名。

【磨洋工】móyánggōng 故意拖延时间,消极怠工。

【磨折】mózhé 动〈文〉折磨 ▷自古雄才多～。

【磨制】mózhì 动 打磨制造 ▷～砚台。

嬷 mó [嬷嬷] mómo ❶ 名 某些地区对年老妇女的称呼。❷ 名 某些地区称奶妈。❸ 名 我国对天主教修女的称呼。☛ ㊀"嬷"统读mó,不读mā。㊁不能简化成"妫"。

蘼 mó 见908页"萝藦"。

蘑 mó 名 蘑菇 ▷口～|鲜～。

【蘑菇】mógu ❶ 名 伞状蕈类的通称;特指口蘑或香菇。○ ❷ 动 纠缠不休 ▷别找他～了。❸ 动 动作缓慢;拖拉 ▷～半天也出不了门。

【蘑菇云】móguyún 名 原子弹、氢弹爆炸或火山爆发时喷向天空的蘑菇状烟尘。

魔 mó ❶ 名 魔鬼 ▷妖～|恶～|～障。→ ❷ 名 比喻害人的东西或邪恶势力 ▷病～|～窟|混世～王。→ ❸ 形 神奇的;变幻难测的 ▷～力|～术。

【魔板】móbǎn 名 一种智力玩具,通常由八块透明胶板组合而成。可以上下左右折叠移动,形成各种立体形状。

【魔法】mófǎ 名 妖魔施展的法术。

【魔方】mófāng 名 一种智力玩具,由可以转动的若干块小正方体和中心轴组成大正方体。它的六个平面颜色各异。游戏时，扭转小方块，使六面颜色混杂，然后用最短的时间把每个平面的颜色复原。

【魔高一尺，道高一丈】mógāoyīchǐ，dàogāoyīzhàng 道高一尺，魔高一丈。

【魔怪】móguài 名 魔鬼妖怪；比喻坏人或邪恶势力。

【魔鬼】móguǐ 名 宗教或神话中指害人的鬼怪；比喻为非作歹的恶人。

【魔幻】móhuàn 形 神秘莫测；变化多端 ▷～手法｜～小说。

【魔窟】mókū 名 魔鬼居住的洞穴；比喻恶势力盘踞的处所 ▷一举捣毁～。

【魔力】mólì 名 神奇而巨大的力量；指使人着迷的吸引力 ▷这部戏竟有这么大的～。

【魔难】mónàn 现在规范词形写作"磨难"。

【魔术】móshù 名 一种杂技。借助物理、化学原理或特殊的装置，以不易察觉的敏捷手法，使物体出现、消失或产生奇妙的变化。

【魔术师】móshùshī 名 精于魔术技艺的人；以表演魔术为职业的人。

【魔头】mótóu 名 佛教指破坏修行的恶魔；比喻极为凶恶的人。

【魔王】mówáng ❶ 名 佛教指群魔之主波旬，他经常率众魔破坏善行；泛指魔鬼。❷ 名 比喻邪恶势力的代表或极其凶残的人 ▷混世～。

【魔影】móyǐng 名 魔鬼的影子；多比喻隐蔽、潜在的邪恶势力 ▷战争的～。

【魔芋】móyù 名 多年生草本植物，夏季开淡黄色花。块茎也叫魔芋，扁球形，富含淀粉，可以酿酒、制作豆腐。也说蒟蒻(jǔruò)。

【魔掌】mózhǎng 名 比喻恶人的控制范围 ▷挣脱敌人的～。

【魔杖】mózhàng 名 魔术师在表演魔术时使用的棍ㄦ。

【魔障】mózhàng 名 佛教指魔王为人们修身设置的障碍；后泛指波折、磨难。

【魔爪】mózhǎo 名 妖魔的手；比喻恶势力 ▷把犯罪团伙的～斩断。

【魔怔】mózheng 形 形容神态举止反常，像被妖魔控制一样。

劘 mó 〈文〉❶ 动 削；切。→ ❷ 动 磨；擦。→ ❸ 动 切磋。

mǒ

抹 mǒ ❶ 动 涂上；搽 ▷～糨糊｜涂脂～粉｜涂～。参见插图 14 页。→ ❷ 动 涂掉；除去 ▷从名单上～掉了几个名字｜～杀｜～零。→ ❸ 动 擦拭 ▷吃过饭把嘴一～就走了｜～眼泪。→ ❹ 量 用于云霞、阳光等 ▷一～红霞｜一～斜阳。☛ ㊀三个读音都表示某种擦动的动作。读 mā，多指除去附在物体表面的东西，如"抹桌子"；读 mǒ，多指均匀擦动，如"抹药"；读 mò，多指用特制工具擦动使平滑，如"抹墙"。㊁右边是"末"，不是"未"。

另见 913 页 mā；970 页 mò。

【抹脖子】mǒbózi 用刀割自己的脖子(自杀)。

【抹彩】mǒcǎi 动 指戏曲演员面部化装。

【抹黑】mǒhēi 动 涂上黑色；比喻丑化人或事物的形象 ▷好好干，别给你爹妈脸上～。

【抹灰】mǒhuī ❶ 动 涂抹灰浆 ▷内墙开始～。❷ 动 比喻使不光彩 ▷别给中国人脸上～。

【抹零】mǒlíng 动 指付钱时把零头忽略不计，只计整数。

【抹杀】mǒshā 动 对客观事实不予承认 ▷工作虽有缺点，但成绩是～不了的。

【抹煞】mǒshā 现在一般写作"抹杀"。

【抹稀泥】mǒxīní 和(huò)稀泥。

【抹香鲸】mǒxiāngjīng 名 哺乳动物，头部极大，背部黑色略带赤褐，腹部灰色，雄性体长可达 20 米，雌性稍小。生活在海洋中。属国家保护动物。参见插图 1 页。

【抹一鼻子灰】mǒ yī bízi huī 比喻遭到拒绝或斥责，自讨没趣。

【抹子】mǒzi 名 抹灰泥的工具。也说抹刀。

mò

万 mò [万俟] mòqí 名 复姓。

另见 1416 页 wàn。

末[1] mò ❶ 名 树梢；事物的尖端 ▷～梢｜秋毫之～。→ ❷ 名 事物的最后部分；尽头 ▷20 世纪～｜强弩之～｜始～｜～尾。❸ 形 最后的 ▷最～一名｜～班车｜～日｜～代。→ ❹ 名 次要的、非根本的事物；事物次要的一面 ▷舍本逐～｜本～倒置。→ ❺ 名 碎屑；细粉 ▷茶叶～ㄦ｜粉笔～ㄦ｜药～ㄦ｜锯～。

末[2] mò 名 戏曲里的一个行当，扮演中年男子，京剧归入老生 ▷生旦净～丑。☛ "末"跟"未"不同。由"末"构成的字有"抹""沫""茉"等；由"未"构成的字有"妹""昧"等。

【末班车】mòbānchē ❶ 名 每天按班次开行的最后一班车。也说末车。❷ 名 借指最后一次机会 ▷退休前评上职称，赶上～了。

【末代】mòdài 名 一个朝代的最后一代；末世 ▷～皇帝｜～王朝。

【末端】mòduān 名 末梢；末尾 ▷手指～。

【末伏】mòfú 名 指从立秋后的第一个庚日算起的十天时间，是"三伏"中的最后一伏；也指立秋后的第一个庚日。也说三伏、终伏。参见1180页“三伏”。

【末后】mòhòu 图（空间或时间上的）最后 ▷排在队伍的～|先开会，～演节目。

【末节】mòjié 图 小节①；琐事 ▷细枝～。

【末了】mòliǎo 图〈口〉末后 ▷文章～那几句最精彩|商量了半天，～他才同意。

【末流】mòliú 图 水流的下游；借指衰落的学术或文艺流派；也指水平低的人或事物 ▷这个流派渐入～，早已后继乏人了|～作家。

【末路】mòlù 图 没落衰亡、无路可走的境地 ▷～英雄|穷途～。

【末年】mònián 图（一个朝代或一个君主统治时代的）最后一年或几年 ▷元朝～|康熙～。

【末期】mòqī 图 最后时期 ▷20 世纪～。

【末日】mòrì 图 基督教指世界毁灭的那一天；泛指行将灭亡的日子 ▷世界～|敌人的～已到。

【末梢】mòshāo 图 树枝顶端最细的部分；泛指事物的最后部分 ▷神经～|三月～。

【末世】mòshì 图 一个历史阶段的最后时期 ▷清朝～。

【末尾】mòwěi 图 最后部分 ▷走在游行队伍的～|报告～太拖沓。

【末位淘汰制】mòwèi táotàizhì ❶ 对绩效考核中排名在最后的一名或几名予以淘汰的管理制度 ▷实行～，激发企业活力|建立对官员的问责制和～。❷ 一些竞技类比赛中对参赛成绩排名在最后的一名或几名予以淘汰的方式 ▷本次比赛采用积分～。

【末叶】mòyè 图（一个王朝或一个世纪的）最后一段时期 ▷唐朝～|15 世纪～。

【末子】mòzi 图 碎屑；粉末 ▷茶叶～。

【末座】mòzuò 图 按尊卑次序排座时最卑的座位；指最后的名次 ▷叨陪～|该厂环保评估位排～。也说末席。

没 mò ❶ 动 沉入水中；沉下 ▷～水而死|沉～。→ ❷ 动 终；尽 ▷～世|～齿难忘。❸ 动 消失；隐匿 ▷出～无常|神出鬼～|隐～。❹ 动 没收 ▷抄～|罚～。→ ❺ 动 漫过或高过 ▷水深～顶|野草高得～过羊群。

另见 932 页 méi。

【没齿不忘】mòchǐ-bùwàng 终身不会忘记（没齿：终身）。也说没世不忘。☛“没”这里不读 méi。

【没顶】mòdǐng 动 灭顶。

【没落】mòluò 动 衰败；走向衰亡 ▷日趋～。

【没奈何】mònàihé 无可奈何；无法对付或处理。

【没收】mòshōu 动 把违反法律或禁令的人或集体的财产、物品依法收归公有。

抹 mò ❶ 动 用泥、灰等涂在物体的表面并弄平 ▷～墙|～水泥地。→ ❷ 动 擦着边绕过 ▷拐弯～角。

另见 913 页 mā；969 页 mǒ。

【抹不开】mòbukāi〈口〉❶ 动 面子上下不来；不好意思 ▷实在～，就答应了。❷ 动 想不通 ▷受点儿委屈不要～。

【抹得开】mòdekāi〈口〉❶ 动 面子上下得来 ▷你能～就别答应。❷ 动 想得通 ▷这点儿不愉快的事我～。

【抹面】mòmiàn 动 把和(huó)好的石灰、水泥等抹在建筑物的表面 ▷楼房外墙正在～。

茉 mò [茉莉] mòlì 图 常绿灌木，高可达 3 米，开白色小花。花也叫茉莉，香味浓郁，可以熏制茶叶，也可以提取芳香油。

歿 mò 动〈文〉死 ▷病～。

沫 mò ❶ 图 液体形成的聚集在一起的细泡 ▷这牙膏不起～|肥皂～儿|口吐白～|泡～。→ ❷ 图 唾液 ▷唾～|口～飞溅|相濡以～。☛ ㊀统读 mò。㊁跟“沬(mèi)”不同。

【沫子】mòzi 图 沫① ▷水上漂着一层香皂～。

陌 mò ❶ 图 田间东西方向的小路；泛指田间小路 ▷阡～。→ ❷ 图 泛指道路 ▷巷～|～头杨柳。

【陌路】mòlù 图〈文〉陌路人 ▷形同～。

【陌路人】mòlùrén 图 不相识的行路人。

【陌生】mòshēng 形 生疏；不熟悉 ▷～的面孔。

妺 mò 用于人名。如妺喜，传说中夏朝最后一个君王桀的妃子。☛ 跟“妹”不同。

冒 mò [冒顿] mòdú 图 汉朝初期匈奴族一位单于(chányú)的名字。☛ 不读 màodùn。

另见 931 页 mào。

脉（*脈） mò [脉脉] mòmò 形 形容含情凝视或用眼神表达情愫的样子 ▷～地注视着远去的亲人|～含情。☛ 不要写作“脈脈”。

另见 921 页 mài。

莫 mò ❶ 代〈文〉没有谁；没有什么（指事物或处所）▷我心伤悲，～知我哀|哀～大于心死。→ ❷ 副 不 ▷望尘～及|一筹～展。❸ 副 不要 ▷闲人～入。❹ 副 表示推测或反问 ▷～非|～不是。○ ❺ 图 姓。

【莫不】mòbù 副 无不；没有不 ▷～兴高采烈。

【莫不是】mòbùshì 副 表示推测或反问 ▷关节痛，～要下雨吧？

【莫测高深】mòcè-gāoshēn 高深莫测。

【莫此为甚】mòcǐwéishèn 没有比这更严重的了。形容程度严重到了极点。

【莫大】mòdà 形 没有比这个更大的；极大 ▷～的安慰|～的讽刺。

【莫代尔】mòdài'ěr 名一种再生纤维素纤维，将某些树木制成木浆，经专门的纺丝工艺制成。柔软性、吸水性、透气性均好，适合制作内衣，也可与其他纤维混纺制成其他面料。

【莫非】mòfēi 副莫不是，常跟"不成"搭配使用 ▷～他改变了主意？|～错怪了他不成？

【莫过于】mòguòyú 动没有什么能超过 ▷最大的恶习～赌博。

【莫及】mòjí 动〈文〉达不到；赶不上；来不及 ▷鞭长～|望尘～|后悔～。

【莫可名状】mòkě-míngzhuàng 不可名状。

【莫名】mòmíng 动说不出(原因)；无法用语言表达(名：说出) ▷稿件～流失|悲愤～。

【莫名其妙】mòmíngqímiào 没有人能说出其中的奥妙(名：说出)。形容非常奥妙。☛ 参见本页"莫明其妙"的提示。

【莫明其妙】mòmíngqímiào 没有人明白其中的奥妙(明：明白)。形容事情很奇怪，使人不能理解。☛ 由"莫名其妙"衍化而来，现在意义有所分化。

【莫逆】mònì 形没有违逆不合之处。形容情投意合，非常融洽 ▷～之交|两人最为～。

【莫逆之交】mònìzhījiāo《庄子·大宗师》："四人相视而笑，莫逆于心，遂相与为友。"后用"莫逆之交"指情投意合的知心朋友。

【莫如】mòrú 连不如(用于比较得失以后所作的肯定选择) ▷与其坐以待毙，～放手一搏。

【莫若】mòruò 连莫如。

【莫须有】mòxūyǒu《宋史·岳飞传》记载：奸臣秦桧诬告岳飞谋反，韩世忠质问有没有证据，秦桧说"莫须有"。意思是"也许有"或"恐怕有"。后用"莫须有"指凭空捏造的(罪名)。

【莫邪】mòyé 名古代宝剑名。

【莫衷一是】mòzhōng-yīshì 无法判定哪种说法对，哪种说法不对；不能取得一致的意见(衷：决断)。

眜 mò〈文〉❶ 形目不明；目不正。○ ❷ 动不顾(危险)。☛ 跟"昧(mèi)"不同。

秣 mò ❶ 名牲畜的饲料 ▷粮～。→ ❷ 动喂养牲畜 ▷～马厉兵。

【秣马厉兵】mòmǎ-lìbīng 喂饱战马，磨快兵器(厉："砺"的本字)。指作好战斗准备；泛指做好准备工作。☛ 不宜写作"秣马砺兵""秣马利兵"。

脈 mò [脈脈] mòmò 现在规范词形写作"脉脉"。

蓦(驀) mò 副突然；忽然 ▷～地|～然。☛ 不读 mù。

【蓦地】mòdì 副表示出乎意料，相当于"突然" ▷他～站起来，离开了会场。

【蓦然】mòrán 副不经意地；猛然 ▷～回首|～想起一件事。

貊 mò 古同"貉"。

貉 mò 名古代称北方的一些民族。也作貊。另见 543 页 háo；557 页 hé。

漠[1] mò 名指地面完全被沙覆盖、干燥缺水、植物稀少的地区 ▷沙～|大～。

漠[2] mò 形冷淡；不经心 ▷～不关心|冷～|淡～|～视。

【漠北】mòběi 名指蒙古高原大沙漠以北的地区。

【漠不关心】mòbùguānxīn 形容对人对事态度冷淡，毫不关心。

【漠漠】mòmò ❶ 形形容广漠而寂静的样子 ▷沙海～。❷ 形形容(云烟)弥漫的样子 ▷平林～烟如织。

【漠然】mòrán 形冷淡、漫不经心的样子 ▷～置之。

【漠然置之】mòrán-zhìzhī 漫不经心地放在一边不理睬。形容对人对事态度冷淡。

【漠视】mòshì 动冷漠地对待；不重视 ▷你怎能～大家的意见呢？

寞 mò 形寂静；冷落 ▷寂～|落～。

靺 mò [靺鞨] mòhé 名我国古代民族，分布在松花江、牡丹江流域及黑龙江中下游，东至日本海。北魏时称勿吉，隋、唐时称靺鞨，五代时称女真。

嘿 mò 古同"默"①。另见 562 页 hēi。

墨[1] mò ❶ 名写字、绘画等用的黑色块状颜料。传统的墨多用松烟或煤烟制成；也指用墨研成的汁 ▷研～|蘸～。→ ❷ 形黑色或接近于黑色的 ▷～镜|～绿|～菊。→ ❸ 名墨刑。→ ❹ 名借指诗文或书画 ▷文～|遗～|～宝。❺ 名借指知识、学问 ▷胸无点～。→ ❻ 名泛指写字、绘画或印刷用的某些颜料 ▷～水|蓝～水|油～。○ ❼ 动〈文〉贪污 ▷～吏|贪～。○ ❽ 名指墨家 ▷儒～道法。○ ❾ 名姓。

墨[2] mò 名指墨西哥 ▷～洋(墨西哥银元)。☛ "墨"字统读 mò，不读 mèi。

【墨宝】mòbǎo 名珍贵的书画真迹；常用来尊称别人的字画作品 ▷名家～。

【墨笔】mòbǐ 名毛笔。

【墨斗】mòdǒu 名木工和泥水工打直线用的斗状工具。内装浸有墨汁的丝绵和墨线，用时将墨线拉出，绷紧在木料或墙体上，再提起墨线松手后即可打上黑线。

【墨斗鱼】mòdǒuyú 名乌贼的俗称。

【墨海】mòhǎi 名石制盆状大砚。

【墨盒】mòhé ❶ 名一种文具，圆形或方形的盒子。内放灌上墨汁的丝绵，供毛笔蘸墨用。❷

名 指打印机、传真机、复印机等办公设备中的供墨装置，可装墨水或墨粉。

【墨黑】mòhēi 形 颜色像墨一样黑。形容没有光线，什么也看不见；也形容完全不了解。

【墨迹】mòjì ❶ 名 墨写的痕迹；多指字迹 ▷～犹新。❷ 名 字画真迹 ▷老师的～。

【墨迹未干】mòjì-wèigān 墨的痕迹还没有干。指条约、协定或承诺等刚刚签订或写下 ▷条约～，敌方就背信弃义，向我大举进攻。

【墨家】mòjiā 名 战国时期墨子（名翟）创立的学派。主张兼爱（人与人平等相爱）、非攻（反对侵略战争）等。对认识论、逻辑学和自然科学都有一定的贡献。

【墨晶】mòjīng 名 深棕色和接近黑色的水晶的通称，可制作眼镜片等。

【墨镜】mòjìng 名 用墨晶片制作的眼镜；泛指用黑色、墨绿色、茶色等深色玻璃片制作的眼镜。

【墨菊】mòjú 名 一种菊花，花紫黑色。

【墨客】mòkè 名〈文〉文人 ▷文人～。

【墨吏】mòlì 名〈文〉贪官污吏。

【墨绿】mòlǜ 形 深绿。

【墨守成规】mòshǒu-chéngguī 战国时期墨子（名翟）善于守城，故称善守为"墨守"。后用"墨守成规"形容固守现成的规矩不肯改进。☛ ㊀"成"这里不要误写作"陈"。㊁参见 494 页"故步自封"的提示。

【墨水】mòshuǐ ❶ 名 供书写、复印等用的有色液体。❷ 名 借指学识 ▷他肚子里～多。

【墨线】mòxiàn ❶ 名 从墨斗里沾上墨汁的线。❷ 名 用墨线打出的直线。

【墨刑】mòxíng 名 古代在犯人脸上刺字并用墨染黑的刑罚。也说黥（qíng）。

【墨鸦】mòyā ❶ 名 比喻拙劣的书画。❷ 名 某些地区指鸬鹚。

【墨鱼】mòyú 名 乌贼的通称。

【墨玉】mòyù 名 黑色或近于黑色的软玉。

【墨汁】mòzhī 名 供书写或绘画用的一种黑色黏性液体。

【墨竹】mòzhú ❶ 名 用墨画的竹子。❷ 名 竹子的一种。叶细长，茎紫色，高约两米。

【墨渍】mòzì 名 墨水在衣物等上留下的痕迹。

镆（鏌） mò ❶［镆铘］mòyé 现在一般写作"莫邪"。❷ 名 金属元素，符号 Mc。有放射性，由人工核反应获得。

瘼 mò 名〈文〉病痛；疾苦 ▷民～。

默 mò ❶ 动 不说话；不明白表示出来 ▷沉～｜～读｜～许。→ ❷ 动 默写 ▷～课文。○ ❸ 名 姓。

【默哀】mò'āi 动 低头静默肃立，以示哀悼。

【默不作声】mòbùzuòshēng 静默不说话。

【默祷】mòdǎo 动（对神佛、祖宗）默默地祷告；在心中祈祷。

【默读】mòdú 动 不出声地读（文字等） ▷～几遍，牢记在心。

【默记】mòjì 动 默默地记住 ▷～在心。

【默默】mòmò 副 表示在不说话、不出声的情况下进行 ▷～忍受。☛ 跟"悄悄"不同。"默默"强调嘴里不出声；"悄悄"强调动作不出声。

【默默无闻】mòmò-wúwén 形容没有名气，不被人知道。

【默念】mòniàn ❶ 动 默读 ▷～碑文。❷ 动 默默思念 ▷～着祖母生前的音容笑貌。

【默片】mòpiàn 名 无声片。口语中也说默片儿（piānr）。

【默契】mòqì ❶ 形 形容彼此无须用语言表达，即可心灵相通 ▷二人配合得非常～。❷ 名 秘密的约定或口头协议 ▷达成～。

【默然】mòrán 形 形容沉默不说话的样子 ▷～不语｜相对～。

【默认】mòrèn 动 不用言语表示而内心同意或承认 ▷你不表态，就算是～了。

【默诵】mòsòng ❶ 动 默读。❷ 动 不出声地背诵。

【默算】mòsuàn ❶ 动 心算。❷ 动 默默地盘算 ▷心中～着儿子婚礼怎么操办。

【默想】mòxiǎng 动 默默地思考 ▷沉思～。

【默写】mòxiě 动 凭记忆写出读过的文字。

【默许】mòxǔ 动 不明白说出而暗示同意或许可。

【默坐】mòzuò 动 默默地坐着。

磨 mò ❶ 名 碾碎粮食的工具，多由上下两扇圆石盘组成 ▷石～｜电～｜～盘。→ ❷ 动 用磨碾碎 ▷～麦子｜～面｜～豆腐。❸ 动 掉转方向 ▷她一～身走了。

另见 967 页 mó。

【磨不开】mòbukāi 现在一般写作"抹不开"。

【磨车】mòchē 动 使车掉转方向 ▷在胡同里～。

【磨叨】mòdao 动 来来回回地说；翻来覆去地说 ▷他～半天，我都听烦了。

【磨得开】mòdekāi 现在一般写作"抹得开"。

【磨烦】mòfan〈口〉❶ 动 纠缠不休（多指向人要求什么） ▷这孩子老～着买吃的。❷ 动 动作迟缓，拖延时间 ▷大家越着急，他越～。

【磨坊】mòfáng 名 磨面粉等的作坊。

【磨房】mòfáng 现在一般写作"磨坊"。

【磨盘】mòpán ❶ 名 组成石磨的上下两扇圆形石盘。❷ 名 承载磨的圆形底盘。

【磨扇】mòshàn 名 磨盘①。

貘 mò 名 哺乳动物，像犀而较小，鼻子很长，能自由伸缩。主食嫩枝叶，栖息于热带密林多水的地区。

纆（纆） mò 名〈文〉绳索。

磨 mò［磨石渠］mòshíqú 名 地名，在山西。

糖 mò ❶ 名 耢①。→ ❷ 动 用耢平整土地 ▷地刚～过。☛ 统读 mò，不读 mó。

mōu

哞 mōu 拟声 模拟牛叫的声音 ▷老牛～～叫。

móu

牟 móu ❶ 动 谋取 ▷～利｜～取。○ ❷ 名 姓。☛ 通常读 móu；读 mù，用于地名。
另见 977 页 mù。

【牟利】móulì 动 牟取私利 ▷从中～。

【牟取】móuqǔ 动 谋取（多指不正当的）▷～暴利。☛ 参见本页"谋取"的提示。

侔 móu 动〈文〉等同 ▷二者各不相～。

眸 móu 名〈文〉眼珠；泛指眼睛 ▷回～一笑｜明～皓齿｜凝～。

【眸子】móuzi 名 瞳仁；借指眼睛。

谋（謀） móu ❶ 动 想主意；策划 ▷～划｜～士｜预～｜合～。→ ❷ 名 主意；计策 ▷足智多～｜～略｜智～｜阴～。→ ❸ 动 设法找到或取得 ▷为人民～幸福｜另～出路｜～生。→ ❹ 动 商量 ▷不～而合。

【谋财】móucái 动 想办法得到财富（多用于贬义）▷～的手段要正当｜～害命｜设局～。

【谋臣】móuchén 名 为君主出谋划策的臣子。

【谋反】móufǎn 动 暗中策划反叛。

【谋害】móuhài 动 暗中策划杀害或陷害。

【谋和】móuhé 动 设法寻求和平或和解。

【谋划】móuhuà 动 筹谋；策划 ▷精心～。☛ 不要写作"谋画"。

【谋利】móulì 动 谋取利益。

【谋虑】móulǜ 动 策划考虑 ▷～周密。

【谋略】móulüè 名 计谋；策略 ▷作战～。

【谋面】móumiàn 动〈文〉相互见面，彼此相识 ▷初次～。

【谋求】móuqiú 动 想办法求得 ▷～幸福。

【谋取】móuqǔ 动 想办法取得 ▷～幸福。☛ 跟"牟取"不同。"牟取"是贬义词；"谋取"是中性词。

【谋杀】móushā 动 密谋杀害 ▷～案。

【谋生】móushēng 动 谋求生计 ▷靠打工～。

【谋士】móushì 名 善于出谋划策的人。

【谋事】móushì ❶ 动 谋划如何办事 ▷～不易，成事更难。❷ 动 谋求职业 ▷进城～。

【谋私】móusī 动 谋求私利 ▷反对以权～。

【谋算】móusuàn 动 谋划盘算 ▷～怎样降低成本。

【谋陷】móuxiàn 动 算计着怎样陷害（别人）。

【谋职】móuzhí 动 谋求职业 ▷四处～。

【谋主】móuzhǔ 名 出谋划策的主要人物。

蛑 móu 见1671 页"蝤（yóu）蛑"。

缪（繆） móu 见193 页"绸缪"。
另见 956 页 miào；966 页 miù。

鍪 móu 见 335 页"兜鍪"。

mǒu

某 mǒu ❶ 代 指不知道名称或不便明说的特定的人或事物 ▷邻居李～｜～～经理｜～年～月～日｜～部八连。→ ❷ 代 指不确定的人或事物 ▷～人｜～天｜～些把柄｜～种条件。→ ❸ 代 代替自己的名字 ▷赴汤蹈火，我赵～在所不辞。❹ 代 代替别人的名字（常含不客气的意思）▷请转告孙～，我的忍耐是有限度的。☛ 有时可以叠用，如某某人、某某单位、某某事，但所指仍为单数。

【某个】mǒugè 代 指不确定的一个 ▷～作家。

【某些】mǒuxiē 代 指不确定的一些 ▷～单位。

mū

姆 mū，又读 m̄［姆妈］mūmā，又读 m̄mā ❶ 名 某些地区称母亲。❷ 名 某些地区称年长的已婚妇女 ▷李家～。
另见 974 页 mǔ。

mú

呒（嘸） mú，又读 ḿ 动 某些地区指没有 ▷～啥。

呣 mú，又读 ḿ 叹 表示疑问 ▷～，你没收到？
另见 977 页 mù。

毪 mú 名 毪子，西藏产的一种羊毛织品。

模 mú ❶ 名 模具 ▷铅～｜木～｜铜～。→ ❷ 名 形状；样子 ▷～样。
另见 966 页 mó。

【模板】múbǎn 名 浇灌混凝土用的模型板，多用钢板或木板制成。

【模具】mújù 名 用来浇铸或压制金属、塑料、橡胶、玻璃等使之成为一定形状的模（mó）型。

【模样】múyàng ❶ 名 人的容貌或装束打扮的样子 ▷这孩子～不错｜化装成小商贩～。❷ 名

用在数量短语后,表示大概的时间或年龄 ▷他住了不过半年～|看上去足有六十岁～。❸ 图 情况;形势 ▷看这～,演出得改期。

【模子】múzi 图 模具 ▷石膏～|月饼～。

mǔ

母 mǔ ❶ 图 母亲 ▷～女|慈～。→❷ 图 亲属中的长辈女子 ▷祖～|伯～|岳～。→❸ 区别 禽兽中雌性的(跟"公"相对) ▷这只狮子是～的|～牛|～鸡。❹ 图 指一凸一凹的或一大一小配套的两件东西中凹的或大的一件 ▷子～扣|螺～。→❺ 图 最初的或能产生出其他事物的东西 ▷酒～|字～。❻ 形 具有类似孕育作用的 ▷航空～舰。○❼ 图 姓。☛笔顺是𠃊𠃍𠃍母母。

【母爱】mǔ'ài 图 母亲对子女的爱。

【母本】mǔběn 图 植物繁殖过程中的亲代雌性植株。也说母株。

【母畜】mǔchù 图 雌性牲畜。畜牧业上通常指有生殖能力的雌性牲畜。

【母带】mǔdài 图 指原始版本的录音带或录像带,可用来大量复制。

【母法】mǔfǎ ❶ 图 指国家的根本法,即宪法。因宪法是立法机关进行各项立法活动的法律基础,故称。❷ 图 一国的立法如果源于或仿照于别国的法律,该别国法律就被称为母法。

【母公司】mǔgōngsī 图 拥有另一公司一定比例以上的股权、能够对其实际控制、具有独立法人资格的公司是另一公司的母公司。

【母后】mǔhòu 图 皇帝及其兄弟姐妹对他们的母亲(皇太后)或皇帝的儿女对皇后的称呼。

【母机】mǔjī 图 制造机器和机械的机器,即工作母机,机床。

【母老虎】mǔlǎohǔ 图 比喻凶悍的女人。

【母女】mǔnǚ 图 母亲和女儿 ▷～俩相依为命|～三人。

【母亲】mǔqīn 图 有子女的女子;子女对生育自己的女子的称呼(含庄重意味)。

【母亲河】mǔqīnhé 图 人们对养育自己或与自己密切相关的河流的亲切称呼。

【母亲节】mǔqīnjié 图 1906 年由美国人安娜·加维丝倡议的纪念母亲、敬爱母亲的节日。时间为每年 5 月的第二个星期日。

【母权制】mǔquánzhì 图 原始公社早期的社会制度,这一阶段妇女在经济以及社会关系方面占支配地位。后被父权制取代。

【母乳】mǔrǔ 图 母亲的奶水。

【母树】mǔshù ❶ 图 采伐后保留下来散播种子的大树。❷ 图 供采集种子、插条、根蘖等繁殖材料的树木。

【母体】mǔtǐ 图 孕育幼体的雌性生物体(通常指人或动物)。

【母系】mǔxì ❶ 区别 属于母亲一方血统的(跟"父系"相区别) ▷舅舅是～亲属。❷ 区别 属于母女相承袭系统的 ▷～社会。

【母校】mǔxiào 图 指自己曾从那里毕业或在那里学习过的学校。

【母性】mǔxìng 图 母亲爱护子女的本性。

【母夜叉】mǔyèchā 图 比喻凶恶丑陋的妇女。参见 1609 页"夜叉"。

【母液】mǔyè 图 在化学变化中分离出沉淀物或结晶体后所剩下的饱和溶液。

【母音】mǔyīn 图 元音。

【母语】mǔyǔ ❶ 图 一个人最早学会的语言,一般是本民族的语言。❷ 图 历史比较语言学中指通过有共同来源的不同语言或方言的比较构拟出来的原始语言。

【母子】mǔzǐ 图 母亲和儿子 ▷～团聚。

牡 mǔ 区别 禽兽中雄性的;泛指雄性的(跟"牝"相对) ▷～牛|～鼠。

【牡丹】mǔdān 图 落叶小灌木,初夏开白、红或紫等颜色的大花,花也叫牡丹。是著名的观赏植物。根皮可以做药材,叫丹皮。参见插图 7 页。

【牡蛎】mǔlì 图 软体动物,有两个贝壳,下壳大而凹,上壳小而平。肉味鲜美,可食用,也可制成蚝油、蚝豉;壳可以做药材。也说蚝、海蛎子。

亩(畝 *畒畮畆畂晦) mǔ ❶ 量 市亩。○❷ 图 姓。

【亩产】mǔchǎn 图 平均每亩地的产量。

拇 mǔ 图 拇指。

【拇指】mǔzhǐ 图 手或脚的第一个指头;人体解剖学特指手的拇指。也说大拇指、大指。

峔 mǔ [峔矶角] mǔjījiǎo 图 岬角名,在山东。

姆 mǔ 见 46 页"保姆"。另见 973 页 mū。

峔 mǔ 图 山名,即慈母山,在安徽当涂北、江苏江宁西南。

姥 mǔ 图 〈文〉年老的妇人。另见 830 页 lǎo。

鉧(鉧) mǔ 见492 页"钴(gǔ)鉧"。

踇 mǔ 图 脚的第一个指头 ▷～外翻。

【踇外翻】mǔwàifān 图 大脚趾过度向外倾斜与第一趾骨内翻所形成的畸形。常是平足症的并发症。

mù

木 mù ❶ 名 树木 ▷十年树～，百年树人|乔～|林～。→ ❷ 名 木材；木料 ▷槐～|楠～|～犁|～桥|～桶。⇒ ❸ 名 指棺材 ▷行将就～。⇒ ❹ 形 朴实 ▷～讷。❺ 形 呆；愣；反应不快 ▷～头～脑|～然。❻ 形 局部感觉不灵或丧失 ▷手指头冻～了|舌头发～。○ ❼ 名 姓。☛"木"作左偏旁时，第四画捺（㇏）要改写成点（丶）。如"杨""松"。

【木板】mùbǎn ❶ 名 片状的木料。❷见本页"木版"。现在一般写作"木版"。

【木版】mùbǎn 名 刻上文字或图画的木质印刷版 ▷～印刷。

【木本】mùběn 名 植物的一大类，木质茎发达 ▷～植物|这种植物属于～。

【木本水源】mùběn-shuǐyuán 树木的根和水的源头。比喻事物的根源或起因。

【木本植物】mùběn zhíwù 茎内木质部发达，茎干比较坚硬，寿命较长的植物的统称。分为乔木和灌木两种。通称树。

【木波罗】mùbōluó 名 菠萝蜜。

【木材】mùcái 名 树木砍伐后经粗略加工可供使用的材料。

【木柴】mùchái 名 用作燃料的木头。

【木船】mùchuán 名 木制的船。

【木呆呆】mùdāidāi 形 形容迟钝呆板的样子 ▷他～地坐在那里。

【木雕】mùdiāo 名 以木头为材料进行雕刻的艺术；也指用这种艺术雕刻成的工艺品。

【木耳】mù'ěr 名 一种真菌，略呈耳形，多为褐色胶质，生长在腐朽的树干上。可供食用。也说黑木耳。

【木筏】mùfá 名 用木材编扎成的筏子。

【木芙蓉】mùfúróng 名 落叶灌木，叶掌状分裂，秋季开白色或淡红色花，可供观赏。叶、花可以做药材。花也叫木芙蓉。也说芙蓉花。☛ 跟"莲花"是两种不同的植物。

【木工】mùgōng ❶ 名 制作木器或房屋木制构件等的工种 ▷～活。❷ 名 从事木工工作的工人。

【木瓜】mùguā ❶ 名 落叶灌木或小乔木，叶卵圆形，花淡红色。果实也叫木瓜，长椭圆形，淡黄色，有香气，可食用，也可以做药材。参见插图10页。❷ 名 比喻反应迟钝的人 ▷他是个～，跟他说得再明白也没用。

【木棍】mùgùn 名 木头棍子。

【木化石】mùhuàshí 名 树木的化石。木材的纹理清晰可见。也说石化木。

【木屐】mùjī ❶ 名 古代一种木底鞋，底上通常有两个齿。❷ 名 木底拖鞋。

【木简】mùjiǎn 名 古代用来书写文字的木片。

【木匠】mùjiang 名 做木工活的手艺人。

【木结构】mùjiégòu 名 以木材为主的建筑结构。

【木槿】mùjǐn 名 落叶灌木，叶卵形，掌状分裂，夏秋开紫红或白色花，花也叫木槿。茎上的韧皮可以造纸，花、皮、根可以做药材。

【木刻】mùkè 名 一种版画，先在木板上刻出图形，再拓印在纸上。也说木版画。

【木兰】mùlán 名 落叶小乔木或灌木，叶倒卵形，先开花，后长叶。花也叫木兰，外面紫色，内面白色，微香。干燥的花蕾可以做药材，叫辛夷。

【木立】mùlì 动 呆呆地站立着 ▷泥塑似的～着。

【木莲】mùlián 名 薜荔。

【木料】mùliào 名 经初步加工，具有一定形状，便于制作木器和木构件的木材。

【木麻黄】mùmáhuáng 名 常绿乔木，高可达20米，小枝灰绿色，细而软，叶鳞片状。夏初开花，果序球形。可作行道树或营造防风林等。木材坚硬，树皮可提取栲胶。

【木马】mùmǎ ❶ 名 木头制成的马的形象。❷ 名 木制的儿童游戏器械，形状像马，骑在上面可前后摇动。❸ 名 木制的体操运动器械，略像马。背上有双环的叫鞍马，没有环的叫跳马。❹ 名 一种严重危害网络安全运行的计算机病毒 ▷扫描～病毒|查杀～病毒。

【木马计】mùmǎjì 名 传说古代希腊人九年攻打不下特洛伊城，后来造了一只大木马，把勇士藏在里面，进攻时扔下木马，假装撤退。特洛伊人把木马运回城里。夜里勇士们从木马中潜出，打开城门，与攻城军队里应外合，攻下了特洛伊城。后来用"木马计"比喻潜入敌人内部进行颠覆活动的计策。

【木棉】mùmián 名 落叶大乔木，树干高可达30—40米，掌状复叶，开红色花，蒴果长椭圆形，内壁有绢状纤维。木材可以做包装箱板；果实内的纤维也叫木棉，可以做枕芯或褥、垫的填料。也说红棉、攀枝花。

【木模】mùmú 名 用木头制作的模具。

【木乃伊】mùnǎiyī 名 阿拉伯语 mūmiyā 音译。古代埃及人用防腐剂、香料等处理后保存下来的不腐的尸体；常用来比喻僵化了的事物。

【木讷】mùnè 形 〈文〉质朴迟钝；不善言谈。

【木牛流马】mùniú liúmǎ 三国时诸葛亮创制的运输工具。传说木牛是前面有辕的车子，流马是手推的独轮车。

【木偶】mù'ǒu 名 用木头刻成的人像；常用来比喻神情呆滞的人 ▷～戏|～似的呆坐着。

【木偶片】mù'ǒupiàn 名 美术片的一种。把木偶戏拍摄下来的影视片。口语中也说木偶片儿(piānr)。

【木偶戏】mù'ǒuxì 名 由人在幕后操纵木偶表演人物故事的戏剧。分为提线木偶、布袋木偶、杖头木偶等。也说傀儡戏。

【木排】mùpái 名 编扎成排的木材,放入江河中,可顺流运出。☛ 不宜写作"木簰"。

【木片】mùpiàn 名 薄片状的小木头。

【木器】mùqì 名 木制的器物。

【木琴】mùqín 名 打击乐器。将若干长短不同的木条按音高顺序排列在架子上,用两个小木槌击奏,声音清脆。参见插图 11 页。

【木然】mùrán 形 形容发呆的样子 ▷神态~。

【木梳】mùshū 名 木制梳子。

【木薯】mùshǔ 名 灌木,叶互生,掌状。块根也叫木薯,肉质长圆柱形,富含淀粉,可食用。

【木栓】mùshuān 名 栓皮。

【木炭】mùtàn 名 在隔绝空气的条件下,将木头加热所得到的黑色固体燃料,也用来过滤液体或气体。

【木炭画】mùtànhuà 名 素描的一种,用木炭条画成。

【木糖醇】mùtángchún 名 有机化合物,白色粉状或颗粒状晶体,味甜。代替蔗糖可预防龋齿,也可供糖尿病患者食用。

【木头木脑】mùtóu-mùnǎo 呆滞、迟钝的样子。

【木头】mùtou 名 木材和木料的统称。

【木头人】mùtourén 名 比喻没有感情、愚笨或不灵活的人。

【木屋】mùwū 名 用木料搭建的房屋。

【木犀】mùxi 现在一般写作"木樨"。

【木樨】mùxi ❶ 名 桂花。❷ 名 烹调时搅碎的鸡蛋,像黄色的桂花 ▷~汤|~肉。

【木锨】mùxiān 名 扬场(cháng)用的木制农具,形似铁锨而宽大。

【木香】mùxiāng 名 多年生草本植物,主根粗壮,有特异芳香,可以做药材。

【木屑】mùxiè 名 木头的碎末儿。

【木星】mùxīng 名 太阳系八大行星之一,按距太阳由近而远的顺序排列是第五颗。体积是地球的 1316 倍,是八大行星中最大的,绕太阳公转周期约11.86年,自转周期约 10 小时。我国古代称岁星。

【木已成舟】mùyǐchéngzhōu 比喻事情已成定局,无可挽回或不可改变。

【木鱼】mùyú 名 佛教僧尼念经化缘时敲打的法器,木制,中间镂空。有圆状鱼形和挺直鱼形两种。相传佛家认为鱼昼夜常醒,所以刻木像鱼形,用以警诫僧众应昼夜思道。后也用作打击乐器。

【木贼】mùzéi 名 多年生草本植物,地上茎绿色,管状分节,节间中空,茎表面粗糙,不分枝。枝端生有毛笔头状的孢子叶球。地上茎可以做药材。

【木枕】mùzhěn ❶ 名 木制枕头。❷ 名 在铁路上用作固定钢轨的方形横木。参见 516 页"轨枕"。

【木质部】mùzhìbù 名 植物茎的最坚硬的部分。由导管、管胞、木纤维和木薄壁细胞等组成,其导管、管胞能输导水和溶水的无机盐。木质部发达的茎就是木材。

【木质素】mùzhìsù 名 从木浆废液中分离出来的高分子的芳香族聚合物,黄褐色无定形粉末。可制备香草醛,也用作鞣剂或黏合剂。

【木桩】mùzhuāng 名 木头桩子。

目 mù ❶ 名 眼睛 ▷眉清~秀|耳闻~睹|~光|注~。→ ❷ 动 看;看待 ▷一~了然。→ ❸ 名 网上的孔 ▷纲举~张。❹ 名 项目,大项下分成的小项或细节 ▷细~|要~。⇒ ❺ 名 目录 ▷书~|剧~|账~|节~。⇒ ❻ 名 生物学分类范畴的一个等级,纲以下为目,目以下为科 ▷灵长~|蔷薇~|银耳~。→ ❼ 名 名称;标题 ▷名~|题~。→ ❽ 名 围棋术语。指棋盘上纵线和横线的交叉点,一个交叉点称"一目"。终局时以得"目"的多少判定胜负 ▷二~胜|胜一~半。○ ❾ 名 姓。

【目标】mùbiāo ❶ 名 打击或寻求的对象 ▷轰炸的~|~消失了。❷ 名 希望达到的地方或标准 ▷~明确|向着预定的~前进。☛ 参见 977 页"目的"的提示。

【目标管理】mùbiāo guǎnlǐ 一种行政管理方式。行政机构首先制定出一个时期的生产或工作目标,内部各部门、各成员根据这一目标制定自己的要求,通过自主管理去实施,然后根据成绩实行奖惩。

【目不见睫】mùbùjiànjié 自己的眼睛看不见自己的睫毛。比喻没有自知之明或见远不见近。

【目不交睫】mùbùjiāojié 眼睛的上下睫毛没有交合。形容难以入睡的样子。

【目不窥园】mùbùkuīyuán《汉书·董仲舒传》记载:董仲舒专心读书,"盖三年目不窥园"。后用"目不窥园"形容埋头读书,专心治学。

【目不忍睹】mùbùrěndǔ 形容景象悲惨,不忍心看下去。

【目不识丁】mùbùshídīng《旧唐书·张弘靖传》:"今天下无事,汝辈挽得两石力弓,不如识一丁字。"(有人认为"丁"当是"个"字之误)后用"目不识丁"讥讽人不识字。

【目不暇接】mùbùxiájiē 眼睛看不过来。形容眼前可看的东西或景色太多,看不过来。也说目不暇给(jǐ)。

【目不斜视】mùbùxiéshì 眼睛不向旁边看。形容态度严肃，守规矩。

【目不转睛】mùbùzhuǎnjīng 眼珠都不转动一下(睛:眼珠)。形容看得十分专注。

【目测】mùcè 动 用眼睛估测。

【目次】mùcì 名 书刊上列出的篇目次序。

【目瞪口呆】mùdèng-kǒudāi 瞪着眼说不出话来。形容因吃惊或害怕而发愣的样子。

【目的】mùdì 名 要去的地点；要达到的境界或要取得的结果 ▷离～地还有50公里|我们的～是实现共同富裕|他怀着不可告人的～。☛ 跟"目标"不同。1."目的"侧重指行为的意图，既可以是具体的，也可以是概括的；"目标" 侧重指努力的方向，一般是具体的。2."目的"既可受表示积极意义的词语修饰，也可受表示消极意义的词语修饰；"目标"一般仅受表示积极意义的词语修饰。

【目的地】mùdìdì 名 想要到达的地方。

【目的性】mùdìxìng 名 (行为)有明确的目标的性质。

【目睹】mùdǔ 动 亲眼看见 ▷～了全过程。

【目光】mùguāng ❶ 名 视线 ▷～集中在老师身上。❷ 名 眼神 ▷～恍惚|炯炯的～。❸ 名 眼光② ▷～敏锐|～短浅。

【目光短浅】mùguāng-duǎnqiǎn 形容缺乏远见。

【目光如豆】mùguāng-rúdòu 眼光像豆粒那样短小。形容见识短浅。

【目光如炬】mùguāng-rújù 形容发怒时目光锐利逼人；也形容眼光敏锐远大。

【目击】mùjī 动 指在事情发生时亲眼看到 ▷～者|～了事件的真相。

【目镜】mùjìng 名 显微镜、望远镜中接近眼睛的透镜或透镜组。也说接目镜。

【目空一切】mùkōngyīqiè 什么都不放在眼里。形容狂妄自大。

【目力】mùlì ❶ 名 视力 ▷～测试。❷ 名 借指观察力；眼界。

【目录】mùlù ❶ 名 书刊正文前面所列的篇章名目。❷ 名 指著录一系列相关的资料，以一定的次序编排而成的供人检索的工具 ▷产品～|新书～。

【目迷五色】mùmíwǔsè 眼睛被五颜六色所迷乱。形容事物错综复杂，使人难以分辨。也讥讽人缺乏辨别力，被外物迷惑。

【目前】mùqián 名 当前；现在 ▷～形势很好|～的任务。☛ 参见1161页"日前"的提示㊀。

【目送】mùsòng 动 看着对方离去 ▷母亲～孩子远去。

【目无法纪】mùwúfǎjì 不把法律和纪律放在眼里。形容胡作非为，无法无天。

【目无全牛】mùwúquánniú《庄子·养生主》中说：一个厨师初学宰牛时，看到的是整个的牛，三年之后看到的只是骨肉的间隙，"未尝见全牛也"。后用"目无全牛"形容技艺非常纯熟精湛。

【目无余子】mùwúyúzǐ 眼睛里没有旁人(余子：其他的人)。形容骄傲自大，看不起人。

【目眩】mùxuàn 形 眼睛发花 ▷头晕～。

【目验】mùyàn 动 亲眼验证 ▷～属实。

【目劄】mùzhá 名 中医指眼皮时时眨动的病症，多见于儿童。也说目连劄。

【目指气使】mùzhǐ-qìshǐ 颐指气使。

【目中无人】mùzhōng-wúrén 谁都不放在眼里。形容高傲自大，看不起人。

仫 mù [仫佬族] mùlǎozú 名 我国少数民族之一。主要分布在广西。

牟 mù ❶ 用于地名。如：牟平，在山东；中牟，在河南。○ ❷ 名 姓。

另见973页móu。

沐 mù ❶ 动 洗头发；泛指洗 ▷栉风～雨|～浴。→ ❷ 动〈文〉借指承受 ▷～恩|如～春风。○ ❸ 名 姓。

【沐猴而冠】mùhóu'érguàn《史记·项羽本纪》："人言楚人沐猴而冠耳，果然。"意思是楚国人就像猕猴戴上帽子一样，外表装得像人，其实虚有其表。后用"沐猴而冠"讽刺无德无才而窃取高位的人。☛ "冠"这里不读guān。

【沐浴】mùyù ❶ 动 洗澡。❷ 动 比喻受到阳光照射和雨露润泽 ▷～着温暖的阳光|花草～着春雨。❸ 动 比喻沉浸在某种美好的氛围中 ▷～在欢乐的歌声中。

苜 mù [苜蓿] mùxu 名 一年或多年生草本植物，叶子互生，花黄色或紫色，结荚果。是重要的牧草和绿肥。

呣 mù，又读m̀ 叹 表示应诺 ▷～，我马上看。

另见973页mú。

牧 mù ❶ 动 放养牲畜 ▷～马|～童|畜～|游～。○ ❷ 名 姓。

【牧草】mùcǎo 名 牧场上供牲畜吃的草。

【牧场】mùchǎng ❶ 名 放牧牲畜的草场。❷ 名 以牧养牲畜为主的企业单位。

【牧笛】mùdí 名 牧童、牧人放牧时所吹的笛子。

【牧放】mùfàng 动 放牧。

【牧歌】mùgē ❶ 名 牧童、牧人放牧时所唱的歌谣。❷ 名 一种抒情短诗，起源于古希腊，以表现牧人生活或农村生活为主；后泛指以田园生活为题材的抒情诗。❸ 名 欧洲文艺复兴时期的一种多声部世俗歌曲，多以爱情或自然景物为题材；泛指富有乡村生活情趣或草原风情的乐曲。

【牧工】mùgōng 名 为牧主放牧的人；牧场工人。

【牧户】mùhù 名 以从事畜牧业为主的人家。

【牧民】mùmín 名 牧区中靠畜牧为生的人。

【牧区】mùqū ❶ 名 放牧的地方。❷ 名 以畜牧业为主的地区。

【牧群】mùqún 名 成群放牧的牛群、马群或羊群。

【牧人】mùrén 名 放牧的人。

【牧师】mùshī 名 基督教新教大多数教派中主持

宗教仪式、管理教务的神职人员。

【牧童】mùtóng 名 放牧牛羊的儿童。

【牧畜】mùxù 动 畜牧。☛"畜"这里不读 chù。

【牧羊犬】mùyángquǎn 名 主要用来协助放牧家畜的犬。品种很多,以德国牧羊犬最著名。经专门选育,已成为军、警用犬。通称狼狗。

【牧业】mùyè 名 畜牧业的简称。

【牧主】mùzhǔ 名 牧区中占有牧场和相当数量的牲畜并雇用牧工的人。

钼(鉬) mù 名 金属元素,符号 Mo。银白色,熔点高。用于制造无线电器材和特种钢。

募 mù 动 广泛征集(财物或人员等) ▷~捐|~集|招~。

【募兵制】mùbīngzhì 名 国家以雇佣形式招募人员补充军队的制度。有些国家称雇佣兵役制。

【募股】mùgǔ 动 募集股份。是企业筹资的一种方式。

【募化】mùhuà 动 僧尼或道士求人施舍财物;化缘。

【募集】mùjí 动 广泛地征集 ▷~救灾款。

【募捐】mùjuān 动 广泛征集捐款捐物。

墓 mù ❶ 名 埋葬死人的地方 ▷烈士~|陵~|~穴。○ ❷ 名 姓。

【墓碑】mùbēi 名 立在坟前的石碑,上面刻有死者的姓名、生卒年月;有时也刻有死者的生平事迹等。

【墓表】mùbiǎo ❶ 名 墓碑。❷ 名 古代一种文体,刻在墓碑上记述死者事迹和功德的文字。如柳宗元《文通先生陆给事墓表》。

【墓道】mùdào 名 坟墓前或墓室前的甬道。

【墓地】mùdì 名 坟墓所在地;坟地。

【墓祭】mùjì 动 扫墓;在墓前祭奠。

【墓室】mùshì 名 墓内放棺材的地方。

【墓穴】mùxué 名 掩埋棺材或骨灰的坑。

【墓园】mùyuán 名 陵园。

【墓葬】mùzàng 名 考古学上指坟墓 ▷古代~。

【墓志】mùzhì 名 放在墓内刻有死者生平事迹的刻石;也指这种刻石上的文字 ▷~铭。

【墓志铭】mùzhìmíng 名 古代一种文体,一般分志和铭两部分。"志"多用散文写成,记述死者的姓名、籍贯、生平等;"铭"用韵文写成,内容是对死者赞扬、哀悼或安慰等。刻在石上,埋在墓内。如韩愈《柳子厚墓志铭》。

【墓冢】mùzhǒng 名 高大的坟墓。

幕(*幙) mù ❶ 名 起覆盖作用的大块的布、绸、毡子等;帐篷 ▷帐~|布~|帷~。→ ❷ 名 古代作战时将帅的帐篷;古代将帅或行政长官的官署 ▷~府|~僚|~宾。→ ❸ 名 悬挂着的大块绸、布等 ▷~布|银~。❹ 量 戏剧中的一个段落 ▷第一~第一场|五~歌剧◇生活中的一~。○ ❺ 名 姓。

【幕布】mùbù 名 幕③。

【幕府】mùfǔ ❶ 名 古代将帅办公的处所。因将帅领兵在外时常以帐幕作指挥所,故称。❷ 名 指幕府政治。日本封建时代由武士掌权的一种政权形式,其治所称幕府。

【幕后】mùhòu 名 舞台大幕的后边;比喻不露面的人及其所隐蔽的地方 ▷他的~是谁?|~英雄。

【幕僚】mùliáo 名 古代将帅幕府中的参谋、书记等属官;泛指在军政官署中有官职的助理人员。

【幕墙】mùqiáng 名 悬挂式板材外墙,多用钢化玻璃、金属板等制成。常用于豪华高层建筑。因远看墙体像舞台上的大幕,故称。

【幕友】mùyǒu 名 明清时地方官署中协助办理刑名、文案、钱粮等事务的人员。因由长官私人聘请,以朋友相待,故称。俗称师爷(ye)。

睦 mù ❶ 形 相处和好;亲近 ▷和~。→❷ 动 友好相处 ▷~邻。○ ❸ 名 姓。

【睦邻】mùlín 动 跟邻居或邻国和睦相处 ▷实行~友好政策。

慕 mù ❶ 动 敬仰;喜爱 ▷羡~|仰~|~求|不~虚名。→ ❷ 动 思念;依恋 ▷思~|爱~。○ ❸ 名 姓。

【慕课】mùkè 名 英语缩写词 MOOC 音译。指大规模开放的在线课程,可在网络上共享;也指利用这种课程进行在线教育的模式 ▷开设高中名校~|~教学。

【慕名】mùmíng 动 仰慕某人或某事物的名声 ▷~而来|~购买。

【慕容】mùróng 名 复姓。

暮 mù ❶ 名 日落的时候 ▷朝思~想|~色|~霭。→ ❷ 形 (时间)临近终了;晚 ▷~春三月|岁~天寒|~年。

【暮霭】mù'ǎi 名 傍晚的云气、烟雾 ▷~笼罩。

【暮春】mùchūn 名 春末;农历三月 ▷~时节。

【暮鼓晨钟】mùgǔ-chénzhōng 晨钟暮鼓。

【暮景】mùjǐng 名 傍晚的景色;比喻年老时的景况 ▷残阳~|桑榆~。

【暮年】mùnián 名 晚年;老年。

【暮气】mùqì 名 黄昏时昏暗的云气;比喻缺乏朝气,不求上进的精神状态 ▷~十足|~沉沉。

【暮秋】mùqiū 名 秋末;农历九月。

【暮色】mùsè 名 傍晚时的天色 ▷~降临。

【暮岁】mùsuì ❶ 名 一年将尽的时候 ▷春光赶着~而来。❷ 名 晚年。

霂 mù 见 921 页"霢(mài)霂"。

穆 mù ❶ 形 〈文〉恭谨;严肃 ▷肃~|静~。○ ❷ 名 姓。

【穆斯林】mùsīlín 名 阿拉伯语 Muslim 音译。伊斯兰教教徒的通称。

N

nā

那 nā 名 姓。
另见本页 nǎ；980 页 nà；995 页 nèi；1016 页 nuó。

南 nā［南无］nāmó 动 梵语 namas 音译。佛教用语，常用在佛、菩萨或经典名之前，表示尊敬或皈依 ▷～阿弥陀佛。
另见 984 页 nán。

ná

拿（*拏舒挐） ná ❶ 动 用手握住或抓取 ▷手里～着书｜把箱子～走。→ ❷ 动 捕捉；强取 ▷捉～｜把敌人的据点～下来。❸ 动〈口〉挟制；故意使人为难 ▷～他一把。→ ❹ 动 装出或做出（某种姿态、样子）▷你要～出当哥哥的样子来。→ ❺ 动 取得 ▷～了 4 枚金牌｜～名次。→ ❻ 动 掌握 ▷～权｜～事。→ ❼ 介 a)引进所凭借的工具、材料等，相当于"用" ▷～脚踢｜～大话吓唬人。b)引进所处置的对象，相当于"把""对" ▷别～我当傻瓜｜真～他没办法。

【拿办】nábàn 动 捉拿来依法惩办 ▷～首恶｜革职～。

【拿不准】nábuzhǔn 动（对问题或事情）不能作出准确的判断或拿出稳妥的处理办法 ▷对自己都～的事情不要随便下结论。

【拿大】nádà 动〈口〉自以为了不起，看不起别人；摆架子。

【拿大顶】nádàdǐng 动 倒立②。

【拿大头】nádàtóu ❶支付或取得全部费用中的大部分 ▷项目费用由国家～。❷〈口〉在聚餐等集体消费活动中有意让某人请客或付较大份额的钱 ▷今天上馆子让他～。

【拿刀动杖】nádāo-dòngzhàng 拿起刀，挥动棍棒。指准备行凶或械斗。

【拿得准】nádezhǔn 动（对问题或事情）能作出准确的判断或拿出稳妥的处理办法 ▷看得清，才～｜～了再出手。

【拿获】náhuò 动（将罪犯）抓住 ▷逃犯终于被～。

【拿架子】nájiàzi 摆架子 ▷这位教授从不～。

【拿来主义】náláí zhǔyì 原指对待外来文化的一种观点，主张首先占有，然后加以甄别利用，既不盲目排斥，又不全盘接受；现泛指对待他人的东西的态度：先拿过来再说（含诙谐意）。

【拿捏】nániē〈口〉❶ 动 刁难；挟制 ▷他这样～你，肯定抓住你什么短处了。❷ 动 故意做出某种样子或装成某种腔调 ▷你再～着不说，我们就走了｜～着嗓门儿说。❸ 动 掌握；把握 ▷这事该怎么办我～不准。

【拿腔拿调】náqiāng-nádiào 说话时，故意装出某种腔调。

【拿腔作势】náqiāng-zuòshì 装腔作势。

【拿乔】náqiáo 动 为抬高身价而对能做的事故意装出为难的样子（乔：作假）▷他有求必应，从不～。

【拿权】náquán 动 掌握实权 ▷～的部门和干部尤其要严格自律。

【拿人】nárén ❶ 动 捉人 ▷刑警队已去～。❷ 动 故意要挟别人或使人为难 ▷甭～，你不上，这出戏照样演。❸ 动 指吸引人 ▷他表演的小品真～。

【拿事】náshì 动 掌握权力，能主事 ▷这事跟你说不管用，叫个～的人来。

【拿手】náshǒu 形（在某个方面）擅长 ▷煎炒烹炸煮，他都很～。

【拿手好戏】náshǒu-hǎoxì 演员最擅长的好剧目；泛指最擅长的本领或技艺。也说拿手戏。

【拿糖】nátáng 动〈口〉拿乔。

【拿问】náwèn 动 捉拿来审问 ▷撤职～｜～贪官。

【拿下】náxià ❶ 动 捉住（多用于当场或当时）▷已经把罪犯～。❷ 动 攻占；降伏 ▷接连～两座碉堡。❸ 动 解决（问题）；完成（任务）；达到（目的）▷他已经～了这道难题。

【拿一把】náyībǎ 刁难 ▷她这是故意～，未必是真不同意｜你还想拿我们一把？

【拿主意】názhǔyi ❶ 出主意；想出应付事情的办法 ▷这件事怎么办由你～。❷ 能主事；有决定权 ▷你们这里谁～呀？☛ 口语中"主意"也读 zhúyi。

镎（鎿） ná 名 金属元素，符号 Np。银白色，有放射性，化学性质活泼。

nǎ

那 nǎ 代 表示疑问。现在一般写作"哪"。
另见本页 nā；980 页 nà；995 页 nèi；1016 页 nuó。

㑚 nǎ 区别 某些地区指雌性的。

哪 nǎ ❶ 代 表示疑问，要求在同类事物中加以确认。a)单用 ▷分不清～是对，～是错。b)用在量词或数量短语前面 ▷～把铁

锹是你的？|你喜欢～几种花色？→❷代指任何一个，后面常有"都""也"呼应，或用两个"哪"前后呼应 ▷～双鞋也不合适|～件质量好买～件。→❸代指不确定的一个 ▷～天有空ル我得进趟城。→❹代用于反问，表示否定 ▷天下～有这样的事？☛ ㊀口语里，"哪"①—③单用时读 nǎ；后面跟着量词或数量短语时常读 něi 或 nǎi，是"哪一"的合音。㊁读 na，是句末语气词；读 né，用于音译词"哪吒(zhā)"(佛教护法神名)。

另见 982 页 na；983 页 nǎi；991 页 né；991 页 něi。

【哪般】nǎbān 代 什么(多跟"为"连用，问原因) ▷辛辛苦苦为～？

【哪个】nǎge ❶代 哪一个(问物) ▷你在～单位工作？❷代 谁(问人或表示任指) ▷刚才说话的是～？|他～也不怕！

【哪会ル】nǎhuìr ❶代 问过去或将来的某一时间 ▷你是～到的九寨沟？|她～才能出院？❷代 虚指某一不确定的时间 ▷说不定他～一高兴又来找你了。❸代 任指某一时间。其后边常用"都""也"呼应，同时其前面常用"无论""不论""不管"等搭配；或用两个"哪会ル"呼应 ▷无论～走都行|你要～来就～来。

【哪里】nǎlǐ ❶代 问处所 ▷这孩子跑到～去了？❷代 虚指某一不确定的处所 ▷好像在～见过你。❸代 任指某一不确定的处所。其后面常用"都""也"呼应，同时其前面常用"无论""不论""不管"等搭配；或用两个"哪里"呼应 ▷我今天一天都在家，～也没去|不论去～，我都带着一本书|他走到～，就把笑声带到～。❹代 用在反问句里，表示否定 ▷我～知道你会来得这么早？‖也说哪ル。❺代 谦词，在别人称赞自己时，用来表示婉转推辞 ▷"多亏了您，帮我解决了一个大难题。""～，～，我不过是提了点ル参考意见。"

【哪门子】nǎménzi 代〈口〉什么；什么样。多表示反问语气，意在否定或表示没来由 ▷这事与你无关，你生的～气？

【哪能】nǎnéng 副 怎么能够。用于反问，表示否定 ▷没有好政策，我～上得起大学？

【哪怕】nǎpà 连 常和"也""都""还"配合使用，连接分句，表示假设或让步 ▷～情况再复杂，也要如期完成任务|～工作再忙，他也坚持每天晨练。

【哪些】nǎxiē 代 哪一些，即询问若干人、若干事物或若干问题等中的具体所指 ▷还有～人没有来？

【哪样】nǎyàng ❶代 对性质、状态等表示选择性疑问 ▷旅游鞋式样很多，你看～的最喜欢？❷代 表示泛指或虚指 ▷品种繁多，～的都有|～好我就要～呗。

nà

那 nà ❶代 指示比较远的人或事物(跟"这"相对，②同) ▷～女孩ル|～一次|～个人不错。→❷代 代替比较远的人或事物 ▷～是谁的孩子？|～是刚买来的书|不停地干这干～。❸连 那么③。→❹代 那个②。☛ ㊀口语里，"那"①②单用时读 nà；后面跟着量词或数量短语时常读 nèi，是"那一"的合音。㊁读 nuó，是汉族姓氏；读 nā，是满族姓氏音译"叶赫那拉"的一种简称；读 nǎ，是疑问代词"哪"的早期写法。

另见 979 页 nā；979 页 nǎ；995 页 nèi；1016 页 nuó。

【那般】nàbān 代 表示程度，相当于"那样" ▷他的身手竟然像年轻人～矫健。

【那边】nàbian 代 指代较远的地方；也指代对方或距离自己较远的一方 ▷球场～有很多人|～会同意我们这种做法吗？|你弟弟怎么不帮你，而总是偏向～呢？

【那程子】nàchéngzi 代〈口〉指已经过去的某段时间；那些日子 ▷～你在哪ル，怎么老不见你？

【那达慕】nàdámù 名 蒙古语音译，意思是"娱乐"或"游戏"。那达慕大会是蒙古族人民的一种传统的群众性集会。多在夏秋之交祭祀敖包时举行。内容有赛马、射箭、摔跤、歌舞表演等，后来又增加了物资交流、商品展销、选举模范等活动。

【那个】nàge ❶代 那一个(用在名词或名词性短语前，指代较远的人或事物) ▷～人是谁？|真不想再去～鬼地方了。❷代 代替所说的事物、情况、原因等 ▷请你把～递给我|～你不用顾虑，已经有处理预案|就因为～他才生气的。❸代〈口〉用在动词、形容词前面，表示夸张 ▷大桥通车，锣鼓喧天，大家～跳啊，～高兴啊，就甭提了。❹代 跟"这个"对举，表示不确指某人或某事物 ▷这个说咸了，～说淡了，真是众口难调。❺代〈口〉代替不愿直说的言辞(含有婉转或幽默意味) ▷对亲妹妹都不讲情面，未免太～了吧。

【那会ル】nàhuìr 代 那时 ▷～的事情我现在记不得了|到了～，你们都是国家栋梁了。

【那里】nàlǐ 代 指代较远的处所 ▷～的风俗很特殊。口语中也说那ル。

【那么】nàme ❶代 指程度、状态、方式等 ▷天空～蓝|个子有他～高|这个字不能～写。❷代

放在数量短语前，表示估计或强调数量之多或少 ▷王老师有～一屋子书|他才吃～两三口饭。❸ 连 根据前面所说的事实或假设，申说应有的结果或引出某种判断，常同“既然”“如果”等连词配合使用 ▷如果大家都同意，～就这样做吧|都不愿当老师，～我们的孩子让谁去教呢？☛ 不要写作“那末”。

【那么点儿】nàmediǎnr ❶ 代 指示较远的人或事物，强调数量少 ▷派去～人，不够用|～大的会场装不下这么多人。❷ 代 代替较远的人或事物，强调数量少 ▷派去的人就～，不够用|他的手机流量就剩～了。

【那么些】nàmexiē ❶ 代 指示较远的人或事物，强调数量多或少 ▷一下派去～人，实在不好安排|就～作业，一会儿就做完了。❷ 代 代替较远的人或事物，强调数量多或少 ▷人一下派去～，实在不好安排|钱只剩～了。

【那么样】nàmeyàng 代 那样。

【那么一来】nàme-yīlái 表示由于某种新情况的出现，使事物的发展有了变化 ▷～就糟了！

【那么着】nàmezhe ❶ 代 指代动作的方式 ▷你～做就对了。❷ 代 代替某一动作或情况 ▷～你看行吗？|要～，大家都赞成。

【那末】nàme 现在规范词形写作“那么”。

【那摩温】nàmówēn 名 英语 number one 音译。旧时某些地区指工头。

【那时】nàshí 代 指过去或将来的某一时间 ▷～，我家还很穷|到～，你就长大成人了。

【那些】nàxiē 代 那一些(指代离说话人较远的两个以上的人或事物) ▷～都是远方来的客人|～书都送给你吧。

【那样】nàyàng ❶ 代 指性质、状态、程度、方式等 ▷他不是～的人|瞧他急成～了|穿的是～地鲜艳。❷ 代 指代某种动作或情况 ▷我们单位的情况就是～。

【那样一来】nàyàng-yīlái 那么一来。

【那阵儿】nàzhènr 代〈口〉那时 ▷～我正忙于考大学。也说那阵子。

呐 nà［呐喊］nàhǎn 动 大声喊叫 ▷～助威|摇旗～。

另见 991 页 nè；991 页 ne。

纳[1]（納） nà ❶ 动 放进；收入；列入 ▷闭门不～|出～|～入议事日程。→❷ 动 接受 ▷吐故～新|采～|容～|～降(xiáng)。❸ 动 享受 ▷～福|～凉。→❹ 动 交(税款等) ▷～税|缴～。○❺ 名 姓。

纳[2]（納） nà 动 用针细密地缝(鞋底、袜底等) ▷～鞋底|～鞋垫儿。

【纳彩】nàcǎi 动 旧指定亲时男方给女方送聘礼。

【纳粹党】nàcuìdǎng 名 即民族社会主义德意志工人党，第一次世界大战后在德国兴起的法西斯主义政党(纳粹：德语缩写词 Nazi 音译)。

【纳福】nàfú 动〈文〉享福 ▷闭门～。

【纳贡】nàgòng 动 进贡①。

【纳罕】nàhǎn 形 惊讶；奇怪 ▷这件事发生得让人十分～。

【纳贿】nàhuì ❶ 动 收受贿赂 ▷贪污～是犯罪行为。❷ 动 进行贿赂 ▷既要惩治受贿者，也要惩治～者。

【纳谏】nàjiàn 动〈文〉君主接受臣下的规劝；今也指领导、党政机关接受下属或群众的意见或建议 ▷察民情，广～|拓宽～渠道。

【纳缴】nàjiǎo 动 缴纳 ▷依法履行～税款的义务。

【纳凉】nàliáng 动 在凉快处歇息 ▷大热天，找个地方～去。

【纳粮】nàliáng 动 旧指百姓向官府交纳钱粮 ▷迎闯王，不～。

【纳闷儿】nàmènr 动 不明真相，心存疑团 ▷哥哥没头没脑的批评，使他感到～。

【纳米】nàmǐ 量 英语 nanometer 音译。长度计量单位。1 纳米是 10^{-9} 米。

【纳米材料】nàmǐ cáiliào 由直径为 1—50 纳米超微粒所构成的固体材料，具有高强度、高韧性、高比热、高热膨胀率、高电导率等特性，有极强的电磁波吸收能力。可用来制作高性能陶瓷、特种合金和红外吸收材料等。

【纳米技术】nàmǐ jìshù 研究与应用电子、原子、分子在纳米尺度(0.1—100 纳米)上的运动规律与特性的技术。

【纳米科学】nàmǐ kēxué 研究并运用物质在纳米尺度(0.1—100 纳米)上的特征与相互作用的科学。

【纳妾】nàqiè 动 旧指男子在正妻之外再娶其他女子。

【纳入】nàrù 动 放进；吸收到内部(多用于抽象事物) ▷该项课题已正式～了科研规划。

【纳税】nàshuì 动 向国家交纳税款 ▷～人|依法～是每个公民的义务。

【纳税人】nàshuìrén 名 纳税义务人的简称。指依法负有纳税义务的单位和个人。也说纳税主体。

【纳西族】nàxīzú 名 我国少数民族之一。主要分布在云南、四川。

【纳降】nàxiáng 动 接受敌人投降。

【纳新】nàxīn 动 原指吸入新鲜空气，现也指吸收新成员或新成分 ▷吐故～。

肭 nà 见1407 页“腽(wà)肭”。

莂 nà 用于地名。如莂拔林，在台湾。另见 1016 页 nuó。

钠(鈉) nà 名 金属元素,符号 Na。银白色,质软,化学性质极活泼。可在有机合成及冶炼某些稀有金属时作还原剂。它的化合物如食盐、碱等在工业上用处很大。

【钠灯】nàdēng 名 一种靠钠蒸发产生的气体发光的灯。多用于矿井或街道照明。

衲 nà ❶ 动 缝缀 ▷百～衣|百～本廿四史。→ ❷ 名 僧人穿的衣服。因常用碎布缝缀而成,故称 ▷破～芒鞋。❸ 名 借用为僧人的自称 ▷老～。→ ❹ 同"纳²"。现在一般写作"纳"。

娜 nà ❶ 用于人名(常用于女性)。○ ❷ 名 姓。☛ 读 nuó,用于联绵词"婀(ē)娜"等。

另见 1016 页 nuó。

捺 nà ❶ 动 用手指按 ▷～一个手印。→ ❷ 动 抑制 ▷按～不住。→ ❸ 名 汉字的笔画,起笔后向右下方行笔,靠近末端稍有波折,形状是"㇏" ▷"人"字的笔画是一撇一～。

na

哪 na 助"啊(a)"受前一个字韵尾 n 的影响而产生的音变 ▷你让我等多少年(nián)～!|这儿怎么没有人(rén)～?|这里的河水可真浑(hún)～!

另见 979 页 nǎ;983 页 nǎi;991 页 né;991 页 něi。

nǎi

乃(*廼迺) nǎi 〈文〉❶ 副 表示肯定,相当于"就(是)""确实(是)" ▷此～先师手稿|虚心～成功之保证。→ ❷ 副 表示时间上或事理上的顺承,相当于"(于是)就" ▷登至山顶,～稍事休息|事已至此,～顺水推舟。❸ 副 表示在某种前提下或由于某种原因,才出现某种情况,相当于"才" ▷求之久矣,今～得之|因长期放任自流,～至于此。○ ❹ 代 你;你的 ▷朕心朕德唯～知|～弟|～翁。☛ 首笔是横折折折钩(㇌),一笔连写。

"迺"另见 983 页 nǎi。

【乃尔】nǎi'ěr 代 〈文〉像这样 ▷何其相似～!

【乃是】nǎishì ❶ 动 是;就是 ▷此物～传家之宝。❷ 动 原来是 ▷双方矛盾一经挑明,方知～一场误会。

【乃至】nǎizhì 连 表示递进关系,相当于"甚至" ▷销售额成倍～两倍、三倍地增长。也说乃至于。☛ 跟"甚至"不同。"甚至"还有副词用法;"乃至"没有。

艿 nǎi 见1687 页"芋(yù)艿"。

奶(*妳嬭) nǎi ❶ 名 乳房 ▷～头|～罩。→ ❷ 名 乳汁;乳制品 ▷喂～|吃～|～油|～粉。❸ 区别 专为产奶而饲养的 ▷～牛|～羊。→ ❹ 动 〈口〉妇女用乳汁喂养(孩子) ▷～孩子|这孩子是她给～大的。❺ 形 婴幼儿时期的 ▷～牙|～名|～声～气。

"妳"另见 998 页 nǐ"你"。

【奶白】nǎibái 形 乳白。

【奶茶】nǎichá ❶ 名 在煮沸的砖茶中掺入牛奶、羊奶或马奶,待茶乳交融后加适量的盐制成的饮料,我国蒙古族、藏族等民族同胞常饮用。❷ 名 泛指在茶中加入奶及其他配料制成的饮品。如港式奶茶、台式奶茶、印度奶茶等。

【奶疮】nǎichuāng 名 乳腺炎的俗称。

【奶豆腐】nǎidòufu 名 用牛、羊等动物的奶汁制成的酪状食物。

【奶粉】nǎifěn 名 牛、羊等动物的奶汁经脱水后制成的粉末状营养品。食用时加适量温开水冲调。

【奶糕】nǎigāo 名 米粉加一定分量的豆粉、奶粉、糖、钙和维生素等制成的婴儿食品。

【奶酒】nǎijiǔ 名 用马奶为原料经发酵制成的酒。今也用牛奶、羊奶等酿制。

【奶酪】nǎilào ❶ 名 用牛、羊等动物的奶汁做成的凝固或半凝固状食品。❷ 名 借指利益(多指切身利益) ▷对敢动群众～的人严惩不贷。

【奶妈】nǎimā 名 指受雇为别人奶孩子的妇女。

【奶名】nǎimíng 名 小名。

【奶奶】nǎinai ❶ 名 祖母。❷ 名 对跟祖母同辈或年纪相仿的妇女的尊称 ▷胡同里的孩子们都叫她陈～。

【奶娘】nǎiniáng 名 奶妈。

【奶牛】nǎiniú 名 专为取奶而饲养的牛。也说乳牛。

【奶皮】nǎipí 名 奶汁煮沸后表面凝结的薄皮。

【奶瓶】nǎipíng 名 喂奶用的瓶子。瓶口装有橡皮奶嘴。

【奶声奶气】nǎishēng-nǎiqì 形容小孩子说话稚气十足的声音、腔调;也形容成年人说话的声音、腔调像小孩子一样。

【奶食】nǎishí 名 用奶汁制成的食品。也说奶品。

【奶水】nǎishuǐ 名 乳汁。

【奶糖】nǎitáng 名 含奶或奶油、黄油的糖果。

【奶头】nǎitóu ❶ 名 乳头。❷ 名 奶嘴。

【奶昔】nǎixī 名 英语 milkshake 音意合译。一种甜味饮品,多用牛奶、冰激凌作主要原料,加入水果或巧克力等混合制作而成。

【奶腥】nǎixīng 名 奶汁的腥味儿。

【奶牙】nǎiyá 名 乳牙。

【奶羊】nǎiyáng 名 专为取奶而饲养的羊。

【奶油】nǎiyóu ❶ 名 从牛奶及羊奶中提制的白色浓稠物，脂肪含量较低，通常用于制作糕点、糖果等。❷ 名 从上述浓稠物中或径从牛奶及羊奶中提制的淡黄色半固体，脂肪含量较高，可涂在面包等上食用，也用作烹饪配料和食品工业原料。俗称黄油。

【奶油小生】nǎiyóu xiǎoshēng 指相貌俊美而缺少男子气质的男青年 ▷让一个～扮演将军怎么行？

【奶罩】nǎizhào 名 胸罩。

【奶汁】nǎizhī 名 乳汁。

【奶制品】nǎizhìpǐn 名 乳制品。也说奶品。

【奶子】nǎizi〈口〉❶ 名 可供食用的动物乳汁的统称。如牛奶、羊奶等。❷ 名 乳房。

【奶嘴】nǎizuǐ 名 装在奶瓶口上像乳头的橡胶制品。

氖 nǎi 名 非金属元素，符号 Ne。无色无臭气体，在空气中含量稀少，化学性质不活泼，放电时发出红色光。可用来制霓虹灯和指示灯等。通称氖气。

【氖灯】nǎidēng 名 霓虹灯。

【氖管】nǎiguǎn 名 一种充有低压氖气的二极辉光放电管。能随电压的升降变化，使红色辉光发生或熄灭。常在电子电路中用作指示器，也可用作电子开关、稳压器等。

迺 nǎi ❶ 用于人名。○ ❷ 用于地名。如迺子街村，在吉林。○ ❸ 名 姓。☛ “迺”用于除姓氏人名、地名外的其他意义时，是“乃”的异体字。

另见 982 页 nǎi“乃”。

哪 nǎi 义同“哪(nǎ)”①—③，用于口语。另见 979 页 nǎ；982 页 na；991 页 né；991 页 něi。

nài

奈 nài ❶ 动〈文〉对付；处置 ▷～他不得｜～何｜～之何(怎样处置他)。→ ❷ 动 奈何② ▷无～｜怎～。☛ 跟“柰(nài)”不同。

【奈何】nàihé〈文〉❶ 代 为什么；如何(用于反问) ▷民不畏死，～以死惧之？❷ 动 怎么办；怎样对待 ▷徒唤～｜无可～。

佴 nài 名 姓。

另见 367 页 èr。

柰 nài 名 古代指一种类似花红(也说沙果)的果树；也指这种树的果实。☛ 跟“奈”不同。

耐 nài ❶ 动 承受得住 ▷这种布～磨｜～火材料｜～久｜吃苦～劳｜～人寻味。→ ❷ 动 忍受 ▷忍～｜～心｜～性｜难～。

【耐穿】nàichuān 形 (衣服、鞋袜)结实，能穿的时间很长 ▷牛皮底的鞋～。

【耐烦】nàifán 形 忍耐性强，不怕烦(多用于否定) ▷伺候病人要十分耐心，可不要不～。

【耐寒】nàihán 形 承受寒冷的性能强 ▷～作物。

【耐旱】nàihàn 形 承受干旱的性能强 ▷沙漠里的胡杨树很～。

【耐火材料】nàihuǒ cáiliào 一般指熔点在 1580℃以上的材料。用于建造锅炉、冶炼炉和其他高温设备。

【耐火砖】nàihuǒzhuān 名 砌筑冶炼炉、窑炉等的特种砖。用耐火黏土或其他耐火材料制成，能耐 1580℃以上的高温。也说火砖。

【耐饥】nàijī ❶ 动 承受得住饥饿 ▷骆驼～耐渴。❷ 形 形容(食物吃下后)不容易饿 ▷吃油饼比吃馒头～。

【耐久】nàijiǔ 形 承受耗损的性能强；长久不坏 ▷这种塑料包装不～，时间长了容易破裂。

【耐看】nàikàn 形 禁得起反复细致地观看欣赏 ▷画面简朴古拙，十分～。

【耐劳】nàiláo 动 承受得住劳累 ▷吃苦～。

【耐力】nàilì 名 耐久的能力 ▷据说女子的～往往比男子强。

【耐热】nàirè 形 承受高温的性能强 ▷～细菌。

【耐热合金】nàirè héjīn 在高温下具有抗氧化性、抗蠕变性与持久强度的合金。如铁基、镍基和钴基高温合金等。是制造燃气轮机、喷气式发动机等的重要材料。也说高温合金。

【耐人寻味】nàirénxúnwèi 经得起细细品味。指意味深长，值得仔细琢磨。

【耐心】nàixīn ❶ 形 形容不急躁、不厌烦(多指时间较长的) ▷～地等候。❷ 名 不急躁、不厌烦的心情 ▷做思想教育工作没有～不行。☛ 参见本页“耐性”的提示。

【耐性】nàixìng 名 能忍耐、不急躁的性格 ▷她很有～，孩子怎么闹她都不烦。☛ 跟“耐心”有所不同。“耐心”还有形容词用法，“耐性”没有。

【耐用】nàiyòng 形 能使用很长时间而不坏 ▷结实～｜经久～。

耏 nài 动〈文〉剃去颊须(古代男子蓄须)，古代一种较轻的刑罚。

另见 364 页 ér。

能 nài 古同“耐”。

另见 995 页 néng。

萘 nài ❶ 名 有机化合物，白色晶体，有特殊气味，能挥发，易升华，不溶于水。可用来制造染料、药品等。○ ❷ 名 姓。

鼐 nài 名〈文〉大鼎。

褦 nài [褦襶] nàidài 形〈文〉不明事理。

nān

囡 nān 名 某些地区指小孩子 ▷小～。

【囡囡】nānnān 名 某些地区指小孩儿(含亲切意)。

nán

男[1] nán ❶ 区别 人类两性之一,体内能产生雄性生殖细胞的(跟"女"相对) ▷～孩|～人|～士|～友。→ ❷ 名 指男人 ▷～女平等。→ ❸ 名 儿子 ▷生～育女。

男[2] nán 名 古代贵族五等爵位的第五等 ▷公侯伯子～|～爵。

【男宾】nánbīn 名 男性客人。也说男客。

【男傧相】nánbīnxiàng 名 婚礼中陪伴、照顾新郎的男士。

【男单】nándān 名 某些运动项目(如网球、乒乓球、滑冰等)中由男子单人选手参赛的比赛形式。

【男盗女娼】nándào-nǚchāng 男的盗窃,女的卖淫。形容道德败坏,卑鄙无耻。

【男低音】nándīyīn 名 声乐中男声部的低音。声音浑厚低沉,音量洪大。

【男儿】nán'ér 名 男子汉 ▷～有泪不轻弹|见义勇为的好～。

【男方】nánfāng 名 婚姻、恋爱关系中或男女对比时指男子一方 ▷～的父母对这个未来的儿媳妇很满意|跳绳比赛～输给女方。

【男高音】nángāoyīn 名 声乐中男声部的高音。声音高亢明亮,爆发力强。

【男工】nángōng 名 男性工人 ▷这个车间～少,女工多。

【男孩儿】nánháir ❶ 名 男性小孩子;现也泛指青少年男性。❷ 名 儿子 ▷我就一个～。‖也说男孩子。

【男婚女嫁】nánhūn-nǚjià 男女结婚成家。常用来指人生的正常情况。

【男家】nánjiā 名 指婚姻关系中男方的家 ▷她第一次到～来,显得有些拘束。

【男爵】nánjué 名 我国古代贵族爵位中的第五等;后也用来指其他君主制国家中相同的爵位。

【男科】nánkē 名 医学上指治疗男性生殖系统疾病的一科 ▷本院特设～门诊。

【男篮】nánlán ❶ 名 男子篮球运动的简称。❷ 名 男子篮球队的简称。

【男垒】nánlěi ❶ 名 男子垒球运动的简称。❷ 名 男子垒球队的简称。

【男男女女】nánnánnǚnǚ 指有男有女的很多人 ▷～的挤满了一屋子。

【男女】nánnǚ 名 男性和女性;男人和女人 ▷～之间|～青年。

【男女关系】nánnǚ guānxi ❶ 男女之间的联系及其相互作用 ▷改善～。❷ 特指非夫妻双方发生的不正当关系。

【男女老少】nánnǚ-lǎoshào 指一个群体中所有的人。

【男排】nánpái ❶ 名 男子排球运动的简称。❷ 名 男子排球队的简称。

【男朋友】nánpéngyou 名 男性朋友;特指女性的恋爱对象 ▷她的～是位飞行员。也说男友。

【男仆】nánpú 名 男性仆人。也说男佣。

【男人】nánrén 名 成年男性。

【男人】nánren 名〈口〉丈夫(fu) ▷她～不在家。

【男人家】nánrénjia 名 男人(强调作为一种类别的) ▷这些事都是～干的。

【男生】nánshēng 名 男性学生;泛指男性青年。

【男声】nánshēng 名 声乐中的男子声部。一般分男高音、男中音和男低音。

【男士】nánshì 名 对成年男子的称呼(多用在正式社交场合,含尊敬意)。

【男式】nánshì 区别 样式适用于男性的 ▷～西装|～皮鞋。

【男双】nánshuāng 名 某些运动项目(如羽毛球、网球、跳水等)中由两名男选手搭配为一组参赛的比赛形式。

【男童】nántóng 名 男性儿童。

【男性】nánxìng ❶ 区别 男[1]① ▷～公民。❷ 名 指男子 ▷公司新增了三名职员,两名～,一名女性。

【男性病】nánxìngbìng 名 指男性不育、性功能障碍等特有的疾病。

【男婴】nányīng 名 男性婴儿。

【男中音】nánzhōngyīn 名 声乐中男声部的中音。声音浑厚有力。

【男装】nánzhuāng ❶ 名 男式服装。❷ 名 男子的装束打扮 ▷女扮～。

【男子】nánzǐ 名 男性的人;男人。

【男子汉】nánzǐhàn 名 男子。多用来指身体健壮或性格刚强的男子 ▷～大丈夫敢作敢当。

【男足】nánzú ❶ 名 男子足球运动的简称。❷ 名 男子足球队的简称。

【男尊女卑】nánzūn-nǚbēi 男的尊贵,女的卑贱。旧时一种以男性为中心的封建伦理观念。

南 nán ❶ 名 四个基本方向之一,早晨面对太阳时右首的一方(跟"北"相对) ▷长江以～|坐北朝～|岭～。→ ❷ 名 特指我国南方 ▷～味|～式|～货。○ ❸ 名 姓。☛ 读 nā,用于梵语音译佛教用语"南无(mó)"(表示尊敬或皈依),如"南无阿弥陀佛"。

另见 979 页 nā。

【南半球】nánbànqiú 名 地球的南半部。在地理学上，以赤道为界，把地球分为两个半球，南面的部分称为南半球。陆地主要包括大洋洲、南美洲南部和非洲中南部、南极洲。

【南梆子】nánbāngzi 名 京剧唱腔之一，与西皮唱腔很接近。曲调委婉优美，是旦角和小生两个行当才有的唱腔。

【南北】nánběi ❶ 名 南边和北边；南方和北方 ▷大江～｜～两极。❷ 名 从南到北的距离 ▷这片原始森林～有一百余里。

【南边】nánbian 名 南面②。

【南部】nánbù 名 某区域内靠南的地方 ▷我国～｜河北省～。

【南昌起义】nánchāng qǐyì 1927 年 8 月 1 日，周恩来、贺龙、叶挺、朱德、刘伯承等领导国民革命军两万余人在江西南昌举行的武装起义。起义部队后来跟毛泽东领导的秋收起义部队在井冈山会师，组建了中国工农红军第四军。南昌起义打响了武装反抗国民党反动派的第一枪，从此中国共产党开始独立领导武装革命。参见 17 页“八一建军节”。

【南斗】nándǒu 名 斗(dǒu)② a)的通称。

【南豆腐】nándòufu 名 豆浆煮开后点入石膏溶液制成的豆腐，比北豆腐水分多而嫩，流行于我国南方(跟“北豆腐”相区别)。也说嫩豆腐。

【南方】nánfāng ❶ 名 南(nán)①。❷ 名 位置在南部的地域。❸ 名 南(nán)② ▷他是～人｜～特产。

【南非】nánfēi ❶ 名 指非洲南部地区。包括安哥拉、赞比亚、津巴布韦、马拉维、莫桑比克、博茨瓦纳、纳米比亚、南非(共和国)、斯威士兰、莱索托、马达加斯加、毛里求斯、科摩罗、圣赫勒拿、留尼汪等国家和地区。❷ 名 南非共和国的简称。

【南宫】nángōng 名 复姓。

【南瓜】nánguā 名 一年生草本植物，茎蔓生，花黄色。果实也叫南瓜，扁圆形或长圆形，可作蔬菜。种子可以吃，也可以做药材。某些地区也说北瓜、番瓜、倭瓜。参见插图 9 页。

【南郭】nánguō 名 复姓。

【南国】nánguó 名 指我国南部地区 ▷红豆生～｜～风光。

【南寒带】nánhándài 名 指南极圈以南的纬度带。参见 537 页“寒带”。

【南胡】nánhú 名 二胡。因最早在南方流行，故称。

【南华经】nánhuájīng 名 庄子②。

【南回归线】nánhuíguīxiàn 名 太阳能够垂直照射的最南的纬度线。参见 610 页“回归线”。

【南货】nánhuò 名 我国南方出产的货物(多指南方食品) ▷～北上｜～店。

【南极】nánjí 名 地球的南端。

【南极光】nánjíguāng 名 出现在地球南极附近高空的极光。参见 640 页“极光”。

【南极圈】nánjíquān 名 距南极 23°26′的纬度圈。参见 640 页“极圈”。

【南极洲】nánjízhōu 名 围绕南极的大陆。位于地球南端，被太平洋、印度洋和大西洋所包围。面积 1405.1 万平方千米。

【南疆】nánjiāng ❶ 名 南部边疆 ▷驻守～。❷ 名 指我国新疆南部，天山山脉以南的地区。

【南柯一梦】nánkē-yīmèng 唐·李公佐《南柯太守传》中说：淳于棼在梦中到了大槐安国，被封为南柯郡太守，享尽荣华富贵。醒来后才知道所谓大槐安国就是住宅庭院里大槐树下的一个蚂蚁洞，南柯郡不过是槐树南枝上边的又一个小蚂蚁洞(柯：草木的枝茎)。后多用“南柯一梦”指一场幻梦或一场空欢喜。

【南来北往】nánlái-běiwǎng 来来去去。

【南美洲】nánměizhōu 名 南亚美利加洲的简称。位于西半球的南部，北隔巴拿马运河与北美洲相对，南隔德雷克海峡与南极洲相望，东临大西洋，西临太平洋。包括圭亚那、委内瑞拉、哥伦比亚等 12 个国家和法属圭亚那等地区。

【南门】nánmén 名 复姓。

【南面】nánmiàn ❶ 动〈文〉面向南方 ▷～为王(古代以面向南为尊位，所以把登上帝位称为南面为王)。○ ❷ 名 往南的某一位置；靠南的一面 ▷大楼～有棵大槐树。也说南边。

【南南合作】nánnán hézuò 指发展中国家之间在经济、技术、教育等各领域的交流合作。因发展中国家多在南半球和北半球南部，故称。

【南欧】nán'ōu 名 欧洲南部地区。包括希腊、罗马尼亚、意大利、塞尔维亚、黑山、斯洛文尼亚、克罗地亚、波斯尼亚和黑塞哥维那、北马其顿、阿尔巴尼亚、保加利亚、西班牙、圣马力诺、马耳他、葡萄牙、安道尔、梵蒂冈等国。

【南腔北调】nánqiāng-běidiào ❶ 指戏曲的南北腔调。❷ 形容说话口音不纯，掺杂着方言；也指说各地方言的人都有。

【南曲】nánqǔ ❶ 名 宋、元时期流行于南方的戏曲、散曲所用各种曲调的统称；也指用南曲演唱的各种戏曲(跟“北曲”相区别)。❷ 名 南音①。

【南拳】nánquán 名 我国南方各路拳术的统称。一般以龙、虎、豹、蛇、鹤五拳为主要内容。共同特点是步稳、拳刚、势烈，极具阳刚之美。

【南人】nánrén 名 元朝对原南宋统治区居民的统称，是元朝划分的四等人之一。政治地位低于蒙古人、色目人和汉人。

【南式】nánshì 区别 指南方某些手工业品、食品的式样或制法 ▷～编织｜～糕点。

【南水北调】nánshuǐ-běidiào 我国为解决北方地

区缺水进行水资源优化配置的一项战略性基础设施工程。修建东线、中线和西线三条调水线路,连接长江、黄河、淮河和海河四大江河,构成"四横三纵"布局,实现水资源南北调配、东西互济,从根本上缓解黄淮海流域、胶东地区和西北内陆河部分地区的缺水问题。

【南头】 nántóu 名 南北方向的南面一头 ▷家住大街~路东。

【南纬】 nánwěi 名 赤道以南的纬度。参见 1431 页"纬度"。

【南味儿】 nánwèir 名 指我国南方地区食品的风味 ▷~香肠|这桌菜~十足。

【南温带】 nánwēndài 名 南回归线和南极圈之间的地带。参见 1436 页"温带"。

【南戏】 nánxì 名 宋元时期流行于南方,用南曲演唱的戏曲。是我国戏曲最早的成熟形式之一,对明清两代戏曲发展的影响很大(跟"北曲"相区别)。也说戏文。

【南下】 nánxià 动 往南方去(我国习惯以南为下。跟"北上"相对)▷从北京~广州。

【南亚】 nányà 名 亚洲南部地区。包括巴基斯坦、印度、孟加拉国、斯里兰卡、尼泊尔、不丹、马尔代夫等国。

【南洋】 nányáng ❶ 名 清末指江苏、浙江、福建、广东等沿海地区。❷ 名 旧指东南亚地区 ▷~群岛。

【南音】 nányīn ❶ 名 一种曲艺,相传起源于唐代大曲,现仍流行于福建泉州、厦门、龙海和台湾省,以及东南亚华侨聚居区。用三弦、琵琶、洞箫等伴奏。也说南曲、南乐。❷ 名 一种流行于珠江三角洲地区及香港、澳门的说唱。唱词多为七字句,用扬琴、椰胡、三弦、洞箫、琵琶等伴奏。

【南辕北辙】 nányuán-běizhé 要去南方,车子却往北赶。比喻行动和愿望完全相反。☛ 参见 58 页"背道而驰"的提示。

【南征北战】 nánzhēng-běizhàn 形容转战各地,打过许多仗。

【南竹】 nánzhú 名 毛竹。

难(難) nán ❶ 形 不容易做的;困难(跟"易"相对) ▷这道题太~了|很~完成|~得|~关。→ ❷ 动 使感到困难 ▷~不倒我们。→ ❸ 形 (使人感到)不好 ▷~看|~听|~吃。☛ 读 nán,基本义是"不容易"。读 nàn,指灾祸,如"遇难""难民";引申表示使人窘迫,如"刁难""责难"。

另见 987 页 nàn。

【难熬】 nán'áo 动 难以忍受;难以度过 ▷疼痛~|~的长夜。

【难办】 nánbàn ❶ 形 不容易做的;做起来费事的 ▷这件事太~了。❷ 形 不容易应付的 ▷碰到这种蛮不讲理的人,还真~。

【难保】 nánbǎo 动 不敢保证;难以保住 ▷施工这样马虎,~不出问题|性命~。

【难缠】 nánchán 形 难以应付的 ▷他可是个非常~的人。

【难产】 nánchǎn ❶ 动 分娩时因骨盆狭窄、胎儿过大或胎位不正等而使胎儿出生困难(跟"顺产""平产"相区别)。❷ 动 比喻计划、方案等难以制定或文章、著作等难以完稿 ▷至今没有达成共识,合作的计划~。

【难处】 nánchǔ 形 形容不容易相处 ▷他个性太强了,别人跟他很~。

【难处】 nánchù 名 为难的事;困难 ▷如果有什么~,请找领导解决。

【难当】 nándāng 动 不易担当或承受 ▷~重任|饥饿~。

【难道】 nándào ❶ 副 用在反问句里,加强反问语气。常跟"吗""不成"等词语配合使用 ▷我说的~是假的吗?|~非他去不成?❷ 副 用在疑问句里,表示揣测的语气 ▷她没在座位上,~已经走了?

【难得】 nándé ❶ 形 难以得到的。常用于人或事物,表示值得珍惜 ▷人才~|~的好事。❷ 形 不常(出现或发生) ▷~见上一面。

【难点】 nándiǎn 名 不容易理解的地方或不容易解决的问题 ▷学习中的~|工作中遇到~,要集中力量解决。

【难度】 nándù 名 困难的程度 ▷这事有一定~。

【难分难解】 nánfēn-nánjiě 难解难分。

【难分难舍】 nánfēn-nánshě 难以分离,难以割舍。形容彼此关系密切,相互不能分开。

【难怪】 nánguài ❶ 动 不应该责怪。表示可以谅解 ▷他是第一次登台表演,出点儿差错,这也~。❷ 副 表示恍然大悟,相当于"怪不得" ▷~这么冷,原来昨天夜里下雪了。

【难关】 nánguān 名 难以通过的关口;比喻不容易克服的困难 ▷战胜自我是一道~|攻克~。

【难过】 nánguò ❶ 形 难以度过的。形容生活状态不好 ▷丈夫下岗,孩子又有病,这日子太~了。❷ 形 不好受;痛苦 ▷听到这个不幸的消息,他很~。

【难解难分】 nánjiě-nánfēn ❶相持不下,难以平息(多指比赛、争斗、吵闹等) ▷上半场比赛双方打得~。❷ 情感密切,难以分离 ▷他俩情投意合,好得~。

【难堪】 nánkān ❶ 动 难以承受 ▷言过其实,~大任|痛苦~。❷ 形 尴尬;不好意思 ▷你当着那么多人数落他,弄得人家多~。

【难看】 nánkàn ❶ 形 丑;不好看 ▷穿得花里胡哨的,太~了。❷ 形 不光彩;不体面 ▷我厂因污染环境上了黑名单，实在太～了。❸ 形（脸色、表情等）严厉而不正常 ▷今天老板的脸色特别～，大家小心点儿。

【难免】 nánmiǎn 副 不容易避免 ▷工作中，～会犯一些错误｜走点儿弯路也～。

【难耐】 nánnài 动 难以忍耐 ▷～思乡之苦。

【难能可贵】 nánnéng-kěguì 不容易做到的事居然做到了，值得珍视。

【难人】 nánrén 动 使人为难 ▷别出馊主意～了。

【难忍】 nánrěn 动 难以忍受 ▷疼痛～｜～悲痛，恸哭失声。

【难色】 nánsè 名 为难的神色 ▷他脸上露出了～。

【难上难】 nánshàngnán 形容非常困难 ▷招商引资对我们这个地方来说是～的事。也说难上加难、难乎其难。

【难舍难分】 nánshě-nánfēn 难分难舍。

【难事】 nánshì 名 不容易做的事；为难的事 ▷你有什么～，只管说。

【难受】 nánshòu ❶ 形 有病不舒服，难以忍受 ▷病痛～。❷ 形 心情不愉快；伤心 ▷他这一走，我非常～。

【难说】 nánshuō ❶ 动 有所顾虑，有话而不便说出 ▷事已至此，～也要说。❷ 动 说不准 ▷到底是怎么回事，很～。

【难说话】 nánshuōhuà〈口〉❶ 指为人固执，难以沟通；难以听进别人的话 ▷他整天绷着脸，是个～的人。❷ 指坚持原则，不轻易通融 ▷局长比较～，不大可能同意。

【难题】 nántí 名 难以解答或解决的问题 ▷一道数学～｜给他出了个～。

【难听】 nántīng ❶ 形 声音不悦耳，听着不舒服 ▷他说话尖声尖气的，太～。❷ 形 言语粗俗低下 ▷多～的话，亏他说得出口。❸ 形 形容名声、事情等不光彩、不体面 ▷这件事情传得沸沸扬扬，多～啊！

【难忘】 nánwàng 动 难以忘记 ▷这件事终生～｜～恩师情。

【难为情】 nánwéiqíng 形 情面上过不去；不好意思 ▷事儿没给你办成，真～。

【难为】 nánwei ❶ 动 使人为难 ▷你就别～他了。❷ 动 多亏（某人做了一般不易做到的事）▷这次旅游～他安排得那么周到。❸ 动 客套话，用于请求别人为自己做事或做事后表示谢意 ▷替我值夜班，真～你了。

【难兄难弟】 nánxiōng-nándì《世说新语·德行》记载：陈寔（shí）曾说他的两个儿子"元方难为兄，季方难为弟"。意思是兄弟俩一样好，难以分出高低；今多反用，指兄弟俩或泛指两个人的品行同样低劣 ▷他俩一个好吃懒做，一个瞎话连篇，真是一对～。☛ 跟"难兄难弟（nànxiōng-nàndì）"音、义均不同。

【难言】 nányán 动 难以说清楚；难以说出口 ▷有苦～｜～之隐。

【难言之隐】 nányánzhīyǐn 深藏在内心难以说出口的隐情。

【难以】 nányǐ 副 不容易（做到）▷伤势太重，短时间～复原。

【难以启齿】 nányǐ-qǐchǐ 不好开口，即（心里的话）不好意思说出来 ▷想向他借点钱，可又～。

【难以置信】 nányǐ-zhìxìn 很难相信 ▷一个中学生就有这么多项发明，真令人～。

【难于】 nányú ❶ 动 比某一事情更困难 ▷解一道应用题往往～解十道计算题。❷ 副 难以 ▷～奏效。

【难字】 nánzì 名 生僻的、不容易认读的字 ▷给～注音。

萳 nán 名 古书上说的一种草。

喃 nán ［喃喃］nánnán 拟声 模拟鸟的叫声或人连续的低语声 ▷燕语～｜～自语。

楠（*枏柟）nán 名 常绿乔木，叶子广披针形或倒卵形，开绿色小花，结蓝黑色浆果。木材坚固致密，有浓香。材质上乘。属国家保护植物。通称楠木。参见插图 6 页。

nǎn

赧 nǎn 形〈文〉由于害羞或惭愧而脸红 ▷～颜｜～然。

【赧然】 nǎnrán 形〈文〉形容羞愧、难为情的样子 ▷～不语。

【赧颜】 nǎnyán 形〈文〉因害羞而脸红。

腩 nǎn 见 1008 页"牛腩"。

蝻 nǎn 名 蝻子，蝗虫的幼虫。形状像成虫而较小，翅膀短，头大。常成群危害稻、麦、玉米等禾本科农作物。☛ 统读 nǎn，不读 nán。

nàn

难（難）nàn ❶ 名 遭到的重大不幸；灾祸 ▷大～临头｜逃～｜遇～｜～民。○ ❷ 动 质问；责问 ▷非～｜责～｜问～。

另见 986 页 nán。

【难胞】 nànbāo 名 本国的难民；特指在国外遭受灾难的侨胞。

【难民】 nànmín 名 因遭受天灾人祸而流离失所、丧失生计的人。

【难民营】 nànmínyíng 名 专门收容难民，供他们暂时生活的处所。

【难侨】nànqiáo 名 在旅居国遭受灾难的侨民。

【难兄难弟】nànxiōng-nàndì 共过患难的朋友;处于同样困境的人。☛ 跟"难兄难弟(nánxiōng-nándì)"音、义均不同。

【难友】nànyǒu 名 一起蒙难或共过患难的人。

婻 nàn〈文〉❶ 形 美丽。→ ❷ 形 形容身材微胖。

nāng

囊 nāng 见下。
另见本页 náng。

【囊揣】nāngchuài ❶ 见本页"囊膪"。现在一般写作"囊膪"。❷ 形 软弱;懦弱(多见于近代汉语) ▷病体～|性格过于～。

【囊膪】nāngchuài 名 猪胸腹部肥而松软的肉。

囔 nāng [囔囔] nāngnang 动 声音轻微而含混地说话 ▷你瞎～什么呢?

náng

囊 náng ❶ 名 口袋 ▷探～取物|皮～。→ ❷ 名 像口袋的东西 ▷胆～|毛～。→ ❸ 动〈文〉用口袋装(多用于比喻) ▷～括。
另见本页 nāng。

【囊获】nánghuò 动 大量或全部获得 ▷～多项大奖|～全部金牌。

【囊空如洗】nángkōng-rúxǐ 口袋空得像洗过一样。形容身无分文。

【囊括】nángkuò 动 大范围或全部包括 ▷～了多数中外名著|～所有品种。

【囊尾蚴】nángwěiyòu 名 绦虫的幼虫。寄生在猪、牛等动物肌肉内,如米粒大小。进入人体后,可在肠内发育成绦虫。也说囊虫。

【囊萤映雪】nángyíng-yìngxuě《晋书·车胤传》记载:东晋车胤家贫,买不起灯油,夏夜就捉萤火虫装入白绢袋,借萤火虫的微光读书;《南史·范云传》记载:南朝孙康冬夜常借着雪光读书。后用"囊萤映雪"形容克服困难,勤学苦读。

【囊中物】nángzhōngwù 名 口袋里的东西。指不费劲就能得到的东西 ▷视金牌如～。

【囊中羞涩】nángzhōng-xiūsè 口袋里没钱,让人感到难为情。是经济不宽裕的委婉说法。

【囊肿】nángzhǒng 名 一种囊状肿块,内有液体或半固体状物质,多发生在肝、肾、卵巢、皮脂腺等器官和组织内,多为良性 ▷卵巢～。

馕(饢) náng 名 波斯语音译。一种烤制的面饼,维吾尔族、哈萨克族、柯尔克孜族等多作为主食。
另见本页 nǎng。

nǎng

曩 nǎng 名〈文〉以前;过去 ▷～昔|～日|～时。☛ 不读 náng。

攮 nǎng 动 (用刀)刺 ▷让人～了一刀。

【攮子】nǎngzi 名 一种短而尖的刀子,像匕首。

馕(饢) nǎng 动〈口〉尽力往嘴里塞(食物) ▷一下子就把包子～进嘴里了。
另见本页 náng。

nàng

齉 nàng 形 鼻子不通气;也指因鼻子不通气而发音不清 ▷他有鼻炎,鼻子有点儿～。

nāo

孬 nāo ❶ 形 某些地区指不好,坏 ▷质量～的产品没有市场。→ ❷ 形 某些地区指怯懦,缺乏勇气 ▷～种。

【孬种】nāozhǒng ❶ 名 某些地区指怯懦、软弱的人 ▷在歹徒面前不能当～。❷ 名 某些地区指坏人(骂人的话) ▷你这个～!

náo

呶 náo 动〈文〉叫喊 ▷喧～|纷～|～号。
另见 1013 页 nǔ。

【呶呶】náonáo 动 说话唠唠叨叨,令人生厌 ▷～不休。

挠[1](撓) náo ❶ 动 搅扰;阻止 ▷阻～。○ ❷ 动 用手指或专用工具轻轻地抓;搔 ▷抓耳～腮|～头。

挠[2](撓) náo 动 弯曲;比喻屈服 ▷百折不～|不屈不～。☛ "挠"字右上是"戈",不是"戈"。

【挠钩】náogōu 名 长柄顶端装有大铁钩的工具。

【挠头】náotóu 动 用手抓头皮;借指事情复杂,不好办,令人感到为难 ▷急得我直～|这件事让人～。

【挠秧】náoyāng 动 秧苗栽插后,用手或工具使根部的泥土变松,同时除去杂草。

【挠痒】náoyǎng 动 搔痒。

峱 náo ❶ 名 峱山,古山名,在今山东临淄一带。○ ❷ 名 古书上说的一种犬。

硇 náo [硇砂] náoshā 名 矿物,主要成分为氯化铵。可以做药材。

N

铙（鐃） náo ❶ 名 古代军中的铜制打击乐器。形状像铃而较大，中间没有舌，有短柄，用锤敲击发声。行军时，用铙声制止击鼓。○ ❷ 名 打击乐器。与钹形制相似，只是中间隆起部分较小，发音较低，余音较长 ▷铜～|～钹。

【铙钹】náobó 名 一种打击乐器，古称铜钹、铜盘、铜钵。

蛲（蟯） náo［蛲虫］náochóng 名 寄生虫，体细小，形似线头，白色。寄生在人的盲肠及其附近的肠黏膜上。雌虫常从肛门里爬出来产卵，引起肛门奇痒。☛"蛲"统读 náo，不读 ráo。

猱 náo 名 古书上说的一种猴子。

憹 náo 见15页"懊憹"。

譊 náo［譊譊］náonáo 拟声〈文〉模拟争辩或喧闹的声音。

nǎo

垴 nǎo 名 小山丘（多用于地名）▷削～填沟|南～（在山西）。

恼（惱） nǎo ❶ 动 愤怒；生气 ▷一句话把他说～了|～羞成怒|～火。○ ❷ 形 烦闷；苦闷 ▷苦～|烦～|懊～。

【恼恨】nǎohèn 动 生气怨恨 ▷他十分～这些伪君子。

【恼火】nǎohuǒ 动 生气发火 ▷孩子太淘气，常惹她～。

【恼怒】nǎonù ❶ 动 生气发怒 ▷这种不公平的对待，使他十分～。❷ 动 使恼怒 ▷他的做法～了群众。

【恼人】nǎorén 形 使人产生烦躁不快的感觉 ▷窗外的喧嚣真～。

【恼羞成怒】nǎoxiū-chéngnù 因感到羞愧而发怒。☛"恼"不要误写作"脑"。

脑（腦） nǎo ❶ 名 人和脊椎动物中枢神经系统的主要部分，位于颅腔内。人脑除了主管全身的知觉和运动外，还主管思维和记忆。→ ❷ 名 指头部 ▷探头探～|摇头晃～。→ ❸ 名 像脑髓的白色物质 ▷豆腐～儿。→ ❹ 名 从物体中提取的精华部分 ▷樟～|薄荷～。

【脑补】nǎobǔ 动 根据现实情况，在头脑中想象未发生或未见到的情节、景况等 ▷他把今天的所见～成了一个完整的故事。

【脑残】nǎocán ❶ 动 大脑伤残 ▷他因～而辍学。❷ 动 指人弱智或白痴（常用作骂人的话）。

【脑充血】nǎochōngxuè 名 脑部血管血液增多的病症。症状是脸面发红、眼花、耳鸣、头痛等。多由疲劳过度、心脏疾病或脑血管病变等引起。

【脑出血】nǎochūxuè 名 急性脑血管疾病之一。因血管硬化、血压突然上升等导致血管破裂，血液流出血管壁所致。发病急，多出现剧烈头痛和呕吐等，很快进入昏迷状态。也说脑溢血。

【脑卒中】nǎocùzhòng ❶ 名 中（zhòng）风①。❷ 动 中（zhòng）风②。

【脑袋】nǎodai ❶ 名〈口〉人或动物的头颅。❷ 名 头脑；借指思维能力 ▷你的～怎么不开窍呢？‖也说脑袋瓜子、脑袋瓜儿、脑瓜子、脑瓜儿、脑壳（ké）。

【脑电波】nǎodiànbō 名 脑内活动所产生的电效应。用电子仪器放大后，可在纸带上画出波状条纹，也可用示波器加以显示。据以诊断脑部疾病，或进行有关思维活动的研究。

【脑电图】nǎodiàntú 名 用特殊电子仪器扫描记录下来的脑部生物电的曲线图。可据以诊断脑部疾病。

【脑洞】nǎodòng 名 指想象力 ▷～大开。

【脑干】nǎogàn 名 脑中除大脑、小脑与间脑以外的部分，包括中脑、脑桥和延髓。

【脑海】nǎohǎi 名 脑子里（多就其思维、记忆的功能说）▷那件往事，常在我的～里翻腾。

【脑后】nǎohòu ❶ 名 头的后部 ▷一头长发飘在～。❷ 名 指记忆、关心、注意等之外 ▷不能把安全置于～|把疼痛和悲伤抛在～。

【脑积水】nǎojīshuǐ 名 脑组织内有液体异常积聚的一种病症。有头痛、呕吐、抽搐、意识丧失等症状。

【脑际】nǎojì 名 脑海里 ▷这事儿常在他～盘旋。

【脑浆】nǎojiāng 名〈口〉头骨破裂后流出的脑髓。也说脑浆子。

【脑筋】nǎojīn ❶ 名 大脑的记忆、想象、思维的能力 ▷～越用越灵活|开动～想窍门。❷ 名 指思维方法或思维习惯；观念 ▷老～|换～。

【脑库】nǎokù 名 智库。

【脑力】nǎolì 名 指记忆、理解、分析、判断、想象等的能力 ▷～劳动者。

【脑力劳动】nǎolì láodòng 以使用脑力为主的劳动（跟"体力劳动"相区别）。如从事政治、教育、文化、科研以及进行管理和组织等方面的工作和活动。

【脑颅】nǎolú 名 头骨的后上部，由 8 块骨头组成。参见893页"颅骨"。

【脑满肠肥】nǎomǎn-chángféi 吃得很饱，养得很胖。形容养尊处优的人饱食终日、无所用心的样子。

【脑门儿】nǎoménr 名 额①的俗称。

【脑膜】nǎomó 名 脑表面的结缔组织膜。分三层,外层是硬脑膜,中间是蛛网膜,里层是软脑膜。与脊膜相连,内有脑脊液起护脑的作用。

【脑膜炎】nǎomóyán 名 脑膜发炎的病症,由细菌、病毒等引起。常见的有流行性脑膜炎、结核性脑膜炎等,临床上以发热、头痛、呕吐、颈项强直为主要症状,严重时可发生抽搐和昏迷。

【脑贫血】nǎopínxuè 名 脑部血管血液过少的疾病,多由出血过多或营养不良等引起。症状有面色苍白、四肢无力、恶心、头痛、耳鸣等。

【脑桥】nǎoqiáo 名 脑干的中段部分,在中脑和延髓间。内有大量横行神经纤维,形成桥样结构,连接小脑左右两侧,故称。

【脑勺儿】nǎosháor 名〈口〉头的后部 ▷后～。也说脑勺子。

【脑神经】nǎoshénjīng 名 脑底部左右成对的神经。人脑共有 12 对神经,如视神经、嗅神经、三叉神经等,主要支配颈部以上的知觉和活动,只有迷走神经支配心脏和肠胃的活动。

【脑室】nǎoshì 名 脑内的腔隙。人脑共有 4 个,依次相通,其中充满脑脊液,可调节颅内压,并有保护脑子、缓解震荡的作用。

【脑栓塞】nǎoshuānsè 名 一种急性脑血管病。血管中脱落的血栓等运行到脑部,使血管腔闭塞引起相应供血区脑组织缺血坏死及功能障碍,可出现偏瘫、失语等症状。发病突然,是脑血管病中发病最快的。

【脑死亡】nǎosǐwáng 名 大脑功能永久性丧失,且先于呼吸和心跳停止的死亡。判断依据是:深度昏迷、瞳孔放大、脑干和脊髓反射消失等。一些国家已将其作为死亡认定的依据。

【脑髓】nǎosuǐ 名 人或高等动物脑腔内的白色物质;泛指脑。

【脑体倒挂】nǎotǐ dàoguà 指在劳动价格和报酬上,脑力劳动者不如体力劳动者的不正常现象。

【脑血栓】nǎoxuèshuān 名 一种脑血管病。因脑动脉硬化、血液黏稠度高等原因,脑血管中形成血栓,阻碍血流所致。一般会出现头部和肢体麻木、偏瘫、失语等症状。发病较慢,多在休息和睡眠中发病。

【脑炎】nǎoyán 名 脑组织发炎的病症。可由病毒、感染、中毒等不同病因造成,患者有高热、头痛、呕吐、昏迷、惊厥等症状。

【脑溢血】nǎoyìxuè 名 脑出血。

【脑震荡】nǎozhèndàng 名 头部遭受外力打击后出现的脑部轻度损伤。有短时间的意识障碍,但没有明显的器质性病变,一般经过休息可以恢复。

【脑汁】nǎozhī 名 脑筋①。常跟“绞尽”连用,表示动一切脑筋 ▷绞尽～也想不出一个好办法。

【脑子】nǎozi ❶ 名 脑①。❷ 名 脑筋①。

瑙 nǎo 见 917 页“玛瑙”。☛ 右边不能类推简化成“囟”。

nào

闹(鬧 *閙) nào ❶ 形 人多而喧哗;声音嘈杂 ▷～市区|喧～。→ ❷ 动 吵嚷;争吵 ▷连吵带～|两人～得不可开交。❸ 动 搅扰;扰乱 ▷大～天宫|～公堂|～事。❹ 动 表现或发泄(某种不满的感情) ▷～情绪|～脾气。❺ 动 发生(疾病、灾害或其他不好的事情) ▷～了一场大病|～灾荒|～别扭。→ ❻ 动 戏耍;耍笑 ▷～着玩儿|～洞房。〇 ❼ 动 从事某种活动;搞 ▷～罢工|有些事他也～不明白。

【闹别扭】nàobièniu 因彼此有意见而相处不愉快或故意为难对方 ▷你不该为小事跟他～。

【闹病】nàobìng 动〈口〉生病。

【闹洞房】nàodòngfáng 新婚之夜,亲朋好友到洞房里跟新婚夫妇说笑逗乐儿。也说闹房、闹新房。

【闹肚子】nàodùzi 腹泻的俗称。

【闹翻】nàofān 动 关系破裂 ▷他俩～了。

【闹鬼】nàoguǐ ❶ 动 迷信指鬼怪作祟。❷ 动 比喻背地里干坏事,搞阴谋诡计。

【闹哄哄】nàohōnghōng 形 形容人声嘈杂纷乱 ▷外面～的,不知出了什么事。☛ 不宜写作“闹轰轰”“闹烘烘”。

【闹哄】nàohong〈口〉❶ 动 叫嚷;吵闹 ▷门前有一帮人不知在～什么。❷ 动 许多人共同忙碌 ▷全家～好几天,才把婚事办完。

【闹饥荒】nàojīhuāng 指遭到严重灾荒,粮食歉收。

【闹饥荒】nàojīhuang〈口〉比喻经济上发生困难 ▷这阵子～,你能不能借点儿钱给我?

【闹剧】nàojù ❶ 名 情节滑稽、场面热闹、表演夸张的喜剧。也说笑剧。❷ 名 比喻滑稽、荒唐的事 ▷为了掩人耳目,他们演了一场～。

【闹乱子】nàoluànzi ❶ 惹祸;招惹是非 ▷这孩子常在外边～。❷ 闹事 ▷不要怕有人出来～。

【闹脾气】nàopíqi 使性子;发脾气 ▷他别的什么都好,就是爱～。

【闹气】nàoqì 动 跟人怄气;把不满情绪表露出来 ▷一头扎进屋里～,半天也不出来。

【闹情绪】nàoqíngxù 因遇到不满意的事情而怄

气等 ▷没让他参赛，他正在～呢。

【闹嚷嚷】nàorāngrāng 形 形容人声嘈杂喧闹 ▷宅院后面是市场，每天都～的。

【闹市】nàoshì 名 繁华热闹的街市 ▷这条街道原来清静得很，现在成了～。

【闹事】nàoshì 动 生事捣乱。

【闹腾】nàoteng〈口〉❶ 动 吵嚷；喧闹 ▷你们别～了，真烦人！❷ 动 逗趣儿打闹 ▷几个年轻人又说又笑，～了半天。❸ 动 大家一起动手做 ▷他们几个～了一阵子，还真把厂子建起来了。

【闹戏】nàoxì 名 指以丑角为主角的戏曲。多用滑稽有趣的人物和引人发笑的情节，来讽刺某些社会现象。

【闹笑话】nàoxiàohua 因为缺少知识和经验或粗心大意而做出可笑的事。

【闹心】nàoxīn〈口〉❶ 形 心乱；心烦 ▷瓜地里又起了虫子，真让人～。❷ 形 胃部不适；腹部难受 ▷萝卜吃多了～。

【闹意见】nàoyìjiàn 意见不合，相互产生隔阂 ▷有不同看法很正常，大可不必～。

【闹意气】nàoyìqì 由于双方意见不合而故意为难对方或采取不合作的消极态度 ▷这个人心眼儿太小，常～。

【闹灾】nàozāi 动 发生灾害。

【闹贼】nàozéi 动 发生被盗的事 ▷昨天晚上二楼～了。

【闹着玩儿】nàozhewánr〈口〉❶ 游戏；玩耍 ▷孩子们就爱～。❷ 耍笑；戏弄人 ▷正经点，不要老跟人～。❸ 用轻率的态度来对待 ▷你喝了酒就别开车回去了，这可不是～的！

【闹钟】nàozhōng 名 能在预定时间响铃的时钟。

淖 nào 名〈文〉烂泥；泥沼 ▷泥～。

【淖尔】nào'ěr 名 蒙古语音译。湖泊(多用于地名) ▷阿拉克～(在新疆)｜巴彦～(在内蒙古)。

臑 nào 名 中医指从肩到肘前侧靠近腋部的隆起的肌肉；古书上指人体上肢或牲畜的前肢。

né

哪 né [哪吒] nézhā 名 梵语音译词"哪吒俱伐罗(Nalakūvara 或 Nalakūbara)"的简称。原为佛教中的护法神，传说是毗沙门天王之子；后来成为神话小说《西游记》《封神演义》中的一个人物。

另见 979 页 nǎ；982 页 na；983 页 nǎi；本页 něi。

nè

讷(訥) nè 形〈文〉形容说话迟钝，不善言谈 ▷～口｜木～｜～～。☛ 统读 nè，不读 nà。

【讷讷】nènè 形〈文〉形容说话迟钝的样子。

呐 nè 同"讷"。
另见 981 页 nà；本页 ne。

【呐呐】nènè 现在一般写作"讷讷"。

ne

呐 ne 同"呢"。现在一般写作"呢"。
另见 981 页 nà；本页 nè。

呢 ne ❶ 助 用在特指问句的末尾，表示强调 ▷这可怎么办～？｜你问谁～？→ ❷ 助 用在选择问句的末尾，表示强调(有两个选择项目的可以在两个项目后面都加"呢"，也可以只在前一个项目后加"呢") ▷你们去不去～？｜咱们是今天去～，还是明天去～？｜你是赞成～，还是反对？○ ❸ 助 用在陈述句的末尾，表示确认事实并略带夸张的语气 ▷这才是真本事～｜外边正刮风～。→ ❹ 助 用在陈述句末，表示动作正在进行 ▷我喝茶～｜她正想事儿～。○ ❺ 助 用在句中，表示停顿 ▷我～，从来不喝酒｜你要是不相信～，我也没有办法。☛ 轻声读 ne，是语气词。读 ní，表示事物，如"呢子大衣"；又用于拟声词，如"呢喃"。
另见 996 页 nī；996 页 ní。

něi

哪 něi 义同"哪(nǎ)"①—③，用于口语。
另见 979 页 nǎ；982 页 na；983 页 nǎi；本页 né。

馁(餒) něi ❶ 形 饿 ▷冻～。→ ❷ 形 丧失勇气 ▷胜不骄，败不～｜气～｜自～。☛ 统读 něi，不读 lěi 或 nuǐ。

nèi

内 nèi ❶ 名 里面；在一定的界限或范围里(跟"外"相对) ▷禁止入～｜国～｜年～｜～衣｜～情。→ ❷ 名 指妻子或妻子方面的亲属(过去认为妻子是主持家庭内部事务的) ▷惧～｜～弟｜～侄。→ ❸ 名 指内脏或体内 ▷五～如焚｜～伤。❹ 名 指心里 ▷～疚｜～省。

【内宾】nèibīn ❶ 名 旧指女客。❷ 名 国内的客人(跟"外宾"相区别)。

【内部】nèibù ❶ 名 在一定范围以内 ▷～传阅。

❷ 名 事物的里面 ▷～构造。

【内部矛盾】nèibù máodùn ❶ 指事物自身所固有的矛盾，是事物发展的内因。❷ 人民内部矛盾的简称。

【内参】nèicān 名 内部参考的简称。只供某一范围内部参考的文件。

【内查外调】nèichá-wàidiào 从内部和外部同时调查了解 ▷通过～，他的问题已经弄清楚了。

【内城】nèichéng 名 有的城市有内外两道城墙，里边的那道城墙或里边那道城墙以内的区域叫内城（跟“外城”相区别）。

【内出血】nèichūxuè 动 身体内血管破裂流出的血液进入体腔或组织内。如脑出血、肾上腺出血等。

【内存】nèicún ❶ 动 内部存放；内部存有 ▷打开保险柜后，办案人员发现其中竟然～五百万元现金！○ ❷ 名 内存储器的简称。❸ 名 指内存储器的存储量 ▷这台计算机的～是2G。

【内存储器】nèicúnchǔqì 名 装在电子计算机处理器内存储信息的器件。用来存放计算机当前正在使用的数据和程序。简称内存。

【内当家】nèidāngjiā ❶ 名〈口〉对妻子的称呼。❷ 名 旧指女主人；主妇。

【内地】nèidì 名 离边疆或沿海较远的内陆地区 ▷从沿海到～。☛“内地”的反义词不是“外地”，而是“边疆”或“沿海”。参见1408页“外地”的提示。

【内弟】nèidì 名 对人称说妻子的弟弟。

【内定】nèidìng 动 由有关方面在内部决定 ▷参赛运动员名单已经～。

【内斗】nèidòu 动 内部争斗（含贬义）▷双方～多年，两败俱伤｜官廷～。

【内耳】nèi'ěr 名 耳朵最里面的部分，由复杂管状物构成，有半规管、前庭、耳蜗等。主管听觉和身体的平衡。

【内分泌】nèifēnmì 动 人和高等动物体内的某些细胞腺体或器官分泌出激素，不经过导管而直接进入血液循环。如甲状腺分泌甲状腺素，由血液传布全身，促进细胞的新陈代谢。

【内风】nèifēng 名 中医指由脏腑机能失调而引起的各种症状的病理变化。主要症状是晕眩、头痛、发热、抽筋等（风：中医指致病的因素）。

【内封】nèifēng ❶ 名 扉页。❷ 名 某些商品封套之内的一层包装 ▷封套破损，但～完好。○ ❸ 动 不经正式任命而由领导私下授予职务（含讥讽意）▷他这个科长是～的。

【内服】nèifú 动 口服②（跟“外敷”“外用”相区别）。

【内阁】nèigé ❶ 名 我国明清两代协助皇帝处理政务的机构。❷ 名 某些国家的最高行政机构，即中央政府。首脑是总理（或首相），下有部长（或大臣）等若干阁员。

【内阁制】nèigézhì 名 内阁（中央政府）由议会产生并对议会负责的政权组织形式。18世纪初始于英国，后逐步为某些国家采用。

【内功】nèigōng ❶ 名 以锻炼身体内部器官为主要目的的武术或气功（跟“外功”相区别）。❷ 名 指人或事物自身具有的生存和发展的能力 ▷练好～，使企业立于不败之地。

【内骨骼】nèigǔgé 名 人和高等动物体内由多块骨头组成的骨骼。参见491页“骨骼”。

【内顾之忧】nèigùzhīyōu 指家里或内部令人牵挂烦心的事。

【内鬼】nèiguǐ ❶ 名 指潜伏在内部，为敌方或竞争对手提供情报等的人 ▷对方竟然知道我们的底价，明显有～。❷ 名 指独自或勾结外人盗窃本单位或自家财物等的人 ▷警方调查后发现，器材被盗是～所为。

【内海】nèihǎi ❶ 名 深入大陆内部、仅有狭窄水道与外海或大洋相通的海。如地中海、波罗的海等。也说内陆海。❷ 名 海洋法指一国领海基线以内的海域，如我国的渤海。

【内涵】nèihán ❶ 名 逻辑学指概念所反映的对象的本质属性的总和（跟“外延”相区别）。如“人”这一概念的内涵就是有语言、会思维，能制造工具并用工具进行生产劳动的高等动物。❷ 名 语言所包含的内容 ▷文章虽短，～却十分丰富。❸ 名 人的内在涵养 ▷这个人性格内向，有很深的～。

【内行】nèiháng ❶ 形 对某种专业或工作具有丰富的经验和知识（跟“外行”相对）▷在炒股方面他很～。❷ 名 内行的人 ▷～看门道，外行看热闹。

【内耗】nèihào ❶ 名 机器或其他装置除对外做功需消耗能量外，由于自身振动等原因，还要损耗的一部分能量。❷ 名 因内部闹矛盾或不协调等原因而造成的人力、物力方面的消耗 ▷有些单位～严重，令人痛心。

【内河】nèihé 名 从河源到入海口只流经一个国家领土的河流。如长江、黄河是我国的内河。

【内核】nèihé 名 物体中的核心部分；比喻主要内容或事物的实质 ▷桃仁儿是桃子的～｜马克思劳动价值论的基本～就是价值由活劳动创造而不是由物质创造。

【内讧】nèihòng 动 内部因争权夺利等而发生冲突、倾轧以至战争 ▷当年的北洋军阀～不断｜因分赃不均，这个贩毒集团发生～。☛不要写作“内哄”。

【内化】nèihuà 动 把外在的东西转化为内在的意识 ▷把立德树人～为办学理念｜所学知识～于心，形成自己的见解。

【内画】nèihuà 名 在透明或半透明器皿的内壁上

绘制图画的技艺或作品。

【内火】nèihuǒ ❶ 名 内热。❷ 名 近代白话中指炽热的欲望。

【内急】nèijí 动 婉词，指急着要大小便。

【内寄生】nèijìshēng 动 一种生物寄居在另一种生物的体内，靠摄取寄主的养分维持自身生存。如蛔虫、蛲虫就内寄生在人的肠子里。

【内奸】nèijiān 名 隐藏在内部，暗中跟敌人相勾结，伺机进行破坏活动的人。

【内景】nèijǐng ❶ 名 指影视摄影棚内的布景（跟"外景"相区别）。❷ 名 指戏剧舞台上的室内布景。

【内径】nèijìng 名 圆孔或圆环的内缘直径（跟"外径"相区别）。

【内镜】nèijìng 名 内窥镜①。

【内疚】nèijiù 形 因做错事或对不起人而心情不安；惭愧 ▷深感～。

【内聚力】nèijùlì ❶ 名 同一种物质内部相邻各部分之间的相互吸引力，是分子力的一种表现。❷ 名 比喻群体内相互团结合作的力量 ▷要在内部营造一种良好的氛围，以增强～。

【内眷】nèijuàn 名 女眷。

【内刊】nèikān 名 内部发行的刊物。

【内科】nèikē 名 医学上指主要采用药物来治疗内脏疾病的一科（跟"外科"相区别）。

【内控】nèikòng 动 内部进行控制 ▷～不严，走漏了消息。

【内裤】nèikù 名 贴身穿的裤子，多指短裤。

【内窥镜】nèikuījìng ❶ 名 用于窥视体内某些器官状况的特制医疗器械。如胃镜、膀胱镜等。也说内镜。❷ 名 用于探测设备内部腐蚀、锈斑、裂纹等情况的特种器械，广泛应用于航空、汽车、船舶、化学、电力、建筑等领域。

【内愧】nèikuì 形 内心惭愧 ▷未能对父母尽孝，深感～。

【内涝】nèilào 名（农田等）地势低洼处积水过多又未能及时排除而导致的涝灾。

【内里】nèilǐ ❶ 名 内部；里面 ▷这座旧宅～装修充满现代气息。❷ 名 指人的内心世界；思想品质 ▷从外表到～都朴实无华。

【内力】nèilì ❶ 名 物理学指同一体系内各个部分之间的相互作用力。如原子中电子与原子核之间的相互作用力。❷ 名 借指群体内部具备的力量 ▷积聚～，应对挑战。

【内联网】nèiliánwǎng 名 企业、事业单位或机关等为处理内部业务而建立的专用互联网。通常采用一定的安全措施同因特网隔离，对内部用户在信息使用的权限上一般也有规定。也说内网。

【内敛】nèiliǎn 形 情感深沉，不轻易流露；内向 ▷性格～。

【内流】nèiliú 动（人或物资等）由外国、外地转移到本国或本地 ▷切断境外毒品～渠道。

【内陆】nèilù 名 距海岸较远的陆地。

【内陆国】nèilùguó 名 没有海岸线和出海口的国家。如亚洲的蒙古国。

【内陆河】nèilùhé 名 河水不流入海洋而流入内陆湖或消失在沙漠里的河流。如我国的塔里木河。也说内流河。

【内陆湖】nèilùhú 名 大陆内部不通海洋的湖，湖水含盐分较多。如我国的青海湖。

【内乱】nèiluàn 名 内部发生的动乱、争斗或战争 ▷～不止。

【内贸】nèimào 名 国内贸易。

【内幕】nèimù 名 指不为外部所知的内部情况（多用于贬义）▷～曝光｜揭开～。

【内难】nèinàn 名 内部发生的灾难或变乱 ▷～接踵而至｜消除～的影响。

【内脑】nèinǎo 名 指单位内部的智力资源（跟"外脑"相对）▷充实～，借用外脑，共同规划我市发展蓝图。

【内能】nèinéng 名 物质系统由其内部状态所决定的能量。其中包括分子、原子等热运动的能和分子间、原子间相互作用的势能等。

【内皮】nèipí 名 生物学指覆盖在血管、淋巴管、心脏等管腔表面的上皮组织。

【内企】nèiqǐ 名 由国内资本投资的企业。

【内迁】nèiqiān 动 向内地迁移 ▷这家工厂已～四川。

【内亲】nèiqīn 名 对人称说自己妻子一方的亲属。

【内勤】nèiqín 名 指工作单位内部的勤务工作；也指从事内勤工作的人员（跟"外勤"相区别）▷他跑外勤，我搞～｜他是～，我是外勤。

【内情】nèiqíng 名 内部情况 ▷～不详。

【内燃】nèirán 动 内部燃烧 ▷由～引起爆炸。

【内燃机】nèiránjī 名 一种热力发动机。用汽油、柴油等作燃料，在汽缸中燃烧，产生膨胀气体，从而推动活塞，带动连杆转动机轴，发出动力。

【内瓤】nèiráng ❶ 名 瓜果皮里包着种子的肉或瓣儿 ▷西瓜～｜血脐橙～似血丝。❷ 名 比喻某些被表皮或外壳包着的东西 ▷打开沙发，～全是破布、烂棉花｜只有信封，没有～。

【内热】nèirè 名 中医指体内有热而导致的病变。症状是心烦、口燥、咽干、口舌生疮、便秘、尿赤等。

【内人】nèirén 名 对人称说自己的妻子。

【内容】nèiróng 名 事物内部所包含的东西或意义（跟"形式"相区别）▷这篇论文～充实。

【内伤】nèishāng ❶ 名 因外力作用致使体内器官受到的损伤（跟"外伤"相区别）。❷ 名 中医指由于饮食不当、过度疲劳或精神抑郁等引起的内脏损伤。

【内生】nèishēng 动 由内部因素使某事物自行生长、发展 ▷促使贫困地区～发展动力|经济发展的～变量。

【内饰】nèishì 名（汽车、房屋等）内部的装饰（跟“外饰”相对） ▷这款车，外观和～都很考究|这间客厅的～比较传统。

【内室】nèishì 名 里屋（多指卧室）。

【内水】nèishuǐ 名 国家领土范围之内的河流、湖泊和所有在领海之内的水域。

【内胎】nèitāi 名 一种轮胎，用薄橡胶制成，装在外胎的里面，充入空气后产生弹性。通称里带、内带。

【内廷】nèitíng 名〈文〉帝王的住所或帝王召见臣下、处理政务的地方。

【内退】nèituì 动 指不到国家规定退休年龄的人，在单位内部提前退休。也说退养。

【内外】nèiwài ❶ 名 内部与外部；里面与外面；内心与外表 ▷～勾结|长城～|～一致。❷ 名 附在数量短语之后，表示概数，相当于“左右”“上下” ▷半年～|50 里～。

【内外交困】nèiwài-jiāokùn 内部与外部都处在艰难困苦之中（交：一齐；同时）；形容处境十分困难 ▷当时国家处于～的境地。

【内务】nèiwù ❶ 名 国内民政事务。❷ 名 集体或单位内部的日常事务。如清洁卫生、整理被褥等 ▷战士起床后首先要搞好～。

【内线】nèixiàn ❶ 名 一个单位内电话总机控制的内部线路 ▷通过总机转～。❷ 名 在敌方包围形势下的战线 ▷部队要从～作战转到外线去。❸ 名 打入敌方内部的情报人员或情报工作 ▷收到～的情报。❹ 名 内部的联系渠道或人事关系 ▷找～，走门路。

【内陷】nèixiàn ❶ 动 向内凹陷 ▷自得病后，他脸部肌肉～，消瘦了许多。❷ 名 中医学上指邪盛正虚，正不胜邪而导致邪气内侵的病变。症状是高烧、烦躁、惊厥等。

【内详】nèixiáng 动 看了内容就会知道。信封上的一种具名格式，通常书写于信封的右下端（横式）或左下端（竖式），表示收信人拆阅信件后即知写信人是谁。

【内向】nèixiàng ❶ 形 思想不够开朗，感情不轻易表现出来（跟“外向”相对） ▷这人很～，不会轻易表态。❷ 区别 面向内部的；特指面向国内市场的 ▷开发西部，～和外向的发展都要加强|～型经济。

【内销】nèixiāo 动 产品在本国或本地市场销售（跟“外销”相区别） ▷出口转～。

【内斜视】nèixiéshì 名 两眼向前平视时，瞳孔向面部中间倾斜的一种病症。俗称斗鸡眼、对眼。

【内心】nèixīn ❶ 名 心中；心里 ▷从～感到高兴。❷ 名 几何学上指三角形（或正多边形）内切圆的圆心。

【内省】nèixǐng 动 自己在内心反省 ▷直面问题，深刻～。

【内兄】nèixiōng 名 对人称说妻子的哥哥。

【内秀】nèixiù 形 内心聪慧、细腻，藏而不露 ▷别看她大大咧咧的，实际是个很～的人。

【内需】nèixū 名 国内市场的需求（跟“外需”相区别） ▷扩大～。

【内衣】nèiyī 名 贴身穿的衣服，多指上衣。

【内因】nèiyīn 名 促使事物发展变化的内在原因，即事物本身固有的矛盾。内因是事物发展变化的根本原因（跟“外因”相区别）。

【内应】nèiyìng ❶ 动 隐藏在对方内部策应 ▷长期潜伏，伺机～。❷ 名 做内应的人。

【内忧】nèiyōu ❶ 名 内部的忧患 ▷～外患。❷ 名〈文〉指母丧。

【内忧外患】nèiyōu-wàihuàn 内外同时存在的忧虑与祸患；多指既有国内变乱又有外来侵犯。

【内圆】nèiyuán 名 环状或管状物体横断面的内轮廓。

【内援】nèiyuán 名 指运动队引进的国内运动员 ▷台湾运动员可以～身份参加大陆足球、篮球、乒乓球、围棋等职业联赛。

【内缘】nèiyuán 名 内侧的边缘。也说内沿。

【内蕴】nèiyùn 名 事物蕴含的内容 ▷～丰富。

【内在】nèizài ❶ 区别 事物自身原本就存在的（跟“外在”相对） ▷～规律|幼小的生命充满了～的活力。❷ 形 存在于内心的；不表露在外的 ▷感情～而丰富。

【内在美】nèizàiměi 名 指心灵美，即高尚的思想、道德修养和美好的气质等。

【内脏】nèizàng 名 人或动物胸腔和腹腔内各种器官的统称。

【内宅】nèizhái 名 旧时指住宅的内院；多为女眷居住的地方。

【内债】nèizhài 名 国家向本国公民借的债；也指单位向下属借的债（跟“外债”相区别）。我国的公债、国库券等都属于内债。

【内战】nèizhàn 名 指国内战争。包括统治阶级内部争权夺利的战争，也包括被统治阶级反抗统治阶级的战争。

【内掌柜】nèizhǎngguì 名 指掌柜（商店老板）的妻子；泛指主妇（含诙谐意）。也说内掌柜的。

【内争】nèizhēng 动 内部争斗 ▷群龙无首，～不断。

【内政】nèizhèng 名 国家内部的政治事务 ▷～外交。

【内侄】nèizhí 名 对人称说妻子的弟兄的儿子。

【内侄女】nèizhínǚ 名 对人称说妻子的弟兄的女儿。

【内质】nèizhì 名 内在的品质；本质 ▷观外形，品～|～忠厚。

【内痔】nèizhì 名 长在肛门内部齿状线上的痔疮。参见 1779 页"痔"。

【内中】nèizhōng 名 其中；里头（多用于抽象事物）▷事件非常复杂，～情形还不太清楚。

【内助】nèizhù 名〈文〉妻子 ▷贤～。

【内装修】nèizhuāngxiū 房屋内部进行装修 ▷写字楼正在～|搞完～，展厅就可布展了。

【内资】nèizī 名 国内的资本 ▷～企业。

【内子】nèizǐ 名〈文〉内人。

那 nèi 义同"那（nà）"①②，用于口语。

另见 979 页 nā；979 页 nǎ；980 页 nà；1016 页 nuó。

nèn

恁 nèn ❶ 代 某些地区用来指比较远的人或事物，相当于"那" ▷～时节你还小着呢。→❷ 代 某些地区用来表示程度、状态、方式等，相当于"那么""这么""这样" ▷这树结了～多果子|这孩子～不听话|～好。☛ 统读 nèn，不读 rèn 或 rén。

另见 1006 页 nín。

嫩（*嫰） nèn ❶ 形 初生而柔弱（跟"老"相对）▷细皮～肉|～芽|鲜～|娇～。→❷ 形 不成熟；不老练 ▷这幅篆书笔法～了点儿|他担任这个职务还嫌～一些。→❸ 形（某些颜色）淡；浅 ▷～黄|～绿。→❹ 形（食物）经火烹调的时间短，软而容易咀嚼 ▷把猪肝炒～点儿。☛ ㊀统读 nèn，不读 nùn。㊁右边是"攵"，不是"欠"。

【嫩白】nènbái 形 又嫩又白 ▷～的脸。

【嫩红】nènhóng 形 浅红 ▷穿一件～的褂子。

【嫩滑】nènhuá 形 细嫩润滑 ▷肌肤～细腻|蟹肉～鲜美。

【嫩黄】nènhuáng 形 浅黄 ▷小鸡毛色～，惹人喜爱。

【嫩绿】nènlǜ 形 浅绿 ▷草儿～，花儿清香。

【嫩弱】nènruò ❶ 形 娇嫩柔弱 ▷她还是个～的小娃娃呢。❷ 形 年轻；幼稚 ▷孩子还～，不谙世事，望多指点。

néng

能 néng ❶ 名 能力；才干 ▷各尽其～|逞～|无～|低～|才～|智～。→❷ 形 有才干的 ▷～工巧匠|～者多劳|～人|～手。→❸ 动 能够①。⇒❹ 动 能够②。⇒❺ 动 能够③。⇒❻ 动 表示有可能，多用于揣测语气 ▷看这天气～下雨吗？|这事他不～不知道吧。→❼ 名 物理学上指能量 ▷光～|热～|电～|动～|原子～。☛ ㊀右边是两个"匕"，不是两个"七"。㊁义项③跟"会[2]"④的用法略有不同。在表示人恢复某种能力时，或在表示达到某种程度或效率时，宜用"能"，不宜用"会"，如"我又能走路了""他一顿能吃四个馒头"。

另见 983 页 nài。

【能动】néngdòng 形 自觉的；主动的 ▷我们不仅要适应环境，而且要～地改造环境。

【能动性】néngdòngxìng 名 指人们自觉努力、积极主动的特性 ▷大家的主观～被充分调动起来了。

【能否】néngfǒu 动 能不能。表示疑问，多用于是非问句 ▷～给我一个明确的回答？

【能干】nénggàn 形 办事能力强 ▷小王很～。

【能歌善舞】nénggē-shànwǔ 擅长唱歌和跳舞；形容人多才多艺。

【能工巧匠】nénggōng-qiǎojiàng 工艺高超、技术精巧的工匠。

【能够】nénggòu ❶ 动 用在其他动词前，表示有能力或善于做（某事）▷我～完成这项任务。❷ 动 用在其他动词前，表示客观条件或情理上许可 ▷腿伤没有好，现在还不～下地走路。❸ 动 用在其他动词前，表示有某种用途 ▷这种药～治肝炎。

【能耗】nénghào 名 能量的消耗（多就资源方面说）▷采取有力措施降低～。

【能级】néngjí 名 原子、分子、原子核等在不同状态下所具有的能量值。其数值是不连续的，好像梯级一样，故称。

【能见度】néngjiàndù 名 正常人视力能将物体分辨清楚的最大距离；也指物体在一定距离内被正常视力看到的清晰程度 ▷今晨大雾，～不到 50 米|雨后初晴，～极高。也说可见度。

【能力】nénglì 名 做事的本领 ▷交际～。

【能量】néngliàng ❶ 名 度量物质运动的一种物理量，即物质做功的能力。有机械能、电能、热能、光能、磁能、化学能、原子能等类型，可以在物质之间传递。法定计量单位是焦耳。❷ 名 比喻人可以发挥出来的能力和作用 ▷活动～很大。

【能耐】néngnai ❶ 名〈口〉本事；技能 ▷你有多大～，竟敢揽这项大工程。❷ 形 本领大 ▷他比你～多了。

【能掐会算】néngqiā-huìsuàn 迷信指会掐诀算卦以预测祸福；泛指能推测事物的发展变化以预见未来。

【能屈能伸】néngqū-néngshēn 能弯曲也能伸展。

指人在失意时能克制自己，在得志时能施展自己的抱负。

【能人】néngrén 名 指有突出才能或某种本领的人 ▷他是个大～。

【能上能下】néngshàng-néngxià 既可以根据工作需要走上领导岗位，又可以服从需要退下来做普通工作 ▷废除领导职务终身制，树立～新风气。

【能事】néngshì 名（在某方面）所擅长的本领（常和“极尽”配合使用）▷极尽造谣之～。

【能手】néngshǒu 名 精通某种技能或非常善于做某项工作的人 ▷养鸡～｜技术革新～。

【能说会道】néngshuō-huìdào 擅长言辞，很会说话。

【能效】néngxiào 名 物质的能量效益 ▷要进一步提高煤炭的～。

【能言善辩】néngyán-shànbiàn 口才很好，擅长辩论。

【能源】néngyuán 名 产生机械能、热能、光能、电磁能、化学能等各种能量的资源。如燃料、水力、日光、风力等 ▷开发～｜～危机。

【能者多劳】néngzhě-duōláo 能干的人多操劳一些（有劝勉、赞誉的意味）。

【能者为师】néngzhě-wéishī 谁在某方面有长处，谁就在这方面当老师。

nī

呢 nī 佛教咒语用字。参见 565 页“吽(hōng)”。另见 991 页 ne；本页 ní。

妮 nī［妮子］nīzi 名 某些地区指女孩子。☛“妮”统读 nī，不读 ní。

ní

尼 ní ❶ 名 梵语音译词“比丘尼(Bhikṣuṇī)”的简称。佛教指出家修行的女子 ▷～姑｜～庵｜僧～。〇 ❷ 名 姓。☛ 下边是“匕”，不是“七”。由“尼”构成的字有“呢”“泥”等。

【尼姑】nígū 名 尼①。

【尼姑庵】nígū'ān 名 尼姑居住修行的庙宇。

【尼古丁】nígǔdīng 名 英语 nicotine 音译。烟草中一种主要生物碱，毒性大。也说烟碱。

【尼龙】nílóng 名 英语 nylon 音译。锦纶的旧称。

【尼龙布】nílóngbù 名 用聚酰胺纤维织成的布。

伲 ní 用于人名。另见 998 页 nǐ；998 页 nì。

坭 ní 用于地名。如：坭洞，在广西；白坭圩，在广东。

呢 ní 名 呢子 ▷制服～｜花～｜～绒。另见 991 页 ne；本页 nī。

【呢料】níliào 名 呢子衣料。参见本页“呢子”。

【呢喃】nínán ❶ 动 小声絮语 ▷梦中～。❷ 拟声 模拟燕子的叫声；也用来模拟小声说话的声音 ▷～燕语｜～细语。

【呢绒】níróng 名 用动物毛或人造毛等原料织成的各种毛织物的统称。

【呢子】nízi 名 一种质地厚密、挺括的毛织品，多用来做大衣、外套等。

兒 ní 名 姓。☛ 读 ní 作姓氏或作部件构字时均不能简化成“儿”，如“倪”“猊”“鲵”“霓”“麑”等。也不能写成“皃”。另见 363 页 ér “儿”。

泥 ní ❶ 名 含水较多呈黏稠状或半固体状的土 ▷～塘｜淤～｜～土。→ ❷ 名 像泥一样的东西 ▷枣～｜土豆～。☛ 读 ní，表示事物。读 nì，表示动作，如“用石灰泥墙”“泥古不化”；也用于一种涂抹填充物，如“泥子”。另见 998 页 nì。

【泥巴】níba 名 泥浆；泥浆干结后的泥块。

【泥饭碗】nífànwǎn 名 比喻不稳定的职业和收入（跟“铁饭碗”相区别）。

【泥封】nífēng ❶ 名 封泥。❷ 动 用泥封住 ▷将酒装进坛子，～后存放。

【泥垢】nígòu 名 泥和污垢 ▷满身～。也说泥污。

【泥灰岩】níhuīyán 名 一种碳酸盐岩，浅黄色，呈微粒状或泥状。有的可以直接烧制水泥。

【泥浆】níjiāng 名 稀泥 ▷溅了一身～。

【泥金】níjīn 名 颜料，用金属粉末制成，用来涂饰书画笺纸或器物。

【泥坑】níkēng ❶ 名 烂泥淤积的低洼处。❷ 名 比喻难以自拔的肮脏境地 ▷被这帮坏人拉进了～。

【泥疗】níliáo ❶ 名 一种理疗方法。将身体的某部位裸露，浸埋于能治病的热泥浆中，或将热沙土敷在皮肤上以治疗某些慢性疾病。❷ 动 用泥疗方法治疗。

【泥煤】níméi 名 泥炭。

【泥淖】nínào 名〈文〉泥坑①。

【泥泞】nínìng ❶ 形 形容有烂泥而难以行走的样子 ▷～的乡间小道。❷ 名 淤积起来的烂泥 ▷他踏着～，艰难地走上堤坝。☛“泞”不读 níng。

【泥牛入海】níniú-rùhǎi 泥做的牛进入海里。比喻一去不复返，没有下落。

【泥坯】nípī 名 用黏土制成的未经烧过的砖、瓦、缸、盆坯子。

【泥鳅】níqiu 名 鱼，体圆柱形，尾部侧扁，体表有黏液。黄褐色,有黑色斑点。头尖口小,嘴两侧有须五对。生活在湖沼、稻田等处,常潜伏泥中。

【泥人】nírén 名 用泥土捏成的人像;也指陶俑。

【泥沙俱下】níshā-jùxià 在江河的急流中泥土和沙子被水一起冲下来;比喻人或事物好坏混杂,一起出现。

【泥石流】níshíliú 名 挟带大量泥沙、石块等汹涌而下的突发性急流。对房屋、树木、农田、交通等具有很大的破坏力。

【泥塑】nísù 名 用黏土作原料,塑造成各种形象的一种工艺;也指用这种工艺制成的工艺品。参见插图 16 页。

【泥塑木雕】nísù-mùdiāo 用泥土塑造、木头雕刻的偶像;形容人神情呆板或静止不动。

【泥胎】nítāi 名 未加涂饰的泥塑工艺品;未加涂饰的泥塑像。

【泥胎儿】nítāir 名 没经过烧制的陶器坯子。

【泥潭】nítán 名 较大较深的泥坑 ▷一脚踏进~里◇侵略者陷入战争的~,难以自拔。

【泥炭】nítàn 名 一种炭化程度最低的煤。像泥土,多呈黑色或褐色,松软易碎,含碳量在60%以下。可用作燃料、化工原料、建筑绝热材料、菌肥吸附剂等。也说泥煤。

【泥塘】nítáng 名 烂泥淤积的低洼地。

【泥土】nítǔ 名 土壤;尘土 ▷春风送来~的气息|满身~◇这是篇有着强烈~味的文章。

【泥腿子】nítuǐzi 名 对农民的蔑称。

【泥瓦匠】níwǎjiàng 名〈口〉从事砌砖、盖瓦等工作的手艺人。也说泥水匠、泥工。

【泥岩】níyán 名 一种黏土岩,主要由黏土矿物组成。层理不明显,较厚,在水中不崩解,比黏土要结实。

【泥沼】nízhǎo 名 烂泥淤积的低洼地带 ▷战士们在~里艰难地行进。

【泥足巨人】nízú-jùrén 比喻貌似强大而实际上非常虚弱的人或势力。

怩 ní 见1009 页“忸(niǔ)怩”。

铌(鈮) ní 名 金属元素,符号 Nb。灰白色,质硬,熔点高,化学性质稳定。用于制造特种不锈钢、耐高温合金、超导合金等。

倪 ní ❶ 名 开端,边际 ▷端~。○ ❷ 名 姓。☛ 跟“仉(zhǎng)”不同。

狔 ní 见1315 页“狻(suān)狔”。

婗 ní 见1624 页“嫛(yī)婗”。

輗(輗) ní 名 古代大车车辕前端跟横木相衔接处用来起固定作用的插销。

霓(*蜺) ní 名 雨后出现在虹外侧的弧形光环。形成时因阳光在水滴中比虹多反射一次,所以颜色比虹淡,色带排列是内红外紫,与虹相反。也说副虹、雌虹。参见 570 页“虹”。

【霓虹】níhóng 名 大气中一种光现象,雨后太阳光照射在空中水珠上经折射和反射而成的弧形彩带。分主(雄)、副(雌)两种,主的叫“虹”,副的叫“霓”。参见本页“霓”、570 页“虹”。

【霓虹灯】níhóngdēng 名 一种电灯。在灯管内充入氖、氩等不同的稀有气体,通电时能发出不同颜色的光。多用于广告、标语牌、装饰照明、信号灯等(霓虹:英语 neon 音译)。也说氖灯。

齯(齯) ní 名〈文〉老人牙齿脱落后再生的新牙;借指长寿的人 ▷~童相庆。

鲵(鯢) ní 名 两栖动物大鲵和小鲵的统称。

麑 ní 名〈文〉小鹿。

nǐ

拟[1](擬*儗) nǐ ❶ 动 相比较 ▷比~。→ ❷ 动 仿照 ▷模~。

拟[2](擬) nǐ ❶ 动 计划;准备 ▷此稿~下期采用|~于近日离京。→ ❷ 动 设计;起草 ▷~方案|~稿|~订|草~。☛ “拟”字不读 yǐ。

【拟订】nǐdìng 动 起草;初步设计 ▷~的方案还需要再加修改|有关部门正在~实施细则。☛ 参见本页“拟定”的提示。

【拟定】nǐdìng 动 起草制定 ▷方案早已~。☛ 跟“拟订”不同。“拟定”指“拟订”的过程已经结束,用于完成体;“拟订”指正在起草、拟议的过程中,用于进行体。

【拟稿】nǐgǎo 动 草拟文稿 ▷让秘书代为~。

【拟古】nǐgǔ 动 模拟古代作品的风格和艺术形式 ▷~之作|~诗。

【拟人】nǐrén 名 修辞手法,把事物当作人来描写,会像人一样说话和行事。☛ 参见 998 页“拟物”的提示。

【拟人化】nǐrénhuà 动 人格化。

【拟声词】nǐshēngcí 名 模拟某种声音的词。如“哗啦”模拟水声,“嘻嘻”模拟笑声。也说象声词。

【拟态】nǐtài 名 某些动物在进化过程中形态、颜色、斑纹等逐渐形成跟周围环境中某些物体相似的现象。可保护自身免受侵害。如尺蠖,体色、形态像树枝,木叶蝶像枯叶。也指人的模拟伪装。

【拟物】nǐwù 图 修辞手法，把人当作物来描写，或把甲物当作乙物来描写。如"敌人夹着尾巴逃跑了"。☛ 跟"拟人"不同。"拟物"是人的物化；"拟人"是物的人格化。

【拟议】nǐyì ❶ 动 事先讨论筹划 ▷准备～一个实施细则交会议讨论。❷ 图 事先的打算 ▷临时情况有变，只好把原来的～取消了。

【拟音】nǐyīn ❶ 动 模拟自然界或生活中的各种音响 ▷影片中的～效果很好。❷ 图 语言学中指为古代语言所假定的语音。如汉语史中对上古汉语的拟音。

【拟于】nǐyú 动 打算在（某时某地进行）▷这个项目～明年开工。

【拟于不伦】nǐyúbùlún 用不能相比的人或事物来打比方 ▷把此二者强作类比，实属～。

【拟作】nǐzuò 图 模仿别人作品或假托他人的口吻而写的作品。

你（*妳）nǐ ❶ 代 称谈话的对方（一个人）▷～好｜我见过～。→ ❷ 代 泛指任何人，包括说话人自己 ▷他那认真劲儿真叫～佩服。→ ❸ 代 与"我"或"他"配合使用，表示许多人参与或相互间做什么 ▷～一句，我一句，说个不停｜～推我，我推～，谁也不肯去。→ ❹ 代 第二人称复数，相当于"你们"，用于工厂、学校、机关等相互间称对方 ▷～厂｜～院｜～局。

"妳"另见 982 页 nǎi "奶"。

【你来我往】nǐlái-wǒwǎng ❶互相交往 ▷就这样～，两人逐渐熟悉起来。❷彼此交锋 ▷双方～唇枪舌剑｜两队～，比分交替上升。

【你们】nǐmen 代 第二人称复数，用于称不止一个人的对方或包括对方在内的若干人 ▷～哥儿俩都过来｜～都走吧，我留下值班。

【你死我活】nǐsǐ-wǒhuó 不是你死，就是我死；不是我活，就是你活。形容斗争非常激烈，双方势不两立。

【你追我赶】nǐzhuī-wǒgǎn 形容大家争相前进，谁都不愿落在后面。

伲 nǐ 古同"你"。

另见 996 页 ní；本页 nì。

铌（鈮）nǐ 图 金属元素，符号 Nh。有放射性，由人工核反应获得。

旎 nǐ 见1632 页"旖（yǐ）旎"。

薿 nǐ［薿薿］nǐnǐ 形〈文〉茂盛。

nì

伲 nì 代 某些地区指我或我们；也指我的或我们的。

另见 996 页 ní；本页 nǐ。

泥 nì ❶ 动 用泥（ní）、灰等填充、涂抹 ▷把窗户缝～严｜～砖缝儿。→ ❷ 动 受限制而不知变通 ▷～古不化｜拘～。☛ "泥古""拘泥"的"泥"不读 ní。

另见 996 页 ní。

【泥古】nìgǔ 动 拘泥于古代的制度、成规或说法等，而不知结合实际情况加以变通 ▷～不化。

【泥子】nìzi 图 用来涂抹木器、铁器等的缝隙或低凹处，使其表面平整的泥状物。多用石膏粉等和（huò）上骨胶、桐油、清漆等黏合剂制成 ▷门窗安装玻璃后，要用～泥（nì）缝。

昵（*暱）nì 形 亲近；亲热 ▷亲～｜～爱｜～称。

【昵称】nìchēng ❶ 图 表示亲昵的称呼。❷ 动 亲昵地称呼（某人）▷将军总爱～他的警卫员为"小李子"。

逆 nì ❶ 动〈文〉迎接 ▷～旅（客店）。→ ❷ 形 方向相反（跟"顺"相对，③④同）▷～行｜～运算｜～序｜～定理。⇒ ❸ 动 抵触；不顺从 ▷忠言～耳｜～反｜忤～｜～子。❹ 形 不顺利 ▷～境。⇒ ❺ 动 背叛 ▷叛～。❻ 图 背叛的人 ▷群～｜抄没～产。→ ❼ 副 事先；预先 ▷～料。

【逆差】nìchā 图 指国际贸易中进口总值超过出口总值的贸易差额（跟"顺差"相对）。

【逆产】nìchǎn ❶ 图 背叛祖国、投靠敌人的人的财产；特指日本侵略者侵华时期汉奸的财产 ▷抄没～。〇 ❷ 动 分娩时胎儿的脚先出来。也说倒产。

【逆定理】nìdìnglǐ 图 将某一定理的条件和结论互换，所得的定理就是原定理的逆定理。例如，"三角形任意一角的平分线如果平分第三边，则该三角形为等腰三角形"。那么"一个三角形如果是等腰三角形，则其顶角平分线平分第三边"就是它的逆定理。

【逆耳】nì'ěr 动 听起来觉着不舒服（多指中肯而尖锐的批评）▷忠言～利于行。

【逆反】nìfǎn 动 因对某种规定、说法等反感而产生违抗情绪 ▷体罚容易激起孩子～。

【逆反心理】nìfǎn xīnlǐ 一种心理状态，即对事情的反应总是与对方的意愿或多数人的正常反应相反。

【逆风】nìfēng ❶ 动 顶着风 ▷船～而行，速度当然慢。❷ 图 跟行进方向相反的风 ▷船遇到了～。

【逆光】nìguāng 动 一种艺术摄影的技法，即面向着光线射来的方向拍摄。运用得好，能够产生特殊的艺术效果。

【逆价】nìjià 图 指低于收购价格的销售价格（跟"顺

价"相对）▷时令已过，这批货只得～出售。

【逆境】nìjìng 名 坎坷不顺的境遇 ▷～往往是对一个人意志力的考验。

【逆来顺受】nìlái-shùnshòu 对不公正的待遇或不幸的遭遇等采取顺从和忍受的态度 ▷对别人的各种无端指责，他总是～。

【逆料】nìliào 动 预料 ▷事情难以～。

【逆流】nìliú ❶ 动 朝着与水流相反的方向 ▷～而上。❷ 名 跟前进方向相反的水流；比喻违背事物发展主要趋势的潮流 ▷遏制～。

【逆时针】nìshízhēn 区别 逆着时针运行方向的（跟"顺时针"相对）▷～运转｜～方向。

【逆市】nìshì 动 跟市场的总体行情走势相反（跟"顺市"相对）▷股市大盘连日下跌，仅个别股票～上涨。

【逆水】nìshuǐ 动 朝着与水流相反的方向（跟"顺水"相对）▷～行舟。

【逆水行舟】nìshuǐ-xíngzhōu 逆着水流行船；比喻处境艰难，必须努力从事。常与"不进则退"连用 ▷学如～，不进则退。

【逆淘汰】nìtáotài 动 进步的、优质的反而被落后的、劣质的淘汰 ▷如果投机者处处得利，老实人事事吃亏，必然引发～｜破除潜规则，防止～。

【逆天】nìtiān ❶ 动〈文〉违背天意或天道 ▷～悖理｜～暴物（暴：糟蹋，损害）。❷ 形 形容大大超出常规或常理；也形容程度极高 ▷～创新｜～翻盘｜颜值～。

【逆袭】nìxí 动 在逆境中反击成功；泛指扭转不利局面 ▷凭着工匠精神，这家濒临破产的小厂～成为全行业的旗舰。

【逆向】nìxiàng 动 向着原来的或规定的方向相反的方向 ▷严禁～行车，确保交通安全。

【逆行】nìxíng 动 行人、车辆等逆向前行 ▷一切车辆都不得在单行道上～。

【逆序】nìxù ❶ 副 表示跟既定次序相反 ▷～而动｜～操作。❷ 名 跟通常顺序相反的排列顺序 ▷这部词典是按～编排的。也说倒序。

【逆运算】nìyùnsuàn 动 在等式中用跟原式相反的运算方法从得数求出原式中某一个数。如 x+y=z 等式中，可以用减法由得数 z 求出加数 x 或 y。

【逆贼】nìzéi 名 对叛逆者的憎称 ▷剪除～。

【逆转】nìzhuǎn 动 倒转（zhuǎn）；向相反的方向转化 ▷历史潮流不可～。☛ 参见 1009 页"扭转"的提示。

【逆子】nìzǐ 名 不孝顺的儿子。

匿 nì 动 隐藏；瞒着 ▷销声～迹｜藏～｜～名信。☛ 末笔是竖折（L），一笔连写。

【匿报】nìbào 动 瞒报 ▷～灾情要严肃查处。

【匿藏】nìcáng 动 隐藏 ▷查获罪犯～的枪械。

【匿伏】nìfú 动 潜伏隐藏。

【匿迹】nìjì 动 把踪迹隐藏起来 ▷销声～。

【匿迹潜形】nìjì-qiánxíng 匿影藏形。

【匿名】nìmíng 动 不写出真实姓名或不写出姓名 ▷～举报｜～文章。

【匿名信】nìmíngxìn 名 不写出写信人姓名或不写出写信人真实姓名的信。

【匿影藏形】nìyǐng-cángxíng 隐藏身影，隐没形迹。指隐藏起来，不露形迹或真相。

陧 nì 见1043 页"陴（pí）陧"；1044 页"埤（pì）陧"。

埤 nì 见1044 页"埤（pì）埤"。

睨 nì 动〈文〉斜着眼看 ▷～视。

【睨视】nìshì 动 斜着眼看（表示轻视）▷～一切。

腻（膩） nì ❶ 形 食物中脂肪多 ▷肥～｜油～。→ ❷ 形 因食物中脂肪多而使人不想吃 ▷回锅肉肥而不～。❸ 形 因过多而使人厌烦 ▷这歌都让人听～了｜水果总也吃不～｜～烦。→ ❹ 形 光润；细致 ▷滑～｜细～。→ ❺ 名〈文〉污垢；脏东西 ▷尘～｜垢～。❻ 形 又黏又滑 ▷抹布上全是油垢，摸着发～。☛ 右上是"弋"，不是"戈"。参见 367 页"贰"的提示㊁。

【腻虫】nìchóng 名 蚜虫的俗称。

【腻烦】nìfan〈口〉❶ 形 因长时间接触而感到厌烦 ▷整天待在家里，你不～吗？❷ 动 讨厌；嫌恶 ▷我最～这种阴阳怪气的人。

【腻人】nìrén〈口〉❶ 形 腻②。❷ 形 话语过多或重复啰唆，使人厌烦 ▷听这种冗长乏味的讲话，真～。

【腻味】nìwei 形〈口〉腻烦①。

【腻子】nìzi 现在一般写作"泥子"。

溺 nì ❶ 动 淹没 ▷～水而死｜～婴。→ ❷ 动 沉迷而没有节制 ▷～爱。

另见 1004 页 niào。

【溺爱】nì'ài 动（对孩子）过分地宠爱 ▷奶奶特别～小孙女儿。☛ 参见 191 页"宠爱"的提示。

【溺水】nìshuǐ 动 沉入水中 ▷抢救～儿童。

【溺婴】nìyīng 动 把初生的婴儿淹死。

niān

拈 niān ❶ 动 用手指头夹或捏取 ▷从口袋里～出两枚硬币｜信手～来｜～阄｜～香◇～轻怕重。参见插图 14 页。○ ❷ 名 姓。☛ 统读 niān，不读 niǎn。

【拈花惹草】niānhuā-rěcǎo 指（男子）挑逗、勾引异性。

【拈阄儿】niānjiūr 动〈口〉抓阄儿。

【拈轻怕重】niānqīng-pàzhòng 比喻接受工作任务时，只拣轻松的，害怕繁重的。

蔫 niān ❶ 形 植物的花、果、叶等因缺乏水分而萎缩 ▷花刚开几天就～了|枯～。→❷ 形 比喻无精打采 ▷他这几天可～了，是不是有什么心事？|～头耷脑。❸ 形〈口〉不活泼 ▷别看他人～，干起活儿来却挺麻利|～脾气。☛ 下边是"灬"，不是"与"。

【蔫巴】niānba 形〈口〉(花木、果实等)干枯萎缩 ▷叶子都～了◇他这几天很～。

【蔫不唧】niānbujī〈口〉❶ 形 形容人情绪不高的样子 ▷挨了顿批评，～地回家了。❷ 形 沉默寡言；悄无声息 ▷这姑娘总是～的，没一点儿精神劲儿。

【蔫呼呼】niānhūhū 形 形容人性子慢，说话、做事不干脆 ▷这人总是～的，没一点儿利索劲儿。

【蔫儿坏】niānrhuài 动〈口〉不露声色地使坏 ▷那种～的人，平时看不出来。

【蔫头耷脑】niāntóu-dānǎo 耷拉着脑袋。形容人情绪低落、无精打采的样子 ▷这小伙子～的，恐怕有不痛快的事吧？

nián

年（*秊）nián ❶ 名 本指庄稼成熟，引申为一年中庄稼的收成 ▷～景|～成。→❷ 量 时间法定计量单位，地球环绕太阳运行一周的时间为 1 年。公历平年 365 天为 1 年，闰年 366 天为 1 年；农历平年 354 天或 355 天为 1 年，闰年 384 天或 385 天为 1 年 ▷为期一～|三～完成|每～举行|闰～。⇒❸ 名 每年的 ▷～会|～检|～薪。⇒❹ 名 岁数 ▷～富力强|～纪。❺ 名 人一生中按年龄划分的阶段 ▷幼～|少～|中～|老～。⇒❻ 名 时期 ▷早～|近～|清朝末～。⇒❼ 名 年节，新的一年开始的那天及其前后的几天 ▷新～|拜～。❽ 名 有关年节的 ▷～货|～糕。⇒❾ 名 科举时代同年登科的关系 ▷～谊|～伯|～兄。○❿ 名 姓。

【年报】niánbào ❶ 名 一年只出版一次的刊物 ▷数学～。❷ 名 (各机关部门)按年度上报的文件、表格等 ▷财务处的～已经上交了。

【年表】niánbiǎo ❶ 名 按年度上报的表格(多用于财会方面)。❷ 名 按历史年代顺序编排历史事件的表格 ▷中国历史朝代～。

【年菜】niáncài 名 专门为过年准备的较丰盛的菜肴。

【年产】niánchǎn ❶ 动 全年生产；每年生产 ▷～原油 5000 万吨。❷ 名 指年产量 ▷～升至 15 万辆。

【年成】niáncheng 名 一年内农作物的收获情况 ▷今年风调雨顺，～特别好。

【年齿】niánchǐ 名〈文〉年龄；岁数 ▷～尚幼，不谙世事|论～，他比我小 8 岁。

【年初】niánchū 名 一年中最初的一段日子。也说岁初。

【年代】niándài ❶ 名 时间；年数 ▷这套家具使用～已很久了。❷ 名 时代 ▷战争～。❸ 名 在一个世纪中每十年为一个年代。如 1980—1989年为 20 世纪 80 年代。

【年底】niándǐ 名 一年中最后的一段日子。也说岁末、岁尾。

【年度】niándù 名 按照业务性质和实际需要而规定的有一定起讫日期的 12 个月。如我国的学校一般是从前一年的下半年到第二年的上半年为一个教学年度。

【年饭】niánfàn 名 年夜饭。

【年份】niánfèn ❶ 名 指某一年 ▷事件发生的～写得不对。❷ 名 经历年代的长短 ▷这台座钟的～可不短。

【年富力强】niánfù-lìqiáng 正值盛年，精力充沛(年富：指未来的年岁还很多)。

【年高德劭】niángāo-déshào 年岁大，品德高尚 ▷推举一位～的人担任名誉会长。

【年糕】niángāo 名 用有黏性的米或米粉制成的糕。是农历过年常吃的食品。

【年根】niángēn 名〈口〉年末；年底。

【年庚】niángēng 名 生辰八字。

【年关】niánguān 名 旧时农历年底要结清一年的账目，欠租借债的人把这一段时间看成是难以度过的关口，所以也把年底叫做年关。

【年光】niánguāng ❶ 名〈文〉时光；年华 ▷～荏苒|切莫辜负好～。❷ 名 年成；收成 ▷不旱不涝，～很好。

【年号】niánhào 名 我国封建时代帝王在位期间纪年的名号。如明太祖朱元璋的年号叫洪武。

【年华】niánhuá 名 年岁或岁月(含美好、珍贵意) ▷青春～|～似水。

【年画】niánhuà 名 过春节时民间张贴的表示欢乐吉祥的图画。

【年会】niánhuì 名 指某些社会团体每一或两年举行一次的例会。

【年货】niánhuò 名 过春节时所需的各种食品和用品。

【年级】niánjí 名 学校根据学生修业年限所划分的级别。如我国通常把小学分为 6 个年级，初中和高中各分为 3 个年级。

【年纪】niánjì 名 (人的)年龄；岁数。☛ 参见 1001 页"年龄"的提示。

【年假】niánjià ❶ 名 过年期间放的假。❷ 名 指学校的寒假。❸ 名 职工按年度享受的假期。

【年间】niánjiān 名 指在某一个时期之内 ▷清朝乾隆～。

【年检】niánjiǎn 动 每年一次的检验或检查。

【年鉴】niánjiàn 名 指按年度出版、汇集有关方面一年内重要情况及统计资料等的工具书。如教育年鉴、小说年鉴等。

【年节】niánjié 名 一般指农历春节前后的几天。

【年届】niánjiè 动〈文〉年纪到了(某一阶段) ▷王老～八旬，精神矍铄。

【年景】niánjǐng ❶ 名 年成 ▷今年的～不如去年。❷ 名 过春节的热闹景象。

【年均】niánjūn 动 按年度平均计算 ▷该厂的总产值 3 年来～增长 17%以上。

【年刊】niánkān 名 一年只出版一期的刊物。

【年来】niánlái 名 一年或近年以来 ▷～身体欠安，深居简出。

【年礼】niánlǐ 名 年终赠送给他人的礼品或礼金。

【年历】niánlì 名 一种印有一年的月份、星期、日期的印刷品，一般还标明节气、节日、纪念日等。

【年利】niánlì 名 年息。

【年龄】niánlíng 名 按年计算的人或动植物等已经生存或存在的时间；岁数 ▷你妹妹的～多大？|这只熊猫的～也不小了。☛ 跟"年纪"不同。"年龄"可用于动植物以及天体、地球等；"年纪"只用于人。

【年龄段】niánlíngduàn 名 按年龄划分的阶段。因需要不同，可有不同的划分 ▷义务教育～|就业～。

【年轮】niánlún 名 树木主干横切面显现的同心环纹。一般每年形成一轮，据此可推算出树的年龄。

【年迈】niánmài 形 年岁很大 ▷～多病。

【年貌】niánmào 名 年纪和相貌 ▷小两口～相当。

【年末】niánmò 名 一年的最后一段时间。

【年内】niánnèi 名 本年之内 ▷会议论文集争取～出版。

【年年】niánnián 名 每一年 ▷～如此。

【年年月月】niánniányuèyuè 每年每月，表示长期不断。

【年谱】niánpǔ 名 按照年代次序编写的个人生平事迹(多用于书名)，如《杜工部年谱》。

【年前】niánqián ❶ 名 新的一年到来之前 ▷这个工程～可以完工。❷ 名 新年之初称前一年年末的一段时间 ▷～他来过一趟。☛ 参见 1092 页"前年"的提示。

【年青】niánqīng ❶ 见本页"年轻"①。现在一般写作"年轻"。❷ 形 形容充满活力和朝气 ▷他有一颗～的心。☛ 跟"年轻"不同。"年轻"还可用于比较，如 15 岁比 25 岁年轻，60 岁比 70 岁年轻；"年青"不能这样用。

【年轻】niánqīng ❶ 形 指人年纪不大；也指国家、组织等成立不久 ▷他才 20 岁，很～|～的国家|这门学科还很～。❷ 形 年青②。❸ 形 相比之下年纪小 ▷你比我～多了。☛ 参见本页"年青"的提示。

【年三十】niánsānshí 名 大年三十。

【年少】niánshào ❶ 形 岁数小 ▷你还～，报国有时。❷ 名 男性青少年 ▷翩翩～。

【年深日久】niánshēn-rìjiǔ 时间十分长久 ▷老家的宅院无人居住，～，早就破败不堪了。也说年深月久、年深岁久。

【年审】niánshěn 动 每年一次的例行审查或审验 ▷对车辆按期～|～律师资格。

【年事】niánshì 名 年纪(含生活经历较长的意味) ▷爷爷～已高。

【年岁】niánsuì ❶ 名 年纪；岁数 ▷～大了，记性差了。❷ 名 较长的时间 ▷有～了。❸ 名 年代；时代 ▷都什么～了，还那么不开通！

【年头】niántóu 名〈口〉一年的开头；年初 ▷～我来过一次，你不在。

【年头儿】niántóur〈口〉❶ 名 一年(不一定指全年) ▷母亲去世，到现在有 5 个～了。❷ 名 和"有"搭配，表示多年 ▷这张桌子是爷爷用过的，有～了。❸ 名 时代 ▷这～大家的生活好多了。❹ 名 年成 ▷春旱夏涝，～不好。

【年尾】niánwěi 名〈口〉一年的末尾 ▷临近～，该清清账了。

【年息】niánxī 名 按年计算的利息。也说年利。

【年下】niánxia 名〈口〉春节的前后 ▷现在我们这儿～不兴放鞭炮了。

【年限】niánxiàn 名 规定的年数 ▷服役～。

【年薪】niánxīn 名 按年计算的工资 ▷我们这儿的厂长们也要由月薪改为～了。

【年夜】niányè 名 农历除夕的夜晚。按照我国的传统习俗，这个夜晚，全家人多要在一起团聚。

【年夜饭】niányèfàn 名 农历除夕晚上全家人团聚在一起吃的饭。也说年饭。

【年月】niányue ❶ 名 时候；日子 ▷这一走不知什么～才能回来。❷ 名〈口〉时代 ▷都什么～了，还这身打扮。

【年长】niánzhǎng 形 年岁大 ▷我们当中数你～，还是你领着大家干吧！

【年中】niánzhōng 名 一年的中间阶段，一般指六七月间。

【年终】niánzhōng 名 年末 ▷～总结。

【年资】niánzī 名 工龄和资历 ▷在工资的构成

中，也要考虑到～因素。

【年尊】niánzūn 形 年长（含尊敬色彩）▷您老～，请上坐。

粘 nián 名 姓。
另见1731页zhān。

鲇（鮎） nián 名 鲇鱼，体长，前部平扁，后部侧扁，口宽大，有须两对，背鳍小，无鳞，体表多黏液。生活在淡水中。☛ 统读nián，不读niān。

黏 nián 形 形容能把一种东西粘（zhān）连在另一种东西上的性质 ▷这胶水～得很｜糨糊不～｜～液｜～附｜～性｜发～。☛ 跟"粘"不同。"粘"读zhān，用作动词；读nián时仅用作姓。含"黏"的复合词均不宜写作"粘"。

【黏虫】niánchóng 名 昆虫，成虫淡灰褐色，前翅顶角至后缘有一条褐色斜纹，外缘有7个小黑点，后翅淡灰色。幼虫头褐色，背部有彩色纵纹。主要危害小麦、玉米、水稻等农作物。也说蚜蛃。

【黏稠】niánchóu 形 既有黏性，浓度又大 ▷～液体｜血液～。

【黏度】niándù 名 黏性物质黏着力强弱的程度 ▷这种胶水的～很大。

【黏附】niánfù 动 黏性物质粘（zhān）在其他物体上 ▷橡皮膏可以～在皮肤上。

【黏糕】niángāo 名 用黄米、糯米等的粉蒸制成的黏性食品。

【黏合】niánhé 动 用黏性物质把两个或几个物体粘（zhān）在一起。

【黏合剂】niánhéjì 名 能使两个物体彼此粘（zhān）在一起的物质。如各种胶水、合成树脂等。也说黏胶。

【黏糊糊】niánhūhū 形 形容很黏的感觉 ▷用手一摸，～的，不知是什么东西。

【黏糊】niánhu ❶ 形 又黏又稠；形容关系非常亲密 ▷玉米面粥熬得很～｜师傅跟他特～。❷ 形 形容人做事不利索，拖泥带水的样子 ▷干活儿这么～，哪天能干完呢？

【黏胶纤维】niánjiāo xiānwéi 人造纤维主要品种之一，用木材、棉籽绒、植物茎秆等的纤维作原料，用特殊工艺，经复杂流程精制而成。

【黏结】niánjié 动 黏合在一起 ▷他的头发都～成一绺一绺的了。

【黏菌】niánjūn 名 介于动物和真菌之间的微生物。通过孢子繁殖，形态各异，无叶绿素，一般为腐生，少数寄生，可任意改变体形，是研究原生质结构和生殖生理等的实验材料。

【黏米】niánmǐ 名〈口〉指具有黏性的黄米、糯米等。某些地区专指黄米。

【黏膜】niánmó 名 覆盖在人或动物体内某些器官管腔内壁的一层薄膜。内有血管和神经，能分泌黏液。

【黏湿】niánshī 形 又黏又湿 ▷墙壁很～。

【黏土】niántǔ 名 具有黏性的土壤。

【黏性】niánxìng 名 具有黏着力的性质 ▷～大。

【黏液】niányè 名 人或动植物体内分泌出来的有黏性的液体。

【黏着】niánzhuó 动 粘（zhān）在一起；附着 ▷～力。

鲶 nián 同"鲇"。现在一般写作"鲇"。

niǎn

捻 niǎn ❶ 动 用手指搓或转动 ▷～线｜把煤油灯～亮些。→ ❷ 名 捻子 ▷灯～｜纸～儿｜药～。

【捻捻转儿】niǎnnianzhuànr 名 儿童玩具，原理同陀螺。用手捻动上面的轴，可以直立旋转。

【捻子】niǎnzi 名 用纸、棉等搓成的条状物或用纱织成的带状物 ▷灯～｜药～。也说捻儿。

辇（輦） niǎn 名 古代用人拉或推的车。秦、汉以后专指帝王、后妃乘坐的车 ▷龙车凤～。

辗（輾） niǎn 同"碾"②。
另见1732页zhǎn。

撵（攆） niǎn ❶ 动 使人离开；驱逐 ▷怎么说也～不走他｜被～出家门。→ ❷ 动〈口〉追赶 ▷他刚走，还～得上。

撚 niǎn 同"捻"。现在一般写作"捻"。

碾 niǎn ❶ 名 碾子 ▷石～｜水～｜汽～。→ ❷ 动 用碾子等滚轧 ▷～米｜～药。

【碾场】niǎncháng 动 在场上用碌碡等碾轧谷物，以脱下籽粒。☛ "场"这里不读chǎng。

【碾坊】niǎnfáng 名 把谷物碾轧成米或面粉的作坊。☛ 不宜写作"碾房"。

【碾磙子】niǎngǔnzi 名 碾子的主要部件之一，圆柱体的石头，固定在碾盘的中心桩上，用人力、畜力或水力推动。也说碾砣。

【碾米机】niǎnmǐjī 名 把谷物碾轧去皮加工成米的机器。

【碾盘】niǎnpán 名 承载碾磙子和谷物的圆形石头底盘。

【碾砣】niǎntuó 名 碾磙子。

【碾子】niǎnzi 名 轧碎谷物或给谷物去皮的石制工具，有一个轧东西的碾砣和承载碾砣的碾盘；泛指用于滚轧或研磨的工具。

蹍 niǎn 动 踩；踩住用劲搓揉 ▷用脚～灭地上的烟头。

niàn

廿 niàn 数 数目,二十 ▷~四史。☛ 笔顺是一廿廿。

念[1] niàn ❶ 动 惦记;常常想 ▷想~|怀~|~~不忘。→ ❷ 动 考虑 ▷~你年幼无知,原谅这一次。→ ❸ 名 内心的想法或打算 ▷一~之差|~头|杂~。○ ❹ 名 姓。

念[2]（*唸） niàn ❶ 动 出声读 ▷~单词|~经。→ ❷ 动 上学 ▷~初中。

念[3] niàn 数 数目"廿"的大写。☛ "念"字上边是"今",不是"令"。

【念白】niànbái 名 指戏曲中的对话或独白,即戏曲表演艺术四大要素"唱、念、做、打"中的"念"。也说道白、说白。

【念叨】niàndao〈口〉❶ 动 由于挂念而经常提起 ▷她时常~你。❷ 动 说;讲 ▷别再~了。

【念道】niàndao 现在一般写作"念叨"。

【念佛】niànfó 动 佛教指口诵"阿弥陀佛"或"南无(nāmó)阿弥陀佛" ▷吃斋~。

【念及】niànjí 动 思念到;考虑到 ▷~老母|~苍生。

【念经】niànjīng 动 (信仰宗教的人)诵读经文。

【念旧】niànjiù 动 惦记着昔日的情谊 ▷这个人~,对往日的朋友很重情义。

【念念不忘】niànniàn-bùwàng 时时刻刻想着;牢记在心 ▷儿时母亲说的这句话,她至今~|~群众的期待。

【念念有词】niànniàn-yǒucí 原指小声地念诵经文或咒语;现多形容人不停地自言自语。

【念书】niànshū 动 读书;上学 ▷他正在书房里~|他~还没有毕业|奶奶没念过书。

【念诵】niànsòng 动 轻声地读 ▷~经文。

【念头】niàntou 名 想法;打算 ▷打消了~。

【念物】niànwù 名 可作为纪念的物品。

【念想儿】niànxiǎngr 名〈口〉纪念品;心中想念的事物 ▷为了留个~,他临行带上了一小包儿家乡的土|喝大碗茶是老北京们的~。

【念咒】niànzhòu 动 念诵咒语。

【念珠】niànzhū 名 佛教徒念诵经文时用来计算次数的串珠。多用香木制成,也有用玛瑙、玉石等制成的。也说佛珠、数(shù)珠。

【念兹在兹】niànzī-zàizī 形容对某事十分重视,一心想着,念念不忘(兹:这个)。

埝 niàn 名 河边或田间用来挡水的土埂 ▷土~|河~|~埂。

niáng

娘（*孃❶） niáng ❶ 名 母亲 ▷爹~|~家。→ ❷ 名 称长一辈的或年长的已婚妇女 ▷姨~|大~。○ ❸ 名 年轻女子 ▷姑~(niang)。

【娘家】niángjia 名 女子出嫁后,称自己父母的家(跟"夫家""婆家"相区别)。

【娘舅】niángjiù 名 某些地区指舅舅。

【娘们儿】niángmenr ❶ 名 某些地区称已婚妇女(多含不尊敬意)。❷ 名 某些地区指妻子 ▷老张的~真能干。

【娘娘】niángniang ❶ 名 古时称皇后或贵妃。❷ 名 女神的俗称 ▷~庙。

【娘娘腔】niángniangqiāng 名 指男子像女子一样尖细阴柔的说话声音和腔调 ▷一口~真难听。

【娘亲】niángqīn 名 某些地区指母亲。

【娘儿们】niángrmen〈口〉❶ 名 女辈;女人(多含不尊敬意,可用于单数) ▷这些戏~最爱看|这~真不地道。❷ 名 长辈妇女和男女晚辈的合称 ▷咱们~坐在一起说说话。

【娘胎】niángtāi 名 怀着胎儿的母体;也用来比喻先天 ▷这孩子一出~,哭声可大了|他这块斑是~里带来的。

【娘子】niángzǐ ❶ 名 旧时对中青年已婚女子的尊称(多见于早期白话,②同)。❷ 名〈口〉指妻子。

【娘子军】niángzǐjūn 名 由女性组成的武装队伍;泛指妇女集体(含诙谐意) ▷红色~|这些活儿都是我们~干的。

niàng

酿（釀） niàng ❶ 动 酿造 ▷~酒。→ ❷ 名 指酒 ▷佳~|陈~。→ ❸ 动 逐渐形成 ▷~成大祸|酝~。→ ❹ 动 蜜蜂做蜜 ▷~蜜。○ ❺ 动 烹调方法,将肉馅儿等填入掏空的冬瓜、柿子椒等蔬菜中,然后煎或蒸 ▷~冬瓜。☛ ㊀统读 niàng,不读 rǎng 或 ràng。㊁右边是"良",不能写成"上"。

【酿成】niàngchéng 动 造成(不好的结果) ▷~大错。☛ 参见 234 页"促成"的提示。

【酿造】niàngzào 动 利用发酵作用制造 ▷~美酒◇~幸福生活。

【酿制】niàngzhì 动 酿造。

niǎo

鸟（鳥） niǎo ❶ 名 脊椎动物的一纲。卵生,体温恒定,骨多有空隙,内充气体。全身有羽毛,前肢变成翼,一般能飞,后肢能行走。种类很多,鹰、鸡、鸵鸟等都属于鸟类。○ ❷ 名 姓。☛ ㊀笔顺是丿勹勺鸟鸟,5

画。㊁跟"乌(wū)"不同。㊂"鸟"作左偏旁时最后一画横(一)要改写成提(㇀),如"鸵";在字下部或作右偏旁时不改,如"莺""鸭"。

另见 318 页 diǎo。

【鸟铳】niǎochòng 图 旧式火枪,内装火药、铅弹等,用来打鸟。

【鸟道】niǎodào 图 只有飞鸟才能越过的道路。形容险峻狭窄的山路。

【鸟粪】niǎofèn 图 鸟的粪便;特指成群海鸟长期栖息地所堆积的鸟类粪便。是良好的肥料。

【鸟尽弓藏】niǎojìn-gōngcáng《史记·越王句(gōu)践世家》:"蜚鸟尽,良弓藏。"(蜚:同"飞")飞鸟射尽,就把弓箭收藏起来。比喻事情成功后就将曾经出过力的人弃置不用。☛也常跟"兔死狗烹"连用。

【鸟瞰】niǎokàn ❶ 动 从高处向下看 ▷登上电视塔,可以~市区全貌。❷ 动 全面概括地描述(多用于书名、篇名) ▷旅游市场~。

【鸟笼】niǎolóng 图 用来养鸟的笼子。

【鸟枪】niǎoqiāng 图 打鸟用的枪。旧时多用火枪,后来多用气枪。我国现已严格限用。

【鸟枪换炮】niǎoqiāng-huànpào 鸟枪换成了大炮。比喻情况、条件等有极大的改善。

【鸟雀】niǎoquè 图 泛指各种鸟 ▷~成群。

【鸟兽】niǎoshòu 图 鸟和兽;泛指各种飞禽走兽 ▷不能随便捕杀~。

【鸟兽散】niǎoshòusàn (人群)像受到惊扰的鸟兽一样四处逃散(含贬义) ▷一见到交警来,飙车族们立马如~。

【鸟窝】niǎowō 图 鸟住的巢穴。有鸟搭的,也有借助自然物或建筑物形成的,还有人工建造的。也说鸟巢。

【鸟语花香】niǎoyǔ-huāxiāng 鸟儿鸣叫,花儿飘香。形容花草树木欣欣向荣,鸟雀飞翔啼鸣的美好景象。

茑(蔦) niǎo 图 常绿小灌木,茎蔓生,多寄生在桑、枫、杨、樟等树上。枝、叶可以做药材。

【茑萝】niǎoluó ❶ 图 一年生草本植物,茎细长爬蔓,叶羽状或掌状,花冠红色或白色。为庭园观赏植物。〇 ❷ 图〈文〉茑和女萝,两种寄生植物;比喻依附别人的人 ▷愿为~。

袅(裊*嫋褭嬝) niǎo 形 柔软细长 ▷~~。☛"袅"是上下结构,不是半包围结构。

【袅袅】niǎoniǎo ❶ 形(烟气)回旋上升的样子 ▷炊烟~。❷ 形 纤长柔软的东西随风摇摆的样子 ▷春光明媚,柳枝~。❸ 形 形容声音绵延不绝 ▷余音~。

【袅袅婷婷】niǎoniǎotíngtíng 形 形容女子走路时体态轻柔优美的样子。

【袅娜】niǎonuó〈文〉❶ 形 形容草木细长柔软的样子 ▷柳丝~。❷ 形 形容女子体态轻柔优美的样子 ▷~多姿。

嬲 niǎo 动〈文〉戏弄;纠缠。

niào

尿 niào ❶ 图 人或动物从肾脏滤出、由尿道排泄出来的液体 ▷屁滚~流|撒~|~液|~盆。→ ❷ 动 排尿 ▷~尿|~床。

另见 1317 页 suī。

【尿不湿】niàobùshī 图 纸尿裤的俗称。

【尿布】niàobù 图 包裹在婴儿下体或垫在婴儿床上用来接屎尿的布。也说尿片。

【尿床】niàochuáng 动 在床上遗尿。

【尿道】niàodào 图 排出尿液的管道。男女尿道不同。男性尿道除排尿外,还有排精作用。

【尿毒症】niàodúzhèng 图 严重的肾脏疾病。多由肾循环发生障碍或尿路阻塞引起肾功能衰竭,使废物积聚体内所致。严重时病人出现惊厥、昏迷,甚至死亡。

【尿肥】niàoféi 图 做肥料的尿。

【尿壶】niàohú 图〈口〉便壶。

【尿急】niàojí 动 因患膀胱炎等疾病或精神紧张而急迫感觉需要排尿。

【尿检】niàojiǎn 动 对尿液进行抽样检查,以判断被检者身体状况;特指对参赛运动员进行尿检,以判断其体内是否有违禁药物。

【尿炕】niàokàng 动 在炕上遗尿。

【尿频】niàopín 动 排尿次数明显增多而每次尿量较少。常见于泌尿系统疾病。

【尿失禁】niàoshījìn 动 对排尿失去控制能力,尿液经尿道自动流出。

【尿素】niàosù 图 有机化合物,白色结晶,易溶于水,是人或动物尿中的一种含氮物质。可以用人工合成。用作肥料或饲料,也是制造塑料、炸药的原料。也说脲(niào)。

【尿酸】niàosuān 图 有机酸,白色结晶,呈弱酸性。人和某些动物的尿、粪中含有少量的尿酸。可用来制造药品和其他化学制品。

【尿血】niàoxiě 动 小便中混有血液或排尿时排出的都是血液。

【尿液】niàoyè 图 尿① ▷取~进行化验。

脲 niào 图 尿素。

溺 niào 同"尿(niào)"。
另见 999 页 nì。

niē

捏(*揑) niē ❶ 动 用拇指和其他指头一起夹住 ▷~着鼻子|手~

不住筷子。→ ❷ 动 用手指把软东西弄成某种形状 ▷～面人儿|～橡皮泥。参见插图14页。⇒ ❸ 动 使合起来;撮合 ▷把那么多不同脾气的人～在一起不容易|～合。⇒ ❹ 动 虚构;编造 ▷～造。○ ❺ 动 握 ▷把纸团～在手心里。☛ 右边是“呈”,不是“皇”。

【捏合】niēhé ❶ 动 捏③。❷ 动 捏造(多用于近代汉语) ▷～个理由来骗人。

【捏脊】niējǐ 动 中医指用手捏压小儿的脊柱两旁来治疗消化不良等疾病。也说捏积。

【捏弄】niēnong ❶ 动 捏摸玩弄 ▷～着手上的泥坨儿|低着头～着衣摆。❷ 动 耍弄;捉弄 ▷提防被人～了。❸ 动 旧时买卖耕畜,双方或一方跟经纪人在袖管中用捏手指的方法讨价还价 ▷双方～了一会儿,成交了。❹ 动 捏造;编造 ▷这些话全是他～出来的。

【捏一把汗】niēyībǎhàn 由于担心而手心攥出汗。形容心里十分紧张 ▷孩子爬到屋顶上,大家都为他～。也说捏把汗。

【捏造】niēzào 动 凭空编造 ▷～罪名|纯属～。

nié

苶 nié 形〈口〉疲劳;没精神 ▷全身发～|孩子有点儿～,或许是病了。

niè

乜 niè 名 姓。
另见956页 miē。

隉 niè 见1460页“阢(wù)隉”。

聂(聶) niè 名 姓。

臬 niè ❶ 名〈文〉箭靶。→ ❷ 名 古代测量日影的标杆。→ ❸ 名〈文〉准则;法则。○ ❹ 名 姓。☛ 上边是“自”,不是“白”。

涅(*涅) niè〈文〉❶ 名 涅石。→ ❷ 动 染黑。☛ 右边是“呈”,不是“皇”。

【涅而不缁】niè'érbùzī (本质洁白的东西)用涅石染也不会变黑(缁:黑色)。比喻操守坚贞,不受恶劣环境的影响。

【涅槃】nièpán 动 梵语Nirvāṇa音译。佛教原指经过修行,达到超脱生死、超脱一切烦恼的精神境界。后也指僧人去世。也说圆寂。

【涅石】nièshí 名 古书中指一种可做黑色染料的矿物。

苶 niè 见302页“地苶”。

啮(嚙*齧囓) niè 动〈文〉(鼠、兔等小动物)咬;啃 ▷虫咬鼠～|～合。

【啮齿】nièchǐ 动〈文〉咬牙切齿。表示极其愤怒。

【啮齿动物】nièchǐ dòngwù 哺乳动物的一类,上颌和下颌各有两颗会持续生长的门牙,多居住在洞穴中,多数以植物为食。种类很多,如鼠、兔、松鼠等。

【啮合】nièhé 动 上下齿咬合在一起;也指两个或两个以上的齿轮互相咬合 ▷他的上下牙～不好|两个齿轮松动了,～不紧。

【啮噬】nièshì 动 咬。

嗫(囁) niè 见下。☛ 统读 niè,不读 zhé。

【嗫嚅】nièrú〈文〉❶ 形 形容窃窃私语的样子 ▷喜～而妄作。❷ 形 形容吞吞吐吐,想说又不敢说的样子 ▷口将言而～。

嵲 niè 见322页“嵽(dié)嵲”。

阒(闑) niè〈文〉❶ 名 两扇门中间所竖的短木。→ ❷ 名 门。

镊(鑷) niè ❶ 名 镊子。→ ❷ 动 用镊子拔出或夹取 ▷～猪毛。

【镊子】nièzi 名 用来夹取细小物体或拔除细毛的用具。多用金属制成。

镍(鎳) niè 名 金属元素,符号Ni。银白色,质坚韧,有磁性和良好的延展性,在空气中不氧化。用于电镀及制造不锈钢和其他各种精密合金;也用于制造蓄电池和硬币等。

【镍币】nièbì 名 含镍的金属货币。

颞(顳) niè 见下。

【颞骨】niègǔ 名 脑颅的组成部分,在头颅两侧,靠近耳朵上前方,形状扁平。

【颞颥】nièrú 名 头部两侧靠近耳朵上方的部位。

鼿 niè [鼿卼] nièwù 形〈文〉动荡不安。

蹑(躡) niè ❶ 动〈文〉踩;登 ▷～足|～上高位。→ ❷ 动〈文〉追随;追踪 ▷～踪。○ ❸ 动 放轻脚步,使不出声 ▷～着脚上楼|～手～脚。

【蹑手蹑脚】nièshǒu-nièjiǎo 手脚放得很轻。多形容走路时脚不出声。

【蹑足】nièzú ❶ 动 将脚步放轻 ▷～来到病床前。❷ 动〈文〉插足;参加 ▷～其间。

【蹑足潜踪】nièzú-qiánzōng 放轻脚步,隐藏踪迹。形容行动隐秘。

孽(*孼) niè ❶ 名 妖怪;邪恶② ▷妖～|余～。→ ❷ 形 邪恶① ▷～党|～根。→ ❸ 名 祸害;罪恶 ▷作～|罪

～。→❹形不忠或不孝的 ▷～臣｜～子(zǐ)。

【孽根】nièɡēn 名 罪恶和灾祸的根源 ▷铲除～。

【孽海】nièhǎi 名 佛教指使人沉沦的无边的罪恶。也说业海。

【孽债】nièzhài 名 已经造成而尚未受到惩罚的罪孽 ▷偿还～｜风流～。

【孽障】nièzhànɡ 名 业障。

【孽种】nièzhǒnɡ ❶名 孽根。❷名 旧时长辈对不肖子弟的憎称；有时也用作昵称 ▷都是你这个～闯的祸｜这孩子是我们家的小～。

【孽子】nièzǐ 名 不孝顺的儿子 ▷～不念父母恩。

蘖 niè ❶名 树木被砍伐后，重新生出的新芽。→❷名 泛指植株从茎的基部孳生出的分枝 ▷分～｜～枝。

糵 niè 名〈文〉酿酒的曲。

nín

恁 nín 代 同"您"(不含敬意，多见于近代汉语)。另见 995 页 nèn。

您 nín 代 第二人称代词"你"的敬称 ▷老师，～好｜谢谢～｜这是～的报纸。☛"您"用于复数时，口语中一般不说"您们"，而是在"您"后加数量短语，如"您二位""您几位"。

nínɡ

宁(寧 *寕甯❶—❹) nínɡ ❶形 安定；安宁 ▷～静。→❷动〈文〉使安定 ▷息事～人。→❸动〈文〉已嫁女子回娘家探望父母 ▷归～｜～亲。→❹名 南京的别称(南京曾叫江宁) ▷沪～铁路。❺名 姓。☛㊀读 nìnɡ，用于副词，如"宁死不屈""宁折不弯"。㊁"寧"简化为"宁"后，为避免混淆，汉字中原有的"宁(zhù)"(古"贮"字)改为"宁"。由"宁(zhù)"构成的字，如"貯""苧""紵"，也改为"贮""苎""纻"。

另见 1007 页 nìnɡ；"甯"另见 1008 页 nìnɡ。

【宁靖】nínɡjìnɡ 形〈文〉(社会秩序)安定 ▷保一方～。

【宁静】nínɡjìnɡ 形 (环境、心境)安静；平静 ▷～的夜晚｜心里总是不～。

【宁日】nínɡrì 名 安宁的日子 ▷赌博恶习不改，家无～。

【宁馨儿】nínɡxīn'ér 名〈文〉原义是这样的孩子。后指孩子、产儿、好孩子 ▷小夫妻喜得～｜中西文化的～｜他们暗中庆幸有这样一个～。

拧(擰) nínɡ ❶动 用手握住物体的两头，分别向相反的方向旋转 ▷把湿衣服～干｜～掉萝卜缨子。→❷动 用手指夹住皮肉使劲转动 ▷在他脸上～了一把。☛读 nínɡ，是使物体两端分别向相反方向旋转。读 nǐnɡ，是使物体上的一部分固定，另一部分向确定方向旋转，如"拧开(紧)瓶盖""拧下螺帽"；引申为别扭，如"两人越说越拧"。读 nìnɡ，指脾气倔强，固执。

另见 1007 页 nǐnɡ；1007 页 nìnɡ。

【拧成一股绳】nínɡchénɡ yīɡǔshénɡ 比喻团结一致，劲往一处使 ▷大家～，定能克服困难。

苧(薴) nínɡ 名 有机化合物，液体，有柠檬香味，存在于柑橘类的果皮和松科植物中。可制香料，也可用作合成橡胶、合成纤维的原料。☛参见本页"宁"的提示㊁。

另见 1803 页 zhù "苎"。

咛(嚀) nínɡ 见 323 页"叮(dīnɡ)咛"。

狞(獰) nínɡ 形 面目凶恶可怕 ▷～笑。

【狞笑】nínɡxiào 动 凶恶可怕地笑 ▷瘆人的～。

柠(檸) nínɡ 见下。

【柠檬】nínɡménɡ 名 常绿小乔木，叶长椭圆形，嫩叶和花均带紫红色。果实也叫柠檬，椭圆形或卵圆形，前端呈乳头状。果肉味酸，可制饮料；果皮可提取柠檬油。参见插图 10 页。

【柠檬酸】nínɡménɡsuān 名 有机酸，无色结晶体，柠檬果中含量最多。广泛用于食品工业、印染工业和医药工业。也说枸橼酸。

【柠檬汁】nínɡménɡzhī 名 用柠檬果实的汁液加水和糖制成的饮料，味酸甜，富含维生素 C。也说柠檬水。

聍(聹) nínɡ 见 324 页"耵(dīnɡ)聍"。

凝 nínɡ ❶动 凝结 ▷猪油已经～住了｜～固｜冷～｜～聚｜混～土。→❷动 聚集；集中 ▷～神｜～视｜～思。

【凝冻】nínɡdònɡ 动 凝聚冻结 ▷盆里的水～成一个冰坨◇他这番尖锐的谈话，使会场上的空气一下子～住了。

【凝固】nínɡɡù ❶动 物质从液态变为固态 ▷油类在低温下也会～。❷动 比喻固定不动或停滞不前 ▷～的空气｜思想～了。

【凝固点】nínɡɡùdiǎn 名 在一定压强下，晶体物质由液体开始凝结为固体时的温度。如在标准大气压下，水的凝固点是 0℃。也说凝点。

【凝固剂】nínɡɡùjì 名 能促使液体凝结为固体的添加剂。如制豆腐用的石膏。

【凝固汽油弹】nínggù qìyóudàn 内装凝固汽油的一种燃烧炸弹。凝固汽油是由汽油和凝固剂等混合而成的胶状物，爆炸时向四周溅射，能释放出1000℃左右的高温，并可粘在其他物体上长时间燃烧。

【凝华】nínghuá 动 气态物质不经过液态而直接变为固态。如霜就是空气中的水蒸气凝华的结果。

【凝集】níngjí 动 聚集；集中 ▷他的精力完全～在这幅油画的创作上｜把大家的智慧～在一起。

【凝结】níngjié 动 气体变成液体或液体变成固体 ▷汤碗里～了一层牛油◇这个试验果园～着他30年的血汗。

【凝聚】níngjù 动 凝集；聚合 ▷露珠是由空气里的水分～成的｜～力量。

【凝聚力】níngjùlì 名 使人或物聚集到一起的力量 ▷中华民族的传统文化具有强大的～。

【凝练】nínglіàn 形 指文章内容紧凑，文笔简练 ▷文章写得不～。☛ 不要写作"凝炼"。

【凝炼】nínglіàn 现在规范词形写作"凝练"。

【凝眸】níngmóu 动〈文〉目不转睛；目不转睛地看 ▷～远眺｜～良久。

【凝目】níngmù 动 凝眸。

【凝神】níngshén 动 聚精会神 ▷～注视。

【凝神贯注】níngshén-guànzhù 形容精神高度集中。

【凝视】níngshì 动 目不转睛地看 ▷姑娘避开他～的目光，低下头去。

【凝思】níngsī 动 聚精会神地思考 ▷面壁～。

【凝缩】níngsuō 动 凝聚浓缩 ▷这座古城～着两千多年的历史。

【凝望】níngwàng 动 集中目力远看 ▷～星空。

【凝想】níngxiǎng 动 凝思。

【凝心聚力】níngxīn-jùlì 把大家的思想、情绪和力量汇集在一起，共同做好某项事业 ▷以正确舆论～｜心理建设是一项～的系统工程。

【凝脂】níngzhī 名〈文〉凝固的油脂；多用来比喻洁白细腻的皮肤 ▷口若含丹，肤似～。

【凝滞】níngzhì 动 凝固停滞；不流动 ▷目光～。

【凝重】níngzhòng ❶ 形 浓重；沉重 ▷气氛～。❷ 形 庄重；稳重 ▷神情～。❸ 形 深沉；浑厚（多形容声音、乐曲等）▷曲调～有力。

nǐng

拧（擰）nǐng ❶ 动 把物体控制住并用力使向确定方向旋转 ▷～螺丝｜水龙头没～紧。参见插图14页。→ ❷ 动 颠倒；走了样 ▷把"事半功倍"说成"事倍功半"，满～！→ ❸ 动 别扭；对立 ▷两人合不到一块儿，越说越～。

另见1006页níng；本页nìng。

【拧巴】nǐngba〈口〉❶ 形 衣服等不平整 ▷这条裤子的裤腿有点儿～。❷ 形 别扭；不顺从 ▷他就这么～，谁说也不听。

nìng

宁（寧 *寍甯）nìng ❶ 副〈文〉岂；难道 ▷王侯将相～有种乎？○ ❷ 副 宁可 ▷～死不屈｜～缺毋滥。

另见1006页níng；"甯"另见1008页nìng。

【宁可】nìngkě 副 用在动词或形容词前，表示经过比较之后作出选择（常跟"决不""也不"相呼应）▷～站着死，决不跪着生｜这种事，我们～小心谨慎些。☛ 参见本页"宁肯"的提示。

【宁肯】nìngkěn 副 宁可 ▷～少些，但要好些｜要切实做到～牺牲发展速度，也要保证发展质量。☛ 跟"宁可"有所不同。"宁肯"一般跟体现主观意愿的行为、做法等相搭配；"宁可"一般跟体现客观需要或只能如此的行为、做法相搭配。

【宁缺毋滥】nìngquē-wúlàn 宁可缺少，也不要不顾质量地一味求多。

【宁缺勿滥】nìngquē-wùlàn 现在一般写作"宁缺毋滥"。

【宁死不屈】nìngsǐ-bùqū 宁可舍弃生命也决不屈服。

【宁为鸡口，无为牛后】nìngwéi-jīkǒu，wúwéi-niúhòu 比喻宁肯在小范围里独立自主，发挥才干，也不在大范围里受制于人，无所作为。也说宁为鸡尸，不为牛从。

【宁为玉碎，不为瓦全】nìngwéi-yùsuì，bùwéi-wǎquán 宁做美玉被打碎，不做陶器得保全。比喻宁愿为正义而牺牲，决不苟全性命而丧失气节。

【宁愿】nìngyuàn 副 宁肯 ▷～自己吃亏，也不能让大伙儿受损失。

佞 nìng〈文〉❶ 形 口才好，善于言辞。→ ❷ 形 能说会道，善于奉承 ▷～人｜奸～。→ ❸ 形 有才智 ▷不～（旧时谦称自己）。

【佞臣】nìngchén 名〈文〉奸佞的臣子 ▷青山有幸埋忠骨，白铁无辜铸～。

【佞人】nìngrén 名〈文〉奸邪谄媚的小人。

【佞笑】nìngxiào 动 奸笑；献媚地笑。

【佞幸】nìngxìng ❶ 动〈文〉靠谄媚而得到宠幸。❷ 名〈文〉靠谄媚而得到宠幸的人 ▷～当道。

拧（擰）nìng 形〈口〉倔强 ▷～脾气｜～劲儿。

另见1006页níng；本页nǐng。

【拧劲儿】nìngjìnr 名〈口〉倔强、不顺从的神情、态度 ▷～一上来，谁也说不服他。

【拧种】nìngzhǒng 名〈口〉脾气倔强执拗的人 ▷他那脾气比牛还犟，真是一个～。

泞（濘） nìng 名 烂泥 ▷泥～。☛ 不读 níng。

甯 nìng ❶ 用于人名。○ ❷ 名 姓。另见 1006 页 níng"宁"；1007 页 nìng"宁"。

niū

妞 niū 名 某些地区称女孩子；也用作对女孩子的昵称 ▷这个～儿长得挺俊｜大～儿｜～子。

【妞妞】niūniu 名〈口〉对小女孩儿的昵称。

niú

牛¹ niú ❶ 名 哺乳动物，身体大，头上有两只角，偶蹄，尾巴尖端有长毛。吃草，反刍。力气大，能耕田或拉车。我国常见的有黄牛、水牛、牦牛等数种。→ ❷ 名 星宿名，二十八宿之一。→ ❸ 形 形容倔强、固执或骄傲 ▷～脾气｜～性子｜～气。→ ❹ 形〈口〉形容本领大或实力强 ▷他真～，比专业演员唱得还好。○ ❺ 名 姓。

牛² niú 量 牛顿的简称。☛ "牛"字作左偏旁时，下边的横要改写成提（㇀），同时最后两画的笔顺改为先竖后提，如"物""牲""特"等。

【牛蒡】niúbàng 名 二年生草本植物，根肉质，茎粗壮，带紫色，叶子心形或卵形，开管状紫红色花。嫩叶和根可以食用；种子叫牛蒡子、大力子，可以做药材。

【牛鼻子】niúbízi 名 牛的鼻子；比喻事物的关键或要害 ▷解决问题要抓住～不放。

【牛刀小试】niúdāo-xiǎoshì 用宰牛的刀稍微试一下。比喻有很大本领的人先在小的事情上稍加施展，初显才干 ▷他担任这个职务，不过是～而已。也说小试牛刀。

【牛痘】niúdòu ❶ 名 牛常患的一种急性传染病。病原体和症状都与天花十分相近。❷ 名 接种在人体上以预防天花的牛痘疫苗。

【牛犊】niúdú 名 小牛。也说牛犊子。

【牛顿】niúdùn 量 力的法定计量单位，使质量为 1 千克的物体产生 1 米/秒² 的加速度所需的力为 1 牛顿，1 牛顿等于 10⁵ 达因。为纪念英国科学家牛顿而命名。简称牛。

【牛肝菌】niúgānjùn 名 高等菌类，菌盖黄褐色，似牛肝。盛产于云南、四川等地，多数可食用。

【牛鬼蛇神】niúguǐ-shéshén 牛头蛇身的奇形怪状的鬼怪。比喻虚幻怪诞的人或事物；现多比喻社会上各种丑恶的人或事物。

【牛黄】niúhuáng 名 牛的胆囊结石，黄色，粒状或块状。有强心、清热等作用，是一种珍贵的中药。现也可人工合成，效用相似。

【牛角】niújiǎo ❶ 名 牛的角。❷ 名 用牛角制成的号角。

【牛角尖】niújiǎojiān 名 比喻不值得研究或没办法解决的问题 ▷要拓宽思路，不要钻～。

【牛筋】niújīn ❶ 名 指牛的肌腱或骨头上的韧带。❷ 名 比喻十分固执、很难说服的人 ▷他是个老～，谁也说不动。

【牛劲】niújìn 名 牛的力气。比喻非常大的力气；也指倔强的脾气 ▷他天生一股～｜这人的～一上来，谁也劝不住。

【牛圈】niújuàn 名 饲养牛的屋子或围栏。

【牛栏】niúlán 名 圈养牛的棚子或栅栏。

【牛郎】niúláng ❶ 名 放牛的男子，一般为青少年。❷ 名 我国古代神话传说中的人物。参见本页"牛郎织女"②。

【牛郎星】niúlángxīng 名 牵牛星。

【牛郎织女】niúláng-zhīnǚ ❶ 指牛郎星和织女星。❷ 我国古代神话中的人物。织女是天帝的孙女，下凡嫁给牛郎，不再为天帝织造云锦。天帝大怒，把他们分隔在天河两边，只准每年农历七月初七相会一次。现在常比喻长期分居两地的夫妻。

【牛马】niúmǎ 名 牛和马；比喻为生活所迫受人驱使从事繁重体力活儿的劳苦人 ▷谁愿意做奴隶，谁愿意当～！

【牛毛】niúmáo 名 牛身上的毛；比喻细密或繁多的事物 ▷秋雨细如～。

【牛虻】niúméng 名 昆虫，成虫身体长椭圆形，有翅。雄的吸食植物的汁液和花蜜，雌的吸食牛、马等家畜或人的血液。参见插图 4 页。

【牛奶】niúnǎi 名 牛的奶汁；特指奶牛产的供人食用的奶汁。也说牛乳。

【牛腩】niúnǎn 名 牛肚子上或近肋骨处的松软肌肉；也指用这种肉做成的菜肴。

【牛年马月】niúnián-mǎyuè 猴年马月。

【牛排】niúpái 名 大而厚的牛肉片；也指用这种牛肉片做成的菜肴，是西餐中的一道常见菜。

【牛棚】niúpéng 名 圈养牛的棚子。

【牛皮】niúpí ❶ 名 牛的皮（多指经过鞣制的）▷～靴子。❷ 名 比喻质地像牛皮那样坚韧富有弹性或不易破碎的东西 ▷～糖｜～纸。❸ 名 比喻大话。

【牛皮癣】niúpíxuǎn 名 银屑病的通称。常发于颈部，也见于肘弯、会阴、大腿内侧等部位。先出现扁平丘疹，融合成片，日久增厚，如牛颈皮肤，干燥、脱屑，有阵发性奇痒。

【牛皮蝇】niúpíyíng 名 牛的一种寄生虫，粗壮多毛，形似蜜蜂。雌蝇产卵于牛体上部和腹部两侧毛上。孵出的幼虫钻入牛皮，逐渐到达牛背皮下，形成瘤状，在皮上钻孔呼吸；成熟后钻出，入土化蛹。对牛的危害极大。也说牛蝇。

【牛皮纸】niúpízhǐ 名 一种有较强拉力的纸。质地坚韧，色泽黄褐，如同牛皮。多用作包装纸。

【牛脾气】niúpíqi 名 指倔强、固执的脾气 ▷你这～也该改一改了。☛"脾"不要误写作"皮"。

【牛气】niúqi〈口〉❶ 形 形容高傲自大的样子 ▷他～得很，谁也不放在眼里。❷ 形 气势盛；实力强 ▷话说得很～|这家公司非常～，业绩一直不错。

【牛市】niúshì 名 指价格看涨、交易活跃的证券市场行情（跟"熊市"相对）。

【牛溲马勃】niúsōu-mǎbó 牛溲即牛尿（一说为车前草），马勃是朽木或湿地上的一种菌类。二者都容易获得并都能做药材。比喻虽不值钱，但是有用的东西。

【牛头刨】niútóubào 名 一种刨床，刀架形似牛头，故称。

【牛头不对马嘴】niútóu bù duì mǎzuǐ 见 898 页"驴唇不对马嘴"。

【牛头马面】niútóu-mǎmiàn 佛教称地狱中的两名鬼卒，一个头像牛，一个脸似马。比喻丑陋邪恶的人。

【牛蛙】niúwā 名 蛙的一种。比普通蛙大，叫声如牛。以昆虫、鱼虾等为食，原产于北美洲。目前已可人工养殖，供食用。

【牛瘟】niúwēn 名 牛的一种急性传染病，猪、羊、骆驼等也会感染。由病毒引起，症状是高热、寒战，口内黏膜糜烂，鼻子、眼睛流出脓状分泌物，腹泻带脓血，病畜通常在 10 天左右死亡。

【牛性子】niúxìngzi 名 像牛一样倔强的性格。

【牛鞅】niúyàng 名 牛拉车或犁地时架在脖子上的挽具。也说牛鞅子。

【牛饮】niúyǐn 动 像牛一样大口地喝；狂饮。

【牛蝇】niúyíng 名 牛皮蝇。

【牛油】niúyóu 名 牛的脂肪。可食用，也是制肥皂、脂肪酸等的原料。

【牛仔】niúzǎi 名 英语 cowboy 意译。美国西部放牛的小伙子；泛指放牛的小伙子。

【牛仔服】niúzǎifú 名 指与牛仔裤的用料、风格相一致的服装。如牛仔裙、牛仔衫等。☛ 不要写作"牛崽服"。

【牛仔裤】niúzǎikù 名 多用厚实的蓝色粗斜纹布料制成的紧腰、浅裆、瘦腿的裤子。原为美国西部年轻的牧人穿用，后在世界各地流行。☛ 不要写作"牛崽裤"。

【牛崽】niúzǎi 名 某些地区指小牛。

niǔ

扭 niǔ ❶ 动 用手旋转东西 ▷～开水龙头。→ ❷ 动 拧伤（筋骨）▷～了脚脖子。→ ❸ 动 掉转方向 ▷～过脸去|～转。❹ 动 走路时身体摇摆 ▷走起路来一～一～的|～秧歌。→ ❺ 动 揪住；缠绕 ▷～送|强～的瓜不甜。

【扭摆】niǔbǎi 动 扭④ ▷腰肢～。

【扭扯】niǔchě ❶ 动 互相揪住；彼此拉扯 ▷两人互相～起来。❷ 动 彼此纠缠搅和 ▷你和他～在一起有什么好处？

【扭打】niǔdǎ 动 互相扭扯在一起对打。

【扭结】niǔjié ❶ 动 互相揪住 ▷两人～在一起，厮打起来。❷ 动 缠绕在一起，难以分开 ▷毛线～在一起了|别把不相干的事硬～在一块儿。

【扭亏】niǔkuī 动 改变经济亏损的状况 ▷～为盈|～增盈。

【扭力】niǔlì 名 使物体发生扭转变形的力。

【扭捏】niǔnie ❶ 动 走路时身体故意左右扭动 ▷她～着身子走了。❷ 形 形容言谈举止做作，不自然，不大方 ▷你就唱一个吧，别～了|～作态。

【扭曲】niǔqū ❶ 动 因扭动而变形 ▷钢梁严重～。❷ 动 歪曲；使失去本来面貌 ▷～历史|心态～。

【扭送】niǔsòng 动 抓住（违法犯罪分子）并送交（治安部门）。

【扭头】niǔtóu ❶ 动 掉转脑袋 ▷他～一看，原来是同学在后边喊他。❷ 动 转过身子 ▷他看了一眼，～就走。

【扭秧歌】niǔyāngge 跳秧歌舞 ▷老人们爱～。

【扭转】niǔzhuǎn ❶ 动 转过来 ▷～身子向教室后面看。❷ 动 纠正不正常的情况或改变不好的形势 ▷～了连年亏损的局面。☛ 跟"逆转"不同。"扭转"常用于事物由坏向好转变，通常要带宾语，如"扭转被动局面"；"逆转"常用于事物由好向坏转变，通常不带宾语，如"历史潮流不可逆转"。

狃 niǔ〈文〉❶ 动 习以为常而不重视 ▷一夫不可～，况国乎？→ ❷ 动 习惯；熟悉 ▷使四体～于寒暑之变|～习。❸ 动 沿袭；拘泥 ▷～于陋习|～于成见。

忸 niǔ [忸怩] niǔní 形 扭捏② ▷～作态。☛"忸"统读 niǔ，不读 nǜ。

纽（紐） niǔ ❶ 名 某些器物上用来提起或系挂的部件 ▷秤～。→ ❷ 名 衣服等的扣子 ▷～扣|～襻。❸ 动 联结；联系

▷～带。→❹ 名 事物的关键 ▷枢～。

【纽带】niǔdài 名 比喻能起联系或连接作用的人或事物 ▷京九铁路是联系内地与香港的～。

【纽扣】niǔkòu 名 能够把衣物扣合起来的小型球状物或片状物。也说纽子、扣子。☛ 不要写作"钮扣"。

【纽襻】niǔpàn 名 能够套住纽扣的环。☛ 不宜写作"纽绊"。

杻 niǔ 名 古书上说的一种树。
另见 195 页 chǒu。

钮（鈕）niǔ ❶ 同"纽"①。→❷ 名 器物上起开关、转动或调节作用的部件 ▷电～|旋～|按～。○❸ 名 姓。

niù

拗（*抝）niù 形 固执；不顺从 ▷这孩子脾气太～|执～。☛ 右边是"幼"，不是"幻"。
另见 14 页 ào。

【拗不过】niùbuguò 动 没有办法改变（别人固执的意见）▷她～孩子，只好带他去划船。

【拗劲】niùjìn 名 固执、倔强的脾气 ▷一看他噘嘴不说话的样子，就知道他又来～了。

nóng

农（農*辳）nóng ❶ 动 种田；种庄稼 ▷～夫|～具|～时|～田|～事。→❷ 名 种田的事；农业 ▷务～|～林牧副渔。→❸ 名 种田的人；从事农业生产的人 ▷老～|工～兵|菜～。○❹ 名 姓。

【农产品】nóngchǎnpǐn 名 农业生产的各种物品的统称 ▷这里的～以大豆、玉米为主，还有稻米、高粱等。

【农场】nóngchǎng 名 大规模进行农业生产的企业单位。

【农村】nóngcūn 名 以农业生产为主业的劳动者聚居的地方。

【农贷】nóngdài 名 银行为发展农业而提供的贷款 ▷要适时发放～，支援农业生产。

【农夫】nóngfū 名 旧指务农的男子。

【农妇】nóngfù 名 农家妇女。

【农副产品】nóng-fù chǎnpǐn 农业产品和副业产品 ▷市场上～供应充足。

【农副业】nóng-fùyè 农业和副业。

【农耕】nónggēng ❶ 动 农业耕作 ▷不断改进～技术。❷ 名〈文〉泛指农业 ▷他家祖孙三代从事～。

【农工】nónggōng ❶ 名 农民和工人的合称。❷ 名 农业工人的简称。

【农工商】nóng-gōng-shāng 农业、工业和商业的合称 ▷～挂钩|～一条龙。

【农户】nónghù 名 以从事农业生产为主的人家。

【农会】nónghuì 名 农民协会的简称，我国民主革命时期由中国共产党领导的农民群众组织。

【农活儿】nónghuór 名 农业劳动中的各种活计。如耕田、下种、收割、打场等。

【农机】nóngjī 名 农业机械 ▷～站|～部门。

【农机具】nóngjījù 名 农业生产所使用的机械及其他简单农具的统称。

【农家】nóngjiā ❶ 名 从事农业生产的家庭 ▷～生活|～小院。○❷ 名 战国时注重农业的学术派别。

【农家肥】nóngjiāféi 名 农家肥料，即农民家里自产的肥料。如粪肥、绿肥等。

【农家乐】nóngjiālè ❶ 名 指在乡村开办的具有当地农家特色的饭店、旅馆。❷ 名 开办在乡村，供人们体验农家生活、贴近大自然的旅游和休闲方式。

【农具】nóngjù 名 一般指从事农业生产所使用的手工工具。如犁、耙、锹、锄之类；有时也泛指包括农业机械在内的所有农业生产工具。

【农垦】nóngkěn 动 开垦荒地，进行农耕 ▷经过～开发，这里已成为产粮基地。

【农历】nónglì ❶ 名 我国传统历法。因其与农业生产有关，故称。相传始行于夏代，所以也叫夏历。属阴阳历，人们习惯上把它叫阴历。平年 12 个月，闰年 13 个月。大月 30 天，小月 29 天，平年全年 354 天或 355 天，闰年全年 383 天或 384 天。每年分 24 个节气，便于农事安排。以天干地支搭配纪年，60 年周而复始。❷ 名 农事方面使用的历书。

【农林】nónglín 名 农业和林业的合称。

【农忙】nóngmáng ❶ 形 农事繁忙 ▷～季节|下周就要～了。❷ 名 农忙的日子 ▷农民工一到～就回乡了。

【农贸市场】nóngmào shìchǎng 进行农副产品交易的集市。

【农民】nóngmín 名 在农村从事农业生产的劳动者。也说农人。

【农民工】nóngmíngōng 名 指外出打工的农民。

【农民战争】nóngmín zhànzhēng 封建时代农民阶级反对地主阶级统治的战争。

【农膜】nóngmó 名 农用塑料薄膜的简称。

【农奴】nóngnú 名 封建社会中对农奴主有人身依附关系的农业生产者。他们占有少量劳动工具，没有人身自由和政治权利。农奴主可以把农奴连同土地买卖、抵押或转让。

【农奴制】nóngnúzhì 名 以封建土地所有制和农奴对农奴主的依附关系为基础而形成的封建剥削制度。特点是封建农奴主占有土地，农奴处于人身依附地位。

【农奴主】nóngnúzhǔ 名 拥有大量土地和大批农奴的人。

【农轻重】nóng-qīng-zhòng 农业、轻工业和重工业的合称 ▷～并举。

【农舍】nóngshè 名 农民居住的房屋。

【农时】nóngshí 名 从事某种农事活动的适当时令 ▷不违～。☛ 跟"农事"意义不同。

【农事】nóngshì 名 各种农业生产活动 ▷～繁忙。☛ 跟"农时"意义不同。

【农田】nóngtián 名 种植农作物的田地。

【农闲】nóngxián ❶ 形 农事较少 ▷～时节进城务工。❷ 名 农闲的日子 ▷～挣钱,农忙种田。

【农械】nóngxiè 名 农用器械;特指喷粉、喷雾等使用的器具。

【农学】nóngxué 名 研究有关农业生产知识的学科。包括育种、栽培、土壤、施肥、排灌、农机具应用、气象、病虫害、农产品的初加工和贮藏以及农业生产的经营管理等方面。

【农谚】nóngyàn 名 有关农事活动的谚语,是农民生产经验的概括。如"枣芽发,种棉花"是指明种棉时间的一句农谚。

【农药】nóngyào 名 农业上用来消灭病虫害以及促使或抑制农作物生长等的药物的统称。

【农业】nóngyè 名 种植农作物和饲养家畜、家禽的产业。广义的农业还包括林业、畜牧业、渔业和农村副业。

【农业工人】nóngyè gōngrén 在现代农场、种植园等中从事农业生产的工人。

【农业国】nóngyèguó 名 农业在国民经济中占主要地位的国家。

【农业社】nóngyèshè 名 农业生产合作社的简称。20世纪50年代我国农民以农业生产互助组为基础建立起来的农村集体经济形式。

【农业税】nóngyèshuì 名 国家对从事农业生产、有农业收入的单位或个人所征收的税。我国从2006年1月1日起取消了农业税。

【农艺】nóngyì 名 有关农业生产的技艺。包括作物栽培、良种选育、土壤管理、病虫害防治等。

【农艺师】nóngyìshī 名 农业科学技术人员的职务名称之一。属中级职称。

【农用】nóngyòng 区别 供农业或农民使用的 ▷～车|～机械。

【农友】nóngyǒu 名 我国民主革命时期对农民的亲切称呼 ▷打倒土豪劣绅,把土地归还～。

【农转非】nóngzhuǎnfēi 由农业户口转为非农业户口(即城镇户口)。

【农庄】nóngzhuāng ❶ 名 农村;村庄。❷ 名 农场;庄园。

【农资】nóngzī ❶ 名 农业生产资料;农用物资 ▷确保种子、化肥、农膜等～供应。❷ 名 农业专用资金 ▷发放～贷款。

【农作物】nóngzuòwù 名 农业上各种作物的统称。如粮食、油料、蔬菜、棉花、烟草等。

侬(儂) nóng ❶ 代 〈文〉我 ▷水流无限似～愁|～今葬花人笑痴,他年葬～知是谁? ○ ❷ 代 某些地区指谈话的对方,相当于"你"。

哝(噥) nóng [哝哝] nóngnong 动 小声说话 ▷你们俩～什么呢?

浓(濃) nóng ❶ 形 液体或气体含某种成分多;稠 ▷茶太～了|～云。→ ❷ 形 颜色重 ▷呈～绿色|～妆艳抹。→ ❸ 形 程度深 ▷兴趣不～。○ ❹ 名 姓。

【浓淡】nóngdàn ❶ 名 (色彩)深浅的程度 ▷～适宜。❷ 名 (味道的)浓度 ▷这杯咖啡的～很合我的口味。

【浓度】nóngdù 名 单位溶液中所含溶质的量。溶质含量越多,浓度越高。

【浓厚】nónghòu ❶ 形 (烟雾、云层等)多而密 ▷云雾～。❷ 形 (色彩、气氛、意识、兴趣等)强烈;厚重 ▷～的民族色彩|民主气氛很～|学习空气～|～的兴趣。☛ 跟"深厚"不同。"浓厚"侧重浓重强烈;"深厚"侧重牢固坚实。

【浓积云】nóngjīyún 名 云体轮廓分明,密度大,臃肿高耸,呈花椰菜状的白色孤立云块。往往能发展成积雨云。

【浓烈】nóngliè 形 浓重强烈 ▷酒味～|硝烟～|～的情感|政治色彩十分～。

【浓眉】nóngméi 名 浓密而黑的眉毛 ▷两道～|～紧锁|～大眼。

【浓密】nóngmì 形 浓厚稠密 ▷～的灌木林。

【浓墨重彩】nóngmò-zhòngcǎi 浓重的笔墨和色彩。原为绘画的一种风格,现多形容着力描写刻画 ▷书房挂着一幅～的山水画|作品～地歌颂了抗日英雄们的大无畏精神。

【浓缩】nóngsuō ❶ 动 用加热等方法来蒸发溶剂,以使溶液增加浓度。❷ 动 泛指采用一定方法使物体或事物中不需要的部分减少,从而增加需要部分的相对含量 ▷～铀|诗歌更加需要对生活素材进行～和提炼。

【浓香】nóngxiāng ❶ 形 香味很浓 ▷酒味～。❷ 名 浓厚的香味 ▷～醉人。

【浓艳】nóngyàn 形 (色彩)浓重艳丽 ▷荷花清淡,牡丹～|着色～。

【浓阴】nóngyīn 名 浓重的树阴 ▷～蔽日。

【浓郁】nóngyù ❶ 形 (香气等)浓重 ▷～的香味。❷ 形 茂密 ▷绿阴～。❸ 形 浓厚②。

【浓重】nóngzhòng 形 (气味、色彩、烟雾等)浓厚;(特点)明显强烈 ▷夜色～|～的晨雾|～的东北口音。

【浓妆】nóngzhuāng ❶ 动 化妆化得很浓 ▷～艳抹。❷ 名 浓重的妆饰 ▷抹去脸上的～。

【浓妆艳抹】nóngzhuāng-yànmǒ 形容女子化妆浓重，打扮得非常艳丽。

脓（膿） nóng 名 某些炎症病变所产生的黄白色或黄绿色黏液，是坏死的白细胞、细菌及脂肪等的混合物 ▷伤口流～了｜化～｜～肿。☛ 统读 nóng，不读 néng。

【脓包】nóngbāo ❶ 名 高出皮肤表面，边界清楚，内含脓液的隆起物 ▷右臂外侧起了个～。❷ 名〈口〉比喻无能或无用的人。

【脓疮】nóngchuāng 名 化脓的疮或疖子。

【脓胸】nóngxiōng 名 胸膜积脓的病症。一般是由于病菌侵入胸膜所致，有发烧、气短以及胸部疼痛等症状。

【脓肿】nóngzhǒng 名 脓液在局部积聚所形成的肿块。

秾（穠） nóng〈文〉❶ 形（花木）繁盛 ▷柳暗花～｜夭桃～李。→ ❷ 形 艳丽；华丽 ▷～歌艳舞｜～姿秀色。

酴（醲） nóng〈文〉❶ 形 酒味浓厚。→ ❷ 名 醇酒。

nòng

弄（*挵） nòng ❶ 动 用手拿着玩；摆弄 ▷他就爱～玩具汽车。→ ❷ 动 搞；做 ▷把人都～糊涂了｜这点活儿一会儿就～完。⇒ ❸ 动 想办法取得 ▷～两张票。⇒ ❹ 动 搅扰 ▷这事～得全家不得安宁。→ ❺ 动 要弄；玩弄 ▷～权术｜～巧成拙｜捉～｜愚～。

另见 889 页 lòng。

【弄潮】nòngcháo 动 在潮水里搏击、嬉戏等 ▷住在海边的少年多是～的好手。

【弄潮儿】nòngcháo'ér ❶ 名 在潮水中搏击、嬉戏的年轻人；也指驾木船在大江大海中航行的人 ▷五千～横渡长江。❷ 名 比喻敢于在风险中拼搏的人 ▷昔日乒坛拼搏手，今日商海～。

【弄臣】nòngchén 名〈文〉指帝王宠幸狎玩的近臣。

【弄鬼】nòngguǐ 动〈口〉捣鬼；耍花招儿 ▷这家伙工于心计，一定是他在～。

【弄假成真】nòngjiǎ-chéngzhēn 原本是作假，结果却变成了真的 ▷他俩原在戏台上演夫妻，后来～，成了真夫妻。

【弄巧成拙】nòngqiǎo-chéngzhuō 本想取巧，结果却把事情办坏了 ▷他自以为聪明，谁知～，后悔不及。

【弄权】nòngquán 动 凭借职位滥用权力 ▷历史上经常可以看到外戚和宦官～。

【弄瓦】nòngwǎ 动〈文〉古人常给女孩子玩瓦（原始的陶制纺锤），希望她长大后能擅长纺织。后来就把生下女孩子称为弄瓦 ▷～之喜。

【弄虚作假】nòngxū-zuòjiǎ 用虚假的东西来欺骗人 ▷坚决刹住～的歪风。

【弄璋】nòngzhāng 动〈文〉古人常给男孩子玩璋（一种玉器），希望他将来有玉一样的美德。后来就把生下男孩子称为弄璋 ▷～之喜。

nòu

耨 nòu〈文〉❶ 名 除草用的农具，形状像锄。→ ❷ 动 除草 ▷深耕细～。☛ 参见 1170 页"辱"的提示㊂。

nú

奴 nú ❶ 名 被人役使，没有人身自由的人 ▷～隶｜农～｜～仆。→ ❷ 名 古人谦称自己（原来男女都可以用，后多用于年轻女子）▷～家。→ ❸ 名 对有某种特点的人的蔑称 ▷洋～｜守财～。

【奴婢】núbì ❶ 名 古代对男女奴仆的合称 ▷官宦人家～成群。❷ 名 太监对皇帝、后妃等的自称。☛"婢"不读 bēi。

【奴才】núcai ❶ 名 家奴；奴仆。❷ 名 明清两代太监和清代旗籍文武官员对皇帝的自称；清代旗籍家庭奴仆对主人的自称。❸ 名 指甘愿受人驱使并帮着做坏事的人 ▷一副～相。

【奴化】núhuà 动 侵略者采取种种方法使被侵略的民族不思反抗，甘受奴役 ▷～教育｜～政策。

【奴家】nújiā 名 明清白话中年轻女子的自称。

【奴隶】núlì ❶ 名 奴隶社会中为奴隶主从事无偿劳动、没有人身自由和生命保障的人。❷ 名 泛指受残酷压迫和剥削的人 ▷起来，不愿做～的人们！

【奴隶社会】núlì shèhuì 人类历史上原始公社解体以后出现的第一个人剥削人的私有制社会。这个社会以奴隶主占有奴隶和生产资料为基础，建立了奴隶主专政的奴隶制国家。社会生产力比原始公社时期有较大的发展，农业、畜牧业和手工业开始分工，城乡以及脑力劳动和体力劳动也开始分离。

【奴隶制】núlìzhì 名 以奴隶主占有奴隶和生产资料为基础的社会制度。参见本页"奴隶社会"。

【奴隶主】núlìzhǔ 名 奴隶社会中占有奴隶和生产资料的人。是当时社会的统治阶级。

【奴仆】núpú 名 旧时指在主人家里从事杂役的人；泛指被迫听命于主人，为主人办事的人。

【奴性】núxìng 名 甘愿受人役使的品性 ▷五四精神使人摆脱了～思维。

【奴颜婢膝】núyán-bìxī 形容卑躬屈膝、奴才相十足的样子。☛"婢"不读 bēi;"膝"不读 qī。

【奴颜媚骨】núyán-mèigǔ 形容卑躬屈膝、谄媚奉承的奴才相。

【奴役】núyì 动 像对待奴隶一样役使 ▷惨遭～。

孥 nú〈文〉❶ 名 儿女 ▷妻～。→❷ 名 妻子和儿女 ▷刑不及～。

驽(駑) nú〈文〉❶ 名 跑不快的劣马 ▷～骏杂而不分。→❷ 形 比喻人的才能平庸 ▷～钝|～下|～弱。

【驽钝】núdùn 形〈文〉才思迟钝平庸 ▷～不敏。

筊 nú ❶ 名〈文〉鸟笼 ▷野雀群飞凤在～。○❷ 用于地名。如黄筊,在江西。

nǔ

努 nǔ ❶ 动 尽量使出(力气) ▷～劲儿|～力。→❷ 动 用力鼓起;凸出 ▷朝他直～嘴|眼珠向外～着。→❸ 动 因用力太猛,使身体内部受伤 ▷扛不动就算了,小心别～着|～了腰。

【努力】nǔlì ❶ 动 尽量多地使出力气 ▷为了公司的生存,我们要共同～|再努一把力。❷ 形 形容十分尽力 ▷孩子们都在～地学习。

【努嘴】nǔzuǐ ❶ 动 噘嘴向人示意 ▷你没见她在那里直向你～? ❷ 动 比喻种子、草木萌发嫩芽 ▷泡的黄豆已经～了。

呶 nǔ 同"努"②。现在一般写作"努"。另见 988 页 náo。

弩 nǔ 名 古代一种利用机械力量射箭的弓 ▷万～齐发|强～之末|～弓。

砮 nǔ 名〈文〉可做箭头的石头;石制的箭头。

胬 nǔ [胬肉] nǔròu 名 中医指眼结膜病变长出的肉状物。起初横布白眼球,可逐渐侵入黑眼球。

nù

怒 nù ❶ 动 气愤;生气 ▷发～|恼～|～气冲冲。→❷ 形 气势强盛、猛烈 ▷百花～放|狂风～号|～潮。

【怒不可遏】nùbùkě'è 愤怒得不能遏制住自己的感情 ▷对这种玩忽职守的行为,大家都～。

【怒潮】nùcháo ❶ 名 涌潮。❷ 名 比喻大规模的群众反抗运动 ▷抗日～席卷全国。

【怒斥】nùchì 动 愤怒地斥责。

【怒冲冲】nùchōngchōng 形 形容非常愤怒的样子 ▷他把脸一沉,～地走了出去。

【怒发冲冠】nùfà-chōngguān 气得头发竖立,顶起了帽子。形容气愤到了极点。

【怒放】nùfàng 动(花)盛开 ▷百花～◇心花～。

【怒号】nùháo 动 大声呼号 ▷悲愤～◇大海～着掀起层层巨浪。☛"号"这里不读 hào。

【怒喝】nùhè 动 愤怒地大喊 ▷～一声。

【怒吼】nùhǒu 动 猛兽大声吼叫;比喻人或物等发出洪大的声音 ▷狮子～|北风～。

【怒火】nùhuǒ 名 像火一样强烈的愤怒感情 ▷～中烧|复仇的～。

【怒火中烧】nùhuǒ-zhōngshāo 愤怒的火焰在心中燃烧。形容心中怀有极大的怒气。

【怒目】nùmù ❶ 动 愤怒地瞪着眼睛 ▷～切齿|～而视。❷ 名 愤怒时瞪着的眼睛 ▷～如火。

【怒气】nùqì 名 愤怒的情绪 ▷满脸～|～冲冲。

【怒容】nùróng 名 愤怒的表情 ▷满脸～。

【怒色】nùsè 名 愤怒的神色 ▷脸上露出～。

【怒视】nùshì 动 愤怒地看着 ▷～着刽子手。

【怒涛】nùtāo 名 汹涌的浪涛 ▷海上掀起了～。

【怒形于色】nùxíngyúsè 心中的愤怒显露在脸上。形容内心的愤怒难以抑制。

【怒族】nùzú 名 我国少数民族之一。主要分布在云南。

傉 nù 用于人名。如秃发傉檀,东晋时南凉的国君。

nǚ

女 nǚ ❶ 区别 人类两性之一,体内能产生雌性生殖细胞的(跟"男"相对) ▷～人|～生|～工|～子。→❷ 名 指女子 ▷妇～|少～|美～。→❸ 名 女儿 ▷长(zhǎng)～|生儿育～。→❹ 名 星宿名,二十八宿之一。☛"女"作左偏旁时,要改成"女",如"妈""姑""妇""好"。

【女伴】nǚbàn 名 女性伴侣。

【女宾】nǚbīn 名 女性客人 ▷～席|～专柜。

【女傧相】nǚbīnxiàng 名 婚礼中陪伴、照顾新娘的女士。

【女车】nǚchē ❶ 名 适合女性驾驶的车辆。❷ 名 适合女性骑的自行车。也说坤车。

【女单】nǚdān 名 某些运动项目(如网球、乒乓球、滑冰)中由女子单人选手参赛的比赛形式。

【女低音】nǚdīyīn 名 声乐中女声部的低音。声音丰满、浑厚。

【女儿】nǚ'ér 名 自己生养或领养的女孩子。

【女方】nǚfāng 名 婚姻、恋爱关系中或男女对比

时指女子一方 ▷～家长对这位未来的女婿很满意|这次踢毽子比赛～获胜。

【女高音】nǚgāoyīn 名 声乐中女声部的高音。声音明亮、华丽。

【女工】nǚgōng ❶ 名 女性工人或佣人。〇 ❷见本页"女红"。现在一般写作"女红"。

【女公子】nǚgōngzǐ 名 敬词，一般用于称社会地位较高的人的女儿。

【女红】nǚgōng 名 旧时指妇女所做的缝纫、刺绣、纺织一类的劳动或这类劳动的成品(红:指妇女纺织、刺绣等活儿)。☛"红"这里不读 hóng。

【女孩儿】nǚháir ❶ 名 女性小孩子；现也泛指青少年女性。❷ 名 女儿 ▷我的～刚上小学。‖也说女孩子。

【女汉子】nǚhànzi 名 言谈、举止等类似男子汉的女子。

【女皇】nǚhuáng 名 女皇帝。

【女家】nǚjiā 名 指婚姻关系中女方的家 ▷男家穷，～比较富裕。

【女监】nǚjiān 名 关押女犯人的监狱或牢房。

【女将】nǚjiàng ❶ 名 女性将领。❷ 名 指在某些活动中出色能干的女子 ▷球场～。

【女眷】nǚjuàn 名 女性家属 ▷车上坐的都是～。

【女角】nǚjué 名 影视或戏剧中的女性角色。

【女篮】nǚlán ❶ 名 女子篮球运动的简称。❷ 名 女子篮球队的简称。

【女郎】nǚláng 名 年轻的女性 ▷妙龄～。

【女垒】nǚlěi ❶ 名 女子垒球运动的简称。❷ 名 女子垒球队的简称。

【女里女气】nǚlinǚqì 形 形容男子的行为和神态女性化。

【女伶】nǚlíng 名 旧指戏曲女演员。

【女流】nǚliú 名 妇女(含轻蔑意) ▷～之辈。

【女奴】nǚnú 名 女性奴隶。

【女排】nǚpái ❶ 名 女子排球运动的简称。❷ 名 女子排球队的简称。

【女朋友】nǚpéngyou 名 女性朋友；特指男子的恋爱对象 ▷他的～是位护士。也说女友。

【女仆】nǚpú 名 女性仆人。也说女佣。

【女气】nǚqi 名 指男人身上表现出的像女子的神态举止。

【女强人】nǚqiángrén 名 原指女强盗。现常用来指富有事业心又特别精明干练的妇女。

【女墙】nǚqiáng 名 堞墙；也指房屋外墙高出屋面的矮墙；泛指矮墙。也说女儿墙。

【女权】nǚquán 名 指妇女在社会生活各方面应该享有的权利。

【女人】nǚrén 名 成年女性。

【女人】nǚren 名〈口〉妻子 ▷他～一直在农村。

【女人家】nǚrénjia 名 女人(强调作为女性的人) ▷～更容易动感情。

【女色】nǚsè 名 女性的姿色。

【女神】nǚshén 名 神话故事里的女性神。俗称娘娘。

【女生】nǚshēng 名 女性学生；泛指女性青年 ▷这支拉拉队多半是～。

【女声】nǚshēng 名 声乐中的女子声部，一般分女高音、女中音、女低音。

【女史】nǚshǐ ❶ 名 古代女官名。❷ 名 旧时对知识妇女的美称。

【女士】nǚshì 名 对成年女子的称呼(多用在正式社交场合，含尊敬意) ▷～们，先生们。

【女式】nǚshì 区别 样式适用于女性的 ▷～服装|～皮鞋。

【女侍】nǚshì 名 旧指女招待。

【女书】nǚshū 名 专门在女性之间使用并代代相传的一种文字系统。发现于我国湖南省江永县，曾流传于瑶族妇女中。是世界上现存的唯一一种由女性创造并使用的文字，被列入国家级非物质文化遗产名录。也说女字。

【女双】nǚshuāng 名 某些运动项目(如网球、羽毛球、跳水)中由两名女选手搭配为一组参赛的比赛形式。

【女童】nǚtóng 名 女性儿童 ▷在一些贫困的农村，～的入学率仍低于男童。

【女娲】nǚwā 名 我国古代神话中的女神。传说上古时天塌地陷，女娲炼五色石补天，斩鳌足充当天柱，烧芦苇成灰堵住洪水。与伏羲同被认为是人类的始祖。

【女王】nǚwáng 名 君主制国家中的女性君主。

【女巫】nǚwū ❶ 名 古代女官名。负责管理歌舞拜神、占卜祈祷等事项。❷ 名 旧时以装神弄鬼、搞迷信活动骗人为职业的妇女。也说巫婆、神婆。

【女相】nǚxiàng 名 指跟女子相似的男子长相。

【女性】nǚxìng ❶ 区别 女① ▷～公民。❷ 名 指女子 ▷尊重～。

【女婿】nǚxu ❶ 名 女儿的丈夫 ▷我女儿跟～一块儿去了北京。❷ 名 某些地区指丈夫。

【女婴】nǚyīng 名 女性婴儿。

【女优】nǚyōu 名 旧指女演员。

【女招待】nǚzhāodài 名 旧指饭店、旅馆、娱乐场所等雇佣来招待顾客的青年女子。

【女贞】nǚzhēn 名 常绿灌木或乔木，叶卵形对生，夏季开白色花，果实长椭圆形。树可用于放养白蜡虫以取白蜡，果实可以做药材。

【女真】nǚzhēn 名 我国古代民族，居住在松花江和黑龙江下游。公元1115年，完颜阿骨打(金太祖)统一女真各部，建立了金国。是满族的祖先。

【女中音】nǚzhōngyīn 名 声乐中女声部的中音。声音深厚有力。

【女主人】nǚzhǔrén 名 家庭里的主妇 ▷～对来

客很热情。

【女装】nǚzhuāng ❶ 名 女式服装 ▷漂亮的～。❷ 名 妇女的装束打扮 ▷男扮～。

【女子】nǚzǐ 名 女性的人；女人。

【女足】nǚzú ❶ 名 女子足球运动的简称。❷ 名 女子足球队的简称。

钕（釹） nǚ 名 金属元素，符号 Nd。银白色，质软，有延展性，在空气中容易氧化。用于制造合金、光学玻璃和激光材料等。

敉 nǚ 见 750 页“粔（jù）敉”。

nù

恧 nù 形〈文〉惭愧。

衄（*衂䶊） nù〈文〉❶ 动 鼻子出血；泛指出血 ▷鼻～｜耳～｜齿～。○ ❷ 动 战败；损伤 ▷战～｜败～。☛统读 nù，不读 niù。

nuǎn

暖（*暝煗煖） nuǎn ❶ 形 暖和 ▷春～花开｜温～｜～烘烘。→ ❷ 动 使东西变热或使身体变暖 ▷把酒～上｜快进屋～一～身子。☛ ㊀统读 nuǎn。㊁跟“暧（ài）”不同。右边是“爰”，不是“爱”。

【暖场】nuǎnchǎng 动 营销、演出等活动开始前为现场烘托气氛；泛指捧场 ▷这是奥运会开幕前的～演出｜有著名演员来为这次义卖活动～。

【暖冬】nuǎndōng 名 气温较常年偏高的冬天 ▷今年是个～，平均气温要高出去年 2℃。

【暖房】nuǎnfáng ❶ 动 旧时习俗，在亲友结婚前一天到新房贺喜。❷ 动 到亲友新居贺喜。○ ❸ 名 温室 ▷～里种的菜，价格要高些。

【暖风机】nuǎnfēngjī 名 一种制暖电器，把吸入的空气加热排出，以提高室温。

【暖锋】nuǎnfēng 名 气象学上指暖气团向冷气团区推进时两者的锋面。

【暖阁】nuǎngé 名 旧时为保暖而在大屋子里隔出的小房间。

【暖烘烘】nuǎnhōnghōng 形 形容很温暖 ▷屋里～的。

【暖乎乎】nuǎnhūhū 形 形容很温暖 ▷他穿得～的｜几句话，说得我心里～的。

【暖呼呼】nuǎnhūhū 现在一般写作“暖乎乎”。

【暖壶】nuǎnhú 名 保温瓶。

【暖和】nuǎnhuo ❶ 形 气温不冷也不太热 ▷昆明的冬天比北京～多了。❷ 动 使暖和 ▷烤烤火，～一下身子吧。

【暖炕】nuǎnkàng 名 我国北方农村烧火取暖的炕。参见 775 页“炕”②。

【暖帘】nuǎnlián 名 冬天用来御寒保暖的厚门帘。

【暖流】nuǎnliú ❶ 名 从低纬度向高纬度流动的海流。水温比所到区域的水温高，对沿途气候有湿润作用。❷ 名 比喻心中温暖的感觉 ▷看到儿女们个个都孝顺，一股～涌遍全身。

【暖男】nuǎnnán 名 体贴入微，使人（尤其是女性）感到温暖的男子。

【暖棚】nuǎnpéng 名 简易的温室。也说大棚。

【暖瓶】nuǎnpíng 名 保温瓶。

【暖气】nuǎnqì ❶ 名 泛指暖和的气体 ▷屋里没一点儿～。❷ 名 用来提高室内温度的散热器（俗称暖气片）▷每个房间都安了～。❸ 名 暖气设备供给的热水或蒸汽 ▷这里 11 月中旬开始供～。

【暖气团】nuǎnqìtuán 名 一种移动的气团，本身温度比所到区域地面温度高，多在热带大陆或海洋上生成。

【暖融融】nuǎnróngróng 形 形容温暖宜人 ▷外边很冷，教室里却是～的。

【暖色】nuǎnsè 名 使人有温暖感觉的颜色。如红、橙、黄等色 ▷这幅画以～为基调。

【暖水袋】nuǎnshuǐdài 名 装热水热敷或取暖的橡胶袋子。也说热水袋。

【暖水壶】nuǎnshuǐhú 名 保温瓶。

【暖水瓶】nuǎnshuǐpíng 名 保温瓶。

【暖心】nuǎnxīn 形 形容心里暖乎乎的 ▷这话说得让人～｜十分～的事儿。

【暖洋洋】nuǎnyángyáng 形 形容温暖舒适 ▷冬天的太阳～的，晒得人很舒服。

【暖意】nuǎnyì 名 温暖的意味 ▷一过了立春，天气就逐渐有了～◇村民们的热情问候，让我顿生～。

nüè

疟（瘧） nüè 名 疟疾。☛ ㊀通常读 nüè；读 yào，用于口语“疟子”。㊁右下是“⻖”，不是“匚”或“彐”。

另见 1602 页 yào。

【疟疾】nüèji 名 急性传染病，传染媒介是蚊子。症状为周期性发冷发热，热后大量出汗，头痛口渴，浑身无力。俗称疟子（yàozi）。

【疟原虫】nüèyuánchóng 名 原生动物，单细胞，寄生在人和脊椎动物的细胞内。有的疟原虫是疟疾的病原体，由蚊子传播。

虐 nüè 形 凶狠残暴 ▷暴～|～待|肆～。

【虐待】nüèdài 动 用残酷凶狠的手段对待 ▷不准～老人。☛ 对象只能是处于相对弱势的人或某些动物(如力畜、猫狗等)。

【虐俘】nüèfú 动 虐待俘虏。

【虐囚】nüèqiú 动 虐待囚犯。

【虐杀】nüèshā ❶ 动 用残忍的手段杀害 ▷绑匪～人质。❷ 动 虐待致死 ▷严禁～野生动物。

【虐政】nüèzhèng 名 暴政。

nuó

那 nuó 名 姓。
另见 979 页 nā;979 页 nǎ;980 页 nà;995 页 nèi。

挪 nuó ❶ 动 移动位置 ▷把床往外～一～|～～地方|～动。→ ❷ 动 移用,把本应用于别的方面的钱、物拿来使用 ▷～用公款|～借。

【挪步】nuóbù 动 移动脚步 ▷一直站着没～。

【挪动】nuódòng 动 缓慢地移动位置 ▷老人的两脚艰难地向前～着。

【挪借】nuójiè ❶ 动 短时借用(他人的钱) ▷买房子钱不够,需要～一部分。❷ 动 挪用 ▷救灾款任何人不得～他用。

【挪窝儿】nuówōr 动〈口〉离开原来的地方搬到另一个地方;搬家 ▷他欠了欠身子,没有～|在这里一干就是 20 年,没想过～|在这儿住习惯了,不想～了。

【挪亚方舟】nuóyà fāngzhōu《圣经》故事中义士挪亚(诺亚)为躲避洪水而造的长方形大船。也说诺亚方舟。

【挪用】nuóyòng 动 将原定用于某方面的钱款移用到别的方面去;个人私自动用公家的钱款 ▷专项经费不得～|～公款。

苿 nuó 名 某些地区指茅草。
另见 981 页 nà。

娜 nuó 见 358 页"婀(ē)娜";1004 页"袅(niǎo)娜"。
另见 982 页 nà。

傩(儺) nuó 名 古代腊月驱逐疫鬼的一种仪式。后来逐渐变为一种舞蹈。

【傩神】nuóshén 名 迷信指驱除瘟疫的神。

【傩戏】nuóxì 名 由驱逐疫鬼的傩舞演变而来的一种民间戏曲,流行于湖南、湖北、贵州、广西、安徽等地。演出时多戴面具,音乐和表演比较原始。

nuò

诺(諾) nuò ❶ 叹 表示同意、遵命或顺从的应答声。相当于"好吧""是""对"等 ▷～～|唯唯～～。→ ❷ 动 答应;应允 ▷一呼百～|～言|许～|允～|应～。

【诺贝尔奖】nuòbèi'ěrjiǎng 一种具有国际荣誉的奖项。以瑞典化学家、发明家诺贝尔(1833—1896)的大部分遗产作为基金,分设物理学、化学、生理学或医学、文学、和平事业五个奖项。1901 年开始颁发,每年一次。1968 年起增设经济学奖(诺贝尔:英语 Nobel 音译)。

【诺亚方舟】nuòyà fāngzhōu 挪亚方舟。

【诺言】nuòyán 名 对人有所许诺的话 ▷你要说话算数,不能违背自己的～|信守～。

喏 nuò ❶ 叹 提示自己所指的事物,以引人注意 ▷～,这就是你要的书|～,这一横应该这样收笔! ○ ❷ 古同"诺"。
另见 1149 页 rě。

搦 nuò ❶ 动〈文〉握;拿住 ▷～笔|～管为文。○ ❷ 动 挑动;引动(多见于近代汉语) ▷～战。

锘(鍩) nuò 名 金属元素,符号 No。有放射性,由人工核反应获得。

懦 nuò 形 胆小怕事;软弱无能 ▷～夫|怯～|～弱|愚～。

【懦夫】nuòfū 名 懦弱胆怯的人。

【懦弱】nuòruò 形 畏怯;软弱 ▷～无能。

糯(*稬穤) nuò 形(稻谷等)富有黏性的 ▷～米|～高粱。

【糯稻】nuòdào 名 稻的变种,籽实黏性强。

【糯米】nuòmǐ 名 去壳的糯稻籽实。富有黏性,可用来做糕点、包粽子、酿酒等。也说江米。

【糯米纸】nuòmǐzhǐ 名 用淀粉加工制作成的类似纸一样的薄膜,入口即化。多用作糖果、糕点的内层包装。也说江米纸。

ō

噢 ō 叹 表示知道 ▷～，明白了！

ó

哦 ó 叹 表示惊讶 ▷～，你也来啦！
另见 358 页 é；本页 ò。

ǒ

嚄 ǒ 叹 表示惊讶 ▷～，找了半天，原来在这儿呀！
另见 621 页 huō。

ò

哦 ò 叹 表示醒悟或领会 ▷～，我想起来了，是有这么回事|～，你说的是这个意思。
另见 358 页 é；本页 ó。

ōu

区（區） ōu 名 姓。
另见 1129 页 qū。

讴（謳） ōu ❶ 动 歌唱；歌颂 ▷～歌。→ ❷ 名〈文〉民歌 ▷采莲～|吴～|越～。

【讴歌】ōugē 动 歌颂；赞美 ▷～祖国。

坵（塸） ōu ❶ 名〈文〉墓。→ ❷ 名〈文〉沙堆。○ ❸ 用于地名。如陈坵，在山西。
另见 1131 页 qū。

沤（漚） ōu 名〈文〉水中的气泡 ▷浮～。
另见 1018 页 òu。

瓯[1]（甌） ōu 名 小盆、小碗、小杯一类的器皿 ▷茶～|酒～|～子。

瓯[2]（甌） ōu ❶ 名 瓯江，水名。发源于浙江南部，流入东海。→ ❷ 名 浙江温州的别称 ▷～绣（温州出产的刺绣）。

欧[1]（歐） ōu 名 姓。

欧[2]（歐） ōu ❶ 名 指欧洲 ▷～亚大陆|西～。○ ❷ 量 欧姆的简称。

【欧共体】ōugòngtǐ 名 欧洲共同体。是欧洲经济共同体、欧洲煤钢共同体、欧洲原子能共同体的统称；也特指欧洲经济共同体。

【欧化】ōuhuà 动 西化。

【欧美】ōuměi 名 欧洲和美洲，多指西欧和美国。

【欧盟】ōuméng 名 欧洲联盟的简称。1993 年 11 月 1 日在原欧洲共同体的基础上正式成立。目前有 27 个成员国。

【欧姆】ōumǔ 量 电阻法定计量单位，导体上的电压为 1 伏特、通过的电流为 1 安培时，电阻为 1 欧姆。为纪念德国物理学家欧姆而命名。简称欧。

【欧佩克】ōupèikè 名 英语缩写 OPEC 音译。石油输出国组织。成立于 1960 年 9 月 14 日，成员国有伊朗、伊拉克、科威特、沙特阿拉伯、委内瑞拉等。宗旨是协调和统一各成员国的石油政策和策略，以维护各自和共同的利益。

【欧体】ōutǐ 名 以唐代欧阳询、欧阳通父子书法为代表的字体。笔画刚劲，结构严谨。

【欧亚大陆桥】ōu-yà dàlùqiáo 名 连接欧洲和亚洲的陆上运输通道。参见 257 页“大陆桥”。

【欧阳】ōuyáng 名 复姓。

【欧元】ōuyuán ❶ 名 欧盟发行的单一货币。于 1999 年 1 月 1 日正式启用，2002 年 1 月 1 日欧元现金开始流通，是欧盟的本位货币。❷ 量 欧盟的本位货币单位，1 欧元等于 100 欧分。

【欧洲】ōuzhōu 名 欧罗巴洲的简称。位于亚欧大陆西部。北临北冰洋，西靠大西洋，南隔地中海与非洲相望。东以乌拉尔山脉、乌拉尔河、高加索山脉、博斯普鲁斯海峡、达达尼尔海峡同亚洲分界。面积约 1016 万平方千米（欧罗巴：英语 Europe 音译）。

【欧洲中央银行】ōuzhōu zhōngyāng yínháng 为适应欧元发行流通而成立的金融机构，是欧元体系的核心，也是唯一有资格在欧洲联盟内部发行欧元的机构。1998 年 6 月 1 日成立，行址在德国法兰克福。

殴（毆） ōu 动 击；打 ▷～伤人命|～打|斗～。☛ 统读 ōu，不读 ǒu。

【殴打】ōudǎ 动 打（人）▷摁在地上～。

【殴斗】ōudòu 动（相互）殴打争斗 ▷～事件。

鸥（鷗） ōu 名 鸟，翼长而尖，善飞翔，趾间有蹼，能游水，羽毛多为白色或灰色。多生活在海边。种类很多，常见的有海鸥、银鸥、燕鸥、黑尾鸥、红嘴鸥等。

ǒu

𠃍 ǒu 名 山名，一在江苏宜兴和溧阳之间，一在安徽桐城。

呕(嘔) ǒu 动 吐(tù) ▷～血|～吐|～心沥血。☛ 统读 ǒu,不读 ōu。

【呕吐】ǒutù 动 胃里的食物等从口腔涌出 ▷因为晕车,孩子一路上～不止。

【呕心】ǒuxīn 动 用尽心思 ▷～沥血。

【呕心沥血】ǒuxīn-lìxuè 形容绞尽脑汁,用尽了心血。☛ "呕"不要误写作"沤"。

【呕血】ǒuxuè 动 吐血,食管、胃、肠、肺等器官出血经过口腔排出。

烬(熰) ǒu ❶ 动 柴草等没有充分燃烧,产生很多烟 ▷炉子没生着(zháo),倒～了满屋子烟。→ ❷ 动 用烧艾草等冒的烟驱除蚊蝇 ▷～蚊子。

偶[1] ǒu 名 用木头雕刻或用泥土塑造的人像 ▷木～|～像|玩～。

偶[2] ǒu ❶ 形 双;成双成对的(跟"奇(jī)"相对) ▷无独有～|～数。→ ❷ 名 指夫妻或夫妻中的一方 ▷配～|丧～。◯ ❸ 名 姓。

偶[3] ǒu 副 表示事情的发生不是必然的,不合一般规律或不经常的 ▷街头～遇。

【偶而】ǒu'ér 现在一般写作"偶尔"。

【偶尔】ǒu'ěr ❶ 副 间或;有时候。表示某种情况发生的次数不是很多 ▷路上行人很少,～有几辆汽车开过去。❷ 形 偶然发生的 ▷～的现象。☛ 参见本页"偶然"的提示。

【偶发】ǒufā 动 偶然地发生或发出 ▷～奇想|事件虽然是～的,但影响很大。

【偶感】ǒugǎn ❶ 名 一种文章体裁,记叙并议论个人偶然触发的感想。❷ 动 偶然感觉;偶然感染 ▷～不适|～风寒。

【偶合】ǒuhé 动 偶然地相合 ▷计算过程有误,结果与正确答案相同只是～。

【偶或】ǒuhuò 副 偶尔①。

【偶然】ǒurán ❶ 形 超出一般规律和常情的 ▷～因素|事故的发生纯属～。❷ 副 出乎意外地 ▷两位老战友竟～在车上见面了。☛ 跟"偶尔"不同。"偶然"着重于意外,超出常规,跟"必然"相对;"偶尔"着重于出现或发生的次数少,跟"经常"相对。

【偶然性】ǒuránxìng 名 指在事物的发展变化过程中由非本质联系引起的一些不稳定的现象,它可能出现也可能不出现,可能这样出现也可能那样出现(跟"必然性"相区别)。

【偶人】ǒurén 名 用泥土、木头、陶瓷等制成的人像。

【偶数】ǒushù 名 能被 2 整除的整数(跟"奇数"相区别)。如 2、4、6、-8、-10 等。正的偶数也说双数。

【偶像】ǒuxiàng 名 用木头雕刻或用泥土塑造的神像、佛像等;比喻人们崇拜的对象。

【偶一】ǒuyī 副 偶然一次地;偶尔 ▷他～试笔,竟文章不凡|这是供人们～翻阅、借以休闲的书。

【偶一为之】ǒuyī-wéizhī 偶尔做一次。

耦 ǒu ❶ 古同"偶[2]"①②。→ ❷ 动 古代指两个人并排耕作。

【耦合】ǒuhé 动 物理学上指两个或两个以上的体系或运动形式之间通过各种相互作用而彼此影响。如在两个单摆中间连一根线,它们的振动就会此起彼伏。

藕 ǒu ❶ 名 莲的地下茎。长形,肥大有节,中间有多个管状小孔,折断后有丝相连。可食用,也可制淀粉;藕节可以做药材。◯ ❷ 名 姓。

【藕断丝连】ǒuduàn-sīlián 藕折断后丝还连着。比喻断绝了关系后,感情上还有牵连。

【藕粉】ǒufěn 名 用藕制成的淀粉。可供食用。

【藕合】ǒuhé 现在一般写作"藕荷"。

【藕荷】ǒuhé 形 形容颜色浅紫而微微发红。

【藕灰】ǒuhuī 形 形容颜色像藕的外皮那样浅灰而微红。

【藕节】ǒujié 名 藕茎的节。有止血功能,可以做药材。

【藕色】ǒusè 名 藕灰的颜色。

òu

沤(漚) òu 动 物体经长时间浸泡或密集堆积而变质 ▷汗水把衣服～烂了|囤里的粮食全给～了|～粪。

另见 1017 页 ōu。

【沤肥】òuféi ❶ 动 将青草、树叶、人粪尿、厩肥、河泥以及垃圾等放入坑内,加水浸泡,使发酵分解而制成肥料。❷ 名 指用上述方法制成的肥料。

【沤粪】òufèn 动 将人、畜的粪便放在池中使发酵制成肥料。

怄(慪) òu〈口〉❶ 动 怄气 ▷～了一肚子的气。→ ❷ 动 使生气 ▷你别～我|～得人难受。

【怄气】òuqì 动 跟人闹别扭或独自生闷气 ▷别为这点小事～了。

【怄人】òurén 动 使人不愉快或生气 ▷这个故事太～,别讲了|他是故意～,你别生气。

P

pā

耙 pā〈口〉❶ 形（食物等）烂熟而柔软 ▷萝卜煮～了。→ ❷ 形 软弱无力 ▷脚～手软。→ ❸ 形 不坚决；不坚定 ▷态度比以前～多了。

趴 pā ❶ 动 俯卧 ▷～在床上｜猫～在窗台上。→ ❷ 动 上身前倾倚靠在物体上 ▷～在桌子上睡着了。

【趴伏】pāfú ❶ 动 身体向前卧倒，腹部贴在地面或其他物体上 ▷～在雪地上。❷ 动 上身前倾靠在其他物体上 ▷～在小桌上写作。

【趴窝】pāwō ❶ 动 母鸡等下蛋、孵蛋时趴在窝里。❷ 动〈口〉比喻人因劳累、患病、没活儿干等而待在家中；也比喻牲口因劳累、生病等而不能干活儿或拖拉机、汽车等因故障而不能运转 ▷他终于不堪重负，～了｜老旧车辆常在半路～。

【趴下】pāxià ❶ 动 俯卧 ▷前面有爆破作业，快～！❷ 动 比喻身体或精神垮了 ▷累～了。

派 pā［派司］pāsi 英语 pass 音译。❶ 名 指用厚而硬的纸印成的或订成本儿的工作证、通行证、护照等。❷ 动 表示通过或准许通过（检查、关卡、考试等）▷满 60 分才能～。

另见 1023 页 pài。

舥 pā ❶ 名 古书上说的一种船。〇 ❷ 多用于地名。如舥艚、鳌舥滩，均在浙江。

啪 pā 拟声 模拟枪声、掌声、撞击声等 ▷～，远处传来一声枪响｜～的一声，杯子掉在地上了。

【啪嚓】pāchā 拟声 模拟东西破裂的声音 ▷～一声，茶杯摔碎了。

【啪嗒】pādā 拟声 模拟东西撞击的声音 ▷门～一声关上了。

【啪唧】pājī 拟声 模拟气体或液体猛然被挤出的声音 ▷他在泥水里～～地走着。

【啪啦】pālā 拟声 模拟东西撞击时发出的不清脆的声音 ▷拍上去～～的，准是个娄西瓜。

葩 pā 名〈文〉花 ▷奇～｜阆（làng）苑仙～。☛ 不读 bā。

pá

扒[1] pá ❶ 动 用手或耙子等使东西聚拢或散开 ▷把落叶～到一起。→ ❷ 动 扒窃 ▷钱包让小偷～走了｜～手。

扒[2] pá 动 烹调方法，将半熟的原料整齐入锅，加汤水及调味品，小火炖烂收汁（一般保持原形装盘）▷～肉条｜～白菜｜～鸡。

另见 17 页 bā。

【扒糕】págāo 名 一种凉拌小吃，将蒸熟的荞麦面糕切成薄片儿，调入麻酱、香油、醋、蒜末及萝卜丝、黄瓜丝等即成。口感韧而滑爽。

【扒灰】páhuī 动 俗指公公和儿媳通奸。

【扒拉】pála 动〈口〉用筷子把饭菜往嘴里拨 ▷他随便～了几口饭就上班了。☛ 跟“扒（bā）拉”不同。

【扒犁】páli 现在一般写作“爬犁”。

【扒窃】páqiè 动 从别人身上偷东西 ▷警惕小偷～钱物。

【扒手】páshǒu 名 偷窃别人身上钱物的人 ▷当心钱物，谨防～◇文坛～。俗称三只手。☛ 不要写作“掱手”。

杷 pá 见1042 页“枇（pí）杷”。☛ 统读 pá，不读 bā。

爬 pá ❶ 动 人胸腹朝下，手脚并用向前移动；昆虫、爬行动物等向前移动 ▷孩子刚会～｜乌龟～得慢。→ ❷ 动 抓着东西往上移动 ▷～树◇～上显赫高位。→ ❸ 动 由卧倒状而坐起或站起 ▷跌倒后再～起来。

【爬虫】páchóng ❶ 名 用于称呼某些爬行动物（含轻视意）；比喻人格卑下、投机钻营的人 ▷政治～。❷ 名 指网络爬虫。一种自动获取网页内容的程序。

【爬格子】págézi 在带格子的稿纸上一格一格地书写。指辛勤地写作。

【爬灰】páhuī 现在一般写作“扒灰”。

【爬犁】páli 名 某些地区指雪橇。

【爬坡】pápō ❶ 动 沿着坡向上行 ▷～登上天门山｜汽车超载难～。❷ 动 比喻奋力向高的目标进取 ▷推动农业～。

【爬山虎】páshānhǔ 名 落叶藤本植物，叶宽卵形，茎上有卷须，卷须前端有吸盘，能附着在岩石或墙壁上。也说巴山虎、地锦。参见插图 8 页。

【爬升】páshēng ❶ 动（飞行器）向上飞 ▷飞机在～。❷ 动 泛指逐步上升 ▷原油价格持续～。❸ 动 比喻升职（多含贬义）▷他～得很快。

【爬梳】páshū 动〈文〉抓挠梳理。比喻整治使有条理 ▷～史料｜钩沉～。

【爬梯】pátī ❶ 名 直上直下、需手脚并用进行攀援的梯状设施，多用铁链、绳索等制成。❷ 动 手脚并用地沿梯子往上爬 ▷～上房。

【爬行】páxíng ❶ 动 爬①。❷ 动 比喻缓慢行动 ▷要勇于开拓，不能跟在别人后面～。

【爬行动物】páxíng dòngwù 脊椎动物的一纲，身体表面有鳞或甲，用肺呼吸，体温随气温的高低而变化，卵生或卵胎生，在陆地繁殖。如蜥蜴、鳄、蛇、鳖等。

【爬泳】páyǒng 图 一种游泳姿势。身体俯卧水面，双臂交替划水，同时两腿轮番打水，侧转头换气。

钯(鈀) pá 同"耙"。现在一般写作"耙"。另见 20 页 bǎ。

耙 pá ❶ 图 耙子 ▷钉～|木～。→❷ 动 用耙子操作 ▷～地|把麦子堆～开。

另见 21 页 bà。

【耙子】pázi 图 农具，长柄一端安有铁齿或木齿，用来平整土地或聚拢、散开谷物、柴草等。

琶 pá 见1043 页"琵(pí)琶"。☛ 统读 pá，不读 bā。

掱 pá [掱手] páshǒu 现在规范词形写作"扒手"。

筢 pá ❶ 图 筢子 ▷权～扫帚扬场锨，各种农具他用起来都得心应手。❷ 动 用筢子搂(lōu)柴草等 ▷把一根竹竿做成了～草的筢子。

【筢子】pázi 图 农具，长柄一端安有一排用竹子制成的弯钩，主要用来搂(lōu)柴草等。

潖 pá 图 潖江，水名，源出广东佛冈，向西南流入北江(珠江北支流)。

pà

汃 pà ❶ [汃汃] pàpà 形 水光闪闪的样子 ▷小溪光～。❷ 见 1037 页"澎汃"。

帕¹ pà 图 擦手、脸或包头用的柔软织物 ▷手～|罗～。

帕² pà 量 帕斯卡的简称。

【帕金森病】pàjīnsēnbìng 图 中老年人常见病，主要症状是肢体震颤、动作迟缓等。因英国医生帕金森首先描述，故称。也说震颤麻痹。

【帕金森综合征】pàjīnsēn zōnghézhēng 由脑动脉硬化、甲型脑炎、一氧化碳或锰中毒等引起的类似帕金森病的病征。

【帕斯卡】pàsīkǎ 量 压强或应力法定计量单位。如物体每平方米的面积上受到的压力为 1 牛顿时，压强为 1 帕斯卡。压强传递规律是法国科学家帕斯卡发现的，故称。简称帕。

怕 pà ❶ 动 感到恐惧、发慌 ▷不～苦|惧～。→❷ 动 担心 ▷我～你忘了，才提醒你。❸ 副 表示估计 ▷这孩子～有十二三岁了。→❹ 动 禁受不住 ▷病人～受凉。

【怕人】pàrén ❶ 动 害怕人 ▷这些鸽子不～。❷ 形 可怕 ▷阴森森的真～。

【怕生】pàshēng 形 形容不敢见生人(多用于小孩儿)；认生 ▷孩子～，老躲在奶奶身后。

【怕事】pàshì 动 怕招惹是非；怕承担责任 ▷无事不生事，有事不～。

【怕是】pàshì 副 表示估量或推测，相当于"也许"(有时含担心意) ▷我们分别～有 20 年了|想不到路上这么堵车，今天～要迟到了。

【怕死鬼】pàsǐguǐ 图 对贪生怕死的人的蔑称。

【怕羞】pàxiū 动 怕难为情；害羞 ▷不要～，唱两句给大家听听。

pāi

拍 pāi ❶ 动 用手掌或片状物打 ▷～掉身上的雪|～桌子|～苍蝇。→❷ 图 拍子① ▷球～|苍蝇～。→❸ 图 拍子② ▷二分之一～|合～。→❹ 动 拍马屁 ▷吹吹～～。→❺ 动 发出(电报) ▷～电报。→❻ 动 拍卖 ▷这幅油画～出了 100 万元高价。○❼ 动 拍摄 ▷～电影。○❽ 图 姓。

【拍案】pāi'àn 动 用手拍桌子，表示强烈的愤怒、惊异、赞赏等感情 ▷～大怒|～叫绝。

【拍案而起】pāi'àn'érqǐ 拍击桌子，猛地站起。形容激愤的样子。

【拍案叫绝】pāi'àn-jiàojué 拍着桌子叫好。形容极为赞赏。

【拍巴掌】pāibāzhang 〈口〉拍手；鼓掌 ▷乐得直～。

【拍板】pāibǎn ❶ 图 檀板。❷ 动 为演唱者击打拍板。❸ 动 拍卖货物时，主持人拍打木板，表示成交 ▷～成交。❹ 动 比喻主管人作出决定 ▷当场～。

【拍打】pāida ❶ 动 拍①。❷ 动 扇动(翅膀) ▷大公鸡～了几下翅膀。

【拍档】pāidàng 英语 partner 音译。❶ 动 协作；合作 ▷他们～创业，愉快合作。❷ 图 协作或合作的人 ▷他俩优势互补，是黄金～。

【拍发】pāifā 动 发出(电报)。

【拍花】pāihuā 动 用药物让小孩儿迷糊，然后拐骗走。

【拍价】pāijià 图 物品拍卖的价格。

【拍马屁】pāimǎpì 〈口〉传说北方游牧民族常以拍马屁股的方式表示夸赞马健壮、膘情好，以此示好于马的主人。借指巴结吹捧，奉承讨好。也说拍马。

【拍卖】pāimài 动 委托竞价出售，由专业机构代理，由拍卖师主持，以公开竞价的形式将委托出售的物品或财产权利转让给出价最高的竞买者；也指减价出售 ▷～古玩|服装大～。

【拍卖行】pāimàiháng 图 专营拍卖业务的商行。

【拍脑袋】pāinǎodai 指不经过实际调查和周密论证,仅凭主观想象或一时冲动,就轻率决策或出主意 ▷这馊主意准是~拍出来的。

【拍屁股】pāipìgu 指离开;多形容逃避或不负责任 ▷钱骗到手他就~跑了|要免拍脑袋决策、拍胸脯蛮干、~走人的"三拍"干部。

【拍品】pāipǐn 名 拍卖的物品。

【拍摄】pāishè 动 用照相机、摄影机等把人或物的形象记录在底片上或转换成数码储存下来。

【拍手】pāishǒu 动 两手手掌互相拍击,表示欢迎、赞赏、高兴等 ▷~叫好。

【拍手称快】pāishǒu-chēngkuài 拍着手喊痛快。多用来形容仇恨得到消除、正义得到伸张或目的得到实现时的痛快心情。

【拍拖】pāituō 动 某些地区指连在一起的两船靠岸时,由提供动力的一艘船并排拖着另一艘。比喻男女手牵手并肩走;今多比喻谈恋爱。

【拍戏】pāixì 动 指拍摄电影或电视剧。

【拍胸脯】pāixiōngpú 拍打自己的胸脯,表示承诺、担保或承担责任等 ▷我跟人家~了,可不能反悔。

【拍照】pāizhào 动 拍摄照片。

【拍砖】pāizhuān 动〈口〉用砖头拍打(别人)。比喻提出反对或批评意见(多用于互联网) ▷要倾听不同意见,容得人家~|这条帖子被~无数|~质疑。

【拍子】pāizi ❶ 名 拍打东西用的片状用具 ▷乒乓球~|苍蝇~。○ ❷ 名 音乐中计算乐音历时长短、划分小节时值的单位 ▷打~。

pái

俳 pái ❶ 名 古代的一种滑稽戏;也指演这种戏的人 ▷~优。→ ❷ 形〈文〉滑稽;诙谐 ▷~谐。

【俳句】páijù 名 日本的一种短诗。每首由3句17个音组成,首句5个音,中句7个音,末句5个音。

【俳优】páiyōu 名 古代指演滑稽戏的艺人。

排[1] pái ❶ 动 把阻挡物推开 ▷~山倒海。→ ❷ 动 除去;消除 ▷~雷|~除|~斥。❸ 动 把某物从内部释放出去 ▷把水~出去|~污|~便|~汗。

排[2] pái ❶ 动 按照一定顺序站位或摆放;编次 ▷~名次|编~。→ ❷ 名 排成的横列 ▷前~|第三~。→ ❸ 名 用竹、木并排连在一起而成的水上交通运输工具;也指为便于水运而扎成排的竹木 ▷放~|木~。→ ❹ 名 军队编制单位,在连以下,班以上。→ ❺ 名 指排球或排球队 ▷~坛|女~。→ ❻ 量 用于成行列的人或事物 ▷一~卫兵|两~椅子。○ ❼ 动 排演 ▷~戏|~练。

排[3] pái 名 一种西式食品,用大而厚的肉片油煎而成 ▷猪~|牛~。☛"排"字通常读 pái;读 pǎi,有专指义,一用于"排子车",二指用鞋楦把过紧的鞋子撑大。

另见 1023 页 pǎi。

【排班】páibān 动 安排上班、值班等的先后顺序。

【排版】páibǎn 动 把稿件的文字和图形按设计要求排成印刷用的版面。

【排爆】páibào 动 排除爆炸物 ▷演练~。

【排比】páibǐ 名 修辞手法,即三个或三个以上结构相同或相似、内容相关、语气一致的短语或句子连在一起,加强语势或深化语意。如"保卫家乡,保卫黄河,保卫华北,保卫全中国"。

【排笔】páibǐ 名 由平列的一排毛笔连成一体的粉刷、染色用具。

【排查】páichá 动 对某一范围内所有的人或物逐个进行审查或检查;特指为破案而对某些人逐一进行审查。

【排叉儿】páichàr 名 一种食品,将几股长方形薄面片交叉在一起放进热油中炸脆而成。

【排杈儿】páichàr ❶ 名 屋内一种简陋的隔断,用木条钉制,也有用秫秸扎成的,上面糊纸。❷ 见本页"排叉儿"。现在一般写作"排叉儿"。

【排场】páichǎng ❶ 名 铺张、奢华的场面 ▷他爱讲~,婚礼动用了几十辆轿车。❷ 形 场面铺张而奢华 ▷没想到酒会竟如此~。❸ 形 体面;光彩 ▷仪式虽简单,却不失~。

【排斥】páichì 动 不能容纳;使(人或事物)离开自己这方面 ▷互相~|不要~意见不同的人。☛ 参见 1022 页"排挤"的提示。

【排出】páichū 动 排放;使出去 ▷~污水。☛ 跟"排除"不同。"排除"指彻底除掉,使不存在;"排出"指使对象由内到外,发生位置变化。

【排除】páichú 动 去除;除掉 ▷~故障|~另一种可能性。☛ 参见本页"排出"的提示。

【排挡】páidǎng 名 机动车辆等用来调节运行速度及倒车的装置。简称挡。☛ 跟"排档(dàng)"不同。

【排档】páidàng ❶ 名 某些地区指多个摊位排在一起的、大众化的简易就餐场所;也指排列在路边或广场的售货摊 ▷夜宵~|鞋帽~。○ ❷ 动 安排档期 ▷本季上映的影片由电脑~。☛ 跟"排挡(dǎng)"不同。

【排定】páidìng 动 安排确定 ▷~会议日程。

【排毒】páidú 动 将毒素排出体外 ▷~消肿。

【排队】páiduì 动 按顺序排列成行 ▷~入场。

【排筏】páifá 名 排[2](pái)③。☛ 不宜写作"簰筏"。

【排放】páifàng 动 排出(废气、废水等)。

【排放量】páifàngliàng 名 排放液体、气体及粉尘

等的数量 ▷废液～|尾气～|碳～。也说排量。

【排风扇】páifēngshàn 图 安装在窗户上或墙孔中的电风扇，运转时可向室外排放室内的污浊空气以保持室内空气清新。也说排气扇、换气扇。

【排骨】páigǔ 图 供食用的猪、牛、羊等的带肉肋骨。

【排灌】páiguàn 动 排水和灌溉 ▷电力～。

【排行】páiháng ❶ 动 依次排列成行 ▷～就列|～榜。❷ 动 兄弟姐妹按长幼排列次序 ▷他在家族中～老九。

【排行榜】páihángbǎng 图 根据某种统计结果公布出来的有一定顺序的名单。

【排号】páihào 动〈口〉按次序排队 ▷～就诊。

【排击】páijī ❶ 动 劈砍打击 ▷汹涌的海浪～着岸边的岩石。❷ 动 排斥抨击 ▷～俗论。

【排挤】páijǐ 动 利用权势或采用不正当手段使不利于自己的人失去原有地位 ▷～外来同志是地方主义的表现。☛ 跟"排斥"不同。"排挤"用于人(含组织、势力等)，是贬义词；"排斥"既可用于人，也可用于其他事物，未必含有贬义。

【排检】páijiǎn 动 排列和检索(图书、资料等) ▷使用计算机～，大大提高了工作效率。

【排解】páijiě ❶ 动 调停使消除(矛盾、纠纷) ▷～邻里纠纷。❷ 动 排遣 ▷～心中的郁闷。❸ 动 排除；排出 ▷～体内毒素。

【排拒】páijù 动 排斥、拒绝 ▷不应简单地～传统。

【排空】páikōng 动 接连不断地耸向高空 ▷浊浪～|高高的山峰～而立。

【排涝】páilào 动 排除农田里危害作物的积水。

【排雷】páiléi 动 清除布设的地雷或水雷。

【排练】páiliàn 动 为举行某种仪式或演出而进行排演练习 ▷仪仗队正在～|～节目。

【排练场】páiliànchǎng 图 用来排练体操、舞蹈、戏曲等的场地。

【排量】páiliàng ❶ 图 排放量。❷ 图 指汽车发动机的排气量。即发动机全部气缸工作容积之和，一般用升作计量单位。

【排列】páiliè 动 按一定顺序站立或摆放 ▷队伍～整齐，等待检阅|把书籍分门别类～好。

【排律】páilǜ 图 律诗的一种，每首至少十句，可根据内容需要任意铺排，用韵数目没有限制，但平仄、对仗必须合乎律诗的要求。多为五言。

【排卵】páiluǎn 动 女子或某些雌性动物从卵巢中排出成熟的卵子。

【排卵期】páiluǎnqī 图 从排卵开始到排卵结束的一段时间。

【排名】páimíng 动 按一定标准排列名次 ▷从～最后跃升为～第三。

【排摸】páimō 动 摸排。

【排难解纷】páinàn-jiěfēn 为他人排除危难，调解纠纷。☛"难"这里不读 nán。

【排偶】pái'ǒu 图 排比和对偶。

【排炮】páipào ❶ 图 同时或连续朝同一目标发射的多门大炮 ▷～轰鸣，震耳欲聋。❷ 图 采石、开矿等工程中，许多炮眼同时进行的爆破 ▷用～开山。

【排气】páiqì 动 排放出不好的或不需要的气体 ▷汽车～系统。

【排气扇】páiqìshàn 图 排风扇。

【排遣】páiqiǎn 动 消除(寂寞、烦恼等情绪) ▷听听相声～心头的郁闷。

【排枪】páiqiāng 图 由多支枪朝同一目标或同一方向同时或接连射击的火力 ▷雨点似的～射向敌军阵地。

【排球】páiqiú ❶ 图 球类运动项目，球场为长方形，中间用高网隔开。双方各出场 6 人，分占半个场区。比赛时用手击球，使球从网上来回传动，以把球打到对方场区的地上为赢。❷ 图 排球运动使用的球。

【排山倒海】páishān-dǎohǎi 推开高山，翻倒大海。形容气势猛，力量强。

【排水】páishuǐ 动 把水排出；多指排出污水或不需要的水 ▷给水、～正常。

【排水量】páishuǐliàng ❶ 图 船体在水中所排开的水的重量，通常以吨计算。❷ 图 单位时间内渠道或河道所排出的水的量，通常以立方米/秒来计算。

【排酸肉】páisuānròu 图 通过冷却加工而排除了某些有害成分的肉。具体制作方法是：将屠宰后动物的肉用冷却的方法(温度 0—4℃、相对湿度 90%)放置 8—24 小时，促使肉中的酶发生反应，将部分蛋白质分解成氨基酸，并排去肉中的血液、体液等，从而减少有害物质的含量。

【排他】páitā 动 排斥其他事物，使不能与自己在同一范围内共存 ▷艺术流派互补而不～。

【排他性】páitāxìng 图 一事物不容许其他事物与自己在同一范围内共存的性质。

【排头】páitóu 图 队列中领头的位置；也指队列中领头的人 ▷高个儿站～，矮个儿站排尾|～是班长。

【排头兵】páitóubīng 图 站在排头的战士；比喻带头的人。

【排外】páiwài 动 排斥不属于本国、本地或本集团的人或事物。

【排尾】páiwěi 图 队列中最后的位置；也指站在队列中最后的人 ▷排头和～相距 30 米。

【排位】páiwèi ❶ 动 按一定标准排列位次 ▷按综合评分～。❷ 图 按一定标准排列的位次

▷我市空气质量在全省的～前移。

【排污】páiwū 动 排放废水、废气等污染物。

【排戏】páixì 动 排演戏剧、戏曲或其他文艺节目。

【排险】páixiǎn 动 排除险情 ▷加大查险、～力度。

【排箫】páixiāo 名 古代一种管乐器，由若干长短不一的竹管编排而成。参见插图 12 页。

【排泄】páixiè ❶ 动 排出液体 ▷不要把污水～到河里。❷ 动 生物排出体内的废物，如尿液、粪便、汗液等。

【排序】páixù 动 安排次序；排定顺序 ▷对冠状病毒基因进行～|按城市行政区划代码～。

【排揎】páixuan 动〈口〉训斥；责备 ▷说他一两句就行了，别～个没完。

【排演】páiyǎn 动 戏剧、舞蹈等上演前，演员在导演指导下进行演练 ▷～节目。

【排椅】páiyǐ 名 连接成排的椅子，用于礼堂、影剧院、较大的教室等。

【排印】páiyìn 动 排版印刷 ▷书稿正在～。

【排忧】páiyōu 动 排除忧患 ▷为群众～解困。

【排忧解难】páiyōu-jiěnán 排除烦忧，解决困难。☛ 跟"排忧解难(nàn)"不同。

【排忧解难】páiyōu-jiěnàn 排除忧愁，解除危难。☛ 跟"排忧解难(nán)"不同。

【排阵】páizhèn ❶ 动 布阵。❷ 动 比喻在大型活动或比赛中安排项目、配置人员、确定演出次序或比赛战术等 ▷开幕式已经精心～演练|根据每场比赛的不同对手，进行不同～。

【排中律】páizhōnglǜ 名 形式逻辑的基本规律之一，指在同一时间、同一关系下，对同一对象所作的两个互相矛盾的判断，其中必有并且只有一个是真的，不能有中间状况。

【排字】páizì 动 把稿件的文字按设计要求排成印刷用的版面。

徘 pái [徘徊] páihuái ❶ 动 在一个地方走来走去 ▷在江岸独自～。❷ 动 比喻犹豫不决 ▷在去留问题上～不定。❸ 动 比喻事物在某个范围内波动、起伏 ▷每亩产量在 800 公斤左右～。☛ "徊"不读 huí。

棑 pái 同"排[2](pái)"③。现在一般写作"排"。

牌 pái ❶ 名 指某些有专门用途的板状物，多用来张贴文告、广告或作标志 ▷广告～|招～|门～。→ ❷ 名 词、曲的调子 ▷词～|曲～。→ ❸ 名 文娱用品，也用作赌具 ▷打～|扑克～。→ ❹ 名 企业为自己的产品所取的专用名称 ▷名～|老～|冒～货。→ ❺ 名 盾牌，古代用来遮护身体的兵器 ▷藤～。○ ❻ 名 姓。☛ ㊀统读 pái。㊁左边"片"的第四画是横折(㇆)，不是一横一竖；右边"卑"的第六画是长撇(丿)，不要断成一竖一撇。

【牌匾】páibiǎn 名 悬挂在门楣或墙壁上的招牌或匾额。

【牌坊】páifāng 名 形状像牌楼的建筑物，上有题字，旧时多用于表彰某些人的忠孝节义。如贞节牌坊。

【牌号】páihào ❶ 名 商店的名称 ▷这个商店的～很醒目。❷ 名 牌④；商标 ▷这种～的洗衣机销路很好。

【牌价】páijià 名 由有关部门正式公布的价格。过去多用挂牌的方式公布，故称。

【牌九】páijiǔ 名 骨牌。

【牌局】páijú ❶ 名 玩牌或用牌赌博的聚会 ▷一场～|～将开。❷ 名 打牌过程中形成的有关输赢的局势 ▷观看～|～时时变化。

【牌楼】páilou 名 装饰性的建筑物，由两个或四个并列的柱子支撑，上有檐额，跨度较宽，多建在重要路口或名胜景点处。有时也临时用竹木搭建，作庆典装饰。

【牌位】páiwèi 名 为祭祀神灵、先人、亡者而设的小木牌，下有底座，上面写着被祭祀者的名号。

【牌照】páizhào 名 由有关行政部门颁发的行车凭证或营业执照。

【牌子】páizi ❶ 名 牌①。❷ 名 牌②。❸ 名 牌④。

簰 pái ❶ 古同"排[2](pái)"③。○ ❷ 用于地名。如簰洲湾，在湖北。

pǎi

迫(*廹) pǎi [迫击炮] pǎijīpào 名 一种从炮口装弹，以曲射为主的小型近射程火炮。

另见 1061 页 pò。

排 pǎi 动 某些地区指用鞋楦填紧鞋的中空部分使撑大 ▷这双鞋穿着太紧，得～一～。

另见 1021 页 pái。

【排子车】pǎizichē 名 供搬运货物用的没有车厢的两轮平板人力车。

pài

哌 pài 音译用字，用于"哌嗪"等。

【哌嗪】pàiqín 名 英语 piperazine 音译。药名，有机化合物，有驱除蛔虫、蛲虫等效能。

派[1] pài ❶ 名〈文〉水的支流 ▷长江九～。→ ❷ 名 指主张、风格等一致的一部分人 ▷党～|程～唱腔。⇒ ❸ 名 作风；风度 ▷气～|～头。⇒ ❹ 量 用于思想观点一致的人群 ▷两～人辩论了起来|三～人三种意见。→ ❺ 动（带有一定强制性地）分配 ▷摊～|

～活儿。⇒ ❻ 动 派遣；安排 ▷～代表｜～车。⇒ ❼ 动 把过失推给别人；指责 ▷～别人的不是｜编～。○ ❽ 量 同"一"连用，用于景色、语言等 ▷一～春光｜一～胡言。

派[2] pài 名 英语 pie 音译。一种西式的带馅儿点心 ▷巧克力～｜苹果～。☛"派"字右边是"𠂢"，不是"𧘇"或"瓜"。

另见 1019 页 pā。

【派别】pàibié 名 因观点、主张不同而在学术、宗教、政党等内部形成的分支或小团体。

【派不是】pàibùshi 指责别人不对 ▷自己不干，还老派别人的不是，这怎么行？

【派出机关】pàichū jīguān ❶ 我国县级以上地方政府在所属区域内设立的代表机关。如行政公署、街道办事处等。❷ 省级和县级人民检察院在工矿区、农垦区、林区设置的人民检察院。

【派出所】pàichūsuǒ 名 地方公安部门按地区设立的派出机关，管理辖区的治安和户籍工作。

【派定】pàidìng ❶ 动 委派指定 ▷～我去处理这件事。❷ 动 认定 ▷人们～他就是肇事者。

【派对】pàiduì 名 英语 party 音译。社交性或娱乐性的聚会，规模一般较小 ▷生日～。

【派发】pàifā 动 分派；发放 ▷展台～宣传品。

【派饭】pàifàn ❶ 动 安排农户为下乡干部有偿提供饭食。❷ 名 农户根据村委会的安排为下乡干部提供的饭食 ▷下乡吃～。

【派购】pàigòu 动 计划经济时期，国家对某些重要农副产品实行指令性征购。

【派活儿】pàihuór 动 分配人干活儿。

【派款】pàikuǎn 动 上级强制性地让下属单位或个人分担钱款。

【派力司】pàilìsī 名 英语 palace 音译。用羊毛织成的平纹毛织品，隐约可见纵横交错的线条，轻薄挺括，适宜做夏令服装。

【派遣】pàiqiǎn 动 派人外出执行任务 ▷组织上～他到基层工作。☛ 跟"差遣"不同。"派遣"侧重于分派，有郑重意味；"差遣"侧重于使唤，一般不强调郑重意味。

【派任】pàirèn 动 委派使担任(某职务) ▷～他为抗洪前线总指挥。

【派生】pàishēng 动 在事物的发展过程中从主体分化产生出来 ▷由此～出一连串的问题。

【派生词】pàishēngcí 名 合成词的一种，由词缀附加在词根的前面或后面而成。如阿姨、老虎、石头、现代化。参见 549 页"合成词"。

【派送】pàisòng ❶ 动 派遣 ▷～青年教师去进修。❷ 动 分发赠送；分别送达 ▷～精美礼品｜将包裹～到指定地址。

【派头】pàitóu 名 气派 ▷不要讲排场，耍～。

【派位】pàiwèi 动 按照一定的规则把适龄儿童或升学新生分配到既定招生学校就读 ▷按照就近入学原则，小学升初中实行电脑～。

【派系】pàixì 名 政党或集团内部的派别。

【派性】pàixìng 名 维护派系利益的思想和行为。

【派员】pàiyuán 动 派遣人员(任某职或做某事) ▷上级已～前往调查。

【派驻】pàizhù 动 派遣人员驻在某地(执行任务) ▷他是我国～联合国的代表。

溗 pài [溗烯] pàixī 名 有机化合物，是松节油的主要成分。可作溶剂及合成香料、合成橡胶的原料。

湃 pài 见 1037 页"澎(péng)湃"。☛ 统读 pài，不读 bài。

pān

扳 pān 同"攀"①—④。现在一般写作"攀"。另见 32 页 bān。

番 pān [番禺] pānyú 名 地名，在广东。另见 376 页 fān。

潘 pān 名 姓。

攀 pān ❶ 动 抓住能借以用力的东西往上爬 ▷～登｜～援。→ ❷ 动 拉住；抓住 ▷～弓(拉弓)｜～折。→ ❸ 动 跟地位高的人拉关系 ▷～龙附凤｜高～。→ ❹ 动 设法接近；牵连拉扯 ▷～谈｜～扯。○ ❺ 名 姓。

【攀比】pānbǐ 动 不切实际地跟比自己高的、强的相比 ▷生活上不要相互～｜盲目～。

【攀扯】pānchě ❶ 动 拉关系 ▷他总喜欢跟名人～。❷ 动 故意牵连(别的人或事) ▷自己做事自己承担，不要～别人！

【攀登】pāndēng 动 攀① ▷～高山峻岭◇～体育竞技高峰。

【攀附】pānfù ❶ 动 附着在别的东西上往上爬 ▷爬山虎～在墙上。❷ 动 比喻投靠有权有势的人 ▷玩弄手腕，～权贵。

【攀高】pāngāo ❶ 动 向高处攀登。❷ 动 跟强于自己的相比 ▷工作上努力～。❸ 动 攀升 ▷销售量不断～。❹ 动 高攀 ▷～附贵。

【攀高枝儿】pāngāozhīr 比喻攀附有权势、有地位的人；也比喻跳槽到更好的地方去。

【攀供】pāngòng 动 招供时无中生有地牵扯别人 ▷胡乱～。

【攀交】pānjiāo 动 同地位比自己高的人交往。

【攀龙附凤】pānlóng-fùfèng 汉·扬雄《法言·渊骞》："攀龙鳞，附凤翼，巽以扬之。"(巽：音 xùn，指风)意思是好像拉着龙的鳞片，附着在凤的翅膀上，乘风飞升。后用"攀龙附凤"比喻依附、投靠有权势的人。

【攀爬】pānpá 动 攀登;攀附 ▷禁止～电线杆。

【攀亲】pānqīn ❶ 动（为达到某种目的）拉亲戚关系 ▷到处～叙友。❷ 动〈口〉议婚;订婚。

【攀禽】pānqín 名 鸟的一种类群,善于攀树,嘴坚硬,有的有锋利的钩,常捕食害虫。如啄木鸟、杜鹃等。

【攀绕】pānrào 动 攀附缠绕 ▷这株紫藤～在高大的枫树上|藤萝～。☛"绕"不读 rǎo。

【攀升】pānshēng 动 升高;往上升 ▷付费门槛持续～|石油价格继续～|幸福指数节节～|作品质量不断～。

【攀谈】pāntán 动 为接近对方而与之交谈;闲谈 ▷亲切～。

【攀诬】pānwū 动 攀扯;诬陷 ▷～无辜者。

【攀岩】pānyán ❶ 动 用少量器具,攀登陡峭的岩壁。❷ 名 指这种体育运动项目。

【攀援】pānyuán 动 借助外力的帮助往上爬 ▷抓住绳索,～而上◇卖身投靠,～高位。☛ 跟"攀缘"不同。

【攀缘】pānyuán 动 沿着东西顺势往上爬 ▷～而上的青藤|～茎|～植物。☛ 跟"攀援"不同。

【攀缘茎】pānyuánjīng 名 植物茎的一种。长有攀缘茎的植物靠卷须或吸盘状的器官附着在他物上生长。如葡萄、爬山虎等的茎。

【攀越】pānyuè 动 攀登翻越 ▷～高山。

【攀折】pānzhé 动 把花木等拉下来折断 ▷请勿～花木。

【攀枝花】pānzhīhuā ❶ 名 木棉。❷ 名 市名,在四川西南部,跟云南接邻。

pán

爿 pán ❶ 名 某些地区指劈成片的竹子、木柴等 ▷竹～|柴～。→ ❷ 量 某些地区用于土地,相当于"块""片" ▷一～田。〇 ❸ 量 某些地区用于商店、工厂等,相当于"家""座" ▷一～店。☛ ㊀统读 pán,不读 bàn。㊁笔顺是丨 丬 丬 爿。由"爿"构成的字有"戕""奘""寐"等。

胖 pán 形〈文〉安泰;舒坦 ▷心广体～。☛ 这个意义不读 pàng。
另见 1028 页 pàng。

般 pán 形〈文〉欢乐 ▷～乐(lè)|～游。
另见 33 页 bān;99 页 bō。

盘（盤） pán ❶ 名 盘子 ▷茶～|托～。→ ❷ 动 缠绕;环绕 ▷把头发～起来|～根错节|～绕。⇒ ❸ 动 逐个或反复清查(数量、情况等) ▷～点|～问。⇒ ❹ 动 砌、垒(灶、炕) ▷～灶|～炕。→ ❺ 名 形状扁平像盘的东西 ▷棋～|脸～。❻ 量 a)用于形状像盘的东西 ▷一～石磨|一～钢磨|一～蚊香。b)用于棋类、球类比赛 ▷下～棋|赢了前三～。→ ❼ 名 指商品交易的价格或行情 ▷暗～|尾～|崩～。〇 ❽ 动（企业主将房屋、设备、存货等）全部转让 ▷把铺子～给人家。〇 ❾ 名 姓。

【盘剥】pánbō 动 用放高利贷等手段,利上加利地反复剥削 ▷高利～。

【盘儿菜】pánrcài 名 经过初步加工调配按盘出售的菜肴,买回后即可直接烹炒。

【盘查】pánchá 动 盘问检查 ▷定点～|接受～。

【盘缠】pánchan 名〈口〉费用;日常生活费。特指路费。

【盘秤】pánchèng 名 一端系有盘子的杆秤,把东西放在盘子里称出重量。

【盘存】páncún 动 清点、核查现存资产的数量和情况。

【盘错】páncuò 动（树根、树枝）盘曲交错;比喻事情复杂,纠缠不清 ▷枝丫～|矛盾～不清。

【盘道】pándào 名 曲折回旋的山路。

【盘底】pándǐ 动 盘查底细 ▷盘盘他的底,弄清他的来头。

【盘点】pándiǎn 动 检查清点(存货);泛指对某事物或现象进行统计、梳理、总结、评价等 ▷～库存物资|对市民投诉进行全面～。

【盘店】pándiàn 动 有偿地转让店铺的货物、设备等全部资产 ▷资金不足,又无销路,只得～。

【盘跌】pándiē 动（股票、期货等的价格）缓慢降低 ▷股市持续～|汇价～。也说盘落。

【盘费】pánfèi 名〈口〉路费。

【盘根错节】pángēn-cuòjié 树根盘绕,枝节交错。形容事物或人际关系相互交织,纷乱复杂。☛ 不要写作"蟠根错节""槃根错节"。

【盘根问底】pángēn-wèndǐ 刨根问底。

【盘亘】pángèn 动 相互交错连接 ▷群山～千里|长城像一条巨龙～在中华大地上。☛ 跟"盘桓"不同。

【盘古】pángǔ 名 我国神话传说中开天辟地的人。

【盘槐】pánhuái 名 龙爪槐。

【盘桓】pánhuán ❶ 动 徘徊;逗留 ▷～不前。❷ 动 回旋环绕 ▷旋律在脑海里～。☛ 跟"盘亘"不同。

【盘活】pánhuó 动 使资金、资产等进入市场产生经济效益 ▷～资金。

【盘货】pánhuò 动 盘点货物。

【盘诘】pánjié 动 盘查追问 ▷～可疑的人。

【盘结】pánjié 动 环绕缠结 ▷树根～交错。

【盘究】pánjiū 动 盘问追查 ▷～底细。

【盘踞】pánjù 动 霸占;非法占据 ▷歼灭了～在

岛上的敌人。☛ ㊀不要写作“盘据”“蟠据”“蟠踞”。㊁参见 460 页“割据”的提示。

【盘炕】pánkàng 动 (用土坯等)砌炕。

【盘空】pánkōng 动 在空中盘旋 ▷苍鹰～。

【盘库】pánkù 动 盘点库存。

【盘马弯弓】pánmǎ-wāngōng 唐·韩愈《雉带箭》:“将军欲以巧伏人,盘马弯弓惜不发。”意思是纵马盘旋,拉弓欲射而不真射。后比喻摆出姿态,但并不真正行动。

【盘面】pánmiàn ❶ 名 指在某一时间股票、期货等的市场面貌或交易情况。❷ 名 指棋盘上的棋势。

【盘尼西林】pánníxīlín 名 英语 penicillin 音译。青霉素的旧称。

【盘弄】pánnòng 动 反复抚摸摆弄 ▷她低头～着辫梢,一句话不说。

【盘曲】pánqū 形 回环弯曲 ▷～的小路望不见尽头。☛ 不要写作“蟠曲”。

【盘绕】pánrào 动 环绕在别的物体上;缠绕 ▷瓜蔓儿紧紧～在架子上|那种想法一直～在心头。

【盘山】pánshān 动 沿着山坡旋绕 ▷～公路。

【盘升】pánshēng 动 (股票、期货等的价格)缓慢上升 ▷近期股指呈震荡～的走势。

【盘石】pánshí 现在规范词形写作“磐石”。

【盘算】pánsuan 动 心里算计谋划 ▷他～着怎么样扩大养殖规模。

【盘梯】pántī 名 围着柱轴装设的盘旋而上的阶梯,多安装在瞭望台、瞭望塔等建筑物中。

【盘头】pántóu ❶ 动 把头发盘在脑后或头顶。❷ 名 把头发盘在脑后或头顶的一种发式。‖也说盘发。

【盘腿】pántuǐ 动 坐时两腿弯曲,小腿交叉平放。

【盘陀路】pántuólù 名 曲折盘旋的路。☛ 不要写作“盘陁路”。

【盘问】pánwèn 动 仔细查问 ▷～过往行人。

【盘膝】pánxī 动 盘腿。

【盘香】pánxiāng 名 螺旋形的线香或蚊香。

【盘旋】pánxuán ❶ 动 绕着圈儿飞或走 ▷沿着山路～而上◇她的身影老在我脑海里～。❷ 动 徘徊 ▷这个人在门前～了好久。

【盘羊】pányáng 名 野生羊的一种。雌雄均有角,雄性的角向下盘曲呈螺旋状,毛厚而长,四肢强劲有力,善于爬山。属国家保护动物。参见插图 1 页。

【盘账】pánzhàng 动 清点、核对账目。☛ 不要写作“盘帐”。

【盘整】pánzhěng ❶ 动 调整;整顿 ▷～市场。❷ 动 (价格、指数等)在一定范围内小幅度波动 ▷股指进入～期。

【盘子】pánzi 名 浅底的盛物器皿,比碟子大,多为圆形或椭圆形。

【盘坐】pánzuò 动 盘腿而坐 ▷～在炕头。

槃 pán ❶ 名 古代盥洗用的木盘;泛指盘子。○ ❷见1005 页“涅(niè)槃”。

磐 pán 名 磐石 ▷风雨如～。

【磐石】pánshí 名 又厚又大的石头 ▷坚如～。☛ 不要写作“盘石”“蟠石”。

磻 pán 用于地名。如磻溪河,水名,在陕西。

蹒(蹣) pán [蹒跚] pánshān 形 形容腿脚不灵便,走路缓慢、摇摆的样子 ▷步履～|～学步。☛ ㊀“蹒”统读 pán,不读 mán。㊁“蹒跚”不要写作“盘跚”。

蟠 pán 动〈文〉盘曲;环绕 ▷～龙。☛ 不读 pān。

【蟠槐】pánhuái 名 龙爪槐。

【蟠据】pánjù 现在规范词形写作“盘踞”。

【蟠龙】pánlóng 名 盘曲蛰伏的龙 ▷～山。

【蟠曲】pánqū 现在规范词形写作“盘曲”。

【蟠桃】pántáo ❶ 名 神话中的仙桃。❷ 名 桃的一种。果实扁圆形,味甜,核小。也说扁桃。

鞶 pán 名 古人佩玉的皮带。

pǎn

坢 pǎn 名 某些地区指山头或山坡 ▷崖～|阳～(向阳的山坡)。

另见 38 页 bàn。

pàn

判 pàn ❶ 动 分开;分辨 ▷～别|～断。→ ❷ 动 裁定;评定 ▷～卷子|裁～|评～。❸ 动 判决 ▷～了两年徒刑|～案|审～。→ ❹ 名 区别;差异 ▷～若两人|天壤之～。

【判案】pàn'àn 动 判决案件。

【判别】pànbié 动 辨别;区分 ▷～真伪。

【判处】pànchǔ 动 (法庭)判决处以某种刑罚 ▷～死刑。☛ “处”这里不读 chù。

【判词】pàncí ❶ 名 旧指判决书。❷ 名 对是非、优劣等所作的判定性结论 ▷不敢妄下～。

【判辞】pàncí 现在一般写作“判词”。

【判定】pàndìng 动 辨别断定 ▷～真假。

【判读】pàndú 动 利用已知的视觉信息符号,对新获取的视觉信息进行研究,从而判断其含义 ▷公布对黑匣子的～结果。

【判断】pànduàn ❶ 名 人类思维的基本形式之一,是对思维对象有所肯定或否定的思维过程。通常要用一个句子来表达,形式逻辑则用一个命题来表达。❷ 动 判别断定 ▷～真假。❸ 名 判别断定的结果 ▷作出正确～。

【判断力】pànduànlì 名 作出准确判断的能力。

【判罚】pànfá 动 断定违犯规则并给予处罚。如球类比赛中，裁判员对犯规运动员作出处罚决定。

【判分】pànfēn 动 对试卷或参赛人员的成绩评定分数。

【判官】pànguān ❶ 名 古代官名，唐代始设，其职责是辅助地方长官处理政务。❷ 名 迷信指阴间掌管生死簿的官。

【判决】pànjué ❶ 动 法院对审理终结的案件作出决定 ▷法院～他犯有渎职罪｜～结果。❷ 名 法院对审理终结的案件作出的决定 ▷这份～不公正｜法院的～公布了。❸ 动 判断，决定。

【判决书】pànjuéshū 名 法院就案件判决结果写的文书。

【判例】pànlì 名 可以作为判案依据的、以前类似案件的已生效的判决先例。

【判明】pànmíng 动 分辨清楚 ▷～是非。

【判若鸿沟】pànruòhónggōu 界限十分清楚，像中间隔着鸿沟一样。形容区别极为明显。参见570页“鸿沟”。

【判若两人】pànruòliǎngrén 区别明显，就像是两个人一样。形容一个人在不同场合或不同时间的态度、言行等变化巨大。

【判若云泥】pànruòyúnní 高低悬殊，就像一个是天上的云，一个是地下的泥。形容差别很大。也说判若天渊。

【判刑】pànxíng 动 依据法律给罪犯判处刑罚。

【判罪】pànzuì 动 依据法律给罪犯定罪。

拚 pàn 动 舍弃；不顾一切地争斗 ▷～死｜～命。☛ 现代汉语中只在某些地区使用。

另见1051页 pīn。

泮 pàn ❶ 名 泮宫，古代诸侯举行射礼的地方；后来也指地方的官立学校，清代称考中秀才为“入泮”。○ ❷ 动〈文〉融化；分开。○ ❸ 古同“畔”。○ ❹ 名 姓。

盼 pàn ❶ 动 看 ▷左顾右～。→ ❷ 动 期望；企望 ▷～着这一天｜企～｜～头。

【盼头】pàntou 名 指实现愿望的可能性 ▷孩子快工作了，这回可就有～了！

【盼望】pànwàng 动 热切地希望 ▷～早日回国。

叛 pàn 动 背离自己的一方；投靠敌方 ▷众～亲离｜～国｜～徒｜背～。

【叛变】pànbiàn 动 背叛自己的一方而采取敌对行动或投靠敌方 ▷～革命。☛ 参见58页“背叛”的提示。

【叛党】pàndǎng 动 背叛自己所在的政党；特指中国共产党党员背叛中国共产党。

【叛匪】pànfěi 名 进行叛乱活动的匪徒。

【叛国】pànguó 动 背叛祖国 ▷～投敌。

【叛军】pànjūn 名 叛变的军队。

【叛离】pànlí 动 叛变背离 ▷～了自己的亲人。

【叛乱】pànluàn 动 背叛作乱；多指用武装实行叛变 ▷企图～｜平息～。

【叛卖】pànmài 动 叛变并出卖 ▷～革命。

【叛逆】pànnì ❶ 动 背叛。❷ 名 有背叛行为的人 ▷甘当封建家庭的～。

【叛逃】pàntáo 动 叛变并逃跑 ▷～出国。

【叛徒】pàntú 名 有叛变行为的人。

【叛贼】pànzéi 名 叛徒（用于斥骂）。

畔 pàn ❶ 名 土地的界限 ▷田～。→ ❷ 名 旁边；附近 ▷江～｜路～｜耳～。☛ 统读 pàn，不读 bàn。

袢 pàn ❶见1085页“袷（qiā）袢”。○ ❷同“襻”。现在一般写作“襻”。

鋬 pàn 名 器物上可以用手提的部分 ▷桶～｜壶～。

襻 pàn ❶ 名 中式服装上扣住纽扣的布环 ▷纽～。→ ❷ 名 形状或功用像襻的东西 ▷鞋～儿。❸ 动 把分开的东西用线或绳子等连在一起 ▷衣服开线了，给我～两针。

pāng

乓 pāng 拟声 模拟打枪或东西碰撞、迸裂的声音 ▷枪声～～地响个不停｜大门～的一下撞开了｜～的一声，热水瓶摔得粉碎。☛ 统读 pāng，不读 bāng。

雱 pāng 形〈文〉形容雪下得很大的样子。

滂 pāng 形〈文〉形容水势浩大或大水涌流的样子。☛ 统读 pāng，不读 páng。

【滂湃】pāngpài 形 形容水势浩大的样子 ▷～江水滚滚东流。

【滂沱】pāngtuó 形 形容雨下得很大的样子 ▷～大雨◇涕泗～。

膀 pāng 形 浮肿 ▷他患肾炎，脸都～了｜～肿。

另见40页 bǎng；1028页 páng。

páng

彷 páng［彷徨］pánghuáng 动 在一个地方来回走，不知往哪里去；犹豫不决 ▷歧路～｜～不定。☛ 不要写作“旁皇”。

庞[1]（龐）páng ❶ 形 庞大 ▷～然大物。→ ❷ 形 多而杂 ▷～杂。○

❸ 图 姓。

庞[2]（龐） páng 图 脸盘儿 ▷面～。

【庞大】pángdà 形（形体、机构、数量等）很大；过大 ▷～的组织｜规模～。

【庞然大物】pángrán-dàwù 形体大而笨重的东西；也指貌似强大实则虚弱的东西。

【庞杂】pángzá 形 又多又杂 ▷人员～｜内容～。

逄 páng 图 姓。

逢 páng 图 姓。
另见 414 页 féng。

旁[1] páng 形 广泛；普遍 ▷～征博引。

旁[2] páng ❶ 图 旁边 ▷小河～｜～若无人｜袖手～观｜～听｜～门。→ ❷ 形 其他的；别的 ▷～的事不要管｜～人｜～证。→ ❸ 图 汉字的偏旁 ▷言字～｜形～｜声～。

【旁白】pángbái ❶ 图 剧中角色背（bèi）着台上其他角色对观众说的话。❷ 图 影视片画外音的一种，是解说、评论影视作品的话语。

【旁边】pángbiān 图 左右两侧；附近 ▷桌子～｜我家就在学校～。也说旁侧。

【旁岔】pángchà 图 从旁边分出的岔道儿 ▷这条路有好几个～，别走错了。

【旁出】pángchū 动 从旁边伸出 ▷～的枝条。

【旁顾】pánggù ❶ 动 侧转头看旁边 ▷～无人，他才对我说了这些话。❷ 动 顾及其他的人和事物 ▷专心著述，无暇～。

【旁观】pángguān 动 置身事外，在一旁观看 ▷袖手～｜只许～，不许插手。

【旁观者清】pángguānzhěqīng 旁观的人看问题往往比当事人清楚（常跟“当局者迷”连用）。

【旁及】pángjí 动 牵连；涉及 ▷～无辜。

【旁落】pángluò 动（本应属于自己的权力、荣誉等）落到别人手中 ▷大权～｜金牌～。

【旁门】pángmén 图 建筑物侧面或正门旁边的门；比喻不正当的门路 ▷开设～｜～左道。

【旁门左道】pángmén-zuǒdào 原指非正统、不正派的宗教派别、学术流派；今多指不正当的途径或不正派的作风。

【旁敲侧击】pángqiāo-cèjī 在旁边和侧面敲打。比喻不从正面直接说明本意，而是从侧面迂回曲折地说出自己的看法。

【旁人】pángrén 代 指别人；当事人以外的人。

【旁若无人】pángruòwúrén 好像身旁没有别人。形容从容自若或态度傲慢。

【旁听】pángtīng ❶ 动 列席听会，没有发言权和表决权 ▷～大会发言。❷ 动 非正式学员随班听课 ▷他～了中文系的主要课程。

【旁听生】pángtīngshēng 图 随班听课而没有正式学籍的学生。

【旁通】pángtōng 动 广泛通晓 ▷触类～｜精通行草，～篆隶。

【旁骛】pángwù 动〈文〉把注意力用到正事以外（骛：追求）▷专心致志，绝无～。☛“骛”下面是“马”，不要误写作“鹜”。

【旁系亲属】pángxì qīnshǔ 直系亲属以外，在血统上和自己同出一源的人（如兄、弟、姐、妹、伯、叔、甥、侄等）及其配偶。

【旁逸斜出】pángyì-xiéchū 从侧面不规则地长出。

【旁征博引】pángzhēng-bóyǐn 广泛地搜集、引用资料。☛“征”不要误写作“证”。

【旁证】pángzhèng 图 直接证据以外的其他证据 ▷提供～。

【旁支】pángzhī 图 家族、集团等系统中嫡系以外的支派 ▷他有直系亲属，不需靠～赡养。

膀 páng［膀胱］pángguāng 图 体内贮藏尿液的囊状器官。人的膀胱位于盆腔内，上部有输尿管入口，下部有出口通尿道。
另见 40 页 bǎng；1027 页 pāng。

磅 páng［磅礴］pángbó ❶ 动〈文〉（气势）充满；扩展 ▷～于全世界。❷ 形（气势）雄伟 ▷气势～。
另见 41 页 bàng。

螃 páng［螃蟹］pángxiè 图 甲壳动物，有足五对，前面一对钳状，横着爬行。多数生活在海中，少数生活在淡水中，有些种类可以食用。也说蟹。

鳑（鰟） páng［鳑鲏］pángpí 图 鱼，形体小，银灰色，多带橙黄色或蓝色斑纹。雌鱼有产卵管，插入蚌的体内产卵。生活在淡水中，食水生植物。

pǎng

嗙 pǎng 动 某些地区指吹牛或自夸。

耪 pǎng 动 用锄松土 ▷～地｜～高粱。

pàng

胖 pàng 形（人体）肉厚，含脂肪多（跟“瘦”相对）▷～娃娃｜肥～。☛ 形容人体肉厚、脂肪多，读 pàng；形容身心舒适，读 pán。
另见 1025 页 pán。

【胖大海】pàngdàhǎi 图 落叶乔木，叶椭圆状披针形，果实船形。种子也叫胖大海，倒卵形，浸水后膨大成海绵状，可以做药材。也说膨大海。

【胖嘟嘟】pàngdūdū 形 形容胖得可爱的样子 ▷孩子生下来就~的，人见人爱。

【胖墩儿】pàngdūnr 名〈口〉称矮而胖的人(多指儿童)。

【胖墩墩】pàngdūndūn 形 形容长得矮胖而壮实 ▷他个子不高，~的。

【胖乎乎】pànghūhū 形 形容肥胖的样子。

【胖头鱼】pàngtóuyú 名 鳙的俗称。

【胖子】pàngzi 名 肥胖的人。

pāo

抛 pāo ❶ 动 投；扔 ▷把鲜花~向观众|~锚。→ ❷ 动 舍弃；甩下 ▷~头颅，洒热血|把对手~在后面|~弃。→ ❸ 动 抛售 ▷~盘|狂~期货。○ ❹ 动 暴露 ▷~头露面。☛ 不读 pōu。

【抛光】pāoguāng 动 对加工对象的表面进行机械或化学处理，使高度光洁。

【抛荒】pāohuāng ❶ 动 抛弃不再耕种，任土地荒芜 ▷这些地现在大都~了。❷ 动 荒废(学业、业务等) ▷专业早已~了。

【抛离】pāolí 动 丢下不管而离去 ▷~妻儿，远走他乡。

【抛锚】pāomáo ❶ 动 把锚抛入水底，使船停稳。❷ 动 比喻机动车等因故障而停在中途。❸ 动 比喻事情在进行中因故中止。

【抛盘】pāopán ❶ 动 卖出某种股票、期货等 ▷股价刚一攀升，便有人~。❷ 名 一定时间内市场上卖出的股票、期货等。

【抛弃】pāoqì 动 扔掉 ▷~光环，回归平凡|为时代所~。☛ 参见 1591 页“扬弃”、1627 页“遗弃”的提示。

【抛却】pāoquè 动 扔掉；丢开 ▷~杂念。

【抛洒】pāosǎ ❶ 动 洒落；洒出 ▷别把油漆~到地上。❷ 动 比喻付出(心血、感情等) ▷~一腔热血。☛ 参见本页“抛撒”的提示。

【抛撒】pāosǎ 动 抛出，散落 ▷~融雪剂|防止运土车沿街~泥土。☛ 跟“抛洒”不同。“抛撒”的对象为固体；“抛洒”的对象为液体。

【抛舍】pāoshě 动 丢弃；舍弃 ▷~虚荣。

【抛射】pāoshè 动 向着目标射出或掷出 ▷左手~进篮。

【抛售】pāoshòu 动 降低价格大批出售 ▷~库存物资。

【抛头露面】pāotóu-lùmiàn 旧指妇女出现在公共场所(封建道德认为是不体面的事)。现泛指在公开场合露面(多含贬义)。

【抛物面】pāowùmiàn 名 抛物线以它的对称轴为轴旋转一周所构成的曲面。

【抛物线】pāowùxiàn 名 曲线的一种。当不计空气阻力时，将一物体向上斜抛出去所经过的路线就是抛物线。

【抛掷】pāozhì ❶ 动 扔；投 ▷~石块。❷ 动 丢弃；弃置 ▷他把个人利益~脑后。

【抛砖引玉】pāozhuān-yǐnyù 抛出廉价的砖，引来珍贵的玉。比喻说出自己粗浅的意见引出别人的高论(多用作谦词)。

泡[1] pāo 名 松软而鼓起的东西 ▷肿眼~|豆腐~。

泡[2] pāo 量 用于屎、尿 ▷拉一~屎|撒~尿。

泡[3] pāo 名 小湖(多用于地名) ▷月亮~(在吉林)|莲花~(在黑龙江)。

另见 1031 页 pào。

【泡桐】pāotóng 名 落叶乔木，叶长卵形或心形，较大。喜光，生长快。木质轻软，耐水湿，耐腐蚀，可制家具、乐器等。

【泡子】pāozi 名 某些地区指小型湖泊。☛ 跟“泡(pào)子”不同。

脬 pāo ❶见1317 页“尿脬(suīpao)”。→ ❷ 同“泡²(pāo)”。现在一般写作“泡”。☛ 统读 pāo，不读 fú。

páo

刨 páo ❶ 动 挖；挖掘 ▷~个坑|~树根。→ ❷ 动〈口〉扣除；减去 ▷~去请假的，只有 20 个人|~去成本，每天净赚 500 元。

另见 50 页 bào。

【刨除】páochú ❶ 动 扣除；减去 ▷~饭费就所剩无几了。❷ 动 挖掘并除掉 ▷~祸根。

【刨根儿】páogēnr 动 比喻追问根由、底细 ▷这事弄不清楚，不用再~了。

【刨根问底】páogēn-wèndǐ 追究根源，盘查底细。

【刨食】páoshí 动 用爪刨土觅食；比喻主要依靠种地生活 ▷父辈都是土里~的农民。

咆 páo 动 (猛兽)嗥叫；怒吼 ▷虎啸狼~|~哮。

【咆哮】páoxiào ❶ 动 (猛兽)吼叫 ▷老虎~着扑过来。❷ 动 比喻人暴怒叫喊或洪水等发出轰鸣 ▷~如雷|大海~，巨浪冲天。

狍 páo 名 鹿的一种。颈长尾短，雄的有角。冬天毛长，棕褐色；夏天毛短，栗红色。喜食青草、野果和野菌等。通称狍子。

【狍子】páozi 名 狍的通称。

庖 páo〈文〉❶ 名 做饭的地方 ▷~厨。→ ❷ 名 厨师 ▷越俎代~|良~。

【庖厨】páochú〈文〉❶ 名 厨房 ▷君子远~。❷ 名 厨师 ▷鹿走山林，而命系~。

【庖代】páodài 动〈文〉代替厨师做饭；借指替别人做事。参见1705页“越俎代庖”。

炮 páo 动中药制法，把生药放到高温铁锅中急炒，使焦黄爆裂 ▷～姜｜～制。

另见43页 bāo；1031页 pào。

【炮炼】páoliàn 动将中草药原料加热，除去水分和杂质。

【炮烙】páoluò 动相传是商纣王所用的一种酷刑。用炭烧铜柱使烫，让被惩罚的人在铜柱上爬行。后指用烧红的铁烙人。

【炮制】páozhì ❶ 动用煅、炮、炙、炒、渍、泡(pào)、洗、蒸、煮等方法把中草药原料制成药物。❷ 动编造；制作(含贬义) ▷经过精心～，这篇所谓“事实真相”的文章见报了。☛ 跟“泡制”不同。

袍 páo 名袍子 ▷长～｜旗～｜棉～。

【袍笏登场】páohù-dēngchǎng 演员身穿官服，手拿笏板，登台演戏；比喻新官上任(多含贬义)。

【袍泽】páozé 名《诗经·秦风·无衣》：“岂曰无衣？与子同袍……岂曰无衣？与子同泽……”(袍、泽：古代衣服的名称)描写同时出征的战士们的情谊。后用“袍泽”借指军队里的同事 ▷～之情。

【袍子】páozi 名带大襟的中式长衣。

匏 páo［匏瓜］páoguā 名一年生草本植物，茎上有卷须。果实也叫匏瓜，比葫芦大，成熟后对半剖开可做水瓢。俗称瓢葫芦。

跑 páo 动走兽用爪或蹄刨地 ▷～土悲号｜虎～泉(泉名，在浙江杭州)。

另见本页 pǎo。

麅 páo 同“狍”。现在一般写作“狍”。

pǎo

跑 pǎo ❶ 动人或动物用腿和脚快速向前移动 ▷兔子～得真快｜赛～。→ ❷ 动走；去 ▷一天～了五个地方｜～了一趟上海。→ ❸ 动为了某种事务而奔走 ▷～买卖｜～材料。→ ❹ 动逃走；溜走 ▷别让敌人～了｜逃～。❺ 动物体离开了原来的位置；失去 ▷帽子让风刮～了｜到手的买卖，～不了。❻ 动泄漏；挥发 ▷轮胎～气｜汽油～光了。☛ 通常读 pǎo；读 páo，指兽用脚爪刨地，如“虎跑泉”。

另见本页 páo。

【跑表】pǎobiǎo 名秒表。

【跑步】pǎobù 动指在操练或锻炼时按照一定的姿势向前跑。

【跑车】pǎochē ❶ 动列车员、汽车司机及售票员等跟车工作。○ ❷ 动矿山中绞车的钢丝绳突然折断，使车失控下滑。○ ❸ 名一种低底盘、线条流畅、动力强劲的汽车。

【跑单帮】pǎodānbāng 个人单独往返各地贩运经营。

【跑刀】pǎodāo 名速度滑冰使用的冰刀。比花样刀长，刀口窄而平直。

【跑道】pǎodào ❶ 名飞机起落时滑行用的路。❷ 名赛跑、速滑等用的路。

【跑电】pǎodiàn 动漏电。

【跑调儿】pǎodiàor 动走调儿 ▷小王唱歌总是～。

【跑动】pǎodòng ❶ 动跑①。❷ 动活动③。

【跑肚】pǎodù 动腹泻。

【跑反】pǎofǎn 动逃避兵乱、匪祸 ▷当年军阀混战，乡亲们到处～。

【跑官】pǎoguān 动指通过拉关系、行贿等不正当手段谋取官职 ▷杜绝～要官的腐败现象。

【跑光】pǎoguāng 动感光纸、胶片等感光材料因封闭不严而感光。

【跑旱船】pǎohànchuán 民间舞蹈，用竹片或秫秸扎成无底的船，并予装饰，套在一扮演女子的演员身上，另一人演艄公，手持木桨，做划船动作。两人边舞边歌，如船游水上。某些地区也说采莲船。

【跑江湖】pǎojiānghú 旧指奔走于各地以卖艺、行医、算卦、相面等为生。

【跑龙套】pǎolóngtào ❶在戏曲中担任龙套行当。参见888页“龙套”。❷比喻在别人手下做无关紧要的杂活儿 ▷过去～，今天挑大梁。

【跑路】pǎolù ❶ 动走路① ▷吃点儿干粮，～更有劲了。❷ 动某些地区指外逃 ▷店主还不起欠债，～了。

【跑马】pǎomǎ ❶ 动骑着马奔跑。❷ 动赛马① ▷～场｜～盛会。○ ❸ 动某些地区指遗精。

【跑马场】pǎomǎchǎng 名赛马的场地。

【跑码头】pǎomǎtou 指往返于沿海、沿江的城市从事经商等活动。

【跑冒滴漏】pǎo-mào-dī-lòu 指液体、气体等各种形式的泄漏；比喻财产物资的各种非正常流失 ▷严格财务管理，防止～。

【跑面】pǎomiàn 动指领导干部下到所辖范围内检查、了解并指导工作，不固定在一个点上。

【跑跑颠颠】pǎopǎodiāndiān 形不停地跑动；形容到处奔走忙碌 ▷她整天～地忙个不停。

【跑片儿】pǎopiānr 动几个放映点共用一个拷贝，放映电影时，在放映点之间快速传送拷贝。

【跑偏】pǎopiān ❶ 动车辆在行驶中或机器的零部件等在运转中朝不正确的方向偏移 ▷把准方向盘，免得汽车～｜传动带～了，赶快关闸！❷ 动 指思考、说话、做事等偏离一定的规范或要求 ▷思路～，所以这道几何证明题整个做错了｜只关注收视率，节目安排就会～。

【跑墒】pǎoshāng 动 失墒。

【跑生意】pǎoshēngyi 来往各地做生意。也说跑买卖。

【跑堂】pǎotáng 动 旧指在饭馆里直接为顾客服务。

【跑堂儿的】pǎotángrde 名 旧指饭馆里直接为顾客服务的人。也说跑堂儿。

【跑题】pǎotí 动 说话或写文章离开了中心或主题 ▷他发言常常～｜这篇演讲～了。

【跑腿】pǎotuǐ 〈口〉❶ 动 为人奔走忙碌做杂事 ▷～打杂儿。❷ 动 奔波 ▷让群众少～，让信息多跑路。

【跑外】pǎowài 动 专门在外订货、收账或兜揽生意等；泛指从事外勤工作 ▷他常年～揽生意。

【跑鞋】pǎoxié 名 赛跑运动专用鞋，鞋底窄而薄，有的前掌儿安装有钉子。

【跑圆场】pǎoyuánchǎng 戏曲演员表演时在舞台上快步绕行，象征长途行走。也说走圆场。

pào

奅 pào ❶ 形 〈文〉大而空。→ ❷ 动 某些地区指说大话骗人。

泡[1] pào ❶ 名 气体在液体中膨胀或气体进入了液体而使液体鼓起来所形成的球状或半球状体 ▷水里直冒～｜肥皂～｜～沫。→ ❷ 名 泡状的东西 ▷脚上磨起了～｜电灯～｜燎～。

泡[2] pào ❶ 动 较长时间地浸在液体里 ▷衣服用水～一～再洗。→ ❷ 动 较长时间地待在某处，故意消磨时间 ▷整天～在茶馆里｜～病号。❸ 动 纠缠 ▷软磨硬～。☛ ㊀"泡"字通常读 pào；读 pāo 时，用作量词，也用于某些地名及事物，如"一泡尿""月亮泡（在吉林）""眼泡"。㊁参见 41 页"包"的提示。

另见 1029 页 pāo。

【泡吧】pàobā 动 长时间待在网吧、酒吧等场所（吧：英语 bar 音译）。

【泡病号】pàobìnghào 借口有病不上班，或小病大养。也说泡病假。

【泡菜】pàocài 名 把圆白菜、萝卜、豇豆等放在加有盐、酒、花椒、辣椒等的凉开水里浸泡而成的菜。味清香而略酸。

【泡茶】pàochá 动 沏茶。

【泡饭】pàofàn 名 在米饭里直接加上开水、热汤或加水稍煮一下而成的较稀的饭。

【泡馍】pàomó 名 我国西北地区的一种饭食。将面饼掰碎，和配料一起用滚开的羊肉汤或牛肉汤泡煮而成。

【泡蘑菇】pàomógu 指故意纠缠，拖延时间或消极怠工。

【泡沫】pàomò ❶ 名 液体表面聚集在一起的小气泡。❷ 名 比喻表面繁荣而实际虚浮不实的情况 ▷～经济。

【泡沫经济】pàomò jīngjì 通常指某些表面上看来很繁荣，但实际上像泡沫一样脆弱的经济现象。多因金融、证券、期货、房地产等市场出现大量投机交易所致。

【泡沫塑料】pàomò sùliào 内部有很多小气孔的海绵状塑料。用树脂等原料制成，具有质轻、隔热、防震、耐腐蚀等特点。

【泡泡纱】pàopaoshā 名 一种棉织品，布面上有凹凸起伏形似泡泡的皱褶。

【泡泡糖】pàopaotáng 名 一种口香糖，咀嚼后可以吹出气泡。

【泡汤】pàotāng 动 〈口〉比喻（计划、事情等）落空 ▷投资全部～了｜计划泡了汤。

【泡漩】pàoxuán 名 波浪翻滚并伴有漩涡的水流。

【泡影】pàoyǐng 名 气泡和影子。比喻落空了的愿望或事情 ▷发财的希望成了～。

【泡制】pàozhì 动 用浸泡的方式来制作 ▷～药酒。☛ 跟"炮（páo）制"不同。

【泡子】pàozi 名 某些地区指灯泡。☛ 跟"泡（pāo）子"不同。

炮（*砲❶❸ 礮❶❸） pào ❶ 名 原指用机械发射石头或用火药发射铁弹丸的武器；现指口径在 20 毫米以上，能发射爆炸弹头的重型射击武器 ▷～声隆隆｜高射～｜～火。也说火炮。→ ❷ 名 爆破土石时，装了炸药的凿眼 ▷打眼儿放～｜哑～。→ ❸ 名 指爆竹 ▷鞭～。☛ ㊀通常读 pào，表示事物；读 páo，指中药加工的一种方法，如"炮制"。㊁参见 41 页"包"的提示。

另见 43 页 bāo；1030 页 páo。

【炮兵】pàobīng 名 以火炮、火箭炮等为基本装备，主要执行地面火力突击任务的陆军兵种；也指这一兵种的士兵。

【炮车】pàochē 名 载有火炮的车辆；装有轮子的炮架。

【炮弹】pàodàn 名 供火炮发射用的弹药。

【炮轰】pàohōng 动 用炮火轰击 ▷～敌人阵地。

【炮灰】pàohuī 名 比喻参加非正义战争而白白送命的士兵。

【炮火】pàohuǒ 名 指战场上射击的炮弹和炮弹爆炸的火焰 ▷冒着敌人的～前进！

【炮击】pàojī 动 用火炮攻击 ▷～敌人阵地。

【炮舰】pàojiàn 名 以较大口径火炮为主要武器装备的轻型军舰。多在近海和江河湖泊执行攻击敌方岸上军事目标、掩护己方部队登陆等任务，也可承担布雷、巡逻、护航等任务。

【炮舰外交】pàojiàn wàijiāo 依靠武力实现其侵略、扩张目的的外交政策。也说炮舰政策。

【炮口】pàokǒu 名 火炮的发射口；比喻危险的境地 ▷地下工作，就是在敌人～下工作。

【炮楼】pàolóu 名 高层的碉堡，便于瞭望、射击。

【炮声】pàoshēng 名 放炮或炮弹爆炸的声音。

【炮手】pàoshǒu 名 操纵火炮的士兵。

【炮塔】pàotǎ 名 用来安装火炮、保护操作人员和机件的装甲壳体。坦克、自行火炮、军舰多采用炮塔装置。

【炮台】pàotái 名 旧时供发射火炮用的永久性工事，多建于江海口岸或其他军事要塞。

【炮膛】pàotáng 名 大炮里填充炮弹的空间，包括炮弹射出时所经的管道。

【炮艇】pàotǐng 名 护卫艇。

【炮筒】pàotǒng 名 火炮上用来发射炮弹的圆筒形装置。也说炮筒子。

【炮筒子】pàotǒngzi ❶ 名 炮筒。❷ 名 比喻性情急躁、心直口快的人 ▷那是个～，什么话都直说。

【炮位】pàowèi 名 战斗或演习时安放火炮的位置。

【炮眼】pàoyǎn ❶ 名 掩蔽工事上为发射火炮留的孔。❷ 名 在土石上凿出的用来装炸药准备爆破的孔。

【炮衣】pàoyī 名 罩在火炮上的布套。

【炮战】pàozhàn ❶ 动 互相开炮射击 ▷双方～了一整天。❷ 名 以火炮为主要武器的战斗。

【炮仗】pàozhang 名 爆竹。

【炮竹】pàozhú 名 爆竹。

疱（*皰） pào 名 皮肤上起的水泡状的小疙瘩 ▷～疹。

【疱疹】pàozhěn 名 病毒性皮肤病，多发生在唇部、面部或外阴等处。症状是局部灼痒，然后出现红斑和水疱状的隆起，内含透明液体，破裂后呈现糜烂面。

pēi

呸 pēi 叹 表示鄙视或斥责 ▷～！不知羞耻的东西。

胚（*肧） pēi 名 发育初期的生物幼体，由受精卵或未受精的卵发育而成 ▷～胎｜～芽。☛ ㊀统读 pēi，不读 péi 或 pī。㊁右边是"丕(pī)"，不是"不"。

【胚乳】pēirǔ 名 被子植物种子的组成部分之一。含有种子发芽时所需的养料，包括淀粉、脂肪和蛋白质等。

【胚胎】pēitāi ❶ 名 受精卵在母体内初期发育的动物体。❷ 名 比喻处于萌芽状态的新生事物。

【胚芽】pēiyá ❶ 名 植物胚的主要部分，发育成幼苗的茎和叶。❷ 名 比喻刚刚形成的事物。

【胚珠】pēizhū 名 种子的前身，裸子植物的胚珠裸露，被子植物的胚珠包在子房内。受精后，胚珠发育成种子。

【胚子】pēizi ❶ 名 发育初期的生物幼体；比喻具有某种基本条件的人 ▷他是个干大事的～｜美人～。❷ 名 蚕卵内胚胎的俗称。

衃 pēi 名〈文〉凝聚的赤黑色的血。

醅 pēi 名〈文〉没过滤的酒 ▷新～。

péi

陪 péi ❶ 动 陪伴 ▷～大娘聊天儿｜失～。→ ❷ 动 从旁协助 ▷～审。

【陪伴】péibàn 动 相随作伴 ▷～外宾游览。

【陪绑】péibǎng 动 旧时处决犯人时，把未犯死罪或暂缓执行死刑的人犯跟立即处决的犯人一同绑赴刑场；现比喻没做错事的人跟着做错事的人一起受责罚。

【陪衬】péichèn ❶ 动（次要事物）置于主要事物附近，使主要事物更加突出 ▷绿叶～红花。❷ 名 起陪衬作用的人或物 ▷我只是个～。

【陪床】péichuáng 动 在病房内照料住院的病人 ▷父亲住院，儿女们轮流～。

【陪都】péidū 名 在首都以外另设的国都。如我国抗战时期的重庆。☛ 跟"留都"不同。

【陪读】péidú 动 陪伴亲属或他人读书；特指留学生在国外学习时，配偶陪伴前往照顾其生活。

【陪房】péifáng 名 旧指女子出嫁时随带的女仆。

【陪护】péihù ❶ 动 陪伴护理（病人）。❷ 名 做陪护工作的人。

【陪祭】péijì 动 陪同主祭人主持祭礼。

【陪嫁】péijià 名 嫁妆。

【陪酒】péijiǔ 动 陪伴客人喝酒。

【陪客】péikè ❶ 动 陪伴客人。❷ 名 主人请来接待、陪伴客人的人。

【陪奁】péilián 名 某些地区指嫁妆。

【陪练】péiliàn ❶ 动 陪同运动员、驾驶员等进行训练。❷ 名 陪练的人。

【陪聊】péiliáo ❶ 动 陪别人聊天儿 ▷志愿者上门～。❷ 名 通过陪别人聊天儿提供有偿服务的人 ▷特意从家政公司为老太太请了一位专业～。

【陪审】péishěn 动 非职业审判人员参与案件审判工作 ▷～员｜～团。

【陪审员】péishěnyuán 名 审判机关请来与审判员一起参加审判工作的非职业审判人员。在我国称人民陪审员。

【陪审制】péishěnzhì 名 非职业审判人员与职业审判人员一起审判案件的制度。在我国，人民法院审判第一审案件时，有的由审判员和人民陪审员共同组成合议庭进行。

【陪侍】péishì 动 陪伴侍奉(长辈、老人) ▷儿女们尽心地～在老人身边。

【陪送】péisòng ❶ 动 陪伴护送 ▷由两名工作人员～他到医院就诊。❷ 动 结婚时娘家送给新娘嫁妆 ▷娘家～了一台彩电。

【陪送】péisong 名〈口〉陪送的嫁妆 ▷女儿出嫁时，没给太多的～。

【陪同】péitóng 动 陪着一同(从事某项活动) ▷～视察|～出访。

【陪夜】péiyè 动 指夜间陪伴病人，以便照料。

【陪葬】péizàng ❶ 动 殉葬。❷ 动 古代指在帝王或丈夫的灵柩或坟墓旁埋葬其臣子或妻妾的灵柩作陪伴。

【陪住】péizhù ❶ 动 陪伴病人住院并负责照料 ▷母亲病重，他在医院～一个月。❷ 动 陪着在一起居住 ▷她胆子小，让我去～。

培 péi ❶ 动 培土 ▷把河堤～厚点。→❷ 动 培养；培育 ▷～训|代～。〇 ❸ 名 姓。

【培根】péigēn 名 英语 bacon 音译。以猪的背脊肉、肋条肉等为原料，用盐腌渍后熏制而成的食品。

【培土】péitǔ 动 给植物的根部或其他物体的根基加土，起保护、加固的作用 ▷给小树～。

【培训】péixùn 动 培养训练 ▷在职～|～干部|～班。

【培养】péiyǎng ❶ 动 提供适宜的条件使繁殖、生长 ▷～蘑菇新品种。❷ 动 按照一定的目标进行教育和训练，使成为合格的人才 ▷～合格的大学生。

【培养基】péiyǎngjī 名 人工培养细菌、真菌等微生物所用的营养物质。

【培育】péiyù ❶ 动 对幼小生物进行培养，使发育成长 ▷～优良品种。❷ 动 培养教育 ▷～一代新人。

【培植】péizhí ❶ 动 种植并精心培育 ▷～水稻新品种。❷ 动 培养扶植 ▷～后备力量。

赔(賠) péi ❶ 动 赔偿 ▷损坏公物要～|～款|包～|退～。→❷ 动 经营亏损(跟"赚"相对) ▷不～不赚，刚够本|把本钱都～光了|～本。→❸ 动 向受损害的人道歉或认错 ▷～礼|～罪|～不是。

【赔本】péiběn 动 本钱亏损 ▷这笔生意～了。

【赔补】péibǔ 动 赔偿补足 ▷～损失。

【赔不是】péibùshi 认错道歉 ▷他来给您～|刚才怠慢您了，向您赔个不是。

【赔偿】péicháng 动 因自己的行为使别人或集体受到损失而给予补偿 ▷～经济损失。

【赔错】péicuò 动 承认错误并道歉 ▷他不～，这件事没完|你去给他赔个错儿吧！

【赔付】péifù 动 赔偿并支付 ▷～损失费。

【赔话】péihuà 动 赔不是；说道歉的话 ▷儿子闯了祸，爸爸替他去给人家～。

【赔款】péikuǎn ❶ 动 用钱来补偿给他人或集体造成的损失 ▷单方面中止合同须向对方～。❷ 动 特指战败国向战胜国赔偿损失和战争费用 ▷割地～。❸ 名 赔偿的钱 ▷保险公司及时支付了～。

【赔了夫人又折兵】péile fūrén yòu zhébīng《三国演义》中说：周瑜定下美人计，谎称要把孙权的妹妹嫁给刘备，想趁刘备来东吴成婚之际将其扣留，夺回荆州。结果刘备婚后带着夫人逃出东吴，周瑜带兵追赶时又被诸葛亮设下的伏兵打败。后用"赔了夫人又折兵"比喻本想捞到好处，结果遭到双重损失。

【赔礼】péilǐ 动 向人行礼表示道歉。

【赔钱】péiqián ❶ 动 赔本 ▷高价进，低价出，没有不～的。❷ 动 用钱来补偿给他人造成的损失 ▷把人家的眼镜给摔了，只好～呗。

【赔情】péiqíng 动 赔礼道歉；赔罪 ▷你冤枉人家了，还不向人家～？

【赔小心】péixiǎoxīn 处处谨慎待人，唯恐激起别人的反感或恼怒。

【赔笑】péixiào 动 为表示歉意或讨好别人而以笑脸对人。

【赔账】péizhàng ❶ 动 赔偿因经手财物出现差错而造成的损失 ▷当了一年会计，～几百元。❷ 动 赔本。☛ 不要写作"赔帐"。

【赔赚】péizhuàn 动 赔钱或赚钱 ▷不论～，都应信誉第一。

【赔罪】péizuì 动 向被得罪的人赔礼道歉 ▷他知道错了，明天就来向您～。

毰 péi [毰毸] péisāi 形〈文〉形容羽毛披散的样子。

锫(錇) péi 名 金属元素，符号 Bk。有放射性，由人工核反应获得。

裴 péi 名 姓。

pèi

郝 pèi ❶ 名 古地名，汉代有郝郡，治所在今安徽濉溪西北。今作沛县。〇 ❷ 名 姓。☛ 左边是"市(fú)"，4 画；不是"市(shì)"，

5画。

沛 pèi ❶ 形〈文〉(雨、雪等)大或充足 ▷～然|滂～|雨雪丰～。→❷ 形 丰盛;充足 ▷精力充～。〇❸ 名 姓。☛ 右边是“市(fú)”,4画;不是“市(shì)”,5画。

帔 pèi 名 古代披在肩背上的服饰 ▷凤冠霞～。

佩 pèi ❶ 动 把东西挂在身上 ▷胸前～着奖章|腰～宝剑。→❷ 名 古人衣带上挂的装饰物 ▷玉～|鱼～|～饰。→❸ 动 佩服 ▷可钦可～|敬～。

【佩带】pèidài ❶ 动(把器物)挂在或别在身上 ▷依法～警械。❷见本页“佩戴”。现在一般写作“佩戴”。

【佩戴】pèidài 动(把装饰品、标志物等)固定在胸前、臂上、肩上等部位 ▷～领章。

【佩刀】pèidāo 名 挂在腰间的刀。

【佩服】pèifú 动 羡慕敬仰;心悦诚服 ▷我真～他那种锲而不舍的精神。

【佩剑】pèijiàn ❶ 名 佩带在身上的剑。❷ 名 击剑比赛项目之一。比赛时可以劈、刺,击中上身、面罩及手臂为有效。❸ 名 这一项目使用的剑,由剑柄、剑身和护手盘组成,剑长105厘米,重量小于500克。

【佩兰】pèilán ❶ 名 多年生草本植物,根茎横走,淡红褐色,茎直立,绿色或红紫色,叶边缘有齿,花生于茎端,白色或带微红色。全草可以做药材。❷ 名 中药名,指干燥的佩兰茎、叶等。

【佩饰】pèishì 名 佩戴的饰物。

【佩玉】pèiyù 名 佩戴在身上的玉制小工艺品。

珮 pèi 同“佩”②。

配 pèi ❶ 名 配偶(多指妻子) ▷择～|元～|继～。→❷ 动 结婚 ▷婚～|许～。⇒❸ 动(雌雄动物)交合 ▷～种|交～。⇒❹ 动 按一定的标准、比例拼合或补齐 ▷～药|～制|～零件|～钥匙。❺ 动 有计划地分派;安排 ▷分～|～备|～置。❻ 动 发配 ▷刺～。⇒❼ 动 陪衬;衬托 ▷红花还得绿叶～|～角(jué)。→❽ 动 够得上;相当 ▷这种人不～当老师|般～。☛ 右边是“己”,不是“巳”或“已”。

【配备】pèibèi ❶ 动 安排,调配 ▷～技术人员|～电脑。❷ 动 特指部署(兵力) ▷～侦察机协助搜索。❸ 名 配套的设备、装备 ▷先进的～。

【配比】pèibǐ 名 组成某物质各种成分的搭配比例。

【配餐】pèicān ❶ 动 按不同的需要和标准把各种食品搭配成套 ▷专人负责～。❷ 名 按一定比例搭配成套的各种食品 ▷盒装～。

【配搭】pèidā ❶ 动 给主要的人或事物配上起辅助作用的人或物 ▷要给他～一个好的副手。❷ 动 搭配① ▷原料要合理～。

【配电】pèidiàn 动 将发电厂的电能通过变电站和线路分配到用户。

【配电盘】pèidiànpán 名 配电专用的设备,上面装有各种控制开关、监测仪表及保护装置。

【配电网】pèidiànwǎng 名 由发电站、变电站及其他设施组合成的分配电能的网络。

【配殿】pèidiàn 名 偏殿。

【配对】pèiduì ❶ 动 将一个人或事物与另一个人或事物组合在一起,配成一对 ▷他俩～参加双打|这两只鞋不～。❷ 动〈口〉指动物交配。

【配额】pèi'é 名 分配的数额 ▷给我们的～太少|～管理。

【配发】pèifā ❶ 动 配备并发放 ▷给邮递员～摩托车。❷ 动 配合刊登的内容发表 ▷新闻～照片。

【配方】pèifāng ❶ 动 根据处方来配制药品 ▷缺两味药,不能～。❷ 名 化学制品或冶金产品等的具体配制方法;调配药品的处方。

【配房】pèifáng 名 厢房。

【配股】pèigǔ 动 股份公司为扩大资金筹集而向原有股东发行新股,一般按原持股份比例分配。

【配合】pèihé ❶ 动 相关各方分工合作 ▷～默契。❷ 动 相合 ▷舞步要跟乐曲节奏～。

【配合】pèihe 形 合在一起很恰当;相称 ▷他们俩一个唱红脸,一个唱白脸,很～。

【配货】pèihuò 动 调配货物 ▷～站|～中心。

【配给】pèijǐ 动 按限定标准供给。☛“给”这里不读gěi。

【配给制】pèijǐzhì 名 在物资供应不足时采取的一种商品供应方式。一般由政府规定限额,发放票证,凭证供应。☛“给”这里不读gěi。

【配件】pèijiàn ❶ 名 装配机器的零部件 ▷汽车～。❷ 名 设备受损后新配上的零部件。

【配角】pèijué ❶ 动 配合着同演一出戏 ▷老师答应跟他～,同演《将相和》。❷ 名 戏剧、影视等艺术表演中同主角相配合的次要角色;扮演次要角色的演员 ▷他在这部电视剧中担任～。❸ 名 比喻做辅助工作的人 ▷在这个项目里我只能给他当个～。☛“角”这里不读jiǎo。

【配料】pèiliào ❶ 动 生产过程中把不同的原料按一定比例进行搭配。❷ 名 辅料①②。

【配楼】pèilóu 名 主楼两侧的楼。

【配偶】pèi'ǒu 名 指夫妻双方中的一方(多用于书面语)。

【配器】pèiqì 动 根据乐曲需要，安排配合演奏的乐器。

【配曲】pèiqǔ 动（为歌词或舞蹈、体操表演等）配上乐曲。

【配色】pèisè 动 把不同颜色按要求调配在一起。

【配膳】pèishàn 动 配餐①。

【配饰】pèishì 名 具有陪衬、装饰作用的物品 ▷胸花儿是时尚服装的～。

【配售】pèishòu 动 按照限定数量和价格出售。

【配属】pèishǔ 动 调配（给某单位）管理使用 ▷～专用巡逻车。

【配送】pèisòng 动 营销方式的一种。按照客户需求，将相关货物进行包装、组配等并按时送达指定的地点 ▷办公用品由我公司负责～。

【配套】pèitào 动 把相关事物组合成一整套 ▷设施～，布局合理｜提供～服务。

【配套成龙】pèitào-chénglóng 成龙配套。

【配伍】pèiwǔ 动 把两种或两种以上药性相合的药物配合在一起使用。

【配戏】pèixì 动 配合主角（jué）演戏。

【配药】pèiyào 动 按处方配制药物。

【配音】pèiyīn ❶ 动 译制影视片时，用某种语言录音替代原片的声音；也指在拍摄时没有同期录音的影视片中，按照口型、动作情节和剧本提示的需要，为剪辑好的画面配录对白、解说、音响等 ▷请著名演员～。❷ 名 担任配音工作的人。❸ 名 所配上的录制出的声音。

【配乐】pèiyuè 动 给话剧、电影、朗诵等配上音乐 ▷他曾给多部影视剧～｜～散文朗诵。

【配载】pèizài 动 根据货船条件和货物性质，合理安排货物装运的位置和重量。

【配制】pèizhì ❶ 动 用不同的原料调（tiáo）配制作 ▷这种饮料由多种原料～而成。❷ 动 配合主体制作 ▷给机器～备用零件。

【配置】pèizhì 动 配备并设置 ▷山头上～了十挺机枪｜人员～要合理。

【配种】pèizhǒng 动 通过天然交配或人工授精使雌雄两性动物的生殖细胞结合，繁殖后代。

旆 pèi ❶ 名 古代旗帜末端形状像燕尾的饰物。→❷ 名〈文〉泛指旌旗。☛ 右下是“巿（fú）”，4 画；不是“市（shì）”，5 画。

辔（轡） pèi 名 辔头 ▷缓～徐行。

【辔头】pèitóu 名 驾驭牲口用的嚼子和缰绳。

霈 pèi〈文〉❶ 形 形容雨、雪等盛多 ▷雨～｜云～。→❷ 名 大雨 ▷普降甘～。

pēn

喷（噴） pēn 动 喷射 ▷油井～油了｜焊枪～着火舌｜～泉｜～洒。☛ 通常读 pēn，表示行为动作；读 pèn，普通话只保留在“喷香”中。

另见 1036 页 pèn。

【喷薄】pēnbó 形 形容大水涌起或太阳初升的壮观景象 ▷一轮红日～而出。

【喷灯】pēndēng 名 以煤油、酒精等为燃料，用于烧灼和焊接的喷火器具。

【喷发】pēnfā 动 喷出去；特指火山喷出岩浆等物质 ▷瓶中～出浓烈的香气｜火山～◇激情～。

【喷发胶】pēnfàjiāo 名 往头发上喷洒的罐装液体发胶，有固定发型的作用。

【喷饭】pēnfàn 动 口中的饭因突然发笑或喉头受刺激而喷射出来。常用“令人喷饭”来形容事情极其可笑。

【喷粪】pēnfèn 动 比喻说脏话或胡说八道（用于骂人）。

【喷管】pēnguǎn 名 喷射液体或气体用的管状器具。

【喷灌】pēnguàn 动 一种灌溉方法，利用压力把水流通过喷头喷射到空中，形成细小水滴，洒落在植物或地面上。

【喷壶】pēnhú 名 浇花的壶状用具。壶嘴像莲蓬，有许多小孔。

【喷火器】pēnhuǒqì 名 能喷射火焰的武器。用于近战时攻击敌人或烧毁其武器装备等。也说火焰喷射器。

【喷溅】pēnjiàn 动 喷射飞溅。

【喷浆】pēnjiāng 动 用喷头喷出浆液，用来粉刷墙面等。

【喷口】pēnkǒu ❶ 名 气体、液体、粉状固体等喷出的口。○❷ 动 曲艺和戏曲的一种发音、吐字方法，演唱或念出某字时，字音刚劲清晰，仿佛喷发出来。

【喷漆】pēnqī ❶ 动（用压缩空气）将稀释的油漆喷成雾状，使均匀地附着（zhuó）在器物上。❷ 名 一种人造漆，一般使用喷枪喷在器物表面，有耐水、易干等特点。

【喷气发动机】pēnqì fādòngjī 用燃料燃烧时产生的高速喷射气体的反作用力作为动力的航空发动机。高速飞机和火箭等都使用这种发动机。也说喷射推进器。

【喷气式飞机】pēnqìshì fēijī 以喷气发动机作动力装置的飞机。速度超过声速。

【喷枪】pēnqiāng 名 用压力喷射固体粉末或液体等的枪形喷射用具。

【喷泉】pēnquán 名 由地下向上喷水的泉；也指为了美化环境而设置的动力喷水装置。

【喷洒】pēnsǎ 动 喷射洒落 ▷～消毒液。☛ 参见本页“喷撒”的提示。

【喷撒】pēnsǎ 动 喷射使撒落 ▷～药粉。☛ 跟

"喷洒"不同。喷射固体一般用"喷撒";喷射液体一般用"喷洒"。

【喷射】pēnshè 动(液体、气体或粉状固体等)在压力作用下喷出去 ▷水龙带～出水柱|火焰～器。

【喷射器】pēnshèqì 名 利用压力把液体、气体或粉状固体喷射出去的器具。

【喷水池】pēnshuǐchí 名 为了美化环境而设置的装有人造喷泉的水池。

【喷嚏】pēntì 名 鼻黏膜受到刺激引起鼻孔急剧吸气,然后猛烈喷气并发出声音的现象 ▷打～。也说嚏喷(pen)。

【喷头】pēntóu 名 某些喷洒设备(如喷壶、淋浴器)的出水口。形状像莲蓬,上有许多细孔,水经细孔喷出。

【喷涂】pēntú 动 把油漆、颜料等喷到物体上 ▷～油漆|～巨幅广告。

【喷吐】pēntǔ 动 喷射(光、火、液体、气体等) ▷机枪～出火舌|灭火器～出泡沫。

【喷雾器】pēnwùqì 名 用压力将液体喷射成雾状的器具。

【喷泻】pēnxiè 动 喷涌流泻 ▷火山岩浆～而下。

【喷涌】pēnyǒng 动 急速冒出 ▷～出一股强气流◇文思～。

【喷云吐雾】pēnyún-tǔwù 喷吐云雾;多形容抽烟时喷出很多烟,像云雾迷漫。

【喷子】pēnzi 名 喷射液体的小型器具 ▷用～把药水喷到嗓子里。

【喷嘴】pēnzuǐ 名 喷管的出口处;也指喷管。

pén

盆 pén ❶ 名 盛东西或洗涤、栽种用的器皿,有帮,口大、底小 ▷饭～|脸～|花～|瓦～。→ ❷ 名 形状像盆的东西 ▷骨～|～地。○ ❸ 名 姓。

【盆地】péndì 名 陆地上四周高、中间低平的盆状地形,如四川盆地。

【盆花】pénhuā 名 栽在花盆中的花草。

【盆景】pénjǐng 名 一种供观赏的陈设品。在盆中栽种微型花草树木,有的还配以山石等,经艺术加工造型,构成自然风景的缩影。

【盆满钵满】pénmǎn-bōmǎn 形容赚的钱很多。

【盆腔】pénqiāng 名 骨盆内的空腔。人的盆腔内有膀胱、直肠等器官,女性还有子宫、卵巢等。

【盆汤】péntāng 名 盆塘。

【盆塘】péntáng 名 澡堂里设有澡盆的洗澡间(跟"池塘"相区别)。也说盆汤。

【盆浴】pényù 动 在澡盆里洗澡。

【盆栽】pénzāi ❶ 动 用花盆栽培。❷ 名 借指盆栽的花木。

【盆子】pénzi 名 盆①。

湓 pén 动〈文〉水上涌漫溢 ▷～涌|～溢。

pèn

喷(噴) pèn 形(气味)浓 ▷～香。另见 1035 页 pēn。

【喷喷香】pènpènxiāng 形 喷香。

【喷香】pènxiāng 形 香味浓郁 ▷～的茉莉花。

pēng

抨 pēng 动 攻击(他人的过失) ▷～击|～弹(tán)。☛ 不读 píng。

【抨击】pēngjī 动 用言语或文字批评、攻击他人 ▷～丑恶,歌颂光明|遭到猛烈～。

泙 pēng 拟声〈文〉模拟水流的声音 ▷花低池小水～～。

另见 1059 页 píng。

怦 pēng 拟声 模拟心跳的声音 ▷紧张得心～～直跳。

【怦然】pēngrán 形 形容心怦怦跳的样子 ▷～心动。

砰 pēng 拟声 模拟撞击或爆裂的声音 ▷房门～地关上了|暖水瓶～的一声炸了。

烹 pēng ❶ 动 煮 ▷兔死狗～|～饪|～调。→ ❷ 动 烹调方法,先用热油炸或煎,然后加入调味汁,迅速搅拌后出锅 ▷油～大虾。☛ 上边是"亨",不是"享"。

【烹茶】pēngchá 动 煮茶;沏茶。

【烹饪】pēngrèn 动 做饭做菜 ▷精于～。

【烹调】pēngtiáo 动 烹炒调制(菜肴) ▷～美味佳肴|～技术。

【烹制】pēngzhì 动 烹调制作(菜肴)。

嘭 pēng 拟声 模拟物体撞击或敲门等的声音 ▷～～的敲门声。

péng

芃 péng 形〈文〉草木茂密 ▷大雨时行黍稷～|～～其麦。

朋 péng ❶ 名 朋友 ▷高～满座|亲～好友。→ ❷ 动 结党;勾结 ▷～比为奸。→ ❸ 动 相比 ▷硕大无～。○ ❹ 名 姓。

【朋辈】péngbèi 名〈文〉同辈的朋友 ▷～相聚。

【朋比为奸】péngbǐ-wéijiān 互相勾结起来做坏事(朋比:勾结;奸:邪恶)。

【朋党】péngdǎng 名〈文〉为争夺权势、排除异己而纠结在一起的宗派、集团 ▷～乱政。

【朋友】péngyou ❶ 名 虽无亲属、师生等关系，但彼此熟识、了解并能相互关心、帮助的人。❷ 名 特指恋爱的对象 ▷小王已经有～了。

堋 péng 名 一种分水的堤坝，用以减弱水势，战国时期李冰修建都江堰时所创。

另见 65 页 bèng。

淜 péng ❶ 动〈文〉波浪涌起 ▷～奔激射。○ ❷ 名 某些地区指堤坝(多用于地名) ▷普～|上～(均在云南)。

另见 1059 页 píng。

【淜湃】péngpài 现在一般写作"澎湃"。

弸 péng〈文〉❶ 形 弓强劲有力；泛指强盛、兴盛 ▷张于吴晋，～于宋。→ ❷ 名 弓弦 ▷绝～破车。→ ❸ 动 充满 ▷～中而彪外。

彭 péng 名 姓。

棚 péng ❶ 名 遮蔽风雨、日光或保温等的简陋设备。用竹、木、金属等搭成架子，上面覆盖席、油毡、布、塑料膜等 ▷草～|天～|凉～。→ ❷ 名 简陋的小房子 ▷工～|牲口～|防震～。→ ❸ 名 指天花板 ▷顶～。

【棚车】péngchē 名 铁路上行驶的有车顶、四壁和横拉门、小窗的货车。

【棚户】pénghù 名 在草棚、窝棚等简陋房屋里居住的人家 ▷～区。

【棚圈】péngjuàn 名 饲养牲畜的棚子和栏圈。☛"圈"这里不读 quān。

【棚子】péngzi ❶ 名 棚① ▷在院里搭个～乘凉。❷ 名 棚② ▷看瓜人住在地边的～里。

搒 péng 动〈文〉用鞭、杖或竹板击打 ▷～掠。

另见 41 页 bàng。

蓬 péng ❶ 名 古书上说的一种植物，干枯后根株断裂，随风飞旋 ▷～门筚户。也说飞蓬、蓬草。→ ❷ 形 松散；散乱 ▷～松|～头垢面。→ ❸ 量 用于茂盛的花草 ▷一～挨着一～的野山菊。○ ❹ 名 姓。☛ 跟"篷"不同。

【蓬筚生辉】péngbì-shēnghuī 使简陋的房屋增添光辉(蓬筚：蓬门筚户的缩略)。用来称谢宾客来访或题赠书画等。也说蓬筚增辉。☛ ㊀"筚"不要误写作"壁"。㊁参见 72 页"荜[1]"。

【蓬勃】péngbó 形 兴旺；繁荣 ▷朝气～|～生机|蓬蓬勃勃发展。

【蓬蒿】pénghāo ❶ 名 某些地区指茼蒿。❷ 名 蓬草和蒿草；借指草野 ▷隐居于～之中。

【蓬户瓮牖】pénghù-wèngyǒu 用蓬草编成的门，用破瓮做成的窗(牖：窗户)。借指简陋房屋；形容生活清贫。

【蓬莱】pénglái 名 神话中渤海里的仙山；也指想象中的仙境 ▷～仙境。

【蓬乱】péngluàn 形 (草、头发等)松散杂乱 ▷～的头发。

【蓬门荜户】péngmén-bìhù 现在一般写作"蓬门筚户"。☛ 参见 72 页"荜[1]"。

【蓬门筚户】péngmén-bìhù 用蓬草、树枝、竹枝等做的门和窗(筚：用树枝、竹枝编的篱笆)。借指简陋房屋；形容家境贫寒。

【蓬蓬】péngpéng 形 稠密而杂乱 ▷草木～。

【蓬茸】péngróng 形 (草)稠密而茂盛 ▷牧草～，牛羊肥壮。

【蓬散】péngsǎn 形 松散 ▷头发～。

【蓬松】péngsōng 形 形容草、头发等松散开的样子 ▷～的稻草堆|头发～。☛ 跟"膨松"不同。

【蓬头垢面】péngtóu-gòumiàn 形容头发蓬乱，脸上很脏的样子。

硼 péng 名 非金属元素，符号 B。非结晶的硼为粉末状，棕色；结晶的硼为灰色，有光泽。广泛应用于工业、农业和医药等方面。

【硼砂】péngshā 名 无机化合物，无色晶体，易溶于水。是制造光学玻璃、珐琅和瓷釉的原料，也用于医药、焊剂、试剂等。

【硼酸】péngsuān 名 无机酸，白色晶体，微溶于水。是搪瓷和玻璃工业的重要原料，也用于医药。

鹏(鵬) péng 名 古代传说中最大的鸟 ▷鲲～|～程万里。

【鹏程万里】péngchéng-wànlǐ《庄子·逍遥游》中说：大鹏从北溟飞往南海，水击三千里，乘风直上九万里。后用"鹏程万里"形容前程远大。

澎 péng 见下。☛ 统读 péng，不读 pēng。

【澎湃】péngpà 拟声 模拟波浪冲击声 ▷海涛～。

【澎湃】péngpài 形 形容大浪相撞击的样子；也形容气势雄伟 ▷江水奔腾～|热情～。

篷 péng ❶ 名 用竹木、苇席、帆布等制成的遮蔽阳光、风雨的设备(多用于车船) ▷车～|船～|敞～|帐～。→ ❷ 名 船帆；借指船 ▷扯～起航。☛ 跟"蓬"不同。

【篷布】péngbù 名 用来制作帐篷或覆盖某些较大物体的帆布。

【篷车】péngchē ❶ 名 带篷的马车。❷ 名 带篷的卡车、铁路上有车顶的货车等。

【篷船】péngchuán 名 带篷的船。

【篷子】péngzi 名 篷①。

膨 péng 动 胀，体积变大 ▷～胀|～体纱。

【膨大】péngdà 动 体积胀大 ▷干银耳放到水里

浸泡，很快便～起来。

【膨脝】pénghēng 形〈文〉形容腹部膨胀的样子 ▷大腹～。

【膨化】pénghuà 动 把玉米、稻米等放入密闭容器中，加热加压后突然减压，使其膨胀松脆。

【膨松】péngsōng 形 经膨化而松软的 ▷～棉｜～饼。☛ 跟“蓬松”不同。

【膨胀】péngzhàng ❶ 动 物体的体积增大。❷ 动 泛指某些事物不适当地扩大或增长 ▷通货～｜私欲～。☛ 不宜写作“膨涨”“膨张”。

鬅 péng 形〈文〉头发散乱 ▷～头顽童。

蟛 péng［蟛蜞］péngqí 名 甲壳动物，体小，头胸部的甲壳略呈方形。生活在近海地区江河沼泽的泥岸中，危害农作物，损坏田埂、堤岸。

pěng

捧 pěng ❶ 动 双手托着 ▷～着鲜花｜～一把土｜～腹大笑。→ ❷ 量 用于双手捧得下的东西 ▷一～瓜子｜一～奶糖。→ ❸ 动 奉承；替人吹嘘 ▷吹～｜～场。

【捧杯】pěngbēi 动 捧走奖杯；特指比赛中获得冠军 ▷我国乒乓健儿在世界大赛中再次～。

【捧场】pěngchǎng 动 特意到演出现场观看某戏曲演员表演，以壮声势；泛指到现场对别人的某种活动予以支持，或不到现场而通过其他形式表示赞扬和支持 ▷感谢诸位前来～｜粉丝们纷纷点赞，捧她的场。

【捧臭脚】pěngchòujiǎo 比喻无耻吹捧 ▷杜绝文艺评论中的～现象。

【捧读】pěngdú 动 双手捧着读，表示对别人作品的敬重。

【捧腹】pěngfù 动 双手捧着肚子。形容大笑时的样子；借指大笑 ▷～大笑｜令人～不已。

【捧哏】pěnggén ❶ 动 相声表演中，配角用话语、动作或表情配合主角逗人发笑。❷ 名 对口相声或群口相声表演中的配角（跟“逗哏”相区别）。

【捧角】pěngjué 动 专为某一演员捧场 ▷追星、～该降温了。☛ “角”这里不读 jiǎo。

【捧杀】pěngshā 动 过分吹捧对方，使骄傲而不再努力，以致不能成才 ▷要鼓励，但不要～。

pèng

椪 pèng［椪柑］pènggān 名 柑的一种。叶片小，春末夏初开白花。果实也叫椪柑，扁圆形，红色或橙黄色，汁多，味酸甜。参见 444 页“柑”①。

碰（*掽踫） pèng ❶ 动 撞击 ▷头～到门框上｜～杯｜～撞。→ ❷ 动 偶然遇见；正好赶上 ▷～上老朋友｜～上他过生日。→ ❸ 动 通过接触进行试探 ▷～运气｜～机会。→ ❹ 动 触犯；顶撞 ▷他很凶，谁都不敢～他。

【碰杯】pèngbēi 动 共同举起酒杯轻轻相碰，饮酒时的一种礼节。

【碰壁】pèngbì 动 碰在墙壁上；比喻受到阻碍或遭到拒绝 ▷虽多次～，但他的锐气依旧。

【碰瓷】pèngcí 动〈口〉指故意或假装让人伤到自己或弄坏自己的东西，从而借机讹人 ▷他倒在地上假装被汽车撞伤，借机～。

【碰钉子】pèngdīngzi 比喻遇到挫折或遭到拒绝 ▷找他走后门儿，准得～。

【碰击】pèngjī 动 撞击 ▷内装玻璃制品，防止～。

【碰见】pèngjiàn 动 没有相约，偶然遇到。

【碰劲儿】pèngjìnr 副〈口〉恰巧；碰巧 ▷我正要找他，～在街上遇着了。

【碰面】pèngmiàn 动 见面；相遇 ▷中午与他～。

【碰碰车】pèngpengchē 名 供游乐用的电动车，四周装有橡胶圈，以车与车互相碰撞取乐。

【碰碰船】pèngpengchuán 名 供游乐用的电动船，四周装有橡胶圈，以船与船互相碰撞取乐。

【碰巧】pèngqiǎo 副 恰巧 ▷～有人去北京，给你捎点儿土特产。

【碰锁】pèngsuǒ 名 撞锁①。

【碰头】pèngtóu 动 在约定的时间、地点短暂地会面；临时性会面 ▷咱们晚上在校门口～｜昨天我们在书店碰了次头。

【碰头会】pèngtóuhuì 名 指以互通情况为主要内容的短会。

【碰一鼻子灰】pèng yī bízi huī 比喻被拒绝或受到训斥而很尴尬 ▷这种事不问为好，免得～。

【碰硬】pèngyìng 动 主动去处理最困难的事情，多指跟有权有势的人或邪恶势力作斗争 ▷对贪腐大案要敢查敢管，敢于～。

【碰运气】pèngyùnqi 试探运气怎样（希望侥幸成功）▷抓阄儿定输赢，只好～了。

【碰撞】pèngzhuàng ❶ 动 物体互相撞击 ▷小心轻放，切勿～。❷ 动 冲撞②。

pī

丕 pī 形〈文〉大。☛ 不读 péi。

批[1] pī 动〈文〉用手掌打 ▷～颊（打嘴巴）。

批[2] pī ❶ 动 对下级的文件、别人的文章、作业等写下意见或评语 ▷报告没～下来｜

～改。→❷ 名 批语;批注 ▷眉～|夹～。→❸ 动 批评;批判 ▷让他～了一通|～驳。

批[3] pī ❶ 形 大宗的;大量的 ▷～购|～售|～发|～量生产。→❷ 量 用于大宗的货物或大量的人 ▷一～彩电|第二～学员。

批[4] pī 名〈口〉棉麻等未捻成线、绳时的细缕 ▷线～|麻～儿。

【批办】pībàn 动 批示办理 ▷上级～的项目。

【批拨】pībō 动 批准调拨 ▷～救济款。

【批驳】pībó 动 批评驳斥 ▷～谬论|严正～。

【批捕】pībǔ 动 批准逮捕。我国法律规定,批准逮捕的决定书由各级检察部门发出。

【批次】pīcì ❶ 量 批³② ▷我县第一～村级扶贫车间已建成 25 个。❷ 量 复合计量单位,表示成批进行的事物中,每批进行的次数的总和 ▷市政府共处理人民来信 1256～|本周抽检了 7 类食品的 178～样品。

【批点】pīdiǎn 动 阅读时在书刊、文章上加批注和圈点 ▷～二十四史。

【批斗】pīdòu 动 批判斗争。

【批发】pīfā 动 成批出售(跟"零售"相对) ▷～价|这里只～不零售。

【批复】pīfù ❶ 动 对下级的请示、报告批示答复 ▷对请示的问题要及时～。❷ 名 对下级的请示、报告所作的批示答复 ▷～已下达。

【批改】pīgǎi 动 对别人的文章、作业等进行修改并加批语 ▷～作业。

【批号】pīhào 名 主管部门批准发行、销售等的注册编号 ▷这批产品没有～,不能出售。

【批件】pījiàn 名 写有批文的文件。参见本页"批文"。

【批量】pīliàng ❶ 名 同一批生产的产品的数量 ▷生产～小。❷ 副 一批一批地 ▷～生产。

【批零】pīlíng 动 批发和零售 ▷～差价|～兼营。

【批判】pīpàn ❶ 动 对错误的或反动的思想、言行进行有理有据的分析,从而加以否定 ▷～错误观点。❷ 动 分析评断 ▷是非功过留待后人～|～地继承文化遗产。

【批评】pīpíng ❶ 动 指出缺点和错误使其改正 ▷谁不遵守纪律就～谁。❷ 动 分析优点和缺点 ▷文艺～|自我～。

【批示】pīshì ❶ 动 对下级的公文、请示等作出书面指示 ▷上述意见当否,请～。❷ 名 批示的意见 ▷传达中央领导同志的～。

【批条】pītiáo 名 写有领导批示的便条。

【批条子】pītiáozi 领导在便条上作非正式的批示。

【批文】pīwén 名 上级或主管部门对呈报上来的文件所写的批复。

【批语】pīyǔ ❶ 名 对文章、作业等的评语或批注 ▷老师给我的文章写了～。❷ 名 批示在公文上的意见 ▷文件上有首长的亲笔～。

【批阅】pīyuè 动 审阅的同时加以批示或修改。☛ 跟"披阅"不同。

【批注】pīzhù ❶ 动 加上批语和注释 ▷边读边～。❷ 名 批注的文字 ▷书上写满了～。

【批转】pīzhuǎn 动 上级部门对下级来文作出批示并转发到有关部门。

【批准】pīzhǔn 动 对下级的意见或请求表示同意。

【批租】pīzū 动 政府有关部门批准租用(土地等) ▷严惩土地～中的腐败行为。

邳 pī ❶ 名 邳州,地名,在江苏。○❷ 名 姓。

伾 pī [伾伾] pīpī 形〈文〉形容很有力气的样子。

纰(紕) pī ❶ 动 纺织品丝缕散乱 ▷线～了。→❷ 名 疏漏;错误 ▷～漏。

【纰漏】pīlòu 名 因疏忽而造成的差错和漏洞 ▷～百出。

【纰缪】pīmiù 名〈文〉错误 ▷时有～。

坯 pī ❶ 名 用原料加工成形,还没有入窑烧制的砖瓦、陶瓷等的半成品 ▷砖～。→❷ 名 特指土坯 ▷打～|脱～。→❸ 名 泛指半成品 ▷面～儿|毛～|～布。☛ 统读 pī,不读 pēi。

【坯布】pībù 名 已经织成但还没有印染加工的布;半成品布。

【坯料】pīliào 名 毛坯。

【坯胎】pītāi 名 某些器物制作时,在坯的外层还要用别的原料加工,这样的坯叫坯胎。如搪瓷制品就是先用铁皮制成坯胎,然后再在外层涂上珐琅烧制成的。

【坯子】pīzi ❶ 名 坯① ▷砖～。❷ 名 坯③ ▷印章～|钢印～。❸ 名 比喻将来可能具有某种才能的人 ▷他天生是个演员～。

披[1] pī ❶ 动 分开;(竹木等)裂开 ▷～荆斩棘|木板让我钉～了。→❷ 动 打开 ▷～阅|～露。→❸ 动 散开 ▷～头散发。

披[2] pī 动 盖或搭在肩背上 ▷～着大衣|～肩◇～星戴月。☛ "披"字统读 pī,不读 pēi。

【披戴】pīdài 动 披² ▷礼仪小姐～着绶带。

【披发左衽】pīfà-zuǒrèn 披散着头发,在左边开大襟(左衽:大襟开在左边)。古代指中原地区以外东方、北方少数民族的装束;借指处于落后的状态。

【披风】pīfēng 名 斗篷。

【披拂】pīfú 动 吹拂;飘动 ▷柳丝～,草长莺飞。

【披肝沥胆】pīgān-lìdǎn 剖开心腹,滴出胆汁。形容真诚相见或竭尽忠诚。☛ 跟"肝胆相照"

不同。"披肝沥胆"用于一方对另一方,也用于对某项事业;"肝胆相照"用于双方之间。

【披挂】pīguà ❶ 动 古代指作战时穿戴盔甲;后泛指穿戴戏曲行头或跟行业相应的服装 ▷全身～|3号选手～上场。❷ 名 指盔甲;泛指戏曲行头或跟行业相应的服装。

【披挂上阵】pīguà-shàngzhèn 穿戴盔甲走上战场。比喻作好准备参加比赛、劳动或其他重要活动。

【披红】pīhóng 动 披上红绸,以示喜庆或荣耀。

【披红挂绿】pīhóng-guàlǜ 穿上鲜艳的服饰或用鲜艳的丝绸、彩纸等装饰环境。形容刻意打扮或气氛喜庆。

【披枷戴锁】pījiā-dàisuǒ 罪犯套上枷锁一类的刑具。☛ 不宜写作"披枷带锁"。

【披甲】pījiǎ 动 穿上铠甲。

【披坚执锐】pījiān-zhíruì 身穿坚固的铠甲,手执锐利的兵器。形容全副武装。

【披肩】pījiān ❶ 动 披在肩上 ▷身材颀长,金发～。❷ 名 披在肩上的服饰;特指妇女披在上身的一种无袖短外衣。

【披肩发】pījiānfà 名 长发披在肩头的一种发型。

【披巾】pījīn 名 用来搭在肩上的织物,多为女性使用。

【披荆斩棘】pījīng-zhǎnjí 拨开或斩除荆棘。比喻清除种种障碍,克服重重困难。

【披卷】pījuàn 动〈文〉翻阅书本 ▷挑灯～。

【披览】pīlǎn 动 翻阅 ▷一经～,便知大意。

【披露】pīlù ❶ 动 公开发表;公布 ▷～丑闻。❷ 动 表现出来 ▷作者的爱国热忱～无遗。

【披麻戴孝】pīmá-dàixiào 身穿粗麻布做的孝衣,腰间系着麻绳。指子女为父母居丧时服重孝。☛ 不宜写作"披麻带孝"。

【披靡】pīmǐ ❶ 动(草木)随风散乱地倒下 ▷疾风劲吹,草木～。❷ 动 比喻军队溃败逃散 ▷敌军望风～,弃甲而逃。

【披散】pīsan 动(头发、鬃毛等)散开、下垂 ▷～着一头的乱发。

【披沙拣金】pīshā-jiǎnjīn 拨开沙砾拣出金粒儿。比喻从大量芜杂的事物中选取精华。

【披头散发】pītóu-sànfà 头发散乱地披垂着。形容仪容不整。

【披屋】pīwū 名 正房两侧或后面依墙搭盖的小屋。

【披星戴月】pīxīng-dàiyuè 身披星光,头顶月色。形容早出晚归地辛勤忙碌;也形容夜以继日地赶路。☛ 不要写作"披星带月"。

【披阅】pīyuè 动 翻开书卷阅读;翻阅 ▷～一过,感慨良多。☛ 跟"批阅"不同。

【披针形】pīzhēnxíng 名 植物叶片的一种形状。基部较宽,前端渐尖,叶子的长度为宽度的三四倍。如柳叶、竹叶、小麦叶等。

狉 pī [狉狉] pīpī 形〈文〉形容众多野兽奔走的样子 ▷鹿豕～。

駓(駓) pī 名〈文〉毛色黄白相杂的马。

砒 pī ❶ 名 砷的旧称。→ ❷ 名 砒霜 ▷红～|白～。

【砒霜】pīshuāng 名 砷的氧化物,多为白色粉末,有剧毒,可作杀虫剂。也说信石。

铍(鈹) pī 〈文〉❶ 名 形状像刀而两面有刃的剑。→ ❷ 名 中医用来刺破痈疽的长针,下端两面有刃。

另见1042页pí。

鈚 pī 名〈文〉鈚箭,一种长杆、宽箭头的箭。

劈 pī ❶ 动(用刀斧等)向下破开;砍 ▷～木头|一～两半◇～波斩浪。→ ❷ 动(竹木等)裂开 ▷木板～了|钢笔尖～了。→ ❸ 动 雷电击毁或击毙 ▷老树被雷～了。→ ❹ 形 某些地区指声音嘶哑 ▷他嗓子不好,声音有点儿～|喇叭声音突然～了。→ ❺ 名 由两个斜面合成的简单器械,纵剖面呈三角形,像刀、斧之类的刃。也说尖劈。→ ❻ 介 正对着(人的头、脸、胸) ▷大雨～头浇下来。☛ 读pī,跟猛力击砍或竹木等裂开意义有关。读pǐ,用于使分开或叉(chǎ)开等,如"把绳子劈成两股""劈叉"。

另见1044页pǐ。

【劈波斩浪】pībō-zhǎnlàng (航船)冲开波浪。比喻排除前进道路上的障碍和困难。

【劈刺】pīcì 动 劈杀和刺杀。

【劈刀】pīdāo ❶ 名 用来劈竹、木等的厚背刀。❷ 名 用军刀劈杀敌人的技术。分单手劈与双手劈两种。

【劈里啪啦】pīlipālā 现在一般写作"噼里啪啦"。

【劈脸】pīliǎn 副 劈面。

【劈面】pīmiàn 副 正对着脸;迎面 ▷雨点儿～打来。

【劈啪】pīpā 现在一般写作"噼啪"。

【劈杀】pīshā 动 用刀砍杀;特指骑兵在马上用军刀砍杀。

【劈山】pīshān 动(用人力或爆破等方式)劈开山(多含夸张意味) ▷～开路,修渠引水。

【劈手】pīshǒu 副 表示手出击的动作非常迅速 ▷～夺过歹徒手中的刀。

【劈头】pītóu ❶ 副 正对着头;迎头 ▷冰雹～砸来|～一顿训斥。❷ 副 一开头;起头 ▷他～就说:"我要走。"☛ 不宜写作"辟头"。

【劈头盖脸】pītóu-gàiliǎn 正冲着头和脸压下来;形容来势迅猛 ▷潮水～地打来|～地一顿呵斥。也说劈头盖脑、劈头盖顶。

【劈胸】pīxiōng 副 正对着胸膛 ▷～就是一拳。

噼 pī 见下。

【噼里啪啦】pīlipālā 拟声 模拟连续不断的爆裂声或拍打声 ▷冰雹～地打下来|～的掌声。

【噼啪】pīpā 拟声 模拟拍打、爆裂或撞击的声音 ▷风沙打得车篷～作响。

霹 pī 见下。

【霹雳】pīlì 名 来势猛、响声大的雷。常比喻突然发生的事件 ▷晴天～。也说霹雷。

【霹雳舞】pīlìwǔ 名 一种自娱性舞蹈，20 世纪 70 年代兴起于美国。它吸收了体操、杂技、武术中的技巧，且有独创舞姿，动作剧烈(霹雳：英语 break 音译)。

pí

皮 pí ❶ 名 动植物体表面的一层组织 ▷手上脱了一层～|树～|表～。→ ❷ 名 加工过的兽皮 ▷～鞋|～袄|～货。❸ 形 有韧性；不酥脆 ▷～糖|花生米都～了。⇒ ❹ 形 不娇嫩；结实 ▷～实。⇒ ❺ 名 指橡胶 ▷橡～|～筋。→ ❻ 名 物体的表面 ▷地～|水～儿。⇒ ❼ 形 表面的；肤浅的 ▷～相(xiàng)|浮～潦草。⇒ ❽ 名 包在外面的东西 ▷饺子～儿|书～儿。❾ 名 薄片状的物品 ▷铁～|粉～儿。→ ❿ 形 顽皮；淘气 ▷这小家伙真～|调～。⓫ 形 由于多次受斥责而满不在乎 ▷他天天挨批评，已经～了。〇 ⓬ 名 姓。☛ ㊀"皮"作左偏旁时，最后一画捺(㇏)要改写成点(丶)，如"颇"。㊁笔顺是一厂广皮。

【皮袄】pí'ǎo 名 用羊皮、狐皮等做成的中式上衣。

【皮包】píbāo 名 用皮革做的提包。

【皮包公司】píbāo gōngsī 指没有固定的经营场所，只夹着皮包从事经济活动的个人或集体；也指某些挂有公司名义从事非法业务或欺诈活动的个人或团伙。也说皮包商。

【皮包骨】píbāogǔ 形容十分消瘦。也说皮包骨头。

【皮鞭】píbiān 名 用皮条制成的鞭子。

【皮草】pícǎo 名 原指皮革和草编等货物，现偏指裘皮和革制品。

【皮层】pícéng ❶ 名 动物和植物体组织的表层。❷ 名 大脑皮层(现称大脑皮质)的简称。

【皮尺】píchǐ 名 用漆布、塑料等做的卷尺。

【皮大衣】pídàyī 名 用毛皮或皮革制成的大衣。

【皮带】pídài 名 用皮革制成的带子；特指用皮革制成的腰带。

【皮带轮】pídàilún 名 机器上安装传动带的轮子。

【皮蛋】pídàn 名 松花蛋。

【皮垫】pídiàn 名 用兽皮或橡胶做的垫子。

【皮筏】pífá 名 用充气的牛、羊皮囊并排编扎而成的水上交通工具。

【皮肤】pífū 名 被覆在人或动物体表面，直接与外界环境接触的部分。人和其他脊椎动物的皮肤由表皮、真皮和皮下组织三层构成。有保护身体、调节体温、排泄废物等作用。

【皮肤病】pífūbìng 名 发生在皮肤以及毛发、指甲等处的疾病。

【皮傅】pífù 动〈文〉用肤浅的见解来牵强附会(傅：附会) ▷强相援引，妄为～。

【皮革】pígé 名 用牛、羊、猪等的皮去毛后鞣制成的熟皮，可以制作皮衣、皮鞋、皮箱等用品。

【皮辊】pígǔn 名 包有一层橡胶、皮革等的辊子。

【皮辊花】pígǔnhuā 名 棉纱在细纺过程中因纱线断头而卷绕在皮辊上的棉纤维。也说白花。

【皮猴儿】píhóur 名 领上有风帽、用皮革做面儿或人造毛等做里子缝制的大衣。

【皮划艇】píhuátǐng 名 水上运动项目，包括皮艇和划艇两种。

【皮黄】píhuáng 名 戏曲声腔西皮和二黄的合称；有时特指京剧。☛ 不宜写作"皮簧"。

【皮货】píhuò 名 皮革和裘皮制品的统称。

【皮夹】píjiā 名 用薄而软的皮革制成的扁平小袋，多用来装钱。也说皮夹子。

【皮夹克】píjiākè 名 用皮革制作的夹克衫。

【皮件】píjiàn 名 用皮革制成的各种物品。

【皮匠】píjiang ❶ 名 制鞋或修鞋的手艺人。❷ 名 鞣制皮革的手艺人。

【皮胶】píjiāo 名 用动物的皮熬成的胶。

【皮筋儿】píjīnr 名 橡皮筋。

【皮具】píjù 名 皮箱、皮包、皮夹等用皮革制作的用具。

【皮开肉绽】píkāi-ròuzhàn 皮、肉都裂开了。形容遭受毒打，伤势严重。☛ "绽"不读 dìng。

【皮里阳秋】pílǐ-yángqiū 孔子修《春秋》，字句中暗含褒贬而不直言，后人称之为"春秋笔法"。晋代简文帝的母后名阿春，人们避"春"字讳，把"春秋"改说"阳秋"。"皮里"即肚皮里。"皮里阳秋"即指藏在人们心中的褒贬。

【皮毛】pímáo ❶ 名 毛皮。❷ 名 人的皮肤和毛发，泛指人体的浅表部分 ▷只是伤了点儿～，没伤着筋骨。❸ 名 借指表面的、肤浅的知识 ▷我对电脑只了解点儿～。

【皮帽】pímào 名 用皮革缝制的帽子。

【皮棉】pímián 名 轧去种子的棉纤维。

【皮面】pímiàn ❶ 名 浮皮；表面 ▷都是～上的伤。❷ 名 用皮革或毛皮做的面儿 ▷～沙发。

【皮囊】pínáng 名 皮制的口袋；比喻人的躯体(多用于贬义) ▷徒有～，毫无人性。

【皮袍】pípáo 名 毛皮吊上面子的中式长袍。

【皮球】píqiú 名 游戏用的球,多用橡胶制成,中空,有弹性。

【皮肉】píròu 名 皮肤和肌肉;泛指肉体 ▷伤及～|免受～之苦。

【皮褥子】pírùzi 名 用毛皮缝制的褥子。

【皮试】píshì 名 皮下试验。把极少量的针剂注入皮肤内,观察机体的反应,从而决定可否使用这种药物。

【皮实】píshi ❶ 形 (身体)结实,不易生病。❷ 形 (器物)坚固耐用,不易破损。

【皮糖】pítáng 名 用饴糖制成的糖果;也指在蔗糖中掺入适量淀粉熬制成的像饴糖的糖果。因略有弹性,故称。

【皮条】pítiáo 名 条状的皮革或橡胶制品。

【皮艇】pítǐng ❶ 名 一种赛艇,两头尖,中间略大,没有桨架。起源于因纽特人使用的兽皮船,现多用胶合板、铝合金、玻璃钢等制成。❷ 名 用皮艇进行比赛的水上运动项目。

【皮筒子】pítǒngzi ❶ 名 未经缝制的毛皮大衣或上衣的原料。❷ 名 用毛皮制成的没有面子和里子的衣服。☛"筒"不要误写作"桶"。

【皮下注射】píxià zhùshè 将药液注入皮下组织。

【皮下组织】píxià zǔzhī 真皮下面的疏松结缔组织。含大量脂肪,并分布有血管、淋巴管、神经等。可以保持体温,缓和外力冲击。

【皮箱】píxiāng 名 用皮革制作的箱子。

【皮相】píxiàng 形 〈文〉只从外表看的 ▷～之见。

【皮硝】píxiāo 名 朴(pò)硝。

【皮笑肉不笑】pí xiào ròu bù xiào 形容勉强地或虚伪奸猾地笑。

【皮鞋】píxié 名 用皮革制成的鞋。

【皮靴】píxuē 名 用皮革制成的靴子。

【皮炎】píyán 名 非传染性的皮肤炎症。症状是出现红斑、丘疹、水疱,严重时出现糜烂、渗液等。常自觉瘙痒。

【皮衣】píyī 名 用毛皮或皮革制成的衣服。

【皮影戏】píyǐngxì 名 民间戏剧形式,用灯光把驴皮、纸板等制成的人物剪影照射在幕布上,表演故事。表演者在幕后边操纵人物剪影边说唱,并配以音乐。也说驴皮影、灯影戏、影戏。

【皮张】pízhāng 名 用来制革的兽皮。

【皮掌儿】pízhǎngr 名 加钉在鞋底前后的皮子或橡胶薄片等。

【皮疹】pízhěn 名 皮肤病,皮肤表面起许多小疙瘩。多为红色,常成片地出现。

【皮之不存,毛将焉附】 pízhībùcún, máojiāngyānfù《左传·僖公十四年》:"皮之不存,毛将安傅?"意思是皮都没有了,毛还依附在什么地方?比喻事物失掉了赖以存在的基础,自身也就不能存在。

【皮脂】pízhī 名 人或动物由皮肤分泌出的油脂。

【皮脂腺】pízhīxiàn 名 人和哺乳动物身体上特有的分泌油脂的皮肤腺,位于表皮下毛囊附近。其分泌物能润泽皮肤和毛发。

【皮纸】pízhǐ 名 用桑树、楮树皮或笋壳等制成的纸。质地坚韧,可用来制雨伞等。

【皮质】pízhì 名 指某些内脏器官的表层组织;也指大脑皮质。

【皮重】pízhòng 名 商品外包装材料的重量;也指车辆卸完货或者空载上磅得到的重量。

【皮子】pízi ❶ 名 皮革或毛皮。❷ 名 皮⑧。

陂 pí 用于地名。如黄陂,在湖北。

另见 53 页 bēi;1060 页 pō。

枇 pí [枇杷] pípá 名 常绿小乔木,叶子椭圆形,开白色小花,有芳香。果实也叫枇杷,球形,橙黄色,是常见水果。果核、叶子可以做药材。参见插图 10 页。☛ 口语中也读 pípa,但不能读 píbā。

狓 pí 见629 页"獾㹢(huòjiā)狓"。

毗(*毘) pí 动 连接 ▷～邻|～连。

【毗连】pílián 动 互相连接 ▷屋舍～。

【毗邻】pílín 动 (地域)互相邻接 ▷两省～。

蚍 pí 见下。

【蚍蜉】pífú 名 古书上指一种大蚂蚁。

【蚍蜉撼树】pífú-hànshù 唐·韩愈《调张籍》:"蚍蜉撼大树,可笑不自量。"后用"蚍蜉撼树"比喻不自量力。

铍(鈹) pí 名 金属元素,符号 Be。灰白色,质硬而轻。铍和铍合金用于制造飞机、火箭、原子反应堆等的部件。

另见 1040 页 pī。

郫 pí 名 郫都,地名,在四川。

疲 pí ❶ 形 因劳累等而乏力 ▷精～力尽|乐此不～|～倦|～惫。→❷ 形 不振作;松懈 ▷市场～软|～沓。☛ 参见 1041 页"皮"的提示㊂。

【疲惫】píbèi 形 极其疲乏 ▷心神～。

【疲敝】píbì 形 (人力、物力)消耗过多,不充足 ▷连日加班,让人～不堪|打破全球经济～的困局。

【疲顿】pídùn 形 〈文〉疲劳困顿 ▷兵马～。

【疲乏】pífá 形 因脑力或体力消耗过度而困乏无力 ▷上完夜班,感到有些～。

【疲倦】píjuàn ❶ 形 疲乏 ▷工作繁忙,搞得我很～。❷ 形 松懈倦怠 ▷必须和不良现象作不～的斗争。☛ 跟"厌倦"不同。"疲倦"多指生理状态;"厌倦"指心理状态。

【疲困】píkùn ❶ 形 疲劳困乏 ▷忙了一天,很

～。❷ 形（经济状况等）疲软 ▷～不振。

【疲劳】píláo ❶ 形 疲乏劳累 ▷身子～不堪。❷ 形 因运动过度或刺激过强，生理机能或反应能力减弱 ▷长时间看电视，视觉会～。❸ 形 材料或物件因受力过久或过强而减弱甚至失去正常作用 ▷金属～。

【疲软】píruǎn ❶ 形 疲倦无力，不能振作 ▷累得浑身～。❷ 形 指市场销售不旺，行情低落（跟"坚挺"相对）▷经济～｜市场～。

【疲弱】píruò 形 疲乏虚弱。

【疲沓】píta 形 松懈；不振作 ▷作风～｜干起活来疲疲沓沓。☛ 不要写作"疲塌"。

【疲态】pítài 名 疲惫的状态 ▷显出～。

【疲于奔命】píyúbēnmìng《左传·成公七年》："余必使尔罢（疲）于奔命以死。"原指受命到处奔走而搞得精疲力尽。现多指忙于奔走应付，搞得很疲惫。

陴 pí 名〈文〉堞墙；城垛。

【陴院】pínì 名 埤（pì）堄。

埤 pí 动〈文〉增益。
另见 1044 页 pì。

啤 pí 名 英语 beer 音译。指啤酒 ▷扎～｜生～。☛ 参见 53 页"卑"的提示。

【啤酒】píjiǔ 名 用大麦芽加啤酒花酿制成的低度酒，有泡沫和特殊的香味，味道微苦。酿制中经过杀菌的，称熟啤酒，简称熟啤；未经杀菌的，称生啤酒或鲜啤酒，简称生啤或鲜啤。也说麦酒。

【啤酒肚】píjiǔdù 名 指胖人凸起的腹部（多指男性）。人们认为是因常喝啤酒所致，故称。

【啤酒花】píjiǔhuā 名 多年生草本植物，蔓生，茎、叶柄有刺。果穗也叫啤酒花，球果状，有特殊香气，可用于酿造啤酒。也说酒花。

琵 pí［琵琶］pípá 名 拨弦乐器，木制，有四根弦。琴身呈瓜子形，上面有长柄，柄端向后弯曲。参见插图 12 页。☛ 口语中也读 pípa，但不能读 píbā。

椑 pí 名 古代一种椭圆形的盛酒器。
另见 54 页 bēi。

脾 pí 名 人或高等动物贮藏血液的器官，也是最大的淋巴器官。有过滤血液、破坏衰老的血细胞、调节血量和产生淋巴细胞等功能。也说脾脏。☛ 不读 pǐ。

【脾气】píqi ❶ 名 指人的性情 ▷～温顺｜他俩挺对～◇逐渐摸准了车的～。❷ 名 易怒的性情；急躁的情绪 ▷耍～｜没～。

【脾胃】píwèi 名 脾和胃；借指口味、兴趣、好恶 ▷开～，增食欲｜这出戏不合我的～。

【脾性】píxìng 名 脾气；性情 ▷他的～有点儿怪。

【脾脏】pízàng 名 脾。

鲏（鮍） pí 见 1028 页"鳑（páng）鲏"。

裨 pí 形〈文〉副的；辅佐的 ▷～将｜偏～。
另见 73 页 bì。

【裨将】píjiàng 名 古代指副将。

蜱 pí 名 节肢动物，身体椭圆形，长数毫米至 1 厘米，表皮褐色，成虫有足四对。大多数吸食人畜血液，传播疾病，有的也危害植物。也说壁虱。

罴（羆） pí 名〈文〉棕熊。

膍 pí 名 古代指作食物的牛胃，即牛的百叶。

貔 pí 名 古书上说的一种猛兽。

【貔貅】píxiū〈文〉❶ 名 貔。❷ 名 比喻勇猛的将士 ▷统领～百万。

鼙 pí 名 古代军队中用的一种小鼓 ▷～鼓。

【鼙鼓】pígǔ 名 古代军用战鼓；击鼙鼓表示进攻，故常用来借指战事 ▷渔阳～动地来｜闻～而思良将。

pǐ

匹（*疋❹❺） pǐ ❶ 名〈文〉成对的东西。→ ❷ 动 比得上；相当 ▷～敌｜～配。→ ❸ 形 单独的 ▷～夫｜单枪～马。❹ 量 用于马、骡等 ▷一～马｜三～骡子｜马～。→ ❺ 量 用于整卷的布、绸子等 ▷一～布｜半～绸子｜布～。☛ ㊀统读 pǐ，不读 pī。㊁笔顺是一兀匹，4 画。

【匹敌】pǐdí 动 彼此相当；相称 ▷两队足可～。

【匹夫】pǐfū ❶ 名 单独一个人；泛指普通人 ▷天下兴亡，～有责。❷ 名 指见识不广、缺乏智谋的人 ▷～之勇。

【匹夫之勇】pǐfūzhīyǒng 指不讲智谋单凭蛮干的勇气。

【匹马单枪】pǐmǎ-dānqiāng 单枪匹马。

【匹配】pǐpèi ❶ 动 结为婚姻 ▷～良缘。❷ 动 配合；特指元器件等之间配合 ▷电力建设要与电力需求相～｜跟普通电视机相～的机顶盒早已面市。

庀 pǐ〈文〉❶ 动 准备 ▷鸠工～料（聚集工匠，准备材料）。○ ❷ 动 办理；治理。

圮 pǐ 动〈文〉毁坏；坍塌 ▷倾～｜～毁。☛ 跟"圯（yí）"不同。

【圮废】pǐfèi 动〈文〉毁弃；荒废 ▷驿站～久矣。

【圮塌】pǐtā 动〈文〉倒塌 ▷墙体～，碑石尚存。

仳 pǐ 动〈文〉离别 ▷～离。

【仳离】pǐlí 动〈文〉夫妻离散;特指妻子被遗弃。

苉 pǐ 名有机化合物,是一种难溶解的结晶,存在于焦油中。

否 pǐ〈文〉❶ 形 坏;恶(è) ▷～极泰来。→ ❷ 动 贬损;贬低 ▷臧～(褒贬;评论)。

另见 417 页 fǒu。

【否极泰来】pǐjí-tàilái 指坏到极限,就可以转化为好(否:指凶;泰:指吉。都是《周易》卦名)。说明物极必反的道理。

吡 pǐ 动〈文〉诋毁;斥责。

另见 68 页 bǐ。

痞 pǐ ❶ 名 痞块。〇 ❷ 名 痞子 ▷地～|兵～。

【痞块】pǐkuài 名 中医指腹部可以摸得到的硬块。也说痞积。

【痞气】pǐqì 名 流氓无赖的习气 ▷他染了一身～。

【痞子】pǐzi 名 流氓;无赖。

劈 pǐ ❶ 动 分开;分 ▷把绳子～成三股|～一半给你。→ ❷ 动 使离开;撕扯下来 ▷～高粱叶|～萝卜缨子。→ ❸ 动 (把腿或手指等)最大限度地叉开 ▷把两腿～开|把手指尽力～开|～叉(chà)。

另见 1040 页 pī。

【劈叉】pǐchà 动 两腿前后或左右分开,裆部着地。多指武术、体操、舞蹈等的一种动作。

【劈柴】pǐchai 名 作燃料用的木条或木块。

【劈腿】pǐtuǐ ❶ 动 两腿叉开的动作 ▷倒立、～等,他每天都练很多次。❷ 动 借指与婚恋对象外的人有不正当的交往。

擗 pǐ 同"劈(pǐ)"②。现在一般写作"劈"。

癖 pǐ 名 积久成习的嗜好 ▷好洁成～|～好|怪～。☛ 不读 pì。

【癖好】pǐhào 名 长期形成的对某种事物特殊而强烈的爱好 ▷除了读书,别无～。

【癖习】pǐxí 名 癖性。

【癖性】pǐxìng 名 个人特有的嗜好和习性 ▷～古怪。

嚭 pǐ 形〈文〉大。

pì

屁 pì ❶ 名 从肛门排出的臭气 ▷～滚尿流|放～。→ ❷ 名 比喻不值得说的或没有价值的事物 ▷～话|～大点ㄦ的事。→ ❸ 代 泛指任何事物,相当于"什么",用于斥责或否定 ▷他～事不管,还说风凉话。→ ❹ 名 指屁股 ▷拍马～。

【屁股】pìgu ❶ 名 臀的俗称 ▷～坐不下来。❷ 名 泛指动物肛门及其附近的部分 ▷老虎～摸不得。❸ 名 借指某些物体的尾部 ▷香烟～|飞机～喷出一道白烟。

【屁滚尿流】pìgǔn-niàoliú 形容因失败、恐惧而狼狈不堪的样子。

【屁话】pìhuà 名 指没有价值、不合道理的话(含厌恶意)。

【屁帘ㄦ】pìliánr 名 吊在穿开裆裤的幼儿屁股后面的长方形棉帘ㄦ,有保暖作用。也说屁股帘ㄦ。

【屁事】pìshì ❶ 名 微不足道的小事 ▷这点～还兴师动众! ❷ 名 相当于"什么事",表示反感和厌恶 ▷这关你～,不用打听!

埤 pì 见下。

另见 1043 页 pí。

【埤院】pìnì 现在一般写作"埤堄"。

【埤堄】pìnì 名 堞墙。

萆 pì 名〈文〉蓑衣。

另见 73 页 bì。

淠 pì 名 淠河,水名,在安徽,流入淮河。☛ 右边是"畀",不是"卑"。

睥 pì [睥睨] pìnì 动〈文〉斜着眼睛看,表示傲视或轻视 ▷～万物。

辟[1] (闢) pì ❶ 动 开拓;开发 ▷～地垦荒|另～蹊径|开～。〇 ❷ 形 透彻 ▷精～|透～。〇 ❸ 动 批驳;驳斥 ▷～谬|～谣。

辟[2] pì 名〈文〉法律;刑法 ▷大～。☛ "辟"字读 bì,指君主以及跟君主有关的行为,如"复辟""征辟";又指排除,避免,如"辟谷""辟邪"。

另见 73 页 bì。

【辟谣】pìyáo 动 说明事情真相,驳斥谣言。

媲 pì 动 比得上 ▷～美。☛ 不读 bǐ。

【媲美】pìměi 动 比美;美好程度不相上下 ▷这种花可与牡丹～。

僻 pì ❶ 形 偏远;离中心地区远 ▷穷乡～壤|偏～。→ ❷ 形 不常见的;罕用的 ▷生～|冷～。→ ❸ 形 性情古怪,不易相处 ▷怪～|孤～。☛ 统读 pì,不读 bèi。

【僻静】pìjìng 形 偏僻寂静 ▷～的小路。

【僻陋】pìlòu 形 (地区)偏远荒凉;(住所)偏僻简陋 ▷昔日～的山区,如今已成为旅游胜地|～小巷。

【僻壤】pìrǎng 名 偏僻荒远的地方 ▷穷乡～。

【僻巷】pìxiàng 名 偏僻的小巷 ▷蓬门～。

【僻远】pìyuǎn 形 偏僻边远 ▷～的山区。

澼 pì 见1059 页"洴(píng)澼"。

甓 pì 名〈文〉砖。

䴙(鷿) pì [䴙䴘] pìtī 名 水鸟,似鸭而小,嘴细直而尖,尾短。不善飞而善潜水,捕食小鱼虾、昆虫等。

譬 pì ❶ 动 打比方;比喻 ▷~喻|~如。→ ❷ 名 用作比方或比喻的事物 ▷设~|取~。☛ 统读 pì,不读 bǐ 或 pǐ。

【譬方】pìfāng ❶ 动 比方①。❷ 名 比方②。❸ 连 比方④。

【譬如】pìrú 动 比如。

【譬喻】pìyù 动 比喻①。

piān

片 piān 义同"片(piàn)"⑤⑦,用于口语"相片儿""唱片儿""影片儿"等词。

另见 1047 页 piàn。

【片子】piānzi ❶ 名 电影胶片;影片 ▷这部~在长春国际电影节得了奖。❷ 名 透视照相的底片 ▷到医院拍张~查一查。❸ 名 留声机上用的唱片 ▷放些老~听听。☛ 跟"片(piàn)子"的音、义都不同。

扁 piān 形〈文〉形容狭小的样子 ▷~舟。

另见 80 页 biǎn。

【扁舟】piānzhōu 名〈文〉小船 ▷一叶~。

偏 piān ❶ 形 歪;斜(跟"正"相对) ▷太阳~西了|球踢~了。→ ❷ 形 不公正;只注重一方 ▷心太~了|~听~信|~爱。⇒ ❸ 动 客套话,表示先用或已用过茶饭等 ▷对不起,我先~了。→ ❹ 动 离开正确方向 ▷~离|~差(chā)。→ ❺ 形 远离中心的;不常见的 ▷~远|~题。→ ❻ 形 不居主位的;辅助的 ▷~将。→ ❼ 动 超出或不够正常标准 ▷造价~高|气温~低。❽ 副 表示故意跟常情或别人的要求相反 ▷明知山有虎,~向虎山行|不叫我去,我~去。

【偏爱】piān'ài 动 特别喜爱(同类的人或事物中的一个或一种) ▷在球类运动中,他~篮球。

【偏安】piān'ān 动 指封建王朝失去中心统治区后而苟安于残存的地区 ▷~一隅|~苟且。

【偏差】piānchā ❶ 名 物体运动的方向与确定的目标之间存在的距离 ▷矫正~才能击中目标。❷ 名 工作中产生的偏离方针政策的差错 ▷纠正工作中的~。☛ "差"这里不读 chà。

【偏殿】piāndiàn 名 皇宫或寺院正殿两侧的殿堂。

【偏饭】piānfàn 名 集体伙食中特为少数人提供的较好的饭食;比喻特殊待遇 ▷还是要一碗水端平,让有些人吃~不合适。

【偏方】piānfāng 名 民间流传而不见于医学典籍的中药方。也说土方。

【偏房】piānfáng ❶ 名 四合院里东西两侧的房子。❷ 名 妾①。

【偏废】piānfèi 动 偏重某一方面而忽视其他方面 ▷治疗和锻炼二者不可~。

【偏锋】piānfēng ❶ 名 书法上指写毛笔字时将笔锋偏在点画一面的笔法 ▷这篇楷书巧用~,笔画劲拔。❷ 名 比喻绘画、写文章、说话等从侧面入手的方法 ▷这篇游记从~起笔,渐入正题,构思精巧。

【偏航】piānháng 动(飞机、船舶)偏离航线 ▷海轮因~触礁。

【偏好】piānhào 动 偏重喜好 ▷他~天文学。

【偏护】piānhù 动 偏私袒护 ▷不~任何一方。

【偏激】piānjī 形(思想、言论等)激烈过火 ▷克服~情绪|思想~。

【偏见】piānjiàn 名 成见;局限于某一个方面的见解 ▷存有~|~比无知距离真理更远。

【偏将】piānjiàng 名 辅助主将的将领。

【偏科】piānkē 动 偏爱所学课程中的某些课程而忽视其他课程 ▷中学生不应~。

【偏口鱼】piānkǒuyú 名 比目鱼。

【偏枯】piānkū ❶ 名 偏瘫①。❷ 形 水量偏少 ▷江河径流~,水库蓄水不足。❸ 形 偏于一方,失去平衡 ▷缺少来自生活的诗意的滋润,造成他的诗歌在诗美和学术间的~|调整地域和部门的~。

【偏劳】piānláo 动 客套话,用于请人帮忙或感谢人替自己做事 ▷这事还得~二位。

【偏离】piānlí 动 离开了原定的轨道、方向 ▷~航道|~目标。

【偏旁】piānpáng 名 构成汉字形体的某些基本组成部分。如"忆"中的"忄"和"乙","问"中的"门"和"口"。

【偏僻】piānpì 形 远离繁华地区,交通又不方便 ▷地理位置~。

【偏偏】piānpiān ❶ 副 偏⑧ ▷让我上街,我~不去。❷ 副 表示实际情况跟客观需要或主观愿望不一致 ▷信上写得明白,~他又不识字。❸ 副 表示范围,略相当于"单单""唯独"(含不满的口气) ▷别人都能来,为什么~你来不了?

【偏颇】piānpō 形〈文〉不公平;不公正 ▷执法不可~|失之~。

【偏巧】piānqiǎo ❶ 副 刚好;恰巧 ▷正想给他打电话,~他把电话打过来了。❷ 副 偏偏② ▷我去向他辞行,~他出去了。

【偏衫】piānshān 名 僧尼的一种服装,斜披在左肩上。

【偏哨】piānshào 名 指某些球类比赛中裁判员因个人好恶等因素而偏袒某一方的裁判行为。因裁判时吹哨，故称。

【偏师】piānshī 名 配合主力部队作战的辅助部队。

【偏食】piānshí ❶ 名 指日偏食或月偏食。参见1161页"日食"、1702页"月食"。○ ❷ 动 偏爱吃某些食物而不吃或不爱吃另外的食物。

【偏私】piānsī 动 偏袒徇私 ▷审判员不得～。

【偏瘫】piāntān ❶ 名 半边身体瘫痪的病症，多由脑部疾病引起。也说偏枯。❷ 动 患偏瘫 ▷再不动手术，就可能～。‖也说半身不遂。

【偏袒】piāntǎn ❶ 动 袒护一方 ▷调解要公正，不能～某方。参见1848页"左袒"。❷ 动 佛教徒为表示恭敬和便于持法器做法事而在穿袈裟时袒露右肩。

【偏疼】piānténg 动 偏重疼爱晚辈中的某个人或某些人 ▷母亲～弟弟。

【偏题】piāntí 名 冷僻的、通常很难想到的试题 ▷考试不要出～、怪题。

【偏听偏信】piāntīng-piānxìn 只听信一方面的意见 ▷自以为是、～就难免判断失误。

【偏头痛】piāntóutòng 动 头部一侧反复发生疼痛。多由头部血管舒缩障碍引起。

【偏误】piānwù 名 偏差和错误 ▷认识上存在着～。

【偏狭】piānxiá 形 偏执而狭隘 ▷看问题不能过于～｜视野～。

【偏向】piānxiàng ❶ 动 倾向于(某一方面) ▷到云南旅游，我～于去滇西北。❷ 动 偏爱；袒护(某一方) ▷裁判～主队。❸ 名 不正确或不全面的倾向 ▷纠正重商轻农的～。

【偏斜】piānxié 形 倾斜不正 ▷塔身～。

【偏心】piānxīn 形 不公正；有意袒护一方 ▷他对小儿子太～。

【偏心眼儿】piānxīnyǎnr ❶ 形 偏心 ▷你太～了，老护着他。❷ 名 偏向某一方的用心 ▷要一碗水端平，不能有～。

【偏移】piānyí 动 向一边移动 ▷向左～两厘米，卯榫便可相接。

【偏于】piānyú 动 侧重(在某方面) ▷他的小说～心理活动描写。☛ 不能单用作谓语，后面一般要带双音节以上的词语作宾语。

【偏远】piānyuǎn 形 偏僻遥远 ▷～山区。

【偏执】piānzhí 形 偏激而执拗 ▷个性～。

【偏重】piānzhòng 动 侧重；片面看重 ▷这个队～防守｜不能只～于物质财富的增长。

【偏转】piānzhuǎn 动 指射线、磁针、仪表的指针等受外力作用而改变方向；泛指偏离原来的方向 ▷光线在引力场中会发生～｜遇上漩涡，船身向左～。☛ "转"这里不读 zhuàn。

犏 piān [犏牛] piānniú 名 公黄牛和母牦牛交配所生的第一代杂种牛。兼具牦牛耐劳和黄牛驯顺的优点。公犏牛没有繁殖能力。

篇 piān ❶ 名 由一系列连续的语段或句子构成的完整的言语作品 ▷《论语》凡二十～｜～章结构｜名～。→ ❷ 名 写着或印着文字等的单张纸 ▷歌～儿｜单～讲义。❸ 量 用于纸张、书页或文章等 ▷五～稿纸｜刚翻了两～儿就发现三个错字｜三～文章。

【篇幅】piānfú ❶ 名 指文章的长短 ▷文章～太长。❷ 名 书籍、报刊等页码和版面的多少 ▷限于～，转载时作了删节｜用两版的～报道世界杯的消息。

【篇目】piānmù ❶ 名 篇章的标题 ▷这句话出自鲁迅的杂文，但～记不清了。❷ 名 书中篇章标题的目录。

【篇章】piānzhāng 名 作品的篇和章；借指文章 ▷～布局◇谱写航天事业的新～。

【篇子】piānzi 名 篇② ▷歌～｜习题～。

翩 piān 〈文〉❶ 动 轻快地飞 ▷蜂舞蝶～。→ ❷ 形 形容动作轻快 ▷～然。

【翩翩】piānpiān ❶ 形 形容动作轻盈的样子 ▷蝴蝶在花丛中～飞舞。❷ 形 举止潇洒，仪态大方 ▷风度～｜～风采。

【翩然】piānrán 形 形容动作轻捷的样子 ▷～而至。

【翩跹】piānxiān 形 形容舞姿轻盈飘逸 ▷歌声悠扬，舞姿～｜歌舞～。☛ 跟"蹁跹"不同。

pián

便 pián 见下。
另见82页 biàn。

【便便】piánpián 形 〈文〉形容肥胖的样子 ▷大腹～。

【便宜】piányi ❶ 名 不应该得到的好处 ▷贪小～｜得～卖乖。❷ 动 使得到某种好处 ▷决不能～他们。❸ 形 价钱低 ▷这地方蔬菜～｜～货。☛ 跟"便宜(biànyí)"音、义不同。

骈(駢) pián ❶ 动 〈文〉并列 ▷～肩(肩挨肩)｜～列。→ ❷ 形 〈文〉对偶的 ▷～体｜～文｜～俪。○ ❸ 名 姓。

【骈俪】piánlì 名 指文章的排偶句式。

【骈拇枝指】piánmǔ-zhīzhǐ 脚趾相连，手指多出(骈拇：脚的大拇指跟二拇指相连；枝指：手的大拇指或小拇指旁多长出的一指)。比喻多余的或不必要的东西。

【骈体】piántǐ 名 我国古代的一种文体。特点是全篇多用对偶句，对仗工整，声韵和谐，辞藻华丽。盛行于六朝时期(跟"散体"相区别)。

【骈阗】piántián 动〈文〉聚集；罗列 ▷奇花异草，～阶砌。☛ 不宜写作"骈填""骈田"。

【骈文】piánwén 名 骈体文章。

胼 pián 见下。

【胼手胝足】piánshǒu-zhīzú 手和脚都磨出了茧子。形容劳作极为辛苦。也说手胼足胝。☛ ㊀"胼"不读 bìng。㊁"胝"不读 dǐ。

【胼胝】piánzhī 名〈文〉茧子②。

【胼胝体】piánzhītǐ ❶ 名 联结左右两侧大脑半球的最大的一束神经纤维。位置在大脑两半球正中纵裂的底部。❷ 名 植物体上由一种无定形的多糖类物质积聚而形成的结构。

媥 pián 见下。

【媥娟】piánjuān〈文〉❶ 形 形容美好的样子 ▷美人侍立态～。❷ 形 回环曲折；悠扬婉转。

【媥妍】piányán 形〈文〉美丽 ▷千看千处妩媚，万看万处～。

楩 pián ❶ 名 古书上说的一种树。○ ❷ 用于地名。如楩树岔，在福建。

跰 pián［跰胝］piánzhī 现在一般写作"胼胝"。

緶 pián 动 某些地区指用针缝合。
另见 83 页 biàn。

蹁 pián 形〈文〉脚歪斜；走路姿态不正。☛ 不读 piān。

【蹁跹】piánxiān 形〈文〉形容回旋起舞的样子 ▷～飞舞。☛ 跟"翩跹"不同。

瑸 pián 名 一种珍珠。
另见 91 页 bīn。

piǎn

谝（諞） piǎn 动 某些地区指夸耀，或以夸饰的口吻闲聊 ▷刚当上经理，就～上了。

堩 piǎn 名 某些地区指沿河的长条形平地（多用于地名）▷铜河～｜长河～（均在四川）。

piàn

片 piàn ❶ 动〈文〉剖开；分开。→ ❷ 动 用刀把肉、鱼等横着割成扁平而薄的形状 ▷～烤鸭｜～鱼片ㄦ。→ ❸ 形 单 ▷～面之词。❹ 形 零星的；简短的 ▷～言只字｜～刻。→ ❺ 名 扁平而薄的东西 ▷眼镜～｜药～。⇒ ❻ 量 a）用于薄片状的东西 ▷两～ㄦ面包｜几～白云。b）用于具有相同景象又连在一起的地面或水面等 ▷一～草地｜一～汪洋。c）用于景色、气象、声音、语言、心意等（同"一"连用）▷一～春色｜一～丰收景象｜一～嘈杂声｜一～好心。⇒ ❼ 名 指影片 ▷故事～｜科教～。→ ❽ 名 整体中的一小部分或较大地区内划分出来的较小地区 ▷分～包干ㄦ｜咱们这～ㄦ的民警｜～段。○ ❾ 名 姓。☛ ㊀读 piān，用于口语，常儿化，读 piānr，如"照片ㄦ""影片ㄦ"。㊁右下是"㇆"（1 画），不是"ㄒ"（2 画）。
另见 1045 页 piān。

【片场】piànchǎng 名 影视片拍摄的现场。

【片酬】piànchóu 名 演员拍摄电影或电视剧的报酬。口语中也说片（piān）酬。

【片段】piànduàn 名 整体中相对完整的一个段落（多用于文章、书籍等）▷《武松打虎》是《水浒传》中的一个～。☛ 跟"片断"不同。"片段"侧重整体中的部分，相对完整，多用于具体事物；"片断"侧重零散，多用于抽象事物。

【片断】piànduàn ❶ 名 零碎的、不完整的一些内容（多用于生活、经历）▷记忆中的～｜零星～。❷ 形 零碎的；不完整的 ▷～经验｜片片断断的一些录音。☛ 参见本页"片段"的提示。

【片花】piànhuā 名 为宣传某部影视片而制作的短片。多含有从影视片中截取的精彩镜头、影片拍摄的场景、拍摄中的花絮等。口语中也说片（piān）花ㄦ。

【片剂】piànjì 名 片状的药剂。

【片甲不留】piànjiǎ-bùliú 一片铠甲也没留下。形容全军覆没。也说片甲不存。

【片假名】piànjiǎmíng 名 日本文字的楷书字母。如ア、イ、ウ、エ、オ。

【片ㄦ警】piànrjǐng 名 具体负责某一片ㄦ地区治安工作的警察。

【片刻】piànkè 名 很短的时间；一小会ㄦ ▷休息～｜沉思～。

【片面】piànmiàn ❶ 名 单方面 ▷～之词｜～撕毁合同。❷ 形 偏于一方面的（跟"全面"相对）▷观点有些～｜不能～强调升学率。

【片面性】piànmiànxìng 名 指对事物不作全面分析的形而上学的思想方法。考察问题时，只看矛盾的一方而不看另一方，只看局部而不看整体。

【片时】piànshí 名 片刻 ▷沉默～｜略坐～。

【片ㄦ汤】piànrtāng 名 一种面食。将和好的面擀成薄片并切成或撕成小片，放进开水中煮熟后加调料连汤吃。

【片头】piàntóu 名 影视片开头的部分，一般用来展示片名和主演、导演等主要演职人员的姓名等。口语中也说片（piān）头。

【片瓦无存】piànwǎ-wúcún 一片完整的瓦也没留

下。形容建筑物遭到彻底破坏。

【片尾】piànwěi 图 影视片结尾的部分，一般用来展示普通演职人员的姓名、拍摄单位和赞助商等。口语中也说片(piān)尾。

【片言只语】piànyán-zhīyǔ 只言片语。

【片岩】piànyán 图 一种片状构造的变质岩，由片状或柱状的结晶矿物构成。如云母片岩、滑石片岩等。

【片约】piànyuē 图 影视拍摄机构同所约请的演员、导演等签订的参加拍摄某部影视片的协议。口语中也说片(piān)约。

【片纸只字】piànzhǐ-zhīzì 指极其少的或零碎的文字材料。也说片言只字。

【片子】piànzi ❶ 图 扁平而薄的东西 ▷瓦～|纸～。❷ 图 名片 ▷递给他一张～。☛ 跟"片(piān)子"的音、义都不同。

骗[1]（騗） piàn 动〈口〉向侧面跨出一条腿骑上 ▷一～腿上了车|～马。

骗[2]（騙） piàn ❶ 动 用假话或欺诈手段使人相信、上当 ▷他把大伙儿给～了|欺～。→❷ 动 骗取 ▷～钱|～贷。

【骗贷】piàndài 动 以非法占有为目的，骗取银行或其他金融机构的贷款。是一种违法犯罪行为。

【骗汇】piànhuì 动 用虚假或使用过的凭证和单据等骗购外汇。是一种违法犯罪行为。

【骗局】piànjú 图 使人上当受骗的圈套 ▷揭穿～|这是个大～。

【骗取】piànqǔ 动 通过欺骗手段取得 ▷～高级职称|～荣誉。

【骗术】piànshù 图 欺骗人的手段、伎俩。

【骗税】piànshuì 动 用假报出口或其他非法手段骗取国家出口退税或其他退税款。

【骗腿】piàntuǐ 动 骗[1]。

【骗子】piànzi 图 骗人的人 ▷学术～。

piāo

剽 piāo ❶ 动〈文〉抢劫；掠取 ▷～掠。→❷ 动 窃取；抄袭 ▷～取|～窃。〇❸ 形〈文〉(动作)轻快；敏捷 ▷～疾|～悍。☛ 统读 piāo，不读 piáo 或 piào。

【剽悍】piāohàn 形 轻捷而勇猛 ▷～的骑兵战士|粗犷～。☛ 不宜写作"慓悍"。

【剽掠】piāolüè 动 剽①。

【剽窃】piāoqiè 动 (把别人的作品或其他成果)抄过来，窃为己有 ▷～他人的文章是可耻的。

【剽取】piāoqǔ 动 剽窃。

【剽袭】piāoxí 动 剽窃抄袭 ▷艺术创作最忌侵权～行为。

漂 piāo 动 浮在液体表面；浮在水面上随着水流、风向移动 ▷排骨汤上～着一层油花儿|小船随风～出好几里|～浮|～流。☛ 跟"飘"不同。"漂"多指在水上随波浮动，如"漂浮""漂流"等；"飘"多指在空中随风飞扬，如"飘扬""飘摇"等。

另见 1049 页 piǎo；1050 页 piào。

【漂泊】piāobó ❶ 动 顺水漂流或停泊 ▷小船在湖面～。❷ 动 比喻生活不安定，四处奔走，居无定所 ▷～在外。☛ 不要写作"飘泊"。

【漂荡】piāodàng ❶ 动 在水面随波浮动 ▷月亮的柔光在湖面上～。❷见本页"飘荡"②。现在规范词形写作"飘荡"。

【漂动】piāodòng 动 漂荡①。

【漂浮】piāofú ❶ 动 漂 ▷～植物|花瓣～在水面上。❷见1049 页"飘浮"②。现在一般写作"飘浮"。

【漂流】piāoliú ❶ 动 浮在水面，随水流动 ▷江面上～着许多油污。❷ 动 乘小船、皮筏等在激流中顺流而下(现也是水上运动项目)。❸ 动 漂泊② ▷～他乡。☛ 不要写作"飘流"。

【漂洋过海】piāoyáng-guòhǎi 形容跨越海洋到遥远的异邦。

【漂移】piāoyí 动 漂浮物随液体移动 ▷树叶在河流中～。

【漂游】piāoyóu ❶ 动 漂 ▷小船在水上～。❷ 动 漂泊② ▷四海为家，到处～。

慓 piāo 同"剽"③。现在一般写作"剽"。

缥（縹） piāo [缥缈] piāomiǎo 形 形容隐隐约约、似有似无的样子 ▷虚无～。☛ 不宜写作"飘渺""缥渺""飘眇""漂渺"。

另见 1049 页 piǎo。

飘（飄 *飃） piāo ❶ 动 随风摆动、移动或飞舞 ▷彩旗迎风～|远处～来一股清香|～扬。→❷ 形 轻飘不稳 ▷头眩晕，身子有些～|超速行驶，车身直～。→❸ 形 轻浮；不踏实 ▷工作作风太～|心里发～。〇❹ 图 姓。☛ 参见本页"漂"的提示。

【飘泊】piāobó 现在规范词形写作"漂泊"。

【飘尘】piāochén 图 空中飘浮的尘埃；可吸入颗粒物的旧称。

【飘带】piāodài 图 衣帽、旗帜等上面能随风飘动的带子。

【飘荡】piāodàng ❶ 动 在空中随风飘动或飞扬 ▷风筝在高空～。❷ 动 漂泊② ▷～异乡。

【飘动】piāodòng 动 在空中随风摆动 ▷胸前～着红领巾。

【飘拂】piāofú 动 轻柔地飘动 ▷柳絮随风～。

【飘浮】piāofú ❶ 动 浮在空中随风移动 ▷大气中～着粉尘。❷ 形 形容作风不踏实、不深入 ▷工作～。

【飘红】piāohóng 动 指股票等证券的价格普遍上涨。因上涨时证券交易厅的电子价格显示屏用红色数字显示，故称(跟“飘绿”相对)。

【飘忽】piāohū ❶ 动 飘浮①；轻快地移动 ▷空中～着几朵白云。❷ 形 形容变化不定的样子 ▷眼神～不定。

【飘零】piāolíng ❶ 动 飘落；凋零 ▷残叶随风～。❷ 动 漂泊；流落 ▷～在外，无依无靠。☛ 不要写作“漂零”。

【飘流】piāoliú 现在规范词形写作“漂流”。

【飘绿】piāolǜ 动 指股票等证券的价格普遍下跌。因下跌时证券交易厅的电子价格显示屏用绿色数字显示，故称(跟“飘红”相对)。

【飘落】piāoluò 动 飘动着下落 ▷雪花～。

【飘飘然】piāopiāorán ❶ 形 感觉很轻，像浮在空中一样 ▷～如腾云驾雾。❷ 形 形容忘乎所以的样子 ▷有了一点儿成绩就～了？

【飘然】piāorán ❶ 形 形容飘摇或轻捷的样子 ▷黄叶～而下。❷ 形 形容高远超脱的样子 ▷～脱俗。❸ 形 形容轻松闲适的样子 ▷心绪～。

【飘洒】piāosǎ ❶ 动 飘扬着徐徐洒落 ▷丝丝春雨漫天～。❷ 形 (姿态)自然；不俗气 ▷～自如|字迹～。☛ 参见本页“飘撒”的提示。

【飘撒】piāosǎ 动 飘扬着徐徐撒落 ▷雪花漫天～|空中～着片片羽毛。☛ 跟“飘洒”不同。“飘撒”的对象为固体；“飘洒”的对象为液体。

【飘散】piāosàn 动 (气体、气味、烟雾等)飘扬飞散 ▷浓雾渐渐～|梅花～着幽香。

【飘逝】piāoshì 动 飘散消逝 ▷流云～◇时光～。

【飘舞】piāowǔ 动 飘动飞舞 ▷随风～|彩旗～。

【飘扬】piāoyáng 动 飘动飞扬 ▷五星红旗迎风～|柳絮四处～。☛ 不要写作“飘飏”。

【飘摇】piāoyáo ❶ 动 飘动摇摆 ▷柳丝在风中～。❷ 动 比喻动荡不安 ▷风雨～。☛ 不要写作“飘飖”。

【飘飖】piāoyáo 现在规范词形写作“飘摇”。

【飘曳】piāoyè 动 飘动摇曳 ▷长裙～。

【飘移】piāoyí 动 在空中随风移动 ▷沙尘向东南～。

【飘逸】piāoyì ❶ 形 〈文〉洒脱自然；优雅不俗 ▷举手投足，～不凡|诗风～。❷ 动 飘散 ▷满园果香～。

【飘溢】piāoyì 动 飘散洋溢 ▷空气中～着一股海腥味儿。

【飘游】piāoyóu ❶ 动 飘① ▷白云～。❷ 动 无目标地游荡 ▷人在江湖，～无定。

【飘悠】piāoyou 动 轻缓地飘动；浮动 ▷枯叶在水面上～|降落伞飘飘悠悠地降落下来。

螵 piāo [螵蛸] piāoxiāo 名 螳螂的卵块。产在桑树上的叫桑螵蛸，可以做药材。

piáo

朴 piáo 名 姓。☛ 这个意义不读 pǔ。
另见 1060 页 pō；1061 页 pò；1066 页 pǔ。

嫖 piáo 动 玩弄妓女 ▷吃喝～赌|～娼|～客。

【嫖娼】piáochāng 动 玩弄妓女。也说嫖妓。

【嫖客】piáokè 名 玩弄妓女的男人。

【嫖宿】piáosù 动 嫖客由卖淫的女子陪伴过夜。

瓢 piáo 名 用老熟的瓠瓜对半剖开做成的半球形器具，用来舀水或撮取米、面等。

【瓢虫】piáochóng 名 昆虫，体为半球形，像瓢，头小。多以蚜虫、介壳虫为食。多数种类对农林业有益。

【瓢泼】piáopō 动 用瓢泼水。比喻雨下得很大 ▷雷声隆隆，暴雨～|～大雨。

薸 piáo 名 浮萍。

piǎo

莩 piǎo 同“殍”。现在一般写作“殍”。
另见 421 页 fú。

殍 piǎo 名 〈文〉饿死的人 ▷饿～。☛ 不读 piáo。

漂 piǎo ❶ 动 用水冲洗 ▷～洗。→ ❷ 动 用化学药剂使纤维或纺织品等变白 ▷这布～过以后真白|～染。
另见 1048 页 piāo；1050 页 piào。

【漂白】piǎobái ❶ 动 用漂白粉、二氧化硫等除去纺织纤维及其制品等所含的色素，使变白。❷ 动 洗白③ ▷这名毒枭～身份，逍遥法外将近 20 年。

【漂白粉】piǎobáifěn 名 无机化合物，主要成分是次氯酸钙。白色粉末，有强烈的刺激性臭味，遇潮易分解失效。用来漂白或消毒。

【漂白剂】piǎobáijì 名 用来漂白的化学药剂，如漂白粉。

【漂染】piǎorǎn 动 漂白并染色。

【漂洗】piǎoxǐ 动 用清水冲洗(纺织品)。

缥(縹) piǎo 〈文〉❶ 名 青白色的绢。→ ❷ 形 形容颜色淡青 ▷～碧|～玉。
另见 1048 页 piāo。

瞟 piǎo 动 斜着眼睛看 ▷偷偷地用眼睛～着他|～了他一眼。

piào

票 piào ❶ 名 作为凭证的纸片 ▷买～|投～|车～|～据。→ ❷ 名 纸币 ▷零～|毛～|钞～。→ ❸ 名 指被匪徒绑架用以勒索钱财的人质 ▷绑～|撕～。→ ❹ 动 指票友演戏 ▷～了一出《空城计》。○ ❺ 名 姓。

【票额】 piào'é 名 票面上标定的数额。

【票贩子】 piàofànzi 名 非法倒卖各种票证的人。

【票房】 piàofáng ❶ 名 售票处。❷ 名 指票房价值。○ ❸ 名 指票友的组织；也指票友聚会练唱的场所。

【票房价值】 piàofáng jiàzhí 指电影、戏剧等从票房售票所获得的经济效益 ▷～创纪录。

【票根】 piàogēn 名 票据的存根。

【票号】 piàohào ❶ 名 旧时一种金融信用机构。多为山西人经营，以汇兑、存款、放款为主要业务。也说票庄。❷ 名 票据、票证等上面的号码 ▷查一查～是多少。

【票汇】 piàohuì 动 一种汇兑方式。某地银行或邮局受汇款方委托，签发汇票，由汇款方寄交收款方，收款方凭票向当地指定付款行或局领取款项。

【票价】 piàojià 名 车票、船票、机票、门票等的价格。

【票据】 piàojù ❶ 名 具有流通性和一定格式的书面债据。体现债权人与债务人的信用关系。主要有汇票、本票和支票。❷ 名 出纳或提取钱物的凭证 ▷凭～报销|提货～。

【票决】 piàojué 动 用投票方式对某事作出决定 ▷由全系教师～产生系主任|～候选人名单。

【票款】 piàokuǎn ❶ 名 票据、票证等和款项 ▷～均无误。❷ 名 购票付出或售票收回的钱。

【票面】 piàomiàn 名 钞票和有价证券上所标明的金额。也说票面值。

【票券】 piàoquàn 名 泛指股票、彩票、入场券等作为凭证的票据，多是有价的 ▷禁止非法发售代币～|音乐会～|电子～。

【票箱】 piàoxiāng 名 用来投入选票、门票等的箱子。

【票选】 piàoxuǎn 动 用投票的方式进行选举。

【票友】 piàoyǒu 名 非职业演员，因喜爱和熟悉戏曲艺术而参加演出的人。

【票证】 piàozhèng 名 主要用于购物的凭证；特指我国计划经济时代的粮票、布票等。

【票子】 piàozi 名 钞票。

僄 piào〈文〉❶ 形 轻薄。→ ❷ 形 轻便敏捷。

蔈 piào 用于地名。如蔈草乡，在重庆。

另见 86 页 biāo。

嘌 piào 形〈文〉疾速。

【嘌呤】 piàolìng 名 英语 purine 音译。有机化合物，无色晶体，易溶于水。生物碱和尿酸中含有其氧化物。

漂 piào 见下。☛ 读 piào，普通话用于"漂亮"；读 piāo，指在水等液体上浮动，如"漂流"；读 piǎo，表示把布等物放入水中反复摆动使干净，如"漂洗"。

另见 1048 页 piāo；1049 页 piǎo。

【漂亮】 piàoliang ❶ 形 好看 ▷～的时装。❷ 形 形容事情干得出色 ▷这一仗打得真～。

【漂亮话】 piàolianghuà 名 动听的空话 ▷多干实事，少说～。

骠（驃） piào〈文〉❶ 形 形容马快跑的样子。→ ❷ 形 勇猛 ▷～悍|～勇。

另见 86 页 biāo。

piē

氕 piē 名 氢的同位素之一，符号 ^{1}H。是氢的主要成分。

撇 piē ❶ 动 丢下不管；抛弃 ▷～下儿女|早把这事～在脑后了。→ ❷ 动 舀出液体表面上的漂浮物 ▷～去沫子。❸ 动 从液体表面轻轻地舀 ▷不要捞稠的，～点儿稀汤就行。○ ❹ 动〈口〉生硬地模仿某种腔调 ▷～京腔。

另见 1051 页 piě。

【撇开】 piēkāi 动 丢在一边不管 ▷～这个话题。

【撇弃】 piēqì 动 抛弃；扔掉 ▷怎能舍得～亲生骨肉？|～杂念。

【撇清】 piēqīng 动 划分清楚；彻底推卸（责任）▷他极力～与对方的关系|～责任。

【撇下】 piēxià 动 放下；丢开 ▷他～老母走了。

瞥 piē 动 目光很快地掠过 ▷～了他一眼|～见|一～。☛ 不读 piě。

【瞥见】 piējiàn 动 无意中突然看到 ▷～窗外有个人影儿晃动。

【瞥视】 piēshì 动 目光迅速掠过 ▷他～了一下台下的听众，继续讲下去。

piě

苤 piě［苤蓝］piělan 名 甘蓝的一种。二年生草本植物，叶子长圆形或卵形，有长柄。

茎部膨大，扁球形，外皮绿白或紫色，可以食用。也说球茎甘蓝。

撇[1] piě ❶ 名 汉字的笔画，向左斜下，形状是“丿”。→ ❷ 量 用于像撇的东西 ▷留着两～胡子。

撇[2] piě 动 平着向前扔 ▷把瓦片儿～到河里。

撇[3] piě ❶ 动 向外倾斜 ▷这孩子走路，两脚老向外～着。→ ❷ 动 下唇向前伸，嘴角向下倾斜，表示轻视、不高兴等情绪 ▷他一边听着，一边～嘴｜嘴一～就哭了起来。☛“撇”字读 piě，有向外向前倾斜的意思。读 piē，指抛开不管，如“撇下儿女”；也指轻舀而分离出液体表面的物质，如“撇沫子”。

另见 1050 页 piē。

【撇嘴】piězuǐ 动 撇[3](piě)②。

锹（鐅） piě 名 烧盐用的敞口锅（多用于地名，表示是烧盐的地方）▷曹家～（在江苏）。

pīn

拚 pīn 同“拼[2]”。现在一般写作“拼”。
另见 1027 页 pàn。

拼[1] pīn 动 合在一起；连接 ▷～图案｜～版｜～音｜～凑。

拼[2] pīn 动 不顾惜；豁出去 ▷～体力｜～命｜～搏。

【拼版】pīnbǎn 动 将排好顺序的文字、图片等按照确定的开本和版式拼成印刷用的版面。

【拼比】pīnbǐ 动 比拼 ▷双方～耐力。

【拼搏】pīnbó 动 用全力搏斗奋争 ▷奋力～。

【拼车】pīnchē 动 乘车路线较一致的几个人共用一辆车出行，各付各的车费 ▷我们几个～回家。

【拼刺】pīncì 动 战斗中用安有刺刀的枪刺杀格斗；也指军事训练中用假枪、假刺刀练习刺杀。

【拼凑】pīncòu 动 把零碎分散的东西组合起来；勉强凑合使够数 ▷把碎木料～成一把椅子｜这支球队是临时～的。

【拼读】pīndú 动 按照拼音规则读出音节或词句 ▷他对汉语拼音不熟，～很吃力。

【拼购】pīngòu 动 多位消费者共同购买某种商品，以量大求得优惠价格。

【拼合】pīnhé 动 把拆开的或零散的东西合成整体 ▷用积木～成小房子。

【拼接】pīnjiē 动 拼合连接 ▷精密～。

【拼客】pīnkè ❶ 名 指通过网络合作完成某个共同行为，以分摊成本、节约费用的人。❷ 名 指被拼凑在一起乘车、旅游等的客人 ▷禁止司机中途不经乘客同意直接拉～｜他们是通过旅行社门店报名，进入这个～团的。

【拼力】pīnlì ❶ 动 使出全部力量 ▷他干活儿肯～。❷ 副 表示尽全力地 ▷～一搏｜～挽救。

【拼命】pīnmìng ❶ 动 豁出性命争斗 ▷逼急了，他会～。❷ 副 用尽全力地；不顾一切地 ▷～叫喊｜～追赶。

【拼命三郎】pīnmìng-sānláng《水浒传》人物石秀的诨号；比喻具有拼搏精神的人。

【拼盘】pīnpán ❶ 名 把几种不同的菜放在一个盘内拼成的菜（多为凉菜）。❷ 名 由多个小盘拼合在一起使用的盘子 ▷她送给我一套～。

【拼抢】pīnqiǎng 动 拼力抢夺 ▷～篮板球。

【拼杀】pīnshā ❶ 动 拼命厮杀 ▷和敌人～在一起。❷ 动 泛指竭尽全力争胜 ▷这盘棋双方～得很厉害。

【拼死】pīnsǐ 副 拼命② ▷～争夺｜～救援。

【拼死拼活】pīnsǐ-pīnhuó ❶ 不顾死活地拼搏；用尽全力地奋争 ▷当时全村人～，一年总收入还不到两万元。❷ 不顾死活地；用尽全力地 ▷他一年到头～地干。

【拼图】pīntú ❶ 动 拼合图形；特指把拆散的若干块图板拼合成一定的图形。❷ 动 利用电子计算机技术，进行图像、图形的拼合。❸ 名 拼合图形类的玩具。

【拼写】pīnxiě 动 用拼音字母按照拼音规则书写。

【拼音】pīnyīn 动 把两个或两个以上的音素拼合成为一个复合的音。如 i 和 ē 相拼成 iē（耶），d 和 iē 相拼成 diē（爹）。

【拼音文字】pīnyīn wénzì 用字母的拼合来表示语音的文字。多数国家所用的文字都是拼音文字。我国的藏文、蒙文、维吾尔文等也是拼音文字。

【拼音字母】pīnyīn zìmǔ 拼音文字所使用的字母；特指《汉语拼音方案》中为汉字注音所使用的拉丁字母。

【拼战】pīnzhàn 动 拼死作战；拼搏奋战 ▷浴血～｜十几万战士～在抗洪第一线。

【拼争】pīnzhēng 动 拼力争夺 ▷我们奋力～，才打成平手。

【拼制】pīnzhì 动 拼缀制作 ▷袈裟是～成的。

【拼装】pīnzhuāng 动 拼合组装 ▷～自行车。

【拼缀】pīnzhuì 动 拼合；连接 ▷把碎裂的古董～复原｜～艺术。

姘 pīn 动 非夫妻关系的男女发生性行为 ▷～居｜～头｜～夫。☛不读 pìn。

【姘夫】pīnfū 名 姘居的男方。

【姘妇】pīnfù 名 姘居的女方。

【姘居】pīnjū 动 非夫妻关系的男女同居。

【姘头】pīntou 名 非夫妻关系同居的男女；也指其中的一方。

pín

玭 pín 名〈文〉珍珠。

贫[1]（貧） pín ❶ 形 穷；缺乏财富（跟"富"相对）▷～民｜～寒｜清～。→❷ 动 缺乏 ▷～血｜～油。〇 ❸ 名 姓。

贫[2]（貧） pín 形〈口〉好（hào）说废话或低俗的玩笑话而令人讨厌 ▷这个人嘴真～｜～嘴薄舌。

【贫病交迫】pínbìng-jiāopò 贫困和疾病一同袭来。

【贫道】píndào 名 谦词，用于道士自称。

【贫乏】pínfá ❶ 形 穷困 ▷生活～窘迫。❷ 形 短缺；不丰富 ▷资源～｜～的精神生活。

【贫寒】pínhán 形 贫穷 ▷出身～。

【贫化铀】pínhuàyóu 名 从金属铀中提炼铀-235时得到的副产品，主要成分是铀-238。有微弱的放射性，是制造贫铀弹的主要原料。简称贫铀。

【贫瘠】pínjí 形（土地）不肥沃 ▷～的山地。

【贫贱】pínjiàn 形 生活贫困，地位低微 ▷～之交。

【贫苦】pínkǔ 形 贫穷困苦 ▷生活～｜～人家。

【贫矿】pínkuàng 名 品位较低的矿石或矿床（跟"富矿"相区别）。

【贫困】pínkùn 形 贫苦 ▷～学生。

【贫困线】pínkùnxiàn 名 国家根据经济发展状况确定的最低生活保障标准。

【贫民】pínmín 名 没有固定职业和固定收入的穷苦人 ▷城市～｜～阶层。

【贫民窟】pínmínkū 名 城市贫民聚居的地方。

【贫农】pínnóng 名 农村阶级成分划分中指没有或只占有极少的土地和不完全的生产工具，依靠租种土地或出卖部分劳动力维持生活的农民。

【贫气】pínqi ❶ 形 贫[2] ▷他说话幽默而不～。❷ 形 小气；不大方 ▷他生活简朴，但不～。

【贫穷】pínqióng 形 缺衣少食，生活艰难 ▷家境～｜～落后的地区。

【贫弱】pínruò 形 贫穷而衰弱（多指国家、民族）▷旧中国因为～，才受外强欺侮。

【贫僧】pínsēng 名 谦词，用于僧人自称。

【贫水】pínshuǐ 动 指缺少水资源 ▷我国属于～国家。

【贫下中农】pín-xiàzhōngnóng 贫农、下中农的合称。

【贫血】pínxuè 动 人体血液中红细胞的数量、血红蛋白的浓度低于正常数值的症状；也指局部血量减少，如脑贫血。

【贫油】pínyóu 动 指缺乏石油资源 ▷～国家。

【贫铀弹】pínyóudàn 名 用贫化铀为主要原料制成的炸弹、炮弹或枪弹等。爆炸时可穿透很厚的装甲，放射性残留物严重污染环境，危害人体。

【贫嘴】pínzuǐ ❶ 形 爱说不得体的玩笑话或废话 ▷～不等于幽默｜～薄舌。❷ 名 贫嘴的人。

【贫嘴薄舌】pínzuǐ-bóshé 言语多而尖刻，惹人厌恶。

频（頻） pín ❶ 形 多次 ▷～繁｜尿～。→❷ 副 表示行为连续多次进行，相当于"屡次"▷捷报～传｜～～招手。→❸ 名 指频率 ▷调（tiáo）～｜高～｜～道｜字～。

【频传】pínchuán 动 不断地传来（多指好消息）▷～捷报。

【频次】píncì 名 指在一定时间、一定范围内某种事物、情况反复出现的次数。

【频带】píndài 名 介于两个特定频率之间所有的频率范围。电子器件或电子设备常用它来规定适用的频率范围。

【频道】píndào 名 无线电通信或广播时，占用一定频率范围以传送电波信号的通道。电视机上设置的频道，是指它能够接收各电视台用不同波长播出的电视节目。

【频度】píndù ❶ 名 在一定的群落内，某种动植物的个体出现次数占总观察次数的百分率。❷ 名 频率②。

【频段】pínduàn 名 无线电波按频率高低不同而分成的段。如低频、中频、高频等。

【频发】pínfā 动 频频发生（多指不好的事）▷事故～。

【频繁】pínfán 形 次数多 ▷～互访｜雨雪～。

【频率】pínlǜ ❶ 名 周期性运动在单位时间内完成的次数或周数。单位是赫兹。1赫兹等于1次/秒或1周/秒。❷ 名 在单位时间内某种情况发生或事物出现的次数。

【频密】pínmì 形 次数多而密 ▷两地经济往来～。

【频频】pínpín 副 屡次；连续不断地 ▷～招手。

【频谱】pínpǔ 名 复杂振动可分解为不同振幅、不同频率的简单振动，这些振动的振幅按频率排列的图像叫频谱。这种技术广泛应用于声学、光学及无线电技术等方面，近年来在医疗领域也有应用。

【频仍】pínréng 形〈文〉接连不断；一次又一次（多用于消极方面）▷战乱～｜水旱～。

嫔（嬪） pín 名〈文〉皇帝的妾；宫中女官 ▷～妃｜～嫱。☛ 不读 bīn。

【嫔妃】pínfēi 名 泛指皇帝的妾。也说妃嫔。

蘋（蘋） pín 名 多年生蕨类草本植物，根状茎细长，匍匐在泥水中，叶柄长，顶端有四片小叶。可以做药材。也说田字草、四叶菜。☛“蘋”读 pín 时，用于表示蕨类植物名，类推简化为“𬞟”；读 píng 时，简化为“苹”。

“蘋”另见 1058 页 píng“苹”。

颦（顰）pín 动〈文〉皱眉头 ▷东施效～｜一笑一～。☛ 不读 pìn。

【颦蹙】píncù 动〈文〉皱眉 ▷双眉～｜～无言。

pǐn

品 pǐn ❶ 形〈文〉众多 ▷～事（诸多事项）｜～物（各种东西）。→ ❷ 名（众多的）东西；（各种）物件 ▷物～｜商～。→ ❸ 名 事物的种类 ▷～种｜～类。❹ 名 事物的等级 ▷上～｜～级。⇒ ❺ 名 特指我国封建社会官吏的等级 ▷九～中正｜七～知县。⇒ ❻ 名 德行；品质 ▷～学兼优｜人～｜～行。⇒ ❼ 动 评论好坏；按一定的等级衡量 ▷～头论足｜～评｜～玩。❽ 动 尝；体味 ▷您～一～这道菜｜～味。○ ❾ 动〈文〉吹奏（管乐器，多指箫）▷～箫。○ ❿ 名 姓。

【品茶】pǐnchá ❶ 动 仔细品尝茶的味道；喝茶。❷ 动 特指专业人员评定茶叶的质量和品级。

【品尝】pǐncháng 动 仔细尝（味道）▷这是本店的特色菜，请诸位～。

【品德】pǐndé 名 品行道德 ▷崇高的～。

【品第】pǐndì〈文〉❶ 动 评定等级和次序。❷ 名 评定的等级和次序。

【品读】pǐndú 动 一边阅读一边品味 ▷～诗作。

【品格】pǐngé ❶ 名 人的思想、品行 ▷淳朴善良的～。❷ 名 指文艺作品的质量和格调 ▷这部小说～低下，简直读不下去。

【品红】pǐnhóng 形 形容颜色略浅于大红。

【品级】pǐnjí ❶ 名 古代指官吏的等级。北朝北魏起定为正、从各 9 品，共 18 等。❷ 名 产品、商品的质量等级 ▷高～酒。

【品鉴】pǐnjiàn 动 品评鉴定 ▷～美酒。

【品节】pǐnjié 名 品行节操 ▷～高尚。

【品酒】pǐnjiǔ 动 鉴别评定酒的质量。

【品蓝】pǐnlán 形 形容颜色蓝中带红。

【品类】pǐnlèi 名 品种类型 ▷～不一。

【品绿】pǐnlǜ 形 形容颜色像青竹那样翠绿。

【品貌】pǐnmào 名 品行和相貌 ▷～双全。

【品名】pǐnmíng 名 物品的名称。

【品茗】pǐnmíng 动〈文〉品茶①。

【品目】pǐnmù 名 物品的种类和名目。

【品牌】pǐnpái 名 商品的牌子；特指著名商品的牌子 ▷依法保护国货～｜～效应。

【品评】pǐnpíng 动 辨别优劣，评议高下 ▷～文章。

【品色】pǐnsè 名 品种和花色 ▷～各异。

【品赏】pǐnshǎng 动 品味；欣赏 ▷～诗文。

【品题】pǐntí〈文〉❶ 动 品评（人物、诗文、书画等）并题写文字 ▷这幅画作屡经名人～，很有价值。❷ 名 品题所写下的文字 ▷西湖胜境，古今文人的～随处可见。

【品头论足】pǐntóu-lùnzú 评头论足。

【品脱】pǐntuō 量 容积非法定计量单位，分英制品脱、美制品脱两种。1 英制品脱约等于 0.568升。

【品玩】pǐnwán 动 品评玩赏 ▷～古董。

【品位】pǐnwèi ❶ 名 古代指官阶、位次。❷ 名 指人的格调、眼光或事物的品质、水平 ▷审美～｜高～的服装。❸ 名 矿石中含有所需元素或它的化合物的量（常用百分比表示）。

【品味】pǐnwèi ❶ 动 品尝味道 ▷这道名菜要好好～～。❷ 动 琢磨体会；玩味 ▷～人生。❸ 名 品质和风味 ▷天津小吃～独特。❹ 名 品格、趣味 ▷～优雅｜～低下。

【品系】pǐnxì 名 生物学上指起源于共同祖先，性状特征相当一致的一群个体。

【品相】pǐnxiàng 名 书籍、文物等外观的完美程度；泛指商品的外观 ▷这套邮票的～极佳。

【品行】pǐnxíng 名 能反映道德面貌的行为 ▷～恶劣。☛ 跟“品性”不同。“品行”侧重指人外在的行为表现；“品性”侧重指人内在的本质和修养。

【品性】pǐnxìng 名 人品和性格 ▷～诚实温和。☛ 参见本页“品行”的提示。

【品学兼优】pǐnxué-jiānyōu 品德和学业都优秀。

【品议】pǐnyì 动 品评。

【品藻】pǐnzǎo 动〈文〉品评；评论 ▷～言行｜～旧籍。

【品质】pǐnzhì ❶ 名 人在社会实践中表现出来的思想、认识、人品等的本质 ▷～高尚。❷ 名 产品的质量 ▷～优良的毛织品。

【品种】pǐnzhǒng ❶ 名 经过人工选择和培育而形成的具有共同遗传特征的一群生物体（多指作物、牲畜、家禽等）▷培育优良～。❷ 名 泛指物品的种类 ▷～繁多，花色齐全。

榀 pǐn 量 用于计量屋架。一副屋架叫一榀。

pìn

牝 pìn 区别 禽兽中雌性的；泛指雌性的（跟“牡”相对）▷～马｜～牛。

【牝鸡司晨】pìnjī-sīchén 母鸡报晓。比喻反常现象。封建礼教把妇女当政叫牝鸡司晨。

【牝牡】pìnmǔ 名 禽兽的雌性和雄性；也指男性和

女性。

聘 pìn ❶ 动〈文〉访问;特指天子与诸侯或诸侯之间派遣使者访问(一般携带礼物) ▷～问|～使往来。→ ❷ 动 古代指用礼物延请贤者;现代指请人担任某个职务或参加某项工作 ▷～名士,礼贤者|～他为总经理|应～。→ ❸ 动 订婚 ▷～礼。❹ 动 女子出嫁 ▷～闺女|出～。☛ ㊀统读 pìn,不读 pìng。㊁右下是"丂",末笔上端不出头。㊂跟"骋(chěng)"形、音、义都不同。

【聘金】pìnjīn ❶ 名 旧俗订婚时男方送给女方的礼金。❷ 名 付给受聘人员的酬金。

【聘礼】pìnlǐ ❶ 名 彩礼。❷ 名 聘请某人时为表示敬意而赠送的礼物。

【聘期】pìnqī 名 聘用的期限 ▷教员的～为三年。

【聘请】pìnqǐng 动 请人承担某种工作 ▷～老张做顾问。

【聘任】pìnrèn 动 聘请某人担任(一定职务) ▷他被～为校长|～制。

【聘书】pìnshū 名 聘请人员任职的证书。

【聘用】pìnyòng 动 招聘录用 ▷～专业技术人员|被～的人都要签订～合同。

【聘约】pìnyuē 名 聘用人的合约。

pīng

乒 pīng ❶ 拟声 模拟打枪、东西碰撞等的声音 ▷枪声～～地响了一夜|窗户被风吹得～～作响。→ ❷ 名 指乒乓球① ▷～坛老将|世～赛。☛ 统读 pīng,不读 bīng。

【乒乓】pīngpāng ❶ 拟声 模拟爆炸、撞击或拍打等的声音 ▷锅碗瓢盆～乱响。❷ 名 指乒乓球① ▷～健儿。

【乒乓球】pīngpāngqiú ❶ 名 球类运动项目,在长方形球台中央支上球网,双方站在球台两端,用球拍往来击球,以落在对方台面上为有效。分单打和双打两种。❷ 名 乒乓球运动使用的球,用赛璐珞制成。

俜 pīng 见873 页"伶(líng)俜"。

泙 pīng 形〈文〉形容水流动的样子。

娉 pīng [娉婷] pīngtíng 形〈文〉(女子)姿态美好 ▷婀娜～。

píng

平 píng ❶ 形 表面没有高低凹凸;不倾斜 ▷桌面很～|～坦|～放。→ ❷ 动 使平;平整 ▷～麦地|～操场。→ ❸ 形 高低相等或不相上下 ▷河水快跟河堤一样～了|～辈。❹ 形 均等;公正 ▷公～|～分。❺ 动 使公平合理;改正 ▷～反昭雪。→ ❻ 形 安定 ▷风～浪静|～安。❼ 动 使安定;抑制 ▷先～～气再慢慢想办法。❽ 动 用武力镇压 ▷～乱|～叛。→ ❾ 形 一般的;经常的 ▷～民|～常。→ ❿ 名 平声 ▷～上去入|阴～|阳～。○ ⓫ 名 姓。

【平安】píng'ān 形 平和安宁;没发生事故 ▷祝你～|～到家。☛ 参见 7 页"安全"的提示。

【平安夜】píng'ānyè 名 圣诞节的前一天夜晚。那夜所唱的圣诞歌中,最有名的是奥地利人摩尔于 1818 年 12 月 24 日创作的《平安夜》,因此称圣诞节的前夜为平安夜。

【平白】píngbái ❶ 形 (语言文字等)浅易明白 ▷文字～易懂。❷ 副 毫无缘由地 ▷～受辱。

【平白无故】píngbái-wúgù 无缘无故 ▷不能～地撤掉人家的职务呀!

【平板】píngbǎn ❶ 名 平整的板子 ▷支起一块～当办公桌。❷ 形 平淡呆板;缺少曲折变化 ▷叙述过于～,不能引人入胜。

【平板车】píngbǎnchē ❶ 名 不设车厢的大型运货卡车,用大的平板载货。❷ 名 载货部位是平板的人力三轮车。也说平板三轮。

【平板电脑】píngbǎn diànnǎo 平板计算机的通称。

【平板计算机】píngbǎn jìsuànjī 一种便携式电子计算机,能通过触摸屏上的软键盘或内置的手写识别系统、语音识别系统等进行操作。因外形像一块平板,故称。通称平板电脑。

【平辈】píngbèi 名 相同的辈分 ▷我和他是～。

【平步青云】píngbù-qīngyún 比喻轻易而快速地升到很高的地位。也说平地青云。

【平仓】píngcāng 动 指投资者为保持仓位不变而对有价证券、期货先买后卖或先卖后买 ▷把握最佳时机～。

【平槽】píngcáo ❶ 动 江河湖泊的水位涨到跟岸相平 ▷河水已经～了。❷ 动 货车上所装东西的高度跟车厢相平 ▷渣土必须～装运,不得超高。

【平产】píngchǎn ❶ 动 与比较的对象相比,产量基本相当 ▷同去年相比,今年粮食保持～。○ ❷ 动 顺产(跟"难产"相区别)。

【平常】píngcháng ❶ 形 普通;不特殊 ▷这种事很～。❷ 名 通常的时候 ▷～他不来。

【平车】píngchē ❶ 名 一种无车顶和四壁的铁路货运车,用来运输大型建筑材料、钢材、机器设备等。❷ 名 载货部位是平板的人力车或畜力车。❸ 名 医院里用来运送病人的车子。车架上面是铺平的帆布,车架下面有可以自由转向的轮子。

【平畴】píngchóu 名〈文〉平坦的田地 ▷～万顷。

【平川】píngchuān 名 平坦宽阔的地方 ▷～沃野|山下面是一马～。

【平淡】píngdàn 形 平平常常，淡而无味 ▷他的话很～|情节～。

【平淡无奇】píngdàn-wúqí 平平常常，没有奇特的地方。

【平等】píngděng 形 指人们在权利、地位等方面是同等的 ▷在法律面前人人～|男女～。

【平籴】píngdí 动 旧指官府在丰年按平价购进粮食，以备荒年出售。

【平地】píngdì ❶ 名 平坦的土地 ▷夷为～。❷ 动 平整土地 ▷你俩搬石头，我俩～。❸ 形 突然 ▷～风波|～一声春雷。

【平地风波】píngdì-fēngbō 比喻突然发生变故或事端；也比喻突然发生的变故或事端。

【平地楼台】píngdì-lóutái 平地上建起的楼台。比喻白手起家成就的事业。

【平地一声雷】píngdì yī shēng léi 比喻突然发生令人振奋的大事。

【平调】píngdiào ❶ 动 同级别的工作调动 ▷他由乡长～到县里当局长。○ ❷ 名 发音时音高基本不变的声调。可分为高平调、中平调、低平调等。如普通话中的阴平即为高平调。❸ 名 地方戏曲剧种，流行于河北邯郸等地。

【平定】píngdìng ❶ 形 平静稳定 ▷时局～。❷ 动 使平静稳定 ▷～他的情绪。❸ 动 用武力平息(叛乱等) ▷～天下|～叛乱。

【平凡】píngfán 形 普通；平常 ▷～的事业。

【平反】píngfǎn 动 纠正过去错误的判决或政治结论 ▷凡是冤、假、错案一律都要～。

【平方】píngfāng ❶ 名 一个数同自身的乘积是这个数的平方。如4就是2的平方。❷ 量 平方米的简称 ▷卧室的面积是15～。

【平方根】píngfānggēn 名 对一个数进行开平方运算所得的数。如9的平方根是3和-3。在实数范围内，负数没有平方根。

【平方公里】píngfāng gōnglǐ 平方千米。

【平方厘米】píngfāng límǐ 面积法定计量单位，1平方厘米等于0.0001平方米，合0.09平方市寸。

【平方米】píngfāngmǐ 量 面积法定计量单位，1平方米等于10,000平方厘米，合9平方市尺。简称平米、平方。

【平方千米】píngfāng qiānmǐ 面积法定计量单位，1平方千米等于1,000,000平方米，合100公顷。也说平方公里。

【平房】píngfáng 名 只有一层的房子 ▷他家住～，我们住楼房。

【平分】píngfēn 动 平均分配 ▷这笔钱不该～。

【平分秋色】píngfēn-qiūsè 宋·李朴《中秋》："平分秋色一轮满，长伴云衢千里明。"(云衢：云中的大路)意思是中秋这天的满月平分了秋天的景色。后用"平分秋色"比喻利益、好处等双方各得一半；也比喻双方成为平手，不分上下。

【平服】píngfú ❶ 动 (心情)平定服帖 ▷情绪逐渐～下来。❷ 动 服气 ▷事实让人～。

【平复】píngfù ❶ 动 回复平静 ▷风波渐渐～。❷ 动 康复；痊愈 ▷心灵的创伤还没有～。

【平光】píngguāng 区别 屈光度是零的 ▷～镜|～玻璃。

【平和】pínghé ❶ 形 (性情等)温和 ▷～的性格|待人～。❷ 形 (药物)作用和缓 ▷药性～。❸ 形 平静、缓和 ▷心态～。❹ 动 使平静、缓和 ▷～一下心态。

【平衡】pínghéng ❶ 形 衡器两端承受的重量相等；引申为一个整体的各部分或对应的各方面在质量或程度上均等或大致均等 ▷保持～|收支～。❷ 动 使各方面保持均等或大致均等 ▷运用市场机制～产业布局。❸ 形 作用于物体的几个力互相抵消，物体处于相对静止状态 ▷走钢丝一定要保持～。❹ 名 哲学上指矛盾暂时的、相对的统一。

【平衡木】pínghéngmù ❶ 名 体操器械。一根两端用支柱固定的长方木，长5米，宽10厘米，距地面高1.2米。❷ 名 女子竞技体操项目，运动员在平衡木上做转体、平衡、跳跃、翻腾、倒立等动作。

【平滑】pínghuá 形 平展光滑 ▷炉膛清洁～。

【平滑肌】pínghuájī 名 由长梭形细胞组成的肌肉，平滑，没有横纹。分布于内脏各器官，能进行缓慢而有规律的收缩运动，不受人的意志支配。也说不随意肌。

【平话】pínghuà 名 我国古代民间流行的口头文学形式。有说有唱，内容多为历史或小说故事，盛行于宋代。如《三国志平话》。

【平缓】pínghuǎn ❶ 形 (地势)较平坦，倾斜程度小 ▷地势～。❷ 形 (速度等)平稳缓慢 ▷流速～。❸ 形 (心情、语气等)平静和缓 ▷语气～。

【平假名】píngjiǎmíng 名 日本文字的草书字母。如あ、い、う、え、お。

【平价】píngjià ❶ 动 平抑物价。❷ 名 商品的正常价格或国家规定的价格 ▷～出售。

【平交】píngjiāo ❶ 动 平辈间的交往；平等地交往 ▷咱们是～，没有长幼尊卑之别。❷ 动 在同一平面上交叉 ▷～公路口容易造成交通拥堵。

【平角】píngjiǎo 名 两边为方向相反的两条射线的角，即180°的角。

【平静】píngjìng 形 (心情、环境等)平和安静 ▷心情～|局势～。☛参见7页"安静"的提示。

【平局】píngjú 名 (下棋、赛球等中出现的)不分胜负的局面;和局 ▷双方战成～。

【平均】píngjūn ❶ 动 将总数按等份均匀计算 ▷5个人共花掉50元,～每人10元。❷ 形 各部分在数量或重量等方面完全一样 ▷～分配。

【平均海平面】píngjūn hǎipíngmiàn 经长期观测海水水位而确定的海水平面的平均位置。是测量陆上高度和水下深度的起点。简称海平面。

【平均数】píngjūnshù 名 几个数相加所得的和除以相加数的个数所得的商。如:(2+4+6)÷3=4, 4就是2、4、6的平均数。也说平均值。

【平均主义】píngjūn zhǔyì 主张消灭一切差别,要求在工作条件、生活条件、劳动报酬等方面完全一样的思想。

【平空】píngkōng 现在规范词形写作"凭空"。

【平列】píngliè 动 不分主次,平等地排列 ▷不能把这些问题～起来看待。

【平流层】píngliúcéng 名 大气层中从对流层顶部到离地面约50千米的一层。层内温度通常随高度增加而递增,底部温度变化不大。臭氧多集中在这一层。层内水汽和尘埃等很少,空气较为稳定,以水平运动为主,能见度好,适合高空飞行。

【平炉】pínglú 名 一种炼钢炉,炉体用耐火材料砌成,炉底平浅。也说马丁炉。

【平乱】píngluàn 动 平定叛乱、暴乱。

【平米】píngmǐ 量 平方米的简称。

【平面】píngmiàn 名 几何学上指在一个面内任取两点连成直线,如果这条直线上的所有点都在这个面上,这个面就是平面。

【平面几何】píngmiàn jǐhé 几何学的一个分支,研究平面图形性质的学科。

【平面交叉】píngmiàn jiāochā 两条或两条以上的道路在同一平面上交叉,常见的有十字形交叉、丁字形交叉、环形交叉等。平面交叉的道路,路口较多,因此高速公路不得采用。

【平面镜】píngmiànjìng 名 表面是平面的镜子。平面镜所成的像是直立的虚像,和物体大小相同,与镜面的距离相等,左右方向相反。日常生活中用的镜子就是平面镜。

【平面媒体】píngmiàn méitǐ 指报纸、杂志等以纸张为载体进行信息传播的传统媒体(跟"立体媒体"相区别)。

【平面图】píngmiàntú ❶ 名 把地球表面上一小块地区当作平面所绘制的正射投影地图。只表示地物平面位置,不表示其高程。❷ 名 立体物在平面上的投影所形成的图形。❸ 名 泛指在平面上标示某区域内各种物体、设施等分布的图。如交通图等。

【平民】píngmín 名 指普通百姓。

【平明】píngmíng 名〈文〉天亮的时候。

【平年】píngnián ❶ 名 公历没有闰日(即2月只有28天)或农历没有闰月(即1年只有12个月)的年份。❷ 名 农业收成一般的年份(跟"丰年""歉年"相区别)。

【平叛】píngpàn 动 平定叛乱。

【平平】píngpíng 形 不好不坏;很一般 ▷～之作|相貌～。

【平平当当】píngpíngdāngdāng 形容事情进行得很顺利。

【平铺直叙】píngpū-zhíxù 叙述一件事不讲究修饰,没有起伏变化,只是直接简单地表达出来。

【平起平坐】píngqǐ-píngzuò 比喻处于相同的地位,分享同等的权力。

【平权】píngquán 动 享有平等的权利 ▷社会公正,男女～。

【平日】píngrì 名 平常的日子 ▷～难得逛街。

【平绒】píngróng 名 表面有平整而短密的绒毛的棉织物或混纺织物。厚实柔软,适于做服装、鞋帽及舞台帘幕等。

【平射炮】píngshèpào 名 初速大、弹道低伸、射程远的一类火炮,如加农炮、反坦克炮。

【平身】píngshēn 动 旧指行跪拜礼后起立站直。

【平生】píngshēng ❶ 名 平素 ▷他～洁身自好。❷ 名 一生;有生以来 ▷回首～无愧事。

【平声】píngshēng ❶ 名 古汉语四声中的第一声(跟"仄声"相区别)。❷ 名 普通话四声中的阴平(第一声)和阳平(第二声)。

【平时】píngshí ❶ 名 平常② ▷～他不缺勤。❷ 名 平常时期 ▷～跟战时一样训练。

【平实】píngshí 形 朴实自然 ▷语言～可信。

【平视】píngshì 动 顺着水平方向向前看 ▷～前方。

【平手】píngshǒu 名 比赛中不分胜负的局面 ▷两队打了个～。

【平顺】píngshùn 形 平稳顺畅;平安顺利 ▷经营～|诸事～。

【平素】píngsù 名 平时;向来 ▷他～谦虚谨慎。

【平台】píngtái ❶ 名 晒台。❷ 名 为便于生产和施工而设置的平面工作台。有的可移动或升降。❸ 名 电子计算机中由基本的软件和硬件构成的系统。这样的系统可以支持应用程序的运行和应用软件的开发。❹ 名 比喻相同的水准、等级 ▷基本工资在同一～上。❺ 名 比喻为某事提供支持和保障的领域、机遇、环境、空间等 ▷企业要为人才提供发展的～。

【平摊】píngtān 动 平均分摊 ▷费用由商户～。

【平坦】píngtǎn 形（道路、地势等）没有高低起伏 ▷地势～|前进的道路是不～的。

【平添】píngtiān ❶ 动 平白无故地增添 ▷～了几分紧张气氛。❷ 动 自然而然地增添 ▷年龄大了，～了白发。☛ "平"不要误写作"凭"。

【平粜】píngtiào 动 旧指荒年市场粮价上涨，官府把官仓储存的粮食平价卖出。

【平头】píngtóu 名 男子的一种发式，脑后和两鬓的头发全剪掉，头顶的头发剪得短而平。

【平头百姓】píngtóu bǎixìng 指没有担任官职的普通老百姓。

【平头正脸】píngtóu-zhèngliǎn 形容相貌端正。

【平妥】píngtuǒ 形 平稳妥当 ▷运作十分～。

【平纹】píngwén 名 指单根经纱和单根纬纱一上一下交互织成的直向纹路 ▷～布。

【平稳】píngwěn ❶ 形（物体）平而稳，不晃动 ▷把椅子放～了|高铁运行～。❷ 形 没有波动或危险而平安稳定 ▷局势～|病情～|社会需求～增长。

【平西】píngxī 动（太阳）到西方天边，将要落下去 ▷太阳～，天要黑了。

【平息】píngxī ❶ 动 停息 ▷风渐渐～了。❷ 动 使停息 ▷～怒火|～内乱。

【平心而论】píngxīn'érlùn 以平和的心态公允地评论（多用作插入语）▷他的话虽然尖刻，但～，也不无道理。☛ "平"不要误写作"凭"。

【平心静气】píngxīn-jìngqì 心情平和，态度沉静。形容不发脾气或没有偏激情绪。

【平信】píngxìn 名 不挂号、不用快递的普通信件。

【平行】píngxíng ❶ 动 同一平面内的两条直线永不相交，称这两条直线互相平行；两个平面或一条直线与一个平面永不相交，也称为互相平行。❷ 形 同时发生的 ▷多种经济成分～发展。❸ 形 等级相同、互不隶属的 ▷县级市和县是～的|～单位。❹ 动（公文）发向平级 ▷该文件～于 10 个部委。

【平行四边形】píngxíng sìbiānxíng 两组对边分别平行的四边形。

【平行线】píngxíngxiàn 名 同一平面内永不相交的两条直线。

【平行作业】píngxíng zuòyè 两个以上的工种在相互配合、相互制约中同时工作。

【平胸】píngxiōng ❶ 名 指走禽扁平、无龙骨凸起的胸部。❷ 名 指女性不太丰满、不大隆起的胸部。❸ 动 用手术、药物调理等方法使女性的乳房变得扁平。

【平野】píngyě 名 广阔平坦的原野 ▷～上点点篝火映照着夜空。

【平移】píngyí 动 水平移动 ▷小木屋整体～。

【平议】píngyì ❶ 动 公平地论断（是非曲直）▷～国事。❷ 见 1058 页"评议"。现在一般写作"评议"。

【平抑】píngyì 动 抑制使平稳 ▷～粮价。

【平易】píngyì ❶ 形 态度谦逊和蔼，易于相处 ▷待人～。❷ 形 浅显易懂 ▷语言～。

【平易近人】píngyì-jìnrén 态度谦和可亲，使人容易接近。

【平庸】píngyōng 形 平凡，没有突出之处 ▷～无奇|平平庸庸地度过了大半生。

【平鱼】píngyú 名 鲳。

【平原】píngyuán 名 海拔较低，平坦宽广的陆地 ▷华北～|冲积～。

【平月】píngyuè 名 公历平年的 2 月（28 天）。

【平允】píngyǔn 形 公允；公平 ▷持论～。

【平仄】píngzè 名 古汉语声调中平声和仄声的合称；也指由平仄调（tiáo）配构成的诗文韵律。

【平展】píngzhǎn 形 平整舒展 ▷～的水田。

【平账】píngzhàng 动 使账面上收支平衡。☛ 不要写作"平帐"。

【平整】píngzhěng ❶ 形 平正整齐 ▷～的草坪|衣服熨得很～。❷ 动 使平整 ▷～土地。

【平正】píngzheng 形 整齐而不歪斜 ▷军营里被褥叠放得非常～。

【平直】píngzhí ❶ 形 又平又直 ▷～的高速公路。○ ❷ 形〈文〉（文章）平易质朴。

【平装】píngzhuāng 区别 书籍装订用单层纸做封面、书脊不成弧形的（跟"精装"相对）▷～书|～本。

【平足】píngzú 名 扁平足。

冯（馮） píng ❶ 动〈文〉不用船而徒步过河 ▷暴虎～河。○ ❷古同"凭"①②。

另见 414 页 féng。

评（評） píng ❶ 动 议论或判定（人或事物的优劣、是非等）▷你给～一～理|～论|～语|批～。→ ❷ 名 评论的话或文章 ▷得到群众的好～|短～|书～。○ ❸ 名 姓。

【评比】píngbǐ 动 通过评判、比较，分出高低优劣 ▷年终～。

【评标】píngbiāo 动 对投标者的资信和标书进行评议，以确定其是否能够中标。

【评点】píngdiǎn ❶ 动 在书眉或行间写下评语，在精彩的字句旁加上圈、点 ▷～《二十四史》。❷ 动 评论指点 ▷～人物。

【评定】píngdìng 动 通过审核、讨论来裁定 ▷～成绩|职称～。

【评断】píngduàn 动 评判裁断 ▷～优劣。

【评分】píngfēn ❶ 动 根据成绩评定分数 ▷请评委～。❷ 名 评定的分数 ▷得了最高的～。

【评改】pínggǎi 动 评点修改(文章等) ▷～设计方案。

【评干】pínggàn 动 (群众)评议干部 ▷民主～。

【评功】pínggōng 动 评定功绩 ▷～授奖。

【评功摆好】pínggōng-bǎihǎo 评论功绩,摆出优点(使用中有贬义,指帮人说好话)。

【评估】pínggū 动 (对质量、水平、成绩等)进行评议估价 ▷对教育质量进行～。

【评话】pínghuà ❶ 见1055 页"平话"。现在一般写作"平话"。❷ 名 一种曲艺,由一个人用方言讲说故事,只说不唱。如扬州评话、苏州评话等。

【评级】píngjí 动 评定级别。

【评价】píngjià ❶ 动 评定事物的价值 ▷重新～这件事。❷ 名 经过评定所得的结论 ▷他见义勇为,获得很高的～。

【评讲】píngjiǎng 动 评论并讲解。

【评奖】píngjiǎng 动 评出获奖的人或单位等 ▷对本届展演剧目进行～|公布～结果。

【评介】píngjiè 动 评论并介绍 ▷客观地～作品。

【评剧】píngjù 名 地方戏曲剧种,流行于华北、东北等地。20 世纪初在曲艺莲花落(lào)的基础上,吸收二人转、河北梆子等的唱腔发展而成。早期叫蹦蹦儿戏。也说评戏。

【评卷】píngjuàn 动 评阅试卷。

【评理】pínglǐ 动 评断是非 ▷请大家～|请您老给评个理。

【评论】pínglùn ❶ 动 评说和议论 ▷～得失。❷ 名 评论性的文章或言论 ▷发表～。

【评论员】pínglùnyuán 名 为新闻媒体写评论文章的人,常用作报刊评论性文章的署名 ▷本报发表～文章。

【评模】píngmó 动 评选模范。

【评判】píngpàn 动 评定判断(是非、胜负、优劣等) ▷政绩如何,要靠群众～|～得失。

【评聘】píngpìn 动 (对专业技术人员)评定职称并聘任承担相应的职务。

【评审】píngshěn ❶ 动 评议和审查 ▷职称～。❷ 名 担任评审工作的人。

【评书】píngshū 名 一种曲艺,由一位演员表演,只说不唱。常以折扇、醒木为道具,以渲染气氛。内容多为长篇故事。

【评述】píngshù 动 评论并叙述 ▷～国际大事|对本场比赛即兴～。

【评说】píngshuō 动 评论 ▷不可妄加～。

【评弹】píngtán 名 一种曲艺,由苏州评话和苏州弹词结合而成。有说有唱,多由两人搭档表演。

【评头论足】píngtóu-lùnzú 本指对女性的容貌体态说长道短。现泛指对人对事说长道短,在小节上责难挑剔。也说评头品足、品头论足。

【评委】píngwěi 名 评审委员的简称。

【评委会】píngwěihuì 名 评审委员会的简称。

【评析】píngxī 动 评论并分析 ▷～案例|对作品进行深入～。

【评选】píngxuǎn 动 评比并选拔 ▷～标兵。

【评议】píngyì 动 经过讨论进行评定 ▷～干部。

【评优】píngyōu 动 评选优秀的人或物。

【评语】píngyǔ 名 评论性的话 ▷给学生写～。

【评阅】píngyuè 动 审阅评判(文章、试卷等)。

【评注】píngzhù 动 评论并注释 ▷～《史记》。

【评传】píngzhuàn 名 一种传记,在记叙人物生平事迹的同时加以评论。

坪 píng ❶ 名 山区或丘陵地区的局部平地(多用于地名) ▷王家～(在陕西)|七里～(在湖北)。→ ❷ 名 平坦的场地 ▷晒谷～|草～|停机～。❸ 量 某些地区用作土地或房屋面积单位。1坪约合 3.3 平方米。

【坪坝】píngbà 名 山区或丘陵中的平坦地带(多用于地名) ▷沙～|茅～(均在重庆)。

苹(蘋) píng 见下。☛"苹"是"萍"的本字,又用作"蘋(píng)"的简化字。"蘋"另见 1052 页 pín"蘋"。

【苹果】píngguǒ 名 落叶乔木,叶子椭圆形。花白色带有红晕。果实也叫苹果,圆形,味甜,是常见水果。

【苹果绿】píngguǒlǜ 形 形容像青苹果一样浅绿。

凭(憑*凴) píng ❶ 动 (身子)倚着;靠着 ▷～栏远望|～几(jī)。→ ❷ 动 依赖;倚仗 ▷找工作要～实力|～借。⇒ ❸ 介 引进动作行为的依据,当"凭"后的名词短语较长时,"凭"后可以加"着" ▷～本事吃饭|～着多年的经验。❹ 连 〈口〉连接条件复句,表示无条件,相当于"任凭""不论" ▷～你使多少钱,也买不动他。⇒ ❺ 名 证据 ▷不足为～|真～实据|文～。○ ❻ 名 姓。

【凭白无故】píngbái-wúgù 现在一般写作"平白无故"。

【凭单】píngdān 名 用作凭证的票据。

【凭吊】píngdiào 动 面对坟墓、遗迹或纪念物等缅怀先人或往事 ▷～革命先烈。

【凭借】píngjiè ❶ 动 依靠;倚仗 ▷要取胜,必须～实力。❷ 介 引进动作行为的依据 ▷～几十年的经验,我一定能做好这件事。

【凭据】píngjù 名 可以作为证据的事物 ▷说话要有～。

【凭靠】píngkào 动 依靠 ▷～品牌打天下。

【凭空】píngkōng 副 毫无根据地 ▷信心不是～而来的｜～编造。☛ 不要写作"平空"。

【凭栏】pínglán 动 倚着栏杆 ▷～俯瞰。

【凭恃】píngshì 动 凭借；仗恃 ▷～人才优势。

【凭眺】píngtiào 动 在高处远望 ▷登上山顶，～海上日出。

【凭险】píngxiǎn 动 凭借险要的地形地势 ▷～固守｜依山～。

【凭信】píngxìn ❶ 动 信任；相信 ▷传言不足～。❷ 名 凭证 ▷发票就是消费～。

【凭依】píngyī 动 依托；依靠 ▷～法理。

【凭仗】píngzhàng 动 凭借；依仗 ▷～质优取胜。

【凭照】píngzhào 名 凭证或执照。

【凭证】píngzhèng 名 凭据；证据 ▷报销～｜未经查实的口供不能作为定罪～。

泙 píng ❶ 名〈文〉谷[1]①。○ ❷ 名 姓。
另见 1036 页 pēng。

玶 píng 名〈文〉一种玉。

苹 píng 名〈文〉马蔺。

枰 píng 名〈文〉棋局；棋盘 ▷对～｜棋～。

帡 píng 名〈文〉帷幕 ▷～幪。

【帡幪】píngméng〈文〉❶ 名 帐幕。❷ 动 覆盖；庇护。

洴 píng [洴澼] píngpì 动〈文〉漂洗（丝绵）。

屏 píng ❶ 名 大门外或大门内对着大门起遮挡作用的墙。→ ❷ 名 屏风 ▷画～｜围～。❸ 名 形状像屏风一样的东西 ▷孔雀开～｜荧光～｜～幕。❹ 名 屏条 ▷四扇～｜条～。
另见 95 页 bǐng。

【屏蔽】píngbì ❶ 动 像屏风一样遮挡着 ▷阴山山脉～着北来的风寒。❷ 动 使用特制的装置隔离静电或电磁干扰 ▷利用防护服～静电。❸ 动 采用技术手段隔断信息传递 ▷～手机信号。❹ 名 屏障①；也指能隔离静电或电磁干扰的装置 ▷以群山为～｜双层～的隔离效果比较好。

【屏蔽门】píngbìmén 名 设在轨道交通站台边缘屏蔽墙上的滑动门，由计算机控制，列车到站后自动打开，供乘客上下，列车开动前自动关上。

【屏蔽墙】píngbìqiáng 名 设在轨道交通站台边缘的玻璃墙体，将行车区与候车区隔开，用来保证乘客安全。屏蔽墙上设有屏蔽门。

【屏藩】píngfān〈文〉❶ 名 屏风和藩篱；比喻四周的疆土或卫国的重臣。❷ 动 保卫；捍卫。‖也说藩屏。

【屏风】píngfēng 名 室内用来挡风或遮蔽视线的器具。形制较多，一般分为单扇的和多扇相连而可以折叠的两种。

【屏幕】píngmù 名 显像管的显像部分，里面涂有荧光粉，受电子撞击时显示图像；泛指供投射或显示文字、图像的幕状装置。

【屏条】píngtiáo 名 成组的条幅。一般为四幅或八幅（跟"单条"相区别）。

【屏障】píngzhàng ❶ 名 像屏风一样起遮蔽作用的东西 ▷天然～◇心理～。❷ 动〈文〉屏蔽① ▷～京都。☛ 参见 1739 页"障碍"的提示。

瓶（*缾） píng 名 瓶子 ▷花～｜醋～｜酒～｜～～罐罐。

【瓶胆】píngdǎn 名 保温瓶的内胆。由双层玻璃制成，中间抽成真空，可在较长时间内保持瓶内温度。

【瓶盖】pínggài 名 盖在瓶口上的东西。多由金属或塑料等制成。

【瓶颈】píngjǐng ❶ 名 瓶口下面一段较细的部位。❷ 名 比喻阻碍事物发展的重要环节 ▷交通不便是制约山区经济发展的～。

【瓶瓶罐罐】píngpíngguànguàn 各种瓶子和罐子；泛指各种日用器皿。

【瓶塞】píngsāi 名 由软木或塑料制成的堵紧瓶口的塞子。

【瓶装】píngzhuāng 区别（产品）用瓶子装的 ▷～果汁儿。

【瓶子】píngzi 名 用陶瓷、玻璃、塑料等制成的有颈的容器，多呈圆柱形 ▷酒～｜罐头～。

萍 píng ❶ 名 浮萍 ▷～水相逢。○ ❷ 名 姓。

【萍水相逢】píngshuǐ-xiāngféng 浮萍随水漂流，偶尔聚到一起。比喻素不相识的人偶然相遇。

【萍踪】píngzōng 名 像浮萍一样漂泊不定的行踪。

蛢 píng 名〈文〉米中的小黑虫。

淜 píng ❶ 动〈文〉蹚水过河。○ ❷ 拟声 模拟风吹或水撞击物体的声音 ▷～的一声，雪白的水花向着空中四射。
另见 1037 页 péng。

鲆（鮃） píng 名 鱼，比目鱼的一类。体侧扁，呈片状，两眼都在左侧，左侧暗灰色，右侧白色。分布于热带和温带海洋。肝可制鱼肝油。

pō

朴 pō [朴刀] pōdāo 名 古代一种兵器,刀身狭长,刀柄略短于刀身。

另见 1049 页 piáo;1061 页 pò;1066 页 pǔ。

钋(釙) pō 名 金属元素,符号 Po。银白色,有放射性,在暗处能发光。与铍混合可制备中子源,用于科研和地质勘探。

陂 pō [陂陀] pōtuó 形〈文〉倾斜不平 ▷山路～起伏。

另见 53 页 bēi;1042 页 pí。

坡 pō ❶ 名 倾斜的地势 ▷黄土～|山～|高～。→ ❷ 动 倾斜 ▷把木板～着放。

【坡道】 pōdào 名 有斜坡的路段。

【坡地】 pōdì 名 山坡上的田地。也说坡田。

【坡度】 pōdù 名 斜坡从起点到终点的高度差与其水平距离的比值。如从起点到终点的高度差是 1 米,水平距离是 100 米,坡度就是0.01。

【坡跟】 pōgēn 名 前低后高呈斜坡状的鞋底。

泊 pō 名 湖 ▷湖～|水～◇倒在血～中。

另见 101 页 bó。

泼¹(潑) pō 动 把液体用力向外倒出或洒开 ▷～点儿水◇瓢～大雨。

泼²(潑) pō 形 蛮横;凶悍 ▷撒～|～妇。

【泼妇】 pōfù 名 泼辣不讲理的妇女。

【泼辣】 pōla ❶ 形 蛮横凶悍 ▷她是个很～的女人,没人敢惹。❷ 形 有魄力,有胆量 ▷她做事很～。

【泼冷水】 pōlěngshuǐ 比喻打击、限制人的积极性或让人清醒。也说浇冷水。

【泼墨】 pōmò ❶ 动 用墨作画或写字 ▷～疾书|奋笔～。❷ 名 中国画的一种技法,依创作构想将墨汁大片地泼洒在纸上或绢上,然后画出物体形象;也指用笔豪放、气势如泼的画法。

【泼皮】 pōpí 名 流氓;无赖。

【泼洒】 pōsǎ 动 把液体泼出使散开。

【泼水节】 pōshuǐjié 名 我国傣族和其他一些民族的新年节日。时间在傣历 6—7 月(清明节后 10 日左右),是一年中最盛大的传统节日。节日期间,人们穿上盛装,互相泼水祝福,并举行拜佛、赛龙舟、文艺演出、物资交流等活动。

【泼脏水】 pōzāngshuǐ 比喻将恶名强加于人,故意诽谤。

钹(鏺) pō ❶ 名 古代一种两边有刃的长柄除草农具。→ ❷ 动〈文〉除草 ▷春～草棘。

颇(頗) pō ❶ 形 偏;不正 ▷偏～。→ ❷ 副 表示程度深,相当于"很" ▷心里～不宁静|～有同感。☛ 统读 pō,不读 pǒ。

酦(醱) pō 动〈文〉再酿(酒) ▷～醅(重新酿制未加过滤的酒)。

另见 372 页 fā。

pó

婆 pó ❶ 名 老年妇女 ▷老太～|老～～。→ ❷ 名 丈夫的母亲 ▷～家|公～。→ ❸ 名 某些地区指祖母或亲属中跟祖母同辈的妇女 ▷外～|姑～。→ ❹ 名 旧指从事某些职业的妇女 ▷媒～|巫～。

【婆家】 pójia 名 丈夫父母的家(跟"娘家"相区别)。

【婆罗门教】 póluóménjiào 名 印度古代宗教,因崇拜婆罗贺摩,故称。公元八九世纪间,经改革更名为印度教(婆罗门:梵语 Brāhmaṇa 音译)。

【婆母】 pómǔ 名 丈夫的母亲。

【婆娘】 póniáng 名 某些地区指妻子;泛指已婚妇女。

【婆婆】 pópo ❶ 名 婆母。❷ 名 比喻上级领导部门或领导人。

【婆婆妈妈】 pópomāmā 形 形容说话絮叨或办事不干脆;也形容情感脆弱。

【婆婆嘴】 pópozuǐ 名 像老太婆一样说话絮叨的嘴;借指说话絮叨的人 ▷他那张～,说开了头就没有结尾|他真是个～,说起话来没完没了。

【婆娑】 pósuō〈文〉❶ 形 形容盘旋舞动的样子 ▷舞姿～|～摇曳。❷ 形 形容枝叶疏密有致的样子 ▷绿影～,花团锦簇。❸ 形 形容流泪的样子 ▷为情所伤,泪眼～。

【婆媳】 póxí 名 婆婆和儿媳妇。

【婆姨】 póyí 名 某些地区指妻子;泛指已婚妇女。

【婆子】 pózi 名 婆①(多含贬义)。

鄱 pó [鄱阳] póyáng 名 湖名,又地名,均在江西。

繁(*緐) pó 名 姓。

另见 379 页 fán。

皤 pó〈文〉❶ 形 形容头发白 ▷须发～然。○ ❷ 形 形容肚子大 ▷～腹老翁。

pǒ

叵 pǒ 副 不可 ▷居心～测。☛ 最后一画是竖折(㇗)。

【叵测】 pǒcè 动 不可猜测(用于贬义) ▷心怀～,

诡计多端|居心～。

钷(鉕) pǒ 图 金属元素,符号 Pm。银白色,有放射性,由人工核反应获得。可用作放射线源,也可制作荧光粉及原子电池等。

笸 pǒ [笸箩] pǒluo 图 用竹篾或柳条编成的盛物器具。较浅,多为圆形。

pò

朴 pò 图 朴树,落叶乔木,叶子卵形或椭圆形,早春开黄色小花,果实椭圆形或球形。种类很多,我国常见的有紫弹树、黑弹树。木材可以制作器具,树皮可以造纸。

另见 1049 页 piáo;1060 页 pō;1066 页 pǔ。

【朴硝】 pòxiāo 图 将天然芒硝用热水溶解、过滤、放冷而析出的结晶。可以做药材,也可用来鞣制皮革。也说皮硝。

迫(*廹) pò ❶ 动 接近;逼近 ▷～在眉睫|～近。→ ❷ 动 压制;压服 ▷被～投降|～不得已|压～。→ ❸ 形 急切;急促 ▷～不及待|从容不～|～切。

另见 1023 页 pǎi。

【迫不得已】 pòbùdéyǐ 被迫不得不那样(做)。

【迫不及待】 pòbùjídài 急迫得不能再等待。☛"及"不要误写作"急"。

【迫供】 pògòng 动 逼供。

【迫害】 pòhài 动 打击摧残,伤害 ▷深受～|～致残。☛ 适用对象仅限于人。

【迫和】 pòhé 动 迫使对方讲和。

【迫降】 pòjiàng ❶ 动 飞机等因故障或其他原因不能继续飞行而不得不降落 ▷飞机因燃料用尽而紧急～。❷ 动 强迫正在飞行的飞机在指定机场降落 ▷将来路不明的飞机～在边境军用机场。☛ 跟"迫降(xiáng)"不同。

【迫近】 pòjìn 动 逼近;接近 ▷水位已～警戒线|高考日益～。

【迫令】 pòlìng 动 强令;迫使 ▷～停业整顿|～匪徒缴枪投降。

【迫迁】 pòqiān 动 强制迁移。

【迫切】 pòqiè 形 十分急切;愿望强烈 ▷我～需要这本书|要求十分～。

【迫切性】 pòqièxìng 图 亟待解决的性质 ▷要充分认识治理环境污染的～。

【迫使】 pòshǐ 动 强迫使(做某事) ▷逐步缩小包围圈,～敌人投降。

【迫降】 pòxiáng 动 迫使敌人投降。☛ 跟"迫降(jiàng)"不同。

【迫于】 pòyú 动 受到压力而不得不(做某事) ▷～贫困,他不得不外出打工。

【迫在眉睫】 pòzàiméijié 形容事情临近眼前,非常紧迫。

珀 pò 见 581 页"琥(hǔ)珀"。

破 pò ❶ 动 东西受到损伤而残缺 ▷衣服～了|～碎。→ ❷ 动 使损坏;毁坏 ▷～釜沉舟|～坏。⇒ ❸ 动 打败;攻克 ▷大～来犯之敌|攻～。⇒ ❹ 动 除掉;消除 ▷～旧立新|～除迷信。⇒ ❺ 动 打破(原有的格局、限制、纪录等);不遵守(原有的规定等) ▷～世界纪录|亩产～千斤|～例。⇒ ❻ 动 使(钱财)受到损失;花费 ▷～财|～费。→ ❼ 动 使分裂;劈开 ▷势如～竹|～冰船。❽ 动 把整的换成零的 ▷一百元大票,～不开。→ ❾ 动 揭穿;使现出真相 ▷～案|说～|点～|识～。→ ❿ 形 受过损伤的;破烂的 ▷住两间～房|几件～家具。⓫ 形 指质量低劣的或无关紧要的 ▷这种～电影不值一看|～事一桩。

【破案】 pò'àn 动 侦破案件,查出真相。

【破败】 pòbài ❶ 形 残缺破旧 ▷外观已很～。❷ 动 破落衰败 ▷公司成立不久就～了。

【破壁】 pòbì ❶ 图 残破的墙壁 ▷～残垣(yuán)。❷ 动 破开墙壁;比喻打破现状,有所作为 ▷面壁十年图～。

【破冰】 pòbīng ❶ 动 破开坚冰以保障船只航行 ▷及时～,确保航行|～船。❷ 动 比喻打破僵局 ▷两国长期紧张的关系现已～|这是我厂改革的～之举。

【破冰船】 pòbīngchuán 图 开辟冰区航路的特种船舶。有较大的马力和特制的船头、船身,能冲破或压碎冰层。

【破财】 pòcái 动 财物遭受意外损失 ▷投机取巧,梦想发财却～。

【破产】 pòchǎn ❶ 动 失去全部财产 ▷一场洪水,使他彻底～。❷ 动 法律上指债务人无力偿还债务时,法院根据本人或债权人的申请进行裁决,将债务人全部财产变卖,按比例归还各债权人,不足数额不再偿付 ▷法院裁决这家企业～。❸ 动 比喻某事失败(多含贬义) ▷阴谋～|这个方案～了。

【破钞】 pòchāo 动 客套话,表示感谢别人为自己花费钱财 ▷这顿饭又让你～了。

【破除】 pòchú 动 废除;打破(被尊奉的事物) ▷～陈规陋习|～封建迷信。

【破窗效应】 pòchuāng xiàoyìng 一种社会心理效应。指一扇窗户的玻璃被打破,如果不及时修复,就会有更多的窗户玻璃被打破。说明周围环境对人有心理上的暗示性诱导,发现个别问题若不及时纠正,就会导致更为严重的后果。

【破读】pòdú 名 一个汉字因意义发生变化，读音也相应发生变化时，习惯上把非通常的读音称为破读。如"好"通常作形容词，读 hǎo；引申为动词，表示喜好，改读 hào。hào 这个读音就叫破读。破读的字叫破读字。

【破费】pòfèi 动 花费消耗(钱财等) ▷少要几个菜，别太～了。☛ 参见 585 页"花费(fèi)"的提示。

【破釜沉舟】pòfǔ-chénzhōu《史记·项羽本纪》记载：项羽与秦兵打仗，过河后就命手下士兵砸破锅、凿沉船，表示不留后路，拼死一战。后用"破釜沉舟"借指下定决心，不顾一切干到底。☛ "釜"不要误写作"斧"。

【破格】pògé 动 突破原定规格的约束 ▷～晋升。

【破罐破摔】pòguàn-pòshuāi 比喻犯了错误或遭受挫折后便自暴自弃，向更坏的方向发展。

【破坏】pòhuài ❶ 动 使受到损坏或损害 ▷～道路｜～他人的幸福。❷ 动 变革；清除 ▷～旧世界。❸ 动 不遵守；违反 ▷～规章制度｜～协议。☛ 跟"毁坏"不同。"破坏"的对象既可以是具体事物，也可以是抽象事物；"毁坏"的对象一般是具体事物。

【破坏性】pòhuàixìng 名 能造成严重破坏的性质 ▷小煤窑的无序开采对资源有极大的～。

【破获】pòhuò ❶ 动 侦破案件并抓获犯罪嫌疑人 ▷～盗窃团伙。❷ 动 识破并获得机密 ▷～情报。

【破解】pòjiě 动 揭开奥秘，解除疑难 ▷其中奥秘一时尚难～。

【破戒】pòjiè ❶ 动 指宗教教徒违反戒律。❷ 动 指重做已经戒掉的事 ▷我早就戒酒了，今天～陪你喝一杯。

【破镜重圆】pòjìng-chóngyuán 唐·孟棨《本事诗·情感》中说：南朝陈将亡，驸马徐德言与妻子分离时，把一面铜镜破开，各执一半，作为以后见面的信物。后果然靠这个线索重新团聚。后用"破镜重圆"比喻失散或离异的夫妻重新团圆。

【破旧】pòjiù 形 破烂陈旧 ▷～的房子｜～不堪。

【破旧立新】pòjiù-lìxīn 破除旧的，树立新的。

【破局】pòjú 动 破解困局，使情况向好的方面转化 ▷以改革创新～发展难题。

【破口大骂】pòkǒu-dàmà 开口大声叫骂。

【破烂】pòlàn 形 残破；破旧 ▷～的围墙｜破破烂烂的猪舍。

【破烂儿】pòlànr 名 破烂的东西；废品 ▷卖～。

【破浪】pòlàng 动 劈开波浪 ▷乘风～◇在竞争激烈的市场大潮中～前行。

【破例】pòlì 动 打破惯例 ▷～录取。

【破裂】pòliè ❶ 动 (东西)裂开缝隙 ▷桌面～了。❷ 动 (感情、关系等)出现裂痕，不能再维系下去 ▷感情～｜联盟～。

【破陋】pòlòu 形 残破简陋 ▷小屋～不堪。

【破落】pòluò ❶ 动 由盛而衰 ▷家道中途～｜那家公司已经～。❷ 形 破败① ▷～的旧宅。

【破落户】pòluòhù 名 衰败没落的人家 ▷由官宦人家变成了～。

【破谜儿】pòmèir 动 猜谜语。☛ "谜"这里不读 mí。

【破门】pòmén ❶ 动 用非正常手段把关着的门打开 ▷～而入。❷ 动 足球等运动项目中指把球攻入球门 ▷头球～。

【破门而入】pòmén'érrù 撞开大门或冲破阻拦，猛然进入。

【破灭】pòmiè 动 (理想、希望或幻想)完全落空 ▷最后的希望也～了。

【破伤风】pòshāngfēng 名 急性传染病，由破伤风杆菌经伤口侵入人体引起。症状是肌肉痉挛，牙关紧闭，呼吸困难等，严重的可致命。

【破身】pòshēn 动 指女子初次发生性行为。

【破碎】pòsuì ❶ 动 破裂散碎 ▷玻璃～了◇～的家庭。❷ 动 使破碎 ▷用机器～矿石。

【破损】pòsǔn 动 残破损伤 ▷瓷器～严重。

【破题】pòtí 动 八股文的第一股，用两句话点破题目要义；后泛指写文章点明题意。

【破涕为笑】pòtìwéixiào 停止哭泣，露出笑容；形容转悲为喜。☛ "涕"不要误写作"啼"。

【破天荒】pòtiānhuāng 北宋·孙光宪《北梦琐言》卷四记载：唐时荆州地区几十年都没人考中进士，当时人称此地为"天荒"(从未开垦的土地)。后来有人考中了，就叫"破天荒"。后用"破天荒"借指某事物第一次出现。

【破铜烂铁】pòtóng-làntiě 废铜烂铁。

【破土】pòtǔ ❶ 动 挖地动土，表示建筑等开始施工 ▷～动工。❷ 动 指春天翻松土地，开始耕种 ▷～春耕。❸ 动 幼芽顶开土层，长出地面 ▷小苗～而出。

【破网】pòwǎng 动 某些球类运动中指破门得分 ▷甲队两次～。

【破五】pòwǔ 名 指农历正月初五。旧俗商店多从这天起开门营业。

【破相】pòxiàng 动 指由于脸部受伤而损坏了容貌。

【破晓】pòxiǎo 动 天刚刚亮 ▷天已～｜～时分。

【破鞋】pòxié 名 指两性关系混乱的女人(骂人的话)。

【破译】pòyì 动 识破并译出(某种信息) ▷～敌军密码。

【破约】pòyuē 动 违反约定或条约。

【破绽】pòzhàn 名 衣物的裂缝；比喻说话、做事因不周密而出现的漏洞 ▷看出～。☛"绽"不读 dìng,不要误写作"锭"。

【破绽百出】pòzhàn-bǎichū 比喻说话、做事不严密,漏洞很多。

【破折号】pòzhéhào 名 标点符号,形式为"——"(占两个字的位置)。表示引出行文中解释说明的语句,或表示话题的突然转变、声音的延长或事项的分行列举等。

【破竹之势】pòzhúzhīshì 形容十分猛烈、不可阻挡的态势。参见 1256 页"势如破竹"。

粕 pò 名 酿酒、榨油等剩下的渣滓 ▷糟～。☛ 不读 bó。

魄 pò ❶ 名 迷信指依附于人的形体、人死后可以继续存在的精神 ▷丧魂落～|魂飞～散|魂～。→ ❷ 名 精神;精力;胆识 ▷惊心动～|体～|气～|～力。

另见 103 页 bó;1405 页 tuò。

【魄力】pòlì 名 做事的胆识和果敢的作风 ▷他工作很有～。

po

桲 po 见1437 页"榅(wēn)桲"。

另见 101 页 bó。

pōu

剖 pōu ❶ 动 切开;破开 ▷用刀～西瓜|解～|～面。→ ❷ 动 解析;分析 ▷～明事理|～视。☛ 统读 pōu,不读 pāo。

【剖白】pōubái 动 分析表白 ▷～详情|～心事。

【剖腹】pōufù 动 切开腹腔 ▷～产|～自杀。

【剖腹藏珠】pōufù-cángzhū 破开腹腔藏入珍珠。比喻重财轻命,轻重倒置。

【剖宫产】pōugōngchǎn 动 产科手术,医生切开产妇的腹壁和子宫壁,取出婴儿。通称剖腹产。

【剖解】pōujiě 动 分析解释 ▷对事理详加～。

【剖面】pōumiàn 名 工程上对截面的称谓。

【剖示】pōushì ❶ 动 解剖开来让人看 ▷～青蛙的肌体构造。❷ 动 通过分析解释让人了解 ▷文章～了当前市场的运行情况。

【剖视】pōushì 动 深入分析,仔细观察 ▷～经济走势|～图。

【剖释】pōushì 动 分析解释 ▷～疾病成因。

【剖析】pōuxī 动 剖解分析 ▷～国际形势。

póu

抔 póu〈文〉❶ 动 用手捧 ▷～饮|～土。→ ❷ 量 用于捧的东西 ▷一～土。☛ 跟"杯"不同。

掊 póu 动〈文〉搜刮;敛取 ▷～聚财货|～敛民财。

另见本页 pǒu。

裒 póu〈文〉❶ 动 聚集 ▷～兵守境。○ ❷ 动 取出;减去 ▷～多益寡(取有余,补不足)。☛ 中间是"臼"。

pǒu

掊 pǒu〈文〉❶ 动 击;抨击 ▷～击权贵。→ ❷ 动 击破 ▷～斗折衡(打破斗,折断秤)。

另见本页 póu。

pū

仆 pū 动 向前倒下 ▷前～后继。☛ 读 pū,是"仆"的本音本义。读 pú,是"僕"的简化字,基本义是"仆人"。

另见 1065 页 pú。

扑[1](撲) pū ❶ 动 击;打 ▷～蝶|～打。→ ❷ 动 拍打;拍 ▷～着翅膀|往脸上～粉。❸ 名 某些拍、拭的工具 ▷粉～。○ ❹ 名 姓。

扑[2](撲) pū ❶ 动 身体猛力向前冲,伏在物体上 ▷孩子一头～在妈妈怀里|饿虎～食。→ ❷ 动(气体等)直冲 ▷冷风～面|香气～鼻。→ ❸ 动 某些地区指伏、趴 ▷～在桌上看书。→ ❹ 动 把全部精力用到(某方面) ▷一心～在工作上。☛"扑"字统读 pū,不读 pú。

【扑鼻】pūbí 动(气味)直冲鼻孔 ▷花香～。

【扑哧】pūchī 拟声 模拟忍不住突然发出的笑声或水、气等挤出的声音 ▷～一声笑了|靴子进了水,走起路来～～直响。☛ 不宜写作"噗哧""噗嗤""扑嗤"。

【扑打】pūdǎ 动 用扁平物猛地拍打 ▷～苍蝇。

【扑打】pūda 动 轻轻地拍打(衣物上的尘土等) ▷把衣服上的土～掉。

【扑倒】pūdǎo 动 向前倒下 ▷～在地。

【扑跌】pūdiē ❶ 动 向前摔倒 ▷一不小心,～在地。❷ 名 指相扑或摔跤运动。

【扑粉】pūfěn ❶ 动 搽粉。❷ 名 指扑在脸上的香粉或扑在身上的爽身粉。

【扑救】pūjiù 动 扑打使火灾等止熄(救:采取措施使灾难终止) ▷～森林大火。

【扑克】pūkè 名 英语 poker 音译。国际通用纸牌。有黑桃、红桃、梅花、方块 4 种花色,每种花色都有 2、3、4、5、6、7、8、9、10、J、Q、K、A 共 13

张,另有大王、小王各1张。有多种玩法。

【扑空】pūkōng ❶ 动 到达目的地却没有找到要找的对象 ▷到了他办公室,不想又~了|又扑了个空。❷ 动 没有扑中(zhòng) ▷守门员~了,球射进球门。

【扑拉】pūlā 拟声 模拟翅膀抖动等的声音 ▷麻雀~一下飞了。

【扑拉】pūla 动 用手掸或拍(衣物) ▷~身上的土。

【扑棱】pūlēng 拟声 模拟翅膀抖动的声音 ▷芦苇荡里~一声飞出一只大鸟。

【扑棱】pūleng 动 抖动或张开(翅膀等) ▷鸽子~着翅膀|小兔子~着两只大耳朵。

【扑噜】pūlū ❶ 拟声 模拟物体滚动的声音 ▷石头~~地从山上滚下来。❷ 拟声 模拟大口吞咽的声音 ▷~~,一碗面条下肚了。

【扑满】pūmǎn 名 旧时用来存钱的瓦罐。罐顶有一细长的小口,钱只能放进不能取出。多是待装满后才打破以取出钱,故称。也说闷(mèn)葫芦罐儿。

【扑面】pūmiàn 动 (气体、水雾等)直冲脸面而来 ▷凛冽的寒风~而来。也说扑脸。

【扑灭】pūmiè 动 扑打使熄灭或消灭 ▷~山火|~蚊蝇。

【扑杀】pūshā 动 杀死;(成批地)消灭 ▷养鸡场暴发禽流感后,立即~了上万只鸡。

【扑闪】pūshan 动 眨;闪动 ▷~着两只大眼睛。

【扑扇】pūshan 动 (翅膀等)飞快地扇动 ▷白鸽~着翅膀飞上屋脊。

【扑朔迷离】pūshuò-mílí 古乐府《木兰诗》:"雄兔脚扑朔,雌兔眼迷离。双兔傍地走,安能辨我是雄雌。"传统的辨别兔子雄雌的方法是:拎着兔子的耳朵把兔子提起来,如四脚乱蹬,称为"扑朔",是雄兔;如两眼眯起,称为"迷离",是雌兔。但是兔子跑起来就分辨不清哪个是雄的,哪个是雌的。后用"扑朔迷离"形容事物错综复杂,不易看清真相。☛"朔"不读sù。

【扑簌】pūsù 形 形容眼泪不断往下掉的样子 ▷泪水~~直往下掉。

【扑腾】pūténg 拟声 模拟重物落地、人摔倒或心跳的声音 ▷他~一声摔倒了|我的心~~直跳。☛ 口语中也读pūtēng。

【扑腾】pūteng ❶ 动 游泳时用手脚反复打水。❷ 动 (心脏等)跳动 ▷见到他我心里就~。❸ 动 折腾;挥霍浪费 ▷那几个钱可禁不住~。

【扑通】pūtōng 拟声 模拟人或重物落地或落水的声音 ▷~一声从床上掉到地板上。☛ 不宜写作"噗通""噗嗵""扑嗵""朴通"。

铺(鋪) pū ❶ 动 把东西展开或摊平 ▷~褥子|~地毯|~轨|~展。→ ❷ 量 用于炕等 ▷一~炕。☛ 读pū,表示动作陈列、展开等;也用作量词。读pù,表示事物,指小商店、床等。

另见1067页pù。

【铺陈】pūchén ❶ 动 陈设布置 ▷~典雅。❷ 动 详细叙述;铺叙 ▷~始末。

【铺衬】pūchèn 动 铺垫衬托 ▷有了次要人物的~,主人公的形象更加突出。

【铺衬】pūchen 名 指做袼褙、打补丁用的旧布块儿。

【铺床】pūchuáng 动 把被褥铺展在床上。

【铺地锦】pūdìjǐn 名 地苓(niè)。

【铺垫】pūdiàn ❶ 动 铺放衬垫 ▷把干草~在炕上|~路基。❷ 名 用来铺垫的物品 ▷床上的~很厚。❸ 动 衬托 ▷这些赛事都是为了~奥运会。❹ 名 用来作衬托的事物 ▷开头的景物描写是后文的~。

【铺盖】pūgài 动 平摊着覆盖 ▷路面~上沥青。

【铺盖】pūgai 名 被褥的俗称。

【铺盖卷儿】pūgaijuǎnr 名 卷成卷儿的被褥。

【铺轨】pūguǐ 动 铺设钢轨。

【铺路】pūlù ❶ 动 铺设道路。❷ 动 比喻为办成某事创造条件 ▷为年轻人顺利成长~。

【铺路石】pūlùshí ❶ 名 铺路用的石块儿。❷ 名 比喻为他人成长默默奉献的人 ▷我们愿做未来冠军的~。

【铺排】pūpái ❶ 动 设置;安排 ▷~得井井有条。❷ 形 铺张 ▷这个婚礼~过甚。

【铺砌】pūqì 动 用砖、石等覆盖地面或墙面,使平整美观 ▷厨房里~了瓷砖。

【铺设】pūshè 动 铺放;建造 ▷~管道|~铁轨。

【铺摊子】pūtānzi (摊贩)摆开货物准备出售;借指打开工作局面 ▷工程刚刚~。

【铺天盖地】pūtiān-gàidì 布满天空和大地。形容来势迅猛,到处都是。

【铺叙】pūxù 动 文学创作的表现手法,展开来详尽叙述 ▷~原委。

【铺展】pūzhǎn 动 铺开;展开 ▷把地毯~开来。

【铺张】pūzhāng ❶ 形 过分讲究排场 ▷~浪费。❷ 动 〈文〉铺叙夸张 ▷~扬厉。

【铺张扬厉】pūzhāng-yánglì 本指铺陈渲染,极力宣扬。今多形容过分铺张,讲求排场。

【铺筑】pūzhù 动 铺设修筑(铁路、公路) ▷~高速公路。

噗 pū 拟声 模拟气或水喷出来的声音 ▷~的一下吹灭了蜡烛|泉水~~往上冒。

【噗噜噜】pūlūlū 拟声 模拟禽鸟拍翅飞翔的声音 ▷两只喜鹊~地飞走了。☛ 不宜写作"噗碌碌"。

潽 pū 动 〈口〉液体因沸腾而溢出 ▷牛奶~了|锅~了。

pú

仆（僕） pú ❶ 图 仆人 ▷女～|～从。→ ❷ 图〈文〉谦词，用于男子自称（多用于书信）▷～顷已抵沪。○ ❸ 图 姓。☛ 不读 pǔ。

另见 1063 页 pū。

【仆从】púcóng 图 跟随在主人身旁的仆人；比喻依附他人、自己无权作主的人或集体 ▷～甚众|这支土匪武装甘当占领军的～。

【仆仆】púpú 形 形容旅途劳顿的样子 ▷～征尘|风尘～。☛ 不要误写作"扑扑"。

【仆人】púrén 图 受雇供主人役使的人。也说佣人。

【仆役】púyì 图 仆人。

匍 pú［匍匐］púfú ❶ 动 身体贴着地面爬行 ▷～前进。→ ❷ 动 身体贴近地面；趴 ▷～在地|～茎。☛ 不宜写作"匍伏"。

莆 pú ❶［莆田］pútián 图 地名，在福建。○ ❷ 图 姓。

菩 pú 见下。

【菩萨】púsà ❶ 图 梵语音译词"菩提萨埵（duǒ）（Bodhisattva）"的简称。佛祖释迦牟尼未成佛时称菩萨。后来指修行到了一定程度、地位仅次于佛的人。❷ 图 泛指佛和某些神。❸ 图 比喻心地仁慈、乐善好施的人 ▷活～。

【菩提】pútí 图 梵语 Bodhi 音译。佛教指觉悟的境界。

【菩提树】pútíshù 图 常绿乔木，叶三角形，前端细长。树干含乳状汁液，可提制硬性橡胶。原产印度。传说释迦牟尼曾坐在菩提树下顿悟佛道，所以佛教尊为圣树。

脯 pú 图 胸部 ▷挺着胸～|鸡～。

另见 426 页 fǔ。

【脯子】púzi 图 供食用的鸡、鸭等胸部的嫩肉。

葡 pú 见下。

【葡萄】pútáo 图 落叶木质藤本植物，叶呈掌状分裂，开黄绿色花。浆果也叫葡萄，圆形或椭圆形，紫、红、黄或绿色，多汁，味酸甜，是常见水果，也可用来酿酒。

【葡萄干】pútáogān 图 成熟后晒干或风干的葡萄。

【葡萄灰】pútáohuī 形 形容颜色浅灰中透着微红。

【葡萄酒】pútáojiǔ 图 用葡萄为原料发酵酿制的酒，酒精含量较低。

【葡萄球菌】pútáo qiújūn 分裂后菌体形状像一串葡萄的化脓性球菌。广泛存在于人和动物体的黏膜、皮肤上以及空气和水中。能引起化脓性疾病和食物中毒。

【葡萄胎】pútáotāi 图 妇女受孕后，子宫内形成许多葡萄状透明水泡的胚胎异常现象。

【葡萄糖】pútáotáng 图 自然界分布最广的单糖。有机化合物，无色结晶，有甜味。是人和动物体内能量的主要来源，葡萄中含量较多。医药上多作为注射用的营养剂。

【葡萄紫】pútáozǐ 形 形容颜色深紫中带灰。

捕 pú 见203 页"摴（chū）捕"。

蒲[1] pú ❶ 图 香蒲 ▷～包。○ ❷ 图 指菖蒲 ▷～月。

蒲[2] pú ❶ 图 指蒲州（旧府名，府治在今山西永济）▷～剧。○ ❷ 图 姓。

【蒲棒】púbàng 图 香蒲的花穗，黄褐色，形状像棒子。

【蒲包】púbāo ❶ 图 用蒲草编成的包装袋。❷ 图 旧指用蒲包装着的糕点、水果等礼品。

【蒲草】púcǎo 图 香蒲的通称；也指香蒲的茎、叶，可用来编织席子、蒲包等。

【蒲墩】púdūn 图 用蒲草等编成的厚而圆的坐垫。

【蒲公英】púgōngyīng 图 多年生草本植物，全株含白色乳状汁液。成熟的果实像白色茸球，可随风飞散。全株可以做药材。

【蒲节】pújié 图 端午节。农历五月菖蒲成熟，民俗端午节悬菖蒲、艾叶于门首避邪，故称。

【蒲剧】pújù 图 地方戏曲剧种，流行于山西南部和河南、陕西、甘肃、宁夏、青海部分地区。也说蒲州梆子。

【蒲葵】púkuí 图 常绿乔木，树干直立粗大，叶似棕榈。生长在热带和亚热带地区。叶子可以做扇子，根、叶、果均可以做药材。

【蒲柳】púliǔ 图 落叶灌木，通常入秋后即凋零；常用来比喻自己早衰的身体或低下的地位 ▷～之质|～人家。

【蒲绒】púróng 图 香蒲雌花穗上的白色细毛，可用来絮枕头、垫子。☛ 不宜写作"蒲茸"。

【蒲扇】púshàn 图 用蒲葵叶或香蒲叶制成的扇子。

【蒲团】pútuán 图 用蒲草等编成的圆形坐垫。

【蒲月】púyuè 图 指农历五月 ▷仲夏～|～莲香。参见本页"蒲节"。

酺 pú 动〈文〉聚会饮酒。

墣 pú 图〈文〉土块 ▷土胜水者，非以一～塞江也。

璞 pú〈文〉❶ 图 含玉的石头；未经雕琢的玉石 ▷～玉浑金。→ ❷ 形 淳朴 ▷返～归真。☛ 不读 pǔ。

【璞玉浑金】púyù-húnjīn 未经雕琢的玉，未经提炼的金。比喻未经修饰的天然的美质（多指人质朴善良的品质）。也说浑金璞玉。

镤（鏷） pú 名 金属元素，符号 Pa。灰白色，有放射性，化学性质稳定，可提取核材料。

穙 pú 〈文〉❶ 动 谷类作物堆积。→ ❷ 形 形容禾苗、草等长得稠密的样子。

濮 pú ❶ 名 濮水，古水名，在今河南。○ ❷ 名 姓。

【濮阳】púyáng ❶ 名 地名，在河南。○ ❷ 名 复姓。

pǔ

朴（樸） pǔ 形 纯真而没有经过修饰的 ▷质～无华｜～实｜～素｜淳～。☛ 读 pǔ，是“樸”的简化字，本指未经加工的木材，引申为质朴、朴素；读 pò，指朴树；读 pō，用于古代武器“朴刀”；读 piáo，用于姓氏。

另见 1049 页 piáo；1060 页 pō；1061 页 pò。

【朴厚】pǔhòu 形 淳朴厚道 ▷为人～。

【朴实】pǔshí ❶ 形 淳朴；真诚 ▷为人～｜待人～。❷ 形 朴素；不华丽 ▷衣着～｜～无华。❸ 形 踏实① ▷文风～｜～的工作作风。

【朴实无华】pǔshí-wúhuá 朴素实在而不浮华。

【朴素】pǔsù ❶ 形（色彩、式样等）不艳丽；不加修饰 ▷～大方｜穿着～。❷ 形 节俭，不铺张 ▷勤俭～。❸ 形 朴实而不虚夸 ▷～的表演风格。❹ 形 自然的；自发的 ▷～唯物论。

【朴学】pǔxué 名 朴实的学问，古代指文字训诂之学；特指清代采用考据的方法来研究字词、名物、制度等的学问。

【朴直】pǔzhí 形 朴实坦率 ▷性格～。

【朴质】pǔzhì 形 朴素纯真 ▷心灵纯洁而又～。

埔 pǔ 用于地名。如黄埔，在广东。

另见 119 页 bù。

圃 pǔ 名 种植蔬菜、花草、树苗的园地 ▷菜～｜花～｜苗～。

浦 pǔ ❶ 名 水边；也指小河汇入大河的地方或河流入海的地方（多用于地名）▷～口（在江苏）｜乍～（在浙江）。○ ❷ 名 姓。

普 pǔ ❶ 形 广泛；全面 ▷～天同庆｜～查｜～选｜～遍｜～通。○ ❷ 名 姓。

【普遍】pǔbiàn 形 适合于广大范围的；具有共同性的 ▷这种现象很～｜～规律。

【普遍性】pǔbiànxìng 名 事物广泛存在、共同具有的性质（跟“特殊性”相对）▷矛盾的～寓于矛盾的特殊性之中。

【普测】pǔcè ❶ 动 普遍勘测或探测 ▷水情～。○ ❷ 名 普通话水平测试的简称。

【普查】pǔchá 动 全面调查 ▷人口～｜～旱情。

【普度】pǔdù 动 佛教指使众生脱离苦海得到解脱 ▷自利利他，～众生。

【普度众生】pǔdù-zhòngshēng 佛家认为芸芸众生如溺海中，施大法力方能援救他们登上彼岸。后泛指救济众人。

【普洱茶】pǔ'ěrchá 名 云南西南部（清代属普洱府）出产的一种茶，多压制成块状，绿色或黑色。性温味厚，可助消化。

【普法】pǔfǎ 动 普及法律常识和法制教育 ▷加强～宣传。

【普惠】pǔhuì 动 使普遍受惠 ▷～于民。

【普及】pǔjí ❶ 动 广泛传播或推广到（广大的范围）▷～卫生防疫知识｜～全国。❷ 动 普遍推行 ▷～义务教育。❸ 形 大众化的；普通人能了解的 ▷～读物｜十分～。

【普及本】pǔjíběn 名 一种适应广大读者需要的图书版本。装帧简朴，定价较低。

【普及率】pǔjílǜ 名 推广或传播到的人数、地域等在总体中所占的比例。

【普降】pǔjiàng 动 普遍地降落（雨、雪）▷～瑞雪。

【普教】pǔjiào 名 普通教育的简称。

【普客】pǔkè ❶ 名 铁路或公路客运中的普通客车。❷ 名 铁路客运中指慢车。

【普快】pǔkuài 名 铁路客运中普通快车的简称。中途停车比普客少、比直快和特快多，就全程而言比普客略快。

【普罗】pǔluó 名 法语音译词“普罗列塔利亚（prolétariat）”的简称。原指古罗马社会的最下等级；后指无产阶级 ▷～文学。

【普罗米修斯】pǔluómǐxiūsī 名 英语 Prometheus 音译。希腊神话中造福人类的神。曾为人类盗取天火，因而触怒主神宙斯，被锁在高加索山崖，受尽折磨而坚强不屈。是敢于抗拒强暴、为人类幸福而勇敢献身的英雄典型。

【普米族】pǔmǐzú 名 我国少数民族之一。主要分布在云南、四川。

【普世】pǔshì ❶ 名 全世界 ▷这条规律，～皆适。❷ 区别 全世界共同的或普遍认同的 ▷～情怀。

【普天同庆】pǔtiān-tóngqìng 全国或全世界的人共同庆祝 ▷新春佳节，～。

【普天之下】pǔtiānzhīxià 整个天下；整个人间 ▷为～的人民大众谋利益。

【普调】pǔtiáo 动 普遍调整 ▷～工资。

【普通】pǔtōng ❶ 形 一般的，平常的 ▷～百姓｜～住宅。❷ 形 普遍共通 ▷～话。

【普通话】pǔtōnghuà 名 我国国家通用语言。是以北京语音为标准音，以北方话为基础方言，以典范的现代白话文著作为语法规范的现代汉民族共同语。

【普通话水平测试】pǔtōnghuà shuǐpíng cèshì 测查应试人的普通话规范程度、熟练程度，认定其普通话水平等级的标准参照性考试(汉语拼音缩写为PSC)。简称普测。

【普通教育】pǔtōng jiàoyù 指实施基础文化科学知识和基本技能训练的教育。我国实施普通教育的机构为中小学。简称普教。

【普通邮票】pǔtōng yóupiào 邮政部门发行的、用于各类邮件的一般邮票。尺寸较小，发行量大。

【普选】pǔxuǎn 动 有选举权的公民普遍地参加国家权力机关代表的选举。

【普照】pǔzhào 动 普遍照耀 ▷阳光～万物。

溥 pǔ ❶ 形〈文〉广大；普遍 ▷～天之下。○ ❷ 名 姓。

谱(譜) pǔ ❶ 名 根据事物的类别或系统编成的表册、书籍或绘制的图形 ▷年～|菜～|画～|棋～。→ ❷ 名 用符号记录下来的曲子；用来记载曲子的表册 ▷乐～|五线～|工尺(chě)～。⇒ ❸ 动 作曲；为歌词配曲 ▷把这首诗～成歌曲|～曲。⇒ ❹ 名 做事的标准或大致的打算；把握 ▷心里一点儿～儿也没有|他办事有～儿。❺ 名 显示的身份或派头 ▷他摆的～儿可真不小。

【谱表】pǔbiǎo 名 乐谱中用来记载音符的表式。由五条平行横线组成，共五线四间，九个位置。位置越高，表示的音调越高。

【谱牒】pǔdié 名〈文〉家谱。

【谱号】pǔhào 名 确定五线谱上音高位置的符号。标在谱表的左端。

【谱曲】pǔqǔ 动 为歌词等配上曲调 ▷《义勇军进行曲》由聂耳～。

【谱系】pǔxì ❶ 名 家谱中的系统。❷ 名 泛指事物发展变化的系统。如物种变化的系统、语言亲属关系的系统。

【谱写】pǔxiě 动 创作(乐曲和歌词)；多比喻用行动创造出(伟大的业绩) ▷冼星海～的歌曲达五百多首|～新的辉煌。

【谱子】pǔzi 名 曲谱。

氆 pǔ [氆氇] pǔlu 名 藏语音译。一种羊毛织品，产于藏族地区，可以做毯子、衣服等。

镨(鐠) pǔ 名 金属元素，符号Pr。银灰色，在潮湿空气中易氧化。用于制造特种合金和有色玻璃等，也用作催化剂。

蹼 pǔ ❶ 名 青蛙、乌龟、鸭子、水獭等水栖或有水栖习性的动物脚趾间的皮膜，便于划水 ▷～趾|鸭～。→ ❷ 名 像蹼一样的用具 ▷脚～|～泳。☛ 统读 pǔ，不读 pú。

【蹼泳】pǔyǒng ❶ 动 运动员戴水镜，口咬呼吸管，脚穿脚蹼，用两腿上下打水前进。❷ 名 指这种游泳运动项目。

pù

铺[1](鋪*舖) pù 名 小商店 ▷药～|杂货～|～面|店～。

铺[2](鋪*舖) pù 名 用木板搭的床；泛指床 ▷床～|卧～|～位。

铺[3](鋪*舖) pù 名 古代的驿站(多用于地名) ▷黄牛～(在陕西)。

另见1064页pū。

【铺板】pùbǎn 名 用来搭床铺的木板。

【铺保】pùbǎo 名 旧指以商店名义所作的担保。

【铺户】pùhù 名 (较小的)店铺；商户。

【铺面】pùmiàn 名 店铺的门面。

【铺面房】pùmiànfáng 名 可用来开设店铺的临街的房屋。也说门面房。

【铺位】pùwèi 名 火车、轮船、旅馆、集体宿舍等为旅客、住宿者设置的床铺。

【铺子】pùzi 名 店铺。

堡 pù 同"铺[3](pù)"(多用于地名) ▷十里～(在北京)|三十里～(在辽宁)。

另见48页bǎo；106页bǔ。

暴 pù 古同"曝(pù)"。

另见51页bào。

瀑 pù 名 瀑布 ▷飞～。☛ ㊀不读pú。㊁右下不要误写作"水"。

另见52页bào。

【瀑布】pùbù 名 从河床陡坡或悬崖上倾泻下来的水流，远望像挂起的白布。

曝 pù 动 晒 ▷一～十寒|～晒。

另见52页bào。

【曝露】pùlù 动 露在外面 ▷丑态～无遗。

【曝晒】pùshài 动 晒 ▷在日光下～。

Q

qī

七 qī ❶ 数 数字,比六大一的正整数。→ ❷ 名 旧俗人死后每七天一祭,叫一个"七",到第四十九天为止,共七个"七" ▷头～|满～。○ ❸ 名 姓。☛ ㊀"七"作偏旁时第二画竖弯钩(乚)要改写成竖提(𠄌),如"切"。㊁数字"七"的大写是"柒"。㊂跟"八"连用,构成"七……八……"格式,表示多或多而杂乱。如七老八十、七零八碎、七拼八凑、七手八脚、七折八扣、七嘴八舌等。

【七步之才】qībùzhīcái 行走七步的时间内作成一首诗的才能。指敏捷的才思。参见 1803 页"煮豆燃萁"。

【七彩】qīcǎi 名 红、橙、黄、绿、蓝、靛、紫等七种颜色;泛指多种颜色 ▷～虹霓。

【七古】qīgǔ 名 每句七个字的古体诗。参见 489 页"古体诗"。

【七绝】qījué 名 七言绝句。每首四句,每句七个字。参见 757 页"绝句"。

【七老八十】qīlǎobāshí 七八十岁,上了年纪。

【七零八落】qīlíng-bāluò ❶ 形容零乱 ▷房间里被翻腾得～的。❷ 形容破败不堪 ▷山洪把村子冲得～。

【七零八碎】qīlíng-bāsuì 零七八碎。

【七律】qīlǜ 名 七言律诗。每首八句,每句七个字。参见 900 页"律诗"。

【七拼八凑】qīpīn-bācòu 把零散的东西勉强拼凑在一起 ▷盘缠是～借来的。

【七七】qīqī 名 旧俗人死后每七天祭奠一次,共七次,最后一次叫七七。

【七七事变】qī-qī shìbiàn 1937 年 7 月 7 日,日本侵略军向我国北平(今北京)西南卢沟桥驻军发起突然进攻,我驻军奋起抗击,抗日战争全面爆发。史称七七事变。也说卢沟桥事变。

【七巧板】qīqiǎobǎn 名 一种拼板玩具。把一块正方形薄板或厚纸分割成形状不同的七小块,可以拼成各种图形。

【七窍】qīqiào 名 头部两眼、两耳、两个鼻孔和口的合称 ▷～流血|～生烟。

【七窍生烟】qīqiào-shēngyān 形容气愤到了极点 ▷气得他～。

【七擒七纵】qīqín-qīzòng 传说三国时诸葛亮南征孟获,捉了他七次,又放了他七次,才使孟获心服口服,不再背叛。后用这个典故指善于运用策略,使对方心悦诚服。

【七情六欲】qīqíng-liùyù 指人与生俱来的各种情感和欲望[七情:多指喜、怒、哀、惧、爱、恶(wù)、欲七种情感;六欲:多指生、死、目、耳、鼻、口所产生的欲望]。

【七色板】qīsèbǎn 名 一种光学仪器。把一块涂着红、橙、黄、绿、蓝、靛、紫七种颜色的圆板固定在横轴上,急速旋转,圆板就呈现白色,用来证明白光由七种色光合成的原理。

【七上八下】qīshàng-bāxià 形容心神不定或烦乱不安 ▷心里～,坐卧不宁。

【七十二行】qīshí'èrháng 对社会上各种行业的统称 ▷世间～,各有各的学问。

【七手八脚】qīshǒu-bājiǎo 形容人多,手脚忙乱 ▷大家～把他送进了医院。

【七夕】qīxī 名 农历七月初七的晚上。传说每年的这个时候牛郎和织女要在鹊桥会面。

【七弦琴】qīxiánqín 名 古琴。

【七言诗】qīyánshī 名 每句七字或以七字为主的旧体诗。起源于汉代民间歌谣,盛行于唐代。包括七言古诗和七言律诗、七言绝句等。

【七一】qī-yī 名 7 月 1 日,中国共产党建党纪念日。1921 年 7 月 23 日,中国共产党召开第一次全国代表大会,宣告中国共产党正式成立。1941 年中共中央决定将 7 月 1 日作为党的诞生纪念日。

【七月流火】qīyuè-liúhuǒ《诗经·豳风·七月》:"七月流火,九月授衣。"农历七月,大火星每日黄昏出现在天空上的位置由正南逐渐西降(火:指大火星,即心宿;流,这里指向西下移)。借指农历七月暑热渐退,秋凉渐至;现也形容公历七月天气炎热似火。

【七折八扣】qīzhé-bākòu 形容由于各种原因或使用各种名目将原来的数量削减许多 ▷这月的毛收入是 10,000 元,～地算下来纯收入最多也就 3000 元。

【七嘴八舌】qīzuǐ-bāshé 形容你一言,我一语,人多嘴杂 ▷人们～地说个不停。

沏 qī 动 用开水冲泡 ▷～茶|～一碗糖水|水不热,茶～不开。☛ 中间是"𠤎",不是"𡈼"或"七"。

【沏茶】qīchá 动 用开水冲茶。

妻 qī 名 妻子(qīzi)(跟"夫"相对)▷夫～|～离子散|未婚～。☛ 笔顺是一 ㇇ ⺕ 聿 妻。

【妻弟】qīdì 名 妻子的弟弟。

【妻儿老小】qī-ér-lǎo-xiǎo 指父、母、妻、子等全体家属 ▷谁家没有～?

【妻舅】qījiù 名 妻子的弟兄。

【妻离子散】qīlí-zǐsàn 妻子离去,儿女失散。形容一家人被迫四处离散。

【妻妾】qīqiè 名 旧时指正妻和妾(小老婆)。

【妻室】qīshì 名 妻子(zi) ▷家有～|～儿女。

【妻小】qīxiǎo 名 妻子和儿女;特指妻子 ▷靠这点儿工资养活～|我在老家早就有了～。

【妻子】qīzǐ 名〈文〉妻子(qīzi)和儿女 ▷爷娘～走相送。

【妻子】qīzi 名 男子的配偶。

柒 qī ❶ 数 数字"七"的大写。○ ❷ 名 姓。☛ 右上是"七",不是"匕"。

栖(*棲) qī 动 鸟在树上或巢中停留、歇宿;泛指居住、停留 ▷凤～梧桐|～息|～身。

另见 1467 页 xī。

【栖居】qījū 动 停留居住(多用于动物,现也用于人和其他事物) ▷有飞禽走兽～其间|这一带曾是古玛雅人～之地。

【栖身】qīshēn 动 安身;寄居 ▷在此暂且～。

【栖宿】qīsù ❶ 动 鸟在树上或巢中歇宿 ▷～枝头。❷ 动 指人勉强寄居或暂时歇宿。

【栖息】qīxī 动 停留;歇息 ▷树上有鸟儿～。

【栖止】qīzhǐ 动〈文〉停留;寄居。

桤(榿) qī [桤木] qīmù 名 落叶乔木,叶子倒卵形,叶边缘呈稀疏锯齿状,果穗椭圆形,下垂。木质轻软,可供建筑、制作器具等用。

郪 qī 名 郪江,水名,在四川,流入涪江。

凄(*淒❶❸ 悽❷) qī ❶ 形 寒冷 ▷风雨～～|风～月冷。→ ❷ 形 悲伤;悲苦 ▷～婉|～楚。→ ❸ 形 寂寞;冷落 ▷～凉|～清。

【凄惨】qīcǎn 形 凄凉悲惨 ▷哭声～。

【凄恻】qīcè 形〈文〉悲痛;哀伤。

【凄楚】qīchǔ 形 凄凉哀伤 ▷他的语调越发沉重起来,间杂着几分～。

【凄怆】qīchuàng 形 凄惨;悲痛 ▷处境～。

【凄风苦雨】qīfēng-kǔyǔ 形容恶劣的天气;比喻悲惨凄凉的境遇 ▷孤独的老人在～中度过残生。也说凄风冷雨。☛ 跟"腥风血雨"不同。"凄风苦雨"多形容生活境遇凄苦;"腥风血雨"多形容黑暗统治时期百姓横遭杀戮的景象。

【凄惶】qīhuáng 形〈文〉忧伤而惶恐不安 ▷脸上充满～的神色。

【凄苦】qīkǔ 形 凄凉痛苦 ▷～的日子。

【凄冷】qīlěng ❶ 形 凄凉寒冷 ▷连日阴雨,天气格外～。❷ 形 凄清冷落 ▷～的气氛。

【凄厉】qīlì 形(声音)凄惨而尖厉 ▷北风～。

【凄凉】qīliáng ❶ 形 荒凉冷落;孤独寂寞 ▷满目～|老人无依无靠,晚景很是～。❷ 形 悲伤 ▷面对老屋的破败景象,心中不免一阵～。☛ 跟"荒凉"的适用范围不同。形容景物时,"凄凉"比"荒凉"更带主观色彩。

【凄美】qīměi 形 凄切而美丽 ▷剧情～感人。

【凄迷】qīmí〈文〉❶ 形(景物)凄凉迷茫 ▷烟雨～。❷ 形 悲哀惆怅。

【凄凄】qīqī ❶ 形 寒冷 ▷风雨～。❷ 形 悲伤 ▷～惨惨戚戚。

【凄切】qīqiè 形 凄凉悲切 ▷琴声～感人。

【凄清】qīqīng 形 凄凉清冷 ▷月色～。

【凄然】qīrán 形〈文〉形容凄凉伤感的样子 ▷～落泪。

【凄婉】qīwǎn〈文〉❶ 形 悲哀 ▷面露～之色。❷ 形(声音)哀伤而婉转 ▷歌声～。

【凄惘】qīwǎng 形 感伤怅惘,若有所失 ▷望着丈夫远去的背影,她心中无限～。

萋 qī [萋萋] qīqī 形〈文〉形容(草)茂盛的样子 ▷芳草～。

戚[1] qī ❶ 名 古代兵器,形状像斧 ▷干～。○ ❷ 名 姓。

戚[2](*慼慽) qī 形〈文〉哀愁;悲伤 ▷休～相关|悲～|哀～。

戚[3] qī 名 亲戚 ▷皇亲国～|外～。☛ "戚"字统读 qī,不读 qì。

期(*朞❺) qī ❶ 动 相约 ▷不～而遇。→ ❷ 名 预定的时间 ▷定～|限～|按～|到～|～货。⇒ ❸ 名 指一段时间 ▷假～|学～|初～|孕～|青春～。❹ 量 用于按一定时间阶段出现的事物 ▷办了两～培训班|杂志每月出一～。⇒ ❺ 名〈文〉一周(年);一整(月) ▷～年|～月。→ ❻ 动 等待;盼望 ▷～待|～望。⇒ ❼ 名 地质年代分期的第五级。参见 304 页"地质年代"。☛ 义项⑤的"期"旧读 jī,现统读 qī。

【期待】qīdài 动 希望;等待 ▷～着你的来信。

【期房】qīfáng 名 约定在此后某一时间建成交付的商品房(跟"现房"相区别)。

【期货】qīhuò 名 指买卖双方在规定的交易场所进行的远期合同交易。根据这一合同,买卖双方应按已载明的商品(包括金融资产)及其价格和数量在约定的未来某一时间进行买进和卖出(跟"现货"相区别)。

【期冀】qījì 动〈文〉期望 ▷两岸同胞～统一。

【期价】qījià 名 期货的价格。

【期间】qījiān 名 某一段时间或时期内 ▷会议～|抗日战争～。☛ 跟"其间"不同。"期间"只表示一段时间或时期内;"其间"还可以指空间。

【期刊】qīkān 名 按一定时期(周、半月、月、双月、季等)出版的刊物。也说杂志。

【期满】qīmǎn 动 达到规定的期限 ▷服役～。

【期末】qīmò 图 一学期的最后一段时间 ▷～考试|临近～。

【期年】qīnián 图 一周年;一整年 ▷～之后。

【期盼】qīpàn 动 期待和盼望 ▷～国家统一。

【期票】qīpiào 图 写明在一定期限支付商品或货币的票据 ▷这张～该兑现了。

【期期艾艾】qīqī-àiài《史记·张丞相列传》记载:汉代周昌口吃,说话时常带"期期"的声音。又《世说新语·言语》记载:邓艾口吃,在说到自己时连称"艾艾"。后用"期期艾艾"形容说话结巴。

【期求】qīqiú 动 想要得到(多用于抽象事物) ▷这样做,并不～什么报答。

【期权】qīquán 图 买方在支付给卖方一定费用后,拥有在规定期限内按双方事先商定的价格购买或出售本属卖方的特定商品的权利。

【期市】qīshì ❶ 图 期货交易市场。❷ 图 指期货的行情 ▷～已走出低谷。

【期望】qīwàng 动 等待和希望(多用于长辈对晚辈,上级对下级) ▷母亲～游子早日归来|殷切的～。

【期望值】qīwàngzhí 图 对人或事物所抱希望的程度 ▷～过高,有时难免会失望。

【期限】qīxiàn 图 所规定的一段时间;也指所规定时间的最后界限 ▷三天～|偿还贷款的～明天就到了。

【期许】qīxǔ 动〈文〉期望、称许(多用于上对下或长对幼) ▷不负先生～。

【期颐】qīyí 图〈文〉《礼记·曲礼上》:"百年曰期,颐。"指百岁高龄的人需要颐养。后用"期颐"指人一百岁的年纪 ▷～之年。

【期于】qīyú〈文〉❶ 动 希望在(某时或某地) ▷～明日相见。❷ 动 目的在于 ▷此行～共图大计。

【期中】qīzhōng 图 学期到了一半的时候。

【期终】qīzhōng 图 期末。

欺 qī ❶ 动 欺骗 ▷～世盗名|～诈|～瞒。○ ❷ 动 欺负 ▷仗势～人|～凌|～压。

【欺负】qīfu 动 用蛮横的手段欺压或侮辱 ▷大人怎么能～小孩儿呢!

【欺行霸市】qīháng-bàshì 欺压同行,称霸、垄断市场 ▷严禁～、哄抬物价。

【欺哄】qīhǒng 动 用谎话哄骗人 ▷不准～顾客。

【欺凌】qīlíng 动 欺负凌辱 ▷不许～弱者。

【欺瞒】qīmán 动 隐瞒真相进行欺骗 ▷妄想用～手段蒙混过关。

【欺骗】qīpiàn 动 故意用虚假言行骗人 ▷禁止用虚假广告～公众。☛ 跟"哄骗""诈骗"不同。"欺骗"的对象可以是他人,也可以是自己,还可以是组织、舆论等;"哄骗"的对象一般是弱势者,有时并非出于恶意;"诈骗"的对象是他人或组织。

【欺人太甚】qīrén-tàishèn 如此欺负人,太过分。

【欺人之谈】qīrénzhītán 欺骗人的言论 ▷这种～没人会信。

【欺辱】qīrǔ 动 欺负并侮辱 ▷不许～妇女。

【欺软怕硬】qīruǎn-pàyìng 欺负软弱的,惧怕强硬的。

【欺上瞒下】qīshàng-mánxià 欺骗上级,蒙蔽下级和群众。

【欺生】qīshēng ❶ 动 欺负新来的人 ▷这个村子民风淳朴,从不～。❷ 动 驴马等牲畜对不常使用它或不常接近它的人不驯服 ▷这匹马～,不要靠近它。

【欺世盗名】qīshì-dàomíng 欺骗世人,盗取好名声。

【欺侮】qīwǔ 动 欺负侮辱 ▷不再受外敌～。

【欺压】qīyā 动 欺凌压迫 ▷不能～百姓。

【欺诈】qīzhà 动 用奸诈的手段骗人 ▷～顾客。

攲 qī 古同"攲"。

攲 qī 古同"攲"。

攲 qī 动〈文〉倾斜 ▷虚则～,中则正,满则覆|～斜。

缉(緝) qī 动 针脚细密,一针挨着一针地缝 ▷～鞋口。

另见 637 页 jī。

嘁 qī 拟声 模拟小声说话的声音,多叠用 ▷～～低语。

【嘁里咔嚓】qīlikāchā 形〈口〉形容说话办事干脆利落 ▷～几下就把车子修好了。

【嘁里喀嚓】qīlikāchā 现在一般写作"嘁里咔嚓"。

【嘁嘁喳喳】qīqīchāchā 拟声 模拟细微杂乱的说话声音 ▷窗外有人在～地议论着什么。

【嘁嘁嚓嚓】qīqīchāchā 现在一般写作"嘁嘁喳喳"。

漆 qī ❶ 图 用漆树汁制成的涂料;也指用其他树脂制成的涂料。涂在器物表面,干燥后能结成坚韧而美观的保护膜 ▷家具还没有涂～|清～|如胶似～。→ ❷ 图 漆树。→ ❸ 动 涂漆 ▷～桌子。○ ❹ 图 姓。☛ ㊀统读 qī,不读 qū。㊁右下不要写成"水"。

【漆包线】qībāoxiàn 图 表面涂以绝缘漆的金属导线。

【漆布】qībù 图 涂有漆或其他涂料的布,较一般布结实,并能防潮。

【漆雕】qīdiāo ❶ 图 雕漆。○ ❷ 图 复姓。

【漆工】qīgōng ❶ 图 涂饰油漆的工种。❷ 图 从事涂漆工作的工人。

【漆黑】qīhēi 形 像漆一样黑;非常暗 ▷～一团|

屋里～～的，什么也看不见。

【漆黑一团】qīhēi-yītuán ❶形容没有一点儿亮光，什么都看不见。❷形容社会黑暗，没有一点儿光明。❸比喻人一无是处或一无所知。

【漆画】qīhuà 名 用天然漆和金、银、贝壳等材料制成的画；也指其制作工艺。参见插图 16 页。

【漆匠】qījiang 名 涂饰油漆的工匠。也说油漆匠、油匠。

【漆皮】qīpí 名 器物上油漆的表层 ▷～剥落。

【漆器】qīqì 名 表面上涂有漆的器物；特指在木胎表面涂漆加工成的手工艺品。

【漆树】qīshù 名 落叶乔木，小枝粗壮，奇数羽状复叶，开黄绿色小花。树皮里有乳白色汁液，接触空气后变暗褐色，称生漆，可以做涂料；汁液干结后可以做药材。

蹊 qī [蹊跷] qīqiāo 形 奇怪；可疑 ▷她突然失踪了，大家都觉得～。

另见 1470 页 xī。

蜮 qī 名 软体动物。背壳隆起，略呈圆锥形，无螺旋纹。生活在海边礁石上，吃浮游生物等。

暩 qī ❶ 动 用沙土等吸干水分 ▷用干土把地上的水～干。→ ❷ 形 形容东西湿了以后半干的状态 ▷马路上的水渐渐～了。

qí

亓 qí 名 姓。

【亓官】qíguān 名 复姓。

郊 qí ❶ 名 古山名，在今陕西岐山县东北。今作岐山。○ ❷ 名 姓。

齐[1]**（齊）** qí ❶ 形 长短、大小等相差不多；整齐 ▷麦苗长得很～｜参差(cēncī)不～。→ ❷ 形 同样；一致 ▷心不～，事难成。⇒ ❸ 动 使一致 ▷～心协力。⇒ ❹ 副 一起；同时 ▷双管～下｜～唱。→ ❺ 形 齐全；完备 ▷人来～了｜年货备～了｜～备。→ ❻ 动 达到一样的高度 ▷～腰深的水。→ ❼ 名 合金(此义旧读 jì) ▷锰镍铜～。→ ❽ 动 跟某一个作标准的东西取齐 ▷砖要～着墙根儿放｜见贤思～。

齐[2]**（齊）** qí ❶ 名 周朝诸侯国，后为战国七雄之一，在今山东北部和河北东南部。○ ❷ 名 朝代名。a)南齐，南朝之一，公元479—502年，萧道成所建。b)北齐，北朝之一，公元550—577年，高洋所建。○ ❸ 名 唐末农民起义军领袖黄巢所建国号。○ ❹ 名 姓。☛ 下边是一竖撇和一竖，不是两竖。由“齐”构成的字有“济”“剂”“挤”“荠”等。

另见 649 页 jì。

【齐备】qíbèi 形 (需要的物品)齐全，完备 ▷工具～。

【齐步】qíbù 副 表示大家步伐一致 ▷队伍正在～行进。

【齐步走】qíbùzǒu 保持整齐的行列，用整齐的步伐行进；也形容大家共同前进或一起行动。

【齐唱】qíchàng 动 指两人或两人以上按相同的旋律一齐演唱 ▷全场～《歌唱祖国》。

【齐齿呼】qíchǐhū 名 指韵头或韵腹是 i 的韵母。参见 1305 页“四呼”。

【齐东野语】qídōng-yěyǔ《孟子·万章上》：“此非君子之言，齐东野人之语也。”(野语：乡下人的话)后用“齐东野语”借指道听途说、不足为凭的话。

【齐墩果】qídūnguǒ 名 油橄榄。

【齐集】qíjí 动 聚集在一起 ▷各地代表～一堂。

【齐鲁】qílǔ 名 周朝时的齐和鲁两个诸侯国；齐、鲁都在今山东省，所以后来也用作山东省的别称 ▷～大地｜名扬～。

【齐名】qímíng 动 名望相同 ▷唐代的元稹与白居易～，并称元白。

【齐全】qíquán 形 应该有的全都有了，一样也不缺少 ▷一切手续都已～。

【齐声】qíshēng 副 表示大家发出同样的声音(说或唱) ▷～欢呼｜～歌唱。

【齐刷刷】qíshuāshuā 形 形容十分整齐 ▷两排～的云杉。☛ 不宜写作“齐唰唰”。

【齐头并进】qítóu-bìngjìn 不分先后地一齐前进 ▷五艘赛艇～｜各项工作～。

【齐心】qíxīn 形 思想认识很一致 ▷万众～。

【齐心协力】qíxīn-xiélì 思想一致，共同努力。

【齐整】qízhěng 形 整齐 ▷一垄垄～的麦苗。

【齐抓共管】qízhuā-gòngguǎn (多方)一起负责，共同管理。

【齐奏】qízòu 动 指两人或两人以上同时演奏同一曲调 ▷二胡～。

祁 qí ❶ 用于地名。如：祁县，在山西；祁阳，在湖南；祁门，在安徽。○ ❷ 名 姓。

【祁红】qíhóng 名 安徽祁门一带出产的红茶，是中国名茶之一。

圻 qí ❶ 名〈文〉地的边界 ▷边～。○ ❷ 名 姓。☛ 跟“坼(chè)”不同。

芪 qí 见605 页“黄芪”。☛ 下边是“氏(shì)”，不是“氐(dǐ)”。

岐 qí 名 岐山，山名，又地名，均在陕西。☛ 跟“歧”不同。左边是“山”，不是“止”。

【岐黄】qíhuáng 名 岐伯和黄帝，相传为中医之祖；后世以“岐黄”借指中医医术 ▷术精～。

其 qí ❶ 代 那个；那样 ▷确有～人｜有～父必有～子。→ ❷ 代 他(她、它)的；他

(她、它)们的 ▷人尽～才，物尽～用。❸ 代 他(她、它)；他(她、它)们 ▷不能任～胡作非为|出～不意，攻～不备。❹ 代 表示虚指 ▷忘～所以。○ ❺词的后缀，附着在副词后面 ▷极～|尤～。○ ❻ 名 姓。

另见 634 页 jī。

【其次】qícì ❶ 代 指示次序较后的、次要的人或事物 ▷首要的问题解决了，～的问题才好解决。❷ 代 代替次序较后的、次要的人或事物 ▷我主要喜欢他的人品，长相在～。

【其后】qíhòu 名 在那之后 ▷他 1998 年退休，～单位里发生的事他就不过问了。

【其间】qíjiān ❶ 名 那中间；其中 ▷置身～。❷ 名 某一段时间之内 ▷他入伍五年，～屡受嘉奖。☛ 参见 1069 页"期间"的提示。

【其乐无穷】qílè-wúqióng 其中的乐趣没有穷尽；泛指某事物给人带来的乐趣无穷无尽。

【其貌不扬】qímào-bùyáng 人的相貌平常或不好看。

【其人】qírén 那个人 ▷只知其名，未见～。

【其时】qíshí 那时候 ▷～天色已晚。

【其实】qíshí 副 表示所说的情况是真实的，略相当于"事实上"(承上文，有转折的意思) ▷这件事看起来是坏事，～是好事。

【其他】qítā ❶ 代 指示别的人或事物 ▷只要资金到手，～问题都好解决。❷ 代 代替别的人或事物 ▷先把这个问题解决好，～另作考虑。☛ 跟"其余"不同。"其他"常用于泛指，所指的范围、数量多不明确；"其余"常用于确指，所指的范围、数量多是明确的。

【其它】qítā 现在一般写作"其他"。

【其余】qíyú ❶ 代 指剩下的人或事物 ▷～的人都走了|～时间，可以自由支配。❷ 代 代替剩下的人或事物 ▷只留下这两样，～都拿走。☛ 参见本页"其他"的提示。

【其中】qízhōng 名 那里面 ▷分配到我系 5 人，～博士 4 人，硕士 1 人|乐在～。

奇 qí ❶ 形 特殊；稀罕 ▷～形怪状|～观|～特。→ ❷ 形 出人意料的；难以猜测的 ▷～遇|～计。→ ❸ 动 惊异 ▷不足为～|惊～。→ ❹ 副 特别；非常 ▷～冷|～痒难忍。○ ❺ 名 姓。☛ 读 qí，基本义是特殊、稀罕；读 jī，与数目有关，指单数或不成双的。

另见 634 页 jī。

【奇案】qí'àn 名 罕见的离奇的案件。

【奇拔】qíbá 形 奇特挺拔 ▷秀峰～。

【奇兵】qíbīng 名 出敌不意而实施突然袭击的部队 ▷～从天而降。

【奇才】qícái ❶ 名 非凡的才能 ▷年纪很轻，却有～。❷ 名 具有非凡才能的人 ▷旷世～。

【奇彩】qícǎi 名 奇异的光彩 ▷霓虹灯竞放～。

【奇耻大辱】qíchǐ-dàrǔ 罕见的极大的耻辱 ▷清政府丧权辱国，使国人蒙受～。

【奇峰】qífēng 名 奇异的山峰 ▷～突兀。

【奇功】qígōng 名 不同寻常的功劳 ▷屡建～。

【奇怪】qíguài ❶ 形 稀奇少有，异乎寻常的 ▷太空中有许多～的现象。❷ 形 出人意料；难以理解的 ▷最近他的言行让人觉得～。❸ 动 觉得奇怪 ▷我～她怎么哭了。

【奇观】qíguān ❶ 名 雄伟壮丽、不同寻常的景观 ▷中华山水多～。❷ 名 奇特少见的事情 ▷体坛～。

【奇光异彩】qíguāng-yìcǎi 奇异的光亮和色彩。

【奇瑰】qíguī 形 奇异，瑰丽 ▷三峡两岸景象～。

【奇诡】qíguǐ 形 〈文〉奇特怪异 ▷言行～。

【奇花异草】qíhuā-yìcǎo 珍奇罕见的花草。

【奇幻】qíhuàn ❶ 形 奇特而虚幻 ▷～的梦境。❷ 形 奇异而变幻莫测 ▷～的黄山云海。

【奇货可居】qíhuò-kějū (商人)囤积稀有的货物，等待高价出售(居：囤积)；后比喻凭借某种专长作为谋取名利地位的资本。

【奇计】qíjì 名 奇妙莫测的计谋 ▷用～制胜。

【奇技】qíjì 名 特殊的技艺 ▷他有～在身。

【奇迹】qíjì 名 罕见的不平凡的事情 ▷出现～。

【奇景】qíjǐng 名 奇妙的景观 ▷看到了海市蜃楼～。

【奇绝】qíjué 形 奇妙少有 ▷远望诸峰，险怪～。

【奇崛】qíjué ❶形 奇特挺拔 ▷山势～|～陡峭。❷ 形 (文笔)新奇不凡 ▷造句～|全剧情节于平淡中见～。

【奇丽】qílì 形 奇特而美丽 ▷闪烁着～的灯光。

【奇妙】qímiào 形 神奇美妙 ▷～的大自然。

【奇谋】qímóu 名 出奇制胜的谋略 ▷屡出～。

【奇葩】qípā ❶ 名 珍奇的花朵 ▷各种～异卉，竞相开放。❷ 名 比喻不同寻常的优秀文艺作品 ▷梨园～|文坛上的一朵～。

【奇巧】qíqiǎo 形 新奇巧妙 ▷构思～。

【奇趣】qíqù 名 奇妙的情趣 ▷～万端。

【奇缺】qíquē 动 非常缺乏 ▷能源～。

【奇事】qíshì 名 稀奇少有的事情。

【奇谈】qítán 名 奇怪的言论或见解 ▷我还是第一次听到这种～。

【奇谈怪论】qítán-guàilùn 有悖于情理的荒唐言论 ▷散布～。

【奇特】qítè 形 奇怪而特别；不同寻常 ▷打扮～。☛ 跟"独特"不同。"奇特"侧重强调奇异，极少见，甚至有些怪异；"独特"侧重强调独有，不同于一般。

【奇伟】qíwěi 形 雄伟不凡 ▷～俏丽的黄山|相

貌～|构图～。

【奇文】qíwén 名 新奇的文章 ▷这篇～引起了读者极大的兴趣。

【奇文共赏】qíwén-gòngshǎng 晋·陶渊明《移居》："奇文共欣赏，疑义相与析。"首句意指新奇的文章大家一同欣赏。现多指把荒谬怪诞的文章拿出来供大家一同分析和批判。

【奇闻】qíwén 名 令人惊奇的消息 ▷天下～。

【奇袭】qíxí 动 乘其不备而突然袭击 ▷～敌巢。

【奇想】qíxiǎng 名 奇特的想法 ▷忽发～。

【奇效】qíxiào 名 奇特的功效；意想不到的效果 ▷针灸对这种病有～。

【奇形怪状】qíxíng-guàizhuàng 奇特怪异的形状 ▷～的珊瑚。

【奇秀】qíxiù 形 奇异秀丽 ▷风景～。

【奇勋】qíxūn 名 不同寻常的功勋 ▷～伟绩。

【奇异】qíyì ❶ 形 奇特怪异 ▷做了一个～的梦。❷ 形 惊奇诧异 ▷他用～的目光盯着我。

【奇异果】qíyìguǒ 名 猕猴桃的一种。

【奇遇】qíyù 名 意想不到的相遇(多指幸运的) ▷人生充满各种～|打工妹的～。

【奇珍异宝】qízhēn-yìbǎo 罕见的珍宝 ▷从这座汉墓中发掘出一批～。

【奇志】qízhì 名 不同于一般的志向 ▷胸怀～。

【奇装】qízhuāng 名 式样奇特的服装 ▷身着～|～异服。

【奇装异服】qízhuāng-yìfú 式样奇特、与众不同的服装(多含贬义) ▷学生别穿～。

軝(𫐐) qí 名 古代车毂两端有皮革装饰的部分。

歧 qí ❶ 形 岔(路)；由大路分出来的(小道) ▷～路|～途。→ ❷ 形 不一致；有差异 ▷～义|～视|～异。☛ 跟"岐"不同。左边是"止"，不是"山"。

【歧出】qíchū ❶ 动 旁出 ▷～的一条小道伸向山里。❷ 形 同一本书或同一篇文章内的用词(多指术语)前后不一致 ▷术语～是学术论文的大忌。

【歧见】qíjiàn 名 不一致的见解或意见 ▷学术上出现～是正常的。

【歧路】qílù 名 大路旁出的岔路；比喻不正确的道路 ▷迷失人生方向，逐渐走上～。

【歧路亡羊】qílù-wángyáng《列子·说符》中说，有人丢了羊，没有找着，原因是路上岔道儿太多，不知道该往哪条岔道儿去找。比喻情况纷繁复杂，如果不能掌握正确方向，则难免误入歧途或一无所获。☛"歧"不要误写作"岐"。

【歧视】qíshì 动 不同等对待；看不起 ▷不应～民工|受到～。

【歧途】qítú 名 岔路。比喻不正确的道路 ▷对误入～的年轻人要耐心引导。

【歧义】qíyì 名 对同一语言形式可能产生的不同理解。如"咬死了猎人的狗"可以理解为"狗咬死了猎人"，也可以理解为"猎人的狗被咬死了"。

【歧异】qíyì ❶ 形 不一致(多指观念、认识等) ▷立场相当～。❷ 名 不一致的地方 ▷双方的～继续扩大。

祈 qí ❶ 动 向神佛求福 ▷～祷|～雨|～福。→ ❷ 动 请求 ▷～求|～请。○ ❸ 名 姓。☛ 左边是"礻"，不是"衤"。

【祈祷】qídǎo 动 信仰宗教的人向神灵默告自己的愿望，祈求免祸降福 ▷～上苍。

【祈福】qífú 动 祈求幸福 ▷为天下人～。

【祈盼】qípàn 动 祈求，盼望 ▷～祖国统一。

【祈求】qíqiú 动 十分诚恳而殷切地希望或请求 ▷～幸福|～谅解。☛ 不宜写作"蕲求"。

【祈使句】qíshǐjù 名 表示请求、命令、劝告、催促等语气的句子。书面上句末多使用感叹号或句号。如"你快去吧！""请你把门关上。"

【祈望】qíwàng 动 盼望 ▷～风调雨顺。

【祈愿】qíyuàn 动 祝愿 ▷～先生健康长寿。

祇 qí 名〈文〉地神 ▷神～。☛ 参见 1766 页"祗(zhī)"的提示。

另见 1771 页 zhǐ "只"。

荠(薺) qí 见 66 页"荸荠(bíqi)"。

另见 651 页 jì。

俟 qí 见 969 页"万(mò)俟"。

另见 1307 页 sì。

疷 qí 名〈文〉疾病。

耆 qí 形〈文〉六十岁以上的(人) ▷～老|～年。

【耆老】qílǎo 名 老年人；特指有一定声望的老年人 ▷探访独居～。

【耆宿】qísù 名 有声望的老年人 ▷武林～。☛"宿"这里不读 xiǔ 或 xiù。

颀(頎) qí 形〈文〉(身体)修长 ▷～长|～伟|秀～。

【颀长】qícháng 形〈文〉(身材)瘦高 ▷～的身材。

【颀伟】qíwěi 形〈文〉高大魁伟 ▷身材～。

脐(臍) qí ❶ 名 肚脐 ▷～带。→ ❷ 名 螃蟹腹部的甲壳，雄的尖形，雌的圆形 ▷尖～|团～。

【脐橙】qíchéng 名 橙的一种。脱花部位有一个像肚脐的凹痕。果实大而皮薄，无核，味甜，气味清香，营养丰富，是橙子中的优良品种。

【脐带】qídài 名 胎儿与母体的胎盘相连的带状物，内有两条脐动脉和一条脐静脉，是胎儿从母体取得营养并输出代谢产物的通路。

【脐风】qífēng 名 中医指初生婴儿的破伤风，是一种危急疾病，多因断脐时感染破伤风杆菌所致。发病一般在出生后第四至第六天，所以也说四六风。

埼 qí ❶ 古同“碕”①。○ ❷ 用于地名。如埼石，在湖南。

萁 qí 名〈文〉豆的秸秆 ▷豆～。☛ ㊀统读 qí，不读 jī。㊁跟“箕(jī)”不同。

蓍 qí［蓍莱主山］qíláizhǔshān 名 山名，在台湾。

畦 qí 名 由田埂分成的排列整齐的小块田地 ▷菜～。☛ 统读 qí，不读 xī。

【畦田】qítián 名 用土埂分隔成一块一块的、可以进行灌溉蓄水的田地。

跂 qí 名 多生出的脚趾。另见 1080 页 qǐ。

崎 qí 形〈文〉倾斜；高低不平。

【崎岖】qíqū 形 形容山路、地势高低不平；比喻工作、事业等不顺利 ▷山高谷深，道路～｜那里的战后重建将是一个～而漫长的过程。

淇 qí 名 淇河，水名，在河南，流入卫河。

骐(騏) qí 名〈文〉有青黑色纹理的马。

骑(騎) qí ❶ 动 两腿左右分开坐(在牲口或自行车等上面) ▷～马｜～摩托。→ ❷ 名 供人骑的马或其他牲畜 ▷坐～。→ ❸ 名 骑兵 ▷轻～｜铁～。→ ❹ 动 兼跨两边 ▷～缝。☛ 统读 qí，不读 jì。

【骑兵】qíbīng 名 骑马作战的部队；也指这种部队的士兵。1985 年，中国人民解放军精简整编时取消了团(含)以上骑兵建制。

【骑缝】qífèng ❶ 名 单据和存根或三联单各联连接的地方 ▷在～处加盖公章。❷ 名 报纸两个版面或书刊两页之间的地方。

【骑虎难下】qíhǔ-nánxià 比喻事情难以进行下去，又迫于形势不能中途停止，进退两难。

【骑警】qíjǐng 名 骑马或骑摩托车巡逻的警察。

【骑楼】qílóu ❶ 名 指楼房二层以上向外伸出在人行道上方的部分。❷ 名 跨在街道或里巷上方，底下可以通行的楼。

【骑马找马】qímǎ-zhǎomǎ ❶比喻东西本在自己身边，却到处去找。❷ 比喻已有工作岗位，又去寻找更称心的工作。‖也说骑驴找驴。

【骑枪】qíqiāng 名 骑兵用的枪，比一般步枪短而轻便。因最初是用来装备骑兵的，故称。也说卡宾枪、马枪。

【骑墙】qíqiáng 动 指立场不明确，站在对立双方的中间，游移两可 ▷态度～。

【骑射】qíshè 动 骑马和射箭。

【骑士】qíshì ❶ 名 古代罗马奴隶主集团中的一个阶层，是一批出身于平民的富人。❷ 名 欧洲中世纪封建主阶级的最低阶层，以服骑兵兵役和尽其他义务为条件，从国王或大领主那里获得封地，曾被宣扬为具有忠诚、勇敢等品质的人；现多指高雅潇洒的人 ▷～风度。

【骑手】qíshǒu 名 擅长骑马的人；特指参加马术比赛的运动员。也说骑师。

【骑术】qíshù 名 骑马的技术 ▷精通～。

琪 qí ❶ 名〈文〉一种美玉。○ ❷ 名 姓。

琦 qí〈文〉❶ 名 一种美玉。→ ❷ 形 美好 ▷～辞｜瑰意～行。

棋(*棊碁) qí ❶ 名 文体项目的一类。两个或多个棋手按规则在棋盘上移动或摆放棋子，比出输赢 ▷下了一盘～｜象～。→ ❷ 名 棋子 ▷举～不定。

【棋布】qíbù 动 像棋子似的密布 ▷沟渠交织，池塘～｜星罗～。

【棋风】qífēng 名 棋手下棋的风格。

【棋逢对手】qíféngduìshǒu 下棋遇上了水平相当的对手；比喻双方本领或力量相当 ▷两个球队相遇，真是～，难分上下。也说棋逢敌手。

【棋高一着】qígāo-yīzhāo ❶ 棋艺比别人高出一筹。❷ 比喻本领、主意或办法比别人高 ▷他技法独特，和同行相比，～。

【棋局】qíjú 名 下棋过程中在棋盘上出现的局势 ▷～的变化有时十分微妙。

【棋具】qíjù 名 下棋的用具，包括棋盘、棋子等。

【棋类】qílèi 名 各种棋的统称 ▷～运动。

【棋路】qílù 名 下棋的路数和风格 ▷～多变。

【棋迷】qímí 名 酷爱下棋或观棋入迷的人。

【棋盘】qípán 名 下棋时摆放棋子的盘，上面画着规定的格子，多用木板或纸做成。

【棋谱】qípǔ 名 指用棋盘图和文字指导、分析怎样下棋的书或记录对局过程的图谱。

【棋赛】qísài 名 棋类比赛 ▷举办～。

【棋圣】qíshèng 名 对棋艺最高的人的尊称(多指围棋)。

【棋手】qíshǒu 名 擅长下棋的人；特指参加棋类比赛的人 ▷一流～。

【棋坛】qítán 名 指棋类运动界 ▷～高手。

【棋王】qíwáng 名 在某一棋类运动中屡战屡胜的高手的称号。

【棋艺】qíyì 名 下棋的技艺 ▷～超群。

【棋友】qíyǒu 名 因下棋而结识的朋友。

【棋苑】qíyuàn 名 棋类技艺荟萃的地方；泛指棋类运动界 ▷～新秀｜～人才济济。

【棋子】qízǐ 名 用木头或塑料等制成的供下棋用的小子儿。通常用颜色分为数目相等的两部分或几部分(围棋分黑白两部分)，下棋的人各使用一部分。

蛴（螬） qí［蛴螬］qícáo 名 金龟子的幼虫，白色，圆柱状，长三厘米左右，常弯曲呈马蹄形，背上多横皱纹。生活在泥土中，吃植物的根和块茎，是地下害虫。☛"蛴"统读 qí，不读 qī。

祺 qí 形〈文〉吉祥，现多用作书信中祝颂的话 ▷时～|近～。

碕 qí〈文〉❶ 名 弯曲的堤岸。→❷ 形 弯曲。

锜（錡） qí ❶ 名 古代一种凿子之类的工具。○❷ 名 古代一种带三足的锅形烹煮器皿。

愭 qí〈文〉❶ 形 恭顺。→❷ 动 敬畏。

綦 qí ❶ 副〈文〉极；非常 ▷家境～贫|希望～切|～难。○❷ 名 姓。

蜞 qí 见1038页"蟛(péng)蜞"。

旗（*旂❶） qí ❶ 名 旗子 ▷升～|国～|彩～|～手|～语。→❷ 名 指八旗。参见16页"八旗"。⇒❸ 名 八旗兵驻防地。现在沿用为地名 ▷厢红～。⇒❹ 名 属于八旗的；特指属于满族的 ▷～人|～袍。⇒❺ 名 内蒙古自治区的行政区划单位，相当于县。

【旗杆】qígān 名 悬挂旗帜的杆子。

【旗鼓相当】qígǔ-xiāngdāng 旗和鼓是古代军队用来发号施令的两种用具。原形容两军势力相当；后泛指对峙的双方势均力敌。

【旗号】qíhào 名 旧指标明军队名称或将帅姓氏的旗帜；现多指进行某种活动时借用的名义（含贬义）▷要警惕打着改革的～搞腐败。

【旗舰】qíjiàn ❶ 名 一些国家的海军舰队司令、编队司令所在的军舰。因舰上挂有司令旗（夜间加挂司令灯），故称。中国人民解放军把这种舰叫指挥舰。❷ 名 比喻起引领或主导作用的事物 ▷5G～手机正式出售|～店。

【旗开得胜】qíkāi-déshèng 军旗一展开就打了胜仗；泛指工作或比赛一开始便取得好成绩。

【旗袍】qípáo 名 一种源于满族旗人的女式长袍，直领，右开襟。辛亥革命以来汉族妇女也开始穿，后不断改进，款式多样。

【旗袍裙】qípáoqún 名 旗袍样式的裙子。

【旗人】qírén 名 清代原称编入旗籍的人；后也指满族人。

【旗手】qíshǒu 名 在队伍前面打旗的人；现常用来比喻领导群众前进的先行者 ▷鲁迅是新文化运动的伟大～。

【旗下】qíxià 名 指将帅旌旗之下；借指部下或名下 ▷他的～人才济济|这些都是知名企业～的产品。

【旗语】qíyǔ 名 按照规定的挥旗动作传递语言信息的通信方法。适用于距离较远但又目力所及的航海、军事或某些野外作业等场合 ▷前方军舰上发出了～。

【旗帜】qízhì ❶ 名 旗子 ▷广场周围插满彩色～。❷ 名 比喻榜样 ▷他是医疗战线的一面～。❸ 名 比喻有代表性或号召力的某种思想、学说或政治力量等 ▷高举科学与民主的～。

【旗帜鲜明】qízhì-xiānmíng 指立场、观点毫不含糊 ▷他～地表明了自己的态度。

【旗装】qízhuāng 名 满族的服饰打扮。

【旗子】qízi 名 用布、绸或纸等做成的标志，多为方形、长方形或三角形，一般张挂在杆子上或墙壁上。

蕲[1]（蘄） qí 动〈文〉祈求 ▷～见。

蕲[2]（蘄） qí ❶［蕲春］qíchūn 名 地名，在湖北。○❷ 名 姓。

鲯（鯕） qí［鲯鳅］qíqiū 名 鱼，体侧扁，黑褐色，额部隆起，眼小，口大，牙尖，背鳍长，尾柄细，尾鳍分叉深，鳞细小。生活在海洋中。

鳍（鰭） qí 名 鱼类或其他水生脊椎动物的运动器官，由刺状的硬骨或软骨支撑薄膜构成。按生长的部位，可分为背鳍、臀鳍、尾鳍、胸鳍和腹鳍。它有调节运动速度、变换运动方向和护身的作用。

麒 qí［麒麟］qílín 名 古代传说中一种象征祥瑞的动物，形状像鹿，头上有角，全身有鳞甲。

鬐 qí 名〈文〉马鬃。

qǐ

乞 qǐ ❶ 动 请求对方给予；讨 ▷～援|～求|～食|～丐|～讨。○❷ 名 姓。

【乞哀告怜】qǐ'āi-gàolián 乞求别人同情怜悯。

【乞丐】qǐgài 名 靠乞讨过活的人。也说叫花子。

【乞怜】qǐlián 动 乞求怜悯 ▷摇尾～。

【乞灵】qǐlíng 动 向神灵求助；比喻乞求不可靠的救助（多和"于"连用，含贬义）▷能力靠苦练才能获得，不要～于所谓"捷径"。

【乞巧】qǐqiǎo 动 传说农历七月初七夜晚，天上的牛郎与织女相会。这天晚上妇女在院里供奉瓜果，请求织女帮助自己提高纺织刺绣技巧。

【乞求】qǐqiú 动 请求对方给予 ▷～原谅。

【乞食】qǐshí 动〈文〉要饭 ▷～度日。

【乞讨】qǐtǎo 动 向人要饭要钱等 ▷四处～。

【乞降】qǐxiáng 动 交战一方向对方请求允许投降 ▷兵临城下，迫使敌军～。

【乞援】qǐyuán 动 乞求支援 ▷向亲友～。

芑 qǐ ❶ 名 古书上说的一种良种谷子，茎白色。○ ❷ 名 古书上说的一种野菜，茎青白色。

屺 qǐ 名〈文〉没有草木的山。

岂（豈） qǐ ❶ 副 表示反问，相当于"哪""怎么""难道"▷～有此理｜～不是。○ ❷ 名 姓。☛ 下边是"己"，不是"巳"或"已"。

【岂不】qǐbù 副 难道不。用于加强反问的语气，表示肯定的意思 ▷～可惜？

【岂不是】qǐbùshì 难道不是 ▷这～弄巧成拙？

【岂但】qǐdàn 连 连接分句，同后一分句的关联词语一起表示递进关系，相当于"不但" ▷～要生存，而且更要发展。

【岂非】qǐfēi 动 难道不是。用反问的语气表示肯定 ▷～咄咄怪事！

【岂敢】qǐgǎn 动 怎么敢。用反问的语气表示不敢；也用作谦词，称自己担当不起 ▷您的话，我～不听｜～，～，你过奖了。

【岂可】qǐkě 动 怎么可以。用反问的语气表示不可以 ▷～坐视不救？

【岂肯】qǐkěn 动 怎么肯。用反问的语气表示不肯 ▷这样好的机会，他～放弃。

【岂料】qǐliào 动 哪能想到。用反问的语气表示没想到 ▷～一句玩笑话竟惹恼了他。

【岂能】qǐnéng 动 怎么能。用反问的语气表示不能 ▷～因小失大。

【岂有此理】qǐyǒu-cǐlǐ 哪有这样的道理。用反问的语气表示对不合理的事极为气愤 ▷无故中断合同，真是～！

【岂知】qǐzhī 动 哪里知道。用反问的语气表示不知或没有料想到 ▷～河水陡涨，险象环生。

【岂止】qǐzhǐ 动 哪里仅有。用反问的语气表示不限于某一数目或某一范围 ▷不赞成的人很多，～我一个？

企 qǐ ❶ 动 踮起脚跟 ▷～望｜～足而待。→ ❷ 动 希望；希求 ▷～及｜～求｜～图。☛ 统读 qǐ，不读 qì。

【企鹅】qǐ'é 名 水鸟，头和背部黑色，腹部白色，翅小，短足长在近尾处。善潜水游泳而不能飞。多群居在南极洲及附近岛屿上，耐寒。因上陆直立时，像抬头企望的样子，故称。

【企改】qǐgǎi 动 企业改革的简称（多用于国有企业）▷我市～工作进展顺利。

【企管】qǐguǎn 名 企业管理 ▷～部门。

【企划】qǐhuà 动 计划；策划 ▷共同～拓展市场。

【企及】qǐjí 动〈文〉希望达到 ▷不可～。

【企慕】qǐmù 动 仰望羡慕 ▷高风亮节，令人～。

【企盼】qǐpàn 动 殷切地希望 ▷～和平。

【企求】qǐqiú 动 盼望得到 ▷除此之外，别无～。

【企事业】qǐ-shìyè 企业和事业。

【企图】qǐtú ❶ 动 图谋；打算 ▷～把公司搞垮。❷ 名 意图（多含贬义）▷政治～。

【企望】qǐwàng 动 企盼 ▷读者～有好作品问世。

【企稳】qǐwěn 动 站稳，指价位等稳定在某个水平上 ▷我市肉价有望在本月内～｜进出口指标已经～向好。

【企业】qǐyè 名 从事生产、购销、运输以及服务性活动的经营实体（跟"事业"相区别）。如工厂、农场、矿山、公司等。

【企业法人】qǐyè fǎrén 以营利为目的，独立从事生产经营活动的法人。如全民所有制企业法人、集体所有制企业法人、中外合资经营企业法人、中外合作经营企业法人、外资企业法人。参见 374 页"法人"。

【企业化】qǐyèhuà ❶ 动 工商、运输等部门按照企业经营原则实行独立经济核算，自负盈亏。❷ 动 指事业单位像企业一样不靠国家经费，实行独立经济核算。

【企业集团】qǐyè jítuán 多个企业自愿联合构成的共同体。在企业集团内的各个企业相互服务，协调行动。

【企业家】qǐyèjiā 名 专门从事企业经营并有相当成就的人。也说实业家。

【企业所得税】qǐyè suǒdéshuì 国家对企业和其他取得收入的组织的所得征收的一种税。企业所得包括销售货物、提供劳务、转让财产、利息、股息、红利、租金、特许权使用费、接受捐赠等的收入。

【企业文化】qǐyè wénhuà 企业长期形成的本企业的价值观、作风、行为规范、规章制度以及各种文化活动和文化设施等的总和。

【企业自主权】qǐyè zìzhǔquán 在国家政策法规许可的范围内，企业在人财物、产供销等方面所拥有的自己作主的权力。

【企足而待】qǐzú'érdài 踮起脚来等待。形容心情迫切；也形容很快可以实现。

玘 qǐ ❶ 名〈文〉一种美玉。○ ❷ 用于地名。如张玘屯，在河北。

杞 qǐ ❶ 名 周朝诸侯国名，在今河南杞县。○ ❷ 名 姓。☛ ㊀统读 qǐ，不读 qí。㊁右边是"己"，不是"巳"或"已"。

【杞柳】qǐliǔ 名 落叶灌木，耐湿耐碱，是固沙、保土造林树种。枝条细长柔韧，可编织器物。也说红皮柳。

【杞人忧天】qǐrén-yōutiān《列子·天瑞》中说，杞国有个人担心天会塌下来，愁得寝食不安。比喻不必要的担心和忧虑。

启（啓*晵啟） qǐ ❶ 动 开；打开 ▷～封｜～齿｜开～。→ ❷ 动 开导；教导 ▷～蒙｜～示｜～发｜～迪。→ ❸ 动 开始 ▷～动｜～用。○ ❹ 动 陈述；报告 ▷敬～者｜谨～｜～事。→ ❺ 名 旧指较简短的书信 ▷小～｜谢～。○ ❻ 名 姓。

【启禀】qǐbǐng 动〈文〉向上级或长辈禀告 ▷～大人｜请容孩儿～。

【启程】qǐchéng 动 开始动身远行 ▷明日～赴京。

【启齿】qǐchǐ 动 开口说话（多用在有求于人时）▷犹豫半天，终未～｜羞于～。

【启迪】qǐdí 动 启发；开导 ▷～心灵。

【启碇】qǐdìng 动 把缆绳从碇上解开；借指开船 ▷轮船明晨6点～。

【启动】qǐdòng ❶ 动（机器等）开动；发动 ▷～汽车｜～马达。❷ 动（计划、工程等）开始实施 ▷～希望工程。

【启动器】qǐdòngqì 名 荧光灯的引燃器件。也说启辉器。

【启发】qǐfā 动 开导，使有所领悟 ▷～大家思考｜他的话对我很有～。

【启发式】qǐfāshì 区别 教师通过各种方式，启发学生积极思考，引导学生自觉、主动地获取知识的 ▷～教学。

【启封】qǐfēng 动 把封着的东西打开 ▷信刚收到，还没～。

【启航】qǐháng ❶ 动（轮船、飞机等）首次航行 ▷一艘新造的超大型游轮昨天～｜～典礼。❷ 动 比喻首次做某事 ▷"十四五"新征程已经～。☛ 跟"起航"不同。

【启蒙】qǐméng ❶ 动 向初学者传授入门的基本知识或技能 ▷～教育。❷ 动 通过宣传教育，使社会接受新事物，摆脱愚昧落后状态 ▷～运动。

【启蒙运动】qǐméng yùndòng ❶ 17—18世纪欧洲的思想解放运动。反对封建专制统治和教会思想的束缚，核心是"理性"，提倡科学、自由、平等。❷ 泛指通过宣传教育，使社会接受新事物而得到进步的运动。

【启明星】qǐmíngxīng 名 金星。因金星常在黎明前出现在东方天空，故称。

【启幕】qǐmù 动 开幕 ▷本届中国戏剧节隆重～。

【启示】qǐshì ❶ 动 启发提示，使有所领悟 ▷这一切～我们，艺术贵在创新。❷ 名 从启发提示中领悟的道理 ▷从中获得了重要的～。☛ 跟"启事"不同。

【启示录】qǐshìlù 名 指对人有启示作用的讲话、文章等 ▷一部家庭教育～。

【启事】qǐshì 名 一种应用文体，为了说明某事而公开发表的文字，多采用登报或张贴等方式 ▷寻人～｜招工～。☛ 跟"启示"不同。

【启衅】qǐxìn 现在一般写作"起衅"。

【启行】qǐxíng 动 动身；出发 ▷队伍即刻～。

【启用】qǐyòng 动 开始使用 ▷正式～新公章｜新机场将于近日～。☛ 参见1079页"起用"的提示。

【启运】qǐyùn 动（货物）从存放地开始发运 ▷支援灾区的药品即将～。

【启智】qǐzhì 动 启迪心智 ▷～教育｜开蒙～。

【启奏】qǐzòu 动〈文〉指向皇帝进言 ▷～皇上。

起[1] qǐ ❶ 动 由躺而坐；由坐而站 ▷睡到上午10点才～｜～身让座。→ ❷ 动 升起；上升 ▷大～大落｜～伏不平。❸ 动（皮肤上）长出 ▷头上～了一个包｜～痱子。→ ❹ 动 发生；开始 ▷你的病是怎么～的？｜～头｜～跑。⇒ ❺ 动 建立 ▷白手～家。⇒ ❻ 动 兴建 ▷～了三栋楼。⇒ ❼ 动 拟定 ▷～草稿｜～名。⇒ ❽ 动 跟"从""由"等配合，表示由何时、何地、何人开始 ▷从今天～，执行新规定｜高速路打这儿～，直到天津。❾ 动 跟"从""由"等配合，放在另一个动词后，表示某一动作行为由何时、何地、何人开始 ▷从头做～｜由今天算～。⇒ ❿ 量 a)用于发生的事，相当于"次""件" ▷一～事故｜每年总有几～案件。b)用于人或货，相当于"群""批" ▷看的人一～接一～｜货分三～运出。→ ⓫ 动 把嵌入、收藏的或积存在里面的东西弄出来 ▷～钉子｜～赃。○ ⓬ 动 领取（证件）▷～个执照。

起[2] qǐ ❶ 动 用在动词后，表示动作由下向上 ▷抬～头｜扬～鞭子。→ ❷ 动 用在动词和"得"（"不"）后面，表示有（没有）某种能力、能（不能）经受住或够（不够）某种标准 ▷车买得～，养不～｜经得～考验｜称得～模范单位。→ ❸ 动 用在动词后，表示动作涉及某人或某事，相当于"及"或"到" ▷他来信问～你｜他从没提～过这件事。→ ❹ 动 用在动词后，表示动作开始 ▷乐队奏～了舞曲。☛ ㊀"起[2]"各义项在口语中有时读轻声。㊁"起"字右上是"己"，不是"巳""已"或"已"。

【起岸】qǐ'àn 动 把船上的货物搬到岸上 ▷货轮靠码头～｜缩短～时间。

【起爆】qǐbào 动 点燃引信或按动电钮引爆爆炸物 ▷定向爆破准时～｜电子～器。

【起笔】qǐbǐ ❶ 动 书法上指每一笔运笔开始 ▷～多用逆锋。❷ 名 检字法上指一个汉字的第一笔 ▷～笔形以新字形为依据。❸ 名 指

文章开头的几句 ▷这篇文章～不凡。

【起兵】qǐbīng ❶ 动 出兵(打仗) ▷～讨伐｜连夜～。❷ 动 起事 ▷举旗～。

【起搏器】qǐbóqì 名 医疗器械,可辅助心脏病患者维持心脏跳动。

【起步】qǐbù 动 开始迈步;比喻(事业、工作等)开始进行 ▷事业刚刚～,困难还不少。

【起步价】qǐbùjià 名 乘坐出租车、某些公交车等的最低价钱;泛指最低的或起始的价钱。

【起草】qǐcǎo 动 写草稿;初步写出 ▷～协议书｜这篇报告由你～,然后大家讨论修改。

【起场】qǐcháng 动 把摊晒在场(cháng)上经过碾轧的谷物收拢起来。

【起承转合】qǐ-chéng-zhuǎn-hé 指文章写作的一般章法。"起"是开始,"承"是承接上文加以申述,"转"是转折,从正面或反面进一步论证,"合"是结尾。

【起程】qǐchéng 现在一般写作"启程"。

【起初】qǐchū 名 开始;最初(常跟"后来""现在"对举) ▷你～说要,怎么后来又改了主意?

【起床】qǐchuáng 动 从床上下来(多表示不再睡了) ▷他～时天刚蒙蒙亮。

【起底】qǐdǐ 动 揭底;揭秘 ▷～腐败利益链｜骗局大～。

【起点】qǐdiǎn ❶ 名 开始的地方或时间 ▷明长城东端～是辽宁虎山｜"鸦片战争"是中国近代史的～。❷ 名 特指体育径赛中指定的出发点 ▷百米比赛的～设在跑道南端。

【起点站】qǐdiǎnzhàn 名 始发站。

【起吊】qǐdiào 动 用起重机吊起重物移到别处 ▷这套机器整体～有困难。

【起碇】qǐdìng 现在一般写作"启碇"。

【起端】qǐduān 名 (事情的)开头;起因 ▷调查事情的～。

【起飞】qǐfēi ❶ 动 (飞机等)离开地面,开始飞行。❷ 动 比喻事业开始迅速发展 ▷工业～。

【起伏】qǐfú ❶ 动 连续地一起一落 ▷群山～。❷ 动 比喻情绪、关系等波动不定 ▷心潮～。

【起复】qǐfù ❶ 动 古代官员守制尚未满期而应召任职。明、清时又指守制期满后重新出来做官。❷ 动 指官员革职后被重新起用。

【起稿】qǐgǎo 动 起草;拟稿 ▷工作计划由你～。

【起更】qǐgēng 动 旧指入夜第一次打更(约在晚七点)。

【起锅】qǐguō 动 把蒸熟、煮熟的食物从锅里取出来。

【起航】qǐháng ❶ 动 (轮船、飞机等)开始航行 ▷这支船队已经鸣笛～｜飞机准时～。❷ 动 比喻开始做某事 ▷这些传统赛项将以全新面貌再度～。☛ 跟"启航"不同。

【起哄】qǐhòng 动 (许多人在一起)开玩笑;胡闹;捣乱 ▷会场上有人～｜你起什么哄?

【起火】qǐhuǒ ❶ 动 点火做饭 ▷我家平时不～,吃食堂。❷ 动 失火 ▷后院～了。❸ 动 发脾气 ▷看他要～的样子,谁也不说话了。

【起火】qǐhuo 名 一种带着苇子秆的花炮,点燃后迅速升空,同时喷出一道火花。

【起货】qǐhuò 动 某些地区指发货或提货 ▷两天内即可～。

【起获】qǐhuò 动 从窝藏的地方搜查出(赃物、违禁品等) ▷赃物被公安人员～。

【起急】qǐjí 动〈口〉着急;发急 ▷看着她笨手笨脚,什么都干不好,心里不免～。

【起家】qǐjiā 动 创立家业;比喻开创事业 ▷他爷爷那一辈是靠给人拉脚～的。

【起价】qǐjià 名 商品交易中卖方给出的起始价格;特指拍卖、招标中主事人给出的起始价格。

【起驾】qǐjià 动 本指皇帝、皇后等动身;现在也用于一般人(含诙谐意) ▷～回宫｜听说您要回家,打算什么时候～?

【起见】qǐjiàn 助 常与介词"为(wèi)"构成"为……起见"格式,表示出于某种原因或愿望 ▷为慎重～,把稿子又仔细看了一遍。

【起降】qǐjiàng 动 起飞和降落(多指飞机) ▷机场内飞机～频繁。

【起解】qǐjiè 动 旧时指犯人被押送走 ▷《苏三～》。☛ "解"这里不读 jiě。

【起劲】qǐjìn 形 形容做某件事的情绪高、劲头大 ▷越干越～｜～地为中国队加油｜玩得真～儿。

【起敬】qǐjìng 动 心里产生敬意 ▷肃然～。

【起居】qǐjū 名 活动和休息;借指日常生活。

【起居室】qǐjūshì 名 指住宅里的厅堂。有的兼作客厅、餐厅。

【起圈】qǐjuàn 动 把牲畜棚圈里面的粪便和所垫的草、土取出来用作肥料。也说出圈。

【起来】qǐlái ❶ 动 由躺、坐、跪等姿势变为站立 ▷见到老人上车,要～让座｜他躺着起不来了。❷ 动 起床。❸ 动 泛指升起、兴起、奋起等 ▷风筝～了｜一座座高楼～了｜～抗争。☛ 以上各种用法中的"来"口语中有时读轻声。

【起来】qǐlai ❶ 动 用在动词后,表示人或事物由低到高变化 ▷站～｜请把奖杯举～｜油价最近涨～了。❷ 动 用在动词后,表示动作有了一定结果 ▷终于想～了。❸ 动 用在动词后,表示动作开始并继续下去 ▷掌声响～｜做完准备活动,他便跑了～。❹ 动 用在动词后,表示估计或着眼于某一方面 ▷看～,明天去不成了｜这朵花不很美,闻～却很香。❺ 动

用在形容词后，表示情况、状态出现，并且程度继续加深 ▷苹果逐渐红～|身体慢慢好～。☛ 以上各种用法中的“来”有时可不读轻声。

【起立】qǐlì 动 站起来(多用作口令) ▷全体～！

【起灵】qǐlíng 动 把停放的灵柩抬起来准备送走。

【起落】qǐluò 动 升起和降落 ▷潮水～。

【起落架】qǐluòjià 名 飞机用来在地面或水面上起飞、降落、滑行和停放的装置。

【起码】qǐmǎ 区别 最低限度的 ▷～的要求。

【起锚】qǐmáo 动 把锚提起；借指开船 ▷去上海的轮船马上就要～。☛ 不宜写作“启锚”。

【起名儿】qǐmíngr 动 给人或事物拟定一个名字或名称 ▷给孩子起个名儿。

【起拍】qǐpāi 动 从某一价位开始拍卖 ▷那幅画以 20 万元的价格～。

【起跑】qǐpǎo 动 开始跑，特指赛跑时按照比赛规则开始跑 ▷反复练习～动作。

【起跑器】qǐpǎoqì 名 一种安置在起跑线后帮助短跑运动员迅速起跑的器械。

【起跑线】qǐpǎoxiàn ❶ 名 径赛中起点的标志线 ▷准备起跑时，双手不许压～。❷ 名 比喻工作、学习等的起点 ▷大家新入学，处在同一～上。

【起泡】qǐpào 动 冒出泡状物 ▷浑身～。

【起讫】qǐqì 动 开始和截止(多用作定语) ▷会议～日期请电告。☛ “讫”不要误写作“迄”。

【起墙】qǐqiáng ❶ 动 砌墙 ▷新房～、架梁都很顺利。○ ❷ 名 指某些档案袋、公文袋等的两侧及底部折叠起来可以展宽的部分。

【起色】qǐsè 名 事物变好的样子(多就原来不好而言) ▷近来，孩子的学习有了～。

【起身】qǐshēn ❶ 动 启程；动身 ▷明天～去北京。❷ 动 站起来 ▷～送客。❸ 动 起床。

【起始】qǐshǐ ❶ 动 (从某一时间或某一地点)开始 ▷他去年才～干这一行|赛跑的～地点。❷ 名 起初；原先 ▷这事～我也不信。

【起事】qǐshì 动 发动武装起义 ▷秦朝末年，陈涉率先～。

【起誓】qǐshì 动 发誓；表明决心。

【起首】qǐshǒu 名 起初；开始 ▷他俩～就不和。

【起死回生】qǐsǐ-huíshēng 使垂死的人复活。形容医术高明；也比喻使看来无望的事情发生转机。

【起诉】qǐsù 动 向法院提起诉讼 ▷他因涉嫌诈骗被～。☛ 跟“控诉”不同。“起诉”是法律行为；“控诉”的接受对象是国家有关部门、社会团体或公众，不属于司法程序，无法律意义。

【起诉书】qǐsùshū 名 检察机关为提起公诉而制作的法律文书。内容包括被告人的基本情况、犯罪事实和证据、提起公诉的理由等。

【起诉状】qǐsùzhuàng 名 民事案件和行政案件的原告或刑事案件的自诉人为提起诉讼而写的文书。内容包括当事人的基本情况、诉讼请求和所根据的事实与理由、证据和证人等。

【起跳】qǐtiào 动 借助腿的弹跳力，使身体开始跃起(多用于跳高、跳远、跳水、篮球、排球等运动) ▷～有力|～投篮。

【起头】qǐtóu ❶ 动 领头 ▷只要你～，别人准跟上。❷ 动 开始；开头 ▷事情刚～。❸ 名 事情的起点 ▷故事的～很吸引人。❹ 名 开始的时候 ▷～他反对，后来又同意了。

【起网】qǐwǎng 动 从水中拉起渔网。

【起舞】qǐwǔ 动 开始舞蹈 ▷翩翩～。

【起先】qǐxiān 名 起初；最初 ▷～他只是公司的一个职员，现在当上了总经理。

【起小儿】qǐxiǎor 副 从年龄小的时候起 ▷这孩子～就顽皮。

【起薪】qǐxīn 名 起始工薪 ▷～多少？

【起衅】qǐxìn 动 挑起争端 ▷问明～情由。

【起行】qǐxíng 现在一般写作“启行”。

【起兴】qǐxìng ❶ 形 起劲；兴致浓 ▷跳舞跳得正～|写得～。❷ 动 诗歌表现手法之一，即借另一事物，以引起所吟咏的事物 ▷《孔雀东南飞》用“孔雀东南飞，五里一徘徊”～。

【起眼】qǐyǎn 形 引人注目(多用于否定) ▷一身普通打扮，站在那儿很不～。

【起夜】qǐyè 动 夜间起床解手。

【起疑】qǐyí 动 产生怀疑 ▷他近来鬼鬼祟祟的，不能不令人～。

【起义】qǐyì ❶ 动 为反抗反动统治而举行武装暴动 ▷黄巾～|秋收～。❷ 动 背叛原来所属阵营而投向正义阵营 ▷率部～。

【起意】qǐyì 动 萌发某种念头(多指坏的) ▷见财～。

【起因】qǐyīn 名 (事情)发生的原因 ▷这个案件的～很复杂。

【起用】qǐyòng 动 重新任用已退职或免职的人员；现也泛指提拔任用 ▷新书记上任后，～了一些科技干部。☛ 跟“启用”不同。“起用”的对象是人，指提拔或重新任用；“启用”的对象是物，指开始使用。

【起源】qǐyuán ❶ 动 最初产生；发源 ▷象形文字～于原始图画。❷ 名 (事物)产生的根源 ▷探讨艺术的～。

【起运】qǐyùn 现在一般写作“启运”。

【起赃】qǐzāng 动 从窝藏的地方把赃款、赃物搜查出来 ▷立刻派人到窝主家中～。

【起早】qǐzǎo 动 起得特别早 ▷～去赶集。

【起早贪黑】qǐzǎo-tānhēi 早起晚睡。形容抓紧时间辛勤劳动和工作。也说起早摸黑。

【起征】qǐzhēng ❶ 动 开始征收(税、费等) ▷个人所得税从月收入 5000 元～｜高速过路费按新规定～。❷ 动 开始征集(稿件、资料、建议等)。

【起征点】qǐzhēngdiǎn 名 征收税、费等的起点 ▷通过"营改增"提高小微企业的税收～。

【起止】qǐzhǐ 动 开始和终止;开头和结尾 ▷你知道这次培训的～日期吗?

【起重】qǐzhòng 动 (用机械)提起重物 ▷～设备。

【起重船】qǐzhòngchuán 名 浮吊。

【起重机】qǐzhòngjī 名 提起并搬移重物的机械设备。形制多样,大都由电力或内燃机驱动。也说吊车。

【起皱】qǐzhòu 动 物体表面因收缩或搓弄而出现皱纹或褶子 ▷皮肤～｜衣服揉得～了。

【起子】qǐzi ❶ 名 开瓶盖或罐头盒的工具,式样有多种,多用金属制成。❷ 名 某些地区指螺丝刀。〇 ❸ 名 某些地区指焙(bèi)粉。

跂 qǐ 动〈文〉踮起脚跟 ▷～望｜～踵。
另见 1074 页 qí。

婍 qǐ 形〈文〉容貌美丽。

绮(綺) qǐ〈文〉❶ 名 有花纹的丝织品 ▷～纨。→ ❷ 形 艳丽;美妙 ▷～丽｜～思。☛ 统读 qǐ,不读 qí。

【绮丽】qǐlì 形 艳丽 ▷风光～。

棨 qǐ 名 古代官员出行时用作前导的一种仪仗,用木制成,形状像戟 ▷～戟遥临。

䏌 qǐ 名〈文〉小腿肌。

綮 qǐ ❶ 古同"棨"。〇 ❷ 名 姓。
另见 1124 页 qìng。

稽 qǐ [稽首] qǐshǒu ❶ 动 古代一种跪拜礼,跪下叩头到地,头触地停留一些时间。主要用于臣对君。❷ 动 道士举一手向人行礼。先把一只手举到胸前,再俯首至手。☛ "稽首"不读 jīshǒu。
另见 637 页 jī。

qì

气(氣) qì ❶ 名 气体的统称 ▷氧～｜废～｜水蒸～。→ ❷ 名 特指空气 ▷大～层｜～流｜给自行车打～。→ ❸ 名 指阴晴冷暖等自然现象 ▷～象｜～候。→ ❹ 名 气息① ▷跑得上～不接下～｜喘～｜咽～。→ ❺ 名 气味① ▷香～｜腥～。→ ❻ 名 中国哲学概念,主观唯心主义用来指人的主观精神,朴素唯物主义用来指形成宇宙万物的最基本的物质实体。⇒ ❼ 名 精神状态;气势 ▷一鼓作～｜～冲霄汉｜～概。⇒ ❽ 动 生气;发怒 ▷～哭了｜～愤｜～恼。❾ 动 使生气 ▷故意～我｜真～人。❿ 名 恼怒的情绪 ▷怒～冲冲｜动～｜消消～。⇒ ⓫ 名 指人的作风和习气 ▷官～｜书生～｜傲～。⇒ ⓬ 名 中医术语。a)指人体内运行变化的、能使各种器官正常发挥机能的精微物质 ▷元～｜～血。b)指某种病象 ▷湿～｜肝～。〇 ⓭ 名 姓。☛ "气"①跟"汽"不同。"气"①多指自然状态下的各种气体;"汽"多指非自然状态下的气体。如"气锤"跟"汽锤"不同,"气轮机"跟"汽轮机"不同。

【气昂昂】qì'áng'áng 形 形容精神振奋、意气昂扬 ▷雄赳赳,～。

【气包子】qìbāozi 名〈口〉指爱生气的人。

【气泵】qìbèng 名 用来抽气或压缩气体的装置。也说风泵。

【气不忿儿】qìbùfènr 动〈口〉不服气,很气愤 ▷这种不合理的事真叫人～。

【气不过】qìbùguò 动 气得受不了 ▷我看着～,才上前帮他说话。

【气层】qìcéng ❶ 名 蕴藏着大量天然气的岩层。❷ 名 大气层。

【气场】qìchǎng ❶ 名 中医指修炼气功时人体内形成的气势。❷ 名 指氛围;也指一个人身上显现出的影响他人的气势 ▷独特的文化～｜良好的营销～｜此人～强大。

【气冲冲】qìchōngchōng 形 形容非常气愤的样子 ▷他把门一摔,～地走了。

【气冲牛斗】qìchōng-niúdǒu 形容意气高昂或怒气很盛(牛斗:二十八宿中的牛宿和斗宿,借指天空)。也说气冲斗牛。

【气冲霄汉】qìchōng-xiāohàn 气魄很大,直冲天际。形容大无畏的精神和气概。☛ "霄"不要误写作"宵"。

【气喘】qìchuǎn ❶ 动 急促地呼吸 ▷～吁吁。❷ 名 医学上指因支气管痉挛、收缩引起呼吸困难的症状 ▷天气一冷他就～。

【气喘吁吁】qìchuǎn-xūxū 呼吸急促,上气不接下气的样子 ▷～地跑来。☛ "吁"不要误写作"嘘",不要误读作"yū"。

【气窗】qìchuāng 名 主要用于通风换气的窗子,一般开在屋顶或墙壁上部。

【气锤】qìchuí 名 空气锤。

【气粗】qìcū ❶ 形 形容说话气势很盛 ▷财大～。❷ 形 形容脾气粗暴 ▷他这个人～,得罪了不少人。

【气垫】qìdiàn ❶ 名 一种内囊可充气的橡皮垫子,可以做卧垫、坐垫、靠垫等。❷ 名 对物体起支承作用的高压空气 ▷～船。

【气垫船】qìdiànchuán 图 利用高压空气的支承力使船体升离水面或地面行驶的高速船。一般以空气螺旋桨或喷气方法推进。两栖气垫船可以登陆行驶。也说腾空船。

【气定神闲】qìdìng-shénxián 心气平和，神情安闲 ▷她的演唱，张弛有度，～|～，从容应对。

【气动】qìdòng 区别 以压缩气体驱动的 ▷～工具。

【气度】qìdù 图 气魄和度量 ▷非凡的～。

【气度恢宏】qìdù-huīhóng 气魄大，度量宽 ▷盛唐诗歌具有～的特点。

【气短】qìduǎn ❶ 形 呼吸短促 ▷登山感到有点儿～。❷ 形 志气消沉 ▷人穷不～。

【气阀】qìfá 图 能控制气体压力的阀门。当气体压力达到限度时，气阀自动打开，放出部分气体，如高压锅气阀。

【气氛】qìfēn 图 存在于一定环境中的能使人感受到的某种情绪或景象 ▷严肃的～。☛ 口语中"氛"这里也读 fen 。

【气愤】qìfèn 动 气恼而愤恨 ▷严重的吃喝风令他非常～。☛ 不宜写作"气忿"。

【气概】qìgài 图 面临重大问题时所显示的态度、举止或气魄(专指好的方面) ▷大无畏的英雄～|～非凡。☛"概"不要误写作"慨"。

【气缸】qìgāng 图 指内燃机的汽缸。参见 1084 页"汽缸"。

【气割】qìgē 动 用可燃气体吹管喷出的高温火焰切割金属材料 ▷～钢板。

【气根】qìgēn 图 气生根的通称。生长在植物茎部或叶部的不定根，部分或全部暴露在地表，能吸收大气中的水分和养分。如榕树、玉米就有气根。

【气功】qìgōng ❶ 图 我国一种传统的健身方法，一般采用静止的或柔和运动的方式来集中意念，调节呼吸，用以祛病强身。❷ 图 武功的一种，运气后可增大力气，也可显示轻功。

【气鼓鼓】qìgǔgǔ 形〈口〉形容非常生气的样子 ▷～地坐在一旁不吭声。

【气管】qìguǎn 图 呼吸器官的一部分，是连接喉与肺的呼吸管道，上部较粗，下部较细且分成两支，分别通入左右两肺。

【气贯长虹】qìguàn-chánghóng 气势贯穿长虹。形容气势盛大 ▷大义凛然，～。

【气锅】qìguō 图 一种砂锅，中间有管子，下通锅底，上不伸出锅盖。可在管子周围放置要烹调的食物，然后将砂锅放入另外的锅内蒸，水蒸气通过管子进入砂锅，把食物蒸熟并得浓汁。

【气焊】qìhàn 动 利用气体火焰加热，使金属工件连接处熔合在一起。

【气哼哼】qìhēnghēng 形〈口〉形容生气时用鼻子出声的样子 ▷她铁青着脸，～地走了。

【气候】qìhòu ❶ 图 一个地区由纬度、地形、海拔高度、大气环流等因素相互作用所形成的气象状态的总体情况 ▷海洋性～。❷ 图 比喻社会动向或发展态势；社会环境 ▷政治～。❸ 图 比喻较大的影响力；成就 ▷创业才几年，他的植物园已经成～了。

【气候带】qìhòudài 图 根据地面气候的带状分布特征，按纬度高低划分的区域。由赤道至两极，通常划分为热带、亚热带、温带、寒带。

【气呼呼】qìhūhū 形 生气时喘粗气的样子 ▷～地走了。☛ 不宜写作"气乎乎""气虎虎"。

【气化】qìhuà ❶ 动 中医指人体内气的运行变化。❷见1084 页"汽化"。现在一般写作"汽化"。

【气话】qìhuà 图 生气时说的过头话 ▷这些都是～，你别在意。

【气急】qìjí 动 呼吸急促，接不上气 ▷～语塞。

【气急败坏】qìjí-bàihuài 上气不接下气，失去常态。形容因恐慌或羞恼而狼狈不堪的样子。

【气节】qìjié 图 坚持正义、刚正不屈的品格 ▷保持民族～。

【气井】qìjǐng 图 用钻机从地面打到天然气气层的井 ▷～已经开始喷气。

【气绝】qìjué 动 呼吸停止；死亡 ▷～身亡。

【气孔】qìkǒng ❶ 图 植物体表皮细胞之间的小孔，主要分布在叶子的背面，是植物体与外界气体交换的孔道。❷ 图 气门①。❸ 图 铸件内部或表面的孔洞，由铸造过程中进入空气形成。凡有气孔的铸件，质量都大受影响。也说气眼。❹ 图 泛指能使气体通过的孔 ▷地道里设有～|轮胎上出现～。也说气眼。

【气浪】qìlàng 图 气体受到强大外力推动时所产生的冲击波 ▷一阵～打过来，他被掀倒在地。

【气力】qìlì ❶ 图 力气；体力 ▷他的～大。❷ 图 精力；功夫 ▷学习是艰苦的事，要下大～。☛ 参见 845 页"力气"的提示。

【气量】qìliàng 图 胸怀；度量 ▷～大。

【气流】qìliú ❶ 图 流动的空气 ▷暖湿～。❷ 图 特指由肺的膨胀或收缩形成的进出于呼吸通道的气，是发音的动力。

【气楼】qìlóu 图 屋顶上安有窗子的凸起部分，用来通气、透光。

【气脉】qìmài ❶ 图 血气和脉息 ▷～不畅。❷ 图 借指诗文中贯穿前后的思路、脉络 ▷全文～贯通。

【气煤】qìméi 图 烟煤的一种，通过隔绝空气加热可分解出大量煤气和焦油，配入其他烟煤能炼出高质量的焦炭，是一种重要的工业原料。

【气门】qìmén ❶ 图 陆栖节肢动物呼吸器官与外

界相通的孔道，分布在身体表面，是空气的进出口。如蝗虫腹部的气门共有八对。也说气孔。❷ 名 轮胎等的充气装置，是一个活门，能使空气压入后不再逸出。❸ 名 某些机器上控制气体进出的装置。

【气门心】qìménxīn 现在一般写作"气门芯"。

【气门芯】qìménxīn ❶ 名 构成轮胎等气门的一个零件，由弹簧或橡皮管制成，可防止由气门压入的空气逸出。❷ 名 指做气门芯用的橡皮管。

【气闷】qìmèn ❶ 形 因空气不流通等原因而感到憋闷 ▷屋里烟雾腾腾让人感到～。❷ 形 形容心情烦闷，不畅快 ▷她心里～得很。

【气囊】qìnáng ❶ 名 鸟类体内贮有空气的囊状构造，与肺部相通，分布于内脏、皮下、肌肉、骨骼等的间隙中，有协助呼吸、调节体温等作用。❷ 名 用涂有橡胶的布做成的球状物，充入比空气轻的气体，能制作高空气球等。

【气恼】qìnǎo 动 生气；恼怒 ▷他仍在～我昨天失约的事|流言使他很～。

【气馁】qìněi 形 丧失勇气和信心 ▷失败了不～。

【气逆】qìnì 动 中医指脏腑之气上冲而不顺 ▷胸闷～。

【气派】qìpài ❶ 名 人的言行举止或某些事物显示出的气势 ▷大家～|宽敞的客厅显得～不凡。❷ 形 神气；有气势 ▷你穿这套衣服很～|～的宫殿。

【气泡】qìpào 名 气体在固体、液体的内部或表层下占据一定空间而形成的球状或半球状体 ▷这块玻璃里面有～。

【气魄】qìpò ❶ 名 魄力，无所畏惧的精神或作风 ▷具有英雄～。❷ 名 事物所显示出来的气势 ▷～宏伟。

【气枪】qìqiāng 名 用压缩空气作动力的枪，能发射铅弹。

【气球】qìqiú 名 在薄橡皮、塑胶或橡胶布等制成的囊袋中灌进氢、氦等气体而形成的球体。由于比空气轻，可以凭借空气浮力上升。种类很多，有的用作玩具，有的用于大气探测等。

【气人】qìrén 动 让人生气 ▷他是在故意～。

【气色】qìsè 名 人的精神状态和健康状况在面部的表现 ▷看～，他好像生病了。

【气生根】qìshēnggēn 名 气根的学名。

【气盛】qìshèng 形 精力旺盛；现多指火气大，易冲动 ▷年轻～。

【气势】qìshì 名 人或事物显示出来的某种力量和威势 ▷～逼人|～磅礴。

【气势汹汹】qìshì-xiōngxiōng 形容态度或声势十分凶猛（含贬义）▷他～地向我扑来。

【气数】qìshu 名 迷信指命运；泛指事物存在或人生存的期限（多在事物或人衰颓时说）▷反动政权暴虐无道，～已尽。

【气态】qìtài 名 物质的气体状态，是物质存在的一种形态。参见本页"气体"。

【气体】qìtǐ 名 没有一定形状和体积，可以在空中流动的物体。如常温下的空气、氢气等。

【气田】qìtián 名 蕴藏大量天然气且具有开采价值的地带。

【气筒】qìtǒng 名 给轮胎、球胆等充气的工具，由圆金属筒和活塞等构成。

【气头上】qìtóushang 名 正生气的时刻 ▷～说的话，不要挂在心上。

【气团】qìtuán 名 温度、湿度等在水平方向上分布比较均匀，在垂直方向上的变化也相近的大范围的空气团。如冷气团和暖气团、干气团和湿气团等。气团的移动、变性和相互接触能引起大范围的天气变化。

【气吞山河】qìtūnshānhé 气势能够吞下高山大河。形容气魄很大 ▷～的壮举。

【气味】qìwèi ❶ 名 弥漫在空气中的味儿 ▷一股馨香的～。❷ 名 借指脾气；情趣（多用于贬义）▷～相投|～投合。

【气味相投】qìwèi-xiāngtóu 脾气、秉性或志趣互相投合。

【气温】qìwēn 名 空气的温度。由太阳的辐射和日射角度的大小决定，同时还受气流、云量和地形等条件的影响。

【气息】qìxī ❶ 名 呼吸时进出的气 ▷～微弱。❷ 名 指情趣和风格 ▷作品充满乡土～。

【气息奄奄】qìxī-yǎnyǎn ❶形容呼吸微弱即将死亡的样子（奄奄：气息微弱的样子）▷医生赶到时，他已经～，不省人事了。❷比喻事物即将灭亡 ▷旧制度已是～。☛"奄"不读 yān。

【气象】qìxiàng ❶ 名 大气物理状态与物理、化学现象的统称。如冷、热、干、湿、风、雨、雪、电等 ▷～预报|观测～。❷ 名 指气象学。❸ 名 自然景色；景象 ▷祖国山河～万千|农村新～。

【气象台】qìxiàngtái 名 负责对大气进行观测研究并发布天气预报的专业机构。

【气象万千】qìxiàng-wànqiān 形容景象多姿多彩，千变万化，十分壮观。

【气象卫星】qìxiàng wèixīng 用于气象观测、搜集气象资料的人造地球卫星。

【气象学】qìxiàngxué 名 研究大气及其物理现象的学科，随着研究领域的扩大，20 世纪 60 年代已发展为大气科学。

【气象站】qìxiàngzhàn 名 进行大气观测和小区域气象预报的基层气象机构。

【气性】qìxing ❶ 名 脾气秉性 ▷好～。❷ 名 指爱生气或生气后不能及时恢复常态的性格 ▷你怎么这么大～？

【气汹汹】qìxiōngxiōng 形 盛怒的样子 ▷～地喊叫。☛"汹"不要误写作"凶"。

【气胸】qìxiōng 名 空气进入胸膜腔所致的疾病，多因肺组织破裂、胸部创伤或诊疗时注入空气所致。

【气咻咻】qìxiūxiū 形 形容生气时喘气的样子 ▷他十分恼火，～地叫嚷着。

【气吁吁】qìxūxū 形 形容大声而急速喘气的样子 ▷他正～地往山上爬。

【气虚】qìxū 名 中医指脾胃之气不足或元气衰弱引起的病症，表现为身体虚弱、面色苍白、呼吸短促、四肢无力、常出虚汗等。

【气旋】qìxuán 名 指中心气压低于其四周的大气漩涡。气旋过境时往往降雨或降雪。

【气血】qìxuè 名 中医指人体内的气和血。气指人体内运行变化的精微物质或脏腑组织的功能活动；血主要指人体内流动的血液。

【气压】qìyā 名 气体的压强，通常指大气的压强。离地面越高，气压就越小。

【气压表】qìyābiǎo 名 用来测定气体压强的仪器，常见的有水银气压表和空盒气压表。

【气压水瓶】qìyā shuǐpíng 利用气压将水从密封瓶内沿导管压出的水瓶，是一种冷、热水两用瓶。

【气眼】qìyǎn 名 气孔③④。

【气焰】qìyàn 名 燃烧的火势；常比喻人的威风、气势(多含贬义) ▷～嚣张｜反动～。

【气宇】qìyǔ 名 风度；气概 ▷～恢宏。

【气宇轩昂】qìyǔ-xuān'áng 形容精神饱满，气概不凡。

【气运】qìyùn 名 运气 ▷～不佳｜好～。

【气韵】qìyùn 名 (诗文或书画的)意境和韵味 ▷～生动｜～不足。

【气胀】qìzhàng 名 中医指因肝气郁结、脾胃虚弱等引起的一种腹部疾病。表现为食欲不佳、腹部胀满，并常伴有嗳气。

【气质】qìzhì ❶ 名 指人的生理、心理素质和较稳定的个性特征。如活泼好动、沉静寡言、热情好客、冷漠孤僻等。❷ 名 指人的风格、气度 ▷诗人～。☛ 跟"器质"不同。

【气滞】qìzhì 名 中医指人体内经络、脏腑等的功能活动出现阻滞而引起的病变，多表现为局部疼痛、胀满等。

【气壮如牛】qìzhuàng-rúniú 形容气势很盛，如同好斗的公牛。常与"胆小如鼠"对照使用，说明外强中干。

【气壮山河】qìzhuàng-shānhé 气势像高山大河那样豪迈雄壮。

讫(訖) qì ❶ 动 停止；截止 ▷起～。→ ❷ 动 完毕；终了 ▷收～｜验～。

迄 qì〈文〉❶ 动 到；至 ▷自古～今。→ ❷ 副 表示从某一时间开始直到现在，相当于"一直" ▷～无音信。☛ 不读 qǐ。

【迄今】qìjīn 动 直到现今 ▷这座桥～已有1300多年的历史了。

【迄今为止】qìjīn-wéizhǐ 到现今为止。指从以前某一起始时间到目前的整个时间段 ▷～，机器没发生任何故障。

汔 qì 副〈文〉差不多；几乎。

弃(*棄) qì ❶ 动 丢弃；扔掉 ▷～暗投明｜～权｜舍～｜抛～｜遗～。○ ❷ 名 姓。☛ 下边是"廾(gǒng)"，不是"丌(jī)"。

【弃暗投明】qì'àn-tóumíng 离开黑暗，走向光明。比喻脱离黑暗势力，走上光明道路。

【弃儿】qì'ér 名 被父母遗弃的小孩子。

【弃妇】qìfù 名〈文〉被丈夫遗弃的女人。

【弃耕】qìgēng 动 放弃耕种 ▷～撂荒｜～还林。

【弃甲曳兵】qìjiǎ-yèbīng 丢掉铠甲，拖着兵器。形容打败仗惊慌逃跑的样子。☛"曳"不读 xiè。

【弃奖】qìjiǎng 动 放弃所得的奖状或奖品、奖金等 ▷自愿～｜～而去。

【弃旧图新】qìjiù-túxīn 抛弃旧的，谋求新的。多指抛弃原来的错误，走向新的正确的道路。

【弃取】qìqǔ 动 放弃或采取。

【弃权】qìquán 动 放弃应该享有的权利(多用于选举、表决、比赛等) ▷自动～。

【弃世】qìshì 动〈文〉离开人世；死去 ▷相继～。

【弃学】qìxué 动 放弃学业 ▷中途～，十分可惜。

【弃养】qìyǎng ❶ 动〈文〉婉词，指父母死亡(意思是不再接受子女的奉养) ▷家严、家慈相继～。❷ 动 遗弃而不再抚养、赡养或喂养等 ▷恶意～子女或老人将负法律责任｜可怜的小猫是被人～的。

【弃婴】qìyīng ❶ 名 被遗弃的婴儿 ▷收养～。❷ 动 负有法定抚养责任的人遗弃应抚养的婴儿 ▷～是一种犯罪行为。

【弃置】qìzhì 动 扔在一边 ▷～不顾。

汽 qì 名 液体或某些固体变成的气体；特指水蒸气 ▷～笛｜～灯｜～化。☛ ㊀右边是"气"，不是"乞"。㊁参见1080页"气"的提示。

【汽车】qìchē 名 用内燃机作为动力机的一种陆路交通运输工具，通常有四个或四个以上的车轮，用于运载人或各种物资。

【汽车站】qìchēzhàn ❶ 名 汽车运输企业的基层单位。按经营业务分为客运站、货运站等。❷ 名 汽车固定停车的地点。

【汽船】qìchuán ❶ 名 用蒸汽机做动力的小型水

上交通运输工具。❷ 图 汽艇。

【汽锤】qìchuí 图 蒸汽锤。

【汽灯】qìdēng 图 一种把煤油变为蒸气,喷射到浸有硝酸钍溶液的纱罩上燃烧发光的灯。

【汽笛】qìdí 图 让蒸汽从气孔喷出而发出声响的发声器。常安装在火车、轮船上或工厂里。

【汽缸】qìgāng 图 内燃机、蒸汽机等发动机的圆筒状构件,活塞在其中往复运动,产生动力。☛ 内燃机的"汽缸"现在一般写作"气缸"。

【汽锅】qìguō 现在一般写作"气锅"。

【汽化】qìhuà 动 物质从液体转变为气体。

【汽化器】qìhuàqì 图 内燃机上的部件,可将汽油等变为雾状,并按一定比例与空气混合,形成供汽缸燃烧的混合气。也说化油器。

【汽酒】qìjiǔ 图 用某些水果酿制成的含有二氧化碳的酒 ▷葡萄～。

【汽轮机】qìlúnjī 图 利用高压蒸汽作动力推动叶轮转动的涡轮机。因其转速高、功率大,较为经济,现多用来发电。

【汽碾】qìniǎn 图 用蒸汽机发动的压路机。也说汽碾子。

【汽暖】qìnuǎn 图 利用蒸汽通过供暖设备散热来取暖的一种方式(跟"水暖"相区别)。

【汽配】qìpèi ❶ 图 汽车配件 ▷专营～。❷ 动 给汽车配上所缺零部件 ▷～维修。

【汽水】qìshuǐ 图 一种清凉饮料,通过加压,使二氧化碳溶于水中,加糖、果汁、香料等制成。

【汽艇】qìtǐng 图 一种用内燃机发动的小型船只,速度高,机动性大,可作为交通工具,也用于体育竞赛等。也说快艇、摩托艇、汽船。

【汽油】qìyóu 图 由石油加工而得的燃料油。易挥发、燃烧,主要用于汽油机,也用作橡胶、油漆等的溶剂。

【汽油弹】qìyóudàn 图 用凝固汽油做燃烧剂的燃烧弹。

【汽油机】qìyóujī 图 以汽油为燃料的内燃机,主要用作各种汽车的动力机。

炁 qì 古同"气",主要用来指元气。

泣 qì ❶ 动 无声或低声地哭 ▷～不成声｜抽～。→ ❷ 图 眼泪 ▷～下如雨。

【泣不成声】qìbùchéngshēng 低声哭得噎住了气,出不来声音。形容极度悲伤。

【泣诉】qìsù 动 边哭边诉说或控诉 ▷～惨状。

亟 qì 副〈文〉表示动作行为的多次重复,相当于"屡次" ▷～来请求｜～经洽商。

另见 641 页 jí。

契 qì ❶ 动〈文〉用刀刻 ▷～文。→ ❷ 图〈文〉刻在龟甲、兽骨上面的文字 ▷殷～｜书～。❸ 图 证明买卖、租赁、借贷、抵押等关系的凭据 ▷立～｜地～｜卖身～｜～约。→ ❹ 动 符合;投合 ▷～合｜默～｜～友。

另见 1522 页 xiè。

【契丹】qìdān 图 我国古代民族之一,活动在今辽河上游一带,以游牧为生。10 世纪初耶律阿保机统一内部各部落,建立契丹国,后改称辽。

【契合】qìhé ❶ 动 符合;吻合 ▷这款车型设计～现代理念。❷ 动 合得来 ▷宾主～。

【契机】qìjī 图 事物向有利方向转化的关键 ▷这样的～千载难逢,一定要把握住。

【契据】qìjù 图 各种契约、字据的总称。

【契税】qìshuì 图 国家对被转移的土地、房屋权属征收的一种税。纳税人是权属承受的单位或个人。

【契友】qìyǒu 图 志趣相投、亲密无间的朋友 ▷～知交。

【契约】qìyuē 图 双方依法签订的有关买卖、租赁、借贷、抵押、委托、承揽等事项的文书。

砌 qì ❶ 图〈文〉台阶 ▷雕栏玉～｜阶～。→ ❷ 动 用泥、灰等把砖、石等黏合垒起 ▷～一座花池｜～炉灶｜堆～。☛ 中间是"七",不是"七"或"土"。

另见 1108 页 qiè。

涑 qì 图 古水名,在今甘肃。

葺 qì ❶ 动〈文〉用草覆盖屋顶。→ ❷ 动 修理(房屋) ▷修～。☛ 跟"茸(róng)"不同。

碛(磧) qì ❶ 图〈文〉沙砾堆积的浅滩。→ ❷ 图 沙漠 ▷沙～。

碶 qì 图 石头砌的拦水闸(多用于地名) ▷大～头(在浙江)。

槭 qì 图 落叶小乔木或灌木,枝干光滑,叶子对生,开黄绿色花,结翅果。木材坚硬,可做器具。种类很多,有的入秋后叶子变红,可供观赏。☛ 统读 qì,不读 cù。

磜 qì 用于地名。如:小磜,在江西;磜头,在福建。

器 qì ❶ 图 用具的统称 ▷容～｜武～｜木～｜～皿。→ ❷ 图 指人的气量、风度或才干 ▷～量｜～宇。❸ 动 看重(某人的才能) ▷～重。→ ❹ 图 器官 ▷生殖～｜脏～。☛ 中间是"犬",不是"大"。

【器材】qìcái 图 器械和材料 ▷体育～｜建筑～。

【器官】qìguān 图 生物体中具有某种独立生理作用的构成部分。如人和动物的心、肺,植物的根、茎等。

【器官移植】qìguān yízhí 将另一机体的健康器官移到病体的同一部位上,以代替原有器官,并使它逐渐长好以至发挥正常功能。如角膜移植、肾脏移植等。

【器件】qìjiàn 图 机器、仪器、仪表的组成部分,常由若干零件或元件组成。

【器具】qìjù 图 用具;工具 ▷购置日用～。

【器量】qìliàng 现在一般写作"气量"。

【器皿】qìmǐn 图 日常用来盛放东西的碗、盘、杯、碟等用具的统称。

【器物】qìwù 图 日常使用的各种物件的统称。

【器械】qìxiè ❶ 图 具有专门用途的器具 ▷健身～。❷ 图 特指武器 ▷收缴敌人的～。

【器械体操】qìxiè tǐcāo 凭借单双杠、鞍马等体育器械所做的体操。

【器用】qìyòng 图 泛指器皿用具 ▷～杂物。

【器宇】qìyǔ 现在一般写作"气宇"。

【器宇轩昂】qìyǔ-xuān'áng 现在一般写作"气宇轩昂"。

【器乐】qìyuè 图 用乐器演奏的音乐(跟"声乐"相区别)。

【器质】qìzhì ❶ 图 资质① ▷～很好。❷ 图 指人体器官的组织结构。☛ 跟"气质"不同。

【器质性】qìzhìxìng 形 指人体器官组织结构方面的 ▷～病变|～水肿。

【器重】qìzhòng 动 (长辈对晚辈,上级对下级)重视 ▷局长很～小王|深得指导老师的～。☛ 跟"看重"不同。"器重"的对象多着眼于人的整体素质;"看重"的对象可以指人,也可以指物,指人时多着眼于人的某一方面,如品质、知识、能力等。

憩(*憇) qì 动〈文〉休息 ▷小～|休～|游～。

【憩室】qìshì 图 咽喉、心脏、胃、肠、膀胱等器官上因发育异常而形成的囊状或袋状物。

【憩息】qìxī 动〈文〉休息。

qiā

掐 qiā ❶ 动 用指甲的顶端按 ▷～一～头皮可以减轻头痛。→ ❷ 动 用指甲切断 ▷把多余的嫩芽～掉。参见插图 14 页。❸ 动〈口〉断开;使不通 ▷把电话～了。→ ❹ 动 用手指使劲捏 ▷把烟～灭。→ ❺ 动 用手的虎口使劲卡住 ▷～住敌人的脖子。→ ❻ 量〈口〉表示拇指和另一指尖相对时握着的数量 ▷一～儿蒜苗。→ ❼ 动〈口〉互相争斗 ▷这两个人又～起来了。☛ 右边是"臽(xiàn)",不是"舀(yǎo)"。由"臽"构成的字还有"陷""馅""焰"等。

【掐尖儿】qiājiānr ❶ 动 打顶的通称;也泛指掐去某些作物的嫩尖儿。❷ 动 比喻打击工作、学习等成绩突出的人 ▷老是～,谁干得好打击谁,人们怎么会有积极性? ❸ 动 比喻争抢工作、学习等成绩突出的人 ▷义务教育阶段怎能～抢生源?

【掐诀】qiājué 动 道士念咒时,用拇指掐其他指头。

【掐算】qiāsuàn 动〈口〉用拇指掐着其他指头进行计算;泛指估计 ▷是赚是赔很难～。

【掐头去尾】qiātóu-qùwěi 去掉头尾,留下中间;也指去掉不重要或非主干的部分。

【掐指】qiāzhǐ 动 用拇指掐着其他指头进行占卜或计算 ▷～一算。

袷 qiā [袷袢] qiāpàn 图 维吾尔、塔吉克等民族穿的无领对襟长袍。☛ 不要误写作"夹袢"。

另见 659 页 jiá "夹"。

葜 qiā 见 19 页"菝(bá)葜"。

qiá

拤 qiá 动〈口〉两手掐住 ▷使劲～着受伤的部位。

qiǎ

卡 qiǎ ❶ 动 夹住,使不能活动 ▷枪膛被弹壳～住了。→ ❷ 图 卡子① ▷发～。→ ❸ 图 设在交通要道或地形险隘处的岗哨或检查站 ▷设两道～|哨～|关～。❹ 动 控制或阻拦 ▷～紧不合理开支|～住走私车辆。→ ❺ 动 用虎口紧紧按住 ▷～脖子。○ ❻ 图 姓。☛ 以上意义不读 kǎ。

另见 763 页 kǎ。

【卡脖子】qiǎbózi 用双手掐住对方的脖子;比喻在要害处给以打击 ▷他们故意～,断了我们的货源。

【卡带】qiǎdài 动 录音机、录像机等发生故障,卡住录音带、录像带而不能运转。☛ 跟"卡(kǎ)带"不同。

【卡具】qiǎjù 图 夹具。

【卡壳】qiǎké ❶ 动 因故障弹壳不能从枪膛或炮膛退出来 ▷枪～了。❷ 动 比喻说话由于找不到恰当的词语等原因而突然中断 ▷他说英语经常～。❸ 动 比喻做事遇到困难而暂时停顿 ▷调动的事～了。

【卡口】qiǎkǒu 图 用来卡住另一物体以起连接作用的构件 ▷～灯头。

【卡子】qiǎzi ❶ 图 夹东西的器具。❷ 图 卡(qiǎ)③。

qià

洽[1] qià 形〈文〉广博 ▷博识～闻|博～。

洽[2] qià ❶ 形 和谐;协调一致 ▷融～|和～。→❷ 动 接洽,跟人商量以求得协调 ▷～谈|面～。☛"洽"字统读 qià,不读 xiá。

【洽购】qiàgòu 动 买方和卖方商量买卖 ▷～一批机器设备。

【洽借】qiàjiè 动 洽商借用 ▷我工地急需两台铲土机,特派人前往贵公司～。

【洽签】qiàqiān 动 洽商并签订(协议、合同等) ▷与会各方～了自由贸易协定。

【洽商】qiàshāng 动 接洽商议 ▷～合作事宜。

【洽谈】qiàtán 动 洽商 ▷双方当面～|～会。

【洽妥】qiàtuǒ 动 商量完毕,有了结论 ▷有关出版事宜,双方已经～。

恰 qià ❶ 形 适当;合适 ▷～当|～切。→❷ 副 正;正好 ▷～如其分|～逢其时。☛跟"洽"不同。"接洽""融洽"的"洽",不能写作"恰"。

【恰当】qiàdàng 形 形容说话、办事等分寸把握得恰到好处 ▷采取～的方式|用词～。

【恰到好处】qiàdào-hǎochù (说话、办事)正好达到合适的程度。

【恰逢】qiàféng 动 刚好碰上 ▷春游～老友。

【恰好】qiàhǎo 副 表示时间、空间、数量、顺序等正合适;刚好 ▷上午我～有空,可以陪你去|不多不少,～一人一个|我来的不是时候,他～出去了。

【恰恰】qiàqià 副 正好;恰巧 ▷我正想找人问路,～就遇上了交警。

【恰恰舞】qiàqiàwǔ 名 拉丁舞的一种。节奏轻快,舞姿热情活泼、诙谐风趣(恰恰:英语 cha-cha 音译)。也说恰恰恰。

【恰巧】qiàqiǎo 副 表示时间、机会、条件等刚好 ▷播种时节,～下了一场春雨|那天我去找你,～你不在家。

【恰如】qiàrú 动 正如;正像 ▷西湖～风景画。

【恰如其分】qiàrú-qífèn (说话、办事)恰当稳妥,正好合乎分寸 ▷～的评价。

【恰似】qiàsì 动 恰如 ▷这番话～春雨洒心田。

髂 qià [髂骨] qiàgǔ 名 腰部下面腹部两侧的骨头,左右各一。上缘略呈弓形,下缘与坐骨、耻骨相连,合成髋骨。

qiān

千[1] qiān ❶ 数 数字,十个一百。→❷ 数 表示很多 ▷～锤百炼|成～上万|～头万绪。○❸ 名 姓。☛数字"千"的大写是"仟"。

千[2]**(韆)** qiān 见1126 页"秋千"。

【千变万化】qiānbiàn-wànhuà 形容变化很多。

【千层底】qiāncéngdǐ 名 一种把较多层袼褙重叠起来纳成的鞋底。

【千差万别】qiānchā-wànbié 形容差别很大很多。

【千疮百孔】qiānchuāng-bǎikǒng 形容破坏严重;也形容弊病很多。也说百孔千疮。

【千锤百炼】qiānchuí-bǎiliàn ❶比喻久经锻炼和考验。❷比喻对诗文反复推敲、精细修改。

【千刀万剐】qiāndāo-wànguǎ 本指凌迟酷刑,后多用于愤怒咒骂罪大恶极的人。

【千儿八百】qiān'er-bābǎi 〈口〉一千或将近一千 ▷一个月也能挣个～的。

【千方百计】qiānfāng-bǎijì 形容想尽一切办法,用尽一切计谋。

【千分表】qiānfēnbiǎo 名 利用齿轮传动或兼用杠杆原理制作的一种精密量具,由表针、表盘等组成,测量精度可达到0.001毫米。测量精度达 0.01 毫米的叫百分表。

【千分尺】qiānfēnchǐ 名 利用螺旋原理制作的一种精密量具,测量精度可达到 0.001 毫米。

【千分点】qiānfēndiǎn 名 统计学用来计量两个千分数之差的单位。每个千分之一为一个千分点。

【千分号】qiānfēnhào 名 表示分数的分母为 1000 的符号,写作"‰"。

【千分数】qiānfēnshù 名 分母为 1000 的分数。可用千分号(‰)表示,如$\frac{5}{1000}$写为 5‰。

【千夫】qiānfū ❶ 名 秦汉时按武功赏赐的一种爵位。❷ 名 〈文〉众多的人;特指众多的敌对者 ▷～所指(指:指责)|横眉冷对～指。

【千伏】qiānfú 量 1000伏特,用于计量数值较大的电压、电动势。参见 418 页"伏特"。

【千古】qiāngǔ ❶ 名 久远的年代 ▷～流传|～罪人。❷ 动 婉词,多用于挽联、花圈等的上款,意为永别。

【千古罪人】qiāngǔ-zuìrén 犯有历史性罪过而为子孙后代唾弃的人。

【千赫】qiānhè 量 频率法定计量单位,每秒振动1000次为 1 千赫(兹)。参见 558 页"赫兹"。

【千呼万唤】qiānhū-wànhuàn 多次催促,一再呼唤 ▷～始出来。

【千家万户】qiānjiā-wànhù 指众多的人家。

【千娇百媚】qiānjiāo-bǎimèi 形容女子情态姿色娇柔妩媚,十分可爱。

【千斤顶】qiānjīndǐng 名 一种能将重物顶起的工具,广泛应用于机器修理和安装,有螺旋千斤顶、齿条千斤顶等。也说千斤。

【千斤重担】qiānjīn zhòngdàn 极重的担子。比喻艰巨的任务或重大的责任。

【千斤】qiānjin ❶ 名 千斤顶。❷ 名 机器中防止齿轮倒转的一种装置。由安置在轴上的有齿零件及弹簧等组成。

【千金】qiānjīn ❶ 名 数额很大的钱 ▷～散尽｜价值～。❷ 形 形容贵重、珍贵 ▷字字～。❸ 名〈文〉对别人女儿的敬称 ▷喜得～。

【千金一诺】qiānjīn-yīnuò 一诺千金。

【千金一掷】qiānjīn-yīzhì 一掷千金。

【千军万马】qiānjūn-wànmǎ 原指兵马众多；现在多形容阵容雄壮，声势浩大。

【千钧棒】qiānjūnbàng 名 对《西游记》里孙悟空所用如意金箍棒的形象说法（钧：古代重量单位，30 斤为 1 钧）▷金猴奋起～。

【千钧一发】qiānjūn-yīfà 把千钧重物系在一根头发上（钧：古代 30 斤为 1 钧）。形容非常危急。

【千卡】qiānkǎ 量 1000 卡路里，1 千卡等于4186.8焦耳。也说大卡。参见 763 页“卡路里”。

【千克】qiānkè 量 质量法定计量单位，是国际单位制中基本单位之一。1 千克等于 1000 克，合 2 市斤。也说公斤。

【千里鹅毛】qiānlǐ-émáo 谚语“千里送鹅毛，礼轻情意重”的缩略。指远道送来的礼物，虽然很轻微，却凝聚着厚重的情意。

【千里驹】qiānlǐjū 名 千里马（驹：少壮的马）。

【千里马】qiānlǐmǎ 名 可以日行千里的骏马；比喻优秀人才。

【千里迢迢】qiānlǐ-tiáotiáo 形容路途极其遥远（迢迢：形容路途遥远）。☛“迢”不读 zhào。

【千里眼】qiānlǐyǎn ❶ 名 能看到千里以外的眼睛。形容敏锐的眼光。❷ 名 旧指望远镜。

【千里之堤，溃于蚁穴】qiānlǐzhīdī，kuìyúyǐxué《韩非子·喻老》：“千丈之堤，以蝼蚁之穴溃。”意思是千里长堤，因小小的蚂蚁洞而溃决。后用“千里之堤，溃于蚁穴”比喻小毛病不消除会酿成大祸。☛“堤”不读 tí。

【千里之行，始于足下】qiānlǐzhīxíng，shǐyúzúxià《老子》六十四章：“九层之台，起于累土；千里之行，始于足下。”意思是一千里的行程，必须从迈第一步开始。比喻实现远大目标，要从眼前的小事情做起。

【千粒重】qiānlìzhòng 名 1000 粒种子的重量，用克表示。是体现种子饱满程度、用来鉴定种子质量的一项重要指标，也是估算农作物产量的重要依据。

【千虑一得】qiānlǜ-yīdé《史记·淮阴侯列传》：“智者千虑，必有一失；愚者千虑，必有一得。”“千虑一得”指平庸的人考虑多次，总有正确的时候。多用来表示自谦。

【千虑一失】qiānlǜ-yīshī 指聪明人也有考虑疏漏的时候。参见本页“千虑一得”。

【千米】qiānmǐ 量 长度法定计量单位，1 千米等于 1000 米，合 2 市里。也说公里。

【千难万险】qiānnán-wànxiǎn 数不尽的艰难与险阻。

【千篇一律】qiānpiān-yīlǜ 很多篇文章都是一个样子。指诗文写作公式化；也泛指事物形式单调，毫无变化。

【千奇百怪】qiānqí-bǎiguài 形容事物稀奇古怪，各种各样。

【千千万万】qiānqiānwànwàn 形容数量很多。

【千秋】qiānqiū ❶ 名 千年；泛指久远的年代 ▷功在～｜～永存｜～万代。❷ 名〈文〉敬词，指老年人的寿辰 ▷今日是老太太的～。❸ 名 指事物的特色和长处 ▷各有～。

【千山万水】qiānshān-wànshuǐ 万水千山。

【千丝万缕】qiānsī-wànlǚ 形容相互之间联系密切复杂（缕：线）。

【千岁】qiānsuì ❶ 名 千年；泛指长久的时间。❷ 名 封建时代对王公、太子、皇后等的尊称。

【千头万绪】qiāntóu-wànxù 形容事物的头绪多，非常复杂。

【千瓦】qiānwǎ 量 功率的法定计量单位，即 1000 瓦特。参见 1407 页“瓦特”。☛ 旧曾写作“瓩”。现在规范写作“千瓦”。

【千瓦小时】qiānwǎxiǎoshí 量 耗电量法定计量单位，功率 1000 瓦的电器工作 1 小时所耗的电量为 1 千瓦小时。通称度。也说千瓦时。

【千万】qiānwàn ❶ 数 一千万；概数，表示数量很多 ▷～里路。❷ 副 表示恳切叮嘱的语气，相当于“务必”▷天黑路滑，～要小心。☛ 参见 1417 页“万万”的提示。

【千辛万苦】qiānxīn-wànkǔ 数不尽的艰难困苦。

【千言万语】qiānyán-wànyǔ 形容说的话或想要说的话很多。

【千载难逢】qiānzǎi-nánféng 一千年也难遇到。形容机会极不容易得到。☛ 跟“百年不遇”不同。“千载难逢”一般只用于好事；“百年不遇”可用于好事，也可用于坏事。

【千载一时】qiānzǎi-yīshí 多少年才有这么一个时机。形容机会难得。

【千张】qiānzhāng 名 某些地区指一种极薄的豆腐干片（形容很薄，能把一千张摞在一起）。

【千真万确】qiānzhēn-wànquè 形容非常真实确凿，不容置疑。

【千姿百态】qiānzī-bǎitài 形容人或事物的姿态多种多样。

【千字文】qiānzìwén ❶ 名 古代的一种蒙学课本。南朝·梁·周兴嗣编。全书用一千个不同的字编成四言韵文，叙述有关自然、社会、历史、伦理、教育等多方面的知识。❷ 名 泛指言简意赅的短文 ▷他的散文，篇篇都是～。

仟 qiān 数 数字“千”的大写。

阡 qiān 名〈文〉田间南北方向的小路 ▷～陌。

【阡陌】qiānmò 图〈文〉阡和陌分别指田间南北方向和东西方向的小路。泛指田间纵横交错的小路 ▷躬耕农田,出入～|～纵横。

圩 qiān 用于地名。如清圩、里山圩,均在安徽。

扦 qiān ❶ 动 插 ▷瓶里～上两朵花儿|把针线～在衣襟上|～插。→ ❷ 图 扦子① ▷竹～|蜡～儿。❸ 图 扦子②。

【扦插】qiānchā 动 把枝条或根、叶等插入土中以繁殖苗木。

【扦子】qiānzi ❶ 图 金属或竹、木等制成的针状物或主要部分是针状的器物,用来插东西。如穿糖葫芦的竹扦。❷ 图 能插进装有粉末或颗粒状货物的袋中并从中取出样品的金属工具,中空,顶端尖利,侧面有孔洞。

芊 qiān 见下。

【芊绵】qiānmián 形〈文〉草木茂盛 ▷碧草～。☛ 不宜写作"芊眠"。

【芊芊】qiānqiān 形〈文〉草木茂盛 ▷林木～。

迁(遷) qiān ❶ 动 迁移 ▷～到别处|～居|搬～。→ ❷ 动 变动;转变 ▷事过境～|见异思～|变～。

【迁都】qiāndū 动 迁移国都。

【迁飞】qiānfēi 动 某些昆虫或鸟类通过飞行成群地从原来生活的地方持续、远距离地迁移。

【迁建】qiānjiàn 动 迁移到别的地方重建 ▷我厂由江南～于此。

【迁就】qiānjiù 动 将就;迎合别人 ▷对犯错误的人,不能～。

【迁居】qiānjū 动 迁移住所 ▷～到大西北。

【迁离】qiānlí 动 迁移离开 ▷～危险地带。

【迁流】qiānliú〈文〉❶ 动 流放;贬逐 ▷诸子～,莫知死所。❷ 动 迁移流动 ▷岁月～|万物～|人口～。❸ 动 河流改道 ▷大河～。

【迁怒】qiānnù 动 将对甲的怒气发泄到乙身上;因自己不如意或受了别人的气,而去向另外的人撒气 ▷你有本事找他说理去,干吗要～于我?|他在外面受了气,却～于家人。

【迁徙】qiānxǐ 动 迁移 ▷候鸟有～的习性。☛ "徙"不读 tú,也不要误写作"徒"。

【迁延】qiānyán 动 拖延 ▷～岁月。

【迁移】qiānyí 动 从原所在地搬迁到另外一个地方 ▷靶场由近郊～到远郊。

【迁移性】qiānyíxìng 图 某些动物按一定的时间在一定的范围内迁移的习性。如大雁、燕子等候鸟就有这种习性。

【迁葬】qiānzàng 动 把灵柩从原葬地迁移到另一地方重新埋葬。

【迁走】qiānzǒu 动 搬迁离开(某地) ▷街道扩建之前他家就～了。

杆 qiān ❶ 图 松科某些植物的统称。种类较多,如青杆、白杆,均为常绿乔木,木材可制作枕木、家具等。❷ 用于地名。如:杆树底,在河北;杆木沟,在山西。

岍 qiān 图 岍山,山名,在陕西。

佥(僉) qiān 副〈文〉都 ▷贤愚～忘其身。☛ 不要丢掉"人"下一短横。由"佥"构成的字有"俭""险""检""脸""剑"等。

汧 qiān 图〈文〉流水停积的地方。☛ 地名"汧阳"(在陕西)现在改为"千阳"。

钎(釺) qiān 图 钎子 ▷钢～|打～|炮～。

【钎子】qiānzi 图 钢钎。

牵(牽) qiān ❶ 动 拉;用绳索等领着向前 ▷阿姨～着小朋友的手|～着一匹马|～动|～引。→ ❷ 动 连带;关涉 ▷～涉|～扯。❸ 动 挂念;惦记 ▷～肠挂肚|～挂|～念。→ ❹ 动 被拖住;制约 ▷～制|～累|～掣。☛ 中间是"冖",不是"宀"。

【牵缠】qiānchán 动 牵扯;纠缠 ▷琐事～,难以脱身。

【牵肠挂肚】qiāncháng-guàdù 形容很不放心,非常惦记(多指对亲人的牵挂)。

【牵扯】qiānchě 动 牵连拉扯;发生关联 ▷听说这事还～到你。

【牵掣】qiānchè ❶ 动 因牵连而受影响 ▷不要因这些小事～精力。❷ 动 牵制 ▷～住敌方援军。

【牵动】qiāndòng ❶ 动 因某部分的变动而接连引起其他部分的变动 ▷经济改革～着全社会。❷ 动 引起感情波动 ▷这句话～了他脆弱的神经。

【牵挂】qiānguà 动 挂念惦记 ▷时刻～着故乡。

【牵记】qiānjì 动 牵挂 ▷～家事。

【牵就】qiānjiù 现在一般写作"迁就"。

【牵累】qiānlěi ❶ 动 因牵连而受累;连累 ▷这事由我承担责任,不能～大家。❷ 动 拖累 ▷受儿女们～。

【牵连】qiānlián ❶ 动 由某个人或某件事而影响到另外的人或事(多指不好的) ▷因为他,家里人也受到～|这件事～的人真不少。❷ 动 拉扯在一起或联系起来 ▷请不要把我跟这件事～上。☛ 不要写作"牵联"。

【牵念】qiānniàn 动 牵挂想念 ▷～远方的亲人。

【牵牛鼻子】qiānniúbízi 比喻解决问题时抓关键、抓要害 ▷处理问题要学会抓主要矛盾,～。

【牵牛花】qiānniúhuā 图 一年生缠绕茎草本植物。叶心形,通常三裂,多为淡红、淡紫、蓝色或白色，供观赏，种子可以做药材。因花冠形状像喇叭，俗称喇叭花。

【牵牛星】qiānniúxīng 图 天鹰座(赤道带星座之一，7—8月的夜晚可见于银河东侧)中最亮的一颗星，与银河西侧的织女星隔银河相对，夏秋夜间容易看到。也说牛郎星。

【牵强】qiānqiǎng 形 形容把没有关系或关系很远的事物十分生硬地拉扯在一起 ▷这种说法过于～。☛"强"这里不读 qiáng。

【牵强附会】qiānqiǎng-fùhuì 形容生拉硬扯，强作解释。☛"强"这里不读 qiáng。

【牵涉】qiānshè 动 由一件事而连带涉及其他的事或人 ▷这些资料～到国家机密。

【牵手】qiānshǒu ❶ 动 拉着手 ▷小两口～逛街。❷ 动 联手；合作 ▷两大集团～，共同研发新软件。

【牵头】qiāntóu ❶ 动 在多方合作共事中，由一方出面负责联系、组织(多指临时性的) ▷本次大赛由政府～，多家民间团体共同参与举办。❷ 动 牵线②。

【牵系】qiānxì 动 牵挂；关联 ▷他的心～着灾区人民｜交通安全～万家。

【牵线】qiānxiàn ❶ 动 要木偶时牵引提线；比喻不出面，在背后操纵 ▷～木偶｜这出闹剧，原来是他在背后～。❷ 动 撮合 ▷想跟他们合作，还要有人～｜～搭桥。

【牵线搭桥】qiānxiàn-dāqiáo 比喻从中介绍，使双方建立联系 ▷为人才供需双方～。

【牵一发而动全身】qiān yī fà ér dòng quánshēn 比喻变动一个极小的部分就会影响全局。

【牵引】qiānyǐn ❶ 动 拉动(车辆、农具等) ▷几只狗～着雪橇。❷ 动 有动力的车、船牵带着没有动力的车、船前行 ▷电力机车～列车。❸ 动 骨科医疗中指使用器械牵拉患者的骨骼，以帮助骨骼复位或矫正肢体畸形。

【牵引力】qiānyǐnlì 图 机车、拖拉机、机动船只等运输工具的动力部分所产生的拖动能力。

【牵制】qiānzhì 动 拖住对方，使其行动受到限制 ▷～敌人的兵力。

铅(鉛*鈆) qiān ❶ 图 金属元素，符号 Pb。青灰色，质软而重，易熔，易氧化。是优良的还原剂，工业上用途很广。但铅及其化合物有一定毒性，会污染环境。○❷ 图 铅笔的笔芯 ▷这种笔的～太软。☛右上是"几"，末笔不带钩。

另见 1584 页 yán。

【铅白】qiānbái 图 碱式碳酸铅的俗称。白色粉末状，有毒，溶于酸类，不溶于水。常用作画画的颜料。

【铅版】qiānbǎn 图 在预制的纸型中灌入熔化的铅合金制成的印刷版。

【铅笔】qiānbǐ 图 以石墨或添加颜料的黏土做笔芯的笔。因石墨的颜色似铅，故称。

【铅笔刀】qiānbǐdāo 图 削铅笔的小刀，有多种样式。

【铅笔画】qiānbǐhuà 图 用铅笔绘成的图画，是素描的一种。画法简便，注意阴影及轮廓描写，有光暗分明、笔法细致等特点。

【铅垂线】qiānchuíxiàn 图 在线的一端悬挂铅锤或类似重物，沿自然下垂方向的直线就是铅垂线。它与水平面相垂直，建筑上常用。

【铅锤】qiānchuí 图 铅制的圆锥形物体，建筑上常用来确定垂直线。

【铅华】qiānhuá ❶ 图 古代妇女用来搽脸化妆的粉(内含铅)；泛指化妆品 ▷略施～｜～消尽。❷ 图 借指妇女的美丽容貌或青春年华 ▷～未谢，风韵犹存。❸ 图 比喻虚浮华丽的辞藻 ▷他的文章质朴清新，尽洗～。

【铅灰】qiānhuī 形 形容颜色像铅一样的浅灰 ▷～色的布料做裤子耐脏。

【铅球】qiānqiú ❶ 图 田径运动的一种投掷器械，球形，外壳为铁或铜，内部灌铅。❷ 图 田径运动项目，运动员在规定的圆圈内，手托铅球，用力推出，以投掷距离的远近决定胜负。

【铅丝】qiānsī 图 镀锌的铁丝。因颜色像铅，故称。

【铅条】qiāntiáo ❶ 图 以铅、锑、锡的合金制成的条状物。过去用铅字排版时夹在各行铅字之间，有固定、规整铅字和保持行距等作用。❷ 图 自动铅笔的笔芯。

【铅芯】qiānxīn 图 铅笔的笔芯。参见本页"铅笔"。

【铅印】qiānyìn 动 用铅字排版印刷。随着汉字激光照排技术的发展，铅印已被淘汰。

【铅直】qiānzhí 形 垂直于水平面的 ▷测量大气温度的～分布。参见本页"铅垂线"。

【铅字】qiānzì 图 用铅、锑、锡合金铸成的活字，过去曾被广泛用来印刷或打字。

悭(慳) qiān〈文〉❶ 形 吝啬 ▷～吝。→❷ 动 减省；缺少 ▷缘～一面(缺少见一面的机缘)。☛不读 jiān。

【悭吝】qiānlìn 形〈文〉吝啬；小气 ▷～贪婪，爱财如命。

谦(謙) qiān 形 谦虚 ▷～让｜～恭｜自～｜～～君子。

【谦卑】qiānbēi 形 谦虚而恭顺(多用于晚辈对长辈) ▷～有礼。

【谦称】qiānchēng ❶ 图 对自己或自己方面的人和物含有谦逊色彩的称谓。如"鄙人""寒舍"。❷ 动 谦虚地称作 ▷～自己的作品为习作。

【谦词】qiāncí 图 含谦虚意味的词语。如"谬奖""过誉""岂敢岂敢"等。

【谦辞】qiāncí ❶见本页"谦词"。现在一般写作

"谦词"。❷ 动 谦让推辞 ▷这个工作非你莫属，你就不要再～了。

【谦恭】qiāngōng 形 谦虚而恭敬 ▷在长辈面前他～有加。

【谦和】qiānhé 形 谦虚温和 ▷待人～。

【谦谦君子】qiānqiān-jūnzǐ 指谦虚谨慎、品格高尚的人。

【谦让】qiānràng 动 谦虚地推让或退让 ▷大家请你，就别～了｜上车时互相～。

【谦顺】qiānshùn 形 谦虚温顺 ▷性格～。

【谦虚】qiānxū ❶ 形 不自满，能虚心接受别人的意见和批评 ▷～使人进步。❷ 动 说表示谦虚的话 ▷王老师～了几句，才在前排就座。☛ 参见本页"谦逊"的提示。

【谦逊】qiānxùn 形 谦虚恭谨 ▷～的态度｜这位老艺术家非常～。☛ 跟"谦虚"不同。"谦逊"多指行为态度谦让、有礼貌；"谦虚"多指心里有自知之明，不骄傲。

签[1]（簽） qiān ❶ 动 在文件或单据上写上姓名、文字或画上记号 ▷～名｜～字｜～到｜～押。→ ❷ 动 简要地写出(要点或意见) ▷～注意见｜～呈。

签[2]（籤籖） qiān ❶ 名 细长的小竹片或小细棍儿，上有文字、符号，用来占卜、赌博或作计数的筹码等 ▷求～｜抽～。→ ❷ 名 顶端尖锐的小细棍儿 ▷竹～｜牙～儿。→ ❸ 名 古代官府用作拘捕、惩罚犯人凭证的竹木片，上有文字标记。→ ❹ 名 作为标志用的小条儿 ▷标～｜书～。○ ❺ 动〈口〉粗疏地缝合 ▷衣裳破了，得～两针。☛ "签"字统读 qiān，不读 qiàn。

【签单】qiāndān ❶ 动 购物、用餐等消费后在账单上签字，表示承认这笔费用 ▷饭费由我～。❷ 名 用来签字的单据 ▷在～上签名。

【签到】qiāndào 动 上班或参加会议等在特定的登记簿上签上自己的名字或在自己的名字下写个"到"字，表示自己已经来到。

【签到簿】qiāndàobù 名 签到用的登记簿。

【签订】qiāndìng 动 订立(条约、协议、合同等)并签字 ▷～互不侵犯条约｜合同由三方共同～。☛ 不宜写作"签定"。

【签发】qiānfā 动 公文、证件等由主管人审核同意，签字后正式发出 ▷～文件｜～通行证。

【签名】qiānmíng 动 写上自己的名字 ▷互相～留念｜请签个名。☛ 参见本页"签字"的提示。

【签批】qiānpī 动 签署批准 ▷～下发的文件。

【签收】qiānshōu 动 收到公文、信件等以后，在送件人指定的单据上签字或盖章，表示已经收到 ▷～文件｜由主任～。

【签售】qiānshòu 动 书籍或其他出版物首次发行时，由作者或其他知识产权人到销售处为购买者签名 ▷在书店举办～活动。

【签署】qiānshǔ 动 在重要文件、条约上正式签字署名 ▷～两国合作协定。

【签条】qiāntiáo ❶ 名 贴在卷轴、书籍封面或封套正中的字条，上面写有名称。❷ 名 由主管人批注意见的纸片。

【签筒】qiāntǒng 名 装占卜或赌博用的签子的竹筒。

【签押】qiānyā 动 旧时在文书上签字或画押，表示承担责任。

【签约】qiānyuē 动 签订条约或合约 ▷买卖双方正在～｜～仪式。

【签证】qiānzhèng 名 一国政府机关依照本国法律规定为申请出入或通过本国国境的外国人颁发的一种许可证明，通常是在申请人所持的护照或其他国际旅行证件上签注。分为入境签证、过境签证、出境签证等不同类别。

【签注】qiānzhù ❶ 动 在文稿或书籍中写上或夹上批注 ▷书中～的地方很多。❷ 动 在送交首长批阅的文件上，由经办人注出处理的初步意见。❸ 动 在证件或表册上批注意见或有关事项等 ▷厂长在表格边上～了意见。

【签字】qiānzì 动 在文件、单据等上面写下自己的姓名以示负责 ▷在条约上～｜发票上一定要有经办人～，方可报销。☛ 跟"签名"不同。"签字"的目的是表示愿意承担某种责任或义务，多用于严肃或正式的场合；"签名"也可表示承担某种责任或义务，但更多用于表示友好或纪念。

【签字国】qiānzìguó 名 在国际协约上签字，表示承认并履行此协约的国家。

【签子】qiānzi 名〈口〉签[2]①②。

愆（*諐） qiān〈文〉❶ 动 超过；耽误(时间) ▷～期。→ ❷ 名 罪过；错误 ▷～尤｜罪～｜前～。

【愆期】qiānqī 动〈文〉误期 ▷因故～出版。

鹐（鵮） qiān 动(鸟类用尖嘴)啄 ▷麻雀在～谷穗｜被公鸡～了一下。

骞（騫） qiān ❶ 动〈文〉高举。○ ❷ 名 姓。

搴 qiān ❶ 动〈文〉拔取 ▷斩将～旗。○ ❷ 同"褰"。

磏 qiān 用于地名。如大磏，在贵州。另见 856 页 lián。

褰 qiān 动〈文〉撩起；揭起(衣服、帐子等) ▷～裳｜～衣。

孅 qiān 形〈文〉谄媚而奸佞 ▷卑疵而前，～趋而言。另见 1488 页 xiān。

qián

拑 qián 动〈文〉夹住;闭住(口)。

荨(蕁) qián [荨麻] qiánmá 名 多年生草本植物,叶呈卵形,有齿牙,叶和茎都生有细毛,皮肤接触时会引起刺痛。茎皮纤维也叫荨麻,可以做纺织原料或制麻绳。☛ 用于植物名"荨麻"时读 qián,用于病名"荨麻疹"时读 xún。

另见 1568 页 xún。

钤(鈐) qián ❶ 名〈文〉旧时较低级官吏所用的印;图章 ▷接～任事|～记。→ ❷ 动〈文〉盖(印章) ▷～印。○ ❸ 名 姓。☛ ㊀不读 qiān。㊁右边是"今",不是"令"。

前 qián ❶ 动 朝面对的方向走 ▷勇往直～|停滞不～。→ ❷ 名 人面对的方向;房屋、物体正面所对的方向(跟"后²"相对,③⑦同) ▷往～走|房～屋后。⇒ ❸ 名 过去的或较早的时间 ▷～所未有|公元～|生～。❹ 名 从前 ▷～妻|～国家教委。❺ 名 某种事物产生之前 ▷～石器时代。⇒ ❻ 名 未来;将来 ▷～程|～景。⇒ ❼ 名 次序在先的 ▷～半年|录取～十名。○ ❽ 名 姓。

【前半晌】qiánbànshǎng 名〈口〉上午。

【前半天】qiánbàntiān 名〈口〉上午。

【前半夜】qiánbànyè 名 天黑至夜间 12 点这段时间。也说上半夜。

【前辈】qiánbèi ❶ 名 辈分高的人。❷ 名 指年长而有资历的人 ▷学术界的老～。

【前臂】qiánbì 名 人体上肢从肘到腕的部分。

【前边】qiánbian 名 前面。

【前不久】qiánbùjiǔ 名 不久之前 ▷～他病了。

【前朝】qiáncháo 名 上一个朝代;泛指以前的朝代 ▷～旧事。

【前车之鉴】qiánchēzhījiàn《汉书·贾谊传》:"前车覆,后车诫。"前面的车子倾覆了,可以作为后面车子行进时的借鉴。指先前的失败可以作为教训来吸取。

【前尘】qiánchén 名〈文〉佛教指当前的虚妄世间;也指从前的或从前经历过的事 ▷各属～|回望～。

【前程】qiánchéng ❶ 名 前面的路程;借指未来的景况 ▷～万里|～似锦。❷ 名 旧指功名 ▷你好歹也去求个～。

【前仇】qiánchóu 名 从前结下的仇怨 ▷不记～。

【前此】qiáncǐ 名 在此之前 ▷～他曾来过。

【前代】qiándài ❶ 名 以前的朝代或时代 ▷年轻人要多了解一些～历史。❷ 名 前代的人;特指家族的祖先。

【前导】qiándǎo ❶ 动〈文〉走在前面领路 ▷请他～。❷ 名 走在前面领路的人 ▷以一连为～,其余各连随后。

【前敌】qiándí 名 指前线 ▷～总指挥。

【前端】qiánduān 名(某些物体)前头的部位 ▷棍子～系了一条绳子|筷子的～较细。

【前额】qián'é 名 额头 ▷他的～很宽。

【前方】qiánfāng ❶ 名 正面所对着的方向;前面(跟"后方"相对,②同) ▷正～是一座桥。❷ 名 双方军队接近或交战的地区 ▷～已交火。

【前房】qiánfáng ❶ 名 指庭院最前面的房屋。❷ 名 旧称先娶的妻子。○ ❸ 名 人眼外层的角膜与虹膜之间的空隙。

【前锋】qiánfēng ❶ 名 作战时处在最前面的部队 ▷我军～已突破敌人防线。❷ 名 足球、篮球等球类比赛中以进攻为主要任务的队员。

【前夫】qiánfū 名 以前的丈夫(多指再婚女子已经死去或离异的丈夫)。

【前俯后仰】qiánfǔ-hòuyǎng 身体前后摇晃。

【前赴后继】qiánfù-hòujì 前面的人冲上去了,后面的人也紧跟上去。形容奋勇向前,连续不断。

【前儿个】qiánrge 名〈口〉前天。也说前儿。

【前功尽弃】qiángōng-jìnqì 以前的功劳完全丢失;也指过去的努力完全白费。

【前滚翻】qiángǔnfān 名 一种体操动作。屈体,两手及头顶、背部依次着地,全身向前滚动翻转。

【前后】qiánhòu ❶ 名 指某一处的前面和后面 ▷院子～都是树。❷ 名 指以某一时点为中心的稍前或稍后的一段时间 ▷九点钟～|清明～,种瓜点豆。❸ 名 指事情从开始到结束的一段时间 ▷他在这儿上学～共六年。☛ 参见 1485 页"先后"、1848 页"左右"的提示。

【前后脚儿】qián-hòujiǎor 副 表示两个或几个人来到或离去的时间很接近;表示两件或几件事情时间相隔不长地相继发生 ▷他俩～进来|～上演了几出新戏。

【前后院】qián-hòuyuàn 名 前院和后院,指彼此很近的距离 ▷大家～住,互相照应点。

【前呼后拥】qiánhū-hòuyōng 前面有人吆喝开道,后面有人簇拥保护。旧时用来形容达官贵人出行时声势显赫,排场很大;现指某些有权势的人出行时随从很多。

【前脚】qiánjiǎo ❶ 名 人站立或迈步时位于前面的那只脚。❷ 名 前后相关的两个动作行为在时间上接得很紧时,指前一个动作行为(后面句子里,有"后脚"相呼应) ▷小王～走,小张后脚就来了。

【前襟】qiánjīn 名 上衣或长袍胸前的部分。

【前进】qiánjìn 动 向前行进;泛指向前发展 ▷向

目的地～|事业在发展，祖国在～。

【前景】qiánjǐng ❶ 名 画面或舞台上看起来离观者最近的景物 ▷画面上的～是小桥流水|摄影要注意选好～。❷ 名 未来即将出现的景况 ▷美好的～。

【前倨后恭】qiánjù-hòugōng 先前傲慢而后来恭敬，前后态度截然不同。

【前科】qiánkē ❶ 名 指人曾经因犯罪而被判服刑的事实记录 ▷他有过～。〇 ❷ 名 科举时代指上一次科考 ▷～状元。

【前空翻】qiánkōngfān 名 一种体操动作，不用支撑而身体向前翻腾。有团身前空翻、直身前空翻、屈体前空翻等。

【前来】qiánlái 动 向说话者的处所和方向来 ▷欢迎宣讲团～我市|～讲学。

【前例】qiánlì 名 先前发生的同类事例 ▷有～可循|史无～。

【前脸儿】qiánliǎnr 名〈口〉人或某些物体的正面 ▷她背对着我，没看到她～|车的～被撞坏了。

【前列】qiánliè ❶ 名 最前排 ▷排队时小个子站在～。❷ 名 比喻工作、事业中领先的地位 ▷他的研究水平已处在世界～。

【前列腺】qiánlièxiàn 名 男子和雄性哺乳动物生殖器官的一个腺体，人的前列腺位于膀胱下方，所分泌的液体是精液的一部分。

【前轮】qiánlún ❶ 名 车或某些机械上靠前的轮子 ▷汽车～。❷ 形 轮次在前的 ▷～谈判。

【前茅】qiánmáo 名 古代行军，前哨举着白茅，遇有敌情则以茅向后军警示，所以用前茅指先头部队。现比喻考试成绩或其他按优劣排列的系列中靠前的位置 ▷名列～|位居～。

【前门】qiánmén 名 建筑物等正面的门；正门 ▷公园～很宽大。

【前面】qiánmiàn ❶ 名 正面所对着的某一位置；正面 ▷他～坐着一位老人|院子～有棵树。也说前边。❷ 名 靠前的位置或空间 ▷排在～的都挂专家号。❸ 名 次序靠前的部分；文章或讲话中先于正在叙述的部分 ▷本设计的指导思想～已经介绍过了。

【前磨牙】qiánmóyá 名 恒牙的一种，排列在尖牙后方。上下颌左右各2颗，牙冠呈立方形，用于协助尖牙和磨牙撕裂和磨碎食物。也说双尖牙。

【前脑】qiánnǎo 名 脑的一部分，是大脑两半球和间脑的合称。

【前年】qiánnián 名 去年的前一年。☛ 跟"年前"不同。"前年"指已经过去的时间；"年前"指年末的一段时间，未必已经过去。

【前怕狼，后怕虎】qián pà láng，hòu pà hǔ 形容胆小怕事，畏缩不前。

【前排】qiánpái 名 指多排的横队、座位等前面的一排或几排。

【前仆后继】qiánpū-hòujì 前面的人倒下，后面的人紧跟上来。形容不怕牺牲，英勇奋战。☛ "仆"不读 fù，也不要误写作"扑"。

【前妻】qiánqī 名 以前的妻子(多指再婚男子已经死去或离异的妻子)。

【前期】qiánqī 名 某一时期的前一时段；早期 ▷90年代～|他的画～和后期风格不同。

【前愆】qiánqiān 名〈文〉以前的过失 ▷追悔～。

【前前后后】qiánqiánhòuhòu ❶ 名 在某处的前面和后面(有强调意味) ▷楼的～都栽了树。❷ 名 指事情从开始到结束的时间(有强调意味) ▷他～花了三年工夫写书。

【前倾】qiánqīng 动 往前倾斜 ▷鞠躬时上身～。

【前驱】qiánqū 名 在前面起带动或引导作用的人或事物 ▷同盟会的领导者们是我国资产阶级民主革命的～|《新青年》杂志是五四时期宣传文学革命的～。

【前去】qiánqù 动 向某个预定的地方去 ▷～赴宴|～参战。

【前人】qiánrén 名 古人；以前的人 ▷～为我们留下了无比丰富的文化遗产。

【前任】qiánrèn 名 现任之前担任这一职务的人 ▷他是～经理。

【前日】qiánrì 名 前天。

【前晌】qiánshǎng 名 某些地区指上午。

【前哨】qiánshào ❶ 名 向敌军方向派出的担任侦察和警戒任务的小股部队。❷ 名 指前线 ▷国防～|缉毒～。

【前哨战】qiánshàozhàn ❶ 名 决战以前双方前哨部队进行的战斗 ▷～的胜利给部队以很大的鼓舞。❷ 名 泛指初战，多用于比喻 ▷这是破案工作的～，一定要打好。

【前身】qiánshēn ❶ 名 佛教指前世的身体。❷ 名 指事物发展变化前的形态或名称 ▷这家大公司的～就是一个村办企业|《求是》杂志的～是《红旗》杂志。〇 ❸ 名 上衣、袍子等的前面部分；前襟。

【前生】qiánshēng 名 前世。

【前世】qiánshì 名 迷信指人的前一辈子。也说前生。

【前市】qiánshì 名 指证券等市场一个交易日上午的交易时段(跟"后市"相区别) ▷～股价指数上扬后又有小幅回落。

【前事不忘，后事之师】qiánshì-bùwàng，hòushì-zhīshī 记取以前的经验教训，可作为以后做事的借鉴(师：榜样)。

【前思后想】qiánsī-hòuxiǎng 反复考虑，再三思量。

【前所未见】qiánsuǒwèijiàn 以前从没有见过。

【前所未闻】qiánsuǒwèiwén 以前从没听到过。

【前所未有】qiánsuǒwèiyǒu 以前从没有过。

【前台】qiántái ❶ 名 舞台前部面向观众的地方，是演员表演的场所，常用幕布等与后台隔开。❷ 名 借指与演出有关的各种事务性工作 ▷他在剧场干了十几年～。❸ 名 餐馆、歌舞厅、旅馆等负责接待、登记、收费等事务的服务台 ▷～小姐。❹ 名 比喻公开场合(多用于贬义) ▷他不过是在～蹦跶的傀儡。

【前提】qiántí ❶ 名 指逻辑推理中所根据的已知判断，即推理的根据。如在“凡金属能导电，铁是金属，所以铁能导电”这个三段论中，前两个判断都是前提。❷ 名 事物产生或发展的先决条件 ▷热爱学生是搞好教育工作的～。

【前天】qiántiān 名 昨天的前一天。也说前日。口语中也说前儿、前儿个。

【前庭】qiántíng ❶ 名 正屋前面的庭院 ▷～花草郁郁葱葱。❷ 名 前额 ▷～饱满。❸ 名 人和某些动物身体器官内的某些空腔。如耳前庭、鼻前庭、口腔前庭等。❹ 名 特指耳前庭，是内耳的一部分，起维持身体平衡的作用。

【前头】qiántou 名 前面 ▷～有座山。

【前途】qiántú 名 前面的道路；比喻未来的景况 ▷～光明|～无量。☛ 不宜写作“前涂”。

【前腿】qiántuǐ 名 兽的前肢；也指人站立或迈步时位于前面的那条腿 ▷～弓，后腿绷。

【前往】qiánwǎng 动 到某处去 ▷驱车～医院。

【前卫】qiánwèi ❶ 名 部队行军时在前头负责警戒的部队。❷ 名 足球等球类比赛中担任助攻、助守的队员，活动于中场，是前锋与后卫之间的桥梁，起攻防转换的枢纽作用。❸ 形 在观念、行为等方面领先于当时的(有未被社会普遍认可的意思) ▷～青年。

【前文】qiánwén 名 上文。

【前无古人】qiánwúgǔrén 以前从未有人这样做过。形容具有空前的创造性 ▷～的创举。

【前夕】qiánxī ❶ 名 前一天的夜晚 ▷元旦～我们开了联欢会。❷ 名 泛指事情发生前不久的一段时间或事情即将发生的时刻 ▷毕业～，班里组织了一次旅行。

【前贤】qiánxián 名〈文〉值得敬仰和学习的前辈。

【前嫌】qiánxián 名〈文〉以前的嫌隙；旧有的怨仇 ▷～尽释|不计～。

【前线】qiánxiàn 名 双方军队接近或交战的地带(跟“后方”相对)；泛指生产、工作等的第一线 ▷～杀敌|抗洪～。

【前些天】qiánxiētiān 前几天；前些时候。

【前行】qiánxíng 动〈文〉向前走；前进 ▷奋然～。

【前胸】qiánxiōng 名 人的胸脯。

【前言】qiányán ❶ 名 从前说过或前面说过的话 ▷背弃～，毫无信义|～不搭后语。❷ 名 写在书或文章的前面，用以说明写作目的、经过、资料来源及评介内容等的文字。

【前沿】qiányán ❶ 名(某些东西)前部的边儿 ▷帽子的～破了。❷ 名 阵地前部的边沿 ▷首长来到阵地～。❸ 名 借指领先地位 ▷处于这一学科的～|～学科。

【前仰后合】qiányǎng-hòuhé 形容因大笑、醉酒、困倦等而身体前后摇摆晃动。

【前夜】qiányè 名 前夕 ▷大赛～。

【前一阵】qiányīzhèn 此前的一段日子 ▷他～常闹病，现在好了。

【前因后果】qiányīn-hòuguǒ 佛教用语，指因果报应；泛指起因和结果或事情的整个过程。

【前缘】qiányuán 名 佛教指前世的缘分；泛指早就存在的发生联系的某种可能性 ▷萍水相逢，却一见如故，大概是有～吧？

【前院】qiányuàn ❶ 名 正房前面的院子；庭院 ▷他家的～很大。❷ 名 大宅院里前面的宅院；前后相邻的两处房屋中靠前的那一处 ▷叔叔家住～，我家住后院|他家就在我家～。

【前瞻】qiánzhān ❶ 动 往前方看 ▷～后顾。❷ 动 展望；预见 ▷这份计划具有～性。

【前站】qiánzhàn ❶ 名 行军或集体出行时前方将要停留或将要抵达的地点 ▷先头部队已到达～。❷ 名 指行军或集体出行时，先行到前方地点做准备工作的人 ▷他们几个～已经为大家安排好了食宿。❸ 名 火车、汽车等行驶途中前方要停靠的车站 ▷我们就在～下车。❹ 名 指刚停靠过的车站 ▷～上车的旅客请买票。

【前爪】qiánzhǎo 名 指某些四肢动物带有尖甲的前脚。☛“爪”这里不读 zhuǎ。

【前兆】qiánzhào 名 预兆② ▷月晕是刮风的～|及时提供地质灾害～信息。

【前者】qiánzhě 代 称上文所列举的两件事中的前一件或两个人中的前一个(跟“后者”相区别) ▷要么坚持到底，要么半途而废，我选择～。

【前肢】qiánzhī 名 昆虫和有四肢的脊椎动物靠近头部的两条腿。

【前缀】qiánzhuì 名 附加在词根前的词缀。如汉语中“老鹰”“阿姨”“第五”“初三”中的“老”“阿”“第”“初”。

【前奏】qiánzòu ❶ 名 前奏曲①。❷ 名 比喻事情发生或事物出现的先声 ▷这个新闻发布会是庆功大会的～。也说前奏曲。

【前奏曲】qiánzòuqǔ ❶ 名 大型器乐曲、歌剧等的序曲，是创造气氛的短小器乐曲，与整部乐曲有统一的情调，常在开幕、开场初演奏。也说前奏。❷ 名 前奏②。

【前作】qiánzuò ❶ 名〈文〉前人的著作。❷ 名 自己以前的著作 ▷～纰缪较多。

虔 qián 形 恭敬 ▷～敬｜～诚。☛ 地名"虔南"(在江西)现在改为"全南"。

【虔诚】qiánchéng 形 恭敬而真诚(多用于某些信仰) ▷最～的信念｜～的基督教徒。

【虔敬】qiánjìng 形 极其恭敬。

【虔心】qiánxīn ❶ 名 虔诚的心意 ▷一片～。❷ 形 虔诚 ▷～布道。

钱(錢) qián ❶ 名 铜钱 ▷一文～｜～串儿。→ ❷ 名 形状扁圆像铜钱的东西 ▷榆～儿。→ ❸ 名 泛指货币 ▷10元～｜零～。⇒ ❹ 名 钱财;财物 ▷有～有势。⇒ ❺ 名 费用;款子 ▷书～｜房～。→ ❻ 量 市钱。○ ❼ 量 日本、韩国等国的辅币单位,100日本钱等于1日元。○ ❽ 名 姓。

【钱包】qiánbāo 名 装钱及票证等的小包儿,多用皮革、帆布、塑料等制成。

【钱币】qiánbì 名 钱;货币(多指硬币)。

【钱财】qiáncái 名 金钱;财产。

【钱串子】qiánchuànzi ❶ 名 古代用绳子串在一起的铜钱;也指穿铜钱的绳子。❷ 名 比喻过分看重金钱的人 ▷他非常小气,简直是个～! ❸ 名 节肢动物,因由许多环节构成,像串起来的铜钱,故称。生活在墙角、石缝等潮湿的地方,吃小虫。也说钱龙。

【钱谷】qiángǔ 名 货币和粮食 ▷广积～。

【钱柜】qiánguì 名 特制的装钱的柜子。

【钱可通神】qiánkětōngshén 世俗认为金钱魔力很大,可以买通一切。

【钱款】qiánkuǎn 名 指数额较大并有专项用途的钱 ▷购房的～已经汇出。

【钱粮】qiánliáng ❶ 名 旧指田赋 ▷交纳～。❷ 名 货币和粮食。

【钱票】qiánpiào 名 银票,我国古代的一种纸币;钞票。

【钱数】qiánshù 名〈口〉钱的数目;金额。

【钱物】qiánwù 名 金钱和物品 ▷～自己保管。

【钱眼儿】qiányǎnr 名 铜钱正中的方孔(用绳子穿铜钱用);借指金钱 ▷做人不能只盯着～!

【钱庄】qiánzhuāng 名 旧时由私人经营的金融业商号,以存款、放款及汇兑为主要业务。

钳(鉗) qián ❶ 名 钳子 ▷老虎～｜台～。→ ❷ 动 用钳子夹 ▷～住螺帽。→ ❸ 动 约束;限制 ▷～口结舌｜～制。

【钳工】qiángōng ❶ 名 用锉、钻、铰刀、老虎钳等手工工具对工件进行加工的工种。❷ 名 从事钳工工作的工人。

【钳击】qiánjī 动 夹攻 ▷左右～,中央突破。

【钳口结舌】qiánkǒu-jiéshé 封住嘴巴,把舌头打上结。形容不敢说话。

【钳制】qiánzhì 动 使用强力限制,使难于自主行动 ▷设法把对方～住。

【钳子】qiánzi 名 用来夹住或夹断东西的金属工具。

掮 qián 动 某些地区指用肩扛 ▷手提肩～。

【掮客】qiánkè 名 替人介绍生意,从中赚取佣金的人 ◇政治～。

乾 qián ❶ 名 八卦之一,卦形为"☰",代表天(跟"坤"相对,②同) ▷～坤。→ ❷ 名 代表男性 ▷～造(旧时称婚姻中的男方)。☛ 读qián时,用于"乾坤""乾隆"等,不简化为"干";读gān时,是"干(gān)"的繁体字。

另见440页gān"干[5]"。

【乾坤】qiánkūn 名〈文〉《周易》的两个卦名,表示阳阴对立;后借指天地、日月等 ▷朗朗～。

軡 qián 骊軡(líqián) 名 古县名,故址在今甘肃永昌南。

另见668页jiān。

犍 qián [犍为] qiánwéi 名 地名,在四川。

另见668页jiān。

墘 qián 名 旁边(多用于地名) ▷海～｜车路～(在台湾)。

箝 qián〈文〉❶ 动 夹住;控制。→ ❷ 动 (嘴)紧闭。

潜(*潛) qián ❶ 动 没入水中 ▷～入深海｜～艇。→ ❷ 动 隐藏;不显露在外 ▷～伏｜～在。⇒ ❸ 副 秘密地 ▷～逃｜～入国境。⇒ ❹ 名 指潜力 ▷挖～。○ ❺ 名 姓。☛ 统读qián,不读qiǎn。

【潜藏】qiáncáng ❶ 动 隐藏 ▷挖出～的敌人。❷ 动 蕴藏 ▷人民群众中～着巨大的力量。

【潜沉】qiánchén 动 往水下隐没;也比喻保守秘密,不声张 ▷～海底｜～于心。

【潜返】qiánfǎn 动 秘密地回到原来的地方 ▷化名～。也说潜回。

【潜伏】qiánfú 动 隐藏;埋伏 ▷这些特工人员在城市里～下来｜～着危机。

【潜伏期】qiánfúqī 名 医学上指从病毒或细菌侵入人体至疾病开始显露的一段时间。

【潜规则】qiánguīzé 名 指没有明文规定或不符合规定,但在一定范围内以隐蔽形式存在的做法(现多用于贬义) ▷挑战行业～｜～常成为腐败的温床。

【潜海】qiánhǎi 动 潜到海水下面 ▷～考察。

【潜含】qiánhán 动 隐含 ▷要体会诗句中～着的意思。

【潜航】qiánháng 动 在水面以下航行 ▷深海～。

【潜回】qiánhuí 动 潜返。

【潜绩】qiánjì 名 潜在的、可以长期发挥效力的业绩(跟"显绩"相区别) ▷保护好生态环境是打基础、利长远的～。

【潜居】qiánjū 动 隐居。

【潜科学】qiánkēxué 名 指某种处于孕育期和孕育状态的科学，是某种科学的胚胎。它常在一般科学理论的指导下，运用创造性思维提出各种新概念、新思想和新观点。

【潜亏】qiánkuī 动 账面上没有反映而实际上已经亏损 ▷该厂已经～3000 万元|～严重。

【潜力】qiánlì 名 潜在的还没有发挥出来的能力或力量 ▷把～充分发挥出来。

【潜流】qiánliú ❶ 名 隐藏在地面之下的水流 ▷引地下～灌溉农田。❷ 名 大洋中，在表层水流之下，流向、流速与表层水流不同的海流。❸ 名 比喻潜藏的危险或困难 ▷改革面对的暗礁、～会很多。❹ 名 比喻没有显露出的态势或情感 ▷敏锐发现在未来市场上能成为巨浪的～|她的内心涌动着爱的～。

【潜能】qiánnéng 名 潜在的还没有发挥出来的能力或能量 ▷开发～。

【潜匿】qiánnì 动 隐藏 ▷～的敌人。

【潜热】qiánrè ❶ 名 单位质量的物质在温度不变的情况下，由一种状态转变为另一种状态（如由液态转变为气态）时所吸收或放出的热。❷ 名 尚未完全发挥出来的热能。多用于比喻 ▷充分发挥自己的～。

【潜入】qiánrù ❶ 动 钻进水中 ▷～深海。❷ 动 秘密地进入 ▷小股游击队～敌人防区。

【潜水】qiánshuǐ 动 进入水面以下活动；特指潜泳 ▷那位船工～到湖底，把掉下去的箱子捞了上来|他悄悄地～到了河对岸。

【潜水泵】qiánshuǐbèng 名 一种将电动机和水泵组合成一个整体的提水机械，浸入水中工作。

【潜水衣】qiánshuǐyī 名 潜水员穿的水下工作服，包括衣、鞋、帽。一般附有氧气贮藏装置。

【潜水员】qiánshuǐyuán 名 使用潜水装备在水下从事打捞、勘探等作业的人员。

【潜台词】qiántáicí 名 指戏剧台词中没有公开表达出来的言外之意；泛指话语中的言外之意 ▷一个好的演员要善于把～的深层含意展现出来|他话里的～耐人寻味。

【潜逃】qiántáo 动 偷偷地逃跑 ▷畏罪～。

【潜艇】qiántǐng 名 主要在水面下进行战斗和活动的军舰，能发射鱼雷、导弹袭击敌人舰船和岸上目标，还能担任布雷及侦察等任务。也说潜水艇。

【潜望镜】qiánwàngjìng 名 由一系列折光镜组成的光学仪器，在潜艇或地下掩蔽工事中使用，用以观察水面或地面以上的情况。

【潜心】qiánxīn 动 深入地用心研究 ▷他早年曾～于考古学|～研究。

【潜行】qiánxíng ❶ 动 在水下行动 ▷潜水员在水下～。❷ 动 暗中行走。

【潜血】qiánxuè 名 隐血。

【潜移默化】qiányí-mòhuà 指人的思想、性格、习惯等在不知不觉中受到影响和感染，而默默地发生变化。☛ 跟"耳濡目染"不同。"潜移默化"侧重指受影响而逐渐发生变化；"耳濡目染"侧重指通过频繁接触不断受到影响。

【潜意识】qiányìshí 名 无意识的通称。心理学上指深藏在人类头脑中的一种不由自主的精神活动 ▷人们即使在～中也会追求安全性。

【潜影】qiányǐng 名 摄影感光材料受光之后形成的潜在的影像。经过显影处理后，潜影才能形成可见影像。

【潜泳】qiányǒng 动 全身在水面下游泳 ▷他只用了半个月就学会了～。

【潜游】qiányóu 动 潜泳。

【潜在】qiánzài 区别 存在于事物内部、尚未显现出来的 ▷～的能力|这种意识是～的。

【潜质】qiánzhì 名 潜在的素质 ▷这批年轻人具有创新～。

【潜滋暗长】qiánzī-ànzhǎng 暗地里不知不觉地滋长 ▷对这些～的腐败现象不能掉以轻心。

【潜踪】qiánzōng 动 隐藏行踪 ▷～匿迹。

黔[1] qián 形〈文〉黑① ▷～首。

黔[2] qián 名 贵州的别称 ▷～驴技穷|～剧。

【黔剧】qiánjù 名 地方戏曲剧种，流行于贵州一带。由一种用扬琴伴奏的说唱曲艺"文琴"发展而来，原称文琴戏，1960 年改称今名。

【黔驴技穷】qiánlǘ-jìqióng 唐·柳宗元《三戒·黔之驴》中说：黔地（今贵州一带）本没有驴，有人从外地带来一头。开始，老虎看见驴个子很大，又听到它叫声响亮，十分害怕。后来老虎接近它、冲撞它，驴发怒了，就踢了老虎一脚。老虎知道驴的本领不过如此，于是扑上去把驴吃掉了。比喻仅有的一点儿本领用完了，再没有别的办法。☛"技"不要误写作"计"。

【黔驴之技】qiánlǘzhījì 比喻极其有限的一点儿本领。参见本页"黔驴技穷"。

【黔首】qiánshǒu 名 旧指平民百姓。一说因古代平民均以黑巾裹头，故称。

qiǎn

肷 qiǎn ❶ 名 身体两侧肋骨和胯骨之间的部位（多指兽类的）▷～窝。→ ❷ 名 狐狸胸腹部和腋下的毛皮 ▷狐～|青～。

浅（淺） qiǎn ❶ 形 从水面到水底的距离小；泛指从地面往下或从外到里的距离小（跟"深"相对）▷水很～|这个洞掏得

有些～。→❷形（学问、见识等）贫乏 ▷才疏学～|肤～。→❸形（字句、内容等）简明易懂 ▷讲课深入～出|～易。→❹形（颜色）不浓；淡 ▷～色|～黄。→❺形经历的时间短 ▷资历～。→❻形（感情）不深厚；（关系）不密切 ▷交情～。→❼形（分量）轻；（程度）低 ▷害人不～|～尝辄止。

另见 666 页 jiān。

【浅白】qiǎnbái 形 浅显明白 ▷说得很～。

【浅表】qiǎnbiǎo ❶名 皮下接近表层的部位；比喻肤浅的层面 ▷对问题的认识还停留在～上。❷形 肤浅 ▷分析得很～。

【浅薄】qiǎnbó ❶形 学识贫乏；见解肤浅。❷形（感情、交往等）不深厚 ▷交情～。❸形（作风、习俗等）浮躁；轻浮 ▷社会风气～。

【浅尝辄止】qiǎncháng-zhézhǐ 略微尝试一下就停止。指学习、研究等不下功夫深入钻研，满足于一知半解。☛"辄"不要误写作"则"。

【浅淡】qiǎndàn 形（颜色）不浓；（程度）不深 ▷一丝～的愁容。

【浅耕】qiǎngēng 动 在农作物收割后进行的耕作，耕层较浅，有松土、保墒、除草等作用。

【浅海】qiǎnhǎi 名 水深不超过 200 米的海域。

【浅见】qiǎnjiàn 名 肤浅的见解（多用作谦词）▷这是个人～，不当之处，还请指正。

【浅近】qiǎnjìn 形 浅显 ▷道理讲得极～。

【浅陋】qiǎnlòu 形〈文〉见识贫乏粗浅 ▷不揣～，略抒己见。

【浅露】qiǎnlù 形 浅显而直露；不委婉，不含蓄 ▷措辞～。

【浅明】qiǎnmíng 形 浅显明了 ▷文字～。

【浅色】qiǎnsè 名 较淡的颜色 ▷画的背景用～。

【浅说】qiǎnshuō 动 浅显地解说（多用于书名或文章题目）▷《文艺学～》|《～运筹学》。

【浅滩】qiǎntān 名 指江河湖海等水浅的滩地。

【浅谈】qiǎntán 动 浅显地谈论（多用于书名或文章题目）▷《朗读～》|《～著作权》。

【浅析】qiǎnxī 动 初步分析；粗浅地分析 ▷～中东局势|《犯罪低龄化现象～》。

【浅显】qiǎnxiǎn 形（多指谈话、文章等）明白易懂 ▷文句～。

【浅笑】qiǎnxiào 动 淡淡地微笑 ▷听了这些话，他只～了一下，没有回答。

【浅易】qiǎnyì 形 浅显易懂 ▷道理～。

【浅子】qiǎnzi 名 用竹篾、柳条等编成的盛物器具，一般较大而浅。也说浅儿。

遣 qiǎn ❶动 派出去；使离去 ▷调兵～将|派～|差～|～送|～返。→❷动 排除；发泄 ▷排～|消～|～愁。→❸动 运用；使用 ▷～词造句。

【遣词】qiǎncí 动 在作文或讲话时选择运用词语 ▷～恰当。

【遣词造句】qiǎncí-zàojù 在作文或讲话时选择和运用词语组成句子。

【遣辞】qiǎncí 现在一般写作"遣词"。

【遣返】qiǎnfǎn 动 遣送回原处 ▷～难民。

【遣散】qiǎnsàn ❶动 机关、团体、军队等进行改组或解散时，将原有人员解职或使退伍 ▷对该机关实行～|发给～军人一笔钱。❷动 将俘获的敌方人员解散并遣送 ▷～俘虏。

【遣送】qiǎnsòng 动 把不符合居留条件的人员送走 ▷把非法越境者～回国。

谴（譴） qiǎn ❶动 批评；责备 ▷～责。→❷动 旧指官吏被贬谪 ▷～谪|获～。

【谴责】qiǎnzé 动 批评指责 ▷～不道德行为。

【谴谪】qiǎnzhé 动〈文〉官吏因获罪而遭贬谪。

缱（繾） qiǎn [缱绻] qiǎnquǎn 形〈文〉感情深厚，情意缠绵 ▷两情～|～柔情。

qiàn

欠 qiàn ❶动 打哈欠 ▷～伸。→❷动 不足；缺乏 ▷说话～考虑|～佳|～缺。❸动 借了别人的没有归还，或该给别人的没有给 ▷～债|～编辑部一篇稿子|亏～。→❹动 上身稍微向上抬起或脚跟稍微踮起 ▷～了～身子|一～脚就够着了。

【欠安】qiàn'ān 动 婉词，指有病；不舒服 ▷家父近日～|听说贵体～。

【欠产】qiànchǎn 动 产量低于原定的指标 ▷今年粮食～50 万公斤。

【欠火】qiànhuǒ 动（食物）烧煮的火力或时间不够；没有完全熟 ▷这馒头～，有点儿粘牙。

【欠佳】qiànjiā 形 不够好 ▷成绩～。

【欠款】qiànkuǎn ❶动 负债；欠别人钱 ▷他已～1000 元。❷名 所欠别人的钱款 ▷还清～。

【欠情】qiànqíng 动 得到别人的恩情没有回报。

【欠缺】qiànquē ❶动 不够；缺少 ▷～经验。❷名 不足之处 ▷指出工作中的～。

【欠伸】qiànshēn 动 疲倦时打哈欠，伸懒腰。☛不宜写作"欠申"。

【欠身】qiànshēn 动 身体上部稍微前倾，表示对人恭敬或致意 ▷～致谢|他对来人欠了欠身表示欢迎。

【欠条】qiàntiáo 名 借别人财物时写的字据。

【欠妥】qiàntuǒ 形 不够妥当 ▷此事～。

【欠薪】qiànxīn ❶动 到期应该支付而没有支付工资 ▷恶意～|～入罪。❷名 到期应该支

付而没有支付的工资 ▷讨取～｜清偿～。

【欠债】qiànzhài ❶ 动 借别人的钱财尚未归还；比喻该做的事还没做或承诺尚未兑现 ▷钱不够用，老～｜答应给出版社的一本书稿，至今还欠着债。❷ 名 所欠的钱财；比喻该做而没做的事或尚未兑现的承诺 ▷追回上亿元～｜环保措施方面的～比较多。‖也说欠账。

【欠账】qiànzhàng ❶ 动 欠债①。❷ 名 欠债②。☛ 不要写作"欠帐"。

【欠资】qiànzī 动 特指投寄邮件时邮资未付或未付足。

伣（俔） qiàn〈文〉❶ 动 如同；好比 ▷大邦有子，～天之妹。○ ❷ 名 船上用来观测风向的羽毛。

纤（縴） qiàn 名 纤绳 ▷拉～｜～夫。另见 1486 页 xiān。

【纤夫】qiànfū 名 依靠背纤拉船为生的人。

【纤绳】qiànshéng 名 纤夫拉船的绳子。

【纤手】qiànshǒu ❶ 名 纤夫。❷ 名 旧指给人介绍买卖并从中取利的人。

芡 qiàn ❶ 名 多年生水生草本植物，全株有刺，叶大而圆，叶面多皱褶，浮在水面上，开紫色花，花托形状像鸡头，因此也说鸡头。种子叫芡实或鸡头米，可以食用，也可以做药材。→ ❷ 名 用芡实粉或其他淀粉调成的稠汁，做菜做汤时加进去可使汁液变稠 ▷勾～。

【芡粉】qiànfěn 名 用来勾芡的淀粉。由芡实制成，也可由其他淀粉代替。

【芡实】qiànshí 名 芡的果实。也说鸡头米。

茜 qiàn ❶ 名 茜草。→ ❷ 形〈文〉深红 ▷～纱帐。

另见 1467 页 xī。

【茜草】qiàncǎo 名 多年生草本植物，根黄赤色，茎方形，有倒生刺，叶子呈心形或长卵形，开黄色小花。根可做红色染料，也可以做药材。

倩 qiàn 形 美好；俏丽 ▷～影｜～装｜～女。另见 1124 页 qìng。

【倩影】qiànyǐng 名 指女子俏丽的身影；也指美貌女子的照片、画像。

堑（塹） qiàn 名 防御用的壕沟 ▷深～｜～壕｜天～◇吃一～，长一智。

【堑壕】qiànháo 名 在阵地前沿挖掘的壕沟，多为曲线形或折线形，筑有射击掩体。

蒨（綪） qiàn 名〈文〉青赤色的丝织物。

椠（槧） qiàn〈文〉❶ 名 记事用的木板 ▷断木为～。→ ❷ 名 书的版本或刻成的书籍 ▷旧～｜宋～。→ ❸ 名 简札；书信 ▷以密～寄奉。

嵌 qiàn 动 把较小物体卡在较大物体的凹陷处 ▷戒指上～着一颗绿宝石｜镶～｜～入。☛ 统读 qiàn，不读 qiān。

【嵌饰】qiànshì 动 镶嵌装饰 ▷手镯上～了宝石。

【嵌镶】qiànxiāng 动 镶嵌。

蒨 qiàn ❶ 古同"茜"。○ ❷ 名 姓。

慊 qiàn 动〈文〉怨恨；不满。另见 1108 页 qiè。

歉 qiàn ❶ 形 农作物收成不好 ▷～收｜～年｜以丰补～。→ ❷ 动 觉得对不住别人 ▷～疚｜～意。❸ 名 指歉意 ▷道～｜抱～。

【歉疚】qiànjiù 形 惭愧不安，内疚 ▷让母亲为自己如此操劳，他感到十分～。

【歉年】qiànnián 名 收成不好的年份（跟"丰年""平年"相区别）▷丰收不忘～。也说歉岁。

【歉然】qiànrán 形 惭愧的样子 ▷～地低头不语。

【歉收】qiànshōu 动 收成比常年有所减少 ▷今年旱情严重，肯定～。

【歉意】qiànyì 名 觉得对不住别人的心情 ▷招待不周，深表～。

qiāng

抢（搶） qiāng ❶ 动〈文〉碰；撞 ▷以头～地｜呼天～地。→ ❷ 同"戗"。现在一般写作"戗"。

另见 1101 页 qiǎng。

【抢地呼天】qiāngdì-hūtiān 呼天抢地。

【抢风】qiāngfēng 现在一般写作"戗风"。

呛（嗆） qiāng 动 气管里进了食物或水而引起咳嗽并突然喷出 ▷慢点儿吃，别～着｜游泳时～了点儿水。

另见 1102 页 qiàng。

羌（*羌羗） qiāng ❶ 名 我国古代民族，主要分布在今甘肃、青海、四川。东晋时建立后秦政权（公元 384—417 年），后来逐渐与西北地区的汉族及其他民族融合，岷江上游的一部分发展成为今天的少数民族羌族。○ ❷ 名 姓。☛ 第六画是长撇，中间不断开。

【羌笛】qiāngdí 名 原为羌族的一种管乐器，有单管、双管两种。双管并在一起，各有六个音孔，管端装有竹簧哨子。竖着吹。参见插图 12 页。

【羌族】qiāngzú 名 我国少数民族之一。主要分布在四川。

玱（瑲） qiāng 拟声〈文〉模拟玉器相碰撞的声音。

枪（槍*鎗❶—❹） qiāng ❶ 名 旧时兵器，长柄，顶端有金属尖头 ▷扎～|红缨～。→ ❷ 名 口径在20毫米以下能发射子弹的武器 ▷手～|机关～。⇒ ❸ 名 性能或形状像枪的器械 ▷水～|焊～。⇒ ❹ 名 指射出的子弹 ▷给他一～|挨了两～。〇 ❺ 动 枪替 ▷～手。

【枪把】qiāngbà ❶ 名 旧指红缨枪、标枪等的柄。❷ 名 步枪、手枪等的柄；枪托。也说枪把子。

【枪崩】qiāngbēng 动〈口〉用枪打死(多用于为人们所厌恶的坏人) ▷～了几个死刑犯。

【枪毙】qiāngbì ❶ 动 用枪打死(多用于执行死刑)。❷ 动 比喻建议、文章等被否定或不予发表(多含诙谐意) ▷他的建议被～了。

【枪刺】qiāngcì 名 刺刀。

【枪打出头鸟】qiāng dǎ chūtóu niǎo 比喻出面带头的人首先容易受到打击。

【枪弹】qiāngdàn 名 用枪发射的弹药，包括弹药筒、底火、发射药、弹头。有时专指弹头。

【枪法】qiāngfǎ ❶ 名 开枪射击的技能、技巧 ▷他的～很准。❷ 名 使用长枪、长矛(古兵器，现均为武术器械)的技艺。

【枪杆子】qiānggǎnzi 名 枪身；借指武器或武装力量 ▷～里出政权。也说枪杆儿。

【枪管】qiāngguǎn 名 枪支前部的弹头通道。

【枪花】qiānghuā 名 武术中舞弄长枪时迷惑对方的花招儿 ▷舞大刀，耍～儿。

【枪击】qiāngjī 动 开枪射击 ▷发生～事件。

【枪机】qiāngjī 名 扳机。

【枪决】qiāngjué 动 枪毙① ▷执行～。

【枪口】qiāngkǒu 名 枪管前端的圆孔 ▷～对外。

【枪林弹雨】qiānglín-dànyǔ 枪支多如林，子弹密如雨。形容密集的炮火，激烈的战斗。

【枪榴弹】qiāngliúdàn 名 用步枪发射的榴弹。

【枪炮】qiāngpào 名 枪支和大炮；泛指武器。

【枪杀】qiāngshā 动 开枪打死(多用于敌人、歹徒杀害无辜的人) ▷～无辜。

【枪伤】qiāngshāng 名 被枪弹击中所造成的伤口。

【枪手】qiāngshǒu ❶ 名 古时指以长枪为武器的士兵；现指射击手。❷ 名 借指考试时冒名替别人做文章或答题的人。

【枪术】qiāngshù 名 舞枪或打枪的技术。

【枪栓】qiāngshuān 名 枪上的一个机件，可用以拉开枪膛推进子弹。

【枪膛】qiāngtáng 名 枪械中装子弹的中空部分，子弹由此击发通过枪管射出。

【枪替】qiāngtì 动 冒名顶替，代人考试 ▷找人～的考生被取消了考试资格。也说打枪。

【枪托】qiāngtuō 名 枪柄下端的部分；也指整个枪柄。也说枪托子。

【枪乌贼】qiāngwūzéi 名 鱿鱼的学名。

【枪械】qiāngxiè 名 枪②的统称。

【枪眼】qiāngyǎn ❶ 名 碉堡或墙壁上用来向外开枪射击的小孔。❷ 名 枪弹打的小孔。

【枪鱼】qiāngyú 名 鱼，体长约三米，侧扁形，体表有多条青色带。上颌剑状凸出。游动迅速，分布在中国和日本的浅海区域。

【枪战】qiāngzhàn ❶ 动 互相开枪射击 ▷双方～了约半个小时。❷ 名 互相开枪射击的战斗 ▷发生了一场～。

【枪支】qiāngzhī 名 枪的统称 ▷～弹药|携带～。☛ 不宜写作“枪枝”。

【枪子儿】qiāngzǐr 名〈口〉子弹。

戗（戧） qiāng ❶ 动 逆；向着相对的方向(行动) ▷～风骑车费劲。→ ❷ 动〈口〉言语冲突 ▷两人～了几句。

另见1102页qiàng。

【戗风】qiāngfēng 动 顶风；逆着风 ▷～行驶，速度减缓。

戕 qiāng 动〈文〉杀害；摧残 ▷～贼|自～。☛ 统读qiāng，不读qiáng。

【戕害】qiānghài 动〈文〉损害；伤害 ▷～身心。

【戕贼】qiāngzéi 动〈文〉戕害 ▷～生灵。

斨 qiāng 名 古代一种斧子，装柄的孔是方的。

将（將） qiāng 动〈文〉请；希望 ▷～子无怒|《～进酒》。☛ 这个意义不读jiāng。

另见679页jiāng；683页jiàng。

腔[1] qiāng ❶ 名 身体内部的中空部分 ▷胸～|口～|满～热血。→ ❷ 名 物体内像腔的部分 ▷炉～|检测电机内～。

腔[2] qiāng ❶ 名 曲调；唱腔 ▷昆～|字正～圆。→ ❷ 名 说话的声音、语气等 ▷京～|装～作势|打官～。❸ 名 话 ▷搭～。

【腔肠动物】qiāngcháng dòngwù 无脊椎动物，体壁由内外两个胚层构成，身体中间是体腔，也是消化器官。如水母、珊瑚等，大多生活在海洋中。

【腔调】qiāngdiào ❶ 名 戏曲音乐中成系统的曲调。如京剧中的西皮、二黄，徽剧中的吹腔、高拨子等。❷ 名 说话时具有某些特点的声音、语气等 ▷孩子～|他的～盛气凌人。

【腔骨】qiānggǔ 名 供食用的猪、牛、羊等的带肉脊椎骨。

【腔子】qiāngzi〈口〉❶ 名 胸腔。❷ 名 动物割去头、除去内脏后的躯干。

蜣 qiāng [蜣螂] qiāngláng 名 昆虫，体长圆形，黑色稍带光泽，头部中央有两个小突起，胸和脚有长毛。以动物的尸体和粪便等为食，常把粪滚成球形。俗称屎壳郎。

锖（錆） qiāng［锖色］qiāngsè 名 某些矿物表面因氧化作用而形成的薄膜所呈现的斑斓色彩，常跟矿物的本色不同。

锵（鏘） qiāng 拟声 模拟金属或玉石撞击的声音 ▷锣声～～。

酭 qiāng 名 藏语音译。青稞酒。

镪（鏹） qiāng［镪水］qiāngshuǐ 名 强酸的俗称。

另见 1102 页 qiǎng。

跄 qiāng［跄跄］qiāngqiāng 形〈文〉形容行走有节奏。

另见 1103 页 qiàng。

qiáng

强（*強彊） qiáng ❶ 形 体质好；力量大；很有实力（跟"弱"相对，⑧同）▷～劳力｜～度｜～项。→ ❷ 动 使健壮；使强大 ▷～身｜富国～兵。→ ❸ 形 坚定；刚毅 ▷坚～｜刚～。→ ❹ 形 横暴 ▷～横｜～暴｜～盗。→ ❺ 副 用强力（做）▷～渡｜～攻｜～行。→ ❻ 形 标准高；程度高 ▷原则性～｜责任心～。❼ 形 好；优越 ▷他的外语比你～｜生活一年比一年～。→ ❽ 形 用在分数或小数后面，表示比这个数略多一些 ▷$\frac{2}{3}$～｜0.15～。○ ❾ 名 姓。☛ ㊀读 qiáng，基本意义是健壮，有力；读 qiǎng，表示迫使、勉强，如"强迫""强人所难"；读 jiàng，用于脾气倔（juè），如"倔强"。㊁右上是"口"，不是"厶"。

另见 683 页 jiàng；1102 页 qiǎng。

【强暴】qiángbào ❶ 形 强横凶暴 ▷严惩～的敌人。❷ 名 强横凶暴的人或势力 ▷抗击～｜面对～，毫无惧色。❸ 动 施暴；强奸。

【强大】qiángdà 形（实力）强而雄厚 ▷经济～｜一支～的民兵队伍。

【强档】qiángdàng ❶ 名 最佳时间段（档：档期）▷～播出。❷ 区别 档次高、实力强的 ▷～合作。

【强盗】qiángdào 名 使用暴力夺取他人财物的人；泛指有类似行为的人或势力 ▷打家劫舍的～｜～行为｜军国主义～。

【强敌】qiángdí 名 实力雄厚的敌人或对手 ▷不畏～，浴血奋战｜赛场上沉着应对～。

【强调】qiángdiào 动 特别着重；着重指出或提出 ▷～指出｜反复～这个问题。

【强度】qiángdù ❶ 名 声、光、电、磁等的强弱程度 ▷噪声～｜电流～。❷ 名 作用力的大小程度 ▷加大工作～。❸ 名 物体对外力作用的抵抗力 ▷加大水泥板的抗压～。

【强渡】qiángdù 动 强行渡过 ▷～黄河。

【强夺】qiángduó 动 用强力或暴力夺取 ▷～财产。

【强风】qiángfēng 名 强劲的风；气象学上指 6 级以上的风。

【强干】qiánggàn 形 精力充沛，办事能力强 ▷为人～｜派一名精明～的人来。

【强攻】qiánggōng 动 用强大的力量进行攻击；强行进攻 ▷～敌人据点｜发起～，破门得分。

【强固】qiánggù 形 坚实牢固 ▷～的防御系统。

【强国】qiángguó ❶ 名 强盛的国家 ▷世界～。❷ 动 使国家强盛 ▷实施人才～战略。

【强悍】qiánghàn 形 强硬而勇猛 ▷性情～，从不示弱。

【强横】qiánghèng 形 强硬蛮横 ▷粗暴而又～。☛"横"这里不读 héng。

【强化】qiánghuà 动 加强；使加大力度 ▷～监督机制。

【强化食品】qiánghuà shípǐn 指在生产过程中添加了人体所必需而原食品中含量不足的某些营养素（如维生素、氨基酸、蛋白质等）的食品。

【强击】qiángjī 动 强有力攻击；特指飞机从低空、超低空对目标实施火力攻击。

【强击机】qiángjījī 名 一种能进行强击的作战飞机，具有良好的低空性能，有防护装甲，并配备机关炮、火箭弹和导弹等武器。

【强基】qiángjī 动 强化根基 ▷科技～｜～固本。

【强记】qiángjì ❶ 形 记忆力强 ▷博闻～。❷ 动 强行记住 ▷这些数字你不必～。

【强加】qiángjiā 动 强迫他人接受（某种观点、意见、说法或做法等）▷这只是你个人的观点，不能～给大家｜推倒～在他身上的罪名。

【强加于人】qiángjiāyúrén 把观点或罪名等强加给别人。

【强奸】qiángjiān ❶ 动 使用暴力或威逼手段强行与异性发生性关系（多指针对女性）。❷ 动 比喻强迫对方屈从 ▷～民意。

【强奸民意】qiángjiān-mínyì 将自己的意见强加给老百姓，硬说成是老百姓的意见。

【强碱】qiángjiǎn 名 碱性反应强烈、腐蚀性强的碱。如氢氧化钠、氢氧化钾等。

【强健】qiángjiàn 形 强壮结实 ▷身体～。☛ 参见 1100 页"强壮"的提示。

【强将】qiángjiàng ❶ 名 善于作战的将领 ▷～手下无弱兵。❷ 名 泛指工作能力强的人。

【强劲】qiángjìng 形 强有力的 ▷～的竞争对手。☛"劲"这里不读 jìn。

【强劳力】qiángláolì 名 身体壮、工作效率高的体力劳动者。

【强力】qiánglì ❶ 名 强大的力量 ▷不要用～压服|锅炉采取～通风。❷ 名 物体对外力作用的抵抗能力 ▷使用过度，弹簧的～降低。❸ 区别 效力较强的 ▷～霉素。❹ 区别 特指具有国家专政权力的 ▷～部门。

【强梁】qiángliáng ❶ 形〈文〉强暴凶横。❷ 名 强暴凶横的人或势力 ▷剪灭～。

【强烈】qiángliè ❶ 形 强大猛烈；强硬激烈 ▷～的台风|药性～|～抗议|反应十分～。❷ 形 鲜明突出；程度高 ▷色彩对比～|～反对。

【强令】qiánglìng 动 用强制、强迫的方式命令 ▷～取消|～改变原来的计划。

【强蛮】qiángmán 形 强横；蛮横 ▷做思想工作不能采用～、粗暴的手段。

【强弩之末】qiángnǔzhīmò《汉书·韩安国传》："强弩之末，力不能入鲁缟。"（鲁缟：鲁地产的一种薄的丝织品）意思是强弓射出的箭，到最后，它的力量也不能穿透鲁缟。比喻原来强大的势力已经衰竭。

【强强联合】qiáng-qiáng liánhé 实力强大的若干个单位之间实行联合 ▷走～的集团化路子。

【强取豪夺】qiángqǔ-háoduó 凭借势力强行夺取（多指财物）。

【强权】qiángquán 名 依仗武力或经济优势欺凌别国的政治势力（多指国家或集团）。

【强热带风暴】qiáng rèdài fēngbào 热带气旋的一个等级。参见 1150 页"热带气旋"。

【强人】qiángrén ❶ 名 旧指强盗（见于早期白话）。❷ 名 指很有魄力非常能干的人 ▷女～。

【强弱】qiángruò ❶ 形 强大和弱小 ▷国家不分大小、～，一律平等。❷ 名（声音、光线等的）强度 ▷要注意发音的～变化。

【强身】qiángshēn 动 使身体强壮 ▷～健体。

【强盛】qiángshèng 形 强大昌盛（多指国家、民族）▷国家～，人民安乐。

【强势】qiángshì ❶ 名 强劲的势头 ▷我国经济发展仍保持～。❷ 名 强大的势力 ▷在竞争中处于～。

【强势群体】qiángshì qúntǐ 在社会地位、经济收入、受教育程度、竞争能力等方面处于优势地位的社会群体。

【强手】qiángshǒu 名 学问、技艺、能力等高超的人 ▷～如林|不畏～。

【强似】qiángsì 动 胜过；超过 ▷这次成绩～上次。

【强酸】qiángsuān 名 酸性反应强烈、腐蚀性很强的酸。如硫酸、硝酸、盐酸等。俗称镪水。

【强台风】qiángtáifēng 名 热带气旋的一个等级。参见 1150 页"热带气旋"。

【强项】qiángxiàng ❶ 形〈文〉《后汉书·董宣传》记载：董宣为洛阳令，杀了湖阳公主的恶奴，皇帝要他向公主当面谢罪。他直着颈项不肯，皇帝叫太监按他的脖子，他还是不低头。后来就用"强项"来形容人刚强不屈服。○ ❷ 名 实力较强的项目或方面 ▷这次运动会上，我们的～较多。

【强心药】qiángxīnyào 名 能增强心脏机能，使心肌收缩力增强、心脏搏动频率减缓，从而改善血液循环的药物。如蟾酥、洋地黄等，多用于抢救危重病人。也说强心剂。

【强心针】qiángxīnzhēn 名 用来增强心脏机能的针剂。

【强行】qiángxíng 副 用强制的方式 ▷～解散|～突破。

【强行军】qiángxíngjūn 动（部队在紧急情况下）加快速度和延长日行进时间行军 ▷部队～三天三夜，及时赶到预定位置。

【强压】qiángyā 动 强行压制；强迫压制 ▷～怒火|～手段。

【强音】qiángyīn 名 响亮、高亢的声音（多用于比喻）▷让"劳动光荣"成为时代～。

【强硬】qiángyìng 形 强有力的；决不妥协的 ▷遇到了～对手|～的立场。

【强硬派】qiángyìngpài 名 主张采用强力或在立场和态度上决不退让的人 ▷～拒绝议和。

【强有力】qiángyǒulì 形 坚决而有力 ▷～的措施。

【强占】qiángzhàn ❶ 动 用强力侵占；强行占有 ▷～公房。❷ 动 用武力攻占 ▷～制高点。

【强者】qiángzhě 名 指能战胜困难和挫折的坚强的人 ▷生活的～。

【强震】qiángzhèn 名 震级在 6 级以上的地震，一般会造成较大的破坏和人员伤亡。

【强直】qiángzhí ❶ 形（肌肉、关节等因病变）僵硬；不能自由活动。❷ 形〈文〉刚强正直 ▷为人～。

【强制】qiángzhì 动 用强力迫使 ▷～执行。

【强制保险】qiángzhì bǎoxiǎn 国家以法律、行政法规等规定单位或个人必须投保的保险。强制保险是依据法律效力产生，不是由投保人与保险人之间的合同产生。如我国对飞机、轮船等旅客的人身意外伤害实行强制保险。也说法定保险。

【强制性】qiángzhìxìng 名 强力迫使施行的性质 ▷一切法律、法规都具有～。

【强壮】qiángzhuàng ❶ 形（身体）健壮有力 ▷体格～。❷ 动 使强壮 ▷～身体。☛ 跟"强健”不同。“强壮”强调壮实有力，多指男性青壮年，也用于动物；“强健”强调结实健康，用于人时，既可形容男性，也可形容女性。

墙（墻*牆）qiáng ❶ 名 用土、石、砖等筑成的承架房顶或隔断内外的构筑物 ▷山～|城～。→ ❷ 名 形状像墙或作用像墙的东西 ▷人～。☛ 不能简化成“垟”。

【墙报】qiángbào 名 壁报。

【墙壁】qiángbì 名 墙。

【墙倒众人推】qiáng dǎo zhòngrén tuī 比喻人失去权势或受到挫折后，众人都趁机打击他或欺负他。

【墙根】qiánggēn 名 墙的下部接近地面的部分。

【墙基】qiángjī 名 墙在地面以下的基础部分。

【墙角】qiángjiǎo 名 方向不同的两堵墙相交接而形成的角；也指墙角所在的地方。

【墙脚】qiángjiǎo ❶ 名 墙根。❷ 名 墙基。❸ 名 比喻起基础作用的人或事物 ▷他们用高薪聘请我厂技术工人，挖我们厂的～。

【墙面】qiángmiàn 名 墙壁的表面（多指室内的）。

【墙裙】qiángqún 名 在室内墙壁下半部表面加的保护层或装饰层，多用水泥、瓷砖、木板等做成。也说墙围子、护壁。

【墙体】qiángtǐ 名 墙①。

【墙头】qiángtóu ❶ 名 墙的顶部。❷ 名 既矮又短的围墙。

【墙头草】qiángtóucǎo 名 比喻没主见的人。

【墙围】qiángwéi 名 在靠近炕或床的墙壁上，用布或纸等做成的长条形隔离层，有防止沾染墙粉及保持墙壁清洁等作用。

【墙垣】qiángyuán 名 墙壁 ▷～倒塌。

【墙纸】qiángzhǐ 名 壁纸。

蔷（薔）qiáng［蔷薇］qiángwēi 名 落叶或常绿灌木，枝上带有小刺，小叶呈长圆形。花也叫蔷薇，色彩多样，可供观赏；果、花、根和叶都可以做药材。

嫱（嬙）qiáng 名 古代宫中女官名 ▷嫔～。

蔃 qiáng 用于地名。如木蔃、黄蔃，均在广东。

樯（檣*艢）qiáng 名〈文〉船上挂帆的桅杆；借指船 ▷帆～如林。

qiǎng

抢[1]（搶）qiǎng ❶ 动 争夺；用强力把不属于自己的东西夺过来 ▷歹徒～了银行|～夺|～劫。→ ❷ 动 争先 ▷～着报名参军|～购|～嘴。❸ 动 为避免出现某种险恶情况而抓紧时间（做某事）▷抗洪～险|～收。

抢[2]（搶）qiǎng ❶ 动 刮去（物体表层）▷磨剪子～菜刀|把旧墙皮～掉。→ ❷ 动 擦伤 ▷胳膊～掉了一块皮。☛“抢”字读 qiǎng，基本意义是争夺、争先；读 qiāng，指碰撞，如“以头抢地”。

另见 1097 页 qiāng。

【抢白】qiǎngbái 动 当面顶撞或讥讽 ▷听他越说越无理，我就～了几句。

【抢答】qiǎngdá 动 争先回答问题 ▷知识竞赛中～部分争夺激烈。

【抢点】qiǎngdiǎn ❶ 动 火车、汽车等因晚点而加速，争取赶在准点到达。○ ❷ 动 足球比赛中球员抢占有利于射门的位置；泛指抢占有利位置。

【抢渡】qiǎngdù 动 抢时间急速渡过江河。

【抢断】qiǎngduàn 动 篮球、足球等比赛中拦截对方带球球员并抢过球来 ▷～得手，飞身上篮。

【抢夺】qiǎngduó 动 用强力夺取 ▷～财物。

【抢匪】qiǎngfěi 名 抢劫财物的匪徒。

【抢工】qiǎnggōng 动 赶工。

【抢攻】qiǎnggōng 动 抢时间急速进攻 ▷～敌人前沿阵地。

【抢购】qiǎnggòu 动（许多人）盲目地抢着购买 ▷～紧俏商品。

【抢婚】qiǎnghūn 动 抢亲。

【抢建】qiǎngjiàn 动 抢时间突击建造 ▷～大坝。

【抢劫】qiǎngjié 动 非法使用暴力夺取别人财物 ▷歹徒入户～|～犯。

【抢景】qiǎngjǐng 动 抢镜头①（多指抢拍景物镜头）▷日出时，游客们纷纷～抓拍。

【抢镜头】qiǎngjìngtóu ❶ 不失时机地抓住最佳场景立即拍摄 ▷摄影记者挤进人群～。❷ 比喻引人注意 ▷他成了会上最～的人物。❸ 挤入或拦截别人的镜头；比喻不该出面时出面或借机显示自己 ▷他从不跟名流～。

【抢救】qiǎngjiù ❶ 动 在危急情况下迅速救护或救助 ▷～落水儿童|～危重病人。❷ 动 对眼看要受到损失的事物迅速采取措施使不受或少受损失 ▷冒火～国家财产|～文物。

【抢掠】qiǎnglüè 动 抢劫掠夺（多用于侵略者、土匪等的群体行为）▷烧杀～|～一空。

【抢拍】qiǎngpāi ❶ 动 抢在最佳时机拍摄变动的人或景物 ▷用手机～下这个感人的场面。○ ❷ 动 抢着买下拍品 ▷几十幅作品两天就被～一空。○ ❸ 动 演唱或演奏把握不准节拍，抢在节拍之前。

【抢亲】qiǎngqīn 动 某些民族的一种婚姻风俗，男方通过抢的形式与相中女子成亲。也说抢婚。

【抢墒】qiǎngshāng 动 趁着土壤湿润抢时间播种。

【抢时间】qiǎngshíjiān 为了及时完成某项工作而抓紧时间 ▷洪水到来前，要～修复大堤。

【抢收】qiǎngshōu 动 庄稼成熟时抢时间突击收割，以避免可能遭受的损失。

【抢手】qiǎngshǒu 形 形容商品十分畅销，很受欢迎 ▷这种羊毛衫非常～。

【抢手货】qiǎngshǒuhuò 名 人们争着购买的、十分畅销的货物 ▷持续高温，空调机成～了。

【抢滩】qiǎngtān ❶ 动 行船遇到沉没危险时，赶紧驶向浅滩。❷ 动 指作战时抢占滩头阵地。❸ 动 比喻抢占市场 ▷～国外市场。

【抢戏】qiǎngxì 动 演员演出时，不顾剧情需要，一味地突出自己；也指在活动中争着表现自己 ▷演出中，演员可以有合理的即兴发挥，但不能～|无论什么活动，他都喜欢～。

【抢先】qiǎngxiān 动 赶在别人前面 ▷～赶到|某电视台～播发了这条消息。

【抢险】qiǎngxiǎn 动 险情发生时紧急抢救 ▷救灾～|组织民兵全力～。

【抢行】qiǎngxíng 动 不按次序或交通规则抢先行进（多用于车辆）▷服从交警指挥，切勿～|在斑马线前～是违法行为。

【抢修】qiǎngxiū 动 抢时间突击修复或修建 ▷～塌方路段|～供电线路。

【抢眼】qiǎngyǎn 形 显眼；惹人注目 ▷最～的是那座英雄纪念碑。

【抢运】qiǎngyùn 动 紧急运送 ▷～伤病员。

【抢占】qiǎngzhàn ❶ 动 抢先占领或占有 ▷～有利地形|～座位。❷ 动 非法夺取并占有 ▷～宅基地|～公物。

【抢种】qiǎngzhòng 动 抓紧农时，集中力量，加快速度播种 ▷～小麦。

【抢注】qiǎngzhù 动 抢先注册商标、域名等 ▷～烟草商标|域名～|恶意～。

【抢嘴】qiǎngzuǐ ❶ 动 抢着说话（多指不该说话的时候）▷大人说话时，小孩子不要～。❷ 动 抢着吃 ▷赶走～的鸡。

羟（羥） qiǎng ［羟基］qiǎngjī 名 氢氧基。

强（*強彊） qiǎng ❶ 动 迫使 ▷～使|～逼|～迫。→ ❷ 形 勉强 ▷牵～附会|～辩|～求。

另见 683 页 jiàng；1099 页 qiáng。

【强逼】qiǎngbī 动〈口〉强迫 ▷不能～他承认。

【强辩】qiǎngbiàn 动 竭力辩解（把没理的事硬说成有理）▷他嘴上～，心里却也发虚。

【强词夺理】qiǎngcí-duólǐ 用强辩的话硬把无理说成有理。☛ 不宜写作"强辞夺理"。

【强买强卖】qiǎngmǎi-qiǎngmài 指强迫别人买卖的一种欺行霸市行为 ▷打击～行为。

【强迫】qiǎngpò 动 施加压力迫使对方服从 ▷坚持自愿原则，不搞～。

【强迫症】qiǎngpòzhèng 名 一种神经症。主要症状是明知不必要，却不能控制自己的想法、情感或做法，因而感到焦虑、紧张和痛苦。如外出前明明已将门锁好，却反复检查门锁上了没有。

【强求】qiǎngqiú 动 勉强要求；硬性要求 ▷民居改建不能～一致。

【强人所难】qiǎngrén-suǒnán 勉强别人做不愿做或难做的事。

【强忍】qiǎngrěn 动 竭力忍受着 ▷～悲痛。

【强使】qiǎngshǐ 动 施加压力迫使 ▷～屈服。

【强颜】qiǎngyán 动〈文〉脸上勉强装出（某种表情）▷～欢笑|～言和。

镪（鏹） qiǎng 名〈文〉成串的钱；泛指钱币 ▷藏～巨万|白～（银子）。

另见 1099 页 qiāng。

襁（*繦） qiǎng 名 背负婴儿的宽带子或布兜 ▷～褓。☛ 统读 qiǎng，不读 qiáng。

【襁褓】qiǎngbǎo ❶ 名 背婴儿用的宽带子和包婴儿用的被子；泛指背负、包裹婴儿所用的东西。❷ 名 借指婴幼儿时期 ▷从～以至成年。

qiàng

呛（嗆） qiàng ❶ 动 因刺激性的气体进入鼻、喉等器官而感到难以忍受 ▷煤烟～得人喘不过气来|油烟直～嗓子。→ ❷ 动〈口〉生硬地说出反对的话语 ▷他不断地～我|俩人对～|回～。☛ 读 qiàng，是呼吸器官受到某些气体的刺激而感觉难受，也指用生硬的话语表示反对；读 qiāng，是流体或食物进入气管而引起咳嗽并喷出。

另见 1097 页 qiāng。

【呛声】qiàngshēng 动 在公开场合发表自己的意见、主张，对他人的主张、行为表示强烈反对 ▷他在现场～该剧制作人|这个说法已遭众多网友～。

戗（戧） qiàng ❶ 动 支撑；顶住 ▷墙要倒了，快拿杠子～住。→ ❷ 动 承受 ▷他体质弱，～不住。☛ 读 qiàng，表示支撑、承受；读 qiāng，表示逆向行动、言语冲突，如"戗风""俩人戗起来了"。

另见 1098 页 qiāng。

【戗面】qiàngmiàn ❶ 动 往和（huó）好的面中揉进干面粉。❷ 名 揉进了干面粉的发面 ▷～馒头|～火烧。

炝（熗） qiàng 动 烹调方法，将菜肴放入沸水中略煮或在热油中略炸，取出

后再用调料来拌 ▷芥末～菠菜。

【炝锅】qiàngguō 动 烹调方法,在放入主要食材前,先将葱、姜等放在热油中略炒,使有香味 ▷～鸡丝面|～以后再红烧。

跄(蹌) qiàng [跄踉] qiàngliàng 形 踉跄。☛ "跄"统读 qiàng,不读 qiāng。

蹡 qiàng [蹡踉] qiàngliàng 现在一般写作"跄踉"。

另见 1099 页 qiāng。

qiāo

悄 qiāo 见下。☛ 读 qiāo,用在叠音词中;在其他词语中读 qiǎo。

另见 1105 页 qiǎo。

【悄悄】qiāoqiāo ❶ 形 形容声音很小或没有声音 ▷静～。❷ 副 (行动)不惊动人或不让别人知道 ▷～溜走。☛ 参见 972 页"默默"的提示。

【悄悄话】qiāoqiāohuà 名 悄声说的、除对方外不愿让旁人听见的话;特指私下说的贴心话 ▷开会不要说～|这对恋人有说不完的～。

硗(磽) qiāo 形〈文〉土壤坚硬贫瘠 ▷～瘠|～薄。

【硗薄】qiāobó 形 土壤坚硬而不肥沃 ▷～的土地。

【硗瘠】qiāojí 形 土壤坚硬贫瘠。

雀 qiāo [雀子] qiāozi 名〈口〉雀(què)斑。

另见 1105 页 qiǎo;1142 页 què。

跷(蹺 *蹻) qiāo ❶ 动 抬起(腿);竖起(指头) ▷～着腿|～起大拇指。→ ❷ 动 用脚板前部着地 ▷～着脚走路|～起脚才能看得见。❸ 名 指高跷 ▷踩着～扭来扭去。

【跷蹊】qiāoqī 形 蹊跷。

【跷跷板】qiāoqiāobǎn 名 儿童游戏器材,把中间装轴的狭长木板安装在支架上,人分坐在两端,用脚蹬地,一上一下起落玩耍。也说压板。

锹(鍬 *鍫) qiāo 名 挖土或铲东西的工具,木制长柄上安有铁片或钢片制成的锹头 ▷一把～|铁～。

劁 qiāo 动 骟(多用于猪) ▷～猪。

敲 qiāo ❶ 动 击打 ▷～骨吸髓|～鼓|～门。→ ❷ 动〈口〉敲诈;敲竹杠 ▷让人～了一笔钱。→ ❸ 动 比喻批评或提醒 ▷要～～他,让他冷静点儿。☛ 右边是"攴",不是"支"。

【敲边鼓】qiāobiāngǔ 比喻从旁帮腔助势 ▷不是你在一旁～,说不定领导还不会批准呢。也说打边鼓。

【敲打】qiāodǎ ❶ 动 击打 ▷～锣鼓。❷ 动 比喻批评或提醒 ▷我是粗人,你多～着点儿。

【敲定】qiāodìng 动 作出最后的决定 ▷厂址问题,昨天已最后～。

【敲骨吸髓】qiāogǔ-xīsuǐ 敲开骨头吸食骨髓。比喻残酷地剥削压榨。

【敲击】qiāojī 动 击打 ▷他用手指～着黑板。

【敲门砖】qiāoménzhuān 名 用来敲门的砖头。比喻临时用以猎取名利或达到某种目的的工具或手段。

【敲山震虎】qiāoshān-zhènhǔ 敲击山头以震惊老虎。比喻故意警示、震慑对方,或迫使隐蔽的对方有所行动而暴露目标。

【敲诈】qiāozhà 动 依仗权势或采用恐吓、威胁等手段来索取财物 ▷横行乡里,～勒索。

【敲竹杠】qiāozhúgàng 相传清朝时贩卖鸦片的人把鸦片藏在毛竹杠里偷运。官员检查时敲打竹杠以听辨声音,烟贩子马上向官员行贿。后来用"敲竹杠"指寻找某种借口或利用别人的弱点,趁机抬高价格或索取财物。

橇 qiāo ❶ 名 古代在泥路上滑行的一种乘坐工具,形状像小船 ▷泥行乘～。→ ❷ 名 在冰雪上滑行的工具 ▷雪～。☛ 统读 qiāo,不读 cuì 或 qiào。

幧 qiāo [幧头] qiāotóu 名 帩(qiào)头。

缲(繰) qiāo 动 缝纫方法,把布边向里卷,藏着针脚缝 ▷～边|～根带子。

另见 1186 页 sāo。

qiáo

乔[1](喬) qiáo ❶ 形 高 ▷～木|～迁。○ ❷ 名 姓。

乔[2](喬) qiáo 动 作假 ▷～装打扮。☛ 上边是"夭(yāo)",下边是一竖撇和一竖。由"乔"构成的字有"侨""荞""桥""骄""娇"等。

【乔扮】qiáobàn 动 乔装打扮。

【乔木】qiáomù 名 树干高大,且主干与分枝区别明显的木本植物。如松、杉、杨等。

【乔其纱】qiáoqíshā 名 法语 crêpe georgette 音意合译。一种丝织品,薄而透明,有细微均匀的皱纹。手感柔软,有良好的透气性和悬垂性。可用作衣料、装饰布等。

【乔迁】qiáoqiān 动《诗经·小雅·伐木》:"出自幽谷,迁于乔木。"意思是鸟从深谷飞出,迁移到高大的树上。后用作敬词,祝贺人搬入新居、晋升职位等 ▷～新居。

【乔装】qiáozhuāng 动 改扮;装扮 ▷他多次～,

躲过特务的跟踪。

【乔装打扮】qiáozhuāng dǎbàn 采用改换装束、化妆修饰等方式以隐瞒身份。

侨（僑） qiáo ❶ 动 长期寄住异乡或异国 ▷～居。→ ❷ 名 长期寄居国外的人 ▷华～|～汇。

【侨胞】qiáobāo 名 居住在国外而保留本国国籍的同胞 ▷海外～。

【侨产】qiáochǎn 名 指侨胞在国内的资产。

【侨汇】qiáohuì 名 侨胞从国外寄回国内的钱。

【侨居】qiáojū 动 古代指长期居住在外乡；现指长期居住在外国 ▷～国外，思乡情深。

【侨眷】qiáojuàn 名 指侨胞在国内的眷属。也说侨属。

【侨领】qiáolǐng 名 侨民领袖。

【侨民】qiáomín 名 指居住在其他国家仍保留本国国籍的人。

【侨商】qiáoshāng 名 经商的侨民；特指华侨商人。

【侨生】qiáoshēng 名 指回祖国求学的华侨学生。

【侨务】qiáowù 名 涉及侨胞的事务。

【侨乡】qiáoxiāng 名 指侨居国外的人或归侨、侨眷较为集中的地区。

【侨资】qiáozī 名 由侨胞向本国投入的资本。

荞（蕎*荍） qiáo 见下。

【荞麦】qiáomài 名 一年生草本植物，茎绿中带红，直立分枝，叶戟形，互生，开白色或淡红色小花。籽实也叫荞麦，磨粉后可制作食品。

【荞面】qiáomiàn 名 用荞麦籽实磨成的面粉，可做面条、扒糕等。也说荞麦面。

峤（嶠） qiáo 形〈文〉山又高又尖。
另见 694 页 jiào。

桥（橋） qiáo ❶ 名 横跨水面连接两岸的建筑物 ▷长江大～|独木～|石拱～。→ ❷ 名 建在地面上空供人、车辆等通行的桥形建筑物 ▷立交～|过街天～。

【桥洞】qiáodòng 名〈口〉桥孔。

【桥段】qiáoduàn 名 英语 bridge plot 直译。以往影片及其他文艺作品中出现过的，被借用、化用到后来的影片及其他文艺作品中的动作、场景、台词以至部分情节等 ▷"穿越"是影视片中常见的～|这几句独白～用得恰当。

【桥墩】qiáodūn 名 桥梁下面用以支承桥身的墩子，用石头或钢筋混凝土等筑成。

【桥拱】qiáogǒng 名 拱桥的桥洞。

【桥涵】qiáohán 名 桥梁和涵洞的合称。

【桥基】qiáojī ❶ 名 桥头。❷ 名 桥墩。

【桥孔】qiáokǒng 名 桥梁下面桥墩与桥墩之间的孔洞 ▷这座桥有十七个～。也说桥洞。

【桥栏】qiáolán 名 桥面两侧的栏杆。

【桥梁】qiáoliáng ❶ 名 桥。❷ 名 比喻能起连接沟通作用的人或事物 ▷架起友谊的～。

【桥牌】qiáopái 名 一种扑克牌游戏，由 4 人分两组对抗，叫牌、出牌、计分都较复杂。源于西欧，现流行于世界各地，已列入体育竞赛项目。

【桥身】qiáoshēn 名 桥梁中跨越桥孔的上部结构，包括桥面、主梁及其连接构件。

【桥头】qiáotóu 名 桥梁两端与路面相接的部分。

【桥头堡】qiáotóubǎo ❶ 名 战争中为控制桥梁、渡口而在桥头设立的碉堡或据点 ▷攻占～。❷ 名 建在大桥桥头的装饰性建筑物，形状像碉堡。❸ 名 泛指作为进攻的据点和前沿阵地。

【桥堍】qiáotù 名 桥头。

【桥桩】qiáozhuāng 名 支撑桥体的柱子。

硚（礄） qiáo ❶ 用于地名。如：硚头，在四川；硚口，在湖北。○ ❷ 名 姓。

翘（翹） qiáo ❶ 动〈文〉抬起（头） ▷～首|～望。→ ❷ 形〈文〉高出于一般 ▷～材|～楚。→ ❸ 形（木、纸等）平直的东西由湿变干后不再平直 ▷案板～了。
另见 1106 页 qiào。

【翘楚】qiáochǔ 名《诗经·周南·汉广》："翘翘错薪，言刈其楚。"（楚：荆木）意思是在众多的树木中只砍荆木，因为荆木比它们高大。后用"翘楚"比喻杰出的人才 ▷学界～。

【翘棱】qiáoleng 形〈口〉翘（qiáo）③。

【翘盼】qiáopàn 动 抬头盼望。表示盼望殷切 ▷～回音。

【翘企】qiáoqǐ 动〈文〉抬头踮脚。表示急切盼望 ▷～已久。

【翘首】qiáoshǒu 动〈文〉抬头（远看） ▷～中原。

【翘首以待】qiáoshǒuyǐdài 抬起头盼望等待。形容急切等待。

【翘望】qiáowàng ❶ 动 抬起头向远处看 ▷～远去的列车。❷ 动 热切地盼望 ▷～成功。

【翘足引领】qiáozú-yǐnlǐng 抬起脚跟，伸长脖子（领：指脖子）。形容急切盼望。

谯（譙） qiáo ❶ 名〈文〉谯楼，城门上的瞭望楼。○ ❷ 名 姓。
另见 1106 页 qiào。

鞒（鞽） qiáo 名 马鞍上拱起的部分 ▷鞍～|前～|后～。

憔（*癄顦） qiáo [憔悴] qiáocuì ❶ 形 形容人又黄又瘦的样子 ▷面容～。❷ 形 形容草木枯萎、衰败 ▷那原来盛开的花朵，也显出～的样子。☛ 不要写作"蕉萃""顦顇"。

樵 qiáo ❶ 名〈文〉柴 ▷贩～。→ ❷ 动 砍伐；打柴 ▷～夫。❸ 名 打柴的人 ▷深山问～|渔～问答。○ ❹ 名 姓。

【樵夫】qiáofū 名〈文〉打柴的人。

瞧 qiáo〈口〉❶ 动 看 ▷字太小，我～不见｜外行～热闹，内行～门道。→ ❷ 动 诊治 ▷赵大夫～肝炎很有办法｜～病。→ ❸ 动 看望；访问 ▷去医院～病人｜～朋友。

【瞧病】qiáobìng 动〈口〉看病 ▷去医院～｜他学过医，会～。

【瞧不起】qiáobuqǐ 动〈口〉看不起。

【瞧得起】qiáodeqǐ 动〈口〉看得起。

【瞧见】qiáojiàn 动〈口〉看见。

qiǎo

巧 qiǎo ❶ 名 技术；技艺 ▷技～。→ ❷ 形 手艺高超；灵巧 ▷手艺真～｜能工～匠｜心灵手～。❸ 形 精妙；神妙 ▷～安排｜～计｜～妙。❹ 形 虚华不实 ▷～言令色｜花言～语。○ ❺ 形 正好（碰上某种机会）▷他俩生日相同，真是太～了｜～遇｜～合。

【巧辩】qiǎobiàn 动 巧妙地论辩；诡辩 ▷他能说会道，善于～｜挖空心思为自己的罪行～。

【巧夺天工】qiǎoduó-tiāngōng 人工的精巧高妙胜过了天然形成的。多形容高超过人的技艺。

【巧妇难为无米之炊】qiǎofù nán wéi wú mǐ zhī chuī 比喻不具备条件，再能干的人也没办法。

【巧干】qiǎogàn 动 运用灵巧而高明的方法或技术去做（事）▷苦干加～。

【巧合】qiǎohé 形 恰巧相同或相合 ▷他俩的设计构思如此相近，真是～。

【巧计】qiǎojì 名 巧妙的计谋 ▷施以～。

【巧匠】qiǎojiàng 名 技艺高超的工匠。

【巧劲儿】qiǎojìnr〈口〉❶ 名 巧妙的方法；节省力气的手段 ▷干这种活儿要使～，不能使笨劲儿。❷ 名 凑巧的事 ▷咱们同名同姓，真是～！

【巧克力】qiǎokèlì 名 英语 chocolate 音译。用可可粉加白糖、香料等制成的甜食。

【巧立名目】qiǎolì-míngmù 为达到某种不正当的目的而想方设法编造理由，定出新的名义。

【巧妙】qiǎomiào 形 灵巧高明，超出一般 ▷解题方法～｜～的设计。

【巧取豪夺】qiǎoqǔ-háoduó 用狡诈手段骗取，凭借强力抢夺。

【巧舌如簧】qiǎoshé-rúhuáng 灵巧的舌头就像簧片一样能发出乐音。形容把虚假言辞说得十分动听。

【巧手】qiǎoshǒu ❶ 名 灵巧的手 ▷她们都有一双～。❷ 名 借指技艺高超的人 ▷她是编织厂中数得着的～。

【巧思】qiǎosī 名 灵巧的心思；巧妙的构思 ▷从园林布局可以看出设计者的～。

【巧言令色】qiǎoyán-lìngsè 动听的言辞，讨好的表情（令：美好）。形容用花言巧语和谄媚的态度讨好别人。

【巧遇】qiǎoyù 动 恰巧相遇 ▷会上～老友。

悄 qiǎo 形 寂静无声或声音很小 ▷～然无声｜低声～语。

另见 1103 页 qiāo。

【悄寂】qiǎojì 形 悄（qiǎo）▷人声～。

【悄没声儿】qiǎomoshēngr 形〈口〉不声不响 ▷他～地走了。

【悄然】qiǎorán〈文〉❶ 形 静悄悄，没有声音 ▷～而去。❷ 形 形容忧伤的样子 ▷～泪下。

【悄声】qiǎoshēng 形 没有声音或声音很小 ▷～潜入｜～嘟囔。

【悄无声息】qiǎowúshēngxī 形容寂静无声或一点儿消息也没有。

雀 qiǎo 义同"雀（què）"，用于口语词"家雀儿""雀盲眼"。

另见 1103 页 qiāo；1142 页 què。

【雀盲眼】qiǎomangyǎn 名 夜盲的俗称。

愀 qiǎo［愀然］qiǎorán 形〈文〉形容脸色严肃或不愉快的样子 ▷～改容。

qiào

壳（殼） qiào 名 某些动物或植物果实外面的硬皮；泛指物体外面的硬皮 ▷金蝉脱～｜果～｜地～。☛ 上边是"士"，不是"土"，下边是"几"。

另见 779 页 ké。

【壳菜】qiàocài 名 贻贝的通称。

俏 qiào ❶ 形 相貌美好；漂亮 ▷长得挺～｜～丽｜俊～。→ ❷ 形 货物受人欢迎，销路好 ▷这批水果卖得很～｜～货。→ ❸ 动〈口〉烹调时添加俏头 ▷～点儿辣椒。

【俏货】qiàohuò 名 受人欢迎、销售快的商品。

【俏丽】qiàolì 形 俊俏美丽（多形容女性）▷姑娘长得十分～。

【俏美】qiàoměi 形 俏丽。

【俏皮】qiàopí ❶ 形 容貌、妆饰漂亮 ▷模样～得很｜打扮得十分～。❷ 形 言谈风趣，举止伶俐 ▷他说话很～。

【俏皮话】qiàopíhuà ❶ 名 风趣幽默或有嘲讽意味的话 ▷他爱说～逗乐儿｜遇到看不惯的事，他常会说上几句～。❷ 名 特指歇后语。

【俏头】qiàotou 名 烹调时为增加滋味或色泽而加进的调料，如香菜、青蒜、葱丝等。

【俏销】qiàoxiāo 动（某种商品）购买的人多；畅销 ▷这种品牌的服装一直～。也说俏卖。

诮（誚） qiào〈文〉❶ 动 责备；呵斥 ▷～让（让：责备）｜诋～。→ ❷ 动 讥

讽;嘲讽 ▷～骂|讥～。○ ❸ 副 完全;简直(多见于近代词、曲等) ▷～如梦里。

峭(*陗) qiào ❶ 形 山势陡直 ▷～壁|陡～|峻～。→ ❷ 形〈文〉比喻严厉 ▷～直|冷～。

【峭拔】qiàobá ❶ 形(山)又高又陡 ▷群峰～。❷ 形 形容文笔或字体雄健有力 ▷他的诗～有余,秀逸不足|字体～。

【峭壁】qiàobì 名 像墙壁一样陡立的山崖(常跟"悬崖"连用)。

【峭立】qiàolì 动 陡立;直立 ▷山崖～。

【峭直】qiàozhí ❶ 形 陡峭 ▷～的山峰。❷ 形〈文〉形容严峻刚直 ▷为人～。

帩 qiào[帩头] qiàotóu 名 古代男子束发的头巾。也说幧头。

窍(竅) qiào ❶ 名〈文〉洞;穴 ▷凿石为～。→ ❷ 名 指人体器官的孔 ▷鬼迷心～(古人认为心脏有窍)。❸ 名 比喻事情的关键或要害 ▷～门|诀～。

【窍门】qiàomén 名 能解决问题而又简便易行的巧妙方法 ▷生活小～|找～。

翘(翹) qiào 动〈口〉物体的一端向上扬起 ▷小辫儿往上～|～尾巴。☛ ㊀ qiào 是白读,表示物体一头抬起而倾斜。qiáo 是文读,指抬起(头)或高出一般,如"翘首";又指木板等由湿变干后变形,如"门翘了不好关"。㊁左上是"戈",不是"戈"。

另见 1104 页 qiáo。

【翘辫子】qiàobiànzi 死亡(含诙谐或不尊敬的意味) ▷我要是好生气,早～啦。

【翘舌音】qiàoshéyīn 名 舌尖后音。参见 1212 页"舌尖音"。

【翘尾巴】qiàowěiba 指高傲,自以为了不起 ▷要谦虚谨慎,不要～。

谯(譙) qiào 古同"诮"。

另见 1104 页 qiáo。

撬 qiào 动 把坚硬、呈扁平状的工具插入某物体的缝中或与其他物体的相接缝隙处,用力使其分开或移动 ▷把门～开|～瓶盖◇客户被～走了。

【撬棒】qiàobàng 名 较小的撬杠。

【撬杠】qiàogàng 名 一种用于撬起或移动重物的铁棍,前端多为扁平状。也说撬棍。

鞘 qiào ❶ 名 装刀剑的硬套 ▷刀出～|剑～。→ ❷ 名 形状像鞘的东西 ▷～翅|腱～|叶～。☛ 读 qiào,指装刀剑的硬套以及形状像鞘的东西;读 shāo,与从"木"的"梢"字音、义相同,但"鞘"是指鞭子末尾的细皮条,所以从"革"(兽皮)。

另见 1209 页 shāo。

【鞘翅】qiàochì 名 甲虫的角质前翅,比较坚硬,静止时覆盖在膜质后翅上,像鞘一样起保护作用。如叩头虫、金龟子都有鞘翅。也说翅鞘。

踱 qiào 名〈文〉牲畜的肛门 ▷蹄～(古代计算牲畜头数的单位,"蹄踱五"即四个蹄子加一个肛门为一头牲畜)。

qiē

切 qiē ❶ 动 用刀从上往下割;分割 ▷～西瓜|～肉|～削。→ ❷ 动 使断开;隔断 ▷大水～断了南北运输线|～断敌人的退路。○ ❸ 动 几何学上指直线、圆或面等与圆、弧或球只有一个交点 ▷两圆相～|～线。

另见 1107 页 qiè。

【切除】qiēchú 动 用外科手术切掉病变部分 ▷确诊后,她的胃要～三分之一。

【切磋】qiēcuō 动 比喻在一起反复研讨 ▷相互～,共同提高。参见本页"切磋琢磨"。

【切磋琢磨】qiēcuō-zhuómó 古人制作器物时把加工骨头叫切,加工象牙叫磋,加工玉叫琢,加工石头叫磨。后来用"切磋琢磨"比喻大家在一起对学问、技艺等反复研讨推敲,共同提高 ▷经过大家认真地～,解决了不少疑难。

【切点】qiēdiǎn 名 几何学上把直线与圆周、直线与球、圆周与圆周、平面与球或球与球只相交一点时的相接处称为切点。

【切断】qiēduàn 动 用刀把物品断开;比喻用强力把连着的事物分开 ▷～敌军的后援。

【切分】qiēfēn 动 把整体事物分开 ▷正确～词语|把一篇文章～为三段。

【切糕】qiēgāo 名 用糯米粉或黄米面加上豆沙等蒸制而成的糕。块儿大,因食用时按需切开,故称。

【切割】qiēgē ❶ 动 用刀具截断物体 ▷～机。❷ 动 特指用机床切断或用电弧、激光等烧断金属材料。‖也说割切。

【切花】qiēhuā 名 从植株上剪下的花枝,用来插花或制作花篮、花圈等。

【切换】qiēhuàn 动 使机器从一种工作状态变换成另一种工作状态;泛指转换 ▷监视屏自动～,显示各处情况|由汉字输入～成英文输入。

【切汇】qiēhuì 动 在外汇黑市交易中,买方用欺骗手段将应付给卖方的部分钱暗中扣留。

【切口】qiēkǒu ❶ 名 书页裁切的边 ▷～不齐。❷ 名 书页的版心边沿到裁切处所留的空白 ▷上下～各留 2.5 厘米。❸ 名 外科手术指用刀切开的口子。☛ 跟"切(qiè)口"不同。

【切面】qiēmiàn ❶ 名 把和(huó)成的面擀薄后

再切成的面条。○ ❷ 名 截面 ▷球体的～呈圆形。

【切片】qiēpiàn ❶ 动 把物体切成片状 ▷土豆～后用油炸。❷ 名 生物体组织被特制刀具切成的供显微镜观察用的薄片 ▷做病理～。

【切入】qiērù 动 从某一突破口上深入进去 ▷作品抓住这一细节～生活。

【切入点】qiērùdiǎn 名（解决问题时）由此深入进行的地方或最先着手的地方 ▷扶贫工作要分清实际情况找准～｜群众反映最突出的就是解决问题的～。

【切线】qiēxiàn 名 几何学上把平面内和圆只有一个交点的直线叫做圆的切线，和球面只有一个交点的直线叫做球的切线。

【切削】qiēxiāo 动 用机床削割加工工件，使符合设计的形状、尺寸和光洁度。

【切牙】qiēyá 名 门牙的学名。

qié

伽 qié 音译用字，用于“伽蓝”（古代称佛寺）、“伽南香”（常绿乔木，即沉香）等。

另见 436 页 gā；656 页 jiā。

茄 qié 名 茄子 ▷炒～丝。☛ 读 qié，指茄子；读 jiā，用于音译词“雪茄”。

另见 656 页 jiā。

【茄子】qiézi 名 一年生草本植物，叶椭圆形，绿色或紫绿色，花紫色。果实也叫茄子，呈球形、长圆形等，有白、绿、紫等色，是普通蔬菜。

qiě

且[1] qiě ❶ 副 暂且 ▷价钱多少～不谈，首先要保证质量｜得过～过。○ ❷ 副〈口〉表示经久地、长时间地 ▷一件衣服～穿呢｜他刚出去，～回不来呢！○ ❸ 名 姓。

且[2] qiě ❶ 连 连接形容词或形容词短语，表示并列关系，相当于“而且”“又……又……” ▷水流既深～急。→ ❷ 连 连接分句，表示递进关系，相当于“况且” ▷此举实属必要，～已初见成效。→ ❸ 连〈文〉“且……且……”叠用，连接动词，表示两个动作同时进行，相当于“一边……一边……” ▷～战～退。○ ❹ 连〈文〉用在复句的前一分句，表示让步，相当于“尚且” ▷死～不惧，况艰难险阻乎？

另见 744 页 jū。

【且慢】qiěmàn 动 示意对方暂缓行动 ▷～处分，再仔细调查一下｜～，我还有话说。

【且说】qiěshuō 动 却说；姑且先说（旧时章回小说常用为放下前事、新起话头的套语）。

qiè

切 qiè ❶ 动 两个物体互相摩擦 ▷咬牙～齿。→ ❷ 动 靠近；接近 ▷～身利益｜亲～。⇒ ❸ 形 急；紧迫 ▷求胜心～｜急～｜殷～。⇒ ❹ 动 相合；符合 ▷不～实际｜～题｜～合。⇒ ❺ 动 中医指诊脉 ▷望闻问～。→ ❻ 动 反切。如“栋，多贡切”。○ ❼ 副 一定；务必 ▷～不可掉以轻心｜写文章～忌说套话。○ ❽ 名 姓。☛ ㊀读 qiè，含“紧贴”的意思；读 qiē，指用刀分割及其引申义隔断。㊁左边是“七”，不是“土”。

另见 1106 页 qiē。

【切齿】qièchǐ 动 上下牙互相咬住并摩擦，表示极端愤恨 ▷令人～｜咬牙～。

【切当】qièdàng 形（运用词语等）贴切恰当 ▷形容～｜引用古语，也要～。

【切肤之痛】qièfūzhītòng 像自己皮肤所感觉到的疼痛一样。比喻亲身感受到的深切痛苦。

【切骨之仇】qiègǔzhīchóu 深入骨髓的仇恨。形容仇恨极深。

【切合】qièhé 动 极为符合 ▷～国情。

【切记】qièjì 动 一定要记住 ▷～按时服药。

【切忌】qièjì 动 一定要防止或避免 ▷～盲从。

【切近】qièjìn ❶ 动 紧挨；贴近 ▷村庄～县城。❷ 形 相近 ▷这样分析跟原意很～。

【切口】qièkǒu 名 指旧时某些行业或秘密会党中用的暗语。☛ 跟“切（qiē）口”不同。

【切脉】qièmài 动 诊脉。

【切末】qièmò 名 戏曲演出所用的简单布景和道具的统称。

【切莫】qièmò 副 一定不要 ▷～存有侥幸心理。

【切盼】qièpàn 动 殷切地盼望 ▷～速归。

【切切】qièqiè ❶ 副〈文〉务必，一定（多用于书信）▷事关重大，～勿忘！❷ 副〈文〉表示再三告诫（多用于布告等公文的结尾）▷～此布。❸ 形〈文〉诚恳真挚 ▷言辞～。❹ 形〈文〉形容哀怨、忧伤的样子 ▷情意绵绵，悲悲～。❺见1108 页“窃窃”①。现在一般写作“窃窃”。

【切身】qièshēn ❶ 区别 跟自身关系密切的 ▷～利害。❷ 副 亲身② ▷～体验一下。

【切实】qièshí 形 符合实际；实实在在 ▷这个计划～可行｜为年轻学子提供最～的就业创业服务｜要～学好理论。☛ 跟“确实”不同。“切实”形容某行为等合乎实际或扎实而不马虎；“确实”形容某事物、行为等本身是真实的。

【切题】qiètí 动 文章、言论的内容与题目、主旨相符合 ▷文不～｜这段话讲得很～。

【切望】qièwàng 动 殷切地希望;急切地盼望 ▷～珍重|～早日成功。

【切要】qièyào ❶ 形 确切扼要 ▷言辞～。❷ 形 要紧;重要 ▷～掌握的知识。

【切诊】qièzhěn 动 切脉,中医诊断疾病的常用方法之一。参见 1423 页“望闻问切”。

【切中】qièzhòng 动 (言论或办法)正好说中或打中 ▷～时弊|～要害。☛“中”这里不读 zhōng。

郄 qiè 名 姓。
另见 1476 页 xì。

妾 qiè ❶ 名 旧时男子除正妻以外另娶的女子 ▷一妻一～|纳～。→ ❷ 名 古时女子的谦称 ▷～身。

怯 qiè ❶ 形 胆小;懦弱 ▷胆～|～懦|～弱|～生生。→ ❷ 动 感到胆怯 ▷～场|～阵。〇 ❸ 形〈口〉土气;俗气 ▷这种颜色有点儿～。→ ❹ 形 某些北京人贬称北京以外的北方方音 ▷他说话怎么那么～,听起来怪别扭的。☛ 统读 qiè,不读 què。

【怯场】qièchǎng 动 在参加表演、竞赛、考试等活动时,临场感到紧张和害怕 ▷表演的是熟段子,当然不会～。

【怯懦】qiènuò 形 胆小 ▷～无能。

【怯弱】qièruò 形 胆小软弱 ▷为人～。

【怯生】qièshēng 动 害怕见生人 ▷他有点儿～。

【怯生生】qièshēngshēng 形 形容胆怯或害羞的样子 ▷这孩子见了生人总是～的。

【怯声怯气】qièshēng-qièqì 说话时显示出胆怯和不自然的语调、语气 ▷又没人吃了你,干吗那么～的?

【怯阵】qièzhèn 动 在阵前感到胆怯;泛指临场感到紧张和害怕 ▷虽是新兵,也不～,个个奋勇杀敌|这次考试我有点儿～,发挥得不好。

砌 qiè [砌末] qièmo 现在一般写作“切末”。
另见 1084 页 qì。

窃(竊) qiè ❶ 动 偷 ▷盗～|剽～。→ ❷ 名 偷东西的人;贼 ▷惯～。→ ❸ 动 不正当地占据;非分地享有 ▷篡权～国|～据要津|～夺。→ ❹ 副〈文〉用于表示自己的动作的动词前,表示自谦,往往含有私下认为、私自的意思 ▷～以为不可。→ ❺ 副 偷偷地 ▷～笑|～听。

【窃案】qiè'àn 名 有关偷窃的案件。

【窃夺】qièduó 动 用不正当手段夺取 ▷拥兵自重,～权柄。

【窃钩窃国】qiègōu-qièguó《庄子·胠箧》:“彼窃钩者诛,窃国者为诸侯。”意思是说偷窃细小物件的人要受到法律制裁,而篡夺国家政权的人反倒可以成为诸侯。旧时常用“窃钩窃国”来讽刺法律的不合理和虚伪。

【窃国】qièguó 动 篡夺国家政权 ▷～蠹贼。

【窃据】qièjù 动 用不正当手段将土地、职位等据为己有 ▷～地盘|～要职。

【窃密】qièmì 动 窃取机密 ▷防止有人～。

【窃窃】qièqiè ❶ 形 形容说话声音细小 ▷～之声。❷ 副 私下;暗地里 ▷～自喜。

【窃窃私语】qièqiè-sīyǔ 私下里说悄悄话。

【窃窃自喜】qièqiè-zìxǐ 暗自高兴。

【窃取】qièqǔ 动 偷取;用不正当手段取得(权力、地位等) ▷～机密|～他人成果。

【窃听】qiètīng 动 偷听(现多指利用电子设备等手段) ▷小心有人～会议内容。

【窃听器】qiètīngqì 名 专为偷听而安装的电子技术设备。

【窃喜】qièxǐ 动 暗地里高兴 ▷～不已。

【窃笑】qièxiào 动 暗中讥笑;心里觉得可笑 ▷他的做法愚不可及,周围的人无不～。

【窃贼】qièzéi 名 偷窃他人财物的人。

挈 qiè〈文〉❶ 动 提起 ▷提纲～领。→ ❷ 动 携带;率领 ▷扶老～幼|～眷|提～。☛ 统读 qiè,不读 qì 或 xié。

【挈带】qièdài 动 挈② ▷～家小远游。

惬(愜*㥦) qiè ❶ 形 心里满足;畅快 ▷～心|～怀。→ ❷ 形〈文〉恰当 ▷词～意当|～当。

【惬意】qièyì 形〈文〉意愿得到满足而感到愉快;舒服 ▷他对眼下的生活感到十分～。

趄 qiè ❶ 动 倾斜 ▷～着身子。〇 ❷ 见 869 页“趔趄(lièqie)”。
另见 745 页 jū。

嗛 qiè 古同“慊(qiè)”。
另见 1490 页 xián。

慊 qiè 动〈文〉满意;满足 ▷意～志得。
另见 1097 页 qiàn。

锲(鍥) qiè 动〈文〉用刀子刻 ▷～而不舍|～刻。☛ 不读 qì。

【锲而不舍】qiè'érbùshě《荀子·劝学》:“锲而不舍,金石可镂。”意思是雕刻金石一类的东西,虽然很困难,但只要一直不停地刻下去就能取得成功。比喻学习、做事有毅力,有恒心,不半途而废。☛“舍”这里不读 shě。

箧(篋) qiè 名〈文〉小箱子 ▷藤～|倾箱倒～。

qīn

钦(欽) qīn ❶ 动 敬佩;恭敬 ▷～佩|～仰。〇 ❷ 副〈文〉表示皇帝亲自(做某事) ▷～差|～定。〇 ❸ 名 姓。

【钦差】qīnchāi 名 皇帝亲自委派并代表皇帝外出

办理重大事务的官员。也说钦差大臣。

【钦差大臣】qīnchāi dàchén 钦差;现也指受上级机关派遣下来工作,自恃握有大权而随便发号施令、指手画脚的人(含讥讽意)。

【钦定】qīndìng 动〈文〉皇帝亲自审定或裁定 ▷~《四库全书》。

【钦敬】qīnjìng 动 钦佩敬重 ▷~他的为人。

【钦慕】qīnmù 动 钦佩敬慕 ▷令人~。

【钦佩】qīnpèi 动 尊重佩服 ▷~这些战士。

【钦羡】qīnxiàn 动 钦佩羡慕 ▷忠肝义胆令人~。

【钦仰】qīnyǎng 动 钦佩仰慕 ▷~之情油然而生。

侵 qīn ❶ 动〈文〉渐渐地前进或进入 ▷~淫(渐渐进展或扩大)。→ ❷ 动(外来的敌人或有害事物)进入内部并造成危害 ▷敌人入~|病毒~入|~害。→ ❸ 动〈文〉临近;接近 ▷~晨。☛ 统读 qīn,不读 qǐn。

【侵晨】qīnchén 名〈文〉黎明;天快亮的时候 ▷入夜歌明月,~舞白云。

【侵夺】qīnduó 动 侵占抢夺 ▷依仗权势,~他人家产。

【侵犯】qīnfàn ❶ 动 以武力侵入他国 ▷~边境。❷ 动 非法损害别人权益 ▷公民的人身及合法私有财产,不得~。

【侵害】qīnhài ❶ 动(用暴力或非法手段)侵犯损害 ▷不得~农民利益。❷ 动(细菌、害虫等)侵入并危害 ▷防止天牛~树木。

【侵凌】qīnlíng 动 侵犯欺凌 ▷外敌~|~弱小。

【侵略】qīnlüè 动 以武装入侵、政治干涉或经济文化渗透等方式侵犯别国的领土和主权,损害别国利益 ▷武装~|经济~|抵抗敌人的~。

【侵权】qīnquán 动 侵犯他人的合法权益 ▷盗版属于~行为|遭受~。

【侵扰】qīnrǎo 动 侵犯骚扰 ▷屡次~我边境地区|平静的生活没有遭到~。

【侵入】qīnrù 动 入侵。☛ 参见 1171 页“入侵”的提示。

【侵蚀】qīnshí ❶ 动 因不断侵害腐蚀而使渐渐变坏 ▷碑文经历风雨~,已看不清了◇腐败作风~着我们健康的肌体。❷ 动 偷偷地一点儿一点儿地侵占(钱、物等) ▷~集体财产。

【侵吞】qīntūn ❶ 动 非法大量占有(不属于自己的东西) ▷~公款。❷ 动 通过武力吞并他国或强占其部分领土 ▷大片土地被敌人~。

【侵袭】qīnxí 动 侵入并袭击 ▷寒潮将~我市。

【侵越】qīnyuè 动 超越(权限)而损害他人 ▷各部门不得~权限。

【侵占】qīnzhàn ❶ 动 非法占有或占用公家或他人的财物等 ▷公产不容~。❷ 动 侵略并占有他国领土 ▷一寸国土也不容许敌人~。

亲(親) qīn ❶ 形 人与人关系近;感情深(跟“疏”相对) ▷~近|~爱|~密。→ ❷ 名 指父母;也单指父或母 ▷双~|母~。⇒ ❸ 名 泛指有血缘关系或婚姻关系的人 ▷沾~带故|~属|姻~。❹ 名 指婚姻或婚姻关系 ▷结~|~事。❺ 名 特指新娘 ▷娶~|迎~|送~。⇒ ❻ 形 血缘关系最近的 ▷~爹|~哥俩。→ ❼ 动〈文〉亲近;接近;接触 ▷男女授受不~|不~酒色。❽ 动 用唇、脸接触,表示亲爱 ▷~了~儿子|~吻。→ ❾ 副 表示动作行为是自己发出的,相当于“亲自”或“用自己的” ▷~临|~历|~手。☛ 通常读 qīn;读 qìng,指因子女婚姻关系而形成的亲戚,如“亲家”。

另见 1124 页 qìng。

【亲爱】qīn'ài 形 关系亲密而感情深厚 ▷~的战友|~的妈妈。

【亲本】qīnběn 名 育种中参与杂交的雄性个体和雌性个体。

【亲笔】qīnbǐ ❶ 动 亲自执笔(写) ▷~信|~签字。❷ 名 亲自执笔写的字 ▷这是他老人家的~。

【亲兵】qīnbīng 名 旧指随身护卫的士兵。

【亲传】qīnchuán 动 亲自传授 ▷由名家~。

【亲代】qīndài 名 对于直接相承的两代生物来说,前一代叫亲代,后一代叫子代 ▷~的性状会在子代表现出来,这就是遗传。

【亲等】qīnděng 名 衡量亲属关系远近的单位。如父母和子女为一亲等,祖父母和孙子女为二亲等,叔、舅和侄、甥等为三亲等。

【亲耳】qīn'ěr 副 用自己的耳朵(听) ▷~所闻。

【亲骨肉】qīngǔròu 名〈口〉指亲生的子女;泛指有直接血缘关系的亲人。

【亲故】qīngù 名 亲戚和老朋友 ▷怀念~。

【亲和】qīnhé ❶ 形 亲切和蔼 ▷平易~。❷ 形(关系)亲密融洽 ▷各兄弟民族团结~。❸ 动 使(感情、关系等)亲密融洽或协调 ▷主动~大自然|~力。

【亲和力】qīnhélì 名 两种或两种以上的物质合成化合物时相互作用的力;泛指能使关系亲密融洽的作用力 ▷增强~,齐心办大事。

【亲近】qīnjìn ❶ 形 亲密而接近 ▷他俩关系很~。❷ 动 亲密地接近 ▷总想找机会~她。

【亲敬】qīnjìng 动 亲近敬重 ▷百姓~子弟兵。

【亲眷】qīnjuàn 名 亲戚和眷属的统称;有时也单指亲戚或眷属。

【亲口】qīnkǒu 副 用自己的嘴(说或吃) ▷他~答应了我|~尝一尝。

【亲力亲为】qīnlì-qīnwéi 亲自努力做,亲自实践 ▷获取信息的渠道再多,也代替不了领导干部~实地调查研究。

【亲历】qīnlì 动 亲自经历 ▷~其事。

【亲邻】qīnlín 名 亲戚和邻居 ▷～都来道喜。

【亲临】qīnlín 动 亲自来到(某处) ▷～第一线。

【亲聆】qīnlíng 动〈文〉亲耳听(含尊敬意) ▷～过先生的讲演｜～教诲多年。

【亲密】qīnmì 形 感情好,关系密切 ▷～的伙伴｜～地交谈｜～无间。☛ 参见本页"亲切"的提示。

【亲密无间】qīnmì-wújiàn 亲近密切,毫无隔阂 ▷～的友谊。☛"间"这里不读 jiān。

【亲民】qīnmín 动 亲近民众;体恤民意 ▷～、爱民,关注民生｜～情怀。

【亲昵】qīnnì 形 非常亲热 ▷俩人十分～。

【亲朋】qīnpéng 名 亲戚和朋友 ▷～故旧。

【亲戚】qīnqi 名 有婚姻关系或血缘关系的家庭之间或其成员之间互为亲戚 ▷他们两家是～。☛ 跟"亲属"不同。"亲戚"是就家庭关系而言;"亲属"是就个人关系而言。

【亲切】qīnqiè ❶ 形 非常亲近 ▷～的笑容｜这里的一草一木都让他感到～。❷ 形 真挚而恳切 ▷～慰问｜～的话语。☛ 跟"亲密"不同。"亲切"主要形容因态度恳切而使人感到可亲,跟"淡漠"①、"冷漠"相对;"亲密"主要形容因感情好而关系密切,跟"疏远"相对。

【亲切感】qīnqiègǎn 名 亲近融洽的感觉 ▷故乡的山山水水都给他以～。

【亲情】qīnqíng 名 亲人之间的感情 ▷骨肉～。

【亲权】qīnquán 名 父母对未成年子女特有的抚养、教育、保护的权利和义务。我国法律规定,亲权也存在于养父母与养子女、继父母与受其抚养教育的继子女之间。

【亲热】qīnrè ❶ 形 亲密而热情 ▷久别重逢,大家～地拥抱在一起｜亲亲热热的样子。❷ 动 表示出亲密和热情 ▷去和孩子们～～。

【亲人】qīnrén ❶ 名 指亲属或配偶 ▷失散多年的～终于团聚了。❷ 名 比喻关系亲密,有深厚感情的人 ▷慰问～解放军。

【亲如手足】qīnrúshǒuzú 形容朋友之间关系亲密,就像亲兄弟一样(手足:比喻亲兄弟)。

【亲如一家】qīnrúyījiā 亲密得像一家人似的。

【亲善】qīnshàn 形 关系亲近友善(多指国家间) ▷彼此～,和睦相处。

【亲身】qīnshēn ❶ 区别 自身的 ▷～感受。❷ 副 亲自 ▷～经历了两个时代。

【亲生】qīnshēng ❶ 动 自己生育 ▷这孩子是她～。❷ 区别 生育自己的或自己生育的 ▷～父亲｜～子女。

【亲事】qīnshì 名 婚事 ▷说了一门～。

【亲手】qīnshǒu 副 用自己的手(做) ▷我～教会了她打毛衣。

【亲疏】qīnshū 名 感情、关系等的亲近或疏远 ▷选拔干部不能分～。

【亲属】qīnshǔ 名 原指六世以内的血亲;现泛指与自己有血缘关系或婚姻关系的人 ▷直系～｜旁系～。☛ 参见本页"亲戚"的提示。

【亲随】qīnsuí 名 亲信和随从人员 ▷几个～跟他形影不离。

【亲痛仇快】qīntòng-chóukuài 使亲人痛心,使仇人高兴。

【亲王】qīnwáng ❶ 名 古代皇室贵族中地位仅次于皇帝的高级爵位。❷ 名 皇室或国王的亲属中封王的人。

【亲吻】qīnwěn 动 为表示亲热或喜爱而用嘴唇接触(人或物) ▷她抱起孩子～个不停。

【亲信】qīnxìn ❶ 动 亲近并信赖 ▷这种小人,不可～｜最～的人反而背叛了。❷ 名 亲近而信赖的人(多含贬义) ▷这些～都为他卖命。

【亲眼】qīnyǎn 副 用自己的眼睛(看) ▷你不用抵赖,我都～看见了。

【亲友】qīnyǒu 名 亲戚和朋友 ▷告别～。

【亲缘】qīnyuán 名 血缘 ▷～关系。

【亲征】qīnzhēng 动 (帝王等)亲自率兵出征 ▷御驾～。

【亲政】qīnzhèng 动 帝王亲自处理政事;特指幼年继位的帝王到成年时亲自执政。

【亲知】qīnzhī ❶ 名 亲戚和知己 ▷告别～。○ ❷ 动 亲身知道 ▷只有深入基层,才能～下情。

【亲炙】qīnzhì 动〈文〉直接受到教诲、熏陶 ▷～于多位名家。

【亲子】qīnzǐ ❶ 名 指人或动物的上一代跟下一代的血缘关系 ▷～鉴定。❷ 名 亲生的子女;特指亲生的儿子 ▷他没有～,只有继子。❸ 动 指父母加强与子女沟通,进行培养教育 ▷～才能更好地教子。

【亲子鉴定】qīnzǐ jiàndìng 运用医学、生物学技术鉴定父母与子女是否属于亲生关系。近年多运用体细胞 DNA(脱氧核糖核酸)排列顺序的对比进行鉴定。也说亲权鉴定。

【亲自】qīnzì 副 表示由自己直接(做某事) ▷许多事他都～去做,不愿假手于人。

【亲族】qīnzú 名 家族 ▷他的～里有几位名人。

【亲嘴】qīnzuǐ 动〈口〉接吻。

衾 qīn 名〈文〉被子;特指人殓时盖尸体的单被 ▷罗～不耐五更寒｜～枕｜衣～棺椁。☛ ㊀统读 qīn,不读 qín。㊁上边是"今",不是"令"。

骎(駸) qīn [骎骎] qīnqīn 形〈文〉马跑得快;比喻事物发展变化快 ▷～日上。

嵚(嶔) qīn [嵚崟] qīnyín 形〈文〉山势高峻。

qín

芹 qín ❶ 名 芹菜 ▷药～|西～。→ ❷ 名 〈文〉比喻微薄的礼物、情意等 ▷献～|～意。○ ❸ 名 姓。

【芹菜】qíncài 名 一年或二年生草本植物，有特殊香味，羽状复叶，叶柄发达，花小，白色。茎和叶可以食用，全草和果实可以做药材。参见插图 9 页。

芩 qín ❶ 名 古书上指芦苇一类的植物。○ ❷见605 页"黄芩"。○ ❸ 名 姓。☛ 跟"苓(líng)"不同。

矜 qín 名 古代兵器矛、戈、戟等的柄；也指作兵器用的棍棒。

另见 505 页 guān；715 页 jīn。

秦 qín ❶ 名 周朝诸侯国，后为战国七雄之一，在今陕西中部和甘肃东部。→ ❷ 名 朝代名，公元前 221—前 206 年，秦王嬴政所建，建都咸阳(今陕西咸阳市东)。→ ❸ 名 陕西的别称 ▷～腔。○ ❹ 名 姓。

【秦艽】qínjiāo 名 多年生草本植物，根圆柱形，土黄色，互相缠绕，茎叶相连，花蓝紫色。根可以做药材。☛ "艽"不读 jiǔ。

【秦晋】qínjìn 名 〈文〉春秋时秦、晋两国几代国君都互通婚姻。后用"秦晋"指两家联姻 ▷愿结～|～之好。

【秦镜高悬】qínjìng-gāoxuán 明镜高悬。因晋·葛洪《西京杂记》中说，秦始皇有一面方镜，能照人心而知其善恶，故称"秦镜"。

【秦腔】qínqiāng 名 地方戏曲剧种，流行于西北地区。由陕西、甘肃一带的民歌发展而成，唱腔高亢激越，风格粗犷。也说陕西梆子。

【秦俑】qínyǒng 名 秦始皇陵兵马俑的简称。1974 年在陕西骊山脚下秦始皇陵园外的地下发现，共 4 个俑坑，出土武士俑 800 余个，马俑 100 多匹，青铜兵器、车马器等 9000 余件。兵马俑如同真人真马大小，造型生动，序列整齐，刻画精细，是极其珍贵的出土文物。

【秦篆】qínzhuàn 名 小篆。

琴(*栞) qín ❶ 名 古琴，弦乐器，琴身狭长，最早有五根弦，后来增为七根，用拨子弹奏，音色优美，音域宽阔。也说七弦琴。→ ❷ 名 某些乐器的统称。如钢琴、风琴、提琴、胡琴、口琴等。

【琴弓】qíngōng 名 胡琴、提琴等弦乐器上用来震动琴弦发声的弓子。

【琴键】qínjiàn 名 钢琴、风琴、电子琴等键盘乐器上用来弹奏的按键。

【琴谱】qínpǔ 名 演奏琴的曲谱。

【琴棋书画】qín-qí-shū-huà 弹琴、下棋、写字、绘画；泛指各种文艺专长。

【琴曲】qínqǔ 名 用琴演奏的曲子。

【琴瑟】qínsè 名 琴和瑟是两种古代乐器，合奏时音调和谐优美。多比喻融洽的情意(多用于夫妻) ▷结为～之好|～相调。

【琴声】qínshēng 名 原指演奏古琴发出的声音；泛指钢琴、胡琴、提琴、风琴、电子琴等演奏时发出的声音。

【琴师】qínshī 名 操琴为业的乐师；特指戏曲伴奏中操琴的人。

【琴书】qínshū 名 一种曲艺，以扬琴为主要伴奏乐器。有说有唱。较著名的有山东琴书、北京琴书、徐州琴书等。

【琴弦】qínxián 名 琴上用来发声的弦线，一般用丝线、铜丝或钢丝等制成。

覃 qín 名 姓。

另见 1333 页 tán。

禽 qín ❶ 名 〈文〉鸟兽的总称 ▷五～戏。→ ❷ 名 特指鸟类 ▷飞～|猛～|家～|～兽。○ ❸ 古同"擒"。☛ 下边是"内"，不是"内"或"内"。

【禽蛋】qíndàn 名 鸟类的蛋；特指鸡蛋或鸭蛋。

【禽流感】qínliúgǎn 名 禽流行性感冒。由 A 型流感病毒引起的禽类传染病，其中高致病性禽流感因传播快、危害大，被世界动物卫生组织列为 A 类动物疫病，我国列为一类动物疫病。

【禽兽】qínshòu ❶ 名 鸟和兽；泛指各种飞禽走兽。❷ 名 比喻道德败坏、没有人性的人 ▷衣冠～。

勤[1] qín ❶ 形 辛劳；辛苦 ▷辛～|～苦。→ ❷ 名 勤务；工作 ▷内～|执～。❸ 名 指在规定时间里从事的公务 ▷出～|考～|值～。→ ❹ 形 (做事)尽心尽力；不偷懒(跟"懒"相对) ▷手～|～能补拙。❺ 形 经常；次数多 ▷～洗澡，常换衣|今年雨水～。○ ❻ 名 姓。

勤[2](*懃) qín 见1645 页"殷勤"。

【勤奋】qínfèn 形 (学习、工作)努力 ▷～写作。

【勤工俭学】qíngōng-jiǎnxué ❶ 利用课余时间做工，以所得收入作为学习、生活费用。❷ 一种办学形式，学校组织学生参加一定的劳动，以劳动所得作为办学经费的一部分。

【勤工助学】qíngōng-zhùxué 勤工俭学。

【勤俭】qínjiǎn 形 勤劳节俭 ▷～持家。

【勤谨】qínjin 形 〈口〉勤劳谨慎 ▷他做事很～。

【勤恳】qínkěn 形 勤劳踏实 ▷工作～|勤勤恳恳地为人民服务。

【勤苦】qínkǔ 形 勤劳辛苦 ▷过惯了～的日子。

【勤快】qínkuai 形 〈口〉手脚勤，爱干活儿 ▷她很～，什么活儿都抢着干。

【勤劳】qínláo 形 尽力劳作，不怕辛苦 ▷～勇敢。

【勤勉】qínmiǎn 形 勤勤恳恳，努力不懈 ▷他一生～，从不懈怠。

【勤王】qínwáng〈文〉❶ 动 为君王的事情尽力 ▷～不懈。❷ 动 特指君主统治发生危机时，臣子发兵救援 ▷朝廷内乱，各地起兵～。

【勤务】qínwù ❶ 名 指由公家分派的某些事务 ▷承担了运送伤员的～。❷ 名 勤务兵。

【勤务兵】qínwùbīng 名 旧时军队中受军官支派、为军官办理杂务的士兵。

【勤务员】qínwùyuán ❶ 名 指部队或机关里做杂务工作的人员。❷ 名 比喻辛勤工作、甘愿为别人服务的人 ▷甘当人民的～。

【勤学苦练】qínxué-kǔliàn 勤奋学习，刻苦训练。

【勤于】qínyú 动 在某方面坚持不懈地努力 ▷～思考。

【勤杂】qínzá 名 勤务和杂务 ▷各项～均由总务科承担｜～人员。

【勤杂工】qínzágōng 名 机关、企事业单位里从事一般勤杂事务的人员。

【勤政】qínzhèng 动 勤奋地从事政务 ▷清正廉洁，～为民。

嗪 qín 音译用字，用于"哌(pài)嗪"等。

溱 qín [溱潼] qíntóng 名 地名，在江苏。另见 1751 页 zhēn。

廑 qín 古同"勤¹"③。另见 718 页 jǐn。

慬 qín 形〈文〉勇敢。

擒 qín 动 捕捉 ▷生～活捉｜束手就～｜～拿｜～获。

【擒敌】qíndí 动 捉拿敌人 ▷～数十人。

【擒获】qínhuò 动 捉拿捕获 ▷～匪徒。

【擒拿】qínná ❶ 动 捕捉；捉拿 ▷～逃犯。❷ 名 拳术中一种在对方关节和穴位处着力使失去反抗能力的技法。也说擒拿术。

【擒贼擒王】qínzéi-qínwáng 唐·杜甫《前出塞》："射人先射马，擒贼先擒王。"后用"擒贼擒王"比喻跟敌人斗争时要先抓首领、头目；也比喻做事要抓住关键。

噙 qín 动 含着 ▷嘴里～着一口饭｜眼眶里～满了泪水。☛ 统读 qín，不读 hén。

檎 qín 见 870 页"林檎"。

螓 qín 名 古书上指一种绿色小蝉。

qǐn

梫 qǐn ❶ 名 古代指肉桂。○ ❷ 名 梫木，即马醉木。

锓（鋟） qǐn 动〈文〉刻；特指雕刻书版 ▷～版｜～梓(刻板印刷)。

寝（寢*寑） qǐn ❶ 动 睡觉 ▷～室｜～具。→ ❷ 名 古代指君王的宫室；泛指居室、卧室 ▷路～(古代天子、诸侯宫室的正厅)｜寿终正～。❸ 名 帝王陵墓上的正殿 ▷陵～。→ ❹ 动〈文〉止息；平息 ▷事～｜～兵。

【寝车】qǐnchē 名 卧车②。

【寝宫】qǐngōng ❶ 名 帝王、后妃居住的宫室。❷ 名 帝王陵墓中的墓室。

【寝具】qǐnjù 名 卧具。

【寝食】qǐnshí 名 睡觉和吃饭的事；泛指日常起居 ▷～俱废｜～无忧。

【寝食不安】qǐnshí-bù'ān 吃饭和睡觉都不安稳；形容十分担心忧虑。

【寝室】qǐnshì 名 睡觉的房间(多指集体宿舍)。

【寝衣】qǐnyī 名 睡衣。

qìn

吣 qìn ❶ 动 猫、狗呕吐。→ ❷ 动〈口〉用脏话骂人；胡说 ▷满嘴胡～。

沁 qìn ❶ 动(气味、液体等)渗入或透出 ▷～人心脾｜额角上～出冷汗。○ ❷ 动〈口〉头向下垂 ▷～着头。☛ ㊀不读 xīn。㊁跟"泌"不同。

【沁人肺腑】qìnrénfèifǔ 沁人心脾。

【沁人心脾】qìnrénxīnpí 渗入人的内脏深处。形容吸入新鲜芳香的空气或喝了清凉饮料后，感到身心俱爽；也形容优美的诗文、乐曲等极为动人，使人产生清新爽朗的感受。

揿（撳*搇） qìn 动 某些地区指用手按 ▷～门铃。

qīng

青 qīng ❶ 形 形容颜色。a)蔚蓝或深蓝 ▷～天｜～筋暴露。b)绿 ▷～草｜～苗。c)黑 ▷～布｜～丝。→ ❷ 名 青色的东西 ▷踏～｜放～。→ ❸ 形 比喻年龄不大 ▷～年。❹ 名 指青年 ▷老中～三结合。○ ❺ 名 姓。

【青帮】qīngbāng 名 旧时帮会的一种，创建于清代，初期成员多半以漕运为职业，在长江南北的大中城市里活动。后来逐渐发展成游民组织，其为首分子多成为反动统治的帮凶。

【青菜】qīngcài ❶ 名 蔬菜的统称。❷ 名 某些地区指小白菜。

【青草】qīngcǎo 名 新鲜的绿草。

【青茶】qīngchá 名 乌龙茶。

【青虫】qīngchóng 名 指蝶类幼虫，因初生时绿色，故称；泛指绿色的虫子。

【青出于蓝】qīngchūyúlán《荀子·劝学》："青，取之于蓝，而青于蓝。"意思是说，靛青是从蓼蓝中提取出来的，却比蓼蓝的颜色还深。比喻学生向老师学习，又超过老师；后人继承前人，又超过前人。☛"蓝"不要误写作"兰"。

【青春】qīngchūn ❶ 名 原指草木青葱的春季。比喻青年时期或充满生机的时期 ▷～的活力|考古研究工作恢复了～。❷ 名 指年轻人的年龄 ▷请问～几何？

【青春痘】qīngchūndòu 名 指青少年面部长出的痤(cuó)疮。

【青春期】qīngchūnqī 名 指男女性器官加速发育到完全成熟的时期，男子通常在14—16岁，女子通常在13—14岁。

【青瓷】qīngcí 名 只上了青绿色釉而没有其他图案的瓷器。

【青葱】qīngcōng 形 (植物)浓绿 ▷远树一片～|～的田野。

【青翠】qīngcuì 形 鲜绿 ▷嫩叶～|～欲滴。

【青翠欲滴】qīngcuì-yùdī 形容草木茂盛鲜绿，颜色浓郁得像要滴下来似的。

【青黛】qīngdài 形 青黑 ▷群山～，一水碧绿。

【青灯】qīngdēng 〈文〉❶ 名 寺庙里青光闪烁的油灯 ▷～古佛。❷ 名 借指孤寂清苦的生活 ▷一世～，两袖清风。

【青豆】qīngdòu 名 籽实表皮为青色的一种大豆。

【青蚨】qīngfú 名 〈文〉传说中的一种虫子，母子不相离。用其血涂铜钱，钱花了会自动飞回来。后用"青蚨"借指铜钱。

【青冈】qīnggāng 名 青冈栎。

【青冈栎】qīnggānglì 名 常绿乔木，高可达20米，木材坚实，可制造车、船、机具等。也说青冈。

【青㭎】qīnggāng 现在一般写作"青冈"。

【青工】qīnggōng 名 青年工人。

【青光眼】qīngguāngyǎn 名 一种眼病，因病理性高眼压引起。症状是瞳孔放大，角膜水肿，呈灰绿色，并伴随剧烈头痛和呕吐。可造成视力迅速减退甚至完全丧失。也说绿内障。

【青果】qīngguǒ 名 某些地区指橄榄树的果实。

【青蒿】qīnghāo 名 一年生草本植物，茎直立而上部多分枝，叶互生，夏季开花，头状花序呈半球形。茎、叶、种子都可以做药材。也说香蒿。

【青蒿素】qīnghāosù 名 一种天然有机化合物，无色针状结晶，从青蒿叶中提取。是治疗疟疾的高效、速效药物，同时具有清热解毒和抗肿瘤、抗菌、增强免疫等药理作用。

【青红皂白】qīnghóng-zàobái "青"和"红"，"皂"和"白"是两对截然不同的颜色组合。借指是非曲直和情由底细等(常跟"不问""不管""不分"等连用) ▷不分～，各打五十大板。

【青花菜】qīnghuācài 名 西兰花的学名。

【青黄不接】qīnghuáng-bùjiē 陈粮已经吃完，新粮还未成熟，口粮接不上(青：青苗；黄：成熟的庄稼)。常用来比喻新旧的人力或物力接替不上，呈现暂时的空缺状态。

【青灰】qīnghuī ❶ 名 一种青黑色的含有杂质的石墨，常用来刷外墙面、搪炉子等，也可做颜料。❷ 形 形容颜色淡黑 ▷他脸色～。

【青椒】qīngjiāo 名 青辣椒；特指柿子椒。

【青衿】qīngjīn 名 古代读书人穿的一种衣服；借指读书人。

【青筋】qīngjīn 名 静脉血管在皮肤表面显现出的青色凸起 ▷胳膊上布满了～。

【青稞】qīngkē 名 西藏、青海等地对裸大麦的常用名称。

【青稞酒】qīngkējiǔ 名 用青稞酿制的酒。呈淡黄色，味醇香，是藏族常用饮料。藏语称醅(qiāng)。

【青睐】qīnglài 动 〈文〉用黑眼珠看人。表示喜爱或看重 ▷蒙先生～，不胜荣幸。

【青莲色】qīngliánsè 名 浅紫色。

【青龙】qīnglóng ❶ 名 二十八宿中东方七宿的统称。也说苍龙。❷ 名 道教称镇守东方的神。

【青楼】qīnglóu 名 〈文〉原指豪华精致的楼房；后指妓院 ▷～女子|堕入～。

【青绿】qīnglǜ 形 浓绿 ▷丛林一片～。

【青麻】qīngmá 名 苘(qǐng)麻的通称。

【青梅】qīngméi ❶ 名 青色的梅子。❷ 名 热带常绿乔木，高大粗壮，树皮灰绿色，叶长椭圆形，花被茸毛。木质坚硬耐腐，材质优良。为我国海南岛当地森林的主要树种。属国家保护植物。

【青梅竹马】qīngméi-zhúmǎ 唐·李白《长干行》："郎骑竹马来，绕床弄青梅。同居长干里，两小无嫌猜。"后用"青梅竹马"形容男女在儿时玩耍游戏，天真无邪。

【青霉素】qīngméisù 名 从青霉菌培养液中提取的一种抗生素。白色结晶粉末，易溶于水。临床用于治疗肺炎、败血症、梅毒等。旧称盘尼西林。

【青面獠牙】qīngmiàn-liáoyá 发青的面孔，露出嘴外的长牙。形容相貌十分丑陋凶恶。

【青苗】qīngmiáo 名 指尚未成熟的农作物 ▷不要践踏～。

【青年】qīngnián ❶ 名 人的一个年龄阶段，传统认为15岁以上到30岁左右，世界卫生组织测定为44岁以下。❷ 名 指这个年龄段的人。

【青年宫】qīngniángōng 名 青年文化宫的简称。是在学校外为青年举行文化活动提供场地、设备和服务的机构。

【青年节】qīngniánjié 图 青年的节日；在我国特指五四青年节。参见1456页"五四青年节"。

【青年团】qīngniántuán 图 由青年组成的团体；在我国特指中国共产主义青年团。参见481页"共青团"。

【青皮】qīngpí ❶ 图 中药指未成熟柑橘的果皮或幼果。❷ 图 无赖；流氓 ▷市井～。

【青涩】qīngsè ❶ 形 果实未成熟时色青味涩 ▷～的柿子。❷ 形 形容做事、处世等不成熟 ▷对这类事情的处理，他显得有些～。

【青纱帐】qīngshāzhàng 图 青纱制成的帐子。比喻长得又高又密的大面积绿色庄稼（如玉米、高粱等）▷抗日游击队活跃在～里。

【青山】qīngshān 图 长满草木的山 ▷～不老｜留得～在，不怕没柴烧。

【青山绿水】qīngshān-lùshuǐ 泛指有好山好水、风景秀丽的地方。

【青少年】qīng-shàonián 青年和少年 ▷～时代。

【青石】qīngshí ❶ 图 青色的岩石。可用于建筑、碑刻等。❷ 图 石灰岩的俗称。

【青史】qīngshǐ 图〈文〉史书。古代取青竹制成竹简，在上面记事，所以称史书为青史 ▷留名～｜名垂～。

【青丝】qīngsī ❶ 图 比喻黑发（多用于女子的头发）。❷ 图 用青梅等切成的细丝，常用作糕点馅儿的配料或糕点面上的点缀品。

【青饲料】qīngsìliào 图 指野草、树叶、农作物茎叶等制成的青绿新鲜的饲料。

【青松】qīngsōng 图 苍绿色的松树 ▷～挺立。

【青蒜】qīngsuàn 图 蒜的嫩梗和嫩叶，可做菜用。

【青苔】qīngtái 图 生长在阴湿处的绿绒般的苔藓植物。

【青檀】qīngtán 图 落叶乔木，高可达20米，叶子卵形，边缘锯齿状，雄花簇生，雌花单生于叶腋，果实有细长的柄。木质坚硬，可制作器具或用作建筑材料，树皮可制宣纸。

【青堂瓦舍】qīngtáng wǎshè 指用青色砖砌成的带有瓦顶的高大房屋。

【青天】qīngtiān ❶ 图 蔚蓝的天空 ▷一行白鹭上～。❷ 图 比喻清正廉洁的官员 ▷包～（包拯）｜海～（海瑞）。

【青天白日】qīngtiān-báirì 蓝色的天空，白色的阳光。多用来强调光天化日的环境。

【青天霹雳】qīngtiān-pīlì 晴天霹雳。

【青田石】qīngtiánshí 图 一种上等石料，质地致密，多为青绿色，微透明或半透明，有蜡状光泽。多用来制石雕和刻印章。因以浙江青田产的最著名，故称。

【青铜】qīngtóng 图 铜锡合金的总称。呈青白色，熔点低，硬度大，耐磨，抗蚀性好，多用来铸造器物。

【青铜器】qīngtóngqì ❶ 图 用青铜制作的器物。❷ 图 特指我国先秦时期用青铜制作的器物。种类繁多，纹饰精美，许多器物上还铸有铭文，具有重要的史料价值。

【青铜时代】qīngtóng shídài 考古学上指用青铜制造主要劳动工具的时代。我国在商代（公元前17世纪—公元前11世纪）已是高度发达的青铜时代。也说青铜器时代。

【青蛙】qīngwā 图 蛙的一种。通常为绿色并带有灰色斑纹，趾间有薄膜相连。生活在水中或水边，多在夜间活动。雄的鸣声响亮。捕食田间害虫，对农业有益。

【青虾】qīngxiā 图 虾的一种。体长4—8厘米，青绿色，头胸部较粗大，前两对步足呈钳状。也说沼虾。

【青葙】qīngxiāng 图 一年生草本植物，叶互生，矩圆状披针形。夏秋之间开花，花淡红色，穗状花序呈圆柱状。嫩茎叶可以做饲料。种子叫青葙子，可以做药材。也说野鸡冠。

【青眼】qīngyǎn 图 对人正眼相看时，黑眼珠在眼的中间叫青眼；借指对人喜爱或看重的态度 ▷～相待。

【青杨】qīngyáng 图 落叶乔木，树皮灰褐色，叶倒卵形，短柄，果实卵圆形。材质较松，可做建筑材料。

【青猺】qīngyáo 图 果子狸。

【青衣】qīngyī ❶ 图 黑色衣服。❷ 图 古代借指穿黑色衣服的人，多为地位低下的婢女、侍童、差役、乐工等。❸ 图 戏曲中旦角的一种，扮演举止端庄的中青年女子。因大都穿黑色衣衫，故称。也说正旦。

【青鼬】qīngyòu 图 哺乳动物，体呈长圆形，尾长，四肢短，耳大，头顶及四肢、尾巴棕黑色，腹部颜色较淡。食肉，也喜食蜂蜜。属国家保护动物。也说蜜狗、黄喉貂。参见插图1页。

【青鱼】qīngyú 图 鱼，形状像草鱼，但较细而圆，尾部侧扁，背部青黑色，腹部灰白色。主要分布于长江以南水域中。也说黑鲩（huàn）。

【青玉】qīngyù 图 灰白色、淡青色或淡青而微绿色的软玉。

【青云】qīngyún ❶ 图 天空的云；借指高空 ▷登上电视塔，如置身～。❷ 图 比喻高官显爵 ▷～直上。❸ 图 比喻远大的志向 ▷素怀～之志。

【青云直上】qīngyún-zhíshàng 形容人的地位直往上升。

【青冢】qīngzhǒng ❶ 图 指汉代王昭君的墓，在今内蒙古自治区。传说当地多白草，而这座坟墓上的草却是青的。❷ 图 泛指坟墓。

【青贮】qīngzhù 动 将青饲料切碎后埋入地下使之发酵，便于长时间储存。

【青砖】qīngzhuān 图 砌筑墙身的青灰色黏土砖。

【青紫】qīngzǐ ❶ 名〈文〉本为古代公卿绶带的颜色，借指高官显爵。❷ 动 发绀。

轻（輕） qīng ❶ 形 重量小（跟"重"相对，②—⑨同）▷这箱子可不～|～于鸿毛。→ ❷ 形 不笨重；灵巧 ▷～装泅渡|～便|～盈。❸ 形 没有负担；轻松；柔和 ▷～闲|～歌曼舞|～音乐。→ ❹ 形 不重要；不贵重 ▷民贵君～|责任～|～贱。❺ 动 认为不重要；不重视 ▷～财重义|～敌|～生。→ ❻ 形 不庄重；不严肃 ▷～薄|～浮。❼ 形 不慎重；随随便便 ▷～举妄动|～信|～率。→ ❽ 形 程度浅；数量少 ▷病得不～|～微|年纪～。→ ❾ 形 用力小；不用猛力 ▷～～一推就倒了|～手～脚◇～描淡写。☛ 右边是"乛"，不是"圣"。

【轻便】qīngbiàn ❶ 形 体积较小，重量较轻，使用方便的 ▷～摩托车。❷ 形 轻松；不费力 ▷他病刚好，给安排点～活儿干。☛ 跟"简便"不同。"轻便"①用于具体事物；"简便"多用于方法、手续等抽象事物。

【轻薄】qīngbó ❶ 形（言语举动）轻佻；不庄重 ▷举止～。❷ 动 玩弄；侮辱（多指对女性）▷不许～妇女。

【轻财好施】qīngcái-hàoshī 轻视钱财，乐于施舍。

【轻财重士】qīngcái-zhòngshì 轻视钱财，尊重有才干的人。

【轻车简从】qīngchē-jiǎncóng 行装简单，随员不多。形容官员出行时不事铺张。也说轻装简从。

【轻车熟路】qīngchē-shúlù 驾着轻便的车走熟路；比喻熟悉情况，富有经验，容易把事情办好。

【轻淡】qīngdàn 形 淡漠；不重视；不看重 ▷对名利他看得很～。

【轻敌】qīngdí 动 过低地估计敌人或对手的力量 ▷～就会招致失败。

【轻度】qīngdù 区别 程度轻的 ▷～污染|～残疾。

【轻而易举】qīng'éryìjǔ 形容毫不费力地就能把事情办成。

【轻纺】qīngfǎng 名 轻工业和纺织工业；专指纺织工业。

【轻风】qīngfēng 名 轻微的风；气象学上指 2 级风。

【轻浮】qīngfú 形（言语举动）不严肃；不稳重 ▷言谈～|作风～。

【轻歌曼舞】qīnggē-mànwǔ 轻快的音乐和柔美的舞蹈。☛ "曼"不要误写作"慢"。

【轻工业】qīnggōngyè 名 主要生产生活资料的工业（跟"重工业"相区别）。如纺织、食品、皮革、钟表、医药等工业。

【轻轨铁路】qīngguǐ tiělù 用轻型钢轨铺设、供电动客运列车行驶的城市轨道交通系统。简称轻轨。也说城市铁路（城铁）。

【轻忽】qīnghū 动 轻视忽略 ▷不可～此事。

【轻活儿】qīnghuór 名 不用费太大力气的工作（多指体力劳动）▷别专挑～干。

【轻机枪】qīngjīqiāng 名 机枪的一种。前部装有脚架，重量较轻，可由一人携带并射击。

【轻贱】qīngjiàn ❶ 形 下贱；不自重。❷ 动 看不起 ▷切不可～自己。

【轻健】qīngjiàn 形 轻快矫健 ▷脚步～。

【轻捷】qīngjié 形 轻快敏捷 ▷步履～。

【轻金属】qīngjīnshǔ 名 一般指密度小于 4.5 克/厘米^3 的金属。分有色轻金属与稀有轻金属，前者有铝、镁、钙、钠等；后者有锂、铍、铷、铯等。

【轻举妄动】qīngjǔ-wàngdòng 不经过慎重考虑就轻率地随意行动。

【轻看】qīngkàn 动 轻视；小看 ▷你可不要～了他|这件工作可别～，复杂着呢。

【轻口薄舌】qīngkǒu-bóshé 形容言辞轻佻、刻薄。也说轻嘴薄舌。

【轻快】qīngkuài ❶ 形（动作）敏捷，不费劲 ▷迈着～的步子。❷ 形（感觉）轻松愉快 ▷～的圆舞曲。

【轻狂】qīngkuáng 形 轻浮放浪 ▷出言～。

【轻量级】qīngliàngjí ❶ 区别 拳击、举重等体育比赛项目按照运动员体重划分参赛级别时，体重级别轻的 ▷～女子举重比赛。❷ 区别 比喻重要性、规模、容量等低的 ▷～人物|～市场|～电池。

【轻慢】qīngmàn ❶ 形 对人不尊重、傲慢 ▷态度十分～|言辞～。❷ 动 用不尊重、傲慢的态度对待 ▷不要～长者。

【轻描淡写】qīngmiáo-dànxiě 原指用浅淡的颜色描画；今多借指说话、作文时将某些事情轻轻带过。

【轻蔑】qīngmiè 动 看不起；不放在眼里 ▷备受～和侮辱|～地看了他一眼。

【轻诺寡信】qīngnuò-guǎxìn 轻易许诺，却很少守信用。

【轻飘】qīngpiāo ❶ 形 轻飘飘① ▷～的雪花。❷ 形 不稳重、不踏实 ▷为人～。

【轻飘飘】qīngpiāopiāo ❶ 形 形容轻得要飘浮起来的样子 ▷一头～的秀发。❷ 形（动作）轻快敏捷 ▷她走路一阵风，～的。❸ 形（心情）轻松自在 ▷矛盾解决了，她感到浑身～的。❹ 形 浮泛；不深刻 ▷犯了那样大的错误，就这么～地检查几句？

【轻骑】qīngqí ❶ 名 轻骑兵 ▷派遣～追击残敌。❷ 名 一种轻便的两轮摩托车 ▷他跨上

～，转眼之间就无影无踪了。

【轻骑兵】qīngqíbīng 图 装备轻便、行动迅速的骑兵。

【轻巧】qīngqiǎo ❶ 形 轻便灵巧 ▷这种型号的轿车很～。❷ 形 轻快灵活 ▷动作～。❸ 形 轻松容易 ▷你说得倒～，可做起来并不是那么回事。☛ 参见本页"轻盈"的提示。

【轻裘肥马】qīngqiú-féimǎ 肥马轻裘。

【轻取】qīngqǔ 动 毫不费力地取得或战胜 ▷～匪巢｜直落三盘，～对手。

【轻柔】qīngróu ❶ 形 轻而柔软 ▷纺绸质地很～。❷ 形 轻松柔和 ▷～的舞姿。

【轻软】qīngruǎn 形 轻柔①。

【轻纱】qīngshā 图 轻薄的丝、棉等纤维织物。

【轻伤】qīngshāng 图 轻度的创伤 ▷受了点儿～。

【轻身】qīngshēn ❶ 动 使身体轻健。❷ 动 不重视自身 ▷～重义。

【轻生】qīngshēng 动 看轻自己的生命。多指自杀 ▷挫折算不了什么，何至于～！

【轻声】qīngshēng ❶ 形 低声 ▷～对他说。❷ 图 汉语中某些音节读成的又轻又短的调子。如汉语普通话"说着"的"着"，"桌子"的"子"，"耳朵"的"朵"都要念轻声。某些轻声还有区别意义的作用，如"兄弟"，后字不念轻声指哥哥和弟弟，念轻声指弟弟。

【轻省】qīngsheng〈口〉❶ 形 轻① ▷这件行李可不～。❷ 形（工作或劳动）轻松，不费力 ▷年纪大了，只能干点儿～活儿。

【轻世傲物】qīngshì-àowù 藐视世俗，对人傲慢。常用来形容自恃才高、狂放不羁。

【轻视】qīngshì 动 看不起；不重视 ▷不愿被人～｜任务很繁重，可不能～。

【轻手轻脚】qīngshǒu-qīngjiǎo 动作很轻，尽量不发出声响 ▷他～地走进屋来。

【轻率】qīngshuài 形 言行随便；不慎重；不严肃 ▷你这么讲可有点儿～｜～的决定。

【轻水】qīngshuǐ 图 经过净化的普通水。用作核反应堆的冷却剂和中子的慢化剂（核反应堆中用于降低中子能量的材料）。

【轻松】qīngsōng ❶ 形 感觉不费力；不紧张 ▷工作～｜轻轻松松地完成任务。❷ 动 放松；使不紧张 ▷过年该～一下了。

【轻佻】qīngtiāo 形（言语举动）轻浮；不庄重 ▷～的口吻｜举止～。

【轻微】qīngwēi 形 不重的；微小的；程度浅的 ▷～的咳嗽｜～的损失｜震动很～。

【轻武器】qīngwǔqì 图 射程较近、容易携带和使用的轻便武器。如步枪、冲锋枪、轻机枪和手榴弹、火箭筒等。也说轻型武器。

【轻侮】qīngwǔ 动 轻蔑侮辱 ▷勿～民意。

【轻闲】qīngxián ❶ 形 轻松悠闲 ▷退休后，比以前～多了。❷ 形 不费力的；不紧张的 ▷～的工作｜～的活儿。

【轻信】qīngxìn 动 不经过慎重考虑和调查研究就轻易相信 ▷～别人｜不敢～。

【轻型】qīngxíng 区别 机械、武器等根据重量、体积、效用或威力等划分类型时级别较低的 ▷～起重机。

【轻扬】qīngyáng 动 轻轻飘扬 ▷乐声～。☛ 不要写作"轻飏(飏)"。

【轻易】qīngyì ❶ 形 十分容易 ▷不可能～学会。❷ 副 表示随随便便 ▷不～表态。

【轻音乐】qīngyīnyuè 图 指结构简单、节奏轻快、旋律优美的抒情乐曲，包括器乐曲、舞曲等。

【轻盈】qīngyíng ❶ 形（姿态、动作等）轻巧优美 ▷～欢快的步伐｜～多姿◇冰的剔透，雪的～。❷ 形（声音）轻松愉快 ▷～的笑声｜唱腔～。☛ "轻盈"①跟"轻巧"②不同。"轻盈"①侧重于柔美，一般用来形容女性；"轻巧"②侧重于灵巧，不限于形容女性。

【轻悠悠】qīngyōuyōu ❶ 形 形容轻轻飘动的样子 ▷小船在水面上～地漂荡。❷ 形（声音）轻柔悠扬 ▷夜风中飘来～的琴声。

【轻油】qīngyóu 图 高温煤焦油在 170℃以下分馏出来的轻质部分。再经分馏可得苯、甲苯及溶剂油等产品。

【轻于鸿毛】qīngyúhóngmáo 比大雁的毛还轻。形容价值极低或毫无意义 ▷他把自己的名利得失看得～｜人固有一死，或重于泰山，或～。也说轻如鸿毛。

【轻载】qīngzài 动 低负荷装载 ▷～时，轮胎磨损率低｜～运行。

【轻重】qīngzhòng ❶ 图 指重量或用力的大小 ▷掂一掂～｜下手也不知道～。❷ 图 指声音的强弱 ▷读音～不同。❸ 图 指说话的分寸 ▷说话应懂个～。❹ 图 指事情的主次、程度的深浅 ▷区别～缓急｜看看伤势～再说。

【轻重倒置】qīngzhòng-dàozhì 把重要的和不重要的颠倒了位置。

【轻重缓急】qīngzhòng-huǎnjí 重要和不重要，紧急和不紧急；泛指事情有区别，情况有差异。

【轻舟】qīngzhōu 图〈文〉轻便的小船 ▷一叶～顺流而下｜～已过万重山。

【轻装】qīngzhuāng ❶ 图 简单轻便的行装或装备 ▷～上路｜～上阵。❷ 图 比喻解除思想负担的精神状态 ▷放下包袱，～前进。

【轻装上阵】qīngzhuāng-shàngzhèn 原指作战时为了行动方便而不披挂盔甲；现多比喻解除各种思想顾虑，全身心地投入工作。

氢（氫） qīng 图 非金属元素，符号 H。氢的同位素有氕、氘、氚三种。无色无臭无味气体，是已知元素中最轻的。在高温或有催化剂存在时十分活泼。工业上用途很广，液态氢可用作高能燃料。通称氢气。

【氢弹】qīngdàn 图 核武器的一种，原料为氢的同位素氘和氚。以特制的原子弹作为引爆装置，通过高温下氘氚的聚合反应产生巨大能量并引起猛烈爆炸，威力大大超过原子弹。也说热核武器。

【氢气】qīngqì 图 氢的通称。

【氢氧化物】qīngyǎnghuàwù 图 各种金属或非金属元素与氢氧化合而成的无机物。

【氢氧基】qīngyǎngjī 图 由氢元素和氧元素组成的一价原子团。也说羟基、氢氧根。

倾（傾） qīng ❶ 动 倾斜 ▷身子向前～了一下｜～听。→ ❷ 动 偏向；趋向 ▷左～｜～向。→ ❸ 动 倒塌 ▷杞人无事忧天～｜～覆。❹ 动 〈文〉压倒 ▷权～朝野。→ ❺ 动 使容器倾斜翻转，尽数倒出（里面的东西）▷～箱倒箧｜～盆大雨。⇒ ❻ 动 用尽（力量）；全部拿出 ▷～全力去做｜～吐｜～诉。⇒ ❼ 形 全 ▷～巢｜～城出动。☛ 统读 qīng，不读 qǐng。

【倾侧】qīngcè 动 倾斜；侧向一面 ▷亭子开始向东～。

【倾巢】qīngcháo 动 巢里的鸟全部出来；比喻全部出动（多含贬义）▷～而出｜～出动。

【倾城】qīngchéng 形 形容女子容貌极其美丽 ▷～之貌。参见本页“倾城倾国”。

【倾城倾国】qīngchéng-qīngguó《汉书·外戚传》：“北方有佳人，绝世而独立。一顾倾人城，再顾倾人国。”后用“倾城倾国”形容女子容貌极美。

【倾倒】qīngdǎo ❶ 动 歪斜着倒下；倒塌 ▷台风过处，广告牌～无数。❷ 动 极为佩服和爱慕；使极为佩服和爱慕 ▷先生的品德，令人～｜她那浑厚醇美的歌声，～了千万听众。

【倾倒】qīngdào 动 把容器里的东西全部倒出来 ▷～垃圾◇把满肚子的话都～出来了。

【倾动】qīngdòng 动 使人佩服震动 ▷艺术团的表演～了全城。

【倾耳】qīng'ěr 动 侧着耳朵。表示很注意地听 ▷～静听。

【倾覆】qīngfù ❶ 动（物体）倒塌；翻倒 ▷大厦～｜狂风巨浪中的小舟，时刻有～的危险。❷ 动 颠覆；覆灭 ▷敌人妄图～新生的革命政权。

【倾国倾城】qīngguó-qīngchéng 倾城倾国。

【倾家荡产】qīngjiā-dàngchǎn 丧失全部家产。

【倾角】qīngjiǎo 图 直线或平面与水平线或水平面所夹的角；也指直线与它在某平面上的投影形成的角。也说倾斜角。

【倾力】qīnglì 动 倾注全力 ▷～于慈善事业。

【倾慕】qīngmù 动 倾心敬慕；倾心爱慕 ▷～已久。

【倾囊】qīngnáng 动 把口袋里的钱物等全拿出来。形容尽其所有 ▷～助人｜～而出。

【倾囊相助】qīngnáng-xiāngzhù 倒出口袋里所有的钱物帮助别人。形容慷慨助人。☛ 语意比“解囊相助”重。

【倾盆】qīngpén 动（雨水等）像用盆泼那样地降落 ▷暴雨～而下｜～大雨。

【倾情】qīngqíng 动 倾注全部情感 ▷～于故乡的土地。

【倾洒】qīngsǎ 动 全部洒落（多用于比喻）▷让泪水尽情地～◇把挚爱～在这片土地上。

【倾诉】qīngsù 动 把心里话全部诉说出来。

【倾塌】qīngtā 动 倒塌 ▷旧屋早已～。

【倾谈】qīngtán 动 倾心交谈；尽情地谈论 ▷彼此～良久｜～自己的感受。

【倾听】qīngtīng 动 侧着头听。形容很注意地听取 ▷～广大读者的意见。

【倾吐】qīngtǔ 动 把憋在心里的话全部说出来。

【倾箱倒箧】qīngxiāng-dàoqiè 把箱子里的东西全都倾倒出来。形容彻底地翻检或比喻竭尽所有。

【倾向】qīngxiàng ❶ 动 偏向于赞同（某一观点、意见等）▷～于稳定发展｜～革命。❷ 图 趋势；方向 ▷防止一种～掩盖另一种～。❸ 图 倾向性 ▷他的～很明显。

【倾向性】qīngxiàngxìng 图 对某一事物的态度中流露出的爱或憎、褒或贬的趋向 ▷他的这个讲话，～十分明显。

【倾销】qīngxiāo 动 用低于市场价的价格大量抛售商品来击败竞争对手，从而占领市场 ▷制定反～措施｜商家～商品，大打价格战。

【倾斜】qīngxié ❶ 动（物体）向一边偏斜 ▷这座古塔已经～了。❷ 动 比喻政策导向侧重于某一方面 ▷新增财政资金的使用向“三农”～。

【倾泻】qīngxiè 动 大量的水从高处急速流下来 ▷山洪～下来。

【倾卸】qīngxiè ❶ 动 车厢向一侧倾斜，把所装的东西倒出 ▷翻斗汽车上有～装置。❷ 动 泛指倾倒（dào）▷不得随意～工业废料。

【倾心】qīngxīn ❶ 动 一心一意地向往、敬仰或爱慕 ▷他那非凡的才华令人～。❷ 动 竭尽诚心 ▷～长谈。

【倾轧】qīngyà 动（同一组织或同一行业内的人）相互排挤和打击 ▷军阀之间相互～。☛“轧”这里不读 gá 或 zhá。

【倾注】qīngzhù ❶ 动（液体）从高处流入 ▷雪水～到江河里。❷ 动 比喻把感情、精力、心血等集中到某一目标上 ▷～心血。

卿 qīng ❶ 名 古代高级官名 ▷三公九～|～相|正～|上～。→ ❷ 名 帝王对大臣的爱称 ▷准～所奏|爱～。→ ❸ 名 古代对人的尊称。❹ 名 古代夫妻之间的爱称 ▷～～我我。〇 ❺ 名 姓。☛ 左边是“歺”,不是“乡”;右边是“卩”,不是“阝”。

【卿卿我我】qīngqīngwǒwǒ 形容男女相爱,十分亲昵。

圊 qīng 名〈文〉厕所 ▷～肥|～土。

清[1] qīng ❶ 形 (液体或气体)透明纯净,没有杂质(跟“浊”相对) ▷池水很～|～泉|～澈。→ ❷ 形 洁净;纯洁 ▷冰～玉洁|～洁|～白。⇒ ❸ 形 单纯,没有掺杂或配合的东西 ▷～唱|～一色。⇒ ❹ 动 使纯洁;使干净 ▷～除|～洗|～道。→ ❺ 形 清楚;明白 ▷把情况弄～|旁观者～|分～|～晰。❻ 动 使清楚;点验;结清 ▷～一～人数|～账|～欠。→ ❼ 形 公正廉洁 ▷～政爱民|～廉|～官。〇 ❽ 形 寂静 ▷～静|冷～。

清[2] qīng ❶ 名 朝代名,公元 1616 年满族人爱新觉罗·努尔哈赤建立后金,1636 年皇太极即位改称清,1644 年入关,定都北京,1911 年被推翻。〇 ❷ 名 姓。

【清白】qīngbái 形 纯洁,没有污点 ▷一生～。

【清仓】qīngcāng ❶ 动 清理查点仓库中所存的物资 ▷～核产。❷ 动 清空仓库;把持有的有价证券、期货全部卖出 ▷～甩卖|把粮食清了仓再放别的货物|他把所有的基金、股票都～归零了。

【清册】qīngcè 名 对人、财、物等有关项目详加登记的册子 ▷人员～|资产核查～。

【清茶】qīngchá ❶ 名 绿茶;用绿茶沏的茶水。❷ 名 指待客时没有其他糖果点心相配的茶水。

【清查】qīngchá 动 清点检查;彻底检查 ▷～固定资产|～外来人口。

【清产核资】qīngchǎn hézī 清查财产,核对资金 ▷做好企业～工作。

【清偿】qīngcháng 动 全部还清(债务) ▷～旧债。

【清场】qīngchǎng 动 清理公共场所,使人离开。

【清唱】qīngchàng ❶ 动 不化装演唱戏曲唱段;也指演唱时不用音乐伴奏 ▷她～了一段京剧《玉堂春》。❷ 名 指不化装的戏曲演唱形式;也指不用音乐伴奏的演唱形式 ▷晚会上有豫剧～|没有音响,就来段～吧。

【清炒】qīngchǎo 动 一种烹调方法,不用或少用辅料在热油中翻炒蔬菜等。

【清澈】qīngchè 形 清净透明 ▷潭水～。☛ 不要写作“清彻”。

【清晨】qīngchén 名 一般指天亮到太阳刚出来不久的一段时间。也说清早。

【清除】qīngchú 动 彻底除去 ▷～恶劣影响。

【清楚】qīngchu ❶ 形 (事物)清晰、明白、有条理,容易让人辨识和了解 ▷笔画很～|口齿～|把这件事解释～。❷ 形 指对事物了解得透彻 ▷你对这事的利害得失很～|调查～。❸ 动 明白;了解 ▷我不太～他的情况。☛ 参见 962 页“明白”的提示。

【清纯】qīngchún ❶ 形 清秀纯洁;也形容思想、感情等纯洁 ▷～的少女|思想～。❷ 形 清新纯净 ▷水质～。

【清醇】qīngchún 形 (酒味、气味)清新纯正,无杂味 ▷酒味～。

【清脆】qīngcuì ❶ 形 (声音)清亮悦耳,不沉闷 ▷～的笑声|笛声婉转～。❷ 形 (食物)脆而清爽 ▷～的鸭梨。

【清单】qīngdān 名 将有关项目详细登记的单子 ▷开列医疗费～。

【清淡】qīngdàn ❶ 形 颜色浅;味儿不浓 ▷绿茶的茶水很～。❷ 形 (食物)所含油脂少 ▷吃～的饮食。❸ 形 (买卖)不兴旺 ▷生意～。❹ 形 (艺术风格)清新淡雅 ▷文笔～而不矫饰。

【清道】qīngdào ❶ 动 旧指清扫街道或清除道路上的障碍物。❷ 动 旧指在出行的高官前面引路并驱散行人。

【清道夫】qīngdàofū 名 旧指清扫街道搞环境卫生的工人 ▷机器人～已研制成功。

【清点】qīngdiǎn 动 清理查点 ▷～人数。

【清炖】qīngdùn 动 烹调方法,汤中不放酱油慢慢地炖(多指肉食) ▷～排骨。

【清风】qīngfēng ❶ 名 清凉的风 ▷～扑面。❷ 名 清正廉洁的品格 ▷～亮节。

【清福】qīngfú 名 指清闲舒适的福分 ▷坐享～。

【清高】qīnggāo ❶ 形 纯洁高尚,不慕名利,不同流合污 ▷节操～。❷ 形 指不愿合群,孤芳自赏 ▷自视～。

【清稿】qīnggǎo 名 誊清后的稿子。

【清官】qīngguān 名 公正廉洁的官员。

【清规】qīngguī 名 佛教、道教等要求信徒必须遵守的规则。

【清规戒律】qīngguī-jièlǜ ❶佛教、道教等要求信徒必须遵守的规则和戒条。❷泛指繁琐的规章制度。

【清寒】qīnghán〈文〉❶ 形 清朗而略寒 ▷夜色～。❷ 形 贫寒 ▷一生～。

【清还】qīnghuán 动 清理归还 ▷～贷款。

【清火】qīnghuǒ 动 清热;败火 ▷这几味药都能～|你这病,需要清清火。

【清寂】qīngjì 形 清静;冷落 ▷～的山寺。

【清剿】qīngjiǎo 动 彻底剿灭 ▷～残匪。

【清教徒】qīngjiàotú 名 基督教新教中的一派，16世纪起源于英国。因主张废除天主教旧制和繁琐的礼仪，提倡过“勤俭清洁”的生活，故称。

【清洁】qīngjié 形 干净；没有脏物 ▷保持～。

【清洁车】qīngjiéchē 名 用来清扫街道并带走垃圾的机动车或人力车；也指专门用来装运垃圾的车。

【清洁工】qīngjiégōng 名 从事打扫环境、清除垃圾与粪便等工作的工人。

【清洁能源】qīngjié néngyuán 指在开发和利用过程中不产生或很少产生污染物的能源。如风力、水力、潮汐能、太阳能等。

【清洁燃料】qīngjié ránliào 指在燃烧过程中不产生或很少产生污染物的燃料，如沼气、氢、脱硫煤、液化石油气等。

【清洁生产】qīngjié shēngchǎn 指符合环境保护要求的生产流程。要求从原料生产、能源利用、制作销售、产品使用到废弃物处理全过程都不会对资源、环境和人体造成污染和危害。

【清净】qīngjìng ❶ 形 清澈明净 ▷～的泉水。❷ 形 洁净；纯洁 ▷林木葱郁，空气～|～的学术园地。

【清静】qīngjìng 形（环境）安静；不喧闹 ▷放学后，校园里格外～。

【清君侧】qīngjūncè 清除君王身边的奸臣。历史上常被作为反对朝廷或中央政权的政治斗争口号。

【清客】qīngkè 名 旧指依附于官僚富贵人家并为其效力的门客。

【清口】qīngkǒu 形 爽口 ▷又脆又～。

【清苦】qīngkǔ 形 贫寒；穷苦 ▷日子过得很～。

【清库】qīngkù ❶ 动 清仓① ▷年终～核对。❷ 动 把仓库里的货物出清 ▷服装～甩卖。❸ 动 清理水库 ▷淤积严重，要趁旱季～。

【清朗】qīnglǎng ❶ 形 清凉而晴朗 ▷～的夜空。❷ 形 清晰而响亮 ▷笑声～。❸ 形 洁净明亮 ▷一双～沉静的大眼。❹ 形 清新明快 ▷诗风～。

【清冷】qīnglěng ❶ 形 清凉而稍冷 ▷～的月光。❷ 形 冷清；冷落 ▷这家商场顾客稀少，很～。

【清理】qīnglǐ 动 彻底清查、整理或处理 ▷～房间|～思路。

【清丽】qīnglì 形 清雅秀丽 ▷面容～。

【清涟】qīnglián 形（水）清澈有波纹 ▷湖水～。

【清廉】qīnglián 形 清正廉洁 ▷为官～。

【清凉】qīngliáng 形 清爽凉快 ▷～饮料。

【清凉油】qīngliángyóu 名 一种膏状外用药物，用薄荷油、樟脑、桂皮油、桉叶油等加石蜡制成。对暑热头昏、伤风头痛、蚊虫叮咬、轻微烫伤等都有一定的缓解作用。俗称万金油。

【清亮】qīngliàng ❶ 形 清脆响亮 ▷歌声～。❷ 形 清澈透明 ▷～的井水。❸ 动 明白④ ▷经你一说我心里就～了。

【清洌】qīngliè 形〈文〉清澈而有寒意 ▷潭水～。

【清凌凌】qīnglínglíng 形 水清澈的样子 ▷～的流水。☛ 不宜写作“清泠泠”。

【清零】qīnglíng ❶ 动 清除计算机等存储设备内的数据，使之恢复为零数据的状态 ▷～软件。❷ 动 泛指清除 ▷本次预赛成绩～|积分～。

【清流】qīngliú ❶ 名 清澈的水流 ▷一泓～。❷ 名 比喻有名望而不与世俗同流合污的人或健康的风气。

【清名】qīngmíng 名 清正廉洁的好名声 ▷勤政守廉留一世～。

【清明】qīngmíng ❶ 形（政治上）法度严明，秩序井然 ▷天下～|政治～。❷ 形（心里）清楚明白 ▷神志～。❸ 形 清澈明亮 ▷～如水晶。〇 ❹ 名 二十四节气之一，在公历每年4月5日前后 ▷～前后，种瓜点豆。

【清明节】qīngmíngjié 名 我国传统节日，在清明这天。民间有扫墓、踏青的习俗。

【清盘】qīngpán ❶ 动 企业因破产、停业或其他原因不再继续经营时，依法清点和处理全部资产 ▷破产～。❷ 动 指清理电子计算机上的磁盘或清除其磁盘上的所有信息。

【清贫】qīngpín 形 清苦贫寒（多形容读书人）▷一生～。

【清平】qīngpíng 形〈文〉政治清明，社会安宁 ▷四海～。

【清漆】qīngqī 名 一种不含颜料的涂料，用树脂、亚麻油或松节油等制成，涂在木器表面能形成一层透明薄膜，显出原有木纹。也用来制造瓷漆。

【清讫】qīngqì 动（账目）全部结算完毕 ▷债务～。

【清浅】qīngqiǎn 形（水）又清又浅 ▷溪水～。

【清欠】qīngqiàn ❶ 动 清理欠款 ▷年终抓紧～。❷ 动 全部还清欠债。

【清切】qīngqiè ❶ 形（声音）清亮急切 ▷笛声～高亢。❷ 形 清晰真切 ▷听得～|这种感觉越发～。❸ 形 凄切 ▷孤雁哀鸣，声声～。

【清秋】qīngqiū 名 明净清朗的秋天；特指深秋 ▷～赏月|北雁南飞正～。

【清癯】qīngqú 形〈文〉清瘦 ▷面容～，精神矍铄。

【清泉】qīngquán 名 清澈的泉水。

【清热】qīngrè 动 中医指用药物等清除内火与虚热 ▷～去火。

【清润】qīngrùn ❶ 形 清亮圆润 ▷唱腔～。❷ 形

清凉湿润 ▷～的海风。❸ 形 明亮润泽 ▷～精美的玉雕。

【清扫】qīngsǎo 动 打扫使干净 ▷～庭院。

【清神】qīngshén 动 使神志清醒 ▷～醒脑。

【清瘦】qīngshòu 形 消瘦 ▷他略显～。

【清刷】qīngshuā 动 刷洗以清除(污垢) ▷把墙上的招贴画～掉。

【清爽】qīngshuǎng ❶ 形 清新凉爽 ▷金秋八月,天气～。❷ 形 心情轻松爽快 ▷来到休养所后,觉得～了许多。❸ 形 清洁而有条理 ▷房子收拾得极～。❹ 形 清淡爽口 ▷凉拌黄瓜味道～。

【清水衙门】qīngshuǐ yámen 旧指无油水可捞的官府;现多指经费少、福利待遇低的部门或单位。

【清算】qīngsuàn ❶ 动 清理核算全部财物 ▷～所欠资金。❷ 动 查究所有的罪行或错误并作出相应处理 ▷对他的罪行要彻底～。

【清谈】qīngtán 动 原指魏晋时期一些士大夫空谈玄理,不务实际;后用来泛指不解决实际问题地空洞议论 ▷他埋头苦干,不尚～。

【清汤】qīngtāng 名 里面没有菜的汤(有时用肉或骨头等熬成)。

【清汤寡水】qīngtāng-guǎshuǐ 形容带菜的汤里菜少油也少;也形容菜肴清淡,没有油水。

【清甜】qīngtián 形 清爽甜美 ▷泉水～。

【清通】qīngtōng 形 (文章)层次清楚,语句通顺。

【清退】qīngtuì 动 经清查后退回 ▷～不合理收费。

【清挖】qīngwā 动 挖掘清除(淤积的泥沙等) ▷～河道。

【清玩】qīngwán ❶ 名 清雅的玩品,多指珠玉、奇石、书画等。❷ 动 赏玩(珠宝、文物等) ▷～成癖。

【清婉】qīngwǎn ❶ 形 清新美好 ▷花茶香气～|书法～秀丽。❷ 形 清亮婉转 ▷唱腔～|～动听的歌声。

【清污】qīngwū 动 清除污物;清除污染 ▷～除垢|铺设管道,有效～。

【清晰】qīngxī 形 清楚而明晰 ▷图像～。

【清洗】qīngxǐ ❶ 动 洗涤以清除污垢 ▷茶杯要经常～。❷ 动 借指清查并除去(组织内的不纯分子) ▷～混入党内的坏人。

【清闲】qīngxián 形 清静悠闲 ▷退休后十分～。

【清香】qīngxiāng 名 清新淡雅的香味。

【清心】qīngxīn ❶ 形 心境清静,没有牵挂和忧虑 ▷整天家里家外地忙,没个～的时候。❷ 动 使心境清静,没有牵挂和忧虑 ▷～寡欲。❸ 动 中医指清除心火 ▷～明目。

【清新】qīngxīn ❶ 形 清爽新鲜 ▷空气十分～。❷ 形 新颖不俗 ▷陈设～典雅|风格～。

【清馨】qīngxīn 形 清香 ▷兰花散发～的气息。

【清醒】qīngxǐng ❶ 动 从昏迷状态中苏醒过来 ▷等他～了再给他喂药。❷ 形 (头脑)清楚冷静 ▷对现实有非常～的认识。❸ 动 使(头脑)清楚冷静 ▷～一下头脑。

【清秀】qīngxiù 形 清雅秀丽 ▷眉目～。

【清雅】qīngyǎ ❶ 形 清新雅致 ▷室内布置十分～。❷ 形 清静幽雅 ▷～的苏州园林。❸ 形 清高脱俗 ▷～大气。

【清样】qīngyàng 名 指文稿付印前最后一次的校(jiào)样。

【清夜】qīngyè 名 清静的深夜。

【清一色】qīngyīsè ❶ 名 麻将牌游戏中某一家由一种花色组成的一副牌。❷ 形 比喻整体中的每一个体都属同一类型的 ▷人才配置不搞～|～的打扮。

【清议】qīngyì 动 旧指社会贤达对时政进行议论。

【清逸】qīngyì 形 清新俊逸 ▷潇洒～|幽雅～。

【清音】qīngyīn ❶ 名 一种曲艺,流行于四川、重庆等地。用琵琶等伴奏,多为一人站唱,左手打板,右手执竹筷击鼓。❷ 名 旧指在婚丧中使用的吹奏乐。○ ❸ 名 清辅音,即发音时声带不振动的辅音(跟"浊音"相区别)。如普通话语音中的p、f。

【清莹】qīngyíng 形 清澈晶莹 ▷～的露珠。

【清幽】qīngyōu 形 (风景)清秀而幽静 ▷环境～。

【清油】qīngyóu 名 某些地区指素油。

【清淤】qīngyū 动 清除江河、湖泊、水渠中淤积的泥沙 ▷～工程。

【清誉】qīngyù 名 敬词,指别人美好的名誉 ▷唯恐有损先生～。

【清越】qīngyuè 形〈文〉(声音)清脆而高扬 ▷琴声～。

【清早】qīngzǎo 名 清晨。

【清湛】qīngzhàn 形 明澈洁净 ▷～的蓝天|海水～。

【清丈】qīngzhàng 动 丈量土地,清理田亩界线,弄清面积的准确数量 ▷～土地。

【清账】qīngzhàng ❶ 动 清理或清查账目 ▷会计正在～|上面派人来～。❷ 动 结清账目 ▷超市已经跟供货方～了◇这人情上的事,最难～。❸ 名 整理过的详细账目 ▷请把那本～拿来。☛ 不要写作"清帐"。

【清障】qīngzhàng 动 清除道路或河道里的障碍物 ▷河道正在～|～车。

【清真】qīngzhēn ❶ 形 我国使用汉语的伊斯兰教徒的用语。本意是称颂真主安拉"清净无染""真乃独一"。所以教徒称该教为清真教,称该教的寺院为清真寺。❷ 区别 与伊斯兰教有关的 ▷～风味|～食品。

【清真寺】qīngzhēnsì 名 伊斯兰教徒举行宗教仪式、传授宗教知识等的寺院。也说礼拜寺。

【清蒸】qīngzhēng 动 一种烹调方法，把鸡鸭鱼肉等食材带汤蒸熟，不放酱油。

【清整】qīngzhěng ❶ 形 清秀整齐；清楚工整 ▷画面～|字体～。❷ 动 清理整顿 ▷～物业市场。

【清正】qīngzhèng 形 廉洁公正 ▷为官～。

【清浊】qīngzhuó ❶ 形 清澈和浑浊 ▷～分明。❷ 形 形容社会的清明和黑暗、官员的廉洁和贪婪或人品的优劣、善恶等。❸ 名 语音学上指清音和浊音。

蜻 qīng 见下。

【蜻蜓】qīngtíng 名 昆虫，体形细长，胸部背面有两对膜状的翅，后翅常大于前翅。生活在水边，捕食蚊子等小飞虫。某些地区也说蚂螂。参见插图 4 页。

【蜻蜓点水】qīngtíng-diǎnshuǐ 雌蜻蜓产卵于水中时尾部在水面上迅速地一点一起。比喻做事不深入。

鲭（鯖） qīng 名 鱼，体呈梭形而侧扁，鳞圆而细小，头尖口大。

另见 1756 页 zhēng。

qíng

勍 qíng 形〈文〉强劲；强大 ▷～敌|国力不～。

情 qíng ❶ 名 情绪；感情 ▷七～六欲|～不自禁|豪～。→ ❷ 名 对异性的欲望 ▷春～|发～。❸ 名 爱情 ▷谈～说爱|～侣。→ ❹ 名 事物的本来面貌；常情 ▷～理|通～达理|人～世故。❺ 名 情况 ▷灾～|～由。→ ❻ 名 私人间的情分和面子 ▷～面|徇～枉法|求～。→ ❼ 名 思想感情所表现出来的格调；趣味 ▷闲～逸致|～趣|～味。

【情爱】qíng'ài 名 男女之间的爱情；泛指人与人之间的亲爱、友爱的感情 ▷男女～|作品表现了父子、兄弟之间的～。

【情报】qíngbào ❶ 名 以侦察手段或其他方法获取的有关对方军事、政治、经济等各方面的机密情况以及对这些情况进行分析研究的成果 ▷获取～。❷ 名 信息②的旧称。

【情变】qíngbiàn 动 恋人或夫妻间的爱情突然发生变故；多指恋人分手 ▷俩人去年～分手。

【情不自禁】qíngbùzìjīn（因激动等原因）不能控制住自己的感情。☛"禁"这里不读 jìn。

【情操】qíngcāo 名 由思想信念形成的不轻易改变的情感与操守（多指好的）▷保持～。

【情场】qíngchǎng 名 指有关男女间情爱的方面 ▷～角逐。

【情痴】qíngchī 名 迷恋情爱的人。

【情敌】qíngdí 名 因追求同一异性而相互对立的人 ▷面对～，妒火中烧。

【情调】qíngdiào ❶ 名 思想感情的格调 ▷乐观向上的～。❷ 名 事物所具有的能给人留下强烈印象的独特风格 ▷江南水乡～|东方～。

【情窦初开】qíngdòu-chūkāi 刚开始懂得爱情（多用于少女）。

【情分】qíngfèn 名 人际间的感情；情谊 ▷～不薄。☛ 不宜写作"情份"。

【情夫】qíngfū 名 双方或一方已婚，与女方发生和保持不正当性爱关系的男方是该女方的情夫。

【情妇】qíngfù 名 双方或一方已婚，与男方发生和保持不正当性爱关系的女方是该男方的情妇。

【情感】qínggǎn 名 感情①②。

【情歌】qínggē 名 以表现男女爱情为主题的歌曲。

【情海】qínghǎi ❶ 名 指像海一样深广的爱情 ▷坠入～。❷ 名 情场 ▷～风波。

【情话】qínghuà 名 表达爱情的话 ▷～绵绵。

【情怀】qínghuái 名 充满着某种激情的心境 ▷少女的～|战士的高尚～。

【情急】qíngjí ❶ 动 情势紧迫 ▷～智生。❷ 动 情绪急躁；心里着急 ▷一时～，言语失当。

【情急智生】qíngjí-zhìshēng 在情势紧迫的时候，突然想出了聪明的应变办法。

【情节】qíngjié ❶ 名 事情发展的具体经过 ▷具体的～还没弄清楚。❷ 名 罪行或错误的具体情况 ▷根据～轻重分别处理。❸ 名 特指叙事性文艺作品中矛盾冲突的发展演变过程 ▷小说的～很曲折。

【情结】qíngjié 名 心中的感情纠葛；经常萦系在心头的某种感情 ▷海外游子的故乡～。

【情景】qíngjǐng 名 某个场合的具体情形与景象 ▷当年战斗的～。☛ 参见本页"情境"的提示。

【情景交融】qíngjǐng-jiāoróng 指在作品中对景物的描写或环境的渲染跟作者或作品中人物的感情相互融合。☛"融"不要误写作"溶"。

【情景剧】qíngjǐngjù 名 在室内相对固定的场景中拍摄的喜剧性电视剧。

【情境】qíngjìng 名 情况；境地 ▷两人所处的～不同，所以表现也不同。☛ 跟"情景"不同。"情境"指某一段时间和空间许多具体情形的概括；"情景"指某一特定时间和特定空间中的具体情形。

【情况】qíngkuàng ❶ 名 事物发展所表现出来的总体状况 ▷真实～。❷ 名 值得注意的变化或动向 ▷有～要及时向连部报告。☛ ㊀参见本页“情形”的提示。㊂参见731页“景况”的提示。

【情郎】qínglánɡ 名 青年女子热恋着的男子。

【情理】qínglǐ 名 人的常情和事的常理 ▷不通～|他这样做也在～之中。

【情侣】qínglǚ 名 恋爱中的男女或指其中的一方 ▷对对～坐在湖边的长椅上。

【情面】qíngmiàn 名 人际间的感情;面子 ▷碍于私人～|你还讲不讲～?

【情趣】qíngqù ❶ 名 性情和志趣 ▷彼此～相同。❷ 名 情调和趣味 ▷田园～|缺少～。

【情人】qíngrén 名 恋爱中的男女互为情人;也指情夫或情妇。

【情人节】qíngrénjié 名 西方国家的传统节日,在公历每年的2月14日。情人节期间,情侣互送礼物,表达爱意。

【情杀】qíngshā 动 因男女恋情纠纷而引起的凶杀 ▷这是一桩～案件。

【情商】qíngshāng 名 情感商数的简称。心理学上指人控制自己情感、承受外来压力、把握心理平衡的能力。是重要的心理素质(英语缩写为EQ)。

【情诗】qíngshī 名 以表现男女爱情为主题的诗。

【情势】qíngshì 名 事情的现实状况与发展趋势;形势 ▷为～所逼。

【情事】qíngshì ❶ 名 情况和事实 ▷从信中他了解儿子在异乡的～。❷ 名 指情爱方面的事情 ▷他闭口不谈个人～。

【情书】qíngshū 名 向对方表达爱情的信。

【情丝】qíngsī 名 缠绵难舍的情意 ▷对故乡的缕缕～。

【情思】qíngsī 名 思念的情意 ▷在信中他尽情抒发对恋人的～|故国～。

【情愫】qíngsù〈文〉❶ 名 感情(含褒义) ▷高尚的～。❷ 名 真实的情意 ▷这是对祖国的一片～。☛ 不要写作“情素”。

【情随事迁】qíngsuíshìqiān 思想情感随着客观情况的变化而改变。

【情态】qíngtài 名 神情状态 ▷人物的～描写得栩栩如生。

【情同手足】qíngtóngshǒuzú 感情深厚,如同亲兄弟一般。

【情投意合】qíngtóu-yìhé 形容双方感情融洽,心意相合。

【情网】qíngwǎng 名 指像网一样难以摆脱的爱情 ▷双双坠入～。

【情味】qíngwèi ❶ 名 情调;趣味 ▷～盎然。❷ 名 情谊;情义 ▷这番话透着～,也富于哲理。

【情文并茂】qíngwén-bìngmào 形容文章充满感情,文辞也很优美。

【情形】qíngxing 名 事物所表现出来的具体状况 ▷对那里的～不太清楚。☛ 跟“情况”不同。1.“情形”侧重于具体性,多用于特定情况;“情况”侧重于全面性、概括性。2.“情形”可指具体的情景,如“难舍难分的情形”,不宜换用“情况”;“情况”可指军事上以至其他方面值得注意的变化、动向,如“有情况立即报告”,“情形”没有这个用法。

【情绪】qíngxù ❶ 名 人从事某种活动时出现的心理状态 ▷紧张～。❷ 名 特指不愉快的心理状态 ▷不要夹杂个人～|她在闹～。

【情绪化】qíngxùhuà 动 被自己的情绪支配而(言语、行为)不理智 ▷遇事不能～。

【情义】qíngyì 名 指同志、亲属、朋友之间应该有的情分 ▷父子～|兄长待我～深重。

【情谊】qíngyì 名 相互友爱、关切的感情 ▷战友～|他那真挚的～叫人感动。

【情意】qíngyì 名 感情;心意 ▷深厚的～。

【情由】qíngyóu 名 事情发生的情形与缘由 ▷详细叙述了这件事的～。

【情有独钟】qíngyǒudúzhōng 形容对某一人或事物感情十分专注(钟:情感集中)。

【情有可原】qíngyǒukěyuán 在情理上,有可以原谅的地方。

【情欲】qíngyù 名 对异性的欲望;特指性欲。

【情缘】qíngyuán 名 情爱的缘分 ▷～难续。

【情愿】qíngyuàn ❶ 动 发自内心地愿意 ▷心甘～|不～。❷ 副 宁愿 ▷～饿肚子,也不向人讨要|～受累,也不服输。

【情韵】qíngyùn 名 情致韵味 ▷饱含东方～。

【情真意切】qíngzhēn-yìqiè 感情真挚,心意恳切。

【情知】qíngzhī 动 明知;深知 ▷～人家不愿意,何必强求?

【情致】qíngzhì 名 情调;兴致 ▷这幅装饰画很有～。

【情种】qíngzhǒng 名 对异性的感情特别丰富的人 ▷风流～。

【情状】qíngzhuàng 名 情形;状况 ▷母亲病中的～,他确实不知道。

晴 qíng 形 天空无云或少云 ▷雨过天～|多云转～|～空|放～。

【晴好】qínghǎo 形 天气晴朗而美好。

【晴和】qínghé 形(天气)晴朗暖和。

【晴空】qíngkōng 名 晴朗的天空。

【晴空万里】qíngkōng-wànlǐ 形容整个天空都十分晴朗 ▷雨后～。

【晴岚】qínglán 名 天晴时山中的雾气 ▷～如黛。

【晴朗】qínglǎng 形 天空明朗,没有云雾 ▷～的天空。

【晴明】qíngmíng 形 晴朗明亮 ▷天气～。

【晴天】qíngtiān 名 无云或少云的天气；气象学上指空中云层的覆盖面低于$\frac{1}{10}$的天气。

【晴天霹雳】qíngtiān-pīlì 晴天里打起了响雷。比喻突然发生令人震惊的意外事件或灾祸等。

【晴雨表】qíng-yǔbiǎo ❶ 名 测试天气晴雨的仪表。❷ 名 比喻能迅速而准确地反映某种状况或某种变化，可以作为征兆的事物 ▷市场往往是经济形势的～。

【晴雨伞】qíng-yǔsǎn 名 能遮阳又能挡雨的伞。

氰 qíng 名 碳和氮的化合物。无色气体，有臭味和剧毒，燃烧时产生紫红色火焰。☛ 跟"氢(qīng)"不同。"氢"是气体元素。

睛 qíng ❶ 动〈文〉接受赏赐。→ ❷ 动 承受；接受 ▷～受财产｜别人动手，他～现成的。

檠 qíng〈文〉❶ 名 矫正弓弩的器具。○ ❷ 名 灯架；灯台 ▷灯～｜短～。→ ❸ 名 借指灯 ▷孤～｜古～。

擎 qíng 动 举；向上托住 ▷众～易举｜～天柱。

【擎天柱】qíngtiānzhù 名 支撑着天的柱子(古代传说天有八根柱子支撑)。比喻承担重任的人 ▷国家社稷的～。

黥 qíng ❶ 名 墨刑。→ ❷ 动〈文〉在人身上刺上文字、花纹或图案并涂上颜色 ▷～面文身。

qǐng

苘 qǐng [苘麻] qǐngmá 名 一年生草本植物，茎青色或紫红色，叶子大，密生柔毛，开黄花。茎皮多纤维，可以制作绳子、麻布；种子可榨油，也可以做药材。通称青麻。

顷[1]（頃） qǐng 量 市顷。

顷[2]（頃） qǐng ❶ 名 很短的时间 ▷少～｜～刻。→ ❷ 副〈文〉不久以前；刚才 ▷～闻｜～接来电。☛ 不读 qīng。

【顷刻】qǐngkè 名 指很短的时间 ▷暴雨如注，大地上～便是万道小溪。

请（請） qǐng ❶ 动 请求 ▷～您批准｜～教｜～假。→ ❷ 动 邀请；聘请 ▷～客｜～医生｜～教员。❸ 动 迷信指买佛像、佛龛等 ▷～一尊观音。→ ❹ 动 敬词，要求或希望对方做某事 ▷～进｜～别误会｜您～先(请对方走在前面)。○ ❺ 名 姓。

【请安】qǐng'ān 动 问安 ▷给您～。

【请便】qǐngbiàn 动 表示对方可以自由安排自己的行动 ▷要去，要留，～吧。

【请茶】qǐngchá 动 请人喝茶；向人敬茶。

【请春客】qǐngchūnkè 某些地区的民间习俗，春节后亲友之间互相宴请。

【请辞】qǐngcí 动 请求辞职 ▷精力有限，～顾问一职｜主动～。

【请调】qǐngdiào 动 请求调动(工作) ▷我已经递交了～报告。

【请功】qǐnggōng 动 请求有关部门给立功的人员记功 ▷为他们～。

【请假】qǐngjià 动 因病或因事请求准予暂时不工作或不学习 ▷～探亲。

【请假条】qǐngjiàtiáo 名 为请假而写的便条。

【请柬】qǐngjiǎn 名 请帖。

【请教】qǐngjiào 动 敬词，请求人指教(有时也用于质问) ▷向药农～｜～您这如何解释？

【请君入瓮】qǐngjūn-rùwèng《资治通鉴·唐纪》记载：唐代武则天命来俊臣审问周兴。来俊臣问周兴：犯人不招供，有什么好法子？周兴说：取个大瓮，把犯人装进去，用炭火在四面烤他即可。于是来俊臣命人取来大瓮，对周兴说：奉命审问老兄，请您自己进入这个大瓮吧！周兴吓得全都招认了。后用"请君入瓮"比喻拿某人整治别人的办法来整治他自己；也借指设计好圈套引人上当。

【请客】qǐngkè 动 招待客人吃饭或娱乐等。

【请命】qǐngmìng ❶ 动 代人请求保全生命或解除疾苦 ▷为民～。❷ 动 请求给自己指派任务 ▷听说有新任务，大家纷纷～。

【请求】qǐngqiú ❶ 动 提出要求，请对方应允 ▷～上前线｜～上级批准。❷ 名 指所提出的要求 ▷他提出了到偏远山区支教的～。

【请赏】qǐngshǎng 动 请求给予奖赏 ▷为立功人员～。

【请示】qǐngshì ❶ 动 请求上级指示 ▷不能未经～就擅自作主。❷ 名 请求上级给予指示的书面报告。

【请帖】qǐngtiě 名 专为邀请其他单位或个人来参加某种活动的帖子。也说请柬。

【请托】qǐngtuō 动 想托付他人办事或给予帮助而提出请求 ▷这件事我已～友人代为办理。

【请问】qǐngwèn 动 敬词，请求对方回答(有时也用于质问) ▷～尊姓大名？｜～你这样做对得起谁？

【请降】qǐngxiáng 动 乞求投降 ▷在我军的围困下，敌军不得不派人前来～。

【请缨】qǐngyīng 动《汉书·终军传》记载：汉武帝派终军出使南越(今两广等地)，终军请求给他一根长缨(长绳子)，保证把南越王捆起押送到宫门下。后来用"请缨"指请战或请求任务。

【请援】qǐngyuán 动 请求援助 ▷无须～。

【请愿】qǐngyuàn 动 采用某种集体行动，向政府或主管部门提出某些愿望或要求，希望得到满足。

【请战】qǐngzhàn 动 请求准予参加战斗或某项重要的工作 ▷向领导～到抗旱第一线。

【请罪】qǐngzuì 动 犯有罪过，主动要求处罚；也指认错、道歉 ▷向人民～|昨天错怪了你，今天特来向你～。

庼（廎） qǐng 名〈文〉小厅堂。

謦 qǐng [謦欬] qǐngkài〈文〉❶ 动 咳嗽。○ ❷ 动 谈笑。

qìng

庆（慶） qìng ❶ 动 庆祝 ▷～丰收|普天同～|欢～|～典。→ ❷ 名 值得庆祝的事和纪念日 ▷国～|校～。→ ❸ 形 吉祥；幸福 ▷吉～话|喜～事。○ ❹ 名 姓。☛ 右下是"大"，不是"犬"。

【庆大霉素】qìngdàméisù 名 一种抗生素，对多种革兰氏阴性菌和阳性菌有抑制和杀灭作用。

【庆典】qìngdiǎn 名 庆祝典礼 ▷盛大～。

【庆父不死，鲁难未已】qìngfǔ-bùsǐ，lǔnàn-wèiyǐ《左传·闵公元年》："不去庆父，鲁难未已。"（庆父：春秋时期鲁庄公的弟弟，曾一再制造内乱；未已：不能停止）意思是不杀掉庆父，鲁国的灾难就不会停止。后用"庆父不死，鲁难未已"比喻不把制造祸乱的罪魁除掉，就不得安宁。☛ "父"这里不读 fù。

【庆功】qìnggōng 动 庆祝胜利或对立功人员表示祝贺 ▷～会|给你们几位～。

【庆贺】qìnghè 动 庆祝；贺喜 ▷～大桥胜利建成|举办婚礼那天，前来～的人络绎不绝。

【庆生】qìngshēng 动 庆贺生日 ▷每年都不忘给父母亲～。

【庆幸】qìngxìng 动 为出现没有意料到的好情况而高兴 ▷他～自己找到了一份好工作。

【庆祝】qìngzhù 动 为共同的节日、喜事举行活动表示纪念或欢庆 ▷～教师节|～大会。

亲（親） qìng 见下。另见 1109 页 qīn。

【亲家】qìngjia ❶ 名 因子女婚配结成的亲戚 ▷我们两家是～|儿女～。❷ 名 夫妻双方父母间的互称 ▷～母。

【亲家公】qìngjiagōng 名 对儿子的岳丈或女儿的公公的称呼。

【亲家母】qìngjiamǔ 名 对儿子的岳母或女儿的婆婆的称呼。

倩 qìng 动〈文〉请（人做事）▷～医诊治。另见 1097 页 qiàn。

凊 qìng 形〈文〉凉 ▷冬温夏～。

碃 qìng 名〈文〉一种石（多用于地名）▷大金～（在山东）。

箐 qìng 名 竹木丛生的山谷（多用于地名）▷梅子～（在云南）|杉木～（在贵州）。

綮 qìng 见 786 页"肯綮"。另见 1080 页 qǐ。

磬 qìng ❶ 名 古代用玉、石或金属制成的曲尺形的打击乐器 ▷钟～齐鸣|编～（大小不同的一组磬）。→ ❷ 名 佛教用的铜制钵形打击乐器。☛ 跟"罄"不同。

罄 qìng〈文〉❶ 动（器皿）空了；（东西）没有了 ▷告～|～尽。→ ❷ 动 用尽；全部拿出 ▷～其所有。☛ 跟"磬"不同。

【罄尽】qìngjìn 动 毫无剩余 ▷存货销售～。

【罄竹难书】qìngzhú-nánshū 用尽竹子做竹简也难以写完（古人用竹简写字）。形容事实（多指罪行）多得不可胜数。

qióng

邛 qióng [邛崃] qiónglái 名 山名，又地名，均在四川。

穷（窮） qióng ❶ 动 尽；完 ▷山～水尽|层出不～|日暮途～。→ ❷ 副 表示程度高到了极点 ▷～凶极恶|～奢极侈。→ ❸ 动 彻底追究；深入探求 ▷追本～源|皓首～经。❹ 副 极力 ▷～追猛打|～究。→ ❺ 动 使尽；用尽 ▷～兵黩武|～毕生精力。→ ❻ 形 处境困难，没有出路 ▷～则思变|～寇。❼ 形 贫困；缺少钱财 ▷～日子|贫～。❽ 副〈口〉表示本不该如此而偏偏如此；财力或能力达不到却勉强去做 ▷～开心|～讲究|～凑合。→ ❾ 形 边远；偏僻 ▷～乡僻壤|～巷。

【穷棒子】qióngbàngzi 名 本指贫苦农民，现多转指贫穷而有志气的人 ▷～精神。

【穷兵黩武】qióngbīng-dúwǔ 用尽全部兵力，肆意发动战争。多形容滥用武力的好战者。

【穷愁】qióngchóu 形 穷困而愁苦 ▷～潦倒。

【穷乏】qióngfá 形 物资极度缺乏 ▷国力～。

【穷根】qiónggēn 名 贫困的根源 ▷勤劳致富，挖掉～。

【穷根究底】qiónggēn-jiūdǐ 刨根问底。

【穷骨头】qiónggǔtou 名 对穷人的蔑称（含有穷是命里注定的意思）。

【穷光蛋】qióngguāngdàn 名 对穷人的蔑称（含有一无所有的意思）。

【穷鬼】qióngguǐ 名 对穷人的蔑称。

【穷极无聊】qióngjí-wúliáo 本指极其困窘，无所依托；现多指精神空虚到了极点。

【穷家富路】qióngjiā-fùlù 指在家生活可以尽量节省，出门在外必须多带盘缠，以免旅途中为难。

【穷讲究】qióngjiǎngjiu 〈口〉不切实际或没有必要地过分追求 ▷量入为出，不要～。

【穷竭】qióngjié 动 消耗尽；用尽 ▷～自然资源|心力～。

【穷尽】qióngjìn ❶ 动 竭尽 ▷真理不可～。❷ 名 尽头 ▷科学探索是没有～的。

【穷寇】qióngkòu 名 陷入困境、走投无路的敌寇 ▷宜将剩勇追～。

【穷苦】qióngkǔ 形 贫苦 ▷家境～。

【穷匮】qióngkuì 〈文〉❶ 形 贫穷；生活资料匮乏 ▷～不堪。❷ 名 贫困的人 ▷体恤～，扶助孤寡。❸ 动 穷尽 ▷万物滋衍，永不～。

【穷困】qióngkùn 形 生活穷苦，处境困难 ▷发展经济，改变～面貌。

【穷忙】qióngmáng ❶ 动 为谋生而奔走劳碌 ▷为养家糊口，终日～。❷ 动 事情多而杂，不停地忙碌 ▷整天～，连理发都顾不上。

【穷年累月】qióngnián-lěiyuè 年复一年，月复一月。形容连续不断，时间很长。

【穷期】qióngqī 名 尽期；最终期限（多用于否定）▷反腐倡廉未有～。

【穷人】qióngrén 名 生活穷苦的人。

【穷山恶水】qióngshān-èshuǐ 形容自然环境恶劣、生产条件极差的地方。

【穷奢极侈】qióngshē-jíchǐ 极端奢侈。

【穷奢极欲】qióngshē-jíyù 极端奢侈，享乐无度。

【穷酸】qióngsuān 形 贫穷而迂腐；不体面，不大方（多讥讽文人）▷一股～相。

【穷酸气】qióngsuānqì 名 穷酸的习气（多指文人）▷他说话做事总带有～。

【穷途潦倒】qióngtú-liáodǎo 形容走投无路，失意颓丧。

【穷途末路】qióngtú-mòlù 形容走投无路，没有任何前途的困窘境地。

【穷乡僻壤】qióngxiāng-pìrǎng 穷困而偏僻的地区。☛"僻"不要误写作"辟"。

【穷形尽相】qióngxíng-jìnxiàng 本指描写刻画极其生动逼真；现也形容丑态毕露。

【穷凶极恶】qióngxiōng-jí'è 极其残暴凶恶。

【穷原竟委】qióngyuán-jìngwěi 深入探究事物发生发展的本原和结果（竟：彻底追究；委：指事情的结尾）。

【穷源溯流】qióngyuán-sùliú 深入探究事物发生的根源，推求其发展过程。

【穷则思变】qióngzésībiàn 指人到了极端艰难困苦、无路可走的时候，就会被迫寻求出路，力求改变现状。

【穷追】qióngzhuī 动 追赶到底；彻底追究。

【穷追不舍】qióngzhuī-bùshě ❶追赶到底，决不放过 ▷对残敌～。❷紧紧追问，毫不放松 ▷记者们连连发问，～。

茕（煢） qióng 形〈文〉孤独；孤苦 ▷～独|～～孑立。

【茕茕孑立】qióngqióng-jiélì 〈文〉孤孤单单地站在那儿。形容无依无靠。

穹 qióng 〈文〉❶ 形 穹隆① ▷～庐。→ ❷ 名 天空 ▷～苍|苍～|～天。☛ 统读 qióng，不读 qiōng。

【穹顶】qióngdǐng 名 圆顶帐篷的顶部；泛指穹形的屋顶。

【穹隆】qiónglóng ❶ 形 形容中间隆起、四周下垂的样子。❷ 名 指建筑物中央的半球形屋顶。

【穹窿】qiónglóng 现在一般写作"穹隆"。

【穹庐】qiónglú 名 北方游牧民族居住的用毡子做成的圆顶帐篷。

䓖（藭） qióng 见1543 页"芎(xiōng)䓖"。

筇 qióng ❶ 名 古书上说的一种竹子，宜于做手杖。→ ❷ 名〈文〉手杖 ▷扶～。

琼（瓊） qióng ❶ 名〈文〉一种美玉。→ ❷ 形 精美的；美好的 ▷～楼玉宇|～浆。○ ❸ 名 海南的别称（因旧称琼州、琼崖，故名）▷～剧。

【琼浆】qióngjiāng 名 古代传说仙人喝的美酒；后多借指名贵的饮料或美酒 ▷～玉液。

【琼剧】qióngjù 名 地方戏曲剧种，流行于海南岛、雷州半岛一带，由潮剧、闽南梨园戏吸取当地民间曲调发展而成。也说海南戏。

【琼楼玉宇】qiónglóu-yùyǔ 传说中神仙居住的亭台楼阁。现多指华丽的建筑物。

【琼脂】qióngzhī 名 植物胶的一种，用红藻类植物为原料制成的半透明胶状物。常用作缓泻药，可食用，也可作为微生物的培养基。也说琼胶、石花胶。俗称冻粉、洋菜。

蛩 qióng 〈文〉❶ 名 蟋蟀。○ ❷ 名 蝗虫。

跫 qióng 拟声〈文〉模拟脚步声 ▷足音～然。

銎 qióng 名〈文〉斧子上安柄的孔；泛指农具上安柄的孔 ▷方～|圆～。

藑 qióng [藑茅] qióngmáo 名 古书上说的一种草。

qiū

丘（*坵❶❷❹） qiū ❶ 名 小土山；土堆 ▷山～|荒～|沙～。→ ❷ 名 坟墓 ▷～墓|坟～子。❸ 动 浮厝 ▷把棺材先～起来。○ ❹ 量 由田埂隔成的一块块大小不同的水田，一块叫一丘 ▷一

～二亩大小的稻田。○ ❺ 名 姓。

【丘八】qiūbā 名 旧时对兵的蔑称（"兵"字上下拆开，即成"丘""八"）。

【丘比特】qiūbǐtè 名 英语 Cupid 音译。罗马神话中的爱神，亦即希腊神话中的厄洛斯。

【丘壑】qiūhè ❶ 名 深山幽谷；泛指山野 ▷藏身～。❷ 名 比喻文学作品中的深远意境 ▷胸中～，笔下丹青。

【丘陵】qiūlíng 名 连绵成片的矮山 ▷～地区。

【丘脑】qiūnǎo 名 大脑皮质下辨认感觉性质、定位，对感觉刺激做出情感反应和保持觉醒的重要神经结构。

【丘疹】qiūzhěn 名 皮肤表面起的小疙瘩，多由其他疾病引起。

邱 qiū ❶ 古同"丘"①—④。○ ❷ 名 姓。

龟（龜） qiū［龟兹］qiūcí 名 古代西域国名，在今新疆库车一带。

另见 514 页 guī；761 页 jūn。

秋[1]（*秌龝） qiū ❶ 名 庄稼成熟的季节 ▷麦～｜大～。→ ❷ 名 秋季 ▷～高气爽｜中～。→ ❸ 名 借指一年 ▷一日不见，如隔三～｜千～万代。❹ 名〈文〉指特定的时期 ▷多事之～。→ ❺ 名 秋天成熟的庄稼 ▷收～｜护～。○ ❻ 名 姓。

秋[2]（鞦） qiū 见本页"秋千"。

【秋波】qiūbō 名 秋天明净的水波；多比喻年轻女子明亮的眼睛或传情的眼神 ▷～传情。

【秋播】qiūbō 动 秋季播种。某些农作物，如冬小麦等需要在秋季播种。

【秋菜】qiūcài 名 指秋季收获的蔬菜。如萝卜、白菜等。

【秋蝉】qiūchán 名 秋天的蝉；寒蝉 ▷～悲鸣。

【秋分】qiūfēn 名 二十四节气之一，在公历每年 9 月 23 日前后。这一天南北两半球昼夜时间相等。秋分以后，北半球昼短夜长。我国从 2018 年起将秋分设立为"中国农民丰收节"。

【秋分点】qiūfēndiǎn 名 公历每年 9 月 23 日前后，太阳沿黄道自北向南移动时，通过黄道与赤道平面相交的那一点。

【秋风】qiūfēng 名 秋天的风，多指深秋季节的凉风 ▷～瑟瑟。

【秋风扫落叶】qiūfēng sǎo luòyè 比喻以迅猛的气势扫除腐朽衰败的势力。

【秋高气爽】qiūgāo-qìshuǎng 形容秋天天空晴朗高远，气候凉爽宜人。

【秋耕】qiūgēng 动 秋季翻耕农田。

【秋灌】qiūguàn 动 指秋季灌溉农田。以利秋播及作物越冬。

【秋光】qiūguāng ❶ 名 秋天的阳光。❷ 名 秋色。

【秋海棠】qiūhǎitáng 名 多年生草本植物，茎光滑直立，叶卵形，秋季开淡红色花。供观赏，也可以做药材。

【秋毫】qiūháo 名 鸟兽在秋天新长的细毛。比喻细微的事物 ▷洞察～｜～无损。

【秋毫无犯】qiūháo-wúfàn 形容军队纪律严明，对百姓没有任何侵犯。

【秋后算账】qiūhòu-suànzhàng 秋收后结算一年的收入、支出；比喻事后评判是非、追究责任或进行报复。

【秋季】qiūjì 名 一年四季的第三季，我国习惯指立秋到立冬的三个月；也指农历七月至九月。

【秋假】qiūjià 名 学校在秋收季节的假期，一般在公历九十月间，时间比寒、暑假短，农村的秋假多长于城市。

【秋景】qiūjǐng ❶ 名 秋天大自然的风光景色 ▷欣赏美丽的～。❷ 名 秋天农作物的收成。

【秋裤】qiūkù 名 一种针织的贴身穿的保暖长裤。

【秋老虎】qiūlǎohǔ 名 比喻立秋后依然炎热的天气。

【秋凉】qiūliáng 名 秋季凉爽的天气 ▷一到～，他的腿就开始疼痛。

【秋粮】qiūliáng 名 秋季收获的粮食。

【秋令】qiūlìng ❶ 名 秋季 ▷时当～。❷ 名 秋季的气候 ▷冬行～。

【秋千】qiūqiān 名 运动和游戏的器具，在高架上系两根长绳，绳下端拴在一块板子上，人握长绳踩在板上全身向前用力，借助惯性在空中摆动。☛ 不宜写作"鞦韆"。

【秋日】qiūrì ❶ 名 秋季。❷ 名 秋天的太阳。

【秋色】qiūsè 名 秋天的景色。

【秋试】qiūshì 名 指科举考试中秋天的考试；特指明清两代的乡试。也说秋闱。

【秋收】qiūshōu ❶ 动 秋季收获农作物 ▷开始～了。❷ 名 秋季的收成。

【秋收起义】qiūshōu qǐyì 1927 年 9 月，毛泽东领导湖南东部、江西西部的工人、农民和革命军人举行的武装起义。这次起义建立了中国工农革命军第一军第一师，在井冈山创建了第一个农村革命根据地。

【秋水】qiūshuǐ ❶ 名 秋天江河清澈的水 ▷落霞与孤鹜齐飞，～共长天一色。❷ 名 比喻人的眼睛（多用于女性，常作"望穿"的宾语）。

【秋天】qiūtiān 名 秋季。

【秋行夏令】qiūxíngxiàlìng 秋天的气候像夏天。指时已秋季，还在做夏季的事。比喻不合时令。

【秋汛】qiūxùn 名 秋季发生的河水暴涨现象。

【秋衣】qiūyī 名 一种针织的贴身穿的保暖长袖内衣。

【秋意】qiūyì 名 秋天的景观和气象 ▷～颇浓｜渐露～。

【秋游】qiūyóu 动 秋天外出游玩(多指去郊外)。

【秋种】qiūzhòng 动 秋季种植农作物。

【秋庄稼】qiūzhuāngjia 名 秋季成熟的庄稼。

【秋装】qiūzhuāng 名 秋季穿的服装。

蚯 qiū［蚯蚓］qiūyǐn 名 环节动物，身体柔软，细长，环节上有刚毛，雌雄同体。生活在土壤中，能使土壤疏松、肥沃。有的种类可以做药材。也说曲蟮。

萩 qiū 名 古书上指一种蒿类植物，茎高大，叶白色，跟艾相似。

湫 qiū 名〈文〉水池 ▷山～｜大龙～(瀑布名，在浙江)。

另见 693 页 jiǎo。

楸 qiū 名 落叶乔木，树干挺直，高可达 30 米，叶子三角状卵形，开白色花。木材细致，耐湿，可供建筑、造船、制作家具等用，叶及树皮可以做药材。

鹙(鶖) qiū 名 古书上说的一种水鸟，形如鹤而大，黑色，头颈均无毛，头顶有一块红色皮，如鹤顶。性贪婪凶暴，捕捉鱼、蛇、小鸟等为食。也说秃鹙。

鳅(鰍*鰌) qiū 名 鱼，体长而侧扁，口小，鳞细小或退化，侧线不完全或消失。种类很多，常见的有花鳅、泥鳅。

鞧 qiū ❶ 名 拴在驾辕牲口臀部周围的套具，多为皮带或帆布带 ▷后～｜坐～。○ ❷ 动 某些地区指收缩、退缩 ▷脖子往后一～。

qiú

仇 qiú 名 姓。

另见 193 页 chóu。

囚 qiú ❶ 动 囚禁 ▷被～｜～犯。→ ❷ 名 被囚禁的人 ▷阶下～。☛ 不读 qiū。

【囚车】qiúchē 名 押解犯人使用的车。

【囚犯】qiúfàn 名 在监狱里关押着的犯人。

【囚禁】qiújìn 动 关押使不能自由 ▷长期～。

【囚牢】qiúláo 名 监狱；囚禁犯人的处所。

【囚笼】qiúlóng 名 古时押解或囚禁犯人用的木笼。

【囚室】qiúshì 名 囚禁犯人的屋子。

【囚首垢面】qiúshǒu-gòumiàn 形容很长时间没有梳洗，以致头发蓬乱，脸上肮脏，好像囚犯一样。

【囚徒】qiútú 名 囚犯。

【囚衣】qiúyī 名 供囚犯穿的统一的服装。

犰 qiú［犰狳］qiúyú 名 哺乳动物，躯干一般分前、中、后三段，前后两段有整块不可伸缩的骨质鳞片，中段的鳞片可以伸缩，头顶、尾部和四肢也有鳞片，腹部多毛，有利爪，善于掘土。吃昆虫、蛇、鸟卵等。产于南美等地。

求 qiú ❶ 动 设法得到；探求 ▷不～名利｜实事～是｜寻～。→ ❷ 动 恳请；乞求 ▷～您办点儿事｜央～。❸ 动 要求 ▷～全责备。→ ❹ 动 需求 ▷供大于～。○ ❺ 名 姓。

【求爱】qiú'ài 动 向异性表示爱情，并请求对方跟自己相爱。

【求告】qiúgào 动 恳求别人帮助或原谅 ▷多次上门～。

【求购】qiúgòu 动 要求购买；寻求购买 ▷急于～｜～二手汽车。

【求和】qiúhé ❶ 动 战败的一方向对方请求停战和解 ▷割地～。❷ 动 棋类或球类等竞赛时估计自己一方不能获胜而争取平局。

【求欢】qiúhuān 动 要求跟对方发生性关系。

【求婚】qiúhūn 动 男女双方中的一方向另一方请求结婚(多为男方主动) ▷向女朋友正式～。

【求见】qiújiàn 动 请求对方接见自己 ▷门外有人～。

【求教】qiújiào 动 请求对方指点教导 ▷寻师～。

【求解】qiújiě 动 数学上指从已知条件出发，根据定律、定理等进行运算和推导，以求得问题的答案。

【求借】qiújiè 动 请求别人借给(钱、物等) ▷～无门。

【求救】qiújiù 动 (遇到危难时)请求援救。

【求偶】qiú'ǒu 动 (人或动物)寻求配偶。

【求聘】qiúpìn ❶ 动 招聘 ▷～有资格证书的幼儿教师。❷ 动 寻求被聘用 ▷她眼高手低，以致～无果。

【求乞】qiúqǐ 动 乞讨；请求救济 ▷沿街～。

【求签】qiúqiān 动 迷信的人在神佛(像)面前用抽签的办法来占卜吉凶。

【求亲】qiúqīn 动 男女一方的家庭向对方家庭请求结为姻亲(多为男方主动) ▷登门～。

【求情】qiúqíng 动 请求对方给予情面，答应某种要求或予以宽恕 ▷何必向他～｜求个情。

【求取】qiúqǔ 动 用积极行动取得 ▷～进步。

【求全】qiúquán ❶ 动 要求什么都很完备或十全十美 ▷专业设置不必～｜～责备。❷ 动 希望事情得以成全 ▷委曲～。

【求全责备】qiúquán-zébèi 对人对事要求十全十美。☛ 这里的"责备"是"要求完备"的意思，不是批评指责。

【求饶】qiúráo 动 请求饶恕 ▷向他～。

【求人】qiúrén 动 向人提出请求 ▷～帮忙。

【求神拜佛】qiúshén-bàifó 迷信的人向神佛礼拜，祈求保佑或免灾。

【求生】qiúshēng 动 谋求生存下去 ▷～的念头。

【求胜】qiúshèng 动 企求获胜 ▷～心切。

【求师】qiúshī 动 寻求老师或师傅；泛指寻求能指教自己的人 ▷～学艺｜深入群众～问计。

【求实】qiúshí 动 讲求实际；追求实效 ▷工作中要有～的作风。

【求是】qiúshì 动 追求真理，探寻真知 ▷匡谬～，努力创新。

【求售】qiúshòu 动 寻求买主以卖出货物 ▷登报～｜折(shé)本～。

【求索】qiúsuǒ ❶ 动 寻求并探索 ▷在人生道路上，他苦苦～。❷ 动 索取；索要 ▷～无厌。

【求同存异】qiútóng-cúnyì 找出彼此间的共同点，各自保留不同的意见(以便合作)。

【求贤若渴】qiúxián-ruòkě 寻求贤才，像口渴了急于寻水喝一样。形容求贤的心情十分急迫。

【求新】qiúxīn 动 追求创新；追求新奇 ▷～猎奇。

【求学】qiúxué ❶ 动〈文〉探索学问。❷ 动 上学① ▷同在一所大学～。

【求医】qiúyī 动 找医生治病 ▷到北京～。

【求异思维】qiúyì sīwéi 质疑现有结论或既定模式、寻求不同点的思维方式 ▷进行决策，不仅要有求同思维，还要有～，进行不可行性论证。

【求雨】qiúyǔ 动 迷信的人在天旱时向神灵祷告，祈求降雨。

【求援】qiúyuán 动 请求支援和帮助。

【求战】qiúzhàn ❶ 动 寻找战机与对方作战 ▷敌军～心切，贸然出动。❷ 动 向上级要求参战 ▷士气高昂，踊跃～。

【求真务实】qiúzhēn-wùshí 追求真理，讲求实效 ▷大兴～之风，树立科学的发展观。

【求诊】qiúzhěn 动 求医 ▷四处～。

【求证】qiúzhèng 动 寻找证据；求得证实或证明 ▷有了假设，还必须～。

【求之不得】qiúzhī-bùdé 想求取它却不能得到；多指某种愿望意外地得以实现 ▷太想成功，反而～｜他主动提出陪我一起去，我当然～。

【求知】qiúzhī 动 探求知识 ▷热心～。

【求知欲】qiúzhīyù 名 探求知识的欲望 ▷青少年～很强。

【求职】qiúzhí 动 设法寻求职业；找工作。

【求治】qiúzhì 动 求医 ▷多方～。

【求助】qiúzhù 动 请求帮助 ▷～于人。

【求租】qiúzū 动 寻求租用(房屋、场地、工具等)。

虬(*虯) qiú ❶ 名 虬龙，古代传说中的小龙，有弯曲的角。→ ❷ 形〈文〉蜷曲 ▷～髯客｜青筋～结。

【虬髯】qiúrán 名 蜷曲的胡须；特指蜷曲的络腮胡 ▷老人深目～，不失当年英气。

【虬枝】qiúzhī 名 蜷曲的树枝。

泅 qiú 动 游水 ▷～水｜武装～渡。

【泅渡】qiúdù 动 凫水渡过(江河等) ▷～长江。

【泅水】qiúshuǐ 动 游泳；凫水 ▷不善～。

俅[1] qiú [俅俅] qiúqiú 形〈文〉形容恭顺的样子；也形容衣冠华美。

俅[2] qiú 名 俅人，我国少数民族独龙族的旧称。

艏 qiú 动〈文〉逼迫。

酋 qiú ❶ 名 酋长。→ ❷ 名(强盗、土匪或侵略者的)头目 ▷贼～｜敌～。○ ❸ 名 姓。

【酋长】qiúzhǎng 名 部落的首领。

【酋长国】qiúzhǎngguó 名 以部落酋长为国家元首的国家。如阿拉伯联合酋长国。

逑 qiú 名〈文〉配偶 ▷君子好～。

屃 qiú 名 某些地区对男性外生殖器的俗称(常用作骂人的话)。

球(*毬❶❷❹❺) qiú ❶ 名 古代游戏用具，圆形立体物，皮革制成，里面用毛填实，用足踢或用杖击打 ▷蹴～｜击～。→ ❷ 名 球形或近似球形的东西 ▷棉～｜煤～儿｜卫生～儿｜眼～儿。❸ 名 特指地球 ▷东半～｜全～。→ ❹ 名 指某些体育用品(多是圆形立体的) ▷皮～｜足～｜乒乓～。❺ 名 指球类运动 ▷赛～｜看了一场～｜～迷。→ ❻ 名 数学上指半圆以其直径为轴，旋转一周而成的立体，由中心点到表面各点的距离都相等 ▷～心｜～面｜～体。

【球场】qiúchǎng 名 供篮球、足球、网球、排球等球类运动使用的场地，其形式、大小、场地设备根据不同球类的要求而定。

【球胆】qiúdǎn 名 装在篮球、足球、排球等里面的橡皮气囊，充上气可使球有弹性。

【球蛋白】qiúdànbái 名 一类球状的单纯蛋白质。生物体内的血清蛋白、肌球蛋白等以及植物种子中的蛋白多属于球蛋白。

【球刀】qiúdāo 名 冰球运动员所穿冰鞋上装置的钢质冰刀，用来在冰面上滑行。

【球队】qiúduì 名 为球类比赛而组成的运动员队伍。如篮球队、足球队等。

【球风】qiúfēng 名 球类比赛中球队以及运动员个人表现出来的风格和作风。

【球果】qiúguǒ 名 松杉类植物由许多鳞片集成的球状果实。成熟时，鳞片通常木质化，展开后种子散出。

【球技】qiújì 名 球类运动员的技能、技巧 ▷～表演。

【球茎】qiújīng 名 植物地下茎的一种。形状似球，上有节，节上生有鳞片叶和侧芽，顶端有顶芽，肉质较多。如荸荠的地下茎。

【球茎甘蓝】qiújīng gānlán 苤蓝（lan）。☛"蓝"不要误写作"兰"。

【球菌】qiújūn 名 球状细菌的统称。种类很多，广泛分布在自然界或生物体上。有些球菌有很强的致病性。如肺炎双球菌、金黄色葡萄球菌等。

【球裤】qiúkù 名 球类运动员比赛时穿的裤子；泛指类似款式的裤子。

【球类】qiúlèi 名 体育运动中使用的各类球的统称 ▷～比赛|～运动。

【球龄】qiúlíng 名（球类运动员）从事某项球类运动的年数。

【球路】qiúlù 名 球类运动临场所使用的路数（手段、计策）▷摸清对方的～。

【球门】qiúmén 名 设置在足球、手球、冰球等比赛场地两端像门的架子，是射球的目标。

【球迷】qiúmí 名 指对某项球类运动或观看某项球赛着迷的人。

【球面】qiúmiàn ❶ 名 球体的表面。❷ 名 数学上指半圆以其直径为轴旋转而成的曲面。

【球面镜】qiúmiànjìng 名 反射面为球面的反射镜，分为凹面镜和凸面镜两种。哈哈镜就是由各种形式的球面镜组成的。

【球幕电影】qiúmù diànyǐng 一种大银幕电影。拍摄和放映都采用超广角鱼眼镜头，观众厅为圆顶式结构，银幕呈穹庐形。影像大而清晰，且有立体声伴音，观众如身临其境。也说穹幕电影、球银幕电影等。

【球拍】qiúpāi 名 在乒乓球、羽毛球、网球等运动中用以击球的拍子。

【球赛】qiúsài 名 球类运动比赛。如篮球赛、排球赛、足球赛等。

【球衫】qiúshān 名 运动衫。

【球市】qiúshì 名 指球类比赛的门票购销市场。

【球台】qiútái ❶ 名 数学上指球体被两个平行的平面截开后夹在两个平面中间的部分。❷ 名 供打台球、乒乓球等使用的像桌子一样的体育器材，多为木制。

【球体】qiútǐ ❶ 名 球⑥。❷ 名 球形的实体。

【球王】qiúwáng 名 公认的、在某种球类比赛中球技最高、成就最突出的运动员。

【球网】qiúwǎng 名 球类运动中使用的分割场地等的网子。如排球网、乒乓球网等。

【球鞋】qiúxié ❶ 名 球类运动鞋的统称。根据各种球类运动的特殊要求，选取不同材质和式样制成。❷ 名 泛指用帆布做帮儿、用橡胶做底的鞋。

【球心】qiúxīn 名 球的中心；球体直径的中点。

【球星】qiúxīng 名 各种球类运动中技艺高超的著名运动员。

【球衣】qiúyī 名 球类运动员比赛时穿的衣服；泛指类似款式的衣服。

【球艺】qiúyì 名 球技 ▷～超群。

【球员】qiúyuán 名 球类运动员。

【球藻】qiúzǎo 名 球形的藻类植物。

赇（賕） qiú 〈文〉❶ 动 行贿；受贿。→ ❷ 名 用来买通别人的财物。

銶（銶） qiú 名 古代凿子一类的木工用具，一说斧子 ▷既破我斧，又缺我～。

遒 qiú 形 强劲；刚健 ▷～劲。

【遒劲】qiújìng 形〈文〉雄健有力 ▷笔力～。

巯（巰） qiú [巯基] qiújī 名 有机化合物中由氢和硫两种元素组成的一价原子团。也说氢硫基。

裘 qiú ❶ 名 毛皮做的衣服 ▷集腋成～。○ ❷ 名 姓。

【裘皮】qiúpí 名 羊、兔、狐、貂等动物的皮经过带毛鞣制而成的皮革。质地柔软，防风保暖性能好，可用来缝制御寒服装 ▷～大衣。

璆 qiú 名〈文〉一种美玉。

蝤 qiú [蝤蛴] qiúqí 名〈文〉天牛的幼虫，黄白色，胸足退化，体呈圆筒形。蛀食树木枝干，是桑树和果树的主要害虫。俗称锯树郎。

另见 1671 页 yóu。

鼽 qiú 动〈文〉因感冒而鼻子堵塞不通。

qiǔ

糗[1] qiǔ ❶ 名〈文〉干粮 ▷～粮|～饵。○ ❷ 形〈口〉面条粘连在一起或饭、粥等凝成糊状 ▷面条都煮～了。○ ❸ 动 长时间待着 ▷～在家里不出门。

糗[2] qiǔ ❶ 形〈口〉不体面；难为情 ▷～事。→ ❷ 名〈口〉不体面或难为情的事情 ▷出～。→ ❸ 动〈口〉嘲笑；使出丑 ▷他总拿这件事～我。

qū

区（區） qū ❶ 名 陆地、水面或空中的一定范围 ▷居民～|山～|禁渔～|禁飞～。→ ❷ 动 分别；划分 ▷～别|～分。❸ 名 行政区划单位，包括省级的民族自治区，市、县所属的市辖区、县辖区等；此外还有大行政区、特区、特别行政区等。☛ ㊀通常读 qū。读 ōu，只用于姓氏；以"区"作声旁的字也多读 ou 音，如"讴""欧""殴""鸥"

"呕""怄""沤"。㊁里边是"㐅",不是"又"。最后一画是竖折(乚)。由"区"构成的字有"抠""欧""殴""躯""驱"等。

另见 1017 页 ōu。

【区别】qūbié ❶ 动 区分;辨别 ▷严格~两类不同性质的社会矛盾|~对待。❷ 名 差异;不同的地方 ▷两者没有什么~|根本~。

【区别词】qūbiécí 名 表示事物特征和分类、一般只用来修饰名词及名词性短语的词。区别词不能作谓语;也不能作主语、宾语和补语(少量可兼作状语);除了"非"以外,不接受别的副词修饰。如"雌""雄""大型""小型"等。

【区段】qūduàn 名 指铁路运输线上,从一个编组站(集中进行货车编组和解体作业的车站)到相邻的一个编组站之间的地段;泛指一定的地段或一定的范围 ▷本次列车已调整运行~|船在大运河淮安~行驶|2.0 升—2.5 升是中高档轿车的黄金排量~。

【区分】qūfēn 动 找出彼此之间的不同点,从而把它们划分开来 ▷~好坏。

【区号】qūhào 名 长途电话系统中,为不同地区设定的代码。如中国(除港澳台地区)的区号是 86,北京的区号是 010(前面的"0"是长途电话接入码,习惯上已计入区号;但从境外打电话回境内,要在"86"后去掉长途电话接入码"0")。

【区划】qūhuà 名 按自然条件或行政管理的系统所划的区域 ▷气象~图|行政~。

【区徽】qūhuī 名 指代表香港特别行政区、澳门特别行政区的图形标志。

【区间】qūjiān 名 通信联络、交通运输线上为管理方便而划定的一段线路。

【区间车】qūjiānchē 名 某条公共交通线上只行驶于其中某一段的火车或汽车。

【区旗】qūqí 名 指代表香港特别行政区、澳门特别行政区的旗帜。

【区区】qūqū 形 小;少;微不足道 ▷~小事,何必计较。

【区位】qūwèi ❶ 名 地区位置 ▷县城有~优势。❷ 名 我国国家标准《信息交换用汉字编码字符集》中,指通用汉字及标点符号、外文字母等字符的列表编码,共 94 行 94 列。其中每 1 行为 1 个区,每 1 列为 1 个位,合称区位。

【区位码】qūwèimǎ 名 我国国家标准《信息交换用汉字编码字符集》中,指对每个字符的编码。由四位数字组成,前两位是区码,后两位是位码。如"汉"字的区位码是 2626;"÷"的区位码是 0134。

【区域】qūyù 名 一定范围内的地方 ▷~经济|在特殊~实行自治。

曲[1] qū ❶ 形 弯(跟"直"相对) ▷~线|弯~。→ ❷ 动 使弯 ▷~着腿坐在炕上|~背弯腰。→ ❸ 形 不公正;不正确 ▷是非~直|~解。→ ❹ 名 弯曲的地方;偏僻的地方 ▷河~|乡~。〇 ❺ 名 姓。☛ 用作姓氏不读 qǔ。

曲[2](粬*麯) qū 名 酿酒或做酱时用来引起发酵的块状物,用曲霉和大麦、大豆、麸皮等制成 ▷酒~|大~。

另见 1133 页 qǔ;"麯"另见 1133 页 qū"麴"。

【曲笔】qūbǐ 名 原指古代史官不直书其事的写法;现在也泛指写作中委婉的表达方法 ▷文中使用了~。

【曲别针】qūbiézhēn 名 把金属丝来回折弯做成的夹零散纸张的小文具。也说回形针。

【曲柄】qūbǐng 名 曲轴的弯曲部分。通常用它和连杆把活塞的往复运动改变成曲轴的旋转运动,或者把曲轴的旋转运动改变成活塞的往复运动。

【曲尺】qūchǐ 名 木工用来求取直角的尺,形状像直角三角形的勾股二边,通常有刻度。也说矩尺、角尺。

【曲从】qūcóng 动 委曲顺从 ▷岂能无视法律而~私情|懦弱~。

【曲棍球】qūgùnqiú ❶ 名 球类运动项目,双方参赛队员用下端弯曲的棍子把球打进对方球门,以进球多少决定胜负。❷ 名 曲棍球运动所使用的圆形实心球,体积较小、质地较硬。

【曲解】qūjiě 动 歪曲地解释(多指故意地) ▷~文意|~领导意图。

【曲尽其妙】qūjìnqímiào 把其中的微妙之处委婉细致地全部表达出来。形容表达技巧十分高超 ▷这篇小说所刻画的人物无不~。

【曲颈甑】qūjǐngzèng 名 蒸馏物质或使物质分解用的玻璃器皿,形如鸭梨,颈部向一侧弯曲。

【曲径】qūjìng 名 弯弯曲曲的小路 ▷~通幽。

【曲径通幽】qūjìng-tōngyōu 弯弯曲曲的小路通往风景幽美的地方。

【曲里拐弯】qūliguǎiwān 形〈口〉形容弯曲的部位多 ▷这胡同~的◇说话别~的。

【曲率】qūlǜ 名 数学上用来描述曲线弯曲程度的量。曲率越大,表示曲线的弯曲程度越大。

【曲霉】qūméi 名 一种常见的霉菌。菌体由许多丝状细胞组成,顶端通常为球形,上面长有一串串黑、褐、绿等颜色的孢子。广泛分布在谷物、空气、土壤和各种有机物里,能引起食物、水果等的霉烂。可用来酿酒和制酱等。

【曲面】qūmiàn 名 数学上指曲线按一定条件运动的轨迹。如球体、圆柱体等的表面。

【曲奇】qūqí 名 英语 cookie 音译。饼干或小而圆的甜饼。

【曲曲弯弯】qūqūwānwān 形 弯弯曲曲。

【曲蟮】qūshàn 名 蚯蚓。☛ 不宜写作“曲蟺”“蛐蟮”。

【曲突徙薪】qūtū-xǐxīn《汉书·霍光传》记载:有一家人家炉灶的出烟口是直的,旁边还堆积着很多柴草。有人劝主人把出烟口改弯,把柴草搬走,以免引起火灾。主人不听,不久,家中果然失火(突:出烟口)。后来用“曲突徙薪”比喻事先做好防范工作,避免灾祸发生。

【曲线】qūxiàn ❶ 名 几何学上指在平面上或空间的点按一定条件运动的轨迹。❷ 名 波状的线条;也指人体的线条 ▷重点词语下面都画上了～|女性的～美。❸ 区别 非直接的;曲折的 ▷～出击|～攀升。

【曲线美】qūxiànměi 名 美学上称曲线所具有的美感。

【曲意逢迎】qūyì-féngyíng 违心地迎合别人。

【曲折】qūzhé ❶ 形 弯曲不直 ▷巷子很～|曲曲折折的小溪。❷ 形 情况、情节等错综复杂 ▷剧情十分～|经历了不少～。

【曲直】qūzhí ❶ 名 弯曲的和平直的 ▷木有～,要各尽其用。❷ 名 错误和正确;无理和有理 ▷是非～。

【曲种】qūzhǒng 名 酒曲的种类。根据酒曲中存在微生物的不同,可分为大曲、小曲、黄曲、红曲等类别。

【曲轴】qūzhóu 名 一种可以使往复运动和旋转运动互相转换并传递动力的轴。也说曲拐轴。

坂(塸) qū 用于地名。如邹坂,在江苏,现在改为“邹区”。

另见 1017 页 ōu。

岖(嶇) qū 见1074 页“崎(qí)岖”。

诎(詘) qū ❶ 形〈文〉言语迟钝笨拙 ▷辩于心而～于口。→❷ 动〈文〉弯曲 ▷～五指。❸ 动〈文〉屈服;使屈服 ▷～于人|～敌国,制海内。○ ❹ 名 姓。☛ 跟“绌(chù)”“拙(zhuō)”不同。

驱(驅*駈敺) qū ❶ 动 赶(牲畜) ▷扬鞭～马|～策。→❷ 动 驾驶或乘坐(车辆) ▷～车前往。→❸ 动 奔驰 ▷并驾齐～。→❹ 动 赶走 ▷～逐|～寒。→❺ 动 迫使 ▷～使|～迫。

【驱策】qūcè 动 用鞭子赶;借指吩咐、使唤 ▷无人可供～。

【驱车】qūchē 动 驾驶或乘坐车辆 ▷～赶到事故现场。

【驱虫剂】qūchóngjì 名 驱除害虫的药剂;特指驱除肠内寄生虫的药剂。

【驱除】qūchú 动 赶走或除去,使不存在 ▷～敌寇。

【驱动】qūdòng ❶ 动 加外力使开动起来 ▷这种机械用水压～。❷ 动 驱使② ▷利益～。

【驱动器】qūdòngqì ❶ 名 驱动某类设备的硬件。❷ 名 特指电子计算机上用来驱动磁盘或光盘运转,从而读取或改写、删除信息的装置。

【驱赶】qūgǎn ❶ 动 使快走 ▷老孙头不停地挥动鞭子来～辕马。❷ 动 迫使离开 ▷～野兽。

【驱寒】qūhán 动 驱除寒气 ▷点燃篝火～。

【驱迫】qūpò 动 驱使;逼迫 ▷被他人～。

【驱遣】qūqiǎn ❶ 动 驱使① ▷不甘心受命运的～。❷ 动 消除(某种情绪) ▷～忧愁。

【驱散】qūsàn ❶ 动 驱赶使离散 ▷警察～了闲杂人员。❷ 动 驱除使消失 ▷～烦恼。

【驱使】qūshǐ ❶ 动 差遣;迫使人去做 ▷受人～。❷ 动 推动;促使 ▷嫉妒心～她干出了蠢事。

【驱邪】qūxié 动 迷信指驱除邪魔,使不作祟。

【驱逐】qūzhú 动 用强力赶走 ▷～外寇。

【驱逐机】qūzhújī 名 歼击机的旧称。

【驱逐舰】qūzhújiàn 名 以火炮、导弹、鱼雷和反潜武器为主要装备的中型军舰。主要执行护舰、警戒、反潜、支援登陆等任务。

坥 qū 名〈文〉堤(多用于地名) ▷东～坡(在河北)。

屈 qū ❶ 动 弯曲 ▷～曲|能～能伸。→❷ 动 使弯曲 ▷～指可数|～膝投降。❸ 动 屈服;使屈服 ▷坚贞不～|威武不能～。→❹ 动 冤枉 ▷受～|冤～。→❺ 动 (理)亏 ▷理～词穷。○ ❻ 名 姓。

【屈才】qūcái 动 大材小用;有才能而得不到充分施展 ▷让他只做些抄抄写写的工作,有点儿～。☛ 不宜写作“屈材”。

【屈从】qūcóng 动 屈服于压力,违心地服从 ▷受尽折磨,仍不肯～。

【屈打成招】qūdǎ-chéngzhāo 受冤枉的人在严刑拷打下被迫作出不符合真情的招供。

【屈服】qūfú 动 对外来的压力妥协让步,放弃抗争 ▷决不向敌人～。☛ 不宜写作“屈伏”。

【屈光度】qūguāngdù 量 透镜焦度的非法定计量单位。1 屈光度=1 米$^{-1}$。

【屈驾】qūjià 动 敬词,表示希望对方能够委屈一下(多用于邀请对方) ▷恳请～光临。

【屈节】qūjié〈文〉❶ 动 丧失气节屈从 ▷～辱国。❷ 动 为逢迎讨好对方而降低自己原有身份 ▷卑躬～。

【屈就】qūjiù ❶ 动 降低身份地位就任低级职位 ▷介绍他做校对,他不肯～。❷ 动 敬词,用于请求对方就任某种职务 ▷诚盼您能来我公司～顾问。

【屈居】qūjū 动（地位或名次）委屈地处在（别人之下）▷这次比赛他～第三名。

【屈戌儿】qūqur 名 钉在门窗或箱柜上，用来挂钌铞儿或锁的金属小环儿，一般成对使用。

【屈辱】qūrǔ ❶ 名 蒙受的委屈和侮辱。❷ 动 蒙受委屈和侮辱 ▷令人～|不甘～。

【屈死】qūsǐ 动 受冤屈被迫害致死 ▷～狱中。

【屈枉】qūwang 动 冤枉 ▷横遭～。

【屈膝】qūxī 动 膝关节弯曲下跪；借指屈服、投降 ▷卑躬～|决不向敌人～。

【屈心】qūxīn 动〈口〉昧良心 ▷说话做事不能～。

【屈指】qūzhǐ 动 逐一弯曲手指头计算 ▷～算来，他该复员了。☛“屈”不要误写作“曲”。

【屈指可数】qūzhǐ-kěshǔ 弯弯手指头就可以数清楚。形容数量不多。

【屈尊】qūzūn 动 敬词，表示请地位高的人降低身份（来做某事）▷明日游黄山，请～同往。

⿰木去 qū 名 古代指放在驴背上驮东西用的木板。

岖 qū 岞岖（zuòqū）名 地名，在河南。

胠 qū〈文〉❶ 名 腰以上腋以下的部位。→ ❷ 动 从旁边打开 ▷～箧（指偷窃）。

祛 qū 动 祛除 ▷～暑|～痰。☛ 跟“袪”不同。

【祛除】qūchú 动 除去；除掉（病患、某种心理状态或邪祟等）▷～湿热|～疑虑。

【祛暑】qūshǔ 动 祛除体内的暑气。

【祛痰】qūtán 动 祛除痰液。

袪 qū 名〈文〉衣袖；也专指袖口。☛ 跟“祛”不同。

䓛 qū ❶ 名〈文〉刷子。→ ❷ 动〈文〉用刷子清扫。○ ❸ 名 有机化合物，金黄色结晶，存在于煤焦油中，溶于热苯。

蛆 qū 名 苍蝇的幼虫，身体柔软，有环节，白色，无头和足，前端尖，尾端钝，有的有长尾。孳生于粪便、动物尸体和垃圾等污物中。

【蛆虫】qūchóng 名 蛆；比喻令人厌恶的卑鄙小人。

躯（軀） qū 名 身体 ▷为国捐～|～体|身～。

【躯干】qūgàn ❶ 名 身体的主干，指人体除头部、四肢外的部分。❷ 名 泛指事物的主干 ▷工程的～部分已经完成。

【躯壳】qūqiào 名 指人的肉体（对精神而言）▷不能空长个～，没有灵魂。☛“壳”这里不读 ké。

【躯体】qūtǐ 名 身体 ▷～高大。

焌 qū ❶ 动 把正在燃烧的物体跟其他物体接触使火头熄灭 ▷在鞋底上把烟头～灭|把香火放在水里～一下。→ ❷ 动 用没有火苗的微火烧 ▷香头儿把扇子～了个窟窿。○ ❸ 动 烹调方法。a）在热油锅里放作料，再放蔬菜迅速炒熟 ▷～豆芽。b）把油加热后浇在菜肴上 ▷往凉拌莴笋里～点儿花椒油。

另见 762 页 jùn。

趋（趨） qū ❶ 动〈文〉快走；小步快走 ▷～走|～行。→ ❷ 动 奔向；追求 ▷～之若鹜|～光性|～求。⇒ ❸ 动 归附；迎合 ▷～炎附势|～附|～奉。⇒ ❹ 动 向某个方向发展 ▷大势所～|～于平稳|～向。

【趋避】qūbì 动〈文〉快走避开 ▷见此凶物，行人无不～。

【趋奉】qūfèng〈文〉❶ 动 迎合奉承 ▷极力讨好，百般～|～权势。❷ 动 尽心服侍 ▷终日～于家母榻前。

【趋附】qūfù 动 投靠依附 ▷他从不～于人。

【趋光】qūguāng 动（某些昆虫或鱼类）奔向有光的地方；（某些植物）向着有光的方向生长 ▷鱼有～特点|这种花～，花盆要勤转动。

【趋光性】qūguāngxìng 名（某些昆虫、鱼类或某些植物）趋光的特性。也说向光性。

【趋缓】qūhuǎn 动 趋向缓和；缓和下来 ▷局势～|病情～。

【趋紧】qūjǐn 动 趋向紧张；越来越紧张 ▷局势～|资金～。

【趋冷】qūlěng 动 降温；比喻火爆势头下降或某事物开始不流行（跟“趋热”相对）▷两国关系～|今年的旅游，短线游升温，长线游～。

【趋利避害】qūlì-bìhài 趋向有利的一面，避开不利的一面。

【趋热】qūrè 动 升温；比喻某种现象火爆起来或某事物开始流行（跟“趋冷”相对）▷学历需求降温，能力需求～。

【趋时】qūshí 动 追求时髦；迎合时尚 ▷～应景。

【趋势】qūshì 名 事物朝着某一方面发展变化的势头 ▷天气有转暖的～。

【趋同】qūtóng 动 趋向一致 ▷双方意见～。

【趋向】qūxiàng ❶ 动 朝着某一方向发展变化 ▷关系～缓和。❷ 名 趋势 ▷历史发展的总～。☛ 参见 1134 页“取向”的提示。

【趋炎附势】qūyán-fùshì 奔走于权门，依附有权势的人（炎：酷热，比喻有权势的人）。

【趋于】qūyú 动 趋向于 ▷局势～稳定。

【趋之若鹜】qūzhī-ruòwù 像成群的鸭子一样争先恐后地跑过去（鹜：鸭子）。形容许多人争相追逐（含贬义）。☛“鹜”不要误写作“骛”。

蛐 qū 见下。

【蛐蛐儿】qūqur 名 某些地区指蟋蟀。

【蛐蟮】qūshàn 现在一般写作“曲蟮”。

麹（麴） qū ❶ 用于人名。○ ❷ 名 姓。"麹"另见 1130 页 qū"曲²"。

觑（覷） qū 动〈口〉把眼睛眯成一条细缝（仔细看）▷～起眼睛仔细端详。另见 1135 页 qù。

黢 qū 形 黑 ▷～黑｜黑～～。☛ 统读 qū，不读 qù。

【黢黑】qūhēi 形〈口〉特别黑；特别暗 ▷小脸儿～｜～的夜晚。

嚯 qū 拟声 模拟吹哨子或蟋蟀叫的声音。

qú

佢 qú 同"渠²"。

劬 qú 形〈文〉劳累；过分劳苦 ▷～劳。

【劬劳】qúláo 形〈文〉劳累；辛苦 ▷终年～。

朐 qú 用于地名。如临朐，在山东。

鸲（鴝） qú 名 鸟，大都体小尾长，羽毛美丽，鸣声悦耳。种类很多，常见的有红胁蓝尾鸲、鹊鸲等。

【鸲鹆】qúyù 名 鸟，体羽黑色有光泽，嘴和足黄色，鼻羽呈冠状。雄鸟善鸣，笼养训练以后能模仿人的某些语音。通称八哥。

渠¹ qú ❶ 名 人工开挖的水道 ▷水到～成｜红旗～(在河南)｜沟～。○ ❷ 名 姓。

渠² qú 代〈文〉表示第三人称，相当于"他"或"它"▷问～那得清如许，为有源头活水来。☛ "渠"字统读 qú，不读 qū。

【渠道】qúdào ❶ 名 人工开挖的水道，用来引水排灌。❷ 名 借指途径 ▷流通～｜正常～。

【渠水】qúshuǐ 名 渠道里的水 ▷～常流。

蕖 qú 见 419 页"芙蕖"。

磲 qú 见 163 页"砗(chē)磲"。

璩 qú ❶ 名〈文〉耳环 ▷耳～。○ ❷ 名 姓。

瞿 qú ❶ 形〈文〉惊视的样子 ▷～然。○ ❷ 名 姓。☛ 义项①的"瞿"旧读 jù，现统读 qú。

鼩 qú［鼩鼱］qújīng 名 哺乳动物，形状像老鼠，体小，毛栗褐色，吻部尖细，能伸缩。栖息于平原、沼泽、高山和建筑物中，捕食虫类，有时也吃植物种子和谷物。也说鼱鼩。

蘧 qú ❶ 形〈文〉惊喜的样子 ▷～然。○ ❷ 名 姓。

灈 qú 名 灈水，古水名，即今河南遂平的石羊河。

氍 qú［氍毹］qúshū ❶ 名 纯毛织成或用毛同其他材料混合织成的毯子，可以用作地毯、壁毯、床毯、帘幕等。❷ 名 旧时演戏多用红氍毹铺地，因此借指舞台、歌舞场 ▷～岁月。

籧 qú［籧篨］qúchú 名〈文〉用竹篾、芦苇编的粗席。

癯 qú 形〈文〉瘦 ▷清～｜～瘠。

衢 qú 名〈文〉四通八达的道路；大路 ▷通～大道｜～路。

蠼 qú［蠼螋］qúsōu 名 昆虫，身体扁平狭长，黑褐色，触角细长多节，前翅短而硬，后翅大，折在前翅下，尾端多具角质钳状尾铗。生活在潮湿的地方，昼伏夜出，有的对家蚕有危害。☛ "蠼"统读 qú。

鼅 qú［鼅鹆］qúyù 现在一般写作"鸲鹆"。

qǔ

曲 qǔ ❶ 名 宋元时期的一种韵文形式，可以演唱 ▷元～｜～牌。→ ❷ 名 歌曲 ▷唱小～儿｜高歌一～。❸ 名 乐谱；歌谱 ▷聂耳谱的～。☛ 读 qǔ，指歌曲等；读 qū，用得较广，既指某些事物，又指弯曲、曲折、不正等。

另见 1130 页 qū。

【曲调】qǔdiào 名 由高低、长短、强弱不同的声音按先后次序组合成的表现某种感情或情绪的声音段落 ▷哀伤的～｜～奔放｜抒情的～。

【曲高和寡】qǔgāo-hèguǎ 曲调高雅，能跟着唱的人很少。原指知音难觅；现多比喻言论或作品艰深，不能为众多的人所理解或欣赏。☛ "和"这里不读 hé。

【曲剧】qǔjù ❶ 名 由曲艺发展而成的新型剧种，有北京曲剧、河南曲剧、安徽曲子戏等。也说曲艺剧。❷ 名 特指北京曲剧。以单弦儿牌子曲为主要唱腔，曲调的说唱风格较强。

【曲目】qǔmù 名 歌曲、乐曲或戏曲的名称、种类或目录 ▷暑期音乐会上演奏的～很多。

【曲牌】qǔpái 名 元明以来各种曲子的曲调名称，每个曲牌都有固定的曲谱，可根据曲谱随时填写新词。如《点绛唇》《山坡羊》等。现代戏曲、曲艺中的某些剧种、曲种也有曲牌。

【曲谱】qǔpǔ ❶ 名 辑录各种曲调、说明曲的格律的著作。如明代朱权的《太和正音谱》、清代王奕清的《曲谱》等。❷ 名 乐谱②。

【曲坛】qǔtán 名 指曲艺界 ▷～奇人。

【曲艺】qǔyì 名 各种说唱艺术，如大鼓、评话、琴书、相声、快板儿、弹词等的统称 ▷～演唱会。

【曲终人散】qǔzhōng-rénsàn 乐曲结束后听众散去；比喻某一事情结束，人们各自离去。

【曲子】qǔzi 名 曲。

苣 qǔ［苣荬菜］qǔmǎicài 名 多年生草本植物，叶互生，长椭圆状披针形，边缘呈不整齐锯齿状，开黄色花。嫩茎叶可食用，全草可以做药材。

另见 749 页 jù。

取 qǔ ❶ 动 拿；领取 ▷～报纸｜～汇款。→ ❷ 动 获得；招致 ▷～信于民｜～得｜咎由自～。→ ❸ 动 选取 ▷～景｜～材。

【取保】qǔbǎo 动 找人担保（司法用语）▷～就医｜～候审。

【取保候审】qǔbǎo hòushěn 法院、检察院和公安机关采取的一种限制犯罪嫌疑人、刑事被告人自由的强制措施。由犯罪嫌疑人或刑事被告人提出保证人或交纳保证金，保证不逃避侦查、起诉和审判，并且随传随到。取保候审要以不致发生社会危险为前提，由公安机关执行。

【取材】qǔcái ❶ 动 选择供加工的原材料 ▷这里的汉白玉均～于河北曲阳。❷ 动 选取写作素材 ▷这个剧本～很新颖。

【取长补短】qǔcháng-bǔduǎn 吸取别人的长处，弥补自己的短处。

【取代】qǔdài 动 代替 ▷新生事物必然～腐朽事物。

【取道】qǔdào 动 为到达目的地，选取经过某地的路线 ▷这次我～九江前往深圳。

【取得】qǔdé 动 拿到；得到 ▷～冠军｜～谅解。

【取缔】qǔdì 动 明令取消、关闭或禁止 ▷～非法组织｜无照经营的商贩都在～之列。

【取而代之】qǔ'érdàizhī 原指夺取别人的权力、地位并代替他；现泛指用甲排除并代替乙 ▷铅字排版已被淘汰，～的是激光照排。

【取法】qǔfǎ 动 效法 ▷那几个大字～颜体。

【取号机】qǔhàojī 名 银行等窗口行业服务大厅安放的一种机器，供来此办理业务的人自行领取排序号码，按号码顺序办理业务。

【取火】qǔhuǒ 动 获取火种；拿火（照明）▷钻木～｜～照明。

【取经】qǔjīng 动 原指佛教徒去印度求取佛经原本；现多比喻向别人学习先进经验 ▷唐僧～｜她是种棉能手，各地棉农都来向她～。

【取精用弘】qǔjīng-yònghóng 现在一般写作"取精用宏"。

【取精用宏】qǔjīng-yònghóng 原指居官日久，享用多而精。现转指从所占有的大量资料中提取精华。

【取景】qǔjǐng 动（摄影或写生时）选取景物 ▷这幅画～于黄山。

【取景器】qǔjǐngqì 名 照相机、摄影机、摄像机上用来观察和选取场景画面的视窗。也说取景框。

【取决】qǔjué 动 由某人、某方面或某种条件来决定（常跟"于"连用）▷飞机明日是否启航，～于天气情况。

【取款】qǔkuǎn 动 取出所存的钱（多指取出存在银行的钱）。

【取乐】qǔlè 动 寻求乐趣 ▷拿别人～不好。

【取名】qǔmíng 动 给人或事物选定名字或名称。

【取闹】qǔnào ❶ 动 吵闹；捣乱 ▷无理～。❷ 动 戏弄；开玩笑 ▷他特爱跟人～。

【取暖】qǔnuǎn 动 利用某种热能使身体暖和 ▷点燃篝火～｜～费。

【取齐】qǔqí ❶ 动 在约定的时间和地点聚齐 ▷下午三点在学校门口～，然后一同去车站。❷ 动 定好标准，使数量、长短、高低等一致 ▷所有檩条都跟这一根～。

【取巧】qǔqiǎo 动 用巧妙的手段谋取（非分利益或某种结果）▷科研工作来不得半点儿～。

【取舍】qǔshě 动 采取或舍弃；选择 ▷～适当。

【取胜】qǔshèng 动 获取胜利 ▷这次出兵，定能～｜这家餐馆以经营粤菜～。

【取向】qǔxiàng 名 选取的方向 ▷教育～｜价值～。☛ 跟"趋向"②不同。"取向"多指主观选择的方向；"趋向"②多指客观的发展方向。

【取消】qǔxiāo 动 废除；不再保留或施行 ▷～代表资格｜～原计划。☛ 不宜写作"取销"。

【取笑】qǔxiào 动 讥笑；寻开心 ▷办出这种蠢事，怎能不～于人｜别拿人～。

【取信】qǔxìn 动 获得信任 ▷～于民。

【取样】qǔyàng 动 抽样。

【取悦】qǔyuè 动 博取别人的欢心；讨好 ▷他这样做，完全是为了～领导。

【取证】qǔzhèng 动 寻找并取得证据 ▷多方～。

【取之不尽，用之不竭】qǔzhī-bùjìn，yòngzhī-bùjié 拿不尽，用不完。形容非常丰富。

【取自】qǔzì 动 从某处得来 ▷题材～民间。

竘 qǔ 形〈文〉高大雄壮 ▷其（室）始成，～然善也。

娶 qǔ 动 把女子接到家里成婚（跟"嫁"相对）▷～媳妇儿｜～亲｜～妻｜嫁～。

【娶亲】qǔqīn ❶ 动 男方到女方家里迎娶新娘 ▷～的队伍快回来了。❷ 动 男子成婚 ▷他儿子今年该～了。

龋（齲）qǔ 动 牙齿被腐蚀而形成空洞或残缺 ▷～齿。☛ 统读 qǔ，不读 yǔ。

【龋齿】qǔchǐ ❶ 名 牙病，由口腔内残留食物在微生物作用下产生酸类，使牙齿发生腐蚀性病变 ▷坚持每天刷牙，可以预防～。❷ 名 指发生腐蚀性病变的牙齿 ▷这两颗～应该拔掉。通称蛀牙。也说蛀齿。俗称虫牙。

qù

去[1] qù ❶ 动 离开 ▷～世|何～何从。→❷ 动〈文〉距离；相差 ▷两国相～万里|～今千年|相～不远。→❸ 动 失去 ▷大势已～。❹ 动 除掉；减掉 ▷把绳子～掉一截|～粗取精|～火。→❺ 动 婉词，指人死亡 ▷故～。→❻ 形 指过去的(一年) ▷～冬今春|～年。→❼ 动 离开说话人所在地到别的地方(跟"来"相对) ▷从北京～上海|～商场买东西。⇒❽ 动 用在动词性短语(或介词短语)与动词之间，表示前者是方法或态度，后者是目的 ▷拿着锄头～锄地|用先进思想～教育学生。⇒❾ 动 a)用在另一动词后面，表示去的目的 ▷踢球～|上图书馆借书～了。b)用在另一动词前面，表示要做某事 ▷～打开水|～查查文献。⇒❿ 动 用在另一动词后面。a)表示人或事物随动作离开说话人所在的地方 ▷朝大门外跑～|火车向远方驶～。b)表示动作的结果，兼有除去或失去的意思 ▷把多余的字句删～|父母相继死～。c)表示任凭动作延续 ▷随他说～|让他玩～。d)表示估量或限于某一方面 ▷他看～也就三十出头。⇒⓫ 动〈口〉用在"大""多""远"等形容词后面，有"极""非常"的意思(形容词后面和"去"后面一般都要加"了") ▷那山高了～了|广场上的人多了～了。○⓬ 名 去声 ▷平上(shǎng)～入|阴阳上(shǎng)～。

去[2] qù 动 扮演(某一角色) ▷在这出戏里，我～诸葛亮，他～曹操。

【去病】qùbìng 动 去除疾病 ▷～健身。

【去除】qùchú 动 除去① ▷～包装有多重？

【去处】qùchù ❶ 名 所去的地方 ▷他的～很隐秘。❷ 名 处所；地方 ▷旅游的好～。

【去磁】qùcí 动 消磁。

【去粗取精】qùcū-qǔjīng 舍弃粗劣的、无用的，选取优良的、有用的。

【去恶务尽】qù'è-wùjìn 除恶务尽。

【去火】qùhuǒ 动 中医指(用食物、药物等)消除体内的火气 ▷据说吃苦瓜可以～。

【去就】qùjiù 动 不担任或担任(某个职务) ▷～问题，请考虑后尽快答复。

【去留】qùliú 动 离去或留下 ▷～自便。

【去路】qùlù 名 前进的道路；去某地的道路。

【去年】qùnián 名 今年的前一年。

【去任】qùrèn 动〈文〉(官吏)离任；离职。

【去日】qùrì 名 已经过去的日子 ▷～已多，来日甚少。

【去声】qùshēng ❶ 名 古汉语四声中的第三声。❷ 名 普通话四声中的第四声，读全降调，调值是51，调号是"ˋ"。

【去湿机】qùshījī 名 除去某一空间内空气中过多水分的机器。

【去世】qùshì 动 离开人世；死去 ▷老夫人～了。☛ 参见1261页"逝世"的提示。

【去势】qùshì 动 摘除雄性动物的睾丸，使失去性功能。

【去暑】qùshǔ 动 驱除暑热 ▷清热～。

【去岁】qùsuì 名〈文〉去年。

【去伪存真】qùwěi-cúnzhēn 把虚假的部分去掉，保留真实的部分。

【去污粉】qùwūfěn 名 具有除去污垢功能的粉末状洗涤用品。

【去芜存菁】qùwú-cúnjīng 删去芜杂部分，保留精华部分。

【去向】qùxiàng 名 所去的方向；去处 ▷敌人的～不明|你有什么好～？

【去雄】qùxióng 动 把母本植物的雄花或花朵中的雄蕊去掉，以防止自花授粉而产生假杂种。

【去职】qùzhí 动 离开原来的职位 ▷因病～。

呿 qù ❶ 动〈文〉张开嘴 ▷公孙龙口～而不合。○❷ 叹 表示不在乎、不耐烦等 ▷～，这事还说它干吗！

阒(闃) qù 形〈文〉寂静 ▷～无一人|～寂|～静。

【阒寂】qùjì 形〈文〉寂静 ▷～无声。

【阒然】qùrán 形〈文〉形容寂静无声的样子 ▷深夜，四周～。

趣 qù ❶ 名 意向；志向 ▷旨～|志～|异～。→❷ 名 趣味 ▷乐～|风～。❸ 形 有趣味的 ▷～闻|～事。☛ 统读qù，不读qǔ。

【趣话】qùhuà ❶ 名 有趣的话语；有趣的故事 ▷关于这件事当年还有一段～|梨园～。❷ 动 有趣地讲述 ▷～京城往事。

【趣事】qùshì 名 有趣的事 ▷乡间～。

【趣谈】qùtán ❶ 动 有趣地谈论 ▷～北京地名。❷ 名 有趣的谈论或描述(多用于书名或文章题目) ▷《汉字～》。

【趣味】qùwèi 名 能使人愉快或产生兴趣的特点 ▷很有～|～高雅|～性。☛ 跟"兴趣"不同。"趣味"指客观事物带给人的感受；"兴趣"通常指人对客观事物产生的情感。

【趣闻】qùwén 名 听到的有趣的事；有趣的传闻 ▷旅游中听到一些～|～轶事。

觑(覷) qù 动〈文〉看 ▷面面相～|冷眼相～|小～|～探。

另见1133页qū。

qu

戌 qu 见1132页“屈(qū)戌儿”。
另见1549页xū。

quān

券 quān 图〈文〉弩弓 ▷临白刃,剩空～。

悛 quān 动〈文〉悔改 ▷怙恶不～。☛ 不读jùn。

圈 quān ❶ 图 圈子① ▷在文件上画个～儿|坐成一～儿|圆～。→ ❷ 图 圈子③ ▷话说得出～儿了|文化～。→ ❸ 动 画环形(做记号) ▷把不认识的字～出来|～阅。→ ❹ 动 围起来;划定范围 ▷把新征土地用围墙～起来|～地。☛ 读quān,各义项都和圆形有关,如“画圈”“圈阅”。读juàn,表示事物,指饲养家畜、家禽的场所,如“羊圈”。读juān,表示动作,指把家畜、家禽关起来,如“把鸭圈起来”;也指拘禁、关闭,如“圈进拘留所”。
另见752页juān;754页juàn。

【圈地】quāndì 动 划界占用土地 ▷～必须有法律依据。

【圈点】quāndiǎn 动 在书或文稿上画圈或加点,表示句读(dòu)或标示精彩重要的语句。

【圈定】quāndìng 动 在书面材料上以画圈的方式确定有关的人员或事物 ▷～人选|～书目。

【圈钱】quānqián 动 用非法手段敛取投资者的钱财 ▷借集资之名,行～之实。

【圈儿锁】quānrsuǒ 图 用链条或钢丝绳连接锁头的锁,多用来锁自行车、摩托车等。

【圈套】quāntào 图 套住东西的圈儿;比喻诱人上当的计策 ▷设下～|误入～。

【圈椅】quānyǐ 图 靠背上缘和扶手连接成半圆形的椅子。

【圈阅】quānyuè 动 领导人或管理者审阅文件后在自己的名字上画个圆圈,表示已经看过 ▷这个文件各位董事都已～过了。

【圈占】quānzhàn 动 将大片土地强行画上界线并占用 ▷禁止非法～国有土地。

【圈子】quānzi ❶ 图 圆而中空的平面图形;环形;环状物 ▷在地上画了个～|箍了一道铁～◇说话不要兜～。也说圈儿。❷ 图 比喻固定的格式或传统的做法 ▷作家只有继承传统又能跳出前人的～,才能有所创新。❸ 图 比喻某种范围 ▷扩大生活的～。

棬 quān 图〈文〉用曲木制成的盛水器皿 ▷杯～|柳～。

酄 quān 用于地名。如:柳树酄,在河北;蒙酄,在天津。

quán

权(權) quán ❶ 图〈文〉秤锤。→ ❷ 动 衡量 ▷～衡利弊。❸ 动 权变 ▷通～达变|～谋|～术。❹ 副 暂且;姑且 ▷死马～当活马医|～充。→ ❺ 图 权力 ▷手中有～|掌～|～限。⇒ ❻ 图 威势 ▷～门|～臣。⇒ ❼ 图 权利 ▷选举～|发言～|弃～。⇒ ❽ 图 指支配形势的力量 ▷制空～|主动～。○ ❾ 图 姓。

【权变】quánbiàn 动 随情况而灵活变化 ▷这个人善于～。

【权柄】quánbǐng 图 权力 ▷争夺～|～在手。

【权臣】quánchén 图 旧指有权力、有威势并专横跋扈的大臣 ▷～误国。

【权充】quánchōng 动 姑且充任 ▷摆了一排桌子,～主席台。

【权当】quándàng 动 姑且当作 ▷死马～活马医。☛ “当”这里不读dāng。

【权贵】quánguì 图 官位高、权势大的上层人物。

【权衡】quánhéng ❶ 图〈文〉秤锤和秤杆。❷ 动 借指衡量比较、斟酌考虑 ▷～各方利益。

【权奸】quánjiān 图 掌握大权的奸臣。

【权力】quánlì ❶ 图 政治方面的强制力量 ▷国家～|～机关。❷ 图(个人或机构)在职责范围内的领导和支配力量 ▷由人民法院行使审判的～|我就这么点儿～,解决不了那么大的问题。☛ 参见本页“权利”的提示。

【权利】quánlì 图 公民或法人依法享有的权力和利益(跟“义务”相对) ▷中华人民共和国劳动者有休息的～。☛ 跟“权力”不同。“权利”是法律赋予的权力和利益;“权力”是国家、公众或上级赋予的职权、强制力。

【权利能力】quánlì nénglì 指能够依法享有一定权利和承担一定义务的资格。是法律上认定权利主体的前提。

【权略】quánlüè 图〈文〉权谋。

【权门】quánmén 图〈文〉有权有势的人家。

【权谋】quánmóu 图 随机应变的谋略 ▷此人纵横政坛几十年,很有～。

【权能】quánnéng 图 权力和职能 ▷工会法明确规定了工会的～。

【权钱交易】quánqián jiāoyì 利用手中的权力(帮人做事)获取金钱 ▷～是官员腐败的表现。

【权且】quánqiě 副 姑且(有“暂时只好”的意思) ▷既然来了,就～住上两天。

【权时】quánshí ❶ 副 暂时;暂且 ▷～忍耐,不可急躁。○ ❷ 动〈文〉衡量当时形势 ▷～制宜。

【权势】quánshì 名 权柄和势力 ▷不能以～压人。

【权属】quánshǔ 名 所有权的归属 ▷房屋～确认|～转移。

【权术】quánshù 名 权谋;手段(含贬义) ▷玩弄～。

【权威】quánwēi ❶ 名 使人信从的力量和威望 ▷凸显政府的～。❷ 名 在某个范围或领域内最有影响和地位的人或事物 ▷学术～|～机构。

【权威性】quánwēixìng 名 能使人信服并影响众人的性质 ▷他的意见很有～|～著作。

【权位】quánwèi 名 权力和地位 ▷不可贪图～。

【权限】quánxiàn 名 职权范围 ▷不要超越～。

【权要】quányào 名〈文〉身居要职、有权有势的人。

【权宜】quányí 形 暂时适宜的;临时变通的 ▷～之举|～之计。

【权益】quányì 名 应该享受到的受法律保护的权利 ▷维护正当～|消费者～保护法。

【权舆】quányú 动〈文〉植物生芽;比喻开始发生 ▷百草～,老树抽芽|文艺复兴之～。

【权欲】quányù 名 对权力的欲望(含贬义) ▷别让～吞噬了良心。

【权欲熏心】quányù-xūnxīn 贪图权力的欲望迷住了心窍。

【权责】quánzé 名 权力和责任。

【权诈】quánzhà 形 奸猾狡诈 ▷～之术。

【权杖】quánzhàng 名 某些国家的元首或宗教领袖手中所持的象征权力的手杖。

【权重】quánzhòng 名 指由若干评价指标构成的评价体系中,某一指标的相对重要程度,通常用所占的比例(占比)表示 ▷干部考核中,民意～加大。

全 quán ❶ 形 完整;齐备;不缺少任何一部分 ▷人都到～了|十～十美|齐～。→ ❷ 动 使完整无缺或不受损害;顾全 ▷两～其美|苟～性命。→ ❸ 形 整个的;全体的 ▷～世界|～民|～神贯注。❹ 副 a)表示所指范围内没有例外,相当于"都" ▷种的树～活了|把旧书～翻了出来。b)表示程度上百分之百,相当于"完全""全然" ▷～新的衬衫|～不顾个人安危。○ ❺ 名 姓。

【全般】quánbān 名 全体;全部 ▷～人马。

【全豹】quánbào 名 借指事物的全貌;全体 ▷窥一斑以见～。参见 507 页"管中窥豹"。

【全本】quánběn ❶ 名 完整的一部戏或一部戏的完整的脚本 ▷～《封神榜》。❷ 名 指书籍保留著作原貌,没有残缺或没有经过删削的版本 ▷《水浒传》一百二十回～。也说足本。

【全部】quánbù 名 整个,各个部分或个体的总和 ▷这只是事情的局部,不是～|～问题已解决。

【全才】quáncái 名 指全面发展的人才或在一定范围内有多方面才能的人才 ▷文武～。

【全长】quáncháng 名 所指对象的整个长度 ▷雅鲁藏布大峡谷～504.6 千米。

【全场】quánchǎng 名 整个剧场之内;也指整个场所里的人 ▷～观众|～为之震动。

【全称】quánchēng 名 未经简缩的完整的名称(跟"简称"相区别) ▷妇女联合会是妇联的～。

【全程】quánchéng ❶ 名 指一定距离内的全部路程 ▷马拉松～为 42,195 米◇走完了人生的～。❷ 名 某活动的全部过程 ▷代表团在本市的活动由我～陪同。

【全都】quándōu 副 全;都 ▷该来的人～来了。

【全额】quán'é 名 全部数额 ▷罚没款～上缴。

【全反射】quánfǎnshè 名 光从传播速度较小的介质射到传播速度较大的介质时,入射光全部被反射回原介质的现象。如潜望镜就利用了棱镜的全反射来改变光的传播方向。

【全方位】quánfāngwèi 名 各个方向和位置;事物的各个方面 ▷～协作|～服务。

【全份】quánfèn 名 完整的一份 ▷工资发～|我这儿有昨天～的《人民日报》。

【全副】quánfù 区别 全部的;全套的 ▷～武装|投入～精力。

【全国】quánguó 名 整个国家;国家的整个范围。

【全乎】quánhu 形〈口〉齐全 ▷他家的电器挺～。

【全会】quánhuì 名 全体会议的简称(多用于政党、团体等的领导机构所召开的会议)。

【全活儿】quánhuór 名 一项活计的全部工作(多用于某些服务性行业) ▷男子理发～15 元,单剪 8 元。

【全集】quánjí 名 把一个作者或几个相关作者的全部著作编在一起的书(多用于书名) ▷《茅盾～》|《马克思恩格斯～》。

【全家福】quánjiāfú ❶ 名 指一个家庭全体成员合拍的相片。❷ 名 菜名,把某些荤菜放在一起烧制的菜。

【全价】quánjià 名 指某种商品不打折扣的定价 ▷这套商品房的～是 235 万元。

【全歼】quánjiān 动 全部歼灭 ▷～守敌。

【全景】quánjǐng ❶ 名 某一空间的全部景色 ▷鸟瞰市区～。❷ 名 电影摄影机摄取人像全身或 180 度视觉范围内景物的一种画面,富有立体感和真实感 ▷～电影|～式画面。

【全境】quánjìng 名 指某一地理范围的全部 ▷亚洲～|东北～。

【全局】quánjú 名 指事物的整体及其发展全过程

▷从～出发｜统筹～｜～性。

【全开】quánkāi 区别 指印刷用纸中相当于整张纸没有切分的 ▷特大号的～挂历。也说整开。

【全科医生】quánkē yīshēng 指全面掌握医学各科知识，能在一定程度上担任各科医疗工作的医生。也说全科医师。

【全劳动力】quán láodònglì 指达到一般成年人所具有的体力劳动能力的人（多用于农业劳动）▷这活儿要三个～干。简称全劳力。

【全力】quánlì 名 全部力量；所有的精力 ▷～解决｜竭尽～。

【全力以赴】quánlìyǐfù 把全部力量或全部精力都投入进去。

【全麻】quánmá 动 全身麻醉的简称。临床上用吸入麻醉或静脉麻醉等方法，使病人全身的意识和感觉暂时消失，以便顺利进行手术 ▷大手术前病人需要～。

【全貌】quánmào 名 整体面貌；全部情况 ▷整日云雾缭绕，难睹泰山的～｜弄清问题的～。

【全面】quánmiàn ❶ 名 整个的局面；各个方面 ▷厂长要抓～，不能"单打一"。❷ 形 顾及各个方面的（跟"片面"相对）▷～发展｜总结写得很～。

【全苗】quánmiáo 名 作物出苗率高，没有缺苗断垄的情况。

【全民】quánmín 名 一个国家内的所有民众。

【全民公决】quánmín gōngjué 通过全国公民投票来决定国家重大事情。通常是国家发生重大变化时采取的一种方式。也说全民公投。

【全民所有制】quánmín suǒyǒuzhì 生产资料归全社会劳动者共同所有、支配和使用的一种公有制形式。在社会主义社会，表现为国家所有制形式。

【全名】quánmíng 名 完整的姓名或名称 ▷北师大的～是北京师范大学。

【全能】quánnéng ❶ 形 具备全面能力；样样都行 ▷全知～。❷ 区别 在一定范围内具有多项技能的（多用于体育方面）▷十项～运动员。

【全能运动】quánnéng yùndòng 田径、体操等体育比赛中的综合性比赛项目。参赛运动员须在规定的日期（如一天或两天）内把几个比赛项目按照规定的顺序比赛完毕，按各项成绩所得分数的总和判定名次。

【全年】quánnián 名 整年；从头到尾的一年。

【全盘】quánpán 名 整个棋局；泛指整体、各个方面 ▷一着不慎，～皆输｜掌握～。

【全篇】quánpiān 名（文章或作品的）整篇或整部 ▷把～读完再发议论。

【全票】quánpiào ❶ 名 定价不打折扣的车票、门票等 ▷儿童身高超过1.50米，应购买～。❷ 名 选举中的全部选票 ▷他以～当选。

【全勤】quánqín ❶ 动 个人在规定的所有工作日或学习日里都出勤 ▷～奖。❷ 动 一个集体全体人员在某个工作日或学习日里全部出勤，没有缺席的 ▷我们班组今天～。

【全球】quánqiú 名 整个地球；全世界。

【全球定位系统】quánqiú dìngwèi xìtǒng 用来全天候实时测定用户在地球上任意地点的空间位置的设备系统。由导航卫星、地面台站和用户定位设备三部分构成（英语缩写为GPS）。

【全球化】quánqiúhuà 动 使成为全球性的 ▷经济～。

【全球性】quánqiúxìng 名 在全世界具有普遍意义的性质 ▷这次峰会的影响力是～的。

【全权】quánquán 名 在一定范围内的全部权力 ▷赋以～｜～处理。

【全权代表】quánquán dàibiǎo ❶ 指一国派往他国或国际组织、国际会议并授以全权证书的常驻外交代表或临时代表，可代表所派国进行谈判、签订条约。❷ 泛指单位或个人派出并赋予全权处理某项事务的代表。

【全权证书】quánquán zhèngshū 一国或国际组织派遣其全权代表出席国际会议或签订条约（协议）时授予的证明其身份和权限的文件。

【全然】quánrán 副 完全② ▷并非～不懂。

【全人】quánrén ❶ 名 德智体等全面发展的人 ▷要重视～教育。❷ 名 完整的人；整个人 ▷制定手术方案要顾及～。

【全日】quánrì 名 整整一个工作日；昼夜 ▷～坐班｜实行～服务。

【全日制】quánrìzhì 名 各级各类学校全天上课的制度 ▷～普通高等学校。

【全色】quánsè 区别 摄影、摄像中指能感受全部可见光波（红、橙、黄、绿、蓝、靛、紫）的 ▷～片｜～多谱摄像仪。

【全色片】quánsèpiàn 名 一种感光胶片，能感受全部可见光，使记录和再现影像的明暗层次接近于人的视觉。口语中也说全色片儿（piānr）。

【全身】quánshēn 名 整个身体 ▷遍及～。

【全身像】quánshēnxiàng 名 显现整个身体的人物像 ▷照～｜画～。

【全身心】quánshēnxīn 副 以全部体力和智力 ▷～地投入工作。

【全神贯注】quánshén-guànzhù 把全部注意力集中在某件事上；形容精神高度集中。☛ 不宜写作"全神灌注"。

【全胜】quánshèng 动 全面或全部获胜 ▷本届比赛，女排四战～，获得冠军｜大获～。

【全盛】quánshèng 形 最为繁荣昌盛；鼎盛（多修饰时期）▷唐朝～时期｜词的～时代是

宋朝。

【全食】quánshí 名 指日全食或月全食。参见 1161 页“日食”、1702 页“月食”。

【全始全终】quánshǐ-quánzhōng ❶ 善始善终。❷（做事）从头坚持到尾，有始有终。

【全数】quánshù 名 指人或物的全部数量。

【全速】quánsù 名 能够达到的最高速度 ▷命令部队～前进。

【全塑】quánsù 区别 全部用塑料制成的 ▷～产品。

【全套】quántào 名 完整的一套 ▷～设备。

【全体】quántǐ 名 所有个体或各部分的总和；全部 ▷～起立｜要看到事物的～。

【全体会议】quántǐ huìyì （单位或团体）所有人员都参加的会议。

【全天候】quántiānhòu ❶ 区别 能适应各种天气的 ▷～轰炸机｜～航行。❷ 区别（服务性单位）每天工作满 24 小时的 ▷～服务。

【全托】quántuō 动 把幼儿日夜寄放在托儿所或幼儿园里照管（跟“日托”“半托”相区别）▷孩子已经～。

【全维作战】quánwéi zuòzhàn 在陆、海、空等多维空间里，使用各军兵种以至民间力量进行的一体化作战。是空地一体作战的发展。

【全文】quánwén 名（文章或文件）定稿后未经删节的全部文字 ▷～如下｜大作已～发表。

【全武行】quánwǔháng 名 戏曲舞台上各种武打演技；泛指各种暴力行动（多指激烈的打架斗殴）▷这些醉汉大打出手，上演了一出～。

【全息】quánxī 区别 能反映物体存在于空间时的全部信息的 ▷～披露有关情况｜～技术。

【全息照相】quánxī zhàoxiàng 利用光波干涉和衍射原理来摄制和再现物体全面情况的照相技术。它所再现的图像具有三维立体感。目前已广泛应用于信号记录、形变计量、电子计算机存储、生物学和医学研究、军事技术以及立体电影、电视等方面。

【全席】quánxí 名 具备某种菜系中所有特色品种的酒宴 ▷满汉～。

【全线】quánxiàn ❶ 名 整条战线 ▷～告急｜～停火。❷ 名 整条线路；某方面的整个范围 ▷京九铁路已～通车｜股价近日～上涨。

【全心全意】quánxīn-quányì 一心一意，没有任何杂念。

【全新】quánxīn 形 整体都新；和旧有的迥然不同的 ▷产品都是～包装｜～理念。

【全休】quánxiū 动 职工因病或某种原因在一段时间里完全不工作 ▷他因病～一个月。

【全音】quányīn 名 音乐上指含有两个半音的音程。参见 37 页“半音”。

【全优】quányōu ❶ 形 各个方面、各个环节都优质 ▷～服务｜产品质量评为～。❷ 形 各个方面或各门功课都优秀 ▷～学生｜取得～。

【全员】quányuán 名 某一单位或团体内的全体人员 ▷抓好今年的～培训工作。

【全运会】quányùnhuì 名 全国运动会的简称。

【全责】quánzé 名 全部责任 ▷事故应由肇事司机负～。

【全知全能】quánzhī-quánnéng 无所不知，无所不能。

【全职】quánzhí 区别 不承担本职工作以外的其他工作的；非兼职的 ▷～从事这项研究｜～教授。

【全职太太】quánzhí tàitai 指不出去工作，专在家里操持家务的主妇。

【全传】quánzhuàn ❶ 名 没有经过删节的章回小说 ▷《水浒～》。❷ 名 详细记录某人一生的传记体著作。

【全自动】quánzìdòng 区别 各工序完全由智能装置自动操作和控制的 ▷～洗衣机。

佺 quán 用于人名。如沈佺期，唐代人。

诠（詮） quán 〈文〉❶ 动 解释；详细说明（道理等）▷～释｜～注｜～说。→ ❷ 名 道理；事理 ▷真～。

【诠释】quánshì 动 说明；解释 ▷对难点进行～｜～得很详细。

【诠注】quánzhù 动 注释；说明 ▷～得清楚明白｜这条～有误。

荃 quán 名 古书上说的一种香草。

泉 quán ❶ 名 泉水 ▷甘～｜温～｜矿～｜泪如～涌。→ ❷ 名 从地下冒出水的小洞或裂缝；水的源头（一般距地面较深）▷济南七十二名～｜掘地及～。❸ 名 地下，指人死后埋葬的地穴 ▷～台｜九～｜黄～。→ ❹ 名〈文〉钱币 ▷～币｜～布。○ ❺ 名 姓。

【泉流】quánliú 名 泉水形成的水流 ▷清澈的～。

【泉水】quánshuǐ 名 从地下涌出的水。

【泉下】quánxià 名 黄泉之下，指阴间 ▷～有知。

【泉眼】quányǎn 名 流出泉水的小洞口或缝隙。

【泉涌】quányǒng 动 泉水涌出；像泉水一样不断涌出 ▷碧波荡漾，河畅～｜泪如～｜才思～。

【泉源】quányuán 名 源泉 ▷此山奇石耸立，～密布｜书籍是知识的～。

辁（輇） quán 名 古代指没有辐条的木制车轮。

拳 quán ❶ 名 拳头 ▷摩～擦掌｜抱～｜～击。→ ❷ 同“蜷”。现在一般写作“蜷”。→ ❸ 名 拳术，徒手的武术 ▷太极～｜打～。

【拳棒】quánbàng ❶ 名 拳术和棒术；泛指武术 ▷自幼喜好～。❷ 名 拳头和棍棒 ▷～

相加。

【拳打脚踢】quándǎ-jiǎotī 形容极凶狠地殴打。

【拳击】quánjī 名 体育运动项目之一，按运动员体重分级比赛。比赛时，双方戴着特制的皮手套，按照一定的规则用拳相互击打。裁判依据是否击倒对方或击中对方有效部位的次数多少来判定胜负。

【拳脚】quánjiǎo ❶ 名 拳头和脚 ▷两人吵到后来竟动起了～。❷ 名 借指拳术 ▷练一套～。

【拳曲】quánqū 现在一般写作"蜷曲"。

【拳拳】quánquán 形〈文〉诚挚恳切 ▷～报国之志。☛ 不要写作"惓惓"。

【拳师】quánshī 名 称精通拳术或教授拳术的人。

【拳手】quánshǒu 名 拳击运动员。

【拳术】quánshù 名 不用器械，徒手进行的武术，如长拳、少林拳、太极拳等；也指拳击的技术。

【拳头】quántou ❶ 名 五指向内弯曲握拢的手。❷ 名 比喻质量上乘、具有很强竞争力的事物 ▷～产品｜～设计。

【拳头产品】quántou chǎnpǐn 在市场上有竞争优势的产品。

【拳头项目】quántou xiàngmù 有竞争优势的项目 ▷经济适用房是我公司的～。

【拳王】quánwáng 名 在拳击竞赛中获得最优成绩的拳击运动员的称号。

铨（銓） quán〈文〉❶ 动 衡量 ▷～度(duó)。→ ❷ 动 评定高下，选授官职 ▷～叙｜～选。

【铨叙】quánxù 动 旧时指政府对官员的资历予以审查，以确定官职和等级 ▷经～任职。

【铨选】quánxuǎn 动 旧时指政府对官员考核选用 ▷秉公～，不得徇私。

痊 quán 动 病好了；恢复健康 ▷～愈。

【痊愈】quányù 动（伤、病）完全治好 ▷伤口已经～｜偶患感冒，不日即可～。☛ 参见 773 页"康复"的提示。

惓 quán [惓惓] quánquán 现在规范词形写作"拳拳"。

婘 quán 形〈文〉形容美好的样子。

筌 quán 名〈文〉捕鱼用的竹器，带有逆向钩刺，鱼进得去出不来 ▷得鱼忘～。

琭 quán〈文〉❶ 名 一种玉。○ ❷ 名 一种贝。

蜷 quán 动（肢体）弯曲；不伸展 ▷～起腿来｜～成一团。☛ 不读 juǎn。

【蜷伏】quánfú 动 弯曲身体卧着 ▷他～在床上。☛ 不宜写作"拳伏"。

【蜷曲】quánqū 动 弯曲着 ▷～着腿｜枝干～。

【蜷缩】quánsuō 动 弯着身体缩在一起 ▷天寒地冻，他蹲在那里，身体～成一团。

醛 quán 名 含有醛基（羰基的一个化学键与氢相连而成的原子团）的有机化合物的统称，如甲醛、乙醛等。

鳈（鰁） quán 名 鱼，体略侧扁，长十余厘米，深棕色，有斑纹，口小而呈马蹄形。生活在淡水底层。

鬈 quán ❶ 形〈文〉头发长得好。○ ❷ 形（毛发）弯曲 ▷～发｜～毛。

颧（顴） quán [颧骨] quángǔ 名 眼睛下面两腮上面的骨头。

quǎn

犬 quǎn 名 哺乳动物，听觉和嗅觉灵敏，牙锐利。性机警，易驯养，是人类最早驯化的家畜之一。品种很多，按用途可分为牧羊犬、猎犬、警犬、玩赏犬等。通称狗。

【犬齿】quǎnchǐ 名 尖牙。

【犬马】quǎnmǎ 名 供人使唤的狗和马。古代臣下对君主自称犬马，表示谦卑或愿供驱使 ▷鞠躬尽瘁，以效～｜效～之劳。

【犬儒】quǎnrú 名 原是古希腊的一个哲学派别，主张返归自然，与世无争；但又提倡绝对的个人精神自由，用玩世不恭的态度来对待一切。后借指玩世不恭的人 ▷摈弃～式的机智。

【犬牙】quǎnyá ❶ 名 狗的牙齿，特点是参差不齐。❷ 名 尖牙的通称。

【犬牙交错】quǎnyá-jiāocuò 狗牙上下参差不齐。形容交界处交叉错杂；也泛指情况或形势错综复杂。

甽 quǎn 古同"畎"。

畎 quǎn 名〈文〉田间小沟 ▷～亩（田地）。

绻（綣） quǎn 见 1096 页"缱(qiǎn)绻"。☛ 不读 juǎn。

quàn

劝（勸） quàn ❶ 动〈文〉勉励；鼓励 ▷～善规过｜～学。→ ❷ 动 说服，讲道理使人听从 ▷大家都～他别去｜怎么～，他也不听｜奉～｜～阻。○ ❸ 名 姓。

【劝导】quàndǎo 动 劝说开导 ▷经过再三～，他终于承认了错误。

【劝告】quàngào ❶ 动 劝人接受意见或改正错误 ▷～他守法。❷ 名 劝告的话 ▷听取～。

【劝和】quànhé 动 劝说双方和解 ▷我一直在给

他们做～工作。

【劝化】quànhuà ❶ 动 佛教指用宣传教义的方式使人感悟而向善；泛指劝导、劝勉 ▷～人们行善积德。❷ 动 募化。

【劝驾】quànjià 动 劝人就任职务或去做某件事情（含尊重的意味）▷他一再推辞不干，还得请您去～。

【劝架】quànjià 动 劝别人停止吵架或打架。

【劝谏】quànjiàn 动 旧指臣下规劝君主改正错误；后泛指劝阻上级或长辈 ▷直言～。

【劝教】quànjiào 动 劝说教育 ▷～游人爱护景观｜说服～。

【劝解】quànjiě ❶ 动 劝说排解 ▷这些天她很苦闷，最好有人去～一下。❷ 动 劝说使矛盾化解 ▷从中～。

【劝诫】quànjiè 动 劝说告诫 ▷～世人｜耐心～。☛ 不要写作"劝戒"。

【劝进】quànjìn 动 指劝说实际已掌握政权的人正式登上皇位 ▷上书～。

【劝酒】quànjiǔ 动（酒席上）劝说并鼓励别人饮酒。

【劝勉】quànmiǎn 动 劝说并勉励 ▷老师～大家努力学习。

【劝募】quànmù 动 通过劝说来募集（钱物）▷向社会～救灾款项。

【劝让】quànràng 动 用劝说来请人做（某事）▷无论谁～，开车前他决不喝酒。

【劝说】quànshuō 动 说明道理，使人同意 ▷经再三～，他才勉强答应。☛ 参见 515 页"规劝"的提示。

【劝退】quàntuì 动 劝说使人退出（所在组织或单位）。

【劝慰】quànwèi 动 劝解并安慰 ▷邻居过来～了一番，她才止住了哭声。

【劝降】quànxiáng 动 劝人投降 ▷敌人多次派人～，他宁死不从｜～书。

【劝学】quànxué 动〈文〉勉励人努力学习。

【劝业场】quànyèchǎng 名 旧时由官府或工商企业联合举办的陈列并推销商品的百货商场。我国清末始设。最有名的如天津的劝业场。

【劝诱】quànyòu 动 劝说并诱导 ▷任凭别人怎样～，他始终不改初衷。

【劝谕】quànyù 动〈文〉讲明道理，晓以利害，使人改正缺点、错误或接受意见 ▷好言～。

【劝止】quànzhǐ 动 通过劝说使人停止（某种活动）▷这种愚蠢的行为终于被～了。

【劝阻】quànzǔ 动 劝说并阻止 ▷大家觉得他提出辞职很有道理，所以不再～。

券（*券）quàn 名 作为凭证的纸片；票据 ▷国库～｜优待～｜证～。☛ ㊀不读 juàn。㊁跟"卷（juàn）"不同。"奖券""债券""入场券"等中的"券"不要误写作"卷"。

另见 1559 页 xuàn。

【券商】quànshāng 名 证券承销商或证券营业商的简称。即代客户买卖证券的公司，如股票承销商。也说证券商。

quē

炔 quē 名 有机化合物的一类，分子中含碳—碳三键结构而具有高度不饱和性。最简单的炔是乙炔。

缺 quē ❶ 形 残破；不完整 ▷阴晴圆～｜～口。→ ❷ 动 应该有而没有或不够 ▷～医少药｜～德｜～乏。→ ❸ 形 不完善 ▷～点｜～憾。→ ❹ 动 该到而没有到 ▷～席｜～勤。❺ 名 指官职或一般职务的空额 ▷补～｜肥～。

【缺编】quēbiān 动 指部队或企事业单位编制中人员空缺。

【缺德】quēdé 形 缺乏良好的品德。形容品德坏（多用于对人的指责）▷～透了｜别干～事。

【缺点】quēdiǎn 名 不完善、有欠缺的方面（跟"优点"相对）▷指出～｜这种产品有～。☛ ㊀参见 1142 页"缺陷"的提示。㊁参见 928 页"毛病"的提示。

【缺额】quē'é 名 少于规定数的数额；空缺的名额 ▷本月要补足上月～｜生源不足，～很多。

【缺乏】quēfá 动 不具有或不完全具有（应具备或想要的东西）▷～斗志｜～艺术性。

【缺憾】quēhàn 名 存在缺陷而令人感到遗憾的地方 ▷这本儿童读物插图太少，是一大～。

【缺货】quēhuò 动 货物不齐备；某种货物脱销 ▷这家商店严重～。

【缺斤短两】quējīn-duǎnliǎng 指售出的商品分量不足 ▷他为人厚道，卖东西从不～。也说缺斤少两。

【缺刻】quēkè 名 树叶等边沿凹进去的地方。

【缺课】quēkè 动 在规定的上课时间没有来上课。

【缺口】quēkǒu ❶ 名 物体缺掉一块的地方 ▷罐子上有个～。❷ 名 比喻物资、资金等不足的数额 ▷供应出现～｜资金尚有～。

【缺漏】quēlòu ❶ 动 欠缺遗漏 ▷这本书～了许多内容。❷ 名 欠缺遗漏之处 ▷弥补～。

【缺略】quēlüè 动 缺少和省略 ▷这些重要史料不该～。

【缺门】quēmén 名 应有而没有的门类 ▷这一学科在我们这里尚属～。

【缺欠】quēqiàn ❶ 名 缺陷；不足之处 ▷该文的～是言辞过于艰涩。❷ 动 欠缺；缺少

▷～流动资金。☛ 参见本页"缺陷"的提示。

【缺勤】quēqín 动 在规定的上班时间内没有来上班。

【缺少】quēshǎo 动 缺②(多用于人或物) ▷～助手|～路费。

【缺失】quēshī ❶ 动 丢失;散失 ▷原稿已～多页。❷ 名 缺点和失误;缺陷 ▷经验不足,难免出现～。

【缺食】quēshí 动 缺少食物 ▷大型食肉动物严重～。

【缺损】quēsǔn ❶ 动 残缺破损 ▷新到的这批设备～严重,无法安装。❷ 名 残缺破损的地方 ▷这幅画有几处～。

【缺位】quēwèi ❶ 动 空着职位 ▷校长一职暂时～。❷ 名 空缺的职位 ▷单位满员,没有～。❸ 动 缺少或未达到标准、要求等 ▷资金～。

【缺席】quēxí 动 应该出席的场合没有出席 ▷无故～。

【缺席判决】quēxí pànjué 法律上指因某种原因,法院在当事人没有到场的情况下,对案件进行判决。

【缺陷】quēxiàn 名 不完善或不健全的地方 ▷找不出～|生理～。☛ 跟"缺欠""缺点"不同。指人的生理情况时,只能用"缺陷",不能用"缺欠"或"缺点"。

【缺血】quēxiě 动 医学上指供血不足 ▷脑部～。

【缺心少肺】quēxīn-shǎofèi 形容缺少心计,头脑简单,不善于思考。

【缺心眼儿】quēxīnyǎnr 〈口〉缺少聪明机智,不会见机行事。

【缺页】quēyè ❶ 动 书籍里短缺应有的页面 ▷该书～3张。❷ 名 书籍里短缺的页面 ▷该书有4个页码的～。

【缺一不可】quēyī-bùkě 表示事物的组成成分或事情的参与者都很重要,缺少哪一个也不行。

【缺员】quēyuán ❶ 动 短缺应有的人员 ▷～5人。❷ 名 人员缺额 ▷通过招工填补～。

【缺阵】quēzhèn 动 没有出阵;指没有参赛 ▷这场比赛,你可不能～!

【缺嘴】quēzuǐ 〈口〉❶ 名 唇裂,一种先天畸形。❷ 动 指饮食在较长时间里得不到满足 ▷伙食不好,孩子～得厉害。

阙(闕) quē ❶古同"缺"。→ ❷ 名 〈文〉缺陷;过失 ▷～失。☛ ㊀读 què,本义指古代宫殿大门两边的楼台;引申指帝王住所,如"宫阙",都是具体事物。读 quē,通"缺",表示抽象的空缺、过失等,如"阙如""阙失"。㊁"阙"①意义同"缺",但"阙文""阙疑""阙如"中的"阙",习惯上不写作"缺"。㊂跟"阕"不同。

另见1143页 què。

【阙如】quērú 动 〈文〉空缺;欠缺 ▷暂付～。

【阙疑】quēyí 动 存疑 ▷对于一时还弄不清的问题,目前只好～。

qué

瘸 qué 形 腿脚有毛病,走路时身体不能保持平衡 ▷走路一～一拐|～子。

【瘸腿】quétuǐ 名 有残疾、行走不便的腿;借指腿有残疾的人。

【瘸子】quézi 名 对瘸腿的人的不尊重的称呼;跛子。

què

却(*卻卻) què ❶ 动 后退 ▷望而～步|退～。→ ❷ 动 〈文〉使后退 ▷～敌。⇒ ❸ 动 推辞;拒绝 ▷盛情难～|推～。⇒ ❹ 动 用在某些单音节动词或形容词后面,表示结果,相当于"去""掉" ▷了～一桩心事|忘～|冷～。→ ❺ 副 表示语气轻微的转折 ▷话虽不多,～很有分量。○ ❻ 名 姓。☛ 右边是"卩",不是"阝"。

【却病】quèbìng 动 消除疾病 ▷～良方|～延年。

【却步】quèbù 动 不敢前进;往后退 ▷望而～。

【却说】quèshuō 动 发语词,常用在旧小说的情节转换处,极简略地引出前文说的事,紧接着就从那条线索叙述下去 ▷～小金宝刚走,老张头就过来要人了。

【却之不恭】quèzhī-bùgōng 客套话,常在准备接受礼物或接受邀请时说,意思是拒绝了就显得不尊敬对方。

埆 què 形 〈文〉(土地)贫瘠。

岩(礐) què 〈文〉❶ 拟声 模拟激流冲击石头的声音。○ ❷ 名 大石。→ ❸ 形 坚硬;坚定。

悫(愨) què 形 〈文〉诚实;谨慎。

雀 què ❶ 名 麻雀 ▷门可罗～|～跃。→ ❷ 形 小 ▷～鹰|～麦|～鱼|～稗|～鲷。→ ❸ 名 雀科鸟的统称。体形一般都比较小,常见的有燕雀、锡嘴雀等。○ ❹ 名 姓。☛ 读 qiǎo,用于口语词"家雀儿""雀盲眼"等;读 qiāo,用于"雀子",指人脸上的雀(què)斑。

另见1103页 qiāo;1105页 qiǎo。

【雀斑】quèbān 名 皮肤出现的黄褐色或黑褐色的小斑点,多见于面部,不疼不痒,与太阳照射有关。☛ 不宜写作"雀瘢""雀斑"。

【雀鹰】quèyīng 名 鹰的一种,候鸟,雄鸟较小,常栖息于山地林间。捕食小鸟。属国家保护动物。俗称鹞子。参见插图5页。

【雀跃】quèyuè 动 高兴得像雀儿那样蹦蹦跳跳 ▷喜讯传来,人人～。

【雀噪】quèzào 动 像雀儿成群鸣叫。形容声名传扬一时(含贬义) ▷声名～。

确(確) què ❶ 形 坚决;坚定不动摇 ▷～守|～信。○ ❷ 形 符合实际的;真实的 ▷千真万～|准～|～切|～凿。→ ❸ 副 的确;确定无疑地 ▷～知|～有此事。

【确保】quèbǎo 动 有把握地保持或保证 ▷～人身安全|～大会不受任何干扰。

【确当】quèdàng 形 确切恰当 ▷你对他的评价,十分～。

【确定】quèdìng ❶ 动 明确肯定下来 ▷大方向已经～|是否他的笔迹,我不能～。❷ 形 明确而肯定 ▷～无疑。

【确乎】quèhū 副 确实②;的确 ▷这个人～难缠|他长得～像他哥哥。

【确立】quèlì 动 稳固地建立或树立 ▷～了公有制的主体地位|发展理念进一步～。

【确切】quèqiè ❶ 形 准确;贴切 ▷解释得非常～。❷ 形 确实① ▷～的答复。

【确权】quèquán 动 依照法律、政策规定,按照法定程序,确定所具有的权力或所享有的权利 ▷依法～,规范权力运行机制|农村集体资产要～到户。

【确认】quèrèn 动 明确地认定或同意 ▷这件事请你再～一下。

【确实】quèshí ❶ 形 真实可信 ▷消息～。❷ 副 的确,表示肯定客观情况的真实性 ▷这人～不简单。☛ 参见1107页"切实"的提示。

【确守】quèshǒu 动 坚定地遵守 ▷～协议。

【确信】quèxìn ❶ 动 确定无疑地相信;不怀疑 ▷我～这件事是真的。❷ 名 可靠的信息 ▷刚刚得到一个～:他们已经启程了。

【确凿】quèzáo 形 确确实实;真实无疑 ▷～的记载|～无误。☛ "凿"不读zuò。

【确诊】quèzhěn 动 (对病症)确切地作出诊断 ▷病情复杂,难以～。

【确证】quèzhèng ❶ 动 明确证实 ▷目击者～案发时嫌疑人在现场。❷ 名 确凿的证据 ▷这些材料就是～。

阕(闋) què ❶ 动 〈文〉终了;完毕 ▷乐～(乐曲终了)|服～(服丧期满)。→ ❷ 量 a)歌曲或词一首叫一阕 ▷高歌一～|奉上新词一～。b)词的一段叫一阕 ▷上～|下～。○ ❸ 名 姓。☛ 跟"阙"不同。

鹊(鵲) què 名 喜鹊 ▷～巢鸠占。

【鹊巢鸠占】quècháo-jiūzhàn 喜鹊搭的窝被斑鸠抢占。比喻家园、位子、领地等被别人强占。☛ "鹊"不要误写作"雀"。

【鹊起】quèqǐ 动 〈文〉像喜鹊一样飞起。多形容名声突然提升 ▷声名～。

【鹊桥】quèqiáo 名 民间传说中指为了使织女与牛郎相会,喜鹊在银河搭成的桥。现把为男女撮合婚姻叫"搭鹊桥",把夫妻或情人久别后团聚叫"鹊桥相会"。

碏 què ❶ 用于人名。如石碏,春秋时期卫国大夫。○ ❷ 用于地名。如碏下,在浙江。

阙(闕) què ❶ 名 古代宫殿门前两边的楼;泛指宫殿或帝王的住所 ▷宫～|汉城魏～。○ ❷ 名 姓。☛ 跟"阕"不同。另见1142页quē。

榷[1](*搉榷) què 动 〈文〉专营;专卖 ▷～盐|～茶|～税。

榷[2](*搉榷) què 动 研究;商讨 ▷商～。

qūn

囷 qūn 名 古代一种圆形的粮仓。

逡 qūn 动 〈文〉往来;退让 ▷～巡。

【逡巡】qūnxún 动 〈文〉有顾虑而徘徊不前或退却 ▷～而不敢进。

qún

宭 qún 〈文〉❶ 动 群居。→ ❷ 名 事物荟萃的地方 ▷学～。

裙(*帬裠) qún ❶ 名 裙子 ▷连衣～|百褶～|超短～。→ ❷ 名 像裙子的东西 ▷墙～|鳖～(鳖甲的边缘)。

【裙钗】qúnchāi 名 裙和钗是妇女的服饰;借指妇女 ▷～不让须眉。

【裙带】qúndài 名 系裙子的带子;借指姻亲关系(含贬义) ▷靠～关系当了个部门经理。

【裙带菜】qúndàicài 名 藻类植物,褐色,长1—1.5米,叶片有明显中肋,边缘作羽状分裂,柄扁圆柱形,两侧有呈木耳状的孢子叶。生于温暖海洋。可以食用或作工业原料。

【裙带风】qúndàifēng 名 通过姻亲关系而进行违法违纪活动的不正之风。

【裙服】qúnfú 名 下身为裙子的女式套装(多见于制式服装)。

【裙裾】qúnjū 名 裙子;裙子的边幅 ▷～飘舞,长发飞扬。

【裙裤】qúnkù 名 妇女穿的一种裤子，较宽松，像裙子。

【裙楼】qúnlóu 名 高大主体建筑楼下部周围的低层附属建筑物。因其像主体楼的裙子，故称。也说裙房。

【裙子】qúnzi 名 一种围在腰部遮盖下身的不分裤腿的服装。

群（*羣）qún ❶ 名 聚集在一起的许多人或物 ▷人～|离～的孤雁|害～之马|楼～。→ ❷ 形 成群的；众多的 ▷～岛|博览～书。❸ 名 指众多的人 ▷～起响应|武艺超～。❹ 量 用于成群的人或物 ▷一～人|一～羊。→ ❺ 名 按照一定程序建立的，多人在即时通信平台上相互交流信息的小组 ▷微信～|～聊。〇 ❻ 名 姓。

【群策群力】qúncè-qúnlì 大家一起想办法、出力气。

【群唱】qúnchàng 名 一种演唱形式，由三个或三个以上的人交替着唱。

【群岛】qúndǎo 名 相互距离较近的一群岛屿。如我国的南沙群岛、舟山群岛等。

【群雕】qúndiāo 名 由众多雕像有机组成的一件或一组雕塑 ▷大型～展览。

【群发】qúnfā ❶ 动 将短信息或电子邮件同时发送给许多人或单位 ▷～短信|～招聘电邮。❷ 动 同时发生 ▷疾病～。❸ 区别 由多人参与发生的 ▷～事件。

【群芳】qúnfāng 名 各种美丽芳香的花草；比喻众多年轻貌美的女子 ▷～斗艳|技压～。

【群峰】qúnfēng 名 相连在一起的众多山峰 ▷～耸峙。

【群婚】qúnhūn 名 原始社会早期的婚姻形态，指某氏族的一群男子同另一氏族的一群女子共为夫妻。

【群集】qúnjí 动 成群地聚集在一起 ▷各路英豪～一堂|人们～街头。

【群居】qúnjū ❶ 动 原始社会的一种生活状态，人们按氏族成群地居住在一起 ▷～穴处。❷ 动 许多人聚在一起 ▷喜欢独处，不爱～。

【群居穴处】qúnjū-xuéchǔ 指原始人类在山洞里成群居住的原始生活。

【群聚】qúnjù 动 （人或动物）成群地聚集 ▷人们～在广场上|海鸥～于沙滩。

【群口】qúnkǒu 区别 由三个或三个以上演员说或唱的（曲艺表演）▷～快板儿|～相声。

【群口相声】qúnkǒu xiàngsheng 三个或三个以上的演员表演的相声。也说多口相声，业内也说群活儿。参见1504页“相声”。

【群聊】qúnliáo 动 利用即时通信软件，多人在同一个群组里交流信息 ▷群主应规范～行为|实时～。

【群龙无首】qúnlóng-wúshǒu 比喻在一群人当中没有一个领头的人。

【群落】qúnluò ❶ 名 生存在一起并与一定的生存条件相适应的各种生物的总体 ▷这里有野生动植物形成的原始～。❷ 名 众多同类事物聚集而形成的群体 ▷古建筑～。

【群氓】qúnméng 名 〈文〉旧时统治者对普通百姓的蔑称。

【群魔乱舞】qúnmó-luànwǔ 各种妖魔鬼怪胡蹦乱跳。比喻一群坏人猖狂活动。

【群殴】qún'ōu 动 打群架 ▷歹徒持械～。

【群栖】qúnqī 动 （鸟兽等）成群地栖息在一块儿 ▷野马～于沙漠、草原地带。

【群起】qúnqǐ 动 大家一同起来（进行某项活动）▷～抗议|～而攻之。

【群轻折轴】qúnqīng-zhézhóu 轻的东西积聚多了，也能压断车轴。比喻小的坏事如果任其滋长，也能造成严重后果。

【群情】qúnqíng 名 众人的情绪 ▷～激愤。

【群情鼎沸】qúnqíng-dǐngfèi 形容大家的情绪非常高涨，就像锅里的水沸腾起来一样。

【群山】qúnshān 名 连绵不断的山；很多的山。

【群塑】qúnsù 名 塑像群 ▷殿中有五百罗汉～。

【群体】qúntǐ ❶ 名 由许多在生理上发生联系的同种生物个体组成的整体。如动物中的珊瑚虫和植物中的某些藻类。❷ 名 泛指由许多本质上有共同点的互相联系的个体组成的整体 ▷艺术～|弱势～。

【群团】qúntuán 名 群众性团体 ▷～工作|～组织。

【群团组织】qúntuán zǔzhī 群众性团体组织的简称，是广大群众（多是某个社会领域的）参加的非国家政权性质的社会团体。如我国的共青团、工会、妇联、文联等。

【群威群胆】qúnwēi-qúndǎn 形容大家团结一致所表现出来的群体力量和勇敢精神。

【群舞】qúnwǔ 名 集体舞②。

【群像】qúnxiàng 名 文学艺术作品中塑造或描画出来的众多的人物形象 ▷英雄～。

【群小】qúnxiǎo 名 〈文〉一群小人 ▷～得志。

【群星】qúnxīng ❶ 名 天上众多的星星 ▷～闪烁。❷ 名 比喻众多的杰出人物 ▷～荟萃。

【群雄】qúnxióng 名 旧指在混乱时局中各路称霸一方的人物；今借指各方面的杰出人物 ▷～

逐鹿|企业界～齐集一堂。

【群言堂】 qúnyántáng 名 指能充分发扬民主，让人讲话，广泛听取群众意见的工作作风(跟"一言堂"相对)。

【群英】 qúnyīng 名 众多的英雄或杰出人物。

【群英会】 qúnyīnghuì 名 由众多杰出人物或各方面的英雄模范参加的聚会。

【群众】 qúnzhòng ❶ 名 众多的人；现指人民大众 ▷发动～|～路线。❷ 名 指不担任领导职务的人。❸ 名 指没有加入任何政党的人；特指没有加入共产党、共青团组织的人。

【群众关系】 qúnzhòng guānxi 指个人、单位或团体等与周围或一定范围内的人们相处的情况 ▷他的～不好。

【群众路线】 qúnzhòng lùxiàn 中国共产党和国家机关处理同人民群众关系问题的根本态度和领导方法。要求一切为了群众，一切依靠群众，从群众中来，到群众中去，把党和人民政府的正确主张变为群众的自觉行动。

【群众性】 qúnzhòngxìng 名 从群众的利益出发，能够满足群众要求，并为群众所乐意接受的性质；事情所具有的群众参与的程度 ▷～健身活动蓬勃兴起。

【群众运动】 qúnzhòng yùndòng 有广大人民群众参加并具有一定规模和声势的社会运动或政治运动。

【群众组织】 qúnzhòng zǔzhī 现多指群团组织。

【群主】 qúnzhǔ 名 互联网群组的创建人。在群中拥有管理权限，同时也需承担相应的责任。

麇 qún 形 〈文〉成群的 ▷～集|～至。☛ 下边是"禾"，不是"木"。

另见 762 页 jūn。

【麇集】 qúnjí 动 聚集在一起；群集 ▷大小商贩～批发市场。

R

rán

蚺 rán［蚺蛇］ránshé 名 蟒蛇。

然 rán ❶ 代 指上文所说的情况，相当于“这样”“那样” ▷不尽～｜理所当～｜使～。→ ❷ 词的后缀。附在副词或形容词后面，表示事物或动作的状态 ▷忽～｜偶～｜默～｜飘飘～。→ ❸ 连〈文〉连接分句，表示转折，相当于“然而”“但是” ▷先生虽已逝世，～其精神将永留人间。→ ❹ 形 对；正确 ▷不以为～。○ ❺ 古同“燃”。○ ❻ 名 姓。

【然而】rán'ér 连 连接分句或句子，也连接词语或段落，表示转折，多用于书面 ▷他原先答应得很好，～没过几天就变卦了。

【然后】ránhòu 连 表示一件事情之后接着又发生另一件事情 ▷先调查研究，～再下结论。☛ 用于表示事情在时间上的前后连接，而不宜用在不具有时间前后连接意义的分句或句子间。

【然诺】ránnuò 动〈文〉答应；应允。

【然则】ránzé 连〈文〉连接句子，表示顺承关系，有“既然如此，那么……”的意思 ▷是进亦忧，退亦忧，～何时而乐耶？

髯（*髥） rán 名〈文〉两腮上的胡子；泛指胡子 ▷长～｜美～｜虬～。☛ 统读 rán，不读 ràn。

【髯口】ránkou 名 戏曲演员演出时所戴的假胡子。

燃 rán ❶ 动 烧着(zháo) ▷死灰复～｜～料｜～烧。→ ❷ 动 引火点着(zháo) ▷～香｜～放鞭炮。

【燃爆】ránbào 动 点燃使爆炸 ▷～炸药。

【燃点】rándiǎn ❶ 动 点燃。○ ❷ 名 某种物质开始燃烧时所需要的最低温度 ▷汽油比煤炭的～低。也说着火点。

【燃放】ránfàng 动 点燃使爆发 ▷～烟花爆竹。

【燃具】ránjù 名 燃气用具。如煤气灶、燃气炉等。

【燃料】ránliào 名 能产生热能或动力的可燃物质；也指能产生核能的放射性物质。

【燃眉之急】ránméizhījí 像火烧眉毛那样万分紧急的情况。

【燃煤】ránméi 名 作燃料用的煤。

【燃气】ránqì 名 气体燃料。如煤气、沼气、天然气、石油液化气等 ▷～灶｜～炉。

【燃气轮机】ránqì lúnjī 利用高温高压的燃烧气体推动叶轮转动而产生动力的涡轮机。具有体积小、重量轻、功率大等特点。

【燃情】ránqíng 形 形容情感像火一样炽烈 ▷～年代。

【燃烧】ránshāo ❶ 动 两种物质起剧烈的化学反应而发光、发热。一般指在高温时，某些物质与空气中的氧气剧烈化合而发光、发热 ▷大火熊熊～｜～弹。❷ 动 比喻某种感情、欲望等剧烈升腾 ▷激情在～。

【燃烧弹】ránshāodàn 名 用以引燃并烧毁目标的炸弹或枪弹。旧称烧夷弹。

【燃烧瓶】ránshāopíng 名 用以引燃并烧毁目标的武器。在玻璃瓶内装易燃液体，投掷落地后瓶体破碎燃烧。

【燃油】rányóu 名 液体燃料。如煤油、汽油、柴油等。

rǎn

冉（*冄） rǎn 名 姓。

【冉冉】rǎnrǎn ❶ 副 慢慢地；缓缓地 ▷一轮红日～升起｜国旗～上升。❷ 形 形容柔软下垂的样子 ▷柳条～。

苒 rǎn 见1158页“荏(rěn)苒”。

染 rǎn ❶ 动 给纺织品等着(zhuó)色 ▷～布｜～衣服｜印～。→ ❷ 动 沾上；感染 ▷一尘不～｜～病｜传～｜沾～｜污～。○ ❸ 名 姓。☛ 右上是“九”，不是“丸”。

【染病】rǎnbìng 动 染上疾病；生病 ▷～在身。

【染发】rǎnfà 动 用染发剂给头发染色。

【染发剂】rǎnfàjì 名 用于染发的化学制剂，有黑色的，也有其他颜色的。

【染坊】rǎnfáng 名 给丝绸、布匹、衣服等染色的作坊。

【染缸】rǎngāng 名 用来染色的缸；多比喻对人产生不良影响的场所或环境 ▷那种地方是个大～，千万去不得。

【染疾】rǎnjí 动 染病。

【染料】rǎnliào 名 能使纤维或其他材料牢固着色的物质。

【染色】rǎnsè ❶ 动 用染料使纤维或其他材料着色。❷ 动 把机体组织或细胞染成特定颜色，以便在显微镜下观察和识别。

【染色体】rǎnsètǐ 名 细胞核中能被碱性染料染色的丝状或棒状小体。由核酸和蛋白质组成，是遗传的主要物质基础。各种生物的染色体有一定的数目、形状和大小。

【染织】rǎnzhī 动 印染和纺织。

【染指】rǎnzhǐ 动《左传·宣公四年》记载：春秋时，郑灵公请大臣们品尝鼋鱼，故意不给子公吃。子公非常生气，用手指在盛鼋鱼的鼎里蘸了点汤，尝了尝就离开了。后用"染指"比喻沾取利益（多指非分利益）；也比喻参与或插手（某事）▷决不～不义之财｜不得～别国事务。

翎 rǎn 名〈文〉鸟翅膀下的细毛；泛指羽毛。

【翎翎】rǎnrǎn 形〈文〉形容毛茸茸的样子 ▷乳燕兮～。

rāng

嚷 rāng［嚷嚷］rāngrang ❶ 动 吵闹 ▷大家别乱～。❷ 动 声张 ▷别把这事～出去。☛ 右边是"襄"，不能简化成"良"或"上"。

另见本页 rǎng。

ráng

儴 ráng 动〈文〉因循①；延续 ▷～道者众归之，恃刑者民畏之。

蘘 ráng［蘘荷］ránghé 名 多年生草本植物，根状茎淡黄色，有辛辣味，叶椭圆状披针形，开淡黄色大花。花穗和嫩芽可以食用，根状茎可以做药材。也说阳藿。

瀼 ráng ❶［瀼瀼］rángráng 形〈文〉形容露水很浓的样子 ▷玉露～。○ ❷ 用于地名。如：瀼河，水名，又地名；瀼东，地名。均在河南。

另见 1148 页 ràng。

禳 ráng 动〈文〉禳解 ▷～灾。

【禳解】rángjiě 动〈文〉祈求神灵除邪消灾。

穰 ráng ❶ 名 稻、麦、黍等脱粒后的茎秆 ▷～草。○ ❷ 形〈文〉（收获）丰盛 ▷～岁。○ ❸ 同"瓤"①②。

瓤 ráng ❶ 名 瓜果皮里包裹种子的肉或瓣儿 ▷西瓜～儿｜红～｜沙～。→ ❷ 名 泛指皮或壳里包着的东西 ▷信～儿｜秫秸～儿◇棺材～子（骂人的话）。○ ❸ 形〈口〉质地松软 ▷这木头都～了，不能打家具了。

【瓤子】rángzi 名 瓤①②。

rǎng

壤 rǎng ❶ 名 土壤 ▷沃～｜红～。→ ❷ 名 大地 ▷天～之别｜霄～。❸ 名 疆域；地区 ▷接～｜穷乡僻～。

【壤土】rǎngtǔ 名 由适当比例的沙粒和黏土所组成的土壤。土质比较疏松，能透气、透水、保水和保肥，适于植物生长。

攘 rǎng〈文〉❶ 动 排斥；抵御 ▷～除｜～外。→ ❷ 动 抢夺 ▷～夺。○ ❸ 动 捋起（袖子）▷～臂。☛ 统读 rǎng，不读 ráng。

【攘臂】rǎngbì 动〈文〉捋起袖子，露出胳臂。表示振奋或发怒 ▷奋然～｜～一呼，应者云集。

【攘除】rǎngchú 动〈文〉驱除；排除 ▷～奸邪｜～灾祸。

【攘夺】rǎngduó 动〈文〉抢夺；夺取 ▷～权柄。

【攘攘】rǎngrǎng 形〈文〉形容众多而纷乱的样子 ▷～尘寰。

嚷 rǎng ❶ 动 大声喊叫 ▷别～，大家都在看书呢。→ ❷ 动 吵闹 ▷气得我跟他～了一顿。☛ 本读 rǎng；重叠成"嚷嚷"后，第一个字读阴平，第二个字读轻声。

另见本页 rāng。

【嚷叫】rǎngjiào 动 喊叫 ▷这么晚了，你～什么！

ràng

让（讓） ràng ❶ 动 把方便或好处留给别人；谦让 ▷我一直～着她｜～路｜退～。→ ❷ 动 把权利或财物转移给别人 ▷～出一间屋子给亲戚住｜～位｜转～。→ ❸ 动 逊色；亚于 ▷巾帼不～须眉。→ ❹ 动 邀请；请客人（饮酒、用茶等）▷把来宾～到客厅｜～茶。→ ❺ 动 容许；使 ▷不能～他占了便宜｜来晚了，～您久等了。⇒ ❻ 动 表示一种愿望，用于号召 ▷～我们继承先烈遗志继续前进。⇒ ❼ 介〈口〉用于被动句，引进动作行为的施事者，相当于"被"▷饭～他们吃光了｜纸～风刮跑了｜～人打了一顿。○ ❽ 名 姓。☛"讓"简化为"让"，但在其他由"襄"构成的字（如"嚷""壤""攘""瓤"等）中，"襄"都不能类推简化为"上"。

【让步】ràngbù 动 在谈判、争执中退让一步 ▷争了半天，谁也不肯～。

【让渡】ràngdù 动 让出或转让（一般是有偿的）▷业主把临街的铺面～给了我｜～股权。

【让价】ràngjià 动 卖方让步降低原定价格 ▷无论怎么砍价，老板就是不～。

【让开】ràngkāi 动 把原本占着的位置、职位等让给别人 ▷～一条道。

【让利】rànglì 动 在经济活动中让出部分利益或利润 ▷打折～。

【让路】rànglù 动 让开道路 ▷主动给老人～◇其他工作都要给中心工作～。也说让道。

【让位】ràngwèi ❶ 动 让出领导职位；退出主导

地位 ▷老局长给年轻人～|不利局面～于有利局面。❷ 动 让座① ▷给孕妇～。

【让贤】ràngxián 动 主动把职位让给德才兼备的人 ▷他主动～,深受好评。

【让座】ràngzuò ❶ 动 让出座位 ▷给老人～是社会文明的表现。❷ 动 请客人入座 ▷主人～,宾客入席。

瀼 ràng [瀼渡河] ràngdùhé 名 水名,在重庆。另见 1147 页 ráng。

ráo

荛(蕘) ráo ❶ 名〈文〉柴火 ▷薪～。→ ❷ 动 砍柴 ▷行牧且～|刍～。〇 ❸ 名 姓。

饶[1](饒) ráo ❶ 形 多;富足 ▷～有情趣|富～。→ ❷ 动 额外增添 ▷买十个～一个|～头(tou)。〇 ❸ 名 姓。

饶[2](饒) ráo ❶ 动 饶恕;宽容 ▷～你这次|～命|求～。〇 ❷ 连〈口〉连接分句,表示让步关系,相当于"虽然""尽管" ▷～管得这么严,还是有闯红灯的车辆。☛ "饶"字右上是"戈",不是"戈"。

【饶命】ráomìng 动 给予宽恕,免于一死 ▷乞求～|饶他一命。

【饶人】ráorén 动 宽容别人 ▷得～处且～。

【饶舌】ráoshé ❶ 动 多嘴多舌 ▷不关你事,你甭～。❷ 动 唠叨 ▷就这么点儿事儿用不着～。

【饶恕】ráoshù 动 宽恕;该处罚而不给予处罚。

【饶头】ráotou 名〈口〉额外给的少量物品(多用于买卖场合)。

【饶有】ráoyǒu 动 多有;颇有 ▷～情趣|～兴致。

娆(嬈) ráo 见687 页"娇娆";1598 页"妖娆"。
另见本页 rǎo。

桡(橈) ráo 名〈文〉船桨。☛ 统读 ráo,不读 náo。

【桡动脉】ráodòngmài 名 在桡骨下端位置较浅的动脉。是中医临床切脉的部位。

【桡骨】ráogǔ 名 人和四足类脊椎动物前臂两长骨之一。人的桡骨在靠近拇指一侧。上端为扁圆形,与尺骨、肱骨构成肘关节;下端粗大,与腕骨构成腕关节。

rǎo

扰(擾) rǎo ❶ 形〈文〉乱 ▷纷～。→ ❷ 动 使混乱或不得安宁 ▷庸人自～|～民|干～|搅～。❸ 动 客套话,用于受人款待或帮助时,表示搅扰了对方 ▷～您亲自送来|叨～。☛ 跟"扰(lǒng)"不同。

【扰动】rǎodòng〈文〉❶ 动 骚动;动荡 ▷干戈四起,万民～。❷ 动 使动荡;搅扰 ▷军阀混战,～天下。

【扰乱】rǎoluàn 动 搅扰,使混乱不安 ▷～军心。

【扰民】rǎomín ❶ 动 侵扰百姓 ▷军队纪律严明,从不～。❷ 动 干扰居民,使不得安静 ▷噪声～。

【扰攘】rǎorǎng 形〈文〉混乱 ▷天下～,民不聊生。

【扰扰】rǎorǎo 形 纷乱的样子 ▷纷纷～。

娆(嬈) rǎo 动〈文〉烦扰;扰乱。
另见本页 ráo。

rào

绕(繞 *遶❷❸) rào ❶ 动 缠 ▷把线～成团。→ ❷ 动 围着中心转动 ▷～着操场跑步|围～。❸ 动 从弯曲、迂回的路通过 ▷从旁边～过去|～远。❹ 动 使不顺畅 ▷～嘴|～口令。→ ❺ 动 (问题、事情)纠缠在一起,弄不清楚 ▷你把我～糊涂了|一时～住了,没弄明白。〇 ❻ 名 姓。☛ ㊀统读 rào,不读 rǎo。㊁右上是"戈",不是"戈"。

【绕脖子】ràobózi ❶形容说话办事兜圈子,不直截了当 ▷有话直说,别～。❷形容言语或事情曲折复杂,令人费解 ▷这件事真有些～。

【绕场】ràochǎng 动 围着场地行进 ▷运动员列队～一周。

【绕道】ràodào 动 不走近路,绕着弯子走 ▷前面道路塌陷,得～走。

【绕口令】ràokǒulìng 名 一种语言游戏,把声母、韵母、声调极为相近的字交错重叠组成非常拗口的句子,要求一口气急速说出。也说拗口令。某些地区也说急口令。

【绕梁三日】ràoliáng-sānrì《列子·汤问》:"昔韩娥东之齐,匮粮,过雍门,鬻歌假食,既去,而余音绕梁欐,三日不绝。"意思是说韩娥的歌声好听极了,人离开以后,歌声仍在房梁上长久回旋。形容歌声或乐曲美妙,令人久久不忘。

【绕梁之音】ràoliángzhīyīn 指非常美妙动听的歌声或乐曲。参见本页"绕梁三日"。

【绕路】ràolù 动 绕道。

【绕圈子】ràoquānzi 兜圈子。

【绕射】ràoshè 动 衍射的旧称。

【绕弯子】ràowānzi 动 比喻说话不直截了当。也说绕弯儿。☛ 不宜写作"绕湾子"。

【绕行】ràoxíng 动 绕道走。

【绕远儿】ràoyuǎnr ❶ 动 不走近路而走较远的路 ▷宁可～也不走小路。❷ 形 形容道路迂回

而较远 ▷从苏州坐火车到杭州,有点儿~。

【绕嘴】ràozuǐ 形 不顺嘴 ▷这段台词太~。

rě

若 rě 见1页"阿兰若";99页"般(bō)若";817页"兰若"。
另见1175页ruò。

喏 rě 名 古人作揖时嘴里发出的表示敬意的声音 ▷唱个~(多见于近代汉语)。
另见1016页nuò。

惹 rě ❶ 动 招引;挑逗 ▷~麻烦|~火烧身|~祸|招~。→ ❷ 动 触犯 ▷一句话把他~翻了|~不起。

【惹不起】rěbuqǐ 动 触犯不得;不敢得罪 ▷他蛮不讲理,谁也~。

【惹火烧身】rěhuǒ-shāoshēn 引火烧身①。

【惹祸】rěhuò 动 招惹祸事 ▷别在外面~。

【惹乱子】rěluànzi 引出祸乱;引起纠纷 ▷开车太鲁莽,容易~。

【惹麻烦】rěmáfan 引出麻烦;招来麻烦 ▷垃圾邮件见了就删,免得~。

【惹恼】rěnǎo 动 使恼怒 ▷一句话把经理~了。

【惹气】rěqì 动 招致生气 ▷别为这点儿小事~。

【惹人】rěrén ❶ 动 触犯别人 ▷到了那里少说话,多干活儿,千万不要~。❷ 动 引起别人产生某种心态 ▷~生厌|~喜欢。

【惹事】rěshì 动 引起事端或麻烦 ▷这孩子在外面从不~。

【惹事生非】rěshì-shēngfēi 现在一般写作"惹是生非"。

【惹是非】rěshìfēi 招惹是非;引起争端或麻烦。

【惹是生非】rěshì-shēngfēi 惹是非。

【惹眼】rěyǎn 形 过分显眼;引人注目 ▷穿这件衣服太~,还是换一件吧。

rè

热(熱) rè ❶ 形 温度高;感觉温度高(跟"冷"相对,②⑤⑦⑨同) ▷天气太~|你穿得那么厚,~不~?|~水袋|炎~。→ ❷ 动 使温度升高 ▷把汤药~一~再喝。→ ❸ 名 中医指热邪,是致病的一个因素 ▷内~|风~感冒。→ ❹ 名 疾病引起的高体温 ▷发~|退~。→ ❺ 形 情意炽烈、深厚 ▷~心肠|~烈|~爱|亲~。⇒ ❻ 形 非常羡慕;很想得到 ▷眼~。⇒ ❼ 形 吸引人的;为人瞩目的 ▷~门|~货|~点。❽ 名 指某一时期内社会普遍感兴趣的现象 ▷气功~|旅游~|足球~。→ ❾ 形 (景象)繁华;兴盛 ▷~闹|~潮。→ ❿ 名 物理学上指物体内部分子、原子等不规则运动放出的一种能。

【热爱】rè'ài 动 热烈地爱 ▷~祖国。

【热爆】rèbào ❶ 形 热烈而火爆;兴旺而火爆 ▷全场~,掌声不断|十分~的旅游景点。❷ 动 产生热爆效果 ▷这支曲子~全球|~一时的新款式。

【热病】rèbìng ❶ 名 中医指受暑热侵袭等而引发的疾病,属于广义的伤寒一类。❷ 名 指急性发作、以体温增高为主要症状的疾病。

【热播】rèbō 动 某节目因受欢迎,而在一段时间内被多家广播电台或电视台争相播放 ▷这个综艺节目去年曾~一时。

【热补】rèbǔ 动 在高温熔化状态下对破损的物品进行修补 ▷~胶鞋|轮胎~机。

【热层】rècéng 名 大气层中从中间层顶部到离地面约250千米(太阳宁静期)或500千米(太阳活动期)的一层。层内温度随高度的增加而递增,层顶可达1200℃。

【热肠】rècháng 名 热心肠 ▷古道~。

【热场】rèchǎng 动 暖场;使气氛活跃起来。

【热潮】rècháo 名 比喻蓬勃发展、轰轰烈烈的形势和局面 ▷掀起全民健身~。

【热炒】rèchǎo ❶ 动 把食物放在锅里加热并不断翻动使熟 ▷黄瓜既可凉拌,也可~。❷ 名 指炒熟后适宜趁热吃的菜肴 ▷买两个~。❸ 动 比喻大事宣传炒作 ▷~蛔虫减肥,实在岂有此理!

【热炒热卖】rèchǎo-rèmài 刚炒熟的食物趁热卖掉;比喻刚学到一点儿东西马上就去教别人。也说现炒现卖。

【热忱】rèchén ❶ 名 热烈诚挚的情意 ▷爱国~。❷ 形 情意热烈诚挚 ▷对工作极端~。

【热诚】rèchéng 形 热情而诚恳 ▷~相待。

【热处理】rèchǔlǐ ❶ 动 一种工艺。将金属、玻璃等材料加热到一定温度,用选定的速度和方法冷却,使其内部结构发生变化,以获得所要求的性能。通常有退火、淬火、回火等。❷ 动 比喻对刚发生的事件当即处置 ▷情况很复杂,要冷静下来具体分析,尽量避免~。

【热传】rèchuán 动 指一段时间内某些信息广泛地在网络上传播或广泛地口耳相传 ▷这张剧照在微信朋友圈中~|社会上有些~的东西并不靠谱儿,别盲目相信。

【热传导】rèchuándǎo 名 一种传热方式,热从物体温度较高的部分传到温度较低的部分。是固体中传热的主要方式。

【热词】rècí 名 一段时期内流行的、使用率极高的词语 ▷"接地气"是近年的~|编制年度

～排行榜。

【热带】rèdài 名 地球赤道两侧，南、北回归线之间的地带。这里四季昼夜长短相差不大，气候终年炎热，雨量充沛。也说回归带。

【热带低压】rèdài dīyā 热带气旋的一个等级。参见本页“热带气旋”。

【热带风暴】rèdài fēngbào 热带气旋的一个等级。参见本页“热带气旋”。

【热带气旋】rèdài qìxuán 发生在热带或亚热带洋面上中心气压很低的气旋的统称。包括热带低压（风力6—7级）、热带风暴（风力8—9级）、强热带风暴（风力10—11级）、台风（风力12—13级）、强台风（风力14—15级）、超强台风（风力16级以上）。我国民间习惯上把热带气旋统称为台风。西印度群岛和大西洋一带称最大风速在12级及其以上的为飓风。

【热带鱼】rèdàiyú 名 分布于热带、亚热带海中的鱼类。种类很多，大多体小活泼，色泽艳丽，可供观赏。

【热带雨林】rèdài yǔlín 热带终年高温多雨地区的森林。除高大的乔木以及灌木、草本植物外，还有繁茂的藤本植物、寄生植物、附生植物等。主要分布在南美亚马孙河流域、非洲刚果盆地及亚洲的马来群岛等地。

【热岛效应】rèdǎo xiàoyìng 城市热岛效应的简称。

【热点】rèdiǎn 名 指在一定时期内引人关注的事物或地方（跟“冷点”相区别）▷发展住房租赁市场已成为～|～景区。

【热电厂】rèdiànchǎng 名 既能供电能又能供热能的火力发电厂。

【热度】rèdù ❶ 名 热量所达到的程度。❷ 名 指高于正常标准的体温 ▷连打几针后，～才退下来。❸ 名 指热情 ▷干好工作，不能靠三分钟的～。

【热对流】rèduìliú 名 一种传热方式，液体或气体依靠自身的循环流动而使温度趋于均匀。

【热风】rèfēng 名 干燥炎热的风。

【热敷】rèfū 动 把热的湿毛巾、热水袋或加热后包裹好的粗盐、沙、药物等放在身体局部，以改善血液循环，缓解症状，促使炎症消退。

【热辐射】rèfúshè 名 一种传热方式，物体自身的温度以电磁辐射的形式将热量传递给别的物体。如太阳就是以热辐射的方式经过宇宙空间向地球传递热量的。

【热狗】règǒu 名 英语 hot dog 直译。美国一种快餐食品，用长面包夹热香肠、酸菜、芥末油等制成。因形状像狗伸出舌头吐气，故称。

【热购】règòu 动 踊跃购买 ▷～热销。

【热固性】règùxìng 名 指某些塑料、树脂等的一种特性，加热熔化继而冷却固化成形后，再加热时就不再具有可塑性（跟“热塑性”相区别）。如做电木等用的酚醛塑料就是热固性塑料。

【热合】rèhé 动 把塑料、橡胶等材料加热软化使黏合在一起。用热合法可以使塑料袋封口。

【热核反应】rèhé fǎnyìng 高温下发生的核聚变反应。

【热核武器】rèhé wǔqì 氢弹。

【热烘烘】rèhōnghōng 形 形容很热 ▷外面很冷，屋里却～的◇心里～的。

【热乎乎】rèhūhū ❶ 形 热乎① ▷土炕～的。❷ 形 形容亲热温暖 ▷老张的一席话，说得我心里～的。☛ 不要写作“热呼呼”。

【热乎】rèhu ❶ 形 十分温暖；暖和 ▷先喝一碗～粥|沙子晒得很～。❷ 形 亲热；气氛热烈 ▷他们俩相处得挺～|聊得正～呢。☛ 不要写作“热呼”。

【热火朝天】rèhuǒ-cháotiān 形容气氛热烈，情绪高涨。

【热火】rèhuo ❶ 形 气氛热烈 ▷大街上市民买体育彩票的～劲儿随处可见。❷见本页“热和”①。现在一般写作“热和”。

【热和】rèhuo ❶ 形 亲热 ▷他们谈得挺～。❷ 形 热；不凉 ▷喝一碗～的姜汤祛祛寒气。

【热加工】rèjiāgōng 动 指锻造、铸造、热轧、热处理等，有时也包括焊接。因加工时通常需要对工件加热，故称。

【热劲儿】rèjìnr ❶ 名 热的程度 ▷今天气温39℃，这个～让人受不了。❷ 名 热烈的情绪 ▷心里那股～别提多高了。

【热辣】rèlà ❶ 形 又烫又辣；像火烫那么热 ▷～的油泼面|阳光～。❷ 形 形容言辞尖锐、刺激 ▷犀利～的点评。❸ 形 形容热烈而充满激情 ▷性格～。

【热辣辣】rèlàlà 形 热辣① ▷～的姜汤|脸被晒得～的。☛ 不宜写作“热剌剌”。

【热浪】rèlàng ❶ 名 猛烈的热气流；借指热潮 ▷～滚滚|掀起了一股参军的～。❷ 名 气象学上指大范围异常高温空气入侵的现象。

【热泪】rèlèi 名 心情激动时流出的泪水 ▷激动得～夺眶而出。

【热泪盈眶】rèlèi-yíngkuàng 眼里饱含着激动的泪水。形容心情非常激动。☛ “眶”不要误写作“框”。

【热力】rèlì 名 热能产生的做功的力 ▷～学。

【热力学温标】rèlìxué wēnbiāo 以 −273.15℃ 为温标零度的温标，用 K 表示。旧称绝对温标、开氏温标。

【热恋】rèliàn ❶ 动 炽热地相爱 ▷一对～着的年轻人。❷ 动 深切地留恋 ▷～家乡。

【热量】rèliàng 名 物理学上指在温度不同的物体

间由高温物体向低温物体传递的能量。法定计量单位是焦耳。

【热烈】rèliè 形 情绪高昂激烈;气氛活跃热闹 ▷~欢迎|场面很~。

【热流】rèliú ❶ 名 物理学上指在导热物体中单位时间内通过垂直于传热方向某一截面的热量。❷ 名 比喻温暖激动的感觉 ▷接到母亲的电话,心头涌起一股~。❸ 名 热潮 ▷西部大开发的~已经形成。

【热络】rèluò ❶ 形(关系)亲热;(交流)频繁 ▷兄弟俩感情相当~|两地交往日趋~。❷ 形 热烈;旺盛 ▷台上台下对话不断,气氛~|需求~。❸ 动 使热络 ▷这次活动~了邻里感情。

【热买】rèmǎi 动 热购。

【热卖】rèmài ❶ 动(食品)趁热卖 ▷馒头现蒸~。❷ 动 热销 ▷这批新货~了整整一周。

【热门】rèmén 名 指一时风行,受到众人关注的人或事物 ▷~人选|这个专业成了~。

【热门货】rèménhuò 名 畅销的货物 ▷今年夏天持续高温,空调成了~。也说热货。

【热闹】rènao ❶ 形(景象)繁盛热烈;活跃喧闹 ▷人来人往,非常~|厂里张灯结彩,好不~。❷ 动 使场面活跃,气氛热烈 ▷周末聚一聚,大家~~。❸ 名 热闹的场面 ▷看~|凑~。

【热能】rènéng ❶ 名 能量的一种形式,物质燃烧或物体内部分子不规则运动时所释放出的能量。❷ 名 指热量 ▷运动员要消耗大量~。

【热膨胀】rèpéngzhàng 名 物理学上指温度改变时物体发生胀缩的现象。大多数物质在温度升高时,体积或长度、面积会增加。

【热捧】rèpěng 动 热烈追捧 ▷精品图书备受读者~|戏迷们~这出新编历史剧。

【热气】rèqì ❶ 名 温度高的水蒸气或空气 ▷锅里冒着~。❷ 名 比喻高涨的情绪或热烈的气氛 ▷三峡工地上~腾腾。

【热气球】rèqìqiú 名 内充热空气使之比周围同体积冷空气轻而能上升的气球。用于大气层取样、边防瞭望、空中摄影、航空运动等。

【热气腾腾】rèqì-téngténg 热气蒸腾上升的样子;形容气氛活跃、情绪高涨。

【热钱】rèqián 名 游资①。

【热切】rèqiè 形 热烈而恳切 ▷亿万农民~呼唤农村题材的影视作品|~关注。

【热情】rèqíng ❶ 名 热烈的感情 ▷我们的~感动了来宾。❷ 形 感情热烈 ▷~接待。

【热身】rèshēn 动 体育比赛前进行适应性训练或演习性比赛,使运动员进入竞技状态;也指运动前做一些低强度动作,以减少运动伤害的发生 ▷这是正式比赛前的~赛|跑步前要充分~,避免肌肉拉伤。

【热水】rèshuǐ 名 温度比较高的水。

【热水袋】rèshuǐdài 名 暖水袋。

【热水瓶】rèshuǐpíng 名 保温瓶。

【热水器】rèshuǐqì 名 用电、天然气、液化石油气或太阳能等把水加热的器具。

【热塑性】rèsùxìng 名 指某些塑料、树脂等的一种特性,加热熔化继而冷却固化成形后,再加热时仍具有可塑性(跟"热固性"相区别)。如聚苯乙烯就是热塑性塑料。

【热腾腾】rèténgténg ❶ 形 形容热气蒸腾的样子 ▷~的馒头。❷ 形 形容场面热闹、心情激动 ▷~的农贸市场|心里感到~的。

【热天】rètiān 名 气温高的天气 ▷~小心中暑。

【热帖】rètiě 名 指互联网上在一定时期内引人关注的帖子 ▷这篇~一天之内被点击了上千次|网友~。☛ "帖"这里不读 tiē 或 tiè。

【热土】rètǔ 名 自己长期居住过并对其有深厚感情的地方;特指故乡、祖国 ▷离不开这片~。

【热望】rèwàng 动 热切盼望 ▷~和平。

【热吻】rèwěn 动 热烈地亲吻;热烈地接吻 ▷~国旗|相拥~。

【热污染】rèwūrǎn 名 人类活动所排放的废热以及天然热源对环境造成的污染。热污染可造成气候异常,危害人类正常的生产、生活。

【热舞】rèwǔ 名 热烈奔放的舞蹈 ▷劲歌~。

【热线】rèxiàn ❶ 名 为某种工作专设的能及时进行通信联络的电话或电报线路 ▷~电话|开通举报~。❷ 名 指运送旅客、货物繁忙的交通线路 ▷旅游~。

【热销】rèxiāo 动(商品)卖得快,销量大。

【热孝】rèxiào 名 指为去世不久的祖父母、父母或配偶戴的孝。参见 268 页"戴孝"。

【热心】rèxīn ❶ 形(办事)热情主动,尽心尽力 ▷~为群众排忧解难。❷ 动 对某事热心 ▷~公益事业。

【热心肠】rèxīncháng 名 诚恳热情、乐于助人的心地 ▷她有一副~。

【热学】rèxué 名 物理学的一个分支,是研究热现象的规律及其应用的学科。包括量热学、测温学、热膨胀、热传递等内容。

【热血】rèxuè ❶ 名 指人身上的温热的血 ▷抛头颅,洒~。❷ 名 比喻献身正义事业的热情 ▷~青年。

【热血动物】rèxuè dòngwù 恒温动物。

【热血沸腾】rèxuè-fèiténg 身上的血沸腾起来。形容情绪高涨、激奋到极点。

【热议】rèyì 动 热烈议论或商讨 ▷~医改方案。

【热饮】rèyǐn 名 热的饮料。如热咖啡、热牛奶等。

【热映】rèyìng 动 某部影片因受欢迎,而在一段时间内被多家影院争相放映 ▷这部反腐题材电影正在全国～。

【热源】rèyuán 名 能产生热能的物体。如太阳,燃烧着的石油、煤炭、柴草等。

【热轧】rèzhá 动 通常指在高温下对金属进行轧制(跟"冷轧"相对)。

【热战】rèzhàn 名 指使用真枪实弹的战争。

【热胀冷缩】rèzhàng lěngsuō 物体受热时体积膨胀、受冷时体积缩小的物理现象。

【热值】rèzhí 名 单位质量(或体积)的燃料完全燃烧后所放出的热量。是衡量燃料质量好坏的重要指标之一。

【热衷】rèzhōng ❶ 动 急切追求(名利权势) ▷～功名利禄。❷ 动 非常喜好(某种活动) ▷～于写诗|～公益事业。☛ 不要写作"热中"。

rén

人 rén ❶ 名 指由类人猿进化而来的,能思维,能制造并使用工具进行劳动,并能进行语言交际的高等动物 ▷街上～多|男～|～类。→ ❷ 名 指某种人 ▷证～|军～|外国～。❸ 名 指成年人 ▷长大成～。→ ❹ 名 别人;他人 ▷舍己救～|助～为乐。→ ❺ 名 指每个人或一般人 ▷～手一册|～同此心。→ ❻ 名 指人手或人才 ▷学校很缺～|向社会公开招～。→ ❼ 名 指人的品质、名声 ▷老冯～很正直|丢～现眼。→ ❽ 名 指人的身体 ▷别把～累坏了|～在心不在。

【人本主义】rénběn zhǔyì 指以人为中心的哲学思想。主要代表为德国的费尔巴哈(1804—1872)。主张以人和现实作为一切社会活动的出发点,并把人放在第一位。但由于脱离具体历史条件和社会阶级关系去理解人,把人仅仅看成是生物界的人,而不懂得人的社会实践的意义以及人对自然界的反作用,因而在解释社会历史现象时仍然陷入唯心主义。

【人才】réncái ❶ 名 德才兼备的人;有特长的人 ▷优秀～|他是个～。❷ 名 指容貌;特指俊美的容貌 ▷一表～。☛ 不要写作"人材"。

【人才辈出】réncái-bèichū 有才能的人一批批涌现。☛ "辈"不要误写作"倍"。

【人才济济】réncái-jǐjǐ 有才能的人很多。☛ "济济"这里不读 jìjì。

【人才库】réncáikù ❶ 名 存储各类人才信息的数据库 ▷建立后备干部～|将档案存入～。❷ 名 对汇聚较多人才的部门的形象化称谓 ▷这家公司人才济济,被人们誉称为"～"。

【人才市场】réncái shìchǎng 人才供求双方为建立劳务关系而进行交流的场所。

【人才战略】réncái zhànlüè 根据社会发展需要而确立的人才结构、人才培养和人才使用等方面的长远谋划。

【人潮】rénchāo 名 像潮水一样的人群 ▷～涌动。

【人称】rénchēng ❶ 名 一种语法范畴,通过一定的语法形式表示行为动作是属于谁的。属于说话人的是第一人称,如"我""我们";属于听话人的是第二人称,如"你""你们";属于其他人或事物的是第三人称,如"他""她""它""他们"。❷ 动 人们称之为 ▷李逵,～黑旋风。

【人次】réncì 量 复合计量单位,表示某活动的若干次人数的总量。比如游览八达岭,1 个人游览 3 次是 3 人次,3 个人游览 1 次是 3 人次。

【人丛】réncóng 名 聚拢在一起的人群 ▷从～中认出了他。

【人存政举,人亡政息】réncún-zhèngjǔ,rénwáng-zhèngxī《礼记·中庸》:"文武之政,布在方策。其人存,则其政举;其人亡,则其政息。"意思是:周文王、周武王的政令都记在简牍上。有贤能的人在,这些好的政令就能得到施行;没有贤人,这些好的政令也就废止了。后用"人存政举,人亡政息"强调执政者的重要性。☛ 本条成语前后两部分也可单用。

【人丹】réndān 名 中成药,由薄荷脑、冰片、丁香等制成。适用于中暑、晕车、晕船及气候闷热所引起的头昏、胸闷等症状。☛ 不宜写作"仁丹"。

【人道】réndào ❶ 名 在社会活动中要求人们共同遵循的关心人、尊重人的道德规范 ▷讲～|惨无～。❷ 形 遵循人道规范的 ▷这样待人太不～。

【人道主义】réndào zhǔyì 关于人的本质、价值、使命和个性发展的思想体系。最早产生于 15 世纪的意大利,18 世纪法国资产阶级革命时期,把它具体化为自由、平等、博爱等口号。在欧洲反封建斗争中起过积极作用。

【人地生疏】réndì-shēngshū 形容初到一个地方或部门,对当地人和各种情况都不熟悉。

【人丁】réndīng ❶ 名 旧指成年男子。❷ 名 人口 ▷～兴旺|～不足。

【人定胜天】réndìngshèngtiān 人的智慧和力量能够战胜大自然。

【人多势众】rénduō-shìzhòng 人多势力大。

【人多嘴杂】rénduō-zuǐzá 形容众人议论纷纷,说法多种多样;也形容在场的人多,容易泄露机密。

【人犯】rénfàn 名 犯罪的人 ▷羁押～。

【人贩子】rénfànzi 名 拐骗、贩卖人口的人。

【人防】rénfáng 名 人民防空的简称。国家动员和组织人民群众采取防护措施,以防范和减轻空袭危害的活动。

【人份】rénfèn 量 复合计量单位,表示按每人 1 份计算所需要的份数总量。比如在食堂就餐,每人吃 1 份,1000 人吃是 1000 人份。

【人夫】rénfū 名 旧指被征发服劳役的人；也指雇工。☛ 不宜写作"人佚"。

【人浮于事】rénfúyúshì 人员的数量超过实际需要，即人员过多(浮：超过)。

【人高马大】réngāo-mǎdà 形容身材高大魁梧。

【人格】réngé ❶ 名 人在生活中所表现出来的性格、气质、能力、作风等特征的总和 ▷培养学生健全的～。❷ 名 个人的道德品质 ▷～魅力。❸ 名 作为具有社会权利和义务的人的资格 ▷尊重公民的～。

【人格化】réngéhuà 动 文艺作品的一种创作手法，描写动植物或非生物时，赋予它们以人的某些特征。

【人格权】réngéquán 名 人身权的一种。民事主体依法固有的，为维护其独立人格所必须享有的权利。如公民的姓名权、生命权、健康权、肖像权、名誉权，法人的名称权等。参见1155页"人身权"。

【人各有志】réngèyǒuzhì 每个人都有自己的志向、愿望。强调应该尊重别人的志向和愿望，不能勉强。

【人工】réngōng ❶ 名 人力 ▷用机器代替～。❷ 量 工作量计算单位，指一个人一天的工作量 ▷修桥用了500～。❸ 区别 人为的，非天然的 ▷～湖|～岛|～流产。

【人工呼吸】réngōng hūxī 在自然呼吸严重受阻或停止的情况下，借外力使胸腔有节律地扩张和缩小，以恢复呼吸功能。多用于抢救溺水、电击、一氧化碳中毒等危重病人。

【人工林】réngōnglín 名 由人工种植而形成的树林(跟"天然林"相区别)。

【人工流产】réngōng liúchǎn 用人工方法使孕妇中止妊娠，使受精卵或胎儿脱离母体。简称人流。也说堕胎、打胎。

【人工授精】réngōng shòujīng 用人工方法使卵子受精。☛ "授"这里不要误写作"受"。

【人工增雨】réngōng zēngyǔ 用人为手段促使云层降水的措施。根据不同云层的物理特性，向云中播撒盐粉、碘化银或固体二氧化碳(即干冰)等催化剂，使云层降水 ▷～大大缓解了旱情。也说人工降雨。

【人工智能】réngōng zhìnéng 指在计算机科学的基础上，综合信息论、心理学、生理学、语言学、逻辑学和数学等知识，制造能模拟人类智能行为的计算机系统的边缘学科(英语缩写为AI)。

【人公里】réngōnglǐ 量 复合计量单位，把1个乘客运送1公里为1人公里。

【人海】rénhǎi ❶ 名 像大海那样一望无边的人群。❷ 名 比喻人类社会 ▷～茫茫。

【人海战术】rénhǎi zhànshù 指单纯依靠大量兵力作战的战术；泛指不讲科学，一味依靠投入大量人力去干的工作方法。

【人和】rénhé 名 指人心一致，上下团结的局面 ▷天时、地利、～|～是搞好工作的重要条件。

【人欢马叫】rénhuān-mǎjiào 形容众人兴奋欢腾的情景。

【人寰】rénhuán 名〈文〉人世间 ▷撒手～。

【人祸】rénhuò 名 人为的灾祸 ▷天灾～。

【人机对话】rén-jī duìhuà 用计算机对人类社会交际活动中自然形成的语言的输入、输出、分析、识别、理解和生成等方面进行加工。是当前人工智能研究领域的一个重要方面。也说自然语言处理。

【人机界面】rén-jī jièmiàn 用户界面。

【人际】rénjì 名 人和人之间 ▷～往来|～关系。

【人迹】rénjì 名 人的踪迹 ▷～稀少。

【人迹罕至】rénjì-hǎnzhì 很少有人到过。形容荒凉偏僻。

【人家】rénjiā ❶ 名 住户 ▷走了半天，也见不到一户～。❷ 名 家庭 ▷光荣～|小康～。❸ 名 未过门的婆家 ▷大女儿已经许了～。

【人家】rénjia ❶ 代 泛指说话人和听话人以外的人，略相当于"别人" ▷～的事，你少管。❷ 代 称说话人和听话人以外的某个人或某些人，略相当于"他""他们" ▷他这样信任我，我不能给～丢脸|我倒想去他们那里工作，可～不要。❸ 代 称自己，相当于"我" ▷你别死缠着我，～不愿意嘛。

【人尖子】rénjiānzi 名 在同类中拔尖儿的人。

【人间】rénjiān 名 人类社会；世界上 ▷～奇迹。

【人杰】rénjié 名〈文〉杰出的人物 ▷生为～，死为鬼雄。

【人杰地灵】rénjié-dìlíng 人物杰出，山川灵秀。指杰出人物出生或到过的地方有灵秀之气，成为名胜之地；也指山川灵秀的地方能出现杰出的人才。也说地灵人杰。

【人尽其才】rénjìnqícái 指每个人都能充分发挥自己的才能。☛ 不宜写作"人尽其材"。

【人精】rénjīng 名 指极精明机警的人 ▷他可是个～，绝不会上你的当。

【人居】rénjū 区别 人居住的(环境、条件等) ▷改善～条件，建设优美的～环境。

【人均】rénjūn 动 按每人平均计算 ▷～收入。

【人口】rénkǒu ❶ 名 一定时间内生活在一定地域的人的总数 ▷～稠密。❷ 名 一个家庭的人的总数 ▷家里～少，负担轻。❸ 名 泛指人 ▷拐卖～。○ ❹ 名 指众人的嘴 ▷脍炙～。

【人口爆炸】rénkǒu bàozhà 指人口增长过猛，就像炸弹爆炸一样(危害严重)。

【人口密度】rénkǒu mìdù 单位面积土地上生活的

平均人数。用"人/平方千米"表示。

【人口普查】rénkǒu pǔchá 指对一个国家或一定地区内的全部人口状况在特定时点上所进行的调查统计。是人口调查的一种方式。

【人困马乏】rénkùn-mǎfá 形容极其劳累。

【人来疯】rénláifēng 指小孩子由于有人来而兴奋得故意撒娇、疯闹。

【人老珠黄】rénlǎo-zhūhuáng 指妇女老了受人嫌弃,就像珍珠年久变黄不值钱一样。

【人类】rénlèi 名 人的总称。

【人力】rénlì ❶ 名 人的力量;劳动力 ▷～车|开发～资源。❷ 名 指从事劳动的人 ▷～不足,工程进度缓慢。

【人力车】rénlìchē ❶ 名 用人力牵引的车。❷ 名 特指一种人拉的车,有两个直径较大的橡胶车轮,车身前有两根长柄。主要用于载人。也说洋车。某些地区也说黄包车。

【人力资源】rénlì zīyuán 一个国家或某种范围内可用的具有劳动能力(体质、智力、知识、技能等)的人的总和,包括数量和质量两个方面(英语缩写为 HR)。

【人流】rénliú ❶ 名 像流水一样接连不断移动的人群。○ ❷ 动 人工流产的简称。

【人伦】rénlún 名 人与人之间的伦理;特指尊卑、长幼之间的伦理。

【人马】rénmǎ ❶ 名 人和马;借指部队 ▷全部～安全通过敌人的封锁线。❷ 名 泛指人员、人手 ▷原班～|演出队全部～都已到齐。

【人满为患】rénmǎn-wéihuàn 因人太多而造成麻烦。

【人脉】rénmài 名 社会关系② ▷～很广。

【人们】rénmen 名 称许多的人;大家 ▷赢得了～的信赖和支持。☛"人们"是集合名词,复数,前面不能用表示具体数量的词语修饰。

【人面兽心】rénmiàn-shòuxīn 虽然长着人的外貌,内心却像野兽一样凶残。

【人民】rénmín 名 创造历史、推动人类社会进步的所有社会基本成员的总称 ▷代表广大～的利益|～是国家的主人。

【人民币】rénmínbì 名 我国的法定货币。主币单位是元,辅币单位是角、分(汉语拼音缩写为 RMB)。

【人民代表大会】rénmín dàibiǎo dàhuì 我国人民行使国家权力的机关。包括全国人民代表大会和地方各级人民代表大会。简称人大。

【人民法院】rénmín fǎyuàn 我国行使审判权的国家机关,设有最高人民法院、地方各级人民法院和各专门人民法院。

【人民公社】rénmín gōngshè 1958 年我国农村在高级农业生产合作社基础上建立的政社合一的集体所有制的经济组织和基层政权组织。一般一乡建立一社。1982 年制定的宪法规定设立乡人民代表大会和乡人民政府,人民公社遂不复存在。

【人民检察院】rénmín jiǎncháyuàn 我国行使法律监督权的国家机关。设有最高人民检察院、地方各级人民检察院和各专门人民检察院。

【人民警察】rénmín jǐngchá 我国武装性质的国家治安行政力量;也指构成这种治安行政力量的人员。简称民警。

【人民民主专政】rénmín mínzhǔ zhuānzhèng 工人阶级(经过共产党)领导的、以工农联盟为基础的人民民主政权。"对人民内部的民主方面和对反动派的专政方面,互相结合起来,就是人民民主专政。"(毛泽东《论人民民主专政》)

【人民内部矛盾】rénmín nèibù máodùn 在人民利益根本一致的基础上出现的非对抗性矛盾(与"敌我矛盾"相对)。

【人民团体】rénmín tuántǐ 经政府批准建立的群众性组织。如工会、妇联、学联、青联、科协、作协等。

【人民性】rénmínxìng 名 文艺作品中所具有的反映广大人民思想、生活要求和愿望的特性。

【人民战争】rénmín zhànzhēng 以人民军队为骨干,有广大人民群众参加的,为了反抗阶级压迫或抵御外敌入侵而进行的战争。

【人民政府】rénmín zhèngfǔ 我国各级人民代表大会的执行机关和国家行政机关。我国的中央人民政府是国务院(中华人民共和国成立初期称政务院)。

【人名】rénmíng 名 人的名字。

【人命】rénmìng ❶ 名 人的生命 ▷～关天|～案件。❷ 名 指人命案件 ▷闹出～来了。

【人命关天】rénmìng-guāntiān 指事情涉及人的生命,关系极为重大。

【人莫予毒】rénmòyúdú 没有谁能伤害我(予:我;毒:伤害)。表示无所顾忌,目空一切。

【人模狗样】rénmú-gǒuyàng 形容低俗的人却装出一副高雅的样子(含讥讽意) ▷看他打扮得～的,不知要去干什么。

【人品】rénpǐn ❶ 名 人的品质 ▷大家敬佩他的～。❷ 名 人的仪表 ▷～不俗。

【人气】rénqì ❶ 名 人群所表现出来的活跃气氛 ▷干群和,～旺。❷ 名 人或事物受欢迎的程度 ▷这部电视剧收视率高,～足。

【人墙】rénqiáng 名 由很多人排成的起阻挡作用的队列 ▷战士们排成～阻挡洪水。

【人情】rénqíng ❶ 名 人的感情;人之常情 ▷不近～|天理～。❷ 名 情分;情面 ▷不能因讲～而违反原则。❸ 名 恩惠;情谊 ▷不许拿国家财产来送～|欠一份～。❹ 名 一个地

方特有的人际交往等习俗 ▷风土～。

【人情世故】rénqíng-shìgù 为人处世的道理。☛"世"不要误写作"事"。

【人情味儿】rénqíngwèir 名 言行中体现出来的人与人之间的善良、美好的感情 ▷城市建设要富有～。

【人权】rénquán 名 指人们应当平等享有的权利，首先是生存权，同时也包括人身自由、民主权利以及经济、文化、社会等方面的权利。

【人群】rénqún 名 聚集在一起的很多人 ▷一转眼，他们已经消失在～之中。

【人人】rénrén 代 每个人；所有的人 ▷保护生态环境，～有责。

【人肉搜索】rénròu sōusuǒ 指网民用多种方法，对某人或事件的相关信息进行详尽搜索，并将其在互联网上发布 ▷这桩丑闻在网民的～中无处遁形｜～不得侵犯隐私权。

【人瑞】rénruì 名 旧指人事方面的吉祥征兆；也指有德行的人或年事很高的人 ▷升平～｜他是一位卓有声望的百岁～。

【人山人海】rénshān-rénhǎi 形容聚集的人非常多，像群山、大海一样。

【人蛇】rénshé 名 指偷渡出境的人。

【人身】rénshēn 名 指人的身体、健康、行为、声誉等 ▷～伤害｜～安全｜～攻击。

【人身保险】rénshēn bǎoxiǎn 以人的健康或寿命为标的的保险种类。分人寿保险、健康保险、人身意外伤害保险等。

【人身权】rénshēnquán 名 民事主体依法享有的与其自身不可分离的并且无直接财产内容的民事权利（跟"财产权"相区别）。一般分为人格权、身份权两类。

【人身事故】rénshēn shìgù 在生产劳动或工作中发生的人身伤亡事故。

【人身自由】rénshēn zìyóu 公民依法享有的身体不受侵犯的权利。我国宪法规定，公民的人身自由不受侵犯。禁止对公民非法逮捕、拘禁和搜查，禁止非法剥夺或限制公民的人身自由。

【人参】rénshēn 名 多年生草本植物，肉质根纺锤形或圆柱形，夏初开淡黄绿色小花。果实扁圆形，红色。根可以做药材。可以人工栽培。野生的称为野山参。

【人生】rénshēng 名 人的生命和生活；人的一生 ▷～价值｜有意义的～。

【人生观】rénshēngguān 名 对人生的目的、态度、价值、理想和人与社会的关系等问题的根本看法。是世界观在人生问题上的表现。

【人声】rénshēng 名 人或人的行动发出的声音 ▷～嘈杂｜听见～。

【人声鼎沸】rénshēng-dǐngfèi 形容许多人发出的声音像水在锅里沸腾一样喧嚣嘈杂。

【人士】rénshì 名 在社会上有一定影响或地位的人物 ▷权威～。☛ 跟"人氏"不同。

【人氏】rénshì 名 属某一籍贯的人（多见于近代汉语）▷在下沧州～。☛ 跟"人士"不同。

【人世】rénshì 名 人间 ▷他已不在～。

【人世间】rénshìjiān 名 人间；世界上 ▷阅尽～悲欢离合事。

【人事】rénshì ❶ 名 人力所能做到的事 ▷尽～。❷ 名 指人情事理 ▷通达～。❸ 名 人世间的事；人所能意识到的事 ▷隐身佛门，不关～｜不省～。❹ 名 指人员的调动任免事宜 ▷～更迭。❺ 名 指人际关系 ▷～瓜葛。

【人手】rénshǒu 名 指做事的人 ▷～有限。

【人寿年丰】rénshòu-niánfēng 人长寿，年景好。形容生活富裕，百姓安康。

【人数】rénshù 名 人的数目。

【人所共知】rénsuǒgòngzhī 大家都知道的（事）。

【人梯】réntī ❶ 名 一个人踩着另一个人的肩膀搭成的梯子。❷ 名 比喻为别人的成功而作出奉献的人 ▷淡泊名利，甘为～。

【人体】réntǐ 名 人的身体 ▷～素描。

【人体炸弹】réntǐ zhàdàn 指随身携带爆炸物，在人群或其他重要目标处引爆，实施"自杀性"攻击的人。简称人弹。

【人同此心，心同此理】réntóngcǐxīn，xīntóngcǐlǐ 形容对某一事情大家都会有相同的看法和感受。

【人头】réntóu ❶ 名 人的脑袋 ▷～攒动｜～落地。❷ 名 人数 ▷按～分配。❸ 名〈口〉指跟别人的关系 ▷～熟，工作好开展。

【人头税】réntóushuì 名 旧时按人口征收的税。

【人望】rénwàng ❶ 名 声望 ▷颇有～。❷ 名 有声望的人 ▷海内～。

【人微言轻】rénwēi-yánqīng 指人地位低，说的话不受重视。

【人为】rénwéi ❶ 动 靠人的力量去做 ▷事在～。❷ 区别 由于人的因素造成的 ▷～事故。

【人为刀俎，我为鱼肉】rénwéidāozǔ，wǒwéiyúròu 人家就像是菜刀和砧板，我们就像是鱼肉。比喻别人掌握着生杀大权，自己的处境十分被动危险。

【人味儿】rénwèir 名 指人应当具有的思想感情、道德品质 ▷见利忘义，没有～。

【人文】rénwén 名 原指诗书礼乐等，后泛指人类社会的各种文化现象 ▷～资源｜～精神。

【人文精神】rénwén jīngshén 一种主张以人为本，尊重人的价值、理想和需求，尊重人的权利和尊严，尊重人的自由和平等，激励各种创造、发明的思想和理论。

【人文景观】rénwén jǐngguān 人类创造的具有人

类文化价值可供观赏的景物。包括遗址、文物遗迹和民族、民俗、宗教活动等(跟"自然景观"相区别)。也说文化景观。

【人文科学】rénwén kēxué 原指跟神学相区别、同人的利益有关的学问;后多指研究社会现象和文化艺术的科学。

【人文主义】rénwén zhǔyì 欧洲文艺复兴时期的主要思潮。它反对宗教教义和中古时期的经院哲学,提倡学术研究,主张思想自由和个性解放,强调以人为主体和中心,尊重人的本质、利益、需要及各种创造和发展的可能性。

【人物】rénwù ❶ 名 指才能、地位很高的人;也指有某种特点或在某方面具有代表性的人 ▷杰出～|神秘～。❷ 名 文艺作品中所塑造的人 ▷～形象|刻画～。❸ 名 国画的一种,以人物为题材。也说人物画。

【人像】rénxiàng 名 刻画、雕塑、拍摄人体或相貌的作品。

【人心】rénxīn ❶ 名 指众人的感情、愿望等 ▷～思定|大得～。❷ 名 人性;良心 ▷这是个没～的家伙。

【人心不古】rénxīn-bùgǔ 认为现在人的思想情感不如古人那样淳朴厚道。

【人心果】rénxīnguǒ 名 常绿乔木,夏季开黄白色的花,果实大如梨,形状像人的心脏。果实也叫人心果,可以吃,也可以制饮料;树干内流出的汁液是制口香糖的主要原料。

【人心惶惶】rénxīn-huánghuáng 人们的内心惶恐不安。☛"惶"不要误写作"慌"。

【人心所向】rénxīn-suǒxiàng 人们所向往、所拥护的。

【人心向背】rénxīn-xiàngbèi 指人民群众的拥护或反对(向:归向;背:背离)。

【人行道】rénxíngdào 名 马路两旁专供行人走的便道。

【人行横道】rénxíng héngdào 供行人安全穿过马路的横道。一般用白色斑马线作标记。

【人形】rénxíng 名 人的形状、模样 ▷～雕塑。

【人性】rénxìng 名 人的本性;人所具有的正常的情感和理性 ▷灭绝～|背离～。

【人性化】rénxìnghuà 动 以人为本,在管理、设计等方面与人的关系相协调,使符合人性需求 ▷服务～|～的管理模式。

【人性论】rénxìnglùn 名 一种撇开人的社会性和阶级性,片面强调人具有天生的、固定不变的共同本性的观点或学说。欧洲文艺复兴时期,人性论曾起过反封建的作用。

【人选】rénxuǎn 名 根据某种标准挑选出来的人 ▷经理一职还没找到合适的～。

【人烟】rényān 名 住户的炊烟。借指人家或住户 ▷～稀少|～聚集。

【人言可畏】rényán-kěwèi 人们的流言蜚语是可怕的。

【人仰马翻】rényǎng-mǎfān 人马都被打翻在地。形容狼狈不堪或乱成一团。

【人样儿】rényàngr ❶ 名 指正常人的模样 ▷瘦得不像个～。❷ 名 指有本事或有出息的样子 ▷混出个～。

【人妖】rényāo ❶ 名〈文〉人事上的反常现象;人中怪物 ▷物怪～。○ ❷ 名 指有生理变态或伪装成异性的人;特指某些国家中男人经手术变性,并以女性身份表演谋生的人。

【人意】rényì 名 人的愿望、情绪等 ▷善解～。

【人影儿】rényǐngr ❶ 名 人的影子 ▷有个～在窗前一晃就不见了。❷ 名 人的踪迹 ▷找了几天,连个～也见不到。

【人鱼】rényú 名 儒艮的俗称。

【人欲】rényù 名 古代哲学名词,指人的欲望 ▷～横流。

【人员】rényuán 名 担任某种职务或属于某一类的人 ▷公安～|社会闲散～。

【人缘儿】rényuánr 名 跟周围人的关系;特指跟周围人的良好关系 ▷～好|没有～|讨～。

【人云亦云】rényún-yìyún 别人说什么,自己就跟着说什么。形容没有主见或创见。☛ 跟"鹦鹉学舌"不同。"人云亦云"侧重随声附和,没有主见;"鹦鹉学舌"侧重机械模仿,不动脑子。

【人造】rénzào 区别 人工制造的 ▷～卫星|～革。

【人造革】rénzàogé 名 外观、手感类似皮革,并可作为其代用材料的塑料制品(跟"真皮"相区别)。

【人造毛】rénzàomáo 名 人造纤维的一种,长度和纤度与羊毛相仿,可纯纺或同羊毛、其他纤维混纺。参见 1157 页"人造纤维"。

【人造棉】rénzàomián 名 人造纤维的一种,长度和纤度与棉纤维相仿,可纯纺或同棉、其他纤维混纺。参见 1157 页"人造纤维"。

【人造奶油】rénzào nǎiyóu 奶油的仿制品,用氢化植物油加脱脂牛奶和食盐、香精等调配加工而成。胆固醇含量远比天然奶油低,应用于冷饮、糕点等的制作,但不宜过多食用。也说人造黄油。俗称麦淇淋。

【人造石油】rénzào shíyóu 由固体(如油母页岩、煤)、液体(如焦油)或气体(如一氧化碳、氢)燃料制成的类似天然石油的液体燃料。

【人造丝】rénzàosī 名 人造纤维的一种,长度特长。广泛应用于丝织和针织工业。参见 1157 页"人造纤维"。

【人造土】rénzàotǔ 名 将废弃物与有机材料混合

加工而成的培养土，轻软疏松，没有污染，可代替自然土壤栽培植物。

【人造卫星】rénzào wèixīng 用火箭发射到太空，按一定轨道环绕行星或卫星运行的人造天体。通常指人造地球卫星。用于通信、气象和军事等方面。

【人造纤维】rénzào xiānwéi 以某些天然高分子化合物或其衍生物为原料制成的化学纤维。按形状和用途分为人造棉、人造丝、人造毛三种。

【人造行星】rénzào xíngxīng 用火箭发射到太空，按一定轨道环绕太阳运行的人造天体。

【人渣】rénzhā 名 人类中的渣滓、败类。

【人证】rénzhèng 名 由知情人、目击者等证人提供的有关案件事实的口头、书面证词及其他查证线索（跟“物证”相区别）。☛ 跟“证人”不同。“人证”是一种证据；“证人”是提供证据的人。

【人之常情】rénzhīchángqíng 一般人都具有的心情或都懂得的情理。

【人质】rénzhì 名 为迫使对方履行承诺或接受某种条件而扣留或劫持作为抵押的人。

【人治】rénzhì ❶ 名 先秦时期儒家的政治主张，主要内容是依靠贤能和人伦关系、道德观念等来约束人民、治理国家（跟“法治”相对，②同）。❷ 动 指根据领导者的个人意志治理国家和社会。

【人中】rénzhōng ❶ 名 指人中沟，即人的上嘴唇的中央凹下处。❷ 名 中医针灸穴位名，位于人中沟上部三分之一处。

【人种】rénzhǒng 名 具有共同起源和共同遗传体质特征（如皮肤、毛发、眼睛颜色、血型等）的人类群体。世界上的人种主要有：尼格罗人种、蒙古人种、欧罗巴人种。也有主要根据肤色特征划分人种的，如黄色人种、白色人种、黑色人种。也说种族。

【人主】rénzhǔ 名 君主。

【人字呢】rénzìní 名 一种带有“人”字花纹的较厚较密的毛织品。

壬 rén ❶ 名 天干的第九位。常用来表示顺序或等级的第九位。参见1354页“天干”。○ ❷ 名 姓。☛ 跟“壬(tǐng)”不同。“壬”下边是“士”，不是“土”。由“壬”构成的字有“任”“饪”“妊”等；由“壬”构成的字有“廷”“庭”“蜓”“挺”等。

仁[1] rén ❶ 形 对人亲善友爱，有同情心 ▷为富不～|～爱|～慈。→ ❷ 名 古代一种含义广泛的道德观念，核心是爱人、待人友善 ▷～至义尽|杀身成～|～政。→ ❸ 名 敬词，用于对朋友的尊称 ▷～兄|～弟。○ ❹ 名 姓。

仁[2] rén ❶ 名 果核或果壳里的东西 ▷杏～儿|花生～儿|核桃～儿。→ ❷ 名 像仁儿的东西 ▷虾～儿。

【仁爱】rén'ài ❶ 形 仁厚慈爱 ▷宽厚～|～之心|希望人间充满～。❷ 动 同情人、关爱人、乐于助人 ▷～士卒。

【仁慈】réncí 形 仁爱慈善 ▷～之心。

【仁道】réndào 名 以儒家仁爱思想为核心的道德观念。

【仁弟】réndì 名 敬词，称年龄比自己小的朋友或自己的学生。

【仁厚】rénhòu 形 仁慈厚道 ▷～长者。

【仁人君子】rénrén-jūnzǐ 指有仁爱之心、品德高尚的人。

【仁人志士】rénrén-zhìshì 指有仁爱之心、高尚节操和坚强意志的人。也说志士仁人。

【仁兄】rénxiōng 名 敬词，称同辈的朋友。

【仁义】rényì 名 仁爱和正义 ▷～之师。

【仁义】rényi 形〈口〉温顺善良 ▷这人挺～。

【仁义道德】rényì-dàodé 原指儒家所倡导的仁爱、合乎道义等行为规范；后泛指为人处世的行为规范。

【仁义之师】rényìzhīshī 为仁爱和正义而战斗的军队。

【仁者见仁，智者见智】rénzhě-jiànrén，zhìzhě-jiànzhì《周易·系辞上》：“仁者见之谓之仁，智者见之谓之智。”指对同一事物，不同的人会有不同的见解。

【仁政】rénzhèng 名 原指儒家规劝统治者宽以待民、施以恩惠的政治主张；后泛指宽厚仁慈的政治措施。

【仁至义尽】rénzhì-yìjìn 原指为实行仁义之道，已尽最大的努力。后指对人的爱护、帮助或宽恕已做到最大的限度。

任 rén ❶ 用于地名。如任县、任丘，均在河北。○ ❷ 名 姓。☛ 参见本页“壬”的提示。另见1159页 rèn。

rěn

忍 rěn ❶ 动 忍耐；忍受 ▷～着疼痛|～不住笑|～让|容～。→ ❷ 动 能硬着心肠做情理上不该做的事 ▷于心不～|惨不～睹。

【忍冬】rěndōng 名 金银花的学名。

【忍饥挨饿】rěnjī-ái'è 忍受饥饿。

【忍俊不禁】rěnjùn-bùjīn 忍不住而笑（忍俊：原指抑制锋芒外露，后指含笑）。☛“禁”这里不读jìn。

【忍耐】rěnnài 动 抑制某种感觉或情绪使不表现出来 ▷～不住悲痛。

【忍耐性】rěnnàixìng 名 指人能忍受或承受外在

压力的能力 ▷他没有一点儿～。

【忍气吞声】rěnqì-tūnshēng 受了气强忍住，不敢出声。☛ 跟"忍辱负重"不同。"忍气吞声"可用于褒义，也可用于贬义；"忍辱负重"是褒义词。

【忍让】rěnràng 动 容忍退让 ▷对他们的无理要求不能～。

【忍辱】rěnrǔ 动 忍受屈辱 ▷～偷生｜～含垢。

【忍辱负重】rěnrǔ-fùzhòng 为完成重大的任务而忍受暂时的屈辱。☛ 参见本页"忍气吞声"的提示。

【忍受】rěnshòu 动 尽力承受(痛苦、不幸等) ▷～着病痛的折磨。

【忍痛】rěntòng 动 忍受痛苦 ▷～把脓挤出来。

【忍无可忍】rěnwúkěrěn 即使想忍受，也没办法再忍受下去。形容忍受达到极限。

【忍心】rěnxīn 动 忍② ▷不～丢下工作不管。

荏[1] rěn 名 白苏。

荏[2] rěn 形 软弱；怯懦 ▷色厉内～｜～弱。

【荏苒】rěnrǎn 动〈文〉(时光)在不知不觉中渐渐过去 ▷时光～。

【荏弱】rěnruò 形 懦弱 ▷表面强硬而内心～。

稔 rěn〈文〉❶ 形 谷物成熟 ▷年登岁～。→❷ 名 指一年 ▷五～。→❸ 动 熟悉 ▷熟～｜～知。☛ 不读 niǎn 或 niàn。

【稔熟】rěnshú 形〈文〉很熟悉 ▷～如指掌。

【稔知】rěnzhī 动〈文〉熟知 ▷他对国计民生可谓～于胸。

rèn

刃 rèn ❶ 名 刀剑等的锋利部分 ▷这把刀卷～了｜剑两面都有～｜迎～而解｜刀～。→❷ 名 指刀剑等 ▷手持利～｜白～战。❸ 动〈文〉用刀杀 ▷手～国贼。

【刃具】rènjù 名 刀具。

【刃口】rènkǒu 名 刀口；刀锋。

认(認) rèn ❶ 动 认识或确定某一对象；辨别 ▷这个字你帮我～一～｜多年不见，～不出来了｜～领。→❷ 动 承认；表示同意或肯定 ▷～错｜～罪｜默～｜～购。⇒❸ 动 对本来没有关系或有关系而不明确的人，建立或明确某种关系 ▷～了一门干亲｜～本家。⇒❹ 动 愿意接受(不如意的情况) ▷花冤枉钱我～了。⇒❺ 动〈口〉承认某物的价值而愿意接受 ▷我们这儿不～大米，只～白面｜～钱不～人。

【认错】rèncuò 动 承认错误。口语也说认不是。

【认得】rènde 动 能确认所见到的某个人或某种事物 ▷我不～这个字｜我～他，而且很熟。

【认定】rèndìng ❶ 动 确定地认为 ▷我～这样做是正确的。❷ 动 确定；作出肯定性结论 ▷～合同的合法性。

【认罚】rènfá 动 愿意接受处罚 ▷知错～。

【认负】rènfù 动 认输 ▷拱手～。

【认购】rèngòu 动 承诺购买 ▷～国债。

【认股】rèngǔ 动 认购股票 ▷踊跃～。

【认缴】rènjiǎo 动 同意、承诺缴纳款项 ▷～1000万元资金。

【认捐】rènjuān 动 承诺捐献 ▷～100万元。

【认可】rènkě 动 承认；许可 ▷得到社会的～。

【认领】rènlǐng ❶ 动 辨认并领取(原属自己的东西) ▷失物～。❷ 动 自愿领取并负责抚养 ▷～孤儿。❸ 动 自愿领取某项任务并完成 ▷他主动～了安装这批仪器的任务。

【认命】rènmìng 动 承认命运不可抗拒。指无奈地接受某种不利的现实、不幸的遭遇。

【认亲】rènqīn 动 认定亲属关系或亲戚关系 ▷他从海外回来～。

【认生】rènshēng 形 形容见生人害怕(多用于小孩儿) ▷这孩子见了我还有点儿～。

【认识】rènshi ❶ 动 认得 ▷他们都～我｜这个字我不～。❷ 动 通过实践活动，了解和掌握人或事物的本质和发展规律 ▷～到自己的缺点｜～世界。❸ 名 哲学上指人脑对客观现实的反映，包括感性认识和理性认识 ▷隐身佛门，不闻～。

【认识论】rènshilùn 名 关于人类认识的对象和来源，认识的本质、能力、结构、过程和规律以及认识的检验的哲学学说。马克思主义哲学把实践的观点和辩证法应用于认识论，创立了辩证唯物主义的认识论。

【认输】rènshū 动 承认失败 ▷在困难面前从不～。

【认死理】rènsǐlǐ 认准了某个道理或某一结论而不肯根据客观实际加以改变。

【认同】rèntóng ❶ 动 认为对方跟自己有共同之处 ▷～感｜～心理。❷ 动 认可；赞同 ▷他对这种观点表示～。

【认头】rèntóu 动 迫于情势，不得不承认或接受某种事实或现状 ▷经过大家再三劝说，她才～。

【认为】rènwéi 动 对人或事物提出或持有某种看法，作出某种判断 ▷我～他还有潜力。

【认养】rènyǎng ❶ 动 自愿认领并负责抚养或赡养 ▷～孤儿｜～孤寡老人。❷ 动 自愿认领并负责养护(动物、绿地、树木等) ▷～野生动物｜～绿地｜他～了后山上的一片枣林。☛ 认养孤儿、绿地、树木等通常需要到相关部门办理手续。

【认贼作父】rènzéizuòfù 把仇敌当作亲人。比喻卖身投靠敌人。

【认账】rènzhàng 动 承认所欠的账；指承认做过的事或说过的话 ▷是你让我请的人，怎么现在又不～了？☛ 不要写作"认帐"。

【认真】rènzhēn ❶ 动 当作真实的；当真 ▷这是开玩笑，不必～。❷ 形 态度严肃，一丝不苟 ▷办事～｜～听取群众意见。

【认证】rènzhèng 动 对当事人提出的文件，公证机关审查属实后予以证明；对当事人提出的技术成果、产品等，技术质量监督部门等相关机构审查合格后予以证明 ▷这份合同经公证处～，具有法律效力｜国际～标准。

【认知】rènzhī 动 了解、认识客观事物而获得知识 ▷尚未～｜～过程。

【认准】rènzhǔn ❶ 动 准确无误地辨认出来 ▷把行车路线～了，免得下次走冤枉路。❷ 动 确信 ▷我就～了"有志者事竟成"这句话。

【认罪】rènzuì 动 承认罪行 ▷在事实和证据面前，他只得～了。

仞 rèn 量 古代长度单位，8 尺或 7 尺为 1 仞 ▷万～高山。

讱(訒) rèn 形〈文〉说话缓慢谨慎 ▷仁者其言也～。

任[1] rèn ❶ 动 担负；承受 ▷～劳～怨。→ ❷ 名 负担；职责 ▷不堪重～｜以天下兴亡为己～。→ ❸ 动 担当(职务) ▷～厂长｜出～｜～教。⇒ ❹ 名 职务；职位 ▷上～｜卸～。⇒ ❺ 动 使担当职务 ▷～人唯贤｜委～｜～用。⇒ ❻ 量 用于任职的次数 ▷做过几～县长｜为官一～，造福一方。

任[2] rèn ❶ 动 放纵；不加约束 ▷放～自流｜～意｜～性。→ ❷ 动 听凭 ▷～人宰割｜听之～之。❸ 连 连接分句，或用在疑问代词之前，表示无条件，相当于"不管""无论" ▷～你怎么劝，他就是不听｜～什么都不回答。☛ "任"字通常读 rèn；读 rén，用于地名和姓氏。

另见 1157 页 rén。

【任便】rènbiàn 动 听凭自便 ▷你哪天走～。

【任从】rèncóng 动 任凭；听凭 ▷各种不同款式～您自己挑选。

【任何】rènhé 代 不论什么 ▷～困难也吓不倒我们｜～人都不知道。

【任教】rènjiào 动 担任教学工作。

【任课】rènkè 动 担任授课工作。

【任劳任怨】rènláo-rènyuàn 形容做事不辞辛劳，不怕埋怨。

【任免】rènmiǎn 动 任命和免去(职务) ▷～驻外大使｜进行人事～。

【任命】rènmìng 动 下令委派(担当职务)。

【任凭】rènpíng ❶ 动 听凭；听任 ▷这几项工作～你选择。❷ 连 不论；不管 ▷～你怎么说，他就是不动心。❸ 连 即使 ▷～天气再不好，我们也要把物资运出去。

【任期】rènqī 名 担任职务的期限。

【任期制】rènqīzhì 名 对担任某一职务设有一定期限的制度。

【任其自然】rènqízìrán 听凭事物按照自身的规律发展，不加干预。

【任情】rènqíng ❶ 副 任意① ▷不能这样～放纵自己。❷ 形 任性 ▷他做事过于～。

【任人唯亲】rènrén-wéiqīn 只任用自己亲近的人，而不管德才如何。

【任人唯贤】rènrén-wéixián 只任用德才兼备的人，而不管他跟自己的关系如何。

【任随】rènsuí ❶ 动 听凭；任凭 ▷～他怎么处理。❷ 连 不论 ▷～你怎么劝说都没有用。

【任务】rènwù 名 受委派担负的工作或责任 ▷～繁重｜学校的～就是为国家培养人才。☛ 参见 1770 页"职务"的提示。

【任性】rènxìng 形 由着自己的性子，不受约束 ▷～妄为｜他太～，谁说都不听。

【任选】rènxuǎn 动 任意选择 ▷选修课可以～。

【任意】rènyì ❶ 副 表示任凭自己的心意，不受限制 ▷不得～行动。❷ 区别 不受任何条件限制的 ▷～两点都可以连成直线。

【任用】rènyòng 动 任命使用 ▷～年轻干部｜～德才兼备的人担任领导职务。☛ 跟"录用"不同。"任用"指从内部择人任职；"录用"指从外部经过一定的考核程序择优任用。

【任由】rènyóu ❶ 动 任凭① ▷奇花异草～观赏｜不能～这种不良现象发展蔓延。❷ 连 任凭② ▷～你怎么劝说，他就是不肯去。

【任职】rènzhí 动 担任职务。

【任重道远】rènzhòng-dàoyuǎn 担子沉重，路程遥远。比喻责任重大，需要长期奋斗。

纫(紉) rèn ❶ 动 把线穿过针眼 ▷～上根线｜～针。→ ❷ 动 缝缀 ▷缝～。〇 ❸ 动〈文〉内心感佩(多用于书信) ▷敬～高谊(高谊：崇高的情谊)｜～佩(感激佩服)。

韧(韌*靭靱韌) rèn 形 柔软结实，不易断裂(跟"脆"相对) ▷柔～｜坚～｜～带｜～性。

【韧带】rèndài 名 连接骨与骨之间或支持内脏的坚韧的白色结缔组织，多呈带状或条索状。

【韧度】rèndù 名 柔软结实的程度 ▷～很强。

【韧劲】rènjìn 名 百折不挠、坚持到底的劲头 ▷他办事有股子～，从来不向困难低头。

【韧皮部】rènpíbù 名 茎的组成部分之一，由筛管、韧皮纤维等组成，位于皮层和木质部之间，比皮层柔韧，有输导养分等功能。

【韧性】rènxìng ❶ 名 物体所具有的柔软结实而不易折断的特性 ▷桑树皮很有～。❷ 名 指坚韧不拔、顽强持久的精神 ▷参加马拉松赛跑，没有点儿～是不行的。

轫（軔 *軔）rèn 名〈文〉用来阻止车轮滚动的木头 ▷发～（比喻事业开始）。

韧 rèn ❶ 动〈文〉充满。○ ❷ 古同"韧"。

饪（飪 *餁）rèn 动 煮熟食物；做饭菜 ▷烹～。

妊（*姙）rèn 动 怀孕 ▷～娠｜～妇。☛ 统读 rèn，不读 rén。

【妊妇】rènfù 名 孕妇。

【妊娠】rènshēn 动 怀孕 ▷～期间，要注意休息和营养。☛"娠"不读 chén 或 zhèn。

纴（紝）rèn〈文〉❶ 名 织布帛的纱缕。→ ❷ 动 纺织 ▷织～。

衽（*袵）rèn〈文〉❶ 名 衣襟 ▷披发左～（左衽：大襟开在左边）｜敛～。○ ❷ 名 睡觉铺的席子 ▷～席。

葚 rèn 见 1185 页"桑葚儿"。
另见 1224 页 shèn。

rēng

扔 rēng ❶ 动 挥动手臂，借助惯性使拿着的东西离开手 ▷把球～给我｜～手榴弹。→ ❷ 动 丢弃；抛掉 ▷别乱～果皮｜～下工作。☛ 统读 rēng，不读 rěng。

【扔弃】rēngqì 动 抛弃；舍弃 ▷～私心杂念。

réng

仍 réng ❶ 动〈文〉沿袭；依照 ▷一～其旧。→ ❷ 动〈文〉接连不断 ▷战乱频～。❸ 副 表示某种情况持续不变，或中断、变动后又恢复原状，相当于"仍然""还（hái）" ▷夜深了，他～在工作｜几经挫折～不灰心｜车子回来～停在原处。☛ 不读 rēng 或 rěng。

【仍旧】réngjiù ❶ 动 照旧；按原来的样子不变 ▷奖惩办法～。❷ 副 仍然 ▷风停了，雨～下着｜看完报纸，～放回原处。

【仍然】réngrán ❶ 副 表示某种情况持续不变 ▷现在条件好了，但他～过着俭朴的生活。❷ 副 表示中断、变动后又恢复原状 ▷回国后他～当厂长｜出院后她～按时上班。

礽 réng 名〈文〉福。

rì

日[1] rì ❶ 名 太阳 ▷旭～东升｜～落西山｜～光｜烈～。→ ❷ 名 白天（跟"夜"相对） ▷夜以继～｜～班｜～场。→ ❸ 名 一昼夜，地球自转一周的时间 ▷昨～｜今～。⇒ ❹ 名 每天；一天天 ▷～新月异｜蒸蒸～上。⇒ ❺ 名 特指某一天 ▷生～｜节～。⇒ ❻ 名 泛指某一段时间 ▷往～｜夏～。⇒ ❼ 量 天⑧ ▷足足行走了 3～｜共计 5～。

日[2] rì 名 指日本 ▷～元｜～语。

【日班】rìbān 名 白班 ▷这周我上夜班，他上～。

【日报】rìbào 名 每日上午出版的报纸。

【日本暖流】rìběn nuǎnliú 黑潮①。

【日薄西山】rìbóxīshān 太阳临近西边山冈，快要落下（薄：迫近）。比喻人临近死亡或事物快要灭亡。

【日不暇给】rìbùxiájǐ 形容事务繁忙，每天都没有空闲，时间总不够用（暇：空闲；给：丰足）。☛"给"这里不读 gěi。

【日产】rìchǎn ❶ 动 每天生产；全天生产 ▷～化肥 800 吨。❷ 名 指日产量 ▷原油～大幅削减。

【日常】rìcháng 区别 平时的 ▷～生活用品。

【日场】rìchǎng 名 影剧院白天放映或演出的场次。

【日程】rìchéng 名 按日排定的办事或活动程序 ▷比赛～｜议事～。

【日出】rìchū 动 太阳在地平线上出现 ▷～而作，日落而息｜～东方。

【日戳】rìchuō 名 标明年月日的印章。

【日耳曼人】rì'ěrmànrén 名 北欧的古代民族，公元前 5 世纪起，分布在欧洲斯堪的纳维亚半岛南部、日德兰半岛、波罗的海和北海南岸。日耳曼人同克尔特人及当地其他原住民融合，成为近代德意志等族的祖先。

【日珥】rì'ěr 名 太阳表面由氢、氦、钙等元素组成的呈朱红色的发光气团。

【日工】rìgōng ❶ 名 按上班天数计算报酬的临时工人 ▷雇几个～帮忙。❷ 名 按上班天数计算报酬的临时工作 ▷这些活儿按～包出去。

【日光】rìguāng 名 阳光①。

【日光灯】rìguāngdēng 名 荧光灯。

【日光浴】rìguāngyù 动 裸露身体接受日光照射，以健身防病，增强抗病能力 ▷经常～有益于身体健康。也说太阳浴。

【日晷】rìguǐ 名 古代利用太阳投射的影子来测定时刻的仪器。由晷盘和晷针构成。晷盘是一个有刻度的圆盘，盘面跟赤道面平行，中央装一根与盘面垂直的晷针。针影在晷盘上的不同位置显示不同的时刻。也说日规。

【日后】rìhòu 名 以后;将来。

【日华】rìhuá ❶ 名 太阳的光辉。❷ 名 日光穿过云中的水滴或冰粒发生衍射,在太阳周围形成的彩色光环。

【日化】rìhuà 名 日用化学工业或日用化学制品 ▷～工厂|～用品。

【日环食】rìhuánshí 名 日食的一种。参见本页“日食”。

【日积月累】rìjī-yuèlěi 长时间一点儿一点儿地积累。

【日记】rìjì 名 关于每天工作、生活或感想的书面记录(多指个人的)。

【日记账】rìjìzhàng 名 不分类别,按日期先后记载各项账目的账簿。☛ 不要写作“日记帐”。

【日间】rìjiān 名 白天。

【日见】rìjiàn 副 一天一天地显现,表示情况日益变化 ▷生活水平～提高。

【日渐】rìjiàn 副 一天一天地;逐渐地 ▷～增多。

【日界线】rìjièxiàn 名 日期变更的界线。国际上规定,180°经线为日期变更的界线。东行越过这条线时,须减去1天;西行越过这条线时,须增加1天。考虑到日界线附近国家和地区的使用方便,日界线由北往南绕过了一些陆地。旧称国际日期变更线。

【日久天长】rìjiǔ-tiāncháng 形容历时长久。

【日均】rìjūn 动 按每日平均计算 ▷～产值万元。

【日刊】rìkān 名 每天出版一期的刊物。

【日来】rìlái 名 近来;近几天来 ▷～气温骤降。

【日理万机】rìlǐwànjī 每天处理大量政务(机:政务,事务)。形容领导人政务繁忙。

【日历】rìlì 名 每年一本、每日一页的历书。

【日轮】rìlún 名 太阳。因形如车轮且运行不息,故称。

【日落】rìluò 动 太阳从地平线降下 ▷～西山。

【日落西山】rìluò-xīshān 太阳降落到了西边山冈。指黄昏时刻;也比喻人临近死亡或事物快要灭亡。

【日冕】rìmiǎn 名 太阳大气的最外层。温度高达100万摄氏度,密度极低,平时用日冕仪才能观测到,日全食时用肉眼也可看到。

【日暮】rìmù 名 傍晚 ▷～时分。

【日暮途穷】rìmù-túqióng 天快黑了,路已走到尽头了。比喻面临走投无路的绝境。

【日内】rìnèi 名 最近几天之内 ▷～启程。☛ 参见本页“日前”的提示㊁。

【日偏食】rìpiānshí 名 日食的一种。参见本页“日食”。

【日期】rìqī 名 某一行为或事情发生的日子。

【日前】rìqián 名 今天之前的几天。☛ ㊀跟“目前”不同。“日前”指过去的一段时间;“目前”指当前的一段时间。㊁跟“日内”意义相反。“日前”指现在之前的几天;“日内”指现在之后的几天。

【日趋】rìqū 副 表示一天一天地向某一方向变化 ▷～成熟|管理制度～完善。

【日全食】rìquánshí 名 日食的一种。参见本页“日食”。

【日日夜夜】rìrìyèyè 名 每天每夜;很多个白天和夜晚 ▷奋战了多少个～。

【日晒】rìshài 动 太阳把光和热辐射到人体或物体上 ▷风吹～。

【日晒雨淋】rìshài-yǔlín 太阳晒,雨水浇。形容环境恶劣。

【日上三竿】rìshàngsāngān 太阳已升得很高。形容时间已经不早。

【日甚一日】rìshènyīrì 一天比一天厉害或严重。

【日食】rìshí 名 月球运行到地球和太阳之间,太阳照射地球的光被月球遮挡的现象。太阳光全部被遮住时叫日全食;部分被遮住时叫日偏食;中心部分被遮住时叫日环食。☛ 不要写作“日蚀”。

【日霜】rìshuāng 名 白天使用的霜类护肤品。

【日头】rìtou 名〈口〉太阳。

【日托】rìtuō 动 白天把幼儿送到托儿所或幼儿园,晚上接回家(跟“全托”相区别)。也说半托。

【日文】rìwén 名 日本国的文字。

【日夕】rìxī 名〈文〉朝夕;日夜 ▷～相伴。

【日下】rìxià 名 目前;眼下 ▷～工作繁忙。

【日心说】rìxīnshuō 名 古代天文学上的一种学说,认为太阳是宇宙的中心,地球和其他行星都围绕太阳运转。古希腊天文学家阿里斯塔克在公元前3世纪首先提出,波兰天文学家哥白尼在16世纪作了系统的理论论述(跟“地心说”相区别)。

【日新月异】rìxīn-yuèyì 天天更新,月月不同。形容进步、发展很快,不断出现新面貌。

【日薪】rìxīn 名 按日计算的工资。

【日夜】rìyè 名 白天和黑夜 ▷～操劳。

【日益】rìyì 副 表示程度一天比一天更高 ▷环境～改善。

【日用】rìyòng ❶ 区别 日常生活使用的 ▷～百货。❷ 名 日常生活的费用。

【日用品】rìyòngpǐn 名 日常生活使用的物品。

【日元】rìyuán ❶ 名 日本的本位货币。❷ 量 日本的本位货币单位,1日元等于100钱。

【日圆】rìyuán 现在一般写作“日元”。

【日月】rìyuè ❶ 名 太阳和月亮 ▷～星辰|～光华。❷ 名 时光 ▷～如梭。❸ 名 日子③。

【日月如梭】rìyuè-rúsuō 太阳和月亮的运行像穿梭一样。形容时光过得很快。

【日晕】rìyùn 名 太阳周围的彩色光环，内红外紫，是日光穿过云层中的冰晶时经折射而形成的，常是天气变化的预兆 ▷～而雨，月晕而风。

【日杂】rìzá 名 日用杂货的简称。

【日照】rìzhào ❶ 动 太阳照射 ▷庄稼长期不经～就要枯黄。❷ 名 某一地区一天中接受太阳光照射的时间 ▷长江以北，夏天～长。

【日臻】rìzhēn 副 表示一天一天地达到(某种好的状况) ▷我国法制体系～健全。

【日志】rìzhì 名 对每天发生的情况所作的记录 ▷车间～|航海～|班务～。

【日中】rìzhōng 名 正午的时候 ▷～小憩。

【日妆】rìzhuāng 名 适于白天活动的妆饰。

【日子】rìzi ❶ 名 指特定的日期 ▷定个～咱们聚会一次。❷ 名 指天数、时日 ▷这些～太忙。❸ 名 指生活 ▷现在～好过多了。

驲(馹) rì 名 古代驿站专用的车、马。

róng

戎[1] róng ❶ 名〈文〉兵器的统称 ▷兵～相见。→ ❷ 名〈文〉军队；军事 ▷投笔从～。○ ❸ 名 姓。

戎[2] róng 名 古代泛指我国西部的民族 ▷西和诸～，南抚夷越。☛ “戎”字跟“戊”“戍”不同。由“戎”构成的字有“绒”“狨”等。

【戎机】róngjī〈文〉❶ 名 军事机宜；战争 ▷万里赴～。❷ 名 战斗的时机 ▷～不可失。

【戎马】róngmǎ 名〈文〉战马；借指军旅生活 ▷～倥偬|～一生。

【戎马倥偬】róngmǎ-kǒngzǒng 形容军务紧张繁忙。☛ “倥偬”不读 kōngcōng。

【戎装】róngzhuāng 名〈文〉军装。

彤 róng ❶ 名 古代的一种祭祀活动。○ ❷ 名 姓。

茸 róng ❶ 形 形容草初生时纤细柔软的样子 ▷绿～～的草地。→ ❷ 名 指鹿茸 ▷参(shēn)～。☛ 跟“葺(qì)”不同。

【茸毛】róngmáo ❶ 名 植物体上的细毛。❷ 见本页“绒毛”①。现在一般写作“绒毛”。

【茸茸】róngróng 形 形容草、毛发等细短、柔软而又稠密的样子 ▷～新绿映朝晖|～的黑发。

荣(榮) róng ❶ 形 兴盛 ▷欣欣向～|繁～昌盛。→ ❷ 形 显贵 ▷～华富贵|一损俱损，一～俱～。❸ 形 光彩 ▷引以为～|～辱与共|光～。○ ❹ 名 姓。

【荣登】róngdēng 动 (被)光荣地登录、记载 ▷～榜首。

【荣光】róngguāng 形 光荣(多用于韵文)。

【荣归】róngguī 动 光荣地归来 ▷载誉～故里。

【荣华】rónghuá ❶ 动〈文〉草木开花 ▷草木～。❷ 形 形容昌盛显达 ▷～富贵。

【荣获】rónghuò 动 光荣地获得 ▷～优秀作品一等奖|～全国劳动模范称号。

【荣记】róngjì 动 (被)光荣地记录 ▷～特等功。

【荣枯】róngkū 形 草木茂盛和枯萎。形容人事的兴盛和衰落 ▷～更替。

【荣立】rónglì 动 光荣地建立(功勋) ▷～头功。

【荣任】róngrèn 动 称颂人光荣地担任(某一职务) ▷～厂长。

【荣辱】róngrǔ 名 光荣和耻辱 ▷不计～。

【荣辱与共】róngrǔ-yǔgòng 同别人共同享受光荣和承受耻辱。

【荣升】róngshēng 动 称颂人光荣地被提升 ▷～县长。

【荣退】róngtuì 动 称颂人光荣地退休或退役。

【荣幸】róngxìng 形 光荣而幸运 ▷～地参加这次大会。

【荣耀】róngyào 形 光荣 ▷作为一名人民教师，我感到非常～。

【荣膺】róngyīng 动 光荣地接受 ▷～国家级最高奖项|～人民艺术家称号。

【荣誉】róngyù 名 光荣的名誉 ▷珍惜集体～。

【荣誉感】róngyùgǎn 名 对荣誉的感受和意识 ▷从小就培养孩子们的集体～。

【荣誉军人】róngyù jūnrén 对伤残军人的尊称。简称荣军。

狨 róng ❶ 名 古书上指金丝猴。○ ❷ 名 哺乳动物，体小，尾长，头两侧有长的毛丛，是最小的猿猴类。性活泼温顺，易驯养。产于中美、南美。也说绢毛猴。

绒(絨*毧羢) róng ❶ 名 又细又软的短毛 ▷～毛|鸭～|驼～。→ ❷ 名 面上有一层细毛的厚实的纺织品 ▷天鹅～|长毛～|呢～绸缎。

【绒布】róngbù 名 表面呈绒毛状的布。质地柔软，保暖性能好。

【绒花】rónghuā 名 用丝绒制成的花、鸟等造型的工艺品。参见插图 16 页。

【绒裤】róngkù 名 一种表面有绒毛的较厚的线织裤子。

【绒毛】róngmáo ❶ 名 人或动物体表上短而细软的毛；人或哺乳动物小肠壁的黏膜面上密布的细微的指状突起 ▷小肠～。❷ 名 某些织物上的绒 ▷绒衣磨得没有～了。

【绒面革】róngmiàngé 名 表面有细绒的皮革。原用麂皮生产，后多用猪皮、牛皮、羊皮等生产。

【绒毯】róngtǎn 名 用毛或棉等织成的带绒毛的

毯子。

【绒线】róngxiàn ❶ 名 绣花用的粗丝线。❷ 名 某些地区指毛线。

【绒线衫】róngxiànshān 名 某些地区指用毛线织成的上衣。

【绒绣】róngxiù 名 用彩色绒线在特制的网眼麻布上绣制的手工艺品。

【绒衣】róngyī 名 一种表面有绒毛的较厚的线织上衣。

容[1] róng ❶ 动 盛(chéng)②;包含 ▷教室能~50人|间不~发|无地自~。→ ❷ 动 对人宽大;谅解 ▷情理难~|~忍|宽~。❸ 动 允许 ▷不~我解释|刻不~缓。❹ 副〈文〉也许;可能 ▷~或有之。○ ❺ 名 姓。

容[2] róng ❶ 名 相貌 ▷~貌|仪~。→ ❷ 名 脸上的神色 ▷~光焕发|病~。→ ❸ 名 事物的景象或状态 ▷市~|阵~。☛"容"字统读 róng,不读 yóng。

【容错】róngcuò ❶ 动 容忍错误;特指理解并宽容工作中出现的某些差错 ▷他刻意追求完美,丝毫不能~|建立鼓励创新、宽容失败的~机制。❷ 动 指电子计算机系统在硬件发生故障、软件出现问题以及收到错误指令时,能自行采取补救措施,使整个系统的正常工作不受影响。

【容光】róngguāng 名 脸上的神采 ▷~焕发。

【容光焕发】róngguāng-huànfā 脸上放出光彩。形容身体健康,精神饱满。

【容或】rónghuò 副〈文〉也许;或许 ▷~有之。

【容积】róngjī 名 容器所能容纳物质的体积。

【容量】róngliàng ❶ 名 容积的大小。❷ 名 能容纳的数量 ▷电~|计算机硬盘~。

【容留】róngliú 动 容纳;收留 ▷~难民。

【容貌】róngmào ❶ 名 相貌(多指美好的,多用于女性) ▷俏丽的~|~辨识。❷ 名 面貌② ▷美化城市~|江南水乡~迷人。

【容纳】róngnà ❶ 动 在一定的空间内可以盛下 ▷这家医院可~1000张病床。❷ 动 接受(意见等) ▷能~不同意见。

【容器】róngqì 名 装东西的器具。

【容情】róngqíng 动 给予宽容(多用于否定) ▷对贪污腐败分子绝不~。

【容人】róngrén 动 宽容别人 ▷要学会~。

【容忍】róngrěn 动 容许;忍受 ▷绝不~国家主权遭受侵犯。

【容身】róngshēn 动 安身;存身 ▷无处~。

【容许】róngxǔ 动 允许 ▷考试不~作弊。

【容颜】róngyán ❶ 名 容貌;脸色 ▷多年未见,她~未改|~红润。❷ 名 面貌② ▷今日家乡的~已是山清水秀。

【容易】róngyì ❶ 形 难度小;不费事 ▷这件事~办|学手艺不~。❷ 形 表示发生某种情况的可能性大 ▷居室通风差,病毒~传播。

【容止】róngzhǐ 名〈文〉仪容和举止 ▷~不俗。

【容姿】róngzī 名 容貌姿色 ▷~娇美。

嵘(嶸) róng 见1755页"峥(zhēng)嵘"。

蓉 róng ❶ 见419页"芙蓉"。→ ❷ 名 四川成都的别称。○ ❸ 名 用植物的果肉或种子制成的粉状物,可以做糕点馅儿 ▷椰~|莲~|豆~。○ ❹ 名 姓。

溶 róng 动 在液体中化开 ▷油漆不~于水|~剂|~液。☛ 参见1164页"熔"的提示。

【溶洞】róngdòng 名 地下水沿着可溶岩层层面或裂隙进行溶蚀,不断扩大而形成的岩石空洞。洞里多有各种形状的钟乳石和石笋。

【溶化】rónghuà ❶ 动(固体)溶解在液体里 ▷用水将小苏打~。❷ 见1164页"融化"。现在一般写作"融化"。☛ 跟"融化""熔化"适用对象不同。"溶化"指固体在液体中溶解;"融化"指冰雪受热化成液体;"熔化"指金属、石蜡等固体受热而变成液体状态。

【溶剂】róngjì 名 能溶解其他物质的物质。如水是应用最广泛的溶剂;酒精、汽油、苯等则是常用的有机溶剂。

【溶解】róngjiě 动 一种物质以分子或离子等状态均匀地分布在另一种物质中成为溶液。比如食盐放在水中会成为盐水。

【溶解度】róngjiědù 名 在一定温度和压力下,某种物质在一定量溶剂中溶解的最高量。一般用100克溶剂中能溶解物质的克数表示。

【溶解热】róngjiěrè 名 一定量的物质溶于一定量的溶剂所产生的热效应(吸热或放热)。产生溶解热的量跟溶质、溶剂的性质、二者的相对数量及所处的温度与压力等有关。

【溶溶】róngróng〈文〉❶ 形 形容水流盛大 ▷春水~。❷ 形 形容明净洁白的样子 ▷~月色。

【溶蚀】róngshí 动 地面水或地下水溶解并携走岩石中的可溶物质。这种现象在石灰岩地区最为显著。

【溶血】róngxuè 动 红细胞破裂,血红蛋白从红细胞内逸出。

【溶液】róngyè 名 两种或两种以上不同物质所组成的均匀混合物。按状态分为固态的,如铜镍合金;液态的,如盐水;气态的,如空气。通常指液态溶液。

【溶质】róngzhì 名 溶解在溶剂中的物质。如糖水中的糖。

瑢 róng 见229页"瑽(cōng)瑢"。

榕 róng ❶ 图 榕树，常绿大乔木，树干分枝多，树冠大，有气根，生长在热带和亚热带。木材轻软，可以做器具；果子可以食用；叶子、气根、树汁可以做药材。参见插图 6 页。→ ❷ 图 福建福州的别称。

熔 róng 动 固态物质吸热到一定程度最终由固态变为液态 ▷～点|～炉|～铸。☛ 跟"溶""融"不同。"熔"指固体受热变为液体；"溶"指溶解和溶化；"融"强调融合，也特指冰雪等受热变为液体。

【熔点】 róngdiǎn 图 晶体物质熔化时的温度，即该物质的液态和固态可以平衡共存的温度。各种晶体物质熔点不同，同一晶体物质的熔点又与所受的压强有关。

【熔断】 róngduàn ❶ 动 金属丝或金属片因受热局部熔化而断开 ▷灯泡的钨丝～了。❷ 动 给金属丝或金属片加热使断开。

【熔断器】 róngduànqì 图 一种简单的保护性电器，串联在电路中，当电流超过规定值时，熔断器中的金属熔体(保险丝)便发热而熔断，从而对电器设备起到保护作用。

【熔合】 rónghé 动 几种不同的固态金属熔解后合为一体。

【熔化】 rónghuà 动 熔解。☛ 参见 1163 页"溶化"的提示。

【熔剂】 róngjì 图 冶炼过程中所使用的造渣材料。主要作用是同炉料中的杂质结合成渣，使之与金属分离。如石灰石、石灰、白云石、萤石等。

【熔解】 róngjiě 动 固态物质吸热变为液态。

【熔炼】 róngliàn ❶ 动 熔解冶炼 ▷～技术。❷ 动 比喻培养锻炼 ▷～坚强意志。

【熔炉】 rónglú ❶ 图 冶炼金属的炉子。❷ 图 比喻锻炼人的环境 ▷相信他在部队这座大～里一定能够百炼成钢。

【熔融】 róngróng 动 熔解。

【熔体】 róngtǐ 图 熔断器中用低熔点金属制成的元件，具有易熔断特性。参见本页"熔断器"。

【熔岩】 róngyán 图 一种由溢出地表的炽热的熔融岩浆流冷却后凝结成的岩石。

【熔冶】 róngyě 动 熔炼①。

【熔铸】 róngzhù 动 熔解并铸造 ▷～铅锭◇把革命激情～在主人公的形象上。

蝾(蠑) róng [蝾螈] róngyuán 图 两栖动物，形状像蜥蜴，背黑色，有蜡光，腹面朱红色，有黑色斑点。生活在池沼或湿地草丛中，捕食昆虫等小动物。参见插图 2 页。

镕(鎔) róng ❶ 图〈文〉熔铸金属的模型。○ ❷ 图 古代指矛一类的武器。

融(*螎) róng ❶ 动 冰雪等受热变为液体 ▷冰～成了水|消～。→ ❷ 动 几种不同的东西合为一体或适当调配在一起 ▷～会贯通|水乳交～。○ ❸ 动 流通 ▷金～。☛ ㊀参见本页"熔"的提示。㊁参见 850 页"鬲(lì)"的提示。

【融合】 rónghé 动 若干种不同的事物互相渗透，合为一体 ▷～中西绘画技法。

【融和】 rónghé ❶ 形 暖和；温和 ▷天时～。❷ 形 和谐；融洽 ▷在～的气氛中交换意见。❸见本页"融合"。现在一般写作"融合"。

【融化】 rónghuà 动 (冰、雪等)受热变为液体 ▷河里的冰开始～了。☛ 参见 1163 页"溶化"的提示。

【融汇】 rónghuì 动 融合汇集 ▷涓涓细流～成浩瀚大海。

【融会】 rónghuì 动 融合 ▷中、西文化相互～。

【融会贯通】 rónghuì-guàntōng 融合多方面的知识或道理从而得到全面透彻的理解。☛ "融"不要误写作"溶"；"会"不要误写作"汇"。

【融解】 róngjiě 动 融化。

【融洽】 róngqià 形 彼此感情和睦，没有隔阂 ▷相处得很～。

【融融】 róngróng 〈文〉❶ 形 形容和睦欢乐的样子 ▷情意～。❷ 形 暖和 ▷春意～。

【融通】 róngtōng ❶ 动 使(资金)融合流通 ▷建立资金～渠道。❷ 动 融会贯通 ▷～文理。❸ 动 使融洽 ▷～感情。

【融资】 róngzī 动 货币资金的融通。有直接融资和间接融资两种。前者主要的方式有发行股票和债券，后者主要的方式有银行的存款和贷款。

rǒng

冗(*宂) rǒng 〈文〉❶ 形 闲散的；多余的 ▷～员|～词赘句|～长。→ ❷ 形 繁琐；繁忙 ▷～杂|～忙|～务缠身。❸ 图 繁忙的事务 ▷务请拨～出席。☛ 不读 yōng、yǒng 或 chén。

【冗笔】 rǒngbǐ 图 指诗文或绘画中繁琐无用的笔墨。

【冗长】 rǒngcháng 形 (言语、文章等)芜杂累赘，拉得很长 ▷发言～，让人头痛。

【冗词赘句】 rǒngcí-zhuìjù 多余的字句。

【冗繁】 rǒngfán 形 冗杂 ▷化～为精干。

【冗官】 rǒngguān 图 旧指闲散无事的官员。

【冗务】 rǒngwù 图 繁杂琐碎的事务 ▷从～中解脱出来。

【冗余】 rǒngyú ❶ 形 多余；不必要的 ▷他的发言简明扼要，没有～的套话|库存～。❷ 形 工程设计等方面指备用的 ▷机车的动力配置要适当～|采取～技术，给火箭上"双保险"。

【冗员】rǒngyuán 名 无事可干的多余人员 ▷精简机构，裁汰～。

【冗杂】rǒngzá 形 (事务)繁多杂乱 ▷琐事～。

【冗赘】rǒngzhuì 形 (文字)冗长。

氄 rǒng 形 (鸟兽的毛)细而软 ▷～毛。

róu

柔 róu ❶ 形 软(跟"刚"相对，③同) ▷～软|～弱|～韧。→❷ 动 使变软 ▷～麻。→❸ 形 温和 ▷温～|～顺。❹ 动 使温顺 ▷怀～。

【柔肠】róucháng 名 柔软的心肠；比喻温柔缠绵的情意 ▷～似水|～寸断。

【柔道】róudào 名 竞技体育项目，两名运动员徒手赤足在9至10米见方的场地上搏击，以把对手摔倒或使对手背肩着地达25秒为胜。

【柔和】róuhé ❶ 形 温顺；温和 ▷性情～|～的阳光。❷ 形 柔软 ▷手感～|动作～。

【柔滑】róuhuá 形 柔软光滑 ▷肌肤～。

【柔静】róujìng 形 柔顺文静 ▷～的少女。

【柔曼】róumàn ❶ 形 (姿容)柔媚艳丽 ▷～的身姿。❷ 形 (歌声、舞姿)柔和舒缓 ▷歌声～。

【柔美】róuměi 形 柔和而优美 ▷旋律～。

【柔媚】róumèi 形 温柔妩媚 ▷～动人。

【柔嫩】róunèn 形 柔软娇嫩 ▷～的双手|枝头长出了～的幼芽。

【柔情】róuqíng 名 温柔的感情 ▷～脉脉。

【柔韧】róurèn 形 柔软而有韧性 ▷质地～。

【柔软】róuruǎn 形 软；不坚硬 ▷绸子质地～。

【柔润】róurùn 形 柔和而润泽 ▷歌喉～。

【柔弱】róuruò 形 软弱；不强壮 ▷～的幼苗。

【柔顺】róushùn 形 温柔和顺 ▷天性～随和。

【柔婉】róuwǎn ❶ 形 柔和婉转 ▷音调～|～的歌声。❷ 形 柔和温顺 ▷生性～。

【柔细】róuxì ❶ 形 柔软纤细 ▷～的柳枝。❷ 形 柔和细腻 ▷～的肌肤。

【柔性】róuxìng ❶ 名 (物体)柔软而容易变形的性质(跟"刚性"相对，②③同) ▷这种材料在低温下～更加明显。❷ 名 温柔的性格或气质 ▷这姑娘有～。❸ 形 可以改变或变通的 ▷调控办法更加～。

【柔姿纱】róuzīshā 名 一种质地轻软、适宜作夏季衣料的合成纤维纺织品。

揉 róu ❶ 动 用手反复擦、搓 ▷～了～眼睛|衣服不太脏，～两把就行。→❷ 动 用手推压搓捏 ▷～面|～胶泥。☛ 跟"糅"形、义都不同。

【揉搓】róucuo ❶ 动 用手摁着反复摩擦(物品) ▷洗丝绸衣服不要用力～。❷ 动〈口〉折磨；烦扰 ▷我已够烦的了，你就别再～我了。

輮(𫐓) róu ❶ 名〈文〉车轮的外框。○❷ 古同"煣"。

煣 róu 动〈文〉用火烘烤并加压，使竹木变直或变弯。

糅 róu 动 混杂；混合 ▷杂～|～合。☛ ㊀统读róu，不读rǒu或ròu。㊁跟"揉"形、义都不同。

【糅合】róuhé 动 掺和；结合在一起 ▷把国画技法同油画技法有机地～起来。

【糅杂】róuzá 动 杂糅。

蹂 róu 动 践踏 ▷～躏。

【蹂躏】róulìn 动 践踏；比喻暴力欺压、摧残、侮辱 ▷惨遭～。

鞣 róu 动 用鞣料使兽皮软化，加工成皮革 ▷这皮子～得好|～制|～料。

【鞣革】róugé 动 鞣制皮革。

【鞣料】róuliào 名 鞣制皮革的用料，如铬盐、栲胶、鱼油等。

【鞣酸】róusuān 名 一种淡黄色无定形粉末，易溶于水和乙醇，不溶于醚。用作加工皮革的鞣剂、收敛药及制墨水的原料。

【鞣制】róuzhì 动 用鞣料加工生皮，制成皮革。

鰇 róu 名 古代指鱿鱼。

ròu

肉 ròu ❶ 名 人或动物体内紧挨着皮的柔韧物质 ▷皮开～绽|肌～|猪～。→❷ 区别 专供食用而饲养的 ▷～畜|～禽|～鸡。→❸ 名 某些瓜果皮内能吃的部分 ▷这种瓜皮薄～厚|果～。⇒❹ 形〈口〉(果实)柔软，不脆 ▷～瓤瓜。⇒❺ 形〈口〉性子缓慢，做事不干脆 ▷这人办事太～。

【肉案】ròu'àn 名 切肉或卖肉的案子。

【肉饼】ròubǐng 名 用肉制成的饼状菜肴或面食。

【肉搏】ròubó 动 双方徒手或用短兵器搏斗 ▷两军在阵地上展开～。

【肉搏战】ròubózhàn 名 白刃战。

【肉畜】ròuchù 名 专供食用而饲养的牲畜。也说菜畜。

【肉垂】ròuchuí 名 禽类头部下方向下垂挂的裸皮部。如火鸡就有肉垂。

【肉苁蓉】ròucōngróng 名 多年生寄生草本植物，全株无叶绿素，茎圆柱形，黄褐色，叶鳞片状，花暗紫色。茎可以做药材。

【肉丁】ròudīng 名 切成小方块的肉 ▷～炒

腰果。

【肉冻儿】ròudòngr 名 用肉皮等加作料熬煮，冷却凝固而成的菜肴。

【肉豆蔻】ròudòukòu 名 常绿乔木，叶椭圆形，花黄白色，果实近球形。种子也叫肉豆蔻，可以做药材。

【肉脯】ròufǔ 名 经过加工的熟肉干。也说肉干儿。☛"脯"这里不读 pú。

【肉感】ròugǎn 形 形容人体态丰腴（多用于女性）。

【肉鸽】ròugē 名 专供食用而饲养的鸽子。也说菜鸽。

【肉冠】ròuguān 名 禽类头顶上长的肉质冠状物。红色或暗红色。

【肉桂】ròuguì 名 常绿乔木，叶长椭圆形，花白色。木材可做家具；树皮叫桂皮，可以做药材和香料。也说玉桂、牡桂。

【肉果】ròuguǒ 名 单果的一类，果肉肥厚而多汁。也说多汁果。旧称液果。

【肉红】ròuhóng 形 形容颜色像肌肉那样浅红。

【肉乎乎】ròuhūhū 形 形容肥胖的样子 ▷孩子的小手～的。☛ 不宜写作"肉呼呼"。

【肉鸡】ròujī 名 专供食用而饲养的鸡（跟"蛋鸡"相区别）。也说肉用鸡。

【肉酱】ròujiàng 名 碎肉制成的糊状食品。

【肉类】ròulèi 名 所有食用肉的统称 ▷～食品。

【肉瘤】ròuliú ❶ 名 人或动物由于组织增生而形成的肉疙瘩。❷ 名 骨头、肌肉、淋巴等部位生长的恶性肿瘤。包括淋巴肉瘤、脂肪肉瘤、骨骼肌肉瘤、骨肉瘤等。

【肉麻】ròumá 形 形容言语举动轻佻、虚假，使人不舒服 ▷他的话使人～。

【肉末儿】ròumòr 名 细碎的肉。也说肉糜(mí)。

【肉泥】ròuní 名 像泥那样的细碎的肉。

【肉牛】ròuniú 名 菜牛。

【肉排】ròupái 名 牛排或猪排等。

【肉皮】ròupí 名 一般指供食用的猪肉的皮。

【肉片儿】ròupiànr 名 切成片状的肉。

【肉票】ròupiào 名 指被绑匪掳去借以勒索钱财的人质。

【肉铺】ròupù 名 卖肉的店铺。

【肉禽】ròuqín 名 专供食用而饲养的禽类。也说菜禽。

【肉色】ròusè 名 像人的皮肤那样浅黄带红的颜色 ▷～假肢｜～唇膏。

【肉蛇】ròushé 名 菜蛇。

【肉身】ròushēn 名 佛家称父母所生的躯体为肉身；今泛指人的身体、肉体。

【肉食】ròushí ❶ 区别 以动物为食物的 ▷老虎是～动物。❷ 名 肉类食品。

【肉丝】ròusī 名 切成细条的肉。

【肉松】ròusōng 名 牛、猪等的瘦肉经过预煮、撇油、焙煎、脱水、炒松等工序而制成的绒状或碎末儿状的肉食品。

【肉体】ròutǐ 名 人的躯体。

【肉头】ròutóu 形〈口〉软弱无力；软弱可欺 ▷别把别人的一再忍让当成～。

【肉头】ròutou〈口〉❶ 形 柔软而略有韧性 ▷手擀面特～。❷ 形 柔软而丰满 ▷这种枸杞，粒大，～。❸ 形 动作迟缓，不麻利 ▷这人做起事来太～，一点儿也不痛快利索。

【肉丸】ròuwán 名 将肉末儿、淀粉和调料等搅拌后做成的球形食品，蒸、炸、氽汤皆可。

【肉馅儿】ròuxiànr 名 以细碎的肉为主制成的馅儿 ▷～包子。

【肉刑】ròuxíng 名 摧残人的肉体的刑罚。我国古代有墨、劓、刵、宫等肉刑。

【肉眼】ròuyǎn ❶ 名 指人眼睛 ▷天上有无数的星辰用～是看不到的。❷ 名 指凡人的眼睛；也指平庸的眼光 ▷～凡胎｜～浅见。

【肉羊】ròuyáng 名 菜羊。

【肉用】ròuyòng 区别 饲养禽畜中专供食用的 ▷～仔鸡｜～羊。

【肉欲】ròuyù 名 性欲（含贬义）。

【肉汁】ròuzhī 名 用肉类煮成的汤汁。

【肉制品】ròuzhìpǐn 名 用肉或以肉为主要原料做成的食品。

【肉质】ròuzhì ❶ 形 形容肥厚、有弹性，像肉一样（多用于植物）▷～果｜～根。❷ 名 肉的质地或质量 ▷～细滑｜改善～。

【肉中刺】ròuzhōngcì 名 比喻最痛恨而急于除去的人或物（常跟"眼中钉"连用）。

【肉猪】ròuzhū 名 经过阉割专供食用的猪。

【肉赘】ròuzhuì 名 疣。

【肉孜节】ròuzījié 名 我国新疆地区称伊斯兰教的开斋节（肉孜：波斯语 rozah 音译）。

rú

如[1] rú ❶ 动 符合；依照 ▷～愿以偿｜～意｜～约。→ ❷ 动 好像；同……一样 ▷几十年～一日｜胆小～鼠｜犹～。⇒ ❸ 连 连接分句，表示假设关系，相当于"如果""假如" ▷～有不同意见，请及时提出。⇒ ❹ 动 比得上；赶得上（只用于否定，表示比较）▷百闻不～一见｜牛马不～。❺ 介 引进所超过的对象 ▷日子一年强～一年。⇒ ❻ 动 表示举例 ▷不少欧洲国家都参加了这次会议，～法、英、德等｜例～｜比～。→ ❼ 介 按照 ▷～期完成｜～实汇报。→ ❽ 动〈文〉往；到……去 ▷～厕。○ ❾ 名 姓。

如[2] rú 词的后缀。附着在某些形容词或副词后面，表示事物或动作的状态 ▷应付裕～|屋里搬得空空～也|突～其来。

【如臂使指】rúbìshǐzhǐ《汉书·贾谊传》："令海内之势如身之使臂，臂之使指，莫不制从。"后用"如臂使指"形容指挥自如。

【如厕】rúcè 动 上厕所 ▷起身～|～净手。

【如常】rúcháng 动 跟往常一样 ▷情绪～|秩序～。

【如出一辙】rúchūyīzhé 像从同一条车辙里走过来一样。形容彼此十分相似。

【如初】rúchū 动 跟起初一样 ▷完好～。

【如此】rúcǐ 代 指上文提到的某种情况，相当于"这样" ▷年年～|～看来。

【如此而已】rúcǐ-éryǐ 就是这样罢了 ▷室内陈设简朴，一张写字台，两把木椅，一盏台灯，～。

【如次】rúcì 动 如下 ▷处理意见～。

【如堕五里雾中】rú duò wǔlǐwù zhōng 好像掉进浓重的烟雾当中。形容陷入迷惑不解、迷离恍惚的境地。

【如法炮制】rúfǎ-páozhì 依照成法炮制中药。泛指照着现成的样子做(含贬义)。参见 1030 页"炮制"。☛"炮"这里不读 pào。

【如鲠在喉】rúgěngzàihóu 好像鱼骨头卡在喉咙里(鲠：鱼骨头，鱼刺)。形容有话没说或无法说而心里非常难受；也形容某事未能如愿而心里非常难受。

【如故】rúgù ❶ 动 跟原先一样 ▷清贫～。❷ 动 像老朋友一样 ▷初次会面，却一见～。

【如果】rúguǒ 连 连接分句，表示假设关系，常同"就""那么"等词配合使用 ▷～情况发生变化，我马上就给你去电话。

【如何】rúhé 代 怎么；怎么样 ▷～解决问题？

【如虎添翼】rúhǔtiānyì 好像老虎长上了翅膀。形容强者又增添了某种优势，变得更强。

【如花似锦】rúhuā-sìjǐn 像花朵和锦缎那样绚丽多彩。形容前程美好或风景优美。

【如花似玉】rúhuā-sìyù 形容女子容貌美丽。

【如火如荼】rúhuǒ-rútú《国语·吴语》记载：吴王夫差北上会盟，与晋国争当盟主。他把三万军队每万人组成一个方阵，有的方阵衣服、盔甲、旗帜、羽箭全是红的，"望之如火"；有的全是白的，"望之如荼"(荼：茅草、芦苇等开的白花)。后用"如火如荼"形容气势旺盛或气氛热烈。☛"荼"不读 chá，也不要误写作"茶"。

【如获至宝】rúhuòzhìbǎo 好像得到最珍贵的宝物。形容把得到的东西看得非常珍贵。

【如饥似渴】rújī-sìkě 像又饿又渴的人盼望得到饭和水一样。形容欲望或要求十分迫切。

【如箭在弦】rújiànzàixián 箭在弦上。

【如胶似漆】rújiāo-sìqī 像胶和漆那样粘在一起，难以分开。形容感情深厚，不能分离(多用于恋人及夫妻之间)。

【如今】rújīn 名 当今；现在 ▷当年的小渔村～已发展成大都市|事到～，后悔也来不及了。

【如旧】rújiù 动 跟原先一样 ▷一切～|修旧～。

【如来】rúlái 名 释迦牟尼的称号之一。赞颂他是从如实之道而来，发现并阐释真谛的人。也说如来佛。

【如狼似虎】rúláng-sìhǔ 像虎狼一样凶恶残暴。

【如雷贯耳】rúléiguàn'ěr 像雷声穿透耳朵(贯：贯穿，穿过)。形容人的名声非常大。☛不宜写作"如雷灌耳"。

【如临大敌】rúlíndàdí 好像面对着强大的敌人。形容把面对的情况看得过于严重，气氛紧张。

【如临深渊，如履薄冰】rúlínshēnyuān，rúlǚbóbīng《诗经·小雅·小旻》："战战兢兢，如临深渊，如履薄冰。"意思是小心谨慎得好像面临深渊，踩在薄冰上一样。形容提心吊胆，小心翼翼。

【如履平地】rúlǚpíngdì (在有危险的地方行走)如同走在平地上一样。形容即使是处理十分艰难的事也能轻松自如。

【如芒在背】rúmángzàibèi 芒刺在背。

【如梦初醒】rúmèngchūxǐng 好像刚从梦中醒过来。形容在某人某事启发教育下，刚刚明白过来。

【如沐春风】rúmùchūnfēng 像沐浴在和暖的春风之中。形容受到良师的教诲、熏陶。也说如坐春风。

【如鸟兽散】rúniǎoshòusàn 像受惊的鸟兽一样四处逃散。形容惊慌逃散的样子。

【如牛负重】rúniúfùzhòng 像牛背着沉重的东西。形容负担沉重，难以摆脱。

【如期】rúqī 副 按照规定的期限 ▷～偿还。

【如其】rúqí 连〈文〉如果 ▷～不然，后果自负。

【如泣如诉】rúqì-rúsù 像在哭泣，又像在诉说。形容声音凄切哀怨。

【如日中天】rúrìzhōngtiān 好像太阳正在中午时分。形容事物正处在鼎盛时期。

【如若】rúruò 连 如果 ▷～不能来，请提前告知。

【如丧考妣】rúsàngkǎobǐ 好像死了父母一样(考：称死去的父亲；妣：称死去的母亲)。形容非常悲伤或着急(多含贬义)。

【如上】rúshàng 动 如同上面(所叙述或列举的) ▷详情～|条陈～。

【如实】rúshí 副 按照实际情况 ▷～报道。

【如是】rúshì 代〈文〉如此；这样 ▷理应～处理|情况～，敬请酌定。

【如释重负】rúshìzhòngfù 好像放下重担一样。形容解除某种负担后心情轻松愉快。

【如数家珍】rúshǔjiāzhēn 好像点数家藏的珍宝一样。形容对所列举的事物或转述的事情十分熟悉。☛"数"这里不读 shù。

【如数】rúshù 副 按照规定的或原来的数目 ▷～赔偿｜欠款已～还清。
【如汤沃雪】rútāngwòxuě 好像把热水浇在雪上使雪立刻消融一样(沃:浇灌)。形容事情很容易解决。
【如同】rútóng 动 好像 ▷～亲眼见到。
【如下】rúxià 动 如同下面(所叙述或列举的) ▷理由～｜情况汇报～。
【如许】rúxǔ〈文〉❶ 代 如此;这样 ▷成绩辉煌～。❷ 代 这么些;这么多 ▷破费～钱财。
【如一】rúyī 动 毫无变化;彼此一致 ▷前后～｜言行～。
【如蚁附膻】rúyǐfùshān 像蚂蚁喜欢附在有膻味的东西上。形容趋炎附势或追逐某种不好的东西。
【如意】rúyì ❶ 动 符合心愿 ▷生活称心～｜此事恐怕不能如你意。❷ 名 一种用玉、象牙等制成的象征吉祥的物品,头为灵芝形或云朵形,柄略呈波浪形。
【如意算盘】rúyì-suànpan 指不顾实际,只从符合自己的心愿着想的打算。
【如蝇逐臭】rúyíngzhúchòu 像苍蝇追寻发臭的东西一样。形容追求丑恶事物或趋附权贵。
【如影随形】rúyǐngsuíxíng 像影子跟着身体一样。形容彼此关系密切,不能分离。
【如鱼得水】rúyúdéshuǐ 像鱼得到了水。形容所处的环境适合自己发展或遇到的人跟自己很投合。
【如鱼似水】rúyú-sìshuǐ 像鱼和水一样地和谐。形容夫妻或情侣之间关系融洽亲密;泛指关系融洽亲密。
【如愿】rúyuàn 动 符合心愿 ▷事事～。
【如愿以偿】rúyuànyǐcháng 指愿望得到实现(偿:得到满足)。
【如约】rúyuē ❶ 动 实践约定的事 ▷因偶感风寒,未能～。❷ 副 按照约定 ▷～前来。
【如醉如痴】rúzuì-rúchī 像醉了、痴了一样。形容极度迷恋不能自制的神态。
【如坐针毡】rúzuòzhēnzhān 像坐在有针的毡子上。形容心神不宁,坐卧不安。

茹 rú ❶ 动 吃;吞咽 ▷含辛～苦｜～毛饮血。〇❷ 名 姓。☛ 统读 rú,不读 rù 或 rǔ。
【茹苦含辛】rúkǔ-hánxīn 含辛茹苦。
【茹毛饮血】rúmáo-yǐnxuè 连毛带血地生吃捕获的禽兽。形容原始人不知用火的生活状况。

铷(鈉) rú 名 金属元素,符号 Rb。银白色,化学性质极活泼,遇水爆炸,在空气中能自燃,在光的作用下易放出电子。可制造光电池、真空管等。

儒 rú ❶ 名 指教书或读书的人 ▷鸿～｜～医。→❷ 名 指儒家 ▷～法之争｜～术。
【儒艮】rúgèn 名 哺乳动物,体呈纺锤形,有乳头一对,前肢鳍状,后肢退化。生活在河口或浅海湾内,吃藻类植物等。属国家保护动物。俗称人鱼、美人鱼。参见插图 1 页。
【儒家】rújiā 名 春秋战国时期以孔子为代表的一个思想流派。因孔子曾做过为贵族赞礼的"儒",故称。提倡以仁为中心的礼、义、忠、恕、孝、悌、中庸等道德观念。主张德治、仁政,重视伦理教育。汉代以后儒家思想成为中国封建社会的主导思想。
【儒将】rújiàng 名 精通文墨、风度儒雅的将帅。
【儒教】rújiào 名 儒家。南北朝开始把儒家视同宗教,与佛教、道教并称为"三教"。也说孔教。
【儒林】rúlín 名 古代指儒家学者群体;后泛指知识界。
【儒商】rúshāng 名 知识分子出身的或有读书人气质的商人。
【儒生】rúshēng 名 原指崇奉儒学的文人;后泛指读书人。
【儒术】rúshù 名 儒家的学术。
【儒学】rúxué ❶ 名 儒家的学说。❷ 名 元明清时期各府、州、县设立的供生员读书的学校。
【儒雅】rúyǎ〈文〉❶ 形 学识渊博 ▷～之士。❷ 形 气度雍容文雅 ▷谈吐～。
【儒者】rúzhě 名 儒家学者;泛指读书人。

薷 rú 见1500 页"香薷"。

嚅 rú 见下。
【嚅动】rúdòng 动 因想说话而嘴唇微动 ▷急得他～着嘴巴却说不出话来。
【嚅嗫】rúniè 形 嗫嚅。

濡 rú 动〈文〉沾湿;沾染 ▷～笔以待｜相～以沫｜～湿｜～染。
【濡沫】rúmò 动 (相互)用唾沫润湿以维持生存。比喻同在困境,相互救助。参见 1498 页"相濡以沫"。
【濡染】rúrǎn ❶ 动 沾染;受熏陶 ▷～家学。❷ 动 浸湿(笔墨) ▷～大笔。
【濡湿】rúshī ❶ 动 沾湿 ▷冒雨归家,全身～。❷ 形 潮湿 ▷被褥～。

孺 rú 名 幼儿;小孩儿 ▷妇～皆知｜～子。☛ 统读 rú,不读 rù。
【孺人】rúrén 名 古代对大夫(dàfū)的妻子的称谓;也通用为对妇人的尊称。
【孺子】rúzǐ 名〈文〉小孩子或年轻人 ▷～可教。
【孺子可教】rúzǐ-kějiào 指年轻人有出息,值得培养。
【孺子牛】rúzǐniú 名《左传·哀公六年》记载:齐景公曾口含绳子装作牛,让儿子牵着走。后用"孺子牛"比喻甘愿为人民大众服务的人 ▷俯首甘为～。

嬬 rú〈文〉❶ 形 形容柔弱的样子(一般用于女性)。○ ❷ 名 妾。

襦 rú 名〈文〉短衣;短袄 ▷布～|绣～。

颥(顬) rú 见1005页“颞(niè)颥”。

蠕(*蝡) rú 动 像蚯蚓那样爬行 ▷～动。☛ 统读rú,不读rǔ或ruǎn。

【蠕虫】rúchóng 名 蠕形动物。

【蠕动】rúdòng ❶ 动 蠕 ▷蚕在桑叶上面～|道路拥堵,车辆只能～前行。❷ 动 指消化道、输尿管等收缩运动,以促使管道内物质移动 ▷肠胃～可以促进消化。

【蠕蠕】rúrú 形 形容像昆虫爬行一样缓慢移动 ▷道路泥泞,队伍～前行。

【蠕形动物】rúxíng dòngwù 旧指无脊椎动物的一门,没有骨骼,没有脚,体长质软,借体壁肌肉的收缩伸展来行动。如蚯蚓、蛔虫等。

rǔ

汝 rǔ ❶ 代〈文〉称谈话的对方,相当于“你”“你的” ▷～等|～父。○ ❷ 名 姓。

乳 rǔ ❶ 动〈文〉喂奶。→ ❷ 名 乳房 ▷双～|～罩。→ ❸ 名 奶汁 ▷水～交融|～白色。→ ❹ 名 像奶汁或奶酪的东西 ▷豆～|～胶|腐～。→ ❺ 形 初生的;幼小的 ▷～猪|～燕|～牙。○ ❻ 动 繁衍;生育 ▷孳～。

【乳白】rǔbái 形 形容颜色像奶汁那样白 ▷～的灯罩。

【乳钵】rǔbō 名 研药末等的器皿,似盆而较小。

【乳畜】rǔchù 名 为产奶而饲养的牲畜,如乳牛、乳用山羊等。

【乳儿】rǔ'ér 名 以乳汁为食的婴儿,通常指不足周岁的婴儿。

【乳房】rǔfáng 名 人和哺乳动物所特有的哺乳器官。

【乳化】rǔhuà 动 把两种本不相溶的液体溶成乳状液体,即把这两种液体中的一种变成微小颗粒分散在另一种中。

【乳化剂】rǔhuàjì 名 用来促使两种互不相溶的液体(如油和水)形成稳定乳状液的物质。如肥皂、磺化油等是常用的乳化剂。

【乳黄】rǔhuáng 形 形容颜色像黄油那样淡黄。

【乳剂】rǔjì 名 药物经乳化形成的液体药剂。

【乳胶】rǔjiāo 名 乳白色黏合剂,成分为聚乙酸乙烯树脂。多用来黏合木板。

【乳胶漆】rǔjiāoqī 名 水性涂料的一种,由合成树脂的胶乳加颜料、乳化剂、稳定剂、防腐剂、增塑剂等配制而成。具有易于涂刷、速干、无臭等特点。

【乳酪】rǔlào 名 用牛、羊、马等的乳汁加工成的半凝固食品。

【乳名】rǔmíng 名 小名。

【乳母】rǔmǔ 名 奶妈。

【乳娘】rǔniáng 名 奶妈。

【乳牛】rǔniú 名 奶牛。

【乳品】rǔpǐn 名 乳制品。

【乳酸】rǔsuān 名 有机酸,无色或淡黄色稠厚液体,可溶于水,广泛存在于生物体中。用于食品、制革、纺织、医药等工业。

【乳酸钙】rǔsuāngài 名 有机化合物,易溶于水。多与维生素D合用,用来补充体内钙质,防治佝偻病和骨软化症。

【乳糖】rǔtáng 名 有机化合物,白色结晶体或粉末,易溶于水,存在于人及哺乳动物的乳汁中。用于制造婴儿食品、糖果、人造奶油等。

【乳头】rǔtóu 名 乳房中央球形的凸起部分。顶端有能流出乳汁的微细小孔。也说奶头。

【乳腺】rǔxiàn 名 人或哺乳动物乳房内分泌乳汁的腺体。发育成熟的女性和雌性哺乳动物的乳腺发达,分娩后能分泌乳汁。

【乳腺炎】rǔxiànyán 名 乳腺急性炎症,常见于哺乳期妇女,由细菌感染引起,发病时局部红、肿、热、痛,间有发冷、发热等全身症状。俗称奶疮。

【乳臭】rǔxiù 名 奶腥气味 ▷满口～|～未除。☛“臭”这里不读chòu。

【乳臭未干】rǔxiù-wèigān 身上的奶腥味儿还没有退尽。形容年轻人幼稚无知(含贬义)。

【乳牙】rǔyá 名 人和多数哺乳动物幼年期生的牙,以后逐渐脱落,换生恒牙。也说乳齿、奶牙。

【乳燕】rǔyàn ❶ 名 幼小的燕子。❷ 名 喂养小燕的母燕。

【乳油】rǔyóu ❶ 名 从哺乳动物乳汁中分离出来的脂肪含量较高的部分,味美而营养丰富,是食品工业的重要原料。❷ 名 乳剂的一种(多用于农药)。

【乳罩】rǔzhào 名 胸罩。

【乳汁】rǔzhī 名(成年女性、雌性哺乳动物在哺乳期)乳腺分泌出来的汁液。白色,不透明,含有蛋白质、乳糖等营养成分。也说奶汁、奶水。

【乳脂】rǔzhī 名 从牛乳、羊乳等中分离出来的脂肪。用来涂抹面包和配制糖果、糕点等。

【乳制品】rǔzhìpǐn 名 以牛、羊等的乳汁为原料加工制成的食品。也说奶制品。

【乳猪】rǔzhū 名 还在吃奶的猪崽。

【乳状液】rǔzhuàngyè 名 一种液体稳定分散在另

一种与其互不相溶的液体中所混合成的乳状液体。如牛奶等。也说乳浊液。

辱 rǔ ❶ 名 声誉上受到的损害；可耻的事情 ▷奇耻大～|屈～。→ ❷ 动 使受到耻辱 ▷丧权～国|侮～|凌～。❸ 动 使不光彩；玷污 ▷不～使命。→ ❹ 副〈文〉谦词，用于对方的动作行为前，表示承蒙 ▷～赐教。☛ ㊀统读 rǔ，不读 rù。㊁"辱"单独成字时是上下结构，即第二画撇不把"寸"包进去；但在"耨""褥""溽""缛""蓐""媷"中，"辱"是半包围结构，"辰"的第二画撇要延长到底，把"寸"包进去。

【辱骂】rǔmà 动 侮辱谩骂 ▷横遭～。

【辱命】rǔmìng 动〈文〉未能完成使命 ▷幸不～。

【辱没】rǔmò 动 玷污；使蒙受耻辱 ▷～集体的荣誉。

擩 rǔ〈口〉❶ 动 塞；插 ▷把棍子～到草堆里。→ ❷ 动 暗中塞给 ▷你以为给人家～点儿好处费就平安无事了吗？

rù

入 rù ❶ 动 由外到内；进（跟"出"相对）▷病从口～|渐～佳境|由浅～深。→ ❷ 动 使进入 ▷～库|纳～。→ ❸ 动 参加（某种组织）▷～伍|～学|～会。→ ❹ 名 收入的钱财 ▷～不敷出|量～为出。→ ❺ 动 合乎；合于 ▷～情～理|装扮～时。→ ❻ 动 达到（某种程度或境地）▷出神～化|～迷。○ ❼ 名 入声 ▷平上去～。

【入保】rùbǎo 动 投保。

【入不敷出】rùbùfūchū 收入抵不上支出。

【入仓】rùcāng 动（把粮食等）放入仓库。

【入场】rùchǎng 动 进入场内。

【入场券】rùchǎngquàn 名 进入某些活动场所的凭证；也指参加某种赛事的资格 ▷影院～|争夺世界杯足球赛～。☛"券"不读 juàn，也不要误写作"卷"。

【入场式】rùchǎngshì 名 大型游艺、体育等活动中，演员、运动员进入场地时举行的仪式。

【入超】rùchāo 动 一国（或地区）在一定时期内（通常为一年）出现贸易逆差，即进口货物的总值超过出口货物的总值（跟"出超"相对）。

【入春】rùchūn 动 进入春天；春天开始。

【入党】rùdǎng 动 加入某个政党，成为其中的一员；特指加入中国共产党。

【入档】rùdàng 动 存入或记入档案 ▷考核结果由组织部门～。☛"档"不读 dǎng。

【入定】rùdìng 动 佛教指静坐修行时，排除杂念，使意念集中于一处。

【入冬】rùdōng 动 进入冬天；冬天开始。

【入队】rùduì 动 加入某队，成为其中的一员；特指加入中国少年先锋队。

【入耳】rù'ěr ❶ 动 传到耳中 ▷声声～。❷ 形 中听 ▷他的话我听着不～。

【入伏】rùfú 动 进入伏天；伏天开始。

【入港】rùgǎng ❶ 动 指交谈投机；也指男女勾搭成奸（多见于近代汉语）。○ ❷ 动 船舶进入港口。

【入阁】rùgé 动 进入内阁（任职）。

【入彀】rùgòu〈文〉❶ 动 五代·王定保《唐摭言·述进士》："文皇帝（指唐太宗）……尝私幸端门，见新进士缀行而出，喜曰：'天下英雄入吾彀中矣！'"（彀：射箭所能达到的范围）后用"入彀"比喻人才被网罗，受人掌握。❷ 动 比喻合乎一定的程式、标准。❸ 形 投合；入神 ▷两人谈得～。❹ 动 比喻中圈套 ▷引他～。

【入股】rùgǔ 动 用资金购买企业股份；参加股份 ▷我想～合伙搞养殖。也说参股。

【入骨】rùgǔ 形 形容仇恨等达到最高程度 ▷恨之～。

【入国问禁】rùguó-wènjìn 进入别国，先要问清那里的禁忌，以免触犯。参见本页"入境问俗"。

【入海口】rùhǎikǒu 名 江河流入大海的地方。

【入行】rùháng ❶ 动 进入某一行业（工作）▷新～设计师占 20%左右。❷ 动 比喻对某种知识或技术熟练掌握 ▷这种工作只要肯学习就能很快～。

【入户】rùhù ❶ 动 进入他人家里 ▷这个罪犯撬门～作案多起。❷ 动 加入户籍 ▷经批准他全家已在本市～。

【入画】rùhuà 动 绘入画卷；多用来形容景色美丽 ▷我们家乡山山水水都可以～。

【入伙】rùhuǒ ❶ 动 加入某一集体或团伙。❷ 动 加入集体伙食。

【入籍】rùjí 动 指无某国国籍的人按该国法律规定申请并经批准而取得该国国籍。

【入静】rùjìng 动 道家指去除杂念进入清静状态进行修炼；后也指通过气功锻炼，去除杂念，进入高度的宁静状态。

【入境】rùjìng 动 进入国境 ▷申报～。

【入境问俗】rùjìng-wènsú《礼记·曲礼上》："入竟（境）而问禁，入国而问俗，入门而问讳。"意思是说进入别国或一个新的地方，先要问清那里的风俗和禁忌，以免无意中触犯。

【入镜】rùjìng 动 摄入影视镜头。

【入口】rùkǒu ❶ 动 进入嘴里。❷ 动 外国或外地区的货物进入本国或本地区的口岸 ▷～一批钢材。❸ 名 进入场地、建筑物、公路等所经过的门或口儿 ▷防空洞～|高速公路～。

【入寇】rùkòu 动〈文〉外敌入侵。

【入库】rùkù 动 (把物品)放入仓库。

【入殓】rùliàn 动 把尸体放入棺材。

【入列】rùliè 动 (迟到者或出列者)进入队列。

【入流】rùliú 动 原指古代九品以下的官员进入九品或九品以上。后泛指进入某个等级或层次 ▷他画的山水还没有～。

【入梅】rùméi 动 进入黄梅季节。

【入寐】rùmèi 动 入睡 ▷难以～。

【入门】rùmén ❶ 动 比喻通过初步学习找到门径 ▷学习电脑，我刚～|对这门学科我还没～。❷ 名 指便于初学的读物(多用于书名) ▷《英语听力～》|《美学～》。

【入门问讳】rùmén-wènhuì 到别人家里拜访，先要了解人家的忌讳。参见1170页"入境问俗"。

【入梦】rùmèng ❶ 动 进入梦乡；睡着(zháo) ▷酣然～。❷ 动 指别的人或物进入梦境 ▷铁马冰河～来。

【入迷】rùmí 动 对某一事物专注或喜爱到痴迷的地步 ▷他听评书听得～了|这孩子玩电子游戏入了迷。

【入眠】rùmián 动 睡着(zháo) ▷难以～。

【入魔】rùmó 动 迷恋某一事物而陷入不正常的精神状态 ▷走火～。

【入木三分】rùmù-sānfēn 唐·张怀瓘《书断·王羲之》记载：晋代书法家王羲之在木板上写字，事后发现墨痕透入木板有三分深。形容书法笔力十分强劲；也形容见解、议论非常深刻。

【入目】rùmù ❶ 动 进入视野；看 ▷～皆是美景|青山～。❷ 动 看得下去 ▷破败凋敝，不堪～。

【入侵】rùqīn ❶ 动 (一国或一方)军队用武力强行进入(另一国或另一方)境内 ▷抵抗外敌～。❷ 动 泛指有害事物从外部进入内部 ▷用药物灭杀～体内的病菌。☛ 跟"侵入"的强调点不同。"入侵"强调行为本身；"侵入"强调行为的结果。

【入情入理】rùqíng-rùlǐ 合情合理。

【入秋】rùqiū 动 进入秋天；秋天开始。

【入神】rùshén ❶ 动 由于对某一事物极感兴趣而全神贯注 ▷看戏看得～了。❷ 形 形容技艺达到神妙的境地 ▷齐白石的虾画得极为～。

【入声】rùshēng 名 古汉语四声中的第四声。入声在现代汉语普通话里已经消失，仅保存在某些方言中。

【入时】rùshí 形 合乎当时风尚；时髦 ▷装束～。

【入世】rùshì ❶ 动 踏入社会 ▷～过浅(形容人生经验不足)。○ ❷ 动 指加入世界贸易组织。

【入市】rùshì 动 进入市场；投入市场 ▷增强理性投资意识，谨慎～|严防不良肉猪～。

【入室】rùshì ❶ 动 进入屋内 ▷～抢劫。❷ 动 比喻学问技能达到高深的境地。参见1225页"升堂入室"。

【入手】rùshǒu ❶ 动 买入 ▷他又～了几件青花瓷。❷ 动 下手；着手 ▷从提高素质～。

【入睡】rùshuì 动 睡着(zháo)。

【入土】rùtǔ 动 埋进坟墓；借指死亡 ▷～为安|快～的人了，还赶时髦！

【入团】rùtuán 动 加入某个团体，成为其中的一员；特指加入中国共产主义青年团。

【入托】rùtuō 动 把小孩儿送进托儿所。

【入网】rùwǎng ❶ 动 (鱼类或禽兽等)落入网中。❷ 动 指手机、寻呼机等加入某个通信网；也指电子计算机加入某个网络或互联网。

【入微】rùwēi 形 形容达到极其细微或精深的地步 ▷体贴～|问题分析得细致～。

【入围】rùwéi 动 指通过竞争等进入某一范围 ▷这部影片～奥斯卡奖评选。☛ 跟"入闱"不同。

【入闱】rùwéi 动 科举时代应考人或监考人进入考场(闱：科举时代的考场)；今借指考试命题人员及相关工作人员进入命题场所，不得擅自与外界联系 ▷全体命题人员下周开始～。☛ 跟"入围"不同。

【入味儿】rùwèir ❶ 形 形容菜肴因调味品的味道而有滋味。❷ 形 形容很有趣味 ▷他说的评书越听越～。

【入伍】rùwǔ 动 参军。

【入席】rùxí 动 参加宴会、会议或仪式时就座 ▷陆续～。

【入戏】rùxì ❶ 动 把某些题材、事件吸收到戏剧、影视作品中 ▷这样的材料～，太庸俗了！❷ 动 (演员)思想感情进入角色 ▷他扮演这个角色～很快。

【入夏】rùxià 动 进入夏天；夏天开始。

【入乡随俗】rùxiāng-suísú 指到什么地方，就要遵从什么地方的风俗习惯。也说随乡入俗。

【入邪】rùxié 动 入魔。

【入选】rùxuǎn 动 被选上 ▷他的作品～了。

【入学】rùxué 动 开始进入学校学习；特指开始进入小学学习 ▷～通知书|～教育|六岁～。

【入汛】rùxùn 动 进入汛期 ▷长江流域即将～，要抓紧作好防汛准备。

【入眼】rùyǎn 形 看起来顺眼；看得上眼 ▷作品不少，～的不多。

【入药】rùyào 动 被用作药材 ▷桂皮可以～。

【入夜】rùyè 动 进入夜晚 ▷～，街上灯火辉煌。

【入狱】rùyù 动 被关进监狱 ▷锒铛～。

【入院】rùyuàn 动 指因病住进医院。

【入账】rùzhàng 动 记入账簿 ▷这笔收入还没有～。☛ 不要写作"入帐"。

【入蛰】rùzhé 动 蛰伏。

【入主】rùzhǔ 动〈文〉进入并成为主宰者 ▷～中原｜～董事会。

【入主出奴】rùzhǔ-chūnú 指在学术思想上崇尚某一学说，排斥另一学说，把崇尚的奉为主，把排斥的视为奴。也指学术界不同派别之间持门户之见。

【入住】rùzhù 动 住进去 ▷～新居。

【入住率】rùzhùlǜ 名 在所有售出房或宾馆、旅店等的所有客房中，有人居住的占总数的比率 ▷黄金周宾馆、饭店～都在90%以上。

【入赘】rùzhuì 动 男子到女方家结婚，并成为女方家庭成员。口语中也说倒插门。

【入座】rùzuò 动 坐到座位上 ▷对号～｜请～。☛ 不要写作"入坐"。

洳 rù 形〈文〉潮湿 ▷沮(jù)～(低洼潮湿；也指低洼潮湿的地方)。

蓐 rù 名〈文〉草席；草垫子 ▷～席｜坐～(临产)。

溽 rù 形〈文〉潮湿 ▷～热｜～暑。

【溽热】rùrè 形 潮湿闷热 ▷～难当。

【溽暑】rùshǔ 名 盛夏湿热的气候。

缛(縟) rù 形 繁多；琐碎 ▷繁文～节。☛ 不读 rǔ，也不要误写作"褥"。

褥 rù 名 褥子 ▷被～｜～单儿。

【褥疮】rùchuāng 名 因长期卧床，局部皮肤、肌肉受压迫坏死而导致的溃疡。

【褥单】rùdān 名 铺在褥子上的单层布。也说褥单儿。

【褥垫】rùdiàn ❶ 名 床垫。❷ 名 坐垫。

【褥套】rùtào ❶ 名 褥子内装的棉絮。❷ 名 装褥子用的布套。

【褥子】rùzi 名 睡卧时垫在身体下面的东西。一般用布裹着棉花或用兽皮等制成。

ruán

堧 ruán 名〈文〉城外、宫室外或河边的空地。

ruǎn

阮 ruǎn ❶ 名 姓。→ ❷ 名 阮咸的简称 ▷大～｜中～。

【阮咸】ruǎnxián 名 弹拨乐器，形似月琴而柄长，有四根弦，也有三根弦的。相传西晋人阮咸擅长弹奏这种乐器，故称。简称阮。参见插图12页。

软(軟*輭) ruǎn ❶ 形 物体结构疏松，受外力作用后易变形(跟"硬"相对，④⑤⑥⑦同) ▷面和(huó)～了｜～席｜松～。→ ❷ 形 柔和；温和 ▷～风｜～语。→ ❸ 形 身体无力 ▷两腿发～｜瘫～｜酥～。⇒ ❹ 形 不坚决；易动摇 ▷耳根子～｜心～。⇒ ❺ 形 态度不强硬 ▷～的欺，硬的怕｜～磨硬泡｜口气变～了。→ ❻ 形 质量差；力量弱 ▷货色～｜笔头儿～。→ ❼ 形 没有硬性规定的；有伸缩余地的 ▷～指标｜～规则。

【软包装】ruǎnbāozhuāng 名 一种包装方式。用软质材料(如特制塑料、铝箔等)对产品进行的包装(跟"硬包装"相对)。

【软暴力】ruǎnbàolì 名 精神暴力。

【软笔】ruǎnbǐ 名 毛笔等用柔软材料做笔头儿的笔 ▷～书画｜～勾勒。

【软尺】ruǎnchǐ 名 可以揉、卷、折的柔软的尺子。如裁缝用的皮尺。

【软磁盘】ruǎncípán 名 以聚脂塑料为基底材料的磁盘。不固定在电子计算机内，可以随时插入或取出。简称软盘。

【软蛋】ruǎndàn ❶ 名 软外壳的禽蛋。❷ 名 指懦弱无能的人。

【软刀子】ruǎndāozi 名 比喻不露形迹地使人受到折磨或伤害的手段 ▷电子烟雾是一把杀人不见血的～。

【软钉子】ruǎndīngzi 名 比喻委婉拒绝的态度 ▷碰了个～。

【软缎】ruǎnduàn 名 由桑蚕丝或桑蚕丝和化学纤维长丝织成的一种丝织品。质地柔软，光泽很强。适于做刺绣用料、被面和装饰品等。

【软腭】ruǎn'è 名 口腔上部靠后较软的部分。参见361页"腭"。

【软耳朵】ruǎn'ěrduo 名 指没有主见、容易轻信别人的话的人。

【软风】ruǎnfēng 名 温和而微弱的风；气象学上指1级风。

【软膏】ruǎngāo 名 用油脂、蜂蜡或凡士林等和药物配合制成的半固体的外用药剂，多用于消炎、止痛、杀菌等。

【软骨】ruǎngǔ 名 人或脊椎动物体内特有的一种略带弹性的坚韧组织，在肌体内起支持和保护作用。

【软骨病】ruǎngǔbìng 名 佝偻病。

【软骨头】ruǎngǔtou 名 指没有骨气的人。

【软管】ruǎnguǎn 名 用橡胶、塑料等制成的可以弯曲的管子。

【软罐头】ruǎnguàntou 名 用耐高温的软质材料(如塑料、铝箔等)密封包装的食品。

【软广告】ruǎnguǎnggào 图 通过道具、对白、新闻报道等间接形式，在媒体上对企业、产品所作的宣传。因软广告虽不是直接地介绍商品和服务内容，却能起到广告的作用，故称（跟"硬广告"相区别）。

【软乎乎】ruǎnhūhū 形 形容柔软、绵软的样子 ▷躺在～的草地上歇歇乏｜语调～的。

【软化】ruǎnhuà ❶ 动（物质）由硬变软 ▷蛋壳遇酸～。❷ 动 借指（意志、态度等）由坚定变为动摇 ▷对方的态度已开始～。❸ 动 使软化 ▷～血管｜～意志。

【软化栽培】ruǎnhuà zāipéi 一种特殊的蔬菜栽培技术，用培土、覆盖等遮光措施使蔬菜在不见阳光的条件下生长。软化栽培的蔬菜茎叶不含叶绿素，组织柔软，纤维减少，具有特殊的品质和风味，如韭黄、蒜黄等。

【软话】ruǎnhuà 图 指表示退让、道歉、求情、讨好的话 ▷向人求情，就得多说～。

【软环境】ruǎnhuánjìng 图 指生产、生活、工作等的物质条件以外的环境（跟"硬环境"相区别）。如政策、法规、管理、思想观念、人员素质等方面的状况 ▷积极改善投资～。

【软和】ruǎnhuo 形 柔软；柔和 ▷棉袄又轻又～。

【软件】ruǎnjiàn ❶ 图 操纵电子计算机进行信息处理的程序系统。分为系统软件（管理机器的程序）和应用软件（为解决实际问题而编制的各种专业程序）两种（跟"硬件"相对，②同）。❷ 图 借指生产、经营、科研等部门中的非设备性因素。如管理、服务、人员素质等 ▷学校建设不能片面注重硬实力而忽视～。

【软件包】ruǎnjiànbāo 图 计算机厂家为满足用户需要而提供的程序系统。包括操作系统、汇编系统、编译系统、各种子程序和应用程序等。也说程序包。

【软禁】ruǎnjìn 动 不监禁，但加以监视，只许在指定范围内活动。

【软科学】ruǎnkēxué 图 社会科学、自然科学和工程技术相结合的综合性学科。运用系统方法论、决策理论和计算技术等对社会发展中各种现象和问题进行综合研究，探讨经济、科技、教育、管理等内在联系和发展规律，为宏观决策提供科学论证和最优化的方案。

【软肋】ruǎnlèi 图 比喻薄弱环节或薄弱部分 ▷这支球队的～是防守能力不强｜雾霾天气暴露了经济社会发展的～。

【软绵绵】ruǎnmiánmián ❶ 形 形容柔软的样子 ▷～的草地。❷ 形 形容身体软弱无力的样子 ▷浑身～的，没有一点儿力气。❸ 形 情意缠绵 ▷～的话语。

【软磨】ruǎnmó 动 为达到某种目的，用温和的手段纠缠 ▷硬攻不行，就开始～。

【软磨硬泡】ruǎnmó-yìngpào 为达到某种目的，用软、硬各种手段纠缠人。

【软木】ruǎnmù ❶ 图 栓皮。❷ 图 用栓皮栎等树木的厚皮层制成的材料，质软而富有弹性，具有不透水、不透气、耐腐蚀等特性。广泛用于制作保温设备、隔音板、绝缘材料等。

【软木画】ruǎnmùhuà 图 我国的民间工艺品，用软木作原料，雕刻成浮雕式、多层次的山水、花鸟、亭台等的画。主要产于福建福州。

【软木塞】ruǎnmùsāi 图 软木做的瓶塞。

【软盘】ruǎnpán 图 软磁盘的简称。

【软片】ruǎnpiàn 图 胶片。

【软驱】ruǎnqū 图 软盘驱动器的简称。参见 226 页"磁盘驱动器"。

【软任务】ruǎnrènwu 图 没有规定指标和限期的任务 ▷把～变成硬指标，实行量化管理。

【软弱】ruǎnruò ❶ 形 没有力气；身体虚弱 ▷发球～无力｜病体～，不耐久坐。❷ 形 不坚强；不强大 ▷～无能｜～可欺。

【软杀伤】ruǎnshāshāng 动 用电子干扰、电子计算机网络攻击等手段，使对方的通信、指挥、情报预警等系统失灵，从而丧失战斗力 ▷～武器。

【软实力】ruǎnshílì 图 一般指一个国家或地区的文化、社会制度、意识形态、发展模式等无形的实力，是综合实力的重要组成部分（跟"硬实力"相对）▷文明程度是一项重要的～。

【软食】ruǎnshí 图 又软又烂，容易嚼碎和消化的食物。

【软式网球】ruǎnshì wǎngqiú ❶ 使用橡胶皮球的一种网球运动。始于日本，从一般网球运动派生而来。其场地、基本规则、记分方法跟一般网球运动相同，战术打法略有不同。❷ 软式网球运动使用的球，用橡胶制成，内部充气，跟一般网球大小相同，但弹性稍差，重量较轻。

【软水】ruǎnshuǐ 图 不含或仅含少量钙、镁等的可溶性盐类的水。软水煮沸基本不生成水垢。如正常的雨水、蒸馏水等。

【软糖】ruǎntáng ❶ 图 饴糖。❷ 图 软质的糖，如奶糖等。

【软梯】ruǎntī 图 用绳子或铁索等制成的，悬挂在某处或某物上的梯子。

【软体动物】ruǎntǐ dòngwù 无脊椎动物的一门，体柔软，不分节，有肉质的足或腕，多数有石灰质的贝壳，水生或陆生。如螺、蚌、乌贼、蜗牛等。

【软通货】ruǎntōnghuò 图 在国际经济往来中不可自由兑换，不能用作支付、结算手段且汇率不稳定的货币（跟"硬通货"相区别）。

【软文】ruǎnwén 图 文章形式的软广告。参见本页"软广告"。

【软卧】ruǎnwò 图 指火车、客车上的软席卧铺。

【软武器】ruǎnwǔqì 图 指在电子战中用来通过电

磁波破坏敌方无线电设备效能的电子干扰装备等。

【软席】ruǎnxí 名 火车客车上铺垫较厚、比较软和舒适的座位或铺位。

【软线】ruǎnxiàn 名 花线②。

【软饮料】ruǎnyǐnliào 名 不含酒精的饮料，如矿泉水、碳酸饮料等。

【软硬不吃】ruǎnyìng-bùchī 对软的或硬的手段都不理会 ▷这人～，拿他没办法。

【软硬兼施】ruǎnyìng-jiānshī 软的和硬的手段同时并用(含贬义)。

【软玉】ruǎnyù 名 一种由硅酸盐类矿物组成的集合体，质地细腻坚韧。质优软玉是名贵宝石，有白玉、青玉、黄玉、碧玉、墨玉等。以我国新疆和田产的和田玉最为著名。

【软指标】ruǎnzhǐbiāo 名 指具有一定伸缩性或没有量化的指标。

【软着陆】ruǎnzhuólù ❶ 动 通过一定装置，使航天器改变运行轨道，逐渐减低降落速度，最后安全地降落到地球或其他星球表面(跟"硬着陆"相对，②同)。❷ 动 比喻采取和缓、平稳的措施解决某问题或处理某事。☛"着"这里不读 zháo。

【软资源】ruǎnzīyuán 名 指不同于矿产、水力等自然资源的科技、信息资源。在生产力发展中，软资源起着自然资源不可替代的重要作用。

【软组织】ruǎnzǔzhī 名 医学上指肌肉、韧带等组织。

【软座】ruǎnzuò ❶ 名 软和舒适的座位。❷ 名 特指火车、客车上的软席座位。

朊 ruǎn 名 蛋白质的旧称。

媆 ruǎn 形〈文〉形容柔美的样子(一般用于女性)。

瑌 ruǎn 名〈文〉一种像玉的美石。

ruí

緌 ruí 名 古代帽带在下巴处打结后下垂的部分。

蕤 ruí 见 1424 页"葳(wēi)蕤"。

ruǐ

蕊(*蘂橤蕋) ruǐ 名 花蕊 ▷雌～|雄～。☛跟"芯"不同。

ruì

芮 ruì ❶ 用于地名。如芮城，在山西。○ ❷ 名 姓。

汭 ruì 名〈文〉水流汇合或弯曲处。

枘 ruì 名〈文〉榫头，指器物凹凸相接处凸出的部分 ▷方～圆凿|～凿不相入(比喻意见不合，格格不入)。

蚋 ruì 名 昆虫，体长 1—5 毫米，褐色或黑色，足短，触角粗短，成虫形似蝇。雌蚋刺吸牛、羊等牲畜血液，也吸人血，传播疾病，叮咬后产生奇痒。

锐(鋭) ruì ❶ 形 尖利(跟"钝"相对) ▷～利|尖～◇敏～。→ ❷ 名 锐气 ▷养精蓄～。→ ❸ 形 快速；急剧 ▷～进|～减|～增。

【锐不可当】ruìbùkědāng 气势旺盛，勇往直前，不可抵挡。☛"当"不要误写作"挡"，也不读 dǎng。

【锐减】ruìjiǎn 动 急剧减少 ▷青少年犯罪率～。

【锐角】ruìjiǎo 名 几何学上指小于直角的角。

【锐利】ruìlì ❶ 形 指器物的前端尖利 ▷～的刺刀|锥子很～。❷ 形 (目光、文笔、言论等)敏锐有力 ▷～的眼光|措辞十分～。☛跟"锋利"不同。"锐利"本指器物前端尖利，易穿透物体，引申形容识别力；"锋利"本指器物的侧刃极薄，易切断物体，引申形容威慑力。

【锐敏】ruìmǐn 形 敏锐 ▷感觉～。

【锐气】ruìqì 名 一往无前的气概 ▷～不减。

【锐舞】ruìwǔ 动 英语 rave 音译。热情奔放地舞蹈 ▷～狂欢|激情～。

【锐眼】ruìyǎn 名 敏锐的眼光 ▷～识真伪。

【锐意】ruìyì 副 表示态度坚决，意志坚定，勇往直前 ▷～创新|～改革|～进取。

【锐增】ruìzēng 动 急剧增加 ▷绿化面积～。

瑞 ruì ❶ 名 征兆；特指吉祥的征兆 ▷祥～。→ ❷ 形 吉祥的 ▷～雪|～签。○ ❸ 名 姓。

【瑞雪】ruìxuě 名 及时的、有利于农作物的好雪 ▷～兆丰年|春节前下了一场～。

睿(*叡) ruì 形 眼光深远；通达 ▷聪明～智。

【睿智】ruìzhì 形〈文〉聪慧而有远见。

rún

瞤 rún〈文〉❶ 动 眼皮跳动。→ ❷ 动 肌肉抽搐。

rùn

闰(閏) rùn ❶ 名 地球公转一周的时间为 365 天 5 小时 48 分 46 秒，公历把一年定为 365 天，所余的时间约每四年积累成一天，加在 2 月里；农历把一年定

为354天或355天，所余的时间约每三年积累成一个月，加在某一年里。这种办法在历法上叫做闰 ▷～年|～月。〇 ❷ 名 姓。

【闰年】 rùnnián 名 公历有闰日或农历有闰月的年份。公历的闰年有366天，农历的闰年有13个月，约384天。

【闰日】 rùnrì 名 公历约每四年在2月末增加一天，这一天就叫闰日。

【闰月】 rùnyuè 名 农历每逢闰年增加一个月，这个月就叫闰月。农历三年一闰，五年两闰，十九年七闰。闰月加在某月后就叫闰某月。

润（潤） rùn ❶ 动 滋润；使不干燥 ▷～～喉咙|把笔在砚台上～了～|浸～|～肠。→ ❷ 形 潮湿；不干燥 ▷气候温～|湿～。❸ 形 细腻光滑；有光泽 ▷玉～珠圆|滑～|光～。❹ 动 修饰（文章）▷～饰|～色。→ ❺ 名 利益；好处 ▷利～。

【润笔】 rùnbǐ 名 指请人作书、画、诗文时付给的酬劳。也说润资。

【润肤膏】 rùnfūgāo 名 一种使皮肤光滑滋润的油质护肤品。

【润格】 rùngé 名 指给人作书、画、诗文时所定的报酬标准。也说润例。

【润滑】 rùnhuá ❶ 形 润泽光滑 ▷皮肤细腻～。❷ 动 在两个相互摩擦的物体表面加入油脂等，使润泽光滑，减轻摩擦和损伤 ▷～油。

【润滑剂】 rùnhuájì 名 用以降低零部件之间的摩擦阻力，减轻磨损的物质。

【润滑油】 rùnhuáyóu 名 用来润滑、冷却及密封机械的摩擦部分的油质，一般是分馏石油制得的，也有从动植物油中提炼的。

【润色】 rùnsè 动 修饰文字 ▷这篇文章尚需～。

【润湿】 rùnshī 动 浸湿 ▷蒙蒙细雨～了土地。

【润饰】 rùnshì 动 润色。

【润泽】 rùnzé ❶ 形 滋润① ▷牡丹花～鲜艳。❷ 动 滋润② ▷皮肤需要～保养。

ruó

挼 ruó 动 揉搓 ▷把纸～成团儿。☛ 统读ruó，不读nuó或ruá。

ruò

若[1] ruò ❶ 动 像 ▷天涯～比邻|大智～愚|寥～晨星。→ ❷ 副 用在动词前表示所说的事大概是这样，相当于"好像" ▷～有～无|旁～无人|～有所失|～即～离。→ ❸ 连 用于复句的前一分句，表示假设关系，相当于"如果" ▷理论～不与实际相联系，就是空洞的理论。〇 ❹ 名 姓。

若[2] ruò 代 〈文〉称谈话的对方，相当于"你""你的" ▷～辈|吾翁即～翁。

另见1149页rě。

【若虫】 ruòchóng 名 不完全变态类昆虫的幼体。外形与习性同成虫相似，但身体较小，翅膀还没有长成，生殖器官发育不全。如蝗蝻即是蝗虫的若虫。

【若非】 ruòfēi 连 连接分句，表示假设关系，有"如果不是"的意思 ▷～他帮助，事情怎能办得如此顺利？

【若干】 ruògān 代 指未确定或未说明的数；询问数量多少 ▷～问题|预算资金～？

【若何】 ruòhé 代 〈文〉如何；怎样 ▷前景～，尚难预料。

【若即若离】 ruòjí-ruòlí 好像接近，又好像离开。形容与人保持一定距离，既不亲近，又不疏远。

【若明若暗】 ruòmíng-ruò'àn 好像明亮，又好像昏暗；形容对情况或问题认识不清或态度暧昧。

【若是】 ruòshì 连 连接分句，表示假设关系，常同"就""还"配合使用，相当于"如果" ▷～能抽出时间，我就一定来看你。

【若无其事】 ruòwúqíshì 好像没有那么回事一样。形容遇事镇定，不动声色；也形容不把事情放在心上。

【若隐若现】 ruòyǐn-ruòxiàn 好像隐藏在那里，又好像显露出来。形容隐隐约约，不大清楚。

【若有所失】 ruòyǒusuǒshī 好像丢掉了什么。形容心神不定或内心空虚。

【若有所思】 ruòyǒusuǒsī 好像在思索着什么。形容沉思不语。

鄀 ruò ❶ 名 古国名，有上鄀、下鄀。上鄀在今湖北宜城东南，是春秋后期楚国的都城。下鄀在今河南内乡和陕西商州之间。〇 ❷ 名 姓。

偌 ruò 代 这么；那么（多见于近代汉语）▷～大年纪。

【偌大】 ruòdà 形 这么大；那么大 ▷～的市场。

弱 ruò ❶ 形 力量小；实力差（跟"强"相对，②⑤同）▷不甘示～|～项。→ ❷ 形 体质差；力气小 ▷年老体～|衰～。❸ 形 年纪小 ▷老～病残|幼～。→ ❹ 形 性格软弱 ▷怯～|脆～。→ ❺ 形 用在分数或小数后面，表示比这个数略少一些 ▷$\frac{1}{2}$～|0.55～。

【弱不禁风】 ruòbùjīnfēng 身体弱得经不起风吹。形容身体虚弱或娇弱。☛ "禁"这里不读jìn。

【弱不胜衣】 ruòbùshèngyī 身体弱得连衣服的重

量都承受不了。形容身体非常瘦弱。

【弱点】ruòdiǎn 名 不足或薄弱之处 ▷我的～是遇事爱急躁|集中优势兵力，攻击敌人的～。

【弱冠】ruòguàn 名《礼记·曲礼上》："人生十年曰幼，学；二十曰弱，冠。"古代男子 20 岁举行冠礼，表示已长大成人。后用"弱冠"指男子 20 岁左右的年龄。

【弱化】ruòhuà 动 变弱；减弱 ▷视力～。

【弱碱】ruòjiǎn 名 碱性较弱的碱。

【弱旅】ruòlǚ 名 实力较弱的队伍 ▷对阵～也不能掉以轻心。

【弱能】ruònéng 形 形容身体某器官功能低下 ▷他因先天缺陷而严重～|～群体。

【弱肉强食】ruòròu-qiángshí 原指动物界中弱者被强者吃掉；借指人类社会弱者被强者欺凌，弱国被强国吞并。

【弱势】ruòshì ❶ 名 消减或变弱的势头 ▷市场上这类商品呈现～。❷ 名 弱小的势力 ▷～群体|处于～。

【弱势群体】ruòshì qúntǐ 在经济收入、受教育程度、竞争能力、权益自我维护等方面处于弱势地位的社会群体 ▷关心残疾人这个～。

【弱视】ruòshì 形 眼睛无器质性病变而视力较弱 ▷他眼睛有点儿～。

【弱手】ruòshǒu 名 学问、技艺、能力等较差的人。

【弱酸】ruòsuān 名 酸性较弱的酸。

【弱听】ruòtīng 形 听力不好 ▷他左耳～。

【弱项】ruòxiàng 名 实力较弱的项目或方面 ▷田径是我国体育运动的～|公关是他的～。

【弱小】ruòxiǎo ❶ 形 又弱又小 ▷新生事物虽然～，却有强大的生命力。❷ 名 指弱小者 ▷救护～|欺凌～。

【弱者】ruòzhě ❶ 名 势力弱的一方。❷ 名 畏惧困难、挫折，意志薄弱的人。

【弱智】ruòzhì 形 形容智力发育低于正常水平 ▷加强对～儿童的智力开发|十分～。

渃 ruò 名 渃水，水名，在四川。

婼 ruò ❶ 名 汉代西域国名。○ ❷ 用于地名。如那婼，在云南。☛ 地名"婼羌"(在新疆)现在改为"若羌"。

蒻 ruò 名〈文〉嫩蒲草 ▷～笠。

【蒻笠】ruòlì 名 嫩蒲草编成的帽子。

箬(*篛) ruò 名 箬竹。

【箬笠】ruòlì 名〈文〉用箬竹的篾、叶编成的帽子 ▷青～，绿蓑衣。

【箬竹】ruòzhú 名 竹子的一种。叶子宽而大，可用来编制器具或斗笠，也可用来包粽子。

爇 ruò 动〈文〉焚烧；引燃 ▷～香顶礼|～烛。

S

sā

仨 sā 〈口〉"三个"的合音词 ▷他们～是一家｜姐儿～。☛ 跟"三"不同。"仨"后面不能再加"个"或其他量词。

【仨瓜俩枣】 sāguā-liǎzǎo 〈口〉指不起眼的东西；比喻不值得一提的小事 ▷一天挣不了～的｜为～的事儿跑断了腿，真不值得。

挲（*抄） sā 见913页"摩挲(māsa)"。另见1192页 shā；1321页 suō。

撒 sā ❶ 动 放出；张开 ▷打开鸡窝，把鸡～出来｜～网。→ ❷ 动〈口〉排泄；泄出 ▷～尿｜车带慢～气。→ ❸ 动 尽力使出；表现出 ▷～野｜～娇。☛ 跟"撤"不同。

另见本页 sǎ。

【撒旦】 sādàn 名 希伯来语 sātan音译。基督教指专跟上帝为敌的魔鬼。

【撒刁】 sādiāo 动 使出刁蛮无赖的手段 ▷这人动不动就～，胡搅蛮缠。

【撒欢儿】 sāhuānr 动〈口〉兴奋得连跑带跳 ▷小马驹跟在母马后面～｜刚一放学，他就撒着欢儿跑了。

【撒谎】 sāhuǎng 动 说谎 ▷从来不～。

【撒娇】 sājiāo 动 仗着受宠而故意做出娇态 ▷在妈妈怀里～。

【撒酒疯】 sājiǔfēng 喝醉酒后或借着酒劲儿胡闹。

【撒拉族】 sālāzú 名 我国少数民族之一。主要分布在青海、甘肃。

【撒赖】 sālài 动 耍无赖；无理取闹。

【撒泼】 sāpō 动 又哭又闹，蛮不讲理。

【撒气】 sāqì ❶ 动 球、车胎等器物里的气漏出或放出 ▷车胎～了。❷ 动 借别人或别的事物发泄怒气 ▷别拿我～。

【撒手】 sāshǒu ❶ 动 放开手；松开手 ▷抓牢了，别～。❷ 动 婉词，指人死亡 ▷～人寰。

【撒手锏】 sāshǒujiǎn 名 原指厮杀时出其不意地用锏投击敌手的招数；比喻在关键时刻使用的绝招儿。也说杀手锏。

【撒手人寰】 sāshǒu-rénhuán 指人去世 ▷一病不起，数月后竟～。也说撒手尘寰。

【撒腿】 sātuǐ 动 放开腿(快跑) ▷～就跑。

【撒网】 sāwǎng 动 抛出渔网使张开 ▷～打鱼。

【撒丫子】 sāyāzi 〈口〉放开脚丫子(跑) ▷一见有人来，他就立马～了｜～就跑。☛ 不宜写作"撒鸭子"。

【撒野】 sāyě 动 蛮不讲理地胡闹 ▷不许～！

【撒呓挣】 sāyìzheng 指睡着以后说话或行动 ▷小孙子最近突然～，说要当歌星。

sǎ

洒（灑） sǎ ❶ 动 使(水或其他东西)分散地落下 ▷～水｜～扫。→ ❷ 动 分散地落下(多指液体) ▷粥～了。○ ❸ 名 姓。☛ 跟"撒(sǎ)"的使用范围不同。用"洒"的一般是液体(如热血)、无形的物质(如阳光)、抽象的事物(如温情)等；用"撒"的一般是固体(如糖果)，特别是颗粒状的东西(如盐等)。

【洒狗血】 sǎgǒuxiě 指戏剧演员脱离剧情而卖弄演技的过火表演；也指其他艺术形式中卖弄性的过火表现和生活中一些夸张、装腔作势的言行。

【洒泪】 sǎlèi 动 落下眼泪 ▷～祭英灵。

【洒落】 sǎluò ❶ 动 散开落下(多用于液体) ▷春雨～在荷叶上。❷ 形 潇洒；不拘谨 ▷～大方｜风度～。

【洒满】 sǎmǎn 动 散落得到处都是 ▷细雨～大地｜室内～了阳光。

【洒扫】 sǎsǎo 动〈文〉洒水后清扫地面。

【洒水车】 sǎshuǐchē 名 装有水箱和喷水装置的专用汽车。用于给路面洒水除尘或给花木洒水、喷药。

【洒脱】 sǎtuō 形 言谈举止自然大方，不拘谨 ▷为人～｜举止～。

靸 sǎ 动 某些地区指穿鞋时把鞋后帮踩在脚后跟下；也指穿(拖鞋) ▷～着鞋就出门了。☛ 统读 sǎ，不读 tā。

【靸鞋】 sǎxié 名 鞋帮纳得很密、前脸儿较深、上面缝着两道皮梁的布鞋。

撒 sǎ ❶ 动 使细碎物等分散落下 ▷～种｜～化肥｜～传单｜抛～。→ ❷ 动 分散地落下(多指固体) ▷瓜子～了一地。○ ❸ 名 姓。☛ ㊀读 sǎ，多指分散地抛落，如"撒米""撒豆子"，所"撒"的是细碎物体；读 sā，多指放开、尽力表现等，如"撒渔网""撒酒疯"。㊁参见本页"洒"的提示。

另见本页 sā。

【撒播】 sǎbō 动 把种子均匀地撒在田里(跟"条播""点播"相区别)。

【撒布】 sǎbù 动 抛出手中的东西使分散落下。

【撒胡椒面儿】 sǎ hújiāomiànr 比喻不分轻重缓急，一概平均地分配有限的人力、财力或物力等资源 ▷告别～，精确化配置扶贫资源。

【撒落】sǎluò 动 散着掉下(多用于固体)。

【撒施】sǎshī 动 把肥料或农药等分散而均匀地撒到农田里。

【撒种】sǎzhǒng 动 把种子撒在田地里。

潵 sǎ 名 潵河,水名,在河北。

sà

卅 sà 数〈文〉数目,三十 ▷五～运动。

飒(颯*颭) sà 见下。

【飒飒】sàsà 拟声 模拟风声、雨声等 ▷寒雨～。

【飒爽】sàshuǎng 形 形容威武而矫健的样子 ▷英姿～。

脎 sà 名 有机化合物的一类。常用来鉴别糖类。

萨(薩) sà 名 姓。☛ 不读 sā。

【萨克斯管】sàkèsīguǎn 名 单簧管乐器,管身用金属制成,略呈圆锥状,装有指键。因由比利时人萨克斯创制,故称。也说萨克管。参见插图 11 页。

【萨其马】sàqímǎ 名 满语音译。一种糕点,把油炸的细而短的面条用蜜糖黏合起来,切成块。

sāi

揌 sāi 同“塞(sāi)”②。现在一般写作“塞”。

毸 sāi 见1033 页“毰(péi)毸”。

腮(*顋) sāi 名 面颊的下半部 ▷两～泛起红晕|抓耳挠～|尖嘴猴～。也说腮颊。口语中也说腮帮子。

【腮帮子】sāibāngzi 名〈口〉腮。

【腮腺】sāixiàn 名 面颊两侧靠近耳垂的一对唾液腺。是唾液腺中最大的一对,能分泌唾液湿润口腔和帮助消化。

【腮腺炎】sāixiànyán 名 腮腺急性发炎,症状为发热,一侧或两侧腮腺肿大、疼痛。多发生于儿童。

塞 sāi ❶ 动 堵 ▷下水道～住了|～车。→ ❷ 动 把东西填入或胡乱放入 ▷瓷器装箱时,要用塑料泡沫～紧|抽屉里～满了东西。→ ❸ 名 塞子 ▷软木～|耳～。☛ 读 sāi,表示动作,以及由此引申的事物,如“塞车”“瓶塞”;sè 是文读,用于合成词和成语,如“堵塞”“闭塞”“敷衍塞责”;读 sài,指可供据守御敌的险要地方,如“边塞”。

另见本页 sài;1188 页 sè。

【塞车】sāichē 动 某些地区指堵车 ▷这条路较窄,上下班时间常～。

【塞牙】sāiyá 动 食物残渣堵在牙缝里(使牙齿不舒服)。

【塞子】sāizi 名 用来堵住孔眼使内外隔绝的物件。

噻 sāi 音译用字,用于“噻唑(sāizuò)”“噻吩(sāifēn)”等,均为有机化合物。☛ 统读 sāi,不读 sè 或 sài。

鳃(鰓) sāi 名 部分水生动物的呼吸器官。用来吸取溶解在水中的氧。形状多样,有片状、丝状和羽毛状等。鱼类的鳃一般有鳃盖保护。

sài

塞 sài 名 可供据守御敌的险要地方 ▷要～|关～|边～。

另见本页 sāi;1188 页 sè。

【塞上】sàishàng 名 边塞地区;也指长城内外。

【塞外】sàiwài 名 指长城以北的地区。也说塞北。

【塞翁失马】sàiwēng-shīmǎ《淮南子·人间训》中说:住在边塞的一位老人丢了一匹马,人们都来安慰他,他说:“怎么知道就不是福呢?”后来,这匹马果然带着一匹好马回来了。后用“塞翁失马”比喻坏事也可能变为好事。

赛[1](賽) sài ❶ 动 比较高低、强弱 ▷～篮球|比～|竞～。→ ❷ 动 比得上;胜过 ▷一个～一个。→ ❸ 名 指比赛活动 ▷足球～|田径～。○ ❹ 名 姓。

赛[2](賽) sài 动 旧时为酬报神灵的恩赐而进行祭祀 ▷祭～|祷～|～会|～神。☛“赛”字不能简化成“赛”。

【赛场】sàichǎng 名 比赛的场地或场所。

【赛车】sàichē ❶ 动 比赛自行车、摩托车或汽车等的行驶速度。❷ 名 指这种竞技体育项目。❸ 名 供比赛用的自行车、摩托车或汽车等。

【赛程】sàichéng ❶ 名 比赛的进度、日程 ▷～过半|调整～。❷ 名 体育比赛中径赛的距离 ▷马拉松赛跑的～为 42,195 米。

【赛船】sàichuán ❶ 动 比赛划船、划艇、赛艇等的速度。❷ 名 指这种竞技体育项目。❸ 名 供比赛用的船。

【赛点】sàidiǎn ❶ 名 大型比赛分设的比赛地点 ▷这次市运会有 5 所高校作～。❷ 名 排球、网球等比赛,把一方再得分就可赢得整场比赛的时机称为赛点。

【赛会】sàihuì 名 旧时指用仪仗、鼓乐等迎接神像出庙,周游街巷或村庄的活动。现也指大型的比赛活动 ▷龙舟～。

【赛季】sàijì 名 某些运动项目集中比赛的一段时间 ▷足球甲A联赛新～开始了。
【赛绩】sàijì 名 比赛成绩 ▷取得好的～。
【赛况】sàikuàng 名 比赛的情况 ▷～时时变化。
【赛龙舟】sàilóngzhōu 我国民间传统运动项目，划龙舟竞赛，多在每年端午节举行。
【赛璐玢】sàilùfēn 名 英语 cellophane 音译。一种玻璃纸，可以染成各种颜色，多用于包装。
【赛璐珞】sàilùluò 名 英语 celluloid 音译。一种塑料，无色透明，可以染成各种颜色，用来制造眼镜架、乒乓球、文具和玩具等。
【赛马】sàimǎ ❶ 动 比赛骑马的速度。❷ 名 指这种竞技体育项目。❸ 名 供比赛用的马。
【赛跑】sàipǎo ❶ 动 比赛跑步的速度。❷ 名 指这种竞技体育项目。按照距离等可以分为多种。
【赛期】sàiqī 名 比赛的日期，多指大型体育比赛从开始到结束的时间 ▷～临近。
【赛球】sàiqiú 动 比赛足球、篮球、排球等的得分多少。
【赛区】sàiqū 名 举行大型比赛时划分的比赛地区 ▷北京～。
【赛事】sàishì 名 指比赛活动 ▷～盛况空前。
【赛似】sàisì 动 胜过 ▷他们～亲兄弟。
【赛艇】sàitǐng ❶ 动 比赛船艇行进的速度。按照有无舵手、划船人数、单桨还是双桨又可分为不同小项。❷ 名 指这种竞技体育项目。❸ 名 供比赛用的小艇，艇身略似织布的梭子。
【赛先生】sàixiānsheng 名 科学。英语 science 音译"赛因斯"的形象说法。参见 289 页"德先生"。
【赛项】sàixiàng 名 竞赛项目 ▷奥运会～。
【赛制】sàizhì 名 比赛的制度和具体规则，如循环赛制、五局三胜赛制等。

sān

三 sān ❶ 数 数字，比二大一的正整数。→ ❷ 数 表示很多 ▷～令五申｜～思而行｜再～。→ ❸ 数 表示不多 ▷～言两语｜～～两两。〇 ❹ 名 姓。☛ ㊀数字"三"的大写是"叁"。㊁跟"五"连用，构成"三……五……"格式，表示次数多或大概数量，如：三番五次、三年五载。㊂参见 1177 页"仨"的提示。
【三八国际妇女节】sān-bā guójì fùnǚjié 世界劳动妇女为争取民主、解放而斗争的纪念日。1909 年 3 月 8 日，美国芝加哥女工举行罢工和示威游行，要求增加工资，实行 8 小时工作制和获得选举权。次年 8 月，在丹麦哥本哈根召开的国际第二次社会主义者妇女大会决定，以每年 3 月 8 日为国际妇女节。也说妇女节、三八节。
【三八式】sānbāshì ❶ 名 指三八式步枪。1905 年(明治三十八年)日本开始生产的机柄式步枪，是侵华日军的主要装备，也是中国抗日军民从战场上大量缴获、用来武装自己的主要武器。❷ 名 借指全面抗日战争爆发初期(1938 年前后)参加革命的同志。
【三百六十行】sānbǎi liùshí háng 泛指各行各业。
【三班倒】sānbāndǎo 动 从事同一项工作的人员分成早、中、夜三个班组轮换上班。
【三包】sānbāo ❶ 名 生产销售单位为对产品质量负责而实行包修、包换、包退的服务性措施。❷ 名 门前三包责任制的简称。指沿街两侧的单位、商店、居民负责各自门前的卫生、绿化和社会秩序三个方面的工作。
【三宝】sānbǎo ❶ 名 指三种宝贵的事物 ▷东北有～：人参、貂皮、乌拉草。❷ 名 佛教指佛、法、僧；后特指佛教。如三宝殿即佛殿。
【三北】sānběi 名 我国东北、华北、西北的合称。
【三不管】sānbùguǎn 指谁也不管的地区或事情 ▷各部门互相推诿，这里成了～地区。
【三不知】sānbùzhī 指对某事的开头、发展和结果全不知道；泛指对某事什么都不知道 ▷一问～。
【三部曲】sānbùqǔ 名 指内容相对独立又互有联系的三部文学作品，如巴金的《家》《春》《秋》称为"激流三部曲"；也指有内在联系的三件事或者事情发展的三个阶段。
【三叉神经】sānchā shénjīng 人和脊椎动物的第五对脑神经，主管头部、面部的感觉和咀嚼肌的运动。人体的三叉神经附着在脑桥，左右各分三支，分布在眼、上颌、下颌等部位。
【三岔路口】sānchà lùkǒu 通往不同方向的三条道路的交会处。
【三产】sānchǎn 名 第三产业的简称。
【三长两短】sāncháng-liǎngduǎn 指意外的事故或灾祸；常用作对可能发生的死亡事故的委婉说法。
【三春】sānchūn〈文〉❶ 名 春季的三个月，即农历正月、二月、三月 ▷～不如一秋忙。❷ 名 春季的第三个月，即农历三月 ▷六月花新吐，～叶已长。❸ 名 三个春季。借指三年 ▷历时～，方得脱稿。
【三春柳】sānchūnliǔ 名 柽(chēng)柳。
【三从四德】sāncóng-sìdé 封建社会压迫、束缚妇女的道德标准。三从：未嫁从父，既嫁从夫，夫死从子；四德：妇德、妇言、妇容、妇功，即妇女的品德、言辞、仪态、女红(gōng)。
【三寸不烂之舌】sān cùn bù làn zhī shé 指能说会道、善于辩论的口才。也说三寸舌。
【三大差别】sān dà chābié 指工农之间、城乡之间、脑力劳动和体力劳动之间的差别。在社会主义制度下，三大差别不具有对抗性，随着社会生产力的日益发展，逐步缩小。

【三大件】sāndàjiàn 在我国民间，指一个时期内能显示出较高生活水平的三件家庭用品。不同时期的“三大件”所指不同。如 20 世纪 70 年代指手表、缝纫机、自行车；80 年代指冰箱、彩电、收录机。

【三大球】sāndàqiú 足球、篮球和排球三项球类运动的合称。

【三代】sāndài ❶ 名 指夏、商、周三个朝代。❷ 名 由祖至孙三辈；也指曾祖、祖父、父亲三辈。

【三点式】sāndiǎnshì 名 比基尼。

【三冬】sāndōng〈文〉❶ 名 冬季的三个月，即农历十月、十一月、十二月 ▷不说风霜苦，～一草衣。❷ 名 冬季的第三个月，即农历十二月 ▷良言一句～暖，恶语伤人六月寒。❸ 名 三个冬季。借指三年 ▷屈指算来，已有～。

【三段论】sānduànlùn 名 形式逻辑演绎推理的基本形式。由大前提、小前提、结论三个判断组成，如“凡是液体都能流动”（大前提），“水是液体”（小前提），“所以水能流动”（结论）。

【三番两次】sānfān-liǎngcì 三番五次。

【三番五次】sānfān-wǔcì 屡次；多次。

【三反】sānfǎn 名 中华人民共和国建立初期，在党政军机关、人民团体、国营企业和事业单位内部进行的反贪污、反浪费、反官僚主义的运动。1951 年 12 月开始，1952 年 10 月结束。

【三废】sānfèi 名 工业废水、废气、废渣的合称。

【三伏】sānfú ❶ 名 初伏、中伏、末伏的合称。夏至后第三个庚日起为初伏（10 天），第四个庚日起为中伏（10 天或 20 天），立秋后第一个庚日起为末伏（10 天）。三伏是一年中最热的时候。❷ 名 特指末伏。

【三副】sānfù 名 轮船船员的职务名称。职位低于二副，负责部分舱面管理工作以及日夜轮流值班驾驶船只等。

【三纲五常】sāngāng-wǔcháng 我国封建社会的道德标准。三纲：君为臣纲，父为子纲，夫为妻纲；五常：通常指仁、义、礼、智、信。简称纲常。

【三个臭皮匠，赛过诸葛亮】sān gè chòupíjiàng, sàiguò zhūgěliàng 比喻人多智慧多，大家一起想办法，就会有好主意。

【“三个代表”重要思想】“sān gè dàibiǎo” zhòngyào sīxiǎng 指中国共产党要始终代表中国先进生产力的发展要求，代表中国先进文化的前进方向，代表中国最广大人民的根本利益的总体思路和基本观点。

【三个面向】sān gè miànxiàng 指我国的教育事业要面向现代化、面向世界、面向未来，以培养适应社会主义现代化建设需要的新人。

【三更半夜】sāngēng-bànyè 半夜三更。

【三姑六婆】sāngū-liùpó 指旧时几类有特殊身份的妇女。她们往往借着这些身份做坏事，因此泛指走门串户、不务正业的妇女。三姑：尼姑、道姑、卦姑（以占卦为业的妇女）；六婆：牙婆（以介绍人口买卖为业的妇女）、媒婆、师婆（女巫②）、虔婆（鸨母）、药婆（以看病为业的妇女）、稳婆（以接生为业的妇女）。

【三顾茅庐】sāngù-máolú 东汉末年，刘备三次到隆中拜访隐居在茅庐的诸葛亮，请他帮助自己打天下（隆中：今湖北襄阳西）。后用“三顾茅庐”比喻真心实意地再三邀请。

【三观】sānguān 名 世界观、人生观、价值观的合称 ▷树立正确的～。

【三光】sānguāng 名〈文〉指日、月、星。

【三光政策】sānguāng zhèngcè 抗日战争时期，日本帝国主义对我国抗日根据地进行“扫荡”时实行的烧光、杀光、抢光的灭绝政策。

【三好生】sānhǎoshēng 名 指经过一定程序评选出来的思想好、学习好、身体好的学生。

【三合板】sānhébǎn 名 把三层薄木板按木纹纵横交叉重叠、胶合压制而成的板材。

【三合土】sānhétǔ 名 多指用石灰、沙子和黏土加水拌和而成的建筑材料。多用来打墙基或铺地面。

【三合院】sānhéyuàn 名 我国传统的院落式住宅，庭院的三面建有房屋。北面是正房，东西两侧是厢房，两端有围墙相连，墙中间朝南开门。也说三合房。

【三花脸】sānhuāliǎn 名 戏曲行当中丑角的俗称。

【三皇五帝】sānhuáng-wǔdì 传说中的古代帝王。三皇通常指伏羲（xī）、燧（suì）人、神农；五帝通常指黄帝、颛顼（zhuānxū）、帝喾（kù）、唐尧、虞舜。

【三级跳远】sānjí tiàoyuǎn 田赛项目，由连续三跳组成。运动员快速助跑踏上起跳板后，第一跳用起跳脚落地，第二跳用另一只脚落地，第三跳双脚落地，以跳的远近定成绩。也说三级跳。

【三极管】sānjíguǎn 名 有三个电极的电子管或晶体管。

【三缄其口】sānjiānqíkǒu 形容说话极其谨慎，不轻易开口（缄：闭）。☛“缄”不读 xián。

【三焦】sānjiāo 名 中医学中的六腑之一，上焦、中焦、下焦的合称。一般认为，三焦是人体部位和功能的划分，并非脏器实体。即把躯干分为三个部位，膈以上为上焦，包括心、肺等；膈以下至脐为中焦，包括脾、胃等；脐以下为下焦，包括肾、大肠、小肠、膀胱等。功能是调节体内气和水的运行。

【三角】sānjiǎo ❶ 名 三角学的简称。❷ 形 三角形的；构成三方关系的 ▷～钢琴｜～恋爱。❸ 名 三角形的东西 ▷糖～。

【三角板】sānjiǎobǎn 名 绘图用具，木制或塑料制的直角三角形薄板，两块为一副，一块的两个锐角均为45°，另一块的两个锐角分别为30°和60°。也说三角尺。

【三角带】sānjiǎodài 名 用于有槽的皮带轮上的传动带。横断面是梯形，多用橡胶制成。

【三角裤】sānjiǎokù 名 三角形的短内裤。

【三角恋爱】sānjiǎo liàn'ài 指一个人同时和两个异性恋爱的不正常的关系。

【三角铁】sānjiǎotiě ❶ 名 打击乐器。由细钢条弯成三角形，用金属棒敲击发声。参见插图11页。❷ 名 角钢。

【三角形】sānjiǎoxíng 名 把不在一直线上的三点用三条线段连成的图形。

【三角学】sānjiǎoxué 名 数学的分支学科，包括平面三角和球面三角，主要研究平面或球面上三角形边和角的关系、三角函数及其相互间的关系等。简称三角。

【三角债】sānjiǎozhài 名 指三方或三方以上之间形成循环的债权和债务关系。如甲方是乙方的债务人，同时又是丙方的债权人。

【三角洲】sānjiǎozhōu 名 河口地区的冲积平原，由河水所挟带的泥沙淤积而成。因大致呈三角形，故称。如珠江三角洲、尼罗河三角洲。

【三脚架】sānjiǎojià 名 放置测量仪器或照相机等，使之稳定的有三条支柱的支撑架。支柱可根据需要伸缩和张合，以调节高度和跨度。

【三教九流】sānjiào-jiǔliú 三教指儒教、佛教、道教；九流指儒家、道家、阴阳家、法家、名家、墨家、纵横家、杂家、农家。泛指宗教、学术等的各种流派、社会上的各种行业或各类各色人物。

【三节】sānjié 名 端午节、中秋节、春节的合称。

【三九】sānjiǔ 名 时令中的第三个九，即冬至后的第19天至第27天这9天时间。一般是一年中天气最冷的时候。参见738页“九”③。

【三军】sānjūn ❶ 名 古代指中、上、下三军，或中、左、右三军，或步、车、骑三军。❷ 名 今指陆、海、空三军 ▷～将士|～仪仗队。❸ 名 泛指全军 ▷勇冠～。

【三K党】sān K dǎng 名 美国最早的恐怖组织之一，1866年5月在田纳西州成立。党徒集会时身穿蒙头的白色或黑色长袍。主要活动是鼓吹种族主义，利用私刑、绑架、集体屠杀等手段迫害黑人和进步人士（三K［KKK］：英语Ku Klux Klan的缩写）。

【三棱镜】sānléngjìng 名 截面为三角形的棱镜。

【三联单】sānliándān 名 合印在一页上一式三份的空白单据，在骑缝处编号并盖章。填单后，一联由填单单位存查，另两联分交有关方面收执。今多一式三份分印，但合订在一起，填单时一并复写。

【三令五申】sānlìng-wǔshēn 三番五次地命令和告诫。

【三六九等】sān-liù-jiǔděng 指许多等级或差别。

【三轮车】sānlúnchē 名 有三个轮子的脚踏车，装有车厢或平板，可以载人、载物。也说三轮儿。

【三昧】sānmèi 名 梵语Samādhi音译。佛教的重要修行方法之一，使心神平静，一心专注，直至杂念全无。借指事物的精义 ▷熟谙小说创作～|个中～。

【三民主义】sānmín zhǔyì 孙中山提出的中国资产阶级民主革命的纲领，即民族主义、民权主义、民生主义。1905年，孙中山阐明“民族、民权、民生”三个主义，主张同时进行民族革命、政治革命和社会革命，推翻清朝封建专制制度，建立资产阶级共和国。史称旧三民主义。后在中国共产党的帮助下，孙中山确定了联俄、联共、扶助农工的三大政策，并于1924年重新解释了三民主义：民族主义是反对帝国主义，主张国内各民族一律平等；民权主义是建立为一般平民所共有、非少数人所得而私的民主政治；民生主义是平均地权，节制资本。史称新三民主义。

【三明治】sānmíngzhì 名 英语sandwich音译。用面包片夹上肉、沙拉酱、蔬菜等制成的快餐食品。

【三农】sānnóng 名 农业、农村、农民的合称 ▷解决好“～”问题对我国全面建设小康社会具有决定性意义。

【三七】sānqī 名 多年生草本植物，掌状复叶，花淡黄绿色，果实扁球形。根肉质，纺锤形，可以做药材。也说田七。

【三亲六故】sānqīn-liùgù 指众多的亲戚和故旧。

【三秋】sānqiū ❶ 名〈文〉秋季的三个月，即农历七月、八月、九月 ▷时值～，天清气朗。❷ 名 秋季的第三个月，即农历九月 ▷时近～，天气寒凉。❸ 名〈文〉三个秋季。借指三年 ▷一日不见，如隔～。❹ 名 农业上指秋收、秋耕和秋种 ▷～大忙时节。

【三三两两】sānsān-liǎngliǎng 形容三个一群、两个一伙儿；也形容零零散散。

【三色版】sānsèbǎn 名 一种照相凸印版，通常用铜或锌做版材，将彩色原稿制成三块印版，用红、蓝、黄三种原色的油墨套印，能印出与原稿相符的彩色复制品。

【三色堇】sānsèjǐn 名 一年、二年或多年生草本植物，茎有分枝，叶卵状长椭圆形。春夏开花，花也叫三色堇，通常每花有黄、白、紫三种颜色，可供观赏。茎、叶可以做药材。俗称蝴蝶花。

【三生有幸】sānshēng-yǒuxìng 三生都很幸运（三生：佛教指前生、今生和来生）。形容幸运无比。常用作初次见面时的客套话。

【三牲】sānshēng 名 古代指祭祀用的牛、羊、猪。

【三思】sānsī 动 再三考虑 ▷事关重大，务请～。

【三思而行】sānsī'érxíng 经过反复考虑之后再行动。形容处事谨慎。

【三天打鱼，两天晒网】sāntiān-dǎyú，liǎngtiān-shàiwǎng 比喻做事没有恒心，时断时续，不能坚持。

【三天两头儿】sāntiān-liǎngtóur〈口〉三天中的第一天和第三天。指几乎每天 ▷近来，他～地出差|～出故障。

【三通】sāntōng ❶ 名 指有三个连接口的连接零件。❷ 动 指正式施工前，在工地所做的三项准备工作，一般是通路、通水、通电。❸ 动 指我国大陆和台湾地区之间通商、通邮、通航。

【三头对案】sāntóu-duì'àn 指当事人双方与中间人或见证人在一起对证核实情况。

【三头六臂】sāntóu-liùbì 佛经上说佛的法相有三个头六条臂。后用来比喻神通广大、本领超凡。

【三围】sānwéi 名 指人体的胸围、腰围和臀围。

【三维】sānwéi 名 指构成空间的长、宽、高三个因素 ▷～空间。

【三维打印】sānwéi dǎyìn 一种以数字模型为基础，使用粉末金属或塑料等可黏合材料，通过逐层打印方式制造物体的技术。也说 3D 打印。

【三维动画】sānwéi dònghuà 应用电子计算机技术生成的、模拟三维空间中场景和实物的动画，立体感和真实感强。也说 3D 动画。

【三维空间】sānwéi kōngjiān 由长、宽、高三维构成的空间。在三维空间中，任何一个点的位置都需由三个坐标确定。也说三度空间。

【三位一体】sānwèi-yītǐ 基督教指圣父（耶和华）、圣子（耶稣基督）、圣灵（上帝的灵），这三者结合成一个整体，即上帝本体。后常用“三位一体”泛指三个人、三件事或三方面结合成的一个整体。

【三文鱼】sānwényú 名 鲑鱼（三文：英语 salmon 音译）。

【三无产品】sānwú chǎnpǐn 指没有生产许可证、没有产品检验合格证、没有厂名厂址的产品，是非法经营的产品。

【三无企业】sānwú qǐyè 指没有资金、没有场地、没有与经营相适应的机构和人员的企业，是非法经营的企业。

【三五成群】sānwǔ-chéngqún 三个一群，五个一伙儿。

【三下五除二】sān xià wǔ chú èr 珠算加法口诀中的一句。常形容办事干脆利落。

【三夏】sānxià ❶ 名〈文〉夏季的三个月，即农历四月、五月、六月 ▷溽暑融～。❷ 名〈文〉夏季的第三个月，即农历六月 ▷情知～热，今日偏独甚。❸ 名〈文〉三个夏季。借指三年 ▷凡新墨不过～，殆不堪用。❹ 名 农业上指夏收、夏种和夏季对农作物的田间管理 ▷～生产已全面展开。

【三鲜】sānxiān 名 指用来做菜肴或馅料的三种味道鲜美的食材（如猪肉、虾仁、海参、鲜蘑等）▷烩～|～锅贴儿。

【三弦】sānxián 名 弹拨乐器，共鸣器为木制，呈椭圆形或长圆形，两面蒙蟒皮或其他代用材料，上端有长柄，有三根弦。有大三弦和小三弦两种形制，均主要用于伴奏。也说弦子。参见插图 12 页。

【三线】sānxiàn 名 指三线地区。1964 年中共中央确定我国西南地区为三线，是全国战略的大后方。

【三心二意】sānxīn-èryì 心里既想这样，又想那样。形容心意不专注、不坚定或拿不定主意。

【三星】sānxīng ❶ 名 指猎户座中央三颗明亮的星。冬季天将黑时在东方出现，天将亮时在西方落下，根据它的位置可估计时间。❷ 名 民间指福星、禄星和寿星 ▷～高照。

【三省吾身】sānxǐng-wúshēn《论语·学而》：“曾子曰：‘吾日三省吾身。’”后用“三省吾身”指反复检查自己的思想、行为。☛“省”这里不读 shěng。

【三言两语】sānyán-liǎngyǔ 指很少的几句话。

【三阳开泰】sānyáng-kāitài 古人把《周易》的卦爻（yáo）跟农历的月份相联系，正月是泰卦（表示平安顺利的卦象），卦象是下面三个阳爻，象征阴消阳长，冬去春来，诸事吉祥亨通。故用“三阳开泰”指一年开始，吉祥顺利，多用于新年祝颂。也说三阳交泰。

【三一三十一】sān yī sānshíyī 珠算除法口诀中的一句，原为“三一三剩一”。后指平均分成三份；泛指大体上平均分开。

【三元】sānyuán ❶ 名 旧时把农历正月十五、七月十五、十月十五分别叫上元、中元、下元，合称三元。❷ 名 旧时指农历正月初一。因这一天为年、季、月之始，故称。❸ 名 我国科举考试的乡试、会试、殿试的第一名分别叫解元、会元、状元，合称三元。明代又以殿试的前三名状元、榜眼、探花为三元。

【三原色】sānyuánsè ❶ 名 指红、绿、蓝三种色光。它们在不同强度下可以复合成光谱中的各种色光。也说三基色。❷ 名 颜料或染料中指品红、黄、青三种颜色。

【三月街】sānyuèjiē 名 白族的传统节日和集市日期。每年农历三月十五日起，当地和附近各族人民会集在云南大理，一起交流物资，举行赛马、射箭、舞龙等活动，为期 5—7 天。也说观音市。

【三月三】sānyuèsān 名 壮族、畲族等少数民族的传统节日，时间在每年的农历三月初三。现主要为群众性赛歌和其他文娱活动。

【三灾八难】sānzāi-bānàn 泛指各种灾难。
【三藏】sānzàng ❶ 名 佛教经典的统称。包括经、律、论三部分。经,总述根本教义;律,记述僧规戒律;论,阐发经典教义。❷ 名 称精通经、律、论的高僧。如唐代高僧玄奘,因精通各种佛典,被誉为"唐三藏"。
【三只手】sānzhīshǒu 名 扒手的俗称。
【三资企业】sānzī qǐyè 我国境内合法的外商独资企业、中外合资经营企业和中外合作经营企业的合称。
【三字经】sānzìjīng 名 旧时一种儿童启蒙课本,为三字一句的韵文,内容包括传统伦理道德和一些自然、历史常识。相传为南宋学者王应麟编著,1928 年章炳麟重订。
【三足鼎立】sānzú-dǐnglì 比喻三方势力并峙,像鼎的三足。
【三座大山】sānzuò dàshān 比喻我国半殖民地、半封建社会时期,欺压人民的三大敌人,即帝国主义、封建主义和官僚资本主义。

叁 sān 数 数字"三"的大写。☛ 跟"参"不同。

毵(毿) sān [毵毵] sānsān 形〈文〉形容毛发、枝条等细长物披散的样子 ▷鬓毛~|杨柳~。

sǎn

伞(傘 *繖❶❷ 繖❶❷) sǎn ❶ 名 遮挡雨水或阳光的用具,用布、油纸、塑料等制成,中间有柄,可开可合 ▷打~|雨~◇保护~。→ ❷ 名 形状像伞的东西 ▷灯~|降落~。○ ❸ 名 姓。
【伞兵】sǎnbīng 名 空降兵的通称。
【伞骨】sǎngǔ 名 固定在伞柄上可以向周围伸开支撑伞面的骨架。
【伞降】sǎnjiàng 动 借助降落伞把人员、装备、物资等从飞机、直升机等航空器上降落到地面(跟"机降"相区别) ▷某空降师数千名官兵集群~|~兵。

散(*散) sǎn ❶ 形 形容无约束或不集中 ▷一盘~沙|~兵游勇|~漫|松~。→ ❷ 形 形容零碎或不成整体 ▷~装|~座。→ ❸ 名 粉末状药物 ▷丸~膏丹。→ ❹ 动 松开;解体 ▷包袱~了|球队~了。○ ❺ 名 姓。☛ 读 sǎn,形容事物,指不集中、无约束等;又表示事物,指粉状的中药(取其松散义)。读 sàn,表示动作,指散开、排除等。

另见 1184 页 sàn。

【散板】sǎnbǎn 名 戏曲唱腔的板式,唱腔不受固定节拍限制,不用鼓板击节,节奏速度自由,宜于表现激烈或悲痛的感情。
【散兵游勇】sǎnbīng-yóuyǒng 指失去统领而溃散游荡的士兵;现也比喻没有加入任何组织而独自行动的人,多含调侃、揶揄意。
【散打】sǎndǎ ❶ 动 两人在规则允许的范围内,用拳打、脚踢和摔跤等方式徒手搏击 ▷双方运动员正在进行~。❷ 名 指这种竞技体育项目。
【散放】sǎnfàng 动 分散放置 ▷桌上~着几本词典|把~的商品集中起来。
【散工】sǎngōng 名 做零活儿的人;短工。☛ 跟"散(sàn)工"不同。
【散光】sǎnguāng 形 一种视力缺陷,看东西模糊不清。由角膜或晶状体各个经线的弧度不同引起。
【散户】sǎnhù 名 零散的客户;特指证券交易中资金较少的个体投资者。
【散记】sǎnjì 名 对零散片断的记载(多用于书名或文章标题) ▷《塞北~》。
【散剂】sǎnjì 名 用一种或多种药物按处方分量配制而成的干燥的粉末状药剂(多指中成药),分内服和外用两种。也说粉剂。
【散架】sǎnjià 动 人或物体的骨架散开;比喻组织、机构解体 ▷自行车快~了|累了一天,浑身骨头都~了|剧团早~了。
【散见】sǎnjiàn 动 零星分散地见到 ▷他的文章~于好几种刊物。
【散件】sǎnjiàn 名 没有组装起来的零散器件。
【散居】sǎnjū 动 分散居住 ▷~着十几户村民。
【散客】sǎnkè 名 零散顾客;没有参加旅行团的零散游客。
【散滥】sǎnlàn 形 杂乱过剩 ▷治理报刊的~现象。
【散乱】sǎnluàn 形 杂乱;没有条理 ▷桌上~地放着些书报。
【散漫】sǎnmàn ❶ 形 松懈随便;不守纪律 ▷自由~。❷ 形 零散;不集中 ▷组织~。
【散票】sǎnpiào 名 影剧院、竞技场所等零散出售的门票或出售团体票后剩余的票 ▷运动会开幕式还有~出售。也说零票。
【散曲】sǎnqǔ 名 曲的一种体式,只有唱词,没有宾白,包括小令、散套等形式。盛行于元、明。
【散射】sǎnshè 动 光、波、粒子在传播时偏离原方向而分散传播。由介质中存在其他微粒或介质密度不均匀引起。如日出日落时太阳呈红色,就是日光散射形成的。
【散套】sǎntào 名 散曲的一种,由同一个宫调的若干支曲子组成的套曲。
【散体】sǎntǐ 名 不要求词句整齐对偶的文体(跟"骈体"相区别)。
【散文】sǎnwén ❶ 名 没有韵律、排偶等要求的文体或作品(跟"韵文"相区别)。❷ 名 文学体裁的一大类,指诗歌、戏剧、小说以外的文学作品,包括杂文、小品文、随笔、游记、报告文学等。

【散文诗】sǎnwénshī 名 兼有诗和散文特点的文学体裁。不要求像诗歌那样分行和押韵,但注重节奏美,富于诗意。

【散养】sǎnyǎng 动 分散养殖或放养(畜禽等)。

【散置】sǎnzhì 动 分散放置;散乱地放置 ▷院中~着石桌、石凳|桌上~着十几本杂志。

【散装】sǎnzhuāng 区别 原来大包装的商品出售时分成小包装的;商品出售时不加包装的 ▷~饼干|白酒是买~的,还是买瓶装的?

【散座】sǎnzuò ❶ 名 指剧场、影院中包厢以外的座位;也指饭馆中包桌、包间以外的零散座位。❷ 名 旧指人力车夫拉的不固定的乘客。

糁(糝) sǎn 名 饭粒 ▷饭~。另见 1220 页 shēn。

馓(饊) sǎn [馓子] sǎnzi 名 一种面食,把细丝状的面条拧成花样再用油炸熟而成。

sàn

散(*散) sàn ❶ 动 (聚在一起的人或物)分开 ▷一哄而~|烟消云~|离~。→ ❷ 动 四处分撒;散布 ▷天女~花|~发|~播。→ ❸ 动 排除;排遣 ▷~心。

另见 1183 页 sǎn。

【散播】sànbō 动 散布开;扩散开 ▷防止病毒~|不能听任这种歪理邪说到处~。

【散布】sànbù ❶ 动 分散到各处 ▷羊群~在山坡上。❷ 动 传布(多含贬义) ▷~谣言|~紧张空气。☛ 参见本页"散发"的提示。

【散步】sànbù 动 轻松随意地走走(一种放松身心或锻炼身体的方式) ▷到公园~。

【散场】sànchǎng 动 指演出或比赛等结束,观众退场。

【散发】sànfā ❶ 动 发出并散开 ▷新翻过的田里~出泥土的气息。❷ 动 分散发出 ▷~传单。☛ "散发"②跟"散布"②不同。"散发"②的对象是言论的载体;"散布"②的对象是言论。

【散工】sàngōng 动 收工;放工 ▷准时~。☛ 跟"散(sǎn)工"不同。

【散会】sànhuì 动 会议结束,与会人员退场。

【散伙】sànhuǒ 动 团体、组织等解散。

【散开】sànkāi 动 (集中在一起的人或物)向四处分散 ▷看热闹的人都~了。

【散落】sànluò ❶ 动 分散地落下 ▷传单自空中~而下。❷ 动 零星分布 ▷山坡上~着一顶顶的帐篷。❸ 动 分散流落 ▷遗墨多有~。☛ 义项②中的"散",口语中也读 sǎn。

【散闷】sànmèn 动 散心。

【散热】sànrè 动 散发热量 ▷保温杯~慢些|~器。

【散热器】sànrèqì 名 利用传导、对流、辐射等作用,把热量散发到周围空间去的装置。如内燃机的水箱,供暖用的暖气等。

【散失】sànshī ❶ 动 流散丢失 ▷馆藏古书多已~。❷ 动 消散失去 ▷茶叶的香味都~了。☛ 跟"失散"不同。

【散摊子】sàntānzi 散伙 ▷那家联合诊所早就~了。也说散摊儿。

【散亡】sànwáng ❶ 动 散失 ▷古文献~现象严重。❷ 动 离散逃亡 ▷战乱导致人口~。

【散席】sànxí 动 指酒宴结束,赴宴人员离开。

【散戏】sànxì 动 戏剧演出结束,观众散去。

【散心】sànxīn 动 排解烦闷,使心情舒畅 ▷~解闷|去听听相声,散散心。

【散学】sànxué 动 放学。

【散佚】sànyì 动 (图书、文稿等)散失 ▷几经迁徙,书稿~过半。☛ 不宜写作"散逸"。

sāng

丧(喪) sāng 名 跟死了人有关的事 ▷治~|吊~|报~|~服。☛ 下底是"𧘇",不是"衣"。

另见 1185 页 sàng。

【丧服】sāngfú 名 死者亲属所穿的特制服饰。汉族多用本色的麻布或粗布制成。

【丧家】sāngjiā 名 死了人的人家。

【丧假】sāngjià 名 按照规定给予居丧的人的假期。

【丧礼】sānglǐ 名 治丧的礼仪。

【丧乱】sāngluàn 名 〈文〉指死亡祸乱等灾难;多指社会动乱 ▷那时,祖国同胞久经~,垂死待救。

【丧事】sāngshì 名 指人死后入殓、埋葬或火化、祭奠、哀悼等事情 ▷~从简。

【丧葬】sāngzàng 动 料理丧事,安葬死者 ▷赡养、~,已尽全责。

【丧钟】sāngzhōng 名 西方习俗,教堂在宣告本区死亡教徒或为死者举行宗教仪式时要敲钟,被称为"敲丧钟"。后用"丧钟"借指死亡或灭亡 ▷武昌起义敲响了清王朝的~。

桑(*桒❶) sāng ❶ 名 桑树,落叶乔木,叶子边缘锯齿状,果实为聚花果,味甜。叶子可喂蚕,果实可以生吃或酿酒,枝条皮可以造纸,叶、果、枝、根、皮都可以做药材。参见插图6页。〇 ❷ 名 姓。

【桑巴】sāngbā 名 葡萄牙语samba音译。一种拉丁舞。以膝部的屈伸带动上身摇摆，风格奔放，舞曲欢快热烈，是巴西传统节日狂欢节最流行的社交舞蹈。也说桑巴舞。

【桑蚕】sāngcán 名 家蚕。

【桑拿天】sāngnátiān 名 指潮湿闷热的天气。因人在这种天气里像是在洗桑拿浴，故称。

【桑拿浴】sāngnáyù 动 利用蒸汽排汗的洗澡方法。用水浇在烧热的石头上产生高温蒸汽，人在蒸汽的包围下，身体大量出汗，可排除污垢，解乏健身。起源于芬兰（桑拿：英语sauna音译）。简称桑拿。也说蒸汽浴、芬兰浴。

【桑农】sāngnóng 名 以种植桑树为主业的农民。

【桑皮纸】sāngpízhǐ 名 用桑树皮为原料制作的纸，质地坚韧。简称桑纸。

【桑葚儿】sāngrènr 名〈口〉桑葚。

【桑葚】sāngshèn 名 桑树的果实。成熟时一般呈黑紫色或白色，有甜味，可以吃，也可以酿酒。☛ ㊀口语中也说桑葚儿（sāngrènr）。㊁ 作为药材可写作"桑椹"。

【桑椹】sāngshèn ❶ 见本页"桑葚"。现在一般写作"桑葚"。❷ 名 桑葚晒干后制成的药材。

【桑田】sāngtián 名 种植桑树的田地；泛指田地 ▷全村共有～百余亩｜沧海～。

【桑叶】sāngyè 名 桑树的叶子。可以作蚕的饲料，也可以做药材。

【桑榆】sāngyú 名〈文〉桑树和榆树。古代常有日落时阳光照射在桑榆树梢的描写，因此借指日暮；也比喻人的晚年 ▷～暮景｜～之年。

【桑梓】sāngzǐ 名〈文〉桑树和梓树。《诗经·小雅·小弁》："维桑与梓，必恭敬止。"意思是家乡的桑树和梓树是父母亲手栽的，要对它表示敬意。后用来借指故乡 ▷情系～。

sǎng

搡 sǎng 动 用力猛推 ▷叫人～了个跟头｜连推带～。

嗓 sǎng ❶ 名 喉咙 ▷～音｜～子哑了。→ ❷ 名 指嗓音 ▷哑～｜尖～。

【嗓门儿】sǎngménr 名 嗓音 ▷他～太大。

【嗓音】sǎngyīn 名 由嗓子发出的声音；多指说话、唱歌的声音 ▷～嘶哑｜～稚嫩。

【嗓子】sǎngzi ❶ 名 喉咙 ▷润润～｜～发炎。❷ 名 指嗓音 ▷～很好。

【嗓子眼儿】sǎngziyǎnr 名 喉咙 ▷～发干。

磉 sǎng 名 立柱下面的石礅 ▷～礅｜～盘｜石～。

颡（顙） sǎng 名〈文〉额头 ▷稽～（跪拜时用额触地）。

sàng

丧（喪） sàng ❶ 动 失去；丢掉 ▷～尽天良｜～权辱国｜闻风～胆。→ ❷ 动 特指失去生命，死去 ▷～偶｜～亡。→ ❸ 动 失意 ▷沮～｜懊～。☛ 读sàng，表示动作，指失去，如"丧家之犬"；读sāng，表示事物，指与人死有关的事物，如"治丧"。

另见1184页sāng。

【丧胆】sàngdǎn 动 完全失去胆量。形容非常害怕 ▷缉毒警察令毒贩闻之～。

【丧魂落魄】sànghún-luòpò 失魂落魄。

【丧家之犬】sàngjiāzhīquǎn 失去主人无家可归的狗。比喻失掉依靠、走投无路的人。也说丧家狗、丧家犬。

【丧尽天良】sàngjìn-tiānliáng 一点儿良心都没有。形容残忍、狠毒到了极点。

【丧门星】sàngménxīng 名 迷信指凶神，主死丧哭泣之事。比喻恶人或给人带来不幸的人（多用作骂人的话）。也说丧门神、丧门鬼。

【丧命】sàngmìng 动 丢掉性命（多指非正常死亡）▷在车祸中～。

【丧偶】sàng'ǒu 动 死了配偶 ▷老人已～多年。

【丧气】sàngqì 动（因不顺心而）情绪低落 ▷垂头～。

【丧气】sàngqi 形 不吉利；倒霉 ▷别说～话。

【丧权辱国】sàngquán-rǔguó 丧失主权，使国家蒙受耻辱。

【丧身】sàngshēn 动 丧命 ▷～水中。

【丧生】sàngshēng 动 丧命 ▷因飞机失事而～。

【丧失】sàngshī 动 丢掉；失去 ▷听力完全～｜不可～斗志。☛ 跟"丢失"不同。"丧失"多用于抽象事物，"丢失"多用于具体物品。

【丧亡】sàngwáng 动〈文〉灭亡；死亡 ▷社稷～｜亲人～。

【丧心病狂】sàngxīn-bìngkuáng 没有理智，失去人性，像发了疯一样。

【丧志】sàngzhì 动 消磨掉志气；失去进取心 ▷玩物～。

sāo

搔 sāo 动 用指甲或别的东西轻轻地抓挠 ▷～头皮｜隔靴～痒｜～首弄姿。

【搔首弄姿】sāoshǒu-nòngzī 形容故作姿态，卖弄风情。

【搔头】sāotóu 动 挠头皮。借指着急地想办法或想不出办法而着急 ▷～抓耳，不知所措。

【搔痒】sāoyǎng 动 在皮肤痒处抓挠。☛ 跟"瘙痒"不同。

溞 sāo 〈文〉❶ 动 洗；洒 ▷水既洁，然后可以～身。○ ❷ 名 水蚤。

骚[1]（騷） sāo 动 不安定；扰乱 ▷～动｜～扰｜～乱。

骚[2]（騷） sāo ❶ 名 指《离骚》，战国时楚国爱国诗人屈原的代表作 ▷～体。→ ❷ 名 泛指诗文 ▷～人墨客。❸ 形 举止轻佻，行为放荡（多用于女子） ▷风～。○ ❹ 同"臊(sāo)"。现在一般写作"臊"。

【骚动】sāodòng 动 秩序紊乱；动荡不安 ▷人群～｜天下～。

【骚话】sāohuà 名 淫秽下流的话。

【骚乱】sāoluàn 动 混乱不安 ▷人群～起来了。

【骚扰】sāorǎo 动 搅扰；使不安宁 ▷～百姓。

【骚人】sāorén 名 诗人 ▷～墨客（泛指文人）。

【骚体】sāotǐ 名 辞赋的一类，以屈原的《离骚》为代表。长于抒情，风格浪漫，形式较自由，多用"兮"字辅助语气。也说楚辞体。

缫（繅） sāo 动 从泡在开水里的蚕茧中抽出丝 ▷～丝｜先～后织。

【缫丝】sāosī 动 缫。

缲（繰） sāo 同"缫"。现在一般写作"缫"。另见 1103 页 qiāo。

臊 sāo 形 形容气味像尿一样难闻 ▷又～又臭｜腥～。☛ 读 sāo，形容尿的气味；读 sào，指害羞，如"害臊"。

另见 1187 页 sào。

【臊气】sāoqì ❶ 形 腥臊；臊臭 ▷尿布太～。❷ 名 臊臭的气味 ▷～难闻。

sǎo

扫（掃） sǎo ❶ 动 用笤帚等清除尘土和垃圾 ▷～雪｜～地｜打～。→ ❷ 动 清除；消除 ▷～雷｜～盲｜～兴。→ ❸ 形 〈文〉尽；全部 ▷～数(shù)。→ ❹ 动 迅速掠过 ▷用眼光～了一圈｜～射｜～描。☛ ㊀读 sǎo，表示动作；读 sào，表示事物，且不能单用，如"扫帚"。㊁右边是"彐"，不是"ヨ"。

另见本页 sào。

【扫除】sǎochú ❶ 动 扫掉脏东西 ▷～垃圾。❷ 动 清除；消除 ▷～封建迷信。

【扫荡】sǎodàng 动 在大范围内用武力手段肃清（敌人）；泛指全面清除 ▷～残匪｜～一切残余的封建思想。

【扫地】sǎodì ❶ 动 清扫地面。❷ 动 比喻声誉、威信等完全丧失 ▷信誉～｜威风～。

【扫地出门】sǎodì-chūmén 没收全部财产，把人赶出家门。

【扫毒】sǎodú 动 扫除制造、运输、贩卖、吸食毒品等违法犯罪活动。

【扫黄】sǎohuáng 动 扫除卖淫嫖娼等色情活动和淫秽出版物等 ▷～打非。

【扫货】sǎohuò 动 指在市场上大量购买货物（多指削价后的便宜货） ▷双休日，不少上班族都来这里～。

【扫雷】sǎoléi 动 搜索并扫除地雷、水雷及其他爆炸物 ▷～舰｜～车｜海上～。

【扫盲】sǎománg 动 扫除文盲，即对不识字或识字不多的成年人进行识字教育，使脱离文盲状态。

【扫描】sǎomiáo ❶ 动 利用一定设备使电子束、无线电波等在特定区域来回地移动而描绘出图像。❷ 动 扫视。❸ 动 用特殊软件检查、搜索（电子计算机中的数据、病毒等）。

【扫描仪】sǎomiáoyí 名 以扫描方式将文本、图像等信息转换成数字信号输入到计算机的仪器。

【扫墓】sǎomù 动 清扫坟墓，祭奠死者；也指到烈士碑墓前举行纪念活动。

【扫平】sǎopíng 动 扫荡平定 ▷～盗寇。

【扫清】sǎoqīng 动 打扫干净；清除 ▷～障碍。

【扫射】sǎoshè ❶ 动 用冲锋枪、机枪等自动武器横向移动着连续射击。❷ 动 目光、灯光等向四周迅速掠过 ▷光柱四处～。

【扫视】sǎoshì 动 迅速地移动目光向周围看 ▷～一下会场。

【扫数】sǎoshù 副 表示全数或全部 ▷～上缴｜～清还。

【扫堂腿】sǎotángtuǐ 名 武术招数，身体下蹲，用一条腿猛扫对方腿的下部，使其摔倒。也说扫腿。

【扫尾】sǎowěi 动 做完最后剩下的工作 ▷工程已进入～阶段。

【扫兴】sǎoxìng 动 因遇到不愉快的事而兴致消退 ▷刚出门就下雨，真～｜别扫大家的兴。

嫂 sǎo ❶ 名 哥哥的妻子 ▷二～｜表～。→ ❷ 名 对与自己年龄差不多的已婚妇女的称呼 ▷李大～｜刘～。❸ 名 对某些已婚职业女性的敬称 ▷空～｜月～。☛ 右上是"臼"字中间加一竖，上下出头。

【嫂夫人】sǎofūren 名 对朋友妻子的敬称。

【嫂嫂】sǎosao 名 嫂子。

【嫂子】sǎozi 名 嫂①。

sào

扫（掃） sào 见下。另见本页 sǎo。

【扫帚】sàozhou 名 用竹枝等扎成的扫地工具，比笤帚大。也说扫把。

【扫帚星】sàozhouxīng 名 彗星的俗称。古人认为扫帚星出现是不祥之兆，所以也用来比喻给人带来灾祸的人。

埽 sào ❶ 名 旧时治理黄河工程中用的一种器材。把树枝、秫秸、石块等捆扎成圆柱形，用来堵塞河堤缺口或保护堤岸。→ ❷ 名 用许多埽做成的挡水建筑物。☛ 统读 sào，不读 sǎo 或 zhǒu。

瘙 sào 名〈文〉疥疮。☛ 不读 sāo。

【瘙痒】sàoyǎng 动 发痒 ▷浑身～。☛ 跟"搔痒"不同。

臊 sào 动 害羞；难为情 ▷～红了脸｜没羞没～｜害～。

另见 1186 页 sāo。

【臊子】sàozi 名 肉末儿或肉丁；现多指加调料炒制的肉末儿或肉丁，用来拌面条、米线等 ▷把这块瘦肉切成～｜～面。

sè

色 sè ❶ 名 面部的气色、表情 ▷面不改～｜～厉内荏。→ ❷ 名 景象；情景 ▷暮～｜以壮行～。❸ 名 品类；种类 ▷各～各样｜各～人等｜货～。→ ❹ 名 颜色 ▷黄～｜～彩。→ ❺ 名 物品（多指金银）的成分 ▷足～｜成～。→ ❻ 名 女子的美好容貌 ▷姿～｜绝～。❼ 名 情欲；性欲 ▷～情｜～欲。○ ❽ 名 姓。☛ sè 是文读，指颜色时多用来构词，如"彩色""色差"；shǎi 是白读，指颜色时多单用或组成少数词语，如"掉色"。

另见 1193 页 shǎi。

【色斑】sèbān 名 物体表面沾染上或显露出的有色斑痕 ▷清除牙面～｜荧光屏上出现～。

【色笔】sèbǐ 名 彩笔。

【色布】sèbù 名 有颜色的布。

【色彩】sècǎi ❶ 名 颜色 ▷～斑斓。❷ 名 比喻某种情调或思想倾向 ▷感情～｜时代～。☛ 不要写作"色采"。

【色差】sèchā ❶ 名 颜色上的差异。❷ 名 指某些光（如白光）通过透镜所成像的边缘呈现出彩色模糊的现象。因透镜对各种色光的折射率不同而形成。也说色像差。

【色带】sèdài 名 针式打印机或打字机上供给墨色的带子。

【色胆】sèdǎn 名 追求色欲的胆量 ▷～包天。

【色调】sèdiào ❶ 名 画面或场景中为表现思想感情所使用的或深或浅、或明或暗、或冷或暖的色彩所形成的整体效果。❷ 名 比喻文艺作品中思想感情的倾向 ▷欢快的～。

【色度】sèdù ❶ 名 调配颜色时红、绿、蓝三种基色相对比例的度量标准。❷ 名 水质参数之一，表示水的颜色特性。

【色光】sèguāng 名 带颜色的光。白色的光通过棱镜分解成红、橙、黄、绿、蓝、靛、紫七种色光。

【色鬼】sèguǐ 名 对好色成性的人的鄙称。

【色觉】sèjué 名 视网膜对色光的感觉。

【色块】sèkuài 名 图画、图表等中成块或成片的相同颜色。

【色拉】sèlā 名 沙拉。

【色拉油】sèlāyóu 名 指精炼的花生油、大豆油、菜籽油等食用植物油。

【色狼】sèláng 名 指恶狼般贪婪地追逐女性，乃至凶残地进行性侵犯的人。

【色厉内荏】sèlì-nèirěn 外表严厉强横（hèng），内心软弱怯懦。☛ "荏"不读 rèn。

【色盲】sèmáng 名 眼睛不能辨别颜色的先天性色觉障碍。不能分辨红绿颜色的叫半色盲，只能分辨明暗不能分辨颜色的叫全色盲。

【色眯眯】sèmīmī 形 形容贪求女色的眼神。

【色迷】sèmí ❶ 动 极端迷恋女色。❷ 名 指极端迷恋女色的人。

【色迷迷】sèmímí 形 形容极端好色的丑态（多形容眼神）▷一脸～的表情令人生厌｜～地看着淫秽图片。☛ 这里的"迷迷"口语中也读 mīmī。

【色魔】sèmó 名 指恶魔般强暴、残害女性的人。

【色目人】sèmùrén 名 元朝对蒙古以外的西北、西域各族人的统称，是元朝划分的四等人之一。政治地位低于蒙古人，高于汉人和南人。

【色谱】sèpǔ 名 把各种颜色依序（如红、橙、黄、绿、蓝、靛、紫等）排列成的图表。

【色情】sèqíng 名 性欲；情欲 ▷删除～镜头。

【色情狂】sèqíngkuáng 名 指狂热地追求性欲满足的人。

【色弱】sèruò 名 轻度色盲。分辨颜色不够敏感。

【色素】sèsù 名 使有机体具有各种不同颜色的物质。如红花具有红色素。某些色素在生理过程中有重要的作用，如植物体中的绿色素能进行光合作用。

【色相】sèxiàng ❶ 名 色彩所呈现出来的质的面貌。如日光透过三棱镜分解出的红、橙、黄、绿、青、紫六种色相。❷ 名 佛教指万物外在的形态、体貌。❸ 名 指人的容貌。

【色艺】sèyì 名 姿色和技艺 ▷～俱佳。

【色诱】sèyòu 动 为达到某种目的而以色相勾引人。

【色釉】sèyòu 名 彩色的釉子。

【色欲】sèyù 名 追求性欲满足的欲望（多用于贬义）▷他～膨胀，大搞权色交易。

【色泽】sèzé 名 颜色和光泽。

涩（澀*澁濇） sè ❶ 形 不光滑；不滑润 ▷表面发～｜两眼干

S

～|枯～。→❷形形容像生柿子那样使舌头麻木干燥的感觉▷梨没成熟，咬一口又酸又～|苦～|酸～。→❸形文字生硬，难读、难懂▷艰～|晦～。→❹形不自然；形容做事、处世等不成熟▷羞～|青～。

【涩滞】sèzhì形艰涩，迟滞；不流畅；不通畅▷眼神～|言语～|大便～。

啬（嗇）sè形小气；应当用的财物舍不得用▷吝～。

铯（銫）sè名金属元素，符号Cs。银白色，质软，化学性质极活泼，遇水发生爆炸，在光照下易放出电子。用于制造原子钟、光电管和作宇宙飞行器的燃料。

瑟 sè名古代一种像琴的弦乐器。留传下来的有两种，一种25根弦，一种16根弦。

【瑟瑟】sèsè❶拟声模拟微风等轻细的声音▷秋风～|～有声。❷形形容颤抖的样子▷冻得～发抖。

【瑟缩】sèsuō动身体因受冷或受惊等而蜷缩、颤抖▷冻得～成一团。

【瑟索】sèsuǒ动身体因受冷或受惊等而发抖。

溹 sè［溹溹］sèsè拟声〈文〉模拟下雨等的声音▷～细雨飘落。

另见1323页suǒ。

塞 sè义同"塞（sāi）"①，用于成语和某些合成词▷茅～顿开|堵～|闭～|堰～湖。

另见1178页sāi；1178页sài。

【塞擦音】sècāyīn名由特定发音方法形成的一类辅音。发音时气流通路紧闭，气流聚集，然后打开闭塞部位，气流从中摩擦而形成。普通话语音中有6个塞擦音：z、c、zh、ch、j、q。

【塞音】sèyīn名由特定发音方法形成的一类辅音。发音时气流通路紧闭，然后突然打开而形成。普通话语音中有6个塞音：b、p、d、t、g、k。

【塞责】sèzé动以敷衍的态度对待自己的责任▷敷衍～。

穑（穡）sè动〈文〉收获（谷物）▷稼～。

璱 sè形〈文〉形容玉色鲜艳光洁。

sēn

森 sēn❶形树木多而繁密▷～林|松柏～～。→❷形〈文〉众多；密密麻麻▷～罗万象|～列。→❸形幽暗；阴冷▷阴～。

☛㊀统读sēn，不读shēn。㊁通常情况下，一个字里右边如果有两个捺（㇏），其中一个必须改成点（丶）。但"森""众"上边和右下的捺都不改。

【森林】sēnlín名由以乔木为主体大片生长的林木以及生长在其间的各种动物、植物和微生物构成的生物群落。通常也指大片生长的树木。森林具有保持水土、调节气候、保护农田等作用，也是木材的主要来源。

【森林浴】sēnlínyù动在森林或绿树成阴的地方游览休息等，呼吸清新空气，以健身防病▷住在这里，每天都可以～。

【森罗殿】sēnluódiàn名阎王殿。

【森然】sēnrán〈文〉❶形形容茂密直立的样子▷松柏～。❷形形容阴森可怕▷～可怖。

【森森】sēnsēn❶形形容树木茂密的样子▷万木～。❷形形容阴森可怕或寒气逼人▷阴～|～寒意。

【森严】sēnyán❶形威严①▷气象～。❷形严明；严格▷等级～|纪律～。

【森郁】sēnyù形茂密浓郁▷林木～。

sēng

僧 sēng❶名梵语音译词"僧伽（Samgha）"的简称。佛教指出家修行的男子▷～尼|～人。通称和尚。〇❷名姓。

【僧多粥少】sēngduō-zhōushǎo比喻人多而东西（或事情）少，不够分配。

【僧侣】sēnglǚ名和尚；也指某些其他宗教的修道者。

【僧尼】sēngní名和尚和尼姑。

【僧俗】sēngsú名僧人和普通人。

【僧徒】sēngtú名僧尼的统称。也说僧众。

shā

杀（殺）shā❶动强行使人或动物丧失生命▷～人|～猪宰羊|～害|自～。→❷动搏斗；战斗▷～出一条血路|～入敌群。→❸动消除；削弱▷～他的威风|～～暑气。→❹动用在某些动词后面，表示程度深（多见于近代汉语）▷秋风秋雨愁～人|气～我也。〇❺同"煞（shā）"②。现在一般写作"煞"。〇❻动〈口〉因药液等刺激而引起疼痛▷药水涂在伤口上～得慌。

【杀虫剂】shāchóngjì名用来防治和杀灭害虫的药剂。

【杀跌】shādiē动在证券市场行情下跌时卖出自己持有的股票、债券等证券▷盲目地～。

【杀毒】shādú❶动杀死病毒；消毒▷紫外线能～。❷动用特殊软件检查并清除电子计算机中的病毒▷～软件。

【杀伐】shāfá❶动征战；讨伐▷统率千军，～

四方|～叛匪◇商界～。❷ 动 杀戮 ▷暴虐～◇要摆事实讲道理,不要动辄上纲～。

【杀风景】shāfēngjǐng 现在一般写作"煞风景"。

【杀富济贫】shāfù-jìpín 旧时指杀掉不义的富人,夺取其财产来救济贫苦的人。

【杀害】shāhài 动 为不正当目的杀死或害死 ▷～无辜。

【杀机】shājī ❶ 名 杀人的念头 ▷面露～|动了～。❷ 名 致命的危险 ▷频频制造～。

【杀鸡儆猴】shājī-jǐnghóu 杀掉鸡来警告猴子。比喻惩罚一个人来震慑或警诫其他人。也说杀鸡吓猴、杀鸡给猴看。

【杀鸡取卵】shājī-qǔluǎn 为得到蛋而把鸡杀了。比喻不惜牺牲长远利益来获取眼前的好处。

【杀鸡焉用牛刀】shājī yān yòng niúdāo《论语·阳货》:"夫子莞尔笑曰:'割鸡焉用牛刀?'"意思是杀只鸡哪里用得着宰牛的刀。后用"杀鸡焉用牛刀"比喻不要大材小用;也比喻不要小题大做。也说割鸡焉用牛刀。

【杀价】shājià 动 指买主利用卖主急于售出商品的心理大幅度地压低价格。

【杀戒】shājiè 名 佛教指不准杀生的戒律。

【杀菌】shājūn 动 用高温、药物等杀死病菌。

【杀菌剂】shājūnjì 名 对真菌或细菌具有灭杀或抑制作用的药剂。如三环唑、噻菌灵等。

【杀戮】shālù 动 杀害;屠杀。☛ "戮"不读 chuō,也不要误写作"戳"。

【杀掠】shālüè 动〈文〉屠杀掠夺。

【杀灭】shāmiè 动 杀死;消灭 ▷～病毒。

【杀气】shāqì 名 凶狠的气焰或神态 ▷满脸～。

【杀气腾腾】shāqì-téngténg 形容气势凶狠。

【杀青】shāqīng ❶ 动 古代曾在竹简上书写。为了便于书写和防蛀,须先用火烤干竹简上的水分和油质,叫杀青。后来借指著作完稿。也指影视作品摄制完成。❷ 动 绿茶加工的头道工序,把采摘的嫩叶加高温,用以抑制发酵,保持鲜茶的绿色,并使之变软,便于进一步揉捻加工。

【杀人不见血】shā rén bù jiàn xiě 形容害人的手段极为阴险狡猾,不留痕迹。

【杀人不眨眼】shā rén bù zhǎyǎn 形容嗜杀成性,极端残暴。

【杀人灭口】shārén-mièkǒu 为掩盖罪行而杀死知情人或当事人。

【杀人如麻】shārén-rúmá 形容杀人极多(如麻:像乱麻一样数不清)。

【杀人越货】shārén-yuèhuò 杀害人命并抢劫财物(越:抢劫)。

【杀伤】shāshāng 动 打死打伤 ▷～敌人无数。

【杀伤力】shāshānglì 名 指武器的杀伤效力;也指某事物的破坏力或影响力 ▷这种新式武器～极强|高毒农药对生态环境的～很大|负面舆论的～之大是不言而喻的。

【杀身成仁】shāshēn-chéngrén《论语·卫灵公》:"志士仁人,无求生以害仁,有杀身以成仁。"意思是为了成全仁义,可以牺牲生命。后泛指为正义事业而牺牲生命。

【杀身之祸】shāshēnzhīhuò 危及自身性命的祸患。

【杀生】shāshēng 动 指杀害动物。不准杀生是佛教的戒律之一。

【杀手】shāshǒu ❶ 名 杀害人的凶手 ▷蒙面～。❷ 名 比喻竞赛、竞争中能给对方造成巨大威胁,致对方惨败的对手 ▷乒坛～。❸ 名 比喻损害健康以至危害生命的物质或疾病 ▷二手烟是影响呼吸健康的～|心脏病是危及人类的～。

【杀手锏】shāshǒujiǎn 名 撒手锏。

【杀熟】shāshú 动 利用朋友、熟人对自己的信任,采取欺诈手段以骗取其钱财。

【杀头】shātóu 动 用刀砍掉脑袋。泛指被处死。

【杀一儆百】shāyī-jǐngbǎi 杀一个人以警诫许多人(儆:告诫)。☛ 不要写作"杀一警百"。

杉 shā 义同"杉(shān)",用于"杉篙""杉木"等。

另见 1196 页 shān。

【杉篙】shāgāo 名 长而直的杉木杆子。多用来搭棚、搭脚手架或撑船。

【杉木】shāmù 名 杉(shān)木的木材。

沙[1] shā ❶ 名 细碎的石粒 ▷飞～走石|泥～俱下|～土|～漠|～滩。→ ❷ 名 颗粒细小而松散像沙的东西 ▷豆～|蚕～。→ ❸ 同"砂"②。现在一般写作"砂"。○ ❹ 名 姓。☛ 参见 1191 页"砂"的提示。

沙[2] shā 形 嗓音嘶哑 ▷嗓子发～|喊得声音都有点儿～了|～哑。

沙[3] shā 名 沙皇的简称 ▷～俄时代。

另见 1192 页 shà。

【沙包】shābāo ❶ 名 沙丘。❷ 名 沙袋。❸ 名 一种玩具,装有沙子或其他颗粒物的小布袋,可以互相投掷。

【沙场】shāchǎng 名 原指广阔的无人烟的沙地。后多指战场 ▷战死～。

【沙尘】shāchén 名 沙子和尘土(多指飘浮在空中的)▷～暴|车顶上落满了～。

【沙尘暴】shāchénbào 名 强风挟带大量沙尘而使空气混浊、天色昏黄的现象。常见于我国西北地区的春季。也说尘暴、沙暴。

【沙袋】shādài 名 装有沙子的口袋。用于军事防御、防洪、防火、体育锻炼等。

【沙雕】shādiāo 名 用堆积起来的沙土雕塑形象的艺术;也指用这种艺术雕塑成的作品。参见插图 16 页。

【沙丁鱼】shādīngyú 图 鱼，体长纺锤形，银白色，生活在海洋中。肉鲜美，是罐头食品的优良原料（沙丁：英语 sardine 音译）。也说鳁。

【沙俄】shā'é 图 沙皇时代的俄国。也说帝俄。

【沙发】shāfā 图 英语 sofa 音译。装有弹簧或厚泡沫塑料等软垫的坐具，一般带靠背和扶手。

【沙发床】shāfāchuáng 图 装有弹簧或厚泡沫塑料等的卧具。

【沙肝儿】shāgānr 图 某些地区指作为食品的猪、牛、羊等的脾脏。

【沙锅】shāguō 现在一般写作“砂锅”。

【沙果】shāguǒ 图 花红①。

【沙害】shāhài 图 土地沙化对生态环境造成的危害 ▷植树种草对治理～发挥了关键作用｜～已严重影响车辆通行。

【沙狐球】shāhúqiú ❶ 图 运动项目，运动员在撒有细沙的球道一端，用手推球向另一端滑行，停球的位置离另一端越近得分越高。❷ 图 沙狐球运动使用的球。‖也说沙壶球。

【沙化】shāhuà 动 指因气候变化和人类活动导致沙漠扩展和沙质土壤上植被破坏、沙土裸露 ▷过度放牧导致草原～。

【沙画】shāhuà 图 用沙子在专用投影台上作画的艺术形式；也指采用这种艺术形式作成的画 ▷～表演｜～展览。

【沙荒】shāhuāng 图 因沙化而形成的荒地。

【沙皇】shāhuáng 图 过去俄罗斯和保加利亚皇帝的称号（沙：俄语 царь 音译）。

【沙鸡】shājī 图 鸟，外形像鸽，喙短而微曲，翅膀尖长，飞行极快。生活在亚洲、非洲的沙漠与草原地带。

【沙棘】shājí 图 落叶灌木或小乔木，棘刺多而粗壮，叶线状披针形，两面均有银色鳞毛。生长不择土壤，可作固沙植物，叶和果实可作牲畜饲料。果实宽椭圆形，橙黄色，可以做药材，也可以制作饮料。

【沙浆】shājiāng 现在一般写作“砂浆”。

【沙金】shājīn 图 混杂在沙子中的天然细粒黄金。

【沙坑】shākēng 图 铺着沙子的长方形的坑。用于跳远、跳高等运动项目。

【沙拉】shālā 图 英语 salad 音译。一种凉拌食品，一般由香肠丁、土豆丁、水果丁或蔬菜等加沙拉酱调和而成。也译作色拉。

【沙拉酱】shālājiàng 图 用来调制沙拉的酱，常用色拉油加蛋黄、调味品等搅拌制成。

【沙里淘金】shālǐ-táojīn 用水选的方法，把混杂在沙子里的黄金淘选出来。比喻从众多的人或事物中选取精华；也比喻费力多而收效少。

【沙砾】shālì 图 沙子和碎石块。

【沙粒】shālì 图 沙[1]①。

【沙疗】shāliáo 动 夏季在阳光下用沙子覆盖身体来治疗某些疾病。

【沙柳】shāliǔ 图 落叶灌木或小乔木，叶条形或条状倒披针形。多生于河谷溪边的湿地，是护堤固沟的优良树种。

【沙龙】shālóng 法语 salon 音译。❶ 图 客厅。❷ 图 借指西欧上流社会清谈的社交集会或集会场所。因 17 世纪末和 18 世纪法国巴黎的文人和艺术家常接受贵族妇女的邀请，在她们的沙龙里聚会，谈论文艺，故称。❸ 图 特指 17 世纪下半叶起法国官方每年在巴黎定期举行的造型艺术展览会。❹ 图 泛指文学、艺术等方面的非正式小型聚会。

【沙门】shāmén 图 梵语 Śramaṇa 音译的简称。依照戒律出家修行的佛教徒的统称。

【沙弥】shāmí 图 梵语 Śrāmaṇera 音译的简称。初出家的年轻和尚。

【沙弥尼】shāmíní 图 梵语 Śrāmaṇerikā 音译的简称。初出家的年轻尼姑。

【沙漠】shāmò 图 地面覆盖流沙、广布各种沙丘的荒漠地区。如我国新疆的塔克拉玛干沙漠。

【沙漠化】shāmòhuà 动 土地沙质荒漠化的简称。在干旱、半干旱及部分半湿润地区，由于人类活动同自然环境不协调，使土地严重退化，地表逐渐被流沙覆盖，土地生产力衰退或丧失 ▷森林破坏严重，加剧了水土流失和～。

【沙鸥】shā'ōu 图 指栖息于沙滩或沙洲上的鸥一类的水鸟 ▷～翔集。

【沙盘】shāpán ❶ 图 盛着细沙的盘子，可用来在上面写字作画。❷ 图 根据实际地形，按一定比例尺，在木盘上用沙土堆成的实地模型。军事上用来研究作战和训练方案。

【沙碛】shāqì 图〈文〉沙漠。

【沙丘】shāqiū 图 沙漠、水边等处，在风力作用下沙粒堆积形成的地貌。一般高几米至几十米，呈丘、垄等形状。

【沙瓤】shāráng 图 某些品种的西瓜、西红柿等熟透时形成的松散并呈细粒状的瓤。

【沙壤土】shārǎngtǔ 图 指含细沙粒较多的松散土壤。

【沙沙】shāshā 拟声 模拟风吹树叶、在沙地行走等的声音 ▷白杨树～作响｜～的脚步声。

【沙参】shāshēn 图 多年生草本植物，根粗大，长胡萝卜形，茎直立，不分枝。多生于山野草丛中。根可以做药材。

【沙石】shāshí 图 沙子和碎石。

【沙滩】shātān 图 江河湖海中或岸边由沙子淤积成的陆地。

【沙滩排球】shātān páiqiú ❶ 球类运动项目，场地设在沙滩或人造沙滩上，场地长 18 米、宽 9 米，比赛规则与普通排球基本相同。比赛有双人制、四人制和男女混合制。队员赤脚、穿泳装。❷ 沙滩排球运动使用的球。大小跟普通排球相同，但制作外壳的皮革须是柔软而不吸水的。

【沙田】shātián 名 水边由泥沙淤积而成的田地。

【沙土】shātǔ 名 含沙很多的土壤。

【沙文主义】shāwén zhǔyì 拿破仑时代的法国士兵尼古拉·沙文狂热拥护拿破仑的对外扩张政策。后把宣扬本民族利益至上、煽动民族仇恨、主张征服和奴役其他民族的侵略性民族主义叫做沙文主义。

【沙哑】shāyǎ 形 嗓音干涩、低沉，不圆润。

【沙眼】shāyǎn 名 由沙眼衣原体引起的慢性传染性结膜炎。患者睑结膜上出现灰白色颗粒，逐渐形成瘢痕，引起眼睑内翻倒睫，严重影响视力。☛ 跟"砂眼"不同。

【沙鱼】shāyú 现在规范词形写作"鲨鱼"。

【沙浴】shāyù 动 将身体埋在晒热的沙子里，让日光照射，使身体发热出汗，以消除疲劳，健身防病 ▷在海滩上，我每天一次～。

【沙灾】shāzāi 名 沙害（一般指较重的）。

【沙枣】shāzǎo 名 落叶灌木或小乔木，老枝栗褐色有刺，叶子两面有银白色鳞片。是固沙造林的主要树种。果实也叫沙枣，椭圆形，可供生食或酿酒。也说银柳、桂香柳。

【沙洲】shāzhōu 名 江河湖海中由泥沙淤积而露出水面的陆地。

【沙子】shāzi ❶ 名 沙粒。❷ 名 像沙子的东西 ▷铁～。

【沙嘴】shāzuǐ 名 基础部分跟岸相连，前端向水中凸出的狭长堤坝状地貌。由江、河、湖、海沿岸的泥沙在波浪作用下搬运、堆积而成。

纱（紗） shā ❶ 名 经纬线稀疏、质地轻薄的织物 ▷～巾｜～布｜窗～。→ ❷ 名 轻而薄的纺织品的统称 ▷泡泡～｜香云～。→ ❸ 名 用棉花、麻等纺成的细丝，可以合成线或织成布 ▷100 支～｜纺～｜棉～。→ ❹ 名 像窗纱一样的制品 ▷铁～。

【纱包线】shābāoxiàn 名 裸线外面包有棉纱绝缘层的导线。

【纱布】shābù 名 经纬线稀疏的棉布。消毒后用来包扎伤口。

【纱橱】shāchú 名 糊有冷布或钉有铁纱等的储存食物等的橱柜。

【纱窗】shāchuāng 名 糊有冷布或钉有铁纱等的窗户。

【纱灯】shādēng 名 用薄纱做罩的灯笼。

【纱锭】shādìng 名 纺纱机上把纤维纺成纱，并把纱绕成一定形状的部件。也说纺锭、锭子。

【纱巾】shājīn 名 纱制的头巾。

【纱笼】shālóng 名 马来语saron音译。东南亚一带人用来围裹腰腿的下装。样子像长裙，男女老少都穿。

【纱帽】shāmào ❶ 名 乌纱帽。❷ 名 用纱制成的凉帽。

【纱线】shāxiàn 名 用纱捻成的细线。用来织布和编织针织品。

【纱帐】shāzhàng 名 纱制的帐幕。

【纱罩】shāzhào ❶ 名 蒙着冷布或铁纱等的罩子。罩住食物，用来防蝇。❷ 名 装在煤气灯等灯口上的特制罩子，网状，遇热发出强光。

刹 shā ❶ 动 使车辆、机器等停止运行 ▷～车｜～闸。❷ 动 比喻停止或制止 ▷～住无序开发，限制排污总量。☛ 读 chà，用于音译，如"一刹那""古刹"。

另见 142 页 chà。

【刹把】shābǎ 名 刹车的把手。

【刹车】shāchē ❶ 动 用闸等使车辆停止前进或使机器停止运转 ▷急～｜拉闸～。❷ 名 使车辆停止前进的机件 ▷踩～。❸ 动 比喻使事情马上停下来 ▷违章建设必须～。

砂 shā ❶ 名 细碎的石粒（多指用作工业材料、有等级划分的）▷～布｜～纸｜～轮｜～岩。→ ❷ 名 含砂的陶土 ▷～罐｜～锅。❸ 名 像砂的东西 ▷～糖｜矿～。☛ "砂"①跟"沙[1]"①不同。用作工业材料、有较严格的等级划分时，一般用"砂"；不强调等级划分、笼统指细碎石粒时，一般用"沙"。

【砂包】shābāo 见1189 页"沙包"②。现在一般写作"沙包"。

【砂布】shābù 名 粘有金刚砂的布。用来磨光木器或金属器物等。

【砂罐】shāguàn 名 陶制的罐子。

【砂锅】shāguō 名 用陶土和沙烧制的锅，多用来煮菜、炖汤、熬中药等。

【砂壶】shāhú 名 陶壶；紫砂茶壶。☛ 不宜写作"沙壶"。

【砂浆】shājiāng 名 砌砖石或抹墙面用的浆状黏结物质。由沙子加水泥或石灰等按一定比例混合后再加水和（huò）成。

【砂礓】shājiāng 名 土壤中的石灰质结核体。主要由碳酸钙和土粒结合而成，不透水，大的呈块状，小的呈颗粒状。可用作建筑材料。

【砂砾】shālì 现在一般写作"沙砾"。

【砂粒】shālì 名 砂①。

【砂轮】shālún 名 一种用磨料和胶结物质混合后，经高温烧结制成的固结磨具。多为轮状或片状，用于对金属或非金属工件进行磨削等。

【砂囊】shānáng ❶ 名 鸟类的胃的一部分。通常有厚的肌肉壁，内贮吞入的砂粒，用来磨碎食物。俗称肫。❷ 名 蚯蚓的胃。

【砂仁】shārén 名 多年生草本植物，匍匐茎，叶片披针形或长圆状披针形，花萼白色，蒴果椭圆形，成熟时紫红色，干后褐色，可以做调味品。种子多角形，有浓香，可以做药材。

【砂糖】 shātáng 名 一种食用糖，结晶颗粒较大，像砂粒，故称。有白砂糖和赤砂糖两种。☛ 不宜写作“沙糖”。

【砂土】 shātǔ 现在一般写作“沙土”。

【砂眼】 shāyǎn 名 在浇注过程中，气体或杂质在铸件表面或内部形成的小孔，是铸件的一种质量缺陷。☛ 跟“沙眼”不同。

【砂样】 shāyàng 名 钻探取得的供化验分析用的岩石碎屑样品。

【砂纸】 shāzhǐ 名 粘有玻璃粉或砂状物质的纸。用来磨光或擦亮竹木、金属等器物。

【砂子】 shāzi 现在一般写作“沙子”。

莎 shā ❶ 用于人名。○ ❷ 用于地名。如莎车（chē），在新疆。○ ❸ 名 姓。
另见 1321 页 suō。

铩（鎩） shā ❶ 名 古代一种长刃的矛。→ ❷ 动〈文〉摧残；伤残 ▷～羽。

【铩羽】 shāyǔ 动〈文〉鸟翅伤残；比喻失意或失败 ▷赛场～|～而归。

挲（*抄） shā 见1726 页“挓挲（zhāsha）”。另见 1177 页 sā；1321 页 suō。

痧 shā 名 中医称中暑、霍乱等急性病 ▷发～|绞肠～。

煞 shā ❶ 动 勒紧 ▷～行李|～紧腰带。→ ❷ 动 结束；止住 ▷～尾|～账。○ ❸ 动 损坏；削弱 ▷～风景。☛ 读 shā，今取结束、削弱等义，如“煞尾”。读 shà，指凶神，如“凶神恶煞”；引申指程度深，如“脸气得煞白”。
另见 1193 页 shà。

【煞笔】 shābǐ ❶ 动（写文章、书信等）结束；停笔 ▷就此～。❷ 名 文章等的末尾部分 ▷戏的～很精彩。☛ 不宜写作“杀笔”。

【煞车】 shāchē ❶ 动 用绳索把车上装载的东西固定在车身上 ▷装完车以后马上～。❷ 见 1191 页“刹车”。现在一般写作“刹车”。

【煞风景】 shāfēngjǐng 破坏美好的景色。比喻使人扫兴。

【煞尾】 shāwěi ❶ 动 结束；收尾 ▷工程进入～阶段。❷ 名 文章或事情的末尾部分 ▷文章的～意味深长。☛ 不宜写作“杀尾”。

裟 shā 见 659 页“袈（jiā）裟”。

鲨（鯊） shā 名 鲨鱼，体形较大，一般呈纺锤形而稍扁，口横向裂开，牙锋利，尾鳍发达。性凶猛，行动敏捷，生活在海洋中，捕食其他鱼类。种类很多，常见的有真鲨、角鲨等。也说鲛。☛ “鲨鱼”不要写作“沙鱼”。

shá

啥 shá 代 某些地区指“什么” ▷你干～去？|～时候了？☛ 统读 shá，不读 shà。

shǎ

傻 shǎ ❶ 形 智力低下；愚笨 ▷有点儿～|装～|吓～了。→ ❷ 形 心眼儿死；不灵活 ▷～等了半天|要巧干，不能～干。

【傻瓜】 shǎguā ❶ 名 傻子。❷ 区别 戏称（机器、仪器等）易于操作，连傻瓜都会用的 ▷～手机|～游戏。

【傻瓜相机】 shǎguā xiàngjī 自动或半自动照相机的俗称。照相时操作简单，一般不需要调焦距、选择光圈和测算曝光时间等。

【傻呵呵】 shǎhēhē 形 形容呆傻或憨厚的样子。

【傻乎乎】 shǎhūhū 形 傻呵呵。

【傻话】 shǎhuà 名 指不通事理的话；不合时宜的话。

【傻劲儿】 shǎjìnr ❶ 名 愚笨、糊涂的样子 ▷搞错了你还笑，看你这～。也说傻气。❷ 名 蛮劲 ▷不要光使～，得动脑子。

【傻愣愣】 shǎlènglèng 形 形容失神发呆的样子 ▷他～地坐在那里。

【傻里傻气】 shǎlishǎqì 形 傻气。

【傻帽儿】 shǎmàor〈口〉❶ 形 形容人见识少、心眼儿死、头脑简单 ▷你别～了，哪有这么干的？❷ 名 指见识少、心眼儿死、头脑简单的人（含讥讽意或诙谐意）。

【傻气】 shǎqì ❶ 形 愚笨；糊涂 ▷你真～，这点意思还看不出来？❷ 名 傻劲儿①。

【傻头傻脑】 shǎtóu-shǎnǎo 形 傻气。

【傻笑】 shǎxiào 动 傻呵呵地一个劲儿地笑 ▷他整天抱着手机～。

【傻眼】 shǎyǎn 动 因事出意外而目瞪口呆 ▷打开试卷，一看题目，他便～了。

【傻子】 shǎzi 名 对智障患者的不尊重的称呼（也用于开玩笑或骂人）。也说傻瓜。

shà

沙 shà 动 经过摇动把颗粒状东西里的混杂物集中起来以便清除 ▷把麦子里的石子儿～一～。
另见 1189 页 shā。

唼 shà [唼喋] shàzhá 拟声〈文〉模拟许多鱼或水鸟吃食的声音 ▷～争食。

厦（*廈） shà ❶ 名 大房子；大楼 ▷高楼大～。→ ❷ 名 房屋后面的廊

子 ▷前廊后～。☛ ㊀ 读 xià,用于地名“厦门”(在福建)。㊁ 上头是“厂”,不是“广”。

另见 1484 页 xià。

嗄 shà 形〈文〉嗓音嘶哑。

另见 2 页 á。

歃 shà 动〈文〉饮;特指歃血。

【歃血】shàxuè 动 古代订立盟约时,各方饮牲畜的血或把牲畜的血涂在嘴唇上,以示诚意 ▷～为盟|～为誓。

煞 shà ❶ 名 迷信指凶神 ▷凶神恶～|满脸～气。→ ❷ 副 表示程度深,相当于“很”“极” ▷脸气得～白|～费苦心。

另见 1192 页 shā。

【煞白】shàbái 形 形容面色惨白,没有血色。由恐惧、愤怒或某些疾病等所致。

【煞费苦心】shàfèi-kǔxīn 形容绞尽脑汁,费尽心思。

【煞费心机】shàfèi-xīnjī 很费心思。形容绞尽脑汁,挖空心思(用于贬义)。

【煞气】shàqì ❶ 名 迷信指不祥之气 ▷浑身～。❷ 名 指凶恶的神色 ▷一脸～。○ ❸ 动 轮胎、气球等因有小孔隙而漏气 ▷气球～了。

【煞是】shàshì 副 确是;很是 ▷～好看|～热闹。

【煞有介事】shàyǒujièshì 像真有这么回事似的(介:个,这里是“这么个”的意思)。形容小题大做、装腔作势。

箑 shà 名〈文〉扇子。

霎 shà 名 极短的时间 ▷～时|一～。

【霎时】shàshí 名 极短的时间;一会儿 ▷～狂风大作。☛ 不宜写作“刹时”。

shāi

筛[1]**(篩)** shāi ❶ 名 筛子 ▷过～。→ ❷ 动 用筛子分离(细小的颗粒物) ▷把米～干净|～糠|～沙子。❸ 动 倒酒,倒茶(多见于近代汉语) ▷～一碗酒来。○ ❹ 动 使(酒)热(多见于近代汉语) ▷在火盆上～酒。

筛[2]**(篩)** shāi 动〈口〉敲(锣) ▷～锣。

【筛查】shāichá 动 像过筛子一样逐个检查 ▷对参赛运动员进行违禁药物～。

【筛除】shāichú 动 经过筛选除去(不需要的东西) ▷出厂前,不合格的产品全～了。

【筛骨】shāigǔ 名 脑颅的组成部分,在两个眼眶之间,鼻腔的顶部,是颅腔和鼻腔之间的分界骨。

【筛糠】shāikāng 动 比喻因恐惧、生气、受冻等而身体发抖 ▷站在悬崖边,吓得两腿直～|气得他浑身～。

【筛选】shāixuǎn 动 用筛子选种、选矿等;泛指用淘汰法选取符合需要的 ▷～参展作品。

【筛子】shāizi 名 用竹条或铁丝等编成的器具,底面多孔,用来分离粗细颗粒。

shǎi

色 shǎi 义同“色(sè)”④,用于口语 ▷掉～|套～|上～|落(lào)～|捎(shào)～。

另见 1187 页 sè。

【色酒】shǎijiǔ 名 用水果酿制的酒,一般带有颜色,酒精含量较低。如葡萄酒、山楂酒。

【色子】shǎizi 名 游戏用具或赌具,小立方体,六面分别有一至六个凹点。也说骰子。

shài

晒[1]**(曬)** shài ❶ 动 太阳照射 ▷～得我头晕眼花。→ ❷ 动 把东西放在太阳光下使干燥;人或物在阳光下吸收光和热 ▷～衣服|～太阳。→ ❸ 动〈口〉比喻置之不理或怠慢 ▷我被他们～在一边|热情点儿,别～人家。

晒[2]**(曬)** shài 动 英语 share 音译。把东西或信息展示出来,使大家知晓;泛指将某事物公开 ▷他把自己的老照片～在网上|把分配方案～给群众评议。

【晒场】shàicháng 名 晒谷物的场地。

【晒垡】shàifá 动 让犁过的土地在阳光下暴晒,以改善土壤结构,提高土壤温度,有利于种子发芽和根系生长。

【晒台】shàitái 名 建造在屋顶上供乘凉、晒衣物等用的露天小平台。

【晒图】shàitú 动 把涂有感光药品的纸衬在描画好工程图样的透明或半透明的纸下面,借日光或灯光照射,使发生化学反应,再经显影复制出图形。

【晒图纸】shàitúzhǐ 名 供复制图纸用的感光纸。

【晒烟】shàiyān 名 晒干或晾干的烟叶。

shān

山 shān ❶ 名 地面上由土、石形成的巨大而高耸的部分 ▷村子四周都是～|～峰|～区。→ ❷ 名 像山的东西 ▷冰～|～墙。❸ 名 指蚕蔟 ▷蚕上～了。→ ❹ 名 比喻巨大的声音 ▷锣鼓敲得～响。○ ❺ 名 姓。

【山坳】shān'ào 名 山间的平地。也说山坞。

【山包】shānbāo 名 圆顶的小山。
【山崩地裂】shānbēng-dìliè 山崩塌，地开裂。形容灾难性的巨大变化；也形容声响巨大。
【山茶】shānchá 名 常绿小乔木或灌木，叶子卵形，有光泽，花红色或白色，是著名的观赏植物。参见插图 7 页。
【山城】shānchéng 名 坐落在山上或依山而建的城市。
【山重水复】shānchóng-shuǐfù 山峦重叠，水道盘曲。多形容山水阻隔。☛ 跟“山穷水尽”不同。
【山川】shānchuān 名 山和河 ▷～阻隔｜～秀美。
【山村】shāncūn 名 山区的村庄。
【山大王】shāndàiwang 名 旧指盘踞山野的强盗首领。☛“大”这里不读 dà。
【山丹】shāndān 名 多年生草本植物，地下鳞茎卵形，可食用；春天开红色花，可供观赏。也说红百合。
【山地】shāndì ❶ 名 多山的地带。❷ 名 山坡上的耕地。
【山地车】shāndìchē 名 专门为越野、郊游设计的自行车。具有抗震性好、牢固结实等特点。
【山巅】shāndiān 名 山顶。☛ 不宜写作“山颠”。
【山顶】shāndǐng 名 山的最高处。
【山顶洞人】shāndǐngdòngrén 名 中国猿人的一种，旧石器时代晚期的古人类，生活在距今 1 万至 3 万年前。1933 年在北京西南周口店龙骨山山顶洞穴发现较完整的个体化石。从化石展现的特征来看，体质已和现代人非常接近。
【山东快书】shāndōng kuàishū 一种曲艺，起源于山东临清、济宁一带，流行于山东、华北、东北各地。单人站立表演，表演者一边用山东方言叙说，一边用两片竹板或两块半月形铜板相击伴奏，节奏较快。说词合辙押韵。
【山风】shānfēng ❶ 名 山间的风 ▷阵阵～。❷ 名 气象学上指夜间从山顶吹向谷底的风。
【山峰】shānfēng 名 高而尖的山顶。
【山旮旯儿】shāngālár 名 某些地区指偏僻的山区或山的深处。
【山冈】shāngāng 名 低矮的小山。
【山岗】shāngāng 现在一般写作“山冈”。
【山高皇帝远】shān gāo huángdì yuǎn 指地方偏远，中央的政令管束不到。也说天高皇帝远。
【山高水低】shāngāo-shuǐdī 比喻意外的灾祸（多指死亡）。
【山歌】shāngē 名 一种民歌，多在山野劳动时唱，曲调爽朗质朴，节奏自由，内容主要反映劳动和爱情生活。
【山根】shāngēn 名 山脚。
【山沟】shāngōu ❶ 名 山间的水沟。❷ 名 山谷。❸ 名 指偏僻山区。
【山谷】shāngǔ 名 两山中间狭长低洼的地带。
【山光水色】shānguāng-shuǐsè 有山有水的美好景色。
【山果】shānguǒ 名 山野出产的果品，如酸枣等。
【山海经】shānhǎijīng ❶ 名 古代神话、地理著作，包括《山经》《海经》两部分。作者不详，大约成书于战国至西汉初年。内容主要是民间传说中的地理知识，保存了不少远古神话。书中的矿物记录是世界最早的有关文献。❷ 名 比喻不着边际的闲聊 ▷大谈他的～。
【山河】shānhé 名 山和河；借指国土 ▷锦绣～。
【山核桃】shānhétao 名 落叶乔木，羽状复叶。果实也叫山核桃，表面密生黄鳞毛。鲜核仁脱涩后可以吃，也可以榨油。木质坚韧，可做家具、枪托等。
【山洪】shānhóng 名 因暴雨或积雪融化，由山上突然下泻的大水 ▷～暴发。
【山呼海啸】shānhū-hǎixiào 山（风）和海（水）在呼号咆哮。形容气势宏大；也形容恶劣的自然环境。
【山花】shānhuā 名 山里生长的野花 ▷～烂漫。
【山荒】shānhuāng 名 山间荒芜的土地。
【山回路转】shānhuí-lùzhuǎn 峰回路转。
【山火】shānhuǒ 名 因自然或人为的原因引起的山林大火。
【山货】shānhuò ❶ 名 山果。❷ 名 指用竹、木、苘麻等制成的日用杂物。如扫帚、麻绳等。
【山鸡】shānjī 名 锦鸡。
【山脊】shānjǐ 名 山的高处像兽类脊梁骨一样隆起的部分。常构成河流的分水岭。
【山涧】shānjiàn 名 山间的水沟。
【山脚】shānjiǎo 名 山坡与平地相连接的地方。
【山轿】shānjiào 名 把椅子捆在杠子上做成的简易轿子。多在通过山路时乘坐。
【山径】shānjìng 名 山间小路。
【山口】shānkǒu 名 高大山脊的低凹处，常为高山大岭的交通孔道。
【山岚】shānlán 名 〈文〉飘浮在山间的云雾。
【山里红】shānlihóng 名 山楂的变种，果实较山楂大，色深红。参见 1195 页“山楂”。
【山梁】shānliáng 名 山脊。
【山林】shānlín 名 被林木覆盖的山区。
【山陵】shānlíng 〈文〉❶ 名 山岳。❷ 名 指帝王的坟墓。
【山岭】shānlǐng 名 连绵不断的高山；泛指山。
【山路】shānlù 名 山间的道路 ▷修建～｜～崎岖。
【山麓】shānlù 名 山脚（多用于书面语）。
【山峦】shānluán 名 连绵不断的山。
【山脉】shānmài 名 像脉络似的顺着一定方向延伸的群山 ▷秦岭～｜昆仑～。

【山猫】shānmāo 名 豹猫。

【山门】shānmén 名 佛教寺院或道观的大门或外门;借指寺院、道观。

【山盟海誓】shānméng-hǎishì 海誓山盟。

【山民】shānmín 名 山村居民。

【山姆大叔】shānmǔ dàshū 美国的绰号。来源传说不一。19世纪30年代,美国漫画家把山姆大叔绘成蓄有长发和山羊胡子的瘦高老人,头戴画有星条旗的高帽,身穿燕尾服。1961年美国国会通过决议承认"山姆大叔"是美国民族先驱的象征。因这一名字的两个英语单词Uncle(叔叔)、Sam(山姆)的第一个字母U、S恰是英语美国国名的缩写,故称。

【山南海北】shānnán-hǎiběi 天南海北。

【山炮】shānpào 名 一种轻型榴弹炮,炮身短,重量轻,搬运方便,适宜山地作战。

【山坡】shānpō 名 从山顶到平地之间的倾斜面。

【山墙】shānqiáng 名 双坡屋面房屋两侧呈"山"字形的墙。用以承载檩条。也说房山。

【山清水秀】shānqīng-shuǐxiù 形容山水清奇秀丽,风景优美。也说山明水秀。

【山穷水尽】shānqióng-shuǐjìn 山和水都到了尽头。比喻走投无路,陷入绝境。☛ 跟"山重水复"不同。

【山丘】shānqiū 名 小土山。

【山区】shānqū 名 多山的地区。

【山泉】shānquán 名 山里的泉水。

【山雀】shānquè 名 鸟,小型鸣禽,生活在林区、果园中,捕食昆虫,是益鸟。

【山色】shānsè 名 山的景色 ▷湖光~。

【山神】shānshén 名 神话里主管山林的神。

【山势】shānshì 名 山的走势、气势 ▷城墙顺着~延伸|~雄奇。

【山水】shānshuǐ ❶ 名 山上流下来的水 ▷清冽的~|~奔泻。❷ 名 山和水;特指有山有水的自然风景 ▷桂林~。❸ 名 国画的一种。以自然界的山水景色为题材。也说山水画。

【山塘】shāntáng 名 山沟里的池塘。

【山桃】shāntáo 名 落叶乔木,叶卵状披针形,边缘呈尖锯齿状,果实黄色,肉薄不能吃。多用作嫁接桃、梅、李等果树的砧木。也说山毛桃。

【山桐子】shāntóngzǐ 名 落叶乔木,树皮平滑,灰白色,叶子宽卵形,花黄绿色,浆果球形,红色。种子可榨油,用以制肥皂或润滑油,木材可制器具。也说椅(yī)桐、山梧桐。

【山头】shāntóu ❶ 名 山峰;山顶。❷ 名 设有山寨的山顶;比喻因利益关系而结成的小团体或宗派势力 ▷拉~。

【山洼】shānwā 名 山中低洼的地方。

【山窝】shānwō 名 偏僻的山区 ▷我家远在穷~。也说山窝窝(wo)。

【山西梆子】shānxī bāngzi 晋剧。

【山系】shānxì 名 由同一造山运动形成,沿一定走向规律分布的若干相邻山脉的统称。如天山山系、喜马拉雅山系。

【山峡】shānxiá 名 两山之间的峡谷。

【山险】shānxiǎn 名 山势险要的地方 ▷占据~。

【山乡】shānxiāng 名 山区里的乡村;泛指山区 ▷美丽~|~面貌整体改观。

【山响】shānxiǎng 形 形容声音非常大。

【山魈】shānxiāo ❶ 名 猕猴的一种,体长约1米,头大,尾极短,四肢粗壮,面部皮肤蓝而透紫,鼻子深红色,吻部有白须或橙须,身上的毛多是黑褐色,腹部灰白色,臀部鲜红色。性凶猛,多群居,杂食,生活在非洲西部。❷ 名 传说中的山间妖怪。

【山崖】shānyá 名 高山的陡立的侧面。

【山岩】shānyán ❶ 名 岩石凸起形成的山峰。❷ 名 山上的岩石。

【山羊】shānyáng ❶ 名 羊的一种,角向后弯曲,公羊有须。毛粗直,尾短上翘,四肢强壮,善于跳跃。肉、乳可食用,皮可制革,绒毛是纺织原料。❷ 名 体育运动器材,形状像跳马而短,高低可调节,常用作跳马、鞍马等体操项目启蒙训练的辅助器械。

【山羊胡子】shānyáng húzi 像山羊一样只在下颏生长的长胡子。

【山阳】shānyáng 名 山体朝南的一面。

【山腰】shānyāo 名 山脚和山顶中间的地方 ▷~间白云缭绕。也说半山腰。

【山药】shānyao 名 薯蓣的通称。

【山药蛋】shānyaodàn 名 某些地区指马铃薯。

【山野】shānyě ❶ 名 山岭和原野 ▷荒僻的~。❷ 名 指民间 ▷~草民。

【山阴】shānyīn 名 山体朝北的一面。

【山雨欲来风满楼】shānyǔ yù lái fēng mǎn lóu 唐·许浑《咸阳城东楼》:"溪云初起日沉阁,山雨欲来风满楼。"描写山雨即将来临的情景,后用来比喻重大事件即将发生的紧张气氛。

【山芋】shānyù 名 某些地区指甘薯。

【山岳】shānyuè 名 高大的山。

【山楂】shānzhā 名 落叶乔木,花白色。果实也叫山楂,近球形,深红色,有淡褐色斑点,味酸甜,可以吃,也可以做药材。也说红果儿。参见插图10页。☛ 不要写作"山查"。

【山楂糕】shānzhāgāo 名 山楂去核、碾碎,加糖和淀粉煮熟后冷凝而成的食品。

【山寨】shānzhài ❶ 名 在山中险要处设有防守栅栏等防御工事的据点;山中营寨。❷ 名 设有围墙或栅栏的山区村庄。❸ 区别 民间性质的;非主流的 ▷戏迷们组建了个~戏班|~球队。❹ 区别 仿制的;冒牌的 ▷~版光盘|~执法车。

【山珍海味】shānzhēn-hǎiwèi 山野和海里出产的珍贵食品；泛指珍奇的菜肴。也说山珍海错。

【山茱萸】shānzhūyú 名 落叶灌木或小乔木，枝黑褐色，叶对生，早春长叶前开黄色花。核果枣红色，果肉可以做药材。

【山庄】shānzhuāng ❶ 名 山村。❷ 名 山中住所；山中别墅 ▷休闲～。

【山嘴】shānzuǐ 名 山脚凸出的尖端部分 ▷绕过～才能看见村子。

芟 shān〈文〉❶ 动 除草。→ ❷ 动 除掉；消灭 ▷～除芜辞｜～繁剪秽。

【芟除】shānchú〈文〉❶ 动 除草。❷ 动 删除。

【芟秋】shānqiū 动 立秋以后在农田里锄草、松土，使农作物早熟、籽实饱满，并防止杂草结籽。☛ 不宜写作"删秋"。

【芟夷】shānyí〈文〉❶ 动 除草。❷ 动 铲除或消灭（恶势力）。☛ 不宜写作"芟荑""删夷"。

杉 shān 名 杉木，常绿乔木，高可达 30 米，叶线状披针形，球果圆卵形，当年成熟。木材白色或淡黄色，木纹平直，结构细致，可用于建筑和制作家具。树皮、根、叶可以做药材。是我国重要用材树种。

另见 1189 页 shā。

删（*刪） shān 动 去掉（某些词句）▷～繁就简｜～改｜～节｜～除。

【删除】shānchú 动 删掉 ▷空洞的议论要～。

【删定】shāndìng 动 删改定稿。

【删繁就简】shānfán-jiùjiǎn 删去繁复，使简明。

【删改】shāngǎi 动 去掉多余的文字，改动不妥的词句 ▷稍加～，即可发表。

【删减】shānjiǎn 动 删除削减（文字）。

【删节】shānjié 动 删掉文章或书的一部分 ▷这是原著的～本。

【删节号】shānjiéhào 名 省略号。

【删略】shānlüè 动 删减省略。

【删汰】shāntài 动 删减淘汰 ▷～了若干条文。

【删削】shānxuē 动 删除削减（文字）▷文字冗长，要大刀阔斧地加以～。

苫 shān 名 用草编成的覆盖或铺垫的用具 ▷草～子。☛ 读 shān，表示事物；读 shàn，表示动作，指用草苫子覆盖。

另见 1198 页 shàn。

钐（釤） shān 名 金属元素，符号 Sm。银白色，易燃。可以用来制造激光材料、永磁材料等。

另见 1198 页 shàn。

衫 shān ❶ 名 单层的上衣 ▷汗～｜衬～｜羊毛～。→ ❷ 名 泛指衣服 ▷衣～褴褛｜长～｜夹克～。〇 ❸ 名 姓。☛ 统读 shān。

姗（*姍） shān［姗姗］shānshān 形 形容行走缓慢而从容的样子 ▷～来迟。☛ ㊀"姗"统读 shān，不读 sān。㊁"姗姗"不要误写作"跚跚"。

珊（*珊） shān 见下。

【珊瑚】shānhú 名 珊瑚虫石灰质骨骼的聚集体。形状通常像树枝，颜色多样，鲜艳美观，可供观赏，也可以做装饰品及工艺品。

【珊瑚虫】shānhúchóng 名 腔肠动物，身体圆筒形，有 8 个或更多触手，触手中央有口。多群居，结成树枝等形状的群体。生活在热带海洋中，有些能分泌石灰质骨骼，堆积成珊瑚礁。

【珊瑚岛】shānhúdǎo 名 由珊瑚礁堆积形成的岛屿。

【珊瑚礁】shānhújiāo 名 由珊瑚虫的骨骼和钙藻、贝壳等长期聚积而成的石灰质岩礁。多见于热带或亚热带海洋的浅水区。

埏 shān 动〈文〉和（huó）泥。

栅（*柵） shān 见下。☛ 读 shān，用于科技术语"栅极""光栅"；读 zhà，用于"栅栏"等。

另见 1728 页 zhà。

【栅极】shānjí 名 一种栅（zhà）状电极，在多极电子管中位于阴极最近处。有控制电流的强度、改变电子管的性能等作用。

舢 shān［舢板］shānbǎn 名 一种用桨划行的小船。☛ 不要写作"舢舨"。

痁 shān 名〈文〉疟疾。

烻 shān 形〈文〉形容光亮闪动的样子 ▷晨光内照，流景外～。

另见 1589 页 yàn。

扇 shān ❶ 动 摇动扇子或其他片状物使空气加速流动生风 ▷～扇（shàn）子。→ ❷ 同"煽"②。现在一般写作"煽"。→ ❸ 动 用手掌或手背打 ▷～他一个耳光｜～了几巴掌。

另见 1198 页 shàn。

【扇动】shāndòng ❶ 动 摇动（扇子或其他片状物）▷蝴蝶～着翅膀。❷ 见本页"煽动"。现在一般写作"煽动"。

跚 shān 见 1026 页"蹒（pán）跚"。

搧 shān 同"扇（shān）"③。现在一般写作"扇"。

煽 shān ❶ 动 摇动扇子或其他片状物使风吹火旺。→ ❷ 动 鼓动（别人做不该做的事）▷～动｜～惑。

【煽动】shāndòng 动 鼓动（多用于贬义）▷阴谋～民族仇恨。

【煽风点火】shānfēng-diǎnhuǒ 比喻煽动别人做坏事。☛ 不宜写作"扇风点火"。

【煽乎】shānhu 动〈口〉鼓动 ▷~得大家都心动了|别听他瞎~。

【煽惑】shānhuò 动 煽动诱惑 ▷~人心。

【煽情】shānqíng 动 用言语、动作、表情或氛围等触发人的情绪或感情 ▷编剧主要用这几个情节~|刻意~。

潸 shān 形〈文〉形容流泪的样子 ▷~然。

【潸然】shānrán 形 形容流泪的样子 ▷~泪下。

【潸潸】shānshān 形 形容泪流不止;也形容细雨、露水等不停地下落 ▷悲泪~|~秋雨。

膻（*羴羶） shān 形 形容像羊身上的那种气味 ▷他做的红焖羊肉一点儿也不~|~气|腥~。

另见 275 页 dàn。

【膻味】shānwèi 名 像羊肉的气味 ▷生羊肉有~。

shǎn

闪（閃） shǎn ❶ 动 迅速侧身避开 ▷赶紧~到一边|躲~。→ ❷ 动 突然显现或时隐时现 ▷~过一个念头|电~雷鸣|~耀。❸ 名 闪电 ▷打~。→ ❹ 动（身体）猛然晃动 ▷身子一~,跌在地上。❺ 动 因动作过猛而扭伤 ▷~了腰。○ ❻ 名 姓。

☛ 包围或半包围结构里边的"人"字末笔要改写成点(丶)。除"闪"外,还有"囚""肉"等。

【闪避】shǎnbì 动 迅速侧身向旁边躲避 ▷他~不及,被直冲过来的汽车撞伤。

【闪出】shǎnchū 动 突然出现 ▷门后~一个人。

【闪存】shǎncún 名 一种断电时所存储的数据不会丢失的芯片,广泛用于电子计算机、手机等的数据存储设备(闪:英语 flash 直译)。

【闪存盘】shǎncúnpán 名 电子计算机的一种移动存储介质,用闪存制作,存储速度快,体积小,重量轻,便于携带。简称闪盘。也说优盘、U 盘。

【闪道】shǎndào 动 闪开道路 ▷车来了,快~。

【闪电】shǎndiàn 名 大气中放电时发生强烈闪光的现象。

【闪电战】shǎndiànzhàn 名 用大量快速机动兵力和精锐武器突然实施猛烈袭击,以图迅速摧毁对方的作战方法。也说闪击战。

【闪动】shǎndòng 动 闪耀晃动 ▷烛光~。

【闪躲】shǎnduǒ 动 躲闪①;躲避。

【闪光】shǎnguāng ❶ 动 闪现亮光 ▷露珠在~◇~的语言。❷ 名 突然亮起的或一闪一闪的亮光 ▷~一过,便是一声霹雳。

【闪光灯】shǎnguāngdēng ❶ 名 航海灯标的主要部分,能发出定时明灭或变换色彩的闪光。❷ 名 摄影机上的照明装置,能在瞬间发出强烈的闪光。

【闪光点】shǎnguāngdiǎn 名 指人或事物在某方面表现出来的突出的优点 ▷要善于发现别人的~。

【闪婚】shǎnhūn 动 指相识时间很短就结婚 ▷他俩认识没几天就~了。

【闪击】shǎnjī 动 集中兵力突然袭击。

【闪离】shǎnlí 动 指结婚时间很短就离婚 ▷他俩结婚还不到三个月,怎么就~了?

【闪亮】shǎnliàng ❶ 动 闪闪发亮 ▷钻石戒指在灯光下~。❷ 动 透出光亮 ▷天刚~就出发了。

【闪念】shǎnniàn 名 突然闪现的想法。

【闪让】shǎnràng 动 迅速避让 ▷~不及,给撞上了。

【闪闪】shǎnshǎn 形 形容光亮闪烁 ▷金光~。

【闪射】shǎnshè 动 放射(光芒);闪耀 ▷信号灯~◇字里行间~着凛然正气。

【闪身】shǎnshēn ❶ 动 迅速侧身躲开 ▷一~,躲过这一拳。❷ 动 侧转身体 ▷~跳下去。

【闪失】shǎnshī 名 差错;失误 ▷千万小心,别有~。也说失闪。

【闪烁】shǎnshuò ❶ 动 亮光忽明忽暗,晃动不定 ▷救护车上的标灯~不停。❷ 动(说话)吞吞吐吐,躲躲闪闪 ▷~其词。

【闪烁其词】shǎnshuò-qící 形容说话吞吞吐吐,躲躲闪闪,不说出真相或回避要害。

【闪烁其辞】shǎnshuò-qící 现在一般写作"闪烁其词"。

【闪现】shǎnxiàn 动 突然出现 ▷一个巧妙的构思在脑海中~。

【闪眼】shǎnyǎn 形 耀眼 ▷雪后的阳光格外~。

【闪耀】shǎnyào ❶ 动 闪烁① ▷星光~。❷ 动 发出耀眼的光彩 ▷灯光~。

陕（陝） shǎn ❶ 名 指陕西 ▷~北|~甘宁边区。○ ❷ 名 姓。

掺（摻） shǎn 动〈文〉握;执 ▷~手(握手)|~袂(执袖,指握别)。

另见 130 页 càn;144 页 chān。

睒 shǎn〈文〉❶ 名 闪电。○ ❷ 形 形容晶莹的样子。

shàn

讪（訕） shàn ❶ 动 讥笑 ▷~笑|讥~。○ ❷ 形 羞惭;难为情 ▷~~地走开了。☛ 不读 shān。

【讪讪】shànshàn 形 形容难为情的样子 ▷送礼遭到拒绝,他只得~地告辞了。

【讪笑】shànxiào 动 讥笑 ▷遭人～。

汕 shàn [汕头] shàntóu 名 地名,在广东。

苫 shàn 动(用席、布等)覆盖;遮蔽 ▷房顶上～了块油布|用席把粮食～上|～布。

另见 1196 页 shān。

【苫背】shànbèi 动 盖房子做屋顶时,往铺在椽子上的草、席等上面抹上灰或泥。

【苫布】shànbù 名 遮盖用的大块雨布。

【苫盖】shàngài 动 用草席、苫布等盖上 ▷早春育秧须用薄膜～。

钐(釤) shàn ❶ 名 钐镰,一种长柄大镰刀。也说钐刀。→ ❷ 动 挥动钐镰或镰刀割 ▷～草|～麦子。

另见 1196 页 shān。

疝 shàn 名 组织和脏器的一部分或全部离开正常位置,在附近薄弱处隆起的病。最常见的是小肠通过腹股沟区腹壁肌肉的薄弱处坠入阴囊。

【疝气】shànqì 名 中医指小腹坠痛,牵引睾丸及睾丸偏大等疾病。也说小肠串气。

单(單) shàn ❶ 名 单县,地名,在山东。○ ❷ 名 姓。☛"单(shàn)"和"单(dān)"是两个不同的姓。

另见 145 页 chán;269 页 dān。

剡 shàn 名 剡溪,水名,即曹娥江上游,在浙江嵊州。

另见 1585 页 yǎn。

扇 shàn ❶ 名 扇子 ▷纸～|折～。→ ❷ 名 用来遮挡的板状或片状物 ▷门～|隔～|窗～。❸ 量 用于门窗等片状器物 ▷一～门|两～窗子。→ ❹ 名 功能和主体部分的形状像扇的装置 ▷电～|排风～。

另见 1196 页 shān。

【扇贝】shànbèi 名 软体动物,壳略呈扇形,纹理美丽。种类很多,生活在浅海底。闭壳肌的干制品叫干贝,是珍贵海味。参见插图 3 页。

【扇骨】shàngǔ 名 折扇的骨架,多用竹、木制成。

【扇面儿】shànmiànr 名 折扇或团扇的骨架上糊的纸或绢。

【扇形】shànxíng 名 圆的两个半径所夹的部分。

【扇坠】shànzhuì 名 垂挂在扇柄下端的装饰物。

【扇子】shànzi 名 摇动能生风的用具,如折扇、团扇等。

墠(壇) shàn ❶ 名 古代祭祀用的场地。○ ❷ 用于地名。如北墠,在山东。

掸(撣) shàn ❶ 名 古代称傣族。○ ❷ 名 缅甸民族之一,大部分居住在缅甸的掸邦。

另见 273 页 dǎn。

掞 shàn ❶ 动〈文〉舒张;铺陈 ▷桃李～容晖。→ ❷ 动〈文〉竭尽 ▷上穷王道,下～人伦。○ ❸ 古同"赡"①。

另见 1590 页 yàn。

善 shàn ❶ 形 美好;良好(跟"恶"相对,②③同) ▷尽～尽美|～行。→ ❷ 形 善良;心地好 ▷性～|慈～。❸ 名 善行;善事 ▷隐恶扬～|行～。→ ❹ 形 友好;和睦 ▷友～|亲～。→ ❺ 形 熟悉 ▷这个人好面～,好像在哪儿见过。→ ❻ 动 办好;做好 ▷～始～终|～后。→ ❼ 副 表示易于 ▷～变|多愁～感。→ ❽ 副 好好地;妥善地 ▷～自珍重|～罢甘休。→ ❾ 动 擅长 ▷～交际|能歌～舞。○ ❿ 名 姓。

【善罢甘休】shànbà-gānxiū 好好地了结,不再纠缠下去(多用于否定或反问) ▷不肯～。

【善报】shànbào 名 佛教指做好事后得到的好报应 ▷善有～,恶有恶报。

【善本】shànběn 名 版刻古籍中校勘好、装帧好、时代早、流传少、具有学术价值和历史价值的书籍;时代较远的精抄本、手稿、碑帖拓本及流传稀见的其他印刷品等,通常也称善本。

【善茬儿】shànchár 名 容易对付的人或团队等(一般用于否定) ▷她可不是个～|这几支球队都不是～。

【善处】shànchǔ 动 妥善处理 ▷～后事。☛"处"这里不读 chù。

【善待】shàndài 动 和善地对待;好好地对待 ▷～老人|～自然。

【善恶】shàn'è 名 善的和恶的 ▷～不分。

【善后】shànhòu 动 妥善处理事后遗留的问题 ▷做好～工作。

【善解人意】shànjiěrényì 善于揣摩别人的心意,与人和睦相处。

【善举】shànjǔ 名 慈善的举措 ▷在农村,铺路修桥历来被看作～。

【善款】shànkuǎn 名 用于慈善事业的钱款 ▷筹集～。

【善类】shànlèi 名 善良的人们;好人(多用于否定) ▷这伙人鬼鬼祟祟,绝非～。

【善良】shànliáng 形 心肠好 ▷～的人们。

【善男信女】shànnán-xìnnǚ 佛教称诚心信佛的人们。

【善人】shànrén 名 一贯行善的人。

【善始善终】shànshǐ-shànzhōng 妥善地开始,圆满地结束。指事情从头到尾都做得很好。

【善事】shànshì 名 慈善的事;好事。

【善忘】shànwàng 形 健忘。

【善心】shànxīn 名 慈善的心;好心肠 ▷大发～。

【善行】shànxíng 名 慈善的行为 ▷广施～。

【善意】shànyì 名 好意；良好的心愿 ▷～相劝｜他批评你，是出于～。

【善有善报，恶有恶报】shànyǒushànbào，èyǒuèbào 指做好事与做坏事都会得到各自应得的回报。☛"善有善报""恶有恶报"也可以分别单用。

【善于】shànyú 动（在某方面）擅长 ▷～学习｜～思考。☛ 参见本页"擅长"的提示。

【善战】shànzhàn 动 善于作战 ▷能征～。

【善终】shànzhōng ❶ 动 指人因衰老而正常死亡。❷ 动 把结尾的工作做完做好 ▷善始～。

【善作善成】shànzuò-shànchéng（工作）妥善地进行，圆满地结束。指事情做的过程和结果都很好 ▷欲治病根还需～、久久为功。

【善做善成】shànzuò-shànchéng 现在一般写作"善作善成"。

禅（禪） shàn 动（古代君王）把帝位让给别人 ▷～让｜～位。

另见 145 页 chán。

【禅让】shànràng 动 传说我国古代帝王尧传位给舜，舜传位给禹，传贤不传子，史称禅让。后指把帝位让给别人。

骟（騸） shàn 动 割除家畜的睾丸或卵巢 ▷把这匹马～了｜～羊。

鄯 shàn［鄯善］shànshàn 名 地名，在新疆。

墡 shàn 名〈文〉白垩。

缮（繕） shàn ❶ 动 修补；修整 ▷修～。→ ❷ 动 抄写 ▷～写｜～录。

【缮写】shànxiě 动 抄写 ▷～公文。

擅 shàn ❶ 动〈文〉独揽；专有 ▷～权｜～国。→ ❷ 副 擅自 ▷～离职守。→ ❸ 动 长于；善于 ▷不～辞令｜～长。☛ 右下是"旦"，不是"且"。

【擅长】shàncháng 动 在某方面有专长 ▷～绘画｜～烹饪。☛ 跟"善于"不同。"擅长"仅指有某种技能；"善于"的适用范围较宽。

【擅离职守】shànlí-zhíshǒu 不经许可私自离开工作岗位。

【擅权】shànquán 动 独揽大权。

【擅入】shànrù 动 不经允许就自行闯入 ▷军事要地，不得～。

【擅于】shànyú 动 擅长 ▷～沟通｜～书画。

【擅自】shànzì 副 超越权限自作主张 ▷～作主。

嶦 shàn 名〈文〉山坡。

膳（*饍） shàn 名 饭食 ▷用～｜～费｜～食。

【膳费】shànfèi 名 用于吃饭的费用。

【膳食】shànshí 名 每天吃的饭菜 ▷～结构。

【膳宿】shànsù 动 吃饭和住宿 ▷～自理。

嬗 shàn 动〈文〉更替；演变 ▷～变。

【嬗变】shànbiàn 动〈文〉演变 ▷世事～。

赡（贍） shàn ❶ 形〈文〉丰富；充足 ▷丰～｜富～。→ ❷ 动 供给；供养 ▷～养。☛ 不读 zhān。

【赡养】shànyǎng 动 供给生活需要；特指供给父母等长辈生活需要 ▷～双亲。

蟮 shàn 见1131 页"曲（qū）蟮"。

鳝（鱔*鱓） shàn 名 鳝鱼，体呈圆筒形，黄褐色，有暗色斑点，无鳞。常潜伏在水边的泥洞或石缝中。也说黄鳝。

shāng

伤（傷） shāng ❶ 名 人、动植物或其他物体受到的损害 ▷腿上有～｜内～｜探～。→ ❷ 动 伤害；损害 ▷～了胳膊｜谷贱～农｜～了自尊心。⇒ ❸ 形 悲哀；忧愁 ▷悲～｜忧～。⇒ ❹ 动 因某种因素的损害而致病 ▷～风。❺ 动 对某种食物因饮食过度或频繁而感到厌烦 ▷吃肉吃～了。⇒ ❻ 动 妨害；妨碍 ▷无～大局｜有～大雅。☛"昜"简化为"𠃓"，仅用于"伤"字。参见 154 页"场（chǎng）"的提示㊂。

【伤疤】shāngbā ❶ 名 伤口愈合后留下的疤痕 ▷左肋下的一块～◇这些建筑残骸是地震给我们县留下的～。❷ 名 比喻过去的错误、耻辱或隐私等（多是本人不愿提起的）▷坦诚地自揭～。

【伤悲】shāngbēi 形〈文〉悲伤 ▷少壮不努力，老大徒～。

【伤兵】shāngbīng 名 打仗受伤的士兵。

【伤病】shāngbìng 动 受伤和生病。

【伤病员】shāng-bìngyuán 受伤和生病的人员（多指军人）。

【伤残】shāngcán ❶ 动 因受伤而留下残疾 ▷肢体～。❷ 动 破损 ▷因碰撞使外壳～。

【伤悼】shāngdào 动〈文〉悲伤地悼念 ▷～亡妻。

【伤风】shāngfēng ❶ 名 感冒①。❷ 动 感冒②。

【伤风败俗】shāngfēng-bàisú 指败坏社会道德风气。

【伤感】shānggǎn 形 因受外界触动而悲伤 ▷触景生情，不胜～｜非常～。

【伤害】shānghài ❶ 动 使受到损害 ▷～健康｜～感情。❷ 动 法律上特指破坏人体组织的完整性或器官的正常机能。☛ 不适用于无生命的事物。

【伤寒】shānghán ❶ 名 由伤寒杆菌引起的急性肠道传染病。症状是持续高烧，脉搏缓慢，脾脏肿大等。❷ 名 中医泛指各种外感发热的疾病。

【伤号】shānghào 名 带伤的人(多指军人)。

【伤耗】shānghao 动 损伤消耗 ▷过度疲劳～五脏｜鸡蛋在运输过程中有～。

【伤痕】shānghén ❶ 名 伤疤；也指器物残破的痕迹 ▷～累累。❷ 名 比喻精神上的创伤 ▷内心的～只有自己知道｜～文学。

【伤怀】shānghuái 形〈文〉伤心 ▷触景～。

【伤筋动骨】shāngjīn-dònggǔ 筋骨受到损伤；比喻事物受到根本性的损害。

【伤口】shāngkǒu 名 皮肤、肌肉等受伤破裂或手术开口的地方 ▷～化脓了。

【伤面子】shāngmiànzi 伤害情面 ▷朋友之间不要～。

【伤脑筋】shāngnǎojīn 问题很难解决，让人头疼 ▷图书盗版问题最让出版界～。

【伤热】shāngrè ❶ 动 因天气炎热或保暖过度而导致上火、感冒或其他不适(多发生于儿童) ▷室内高温干燥，孩子容易～。❷ 动 (水果、蔬菜等)因受热而损坏 ▷运输中～，造成这批山楂大半腐烂。

【伤情】shāngqíng ❶ 形〈文〉伤感；伤怀 ▷睹物～，潸然泪下。❷ 名 受伤的情况 ▷～严重｜检查～。

【伤人】shāngrén 动 伤害人的身体或精神 ▷防止毒蛇～｜恶语～。

【伤神】shāngshén ❶ 动 过度费心；劳神 ▷内耗太多，让人～。❷ 形〈文〉伤心 ▷黯然～。

【伤生】shāngshēng 动 伤害生灵 ▷他信佛，从不～。

【伤势】shāngshì 名 受伤的程度 ▷～较轻。

【伤逝】shāngshì〈文〉❶ 动 伤心地怀念死者 ▷悼亡～。❷ 动 对死亡感到哀伤。

【伤天害理】shāngtiān-hàilǐ 形容做事凶狠残忍，丧尽天理人性。

【伤痛】shāngtòng ❶ 名 因受伤引起的疼痛 ▷他忍受着～坚持训练。❷ 形 悲伤和痛苦 ▷内心～，难以言喻。

【伤亡】shāngwáng ❶ 动 受伤和死亡 ▷～严重。❷ 名 受伤和死亡的人 ▷敌军～较多。

【伤心】shāngxīn 形 心里悲伤、痛苦 ▷哭得很～。

【伤心惨目】shāngxīn-cǎnmù 形容情景十分凄惨，使人心痛，不忍心看。

【伤愈】shāngyù 动 伤好了 ▷～归队。

【伤员】shāngyuán 名 受伤的人员(多指伤兵)。

汤(湯) shāng［汤汤］shāngshāng 形〈文〉形容水大流急 ▷浩浩～。

另见 1336 页 tāng。

殇(殤) shāng〈文〉❶ 动 未成年而死。→ ❷ 名 战死的人 ▷国～。☛ 右边是"𠃓"，不能简化成"𰁜"。

商[1] shāng ❶ 名 朝代名。约公元前 1600—公元前 1046 年，汤灭夏后所建，建都亳(bó，今河南商丘)。后来盘庚又迁都到殷(今河南安阳附近)。也说殷、殷商。→ ❷ 名 以买卖货物为职业的人 ▷皮货～｜富～｜客～｜～贩。❸ 名 买卖商品的经济活动 ▷经～｜～务｜～场。→ ❹ 名 星宿名，即心⑦，二十八宿之一。○ ❺ 名 姓。

商[2] shāng 动 讨论；交换意见 ▷有要事相～｜会～｜磋～｜～讨｜～议。

商[3] shāng 名 古代五音(宫、商、角、徵、羽)之一，相当于简谱的"2"。

商[4] shāng ❶ 名 算术中除法运算的得数，如 12 被 2 除的商是 6。→ ❷ 动 用某数作商 ▷10 除以 2～5。☛ "商"字跟"啇(dī)"不同。由"商"构成的字有"墒""熵"等，由"啇"构成的字有"滴""嫡""嘀""镝""摘"等。

【商办】shāngbàn ❶ 动 协商办理 ▷此事正在～。❷ 动 由商人或用商业方式办理 ▷官督～｜～企业｜～铁路。

【商标】shāngbiāo 名 商品或服务等独家使用的标志。通常由文字、图案等构成。经认定注册后受法律保护。

【商埠】shāngbù ❶ 名 旧时与外国通商的城镇(多有港口) ▷开设～。❷ 名 泛指商业发达的城市 ▷这里自古就是～重镇。

【商场】shāngchǎng ❶ 名 各种商店、售货摊位聚集在一处所组成的市场。❷ 名 商品比较齐全的大型综合商店 ▷西单～。❸ 名 指商界 ▷～如战场。

【商城】shāngchéng 名 指建筑空间很大的连片的商业群体；也指建筑空间很大的商场。

【商船】shāngchuán 名 运载货物和旅客的大型船只。

【商德】shāngdé 名 经商的人应具备的职业道德 ▷讲诚信，修～。

【商店】shāngdiàn 名 出售商品的场所；也指某些经营单位 ▷便民～｜我公司所属～共 39 个。也说商铺。

【商调】shāngdiào 动 协商调用(人员、物资等) ▷去函～。

【商定】shāngdìng 动 商量决定 ▷双方～，下周恢复谈判。

【商队】shāngduì 名 结队贩运货物的人群。

【商兑】shāngduì 动〈文〉商量斟酌;商榷 ▷～未定。

【商法】shāngfǎ 名 调整商业活动的法律规范的统称。一般包括公司、票据、保险、商标、海商等方面的法规。

【商贩】shāngfàn 名 贩卖或零售货物的小商人。

【商港】shānggǎng 名 供商船停泊办理客货运输业务的港口。

【商贾】shānggǔ 名〈文〉商人的统称。旧时称往来贩卖的为商,摆摊儿设点的为贾 ▷～云集。☛"贾"这里不读 jiǎ。

【商海】shānghǎi 名 指风险大、竞争激烈的商业领域 ▷辞去公职,投身～。

【商行】shāngháng 名 商店(多指规模较大的)。

【商号】shānghào ❶ 名 商店。❷ 名 商店的名称。

【商户】shānghù 名 商家;店铺。

【商会】shānghuì 名 商人为维护自身利益而组成的社会团体。常按所在地区或经营项目等不同方式组成。

【商机】shāngjī 名 进行商业活动的有利时机 ▷～无限|把握～。

【商家】shāngjiā 名 在贸易活动中指经销商品的一方。

【商检】shāngjiǎn 动 商品检验 ▷食品必须经过～才允许销售。

【商界】shāngjiè 名 商业界。

【商借】shāngjiè 动 商量借用 ▷派员前往～库房,请接洽。

【商籁体】shānglàitǐ 名 十四行诗(商籁:法语 sonnet 音译)。

【商量】shāngliang 动 互相讨论和交换意见 ▷～对策|等我们～～再说。☛ ㊀参见本页"商榷"的提示。㊁参见 1519 页"协商"的提示。

【商路】shānglù 名 远途贩运商品所经过的路线 ▷"丝绸之路"是著名的～。

【商旅】shānglǚ ❶ 名〈文〉行商;流动的商人。❷ 名 商人和旅客。

【商贸】shāngmào 名 商业和贸易 ▷～机构|加强～往来。

【商品】shāngpǐn ❶ 名 用来交换的劳动产品。具有使用价值和价值两重性。❷ 名 市场上出售的货物 ▷～展销|小～市场。

【商品房】shāngpǐnfáng 名 由房产商经营,按市场价格销售、出租的各类用房。

【商品化】shāngpǐnhuà 动 把商品价值规律扩大到非商品事物上 ▷知识～。

【商品交易所】shāngpǐn jiāoyìsuǒ 有组织地按样品买卖大宗商品的一种特殊形式的交易场所。可以经营一种或多种商品,有现货交易和期货交易两类。

【商品经济】shāngpǐn jīngjì 生产和经营等活动全都借助于商品货币关系进行的经济形式。

【商品粮】shāngpǐnliáng 名 指作为商品进行买卖的粮食;计划经济时期,特指由国家按计划向城镇居民统一供应的成品粮。

【商品流通】shāngpǐn liútōng 以货币为媒介的商品交换。也说商品流转。

【商品生产】shāngpǐn shēngchǎn 为交换而进行的产品生产。

【商品市场】shāngpǐn shìchǎng 商品通过货币进行交换的场所;泛指商品交易的大环境。

【商铺】shāngpù 名 商店。

【商洽】shāngqià 动 洽商。

【商情】shāngqíng 名 指市场上商品供求状况和价格状况及其发展趋势。

【商请】shāngqǐng 动 用商量的方式邀请 ▷～专家来校作科普讲座。

【商圈】shāngquān ❶ 名 指众多商业企业集中的地区 ▷经过几年的发展,这里形成了一个新～。❷ 名 商业圈,即商业领域 ▷他在本地～赫赫有名。❸ 名 商场、超市等的经营活动影响辐射的范围 ▷这家外卖店的～半径已超过 5 公里。

【商榷】shāngquè 动 (就不同意见进行)商量、研讨 ▷这个概念的表述尚需～|与作者～。☛ 跟"商量"不同。"商榷"多指用书面形式研讨学术问题;"商量"多指用口头交流的方式就一般问题交换意见。

【商人】shāngrén 名 以经销商品为职业的人。

【商厦】shāngshà 名 经商用的大厦。

【商社】shāngshè 名 商业性社团。

【商数】shāngshù 名 除法运算的得数。

【商谈】shāngtán 动 口头商量(含郑重色彩) ▷～国家大计。

【商讨】shāngtǎo 动 商量探讨 ▷～合作事宜。

【商亭】shāngtíng 名 在街道、公园等处设立的外形像亭子的简易小商店 ▷可移动～。

【商务】shāngwù 名 商业上的事务 ▷～繁忙。

【商演】shāngyǎn 动 商业性演出 ▷我团每年都赴外地～。

【商业】shāngyè 名 从事商品交换或组织商品流通的经济活动 ▷～网点|～界。

【商业街】shāngyèjiē 名 指商店集中、商品门类比较齐全的街道 ▷王府井～。

【商业片】shāngyèpiàn 名 以追求商业利润为主要目的的影片。口语中也说商业片儿(piānr)。

【商业银行】shāngyè yínháng 以工商业及个人存、贷款为主要经营业务的银行。

【商议】shāngyì 动 商量议论 ▷反复～。

【商用】shāngyòng 区别 应用于商业方面的 ▷～种猪|～保险柜。

【商誉】shāngyù 名 商业信誉。

【商约】shāngyuē ❶ 名 国家或地区之间缔结的通商条约。❷ 动 商量约定 ▷我俩～今年暑假一起去旅游。

【商展】shāngzhǎn 名 商品展览活动。

【商战】shāngzhàn 名 指激烈的商业竞争 ▷彩电降价,引发了一场～。

【商酌】shāngzhuó 动 商量斟酌 ▷此事尚待～。

觞(觴) shāng 名 古代指盛酒的容器;泛指酒杯 ▷相逢共举～。参见插图 15 页。☛ 右边是"𠃓",不能简化成"㱠"。

墒 shāng 名 适合作物生长、种子发芽的土壤湿度 ▷保～|抢～|～情。☛ 统读 shāng。

【墒情】shāngqíng 名 土壤含水分多少的情况。

熵 shāng ❶ 名 热力学上指热能的变化量除以温度所得的商,以此表示不能用来做功的热能。❷ 名 科学技术上泛指某些物质系统状态的一种量度,或者某些物质系统状态可能出现的程度。❸ 名 信息论中表示不确定性的量度,熵越大,信息的不确定性越大。

shǎng

上 shǎng 名 上声 ▷平～去入。
另见本页 shàng;1208 页 shang。

【上声】shǎngshēng ❶ 名 古汉语四声中的第二声。❷ 名 普通话四声中的第三声,读降升调,调值是 214,调号是"ˇ"。

垧 shǎng 量 旧时我国北方使用的土地面积单位,大小各地不同,东北地区 1 垧一般合 15 市亩,西北地区一般合 3 市亩或 5 市亩。

晌 shǎng ❶ 名 晌午 ▷吃～饭|歇～。→ ❷ 名 指一天内的一段时间;也指一个白天 ▷前半～|晚半～|半～。

【晌午】shǎngwu 名 中午或中午前后。

埫 shǎng 同"垧"。现在一般写作"垧"。
另见 1339 页 tǎng。

赏(賞) shǎng ❶ 动 赐予;奖励 ▷～他一笔钱|奖～。→ ❷ 名 赐予或奖励的东西 ▷悬～|领～。→ ❸ 动 宣扬;称赞 ▷～识|赞～。○ ❹ 动 观赏;欣赏 ▷～月|～析。○ ❺ 名 姓。☛ 跟"尝(cháng)"不同。"尝"是"嘗"的简化字,指品尝、尝试。

【赏赐】shǎngcì ❶ 动 把财物送给地位或辈分比自己低的人。❷ 名 赏赐的财物。

【赏罚】shǎngfá 动 奖赏和惩罚 ▷～严明。

【赏罚分明】shǎngfá-fēnmíng 该赏的就赏,该罚的就罚,态度鲜明。

【赏封】shǎngfēng 名 赏金。多用红封套装或用红纸包。

【赏格】shǎnggé 名 悬赏所定的报酬标准。

【赏光】shǎngguāng 动 客套话,用于请对方光临 ▷略备薄酒,务请～。

【赏鉴】shǎngjiàn 动 鉴赏。

【赏金】shǎngjīn 名 赏赐的钱;奖赏的钱。

【赏赉】shǎnglài 〈文〉❶ 动 赏赐①。❷ 名 赏赐②。☛ "赉"不要误写作"赍(jī)"。

【赏脸】shǎngliǎn 动 客套话,赏给面子,多用于请对方接受邀请或赠品 ▷请～收下。

【赏钱】shǎngqián ❶ 动 赏给人钱 ▷～给他们。❷ 名 赏金。多指主人赏给仆役或长辈赏给晚辈的数额较小的钱 ▷给几个～。

【赏识】shǎngshí 动 认识到某人的品德、才能或作品的价值而予以重视或赞扬(多指上对下) ▷他深得领导～|老师很～他的文章。

【赏玩】shǎngwán 动 欣赏玩味 ▷～盆景。

【赏析】shǎngxī 动 欣赏并评析(多用于书名) ▷《宋词～》。

【赏心悦目】shǎngxīn-yuèmù 看到美好的景物而身心愉快。

【赏阅】shǎngyuè 动 阅读欣赏 ▷隽永美文任～。

shàng

上[1] shàng ❶ 名 高处;较高的位置(跟"下"相对,②③⑥同) ▷～有天,下有地|高高在～。→ ❷ 名 时间或顺序在前的 ▷～午|～半年|～回。→ ❸ 名 等次或品级高的 ▷～等|～级。→ ❹ 名 指君主、皇帝 ▷～谕|皇～。❺ 名 指尊长或地位高的人 ▷～行下效|犯～作乱。→ ❻ 动 从低处到高处 ▷～山|～台。⇒ ❼ 动 向前进 ▷迎着困难～|一拥而～。❽ 动 去;往 ▷～天津|～街。⇒ ❾ 动 达到(一定的数量或程度) ▷～了岁数|～档次。⇒ ❿ 动 按规定的时间活动 ▷～夜班|～操。⇒ ⓫ 动 呈献;供奉 ▷～茶|～供。⇒ ⓬ 动 记载;登载 ▷～了榜|～账。⇒ ⓭ 动 特指登台或出现在某些场合 ▷～演|～场。→ ⓮ 动 安装 ▷～刺刀|子弹～膛。⇒ ⓯ 动 拧紧 ▷～发条|～螺丝。⇒ ⓰ 动 增补;添加 ▷给机器～油|～膘。⇒ ⓱ 动 涂;抹 ▷～漆|～药。○ ⓲ 动 进入 ▷～网。○ ⓳ 名 姓。

上[2] shàng 名 我国民族音乐传统的记音符号,表示音阶上的一级,相当于简谱的"1"。

另见本页 shǎng;1208 页 shang。

【上班】shàngbān 动 按规定的时间到规定的地点工作。

【上班族】shàngbānzú 名 指在正式工作单位有稳定工作、需按时上下班的一类人。

【上半场】shàngbànchǎng 名 球赛或戏剧演出等分两时段进行的，前时段称上半场。也说上半时。

【上半年】shàngbànnián 名 一年中的1月至6月这段时间。

【上半天】shàngbàntiān 名 上午。

【上半夜】shàngbànyè 名 前半夜。

【上半月】shàngbànyuè 名 每月1日至15日这段时间。

【上报】shàngbào ❶ 动 向上级报告 ▷～中央。○ ❷ 动 刊登在报上 ▷他的诗已经～了。

【上辈】shàngbèi ❶ 名 家族中较久远的前代 ▷他们家～出过封疆大吏。❷ 名 家族中的上一代 ▷我的～中有3个人教书。

【上辈子】shàngbèizi ❶ 名 上辈① ▷我家～几代人都在农村行医。❷ 名 迷信指前世。

【上臂】shàngbì 名 人体上肢由肩到肘的部分。

【上边】shàngbian 名 上面。

【上膘】shàngbiāo 动（牲畜）长肉。

【上宾】shàngbīn 名 上等客人；尊贵的客人。

【上部】shàngbù ❶ 名 指身体或物体靠上面的部分。❷ 名 指分为多部的小说、影视作品等的第一部或靠前的一部。

【上菜】shàngcài 动 把做好的菜肴端到餐桌上。

【上苍】shàngcāng 名 苍天 ▷～保佑。

【上操】shàngcāo 动 出操。

【上策】shàngcè 名 上等的计谋或办法 ▷和平解决，才是～。

【上层】shàngcéng ❶ 名 上面的层次。❷ 名 借指地位居于上面的机构、组织、阶层 ▷～人士|走～路线。

【上层建筑】shàngcéng jiànzhù 建立在一定的经济基础之上的政治、法律、哲学、道德、艺术、宗教等社会意识形态，以及与之相适应的政治、法律等制度的总和。经济基础决定上层建筑，上层建筑又能动地反作用于经济基础。

【上场】shàngchǎng 动（演员、运动员等）出场。

【上场门】shàngchǎngmén 名 多指舞台右侧（观众看是左侧）的出入口。因演员一般由此门上场，故称。

【上朝】shàngcháo 动 大臣到朝廷晋见君主奏事议事；君主到朝廷接见臣子处理政事。

【上乘】shàngchéng ❶ 名 佛教用语，即大乘。❷ 形 品位、质量高（跟"下乘"相对） ▷～之作|价格合理，服务～。

【上传】shàngchuán ❶ 动 上达。❷ 动 用计算机把信息、数据等传递到互联网、其他计算机或电子装置上（跟"下载"相对）。

【上床】shàngchuáng 动 上到床上去（多表示开始睡觉）；也作婉词，表示发生性关系（多指不正当的）。

【上唇】shàngchún 名 人或某些动物嘴边掩蔽上牙的肌肉组织。

【上蹿下跳】shàngcuān-xiàtiào ❶ 形容动物上下跳跃（有时也用于人或其他事物）。❷ 形容四处奔走，多方串联（含贬义）。‖也说上窜下跳。

【上达】shàngdá 动（把下层或下属的意见）传达给上层或上级 ▷下情～|～民情。

【上代】shàngdài 名 家族或民族的前一代或前几代；泛指前代。

【上党梆子】shàngdǎng bāngzi 流行于山西省东南部（古上党郡）的地方戏曲剧种。

【上当】shàngdàng 动 因受骗而造成损失。

【上档次】shàngdàngcì 达到较高层次或品位 ▷这身衣服～了。

【上道】shàngdào 动 上路②；进入正轨，或朝向正确方向 ▷这孩子学习开始～了。

【上灯】shàngdēng 动 旧指点灯。

【上等】shàngděng 形 地位在上的；档次高的；质量好的 ▷成绩～|～大米|最～的原料。

【上等兵】shàngděngbīng 名 义务兵军衔中的一级，高于列兵。

【上帝】shàngdì ❶ 名 天帝。❷ 名 基督教所信奉的最高的神，被认为是世界的创造者和主宰。

【上吊】shàngdiào 动 用绳索等吊着脖子自杀。

【上调】shàngdiào ❶ 动 调到上级部门工作 ▷他刚刚～到局里去了。❷ 动 上级部门调用（财物等） ▷这是第一批～的物资。

【上冻】shàngdòng 动 开始结冰或冻结 ▷河水～了。

【上端】shàngduān 名 指立着的条状物处于高处的一头 ▷笔杆儿的～刻有他的名字。

【上颚】shàng'è ❶ 名 某些节肢动物口器的一部分，为咀嚼的利器。❷ 名 腭。

【上方宝剑】shàngfāng-bǎojiàn 现在一般写作"尚方宝剑"。

【上房】shàngfáng 名 正房①。

【上访】shàngfǎng 动 人民群众向上级领导机关反映情况或申诉冤屈，请求解决问题。

【上肥】shàngféi 动 施肥 ▷给庄稼～。

【上坟】shàngfén 动 去坟前祭奠死者。

【上粪】shàngfèn 动 把粪肥施在田地里。

【上风】shàngfēng ❶ 名 风吹过来的那个方向 ▷扬场（cháng）时，必须站在～。❷ 名 指强势或有利的位置 ▷论球技红队略占～。

【上峰】shàngfēng 名 旧指上司 ▷～指令。

【上浮】shàngfú ❶ 动 物体在液体中受浮力作用上升。❷ 动（价格、利率、工资等）向上浮动 ▷油价近期略有～。

【上感】shànggǎn 名 上呼吸道感染的简称。临床表现为发热、咽痛、咳嗽、多痰等。

【上纲】shànggāng 动 把一般问题提高到政治原则的高度去评论或处理 ▷不要无限～。

【上岗】shànggǎng ❶ 动 走上值勤岗位 ▷值勤哨兵要按时～。❷ 动 泛指走上工作岗位 ▷持证～｜竞争～。

【上告】shànggào ❶ 动 向司法部门或上级机关告状 ▷逐级～｜越级～。❷ 动 向上级报告 ▷救灾情况要及时～。

【上工】shànggōng 动 按规定时间到指定地点工作(多指体力劳动)。

【上供】shànggòng ❶ 动 摆上供品以敬神佛或祭奠亡灵。❷ 动 比喻向有权势的人送礼行贿。

【上钩】shànggōu ❶ 动 鱼吃鱼饵时被钩住。❷ 动 比喻被引诱上了圈套 ▷匪徒终于～。

【上古】shànggǔ 名 较远的古代。我国历史分期上多指夏、商、周、秦、汉时期。

【上官】shàngguān 名 复姓。

【上光】shàngguāng 动 用化学或物理方法使物体表面变得光滑或产生光泽 ▷给皮衣～。

【上轨道】shàngguǐdào 比喻事情或工作进入有序进行的状态 ▷工作还没有～。

【上好】shànghǎo 形 特别好；最好(多指物品质量) ▷～的毛毯｜～的酒菜。

【上颌】shànghé 名 腭。参见 557 页“颌”。

【上呼吸道】shànghūxīdào 名 呼吸道的上部，包括鼻腔、咽和喉 ▷～感染。

【上回】shànghuí ❶ 名 上次。❷ 名 章回小说中指前一回。

【上火】shànghuǒ ❶ 动 中医指大便干燥或出现牙龈肿痛、双目红赤、口舌生疮等发炎症状。○ ❷ 动 着急；发怒 ▷你先别～，听我说。

【上货】shànghuò ❶ 动 进货 ▷老板～去了。❷ 动 把货物摆上柜台 ▷柜台空了，马上～。

【上机】shàngjī ❶ 动 登上飞机。❷ 动 操纵机器；特指操作电子计算机 ▷～查询。

【上级】shàngjí 名 指同一个组织系统中级别高的组织或人员 ▷向～汇报｜他是我的老～。

【上集】shàngjí 名 分为多集的图书、影视作品等的第一集或靠前的一集。

【上佳】shàngjiā 形 上好；特别好 ▷成绩～。

【上家】shàngjiā ❶ 名 (打牌、行酒令等)按顺序排在某人前一位的人 ▷等～出牌后再说。也说上手、头家。❷ 名 商业活动中指交付给自己货物的单位或个人 ▷联系～，确定货源。

【上架】shàngjià ❶ 动 指图书馆等的图书、报刊摆上书架(以供借阅) ▷这批书刊已经分类、编目完毕，可以～了。❷ 动 指商品、货物等摆上货架(以供销售或领取) ▷两款新～的电饭锅很抢手。

【上浆】shàngjiāng ❶ 动 把纱、布或洗过的衣物放在用淀粉、明胶等制成的薄浆中浸润，使耐磨而光滑挺括。❷ 动 将调味品和淀粉、蛋清等拌和均匀成浆，裹在食材的外层，使烹调出的菜肴鲜嫩美观。

【上将】shàngjiàng ❶ 名 主将或统帅；泛指高级将领 ▷百万军中取～首级。❷ 名 将官军衔的一级，高于中将。

【上交】shàngjiāo 动 交给上级部门 ▷拾物～｜不把矛盾～。☛ 跟“上缴”不同。“上交”适用范围较大；“上缴”适用范围较小，且带有一定的强制性。

【上缴】shàngjiǎo 动 按照规定把收入的财物、利润、税款、财政节余等缴给主管部门；依照法令将某些钱物交给主管部门 ▷将罚款～国库｜～武器。☛ 参见本页“上交”的提示。

【上界】shàngjiè 名 神话和迷信指天上神仙居住的地方。

【上进】shàngjìn 动 向上；进取 ▷积极～｜～心。

【上劲】shàngjìn 形 精神抖擞；来劲 ▷这种车越开越～。

【上镜】shàngjìng ❶ 动 被摄入新闻、影视镜头 ▷她刚满 8 岁，就多次～。❷ 形 通过镜头照出来的形象好 ▷他长相平常，但很～。

【上客】shàngkè 名 上等客人 ▷尊为～。

【上课】shàngkè 动 师生按规定时间到指定地点共同进行教学活动 ▷按时～，不要迟到。

【上空】shàngkōng 名 和某一地点相对应的天空 ▷五星红旗在天安门～高高飘扬。

【上口】shàngkǒu 形 诗文写得流畅，念起来顺口 ▷这个剧本的台词很～。

【上款】shàngkuǎn 名 在信件、礼品或为人创作的书画作品的上端题写的对方的名字、称呼等。

【上蜡】shànglà 动 (在物体上)涂蜡，使光滑 ▷地板该～了。

【上来】shànglái ❶ 动 由低处到高处来 ▷他在楼下，没～｜月亮～了。❷ 动 从较低的层次或部门到较高的层次或部门来 ▷他是刚从基层～的干部。○ ❸ 动 开头 ▷～就是一通批评。☛ ㊀以上各种用法中的“来”，口语中有时读轻声。㊁“上来(lái；lai)”跟“上去(qù；qu)”不同。前者一般表示动作、行为朝着说话人的所在地，后者一般表示动作、行为离开说话人的所在地。

【上来】shànglai ❶ 动 用在动词后，表示动作、行为由低处到高处或由远处到近处来 ▷钓～一条鱼｜从沟里拉～。❷ 动 用在动词后，表示人或事物由较低的层次或部门到较高的层

次或部门 ▷把他从基层提拔～|下面的汇报交～了吗? ❸ 动 用在动词后,表示成功地完成某一动作 ▷这个问题我答不～。❹ 动 用在形容词后,表示程度增加、状态发展 ▷天气热～了。☛ ㊀"上来"用作补语时,"来"一般读轻声,但在"动+不+上来""没+动+上来"的格式中,"来"一般仍读本调。㊁参见1204页"上来(lái)"的提示㊁。

【上篮】shànglán 动 在跑动中将篮球投向篮筐 ▷三步～。

【上联】shànglián 名 指一副对联的上半联;也指旧体诗中对偶句的前一句(跟"下联"相区别) ▷～末尾应该用仄声字。

【上脸】shàngliǎn ❶ 动 喝酒后脸色变红 ▷他一喝酒就～。❷ 动 指受到夸奖、表扬后得意忘形 ▷这孩子不禁夸,一夸就～。

【上梁】shàngliáng ❶ 名 脊檩。❷ 动 盖房子时将梁架到屋架或山墙上。

【上梁不正下梁歪】shàngliáng bù zhèng xiàliáng wāi 比喻领导或长辈不正派,下边的人就会跟着学坏。

【上列】shàngliè 区别 以上所列出来的 ▷对～人员予以通报表扬。

【上流】shàngliú ❶ 名 上游。❷ 名 指上等社会地位 ▷居于社会～|～社会|～人物。

【上路】shànglù ❶ 动 踏上路途;启程 ▷时间不多了,赶紧～吧。❷ 动 比喻开始进入正常轨道;入门 ▷工程才开始筹备,还没有～|学了一星期计算机还没～。

【上马】shàngmǎ 动 比喻较大的工程或工作开始启动 ▷工程快～了。

【上门】shàngmén ❶ 动 登门;上别人家里去 ▷～服务。❷ 动 入赘 ▷～女婿。○ ❸ 动 插上门闩;关门 ▷睡觉前别忘了～。

【上面】shàngmiàn ❶ 名 较高的地方 ▷飞机在云层～飞行。❷ 名 次序靠前的部分 ▷～几位的发言都很精彩。❸ 名 指上级 ▷～派人来检查工作。❹ 名 指物体的上部或表面 ▷窗台～摆着几盆花。❺ 名 指特定的范围;方面 ▷他在考古～有很高的造诣。❻ 名 指家族中上一辈或先于自己出生的同辈 ▷我～还有父亲和爷爷|他～还有姐姐。‖也说上边。

【上年】shàngnián 名 前一年;去年。

【上年纪】shàngniánji 年纪老 ▷～的人行动不方便。

【上皮组织】shàngpí zǔzhī 人和其他脊椎动物的基本组织之一,由紧密排列的细胞和少量的细胞间质(细胞间的物质)组成,主要分布于体表、腔囊器官内表面和部分器官外表面,具有保护、吸收、分泌等功能。

【上品】shàngpǐn 名 上乘等级 ▷酒中～|～茶叶。

【上坡路】shàngpōlù ❶ 名 由低处到高处有坡度的路。❷ 名 比喻向上发展的道路 ▷生产连年走～。

【上铺】shàngpù 名 双层或三层床铺中的最上层铺位 ▷念大学期间我一直睡～。

【上情】shàngqíng 名 领导层的情况和意图 ▷不了解～|～下达。

【上去】shàngqù ❶ 动 由低处到高处去或由一处到另一处去 ▷从楼梯～|你～和他握手吧! ❷ 动 由较低的层次或部门到较高的层次或部门去 ▷现任农业厅长是从我们县里～的。☛ ㊀以上各种用法中的"去",口语中有时读轻声。㊁参见1204页"上来(lái)"的提示㊁。

【上去】shàngqu ❶ 动 用在动词后,表示动作、行为由低处到高处去 ▷把行李搬～。❷ 动 用在动词后,表示人或事物由较低的层次或部门到较高的层次或部门 ▷把汽车工业搞～|省里决定把你调～。❸ 动 用在动词后,表示人或事物随动作趋向某一目标 ▷冲～一连人|赶紧迎了～。❹ 动 用在动词后,表示添加或合拢于某处 ▷螺丝拧～了|把这笔钱也算～吧。☛ ㊀"上去"用作补语时,一般读轻声,但在"动+不+上去""没+动+上去"的格式中,一般仍读本调。㊁参见1204页"上来(lái)"的提示㊁。

【上人】shàngrén ❶ 名 佛教称可以作为僧众之师的高僧;后用作对和尚的尊称。○ ❷ 动 〈口〉指影剧院、饭馆等服务场所有观众、顾客到来 ▷这家餐厅从早上就开始～,火极了。

【上任】shàngrèn ❶ 动 就职 ▷新官～。❷ 名 称前任官员 ▷～遗留下的问题。

【上色】shàngsè 区别 上等(货物) ▷～绸缎。

【上色】shàngshǎi 动 涂上颜色 ▷这家具没～。

【上山】shàngshān 动 登山;到山区去 ▷～打游击|～下乡。

【上山下乡】shàngshān-xiàxiāng 特指20世纪50年代中期至70年代末城市知识青年到山区、到农村安家落户,参加农业劳动;泛指到农村或基层工作。

【上上】shàngshàng ❶ 区别 等级或质量最高的 ▷～等|～珍品。○ ❷ 区别 比前一个时段还靠前的 ▷他是～周来报到的。

【上上下下】shàngshàngxiàxià ❶ 地位或辈分较高的和较低的;所有的 ▷～都要照顾到|家里～全在为他一个人忙。❷ 有的上,有的下;一会儿上,一会儿下 ▷山路上～都是人|

风筝～很不稳。❸ 从上面到下面；从高处到低处 ▷对着镜子～地打量了半天。❹ 走上走下 ▷楼道里的灯全坏了，～很不方便。

【上身】shàngshēn ❶ 名 身体的上半部 ▷～穿一件夹克。也说上体。❷ 名 上衣 ▷这料子只够做一件～。○ ❸ 动 (新衣)第一次穿在身上 ▷新买的衣服刚～就开线了。

【上升】shàngshēng ❶ 动 (空间位置)由低向高移动 ▷气球缓缓～|水位～。❷ 动 (等级、地位、质量、数量、程度等)提升；增高 ▷职务～|生产持续～。

【上士】shàngshì 名 中级军士军衔名称。我国现行军衔制设一级上士、二级上士。

【上市】shàngshì 动 (货物、股票等)进入市场出售 ▷西瓜刚～。

【上市公司】shàngshì gōngsī 获准发行并在证券市场公开交易股票的股份有限公司。

【上手】shàngshǒu ❶ 动 动手 ▷大家齐～，一会儿就把雪扫干净了。❷ 动 开始；着手 ▷活儿一～就很顺利。○ ❸ 名 上家①。❹ 见本页"上首"。现在一般写作"上首"。

【上首】shàngshǒu 名 位置较尊贵的一边。

【上寿】shàngshòu 动 (向尊长)祝寿 ▷奉觞～。

【上书】shàngshū 动 向上级或地位高的人写信陈述见解 ▷～建言。

【上述】shàngshù 区别 以上所叙述的 ▷～原则，必须遵守。

【上水】shàngshuǐ ❶ 名 上游 ▷从～漂下来一根木头。❷ 动 逆流而上 ▷轮船～速度慢，下水速度快。○ ❸ 动 加水 ▷给火车～。

【上水】shàngshui 名 某些地区指供食用的猪、牛、羊等的心、肝、肺。

【上水道】shàngshuǐdào 名 供给清洁水的管道。

【上税】shàngshuì 动 缴纳税款。

【上司】shàngsi 名 上级领导。

【上诉】shàngsù 动 诉讼当事人及法定代理人不服一审的判决或裁定，依法向上一级法院请求重新审理。

【上溯】shàngsù ❶ 动 逆水而上 ▷沿江～，直抵重庆。❷ 动 从现在向过去的年代推算 ▷汉字的出现，可以～到五千多年前。

【上算】shàngsuàn 形 合算；不吃亏 ▷买房不一定比租房～。

【上岁数】shàngsuìshu 上年纪。

【上锁】shàngsuǒ 动 用锁锁上 ▷门已～。

【上台】shàngtái ❶ 动 登上舞台或讲台。❷ 动 指上任或掌权 ▷他～后干过几件好事。

【上台阶】shàngtáijiē 登上台阶或沿着台阶往上走；比喻达到一个新的高度或上升到一个新的水平 ▷经济建设连年～。

【上堂】shàngtáng ❶ 动 上公堂；进入法庭 ▷～作证。❷ 动 某些地区指上课。

【上膛】shàngtáng 动 把子弹、炮弹推进枪膛、炮膛准备发射 ▷子弹已～。

【上套】shàngtào 动 进了圈套；中计 ▷小贩雇用托儿，就是要让人～。

【上体】shàngtǐ 名 上身①。

【上天】shàngtiān ❶ 名 天空。❷ 名 迷信指神佛所在的地方；也指万物的主宰者 ▷～赐予的礼物。❸ 动 登天；升上天空 ▷热气球～了。❹ 动 婉词，指人死亡 ▷邻家的老奶奶昨晚～了。

【上调】shàngtiáo 动 (价格、工资、税率、利率等)向上调整 ▷房屋租金～。

【上头】shàngtóu ❶ 动 旧时指女子临出嫁时把头发拢上去梳成发髻。❷ 动 喝酒后引起头疼 ▷这种白酒喝了不～。

【上头】shàngtou 名 上面；上级。

【上吐下泻】shàngtù-xiàxiè 呕吐腹泻。多由肠胃炎或食物中毒引起。

【上网】shàngwǎng 动 进入网络；特指用户在互联网上进行信息检索、资料查询等(跟"下网"相对)。

【上网卡】shàngwǎngkǎ 名 记有账号和密码，用于支付上网信息费的储值卡。

【上位】shàngwèi ❶ 名 等级高的位置。如高的地位、职位或尊贵的席位等 ▷身居～，更要自觉遵纪守法|您请坐～。❷ 动 升到某职位或担任某职务、某角色等；也指走红 ▷让勤政廉洁的干部～|在这部影片中～的有好几位年轻演员|新款手机迅速～。❸ 区别 层级高的 ▷～法|～概念。

【上位概念】shàngwèi gàiniàn 属概念。

【上尉】shàngwèi 名 尉官军衔的一级，低于少校，高于中尉。

【上文】shàngwén 名 指行文中某一段或某一句之前的部分 ▷～已谈，不再赘述。也说前文。

【上午】shàngwǔ 名 早晨到正午 12 点以前这段时间。

【上下】shàngxià ❶ 名 指事物的上部和下部 ▷～一般粗。❷ 名 指从上到下的距离 ▷烟囱～有 50 米。❸ 名 指地位、辈分等方面从高的到低的人 ▷举国～|～一条心。❹ 名 高低、强弱、优劣等的不同程度 ▷难分～。❺ 名 用在整数后面，表示此数是约数 ▷五十岁～|二百吨～。❻ 动 上去和下来 ▷楼梯太陡，～都不方便。☛ 参见 1848 页"左右"的提示。

【上下级】shàng-xiàjí 上级和下级 ▷～关系。

【上下其手】shàngxià-qíshǒu《左传·襄公二十六年》记载：楚国的穿封戌俘虏了郑国的皇颉，王子围要争功，二人发生争执，请伯州犁裁处。伯州犁有意偏袒王子围，叫皇颉出面作证，同他谈到王子围时“上其手”（举起手），谈到穿封戌时“下其手”（放下手）。皇颉领悟，就谎称是王子围抓获他的。后用“上下其手”指玩弄手法，串通作弊。

【上下水】shàng-xiàshuǐ 上水道和下水道。

【上下文】shàng-xiàwén 上文和下文 ▷对词语的理解不能脱离～。

【上弦】shàngxián ❶ 名 一种月相，农历每月初八或初九从地球上只能看到月亮西边的半圆。这种月相叫上弦（跟“下弦”相区别）。○ ❷ 动 把弓弦绷紧，准备发射 ▷弓～，刀出鞘。○ ❸ 动 拧紧钟表等机械上的发条使运行。

【上限】shàngxiàn 名 某一限度中最先或最高的界限（跟“下限”相对） ▷时间～｜电压～为 220V。

【上线】shàngxiàn ❶ 动 把问题提到政治路线的高度去评论或处理 ▷上纲～。❷ 动 达到录取分数线（多用于招生或招聘考试）。❸ 动 投入生产线 ▷年底该新车型～生产。❹ 动 网站等接入互联网，开始运营；有时也指上网 ▷中文搜索引擎已正式～｜同步～运行。○ ❺ 名 指某组织中上一级的联络员 ▷犯罪嫌疑人交代了他的～。

【上香】shàngxiāng 动（给神、佛或先人）烧香。

【上相】shàngxiàng 形 指照出的相片比本人的实际面貌漂亮 ▷她很～，拍出的照片很漂亮。

【上校】shàngxiào 名 校官军衔的一级，低于大校，高于中校。

【上心】shàngxīn 动 放在心上；用心 ▷你托他的事，他一直都很～｜工作一定要～。

【上刑】shàngxíng 动 旧指对受审人使用刑具。

【上行】shàngxíng ❶ 动（船）从下游往上游行驶；从低处往高处行进 ▷～船只。❷ 动 我国铁路部门规定，列车在干线上朝着首都方向行驶，或在支线上朝着连接干线的车站方向行驶叫上行，编号使用偶数 ▷～列车。❸ 动（公文）由下级呈送上级 ▷公文～｜～文。❹ 动（价格、价格指数等）上升 ▷牛奶价格～｜消费升级，促使旅游业经济～。

【上行下效】shàngxíng-xiàxiào 上级或长辈怎么做，下级或晚辈就跟着学。

【上学】shàngxué ❶ 动 到学校学习。❷ 动 儿童开始入学 ▷这孩子明年该～了。

【上旬】shàngxún 名 每月 1 日至 10 日这段时间。也说初旬。

【上眼药】shàngyǎnyào 比喻背地里说别人的坏话，借以打击别人；也比喻故意使人难堪或心里不舒服 ▷此人常在经理跟前给比他能干的人～。

【上演】shàngyǎn 动（戏剧、舞蹈等）在舞台上演出 ▷这出戏下月正式～。

【上扬】shàngyáng 动（数量、价格等）向上升 ▷粮价～。

【上药】shàngyào 动 敷药。

【上衣】shàngyī 名 上身穿的衣服。也说上装。

【上议院】shàngyìyuàn 名 某些国家两院制议会的一个院，享有立法权和监督行政权，一般还有权否决下议院通过的法案。议员由选举产生或由国家元首指定。任期比下议院议员长，有的终身任职。源于英国贵族院，后被有的国家仿效，但名称各异，如参议院、第一院等（跟“下议院”相区别）。也说上院。

【上瘾】shàngyǐn 动 对某种事物产生嗜好和依赖 ▷这种止痛药吃多了会～。

【上映】shàngyìng 动（新影片）上市放映。

【上油】shàngyóu ❶ 动 膏（gào）油；给机器加油 ▷车子要～了。❷ 动 给皮革制品等涂抹防护油或油状物，使光滑并起保护作用。

【上游】shàngyóu ❶ 名 河流接近源头的那一段；也指这一段流经的地区（跟“中游”“下游”相区别，②同） ▷黄河～。❷ 名 指先进的地位或水平 ▷鼓足干劲，力争～。

【上谕】shàngyù 名 皇帝的命令、诏书。

【上元节】shàngyuánjié 名 元宵节。

【上月】shàngyuè 名 上一个月；前一个月。

【上贼船】shàngzéichuán ❶ 比喻因受蒙蔽、欺骗而加入坏人团伙。❷ 比喻参加某项集体工作（含诙谐意）。

【上涨】shàngzhǎng 动（水位、价格等）升高 ▷潮水～｜股市～。

【上账】shàngzhàng 动 记入账簿 ▷收支款项都要及时～。☛ 不要写作“上帐”。

【上阵】shàngzhèn 动 到战场上去参加战斗；比喻参加比赛、劳动等 ▷披挂～。

【上肢】shàngzhī 名 人体的一部分，由上臂、前臂和手组成。

【上中农】shàngzhōngnóng 名 中农中占有土地和生产工具，生活来源主要依靠劳动收入并有轻微剥削的农民，是中农中生活水平较高的阶层。也说富裕中农。

【上妆】shàngzhuāng 动 化妆。☛ 跟“上装”不同。

【上装】shàngzhuāng ❶ 名 上衣。○ ❷ 动 演员化装。☛ 跟“上妆”不同。

【上座】shàngzuò 名 最尊贵的座位；上首座位。

【上座儿】shàngzuòr ❶ 动 指影剧院、饭馆等服务场所有观众或顾客到来 ▷剧院～未满。❷ 形 上座率高 ▷这部贺岁片挺～。

【上座率】shàngzuòlǜ 名 上座儿的数量与全部座位数的比率 ▷这场戏的～只有六成。

尚[1] shàng ❶ 形 崇高 ▷高～。→ ❷ 动 推崇;注重 ▷～武|不～空谈|崇～。❸ 名 指社会上流行的风气;一般人所崇尚的东西 ▷时～|风～。〇 ❹ 名 姓。

尚[2] shàng ❶ 副 表示动作或状态持续不变,相当于"还(hái)"① ▷年纪～小|为时～早|～未可知。→ ❷ 副 表示程度不高,但能过得去,相当于"还(hái)"④ ▷身体～可|质量～算合格。→ ❸ 连 尚且 ▷他晴着天～不能来,何况这会儿下雨了。

【尚待】 shàngdài 副 还需要;还要等待 ▷问题～研究。

【尚方宝剑】 shàngfāng-bǎojiàn 皇帝用的宝剑。大臣被授予尚方宝剑,就表示有了先斩后奏的权力(尚方:古代制造、储藏宫廷刀剑、器物的官署)。现多指上级特许的权力。

【尚可】 shàngkě 动 还可以 ▷质量～|成绩～。

【尚且】 shàngqiě 连 用于复句前一分句的动词前,提出某种明显的事例作比况,后一分句常有"何况""更"等相呼应,对程度上有差别的同类事例作出必然的结论 ▷骑车～来不及,何况步行呢?

【尚书】 shàngshū ❶ 名 儒家经典之一,是现存最早的上古典章文献的汇编。也说《书经》。❷ 名 古代官名,明清两代是政府各部最高长官 ▷兵部～|刑部～。

【尚未】 shàngwèi 副 还没有 ▷他的著作～完成。

【尚武】 shàngwǔ 动 崇尚军事和武功 ▷～精神。

绱(緔) shàng 动 把鞋帮和鞋底缝合成鞋 ▷赶紧把鞋～上|～鞋。

【绱鞋】 shàngxié 动 绱 ▷用麻绳～|手工～。

shang

上[1] shang ❶ 动 表示人或事物随动作由低处到高处(用在动词后面,②—④同) ▷飞～蓝天|跨～战马。→ ❷ 动 表示动作达到一定数量 ▷住～两三天。〇 ❸ 动 表示动作有了结果或达到了目标 ▷住～了新房。〇 ❹ 动 表示动作开始并继续 ▷大家又聊～了。☛ 用于以上意义,有时可不读轻声。

上[2] shang ❶ 名 表示在某一物体的顶部或表面 ▷山～|炉台～。→ ❷ 名 表示在某一事物范围以内 ▷会～|课堂～。→ ❸ 名 表示某一方面 ▷理论～|思想～。→ ❹ 名 用在表示年龄的词语后,相当于"……的时候" ▷10岁～到了北京。

另见1202页shǎng;1202页shàng。

裳 shang 见1622页"衣裳"。

另见153页cháng。

shāo

捎 shāo 动 顺便带东西或传话 ▷给他～件衣服|～口信。☛ ㊀读shào,是口语词,指车辆、牲畜等稍向后退;引申指颜色减退,如"捎色(shǎi)"。㊁跟"梢""稍"不同。

另见1211页shào。

【捎带】 shāodài ❶ 动 附带① ▷回家～着买些菜回来。❷ 副 附带② ▷～说明一下。

【捎带脚儿】 shāodàijiǎor 副〈口〉顺便。

【捎话】 shāohuà 动 替人传话;捎口信 ▷家里～来,让你过年务必回去。

【捎脚】 shāojiǎo 动 行车途中顺便载客或捎运货物 ▷为行路人～,挣点儿辛苦钱。

烧(燒) shāo ❶ 动 使着火 ▷火盆里～着炭|燃～。→ ❷ 动 加热使物体起变化 ▷～水|～炭。⇒ ❸ 动 因接触某些化学药品而使物体发生破坏性变化 ▷硫酸～了衣服|强碱～手。⇒ ❹ 动 施肥过多或不当,使植物枯萎或死亡 ▷乱施肥,花给～死了。→ ❺ 动 烹调方法。a)将食物原料直接在火上烧烤 ▷叉～肉。b)将食物原料过油或煸炒后,加汤汁、调料,先用旺火烧开,用小火焖透入味儿,再用旺火收汁 ▷红～鲤鱼|～茄子。❻ 动 泛指做饭菜 ▷～得一手好菜。→ ❼ 动 因病而体温增高 ▷病人～到39℃。⇒ ❽ 名 比正常体温高的体温 ▷～退了|发高～。⇒ ❾ 动〈口〉比喻条件优越而头脑发热,忘乎所以 ▷有点儿钱,～得他都不知自己姓什么了。☛ 右上是"戈",不是"戈"。

【烧杯】 shāobēi 名 实验室中用来加热试剂或配制化学溶液的玻璃杯。杯口上有小凹口,便于倾倒液体。

【烧饼】 shāobing 名 烤制的较小的面饼(多是发面的)。扁圆形或扁长方形,表面酥脆,多有芝麻。

【烧柴】 shāochái 名 专供做饭等用的柴草。

【烧高香】 shāogāoxiāng 烧最好的线香祭祀或敬奉神佛。比喻对别人的帮助特别感激;也表示为意外得到好结果而庆幸 ▷您要真肯出力相助,我给您～啦|儿子能考上大学,我就～啦。

【烧锅】 shāoguō 名 一种烧煮食物的锅,多用钢材涂釉制成。

【烧锅】 shāoguo 名 旧指做烧酒的作坊。

【烧化】 shāohuà 动 把尸体、祭品等烧掉。

【烧荒】 shāohuāng 动 为开垦荒地而烧掉上面的野草。

【烧毁】 shāohuǐ 动 因焚烧而毁坏、毁灭 ▷配电箱被严重～|一场大火～了整栋楼。☛ 参见

1508 页“销毁”的提示。

【烧火】shāohuǒ 动 使柴、煤等燃料燃烧 ▷你去担水，我来～|～取暖。

【烧碱】shāojiǎn 名 氢氧化钠的通称。白色固体，有极强的腐蚀性，是重要的化工原料。也说火碱、苛性钠。

【烧酒】shāojiǔ 名 白酒。

【烧烤】shāokǎo ❶ 动 用炭火烧或烤（肉制品）。❷ 名 烧制或烤制的肉制品。

【烧麦】shāomài 现在一般写作“烧卖”。

【烧卖】shāomài 名 食品，用薄的烫面皮包馅儿，顶上捏成细褶儿，不封死，蒸熟后吃。☛ 不宜写作“稍麦”“梢麦”“稍梅”。

【烧瓶】shāopíng 名 实验室中加热或蒸馏液体用的玻璃瓶。

【烧钱】shāoqián ❶ 动 烧纸①。❷ 动 比喻钱花得多而快；也比喻在不必要的地方花很多钱 ▷花几十万建造阴宅，这不是～吗？

【烧伤】shāoshāng ❶ 动 火焰、强酸、强碱、X 射线、原子能射线等接触身体而造成皮肤或组织损伤 ▷硫酸～皮肤|庄稼被过量的化肥～了。❷ 名 火焰、强酸、强碱、X 射线、原子能射线等接触身体而造成的皮肤或组织损伤 ▷他对治疗～有深入研究|～药。

【烧香】shāoxiāng ❶ 动 求神、拜佛、祭祀时，点燃线香 ▷～拜佛。❷ 动 比喻给有权势的人送礼，请求关照。

【烧心】shāoxīn ❶ 动 胃部出现烧灼感觉，多由于胃酸过多刺激胃黏膜引起。○ ❷ 动〈口〉大白菜、萝卜等蔬菜的菜心因病害而变黄 ▷这棵白菜～了。

【烧纸】shāozhǐ ❶ 动 迷信的人焚烧纸钱等以祭奠死者。❷ 名 祭奠死者时烧的钱形的纸片。

【烧制】shāozhì 动 把黏土等做成的坯放在窑中烧成成品（砖、瓦或各种陶器、瓷器）。

【烧灼】shāozhuó 动 因烧、烫而受伤。

梢 shāo ❶ 名 树枝的末端 ▷树～|柳～|～头。→ ❷ 名 长条形东西较细的一头 ▷眉～|辫～。☛ 跟“捎”“稍”不同。

【梢公】shāogōng 现在规范词形写作“艄公”。

【梢头】shāotóu 名 树枝的末端 ▷月上柳～，人约黄昏后。

稍 shāo ❶ 副 表示数量不多、程度不深或时间短暂，相当于“略微” ▷这个班男生～多一些|说到这儿，他～停了停。○ ❷ 名 姓。☛ 跟“捎”“梢”不同。

另见 1211 页 shào。

【稍后】shāohòu 副 表示时间略微靠后 ▷客服忙，请～再拨。

【稍候】shāohòu 动 稍微等候 ▷请～。

【稍加】shāojiā 副 表示稍微加以 ▷～润色。

【稍顷】shāoqǐng 名 很短的时间 ▷～，红日露出了笑脸。

【稍稍】shāoshāo 副 稍微；略微 ▷请～等一下。

【稍事】shāoshì 副 表示稍加进行 ▷～休息。

【稍微】shāowēi 副 表示数量少或程度浅 ▷～加点儿水|他比你～高一点儿。

【稍为】shāowéi 副 稍微。

【稍许】shāoxǔ 副 稍微 ▷背～有些驼。

【稍逊】shāoxùn 动 稍微差一些 ▷～一筹。

【稍有】shāoyǒu 动 略微有一点儿 ▷～不慎，就出大错。

【稍纵即逝】shāozòng-jíshì 稍微一放松就消失。形容机会、灵感等不抓紧就极易失去。

蛸 shāo 见1509 页“蟏（xiāo）蛸”。

另见 1509 页 xiāo。

筲（*箾） shāo ❶ 名 古代指一种竹制的圆形容器；也指淘米或洗菜的竹器。→ ❷ 名 竹、木等制的水桶 ▷水～。

【筲箕】shāojī 名 用篾条编制的器具，用来淘米、洗菜等。

艄 shāo ❶ 名 船尾 ▷船～。→ ❷ 名 舵 ▷掌～。

【艄公】shāogōng 名 木船上掌舵的人；泛指船夫。☛ 不要写作“梢公”。

鞘 shāo 名 鞭鞘，拴在鞭绳末端的细皮条。

另见 1106 页 qiào。

sháo

勺 sháo ❶ 名 舀东西的用具，有柄，一般为空心半球形 ▷用～舀水|汤～|炒～|马～。→ ❷ 名 像勺的半球形物体 ▷后脑～。→ ❸ 量 市勺。☛ 不要误写作“匀（yún）”。

【勺子】sháozi 名 勺①。

芍 sháo ［芍药］sháoyao 名 多年生草本植物，花也叫芍药，大而美丽，有紫红、粉红、白等颜色，是著名观赏植物。根可以做药材。参见插图 7 页。

杓 sháo 古同“勺”①。

另见 84 页 biāo。

苕 sháo 名 某些地区指红苕，即甘薯。

另见 1361 页 tiáo。

玿 sháo 名〈文〉一种美玉。

柖 sháo〈文〉❶ 形 形容树摇动的样子。○ ❷ 名 箭靶。

韶 sháo 形〈文〉美好 ▷～光|～华。

【韶光】sháoguāng ❶ 名 美好的时光（多指春天）；泛指光阴 ▷～似箭。❷ 名 比喻青少年时期 ▷只恐～易逝，青春不再。

【韶华】sháohuá〈文〉❶ 图 美好的时光，多指春光 ▷～已尽，满园落英。❷ 图 美好的年华，指青春时代 ▷青春～|～永驻。

【韶秀】sháoxiù 形〈文〉美好俊秀 ▷聪慧～。

shǎo

少 shǎo ❶ 形 数量小（跟“多”相对）▷花销不～|～量。→ ❷ 动 短缺；达不到原有的或应有的数量 ▷一分不～|必不可～。⇒ ❸ 动 欠 ▷～人的款，目前还没法儿还。⇒ ❹ 动 丢失 ▷门锁被撬，可东西一件没～。→ ❺ 副 表示时间短暂或程度轻微 ▷～待|～候。→ ❻ 副 表示不允许或不欢迎，相当于“不要”（多用于命令或祈使）▷你～啰唆几句好不好！|你～到我这儿来！☛ ㊀读shǎo，以数量少为基本义，广泛用于各种事物；读shào，以年幼、年轻为基本义，只用于人。㊁上边一竖不带钩。由“少”构成的字有“沙”“砂”“纱”“省”等。

另见本页shào。

【少安毋躁】shǎo'ān-wúzào 稍微耐心一些，不要急躁。

【少不得】shǎobudé ❶ 动 不能缺少 ▷这句话中的逗号～。❷ 动 免不了 ▷这次谈判，～要有一场争辩。

【少不了】shǎobuliǎo ❶ 动 不会缺少 ▷发奖金～你。❷ 动 估计不会少 ▷去参观的人一定～。❸ 动 免不了 ▷求人办事～要说好话。

【少见】shǎojiàn ❶ 形 客套话，表示很少见到对方（见面时多用，有很高兴见到的意味）▷哎呀，～，～，最近您在忙什么？❷ 形 见得不多；见识少 ▷～多怪。❸ 形 形容稀少、难见到 ▷这么大的玉石真～。

【少见多怪】shǎojiàn-duōguài 见识不广，遇到常见的事也感到奇怪。多用来嘲讽人孤陋寡闻。

【少礼】shǎolǐ 动 客套话，表示请人不要过于讲究礼节或请人原谅自己礼节不周 ▷贤弟～，请自便|～了，恕不远送。

【少量】shǎoliàng 形 数量少；分量小 ▷～增加|～样品。

【少陪】shǎopéi 动 客套话，表示不能继续相陪 ▷～了，我得去参加一个会议。

【少顷】shǎoqǐng 图〈文〉少（shǎo）时。

【少时】shǎoshí 图 不多时；片刻 ▷天上阴云密布，～雷雨大作。

【少数】shǎoshù 图 比较少的数量；不足一半 ▷持反对意见的不是～。

【少数民族】shǎoshù mínzú 多民族国家中人数较少的民族。在我国，指汉族以外的蒙古、藏、回、维吾尔等55个兄弟民族。

【少说】shǎoshuō 副 往少里说；至少 ▷这幅字画，～也卖他个万儿八千的。

【少许】shǎoxǔ 形〈文〉少量；一点点 ▷可加～蜂蜜服用。

【少言寡语】shǎoyán-guǎyǔ 言语很少。形容性格内向或心情沉闷而不爱讲话。也说寡言少语。

【少有】shǎoyǒu 形 不多见 ▷天下～。

shào

少 shào ❶ 形 年纪轻（跟“老”相对）▷年～无知|～男～女|～年|～壮。→ ❷ 图 少爷；旧称有钱有势人家的儿子 ▷阔～|恶～。→ ❸ 形 同级军衔中较低的 ▷～将|～校|～尉。○ ❹ 图 姓。

另见本页shǎo。

【少白头】shàobáitóu ❶ 动 年纪还轻而头发已经变白。❷ 图 头发发白的年轻人。

【少不更事】shàobùgēngshì 年纪轻，经历的事不多（更：经历）。形容年轻人缺乏经验。☛“更”这里不读gèng。

【少东家】shàodōngjia 图 旧时受雇的人或佃户称东家的儿子。

【少儿】shào'ér 图 少年儿童 ▷保护～身心健康。

【少妇】shàofù 图 已婚的年轻女子。

【少管所】shàoguǎnsuǒ 图 少年犯管教所的简称。

【少将】shàojiàng 图 将官军衔的一级，低于中将，高于大校。

【少林拳】shàolínquán 图 中国拳术的一个派别，相传为河南嵩山少林寺所传，是少林寺僧众博采众家之长，汇集武艺的精华发展而成。

【少奶奶】shàonǎinai ❶ 图 旧时仆人称少爷的妻子。❷ 图 旧时尊称别人的儿媳妇。

【少男】shàonán 图 少年男子。

【少年】shàonián ❶ 图〈文〉指青年男子 ▷～得志|～老成。❷ 图 现一般指10周岁上下到18周岁上下的年龄段。❸ 图 指上述年龄段的未成年人 ▷～活动中心。

【少年法庭】shàonián fǎtíng 审理少年犯罪案件的法庭。

【少年犯】shàoniánfàn 图 未成年犯的旧称。

【少年宫】shàoniángōng 图 综合性的校外少年儿童教育机构。对少年儿童进行课外辅助性教育，开展多种文体活动和科技活动。

【少年老成】shàonián-lǎochéng 年纪虽轻，做事却老练持重。

【少年先锋队】shàonián xiānfēngduì 少年儿童的群众性组织。中国少年先锋队建立于1949年10月，当时称中国少年儿童队，1953年6月改称现名。简称少先队。

【少女】shàonǚ 名 少年女子。

【少尉】shàowèi 名 尉官军衔的一级，低于中尉。

【少相】shàoxiang 形 长相显得年轻 ▷她五十多岁的人了，看上去却很～。

【少校】shàoxiào 名 校官军衔的一级，低于中校，高于上尉。

【少爷】shàoye ❶ 名 旧时仆人称主人的儿子；泛指有钱有势人家的男性青少年。❷ 名 旧时尊称别人的儿子。

【少掌柜】shàozhǎngguì 名 旧时对掌柜儿子的尊称。

【少壮】shàozhuàng 形 年轻力壮 ▷～之年。

【少壮派】shàozhuàngpài 名 指在一个群体里年纪较轻、能力较强的一部分人。

召 shào ❶ 名 周朝诸侯国名，在今陕西凤翔一带。○ ❷ 名 姓。
另见 1742 页 zhào。

邵 shào 名 姓。

劭 shào 形〈文〉(道德品质)高尚；美好 ▷年高德～。

绍(紹) shào ❶ 动〈文〉接续；继承 ▷～熙(继承并光大前人的事业)。→ ❷ 动 引荐 ▷介～。→ ❸ 名 指浙江绍兴 ▷～酒｜～剧。○ ❹ 名 姓。

【绍介】shàojiè 动 介绍。

【绍剧】shàojù 名 流行于浙江、上海等地的地方剧种。明末清初形成于浙江绍兴一带。表演朴实粗犷，善于表现悲壮情感。

【绍兴酒】shàoxīngjiǔ 名 浙江绍兴出产的黄酒，用糯米、大米等酿造而成。也说绍酒。

捎 shào〈口〉❶ 动 (牲畜、车辆等)稍向后退 ▷把马车往后～～。→ ❷ 动 (颜色)减退 ▷～色(shǎi)。
另见 1208 页 shāo。

【捎色】shàoshǎi 动〈口〉褪色①。

哨[1] shào ❶ 动 巡逻；警戒 ▷巡～｜～探。→ ❷ 名 为警戒、防守、巡逻、侦察等任务而设的岗位；也指执行这种任务的士兵 ▷瞭望～｜岗～｜～所｜～兵。○ ❸ 名 姓。

哨[2] shào ❶ 动 鸟叫 ▷那只画眉～得挺欢。→ ❷ 名 哨子 ▷吹～｜～声响了。

【哨兵】shàobīng 名 担任警戒任务的士兵。

【哨卡】shàoqiǎ 名 交通要道或边境上的哨所。☛“卡”这里不读 kǎ。

【哨声】shàoshēng ❶ 名 吹哨的声音。❷ 名 大气中的噪声在通信系统中产生的接近乐音的声音。

【哨所】shàosuǒ 名 供哨兵或警戒人员执行警戒任务的设施 ▷海防～。

【哨位】shàowèi 名 哨兵执行警戒、侦察任务时的岗位。

【哨子】shàozi 名 用金属或塑料等材料制成的能吹响的小型器物。多在集合、操练、体育比赛时使用。

睄 shào 动〈口〉匆匆一看；目光掠过 ▷路过时，朝那边～了几眼。

稍 shào 义同“稍(shāo)”，用于“稍息”。
另见 1209 页 shāo。

【稍息】shàoxī 动 军事或体操口令，命令列队人员从立正姿势变为休息姿势。

潲[1] shào 名 某些地区称用泔水、米糠、野菜等煮成的猪食 ▷猪～。

潲[2] shào ❶ 动 雨被风吹得斜着落下来 ▷雨水把床都～湿了。→ ❷ 动〈口〉洒水 ▷菜快干了，得～点儿水。

【潲水】shàoshuǐ 名 某些地区指泔水。

shē

峚(崋) shē 同“畲”(用于地名) ▷大～坳(在广东)。

奢 shē ❶ 形 奢侈(跟“俭”相对) ▷穷～极欲｜～华。→ ❷ 形 过分的；过高的 ▷～望｜～愿。

【奢侈】shēchǐ 形 大手大脚乱花钱，过分追求享受 ▷提倡节俭，反对～。

【奢侈品】shēchǐpǐn 名 非生活必需的昂贵的消费品。

【奢华】shēhuá 形 奢侈豪华 ▷装修十分～。

【奢糜】shēmí 现在规范词形写作“奢靡”。

【奢靡】shēmí 形 奢侈浪费 ▷生活～。☛ 不要写作“奢糜”。

【奢求】shēqiú ❶ 动 过分、过高地要求 ▷不应～豪华的生活。❷ 名 过分、过高的要求 ▷他的～无法满足。

【奢谈】shētán 动 侈谈①。

【奢望】shēwàng ❶ 动 过分地希望 ▷从未～过。也说奢想。❷ 名 过分的希望 ▷不抱什么～。也说奢念、奢想。

赊(賒) shē 动 买卖货物时延期付款或收款 ▷货款先～着，月底还清｜～欠｜～购｜～销。☛ 右边是“佘”，不是“余”。

【赊购】shēgòu 动 以延期付款的方式购买商品。

【赊欠】shēqiàn 动 买卖交易时卖方同意买方延期付款 ▷付款交货，概不～。

【赊销】shēxiāo 动 以延期付款的方式销售商品。

【赊账】shēzhàng 动 卖方把应收的货款记在账上，买方延期付款 ▷本店拒绝～。☛ 不要写作"赊帐"。

猞 shē [猞猁] shēlì 图 哺乳动物，像猫而大，毛带红色或灰色，有黑斑，四肢粗长。善爬树，行动敏捷，性凶猛，栖息在多岩石的森林中。也说林独(yì)。☛ "猞"统读 shē，不读 shě 或 shè。

畲 shē 图 指畲族。☛ 跟"畬"不同。

【畲族】shēzú 图 我国少数民族之一。主要分布在福建、浙江、江西、广东、安徽。

畬 shē 动〈文〉用刀耕火种的方法种田。☛ 跟"畲"不同。

另见 1682 页 yú。

【畬田】shētián 图 用刀耕火种方法耕种的田地。

shé

舌 shé ❶ 图 人和某些动物口中辨别滋味、帮助咀嚼和发音的器官 ▷口干～燥｜张口结～｜～头｜～苔。→ ❷ 图 形状像舌头的物体 ▷帽～｜笔～｜火～。❸ 图 铃、铎内的锤。☛ 首笔是平撇(㇀)，不是横。由"舌"构成的字有"敌""适""括""活""话"等。

【舌敝唇焦】shébì-chúnjiāo 唇焦舌敝。

【舌根】shégēn 图 舌头的最后部分。

【舌根音】shégēnyīn 图 舌面音的一类。发音时舌面后部抬起，抵住或接近软腭和硬腭交界处而形成。普通话语音中有 4 个舌根音：g、k、h、ng。也说舌面后音。

【舌耕】shégēng 动〈文〉指以讲学授徒或说书为业 ▷～笔耘｜评书大家～历史。

【舌尖】shéjiān 图 舌头的顶端部分。

【舌尖音】shéjiānyīn 图 由特定发音部位形成的一类辅音。发音时舌尖抵住或接近上齿背、上齿龈或上腭前部，阻碍气流而形成。分别是普通话语音中的舌尖前音 3 个：z、c、s；舌尖中音 4 个：d、t、n、l；舌尖后音 4 个：zh、ch、sh、r。

【舌剑唇枪】shéjiàn-chúnqiāng 唇枪舌剑。

【舌面音】shémiànyīn 图 由特定发音部位形成的一类辅音。发音时舌面跟硬腭或软腭接触或接近，阻碍气流而形成。因舌面上举部位不同，分别构成舌面前音(普通话语音中有 3 个：j、q、x)；舌面中音(普通话语音中没有舌面中音)；舌面后音(即舌根音)。

【舌苔】shétāi 图 舌头表面上滑腻的苔状物。健康的人舌苔薄白润泽，中医根据舌苔的变化可诊断病情。☛ "苔"这里不读 tái。

【舌头】shétou ❶ 图 舌①。❷ 图 借指为了解敌情而捉来的敌人 ▷抓来一个～。

【舌战】shézhàn 动 口头辩论 ▷双方～不停。

折 shé ❶ 动 断 ▷椅子腿儿～了｜胳膊被撞～了。→ ❷ 动 亏损；损失 ▷做买卖～了本｜～秤｜～耗。

另见 1744 页 zhē；1744 页 zhé。

【折本】shéběn 动 亏本；赔本 ▷买卖～了。

【折秤】shéchèng 动(因损耗或整进零出等)物品后一次过秤比前一次过秤的分量有所减少；泛指斤两不足 ▷蔬菜零售常会～。

【折耗】shéhào 动 物品或商品在加工、制造、运输、保管、出售等过程中出现损耗 ▷资源～。

佘 shé 图 姓。☛ 跟"余"不同。

蛇(*虵) shé 图 爬行动物，体呈圆筒形，细长，有鳞，舌细长分叉。种类很多，有的有毒。主要生活于热带和亚热带。

另见 1625 页 yí。

【蛇船】shéchuán 图 指运送人蛇偷渡越境的船只。

【蛇胆】shédǎn 图 中药指蝮蛇的胆。

【蛇毒】shédú 图 从毒蛇体中提取的毒素。医学上多用来防止血栓形成。

【蛇瓜】shéguā 图 一年生草本植物，茎叶与丝瓜的相似，花白色。果实也叫蛇瓜，弯曲似蛇，可作蔬菜。俗称蛇豆。

【蛇头】shétóu 图 组织偷渡越境并从中获取钱财的人。

【蛇蜕】shétuì 图 中药指蛇蜕下的外皮。呈薄膜状，半透明，有光泽。

【蛇蝎】shéxiē 图 蛇和蝎子；比喻凶狠毒辣的人 ▷～心肠｜不与～为伍。

【蛇行】shéxíng 动 像蛇那样在地面上爬行；也指像蛇那样蜿蜒曲折地前行 ▷侦察兵匍匐～｜车队在山路上～。

【蛇形】shéxíng 图 像爬行的蛇一样弯曲的形状 ▷～管道。

【蛇足】shézú 图 蛇本没有足，有人画蛇时硬添上足。比喻多余无用的事物 ▷～宜删。参见 593 页"画蛇添足"。

阇(闍) shé [阇梨] shélí 图 梵语音译词"阿阇梨(Ācārya)"的简称。高僧；泛指僧人。

另见 338 页 dū。

shě

舍(捨) shě ❶ 动 放弃；丢下 ▷锲而不～｜～弃｜取～。→ ❷ 动 把自己的财物送给穷人或出家人 ▷～粥｜～药｜施～。

另见 1215 页 shè。

【舍本逐末】shěběn-zhúmò 放弃事物的根本和主要方面，追求细枝末节。形容本末倒置。

【舍不得】shěbude ❶ 动 不忍放弃或离开 ▷～故乡和亲人。❷ 动 吝惜;不愿意使用或处置 ▷～花钱|新买的衣服～穿。

【舍得】shěde ❶ 动 割舍得下 ▷你～离开孩子吗? ❷ 动 不吝惜 ▷～投资|～下本儿。

【舍己救人】shějǐ-jiùrén 不惜牺牲自己去救助他人。

【舍己为公】shějǐ-wèigōng 为了公众的或国家的利益而牺牲自己的利益。

【舍己为人】shějǐ-wèirén 为了他人而牺牲自己的利益。

【舍近求远】shějìn-qiúyuǎn 放弃近处的而设法得到远处的;也形容放弃容易获得的而追求难以获得的。

【舍车保帅】shějū-bǎoshuài 下象棋时,为保住帅而舍弃车;多比喻为保住主要的而牺牲次要的。☛"车"这里不读 chē。

【舍命】shěmìng 动 不顾性命 ▷～陪君子。

【舍弃】shěqì 动 丢掉;抛开 ▷～蝇头小利。

【舍身】shěshēn 动 佛教指为普度众生而舍弃肉体。后泛指为了信仰或他人而牺牲自己的生命 ▷～忘我,救死扶伤|～救人。

【舍身求法】shěshēn-qiúfǎ 佛教指为寻求佛法而不惜舍弃生命。后泛指为追求真理而奋不顾身。

【舍生取义】shěshēng-qǔyì 为了维护正义而牺牲生命。

【舍生忘死】shěshēng-wàngsǐ 形容把个人生死置之度外。也说舍死忘生。

shè

厍(厙) shè 名 姓。☛ 跟"库"不同。

设(設) shè ❶ 动 摆放;安置 ▷陈～|摆～|架～。→ ❷ 动 建立;开办 ▷这个机构是新～的|幼儿园～在居民区内|～立|建～|开～。→ ❸ 动 筹划;考虑 ▷～法|建筑～计。❹ 动 假定;假想 ▷～圆的直径为 x 厘米|～身处(chǔ)地|不堪～想。❺ 连〈文〉用于复句的前一个分句,表示假设某种情况,相当于"如果""假如" ▷～无异议,即照此办理。☛ 右上是"几",末笔不带钩。

【设备】shèbèi 名 工作、生产或生活上需要的各种设施和器械用品 ▷发电～|成套～。☛ 参见 1814 页"装备"的提示。

【设点】shèdiǎn 动 建立分支机构 ▷～销售。

【设定】shèdìng ❶ 动 拟定;假定 ▷～目标。❷ 动 设置规定 ▷行政权力的取得须由法律～。

【设法】shèfǎ 动 想办法 ▷～解决|想方～。

【设防】shèfáng ❶ 动 设置防卫力量或采取防范措施 ▷布岗～。❷ 动 比喻心存戒备 ▷情意真挚,互不～。

【设伏】shèfú 动 设下埋伏。

【设岗】shègǎng ❶ 动 布置岗哨 ▷机场周围已经～。❷ 动 设置工作岗位 ▷不能因人～。

【设计】shèjì ❶ 动 定下计谋 ▷～谋害。❷ 动 在工作或工程开始之前,预先制定方案,规划蓝图等 ▷～施工方案|～大桥。❸ 名 指设计的方案或规划的蓝图等 ▷这项～已获奖。

【设计师】shèjìshī 名 从事设计工作并达到一定水准的专业设计人员。

【设局】shèjú 动 设置圈套,诱人上当 ▷～骗财。

【设立】shèlì 动 建立;开办 ▷～病情监控系统。

【设卡】shèqiǎ ❶ 动 设置关卡 ▷沿途～,检查酒驾。❷ 动 比喻设置障碍(多用于贬义) ▷项目审批中的～索贿是行业腐败。

【设若】shèruò 连〈文〉如果;假若。也说设或。

【设色】shèsè 动(绘画)涂上颜色 ▷分层～。

【设身处地】shèshēn-chǔdì (考虑问题时)把自己放在跟别人相同的地位或环境中(身:自身、本人)。形容替别人着想。☛ 参见 680 页"将心比心"的提示。

【设施】shèshī 名 为进行某项工程建设或满足某种需要而配置的设备、建筑或建立起来的机构、系统等 ▷基础～|军事～|～齐备。

【设使】shèshǐ 连〈文〉假设;假若。

【设摊】shètān 动 设立摊点 ▷～售书。

【设问】shèwèn ❶ 动 提出问题;发问 ▷层层～,把问题引向深入。❷ 名 修辞手法。自己提问,自己回答,以表示强调,引起注意;或故作疑问而不答,引人思考体会。

【设想】shèxiǎng ❶ 动 假想;想象 ▷后果很难～。❷ 动 考虑;着想 ▷要多为老百姓～。❸ 名 指假想或想象的事情 ▷这只是一种～。

【设宴】shèyàn 动 摆设宴席 ▷～招待。

【设有】shèyǒu 动 设置有 ▷室内～上网接头儿。

【设障】shèzhàng 动 设置障碍 ▷处处～,干扰谈判|在河道内非法～。

【设置】shèzhì ❶ 动 安装;装置 ▷室内都～空调。❷ 动 建立;设立 ▷～岗哨。

社 shè ❶ 名 古代指土神;后指祭祀土神的场所、日子和祭礼 ▷～稷|封土为～|春～。→ ❷ 名 古代地方基层行政单位 ▷～学(古代地方学校)|～仓(古代地方上为备荒而设置的粮仓)。❸ 名 指某些自愿结合从事共同工作或活动的集体组织 ▷集会结～|诗～|～团|合作～。❹ 名 某些机构或服务性

单位的名称 ▷报～|出版～|旅～|茶～。○❺图姓。

【社保】shèbǎo ❶图社会保险的简称。❷图社会保障的简称。

【社保卡】shèbǎokǎ 图社会保障卡的简称。我国社保卡是由人力资源和社会保障部采用全国统一标准,由各地人力资源和社会保障部门面向社会公众发放,在民生方面为公民提供多项社会保障服务的一种智能卡。

【社队企业】shèduì qǐyè 指人民公社及其所属生产大队、生产队所办的集体所有制企业。

【社工】shègōng ❶图社会工作的简称。❷图从事社会工作的专业人员。

【社会】shèhuì ❶图以一定的物质生产活动为基础而相互联系的人类生活共同体。人是社会的主体,劳动是社会生存和发展的前提。人们在生产中形成的一定生产关系构成社会经济基础,在这一基础上产生与之相适应的上层建筑。❷图以一定的物质生产活动为基础而相互联系起来的人群 ▷～活动|～调查。

【社会保险】shèhuì bǎoxiǎn 国家以保险形式实行的社会保障制度。劳动者或公民丧失或部分丧失劳动能力或劳动机会,依法享有从国家、社会获得物质帮助的权利。我国的社会保险包括基本养老保险、基本医疗保险、工伤保险、失业保险、生育保险。简称社保。

【社会保障】shèhuì bǎozhàng 国家通过立法和行政措施来保障社会成员的基本生活需要的社会安全制度。包括社会保险、社会救助、社会福利、社会优抚和医疗保健等。简称社保。

【社会保障基金】shèhuì bǎozhàng jījīn 由中央政府集中管理的、专门用于社会保障事务的资金,也是国家重要的战略储备资金。简称社保基金。

【社会存在】shèhuì cúnzài 社会物质生活条件的总和。主要指物质资料的生产方式,此外还包括地理环境和人口因素等。社会存在决定社会意识,社会意识又反作用于社会存在。

【社会福利】shèhuì fúlì 国家或社会为改善和提高公民的生活质量所提供的福利。

【社会工作】shèhuì gōngzuò ❶指以安定人民生活、协调人际关系和维持社会秩序为主要目的的各种为人民大众谋福利的工作。❷指在本职工作之外的没有报酬地为社会服务的工作 ▷他上课之余还担任了一些～。‖简称社工。

【社会关系】shèhuì guānxi ❶指人们在共同活动和交往中所结成的以生产关系为基础的相互关系。包括阶级关系、民族关系、经济关系、政治关系、法律关系、道德关系、婚姻家庭关系等。❷指个人的亲戚朋友关系。

【社会化】shèhuìhuà 动使个人或集体的活动跟全社会密切相关,具有一定的社会性 ▷生产～。

【社会活动】shèhuì huódòng 指在本职工作以外的其他集体活动。如党团活动、工会活动、学术活动等。

【社会教育】shèhuì jiàoyù 对人起教育作用的各种社会活动;特指学校以外的文化教育机构(如图书馆、文化馆、展览馆、少年宫、青年宫等)对人民群众和少年儿童所进行的教育。

【社会科学】shèhuì kēxué 研究各种社会现象的科学。包括政治学、经济学、法学、教育学、文学、美学、史学等。简称社科。

【社会青年】shèhuì qīngnián 指没有上学也没有就业的青年人。

【社会群体】shèhuì qúntǐ 在某些方面具有相同或相似特点的人群 ▷农民工～。简称社群。

【社会团体】shèhuì tuántǐ 我国的社会团体是指中国公民自愿组成、为实现成员共同意愿、按照其章程开展活动的非营利性社会组织。

【社会效益】shèhuì xiàoyì 在社会上产生的非经济性的效果和利益。

【社会形态】shèhuì xíngtài 指同生产力发展相适应的经济基础和上层建筑的统一体。从不同角度分析,人类社会既有原始社会、奴隶社会、封建社会、资本主义社会、社会主义社会五种社会形态,也有自然经济社会、商品经济社会、产品经济社会三大社会形态。

【社会学】shèhuìxué 图从社会整体出发,通过社会关系和社会行为来研究社会的结构、功能、发生、发展规律的综合性学科。

【社会意识】shèhuì yìshí 指政治、法律、道德、艺术、哲学、宗教等意识形态和各种社会心理。是对社会存在的反映,又反作用于社会存在。

【社会制度】shèhuì zhìdù 以经济制度为基础的政治、法律、文化等制度的统称。原始公社制度、奴隶制度、封建制度、资本主义制度、共产主义(包括它的初级阶段社会主义)制度,是人类社会发展各个不同阶段上的社会制度。

【社会主义】shèhuì zhǔyì ❶指以生产资料社会主义公有制为基础的社会。是共产主义的初级阶段。❷指科学社会主义思想体系。

【社会主义核心价值观】shèhuì zhǔyì héxīn jiàzhíguān 我国社会主义核心价值体系的高度概括和集中表达,包括国家层面的价值目标、社会层面的价值取向和公民个人层面的价值准则三个层次,体现了社会主义的本质要求。其基本内容是:富强、民主、文明、和谐、自由、平等、公正、法治、爱国、敬业、诚信、友善。

【社火】shèhuǒ 图民间在节日举行的大型游艺活

动，如舞狮、耍龙灯、跑旱船、踩高跷等。

【社稷】shèjì 名 古代帝王、诸侯所祭祀的土神（社）和谷神（稷），合称社稷。后借指国家 ▷～永固，江山长存。

【社交】shèjiāo 动 人在社会上交际往来 ▷善于～|～频繁。

【社交圈】shèjiāoquān 名 社交的范围。

【社论】shèlùn 名 报刊上代表本社的立场与主张，评述当前重大事件和问题的文章。旧称社评。

【社评】shèpíng 名 社论的旧称。

【社情】shèqíng 名 社会情况 ▷当地～简介|～民意。

【社区】shèqū 名 以一定地域为基础的社会群体。在我国特指城市街道办事处或居民委员会活动范围内的地区。

【社团】shètuán 名 社会群众团体，如工会、妇联、学生会、各种学术团体等；也指学校中学生组织的各种文学、艺术、科技团体。

【社戏】shèxì 名 旧时农村在春秋祭祀社神（土地神）时所演的戏。一般在庙里的戏台或露天搭台演出。

【社员】shèyuán ❶ 名 称某些以"社"命名的群众组织的成员 ▷书画社～。❷ 名 特指我国农村人民公社的成员。

舍 shè ❶ 名 居住的房屋；住所 ▷校～|宿～|客～。→ ❷ 量 古代行军三十里为一舍 ▷退避三～。→ ❸ 名 谦称自己的家 ▷寒～|～下。❹ 名 谦称自己的亲属，一般用于辈分或年纪比自己小的人 ▷～妹|～亲。→ ❺ 名 饲养家畜、家禽的窝、棚、圈 ▷鸡～|猪～。☛ ㊀读 shè，表示事物或用作量词，如"宿舍""舍弟""退避三舍"；读 shě，表示动作，如"舍弃""施舍"。㊁"舍"字下边是"舌"，首笔是横，不要误写作"舌"。㊂"舍"④跟"家"⑨不同，谦称长辈或年龄比自己大的人时，用"家"不用"舍"。如"家父""家兄"。

另见 1212 页 shě。

【舍弟】shèdì 名 谦词，用于对别人称自己的弟弟。

【舍间】shèjiān 名 舍下。

【舍利】shèlì 名 梵语 Śarīra 音译。佛教指释迦牟尼遗体火化后结成的珠状物。后也指高僧死后烧剩的遗骨。也说舍利子。

【舍亲】shèqīn 名 谦词，用于对别人称自己的亲戚。

【舍下】shèxià 名 谦词，用于对别人称自己的家。

拾 shè 动 〈文〉放轻脚步登上 ▷～级而上。☛ 这个意义不读 shí。

另见 1248 页 shí。

【拾级】shèjí 动 〈文〉沿着台阶一级一级地（往上走）▷～而上，来至香炉峰。

射（*䠶） shè ❶ 动 放箭；泛指借助某种冲力或弹力迅速发出（子弹、足球等）▷～箭|扫～|～门。→ ❷ 动 液体受压通过小孔迅速排出 ▷喷～|注～。❸ 动 暗指 ▷影～|暗～。→ ❹ 动 发出（光、热、电波等）▷反～|辐～。☛ 统读 shè，不读 shí。

【射程】shèchéng 名 弹头发射后从起点到落点的水平距离 ▷洲际导弹的～可达 8000 千米。

【射电望远镜】shèdiàn wàngyuǎnjìng 通过接收天体无线电波来观测天体的装置。由天线和接收机两部分组成。

【射击】shèjī ❶ 动 用枪、炮等向目标发射弹头。❷ 名 竞技体育项目，按照规定把子弹射向目标，以命中环数或靶数计算成绩。

【射击场】shèjīchǎng 名 进行射击训练和比赛的场地。

【射箭】shèjiàn ❶ 动 利用弓的弹力把箭射出去。❷ 名 竞技体育项目，按照规定把箭射向目标，以中（zhòng）靶环数计算成绩。

【射界】shèjiè 名 指枪炮等火器在不改变发射位置时所能射击到的范围。射界大小由火器性能和地形决定。

【射精】shèjīng 动 男人或某些雄性动物将精子射出体外。

【射口】shèkǒu 名 掩体、碉堡等向外射击的孔洞。

【射猎】shèliè 动 打猎。

【射流】shèliú 名 从管口、孔口、狭缝等处喷射出来的束状的流体。

【射门】shèmén 动 足球、手球、冰球等球类比赛中，将球射向对方的球门。

【射手】shèshǒu ❶ 名 熟练使用弓箭或其他射击武器的人。❷ 名 指足球等比赛中擅长射门的运动员。

【射速】shèsù 名 射击的速度。由单位时间里射出子弹、炮弹等的数量来决定 ▷现代冲锋枪的理论～大都在每分钟 600 发以上。

【射线】shèxiàn ❶ 名 数学上指从一个定点出发沿一个方向运动的点的轨迹。❷ 名 物理学上指放射性电磁波或粒子流，包括 X 射线、α 射线、β 射线、γ 射线等。

涉 shè ❶ 动 徒步过水；从水上经过 ▷跋山～水|远～重洋。→ ❷ 动 经历 ▷～险|～世不深。○ ❸ 动 关联；牵连 ▷～及|～外|～嫌。☛ 右下是"少"，不是"少"。

【涉案】shè'àn 动 涉及案件；跟案件有关 ▷此人～很深|～团伙。

【涉黑团伙】shèhēi tuánhuǒ 涉嫌黑社会性质，进行违法犯罪活动的小集团。

【涉及】shèjí 动 牵扯到；关联到 ▷本案～著作权纠纷。☛ "及"在这里是"到"的意思，"涉及"后不能再用"到"。

【涉及面】shèjímiàn 名 涉及的范围 ▷农村税费改革～广，政策性强。

【涉猎】shèliè ❶ 动 粗略地阅读 ▷～甚广｜～一些文学作品。❷ 动 接触；涉及 ▷他在所～的每一个领域，都取得了辉煌的成就。

【涉密】shèmì 动 跟机密事务有关 ▷～文件。

【涉禽】shèqín 名 鸟的一类，颈、嘴、脚、趾都较长，适于在浅水中行走，如鹤、鹭等。

【涉世】shèshì 动 经历世事 ▷～尚浅。

【涉讼】shèsòng 动 牵扯到诉讼之中 ▷～借款合同纠纷案。

【涉外】shèwài 区别 与外国或外国人有关的 ▷～接待｜～机构。

【涉外婚姻】shèwài hūnyīn 本国公民与外国公民之间的婚姻。

【涉嫌】shèxián 动 被怀疑跟某种非法活动或不好的事情有牵连 ▷～贪污｜～论文抄袭。

【涉险】shèxiǎn 动 经历危险；经受风险 ▷～救人｜男队～闯进四强。

【涉足】shèzú 动 进入某种环境或领域 ▷～经济界｜～文坛。

赦 shè 动 赦免 ▷十恶不～｜～罪｜大～。

【赦令】shèlìng 名 君主发布的减免刑罚或赋役的命令；泛指赦免的命令（有时含诙谐意）▷皇家～｜这几位球员得到解禁的～。

【赦免】shèmiǎn 动 国家最高权力机关或国家元首以命令的方式减轻或免除对罪犯的刑罚。

【赦罪】shèzuì 动 饶恕罪行或免除惩罚。

摄[1]（攝） shè 动〈文〉代理 ▷～政｜～理｜～行。

摄[2]（攝） shè ❶ 动 吸取 ▷～食｜～取。→ ❷ 动 指摄影 ▷～制。

摄[3]（攝） shè 动〈文〉保养。☛"摄"字统读 shè，不读 niè 或 zhé。

【摄理】shèlǐ 动〈文〉代理 ▷～朝政。

【摄录】shèlù 动 拍摄录制 ▷将抢险场面～下来。

【摄取】shèqǔ ❶ 动 吸收；获取 ▷～营养｜～热量。❷ 动（用照相机或摄像机）拍摄 ▷用抓拍的方法～了许多精彩的镜头。

【摄生】shèshēng 动〈文〉保养身体 ▷～之道在于养性｜～有方。

【摄食】shèshí 动（动物）获取食物 ▷不少稀有动物由于～困难而濒临灭绝。

【摄氏度】shèshìdù 量 温度法定计量单位，用符号"℃"表示。参见本页"摄氏温标"。☛不要拆开写作或读作摄氏×度。

【摄氏温标】shèshì wēnbiāo 温标的一种。规定在1标准大气压下，纯水的冰点为0摄氏度，沸点为100摄氏度，其间分为100等份，每份表示1摄氏度。因由瑞典天文学家摄尔修斯制定而得名。

【摄像】shèxiàng 动 用摄像机把实物的影像拍摄下来。☛不要写作"摄象"。

【摄像机】shèxiàngjī 名 可以用来把摄取到的景物转变为电视图像信号的装置。

【摄影】shèyǐng ❶ 动 用照相机、摄影机拍摄 ▷～留念。❷ 名 拍摄的作品 ▷～展览。

【摄影机】shèyǐngjī ❶ 名 指照相机。❷ 名 电影摄影机的简称。

【摄影棚】shèyǐngpéng 名 电影制片厂的主要生产建筑，可以搭制布景，布置多种灯光，并具有必要的声学特征。

【摄影师】shèyǐngshī ❶ 名 照相馆照相的技师。❷ 名 摄制影片的技术人员。

【摄政】shèzhèng 动 代替君主管理国家、处理政务。

【摄制】shèzhì 动 拍摄和制作（电影片、电视片等）。

滠（灄） shè 名 滠水，水名，在湖北。

慑（懾 *慴） shè 动〈文〉恐惧；使害怕；使屈服 ▷震～｜威～｜～服。☛统读 shè，不读 niè 或 zhé。

【慑伏】shèfú 现在一般写作"慑服"。

【慑服】shèfú ❶ 动 因害怕而服从 ▷～于权势。❷ 动 震慑使屈服 ▷武力～不了觉醒的人民。

【慑于】shèyú 动 因为某种威胁而害怕 ▷～我军强大攻势，守敌纷纷投降。

歙 shè 名 歙县，地名，在安徽。另见1470页 xī。

麝 shè ❶ 名 哺乳动物，像鹿而小，无角，前肢短，后肢长。雄的有獠牙，脐下有香腺，能分泌麝香。也说香獐。→ ❷ 名 麝香的简称。

【麝牛】shèniú 名 哺乳动物，似牛而略小，头大，耳小，体被长毛，皮下腺体能散发麝香气味。喜群居，生活在北美北部的荒芜多岩地带。

【麝鼠】shèshǔ 名 哺乳动物，眼小，耳短，后肢有不发达的蹼。生活在水生植物多的浅湖和沼泽地区。吃水生植物和小鱼、贝类。

【麝香】shèxiāng 名 雄麝腺囊的分泌物，干燥后为棕色的颗粒状或块状，有特殊的香气。是名贵的香料，也可以做药材。简称麝。

shéi

谁（誰） shéi，又读 shuí ❶ 代 用于疑问句中指所问的人，可指一个人，也可指几个人，相当于"什么人""哪个人""哪些人"▷～来作报告？｜～的书丢了？｜去旅游的都有～？→ ❷ 代 用于反问句，表示没有一个人 ▷～能比得上你呀！→ ❸ 代 指不能肯

定的人，包括不知道的人、无须或无法说出姓名的人，相当于"某人""什么人" ▷我知道这是～干的|隔壁好像有～在说话呢。→ ❹ 代 表示任何人或无论什么人，可用在"也""都"前或"不论""无论""不管"后，也可在一句话中用两个"谁"前后照应 ▷～也不知道该干什么|不论～都得去|他俩～也不认识～。☛ 在古诗文中一般读 shuí，用于姓氏读 shuí。

【谁边】shéibiān 代〈文〉何处；什么方向 ▷涓涓溪流向～？

【谁个】shéigè 代 哪一个；什么人 ▷～是，～非，人们一目了然。

【谁人】shéirén 代 什么人 ▷～不知，哪个不晓？

【谁谁】shéishéi 代〈口〉指代不确指或无须说出的人 ▷都在议论他的那篇论文是～写的。也说谁谁谁。

shēn

申[1] shēn ❶ 动 伸展。→ ❷ 动 陈述；说明 ▷三令五～|～辩|～述|～冤|～雪。❸ 动 申请 ▷～贷（申请贷款）|～奥（申请举办奥林匹克运动会）。

申[2] shēn ❶ 名 上海的别称。○ ❷ 名 姓。

申[3] shēn 名 地支的第九位。参见 304 页"地支"。

【申办】shēnbàn 动 申请办理；申请举办 ▷～护照|～奥运会。

【申报】shēnbào 动 向上级或有关部门提出申请或报告 ▷～户口|如实～。

【申辩】shēnbiàn 动 对所受指责进行申述和辩解 ▷被告可以当庭～|竭力～。

【申斥】shēnchì 动 斥责（多用于上对下） ▷严加～|遭到领导～。

【申饬】shēnchì ❶ 动〈文〉告诫 ▷～全军将士。❷ 见本页"申斥"。现在一般写作"申斥"。

【申敕】shēnchì 见本页"申饬"①。现在一般写作"申饬"。

【申购】shēngòu 动 申请购买 ▷～办公用品。

【申领】shēnlǐng 动 申请领取 ▷～营业执照。

【申令】shēnlìng 动 发出命令；下令（多用于公文、布告） ▷央行～各行加强信贷管理。

【申论】shēnlùn ❶ 动 申述论证 ▷文章精辟地～了我国的人权状况和有关政策。❷ 名 指申论考试。

【申明】shēnmíng 动 郑重地陈述和说明 ▷～我方立场。☛ 参见 1231 页"声明"的提示。

【申请】shēnqǐng ❶ 动 向上级或有关部门申述理由，提出请求 ▷～调动工作。❷ 名 指申请书 ▷写～。

【申请书】shēnqǐngshū 名 申述理由，提出请求的书面报告。

【申时】shēnshí 名 我国传统计时法指下午 3—5 点的时间。

【申述】shēnshù 动 详细陈述说明（观点、理由、情况等） ▷把事件的经过～清楚|反复～。

【申说】shēnshuō 动 申述（侧重于口头说明）。

【申诉】shēnsù ❶ 动 诉讼当事人或一般公民对已生效的判决或裁定不服时，依法向司法部门提出重新审理的要求。❷ 动 公民向有关国家机关揭发、控告国家机关和国家工作人员的违法失职行为。

【申讨】shēntǎo 动 公开揭露和谴责 ▷～侵略者的罪行。

【申屠】shēntú 名 复姓。

【申谢】shēnxiè 动 表示感谢。

【申雪】shēnxuě 动 申述洗雪（冤屈） ▷多年的冤狱得到了～。☛ 不要写作"伸雪"。

【申遗】shēnyí 动 向联合国教科文组织世界遗产委员会提出申请，将本国或本地区的某项自然遗产、文化遗产或自然与文化双重遗产列入《世界遗产名录》。

【申冤】shēnyuān ❶ 动 诉说冤屈 ▷～告状。❷ 动 洗雪冤屈 ▷替无辜的受害者～。

屾 shēn 名〈文〉并立的两座山。

伸 shēn ❶ 动（肢体或其他物体）舒展开或向一定方向延展 ▷把腿～直|小路～向远方。→ ❷ 同"申[1]"②。现在一般写作"申"。

【伸懒腰】shēnlǎnyāo 人感到困倦时伸展腰部和上肢。

【伸手】shēnshǒu ❶ 动 把手伸出来 ▷～不见五指。❷ 动 借指向别人或组织要职务、荣誉或钱物等 ▷不要向上级～。❸ 动 插手干预别人的事情（含贬义） ▷不该管的事不要～。

【伸手派】shēnshǒupài 名 指自己不努力、专向国家或集体伸手索取的一些人 ▷不当～。

【伸缩】shēnsuō ❶ 动 伸长和缩短；伸展和收缩 ▷～自如。❷ 动 在一定限度内灵活变通 ▷还有没有～余地？

【伸头探脑】shēntóu-tànnǎo 探头探脑。

【伸腿】shēntuǐ ❶ 动 插足；介入 ▷哪里有利，他就往哪里～。❷ 动 指人死亡（含诙谐意）。

【伸雪】shēnxuě 现在规范词形写作"申雪"。

【伸延】shēnyán 动 延伸。

【伸腰】shēnyāo 动 挺直腰板儿 ▷～踢腿。

【伸冤】shēnyuān 现在一般写作"申冤"。

【伸展】shēnzhǎn 动 延伸；展开 ▷铁路不断向

远方～|两臂向前～。☛ 参见 1275 页“舒展”的提示。

【伸张】shēnzhāng 动 扩张;发扬 ▷～民族大义。☛ 跟“声张”不同。

身 shēn ❶ 名 人或动物的躯体 ▷～高|转过～去|～材|半～不遂。→ ❷ 名 物体的主体或主干部分 ▷机～|车～|船～。→ ❸ 名 自身;本人 ▷以～作则|～先士卒。→ ❹ 名 生命 ▷舍～救人|奋不顾～。❺ 名 一生;一辈子 ▷终～|～后。→ ❻ 名 品德修养 ▷修～养性。❼ 名 社会地位 ▷～败名裂|～份|出～。→ ❽ 量 用于衣服 ▷买了两～衣服|换了～衣裳。☛“身”处在字的左边时,中间一撇向右不出头,如“射”“躯”“躬”“躺”。

【身败名裂】shēnbài-mínglìè 地位丧失,名誉扫地。

【身板儿】shēnbǎnr 名〈口〉体质;体格 ▷老爷子～挺硬朗。

【身边】shēnbiān ❶ 名 身体的近旁左右 ▷～有一个女儿。❷ 名 身上② ▷～带着手机。

【身不由己】shēnbùyóujǐ 自己的行动不能由自己作主。

【身材】shēncái 名 指人体的高矮、胖瘦等外形特征 ▷魁梧的～|～匀称。☛ 不能与表示具体数量的词语搭配使用。

【身长】shēncháng ❶ 名 身高。❷ 名 指上衣从肩膀到下摆的长度。

【身段】shēnduàn ❶ 名 女性的体态 ▷舞蹈演员的～很优美。❷ 名 戏曲演员艺术化的体态和动作 ▷嗓子好,～也好。

【身分】shēnfèn 现在一般写作“身份”。

【身份】shēnfèn ❶ 名 指人的出身、地位和资格 ▷个人～|以长者的～说话。❷ 名 特指受人尊敬的地位 ▷应对得体,不失～。

【身份权】shēnfènquán 名 人身权的一种。民事主体因具有特定身份时依法享有的权利。如公民的荣誉权、监护权、抚养权、署名权,法人的荣誉权等。参见 1155 页“人身权”。

【身份证】shēnfènzhèng 名 居民身份证的简称。

【身高】shēngāo 名 人体的高度。也说身长、体高。

【身故】shēngù 动 婉词,指人死亡 ▷在车祸中不幸～。

【身后】shēnhòu ❶ 名 身体的后边;比喻个人的社会背景 ▷～有人撑腰。❷ 名 指人死后 ▷～的遗产早有安排。

【身家】shēnjiā ❶ 名 自身和家庭 ▷拼上～性命,营救落难义士。❷ 名 门第;家庭出身 ▷～显赫|～清白。❸ 名 指家产 ▷～再多,也是身外之物|～百万。

【身家性命】shēnjiā-xìngmìng 指自身和全家人的生命(多用于表示危险的境况)。

【身价】shēnjià ❶ 名 指演艺等界人员出场、签约的价位 ▷～猛增。❷ 名 指人的声望和社会地位 ▷抬高～。

【身价百倍】shēnjià-bǎibèi 指一个人的声望和地位一下子提高了很多;也指某物价值突然提高。

【身教】shēnjiào 动 指用自己的行为来影响教育人 ▷～重于言教。

【身经百战】shēnjīngbǎizhàn 亲身经历过许多战斗。形容久经锻炼,具有丰富的实践经验。

【身居】shēnjū 动 本人处在某个地方或某种地位 ▷～闹市|～要职。

【身历】shēnlì 动 亲身经历 ▷～战乱。

【身量】shēnliang 名 身材;个头儿。

【身临其境】shēnlínqíjìng 亲自来到某种境地(体验感受)。

【身强力壮】shēnqiáng-lìzhuàng 身体健壮而有力气。

【身躯】shēnqū 名 身体 ▷瘦弱的～|～魁梧。

【身上】shēnshang ❶ 名 身体;身体上 ▷～有病|～穿得太单薄。❷ 名 指随身可以放钱、物的地方 ▷～带着手枪。

【身世】shēnshì 名 个人的生活经历(多指不幸的) ▷他的～值得同情|～坎坷。

【身手】shēnshǒu 名 本领;技艺 ▷～不凡。

【身首异处】shēnshǒu-yìchù 躯体和脑袋分作两处。指被砍头。

【身受】shēnshòu 动 亲身领受或遭受 ▷感同～。

【身体】shēntǐ 名 人或动物生理组织的整体;特指躯干和四肢。

【身体力行】shēntǐ-lìxíng 亲自体验,努力实行。

【身条儿】shēntiáor 名〈口〉身材。

【身外之物】shēnwàizhīwù 身体之外的东西,如名誉、地位、财产等。表示这些对人并非至关重要。

【身亡】shēnwáng 动 (人)死去 ▷暴病～。

【身无分文】shēnwúfēnwén 身上没有一分钱。多形容极端穷困。

【身先士卒】shēnxiānshìzú 作战时将帅一马当先,冲在士兵的前头;现多泛指工作中领导走在群众前面,起带头作用。

【身心】shēnxīn 名 身体和精神 ▷～健康|整个～都扑在教育事业上。

【身影】shēnyǐng ❶ 名 身体的影子 ▷湖水倒映着我们的～。❷ 名 身体的形象 ▷在田间地头总能看见他忙碌的～◇随处可见高科技的～。

【身孕】shēnyùn 名 怀胎的现象 ▷她已有～。

【身姿】shēnzī 名 身体的姿态 ▷威武的～。

【身子】shēnzi ❶ 名 身体 ▷～有点儿累。❷ 名 身孕 ▷她有了五个月的～。

【身子骨儿】shēnzigǔr 名〈口〉身板儿;体格 ▷～挺壮实。

呻 shēn 动〈文〉吟诵。

【呻吟】shēnyín 动 因痛苦而发出声音 ▷痛得忍不住～|无病～。

侁 shēn ❶ 名 古国名。商代有侁国。○ ❷ 名 姓。

诜（詵） shēn [诜诜] shēnshēn 形〈文〉众多。

参[1]**（參）** shēn 名 星宿名,二十八宿之一。

参[2]**（參 *蓡❶ 葠❶）** shēn ❶ 名 人参、党参的统称。通常指人参 ▷～茸(人参和鹿茸)|高丽～。→ ❷ 名 指海参 ▷梅花～。

另见 126 页 cān;136 页 cēn。

【参商】shēnshāng 名〈文〉参星和商星。二者此出彼没,不同时在天空中出现;比喻亲友难以相见或感情不和 ▷相去三千里,～书信难|兄弟～。

绅（紳） shēn ❶ 名 古代士大夫束在衣服外面的大带子 ▷缙～。→ ❷ 名 绅士 ▷乡～|豪～|土豪劣～。

【绅士】shēnshì 名 旧时地方上有权势有影响的人物 ▷地方～|～风度。也说士绅。

珅 shēn 名〈文〉一种玉石。

骁（駪） shēn 形〈文〉形容很多马或很多人疾速行进的样子(常叠用) ▷万马骁～|～～征夫。

莘[1] shēn [莘莘] shēnshēn 形〈文〉众多 ▷～学子。☛ ㊀"莘"不读 xīn。㊁"莘莘"不宜写作"牲牲"。

莘[2] shēn ❶ 名 莘县,地名,在山东。○ ❷ 名 姓。

另见 1528 页 xīn。

砷 shēn 名 非金属元素,符号 As。有黄、灰、褐三种同素异形体。砷及其可溶性化合物都有毒。可用于制硬质合金、杀虫剂等。旧称砒。

牲 shēn 形〈文〉众多。

娠 shēn 动 怀孕 ▷妊～。☛ 统读 shēn,不读 chén 或 zhèn。

深（*滚） shēn ❶ 形 从水面到水底的距离大;泛指从地面往下或从外到里的距离大(跟"浅"相对) ▷河水很～|～耕细作|～山老林。→ ❷ 名 从上到下或从外到里的距离 ▷井～40 米|纵～|进～。→ ❸ 形(道理、含义等)高深奥妙,不易理解 ▷这篇文章很～|～入浅出。→ ❹ 形 深入;深刻 ▷～思熟虑|发人～省。→ ❺ 形(感情)深厚;(关系)密切 ▷～情|～交。→ ❻ 形(颜色)浓 ▷～蓝|穿～色衣服。→ ❼ 形 经历的时间久 ▷夜～了|年～日久|～秋。→ ❽ 副 表示在程度上超过一般,相当于"很""十分" ▷～知|～怕|～有同感。

【深谙】shēn'ān 动 深刻地了解;非常熟悉 ▷～茶道|～水性。

【深奥】shēn'ào 形 含义高深难懂 ▷～的理论。

【深不可测】shēnbùkěcè 深得不可以测量;多形容道理深奥或人心难以揣测。

【深藏若虚】shēncáng-ruòxū (把宝物)深深收藏起来,就好像没有这件东西一样。形容人有真才实学而不表露出来。

【深层】shēncéng ❶ 名 深的层次 ▷地表的～|触及事物的～。❷ 形 深入的;更深刻的 ▷～研究|比较～的理论。

【深长】shēncháng ❶ 形 又深又长 ▷～的小巷。❷ 形 深刻含蓄而耐人思索、体会 ▷寓意～。

【深沉】shēnchén ❶ 形 程度深 ▷夜～|～的思念。❷ 形(性格)沉着稳重;(思想感情)不外露 ▷～的性格|感情～。❸ 形(声音)低沉 ▷嗓音～。

【深仇大恨】shēnchóu-dàhèn 非常深非常大的仇恨。

【深冬】shēndōng 名 隆冬;冬天最冷的一段时间。

【深笃】shēndǔ 形 笃深。

【深度】shēndù ❶ 名 深的程度 ▷河水的～。❷ 名 接触到事物本质的程度 ▷认识有一定～。❸ 名 事物成长发展的程度 ▷向～和广度发展。❹ 形 程度深的 ▷比较～的合作。

【深更半夜】shēngēng-bànyè 深夜。

【深耕细作】shēngēng-xìzuò 深耕土地,进行细致的田间管理。

【深沟高垒】shēngōu-gāolěi 挖深壕沟,加高壁垒。指加固防御工事。

【深谷】shēngǔ 名 幽深的山谷。

【深广】shēnguǎng 形 程度深,范围广 ▷～的文化内涵|意义～。

【深闺】shēnguī 名 旧指富贵人家年轻女子住的闺房。多位于住宅的深处 ▷独坐～。

【深海】shēnhǎi 名 水深超过 200 米的海域。

【深壑】shēnhè 名 深沟;深坑。

【深厚】shēnhòu ❶ 形 又深又厚 ▷土层～。❷ 形(感情)深切浓厚 ▷～的情谊。❸ 形(基础)牢固而雄厚 ▷功底～。☛ 参见 1011 页

"浓厚"的提示。

【深呼吸】shēnhūxī 动 用力吸气后再用力呼出。

【深化】shēnhuà ❶ 动 向更深入的阶段发展 ▷讨论不断～。❷ 动 使向更深入的阶段发展 ▷～主题|～自己的认识。

【深加工】shēnjiāgōng 动 对初级产品进行精细的加工 ▷粮油～。

【深涧】shēnjiàn 名 深的山涧;深沟。

【深交】shēnjiāo ❶ 动 深入地交往 ▷此人值得～。❷ 名 深厚的交情 ▷我跟他有～。

【深究】shēnjiū 动 深入地追查 ▷～原委。

【深居简出】shēnjū-jiǎnchū 原指野兽躲藏在深山密林之中,很少出来。后指人常待在家里,难得出门。

【深刻】shēnkè ❶ 形 形容深入透彻,触及了事物的本质 ▷～的见解。❷ 形 形容印象很深或感受十分强烈 ▷～的记忆|领悟～。

【深恐】shēnkǒng 动 十分担心 ▷～有负众望。

【深明大义】shēnmíng-dàyì 很明白立身处世的大原则、大道理。

【深谋远虑】shēnmóu-yuǎnlǜ 周密地谋划,长远地考虑。

【深浅】shēnqiǎn ❶ 名 深浅的程度 ▷弄清湖水的～|颜色的～正合适。❷ 名 比喻应当把握的分寸 ▷不知～地乱说。

【深切】shēnqiè ❶ 形 (感情)深厚而亲切 ▷～同情。❷ 形 (感受)深刻而切实 ▷体会～。

【深情】shēnqíng ❶ 名 深厚的感情 ▷一片～|～难忘。❷ 形 感情深厚 ▷～地握别。

【深秋】shēnqiū 名 秋季的末期。

【深入】shēnrù ❶ 动 由外部进入事物的内部或核心 ▷～群众。❷ 形 深刻;透彻 ▷～研究。

【深入浅出】shēnrù-qiǎnchū 指文章或言论深刻,措辞却浅显易懂。

【深色】shēnsè 名 浓重的颜色。

【深山】shēnshān 名 山岭的深处 ▷到～采药。

【深山老林】shēnshān-lǎolín 指林木密布、人迹罕至的山林深处。

【深受】shēnshòu 动 深深地受到 ▷～影响|～其害。

【深水区】shēnshuǐqū 名 水域中水位深的区域;比喻情况复杂、风险大的领域或阶段 ▷这个游泳池的南半部分是～|改革已进入攻坚期和～。

【深水炸弹】shēnshuǐ zhàdàn 到达水面下预定深度后才爆炸的炸弹。由飞机投放或舰艇发射,主要用于炸毁敌方潜艇或其他水下目标。

【深思】shēnsī 动 深入地思索 ▷令人～|～熟虑。

【深邃】shēnsuì ❶ 形 深①;深远 ▷溶洞～。❷ 形 精深;深奥 ▷～的见解。

【深谈】shēntán 动 深入地交谈。

【深通】shēntōng 动 深入地了解并熟练地掌握 ▷～医学。

【深透】shēntòu 形 深刻透彻 ▷理解～|讲述～。

【深望】shēnwàng 动 深切地希望 ▷～加倍努力。

【深为】shēnwéi 副 表示程度很深 ▷～感动。

【深文周纳】shēnwén-zhōunà 苛刻地援用法律条文,周密地罗织罪名,使人获罪(周:周密;纳:使陷入)。泛指不根据事实给人强加罪名。

【深恶痛绝】shēnwù-tòngjué 极端厌恶和痛恨。☛"恶"这里不读è。

【深陷】shēnxiàn 动 极深地陷入 ▷～泥潭。

【深信】shēnxìn 动 极为相信 ▷～中医|～不疑。☛ 跟"坚信"不同。"深信"强调相信的程度深;"坚信"强调相信的态度坚定。

【深省】shēnxǐng 动 深深地省悟过来 ▷发人～。

【深醒】shēnxǐng 现在一般写作"深省"。

【深夜】shēnyè 名 指半夜前后。

【深意】shēnyì 名 深刻的含意。

【深幽】shēnyōu 形 幽深。

【深渊】shēnyuān 名 极深的水;比喻险境 ▷无底～|罪孽的～。

【深远】shēnyuǎn 形 深刻而久远 ▷～的寓意。

【深造】shēnzào 动 不断进取,以达到更高的境界;泛指进一步深入学习 ▷求学～|继续～。

【深宅大院】shēnzhái-dàyuàn 有几进院子的宽大住宅。

【深湛】shēnzhàn 形 深刻精湛 ▷技艺～。

【深知】shēnzhī 动 深刻地认识到 ▷～改革不易|～其中的甘苦。

【深挚】shēnzhì 形 深厚而诚挚 ▷感情～。

【深重】shēnzhòng 形 (罪孽、灾难、危机等)程度很深,十分严重 ▷危机～|～的苦难。

莘 shēn,又读 chēn 形〈文〉形容枝条繁盛茂密的样子 ▷云溶溶兮木～～。

糁(糝) shēn 名 谷物磨成的小碎粒 ▷玉米～儿。另见 1184 页 sǎn。

鲹(鰺) shēn 名 鱼,体侧扁,侧面呈卵圆形或纺锤形,尾柄细小,尾鳍分叉。种类很多,生活在热带和亚热带海洋中。

燊 shēn 形〈文〉炽盛。

shén

什 shén 见下。另见 1241 页 shí。

【什么】shénme ❶ 代 指事物或人。a)表示疑问 ▷你叫～名字?|她是你的～人?|你有～事?b)表示不确定的事物 ▷随便吃点儿～|

外面好像有～声音|我没有～不放心的。c）用在“都”“也”前，表示在所说的范围内没有例外 ▷金刚石比～金属都硬|～困难也吓不倒我们。d）两个“什么”连用，表示前者决定后者 ▷有～就吃～|你要～样的鞋，我就给你买～样的。→❷ 代 表示惊讶 ▷～！都8点了？→❸ 代 表示不同意、不满意或不以为然 ▷看～电视，还不快做功课|嚷～！大家都睡了|这是～玩意儿！→❹ 代 用在并列成分前，表示列举不尽 ▷～花呀，草呀，种了一院子。☛ 不宜写作“甚么”。

【什么的】shénmede 助 用在一个或并列的几个成分之后，表示列举未尽，相当于“之类”“等等” ▷种个花养个草～，他很内行。

【什么样】shénmeyàng 代 询问模样或样式等 ▷你要买～的电火锅？

神 shén ❶ 名 古代传说和宗教中指天地万物的创造者和主宰者或具有超人的能力、可以长生不老的人物；迷信也指人死后的精灵 ▷惊天地，泣鬼～|～仙|财～。→❷ 形 玄妙莫测的；极其高超的 ▷～机妙算|～效。→❸ 名 指人的精神、精力或注意力 ▷全～贯注|出～|愣～。❹ 名 反映内心状态的表情 ▷～色|～采。〇❺ 名 姓。

【神奥】shén'ào 形 神秘玄奥 ▷精妙～。

【神笔】shénbǐ 名 神妙的笔法 ▷不愧为～。

【神不守舍】shénbùshǒushè 魂不守舍。

【神不知，鬼不觉】shénbùzhī，guǐbùjué 形容行动十分隐秘，谁也不能觉察。

【神采】shéncǎi 名 显露出的神情和风采 ▷欣喜的～|～动人。☛ 不要写作“神彩”。

【神采奕奕】shéncǎi-yìyì 形容精神饱满，容光焕发（奕奕：形容精神焕发的样子）。☛“奕”不要误写作“弈”。

【神差鬼使】shénchāi-guǐshǐ 鬼使神差。

【神驰】shénchí 动 心思飞往（某种境界）▷～天外|心往～。

【神出鬼没】shénchū-guǐmò 像神鬼一样出没无常。常形容用兵机动灵活，出没神速；后多比喻变化多端，时隐时现，不可捉摸。

【神道】shéndào ❶ 名〈文〉天道；神奇莫测的理论。〇❷ 名 坟墓前的甬道 ▷～碑。

【神道碑】shéndàobēi 名 立在墓道前记载死者生平事迹的石碑；也指神道碑上的碑文。

【神殿】shéndiàn 名 祭神的殿堂。

【神佛】shénfó 名 神仙和佛；也指神像和佛像。

【神父】shénfu 名 天主教、正教的男性神职人员。职位在主教之下，通常负责管理一个教堂，主持宗教活动。也说司铎。

【神甫】shénfu 现在一般写作“神父”。

【神工鬼斧】shéngōng-guǐfǔ 鬼斧神工。

【神怪】shénguài 名 神灵和鬼怪。

【神汉】shénhàn 名 男巫师 ▷取缔巫婆～。

【神乎其神】shénhūqíshén 形容离奇神秘到了极点。

【神化】shénhuà 动 把某一对象视为神仙加以崇拜 ▷不可～伟人。

【神话】shénhuà ❶ 名 古代先民以对世界起源、自然现象和社会生活的原始理解为基础，集体创作的部落故事。神话一定程度上表达了古代先民对自然力的斗争和对理想的追求。我国神话散见于《山海经》《淮南子》等古代典籍中。❷ 名 指荒诞可笑、毫无根据的说法 ▷事实粉碎了侵略者不可战胜的～。

【神魂】shénhún 名 心神；灵魂 ▷震荡～|～颠倒。

【神机妙算】shénjī-miàosuàn 神奇的智谋，巧妙的策划。形容预见性强，计谋十分高明。

【神交】shénjiāo ❶ 动 未曾见面而相互倾慕，精神相通 ▷～多年。❷ 名 指情投意合的朋友 ▷忘年～。

【神经】shénjīng ❶ 名 人和动物体内传导兴奋的组织，由纤维束和结缔组织构成。❷ 形〈口〉形容精神不正常 ▷他太～了|发～。

【神经病】shénjīngbìng ❶ 名 神经系统发生的疾病。表现为疼痛、瘫痪、麻木、惊厥、昏迷、抽搐等。❷ 名 精神病的俗称。

【神经错乱】shénjīng cuòluàn 精神失常。

【神经过敏】shénjīng guòmǐn ❶ 神经系统的感觉机能异常敏锐的症状。通常表现为容易产生不必要的联想、过分的猜疑等。❷ 指没有根据地多疑；大惊小怪。

【神经末梢】shénjīng mòshāo 神经组织的末端部分，分布在人体的各种器官和组织内。感觉神经末梢能接受和传入刺激；运动神经末梢能把神经冲动传到肌肉和腺体。

【神经衰弱】shénjīng shuāiruò 一种神经活动机能失调的病症。常有头痛、头晕、健忘、失眠、焦虑等症状，并容易激动，容易疲劳。

【神经系统】shénjīng xìtǒng 人和多细胞动物体内调节各器官的活动和适应外界环境的全部神经组织。

【神经性皮炎】shénjīngxìng píyán 神经功能障碍性皮肤病。多见于颈部，常有阵发性剧痒，搔后出现多角形扁平丘疹，以至形成粗糙斑片。过度紧张、忧虑可诱发此病。

【神经元】shénjīngyuán 名 神经系统的基本结构和功能单位。每个神经元包括细胞体和从细胞体伸出的突起两部分。也说神经细胞。

【神经症】shénjīngzhèng 名 由精神因素导致大脑皮质功能暂时性失调的疾病的统称。通常包括神经衰弱、焦虑症、强迫症、癔症、恐惧症等。也说神经官能症。

【神经质】shénjīngzhì ❶ 图 一种忧郁的气质，常处于悲观状态，但智力较高，观察较敏锐。❷ 形 指人的神经系统的感觉过于敏锐，情感易于冲动，是一种病态表现 ▷这个人极端～。

【神龛】shénkān 图 供奉神像、祖先牌位或画像的小阁子。

【神侃】shénkǎn 动〈口〉神聊。

【神来之笔】shénláizhībǐ 受灵感启发而突然产生的奇妙构思或词句等。

【神力】shénlì 图 神奇的巨大力量。

【神聊】shénliáo 动 天南海北、漫无边际地闲聊 ▷俩人整天在一起海阔天空地～。

【神灵】shénlíng 图 神仙。

【神秘】shénmì 形 玄妙莫测，不可捉摸的 ▷有些自然现象似乎很～，其实仍然可以认识。

【神秘感】shénmìgǎn 图 神秘的感觉。

【神秘化】shénmìhuà 动 使变得神秘 ▷不可把科学～。

【神秘主义】shénmì zhǔyì ❶ 一种宗教的世界观，主张从不可言传的神秘途径同神或超自然界在精神上直接交往，从而领悟宇宙的一切奥秘。❷ 西方现代文学的一个流派，主张表现神秘的个人感受和幻想，使艺术创作服从于盲目的本能和神秘的愿望。

【神妙】shénmiào 形 极其高明巧妙 ▷医术～。

【神明】shénmíng 图 神的统称 ▷奉若～。

【神农】shénnóng 图 我国古代传说中的三皇之一，农业和医药的发明者。相传他教人制造农具、从事耕作，并亲尝百草，用草药给人治病。一说炎帝即神农。

【神女】shénnǚ 图 女神。

【神炮手】shénpàoshǒu 图 指命中率特别高的炮手。

【神品】shénpǐn 图 神妙的精品(多指书画)。

【神婆】shénpó 图 女巫②。

【神奇】shénqí 形 神妙而奇特 ▷～的功效。

【神祇】shénqí 图〈文〉天神和地神的合称(祇：地神)；泛指神。☛"祇"右边是"氏"，不是"氐"。

【神气】shénqì ❶ 图 神态和表情 ▷看他的～，不像有病。❷ 形 形容精神饱满的样子 ▷孩子们戴上红领巾，显得很～。❸ 形 得意傲慢的样子 ▷有什么好～的！

【神气活现】shénqì-huóxiàn 得意傲慢的样子表现得十分突出(活现：生动逼真地显现出来)。

【神器】shénqì 图〈文〉象征国家政权的器物，如玉玺、宝鼎之类。借指帝位、政权。

【神枪手】shénqiāngshǒu 图 指命中率特别高的射击手。

【神清气爽】shénqīng-qìshuǎng 形容神志清爽，心情舒畅。

【神情】shénqíng 图 神态和表情 ▷～自若。

【神权】shénquán ❶ 图 迷信指鬼神所具有的掌握人们命运的权力。❷ 图 奴隶社会、封建社会的最高统治者宣扬的神所赋予他们的统治权力。❸ 图 基督教指神授予的权力。

【神人】shénrén ❶ 图 神仙；道家指得道的人。❷ 图 神奇非凡的人。

【神色】shénsè 图 神态和脸色 ▷鄙夷的～。

【神伤】shénshāng 形 内心悲哀 ▷暗自～。

【神社】shénshè 图 古代祭祀社神的场所；也指祭奠先祖的庙堂。

【神神叨叨】shénshendāodāo 形〈口〉形容精神状态、言谈举止不大正常，有些古怪的样子 ▷整天闲着没事干就容易胡思乱想，～|他最近很反常，总是～的。也说神叨(dao)、神叨叨。

【神神道道】shénshendàodào 形 神神叨叨。☛这里的"道道"口语中也读 dāodāo。

【神圣】shénshèng 形 崇高而庄严；不可轻慢和亵渎的 ▷～的事业|祖国领土～不可侵犯。

【神圣同盟】shénshèng tóngméng 19 世纪初期，俄罗斯、普鲁士和奥地利三国的君主在巴黎签约结成的同盟。目的是为了镇压人民革命运动。后用来泛指反动势力之间的结盟或合作。

【神思】shénsī 图 精神；心思 ▷～不定|～恍惚。

【神似】shénsì 动 精神实质相似；非常相似 ▷漫画重～|他俩的体形、容貌～双胞胎。

【神速】shénsù 形 意想不到地迅速 ▷进展～。

【神算】shénsuàn 图 准确神妙的预测或谋划。

【神态】shéntài 图 神情态度 ▷～自然。

【神探】shéntàn 图 神奇高明的侦探。

【神通】shéntōng 图 佛教指变幻莫测、无所不能的法力。借指极其高超的本事 ▷八仙过海，各显～。

【神童】shéntóng 图 智力超常的儿童。

【神往】shénwǎng 动 内心向往 ▷对此～已久。

【神威】shénwēi 图 神奇强大的威力 ▷张扬国法之～|赫赫～。

【神位】shénwèi 图 神或祖先的牌位，多设立在宗庙或祠堂中供人祭祀。

【神武】shénwǔ 形 英明而威武 ▷～将军。

【神物】shénwù〈文〉❶ 图 神奇怪异的东西。❷ 图 指神仙。

【神仙】shénxiān ❶ 图 神① ▷他无师自通，像个活～。❷ 图 比喻生活富足无忧、逍遥自在的人 ▷他过的是～日子。

【神像】shénxiàng ❶ 图 神佛的画像或塑像。❷ 图 旧指祖先遗像。

【神效】shénxiào 图 神奇的效力或效果 ▷这药确有～。

【神学】shénxué ❶ 名 论证神明的存在和宗教教义、教规的唯心主义学说。❷ 名 泛指宗教学说。

【神医】shényī 名 指医术神妙的医生。

【神异】shényì ❶ 名 指神仙鬼怪等 ▷讲述～的故事。❷ 形 神奇怪诞 ▷造型极其～。

【神勇】shényǒng 形 特别勇猛，超出常人 ▷～非凡｜作战～。

【神游】shényóu 动〈文〉在想象中游历 ▷～幻境。

【神韵】shényùn 名 精神和韵味（多用于艺术作品）▷这首七律颇有唐诗～。

【神职】shénzhí 名 指在教会中担任的工作 ▷授予～｜～人员。

【神职人员】shénzhí rényuán 天主教、正教等教会中专职从事宗教活动和负责宗教事务的人员。

【神志】shénzhì 名 人的知觉和意识 ▷～恍惚。

【神智】shénzhì 名 精神智慧。

【神州】shénzhōu 名 战国时驺衍称中国为"赤县神州"。后用"神州"作为中国的代称。

【神主】shénzhǔ 名 古代为已死的君主、诸侯立的牌位；后世民间也为死者立神主，作为供奉和祭祀的对象。

钟（鉮） shén 名 含 5 价砷的有机化合物的统称，被视作有机金属衍生物。

shěn

沈（瀋❶） shěn ❶ 名〈文〉汁 ▷墨～未干。○ ❷ 名 姓。☛ "沈"字原是"沉"的本字，现在是"瀋"的简化字，如"瀋陽"今作"沈阳"；"沈"也是姓氏用字。

另见 165 页 chén。

审[1]（審） shěn ❶ 动 仔细地观察；考查 ▷这篇论文请专家～一～｜～稿。→ ❷ 形 精细；周密 ▷详～｜～慎。→ ❸ 动 审问；审讯 ▷～案｜候～｜公～。

审[2]（審） shěn 副〈文〉真实地；果真 ▷～如其言。

【审查】shěnchá 动 仔细检查核对 ▷资格～。

【审察】shěnchá ❶ 动 仔细观察 ▷～作案现场。❷ 见本页"审查"。现在一般写作"审查"。

【审处】shěnchǔ ❶ 动 审查处理 ▷此稿由您～｜～违纪人员。❷ 动 审判处理 ▷～案犯。

【审订】shěndìng 动 审阅订正 ▷～教材。☛ 跟"审定"不同。"审订"侧重于修改订正；"审定"侧重于最后的确定。

【审定】shěndìng 动 审查并作出决定 ▷～方案。☛ 参见本页"审订"的提示。

【审读】shěndú 动 审阅 ▷书稿已交专家～。

【审度】shěnduó 动 仔细观察揣度 ▷～时局。☛ "度"这里不读 dù。

【审改】shěngǎi 动 审查并修改 ▷～工作计划。

【审稿】shěngǎo 动 审阅稿件。

【审核】shěnhé 动 审查核定 ▷～财务开支。

【审计】shěnjì 动 国家审计部门或独立的注册会计师对某单位的经济活动记录进行审核检查，判定其财务收支及有关经济活动是否真实、正确、合规、合法和有效。

【审计师】shěnjìshī ❶ 名 审计人员的专业技术职称。❷ 名 指获得审计师资格的人。

【审校】shěnjiào 动（对文稿和书籍）审查校订。

【审结】shěnjié 动 审理结案 ▷此案已经～。

【审看】shěnkàn 动 仔细察看 ▷～周围地形。

【审理】shěnlǐ 动 审查并处理（案件）▷市人民法院开庭～这起诈骗案｜监察部门正在～此案。

【审美】shěnměi 动 欣赏、鉴别事物或艺术品的美并作出评价 ▷～教育｜～能力。

【审判】shěnpàn 动 法院对案件进行审理和判决 ▷～贩毒案｜公开～。

【审判员】shěnpànyuán 名 法院中依法从事审判工作的人员。

【审判长】shěnpànzhǎng 名 法院依法主持合议庭审判工作的审判人员。在我国，审判长由院长或庭长指定，不是固定的职称或职务。

【审批】shěnpī 动 对下级呈报上来的文件、报告等进行审查批示 ▷～招生计划。

【审评】shěnpíng 动 评审。

【审慎】shěnshèn 形 周密而谨慎 ▷～处理。

【审时度势】shěnshí-duóshì 仔细研究时局，正确估计形势的发展。☛ ㊀"度"这里不读 dù。㊁"势"不要误写作"事"。

【审视】shěnshì 动 仔细察看 ▷～着他的表情。

【审题】shěntí 动 作文或答题前仔细分析题目的内涵和要求。

【审问】shěnwèn 动 审讯。

【审讯】shěnxùn 动 公安机关、安全机关、检察机关或法院向犯罪嫌疑人或刑事案件中的被告人查问有关案件的事实。

【审验】shěnyàn 动 审查检验；审核验证 ▷～身份｜～牌照。

【审议】shěnyì 动 审查评议 ▷～年度报告。

【审阅】shěnyuè 动 审查阅读 ▷～有关材料。

哂 shěn〈文〉❶ 动 微笑 ▷聊博一～｜～存｜～纳。→ ❷ 动 讥笑 ▷～笑。

【哂纳】shěnnà 动〈文〉谦词，用于请人收下自己的礼物 ▷一份薄礼，务请～。

【哂笑】shěnxiào 动〈文〉嘲笑 ▷恐为方家～。

【哂正】shěnzhèng 动〈文〉谦词，用于请对方指正 ▷奉上拙著，敬请～。

矧 shěn 连〈文〉况且；何况。

谂（諗） shěn 动〈文〉知道；知悉 ▷～知|～悉。

婶（嬸） shěn ❶ 名 婶母 ▷三～儿|老～子。→ ❷ 名 称与父亲同辈而年龄比较小的人的妻子 ▷张～|李二～。

【婶母】shěnmǔ 名 叔父的妻子。也说婶儿、叔母。

【婶娘】shěnniáng 名 婶母。

【婶婶】shěnshen 名 婶母。

【婶子】shěnzi 名〈口〉婶母。

瞫 shěn ❶ 动〈文〉往深处看。○ ❷ 名 姓。

shèn

肾（腎） shèn ❶ 名 人和高等脊椎动物的主要排泄器官。人的肾位于腹后壁腰椎两旁，左右各一个，形如蚕豆，周围有脂肪组织包裹，表面由纤维组织构成的薄膜覆盖。主要功能是产生尿液，以排出体外。也说肾脏。俗称腰子。→ ❷ 名 中医也指人的睾丸。也说外肾。

【肾结石】shènjiéshí 名 泌尿系统疾病，因代谢失常，尿中盐类沉积，生成结石而致。主要症状有剧痛、血尿等。

【肾囊】shènnáng 名 中医指阴囊。

【肾上腺】shènshàngxiàn 名 内分泌腺的一种，人的肾上腺位于肾的上端，左右各一。内部分为皮质和髓质两部分，皮质分泌肾上腺皮质激素，具有调节物质代谢的功能；髓质分泌大量肾上腺素和少量去甲肾上腺素，具有加强心肌收缩力、加速心率、增高血压和升高血糖的作用。

【肾上腺素】shènshàngxiànsù 名 肾上腺髓质分泌的主要激素，有兴奋心肌、促进内脏血管收缩、松弛平滑肌等作用。制成药物可用于抢救过敏性休克、治疗支气管哮喘等。

【肾炎】shènyán 名 肾脏发炎的病症。通常指肾小球肾炎。有慢性和急性两种。主要症状有血尿、水肿，常伴有血压高及肾功能损害。

【肾盂】shènyú 名 位于肾脏下通输尿管的地方，为圆锥形的囊状物。

【肾脏】shènzàng 名 肾①。

甚[1] shèn ❶ 形〈文〉大。→ ❷ 形 厉害；严重 ▷欺人太～。❸ 副 表示程度深，相当于“很”“非常” ▷～嚣尘上|来宾～多。→ ❹ 动〈文〉超过 ▷日～一日。○ ❺ 名 姓。

甚[2] shèn 代 什么 ▷你出去做～？|他有～心事？

【甚而】shèn'ér 副 略同“甚至”①，用于书面 ▷时间一久，～连他的名字都忘了。

【甚而至于】shèn'érzhìyú 甚至 ▷他睡眠不好，～彻夜不能合眼。

【甚或】shènhuò 连 甚至②③。

【甚为】shènwéi 副 非常（一般修饰双音节形容词）▷～流行|～欣慰。

【甚嚣尘上】shènxiāo-chénshàng 《左传·成公十六年》记载：晋楚交战，楚王登车观察敌情后说：“甚嚣，且尘上矣。”意思是晋军人声嘈杂，而且尘土飞扬，说明正在积极备战。后用“甚嚣尘上”形容传闻或某种言论非常嚣张。

【甚于】shènyú 动 超过；胜过 ▷官僚主义的危害～水火。

【甚至】shènzhì ❶ 副 强调突出的事例，后面常与“都”“也”配合 ▷这个道理，～三岁小孩儿也懂得。❷ 连 用在几个并列词语的最后一项之前，表示突出强调这一项 ▷不认真学习就要落后、倒退，～犯错误。❸ 连 用在复句的后一分句之前，表示强调后面的情况，前一分句用“不但” ▷这个地方从前不但没有中学，～连小学都很少。☛ 参见 982 页“乃至”的提示。

【甚至于】shènzhìyú ❶ 副 甚至①。❷ 连 甚至②③。

胂 shèn 名 砷化氢分子中的氢部分或全部被烃基取代后生成的有机化合物。

渗（滲） shèn 动 液体逐渐透入或沁出 ▷水～到地里|额角上～出汗珠。

【渗出】shènchū 动 渗漏出来 ▷墙上～水来。

【渗沟】shèngōu 名 排放地面积水的暗沟。

【渗井】shènjǐng 名 在庭院挖的深坑，用来排除地面积水或污水。也说渗坑。

【渗流】shènliú 动 液体在土壤、沙砾或岩石缝隙中流动。

【渗漏】shènlòu 动（气体或液体）缓慢地渗出或泄漏 ▷老化的引水渠～严重。

【渗入】shènrù ❶ 动 液体通过细小空隙进入 ▷雨水～墙体。❷ 动 比喻某种势力慢慢地进入。

【渗透】shèntòu ❶ 动 液体、气体从物体的细小空隙中透过 ▷汗水～了衣裳|凉风嗖嗖，～全身。❷ 动 比喻某种思想、力量等逐渐进入或影响其他方面 ▷文化～|网络技术～到生活的诸多方面。

【渗析】shènxī 动 透析②。

【渗液】shènyè 名 渗出的液体。

葚 shèn 名 桑树的果穗。成熟时黑紫色或白色，有甜味，可以食用。

另见1160页rèn。

椹 shèn同"葚"。现在一般写作"葚"。另见1751页zhēn。

蜃 shèn 名〈文〉大蛤蜊 ▷～景|海市～楼。☛ ㊀统读shèn，不读chén。㊁"蜃"是左上半包围结构，不是上下结构。

【蜃景】shènjǐng 名 海市蜃楼①的学名。

瘆（瘮） shèn ❶ 形 惊恐 ▷～得浑身起鸡皮疙瘩。→ ❷ 动 使感到可怕 ▷～人。

慎（*昚❶） shèn ❶ 形 谨慎；小心 ▷谨小～微|～重|不～。〇 ❷ 名 姓。

【慎独】shèndú 动〈文〉指即使一个人独处的时候，也谨守正道。

【慎密】shènmì 形 审慎周密 ▷～排查。

【慎行】shènxíng 动 谨慎行事 ▷谨言～。

【慎言】shènyán 动 谨慎地说话 ▷～笃行。

【慎用】shènyòng 动 谨慎使用 ▷雷雨天户外～手机。

【慎之又慎】shènzhīyòushèn 慎重再慎重。形容做事、处理问题再三斟酌，务求周密。

【慎重】shènzhòng 形 谨慎认真，不轻率从事 ▷～的选择|说话～。☛ 参见1760页"郑重"的提示。

shēng

升[1]（*昇陞❷） shēng ❶ 动 向上或向高处移动（跟"降"相对，②同）▷太阳～|～旗|上～。→ ❷ 动 提高（级别等）▷～级|～格|晋～。

升[2] shēng ❶ 量 市升。❷ 量 容积法定计量单位，1升等于1000毫升，合1市升。〇 ❸ 名 姓。

"昇"另见1232页shēng；"陞"另见1232页shēng。

【升班】shēngbān 动（学生）从较低年级升到较高年级。

【升班马】shēngbānmǎ 名 指在分级的体育比赛中由低一级升入高一级的运动队。

【升档】shēngdàng 动 上升到更高的档次 ▷我们医院～为二级甲等。

【升幅】shēngfú 名（价格、产量等）上升的幅度 ▷今日股价～较大。

【升格】shēnggé 动（身份、地位等的）等级上升；规格提高 ▷～为国家级自然保护区。

【升官】shēngguān 动 提升官职。

【升华】shēnghuá ❶ 动 固态物质不经过液态而直接变为气态。如樟脑片逐渐变小就是升华的结果。❷ 动 借指事物经过提炼加工上升到新的层次 ▷～到了一个崭新的境界。

【升级】shēngjí ❶ 动 从较低的等级或年级升到较高的等级或年级 ▷电脑软件～|缺课太多，不能～。❷ 动 特指战争规模扩大或矛盾冲突的紧张程度加深 ▷阻止战争～|加强调解工作，避免矛盾～。

【升级换代】shēngjí-huàndài 提高产品的质量档次，用新的品种更换旧的品种。

【升降】shēngjiàng 动 上升和下降。

【升降机】shēngjiàngjī 名 载物或载人的各种升降机械设备的统称。多用电力驱动，用于高层建筑、矿井、高炉等处。如箱式电梯。

【升井】shēngjǐng 动 矿井里的作业人员乘坐罐笼等回到地面；泛指地表以下的作业人员回到地面 ▷本次矿难发生后，成功～30人，9人遇难|安全～。

【升空】shēngkōng 动 离开地面，上升到高空。

【升力】shēnglì 名 空气和物体相对运动时，空气作用于物体的向上托的力。

【升平】shēngpíng 形 和平；太平 ▷歌舞～。

【升迁】shēngqiān 动 指调到另一部门，职位较前提高。

【升任】shēngrèn 动 改任更高的职务 ▷由处长～为局长。

【升势】shēngshì 名 向上发展的势头 ▷石油价格正处～。

【升堂入室】shēngtáng-rùshì《论语·先进》："由也升堂矣，未入于室也。"意思是子路学业有成，但还没有达到最高境界。后用"升堂入室"比喻学识和技能逐步提高，达到很高的境界。也说登堂入室。

【升腾】shēngténg 动（气体、烟雾、火焰等）向上升起 ▷浓烟～◇～着希望。

【升天】shēngtiān ❶ 动 升上天空 ▷火箭～。❷ 动 指人死亡。

【升位】shēngwèi 动（号码）增加位数 ▷本市电话号码～。

【升温】shēngwēn 动 温度上升；比喻事物受到人们关注的程度提高 ▷高雅艺术逐渐～。

【升学】shēngxué 动（学生）从低一级学校进入高一级学校学习 ▷～考试|解决～难的问题。

【升压】shēngyā 动 增大压力 ▷～供水。

【升涨】shēngzhǎng 动 大幅度地上升；高涨 ▷近期股价～过快|报名人数持续～。

【升帐】shēngzhàng 动 旧指元帅在军帐中召集将领议事或发布命令（多见于戏曲、小说）。

【升值】shēngzhí ❶ 动 本国单位货币的含金量增加或本国货币对外国货币的比价提高。❷ 动 泛指价值提高 ▷房地产～|知识～了。

【升职】shēngzhí 动 提高职务级别。

生 shēng ❶ 动 植物长出来；泛指生物体长出 ▷～根发芽|～长。→ ❷ 动 人生孩子；动物产崽 ▷～孩子|卵～。❸ 动 出生 ▷～于北京|1978年～人。→ ❹ 名 古代指有学问有道德的人；也是读书人的通称 ▷儒～|书～。⇒ ❺ 名 学生；学习的人 ▷门～|女～|研究～。⇒ ❻ 名 戏曲里的一个行当，扮演男性角色，包括小生、老生、武生等 ▷～旦净末丑|～角。⇒ ❼ 名 指从事某些工作的人 ▷医～|实习～。→ ❽ 动 产生；发生 ▷熟能～巧|～病|～锈。❾ 动 点燃 ▷～火|～炉子。→ ❿ 动 活着；生存（跟"死"相对）▷出～入死|～还|永～。⇒ ⓫ 名 生命 ▷舍～取义|杀～。⓬ 形 有生命力的；活的 ▷～龙活虎|～物|～猪。⇒ ⓭ 名 生存的过程；一辈子 ▷毕～|平～。⇒ ⓮ 名 维持生存的手段 ▷教书为～|谋～|营～。⇒ ⓯ 形（食物）没有做熟的；（果实）没有成熟的（跟"熟"相对，⑯⑰同）▷夹～饭|西瓜还～着呢。⇒ ⓰ 形 没有经过加工、锻制或训练的 ▷～漆|～铁|～马驹。⇒ ⓱ 形 不熟悉 ▷人～地不熟|～字|陌～。⓲ 名 不熟悉的人 ▷欺～|认～。⇒ ⓳ 副 生硬；勉强 ▷～搬硬套|～拉硬拽。⓴ 副 硬是 ▷好好的一对，～给拆散了。⇒ ㉑ 副 表示程度深（只用在某些表示感情或感觉的词的前面）▷～怕别人不知道。〇 ㉒ 名 姓。☛"生"作左偏旁时，最后一画横要改写成提（㇀），如"甥"。

【生搬硬套】 shēngbān-yìngtào 指脱离实际，生硬机械地照搬别人的理论、经验、方法等。

【生编硬造】 shēngbiān-yìngzào 凭空编造。

【生变】 shēngbiàn 动 发生意外的变故 ▷事不宜迟，久则～。

【生病】 shēngbìng 动 发生疾病。

【生不逢时】 shēngbùféngshí 生下来没赶上好时候。多用来慨叹命运不好。

【生财】 shēngcái 动 增加财富 ▷和气～。

【生财有道】 shēngcái-yǒudào 很有发财的办法。

【生菜】 shēngcài ❶ 名 没有做熟的菜。❷ 名 可以生吃的菜。〇 ❸ 名 叶用莴苣的通称。一年或二年生草本植物，植株矮小，花黄色。叶子也叫生菜，可以食用。

【生产】 shēngchǎn ❶ 动 生孩子 ▷他妻子快～了。❷ 动 使用工具改变劳动对象以创造生产资料和生活资料 ▷～粮食|商品～。

【生产队】 shēngchǎnduì 名 农村合作经济组织中的一种劳动组织形式。在人民公社时期，是基本核算单位，实行独立核算，自负盈亏，负责直接组织生产和分配，完成国家的计划任务。

【生产方式】 shēngchǎn fāngshì 人类获得物质资料的方式，包括生产力和生产关系两个方面。一定的生产方式决定一定的社会经济结构或社会经济制度。

【生产工具】 shēngchǎn gōngjù 人们在生产过程中用来改变劳动对象的用具。如农具、机器、仪器等。生产工具的发展水平是衡量人类控制自然能力的尺度。也说劳动工具。

【生产关系】 shēngchǎn guānxi 人们在物质资料的生产过程中形成的社会关系。生产关系包括人们在物质资料的生产、分配、交换、消费诸过程中的关系。也说社会生产关系。

【生产过剩】 shēngchǎn guòshèng ❶ 指商品生产超过社会需求，导致商品滞销、库存积压。❷ 特指资本主义社会商品供给超过社会支付能力，是资本主义经济危机的基本特征。

【生产力】 shēngchǎnlì 名 人类在生产过程中把自然物改造成为适合人类需要的物质资料的力量。包括具有一定的科学技术知识、生产经验和劳动技能的劳动者，同一定的科学技术相结合的、以生产工具为主的劳动资料，此外还有劳动对象。其中劳动者是首要的、决定的因素。

【生产率】 shēngchǎnlǜ ❶ 名 单位时间内劳动的生产效能。参见824页"劳动生产率"。❷ 名 也指生产设备在生产过程中的效率。

【生产能力】 shēngchǎn nénglì 某生产单位在一定时间内生产产品的最大能力。简称产能。

【生产线】 shēngchǎnxiàn ❶ 名 产品生产过程中经过的连贯的工序。一般从原料进入生产现场开始，经过加工、运送、装配、检验等，到入库为止。❷ 名 构成某生产线的整套设备。

【生产要素】 shēngchǎn yàosù 进行物质资料生产所必须具备的因素或条件。劳动者和生产资料是基本的生产要素。在知识经济时代，知识成为主要生产要素。

【生产资料】 shēngchǎn zīliào 生产力中的物质因素。包括劳动资料和劳动对象。其中起主要作用的是生产工具。也说生产手段。

【生辰】 shēngchén 名〈文〉生日。

【生辰八字】 shēngchén bāzì 用天干和地支相配表示人出生年、月、日和时的八个字。迷信的人用以推测人的吉凶祸福。也说八字。

【生成】 shēngchéng ❶ 动 产生；形成 ▷洋面上～了强热带风暴。❷ 动 天生而成；生就 ▷这姑娘～一副俊脸蛋ㄦ。

【生抽】 shēngchōu 名 红褐色的酱油，颜色较浅，味道较咸，既可用于炒菜，也可用于拌凉菜（跟"老抽"相区别）。

【生词】 shēngcí 名 不认识的或不懂得的词；特指没有学过的词。

【生凑】 shēngcòu 动 把无必然联系的不同事物生

硬地拼凑在一起。

【生存】shēngcún 动 保存生命；活着 ▷劳动是人类～和发展的条件｜保护～环境。

【生存竞争】shēngcún jìngzhēng 生物个体之间为维持生存和繁衍相互竞争的自然现象。达尔文认为这是推动生物进化的重要因素。

【生地】shēngdì ❶ 名 生荒地。❷ 名 陌生的地方 ▷初到～，需要适应一下。○ ❸ 名 中药材，未经蒸制的地黄的根，淡黄色或灰褐色。蒸晒后即为熟地。也说生地黄。

【生动】shēngdòng 形 有生气、有活力、能感动人的 ▷塑造～的艺术形象｜情节曲折～。

【生儿育女】shēng'ér-yùnǚ 泛指生育子女方面的事情。

【生发】shēngfā 动 滋生发展（多用于抽象事物）▷从这个论点～开去。

【生番】shēngfān 名 旧时对开化较晚、经济文化落后的民族的蔑称。

【生分】shēngfen 形 关系或感情疏远 ▷长期离家，孩子跟父母都有点儿～了。

【生俘】shēngfú 动 活捉（敌人）▷～敌军参谋。

【生父】shēngfù 名 生身的父亲。

【生根】shēnggēn ❶ 动 植物长出根来 ▷～发芽。❷ 动 比喻扎下根基 ▷在农村～。

【生光】shēngguāng 名 日全食和月全食结束，刚开始复圆时的食相。参见 1249 页"食相"。

【生花妙笔】shēnghuā-miàobǐ 比喻杰出的写作才能。也说生花之笔。参见 944 页"梦笔生花"。

【生还】shēnghuán 动（脱离危险）活着回来 ▷脱险～。

【生荒地】shēnghuāngdì 名 未经开垦的荒地。也说生荒、生地。

【生活】shēnghuó ❶ 动 生存 ▷一家老小靠父亲的薪资～。❷ 动 人和动物在生存和发展过程中进行各种活动 ▷顽强地～。❸ 名 人和动物在生存和发展过程中进行的各种活动 ▷社会～｜考察野生动物的～。❹ 名 指生存和发展所需的各种物质条件 ▷～水平。

【生活方式】shēnghuó fāngshì 一定社会制度下社会群体及个人在物质和文化生活方面各种活动形式和行为特征的总和。包括劳动方式、消费方式、社会交往方式、道德价值观念等。

【生活费】shēnghuófèi 名 维持日常生活所必需的费用。

【生活问题】shēnghuó wèntí ❶ 指日常生活方面的困难 ▷解决受灾群众的～。❷ 指生活作风方面所出的问题，即不正当的男女关系。

【生活照】shēnghuózhào 名 记录日常生活情景的照片。

【生活资料】shēnghuó zīliào 用来满足人们物质和文化生活需要的社会产品。可分为生存资料（如衣、食、住、用方面的基本消费品），发展资料（如用于发展体力、智力的体育文化用品），享受资料（如高级营养品、华丽服装、艺术珍藏品）。也说消费资料。

【生火】shēnghuǒ 动 点燃炉灶中的柴、煤等 ▷～取暖。

【生机】shēngjī ❶ 名 生命力；活力 ▷～勃发｜焕发出新的～。❷ 名 生存的机会或条件 ▷在竞争中寻找～。

【生机勃勃】shēngjī-bóbó 形容生命力旺盛，朝气蓬勃。☛ 跟"生气勃勃"不同。"生机勃勃"不用于形容人。

【生计】shēngjì 名 维持生活的办法 ▷妥善解决下岗职工的～问题｜～无着。

【生姜】shēngjiāng 名 姜的通称。

【生境】shēngjìng 名 生物的个体、种群或群落所在的具体地域环境。包含生物所必需的生存条件和其他生态因素。

【生就】shēngjiù 动 先天生成 ▷～一副倔脾气。

【生角】shēngjué 名 生⑥；特指老生行当。☛ "角"这里不读 jiǎo。

【生客】shēngkè 名 初次见面的客人；不认识的客人。

【生恐】shēngkǒng 动 唯恐；很怕 ▷～落后。

【生圹】shēngkuàng 名 生前建造的墓穴。

【生拉硬扯】shēnglā-yìngchě 生拉硬拽。

【生拉硬拽】shēnglā-yìngzhuài ❶ 使劲儿拉扯，强迫别人顺从自己。❷ 比喻牵强附会，把没有联系的事硬拉扯在一起。

【生来】shēnglái 副 从出生以来；一向 ▷他～好动。

【生老病死】shēng-lǎo-bìng-sǐ 佛教指出生、衰老、生病、死亡，认为是人生的四大苦难。现泛指生育、养老、治病、殡葬等。

【生冷】shēnglěng 名 指生的和冷的食物 ▷胃病切忌～。

【生离死别】shēnglí-sǐbié 指再难见面的离别或生死永别。

【生理】shēnglǐ 名 生物机体的各种机能，即整个生物体及其各个部分所表现的各种生命活动 ▷～现象｜～卫生。

【生理盐水】shēnglǐ yánshuǐ 含氯化钠的特制水溶液。用于稀释注射剂或作为血浆代用品。

【生力军】shēnglìjūn ❶ 名 战争中新投入的、有强大战斗力的军队。❷ 名 比喻新增加的得力人员 ▷抗洪前线来了一批～。

【生料】shēngliào 名 没有加工、不能直接用来制作产品的原材料。

【生灵】shēnglíng ❶ 名〈文〉指百姓 ▷荼毒～。❷ 名 生命②。

【生灵涂炭】shēnglíng-tútàn 人民像陷入泥淖、坠入炭火一样困苦。形容社会混乱时期人民群众处于水深火热的困境之中。

【生龙活虎】shēnglóng-huóhǔ 活生生的龙和虎。形容富有生气,充满活力。

【生路】shēnglù ❶ 名 赖以维持生活的办法 ▷自谋～|到市场上找～。❷ 名 保住性命的办法 ▷从面临全军覆没的危难中开辟～。

【生猛】shēngměng ❶ 形 鲜活的(鱼虾等) ▷～海鲜。❷ 形 有生机、有活力的 ▷动作～|～的发展势头。

【生米煮成熟饭】shēngmǐ zhǔchéng shúfàn 比喻已成事实,无法改变(含无可奈何的意思)。

【生民】shēngmín 名〈文〉百姓;人民群众。

【生命】shēngmìng ❶ 名 生物体所具有的活动能力,是一种特殊的、复杂的、高级的物质运动形态,是蛋白质和核酸组成的系统。生命现象包括新陈代谢、生长发育、遗传变异和感应运动 ▷～在于运动◇政治～|艺术～。❷ 名 有生命的东西 ▷可爱的小～。☛ 跟"性命"不同。"生命"适用范围较广,可用于各种生物,还有比喻用法;"性命"多适用于人和动物。

【生命保险】shēngmìng bǎoxiǎn 人寿保险。

【生命科学】shēngmìng kēxué 研究生物的生命现象,生命物质的功能,生命体各自发生和发展的规律,以及生物之间相互关系等的自然科学。

【生命力】shēngmìnglì ❶ 名 生物体所具有的活力。❷ 名 指事物所具有的生存和发展的能力 ▷这项事业具有强大的～。

【生命线】shēngmìngxiàn 名 指能维持生存和发展的最重要的条件 ▷质量是企业的～。

【生母】shēngmǔ 名 生身的母亲。

【生怕】shēngpà 动 很害怕;很担心 ▷～迟到|～他跑了。

【生皮】shēngpí 名 未经加工鞣制的兽皮。

【生僻】shēngpì 形 生疏的;少见的(词语、文字等) ▷～字词|用典～。

【生平】shēngpíng ❶ 名 一生的经历 ▷作者～。❷ 名 平生 ▷他～创作了无数漫画。

【生漆】shēngqī 名 割破漆树树干韧皮流出的经过过滤的树脂。颜色乳白,干后变黑。可做涂料,也可制造油漆。也说大漆。

【生气】shēngqì ❶ 动 遇到不合心意的事而产生不愉快的情绪 ▷不要为这点小事～。○ ❷ 名 生命的活力 ▷虎虎有～|～盎然。

【生气勃勃】shēngqì-bóbó 形容富有朝气,充满活力。☛ 参见 1227 页"生机勃勃"的提示。

【生前】shēngqián 名 指死者在世的时候 ▷～留下遗言。

【生擒】shēngqín 动 活捉(敌人、坏人等)。

【生趣】shēngqù 名 生活的情趣、兴趣 ▷充满～。

【生人】shēngrén ❶ 动 人出生 ▷你是哪一年～? ○ ❷ 名 陌生的人 ▷他怕和～打交道。

【生日】shēngrì 名 人出生的日子;也指每年满周岁的那一天 ▷今天是妈妈 50 岁～◇党的～。

【生日卡】shēngrìkǎ 名 为祝贺别人生日而赠送的贺卡。也说生日贺卡。

【生荣死哀】shēngróng-sǐ'āi 活着受人景仰,死了令人哀痛。常用来称颂受人尊敬的死者。

【生色】shēngsè 动 增加光彩 ▷这个创意使影片大为～|文章经他一改,～不少。

【生涩】shēngsè 形 (言辞、文字等)不流畅,生硬拗口 ▷语句～难懂|文笔～。

【生杀予夺】shēngshā-yǔduó 决定人的生死和给予人赏罚(生杀:赦免死罪或诛杀夺命;予夺:赐予或剥夺);泛指主宰人的一切。☛ "予"这里不读 yú。

【生身】shēngshēn 区别 生育自己的 ▷～父母。

【生生】shēngshēng ❶ 副 活活① ▷他心眼儿不坏,可说出话来能把人～气死。❷ 副 硬是;生硬地 ▷保姆干活儿挺好的,怎么～把人家辞退了? ❸ 词的后缀。用在名词性、形容词性语素后面,表示程度加深 ▷虎～的小伙子|白～的羊毛衣|活～的事实。

【生生不息】shēngshēngbùxī 不断地生长、繁殖 ▷宇宙万物～。

【生生世世】shēngshēngshìshì 佛教指人的生死轮回中每一次在生的时期。通常指一代又一代 ▷～,永不忘记。

【生石膏】shēngshígāo 名 石膏。

【生石灰】shēngshíhuī 名 无机化合物,白色固体,由石灰石高温煅烧而成。与水作用,可生成粉状的熟石灰,是常用的建筑材料,也用作杀虫剂和杀菌剂。

【生事】shēngshì 动 制造事端;招惹麻烦 ▷造谣～|担心孩子在外面～。

【生手】shēngshǒu 名 对某项工作或技术还不熟悉的人 ▷新来的工人多半是～。

【生疏】shēngshū ❶ 形 不熟悉 ▷～的面孔|对这门学科很～。❷ 形 不熟练;手生 ▷好久不弹琴,指法有些～。❸ 形 (感情)疏远;不亲近 ▷关系越来越～。

【生水】shēngshuǐ 名 没有烧开的水。

【生丝】shēngsī 名 蚕茧经缫丝所得的丝条。光泽柔和,柔软而有弹性,是丝纺工业的原料。

【生死】shēngsǐ ❶ 动 生和死;生或死 ▷同～,共患难|面临～考验。❷ 区别 同生共死的,形容感情无比深厚 ▷～之交|～恋。

【生死簿】shēngsǐbù 名 迷信指阴曹地府中记载着每个人生死寿限的簿子。

【生死存亡】shēngsǐ-cúnwáng 或者生存或者死亡。形容事情非常重大或事态极其严重 ▷民心所向关系执政党的～|～的关键时刻。

【生死观】shēngsǐguān 名 对生与死所抱的态度和对生死行为的主观评价。是人生观的一项重要内容。

【生死交】shēngsǐjiāo 名 同生共死的交情;也指具有这种交情的朋友 ▷一百单八将结成～。也说生死之交。

【生死攸关】shēngsǐ-yōuguān 关系到生存和死亡(攸:所)。形容事态极为严重或事情极为重大。☛"攸"不要误写作"悠"。

【生死与共】shēngsǐ-yǔgòng 生死相依,同生共死。形容情谊深厚或关系密切。

【生态】shēngtài 名 指一定的自然环境下各种生物的生存状态和相互关系;也指生物的生理特性和生活习性 ▷～环境|～工程。

【生态工程】shēngtài gōngchéng 仿照生态系统原理而建立的生产工艺体系。它对于自然资源和生物能源的开发利用、城市建设的合理规划、生态农业的建设等有重大意义。

【生态环境】shēngtài huánjìng 影响人类与生物生存和发展的各种因素的总和。包括动物、植物、微生物和大气、阳光、水分、土壤等,它们相互联系,相互影响,共同发挥作用。

【生态建筑】shēngtài jiànzhù 以尊重自然生态结构、充分利用可再生资源为原则,运用生态技术和生态建材设计建造的建筑。

【生态科学】shēngtài kēxué 研究生命系统和自然环境相互作用规律的学科。

【生态旅游】shēngtài lǚyóu 以认识自然、欣赏自然、保护自然为内容的旅游。也说绿色旅游。

【生态农业】shēngtài nóngyè 以资源的可持续利用和生态环境保护为前提,运用系统工程方法和其他现代科学技术进行集约管理的农业。具有综合开发利用资源、物种配置多样化、高产、优质、无污染等特点。

【生态平衡】shēngtài pínghéng 指一定的动植物群落和生态系统发展过程中,各种对立因素通过相互制约、转化、补偿、交换等作用而达到的相对稳定的平衡状态。

【生态危机】shēngtài wēijī 由于人类盲目过度的活动导致环境质量下降,生态系统的结构与功能受到严重破坏,从而威胁人类生存和发展的现象。解决生态危机的根本途径是协调人与自然的关系,达到可持续发展。

【生态文明】shēngtài wénmíng 人类在社会实践中创造的、体现社会发展进步的环境保护成果,包括节约能源资源和保护生态环境的产业结构、增长方式、消费模式等。

【生态系统】shēngtài xìtǒng 生物群落中各种生物之间,以及生物和周围环境之间相互作用构成的整个自然系统。

【生态学】shēngtàixué 名 研究生物之间及生物与非生物环境之间相互关系的科学。

【生态移民】shēngtài yímín 把生态脆弱地区的居民迁移到适合居住的地区。

【生疼】shēngténg 形〈口〉很疼。

【生铁】shēngtiě 名 含碳量在2%以上的铁碳合金。由铁矿石在高炉内冶炼而成,一般质硬而脆。用于炼钢和铸造等。

【生土】shēngtǔ 名 未经熟化的土壤。含有机质少,微生物活动不多,不宜种植。

【生吞活剥】shēngtūn-huóbō 比喻生硬地接受或机械地模仿别人的理论、经验、方法、言论等。

【生物】shēngwù 名 自然界中一切有生命的物体,包括动物、植物和微生物。

【生物电】shēngwùdiàn 名 一种呈现于生物体内的电现象,心电图、脑电图就是通过心脏、脑细胞电位变化来反映这些器官的机能状态的。

【生物防治】shēngwù fángzhì 利用某些生物来防治对人类和农林植物有害的生物。即以虫治虫,以菌治虫,以菌治病。如用瓢虫防治棉蚜,用杀螟杆菌防治稻纵卷叶螟等。

【生物工程】shēngwù gōngchéng 一门跨学科的应用技术科学。研究改造生命系统以改良生物和创造新的生物品种,造福人类。包括基因工程、细胞工程、酶工程、微生物工程和生物化学工程五个方面。核心是基因工程。

【生物光】shēngwùguāng 名 某些生物由体内一些特殊物质(如荧光素)的氧化而产生的光。如萤火虫、深海中的某些动物等发出的光。

【生物技术】shēngwù jìshù 运用先进技术手段,改造生物品种及其产品生产性能的科学技术。如基因工程、细胞工程。

【生物碱】shēngwùjiǎn 名 一类碱性的含氮有机化合物。主要存在于植物体中,有些也存在于动物体中。分子结构复杂,种类繁多。是不挥发的晶体,难溶于水,味苦,有毒性,可用于制药。

【生物节律】shēngwù jiélǜ 生物钟。

【生物链】shēngwùliàn 名 指由动物、植物和微生物互相提供食物而形成的相互依存的链条关系。

【生物圈】shēngwùquān 名 地球表层生物栖居的范围,包括生物本身和生物生存、活动范围的自然环境。生物生存、活动的范围包括地球大气对流圈、地壳上层和整个水圈。

【生物入侵】shēngwù rùqīn 某种生物进入到不曾栖息的地区能够存活、繁殖,形成野生群落,并进一步扩散,对环境和经济造成严重后果的过程。如水葫芦原产于巴西等地，引入我国后繁殖迅速，从而危害南方的许多河流、湖泊的生态系统。也说外来物种入侵。

【生物污染】shēngwù wūrǎn 指有害的微生物、寄生虫对大气、水源、土壤、食物等造成的污染。

【生物武器】shēngwù wǔqì 利用有害生物（如有害细菌）大规模伤害人和动植物的武器。国际公约禁止使用。也说细菌武器。

【生物芯片】shēngwù xīnpiàn 用生物大分子为材料制造的高度集成的分子电路系统。具有集成度高、能耗小、速度快以及生物体系中的生物分子能自我修复、自我复制等特点。主要包括基因芯片、蛋白质芯片等。

【生物制品】shēngwù zhìpǐn 应用微生物或其代谢产品、寄生虫或动物的毒素、人或动物的血液及组织等制成的产品，用于防治、诊断某些特定的疾病。如球蛋白、血清、疫苗、菌苗、抗毒素或抗原等。

【生物钟】shēngwùzhōng 图 生物生命活动的内在节奏和周期性节律。植物开花结果，夜来香晚间放香，雄鸡清晨啼叫，候鸟按时迁徙等等，都是生物钟的作用和表现。也说生物节律。

【生息】shēngxī ❶ 动 生存；生活 ▷祖祖辈辈在这片黑土地上劳动～。❷ 动（人口）繁殖 ▷繁衍～｜休养～。❸ 动 使生长 ▷～资产｜～实力。○ ❹ 动 产生利息 ▷钱存入银行，让它～。

【生相】shēngxiàng 图 长相 ▷～不俗。

【生肖】shēngxiào 图 与十二地支相配，用来标记人的生年的十二种动物。它们是：鼠（子）、牛（丑）、虎（寅）、兔（卯）、龙（辰）、蛇（巳）、马（午）、羊（未）、猴（申）、鸡（酉）、狗（戌）、猪（亥）。也说属相。

【生效】shēngxiào 动 产生效力 ▷合同即日～。

【生性】shēngxìng 图 生来就有的特性 ▷～爽直。

【生锈】shēngxiù 动 金属表面被氧化而生成某种物质；比喻机体因保养不够而致功能减退 ▷天气太潮，金属设备容易～｜久未动笔，文思开始～。

【生涯】shēngyá 图 指从事某种事业或活动的生活 ▷记者～｜戎马～。

【生养】shēngyǎng 动 生育抚养 ▷她一直没～过孩子。

【生药】shēngyào 图 只经过简单加工而没有提炼炮制的中药。

【生业】shēngyè 图 作为生活来源的职业 ▷以捕鱼为主要～。

【生疑】shēngyí 动 心里产生疑问 ▷他的话令人～。

【生意】shēngyì 图 生机；生命力 ▷～盎然｜富有～。

【生意】shēngyi 图 商业活动 ▷做～｜～兴隆。

【生意经】shēngyijīng 图 做买卖的一套方法、窍门 ▷大讲～｜有一套～。

【生硬】shēngyìng ❶ 形 不柔和；不细致 ▷言语～。❷ 形 不自然；不熟练 ▷动作很～｜外语说得很～。

【生油】shēngyóu 图 没有熬过的油。

【生于】shēngyú 动 出生在（某时或某地）▷马克思～1818年｜～北京。

【生鱼片】shēngyúpiàn 图 生的鲜鱼片儿，一般是蘸着调料（芥末、醋、盐等）食用。

【生育】shēngyù 动 生孩子 ▷节制～｜～子女。

【生育保险】shēngyù bǎoxiǎn 一种社会保险，即职业妇女因生育子女而暂时中断劳动期间，由国家和社会及时给予生活保障和物质帮助。主要包括生育津贴和生育医疗费用。我国的生育保险费由用人单位缴纳，职工不缴纳。

【生员】shēngyuán 图 科举时代指在国学或州、县学读书的学生；明清时指经过本省各级考试录取进入府、州、县学的学生，通称秀才。

【生源】shēngyuán 图 学生的来源 ▷扩大～。

【生造】shēngzào 动 生硬地编造（词语）▷不要～谁也不懂的词语。

【生长】shēngzhǎng ❶ 动（生物体）在发育过程中增长体积和重量。❷ 动 出生和成长；产生和增长 ▷～在南方｜这种土适合花生～。

【生长点】shēngzhǎngdiǎn 图 植物的根和茎的顶端不断增生细胞的部位；比喻能使事物迅速发展的部分 ▷培育新技术产业～。

【生长期】shēngzhǎngqī 图 农作物从播种到收获所需要的时间。

【生长素】shēngzhǎngsù 图 一种植物激素。有抑制侧芽、促进生根、调节茎的生长速度等作用。

【生殖】shēngzhí 动 生物为维持种族延续而由母体繁衍出新个体，是生命的基本特征之一。

【生殖器】shēngzhíqì 图 生殖器官的简称。生物体产生生殖细胞、繁殖后代的器官。高等植物的生殖器是花，包括雄蕊和雌蕊。人和高等动物的生殖器包括雄性的精囊、睾丸、输精管、阴茎等，雌性的卵巢、输卵管、子宫、阴道等。

【生殖系统】shēngzhí xìtǒng 人和动物有关生殖的各器官的统称。包括生殖腺和生殖器官。

【生殖腺】shēngzhíxiàn 图 人和高等动物产生生殖细胞（精子或卵子）的腺体，即睾丸和卵巢。也说性腺。

【生猪】shēngzhū 图 商业上指活猪。

【生字】shēngzì 图 不认识的字；特指没有学过的字。

声（聲） shēng ❶ 图 声音 ▷雷～｜歌～｜～响。→ ❷ 动 发出声音；宣布

▷不～不响|～称。→❸ 图 音讯;消息 ▷销～匿迹|无～无息。→❹ 图 名誉;威望 ▷名～|～誉|～望。→❺ 图 声母 ▷双～叠韵。→❻ 图 字调 ▷四～|平～。→❼ 量 用于发出声音的次数 ▷一～枪响。

【声辩】shēngbiàn 动 公开辩白 ▷为自己～。

【声波】shēngbō 图 由发声体的振动引起的在弹性媒质中传播的一种机械波。频率为20—20,000赫兹的声波叫可听声波。旧称声浪。

【声部】shēngbù 图 由两种或两种以上的旋律构成和弦的器乐曲或声乐曲中,每一种旋律就是一个声部。器乐声部分为高音部、中音部、次中音部、低音部;声乐声部分为女高音、女中音、女低音,男高音、男中音、男低音。

【声称】shēngchēng 动 公开表示;宣称 ▷～对这起爆炸事件负责。

【声带】shēngdài ❶ 图 喉腔内具有发声功能的器官。由两片带状的纤维质薄膜构成。从肺部呼出的气流振动它,便发出声音。❷ 图 录有声迹的胶片或磁带。

【声道】shēngdào ❶ 图 声学上指从某特定位置上收集或产生并记录在某种存储介质上的一组声音信号。❷ 图 物理学上指声波在某介质中传输的通道。

【声调】shēngdiào ❶ 图 说话声音高低的腔调 ▷～低沉|～高亢。❷ 图 字调的通称。

【声东击西】shēngdōng-jīxī 表面上说要攻击东面,实际却是攻击西面。是作战时一种迷惑敌人以攻其不备的策略。

【声符】shēngfú 图 声旁。

【声价】shēngjià 图 身价②。

【声卡】shēngkǎ 图 电子计算机中用来处理声音信号的硬件设备。

【声控】shēngkòng ❶ 动 用声音控制 ▷这款机器人可以～。❷ 区别 用声音控制的 ▷～电灯|～装置。‖也说音控。

【声浪】shēnglàng ❶ 图 声波的旧称。❷ 图 众人呼喊的一起一落的声音 ▷反战～不断高涨。

【声泪俱下】shēnglèi-jùxià 边说边哭。形容非常伤心,极其悲痛。

【声律】shēnglǜ 图 我国古代对诗、词、曲、赋在语音上的要求;格律。

【声门】shēngmén 图 喉腔中部两片声带之间的开口,不发声时呈V形。

【声名】shēngmíng 图 名声。

【声名狼藉】shēngmíng-lángjí 形容名声极坏。☛"藉"不要误写作"籍"。

【声名鹊起】shēngmíng-quèqǐ 形容名望迅速提高(鹊起:像喜鹊一样飞起)。☛"鹊"不要误写作"雀"。

【声明】shēngmíng ❶ 动 公开表明态度或说明事实真相 ▷严正～|～我方立场。❷ 图 公开表明态度、说明事实真相的文告 ▷发表～|～写得义正词严。☛跟"申明"不同。"声明"侧重于公开宣布;"申明"侧重于申说解释。

【声母】shēngmǔ 图 汉语音节开头的辅音。如"声(shēng)"的声母是"sh"。以元音开头的音节的声母叫"零声母"。

【声呐】shēngnà 图 英语sonar音译。利用水下声能来探测水中目标及其状态的仪器。广泛用于潜艇、水下作业及渔业探测等。

【声能】shēngnéng 图 声波具有的能量 ▷将～转换为电能。

【声旁】shēngpáng 图 形声字中表示读音的偏旁。如"梅"字中的"每"。也说声符。

【声频】shēngpín 图 人耳能听到的振动频率,约在20—20,000赫兹范围内。旧称音频。

【声频谱】shēngpínpǔ 图 记录声音各组成部分幅值或相位、按频率大小排列的图形。简称声谱。

【声气】shēngqì ❶ 图(说话时的)声音和语气 ▷他今天说话怎么没有好～?❷ 图 消息;信息 ▷不通～。

【声腔】shēngqiāng 图 由许多不同戏曲剧种中具有共同特点、有着传承关系的腔调和演唱方法、演唱方式形成的腔调类型。如昆腔、高腔、梆子腔、皮黄等都是影响广泛的声腔。

【声强】shēngqiáng 图 声音的强弱。指单位时间内通过垂直于声波传播方向的单位面积的能量。单位为瓦/米^2。旧称音强。

【声情并茂】shēngqíng-bìngmào 形容演唱、演奏或说话的声音悦耳,感情充沛动人。

【声色】shēngsè ❶ 图〈文〉指歌舞和女色 ▷～犬马。○❷ 图(说话时的)声音和表情 ▷不露～。❸ 图 指生气和活力 ▷晚会很有～。

【声色俱厉】shēngsè-jùlì (说话时)声音和表情都非常严厉。

【声势】shēngshì 图 声威和气势 ▷～日渐壮大|大造～。

【声嘶力竭】shēngsī-lìjié 嗓子喊哑,力气用尽。形容拼命喊叫。

【声速】shēngsù 图 声波在媒质中传播的速度。它与媒质的性质、状态有关。旧称音速。

【声讨】shēngtǎo 动 公开地谴责 ▷～卖国贼。

【声望】shēngwàng 图 在社会上受人们景仰的名声 ▷颇有～|～显赫。☛跟"声誉"不同。"声望"是褒义词;"声誉"本身不具褒贬性,可用于褒贬不同的语境。

【声威】shēngwēi ❶ 图 声望 ▷～远扬。❷ 图 声势和威力 ▷～巨大。

【声息】shēngxī ❶ 图 声音和气息;特指声音 ▷悄无～。❷ 图 消息 ▷互通～。

【声响】shēngxiǎng 名 响声 ▷隆隆的～。

【声像】shēngxiàng 名 音像；特指录制下来的声音和图像 ▷实现～同步｜～资料｜～带。

【声学】shēngxué 名 研究声音的发生、传播、接收和效应等各种现象及其规律的学科，是物理学中研究声波的一个分支。

【声讯】shēngxùn 名 通过专设电话提供的信息咨询业务 ▷～电话｜～服务。

【声讯台】shēngxùntái 名 从事有偿电话信息服务的机构。

【声言】shēngyán 动 声称。

【声扬】shēngyáng 动 声张；张扬。

【声音】shēngyīn 名 听觉对声波产生的感知 ▷嘈杂的～｜～洪亮。

【声誉】shēngyù 名 声望名誉 ▷享有崇高的～。☛ 参见 1231 页"声望"的提示。

【声援】shēngyuán 动 公开发表言论表示支持。☛ 跟"支援"不同。"声援"指从言论上、道义上表示支持；"支援"指用人力、物力、财力或其他实际行动支持援助。

【声源】shēngyuán 名 引发声波的振动源，如人的声带、弦乐器的弦等。

【声乐】shēngyuè 名 由人声演唱的音乐，有独唱、重唱、合唱、表演唱等形式，可以有乐器伴奏（跟"器乐"相区别）。

【声韵】shēngyùn ❶ 名 声母和韵母。❷ 名 指诗文的节奏韵律 ▷～和谐｜写诗讲究～。

【声张】shēngzhāng 动（把消息、事情等）传播宣扬出去 ▷他做了好事从不～｜大肆～。☛ 跟"伸张"不同。

昇 shēng 用于人名。如毕昇，宋代人，发明活字版印刷术。

另见 1225 页 shēng"升[1]"。

牲 shēng ❶ 名 古代指供祭祀用的牛、羊、猪等 ▷三～｜献～。→ ❷ 名 家畜 ▷～口｜～畜。

【牲畜】shēngchù 名 家畜。

【牲口】shēngkou 名 用来耕地和运输的家畜。主要有牛、马、驴、骡等。

陞 shēng 用于商号等。如内联陞，鞋店，在北京。

另见 1225 页 shēng"升[1]"。

笙 shēng 名 我国传统的簧管乐器，在锅形的座子上装有 13—19 根带簧的竹管和 1 根吹气管。现经改进，簧管数增多，转调便捷，演奏音域增宽。

【笙歌】shēnggē〈文〉❶ 动 奏乐唱歌 ▷～达旦。❷ 名 指奏乐、唱歌的声音 ▷～鼎沸。

甥 shēng 名 姐姐或妹妹的子女 ▷外～｜～女。

【甥女】shēngnǚ 名 外甥女。

shéng

渑（澠） shéng 名 渑水，古水名，在今山东。另见 951 页 miǎn。

绳（繩） shéng ❶ 名 绳子 ▷把衣服晾到～上｜麻～｜草～｜钢丝～｜缰～。→ ❷ 名〈文〉指绳墨 ▷木直中（zhòng）～。❸ 名 标准；规矩 ▷准～。❹ 动〈文〉纠正；制裁 ▷～之以法。○ ❺ 名 姓。

【绳锯木断】shéngjù-mùduàn 用绳子可以把木头锯断。比喻力量虽小，只要持之以恒，就可以达到目的。

【绳捆索绑】shéngkǔn-suǒbǎng 用绳索捆绑起来。

【绳缆】shénglǎn 名 缆绳。

【绳墨】shéngmò 名 木工打直线用的墨线和墨汁；借指规范言行的法度和准则 ▷不合～｜既挥洒自如，又不失～。参见 971 页"墨斗"。

【绳索】shéngsuǒ 名 比较粗的绳子。

【绳套】shéngtào ❶ 名 绳子结成的套儿。❷ 名 把拉车的牲口同车连接起来的绳具。

【绳梯】shéngtī 名 用绳索编成的软梯 ▷直升机吊下了～。

【绳之以法】shéngzhīyǐfǎ 根据法律给予制裁。

【绳子】shéngzi 名 用两股以上丝、棉、麻纤维或棕、草等拧成的条状物。

shěng

省[1] shěng ❶ 动 减少；免除 ▷～不少麻烦｜这道工序不能～｜～略。→ ❷ 动 节约，减少耗费（跟"费"相对）▷～时间｜既～工又～料｜～钱。○ ❸ 名 姓。

省[2] shěng ❶ 名 我国行政区划单位，直属中央 ▷山东～｜东北三～｜～辖市｜～会。→ ❷ 名 指省会 ▷到～里参观。☛"省"字读 shěng，指行政区划或表示减少、免除、节约等意思，如"省会""节省"；读 xǐng，用于行为动作，表示察看、检查、看望、明白等意思，如"省察""反省""猛省"。

另见 1540 页 xǐng。

【省便】shěngbiàn 形 省事便捷 ▷乘地铁上班～。

【省城】shěngchéng 名 省会。

【省吃俭用】shěngchī-jiǎnyòng 形容生活上精打细算，十分俭朴。

【省得】shěngde 连 常用在后一分句开头，表示前一分句的目的是避免发生某种不希望发生的情况，相当于"以免""免得" ▷早点儿回家，～妈妈着急。

【省份】shěngfèn 名 省[2] ① ▷沿海～｜内陆～。

☛ ㊀不宜写作"省分"。㊁"省份"只作省级行政区划单位名词，不能和省名连用。如湖北省不能说成湖北省份。

【省会】shěnghuì 名 省级政府机关所在的城市。也说省城。

【省级】shěngjí 名 省、自治区、直辖市一级，是我国地方行政区划单位中最高一级。

【省俭】shěngjiǎn 形 俭省。

【省劲】shěngjìn 形 省力。

【省力】shěnglì 形 节省力气。

【省略】shěnglüè ❶ 动 省掉；略去（不必要的语言文字、手续、程序等）▷～一道工序。❷ 动 语法中指在一定条件下省去某一个或几个句子成分 ▷承前～。

【省略号】shěnglüèhào 名 标点符号，形式为"……"（6个小圆点，占两个字的位置）。表示引文或列举中省略的部分，也表示说话断断续续或语意未尽。也说删节号。

【省钱】shěngqián 动 节省钱财。

【省却】shěngquè ❶ 动 减少 ▷～许多麻烦。❷ 动 节省 ▷～不少费用。

【省事】shěngshì ❶ 动 减少麻烦，简化手续 ▷开展网上咨询，使考生～、省时。❷ 形 方便；不麻烦 ▷用洗衣机洗衣服～多了。

【省辖市】shěngxiáshì 名 由省、自治区人民政府直接管辖的市。

【省心】shěngxīn 动 不费心；少操心 ▷女儿出嫁后，妈妈～多了。

【省油灯】shěngyóudēng 名 比喻安分守己不惹是非的人（多用于否定）▷这个人可不是～。

【省志】shěngzhì 名 记载一省政治、经济、文化、民俗等方面的历史和现状的地方志。

【省治】shěngzhì 名 旧指省会。

眚 shěng 〈文〉❶ 动 眼球上长白翳 ▷目～眼花。→ ❷ 名 过失 ▷不以一～掩大德。

shèng

圣（聖） shèng ❶ 形 品格最高尚，智慧最高超 ▷～明｜～人。→ ❷ 名 品格最高尚、智慧最高超的人 ▷～贤｜～哲。❸ 名 在某方面有极高成就的人 ▷诗～｜画～｜棋～。→ ❹ 形 最崇高；最庄严 ▷神～｜～洁｜～地。⇒ ❺ 名 封建时代对帝王的尊称 ▷～上｜～主｜～旨｜～听。⇒ ❻ 名 宗教徒对所崇拜信仰的人或事物的尊称 ▷～诞｜～母｜～经｜～灵。○ ❼ 名 姓。☛ 跟"圣"不同。由"圣"构成的字有"怪""蛏""柽"等。

【圣诞】shèngdàn ❶ 名 旧指孔子的诞辰。❷ 名 基督教称耶稣的生日。

【圣诞节】shèngdànjié 名 基督教纪念耶稣诞生的节日，多数教会规定为12月25日。

【圣诞卡】shèngdànkǎ 名 送给别人祝贺圣诞节的卡片。

【圣诞老人】shèngdàn lǎorén 西方童话故事中的人物，是一位穿红袍的白胡子老人，在圣诞节夜里驾着鹿拉的雪橇，从烟囱进入各家分送礼物给儿童。西方国家在圣诞之夜有扮成圣诞老人给儿童送礼物的习俗。

【圣诞树】shèngdànshù 名 圣诞节用的一种装饰品，一般为杉、柏等常绿树。树上缀有彩灯、蜡烛、玩具、礼品等。在家庭或集会上摆设。

【圣地】shèngdì ❶ 名 与宗教创始人的生平有重大关系，被教徒尊为神圣的地方。如基督教、伊斯兰教、犹太教的耶路撒冷，伊斯兰教的麦加、麦地那。❷ 名 指人们所尊崇和向往的地方；也指有重大历史意义的地方 ▷革命～延安。☛ 跟"胜地"不同。

【圣火】shènghuǒ 名 神圣的火焰；现多指奥林匹克运动会的火炬 ▷点燃奥运～。

【圣洁】shèngjié 形 神圣而纯洁 ▷～的灵魂。

【圣经】shèngjīng ❶ 名 圣人的书，指儒家经典。❷ 名 基督教经典，包括《旧约全书》和《新约全书》。❸ 名 犹太教经典，包括《律法书》《先知书》《圣录》三个部分。

【圣灵】shènglíng 名 神灵。

【圣庙】shèngmiào 名 孔庙的尊称。

【圣明】shèngmíng 形 智慧高超，见解高明。古代常用来称颂皇帝 ▷吾皇～。

【圣母】shèngmǔ ❶ 名 我国神话故事中称某些女神，如《宝莲灯》里就有三圣母。❷ 名 天主教对耶稣的母亲玛利亚的尊称。

【圣女果】shèngnǚguǒ 名 樱桃番茄。

【圣人】shèngrén ❶ 名 古代尊称帝王；也指品格、智慧最高的人，如孔子。❷ 名 佛教、道教对佛祖、神仙的尊称。❸ 名 天主教指死后灵魂升入天堂的可作教徒表率、受宗教敬礼的人。

【圣上】shèngshàng 名 古代尊称在位的皇帝。

【圣手】shèngshǒu 名 指在某方面有极高造诣的人 ▷围棋～。

【圣水】shèngshuǐ ❶ 名 某些宗教举行宗教仪式时所使用的水。❷ 名 迷信指能治病、驱魔的水。

【圣贤】shèngxián 名 〈文〉圣人和贤人；泛指德才极高的人 ▷人非～，孰能无过？

【圣像】shèngxiàng ❶ 名 古代称孔子的像。❷ 名 泛指宗教及民间所崇拜的各类神仙、圣佛等的画像或塑像。

【圣训】shèngxùn ❶ 名 古代指皇帝的诏令。❷ 名 古代圣人的训诫。❸ 名 伊斯兰教指创始人穆罕默德及其弟子们的言行记录。

【圣药】shèngyào 名 指灵验的药。

【圣旨】shèngzhǐ 名 古代指皇帝的命令；现多比喻不可违反的意见(含讥讽意) ▷跪接～|把他的话当～一般执行。

胜(勝) shèng ❶ 动 能承担；经得住 ▷～任|不～其烦。→ ❷ 副 尽 ▷不可～数|不～枚举。→ ❸ 动 在斗争或竞赛中压倒或超过对方(跟"负""败"相对) ▷打～仗|得～。⇒ ❹ 动 打败(对方) ▷以少～多|主队以5:1大～客队。⇒ ❺ 动 超过 ▷一步行动～过一打(dá)纲领|事实～于雄辩。❻ 形 优美的；美好的 ▷～地|～境。❼ 名 优美的地方或境界 ▷名～|引人入～。○ ❽ 名 姓。☛ 统读 shèng，不读 shēng。

【胜败】shèngbài 名 胜利和失败 ▷～乃兵家常事。

【胜出】shèngchū 动 在比赛或竞争中击败对手，取得胜利 ▷中国女排以 3:2～。

【胜地】shèngdì 名 著名的风景优美的地方 ▷避暑～|旅游～。☛ 跟"圣地"不同。

【胜负】shèngfù 名 胜败 ▷双方互有～。

【胜果】shèngguǒ 名 胜利的果实；获胜的结果 ▷取得～|守住～。

【胜过】shèngguò 动 超过 ▷幼稚的创造～高明的模仿。

【胜机】shèngjī 名 取胜的时机 ▷勿失～。

【胜迹】shèngjì 名 著名的古迹 ▷西安～遍布。

【胜绩】shèngjì 名 比赛中取胜的成绩 ▷～骄人。

【胜景】shèngjǐng 名 优美的景致。

【胜境】shèngjìng ❶ 名 环境优美的地方 ▷旅游～。❷ 名 美妙的意境 ▷剧情渐入～。

【胜局】shèngjú 名 获胜的局势 ▷锁定～。

【胜利】shènglì ❶ 动 击败对方(跟"失败"相对) ▷战斗～了。❷ 动 (工作、事业等)达到预定的目的或目标 ▷我们的事业必定～。☛ 跟"成功"不同。"胜利"①多指经过与对立一方斗争后取得成功；"成功"则不强调有对立面，仅指取得了预期的结果。

【胜率】shènglǜ ❶ 名 取胜的概率 ▷红队～高于黄队。也说胜面。❷ 名 取胜次数占参赛总次数的比率。如参赛 10 次，取胜 8 次，胜率为 80%。

【胜券】shèngquàn 名 指取得胜利的把握 ▷稳操～。☛ "券"不读 juàn。

【胜券在握】shèngquànzàiwò 稳操胜券。

【胜任】shèngrèn 动 有足够的能力来担任(工作、职务等) ▷完全可以～这个职务|难以～。

【胜势】shèngshì 名 获胜的形势 ▷奠定了～。

【胜似】shèngsì 动 胜过 ▷一年～一年。

【胜诉】shèngsù 动 在诉讼中，一方当事人得到法院有利于自己的判决，即打赢官司(跟"败诉"相对)。

【胜算】shèngsuàn 名 能够制胜的计划、谋略 ▷雄谋～|～在胸。

【胜选】shèngxuǎn 动 在选举中获胜 ▷高票～。

【胜仗】shèngzhàng 名 打赢了的战役或战斗。

晟 shèng 形 〈文〉光明。

另见 176 页 chéng。

乘(*乗椉) shèng 〈文〉❶ 量 古代把 4 匹马拉 1 辆兵车计为 1 乘 ▷家拥百～|万～之国。○ ❷ 名 春秋时晋国的史书；后来泛指一般史书 ▷史～|野～。

另见 176 页 chéng。

盛 shèng ❶ 形 兴旺；繁荣 ▷由～转衰|兴～|繁～。→ ❷ 形 充足；丰富 ▷～筵|丰～。❸ 形 大 ▷久负～名|～誉|～怒。⇒ ❹ 形 规模大而隆重 ▷～典|～况。⇒ ❺ 形 范围广；普遍 ▷奢靡之风很～|～传。⇒ ❻ 副 极力 ▷～夸|～赞。⇒ ❼ 形 深厚 ▷～情|～意。→ ❽ 形 强壮；强烈 ▷年少气～|火气太～。○ ❾ 名 姓。☛ 是上下结构，不是半包围结构。

另见 176 页 chéng。

【盛产】shèngchǎn 动 大量出产 ▷～棉花。

【盛传】shèngchuán 动 广泛流传。

【盛大】shèngdà 形 宏大而隆重 ▷～的联欢晚会。

【盛典】shèngdiǎn 名 盛大的典礼 ▷庆祝～。

【盛服】shèngfú 名 盛装。

【盛果期】shèngguǒqī 名 植物结果最旺盛的时期。

【盛会】shènghuì 名 盛大的会议或聚会。

【盛极一时】shèngjí-yīshí 在一段时间内特别兴盛或流行。

【盛举】shèngjǔ 名 盛大的活动；重大的举措 ▷共襄区域合作～(襄：帮助，协助)。

【盛开】shèngkāi 动 (鲜花)茂盛地开放 ▷桃花～。

【盛况】shèngkuàng 名 盛大而热烈的情景 ▷报道国庆～。

【盛名】shèngmíng 名 很大的名声 ▷久负～。

【盛名之下，其实难副】shèngmíngzhīxià，qíshínánfù《后汉书·黄琼传》："阳春之曲，和者必寡；盛名之下，其实难副。"意思是说享有盛名的人，他的实际情况未必与名声相称。多用来提醒人要有自知之明，要谦虚谨慎。☛ "副"不要误写作"符"。

【盛年】shèngnián 名 〈文〉壮年。

【盛怒】shèngnù 动 大怒。

【盛评】shèngpíng ❶ 动 高度评价 ▷全球主流媒体～北京奥运会。❷ 名 高度的评价 ▷屡获～。

【盛期】shèngqī 名 旺盛、茂盛的时期。

【盛气凌人】shèngqì-língrén 指以骄横的气势压人。

【盛情】shèngqíng 名 深厚的情意 ▷～款待|～难却。

【盛世】shèngshì 名 昌盛的时代 ▷欣逢～。

【盛事】shèngshì 名 盛大的事情 ▷体坛～。

【盛暑】shèngshǔ 名 酷热的夏天；夏天酷热的天气 ▷时值～|～难当。也说盛夏。

【盛衰】shèngshuāi 名 兴盛和衰败 ▷国家的～关系到每个人的切身利益。

【盛夏】shèngxià 名 盛暑。

【盛销】shèngxiāo 动 销售旺盛 ▷产品～国内外|～不衰。

【盛行】shèngxíng 动 十分流行 ▷学外语之风～。

【盛筵】shèngyán 名 盛宴 ▷设～招待。

【盛宴】shèngyàn 名 盛大的宴会 ▷～款待。

【盛意】shèngyì 名 盛情。

【盛誉】shèngyù 名 很高的荣誉 ▷久享～。

【盛赞】shèngzàn 动 竭力赞扬 ▷～展品精美。

【盛馔】shèngzhuàn 名 丰盛的饭食 ▷官廷～。

【盛装】shèngzhuāng 名 华丽而庄重的装束 ▷身着～◇广场披上节日～。也说盛服。

剩（*賸❶） shèng ❶ 动 余下；留下 ▷一分钱也没～|只～下他一个人|残汤～饭|～余|过～。〇 ❷ 名 姓。

【剩余】shèngyú ❶ 动 从某个数量里除去一部分以后余留下来 ▷劳动力～下来了|～产品。❷ 名 剩余的东西 ▷还有少量～。

【剩余产品】shèngyú chǎnpǐn 劳动者的剩余劳动所创造的产品（跟"必要产品"相区别）。

【剩余价值】shèngyú jiàzhí 雇佣工人在生产中所创造的超过自身劳动力价值而被资本家无偿占有的那一部分价值。

【剩余劳动】shèngyú láodòng 劳动者在生产中除必要劳动以外所付出的劳动。剩余劳动创造的成果，在有阶级剥削的社会里被剥削者无偿占有，在社会主义公有制条件下归社会支配，用以提高人民的物质和文化生活水平（跟"必要劳动"相区别）。

嵊 shèng 名 嵊州，地名，在浙江。

shī

尸（*屍❸） shī ❶ 名 古代祭祀时代表死者受祭的活人。→ ❷ 动〈文〉空占着（职位）▷～位素餐。→ ❸ 名 人或动物死后的躯体 ▷～横遍野|～首。

【尸斑】shībān 名 人死后约1—3小时，在尸体低下部位出现的暗紫色血斑。

【尸骨】shīgǔ ❶ 名 尸体腐烂后剩下的骨头。❷ 名 借指尸体 ▷收拾罹难人员的～。

【尸骸】shīhái 名〈文〉尸骨。

【尸横遍野】shīhéngbiànyě 人的尸体遍布荒野。形容被杀死的人极多。

【尸检】shījiǎn 动 指对尸体进行病理解剖或法医学方面的检查 ▷～报告|进行～。

【尸蜡】shīlà 名 指尸体表面的蜡样物质。是尸体的皮下脂肪组织在特殊环境下发生化学反应形成的。

【尸身】shīshēn 名 尸体。

【尸首】shīshou 名 人的尸体。

【尸体】shītǐ 名 人和动物死后的躯体。

【尸位素餐】shīwèi-sùcān 空占着职位而不尽职尽责（尸位：占着职位不做事；素餐：不做事而白吃饭）。

失 shī ❶ 动 原有的没有了；丢掉（跟"得"相对）▷丧～|丢～。→ ❷ 动 找不着 ▷～踪|～群孤雁。→ ❸ 动 没有控制住 ▷～言|～手。→ ❹ 动 改变（常态）▷～常|～态。→ ❺ 动 没有达到（愿望、目的）▷～意|～望。→ ❻ 动 违背；背离 ▷～信|～实。→ ❼ 名 过错 ▷智者千虑，必有一～。

【失败】shībài ❶ 动 被对方击败（跟"胜利"相对）▷侵略者必然～。❷ 动（工作、事业等）没有达到预期目的或目标（跟"成功"相对）▷～使他清醒了。

【失策】shīcè 动 失算；采用了错误的策略、办法 ▷没有市场调查就进货，真～|指挥～。

【失察】shīchá 动 疏于检查和监督，出了问题没有及时发现 ▷一时～，让坏人钻了空子。

【失常】shīcháng 形 不正常 ▷临场发挥～。

【失宠】shīchǒng 动 失去某人宠爱。

【失传】shīchuán 动 没有流传下来 ▷秘方已经～。

【失聪】shīcōng 动〈文〉失去听觉；耳聋。

【失措】shīcuò 动 行为慌乱，不知所措 ▷举止～|惊慌～。

【失单】shīdān 名 向有关部门提供的丢失财物的清单 ▷开列～报案。

【失当】shīdàng 形 不当 ▷比例～|～的举措。

【失盗】shīdào 动 被盗。

【失道寡助】shīdào-guǎzhù《孟子·公孙丑下》："得道者多助，失道者寡助。"后用"失道寡助"指违反正义一定陷于孤立。

【失地】shīdì ❶ 动 丧失国土 ▷腐败的清政府丧权辱国，～万里◇产品落后，客户锐减，连连～。❷ 名 丧失的国土 ▷收复～◇产品更新升级，夺回市场～。〇 ❸ 动 农民失去土地 ▷要确保村民离地不～。

【失掉】shīdiào ❶ 动 原有的没有了；丧失 ▷企业～市场就～了活力｜没有～信心。❷ 动 没有把握住；错过 ▷～机遇。

【失独】shīdú 动 失去独生子女，指独生子女亡故 ▷发生家庭～的悲剧｜～老人。

【失范】shīfàn 动 丧失规范；违背规范 ▷公务员言行要以身作则，以免～｜师德～。

【失和】shīhé 动 双方关系变得不和睦 ▷为了一件小事而～，真不应该。

【失衡】shīhéng 动 失去平衡 ▷收支～｜关系～。

【失欢】shīhuān〈文〉❶ 动 失去别人的欢心 ▷～于众。❷ 动 失和 ▷两国～｜兄弟～。

【失悔】shīhuǐ 动 事后懊悔 ▷～于当初的鲁莽。

【失婚】shīhūn 动 丧偶或离婚后未再结婚。

【失魂落魄】shīhún-luòpò 丢掉了魂魄。形容心神不定、惊慌失措的样子。也说丧魂落魄。

【失火】shīhuǒ 动 意外着火；发生火灾。

【失计】shījì 动 失策。

【失记】shījì 动 不记得；忘记 ▷因病～｜年久～。

【失检】shījiǎn ❶ 动 言行举止有失检点 ▷酒后～。❷ 动 未及时检查 ▷这些设备年久～。

【失脚】shījiǎo 动 走路不小心跌倒。

【失教】shījiào 动 缺乏教育。

【失节】shījié ❶ 动 丧失操守、气节 ▷～投敌。❷ 动 旧指妇女失去贞操。

【失禁】shījìn 动（排泄器官）失去控制能力 ▷大小便～。

【失敬】shījìng 动 客套话，用于因礼貌不周向对方表示歉意 ▷未能远迎，～，～！

【失据】shījù 动〈文〉失去凭借 ▷进退～。

【失控】shīkòng 动 失去控制 ▷事态～。

【失口】shīkǒu 动 失言。

【失礼】shīlǐ ❶ 动 缺少应有的礼节，对人不礼貌 ▷在老师面前不能～。❷ 动 失敬。

【失利】shīlì 动 婉词，指在战争、竞赛中失败 ▷本次比赛，我队再次～。

【失联】shīlián 动 失去联系或联络 ▷飞机～。

【失恋】shīliàn 动 恋爱的人失去对方的爱情。

【失灵】shīlíng 动（机械、仪器、器官等）灵敏度减弱或失去应有的功能 ▷刹车～◇调度～。

【失落】shīluò ❶ 动 丢掉；遗失 ▷文件～。❷ 形 精神上没有着落的样子 ▷刚刚退休，心里总感到非常～。

【失落感】shīluògǎn 名 在精神或感情上没有着落、失去依托的感觉。

【失密】shīmì 动 丢失机密文件或泄露机密信息。

【失眠】shīmián 动 睡不着觉。

【失明】shīmíng 动 丧失视力 ▷一只眼睛已～。

【失能】shīnéng 动 丧失能力；特指由于意外伤害或疾病造成生理损伤，致使丧失日常生活能力或工作能力 ▷高龄老人失智～的风险增大｜这家医院在～者康复方面效果很好。

【失陪】shīpéi 动 客套话，用于表示不能继续陪伴对方 ▷对不起，我得去开会，～了。

【失窃】shīqiè 动 被人偷走财物。

【失去】shīqù 动 丢掉；失掉 ▷～平衡｜～依靠。

【失却】shīquè 动〈文〉失去 ▷～方向｜～斗志。

【失群】shīqún 动（动物或人）找不着群体 ▷大雁～｜总有一种～的感觉。

【失散】shīsàn 动 分离后失去联系（多用于人）▷亲人在战乱中～了。☛ 跟"散失"不同。

【失色】shīsè ❶ 动 失去原来的色彩或光彩 ▷彩照经阳光曝晒已经～｜黯然～。❷ 动 因惊恐而改变面色 ▷大惊～。

【失闪】shīshǎn 名 闪失。

【失墒】shīshāng 动 因干旱少雨，农田土壤水分蒸发，失去农作物生长的必要湿度。也说跑墒、走墒。

【失身】shīshēn 动 指妇女丧失贞操。

【失神】shīshén ❶ 动 一时没有注意；走神儿 ▷车工一～，便出了废品。❷ 形 精神不振；目光无神 ▷呆滞～的眼光。

【失慎】shīshèn 动 疏忽大意；不谨慎 ▷言行～，造成了不良影响。

【失声】shīshēng ❶ 动 情不自禁地发出声音 ▷～大叫。❷ 动 因极度悲伤而哭不出声 ▷痛哭～。○ ❸ 动 因声带或喉部病变引起的发音嘶哑或不能发音。

【失时】shīshí 动 失掉时机；错过季节 ▷播种～。

【失实】shīshí 动 不符合事实 ▷指控～。

【失势】shīshì ❶ 动 失去权势 ▷权臣～。❷ 动 失去优势 ▷经济发展调速不～。

【失事】shīshì 动（船、飞机等）发生意外事故 ▷查明潜艇～原因｜飞机～。

【失收】shīshōu ❶ 动 农作物因受灾害而没有收成 ▷旱情严重，晚稻～。❷ 动 该收录的没有收录 ▷说是全集，～的文章却不少。

【失手】shīshǒu ❶ 动 手没有控制住而造成意外后果 ▷一～把盘子打破了。❷ 动 比喻失利 ▷在比赛中～输给了对方。

【失守】shīshǒu 动 没有守住 ▷边关～。

【失水】shīshuǐ 动 脱水②。

【失算】shīsuàn 动 没有算计或算计失误 ▷一着～，造成被动。

【失态】shītài 动 言谈举止失当，不合礼貌 ▷当众～。

【失调】shītiáo ❶ 动 变得不平衡，不协调 ▷关系～。❷ 动 没有很好地调养 ▷产后～。

【失望】shīwàng ❶ 动 感到没有希望而丧失信心 ▷我对他已经彻底～了。❷ 形 因希望落空

而不愉快 ▷十分～的心情。

【失物】shīwù 名 丢失的物品 ▷寻找～。

【失误】shīwù ❶ 动 因疏忽大意或举措不当而产生差错 ▷判断～。❷ 名 因疏忽大意或举措不当而产生的差错 ▷纠正初稿中的～。

【失陷】shīxiàn 动 (国土、城市等)被占领;沦陷 ▷收复～领土|三座城市相继～。

【失笑】shīxiào 动 忍不住发笑 ▷哑然～。

【失效】shīxiào 动 丧失效力 ▷合同～|～药品。

【失信】shīxìn 动 失去信用 ▷不能～于民。

【失修】shīxiū 动 (建筑物等)未及时维修 ▷涵管～,排灌不畅。

【失序】shīxù 动 失去正常秩序 ▷市场～,假冒伪劣商品泛滥。

【失学】shīxué 动 因疾病、家庭困难等原因而失去上学的机会或中途辍学 ▷不能让一个适龄儿童因贫困～。

【失学率】shīxuélǜ 名 义务教育对象中,失学人数所占的比例。

【失血】shīxuè 动 因出血较多而使体内血液少于正常量 ▷手术中～过多。

【失言】shīyán 动 无意中说出不该说的话;说错了话 ▷酒后～。☛ 跟"食言"不同。

【失业】shīyè 动 指在法定劳动年龄内,有工作能力,无业且要求就业而未能就业;虽从事一定社会劳动,但劳动报酬低于当地城市居民最低生活保障标准的,视同失业。

【失业保险】shīyè bǎoxiǎn 一种社会保险,劳动者因失业而失去经济来源期间,按法定时限和标准,由国家和社会提供失业保险金等物质帮助。

【失宜】shīyí 形 不适宜;不妥当 ▷方法～。

【失意】shīyì 形 不如意;不得志 ▷得意时淡然,～时坦然。

【失音】shīyīn 动 失声③。

【失迎】shīyíng 动 客套话,因未能亲自迎接而向来客表示歉意 ▷不知您大驾光临,～了。

【失语】shīyǔ ❶ 动 部分或全部丧失语言能力。参见本页"失语症"。❷ 动 失言。

【失语症】shīyǔzhèng 名 一种言语障碍症,患者发音器官和听觉器官都完好,但不能感知和理解语言,不能正常地说话甚至不能说话。由大脑语言中枢受损或器质性病变引起。

【失约】shīyuē 动 没有履行约会。

【失责】shīzé 动 没有尽到应尽的责任 ▷没有教育好子女是父母的严重～。

【失着】shīzhāo ❶ 名 下棋时走出的错误、拙劣的一着。❷ 动 失策。

【失贞】shīzhēn 动 失身。

【失真】shīzhēn ❶ 动 (声音、图像等)不符合原来的样子 ▷照片～|声音～|传闻～。❷ 动 无线电技术中指输出的信号与输入的不一致,因而产生音质变化或图像变形等。

【失之东隅,收之桑榆】 shīzhī-dōngyú, shōuzhī-sāngyú《后汉书·冯异传》中说,早晨失去的东西傍晚还可以捡回来(东隅:太阳升起的东方,指早晨;桑榆:日落时太阳照在桑树和榆树的树梢,指傍晚)。比喻一个时期里的损失或失误,以后还能得到挽回或补偿。

【失之毫厘,谬以千里】shīzhī-háolí,miùyǐqiānlǐ 差之毫厘,谬以千里。

【失之交臂】shīzhī-jiāobì 形容当面错过好机会(交臂:胳膊碰胳膊,擦肩而过)。

【失职】shīzhí 动 没有尽到职责(多指工作中出现了严重失误) ▷严重～|～行为。

【失智】shīzhì 动 丧失智力;特指由于脑部受到伤害或患有疾病,导致在很大程度上丧失智力,行为异常,个性改变 ▷年老～|～患者。

【失重】shīzhòng 动 物体在引力场中失去原有的重量。引起失重的原因是,物体在高空或向地心方向做加速运动时,受到的地心引力变小以至为0。如宇宙飞船进入太空轨道后、升降机开始下降等均会失重。

【失主】shīzhǔ 名 遗失或失盗的财物的主人。

【失准】shīzhǔn ❶ 动 (仪器等)失去准确性 ▷市场公平秤不能～。❷ 动 未能显示出应有水平 ▷王老师在公开课中有些～。

【失踪】shīzōng 动 失去踪迹;下落不明。

【失足】shīzú ❶ 动 失脚。❷ 动 比喻堕落或犯罪 ▷～青年|一～成千古恨。

师(師) shī ❶ 名 〈文〉众人。→ ❷ 名 军队的编制单位,在军以下,旅或团以上。❸ 名 军队 ▷挥～东进|正义之～。→ ❹ 名 传授知识或技艺的人 ▷教～|～傅。⇒ ❺ 动 〈文〉学习;效法 ▷～承|～古。⇒ ❻ 名 榜样 ▷前事不忘,后事之～。⇒ ❼ 名 掌握某种专门知识或技艺的人 ▷工程～|厨～|魔术～。⇒ ❽ 名 对和尚、尼姑、道士的尊称 ▷禅～|法～。〇 ❾ 名 姓。☛ 左边是"刂",不是两竖。

【师表】shībiǎo 名 在品德、学识等方面值得人们学习的榜样 ▷万世～|为人～。

【师部】shībù 名 军队建制中师一级的领导机关。

【师承】shīchéng ❶ 动 学习并继承某人或某流派的传统 ▷他在唱腔上～梅派。❷ 名 师徒或师生相传承的系统 ▷学有～。

【师出无名】shīchū-wúmíng 军队出发打仗没有正当的理由;泛指做事没有正当理由。

【师传】shīchuán 动 老师或师傅传授 ▷～绝技。

【师从】shīcóng 动 (在学术、技艺等方面)以某人为师并跟从他学习 ▷～名家。

【师道尊严】shīdào-zūnyán 指为师之道尊贵庄严。

【师德】shīdé 名 教师应遵循的道德规范和应具备的道德品质。

【师弟】shīdì ❶ 名 称晚于自己师从同一个老师或师傅的男子。❷ 名 称老师或师傅的儿子或父母的男弟子中年龄比自己小的人。

【师法】shīfǎ 〈文〉❶ 动 在学问或技艺上学习、效法(某人或某个流派) ▷～古人。❷ 名 师徒相传的学问或技艺 ▷一脉相传,不失～。

【师范】shīfàn ❶ 名〈文〉学习的模范。❷ 名 师范学校的简称。

【师范学校】shīfàn xuéxiào 培养师资的专门学校;特指以培养初等教育师资为主的中等专业学校。简称师范。

【师父】shīfu ❶ 名 对和尚、尼姑、道士等的尊称。❷见本页"师傅"①。现在一般写作"师傅"。❸ 名 徒弟对自己师傅的敬称。

【师傅】shīfu ❶ 名 指传授技艺、技能的人。❷ 名 对有某种技艺、技能的人的尊称 ▷电工～|司机～。

【师姐】shījiě ❶ 名 称早于自己师从同一个老师或师傅的女子。❷ 名 称老师或师傅的女儿或父母的女弟子中年龄比自己大的人。

【师妹】shīmèi ❶ 名 称晚于自己师从同一个老师或师傅的女子。❷ 名 称老师或师傅的女儿或父母的女弟子中年龄比自己小的人。

【师门】shīmén 名 老师或师傅的门庭;借指老师或师傅 ▷出自同一～。

【师母】shīmǔ 名 对老师或师傅的妻子的尊称。

【师娘】shīniáng 名 师母。

【师生】shīshēng 名 老师和学生。

【师事】shīshì 动 师从;对某人以师礼相待 ▷韩非与李斯曾一同～荀子。

【师徒】shītú 名 师傅和徒弟。

【师团】shītuán 名 某些国家军队建制的一级,相当于我国的师。

【师心自用】shīxīn-zìyòng 固执己见,自以为是(师心:以自己的心意为师,即只相信自己)。

【师兄】shīxiōng ❶ 名 称早于自己师从同一个老师或师傅的男子。❷ 名 称老师或师傅的儿子或父母的男弟子中年龄比自己大的人。‖也说师哥。

【师兄弟】shīxiōngdì 名 称同时或先后师从同一位老师或师傅的人。

【师训】shīxùn 名 老师或师傅的教诲 ▷牢记～。

【师爷】shīyé 名 对师傅的师傅或师傅的父亲的称呼。

【师爷】shīye 名 幕友的俗称 ▷刑名～|绍兴～。

【师友】shīyǒu ❶ 名 老师和朋友。❷ 名 指可以作为朋友的老师或可以作为老师的朋友。

【师长】shīzhǎng ❶ 名 老师和长者;特指老师(含敬重意)。○ ❷ 名 军队中师一级的最高指挥员。

【师资】shīzī 名 指能胜任教师职务的人才 ▷培训～|～雄厚。

郝 shī ❶ 名 周朝诸侯国名,在今山东济宁东南。○ ❷ 名 古山名,在今山东平阴西。○ ❸ 名 姓。

诗(詩) shī 名 文学的一种体裁,通常以丰富的想象和直接抒情的方式来反映社会生活与个人情感,语言精炼,节奏鲜明,带有韵律 ▷吟～|古～|新～。

【诗抄】shīchāo 名 把别人的诗作抄录下来并编辑而成的书(多用于书名) ▷《天安门～》。

【诗钞】shīchāo 现在一般写作"诗抄"。

【诗词】shīcí 名 诗和词的合称 ▷唐宋～。

【诗风】shīfēng ❶ 名 诗歌的风格 ▷～豪迈,笔意爽健。❷ 名 诗歌创作的倾向 ▷李贺是中唐到晚唐～转变的一个代表。

【诗歌】shīgē 名 文学体裁,古代称不合乐的诗为诗,合乐的诗为歌。现泛指各种体裁的诗。

【诗画】shīhuà 名 诗和画的合称。

【诗话】shīhuà ❶ 名 评论诗歌和诗人以及记载诗人事迹的书,如《随园诗话》。❷ 名 唐宋时代一种有诗有话的叙事文学作品,如《大唐三藏取经诗话》。

【诗集】shījí 名 由一个人或一些人的诗歌作品编辑而成的书。

【诗经】shījīng 名 我国古代第一部诗歌总集。编成于春秋时期,分"风""雅""颂"三大类,保存了西周到春秋中期的诗歌作品 305 篇。原称《诗》,汉以后列为儒家经典之一,称为《诗经》。

【诗境】shījìng 名 诗的意境。

【诗句】shījù 名 诗歌中的句子;借指诗歌作品。

【诗剧】shījù 名 以诗的语言写作的戏剧。欧洲 19 世纪前的剧作多数是诗剧。

【诗刊】shīkān 名 专门刊登诗歌和诗歌评论的刊物。

【诗律】shīlǜ 名 诗的格律。

【诗篇】shīpiān ❶ 名 诗的总称 ▷动人的～。❷ 名 比喻值得赞美、歌颂的事迹或成就 ▷谱写壮丽的人生～。‖也说诗章。

【诗情】shīqíng ❶ 名 作诗的冲动、兴致 ▷～涌动。❷ 名 诗的意境、情趣 ▷他的散文兼具～与哲理|～画意。

【诗情画意】shīqíng-huàyì 如诗如画般的美好情调和意境。多形容自然景色的美好。

【诗人】shīrén 名 擅长诗歌创作并有一定成就的人。

【诗社】shīshè 名 诗人或诗歌爱好者定期聚会进行创作、评论等活动的组织。

【诗史】shīshǐ ❶ 名 诗歌发展史。❷ 名 能反映一个时代的风貌并具有历史意义的诗歌 ▷杜甫的诗作被后世誉为～。

【诗书】shīshū ❶ 名 指《诗经》和《尚书》。❷ 名 泛指书籍 ▷～门第|～传家。

【诗书门第】shīshū-méndì 书香门第。

【诗坛】shītán 名 指诗歌界 ▷～前辈|～盛会。

【诗体】shītǐ 名 诗歌的体裁，有时也指诗的风格。

【诗文】shīwén 名 诗歌和散文的合称。

【诗兴】shīxìng 名 作诗的兴致 ▷～正浓。

【诗选】shīxuǎn 名 挑选出来编在一起的诗歌作品（多用于书名）▷《李白～》。

【诗眼】shīyǎn 名 指诗中最关键或最有表现力的字或词句。如"僧敲月下门"的"敲"字。

【诗意】shīyì 名 能给人以诗一样美感的意境 ▷他的散文充满了～|烛火晚宴颇具～。

【诗余】shīyú 名 词③的别称。意思是词是由诗发展而来的。如南宋人编选的《草堂诗余》，所收都是词作。

【诗韵】shīyùn ❶ 名 写诗所押的韵。❷ 名 作诗所依据的韵书。

【诗章】shīzhāng 名 诗篇。

【诗作】shīzuò 名 诗歌作品。

鸤（鳲） shī［鸤鸠］shījiū 名〈文〉布谷鸟。

虱（*蝨） shī 名 虱子。

【虱子】shīzi 名 昆虫，灰白色、浅黄色或灰黑色，体小，无翅，腹大。种类很多，有人虱、阴虱、牛血虱等，约 500 种。寄生在人或某些哺乳动物体表，吸食血液。人虱能传播斑疹伤寒、回归热等疾病。

鸸（鳾） shī 名 鸟，嘴长而尖，翅尖长，足适于攀援，尾短。生活在森林中，主食昆虫，秋冬也吃植物种子。

狮（獅） shī 名 哺乳动物，雄狮头、颈部有鬣，雌狮没有。毛黄褐色或暗褐色，有钩爪，尾细长，末端有毛丛。产于非洲和亚洲西部。主食羚羊、斑马等有蹄类动物，号称"兽中之王"。通称狮子。

【狮舞】shīwǔ 名 我国一种传统的民间舞蹈。通常由两人套上狮子形状的道具，模仿狮子的各种动作、神态舞蹈，另一人扮武士，手持绣球逗引。也说舞狮、狮子舞。

【狮子】shīzi 名 狮的通称。

【狮子搏兔】shīzi-bótù 狮子竭尽全力去抓兔子。比喻对小事情也尽全力去做，毫不轻视。

【狮子大开口】shīzi dà kāikǒu 比喻在交易中漫天要价。

【狮子狗】shīzigǒu 名 哈巴狗①。

【狮子头】shīzitóu 名 一种菜肴，把猪肉剁碎后加入其他作料做成的大丸子。

施 shī ❶ 动 给予 ▷～礼|～加。→ ❷ 动 把自己的财物送给穷人或出家人 ▷乐善好～|～舍|～斋。→ ❸ 动（把某些东西）加在物体上 ▷～肥|不～脂粉。〇 ❹ 动 实行；施展 ▷倒行逆～|实～|～工。〇 ❺ 名 姓。

【施暴】shībào ❶ 动 施加暴力。❷ 动 特指强奸。

【施放】shīfàng 动 发出；放出 ▷～催泪弹。

【施肥】shīféi 动 给植物上肥料。

【施工】shīgōng 动 按设计的要求实施工程建设，如盖房、修桥、铺路、开渠等。

【施加】shījiā 动 给予（影响、压力等）▷～压力。

【施教】shījiào 动 实施教育 ▷因材～。

【施救】shījiù 动 进行救援 ▷派出舰艇紧急～。

【施礼】shīlǐ 动 行礼。

【施舍】shīshě 动 施② ▷～斋饭。

【施事】shīshì 名 语法上指动作的主体，即动作行为的发出者、发生变化的人或事物（跟"受事"相区别）。如"小明弹琴"里的"小明"，"树长高了"里的"树"，"小红被老师批评"里的"老师"。

【施威】shīwēi 动 施展威风。

【施行】shīxíng ❶ 动 法令、规章制度等公布后生效；执行 ▷自公布之日起～。❷ 动 按照某种办法或方式去实行 ▷～扶贫措施。☛ 跟"实行"不同。"施行"着重于执行，强调严格按照要求去实施，较严肃、庄重；"实行"着重于实现，强调把谋划好的东西变为现实。

【施压】shīyā 动 施加压力 ▷向对方球门～。

【施用】shīyòng 动 使用 ▷减少化肥、农药～量。

【施与】shīyǔ 动〈文〉给予（好处）▷～小惠。

【施展】shīzhǎn 动 发挥、展现（才能、力量等）▷～才干|～抱负。

【施诊】shīzhěn 动 医生给穷苦病人免费诊治。

【施政】shīzhèng 动 施行政务；实施政治方针、政策 ▷～纲领|～方案。

【施治】shīzhì ❶ 动 实施治理 ▷对山水林田统筹～。❷ 动 实施诊治 ▷辨证～，对症下药。

【施主】shīzhǔ 名 出家人称给寺院、道观施舍财物的人；泛称一般的世俗人家的人。

浉（溮） shī 名 浉河，水名，在河南，流入淮河。

絁 shī 名〈文〉一种粗绸子。

葹 shī 名 古书上指苍耳。

湿（濕*溼） shī ❶ 形 沾了水的；含水分的（跟"干"相对）▷窗户淋～了|～润|～度。→ ❷ 名 中医指"六淫"

(风、寒、暑、湿、燥、火)之一，是致病的一个重要因素 ▷～热下注|祛风除～。

【湿地】shīdì 名 濒临江河湖海或位于内陆但长期受水浸泡的洼地、沼泽和海涂的统称。是水生动植物栖息、生长和候鸟越冬的场所，具有调节气候、涵养水源、滞洪蓄洪、降解污染物质、维护生物多样性等功能。

【湿度】shīdù 名 物质中所含水分的多少；特指空气中所含水分的多少 ▷玉米的～超标|南方～比北方大。

【湿度计】shīdùjì 名 测量某些物质湿度的仪器。如测量大气湿度的有干湿球湿度计、毛发湿度计、电学湿度计等。

【湿乎乎】shīhūhū 形 形容物体很湿 ▷毛巾～的。

【湿滑】shīhuá 形 形容物体表面因湿而滑 ▷雨天道路～。

【湿淋淋】shīlínlín 形 形容物体很湿，往下滴水的样子 ▷衣服～的。

【湿漉漉】shīlùlù 形 形容物体潮湿的样子 ▷梅雨时节，屋里～的。☛ ㊀这里的"漉漉"口语中也读 lūlū。㊁不要写作"湿渌渌"。

【湿气】shīqì ❶ 名 指空气中所含的水分 ▷这两天～大，闷热得很。❷ 名 中医指湿疹、手癣、脚癣等皮肤病。

【湿热】shīrè ❶ 形 潮湿闷热 ▷天气～。❷ 名 中医指一种温病，症状是发热、头痛、身重而痛、腹满少食、小便短赤而黄、舌苔黄腻等。

【湿润】shīrùn 形 潮湿滋润 ▷土地～|～的空气。

【湿疹】shīzhěn 名 一种过敏性皮肤病，多发生在面部、阴囊和四肢。有红斑、丘疹、水疱以及皮肤糜烂、渗液、结痂、瘙痒等症状。

【湿租】shīzū 动 一种租赁方式，指航空运输业务中在约定的期限内一方租用他方飞机，同时雇用飞机出租方的机组人员，并由飞机出租方承担维修等服务；泛指租用交通工具、设备等时，一并雇用出租方的操作人员，并由出租方承担维修等服务(跟"干租"相对) ▷～飞机|～房车。

蓍 shī 名 多年生草本植物，无叶柄，开白色花。全株可以做药材，茎、叶可以做香料。我国古代用它的茎占卜。也说蓍草、锯齿草、蚰蜒草。

酾(釃) shī，又读 shāi〈文〉❶ 动 过滤(酒)。→ ❷ 动 斟(酒)。

嘘 shī 叹 表示制止说话或驱赶家禽 ▷～！别说话|～，回窝里去！

另见 1551 页 xū。

鲥(鰣) shī 名 鱼，体呈纺锤形，背部蓝褐色，鳍灰褐色，鳞小而圆，尾鳍分叉。生活在我国近海中。

鲺(鯴) shī 名 甲壳动物，体呈扁圆形，跟臭虫相似，大如豆粒，头部有吸盘。寄生于鱼类体表，吸食血液。

shí

十 shí ❶ 数 数字，比九大一的正整数。→ ❷ 数 表示很多 ▷～目所视|一目～行(háng)。→ ❸ 数 指完全或完满到了顶点 ▷～全～美|～足|～分。〇 ❹ 名 姓。☛ 数字"十"的大写是"拾"。

【十八般武艺】shíbā bān wǔyì 指使用刀、枪、剑、戟、棍、棒、槊、镋、斧、钺、铲、钯、鞭、锏、锤、叉、戈、矛等 18 种兵器的武艺。现用来泛指多种技能。

【十八层地狱】shíbā céng dìyù 佛教指恶人死后灵魂永远受苦的地方。比喻极为痛苦、黑暗的境地。

【十八罗汉】shíbā luóhàn 佛教对如来佛的 16 位弟子及后来民间增添的降龙、伏虎两位罗汉的合称。据说 16 罗汉受释迦牟尼佛的嘱托，不入涅槃，常住世间，受世人供养而为众生造福。多塑在佛寺中。

【十不闲儿】shíbùxiánr 现在一般写作"什不闲儿"。

【十滴水】shídīshuǐ 名 中成药，由樟脑、薄荷、桂皮、小茴香等制成。用于治疗头晕、呕吐、腹痛等中暑病症。

【十冬腊月】shí-dōng-làyuè 指农历十月、冬月(十一月)和腊月(十二月)，是一年中天气寒冷的季节。

【十恶不赦】shí'è-bùshè 形容罪大恶极，不能赦免(十恶：古代刑律规定的十种重大罪名，即谋反、谋大逆、谋叛、恶逆、不道、大不敬、不孝、不睦、不义、内乱)。

【十二分】shí'èrfēn ❶ 十二成，表示成数极高 ▷使出～的力气。❷ 副 表示程度极高 ▷～气愤。☛ 比"十分"语气更重，极度夸张时也说十二万分。

【十二指肠】shí'èrzhǐcháng 名 人的小肠开头约 25 厘米的一段。长度约相当于 12 个横排着的手指，故称。上接胃，下接空肠，胰管和胆总管的开口处都在这里。

【十番乐】shífānyuè 名 一种民间器乐，演奏时轮番用鼓、笛、木鱼、板、拨钹、小铙、大铙、大锣、铛锣、笙、箫、弦等十多种乐器，故称。今流行于苏、浙、闽等地。简称十番。通称十番锣鼓。

【十方】shífāng 名 佛教指东、西、南、北、东南、西南、东北、西北、上、下十个方位；泛指各处 ▷～世界|恩泽～。

【十分】shífēn ❶ 十成，表示成数很高 ▷确有

～的把握。❷ 副 表示程度很高 ▷～赞成|～庄重。☛ 参见 395 页“非常”的提示。

【十佳】shíjiā 名 十个最好的、最优秀的 ▷喜获～|～评选|～青年。

【十锦】shíjǐn 现在规范词形写作“什锦”。

【十进制】shíjìnzhì 名 逢十进位的计数方法。逢十即向左(上)进一位。如 90 加 10 为 100,900 加 100 为1000。

【十目所视,十手所指】shímù-suǒshì,shíshǒu-suǒzhǐ 许多双眼睛盯着,许多只手指着。指一个人的言行逃不过众人的监督。

【十拿九稳】shíná-jiǔwěn 形容成功的把握很大。

【十年动乱】shínián dòngluàn 指我国从 1966 年到 1976 年“文化大革命”造成的社会大动乱。也说十年浩劫。参见 1438 页“文化大革命”。

【十年寒窗】shínián-hánchuāng 长期在寒窗下读书。形容长期刻苦攻读。

【十年九不遇】shínián jiǔ bù yù 形容许多年都很难碰到。

【十年生聚】shínián-shēngjù 长期繁衍人口,积聚财富。

【十年树木,百年树人】shínián-shùmù,bǎinián-shùrén《管子·权修》:“十年之计,莫如树木;终身之计,莫如树人。”(树:种植,培养)说明培养人才是百年大计;也形容培养人才很不容易。

【十全十美】shíquán-shíměi 形容各个方面都非常完美,毫无缺陷。☛ 参见 718 页“尽善尽美”的提示。

【十三经】shísānjīng 名 指儒家的十三种经典著作,即:《周易》《尚书》《诗经》《周礼》《仪礼》《礼记》《春秋左氏传》《春秋公羊传》《春秋谷梁传》《论语》《孝经》《尔雅》《孟子》。

【十三陵】shísānlíng 名 明代从成祖到思宗十三位皇帝的陵墓群。始建于 1409 年,位于北京昌平天寿山南麓。是国家重点文物保护单位。

【十三辙】shísānzhé 名 指北方曲艺、戏曲中押韵的十三个韵部,即:中东、江阳、衣期、姑苏、怀来、灰堆、人辰、言前、梭波、发花、乜斜、遥条、由求。

【十室九空】shíshì-jiǔkōng 形容灾荒、战乱或横征暴敛致使百姓破产流亡的萧条景象(室:家)。

【十四行诗】shísìhángshī 名 欧洲一种格律严谨的抒情诗体,每首 14 行。最初流行于文艺复兴时期的意大利。也说商籁体。

【十万八千里】shíwàn bāqiān lǐ 形容距离极远或差距极大。

【十万火急】shíwàn-huǒjí 形容情势万分紧急,刻不容缓。

【十项全能】shíxiàng quánnéng 男子田径全能运动项目。运动员在两天内依次进行 100 米跑、跳远、推铅球、跳高、400 米跑、110 米高栏、掷铁饼、撑竿跳高、掷标枪、1500 米跑的比赛。

【十一】shí-yī 名 十月一日,中华人民共和国国庆节。

【十月革命】shíyuè gémìng 俄国无产阶级社会主义革命。1917 年 11 月 7 日(俄历 10 月 25 日),以列宁为首的俄国布尔什维克党领导工人、农民和革命士兵在首都彼得格勒举行武装起义,推翻了资产阶级统治,建立了世界上第一个无产阶级专政的社会主义国家。

【十之八九】shízhībājiǔ 十成中有八九成。指可能性很大。

【十指连心】shízhǐ-liánxīn 十个手指头伤着任何一个都疼得钻心。比喻和有关的人或事物感情极深或关系非常密切。

【十字镐】shízìgǎo 名 挖掘工具,镐头两端尖或一端尖一端扁平,中间安装木把,呈“十”字形。因镐头尖细而长,像鹤嘴,也说鹤嘴锄、鹤嘴镐。俗称洋镐。

【十字架】shízìjià 名 古罗马帝国时代的一种刑具。《新约全书》记载,耶稣被钉死在十字架上,故基督教把十字架作为标志。西方文学常用来作为苦难的象征。

【十字街头】shízì jiētóu 街道纵横交错、繁华热闹的地方。

【十字军】shízìjūn ❶ 名 11 世纪末到 13 世纪末,教皇和西欧一些国家的封建主、大商人以夺回土耳其伊斯兰教徒占领的基督教圣地耶路撒冷为号召而组织的侵略性远征军。因参加者把基督教的十字架作为军徽,故称。❷ 名 中世纪天主教会组成的军队,用以镇压各国人民反封建、反天主教会的“异端”运动。

【十字路口】shízì lùkǒu 两条道路呈现“十”字交叉的地方;比喻对重大问题必须作出抉择的关键时候。

【十足】shízú ❶ 形 十分充足 ▷勇气～|～的把握。❷ 形 (黄金等)成色纯 ▷成色～。☛ 参见 1248 页“实足”的提示。

什

shí ❶ 数 〈文〉十,多用于分数或倍数 ▷～一(十分之一)|～(十倍)则围之。→ ❷ 形 各种各样的;混杂的 ▷～物|～锦。❸ 名 各种杂物 ▷家～。○ ❹ 名 姓。☛ 读 shén,用于“什么”。

另见 1220 页 shén。

【什不闲儿】shíbùxiánr 名 一种曲艺,由莲花落(lào)发展而成,曾流行于北京、天津、河北等地区。用锣、鼓、铙、钹等多种乐器伴奏,演出形式有一人的单唱和二三人的彩唱两种。

【什件儿】shíjiànr ❶ 名 做食品用的鸡鸭内脏的

统称。❷ 名 用在箱柜、车船、刀剑等上起加固和装饰作用的金属件。

【什锦】shíjǐn ❶ 区别 用多种原料制成的；多种式样和用途的 ▷～汤圆|～果脯|～扳手。❷ 名 用多种原料制成的或多种花样拼成的食品 ▷素～|咖喱～。☛ 不要写作"十锦"。

【什物】shíwù 名 泛指家庭日用的衣物及各种零碎物品。

石 shí ❶ 名 岩石 ▷水落～出|花岗～|矿～|～雕|～匠。→ ❷ 名 指刻有文字、图画的石制品 ▷金～。→ ❸ 名 古代指能做药材的矿物或用来治病的石针 ▷药～罔效|砭～。○ ❹ 名 姓。

另见 273 页 dàn。

【石斑鱼】shíbānyú 名 鱼，体中长，侧扁，常呈褐色或红色，并有条纹和斑点。多栖息于热带及温带海洋。我国南方海域种类较多。

【石板】shíbǎn ❶ 名 平板状的石头，常用作建筑材料。❷ 名 一种文具，用薄的长方形板岩制成，四周镶木框，用石笔在上面书写。

【石版】shíbǎn 名 用多孔质的石料制成的用于石印的印刷底版。

【石碑】shíbēi 名 竖立起来作为纪念物或标志的石制品。上面刻有文字或图案。

【石笔】shíbǐ 名 用滑石制成的、可以在石板上书写的笔。

【石壁】shíbì ❶ 名 像墙壁一样陡峭的岩石。❷ 名 用石头垒成的墙。

【石槽】shícáo ❶ 名 用石头凿成的水槽。❷ 名 用石头凿成的长条槽形器具，用来给牲口饮水、喂料。

【石沉大海】shíchén-dàhǎi 比喻不见踪影或杳无音信。

【石莼】shíchún 名 海白菜的学名。

【石刁柏】shídiāobǎi 名 多年生草本植物，根肉质，春季自地下茎上抽生嫩茎。嫩茎可作蔬菜或制罐头。俗称龙须菜、芦笋。

【石雕】shídiāo 名 用石头雕刻形象、花纹等的艺术；也指用这种艺术雕刻成的工艺品。参见插图 16 页。

【石墩】shídūn 名 又厚又大的整块石头，上面较平，可供蹲坐。

【石方】shífāng ❶ 名 石方工程的简称。即采、填、运石等工程 ▷这项挖掘工程以～为主。❷ 名 石方工程的工作量，通常用立方米计算，1 立方米称为 1 个石方。

【石坊】shífāng 名 用石头建成的牌坊。

【石舫】shífǎng 名 在湖边浅水处用石头建成的像船的建筑。多见于古代园林。

【石膏】shígāo 名 无机化合物，无色或白色，硬度小，加热后脱去部分水分成为熟石膏。常用于建筑、雕塑等，也可以做药材。也说生石膏。

【石膏像】shígāoxiàng 名 用石膏做成的人像或动物等的形象，是美术品的一种。

【石工】shígōng ❶ 名 开采石料或把石料加工成器物的工作。❷ 名 从事这种工作的手艺人。也说石匠(jiang)。

【石拱桥】shígǒngqiáo 名 中部隆起，桥洞成弧形的石桥 ▷赵州桥是古代～的典范。

【石鼓文】shígǔwén ❶ 名 我国现存最早的刻石文字。刻在石鼓上。石鼓是东周时期秦国留存下来的文物，形状似鼓，共十个，每个上面都刻有四言诗。现存北京故宫博物院。❷ 名 指石鼓上所刻的书体大篆，即籀文。

【石磙】shígǔn 名 碌碡(liùzhou)。

【石斛】shíhú 名 多年生草本植物，长在高山石缝中或附生树干上，茎多节，丛生，叶披针形，花白色，花瓣顶端淡紫色。茎可以做药材。

【石花菜】shíhuācài 名 海藻，藻体深棕红色，羽状分枝。是提制琼脂的主要原料，也可以食用。

【石化】shíhuà ❶ 动 变得像石头一样 ▷科学家在岩层中发现不少已～的古生物遗骸|～木。❷ 名 石油化学工业的简称。

【石化木】shíhuàmù 名 木化石。

【石灰】shíhuī ❶ 名 指生石灰 ▷石灰石可以用来烧制～。❷ 名 指熟石灰 ▷工人们正在抹～垒砖。❸ 名 泛指生石灰和熟石灰 ▷～的用途十分广泛。

【石灰石】shíhuīshí 名 主要指含有大量碳酸钙的石灰岩、白云岩等。可烧制石灰，制造水泥，也可以作建筑材料。

【石灰岩】shíhuīyán 名 一种沉积岩，主要由古生物遗体中的钙质成分和海水中的碳酸钙沉积而成，内含大量的石灰石。在冶金、化工和建筑上广泛使用。俗称青石。

【石灰质】shíhuīzhì 名 指以碳酸钙为主要成分的物质。人和动物的骨骼里都有石灰质。

【石级】shíjí 名 用石块砌成或凿成的台阶。

【石阶】shíjiē 名 石级。

【石蜐】shíjié 名 龟足。

【石臼】shíjiù 名 石制的舂米或捣药的器具。圆形，中部凹下。

【石决明】shíjuémíng 名 中药材，即鲍鱼的贝壳。

【石刻】shíkè ❶ 名 刻着文字、图画的石碑或石壁 ▷摩崖～。❷ 名 刻在石碑或石壁上的文字、图画。

【石窟】shíkū 名 古代在山崖侧面开凿的佛教寺庙建筑。里面有佛像或佛教故事的壁画、石刻等。起源于印度。我国开凿石窟始于北魏。现存有敦煌、云岗、龙门等石窟。

【石蜡】shílà 名 从石油中提炼出来的烷烃混合物，无臭、无味，白色或淡黄色固体。是制造日用化学品、火柴、蜡烛、电绝缘材料等的原料，也用于医药、食品等工业。

【石栏】shílán 名 石料制成的栏杆。

【石料】shíliào 名 盖房、铺路、筑桥、雕刻等用的岩石（如石灰石、花岗石）或类似岩石的材料（如人造大理石、水磨石）。也说石材。

【石林】shílín 名 由许多柱状岩石组成的石灰岩地貌。是石灰岩地区特有的景象。地表水顺石灰岩垂直裂缝渗入溶蚀而成。云南、广西等省区都有分布。

【石榴】shíliu 名 落叶灌木或小乔木，叶子倒卵形或长椭圆形，夏季开红、白、黄色花。果实也叫石榴，球形，内包很多种子，多汁，可以食用。根、皮可以做药材。参见插图 10 页。

【石榴裙】shíliuqún 名 朱红色的裙子；借指青年女子。常称迷恋某女子为拜倒在石榴裙下。

【石煤】shíméi 名 一种劣质煤炭，外观与岩石相似。可作燃料，也可用来制造化肥。

【石棉】shímián 名 纤维状硅酸盐矿物的统称。多为白色、灰色或浅绿色。纤维柔软，有弹性，耐高温、酸碱，是热和电的绝缘体。纤维长的可以纺织石棉布，纤维短的可作建筑材料。

【石棉瓦】shímiánwǎ 名 用石棉、水泥与水拌和后压制而成的平板或波形板，常用作简易棚顶或房顶的苫盖材料。

【石漠化】shímòhuà 动 由于植被遭到严重破坏，土层流失，地表只剩堆积的石块和裸露的岩石，变成荒漠 ▷加强森林植被建设，遏制土地～。

【石墨】shímò 名 矿物，碳的同素异形体。铁黑色，有金属光泽，硬度小，熔点高，耐腐蚀，能导电。可作电极、坩埚、铅笔芯等的原料，高纯度石墨在原子反应堆中用作中子减速剂。

【石磨】shímò 名 用两个圆石盘制成的研碎粮食的工具。上盘有小圆洞贯通，将粮食填入小洞，转动上盘（水磨是转动下盘），碾碎粮食。

【石女】shínǚ 名 指先天性阴道口闭锁或狭小的女性；也包括子宫生理有缺陷的女性。

【石破天惊】shípò-tiānjīng 山石崩裂，惊天动地。形容突然爆发的声响、事件等令人震惊；也形容文章、议论等新奇惊人。

【石器】shíqì 名 考古学指原始社会人类用石头制造的工具；现也指用石头雕琢的器物。

【石器时代】shíqì shídài 考古学指人类历史最早的一个时代，从有人类起到青铜器出现止约二三百万年。这个时期人类使用的生产工具以石器为主。按制造石器的进步程度，一般又分为旧石器时代、中石器时代和新石器时代。

【石桥】shíqiáo 名 用石头建造的桥，如赵州桥、卢沟桥。

【石青】shíqīng 名 即蓝铜矿，单斜晶体，蓝色，条痕淡蓝色，有玻璃光泽。质纯者可制蓝色颜料。

【石蕊】shíruǐ ❶ 名 一种地衣，一般为灰白色或灰绿色，常生长在高寒地带。可以用来制石蕊试纸、石蕊溶液等。❷ 名 由石蕊制得的蓝色色素，粉末状，能部分溶于水，在分析化学上用作指示剂。

【石狮】shíshī 名 用石头雕刻成的狮子造型，多陈放在大型建筑物门前。

【石首鱼】shíshǒuyú 名 鱼，体侧扁，口大，鳞细。种类很多，我国有大黄鱼、小黄鱼和鮸等。内耳中有石状物，故称。

【石松】shísōng 名 蕨类植物的一种。多年生草本植物，匍匐茎蔓生，多分枝。孢子黄色，称石松粉。全草可以做药材。

【石蒜】shísuàn 名 多年生草本植物，秋季先长叶后开花，红色，可供观赏。鳞茎球形，有毒，用于繁殖，可提取多种生物碱，可以做药材或做农药，也可提取淀粉或酿酒供工业用。也说龙爪花、蟑螂花。

【石笋】shísǔn 名 石灰岩洞底部直立的像笋的沉积物。由洞顶滴下的水滴中所含的碳酸钙逐渐沉积而成。与钟乳石往往上下相对。

【石锁】shísuǒ 名 用石料制成的锻炼臂力的举重器械，外形像旧式铜锁。

【石炭】shítàn 名 古代指煤。

【石炭酸】shítànsuān 名 有机酸，无色晶体，在光和空气的作用下会逐渐变为粉红色。用于制染料、合成树脂等，也用作消毒剂。也说苯酚。

【石头】shítou 名 岩石的通称。

【石头子儿】shítouzǐr 名 小石块儿。也说石子儿。

【石硪】shíwò 名 石头做的夯，用来砸实地基。

【石像】shíxiàng 名 用石头雕刻的人或动物形象。

【石盐】shíyán 名 岩盐。

【石羊】shíyáng 名 岩羊。

【石窑】shíyáo 名 在陡峭的石壁下凿成的窑洞。

【石印】shíyìn 动 石版印刷的简称。用石版作印版，用水润湿版面后再上油墨印刷。

【石英】shíyīng 名 矿物，即结晶的二氧化硅。是岩石和沙子的重要成分。纯粹的石英又叫水晶，无色、透明，质地坚硬，化学性质稳定。可用来制造光学仪器、无线电器材、耐火材料、玻璃和陶瓷等。

【石英表】shíyīngbiǎo 名 利用石英片受电力影响产生规律性振动的原理制成振荡器的手表。也说石英振动式电子表。

【石英钟】shíyīngzhōng 名 用石英晶体的振荡代替普通钟摆运动的计时仪器。精确度很高。

【石油】shíyóu 名 多种碳氢化合物的混合物，多是液体，可燃烧。经蒸馏或裂化等加工过程，可提炼出汽油、煤油、柴油、润滑油、固体石蜡及沥青等产品。也是制造溶剂、塑料、合成橡胶、合成纤维等的原料。

【石油气】shíyóuqì 名 开采石油或加工石油时散发出来的气体，主要成分是甲烷、乙烷等。用作燃料、化工原料等。也说含油天然气。

【石钟乳】shízhōngrǔ 名 钟乳石。

【石竹】shízhú 名 多年生草本植物，全株粉绿色，夏季开淡红色、白色花。生长在我国北部至中部的山野。全株可以做药材。也说洛阳花。参见插图8页。

【石柱】shízhù ❶ 名 石料制成的柱子。❷ 名 石灰岩洞中地面的石笋和洞顶垂下的钟乳石连接起来形成的柱形物体。

时（時 *旹） shí ❶ 名 季节；时令 ▷不误农～|应～食品。→ ❷ 名 时间；岁月 ▷等候多～|历～十载。⇒ ❸ 名 指某一段时间 ▷此一～，彼一～|古～|平～。❹ 名 指规定的时间 ▷过～不候|届～光临。⇒ ❺ 名 时辰 ▷子～|午～。❻ 量 小时，一昼夜平分24段中的每一段；也用作时间法定计量单位 ▷上午9～|～速。⇒ ❼ 形 当前的；目前的 ▷～事|～局|～务。⇒ ❽ 形 一时的；适时的 ▷～机|～尚|～装。❾ 名 时机；时宜 ▷～来运转|待～而动|入～。⇒ ❿ 副 表示时间、频率。a）相当于"常常""经常" ▷～有所闻|～有出现。b）两个"时"字前后连用，相当于"有时……有时……""一会儿……一会儿……" ▷～有～无|～断～续。⇒ ⓫ 名 一种语法范畴，通过一定的语法形式表示动作行为发生的时间。一般分为现在时、过去时和将来时。〇 ⓬ 名 姓。

【时报】shíbào 名 指以报道时事为主要内容的报纸（多用于报名）▷《环球～》。

【时弊】shíbì 名 当时的社会弊端 ▷针砭～。也说世弊。

【时不时】shíbùshí 副 时常 ▷～哼两句京剧。

【时不我待】shíbùwǒdài 时间不会等待我们。指要抓紧时间，努力学习和工作。

【时不再来】shíbùzàilái 时机过去了就不会再回来。指要抓住有利时机。常同"机不可失"连用。

【时菜】shícài 名 时蔬。

【时差】shíchā 名 不同时区之间时间上的差距。如东京时间和北京时间的时差为1小时。

【时长】shícháng 名 时间的长度 ▷演出～是2小时|进行～统计。

【时常】shícháng 副 表示动作、行为经常出现，相当于"常常""经常" ▷他～来这儿。

【时辰】shíchen ❶ 名 旧时计算时间的单位。把一昼夜平分为十二段，每一段叫一个时辰，以十二地支命名，每个时辰合现在的两小时。从半夜十一点至一点为子时，一点至三点为丑时，依此类推。❷ 名 时间；时候 ▷都什么～了，还不起床！

【时代】shídài ❶ 名 根据经济、政治、文化等状况划分的历史时期和阶段 ▷铁器～|信息～。❷ 名 指人一生中的某个阶段 ▷少年～|学生～。☛ 在指人类历史阶段时，一个"时代"可以包含或划分为几个不同的"时期"。

【时代感】shídàigǎn 名 可以感受到的一个时代的政治、经济、文化等各方面的特点 ▷这部作品具有强烈的～。

【时点】shídiǎn 名 指时间的某一点。如某日零时整。多用于与时间有关的统计，如人口统计的时间下限。

【时调】shídiào 名 某一时期某一地区流行的小调、小曲儿，有的已发展成曲艺，如天津时调。

【时段】shíduàn 名 指一天中的某一段时间 ▷电台的黄金～|用电高峰～。

【时而】shí'ér ❶ 副 表示动作或情况不定时地重复发生 ▷窗外～传来小贩的吆喝声。❷ 副 前后连用，表示不同现象或事情在一定时间内交替发生或不断改变 ▷琴声～高～低。

【时分】shífēn 名 时间③；大致的时间 ▷鸡叫～|半夜～。

【时乖命蹇】shíguāi-mìngjiǎn 时乖运蹇。

【时乖运蹇】shíguāi-yùnjiǎn 指命运不好，很不顺利（乖、蹇：不顺利）。☛ "蹇"不读qiān。

【时光】shíguāng ❶ 名 时间 ▷珍惜～。❷ 名 时期 ▷改革开放的好～。❸ 名 日子。

【时过境迁】shíguò-jìngqiān 时间过去了，境况也随之变化了。

【时候】shíhou ❶ 名 指动作行为的一段时间 ▷他来的～正下大雨。❷ 名 指事件发生的某一时间 ▷那～我还小|暑假的～全班同学去旅游。☛ 跟"时间"不同。"时候"所指的时间段或时间点一般比较模糊；"时间"所指的时间段或时间点相对明确。

【时机】shíjī 名 在某一时间才有的有利条件 ▷良好～|抓住～|不失～。

【时价】shíjià 名 现时的价格 ▷～平稳。

【时间】shíjiān ❶ 名 指物质运动的存在形式，由过去、现在和将来构成的连绵不断的系统。是物质运动的持续性和顺序性的表现 ▷跟～赛跑。❷ 名 指时间量 ▷完成这项任务要多少～？❸ 名 时间的某一点 ▷现在的～是8点整。☛ 参见本页"时候"的提示。

【时间表】shíjiānbiǎo ❶ 名 安排起居、学习、工作等时间的表格。❷ 名 借指工作、生活的顺序和日程 ▷这件事打乱了他的～。

【时间差】shíjiānchā ❶ 名 排球运动中的一种战术，指扣球队员先做假动作让对方拦网队员跳起，待对方落下时，利用时间的差距跳起扣球。❷ 名 泛指竞争中抢占有利时间的措施 ▷经营服装要注意打～。

【时间性】 shíjiānxìng 名 具有严格时间限制的特征 ▷这项工作～很强，必须抓紧办好。

【时艰】 shíjiān 名〈文〉当前的艰难境况（多用于时局）▷万众一心，共克～。

【时节】 shíjié ❶ 名 节令；季节 ▷中秋～｜麦收～。❷ 名 时候 ▷那～他才 5 岁。

【时局】 shíjú 名 当前的政治局势 ▷～紧张。

【时刻】 shíkè ❶ 名 时间的某一点或某一小段 ▷庄严的～｜关键～。❷ 副 每时每刻；经常 ▷～准备着｜时时刻刻不忘人民利益。

【时刻表】 shíkèbiǎo 名 写有火车、汽车、轮船、飞机等交通工具始发、到达时间的表格。

【时空】 shíkōng 名 时间和空间。

【时来运转】 shílái-yùnzhuǎn 时机来了，运气随着好转。

【时令】 shílìng 名 古代按农时颁布的政令。现指季节（多用于书面语）▷不合～｜根据～，安排农事。

【时令病】 shílìngbìng 名 某一季节的多发病。

【时令河】 shílìnghé 名 雨季或冰雪融化期有水，其他时期无水或断续有水的季节性河流。

【时髦】 shímáo 形 新颖入时 ▷穿着～｜～发型。

【时评】 shípíng 名 对时事进行评论的文章。

【时期】 shíqī 名 具有某种特征的一段时间 ▷和平建设～。☛ 参见 1244 页“时代”的提示。

【时起时伏】 shíqǐ-shífú 有时起，有时落。多形容事物的变化不定。

【时区】 shíqū 名 1884 年国际经度会议将地球表面按经线等分为 24 个区，称时区。以本初子午线为基准，东西经度各7.5°的范围为零时区。然后每隔 15°为一时区。以东（西）经度 7.5°—22.5°的地区为东（西）一时区，东（西）经度 22.5°—37.5°的地区为东（西）二时区，依此类推。两个相邻时区的时差为 1 小时。

【时人】 shírén 名 当时的人；同时代的人 ▷一百多年前的那本科幻小说未能得到～理解｜发～之所未见。

【时日】 shírì ❶ 名 按日计算的时间 ▷～不多。❷ 名 指较长的一段时间 ▷尚需～。

【时尚】 shíshàng ❶ 名 时兴的风尚；应时的风气 ▷下海经商成了当时的～。❷ 形 符合时尚的 ▷这种款式很～。

【时时】 shíshí 副 时常 ▷这里～堵车｜～通信。

【时世】 shíshì ❶ 名 时代①。❷ 名 指当今的社会 ▷～与过去大不相同了。

【时式】 shíshì 名 时新的式样；新式 ▷～的服装｜～的高级轿车。

【时势】 shíshì 名 当时的客观形势 ▷～造英雄｜认清～。☛ 跟“时事”不同。“时势”指“时事”的发展趋势、发展方向。

【时事】 shíshì 名 当前的国内外大事 ▷国际～。☛ 参见本页“时势”的提示。

【时蔬】 shíshū 名 应时的蔬菜。也说时菜。

【时俗】 shísú 名〈文〉当时流行的风俗习惯（多指不好的）▷力抗～｜不落～。

【时速】 shísù 名 以小时为单位计算的速度 ▷～可达 200 千米。

【时态】 shítài 名 语法范畴，表示动作行为的时间状态的语法形式。一般分为现在时、过去时、将来时。有些语言没有时态变化。

【时文】 shíwén 名〈文〉时下流行的文体。科举时代称应试的文体，明清时指八股文。

【时务】 shíwù 名 当前形势或时代潮流 ▷认清～，顺应潮流。

【时下】 shíxià 名 当前；眼下 ▷～，西瓜正上市。

【时鲜】 shíxiān 名 应时的新鲜蔬菜、果品、鱼虾等。

【时贤】 shíxián 名〈文〉当代知名的贤能人士 ▷～咸集。

【时限】 shíxiàn 名 完成某项工作的时间限制；期限 ▷工程的～太紧｜合同的～已到。

【时效】 shíxiào ❶ 名 指在一定时间内能发挥的效用 ▷此药～已过。❷ 名 法律规定的某种权利得以行使的期限。如诉讼时效、追诉时效。

【时新】 shíxīn 形 一个时期最新的或最流行的 ▷外观很～｜～式样。

【时兴】 shíxīng ❶ 动 一时间广泛流行 ▷近年～这种发型。❷ 形 形容一时间广泛流行的 ▷网上购物很～。‖ 也说时行。

【时序】 shíxù 名 季节变化的顺序 ▷～转换，寒来暑往。

【时样】 shíyàng 名 时髦的样式 ▷惹眼的～。

【时宜】 shíyí 名 当时的需要 ▷顺潮流，合～。

【时疫】 shíyì 名 某一季节流行的传染病 ▷～蔓延。

【时隐时现】 shíyǐn-shíxiàn 一会儿隐没，一会儿显现。形容事物飘忽不定。

【时雨】 shíyǔ 名 下得及时的雨 ▷天降～。

【时运】 shíyùn 名 时下的运气 ▷～不佳。

【时针】 shízhēn ❶ 名 钟表上指示时间的针形零件。短针指示时，长针指示分，细针指示秒。❷ 名 特指钟表上指示时的短针。

【时政】 shízhèng 名 当时的政治情况 ▷议论～。

【时值】 shízhí ❶ 动 正处在某一时间 ▷～隆冬。○ ❷ 名 音乐上指音符或休止符所表示的时间长度。

【时至今日】shízhì-jīnrì 时间到了今天。强调时间长 ▷～，尚未悔悟。

【时钟】shízhōng 图 钟[1]③。

【时装】shízhuāng ❶ 图 式样新颖的服装 ▷～展销。❷ 图 当代人通常穿的服装 ▷～戏。

【时装表演】shízhuāng biǎoyǎn 由模特儿身着新设计的服装在音乐伴奏下进行表演。

识（識） shí ❶ 动 知道；体会到 ▷～趣｜～羞。→ ❷ 动 认得；能辨别 ▷～字｜认～。❸ 图 知识；见识 ▷学～｜胆～。☛ 读 shí，表示知道、认得、知识，如"识羞""识字""见识"；读 zhì，文言词，它的"标志、记号"义现在还用，如"款识"。

另见 1776 页 zhì。

【识辨】shíbiàn 动 识别 ▷～罪犯｜～真伪。

【识别】shíbié 动 辨认；辨别 ▷～中草药。

【识大体】shídàtǐ 明白大道理，不从个人或小圈子出发考虑问题 ▷～，顾大局。

【识货】shíhuò 动 能识别东西的真假好坏 ▷他是个外行，根本不～。

【识家】shíjiā 图 能识货的行家 ▷好货总有～。

【识见】shíjiàn 图 〈文〉知识和见闻 ▷饱览祖国河山，以广～。

【识破】shípò 动 看穿（秘密或阴谋）▷～骗局。

【识趣】shíqù 动 知趣。

【识时务】shíshíwù 能认清形势，看清时代潮流 ▷面对市场竞争，～者应该锐意创新。

【识时务者为俊杰】shíshíwùzhě wéi jùnjié 能认清当前形势，顺应潮流的人是杰出人物。多用于劝诫别人顺应时代潮流行事。

【识途老马】shítú-lǎomǎ 比喻有经验的人。参见 827 页"老马识途"。

【识文断字】shíwén-duànzì 能认识字（断：区分，识别）。指具有一定的文化知识。

【识相】shíxiàng 形 知趣；懂得看别人的脸色或依据情势行事 ▷不要不～｜他挺～。

【识字】shízì 动 认识文字。

实（實*寔） shí ❶ 形 里面饱满；没有空隙（跟"虚"相对，②—④同）▷～心球｜坚～。→ ❷ 形 具体的；实际存在的 ▷～惠｜～力｜～效。⇒ ❸ 形 真诚 ▷忠～｜老～。⇒ ❹ 图 实际 ▷名存～亡｜如～｜史～。⇒ ❺ 副 的确；本来 ▷～属难得｜～不相瞒。→ ❻ 动 填充；填满 ▷荷(hè)枪～弹。→ ❼ 图 果实；种子 ▷开花结～｜籽～。

【实报实销】shíbào-shíxiāo 按实际支出报销费用。

【实测】shícè 动 实际测量或检测。

【实诚】shícheng 形 〈口〉老实；不虚假 ▷～人。

【实处】shíchù 图 指能起实际作用的地方 ▷政策落到～｜钱要用在～。

【实词】shící 图 表示人或事物及其动作、变化、性状等概念，并能单独充当句子成分的词（跟"虚词"相区别）。现代汉语的实词包括名词、动词、形容词、区别词、数词、量词、代词、副词、拟声词、叹词十类。

【实打实】shídǎshí （说话、做事）实实在在，不掺假 ▷～的人｜～地干。

【实弹】shídàn ❶ 动 装上枪弹或炮弹 ▷荷(hè)枪～。❷ 图 真的枪弹或炮弹 ▷～射击。

【实底】shídǐ 图 底细；实情 ▷向群众交～。

【实地】shídì ❶ 图 实实在在的地面 ▷脚踏～。❷ 副 在现场（从事某项工作）▷～调查。❸ 副 踏踏实实地（从事某项工作）▷～去干。

【实感】shígǎn 图 真实的感情；切实的感受 ▷真情～｜缺乏～。

【实干】shígàn 动 踏踏实实地去做 ▷～精神。

【实干家】shígànjiā 图 扎实工作、不尚空谈的人。

【实话】shíhuà 图 根据事实说的话；真心话 ▷说～，办实事。

【实惠】shíhuì ❶ 图 实际的好处 ▷讲求～。❷ 形 有实际好处的 ▷经济～。

【实际】shíjì ❶ 图 客观存在的事物或真实情况 ▷符合～｜理论与～相结合。❷ 形 实有的；具体的 ▷～情况｜～行动。❸ 形 符合实际的 ▷这个要求比较～｜很～的想法。☛ 参见 1493 页"现实"的提示。

【实际上】shíjìshàng 表示下文所说的是实际情况，对上文的意思多有转折或递进，相当于"其实"▷改善两国之间～的关系｜这些歹徒表面上气势汹汹，～内心虚弱。

【实绩】shíjì 图 真实的业绩 ▷考核干部～。

【实价】shíjià 图 商品的实际价格；没有讨价还价余地的合理价格 ▷按～出售｜明码～。

【实践】shíjiàn ❶ 动 把计划、打算等落实为具体的行动；履行 ▷～了自己的计划｜～诺言。❷ 图 哲学上指人们改造自然和改造社会的自觉行动。生产活动是最基本的实践活动，此外还包括政治活动、科学实验、文化教育等 ▷社会～｜～是检验真理的唯一标准。

【实景】shíjǐng 图 拍摄电影或电视剧时作为故事现场或背景的真实景物（跟"布景"相区别）▷这组镜头用的是故宫～。

【实据】shíjù 图 真实可靠的证据 ▷查无～。

【实况】shíkuàng 图 现场的实际情况 ▷～转播。

【实力】shílì 图 实际拥有的力量 ▷这些企业已具有国际竞争～｜～强大。

【实例】shílì 图 实际的例子、例证 ▷用～证明。

【实录】shílù ❶ 动 如实地记录或录制 ▷现场

～。❷ 名 如实地记录或录制的作品 ▷《鲁迅日记》是鲁迅先生生活、战斗的～。❸ 名 一种编年体史书，记述某一代或几代皇帝个人及相关的大事。如《梁皇帝实录》《清实录》。

【实名】shímíng 名 真实姓名。

【实名制】shímíngzhì 名 必须填写真实姓名、并出示有效的身份证明的制度。我国在办理存款、购买保险、乘坐飞机等方面均实行实名制。

【实木】shímù 名 指天然木材。

【实拍】shípāi ❶ 动 正式拍摄；实地拍摄 ▷影片已进入～阶段。❷ 动 实际拍卖 ▷那幅古画～了 429 万元。

【实情】shíqíng 名 实际情况 ▷深知～。

【实权】shíquán 名 能够实际行使的权力 ▷拥有～|～人物。

【实施】shíshī 动 实际施行（纲领、法令等）▷～9年义务教育制度|草拟～方案。

【实时】shíshí ❶ 副 表示在某事进行的同时（做另一事）▷现场～转播。❷ 区别 与实际发生时间同步的 ▷～路况|～行情。

【实事】shíshì ❶ 名 真实的事 ▷这是一件～。❷ 名 实在的事；有实际意义的事 ▷多办～。

【实事求是】shíshì-qiúshì 从实际情况出发，恰如其分地、正确地对待和处理问题。

【实属】shíshǔ 动 确实是 ▷～必要。

【实数】shíshù ❶ 名 真实的数字 ▷到底卖什么价，你说个～。❷ 名 数学上对有理数和无理数的统称。

【实说】shíshuō 动 照事实说；说出实际想法 ▷实话～。

【实体】shítǐ ❶ 名 旧哲学中使用的一个概念，指能够独立存在的、作为万物本源的东西。唯心主义把它解释为精神，旧唯物主义把它解释为某种物质。❷ 名 客观存在的具体东西，通常指实际存在的、起作用的组织或机构 ▷经营性～|公共卫生～。

【实体法】shítǐfǎ 名 规定公民和法人依法享有权利和承担义务的法律（跟“程序法”相区别）。如民法、刑法、行政法等。

【实物】shíwù ❶ 名（日常生活中）实际应用的物品 ▷送钱还不如送点ㄦ～。❷ 名 真实而具体的东西 ▷陈列许多～和照片。

【实习】shíxí 动 在教师或实际工作者的指导下，把学到的书本知识拿到实际工作中去应用，以取得实践经验，锻炼工作能力。

【实习生】shíxíshēng 名 参加实习的人员。

【实现】shíxiàn 动 使（理想、计划等）成为事实 ▷～四个现代化|我的理想终于～了。

【实线】shíxiàn 名 画成的连续而无间断的线（跟“虚线”相对）。

【实像】shíxiàng 名 物体发出的光线被反射或折射后汇聚而成的与原物相似的影像。可以显现在屏幕上，能使照相底片感光。摄影和放映电影都利用实像。

【实效】shíxiào 名 实际的效果 ▷扶贫要注重～。

【实心】shíxīn ❶ 名 真实的心意 ▷～实意。❷ 区别 物体内部没有空腔的（跟“空心”相区别）▷～轮胎。

【实心球】shíxīnqiú 名 体育运动训练的辅助器具，用皮或人造革做外壳，里面填以棉花、布片或沙子。可用来进行抛接、投掷等训练。

【实心实意】shíxīn-shíyì 心地诚实，不虚伪。

【实心眼ㄦ】shíxīnyǎnr ❶ 形 心地实在 ▷他是个～的人。❷ 名 心地实在的人 ▷他是个～，有什么说什么。

【实行】shíxíng 动 用行动去实现 ▷～岗位责任制|新列车时刻表于下月 1 日起～。☛ ㊀参见 899 页“履行”的提示。㊁参见 1239 页“施行”的提示。

【实学】shíxué 名 扎实而有用的学问 ▷真才～。

【实言相告】shíyán-xiānggào 如实地把情况告诉对方。

【实验】shíyàn ❶ 动 为验证某种理论或假设而进行某种操作或活动 ▷～新方法|反复～。❷ 名 指实验的工作 ▷物理～。☛ 参见 1258 页“试验”的提示。

【实验室】shíyànshì 名 进行科学实验的专用房间。

【实业】shíyè 名 工商企业的统称 ▷振兴～。

【实业家】shíyèjiā 名 企业家。

【实益】shíyì 名 实际的利益。

【实意】shíyì ❶ 名 真实的意愿 ▷真心～。❷ 名 实际的意思 ▷“爷爷大病一场走了”的“走”，～是“去世”。

【实用】shíyòng ❶ 动 实际应用 ▷产品进入～阶段。❷ 形 符合实际应用要求的 ▷这种安居房经济～。

【实用性】shíyòngxìng 名 有实际应用价值的性质 ▷这本书的～很强。

【实用主义】shíyòng zhǔyì ❶ 现代西方哲学流派之一，19 世纪末产生于美国，盛行于 20 世纪初。认为真理没有客观标准，凡是“有效用”的就是真理。创始人皮尔士，主要代表人物有詹姆斯、杜威等。❷ 仅以有无实用价值来评价事物的思想观念。

【实有】shíyǒu 动 实际存在 ▷～人数。

【实在】shízài ❶ 形 真诚；不虚伪 ▷为人～。❷ 副 的确 ▷时间～有限。❸ 副 实际上 ▷打扮得花花绿绿，～并不好看。

【实在】shízai 形 形容做事扎实，不马虎 ▷他干活ㄦ～。

【实则】shízé 副 其实 ▷名为参观考察，～是公费旅游。

【实战】shízhàn ❶ 动 实际作战 ▷纸上谈兵三年，不如～一役◇刚当上检察官就～了一起大案。❷ 名 实际的战斗、战役 ▷～化军事训练◇在技术创新的～中学习新技术。

【实招】shízhāo ❶ 动 如实招供 ▷通过政策攻心，嫌疑人已～所犯罪行。○ ❷ 名 切实可行的办法 ▷查实情，出～，解决就业难题。

【实证】shízhèng 名 实在的证据 ▷拿出～来。

【实职】shízhí 名 有实际权力和具体责任的职位 ▷他挂名的头衔不少，～却没有一个。

【实至名归】shízhì-míngguī 有了实际的成就，名誉也就随之而来了。也说实至名随。

【实质】shízhì 名 事物的本质 ▷抓住问题的～。

【实字】shízì 名 前人在语言分析中指有实在意义的字，大部分相当于现代汉语中的实词（跟"虚字"相区别）。

【实足】shízú 形 确实；足数的 ▷～年龄｜～睡了8个小时。☛ 跟"十足"不同。"十足"强调"充分""充足"。

拾[1] shí ❶ 动 从地下拿起东西；捡取 ▷路不～遗｜～取。→ ❷ 动 收拾整理 ▷～掇。

拾[2] shí 数 数字"十"的大写。

另见 1215 页 shè。

【拾掇】shíduo〈口〉❶ 动 收拾整理 ▷～屋子。❷ 动 修理 ▷自行车闸～好了。❸ 动 整治② ▷～～这帮害群之马。

【拾荒】shíhuāng 动 指（穷人）拾取遗弃的物品或散落的谷物等。

【拾金不昧】shíjīn-bùmèi 捡到钱物不隐藏起来据为己有（昧：隐藏）。

【拾零】shílíng 动 把零碎的材料收集起来整理成文（常用于文章标题）▷《市场～》。

【拾取】shíqǔ 动 把地上的东西捡起来。

【拾趣】shíqù 动 把某些有趣味的事物搜集起来（常用于文章标题）▷《荧屏～》｜撷景～。

【拾人唾余】shíréntuòyú 比喻抄袭或因袭别人无足轻重的点滴言论或观点，没有自己的独立见解。参见 1405 页"唾余"。

【拾人牙慧】shírényáhuì 形容抄袭或套用别人的言论或观点，没有自己的独立见解。参见 1574 页"牙慧"。

【拾物】shíwù 名 拾到的别人遗失的东西 ▷～招领｜送还～。

【拾遗】shíyí ❶ 动 拾取别人遗失的东西占为己有 ▷路不～，夜不闭户。❷ 动 补充别人的缺漏 ▷～补缺｜《〈本草纲目〉～》。❸ 名 唐代的谏官名。

【拾遗补缺】shíyí-bǔquē 补充别人遗漏、缺失的地方。

【拾遗补阙】shíyí-bǔquē 现在一般写作"拾遗补缺"。

【拾音器】shíyīnqì 名 电唱机中把唱针在槽纹上的振动转换成电信号的装置。俗称电唱头。

食 shí ❶ 名 人和动物吃的东西 ▷丰衣足～｜面～｜猪～。→ ❷ 动 吃 ▷吞～｜饮～｜蚕～。⇒ ❸ 名 日食；月食 ▷～既｜～甚。⇒ ❹ 动 特指吃饭 ▷废寝忘～｜因噎废～。⇒ ❺ 区别 供食用的 ▷～盐｜～油｜～糖。☛ 下边是"良"的变形。"食"在字左边时，简化成"饣"（3 画），如"饭""饮""蚀"；在字下时仍作"食"，如"餐"。

另见 1307 页 sì；1637 页 yì。

【食补】shíbǔ 动 用食物补充营养；特指吃有滋补作用的饮食来补养身体 ▷病后宜加强～。

【食不甘味】shíbùgānwèi 吃东西吃不出滋味来。形容身体不好或心有忧虑。

【食不果腹】shíbùguǒfù 吃不饱肚子（果：充实，饱）；形容生活十分贫困 ▷～，衣不蔽体。

【食材】shícái 名 做饭、做菜用的原材料。如米面、蔬果、鱼肉及调料等。

【食道】shídào 名 食管。

【食雕】shídiāo 名 用某些食品或食材雕刻形象、花纹等的艺术（有时还兼用拼接等手法）；也指用这种艺术雕刻的食品。

【食分】shífēn 名 指日食或月食时，太阳或月亮被遮蔽的程度。以太阳或月亮的直径为单位来计算。如日食的食分为 0.6，就是说太阳的直径被月球遮住了$\frac{6}{10}$。

【食古不化】shígǔ-bùhuà 学习古代的东西不能融会贯通，灵活运用，就像吃东西不消化一样。

【食管】shíguǎn 名 人和某些动物的消化管道的一部分。上接咽头，下接贲门。食管肌肉收缩蠕动把食物移入胃内。也说食道。

【食积】shíjī 名 中医指饮食过量引起消化不良的病症。症状为胸腹胀满，吐酸水，便秘或腹泻。

【食既】shíjì 名 日全食或月全食开始的时刻；日全食的食既，月面恰好掩蔽太阳向着地球的一面，这时日全食开始；月全食的食既，月球恰好完全进入地球的阴影里，这时月全食开始。

【食具】shíjù 名 餐具。

【食客】shíkè ❶ 名 门客①。❷ 名 指饮食店的顾客。

【食粮】shíliáng ❶ 名 人吃的粮食。❷ 名 比喻某些能转化为力量或能量的东西 ▷书籍是人类的精神～。

【食量】shíliàng 名 饭量；也指牲畜及其他动物一次的进食量 ▷这头牛～大。

【食疗】shíliáo 动 中医指在饮食中有选择地食用某些食物以强身防病。如食用羊肝来明目，多吃芹菜来平衡血压。

【食料】shíliào 名 用作食物的原料，如粮食、肉、蛋等。

【食品】shípǐn 名 作为商品的食物 ▷小～｜～店。☛ 参见本页“食物”的提示。

【食品安全】shípǐn ānquán 指食品无毒、无害，符合应当有的营养要求，对人体健康不造成任何急性、亚急性或者慢性危害。

【食品街】shípǐnjiē 名 销售食品和经营餐饮业比较集中的商业街。

【食谱】shípǔ ❶ 名 系统介绍主食制作和菜肴烹调方法的书 ▷《大众～》。❷ 名 写有主食、菜肴品种的单子 ▷食堂每天公布～。

【食肉寝皮】shíròu-qǐnpí《左传·襄公二十一年》：“然二子者，譬于禽兽，臣食其肉而寝处其皮矣。”意思是那两个人像禽兽一样，我要吃他们的肉，剥他们的皮当卧具。后用“食肉寝皮”形容对人极端仇恨。

【食甚】shíshèn 名 在日偏食或月偏食过程中，太阳被月球掩蔽最多或月球被地影掩蔽最多的时刻；在日全食或月全食过程中，太阳被月球全部掩蔽或月球完全进入地影，日面中心和月面中心或月面中心和地影中心距离最近的时刻。

【食俗】shísú 名 人们在饮食方面的风俗习惯，有很强的地域性。

【食宿】shísù 动 吃饭和住宿 ▷在工地～。

【食堂】shítáng 名 机关、团体里向本单位人员供应伙食的部门和处所。

【食糖】shítáng 名 供人食用的糖。包括砂糖、绵白糖、红糖、冰糖等。

【食物】shíwù 名 可以吃的东西 ▷～充足｜新鲜～。☛ 跟“食品”不同。“食物”指一切可食的东西；“食品”指作为商品出售的食物。

【食物链】shíwùliàn 名 在生态系统中，各种生物间由于摄食而形成的链状关系。例如草食动物吃绿色植物，肉食动物吃草食动物，就是最基本的食物链。食物链中缺少某项就会引起生态失衡。也说营养链。

【食物中毒】shíwù zhòngdú 因误食被细菌污染或含有毒素的食物引起的急性疾病。常见的症状是呕吐、腹泻、腹痛等。

【食相】shíxiàng 名 指日食时，月球阴影和太阳的不同位置关系；月食时，地球阴影和月球的不同位置关系。全食时有初亏、食既、食甚、生光、复圆5种食相；偏食时有初亏、食甚、复圆3种食相。

【食心虫】shíxīnchóng 名 蛀食桃、梨、苹果、花红、李、梅等果实的鳞翅目幼虫的统称。

【食性】shíxìng 名 指人的口味爱好；也指动物进食的习性。以动物为食的叫肉食性，如老虎、狮子等；以植物为食的叫草食性，如牛、羊等；以动植物为食的叫杂食性，如鸡、鸭等。

【食言】shíyán 动 比喻说话不算数，不守信用 ▷从不～。☛ 跟“失言”不同。

【食言而肥】shíyán'érféi《左传·哀公二十五年》记载：鲁国掌权的孟武伯经常说话不算数。一次宴会上，孟武伯问起哀公的近臣郭重为什么长得这样胖，哀公借机讥讽孟武伯说：“是食言多矣，能无肥乎！”后用“食言而肥”指说话不算数，不守信用。

【食盐】shíyán 名 无机化合物，主要成分是氯化钠，无色或白色结晶体，呈粒状或块状，有咸味。是生活必需的调味品，也是重要的化工原料。通称盐。

【食蚁兽】shíyǐshòu 名 哺乳动物，头细长，眼和耳极小，吻呈管状，无齿，舌细长。舔食蚁类和其他昆虫。分布于南美洲和中美洲。

【食用】shíyòng ❶ 动 用作食物 ▷可供～。❷ 区别 可以用作食物的 ▷～油｜～菌｜～碱。

【食用菌】shíyòngjūn 名 可供食用的真菌，如蘑菇、银耳、木耳等。含蛋白质丰富，是美味蔬菜，有的也是滋补品。

【食油】shíyóu 名 供食用的油，如芝麻油、豆油、花生油、菜油等。

【食欲】shíyù 名 人进食的欲望 ▷缺乏～。

【食指】shízhǐ 名 示指的通称。紧靠拇指的手指。

【食茱萸】shízhūyú 名 落叶乔木，枝上生刺，羽状复叶，夏季开黄绿色小花。果实红色，可以做药材，也可以提炼芳香油。俗称榄子。

蚀（蝕）shí ❶ 动 虫子蛀坏东西 ▷蛀～。→ ❷ 动 损伤；亏缺 ▷侵～｜～本。❸ 同“食”③。现在一般写作“食”。

【蚀本】shíběn 动 赔本；亏本 ▷不做～生意。

【蚀刻】shíkè ❶ 动 利用硝酸等化学药品的腐蚀作用制造铜版、锌版等印刷版或工艺品等 ▷在硅片上～电路｜～玻璃屏风。❷ 名 用蚀刻印刷版印制的书画；蚀刻成的工艺品等 ▷这是一幅风景～｜青铜～。

炻 shí [炻器] shíqì 名 介于陶器和瓷器之间的一种陶瓷制品。质地致密坚硬，机械强度较高，多呈灰白、红棕、黄褐等色。如砂锅、水缸等。

祏 shí 名 古代宗庙中供奉神主的石室。

埘（塒）shí 名〈文〉在墙壁上挖洞做成的鸡窝 ▷鸡栖于～。

莳（蒔）shí [莳萝] shíluó 名 一年或多年生草本植物，羽状复叶，开黄色小花。种子可以提取芳香油，也可以做药材。也说土茴香。

另见1261页 shì。

湜 shí 形〈文〉水清澈见底。

鲥(鰣) shí 名 鲥鱼,体侧扁,背部灰黑色,略带蓝色光泽,腹部银白色,鳞大而圆。生活在海洋,洄游至河、湖繁殖后代。

鼫 shí 名 古书上说的一种动物,有飞、爬、游、跑、藏五种技能,所以也说五技鼠。

shǐ

史 shǐ ❶ 名 古代官府中掌管卜筮、记事等职务的官员 ▷太~|左~。→ ❷ 名 历史① ▷先秦~|发家~。→ ❸ 名 用文字记载下来的历史 ▷有~以来|~前时期。❹ 名 研究历史的学科 ▷文~不分家。〇 ❺ 名 姓。

【史部】shǐbù 名 我国古代图书四部分类中的第二大部类,包括各种体裁的历史著作。也说乙部。参见 1305 页“四部”。

【史册】shǐcè 名 记载历史的书册 ▷彪炳~。

【史官】shǐguān 名 古代专门负责搜集、记录史实和整理编纂史书的官员。

【史话】shǐhuà 名 以故事的形式写成的有关历史的作品(多用于书名) ▷《五代~》。

【史籍】shǐjí 名 记载历史的书籍 ▷~浩繁。

【史迹】shǐjì 名 历史遗留下来的事物,包括器物、建筑等。

【史家】shǐjiā 名 历史学家。

【史料】shǐliào 名 历史资料 ▷~丰富。

【史略】shǐlüè 名 对历史的概略记述(多用于书名) ▷鲁迅《中国小说~》。

【史论】shǐlùn 名 原指古代史书写在本纪、列传后面的评论文字;现指有关历史学的论著。

【史评】shǐpíng 名 评述历史或史书的著作。

【史前】shǐqián 名 指没有文字记载的远古时代 ▷黄帝和蚩尤都是传说中的~英雄。

【史乘】shǐshèng 名〈文〉史书。

【史诗】shǐshī ❶ 名 古代叙事诗中的长篇作品。以重大历史事件或古代传说为题材,塑造著名英雄形象,结构宏大,充满幻想和神话色彩。如古希腊的“荷马史诗”和我国藏族的《格萨尔王》。❷ 名 比喻壮丽的、足以传世的伟大业绩 ▷近百年来中国人民奋斗的光辉业绩就是一部壮丽的~。

【史实】shǐshí 名 历史事实 ▷~根据充分。

【史事】shǐshì 名 历史事件。

【史书】shǐshū 名 史籍。

【史无前例】shǐwúqiánlì 历史上找不到这样的先例。指前所未有。

【史学】shǐxué 名 研究并阐述人类社会发展的具体过程及其规律的学科。也说历史学。

矢¹ shǐ 名 箭 ▷无的(dì)放~|流~|弓~。

矢² shǐ 动 发誓 ▷~志不渝|~口否认|~忠(宣誓效忠)。

矢³ shǐ 古同“屎”。☛“矢”字不读 shī。

【矢车菊】shǐchējú 名 一年生草本植物,夏季开紫蓝、淡红或白色花,可供观赏。

【矢口】shǐkǒu 副 一口咬定 ▷~否认。

【矢量】shǐliàng 名 物理学上指由大小和方向共同决定的量(跟“标量”相区别)。如力、速度等。也说向量。

【矢志】shǐzhì 动 发誓立志 ▷~不移。

【矢志不渝】shǐzhì-bùyú 发誓立志,决不改变。

豕 shǐ 名〈文〉猪 ▷~食丐衣|~突狼奔。

使 shǐ ❶ 动 派;打发人办事 ▷鬼~神差|支~|差(chāi)~。→ ❷ 动 让;令 ▷他的才干~我佩服|她的到来~大家感到意外。❸ 连〈文〉用于复句的前一分句,表示假设关系,相当于“假如” ▷~六国各爱其人,则足以拒秦。→ ❹ 动 用;使用 ▷借我笔~~|~劲。→ ❺ 动 奉命去国外办事 ▷出~。❻ 名 派往外国办事的人 ▷大~|特~。

【使绊儿】shǐbànr ❶ 动 摔跤时用腿别住对方的腿,使摔倒。❷ 动 比喻暗中用不正当手段害人 ▷当面握手,背后~。‖也说使绊子。

【使不得】shǐbude ❶ 动 不能用 ▷这把剪刀坏了,~了。❷ 动 不行 ▷老人独自远游~。

【使臣】shǐchén 名 奉君主之命出使外国的大臣。

【使得】shǐde ❶ 动 能用;可用 ▷这个墨盒~使不得? ❷ 动 行;可以 ▷分批装卸倒还~。〇 ❸ 动 致使 ▷老师的去世,~他很伤心。

【使馆】shǐguǎn 名 常驻外交代表在所驻国的办公机关。按使馆最高官员的等级可分为大使馆、公使馆、代办处。

【使坏】shǐhuài 动〈口〉用阴谋算计别人 ▷他故意~,造成你们兄弟失和|被人~而无辜吃了这场官司。

【使唤】shǐhuan ❶ 动 支使别人给自己干活儿或办事 ▷你别听他~。❷ 动〈口〉使用(工具、牲口等) ▷这头驴脾气犟,不好~|腿脚不听~。

【使假】shǐjiǎ 动 掺假;以次充好 ▷背地里~。

【使节】shǐjié 名 原指古代使臣出使时所持的符节;后借指外交使者,即一国派驻他国的外交官或一国派往他国去办理特定事务的代表。

【使劲】shǐjìn ❶ 动 用力 ▷~敲门。❷ 动 出力帮忙 ▷调动的事,你还得使点儿劲。

【使君子】shǐjūnzǐ 名 落叶藤本植物,茎蔓生,夏季开淡红色花。果实也叫使君子，狭椭圆形，两端尖，有棱，可以做药材。

【使领馆】shǐ-lǐngguǎn 大使馆和公使馆、领事馆。

【使命】shǐmìng ❶ 名 指使者所接受的命令 ▷不辱～。❷ 名 指所肩负的重大责任 ▷光荣～｜庄严的～感。

【使女】shǐnǚ 名〈文〉丫环；婢女。

【使气】shǐqì 动 使性子；发脾气 ▷任性～。

【使然】shǐrán 动（由于某种原因）使之如此。

【使徒】shǐtú 名 基督教指耶稣所特选并赋予传教使命和权力的彼得、约翰等12门徒。

【使团】shǐtuán 名 肩负国家使命到别国办理外交事务或谈判的团体。

【使性子】shǐxìngzi 发脾气；任性 ▷她动不动就～，要小孩子脾气。

【使眼色】shǐyǎnsè 用眼神向别人暗示自己的意思 ▷妈妈一个劲儿地～，让他别说。

【使役】shǐyì 动 役使 ▷合理～牲畜。

【使用】shǐyòng 动 让人员、钱财、工具等为某种目的服务 ▷大胆～人才｜～体育器材。

【使用价值】shǐyòng jiàzhí 物品所具有的能满足人们某种需要的效用。如棉花能用来织布，煤能用作燃料和化工原料。

【使用权】shǐyòngquán 名 使用某种财物的权利 ▷这台电脑，我只有～，没有所有权。

【使者】shǐzhě 名 奉命去办理特定事务的人或团体等（多指外交人员）▷播撒合作共赢种子的友好～｜派遣～来华。

始 shǐ ❶ 名 事物发生的最初阶段（跟"终"相对）▷有～有终｜～终如一｜～末。→ ❷ 动 开头；开始 ▷这种现象～于年初｜周而复～。→ ❸ 形 最早的；最先的 ▷～祖｜～创。→ ❹ 副 才[2]② ▷治理～见成效｜柳叶初绿，山花～开。

【始创】shǐchuàng 动 最先创造；创建 ▷这家药铺～于明代｜～者。

【始发】shǐfā 动 开始发生、发出或发行 ▷这趟列车由北京站～｜有奖福利彩票明日～。

【始发站】shǐfāzhàn 名 交通线上（多指陆路）发车的第一个车站。也说起点站。

【始料不及】shǐliàobùjí 当初没有估计到 ▷这样的结果～。也说始料未及。

【始末】shǐmò 名（事情）从开始到结束的过程 ▷这件事情的～，你应该很清楚。

【始业】shǐyè ❶ 动 学业开始；特指小学、中学、大学等学业阶段开始 ▷学年由春季～改为秋季～｜举行新生～式。❷ 动 某项事业开始兴办；开始从事某项职业 ▷这本戏剧期刊的发刊词是《剧刊～》｜开展从业人员～教育。

【始终】shǐzhōng ❶ 名 从开始到终了的全部过程 ▷～如一。❷ 副 表示从开始到终了持续不变；一直 ▷学习成绩～很好｜～不改。☛ 跟"一直"不同。"始终"强调从开始到结束；"一直"强调不间断。

【始终不渝】shǐzhōng-bùyú 自始至终，一直不变（渝：改变）。

【始终如一】shǐzhōng-rúyī 自始至终都一样。

【始祖】shǐzǔ ❶ 名 有史料可考的最早的祖先。❷ 名 指首创某种学术、技艺或宗教的人 ▷释迦牟尼是佛教的～。❸ 区别 最初的；原始的 ▷～鸟｜～文化。

【始祖鸟】shǐzǔniǎo 名 古脊椎动物，大小如鸦，头部像鸟，有牙齿，前肢虽已成翼，但还有3个分开的指骨，指端有爪，尾巴很长。出现在侏罗纪。一般认为是爬行动物进化到鸟类的过渡类型，是鸟类的祖先。

【始作俑者】shǐzuòyǒngzhě 名《孟子·梁惠王上》记载，孔子反对用俑殉葬，曾说："始作俑者，其无后乎！"意思是最早发明用俑来殉葬的人，该不会有后代吧！后用"始作俑者"借指带头做坏事的人。

驶（駛）shǐ ❶ 动（车、马等）快跑 ▷马车向远处～去｜疾～｜奔～。→ ❷ 动 操纵（车、船等）行进 ▷驾～｜停～。

【驶离】shǐlí 动（车、船等）开动后离开 ▷战舰已～海湾。

屎 shǐ ❶ 名 粪 ▷拉～｜端～倒尿。→ ❷ 名 从眼睛、耳朵等器官里分泌出来的东西 ▷眼～｜耳～。

【屎壳郎】shǐkelàng 名 蜣螂的俗称。☛ "郎"这里不读láng。

shì

士 shì ❶ 名 古代指未婚的青年男子；也用作男子的美称。→ ❷ 名 古代指大夫和庶民之间的阶层。❸ 名 古代对读书人的通称 ▷名～｜寒～。→ ❹ 名 对人的美称 ▷有识之～｜烈～｜勇～｜女～。❺ 名 对某些专业人员的称呼 ▷院～｜护～｜助产～。→ ❻ 名 指军人 ▷将～｜～兵｜～卒。❼ 名 特指军士② ▷上～｜中～。○ ❽ 名 姓。

【士兵】shìbīng 名 我国现役志愿兵和义务兵的统称；泛指军队中的基层人员。

【士大夫】shìdàfū 名 古代泛指官僚阶层，有时包括未做官但有地位有声望的读书人。☛ "大"这里不读dài。

【士林】shìlín 名〈文〉指文士荟萃的知识界、学术界 ▷誉满～。

【士女】shìnǚ ❶ 名 古代指未婚的男女；现泛指男女 ▷～如林。❷见1253页“仕女”②。现在一般写作“仕女”。

【士气】shìqì 名 士兵的战斗意志；泛指一个群体的工作精神 ▷～高涨|激励～。

【士人】shìrén 名 旧时指读书人。

【士绅】shìshēn 名 绅士。

【士卒】shìzú 名 古代指甲士和步卒；后泛指士兵 ▷身先～。

【士族】shìzú 名 魏晋南北朝时期封建统治阶级内部形成的世代读书做官，享有政治、经济特权的豪门大族。

氏 shì ❶ 名 姓氏，表示家族的字 ▷王～兄弟。→ ❷ 名 旧时放在已婚妇女的姓后(或姓前再加夫姓)作为称呼 ▷王～|钱王～。→ ❸ 名 加在远古传说中人物、国名后作为称呼 ▷神农～|涂山～|夏后～。→ ❹ 名 加在名人、专家的姓氏后作为称呼 ▷段～(段玉裁)《说文解字注》|摄～温度计。☛ 跟“氐(dī；dǐ)”不同。由“氏”构成的字有“扺”“纸”“芪”等。

另见 1764 页 zhī。

【氏族】shìzú 名 原始社会由血缘关系结成的基本经济单位和社会组织。产生于旧石器时代晚期，初以女性为中心，称母系氏族，后过渡到以男性为中心的父系氏族。氏族内部禁婚，集体占有生产资料，集体劳动，集体消费。公共事务由选出的氏族长管理。也说氏族公社。

示 shì 动 把事物摆出来给人看，让人知道 ▷出～|提～|启～|～范|～意。☛“示”作左偏旁时改成“礻”，如“礼”“社”“祝”等。

【示爱】shì'ài 动 (用言语、动作、表情等)表示爱慕之意 ▷用短信～|向女友～。

【示波器】shìbōqì 名 显示某些随时间变化的物理量(如电压、电流等)波形的仪器。有磁电式示波器和阴极射线示波器两种。

【示范】shìfàn 动 做出某种行为或动作供别人学习或模仿 ▷老师为大家～|～动作。

【示好】shìhǎo 动 (用言语、动作、表情等)表示友好 ▷频频～|相互～。

【示警】shìjǐng 动 发出某种动作或信号表示危险或情况紧急，使人注意 ▷鸣枪～|舞旗～。

【示例】shìlì ❶ 动 举出具体例证作为示范。❷ 名 具有示范作用的例证。

【示人】shìrén 动 (把东西、情况等)展示出来给人看 ▷他收藏的古字画秘不～|以全新面貌～。

【示弱】shìruò 动 向对方表现出软弱，不敢与之较量(多用于否定) ▷不肯～|岂能～？

【示威】shìwēi ❶ 动 向对方显示自己的威力 ▷他这样做是向我～。❷ 动 特指为表示抗议或有所要求而公开进行显示自身威力的集体行动 ▷游行～。

【示意】shìyì 动 (用表情、动作、暗语、图形等)表示某种意思 ▷点头～|挥手～|～图。

【示意图】shìyìtú 名 用简单线条、符号显示物体结构、形状或某些内容、事项等的图样 ▷橱柜～|校园绿化～。

【示指】shìzhǐ 名 食指的学名。

【示众】shìzhòng 动 展示给众人看；特指当众惩罚罪犯 ▷游街～|斩首～。

【示踪元素】shìzōng yuánsù 用于追踪物质运行和变化过程的同位素。也说标记元素。

世 shì ❶ 名 父子相承而形成的辈分，一世就是一代 ▷第十～孙|～代相传。→ ❷ 名 一代又一代；代代 ▷～袭|～交。❸ 名 称有世交的情谊关系 ▷～叔|～兄。→ ❹ 名 人的一生 ▷今生今～|来～。→ ❺ 名 时代 ▷当今之～|近～。❻ 名 天下；社会 ▷举～闻名|～间|问～。→ ❼ 名 地质年代分期的第四级。参见 304 页“地质年代”。○ ❽ 名 姓。☛ 笔顺是一十廿廿世，5 画。由“世”构成的字有“泄”“屉”“碟”等。

【世弊】shìbì 名 时弊。

【世变】shìbiàn 名 社会的动荡变化。

【世博会】shìbóhuì 名 世界博览会的简称。

【世仇】shìchóu ❶ 名 世世代代沿袭下来的仇恨 ▷化解矛盾，消除～。❷ 名 世世代代有仇的人或人家 ▷昔日～变成了和睦的邻居。

【世传】shìchuán 动 一代一代传承下来 ▷～秘方。

【世代】shìdài ❶ 名〈文〉年代 ▷～绵远。❷ 名 好几代；代代 ▷两国～友好。

【世代交替】shìdài jiāotì ❶ 在生物体的生活史中，无性生殖与有性生殖有规律地相互交替的现象。常见于藻类、苔藓、蕨类及某些种子植物。❷ 较年轻的一代替代较年老的一代 ▷社会发展，～，但初心永远不忘。

【世道】shìdào 名 指社会状况和风气等 ▷如今～变了，生男生女都一样|～人心。

【世风】shìfēng 名〈文〉社会风气 ▷～淳厚。

【世风日下】shìfēng-rìxià 社会风气一天不如一天。

【世故】shìgù 名 处世经验 ▷不谙～|洞察～。

【世故】shìgu 形 处世经验丰富而流于圆滑 ▷这个人～得很，见什么人说什么话。

【世纪】shìjì 名 国际通用的计年单位。从耶稣诞生的那一年算起，每 100 年为一个世纪。如公元 1—100 年为 1 世纪，1901—2000 年为 20 世纪。

【世纪末】shìjìmò 名 特指 19 世纪末期，即欧洲资本主义进入腐朽阶段，社会潜伏着各种危机的时期；借指社会的没落阶段。

【世家】shìjiā ❶ 名 封建社会中社会地位高、世代为官的人家。❷ 名《史记》中传记体例之一，主要记载世袭封国的诸侯的事迹。❸ 名 指世代传承某一专长或职业的家族 ▷梨园～。

【世间】shìjiān 名 人世间；社会上 ▷～常有不平事。

【世交】shìjiāo ❶ 名 上代就有交情的人或人家 ▷他们两家是～。❷ 名 两代以上的交情。

【世界】shìjiè ❶ 名 佛教指无限的时间和空间 ▷大千～。❷ 名 指地球上所有地方 ▷～各国｜全～。❸ 名 指自然界和人类社会的一切客观存在的总和 ▷～观。❹ 名 指某个范围或领域 ▷儿童～｜内心～｜海底～。

【世界】shìjie 名〈口〉各处；处处 ▷满～乱跑。

【世界博览会】shìjiè bólǎnhuì 展示各国经济、文化和科技成果的国际盛会。第一次于 1851 年在英国伦敦海德公园举办。我国上海于 2010 年成功举办了世界博览会。简称世博会。

【世界观】shìjièguān 名 人们对整个世界的根本看法。基本内容包括：世界是物质的还是精神的；是发展的还是静止的；是可知的还是不可知的；人与世界的关系如何。也说宇宙观。

【世界贸易组织】shìjiè màoyì zǔzhī 国际性贸易组织。1995 年 1 月 1 日成立，总部设在日内瓦。其前身是关税与贸易总协定。主要职责是促进、规范各成员间的贸易活动，消除关贸壁垒，降低关税，处理贸易纠纷等(英语缩写为 WTO)。简称世贸组织。

【世界时】shìjièshí 名 以通过伦敦格林尼治天文台原址的本初子午线的地方时为标准的时间。

【世界卫生组织】shìjiè wèishēng zǔzhī 联合国专门机构。1948 年 6 月成立，总部设在日内瓦。宗旨是使世界人民达到尽可能高的健康水平(英语缩写为 WHO)。

【世界文化遗产】shìjiè wénhuà yíchǎn 指经联合国教科文组织世界遗产委员会确认，从历史、艺术或科学角度看，被世界公认的，具有突出的普遍价值的建筑群、人类工程和考古遗址等。如我国的故宫、长城、良渚古城遗址等。

【世界遗产】shìjiè yíchǎn 指经联合国教科文组织世界遗产委员会确认，在世界范围内公认的，具有突出意义和普遍价值的文物古迹及自然景观。分为自然遗产、文化遗产(包括文化景观)、自然与文化双重遗产三类。

【世界银行】shìjiè yínháng 指世界银行集团，联合国机构之一，下设国际复兴开发银行、国际开发协会、国际金融公司、多边投资担保机构、国际投资争端解决中心等，主要致力于减少世界贫困，推动共同繁荣；特指国际复兴开发银行，它成立于 1945 年 12 月，主要向发展中国家提供长期优惠贷款。简称世行。

【世界语】shìjièyǔ 名 波兰人柴门霍夫 1887 年创制的人造国际辅助语。它以印欧语为基础，词汇材料取自欧洲的通用语言，有 16 条基础语法规则，采用拉丁字母书写，有字母 28 个。

【世界自然遗产】shìjiè zìrán yíchǎn 指经联合国教科文组织世界遗产委员会确认，从科学、保护或自然美角度看，被世界公认的，具有突出的普遍价值的地质遗迹、濒危动植物物种、天然名胜等。如我国南方喀斯特、四川大熊猫栖息地、新疆天山等。

【世局】shìjú 名 世界局势 ▷关心～发展。

【世面】shìmiàn 名 指社会上各种场面或情况 ▷经风雨，见～｜没见过这么大的～。

【世情】shìqíng ❶ 名 世态人情 ▷～风貌。❷ 名 国际形势和世界格局 ▷要看到～、国情的新变化。

【世人】shìrén 名 世界上的人；普通的人。

【世上】shìshàng 名 世界上；社会上 ▷人活在～，要有所作为。

【世世代代】shìshìdàidài 一代又一代；许多世代 ▷两国人民～友好下去。

【世事】shìshì 名 人世间的事 ▷洞察～。

【世俗】shìsú ❶ 名 指社会上的一般习俗 ▷～观念。❷ 名 尘世；人间 ▷～社会。

【世态】shìtài 名 指人与人之间的关系状态；世俗情态 ▷～万象，纷繁复杂｜～炎凉。

【世态炎凉】shìtài-yánliáng 形容趋炎附势的世态。得势时就有人巴结亲热，失势时就遭人疏远冷淡。

【世外桃源】shìwài-táoyuán 原为晋·陶渊明《桃花源记》中虚构的一个与世隔绝、没有战乱的安乐而美好的地方。后用“世外桃源”指不受外界干扰的理想处所或与世隔绝的幻想世界。☛ “源”不要误写作“园”。

【世袭】shìxí 动 世代承袭相传(多指帝位、爵位、领地等) ▷～领地｜～制度。

【世系】shìxì 名 家族世代相承的系统。

【世兄】shìxiōng 名 有世交的同辈之间的互称；也用于对世交晚辈的尊称。

【世医】shìyī 名 指家中几代都从事医生职业的人。

【世族】shìzú 名 封建社会中世代为官的大家族 ▷上品无寒门，下品无～。

仕 shì ❶ 动〈文〉做官 ▷出～｜～途。○ ❷ 名 姓。

【仕宦】shìhuàn 动〈文〉指做官 ▷～生涯。

【仕进】shìjìn ❶ 动 做官(古代以做了官为“进身”) ▷读书～｜经商与～。❷ 动〈文〉在仕途中谋取发展 ▷淡于～。

【仕女】shìnǚ ❶ 名 古代指官宦人家的女子 ▷～王孙。❷ 名 国画的一种，以美女为题材。也说仕女画。

【仕途】shìtú 名〈文〉指做官的途径和经历 ▷～坎坷|～顺畅。也说宦途。

市 shì ❶ 名 集中进行贸易的场所 ▷菜～|夜～|～场。→ ❷ 动〈文〉买或卖;做交易 ▷互～◇～恩。→ ❸ 名 市场交易的价格 ▷行(háng)～。→ ❹ 名 人口密集,工商业和文化事业发达的地方 ▷城～|～区|～民。❺ 名 行政区划单位,我国有直辖市、副省级市、地级市和县级市 ▷北京～|合肥～|拉萨～。→ ❻ 区别 属于市制的(度量衡单位) ▷～尺|～斤|～里|～亩。☛ 跟"市(fú)"不同。"市"上边是点(丶),5 画;"市"是中间一竖贯穿上下,4 画。由"市"构成的字有"柿""铈"等;由"市"构成的字有"沛""肺"等。

【市标】shìbiāo 名 代表某个城市的标志性事物。也说城标。

【市场】shìchǎng ❶ 名 买卖商品较集中的场所 ▷农贸～。❷ 名 商品流通领域 ▷农业～|文化～|欧洲～。❸ 名 比喻某种观点、言论或活动等传播的范围和人们的接受情况 ▷伪科学在这里没有～。

【市场机制】shìchǎng jīzhì 经济机制的一种形式,指市场经济体系中各种市场主体、客体要素之间的有机联系和相互作用及其对资源配置的调节功能。是价值规律调节商品生产和流通的主要形式,集中体现为价格的作用机制。

【市场经济】shìchǎng jīngjì 以商品市场为基本调节手段来进行资源配置、调节国民经济的经济体制(跟"计划经济"相区别)。

【市场竞争】shìchǎng jìngzhēng 指商品交易方面的竞争,即以商品的质量、价格、售后服务等方面的优势去占领销售领域。

【市场体系】shìchǎng tǐxì 各类市场有机结合的整体。包括商品市场、金融市场、劳动力市场、房地产市场、技术市场、信息市场等。其中,商品市场(包括生产资料市场和消费品市场)是市场体系的基础。

【市场调节】shìchǎng tiáojié 通过市场机制由市场价格和供求关系的自发变动调节商品生产和流通。是市场经济的基本特征。

【市尺】shìchǐ 量 长度非法定计量单位,1 市尺等于$\frac{1}{3}$米,合 10 市寸。

【市寸】shìcùn 量 长度非法定计量单位,1 市寸等于 3$\frac{1}{3}$厘米,合 10 市分。

【市撮】shìcuō 量 容积非法定计量单位,1 市撮等于 1 毫升,合 0.1 市勺。

【市石】shìdàn 量 容积非法定计量单位,1 市石等于 100 升,合 10 市斗。

【市担】shìdàn 量 质量非法定计量单位,1 市担等于 50 千克,合 100 市斤。

【市电】shìdiàn 名 城市中主要供居民使用的电源。

【市斗】shìdǒu 量 容积非法定计量单位,1 市斗等于 10 升,合 0.1 市石、10 市升。

【市分】shìfēn ❶ 量 长度非法定计量单位,1 市分等于$\frac{1}{3}$厘米,合 0.1 市寸。❷ 量 土地面积非法定计量单位,1 市分等于66$\frac{2}{3}$平方米,合 0.1市亩。❸ 量 质量非法定计量单位,1 市分等于 0.5 克,合 0.1 市钱。

【市合】shìgě 量 容积非法定计量单位,1 市合等于 0.1 升,合 0.1 市升。

【市毫】shìháo ❶ 量 长度非法定计量单位,1 市毫合 0.1 市厘。❷ 量 质量非法定计量单位,1 市毫合 0.1 市厘。

【市忽】shìhū ❶ 量 长度非法定计量单位,1 市忽合 0.1 市丝。❷ 量 质量非法定计量单位,1 市忽合 0.1 市丝。

【市花】shìhuā 名 作为某个城市象征的花。

【市话】shìhuà 名 市区电话(跟"长话"相区别)。

【市徽】shìhuī 名 代表某个城市的图案标志。

【市集】shìjí ❶ 名 集市。❷ 名 市镇。

【市价】shìjià 名 市场价格。指商品受市场供求关系影响而形成的价格。

【市郊】shìjiāo 名 城市周围隶属城市管辖的地区。

【市斤】shìjīn 量 质量非法定计量单位,1 市斤等于 500 克,合 10 市两。

【市井】shìjǐng 名〈文〉街市;做买卖的地方 ▷～游民。

【市侩】shìkuài 名 原指买卖双方的中间人;后指唯利是图、狡猾奸诈的人 ▷～习气|～哲学。

【市况】shìkuàng ❶ 名 市情① ▷实地了解～。❷ 名 市场情况 ▷标签蔬菜～看好。

【市厘】shìlí ❶ 量 长度非法定计量单位,1 市厘合 0.1 市分。❷ 量 面积非法定计量单位,1 市厘合 0.1 市分。❸ 量 质量非法定计量单位,1 市厘合 0.1 市分。

【市里】shìlǐ 量 长度非法定计量单位,1 市里等于 0.5 公里,合 150 市丈。也说华里。

【市两】shìliǎng 量 质量非法定计量单位,1 市两等于 50 克,合 0.1 市斤。

【市面】shìmiàn ❶ 名 街面上;进行贸易的街市 ▷这几天～上买不到西瓜。❷ 名 城市经济和工商业活动的状况 ▷～兴旺。

【市民】shìmín ❶ 名 城市的居民。❷ 名 特指封建社会后期城市中的手工业者和中小商人 ▷～文学|～阶层。

【市亩】shìmǔ 量 土地面积非法定计量单位,1 市亩等于$\frac{1}{15}$公顷,等于 666$\frac{2}{3}$平方米,合 60 平方市丈。

【市钱】shìqián 量 质量非法定计量单位，1市钱等于5克，合0.1市两。

【市情】shìqíng ❶ 名 城市的政治、经济、文化等情况和特点 ▷准确把握～。❷ 名 市场行情 ▷要正确分析物业～。

【市顷】shìqǐng 量 土地面积非法定计量单位，1市顷等于$6\frac{2}{3}$公顷，合100市亩。

【市区】shìqū ❶ 名 行政区划单位"市"所辖的区域，包括城区和郊区。❷ 名 特指城区。

【市容】shìróng 名 城市的面貌(指街道、建筑、绿地等) ▷整治～|～整洁。也说市貌。

【市勺】shìsháo 量 容积非法定计量单位，1市勺等于100毫升，合0.1市合(gě)。

【市升】shìshēng 量 容积非法定计量单位，1市升等于1升，合0.1市斗。

【市声】shìshēng 名 市面上嘈杂喧闹的声音 ▷扰人的～令人心烦。

【市树】shìshù 名 作为某个城市象征的树。

【市丝】shìsī ❶ 量 长度非法定计量单位，1市丝合0.1市毫。❷ 量 质量非法定计量单位，1市丝合0.1市毫。

【市肆】shìsì 名〈文〉街市上的店铺。

【市辖区】shìxiáqū 名 由市政府直接管辖的区一级行政区划单位。

【市引】shìyǐn 量 长度非法定计量单位，1市引等于$33\frac{1}{3}$米，合10丈。

【市盈率】shìyínglǜ 名 指股票市场上每股股票的价格与收益的比率。

【市长热线】shìzhǎng rèxiàn 为直接听取群众意见、接受市民监督而设置的市长专用电话线路。

【市丈】shìzhàng 量 长度非法定计量单位，1市丈等于$3\frac{1}{3}$米，合10市尺。

【市镇】shìzhèn 名 规模较大的集镇。也说市集。

【市政】shìzhèng 名 城市行政管理工作，包括交通、公安、卫生、环保、文化教育、基本建设等。

【市值】shìzhí 名 按照当时市场行情计算的资产价值 ▷该公司今年3月的～为5.2亿美元。

【市制】shìzhì 名 以国际公制为基础，结合我国民间习用的计量名称制定的计量制度。长度的主单位是市尺，1市尺合$\frac{1}{3}$公尺(米)；质量的主单位是市斤，1市斤合$\frac{1}{2}$公斤；容量的主单位是市升，1市升合1升。

【市中心】shìzhōngxīn 名 城市的中心地带 ▷天安门广场位于北京～。

式 shì ❶ 名 规格；标准 ▷法～|格～|程～。→❷ 名 范式；样式 ▷形～|老～织布机|新～|洋～。→❸ 名 举行典礼的程序、形式；典礼 ▷阅兵～|闭幕～|结业～。→❹ 名 自然科学中表明某种规律的一组符号 ▷方程～|分子～|公～|算～。→❺ 名 一种语法范畴，通过一定的语法形式表示说话人对所说事情的主观态度，如叙述式、命令式。☛ 右上是"弋"，不是"戈"。由"式"构成的字有"试""拭"等。

【式微】shìwēi 动〈文〉原是《诗经·邶风》中的篇名(式：文言语助词；微：衰微)。借指衰微；衰落 ▷家道～。

【式样】shìyàng 名 人工制造的物体的形状 ▷～新颖。

【式子】shìzi ❶ 名 姿势；架势 ▷做体操每个～都要正确。❷ 名 算式、代数式、方程式等的统称。

似 shì [似的] shìde 助 用在词或短语之后，表示跟某种事物或情况相像 ▷淋得落汤鸡～|他像兔子～跑了|看起来很轻松～。☛ ㊀"似"这里不读sì。㊁"似的"不宜写作"是的""似地"。

另见1306页sì。

势(勢) shì ❶ 名 在政治、经济或军事等方面的力量 ▷有权有～|仗～欺人|权～。→❷ 名 事物所显示的力量 ▷声～|火～|气～。⇒❸ 名 自然界或物体的外表形貌 ▷山～|地～。⇒❹ 名 人的姿态、样子 ▷装腔作～|手～|姿～。⇒❺ 名 社会或事物发展的状况或趋向 ▷局～|形～|趋～。○❻ 名〈文〉雄性生殖器 ▷去～。

【势必】shìbì 副 表示根据形势推测必然会发生某种情况 ▷乱砍滥伐森林，～造成水土流失。

【势不可当】shìbùkědāng 来势猛烈，不可抵挡(当：抵挡)。

【势不可挡】shìbùkědǎng 现在一般写作"势不可当"。

【势不两立】shìbùliǎnglì《战国策·楚策一》："楚强则秦弱，楚弱则秦强，此其势不两立。"意思是这种势态表明敌对双方不能共存。后用"势不两立"形容双方矛盾极为尖锐，无法调和。

【势均力敌】shìjūn-lìdí 指双方力量相当，难分高下(敌：相当)。

【势力】shìlì 名 指政治、经济、军事等方面的权力和力量 ▷封建～|～范围。☛ 跟"势利"不同。"势力"指实际拥有的权势和力量；"势利"指一种待人处世的态度。

【势利】shìli 形 形容对有钱有势的人奉承、对没钱没势的人歧视的处世态度 ▷～小人|这个人特～。☛ 参见本页"势力"的提示。

【势利小人】shìli xiǎorén 指处世态度势利、人格卑劣的人。

【势利眼】shìliyǎn ❶ 形 形容处世态度势利 ▷这个人太～了。❷ 名 指处世态度势利的人 ▷

那人是个～，不可交！

【势能】shìnéng 名 机械运动中，相互作用的物体因所处的位置或弹性形变等而具有的能量。如水的落差和发条做功的能力。也说位能。

【势如破竹】shìrúpòzhú《晋书·杜预传》："今兵威已振，譬如破竹，数节之后，皆迎刃而解。"意思是就像劈竹子那样，劈开头几节，下面各节就会顺着刀势分开。后用"势如破竹"形容气势威猛，节节胜利，锐不可当。

【势态】shìtài 名 情势；事物发展的趋势 ▷工农业发展的～很好。

【势头】shìtóu 名 事物发展的状况和趋势 ▷发展的～很猛｜～有点儿让人担心。

【势焰】shìyàn 名 权势和气焰 ▷～嚣张。

【势在必行】shìzàibìxíng 根据形势的发展必须这样做 ▷教育改革，～。

事 shì ❶ 名 事情 ▷好人好～｜天下大～。→❷ 名 职业；工作 ▷在城里谋个～。→❸ 名 意外的灾祸；事故 ▷出～了｜平安无～。→❹ 动〈文〉为……做事；侍奉 ▷～亲｜善～主人。❺ 动 从事；做 ▷大～宣传｜无所～事。→❻ 名 责任；关系 ▷不关我的～｜没你的～，快走开。☛ 参见 850 页"隶"的提示。

【事半功倍】shìbàn-gōngbèi 下一半功夫，收加倍成效。形容费力小而收效大。

【事倍功半】shìbèi-gōngbàn 下一倍功夫，收一半成效。形容费力大而收效小。

【事必躬亲】shìbìgōngqīn 不管什么事情都一定要亲自去做（躬亲：亲自去做）。☛"躬"不要误写作"恭"。

【事变】shìbiàn ❶ 名 事物的变化（情况）▷他对周围的～不够敏感。❷ 名 突然发生的重大事件；特指突然发生的重大政治、军事性事件 ▷九一八～。

【事不宜迟】shìbùyíchí 事情要抓紧办，不宜拖延。

【事出有因】shìchū-yǒuyīn 事情的发生是有原因的。

【事到临头】shìdàolíntóu 事情已经到了眼前。

【事典】shìdiǎn ❶ 名 仪式；典礼 ▷举行盛大～。❷ 名 辑录各门类或某一门类资料的工具书 ▷《中国～》。❸ 名 诗文中引用的故事 ▷所引名言名句及～轶闻十分贴切。

【事端】shìduān 名 纠纷；事故 ▷发生～｜蓄意制造～。

【事功】shìgōng 名〈文〉事业和功绩 ▷急于～。

【事故】shìgù 名 不幸的事件或灾祸（多指安全方面的）▷责任～｜交通～。

【事过境迁】shìguò-jìngqiān 事情过去了，情况也发生了变化。

【事后】shìhòu 名 事情发生或问题解决以后 ▷～他很后悔。

【事后诸葛亮】shìhòu zhūgěliàng 事情过后才悟出其中的道理或说出处理的办法；也指事后才出谋划策或自称有先见之明的人。

【事机】shìjī ❶ 名 事情的机密 ▷～败露。❷ 名 成就事情的机会 ▷贻误～。

【事迹】shìjì 名 过去做过的比较重要的事情或所留下的业绩 ▷生平～｜～感人。

【事假】shìjià 名 为私事而请的假。

【事件】shìjiàn 名 历史上或社会上发生的重大事情 ▷历史～｜流血～。

【事理】shìlǐ 名 蕴含在事情中的道理 ▷不明～。

【事例】shìlì 名 同类事情中有代表性的或可以作为依据的例子 ▷透过～认识事理｜典型～。

【事略】shìlüè 名 传记文体的一种，用来概括地记述人物生平事迹 ▷先父～。

【事前】shìqián 名 事情发生或问题解决以前 ▷～，他已有思想准备。

【事情】shìqing ❶ 名 人所进行的一切活动；人类社会所发生的一切现象 ▷你说的～很难办。❷ 名 差错；事故 ▷发生了意想不到的～。❸ 名 工作；职业 ▷还没找到～做。

【事权】shìquán 名 处理某类事物的权力；泛指权力 ▷职责与～相统一。

【事实】shìshí 名 事情的实际情况 ▷～真相。

【事实上】shìshíshang 事情的实际情况方面 ▷他说得虽好，可～并非如此。

【事事】shìshì ❶ 名 每件事；各种事 ▷～为他人着想。❷ 动 做事；从事某事 ▷无所～。

【事态】shìtài 名 事件的发展状态；局面（多指坏的）▷～日益严重｜控制～发展。

【事无巨细】shìwújùxì 事情无论大小 ▷～，他都一一过问。

【事务】shìwù ❶ 名 具体工作；日常工作 ▷～繁杂｜～性工作。❷ 名 总务；庶务 ▷～工作。❸ 名 指某项专门业务 ▷民族～｜涉外～。

【事务所】shìwùsuǒ 名 办理专门业务的机构 ▷律师～｜会计～。

【事务主义】shìwù zhǔyì 指不分轻重主次，整天埋头于日常琐碎事务的领导作风。

【事物】shìwù 名 客观存在的所有物体和现象。

【事先】shìxiān 名 事情发生之前 ▷～通知。

【事项】shìxiàng 名 事情的项目 ▷有关～。

【事业】shìyè ❶ 名 人们为实现某个目标而从事的、具有一定规模和体系、对社会发展具有一定影响的经常性活动 ▷教育～｜和平～。❷ 名 特指没有或仅有少量生产或经营收入，主要由国家经费开支的机构或单位（跟"企业"相区别）▷～单位｜行政～性收费。

【事业单位】shìyè dānwèi 受国家机关领导、经费由国库支出、不实行经济核算的部门或单位。如公立的学校和医院、科研机构等。

【事业心】shìyèxīn 名 全身心地投入到事业中，力图取得成就的精神。

【事宜】shìyí 名 需要安排、处理的事情或事项（多用于公文、法令等）▷有关经费～正在报批之中｜报考～详见招生广告。

【事由】shìyóu ❶ 名 事情的经过 ▷先把～说清楚。❷ 名 公文用语，指公文的主要内容。❸ 名 理由；多指借口 ▷请假～｜公司不能随便找个～就把人辞了。○ ❹ 名〈口〉职业；工作 ▷找个～儿并不容易。

【事与愿违】shìyǔyuànwéi 事实跟愿望相违背。

【事在人为】shìzàirénwéi 指事情的成功与否，取决于人主观上是否努力。

【事主】shìzhǔ ❶ 名 刑事或民事案件中被害或受害的一方。❷ 名 泛指某事的主事人或单位 ▷受～单位委托。

侍 shì ❶ 动（在尊长身边）陪着；伺候 ▷～卫｜服～。○ ❷ 名 姓。☛ 跟"待"不同。

【侍从】shìcóng 名 旧指在帝王或官员左右侍候护卫的人。

【侍奉】shìfèng 动 服侍奉养（长辈）▷～双亲。☛ 跟"侍候"不同。"侍奉"只用于下对上；"侍候"可用于各方面。

【侍候】shìhòu 动 伺候；照料 ▷～公婆｜对病人～得很周到。☛ ㊀参见本页"侍奉"的提示。㊁参见 228 页"伺候"的提示。

【侍立】shìlì 动 恭敬地在旁边站立侍候。

【侍弄】shìnòng ❶ 动 用心经营、照料 ▷～花草。❷ 动 摆弄；修理 ▷电脑叫他～好了。

【侍女】shìnǚ 名 旧时供有钱人家使唤的年轻女子。

【侍卫】shìwèi ❶ 动 侍从护卫 ▷～左右。❷ 名 担任护卫的武官。

【侍养】shìyǎng 动 侍候奉养 ▷～父母。

【侍者】shìzhě 名 侍候人的人；旧时特指旅馆、酒店的服务人员。

饰（飾） shì ❶ 动 修整装点（身体或物体），使美观 ▷修～｜装～｜～物。→ ❷ 名 用来装饰的东西 ▷首～｜服～。→ ❸ 动 遮掩；伪装 ▷文过～非｜掩～｜矫～。→ ❹ 动 扮演 ▷在剧中～杨贵妃｜～演。→ ❺ 动 修饰（语言文字）▷润～｜增～｜藻～。☛ 右边是"布"，不是"布"。

【饰词】shìcí 名 掩饰真相的话；推托的话。

【饰辞】shìcí 现在一般写作"饰词"。

【饰品】shìpǐn 名 装饰用的物品，有首饰、家居饰品等。

【饰物】shìwù ❶ 名 饰品。❷ 名 器物上的装饰品，如花边、飘带、金银缀片等。

【饰演】shìyǎn 动 扮演 ▷由著名演员～。

试（試） shì ❶ 动 为了探查结果或检验性质而非正式地从事（某种活动）▷这些方法我都～过｜跃跃欲～｜尝～｜～验｜～用｜测～。→ ❷ 动 通过一定的方法考查知识或技能 ▷口～｜复～｜应（yìng）～。

【试办】shìbàn 动 试着兴办或办理 ▷～加工厂。

【试笔】shìbǐ 动 练习写文章或写字作画；有时谦称自己的诗文、书画等 ▷他五岁开始～作文｜新春～。

【试表】shìbiǎo 动 用体温计测试体温。

【试播】shìbō ❶ 动 电台、电视台新建或开设新的频道，在正式启用前进行试验性播放。❷ 动 新节目在小范围内试验性播放。○ ❸ 动 小范围内试验性播种，以检验新种子或新播种方法的效果。

【试产】shìchǎn ❶ 动 新建厂矿正式开工生产前进行试验性生产。❷ 动 新产品正式投产前进行试验性生产。

【试场】shìchǎng 名 考场。

【试车】shìchē 动 机动车、机器等正式使用前进行试验性操作和运转，以测定性能是否合乎标准。

【试点】shìdiǎn ❶ 动 为取得经验而先选择一个或几个工作点进行试验 ▷经过～再予推广。❷ 名 试点的地方 ▷这所小学是教改～。

【试电笔】shìdiànbǐ 名 检测电器和线路是否带电的笔形工具。也说电笔。

【试读】shìdú 动 学生在取得正式学籍之前，先随班学习一段时间，供考查是否适应。

【试飞】shìfēi ❶ 动 新生产或修理以后的飞机正式使用前，进行试验性飞行，以检查各项指标和性能。❷ 动 飞机沿着新航线作试验性飞行，以检验航线是否安全合理。

【试岗】shìgǎng 动 在取得某岗位任职资格前，先在该岗位试着工作，以考查是否合格。

【试工】shìgōng 动 在正式录用新工人之前，试用一个短时期，以考查能否胜任。

【试管】shìguǎn 名 化学实验用具，圆柱形，管状，底部半球形或圆锥形，多用玻璃制成。

【试管婴儿】shìguǎn yīng'ér 医学上指取自母体的成熟的卵子与父体的精子在试管中受孕后，移入母体子宫内发育出生的婴儿。

【试航】shìháng 动 新生产或维修后的飞机、船只等正式投入使用之前进行试验性航行，以检验各项指标是否符合要求。

【试婚】shìhūn 动 男女双方于婚前按已婚方式同居，尝试彼此能否和谐相处，以决定是否正式结婚。试婚在我国不受法律保护。

【试机】shìjī 动 新生产或维修后的机器正式投入

生产之前进行试验性操作，以测定其性能是否合乎标准。

【试剂】shìjì 名 指为实现某一化学反应而使用的纯粹物质。也说试药。

【试讲】shìjiǎng ❶ 动 教师在正式讲公开课、示范课、实验课等之前进行试验性讲课。❷ 动 教师未取得正式讲课资格前，先向有关人员进行模拟性讲课，供考查是否胜任。

【试金石】shìjīnshí ❶ 名 用来简单测定黄金纯度的黑色的、坚硬致密的硅质岩石。用黄金在上面画一条纹，根据纹路颜色的深浅可以目测黄金成色。❷ 名 比喻准确可靠的检测方法和依据 ▷实践是检验真理的～。

【试镜】shìjìng 动 影视片正式开拍前，先对待选演员拍摄一些镜头，以评定是否适合所扮演的角色。

【试卷】shìjuàn 名 有考试题目由应试人作答的纸张或电子文件。

【试刊】shìkān ❶ 动 报刊正式出版发行或专栏正式确定前，为征求意见、取得经验而试着出刊。❷ 名 试行出版的报刊或专栏。

【试论】shìlùn 动 谦词，论述。用于表示见解不够成熟(多用作论著的题目) ▷《～汉字起源》。

【试手】shìshǒu ❶ 动 试工。❷ 动 试做 ▷第一次～就成功了。

【试水】shìshuǐ ❶ 动 水利工程或水暖设备等在正式使用前放水进行试运行，以检验其性能和质量。❷ 动 试探水的深浅缓急；比喻对不熟悉的事物进行尝试、试探 ▷～海外市场。

【试探】shìtàn 动 尝试着探索(某个问题或某种情况) ▷他～着解决这个难题。

【试探】shìtan 动 用言语或举动发出某种信息，观察对方的反应，借以了解对方的实情或意图 ▷～一下对方的态度。

【试题】shìtí 名 考试的题目。也说考题。

【试投】shìtóu ❶ 动 试着投递(收信人地址不详的信件)。❷ 动 (在铅球、标枪等体育比赛中)试着投掷 ▷第二次～的成绩打破了亚洲纪录。

【试图】shìtú 动 打算(做某事) ▷～挽回败局。

【试问】shìwèn 动 请问(多用于质问或表示不同意对方的意见) ▷～裁定的依据何在？

【试想】shìxiǎng 动 试着想想(多用于委婉地提醒或质问) ▷～，没有大胆质疑的精神，能发现新的科学规律吗？

【试销】shìxiāo 动 在产品大量生产前先试制销售，以便对市场进行试探并检验产品质量。

【试行】shìxíng 动 试探着实行 ▷新的条例先～一段，看是否需要加以修改。

【试演】shìyǎn 动 节目在正式演出前进行试验性演出。

【试验】shìyàn 动 为考察某事物的效果或性能，先在实验室或较小的范围内试用或试做 ▷新农药要经过反复～才能推广。☛ 跟"实验"不同。"试验"意在试探考察；"实验"意在实际验证。

【试验田】shìyàntián 名 农业上用来进行试验的田地；比喻用作试点的地方或工作 ▷金融改革的～。

【试养】shìyǎng 动 试验性养殖。

【试样】shìyàng ❶ 动 试试衣服、鞋帽等的样式，看是否中(zhòng)意。○ ❷ 名 为检验或试验某一物质的性能而专门抽取的样品 ▷这是从小白鼠血液中抽取的～。

【试营业】shìyíngyè 动 (服务行业、交通运输业等)正式开业前进行试验性营业。

【试映】shìyìng 动 电影、电视片正式公映前为征求意见先在一定范围内放映。

【试用】shìyòng 动 正式使用前，先用一用看看是否符合要求 ▷～品｜～阶段。

【试用期】shìyòngqī 名 用人单位对新员工的考查期限。

【试纸】shìzhǐ 名 浸有指示剂或试剂的干纸条。用以查验溶液的酸碱性，或确定某种化合物、元素或离子是否存在。如石蕊试纸可以检验溶液的酸碱性，姜黄试纸可检验硼酸根离子。

【试制】shìzhì 动 在正式生产前，先制造少量产品以征求用户意见。

【试种】shìzhòng 动 在大面积推广种植新品种前，先在小范围内进行种植试验。

视(視*眎眡) shì ❶ 动 看 ▷～而不见｜目不斜～｜注～｜～觉。→ ❷ 动 观察；考察 ▷～察｜巡～。→ ❸ 动 看待；对待 ▷～死如归｜～同儿戏｜重～。

【视差】shìchā 名 肉眼观测的误差。

【视察】shìchá ❶ 动 察看；察验 ▷～灾情。❷ 动 上级领导到下级机构检查工作 ▷市人大代表到我区～。

【视唱】shìchàng 动 看着乐谱唱出来。

【视窗】shìchuāng 名 电子计算机系统软件启动后，屏幕上出现的供用户选择功能或阅读信息的窗口画面；泛指安装在某种仪器上，用来显示功能或数据的窗口画面。

【视点】shìdiǎn 名 观察问题的角度；分析事物的着眼点 ▷～独特｜把～对准普通百姓。

【视而不见】shì'érbùjiàn 虽然睁着眼睛看了，却什么也没见到。形容对看到的事情漫不经心，不重视。

【视感】shìgǎn 名 视觉的感受 ▷～强烈。

【视角】shìjiǎo ❶ 名 物理学上指由物体两端射向眼睛的两条光线所夹的角。物体越大或距离越近，视角就越大。❷ 名 摄影机镜头视野大小的角度。❸ 名 观察、审视问题的角度 ▷把文艺创作的～投向基层群众。

【视觉】shìjué 名 由光源直射或物体反射的光线作用于视网膜所产生的感觉 ▷～敏锐。

【视力】shìlì 名 在一定距离内眼睛分辨物体形态细节的能力，可用视力表测定。

【视力表】shìlìbiǎo 名 测验视力的专用图表。图上印着几排大小不同的符号或字母。使用较普遍的是"E"字形视力表。

【视盘机】shìpánjī 名 用来播放视频光盘的设备，根据记录密度和格式的不同，可分为激光视盘机和数字激光视盘机等。

【视频】shìpín 名 在电视或雷达中，由图像转换而成或可转换成图像的电信号的频率。

【视频电话】shìpín diànhuà 可视电话。

【视频光盘】shìpín guāngpán 一种可存储图像信息的只读型光盘。制作时，把记录的视频信号进行数字化压缩处理，利用激光技术刻录在光盘上。通过视盘机播放，再现动态的图像和声音。简称视盘。也说激光视盘、影碟。

【视屏】shìpíng 名 荧光屏。

【视如敝屣】shìrúbìxǐ 当作破旧的鞋那样看待。表示极为轻视。

【视若无睹】shìruòwúdǔ 看见了却跟没看见一样。形容对身边的事物漠不关心。

【视神经】shìshénjīng 名 指人和脊椎动物的第二对脑神经，主管视觉。

【视事】shìshì 动〈文〉指新任官员到职办公 ▷新总督到任～。

【视死如归】shìsǐ-rúguī 把死看得像回家一样平常。形容为了正义事业不怕牺牲，无所畏惧。

【视听】shìtīng 名 看到的和听到的 ▷颠倒黑白，混淆～｜明确是非，以正～。

【视同】shìtóng 动（把某人或某事物）看作（跟）……一样；当作 ▷女职工休产假期间～出勤｜将领养的孩子～己出。

【视同儿戏】shìtóng'érxì 把事情看成跟小孩儿游戏一样。形容做事不严肃、不认真。

【视同路人】shìtónglùrén（把亲人或熟人）看作路上的陌生人。

【视图】shìtú 名 工程制图中将物体按正投影法向投影面投射时所得到的投影图。参见 1386 页"投影"。

【视网膜】shìwǎngmó 名 眼球三层膜中最内层的薄膜。由能感受光线刺激的视觉细胞和作为联络与传导冲动的多种神经元组成。

【视为】shìwéi 动 看作；认为是 ▷～眼中钉｜～珍宝。

【视线】shìxiàn ❶ 名 指眼睛看物体时，眼睛和被视物体或被视区域之间的假想直线 ▷～模糊｜～集中。❷ 名 借指注意的方向和目标 ▷～转向证券市场。

【视野】shìyě ❶ 名 眼睛所能看到的空间范围 ▷～广阔｜进入～。❷ 名 借指思想或见识的领域 ▷扩大学术～。‖也说视界。

【视域】shìyù 名 视野（多用于书面语）▷～开阔。

【视障】shìzhàng 名 指全盲、弱视等构成的视觉障碍。

拭 shì 动 擦 ▷～泪｜～目以待｜拂～｜揩～。

【拭目以待】shìmùyǐdài 擦亮眼睛等着看。形容殷切期待或密切关注事态的发展。

贳（貰） shì ❶ 动〈文〉借贷；赊欠 ▷～贷｜～账。→ ❷ 动〈文〉出租；出借 ▷～器店（出租婚丧喜庆用品的商店）。→ ❸ 动〈文〉赦免；宽恕 ▷～罪｜～赦。○ ❹ 名 姓。

柿（*梯） shì ❶ 名 柿树，落叶乔木，叶椭圆形或长圆形，开黄白色花。果实叫柿子，橙黄色或红色，圆形或扁圆形，脱涩后甘甜，可生吃，或制作柿饼、柿酒等。柿蒂和柿饼可以做药材。○ ❷ 名 姓。

【柿饼】shìbǐng 名 柿子去皮后经过晒、晾、捏等工序制成的饼状食品，表面有一层白色霜状物。

【柿霜】shìshuāng 名 去皮的柿子晾干后，表面形成的白色霜状物。味甜，可以做药材。

【柿子】shìzi 名 柿树的果实。

【柿子椒】shìzijiāo 名 一种辣椒，果实形状像柿子，略带甜味，是常见蔬菜。也说青椒。参见插图 9 页。

是（*昰） shì ❶ 代〈文〉a）表示近指，相当于"这""这个""这样" ▷～可忍，孰不可忍！｜如～。b）复指前置宾语 ▷唯利～图｜唯才～举。→ ❷ 动 联系两种事物。a）表示等同、归类或领属 ▷《红楼梦》的作者～曹雪芹｜李白～唐朝人｜这本书～我的。b）表示解释或描述 ▷人家～丰年，我们～歉年｜刘老师～近视眼。c）跟"的"构成"是……的"格式，表示强调 ▷他的手艺～很高超的｜我～不会干这种事的。d）表示存在 ▷沿街～一排商店｜屋子里全～人。⇒ ❸ 动 联系相同的两个词语。a）连用两次这样的格式，表示不含糊、够标准或两种事物不能混淆 ▷这姑娘打扮得多漂亮，头～头，脚～脚｜丁～丁，卯～卯｜说～说，做～做。b）单用这种格式，表示强调事物的客观性 ▷不懂就～不懂，不要装懂｜事实总～事实。c）单用这种格式，表示让步，含有"虽然"的意思 ▷朋友～朋友，原则还得坚持｜东西好～好，就是太贵。d）联系两个相同的数量结构，用在动词后，含有"算作"的意思，表示不考虑其

他 ▷走一步～一步|给多少～多少。⇒ ❹ 动 用于名词前，含有"适合"的意思 ▷你来得正～时候|这柜子放得不～地方。⇒ ❺ 动 用于名词前，含有"凡是"的意思 ▷～学生就应该好好学习|～活儿他都肯干。⇒ ❻ 动 用于形容词或动词性的谓语前，"是"重读，表示坚决肯定，含有"的确""实在"的意思 ▷这间房子～太小|他见解～高明|我～有事，不是偷懒。⇒ ❼ 动 用于句首，加重语气 ▷～父母把我们养育大的|～下雨了，我不骗你。⇒ ❽ 动 用于选择问句、是非问句或反问句 ▷你～喝啤酒，还～喝白酒？|他～走了不～？|他不～来了吗？→ ❾ 形 正确（跟"非"相对）▷你说得～|一无～处|似～而非|你要检点一些才～。⇒ ❿ 名 指正确的论断或肯定的结论 ▷实事求～|莫衷一～。⇒ ⓫ 动〈文〉认为正确；肯定 ▷～古非今|深～其言。⇒ ⓬ 动 表示肯定或答应（常单用）▷～，我明白|～，我马上就办。○ ⓭ 名 姓。

【是凡】shìfán 副 凡是。

【是非】shìfēi ❶ 名 正确的和错误的 ▷分清～。❷ 名 口舌；纠纷 ▷搬弄～|～之地。

【是非曲直】shìfēi-qūzhí 泛指事情的正确和错误，有理和无理。

【是非窝】shìfēiwō 名 经常产生口舌、纠纷的地方。

【是否】shìfǒu 副 是不是 ▷你～考虑成熟了？

【是样儿】shìyàngr 形〈口〉样式美观、大方 ▷你的西服穿起来挺～。

峙 shì 用于地名。如繁峙，在山西。
另见 1778 页 zhì。

适[1]（適）shì〈文〉❶ 动 往；到 ▷离京～沪|～可而止。→ ❷ 动 出嫁 ▷～人。

适[2]（適）shì ❶ 动 符合 ▷削足～履|～龄|～口。→ ❷ 副 表示两件事情的巧合或符合，相当于"恰好" ▷～逢其会|～得其反。○ ❸ 形 舒服 ▷身体不～|舒～|闲～。☛ "适"本读 kuò，如古人南宫适、洪适的"适"。汉字简化后，"适"成为"適"的简化字。为了避免混淆，用作古人名的"适(kuò)"可以改用"适"的本字"逜"。
另见 810 页 kuò。

【适才】shìcái 副 方才；刚才。

【适当】shìdàng 形 合适；恰当 ▷～时候|处理～。

【适得其反】shìdéqífǎn 得到的结果跟预想的或期望的恰恰相反。

【适度】shìdù 形 程度适宜 ▷批评要～|～规模。

【适逢】shìféng 动 正好碰上 ▷～细雨绵绵|～其会（会：机会、时机）。

【适合】shìhé 动 符合（客观实际）▷这种打扮挺～他的气质。

【适婚】shìhūn 区别（符合法律规定）适合结婚的 ▷～年龄|～男女。

【适可而止】shìkě'érzhǐ 到了适当的程度就停下来。指做事不要过分。

【适口】shìkǒu 形 符合口味 ▷～的饭菜。

【适量】shìliàng 形 数量合适，不太多也不太少 ▷饮食要～。

【适龄】shìlíng 区别 年龄适合某种要求的 ▷～儿童就近入学|～球员。

【适路】shìlù 形 对路①。

【适时】shìshí 形 正合时宜，不早也不晚 ▷～转产，规避风险|这场雨下得很～。

【适体】shìtǐ 形 合身 ▷这套西装很～。

【适销】shìxiāo 动 适合市场的需要，容易销售 ▷～商品|～全国。

【适宜】shìyí 形 合适；相宜 ▷颜色深浅～|这里～种西瓜。

【适意】shìyì 形 舒服 ▷夏天去海滨度假，非常～。

【适应】shìyìng 动 随着条件的变化不断作相应的改变，使之适合 ▷～新形势|～性。

【适应症】shìyìngzhèng 名 医学上指适合于采用某种治疗措施的病症。

【适用】shìyòng 动 适合使用 ▷以上情况～本条例|经济～房。

【适于】shìyú 动 适合 ▷她～学文科，不～学理科。☛ 后面要带动词性宾语。

【适值】shìzhí 动 恰好遇到 ▷～年关。

【适中】shìzhōng ❶ 形 介于过与不及之间；合适 ▷雨量～|规模～。❷ 形 位置合适，不偏于哪一面 ▷地理位置～。

脉 shì 名 一种有机化合物，溶于水，遇热不凝固，是食物蛋白和蛋白胨的中间产物。

恃 shì ❶ 动 仗着；依赖 ▷有～无恐|～才傲物|仗～。→ ❷ 名〈文〉指母亲 ▷失～|怙～（怙：指父亲）。

【恃才傲物】shìcái-àowù 仗着自己有才能而藐视别人（物：指除自己以外的人）。☛ "恃"不要误写作"持"。

【恃强凌弱】shìqiáng-língruò 依仗自己强大而欺凌弱小。☛ "恃"不要误写作"持"。

室 shì ❶ 名 房间；屋子 ▷升堂入～|卧～|会议～。→ ❷ 名 星宿名，二十八宿之一。→ ❸ 名 家；家族 ▷十～九空|宗～。❹ 名 家属或妻子 ▷家～|继～。→ ❺ 名 形状像室的器官 ▷心～|脑～。→ ❻ 名 机关、工厂、学校等内部的工作单位 ▷档案～|教

研～。☛ 统读 shì，不读 shǐ。

【室内剧】shìnèijù 名 指一般在摄影棚内搭起布景而摄制完成的电视剧，多是电视连续剧。

【室内乐】shìnèiyuè 名 原指西方宫廷中演奏或演唱的、区别于教堂音乐的世俗音乐。现在泛指由少数人演奏或演唱的区别于管弦乐的各种重奏、重唱曲或独奏、独唱曲。

逝 shì ❶ 动（水流、时光等）消失 ▷年华易～｜岁月流～｜转瞬即～｜消～。→ ❷ 动 婉词，指人死亡 ▷长～｜病～。

【逝世】shìshì 动 离开人世（含庄重意）。☛ 跟"去世"不同。"逝世"专用于长者或受敬仰的人，庄重色彩浓；"去世"用于成年人，较之"死去"委婉，但庄重色彩不及"逝世"。

莳（蒔） shì ❶ 动〈文〉种植 ▷播～五谷｜～花。→ ❷ 动 移栽 ▷～秧。

另见 1249 页 shí。

栻 shì 名 古代用来占卜的器具。

轼（軾） shì 名 古代车厢前供乘车人扶着的横木 ▷登～而望之。

铈（鈰） shì 名 金属元素，符号 Ce。铁灰色，质软，化学性质活泼，在空气中用刀刮即可燃烧。可以制作还原剂、催化剂、火箭喷气燃料等。

舐 shì〈文〉❶ 动 舔 ▷～犊情深｜吮痈～痔。→ ❷ 动 掭（tiàn）▷举笔～墨。

【舐犊】shìdú 动 老牛用舌头舔小牛；比喻疼爱子女 ▷～情深｜～之爱。

【舐痔】shìzhì 动〈文〉舔别人的痔疮。借指卑劣无耻地谄媚奉承 ▷吮痈～｜～之徒。

谡（諟） shì 形〈文〉正确。

弑 shì 动 古代指臣下杀死君主或子女杀死父母 ▷～君｜～母。

释[1]（釋） shì ❶ 动〈文〉解开；松开 ▷～缚。→ ❷ 动 放走（关押的人）▷开～｜保～。→ ❸ 动 解除；消散 ▷～疑｜～怀。→ ❹ 动 解说；阐明 ▷～义｜～文｜注～。→ ❺ 动 放开；放下 ▷如～重负。

释[2]（釋） shì ❶ 名 指佛教创始人释迦牟尼；也指佛教 ▷～门｜～宗｜～教。○ ❷ 名 姓。

【释典】shìdiǎn ❶ 名 佛经。❷ 动 解释经典 ▷宣经～。

【释读】shìdú 动 解读；考证并解释（古文字等）▷甲骨文～。

【释法】shìfǎ 动 对法律、法规条文进行解释 ▷立法机关才有权～｜～解惑。

【释放】shìfàng ❶ 动 放出被关押的人，使恢复自由 ▷～囚犯｜无罪～。❷ 动 把内含的物质或能量放出来 ▷～热能。

【释怀】shìhuái 动 消除心中的某种情绪 ▷畅然～｜难以～。

【释迦牟尼】shìjiāmóuní 名 梵语 Śākyamuni 音译。佛教创始人（约前 565—前 485），姓乔答摩，名悉达多，古印度释迦族人。29 岁时出家修行，后"悟道成佛"。释迦牟尼是佛教徒对他的尊称，意思是释迦族的圣人。

【释教】shìjiào 名 佛教。因由释迦牟尼创始，故称。

【释然】shìrán 形〈文〉嫌隙、疑虑、猜忌等消释而内心舒畅 ▷～开怀｜顿时心中～。

【释文】shìwén 名 一般指对辞书中所收单字、词语等的解释性文字。包括注音、释义、例证等。

【释疑】shìyí ❶ 动 解释疑难 ▷～解惑。❷ 动 消除疑虑 ▷他的解释，使我顿然～。

【释义】shìyì ❶ 动 解释单字、词语或文章等的意义 ▷词语～｜～精当。❷ 名 解释单字、词语或文章等意义的文字 ▷词典的每一条～都要反复斟酌。

【释藏】shìzàng 名 佛教经典的总汇。由经藏、律藏、论藏三部分组成，包括汉译佛经和我国的一些佛教著作。

【释子】shìzǐ 名〈文〉和尚。

谥（謚*諡） shì 名 古代帝王、贵族、大臣或其他有地位的人死后，依其生前事迹所给予的带有褒贬意义的称号 ▷～号｜～法（评定谥号的法则）。

嗜 shì ❶ 动 喜爱；爱好 ▷～学｜～好。→ ❷ 动 贪求；热衷 ▷～血｜～酒｜～赌。

【嗜好】shìhào ❶ 名 特别的爱好 ▷喝茶、饮酒是他的两大～。❷ 动 特别爱好 ▷～钓鱼。☛ 跟"爱好"不同。1."嗜好"所指的程度比"爱好"深。2."嗜好"有时用于贬义；"爱好"一般用于褒义。

【嗜痂之癖】shìjiāzhīpǐ 南朝·宋·刘敬叔《异苑》卷十："东莞刘邕性嗜食疮痂，以为味似鳆鱼。"后用"嗜痂之癖"指怪僻的嗜好。

【嗜酒】shìjiǔ 动 特别爱好喝酒 ▷～伤身。

【嗜血】shìxuè 动 爱好吸人血；形容贪婪地敲诈勒索 ▷～杆菌｜～成性。

【嗜欲】shìyù 名 指贪图身体官能方面种种享受的不良欲望 ▷节制～。

筮 shì 动〈文〉用蓍（shī）草占卜 ▷卜～。

誓 shì ❶ 动 发誓，表示决心依照约定或所说的话去做 ▷～不两立｜～死不二｜～师｜～言。→ ❷ 名 誓言 ▷信～旦旦｜宣～。

【誓不罢休】shìbùbàxiū 发誓决不停止。

【誓不两立】shìbùliǎnglì 发誓决不和对方并存。

形容仇恨极深，不可调和。

【誓词】shìcí 名 誓言 ▷入党～|宣读～。

【誓辞】shìcí 现在一般写作"誓词"。

【誓师】shìshī 动 军队出征前主帅向全军宣布作战意义，表示决心，以激励将士英勇作战；泛指为完成某项重要任务集体表示决心 ▷～北伐|体坛健儿～出征。

【誓死】shìsǐ 副 发誓至死不变 ▷～捍卫国土。

【誓言】shìyán 名 宣誓时表示决心的话。

【誓愿】shìyuàn 名 发誓时表示的心愿 ▷许下～。

【誓约】shìyuē 名 宣誓时订下的必须遵行的条款。

奭 shì 形〈文〉盛大。

噬 shì 动〈文〉咬 ▷～脐莫及|～啮|吞～|反～。

【噬菌体】shìjūntǐ 名 一类以细胞为寄主的病毒，能侵入活的细菌细胞，并在其中大量繁殖，引起细菌裂解。可用于鉴别某些细菌，也可用作分子生物学遗传工程载体。

【噬脐莫及】shìqí-mòjí 用嘴咬自己的肚脐是够不着的。比喻后悔已迟。

澨 shì〈文〉❶ 名 水边的堤防 ▷骋而从之，则决睢～。→ ❷ 名 水边 ▷师于漳～。

螫 shì 动〈文〉蜇，蜂、蝎等有毒腺的虫子用毒刺刺人畜。
另见 1744 页 zhē。

【螫针】shìzhēn 名 蜂、蝎等尾部连接毒腺具有螫刺作用的毒刺。

襫 shì 见 101 页"袯(bó)襫"。

shi

匙 shi 见1605 页"钥(yào)匙"。
另见 183 页 chí。

殖 shi 见492 页"骨(gǔ)殖"。
另见 1771 页 zhí。

shōu

收 shōu ❶ 动 逮捕；拘禁 ▷～押|～审|～监。→ ❷ 动 把散开的东西聚合到一起；把东西放到适当的地方 ▷把摊在桌上的书～起来|～拾|～藏。⇒ ❸ 动 获得(利益) ▷坐～渔利|～益。❹ 动 收获(农作物)；收割 ▷秋～|～成。⇒ ❺ 动 收取；收回 ▷～税|～房租。⇒ ❻ 动 接受；容纳 ▷～徒弟|～容|～养。⇒ ❼ 动 约束；制约 ▷玩野了，～不住心|～敛。❽ 动 结束 ▷～工|～不了场|～尾。☛ 右边是"攵"，不是"夂"。

【收报】shōubào 动 用收报机接收发报机发来的信号。

【收报机】shōubàojī 名 接收电报的电信装置。

【收编】shōubiān 动 收容改编(军队) ▷～敌五十八师。

【收兵】shōubīng ❶ 动 撤回军队，停止战斗。❷ 动 泛指结束某项工作 ▷案子不破决不～。

【收藏】shōucáng 动 收集并保藏 ▷～古钱币|把墙上挂的字画～起来，以免损坏。

【收操】shōucāo 动 结束操练。

【收场】shōuchǎng ❶ 动 结束；了结 ▷草草～。❷ 名 结局；下场 ▷只落得如此～。

【收车】shōuchē 动 完成任务后把车开回去。

【收成】shōucheng ❶ 动 收获① ▷这块地每亩可以～水稻 400 公斤。❷ 名 农作物的收获情况 ▷～一年比一年好。

【收存】shōucún 动 收集并保存 ▷～珍贵邮票。

【收订】shōudìng 动 接收读者订单，办理订阅手续 ▷～报纸|上门～。

【收发】shōufā ❶ 动 接收和发送(公文、信件、报刊等) ▷～室|～电子邮件。❷ 名 担任收发工作的人 ▷他是我们单位的～。

【收方】shōufāng 名 执行会计制度收付实现制时，反映资金占用增加和资金来源减少的科目统称(跟"付方"相对)。

【收费】shōufèi 动 收取费用 ▷～站|合理～。

【收服】shōufú 动 制服对方，使投诚归顺 ▷～残敌。☛ 不要写作"收伏"。

【收抚】shōufǔ ❶ 动 收容安抚 ▷～灾民。❷ 动 收留抚养 ▷～孤儿。

【收复】shōufù 动 重新夺回失去的(领土、阵地) ▷～阵地|～沦陷区。

【收割】shōugē 动 割取成熟的农作物 ▷～水稻。

【收工】shōugōng 动 结束工作。

【收购】shōugòu 动 大量地或从各处收集购买 ▷～废品|～农副产品。

【收官】shōuguān ❶ 动 围棋中指棋局进入最后阶段。❷ 动 泛指工作、活动等接近结束或收尾阶段 ▷这次太空试验圆满～|全面建成小康社会的～之年。

【收归】shōuguī 动 收回并确定归属关系 ▷把土地～国有。

【收回】shōuhuí ❶ 动 把放出去或借出去的钱物取回来 ▷～债款|～闲置土地。❷ 动 撤销；取消 ▷～成命。

【收活儿】shōuhuór ❶ 动 服务性行业把顾客要求加工或修理的活计接收下来 ▷请问这里还～吗？❷ 动〈口〉收工；结束干活儿 ▷提前～。

【收获】shōuhuò ❶ 动 收取成熟的农作物 ▷～水稻。❷ 名 收取到的农作物 ▷秋粮的～不错。❸ 名 比喻获得的成果等 ▷考古又有新～。

【收集】shōují 动 收拢聚集 ▷～素材｜～意见。☛ 跟“搜集”不同。“收集”侧重指将分散的东西收在一起；“搜集”侧重指将难以找到的东西收在一起。

【收监】shōujiān 动（把犯人）关入监狱。

【收缴】shōujiǎo ❶ 动 没收，缴获 ▷～赃款赃物。❷ 动 征收上交 ▷～土地出让金。

【收紧】shōujǐn ❶ 动 收束使变小 ▷领口～一点儿｜～腰带。❷ 动 严格控制 ▷～货币总发行量。

【收旧利废】shōujiù-lìfèi 回收和利用废旧物品。

【收据】shōujù 名 收到钱物后写给对方的凭证。

【收看】shōukàn 动 接收并观看（电视节目）▷～重要新闻。☛ 参见本页“收视”的提示。

【收口】shōukǒu ❶ 动（编织东西时）把开口的地方收结起来 ▷编筐编篓，难在～。❷ 动 伤口愈合 ▷创面已经～。

【收款】shōukuǎn 动 接收款项；收钱。

【收揽】shōulǎn ❶ 动 招纳，笼络 ▷～人才｜～人心。❷ 动 承揽 ▷上门～业务。

【收礼】shōulǐ 动 接受别人送的礼物。

【收镰】shōulián 动 收起镰刀；多指收割完毕。

【收敛】shōuliǎn ❶ 动（光线、笑容等）减弱或消失 ▷乌云涌起，阳光～｜～了笑容。❷ 动 约束、控制（狂放的言行）▷迫于大家的压力，他的行为不得不～些。❸ 动 使机体收缩或腺液分泌减少 ▷～剂。

【收殓】shōuliàn 动 把人的尸体放进棺材。

【收留】shōuliú 动 把有困难的人接收下来并给予帮助 ▷他～了一个孤儿。

【收拢】shōulǒng ❶ 动 把散开的聚合起来 ▷～渔网。❷ 动 收买拉拢 ▷～了一帮打手。

【收录】shōulù ❶ 动 接纳录用 ▷～新工人。❷ 动 把诗文收进集子 ▷这本诗集～了他早期的作品。❸ 动 借助收录机将声音接收并录制下来 ▷这盒磁带～了歌曲 20 首。

【收录机】shōulùjī 名 兼有收音和录音功能的电器。

【收罗】shōuluó 动 广泛聚集人或物 ▷～人才｜～民间秘方。☛ 跟“搜罗”不同。“收罗”侧重广泛收集；“搜罗”侧重到处搜寻。

【收买】shōumǎi ❶ 动 收购。❷ 动 用钱物等买通、笼络别人，使受利用 ▷～人心。

【收纳】shōunà 动 接纳；收进 ▷～了不少下岗人员｜书中～了最新的环保知识。

【收盘】shōupán ❶ 动 指棋类比赛结束。❷ 动 指证券市场全天交易结束。

【收盘价】shōupánjià 名 指证券市场每天最后一笔交易成交的价格。

【收讫】shōuqì 动 应收钱物已如数收清（常以印戳形式将“收讫”二字加盖在票据上）。

【收清】shōuqīng 动 全部收齐，核实无误。

【收秋】shōuqiū 动 收获秋熟农作物 ▷～大忙。

【收取】shōuqǔ 动 收下（交来的钱款）▷～学费｜～保证金。

【收容】shōuróng 动 收留；接纳 ▷～掉队的伤病员。

【收容所】shōuróngsuǒ 名 收留生活无着或处境困难者的机构。

【收入】shōurù ❶ 动 收进来（钱）▷店里今天～3000 元。❷ 名 收进来的钱 ▷增加农民的～。

【收审】shōushěn 动 拘留审查。

【收生】shōushēng 动 接生 ▷～婆。

【收生婆】shōushēngpó 名 接生婆。

【收尸】shōushī 动 把暴露在外的尸体收拾起来（去火化或埋葬）。

【收市】shōushì 动 集市、市场等停止交易或营业。

【收视】shōushì 动 收看 ▷～频道｜～率。☛ 跟“收看”不同。“收视”专业色彩较浓，一般不带宾语；“收看”使用范围较广，可带宾语。

【收视率】shōushìlǜ 名 在一定地区、一定时间内收看某一电视节目的观众数占电视观众总数的比率。

【收拾】shōushi ❶ 动 整理；整顿 ▷～行李｜～残局。❷ 动 修理 ▷这把椅子腿儿松动了，您给～～吧。❸ 动〈口〉惩罚；教训 ▷你再捣乱，小心我～你！❹ 动〈口〉消灭；杀死 ▷终于把这伙土匪给～掉了。

【收手】shōushǒu 动 停止（做某事）▷这些贪官顶风违纪不～｜及时～。☛ 一般针对本不该干的事情而言。

【收受】shōushòu 动 收取接受 ▷从不～馈赠。

【收束】shōushù ❶ 动 收拾（行李等）▷～行装。❷ 动 结束 ▷文章写到这里该～了。❸ 动 约束 ▷～自己的思绪。

【收税】shōushuì 动 收取纳税人应缴纳的税款。

【收缩】shōusuō ❶ 动（物体）缩小或缩短 ▷心脏～时输出血液。❷ 动 紧缩；由分散变为集中 ▷～战线。

【收缩压】shōusuōyā 名 心脏收缩时动脉血压的最高值。通称高压。参见 1565 页“血压”。

【收摊儿】shōutānr 动 收起货摊；比喻结束正在做的事情 ▷没人买了，～吧｜那家公司去年就～了。

【收条】shōutiáo 名 收据。

【收听】shōutīng 动 听（广播）▷～新闻。

【收尾】shōuwěi ❶ 动 结束;煞尾 ▷工程已经进入～阶段。❷ 名 (文章)末尾 ▷文章的～可以再含蓄点。

【收文】shōuwén ❶ 动 接收公文 ▷由他～发文。❷ 名 收到的公文 ▷～要登记编号。

【收悉】shōuxī 动 收到并知悉内容 ▷来函～。

【收效】shōuxiào ❶ 动 收到成效 ▷投入少,～快|难以～。❷ 名 收到的成效 ▷～大。

【收心】shōuxīn ❶ 动 收敛散漫的心思 ▷假期结束,得先～。❷ 动 收敛邪恶的心思 ▷～息念,改恶从善。

【收押】shōuyā ❶ 动 拘禁;拘留 ▷该犯罪嫌疑人被～在看守所|严禁违法～。❷ 动 收监 ▷把这几名已决犯～入狱。

【收养】shōuyǎng 动 收留并负责抚养或赡养 ▷～弃婴|先后～两名 80 多岁的老人。

【收益】shōuyì 名 取得的好处或利益 ▷经营有方,～日增|坚持学习,必有～。☛ 跟"受益"不同。"收益"是名词,"受益"是动词。

【收音】shōuyīn ❶ 动 拢住声音,使人听得清楚 ▷露天剧场～不理想。❷ 动 接收无线电广播 ▷～机。

【收音机】shōuyīnjī 名 接收无线电广播的电器。

【收银】shōuyín 动 (营业单位)收款 ▷～员。

【收摘】shōuzhāi 动 收获摘取 ▷～苹果。

【收账】shōuzhàng ❶ 动 把收入和支出记入账簿 ▷这笔开支已经～了。❷ 动 讨回欠账 ▷派人去～。☛ 不要写作"收帐"。

【收针】shōuzhēn 动 针织时,减少针数使织物的宽度变窄。

【收诊】shōuzhěn 动 接收(病人)并给予诊疗。

【收支】shōuzhī 名 收入和支出的款项 ▷～平衡|～不符。

【收执】shōuzhí ❶ 动 公文用语,收下并保存 ▷合同一式两份交双方～。❷ 名 机关收到税金或其他物品时开具的书面凭证。

【收治】shōuzhì 动 接收并给予治疗 ▷新医院开始～病人。

【收转】shōuzhuǎn ❶ 动 收下并转交 ▷请您将此信～雷锋班。❷ 动 接收并转播 ▷地方台～中央台节目。

shóu

熟 shóu 义同"熟(shú)",用于口语。另见 1276 页 shú。

shǒu

手 shǒu ❶ 名 人体上肢腕以下的部分,能完成生活中的各种操作。→ ❷ 名 形状或作用像手的东西 ▷触～|机械～。→ ❸ 动 用手拿着 ▷人～一册。❹ 形 小巧的、便于手拿或使用的 ▷～册|～枪|～机。→ ❺ 形 亲手写的 ▷～稿|～迹|～札。→ ❻ 副 亲手 ▷～订|～书|～植。→ ❼ 名 指本领、技艺或手段 ▷心灵～巧|心狠～辣|下毒～。⇒ ❽ 名 在某一方面有突出技艺的人 ▷高～|选～|多面～|神枪～。⇒ ❾ 名 泛指做某种事的人 ▷打～|凶～|助～|新～。⇒ ❿ 量 用于技术、本领等 ▷露两～|烧得一～好菜。→ ⓫ 量 用于经手的次数 ▷第一～材料|二～货。

【手把手】shǒubǎshǒu 指亲自而且具体地(传授和指点技艺等) ▷～地教他做菜。

【手板】shǒubǎn ❶ 名 手掌 ▷～都打红了。❷ 名 戒尺②。❸见本页"手版"。现在一般写作"手版"。

【手版】shǒubǎn 名 笏。

【手包】shǒubāo 名 随身携带的小包儿,多为女性使用。

【手背】shǒubèi 名 手掌的背面。

【手笔】shǒubǐ ❶ 名 亲手写的字、创作的文章或画的画 ▷这幅画是齐白石的～。❷ 名 文章或书画技巧上的造诣 ▷这篇剧评～不凡。❸ 名 指用钱、办事的气派 ▷眼界宽、底气足,行事自然是大～。

【手臂】shǒubì 名 胳膊。

【手边】shǒubiān ❶ 名 伸手可以够得着的地方 ▷把你～那张表格递给我。❷ 名 手里;手上 ▷这笔款不在我～。

【手表】shǒubiǎo 名 戴在手腕上的小型计时器。也说腕表。

【手柄】shǒubǐng 名 操作机器时供手握持的把柄。也说手把(bà)。

【手不释卷】shǒubùshìjuàn 手里拿着书不放下。形容勤奋好学或看书入迷。

【手册】shǒucè ❶ 名 汇集常用的基本资料,供随手查考的工具书(多用于书名) ▷《电工～》。❷ 名 经常放在手边便于记事的小册子。

【手抄】shǒuchāo 动 用手抄写 ▷～本。

【手抄本】shǒuchāoběn 名 手工抄写的书。

【手持】shǒuchí 动 手里握着 ▷～钢枪。

【手创】shǒuchuàng 动 亲手创造或创建 ▷他离开了自己～的公司。

【手锤】shǒuchuí 名 一只手用的小铁锤。

【手戳儿】shǒuchuōr 名 刻有个人姓名的私用图章 ▷盖个～。

【手大】shǒudà 形 指花钱大手大脚 ▷他～,攒不下钱。

【手袋】shǒudài 名 妇女挂在手腕上的包儿。

【手到病除】shǒudào-bìngchú 一动手治疗，病就消除了。形容医术高明；也形容能力强、手艺高，解决问题快。

【手到擒来】shǒudào-qínlái 一伸手就将敌人捉住。形容做事有把握，毫不费力。

【手底下】shǒudǐxia ❶ 名 手下① ▷他～的人都很精干。❷ 名 手头①。

【手电筒】shǒudiàntǒng 名 用干电池作电源的小型筒状照明用具。也说手电、电筒、电棒儿。

【手定】shǒudìng 动 亲自制定、编定或写定 ▷孙中山～新三民主义。

【手动挡】shǒudòngdǎng 名 汽车手动变速器的俗称。手动换挡的装置，需要改变速度时，司机脚踩离合器，同时手动换挡。其特点是变速快，省油，结构较简单，但操作较复杂（跟"自动挡"相区别）。

【手段】shǒuduàn ❶ 名 为达到某种目的而使用的方式方法 ▷现代信息传递～|谋生的～。❷ 名 待人处世的不正当方法 ▷使～|～毒辣。❸ 名 本事；技巧 ▷～高明。

【手法】shǒufǎ ❶ 名（文学艺术作品的）创作技巧 ▷倒叙～|拟人～。❷ 名 手段②。

【手风琴】shǒufēngqín 名 一种轻便的键盘乐器，由金属簧片、键盘（或键钮）和折叠的皮制风箱组成。演奏时左手拉动风箱，右手按键盘。参见插图 11 页。

【手扶拖拉机】shǒufú tuōlājī 一种通过手把操纵的单轴两轮拖拉机。适用于小块田地耕作和短途运输，也用作固定作业的动力。

【手感】shǒugǎn 名 抚摸时手的感觉 ▷这种毛料～粗糙。

【手稿】shǒugǎo 名 亲手写的底稿 ▷鲁迅～。

【手工】shǒugōng ❶ 动 用手（不用机器）操作 ▷～劳动|～编织。❷ 名 靠手工进行的工作或手工工艺 ▷～费|这种漆器～精良。❸ 名〈口〉手工劳动的报酬 ▷做西服～很贵。

【手工业】shǒugōngyè 名 依靠手工或使用简单工具进行生产的小规模产业。

【手工业者】shǒugōngyèzhě 名 占有作坊、手工工具、原料等生产资料，从事独立的手工业生产的小商品生产者。如铁匠、木匠。

【手工艺】shǒugōngyì 名 具有高度技艺性的手工。如刺绣、蜡染、泥塑等。

【手工艺品】shǒugōngyìpǐn 名 手工制作的工艺品。

【手鼓】shǒugǔ 名 维吾尔、哈萨克等少数民族的打击乐器，扁圆形，以木为框，框内列小铜圈或铁环，一面蒙羊皮或蟒皮。常用于器乐演奏和舞蹈伴奏。也说达卜。参见插图 12 页。

【手黑】shǒuhēi 形 形容手段狠毒残酷 ▷心毒～。

【手机】shǒujī 名 手持式移动电话机的简称。参见 1626 页"移动电话"。

【手疾眼快】shǒují-yǎnkuài 形容做事机智，反应敏捷。

【手记】shǒujì ❶ 动 亲手记录 ▷电话号码我已经～下来了。❷ 名 亲笔做的记录 ▷记者的现场采访～。

【手技】shǒujì ❶ 名 手艺 ▷～很高。❷ 名 一种杂技，用手表演的各种技巧。传统的手技多用球、盘、棒等作道具。

【手迹】shǒujì 名 亲手写的字或画的画 ▷名家～。

【手脚】shǒujiǎo ❶ 名 手和脚；借指动作举止 ▷～发凉|慌了～。❷ 名 指暗中采取的不正当行动 ▷提防有人做～。

【手巾】shǒujīn 名 擦脸擦手用的布或针织品。

【手紧】shǒujǐn ❶ 形 形容对钱物控制很严，不轻易花掉或送人 ▷企业规模大了，手松～效果大不一样。❷ 形 钱不够用 ▷买了住宅后，一直～。

【手锯】shǒujù 名 一端装有手把儿的短锯。

【手卷】shǒujuàn 名 可以手持欣赏，不能悬挂的横幅书画长卷。

【手绢】shǒujuàn 名 随身携带的小块方形织品，用来擦汗、擦鼻涕等。也说手帕。

【手铐】shǒukào 名 套在手腕上的戒具。

【手快】shǒukuài 形 形容动作敏捷或做事麻利 ▷眼疾～。

【手辣】shǒulà 形 手段毒辣。

【手雷】shǒuléi 名 一种用手投掷的炸弹，比手榴弹大，爆破力强，多用于反坦克。

【手链】shǒuliàn 名 套在手腕上的链式装饰品，多用金、银、玉石等制成。

【手令】shǒulìng 名 亲笔写的命令。

【手榴弹】shǒuliúdàn ❶ 名 用手投掷的小型炸弹。❷ 名 一种像手榴弹的体育运动器械，有木柄，以投掷的远近决定胜负。

【手炉】shǒulú 名 冬天暖手用的小火炉，可随身携带。

【手慢】shǒumàn 形 形容动作迟缓或做事缓慢。

【手忙脚乱】shǒumáng-jiǎoluàn 形容做事忙乱，没有条理。

【手模】shǒumó ❶ 名 手印。❷ 名 手部模特儿。

【手帕】shǒupà 名 手绢。

【手胼足胝】shǒupián-zúzhī 胼手胝足。

【手旗】shǒuqí 名 打旗语用的旗子。

【手气】shǒuqì 名 指赌博或摸彩时的运气 ▷买几张彩票试试自己的～。

【手枪】shǒuqiāng 名 单手发射的短枪。适用于近距离射击。

【手巧】shǒuqiǎo 形 手灵巧；手艺高 ▷心灵～。

【手勤】shǒuqín 形 做事勤快 ▷她～，整天忙。

【手轻】shǒuqīng 形 动作时手用力轻稳 ▷这位护士～，打针不怎么疼。

【手球】shǒuqiú ❶ 名 球类运动项目，球场长 40 米，宽 20 米。比赛时每队 7 人，1 人守球门，用手把球射进对方球门得分。❷ 名 手球运动使用的球，比足球略小。❸ 名 足球比赛中，非守门员在场内任何地点或守门员在禁区以外，用手或臂部触球的犯规动作。

【手软】shǒuruǎn 形 不忍心下手或下手不重 ▷依法惩处，不能～|心慈～。

【手生】shǒushēng 形 动作不熟练 ▷干这种活儿他显得～。

【手势】shǒushì 名 用手做的表达意思的姿势 ▷打～|他做～，暗示我不要说话。

【手势语】shǒushìyǔ 名 手语的一部分，以手势作比量，模拟形象，表达一定的意思。聋哑人借助手势语可以互相交流。

【手书】shǒushū ❶ 动 亲笔书写 ▷孙中山～“天下为公”四个大字。❷ 名 亲笔写的字或信 ▷这是鲁迅先生的～|接读～，不胜欣慰。

【手术】shǒushù ❶ 名 医生用医疗器械在人体有病的部位做的切除、修补、缝合等治疗 ▷动～。❷ 动 进行手术；做手术 ▷下午 3 点～。

【手术刀】shǒushùdāo 名 医生做手术用的刀具；借指外科医生 ▷他是我们医院的头把～。

【手松】shǒusōng 形 形容对钱物控制不严，随便花掉或送人 ▷他～，花钱大手大脚。

【手谈】shǒután 动〈文〉下围棋。用手下棋，可以互相交流，犹如谈话，故称。

【手套】shǒutào 名 套在手上防寒或护手的用品。用棉纱、毛线、皮革等制成。

【手提包】shǒutíbāo 名 提包。

【手提式】shǒutíshì 区别 可以用手提着的(某些医疗器材、电器等) ▷～超低温冰箱。

【手提箱】shǒutíxiāng 名 提箱。

【手头】shǒutóu ❶ 名 手边；手里 ▷～要多准备几部工具书。❷ 名 指个人经济状况 ▷～不宽裕。❸ 名 指写作或做其他事情的能力 ▷写这种文章，他～快极了。

【手头紧】shǒutóujǐn 手紧②。

【手推车】shǒutuīchē 名 用人力推动的双轮或独轮小车，用来装运物品。也说手车。

【手腕】shǒuwàn ❶ 名 手腕子。❷ 名 手段② ▷耍～。❸ 名 手段③ ▷～灵活。

【手腕子】shǒuwànzi 名 手和前臂连接的部位。

【手无寸铁】shǒuwúcùntiě 手里没有任何武器(铁：借指武器)。

【手无缚鸡之力】shǒu wú fù jī zhī lì 手上连捆住鸡的力气都没有(缚：捆，绑)。形容力气小。

【手舞足蹈】shǒuwǔ-zúdǎo 手舞起来，脚也跳起来。形容兴高采烈的样子。

【手下】shǒuxià ❶ 名 管辖下；领导下 ▷他的～有不少人。❷ 名 指领导下的人员 ▷他的～都是精兵强将。❸ 名 手头①。❹ 名 手头②。❺ 名 下手的时候 ▷～留情。

【手下败将】shǒuxià-bàijiàng 指被亲手击败过的人。

【手相】shǒuxiàng 名 手的形状及手掌的纹理。迷信认为凭手相可以推测吉凶祸福。

【手写】shǒuxiě 动 用手写；亲笔记述。

【手写体】shǒuxiětǐ 名 手写字体(跟“印刷体”相区别)。

【手心】shǒuxīn ❶ 名 手掌的中心部位。❷ 名 比喻控制的范围 ▷逃不出他的～。‖也说手掌心。

【手信】shǒuxìn 名 指出差、旅游时捎回送亲友的小礼物；泛指馈赠亲友的礼物。

【手续】shǒuxù 名 办事的程序；按程序需办的事 ▷办理住院～|～简便。

【手癣】shǒuxuǎn 名 皮肤病，由真菌引起，发生在手部，症状是手掌出现红斑，刺痒，脱皮，严重时发生糜烂。

【手眼通天】shǒuyǎn-tōngtiān 形容手段很高，善于钻营；也比喻跟有权势的高层人物有联系。

【手痒】shǒuyǎng 动 比喻心有所动，跃跃欲试 ▷看到别人打球就～。

【手艺】shǒuyì 名 手工操作的技能 ▷靠～吃饭。

【手艺人】shǒuyìrén 名 有手艺的人；靠手艺维持生活的人。

【手淫】shǒuyín 动 用手刺激自己的生殖器以满足性欲。

【手印】shǒuyìn ❶ 名 手留在物体上的痕迹 ▷箱子上有案犯的～。❷ 名 按在文件、契约等上面的指纹 ▷在责任书上按～。‖也说手模。

【手语】shǒuyǔ 名 用手指字母和手势进行交际的方式，多为聋哑人使用。也说哑语。

【手谕】shǒuyù 名 上级或尊长的亲笔指示。

【手泽】shǒuzé 名〈文〉指先人的遗物或遗墨。

【手札】shǒuzhá 名〈文〉亲笔写的书信 ▷先师～。

【手闸】shǒuzhá 名 用手操纵的制动装置。

【手掌】shǒuzhǎng 名 手腕与手指之间的部位，握拳时里面的那一面。

【手杖】shǒuzhàng 名 拐杖。

【手折】shǒuzhé 名 用长条纸一正一反折叠成的小册子，两头有硬纸封面，外面有封套。旧时官员用来书写公文奏章，民间也用于记账。也说折子。

【手纸】shǒuzhǐ 名 解手用的纸。

【手指】shǒuzhǐ 名 手掌前端的 5 个长短不一的分支。也说手指头。☛“手指头”中的“指”因受前面上声字“手”的影响，口语中也读 zhí。

【手指头肚儿】shǒuzhǐtoudùr 名 手指前端有指纹的部分。☛ 这里的“指”口语中也读 zhí。

【手指字母】shǒuzhǐ zìmǔ 用手指作出各种姿势代表的不同字母。可以组成文字，供聋哑人使用。

【手重】shǒuzhòng 形 动作时手用力较大。

【手镯】shǒuzhuó 名 套在手腕上的环形首饰。多用金、银、玉等制成。

【手足】shǒuzú ❶ 名 手和脚 ▷～无措。❷ 名 比喻亲弟兄 ▷～情深。

【手足口病】shǒu-zú-kǒubìng 名 一种由肠道病毒引起的传染性疾病。多见于婴幼儿。表现为发热、咳嗽等，手、足和口腔内出现疱疹，严重者会并发脑炎、脑膜炎等。可通过唾液、粪便、口腔飞沫等传染。

【手足无措】shǒuzú-wúcuò 手脚无处安放（措：安放）；形容临事慌张，不知如何是好。

【手足之情】shǒuzúzhīqíng 兄弟间血肉相连的情谊。

守 shǒu ❶ 动 保持 ▷～秘密｜保～｜～成｜～旧。→ ❷ 动 遵循；依照 ▷～规矩｜～法｜～信。→ ❸ 动 保护；防卫 ▷坚～阵地｜～卫｜镇～｜把～。⇒ ❹ 动 看护；守候 ▷在家～着病人｜～株待兔｜看～｜～护。⇒ ❺ 动 靠近；依傍 ▷～着炉子取暖｜～着大山不怕没柴烧。○ ❻ 名 姓。

【守备】shǒubèi 动 守卫；防备 ▷～力量｜无人～。

【守本分】shǒuběnfèn 安于所处的地位和环境，不作非分之想。

【守兵】shǒubīng 名 驻防的军队。

【守财奴】shǒucáinú 名 指有钱而又极端吝啬的人。也说看（kān）财奴。

【守车】shǒuchē 名 铁路货运列车车长乘用的车厢。车身较短，挂在列车尾部。

【守成】shǒuchéng 动 继承和保持前人已有的成就与功业 ▷创业难，～更难。

【守敌】shǒudí 名 据守的敌人 ▷全歼～。

【守法】shǒufǎ 动 遵守法律 ▷遵纪～。

【守服】shǒufú 动 守孝。

【守寡】shǒuguǎ 动 妇女死了丈夫不再嫁人。

【守恒】shǒuhéng 动 保持恒定的值不变 ▷能量～定律。

【守候】shǒuhòu ❶ 动 在某处等候 ▷在这里已～多时。❷ 动 看护；侍候 ▷～在病房。

【守护】shǒuhù 动 看守保护 ▷～海防｜～伤员。

【守活寡】shǒuhuóguǎ 指丈夫长期不归，妻子在家独居，形同守寡。

【守将】shǒujiàng 名 担负守卫责任的将领。

【守节】shǒujié 动 保持节操；旧时特指妇女遵守封建礼教，丈夫（或未婚夫）死后不再嫁人。

【守旧】shǒujiù 形 守着陈旧的观念或做法而不肯改变 ▷因循～｜～派。

【守军】shǒujūn 名 担负守卫责任的军队。

【守空房】shǒukōngfáng 守着空房子；多指丈夫长期不归，妻子独自在家生活。

【守口如瓶】shǒukǒu-rúpíng 闭嘴不说，像塞紧了的瓶口一样。形容说话谨慎或严守秘密。

【守擂】shǒulèi 动 擂主守住擂台迎战打擂者；现多比喻迎战挑战者。

【守灵】shǒulíng 动 守在灵床、灵柩或灵位旁边。

【守门】shǒumén ❶ 动 看守门户。❷ 动 一些球类运动中守门员把守球门。

【守门员】shǒuményuán 名 足球、手球、冰球等球类比赛中守卫本队球门的队员。也说门将。

【守墓】shǒumù 动 旧指守护在长辈坟墓旁，以尽孝道；泛指看守坟墓。

【守丧】shǒusāng 动 守灵；守孝。

【守时】shǒushí 动 遵守约定的时间 ▷相约要～。

【守势】shǒushì 名 防守的态势；防守的行动 ▷处于～｜采取～。

【守岁】shǒusuì 动 农历除夕通宵不睡，直到天明。

【守摊子】shǒutānzi 看守摊位；比喻维持现有局面。

【守土】shǒutǔ 动 镇守领土，维持安宁 ▷～安邦。

【守望】shǒuwàng 动 守护瞭望 ▷我在山上～，你快回村报信。

【守望相助】shǒuwàng-xiāngzhù 为防备外来侵害，相邻各处协同守卫瞭望，遇警互相通报支援。

【守卫】shǒuwèi 动 防守保卫 ▷～边防。

【守孝】shǒuxiào 动 旧俗指为长辈服丧期间停止娱乐、交际，以示哀悼。

【守信】shǒuxìn 动 讲求诚信 ▷为人要～。

【守业】shǒuyè 动 继承和保持前人所开创的事业。

【守夜】shǒuyè ❶ 动 夜间守卫。❷ 动 熬夜。

【守约】shǒuyuē 动 遵守事先说定的事 ▷大家都要～，不能违约。

【守则】shǒuzé 名 共同遵守的规则 ▷会员～。

【守职】shǒuzhí 动 〈文〉谨守职责。

【守制】shǒuzhì 动 旧指遵守居丧守孝制度。父母死后，儿子在家守孝 27 个月，在此期间谢绝应酬，不得应考、娶亲，当官的必须暂时离职。

【守株待兔】shǒuzhū-dàitù《韩非子·五蠹》记载：战国时宋国有个农夫，看见一只兔子撞到树桩上死去，从此他就守在树桩旁，想再得到撞死的兔子。后用“守株待兔”比喻心存侥幸，坐等意外收获而不主动努力；也比喻死守狭隘的经验而不知变通。

【守拙】shǒuzhuō 动〈文〉安守本分，做事扎实不取巧 ▷韬光养晦，善于～。

首 shǒu ❶ 名 头 ▷昂～阔步｜～饰。→ ❷ 名 领头的人；头领 ▷群龙无～｜～长。→ ❸ 名 开端 ▷岁～｜篇～。⇒ ❹ 副 首先；最早 ▷～倡｜～创。⇒ ❺ 数 第一 ▷～届｜～次。→ ❻ 形 最高的 ▷～都｜～要｜～相。→ ❼ 动 出头检举罪行 ▷自～｜出～。→ ❽ 词的后缀。附在方位词的后面，相当于"头""面" ▷上～｜东～｜左～。〇 ❾ 量 用于诗词、歌曲等 ▷一～诗｜两～民歌。

【首班车】shǒubānchē ❶ 名 每天按班次开行的第一班车。也说首车。❷ 名 借指第一次机会 ▷改革开放的～。‖也说头班车。

【首播】shǒubō 动 电台或电视台的节目第一次播放 ▷星期二～，星期四重播。

【首场】shǒuchǎng 名 体育比赛、文艺演出等的第一场 ▷～演出，座无虚席。

【首倡】shǒuchàng 动 首先倡导 ▷1954 年 4 月中印两国～和平共处五项原则。

【首创】shǒuchuàng 动 最先创造 ▷全国～。

【首创精神】shǒuchuàng jīngshén 积极开创新事物的精神。

【首次】shǒucì 名 第一次 ▷～登台亮相。

【首当其冲】shǒudāng-qíchōng 处在要冲的位置(当：承受；冲：要冲，交通要道)。指首先受到攻击或遭遇灾难。

【首都】shǒudū 名 一个国家最高政权机关所在地，是一国的政治中心。

【首度】shǒudù 第一次 ▷～合作。

【首夺】shǒuduó ❶ 动 第一次夺得 ▷1961 年，中国乒乓球队～世乒赛男团冠军。❷ 动 首先夺得 ▷为中国队～一枚金牌。

【首恶】shǒu'è 名 犯罪团伙中的头目 ▷严惩～。

【首发】shǒufā ❶ (枪弹、炮弹等的)第一发 ▷～子弹命中靶心。❷ 动 第一次发行、发放、射等 ▷本套丛书在京～。❸ 动 某些球类比赛中(阵容或队员)开赛就出场 ▷由他～并踢满全场。

【首发式】shǒufāshì 名 图书、纪念邮票等第一次发行时举行的仪式。

【首犯】shǒufàn 名 集团性犯罪活动中起策划和组织作用的首要分子 ▷严惩～。

【首访】shǒufǎng 动 第一次访问 ▷中国民间艺术代表团～美国。

【首飞】shǒufēi 动 第一次飞行 ▷无人驾驶直升机～成功。

【首府】shǒufǔ ❶ 名 旧指省会所在地；今多指自治区或自治州政府所在地 ▷新疆维吾尔自治区的～是乌鲁木齐。❷ 名 附属国、殖民地或托管地最高政府机关所在地。

【首付】shǒufù ❶ 动 指分多次付款中的第一次付款 ▷～了 5 万元购房款。❷ 名 首次付的款 ▷省吃俭用攒～｜退还～。也说首付款。

【首富】shǒufù 名 指某个地区最富有的人或人家。也说首户。

【首功】shǒugōng 名 头等功劳；第一个功劳 ▷他第一个进球，荣立～。

【首航】shǒuháng 动 (飞机或船只)第一次航行。

【首级】shǒují 名 古代称作战中斩下的敌人的人头。因秦法以斩首多少论功晋级，故称。

【首季】shǒujì 名 第一个季度。

【首届】shǒujiè 第一期；头一次 ▷～艺术节。

【首肯】shǒukěn 动 点头表示同意 ▷他的建议得到了领导的～。

【首例】shǒulì 第一例 ▷～心脏移植手术。

【首领】shǒulǐng 名 头和脖子；借指某些集团的领导者 ▷李自成是明末农民起义军的～。

【首脑】shǒunǎo 名 为首的人或机关；一般指中央政府及最高领导人 ▷两国～会晤｜～部门。

【首批】shǒupī 第一批 ▷～货物。

【首屈一指】shǒuqū-yīzhǐ 屈指计数时总是首先弯下大拇指，表示第一，因此用"首屈一指"来表示居于首位(含褒义) ▷～的专家。☛"首"不要误写作"手"；"屈"不要误写作"曲"。

【首任】shǒurèn 第一任 ▷～驻美大使。

【首日封】shǒurìfēng 名 邮政部门发行新邮票的当天所出售的贴有新邮票并加盖当日邮戳或特制纪念邮戳的特制信封。

【首善之区】shǒushànzhīqū《汉书·儒林传·序》："教化之行也，建首善自京师始。"(首善：最好的)后用"首善之区"指首都。

【首饰】shǒushi 名 头上戴的饰物，如簪、钗之类；泛指身上佩戴的饰物，如项链、耳环、胸针、手镯、戒指等。

【首鼠两端】shǒushǔ-liǎngduān 形容瞻前顾后，迟疑不决(首鼠：踌躇)。

【首推】shǒutuī ❶ 动 首先推选 ▷我国古典小说～《红楼梦》。❷ 动 首先推行 ▷我校～春假制。

【首尾】shǒuwěi ❶ 名 头和尾；前后 ▷～不能相顾。❷ 名 从开始到最后 ▷从设计到通车，～共 8 个月。

【首尾相应】shǒuwěi-xiāngyìng《孙子兵法·九地》："击其首则尾至，击其尾则首至，击其中则首尾俱至。"后用"首尾相应"指作战时各部队紧密配合；也指文章头尾照应。

【首位】shǒuwèi 第一位 ▷我国煤炭产量居世界～。

【首问制】shǒuwènzhì 名 首问责任制或首问负责制的简称。即行政机关、司法机关等接待来访群众时,第一位被询问的工作人员必须对解答该询问负责到底,不得以任何借口推诿 ▷上访受理实行～|采取～,简化办事手续。

【首席】shǒuxí ❶ 名 最尊贵的席位 ▷在～就座。❷ 区别 居第一位的;职位最高的 ▷～顾问。

【首先】shǒuxiān ❶ 副 最早;最先 ▷～到达终点。❷ 代 第一(用于列举) ▷要当一名好演员,～是做人,其次才是演技。

【首相】shǒuxiàng 名 某些国家的政府首脑。

【首选】shǒuxuǎn 动 首先选择 ▷这次游山,我～黄山|～阵容。

【首演】shǒuyǎn 动 第一次演出 ▷该剧明晚～。

【首要】shǒuyào ❶ 区别 最重要的;头等的 ▷～人物。❷ 名 指为首的人;首脑 ▷军界～。

【首义】shǒuyì 动〈文〉最先起义 ▷武昌～,天下响应。

【首映】shǒuyìng 动 (电影、电视剧)第一次公映 ▷这部电影明天～。

【首映式】shǒuyìngshì 名 首映时举行的仪式。

【首战】shǒuzhàn 动 第一次交战;泛指第一次较量 ▷必须做到～必捷|我队明天～主队。

【首战告捷】shǒuzhàn-gàojié 第一仗就取得了胜利;比喻一开始就完成了任务或取得了成功。

【首长】shǒuzhǎng 名 对政府机关或军队中各级领导人的称呼 ▷～负责制。

【首坐】shǒuzuò 见本页“首座”①。现在规范词形写作“首座”。

【首座】shǒuzuò ❶ 名 宴席、会议等上最尊贵的座位。❷ 名 寺庙中地位仅次于住持的僧人。☛ 不要写作“首坐”。

艏 shǒu 名 船的前部。

shòu

寿(壽) shòu ❶ 形 活得长久;年纪大 ▷人～年丰|福～双全|～星。→ ❷ 名 年岁;生命 ▷～比南山|长～|折～|～命。❸ 名 生日 ▷做～|祝～|～礼|～辰。→ ❹ 动〈文〉祝寿 ▷为长者～。→ ❺ 区别 婉词。为装殓死者而在其生前预备的;装殓死者用的 ▷～衣|～材。○ ❻ 名 姓。

【寿斑】shòubān 名 老年斑。

【寿比南山】shòubǐnánshān 寿命像终南山那样长久。多用于祝人长寿(常跟“福如东海”连用)。

【寿材】shòucái 名 指为老年人准备的棺材;泛指棺材。

【寿辰】shòuchén 名 生日(多用于年岁较大的人,含庄重色彩)。

【寿诞】shòudàn 名 寿辰。

【寿酒】shòujiǔ 名 庆祝生日的酒宴;特指老年人生日的酒宴。

【寿礼】shòulǐ 名 祝寿的礼品。

【寿联】shòulián 名 祝寿的对联。

【寿面】shòumiàn 名 祝寿时吃的面条。以面条长象征长寿。

【寿命】shòumìng ❶ 名 生存的年限 ▷我国人口平均预期～已经超过 70 岁。❷ 名 比喻物品使用或有效的期限 ▷延长家用电器的～。

【寿木】shòumù 名 寿材。

【寿山石】shòushānshí 名 一种石料,晶莹如玉,有灰白、浅黄、黄、褐等色,是制印章的名贵材料。因产于福建闽侯寿山,故称。

【寿数】shòushù ❶ 名 迷信指命中注定的岁数 ▷～未尽。❷ 名 寿命 ▷～短促。

【寿司】shòusī 名 一种日本食品,由醋拌冷米饭捏成,搭配海鲜等食用。

【寿桃】shòutáo 名 祝寿用的鲜桃或桃状面制品。神话中西王母做寿,设蟠桃会招待群仙,所以后来用桃作祝寿的物品,相沿成习。

【寿险】shòuxiǎn 名 人寿保险的简称。

【寿星】shòuxīng ❶ 名 老人星。❷ 名 被祝寿的人。

【寿星老儿】shòuxīnglǎor 名 高寿老人;对被祝寿老人的称呼(含诙谐意)。

【寿穴】shòuxué 名 生前建造的墓穴。

【寿筵】shòuyán 名 贺寿的宴席。

【寿衣】shòuyī 名 为老人去世准备的装殓衣服。

【寿幛】shòuzhàng 名 贴有祝寿文辞的整幅布匹或绸缎。

【寿终】shòuzhōng 动 正常死亡 ▷年逾九十～。

【寿终正寝】shòuzhōng-zhèngqǐn 指老人在家安然死去(正寝:住宅的正屋,旧时人死后停灵在正屋正中的房间);也比喻事物自然消亡。

受 shòu ❶ 动 接受;得到 ▷～教育|～贿|享～。→ ❷ 动 遭到 ▷～折磨|～灾|～罪。→ ❸ 动 忍耐;忍受 ▷～不了|真够人～的。→ ❹ 动〈口〉适合 ▷他写的字不～看。

【受案】shòu'àn 动 受理案件 ▷完善～、立案制度|明确～范围。

【受病】shòubìng 动 生病(多指未立即发作的) ▷每天长时间低头玩手机,颈椎容易～。

【受不了】shòubuliǎo 动 忍受不住 ▷～这份苦。

【受潮】shòucháo 动 (物体)渗进了潮气 ▷霉雨天,粮食容易～发霉|衣服～了。

【受宠】shòuchǒng 动 受到宠爱 ▷～不惊,受辱

不屈|过于～。

【受宠若惊】shòuchǒng-ruòjīng 受到意外的宠爱或赏识而感到惊喜。

【受挫】shòucuò 动 遭受挫折。

【受得了】shòudeliǎo 动 忍受得住 ▷～这份苦。

【受敌】shòudí 动 遭受敌人的攻击 ▷腹背～。

【受罚】shòufá 动 受到处罚。

【受粉】shòufěn 动 开花期雌蕊接受雄蕊的花粉。

【受雇】shòugù 动 被雇用 ▷～于人。

【受过】shòuguò 动 承担造成过错的责任(多指别人的或不应承担的) ▷委屈～|代人～。

【受害】shòuhài 动 遭到损害或杀害 ▷～面积|～人。

【受害人】shòuhàirén 名 指在民事案件中合法权益遭受侵害的人(跟"被害人"相区别)。

【受寒】shòuhán 动 着凉 ▷穿厚点儿,小心～。

【受旱】shòuhàn 动 遭受干旱。

【受话器】shòuhuàqì 名 电话机等的听筒或耳机,能把送话器传来的声频电信号变成声音,使受话人听到。

【受贿】shòuhuì 动 接受贿赂 ▷行贿～。

【受惠】shòuhuì 动 得到好处 ▷～无穷|～于人。

【受检】shòujiǎn ❶ 动 接受检查 ▷停车～。❷ 动 受阅。

【受奖】shòujiǎng 动 受到奖励 ▷因功～。

【受教】shòujiào 动 接受教育 ▷他曾～于名家。

【受戒】shòujiè ❶ 动 佛教信徒在一定的仪式上接受戒律。受戒后才能称为僧、尼或居士。❷ 动 伊斯兰教朝觐仪节之一。朝觐者到麦加前,按规定在一定地点沐浴、去常服、披戒衣,并遵守其他禁戒,直到朝觐完毕。

【受尽】shòujìn 动 受够了(不如意的事) ▷～折磨|～欺凌。

【受惊】shòujīng 动 受到惊吓 ▷孩子～了。

【受精】shòujīng 动 指精子与卵细胞结合形成受精卵。

【受窘】shòujiǒng 动 陷入为难或难堪的境地。

【受看】shòukàn 形〈口〉禁得起看;看着舒服 ▷这对鸳鸯绣得好,挺～!

【受苦】shòukǔ 动 遭受痛苦。

【受困】shòukùn ❶ 动 遭受困苦 ▷生活艰难,挨饿～。❷ 动 被围困 ▷掩护～部队突围。

【受累】shòulěi 动 受到牵连 ▷这是我个人的事,决不能让别人～。

【受累】shòulèi 动 受到劳累(有时用作客套话) ▷受苦～|这事儿让您～了。

【受礼】shòulǐ 动 接受礼品。

【受理】shòulǐ ❶ 动 接受并办理 ▷～外币存储业务。❷ 动 公安、司法机关等接受案件进行审理 ▷及时～群众投诉。

【受凉】shòuliáng 动 受到低温的影响而生病 ▷出门多穿点儿,当心～!

【受领】shòulǐng 动 接受;领受 ▷您的心意我们～了。

【受命】shòumìng 动 接受命令、任务 ▷临危～。

【受难】shòunàn 动 遭受灾难 ▷营救～人员。

【受骗】shòupiàn 动 遭到欺骗 ▷谨防～。

【受聘】shòupìn ❶ 动 旧俗订婚时女方接受男方的聘礼。❷ 动 接受聘请;应聘 ▷～当顾问。

【受气】shòuqì 动 遭受欺侮、委屈 ▷不怕受累,就怕～|受了一肚子气。

【受气包】shòuqìbāo 名 指经常受气、被当作出气对象的人。

【受穷】shòuqióng 动 遭受贫穷。

【受屈】shòuqū 动 遭受委屈或冤屈。

【受权】shòuquán 动 依法接受委托行使某种权力(跟"授权"相对) ▷这部法律由新华社～播发。

【受让】shòuràng 动 接受转让(物品、财产、权利等) ▷～土地使用权。

【受热】shòurè ❶ 动 受到高温的影响 ▷严防药物～自燃|～均匀。❷ 动 指中暑。

【受辱】shòurǔ 动 蒙受侮辱。

【受伤】shòushāng 动 身体或物体受到损伤 ▷头部～|机翼～,被迫降落。

【受赏】shòushǎng 动 获得奖赏 ▷连连～。

【受审】shòushěn 动 接受审讯。

【受事】shòushì 名 语法上指受动作支配的人或事物(跟"施事"相区别)。如"我看他"的"他","油饼卖完了"的"油饼"都是受事。

【受暑】shòushǔ 动 中暑。

【受损】shòusǔn 动 遭受损失;被损坏 ▷宁愿自己吃亏,也不能让集体～|修复～线路。

【受胎】shòutāi 动 受孕。

【受听】shòutīng 形 好听;听着舒服 ▷说话不～。

【受托】shòutuō 动 受人委托。

【受洗】shòuxǐ 动 基督教徒入教时接受洗礼。

【受降】shòuxiáng 动 接受敌人投降。

【受刑】shòuxíng 动 遭受刑罚;特指受肉刑 ▷～不过,屈打成招。

【受训】shòuxùn 动 接受培训 ▷全员轮流～。

【受邀】shòuyāo 动 受到邀请;接受邀请 ▷～列席会议。

【受业】shòuyè〈文〉❶ 动 接受老师传授学业 ▷～于王教授。❷ 名 学生对老师的自称。

【受益】shòuyì 动 得到利益或好处 ▷～匪浅|满招损,谦～。☛ 参见 1264 页"收益"的提示。

【受用】shòuyòng ❶ 动 受益;得益 ▷先生的治学经验,学生～不尽。❷ 动 享受;享用 ▷他的遗产，够儿女～一辈子了。

【受用】shòuyong 形 舒适；舒服（多用于否定）▷肠胃有点儿不～|这话听起来很不～。

【受冤】shòuyuān 动 遭受冤屈 ▷蒙辱～。

【受援】shòuyuán 动 接受援助 ▷～国。

【受阅】shòuyuè 动 接受检阅 ▷～方队从主席台前经过。

【受孕】shòuyùn 动 指卵子和精子结合。

【受灾】shòuzāi 动 遭受灾害。

【受制】shòuzhì ❶ 动 受到辖制或限制 ▷～于人。❷ 动 受害；受罪 ▷这一下他可～了。

【受众】shòuzhòng 名 传媒信息、文艺作品等的接受者 ▷我国电视媒体的～以亿计。

【受阻】shòuzǔ 动 受到阻碍 ▷物流～|血管～。

【受罪】shòuzuì 动 遭受痛苦、折磨；泛指遇到令人烦恼的事 ▷活～|到了国外，语言不通，真～。

狩 shòu〈文〉❶ 动 冬季打猎；泛指打猎 ▷～猎。→ ❷ 动 帝王出外巡视 ▷巡～。☛ 不读 shǒu。

【狩猎】shòuliè 动〈文〉打猎。

授 shòu ❶ 动 给予；交付（多用于正式或隆重的场合）▷～奖|～旗|～权|～衔。→ ❷ 动 把学问、技艺等教给别人 ▷讲～|函～|～课|面～机宜。

【授粉】shòufěn 动 花粉从雄蕊传到雌蕊柱头或胚珠上 ▷自然～|人工～。

【授奖】shòujiǎng 动 颁发奖品、奖金或奖状。

【授课】shòukè 动 教课；讲课 ▷每周～8小时。

【授命】shòumìng ❶ 动〈文〉献出生命 ▷临危～。○ ❷ 动 下命令（多指国家元首下命令）▷～组阁|～全国总动员。

【授旗】shòuqí 动（上级）把旗子或奖旗郑重地交付给某个集体或组织 ▷举行～仪式。

【授权】shòuquán 动 依法把权力交付他人或机构代为行使（跟"受权"相对）▷国务院～国有资产监督管理委员会履行国有资产出资人职责。

【授让】shòuràng 动 交付转让（物品、财产、权利等）▷向消费者～自己的利润空间。

【授人以柄】shòurényǐbǐng 把剑把（bà）儿交给别人。比喻把权力交给别人；也比喻让人抓住把柄，使自己被动。

【授时】shòushí ❶ 动〈文〉把记录的时间、时序告知民众；后指颁行历书 ▷～乃国家要政。❷ 动 天文工作部门每天在既定时间用无线电信号向社会发送标准时间信息。

【授受】shòushòu 动 给予和接受 ▷不准私相～。

【授衔】shòuxián 动 授予军衔、警衔等称号。

【授勋】shòuxūn 动 授予勋章等。

【授业】shòuyè 动 传授学业、技艺 ▷勤于治学，乐于～|收徒～。

【授意】shòuyì 动 把意图告诉或暗示给别人，使照办 ▷我这样做是出于自愿，并非有人～。

【授予】shòuyǔ 动 给予（勋章、学位、称号等）▷～一级战斗英雄称号。☛ 不宜写作"授与"。

售 shòu ❶ 动 卖；卖出 ▷票已～完|～货|销～。→ ❷ 动〈文〉实现；施展（多指奸计）▷以～其奸。☛ 上边是"隹"，不是"佳"。

【售后服务】shòuhòu fúwù 商品售出后，商家为顾客提供的送货、安装、调试、咨询、维修等服务。

【售货】shòuhuò 动 出售货物 ▷流动～|开架～|～员。

【售货亭】shòuhuòtíng 名 较小的售货店，多设在像亭子的小房里。

【售价】shòujià 名 商品的销售价格。

【售卖】shòumài 动 出售；卖。

【售票】shòupiào 动 出售乘坐交通工具的票证及各种门票等 ▷～员|～处|网上～。

【售罄】shòuqìng 动 卖完 ▷现房～。

【售缺】shòuquē 动 商品卖完缺货 ▷这几种书两天前就已～。

兽（獸） shòu ❶ 名 一般指有4条腿、全身有毛的哺乳动物 ▷飞禽走～|禽～。→ ❷ 形 像野兽一样野蛮、残忍的 ▷～性|～行。

【兽环】shòuhuán 名 中式大门上的一种装置，造型为半立体兽头衔着环子，铜制或铁制，敲门或锁门时用。

【兽力车】shòulìchē 名 用牲口拉的车。

【兽王】shòuwáng 名 兽中之王。西方一般指狮子，东方一般指老虎。

【兽行】shòuxíng ❶ 名 像野兽一样野蛮、残忍的行为 ▷法西斯的～令人发指。❷ 名 发泄兽欲的淫秽行为。

【兽性】shòuxìng 名 像野兽一样野蛮、残忍的性情 ▷匪徒们～大发，纵火焚烧整个村庄。

【兽药】shòuyào 名 用于预防和治疗动物疾病及提高兽禽生产效能的药物。

【兽医】shòuyī 名 医治家禽、家畜等动物疾病的医生。

【兽疫】shòuyì 名 家禽、家畜等中流行的传染病。如鸡瘟、猪瘟、口蹄疫等。

【兽欲】shòuyù 名 野兽般的性欲。

绶（綬） shòu 名 一种用来系官印或勋章等的彩色丝带 ▷印～|～带。

【绶带】shòudài ❶ 名 系勋章的彩色丝带。❷ 名 斜披在肩上垂到腰际表示某种身份的绸带。

瘦 shòu ❶ 形（人或某些动物的身体）肌肉不丰满；脂肪少（跟"胖""肥"相对）▷骨～如柴|消～|～小。→ ❷ 动 使变瘦 ▷～身。

→❸ 形（土壤）不肥沃 ▷～田｜土地～瘠。→❹ 形〈文〉笔迹细而有力 ▷字体～硬｜～金体。→❺ 形（衣服等）窄小，不肥大（跟“肥”相对，⑥同）▷裤子太～。→❻ 形 特指食用肉脂肪少，不肥 ▷这块肉挺～｜～肉馅儿。☛ 参见1687页“痩”的提示。

【瘦瘪】shòubiě 形 又瘦又干瘪 ▷～的身子。

【瘦长】shòucháng 形 瘦而长 ▷身材～。

【瘦骨嶙嶙】shòugǔ-línlín 瘦骨嶙峋。

【瘦骨嶙峋】shòugǔ-línxún 形容人或动物瘦得显现出骨架。

【瘦猴儿】shòuhóur 名 称瘦得像猴子似的人（含诙谐意）。

【瘦瘠】shòují ❶ 形 瘦弱 ▷身体～多病。❷ 形 土地不肥沃 ▷～的沙地。

【瘦金体】shòujīntǐ 名 宋徽宗赵佶的字体，笔画瘦硬挺劲。也说瘦金书。

【瘦肉】shòuròu 名 不带脂肪的肉。

【瘦弱】shòuruò 形 又瘦又弱 ▷～的身躯。

【瘦身】shòushēn 动 减肥，使身体变瘦 ▷做健美操既利于健康又～｜～美体◇我市政府机构由149个～至108个。

【瘦小】shòuxiǎo 形 身体瘦，个子小。

【瘦削】shòuxuē 形 形容身体或脸瘦得像被削过一样 ▷面颊～｜他～得不像人样子。

【瘦子】shòuzi 名 体瘦的人。

shū

殳 shū ❶ 名 古代兵器，用竹、木制成，一端有尖有棱，无刃。〇 ❷ 名 姓。

书（書） shū ❶ 动 写字；记载 ▷～写｜～法｜罄竹难～。→❷ 名 装订成册的著作 ▷教科～｜读～。❸ 名 指评书、鼓书等曲艺形式 ▷说～｜～场。→❹ 名 文件 ▷文～｜说明～｜证～｜申请～。❺ 名 特指信件 ▷家～｜～信。→❻ 名 汉字的字体 ▷草～｜隶～。〇 ❼ 名 姓。☛ 参见本页“书本”的提示㊀。

【书案】shū'àn 名 旧式长方形的书桌。

【书包】shūbāo 名 主要供学生装课本、文具等用的包儿。

【书报】shūbào 名 书籍和报刊的合称 ▷～费。

【书本】shūběn 名 图书的统称 ▷不要死啃～｜～知识。☛ ㊀跟“书”②不同。“书本”是集合名词，不受表示具体数量的词语修饰。㊁跟“书籍”不同。“书本”着眼于一本本的书，有口语色彩；“书籍”着眼于与其他事物的分类区别，有书面语色彩。

【书场】shūchǎng 名 演出曲艺的场所。

【书虫】shūchóng 名 书蛀虫。比喻喜欢读书并沉迷其中的人 ▷这人是个～。

【书呆子】shūdāizi 名 指只会死读书、不会联系实际的人；也指只有书本知识，不懂人情世故、不会随机应变的人。

【书丹】shūdān 动 刻碑前将碑文用红笔写在碑石上；泛指书写碑上的文字。

【书店】shūdiàn 名 卖书的商店。

【书法】shūfǎ ❶ 名 文字的书写技法、书写艺术及作品 ▷硬笔～｜～展览。❷ 名 特指用毛笔写汉字的艺术 ▷擅长～｜～家。

【书坊】shūfāng 名 旧时刻印、出售书籍的店铺。

【书房】shūfáng 名 主要用于看书写字的房间。

【书稿】shūgǎo 名 著作的原稿。

【书馆】shūguǎn ❶ 名 古代教授儿童读书的处所。❷ 名 有艺人说书的茶馆。

【书归正传】shūguīzhèngzhuàn 言归正传。

【书柜】shūguì 名 放书的柜子。也说书橱。

【书函】shūhán ❶ 名 书籍的封套。❷ 名 书信。

【书号】shūhào 名 出版主管部门核发的准予图书、音像制品、非连续型电子出版物公开出版的标准化识别代码。2002年我国开始采用国际标准书号（英文缩写为ISBN）。

【书画】shūhuà 名 书法和绘画的合称 ▷名人～。

【书籍】shūjí 名 图书的统称 ▷文学～。☛ ㊀跟“书”②不同。“书籍”是集合名词，不受表示具体数量的词语修饰。㊁参见本页“书本”的提示㊁。

【书脊】shūjǐ 名 书的背脊，平装书或精装书封面和封底的联结处。一般印有书名、作者名、出版单位名等。也说书背。

【书记】shūjì ❶ 名 旧指担任公文抄录书写等工作的人员。❷ 名 共产党、共青团等各级组织的主要负责人 ▷党委～｜团支部～。

【书记员】shūjìyuán 名 法院、检察院内担任记录并办理其他有关事项的人员。

【书家】shūjiā 名 书法家；擅长书法的人。

【书架】shūjià 名 放置书刊的架子。

【书简】shūjiǎn 名 书信 ▷《两地书》收集了鲁迅和许广平的往来～。☛ 不要写作“书柬”。

【书局】shūjú 名 旧指官立刊印书籍和藏书的机构。现多用作出版社或书店的名称。

【书卷】shūjuàn 名 书籍。因古代书籍多作卷轴形，故称。

【书卷气】shūjuànqì 名 指在谈吐、行文中流露出的读书人的气质 ▷他谈吐间透出一股～。

【书刊】shūkān 名 书籍和刊物的合称 ▷～种类繁多。

【书空】shūkōng 动 一种习字方法，以手指等代替笔在空中、手掌等处比画着书写。也说空仿。

【书库】shūkù 名（图书馆或书店等）存放书刊的库房。

【书录】shūlù ❶ 名 有关某一部书或某些著作的各种资料的目录。❷ 名 书籍目录 ▷馆藏善本～。❸ 动 书写 ▷～鲁迅的诗相赠。

【书眉】shūméi 名 书页上端的空白处。因其位置如同人的眉毛，故称。

【书面】shūmiàn 名 用文字写出来的形式（跟"口头"相区别）▷～汇报｜～证明。

【书面语】shūmiànyǔ 名 书面使用的语言，比口语更精确、更严密、更有逻辑性（跟"口语"相区别）。

【书名号】shūmínghào 名 标点符号，形式有双书名号和单书名号两种。双书名号横排为"《 》"，竖排为"︽︾"；单书名号横排为"〈 〉"，竖排为"︿﹀"。古籍或某些文史著作中的书名号可用浪线（﹏﹏）。

【书目】shūmù 名 图书目录。

【书皮】shūpí ❶ 名 书刊最外面的一层，用厚纸、布、绢、皮等制成，一般印有书名、作者姓名、出版单位名等。❷ 名 为保护书皮而另外包上的一层纸或塑料膜等 ▷给新课本包上～。

【书评】shūpíng 名 介绍或评价书籍的文章。

【书签】shūqiān ❶ 名 贴在线装书封面上，印着书名的签条。❷ 名 夹在书页中作为阅读进度标记的薄片，一般用厚纸制成。

【书社】shūshè ❶ 名 旧时文人相聚读书作诗的团体。❷ 名 旧时印刷书籍的机构；现也用作出版社的名称，如岳麓书社。

【书生】shūshēng 名 指读书人 ▷～习气。

【书生气】shūshēngqì ❶ 名 书卷气。❷ 名 只知读书，不了解社会，脱离实际的习气 ▷切不可～十足。

【书市】shūshì 名 指图书市场；也指临时举办的集中展销图书的市场 ▷～已经回暖｜本次～集中展销近 50 万种古今中外出版物及文化产品。

【书摊儿】shūtānr 名 街头售书的摊子。

【书套】shūtào 名 套在一本书或一套书外面起保护及装饰作用的套子，多用硬纸制成。

【书体】shūtǐ ❶ 名 一种文字的不同书写体式。如汉字有真、草、篆、隶等体。❷ 名 书法艺术的流派。如颜体、柳体、欧体等。

【书亭】shūtíng 名 较小的书刊销售点，多设在像亭子的小房里。

【书童】shūtóng 名 旧时侍候主人及其子弟读书兼做杂役的童仆。

【书屋】shūwū ❶ 名 书房，读书人常用来称自己藏书、读书的房子；也作书店的名称，如作家书屋。❷ 名 指公益性质的阅览室 ▷农家～。

【书系】shūxì 名 就某一方面或某专项内容编辑成的系列图书 ▷北京文化～。

【书香】shūxiāng 名 放在书中的香草所散发的香味；借指读书的家风 ▷斗室中～四溢｜世代～。

【书香门第】shūxiāng-méndì 指世代相传的读书人家 ▷出身于～。也说诗书门第。

【书箱】shūxiāng 名 专门用来装书的箱子。

【书写】shūxiě 动 写（多用于书面）▷～工整。

【书信】shūxìn 名 信[1]⑥（多用于书面）▷～往来。

【书讯】shūxùn 名 有关图书出版、发行等的消息 ▷最新～｜～查询。

【书页】shūyè 名 构成图书的一张张印有文字、图画、表格等的纸页。

【书影】shūyǐng 名 复现原有书刊有代表性的版式和部分内容的样张。旧时均根据原书重刻或石印，现多为影印。一般作为插图或插页附着于有关的文章或著作中；也有单独结集成书的，如《宋元书影》。

【书院】shūyuàn ❶ 名 唐代开始设立的编纂书籍、供皇帝咨询的机构 ▷集贤殿～。❷ 名 宋代至清代私人或官府设立的供人读书、讲学的处所。如宋代的白鹿、嵩阳、应天、岳麓四大书院。

【书札】shūzhá 名 书信。

【书斋】shūzhāi 名 书房的雅称。

【书展】shūzhǎn ❶ 名 图书展览会或展销会的简称。❷ 名 书法作品展览会的简称。

【书证】shūzhèng ❶ 名 著作中引自文献的例证 ▷引用～要注明出处，以便查核。❷ 名 法律上指有关案件的书面证明材料 ▷提供～。

【书桌】shūzhuō 名 读书写字用的桌子。

抒 shū 动 表达；抒发 ▷各～己见｜～情｜～怀。☛ 右边是"予"，不是"矛"。

【抒发】shūfā 动 表达；倾吐 ▷～情怀。

【抒怀】shūhuái 动 抒发情怀 ▷咏物～。☛ 跟"舒怀"不同。

【抒情】shūqíng 动 抒发情感 ▷～诗｜借景～。

【抒情诗】shūqíngshī 名 以抒发情感为主的一类诗歌。如贺敬之的《回延安》。

【抒写】shūxiě 动 抒发描写 ▷～历史新篇章。

纾（紓） shū 〈文〉❶ 形 宽裕 ▷岁丰人～。→ ❷ 动 使宽裕；使舒缓 ▷～宽民力｜～缓。❸ 动 缓解；消除（困难、灾祸等）▷毁家～难（nàn）｜～祸。

【纾困】shūkùn 动 〈文〉缓解或解除困难 ▷解忧～。

枢（樞） shū ❶ 名 〈文〉旧式门扇的转轴或承接门轴的臼槽；泛指转轴 ▷流水不腐，户～不蠹。→ ❷ 名 比喻事物的中心部分或关键部分 ▷交通～纽｜神经中～。→ ❸ 名 旧指中央行政机构或重要的职位 ▷～要｜～密。

【枢机】shūjī ❶ 名 〈文〉枢与机。比喻事物的关键或中心。❷ 名 旧指封建王朝的重要机构或职位。

【枢纽】shūniǔ 名 旧式门扇上的转轴和器物上的提纽。比喻事物的关键或相互联系的中心环节 ▷国际集装箱～港。

【枢要】shūyào 名 旧指中央政府中重要的部门或官职。

叔 shū ❶ 名〈文〉兄弟排行中的老三 ▷伯仲～季。→ ❷ 名 丈夫的弟弟 ▷～嫂｜小～子。→ ❸ 名 父亲的弟弟 ▷二～｜～侄。❹ 名 亲戚中跟父亲辈分相同而年纪比父亲小的男子 ▷表～。❺ 名 对非亲戚中年纪略小于父亲的男子的尊称 ▷张～｜王大～。☛ 统读 shū,不读 shú。

【叔伯】shūbai 名 同祖父或同曾祖父的兄弟姐妹之间的亲戚关系 ▷～兄弟｜～姐妹。

【叔父】shūfù 名 父亲的弟弟。

【叔公】shūgōng 名 丈夫的叔父。

【叔母】shūmǔ 名 婶母。

【叔婆】shūpó 名 丈夫的婶母。也说婶婆。

【叔叔】shūshu〈口〉❶ 名 叔父。❷ 名 叔⑤ ▷警察～｜～、阿姨好!

【叔祖】shūzǔ 名 父亲的叔父。

【叔祖母】shūzǔmǔ 名 父亲的婶母。

陎 shū 名 姓。

姝 shū〈文〉❶ 形 容貌美丽(多指女子) ▷容色～丽。→ ❷ 名 美女 ▷绝代名～。

殊 shū ❶ 动 死;断绝 ▷～死搏斗。→ ❷ 形 不相同的 ▷～途同归｜悬～。⇒ ❸ 形 特别的 ▷～勋｜～遇(特别的待遇)｜特～。⇒ ❹ 副〈文〉很;极 ▷恐惧～甚｜～感不安。○ ❺ 名 姓。☛ 统读 shū,不读 chū。

【殊不知】shūbùzhī ❶ 动 居然不知道 ▷都说艺高人胆大,～无知的人胆子可能更大。❷ 动 居然没想到 ▷原以为他精通武术,～只是些花拳绣腿。

【殊荣】shūróng 名 特殊的荣誉 ▷获得冠军～。也说殊誉。

【殊死】shūsǐ 形 拼死的;尽死力的 ▷～搏斗。

【殊途同归】shūtú-tóngguī 通过不同的道路,到达同一个目的地。比喻通过不同的途径,得到同样的结果。

【殊勋】shūxūn 名 特殊的功勋 ▷再立～。

倏(*倐儵) shū 副〈文〉表示速度极快,相当于"转眼之间""忽然" ▷京城一别,～已二载。

【倏地】shūde 副 迅速地;突然地 ▷汽车～一闪而过｜野兔～消失了。

【倏忽】shūhū 副〈文〉忽然;转眼之间 ▷～形迹全消｜～冬去春来。

【倏然】shūrán〈文〉❶ 副 忽然 ▷山风～而至。❷ 副 极快地 ▷～而过。

菽 shū 名〈文〉豆类的统称 ▷～稷｜稻～｜不辨～麦。☛ 统读 shū,不读 shú。

梳 shū ❶ 名 梳子 ▷木～｜～篦。→ ❷ 动 用梳子整理头发 ▷把头～一～｜～妆打扮｜～辫子｜～理。☛ 右边是"㐬",不是"巟"。

【梳辫子】shūbiànzi 梳理头发,编成辫子;比喻对纷纭众多的事情、问题等进行分析,整理分类 ▷把需要办的事情集中起来,～,按轻重缓急排列清楚。

【梳理】shūlǐ ❶ 动 用梳子整理(胡须、头发等) ▷～长髯。❷ 动 纺织工艺中用有针或齿的机件使纤维排列一致,并清除其中的短纤维和杂质。❸ 动 比喻对繁杂的事物进行分析、归类,使有条理 ▷对犯罪线索进行～和排查｜～现存问题。

【梳头】shūtóu 动 用梳子、篦子等整理头发。

【梳洗】shūxǐ 动 梳头洗脸。

【梳妆】shūzhuāng 动 梳洗打扮 ▷每次出门前,她都要～一番。☛ 不宜写作"梳装"。

【梳妆台】shūzhuāngtái 名 供女子梳洗打扮用的小型台状家具,装有镜子和抽屉。

【梳子】shūzi 名 理顺头发、胡子的用具,有成排的齿,用木、竹、骨、塑料等制成。

鄃 shū 名 古县名,在今山东平原西南、夏津东北一带。

淑 shū 形 善良;美好 ▷～女｜贤～。☛ 统读 shū,不读 shú。

【淑静】shūjìng 形 (女子)贤惠文静 ▷端庄～。

【淑女】shūnǚ 名〈文〉贤良美貌的女子 ▷窈窕～｜～名媛。

舒 shū ❶ 动 伸展;使宽松 ▷～眉展眼｜～筋活血｜～心。→ ❷ 形 缓慢;从容 ▷～缓。→ ❸ 形 轻松愉快 ▷～服｜～畅｜～适｜～坦。○ ❹ 名 姓。☛ 左边是"舍"的变形;右边是"予",不是"矛"。

【舒畅】shūchàng 形 舒适畅快 ▷心情～。☛ 跟"舒服"不同。"舒畅"侧重表示心情或精神方面的舒适畅快;"舒服"则表示身心感到轻松愉快,适用范围较广。

【舒服】shūfu ❶ 形 形容身体或精神感到轻松愉快 ▷洗个澡感到浑身～｜把想说的话都说出来,心里～多了。❷ 形 形容某事物能使身体或精神感到轻松愉快 ▷这双鞋挺～,不磨脚。☛ 参见本页"舒畅"的提示。

【舒怀】shūhuái 动 开怀;舒展心怀 ▷～畅饮｜～长谈。☛ 跟"抒怀"不同。

【舒缓】shūhuǎn ❶ 形 轻松缓慢 ▷舞步～｜～的

旋律。❷ 形 从容缓和 ▷歌声轻柔～。❸ 形 坡度平缓 ▷山路比较～，行走不太吃力。❹ 动 使舒缓 ▷～压力｜～身心。

【舒筋活血】shūjīn-huóxuè 使筋骨舒展自如，使血液循环畅通。

【舒卷】shūjuǎn 动 舒展和卷缩 ▷彩旗～。

【舒散】shūsàn ❶ 动 活动肢体 ▷～筋骨。❷ 动 缓解消除（郁闷等）▷～一下紧张的情绪。

【舒适】shūshì 形 舒服安适 ▷居住条件～。

【舒爽】shūshuǎng 形 舒服爽快 ▷清风徐来，身心～。

【舒松】shūsōng 形 舒适轻松 ▷日子过得挺～。

【舒坦】shūtan 形 舒服 ▷身体不大～｜听了他这一席话，心里～多了。

【舒心】shūxīn 形 心情舒畅 ▷日子过得～。

【舒展】shūzhǎn ❶ 动 伸展；展开 ▷～身躯｜绷着的脸渐渐～开了。❷ 形 放得开；不拘束 ▷舞姿～｜字写得很～。❸ 形 舒适 ▷做完自编的一套保健操，感到全身～｜精神～。☛ 跟"伸展"不同。作为动词，"舒展"侧重指皱褶、紧缩的东西自然展开；"伸展"侧重指向一定方向延长或扩展。

【舒张】shūzhāng 动 舒展；张开 ▷刚洗过热水澡，全身毛孔都～开了。

【舒张压】shūzhāngyā 名 心脏舒张时动脉血压的最低值。通称低压。参见 1565 页"血压"。

疏（*疎❶—❼）shū ❶ 动 除去阻塞，使畅通 ▷～浚｜～通。→ ❷ 动 分散开；使从密变稀 ▷～散｜～剪。⇒ ❸ 形 间隔大；距离远（跟"密"相对）▷晨星～落｜～密相间。⇒ ❹ 形 人与人之间关系远；感情不深（跟"亲"相对）▷亲～远近｜～远。⇒ ❺ 形 空虚；浅薄 ▷空～｜才～学浅。❻ 形 不熟悉；不熟练 ▷生～｜荒～。⇒ ❼ 形 粗心大意 ▷～忽｜～漏。⇒ ❽ 名 古代官员向君主分条陈说意见的文字 ▷上～｜《论贵粟～》。→ ❾ 名 古书中对"注"所作的进一步解释或发挥的文字 ▷注～｜《广雅～证》。○ ❿ 名 姓。☛ 统读 shū，不读 shù。

【疏财仗义】shūcái-zhàngyì 仗义疏财。

【疏导】shūdǎo ❶ 动 疏通淤塞的水道 ▷～黄河。❷ 动 比喻疏通引导 ▷～交通｜对患者进行心理～。

【疏放】shūfàng 形〈文〉形容不受拘束或不拘常规 ▷为人～不羁｜文笔～。

【疏忽】shūhu 动 因粗心大意而没有注意到 ▷一时～，造成大错｜这个细节我～了。

【疏剪】shūjiǎn 动 剪去过多过密或无用的（枝条）。

【疏解】shūjiě ❶ 动 疏通调解 ▷～矛盾｜～误会。❷ 动 疏通使缓解 ▷～交通压力。

【疏浚】shūjùn 动 清除淤积的泥沙或挖深河道，使水流畅通 ▷～河道。

【疏狂】shūkuáng 形〈文〉任性放荡，不受约束 ▷～不羁。

【疏阔】shūkuò〈文〉❶ 形 迂腐而不切实际 ▷生性～｜这种高调～而无用。❷ 形 不周密 ▷实施细则过于～。❸ 形 疏远 ▷屡屡误会，致使彼此感情～。❹ 形 舒展宽阔 ▷绵密与～相间｜视野博大～。❺ 动 久别 ▷～已久，不胜思念。

【疏懒】shūlǎn 形 懒散；懈怠 ▷勤奋学习，不可～。

【疏朗】shūlǎng〈文〉❶ 形 清晰明朗 ▷眉目～｜画面～。❷ 形 爽朗畅快 ▷性格～潇洒。❸ 形 稀疏敞亮 ▷窗棂～。

【疏离】shūlí 动（关系）疏远，缺少交集 ▷官僚作风导致干群～｜感情～。

【疏理】shūlǐ 动 疏通整理 ▷～头绪。

【疏漏】shūlòu ❶ 动 疏忽遗漏 ▷这起事故是因管理～所致｜防止～。❷ 名 疏忽遗漏的地方 ▷减少～｜不能有半点儿～。

【疏略】shūlüè ❶ 动 疏漏忽略 ▷不能只注重枝节考据而～了宏观研究。❷ 形 粗疏简略 ▷历史资料～，难以查核。

【疏落】shūluò 形 稀疏零落 ▷～的灌木丛。

【疏密】shūmì 名 稀疏和稠密 ▷～有致｜～相间。

【疏苗】shūmiáo 动 间苗。

【疏散】shūsǎn ❶ 形 闲散 ▷～成性。❷ 形 疏落 ▷枪声～。

【疏散】shūsàn 动 把密集的人或物等分散开 ▷安全～受灾群众｜～物资｜～体内风热。

【疏失】shūshī 动 因疏忽而造成失误 ▷事关重大，不得有半点儿～｜屡屡～。

【疏松】shūsōng ❶ 形 松散而不紧密 ▷冻土融化后，地表土壤～｜骨质～。❷ 动 使松散 ▷蚯蚓能～土壤。

【疏通】shūtōng ❶ 动 疏浚 ▷～地下管道。❷ 动 沟通有争执的想法、有隔膜的感情等 ▷～关系｜～感情。

【疏于】shūyú 动 对某方面有所疏忽 ▷～防范。

【疏远】shūyuǎn ❶ 形 关系冷淡，感情有距离 ▷感情～。❷ 动 不亲近；远离 ▷高高在上，必然会～群众。

摅（攄）shū 动〈文〉发表；表达 ▷略～己见。

输（輸）shū ❶ 动 运送；传送 ▷～出｜～液｜运～｜灌～。→ ❷ 动〈文〉交出；捐献 ▷～租｜～财｜捐～。❸ 动 在赌博或比赛中失去（跟"赢"相对，④同）▷～钱。❹ 动 失败 ▷赌～了｜这场球赛甲队～了2分。

【输诚】shūchéng 〈文〉❶ 动 表示诚心;献出诚心 ▷尽力～|～纳贡。❷ 动 归顺;投降 ▷敌将率部～|畏罪～。

【输出】shūchū ❶ 动 (从内部)向外部输送 ▷组织跨地区的劳务～|物资～。❷ 动 向国外或境外销售或投放 ▷商品～|石油～国。❸ 动 从某种机构或装置发送出(能量、信号等) ▷～电能|～信号。

【输电】shūdiàn 动 将电厂发出的电能通过不同电压的线路输送到用户那里。

【输家】shūjiā 名 指赌博中输钱的一方;也指比赛、诉讼、斗争中失败的一方。

【输精管】shūjīngguǎn 名 男性和某些雄性动物体内把精子从睾丸输送到精囊中去的管状组织。

【输理】shūlǐ 动 在道理上讲不通 ▷可以输球,但不能～。

【输卵管】shūluǎnguǎn 名 女性和某些雌性动物体内把卵子从卵巢输送到子宫中去的管状组织。

【输尿管】shūniàoguǎn 名 人和某些动物从肾脏输送尿液到膀胱的管状组织。

【输入】shūrù ❶ 动 (从外部)向内部输送 ▷医生给重伤员～新鲜血液。❷ 动 从国外或境外买进或引进 ▷～先进电子技术。❸ 动 使能量、信号等进入某种机构或装置。

【输送】shūsòng 动 运送;供给 ▷通过管道～天然气◇～人才。

【输血】shūxuè ❶ 动 把健康人的合格血液或血液中的血浆、血小板等用一定的装置通过静脉输入患者体内,以治疗疾病。❷ 动 比喻从财力、物力、人力等方面给予帮助 ▷变"～式"扶贫为"造血式"扶贫。

【输氧】shūyǎng 动 通过一定的装置把氧气输送到患者的呼吸道,使之被动吸氧,以改善体内的氧气供应状况。

【输液】shūyè 动 把药液等用一定的装置通过静脉缓缓输入患者体内,以补充体液、治疗疾病。也说打点滴。

【输赢】shūyíng ❶ 动 赌博中的输或赢;泛指失败或胜利 ▷比个～|一时难分～。❷ 名 赌博中输赢的钱数 ▷无论～大小的赌博都应禁止。

【输油管】shūyóuguǎn 名 输送石油的管道。通常为大内径的无缝钢管,外包绝热层埋于地下,以防冻结和损坏。

毹 shū 见1133页"氍(qú)毹"。

蔬 shū 名 蔬菜 ▷布衣～食|菜～。☛ 统读shū,不读sū。

【蔬菜】shūcài 名 可以当副食的植物和真菌,一般都是人工栽培的。

【蔬果】shūguǒ 名 蔬菜和水果 ▷时鲜～。

shú

秫 shú 名 黏高粱;泛指高粱 ▷～米|～秸。

【秫秸】shújie 名 去穗的高粱秆。

【秫米】shúmǐ 名 高粱米。

孰 shú ❶ 代 〈文〉指人或事物,作句子或分句的主语,表示询问或反问,相当于"谁""什么"等 ▷人非圣贤,～能无过|是可忍,～不可忍? → ❷ 代 〈文〉前面有主语时,表示选择,相当于"谁""哪个"等 ▷吾与徐公～美? ○ ❸ 名 姓。

婌 shú 名 古代宫廷中的女官名。

赎(贖) shú ❶ 动 用财物换回(抵押品或人身自由) ▷把房子～回来|～当(dàng)|～金|～身。→ ❷ 动 用钱财或功绩抵消(罪过) ▷立功～罪。☛ 右上是"十",不是"土"或"士"。

【赎当】shúdàng 动 把抵押在当铺里的东西用钱赎回来。

【赎金】shújīn 名 用于赎身或赎当(dàng)的钱。

【赎买】shúmǎi 动 指国家以一定代价把私营工商业的生产资料逐步收归国有。

【赎身】shúshēn 动 旧时失去自由的奴婢、妓女等用金钱或其他代价换得人身自由。

【赎罪】shúzuì 动 用行动或钱物抵偿、弥补罪过 ▷立功～。

塾 shú 名 旧时民间设立的教学处所 ▷村～|家～|私～|～师。

【塾师】shúshī 名 在私塾教书的教师。

熟 shú ❶ 形 食物烧煮到可以吃的程度(跟"生"相对,②—⑤同) ▷～肉|～食。→ ❷ 形 植物的果实长到可以收获或食用的程度 ▷葡萄～了|瓜～蒂落|成～。→ ❸ 形 经过加工或治理的 ▷～铁|～皮子|～土。→ ❹ 形 因经常接触而知道或记得很清楚 ▷这一带我很～|～识|面～|耳～。❺ 形 (工作、技术)有经验;不生疏 ▷～能生巧|～练|纯～。→ ❻ 形 程度深 ▷他睡得很～|深思～虑。☛ shú 是文读,shóu 是白读,口语中一般这两种读音均可。

另见 1264 页 shóu。

【熟谙】shú'ān 动 熟悉 ▷～民情|～于心。

【熟菜】shúcài 名 经过烹制的菜肴 ▷买点儿～回来下酒。

【熟地】shúdì ❶ 名 耕种多年的土地。○ ❷ 名 中药材,经过蒸晒的地黄,黑色。也说熟地黄。

【熟化】shúhuà 动 经过多次耕种使生荒地变成熟地。

【熟荒地】shúhuāngdì 名 先前耕种过，后来因不耕种而荒芜了的土地。也说熟荒。

【熟记】shújì 动 牢牢记住 ▷基本概念～在心。

【熟客】shúkè 名 常来而熟识的客人。

【熟练】shúliàn 形 熟悉而有经验 ▷～的技巧。

【熟路】shúlù 名 熟悉的道路 ▷轻车～。也说熟道。

【熟门熟路】shúmén-shúlù 指对某地很熟悉；也指对某事物非常了解。

【熟能生巧】shúnéngshēngqiǎo 熟练了，就会找到巧妙的方法，提高技艺。

【熟年】shúnián 名 丰收年。

【熟漆】shúqī 名 漆的一种。生漆经氧化或加热而成，棕黑色，比生漆光亮。

【熟人】shúrén 名 熟识的人。

【熟稔】shúrěn 动〈文〉十分熟悉 ▷～水性｜～于心。☛ "稔"不读 niǎn 或 niàn。

【熟石膏】shúshígāo 名 加热脱水的石膏，多用来制作石膏像、石膏模型和粉刷墙壁等。参见 1242 页"石膏"。

【熟石灰】shúshíhuī 名 生石灰与水反应生成的无机化合物，白色粉末，是常用建筑材料，也可用作杀菌剂和化工原料等。也说消石灰。

【熟食】shúshí 名 做熟的食品；多指做熟供出售的肉类食品。

【熟视无睹】shúshì-wúdǔ 虽然经常看到却跟没看见一样。形容对事情漠不关心。

【熟识】shúshi 动 对某人或某事很熟悉 ▷两人早已～｜他在瓷窑工作，～各种瓷土。

【熟手】shúshǒu 名 对某项工作或技巧熟悉的人 ▷修理手表，他是～。

【熟睡】shúshuì 动 沉睡；睡得很香 ▷病人已经～了，不要惊醒他。

【熟铁】shútiě 名 由生铁冶炼而成的低碳铁，质软而有延展性，容易锻造和焊接，多用来制造铆钉、链条等。也说锻铁。

【熟土】shútǔ 名 经过熟化的土壤。含有机质多，适宜种植。

【熟悉】shúxī ❶ 动 清楚地知道 ▷我～这个人｜他还不很～这项业务。❷ 动 通过观察或体验去了解、掌握（情况）▷先～～这里的环境。❸ 形 形容知道得清楚 ▷～的乡音。☛ ㊀口语中也读 shúxi。㊁跟"熟习"不同。

【熟习】shúxí 动 熟练掌握（某项业务或技术）▷～行政工作。☛ 跟"熟悉"不同。

【熟语】shúyǔ 名 只能整体应用，不能随意改变其形式，往往也不能按照一般的构词法来分析的固定短语。包括成语、惯用语、谚语、歇后语等。如"一叶知秋""拍马屁""东虹日头西虹雨""猫哭老鼠——假慈悲"等。

【熟知】shúzhī 动 清楚地知道；十分了解 ▷他的为人，我早已～。

【熟字】shúzì 名 认识的字。

shǔ

暑 shǔ ❶ 形 炎热（跟"寒"相对，②同）▷～天｜～气｜～热。→ ❷ 名 炎热的季节 ▷寒来～往｜～假。→ ❸ 名 中医指"六淫"（风、寒、暑、湿、燥、火）之一，是致病的一个重要因素 ▷外感～邪。☛ 跟"署"不同。

【暑伏】shǔfú 名 炎热的伏天 ▷～不热，五谷不结。

【暑假】shǔjià 名 学校夏季的假期。我国在公历七八月间。

【暑期】shǔqī ❶ 名 农历小暑大暑期间，在公历七八月间，是一年中最热的一段时间。❷ 名 暑假期间。

【暑气】shǔqì 名 盛夏时的热气 ▷一场秋雨过后，～全消了。

【暑热】shǔrè ❶ 名 指夏季温度很高的气候 ▷～灼人。❷ 形 炎热 ▷～的天气。

【暑天】shǔtiān 名 炎热的夏天。

【暑运】shǔyùn 名 指暑期一段时间的旅客运输业务。

黍 shǔ 名 黍子 ▷～稷。☛ 下边不能写成"水"或"氺"。

【黍子】shǔzi 名 一年生草本植物，耐干旱，叶子细长而尖，叶片有平行叶脉。籽实也叫黍子，淡黄色，去皮后称黄米，性黏，可酿酒、做糕，是重要粮食作物之一。

属（屬） shǔ ❶ 动 从属；受管辖 ▷～教育部领导｜直～｜附～。→ ❷ 动 归属 ▷胜利终～人民｜恐龙～爬行动物。⇒ ❸ 动 是 ▷纯～虚构。⇒ ❹ 动 用十二属相记生年 ▷姐姐～兔，弟弟～马。○ ❺ 名 类别 ▷金～。→ ❻ 名 亲属，有血统关系或婚姻关系的人 ▷家～｜军～｜烈～｜眷～。→ ❼ 名 生物学分类范畴的一个等级，科以下为属，属以下为种 ▷门、纲、目、科、～、种｜虎是猫科豹～动物。☛ 下边是"禸"，不是"内"。由"属"构成的字有"嘱""瞩"等。

另见 1803 页 zhǔ。

【属地】shǔdì 名 隶属于某一国家或地区的地方 ▷对传染病进行～防治。

【属概念】shǔgàiniàn 名 在具有包含关系的两个概念中，外延较大的概念。如"手机"和"智能手机"这两个概念中，"手机"是属概念，"智能手机"是种概念。也说上位概念。

【属国】shǔguó 名 隶属于宗主国的国家。

【属实】shǔshí 动 符合事实 ▷材料～|情况～。

【属下】shǔxià 名 部下。

【属相】shǔxiang 名 生肖。

【属性】shǔxìng 名 事物所具有的性质特征。任何事物都具有多种属性，可分为本质属性和非本质属性。

【属于】shǔyú 动 归于某一方或某人所有 ▷承德市～河北省|这所住宅～个人财产。

【属员】shǔyuán 名 下属人员。

署[1] shǔ ❶ 动 布置；安排 ▷部～。→ ❷ 名 处理公务的处所 ▷官～|公～|行～。○ ❸ 动〈文〉代理或暂任某个官职 ▷～理。

署[2] shǔ 动 签(名)；题(名) ▷在稿子末尾～上笔名|签～|～名。☛ ㊀"署"字统读 shǔ。㊁"署"字跟"暑"不同。

【署理】shǔlǐ 动 旧指暂时代理(官职) ▷～山西巡抚。

【署名】shǔmíng 动 签上自己的名字 ▷～举报。

【署名权】shǔmíngquán 名 表明作者身份，在作品上署名的权利。

蜀 shǔ ❶ 名 古族名；古国名。在今四川成都一带。→ ❷ 名 指蜀汉，三国之一，公元221—263年，刘备所建，占有今四川、云南的大部分，贵州、重庆全部，陕西汉中和甘肃白龙江流域的一部分。❸ 名 四川的别称 ▷～锦|～绣。

【蜀锦】shǔjǐn 名 四川出产的传统的丝织工艺品。用染色的熟丝织成，质地坚韧，色彩鲜艳，图案题材丰富多彩。是我国有名的织锦之一。参见插图 16 页。

【蜀犬吠日】shǔquǎn-fèirì 唐·柳宗元《答韦中立论师道书》："庸、蜀之南，恒雨少日，日出则犬吠。"后用"蜀犬吠日"比喻少见多怪而作出强烈反应。

【蜀黍】shǔshǔ 名 高粱。

【蜀绣】shǔxiù 名 我国四大名绣之一，以四川成都为中心产地的刺绣。也说川绣。

鼠 shǔ 名 哺乳动物，种类很多，一般体小尾长，毛褐色或黑色，门齿发达，繁殖力强。常盗食粮食，破坏器物，能传播鼠疫等疾病。其中的家鼠通称老鼠。也说耗子。

【鼠辈】shǔbèi 名 骂人的话，指像老鼠一样胆小无能、微不足道的人 ▷～小人。

【鼠标器】shǔbiāoqì 名 电子计算机的一种信息输入设备，由手掌半握着在桌面上移动以调控显示器上的光标。点击上面的键以进行项目选择或绘图。因外形略像老鼠，故称。简称鼠标。

【鼠标手】shǔbiāoshǒu 名 因长时间使用鼠标器而引起的手部、腕部的劳损。

【鼠疮】shǔchuāng 名 瘰疬的俗称。

【鼠窜】shǔcuàn 动 像老鼠那样逃窜；形容惊慌逃跑 ▷～而去|狼奔～。

【鼠胆】shǔdǎn 名 指特别小的胆量。

【鼠肚鸡肠】shǔdù-jīcháng 比喻心胸狭小，好计较小事或容不下人。

【鼠害】shǔhài 名 老鼠造成的祸害。

【鼠夹】shǔjiā 名 捕捉老鼠的夹子。一般装有弹簧和诱饵。

【鼠类】shǔlèi 名 老鼠的总称。

【鼠目寸光】shǔmù-cùnguāng 形容目光短浅。

【鼠窃狗偷】shǔqiè-gǒutōu ❶像狗和老鼠那样偷吃东西。比喻小偷小摸。❷比喻鬼鬼祟祟的卑鄙行为。也说鼠窃狗盗。

【鼠疫】shǔyì 名 鼠、兔等感染鼠疫杆菌引起的烈性传染病。并由鼠、蚤叮咬而传染给人。主要症状是高烧、头痛、淋巴结肿大并有剧痛，全身皮肤和内脏严重出血。也说黑死病。

数(數) shǔ ❶ 动 查点(数目)；一个一个地计算(数目) ▷～一～有多少人|不可胜～。→ ❷ 动 跟同类计算起来或比较起来(最突出) ▷同学中～他最小。→ ❸ 动 一一列举 ▷如～家珍|～说|～落。

另见 234 页 cù；1281 页 shù；1298 页 shuò。

【数不胜数】shǔbùshèngshǔ 数也数不过来。形容数量极多。

【数不上】shǔbushàng 动 相比之下不够突出或不够标准 ▷论下围棋的水平，在我们班可～我。

【数不着】shǔbuzháo 动 数不上。

【数得上】shǔdeshàng 动 相比之下比较突出或够标准 ▷这个厂的产品在同行里是～的。

【数得着】shǔdezháo 动 数得上。

【数典忘祖】shǔdiǎn-wàngzǔ《左传·昭公十五年》记载：春秋时晋国大夫籍谈出使周朝，周景王问晋国为什么没有进献贡品。籍谈回答说因为晋国从来没有受到过周王室的赏赐。周景王历数晋国从始祖唐叔起受赏的事实，责备籍谈身为晋国司典(掌管典籍文书的官)的后代，却连这些史实都不知道，说他是"数典而忘其祖"。意思是谈论典章制度，却忘了祖先的职守。后用"数典忘祖"比喻忘掉自己本来的情况或事物的本源；也比喻对本国历史的无知。

【数伏】shǔfú 动 进入伏天。参见 419 页"伏天"、1180 页"三伏"①。

【数九】shǔjiǔ ❶ 名 指从冬至开始的八十一天 ▷～寒天。参见 738 页"九"③。❷ 动 进入数九天。

【数来宝】shǔláibǎo 名 一种曲艺，流行于北方各地。一人或两人用系有铜铃的骨板或竹板边打边唱。

【数落】shǔluo 动〈口〉列举过失加以指责 ▷孩子有错误要批评，但不能总～他。

【数米而炊】shǔmǐ'érchuī ❶ 数着米粒做饭。比喻做无意义的繁琐小事。❷ 形容人很吝啬或生活很穷困。

【数秒】shǔmiǎo 动 某一行动开始前的最后时刻，倒着数出所剩的秒数，数完最后一秒即命令行动开始。多用于爆破起爆、人造卫星发射等。

【数说】shǔshuō ❶ 动 逐一叙述 ▷他把发生的事又从头～了一遍。❷ 动 数落。

【数一数二】shǔyī-shǔ'èr 数第一或数第二。形容非常突出 ▷论技术，论人品，他在整个车间是～的。

薯（*藷）shǔ 名 甘薯、马铃薯、木薯、豆薯等农作物的统称。

【薯莨】shǔliáng 名 多年生藤本植物，地上有缠绕茎，地下有块茎。块茎也叫薯莨，外表紫黑色，里面棕红色，富含鞣质（可用来使兽皮软化的化合物），可以做染料、药材，也可以作酿酒原料。

【薯蓣】shǔyù 名 多年生藤本植物，茎蔓生，地下有圆柱形块茎。块茎也叫薯蓣，含淀粉和蛋白质，可以食用，也可以做药材。通称山药。

曙 shǔ 名 天刚亮的时候 ▷～光｜～色。☛ 统读 shǔ。

【曙光】shǔguāng ❶ 名 刚射出地平线的阳光 ▷～照耀大地。❷ 名 比喻已经看到的光明前景 ▷～在前。

【曙色】shǔsè 名 黎明时的天色 ▷～微露。

shù

术（術）shù ❶ 名 方法；手段 ▷战～｜算～｜手～。→ ❷ 名 技艺；学问 ▷剑～｜医～｜美～｜技～｜学～。◯ ❸ 名 姓。☛ 读 zhú，用于中药白术、苍术；后以"术"作为繁体字"術"的简化字，使"术"有了 shù 的读音和表示方法、技艺的意思。

另见 1798 页 zhú。

【术后】shùhòu 名 手术后 ▷～护理。

【术科】shùkē 名 军事训练或体育训练中指各种技术性的科目（跟"学科"相区别）。

【术士】shùshì ❶ 名 古代指儒生，即尊奉儒学的读书人。❷ 名 古代指求仙、炼丹的人；近世称从事占卜星相等迷信活动的人 ▷江湖～。

【术语】shùyǔ 名 某学科的专门用语。如语言学里的"主语""时态"，政治经济学里的"生产关系""剩余价值"等。

戍 shù ❶ 动 军队驻守 ▷～守｜卫～｜～边。◯ ❷ 名 姓。☛ ㊀统读 shù。㊁跟"戌（xū）""戊（wù）"不同。"戌"中间是一短横，指地支的第十一位；"戊"中间没有点，也没有横，指天干的第五位。可记住如下口诀："横戌点戍空心戊。"

【戍边】shùbiān 动 驻守边疆 ▷屯田～。

【戍守】shùshǒu 动 驻守；守卫 ▷～边疆。

束 shù ❶ 动 系（jì）；捆缚 ▷腰～皮带｜～发｜～之高阁｜～手就擒。→ ❷ 名 捆在一起或聚集成条状的东西 ▷花～｜光～｜电子～。❸ 量 用于捆起来的东西 ▷一～鲜花｜一～箭。→ ❹ 动 控制；限制 ▷约～｜管～｜拘～。◯ ❺ 名 姓。☛ ㊀不读 sù。㊁跟"朿（cì）"不同。由"束"构成的字有"赖""漱""速"等。

【束缚】shùfù ❶ 动 捆绑 ▷～手脚。❷ 动 约束；限制 ▷不要让条条框框把自己～住。

【束身】shùshēn 〈文〉❶ 动 自缚其身，以示归顺。❷ 动 约束自己；不放纵 ▷～自律。

【束手】shùshǒu 动 捆住双手；比喻没有办法或无能为力 ▷～就擒｜～无策。

【束手待毙】shùshǒu-dàibì 捆起自己的双手等死。比喻遇到困难或危险不积极想办法应对，而是消极等待死亡或失败。

【束手就擒】shùshǒu-jiùqín 捆起手来，任人捉拿。形容不思反抗或无力反抗。

【束手束脚】shùshǒu-shùjiǎo 捆住手脚。形容不敢放开手脚，大胆做事。

【束手无策】shùshǒu-wúcè 像被捆住了双手，毫无办法。

【束脩】shùxiū 名〈文〉扎成一束的十条干肉。古代常用作相互馈赠的礼物；借指学生送给老师的酬金。参见 1547 页"脩"。

【束腰】shùyāo ❶ 动 捆紧腰部 ▷隆胸～。❷ 区别 紧贴腰部的；腰部收缩的 ▷～宽摆长裙｜～花瓶。❸ 名 用来紧身的较宽腰带 ▷腰间系着约四指宽的～。

【束之高阁】shùzhīgāogé 把东西捆好，放在高高的架子上。比喻扔在一边，弃置不用或不管。

【束装】shùzhuāng 动〈文〉收拾行装 ▷～待发。

述 shù 动 叙说；陈述 ▷口～｜复～｜叙～｜～说。

【述而不作】shù'érbùzuò《论语·述而》："述而不作，信而好古。"指仅阐述前人的学说，不发表自己的见解。

【述怀】shùhuái 动 陈述情怀（常用于诗文篇名）▷即兴～｜《泰山～》。

【述评】shùpíng ❶ 动 叙述并评论 ▷新闻～｜热点～。❷ 名 叙述并评论的文章 ▷这篇～写得很深刻。

【述说】shùshuō 动 叙述说明 ▷～事件真相。

【述职】shùzhí 动 指任职者向有关方面汇报履职情况 ▷期末,校长向全体教职工～|大使回国～。

沭 shù 名 沭河,水名,源于山东,流入江苏。

树(樹) shù ❶ 动 种植;培养 ▷十年～木,百年～人。→❷ 动 树立;建立 ▷～雄心,立壮志|建～。→❸ 名 木本植物的通称 ▷～林|松～|～枝。❹ 量〈文〉用于树木 ▷种橘千～。〇❺ 名 姓。

【树碑立传】shùbēi-lìzhuàn 树立碑石,刻下传记,使某人的生平事迹世代流传;现比喻通过某种途径树立个人威望(含贬义)。

【树杈】shùchà 名 从主干上分出来的枝杈。

【树丛】shùcóng 名 密集生长的树木。

【树大根深】shùdà-gēnshēn 比喻势力强大,根基深厚。

【树大招风】shùdà-zhāofēng 比喻人的名气大了,容易遭人嫉妒,招惹是非。

【树倒猢狲散】shù dǎo húsūn sàn 树倒了,树上的猴子就四散逃走。比喻一旦主子垮了,依附他的人也就散去了。

【树敌】shùdí 动 跟别人结怨,使成为自己的敌人 ▷锋芒毕露,～过多|自以为是,到处～。

【树墩】shùdūn 名 树身砍掉或锯掉后,留在地面靠近根部的一段。

【树干】shùgàn 名 树的主体部分。也说树身。

【树挂】shùguà 名 雾凇的通称。

【树冠】shùguān 名 乔木主干上部生长的枝、叶所形成的冠状部分。

【树行子】shùhàngzi 名 小的树林;排列成行的树木。☛"行"这里不读 háng、héng 或 xíng。

【树胶】shùjiāo 名 某些树木(如桃、李等)的枝干分泌的胶质,工业上有多种用途。

【树懒】shùlǎn 名 哺乳动物,外形略似猴,头小而圆,耳小尾短,毛粗而长,灰褐色。动作迟缓,爪呈钩状,常用爪抓住树枝倒悬数小时不移动。栖息在潮湿的树林中,以树叶、嫩芽、果实等为食。生活在南美洲。

【树篱】shùlí 名 用树木密植而成的篱笆围墙。

【树立】shùlì 动 建立 ▷～良好形象|～新观念。☛跟"竖立"不同。

【树林】shùlín 名 成片生长的树木群落,比森林小。

【树龄】shùlíng 名 树木生长的年数 ▷～500 年。

【树苗】shùmiáo 名 幼树;多指在苗圃中培育的供移植的小树。

【树木】shùmù 名 树的统称。

【树人】shùrén 动 培养人才 ▷树木易,～难。

【树梢】shùshāo ❶ 名 树的顶端。❷ 名 树木枝条的顶端。

【树蛙】shùwā 名 蛙的一种。像青蛙而小,体色随环境变化,趾的尖端有吸盘,用来攀登树木。多生活在树、竹、芭蕉上。

【树丫】shùyā ❶ 名 树的分枝处。❷ 名 树干上分出的枝。☛不要写作"树桠(椏)"。

【树阴】shùyīn 名 树木枝叶在阳光下所形成的阴影。

【树阴凉儿】shùyīnliángr 名 树阴下凉爽的地方 ▷在～里歇一下。

【树欲静而风不止】shù yù jìng ér fēng bùzhǐ 树要静止,风却不停地刮。比喻事物的客观存在及发展不以人的意志为转移。

【树葬】shùzàng 动 一种丧葬方式,现代一般是将死者的骨灰埋在树根附近。

【树脂】shùzhī 名 一类具有可塑性、遇热变软的高分子化合物的统称。常温下呈固态或半固态。分天然树脂和合成树脂两大类。是制造塑料的主要原料,也可用以制造涂料、黏合剂、绝缘材料等。

【树种】shùzhǒng ❶ 名 树木在植物分类上的名称。按有无主干可分为乔木、灌木;按生长速度可分为速生树、非速生树;按叶形可分为阔叶树、针叶树等。❷ 名 树的种子。

【树桩】shùzhuāng ❶ 名 树墩。❷ 名 可以做盆景的粗矮的根木。

竖[1](豎 *竪) shù ❶ 动 立;直立 ▷把旗杆～起来|～起大拇指|～立。→❷ 形 跟水平面垂直的(跟"横"相对,③同) ▷～井|～琴。❸ 形 上下或前后方向的 ▷对联要～着写|这片房子,横着有三排,～着有五排|～线。❹ 名 汉字的笔画,形状是"丨" ▷我姓王,三横一～的王。

竖[2](豎 *竪) shù〈文〉❶ 名 小孩儿;未成年人 ▷妇～。→❷ 名 未成年的仆人。⇒❸ 名 指宦官 ▷宦～。⇒❹ 名 对人的蔑称 ▷～儒|损德害民,皆由此～。

【竖井】shùjǐng 名 由地下巷道直接通到地面的垂直井筒,用以提升矿石、送工人上下班以及通风、排水等。也说立井、直井。

【竖立】shùlì 动 把长形物体垂直地立在地上或把其中一段埋在地下 ▷把柱子～起来|山上～着一座宝塔。☛跟"树立"不同。

【竖琴】shùqín 名 大型立式拨弦乐器。在直立的三角形架上面装有 46—48 根琴弦,用双手拨弹,音色柔美清纯。参见插图 11 页。

【竖线】shùxiàn 名 跟地面垂直的线;从前到后或从上到下的线。

【竖直】shùzhí ❶ 形 直立向上的 ▷顺着～的烟囱向上爬。❷ 动 使垂直 ▷把运载火箭～在发射架上◇大家～了耳朵听着。

【竖子】shùzǐ〈文〉❶ 名 未成年的仆人(指男子)。❷ 名 小子,对人的蔑称 ▷世无英雄,遂使～成名。

俞 shù 同"腧"。现在一般写作"腧"。

另见 1681 页 yú。

钵(鉥) shù ❶ 名〈文〉长针。○ ❷ 名 姓。

恕 shù ❶ 动 以仁爱之心待人;推己及人 ▷～道|忠～。→ ❷ 动 原谅;不计较(别人的过错) ▷～罪|宽～|饶～。❸ 动 客套话,用于请对方原谅 ▷～我直言|～不奉陪。

【恕罪】shùzuì 动 谦词,用于请别人宽恕自己的过错 ▷让大家受惊了,请～。

庶(*庻) shù ❶ 形 众多 ▷富～|～务。→ ❷ 名〈文〉平民 ▷～民|黎～。→ ❸ 名 旧指妾(跟"嫡"相对) ▷～出。❹ 名 庶子 ▷废嫡立～。○ ❺ 副〈文〉表示希望或可能出现某种情况,略相当于"但愿""或许" ▷～竭驽钝|～免于难。○ ❻ 名 姓。

【庶出】shùchū 动 旧指妾所生(跟"嫡出"相对)。

【庶几】shùjī〈文〉❶ 形 接近;差不多 ▷王之好乐甚,则齐国其～乎! ❷ 副 表示希望,略相当于"但愿" ▷～赦余! ❸ 副 表示推测,略相当于"或许" ▷而今而后,～无愧。

【庶民】shùmín 名〈文〉平民;百姓 ▷王子犯法,与～同罪。

【庶母】shùmǔ 名 旧时嫡出子女称父亲的妾。

【庶人】shùrén 名 庶民。

【庶务】shùwù ❶ 名 旧指机关团体内的事务性工作 ▷～科。❷ 名 旧指管庶务的人员。

【庶子】shùzǐ 名 旧指妾所生的儿子(跟"嫡子"相对);也指正妻所生的除长子以外的儿子。

隃 shù 西隃(xīshù) 名 古山名,在今山西代县西北。也说雁门山。

另见 1682 页 yú。

裋 shù 名 古代仆役所穿的粗布衣服 ▷～褐。

【裋褐】shùhè 名〈文〉粗布衣服。

腧 shù ❶ 名 腧穴,人体上的穴位,如肾腧、肺腧等。→ ❷ 名 特指背部的背腧穴或四肢的五腧穴(井、荥、输、经、合)中的输穴。

数(數) shù ❶ 名 数目 ▷不计其～|人～|岁～|～字◇胸中有～。→ ❷ 数 几;几个 ▷～人|～次|～十年。❸ 数〈口〉用于某些数词或量词后,表示约数 ▷亩产千～斤|个～来月。→ ❹ 名 天命;命运 ▷在～难逃|劫～。→ ❺ 名 数学上表示事物的量的基本概念 ▷整～|偶～|无理～。→ ❻ 名 一种语法范畴,表示名词或代词所指事物的数量。如某些语言中名词有单数、复数两种形态。☛ 读 shù,表示事物,多指数目、数字、数据等;读 shǔ,表示动作,指查点数目,如"数钱""如数家珍";读 shuò,作副词,相当于"屡次",如"数见不鲜"。

另见 234 页 cù;1278 页 shǔ;1298 页 shuò。

【数表】shùbiǎo 名 数学用表(三角函数表、对数表、乘法表等);泛指以数为表达内容的各种表格。

【数词】shùcí 名 表示数目的词。如"一""十""百""千"。数词连用或加上别的词可以表示概数、序数、分数、倍数,如"六七十""二十一二""第一""二分之一""五成""二倍"。

【数额】shù'é 名 一定的数目 ▷～巨大。

【数据】shùjù 名 进行计算、统计、科学研究、技术设计等所依据的数值 ▷～已核实。

【数据库】shùjùkù 名 存储在计算机中供用户调用,按一定格式编排的各种相互关联的数据的集合。

【数据线】shùjùxiàn 名 在电子设备之间传输数据、使能协同工作的导线。两端有专用插头,分别连接数据输出设备和输入设备。

【数控】shùkòng ❶ 动 数字控制的简称 ▷～加工。❷ 区别 用数字控制的 ▷～车床。

【数理逻辑】shùlǐ luóji 数学的分支学科,用数学方法研究思维的形式结构及其规律。也说符号逻辑。

【数理统计】shùlǐ tǒngjì 数学的分支学科,以概率论为理论根据,对观察或试验所得的数据进行分析研究,以作出判断;也研究搜集数据的方法,如怎样抽样才能得出足够可靠的数据等。

【数量】shùliàng 名 可计数的事物的多少 ▷控制人口～,提高人口素质。☛ 跟"数目"不同。1."数量"可用于无须精确表示的事物,如"片面追求数量"等;"数目"所表示的一般比较具体而精确。2."数量"有时可不与具体计量单位关联,如"增幅的数量达到 42%";而"数目"则一定与某一计量单位关联,如"今年创收数目达 1200 万元"。

【数量词】shùliàngcí 名 数词和量词连用时的合称,实为短语。因组合相对稳定,在实际语用中类似于一个词,故称。如"一个""三间""五次"。

【数量级】shùliàngjí 名 在量度或估计物理量的大小时常用的概念。当某量的数值写成以 10 为底数的指数式时,指数的数目就是该量的数量级。如某自然保护区的面积为1.14×10^7平方米,也就是 1.14×10 平方千米。就平方米来说,它的数量级是 7;就平方千米来说,它的数量级是 1。

【数列】shùliè 名 按某种法则排列的一列数。数列项数有限的,为有限数列;数列项数无限的,为无限数列。

【数论】shùlùn 名 研究整数性质的一门数学分科。按研究方法的不同，大致可分为初等数论、代数数论、解析数论、数的几何等。

【数码】shùmǎ ❶ 名 数字② ▷阿拉伯～。❷ 名 数字③(多用于口语) ▷这笔交易的～很大。❸ 区别 数字④ ▷～相机。

【数码相机】shùmǎ xiàngjī 一种把拍摄的影像转变成数字文件格式进行存储、传输的照相机。拍摄的影像保存在存储卡内，能导入电子计算机保存并进行修改加工(英语缩写为 DC)。也说数字相机。

【数目】shùmù 名 通过计量单位表现出来的事物的多少 ▷捐款的～。☛ 参见 1281 页"数量"的提示。

【数目字】shùmùzì 名 数字①②。

【数位】shùwèi 名 数字在数中所在的位置。如十进制的数中，整数部分的数位从右到左第一位是个位，第二位是十位，第三位是百位，依次类推；小数部分的数位从左到右第一位是十分位，第二位是百分位，第三位是千分位，依次类推。同一个数字，若所在数位不同，所表示的数值也就不同。

【数学】shùxué 名 研究现实世界的空间形式和数量关系的科学，包括初等数学和高等数学两大部分。旧称算学。

【数值】shùzhí 名 用数目表现出来的一个量的多少，就是这个量的数值。如 5 米的"5"，9 千克的"9"。

【数字】shùzì ❶ 名 表示数目的字。汉字的数字有小写和大写两种。小写为〇一二三四五六七八九十百千；大写为零壹贰叁肆伍陆柒捌玖拾佰仟。万、亿等通用于大小写。❷ 名 表示数目的符号，如阿拉伯数字、罗马数字等。‖也说数目字。❸ 名 数量 ▷销售～再创历史新高。❹ 区别 采用数字化技术的 ▷～电视｜～电影｜～控制装置。

【数字地球】shùzì dìqiú 以地球的地理坐标为基础，由海量多分辨率数据组成的可多维显示的地球虚拟系统，用以描述整个地球地理信息的时间和空间分布。

【数字电话】shùzì diànhuà 采用数字化技术，把话音的模拟信号经过编码转换成数字信号传输的电话。具有抗干扰能力强、通话距离远、信息不易泄漏、故障率低等特点。

【数字电视】shùzì diànshì 采用数字化技术，把文字、伴音、图像的模拟信号经过编码转换成数字信号传输的电视。可减少畸变和干扰，画面的清晰度高，并可获取各种网络服务。

【数字化】shùzìhuà 动 全面采用数字信息处理技术。即把文字、图像等各种形式的信息通过电子计算机系统转换为数字编码进行处理 ▷～仪表。

【数字控制】shùzì kòngzhì 一种以数字显示操作指令的自动化控制技术。在工业生产和很多领域的管理中已广泛应用。简称数控。

【数字通信】shùzì tōngxìn 用数字信号作为载体传送信息的通信方式，或用数字信号对载波进行数字调制后再传输的通信技术。可用来传输电话、电报、数据和图像等。

【数字图书馆】shùzì túshūguǎn 一种数字化的信息资料源。利用现代信息技术对图像、文本、语音和科学数据库等进行收集、加工和处理，使其转化为数字信息，然后通过计算机技术保存和管理，通过网络通信技术传播和接收，使用户在任何时间、地点都能从网上得到资料服务，实现资源共享。

【数字图像】shùzì túxiàng 用数字化技术处理而成的图像。现已在社会生活中广泛应用。

【数字信号】shùzì xìnhào 将信息以电脉冲的二进制数码的组合来表示的信号方式。

【数字移动电话】shùzì yídòng diànhuà 以数字信号方式工作的移动通信系统。频率利用高、话音清晰。

【数罪并罚】shùzuì bìngfá 对同一个人犯，将其所犯的几种罪行依法合并起来进行处罚。

墅 shù 名 别墅。

漱(*潄) shù 动 含水荡洗(口腔) ▷～口｜洗～。☛ ㊀统读 shù，不读 sù。㊁中间是"朿"，不是"束"。

【漱口】shùkǒu 动 含水荡洗口腔。

【漱洗】shùxǐ 动 漱口洗脸。

澍 shù 名〈文〉及时的雨 ▷～雨。

shuā

刷[1] shuā ❶ 名 刷子 ▷牙～｜板～。→ ❷ 动 用刷子涂抹 ▷～油漆｜～墙。❸ 动 以类似于"刷"的动作进行某些信息的录入、输出和识别 ▷～卡｜～脸。→ ❹ 动 用刷子清洗 ▷把地板～干净｜～牙。❺ 动〈口〉淘汰 ▷他在头一轮鞍马比赛就被～掉了。

刷[2] shuā 拟声 同"唰"。现在一般写作"唰"。☛ "刷"字通常读 shuā；读 shuà，用于口语"刷白"。

另见 1283 页 shuà。

【刷卡】shuākǎ 动 把磁卡放在磁卡机上，使磁头阅读、识别磁卡中的信息，以确认持卡人的身份或按照一定指令增减、调整磁卡中储存的有关信息。

【刷脸】shuāliǎn 动 通过人脸识别技术进行身份认证 ▷～进站|～购物。

【刷屏】shuāpíng 动 用计算机、手机等短时间内在网上发送大量信息(多指重复的),使屏幕被覆盖 ▷他这几篇短文顿时在微信群里～|手机被新年贺词～。

【刷洗】shuāxǐ 动 用刷子等蘸水清洗 ▷～锅碗瓢盆|～地面|～交通护栏。

【刷新】shuāxīn ❶ 动 刷洗使变新 ▷墙壁已经～。❷ 动 比喻用新的、更好的成绩替代原有的成绩 ▷～世界纪录。

【刷子】shuāzi 名 清除污垢或涂抹膏油的用具,用成束的毛、棕、金属丝等制成。

唰 shuā 拟声 模拟物体迅速擦过或撞击发出的声音 ▷水～地冲下来|雨～～地下。

【唰啦】shuālā 拟声 模拟迅速擦过的声音 ▷秋风一吹,高粱地里发出～～的响声。

shuǎ

耍 shuǎ ❶ 动 玩;游戏 ▷玩～。→ ❷ 动 戏弄;捉弄 ▷他把大伙儿～了|受人～弄|～笑。→ ❸ 动 摆弄着玩;表演 ▷～刀弄棒|～龙灯。❹ 动 施展;卖弄(多含贬义) ▷～手腕|～滑头|～嘴皮子。☛ 跟"要"不同。

【耍把戏】shuǎbǎxì 表演杂技。比喻耍花招儿 ▷他为人老实厚道,不会～。

【耍笔杆子】shuǎbǐgǎnzi 指从事写作(多含贬义) ▷他不会别的,光会～,发议论。也说耍笔杆儿、摇笔杆子、摇笔杆儿。

【耍大牌】shuǎdàpái 指明星等摆架子 ▷他每次出席发布会都故意迟到,～。

【耍横】shuǎhèng 动 施展蛮横的态度 ▷酒后滋事,逞强～|在老实人面前你耍什么横?

【耍猴儿】shuǎhóur 动 让猴子表演;比喻戏弄人 ▷别拿我～,我不干了!

【耍花腔】shuǎhuāqiāng 比喻用动听的话语骗人。

【耍花招儿】shuǎhuāzhāor ❶ 卖弄小聪明。❷ 施展狡诈手段骗人。

【耍滑】shuǎhuá 动 使用手段,使自己占便宜或免负责任 ▷～取巧。

【耍滑头】shuǎhuátóu 耍滑。

【耍活宝】shuǎhuóbǎo 指表演滑稽、逗笑的事 ▷不要～了,快办正事吧!|～、演猴戏,就是逗个乐子嘛。

【耍奸】shuǎjiān 动 耍滑。

【耍赖】shuǎlài 动 使用无赖手段;抵赖。

【耍流氓】shuǎliúmáng 使用撒赖、调戏、猥亵等下流手段欺负或侮辱人(多指调戏妇女)。

【耍闹】shuǎnào 动 嬉笑打闹;闹着玩儿。

【耍弄】shuǎnòng ❶ 动 玩弄;施展 ▷～权术。❷ 动 戏弄;捉弄 ▷小心别让人～了。

【耍排场】shuǎpáichǎng 讲排场。

【耍脾气】shuǎpíqi 使性子;任性 ▷不能动不动就～。

【耍贫嘴】shuǎpínzuǐ 油嘴滑舌,开粗俗的玩笑或没完没了地说废话。

【耍钱】shuǎqián 动 赌博①。

【耍人】shuǎrén 动 捉弄人;戏弄人。

【耍手段】shuǎshǒuduàn 使用不正当的方法对付别人 ▷在价格上～欺诈消费者。

【耍手艺】shuǎshǒuyì 靠手艺谋生。

【耍态度】shuǎtàidu 发脾气。

【耍威风】shuǎwēifēng 摆出盛气凌人的架势吓唬人或欺压人。

【耍无赖】shuǎwúlài 耍赖。

【耍笑】shuǎxiào ❶ 动 随意说笑 ▷工作时间不许～。❷ 动 开玩笑戏弄人 ▷不要～别人。

【耍心眼儿】shuǎxīnyǎnr 耍小聪明;暗用心计 ▷应该以诚待人,不要～。

【耍嘴皮子】shuǎzuǐpízi ❶卖弄口才,夸夸其谈。❷只说空话,不干实事 ▷他光～,不干正事。

shuà

刷 shuà [刷白] shuàbái 形 颜色苍白或青白 ▷把他吓得脸～。

另见 1282 页 shuā。

shuāi

衰 shuāi 动 由强变弱 ▷未老先～|经久不～|兴～|～弱。

另见 235 页 cuī。

【衰败】shuāibài 动 衰退败落 ▷草木～|公司总不创新,必然日益～。

【衰变】shuāibiàn 动 大量的原子核因放射性而陆续发生转变,使核数目不断减少,最后变成另一种元素,如镭放射出 α 粒子后变成氡;也指不稳定的粒子自发转变为新粒子。

【衰草】shuāicǎo 名 枯草 ▷～败叶。

【衰减】shuāijiǎn 动 减弱;减退 ▷视力～|效益～|生物资源～。

【衰竭】shuāijié ❶ 动 (生理机能)严重减弱以致丧失 ▷肾功能～。❷ 动 (资源)严重减少以致枯竭 ▷地下水资源～。

【衰老】shuāilǎo 形 年老而身体、精力衰退 ▷他确实～了,连楼梯都爬不动了。

【衰落】shuāiluò ❶ 动 (事物)由兴盛、强大转向没落、弱小 ▷国势逐渐～|家境日益～。❷

动 衰败零落 ▷冬天到了，花草都～了。

【衰迈】shuāimài 形 衰老。

【衰弱】shuāiruò ❶ 动（事物）由强变弱 ▷实力一天天～下去。❷ 形（身体）不强壮 ▷体质～|神经～。

【衰颓】shuāituí ❶ 形（事物）衰微颓败 ▷寺庙经商，必然导致宗教文化～|败草枯杨，一片～。❷ 形（身体）衰弱；（精神）颓废 ▷筋骨～|意志～。

【衰退】shuāituì 动 衰弱减退 ▷精力～|意志～|经济～。

【衰亡】shuāiwáng 动 由衰落直到灭亡 ▷从古到今，多少朝代～了！

【衰微】shuāiwēi 形〈文〉极度衰落 ▷国势～。

【衰萎】shuāiwěi 动 衰败枯萎；衰落萎缩 ▷深秋时节，草木～|企业不景气，日见～。

【衰歇】shuāixiē 动 由衰弱直至止息 ▷生命～。

【衰朽】shuāixiǔ ❶ 形 衰老无用 ▷～残年。❷ 形 衰败腐朽 ▷～的老槐树。

摔 shuāi ❶ 动 把东西用力往下扔 ▷把书～在桌上。→ ❷ 动 从高处落下 ▷从梯子上～下来。❸ 动 因落下而损坏 ▷别把花瓶～了。→ ❹ 动 因站立不稳而倒下 ▷～跟头|～跤。→ ❺ 动 用力磕打，使粘着的东西掉下 ▷把鞋底上的泥～～。

【摔打】shuāida ❶ 动 抓在手里往地上或其他硬物上用力磕 ▷拔下一墩花生，在地上～～。❷ 动 比喻在实践中磨炼 ▷青年人要到艰苦环境中去～才能成才。

【摔倒】shuāidǎo 动 身体失去平衡而倒下。

【摔跟头】shuāigēntou 摔倒；比喻遭受挫折或犯错误 ▷利欲熏心的人难免要～。

【摔跤】shuāijiāo ❶ 动 两人徒手相搏，按照一定规则，摔倒对方者为胜 ▷双方运动员正在～。❷ 名 指这种体育运动项目。❸ 动 跌倒 ▷初学滑冰，难免～|摔了一跤。❹ 动 比喻遭受挫折 ▷不按客观规律办事，怎么可能不～呢？☛ 不宜写作"摔交"。

【摔耙子】shuāipázi 比喻因闹情绪而扔下工作不干。

shuǎi

甩 shuǎi ❶ 动（胳膊等）向下摆动；抡 ▷～胳膊|～尾巴|把鞭子一～。→ ❷ 动 挥动胳膊往外扔 ▷～石子儿。❸ 动 抛开；抛弃 ▷把敌人～得老远|～掉包袱。

【甩包袱】shuǎibāofu 比喻丢掉拖累、负担等。

【甩车】shuǎichē 动 使列车的部分或全部车厢跟机车分离。

【甩干机】shuǎigānjī 名 甩掉洗涤过的衣物中的水分的装置。

【甩锅】shuǎiguō 动 把自己的责任、过错推给别人，让别人背黑锅 ▷自己做事不力不要～别人。

【甩货】shuǎihuò 动 商家为使货物及早脱手而低价抛售货物 ▷清仓～。

【甩客】shuǎikè 动 公交车经过该停的车站时不停车，不搭理候车人；也指客车司机中途故意撂下乘客不管。

【甩脸子】shuǎiliǎnzi〈口〉显现出不高兴的表情给别人看 ▷有话好好说，不用～。

【甩卖】shuǎimài 动 商店声称大降价抛售商品。

【甩手】shuǎishǒu ❶ 动 手前后摆动 ▷～也是一种健身运动。❷ 动 指扔下不管，不闻不问 ▷～掌柜|事情还没有完，你别想～。

【甩手掌柜】shuǎishǒu zhǎngguì 指自己不干事，光指挥别人干事的人；也指什么都不管，空担其名的人。也说甩手掌柜的。

【甩脱】shuǎituō 动 甩掉；摆脱 ▷～跟踪的特务。

【甩站】shuǎizhàn 动 公交车经过该停的车站却不停车，把候车的人都甩下。

shuài

帅[1]（帥） shuài ❶ 名 军队的最高将领 ▷元～|统～。○ ❷ 名 姓。

帅[2]（帥） shuài 形〈口〉漂亮；潇洒 ▷小伙子长得真～|字写得很～|～气。☛ "帅"字左旁是"刂"，不是两竖。

【帅才】shuàicái ❶ 名 能统率全军的才能；泛指领导和决策的才能。❷ 名 具有帅才的人。

【帅哥】shuàigē 名 年轻帅气的男子。

【帅旗】shuàiqí 名 古代交战时作为统帅标志的旗帜。

【帅气】shuàiqi 形 潇洒；英俊（多形容男子）▷小伙子长得真～|一身～的装扮。

【帅印】shuàiyìn 名 元帅的印信；借指指挥权 ▷执掌～|接过国家队的～。

率[1] shuài ❶ 动 带领 ▷教练～队参赛|统～。→ ❷ 动〈文〉遵循；顺着 ▷～由旧章。→ ❸ 名 榜样 ▷表～。○ ❹ 名 姓。

率[2] shuài ❶ 形 考虑不周密；不仔细慎重 ▷粗～|草～。→ ❷ 形 直爽；坦诚 ▷坦～|～真。→ ❸ 副〈文〉表示不十分肯定的估计，相当于"大约""大抵" ▷大～如此。

另见 900 页 lǜ。

【率部】shuàibù 动 率领所属部队 ▷～迎战。

【率尔】shuài'ěr 副〈文〉轻率地 ▷～行事。

【率领】shuàilǐng 动 领导并指挥(部队或其他集体) ▷～十万大军开赴新战场。

【率然】shuàirán 副〈文〉轻率随意地 ▷～决定。

【率先】shuàixiān 副 带头;最先 ▷～到达。

【率性】shuàixìng ❶ 形 任性 ▷不可～而行。❷ 副 索性;干脆 ▷我看～让她去算了。

【率由旧章】shuàiyóujiùzhāng 完全依循老规矩或旧制度办事(率由:全都遵循沿用)。

【率真】shuàizhēn 形 直爽而真诚 ▷性格～。

【率直】shuàizhí 形 坦率直爽 ▷为人～。

蟀 shuài 见1470 页"蟋蟀"。☛ 统读 shuài。

shuān

闩(閂) shuān ❶ 名 横插在门后使门推不开的棍子 ▷上～|门～。→ ❷ 动 把门闩插上 ▷请把门～好。○ ❸ 名 姓。☛ ㊀跟"拴"不同。动词"闩"指用门闩插门;"拴"指用绳子等系住。㊁跟"栓"不同。名词"闩"只指插门的棍子;"栓"指器物上可以开关的部件,比"闩"范围广,如"枪栓""消火栓"。

拴 shuān ❶ 动 用绳子等系(jì)住 ▷～绳子|～结实|～马桩。→ ❷ 动 比喻缠住而不能随意行动 ▷家务事把她牢牢地～在了家里。☛ 参见本页"闩"的提示㊀。

【拴马桩】shuānmǎzhuāng 名 拴马的木桩或石桩。

栓 shuān ❶ 名 器物上用作开关的部件 ▷枪～|消火～。○ ❷ 名 塞子;形状或作用像塞子的东西 ▷瓶～|血～|～剂。☛ 参见本页"闩"的提示㊁。

【栓剂】shuānjì 名 塞入尿道、阴道或肛门内用的棒状或球状药剂。常温下为固体,进入体内则融化或软化。也说坐药。

【栓皮】shuānpí 名 栓皮栎等树木的外皮。也说木栓、软木。

【栓皮栎】shuānpílì 名 落叶乔木,叶长椭圆形,边缘呈锯齿状,初夏开花,雌雄同株,坚果圆卵形。树皮有发达的栓皮层,用途广泛。

【栓塞】shuānsè 动 血栓或某些异物在血管内不能通过而形成管腔堵塞、血流不畅等病变 ▷脑～。☛ "塞"这里不读 sāi。

【栓子】shuānzi 名 医学上指堵塞血管使发生栓塞的物质。血栓或异物都能成为栓子。

shuàn

涮 shuàn ❶ 动 放在水里摆动或摇晃着冲洗 ▷把碗筷～一～|～瓶子|洗～|在池子里～手。→ ❷ 动 把鱼片儿、肉片儿等在滚开的水中摆动致熟后取出蘸着佐料吃 ▷～羊肉|～锅子。○ ❸ 动〈口〉戏弄;欺骗 ▷让人家给～了。☛ 不读 shuā。

【涮锅子】shuànguōzi 某些地区指涮肉。

【涮肉】shuànròu 动 把切薄的肉片儿放在火锅里烫一下就取出来,蘸着佐料吃。某些地区也说涮锅子。

【涮洗】shuànxǐ 动 把物体放入水中摇晃着洗或把水放入容器摇晃着洗 ▷～毛巾|～瓦罐。

腨 shuàn 名〈文〉腿肚子 ▷腓～发(生于小腿肚子上的痈疽)。

shuāng

双(雙) shuāng ❶ 区别 两个的;两种的(跟"单"相对,②同) ▷～翅|～手|～方|～职工。→ ❷ 区别 偶数的(能被 2 整除的,如 2、4、6、8 等) ▷～周|～数。→ ❸ 区别 成倍的 ▷～工资|～份。→ ❹ 量 用于左右对称的某些肢体、器官或成对的东西 ▷一～眼睛|三～袜子。○ ❺ 名 姓。

【双百方针】shuāngbǎi fāngzhēn "百花齐放,百家争鸣"方针的简称。是中国共产党 1956 年提出的发展、繁荣我国社会主义科学、文化、艺术事业的基本方针。

【双胞胎】shuāngbāotāi 名 同一胎里的两个胎儿;同一胎出生的两个人 ▷她怀的是～|兄弟俩是～。

【双边】shuāngbiān 区别 两方的;特指两国的 ▷～关系|～会谈。

【双宾语】shuāngbīnyǔ 名 指有些动词同时带有的两个宾语。离动词较近的指人宾语称近宾语,离动词较远的指物宾语称远宾语。如"我给你一本书",动词"给"带有指人宾语"你"(近宾语)和指物宾语"一本书"(远宾语)。

【双层】shuāngcéng 名 两层的 ▷分为～|～加固|～玻璃。

【双重】shuāngchóng 区别 两方面的;两层的(多用于抽象事物) ▷～国籍|～人格|～领导。

【双重国籍】shuāngchóng guójí 指一个人同时具有的两个国家的国籍。

【双重人格】shuāngchóng réngé ❶ 指同一个人身上所表现出来的两种完全相反的性格特征。❷ 医学上指一种分离性精神障碍。同一个人在不同的阶段表现出截然不同的两种性格特征,像是两个人。

【双唇音】shuāngchúnyīn 名 唇音的一类。发音时双唇闭合,使气流受阻而形成。普通话语音中有 3 个双唇音:b、p、m。

【双打】shuāngdǎ 名 某些球类竞赛的一种方式，对阵双方各出两名队员比赛。如羽毛球、乒乓球、网球等都有双打项目。

【双方】shuāngfāng 名 某种关系或某种场合中相对的两个人或两个集体 ▷夫妻～|矛盾～。

【双份】shuāngfèn 名 两份 ▷～奖金。

【双峰驼】shuāngfēngtuó 名 指背部有前后两个驼峰的骆驼。

【双幅】shuāngfú 区别 幅面比一般幅面宽出大约一倍的 ▷～毛料。

【双缸】shuānggāng 区别 有两个汽缸或缸筒的 ▷～摩托|～洗衣机。

【双杠】shuānggàng ❶ 名 体操器械，在四根等高支柱上架设两根平行的横杠组成。❷ 名 男子竞技体操项目，运动员在双杠上做摆越、转体、空翻、倒立等动作。

【双拐】shuāngguǎi 名 夹在腋下帮助下肢有残疾或伤痛的人行走用的一对拐杖。

【双关】shuāngguān 名 修辞手法，利用语言上多义或同音关系，使字面上是一种意思，暗中隐含另一种意思。分语义双关和谐音双关两种。

【双关语】shuāngguānyǔ 名 表面上表达一个意思，实际上隐含着另一个意思的词语或句子。分谐音双关和语义双关两类。如歇后语“孔夫子搬家——净是书(输)”是谐音双关，“江里的浪花——不是吹的”是语义双关。

【双管齐下】shuāngguǎn-qíxià 宋·郭若虚《图画见闻志·故事拾遗》记载：唐张璪能手握两管笔同时作画。后用“双管齐下”比喻两件事同时进行或同时采用两种方法。

【双轨】shuāngguǐ ❶ 名 有两组平行轨道(铁道、电车道等)的运输线 ▷～高铁|～电车。❷ 名 比喻二者并行的体制、规制、系统 ▷城镇化实行～模式|～制。

【双轨制】shuāngguǐzhì 名 指两种不同体制、规制、系统等并行的制度。

【双号】shuānghào 名 数字为双数的号码。

【双簧】shuānghuáng ❶ 名 一种曲艺，由两个人合作表演，一个人在前面做无声的动作，另一个人藏在后面配合前面的人的动作说唱，造成动作和说唱均出自前面的人的效果。❷ 名 比喻一人出面，一人在背后操纵，互相串通一气的手法。☛ 不要写作“双镄”。

【双簧管】shuānghuángguǎn 名 管乐器，由嘴子、管身和喇叭口三部分构成，嘴子上装有两个簧片，管身木制。是交响乐队的重要乐器之一。参见插图 11 页。

【双季稻】shuāngjìdào 名 同一块田里，一年内栽种、收获两次的水稻种植制度；也指采用这种制度种植的水稻。

【双肩挑】shuāngjiāntiāo 比喻一个人在一个单位同时担任两份工作，多指兼任行政和业务两种工作。

【双开】shuāngkāi ❶ 动 两面开或两处开 ▷～小刀|～玻璃门。○❷ 动 特指开除公职和党籍 ▷他因为受贿被～。

【双料】shuāngliào ❶ 区别 使用加倍的材料制成的 ▷～卡其布。❷ 区别 比喻双重的 ▷他是哲学、医学～博士。

【双面】shuāngmiàn 形 两边或两面都能使用的 ▷～刀片|～印刷。

【双栖】shuāngqī 动 在两个领域(都擅长或取得成绩) ▷～艺人|～棋手。

【双抢】shuāngqiǎng 动 指抢收和抢种。

【双亲】shuāngqīn 名 指父亲和母亲 ▷孝顺～。

【双全】shuāngquán 形 成双的或相对的两方面都齐全 ▷二老～|智勇～。

【双人舞】shuāngrénwǔ 名 由两个人配合表演的舞蹈。

【双刃剑】shuāngrènjiàn 名 两面都有刃的剑；比喻同时具有利弊、得失等相对性质的某事物 ▷药品本身是把～。

【双身子】shuāngshēnzi 名 指孕妇。

【双生】shuāngshēng 区别 孪生。

【双生子】shuāngshēngzǐ 名 同一胎生下的两个孩子。

【双声】shuāngshēng 名 汉语语音学上指两个或几个字声母相同的现象。如气球(qìqiú)、崎岖(qíqū)、参差(cēncī)。

【双声道】shuāngshēngdào 名 同时传送两个声频信号的线路 ▷～立体声技术。

【双输】shuāngshū 动 两方都受到损失 ▷这样互不相让，只会得到～的结果。

【双数】shuāngshù 名 正偶数。如 2、6、18、30。

【双双】shuāngshuāng 副 成双成对地；一对对地 ▷～起舞。

【双糖】shuāngtáng 名 水解后生成两个分子单糖的糖。如蔗糖、麦芽糖、乳糖等。参见 1336 页“碳水化合物”。

【双喜】shuāngxǐ 名 指同时出现的两件喜事(现多用于婚嫁等喜庆场合) ▷～临门。

【双响】shuāngxiǎng 名 一种爆竹，火药分装两截，下截爆炸发出第一响，把上截送上天空再爆炸，发出第二响。某些地区也说二踢脚。

【双向】shuāngxiàng ❶ 名 两个相对方向 ▷路长 10 千米，～、四车道。❷ 区别 两个相对方向的，两方面互相的 ▷两船～对开|～交流。

【双向选择】shuāngxiàng xuǎnzé 相对的两个方面互相选择 ▷在用人制度上实行～。

【双薪】shuāngxīn ❶ 名 两倍的工资 ▷普通休息日加班发～。❷ 区别 夫妻双方都有工作，有两份工资收入的 ▷～家庭。

【双星】shuāngxīng ❶ 名 两个距离较近或彼此之间有引力关系的恒星。较亮的一颗叫主星，另一颗围绕主星旋转，叫伴星。❷ 名 民间指牛郎星和织女星。

【双行线】shuāngxíngxiàn 名 车辆可以朝相对的两个方向行驶的道路 ▷改单行线为～。也说双行道。

【双休日】shuāngxiūrì 名 实行一周五天工作制后，指周六和周日连续休息的两天。

【双学位】shuāngxuéwèi 名 指一个人具有的等级相同而学科不同的两个学位 ▷他正在攻读法学、经济学～硕士。

【双眼皮】shuāngyǎnpí 名 沿着眼皮下缘有一条褶儿，看似双层的上眼皮（跟"单眼皮"相区别）。

【双氧水】shuāngyǎngshuǐ 名 指过氧化氢的水溶液，是常用的氧化剂。用于防腐、消毒、洗涤伤口等。

【双翼机】shuāngyìjī 名 有上下两层机翼的飞机，飞行平稳。常用于飞播造林、喷洒农药。

【双赢】shuāngyíng 动 竞争或合作的双方都能获益 ▷西气东输，东西～。

【双拥】shuāngyōng 动 拥军优属、拥政爱民的简称。

【双语】shuāngyǔ 名 两种语言 ▷机场广播使用～|中英～对照|～节目。

【双月刊】shuāngyuèkān 名 两个月出版一期的刊物。

【双职工】shuāngzhígōng 名 夫妻双方都参加工作的职工。

【双绉】shuāngzhòu 名 用生丝和化学纤维长丝为原料织成的一种平纹织物。质地柔软坚牢，表面有细皱纹，穿着舒适。主要用作女性衣裙的面料。

泷（瀧） shuāng ❶ 名 泷水，水名，在广东。现在一般称为"双水"。❷［泷冈］shuānggāng 名 山名，在江西。

另见 888 页 lóng。

漴 shuāng 用于地名。如漴缺，在上海。

另见 191 页 chóng。

霜 shuāng ❶ 名 空气中的水蒸气遇冷在地面或靠近地面的物体上凝结成的白色结晶体 ▷冰～|～降。→ ❷ 形〈文〉比喻白色 ▷～鬓|～刃。→ ❸ 名 像霜的东西 ▷柿～|护肤～。

【霜晨】shuāngchén 名 有霜的清晨 ▷送走一个个～雪夜。

【霜冻】shuāngdòng 名 植物生长季节里，接近地面的气温迅速降到0℃或0℃以下而使植物受冻的气象灾害。

【霜害】shuānghài 名 由于霜冻造成的农业灾害。

【霜花】shuānghuā ❶ 名 霜。❷ 名 凝结在门窗玻璃上的带花纹的冰。

【霜降】shuāngjiàng 名 二十四节气之一，在公历每年 10 月 23 日或 24 日。霜降时节，黄河流域一般出现初霜。

【霜期】shuāngqī 名 从秋季第一次见霜到次年春季最后一次见霜的时间段。南方有的地方没有霜期，北方有的地方霜期长达七八个月。

【霜天】shuāngtiān 名 指深秋初冬的天空或天气 ▷万类～竞自由。

【霜雪】shuāngxuě 名 霜和雪；常用来比喻白发或严酷的环境和遭遇 ▷郁郁松柏，经～而不凋|鬓染～。

【霜叶】shuāngyè 名 霜打过的树叶；特指霜后变红的枫树叶 ▷～飘零|～红于二月花。

【霜灾】shuāngzāi 名 霜冻造成的灾害。

孀 shuāng ❶ 名 死了丈夫的女人 ▷遗～。→ ❷ 动 守寡 ▷～居。☛ 统读 shuāng。

【孀妇】shuāngfù 名〈文〉寡妇。

【孀居】shuāngjū 动〈文〉守寡。

骦（驦） shuāng 见1314 页"骕(sù)骦"。

骕 shuāng 同"骦"。现在一般写作"骦"。

礵 shuāng 用于地名。如四礵列岛、南礵岛，均在福建。

鹴 shuāng 同"鹴"。现在一般写作"鹴"。

鹴（鸘） shuāng 见1315 页"鹔(sù)鹴"。

shuǎng

爽[1] shuǎng ❶ 形 清亮；明朗 ▷神清目～|清～。→ ❷ 形（性格）开朗；直率 ▷豪～|直～。❸ 形 舒适；畅快 ▷人逢喜事精神～。❹ 动 使舒适 ▷～身|～口|～心。

爽[2] shuǎng 动 产生差误；违背 ▷毫厘不～|屡试不～|～约。

【爽脆】shuǎngcuì ❶ 形（食物等）脆而爽口 ▷这种苹果吃起来很～。❷ 形（声音）清脆 ▷～的笑声。❸ 形 直爽 ▷性格～。

【爽捷】shuǎngjié 形 爽快利索 ▷办事～。

【爽口】shuǎngkǒu 形 口感清爽，不黏不腻 ▷黄瓜生吃比炒熟吃～。

【爽快】shuǎngkuai ❶ 形 舒服畅快 ▷心里～|凉风吹来，～极了。❷ 形 说话痛快；办事利索 ▷答应不答应，～点儿！|他办事～，从不拖拉。☛ 参见 1288 页"爽直"的提示。

【爽朗】shuǎnglǎng ❶ 形 天空清朗，使人感到舒

畅 ▷雨后天晴，空气～。❷ 形 直率开朗 ▷性格～。

【爽利】shuǎnglì 形 爽快利索 ▷干活儿挺～。

【爽目】shuǎngmù 形 悦目。

【爽气】shuǎngqì ❶ 名 凉爽的天气。❷ 形 爽快② ▷办事不～。

【爽然】shuǎngrán ❶ 形 爽快舒畅 ▷初入佳境，不觉心中～。❷ 形 直爽痛快 ▷～应允。

【爽然若失】shuǎngrán-ruòshī 神情茫然，若有所失。形容心里不踏实，总好像缺了什么似的。

【爽身粉】shuǎngshēnfěn 名 用滑石粉、碳酸镁、硼酸、薄荷脑、氧化锌等加香料制成的粉状物。涂在身上可以防止生痱子，产生清凉感。

【爽声】shuǎngshēng 副 声音爽朗地 ▷～大笑。

【爽心】shuǎngxīn 形 心情爽朗愉快 ▷娱目～。

【爽性】shuǎngxìng 副 干脆；索性 ▷既然出来了，～玩个痛快。

【爽约】shuǎngyuē 动 失约；违背诺言。

【爽直】shuǎngzhí 形 直爽 ▷性格～。☛ 跟"爽快"②不同。"爽直"多指人的性格；"爽快"②多指人的言行。

塽 shuǎng 名 〈文〉地势高而向阳的地方。

shuí

谁（誰） shuí "谁(shéi)"的又音。☛ 参见1216页"谁(shéi)"的提示。

shuǐ

水 shuǐ ❶ 名 无色、无臭、无味的液体。在标准大气压下，冰点 0℃，沸点 100℃。→ ❷ 名 河流 ▷汉～｜淦～。⇒ ❸ 名 泛指一切水域(跟"陆"相对) ▷～陆两栖｜三面环～。⇒ ❹ 名 指水路 ▷～陆兼程｜～运。→ ❺ 名 洪水；水灾 ▷去年老家发～了。→ ❻ 名 泛指某些含水或像水的液体 ▷药～｜铁～奔流。→ ❼ 形 形容虚假的或质量低劣的 ▷这组调查数据很～，与基本事实根本不符｜像这样东拼西凑的剧情太～了。→ ❽ 名 指游泳 ▷会～｜～性好。→ ❾ 量 用于洗涤的次数 ▷衣服刚洗过一～。〇 ❿ 名 指附加的收费或额外的收入 ▷汇～｜贴～。〇 ⓫ 名 姓。

【水吧】shuǐbā 名 备有座位以供应各种饮料为主的小店(吧：英语 bar 音译)。

【水坝】shuǐbà 名 拦截水流的建筑物。

【水泵】shuǐbèng 名 把水从低处提到高处的机器。也说抽水机。

【水笔】shuǐbǐ ❶ 名 书写小楷或画水彩画用的毛笔。笔毛较硬。❷ 名 指自来水笔。

【水边】shuǐbiān 名 水和岸相连的水上或岸上 ▷小鱼游到～来了｜～垂柳成行。

【水表】shuǐbiǎo 名 测定自来水用水量的仪表。

【水鳖子】shuǐbiēzi 名 鲎(hòu)虫的俗称。

【水滨】shuǐbīn 名 水边；近水的地方 ▷～公园。

【水兵】shuǐbīng 名 海军舰艇上的士兵的统称。

【水波】shuǐbō 名 波浪 ▷～荡漾。

【水玻璃】shuǐbōli 名 硅酸钠的水溶液，玻璃状黏稠物质，遇酸或久置会析出胶状沉淀。用于木材、织物的防火和蛋类防腐等，也用作黏合剂。俗称泡花碱。

【水彩】shuǐcǎi 名 绘画颜料，用水调和后使用。

【水彩画】shuǐcǎihuà 名 一个绘画品种。用水彩在纸张上画成的画。

【水槽】shuǐcáo 名 输水通道。小型的用木、竹等制成，大型的用砖、石或钢筋水泥等修成。

【水草】shuǐcǎo ❶ 名 水源和青草 ▷～丰足。❷ 名 某些水生植物的统称，如浮萍、水球藻等。

【水层】shuǐcéng ❶ 名 地表以下形成的含水层。也说潜水面。❷ 名 江河湖海不同深度的水形成的层面 ▷不同的鱼类生活在不同的～。

【水产】shuǐchǎn 名 江河湖海里出产的有经济价值的动植物，如鱼鳖虾蟹、海带、贝类等。

【水产业】shuǐchǎnyè 名 渔业。

【水车】shuǐchē ❶ 名 用人力、畜力或风力作动力的旧式提水灌溉机械 ▷龙骨～｜脚踏～。❷ 名 以水流为动力的旧式动力机械，可带动水磨、水碓、风箱等。❸ 名 运水的车。

【水成岩】shuǐchéngyán 名 沉积岩的旧称。

【水城】shuǐchéng 名 河渠交错、水陆相间的城市。

【水程】shuǐchéng 名 水路的距离 ▷从杭州到苏州走运河很近，只有一个晚上的～。

【水池】shuǐchí ❶ 名 蓄水的塘、小坑 ▷花园～里有红鲤鱼。❷ 名 指用来盛水或涮洗的生活设施 ▷厨房里安个不锈钢～。

【水床】shuǐchuáng 名 床垫里充水的床。利用水的浮力托起人体，使人感觉舒适。

【水葱】shuǐcōng 名 多年生草本植物，根状茎粗壮，匍匐，秆圆柱形，叶片条形，夏季开花。生于湖边或浅水中。秆可以编席或作造纸原料，根可以做药材。

【水刀】shuǐdāo 名 利用高速喷射的液体束来切割物体的工具。可切割一般非金属材料和较软的金属材料。因常用的液体是水，故称。

【水到渠成】shuǐdào-qúchéng 水一流到，沟渠自然形成。比喻条件具备，事情就会成功。

【水道】shuǐdào ❶ 名 水流的通道，包括江、河、沟、渠等；也指建筑物的上下水管道。❷ 名 水路 ▷市内～纵横，交通便利。

【水稻】shuǐdào 名 水田里种植的稻。有籼稻、粳稻两类。

【水滴石穿】shuǐdī-shíchuān 指水不断地往石头上滴，能把石头滴穿。比喻只要有坚强的毅力，持之以恒，再难的事情也能做成。

【水地】shuǐdì ❶ 名 能够用水灌溉的耕地。也说水浇地。❷ 名 水田。

【水电】shuǐdiàn ❶ 名 水和电 ▷～费|～供应。❷ 名 水力发电的简称。❸ 名 水力发电产生的电能。

【水电站】shuǐdiànzhàn 名 用水力发电的电站。

【水貂】shuǐdiāo 名 哺乳动物，身体细长，四肢短，毛黑褐色，密厚有光泽，尾蓬松。趾间有蹼，适于水中生活，以鱼、蛙等为食。

【水斗】shuǐdǒu ❶ 名 盛水或汲水的用具，形状略像斗 ▷摇着辘轳把～从井里绞上来。❷ 名 安装在厨房、洗手间等处的下面有漏水管的水盆 ▷厨房安装了～，洗菜刷锅方便多了。❸ 名 用来汇集从檐沟流下的雨水、雪水使进入竖向排水管的漏斗形装置。

【水痘】shuǐdòu 名 病毒引起的急性传染病，患者多为儿童。症状为发烧，全身皮肤出现小红丘疹，二三日转为水疱，结痂而愈。病愈后终身免疫。

【水碓】shuǐduì 名 用水作动力的舂米设备。

【水发】shuǐfā 动（把干燥的蘑菇、木耳、贝肉、海参等）用水浸泡使膨胀变软。

【水阀】shuǐfá 名 输水管道中控制流量、压力和方向的装置。

【水房】shuǐfáng 名 供应开水或其他生活用水的专门房间，有的也兼作盥洗室。

【水肥】shuǐféi 名 人畜粪尿发酵加水而成的肥料。

【水粉】shuǐfěn ❶ 名 用甘油和搽脸粉调制而成的化妆品。❷ 名 某些地区指用水浸泡过的粉丝或粉条。

【水粉画】shuǐfěnhuà 名 一个绘画品种。用粉质颜料跟水调和画成的画。

【水分】shuǐfèn ❶ 名 物体内所含的水 ▷这种鸭梨～很大|补充～。❷ 名 比喻不实的成分 ▷这份统计材料有～。☛ 不宜写作"水份"。

【水缸】shuǐgāng 名 盛水的容器，多用陶土烧制而成，口大底小，呈圆鼓形。

【水阁】shuǐgé 名 临水的楼阁。一般为两层。

【水沟】shuǐgōu 名 排水用的沟渠。

【水垢】shuǐgòu 名 硬水煮沸后在容器内部表面积聚的白色沉淀物 ▷水壶里积了一层～。也说水碱、水锈。

【水臌】shuǐgǔ 名 中医指腹水。

【水管】shuǐguǎn 名 输送水的管道。

【水果】shuǐguǒ 名 含水分较多的、可生吃的植物果实。如梨、苹果、葡萄、菠萝等。☛ 不要写作"水菓"。

【水害】shuǐhài 名 水灾 ▷防治～|变～为水利。

【水旱】shuǐhàn ❶ 名 水田和旱田 ▷～庄稼长势都很好。❷ 名 水灾和旱灾 ▷今年气候反常，全国～不断。❸ 名 水路和陆路 ▷～交通。

【水红】shuǐhóng 形 形容颜色比粉红略深而鲜艳 ▷一件～色的上衣。

【水壶】shuǐhú 名 盛水或用来烧水的容器，大肚小口，有盖有嘴，一般有把儿或提梁。

【水葫芦】shuǐhúlu 名 多年生水生草本植物，根须状，叶互生，叶柄中下部膨大呈葫芦状，花蓝紫色。可以作饲料和绿肥。繁殖迅速，易阻塞水道，窒息鱼类。也说凤眼莲。

【水花】shuǐhuā 名 水流受撞击而溅出的水点、水泡；浪花 ▷广场中心的喷泉～四溅。

【水华】shuǐhuá 名 淡水水体中某些藻类过度生长而造成的水污染现象。也说藻花。

【水患】shuǐhuàn 名 水灾 ▷根治～。

【水荒】shuǐhuāng ❶ 名 指严重缺水的情况 ▷发生～|～严重。❷ 名 水灾造成的荒年。

【水火】shuǐhuǒ ❶ 名 水和火；比喻极端对立的事物 ▷两人关系如同～。❷ 名 比喻极端艰难困苦的处境 ▷拯万民于～。

【水火无情】shuǐhuǒ-wúqíng 水灾和火灾来势凶猛，破坏性大，毫不留情。

【水货】shuǐhuò 名 从水路走私来的货物；泛指由非法途径出入境的货物。

【水剂】shuǐjì 名 汤剂。

【水碱】shuǐjiǎn 名 水垢。

【水浇地】shuǐjiāodì 名 水地①。

【水饺】shuǐjiǎo 名 用水煮的饺子。

【水解】shuǐjiě 动 化合物跟水反应而分解成两种或几种物质。如氯化铵水解而成氢氧化铵和盐酸。

【水晶】shuǐjīng 名 无色透明的石英晶体。可用来制作光学仪器、无线电器材和工艺美术品等。

【水晶宫】shuǐjīnggōng ❶ 名 水晶装饰的宫殿。❷ 名 神话中的月宫和龙王在水下的宫殿。

【水晶石】shuǐjīngshí 名 无色透明的纯石英石。多做装饰品。

【水晶体】shuǐjīngtǐ 名 晶状体。

【水井】shuǐjǐng 名 凿地而成的能取水的深洞。

【水景】shuǐjǐng 名 利用江河湖海及人工水体而造成的景观 ▷环状～和声控喷泉环抱着山石，显得恢宏典雅|～公园。

【水警】shuǐjǐng 名 负责水上治安的警察。

【水酒】shuǐjiǔ ❶ 名 谦词，用于对人称自己所准备的酒，表示酒味很淡薄 ▷略备～，敬请光临。❷ 图 酒水。

【水具】shuǐjù 图 喝水的用具。

【水军】shuǐjūn 图 古时称水上作战的军队。

【水库】shuǐkù 图 指在河流、峡谷中筑坝拦水形成的人工湖。可用来蓄水、灌溉、发电和养殖。

【水牢】shuǐláo 图 旧时把被关押的人浸泡在水中的牢房。

【水涝】shuǐlào 图 雨水过多而淹没庄稼的现象。

【水雷】shuǐléi 图 布设在水中的一种爆炸武器，用来封锁港口、航道或炸毁舰艇。

【水冷】shuǐlěng 区别 利用冷水流动散热降温的 ▷～散热器。

【水力】shuǐlì 图 江、河、湖、海的水流所产生的动力，可转化为机械能、电能等 ▷～发电站。

【水力发电】shuǐlì fādiàn 利用水力产生动力而发电。简称水电。

【水利】shuǐlì ❶ 图 利用水力资源和防治水害的事业。❷ 图 指水利工程 ▷兴修～。

【水利工程】shuǐlì gōngchéng 为开发利用水力资源和防治洪涝灾害而兴建的各项工程的总称。一般包括防洪、灌溉、航运、水力发电和其他有关工程。

【水利枢纽】shuǐlì shūniǔ 为有效利用水力资源而兴建的各种水利工程建筑物所构成的综合体。一般包括拦河坝、泄洪道、船闸等。

【水量】shuǐliàng 图 湖泊、水库的容量；江、河的流量。

【水疗】shuǐliáo 动 用含有某种矿物元素的不同温度的水沐浴、浸泡，以治疗某些疾病。

【水淋淋】shuǐlínlín 形 形容积聚的水过多而不断下滴的样子 ▷大雨浇得他～的。☛ 这里的"淋淋"口语中也读 līnlīn。

【水灵灵】shuǐlínglíng ❶ 形 形容清澈漂亮而有精神的样子 ▷～的大眼睛。❷ 形 形容润泽而有生气的样子 ▷小白杨长得～的。☛ 这里的"灵灵"口语中也读 līnglīng。

【水灵】shuǐling ❶ 形 (水果、蔬菜)鲜嫩多汁 ▷～顶花带刺儿的黄瓜多～。❷ 形 (形状、容貌)鲜亮而有精神 ▷初绽的荷花～极了|这小闺女长得挺～。

【水流】shuǐliú ❶ 图 江、河等的统称 ▷～纵横。❷ 图 流水；流动着的水 ▷～湍急。

【水龙】shuǐlóng ❶ 图 多年生草本植物，茎横卧，叶互生，花黄色，生于浅水或沼泽之中。全草可以做药材。○ ❷ 图 消防上用的引水器具，由数节帆布输水管接成，一端有金属喷嘴，另一端连接水源。

【水龙带】shuǐlóngdài 图 帆布输水管，是一种灭火器材。

【水龙头】shuǐlóngtóu 图 自来水管的开关。☛ "龙"不要误写作"笼"。

【水陆】shuǐlù ❶ 图 水路和陆路 ▷～联运。❷ 图 水上和陆地 ▷～两栖。❸ 图 指水里和陆地上出产的山珍海味 ▷～奇珍。

【水鹿】shuǐlù 图 鹿的一种，身体粗壮，体长可达2米，暗褐色，耳大直立，尾毛蓬松。雄鹿有粗大的角，分三叉。多群栖，喜水，常活动于水边，生活在森林、山地、草坡。属国家保护动物。

【水路】shuǐlù 图 水上航线 ▷从汉口沿～上行可直达重庆。

【水绿】shuǐlǜ 形 浅绿 ▷～裙子藕荷袄。

【水轮泵】shuǐlúnbèng 图 以水流为动力的一种提水机械，由水轮机和水泵组成。

【水轮机】shuǐlúnjī 图 利用水流冲力作动力推动叶轮转动的涡轮机。是水力发电的主要动力装置，也可以带动其他机械。

【水落石出】shuǐluò-shíchū 宋·苏轼《后赤壁赋》："山高月小，水落石出。"意思是水位落下去，石头自然从水中露出来。比喻事情真相大白。

【水煤气】shuǐméiqì 图 用水蒸气通过炽热的无烟煤或焦炭生成的可燃气体。主要成分是氢、一氧化碳和少量的二氧化碳，有毒。可作燃料，也可用作合成氨、合成石油等的原料。

【水门】shuǐmén 图 水管上的阀门。可调节水量或开关水源。

【水蜜桃】shuǐmìtáo 图 桃的一个品种。果实形状尖圆，肉厚核小，汁多味甜。

【水面】shuǐmiàn ❶ 图 水的表面 ▷～上浮光点点。❷ 图 水域的面积 ▷养鱼～8万亩。

【水磨】shuǐmó 动 加水细研细磨 ▷经～制成。

【水磨功夫】shuǐmó gōngfu 指耐心细致的功夫。

【水磨石】shuǐmóshí 图 一种人造石料。用水泥、带色的石碴、颜料加水拌和后涂抹在混凝土的基底上，硬化后边泼水边用金刚石打磨而成。

【水墨】shuǐmò ❶ 图 我国传统绘画的一种技法，利用墨色的浓淡产生丰富的变化，表现物象的层次和质感，现代水墨技法有所发展 ▷～山水|～艺术。❷ 图 指水墨画，即用水墨技法作的画 ▷善作～。

【水磨】shuǐmò 图 以水流为动力的石磨，多用来磨面。参见1243页"石磨"。

【水母】shuǐmǔ 图 腔肠动物，形似伞，口在伞下中央，伞边缘有许多下悬的触手，用以捕食和自卫。浮游于海面。分水螅水母和钵水母两类，供食用的海蜇属钵水母。

【水幕电影】shuǐmù diànyǐng 用瀑布状的水流形成的水幕代替银幕而放映的电影。也说水帘电影、瀑布电影。

【水能】shuǐnéng ❶ 图 由水体运动产生的能量。❷ 图 水力能源。

【水泥】shuǐní 图 粉状矿物质胶凝材料的一种，跟水拌和后能在空气和水中逐渐硬化。常用的硅酸盐水泥是用石灰石、黏土等混合煅烧后，加入适量石膏研细制成。广泛用于建筑、水利等工程。旧称洋灰。

【水泥钉】shuǐnídīng 名 高硬度钢钉，专用于钉入水泥墙。

【水碾】shuǐniǎn 名 以水流为动力的石碾子，多用于碾米。

【水鸟】shuǐniǎo 名 栖息在水面或水边，捕食水中鱼蚌等的鸟类。如鸳鸯、海鸥、鸬鹚等。也说水禽。

【水牛】shuǐniú 名 牛的一种。体格粗壮，角粗大而扁，向后弯曲，毛灰黑稀疏。汗腺极不发达，夏天喜欢浸在水里，适于南方水田耕作。

【水暖】shuǐnuǎn ❶ 名 利用热水通过供暖设备散热来取暖的一种方式(跟"汽暖"相区别)。❷ 名 自来水和暖气设备 ▷～材料|～工。

【水牌】shuǐpái ❶ 名 旧时临时记事、记账等用的木板或薄铁皮。因用后以水洗去字迹可以再写，故称。❷ 名 现也指商场、车站、医院、会场等设立的指示性牌子。

【水泡】shuǐpào 名 水中或水面上的气泡。

【水疱】shuǐpào 名 因病理变化，出现在皮肤上的黄豆大小的隆起，内含浆液。

【水皮儿】shuǐpír 名〈口〉水面①。

【水瓢】shuǐpiáo 名 舀水的器具，多用对半剖开的半个匏瓜制成。

【水平】shuǐpíng ❶ 区别 指与铅垂线垂直的；跟水平面平行的 ▷～仪|～方向。❷ 名 在某一方面达到的高度 ▷创一流～。

【水平面】shuǐpíngmiàn 名 与铅垂线垂直的平面；在地面小范围内静止的水所形成的平面。

【水平线】shuǐpíngxiàn ❶ 名 与铅垂线垂直的直线或与水平面平行的直线。❷ 名 向水平方向望去，天和水面交界的线。❸ 名 水平②。

【水平仪】shuǐpíngyí 名 检测机器、仪器工作表面的水平度、平面度或垂直度的量具。主要部件是一个装有液体的密封玻璃管，管内留有气泡。气泡居中时，其底面即为水平位置。

【水汽】shuǐqì ❶ 名 水蒸气的俗称 ▷～压力|锅炉冒～了。❷ 名 江河湖海水面清晨升起的雾气 ▷漓江上～升腾，群山渐渐隐去。

【水枪】shuǐqiāng ❶ 名 水力采煤用的工具，一端有喷嘴，另一端接水源，利用高压喷射的水把煤层中的煤冲击下来，也可用来破碎岩层、矿层。❷ 名 能把水喷到高处、远处的工具，主要用于消防，也用于冲刷车辆、路面等。❸ 名 喷射水的枪形玩具。

【水橇】shuǐqiāo 名 滑水运动员脚踏的滑水板。形似雪橇，用木板或玻璃纤维板制成，板上装有固定橡皮鞋，由高速摩托艇牵引在水上滑行。

【水禽】shuǐqín 名 水鸟。

【水情】shuǐqíng 名 水位、流量、流速、含沙量、风浪等情况的统称 ▷严密监视～变化。

【水球】shuǐqiú ❶ 名 球类运动项目，多在游泳池内进行。分两队，每队 7 人。用单手传球，掷进对方球门得分。❷ 名 水球运动用的球，实心，比篮球稍小，用皮革或橡胶等制成。

【水曲柳】shuǐqūliǔ 名 落叶乔木，叶长卵形，雌雄异株，夏季开花。木质坚韧细密，可制胶合板、门窗、家具等，树皮可以做药材。属国家保护植物。

【水渠】shuǐqú 名 人工开挖的水道。

【水圈】shuǐquān 名 地球表面和接近地球表面的各种水体的统称，包括海洋、河流、湖泊、沼泽、冰川、地下水和大气中的水分，其中以海洋为主。

【水溶性】shuǐróngxìng 名 可在水中溶化的性质。白糖、石碱、醋酸等都是水溶性物质。

【水乳交融】shuǐrǔ-jiāoróng 水同乳汁互相融合。形容关系十分融洽或结合得十分紧密。☛"融"不要误写作"溶"。

【水色】shuǐsè ❶ 名 水域的景色 ▷山光～。❷ 名 海洋、湖泊、水库、池塘中的水所呈现的颜色。是光学测量项目之一。❸ 名 淡青色。

【水杉】shuǐshān 名 落叶大乔木，树干通直，高可达 35 米，树冠塔形。喜湿润，生长快。是珍稀树种，属国家保护植物。参见插图 6 页。

【水上芭蕾】shuǐshàng bālěi 花样游泳。

【水上居民】shuǐshàng jūmín 在沿海港湾或内河上从事渔业或水上运输、以船为家的居民。

【水上运动】shuǐshàng yùndòng 体育运动项目的一大类。包括游泳、跳水、划船等。

【水蛇】shuǐshé 名 生活在水边或水中的蛇类的统称。

【水蛇腰】shuǐshéyāo 名 纤细柔软的腰身(多用于女子)。

【水深火热】shuǐshēn-huǒrè《孟子·梁惠王下》："如水益深，如火益热。"意思是像跌进水里那样越来越深，像掉到火里那样越来越热。形容处境极端艰难困苦。

【水生植物】shuǐshēng zhíwù 在水域中生长的植物。包括水生藻类、水生蕨类和水生种子植物。

【水师】shuǐshī 名 旧指海军 ▷北洋～。

【水蚀】shuǐshí 动 由于水的冲刷，致使岩石剥落、土壤流失。

【水势】shuǐshì 名 指水位高低、水流快慢等情况 ▷河水暴涨，～很猛。

【水手】shuǐshǒu ❶ 名 船工；驾船的人。❷ 名 船员职称之一。船舶舱面的工人，担任操舵、带缆、保养船体等工作。

【水刷石】shuǐshuāshí 图 用水泥、细石子、颜料加水拌和后，抹在建筑物表面，待半凝固后洗刷去面层浆料，使细石子半露而制成的一种人造石料。

【水松】shuǐsōng 图 落叶乔木，有屈膝状呼吸根，叶互生，在苗枝上的呈针形或线形，在老枝上的呈鳞形。材质轻软，纹理细密，耐湿、耐腐蚀，不易变形，可用作建筑材料或做家具等。属国家保护植物。参见插图 6 页。

【水塔】shuǐtǎ 图 自来水设备中增高水压的塔状建筑物。主体是支架在高处的水箱或水池，用竖管与地下水管连通。

【水獭】shuǐtǎ 图 哺乳动物，头宽扁，尾长，四肢短粗，趾间有蹼，背上毛深褐色，密而软，有光泽。善游泳，昼伏夜出，捕食鱼、青蛙、水鸟等。属国家保护动物。参见插图 2 页。

【水潭】shuǐtán 图 深水池。

【水塘】shuǐtáng 图 水池①。

【水体】shuǐtǐ 图 自然界中水的积聚体。一般指江、河、湖、海、水库、池塘、积雪、冰川等，广义的包括地下水与大气中的水汽等。

【水田】shuǐtián 图 能蓄水种植水稻的农田。

【水桶】shuǐtǒng 图 用木头、金属、塑料等制成的圆筒形的盛水器具。

【水头】shuǐtóu ❶ 图 洪峰来时的势头 ▷～凶猛。❷ 图 泛指水的来势 ▷测量～变幅。

【水土】shuǐtǔ ❶ 图 水和土的统称 ▷～保持。❷ 图 指某一地方的自然环境 ▷不服～。

【水土保持】shuǐtǔ bǎochí 指采用不同方法增加植被覆盖，提高土壤抗蚀力，防止水土流失，改善自然环境，保护水土资源。如退耕还林、绿化荒山、种草、修筑梯田、改良耕作方法等。

【水土流失】shuǐtǔ liúshī 地表面的土壤被水冲走或被风刮走。

【水汪汪】shuǐwāngwāng ❶ 形 形容水多的样子 ▷阴雨连绵，庄稼地里～的。❷ 形 形容眼睛明亮、润泽的样子 ▷～的大眼睛。

【水网】shuǐwǎng ❶ 图 像网一样纵横交错的河湖港汊 ▷江南一带，是我国著名的～地区。○ ❷ 图 水网藻。

【水网藻】shuǐwǎngzǎo 图 藻类植物，藻体是长筒形或阔卵形细胞组成的网状群体。生长在静水池塘中，鱼苗常被它缠住致死。也说网藻、水网。

【水位】shuǐwèi ❶ 图 河流、湖泊、水库、海洋等的水面距某一基准面的高度 ▷连降暴雨，江河～猛涨。❷ 图 地下水表面和地面的距离。

【水温】shuǐwēn 图 水的温度 ▷控制～。

【水文】shuǐwén 图 指自然界中水的各种变化和运动的现象及其规律。

【水文站】shuǐwénzhàn 图 水文地质观察站的简称。测量江、河、湖泊、水库等的水位、流量、含沙量等水文要素并进行分析整理的机构。

【水纹】shuǐwén 图 细而密的波浪 ▷划出道道～|根据～确定扬子鳄的位置。

【水污染】shuǐwūrǎn 图 工业废水、生活污水、农药、化肥以及其他废弃物进入江、河、湖、海等水体，其污染程度超过原有水体自净能力所造成的水体变质现象。也说水体污染。

【水雾】shuǐwù ❶ 图 水上的雾气 ▷～蒙眬。❷ 图 像雾似的小水点 ▷巨浪冲击着堤岸，腾起片片～。

【水螅】shuǐxī 图 腔肠动物，身体很小，呈管状，褐色或绿色，口周围有触手。生活在池沼、水沟中，多进行无性生殖，夏秋间也进行有性生殖。参见插图 3 页。

【水洗】shuǐxǐ ❶ 动 用水漂洗衣物(跟“干洗”相区别) ▷毛料大衣只能干洗，不能～。❷ 区别 经过特殊的印染加工，使织物色泽柔和、手感柔软的 ▷～布|～绸。

【水洗布】shuǐxǐbù 图 经特殊印染加工处理，具有洗旧外观的布。

【水系】shuǐxì 图 江河流域内的干流支流、湖泊沼泽以及地下暗流等构成的系统。通常以干流命名 ▷长江～|黄河～|珠江～。

【水仙】shuǐxiān 图 多年生草本植物，鳞茎球形，叶狭长，初春开白色花，中心黄色，香气浓郁，供观赏。鳞茎和花可以做药材。参见插图 7 页。

【水线】shuǐxiàn ❶ 图 标在船壳外部与水面接触的线，用来显示船体在各种漂浮情况下入水的深度。❷ 图 水面在岸边留下的线迹 ▷洪水过后，两岸石壁上留有～。

【水乡】shuǐxiāng 图 河湖较多的地区 ▷江南～|～泽国。

【水箱】shuǐxiāng 图 某些机械、交通工具、建筑物中用来储水的设备。

【水泄不通】shuǐxièbùtōng 连水都流不出去(泄：排出)。形容十分拥挤，也形容包围得十分严密。➡“泄”不要误写作“泻”。

【水泻】shuǐxiè 动 腹泻。

【水榭】shuǐxiè 图 园林或风景区内，建于水边或水上供游览、休息、眺望的建筑物。

【水星】shuǐxīng 图 太阳系八大行星之一，按距太阳由近而远的顺序排列是第一颗。绕太阳公转周期约 88 天，自转周期约 59 天。

【水性】shuǐxìng ❶ 图 游泳的本领 ▷他～好。❷ 图 某个水域的深浅、流速等方面的特性 ▷老船长熟谙三峡的～。○ ❸ 区别 以水为溶剂或分散介质的 ▷～涂料|～化妆品。

【水性杨花】shuǐxìng-yánghuā 水性不定，杨花轻飘。形容女子作风轻浮，用情不专一。

【水袖】shuǐxiù 图 古典戏曲、舞蹈服装的袖端拖下来的白色长绸。因抖动时似水波动,故称。

【水锈】shuǐxiù ❶ 图 水垢。❷ 图 器皿长期盛水留下的痕迹。

【水选】shuǐxuǎn 动 选种或选矿的一种方法,把种子或矿物颗粒放在水中搅动,利用密度差,使密度小的上浮,密度大的下沉,以便选取。

【水靴】shuǐxuē 图 防水长筒胶鞋。

【水循环】shuǐxúnhuán 图 指自然界的水成规模循环交流的现象。如海洋蒸发的水汽进入大气,被大气带到陆地上空,形成雨雪降到陆地,陆地的水汇入河流,再流向海洋。

【水压】shuǐyā 图 物体在水中所受到的水的压力。

【水压机】shuǐyājī 图 水力冲压机的简称。利用水传递压力的装置,多用来冲压金属坯件。

【水鸭】shuǐyā 图 鸭的一种。体形较小,主要栖息在北半球气候温暖的内陆江河湖泊中,迁徙性较大,主要食水生植物。

【水烟】shuǐyān 图 用水烟袋抽的烟丝或烟叶末儿。吸时烟从灌注了水的管中通过,故称。

【水烟袋】shuǐyāndài 图 用铜、竹管等制作的吸烟用具,内装水,吸烟时烟气经水过滤后间接吸入。

【水杨酸】shuǐyángsuān 图 有机酸,无色晶体。用作防腐药和皮肤角质溶解药,也是制造阿司匹林等药的原料。

【水样】shuǐyàng 图 为分析水质而在某一水域采取的水的样品。

【水舀子】shuǐyǎozi 图 舀水的用具。

【水翼艇】shuǐyìtǐng 图 一种机动小艇。艇体下装有浸入水中的金属板或鳍状小翼,行进时水对水翼产生升力支持,能使艇体大部离开水面,以减少水的阻力,提高航行速度。

【水银】shuǐyín 图 汞的通称。

【水银灯】shuǐyíndēng 图 一种电灯,在真空灯管内注入水银,通电时,水银蒸气放电而发出强光。用于街市照明、拍摄电影等。也说汞灯。

【水银柱】shuǐyínzhù 图 汞柱。

【水印】shuǐyìn ❶ 动 我国一种传统的复制木刻版画的工艺。用水彩、水粉或中国画颜料刷于版面,再用经过喷潮的宣纸或过滤纸印制 ▷～木刻。❷ 图 在造纸过程中,用改变纸浆纤维密度的方法得到的有明暗纹理的图形或文字,用以防伪。可用于纸币、护照等。❸ 图 为防止他人盗用而在图片上加的半透明徽标。❹ 图 水渗入物体,干后留下的印迹。

【水域】shuǐyù ❶ 图 江、河、湖、海一定范围内的水区(包括从水面到水底)。❷ 图 港湾和河道中供航行、停泊及其他水上作业的水面。

【水源】shuǐyuán ❶ 图 江河的源头 ▷长江的～在青海省唐古拉山脉北麓各拉丹冬雪山。❷ 图 生活用水、工业用水或灌溉用水的来源 ▷使～免受污染。

【水运】shuǐyùn 动 从水路运输(跟"陆运""空运"相区别) ▷～码头。

【水灾】shuǐzāi 图 大雨、山洪暴发、江河泛滥、堤坝溃决等造成的灾害。

【水葬】shuǐzàng 动 一种丧葬方式,把尸体或骨灰投入江河湖海中。

【水蚤】shuǐzǎo 图 甲壳动物,身体小,仅长1—3毫米,有硬壳。多成群生活在水沟、池沼等中,可做金鱼等的饲料和饵料。也说鱼虫。

【水藻】shuǐzǎo 图 水生藻类植物的统称。如石花菜、海带、紫菜等。

【水泽】shuǐzé 图 有很多湖泊、河流、沼泽的地带。

【水闸】shuǐzhá 图 修建在河流、水库、大型灌溉渠堤坝等处用来调节水位、控制流量的闸门。

【水战】shuǐzhàn 动 水上作战。

【水涨船高】shuǐzhǎng-chuángāo 水位上涨,船跟着升高。比喻基础提高了,凭借它的事物也随之提高。☛ 不宜写作"水长船高"。

【水蒸气】shuǐzhēngqì 图 由水汽化或冰升华而成的气态的水。也说蒸汽。俗称水汽。

【水至清则无鱼】shuǐ zhì qīng zé wú yú《大戴礼记·子张问入官》:"水至清则无鱼,人至察则无徒。"意思是,水过于清纯,鱼就无法生存;要求太严,就不会有追随者。后多用"水至清则无鱼"来表示对人或事物不可要求过高。

【水质】shuǐzhì 图 水的质量,包括纯净程度、微生物的组成、矿物质的含量等;特指饮用水的质量 ▷～污染|～纯净。

【水蛭】shuǐzhì 图 环节动物,体狭长而扁,长可达6厘米。水田、沼泽中极常见,吸食人畜血液。干燥虫体可以做药材。俗称马鳖。

【水中捞月】shuǐzhōng-lāoyuè 比喻劳而无功或希望落空。

【水肿】shuǐzhǒng 动 细胞间由于液体积聚而发生的局部或全身肿胀。主要由血液或淋巴循环回流不畅、肾脏或内分泌调节功能紊乱等所致。也说浮肿。

【水珠】shuǐzhū 图 圆珠状的水滴。

【水柱】shuǐzhù 图 向上喷出的柱状水束 ▷喷水池中喷射出来的～有3米高。

【水准】shuǐzhǔn ❶ 图 地球各部分的水平面,用来计算陆地的高度;特指海平面。❷ 图 水平② ▷他的手艺已达到很高的～。

【水准仪】shuǐzhǔnyí 图 测量地面两点间高度差的仪器。由望远镜、水准器和基座组成。

【水族】shuǐzú ❶ 图 我国少数民族之一。主要分布在贵州。○ ❷ 图 水生动物的统称 ▷～馆。

【水族馆】shuǐzúguǎn 名 展出水生动物的场馆。

【水钻】shuǐzuàn 名 指人造钻石。

shuì

说(說) shuì 动 说服别人同意自己的主张 ▷游～|～客。

另见 1296 页 shuō。

【说客】shuìkè 名 古代指游说的人；后借指善于做劝说工作的人。☛ 现在也读 shuōkè。

帨 shuì 名 古时带在腰间的方巾，像现在的手绢儿。

税 shuì ❶ 名 国家依法向纳税人征收的货币或实物 ▷纳～|所得～。→ ❷ 动 征税；纳税 ▷～收|～后净利润。○ ❸ 名 姓。

【税法】shuìfǎ 名 调整国家与纳税人之间经济利益、分配关系的法律法规的统称。

【税费】shuìfèi 名 税和费。

【税负】shuìfù 名 纳税负担 ▷减轻～。

【税捐】shuìjuān 名 捐税。

【税款】shuìkuǎn 名 国家依税法向纳税人征收的钱。也说税金。

【税率】shuìlǜ 名 法定的应征或应纳税额与计税依据之间的比率。不同税种有不同的税率规定，我国现行的税率主要有累进税率、比例税率和定额税率三种。

【税目】shuìmù 名 税法规定的应课税的项目。

【税票】shuìpiào 名 征税使用的专用凭证。如完税凭证、印花税票。其中“完税凭证”也说税单。

【税卡】shuìqiǎ 名 旧时为征收税款而设置的检查站或岗哨。☛ “卡”这里不读 kǎ。

【税收】shuìshōu 名 国家征税取得的收入。是国家财政收入的主要来源。

【税务】shuìwù 名 有关税收的事务 ▷～部门。

【税制】shuìzhì 名 国家的税收制度。包括有关税收的法律法规、管理体制和税收种类等。

【税种】shuìzhǒng 名 税收种类。如个人所得税、增值税、印花税、关税。

睡 shuì ❶ 动 睡觉 ▷～了一下午|酣～|入～。→ ❷ 动 躺 ▷这张床～不下 3 个人。

【睡袋】shuìdài 名 缝制成袋状的、供婴幼儿或露宿野外的人员使用的被子。

【睡觉】shuìjiào 动 进入睡眠状态。

【睡裤】shuìkù 名 专供睡觉时穿的裤子。

【睡懒觉】shuìlǎnjiào 该起床的时候不起床。

【睡莲】shuìlián 名 多年生水生草本植物，叶马蹄形，浮于水面。花也叫睡莲，重瓣，有白、黄、红等色。午后开花，傍晚闭合。也说子午莲。参见插图 7 页。

【睡帽】shuìmào 名 专供睡觉时戴的帽子。

【睡梦】shuìmèng 名 指酣睡的状态 ▷铃声把我从～中吵醒。

【睡眠】shuìmián ❶ 名 一种与醒交替出现的机能状态，是抑制过程在大脑皮质中逐渐扩散的生理现象。体力和脑力在睡眠中能得到恢复。❷ 动 进入睡眠状态 ▷每天～8 小时。

【睡眠疗法】shuìmián liáofǎ 采用药物或电催眠机等引起睡眠或延长睡眠时间来治疗神经性疾病的方法。

【睡魔】shuìmó 名 指难以驱赶的睡意 ▷夜间写作，要不时跟～作战。

【睡袍】shuìpáo 名 袍式睡衣；也指睡觉时罩在睡衣外面的长袍。

【睡铺】shuìpù ❶ 名 床铺。❷ 名 卧铺。

【睡裙】shuìqún 名 专供睡觉时穿的裙子。

【睡容】shuìróng 名 刚睡醒或疲倦欲睡的神色 ▷刚刚起床，～还未消失。

【睡相】shuìxiàng 名 睡觉时的样子。

【睡醒】shuìxǐng 动 从睡眠状态中醒过来。

【睡眼】shuìyǎn 名 想睡或刚睡醒时带睡意的眼睛 ▷蒙眬的～|～惺忪。

【睡衣】shuìyī 名 专供睡觉时穿的衣服。也说寝衣。

【睡椅】shuìyǐ 名 躺椅；供人斜躺在上面睡眠或休息的椅子。

【睡意】shuìyì 名 想睡的感觉 ▷毫无～。

【睡着】shuìzháo 动 进入睡眠状态。

【睡姿】shuìzī 名 睡觉时的姿势。也说睡态。

shǔn

吮 shǔn 动 用嘴吸；嘬 ▷～乳|～血|吸～。☛ 不读 yǔn。

【吮吸】shǔnxī ❶ 动 撮拢嘴唇吸 ▷婴儿～奶汁。❷ 动 比喻榨取 ▷～人民血汗。

【吮痈舐痔】shǔnyōng-shìzhì 用嘴替别人吸痈疽的脓，用舌头舔痔疮。比喻卑鄙龌龊地巴结权贵。

【吮咂】shǔnzā 动 吮吸。

楯 shǔn 名 〈文〉栏杆 ▷栏～|玉～。

另见 353 页 dùn。

shùn

顺(順) shùn ❶ 动 依从 ▷孝～|归～。→ ❷ 形 方向相同(跟“逆”相对，③⑦同) ▷坐～水船。⇒ ❸ 动 朝同一方向 ▷今天行船，～风又～水。⇒ ❹ 动 使方向相同 ▷把车～过来放，不要横七竖八的。⇒ ❺ 形 有条理；通畅 ▷文从字～。❻ 动 使有秩序或有条理 ▷把这堆竹竿～一～|这

段文字还得～一～。⇒ ❼ 形 顺利；顺畅 ▷日子过得挺～|～境。⇒ ❽ 形 和谐 ▷风调雨～。❾ 动 适合 ▷～了他的心|看不～眼。→ ❿ 介 引进动作所依从的路线或凭借的情势、机会，后面可以带“着” ▷～河边走|泥石流～着山沟汹涌而下|～路看看|～口答应。

【顺变】shùnbiàn 动〈文〉顺应变故或变化 ▷节哀～|因时～。

【顺便】shùnbiàn 副 乘方便(做另外的事) ▷路过邮局～把这封信发了。

【顺差】shùnchā 名 指国际贸易中出口总值超过进口总值的贸易差额(跟“逆差”相对)。

【顺产】shùnchǎn 动 胎儿头朝下经母体阴道自然产出(跟“难产”相区别)。也说平产。

【顺畅】shùnchàng ❶ 形 顺利畅达 ▷一路～。❷ 形 顺心舒畅 ▷日子过得～。❸ 形 (思路、话语、文字)通顺 ▷为文～。

【顺次】shùncì 副 表示按照次序(做某事) ▷～往前走|～安装。

【顺从】shùncóng 动 依从别人的意愿去做；服从 ▷他说得对我就～他。

【顺带】shùndài 副 顺便 ▷请～替我捎个口信。

【顺当】shùndang 形 顺利 ▷事情办得很～。

【顺道】shùndào ❶ 副 顺路①。❷ 形 顺路②。

【顺耳】shùn'ěr 形 听着合乎心意；听着舒服 ▷～的、逆耳的话都要听|轻快～的旋律。

【顺访】shùnfǎng 动 顺便访问。

【顺风】shùnfēng ❶ 名 跟行进方向一致的风 ▷刮～，骑车省劲。❷ 动 顺着风吹的方向；也用作吉祥话，祝人旅途顺利、平安 ▷～又顺水，船当然快|祝您一路～。

【顺风吹火】shùnfēng-chuīhuǒ 顺着风向吹火。比喻趁有利时机行事，容易奏效。

【顺风耳】shùnfēng'ěr 名 传说中指能听到远处声音的人；比喻消息灵通的人。

【顺风转舵】shùnfēng-zhuǎnduò 随风转舵。

【顺服】shùnfú 动 顺从；服从。

【顺竿儿爬】shùngānrpá 比喻顺着别人的意愿说话、行事。

【顺和】shùnhe 形 (态度、话语等)柔顺、温和 ▷话说得～、诚恳。

【顺乎】shùnhū 动 顺应 ▷～民意。

【顺价】shùnjià 名 指高于收购价格的销售价格(跟“逆价”相对) ▷抓住商机，确保～销售。

【顺脚】shùnjiǎo ❶ 副 顺路①。❷ 形 顺路②。❸ 副 顺便 ▷你坐车，～把行李带过去。

【顺境】shùnjìng 名 顺利的境遇 ▷不管～逆境，他都处之泰然。

【顺口】shùnkǒu ❶ 形 念起来通顺、流畅 ▷朗诵起来很～。❷ 副 随口(唱出、说出) ▷我不过～说说。❸ 形 口感好 ▷吃元宵～。

【顺口溜】shùnkǒuliū 名 民间的一种口头说唱词，讲究押韵，句子长短不拘，念起来顺口。

【顺理成章】shùnlǐ-chéngzhāng 写文章遵循事理就能自成章法；比喻说话、做事或某种情况的出现合乎情理。

【顺利】shùnlì 形 做事没有阻碍或极少遇到困难 ▷工程进展～。

【顺流】shùnliú 动 顺着水流的方向 ▷～而下。

【顺溜】shùnliu〈口〉❶ 形 有条理；整齐 ▷把杂乱的书报理～了。❷ 形 顺当；通顺流畅 ▷这顿饭吃得不～|说得挺～。❸ 形 顺从听话 ▷脾气～。❹ 形 相貌端正匀称 ▷小伙子长得～。

【顺路】shùnlù ❶ 副 表示顺着要去某处的路线(到另一处去) ▷回来～去看老师。❷ 形 不绕道；方便 ▷去你们学校，怎么走～?

【顺毛驴】shùnmáolǘ 名 指顺着他的脾气和意愿就能很好相处，否则就不好相处的人。

【顺民】shùnmín ❶ 名 指归附侵略者或改朝换代后的新统治者的人。❷ 名 指逆来顺受的人 ▷做了一辈子～，谁都不敢得罪。

【顺气】shùnqì ❶ 形 顺心；舒畅 ▷干部正气，群众～。❷ 动 使心情舒畅 ▷扫黑除恶，给群众撑腰、～。❸ 动 中医指使体气顺畅 ▷开胸～。

【顺情】shùnqíng 副 顺着别人的情绪、意愿 ▷～说好话。

【顺时针】shùnshízhēn 区别 顺着时针运行方向的(跟“逆时针”相对) ▷～方向|～转动方向盘。

【顺市】shùnshì 动 跟市场的总体行情走势一致(跟“逆市”相对) ▷入夏后空调价格～上扬。

【顺势】shùnshì ❶ 副 顺着事物发展的趋势 ▷过了三峡，轮船～而下。❷ 副 趁便；顺便 ▷～一脚，把球踢进了对方的球门。

【顺手】shùnshǒu ❶ 形 办事顺利，没有阻碍 ▷生意越做越～|这种笔我使着不～。❷ 副 随手 ▷～把灯关了。❸ 副 顺带 ▷路过杂货铺～买了瓶醋回来。

【顺手牵羊】shùnshǒu-qiānyáng 比喻趁便拿走别人的东西。

【顺水】shùnshuǐ 动 跟水流的方向一致(跟“逆水”相对) ▷一路顺风～|～漂流。

【顺水人情】shùnshuǐ-rénqíng 不费力的人情；顺便给人带来的好处。

【顺水推舟】shùnshuǐ-tuīzhōu 顺着水势推船。比喻顺应情势说话、行事。

【顺遂】shùnsuì 形 顺心遂意 ▷生意～。

【顺藤摸瓜】shùnténg-mōguā 比喻顺着一定的线索去探求事情的究竟。

【顺位】shùnwèi 名 按先后顺序排定的位次 ▷～继承|按～入座。

【顺心】shùnxīn 形 称心如意；符合心意 ▷退休后，老两口过得很～。

【顺序】shùnxù ❶ 名 次序 ▷事先安排好～。❷ 副 依照次序 ▷请旅客～下船。

【顺叙】shùnxù 动 文学创作的表现手法，按事件发展的时间先后顺序铺展情节，刻画人物 ▷这篇小说是按～的方式写的。

【顺延】shùnyán 动 按次序往后推延(日期)。

【顺眼】shùnyǎn 形 看着舒服合意 ▷看上去挺～|心里有气，看什么都不～。

【顺意】shùnyì 形 适合心意 ▷祝你万事～。

【顺应】shùnyìng 动 顺从适应 ▷～自然规律。

【顺嘴】shùnzuǐ ❶ 形 顺口①。❷ 副 顺口②。

舜 shùn 名 传说中的上古帝王名。

瞬 shùn ❶ 动 眼珠转动；眨眼 ▷转～|一～间|～时。→ ❷ 名〈文〉指一眨眼的工夫 ▷～将结束。

【瞬间】shùnjiān 名 一眨眼的工夫；极短的时间 ▷～风力达 12 级|～暴发。

【瞬时】shùnshí 名 一瞬间；霎时 ▷台风来时，海浪～可达八九米高。

【瞬息】shùnxī 名 一眨眼、一呼吸的时间；一刹那 ▷～之间|～万变。

【瞬息万变】shùnxī-wànbiàn 形容短时间内就发生很多变化。

shuō

说(說) shuō ❶ 动 用言语表达意思；讲 ▷～笑|叙～。→ ❷ 动 解释；阐明 ▷把道理～明白|～理。❸ 名 观点；主张；道理 ▷自圆其～|著书立～|学～。→ ❹ 动 劝告；责备 ▷他太不注意身体，你得～～他|让我～了他一顿。→ ❺ 动 说合；介绍 ▷～媒|～婆家。→ ❻ 动 谈论；意思上指 ▷听他的话音，像是～你。→ ❼ 动 曲艺的一种语言表演手段 ▷～评书|～学逗唱。☛ 通常读 shuō；读 shuì，用于指劝说别人听从自己的意见，如"游说""说客"。

另见 1294 页 shuì。

【说白】shuōbái 名 念白。

【说白了】shuōbáile〈口〉用直白的话点明实质 ▷企业的竞争力～是产品的竞争力。

【说不定】shuōbudìng ❶ 动 说不确切 ▷他来不来，现在还～。❷ 副 表示估计可能性较大，但又拿不准 ▷～哪一天他会突然回来。

【说不过去】shuōbuguòqù 情理上说不通；无法交代 ▷大学生写那么多错别字实在～。

【说不来】shuōbulái ❶ 动 彼此谈不到一块儿 ▷我跟他～。❷ 动 不会说 ▷上海话我～。

【说不上】shuōbushàng ❶ 动 无法说出；说不清楚 ▷我也～这本书好在哪儿。❷ 动 称不上；不够称作 ▷他俩的配合目前还～默契。

【说不着】shuōbuzháo 动 没有理由或没有必要(对某人或某单位)述说 ▷这件事跟他～。

【说不准】shuōbuzhǔn ❶ 动 说不清楚；说不确切 ▷他的下落，我也～。❷ 副 也许；可能 ▷他早就去新疆了，～现在还在那儿。

【说长道短】shuōcháng-dàoduǎn 议论别人的是非好坏 ▷不要在背后对人～。

【说唱】shuōchàng 名 指有说有唱的曲艺。如大鼓、弹词等。

【说唱文学】shuōchàng wénxué 一种连讲带唱、韵文散文兼用的通俗文艺形式。如古代的变文和诸宫调；现代的评弹和大鼓。也说讲唱文学。

【说穿】shuōchuān 动 讲明真相；说破 ▷彼此都清楚，只是不想～罢了。

【说辞】shuōcí 名 推托或辩解的借口。

【说大话】shuōdàhuà 说虚夸不实的话 ▷定指标切不可～。

【说到底】shuōdàodǐ 说到根本上 ▷～还不是为了你好？

【说到做到】shuōdào-zuòdào 表示言行一致 ▷我们既然答应了，就一定～。

【说道】shuōdào 动 说 ▷庄老师～："你太辛苦了！"☛ 多用于直接引进人物说的话。

【说道】shuōdao〈口〉❶ 动 说说 ▷把你的想法给大伙儿～～。❷ 动 讨论；商量 ▷咱们几个先～～，再和大伙儿说。❸ 名 名堂；道理 ▷这里面肯定有～。☛ ㊀作动词时一般要重叠使用。㊁作名词时"道"也读 daor。

【说得过去】shuōdeguòqù 还可以；还能令人满意 ▷他的英语水平还～。

【说得来】shuōdelái ❶ 动 能说到一块儿；说话投机 ▷你跟他～，还是你去劝劝他吧。❷ 动 会说；能说 ▷普通话我～。

【说得上】shuōdeshàng 动 称得上；能够称作 ▷打磨到今天，这出戏可以～是精品了。

【说定】shuōdìng 动 约定；不再改变 ▷咱们～了，下午见面|这笔买卖～了，货到交钱。

【说东道西】shuōdōng-dàoxī 说这说那，随意谈论(含贬义)。

【说短论长】shuōduǎn-lùncháng 说长道短。

【说法】shuōfǎ 动 宣讲佛法 ▷现身～。

【说法】shuōfa ❶ 名 表达意见的方法 ▷一样的话有几样～。❷ 名 意见；见解 ▷～不一。❸ 名 公道话；正当的理由或根据 ▷讨个～｜你这样处理，总得有个～吧。

【说服】shuōfú 动 用充分的理由开导，使人心服 ▷只能～，不能压服｜他的演讲有～力。

【说好说歹】shuōhǎo-shuōdǎi ❶议论好坏 ▷这桃没挑儿了，你就不要～了。❷好说歹说。

【说合】shuōhe ❶ 动 从中牵线，促成其事 ▷经过中间人～，买卖成交了。❷ 动 商量；讨论 ▷两口子～一阵才作出决定。❸ 动 说和。

【说和】shuōhe 动 从中劝说，使争执双方和解 ▷经大婶儿～，俩人消除了误会。

【说话】shuōhuà ❶ 动 用言语表达意思 ▷我正～呢，你别打岔。❷ 动 闲聊 ▷工人们边干活儿边～｜有空就来我家说会儿话。❸ 动 批评；指责 ▷快把教室收拾好，不然人家要～了。❹ 副 指说话的一会儿工夫，表示很短的时间 ▷～天就黑了｜你们先开会，我～就到。

【说谎】shuōhuǎng 动 故意说假话 ▷他从不～。

【说教】shuōjiào ❶ 动（宗教徒）宣传教义。❷ 动 比喻枯燥生硬地空谈道理 ▷他的～叫人厌烦。

【说开】shuōkāi ❶ 动 把事情解释清楚 ▷只要把话～，他不会不同意。❷ 动 开始说起来 ▷大家你一言我一语地～了。❸ 动（某种说法或某个词语）流行开来 ▷有些网络词语，现在社会上也～了。

【说来话长】shuōlái-huàcháng 说起来要用很多话。常用来表示事情比较复杂，只用三言两语说不清楚。

【说了算】shuōlesuàn 拥有决定权；说话算数 ▷大小事都是他～。

【说理】shuōlǐ ❶ 动 说明道理 ▷～透彻。❷ 动 讲道理；以理服人 ▷好好～，不能动手。

【说媒】shuōméi 动 替人介绍婚姻。

【说梦话】shuōmènghuà 睡梦中说话；借指说荒唐的、脱离实际的话 ▷睁着眼睛～。

【说明】shuōmíng ❶ 动 解释明白 ▷～来意。❷ 名 解释的话 ▷按～服药。❸ 动 表明；证明 ▷燕子低飞～快要下雨了。☛ 跟"阐明"不同。"说明"侧重于一般性地解释，适用范围较大；"阐明"侧重于全面深入地分析说明，多用于较重大的问题。

【说明书】shuōmíngshū ❶ 名 说明商品的用途、规格、性能及使用方法等的文字。❷ 名 介绍电影、戏剧等故事梗概的文字。

【说明文】shuōmíngwén 名 说明事物的情况、特征或道理的文体。

【说破】shuōpò 动 说出底细，揭示真相 ▷他的心事被我～了。

【说破天】shuōpòtiān 夸张地形容话说得超出极限 ▷你就是～我也不卖。也说说破大天。

【说起来】shuōqǐlái 提到（某事）▷这件事～大伙儿都有意见。

【说亲】shuōqīn 动 说媒。

【说情】shuōqíng 动 替人求情 ▷煞住～风。

【说三道四】shuōsān-dàosì 不负责任地胡乱议论。

【说实在的】shuōshízàide 说真的（常用于句首，表示下面要说的内容不虚假）▷～，你们都很卖力气。

【说事】shuōshì ❶ 动 谈论事情 ▷实打实～，卯对卯解决问题。❷ 动 把某人或某事当作借口 ▷错了就是错了，别总拿"笔误"～。

【说书】shuōshū 动 表演评书、评话、大鼓、弹词等 ▷茶馆里每天都有人～｜～人。

【说通】shuōtōng 动 开导、解释、劝说，使人解开思想疙瘩 ▷他终于被～了。

【说头儿】shuōtour ❶ 名 值得说的地方 ▷这条胡同有～。❷ 名 说法；理由 ▷事情起因，有很多～。

【说戏】shuōxì 动 老师给学生讲解、示范戏曲的唱念做打；也指导演给演员讲解电影、电视剧等的情节或表演要领。

【说闲话】shuōxiánhuà ❶ 闲谈 ▷几位老人在大树底下～。❷ 在一旁或背后说讽刺、不满的话 ▷办事公道，就没有人～。

【说项】shuōxiàng 动 唐代杨敬之见人就夸奖青年文人项斯，后用"说项"泛指替人说好话或讲人情。参见 414 页"逢人说项"。

【说笑】shuōxiào ❶ 动 又说又笑 ▷上课不要～｜说说笑笑地走着。❷ 动 开玩笑 ▷别拿人家的烦心事～｜～打闹。

【说笑话】shuōxiàohua ❶ 讲可笑的故事或引人发笑的话。❷ 用言语开玩笑 ▷这是在谈正经事，没跟你～。

【说一不二】shuōyī-bù'èr 指说话算数；也形容独断专行。

【说真的】shuōzhēnde 说真心话（常用于句首，表示肯定、强调的语气）▷～，你到底去不去？

【说嘴】shuōzuǐ 动 说好听但不切实际的话；说大话 ▷他光会～，一件实事都不干｜～打嘴。

shuò

妁 shuò 名〈文〉媒人 ▷媒～。

烁（爍） shuò 动 闪耀 ▷繁星闪～｜～～有光。

铄(鑠) shuò ❶ 动〈文〉熔化 ▷众口～金|流金～石。→ ❷ 动〈文〉消损;削弱。〇 ❸同"烁"。现在一般写作"烁"。

【铄石流金】 shuòshí-liújīn 流金铄石。

朔 shuò ❶ 名农历每月初一,地球上看不到月光,这种月相叫朔。→ ❷ 名〈文〉朔日 ▷～望。→ ❸ 名〈文〉北 ▷～风|～方。

【朔方】 shuòfāng 名〈文〉北方。

【朔风】 shuòfēng 名〈文〉北风 ▷～吹,林涛吼。

【朔日】 shuòrì 名农历每月初一。

【朔望】 shuòwàng 名朔日和望日,农历每月的初一和十五。

【朔望月】 shuòwàngyuè 名月亮接连两次出现相同月相所经历的时间,平均约为29.5天。农历一个月29天或30天,就是依据朔望月制定的。也说太阴月。

【朔月】 shuòyuè 名新月②。

硕(碩) shuò ❶ 形大 ▷～大无比|～果累累|丰～|肥～。〇 ❷ 名姓。☛ 统读 shuò,不读 shí。

【硕大】 shuòdà 形巨大;高大 ▷～的广告牌。

【硕大无朋】 shuòdà-wúpéng 形容巨大无比(朋:相比)。

【硕导】 shuòdǎo 名硕士生导师的简称。

【硕果】 shuòguǒ 名大的果实;比喻巨大的成就 ▷秋来～累累|科研结～。

【硕果仅存】 shuòguǒ-jǐncún 唯一留下来的大果子。指唯一留存下来的稀有可贵的人或事物。

【硕士】 shuòshì 名学位中学士以上、博士以下的一级;也指取得这一学位的人。

【硕士点】 shuòshìdiǎn 名可以授予硕士学位的学科基地。一般设在高等学校及科研机构。

【硕士生】 shuòshìshēng 名正在攻读硕士学位的研究生。

搠 shuò 动戳;扎(多见于近代汉语) ▷往后腰连～两刀|～蟹。

蒴 shuò [蒴果] shuòguǒ 名干果的一种。由合生心皮构成,一室或多室,内含许多种子,成熟时干燥开裂。如芝麻、百合、罂粟等的果实。☛ "蒴"统读 shuò,不读 suò。

数(數) shuò 副〈文〉表示动作行为频繁,相当于"屡次" ▷～见不鲜|频～。另见234页 cù;1278页 shǔ;1281页 shù。

【数见不鲜】 shuòjiàn-bùxiān 屡见不鲜。

槊 shuò 名古代的一种兵器,即长杆的矛 ▷横～赋诗。

sī

司 sī ❶ 动掌管;主持;操作 ▷各～其职|～令|～机。→ ❷ 名中央机关部的下一级行政部门 ▷财政部人事～。〇 ❸ 名姓。☛ 首笔是横折钩,不要断成一横一竖钩。

【司乘人员】 sī-chéng rényuán 司机和乘务员。

【司铎】 sīduó 名神父。

【司法】 sīfǎ 动依法对民事、刑事案件和行政诉讼案件进行处理 ▷～部门|～鉴定。

【司法机关】 sīfǎ jīguān 行使司法权的国家机关。我国的司法机关包括法院、检察院和在处理刑事案件时参与司法活动的公安机关、安全机关、司法行政机关、军队保卫部门、监狱侦查部门等。

【司法鉴定】 sīfǎ jiàndìng 指为了查明案情,司法机关依法运用科学技术,对与案件有关的事物进行鉴别和判断。如法医鉴定、精神病鉴定等。司法鉴定结论可作为证据使用。

【司法解释】 sīfǎ jiěshì 指最高人民法院和最高人民检察院对现行法律条文的意义所作的具有法律效力的说明。

【司法警察】 sīfǎ jǐngchá 法院、检察院的警察。其职责是警卫法庭、维持法庭秩序、押解犯人或犯罪嫌疑人出庭受审、执行法院判决等。简称法警。

【司法权】 sīfǎquán 名国家依法审判诉讼案件和监督法律实施的权力。分审判权和检察权。

【司法援助】 sīfǎ yuánzhù 法律援助。

【司鼓】 sīgǔ ❶ 动戏曲中用鼓板指挥乐队 ▷这出戏由著名鼓师～。❷ 名鼓师。

【司号】 sīhào 动掌号;吹号 ▷～兵|～长。

【司号员】 sīhàoyuán 名军队中负责吹军号以传达命令、进行通信联络的人员。1985年,中国人民解放军精简整编时取消了司号员建制。也说司号兵、号兵。

【司机】 sījī 名火车、汽车、电车等交通工具的驾驶员。

【司空】 sīkōng ❶ 名古代官名,掌管工程。❷ 名复姓。

【司空见惯】 sīkōng-jiànguàn 唐·孟棨(qǐ)《本事诗·情感》记载:唐代诗人李绅(官居司空)慕名宴请诗人刘禹锡(原任和州刺史),席间刘禹锡赋诗:"司空见惯浑闲事,断尽江南刺史肠。"意思是有些事,您司空见得多了,觉得很平常;但我却觉得十分悲伤。后用"司空见惯"比喻经常看到,不足为奇。

【司寇】 sīkòu ❶ 名古代官名,掌管司法、纠察等。❷ 名复姓。

【司库】 sīkù ❶ 动管理财务。❷ 名管理财务的人。

【司令】 sīlìng ❶ 名一些国家军队中主管军事的高级军官。❷ 名司令员。

【司令部】 sīlìngbù ❶ 名团以上军队中负责军事指挥、训练管理等工作的机关。❷ 名泛指首脑机关、指挥中枢。

【司令员】sīlìngyuán 名 中国人民解放军职务名称，通常指高级建制单位中主管军事的领导人员。如军区司令员、空军司令员、兵团司令员等。也说司令、司令官。

【司炉】sīlú 名 烧锅炉的工人。

【司马】sīmǎ ❶ 名 古代官名，掌管军事。❷ 名 复姓。

【司马昭之心，路人皆知】sīmǎzhāo zhī xīn, lùrén jiē zhī《三国志·魏书·高贵乡公传》裴松之注引《汉晋春秋》记载：魏帝曹髦在位时，大将军司马昭专权，蓄意篡夺帝位。曹髦气愤地说："司马昭之心，路人所知也。"后用"司马昭之心，路人皆知"指阴谋、野心已是人所共知。

【司南】sīnán 名 我国古代辨别方向的仪器，用天然磁铁矿石琢成勺形，放在一个光滑的刻着方位的盘上。是现代指南针的雏形。

【司勤】sīqín 区别 从事司机及其他勤杂工作的 ▷～人员｜～岗位。

【司售人员】sī-shòu rényuán 司机和售票员。

【司徒】sītú ❶ 名 古代官名，掌管土地、户籍等。❷ 名 复姓。

【司务长】sīwùzhǎng 名 连队里主管后勤工作的军官。

【司药】sīyào 名 医院药房里负责按处方配发药品的专业人员。

【司仪】sīyí 名 举行典礼或开大会时主持仪式的人 ▷婚礼～。

【司职】sīzhí 动 掌管职权范围内的事；担任某种职务 ▷他在国家足球队～中锋。

丝(絲) sī ❶ 名 蚕吐出来的又细又长的东西，是织绸缎等的原料 ▷蚕～｜缫～｜～织品｜～线。→ ❷ 名 泛指又细又长、像蚕丝的东西 ▷蛛～马迹｜粉～｜铜～。⇒ ❸ 量 a) 市丝，长度非法定计量单位。b)市丝，质量非法定计量单位。❹ 数 某些计量单位的万分之一 ▷～米。⇒ ❺ 量 表示极其细微的量 ▷～毫不差｜一～风也没有｜一～不苟。→ ❻ 名 指弦乐器 ▷江南～竹乐。☛ 上头不要误写作两个"幺"。

【丝绸】sīchóu 名 用蚕丝或人造丝织成的纺织品的统称 ▷～被面｜～衣料。

【丝绸之路】sīchóuzhīlù 古代以我国为始发点，向亚洲中西部及非洲、欧洲等地运送丝绸等物资的通道的统称。通常认为有三大干线：往北出发的草原之路、往西出发的绿洲之路和往南出发的海上之路。也说丝路。

【丝带】sīdài 名 用丝绸制作的带子。

【丝糕】sīgāo 名 用小米面、玉米面、面粉等加水搅拌，发酵后蒸成的香甜松软的食物。

【丝瓜】sīguā 名 一年生草本植物，茎蔓生，花黄色。果实也叫丝瓜，略像黄瓜，嫩时可作蔬菜，成熟后肉质部分有网状纤维，叫丝瓜络，可用来擦洗东西，也可以做药材。参见插图9页。

【丝光】sīguāng ❶ 名 丝的光泽 ▷～布｜～线。❷ 动 棉纱或棉织品用浓氢氧化钠溶液浸渍，改善纤维性能，增加光泽。

【丝毫】sīháo 形 形容极小或极少；一点儿(一般用于否定) ▷不出～差错｜～不受干扰。

【丝巾】sījīn 名 用蚕丝或人造丝织成的头巾、围巾等。

【丝米】sīmǐ 量 长度非法定计量单位，1丝米等于0.1毫米。

【丝绵】sīmián 名 用蚕茧表面的浮丝为原料整理而成的像棉絮的东西。轻柔，保暖性好，可以絮衣服、被子等。☛"绵"不要误写作"棉"。

【丝帕】sīpà 名 用蚕丝或人造丝织成的手帕。

【丝绒】sīróng 名 用蚕丝或人造丝织成的一种丝织品。表面起绒毛，色泽鲜艳，质地柔软厚实。

【丝丝入扣】sīsī-rùkòu 织布时，每条经线都丝毫不差地从筘齿通过(扣：筘，织布机上像梳子的机件)；形容做得十分细致准确。

【丝袜】sīwà 名 用蚕丝或人造丝织的袜子。

【丝弦】sīxián ❶ 名 用丝拧成的琴弦；借指弦乐器。❷ 名 河北的地方剧种之一，流行于石家庄、保定一带。因以弦索(形似柳琴)伴奏，故称。也说丝弦戏。

【丝线】sīxiàn 名 用丝纺成的线。

【丝织品】sīzhīpǐn 名 用蚕丝或人造丝织成的绸缎、衣物及工艺品的统称。

【丝竹】sīzhú ❶ 名 我国民间弦乐器和管乐器的合称；借指音乐 ▷江南～｜～声声，扣人心弦。❷ 名 民间器乐，以笙、笛、二胡、三弦、琵琶、扬琴为主要乐器，辅以板鼓而不用锣鼓。

【丝锥】sīzhuī 名 加工内螺纹的刀具。也说丝攻、螺丝攻。

私 sī ❶ 形 属于个人或个人之间的；非官方或集体的(跟"公"相对，③同) ▷～事｜～交｜～产｜～生活。→ ❷ 名 个人；个人的事；个人的财产 ▷～有｜公而忘～｜万贯家～。→ ❸ 形 只顾个人利益的；只为自己打算的 ▷～心｜～念｜自～。❹ 名 私心；私利 ▷铁面无～｜假公济～。→ ❺ 形 不公开的；不合法的 ▷～话｜～货｜～盐。⇒ ❻ 副 私下 ▷～奔｜～访｜～吞。⇒ ❼ 名 违法贩运的商品 ▷贩～｜走～。

【私奔】sībēn 动 旧指女子未经婚嫁私自投奔所爱的人或跟他一起逃走。

【私弊】sībì ❶ 名 营私舞弊的事情 ▷干部工作无～，群众心里无顾虑。❷ 名 私下的不正当行为 ▷两人清清白白，绝没有什么～。

【私藏】sīcáng ❶ 动 私人收藏 ▷向博物馆赠送～孤本|不准～枪支弹药。❷ 名 私人收藏的物品 ▷展品主要是女王的～。
【私产】sīchǎn 名 属于私人的财产(跟“公产”相区别)。
【私娼】sīchāng 名 暗娼。
【私车】sīchē 名 属于私人的车(跟“公车”相区别)。也说私家车。
【私仇】sīchóu 名 个人间因利害冲突而产生的仇恨 ▷公报～。
【私处】sīchù 名 婉词,指男女外生殖器及附近部位。
【私党】sīdǎng 名 以私利结合而成的宗派集团。
【私德】sīdé 名 在私生活方面表现出来的品德 ▷道德建设既要注重公德,也要注重～。
【私邸】sīdǐ 名 高级官员的私宅(跟“官邸”相区别)。
【私底下】sīdǐxià ❶ 名 私下①。❷ 副 私下②。☛ 口语中也读 sīdǐxia。
【私第】sīdì 名 私邸;私宅。
【私法】sīfǎ 名 指有关调整法律地位平等的自然人之间、法人之间和自然人与法人之间的平等关系的法律(跟“公法”相区别)。如民法、商法、婚姻法等。
【私方】sīfāng 名 指公私合营企业中私人的一方;也指私人与国家或集体等的合作中私人的一方(跟“公方”相对)。
【私房】sīfáng ❶ 名 产权属于私人的房屋。○ ❷ 名 家庭成员个人私下的积蓄 ▷积攒～|～钱。也说私蓄。❸ 区别 私人之间不愿让外人知道的 ▷她俩正在说～话。☛ 义项②③中的“房”,口语中也读轻声。
【私房菜】sīfángcài ❶ 名 在私人住宅内经营的家庭式餐馆;也指这种餐馆烹制的菜肴 ▷他家开的～每天只接待两桌订餐|逛胡同,吃～。❷ 名 泛指某人特有的拿手菜 ▷自制酱鸭成了她献给朋友们的～。
【私房话】sīfánghuà 名 不愿让外人听见的话;只在夫妻之间说的话。
【私访】sīfǎng 动 (帝王、官员)不公开身份到民间察访 ▷微服～。
【私分】sīfēn 动 私自分配 ▷公款～,罪行严重。
【私愤】sīfèn 名 因私人利害冲突而产生的愤恨 ▷泄～。
【私股】sīgǔ 名 私人在合营企业中拥有的股份。
【私话】sīhuà 名 不让外人知道的、不能公开的话。
【私活儿】sīhuór 名 在职人员在本职工作以外私自干的活儿。
【私货】sīhuò ❶ 名 违法贩运或存贮的违禁货物。❷ 名 比喻在某种名义掩饰下的不正当行为或错误观点 ▷贩卖封建迷信的～。
【私家】sījiā 名 私人① ▷～车|～花园。
【私见】sījiàn ❶ 名 个人的意见或见解 ▷谈一点儿我的～。❷ 名 个人成见 ▷不持～。
【私交】sījiāo 名 私人之间的交谊。
【私立】sīlì ❶ 动 私自设立 ▷～名目。❷ 区别 个人设立的(跟“公立”相区别) ▷～学校|～医院。
【私利】sīlì 名 个人的利益 ▷放弃～,顾全大局。
【私了】sīliǎo 动 发生纠纷时,不经过司法手续而私下了结(跟“公了”相对)。
【私密】sīmì 名 个人的秘密;隐私 ▷不打探～。
【私募】sīmù 动 用非公开方式向少数特定投资者发售证券等来募集(资金) ▷～股权基金。
【私囊】sīnáng 名 私人的腰包 ▷中饱～。
【私念】sīniàn 名 私心② ▷不存～|～作祟。
【私情】sīqíng ❶ 名 私人感情 ▷铁面无私,不讲～。❷ 名 男女间的感情(多指不正当的)。
【私权】sīquán 名 法律确认和保护的私人行为、私人权益。如人身权、劳动权、财产权等(跟“公权”相对)。也说私权利。
【私人】sīrén ❶ 名 指个人(跟“公家”相区别) ▷这个企业由～掌管|～房产。❷ 区别 个人之间的 ▷～关系|～交往。❸ 名 和自己有密切关系的亲戚、朋友等 ▷不得安插～。
【私商】sīshāng 名 指私人投资经营的商业;也指这类商业的经营者。
【私生活】sīshēnghuó 名 属于个人方面的生活(多指日常生活中表现出来的品质、作风) ▷不干涉别人的～。
【私生子】sīshēngzǐ 名 非婚生子女。
【私事】sīshì 名 私人的事情(跟“公事”相区别)。
【私淑】sīshū 动 敬仰其人的学问、人品,虽然未得到他本人的亲自传授却把他当作自己的老师 ▷～弟子。
【私塾】sīshú 名 旧时私人设立的教学处所,没有固定的教材和学习年限,一般只有一个教师。
【私通】sītōng ❶ 动 私下里勾结 ▷～外敌。❷ 动 通奸。
【私图】sītú ❶ 动 私下谋划 ▷～报复。❷ 名 个人方面的企图 ▷一心为公,绝无～。
【私吞】sītūn 动 私下占有;私自侵吞 ▷～公款。
【私下】sīxià ❶ 名 背地里 ▷～干的坏事|～议论。❷ 副 私自进行的;不通过有关部门或公众的 ▷～了结|～调解。‖也说私下里、私底下。
【私枭】sīxiāo 名 旧指贩卖私盐的人;现指走私或贩卖毒品的人。
【私心】sīxīn ❶ 名 自己的心思;内心 ▷～深感惭愧。❷ 名 利己的念头 ▷克服～。
【私心杂念】sīxīn-zániàn 计较个人利害得失,为自己打算的各种想法。

【私信】sīxìn ❶ 名 私人信件。❷ 名 通过微信、QQ 等网络通信平台向特定用户发送的一对一的信息,可以是文字,也可以是图片、表情符号、语音等。

【私刑】sīxíng 名 违背法律程序,私自对人施用的刑罚 ▷～拷打是违法的。

【私学】sīxué 名 旧指私人出资办的学校(跟“官学”相区别)。

【私盐】sīyán 名 没有纳税而偷偷贩运出售的盐。

【私营】sīyíng ❶ 动 个人投资经营(跟“国营”“公营”相区别,②同) ▷以下各种企业允许～。❷ 区别 个人投资经营的 ▷全市有～企业一万家。

【私营经济】sīyíng jīngjì 个人投资经营、以雇佣劳动为基础的经济形式。

【私营企业】sīyíng qǐyè 个人投资经营、以雇佣劳动为基础的营利性企业。简称私企。也说私有企业。

【私用】sīyòng ❶ 动 个人使用 ▷私车～|～车。❷ 动 特指违法违规私自使用 ▷公器～|整治～公车。

【私有】sīyǒu ❶ 动 个人所有(跟“公有”“国有”相区别,②同) ▷依照我国宪法,土地不得～。❷ 区别 个人所有的 ▷这是一家～企业。

【私有财产】sīyǒu cáichǎn 个人拥有的物质财富 ▷公民合法的～受法律保护。

【私有制】sīyǒuzhì 名 生产资料归个人所有的制度(跟“公有制”相区别)。

【私语】sīyǔ ❶ 动 低声说话或私下里说话 ▷窃窃～。❷ 名 低声说的话或私下说的话。

【私欲】sīyù 名 个人欲望 ▷～膨胀。

【私怨】sīyuàn 名 个人之间的怨恨。

【私宅】sīzhái 名 私人住宅。

【私章】sīzhāng 名 刻有个人名字的印章。也说私印。

【私衷】sīzhōng 名〈文〉个人内心的想法 ▷兄之所言正合小弟～。

【私自】sīzì 副 背着组织或有关人员(做违反法律或规章制度的事) ▷严禁～生产、经营有毒药材|～外出。

咝(噝) sī 拟声 模拟导火线点燃、子弹在空中飞过时发出的声音等 ▷点着的导火线～～地响,直冒火花。

峒 sī 用于地名。如:峒峿(wú),山名,又地名,均在江苏(峒峿在峒峿山下)。

思 sī ❶ 动 想;认真考虑 ▷～前想后|深～熟虑|沉～|～考。→ ❷ 动 挂念;想念 ▷朝～暮想|乐不～蜀|相～。→ ❸ 名 心思;心绪 ▷神～|愁～。❹ 名 特指写文章的思路 ▷文～泉涌。○ ❺ 名 姓。

【思辨】sībiàn ❶ 动 思考辨别 ▷～是非正误。❷ 动 哲学上指运用逻辑推导进行理论上的思考 ▷～性。

【思辩】sībiàn 现在一般写作“思辨”。

【思潮】sīcháo ❶ 名 某一时期内影响较大的思想潮流 ▷社会～|新～。❷ 名 不断涌现的思绪 ▷～翻涌|～起伏。

【思春】sīchūn 动 怀春。

【思忖】sīcǔn 动〈文〉思量 ▷暗自～|～良久。

【思凡】sīfán 动 神话、传说中神仙想到人间来生活;出家人想过世俗的生活 ▷仙女～。

【思古】sīgǔ 动〈文〉怀古;怀念往昔 ▷～怀旧。

【思旧】sījiù 动〈文〉怀念旧人或旧事 ▷～之心油然而生。

【思考】sīkǎo 动 进行分析、综合、判断、推理、概括等思维活动 ▷反复～。☛ 参见 775 页“考虑”的提示。

【思考题】sīkǎotí 名 为加深理解、拓宽思路而设计的带有启发性的习题。

【思恋】sīliàn 动 想念;怀恋 ▷～故人|～旧情。

【思量】sīliang 动 考虑;盘算 ▷暗自～。

【思路】sīlù ❶ 名 思考问题的线索、脉络 ▷～开阔。❷ 名 特指文章的条理 ▷结构严谨,～清晰。

【思虑】sīlǜ 动 思索考虑 ▷～再三。

【思谋】sīmóu 动 思考;谋划 ▷这件事,他已～了很久|去或不去,还得再～～。

【思慕】sīmù 动 思念仰慕 ▷～恩师。

【思念】sīniàn 动 想念;怀念 ▷～远方的亲人。

【思前想后】sīqián-xiǎnghòu 对事情的前因和后果反复考虑。

【思索】sīsuǒ 动 思考探索 ▷苦苦～|不假～。

【思维】sīwéi ❶ 动 思考 ▷学外语不能只关注语言知识和技能,还应该多用外语～。❷ 名 理性认识及其过程。即把经过感性认识获得的材料,通过整理和改造,形成概念、判断和推理。思维借助语言进行,是人类特有的一种精神活动。☛ 不要写作“思惟”。

【思乡】sīxiāng 动 想念故乡 ▷～曲|游子～。

【思想】sīxiǎng ❶ 动 想;考虑 ▷～起往事,潸然泪下。❷ 名 念头;想法 ▷不要有依赖～。❸ 名 客观存在反映在人的意识中经过思维活动产生的结果,属于理性认识 ▷～觉悟。

【思想家】sīxiǎngjiā 名 对社会发展及其规律有深入研究并有独到见解而自成体系的学者。

【思想库】sīxiǎngkù 名 智库。

【思想体系】sīxiǎng tǐxì 系统化的思想观点或理论的总和。

【思想性】sīxiǎngxìng 名 指文艺作品或其他作品中所表现的政治倾向、思想意义 ▷重视作品

的～|这部作品～很强。

【思绪】sīxù 名 思想的头绪；情绪 ▷～清晰|～难平。☛ 参见 1527 页“心绪”的提示㊀。

【思议】sīyì 动 想象；理解（多见于否定）▷不可～。

虒 sī［虒亭］sītíng 名 地名，在山西。

鸶（鷥） sī 见 897 页“鹭(lù)鸶”。

偲 sī［偲偲］sīsī 动〈文〉互相勉励；互相促进 ▷朋友切切～。

另见 120 页 cāi。

斯 sī ❶ 代〈文〉指人、事物、处所等，相当于“这”“这样”“这里”等 ▷～人|～时|以至于～|生于～，长于～。〇 ❷ 名 姓。

【斯拉夫人】sīlāfūrén 名 指讲印欧语系斯拉夫语族诸语言的民族。主要分布在东欧。

【斯诺克】sīnuòkè 名 英语 snooker 音译。英式台球。用球 22 只，其中红球 15 只，白、黄、绿、棕、蓝、粉、黑球各 1 只。较之其他台球的特点是，打球过程中有意识地打出让对方无法施展技术的障碍球，使对方受阻不得分或挨罚，而己方得分。参见 1327 页“台球”。

【斯文】sīwén ❶ 名 旧指文化或文化人 ▷假充～|～扫地。❷ 形 举止文雅 ▷说话挺～。

【斯文扫地】sīwén-sǎodì 指文化或文人被侮辱、摧残；也指文化人自甘堕落（扫地：比喻声誉、威信等完全丧失）。

蛳（螄） sī 见 909 页“螺(luó)蛳”。

缌（緦） sī 名〈文〉细麻布，多用来制作丧服。

楒 sī 用于地名。如楒栗，在重庆。

飔（颸） sī 名〈文〉凉风。

厮[1]（*廝） sī ❶ 名 古代指男性仆人 ▷～徒|小～。→ ❷ 名 对人的蔑称（多见于近代汉语）▷这～|那～。

厮[2]（*廝） sī 副 互相 ▷～打|～杀|～见|～混。

【厮打】sīdǎ 动 互相打；扭打在一起 ▷几个赌徒～成一团。

【厮混】sīhùn ❶ 动 苟且相处；鬼混 ▷不许你和他们～。❷ 动 混杂 ▷严禁把盗版书和正版书～在一起出售。

【厮拼】sīpīn 动 互相拼杀 ▷跟敌人～|双方～半个时辰，不见胜负。

【厮杀】sīshā 动 互相拼杀；交战 ▷两军～。

【厮守】sīshǒu 动 相互陪伴，相互照料 ▷娘俩～度日|夫妻常年～在一起。

【厮熟】sīshú 形 彼此很熟悉 ▷混得～。

罳 sī 见 421 页“罘(fú)罳”。

锶（鍶） sī 名 金属元素，符号 Sr。银白色，质软，在空气中易氧化。用于制造合金、光电管及焰火等。

凘 sī 名〈文〉(河水)解冻后漂流的冰。

撕 sī 动 使东西（多是薄片状的）断裂或离开附着物 ▷把报纸～破了|把电线杆上贴的小广告～下来|～毁。

【撕扯】sīchě 动 撕开扯裂；也指撕打 ▷底稿要保留，不要～烂了|两个人吵着吵着就～了起来。

【撕打】sīdǎ 动 撕扯打斗 ▷拼命～。

【撕毁】sīhuǐ ❶ 动 撕破毁掉 ▷～书稿。❷ 动 借指背弃协议、条约等 ▷～协议。

【撕票】sīpiào 动 指绑架者将被绑架的人质杀死。

【撕破脸】sīpòliǎn 指彻底翻脸。也说抓破脸。

【撕心裂肺】sīxīn-lièfèi 形容极其疼痛；也形容极度伤心痛苦。也说撕肝裂肺。

嘶 sī ❶ 动〈文〉(马)叫 ▷马～。〇 ❷ 形 (声音)沙哑 ▷声～力竭|～哑。〇 ❸ 同“咝”。现在一般写作“咝”。

【嘶喊】sīhǎn 动 声嘶力竭地呼喊 ▷～救命。

【嘶叫】sījiào 动 喊叫 ▷疼得他～起来。

【嘶鸣】sīmíng 动 (马等)大声鸣叫 ▷烈马～。

【嘶哑】sīyǎ 形 嗓音沙哑 ▷说话有点儿～。

澌 sī 动〈文〉竭尽 ▷～灭。

【澌灭】sīmiè 动〈文〉完全消失 ▷～殆尽。

sǐ

死 sǐ ❶ 动 生物丧失生命（跟“活”“生”相对）▷人～了|虫子冻～了|花枯～了。→ ❷ 副 不顾性命地；拼死地 ▷～战|～守阵地。❸ 形 坚持不变；坚决 ▷～不悔改|～心塌地。→ ❹ 形 不能活动或不再改变的（跟“活”相对，⑦同）▷把门钉～|～扣儿。⇒ ❺ 形 无法调和的 ▷～对头|～敌。⇒ ❻ 形 不能通过；不流动 ▷把漏洞堵～|～水。⇒ ❼ 形 不灵活；死板 ▷～脑筋|～功夫。→ ❽ 形 表示程度达到极点 ▷这桌子～沉|吵～了。☛ 右边是“匕”，不是“七”。

【死板】sǐbǎn ❶ 形 不活泼；没有生气 ▷～的面孔|这张相片照得很～。❷ 形 刻板；不灵活 ▷这人太～，不适合做公关工作|做事～。

【死不改悔】sǐbùgǎihuǐ 到死也不悔悟改正。形容顽固不化。

【死不瞑目】sǐbùmíngmù 形容人临死前心中有放不下的事，不肯闭眼；现常用来形容不达目的，至死也不甘心。☛“瞑”不要误写作“暝”。

【死缠硬磨】sǐchán-yìngmó 为达到目的而紧紧纠缠不放。

【死沉】sǐchén ❶ 形 非常重 ▷这东西～～的。❷ 形 睡得很熟 ▷累了一天，睡得～～的。

【死党】sǐdǎng ❶ 名 死硬顽固的反动集团 ▷结成～。❷ 名 死心塌地地为某人或某集团出力的党羽。

【死得其所】sǐdéqísuǒ 死在值得死的地方。指死得有意义，有价值。

【死敌】sǐdí 名 势不两立的敌人；死对头。

【死地】sǐdì 名 危及生命的境地；绝境 ▷置之～而后生。

【死读书】sǐdúshū ❶ 指读书死记硬背，不善于消化运用 ▷不能～，要融会贯通。❷ 指一心读书，不想别的事 ▷不能光～，也要会生活。

【死对头】sǐduìtou 名 势不两立的仇敌或对手。

【死而后已】sǐ'érhòuyǐ《论语·泰伯》：“死而后已，不亦远乎？”意思是一直到死才停止。后用“死而后已”形容为某一事业奋斗到底。

【死工资】sǐgōngzī 名 指数目固定、不随情况变化而升降的工资或结构工资中的固定部分。

【死鬼】sǐguǐ ❶ 名 指死去的人。❷ 名 对人的蔑称或昵称(多用于骂人或开玩笑)。

【死胡同】sǐhútòng 名 走不通的小巷；比喻绝路 ▷一味依赖行政保护，企业只能走进～。

【死缓】sǐhuǎn 名 死刑缓期执行的简称。是我国对死刑的一种执行制度。即被判处死刑的罪犯如果不是必须立即执行的，可以在判处死刑的同时宣告缓期 2 年执行。死缓执行期间，该罪犯如果没有故意犯罪，2 年期满后予以减刑；如果故意犯罪，查证属实的，由最高人民法院核准，执行死刑。

【死灰复燃】sǐhuī-fùrán《史记·韩长孺列传》：“死灰独不复然乎？”(然：古同“燃”)意思是熄灭了的火灰会重新燃烧起来。比喻已经消亡的事物又重新活跃起来(多含贬义)。

【死活】sǐhuó ❶ 动 死或活；偏指死 ▷不能只顾自己不顾别人～。❷ 副〈口〉无论如何(多用于否定) ▷这件事，他～不管。

【死火山】sǐhuǒshān 名 历史上没有喷发记录、长期处于休眠状态的火山。

【死机】sǐjī 动 指电子计算机因操作错误、程序错误等突然停止运行，屏幕图像静止，不接收指令。

【死记】sǐjì 动 机械记忆；强记 ▷～条文。

【死记硬背】sǐjì-yìngbèi 不理解而死背下来。

【死寂】sǐjì 形 没有一丝声响；非常寂静 ▷夜深了，四周一片～。

【死角】sǐjiǎo ❶ 名 无路可退的角落 ▷暴徒被逼到～里。❷ 名 军事上指在射程之内却无法射到的地方；也指在视力范围内却观察不到的地方。❸ 名 比喻工作、力量影响不到的地方 ▷环保～｜卫生～。

【死搅蛮缠】sǐjiǎo-mánchán 胡搅蛮缠。

【死结】sǐjié ❶ 名 不能一下解开的结子(跟“活结”相区别)。❷ 名 比喻不易解决的矛盾、问题。‖ 也说死扣儿。

【死劲】sǐjìn ❶ 名 所能使出的最大力量 ▷他拼～把落水者托出水面。❷ 副〈口〉使出最大力量地；集中全部注意力地 ▷～儿踢了一脚｜～儿盯住他。

【死局】sǐjú 名 失败的局面；救不活的局面 ▷这棋已是～，不必再下了｜敌人～已定。

【死磕】sǐkē〈口〉❶ 动 拼命争斗或作对 ▷两支球队为保级正在场上～｜跟侵权者～到底。❷ 动 极力攻克难关 ▷他跟着师傅～这门手艺。

【死扣儿】sǐkòur 名 死结。

【死牢】sǐláo 名 关押死囚的牢房 ▷打入～。

【死老虎】sǐlǎohǔ 名 比喻失去强大威势和力量的人(含贬义)。

【死里逃生】sǐlǐ-táoshēng 形容从危难中逃脱，幸免于死。

【死力】sǐlì ❶ 名 死劲①。❷ 副 使出最大力量地 ▷～相救｜～拼搏。

【死路】sǐlù 名 走不通的路；比喻招致毁灭的途径。

【死面】sǐmiàn 名 和(huó)好后未经发酵的面 ▷～饼｜～卷子。

【死灭】sǐmiè 动 灭亡；死亡 ▷一些早已～的东西又沉渣泛起｜东山再起的念头还未～。

【死命】sǐmìng ❶ 名 死亡的命运 ▷制敌于～。❷ 副 拼命地 ▷～相争｜～地嚎叫。

【死难】sǐnàn 动 遇难而死(多指为正义事业而牺牲) ▷为～同胞志哀｜～烈士永垂不朽。

【死脑筋】sǐnǎojīn ❶ 形 形容脑子死板，不灵活；思想观念僵化 ▷处事该灵活时要灵活，不能～。❷ 名 指死脑筋的人 ▷他是个～，转不过弯来。

【死皮赖脸】sǐpí-làiliǎn 形容不顾羞耻地纠缠不休。☛“赖”不要误写作“癞”。

【死期】sǐqī ❶ 名 死亡的日期 ▷～将至。❷ 区别〈口〉有一定期限的(多用于储蓄) ▷～存款。

【死棋】sǐqí 名 救不活的棋局或棋局中救不活的棋子；比喻注定失败的结局。

【死气沉沉】sǐqì-chénchén 形容没有生气,气氛沉闷,不活跃 ▷这个会开得～。

【死契】sǐqì 名 房地产买卖双方立下的不能(让卖主)赎回的契约(跟"活契"相区别)。

【死乞白赖】sǐqibáilài 〈口〉纠缠不休 ▷不要～地让人家签名。

【死气白赖】sǐqibáilài 现在一般写作"死乞白赖"。

【死钱】sǐqián ❶ 名 不能增值的钱 ▷这钱放在家中是～,买了国债可就是活钱了。❷ 名 数额固定的收入。

【死囚】sǐqiú 名 已判死刑尚未执行的囚犯。

【死球】sǐqiú 名 指球类比赛出现违例、犯规、争球等情况时,裁判员鸣哨,比赛暂停的状态。

【死去活来】sǐqù-huólái 昏死过去又苏醒过来。形容极度悲伤、痛苦;也形容被折磨得非常厉害。

【死人】sǐrén ❶ 名 死去的人。❷ 名 指人的尸体。

【死伤】sǐshāng ❶ 动 死亡和受伤 ▷～50 余人。❷ 名 死者和伤者 ▷进行震后～统计。

【死神】sǐshén 名 神话中掌管人死亡的神;借指死亡 ▷～正向他逼近。

【死尸】sǐshī 名 人的尸体。

【死守】sǐshǒu ❶ 动 拼死防守 ▷严防～|～制高点。❷ 动 固执地遵守 ▷～教条。

【死水】sǐshuǐ 名 不流动的水;比喻长期停滞不变、没有活力的地方 ▷要让～变活,脏水变清|没有创新意识的企业必然是～一潭。

【死胎】sǐtāi 名 妊娠满 20 周及以上死在母腹中的胎儿。

【死顽固】sǐwángù ❶ 形 极其顽固 ▷这个建议是可行的,可他～,就是不肯采纳。❷ 名 指极其顽固的人。

【死亡】sǐwáng 动 丧失生命 ▷减少非正常～。

【死亡保险】sǐwáng bǎoxiǎn 人身保险的一种,以被保险人的死亡为给付保险金的条件。

【死亡教育】sǐwáng jiàoyù 为使人们正确认识和面对死亡,树立科学、健康的死亡观而进行的教育。

【死亡率】sǐwánglǜ 名 人口统计中指一定时期内的居民死亡人数与总人口的比率;多指全国或某个地区在一年内每千人中的死亡人数,用千分率表示。

【死亡线】sǐwángxiàn 名 死亡的边缘;危及生存的境地 ▷挣扎在～上。

【死亡证】sǐwángzhèng 名 医疗部门开具的证明某人已死亡的证书。

【死无对证】sǐwúduìzhèng 诉讼双方有一方死去或证人死亡,无法证明事实;泛指当事人已经死去,无法核对实情。

【死相】sǐxiàng ❶ 名 人死时的样子;多形容极度沮丧呆滞的面孔 ▷一脸～。❷ 名 令人厌恶的模样(多用于骂人)。

【死心】sǐxīn 动 打消念头,不再抱任何希望 ▷人家一再回绝,你该～了吧。

【死心塌地】sǐxīn-tādì 形容下定决心不再改变(多用于贬义)。☛ 不要写作"死心踏地"。

【死心眼儿】sǐxīnyǎnr ❶ 形 固执死板;不灵活 ▷你也太～了,不会另想个办法? ❷ 名 指死心眼儿的人 ▷跟他这种～解释没用。

【死信】sǐxìn ❶ 名 人死亡的消息 ▷～传来,大家非常悲痛。〇 ❷ 名 瞎信。

【死刑】sǐxíng 名 依法剥夺犯罪分子生命的刑罚 ▷大毒枭已被判处～◇如此巨额的债务意味着这家公司被判了～。

【死性】sǐxing 形 死板② ▷这个人太～。

【死穴】sǐxué 名 人身上致命的穴位;泛指致命的弱点 ▷瞄准敌方～,置敌于死地|找准服务质量存在的～,加大改革力度。

【死讯】sǐxùn 名 死信①。

【死因】sǐyīn 名 致死的原因 ▷～不明。

【死硬】sǐyìng ❶ 形 呆板;生硬 ▷态度～。❷ 形 顽固 ▷～派。

【死硬派】sǐyìngpài 名 极端顽固的群体或其成员。

【死有余辜】sǐyǒuyúgū 即使死了也抵偿不了所犯的罪行(辜:罪)。形容罪大恶极。

【死于非命】sǐyúfēimìng 指遭横祸死亡。

【死战】sǐzhàn ❶ 名 决定生死存亡的战斗 ▷决一～。❷ 动 拼死战斗 ▷～疆场。

【死者】sǐzhě 名 死去的人。

【死罪】sǐzuì ❶ 名 应判死刑的罪。❷ 名 客套话,用于表示有所冒犯,过失很重 ▷席间言语多有冒犯,～,～。

sì

巳 sì 名 地支的第六位。参见 304 页"地支"。☛ 跟"已(yǐ)""己(jǐ)"不同。由"巳"构成的字有"祀""异""导""汜""巷"等。

【巳时】sìshí 名 我国传统计时法指上午9—11点的时间。

四[1] sì 数 数字,比三大一的正整数。☛ 数字"四"的大写是"肆"。

四[2] sì 名 我国民族音乐中传统的记音符号,表示音阶上的一级,相当于简谱的"$\dot{6}$"。

【四边】sìbiān 名 四条边;也指四周 ▷头巾～儿镶着花边。

【四边形】sìbiānxíng 名 四条直线在同一平面上围成的几何图形。如长方形、平行四边形、菱形等。

【四不像】sìbùxiàng ❶ 名 麋鹿。❷ 名 驯鹿①的俗称。❸ 名 比喻不伦不类的事物。☛ 不宜写作"四不象""四不相"。

【四部】sìbù 名我国古代将图书分为甲、乙、丙、丁部，后又重分为经、史、子、集部，均称四部。后因分库储藏，也称四库。

【四出】sìchū 动到各处去；从各处出来 ▷～打听|流言～。

【四处】sìchù 名周围各个地方；到处 ▷住宅～都是树木|～求医。

【四大发明】sì dà fāmíng 指我国古代对纸、印刷术、指南针和火药的发明。被公认为我国对世界文明的重大贡献。

【四大皆空】sìdàjiēkōng 佛教称地、水、火、风是组成宇宙的四种元素，称为四大，并认为四大从空而来，因此世间一切都是空虚的。后用"四大皆空"表示看破世间一切，生活无所追求。

【四方】sìfāng ❶ 名东、西、南、北四个方向；泛指各地 ▷～支援|志在～。○ ❷ 区别正方形的；立方体的 ▷～桌|～脸。

【四方步】sìfāngbù 名指斯斯文文、悠闲稳重的步子 ▷迈着～。

【四方联】sìfānglián 名连成"田"字形的四枚邮票或钞票。

【四方脸】sìfāngliǎn 名略呈方形的脸。

【四分五裂】sìfēn-wǔliè 分裂成很多块。形容支离破碎，不完整，不团结。

【四伏】sìfú 动到处潜伏 ▷杀气～|危机～。

【四个现代化】sì gè xiàndàihuà 指农业现代化、工业现代化、国防现代化和科学技术现代化。

【四顾】sìgù 动向四周观看 ▷仓皇～。

【四海】sìhǎi 名四海之内，指全国各地(古人以为中国四面环海，故称)；也泛指世界各地 ▷～之内皆兄弟|五洲～。

【四海为家】sìhǎi-wéijiā《汉书·高帝纪》："天子以四海为家。"原指帝王统治全国；现多表示无论到哪里都能安心住下来。

【四合院】sìhéyuàn 名我国传统的院落式住宅，庭院的四面建有房屋。北面是正房，东西两侧是厢房，南面是倒座房，院门一般修筑在院落的东南侧。也说四合房。

【四呼】sìhū 名汉语音韵学根据韵母的韵头或韵腹发音时口、唇的不同形状把字音分为开口呼、齐齿呼、合口呼、撮口呼四类，合称四呼。

【四化】sìhuà ❶ 名四个现代化的简称。○ ❷ 名指干部队伍革命化、年轻化、知识化、专业化。

【四季】sìjì 名温带和亚热带地区一年的春季、夏季、秋季、冬季的总称 ▷～常青。

【四季豆】sìjìdòu 名菜豆。

【四季如春】sìjì-rúchūn 一年四季气候温暖宜人，都像春天那样。

【四溅】sìjiàn 动向四外溅落 ▷泥浆～|钢花～。

【四郊】sìjiāo 名城市四周附近的地区；泛指郊区。

【四脚朝天】sìjiǎo-cháotiān 形容仰面跌倒。

【四脚蛇】sìjiǎoshé 名蜥蜴的俗称。

【四近】sìjìn 名四周；附近 ▷学校～没有饭馆。

【四两拨千斤】sìliǎng bō qiānjīn 武术上指顺势借力，以小力胜大力；比喻抓住关键，以巧取胜。

【四邻】sìlín 名周围的邻居 ▷跟～和睦相处。

【四六体】sì-liùtǐ 名一种骈体文，全篇多用四字句和六字句。参见 1046 页"骈体"。

【四面】sìmiàn 名东、西、南、北四个方面；泛指四周 ▷～环山|～设伏。

【四面八方】sìmiàn-bāfāng 周围各地；各个地方。

【四面楚歌】sìmiàn-chǔgē《史记·项羽本纪》记载：楚汉交战，项羽被围困在垓下，"夜闻汉军四面皆楚歌"，项羽吃惊地问："汉皆已得楚乎？是何楚人之多也！"后用"四面楚歌"比喻四面受敌，孤立无援，陷入困境。

【四面体】sìmiàntǐ 名由四个三角形面所围成的立体。

【四旁】sìpáng 名四周很近的地方 ▷工厂～绿树成阴。

【四平八稳】sìpíng-bāwěn 形容物体放置得平稳或言行稳当；也指做事但求无过，不思进取。

【四起】sìqǐ 动四处发生；到处兴起 ▷火光～|干戈～|掌声～。

【四清】sìqīng 名"文化大革命"前在"以阶级斗争为纲"思想指导下发动的社会主义教育运动，即清政治、清组织、清经济、清思想。

【四人帮】sìrénbāng 名指"文化大革命"中以江青为首的阴谋篡夺党和国家最高权力的反革命集团。主要成员为江青、张春桥、姚文元、王洪文，故称。1976 年 10 月被粉碎。

【四散】sìsàn 动向四周散开 ▷土匪～逃窜。

【四舍五入】sìshě-wǔrù 数学上一种取近似值的方法。把某一位数字以后的数字舍去，如果舍去的部分小于 5，就舍去不计；如果舍去的部分大于 5，就在保留部分的末位加 1。例如 3.43517，若取 3 位小数，则为3.435；若取两位小数则为 3.44。

【四射】sìshè 动向四周发散；向周围放射 ▷火花～|光芒～。

【四声】sìshēng ❶ 名指古汉语语音中的平声、上声、去声、入声四种字调。❷ 名指普通话语音中的阴平、阳平、上声、去声四种字调。

【四时】sìshí 名春、夏、秋、冬四季。

【四时八节】sìshí-bājié 泛指一年四季中的各个节气、节日(时：季节；八节：立春、春分、立夏、夏至、立秋、秋分、立冬、冬至)。

【四世同堂】sìshì-tóngtáng 家庭里祖孙四代人共

同生活。

【四书】sìshū 图 南宋朱熹取《礼记》中的《大学》《中庸》两篇加上《论语》《孟子》合称四书。后来与五经合起来成为儒家的主要经典。

【四书五经】sìshū wǔjīng 儒家的主要经典,四书指《大学》《中庸》《论语》《孟子》,五经指《诗经》《尚书》《礼记》《周易》《春秋》。

【四体】sìtǐ ❶ 图 指人的四肢 ▷~不勤,五谷不分。〇 ❷ 图 书法中指汉字的四种字体,即楷书、草书、隶书、篆书。

【四体不勤,五谷不分】sìtǐ-bùqín, wǔgǔ-bùfēn《论语·微子》:"四体不勤,五谷不分,孰为夫子?"(四体:四肢。五谷:古常指稻、麦、黍、菽、稷)指不参加体力劳动,分不清农作物。

【四通八达】sìtōng-bādá 四面八方都有路相通;形容交通便利畅通。

【四外】sìwài 图 四周围(空阔的地方) ▷~是一眼望不到边的麦田。

【四围】sìwéi 图 四周;周围 ▷池塘的~都是树。

【四维空间】sìwéi kōngjiān 由通常所指的三维空间和时间组成的整体。

【四下里】sìxiàli 图 四周;到处 ▷~闹嚷嚷的|~全是水。也说四下。

【四乡】sìxiāng 图 城镇周围的乡村;泛指附近的乡村 ▷~八村的人都到这里赶集。

【四项基本原则】sìxiàng jīběn yuánzé 指坚持社会主义道路、坚持人民民主专政、坚持中国共产党的领导、坚持马克思列宁主义毛泽东思想。

【四言诗】sìyánshī 图 全篇每句四个字或以四字句为主的诗。是我国汉代以前最通行的诗体。

【四野】sìyě 图 四周的原野。

【四则】sìzé 图 加、减、乘、除四种运算法则的合称 ▷~题|~运算。

【四肢】sìzhī 图 人体上肢和下肢的合称;也指某些动物的前后肢。

【四至】sìzhì 图 住宅基地、田地等四周的界限 ▷~清楚|土地使用证上要写清~。

【四周】sìzhōu 图 周围 ▷环顾~。也说四周围。

【四座】sìzuò 图 四周座位上的人;也指四周的座位 ▷语惊~|~皆是外宾。

寺 sì ❶ 图 古代官署名 ▷大理~|光禄~|太常~。→ ❷ 图 佛教的庙宇 ▷白马~|少林~|~院|~庙。❸ 图 伊斯兰教礼拜、讲经的处所 ▷清真~。〇 ❹ 图 姓。

【寺观】sìguàn 图 佛寺和道观的合称;泛指庙宇。☛ "观"这里不读 guān。

【寺庙】sìmiào 图 供奉神佛或历史上著名人物的处所;庙宇 ▷五台山~很多。

【寺院】sìyuàn ❶ 图 佛教的庙宇。❷ 图 其他宗教的修道院。

似(*佀) sì ❶ 动 像;相类 ▷类~|骄阳~火。→ ❷ 副 表示不确定,相当于"仿佛""好像" ▷~曾相识|~是而非。→ ❸ 介 用在"好""强"之类的形容词后面,引进比较的对象 ▷日子一天好~一天|身体一年强~一年。☛ ㊀"似的"的"似"读 shì,不读 sì。㊁跟"非"连用,分别用在同一个单音节名词、动词或形容词前,构成"似……非……"格式,表示既像又不像。如:似石非石、似懂非懂、似青非青。

另见 1255 页 shì。

【似曾相识】sìcéngxiāngshí 好像认识;好像见过。

【似懂非懂】sìdǒng-fēidǒng 好像懂了,实际上没懂。

【似乎】sìhū 副 仿佛;好像(有时含商量的口气) ▷这话~不错|我们~见过|天色已晚,我们~该回去了。☛ 跟"好像"不同。"似乎"不能用来打比方;"好像"可作动词,用来打比方。

【似是而非】sìshì'érfēi 好像正确,其实并不正确。

汜 sì 图 汜水,水名,在河南,流入黄河。

兕 sì 图〈文〉指犀牛一类的猛兽。一说指雌犀牛 ▷虎~豺狼。

伺 sì ❶ 动 暗中探察;侦察 ▷窥~|~探。→ ❷ 动 守候 ▷~机而动。☛ 读 sì,指探察、守候,如"窥伺""伺机";读 cì,用于"伺候""伺弄"等词中。

另见 228 页 cì。

【伺机】sìjī 动 观察、等待时机 ▷~反扑。☛ 跟"乘机"不同。"伺机"侧重于暗中窥察、等待,多用于将要进行的行为,是贬义词;"乘机"侧重于把握、利用,多用于已经、正在或将要进行的行为,是中性词。

【伺隙】sìxì 动 伺机。

祀(*禩) sì 动 祭祀 ▷~天|奉~。

姒 sì ❶ 图 古代对姐姐的称呼。→ ❷ 图 古代弟妻对兄妻的称呼 ▷娣~。

饲(飼*飤) sì 动 喂;喂养(动物) ▷~育|~料|~养。

【饲草】sìcǎo 图 喂牲畜的草;多指青草 ▷打~。

【饲料】sìliào 图 喂养家畜、家禽或养殖鱼虾等的食物 ▷青~|发酵~|喂~。

【饲养】sìyǎng 动 喂养家禽、家畜等动物 ▷~奶牛|~员。

泗[1] sì 图〈文〉鼻涕 ▷涕~滂沱。

泗[2] sì 图 泗河,水名,在山东,流入南阳湖。

驷(駟) sì ❶ 名 古代指同驾一辆车的四匹马;也指四匹马驾的车 ▷一言既出,～马难追。→ ❷ 名〈文〉马 ▷良～。

俟(*竢) sì 动〈文〉等待 ▷～于门外|～完稿后即刻寄上。
另见 1073 页 qí。

食 sì 动〈文〉拿东西给人吃;供养。
另见 1248 页 shí;1637 页 yì。

涘 sì 名〈文〉河岸;水边 ▷涯～。

耜 sì ❶ 名 古代一种农具,形状像锹。❷ 名 古代农具耒(lěi)耜下端翻土的部分,形状像后来的犁铧 ▷耒～。

笥 sì 名 古代盛饭食或衣物的方形竹器。

覗 sì 动〈文〉看;偷看 ▷窥～。

肆[1] sì 动 毫无顾忌,任意胡来 ▷～无忌惮|～意妄为|放～|～虐。

肆[2] sì 名〈文〉商店;店铺 ▷市～|酒～|茶～。

肆[3] sì 数 数字"四"的大写。

【肆力】 sìlì 动〈文〉尽力 ▷～田亩|～于文学。

【肆虐】 sìnüè 动 任意残害;为害 ▷风沙～。

【肆扰】 sìrǎo 动 放肆地扰乱 ▷乘机～。

【肆无忌惮】 sìwújìdàn 指肆意妄为,毫无顾忌(忌惮:顾忌,畏惧)。☛"惮"不读 tán。

【肆行】 sìxíng 动 放肆地胡作非为 ▷～无忌。

【肆意】 sìyì 副 放肆地;任意地 ▷～横行|～诽谤。

嗣 sì ❶ 动〈文〉继承;接续 ▷～国|～位。→ ❷ 名 继承人;子孙后代 ▷后～|子～。

【嗣后】 sìhòu 名〈文〉以后 ▷～家道日见衰微。

【嗣位】 sìwèi 动 继承君位 ▷储君～。

【嗣子】 sìzǐ ❶ 名 古代帝王或诸侯的继承人(多为嫡长子)。❷ 名 指过继的儿子。

sōng

忪 sōng 见1535 页"惺(xīng)忪"。
另见 1787 页 zhōng。

松[1] sōng ❶ 名 松树,一般为常绿乔木。树皮多为鳞片状,常有树脂,叶子针形,果实球形、卵形或圆柱形。种类很多,常见的有马尾松、油松、黑松、白皮松等。木材用途广,树脂可供制药和工业用,松子可榨油或食用。○ ❷ 名 姓。

松[2] **(鬆)** sōng ❶ 形 不紧密;不紧张(跟"紧"相对,③⑤同) ▷螺丝～了|～～垮垮。→ ❷ 形 不坚实;酥 ▷这种饼干又～又脆。→ ❸ 动 使不紧密;使不紧张 ▷不能～劲|～心。→ ❹ 动 解开;放开 ▷～绑|～手◇管财务的人,手不能～。→ ❺ 形 手里宽裕;不拮据 ▷就是手头～了也不能乱花钱。→ ❻ 名 用肉、鱼等做成的纤维状或碎末状的食品 ▷肉～。

【松柏】 sōngbǎi 名 松树和柏树,枝叶繁茂,冬夏常青;诗文中常用来比喻高洁坚贞的操守 ▷～常青,英魂不朽|～风骨。

【松绑】 sōngbǎng ❶ 动 解开绑人的绳索。❷ 动 比喻放宽约束 ▷给企业～。

【松弛】 sōngchí ❶ 形 放松;不紧张 ▷精神～。❷ 形 松懈;不严格 ▷管理～|纪律～。❸ 动 使放松 ▷～一下肌肉|～一下神经。☛"弛"不要误写作"驰"。

【松脆】 sōngcuì 形 膨松酥脆 ▷～可口。

【松动】 sōngdòng ❶ 动 因固定得不紧而活动 ▷牙齿～了|螺丝～了。❷ 动 变得灵活 ▷政策有所～|口气～了。❸ 形 宽松;不拥挤 ▷一楼太拥挤,二楼～些。

【松果】 sōngguǒ 名 松树的果穗。卵圆形,外面有木质鳞片,里面有松子。外壳可作燃料。也说松球、松塔儿。

【松果体】 sōngguǒtǐ 名 内分泌腺之一。人类的松果体位于丘脑后上部,幼年时发达,成年后渐退化,所分泌的褪黑激素有抑制性成熟的作用。因形状像松果,故称。也说脑上腺。

【松花蛋】 sōnghuādàn 名 一种蛋制食品,用水混合石灰、黏土、草木灰、食盐、稻壳等包裹在鸭蛋或鸡蛋的壳上制成。因蛋清上有松针一样的花纹,故称。也说变蛋、皮蛋、松花。

【松缓】 sōnghuǎn ❶ 形 缓和;不紧张 ▷～的气氛。❷ 动 使缓和、松弛 ▷～紧张的情绪。

【松鸡】 sōngjī 名 鸟,嘴像鸡,羽毛多黑色,尾长大。生活在高山林带,喜群居,主食树芽和浆果等。我国有黑嘴松鸡,属国家保护动物。参见插图 5 页。

【松节油】 sōngjiéyóu 名 蒸馏松脂而得的无色或淡黄色芳香液体,有挥发性。用作油漆溶剂及合成香料、杀虫剂等的原料,也用于医药。

【松解】 sōngjiě ❶ 动 解开 ▷～衣扣。❷ 动 放松;缓解 ▷紧张情绪有所～。❸ 动 变得疏松 ▷入春后冻结的土壤逐渐～。

【松紧】 sōngjǐn 名 松弛或紧张的状态、程度 ▷毛衣～正合适|试试～。

【松紧带】 sōngjǐndài 名 由橡胶丝或橡胶条和棉纱等编织而成的有伸缩性的带子。

【松劲】 sōngjìn 动 减少用力;降低紧张的程度 ▷坚持到底别～。

【松口】 sōngkǒu ❶ 动 张嘴放开咬住的东西 ▷警犬咬住猎物不～。❷ 动 不再坚持(原来的主张、意见等）▷他咬定价格不～。

【松口气】sōngkǒuqì 放松紧张的情绪 ▷任务已经完成，大家可以～了。

【松快】sōngkuai ❶ 形 轻松舒服 ▷全身～。❷ 形 宽松；宽敞 ▷人口不多，住得挺～。

【松毛虫】sōngmáochóng 名 昆虫，成虫褐色，幼虫体色杂，多黑褐色。幼虫食松叶，常造成松林大片枯死，是森林主要害虫之一。

【松明】sōngmíng 名 供点燃照明的松木细条或松树枝。也说明子。

【松蘑】sōngmó 名 菌类植物，菌盖幼时扁半球状，后展开成伞状，灰褐色或淡黑色。夏秋季生于松林，菌肉肥厚，是优质的食用菌。也说松蕈（xùn）、松口蘑。

【松气】sōngqì 动 松开憋着的气；比喻放松紧张情绪或不再使劲 ▷快到山顶了，可别～。

【松墙】sōngqiáng 名 指密植成行的松树；也指密植成行像矮墙一样的桧、柏。

【松球】sōngqiú 名 松果。

【松仁】sōngrén 名 松子里面的仁儿。味芳香，可榨油或食用。

【松软】sōngruǎn ❶ 形 松散软和 ▷沙地～｜～的蛋糕。❷ 形（肢体）发软无力 ▷浑身～。

【松散】sōngsǎn ❶ 形 不紧凑；不紧密 ▷小说的结构有些～｜采取比较～的联合形式。❷ 形 松懈；涣散 ▷纪律～｜人心～。❸ 动 使宽松舒缓；使松弛 ▷～～紧张的心情。

【松手】sōngshǒu ❶ 动 放开手 ▷你拿住了，我可～了。❷ 动 比喻不抓紧；放松 ▷管就要管到底，绝不能～。

【松鼠】sōngshǔ 名 哺乳动物，外形像鼠，尾长大而蓬松。善跳跃，大多生活在松林中，以干果、浆果、嫩叶和昆虫为食。

【松树】sōngshù 名 松[1]①。

【松爽】sōngshuǎng 形 轻松爽快 ▷洗了个澡，身体～多了。

【松松垮垮】sōngsōngkuǎkuǎ ❶ 形 松散，不牢固 ▷这张桌子～的，都要散架了。❷ 形 松懈① ▷这个人干事一向～。

【松塔儿】sōngtǎr 名 松果。成熟后包片层层张开，略像宝塔，故称。

【松涛】sōngtāo 名 风吹松林时发出的像波涛一样的声响 ▷～阵阵。

【松土】sōngtǔ ❶ 动 翻动土壤使疏松 ▷～施肥。❷ 名 疏松的土壤 ▷根部培上～。

【松闲】sōngxián 形 轻松悠闲 ▷忙过这阵子，就可以～一点儿了。

【松香】sōngxiāng 名 松脂等蒸馏后剩下的物质。固体，透明，质地硬脆，淡黄色或黄褐色。有防潮、防腐、绝缘、黏合等性能，用于肥皂、造纸、油漆、橡胶、电气、医药等工业。

【松懈】sōngxiè ❶ 形 懈怠；懒散 ▷纪律～｜工作～。❷ 动 使懈怠 ▷不可～斗志。❸ 形 不密切 ▷关系～。

【松心】sōngxīn 形 不操心；心情轻松愉快 ▷过上了～的好日子。

【松烟】sōngyān 名 松树的根、枝等不完全燃烧时烟气凝聚而成的黑色烟灰，是制墨和制黑色鞋油等的重要原料。

【松针】sōngzhēn 名 松树的叶子，呈针状。

【松脂】sōngzhī 名 松树的树脂，无色透明，松节油挥发后，逐渐变成白色或淡黄色黏滞液体或块状固体，干燥后称毛松香。

【松子】sōngzǐ 名 松树的种子；某些地区也指松仁。

【松嘴】sōngzuǐ 动 松口。

娀 sōng ❶ 有娀（yǒusōng）名 古国名，在今山西运城一带。○ ❷ 名 姓。

凇 sōng 名 寒冷天气里地面或地面物体上除露、霜以外的水气凝结物，以及雾气、雨滴在树枝等上遇冻而成的白色松散冰晶的统称。按产生凇的天气可分为雾凇、雨凇等。☛ 跟“淞”不同。

菘 sōng 名〈文〉白菜 ▷晚～。

【菘蓝】sōnglán 名 一年或二年生草本植物，茎直立，叶长椭圆形，花黄色。根和叶可以做药材，分别叫板蓝根、大青叶。

崧 sōng ❶ 古同“嵩”①。○ ❷ 用于地名。如：崧厦，在浙江；崧泽，在上海。

淞 sōng 名 淞江，水名。源于江苏，至上海与黄浦江汇合，流入长江。通称吴淞江。☛ 跟“凇”不同。

嵩 sōng ❶ 形〈文〉山大而高；高 ▷～峦｜～呼（指高呼万岁）。○ ❷ 名 姓。

sóng

㞞 sóng〈口〉❶ 名 精液。→ ❷ 形 讽刺人性格懦弱 ▷这家伙真～｜～包（懦弱的人，懦弱）。

sǒng

㧐（㩳） sǒng 动〈文〉挺立；耸起 ▷～身。

怂（慫） sǒng［怂恿］sǒngyǒng 动 从旁鼓动别人（去做某些事）▷自己躲在后面，却～别人出头。☛ 参见 1838 页“纵容”的提示。

耸[1]（聳） sǒng 动 使害怕；惊动 ▷～人听闻｜危言～听。

耸[2]（聳） sǒng ❶ 动 高起；矗立 ▷高～入云｜～立。→ ❷ 动 抬高或前移 ▷～了～肩膀。

【耸动】sǒngdòng ❶ 动（肩膀、肌肉等）向上抖动 ▷～了一下双肩，表示无奈。❷ 动 捏造或夸大某种事实，使人吃惊 ▷～听闻。

【耸肩】sǒngjiān 动 抬一下肩膀（表示疑惑、惊讶、轻蔑等）▷他～摊手表示遗憾。

【耸立】sǒnglì 动 高高地直立 ▷一座座高楼大厦～在马路两边。☛ 参见 1634 页“屹立”的提示。

【耸人听闻】sǒngréntīngwén 故意夸大事实说离奇的话，使人听了非常震惊 ▷用～的标题吸引读者眼球。☛ 参见 534 页“骇人听闻”的提示。

【耸身】sǒngshēn 动 纵身跳起 ▷一～，跳上房。

【耸峙】sǒngzhì 动 高耸矗立 ▷两岸高山～。

悚 sǒng 动 恐惧；害怕 ▷令人震～｜～惧。☛ 右边是“束”，不是“朿（cì）”。

【悚然】sǒngrán 形 形容惶恐不安的样子 ▷他不禁～一惊｜毛骨～。

竦 sǒng ❶ 形〈文〉恭敬 ▷～然肃立｜～慕。○ ❷古同“悚”。○ ❸古同“耸”。☛ 右边是“束”，不是“朿（cì）”。

【竦然】sǒngrán 现在一般写作“悚然”。

sòng

讼（訟） sòng ❶ 动〈文〉争论；争辩（是非）▷聚～纷纭｜争～｜～辩。→ ❷ 动 在法庭上辩明是非；打官司 ▷诉～。

【讼案】sòng'àn 名 诉讼的案件 ▷民事～。

【讼棍】sònggùn 名 唆使别人诉讼而自己从中牟利的坏人。

【讼师】sòngshī 名 旧时以替诉讼人出主意、写状纸为职业的人。

宋 sòng ❶ 名 周朝诸侯国名。在今河南东部和山东、江苏、安徽之间的地带。○ ❷ 名 朝代名。a）南朝第一个王朝，公元 420—479 年，刘裕所建。史称刘宋。b）公元 960—1279 年，赵匡胤所建。先建都汴京（今河南开封），史称北宋；后建都临安（今浙江杭州），史称南宋。○ ❸ 名 姓。

【宋词】sòngcí 名 宋代的词。词作为一种诗歌体裁，发展到宋代，在意境、形式、技巧等方面达到了高峰。

【宋体】sòngtǐ 名 汉字印刷字体的一种，字形方正，横细竖粗。这种字体始于明代中叶，因从宋代刻书字体演变而来，故称。也说宋体字。后又出现横竖笔画都较细的字体，称仿宋体。原来的宋体字又称老宋体。

送 sòng ❶ 动〈文〉结婚时女方亲属陪同新娘到男方家。→ ❷ 动 陪同离去的人一起到目的地或走一段路 ▷～孩子上学｜～客｜～别。→ ❸ 动 赠给 ▷～你一支笔｜陪～｜～礼。❹ 动 把东西运去或带给对方 ▷～货上门｜～信。❺ 动 无意义、无价值地付出；丧失 ▷～命｜断～。○ ❻ 名 姓。

【送别】sòngbié 动 为离去的人送行 ▷～战友。

【送殡】sòngbìn 动 陪送遗体或骨灰到安葬或寄放的地点。

【送呈】sòngchéng 动 呈送。

【送达】sòngdá ❶ 动 送到 ▷及时～。❷ 动 特指司法机关依法定方式将诉讼文书（如传票、判决书等）送交诉讼参与人。

【送电】sòngdiàn 动 输送电流；供电 ▷今晚六时～｜～线路。

【送发】sòngfā 动 发送（sòng）② ▷～会议通知。

【送风】sòngfēng 动 输送新鲜空气或暖风、凉风 ▷～机｜空调器开始～了。

【送话器】sònghuàqì 名 电话机等的传声器。能把话音转换为声频电信号，传送到对方的受话器中。也说发话器。

【送还】sònghuán 动 归还 ▷～遗失物品。

【送货】sònghuò 动 把成交的商品运到买主那里；特指商店把售出的商品送到消费者家里 ▷～上门。

【送检】sòngjiǎn 动（把物品）送到有关部门检查或检验 ▷血清已经～。

【送交】sòngjiāo 动 送去并交给 ▷此件～人事处。

【送客】sòngkè 动 送走客人；为客人送行。

【送礼】sònglǐ 动 赠送礼品。

【送命】sòngmìng 动 送死；断送生命 ▷贪饮过度，以致～。

【送气】sòngqì ❶ 动 语音学指发辅音时吐出较强气流。普通话塞音、塞擦音声母有送气和不送气之分，如 b、d、g、z、zh、j 是不送气音，p、t、k、c、ch、q 是送气音。❷ 动 指送暖气供暖；输送燃气。也说供气。

【送亲】sòngqīn 动 结婚时，女方亲友送新娘到男方家。

【送人情】sòngrénqíng 为讨好别人而给人好处、方便。

【送丧】sòngsāng 动 送殡 ▷许多亲友前来～。

【送审】sòngshěn 动 送交上级或有关方面审查 ▷～方案｜文件已～。

【送死】sòngsǐ 动 找死；自取死亡 ▷白白～。

【送往迎来】sòngwǎng-yínglái 送别走的，迎接来的。指人际交往的各种应酬活动。

【送信儿】sòngxìnr 动 传递消息 ▷有了新情况，要及时给我～。

【送行】sòngxíng ❶ 动 到将离别的人启程的地方，同他告别 ▷到码头～。❷ 动 饯别 ▷特备薄酒，为他们～。

【送一程】sòngyīchéng 陪着走一段路；指帮助一段时间 ▷把新干部扶上马，～。

【送葬】sòngzàng 动 把死者遗体送到火化场或埋葬处。

【送灶】sòngzào 动 旧俗认为农历腊月二十三日或二十四日为灶神升天奏事的日子，家家户户在前一天的晚上上供祭送灶神。

【送展】sòngzhǎn 动（把作品、产品等）送去展览。

【送站】sòngzhàn 动 把即将乘车出行的人送到车站 ▷参观团离开时，厂长亲自～。

【送终】sòngzhōng 动 照料临终的长辈；也指为长辈亲属操办丧事 ▷为父母尽孝～。

诵（誦） sòng ❶ 动 念出声来；朗读 ▷朗～|背～。→ ❷ 动 述说 ▷传～|称～。→ ❸ 动 背诵 ▷过目成～|记～。

【诵读】sòngdú 动 出声地读 ▷～诗文|学习外语，对单词和课文要反复～。

【诵经】sòngjīng 动 诵读经文 ▷～念佛。

颂（頌） sòng ❶ 名《诗经》中三种诗歌类型（风、雅、颂）之一，是祭祀时配在舞曲里的歌词。如《周颂》。→ ❷ 动 用诗歌赞扬；泛指用语言文字等赞扬 ▷歌功～德|～扬|～词。⇒ ❸ 名 以颂扬为主题的诗文、歌曲等 ▷《祖国～》|《黄河～》。⇒ ❹ 动 祝愿（多用于书信）▷顺～时祺。

【颂词】sòngcí 名 赞扬或祝贺的话 ▷新年～。

【颂辞】sòngcí 现在一般写作"颂词"。

【颂歌】sònggē 名 祝颂的诗歌、歌曲。

【颂诗】sòngshī 名 祝颂的诗篇。

【颂扬】sòngyáng 动 歌颂赞扬 ▷见义勇为的精神值得～。

【颂赞】sòngzàn ❶ 动 歌颂赞美 ▷～伟大的祖国。❷ 名 古代指一种用于歌颂赞美的文体；现泛指赞颂的文章 ▷深情地写下这篇～。

sōu

搜（*蒐） sōu ❶ 动 盘查；仔细寻找、检查（犯罪嫌疑人或违禁的东西）▷浑身上下～了一遍，什么也没～着|～捕。→ ❷ 动 寻求 ▷～寻|～罗。☛ 右上是"臼"，中间加一竖，上下都出头。

"蒐"另见本页 sōu。

【搜爆】sōubào 动 搜查爆炸物 ▷～警犬。

【搜捕】sōubǔ 动 搜查逮捕 ▷～凶犯。

【搜查】sōuchá 动 对犯罪嫌疑人或违禁物品进行搜索和检查 ▷彻底～|～毒品。

【搜肠刮肚】sōucháng-guādù 形容苦思苦想，费尽心思。

【搜刮】sōuguā 动 用各种手段掠夺榨取 ▷～民脂民膏|～百姓的财物。

【搜获】sōuhuò 动 搜查获得 ▷～毒品。

【搜集】sōují 动 搜寻汇集 ▷～资料。☛ 参见1263页"收集"的提示。

【搜检】sōujiǎn 动 搜寻检查 ▷～箱笼。

【搜剿】sōujiǎo 动 搜寻剿灭 ▷～残匪。

【搜缴】sōujiǎo 动 搜查收缴 ▷～私藏枪支。

【搜救】sōujiù 动 搜寻并救助 ▷～失踪者。

【搜括】sōukuò 动 搜刮。

【搜罗】sōuluó 动 到处寻求并聚集到一起 ▷～人才|～文献资料。☛ 参见1263页"收罗"的提示。

【搜拿】sōuná 动 搜捕捉拿 ▷～逃犯。

【搜求】sōuqiú 动 搜索；寻求 ▷～民间秘方。

【搜身】sōushēn 动 搜查身体，查看是否夹带违禁、违规物品 ▷进行～检查。

【搜索】sōusuǒ 动 仔细查找；特指军事上为查明某地域、海域、空域的可疑情况而进行搜查 ▷四处～|～空中和地面目标。

【搜索枯肠】sōusuǒ-kūcháng 形容写作时绞尽脑汁，尽力构思，寻找诗文词句。

【搜索引擎】sōusuǒ yǐnqíng 互联网上用于搜索信息的一种系统。它能将搜索到的信息自动排列成索引方式并存储于大型数据库中。

【搜寻】sōuxún 动 搜索寻找 ▷～赃物赃款。

蒐 sōu〈文〉❶ 名 茜草。○❷ 动 春天打猎。☛ 用于其他意义时，"蒐"是"搜"的异体字。另见本页 sōu "搜"。

嗖 sōu 拟声 模拟物体迅速通过的声音 ▷～地一个箭步冲上去。

馊（餿） sōu ❶ 动 食物变质而发出酸臭的味道；也指身体或贴身衣物发出汗臭味 ▷饭～了|大热天，汗水把衣裳都沤～了。→ ❷ 形 比喻（主意等）不高明 ▷这主意真够～的|～点子。

【馊主意】sōuzhǔyi 名 无用的、不高明的主意。☛ 口语中"主意"也读 zhúyi。

廋 sōu 动〈文〉隐匿；隐藏 ▷～语（隐语；谜语）。

溲 sōu 动〈文〉排泄大小便；特指排泄小便 ▷～溺。

飕（颼） sōu ❶ 拟声 模拟风吹过或下雨的声音 ▷凉风～～|雨声～～催

旱寒。→ ❷ 动 某些地区指风吹(使变干或变冷) ▷湿衣服让风~干了。

锼(鎪) sōu 动 某些地区指镂刻 ▷在木把上~了花纹。

螋 sōu 见1133 页“蠼(qú)螋”。

艘 sōu 量 用于船只 ▷两~船|一~航空母舰。☛ 统读 sōu,不读 sǒu。

【艘次】sōucì 量 复合计量单位,表示船只出航或出现的艘数和次数的总量。如 1 艘船出航(或出现)3 次为 3 艘次;5 艘船各出航(或出现)1 次为 5 艘次。

sǒu

叟 sǒu 名〈文〉老年男子 ▷童~无欺|老~。☛ 上边是一竖穿过“臼”。由“叟”构成的字有“嗖”“搜”“馊”“飕”“瘦”等。

瞍 sǒu 名〈文〉有眼睛而没有瞳孔的盲人。

嗾 sǒu ❶ 拟声 模拟驱使狗时发出的声音。→ ❷ 动〈文〉发出声音驱使狗 ▷~犬。❸ 动 教唆;指使 ▷~使。☛ 统读 sǒu,不读 suō。

【嗾使】sǒushǐ 动 挑动、指使(别人做坏事) ▷严惩~孩子干坏事的人。

擞(擻) sǒu 见336 页“抖擞”。另见本页 sòu。

薮(藪) sǒu〈文〉❶ 名 野草丛生的湖泽 ▷~泽。→ ❷ 名 人或物聚集的地方 ▷罪恶渊~|诗~。

sòu

嗽(*嗽) sòu 动 咳嗽 ▷干~了一阵子|~~嗓子。☛ 右边是“欠”,不是“攵”。

擞(擻) sòu 动〈口〉抖动插到火炉里的通条,使炉灰落下 ▷~~炉子。另见本页 sǒu。

sū

苏[1](蘇*蘓) sū 名 植物名 ▷紫~|白~。

苏[2](蘇*蘓) sū 名 像胡须一样下垂的饰物 ▷流~。

苏[3](蘇*甦蘓) sū 动 从昏迷中醒过来 ▷复~|~醒。“甦”另见本页 sū。

苏[4](蘇*蘓) sū ❶ 名 指江苏苏州 ▷~杭|~绣。→ ❷ 名 指江苏 ▷~北。○ ❸ 名 姓。

苏[5](蘇*蘓) sū ❶ 名 指苏维埃 ▷~区。→ ❷ 名 指苏联 ▷美~两国|留~学生。

苏[6](囌) sū 见892 页“噜(lū)苏”。

【苏白】sūbái ❶ 名 苏州话。❷ 名 京剧、昆曲等戏曲中使用苏州话的念白。

【苏打】sūdá 名 英语 soda 音译。碳酸钠的通称。易溶于水,碱性。是重要的化工原料,广泛用于玻璃、纸和洗涤剂等的生产。也说纯碱。

【苏剧】sūjù 名 地方戏曲剧种,流行于苏州一带。20 世纪初期,由曲艺“苏州滩簧”发展而成。

【苏木】sūmù 名 内蒙古自治区牧区行政单位的一级。1954 年后相当于乡,隶属于旗。

【苏区】sūqū 名 指我国第二次国内革命战争时期,在中国共产党领导下建立的革命根据地(跟“白区”相区别)。因当时根据地政权采用苏维埃的形式,故称。

【苏铁】sūtiě 名 铁树①的学名。

【苏维埃】sūwéi'āi 名 俄语 совет 音译。意为代表会议;特指工农代表会议。是苏联的国家权力机关。我国第二次国内革命战争时期革命根据地的工农民主政权组织也叫苏维埃。

【苏醒】sūxǐng ❶ 动 指人从昏迷状态醒过来 ▷经抢救,他终于~了。❷ 动 比喻其他事物复苏 ▷春天来了,大地~了。

【苏绣】sūxiù 名 我国四大名绣之一,以江苏苏州为中心产地的刺绣。

甦 sū 用于人名。另见本页 sū“苏[3]”。

酥 sū ❶ 名 古代指酥油。→ ❷ 名 用面粉、油、糖等制成的一种松而易碎的食品 ▷桃~|~糖。❸ 形 松而易碎 ▷这点心很~|~脆。❹ 形 (身体)无力,发软 ▷骨软筋~|累得两条腿都~了。

【酥脆】sūcuì 形 (食物)又酥又脆 ▷~可口。

【酥麻】sūmá 形 (肢体)酥软发麻 ▷双腿~。

【酥软】sūruǎn 形 (身体)软弱无力 ▷浑身~。

【酥松】sūsōng 形 (土壤等)松散;内部结构不紧密 ▷土墙被水泡~了。

【酥糖】sūtáng 名 用抽成细丝状的饴糖裹上豆面、米粉、芝麻末儿等制成的糖果,酥软香甜。

【酥油】sūyóu 名 从牛羊乳中提炼出来的脂肪。是蒙古族、藏族的一种食品,也可以用来点灯或作其他用途 ▷~茶|~灯|~花。

【酥油茶】sūyóuchá 名 藏族、蒙古族的一种常用饮料,用酥油、砖茶和盐等煮成。

【酥油花】sūyóuhuā 名 藏族特有的油塑艺术。在木架或牌坊架上用添加各种颜料的酥油雕塑的人物、鸟兽、花卉等形象。

稣（穌）sū ❶同"苏[3]"。现在一般写作"苏"。○ ❷见1605页"耶稣(yēsū)"。

窣 sū 见1470页"窸(xī)窣"。

sú

俗 sú ❶名风尚、习惯 ▷移风易～|入乡随～|习～。→ ❷形平庸；不高雅 ▷～不可耐|庸～。→ ❸形大众的；通行的 ▷～文学|～语|通～。→ ❹名佛教称尘世间或不出家(当僧尼等)的人 ▷还～|僧～。

【俗不可耐】súbùkěnài 庸俗得叫人不能忍受。☛"耐"不要误写作"奈"。

【俗称】súchēng ❶动通俗地叫做 ▷磷火～鬼火。❷名通俗的名称 ▷鬼火是磷火的～。

【俗话】súhuà 名俗语。

【俗家】sújiā ❶名出家人出家前所在的家庭。❷名相对于僧尼、道士来说没有出家的人。

【俗名】súmíng ❶名俗称 ▷疟疾～叫疟(yào)子。○ ❷名僧尼出家前用的名字。

【俗气】súqi 形粗俗；不高雅 ▷打扮得太～。

【俗曲】súqǔ 名俚曲。

【俗人】súrén ❶名平庸的人；普通人。❷名佛教等指未出家的世俗之人。‖也说俗子。❸名庸俗的人 ▷浮躁风盛，～得志。

【俗尚】súshàng 名〈文〉世俗的风尚。

【俗套】sútào ❶名礼节上的陈规旧俗 ▷他举止洒脱，不拘～。❷名陈旧过时的格调 ▷他讲的还是一些～。也说俗套子。

【俗体字】sútǐzì 名旧称流行于民间的不规范的汉字。也说俗体、俗字。

【俗文学】súwénxué 名我国古代的通俗文学。如歌谣、曲子、民间传说、话本、笑话等。

【俗谚】súyàn 名民间口头流传的谚语。如"身正不怕影子斜""只要功夫深，铁杵磨成针"等。

【俗语】súyǔ 名民间流行的、通俗而语意警醒或诙谐生动的定型语句。如"乌鸦占着凤凰巢""打着灯笼也难找"等。也说俗话。

sù

夙 sù ❶名〈文〉早晨 ▷～兴夜寐。→ ❷形过去就有的；平素的 ▷～愿|～志。

【夙仇】sùchóu 现在一般写作"宿仇"。

【夙敌】sùdí 现在一般写作"宿敌"。

【夙来】sùlái 现在一般写作"素来"。

【夙诺】sùnuò 名由来已久的承诺 ▷兑现～。

【夙嫌】sùxián 现在一般写作"宿嫌"。

【夙兴夜寐】sùxīng-yèmèi 早起晚睡。形容勤奋不懈。

【夙夜】sùyè 名〈文〉朝夕；泛指每时每刻 ▷～思念|～操劳。

【夙怨】sùyuàn 现在一般写作"宿怨"。

【夙愿】sùyuàn 名很早就有的愿望 ▷捐助建立希望小学，了却老人的～。

【夙志】sùzhì 名早就树立的志愿。

诉（訴*愬❶）sù ❶动说出来让人知道 ▷～说|倾～。→ ❷动向法院陈述案情；控告 ▷～状|～讼|起～|公～。

【诉苦】sùkǔ 动向别人倾诉自己的痛苦或困难。

【诉求】sùqiú ❶动诉说理由并提出请求 ▷～行政复议。❷名愿望；要求。

【诉权】sùquán 名起诉或诉愿的权利 ▷必须尊重当事人依法行使～|不得滥用～。

【诉说】sùshuō 动带感情地倾诉、陈述 ▷～自己不幸的遭遇。

【诉讼】sùsòng 动法律上指司法机关在当事人和其他诉讼参与人参加下，依法定程序处理案件。司法机关在诉讼中居主导地位，代表国家行使司法权。分为刑事诉讼、民事诉讼和行政诉讼。

【诉讼法】sùsòngfǎ 名关于诉讼程序的法律，即诉讼所必须遵循的程序规范。分为刑事诉讼法、民事诉讼法和行政诉讼法。

【诉讼状】sùsòngzhuàng 名起诉状。

【诉冤】sùyuān 动诉说冤屈。

【诉愿】sùyuàn 动当事人受到国家机关不当处分时，依法向实施处分机关的上级机关或法律规定的其他机关申诉，请求撤销或变更处分。

【诉诸】sùzhū〈文〉❶动把想说的话说给(别人)(诸："之""于"的合音) ▷～同道。❷动指采用某种方法 ▷～法律|～武力。

【诉状】sùzhuàng 名起诉状。

肃（肅）sù ❶形恭敬 ▷～立|～然。→ ❷形庄重；严肃 ▷～穆|～静。❸动整饬 ▷整～军纪。○ ❹动清除 ▷～清。☛下边中间是"小"，不是"米"。笔顺是ㄱ⺕肀肃。由"肃"构成的字有"啸""萧""箫"等。

【肃毒】sùdú 动彻底清除毒品或流毒 ▷禁毒、～|扫黄～。

【肃静】sùjìng 形严肃寂静 ▷会场十分～。

【肃立】sùlì 动恭敬严肃地站立 ▷～默哀。

【肃穆】sùmù 形严肃而庄重 ▷庄严～的气氛|神情格外～。

【肃清】sùqīng 动清除干净 ▷～残敌|～遗毒。

【肃然】sùrán 形形容恭敬的样子 ▷～起敬。

【肃然起敬】sùrán-qǐjìng 表现出恭敬的神态，产生敬重的心情。

【肃杀】sùshā 形 形容秋冬天气寒冷，草木凋零 ▷秋气～。

【肃贪】sùtān 动 肃清贪污行为 ▷反腐～。

素 sù ❶ 名〈文〉本色的、没有经过加工的丝织品 ▷织～。→ ❷ 形 本色的；白色的 ▷～服｜～白。❸ 形 色彩单纯的 ▷～雅｜～净｜～淡。→ ❹ 形 原有的；未加修饰的 ▷～质｜～材｜朴～。⇒ ❺ 名 构成某种事物的基本成分 ▷元～｜要～｜维生～｜因～。⇒ ❻ 形 平时的；一般的 ▷～常｜平～｜～养。❼ 副 一向；向来 ▷四川～称天府之国｜～不相识｜～来。○ ❽ 名 指蔬菜、瓜果等没有荤腥的食物(跟"荤"相对) ▷吃～｜荤～搭配。○ ❾ 名 姓。

【素白】sùbái 形 净白 ▷～的婚纱。

【素不相识】sùbùxiāngshí 向来互不认识。

【素材】sùcái 名 文学艺术创作所依据的从实际生活中搜集到的原始材料 ▷积累创作～。

【素菜】sùcài 名 指不含鸡鸭鱼肉等肉类的菜肴。

【素餐】sùcān ❶ 名 不含荤腥的饭菜。❷ 动 吃不含荤腥的饭菜。❸ 动〈文〉白吃饭，不干事 ▷尸位～。

【素常】sùcháng 名 平素；往常 ▷他～不这样。

【素称】sùchēng 动 一向被称作 ▷昆明～春城。

【素淡】sùdàn ❶ 形 素净淡雅 ▷～的装束。❷ 形 素净清淡 ▷伙食太～，加点儿荤菜。

【素缎】sùduàn 名 白色的缎子。

【素服】sùfú 名 居丧时穿的白色孝服；也指日常穿的本色或白色的衣服 ▷穿～守孝｜淡妆～。

【素鸡】sùjī 名 一种豆制品，用豆腐皮扎紧加工制成，可切成块、片、丝，与其他食品烧制或单独凉拌成菜。

【素洁】sùjié 形 洁白淡雅 ▷～的马蹄莲。

【素净】sùjing ❶ 形(颜色)淡雅 ▷室内装修得很～。❷ 形(味道)清淡 ▷老人爱吃～一点儿的菜。

【素来】sùlái 副 一向；从来 ▷他～不喝酒。

【素昧平生】sùmèi-píngshēng 从来不认识，不了解(昧：不了解)。

【素描】sùmiáo ❶ 名 绘画技法，以单色线条和块面来塑造物体形象，是一切造型艺术的基础。使用的工具为铅笔、木炭、毛笔等。❷ 名 用素描法画的图画 ▷人物～｜风景～｜静物～。❸ 名 文学上指简洁朴素、不加渲染的描写方法。也说白描。

【素朴】sùpǔ ❶ 形 朴素 ▷～的服饰｜笔调～。❷ 形 萌芽状态的；未发展成熟的 ▷上古的美是～的，和谐的。

【素日】sùrì 名 平日 ▷他～喜欢读书。

【素色】sùsè 名 白色；淡雅的颜色 ▷～服装。

【素什锦】sùshíjǐn 名 由木耳、蘑菇、腐竹和多种蔬菜加工配制的菜肴。

【素食】sùshí ❶ 名 不含荤腥的食物。❷ 动 吃素食 ▷老人长年～。

【素数】sùshù 名 数学上指在大于1的整数中只能被1和它本身整除的数。如2、3、5、7、11、43、109。也说质数。

【素席】sùxí 名 全部都是素食的宴席。也说素筵。

【素性】sùxìng 名 本性 ▷～善良。

【素雅】sùyǎ 形 素净淡雅 ▷穿戴～大方。

【素颜】sùyán 名 不进行任何化妆的脸(多指女性的) ▷她布衣～，清新自然｜～照。也说素面。

【素养】sùyǎng 名 平素的修养 ▷缺乏～。

【素油】sùyóu 名 食用的植物油。如麻油、豆油、菜油等。某些地区也说清油。

【素有】sùyǒu 动 向来就有 ▷～大志。

【素愿】sùyuàn 名 一向怀抱的愿望 ▷当一名医生是她的～｜～已偿。

【素志】sùzhì 现在一般写作"夙志"。

【素质】sùzhì ❶ 名 人的生理上的先天特点 ▷身体～。❷ 名 素养 ▷艺术～。❸ 名 事物本来的性质、特点 ▷这块鸡血石～不错。❹ 名 指人的体质、品质、情感、知识和能力等 ▷全面提高学生～。

【素质教育】sùzhì jiàoyù 依据人和社会发展的实际需要，以全面促进受教育者德、智、体、美的发展，着重培养创新精神、实践能力和发展个性为目标的教育。

【素装】sùzhuāng 名 白色或淡雅的装束。

速[1] sù ❶ 形 快 ▷欲～则不达｜～记｜～效｜急～。→ ❷ 名 速度 ▷时～｜车～。

速[2] sù 动〈文〉邀请；招致 ▷不～之客｜～祸。☛ "速"字统读sù，不读sú。

【速成】sùchéng 动 快速完成；特指缩短学习期限，很快学完规定课程 ▷～识字法｜～训练。

【速递】sùdì ❶ 动 快速传递 ▷～邮件｜信息～网。❷ 名 指速递业务。

【速冻】sùdòng 动 采用冷冻设备使食物快速冷冻以保鲜 ▷～饺子｜～蔬菜。

【速冻食品】sùdòng shípǐn 经快速冷冻而保持新鲜程度和营养成分的食品。

【速冻蔬菜】sùdòng shūcài 蔬菜贮藏的一种方法，将鲜嫩蔬菜洗净处理后包装，在-30℃以下快速冷冻，然后冷藏。

【速度】sùdù ❶ 名 表示物体运动的快慢和方向的物理量，即单位时间内物体向一个方向运动所经过的距离 ▷飞行～。❷ 名 泛指快慢的程度 ▷加快建设～｜减缓衰老～。

【速度滑冰】sùdù huábīng 冰上运动项目，分短距离、中距离和长距离3类，以速度快慢决定胜负。简称速滑。

【速记】sùjì 动 用简便而有系统的记音符号和词语缩写符号，快速记录言语 ▷～符号|～稿。

【速决】sùjué 动 迅速决定；迅速解决 ▷是否应聘，请～|速战～。

【速决战】sùjuézhàn ❶ 名 军事上指迅速克敌制胜的战斗或战役（跟"持久战"相区别）。❷ 名 比喻迅速取得成果的活动。

【速率】sùlǜ 名 速度的大小。

【速凝剂】sùníngjì 名 能使混凝土快速凝固硬化的一种添加剂。用于混凝土工程和矿山井巷、隧洞等地下工程。

【速溶】sùróng 动 快速溶解 ▷～食品。

【速生】sùshēng 动 快速生长或生成 ▷～树种。

【速生林】sùshēnglín 名 由速生树种（如杨树、柳树、泡桐、桉树等）营造的树林。

【速食】sùshí ❶ 名 快餐。❷ 区别 快速即可食用的 ▷～餐厅|～食品。

【速食面】sùshímiàn 名 某些地区指方便面。

【速算】sùsuàn ❶ 动 利用数的组成、性质等和数与数之间的特殊关系进行快速计算。❷ 名 快速计算的方法和技巧 ▷学习～并不难。

【速效】sùxiào ❶ 名 快速取得的成效 ▷产生～。❷ 形 快速见效的 ▷～救心丸。

【速写】sùxiě ❶ 名 绘画方法，用简练的线条快速勾勒人物或景物 ▷人物～|景物～。❷ 名 一种文体，以简洁的笔触及时地反映现实生活中的人或事。

【速战速决】sùzhàn-sùjué 快速发起战斗，并快速取得胜利；比喻做事迅速动手，迅速完成。

餗（餗） sù 名〈文〉鼎中的食物；泛指美味佳肴 ▷庖～。

涑 sù 名 涑水，水名，在山西，流入黄河。

宿（*宿） sù ❶ 动 夜晚住下；过夜 ▷住～|露～|～营。→ ❷ 形 多年的；一向有的 ▷～怨|～疾。❸ 形〈文〉年老的；有经验的 ▷～儒|～将（jiàng）。❹ 名〈文〉有名望的人 ▷名～。○ ❺ 名 姓。☛ 通常读 sù，如"住宿""宿舍"；读 xiǔ，用于量词，如"住一宿"；读 xiù，用于古代对某些星的集合体的称谓，如"星宿""二十八宿"。

另见1548页 xiǔ；1549页 xiù。

【宿弊】sùbì 名〈文〉由来已久的弊病。

【宿便】sùbiàn 名 指长期停滞淤积在肠道中的粪便，往往附着在肠壁皱褶中，连续发酵产生有毒物质，损害身体健康。

【宿娼】sùchāng 动 嫖娼。

【宿仇】sùchóu ❶ 名 旧有的仇恨 ▷他二人原有～。❷ 名 一向为敌的仇人 ▷他二人原是～。

【宿敌】sùdí 名 一向敌对的人或势力。

【宿根】sùgēn ❶ 名 茎叶枯萎后，次年春天仍能重新发芽滋长的二年或多年生草本植物的根。如薄荷、菊、春兰、韭菜等的根。❷ 名 佛教、道教指前世的根基；现多用来借指旧事物的根源或基础。

【宿疾】sùjí ❶ 名 长期没有治愈的病；老病 ▷～难治。❷ 名 借指长久积累的弊端 ▷～难改。

【宿将】sùjiàng 名〈文〉久经沙场的将领。

【宿命论】sùmìnglùn 名 认为人的生死、荣辱、贫富和事物的发展变化都是命运决定的，是唯心主义的观点。

【宿诺】sùnuò 现在一般写作"夙诺"。

【宿儒】sùrú 名 老成而学识渊博的读书人。☛ 不宜写作"夙儒"。

【宿舍】sùshè 名 机关、企业、学校等提供给职工及其家属或学员居住的房屋。

【宿土】sùtǔ 名 某植物原生长地点的土壤 ▷花木移栽时带些～容易成活。

【宿嫌】sùxián 名 旧有的嫌隙 ▷丢开～，真诚合作。

【宿营】sùyíng 动 军队行军途中或作战后在外住宿；泛指集体在外住宿 ▷野外～|～地。

【宿缘】sùyuán 名 佛教指命中或前生注定的因缘。

【宿怨】sùyuàn 名 旧有的怨恨 ▷～难平。

【宿愿】sùyuàn 现在一般写作"夙愿"。

【宿债】sùzhài 名 旧债 ▷还清～。

【宿志】sùzhì 现在一般写作"夙志"。

【宿主】sùzhǔ 名 寄主。

【宿醉】sùzuì 动 醉得睡了一夜都没清醒；饮酒过量而沉醉不醒 ▷～后头昏昏的|～伤肝。

骕（驌） sù [骕骦] sùshuāng 名 古书上说的一种骏马。☛ 不宜写作"骕骦"。

粟 sù ❶ 名 谷子。○ ❷ 名 姓。☛ 参见850页"栗（lì）"的提示。

【粟米】sùmǐ ❶ 名 粟的籽实。❷ 名 某些地区指玉米的籽实。

【粟子】sùzi 名 某些地区指谷子。

傃 sù〈文〉❶ 动 向 ▷客有自蜀游梁，～关西而东。○ ❷ 名 平素；平常 ▷一得适其～。

谡（謖） sù 动〈文〉起立；起来。☛ 跟"稷（jì）"不同。

嗉 sù 名 嗉子。

【嗉囊】sùnáng 名 嗉子。

【嗉子】sùzi 名 鸟类食道下面暂时储存食物的囊，是消化器官的一部分 ▷鸡～。

塑 sù ❶ 动 塑造① ▷～一尊半身像|～像|可～性。→ ❷ 名 指塑料 ▷～胶|全～家具。☛ 统读 sù，不读 suò 或 shuò。

【塑封】sùfēng ❶ 动（把照片、证件等）用塑料薄膜套起来，再用塑封机烫贴封口 ▷～过的照片好保存。❷ 名 用塑料薄膜制成的封皮或封套 ▷外面套着～。

【塑钢】sùgāng 名 用来制作门窗等的一种材料，按照设计要求把槽形钢材嵌在里面作骨架，外面用聚氯乙烯、树脂等原料并添加适当的助剂，挤压成型。

【塑建】sùjiàn 动 雕塑建造 ▷～刘胡兰纪念像。

【塑胶】sùjiāo 名 一种用高分子合成树脂加其他辅助原料熔融、塑形制成的材料，具有弹性好、抗老化、易清洁等优点，种类很多，广泛应用于日常生活和高端器材制造等 ▷～跑道。

【塑料】sùliào 名 以天然树脂或合成树脂为主要成分制成的高分子化合物。如电木、有机玻璃、聚氯乙烯、四氟乙烯等。具有质轻、绝缘、耐腐蚀等特性，可作工业原材料，用途广泛。

【塑料布】sùliàobù 名 用塑料压制而成的像布一样的材料。耐水、耐脏。

【塑身】sùshēn 动 塑造体形（多为了美观）▷健体～|～运动|～裤。

【塑像】sùxiàng ❶ 动 用石膏、泥土等雕塑人像或动物形象 ▷为烈士～。❷ 名 用石膏、泥土等雕塑的人像或动物的形象 ▷一尊鲁迅～。

【塑性】sùxìng 名 材料或物体受力时，形变而不断裂的性质 ▷～指标|～指数。

【塑造】sùzào ❶ 动 用石膏、泥土等塑制人、动物或其他物体的形象。❷ 动 指艺术创作中刻画人物形象 ▷这部电影～的人物很典型。

溯（*泝遡）sù ❶ 动〈文〉逆流而上 ▷～江而上。→ ❷ 动 从现在向过去推求；回想 ▷上～|追～|回～。☛ 不读 shuò 或 suò。

【溯源】sùyuán 动 探寻水流的源头。比喻追寻事情发生的根源 ▷追根～。

愫 sù 名〈文〉真情实意 ▷情～。

鹔（鷫）sù［鹔鹴］sùshuāng 名 古代传说中的西方神鸟。☛ 不宜写作"鹔鹴"。

蔌 sù 名〈文〉野菜；菜 ▷野～|肴～。

僳 sù ❶ 见 851 页"傈（lì）僳族"。○ ❷ 名 姓。

觫 sù 见581 页"觳（hú）觫"。

缩（縮）sù［缩砂密］sùshāmì 名 多年生草本植物，茎直立，叶子披针形，开白色花，种子棕色，多角形。种仁可以做药材，称砂仁；花朵、花序梗、种壳也可以做药材。

另见 1321 页 suō。

簌 sù［簌簌］sùsù ❶ 拟声 模拟风吹树叶的声音 ▷秋风～。❷ 形 形容眼泪等不断落下的样子 ▷泪水～地流下来。❸ 形 形容肢体颤抖的样子 ▷冻得她～发抖。

蹜 sù［蹜蹜］sùsù 形〈文〉形容小步快走的样子 ▷举步～。

suān

狻 suān［狻猊］suānní 名 古代传说中的一种猛兽。

痠 suān 形 酸痛 ▷腰～腿痛|浑身～懒。☛ "痠"的本义是酸痛，在酸痛意义上"痠""酸"二字可以通用，现在一般写作"酸"。

酸 suān ❶ 形 形容味道或气味像醋一样 ▷这杏真～|～枣|～菜。→ ❷ 形 悲痛；难过 ▷心～|悲～|～楚。→ ❸ 形 因为疲劳或生病而微痛乏力 ▷腰～腿疼|浑身～懒。→ ❹ 形 迂腐 ▷～秀才|寒～。→ ❺ 名 化学上指在水溶液中电离产生氢离子的一类化合物，能同碱中和生成盐和水。

【酸败】suānbài 动 油脂、鱼肉等变质发酸 ▷豆浆已经～，不能喝了。

【酸不唧儿】suānbujīr〈口〉❶ 形 略带酸味的 ▷草莓～的，人人都爱吃。❷ 形 形容肢体酸而无力 ▷胳膊～的，使不上劲。

【酸不拉唧】suānbulājī〈口〉❶ 形 形容有酸味（含厌恶意）▷这菜～的，不好吃。❷ 形 形容言谈迂腐 ▷这人说话怎么总是～的？

【酸不溜丢】suānbuliūdiū 形〈口〉酸溜溜③④。

【酸菜】suāncài 名 经发酵变酸的白菜 ▷猪肉烩～|～粉条儿。

【酸臭】suānchòu 形 酸而臭。

【酸楚】suānchǔ 形 辛酸痛楚 ▷～的泪水。

【酸度】suāndù 名 酸的浓度 ▷这种醋的～是6度。

【酸腐】suānfǔ 形 酸臭腐败；形容迂腐 ▷～气味|～的腔调。

【酸酐】suāngān 名 酸脱水后生成的化合物。如硫酸失水成硫酸酐。

【酸碱度】suān-jiǎndù 名 溶液酸碱性的强弱程度。一般用 pH 值表示。

【酸刻】suānkè 形 尖酸刻薄 ▷这话太～。

【酸苦】suānkǔ ❶ 形（味道）又酸又苦。❷ 形 辛酸痛苦 ▷～的漂泊生活。

【酸懒】suānlǎn 形 形容身体发酸不想动弹 ▷大病初愈，全身～。

【酸溜溜】suānliūliū ❶ 形 形容味道或气味酸 ▷话梅糖～的|～的气味。❷ 形 形容身体某部分酸痛 ▷鼻子碰到门上，～的。❸ 形 形容心里有点儿妒忌或难过 ▷看着别人的成果，心里～的。❹ 形 形容言谈迂腐 ▷他说话～的，真让人难受。

【酸麻】suānmá 形 酸疼麻木 ▷坐得双腿～。

【酸梅】suānméi 名 乌梅。

【酸梅汤】suānméitāng 名 以乌梅为主要原料泡或煮成的饮料。有生津、消暑的功效。

【酸奶】suānnǎi 名 牛奶等经配料、过滤、预热、杀菌和发酵等工艺制成的乳制品。味酸，容易消化吸收。也说酸牛奶。

【酸软】suānruǎn 形 身体酸痛无力 ▷浑身～。

【酸涩】suānsè 形 又酸又涩 ▷生苹果～难吃。

【酸甜】suāntián 形 （味道）酸中带甜 ▷～的葡萄。

【酸甜苦辣】suān-tián-kǔ-là 指各种味道；比喻人生的幸福、欢乐、痛苦、磨难等种种经历。

【酸痛】suāntòng 形 肢体发酸疼痛。

【酸雾】suānwù 名 酸性雾的统称。城市大气中的酸雾主要是硫酸雾。参见本页“酸雨”。

【酸心】suānxīn ❶ 形 心酸。❷ 动 醋心①。

【酸辛】suānxīn 形 辛酸。

【酸性】suānxìng 名 酸类溶液具有的性质。有酸味，能使蓝色石蕊试纸变红 ▷～肥料。

【酸雨】suānyǔ 名 人类活动排放的酸性废气转化成硫酸、硝酸及盐酸等后与大气中的水蒸气结合所形成的自然降水，包括雨、雪、冰雹、雾、霜等。酸雨腐蚀建筑物，污染水源，酸化土壤，损害植物，危害人体健康。也说酸性雨。

【酸枣】suānzǎo 名 落叶灌木，树枝带刺儿，叶椭圆形，初夏开黄绿色小花。果实也叫酸枣，比普通的枣小，肉薄核大，味酸。核仁可以做药材。

【酸胀】suānzhàng 形 酸痛发胀 ▷腰背～。

suàn

蒜 suàn 名 多年生草本植物，作一年生或二年生栽培，叶狭长扁平，开白花。地下鳞茎也叫蒜，味辣，有刺激性气味，可以做调料和药材；叶和花轴嫩时可以食用。也说大蒜。参见插图 9 页。

【蒜瓣儿】suànbànr 名 大蒜鳞茎分成的瓣状物。

【蒜毫】suànháo 名 嫩的蒜薹。

【蒜黄】suànhuáng 名 黄色蒜叶。大蒜在不受阳光照射并在适当的温度、湿度下培育成的蔬菜。

【蒜苗】suànmiáo 名 未抽蒜薹以前的整株蒜，可以作蔬菜。

【蒜泥】suànní 名 捣成糊状的蒜。用作调料。

【蒜薹】suàntái 名 蒜的花梗。嫩时可食用。

【蒜头】suàntóu 名 大蒜的鳞茎，由若干蒜瓣儿聚合成的球状体。

算 suàn ❶ 动 计数；用数学方法从已知数推求未知数 ▷能写会～|珠～|预～。→ ❷ 动 计划；筹划 ▷机关～尽|打～|盘～。❸ 动 推测 ▷我～他今天该到家。→ ❹ 动 计算进去 ▷明天劳动～上我一个|别把他～在内。→ ❺ 动 认作；当作 ▷老王～是一个好人|～我请客。❻ 动 作罢；为止 ▷不再进货，剩下的这些卖光了～。→ ❼ 动 能够兑现；承认有效 ▷一向说话～话|不能说了不～。→ ❽ 副 表示经过很长时间或艰难曲折终于达到目的，相当于“总算”① ▷最后～把问题弄清楚了|到月底才～有了结果。☛ 上头是“⺮”，不是“艹”，下底是“廾”。

【算草】suàncǎo 名 演算算题的草稿。

【算尺】suànchǐ 名 计算尺。

【算得】suàndé 动 够得上；算作 ▷他对父母真可～孝顺了。

【算法】suànfǎ 名 计算方法。

【算卦】suànguà 动 占卦。

【算话】suànhuà 动 （说出的话）算数；能兑现 ▷说话～。

【算计】suànji ❶ 动 计算数目 ▷尾数总不对，认真～一下吧！❷ 动 考虑；计划 ▷我～过了，还是不去为好。❸ 动 猜测；估计 ▷他～着出线后将遇到哪些对手。❹ 动 暗中谋划损害别人 ▷～别人，到头来自己也没好下场。

【算来】suànlái 动 推算起来 ▷～他快 80 了。

【算老几】suànlǎojǐ 不够资格；排不上名次（多表示自谦或对人表示轻蔑）▷你们决定就行了，我～？|甭管人家～，说得对就该听。

【算了】suànle ❶ 动 作罢；不再计较 ▷～吧，不睡了|他连个歉都没道，这就～？❷ 助 用在句末，表示祈使、终止等语气 ▷快去把她接回来～|还是赶快写完～。

【算命】suànmìng 动 一种迷信活动，根据人的生辰八字（出生年、月、日、时的干支），用阴阳五行推算吉凶祸福。

【算盘】suànpán ❶ 名 我国传统的运算用具。常见的为长方形木框内分多档，每档穿 7 颗珠子，上下用横梁分开。上边的 2 颗珠子各代表 5；下边的 5 颗珠子各代表 1。可以进行加减乘除等运算。❷ 名 借指打算 ▷他心里早就有了～|如意～。☛ 义项②口语中多读 suànpan。

【算盘珠】suànpánzhū ❶ 名 算盘上的珠子。❷ 名 算盘珠任人拨动，比喻缺乏主动精神或受人

摆布的人 ▷他纯粹是个～，不拨不动｜他只不过是个～，作不了主。‖也说算盘子儿。

【算式】suànshì 名 数学计算时所列出的式子，由数字和"+""−""×""÷"等符号组成。

【算是】suànshì ❶ 动 称得上 ▷他～有真才实学的人。❷ 动 认作；当作 ▷今天～我请客。❸ 副 总算 ▷他～答应了。

【算术】suànshù 名 最初等、最基础的数学。讨论零和正整数、正分数在加、减、乘、除、乘方、开方等运算下产生的数的性质、运算法则及其实际应用。旧称算学。

【算术级数】suànshù jíshù ❶ 按相同数值增加或减少的数列（跟"几何级数"相区别）。如 2、4、6、8……。❷ 指小而慢的增减速度 ▷供给呈几何级数增长，需求呈～增长，二者不平衡｜感染人数以～缓慢递减。

【算数】suànshù ❶ 动 计算数目；数（shǔ）数儿（shùr）▷他不到 3 岁就会～了。❷ 动 能够兑现；承认有效 ▷你说话～不～？｜刚才说的，全不～。❸ 动 指事情完成 ▷论文写完还不～，答辩通过了才～。

【算题】suàntí 名 数学中的计算习题 ▷今天数学作业有 10 道～。

【算学】suànxué ❶ 名 数学的旧称。❷ 名 算术的旧称。

【算账】suànzhàng ❶ 动 计算账目。❷ 动 比喻弄清是非，追究责任 ▷他整天欺负人，有跟他～的日子。☛ 不要写作"算帐"。

【算作】suànzuò 动 当作；算是 ▷这本散文集送给你～临别纪念吧。

suī

尿 suī 义同"尿（niào）"①，用于口语 ▷孩子又尿（niào）了一泡～｜～泡。

另见 1004 页 niào。

【尿泡】suīpao 名〈口〉膀胱 ▷猪～。

【尿脬】suīpao 现在一般写作"尿泡"。

虽（雖） suī ❶ 连 连接分句，用在上半句表示让步关系，即姑且承认某种客观事实，再引起转折的下半句，相当于"虽然" ▷办法～好，却很难实施。→ ❷ 连 连接分句，用在上半句表示假设的让步，即姑且承认某种假设的事实，再引起转折的下半句，相当于"纵然""即使" ▷～九死一生，也在所不辞。☛ 统读 suī，不读 suí。

【虽然】suīrán 连 连接分句，表示让步关系，即承认甲是事实，乙却并不因此而不成立。a）用于前一分句（位于主语前、后均可），后一分句常用"但是""可是""可""却"等呼应 ▷～天气很冷，可是现场观众却充满热情｜你～个子比我高，但是力气没我大。b）用于后一分句（必须在主语前），后一分句起补充说明作用（前一分句不用关联词语）▷我对他充满信心，～他现在还很年轻。

【虽说】suīshuō 连〈口〉虽然 ▷～房间不大，但很雅致。

【虽则】suīzé 连 虽然 ▷～途径不同，目标却是一个｜他详细地解答了我的问题，～当时他很忙。

荾 suī 见1580 页"芫荾（yánsui）"。

眭 suī 名 姓。

另见 609 页 huī。

睢[1] suī 见1834 页"恣（zì）睢"。

睢[2] suī ❶ 用于地名。如：睢县，在河南；睢宁，在江苏。〇 ❷ 名 姓。☛ "睢"字跟"雎（jū）"不同，左边是"目"，不是"且"。

濉 suī 名 濉河，水名，发源于安徽，流入江苏境内的洪泽湖。

suí

绥（綏） suí〈文〉❶ 动 安抚 ▷～靖｜～抚。→ ❷ 形 安好（多用于书信）▷顺颂台～｜时～。☛ 统读 suí，不读 suī。

【绥靖】suíjìng 动 使用安抚手段以保持地方平静 ▷～区｜～公署。

隋 suí ❶ 名 朝代名，公元 581—618 年，杨坚所建。〇 ❷ 名 姓。☛ 右边是"有"，不是"有"。由"有"构成的字有"惰""髓"等。

随（隨） suí ❶ 动 跟从 ▷生产发展了，生活水平也～着提高了｜如影～形｜尾～。→ ❷ 介 引进动作行为所依赖的条件 ▷彩旗～风飘扬｜～机应变。→ ❸ 介 顺便，趁着做一件事的方便（做另一件事）▷～手关门。→ ❹ 动 依从；顺从 ▷不管干什么，我都～你｜～顺。→ ❺ 动 任凭；由着 ▷实在不听劝，那只好～他去吧｜去不去～你。❻ 连 随便④ ▷～他怎样议论，我们也用不着害怕。→ ❼ 动〈口〉（长相、性情跟长辈）相像 ▷他的长相～他舅舅。〇 ❽ 名 姓。☛ "随"的右边是"迶"，不是"遀"。

【随笔】suíbǐ ❶ 名 一种散文体裁，篇幅短小，形式多样，可以抒情、叙事或议论，多以借题发挥、夹叙夹议为特点 ▷五四以来，～十分流行。❷ 名 听课、阅读等的记录。

【随便】suíbiàn ❶ 形 散漫 ▷这个人太～了，上班总迟到。❷ 形 不拘束；不受限制 ▷大家

～点ル好了|大家～谈谈，不要拘束。❸ 动 任由某人的方便 ▷看或不看，您～吧|什么时候去都行，随您的便。❹ 连 无论；不管 ▷～你怎么说，我反正不去|～谁遇到这种情况，都会挺身而出。

【随波逐流】suíbō-zhúliú 随着波浪起伏，跟着水流漂荡。比喻没有主见，盲目随大溜。

【随常】suícháng 形 平常；普通 ▷屋里陈设并不阔气，只有～的几件家具。

【随处】suíchù 副 随便什么地方 ▷高层建筑～可见|这样的事～都有。

【随从】suícóng ❶ 动 跟随；陪同 ▷～人员|我～你走南闯北，什么世面没见过？❷ 名 跟随的人员 ▷两名～跟在后面，寸步不离。

【随大流】suídàliú 随大溜。

【随大溜】suídàliù 按照多数人的观点说话或行事(溜：急速的水流)。

【随带】suídài ❶ 动 随某物带去 ▷除协议书外，还～样品。❷ 动 随身携带 ▷～物品。

【随地】suídì 副 随便什么地方 ▷不准～吐痰。

【随访】suífǎng ❶ 动 随同访问 ▷这次～的企业家有 30 人。❷ 动 跟踪访问。如医务人员对某些病人按期访问或与病人保持联系，以了解情况。

【随份子】suífènzi 出份子。

【随风倒】suífēngdǎo 比喻没有原则立场，哪边势力大就倒向哪边 ▷在原则问题上不能～。

【随风转舵】suífēng-zhuǎnduò 跟着风势改变航向。比喻根据情势的变化无原则地改变态度。也说顺风转舵。

【随感】suígǎn 名 随想。

【随行就市】suíháng-jiùshì 商品价格随着市场行情的变化而变化 ▷价格～。

【随和】suíhe 形 待人和气；不固执己见 ▷他一向很～，从不跟别人争吵。

【随后】suíhòu 副 表示紧接前一动作或情况之后(常跟"就"连用) ▷你们先走吧，我～就到。

【随机】suíjī ❶ 副 表示顺随时机的变化(做某事) ▷～应变。❷ 副 不设任何条件，随意地(做某事) ▷～抽样调查。

【随机应变】suíjī-yìngbiàn 跟着时机的变化而灵活应付。

【随即】suíjí 副 表示紧接着前一动作或情况之后立即发生，相当于"随后就" ▷接到报警后，消防队员～赶赴火灾现场。

【随记】suíjì ❶ 动 随手记录下来 ▷随听～。❷ 名 一种散文，跟随笔相近，但侧重于记叙(多用于标题) ▷农村调研～|《访法～》。

【随军】suíjūn 动 跟随军队(行动或生活) ▷～采访|～家属。

【随口】suíkǒu 副 不经思考，信口说出 ▷～答应|他是～说的，别当真！

【随迁】suíqiān 动 跟随迁移 ▷丈夫调动，妻子也～到这里。

【随群】suíqún 形 言论行动顺从大家的 ▷人云亦云，跟风～。

【随身】suíshēn ❶ 区别 带在身边或身上的 ▷～佩带|～衣物。❷ 区别 跟在身旁的 ▷～警卫。

【随身听】suíshēntīng 名 可以随身携带、配备耳机的小型音乐播放器。一般有播放、收听和录音功能。

【随声附和】suíshēng-fùhè 别人的话声一出就马上附和。形容没有主见，一味盲从。☛"和"这里不读 hé。

【随时】suíshí ❶ 副 时时刻刻 ▷～准备着|～注意。❷ 副 随即；适时 ▷发现问题，～处理。

【随时随地】suíshí-suídì 时时处处；任何时间、地点 ▷这种小商品～都可以买到。

【随手】suíshǒu 副 顺手；顺便 ▷～关灯。

【随顺】suíshùn ❶ 动 依从；顺从 ▷～潮流|盲目～。❷ 形 随和 ▷他的脾气很～|达观～。

【随俗】suísú 动 从俗；顺应习俗 ▷入乡～。

【随同】suítóng 动 跟随；陪同 ▷～领导视察。

【随喜】suíxǐ ❶ 动 佛教指见人行善心中欢喜；也指游览寺院、拜佛吃斋、施舍财物，或见人做功德而乐意参加。❷ 动 泛指随同众人一起参加娱乐活动或送礼。

【随想】suíxiǎng 名 由外界事物引发的所感所想(多用于标题、书名) ▷《～录》。也说随感。

【随心】suíxīn 形 称心；适意 ▷～如意。

【随心所欲】suíxīnsuǒyù 指随着自己的心意，想怎样就怎样。

【随行】suíxíng 动 跟随出行 ▷国家元首出访，外长～。

【随意】suíyì 形 任由自己的心意 ▷这里没外人，大家～吧|使用起来非常～。

【随遇而安】suíyù'ér'ān 能顺应各种环境，不管处在什么境况，都安然自得。

【随员】suíyuán ❶ 名 随行人员。❷ 名 特指驻外使馆中最低一级的外交人员。

【随缘】suíyuán 动 顺应着事物变化的情势，听候机缘安排；顺其自然(缘：佛教指外物对身心的作用) ▷万事～。

【随葬】suízàng 动 将财物等随同死者一起埋葬 ▷墓穴中有不少陶俑～|～入土。

【随着】suízhe ❶ 动 跟随 ▷您前边走，我后边～。❷ 介 引进出现某种结果的条件 ▷～经济条件的改善，人们对生活质量也提出了更高的要求。❸ 副 跟着②；随后 ▷讲完课，～就去开会|生产发展了，人民的生活水平

也～提高了。

遂 suí 义同"遂(suì)"②,用于"半身不遂"。另见本页 suì。

suǐ

髓 suǐ ❶ 名 骨髓 ▷敲骨吸～。→ ❷ 名 身体内像骨髓的东西 ▷脑～|脊～。❸ 名 植物的茎或某些植物的根内,由薄壁组织或厚壁组织构成的疏松的中心部分。→ ❹ 名 比喻事物的精华部分 ▷精～|神～。☛ ㊀统读 suǐ,不读 suí。㊁右边是"遀",不是"遀"。

suì

岁(歲*嵗) suì ❶ 名 年 ▷～末|守～。→ ❷ 量 表示年龄的单位 ▷6～上学|过年又长了一～|～数。→ ❸ 名〈文〉指年成 ▷人寿～丰|丰～。

【岁差】suìchā 名 地轴运动引起春分点以每年50.2秒的速度向西缓慢运行而使回归年比恒星年短的现象。

【岁出】suìchū 名 一年支出的总数;特指国家在预算年度内的总支出(跟"岁入"相对)。

【岁初】suìchū 名 年初。

【岁除】suìchú 名〈文〉一年的最后一天;除夕 ▷日近～。

【岁杪】suìmiǎo 名〈文〉年底 ▷年初～,人们以崭新心情迎接新的一年|先生的大作终于在去年～推出。

【岁末】suìmò 名 年底。

【岁暮】suìmù 名〈文〉一年将尽时;比喻年老 ▷年终～|已届～之年。

【岁入】suìrù 名 一年收入的总数;特指国家在预算年度内的总收入(跟"岁出"相对)。

【岁首】suìshǒu 名〈文〉一年开始的时候;通常指一年的第一个月。

【岁数】suìshu 名〈口〉人的年龄 ▷爷爷上了～,身子骨儿不如以前了。

【岁尾】suìwěi 名 年底。

【岁星】suìxīng 名 我国古代指木星。

【岁修】suìxiū 动 每年对建筑物、机器等进行整修和养护 ▷进行一年一度的～工程。

【岁序】suìxù 名〈文〉年份更替的顺序;也指岁月 ▷～更新|～变迁。

【岁月】suìyuè 名 年月;泛指时间 ▷峥嵘～|～不饶人。

谇(誶) suì 动〈文〉责骂;诘问。

祟 suì ❶ 名 迷信指鬼神带来的灾害;比喻不光明正大的行为 ▷作～|鬼鬼～～。○ ❷ 名 姓。☛ 跟"崇(chóng)"不同。"祟"上边是"出",下边是"示";"崇"上边是"山",下边是"宗"。

遂 suì ❶ 动 完成;成功 ▷功成名～|未～。→ ❷ 动 称心 ▷～心|～愿|顺～。→ ❸ 副〈文〉于是;就 ▷病三月,～亡。☛ 通常读 suì;读 suí,用于"半身不遂"。

另见本页 suí。

【遂心】suìxīn 形 称心;合意 ▷～如愿。

【遂行】suìxíng 动 实行;执行 ▷～手指切除术|具有全天候～任务的飞行水平。

【遂意】suìyì 形 遂心 ▷生活很不～。

【遂愿】suìyuàn 动 如愿;满足心愿 ▷多年的追求终于～了。

碎 suì ❶ 动 完整的物件破裂成小片或小块 ▷玻璃～了|破～◇把心都操～了。→ ❷ 动 使破裂成小片或小块 ▷粉身～骨|～石机。→ ❸ 形 零星的;不完整的 ▷～砖头|～末|琐～。→ ❹ 形 指说话絮叨、啰唆 ▷～嘴子|闲言～语。○ ❺ 名 姓。

【碎步儿】suìbùr 名 小而快的步子(多用于戏剧表演) ▷她的～功夫很深。

【碎花儿】suìhuār 名 花朵细小的图案 ▷～裙。

【碎裂】suìliè 动 破碎;破裂 ▷瓶胆已经～。

【碎末儿】suìmòr 名 细小的颗粒或粉末。

【碎片】suìpiàn 名 细碎的片状物。

【碎片化】suìpiànhuà 动 使完整的东西破碎成许多小的片段 ▷利用～时间充电学习|需要发散思维,但不要使思路～。

【碎屑】suìxiè 名 碎末儿。

【碎嘴子】suìzuǐzi ❶ 形 形容唠叨起来没完没了 ▷她是个～女人。❷ 名 借指唠叨起来没完没了的人。

隧 suì 名 隧道;地道 ▷～洞。☛ 统读 suì,不读 suí。

【隧道】suìdào 名 在地下或山腹中开凿的通道。也说隧洞。

【隧洞】suìdòng 名 隧道。

璲 suì 名 古代贵族佩戴的一种瑞玉。

䍁(䡵) suì 名 古代车上的一种装饰物。

燧 suì ❶ 名 古代取火的用具 ▷～石。→ ❷ 名 古代边防报警点燃的烟火,白天放的烟叫"烽",夜间点的火叫"燧" ▷烽～。

【燧人氏】suìrénshì 名 我国古代传说中的三皇之一,发明钻木取火,教民熟食。

【燧石】suìshí 名 一种硅质沉积岩,呈暗灰色或褐黑色,产于石灰岩中,坚硬致密。用两块燧石擦击,可以取火,现代常用作磨料,也是制作陶瓷、玻璃等的矿物原料。俗称火石。

镃（鐩） suì 古同"燧"①（多用于人名）。

穗 suì ❶ 名 稻、麦等禾本科植物聚生在茎秆顶端的花或果实 ▷稻～|秀～|抽～。→ ❷ 名 用丝线等扎成的、挂起来下垂的装饰品 ▷灯笼～儿。→ ❸ 名 广州的别称。

【穗状花序】suìzhuàng huāxù 无限花序，花序的花轴较长，不分枝，无花梗，花直接生在花轴上。如小麦、车前子、马鞭草的花序。

【穗子】suìzi 名 穗①②。

䅗 suì 古同"穗"①②。

【䅗䅗】suìsuì 形〈文〉形容谷穗成熟下垂的样子 ▷禾役～（禾役：指田地里禾的行列）。

邃 suì ❶ 形（空间、时间）深远 ▷深～的峡谷。→ ❷ 形（学问或理论）精深 ▷精～。

【邃密】suìmì ❶ 形 深远 ▷石壁高耸，峡谷～。❷ 形 精深周密 ▷治学～严谨。

襚 suì〈文〉❶ 动 为死者穿衣或向死者赠送衣被等。→ ❷ 名 赠给死者的衣被等。

旞 suì 名 古代车的旗杆顶上有五彩羽毛作装饰的旌旗。

sūn

孙（孫） sūn ❶ 名 儿子的子女 ▷子～|祖～|～子。→ ❷ 名 跟孙子同辈的亲属 ▷外～|侄～。→ ❸ 名 孙子以下的各代 ▷曾～|玄～。→ ❹ 名 某些植物的再生或孳生体 ▷稻～|～竹。〇 ❺ 名 姓。

【孙女】sūnnǚ 名 儿子的女儿。

【孙女婿】sūnnǚxu 名 孙女的丈夫。

【孙媳妇】sūnxífu 名 孙子的妻子。

【孙子】sūnzi 名 儿子的儿子。

荪（蓀） sūn 名 古书上说的一种香草。

狲（猻） sūn 见 580 页"猢(hú)狲"。

飧（＊飱） sūn 名〈文〉晚饭。☛ 跟"飨(xiǎng)"不同。

sǔn

损（損） sǔn ❶ 动 减少；丧失 ▷增～|亏～|～兵折将|～失。→ ❷ 动 使受到损失 ▷～人利己|～公肥私。❸ 动〈口〉用尖酸刻薄的话讽刺人 ▷对他不满就直说，别开口就～。❹ 形〈口〉尖刻；恶毒 ▷这人说话太～|为人太～|这一招真～。→ ❺ 动 破坏原状或使丧失原来的效能 ▷破～|残～|污～。☛ 跟"捐(juān)"不同。

【损兵折将】sǔnbīng-zhéjiàng 将士都有伤亡。形容作战失利；也借指人员损失严重。

【损公肥私】sǔngōng-féisī 损害国家或集体的利益以中饱私囊。

【损害】sǔnhài 动 伤害；使蒙受损失 ▷吸烟～健康|不得～消费者权益。☛ 参见本页"损坏"的提示、786 页"坑害"的提示。

【损耗】sǔnhào ❶ 动 损失消耗 ▷物资～。❷ 名 损耗的东西 ▷减少～。

【损坏】sǔnhuài 动 使不完整；使受害 ▷～公物|～名誉。☛ 跟"损害"不同。"损坏"重在外部受损，多跟具体事物搭配；"损害"重在内部受损，多跟抽象事物搭配。

【损毁】sǔnhuǐ 动 毁坏；破坏 ▷台风过境，～了大量房屋。

【损人】sǔnrén ❶ 动 损害别人 ▷～不利己。❷ 动 挖苦人 ▷有意见好好提，不要～。

【损人利己】sǔnrén-lìjǐ 损害他人使自己得利。

【损伤】sǔnshāng ❶ 动 损害；伤害 ▷肌肉～|打骂孩子，会～他们的自尊心。❷ 动 损失 ▷敌军～战机近百架。

【损失】sǔnshī ❶ 动 消耗或失去 ▷这场大火～了几千亩森林。❷ 名 损坏或丧失的东西 ▷资金管理不善，造成巨大的～。

【损益】sǔnyì ❶ 动〈文〉减少和增加 ▷斟酌～，以臻完善。❷ 动 会计上指亏与盈 ▷～相抵，略有结余。

【损招儿】sǔnzhāor ❶ 名 阴险毒辣的招数 ▷他竟然对朋友使～。❷ 见本页"损着儿"①。现在一般写作"损着儿"。

【损着儿】sǔnzhāor ❶ 名 下棋时走出的阴损着数。❷ 见本页"损招儿"①。现在一般写作"损招儿"。

笋（＊筍） sǔn ❶ 名 竹的嫩芽，可以食用 ▷竹～|冬～。→ ❷ 形 嫩的；幼小的 ▷～鸡|～鸭。☛ 下边是"尹"，中间一横左右都要出头。

【笋干儿】sǔngānr 名 竹笋剖开晾干后制成的食品。

【笋鸡】sǔnjī 名 指小而嫩的食用鸡。

【笋尖】sǔnjiān 名 笋的尖嫩部分。

隼 sǔn 名 猛禽，上嘴钩曲，背青黑色，腹面黄白，上胸部有黑斑，尾羽灰色，尾尖白色。性凶猛，飞速很快，善袭击其他鸟类。种类很多，其中游隼、燕隼等属国家保护动物。☛ 统读 sǔn，不读 shǔn。

榫 sǔn 名 榫子 ▷椅子脱～了|～眼|～头。

【榫合】sǔnhé 动 榫头跟榫眼相合 ▷大殿的木结构～严密 ◇ 用典贴切，跟文意～自然。

【榫头】sǔntou 名 器物或构件上凹凸相接部位的凸出部分 ▷木凳的～活动了，要加个楔子。

【榫眼】sǔnyǎn 名 卯眼。

【榫子】sǔnzi 名 器物或构件上利用凹凸方式相连接的地方；特指榫头。

suō

莎 suō［莎草］suōcǎo 名 香附子。

另见 1192 页 shā。

唆 suō 动 指使或怂恿（别人去做坏事）▷～使｜教～｜调(tiáo)～。

【唆使】suōshǐ 动 挑动或怂恿（别人去干坏事）▷严惩～孩子偷东西的人。

娑 suō 见1060 页"婆(pó)娑"。☛ 不读 shā。

桫 suō［桫椤］suōluó 名 蕨类植物，木本，茎高而直，叶子顶生，片大，羽状分裂。属国家保护植物。

梭 suō 名 织布机上用来牵引纬线使它同经线交织的工具。形状像枣核 ▷日月如～。

【梭标】suōbiāo 现在一般写作"梭镖"。

【梭镖】suōbiāo 名 长柄一头装有两边有刃的尖刀的武器。

【梭鱼】suōyú 名 鱼，头短宽，体细长，鳞大，背侧青灰色，腹部浅灰色。生活在浅海和江河中，以水底泥土中的有机物为食。

【梭子】suōzi ❶ 名 梭。○ ❷ 名 冲锋枪、机枪等装子弹的夹子 ▷机枪～。❸ 量 子弹计量单位，一子弹夹装的子弹为一梭子 ▷一～子弹撂倒了一片敌人。

【梭子蟹】suōzixiè 名 海蟹，蟹甲略呈梭子形，螯足长(cháng)大，生活在浅海海底。也说蝤蛑(yóumóu)。

挲（*挱）suō 见 967 页"摩(mó)挲"。

另见 1177 页 sā；1192 页 shā。

睃 suō 动 某些地区指看或斜着眼看 ▷冷冷地～了他一眼。

蓑（*簑）suō ❶ 名 蓑草，多年生草本植物，秆紧密丛生，直立，叶狭线形，卷折呈针状。全草可以作造纸、人造棉和人造丝的原料，也可以编制蓑衣、草鞋等。也说龙须草。→ ❷ 名 蓑衣 ▷～笠。

【蓑笠】suōlì 名 蓑衣和斗笠的合称。

【蓑衣】suōyī 名 用草或棕编成的雨披。

嗦 suō ❶见 356 页"哆(duō)嗦"。○ ❷见 907 页"啰(luō)嗦"。

嗍 suō 动〈口〉用唇舌吸食 ▷孩子一生下来就会～奶头。☛ 统读 suō，不读 shuō。

羧 suō［羧基］suōjī 名 羟基和羰基组成的一价原子团。

缩（縮）suō ❶ 动 由大变小或由长变短；收缩 ▷热胀冷～｜～小｜～水｜伸～。→ ❷ 动 没伸开或伸开了又收回去；不伸出 ▷～着脖子｜龟～。❸ 动 后退 ▷畏～不前｜退～。→ ❹ 动 节省；减少（开支）▷节衣～食｜紧～｜～编。

另见 1315 页 sù。

【缩编】suōbiān ❶ 动 紧缩编制 ▷～减员。❷ 动 把作品、节目等压缩部分内容后重新编辑，使重点突出。

【缩尺】suōchǐ 名 绘图时用来绘制缩小的图形的比例尺。

【缩短】suōduǎn 动 紧缩使变短 ▷～学制。

【缩减】suōjiǎn 动 紧缩减少 ▷～费用。

【缩量】suōliàng 动 缩减数量 ▷股市～。

【缩略】suōlüè 动 压缩省略 ▷这个版本是由英文原著本～而成的。

【缩略语】suōlüèyǔ 名 简称②。

【缩手】suōshǒu 动 把手收回来；指不再参与某事 ▷事到如今，你不能～不管。

【缩手缩脚】suōshǒu-suōjiǎo ❶ 形容因寒冷而手脚蜷缩。❷ 形容胆子小，顾虑多，放不开手脚去做。

【缩水】suōshuǐ ❶ 动 某些纺织品浸水后因纤维吸水而收缩。也说抽水。❷ 动 比喻规模、价格、数量等缩小、降低或减少 ▷公司的市场份额明显～｜工资～。

【缩水率】suōshuǐlǜ 名 纺织品缩水量占缩水前原量的百分比。

【缩头缩脑】suōtóu-suōnǎo ❶ 形容心虚胆怯的样子。❷ 形容胆子小，怕负责任。

【缩微】suōwēi ❶ 动 缩小、微型化的合称，是一种高密度、长期存贮信息的技术。即把图书资料用照相法缩小，复制在微型胶片上，以便保存和使用 ▷～胶片。❷ 动 微缩 ▷～模型。

【缩小】suōxiǎo 动 收缩使变小（跟"放大"相对）▷～机构｜～影响｜把调查范围～。

【缩写】suōxiě ❶ 动 用拼音字母把一些常用词语或专名用比较简便的写法标出。通常是截取原词语的一个或几个字母来表示。如 USA 是 The United States of America 的缩写，HSK 是 hànyǔ shuǐpíng kǎoshì 的缩写。❷ 动 把篇幅较长的作品改写成较短的篇幅 ▷将 5000 字长文～成 800 字短文。

【缩衣节食】suōyī-jiéshí 节衣缩食。

【缩印】suōyìn 动 用摄影法把书画、文字资料等原件缩小，然后制版印刷。

【缩印本】suōyìnběn 名 对大型或较大型的书籍，采用缩小字号印出的版本。如《辞海》《汉语大词典》等都有缩印本。

【缩影】suōyǐng 名 指可以代表或反映同一类型

的人或事物的某个人或事物 ▷《子夜》中的吴荪甫是旧中国民族资本家的～。

suǒ

所 suǒ ❶ 名 地方；处所 ▷场～｜住～｜便～｜哨～。→ ❷ 助 放在动词前，跟动词组成名词性短语 ▷～见～闻｜不出～料｜～知道的不多。→ ❸ 助 跟“为”或“被”合用，表示被动 ▷为实践～证明｜不要被假象～迷惑。→ ❹ 量 a)用于房屋 ▷一～楼房。b)用于学校、医院等(不止一所房屋) ▷三～大学｜一～医院。→ ❺ 名 用作某些机关或机构的名称 ▷税务～｜派出～｜研究～。❻ 名 元、明两代驻军和屯田军的建制，大的叫千户所，小的叫百户所(现只用于地名) ▷海阳～(在山东)｜前～(在浙江)。○ ❼ 名 姓。

【所部】 suǒbù 名 所统领的部队 ▷率～迎敌。

【所得】 suǒdé 名 得到的(财物、知识、劳动成果等) ▷一无～｜劳动～。

【所得税】 suǒdéshuì 名 国家依法对个人和企业的各种收入按一定比率征收的一类税。

【所见所闻】 suǒjiàn-suǒwén 看到和听到的人或事。

【所剩无几】 suǒshèng-wújǐ 剩下的数量很少。

【所属】 suǒshǔ ❶ 区别 统辖或隶属的 ▷通知～单位执行｜医药费由～单位报销。❷ 名 统辖或隶属的人或单位 ▷带领～前去救灾｜这几家公司各有～。

【所谓】 suǒwèi 区别 所说的。常用来引出需要解释、说明或否定、批判的词语 ▷～阳春白雪是指那些高深的、不够通俗的文学艺术。

【所向披靡】 suǒxiàng-pīmǐ 风吹到的地方，草木都随风倒伏。比喻力量强大，不可阻挡。

【所向无敌】 suǒxiàng-wúdí 力量指向的地方，都没有敌手(所向：指向的地方)。形容力量十分强大。

【所幸】 suǒxìng 副 表示值得庆幸，相当于“幸亏” ▷～她没有上当受骗｜～无人受伤。

【所以】 suǒyǐ ❶ 名〈文〉实在的情由；适宜的言行举止(用作固定短语中的宾语) ▷问其～｜忘乎～。❷ 连 a)连接分句，用在后一分句，表示结果，前一分句常有“因为”“由于”等照应 ▷因为森林对人类非常有益，～要认真保护｜心底无私，～他才能实事求是地面对荣辱。b)连接分句，用在前一分句(多是在主语和谓语之间)，提出需要说明原因的事情、问题等，后一分句说明原因 ▷航班～改期，是因为将有台风到来。c)其后加“呀”“嘛”等语气助词，用在复句或语段的开头，表示“就是这个原因” ▷～啊，水是生命之源，一定要节约使用。

【所以然】 suǒyǐrán 为什么是这样。指原因或道理 ▷问了半天，也没问出个～。

【所有】 suǒyǒu ❶ 动 拥有 ▷国家～｜～权。❷ 名 拥有的东西 ▷罄其～｜一无～。❸ 形 全部的 ▷～的人。

【所有权】 suǒyǒuquán 名 财产所有者在法律规定的范围内对财产占有、使用、收益与处理，并排除他人干涉的权利。是所有制在法律上的表现 ▷土地的～属于国家。

【所有者】 suǒyǒuzhě 名 依法拥有生产资料或生活资料的人。

【所有制】 suǒyǒuzhì 名 人们对物质资料的占有形式，通常指生产资料的占有形式，是生产关系的基础。不同社会发展阶段，有不同形式和性质的所有制。

【所在】 suǒzài ❶ 名 地方；处所 ▷这是什么～？❷ 名 存在的地方 ▷关键～｜希望～。

【所在地】 suǒzàidì 名 人或事物所处的地方 ▷眉山是三苏祠的～。

【所致】 suǒzhì 名(由某种原因)导致的结果 ▷交通事故往往是违章行驶～。

【所作所为】 suǒzuò-suǒwéi 所做的事情。

索[1] suǒ ❶ 名 粗绳 ▷绳～｜绞～｜铁～桥。○ ❷ 名 姓。

索[2] suǒ ❶ 动 搜求；寻找 ▷大～天下｜搜～。→ ❷ 动 探求 ▷求～｜探～｜摸～｜思～。❸ 动 讨取；要 ▷～要｜～还｜勒～。

索[3] suǒ ❶ 形 孤独 ▷离群～居。→ ❷ 形 寂寞；没有兴趣 ▷～然。☛“索”字统读 suǒ，不读 suò 或 suó。

【索逼】 suǒbī 动 催逼索要；强行勒索 ▷～债款。

【索偿】 suǒcháng 动 索取赔偿 ▷民工向老板～。

【索酬】 suǒchóu 动 索取报酬 ▷按合同～。

【索道】 suǒdào 名 以钢索为主要承重构件架在两地之间的空中通道。

【索还】 suǒhuán 动 讨回(借出的或被强占的财物) ▷～债款｜～被强占的土地。

【索贿】 suǒhuì 动 索取贿赂 ▷严禁公务员利用职权～、受贿。

【索价】 suǒjià 动 要价；卖主提出售价 ▷这部古籍，书商～1000 元。

【索解】 suǒjiě 动 寻求解释；寻求答案 ▷无从～｜～真相。

【索赔】 suǒpéi 动 索取赔偿 ▷照章～。

【索桥】 suǒqiáo 名 用铁索或绳索等为主要承重构件的桥 ▷泸定桥是我国古老的～。

【索求】 suǒqiú 动 寻求 ▷～良骥。

【索取】 suǒqǔ 动 讨取；要回 ▷～旧账｜～报酬。

【索然】suǒrán 形 乏味,没有兴致的样子 ▷～无味|兴味～。

【索然无味】suǒrán-wúwèi 形容呆板枯燥,毫无趣味。

【索索】suǒsuǒ ❶ 拟声 模拟轻微的声音 ▷入夜,雨～地下了起来|微风吹过,树叶～作响。❷ 形 形容颤抖的样子 ▷冷风吹得他～发抖。

【索讨】suǒtǎo 动 索要;讨取 ▷强行～。

【索性】suǒxìng 副 直截了当地 ▷把心里话～全讲了出来。

【索要】suǒyào 动 讨取(含强制意味) ▷～回扣|～彩礼|～好处费。

【索引】suǒyǐn 名 检索图书资料的一种工具,把书刊中的内容或项目分类摘录,注明页数,按一定次序排列,附在书刊之后,或单独编辑出版。如《二十四史人名索引》。

肙 suǒ [肙乃亥] suǒnǎihài 名 地名,即泽库,在青海。

唢(嗩) suǒ [唢呐] suǒnà 名 管乐器,形状像喇叭,管身正面有7个孔,背面1个孔,发音响亮。参见插图12页。

琐(瑣*瑣) suǒ ❶ 形 零碎;细小 ▷～事|～碎|繁～。→ ❷ 形 卑微 ▷猥～。

【琐记】suǒjì 动 零星地记述(多用于标题) ▷《移家～》|生活～。

【琐罗亚斯德教】suǒluóyàsīdéjiào 名 波斯古代宗教。创立于公元前6世纪,认为火是光明和善的代表,以礼拜"圣火"为主要仪式,所以又被称为拜火教。旧译祆(xiān)教、波斯教(琐罗亚斯德:波斯语 Zarthusht 音译)。

【琐事】suǒshì 名 琐碎的小事 ▷生活～。

【琐碎】suǒsuì 形 细小而繁杂 ▷～事|琐琐碎碎的家务事。也说琐屑。

【琐谈】suǒtán 动 零碎的或对细微琐事的谈论(多用于标题) ▷《～〈红楼梦〉中的烹饪技法》|《艺斋～》。

【琐闻】suǒwén 名 琐碎的消息或见闻 ▷文坛～。

【琐细】suǒxì 形 琐碎细小 ▷～的家务事。

【琐忆】suǒyì 动 零星地回忆(多用于标题) ▷《～郁达夫》。

【琐议】suǒyì 动 零碎的或对细微琐事的议论(常用来谦称自己发表的意见,也用于文章标题和书名) ▷～"做官"还是"做事"|《荣辱观～》。

葰 suǒ 名 姓。
另见762页 jùn。

锁(鎖*鎻) suǒ ❶ 名 用铁环互相连接而成的链子 ▷～链 ◇连～。→ ❷ 名 安在铁链环孔中或门、箱子、抽屉等器物的开合处,起封闭作用的器具。要用钥匙、暗码或磁卡、指纹等才能打开 ▷门～|号码～。⇒ ❸ 名 形状像旧式锁一样的东西 ▷石～|长命～。⇒ ❹ 动 用锁关住 ▷～紧屋门|～车。❺ 动 封闭 ▷闭关～国。→ ❻ 动 一种用于衣物边缘或扣眼上的缝纫方法,针脚很密,线交错连接 ▷～扣眼|～边。○ ❼ 名 姓。

【锁边】suǒbiān 动 缝锁衣物的边缘。

【锁定】suǒdìng 动 固定;确定;使不变动 ▷～电视频道|2号球员临门一脚～胜局。

【锁骨】suǒgǔ 名 人体胸腔前上部连接胸骨和肩胛骨的S状细长骨,左右各1块。也说锁子骨。

【锁国】suǒguó 动 关闭国门,不与外国交往 ▷闭关～导致落后挨打。

【锁簧】suǒhuáng 名 锁的核心部件,内有弹簧件,用钥匙旋动就能开锁。也说锁芯。

【锁链】suǒliàn 名 用铁环连接成串的用具(旧时多用作刑具);比喻对人或物的束缚 ▷铁门上锁着～|砸开铁～,翻身得解放。

【锁钥】suǒyuè ❶ 名 锁和钥匙。❷ 名 比喻军事要地 ▷山海关素称"两京～无双地,万里长城第一关"。❸ 名 比喻做好某件事情的关键 ▷弄清事实是解决问题的～。

溹 suǒ 用于地名。如后溹泸,在河北。
另见1188页 sè。

T

tā

他 tā ❶ 代 指另外的；别的 ▷～人｜其～｜别无～图。→ ❷ 代 称自己和对方以外的别的人 ▷～是你表哥吧？❸ 代 与"你"配合使用，表示任何人或许多人 ▷你也喊，～也叫，会场里一片混乱。○ ❹ 代 用在动词后面，表示虚指 ▷喝～三大碗｜查～个一清二楚。☛ 现代书面语中一般只用来指男性，但在性别不明或没有必要区分性别时也用"他"。"其他"的"他"一般写作"他"，不作"它"。

【他荐】tājiàn 动 由他人推荐 ▷经过自荐、～，确定了 7 名候选人。

【他律】tālǜ 动 运用法律、社会舆论等外在力量对社会成员的行为进行约束和规范（跟"自律"相对）。

【他们】tāmen 代 称不包括自己和对方的若干人 ▷你们要支持～｜～俩是亲兄弟。

【他年】tānián〈文〉❶ 名 以后的某一年或某个时候 ▷待得～重聚首。❷ 名 以前的某一年或某个时候 ▷追忆～旧梦。

【他人】tārén 代 指代其他的人；别人 ▷要尊重～。

【他日】tārì 名 以后；将来的某一天或某一时期 ▷～再来拜访。☛ 文言中也指往日、以往。

【他杀】tāshā 动 被别人杀害 ▷不是自杀，是～。

【他山攻错】tāshān-gōngcuò《诗经·小雅·鹤鸣》："它山之石，可以为错……它山之石，可以攻玉。"（错：打磨玉石的粗磨石；攻：加工）意思是别的山上的石头可以用来打磨这个山上的玉石。后用"他山攻错"比喻取人之长，补己之短；也比喻借助别人的批评和帮助来改正自己的缺点和错误。

【他伤】tāshāng 动 被他人伤害 ▷～致命。

【他乡】tāxiāng 名 家乡之外的地方 ▷远在～。

【他意】tāyì 名 别的用意或意图 ▷此话别无～。

【他用】tāyòng 名 别的用处 ▷这房子另有～。

【他指】tāzhǐ 名 另外所指 ▷此话恐有～。

它（*牠） tā ❶ 代 代指人以外的事物 ▷这狗不咬人，别怕～｜～的功能多着呢！→ ❷ 代 用在动词后面，表示虚指 ▷干～一场｜玩～一会儿。☛ 下边是"匕"，不是"七"。由"它"构成的字有"坨""驼""砣""柁"等。

【它们】tāmen 代 称两个以上的事物。

她 tā ❶ 代 称自己和对方以外的某个女性 ▷～是我母亲｜我跟～哥哥是同学。→ ❷ 代 称值得自己尊重和珍爱的事物 ▷我爱祖国，～永远连着我的心。

【她们】tāmen 代 称不包括自己和对方的若干女性 ▷～在妇女代表大会上积极发言｜～俩是亲姐妹。☛ 在书面语中，指代含男女两性的复数时写作"他们"，不写作"他(她)们"。

趿 tā 见下。☛ 统读 tā，不读 sǎ。

【趿拉】tāla 动 用脚后跟踩着鞋后帮 ▷他～着鞋出去了。☛ 不宜写作"踏拉"。

【趿拉板儿】tālabǎnr 名〈口〉木屐②。

铊（鉈） tā 名 金属元素，符号 Tl。银白色，有光泽，质软，在空气中易氧化成灰色。用于制造轴承合金、光电管、温度计及光学玻璃等。其化合物有毒。

另见 1404 页 tuó。

塌 tā ❶ 动 坍塌 ▷土墙～了｜倒～。→ ❷ 动 凹陷 ▷眼窝～下去了。❸ 动 下垂；耷拉 ▷庄稼～了秧。○ ❹ 动 使安定 ▷～下心来。

【塌方】tāfāng 动 道路、堤坝、渠道、悬崖等边上的陡坡或坑道、隧道、矿井等顶部的土石突然塌落 ▷由于连降暴雨，大坝～了。

【塌架】tājià ❶ 动 房屋等建筑的框架坍塌。❷ 动 比喻垮台 ▷这个领导班子～了。

【塌落】tāluò 动 倒塌下落 ▷窑顶忽然～下来。

【塌实】tāshi 现在规范词形写作"踏实"。

【塌台】tātái 动 垮台。

【塌陷】tāxiàn 动 凹陷；沉陷 ▷眼眶～｜路面～。

遢 tā 见 813 页"邋遢(lāta)"。

溻 tā 动〈口〉汗水浸湿（衣服、被褥等）▷快把湿衣服换下来，别老～着。

踏 tā［踏实］tāshi ❶ 形（态度）实在；不浮躁 ▷他学习很～｜工作～。❷ 形（情绪）安定 ▷麦子上了场(cháng)，心里就～了｜问题没解决，怎么也不～。☛ 不要写作"塌实"。

另见 1325 页 tà。

褟 tā ❶ 名〈口〉贴身的单衫 ▷汗～儿（夏天穿的小褂儿）。○ ❷ 动 某些地区指在衣物上镶（花边等）▷～花边。○ ❸ 名 姓。

tǎ

祂（磋） tǎ 用于地名。如祂石，在浙江。

另见 245 页 dá。

塔（*墖） tǎ ❶ 名 佛教特有的一种尖顶建筑物，用来保存佛经、舍利或

埋葬坐化的和尚等。通常有 5 层、7 层和 13 层等 ▷宝～|佛～|～林。→ ❷ 名 形状像塔的建筑物或机械设备 ▷水～|电视～|～吊。◯ ❸ 名 姓。

【塔吊】tǎdiào 名 塔式起重机。机身很高，耸立如塔，有伸出的长臂，可以在轨道上移动，把重物转移。

【塔夫绸】tǎfūchóu 名 一种细密光滑的平纹丝织品(塔夫：法语 taffetas 音译)。

【塔吉克族】tǎjíkèzú ❶ 名 我国少数民族之一。主要分布在新疆。❷ 名 塔吉克斯坦共和国人数最多的民族。

【塔林】tǎlín 名 塔形的僧人墓群。

【塔楼】tǎlóu ❶ 名 略呈塔形的高层楼房(跟"板楼"相区别)。❷ 名 建筑物顶部盖的小楼。

【塔塔尔族】tǎtǎ'ěrzú 名 我国少数民族之一。主要分布在新疆。

【塔台】tǎtái 名 机场用来指挥飞机起飞、降落和飞行的塔形建筑物。

【塔钟】tǎzhōng 名 安装在高大建筑物顶部的大型时钟。

溚 tǎ 名 英语 tar 音译。焦油的旧称。

獭(獺) tǎ 名 水獭、海獭、旱獭的统称。通常指水獭。☛ 统读 tǎ，不读 lài。

鳎(鰨) tǎ 名 鱼，体卵圆形而侧扁，呈片状。两眼都在右侧，口小，背鳍和臀鳍延长，常与尾鳍相连。生活在热带和亚热带海洋中，捕食小鱼等，种类很多，常见的有卵鳎、条鳎等。☛ 统读 tǎ，不读 nà。

tà

拓(*搨) tà 动 在石碑、器物上蒙一层薄纸，轻轻拍打使分出凹凸，再上墨，使石碑、器物上的文字、图形印在纸上 ▷把青铜器上的花纹～下来|～本|～印。

另见 1404 页 tuò。

【拓本】tàběn 名 装订成册的拓片。

【拓片】tàpiàn 名 从碑刻、铜器等文物上拓印其文字或图画的单页纸片 ▷泰山石刻～。

【拓印】tàyìn 动 拓 ▷～碑文|精心～。

沓 tà 形 重复；繁多 ▷纷至～来|杂～。☛ 读 tà，表示重复、繁多，如"纷至沓来"；读 dá，用作纸类的量词，如"一沓钞票"。

另见 244 页 dá。

挞(撻) tà 动 用鞭、棍等打(人) ▷鞭～。

【挞伐】tàfá〈文〉❶ 动 征讨；讨伐 ▷兴兵～。❷ 动 比喻声讨、抨击 ▷大加～。

闼(闥) tà 名〈文〉门；小门 ▷排～直入|禁～(宫门，借指宫廷、朝廷)。

嗒 tà [嗒然] tàrán 形〈文〉形容沮丧失意的样子 ▷～若失。

另见 244 页 dā。

阘(闒) tà 形〈文〉地位低下 ▷～茸(卑贱低劣)|～懦(卑微软弱)。

榻 tà 名 狭长的矮床；泛指床 ▷竹～|卧～|病～。

【榻榻米】tàtàmǐ 名 日语たたみ音译。日本室内地板上铺的供人坐卧的草席或草垫。

漯 tà 名 漯水，古水名，在今山东。

另见 912 页 luò。

踏 tà ❶ 动 踩 ▷一脚～空了|脚～两只船|践～|～青◇～上工作岗位。→ ❷ 动 到实地(查看) ▷～看|～访。☛ 通常读 tà；读 tā，用于"踏实"。

另见 1324 页 tā。

【踏板】tàbǎn ❶ 名 安放在车沿、船边等处供人上下用的装置(有固定的，也有活动的)。❷ 名 老式床前或桌案下垫脚用的一种附属家具，形状像小几或矮凳。❸ 名 某些器物上用脚操纵的装置。如风琴踏板、赛艇踏板等。❹ 名 田径、体操项目中供助跳用的板。

【踏步】tàbù 动 身体直立，两脚在原地做行走的动作而不向前迈步 ▷原地～|～走。☛ 参见 260 页"大踏步"的提示。

【踏春】tàchūn 动 春天到郊外游玩。

【踏点】tàdiǎn 动 踩点。

【踏访】tàfǎng 动 亲自去查访 ▷～事发现场。

【踏歌】tàgē 动 我国古代的一种歌舞，以脚踏地形成节拍，边歌边舞。现在苗、瑶等民族仍有这种歌舞 ▷纵情～。

【踏勘】tàkān ❶ 动 踏看。❷ 动 工程设计前，实地勘察地形、地质等情况 ▷～大峡谷。

【踏看】tàkàn 动 到现场查看 ▷～施工工地。

【踏空】tàkōng ❶ 动 踩空 ▷一脚～跌了下去。❷ 动 投资者在行情上涨之前未能及时买入证券，导致资金闲置 ▷规避风险，防止～。

【踏平】tàpíng 动 彻底平定、消灭 ▷～匪巢。

【踏青】tàqīng 动 春天到长满青草的郊外游玩。旧俗以清明节为踏青节。

【踏雪】tàxuě 动 在雪地散步；赏雪 ▷～夜游。

【踏足】tàzú 动 涉足 ▷～山间小径|～演艺界。

澾 tà 形 滑；滑溜(liu) ▷稀泥滑～。

蹋 tà ❶ 古同"踏"。→ ❷ 动〈文〉踢 ▷～鞠(鞠：古代一种革制的实心球)。

鞳 tà 见 1337 页"镗(tāng)鞳"。

T

tāi

台 tāi 用于地名。如台州、天台，均在浙江。另见本页 tái。

苔 tāi 名 舌苔。另见 1327 页 tái。

胎[1] tāi ❶ 名 人或哺乳动物母体内的幼体 ▷～儿｜怀～｜胚～。→ ❷ 量 用于怀孕或生育的次数 ▷头～｜第二～｜这只猫一～下了五只小猫。→ ❸ 名 比喻事物的根源 ▷祸生有～。→ ❹ 名 某些器物尚待加工的粗坯或内瓤 ▷泥～菩萨｜铜～｜棉花～。→ ❺ 名 指怀着胎儿的子宫 ▷娘～｜投～。

胎[2] tāi 名 英语 tyre 音译。轮胎 ▷车～｜内～｜外～。

【胎动】 tāidòng 动 胎儿在母腹中活动。孕妇一般在怀孕 4 个月后，就能感觉得到。

【胎毒】 tāidú 名 中医指初生儿由母体遗留的热毒所致的疾病，如疮疖、丹毒、痘疹等。

【胎儿】 tāi'ér 名 母体中怀孕 9 周以上的幼体(一般指人的幼体) ▷～发育正常。

【胎发】 tāifà 名 初生婴儿的头发。

【胎记】 tāijì 名 人体皮肤上生来就有的色斑。

【胎教】 tāijiào 动 指孕妇在怀孕期间进行身心调节，并通过话语、抚摸、欣赏音乐美术等与胎儿沟通，给胎儿以良好影响。

【胎具】 tāijù ❶ 名 供制造土模、砂型或某些产品所使用的模型。❷ 名 按产品规格、形状制造的模具。‖也说胎模。

【胎毛】 tāimáo 名 初生婴儿身上的毛发；也指哺乳动物初生的幼崽身上的毛。

【胎毛笔】 tāimáobǐ 名 用新生婴儿的胎发制成的毛笔。作纪念用。

【胎膜】 tāimó 名 包裹在胎儿外面的膜状物。有保护胎儿，提供营养，帮助呼吸、排泄等功能。

【胎盘】 tāipán 名 位于母体子宫内壁和胎儿之间的扁圆形组织。通过脐带跟胎儿相连。是胎儿与母体进行物质交换的主要器官。

【胎气】 tāiqì ❶ 名 中医指孕妇妊娠引起的面目虚浮、四肢浮肿等症状，产后即消。❷ 名 中医指妊娠期间的养胎之气。

【胎生】 tāishēng 区别 动物的受精卵在母体内吸取母体营养，发育成新个体后脱离母体的(跟"卵生""卵胎生"相区别)。人和大多数哺乳动物都是胎生的。

【胎死腹中】 tāisǐfùzhōng 比喻计划、方案等在酝酿或规划过程中就夭折了。

【胎位】 tāiwèi 名 胎儿在子宫里的位置。以胎儿头朝下的纵位为正常，胎位异常会引起难产。

【胎衣】 tāiyī ❶ 名 中医把胎盘和胎膜统称为胎衣。用作中药时叫紫河车。是治疗劳伤和虚弱的滋补剂。❷ 名 胞衣。

tái

台[1]（臺檯❼） tái ❶ 名 高而平的建筑 ▷亭～楼阁｜观礼～。→ ❷ 名 某些作底座用的东西 ▷灯～｜蜡～。→ ❸ 名 公共场所内高出地面的设备，用于表演或演说等 ▷上～领奖｜舞～｜讲～。❹ 量 a)用于戏剧、演出等 ▷一～戏｜一～晚会。b)用于机器、仪器等 ▷一～拖拉机｜一～车床。→ ❺ 名 用于天文观测、电信发射等的建筑物；跟天文观测、电信发射等相关的某些机构的名称 ▷观象～｜天文～｜电视～。→ ❻ 名 某些像台的小型建筑设施 ▷井～｜灶～。→ ❼ 名 某些像台的家具或器具 ▷写字～｜柜～｜手术～。○ ❽ 名 台湾的简称 ▷港澳～。○ ❾ 名 姓。

台[2] tái 名 敬词，用于称对方或跟对方有关的事物、动作 ▷兄～｜～启。

台[3]（颱） tái 见本页"台风"①。另见本页 tāi。

【台胞】 táibāo 名 台湾同胞。

【台本】 táiběn 名 经导演加工后用于舞台演出的剧本；也指主持节目时用的台词本子 ▷照～演戏｜主持人的口播～。

【台笔】 táibǐ 名 笔帽固定在特制底座上的笔。底座放在桌子上。

【台布】 táibù 名 桌布。

【台步】 táibù 名 戏曲演员、时装模特儿等在舞台上表演时所走的带有艺术性的步法。

【台秤】 táichèng 名 用金属制成，有固定的承重底座用以放置被称物的一种秤。也说磅秤。

【台词】 táicí 名 戏剧、电影等剧中人物所说的话，包括对白、独白、旁白。

【台灯】 táidēng 名 放在桌子上面、有底座和灯罩、可以移动的灯。也说桌灯。

【台地】 táidì 名 四周为陡坡的平坦开阔的高地。

【台端】 táiduān 名〈文〉敬词，用于称对方(多用于信件) ▷敬请～届时光临指导。

【台风】 táifēng ❶ 名 发生在北太平洋西部的热带气旋的一个等级。参见 1150 页"热带气旋"。○ ❷ 名 演员在舞台上表现出来的风度或作风 ▷～稳重｜～不正。

【台风眼】 táifēngyǎn 名 台风范围内气压最低、无云或少云、静风或微风、四周为大范围云墙的核心部分。外形多呈圆形。一般在强台风中形成，随台风增强而逐渐缩小。

【台甫】 táifǔ 名 敬词，旧时用来问人的表字。

【台海】táihǎi 名 台湾海峡的简称。

【台基】táijī 名 高出地面的建筑物底座。

【台鉴】táijiàn 动 敬词,多用于文言书信中收信人的名字或称呼之后,表示请对方审阅。也说台览。

【台阶】táijiē ❶ 名 在门前或其他坡道上建造的一级级供人上下的设施。❷ 名 比喻更大的成绩或更高的目标(常跟"上"连用) ▷明年的生产再上一个新～。❸ 名 比喻摆脱僵局或窘况的机会(常跟"下"连用) ▷给他一个～下。

【台历】táilì 名 摆放在桌子上的有支架的日历或月历。

【台面】táimiàn ❶ 名 台子的上方平面;桌面 ▷～上放着几种食材,等着下锅|玻璃～。❷ 名 借指社交场合或公开场合 ▷扭扭捏捏的,怎么能上～?|把问题摆在～上说。❸ 名 赌博时放在桌面上的赌金总数 ▷～不小。

【台盘】táipán ❶ 名 大桌面;席面 ▷～上摆满佳肴。❷ 名 借指交际应酬或公开的场合。

【台钳】táiqián 名 钳工工具,固定在工作台上用来夹住工件便于加工。有手摇把,可调整钳口的开合度。也说老虎钳、虎钳、台虎钳。

【台球】táiqiú ❶ 名 球类运动项目,在特制的长方形台子上用硬质木料制成的球杆ル击球,先积满规定分数者为胜。分为英式、法式、美式等不同种类,国际大赛一般采用英式台球。❷ 名 台球运动用的实心球,用硬质塑料等制成。

【台扇】táishàn 名 有底座,放在桌子上使用的电扇。

【台商】táishāng 名 指来自台湾的商人。

【台上】táishàng ❶ 名 舞台、讲台等的上面 ▷她正在～排练节目。❷ 名 比喻在领导职位上 ▷他还没退,仍在～。❸ 名 比喻公开场合或表面上(常跟"台下"连用) ▷～握手,台下踢脚。

【台式】táishì 区别 供摆放在桌上使用的 ▷～电扇|～日历。

【台属】táishǔ 名 原指中华人民共和国成立前夕去台湾的人员留在大陆的亲属;现泛指台湾同胞在大陆的亲属。

【台湾猴】táiwānhóu 名 我国特有的一种猴。体形与猕猴相似,全身淡褐色,四肢近黑色,尾多毛而粗大。主要分布在台湾某些地区的岩石山上,吃野果、树叶、昆虫等。属国家保护动物。

【台下】táixià ❶ 名 舞台、讲台等的下面 ▷台上几分钟,～千遍功。❷ 名 比喻不在领导职位上 ▷不论台上～,他都很平易近人。❸ 名 比喻非公开场合或暗地里(常跟"台上"连用) ▷台上握手,～使绊ル。

【台账】táizhàng 名 指明细记录工作进展情况的文档,如表格、清单。因常放在台面上,以便公开查阅,故称。

【台钟】táizhōng 名 座钟。

【台柱子】táizhùzi 名 支撑戏台一类建筑物的柱子。借指戏班中的主要演员;泛指集体中的骨干力量 ▷他是研究所里的～。也说台柱。

【台子】táizi ❶ 名 台[1]①。❷ 名 台[1]③。❸ 名 〈口〉供打台球、乒乓球等使用的特制的桌子 ▷乒乓球～。

邰

tái 名 姓。

抬

tái ❶ 动 举起;向上搬 ▷把手～起来|～腿就走|哄～物价。→ ❷ 动 多人共同用手搬或用肩扛 ▷把床～到里屋|～轿子|～担架。〇 ❸ 动 〈口〉抬杠②。

【抬爱】tái'ài 动 抬举和爱护 ▷承蒙诸位～。

【抬秤】táichèng 名 一种大型杆秤。用时把扁担或棍子从秤毫中穿过,由两个人抬着称重物 ▷这担菜得用～称。

【抬杠】táigàng ❶ 动 旧指用杠子抬送灵柩。〇 ❷ 动 〈口〉争论是非(多指非原则性的) ▷这个人喜欢～,什么事都要和别人争几句。

【抬高】táigāo ❶ 动 往高举 ▷～胳臂。❷ 动 使提高(多含贬义) ▷～物价|～身价。

【抬价】táijià 动 抬高物价 ▷不得任意～。

【抬肩】táijiān 名 上衣从肩头到腋下的尺寸。也说抬裉(kèn)。

【抬轿子】táijiàozi 比喻吹捧有权势的人。

【抬举】táiju 动 因看重某人而加以夸奖、举荐或提拔 ▷选我当厂长,是～我|不识～。

【抬筐】táikuāng 名 供两人抬的装物大筐。

【抬枪】táiqiāng 名 旧式火器。枪筒比较粗,火药和铁砂装入枪筒,点燃导火线发射。

【抬升】táishēng 动 地形、气流等升高;泛指抬高或上升 ▷采取措施,抑止油价～。

【抬头】táitóu ❶ 动 昂起头或昂着头;比喻被压制的人或事物得以重新伸展、滋长 ▷～往前看|解放了,可以～过日子了|赌博之风有所～。〇 ❷ 动 旧时书信、公文中在涉及尊长称谓时另起一行,表示尊敬。❸ 名 单据上写收款人或收件人姓名的地方。

【抬头纹】táitóuwén 名 额头上的皱纹。

苔

tái 名 苔藓植物的一类。根、茎、叶之间的区别不明显。有绿、青、紫等色,一般生长在阴暗潮湿的地方。☛ ㊀通常读 tái;读 tāi,用于"舌苔"。㊁"苔"不是"薹"的简化字。

另见 1326 页 tāi。

【苔藓植物】táixiǎn zhíwù 高等植物中构造最简单的一类。植物体较小，呈叶状体或略有茎、叶分化，有假根。大多生长在阴暗潮湿的地方。分为苔和藓两类。

【苔原】táiyuán 名 分布于极地附近或高山上的无林沼泽型植被。主要植物是苔藓和地衣。也说冻原。

骀（駘） tái 名〈文〉劣马 ▷驽～（比喻庸才）。

另见 266 页 dài。

炱 tái 名 烟气凝结成的黑灰 ▷煤～。

跆 tái 动〈文〉用脚踩踏 ▷～拳道。

【跆拳道】táiquándào 名 朝鲜民族的传统武术，现为一种体育运动项目。以脚踢、踹为主，拳打为辅，手脚并用。

鲐（鮐） tái 名 鱼，体呈纺锤形，尾柄细，背青色，腹白色，两侧上部有深蓝色波纹。趋光性强，是洄游性鱼类。分布于沿海海域中。肝可制鱼肝油。

儓 tái 名 古代最下级的奴仆。

擡 tái 同"抬"。现在一般写作"抬"。

薹[1] tái 名 薹草，多年生草本植物。秆丛生，呈扁三棱形，叶片带状，质硬，花穗浅绿褐色。生于沼泽地。茎叶可制蓑衣和斗笠。

薹[2] tái 名 蒜、韭菜、油菜等从中央部分生出的长茎。茎顶开花，嫩的可以食用。☛"薹"字不能简化成"苔"。

tǎi

呔 tǎi 形 某些地区形容说话带某种方言口音 ▷老～ル（指带某种方言口音的人）。

另见 264 页 dāi。

tài

太 tài ❶ 形 大；高 ▷～空｜～学。→ ❷ 形 身份最高的；辈分更高的 ▷～子｜～医｜～老师（老师的父亲或父亲的老师）｜～夫人（旧时对别人母亲的尊称）。→ ❸ 形 极久远的 ▷～古｜～初。→ ❹ 副 a）表示程度极高（多用于赞叹）▷这本书～好了｜～感谢你了。b）表示程度过头（多用于不如意的事情）▷地方～小｜～相信自己了。c）用在否定副词"不"后，减弱否定程度，含委婉语气 ▷不～好｜这样做不～合适吧。○ ❺ 名 姓。

【太白星】tàibáixīng 名 我国古代称金星。

【太仓一粟】tàicāng-yīsù 粮仓里的一粒谷子（太仓：古代京城里的粮仓）。比喻非常渺小，微不足道。

【太古】tàigǔ 名 人类最古的时代。我国古代以唐虞以前为太古。

【太后】tàihòu 名 帝王的母亲。

【太湖石】tàihúshí 名 一种多孔、有褶皱的石头。可建造假山，装饰庭院。因产于江苏太湖，故称。

【太极】tàijí 名 我国古代哲学指派生万物的本原。

【太极拳】tàijíquán 名 我国一种拳术，始创于清初。动作柔和缓慢，连贯圆活。具有增强体质和防病保健的作用。

【太极图】tàijítú 名 我国古代说明宇宙现象的图。一个圆内由象征阴阳的两个相对图形组成，外附八卦方位，道教用它作标志。

【太监】tàijiàn 名 明清宦官的通称。参见 599 页"宦官"。

【太君】tàijūn 名 古代官员的母亲的封号；后用来尊称对方的母亲。

【太空】tàikōng 名 高远广阔的天空；地球大气层以外的宇宙空间。

【太空步】tàikōngbù 名 模仿宇航员在太空失重状态下行走的一种舞步。

【太空舱】tàikōngcāng 名 航天飞机和太空船上供宇航员工作和生活的座舱。

【太空城】tàikōngchéng 名 设想建立在太空中可供人类生存的城市。

【太空船】tàikōngchuán 名 宇宙飞船。

【太空服】tàikōngfú 名 航天服。

【太空垃圾】tàikōng lājī 指滞留在太空的报废的人造飞行器、火箭残骸等。

【太空棉】tàikōngmián 名 一种服装材料，基层为非织造织物或其他纺织材料，表面覆有金属涂层的高分子材料薄膜。能抗高温和低温，防止辐射。原为宇航员衣料，现也供民用。

【太空人】tàikōngrén ❶ 名 乘坐航天飞机到太空航行的人；宇航员。❷ 名 外星人。

【太空葬】tàikōngzàng 动 一种丧葬方式，用航天器把死人的骨灰送入太空。

【太空战】tàikōngzhàn 名 敌对双方主要在外层空间进行的军事对抗活动。

【太空站】tàikōngzhàn 名 空间站。

【太庙】tàimiào 名 帝王的祖庙。

【太平】tàipíng 形（社会、国家）安定；平安 ▷～盛世｜外出的人员现在都挺～。

【太平斧】tàipíngfǔ 名 消防救火时用来砍破门、窗等的长把ル斧子；船遇大风时用来砍断桅杆、缆绳等的斧子。

【太平鼓】tàipínggǔ ❶ 名 打击乐器。鼓有长柄，柄上缀着十多个铁环，用细长的鼓槌敲打，鼓环同时发声。用于舞蹈伴奏。也说单鼓、羊皮鼓。❷ 名 满族、汉族的一种民间舞蹈,多为女子表演。表演时一边敲鼓,一边歌舞。

【太平花】 tàipínghuā 名 落叶灌木。叶对生,长椭圆形。夏季开乳白色花,总状花序,微有芳香,蒴果陀螺形。可供观赏。

【太平间】 tàipíngjiān 名 医院里停放尸体的房间。

【太平门】 tàipíngmén 名 剧场、礼堂等公共场所设置的在紧急情况下能及时疏散群众的旁门。

【太平水缸】 tàipíng shuǐgāng 消防用的贮水缸。

【太平梯】 tàipíngtī 名 为发生火灾等险情时便于人员疏散或救护而在某些建筑物(如仓库、集体宿舍等)墙外设置的楼梯;也指消防专用的爬梯。

【太平天国】 tàipíng tiānguó 洪秀全、杨秀清等1851年领导农民起义,建号"太平天国",1853年定都天京(今南京),建立国家政权。1864年,太平天国在清政府和外国侵略势力联合镇压下失败。太平天国运动是我国历史上规模最大的农民起义。

【太平洋】 tàipíngyáng 名 地球上四大洋中最大、最深、岛屿最多的洋。位于亚洲、大洋洲、南极洲和南北美洲之间,面积约占全球海洋面积的一半。

【太上皇】 tàishànghuáng ❶ 名 皇帝的父亲;特指把皇位让给儿子后的皇帝。❷ 名 比喻退居幕后但实际握有最高权力的人(含贬义)。

【太甚】 tàishèn 形 太过分;太厉害 ▷欺人~。

【太师椅】 tàishīyǐ 名 旧式家具中一种底座宽大、有扶手和靠背的木头椅子。

【太史】 tàishǐ 名 复姓。

【太守】 tàishǒu 名 古代地方官名,秦设郡守,汉景帝时改郡守为太守,为一郡(辖若干县)的最高行政长官。明清时习惯上称知府为太守。

【太叔】 tàishū 名 复姓。

【太岁】 tàisuì ❶ 名 木星的古名。我国古代根据它围绕太阳公转的周期纪年。12年是1周。别称太阴。❷ 名 传说中的凶神;也用来比喻凶恶残暴的人。

【太岁头上动土】 tàisuì tóushang dòngtǔ 古人认为太岁神的所在地与天上的岁星相应,凡掘地动工、迁徙等都要躲开太岁的方位,否则会遭灾。比喻触犯强者。

【太太】 tàitai ❶ 名 旧时对官绅妻子的通称。❷ 名 旧时仆人对女主人的称呼。❸ 名 对已婚妇女的尊称(前面冠以丈夫的姓氏) ▷王~。❹ 名 指自己或他人的妻子(前加人称代词) ▷我~|您~。

【太尉】 tàiwèi 名 我国古代执掌军事的最高官职,后用来尊称一般武官。

【太息】 tàixī 动〈文〉叹息。

【太虚】 tàixū ❶ 名 我国古代哲学指宇宙万物最原始的状态。❷ 名 指天空 ▷飞向~。❸ 名 想象中的虚幻玄奥的境界 ▷~幻境。

【太学】 tàixué 名 我国古代设在京城的最高学府。

【太阳】 tàiyáng ❶ 名 银河系的恒星之一,太阳系的中心天体。是一个炽热的气体球,内部不断发生热核反应,产生巨大的能量。地球和其他七颗行星都围绕它旋转,并从它获得光和热。❷ 名 指太阳光 ▷晒~。

【太阳地儿】 tàiyángdìr 名 太阳晒着的地方 ▷~的温度比阴凉处高多了。

【太阳电池】 tàiyáng diànchí 太阳能电池。用半导体硅、硒等材料把太阳能直接转变为电能的装置。广泛应用于人造卫星、钟表、收录机、交通工具等。

【太阳风暴】 tàiyáng fēngbào 指太阳在黑子活动高峰时释放出来的高速带电粒子流。它严重影响地球的空间环境,引起磁暴和电离层扰乱,破坏臭氧层,干扰无线电通信。对人体健康也有一定危害。

【太阳黑子】 tàiyáng hēizǐ 太阳光球层上出现的暗斑点。大的太阳黑子和黑子群出现时,地球上往往发生磁暴和电离层紊乱现象。

【太阳镜】 tàiyángjìng 名 可防止太阳紫外线伤害眼睛的有色眼镜。也说遮阳镜。

【太阳历】 tàiyánglì 名 阳历①。

【太阳帽】 tàiyángmào 名 遮阳帽。

【太阳能】 tàiyángnéng 名 太阳的辐射能。是地球上光和热的源泉。人类借助一定装置,可获取太阳能来烧水、煮饭、发电等。

【太阳能电池】 tàiyángnéng diànchí 利用光伏效应原理,把太阳能直接转变成电能的装置。具有无污染、使用寿命长、转换效率高等优点,可用作人造卫星、航标灯等的电源。也说光伏电池。

【太阳年】 tàiyángnián 名 回归年。

【太阳伞】 tàiyángsǎn 名 遮阳伞。

【太阳系】 tàiyángxì 名 以太阳为中心,受它的引力支配并环绕它运行的天体所构成的系统。包括太阳、八颗大行星及其卫星、已发现的五颗矮行星和许多小行星、彗星、流星等。是银河系中的一个天体系统。

【太阳穴】 tàiyángxué 名 人体穴位之一,在眉梢与外眼角中间向后约一寸的凹陷处。

【太阳灶】 tàiyángzào 名 利用太阳能辐射热进行烹调的灶具。也说太阳炉。

【太爷】 tàiyé 名 某些地区指曾祖父。

【太医】 tàiyī ❶ 名 御医。❷ 名 对医生的敬称。

【太阴】 tàiyīn ❶ 名 月球的旧称。❷ 名 太岁①的别称。

【太阴历】 tàiyīnlì 名 阴历①。

【太子】tàizǐ 名 被确定将继承帝位或王位的帝王之子。

【太子参】tàizǐshēn 名 多年生草本植物，叶对生，倒披针形，夏季开花，蒴果球形。块根纺锤形，可以做药材。也说孩儿参。

汰 tài 动 淘汰 ▷优胜劣～。

态（態） tài ❶ 名 形状；状况 ▷姿～|神～|液～|事～|心～。→ ❷ 名 一种语法范畴。多指句子里动词所表示的动作跟主语所表示的事物之间的关系，如主动态、被动态。

【态度】tàidu ❶ 名 仪态神情 ▷～生硬|～严肃。❷ 名 对人或事物的看法和采取的相应行动 ▷～暧昧|端正～|工作～。

【态势】tàishì 名 事物的状态和发展趋势 ▷良好的发展～|摆出进攻的～。

肽 tài 名 有机化合物，由一个氨基酸分子中的氨基与另一氨基酸分子中的羧基缩合脱水而成。

钛（鈦） tài 名 金属元素，符号 Ti。银灰色，质硬而轻，有延展性，熔点较高，耐腐蚀。可用来制造特种合金钢。

【钛白】tàibái 名 二氧化钛。一种白色颜料，广泛用于造纸、橡胶、建筑涂料、医药等方面。

【钛合金】tàihéjīn 名 以钛为基的合金的统称。具有密度小、强度高、耐腐蚀等特点，是航空、造船和化学等工业的重要材料。

泰[1] tài ❶ 形 安定；平安 ▷国～民安|康～。○ ❷ 名 姓。

泰[2] tài〈文〉❶ 形 极 ▷～古|～西（旧时指西洋）。→ ❷ 副 表示程度超出正常情况或超过某种标准 ▷富贵～盛|养生～奢。☛“泰”字下边不能写成“水”。

【泰斗】tàidǒu 名 泰山北斗；比喻学术、技艺深湛，德高望重而受到敬仰的人 ▷文坛～。

【泰然】tàirán 形 形容心神安定或若无其事的样子 ▷～处之|～自若。

【泰然处之】tàirán-chǔzhī 处之泰然。

【泰然自若】tàirán-zìruò 面对危险、变故而沉着镇定、毫不慌乱。

【泰山】tàishān ❶ 名 山名，在今山东泰安。古人把它看作最高的山，后常用来比喻极敬仰的人或极为重大的事 ▷有眼不识～|责任重于～。❷ 名 岳父的别称 ▷老～。

【泰山北斗】tàishān-běidǒu 泰山为五岳之首，北斗在众星中最明亮；比喻功业卓著、德高望重的权威人士。简称泰斗。

【泰山压顶】tàishān-yādǐng 形容极大的压力或严峻的形势 ▷洪峰以～之势袭来。

【泰水】tàishuǐ 名 岳母的别称。

【泰西】tàixī 名 旧时指西方国家，一般指欧美各国。

酞 tài 名 有机化合物，由一个分子的邻苯二酸酐与两个分子的酚经缩合作用而得到的产物。可用来作化学分析的指示剂和染料。

tān

坍 tān 动 倒塌 ▷山墙～了|～塌|～陷。

【坍方】tānfāng 动 塌方。

【坍塌】tāntā 动 倒塌 ▷房屋～|堤坝～。

【坍台】tāntái 动（事业等）垮台；倒台。

【坍陷】tānxiàn 动 塌陷；沉陷 ▷地基～。

贪（貪） tān ❶ 动 过分地、不择手段地追求财物 ▷～财|～赃|～小便宜。→ ❷ 动（对事物）不知满足地追求 ▷～凉|～睡|～杯|～婪。☛ 上边是“今”，不是“令”。

【贪杯】tānbēi 动 过分好（hào）喝酒 ▷～惹祸。

【贪财】tāncái 动 贪图非分的钱财 ▷～忘义。

【贪吃】tānchī 动 嘴馋好（hào）吃；贪图吃好的 ▷这孩子～得很|～伤身。

【贪大求全】tāndà-qiúquán 不顾客观条件和实际需要，一味追求规模大，样样齐全。

【贪大求洋】tāndà-qiúyáng 不顾客观条件和实际需要，一味追求大型的、外国的设备技术等。

【贪得无厌】tāndé-wúyàn 贪心极大，没有满足。

【贪多】tānduō 动 一味地追求数量大 ▷～嚼不烂。

【贪多务得】tānduō-wùdé 原指学习上务求尽量多地获得知识，后泛指对其他事物贪多且志在必得。

【贪腐】tānfǔ 动 贪污腐化 ▷～堕落，必须严惩|警惕～蔓延。

【贪官】tānguān 名 贪污受贿的官吏 ▷～污吏。

【贪狠】tānhěn 形 贪婪狠毒 ▷生性～。

【贪贿】tānhuì 动 贪污和受贿 ▷～获罪。

【贪贿无艺】tānhuì-wúyì 一味贪求财物而没有限度（贿：财物；艺：限度）。

【贪婪】tānlán ❶ 形 贪心② ▷～成性。❷ 形 形容急切追求而不知满足 ▷～地吸取最新的知识营养。

【贪恋】tānliàn 动 非常留恋 ▷～舒适的生活。

【贪慕】tānmù 动 贪恋，羡慕 ▷～奢华。

【贪念】tānniàn 名 过分地追求欲望满足的念头 ▷～膨胀，自毁前程。

【贪求】tānqiú 动 极力追求 ▷～享乐。

【贪色】tānsè 动 特别喜好女色 ▷好（hào）酒～。

【贪生怕死】tānshēng-pàsǐ 贪恋生存，惧怕死亡。形容为了活命而在紧要关头不敢挺身而出。

【贪天之功】tāntiānzhīgōng 把上天所成就的功绩说成是自己的。现多指抹杀群众或他人的作用,把一切功劳归于自己。

【贪图】tāntú 动 一心追求谋取 ▷~富贵。

【贪玩儿】tānwánr 动 过分地喜欢玩儿。

【贪污】tānwū 动 国家工作人员利用职务上的便利,侵吞、窃取、骗取或者以其他手段非法占有公共财物;也指公司企业或者其他单位的人员利用职务上的便利,将本单位财物非法占为己有 ▷~和浪费是极大的犯罪|~腐化。

【贪小】tānxiǎo 动 贪图小便宜 ▷~失大。

【贪心】tānxīn ❶ 名 贪多务得的欲望 ▷人不可有~。❷ 形 形容非分地贪求 ▷他太~了。

【贪欲】tānyù 名 贪得无厌的欲望 ▷~无度。

【贪赃】tānzāng 动 贪污受贿 ▷~行为。

【贪赃枉法】tānzāng-wǎngfǎ 贪污受贿,破坏和践踏法律。

【贪占】tānzhàn 动 贪图占有;贪污侵占 ▷他从不~便宜|不允许~集体财物。

【贪嘴】tānzuǐ 动 贪吃。

嘽(嘽) tān [嘽嘽] tāntān 形〈文〉形容牲畜喘息的样子。

另见 147 页 chǎn。

摊(攤) tān ❶ 动 铺开;摆开 ▷把地图~在桌子上|~牌。→ ❷ 动 分担;分派 ▷分~|均~|~派。❸ 动 碰到;落到身上(多指不如意的事情) ▷倒霉的事都让我~上了。→ ❹ 名 摊子① ▷~贩|摆~儿。→ ❺ 动 烹饪方法,把糊状原料铺成片状加以煎烤 ▷~煎饼|~鸡蛋。→❻ 量 用于概数,相当于"堆" ▷一~水果|一~杂物◇一大~事情。

【摊场】tāncháng 动 把收割的庄稼在场地上摊开,以便翻晒或碾压。

【摊床】tānchuáng 名 临时铺设的简易货摊。

【摊档】tāndàng 名 某些地区指售货摊。

【摊点】tāndiǎn 名 摆摊儿营业的简易售货点或服务点 ▷路旁不许乱设~|服装~。

【摊贩】tānfàn 名 摆摊儿售货的小商贩。

【摊放】tānfàng 动 均匀地分散放置 ▷把柴草~在院子里晒干。

【摊开】tānkāi ❶ 动 敞开;铺开 ▷把货物~|把图纸~。❷ 动 摆明;说出来 ▷干脆把矛盾~。

【摊牌】tānpái ❶ 动 打牌时,把手中的牌都公开亮出,跟对方比高低、决胜负。❷ 动 比喻到最后关头向对方公开自己一方的主张、实力等 ▷谈判到最后,双方都~了。

【摊派】tānpài 动 把钱款、任务等分派给有关人员或有关地区、单位承担 ▷~到个人头上|取消不合理~。

【摊群】tānqún 名 聚集在一起的售货摊。

【摊售】tānshòu 动 摆摊儿销售 ▷~旧家电。

【摊位】tānwèi ❶ 名 一个售货摊所占的位置 ▷超市还有几个~出租。❷ 名 售货摊;售货点 ▷增加~,减少顾客等候时间。

【摊销】tānxiāo 动 把整体数额分成几次或几处销账 ▷~开发成本。

【摊主】tānzhǔ 名 售货摊的主人。

【摊子】tānzi ❶ 名 没有正式铺面,把货物在一处摆开的售货点 ▷杂货~。❷ 名 比喻组织机构或工作局面 ▷创业阶段,~不能铺得太大|留下个烂~让谁来收拾? ❸ 量 用于事务 ▷家里一~事全归她管。

滩(灘) tān ❶ 名 江河中石多水浅、水流很急的地方 ▷急流险~。→ ❷ 名 江、河、湖、海边水涨淹没、水退显露的淤积平地 ▷海~|沙~。→ ❸ 量 用于漫开的液体或糊状物 ▷一~血水|一~稀泥。

【滩地】tāndì 名 江、河、湖、海水面和堤岸之间淤积成的较大的平地 ▷海边~。

【滩簧】tānhuáng 名 清代一种说唱艺术,为坐唱形式。由多人表演,演员各执乐器,曲目和音乐均采自民歌小调。流行于江南一带。20 世纪后各地滩簧逐渐演变为地方戏曲剧种,如锡剧、沪剧等。

【滩头】tāntóu 名 江、河、湖、海岸边的沙滩。

【滩涂】tāntú 名 海滩、河滩和湖滩的统称。

【滩羊】tānyáng 名 绵羊的一种。公羊有角,母羊多无角,多为白色,有的头部呈黑色,体躯长,毛质较好。主要产于宁夏黄河沿岸。

瘫(癱) tān ❶ 动 瘫痪 ▷偏~|面~。→ ❷ 动 指肢体绵软无力,难以动弹 ▷吓得~倒在沙发上|~软。

【瘫痪】tānhuàn ❶ 动 由于神经机能出现障碍,身体的某一部分完全或不完全地丧失运动功能。❷ 动 比喻组织涣散,指挥失灵,不能正常运作 ▷机构~|交通~。

【瘫软】tānruǎn 形 (肢体)绵软无力 ▷四肢~。

【瘫子】tānzi 名 对瘫痪的人不礼貌的称呼。

tán

坛[1](壇) tán ❶ 名 土、石等筑成的高台。古代用于举行祭祀、会盟、誓师等大典;现也用于庆祝或纪念等大型活动 ▷登~拜将|天~|地~|中华世纪~。→ ❷ 名 用土堆成的可以种花的平台 ▷花~。→ ❸ 名 讲学或发表言论的场所 ▷讲~|论~。⇒ ❹ 名 僧道过宗教生活或举行祈祷法事的场所;某些会道门拜神集会的场所或组

织。⇒❺ 名 指某些由职业特点、专业活动等形成的领域 ▷文～|影～|体～|棋～|乐(yuè)～|政～。

坛²(罈*罎壜) tán 名 坛子 ▷～～罐罐|酒～。

【坛坛罐罐】tántánguànguàn 坛子和罐子;泛指各类家用物品 ▷虽刚成家一年,～可不少。

【坛子】tánzi 名 一种陶瓷容器,口小肚大,常用来存放酒、醋、酱油等。

昙¹(曇) tán 名〈文〉密布的云气 ▷彩～。

昙²(曇) tán 音译用字,用于"昙花""昙摩"(指佛法)等。

【昙花】tánhuā 名 梵语音译词"优昙钵花(udumbara)"的简称。常绿灌木,老枝圆柱形,新枝扁平,绿色,呈叶状。花生于新枝的边缘,花的外缘淡红色或绛紫色,中间纯白色。常开于夜间,数小时即谢,供观赏。参见插图 7 页。

【昙花一现】tánhuā-yīxiàn 昙花开花后很快就凋谢。佛经用来指难得出现;现比喻突然显赫起来的人物或流行一时的事物很快消失。

倓 tán 形〈文〉安静。

郯 tán [郯城] tánchéng 名 地名,在山东。

谈(談) tán ❶ 动 说;谈论 ▷～一～心里话|两人～得很高兴|～了半天也没达成协议。→❷ 名 言论;话语 ▷奇～怪论|老生常～|美～|笑～。〇 ❸ 名 姓。

【谈锋】tánfēng 名 说话的劲头儿或锋芒 ▷他虽年迈,但～不减当年|～锐利。

【谈何容易】tánhéróngyì 本指臣下向君王进言不容易。现指事情做起来并不像说的那么简单、容易。

【谈虎色变】tánhǔ-sèbiàn 泛指一提到可怕的事情就神情紧张,连脸色都变了。

【谈话】tánhuà ❶ 动 两个人或许多人在一起交谈 ▷他们正～呢,别打搅。❷ 动 用交谈的形式做思想工作 ▷领导找他个别～。❸ 名 用谈话的形式发表的主张、看法或指示 ▷会上他发表了重要～|书面～。

【谈及】tánjí 动 谈到;谈话涉及 ▷～此事|避免～有争议的问题。

【谈开】tánkāi ❶ 动 说开① ▷把问题～。❷ 动 说开② ▷俩人就学开车的事～了。

【谈论】tánlùn 动 交谈并议论 ▷～时事。

【谈判】tánpàn 动 各方就某一个有待解决的重大问题进行会谈,以求达成共识和协议 ▷贸易～|～中断。☛ 跟"会谈""会商"不同。"谈判"通常是为解决争端或矛盾;"会谈""会商"可以指一般的商谈。

【谈情说爱】tánqíng-shuō'ài 男女间彼此倾吐、表达爱恋之情。

【谈天】tántiān 动 聊天儿;闲谈。

【谈天说地】tántiān-shuōdì 漫无边际地闲聊。

【谈吐】tántǔ 名 谈话时的措辞和神态 ▷～不俗|～大方。

【谈笑】tánxiào 动 说笑;有说有笑 ▷～自如。

【谈笑风生】tánxiào-fēngshēng 有说有笑,轻松而饶有风趣。☛"生"不要误写作"声"。

【谈笑自若】tánxiào-zìruò 形容在危急或异常情况下沉着镇静,仍跟平常一样有说有笑(自若:保持常态,镇定自然)。

【谈心】tánxīn 动 说心里话,交流思想 ▷把盏～|找朋友谈谈心。

【谈兴】tánxìng 名 交谈的意愿和兴趣 ▷～正浓|～索然。

【谈言微中】tányán-wēizhòng 形容说话委婉含蓄而能切中事理(微中:委婉含蓄而切中事理)。☛"中"这里不读 zhōng。

【谈资】tánzī 名 闲谈的资料,多指能引起人们谈论兴趣的事情 ▷成为一时的～。

埮 tán 古同"坛²"。

惔 tán 动〈文〉焚烧 ▷旱魃为虐,如～如烧。

弹(彈) tán ❶ 动 弹射① ▷用弹(dàn)弓～鸟。→❷ 动 用力把被别的指头压住的指头挣开,就势猛然触击物体 ▷把纸上的灰尘～掉|～冠相庆。❸ 动 用手指或器具拨弄或敲打乐器 ▷～吉他|～三弦。参见插图 14 页。→❹ 动 抨击;检举 ▷讥～|～劾。→❺ 动 物体受力变形,失去外力后又恢复原状 ▷～力|～性。❻ 动 利用有弹(tán)力的器械使纤维变松软 ▷～棉花|～羊毛。→❼ 动 掉落 ▷男儿有泪不轻～。另见 274 页 dàn。

【弹拨】tánbō 动 用手指或拨子拨动琴弦 ▷～乐器。

【弹拨乐】tánbōyuè 名 以弹拨乐器(如琵琶、月琴、三弦等)为主演奏的音乐。

【弹唱】tánchàng 动 边弹边唱,一般指自弹自唱 ▷为听众再～一曲。

【弹词】táncí 名 一种曲艺,流行于南方各地。表演者自弹自唱,伴奏以三弦、琵琶、月琴为主。有苏州弹词、扬州弹词、长沙弹词等。也指弹词的底本。

【弹钢琴】tángāngqín 弹奏钢琴。比喻围绕中心工作统筹安排,协调而有节奏地开展各项工作的方法 ▷领导者要学会"～"。

【弹冠相庆】tánguān-xiāngqìng《汉书·王吉传》

记载：王吉和贡禹是朋友，王吉做了官，于是贡禹知道自己也将受举荐，便把帽子掸干净，准备去做官。后用"弹冠相庆"指一人做官或升官，其同伙也因将得到提携而互相庆贺（含贬义）。☛"弹"这里不读 dàn，"冠"这里不读 guàn。

【弹劾】tánhé ❶ 动 君主制国家担任监察职务的官员检举揭发官吏的罪状。❷ 动 某些国家的议会对政府官员的过失和罪行进行揭发检举，并追究其法律责任。

【弹簧】tánhuáng 名 利用材料的弹性作用制成的零件。在外力作用下发生形变，除去外力后又恢复原状。一般用弹簧钢制成。

【弹簧秤】tánhuángchèng 名 用弹簧制成的秤。利用弹簧受力时的形变测量物体质量或作用力的大小。

【弹簧钢】tánhuánggāng 名 具有良好弹性的碳素钢。

【弹簧门】tánhuángmén 名 利用弹簧弹力自动关闭的门。

【弹簧锁】tánhuángsuǒ 名 内有弹簧，开锁时能自动弹开的锁。

【弹泪】tánlèi 动〈文〉抹掉眼泪；泛指伤心流泪 ▷独自～。

【弹力】tánlì ❶ 名 弹跳力。❷ 名 物体形变时所产生的自动恢复原状的作用力。

【弹力丝】tánlìsī 名 具有高度卷曲性和较高弹性的长丝。可制作弹力袜、内衣、运动衫等。

【弹力袜】tánlìwà 名 以弹力丝为主要原料织成的袜子。

【弹射】tánshè ❶ 动 利用弹性作用发射 ▷张弓～|～装置。○ ❷ 动〈文〉抨击；批评指责 ▷～时政。

【弹升】tánshēng 动（价格等）反弹回升 ▷汽油价格近期小幅～。

【弹跳】tántiào 动 凭借肌体或器械的弹力向上或向前跳起 ▷～轻捷有力|练习～。

【弹跳力】tántiàolì 名 多指脚用力蹬地后所产生的向上或向前的力量，一般以弹跳高度和远近为衡量标准。也说弹力。

【弹性】tánxìng ❶ 名 物体受外力作用时产生形变，外力消失后能恢复原状的性能 ▷～塑料|～极限。❷ 形 比喻对事物处理可以灵活的 ▷～外交|更加～的奖励办法。

【弹性工作制】tánxìng gōngzuòzhì 指在保证完成规定任务的前提下，职工可以在统一安排和协调下自行选择工作时间的制度。

【弹性就业】tánxìng jiùyè 所从事的工作在时间、场所、收入等方面相对不固定。如自由撰稿人、家庭小时工等就属于弹性就业。

【弹性市场】tánxìng shìchǎng 营销方式灵活、可以讨价还价的交易市场。

【弹压】tányā 动〈文〉用武力制服；镇压 ▷～反对派|～示威群众。

【弹指】tánzhǐ 动 弹击手指；比喻时间过得极快 ▷～间，32 年过去了。

【弹奏】tánzòu 动 敲击琴键或拨动琴弦奏乐。

覃 tán ❶ 形〈文〉深 ▷～思。○ ❷ 名 姓。另见 1111 页 qín。

䃗 tán 名 某些地区指水塘（多用于地名）▷～滨（在广东）。

锬（錟） tán 名〈文〉长矛。另见 1487 页 xiān。

痰 tán 名 由肺泡、支气管和气管里分泌出来的黏液。某些疾病患者的痰里含有病菌，可以传播疾病。

【痰盂】tányú 名 盛痰用的敞口器皿。形状像桶的也说痰桶。

谭（譚） tán ❶ 古同"谈"①②。○ ❷ 名 姓。

潭 tán ❶ 名 深水池 ▷深～|龙～虎穴。○ ❷ 名 姓。

澹 tán［澹台］tántái 名 复姓。另见 275 页 dàn。

檀 tán ❶ 名 落叶或常绿乔木，包括黄檀、青檀、檀香、紫檀等。木质坚韧，其中檀香木极香，紫檀木很名贵。○ ❷ 名 姓。☛ 右下是"旦"，不是"且"。

【檀板】tánbǎn 名 打击乐器。广泛应用于民间器乐合奏和各种戏曲伴奏。因多用紫檀木制成，故称。也说拍板。

【檀香】tánxiāng 名 常绿乔木，叶对生，长卵形，花初开时黄色，后变血红色。生长于热带，木材极硬、极香，可以制作器具，也可以做药材和香料。也说白檀。

【檀香扇】tánxiāngshàn 名 用檀香木制成的刻有精美花纹的折扇，为我国特种工艺品。

磹 tán［磹口］tánkǒu 名 地名，在福建。

镡（鐔） tán 名 姓。另见 146 页 chán；1531 页 xín。

醰 tán 形〈文〉酒味醇厚。

tǎn

忐 tǎn［忐忑］tǎntè 形 形容心神不定；胆怯 ▷心中～|～不安。

坦 tǎn ❶ 形 平而宽阔 ▷～途|平～。→ ❷ 形 比喻胸怀宽广，心境平定 ▷舒～|～然。❸ 形 直率；没有隐讳 ▷～率|～白。

【坦白】tǎnbái ❶ 形 心地纯正，言谈直率 ▷胸怀

～|～地说。❷ 动（把错误或罪行）如实说出来 ▷～交代。☛ 参见本页“坦率”的提示。

【坦白从宽】tǎnbái cóngkuān 坦白交代罪行，就依法宽大处理。

【坦陈】tǎnchén 动 坦率地陈述 ▷～己见。

【坦称】tǎnchēng 动 坦率地声称 ▷经理～，要通过完善售后服务而不是靠降价争夺市场。

【坦诚】tǎnchéng 形 直率诚恳 ▷～地交换意见|态度～|～相待。☛ 跟“坦承”不同。

【坦承】tǎnchéng 动 坦率地承认 ▷他～自己在管理上有漏洞。☛ 跟“坦诚”不同。

【坦荡】tǎndàng ❶ 形 平坦而宽广 ▷～的平原。❷ 形 形容心地纯洁，胸怀宽阔 ▷襟怀～。☛ 参见本页“坦率”的提示。

【坦缓】tǎnhuǎn 形 平坦，坡度小 ▷～的海滩。

【坦克】tǎnkè 名 英语 tank 音译。装有火炮、机枪和旋转炮塔的履带式装甲战车。具有进攻与防护相结合的特点。也说坦克车。

【坦克手】tǎnkèshǒu 名 指坦克或装甲车辆的车长、炮长、驾驶员、装填手等。

【坦露】tǎnlù 动 坦率地表露（思想、情感） ▷～心迹|人性的自然～。

【坦然】tǎnrán 形 形容心里平静，没有顾虑的样子 ▷～的微笑|神色～。☛ 跟“安然”不同。“坦然”侧重于心里无愧疚；“安然”侧重于心里不慌乱、无忧虑。

【坦率】tǎnshuài 形 坦白直率 ▷～地交换意见|为人～耿直。☛ 跟“坦白”“坦荡”不同。“坦率”侧重于率直无顾忌；“坦白”侧重于诚实无虚假；“坦荡”侧重于通达能包容。

【坦途】tǎntú 名 平坦的路途；比喻顺利的境况 ▷人生的道路不全是～。

【坦言】tǎnyán ❶ 动 坦率地说出 ▷～自己的想法。❷ 名 坦率的话 ▷以～相劝。

【坦直】tǎnzhí ❶ 形 平坦笔直 ▷～的公路。❷ 形 坦白直率 ▷性格～。

钽（鉭） tǎn 名 金属元素，符号 Ta。银白色，熔点高，富超导电性和延展性，化学性质稳定，耐腐蚀性强。可用作飞机的结构材料以及制作电工、化工和医疗器材。

袒（*襢） tǎn ❶ 动 脱掉或敞开上衣，露出（身体的上部） ▷～胸露怀|～露。→ ❷ 动 袒护 ▷偏～。

【袒护】tǎnhù 动 偏袒庇护，对错误的思想行为无原则地支持或维护 ▷明明他有错，你还～他。

【袒露】tǎnlù ❶ 动 裸露；显露 ▷～前胸|其罪行～无遗。❷ 动 比喻坦率地表露或流露（多用于思想、情感等） ▷～真情。

菼 tǎn 名〈文〉初生的荻。

毯 tǎn 名 毯子 ▷毛～|线～|地～|挂～。

【毯子】tǎnzi 名 厚实有毛绒的织物，可以铺、盖或作装饰品。

璮 tǎn 名〈文〉一种玉。

tàn

叹（嘆*歎） tàn ❶ 动 叹气 ▷长吁短～|哀～|长～。→ ❷ 动 吟咏，有节奏地拉长腔诵读 ▷一唱三～|咏～。→ ❸ 动 因赞美而发出长声 ▷～为观止|～赏|～服。

【叹词】tàncí 名 表示感叹、呼唤、应答的词，独立成句，或在句子里充当独立成分。如“唉”“呸”“咦”“喂”“嗯”等。也说感叹词。

【叹服】tànfú 动 赞叹佩服 ▷无不真心～。

【叹号】tànhào 名 标点符号，形式为“！”。用在感叹句或语气强烈的祈使句、反问句末尾，表示停顿。也说感叹号、惊叹号。

【叹绝】tànjué 动 称赞事物极好 ▷高超的演技令人～。

【叹气】tànqì 动 因不如意或无可奈何而吐出长气并发出声音 ▷别总是唉声～的。

【叹赏】tànshǎng 动 特别赞赏 ▷～不止。

【叹声】tànshēng 名 叹息的声音 ▷～连连。

【叹惋】tànwǎn 动 叹惜 ▷令人～。

【叹为观止】tànwéiguānzhǐ《左传·襄公二十九年》记载：春秋时吴国季札在鲁国观看乐舞，看到舜时的乐舞《韶箾（xiāo）》时说：“观止矣！若有他乐，吾不敢请已！”意思是看到这里就够了，别的乐舞不必再看了。后用“叹为观止”表示所看到的事物好到了极点。

【叹息】tànxī 动 叹气 ▷摇头～。

【叹惜】tànxī 动 感叹惋惜 ▷～他英年早逝。

炭 tàn ❶ 名 木炭 ▷雪中送～|烧～。→ ❷ 名 炭火，比喻灾难 ▷生灵涂～。→ ❸ 名 指煤 ▷煤～|焦～。→ ❹ 名 像炭的东西 ▷侧柏～（中药名）。

【炭笔】tànbǐ 名 用烧焦的细木枝或炭粉制成的笔，多用于素描和写生。

【炭黑】tànhēi 名 由石油、天然气等有机物质经过不完全燃烧制成的一种极细的黑色粉末。其主要成分是碳。在橡胶工业中用作填料，还可制造电阻器及颜料、油墨等。

【炭化】tànhuà 动 物质燃烧成炭或碳素化合物。

【炭画】tànhuà 名 用炭笔或炭粉等绘成的画。

【炭火】tànhuǒ 名 用木炭生的火 ▷～盆。

【炭精】tànjīng 名 炭制品的统称 ▷～灯。

【炭精棒】tànjīngbàng 名 用炭和石墨制成的棒

状物，用作弧光灯和电池的电极。

【炭疽】tànjū 名 一种急性传染病，由炭疽杆菌引起。多见于牛、马、羊等食草动物。人也能被传染。以皮肤炭疽最为常见，也能侵入肺、肠和脑膜。治疗不及时常导致死亡。

【炭盆】tànpén 名 烧木炭用以取暖的火盆。

【炭窑】tànyáo 名 烧制木炭的窑。

探 tàn ❶ 动 把手伸进去摸取 ▷～囊取物｜～取。→ ❷ 动 深入寻求 ▷～矿｜钻～。⇒ ❸ 动 暗中考察或打听(机密、案情等) ▷侦～敌情｜刺～｜窥～。❹ 名 打探情报的人 ▷密～｜敌～。⇒ ❺ 动 看望；访问 ▷～亲｜～病｜～访。〇 ❻ 动 伸出(头或上身) ▷～头｜～身。☛ 统读 tàn，不读 tān。

【探案】tàn'àn 动 侦查案件 ▷～小说。

【探班】tànbān 动 去戏剧排练、影视拍摄、体育训练等现场探望或采访 ▷多家媒体到训练场地～。

【探病】tànbìng 动 探望病人。

【探测】tàncè ❶ 动 用仪器考察和测量(难以直接观察到的事物或现象) ▷～地下资源。❷ 动 探求测度(抽象的事物或道理) ▷～对方的来意。

【探测器】tàncèqì 名 用于探测的器具(一般指比较简单的) ▷地雷～。

【探测仪】tàncèyí 名 用于探测的仪器(一般指比较精密的) ▷地质～。

【探查】tànchá 动 深入探寻或检查 ▷～事故的原因。

【探察】tànchá 动 通过细致观察进行了解 ▷～灾情。

【探低】tàndī 动 (统计学上的指数等)由高向低下降 ▷股指持续～后，近日有所回升｜春节后，部分地区气温再次～。

【探底】tàndǐ ❶ 动 摸底 ▷他这次来，是向我们～的｜先探清底，再决定对策。❷ 动 (统计学上的指数等)下降到一段时间内的最低点 ▷房价何时能够～？｜股指是否已经～，尚需观察。

【探访】tànfǎng ❶ 动 寻访；打听 ▷～民间秘方。❷ 动 看望；访问 ▷～旧友。

【探风】tànfēng 动 探听消息，观察动静 ▷你们等着，我先去～｜先探探风再说。

【探戈】tàngē 名 西班牙语 tango 音译。一种交谊舞，起源于非洲，流行于欧美。舞蹈动作变化多姿，较缓慢，多滑步。

【探花】tànhuā 名 明清两代科举殿试考取的一甲(第一等)第三名。

【探家】tànjiā 动 回家探亲。

【探监】tànjiān 动 去监狱看望被囚禁的亲友。

【探井】tànjǐng 名 为勘探矿体或地质结构而开凿的小井。

【探究】tànjiū 动 探索研究 ▷～生活真谛。

【探空】tànkōng 动 探测空间的气温、气压等 ▷～气球｜～火箭。

【探口气】tànkǒuqì 从交谈中揣摩对方的看法和态度 ▷看来他是在～｜探探他的口气。也说探口风。

【探矿】tànkuàng 动 勘探矿藏。

【探雷】tànléi 动 探测地雷 ▷～器。

【探骊得珠】tànlí-dézhū《庄子·列御寇》中说：有人潜入深渊，趁黑龙睡着时在它下巴上摘到一颗价值千金的珠子(骊：黑龙)。后用"探骊得珠"比喻写文章能扣紧主题，把握精髓；也比喻在探索的道路上，只有不畏艰险，才能取得好成绩。

【探路】tànlù 动 为弄清前面道路的情况而事先实地察看 ▷你们在此歇会儿，我先去～。

【探马】tànmǎ 名 旧指侦察敌情的骑兵(多见于早期白话)。

【探秘】tànmì 动 探求隐秘 ▷沙漠～。

【探明】tànmíng ❶ 动 打听或研究明白 ▷～失踪人员的下落｜～这种制度产生的历史背景。❷ 动 勘探清楚 ▷～煤田储量。

【探囊取物】tànnáng-qǔwù 手伸到口袋里掏东西。比喻事情很容易办到。

【探亲】tànqīn 动 看望异地的亲属(多指看望父母或配偶) ▷～访友｜请假～｜～假。

【探求】tànqiú 动 探索寻求 ▷～真理。

【探区】tànqū 名 指勘探的区域 ▷扩大～。

【探伤】tànshāng 动 指检查、探测金属材料和工件内部的缺陷或劳损情况。

【探伤仪】tànshāngyí 名 利用 X 射线、γ 射线、超声波等进行探伤的仪器。

【探身】tànshēn 动 上身向前伸出 ▷行车时不要～窗外。

【探胜】tànshèng 动 寻访风景名胜；也指寻求美好的事物 ▷名山～｜书海～。

【探视】tànshì ❶ 动 看望问候 ▷到医院～病人。❷ 动 伸出头察看 ▷不时向门外～。

【探索】tànsuǒ ❶ 动 探查寻找 ▷～水源。❷ 动 研究思索，寻求答案 ▷～革命真理。

【探讨】tàntǎo 动 研究讨论 ▷～节能思路。

【探听】tàntīng 动 探问；打听 ▷～消息。

【探头】tàntóu ❶ 动 头部向前伸出 ▷～向外张望。❷ 名 指监控、探测等用的仪器的前端部分 ▷事故被～拍下｜测温～。

【探头探脑】tàntóu-tànnǎo 不时地把脑袋伸出来。多形容人鬼鬼祟祟地张望 ▷树林里有人～的，不知想干什么。

【探望】tànwàng ❶ 动 看望问候 ▷他特地从外地来～您。❷ 动 察看；张望 ▷向火车进站的方向～。

【探望权】tànwàngquán 名 指离婚后不直接抚养子女的父亲或母亲探望子女的权利。

【探问】tànwèn ❶ 动 试探地询问 ▷～领导的意图。❷ 动 看望问候 ▷～老友。

【探析】tànxī 动 探讨和分析（多用于著作标题）。

【探悉】tànxī 动 打听了解到 ▷记者从警方～全部案情。

【探险】tànxiǎn 动 到没有人烟或人迹罕至、情况不明的地区去考察 ▷北极～|～家。

【探寻】tànxún 动 探访寻求 ▷～地下宝藏|～人生价值。

【探询】tànxún 动 试探地询问 ▷～动向。

【探幽】tànyōu ❶ 动 探究高深的道理 ▷～索隐（索隐：搜寻奥秘）|医学～。❷ 动 寻访幽美的地方 ▷深山～，流连忘返。

【探赜索隐】tànzé-suǒyǐn 探索深邃的道理或隐秘的含义（赜：深奥、玄妙之处）。

【探照灯】tànzhàodēng 名 用于远距离搜索和照明的装置。主要由抛物面镜、强光源、壳体、转动机构和底座组成。

【探子】tànzi ❶ 名 旧指侦察敌军情况的人。○ ❷ 名 探取东西的长条或管状用具。

碳 tàn 名 非金属元素，符号 C。有两种同素异形体，即晶质碳和非晶质碳。晶质碳有石墨和金刚石，非晶质碳有木炭、煤、焦炭等。化学性质稳定，在空气中不起变化，是构成有机物的主要成分。在工业和医药上用途很广。

【碳达峰】tàndáfēng 动 指某个地区或行业，年度二氧化碳排放量达到历史最高值，之后逐步回落，由增转降。标志着经济发展由高耗能、高排放向清洁、低能耗模式的转变。

【碳封存】tànfēngcún 动 固碳。

【碳氢化合物】tàn-qīng huàhéwù 烃。

【碳水化合物】tàn-shuǐ huàhéwù 由碳、氢、氧三种元素组成的一类有机化合物。广泛存在于动植物体内。可分为单糖、双糖和多糖三类，如葡萄糖、蔗糖、麦芽糖、乳糖、淀粉、纤维素等。也说糖类。

【碳素钢】tànsùgāng 名 含碳量低于 2%的铁碳合金的总称。也说碳钢。

【碳酸】tànsuān 名 无机酸，即二氧化碳的水溶液，一种弱酸。用来制造化学药品。

【碳酸钠】tànsuānnà 名 苏打的学名。

【碳酸气】tànsuānqì 名 二氧化碳的旧称。

【碳纤维】tànxiānwéi 名 含碳量在 90%—95%之间的无机高分子纤维。具有耐高温、耐腐蚀、抗疲劳、强度高、纤维密度低等特点，可做绝热保温材料。加入到树脂、金属、陶瓷、混凝土中构成复合材料，可用作汽车、飞机、宇航器等的结构材料。

【碳中和】tànzhōnghé 动 指某个地区在一定时间内（一般指一年），人类活动直接和间接排放的碳总量，与通过植树造林、工业固碳等吸收的碳总量相互抵消，让二氧化碳排放量"收支相抵"。

tāng

汤（湯） tāng ❶ 名 热水；开水 ▷赴～蹈火|扬～止沸|～锅。→ ❷ 名 中药加水煎出的药液 ▷煎～服用|～剂。❸ 名 汁多菜少的菜肴；食物煮后所得的汁液 ▷三鲜～|鸡～。❹ 名〈口〉某些含水分较多的食物腐烂后流出的汁液 ▷桃子烂得都流～儿了。→ ❺ 名 古代指温泉（现多用于地名）▷～泉|小～山（在北京）|～口（在安徽）。○ ❻ 名 姓。☛ 参见 154 页"场"的提示㊀。

另见 1200 页 shāng。

【汤包】tāngbāo 名 带汁的肉馅儿包子。

【汤池】tāngchí ❶ 名 蓄有沸水的护城河；借指防守坚固的城池 ▷金城～。❷ 名 洗浴用的热水池；温泉。

【汤匙】tāngchí 名 喝汤用的小勺。也说调（tiáo）羹、羹匙。

【汤锅】tāngguō ❶ 名 屠宰家畜时用来烧热水烟毛的大型铁锅；借指屠宰场。❷ 名 用来烧汤的锅；借指汤锅烧制的菜肴 ▷向～里注入适量清水|番茄牛肉～。

【汤壶】tānghú 名 盛热水的扁圆形壶。用铜、锡、塑料或陶瓷等制成，可放在被窝儿里取暖。也说汤婆子。

【汤剂】tāngjì 名 把配置好的药材加水煎熬后去掉渣滓，澄（dèng）汁服用的中药药剂。也说汤药、水剂。

【汤料】tāngliào 名 做汤用的配料。

【汤面】tāngmiàn 名 带汤和佐料的面条。

【汤泉】tāngquán 名 古代指温泉。

【汤色】tāngsè 名 茶叶冲泡出的茶水所呈现的色泽。看汤色是茶叶审评项目之一。

【汤勺】tāngsháo 名 舀汤用的勺子。

【汤水】tāngshuǐ 名 食物煮后所得的汁液。

【汤头】tāngtóu 名 中药汤剂的配方；泛指中药配方。

【汤头歌诀】tāngtóu gējué 为便于记诵和应用，用常用中药配方编成的歌诀。

【汤药】tāngyào 名 汤剂。

【汤圆】tāngyuán 名 用糯米粉等做成的球状食品。大多有馅儿，煮熟后带汤吃。也说汤团。

铴（鐋） tāng［铴锣］tāngluó 名 小铜锣。另见 1340 页 tàng。

耥 tāng 动 用耥耙松土除草或平整土地 ▷把地～平｜耘～。

【耥耙】tāngbà 名 木制农具。上面有长柄，底下有许多短铁钉。用来在水稻行间松土除草。

嘡 tāng 拟声 模拟敲锣、撞钟等的声音 ▷街上传来一阵～～～的锣声｜～啷。

羰 tāng［羰基］tāngjī 名 由碳元素和氧元素构成的二价原子团。

镗（鏜） tāng 同"嘡"。现在一般写作"嘡"。另见 1338 页 táng。

【镗鞳】tāngtà 拟声〈文〉模拟撞击钟鼓或波涛拍岸等声音 ▷音锵锵以～。

蹚（*跆） tāng ❶ 动 从浅水里走过去 ▷～着水过河。→ ❷ 动 从草地里或没有路的地方走过去 ▷在草原上～出一条路来｜～道。→ ❸ 动〈口〉遇或碰（多用于抽象事物）▷怎么这些倒霉的事情都让我～上了？◯ ❹ 动 用犁、耠子等翻地除草 ▷这块地还没～呢。

【蹚地】tāngdì 动 蹚④。☛ 不要写作"趟地""跆地"。

【蹚浑水】tānghúnshuǐ〈口〉❶ 比喻追随坏人干坏事 ▷为了挣大钱，你就跟着他去～？❷ 比喻介入复杂而混乱的事务 ▷他不怕～，主动请缨去解决那里的老大难问题。☛ 不要写作"趟浑水"。

【蹚路】tānglù 动 试探着从以前没走过的路走过去；比喻探明情况 ▷那里没去过，你先去蹚蹚路｜先服一剂药～。也说蹚道。☛ 不要写作"趟路"。

【蹚水】tāngshuǐ 动 徒步过水 ▷～过河。☛ 不要写作"趟水"。

táng

饧（餳） táng 古同"糖"。另见 1538 页 xíng。

唐[1] táng 形〈文〉（言谈）虚夸，不切实际 ▷～大无验。

唐[2] táng ❶ 名 朝代名。a）传说中上古的朝代，尧所建。b）公元 618—907 年，李渊所建。建都长安（今陕西西安）。c）五代之一，公元 923—936 年，李存勖所建。建都洛阳（今河南洛阳）。史称后唐。◯ ❷ 名 姓。☛ "唐"字"口"上是"肀"，中间一竖上下都出头。由"唐"构成的字有"塘""搪""糖""溏"等。

【唐棣】tángdì 现在一般写作"棠棣"。

【唐花】tánghuā 名 温室中培育的花 ▷～坞。☛ 不宜写作"堂花"。

【唐卡】tángkǎ 名 藏语音译。藏族一种独有的卷轴画，历史可追溯到唐代初年。画面内容多是佛像、佛经故事、历史风俗等，构图饱满，形象生动。多用来宣传藏传佛教教义和装饰寺庙经堂，也悬挂于一般藏族家庭。

【唐人街】tángrénjiē 名 外国有些城市中，华侨、华人聚居并开设店铺的街道或区域。

【唐三彩】tángsāncǎi 名 原指唐代陶器和陶俑上的黄、绿、蓝等颜色的彩釉，现多借指有这种彩釉的陶器工艺品。参见插图 16 页。

【唐诗】tángshī 名 唐代的诗歌。唐代是我国诗歌发展史上最辉煌的时代，唐诗是我国文学史上极其宝贵的文化遗产。

【唐宋八大家】táng-sòng bā dàjiā 唐宋八个散文代表作家的合称，即唐代的韩愈、柳宗元，宋代的欧阳修、苏洵、苏轼、苏辙、王安石、曾巩。

【唐突】tángtū ❶ 动〈文〉冒犯；得罪 ▷～尊长。❷ 形 莽撞；冒失 ▷我做事～，尚望海涵｜出言～。

【唐装】tángzhuāng 名 传统的中式服装，立领、对襟或斜襟、盘扣。因华人在国外被称为唐人，故这种服装被称为唐装。

堂 táng ❶ 名 本指正室前面的厅堂；后泛指房屋 ▷升～入室｜欢聚一～。→ ❷ 名 旧时官府审案办事的地方 ▷公～｜升～。→ ❸ 名 专门从事某种活动的房屋或场所 ▷礼～｜课～｜教～。⇒ ❹ 名 旧时厅堂的名称；也指某一家或某一族中的某一房 ▷三槐～。❺ 名 堂房 ▷～兄｜～姐｜～叔。⇒ ❻ 量 a）用于能摆在一间房屋中的成套家具 ▷一～红木家具。b）用于分节的课 ▷上了四～课。c）用于过堂（审案）的次数 ▷过了两～。⇒ ❼ 名 用作商店的牌号，如同仁堂。→ ❽ 名 内堂；借指母亲 ▷高～健在｜令～。◯ ❾ 名 姓。

【堂奥】táng'ào〈文〉❶ 名 房屋的深处（奥：室内的西南角）。❷ 名 借指深奥的道理或深远的意境 ▷难以窥其～。

【堂而皇之】táng'érhuángzhī 形容表面上庄严、有气派；也形容大模大样，满不在乎。

【堂房】tángfáng 区别 同宗但不是嫡亲的（亲属）▷～叔父｜～侄子｜～姐妹｜～兄弟。

【堂鼓】tánggǔ ❶ 名 旧时官府公堂上的鼓。长官升堂或退堂都要击鼓。❷ 名 打击乐器，声音洪大，常用于戏曲乐队或民间乐曲演奏。

【堂倌】tángguān 名 旧时称饭馆、茶馆、酒店、澡堂中接待侍候顾客的人。☛ "倌"不要误写作"官"。

【堂号】tánghào 名 厅堂的名称。旧多指某户人家的称号。

【堂皇】tánghuáng 形 气势庄严宏大 ▷～的外表｜冠冕～｜富丽～。

【堂会】tánghuì 名 旧时有钱人家遇有喜庆邀请艺人来自家厅堂举行的演出。

【堂吉诃德】tángjíhēdé 西班牙语 Don Quijote 音译。❶ 名 17 世纪西班牙作家塞万提斯的长篇小说，共两部。表现骑士文学、骑士制度和封建贵族的没落。❷ 名 指该小说的主人公堂吉诃德。他痛恨专制残暴，企图用理想化的骑士精神改造社会、主持正义，但耽于幻想，脱离实际，结果在现实面前到处碰壁。后用"堂吉诃德"比喻善良、勇敢但又盲动的人。

【堂客】tángkè ❶ 名 旧指女客人。❷ 名 某些地区泛指妇女。❸ 名 某些地区指妻子(qīzi)。

【堂亲】tángqīn 名 指同宗但不是嫡亲的亲戚关系。如堂兄、堂姐、堂叔。

【堂上】tángshàng ❶ 名 殿堂上；正厅上 ▷～受礼。❷ 名 高堂②。❸ 名 旧时借指在公堂审案的官长。

【堂堂】tángtáng ❶ 形 形容阵容整齐，势力强大 ▷～大国。❷ 形 形容仪表庄重大方 ▷相貌～。❸ 形 形容志气宏大 ▷～男子汉。

【堂堂正正】tángtángzhèngzhèng ❶ 形 形容光明正大 ▷～地做人。❷ 形 形容仪表出众，身材魁伟 ▷长得～。

【堂屋】tángwū 名 正房居中的一间，多为客厅。泛指正房。

棠 táng 名 树名，有赤棠、白棠二种。白棠也说棠梨，即杜梨。

【棠棣】tángdì ❶ 名 古书上指郁李，灌木类植物，春季开白色或粉色花，果实小球形，暗红似李。也说常棣。❷ 名〈文〉相传《诗经·小雅·常棣》是周公欢宴兄弟的乐歌。古代"常"通"棠"，后用"棠棣"比喻兄弟或兄弟情谊 ▷～并为天下士。

【棠梨】tánglí 名 杜梨。

郿 táng［郿郚］tángwú 名 地名，在山东。

塘 táng ❶ 名 水池 ▷池～|鱼～。→ ❷ 名 堤岸；堤坝 ▷海～|河～。→ ❸ 名 指浴池 ▷澡～。

【塘坳】táng'ào 名 低洼地。

【塘坝】tángbà 名 山区或丘陵地区修筑的一种小型蓄水工程。也说塘堰。

【塘泥】tángní 名 池塘中的污泥，可用作肥料。

搪[1] táng ❶ 动 抵挡 ▷他用手一～，把歹徒的凶器打落在地|～风|～饥。→ ❷ 动 应付；敷衍 ▷～塞(sè)|～脱|～账。

搪[2] táng 动 用泥或涂料涂抹(炉膛或金属坯胎) ▷～炉子|～瓷。

【搪瓷】tángcí 名 在金属坯胎上涂上珐琅浆经过烧制而成的釉面。光滑、美观、耐酸碱 ▷脸盆上的～摔坏了。

【搪塞】tángsè 动 敷衍；应付 ▷不能这样～我。

鄌 táng 名 古地名，在今江苏南京。

溏 táng 形 像泥浆一样半流动的 ▷～心|～便(稀薄的大便)。

【溏心】tángxīn 区别 蛋黄没有完全凝固的 ▷～松花。

瑭 táng 名〈文〉一种玉。

樘 táng ❶ 名 门或窗户的框 ▷门～|窗～。→ ❷ 量 用于一副门扇和门框或一副窗扇和窗框 ▷两～门|四～窗。

膛 táng ❶ 名 胸与背之间的体腔，里面有心、肺等器官 ▷开～破肚|胸～。→ ❷ 名 某些器物中空的部分 ▷子弹上～|炉～。

【膛线】tángxiàn 名 枪炮膛内的螺旋形凹凸线。能使发射的弹头旋转前进，增加稳定性，提高命中率和穿透力。也说来复线。

螗 táng 名 古书上指一种形体较小的蝉。背青绿色，鸣声清亮。

镗(鏜) táng 动 用旋转的刀具对工件上已有的孔眼进行切削 ▷～孔。

另见 1337 页 tāng。

【镗床】tángchuáng 名 镗孔用的机床。

【镗孔】tángkǒng 动 用旋转的刀具对工件的孔眼进行切削加工，使孔眼扩大、光滑、精确。

糖(*餹❶❷) táng ❶ 名 从甘蔗、甜菜、米、麦等有机物中提炼出来的有甜味的物质，包括白糖、红糖、冰糖、甜菊糖等。→ ❷ 名 糖果 ▷花生～|奶～|水果～。❸ 名 指碳水化合物 ▷单～|多～。

【糖包】tángbāo 名 带糖馅儿的包子。

【糖醋】tángcù 区别 以糖和醋为主要调料的(菜肴) ▷～排骨|～鱼。

【糖苷】tánggān 名 有机化合物，是糖类中最重要的衍生物。广泛存在于植物体中，一般为白色结晶。旧称甙(dài)。

【糖瓜】tángguā 名 用麦芽糖制成的瓜状糖果。

【糖果】tángguǒ 名 糖制食品。以食糖或饴糖为主要原料，多加入油脂、乳制品、果汁、香料、食用色素等。花色品种很多。

【糖葫芦】tánghúlu 名 冰糖葫芦。

【糖化】tánghuà 动 淀粉在麦芽、曲等作用下转变为糖类。

【糖浆】tángjiāng ❶ 名 浓度为 60%的糖溶液，是糖果的半成品。❷ 名 医药上用来冲淡药剂苦味的糖溶液 ▷小儿止咳～。

【糖精】tángjīng 名 有机化合物，无色晶体，难溶于水。市售的水溶性糖精是含有钠盐的糖精，甜味为食糖的300—500倍，但没有营养价值。

【糖块儿】tángkuàir 名 块状的糖；糖果。

【糖类】tánglèi 名 碳水化合物。

【糖萝卜】tángluóbo ❶ 名 甜菜的通称。❷ 名 蜜饯的胡萝卜。

【糖蜜】tángmì 名 制糖过程中分离出结晶糖后所余的母液，是含有糖、蛋白质等的黏稠物。

【糖尿病】tángniàobìng 名 一种慢性病，由胰岛素分泌不足引起糖代谢紊乱、血糖增高。症状为多尿、多饮、多食、消瘦、疲乏等。

【糖人儿】tángrénr 名 一种民间工艺食品，用糖稀吹捏成人物、动物等形象，既可玩又可吃。

【糖色】tángshǎi ❶ 名 指红糖加热而成的黏稠液体，呈深棕色，用作肉类等食品的调味着色剂。❷ 名 指像糖色一样的深棕色。

【糖食】tángshí 名 糖制食品的统称；甜食。

【糖霜】tángshuāng 名 附着在糕点等食品上的一层白糖。

【糖蒜】tángsuàn 名 用白糖、食盐加清水腌制的新蒜头。

【糖稀】tángxī 名 用麦芽或谷芽熬成的淡黄色胶状体软糖，可用来制糖果、糕点等。

【糖业】tángyè 名 制糖业；也指食糖经营业。

【糖衣】tángyī 名 包在某些苦味药片或药丸表层的糖胶。

【糖衣炮弹】tángyī-pàodàn 糖衣裹着的炮弹。比喻拉拢人、腐蚀人的一套手段。简称糖弹。

【糖饴】tángyí 名 饴糖。

【糖原】tángyuán 名 由葡萄糖结合而成的一种多糖。是碳水化合物在动物体内的一种储存形式，主要存在于肌肉和肝脏的细胞中。也说肝糖、动物淀粉。

【糖纸】tángzhǐ 名 糖果外面的包装纸。

赯 táng 形 (脸色)红 ▷紫～脸。

螳 táng 名 螳螂 ▷～臂当车。

【螳臂当车】tángbì-dāngchē 螳螂举起前足妄想挡住前进的车子。比喻不自量力必然失败。

【螳臂挡车】tángbì-dǎngchē 现在一般写作“螳臂当车”。

【螳螂】tángláng 名 昆虫，黄褐色或绿色。头三角形，前足镰刀状。捕食害虫。参见插图 4 页。

【螳螂捕蝉，黄雀在后】tángláng-bǔchán，huángquè-zàihòu 螳螂正要捕蝉，不知黄雀在后面正要捉它。比喻只图眼前利益而不知祸患已近。

tǎng

帑 tǎng 名〈文〉国库储存的钱财 ▷国～｜公～｜～银。☛ 不读 nǔ。

倘 tǎng 连 连接分句，表示假设关系，相当于“假使”“如果” ▷～有闪失，后果严重。另见 152 页 cháng。

【倘或】tǎnghuò 连 倘若；假如 ▷～疏忽，则前功尽弃。

【倘来之物】tǎngláizhīwù 意外得来的或不是分内应得的财物。

【倘然】tǎngrán 连 倘若。

【倘若】tǎngruò 连 连接分句，表示假设，常同“就”“那”“那么”等呼应 ▷～都不同意，我就放弃自己的意见｜～你不去，那么谁去呢？

【倘使】tǎngshǐ 连 倘若。

埫 tǎng 名 某些地区指山间平地；泛指平地。另见 1202 页 shǎng。

淌 tǎng 动 向下流 ▷～眼泪｜～汗｜～血｜流～。

傥（儻） tǎng ❶古同“倘”。○ ❷见 1353 页“倜(tì)傥”。

镋（鎲） tǎng 名 一种古兵器。形状像叉，中间正锋像矛头，横出两翅微上弯。

躺 tǎng 动 身体仰卧或侧卧；也指物体平放或倒伏在地 ▷～在草坪上看云彩｜在床上～着｜自行车被风吹倒，～在路边。

【躺倒】tǎngdǎo ❶ 动 身体平卧 ▷～在床上，呼呼大睡。❷ 动 借指患病 ▷累得～了。❸ 动 比喻消极怠工 ▷～不干。

【躺柜】tǎngguì 名 一种较矮的卧式长柜，上面有盖。也说躺箱。

【躺枪】tǎngqiāng 动 躺着受到枪击。比喻无端受到攻击或伤害 ▷不能让守法企业无辜～。

【躺椅】tǎngyǐ 名 可以躺的椅子，靠背长而向后倾斜，有的上端还有枕头形的装置。

tàng

烫（燙） tàng ❶ 动 皮肤被火或高温的物体灼痛或灼伤 ▷手上～了一个泡｜～伤。→ ❷ 动 用温度高的物体使低温物体升温或改变状态 ▷～酒｜～发(fà)。→ ❸ 形 温度高 ▷水太～｜滚～的开水。

【烫发】tàngfà 动 用热能或药物使头发卷曲。

【烫花】tànghuā 动 烙花。

【烫金】tàngjīn 动 在印刷品等上面烫上金色的图案或文字。也说烫印。

【烫蜡】tànglà 动 给地板或家具等表面涂上烤化的蜡，以增加光滑度。

【烫面】tàngmiàn 名 用开水和(huó)的面。

【烫伤】tàngshāng ❶ 动 身体的某一部位因接触无火焰的高温物体而发生损伤 ▷他被开水～了。❷ 名 无火焰的高温物体所引起的身体损伤 ▷他的～还没好。

【烫手】tàngshǒu 形 因温度高难以用手触摸；比喻事情棘手 ▷这烤白薯还有点儿～｜这件事很～，不好办。

【烫手山芋】tàngshǒu-shānyù 比喻想得到但又感到棘手的事物 ▷这项目是个～，必须慎重对待。

【烫头】tàngtóu 动 烫发。

铴（鐋） tàng〈文〉❶ 名 打磨木器、石器等使之光滑的工具。→ ❷ 动 用铴加工磨平木器、石器等，使光滑。

另见 1336 页 tāng。

趟[1] tàng ❶ 名 行进中的队伍；行列 ▷快点走，跟上～儿◇再不努力学习，就跟不上～儿了。→ ❷ 量 用于成行（háng）或成条的东西 ▷再缝上一～｜半～街。

趟[2] tàng ❶ 量 用于来往的次数 ▷来过两～｜跟我走一～。→ ❷ 量 用于成套的武术动作 ▷练了一～拳。→ ❸ 量 用于按一定次序运行的车、船等的班次 ▷这～列车开往天津｜本码头每天发出 5～客轮。

tāo

叨 tāo 动 客套话，指承受（别人的好处）▷～光｜～教｜～扰。☛ 跟"叼（diāo）"不同。

另见 281 页 dāo；281 页 dáo。

【叨光】tāoguāng 动 客套话，用于感谢对方给予的好处 ▷叨您的光了。

【叨教】tāojiào 动 客套话，用于感谢对方的指教 ▷昨日前去～，受益匪浅。

【叨扰】tāorǎo 动 客套话，用于感谢对方的接待 ▷多有～｜常来～，过意不去。

弢 tāo 同"韬"（多用于人名）。

涛（濤） tāo ❶ 名 大浪 ▷波～汹涌｜惊～骇浪。→ ❷ 名 像波涛发出的声音 ▷松～｜林～。☛ 统读 tāo，不读 táo。

绦（縧*絛縚） tāo 名 绦子 ▷丝～｜～带。☛ 不读 tiáo。

【绦虫】tāochóng 名 一种带状寄生虫，成虫多寄生在人的肠道内，幼虫多寄生在猪、牛等动物的体内。可引起绦虫病，有腹痛、消化不良等症状。

【绦子】tāozi 名 用丝线编织成的圆形或扁平形带子，可以系扎或镶饰衣物。

焘（燾） tāo "焘（dào）"的又音，用于人名。另见 285 页 dào。

掏（*搯） tāo ❶ 动 挖 ▷～了个窟窿。→ ❷ 动 把手或工具伸进去取；往外拿 ▷～口袋｜～出钥匙◇把心里话～出来。

【掏底】tāodǐ ❶ 动 摸清底细 ▷对方派人来～，要注意保密。❷ 动 把底细和盘托出 ▷我都～了，你该满足了吧。

【掏摸】tāomō 动 伸进手探取（物品）▷从书包里～出一支笔来。

【掏心】tāoxīn 动 把心里话都说出来；出自内心 ▷他都～了，对方还是不信｜～的话。

【掏腰包】tāoyāobāo ❶ 借指出钱 ▷自己～招待客人。❷ 扒窃 ▷小心被小偷～。

滔 tāo 动 大水漫流 ▷洪水～天。☛ 右边是"舀（yǎo）"，不是"臽（xiàn）"。

【滔滔】tāotāo ❶ 形 形容波浪滚滚奔流的样子 ▷～黄河。❷ 形 形容说话像流水一样连续不断 ▷她～不绝地说了半天。

【滔天】tāotiān ❶ 形 形容水势盛大，弥漫天际 ▷白浪～。❷ 形 形容罪恶或灾祸极其严重 ▷～罪行｜闯下～大祸。

慆 tāo ❶ 形〈文〉喜悦 ▷师乃～，前歌后舞。→ ❷ 形〈文〉怠慢 ▷～慢天命。○ ❸ 古同"韬"②。☛ 参见本页"滔"的提示。

【慆慆】tāotāo〈文〉❶ 形 长久 ▷我徂东山，～不归。❷ 形 纷乱 ▷私心～，假寐而坐。

韬（韜） tāo〈文〉❶ 名 弓套或剑套。→ ❷ 动 隐藏 ▷～光养晦｜～声匿迹。○ ❸ 名 用兵的谋略 ▷～略。☛ 右边是"舀（yǎo）"，不是"臽（xiàn）"。

【韬光养晦】tāoguāng-yǎnghuì 比喻隐藏自己的锋芒或才能，隐蔽自己的踪迹，暂不使外露 ▷～，等待时机。

【韬晦】tāohuì 动〈文〉韬光养晦 ▷～待时。

【韬略】tāolüè 名 原指古代的兵书《六韬》《三略》，借指用兵的谋略；也泛指计谋 ▷他是一位很有～的军事家｜颇有经营～。

饕 tāo 形〈文〉贪婪；贪食 ▷老～（贪食的人）｜～餮。

【饕餮】tāotiè 名〈文〉传说中一种贪吃的凶兽。比喻贪吃或凶恶贪婪的人。

táo

匋 táo 古同"陶[1]"①②。

咷 táo 见 543 页"号（háo）咷"。

逃 táo ❶ 动 逃离；逃跑 ▷～出虎口｜～命｜～犯｜潜～。→ ❷ 动 躲避 ▷什么事都～不过他的眼睛｜～难（nàn）｜～税｜～债。

【逃奔】táobèn 动 往别处逃 ▷～在外。

【逃避】táobì 动 因不愿或不敢面对某种情况或事物而故意躲避 ▷～检查｜～困难。

【逃兵】táobīng ❶ 名 私自脱离部队的士兵。❷ 名 比喻面临困难或危险便擅离岗位的人 ▷环境再艰苦，也不能当～。

【逃窜】táocuàn 动 奔逃流窜 ▷敌人四下～。
【逃敌】táodí 名 逃跑的敌人 ▷追捕～。
【逃遁】táodùn 动〈文〉逃跑躲避 ▷闻风～。
【逃犯】táofàn 名 在逃的犯人或犯罪嫌疑人。
【逃荒】táohuāng 动 因灾荒离开原地到别处谋生。
【逃汇】táohuì 动 违反国家外汇管理规定,把应该兑换给国家的外汇私自转移、转让或存于国外,以逃避国家银行或海关的监督。
【逃婚】táohūn 动 为摆脱不自主的婚姻而在婚前离家出走。
【逃课】táokè 动 学生故意不去上课。
【逃离】táolí 动 为了逃避而离开 ▷～现场。
【逃漏】táolòu 动 一般指逃税和漏税 ▷～税款。
【逃命】táomìng 动 为保全生命而逃离险境。
【逃难】táonàn 动 为躲避战乱或其他灾祸而逃往别处 ▷外出～。
【逃匿】táonì 动〈文〉逃跑并躲藏起来 ▷～深山。
【逃跑】táopǎo 动 为避开危险或不利的情况而迅速离开 ▷防止罪犯～。
【逃票】táopiào 动(乘车、船或进入本应买票的场所时)有意不买票 ▷查处～的人。
【逃散】táosàn 动 逃亡中离散 ▷找到了当年在战乱中～的亲人。
【逃生】táoshēng 动 逃离险境,保全生命。
【逃税】táoshuì 动 采用违法手段逃避缴纳税款。
【逃脱】táotuō ❶ 动 跑掉 ▷敌人休想～。❷ 动 摆脱 ▷～不了法律的制裁。
【逃亡】táowáng 动 被迫出逃,流亡在外 ▷"九一八"事变后,大批东北学生～关内。
【逃席】táoxí 动 在宴饮中借故离开或不辞而别。
【逃学】táoxué 动 学生故意不上学。
【逃逸】táoyì 动 逃跑 ▷畏罪～。
【逃债】táozhài 动 躲债 ▷外出～。
【逃之夭夭】táozhīyāoyāo《诗经·周南·桃夭》中"桃之夭夭"指桃树茂盛。"桃"与"逃"谐音,后借指逃跑("夭夭"此处无义)。
【逃走】táozǒu 动 逃跑。

洮 táo 名 洮河,水名,在甘肃,流入黄河。

桃 táo ❶ 名 桃树,落叶小乔木,叶子长椭圆形,开白色或红色花。花色艳丽,可供观赏。果实叫桃儿或桃子,近球形或扁球形,多数表面有茸毛,肉厚汁多,味甜,是常见水果。核仁可以做药材。参见插图 10 页。→ ❷ 名 核桃 ▷～酥。→ ❸ 名 形状像桃的东西 ▷棉～。〇 ❹ 名 姓。
【桃符】táofú 名 古代挂在大门上的两块画着门神或写着门神名字的桃木板,据说可以避邪。五代时开始在上面贴春联,于是桃符便成为春联的别名 ▷爆竹一声除旧,～万户更新。
【桃红】táohóng 形 形容颜色像桃花一样红的。
【桃红柳绿】táohóng-liǔlǜ 桃花红,柳叶绿。形容绚丽多彩的春色 ▷～,春意盎然。
【桃花汛】táohuāxùn 名 春汛。
【桃花源】táohuāyuán 名 与世隔绝的乐土。借指避世隐居的地方;也指理想的境地。参见 1253 页"世外桃源"。☛"源"不要误写作"园"。
【桃花运】táohuāyùn 名 指男子在情爱方面的运气(桃花:比喻女子的面容;借指美女) ▷走～。
【桃胶】táojiāo 名 桃树树皮中所含的一种脂胶。中医用来治痢疾,工业上可作黏合剂原料。
【桃李】táolǐ 名 桃树和李树;比喻培养的学生 ▷～遍天下。
【桃李不言,下自成蹊】táolǐ-bùyán,xiàzìchéngxī 桃树李树不会说话,但由于花果吸引人,树下自然会踩出路来。比喻只要人品高尚,就能得到别人的尊敬和景仰。
【桃仁】táorén ❶ 名 桃核儿(húr)里的仁儿。可以做药材。❷ 名 核桃的仁儿。可制食品,也可以做药材。
【桃色】táosè ❶ 名 粉红色。❷ 区别 与不正当的男女关系有关的 ▷～事件。
【桃酥】táosū 名 一种松脆的点心,用面粉、植物油、砂糖、核桃仁儿为主料烤制而成。
【桃子】táozi 名 桃树的果实。

陶[1] táo ❶ 名 陶器 ▷～瓷|彩～|黑～。→ ❷ 动 制造陶器;比喻教育、培养 ▷～铸|～冶|熏～。〇 ❸ 名 姓。

陶[2] táo 形 喜悦;快乐 ▷～然|～醉|乐～～。

另见 1600 页 yáo。
【陶吧】táobā 名 顾客可动手和(huó)泥制作陶器的营业性娱乐休闲场所(吧:英语 bar 音译)。
【陶瓷】táocí 名 陶器和瓷器的合称 ▷～产品。
【陶雕】táodiāo 名 在陶坯上雕刻形象、花纹等的艺术;也指用这种艺术雕刻成的工艺品。
【陶工】táogōng ❶ 名 制陶器的工种。❷ 名 从事制陶工作的工人。
【陶器】táoqì 名 用黏土烧制的器物,质地较瓷器疏松,有吸水性。有的也上粗釉。
【陶然】táorán 形〈文〉形容喜悦舒畅的样子 ▷～自乐。
【陶塑】táosù 名 用陶土等作原料塑造成各种形象的一种工艺;也指用这种工艺制成的工艺品。参见插图 16 页。
【陶陶】táotáo 形 形容快乐的样子 ▷其乐～。
【陶土】táotǔ 名 烧制陶器或粗瓷器的黏土。
【陶文】táowén 名 古代陶器上的文字,内容多为人名、地名、官名、吉祥语及制造年月等。
【陶冶】táoyě 动 烧制陶器和冶炼金属;比喻用良好的环境和条件给人的思想、品格、学识等以

积极影响 ▷～心灵|受到文明的～。

【陶艺】táoyì 名 陶器制作工艺;也指陶制工艺品。

【陶俑】táoyǒng 名 古代殉葬的陶制人或动物的形象。

【陶铸】táozhù 动 烧制陶器和铸造金属器物;比喻培养造就人才 ▷伟大的社会变革～出无数英雄人物。

【陶醉】táozuì 动 沉浸在某种境界或感受之中 ▷令人～|～于音乐的海洋里。

萄 táo 见1065页"葡(pú)萄"。

梼(檮) táo 见下。

【梼昧】táomèi 形〈文〉愚昧(多用作谦词) ▷不揣～|自惭～。

【梼杌】táowù 名 古代传说中的凶兽;比喻恶人。

啕 táo 见543页"号(háo)啕"。

淘[1] táo ❶ 动 把颗粒状的东西装入盛器后加水搅动或放在水里搅荡,以除去杂质 ▷～米|～金|～汰。→ ❷ 动〈文〉冲刷 ▷大浪～沙。→ ❸ 动〈口〉到市场寻觅购买 ▷～货|～旧书。○ ❹ 名 姓。

淘[2] táo 动 从深处舀出(污水、泥沙、粪便等) ▷～缸|～井|～茅坑。

淘[3] táo ❶ 动 耗费(精神) ▷～神。→ ❷ 形 顽皮 ▷这孩子真～|～气。

【淘换】táohuan 动〈口〉千方百计地寻找,以便得到 ▷这部书是善本,好不容易才～到手|去二手市场～老家具。

【淘金】táojīn ❶ 动 用水从含有金粒的沙砾中淘去沙子,选出金粒。❷ 动 比喻设法赚得钱财 ▷到城里去～。

【淘箩】táoluó 名 淘米器具,多为竹制。

【淘米】táomǐ 动 洗米 ▷～做饭。

【淘气】táoqì 形〈口〉顽皮 ▷～的孩子。

【淘气包】táoqìbāo 名 淘气鬼。

【淘气鬼】táoqìguǐ 名 很淘气的孩子(含亲昵意)。

【淘神】táoshén 动 耗费精神 ▷干这活儿很～。

【淘汰】táotài 动 除去(差的、不适用的) ▷被～出局|陈规陋习终究要被社会～。

【淘汰赛】táotàisài 名 失败者淘汰出局,获胜者继续参赛,直至决出冠军为止的比赛。淘汰赛按抽签排定的次序分若干轮进行。

騊(騊) táo [騊駼] táotú 名 古代一种良马。也说駼騊。

绹(綯) táo 名〈文〉绳索 ▷索～。

鼗 táo 名〈文〉拨浪鼓。

tǎo

讨[1]**(討)** tǎo ❶ 动〈文〉治理;整治 ▷～治。→ ❷ 动 出兵攻打 ▷～伐|征～。→ ❸ 动 公开谴责 ▷声～|申～。→ ❹ 动 研究;商议 ▷探～|商～|检～。

讨[2]**(討)** tǎo ❶ 动 索要;请求 ▷～一个公道|～债|～教|乞～。→ ❷ 动 娶 ▷～个老婆。→ ❸ 动 引起;招惹 ▷～人喜欢|自～没趣|～人嫌|～厌。

【讨伐】tǎofá 动 出兵征讨;声讨 ▷～叛军。

【讨饭】tǎofàn 动 要饭。

【讨好】tǎohǎo ❶ 动 向别人奉承、献殷勤,以求得好感 ▷～主子|不用讨别人的好。❷ 动 取得好效果(多用于否定) ▷费力不～。

【讨还】tǎohuán 动 要求偿还 ▷～欠款。

【讨价】tǎojià 动 讲价 ▷跟卖家～|～还价。

【讨价还价】tǎojià-huánjià 买卖双方商议商品价格;比喻双方争取对各自有利的条件。

【讨教】tǎojiào 动 请教 ▷向专家～。

【讨口彩】tǎokǒucǎi 通过某种方式使话语获得新的吉利喜庆的寓意 ▷那些会～的人受到大家的喜爱|蒸鱼里面加莲子,为的是～——"连年有余"。

【讨论】tǎolùn 动 对所提出的问题交流看法或展开辩论 ▷～得十分热烈|分组～。

【讨没趣】tǎoméiqù 自找难堪 ▷在这种场合下开玩笑,还不是～?

【讨便宜】tǎopiányi 存心取得不应得的利益 ▷别想从我这儿～。

【讨平】tǎopíng 动 用武力讨伐平定 ▷～叛乱。

【讨乞】tǎoqǐ 动 乞讨。

【讨巧】tǎoqiǎo 动 取巧;不费力气而得到好处 ▷做事要勤奋踏实,不能一味～。

【讨亲】tǎoqīn 动 某些地区指娶亲。

【讨情】tǎoqíng 动 求情 ▷没脸向人～。

【讨饶】tǎoráo 动 请求饶恕 ▷连声～。

【讨扰】tǎorǎo 动 叨扰。

【讨人嫌】tǎorénxián 讨嫌。

【讨生活】tǎoshēnghuó 谋求生计;过活 ▷靠自己的一技之长～。

【讨嫌】tǎoxián 形 惹人厌恶 ▷这孩子老惹事,真～。也说讨人嫌。

【讨厌】tǎoyàn ❶ 形 惹人厌烦;令人心烦 ▷这人老来纠缠,真～|咳嗽总治不好,太～了。❷ 动 厌恶;不喜欢 ▷我最～阿谀奉承|她～吃火锅。

【讨债】tǎozhài 动 索要别人所欠的钱财。

【讨账】tǎozhàng 动 讨债;催还账面上欠的钱。

☛ 不要写作"讨帐"。

tào

套 tào ❶ 名 套子① ▷手～|椅～。→ ❷ 动 罩在物体的外面 ▷～上一件罩衣|把笔帽～上。⇒ ❸ 动 互相包容、重叠或衔接在一起 ▷～种|～色|大屋里还～着一个小间。⇒ ❹ 动 把圈状刀具套在棍形工件上切削出螺纹 ▷～扣。→ ❺ 名 套子② ▷棉花～|被～。→ ❻ 名 同类事物组合成的整体 ▷上衣和裤子配不上～|整～家具。⇒ ❼ 名 套子③ ▷老一～|俗～|客～。❽ 动 模仿或沿袭(成规) ▷～公式|生搬硬～。⇒ ❾ 量 用于成套的事物 ▷一～设备|讲起话来一～一～的。→ ❿ 名 用绳子等结成的环 ▷挽个～儿|活～儿。⓫ 名 把牲口和所拉的车、犁等拴在一起的绳子 ▷大车～|～绳|拉～。⓬ 动 用绳具拴、系 ▷～车|～牲口。⇒ ⓭ 动 笼络;拉拢 ▷～近乎|～交情。⇒ ⓮ 动 设法引出实情 ▷拿话～他。⇒ ⓯ 名 圈套 ▷给我们下了个～儿。⇒ ⓰ 动 用不正当的手段购买 ▷～购。→ ⓱ 名 河流、山势的弯曲处(多用于地名) ▷河～|山～。

【套版】tàobǎn ❶ 动 按印刷页折叠的顺序将印刷版排列在印刷机上 ▷熟练地～|已经套好了版。❷ 名 分色套印用的版 ▷这幅画是～印出来的。

【套播】tàobō ❶ 动 套种。○ ❷ 动 电台、电视台将广告等插进固定栏目中播出。

【套裁】tàocái 动 为充分利用布料,在一块布料上精心设计、合理安排,裁剪两件以上的衣服。

【套菜】tàocài 名 搭配好了的成套供应的菜肴。

【套餐】tàocān ❶ 名 搭配好了的成套供应的饭菜。❷ 名 比喻组合起来推向市场的商品或项目 ▷户外用品～。

【套车】tàochē 动 把套绳套在拉车的牲口身上。

【套磁】tàocí 动〈口〉套近乎 ▷你不用跟我～,有什么事情请直接说。

【套房】tàofáng ❶ 名 成套的住房。一般配有客厅、卧室、阳台、厨房、卫生间等 ▷他买了三室一厅的～。❷ 名 套间①。

【套服】tàofú 名 套装①。

【套改】tàogǎi 动 套用相关政策作相应改动 ▷工资～,在同档次内就高执行。

【套耕】tàogēng ❶ 动 用两张犁一前一后同时耕地,第二张犁顺着第一张犁犁出的沟再犁一次,以增加深度。❷ 动 机械耕作时,内翻和外翻交叉进行,以减少垄沟,缩小地头回转地带。

【套供】tàogòng 动 设置圈套,引诱被审讯人招供。

【套购】tàogòu 动 为牟取暴利,以非法手段购买国家计划控制的商品或大量购买市场上紧缺的商品以及紧俏的车船票、影剧票等。

【套管】tàoguǎn 名 套在棒状物或其他管子外面的管子。

【套红】tàohóng 动 报刊为醒目或追求某种效果而把版面上的一部分套印成红色。

【套话】tàohuà ❶ 名 应酬的客套话 ▷都是自家人,不必说～。❷ 名 现成的、可到处套用的空话 ▷写文章切忌说～。○ ❸ 动 设法使人不经意地吐露真情 ▷甭想从他那儿～。

【套汇】tàohuì ❶ 动 外汇市场上的一种交易活动,即利用不同地点的外汇市场上同一种外汇的汇价差异,从低价市场上买进,再到高价市场上卖出,以取得差额利润。❷ 动 我国特指非法买卖外汇或获取外汇权益以牟利。

【套间】tàojiān ❶ 名 与正房相连的配间;也指相连的两间屋子中靠里面的一间,一般没有直通外面的门(跟"单间"相区别)。也说套房。❷ 名 指连成一套的几个房间,只有一道门通外面。

【套交情】tàojiāoqing 主动跟人拉拢感情。

【套近乎】tàojìnhu 主动跟不熟识、不亲密的人拉拢关系,表示亲近(多含贬义)。

【套裤】tàokù 名 罩在裤子外面用来给腿御寒或保护裤子的无裆裤。

【套牢】tàoláo 动 由于股票等证券价格下跌,投资者无法获利抛售,只好等待价格回升,致使资金在较长时间内被占用。

【套利】tàolì ❶ 动 利用两个市场之间的价格差异,通过贱买贵卖获取利润 ▷利用国内外原油差价进行～。❷ 动 套取利益 ▷金融机构凭借监管职权～是违法行为。

【套路】tàolù ❶ 名 成套的武术动作;泛指成系统的技术、方法、思路等 ▷从～上可以看出,这是少林武术|这支球队的攻防～很特别|管理的新～。❷ 名 花招儿②;圈套 ▷识破规避监管的各种～|那家美容店虽然价格低,但～多。

【套马】tàomǎ 动 用套马杆把马套住。

【套马杆】tàomǎgān 名 一端系有活套的用来套牲口的长木杆。也说套马杆子。

【套牌】tàopái ❶ 动 使用跟别的车同一号码的伪造车牌 ▷我的车被别人～了。❷ 名 跟别的车同一号码的伪造车牌 ▷这辆车的车牌是～。

【套票】tàopiào 名 成套的门票、邮票等票证。

【套曲】tàoqǔ ❶ 名 由若干乐曲或乐章组合成套的大型器乐曲或声乐曲。❷ 名 套数①。

【套取】tàoqǔ 动 用不正当的手段取得 ▷～公

款|多位公民的个人信息被他～。

【套裙】tàoqún 名 下身为裙子的女式套装。

【套色版】tàosèbǎn ❶ 名 套色印刷用的底版。❷ 名 用各种颜色套印的图书、报刊等 ▷这本小词典已出了～。

【套色】tàoshǎi 动 彩色印刷时每次印一种颜色，利用红、黄、蓝三种原色重叠印刷，可以印出各种颜色。

【套衫】tàoshān 名 不开襟的上衣，穿时从头上往下套。一般为针织品。也说套头衫。

【套绳】tàoshéng ❶ 名 驾牲口用的绳子 ▷牲口拉车用力过猛，把～拉断了。❷ 名 牧民套牲口用的长绳，一端有活结 ▷甩～套牲口。

【套书】tàoshū 名 内容相关的两本或两本以上配合成套的书，如《十万个为什么》。

【套数】tàoshù ❶ 名 戏曲或散曲(小令除外)中，用多种曲调互相连贯、有首有尾、成为一套的曲子。也说套曲。❷ 名 比喻成套的技巧或手法 ▷他学会了不少魔术～。

【套索】tàosuǒ ❶ 名 古代交战时擒拿敌人用的绳索，一端有活结。❷ 名 套绳。

【套套】tàotao〈口〉❶ 名 固有的模式；框框 ▷不能按老～办事，要有创新。❷ 名 办法；主张 ▷别看他年轻，～还不少。

【套筒】tàotǒng 名 套在物体上的空心圆筒。

【套问】tàowèn 动 不露意图，拐弯抹角地盘问 ▷别想从他嘴里～出什么东西来。

【套现】tàoxiàn 动 将产业、股票等兑换成现金 ▷用房产～资金近千万元。

【套鞋】tàoxié 名 原指套在鞋子外面的防雨胶鞋；后泛指防水胶鞋 ▷长筒～。

【套型】tàoxíng 名 为满足不同户型住户的生活需要而设计、建造的成套住房的类型。

【套袖】tàoxiù 名 套在衣袖外面保护衣袖的单层袖筒。也说袖套、罩袖。

【套印】tàoyìn 动 在同一版面上用颜色不同的版分次进行印刷 ▷～彩色年画。

【套用】tàoyòng 动 仿照着用；沿用 ▷～老方法。

【套语】tàoyǔ 名 套话①②。

【套种】tàozhòng 动 在某种作物生长后期，利用其行间空隙，播种别种作物。可充分利用土地和生长期，多种多收。也说套作、套播。

【套装】tàozhuāng ❶ 名 上下身配套的服装，多用同一种面料制作。也说套服。❷ 名 指包装在一起的成套物品 ▷～产品|玩具～。

【套子】tàozi ❶ 名 罩在器物外面起保护或装饰作用的物件 ▷给电子琴做个布～。❷ 名 某些地区指棉衣、棉被里的棉絮。也说棉花套子。❸ 名 固定的格式、办法 ▷俗～|老～。❹ 名 用绳子等编结成的环状物 ▷套圈儿用的藤～。❺ 名 圈套 ▷小心落入他的～。

【套作】tàozuò 动 套种。

tè

忑 tè 见1333页“忐(tǎn)忑”。

忒 tè 名〈文〉差错 ▷差～。☛ 右上是“弋”，不是“戈”。

另见1395页 tuī。

特[1] tè ❶ 形〈文〉单个儿的；单独 ▷～舟(单只的船)。→ ❷ 形 不同于一般的 ▷～色|～权|～产|奇～。⇒ ❸ 副 a)特地 ▷～来你处查询|～作如下规定。b)〈口〉特别② ▷～冷|～早|实力～强。⇒ ❹ 名 指特务(tèwu) ▷匪～|敌～。→ ❺ 副〈文〉只；仅 ▷此～匹夫之勇耳。

特[2] tè 量 特克斯的简称。

【特奥会】tè'àohuì 名 特殊奥林匹克运动会的简称。专门为智障者参与体育运动训练和比赛而设立的综合性运动会，包括本地、国家和世界等不同级别。世界夏季特奥会和世界冬季特奥会都是每四年举办一届，不设世界纪录。

【特别】tèbié ❶ 形 不一般；与众不同 ▷他写的字很～。❷ 副 非常；格外 ▷心事～重|脾气～好。❸ 副 着重；特意 ▷～把环保问题提了出来。❹ 副 尤其(常跟“是”连用) ▷他爱读书，～是哲学方面的书。

【特别法】tèbiéfǎ 名 适用于一国范围特定地区、特定时期、特定人或特定事项的法律。如特别行政区基本法、公务员法等。也说特殊法。

【特别快车】tèbié kuàichē 中途停站少、全程行车时间比直达快车更短的旅客列车。简称特快。

【特别行政区】tèbié xíngzhèngqū 按“一国两制”的基本国策设置的享有特殊法律地位和高度自治权的行政区域。如香港特别行政区、澳门特别行政区。

【特菜】tècài ❶ 名 特殊的蔬菜品种。如中国产的外国品种蔬菜，北方产的南方品种蔬菜。❷ 名 特色菜肴 ▷西餐厅将集中展示瑞士～。

【特产】tèchǎn 名 某地独有的或特别著名的产品 ▷人参是吉林的～。

【特长】tècháng 名 特别擅长的本领 ▷发挥～。

【特长生】tèchángshēng 名 在艺术、体育、科技等方面具有特长的学生。

【特出】tèchū 形 非常突出；格外出色 ▷表现～。

【特此】tècǐ 副 公文用语，表示特地在这里(说明、布告、通知等) ▷会议延期，～通知。

【特等】tèděng 区别 等级最高的 ▷～劳模。

【特地】tèdì 副 表示专为某件事 ▷今天～为你

举行欢送会。

【特点】tèdiǎn 名 独特之处 ▷他的最大～是意志坚强|任何事物都有自己的～。☛ 跟"特色"不同。"特点"指独特之处,既可用于事物,也可用于人;"特色"指特有的色彩或风格,一般不用于人。

【特定】tèdìng ❶ 区别 特别指定的 ▷～人选。❷ 区别 跟一般不同的 ▷～时期|～范围。

【特工】tègōng ❶ 名 特务工作 ▷进行～训练。❷ 名 从事特务工作的人 ▷派遣～。

【特行】tèháng 名 特种行业。指由公安机关实行特殊管理的行业。如旅馆业、刻字业、典当业、信托寄卖业、拍卖业等。

【特护】tèhù ❶ 动 (对危重病人)进行特殊护理 ▷他还没脱离危险,需要～。❷ 名 从事特殊护理的护士 ▷三个～日夜轮班护理。

【特惠】tèhuì 形 特别优惠 ▷～商品|～待遇。

【特级】tèjí 区别 等级最高的 ▷～教师|～护理。

【特级教师】tèjí jiàoshī 国家为表彰中小学、幼儿园等学校和机构特别优秀的教师特设,由省级政府授予的一种既具先进性、又有专业性的称号。

【特急】tèjí ❶ 区别 特别紧急的 ▷～电报。❷ 动 非常着急 ▷听说父亲病重,他心里～。

【特辑】tèjí 名 为某一主题或特殊需要而特地编辑的文字资料、报刊或音像制品等 ▷纪念中华人民共和国成立50周年～。

【特技】tèjì ❶ 名 特种技术或技能 ▷～飞行|～跳伞。❷ 名 特指电影摄制特殊镜头的技巧 ▷～镜头。

【特价】tèjià 名 特别降低的价格 ▷～书。

【特警】tèjǐng 名 特种警察的简称。

【特刊】tèkān 名 报刊以某项内容为中心而特地编辑的一期或专版 ▷国庆～。

【特克斯】tèkèsī 量 纤度法定计量单位,1特克斯等于1克/1000米。简称特。

【特快】tèkuài ❶ 形 速度特别快的 ▷～信件|～专递。❷ 名 特别快车的简称。

【特快专递】tèkuài zhuāndì 邮政特快专递的简称。

【特困】tèkùn 区别 特别困难的 ▷～户|～人群。

【特困生】tèkùnshēng 名 家庭经济特别困难,无力支付学习费用的学生。

【特立独行】tèlì-dúxíng 立身行事不同于常人,显得很独特;多指志行高洁,不随波逐流。

【特例】tèlì 名 特殊事例 ▷作为～处理。

【特洛伊木马】tèluòyī mùmǎ 传说中古代希腊人攻打特洛伊城时制造的大木马。参见975页"木马计"。

【特卖】tèmài 动 以特别优惠的价格出售(商品) ▷皮衣换季～。

【特命】tèmìng 动 特别任命或指令 ▷～全权大使|～三团为先遣队。

【特派】tèpài 动 为处理某项事务而特意委派 ▷～专人处理善后事宜|～员。

【特批】tèpī 动 特别批准 ▷～免税进口。

【特聘】tèpìn 动 特别聘用 ▷～他为我校教授。

【特遣部队】tèqiǎn bùduì 为完成某项任务而特地派遣的部队。

【特勤】tèqín ❶ 名 指军队、公安等安排的特殊勤务,如某些规模较大的活动中的安全保卫、交通指挥等。❷ 名 指执行特勤任务的人。

【特区】tèqū ❶ 名 在政治、经济等方面实行特殊政策和管理的地区 ▷经济～。❷ 名 特别行政区的简称 ▷香港～。

【特权】tèquán 名 一般人享受不到的特殊权利(多指不应有的、非分的) ▷享受～。

【特色】tèsè 名 事物特有的色彩、风格等 ▷两篇文章各有～|～菜。☛ 参见本页"特点"的提示。

【特设】tèshè 动 特殊设置或特地设立 ▷～机构|～条款|～两名委员。

【特赦】tèshè 动 国家对某些特定的犯人宣布赦免或减轻刑罚 ▷～令。

【特使】tèshǐ 名 国家临时派往他国执行特定外交任务的使节。

【特首】tèshǒu 名 指香港和澳门特别行政区的行政长官。

【特殊】tèshū 形 不同寻常;不同一般 ▷～地位|情况很～。

【特殊化】tèshūhuà 动 变得跟一般不同。多指违反政策和制度规定,在政治、工作、生活等方面享受特权 ▷反对～。

【特殊教育】tèshū jiàoyù 开设特殊课程,运用特殊的教材、教法和设备,为盲人、聋哑人和其他残疾人、智障人进行的教育。简称特教。

【特殊性】tèshūxìng 名 某事物所具有的不同于其他事物的性质(跟"普遍性"相对) ▷矛盾的～|少数民族地区有它的～。

【特体】tètǐ 区别 适用于特殊体型的 ▷～服装。

【特为】tèwèi 副 特地;特意 ▷～赶来祝贺。

【特务】tèwù 名 军队中执行警卫、通信、运输等特殊任务的 ▷～连。

【特务】tèwu 名 指经过专门训练,从事刺探情报或潜入敌方搞颠覆破坏活动的人员 ▷便衣～。

【特嫌】tèxián 名 (被认为有)特务的嫌疑;有特务嫌疑的人 ▷对有～的人要抓紧调查|他被错定为～。

【特效】tèxiào 名 特别好的效果;特别好的疗效 ▷采取这种做法,管保有～|～药。

【特写】tèxiě ❶ 名 一种新闻体裁，描写新闻事件中富有特性的片断，要求真实、及时。❷ 名 一种文学体裁，描写现实生活中真实的有意义的人物、事件，要求真实可信。❸ 名 一种电影艺术手法，把人或物的局部放大、突出，造成清晰而强烈的视觉效果；也指拍摄人或物的某一部分，使放大、突出的画面。

【特型演员】tèxíng yǎnyuán 长相、体形等很像某些著名人物，因而经常扮演他们的演员；也指长相、体形特殊（如特矮、特胖等）的演员。

【特性】tèxìng 名 特有的性质 ▷喜食嫩竹是熊猫的～。

【特需】tèxū 区别 特殊需要的 ▷～物资。

【特许】tèxǔ 动 特别允许 ▷～通行。

【特许经营】tèxǔ jīngyíng 由有关主管部门审定许可经营某项业务；特指某些大的名牌企业，用契约形式特别许可其他企业使用自己的经营资源并收取使用费。也说特许专营。

【特邀】tèyāo 动 特别邀请 ▷～民主人士参加会议｜～代表。

【特异】tèyì ❶ 形 特别优异 ▷～成就。❷ 形 特殊；不同一般 ▷～的演技｜功能～。

【特意】tèyì 副 特地 ▷～拜访。

【特优】tèyōu 形 特别优秀 ▷质量～。

【特有】tèyǒu 动 特别具有；独有 ▷这种性质并非食肉动物所～｜～的标志。

【特约】tèyuē 动 特意约请或约定 ▷～稿件｜～经销。

【特诊】tèzhěn 动 特殊诊治；采用不同于一般的方法进行诊治。

【特征】tèzhēng 名 事物可供识别的特殊征象或标志 ▷个性～｜本质～。

【特指】tèzhǐ 动 指称总体概念中的某个个别对象 ▷南货的"南"～我国南方。

【特制】tèzhì 动 特地制造 ▷～了一副假肢。

【特质】tèzhì 名 特有的品质或性质 ▷劳动人民的淳朴～｜～钢材。

【特种】tèzhǒng 区别 同类事物中一种特殊的 ▷～钢｜～股票。

【特种兵】tèzhǒngbīng 名 执行特殊任务的兵种。如工程兵、通信兵等。

【特种部队】tèzhǒng bùduì 担负袭击敌方重要的政治、经济、军事目标等特殊任务的部队。具有编制灵活、装备精良、机动快速、训练有素、战斗力强等特点。

【特种工艺】tèzhǒng gōngyì 使用特殊材料，以特种技术加工的手工艺；也指这种手工艺的制品，如景泰蓝等。

【特种警察】tèzhǒng jǐngchá 特种警察部队，是经过特殊训练、执行特殊任务（如处置突发暴力事件、反恐怖活动等）的武装警察；也指其中的成员。简称特警。

【特种邮票】tèzhǒng yóupiào 邮政部门为了某种宣传目的而特地发行的邮票。

【特准】tèzhǔn 动 特别准许；特别批准 ▷因工作需要，～他延迟退休。

铽（鋱） tè 名 金属元素，符号 Tb。银灰色，其化合物可以用作荧光体激活剂、激光材料和杀虫剂，也可以用来治疗某些皮肤病等。

慝 tè 名〈文〉邪恶；恶念 ▷邪～｜奸～。

螣 tè 名 古书上指专吃小苗或嫩叶的害虫。另见 1347 页 téng。

te

脦 te 见 831 页"肋（lē）脦"。

tēng

熥 tēng 动 把凉了的熟食蒸热或烤热 ▷～窝窝头｜把红薯～透了再吃。

鼟 tēng 拟声 模拟击鼓的声音 ▷鼓声～～。

téng

疼 téng ❶ 形 伤、病等引起的极不舒服的感觉 ▷伤口很～｜肚子～｜～痛。→ ❷ 动 关怀；喜爱 ▷妈妈最～小儿子｜～爱。

【疼爱】téng'ài 动 关怀爱护 ▷～女儿。

【疼痛】téngtòng 形 疼①。

【疼惜】téngxī 动 疼爱怜惜 ▷奶奶最～小孙女。

腾（騰） téng ❶ 动 上升 ▷～空｜飞～｜～达。→ ❷ 动 跳；奔驰 ▷～跃｜奔～。❸ 动 上下左右翻动 ▷沸～｜翻～。❹ 动 用在某些动词后，表示动作反复延续 ▷倒（dǎo）～｜闹～｜折（zhē）～。〇 ❺ 动 空（kòng）出来 ▷～房间｜～不出手。〇 ❻ 名 姓。

【腾达】téngdá 动〈文〉（地位）上升；（仕途）得意 ▷飞黄～。

【腾飞】téngfēi 动 腾空飞起；比喻迅速崛起和发展 ▷苍鹰～而去｜渴望中华民族早日～。

【腾贵】ténggùi 动（物价）飞涨 ▷地租～，房价飙升。

【腾空】téngkōng 动 向空中跃起或飞升 ▷在跳台上～翻转两周｜焰火～而起。

【腾挪】téngnuó ❶ 动 挪动 ▷大立柜太沉，一个人～不了。❷ 动 挪用 ▷不准随意～公款。❸ 动 指武术中蹿、跳、躲闪等动作 ▷～跳跃，虎虎生风。

【腾升】téngshēng 动 快速上升 ▷烈焰～|股价～。

【腾腾】téngténg 形 形容(气体、火焰等)很盛，不断上升 ▷烟雾～◇杀气～。

【腾退】téngtuì 动 腾出并退还(所占的房屋、土地等) ▷限期～超标办公用房|～耕地。

【腾涌】téngyǒng 动 水流急速翻腾涌动 ▷清泉～。

【腾跃】téngyuè ❶ 动 奔跑跳跃 ▷～而上。❷ 动 比喻(物价)迅速上涨 ▷物价～。

【腾越】téngyuè 动 腾空跨越 ▷～而过。

【腾云驾雾】téngyún-jiàwù 传说中指施行法术乘云雾飞行。现多形容头脑迷糊，神志恍惚；也形容奔驰迅速。

誊(謄) téng 动 誊写 ▷稿子太乱，要～一遍|～清|～录。

【誊录】ténglù 动 誊写；抄录 ▷～旧稿。

【誊清】téngqīng 动 抄写清楚 ▷～讲稿。

【誊写】téngxiě 动 照底稿或原文抄写 ▷把稿子再～一遍。

【誊印】téngyìn 动 油印。

滕 téng ❶ 名 周朝诸侯国名，在今山东滕州一带。○ ❷ 名 姓。

螣 téng [螣蛇] téngshé 名 古书上说的一种会飞的蛇。

另见 1346 页 tè。

縢 téng〈文〉❶ 动 封闭；缠束。→ ❷ 名 绳索。

藤(*籐) téng ❶ 名 蔓生植物名，有白藤、紫藤等多种。→ ❷ 名 指植物的匍匐茎或攀缘茎。如瓜藤、葡萄藤。○ ❸ 名 姓。

【藤本】téngběn 名 植物的一大类，茎干匍匐地面或攀附他物 ▷这些植物属于～|～植物。

【藤本植物】téngběn zhíwù 茎干匍匐地面或攀附他物而生长的植物的统称。分木质藤本(如葡萄、紫藤)和草质藤本(如牵牛花)。

【藤编】téngbiān ❶ 动 用藤子编织 ▷他擅长～|～椅子。❷ 名 用藤子编织的器物 ▷这些～十分精巧。

【藤黄】ténghuáng 名 常绿小乔木，叶椭圆形，花单性，果实为浆果。产于印度、泰国等地。树皮渗出的黄色树脂也叫藤黄，有毒，经炼制可以做黄色颜料，也可以做药材。

【藤萝】téngluó 名 紫藤。

【藤器】téngqì 名 用藤制成的器物。

【藤条】téngtiáo 名 木质藤本植物的茎。

【藤蔓】téngwàn 名 藤和蔓 ▷花果山～缠绕|～茂盛◇长长的历史～。☛"蔓"这里不读 mān 或 màn。

【藤椅】téngyǐ 名 用藤条或藤皮编成的椅子。

【藤子】téngzi 名 藤①②。

䲢(鰧) téng 名 鱼，身体粗壮，呈青灰色。有褐色网状斑纹，头宽大平扁，口大眼小，下颌凸出，通常有两个背鳍。栖息在浅海底层，捕食小鱼。种类很多，常见的有鱼䲢、青䲢等。也说瞻星鱼。

tī

体(體) tī [体己] tīji ❶ 形 贴身的；亲近的 ▷～人|～话。❷ 名 家庭成员个人的私房钱 ▷攒了些～。

另见 1351 页 tǐ。

剔 tī ❶ 动 (把肉从骨头上)刮下来 ▷把排骨上的肉～干净。→ ❷ 动 (从缝隙或孔洞里)往外挑(tiǎo) ▷～牙缝|～指甲。→ ❸ 动 (从群体中把不好的)挑(tiāo)拣出去 ▷把残次品～出来|～除。☛ 不读 tí 或 tì。

【剔除】tīchú 动 把不好的或不合适的东西去掉 ▷～糟粕|把筐里的烂梨～干净。

【剔红】tīhóng 名 雕漆的一种。因大多用朱漆，故称。参见 318 页"雕漆"。

【剔透】tītòu 形 明澈透亮 ▷晶莹～。

【剔庄货】tīzhuānghuò 名 廉价出售的压库商品；特指百货的处理品。

梯 tī ❶ 名 某些供人登高和下降的器具或设施 ▷～子|扶～|软～|楼～。→ ❷ 名 形状或作用像梯的 ▷～田|电～◇～队。

【梯次】tīcì ❶ 名 按一定次序分成的级或批 ▷建立门类齐全、～合理、素质优良的专业人才队伍。❷ 副 表示按照一定次序分级或分批地 ▷～推动乡村山水林田路房的整体改善。

【梯度】tīdù ❶ 名 上升或下降的坡度。❷ 名 单位时间或单位距离内某种现象(如温度、气压、密度、速度等)变化的程度。❸ 名 梯次。

【梯队】tīduì ❶ 名 指军队战斗或行军时按任务、行动顺序等分成的若干支队伍，每支队伍就是一个梯队。❷ 名 比喻依次接替上一拨人任务的人员结构层次，每一层次的人为一个梯队 ▷加强干部的～建设。

【梯恩梯】tī'ēntī 名 英语缩写词 TNT 音译。一种最常用的军用炸药，淡黄色晶体，具有猛烈的爆炸性。也说黄色炸药。

【梯级】tījí ❶ 名 阶梯的级。❷ 名 在江河上分段筑坝，使水位呈阶梯状的水利工程。

【梯己】tīji 现在一般写作"体己"。

【梯田】tītián 名 山坡上开垦的梯状农田，边缘筑有田埂，防止水土流失。

【梯形】tīxíng 名 只有一组对边平行的四边形。

【梯子】tīzi 名 指能移动的爬高用具，一般由两条长杆中间横穿若干短撑（chèng）构成。有木梯子、竹梯子、金属梯子等。

睇 tī 名 有机化合物的一类，是锑化氢中氢原子被烃基部分或全部取代而形成的，多有毒。

锑（銻） tī 名 金属元素，符号 Sb。银灰色，质硬而脆，有冷胀性，有毒。多用在化学工业和医药上，超纯锑是重要的半导体及红外探测器材料，锑的合金可制造铅字、轴承等。

踢 tī 动 用脚向外撞击 ▷一脚把门～开｜～球。☛ 右边是"易"，不能简化成"汤"。

【踢蹬】tīdeng ❶ 动 又踢又蹬 ▷把地板～得山响。❷ 动〈口〉折腾；受折磨 ▷跑了一天也没办成事，真～死人了。❸ 动〈口〉挥霍；糟蹋 ▷把家业都～光了。❹ 动〈口〉处理；清理 ▷直到深夜才把这些活儿～完。‖也说踢腾。

【踢脚线】tījiǎoxiàn 名 在室内墙壁和地面相交处贴墙加的表面层。用宽木条、瓷砖、金属板等制成，一般高 10 多厘米，起保护和装饰作用。也说踢脚板。

【踢皮球】tīpíqiú 比喻工作中互相推诿 ▷这么点儿事儿，两个单位来回～。

【踢踏舞】tītàwǔ 名 主要流行在西方的一种舞蹈。用鞋底击地，发出清脆的、有节奏的踢踢踏踏的响声。形式自由，动作灵活多变。

【踢腾】tīteng 动 踢蹬。

鹏（鷉） tī 见 1045 页"䴙（pì）鹏"。

擿 tī〈文〉❶ 动 挑（tiāo）出；挑（tiāo）剔 ▷～巢探卵｜～抉细微。→ ❷ 动 揭发 ▷发奸～伏（揭发奸邪和隐秘的坏事）。

另见 1781 页 zhì。

tí

荑 tí〈文〉❶ 名 植物刚长出的嫩芽、嫩叶 ▷新～。○ ❷ 名 指稗子一类的草 ▷～稗。

另见 1625 页 yí。

绨（綈） tí 名〈文〉厚实光滑的丝织品 ▷～袍｜～锦。

另见 1353 页 tì。

提 tí ❶ 动 垂着手拿（有提梁或绳套的东西）▷手里～着书包｜～来一桶油◇～心吊胆。→ ❷ 动 使事物由低处往高处移 ▷把裤子往上～｜～价｜～升｜～拔。⇒ ❸ 动 举出；指出 ▷～条件｜～意见｜～名｜～醒｜～示。❹ 动 说起；谈起 ▷～过这件事｜不值一～｜只字不～。⇒ ❺ 动 取出；拿出来 ▷～货｜～炼｜～成。❻ 动 特指从关押的地方带出犯人或犯罪嫌疑人 ▷～犯人｜～审。⇒ ❼ 名 一种舀取油、酒等的量具，有长柄，下端装一圆筒形容器 ▷油～｜酒～。⇒ ❽ 动 把约定的时间向前移 ▷～前｜～早。⇒ ❾ 名 汉字的笔画，由左向右斜上，形状是"㇀"。也说挑（tiǎo）。○ ❿ 名 姓。☛ 通常读 tí；读 dī，用于个别词，如"提防""提溜"。

另见 295 页 dī。

【提案】tí'àn 名 提请会议讨论或处理的方案或建议 ▷～交付大会表决。

【提拔】tíbá 动 选拔提升 ▷～年轻干部。

【提包】tíbāo 名 有提梁的包儿。也说手提包。

【提笔】tíbǐ 动 拿起笔 ▷～忘字｜提起笔来。

【提倡】tíchàng 动 宣传事物的优点、好处，鼓励大家实行或使用 ▷～勤俭节约｜～写规范字。

【提成】tíchéng ❶ 动 从钱物的总额中按一定比例提取 ▷按 5%～。❷ 名 从总额中按一定比例提取的钱物 ▷他已拿了可观的～。

【提出】tíchū 动（用言语或文字把自己的意愿、想法、建议等）表示出来 ▷～申请。

【提纯】tíchún 动 除去杂质，使变得纯净 ▷～酒精｜这批种子还需～。

【提词】tící 动 戏剧演出时在幕后给演员提示台词 ▷他演戏从不用别人～。

【提存】tícún ❶ 动 从某一款项中提出一部分来存作他用 ▷从公益金中～一部分作为职工购房补贴。❷ 动 债务人因债权人的原因（如债权人无正当理由拒绝受领、不知债权人是谁或债权人下落不明等）无法对债权人履行义务时，依法将应偿还的物品（一般为动产）交由法院或有关单位保存，从而解除债务债权关系。

【提单】tídān 名 从货栈、仓库等处提取货物的凭证。也说提货单。

【提灯】tídēng 名 可手提的活动灯。

【提调】tídiào ❶ 动 指挥调度；提取调用 ▷随时听从领导～｜～档案。❷ 名 负责调度的人 ▷由他担任总～。

【提兜】tídōu 名 有提梁的兜儿。

【提法】tífǎ 名 说法；措辞 ▷～错误｜有新的～。

【提干】tígàn ❶ 动 提升干部的职务、级别。❷ 动 由非干部编制提升为干部编制或由士兵提升为军官 ▷小王原来是工人，前年才～｜小张～当了排长。

【提纲】tígāng 名 内容要点 ▷写作～｜复习～。

【提纲挈领】tígāng-qièlǐng 提起渔网的总绳，拎住衣服的领子。比喻抓住关键，或简明扼要地提出问题。☛“挈”不读 qì 或 xiè。
【提高】 tígāo 动 往上提,使比原来高(跟“降低”相对) ▷～质量|～觉悟|～嗓门儿。☛ 参见 18 页“拔高”的提示。
【提供】 tígōng 动 供给;给予 ▷～情报|～服务。
【提灌】 tíguàn 动 将水从低处引到高处灌溉 ▷～设备。
【提行】 tíháng 动 (书写或排版时)另起一行。
【提盒】 tíhé 名 有提梁的多层盒子,多用来装饭菜、糕点等。
【提花】 tíhuā ❶ 动 用经线、纬线在织物上织成凸起的花纹 ▷～织机|～枕巾。❷ 名 用提花工艺织出的花纹 ▷毛毯上有～。
【提婚】 tíhūn ❶ 动 已定亲的男方或女方向对方提出结婚的要求。❷ 动 提亲。
【提货】 tíhuò 动 (从货栈、仓库等处)提取已成交的货物 ▷先付款,后～。
【提及】 tíjí 动 谈到;说起 ▷不愿～此事。
【提级】 tíjí ❶ 动 提高产品的质量等级 ▷这批棉花质量不错,应该～|～不提价。❷ 动 提高工资、职务、职称等的级别 ▷～加薪。
【提价】 tíjià 动 提高价格。
【提交】 tíjiāo 动 把需要讨论、审核、处理的问题提出来交付相关机构、部门或会议 ▷～司法部门处理|～大会审议。
【提款】 tíkuǎn 动 提取现款 ▷限定～数额。☛ 跟“题款”不同。
【提篮】 tílán 名 有提梁的篮子。
【提炼】 tíliàn ❶ 动 用化学或物理方法从物质中提取所需要的东西 ▷从石油中可以～出汽油、煤油等多种产品。❷ 动 比喻对某种事物进行去粗取精、去伪存真的加工、提高 ▷要学会～语言|从生活中～作品的主题。
【提梁】 tíliáng 名 器物上面供手提的部分。
【提留】 tíliú 动 从钱物的总数中提出一部分留作他用 ▷按规定～各项基金。
【提名】 tímíng 动 在选举或评选前,由选举者或评选者提出候选者的姓名或名称 ▷代表～,大会选举|这部影片获～奖。
【提起】 tíqǐ ❶ 动 举起;拿起 ▷～杠铃。❷ 动 说起;谈到 ▷他经常在我面前～你|～往事。❸ 动 振作;奋起 ▷～精神。❹ 动 引起;提出 ▷～注意|～公诉。
【提前】 tíqián 动 (把原定的时间或位置)往前移 ▷～动工|这一段文字最好～。
【提挈】 tíqiè ❶ 动 〈文〉统率;带领 ▷～全军。❷ 动 帮助;扶持;提拔 ▷互相～|承蒙前辈～。
【提亲】 tíqīn 动 男女中的某一方向对方提出结成婚姻关系的建议 ▷托人到张家去～|孩子已到～年龄了。也说提亲事、提婚。
【提琴】 tíqín 名 弦乐器,有四根弦。分小提琴、中提琴、大提琴、低音提琴四种。
【提请】 tíqǐng 动 提出并请求 ▷～大会审议。
【提取】 tíqǔ ❶ 动 从银行或保管单位中取出(财物)。❷ 动 从财物的总数中取出一部分。❸ 动 经提炼而取得 ▷从石油中～汽油。
【提任】 tírèn 动 提升任用 ▷他被～为科长。
【提神】 tíshén 动 使神经兴奋 ▷～醒脑|喝杯茶提提神。
【提审】 tíshěn ❶ 动 把犯罪嫌疑人或犯人从关押处提出来审讯 ▷～犯人。❷ 动 上级法院依法将下级法院受理的或已经审理终结的案件提归自己审判。
【提升】 tíshēng ❶ 动 提高(职务、级别等) ▷新～的干部|～为县长。❷ 动 提向高处;向高处运送 ▷必须～车身才能把轮胎卸下来。
【提示】 tíshì ❶ 动 提起注意 ▷历史～我们毋忘国耻。❷ 名 提示读者的话 ▷这段～很重要。☛ 参见本页“提醒”的提示。
【提手】 tíshǒu 名 安在器物上供手提的把柄 ▷皮箱～|牛皮做的～。
【提水】 tíshuǐ 动 从低处往上取水 ▷从井里～。
【提水工程】 tíshuǐ gōngchéng 使低处水的水位提升,经过渠道流入农田的灌溉工程。也说扬水工程。
【提速】 tísù 动 提高运行速度 ▷火车～|互联网扩容～。
【提味儿】 tíwèir 动 (加入少许调料或辅料)使食物更有滋味 ▷加点儿味精～。
【提问】 tíwèn 动 提出问题并要求回答 ▷老师向学生～|请回答～。
【提现】 tíxiàn 动 提取现款。
【提线木偶】 tíxiàn mù'ǒu 一种木偶戏。木偶各关节部位连着线,演员在幕后提线操纵木偶,表演动作。
【提箱】 tíxiāng 名 有提梁的箱子。也说手提箱。
【提携】 tíxié ❶ 动 搀扶;带领 ▷～幼儿。❷ 动 扶植;提拔 ▷全靠你～|～后进。❸ 动 互相帮助 ▷彼此～。
【提心吊胆】 tíxīn-diàodǎn 形容担心害怕,安不下心。
【提醒】 tíxǐng 动 指出某事项或道理,让对方注意 ▷～他注意安全。☛ 跟“提示”不同。“提醒”侧重使不要忘记;“提示”侧重使明白,得到启示。
【提讯】 tíxùn 动 提审①。
【提要】 tíyào ❶ 动 从书籍或文章里提取要点。❷ 名 从书籍或文章中提取出来的要点 ▷内容～|《四库全书总目～》。
【提议】 tíyì ❶ 动 提出建议或意见供讨论、研究

▷我～班长兼任学习委员。❷ 名 提出的意见、建议 ▷这个～获得大会通过。

【提早】tízǎo 动 提前 ▷～动工|～准备。

【提振】tízhèn ❶ 动 使振作 ▷～团队精神|～三军士气。❷ 动 振兴 ▷经济指数利好，～股市飘红|～内需。

【提职】tízhí 动 提升职务。

【提制】tízhì 动 从原料中提炼某种成分再制造(产品) ▷用樟树的枝叶～樟脑。

【提子】tízi ❶ 名 提⑦。❷ 名 葡萄的一种，果实比普通葡萄大，原产美国。

啼(*嗁) tí ❶ 动 鸣叫 ▷雄鸡～明|月落乌～|虎啸猿～。→ ❷ 动 出声地哭 ▷～笑皆非|～哭。○ ❸ 名 姓。

【啼饥号寒】tíjī-háohán 因饥寒而啼哭号叫，形容极端穷苦。

【啼哭】tíkū 动 大声哭。

【啼鸣】tímíng 动 (鸟类)鸣叫。

【啼笑皆非】tíxiào-jiēfēi 哭也不是，笑也不是。形容使人既生气又好笑。

稊 tí〈文〉❶ 名 一种像稗的野草，籽实像小米。○ ❷ 名 植物的嫩芽；特指杨柳的新生枝叶 ▷枯杨生～。

遆 tí 名 姓。

鹈(鵜) tí [鹈鹕] tíhú 名 水鸟，体长，翼大，羽多白色，四趾间有全蹼相连。嘴直而阔，尖端弯曲，嘴下有皮囊，可存食物。善捕鱼，喜群居。参见插图 5 页。

媞 tí ❶ [媞媞] títí 形〈文〉美好。❷ 名 莎(suō)草的种子。

騠(騠) tí 见 756 页"駃(jué)騠"。

缇(緹) tí 形〈文〉橘红 ▷～衣|～幕。

瑅 tí 名〈文〉一种玉。

题(題) tí ❶ 名 题目① ▷文不对～|命～作文|切(qiè)～。→ ❷ 名 题目② ▷试～|习～。○ ❸ 动 写；签署 ▷～字|～诗|～签|～名。

【题跋】tíbá 名 书籍、字画等前后另写的文字，前面的叫题，后面的叫跋，合称题跋。内容多为叙述书画创作的经过、评价、鉴赏、考订等。

【题材】tícái 名 文艺作品所描写的社会、历史生活事件或生活现象 ▷农村～的电视剧|他喜欢画风景～。☛ 跟"体裁"不同。

【题词】tící ❶ 动 为表示纪念或勉励而题写一段话语 ▷为博物馆～。❷ 名 题写的留作纪念或勉励的话语 ▷这几幅～很有意义。

【题辞】tící 现在一般写作"题词"。

【题额】tí'é 动 题写匾额。

【题海】tíhǎi 名 大量的、过多的习题。

【题花】tíhuā 名 书籍报刊上装饰标题的图画 ▷～新颖别致。

【题记】tíjì 名 说明著作内容等的简要文字，在书的正文之前或文章的题目之下。有的也可用名人语句、格言或现成诗句代替。

【题解】tíjiě ❶ 名 关于诗文典籍题旨的阐释；也指汇编成册的此类专集。❷ 名 关于数理化等学科中问题的推演、计算、解答；也指汇编成册的此类专集。

【题库】tíkù 名 由大量试题或习题按学科门类等构成的汇编，现多是由计算机建成的相应数据库。方便存储、查询、智能组配试卷等。

【题款】tíkuǎn ❶ 动 在书画作品等上面题写上款、下款 ▷他习惯用楷书～。❷ 名 书画作品上所题写的上下款 ▷画面的～十分清晰。☛ 跟"提款"不同。

【题名】tímíng ❶ 动 为留作纪念或予以表扬而写上姓名 ▷作者在书的扉页上亲笔～|金榜～。❷ 名 为留作纪念所题写的姓名 ▷碑石上的～依稀可见。❸ 动 题写名称 ▷朱德同志将井冈山～为"天下第一山"。❹ 名 题目① ▷白居易这组诗的～为《秦中吟》。

【题目】tímù ❶ 名 诗文或讲演的标题 ▷～要与内容相吻合。❷ 名 练习或考试中要求解答的问题 ▷看清楚～再作答。

【题签】tíqiān ❶ 动 题写书签或书名 ▷请名人～。❷ 名 题写的书签或书名 ▷封面～。❸ 动 题字签名 ▷亲笔～售书。

【题诗】tíshī 动 就一事一物或一书一画抒发感受而题写诗句(多为即兴写成) ▷～一首。

【题外】tíwài 名 话题之外 ▷他净说些～话。

【题写】tíxiě 动 书写(书名、匾额等) ▷～馆名。

【题型】tíxíng 名 习题或题目的类型 ▷这份试卷的～太单调。

【题意】tíyì 名 题目的含意 ▷～深邃|理解～。也说题旨。

【题旨】tízhǐ 名 题意。

【题字】tízì ❶ 动 为表示纪念或勉励而写上字 ▷～留念。❷ 名 题写的留作纪念或勉励的文字 ▷～很有纪念价值。

醍 tí 见下。

【醍醐】tíhú 名〈文〉精制的奶酪；佛教用来比喻佛性 ▷如饮～。

【醍醐灌顶】tíhú-guàndǐng 佛教弟子入门时由本师用醍醐或清水浇灌头顶，象征向受戒者灌输智慧，使之大彻大悟；后也用来比喻听了精辟高明的言论，受到很大启发。

蹄（*蹏） tí 名 马、牛、羊、猪等动物趾端的坚硬的角质层；也指生有这种角质层的脚 ▷马不停～｜铁～。

【蹄筋】tíjīn 名 供食用的牛、羊、猪四肢中的韧带 ▷红烧～。

【蹄子】tízi 名 蹄 ▷牛～｜马～。

鳀（鯷） tí 名 鱼，体小，略侧扁而长，背青绿色，腹银白色，体呈圆柱形，无侧线。有集群性、趋光性和洄游性。生活在海中。幼鱼干制品称海蜓。

tǐ

体（體） tǐ ❶ 名 身体 ▷～无完肤｜量～裁衣｜～型。→ ❷ 名 身体的一部分，多指手或脚 ▷四～不勤｜五～投地｜肢～。→ ❸ 名 事物的整体 ▷浑然一～｜全～。⇒ ❹ 名 事物的形状或形态 ▷长方～｜固～｜液～。❺ 名 一种语法范畴。多表示动词所指动作进行的状态，如完成体、进行体。⇒ ❻ 名 事物的规格、形式或规矩等 ▷～例｜政～｜～统。❼ 名 文字的书写形式或诗文的表现形式 ▷字～｜楷～｜旧～诗｜～裁。→ ❽ 副 表示亲自实践或经历（某事） ▷～察｜～验。❾ 副 表示设身处地地（替人着想） ▷～谅｜～恤。☛ 通常读 tǐ；读 tī，表示贴身、亲近等，如"体己"。

另见 1347 页 tī。

【体壁】tǐbì 名 动物体的外围组织，由皮肤、肌肉及体腔膜等组成。有保护、运动、感觉等功能。

【体表】tǐbiǎo ❶ 名 身体表面或靠近表面的部分 ▷～烫伤。❷ 名 人的仪表 ▷～端庄。

【体裁】tǐcái 名 文章或文学作品的形式类别。如文章可分为记叙文、议论文、抒情文、应用文等；文学作品可分为小说、诗歌、散文、戏剧等。☛ 跟"题材"不同。

【体操】tǐcāo 名 体育运动项目之一，分徒手体操和器械体操两大类。

【体测】tǐcè 动 对身体的运动能力进行测试。

【体察】tǐchá 动 亲身考察 ▷～民情。

【体长】tǐcháng 名 身体的长度。

【体尝】tǐcháng 动 亲身去感受或品味 ▷～创业的艰辛。

【体词】tǐcí 名 语法学里名词、代词、数词和量词的统称，其主要功能是充当主语和宾语（跟"谓词"相区别）。

【体大思精】tǐdà-sījīng 形容著作、规划等规模宏大，思想深邃。

【体罚】tǐfá 动 用折磨身体的方法来处罚。如罚站、罚跪、打板子等 ▷严禁～学生。

【体改】tǐgǎi 动 体制改革的简称。

【体高】tǐgāo 名 身高。

【体格】tǐgé ❶ 名 人体发育情况和健康状况 ▷～检查｜～健壮。❷ 名 人或动物的体形 ▷虎、豹～各异｜他～矮小。

【体会】tǐhuì ❶ 动 体验领会 ▷大家的关心让他～到集体的温暖。❷ 名 体验领会到的道理、经验 ▷交流～｜深刻的～。☛ 跟"体验"不同。"体会"侧重于感受、领会；"体验"侧重于经历、实践。

【体积】tǐjī 名 物体所占空间的大小 ▷～庞大。

【体检】tǐjiǎn 动 体格检查 ▷定期～。也说查体。

【体力】tǐlì 名 人体支持自身活动的力量 ▷消耗～｜～劳动。

【体力劳动】tǐlì láodòng 主要用体力进行的劳动（跟"脑力劳动"相区别）。

【体例】tǐlì 名 文章、著作的组织形式或编写格式。

【体谅】tǐliàng 动 设身处地地给予谅解 ▷要～他的难处。

【体量】tǐliàng 名 建筑物的体积、规模；泛指事物的规模、总量 ▷新建的这座车库～很大｜～大、抗风险能力强的公司。

【体貌】tǐmào 名 体态容貌 ▷～魁梧威严。

【体面】tǐmiàn ❶ 形 好看；漂亮 ▷这姑娘长得很～。❷ 形 光彩；光荣 ▷勤劳致富是～事。❸ 名 身份；名誉 ▷有失～。

【体能】tǐnéng 名 身体的运动能力，包括耐力、运动速度等 ▷～下降｜～测试。

【体念】tǐniàn 动 设身处地地为他人着想 ▷～灾区人民的疾苦。

【体魄】tǐpò 名 体质和精力 ▷强壮的～。

【体腔】tǐqiāng 名 动物体内包容内脏器官的空间。高等脊椎动物的体腔通常分为胸腔和腹腔两部分。

【体认】tǐrèn 动 亲身感受并认识 ▷深刻～信息时代的巨大变化。

【体弱】tǐruò 形 体质差；力气小 ▷～多病｜年老～。

【体式】tǐshì ❶ 名 体裁格式 ▷中外书信的～各有特点。❷ 名 字体式样 ▷楷书和行书是汉字的不同～。

【体衰】tǐshuāi 形 身体衰弱 ▷年老～。

【体态】tǐtài 名 身体的形状和姿态 ▷～端庄。

【体坛】tǐtán 名 指体育界 ▷～盛事｜世界～。

【体贴】tǐtiē 动 体察别人的心情和处境，给予关心和照顾 ▷～病人｜～妻子。

【体统】tǐtǒng ❶ 名 应有的规矩 ▷成何～？❷ 名 身份 ▷有失～。

【体外循环】tǐwài xúnhuán 医疗上使用特殊机械装置把血液引到体外进行处理后再输回体内。多用于心、肺等重大外科手术。

【体位】tǐwèi 名 指身体所保持的姿势 ▷经常变换～,可以缓解肌肉疲劳。

【体味】tǐwèi ❶ 名 身体的气味 ▷～很重。❷ 动 体会品味 ▷仔细～才能理解其中的含意。

【体温】tǐwēn 名 身体的温度。成人正常体温为37℃左右。体温异常是许多疾病的征兆之一 ▷测量～|～正常。

【体温计】tǐwēnjì 名 测量体温用的温度计。也说体温表。

【体无完肤】tǐwúwánfū ❶ 全身没有一块完好的皮肤;形容全身是伤。❷ 比喻言论被批驳得一无是处 ▷把他的歪理邪说驳得～。

【体悟】tǐwù 动 体会领悟 ▷～其中道理。

【体惜】tǐxī 动 体谅爱惜(多指上对下或长对幼)▷～部下|～儿女。

【体系】tǐxì 名 由若干互相关联的事物或思想构成的整体 ▷工业～|哲学～。

【体现】tǐxiàn 动 某种精神、性质通过某一事物具体表现出来 ▷选举的结果充分～了选民的意志|这部著作是他全部人格的～。☛ 跟"表现"不同。"体现"侧重由现象显示出本质;"表现"只是指人的神情和言语行为等外在的表露。

【体校】tǐxiào 名 体育运动学校的简称。

【体形】tǐxíng 名 身体或机器等的形状 ▷保持～|压路机～庞大。

【体型】tǐxíng 名 人体的类型,主要指身体的胖瘦、高矮和各部分之间的比例状态 ▷男性和女性的～有显著区别。

【体恤】tǐxù 动 设身处地地给予同情和关怀 ▷～下情。

【体癣】tǐxuǎn 名 一种皮肤病,多发生在面、手、臂等部位,病原体是一种真菌。症状是出现浅红色环形斑,表面有白色鳞状屑,轻度瘙痒。

【体循环】tǐxúnhuán 名 一种血循环。指左心室压出的血液,经主动脉、支动脉进入身体各部的毛细血管和组织细胞,进行物质交换,再经静脉流回右心室。也说大循环。

【体验】tǐyàn 动 通过亲身感受来认识事物 ▷～生活。☛ 参见1351页"体会"的提示。

【体液】tǐyè 名 人和动物体内的液体。分细胞内和细胞外两部分。高等动物细胞外的体液有血浆、淋巴、脑脊液及一般组织液等。

【体育】tǐyù ❶ 名 增强体质、促进健康等方面的教育,以各项运动为基本手段。❷ 名 指体育运动 ▷～用品。

【体育彩票】tǐyù cǎipiào 经政府有关部门批准,为体育事业筹集经费而发行的彩票。简称体彩。

【体育场】tǐyùchǎng 名 供进行体育锻炼或比赛的露天场地。有的设有看台。

【体育馆】tǐyùguǎn 名 供进行室内体育锻炼或比赛的建筑物。一般设有固定看台。

【体育疗法】tǐyù liáofǎ 通过体育锻炼治疗疾病的方法。简称体疗。

【体育舞蹈】tǐyù wǔdǎo 体育与艺术高度结合的一项体育竞技项目,是一种男女为伴的步行式双人舞。分两大类:第一大类为现代舞,包括华尔兹、探戈、狐步舞、维也纳华尔兹等;第二大类为拉丁舞,包括伦巴、恰恰舞、桑巴、斗牛舞、牛仔舞等。也说国际标准交谊舞。

【体育运动】tǐyù yùndòng 锻炼身体增强体质的各项运动。包括田径、体操、游泳、球类、射击、举重、摔跤等项目。

【体育运动学校】tǐyù yùndòng xuéxiào 培养各项体育运动人才和小学体育师资的学校。简称体校。

【体征】tǐzhēng 名 表现身体健康状况的生理指标和症候。通常指病人身体表现出来的异常变化的迹象。如患心脏病的心杂音,患肝病的肝肿大或黄疸等。

【体制】tǐzhì ❶ 名 国家机关和企业、事业单位等的组织和运作的制度 ▷政治～|～改革。❷ 名 艺术作品的体裁、格局 ▷律诗～兴盛于唐代。

【体制改革】tǐzhì gǎigé 对体制中不合理的部分进行改造革新,使能适应和促进社会生产力的发展。简称体改。

【体质】tǐzhì 名 身体的健康状况和适应环境抵抗疾病的能力 ▷～强健|增强～。

【体重】tǐzhòng 名 身体重量。

【体重指数】tǐzhòng zhǐshù 体重千克数除以身高米数平方得出的数字,是目前国际上常用的衡量人体胖瘦程度以及是否健康的一个标准(英语缩写为BMI)。亚洲成年人的理想体重指数是18.5—22.9。也说身体质量指数。

tì

屉 tì ❶ 名 抽屉 ▷三～桌。→ ❷ 名 笼屉 ▷竹～|～布|～盖。→ ❸ 名 放置在某些床架、椅架上供坐卧,可以自由取下的部分,用棕绳、尼龙丝、藤皮、钢丝等编成 ▷床～|棕～。‖也说屉子。

剃(*薙鬀) tì 动 用刀具刮去毛发 ▷～头|把胡子～了。

【剃刀】tìdāo 名 刮净毛发用的刀子。

【剃度】tìdù 动 佛教指给要出家的人剃去头发,使成为僧尼。

【剃光头】tìguāngtóu ❶ 剃去全部头发 ▷他喜欢～|剃了个光头。❷ 比喻在考试中没有一门合格或没有一人考取;也比喻在评比或竞赛中积分为零或各项均未拿到名次。

【剃头】tìtóu 动 用刀具刮净头发;泛指理发。

【剃须刀】tìxūdāo 名 专用于刮胡子的用具,有手动和电动两类。

俶 tì [俶傥] tìtǎng 现在一般写作"倜傥"。另见207页chù。

倜 tì［倜傥］tìtǎng 形〈文〉洒脱大方；不为世俗所拘束 ▷风流～|～不羁。

逖 tì 形〈文〉遥远。☛ 不读 dí。

涕 tì ❶ 名 眼泪 ▷痛哭流～|感激～零。→ ❷ 名 鼻涕 ▷～泪俱下。

【涕泪】tìlèi 名 鼻涕和眼泪；眼泪 ▷～交流|～如雨。

【涕零】tìlíng 动〈文〉落泪；流泪 ▷临表～，不知所言|～如雨。

【涕泗】tìsì 名〈文〉眼泪和鼻涕 ▷～俱下|～滂沱。

悌 tì 动〈文〉敬爱兄长 ▷孝～。☛ 统读 tì，不读 dì。

绨（綈） tì 名 一种纹理较粗、质地较厚的纺织品，一般用丝或人造丝作经、棉纱作纬织成 ▷线～。

另见 1348 页 tí。

惕 tì 形 小心；谨慎 ▷警～。☛ 右边是"易"，不能简化成"𫔀"。

【惕厉】tìlì 动〈文〉警惕；戒惧 ▷～自省，奋发有为。

屜 tì 同"屉"。现在一般写作"屉"。

替[1] tì 形〈文〉衰落；废 ▷衰～|兴～。

替[2] tì ❶ 动 代替 ▷你休息吧，我～你|接～。→ ❷ 介 引进行为的对象或动作的受益者，相当于"为" ▷大家都～他捏一把汗|请你～我画一张像。

【替班】tìbān ❶ 动 代替别人上班 ▷他今天请假，我来～。❷ 名 替班的人 ▷他是～。

【替补】tìbǔ ❶ 动 替换填补 ▷由你～三号队员。❷ 名 替换别人填补空缺的人 ▷充当～。

【替代】tìdài 动 代替；替换 ▷～老王值班。

【替工】tìgōng ❶ 动 代替别人做工 ▷姐姐有病，妹妹去～。❷ 名 代替别人做工的人 ▷他是临时去当～的。

【替换】tìhuàn 动 调换；倒换 ▷这工作三人轮流～着做|两双鞋～着穿。

【替考】tìkǎo 动 代替别人参加考试。

【替身】tìshēn ❶ 名 替代别人的人；代人受过的人 ▷祸是他惹的，我倒成了他的～。❷ 名 在影视拍摄中代替演员表演惊险动作或特技的人 ▷这场打斗戏他演不了，得找个～。

【替手】tìshǒu 名 代替别人做事的人；副手 ▷开长途车，要有一个～才好。

【替死鬼】tìsǐguǐ 名 比喻替代别人受害的人。

【替罪羊】tìzuìyáng 名 原指古代犹太教宗教仪式中献祭给神的替人承担罪过的羊。现借指代人受过的人。

裼 tì 名〈文〉包裹婴儿的被子。☛ 右边是"易"，不能简化成"𫔀"。

另见 1469 页 xī。

嚏 tì［嚏喷］tìpen 名 喷嚏。

趯 tì ❶ 动〈文〉跳。→ ❷ 动 踢（多见于近代汉语）。

tiān

天 tiān ❶ 名 日月星辰所处的空间；天空 ▷～上飘着白云|～昏地暗|苍～|航～。→ ❷ 名 迷信指世界的主宰者 ▷～命|～意|～机。❸ 名 宗教或神话中指神、佛、仙人居住的地方 ▷归～|～堂。→ ❹ 名 自然界 ▷人定胜～|～灾人祸。❺ 区别 自来就有的；天生的 ▷～资|～堑|～性。→ ❻ 名 气候；天气 ▷～很热|～旱|晴～。❼ 名 季节；时令 ▷夏～|三九～|黄梅～。→ ❽ 量 时间法定计量单位，1 天等于 24 小时；也指一个白天的时间 ▷过了几～|两～两夜。也说日。❾ 名 指一天里某一段时间 ▷～不早了，赶紧走吧|三更～。→ ❿ 形 位置在上面的；架在空中的 ▷～窗|～车|～桥。○ ⓫ 名 姓。

【天安门】tiān'ānmén 名 明清两代皇城（京城内城）的正门，位于北京市中心，现为我国的象征性建筑物。

【天崩地裂】tiānbēng-dìliè 天崩塌，地开裂。比喻巨大的灾难或强烈的声响。也说天崩地坼。

【天边】tiānbiān ❶ 名 人眼所见天空与大地的交会处 ▷向～飞去。❷ 名 极远的地方 ▷远在～，近在眼前。

【天兵】tiānbīng ❶ 名 神话中指天上的神兵；比喻英勇善战、无往不胜的军队 ▷～天将。❷ 名 封建时代指朝廷的军队。❸ 名 指太平天国的军队。

【天兵天将】tiānbīng-tiānjiàng 神话中指天上的神兵神将；比喻英勇善战、无往不胜的军队。

【天波】tiānbō 名 依靠电离层的反射来传播的无线电波。是目前短波无线电通信和广播所采用的主要传播方式。

【天才】tiāncái ❶ 名 天赋的才能；超越常人的聪明智慧 ▷表演～|～的想象力。❷ 名 具有天才的人。

【天蚕】tiāncán ❶ 名 蚕的一种。体形较大，口吻退化，翅上多有透明斑，幼虫绿色，成虫黄色。食栎树叶。茧长圆形，浅绿色，可取丝，丝质优良。❷ 名 某些地区指樟蚕。

【天差地远】tiānchā-dìyuǎn 形容相差极远。

【天长地久】tiāncháng-dìjiǔ 同天地一样长久。形容情谊永恒不变。

【天长日久】tiāncháng-rìjiǔ 时日长久。

【天朝】tiāncháo ❶ 名 古代对朝廷的尊称；中国封建王朝对外自称"天朝"。❷ 名 太平天国自称"天朝" ▷《～田亩制度》。

【天车】tiānchē 名 桥式起重机。一般安装在厂房或货场高架轨道上，可以移动，能在较大范围内吊起并搬移重物。某些地区也说行(háng)车。

【天成】tiānchéng 动 自然形成，未加修饰 ▷结构绝妙，宛如～。

【天窗】tiānchuāng 名 屋顶、车顶等上面开的窗子。

【天道】tiāndào 名 我国古代哲学指日月星辰等天体运行的法则。唯心主义认为这是神的意志的体现；唯物主义认为这是自然界发展变化的客观规律。

【天道酬勤】tiāndào-chóuqín 上天会酬劳勤奋的人。指只要勤奋努力，就会得到相应的收获 ▷～，自强不息的人总会有成功的机会。

【天敌】tiāndí 名 天然的仇敌。自然界中，一种动物专门危害或捕食另一种动物，前者就被称为后者的天敌。如猫头鹰捕食鼠类，猫头鹰就是鼠类的天敌。

【天底下】tiāndǐxia 〈口〉世界上；人世间 ▷～哪有这道理！

【天地】tiāndì ❶ 名 天和地；多指自然界或人类社会 ▷～之大，无奇不有。❷ 名 境界；境地 ▷开辟科研新～。❸ 名 某事物的范围(多用于报刊或广播、电视的栏目名称) ▷集邮～|影视～|法制～。

【天地头】tiān-dìtóu 天头和地头的合称。

【天帝】tiāndì 名 旧指天上主宰万物的神。

【天鹅】tiān'é 名 鸟，像鹅而较大，羽毛多纯白色，颈长，上嘴黄黑两色，脚黑色，有蹼。生活在湖泊、沼泽地带，善飞翔。吃水生植物、鱼虾等。属国家保护动物。参见插图5页。

【天鹅绒】tiān'éróng ❶ 名 天鹅的羽绒。❷ 名 用丝、毛或棉、麻织成的表面起绒的织物。色泽华美，质感柔软。可做服装及窗帘、帷幕等。

【天方夜谭】tiānfāng-yètán 即《一千零一夜》，阿拉伯古代民间故事集(天方：我国古代称阿拉伯国家；夜谭：夜谈)。故事内容广泛，想象丰富，神话色彩浓郁。常用来比喻荒诞离奇、不足为信的传闻或议论。

【天分】tiānfèn 名 天资；天赋。

【天府之国】tiānfǔzhīguó 指土地肥沃、物产富饶的地区；特指我国四川。

【天赋】tiānfù ❶ 动 自然具备；生来就有 ▷黄山风光～神奇|求生本能确属～。❷ 名 天生的资质 ▷～聪颖|～很高。

【天干】tiāngān 名 甲、乙、丙、丁、戊、己、庚、辛、壬、癸十干的统称。我国传统用作表示顺序的符号。又与地支配成六十组，表示年、月、日的次序。也说十干。参见442页"干支"。

【天罡】tiāngāng 名 星名，指北斗七星的斗柄。

【天高地厚】tiāngāo-dìhòu ❶形容恩情极为深厚。❷比喻事物复杂艰巨的程度 ▷不知～。

【天高气爽】tiāngāo-qìshuǎng 天空晴朗高远，空气清爽宜人(多用于形容秋季的天气)。

【天各一方】tiāngèyīfāng 各在天底下的一个地方。形容相距遥远，难以相见。

【天公】tiāngōng 名 对天和自然界的拟人说法 ▷我劝～重抖擞。

【天公地道】tiāngōng-dìdào 形容极公平合理；引申为理所当然 ▷按质论价，～。

【天宫】tiāngōng 名 神话中指天上的宫殿。

【天沟】tiāngōu 名 屋面和屋面连接处或屋面和高墙连接处引泄雨水的沟槽。

【天狗】tiāngǒu ❶ 名 神话传说中的兽名。❷ 名 古星名。

【天光】tiānguāng ❶ 名 天色 ▷～发白了。❷ 名 日光；天空的光辉。

【天国】tiānguó 名 基督教指上帝所治理的国度，是人死后灵魂得救的地方；比喻理想世界。

【天寒地冻】tiānhán-dìdòng 形容天气极为寒冷。

【天汉】tiānhàn 名 银河的古称。

【天旱】tiānhàn 动 天气干旱。

【天河】tiānhé 名 银河。

【天黑】tiānhēi 动 黄昏时天色转黑 ▷快～了。

【天候】tiānhòu 名 一定时间内某地的大气物理状态，包括气温、气压、湿度、风、降水等的状况 ▷记录～|全～飞行。

【天花】tiānhuā 名 由天花病毒引起的一种烈性传染病，通过飞沫吸入或直接接触传染。初起高热，全身起红色丘疹，后变成疱疹，最后成脓疱。十天左右结痂，痂脱落后留下永久性疤痕。接种牛痘可有效预防。也说痘疮。

【天花板】tiānhuābǎn 名 室内的顶棚。有的在朝下的一面绘有图案，故称。

【天花乱坠】tiānhuā-luànzhuì 佛教传说，法师讲经，感动上天，香花从空中纷纷落下。现形容言谈生动美妙，但不切实际。

【天荒地老】tiānhuāng-dìlǎo 形容经历的时间非常久远。

【天皇】tiānhuáng ❶ 名 远古传说中三皇(天皇、地皇、人皇)之一；后来也用以指皇帝。❷ 名 日本皇帝的称号。

【天昏地暗】tiānhūn-dì'àn ❶形容风沙弥漫或浓云密布，天地间一片昏暗的景象。❷形容程度严重 ▷俩人吵得～。❸ 比喻社会黑暗腐败。

【天火】tiānhuǒ 名 非人为而起的大火，多由雷击或物体自燃等原因引起。

【天机】 tiānjī ❶ 名 天意;泛指自然界尚未为人认识的隐秘 ▷～不可捉摸。❷ 名 比喻机密的事 ▷这是～,万万不可泄露。

【天极】 tiānjí 名 天文学上指地球自转轴延长与天球相交的两点。在北半天球的叫"北天极",在南半天球的叫"南天极"。

【天际】 tiānjì 名 天边。

【天价】 tiānjià 名 指极高的价格。

【天骄】 tiānjiāo 名 汉朝时匈奴单于(chányú)自称天之骄子。后用"天骄"称北方某些少数民族的君主 ▷一代～成吉思汗。

【天经地义】 tiānjīng-dìyì 理当如此、不可改变的道理或法则。

【天井】 tiānjǐng 名 宅院中四周房子围成的小块露天空地。

【天军】 tiānjūn 名 指使用航天兵器,运用卫星信息侦察、制导导航等技术,在外太空进行作战的部队。

【天空】 tiānkōng 名 地面以上高远的广大空间。

【天籁】 tiānlài 名 自然界各种声响的统称。如风声、鸟虫声、流水声等 ▷～齐鸣。

【天蓝】 tiānlán 形 形容颜色像晴朗的天空一样。

【天狼星】 tiānlángxīng 名 天空中最亮的恒星,属于大犬座(南方天空星座之一,分布形状像一只猎犬,在猎户座东南),冬季夜间容易见到。古星象家以为天狼星主侵掠,后用来比喻侵略者。

【天老爷】 tiānlǎoye 名〈口〉老天爷。

【天理】 tiānlǐ ❶ 名 自然法则;天然的道理 ▷上合～,下顺人情。❷ 名 宋代理学家把封建伦理看作永恒的道德法则,称之为天理。

【天良】 tiānliáng 名 生来具有的善性;良心 ▷～何在|丧尽～。

【天亮】 tiānliàng 动 指太阳将要露出地平线时,天空泛出光亮 ▷～了,还不起床?

【天量】 tiānliàng 名 指巨大的数量(多用于股市) ▷昨日股市成交创～佳绩。

【天灵盖】 tiānlínggài 名 人和某些动物头顶上的骨头;头盖骨。

【天伦】 tiānlún 名 天然的伦次,指兄弟;泛指父母子女、兄弟姐妹等亲属关系。

【天伦之乐】 tiānlúnzhīlè 家人团聚的欢乐 ▷尽享～。

【天罗地网】 tiānluó-dìwǎng 天空地面遍布的罗网。比喻使敌人或罪犯无处逃脱的严密的包围圈。

【天麻】 tiānmá 名 多年生草本植物,全株无叶绿素。地上茎黄赤色,节上有膜质鳞片,花浅绿黄色至肉色。地下有肉质块茎,可以做药材。

【天马行空】 tiānmǎ-xíngkōng ❶神马腾空飞驰。比喻才思纵横,气势豪放,不受拘束 ▷笔力纵横,～|以～的想象力锐意创新。❷比喻说话浮泛,不着边际 ▷他的讲话～,让人不得要领。

【天门】 tiānmén ❶ 名 神话传说中天宫的门。❷ 名 帝王宫殿的门。❸ 名 指前额的中央。

【天门冬】 tiānméndōng 名 多年生攀缘草本植物,茎长可达1—2米,叶退化,由绿色线形叶状枝代替叶的功能。浆果球形,成熟时呈红色。地下有簇生纺锤形肉质块根,可以做药材。

【天明】 tiānmíng 动 天亮。

【天命】 tiānmìng ❶ 名 迷信指上天的旨意;也指由上天主宰的人的命运 ▷不信～信科学。❷ 名 古代帝王自称受命于天,称自己的命令为天命。

【天幕】 tiānmù ❶ 名 像幕布一样笼罩大地的天空 ▷广阔无边的～。❷ 名 舞台后方悬挂的大布幔,可配合灯光表现天空的景象。

【天南地北】 tiānnán-dìběi 天南海北。

【天南海北】 tiānnán-hǎiběi ❶指距离遥远的不同地区。❷形容范围广泛而漫无边际。‖也说天南地北、山南海北。

【天南星】 tiānnánxīng 名 多年生草本植物,通常生长在阴湿的树林中,有毒。掌状复叶,小叶披针形。浆果红色。块茎球状,可以做药材。

【天年】 tiānnián 名 人的自然寿命 ▷颐养～。

【天牛】 tiānniú 名 昆虫,种类很多,一般呈长椭圆形,触角较身体长。吃玉米、高粱、甘蔗、桑、柳等的茎,是农、林业的害虫。参见插图 4 页。

【天怒人怨】 tiānnù-rényuàn 形容作恶多端,引起极大的公愤。

【天女散花】 tiānnǚ-sànhuā 原为佛经故事,说天上仙女撒花瓣测试菩萨弟子的道行(héng),烦恼未尽者,花即着身不堕。后用来形容东西在空中随处飘舞。

【天棚】 tiānpéng ❶ 名 在户外用竹、木、席、幔等搭起的遮蔽风雨阳光的棚。也说凉棚。❷ 名 用木板或木条、苇箔等在房内屋顶或楼板下加建的一层顶棚,有保温、保洁、隔音、美化等作用。

【天平】 tiānpíng 名 一种精密衡器,杠杆两头有小盘,一盘放砝码,一盘放所称物。指针停在刻度中央时,所称物与砝码重量相同。

【天气】 tiānqì ❶ 名 在一定区域一定时间内阴晴、风雨、冷热等的大气状况 ▷～晴朗|寒冷的～。❷ 名 指大概的时间 ▷～还早呢。

【天气预报】 tiānqì yùbào 向有关区域发布的关于未来一定时间内各种气象情况的报告。

【天堑】 tiānqiàn 名 天然形成的十分险要的隔断交通的壕沟;多指大江大河 ▷～变通途。☛跟"天险"不同。"天堑"强调阻隔交通;"天险"强调地形险要。

【天桥】tiānqiáo ❶ 名 为便于行人走动，在铁路、公路、街道等上空架设的桥。❷ 名 体育运动器材，形状像独木桥。高而狭长，两端有梯子。

【天青】tiānqīng 形 形容颜色深黑而微红。

【天穹】tiānqióng 名〈文〉天空 ▷响彻～。

【天球】tiānqiú 名 天文学上为研究天体位置和运动而假想的一个以观测者为球心、以无限长为半径的球体。各种天体都分布在这个球体上。也有把天球球心设置在其他特殊点上的，如以地心为球心的叫"地心天球"，以太阳中心点为球心的叫"日心天球"。

【天趣】tiānqù 名 天然的情趣。

【天阙】tiānquè〈文〉❶ 名 神话传说中天上的宫殿(阙：宫殿门前两边的楼)。❷ 名 天子的宫殿；借指朝廷或京城。

【天然】tiānrán 区别 自然存在的；自然产生的 ▷～气｜～树脂｜纯～蜂蜜。

【天然林】tiānránlín 名 自然生成的森林(跟"人工林"相区别)。

【天然能源】tiānrán néngyuán 一次能源。

【天然气】tiānránqì 名 产生于油田、煤田和沼泽地带的可燃气体。可作燃料和化工原料。

【天然橡胶】tiānrán xiàngjiāo 用从橡胶树上割取的胶乳加工制成的高弹性高分子化合物。

【天壤】tiānrǎng〈文〉❶ 名 天和地；泛指自然界 ▷万物皆生于～之间。❷ 名 天上和地下。用于比喻，形容差别极大 ▷差别之大，不啻～｜～之别。

【天壤之别】tiānrǎngzhībié 形容差别极大。也说天渊之别。

【天人合一】tiānrén-héyī 战国时子思、孟子提出的关于自然和人的关系的一种哲学观点。认为天有意志，人事是天意的体现，天意能支配人事，人事能感动天意，两者合为一体。属于唯心主义哲学范畴。

【天日】tiānrì ❶ 名 天空和太阳；有时也指太阳 ▷阴雨连绵，不见～。❷ 名 比喻正义、光明 ▷暗无～。❸ 名 日子；一定的时间 ▷完成这项工作，恐怕得(děi)些～。

【天色】tiānsè 名 天空的颜色，可据以推测时间的早晚和天气的变化 ▷～昏暗。

【天上】tiānshàng 名 天空中。

【天神】tiānshén 名 传说中天上的神。

【天生】tiānshēng 区别 自然生成的 ▷～的胎记｜性格并非完全～的。

【天时】tiānshí ❶ 名 适宜的气候条件 ▷种庄稼要不违～。❷ 名 气候①；天气① ▷～渐冷。❸ 名 时候 ▷～不早了。

【天使】tiānshǐ ❶ 名 犹太教、基督教、伊斯兰教等宗教指神的使者。现多比喻天真可爱、给人带来幸福欢乐的人(多指女子或小孩儿) ▷白衣～｜可爱的小～。❷ 名 天子的使者。

【天书】tiānshū ❶ 名 迷信指天上神仙所赐的书或信。❷ 名 比喻难认的文字或难以读懂的文章。❸ 名 帝王的诏书。

【天数】tiānshù 名 迷信认为一切吉凶祸福都由天命注定，并把这称之为天数。

【天塌地陷】tiāntā-dìxiàn 天崩塌，地陷落。形容发生重大灾难或严重事变。

【天堂】tiāntáng ❶ 名 某些宗教指善良的人死后灵魂回归的极乐世界(跟"地狱"相区别)。❷ 名 比喻幸福美好、令人向往的地方 ▷上有～，下有苏杭｜人间～。

【天梯】tiāntī ❶ 名 古人想象中的登天阶梯。比喻险峻的山路。❷ 名 装置在高大建筑物或设备上的供攀援的设施。

【天体】tiāntǐ 名 宇宙间各种物质客体的统称。包括太阳、地球、月亮和其他恒星、行星、卫星，以及彗星、流星、宇宙尘等。

【天天】tiāntiān 名 每一天 ▷～如此。

【天条】tiāntiáo ❶ 名 迷信指天帝所定的法规、律条 ▷犯了～，打入地狱。❷ 名 指太平天国所定的法律、法规。

【天庭】tiāntíng ❶ 名 神话传说中指天帝的宫殿。❷ 名 帝王的宫殿。〇 ❸ 名 人的前额中央，两眉之间。

【天头】tiāntóu 名 书页上端的空白处。

【天外】tiānwài 名 天空以外的地方；指极高极远的地方 ▷魂飞～｜～来客。

【天外有天】tiānwài-yǒutiān 指达到一个较高的境界之后还有更高的境界，多表示学习、技艺、本领等的提高永无止境；也比喻能人之外还有能人。

【天王】tiānwáng ❶ 名 天子。❷ 名 太平天国领袖洪秀全的称号。❸ 名 神话传说和宗教中对某些天神的称呼。

【天王星】tiānwángxīng 名 太阳系八大行星之一，按距太阳由近及远的顺序排列是第七颗。绕太阳公转周期约 84 年，自转周期约 24 小时。光度较弱，在地球上无法用肉眼看到。

【天网恢恢】tiānwǎng-huīhuī《老子》七十三章："天网恢恢，疏而不失。"意为天道像宽大的网一样，尽管网眼稀疏，但绝不会放过任何罪恶(恢恢：广大)。后常用"天网恢恢"表示作恶者终究逃脱不了森严的法网。☛ 后面常接用"疏而不漏"。

【天文】tiānwén ❶ 名 指日月星辰等天体在宇宙间分布、运行的情况 ▷上知～，下知地理｜～望远镜。❷ 名 指天文学，即研究天体的结构、形态、分布、运行和演化的学科 ▷学习～。

【天文单位】tiānwén dānwèi 天文学中测量距离的基本单位之一，1 天文单位约等于 1.496 亿千米，即地球到太阳的平均距离。

【天文馆】tiānwénguǎn 名 普及天文知识的文化教育机构和场所，一般有天象仪、天文望远镜等设备。

【天文数字】tiānwén shùzì 天文学上用以表示天体间距离的数字，通常以“光年”为单位计算；借指极大的数字。

【天文台】tiānwéntái 名 从事天文观测和研究的机构。

【天文望远镜】tiānwén wàngyuǎnjìng 观测天体的望远镜。一般指光学望远镜，聚光能力强，能观测到肉眼看不到的天体。

【天文钟】tiānwénzhōng 名 一种确定时刻的天文仪器，准确度高。通常装在真空玻璃罩中，放在恒温的地下室里。

【天下】tiānxià ❶ 名 古时多指中国全部领土；全中国 ▷～兴亡，匹夫有责。❷ 名 指全世界 ▷当今～并不太平。❸ 名 指国家的政权 ▷打～|人民的～。

【天下为公】tiānxià-wéigōng 天下是公有的，不是一家私有的。这是一种人人平等的政治理想 ▷～，世界大同。☛“为”这里不读 wèi。

【天下兴亡，匹夫有责】tiānxià-xīngwáng，pǐfū-yǒuzé 国家的兴盛和衰亡，每一个普通人都有责任。也说国家兴亡，匹夫有责。☛“天下兴亡”“匹夫有责”也可以分别单用。

【天仙】tiānxiān 名 传说中的天上仙女；多用来比喻美女 ▷美若～。

【天险】tiānxiǎn 名 自然形成的险要地方 ▷红军渡过乌江～。☛ 参见 1355 页“天堑”的提示。

【天线】tiānxiàn 名 用来发射或接收无线电波的装置。

【天香国色】tiānxiāng-guósè 国色天香。

【天象】tiānxiàng ❶ 名 泛指各种天文现象 ▷用天文望远镜观测～。❷ 名 指风、云等的变化情况 ▷根据～作出天气预报。

【天象仪】tiānxiàngyí 名 一种可在室内演示各种天体及其运动和变化规律的仪器。

【天晓得】tiānxiǎode 天知道。

【天幸】tiānxìng 名 上天赐予的难得的好运气（多用于幸免于灾祸）▷大难不死，真是～。

【天性】tiānxìng 名 指人先天具有的品质或性格 ▷～刚烈|温柔的～。

【天悬地隔】tiānxuán-dìgé 形容相距极远或相差悬殊 ▷～，难以相见。

【天旋地转】tiānxuán-dìzhuàn ❶形容眩晕的感觉。❷形容闹腾得厉害。❸形容时局大变。

【天涯】tiānyá 名 天边；极远的地方 ▷海内存知己，～若比邻。

【天涯海角】tiānyá-hǎijiǎo 极远的地方；也形容相隔极远。

【天衣无缝】tiānyī-wúfèng 传说中仙女穿的衣裳毫无针线缝缀的痕迹。比喻诗文、言论等周密完美，没有破绽。

【天意】tiānyì 名 迷信指上天的意旨；也指自然法则 ▷～难违。

【天有不测风云】tiān yǒu bùcè fēngyún 天气有难以预测的变化。比喻人常会遇到意想不到的事情（多指灾祸）。☛ 后面常接用“人有旦夕祸福”。

【天宇】tiānyǔ 〈文〉❶ 名 天空 ▷雄鹰展翅，直冲～。❷ 名 天下；所有的地方 ▷声震～。

【天渊】tiānyuān 名 天上和深渊。指极大的差别 ▷～之别|判若～。

【天灾】tiānzāi 名 指旱、涝、风、雪、雹、虫以及地震、泥石流等自然灾害 ▷～人祸。

【天葬】tiānzàng 动 一种丧葬方式。某些民族或宗教信徒处理死人遗体时，把尸体抬到葬场或旷野，让鹰鹫、乌鸦等啄食，以食尽为吉祥。

【天造地设】tiānzào-dìshè 自然形成，合乎理想；形容人或事物配合得自然得体 ▷漓江景致，～|他俩十分般配，真是～的一对儿。

【天真】tiānzhēn ❶ 形 单纯、朴实，不造作、不虚伪 ▷～无邪。❷ 形 头脑简单，容易被迷惑 ▷这只能是一种～的幻想。☛ 跟“幼稚”不同。“天真”强调心地单纯，容易被假象迷惑；“幼稚”强调年纪小，阅历浅，经验不足。

【天之骄子】tiānzhījiāozǐ ❶ 名 天骄。❷ 名 比喻深受宠爱、特别幸运的人；也比喻精英人物或成功人士。

【天知道】tiānzhīdào 只有天知道。表示难以理解或无法说清 ▷～他说的是不是真话。

【天职】tiānzhí 名 应尽的至高无上的职责 ▷保卫祖国是军人的～。

【天诛地灭】tiānzhū-dìmiè 为天所诛（杀），为地所灭。形容罪大恶极，为天地所不容。多用于赌咒、发誓。

【天竺】tiānzhú 名 我国古代对印度的称呼。

【天竺葵】tiānzhúkuí 名 多年生草本植物。全株有细毛。叶子略呈圆形，有特殊气味，花红色、粉色或白色，伞形花序。可供观赏。

【天主】tiānzhǔ 名 天主教所认为的宇宙万物的创造者和主宰者。

【天主教】tiānzhǔjiào 名 基督教的一个教派，与正教、新教并称为基督教三大教派。以教皇为教会最高领袖，信奉天主（即上帝）和耶稣基督，尊玛利亚为天主圣子之母。中世纪时在西欧占统治地位，16 世纪欧洲宗教改革运动后，被称为旧教。

【天姿】tiānzī 名 天生的美丽容貌（通常用于女性）▷～国色。☛ 参见本页“天资”的提示。

【天资】tiānzī 名 先天具有的素质（主要指智力）

▷～过人|～聪慧。☛ 跟"天姿"不同。"天资"指人内在的资质;"天姿"多指女性的外貌。

【天子】tiānzǐ 图 古时认为君权神授,称帝王为天子。

【天字第一号】tiān zì dì-yī hào "天"字是古代启蒙读物《千字文》首句"天地玄黄"的第一字。借指最大的或第一等的 ▷他是～的好人。

【天足】tiānzú 图 旧指妇女没有缠过的脚。

【天尊】tiānzūn ❶ 图 道教徒对仙的尊称。❷ 图 佛教徒对佛的尊称。

【天作之合】tiānzuòzhīhé 上天撮合的婚姻。多用于称颂婚姻美满。

添 tiān ❶ 动 增加 ▷新～了几件家具|～砖加瓦|～补|～设。○ ❷ 图 姓。

【添办】tiānbàn 动 添置。

【添补】tiānbǔ 动 增加补充 ▷～衣裳。

【添彩】tiāncǎi 动 增添光彩 ▷为庆典～。

【添丁】tiāndīng 动 增加人口;特指生男孩子。

【添堵】tiāndǔ ❶ 动〈口〉增添烦闷 ▷这种粗俗广告让人看了～。❷ 动 加剧堵塞程度 ▷车流调控合理,不再～。

【添加】tiānjiā 动 增加 ▷～道具|～人手。

【添加剂】tiānjiājì 图 加入到物质中使其改善某些性能的制剂。如增效剂、防腐剂、色素等。

【添乱】tiānluàn 动〈口〉增加麻烦;增添干扰 ▷说是帮忙,实际上尽给人～。

【添色】tiānsè 动 增色;使更精彩 ▷引用一句恰当的名言,给文章～不少。

【添设】tiānshè 动 增加设置 ▷～安全设备。

【添箱】tiānxiāng ❶ 动 旧指女子出嫁时亲友赠送礼金或礼物。❷ 图 旧指女子出嫁时亲友赠送的礼金或礼物。

【添油加醋】tiānyóu-jiācù 比喻叙事或转述别人的话时,任意增加内容,夸大或歪曲事实真相。也说添枝加叶。

【添置】tiānzhì 动 增添购置 ▷～家具。

【添砖加瓦】tiānzhuān-jiāwǎ 比喻为某项事业贡献一份微薄的力量。

黇 tiān [黇鹿] tiānlù 图 鹿的一种。体毛夏季赤褐色,有白斑,冬季黄灰褐色,角上部扁平,呈掌状。性温顺,易于饲养、繁殖。分布在欧洲南部、北非和亚洲西南部等地。

tián

田 tián ❶ 图 耕种的土地 ▷种了几亩～|解甲归～|稻～|～野。→ ❷ 图 蕴藏矿物的地带 ▷煤～|油～|气～。○ ❸ 图 姓。

【田产】tiánchǎn 图 拥有产权的耕地。

【田畴】tiánchóu 图〈文〉古代谷田叫田,麻田叫畴;泛指田地、田野 ▷～千里。

【田地】tiándì ❶ 图 耕地 ▷～荒芜。❷ 图 地步;程度(多指坏的方面) ▷竟然穷到了这般～。

【田赋】tiánfù 图 旧指土地税。

【田埂】tiángěng 图 田间略高出地面的土埂,用来分界、蓄水及供人畜行走。也说田坎、田垄。

【田鸡】tiánjī 图 某些地区指青蛙。

【田家】tiánjiā 图 种田的人家;农家 ▷～风味。

【田间】tiánjiān ❶ 图 田地里 ▷～管理。❷ 图 借指农村、乡间 ▷深知～疾苦。

【田径】tiánjìng ❶ 图〈文〉田间小路。❷ 图 指田径运动。

【田径赛】tiánjìngsài 田赛和径赛。

【田径运动】tiánjìng yùndòng 体育运动项目的一大类,包括竞走、跑、跳跃、投掷和全能运动等五部分。

【田坎】tiánkǎn 图 田埂。

【田猎】tiánliè 动〈文〉打猎。

【田垄】tiánlǒng ❶ 图 田埂。❷ 图 垄②。

【田螺】tiánluó 图 螺的一种。壳圆锥形,上有旋纹。雌雄异体,卵胎生,生活在湖泊、池塘、水田或小溪中。

【田亩】tiánmǔ 图 田地①。

【田七】tiánqī 图 三七。

【田契】tiánqì 图 买卖、租赁田地的契约;田地所有权的凭据。

【田赛】tiánsài 图 田径运动中跳跃和投掷项目的统称(跟"径赛"相区别)。

【田舍】tiánshè〈文〉❶ 图 田地和房屋。❷ 图 农舍 ▷有～数间。❸ 图 泛指农村 ▷～人家。

【田鼠】tiánshǔ 图 鼠的一类,体小,四肢和尾巴都短,毛一般为暗灰褐色。生活在树林、草地、田野里。主要吃草本植物,对农作物有害。

【田头】tiántóu ❶ 图 田地的两头儿;田边 ▷～地边。❷ 图 田地里 ▷整天在～干活儿。

【田野】tiányě 图 大片的田地和原野 ▷～葱绿。

【田野调查】tiányě diàochá 指到现场调查研究。涉猎的范畴和领域很广泛,举凡语言学、考古学、艺术、民俗等,都可通过田野调查,发现新的研究体系和理论成果。也说田野研究。

【田园】tiányuán 图 田地和园圃;泛指农村。

【田园化】tiányuánhuà 动 使具有田园风光 ▷～住宅小区。

【田园诗】tiányuánshī 图 以描写农村景物、反映农村生活为主要题材的诗歌。

【田庄】tiánzhuāng ❶ 图 庄园。❷ 图 村庄。

【田租】tiánzū 图 承租土地的人向土地所有者缴纳的地租。

佃 tián 动〈文〉耕种土地 ▷～作。
另见 315 页 diàn。

沺 tián ❶ [沺沺] tiántián 形〈文〉形容水势广阔无际的样子。○ ❷ 用于地名。如沺泾，在江苏。

眴 tián 动〈文〉眼珠转动。

另见1489页 xián。

畋 tián 动〈文〉打猎 ▷～猎。

恬 tián ❶ 形 安静 ▷～静｜～适。→ ❷ 形〈文〉淡泊；不追求名利 ▷～淡。→ ❸ 形 坦然；不放在心上 ▷～不知耻｜～不为怪。☛ 不读 tiǎn。

【恬不知耻】tiánbùzhīchǐ 指做了坏事还安然自得，不知羞耻。

【恬淡】tiándàn ❶ 形〈文〉淡泊 ▷天性～，不慕虚荣。❷ 形 清静；安适 ▷生活过得很～。

【恬静】tiánjìng 形 宁静；清静 ▷心里十分～｜～的山村。

【恬谧】tiánmì 形〈文〉宁静 ▷夜色～。

【恬然】tiánrán 形 安然；形容毫不在意的样子 ▷～自安｜处之～。

【恬适】tiánshì 形 恬静舒适 ▷这儿远离闹市，住着倒也～。

砌 tián 名 非金属元素，符号 Ts。有放射性，由人工核反应获得。

钿（鈿） tián 名 某些地区指钱 ▷铜～｜几～（多少钱）？｜车～。

另见316页 diàn。

菾 tián 名 菾菜。现在规范词形写作"甜菜"。

甜 tián ❶ 形 形容味道像糖或蜜一样（跟"苦"相对）▷这药水是～的，一点儿也不苦｜～味｜香～。→ ❷ 形 形容使人觉得愉快、舒适 ▷这孩子嘴真～｜笑得很～｜睡得正～。

【甜菜】tiáncài 名 二年生草本植物，肉质块根，叶子丛生，有长柄，花小，绿色。也指这种植物的块根，是重要的制糖原料。通称糖萝卜。☛ 不要写作"菾菜"。

【甜橙】tiánchéng 名 橙的一种。叶椭圆或卵形，不耐低温。果实也叫甜橙，圆或长圆形，橙红或橙黄色，皮较厚，瓣状果肉，汁多味甜，是常见水果。也说广柑、广橘。

【甜点】tiándiǎn 名 甜的糕点。

【甜瓜】tiánguā 名 一年生草本植物，茎蔓生，有软毛，叶心脏形，雌雄同株异花，花黄色。果实也叫甜瓜，属浆果，通常为长椭圆形，味香甜，可食用。俗称香瓜。

【甜椒】tiánjiāo 名 俗称不辣而略带甜味的青椒。

【甜津津】tiánjīnjīn 形 甜丝丝。

【甜酒】tiánjiǔ ❶ 名 江米酒。❷ 名 糖分较高的酒。

【甜美】tiánměi ❶ 形 甜而可口 ▷味道～。❷ 形 形容使人感觉愉快、舒适、美好 ▷歌喉～｜日子过得～。

【甜蜜】tiánmì 形 形容使人感觉幸福、愉快、舒适 ▷～的生活｜～的话语。

【甜面酱】tiánmiànjiàng 名 面粉发酵后制成的酱。味道咸中带甜，色泽红褐。也说甜酱。

【甜腻】tiánnì ❶ 形 又甜又油腻 ▷少吃油炸～食品◇～的恭维令人生厌。❷ 形 甜美细腻 ▷～的巧克力◇嗓音温柔～。

【甜品】tiánpǐn 名 甜味小食品。

【甜润】tiánrùn 形（声音）甜美圆润；（空气）新鲜湿润 ▷歌声～｜空气清新而～。

【甜食】tiánshí 名 甜味食品。

【甜水】tiánshuǐ 名 味道不苦的水 ▷～井。

【甜丝丝】tiánsīsī ❶ 形 形容味道甘甜 ▷～的泉水。❷ 形 形容幸福、愉快的感觉 ▷心里～的。也说甜滋滋、甜津津。

【甜头】tiántou 名 稍甜的味道；比喻好处、利益 ▷这个瓜有～｜尝到坚持体育锻炼的～儿。

【甜味剂】tiánwèijì 名 提高食物甜度的添加剂。

【甜香】tiánxiāng 形 甘甜芳香 ▷～可口。

【甜言蜜语】tiányán-mìyǔ 为了奉承或骗人而说动听的话；也指所说的这种话。

【甜滋滋】tiánzīzī 形 甜丝丝。

湉 tián［湉湉］tiántián 形〈文〉形容水流平静的样子。

填 tián ❶ 动 把低洼凹陷的地方垫平；把空缺的地方塞满 ▷把坑～平｜～上这口废井。→ ❷ 动 补充 ▷～补｜～充。❸ 动 填写 ▷每人～一张表｜～上姓名、住址。

【填报】tiánbào 动 填表上报 ▷～志愿。

【填表】tiánbiǎo 动 填写表格。

【填补】tiánbǔ 动 填充补足 ▷～空白｜～亏空｜～空额。

【填充】tiánchōng ❶ 动 填补（某个空间）▷～裂缝。❷ 动 填空② ▷名言名句～。

【填充物】tiánchōngwù 名 用来填补容器空间的东西，如泡沫、塑料、纸屑等。

【填词】tiáncí 动 按照词的格律，即词牌所要求的字数、句式、声韵、平仄等写词 ▷他擅长～｜最近他新填了一首词。

【填发】tiánfā 动 填写并发给 ▷～学生证。

【填方】tiánfāng ❶ 动 土建工程中回填土石方 ▷移土～。❷ 名 土建工程中回填到低洼处的土石方。

【填房】tiánfáng ❶ 名 旧指前妻死后续娶的妻子。❷ 动 旧指女子嫁给死了妻子的男人。

【填空】tiánkòng ❶ 动 填补空缺的位置、职务等 ▷～补缺。❷ 动 填写试题中要求回答问题的空白处 ▷单词～｜～题。

【填料】tiánliào 名 为改善混凝土、橡胶、塑料等的性能而添加进去的材料。通常是颗粒状、粉末状或纤维状，如锯末、炭黑、石棉等。

【填塞】tiánsè 动 用东西把空间占满 ▷～洞口｜～河道。

【填写】tiánxiě 动 按要求在表格、单据等的空白处写上(文字或数字) ▷～申请表｜～汇款通知单。

【填鸭】tiányā ❶ 动 用强制育肥的方法饲养鸭子。每天定时强行把饲料填入其食道，并限制其活动，使迅速长肥。❷ 名 用填鸭的方法饲养的鸭子 ▷北京～驰名中外。

【填鸭式】tiányāshì 区别 指不顾对象的接受能力而一味灌输知识的 ▷废止～教学。

阗(闐) tián 动〈文〉充满 ▷宾客～门。☛ 地名"和阗""于阗"(均在新疆)现在改为"和田""于田"。

tiǎn

忝 tiǎn 副〈文〉谦词，表示因辱没他人而有愧 ▷～为人师｜～居首席｜～列。☛ 上边是"天"，下边是"⺗"，不是"氺"。由"忝"构成的字有"添""舔""掭"等。

殄 tiǎn 动〈文〉尽；灭绝 ▷暴～天物｜～灭。

淟 tiǎn 形 污浊；卑污 ▷氛霭～浊。

惧 tiǎn 形〈文〉惭愧。

晪 tiǎn 形〈文〉明亮。

腆 tiǎn ❶ 形〈文〉丰厚；丰盛 ▷不～之田｜肴馔甚～。○ ❷ 动〈口〉凸起或挺出 ▷～着肚子｜～着胸脯。

舔 tiǎn 动 用舌头沾取或接触 ▷～掉嘴角的饭粒｜～伤口｜～～碗｜～嘴唇。

觍 tiǎn ❶ 动〈文〉面露愧色 ▷～颜。→ ❷ 动〈口〉厚着脸皮 ▷～着脸。

覥 tiǎn ❶ 形〈文〉形容人脸的样子 ▷～然人面(具有人的外貌)。○ ❷同"觍"①。另见 951 页 miǎn。

tiàn

掭 tiàn 动 把毛笔蘸墨后在砚台上理一理。

瑱 tiàn 名 古代冠冕上的玉质装饰品。从两侧下垂到耳旁，可以用来塞耳。

tiāo

佻 tiāo 形 轻薄；不庄重 ▷轻～。☛ 统读 tiāo，不读 tiáo。

挑[1] tiāo ❶ 动 扁担等两头挂上东西后用肩膀在中间担起 ▷～土｜～担子。→ ❷ 名 挑子① ▷挑～儿卖菜的。→ ❸ 量 用于成挑儿的东西 ▷一～儿水｜两～儿土。

挑[2] tiāo ❶ 动 挑选 ▷～几个身强力壮的｜百里～一｜～西瓜。→ ❷ 动 挑剔 ▷～错儿｜～刺儿。☛ "挑"字读 tiāo，基本意义是用肩膀担，也表示挑选、挑剔等。读 tiǎo，指由下而上拨动，如"挑灯芯"，也表示挑拨、扬起、支起等。

另见 1363 页 tiǎo。

【挑刺儿】tiāocìr 动 故意找细微的毛病 ▷有的人专门爱～｜欢迎大家～。

【挑肥拣瘦】tiāoféi-jiǎnshòu 指挑来挑去，一味寻求对自己有利的(含贬义)。也说挑三拣四。

【挑夫】tiāofū 名 靠挑运货物谋生的人。

【挑拣】tiāojiǎn 动 挑选(多涉及具体事物) ▷把不合格的产品～出来。

【挑脚】tiāojiǎo 动 替人挑运货物 ▷靠～谋生。

【挑礼】tiāolǐ 动 挑剔礼节上的缺失(多指琐碎的地方) ▷担心老人～。

【挑毛拣刺】tiāomáo-jiǎncì 挑刺儿。

【挑食】tiāoshí 动 指吃东西喜欢挑拣，有的爱吃，有的不吃 ▷孩子～对健康不利。

【挑剔】tiāoti 动 在细节上过分地找毛病 ▷对别人不要过于～。

【挑选】tiāoxuǎn 动 从众多的人或事物中选出符合标准的 ▷～演员｜～商品。

【挑眼】tiāoyǎn 动〈口〉故意找毛病指摘别人 ▷和他打交道要格外小心，免得他～。

【挑字眼儿】tiāozìyǎnr 指在字面上挑毛病。

【挑子】tiāozi ❶ 名 扁担和它两头所挂的东西 ▷一副～。❷ 量 挑[1](tiāo)③ ▷挑着一～白菜。

【挑嘴】tiāozuǐ 动〈口〉挑食。

祧 tiāo〈文〉❶ 名 祭祀远祖的宗庙。→ ❷ 动 把隔了几代的祖宗的神位迁入远祖的宗庙。→ ❸ 动 继承作后嗣 ▷承～｜兼～(一人兼作两房的继承人)。

tiáo

条[1]**(條)** tiáo ❶ 名 植物细长的枝 ▷柳～｜藤～｜枝～。→ ❷ 名 泛指细长的东西 ▷面～｜金～｜纸～儿。⇒ ❸ 形 细长形的 ▷～石｜～幅｜～凳。⇒ ❹ 量 a)用于细长的东西 ▷两～腿｜一～河｜一～绳子。参见插图 13 页。b)用于由一定的数量合成的某些条状物 ▷一～烟｜一～肥皂。c)用于与人体有关的东西 ▷一～心｜两～人命。

⇒❺ 名 指纸条 ▷留个～|便～|收～。

条²（條） tiáo ❶ 名 条理 ▷有～不紊|井井有～。→❷ 形 按条理分项的 ▷～目|～令。⇒❸ 名 分条说明的文字 ▷律～|戒～|信～。⇒❹ 量 用于分项的东西 ▷两～意见|三～新闻。☛"条"字上头是"夂",不是"攵";下边不要写成"木"。

【条案】 tiáo'àn 名 一种稍高的旧式狭长桌子,多用来摆放陈设品。也说条几。

【条播】 tiáobō 动 把种子按一定的密度、深度撒在长条形的沟中,沟与沟之间保持一定距离(跟"撒播""点播"相区别) ▷～小麦。

【条畅】 tiáochàng 形〈文〉(文章)条理清楚而通顺流畅。

【条陈】 tiáochén〈文〉❶ 动 分条陈述 ▷～治水方略。❷ 名 旧时下级向上级分条陈述意见的呈文 ▷呈递～。

【条凳】 tiáodèng 名 一种板面狭长的凳子。

【条分缕析】 tiáofēn-lǚxī 一条一条地详加分析;也形容分析细致且有条理。

【条幅】 tiáofú 名 直挂的长条形字画、标语等(跟"横幅"相区别)。字画条幅中,单幅的叫单条,成组的(必为双数)叫屏条。

【条规】 tiáoguī 名 条例和规则 ▷治安～。

【条几】 tiáojī 名 条案。

【条件】 tiáojiàn ❶ 名 制约事物发生、存在或发展的因素 ▷生存～。❷ 名 针对某些事物提出的要求或标准 ▷按～录取。❸ 名 情况;状态 ▷学校各方面～都好|卫生～太差。

【条件反射】 tiáojiàn fǎnshè 生理学上指有机体因信号的刺激而发生的反应。是人或动物在个体生活中适应环境变化而形成的。如吃过梅子的人,当看到梅子或听到说梅子时就会分泌唾液,这就是梅子的信息刺激使他产生的条件反射。

【条块】 tiáokuài 条条型、块块型组织关系或领导关系的合称。参见本页"条条"①、800 页"块块"。

【条款】 tiáokuǎn 名 法规、条约、章程等文件和契约上的项目 ▷修订法律～。

【条理】 tiáolǐ ❶ 名 思维、言语、文字等的脉络或层次 ▷他讲课～清楚|文章没有～。❷ 名 生活、工作的秩序 ▷工作安排得很有～。

【条例】 tiáolì ❶ 名 由国家权力机关制定或批准的法律性文件。是对某些事项,或对某一机关的组织、职权等所作的规定 ▷《治安管理～》。❷ 名 泛指分条订立的章程、规则 ▷编辑部工作～。

【条令】 tiáolìng 名 用简明条文规定的行动准则(多用于军队) ▷战斗～|内务～。

【条目】 tiáomù ❶ 名 (法规、条约、章程等)按内容分类的细目。❷ 名 指词典的词条。

【条绒】 tiáoróng 名 灯芯绒。

【条条】 tiáotiáo ❶ 名 指本系统内部自上而下的纵的组织或领导关系(跟"块块"相区别) ▷处理好～与块块的关系。❷ 名 条文(有关法令或规定的) ▷用～去约束是必要的,但更重要的是提高自觉性。❸ 名 要点(有关理论或知识的) ▷光记住这些～还不够,要会运用。❹ 量 每条 ▷～道路|～规章。☛ 义项①—③口语中常读 tiáotiao。

【条条杠杠】 tiáotiáogànggàng 名〈口〉指上级制定的有关规定和界限。

【条条框框】 tiáotiáokuàngkuàng 名〈口〉各种规章制度的通俗说法,多指落后陈旧的规章制度;也泛指各种限制和束缚 ▷打破旧的～,闯出一条新路|思想僵化,～太多。

【条文】 tiáowén 名 法规、章程等文件中分条说明的文字 ▷政策～|法律～。

【条纹】 tiáowén 名 条状的花纹 ▷斑马身上有黑白相间的～|～布。

【条形码】 tiáoxíngmǎ 名 用粗细不同的黑线条和空白按一定规律组合成的信息代码。可以用光电阅读器读出代码所表示的各种信息。广泛应用于商品零售业、银行、图书馆等。也说条码。

【条约】 tiáoyuē 名 国与国之间签订的关于政治、经济、军事、文化等方面的相互权利和义务的各种协议 ▷互不侵犯～|边界～。

【条桌】 tiáozhuō 名 一种板面为长方形的桌子。

【条子】 tiáozi ❶ 名 细长的东西 ▷布～|纸～。❷ 名 便条 ▷写个～说明情况。

苕 tiáo 名 凌霄花的古称。☛ 跟"笤(tiáo)"不同。

另见 1209 页 sháo。

【苕帚】 tiáozhou 现在一般写作"笤(tiáo)帚"。

【苕子】 tiáozi 名 一年或二年生草本植物,茎细长,多为野生。用作绿肥和饲料。

岧 tiáo [岧峣] tiáoyáo 形〈文〉形容山势高峻的样子。

迢 tiáo [迢迢] tiáotiáo 形 形容路途遥远 ▷千里～。

调¹（調） tiáo ❶ 形 和谐;配合得当 ▷风～雨顺|协～|比例失～。→❷ 动 使配合得当 ▷把加了稀料的油漆～了～|这台收音机总是～不好|～味。→❸ 动 调解;使和谐 ▷～处(chǔ)|～停。→❹ 动 调整 ▷～工资|～价|～节。

调²（調） tiáo ❶ 动 嘲弄;挑逗 ▷～笑|～侃|～戏|～情。→❷ 动 挑拨;教唆 ▷～唆。

另见 319 页 diào。

【调处】tiáochǔ 动 调停处理 ▷～民事纠纷。

【调峰】tiáofēng 动 对交通、用电等方面高峰时段的紧张状况进行调整疏解 ▷及时～，缓解车辆拥堵状况。

【调幅】tiáofú ❶ 动 振幅调制的简称。使载波的振幅按传送信号的变化而变化。调幅在有线或无线通信和广播中应用广泛(英语缩写为AM)。❷ 名 调整的幅度 ▷水价上调的～不大。

【调羹】tiáogēng 名 汤匙。

【调和】tiáohé ❶ 形 和谐；融洽 ▷两种声音不太～。❷ 动 调停，使和解 ▷～关系。❸ 动 妥协、让步，使矛盾缓和(多用于否定) ▷没有～的余地。❹ 动 搅拌均匀 ▷～颜料。❺ 动 调理，使和顺 ▷～阴阳｜～脾胃。

【调和漆】tiáohéqī 名 一种人造漆。有用干性油和颜料制成的，也有用树脂和干性油及颜料混合制成的。

【调护】tiáohù 动 调养护理 ▷悉心～病体。

【调级】tiáojí 动 调整级别；晋级。

【调剂】tiáojì ❶ 动 把有和无、多和少、忙和闲等作适当的调节 ▷～一批粮食支援灾区｜～余缺｜～一下精神。○ ❷ 动 根据药典或处方配制药剂 ▷按处方～。

【调价】tiáojià 动 调整物价。有上调(即涨价)、下调(即降价)之分。

【调减】tiáojiǎn 动 调整削减 ▷～种植面积。

【调教】tiáojiào ❶ 动 调理教养(多指对小孩儿) ▷他把儿子～得很懂礼貌。❷ 动 有目的地训练(动物) ▷他把猴子～得真乖。

【调节】tiáojié 动 从多方面进行调整控制，使符合要求 ▷～室温｜～市场供应。

【调解】tiáojiě ❶ 动 用劝说的方式解决矛盾 ▷～邻里纠纷。❷ 动 法律上特指处理民事纠纷、行政侵权赔偿等案件时，通过劝导，使当事人协商解决纠纷。

【调经】tiáojīng 动 中医指用药物调整妇女月经，使正常。

【调酒】tiáojiǔ 动 一般指调制鸡尾酒 ▷～师｜～技艺。

【调侃】tiáokǎn 动 用诙谐的话调笑或嘲弄 ▷不要～人家｜互相～了一番。

【调控】tiáokòng 动 调节和控制 ▷加强宏观～。

【调理】tiáolǐ ❶ 动 调养护理 ▷他的身子很虚弱，要好好～。❷ 动 调配；料理 ▷～伙食｜把家务～～。❸ 动 有目的、有步骤地教育训练 ▷他很有办法，把学生～得很守纪律。

【调料】tiáoliào 名 制作菜肴时，用来调配味道的材料，如油、盐、酱、醋等。

【调弄】tiáonòng ❶ 动 玩弄；戏弄 ▷他总爱～人。❷ 动 拨弄调整(乐器) ▷～琵琶。

【调配】tiáopèi 动 调和配制 ▷～颜料｜～药物｜饮食要～好。☛ 跟"调(diào)配"不同。

【调皮】tiáopí ❶ 形 淘气；顽皮 ▷孩子真～。❷ 形 不驯顺，难对付 ▷驯服～的烈马。❸ 形 耍小聪明，做事不老实 ▷做学问来不得半点儿～。❹ 形 机灵；狡黠 ▷～地眨了眨眼。

【调皮捣蛋】tiáopí-dǎodàn 形容好(hào)无理取闹，惹是生非，不服管教。

【调皮鬼】tiáopíguǐ 名〈口〉指顽皮而机灵的青少年和儿童(多用于上对下、长对幼，有亲昵、戏谑的意味)。

【调频】tiáopín ❶ 动 对交流发电机等的输出功率进行调整，使电能的频率变化维持在一定范围内，以保证用电设备正常工作。❷ 动 频率调制的简称。使载波的瞬时频率按照传送信号的变化而变化，但保持振幅不变(英语缩写为FM)。

【调情】tiáoqíng 动 男女间调笑挑逗。

【调色】tiáosè 动 调和颜色 ▷～板。

【调色板】tiáosèbǎn 名 画油画、水粉画、水彩画时用以调和颜色的平板。

【调试】tiáoshì 动 试验并调整(仪器、设备等) ▷新设备需要～。

【调适】tiáoshì 动 调整使适应 ▷增强企业的自我～能力｜～心神，强体健身。

【调速】tiáosù 动 调整速度 ▷按照飞行高度～。

【调速器】tiáosùqì 名 自动调节转速的机械装置，可使机器转速保持稳定。

【调唆】tiáosuō 动 引诱并教唆 ▷背后～。

【调停】tiáotíng 动 从中调解，平息争端 ▷出面～｜～人。

【调味】tiáowèi 动 把调料加在食品中使味美。

【调戏】tiáoxì 动 挑逗戏弄(女性)。

【调笑】tiáoxiào 动 戏谑取笑；戏弄嘲笑。

【调谐】tiáoxié ❶ 形 谐调。❷ 动 调节可变电容器或线圈使收音机等的频率与无线电波的频率相一致。

【调休】tiáoxiū 动 原定休假的时间不休息而调整到另外的时间再休息。

【调压器】tiáoyāqì 名 调整电压的装置。

【调养】tiáoyǎng 动 调节饮食起居，注意养护身体 ▷病后应注意～。

【调匀】tiáoyún ❶ 动 调和使均匀 ▷～作料。❷ 形 配合适当；均匀 ▷今年本地雨水～。

【调整】tiáozhěng 动 为适应新情况而对原来某种状态作适当的改变 ▷～机构｜～心态。

【调制】tiáozhì ❶ 动 调配制作 ▷～药丸。○ ❷ 动 使一信号(如光、电振荡等)的某些参数(如振幅、频率等)按照另一信号(如声信号、电视信号等)的变化而变化。

【调制解调器】tiáozhì jiětiáoqì 一种使电子计算

机能通过电话线传输信息的转换设备，由调制器和解调器组成。调制器把数字信号转换成模拟信号在电话网上传送，解调器把接收到的模拟信号还原成数字信号传送给电子计算机。

【调治】tiáozhì 动 调养和治疗。

【调资】tiáozī 动 调整工资(一般指提高工资)。

铫(銚) tiáo 名 古代指长矛。

另见 321 页 diào；1600 页 yáo。

笤 tiáo [笤帚] tiáozhou 名 扫除灰尘、垃圾等的用具，用去粒的高粱穗、黍子穗或棕毛等扎成。☛ 跟"苕"不同。

龆(齠) tiáo 动〈文〉儿童乳牙脱落，长出恒牙 ▷～年(童年)|～龀(指童年或儿童)。

蜩 tiáo 名〈文〉蝉。

髫 tiáo 名 古代儿童下垂的发式 ▷垂～|～龄(指童年)|～年(指童年)。

鲦(鰷) tiáo 名 䱗(cān)鲦的古称。

tiǎo

挑 tiǎo ❶ 动 用带尖的或细长的东西接触物体先向下再向上拨 ▷把面条～出来|～开脓包|～灯芯。→ ❷ 动 挑拨；挑逗 ▷～衅|～动。→ ❸ 动 扬起 ▷眉毛一～|～起大拇指。⇒ ❹ 名 汉字的笔画，形状是"㇀"。⇒ ❺ 动 用细长东西的一头把物体支起或举起 ▷～灯|～帘子。⇒ ❻ 动 挑花① ▷在手绢上～出图案。

另见 1360 页 tiāo。

【挑拨】tiǎobō 动 用言语或行动刺激对方，以引起冲突、纠纷或某种情绪 ▷防止坏人～|从中～。

【挑拨离间】tiǎobō-líjiàn 搬弄是非，使彼此不和。☛"间"这里不读 jiān。

【挑大梁】tiǎodàliáng 比喻承担重要任务或在工作中起主要作用(大梁：脊檩，这里指起关键作用的事物) ▷在队里他是～的。也说扛大梁。☛"挑"这里不读 tiāo。

【挑灯】tiǎodēng ❶ 动 拨高灯捻使油灯更亮；泛指点灯 ▷～闲谈。❷ 动 把灯悬挂在高处以扩大照射范围 ▷～夜战。

【挑动】tiǎodòng ❶ 动 向上掀 ▷～布帘。❷ 动 引起；激发 ▷～了他的好奇心。❸ 动 挑拨煽动 ▷～群众闹事。

【挑逗】tiǎodòu 动 挑弄引逗 ▷存心～。

【挑花】tiǎohuā ❶ 动 刺绣时在平布上依纱眼用彩线逐眼挑成十字形，组成各种花纹。❷ 动 织花布或锦缎时依照花样设计，在经线上挑成花本，再根据花本上经纱的根数，用钩针或梭子顺次将一部分经纱挑起，让纬纱穿过，逐梭交织成花纹。

【挑明】tiǎomíng 动 说穿；揭开 ▷～关系|把这件事～了吧。

【挑弄】tiǎonòng ❶ 动 挑逗戏弄 ▷再不敢～人了。❷ 动 挑拨；搬弄 ▷～是非。

【挑惹】tiǎorě 动 挑弄。

【挑事】tiǎoshì 动 制造事端 ▷他是故意～。

【挑唆】tiǎosuō 动 挑拨煽动；唆使 ▷受坏人～。

【挑头】tiǎotóu 动 领头；带头 ▷这件事由他～。

【挑衅】tiǎoxìn 动 故意挑起矛盾或争端 ▷肆意～|～的目光。

【挑战】tiǎozhàn ❶ 动 激起敌对方出战 ▷敌人在向我们～。❷ 动 激发对方跟自己竞赛 ▷抓紧新戏编演，～兄弟院团。❸ 动 激励自己主动跟困难等作斗争 ▷超越自我，～极限。❹ 名 必须应对、处理的局面或难题 ▷前进道路上，我们必须勇敢地面对风险与～。

朓 tiǎo 动〈文〉农历月底傍晚时月亮在西方出现 ▷月～日蚀，昼冥宵光。

窕 tiǎo 见 1602 页"窈(yǎo)窕"。

斢 tiǎo 动 某些地区指调换。

嬥 tiǎo ❶ 形〈文〉形容身材匀称美好的样子。○ ❷ 名 古代巴蜀(今重庆、四川)一带流行的歌舞。

tiào

眺(*覜) tiào 动 往远处看 ▷远～|～望。

【眺望】tiàowàng 动 从高处远望 ▷站在景山上～全城夜景。

粜(糶) tiào 动 卖(粮食)(跟"籴"相对) ▷～了粗粮籴细粮|出～。

跳 tiào ❶ 动 腿部用力，使身体离地向上或向前 ▷高兴得～了起来|～高|～跃。→ ❷ 动 物体向上弹起 ▷乒乓球落在桌子上～得老高。→ ❸ 动 一起一伏地振动 ▷心～个不停|眼皮直～。→ ❹ 动 越过；跨过 ▷狗急～墙|～级。

【跳班】tiàobān 动 跳级②。

【跳板】tiàobǎn ❶ 名 连接船舷和陆地，供人踏着上下船用的长板。❷ 名 比喻某种过渡的方式或途径 ▷他把现在的工作当作向上爬的～。❸ 名 体育运动器材，在跳水等运动项目中，帮助起跳的有弹性的踏板。

【跳槽】tiàocáo ❶ 动 牲口从原来所在的槽头跑到别的槽头争食。❷ 动 比喻人改行或变动工作单位 ▷他不安心工作，想～。

【跳荡】tiàodàng ❶ 动 跳跃激荡 ▷激流在山谷间～。❷ 动 跳动 ▷火热的心在～。

【跳动】tiàodòng 动 一起一伏地动 ▷脉搏～|～的音符。

【跳房子】tiàofángzi 儿童游戏，在地上画出相连的若干方格，单腿跳着向前踢瓦片、小沙包等，依次经过每一方格。也说跳间。

【跳高】tiàogāo ❶ 动 运动员按规则经助跑后越过横杆，以所跳的高度决定名次。❷ 名 指这种田径运动项目。

【跳行】tiàoháng ❶ 动 另起一行（书写）▷每段开头要～书写。❷ 动 阅读或抄写时漏掉一行；串行 ▷抄写时注意别～。❸ 动 改换行业 ▷他～去了别的部门。

【跳级】tiàojí ❶ 动 越级；连升两级（或更多）。❷ 动 特指学生越过本应经过的年级而进入更高的年级。

【跳加官】tiàojiāguān 旧时戏曲开场或演出中加演的舞蹈节目。由演员戴笑脸面具，穿红袍，着皂靴，拿着“天官赐福”等数层字幅边跳边逐层向观众展示，以示庆贺和祝福。

【跳脚】tiàojiǎo 动 因着急或发怒而跺脚 ▷气得～大骂|急得直～。

【跳梁】tiàoliáng 动 蹦跳腾跃；形容强横、跋扈 ▷～弄计|群丑～。

【跳梁小丑】tiàoliáng-xiǎochǒu 在舞台上跳跳蹦蹦，以滑稽取笑的丑角。比喻上蹿下跳猖狂捣乱的卑劣小人。☛ 不宜写作“跳踉小丑”。

【跳踉】tiàoliáng 现在一般写作“跳梁”。

【跳楼价】tiàolóujià 名 指极低的价格。商家常用来形容价格低到血本无归以至要跳楼，以吸引顾客购买。

【跳马】tiàomǎ ❶ 名 体操器械，像鞍马，背部无环，高低可以调节。❷ 动 运动员通过助跑、踏跳，用手支撑跳马做腾越转体等动作。❸ 名 指这种竞技体操项目。

【跳皮筋儿】tiàopíjīnr 儿童游戏，两人分执皮筋儿两端，其他人利用皮筋儿的弹性来回踩跳皮筋儿。

【跳棋】tiàoqí ❶ 名 棋具，棋盘为六角形，可供2至6人对局。❷ 名 棋类游戏，下棋各方的棋子各占满一个犄角。根据规则，或移动，或跳越，以自己的全部棋子先到对面的犄角为胜。

【跳球】tiàoqiú 动 篮球比赛开场时，两队中锋队员站在球场中央，裁判执球抛向空中，两名队员起跳争球；比赛中双方队员争球时，如同时持球，也判为跳球。

【跳伞】tiàosǎn ❶ 动 人携带降落伞从飞机上或跳伞塔上跳下，借助空气浮力，缓缓降落到地面。❷ 名 军事体育项目，包括飞机跳伞、氢气球跳伞和伞塔跳伞。

【跳伞塔】tiàosǎntǎ 名 供跳伞训练用的塔状设施。高度一般为50米。

【跳神】tiàoshén 动 一种迷信活动，巫师装出鬼神附体的样子，胡说乱舞，妄称能驱魔治病。也说跳大神。

【跳绳】tiàoshéng ❶ 动 单人或两人把绳子抡成半圆形，趁绳子近地时自己或别人跳过去。❷ 名 指这种活动或游戏；也指跳绳用的绳子。

【跳水】tiàoshuǐ ❶ 名 水上运动项目之一，分跳板跳水和跳台跳水两种。运动员从跳板或跳台上起跳后，在空中做各种规定的和自选的动作，然后入水。以两种动作得分的总和决定名次。❷ 动 跳入江河湖海等自杀。❸ 动 比喻证券价格、指数等暴跌 ▷大盘～|股值～。

【跳台】tiàotái 名 设置在跳水池旁供跳水用的高台。台高一般为5米、7.5米和10米。

【跳跳糖】tiàotiàotáng 名 含有固态二氧化碳的颗粒状糖果。放在嘴里溶化时会不停地跳动，并发出轻微的噼啪声。

【跳舞】tiàowǔ 动 表演舞蹈；特指跳交谊舞 ▷她的身材适合～|周末工会组织职工～。

【跳舞毯】tiàowǔtǎn 名 一种娱乐用品。垫毯上有电子感应器与电子计算机或电视机连接，人站在毯上可按照屏幕上不断移动的箭头指示变换踩脚点，随音乐跳舞。

【跳箱】tiàoxiāng ❶ 名 体操器械，由几节组成，整体形状像梯形的木箱。❷ 动 运动员通过助跑、踏跳，以各种姿势跳过跳箱。❸ 名 指这种竞技体操项目。

【跳鞋】tiàoxié 名 跳高、跳远运动专用鞋，前后掌都有钉子。

【跳远】tiàoyuǎn ❶ 动 运动员按照规则，跑步至跳板单脚起跳，腾空向前跃入沙坑，以跳的远近定成绩。❷ 名 指这种田赛运动项目，一般指急行跳远。

【跳月】tiàoyuè 动 苗、彝等民族的一种风俗。初春或暮春时节，未婚的青年男女聚集野外，在月光下尽情歌舞，挑选情人。

【跳跃】tiàoyuè 动 跳起腾跃 ▷～动作。

【跳越】tiàoyuè 动 跳起跨过 ▷～障碍。

【跳蚤】tiàozao 名 昆虫，体小，无翅，脚长，善跳跃，有吸吮的口器。寄生在人、哺乳动物或鸟类的体表，吸血液，是传染鼠疫等疾病的媒介。俗称虼蚤。

【跳蚤市场】tiàozao shìchǎng 英语 flea market 意译。指出售廉价商品、古旧货物的露天自由市场。通常在节假日举办。

【跳闸】tiàozhá 动 电源开关非人为断开，即电闸断路。

【跳转】tiàozhuǎn 动 跳跃式地快速转换(多用于网络页面、影视剧镜头等的切换) ▷网购订单生成后,手机便～到支付界面|屏幕上的画面随着剧情发展而～。

tiē

帖 tiē ❶ 形 安定;稳妥 ▷妥～。→ ❷ 动 服从;顺从 ▷俯首～耳。

另见本页 tiě;1368 页 tiè。

怗 tiē〈文〉❶ 动 平定;平息(叛乱)。→ ❷ 形 安宁。

贴¹(貼) tiē ❶ 动 把片状的东西粘(zhān)在别的东西上 ▷把光荣榜～在墙上|～春联|剪～|张～。→ ❷ 动 紧紧靠近 ▷把脸～在妈妈怀里|～近|～心。→ ❸ 动 贴补 ▷每月～他几个钱|倒～。❹ 名 贴补的钱 ▷房～|煤～。→ ❺ 量 用于膏药等 ▷买一～膏药贴在腰上。

贴²(貼) tiē 同"帖(tiē)"。现在一般写作"帖"。

【贴吧】tiēbā 名 网站提供给用户的交流平台。一般按主题划分为若干版块,供用户阅读和发表意见。

【贴本】tiēběn 动 亏本;赔钱 ▷～生意。

【贴边】tiēbiān ❶ 动 紧靠着边缘 ▷～走。❷ 动 沾边 ▷不～的话。❸ 名 缝在衣服或其他织物里面边缘处的窄条。

【贴标签】tiēbiāoqiān 比喻评论人或事时不作具体分析,生硬地套用现成的概念或作简单归类 ▷具体情况要具体分析,不能～。

【贴饼子】tiēbǐngzi 名 贴在锅周围烙熟的圆形或椭圆形厚饼,多用玉米面或小米面做成。

【贴补】tiēbǔ 动 用财物补助不足 ▷可以拿出一点儿公益金～困难户。

【贴兜】tiēdōu 名 衣服口袋的一种样式,口袋两侧和下沿缝贴在衣服上。

【贴合】tiēhé ❶ 动 切合 ▷这些书很～儿童的需要。❷ 动 紧密接合 ▷水天一色,自然～。

【贴花】tiēhuā ❶ 名 古代妇女贴在额部、面部的装饰。现在戏曲旦角演员饰演古典戏曲时仍会使用。❷ 名 贴在商品上的小型装饰图片。

【贴画】tiēhuà ❶ 名 贴在墙上的画。❷ 名 贴在火柴盒上的画;现也指贴在其他器物上的画。

【贴己】tiējǐ 形 亲近的;知心的 ▷～话。

【贴金】tiējīn ❶ 动 把金箔贴在神佛塑像或某些器物上。❷ 动 比喻夸饰、美化自己或他人(含贬义) ▷文艺评论不能光是～。

【贴近】tiējìn ❶ 动 靠近 ▷～生活。❷ 形 亲近 ▷他是我最～的朋友。

【贴面】tiēmiàn 名 粘贴在家具、建筑物等表面上的材料。如薄木、塑料膜、大理石、瓷砖等。

【贴片广告】tiēpiàn guǎnggào 事先录制在影视节目中的广告。

【贴谱儿】tiēpǔr 形〈口〉靠谱儿 ▷他这番话说得比较～。

【贴钱】tiēqián ❶ 动 贴补钱款 ▷他每月都靠父母～过日子。❷ 动 赔本 ▷～买卖。

【贴切】tiēqiè 形 (措辞)妥当 ▷用词要～。

【贴身】tiēshēn ❶ 区别 紧挨着肌肤的 ▷～内衣。❷ 形 合身 ▷这套衣服很～。❸ 区别 跟随在身边的;亲近的 ▷～警卫|～的人。

【贴士】tiēshì 名 英语 tips 音译。就某方面提醒或提示人们须要注意的简短信息 ▷消费者维权～|春运旅行小～。

【贴水】tiēshuǐ ❶ 动 紧挨着水面 ▷飞机在表演～飞行。〇 ❷ 动 旧时银行钱庄业指调换票据或兑换货币时,比价低的一方补足一定的差额给另一方。❸ 名 贴水时所补足的差额。

【贴题】tiētí 动 切题。

【贴息】tiēxī ❶ 动 用期票、证券等调换现款时付出利息。❷ 名 用期票、证券调换现款时付出的利息。

【贴现】tiēxiàn ❶ 动 用未到期的票据兑取现金,金融机构扣除从兑现日至到期日的利息后,把票面余额付给持票人。❷ 名 贴现的金额。

【贴现率】tiēxiànlǜ 名 以未到期的票据兑取现金时,金融机构所扣除的利息与票面金额的比例。

【贴心】tiēxīn 形 最亲近;最知心 ▷～人。

萜 tiē 名 有机化合物,大多是有香味的液体,不溶于水,溶于乙醇。松节油、薄荷油等化合物中都含有萜的成分。

跕 tiē 动〈文〉拖着鞋走路。

tiě

帖 tiě ❶ 名 帖子 ▷请～|名～|庚～。→ ❷ 量 用于若干味中药调配成的汤药,相当于"剂" ▷一～药。

另见本页 tiē;1368 页 tiè。

【帖子】tiězi ❶ 名 写有简短文字的纸片。❷ 名 指在互联网上就某个话题发表的文字、图像等。

铁(鐵) tiě ❶ 名 金属元素,符号 Fe。银白色,有光泽。质坚硬,延展性强,在潮湿空气中易生锈。可用来炼钢和制造多种机械、器具。→ ❷ 名 指刀枪等武器 ▷手无寸～。→ ❸ 形 比喻确定不移的 ▷～定|～证|～规。→ ❹ 形 比喻性质坚硬;意志坚

强 ▷～拳|～人|～腕。→ ❺ 形 比喻强暴或无情 ▷～蹄|～面无私|～石心肠。○ ❻ 名 姓。

【铁案】tiě'àn 名 指证据确凿、无法推翻的案件或结论 ▷这是～,谁也推翻不了。

【铁案如山】tiě'àn-rúshān 证据确凿的定案,像山一样不可推翻。

【铁板】tiěbǎn 名 熟铁轧成的板材。

【铁板钉钉】tiěbǎn-dìngdīng ❶比喻已成定局,不能改变 ▷我队夺冠,已是～了。❷比喻说话办事果断、坚定、不含糊、不更改 ▷他办事～,干脆利落。

【铁板一块】tiěbǎn-yīkuài 比喻整体结合很紧,难以分割 ▷敌人不是～,可以分化瓦解。

【铁笔】tiěbǐ ❶ 名 刻印章用的小刀。❷ 名 刻写蜡纸的笔,笔尖用钢制造。

【铁壁铜墙】tiěbì-tóngqiáng 铜墙铁壁。

【铁臂】tiěbì 名 比喻坚强有力的手臂 ▷挥动～。

【铁饼】tiěbǐng ❶ 名 田赛投掷器械。形状像圆饼。用硬木制成,边缘和中心用铁镶嵌。❷ 名 田赛项目,运动员用手指扣住铁饼边缘,经过摆动旋转将铁饼掷出。以距离远者为胜。

【铁蚕豆】tiěcándòu 名 一种炒熟的皮不裂开而比较硬的蚕豆。

【铁杵磨成针】tiěchǔ móchéng zhēn 把铁棒磨成绣花针。比喻不怕艰苦,持之以恒,再难的事也能办成。

【铁窗】tiěchuāng 名 有铁栅栏的窗户;借指监狱 ▷～生涯。

【铁锤】tiěchuí 名 敲击用的工具,铁头,有柄。☛ 不宜写作"铁槌""铁椎"。

【铁搭】tiědā 名〈口〉一种形似铁耙的刨土用的农具,有三至六个略向里弯的铁齿。

【铁鎝】tiědā 名 古代一种翻土的农具,鎝头宽约1尺。

【铁打】tiědǎ 形 用铁打造的。形容坚固或刚强的 ▷～的防线|～的战士。

【铁道】tiědào 名 铁路。☛ 参见本页"铁路"的提示。

【铁道兵】tiědàobīng 名 担负铁道工程保障任务的兵种;也指这一兵种的士兵。我国的铁道兵部队于 1982 年 12 月集体转业,并入铁道部。

【铁定】tiědìng 形 确定无疑或不可改变的 ▷～的法则。

【铁饭碗】tiěfànwǎn 名 比喻非常稳定的职业和收入(跟"泥饭碗"相区别) ▷打破～。

【铁杆】tiěgǎn ❶ 名 铁制的棍状物;比喻坚定不移或顽固不化的人 ▷那个笤帚把儿是～的|他是那个组织的～。❷ 区别 坚定不移或顽固不化的 ▷～朋友|～汉奸。

【铁镐】tiěgǎo 名 镐。

【铁哥们儿】tiěgēmenr 名〈口〉指关系特别密切、感情特别牢靠的朋友(多用于男性青年之间)。

【铁工】tiěgōng ❶ 名 制造或修理铁器的工种。❷ 名 从事铁工工作的工人。

【铁公鸡】tiěgōngjī 名 用铁铸成的公鸡。比喻非常吝啬、一毛不拔的人。

【铁骨铮铮】tiěgǔ-zhēngzhēng 形容刚强不屈 ▷他～,宁死不屈。

【铁观音】tiěguānyīn 名 一种乌龙茶,产于福建。

【铁轨】tiěguǐ 名 钢轨。

【铁汉】tiěhàn 名 身体健壮的男子;坚强不屈的男子 ▷他力大无比,是条～|战争把他磨炼成一条～。也说铁汉子。

【铁合金】tiěhéjīn 名 由铁跟其他金属或非金属(不包括碳)组成的合金的统称。如锰铁、硅铁、钨铁等。主要用作炼钢的脱氧剂、合金添加剂等,使钢具备某种特性或达到某种要求。

【铁画】tiěhuà ❶ 名 书法中指刚劲有力的笔画 ▷～银钩。❷ 名 用铁片、铁条、铁丝焊接成图画的技艺或作品。始创于安徽芜湖。也说铁花。

【铁环】tiěhuán ❶ 名 小的铁圈 ▷大门上装有一对～。❷ 名 一种玩具,细铁条制成的环,直径约 50 厘米,用特制的铁钩推着向前滚动。

【铁灰】tiěhuī 形 形容颜色像铁表面氧化后那样灰黑 ▷穿了件～色的西装。

【铁蒺藜】tiějíli 名 铁制的蒺藜状军用障碍物。布设在要道上或浅水中,用来阻止敌方人马、车辆前进。

【铁甲】tiějiǎ ❶ 名 古代用铁片连缀成的战衣。❷ 名 用厚钢板制成的车船的外壳。

【铁甲车】tiějiǎchē 名 装甲车。

【铁将军】tiějiāngjūn 名 比喻门锁 ▷～把门。

【铁匠】tiějiang 名 打造和修理铁器的手艺人。

【铁交椅】tiějiāoyǐ 名 比喻稳定牢固的职务、地位 ▷废除终身制,打碎～。

【铁脚板】tiějiǎobǎn 名 指能走远路的脚掌;借指擅长走路的人 ▷战士们练就了一副～|他是个～,一天能走六七十公里。

【铁军】tiějūn 名 指勇敢善战、所向无敌的军队 ▷～所至,无坚不摧。

【铁矿】tiěkuàng ❶ 名 蕴藏或开采铁的地方。❷ 名 含铁的矿石。

【铁矿砂】tiěkuàngshā 名 含铁的矿砂。

【铁链】tiěliàn 名 用铁环连串而成的链条。

【铁流】tiěliú 名 奔流的铁水;比喻奋勇挺进、锐不可当的军队。

【铁路】tiělù 名 在路基上铺设钢轨供火车行驶的道路。☛ 跟"铁道"词义相同,但搭配习惯有所不同。如:"铁道职业技术学院""人民铁道报”和“青藏铁路”“高速铁路”“铁路警察”等中的“铁道”与“铁路”一般不可相互换用。

【铁路警察】tiělù jǐngchá 维护铁路治安，保证火车安全运行和乘客安全的警察。简称铁警。☛ 跟“路警”不同，“路警”还包括公路警察。

【铁律】tiělǜ 名 不可违背的纪律；确定不移的规律 ▷不拿群众一针一线，这是人民军队的～|人的生老病死是～，谁也逃不脱。

【铁马】tiěmǎ ❶ 名 配备铁甲的战马；也指雄师劲旅 ▷～千群，朱旗万里|金戈～。〇❷ 名 檐铃，悬于建筑物檐下的金属片。原为马形，风吹动时撞击发声。

【铁锚】tiěmáo 名 锚。

【铁帽子王】tiěmàoziwáng 名 清代对世袭原封爵位、永不降等的王爷的俗称，比一般亲王享有更优厚的待遇和特权 ◇有腐必惩、有贪必肃，没有谁是～。

【铁面无私】tiěmiàn-wúsī 不讲情面，毫无私心。形容处事、断案公正廉洁。

【铁幕】tiěmù 名 铁的帷幕。比喻政治上不透明的严密控制或独裁统治。冷战期间西方国家曾用来诬蔑社会主义国家。

【铁牛】tiěniú 名 铁铸的牛。古代往往在治河或建桥的时候铸铁牛置于堤边桥头，以为可以镇水。

【铁皮】tiěpí 名 压制成的薄铁板；多指镀锡或镀锌铁片。

【铁骑】tiěqí ❶ 名 披挂铁甲的战马。❷ 名 借指精锐的骑兵 ▷埋伏下五千～。

【铁器】tiěqì 名 铁制的器物。

【铁器时代】tiěqì shídài 考古学上指继青铜时代后的一个时代。这时人类已普遍制造和使用铁制的生产工具。我国在春秋战国时期，中原地区已普遍使用铁器。

【铁锹】tiěqiāo 名 掘土或铲东西的工具，用熟铁或钢打成长方形片状，前端略呈圆形而稍尖，后端安有长木把儿。

【铁桥】tiěqiáo 名 用钢铁、水泥等建造的桥梁，多为铁路用桥。

【铁青】tiěqīng 形 形容颜色青黑（多用来形容人的脸色）▷气得脸色～。

【铁拳】tiěquán 名 比喻强大的打击力量 ▷谁敢来侵犯，就让他尝尝中国人民的～。

【铁人】tiěrén 名 比喻意志刚强的人或体魄超群的人。

【铁人三项】tiěrén sān xiàng 体育竞技项目，一天内天然水域游泳、公路自行车和公路长跑三项运动连续进行。因参赛运动员需具有铁人般的意志和体魄，故称。

【铁三角】tiěsānjiǎo 名 比喻牢固而不易拆散的三方组合 ▷打造人才、科技、产业协同发展的～|处于同一利益链条上的这三家企业构成了～关系。

【铁纱】tiěshā 名 用细铁丝编成的网状物，多用来做纱窗、纱门。

【铁砂】tiěshā ❶ 名 铁矿砂。❷ 名 铁制的小颗粒，可作猎枪的子弹。

【铁杉】tiěshān 名 常绿乔木，叶条形，暗绿色，球果卵形，有光泽。木质坚实，供建筑或制造船舶、家具等用。种子榨油，供工业用。

【铁石心肠】tiěshí-xīncháng 像铁和石头一样硬的心肠。形容不易为感情所动。

【铁树】tiěshù ❶ 名 苏铁的通称。乔木状，叶集生茎顶，大而坚，羽状分裂；花顶生，雌雄异株，不常开；种子呈核果状，朱红色。叶子可以做药材。属国家保护植物。〇❷ 名 朱蕉的通称。灌木状，直立，粗壮，叶聚生于茎顶，披针形或长椭圆形；花淡红色或青紫色；果实为浆果。供观赏。

【铁树开花】tiěshù-kāihuā 铁树（指苏铁）原生长在热带、亚热带，花不常开，移植北方后，多年才开一次；比喻事情特别罕见或极难实现。

【铁水】tiěshuǐ 名 铁在高温下熔化成的炽热液体。

【铁丝】tiěsī 名 用铁拉制成的线状物品。因用途不同，粗细规格也不一样。

【铁丝网】tiěsīwǎng ❶ 名 铁丝编成的网。❷ 名 把铁蒺藜固定在桩上而构成的网状障碍物，用以阻止敌兵前进或保护禁区、仓库及工地等。

【铁算盘】tiěsuànpán 名 借指高超的计算技能；也借指很会算计的人 ▷王会计被公认为单位的～|他是有名的～，专会算计别人。☛ 口语中多读 tiěsuànpan。

【铁索】tiěsuǒ 名 用铁丝或钢丝编成的绳索或铁链。

【铁索桥】tiěsuǒqiáo 名 在若干条承重钢绳或铁链上铺设桥面的桥梁。

【铁锁链】tiěsuǒliàn 名 铁制的锁链；比喻束缚人的旧观念或社会制度 ▷砸碎封建～。

【铁塔】tiětǎ ❶ 名 用铁建造的佛塔，如山东聊城的铁塔；也指用铁色釉砖砌成的佛塔，如河南开封的祐国寺塔。❷ 名 用钢铁建成的塔形建筑物，如法国巴黎的埃菲尔铁塔。❸ 名 指用来架设高压输电线路的塔状铁架。

【铁蹄】tiětí 名 指蹂躏践踏弱小者的强暴者或强暴行径 ▷大好河山，岂容～践踏！

【铁条】tiětiáo 名 用铁制成的条形材料。

【铁桶】tiětǒng 名 用铁制成的桶；比喻坚不可摧的事物 ▷～江山。

【铁腕】tiěwàn ❶ 名 强有力的手 ▷一只～紧紧抓住了他的胳膊。❷ 名 指强有力的统治或手段 ▷～人物|实行～统治。

【铁锨】tiěxiān 名 掘土或铲东西的工具，用熟铁或钢打成长方形片状，后端安有长木把儿。

【铁屑】tiěxiè 名 碎铁末。

【铁心】tiěxīn ❶ 动 下定决心不动摇 ▷～戒烟｜参军我是铁了心了。◯ ❷见本页“铁芯”。现在一般写作“铁芯”。

【铁芯】tiěxīn 名 电机、变压器等电器中的核心部分。多用硅钢片等制成。

【铁锈】tiěxiù 名 钢铁经氧化形成的赤褐色混合物，主要成分是水合氧化铁。

【铁血】tiěxuè ❶ 名 兵器与鲜血。借指战争或暴力。❷ 名 指坚强的意志和不怕牺牲的精神 ▷～战士｜～铸丰碑。

【铁则】tiězé 名 指不容变更的法则或客观规律 ▷待人以诚，这是做人的～｜没有约束的权力必然导致腐败，这是一条～。

【铁砧】tiězhēn 名 锻打钢铁时垫在底下的铁块。

【铁铮铮】tiězhēngzhēng 形 形容刚毅坚强，不屈服 ▷～的男子汉｜～的誓言。

【铁证】tiězhèng 名 确凿的证据 ▷～如山。

【铁嘴】tiězuǐ 名 指能言善辩的口才或能言善辩的人 ▷他有一张～｜辩论双方都是～。

tiè

帖 tiè 名 习字或绘画时模仿的样本 ▷碑～｜字～｜画～。☛ 读 tiē，形容事物，指安定和顺从，如“妥帖”“服服帖帖”。读 tiě，表示事物，指写有简短文字的纸片，如“请帖”“庚帖”；也用作中药汤剂的量词。

另见 1365 页 tiē；1365 页 tiě。

餮 tiè 形〈文〉贪婪；贪食 ▷饕(tāo)～。

tīng

厅(廳) tīng ❶ 名 古代官府办公的地方。→ ❷ 名 党政机关某些机构的名称 ▷国务院办公～｜商务～。→ ❸ 名 会客、聚会、娱乐等用的大房间 ▷客～｜餐～。

【厅堂】tīngtáng 名 聚会或接待客人用的大房间。

汀 tīng 名〈文〉水边的平地 ▷～洲｜沙～｜绿～。☛ 不读 dīng。

【汀线】tīngxiàn 名 由于海水冲击、侵蚀，海岸上形成的线状痕迹。

【汀滢】tīngyíng〈文〉❶ 名 小水流 ▷不测之渊起于～。❷ 形 清澈 ▷江水～。

听[1](聽) tīng ❶ 动 用耳朵接收声音 ▷～收音机｜洗耳恭～。→ ❷ 动 依从(命令、劝告等)；接受(意见、教导等) ▷一切行动～指挥｜言～计从。❸ 动 任凭；随 ▷～其自然｜～凭。→ ❹ 动〈文〉处理(政事)；审理(案件) ▷～政｜～讼。

听[2](聽) tīng 名 英语 tin 音译。用镀锡或镀锌的铁皮制成的筒状或罐状容器 ▷～装奶粉｜两～饮料。☛ “听”字统读 tīng，不读 tìng。

【听便】tīngbiàn 动 对方觉得怎么样方便就怎么样做，表示对对方没有强制性要求 ▷您想吃什么都行，我～｜去与不去，听他的便。

【听差】tīngchāi ❶ 动 听从差遣 ▷你主事，我～。❷ 名 旧时指干杂活儿的男仆。

【听从】tīngcóng 动 接受并服从 ▷～分配。☛ 跟“服从”不同。“听从”侧重于主动顺从；“服从”侧重于被动依从。

【听而不闻】tīng'érbùwén 听了像没听见一样。指不重视或漠不关心 ▷对群众的疾苦不能～。

【听风是雨】tīngfēng-shìyǔ 比喻听到一点儿消息或议论就当成真的，大加渲染。也说听见风就是雨。

【听候】tīnghòu 动 等候(上级的指示、决定等) ▷～安排。

【听话】tīnghuà ❶ 动 听人讲话 ▷～听音儿｜他耳背，～很吃力。❷ 形 形容听从尊长的教导或顺从尊长的意志 ▷他是个～的孩子｜小姑娘很听老师的话。❸ 动 等待回话 ▷他去不去，您明天～吧。

【听会】tīnghuì 动 参加会议，只当听众，自己不发表意见 ▷会场上挤满了前来～的人。

【听见】tīngjiàn 动 听到；听清 ▷～有人敲门｜你听得见听不见？

【听讲】tīngjiǎng 动 听人讲课或演说。

【听觉】tīngjué 名 辨别声音特性的感觉。声波从外耳传入，振动耳鼓膜，引起耳蜗内感觉细胞的兴奋，经听神经传至大脑皮质听觉区而产生。

【听课】tīngkè 动 听别人讲课 ▷校长跟班～。

【听力】tīnglì 名 耳朵产生听觉的能力；特指听懂某种语言(多指外语)的能力 ▷～正常｜英语～。也说耳力。

【听命】tīngmìng ❶ 动 听天由命 ▷到这个地步，只好～了。❷ 动 听从命令 ▷～于他人。

【听凭】tīngpíng 动 任由别人随意去做 ▷不能～别人摆布。

【听其自然】tīngqízìrán 任其自然。

【听取】tīngqǔ 动 专注地听(意见、汇报等) ▷～汇报。

【听任】tīngrèn 动 听凭。

【听神经】tīngshénjīng 名 人和脊椎动物的第八对脑神经，主管听觉，也管全身的平衡。从脑桥和延髓之间发出，分布在内耳。

【听审】tīngshěn 动 听候法庭审判。

【听书】tīngshū 动 听人说书 ▷他～听上瘾了。

【听说】tīngshuō ❶ 动 听和说 ▷提高外语的～

能力。❷ 动 听人说;据说 ▷这事儿,您也~了? |~她上大学了。❸ 动〈口〉听话②。

【听讼】tīngsòng 动〈文〉审理案件 ▷据法~|~清明。

【听天由命】tīngtiān-yóumìng 听任天意和命运的安排。现多指听凭事情自然发展而主观上不作努力。

【听筒】tīngtǒng ❶ 名 受话器。❷ 名 听诊器。

【听头儿】tīngtour 名 值得听的地方 ▷今晚的音乐会很有~。

【听闻】tīngwén 名〈文〉指听的活动或所听到的内容 ▷敞开言路,以广~|耸人~。

【听戏】tīngxì 动 欣赏戏曲演出。因不少戏曲表演多以唱念见长,观众主要是听,故称 ▷去戏园~。

【听小骨】tīngxiǎogǔ 名 中耳内锤骨、砧骨和镫骨的统称。由滑膜关节将其连成听骨链,功能是把声波引起的鼓膜振动传导进内耳。通称听骨。

【听写】tīngxiě 动 听和写。教学中,学生一边听教师发音或朗读,一边用笔把字写出来 ▷英语~练习|学生~生字。

【听信】tīngxìn 动 听到并相信(多指不正确的话或消息) ▷~谗言。

【听信儿】tīngxìnr 动〈口〉听消息或等候消息 ▷明天一准有结果,你~吧。

【听障】tīngzhàng 名 指全聋、弱听等听觉障碍。

【听者】tīngzhě 名 听别人讲话的人 ▷使~动容|言者无心,~有意。

【听诊】tīngzhěn 动 医生用听诊器或直接用耳听患者心肺等内脏器官的声音,以诊断疾病。

【听诊器】tīngzhěnqì 名 用于听诊的器械。也说听筒。

【听证】tīngzhèng ❶ 动 听取与案件有关的证词。❷ 动 为了解某些特殊问题或事件而听取有关人员的说明。

【听证会】tīngzhènghuì 名 立法、行政、司法等部门为给审议有关事项等的草案提供依据而举行的会议。审议之前,邀请有关官员、专家和基层群众到会陈述意见,展开辩论,沟通认识。

【听政】tīngzhèng 动〈文〉帝王或摄政的人听取臣子奏议,处理朝政。

【听之任之】tīngzhī-rènzhī (对该管的不良现象)任其发展而不去管 ▷对损害群众利益的事,决不能~。

【听众】tīngzhòng 名 听讲演、音乐或广播等的人。

【听装】tīngzhuāng 区别 用听包装的 ▷~饼干。参见 1368 页“听²”。

烃(烴) tīng 名 碳和氢两种元素构成的有机化合物。种类很多,广泛分布于自然界。按性质和结构分为烷、烯、炔、脂环烃和芳香烃等。天然气和石油的分馏产物、煤的干馏产物、天然橡胶的主要成分等都属烃类,是化学工业的基本原料。也说碳氢化合物。

绠(綎) tīng 名〈文〉系佩玉的丝带。

桯 tīng 名 桯子。

【桯子】tīngzi ❶ 名 锥子等工具顶端用来扎东西的金属杆 ▷锥~。❷ 名 某些蔬菜的花轴 ▷大葱都长出~来了。

鞓 tīng 名〈文〉皮腰带。

tíng

邘 tíng 名 姓。

廷 tíng ❶ 名 君主接受朝见、处理政事的地方 ▷宫~|朝~。→ ❷ 名 封建王朝的中央统治机构 ▷清~(清朝政府)。○ ❸ 名 姓。☛ ㊀右上是“壬(tǐng)”,不是“壬(rén)”;首笔撇下是“土”,不是“士”。由“廷”构成的字有“庭”“挺”“蜓”“艇”“霆”等。㊁参见本页“庭”的提示㊁。

莛 tíng 名 某些草本植物的茎 ▷草~|麦~。

亭¹ tíng ❶ 名 亭子 ▷~台楼阁|凉~。→ ❷ 名 形状像亭子的小屋 ▷书~。

亭² tíng 形〈文〉适中;匀称 ▷~午(正午)|~匀(均匀)。

【亭阁】tínggé 名 亭台楼阁。

【亭台】tíngtái 名 亭子和楼台一类供休息和玩赏的建筑 ▷~楼阁。

【亭台楼阁】tíngtái-lóugé 泛指建造在公园、庭院等处供休息和玩赏的建筑。

【亭亭】tíngtíng ❶ 形〈文〉形容高耸直立或身材修长的样子 ▷楼宇~。❷见 1371 页“婷婷”。现在一般写作“婷婷”。

【亭亭玉立】tíngtíng-yùlì 形容美女身材修长秀美;也形容花木挺拔 ▷几年不见,这孩子已是~的大姑娘了|~的金针花。

【亭子】tíngzi 名 有顶无墙的建筑,一般较小。多设在花园或名胜等处,供人休息或观赏景物。

【亭子间】tíngzijiān 名 上海等地称旧式楼房中位于正房后侧楼梯拐弯处的小房间。

庭 tíng ❶ 名 正房;厅堂 ▷大~广众。→ ❷ 名 正房前的院子 ▷~院|前~后院|门~若市。→ ❸ 名 审理案件的处所 ▷法~|开~。→ ❹ 名 指额部中央 ▷天~饱满。☛ ㊀统读 tíng。㊁跟“廷”不同。“庭”指庭院、法

庭;"廷"指朝廷。

【庭辩】tíngbiàn 動法庭辩论的简称。在刑事案件或民事案件的法庭审理过程中,控辩双方就与案件相关的事实、证据、所适用的法律等发表意见,进行辩论。庭辩中,诉讼双方的发言权对等 ▷双方律师进行激烈~|~的焦点是被害人的死亡原因。

【庭除】tíngchú 名〈文〉庭院和台阶 ▷洒扫~。

【庭审】tíngshěn 動法院开庭审理 ▷法院明日公开~。也说庭讯。

【庭训】tíngxùn 動〈文〉父亲的教诲;泛指长辈的教育劝导 ▷幼承~。

【庭园】tíngyuán 名种植花草树木的庭院或住宅花园。

【庭院】tíngyuàn 名院子;泛指宅院。

停[1] tíng ❶ 動止息;中断 ▷大雨~了|~下脚步。→ ❷ 動停留 ▷路过北京~了两天|队伍~在树林里。❸ 動停放 ▷小船~在湖边。→ ❹ 形稳妥 ▷~当|~妥。

停[2] tíng 量〈口〉用于分成若干等份的总数中的一份 ▷三~路已走完了两~|五~果子中有三~是烂的。

【停摆】tíngbǎi 動钟摆停止不动;泛指事情中途停止 ▷后续资金迟迟不到位,工程~了。

【停板】tíngbǎn 動证券交易机构暂停股票交易。

【停办】tíngbàn 動中止正在进行的事情。

【停播】tíngbō 動停止播放 ▷节目因故~。

【停泊】tíngbó 動船只靠岸;停留 ▷客轮~在码头上。

【停产】tíngchǎn 動停止生产 ▷~整顿。

【停车】tíngchē ❶ 動车辆停止行驶 ▷列车临时~。❷ 動停放车辆 ▷本广场不准~。❸ 動停机① ▷机床~检修。

【停车场】tíngchēchǎng 名停放车辆的场地。

【停当】tíngdang 形妥当;完备 ▷屋里已收拾~。

【停电】tíngdiàn 動停止供电。

【停顿】tíngdùn ❶ 動停留① ▷部队稍作~再继续前进。❷ 動中止;中断 ▷生产不能~。❸ 動语流中的间歇 ▷讲话要注意~。

【停发】tíngfā 動停止发放 ▷~工资。

【停放】tíngfàng 動暂时放置 ▷车辆~在门外。

【停飞】tíngfēi 動飞机停止飞行或飞行员停止驾驶飞机 ▷班机因大雾~|他已因病~。

【停付】tíngfù 動停止支付 ▷~现款。

【停工】tínggōng 動停止生产或建设 ▷~待料|违章工程,立即~。

【停航】tíngháng 動(飞机或船舶)停止航行 ▷台风过境,客轮~一天。

【停火】tínghuǒ ❶ 動停止烧火 ▷砖窑中午~。❷ 動交战双方或一方停止战斗 ▷呼吁各方~。

【停机】tíngjī ❶ 動机器停止运转。❷ 動停放飞机 ▷该机场暂不能~|~坪。❸ 動摄影机或摄像机停止拍摄 ▷这部电视剧今年5月~。❹ 動电信部门对用户停止电信服务 ▷手机因欠费~。

【停机坪】tíngjīpíng 名飞机场内停放飞机的场地。

【停建】tíngjiàn 動(工程项目)停止建设。

【停刊】tíngkān 動(报刊)停止出版。

【停靠】tíngkào 動车、船在车站或码头等处停留 ▷火车~在天津站。

【停课】tíngkè 動停止上课。

【停灵】tínglíng 動安葬前暂时把灵柩安置于某处。

【停留】tíngliú ❶ 動暂停前进 ▷途中在武汉~了几天。❷ 動停滞;不继续发展或实践 ▷人类的认识决不会~在一个水平上。

【停拍】tíngpāi ❶ 動停止拍摄 ▷演员生病,暂时~。❷ 動停止拍卖 ▷这件拍卖品因无人举牌应拍而宣告~。

【停牌】tíngpái 動指某种证券暂停交易 ▷这几支股票~已近半年。

【停盘】tíngpán 動指证券市场或其中的某种证券暂停交易 ▷前段时间股市连续下跌,多支股票相继~。

【停赛】tíngsài ❶ 動停止比赛 ▷这个项目已经~两届。❷ 動暂时被取消比赛资格 ▷群殴对方的这支球队被~整顿。

【停食】tíngshí 動中医指食物滞留在胃里不消化 ▷吃得太饱容易~。也说存食、积食。

【停驶】tíngshǐ 動停止行驶 ▷轮机出了故障,轮船被迫~。

【停手】tíngshǒu 動住手。

【停水】tíngshuǐ 動停止供应自来水 ▷~停电。

【停妥】tíngtuǒ 形停当;妥帖 ▷安置~。

【停息】tíngxī 動停止;止息 ▷爆竹声渐渐~了|江水滔滔,永不~。

【停歇】tíngxiē ❶ 動中止营业 ▷好几家餐馆都~了。❷ 動停下来休息 ▷忙得一直没有~。❸ 動停止;停息 ▷暴雨一直没有~。

【停薪】tíngxīn 動停发工资 ▷~留职。

【停学】tíngxué 動停止上学 ▷因病~一年。

【停演】tíngyǎn 動停止演出。

【停业】tíngyè ❶ 動暂时停止营业 ▷这家歌舞厅~整顿。❷ 動不再营业 ▷~拍卖。

【停映】tíngyìng 動(影片)停止放映。

【停战】tíngzhàn 動(交战各方)停止作战。

【停诊】tíngzhěn 動停止接待普通门诊。

【停职】tíngzhí 動暂时解除职务(对犯错误者采取的一种临时性行政措施) ▷~检查。

【停止】tíngzhǐ ❶ 動不再进行或不再实行 ▷~

供电｜～使用粮票。❷ 动 停留；停滞 ▷他的认识还～在计划经济时代。☛ 参见 704 页"结束"的提示。

【停滞】tíngzhì 动 因受阻而不继续前进 ▷思想不能～不前｜经济处于～状态。

葶 tíng［葶苈］tínglì 名 一年生草本植物，全株有星状毛。叶对生，椭圆形。三月开小黄花，四月结籽，盛夏枯死。种子扁小如黍粒。

蜓 tíng 见 1121 页"蜻(qīng)蜓"。

渟 tíng 动〈文〉水停滞不流。

婷 tíng 名 姓。

【婷婷】tíngtíng 形〈文〉(人或花木)美好 ▷～花下人｜袅袅～。

【婷婷袅袅】tíngtíngniǎoniǎo 形 袅袅婷婷。

霆 tíng 名 迅急而猛烈的雷 ▷雷～。

蝏 tíng 名 古无脊椎动物，一般长 3—6 毫米，海生，多呈纺锤形，外壳为石灰质。也说纺锤虫。

tǐng

圢 tǐng ❶ 形〈文〉平坦 ▷四野～～。○ ❷ 用于地名。如：上圢坂，在山西；朱家圢，在安徽。

町 tǐng 名〈文〉田间小路；田界 ▷～畦。
另见 323 页 dīng。

侹 tǐng 形〈文〉平直。

挺 tǐng ❶ 形 硬而直 ▷笔～｜～立。→ ❷ 动 伸直或凸出 ▷身子～得笔直｜～胸凸肚。→ ❸ 动 勉强支撑 ▷发着烧还硬～着上课｜～得住。→ ❹ 动 支持 ▷力～。○ ❺ 量 用于机枪 ▷一～机枪。○ ❻ 副〈口〉表示程度较高，但比"很"的程度要低 ▷～好｜～快。☛ "最""顶""很""非常""挺""怪"等都是程度副词，但所表示的程度高低有所不同。"最"和"顶"表示程度最高，而"顶"只用于口语；"很""非常"表示程度十分高，但次于"最"和"顶"；"挺""怪"表示程度较高，但次于"很"和"非常"，用于口语。

【挺拔】tǐngbá ❶ 形 形容直立高耸 ▷山岩陡峭，古柏～。❷ 形 强劲有力 ▷动作～｜字体～。

【挺进】tǐngjìn 动 (向预定目标)快速直进(多用于军队) ▷～敌后｜刘邓大军～大别山。

【挺举】tǐngjǔ ❶ 动 双手把杠铃从地上提起翻到胸前，再举过头顶，直到两臂伸直，两腿直立站稳为止。❷ 名 指这种举重项目。

【挺括】tǐngkuò 形 (服装、面料、纸张等)直挺平整，没有皱褶(zhě) ▷这套西装很～。

【挺立】tǐnglì 动 直立 ▷傲然～。

【挺身】tǐngshēn 动 直起身躯。形容勇往直前或勇于担当 ▷～还击｜～而出。

【挺身而出】tǐngshēn'érchū 形容不避艰险，勇敢地站出来 ▷面对险情，战士们～。

【挺尸】tǐngshī 动〈口〉骂人的话，指人睡觉。

【挺胸】tǐngxiōng 动 挺起胸膛。

【挺秀】tǐngxiù 形 挺拔秀丽，超出一般 ▷身材～｜～的翠竹。

【挺直】tǐngzhí ❶ 形 形容特别直 ▷～的树干｜～的身躯。❷ 动 使直起 ▷～腰板ㄦ。

【挺住】tǐngzhù 动 支撑下来 ▷这点ㄦ病，能～。

珽 tǐng 名 玉笏(hù)，古代帝王手中所拿的玉制长板。

梃 tǐng ❶ 名〈文〉植物的茎秆 ▷木～｜竹～。→ ❷ 名〈文〉棍；棒 ▷～击。❸ 名 梃子 ▷门～｜窗～。→ ❹ 名〈口〉花梗 ▷把～ㄦ碰折(shé)了｜独～ㄦ｜花～ㄦ。
另见本页 tìng。

【梃子】tǐngzi 名 门框、窗框或门扇、窗扇两侧直立的边框。

脡 tǐng 名〈文〉条状的干肉。

烶 tǐng 形〈文〉形容火燃烧时的样子。

铤（鋌） tǐng 形〈文〉形容快跑的样子 ▷～而走险。
另见 329 页 dìng。

【铤而走险】tǐng'érzǒuxiǎn 因走投无路而采取冒险行动。☛ 不要写作"挺而走险"。

颋（頲） tǐng〈文〉❶ 形 形容头挺直的样子。→ ❷ 形 比喻正直 ▷神骨清～。

艇 tǐng 名 本指比较轻便的小船；现在也用来指某些军用船只 ▷快～｜救生～｜潜水～｜登陆～。

tìng

梃 tìng ❶ 动 在杀死的猪的腿上割开一个口子，用铁棍贴着猪皮往里捅，然后由此向里吹气，使猪皮绷紧，以便去毛、除垢 ▷～猪。→ ❷ 名 梃猪用的铁棍。
另见本页 tǐng。

tōng

恫 tōng 动〈文〉哀痛。
另见 334 页 dòng。

通 tōng ❶ 动 可以到达 ▷这条路～哪里？|四～八达。→ ❷ 动 没有阻碍，可以穿过 ▷下水道已经～了|畅～◇这个办法行不～。⇒ ❸ 动 了解；懂得 ▷他～英语|～情达理。❹ 名 了解并掌握某一方面情况的人 ▷中国～|万事～。⇒ ❺ 形 通顺 ▷先把句子写～|文理不～。⇒ ❻ 形 共同的；一般的 ▷～病|～称|～性。❼ 形 全部；整个 ▷～宵|～体。❽ 量〈文〉用于文书等 ▷一～文书|手书二～。⇒ ❾ 动 使不堵塞 ▷～一～炉子|疏～。→ ❿ 动 互相往来；连接 ▷～邮|沟～。→ ⓫ 动 告诉；使知道 ▷～知|～名报姓。☛ 通常读 tōng；读 tòng，用于量词，如"擂了一通鼓"。

另见 1381 页 tòng。

【通报】 tōngbào ❶ 动 上级机关把有关情况通告下属单位 ▷～批评|～全军。❷ 名 上级机关通告下属单位的文件 ▷草拟～。❸ 名 报道科研成果和有关学术动态的刊物 ▷数学～。❹ 动 禀报 ▷请～厂长一声，有位记者来访。❺ 动 国与国或国际组织之间告知重要事项 ▷我公安部向国际刑警组织～缉获国际贩毒集团的情况。❻ 动 说出(姓名等) ▷双方相互～自己的姓名。

【通便】 tōngbiàn 动 使大便通畅。

【通病】 tōngbìng 名 普遍存在的缺点、毛病 ▷堆砌辞藻是许多初学写作者的～。

【通才】 tōngcái 名 兼有多种知识和能力的人才 ▷～难得|培养～。

【通草】 tōngcǎo 名 通脱木的通称。常绿灌木或小乔木，茎含大量白色髓，叶大，花小，黄白色，核果小球形，黑色。树皮可以造纸，茎髓可以做药材。

【通常】 tōngcháng ❶ 形 普通；一般；平常 ▷处理方式十分～|～的办法。❷ 副 表示动作行为有规律地发生 ▷这趟列车～不晚点|这种中风～有前兆。☛ 跟"经常"不同。"通常"强调的是一般规律，不是强调次数；"经常"强调的是次数。

【通畅】 tōngchàng ❶ 形 通行无阻 ▷渠道～|呼吸～。❷ 形 通顺流畅 ▷文字～|思路～。

【通车】 tōngchē ❶ 动 铁路、公路修通，车辆开始运行 ▷这条高速公路最近刚～。❷ 动 有车辆运行 ▷乡乡都～。

【通彻】 tōngchè 动 通晓；明白 ▷～古今改革之道。

【通称】 tōngchēng ❶ 动 通常称为 ▷薯蓣～山药。❷ 名 通常使用的名称 ▷西红柿是番茄的～。

【通存通兑】 tōngcún tōngduì 在某一银行的某一网点开立的存折，可在该行的不同网点办理存取款业务。

【通达】 tōngdá ❶ 形 畅通无阻 ▷道路～。❷ 动 通晓；明白 ▷～世事|～情理。❸ 形 开通(tong)；不保守 ▷思想～，心胸开阔。

【通道】 tōngdào ❶ 名 大路 ▷这是去省城的～。❷ 名 人或物通过的路径 ▷安全～。❸ 名 传递信息和数据的路径。

【通敌】 tōngdí 动 与敌人勾结 ▷～卖国。

【通电】 tōngdiàn ❶ 动 电路正常供电 ▷小山沟也～了。❷ 动 把某种政治主张或决定电告有关方面并公开发表 ▷～全国。❸ 名 通电的电文 ▷～引起强烈反响。

【通牒】 tōngdié 名 一国就某问题通知另一国并要求对方给予答复的外交文书 ▷发出～。

【通都大邑】 tōngdū-dàyì 交通发达、经济繁荣的大城市。

【通读】 tōngdú ❶ 动 从头至尾阅读 ▷～全文。❷ 动 读懂；读通 ▷这篇古文他已能～。

【通匪】 tōngfěi 动 与匪徒勾结。

【通分】 tōngfēn 动 把几个分母不同的分数化成分母相同而数值不变的分数。如$\frac{1}{3}+\frac{1}{5}$，通分后为$\frac{5}{15}+\frac{3}{15}$。

【通风】 tōngfēng ❶ 动 空气流通 ▷闷热不～的地方容易中暑。❷ 动 使空气流通 ▷～口|利用排风扇～。❸ 动 指暗中透露消息 ▷～报信。

【通风报信】 tōngfēng-bàoxìn 暗中传递消息。

【通风机】 tōngfēngjī 名 利用一定压力输送气体的机械。用于公共场所、车间、矿井等处排除有害气体并补充新鲜空气。

【通风口】 tōngfēngkǒu 名 供空气流通的口儿 ▷矿井里设有～。

【通感】 tōnggǎn 名 一种修辞手法，利用人们的感觉在特殊情况下可以互相转化、彼此沟通的现象，将表示某一感觉的词句移用来描写另一感觉，以造成表达上的新奇和生动。如用"明亮""甜美"描写声音，用"冷""暖"描写颜色等。

【通稿】 tōnggǎo 名 通讯社向各媒体统一提供的新闻稿；也指党政机关、企业或事业单位等向各媒体统一提供的新闻稿。

【通告】 tōnggào ❶ 动 普遍告知 ▷～全市。❷ 名 普遍告知群众的文告 ▷宣读～。

【通共】 tōnggòng 副〈口〉总共；一共 ▷这本书～有八章。

【通关】 tōngguān 动 通过海关 ▷这批进口设备已顺利～。

【通关节】 tōngguānjié 指暗中送钱物托人情，以求得到权势者的关照。

【通观】tōngguān 动 从头至尾观察；总体来看 ▷～全场比赛，裁判是公正的｜～全局。

【通过】tōngguò ❶ 动 穿过或经过 ▷～敌人封锁线｜运动员从主席台前～。❷ 动 （议案等）经过法定人数的同意而成立 ▷大会～了五项决议。❸ 动 经过某部门、某人等准许 ▷他的调动需要～组织部门。❹ 介 引进动作的媒介或方式、手段等 ▷～调查研究取得材料｜～翻译交谈。

【通航】tōngháng ❶ 动 开始航行 ▷～典礼。❷ 动 来往航行 ▷枯水季节，停止～。

【通好】tōnghǎo 动 彼此友好往来（多用于国家之间）▷两国世代～。

【通红】tōnghóng 形 非常红 ▷哭得两眼～。

【通话】tōnghuà ❶ 动 通过电话交谈 ▷我用手机和他～。❷ 动 用彼此能懂的话交谈 ▷我不懂德语，只好用英语跟德国同学～。

【通婚】tōnghūn 动 结成婚姻关系 ▷直系血亲禁止～。

【通货】tōnghuò 名 社会经济活动中一切流通手段的统称，包括货币、支票等 ▷人民币是中国的～｜黄金是硬～。

【通货紧缩】tōnghuò jǐnsuō 缩减流通中的纸币数量，以提高货币购买力，减轻货币的贬值程度。简称通缩。

【通货膨胀】tōnghuò péngzhàng 指国家纸币的发行量超过流通中所需要的货币量，引起纸币贬值，物价上涨 ▷抑制～。简称通胀。☛"胀"不宜写作"涨"。

【通缉】tōngjī 动 公安机关通令缉拿在逃的犯罪嫌疑人、被告人或越狱罪犯 ▷～毒枭｜～令。

【通家】tōngjiā 〈文〉❶ 名 世代交好之家 ▷～之谊。❷ 名 姻亲 ▷喜结～。❸ 名 精通业务的人；内行人 ▷～济济。

【通假】tōngjiǎ 动 古代典籍中借用音同或音近的字代替本字。如借"燕"为"宴"，借"蚤"为"早"。

【通假字】tōngjiǎzì 名 古人在写某个字时，没有写本来应该用的字，而写一个读音相同或相近的字来代替。后人把这种借用的字叫通假字。参见 63 页"本字"②。

【通奸】tōngjiān 动 已婚者与配偶以外的人自愿发生性行为。

【通解】tōngjiě 〈文〉❶ 动 疏通解释。❷ 动 通晓理解。

【通今博古】tōngjīn-bógǔ 博古通今。

【通经】tōngjīng ❶ 动 旧指通晓儒家经典。○ ❷ 动 中医指使经络通畅 ▷～活血。

【通考】tōngkǎo ❶ 名 一种典志体史书，记载古今典章制度及其源流 ▷《文献～》｜《读礼～》。❷ 动 全面考证 ▷～世界葬俗的演变。

【通栏】tōnglán 名 书刊报纸上贯通整版不分栏编排的形式；也指这种形式的栏目 ▷～标题｜办个有特色的～。

【通览】tōnglǎn 动 〈文〉通观；广泛阅览 ▷～中外文学名著。

【通力】tōnglì 副 共同用力 ▷～协作。

【通例】tōnglì 名 常规；惯例；普遍的规矩 ▷除夕吃团圆饭是中国人过年的～。

【通连】tōnglián 动 连在一起而彼此相通 ▷各条环城快速路已经～。

【通联】tōnglián 动 通信联络。

【通亮】tōngliàng 形 通明 ▷玻璃擦得～。

【通令】tōnglìng ❶ 动 向很多地区或部门发出同一命令 ▷～嘉奖。❷ 名 向很多地区或部门发出的同一命令 ▷这道～鼓舞人心。

【通路】tōnglù 名 通道①②。

【通论】tōnglùn ❶ 名 〈文〉通达的议论。❷ 名 对某一学科的全面论述（多用于书名）。

【通名】tōngmíng ❶ 动 通报自己的名字 ▷～报姓。❷ 名 通用的名称。

【通明】tōngmíng 形 特别明亮 ▷灯火～。

【通年】tōngnián 名 全年；一年到头 ▷他～埋头在实验室里。

【通盘】tōngpán 形 从整体上无遗漏的；全面 ▷～考虑｜～核计。

【通篇】tōngpiān 名 全篇；全文或全书 ▷～文字十分精彩｜～可诵｜～胡说。

【通票】tōngpiào 名 通用票。如交通路线上的联票，各公园、博物馆都能使用的门票等。

【通铺】tōngpù 名 由若干床位连在一起的能睡许多人的大铺。也说统铺。

【通气】tōngqì ❶ 动 空气流通；使空气流通 ▷鼻子不～｜打开窗子～。❷ 动 互相交流信息 ▷各部门要互相～，加强协调。❸ 动 燃气、暖气等开始供气 ▷天然气昨天～了。

【通窍】tōngqiào 动 中医指疏通关窍 ▷～开郁◇脑子不～。

【通亲】tōngqīn 动 通婚。

【通勤】tōngqín 动 乘坐交通工具上下班 ▷～车｜～线路｜地铁～族。

【通勤车】tōngqínchē 名 交通部门或工厂、机关等工作单位为方便职工上下班而定时定线路开行的班车。

【通情达理】tōngqíng-dálǐ 通达人情事理。形容说话做事合乎情理。

【通衢】tōngqú 名 〈文〉四通八达的道路 ▷～大道。

【通权达变】tōngquán-dábiàn 根据客观情况的变化，不拘守常规，灵活应对（通、达：通晓、理解;权、变:随机应变)。

【通人】tōngrén 名 指知识丰富、贯通古今的人。

【通融】tōngróng ❶ 动 不固守条例而采取变通办法处理 ▷这件事可以～～。❷ 动 暂时借钱 ▷向他～来一笔钱。

【通商】tōngshāng 动 国家、地区之间贸易往来 ▷～口岸|两国～以来,交往更为频繁。

【通身】tōngshēn 名 全身 ▷～长满了痱子。

【通识】tōngshí ❶ 形 学识广博 ▷先生～,晚辈十分仰慕。❷ 名 广博的知识 ▷～课|～教育。

【通识教育】tōngshí jiàoyù 培养学生具备多种知识和才能的教育 ▷～与专科教育并重。

【通史】tōngshǐ 名 连贯记述多个时代或朝代史实的史书(跟"断代史"相区别)。如《史记》《世界通史》等。

【通书】tōngshū ❶ 名 历书。❷ 名 旧时男家通知女家迎娶日期的帖子。

【通水】tōngshuǐ 动 引水系统正常供水。

【通顺】tōngshùn 形 (文章)在语言、逻辑方面没有毛病 ▷文理～|句子不～。

【通俗】tōngsú 形 浅显易懂,为大众所能接受和需要的 ▷内容～|～读物|～化|～性。

【通俗歌曲】tōngsú gēqǔ 指内容通俗、形式简单、曲调流畅、易于在大众中普及的歌曲。

【通体】tōngtǐ ❶ 名 整个物体;全部 ▷这件玉雕～透明。❷ 名 全身;浑身 ▷这只猫～洁白。

【通天】tōngtiān 动 能与天相通。形容极高,极大;也指跟最高层人士有联系 ▷手眼～|他是个能～的人物。

【通条】tōngtiáo 名 通炉子、枪膛、炮膛等使用的铁条。

【通通】tōngtōng 副 表示总括,相当于全部 ▷客厅里～换上了新家具。

【通同】tōngtóng 动 串通;伙同 ▷～作弊。

【通透】tōngtòu ❶ 形 全面而透彻 ▷还是您讲得～|论证～。❷ 形 通畅透亮 ▷新建的候车室高大～。

【通途】tōngtú 名〈文〉畅通的大道 ▷天堑变～。

【通脱】tōngtuō 形〈文〉形容不拘小节,豁达洒脱 ▷气度～。☛ 不宜写作"通侻"。

【通往】tōngwǎng 动 通到(某个地方) ▷公路～山区。

【通向】tōngxiàng 动 通往。

【通宵】tōngxiāo 名 整夜 ▷～值班|～达旦。☛ "宵"不要误写作"霄"。

【通晓】tōngxiǎo 动 透彻地理解并掌握 ▷～事理|～中外历史。

【通心粉】tōngxīnfěn 名 一种中空的面条或粉条。

【通信】tōngxìn ❶ 动 信件来往 ▷我们好久没有～了。❷ 动 特指用电波、光波等传送语言、文字、图像等信息 ▷～设施。旧称通讯。

【通信兵】tōngxìnbīng 名 担负军事通信联络任务的专业兵种;也指这一兵种的士兵。

【通信处】tōngxìnchù 名 收信地点。

【通信录】tōngxìnlù 名 汇集多个单位或个人通信地址、电话号码等的册子。

【通信赛】tōngxìnsài 名 一种体育竞赛形式。不同地区的参赛单位在本地按竞赛规程和规定期限测定运动员的成绩,以通信形式填报给主办机关评定名次。

【通信卫星】tōngxìn wèixīng 人造地球卫星,用作无线电通信的中继转发站。是广泛应用的现代化通信设施。

【通信员】tōngxìnyuán 名 部队、党政机关中担任递送书信、文件等联络工作的人员。

【通行】tōngxíng ❶ 动 行人、车辆等通过 ▷前面正在施工,禁止～。❷ 动 通用;流行 ▷全国～。

【通行证】tōngxíngzhèng 名 准许在规定区域出入的证件 ▷边境～|港澳～。

【通性】tōngxìng 名 普遍的、共同的性质 ▷新陈代谢是生物的～。

【通宿】tōngxiǔ 名 整夜;通宵。

【通讯】tōngxùn ❶ 动 通信②的旧称。❷ 名 一种新闻体裁。以叙述、描写和评论等多种手法,真实生动地报道某一事件或人物。

【通讯兵】tōngxùnbīng 名 通信兵的旧称。

【通讯处】tōngxùnchù 名 通信处的旧称。

【通讯社】tōngxùnshè 名 采集、编辑新闻并向媒体提供各类新闻资料的新闻机构。

【通讯网】tōngxùnwǎng 名 由遍布各地的许多新闻机构和通讯人员所组成的通讯系统。

【通讯员】tōngxùnyuán 名 新闻机构从其他单位邀请的非专业的新闻报道人员 ▷《人民日报》～|特邀～。

【通夜】tōngyè 名 通宵。

【通译】tōngyì ❶ 动 旧指翻译。❷ 名 旧指担任翻译工作的人。

【通用】tōngyòng 动 普遍使用 ▷大力推广全国～的普通话|这种电话卡在全国～。

【通用规范汉字表】tōngyòng guīfàn hànzìbiǎo 指国务院 2013 年 6 月 5 日公布的《通用规范汉字表》。该字表是贯彻《中华人民共和国国家通用语言文字法》,适应新形势下社会各领域汉字应用需要的重要汉字规范。全表分为一、二、三级,共收列汉字 8105 个。

【通用字】tōngyòngzì 名 普遍使用的字;特指《通用规范汉字表》中的汉字。参见本页"通用规范汉字表"。

【通邮】tōngyóu 动 开通邮路;特指国家或地区之

间有邮政业务往来。

【通则】tōngzé 名 普遍适用的规章或法则。

【通知】tōngzhī ❶ 动 把情况、要求告诉别人 ▷～他明天上午来上班。❷ 名 通知有关事项的文件或口信 ▷～已经收到。

【通知存款】tōngzhī cúnkuǎn 银行的一种存款形式。存款人在存入款项时不约定存期，支取时需提前通知银行。其利率一般比活期存款高，比定期存款低。

【通知单】tōngzhīdān 名 通知事项的单子 ▷下达～｜取款～。

【通知书】tōngzhīshū 名 通知事项的文书信函 ▷录取～。

嗵 tōng 拟声 模拟物体撞击、心跳等的声音 ▷青蛙～的一声跳进水里｜敲起鼓来～～响｜紧张得心～～地跳。

tóng

仝 tóng ❶ 用于人名。如朱仝，《水浒传》中人物。○ ❷ 名 姓。

另见本页 tóng "同"。

同（*仝❶—❺） tóng ❶ 形 一样；彼此没有差别 ▷形状不～｜大～小异｜～乡｜～时。→ ❷ 动 跟（某事物）相同 ▷奖励办法～第四条｜用法～前。→ ❸ 副 表示不同的施事者共同发出某一动作或处在相同的情况，相当于"一同""一起" ▷三人～行｜～学。→ ❹ 介 a)引进动作涉及的对象，相当于"跟" ▷干部～群众打成一片｜这事～他有牵连。b)引进比较的对象 ▷今年～往年大不一样。❺ 连 连接名词或代词，表示并列关系，相当于"和" ▷小张～小李都是上海人｜他～我一起出差。○ ❻ 名 姓。☛ ㊀通常读 tóng；读 tòng，用于联绵词"胡同"。㊁ 现在"同"多用作介词，"和"多用作连词。

另见 1381 页 tòng；"仝"另见本页 tóng。

【同案犯】tóng'ànfàn 名 参与同一犯罪案件的人。也说同犯。

【同班】tóngbān ❶ 动 在同一个班 ▷我跟他～｜～同学。❷ 名 指同一班级的同学 ▷他是我的～。

【同伴】tóngbàn 名 同行(xíng)或同在一起学习、工作、生活的人 ▷边走边和～说个不停｜～们都回家了，宿舍就剩他一人。☛ 跟"同伙"不同。"同伴"指在一起工作、学习或生活的人；"同伙"指为了某一目的而结成一伙儿的人，多用于贬义。

【同胞】tóngbāo ❶ 名 同父母所生的人。❷ 名 同一国家或民族的人 ▷台湾～。

【同辈】tóngbèi ❶ 动 同属一个辈分；辈分相同 ▷我们俩不～。❷ 名 同一辈分的人 ▷这几位～中他年纪最大。❸ 名 泛指年龄相近的人 ▷咱们都是～，经历大体相同。

【同比】tóngbǐ 动 某项统计的数据跟以往同一时期相比。通常指跟上一年同一时期相比（跟"环比"相区别） ▷今年上半年居民储蓄存款～增长 10%（即同去年上半年比，增长 10%）。

【同病相怜】tóngbìng-xiānglián 有同类疾病的人彼此互相怜悯；泛指有同样不幸遭遇的人相互同情。

【同步】tóngbù ❶ 动 指两个或两个以上随时间变化的量在变化过程中相互间保持恒定的角度、距离等关系 ▷～电动机｜两星～。❷ 动 泛指相关事物步调协调一致 ▷产值、利润的增长要～｜各项工作要～进行。

【同步卫星】tóngbù wèixīng 一般指地球同步卫星。该卫星环绕地球一周的时间与地球自转一周的时间相同，可以相对静止在地球赤道上空的某一点。

【同侪】tóngchái 名 〈文〉同辈的人；同伴 ▷深受～和后辈尊崇｜与业内～交流。

【同仇敌忾】tóngchóu-díkài 怀着相同的愤怒和仇恨一致对敌。☛ "忾"不读 qì。

【同出一辙】tóngchūyīzhé 如出一辙。

【同窗】tóngchuāng ❶ 动 同一段时间在一个班或一个学校学习 ▷我俩曾～三年。❷ 名 同一段时间在一个班或一个学校学习的人 ▷他是我的大学～。

【同床异梦】tóngchuáng-yìmèng 睡在同一张床上却做着不同的梦。比喻表面上共同相处，实际上各有打算。

【同党】tóngdǎng 名 同一党派组织或同帮派的人（多用于贬义）；同伙 ▷结为～。

【同道】tóngdào ❶ 动 同路 ▷～而行。❷ 名 借指志同道合的人 ▷我以有杰出的～为荣｜青年时期的～多已谢世。❸ 名 借指同行(háng) ▷在商界，他总能胜～一筹。

【同等】tóngděng 区别 同样等级或同一地位的 ▷～收费｜～机会。

【同等学力】tóngděng xuélì 没有某一等级学校的学习经历或相关文凭，但具有的相同知识技能水平和学习能力。☛ "力"不要误写作"历"。

【同调】tóngdiào 名 相同的音调；指兴趣爱好相同或见解主张相同的人。

【同恶相济】tóng'è-xiāngjì 共同作恶的人相互帮助。指坏人勾结在一起。☛ "恶"这里不读 wù。

【同犯】tóngfàn 名 同案犯。

【同房】tóngfáng ❶ 名 家族中的同一分支 ▷～兄弟。◯ ❷ 动 住同一个房间 ▷～的吴先生是北方人。❸ 动 指夫妻过性生活。

【同甘共苦】tónggān-gòngkǔ 同享欢乐,共度患难(多偏指"共苦")。

【同感】tónggǎn 名 相同的感想或感受 ▷他说的话,大家都深有～。

【同庚】tónggēng 动 同龄(庚:年龄) ▷咱俩～。

【同工同酬】tónggōng-tóngchóu 做同样的工作而工作的质量和数量又相同的,给予同等的报酬 ▷男女～。

【同工异曲】tónggōng-yìqǔ 异曲同工。

【同归】tóngguī 动 走到同一处;得到同样的结局 ▷百川～大海|殊途～|～于尽。

【同归于尽】tóngguīyújìn 一起走向死亡或毁灭。

【同行】tóngháng ❶ 动 从事同一个行业 ▷我跟他不～。❷ 名 同一行业的人 ▷他们俩是～。

【同好】tónghào 名 爱好相同的人 ▷请～指正。

【同化】tónghuà 动 不同的人或事物在接触中,处于强势的一方使弱势一方变得与自己相同或相近 ▷他的生活习惯已被当地人～。

【同化作用】tónghuà zuòyòng 生物学上指生物体在新陈代谢过程中,将从外界摄取的物质通过体内一系列生物化学变化,转化为生物体本身的物质并储存能量的过程。

【同辉】tónghuī 动 放射出同样的光芒 ▷与日月～|珠玉～,相得益彰。

【同伙】tónghuǒ ❶ 动 结成一伙儿,共同干某事(多含贬义) ▷这些人～贩卖假烟。❷ 名 同为一伙儿的人(多含贬义) ▷他的～已去向不明。☛ 参见 1375 页"同伴"的提示。

【同级】tóngjí ❶ 动 属同一年级 ▷我和他～不同班。❷ 动 属同一级别 ▷～待遇。

【同居】tóngjū ❶ 动 共同居住 ▷三个小伙子～一室。❷ 动 指夫妻共同生活;也指没有婚姻关系的男女生活在一起。

【同乐】tónglè 动 共同欢乐;一同娱乐 ▷与民～|普天～。

【同类】tónglèi ❶ 形 同属一个类别的 ▷这两种植物不～|～性质。❷ 名 同一个类别的人或事物 ▷视为～|～相残。

【同理】tónglǐ 名 同样的道理 ▷～可证。

【同僚】tóngliáo 名 旧指同朝或同在一个官署任职的官吏。

【同龄】tónglíng 动 年龄相同;也指在同一个年龄段上 ▷他们俩～|～的年轻人。

【同龄人】tónglíngrén 名 年龄相同或相近的人 ▷我们几个是～◇共和国的～。

【同流合污】tóngliú-héwū 跟坏人合流,一同做坏事。

【同路】tónglù 动 一路同行 ▷我们～去北京|去广州,咱俩～。

【同路人】tónglùrén ❶ 名 一路同行的人 ▷路途遥远,找了个～作伴。❷ 名 比喻在一定阶段或一定程度上目标相同的人 ▷革命的～。

【同门】tóngmén 〈文〉❶ 动 受业于同一个师长门下 ▷～弟子。❷ 名 同师受业的人 ▷为出版先师文集,～多有赞助。

【同盟】tóngméng ❶ 动 为实现共同目标而结盟 ▷～国|～者|～条约。❷ 名 由结盟而形成的关系 ▷结成军事～。

【同盟国】tóngméngguó ❶ 名 缔结或参加某一同盟条约的国家。❷ 名 特指第一次世界大战时由德、奥等国结成的战争集团。❸ 名 特指第二次世界大战时,对德、日、意三个法西斯国家协同作战的中、苏、英、美、法等国家。

【同盟会】tóngménghuì 名 中国同盟会的简称。1905 年 8 月,由孙中山倡导,在日本东京成立的革命政党。积极推动反清斗争,领导辛亥革命,推翻清王朝,建立了中华民国。1912 年 8 月改组为国民党。

【同盟军】tóngméngjūn 名 结成同盟的军队;泛指为共同目标而斗争的合作力量。

【同名】tóngmíng 动 具有相同的姓名或名称 ▷班里有两个学生～|这两种效用不同的中药早先却是～的。

【同谋】tóngmóu ❶ 动 共同谋划(多用于贬义) ▷～抢劫。❷ 名 共同谋划做坏事的人 ▷～也要治罪。

【同年】tóngnián ❶ 名 相同的年份 ▷1936 年高尔基逝世,～鲁迅与世长辞。❷ 动 同龄。❸ 名 科举时代指同榜登科的人。

【同期】tóngqī ❶ 名 相同的时期 ▷今冬日平均气温比历年～都高。❷ 名 相同的一届(在读或毕业) ▷～学生。❸ 名 (定期刊物)相同的一期。

【同期声】tóngqīshēng 名 拍摄影视作品时与影像同步录下的声音。

【同前】tóngqián 动 与前面(文字、内容等)相同 ▷书写格式～。

【同情】tóngqíng ❶ 动 对别人的不幸遭遇产生与之相同的感情 ▷我很～他的处境。❷ 动 对别人的行动表示赞同 ▷我们～并支持他依靠法律维护自己的尊严。

【同人】tóngrén 名 同事或同行(háng) ▷～们相处得十分融洽。

【同仁】tóngrén 名 同人(含尊敬意) ▷请学术界的～多提宝贵意见。

【同日而语】tóngrì'éryǔ 同样看待;相提并论(同日:同时;语:谈论。多用于否定或疑问)。

【同上】tóngshàng 动 内容与上述相同(多用于填写表格及文章的注释)。

【同生共死】tóngshēng-gòngsǐ 生和死都在一起。形容情谊深厚;也形容有共同利害、共同命运。

【同声】tóngshēng ❶ 名 相同音阶的乐声;指志趣相同的人 ▷～相应。❷ 动 同时发出声音;也指大家说得都一样 ▷～翻译|异口～。

【同声传译】tóngshēng chuányì 译员在听某种语言时,同步将其口译成另一种语言。通常在使用多语种的大型会议上由译员通过耳机、扩音机或耳语进行。也说同声翻译。

【同声相应,同气相求】tóngshēng-xiāngyìng, tóngqì-xiāngqiú 相同的声音互相应和,相同的气息互相融合。形容志趣相投的人互相吸引、聚合。

【同时】tóngshí ❶ 名 相同的时间;同一个时候 ▷她在做饭的～,还背诵英语单词。❷ 动 在同一时间 ▷这两家公司的起步几乎～|两人抢答并不～。❸ 连 a)连接两个分句、句子或段落,表示并列关系 ▷个子长高了,～性格也更开朗了。b)连接两个分句、句子或段落,表示递进关系,相当于"并且" ▷秦兵马俑是中国艺术殿堂中的瑰宝,～也是世界艺术宝库中的珍品。

【同事】tóngshì ❶ 动 在同一个单位工作 ▷我们～多年,彼此都十分了解。❷ 名 在同一个单位工作的人 ▷他是我的～。

【同室操戈】tóngshì-cāogē 自家人动起刀枪来。原指兄弟相残;现多指内部争斗。

【同岁】tóngsuì 动 年龄相同。

【同位素】tóngwèisù 名 同一元素中质子数相同而中子数不同的各种原子互为同位素。它们的化学性质几乎相同,在元素周期表中占同一位置。如氢就有氕、氘、氚三种同位素。

【同位语】tóngwèiyǔ 名 几个词语连用,彼此指同一个事物,并在句子中充当同一成分,这几个词语就叫同位语。如"我回到故乡北京"中,"故乡"和"北京"互为同位语。

【同屋】tóngwū ❶ 动 同住一屋 ▷我和他～。❷ 名 同住一屋的人 ▷他是我的～。

【同喜】tóngxǐ 动 客套话。亲友祝贺时,主人用来应答,表示喜事大家共享。

【同乡】tóngxiāng 名 在外地的同一籍贯的人 ▷～会|我们是～。

【同乡会】tóngxiānghuì 名 我国近代都市中,具有同一省、州、县籍的人为互相联络而成立的一种民间组织。

【同心】tóngxīn 动 同一心愿;齐心 ▷万众～。

【同心同德】tóngxīn-tóngdé 同一心愿,同一信念。指思想和行动上完全保持一致(跟"离心离德"相对)。

【同心协力】tóngxīn-xiélì 团结一致,齐心合力。

【同心圆】tóngxīnyuán 名 同一平面上,圆心在同一点,而半径不同的两个或两个以上的圆。

【同行】tóngxíng 动 一起行走 ▷一路～。

【同形】tóngxíng 形 形状或形体等相同 ▷这两台机器～异厂|～词。

【同形词】tóngxíngcí 名 指形体相同而意义不同且没有联系的词。有的同形词读音相同,如"抄袭"(照抄别人的著作或作业当作自己的)跟"抄袭"(绕到侧面或背后突然袭击);有的同形词读音不同,如"地道(dào)"和"地道(dao)"。

【同性】tóngxìng ❶ 形 性别或性质相同 ▷雌雄不～。❷ 名 同一个性别的人或同一性质的事物 ▷～恋|～相斥,异性相吸。

【同性恋】tóngxìngliàn 名 发生在同性别的人之间的恋爱;也指有同性恋关系的人。

【同姓】tóngxìng ❶ 动 姓氏相同 ▷这个村的三十来户人家都～|三个～人。❷ 名 同一姓氏的人 ▷我们单位～较多。

【同学】tóngxué ❶ 动 在同一个学校学习 ▷我们俩～多年。❷ 名 在同一个学校学习的人 ▷她是姐姐的～。❸ 名 对学生的称呼。

【同学会】tóngxuéhuì 名 在同一学校学习过的学生为保持联系而成立的群众团体。

【同样】tóngyàng 形 相同;一样 ▷～的方法|自学～能成才。☛"同样"有时能用来连接两个并列的句法结构,强调后面所说的道理或情况跟前面相同。如"盖楼,要打好基础。同样,学习也要打好基础"。

【同业】tóngyè ❶ 名 同一行业(多指工商业) ▷～之间要互相协作和支持。❷ 名 从事同一行业的人(多指工商业者)。

【同业公会】tóngyè gōnghuì 同一行业的企业联合组成的行会组织。简称公会。

【同一】tóngyī 形 相同的;一致的 ▷持～观点。

【同一律】tóngyīlǜ 名 形式逻辑的基本规律之一,指在同一思维过程中,每个概念、判断必须具有确定的同一内容,并在同一意义上使用,不能任意改变。违背这个规律就会犯偷换概念的逻辑错误。

【同一性】tóngyīxìng ❶ 名 在辩证法中,指矛盾的统一性、一致性。即事物发展过程中的每一种矛盾的两个方面,各以和它对立着的方面为自己存在的前提,双方共处于一个统一体中;矛盾着的双方,依据一定的条件,各向着其相反的方面转化。❷ 名 有些唯心主义哲学指抽象的、绝对的等同,排斥任何差别和变化。

【同义】tóngyì 形 意义相同 ▷"母亲"和"妈妈"～。

【同义词】tóngyìcí 名 意义相同或相近的词。如

"西红柿"和"番茄","散步"和"溜达"。

【同意】tóngyì 动 赞成;准许 ▷我~他的意见|法庭~原告撤诉。

【同音】tóngyīn 形 读音相同 ▷~字。

【同音词】tóngyīncí 名 一般指读音相同而意义不同的词。如"仪表"(人的外表)和"仪表"(测量仪器),"期终"和"期中"等。

【同音字】tóngyīnzì 名 读音完全相同而意义、形体不同的字。如"工"和"公","天"和"添"。

【同源】tóngyuán ❶ 动 水流属于同一个源头 ▷松花江、图们江和鸭绿江~,都出自长白山。❷ 动 泛指事物来源相同 ▷书法界有书画~之说|两岸习俗~。

【同院】tóngyuàn ❶ 动 同住一院 ▷同门~。❷ 名 同住一院的人 ▷大家都是~,互相关照一下吧!

【同志】tóngzhì ❶ 名 有共同奋斗目标的人;特指同一政党的成员。❷ 名 我国公民之间的一种称呼。

【同质】tóngzhì 形 性质或品质等相同(跟"异质"相对) ▷非法销售彩票跟设赌~|~同价。

【同舟共济】tóngzhōu-gòngjì 同乘一条船过河。比喻团结一致,共同战胜困难。

【同桌】tóngzhuō ❶ 动 同用一张桌子 ▷我和他三年都~|~办公。❷ 名 特指共用一张课桌的同学 ▷他是我初中的~。

【同宗】tóngzōng ❶ 动 同属一个宗族 ▷他俩同姓但不是~。❷ 名 属于同一宗族的人;泛指同姓之人 ▷唐代诗人杜牧与杜甫算是~。

【同族】tóngzú ❶ 动 同属一个家族 ▷我和他~。❷ 名 属于同一家族的人 ▷率~南迁。❸ 动 同属一个种类 ▷猫和老虎算得上~。

佟 tóng 名 姓。

彤 tóng 形〈文〉红 ▷~云|~弓。

【彤云】tóngyún〈文〉❶ 名 红色的云彩;彩云 ▷朵朵~,格外绚丽。❷ 名 下雪前密布的浓云。

峂 tóng [峂峪] tóngyù 名 地名,在北京。

侗 tóng 形〈文〉无知;幼稚 ▷~而不愿(幼稚而不老实)。

另见 333 页 dòng;1380 页 tǒng。

詷(詷) tóng 形〈文〉共同。

垌 tóng [垌冢] tóngzhǒng 名 地名,在湖北。另见 334 页 dòng。

茼 tóng [茼蒿] tónghāo 名 一年或二年生草本植物,茎直立,叶倒披针形,开黄色或白色花。嫩茎和叶有特殊气味,可以食用。某些地区也说蓬蒿。参见插图 9 页。

哃 tóng ❶ 动〈文〉妄言乱语。○ ❷ 用于地名。如响哃,在上海。

峒(*峝) tóng 见 790 页"崆(kōng)峒"。另见 334 页 dòng。

洞 tóng 洪洞(hóngtóng) 名 地名,在山西。另见 334 页 dòng。

桐 tóng ❶ 名 落叶乔木,包括泡桐、梧桐、油桐。泡桐可以营造固沙防风林,梧桐木可以制乐器,油桐的种子可以榨桐油。○ ❷ 名 姓。

【桐油】tóngyóu 名 用油桐种子榨出的一种干性油。可作涂料,也可制油漆、油墨、油灰等。

【桐子】tóngzǐ 现在一般写作"桐籽"。

【桐籽】tóngzǐ 名 油桐的果实,果仁可以榨油。

砼 tóng 名 混凝土。

烔 tóng [烔炀] tóngyáng 名 水名,又地名,均在安徽。

铜(銅) tóng 名 金属元素,符号 Cu。淡紫红色,有光泽,富延展性,导电导热性能好。常用于制造导电、导热器件,也用于制造合金。

【铜板】tóngbǎn ❶ 名 铜元的俗称。❷ 名 铜制的板材。❸ 名 演唱大鼓、快书等打拍子用的铜制板状乐器。

【铜版】tóngbǎn 名 铜制的印刷版。主要用于印刷照片、图片等精致的印刷品。

【铜版画】tóngbǎnhuà 名 一种版画,先用刀或针在涂有防腐蜡的铜版上刻出画稿,再用酸性腐蚀液腐蚀,形成凹线图像。印刷时往凹线里填油墨,通过滚筒的压力使凹线中的油墨印到纸上,形成凸起线条。

【铜版纸】tóngbǎnzhǐ 名 用于铜版及高级胶版印刷的纸。纸面洁白光滑,纸质均匀。

【铜杯】tóngbēi ❶ 名 铜制的杯。❷ 名 体育或其他比赛中颁发给季军(第三名)的铜质奖杯。

【铜币】tóngbì 名 铜质货币,如铜钱、铜元等。

【铜锭】tóngdìng 名 把熔炼的铜液注入模型,冷却凝成的块状物。是制造铜质产品和铜合金的原料。

【铜鼓】tónggǔ ❶ 名 南方少数民族使用的打击乐器,由做炊具的铜釜发展而成。铜身铜面,雕有图案、花纹。是节日、集会和宗教活动中的重要礼器。明清以来,成为一般娱乐乐器。❷ 名 现代铜管乐队配置的打击乐器,铜身皮面。俗称洋鼓。

【铜管乐】tóngguǎnyuè 名 用铜管乐器和打击乐器演奏的音乐。

【铜壶】tónghú ❶ 名 古代铜制的壶形计时器。参见 1379 页"铜壶滴漏"。❷ 名 铜制的盛水

容器 ▷龙嘴大～。

【铜壶滴漏】tónghú dīlòu 我国古代一种计时仪器。参见 891 页"漏壶"。

【铜活】tónghuó ❶ 名 制造和修理铜制物件的工作。❷ 名 各种铜制物件。

【铜奖】tóngjiǎng 名 铜质奖品。通常颁发给体育或其他比赛中的季军(第三名)。也说铜质奖。

【铜匠】tóngjiang 名 制作和修理铜器的手艺人。

【铜筋铁骨】tóngjīn-tiěgǔ 形容人的体格非常健壮。

【铜镜】tóngjìng 名 古代用铜制成的镜子。一般为圆形,正面磨光发亮,背面常铸花纹。

【铜矿】tóngkuàng ❶ 名 蕴藏或开采铜的地方。❷ 名 含铜的矿石。

【铜绿】tónglǜ 名 铜表面氧化生成的绿锈,粉末状,有毒,用来制焰火和颜料等。也说铜锈。

【铜锣】tóngluó 名 铜制盘状打击乐器。中心有脐,锣边有二孔,系绳提着击打。

【铜模】tóngmú 名 字模。过去多铜制,故称。

【铜牌】tóngpái ❶ 名 铜制的用作标志的牌子。❷ 名 体育或其他比赛中颁发给季军(第三名)的铜质奖牌。

【铜器时代】tóngqì shídài 青铜时代。

【铜钱】tóngqián 名 古代用铜铸的辅币。圆形,中间有方孔。

【铜墙铁壁】tóngqiáng-tiěbì 形容坚固的防御工事;比喻极其坚固、不可摧毁的事物。

【铜丝】tóngsī 名 用铜拉制成的线状物品。因用途不同,粗细规格也不一样。

【铜臭】tóngxiù 名 铜钱的气味。讽刺视财如命、唯利是图的表现 ▷～熏天。☛"臭"这里不读 chòu。

【铜元】tóngyuán 名 从清末到 1935 年法币发行前通用的铜质辅币。圆形,中间无孔,一面有字,一面有花纹。俗称铜板、铜子儿。

【铜圆】tóngyuán 现在一般写作"铜元"。

【铜质】tóngzhì 区别 用铜制成的或含铜的 ▷～奖章。

童 tóng ❶ 名 古代指未成年的男性奴仆 ▷书～|～仆。→ ❷ 名 小孩儿 ▷儿～|～年|神～。❸ 形 指未曾经历过性行为的 ▷～男～女|～贞。○ ❹ 形 秃 ▷～山。○ ❺ 名 姓。

【童便】tóngbiàn 名 中医指 12 岁以下健康男孩儿的尿,可以做药材。

【童车】tóngchē 名 供儿童乘坐或睡觉的车。

【童工】tónggōng 名 未满 16 周岁的雇工。

【童话】tónghuà 名 儿童文学的一种。采用幻想、夸张和拟人化的手法塑造形象,情节神奇曲折,语言浅显易懂,适合儿童阅读。

【童婚】tónghūn 名 旧时未成年就结婚的一种陋习。

【童蒙】tóngméng 名〈文〉处于启蒙时期的儿童 ▷～读物。

【童男】tóngnán ❶ 名 未成年的男孩儿。❷ 名 没有性交经历的年轻男子。

【童年】tóngnián 名 儿童时期;幼年 ▷～生活。

【童女】tóngnǚ ❶ 名 未成年的女孩儿。❷ 名 没有性交经历的年轻女子。

【童趣】tóngqù 名 儿童的情趣 ▷富有～。

【童山】tóngshān 名 不长草木的山 ▷～变青山。

【童生】tóngshēng 名 明清两代称尚未取得秀才资格的读书人。

【童声】tóngshēng 名 少年儿童变声前的嗓音 ▷稚嫩的～|～合唱。

【童叟】tóngsǒu 名 小孩儿和老人(叟:老年男子) ▷～无欺|～皆知。

【童锁】tóngsuǒ ❶ 名 长命锁。❷ 名 家用电器上设置的用来避免儿童因误操作而造成危险的键。开启后,其他任何操作键都暂时失去控制功能。

【童心】tóngxīn 名 儿童天真纯朴的心理;像儿童一样天真纯朴的心理 ▷～未泯。

【童星】tóngxīng 名 指著名的少年儿童演员或运动员。

【童言无忌】tóngyán-wújì 儿童纯洁天真,说话没有顾忌。含有儿童说错话不要怪罪或不会怪罪的意思。

【童颜】tóngyán 名 儿童的面容。多用来形容老人面色红润犹如儿童 ▷鹤发～。

【童颜鹤发】tóngyán-hèfà 鹤发童颜。

【童养媳】tóngyǎngxí 名 旧指被迫让人领养、长大后做这家儿媳的小女孩儿;也指有这种身世的妇女。

【童谣】tóngyáo 名 适合儿童口头传诵的歌谣,形式比较简短。

【童音】tóngyīn 名 童声 ▷～悦耳。

【童贞】tóngzhēn 名 指没有性交经历的人的贞操(多指女性)。

【童真】tóngzhēn 名 儿童的纯洁天真 ▷儿歌富有～情趣。

【童稚】tóngzhì ❶ 名〈文〉儿童;小孩儿 ▷三尺～|～无邪。❷ 形 幼稚 ▷他的脸显得非常～。

【童装】tóngzhuāng 名 儿童服装 ▷～店。

【童子】tóngzǐ 名 儿童;未成年男子。

【童子功】tóngzǐgōng 名 适合儿童练习的武术功夫;泛指自幼就练习的功夫 ▷他打的这套猴拳是～|我国传统文化中的很多门类都离不开～。

【童子鸡】tóngzǐjī 名 某些地区指笋鸡。

【童子痨】tóngzǐláo 名 中医指小儿结核病;泛指小儿由慢性疾病引起的体质虚弱、发育迟缓的病症。

酮 tóng 图 有机化合物,是一个羰基和两个烃基连接而成的化合物。许多酮具有工业价值,如丙酮是优良的溶剂。

僮 tóng 图〈文〉指未成年的奴仆;泛指奴仆。另见 1816 页 zhuàng。

铜(鮦) tóng [铜城] tóngchéng 图 地名,在安徽。

潼 tóng 用于地名。如潼关、临潼,均在陕西。

橦 tóng 图 古代指一种树,花可以织布。一说即草棉。

曈 tóng 见下。

【曈昽】tónglóng 形〈文〉形容太阳初升时由暗渐明的样子 ▷旭日～。

【曈曈】tóngtóng〈文〉❶ 形 形容太阳刚升起时明亮的样子 ▷～红日。❷ 形 形容明亮的样子 ▷大火～。

瞳 tóng 图 瞳孔 ▷散～。

【瞳孔】tóngkǒng 图 眼球虹膜中央进光的圆孔,可以随光线的强弱而缩小或扩大。也说瞳仁。

【瞳人】tóngrén 现在一般写作"瞳仁"。

【瞳仁】tóngrén 图 瞳孔。

穜 tóng 图〈文〉早种晚熟的谷类作物。另见 1790 页 zhǒng;1793 页 zhòng。

翻 tóng 形〈文〉形容飞翔的样子。

tǒng

侗 tǒng 见 889 页"儱(lǒng)侗"。另见 333 页 dòng;1378 页 tóng。

统[1](統) tǒng ❶ 图〈文〉丝的头绪。→ ❷ 动 总括 ▷～称|～筹。❸ 动 总领;管辖 ▷～兵|～治|对下属单位不要～得过死。→ ❹ 图 事物的连续关系 ▷系～|血～|法～|传～。→ ❺ 图 年代地层单位的第四级。参见 300 页"地层单位"。

统[2](統) tǒng 同"筒"③。现在一般写作"筒"。

【统包】tǒngbāo 动 全部包办 ▷食宿～安排。

【统编】tǒngbiān ❶ 动 统一编写 ▷～各科教学大纲。❷ 动 统一编组或编队 ▷～为三个小组。

【统舱】tǒngcāng 图 客轮底层的大舱。一般不分隔成房间,也无固定的铺位,能容纳较多旅客,有时也用来装载货物。

【统称】tǒngchēng ❶ 动 总括起来叫做 ▷民歌和民谣～歌谣。❷ 图 总括起来的名称 ▷戏剧是戏曲、话剧、歌剧等的～。‖也说总称。

【统筹】tǒngchóu 动 统一筹划;通盘筹划 ▷～兼顾|～安排。

【统筹兼顾】tǒngchóu-jiāngù 通盘筹划,照顾到各有关方面 ▷全面规划,～。

【统读】tǒngdú 动 统一读作某音。

【统稿】tǒnggǎo 动 按照一定标准,对初稿进行整理、完善,使其前后在内容、体例等方面协调统一 ▷主编对全书进行～|这部新编教材已进入～阶段。

【统共】tǒnggòng 副 总共;一共 ▷这个班～才有 5 个男同学|大家～凑了 100 元。

【统购】tǒnggòu 动 国家根据计划对某些有关国计民生的重要物资实行统一收购 ▷逐步放宽～政策|～统销。

【统观】tǒngguān 动 通观 ▷～全局。

【统管】tǒngguǎn 动 统一管理 ▷～财政|学校所有的图书、报刊、资料由图书馆～。

【统合】tǒnghé 动 统一综合 ▷把人民的要求、党的主张和国家的意志～于法律之中。

【统货】tǒnghuò 图 商业上指不分规格、等级,按统一价格购进或售出的商品 ▷这批木耳按～价格出售。

【统计】tǒngjì ❶ 动 总括地计算 ▷～人数。❷ 动 指做统计工作。即对某一现象的有关数据进行搜集、整理、分析和推断等。❸ 图 做统计工作的人 ▷小王是我们单位的～。❹ 图 指统计学,即研究统计理论和方法的学科。

【统计表】tǒngjìbiǎo 图 反映统计数据的图表。

【统检】tǒngjiǎn 动 统一检查、检测或检验 ▷对上市产品进行～。

【统建】tǒngjiàn 动 统一建造 ▷全省高速公路实行～。

【统考】tǒngkǎo 动 统一进行考试,即在一定的范围内用统一命题、统一考试时间和统一阅卷评分的方法进行考试。

【统括】tǒngkuò 动 全部包括;总括 ▷这个方案～了来自各方面的意见和要求。

【统揽】tǒnglǎn 动 统辖;全面掌握 ▷～全局。

【统领】tǒnglǐng ❶ 动 率领 ▷～全军|～作战部队。❷ 图 居统领地位的军官。

【统配】tǒngpèi 动 统一分配或调配 ▷～物资。

【统铺】tǒngpù 图 通铺。

【统摄】tǒngshè 动 统辖;统领 ▷～三军。

【统收】tǒngshōu 动 统一收入 ▷～统支。

【统属】tǒngshǔ ❶ 动 统辖和隶属 ▷市教育局与市内各中小学有～关系。❷ 动 全部属于 ▷全市电影院～文化局管理。

【统帅】tǒngshuài ❶ 图 武装力量的最高领导人 ▷全军～。❷见 1381 页"统率"。现在一般写作"统率"。

【统帅部】tǒngshuàibù 名 某国或某几个盟国的军事最高指挥机构。

【统率】tǒngshuài 动 统辖率领 ▷～三军。

【统统】tǒngtǒng 副 通通 ▷把话～说出来。

【统辖】tǒngxiá 动 统一管辖 ▷中央政府～各省(市)、自治区政府｜学校一切物资由总务处～。

【统销】tǒngxiāo 动 国家根据计划对某些有关国计民生的重要物资实行统一销售。

【统一】tǒngyī ❶ 动 部分合为整体；分散变为集中；分歧归于一致 ▷秦～中国｜～管理，分散经营｜～认识。❷ 形 整体的；集中的；一致的 ▷～的国家｜～安排｜意见很～。

【统一体】tǒngyītǐ ❶ 名 哲学上指矛盾的双方在一定时间、一定条件下相互依存而结成的整体。❷ 名 泛指相关的人或物在一定条件下结成的整体 ▷这座庄园是江南园林和北国山水有机结合的～。

【统一战线】tǒngyī zhànxiàn 指不同的阶级、政党等为共同的政治目的而结成的联盟。简称统战。

【统招】tǒngzhāo 动 统一招收(学生、工人等)。

【统支】tǒngzhī 动 统一支出 ▷统收～。

【统制】tǒngzhì 动 统一管理，集中控制 ▷～经济｜～军需品。

【统治】tǒngzhì ❶ 动 凭借政权来控制、管理国家或地区 ▷～全国。❷ 动 控制；支配 ▷这一理论在学术界居～地位。

【统治阶级】tǒngzhì jiējí 掌握国家政权，在政治上、经济上占支配地位的阶级。

捅 tǒng ❶ 动 戳；刺 ▷把塑料袋～破了｜～马蜂窝。→ ❷ 动 碰；触动 ▷把他～醒了。→ ❸ 动 说穿；揭露 ▷把问题全～出来｜这件事先别～出去。

【捅娄子】tǒnglóuzi 闯祸；惹麻烦。

【捅马蜂窝】tǒngmǎfēngwō 比喻触动不好惹的人或容易引起麻烦的事。

婦 tǒng ❶ 形 〈文〉整齐。○ ❷ 用于地名。如黄婦铺，在江西。

桶 tǒng ❶ 名 盛东西的器具，多为圆筒形或长方体 ▷水～｜饼干～｜木～｜吊～。→ ❷ 量 国际石油交易中常用容量单位。1 桶约等于 159 升，约合 42 美加仑或 35 英加仑。

筒(*筩) tǒng ❶ 名 粗的竹管 ▷竹～。→ ❷ 名 筒状的东西 ▷笔～｜茶叶～｜电～｜邮～。❸ 名 衣服鞋袜等的筒状部分 ▷袖～｜长～袜｜高～靴。❹ 动 〈口〉放入(筒状物中) ▷把手～到袖子里。

【筒管】tǒngguǎn 名 卷绕纱、线、丝的管状物 ▷塑料～｜粗纱～。

【筒裤】tǒngkù 名 裤腿从上到下肥瘦大致相同、形状像筒的裤子。

【筒裙】tǒngqún 名 筒状的裙子。上下肥瘦大致相同，没有皱折。

【筒瓦】tǒngwǎ 名 半圆筒形的瓦，断面呈半圆形。

【筒子】tǒngzi ❶ 名 筒状的东西 ▷裤～｜塑料～。❷ 名 成件的动物皮毛，制毛皮大衣或上衣的原料 ▷羊皮～。

【筒子楼】tǒngzilóu 名 中间有一条长通道、两边是房间的住宅楼。多用作集体宿舍。

tòng

同(*衕) tòng 见 579 页“胡同”。另见 1375 页 tóng。

恸(慟) tòng 动 极度悲哀 ▷～哭｜悲～。

【恸哭】tòngkū 动 极哀痛地哭 ▷伟人长逝，人民～。

通 tòng 量 用于动作，相当于“阵”“顿”等 ▷擂了三～鼓｜闹了一～｜挨了一～打。另见 1372 页 tōng。

痛 tòng ❶ 形 疼 ▷腰酸腿～｜伤口～｜剧～｜疼～。→ ❷ 形 悲伤；痛苦 ▷～不欲生｜亲～仇快｜～心｜悲～。❸ 副 表示程度极深 ▷～饮｜～打｜～改前非。

【痛不欲生】tòngbùyùshēng 形容悲痛到极点，以至不想活下去。

【痛斥】tòngchì 动 狠狠地斥责；严厉斥责 ▷～歪理邪说｜～敌人的无耻谰言。

【痛楚】tòngchǔ 形 痛苦①。

【痛处】tòngchù ❶ 名 感到疼痛或痛苦的地方 ▷医生按到了他的～。❷ 名 借指要害所在 ▷这篇文章戳到了敌人的～。

【痛打】tòngdǎ 动 狠狠地打 ▷～落水狗。

【痛悼】tòngdào 动 沉痛哀悼 ▷～亡友。

【痛点】tòngdiǎn 名 身体上的疼痛之处；比喻使人痛苦因而急需解决的问题 ▷按揉腰部～｜切实化解民营企业的融资～。

【痛定思痛】tòngdìng-sītòng 悲痛的心情平静之后，回味当时的痛苦，以吸取教训，警诫未来。

【痛风】tòngfēng 名 一种病症，因嘌呤代谢异常，血清尿酸过多，尿酸盐结晶在关节和皮下组织中大量积聚，引起骨关节疼痛肿胀以致变形。严重的会导致肾功能衰竭。

【痛改前非】tònggǎi-qiánfēi 彻底改正以前的错误。

【痛感】tònggǎn ❶ 动 深深地感到 ▷～事态严重。❷ 名 痛苦或疼痛的感觉 ▷～消失。

【痛恨】tònghèn 动 极其憎恨或悔恨 ▷～杀人凶

犯|～自己轻信谎言。

【痛悔】tònghuǐ 动 极其悔恨 ▷无比～。

【痛击】tòngjī 动 狠狠地打击 ▷～侵略者。

【痛歼】tòngjiān 动 彻底歼灭 ▷～来犯之敌。

【痛经】tòngjīng 动 妇女月经前或经期中下腹出现疼痛症状。也说经痛。

【痛疚】tòngjiù 动 因为内疚而感到痛苦 ▷事情发生后，他十分～。

【痛觉】tòngjué 名 身体组织因受创伤或强烈刺激所产生的疼痛不适的感觉 ▷～强烈。

【痛哭】tòngkū 动 痛心地哭；大哭 ▷放声～。

【痛哭流涕】tòngkū-liútì 痛心地哭，流着眼泪；形容极度痛苦悲伤。

【痛苦】tòngkǔ ❶ 形 肉体或精神感到非常难受 ▷～呻吟|内心～不已。❷ 形 沉痛而深刻 ▷～的教训。

【痛快】tòngkuài ❶ 形 高兴；舒畅 ▷心里非常～|别惹人不～。❷ 形 尽情；尽兴 ▷～地哭了一场|玩得真～。❸ 形 爽快；干脆；利索 ▷她是个～人|保险公司赔偿得很～。

【痛快淋漓】tòngkuài-línlí ❶形容极为畅快 ▷～地吼了几嗓子。❷形容文章、讲话等议论透辟、感情充沛 ▷～地批驳了谬论。

【痛骂】tòngmà 动 狠狠地骂；尽情地骂 ▷～汉奸卖国贼|～一顿。

【痛切】tòngqiè 形 沉痛而深切 ▷～反省。

【痛失】tòngshī 动 痛心地失去 ▷～良机。

【痛恶】tòngwù 动 极其厌恶；憎恨 ▷～不正之风。☛"恶"这里不读 è。

【痛惜】tòngxī 动 非常惋惜 ▷珍贵文物毁于战火，令人～。

【痛心】tòngxīn 形 极度伤心 ▷良田被毁，农民极其～。

【痛心疾首】tòngxīn-jíshǒu 形容悲伤痛恨到极点（疾首：头痛）。

【痛痒】tòngyǎng ❶ 名 痛和痒的感觉 ▷半身麻木，不知～。❷ 名 比喻疾苦 ▷关心群众～。❸ 名 比喻紧要的事 ▷不说无关～的话。

【痛饮】tòngyǐn 动 尽情地喝；特指尽情地喝酒 ▷举杯～，喜庆丰收。

tōu

偷[1]（*媮） tōu 动 只顾眼前，得过且过 ▷～安|苟且～生。

偷[2] tōu ❶ 动 暗中拿走别人的财物 ▷～东西|～窃。→ ❷ 名 偷东西的人 ▷小～|惯～。→ ❸ 副 偷偷 ▷～着跑出来|～听|～袭。○ ❹ 动 挤出（时间）▷～空(kòng)|忙里～闲。

【偷安】tōu'ān 动 贪图眼前安逸，不顾将来 ▷～一时。

【偷盗】tōudào 动 偷窃；盗窃 ▷～文物。

【偷渡】tōudù 动 偷偷渡过被封锁的江河湖海；现多指偷越国境或关卡 ▷缉拿～的贩毒分子。

【偷工减料】tōugōng-jiǎnliào 在生产中不按照质量要求，暗中削减必要的工时、工序和用料 ▷基本建设要严防～ ◇教学工作绝不能～，敷衍塞责。

【偷汉子】tōuhànzi 和男人偷情。

【偷换】tōuhuàn 动 暗中改换 ▷～概念。

【偷鸡摸狗】tōujī-mōgǒu ❶指小偷小摸。❷指乱搞不正当的男女关系。

【偷奸取巧】tōujiān-qǔqiǎo 用狡诈的手段轻易获取好处。

【偷空】tōukòng 动 忙碌中挤出一点儿时间 ▷～看点儿书|偷个空儿去看朋友。

【偷窥】tōukuī 动 偷偷地看；暗中探察 ▷输入密码时要遮挡，以免被～|～是侵犯公民权益的行为。

【偷懒】tōulǎn 动 逃避应做的事；不肯出力工作 ▷～成性|他工作从不～。

【偷梁换柱】tōuliáng-huànzhù 比喻玩弄手法，暗中改变事物的性质或内容。

【偷猎】tōuliè 动 偷偷地捕猎 ▷～珍稀动物要依法严惩。

【偷摸】tōumō 动 小偷小摸 ▷～成性。

【偷拍】tōupāi 动 未经允许暗地里拍摄；在拍摄对象没有察觉时拍摄。

【偷巧】tōuqiǎo ❶ 动 运用智慧和手段使本来复杂的事情做起来比较省劲 ▷想点儿～的办法，把这项繁琐的工作做得简单点儿。❷ 动 用取巧的手段逃避困难 ▷他干活儿很卖力气，从不要滑～。

【偷窃】tōuqiè 动 用不正当手段暗中取得 ▷～行为，人所不齿|～国家机密。

【偷情】tōuqíng 动 指暗中谈恋爱；现多指发生不正当的性关系。

【偷生】tōushēng 动 得过且过地活着 ▷忍辱～|苟且～。

【偷税】tōushuì 动 用欺骗、隐瞒等手段故意不缴纳或少缴纳应该缴纳的税款 ▷这家公司因严重～被指控。

【偷天换日】tōutiān-huànrì 比喻暗中以假代真，掩盖事实真相，达到欺骗、蒙混的目的。

【偷偷】tōutōu 副 表示暗中进行 ▷～跑去游泳。

【偷偷摸摸】tōutōumōmō 形 形容瞒着人暗中做事 ▷做事要光明正大，不要～。

【偷袭】tōuxí 动 趁对方不备，突然袭击 ▷～匪巢。

【偷闲】tōuxián ❶ 动 抽空 ▷忙里～。❷ 动 偷懒 ▷他一贯兢兢业业，从不～。

【偷香窃玉】tōuxiāng-qièyù 和女子偷情私通。

【偷眼】tōuyǎn 副 偷偷地(看) ▷～一看。

【偷营】tōuyíng 动 偷袭敌军驻地 ▷深夜～。

【偷越】tōuyuè 动 偷偷越过(界线) ▷～国境。

【偷运】tōuyùn 动 偷偷地运进或运出 ▷～毒品。

【偷嘴】tōuzuǐ 动 偷吃东西 ▷不要让孩子养成～的习惯。

tóu

头(頭) tóu ❶ 名 人体或动物身体上长着口、鼻、眼、耳等器官的部分 ▷～顶|～破血流|猪～。→ ❷ 名 头发；发式 ▷把～剃光了|梳～|寸～。→ ❸ 名 首领；为首的 ▷谁是你们的～儿？|工～|～羊。→ ❹ 名 物体的顶端或末端 ▷山～|火柴～|地～。⇒ ❺ 名 事物的起点或终点 ▷从～说起|没～没尾|一年到～。❻ 形 用在"年"或"天"前面，表示起始的或某一时点以前的 ▷～年|～天|～两天(昨天和前天，或起始的两天)。❼ 介〈口〉引进动作行为的时间，相当于"在……之前""临近" ▷～进考场，又把书翻了翻|每天～七点就到。⇒ ❽ 数 第一 ▷～班车|～版～条|～奖。❾ 形 用在数量结构前面，表示次序在前的 ▷～两节车厢|～几排。⇒ ❿ 名 方面 ▷工作、学习两～都要抓紧|分～寻找。⇒ ⓫ 名 某些东西的残存部分 ▷粉笔～|布～|烟～。→ ⓬ 量 a)用于牛、驴等牲畜 ▷一～牛|五～猪。b)用于形状像头的东西 ▷两～蒜|一～洋葱。

另见 1387 页 tou。

【头班车】tóubānchē 名 首班车。

【头版】tóubǎn 名 报纸的第一个版面 ▷～新闻。

【头彩】tóucǎi 名 在赌博、摸彩票、有奖游戏中赢得的最高奖项 ▷中(zhòng)了～。

【头茬】tóuchá 名 头一茬，指一年中最早种植或最早收割的作物 ▷韭菜刚割了～。

【头筹】tóuchóu 名 第一根筹码；借指第一名。

【头寸】tóucùn ❶ 名 指金融单位所拥有的款项。收大于支叫多头寸，收小于支叫缺头寸，结算收支差额叫轧(gá)头寸，拆借款项以弥补差额叫拆头寸。❷ 名 指银根。银根的松紧分别叫头寸松和头寸紧。

【头道贩子】tóudào fànzi 指从生产者手中直接买进商品转卖给别的商贩而从中谋利的人(跟"二道贩子"相区别)。

【头等】tóuděng 区别 第一等；最重要的 ▷～大事|～重要。

【头顶】tóudǐng 名 头的顶部。

【头发】tóufa 名 人从前额到后颈及耳朵前上方生长的毛。

【头伏】tóufú 名 初伏。

【头盖骨】tóugàigǔ 名 头骨的上部，呈穹隆状。主要包括额骨和顶骨的大部分以及枕骨的小部分。

【头功】tóugōng 名 首功 ▷他为中国队拿到冠军，立了～。

【头骨】tóugǔ 名 颅骨。

【头号】tóuhào ❶ 区别 第一号；最大的 ▷～战犯|～字。❷ 区别 质量最好的 ▷～大米。

【头昏】tóuhūn ❶ 动 头晕。❷ 形 头脑不清醒；糊涂 ▷今天真是～了，这么简单的字也写错！

【头昏脑胀】tóuhūn-nǎozhàng 头脑发昏发胀；常用来形容精神极度紧张疲乏。

【头昏眼花】tóuhūn-yǎnhuā 头脑昏眩，眼睛发花。

【头婚】tóuhūn 动 第一次结婚。

【头家】tóujiā ❶ 名 庄家①。❷ 名 聚赌抽头的人。❸ 名 上家①。

【头角】tóujiǎo 名 人的头顶左右骨头凸出的部位；指青年人显露出来的才华 ▷崭露～。

【头巾】tóujīn 名 裹头的小块织物。古代男子或读书人一般都戴头巾，现在主要是女子用。

【头盔】tóukuī 名 由皮革、塑料或金属等制成的用来保护头部的帽子 ▷骑摩托车要戴～。

【头里】tóuli〈口〉❶ 名 前头 ▷我～走，你们跟上。❷ 名 事前 ▷我把话说在～，不好好干就走人。

【头脸】tóuliǎn ❶ 名 面貌；相貌 ▷他的～不难看。❷ 名 面子；脸面 ▷他在我们公司可是个有～的人物。

【头领】tóulǐng 名 首领；为首的人 ▷青帮～。

【头颅】tóulú 名 头①；特指人的头 ▷抛～，洒热血。

【头路】tóulù 名〈口〉事情的头绪、条理 ▷调查了半天仍然摸不着～。

【头面人物】tóumiàn rénwù 社会上知名度较高而又经常抛头露面的人物。

【头名】tóumíng 名 名次排在最前头的；第一名 ▷～选手|该队夺得小组～已成定局。

【头目】tóumù 名 某些集团中的头领(多含贬义) ▷土匪～。

【头脑】tóunǎo ❶ 名 脑筋；借指思维能力 ▷～简单|很有政治～。❷ 名 头绪；道理 ▷摸不着～。❸ 名 头目；首领 ▷推举他当～。

【头脑资源】tóunǎo zīyuán 指智力资源或人才资源 ▷高科技企业靠的是～。

【头年】tóunián ❶ 名 第一年 ▷～投资，第二年就可盈利。❷ 名 去年；上一年 ▷～在广州工作，今年又要去上海。

【头帕】 tóupà 名 头巾。

【头牌】 tóupái 名 旧时演戏把演员的姓名写在牌子上挂出来，主要演员的牌子挂在最前面，叫"头牌"；借指主要演员 ▷挂～|他是～。

【头皮】 tóupí ❶ 名 头顶及其周围的皮肤 ▷搔～。❷ 名 头皮表面脱落的碎屑 ▷这种洗发液可以去～。也说头皮屑。☛"头皮"和某些词语组成的短语可以引申表示某种心理和情绪。如"挠头皮"表示为难；"硬着头皮"表示勉强；"头皮发麻"表示紧张、恐惧等。

【头破血流】 tóupò-xuèliú 头部受到严重损伤；比喻受到沉重打击或惨重失败。

【头前】 tóuqián 〈口〉❶ 名 前头 ▷他～走了。❷ 名 从前 ▷～这里是一片苇塘。

【头钱】 tóuqián 名 设赌局抽头所得的钱。

【头球】 tóuqiú 名 足球运动中用头传接或攻门的球 ▷擅长～|～攻门。

【头人】 tóurén 名 旧时对某些少数民族首领的称呼。

【头纱】 tóushā 名 妇女裹头的纱巾。

【头上】 tóushang ❶ 名 头的上方；头部 ▷鸟从我～飞过|急得他～直冒汗。❷ 名 表示在某处或某范围之内(多用在名词性词语后) ▷将任务落实到每位员工～。

【头生】 tóushēng ❶ 区别 第一胎生育的 ▷～闺女。❷ 名 第一胎生下的孩子 ▷他是～儿。

【头绳儿】 tóushéngr 名 扎发辫用的细绳。

【头虱】 tóushī 名 寄生在人的头发里的虱子。

【头饰】 tóushì 名 头上戴的装饰品。

【头水】 tóushuǐ 名 第一遍水 ▷小麦已浇过～了|这裤子刚洗了～就短了一截。

【头胎】 tóutāi 名 第一次怀的胎；第一胎生的孩子。

【头套】 tóutào 名 套在头上用来改变原来头发形状的化装用具，用假发等制成。

【头疼】 tóuténg ❶ 动 头部疼痛。❷ 形 形容感到为难或讨厌 ▷这件事真叫人～。

【头疼脑热】 tóuténg-nǎorè 头部出现的疼痛发热现象；泛指一般小病 ▷谁没个～的，吃点儿药就好了。

【头天】 tóutiān ❶ 名 前一天 ▷～还好好的，今天怎么就病了。❷ 名 第一天 ▷～上班就迟到了。

【头条】 tóutiáo ❶ 名 报纸版面上方最显著位置登载的报道或文章 ▷头版～。❷ 名 (相邻几条胡同、里巷中)第一条胡同或里巷 ▷东四～(在北京)|～弄堂。

【头痛】 tóutòng 动 头疼。

【头痛医头，脚痛医脚】 tóutòng-yītóu，jiǎotòng-yījiǎo 比喻做事缺乏通盘计划，只去应付眼前的事情，不从根本上解决问题。

【头头脑脑】 tóutóunǎonǎo 名〈口〉泛指官员或有地位的头面人物。

【头头是道】 tóutóu-shìdào 形容说话或做事有条不紊。

【头头儿】 tóutour 名 俗称主要负责人。

【头陀】 tóutuó 名 梵语 Dhūta 音译。意为去掉尘垢烦恼，借指修苦行的僧人；特指四方云游乞食的僧人。

【头尾】 tóuwěi ❶ 名 头和尾 ▷队伍很长，看不见～。❷ 名 从开头到最后 ▷～有一年了。

【头衔】 tóuxián 名 指官衔、学衔等名称 ▷名片上用不着印那么多～。也说衔头。

【头像】 tóuxiàng 名 人或动物头部的肖像或塑像。

【头绪】 tóuxù 名 事情的条理、线索 ▷～纷繁。

【头癣】 tóuxuǎn 名 由真菌引起的发生在头部的传染性皮肤病。

【头雁】 tóuyàn 名 雁群中领头的雁；借指带头人。

【头羊】 tóuyáng 名 领头羊。

【头油】 tóuyóu 名 抹头发用的油质化妆品。

【头晕】 tóuyūn 动 头部感到眩晕。

【头重脚轻】 tóuzhòng-jiǎoqīng 头部沉重，腿脚发轻；形容基础不稳固；也形容事物前后或上下不协调。

【头子】 tóuzi 名 头目；为首的人(多含贬义) ▷土匪～|盗窃团伙～。

投[1] tóu ❶ 动 投掷；扔 ▷把球～进篮筐|～标枪|～石问路。→ ❷ 动 跳入(水中自杀) ▷～河|～井。→ ❸ 动 放进去 ▷～票|～资|～放。❹ 动 相合；迎合 ▷情～意合|～脾气|～其所好。→ ❺ 动 寄送出去 ▷～稿|～递|～书。→ ❻ 动 投射② ▷把目光～向远方|～影。○ ❼ 动 投靠；参加 ▷走～无路|～宿|～考。○ ❽ 名 姓。

投[2] tóu 动〈口〉把衣物放在水中漂洗 ▷先用清水～一～，再打肥皂|～毛巾。☛"投"字右上是"几"，末笔不带钩。

【投案】 tóu'àn 动 案犯主动向公安或司法机关交代案情，听候处理 ▷～自首|主动投了案。

【投保】 tóubǎo 动 根据保险法的相关规定，与保险人订立保险合同，并按照合同约定支付保险费 ▷去保险公司～。

【投保人】 tóubǎorén 名 指与保险人订立保险合同，并按照保险合同负有支付保险费义务的人。可以是自然人，也可以是法人。

【投奔】 tóubèn ❶ 动 前往依靠(某人或某组织) ▷～伯父。❷ 动 前往参与 ▷～革命。

【投笔从戎】 tóubǐ-cóngróng《后汉书·班超传》记载：班超家贫，曾在官府靠抄写为生，后掷笔叹息说,大丈夫应当到边疆去建立功业,哪能老在笔砚之间过活呢?后来就把文人从军叫投笔从戎(戎:军队)。

【投币式】tóubìshì 区别 以投入硬币或其他特制币来启动使用的 ▷~电话。

【投畀豺虎】tóubì-cháihǔ《诗经·小雅·巷伯》:"取彼谮人,投畀豺虎。"(畀:给予)意思是把那些进谗言的人都扔给豺狼老虎吃掉。后用"投畀豺虎"表示对坏人无比愤恨。

【投鞭断流】tóubiān-duànliú《晋书·苻坚载记下》记载:前秦苻坚领兵攻打东晋时傲慢地说:我这么多兵马,把马鞭都投到江里,就能截断水流。后用"投鞭断流"形容人马多,兵力强。

【投标】tóubiāo 动 承包企业经营、建筑工程或承买大宗商品时,承包人或买主按照招标公告的标准和条件提出自己认为合适的价格,填具标单,供招标机构定夺。

【投产】tóuchǎn 动 投入生产 ▷这种新产品从设计到~不过半年时间。

【投诚】tóuchéng 动 诚心归附;投降 ▷率部~。

【投弹】tóudàn 动 (从飞机上)投下炸弹等;也指掷手榴弹等。

【投档】tóudàng 动 指招生工作中把达到录取分数线的考生的档案投放给有关招生单位,以供挑选。

【投敌】tóudí 动 投靠敌方 ▷变节~。

【投递】tóudì 动 邮局或快递公司递送(信件、包裹等) ▷~信件。

【投递员】tóudìyuán 名 邮递员;泛指投递公文、信件等的人员。

【投店】tóudiàn 动 找旅店住宿 ▷~安歇。

【投毒】tóudú 动 投放毒药。

【投放】tóufàng 动 投入;放进 ▷把产品尽快~市场|兴修水利~了大量资金和人力。

【投稿】tóugǎo ❶ 动 把文字、视频等稿件投递到相关媒体或出版社等的编辑部门,以求发表或出版 ▷他经常向我台~。❷ 名 投送到媒体或出版社等,以求发表或出版的稿件 ▷报纸刊发了他的~。

【投工】tóugōng 动 投入人工;投入工作日 ▷~太少,难以完成任务。

【投合】tóuhé ❶ 形 融洽;合得来 ▷他俩意气~|彼此很~。❷ 动 迎合 ▷~读者的心理。

【投河】tóuhé 动 跳河(自杀) ▷~自尽。

【投壶】tóuhú 动 我国古代宴会上的一种游戏。宾主依次在一定的距离外把箭投入壶中,以投中多少决胜负,负者饮酒。

【投缳】tóuhuán 动〈文〉上吊 ▷~而死。

【投机】tóujī ❶ 形 合得来;见解一致 ▷话不~半句多。❷ 动 寻找并利用机会牟取私利 ▷~倒把|~钻营。

【投机倒把】tóujī-dǎobǎ 指以买空卖空、哄抬物价、掺杂使假、套购转卖等手段牟取暴利。

【投机取巧】tóujī-qǔqiǎo 指利用时机和不正当的手段来牟取私利;也指不愿付出艰苦劳动而靠侥幸或小聪明来达到目的。

【投寄】tóujì 动 (把信件、包裹等)交给邮局或快递公司递送 ▷~包裹。

【投井】tóujǐng 动 跳入井中(自杀)。

【投井下石】tóujǐng-xiàshí 落井下石。

【投军】tóujūn 动 旧指参军;从军。

【投考】tóukǎo 动 报考 ▷~大学|~公务员。

【投靠】tóukào 动 投奔依靠 ▷~亲戚。

【投篮】tóulán 动 篮球运动中运动员把球投向篮筐,投入者得分 ▷双手~|练习~。

【投劳】tóuláo 动 投入劳动力 ▷村民们自愿投资~修建乡村公路。

【投料】tóuliào 动 指生产中投放原材料。

【投拍】tóupāi ❶ 动 (电影或电视)投入拍摄 ▷这部片子明天~。❷ 动 投入拍卖 ▷那几张字画近期~。

【投排】tóupái 动 投入排练 ▷团体操于明日~。

【投票】tóupiào 动 选举或表决的一种方式,把自己的意向写在票上,投入票箱 ▷无记名~。

【投其所好】tóuqísuǒhào 迎合他人的爱好 ▷面对客户,你必须了解他的需求并~,才能打动他|~是行贿人的惯用手法。

【投契】tóuqì 形 投合① ▷彼此之间很~。

【投枪】tóuqiāng 名 标枪①。

【投亲】tóuqīn 动 投靠亲戚 ▷去北京~。

【投亲靠友】tóuqīn-kàoyǒu 投靠亲戚朋友。

【投入】tóurù ❶ 动 进入某种环境;参加进去 ▷~母亲的怀抱|~战斗。❷ 动 (把资金等)投放进去 ▷这个项目~了不少人力、物力。❸ 名 指投放的资金等 ▷增加~|科技~成倍增加。❹ 形 全神贯注 ▷讲课很~。

【投射】tóushè ❶ 动 向某一目标投掷出去 ▷~飞镖。❷ 动 (光线或视线)射向某物 ▷阳光透过云缝,~到山峦上|~来赞许的目光。

【投身】tóushēn 动 把身心投入进去 ▷~革命。

【投生】tóushēng 动 投胎。

【投师】tóushī 动 拜老师学习 ▷进京~。

【投石问路】tóushí-wènlù 比喻在重大行动前,先用小的举动进行试探,以摸清情况。

【投手】tóushǒu 名 专门从事投弹、投球的人。

【投售】tóushòu 动 投放市场销售 ▷踊跃~。

【投书】tóushū 动 就某事向有关单位、媒体或领导写信反映情况 ▷~《人民日报》。

【投鼠忌器】tóushǔ-jìqì 要打老鼠又怕打坏老鼠旁边的器物。比喻想打击坏人,又怕伤害了不该伤害的人。

【投水】tóushuǐ 动 跳进水中(自杀)。

【投送】tóusòng ❶ 动 投递。❷ 动 投放;投到里面去 ▷向高炉～原料。

【投诉】tóusù 动 向有关部门或有关人员反映自身合法权益遭受侵犯的情况,要求解决问题 ▷这名店员因态度不好遭顾客～|～电话。

【投诉率】tóusùlǜ 名 在某段时间内,某行业或部门等被投诉的比率。

【投宿】tóusù 动 找住处临时住下 ▷～农家。

【投胎】tóutāi 动 迷信认为人和动物死后,灵魂又投入另一母胎,再次转生世间。

【投桃报李】tóutáo-bàolǐ《诗经·大雅·抑》:"投我以桃,报之以李。"意思是对方送给我桃子,我就回赠李子。后用"投桃报李"表示彼此赠答,礼尚往来。

【投喂】tóuwèi 动 把食物投给动物吃 ▷池塘里的鱼苗由专人～|禁止游人～食物。

【投降】tóuxiáng ❶ 动 停止抵抗,归顺对方 ▷无条件～。❷ 动 泛指放弃原来立场,屈从于对方 ▷不能向错误主张～。

【投向】tóuxiàng ❶ 动 向某个方向投奔;向某个方面投入 ▷～光明|把这笔资金～旅游业。❷ 名(财物等)投放的方向或目标 ▷正确把握资金的～。

【投效】tóuxiào ❶ 名 资金等的投入使用效率 ▷加强经费～的监督。○ ❷ 动 投奔并为之效力 ▷～军旅。

【投药】tóuyào 动 投放药物 ▷在老鼠出没的地方～|鱼塘要定时～消毒。

【投医】tóuyī 动 找医生看病 ▷四处～。

【投影】tóuyǐng ❶ 动 在光线的照射下,物体的影子投射到一个面上 ▷月光将花木～在窗纱上。❷ 名 投射到一个面上的物体的影子 ▷～不甚清晰◇那件事的～久久留在心上。

【投影仪】tóuyǐngyí ❶ 名 利用光线投射放大原理,将图像或视频等投射到幕布上的电子放映仪器。❷ 名 利用光线投射放大原理的测量仪器。适用于检验形状复杂、尺寸较小的样板、刀具和工件等。

【投映】tóuyìng 动 投射映照 ▷月光～大地。

【投邮】tóuyóu 动 投寄。

【投缘】tóuyuán 形 合得来;有缘分 ▷两人很～。

【投运】tóuyùn 动 投入运营 ▷地铁已建成～。

【投掷】tóuzhì 动 向一定目标扔出 ▷～石块。

【投注】tóuzhù ❶ 动(精神、力量等)集中投入;倾注 ▷～了大量人力|把希望～在孩子们身上。○ ❷ 动 下赌注;也指购买彩票等。

【投资】tóuzī ❶ 动(为达到一定目的)投入资金等 ▷～办学。❷ 名(为达到一定目的)投入的资金 ▷三年收回～。

【投资环境】tóuzī huánjìng 指被投资地区的自然、技术、经济和社会等条件。如地理位置、城市交通、邮电通信、能源供应、社会风气等。

【投资基金】tóuzī jījīn 通过集资而筹集起来的基金。由专门的职业基金管理机构或合法的投资者个人进行证券、外汇等方面的运作。投资者共享收益,也共担风险。

【投资银行】tóuzī yínháng 经营部分或全部资本市场业务的金融机构。中国于 1981 年 12 月设立中国投资银行,是政府指定向国外筹集建设资金、办理外汇投资信贷、对外担保等业务的金融机构。

骰 tóu[骰子] tóuzi 名 色子(shǎizi)。☛"骰"统读 tóu,不读 gǔ。

tǒu

钭(鈄) tǒu 名 姓。另见 336 页 dǒu。

tòu

透 tòu ❶ 动 穿通;通过 ▷清风～过窗纱吹进屋里|～过现象看本质。→ ❷ 动 露出 ▷脸上～着俏皮|那病态的脸白中～黄。❸ 动 泄露 ▷从未向外人～过一句话|～露。→ ❹ 形 形容达到充分或极端的程度 ▷庄稼熟～了|下了一场～雨|恨～了。❺ 形 彻底;清楚 ▷把他看～了|～彻。

【透彻】tòuchè 形 精辟;详尽而深入 ▷～地分析|道理讲得很～。☛ ㊀不要写作"透澈"。㊁不可理解为"透明并且清澈"。

【透底】tòudǐ ❶ 动 透露底细 ▷不能轻易向对方～。❷ 形 形容水清亮透明,可以看到底部(常跟"清澈"连用) ▷湖水清澈～。

【透雕】tòudiāo 名 一种雕刻艺术手法,一般是在浮雕基础上镂空其背景部分;也指用这种艺术手法雕刻成的工艺品。

【透顶】tòudǐng 副 表示程度达到极点(多用于贬义) ▷愚蠢～|聪明～|糟糕～。☛ 一般用在形容词后作程度补语。

【透风】tòufēng ❶ 动 漏风 ▷窗户有点儿～|没有不～的墙。❷ 动 让风吹一吹 ▷储藏室要经常～,防止发霉。❸ 动 指透露消息 ▷人事调整不能～。

【透骨】tòugǔ 形 形容程度极深,好像渗透到骨头里 ▷寒风～|～清凉。

【透光】tòuguāng 动 被光线穿透 ▷挑花窗帘～。

【透过】tòuguò ❶ 动 穿过 ▷雨水～破旧的屋顶漏进屋来。❷ 介 通过 ▷咱俩是～他介绍认识的。

【透汗】tòuhàn 名 指汗液充分发散出来的状态 ▷出一身～，感冒就好多了。

【透话】tòuhuà ❶ 名 明白透彻的话 ▷到底同意不同意，你就说句～吧。❷ 动〈口〉指透露出内部信息 ▷方案公布以前，不要向人～。

【透镜】tòujìng 名 光学仪器的一种重要元件，用玻璃、水晶等透明物制成，一般分为凸透镜和凹透镜两类。

【透亮儿】tòuliàngr 动 光线透过 ▷东方～了。

【透亮】tòuliang ❶ 形 极其明亮 ▷皮鞋擦得～。❷ 形 清楚明白 ▷心里～。

【透漏】tòulòu 动〈口〉透露①。

【透露】tòulù ❶ 动 暗地里让人知道(不该让人知道的) ▷～消息｜～内情。❷ 动 显露；露出 ▷脸上～出一丝笑容。

【透明】tòumíng ❶ 形 能透过光线的 ▷～玻璃。❷ 形 形容公开而无遮掩的 ▷建立一个公开、公正、～的用人制度。

【透明度】tòumíngdù ❶ 名 物体能够透过光线的程度 ▷水晶有很高的～。❷ 名 指对外公开的程度 ▷提高司法工作的～。

【透明体】tòumíngtǐ 名 能透过光线的物体。

【透辟】tòupì 形 透彻精辟 ▷道理讲得很～。

【透气】tòuqì ❶ 动 通气① ▷通风～。❷ 动 喘气；呼吸 ▷去室外～｜出去透透气◇忙得透不过气来。❸ 动 透露消息 ▷不要向外界～｜先向大家透个气。

【透射】tòushè 动 光线从障碍物的空隙中射出 ▷浓密的云层中～出一缕缕绯红的霞光。

【透视】tòushì ❶ 动 根据光学和数学原理，在平面上用线条或色彩来表现立体空间 ▷远小近大就是～的技法。❷ 动 利用 X 射线透过人体在荧光屏上所显示的影像，观察人体的内脏、骨骼等。❸ 动 比喻透过表面现象看清事物的本质 ▷～历史｜环球～。

【透视图】tòushìtú 名 依据透视原理绘制成的图形，常用于建筑设计或机械制图。

【透水】tòushuǐ 动 漏水 ▷坑道～。

【透析】tòuxī ❶ 动 透彻地剖析 ▷～社会现象。○ ❷ 动 利用半透膜(如羊皮纸、膀胱膜等)，分离溶液中大小不同的分子或分离胶粒跟普通分子、离子。也说渗析。❸ 动 医学上指利用透析技术，通过特置的器械排除血液中的毒素、废物和过多的水分。用于治疗肾功能衰竭及其他中毒现象。

【透心凉】tòuxīnliáng 形容(肌体)冰凉；也形容失望寒心 ▷寒风吹得～｜听到这个消息，他感到一阵～。

【透雨】tòuyǔ 名 能使耕地里原来干旱的土层湿透的雨。也说透地雨。

【透支】tòuzhī ❶ 动 银行允许存户在一定限额之内提取超过存款数额的款项。存户对透支款应支付利息，并须按时偿还。❷ 动 支出超过收入。❸ 动 预先支取(工资)。❹ 动 比喻精神、体力消耗过度，超出正常人的承受能力 ▷体力～太多而病倒了。

tou

头(頭) tou 词的后缀。❶加在一般的名词性成分后面 ▷石～｜木～｜苗～。→ ❷加在表方位的名词性成分后面 ▷上～｜前～｜外～。→ ❸加在动词性成分后面，构成抽象名词，多表示有做这个动作的价值 ▷念～｜盼～｜吃～。→ ❹加在形容词性成分后面，构成名词，多表示抽象事物 ▷尝到了苦～｜说话没个准～。

另见 1383 页 tóu。

tū

凸 tū ❶ 形 高出四周(跟"凹"相对) ▷凹～不平｜～版｜～透镜。→ ❷ 动 鼓起来 ▷挺胸～肚。☛ ㊀统读 tū，不读 tú 或 gǔ。㊁笔顺是 ┘ ┘ ㄣ 凸凸，5 画。

【凸版】tūbǎn 名 图文部分凸起并着墨的印刷版。如木刻、铅版、二色版等。

【凸出】tūchū 动 高出；鼓起来 ▷巨石～河面。

【凸轮】tūlún 名 有曲面周缘或凹槽的构件，种类很多。凸轮运动时可使从动杆按照某种规律往复移动或摆动，从而传送动力。广泛用于自动机床、内燃机等。

【凸面】tūmiàn 名 物体凸起的表面或一面 ▷～镜｜纪念章的图案在～。

【凸面镜】tūmiànjìng 名 反射面凸出来的球面镜。焦点在镜后，光线反射所成的像是缩小的正面虚像。汽车车头两侧供司机观察情况的镜子即凸面镜。也说凸镜。

【凸起】tūqǐ ❶ 动 鼓起；高出 ▷青筋～｜壁纸上印有许多～的花纹。❷ 名 鼓出来或高出四周的部分 ▷利用悬崖峭壁的～向上攀登。

【凸透镜】tūtòujìng 名 中央比四周边缘厚的透镜。能使光线通过后聚集于一点。可做光学仪器的镜头。通称放大镜。

【凸显】tūxiǎn 动 清楚地显露出来 ▷～英雄本色。☛ ㊀跟"凸现"不同。"凸显"侧重于显露、显示，强调从隐到显的过程；"凸现"侧重于呈现、出现，强调从无到有的结果。㊁跟"突显"不同。

【凸现】tūxiàn 动 清楚地呈现出来 ▷～区位优势。☛ 参见本页"凸显"的提示㊀。

秃 tū ❶ 形 毛发很少或没有毛发的 ▷他刚五十，头就～了|～鹫。→ ❷ 形（山）没有草木；（树）没有叶子 ▷荒山～岭|这棵树早就～了。→ ❸ 形 物体的尖端缺损，不锐利 ▷锥子磨～了|～笔。❹ 形（文章等）不圆满；不完整 ▷文章结尾有点儿～。☛ 下边是"几"，不是"儿"。

【秃笔】tūbǐ ❶ 名 没有尖端的毛笔。❷ 名 借指低下的写作能力。

【秃疮】tūchuāng 名 黄癣。

【秃顶】tūdǐng ❶ 动 头顶大量脱发 ▷他已经～了。❷ 名 脱落了全部或大部分头发的头顶 ▷假发遮住了他的～。

【秃鹫】tūjiù 名 大型猛禽，全身灰黑色，颈部部分裸露，视力极强，嘴呈钩状。栖息高山，以尸体和小动物为食物。俗称坐山雕。

【秃瓢儿】tūpiáor 名〈口〉头发脱光或剃光的头（含诙谐意）。

【秃头】tūtóu ❶ 动 头发基本或全部脱落 ▷你怎么 60 岁不到就～了？❷ 名 头发脱光或剃光的头。❸ 名 借指头发脱光或剃光的人。

【秃子】tūzi 名 对头发脱光或几乎脱光以及剃光的人的不尊重的称呼。

突[1] tū ❶ 动〈文〉狗从洞穴中忽然蹿出来。→ ❷ 副 忽然 ▷～如其来|～变。→ ❸ 动 冲撞；猛冲 ▷冲～|～击|狼奔豕～。

突[2] tū ❶ 动 凸起；鼓起 ▷～起|～出。→ ❷ 名 古代炉灶旁凸起的出烟口，类似现在的烟筒 ▷曲～徙薪|灶～。

突[3] tū 拟声 模拟机器运转、心脏跳动等有节奏的声音 ▷抽水机～～～地响|心～～地跳。☛ "突"字统读 tū，不读 tú。

【突变】tūbiàn ❶ 动 突然发生变化（跟"渐变"相区别）▷形势～。❷ 动 质变。

【突查】tūchá 动 突然检查；突击检查 ▷校长～我班寝室卫生|教育局～学校安全措施落实情况。

【突出】tūchū ❶ 动 冲出去 ▷～重围。❷ 见 1387 页"凸出"。现在一般写作"凸出"。❸ 形 超过一般 ▷表现～。❹ 动 使超过一般 ▷～重点。

【突发】tūfā 动 突然发作；突然发生或产生 ▷心脏病～|～奇想。

【突飞猛进】tūfēi-měngjìn 形容发展、进步得特别快。

【突击】tūjī ❶ 动 出其不意地向敌人进行猛烈攻击 ▷～敌人的右翼。❷ 动 集中力量在短时间内迅速完成任务 ▷～抢险|～队。

【突击手】tūjīshǒu 名 战斗或生产中完成某一突击任务的先进分子 ▷勘探～。

【突进】tūjìn ❶ 动 迅猛前进 ▷向顶峰～。❷ 动 突破进入 ▷～敌军阵地 3 公里。

【突厥】tūjué 名 我国古代游牧民族，主要分布在今阿尔泰山一带。6 世纪中叶建立政权。后分裂为东、西突厥。分别于 8 世纪中叶和 7 世纪中叶灭亡。

【突破】tūpò ❶ 动 集中兵力，打开缺口 ▷～包围|～防线。❷ 动 冲破或超过某个界限 ▷～纪录|～指标|～防守，一脚破门。

【突破口】tūpòkǒu ❶ 名 在敌方防御阵地上打开的缺口 ▷选择西南角作为进攻的～。❷ 名 比喻完成任务或解决问题最有利的入手处 ▷抓住这两个问题作为整改的～。

【突起】tūqǐ ❶ 动 突然出现或发生 ▷异军～|传染病～。❷ 动 高耸 ▷奇峰～。❸ 名 生物学上指生物体上长的像瘤子的东西。简称突。❹ 见 1387 页"凸起"。现在一般写作"凸起"。

【突然】tūrán 形 形容情况发生得急促；出人意料 ▷～事件|病得太～了|电灯～灭了。☛ 参见 577 页"忽然"的提示。

【突然间】tūránjiān 名 指情况突然发生的那一瞬间 ▷晴朗的天空～乌云密布。

【突如其来】tūrúqílái 突然发生（突如：突然；如：形容词词尾）▷～的车祸|山石～地迸裂了。

【突入】tūrù 动 冲进 ▷～敌阵。

【突审】tūshěn ❶ 动 突击审讯 ▷警方把犯罪嫌疑人带回分局～|连夜～。❷ 动 突击审查 ▷经～，大赛组委会确认这名球员赛前服用了兴奋剂。

【突突】tūtū 拟声 模拟某些短促而持续的声音 ▷～的心跳声|拖拉机在～地发动。

【突围】tūwéi 动 突破包围 ▷游击队顺利～。

【突兀】tūwù ❶ 形 形容高耸的样子 ▷危崖～。❷ 形 突然 ▷泥石流～而来。

【突袭】tūxí 动 出其不意地袭击 ▷～敌人。

【突显】tūxiǎn 动 突然显露出来 ▷身体～不适。☛ 跟"凸显"不同。

【突现】tūxiàn ❶ 动 突然出现 ▷走出山口，一抹平川～在眼前。❷ 动 突出地显现 ▷他以精湛的表演～人物的复杂性格。☛ 用于以上意义时不要误写作"凸现"。

【突遇】tūyù 动 突然相遇 ▷街上～旧友。

葖 tū 见 488 页"蓇（gū）葖"。

瑹 tū［瑹琈］tūfú 名〈文〉一种玉。

tú

图（圖）tú ❶ 名 图画 ▷绘～|插～|地～。→ ❷ 动〈文〉画；描绘 ▷绘

影～形。❸ 动 思虑；谋划 ▷企～|试～|希～。⇒ ❹ 名 制订的计划；谋略 ▷雄～大略|宏～|良～。⇒ ❺ 动 谋取；希望得到 ▷不能只～自己方便|力～|贪～。○ ❻ 名 姓。

【图案】tú'àn 名 建筑物、纺织品、工艺美术品等上面用于装饰的花纹、图形等。

【图板】túbǎn 名 制图时垫在图纸下面的特制方形木板。

【图版】túbǎn 名 印制照相图片、插图或表格的印刷版。用铜、锌等金属制成。

【图标】túbiāo 名 具有明确指代含义的图形标识。

【图表】túbiǎo 名 显示各种情况、填写着统计数字的各种图形和表格的总称。

【图册】túcè 名 有图片及文字说明的册子。

【图谶】túchèn 名 古代巫师、方士等用来宣扬迷信的预言、隐语等的书籍。也说谶书。

【图存】túcún 动 谋求（国家、民族等的）生存 ▷救亡～。

【图典】túdiǎn ❶ 名 图书和经典。❷ 名 介绍绘画艺术的典籍。

【图钉】túdīng 名 一种帽大针小的钉儿，可以用手摁钉帽把图纸等钉在木板或墙壁上 ▷用～把地图钉在墙上。也说摁钉儿。

【图画】túhuà 名 用线条或色彩描绘出来的形象。

【图籍】tújí〈文〉❶ 名 疆域图和户口册。❷ 名 图书文籍。

【图记】tújì ❶ 名 图章②。❷ 名 图形标志。

【图鉴】tújiàn 名 以图画为主，辅以文字说明的著作（多用于书名）▷《中草药～》。

【图解】tújiě ❶ 动 利用图形解说 ▷这道方程式不易～|～法。❷ 名 针对图画、插图内容的解说性文字 ▷漫画下方附有～。

【图景】tújǐng ❶ 名 图画上的景物 ▷好一幅万马奔腾的～！❷ 名 现实或想象中的景象 ▷眼前展现出一幅壮丽的～。

【图卷】tújuàn 名 画卷 ▷一幅绚丽的百花～。

【图利】túlì 动 贪图私利 ▷不图名，不～。

【图例】túlì 名 地图等图表中各种符号及标记的说明。

【图录】túlù 名 以图片为主，辅以少量文字说明，并按照一定顺序编排的工具书。

【图谋】túmóu ❶ 动 暗中筹划（多含贬义）▷～不轨。❷ 动 企图获得 ▷～发展。❸ 名 计谋；意图 ▷他的～不会得逞|另有～。

【图囊】túnáng 名 装地图用的袋子。

【图片】túpiàn 名 画片、照片、拓片等的总称 ▷～展览|旅游～。

【图谱】túpǔ 名 按类编制、附有文字说明的图册 ▷高等动物～。

【图穷匕首见】tú qióng bǐshǒu xiàn《战国策·燕策三》记载：荆轲受燕太子丹之命去刺杀秦王时，向秦王献上内藏匕首的燕国督亢地图，地图打开后露出了匕首。比喻事情发展到最后，真相才完全显露出来（多含贬义）。也说图穷匕见。☛“见”这里不读 jiàn。

【图示】túshì ❶ 动 用图形显示 ▷把实验经过～出来。❷ 名 示意图 ▷这份是行军路线的～。

【图书】túshū ❶ 名 泛指各类书籍、图片、刊物；特指书籍。○ ❷ 名 旧指私人印章。

【图书馆】túshūguǎn 名 搜集、整理、收藏各种图书、期刊资料和音像制品，供读者借阅的机构。

【图说】túshuō 名 以图画为主，兼用文字加以解说的书籍（多用于书名）。如宋·周敦颐《太极图说》。

【图腾】túténg 名 英语 totem 音译。原始社会的人认为跟本氏族有血缘关系并以此作为标志的某种自然物（多为动物）。

【图文并茂】túwén-bìngmào 形容书中的插图和文字都很精彩。

【图文电视】túwén diànshì 一种附属于电视的广播业务。是利用电视播放简短的文字和图像信息，如简明新闻、市场信息、天气预报、股市行情等。

【图像】túxiàng 名 画成、印制或摄制成的形象；屏幕上的画面 ▷这张～构思新颖|电视～清晰。☛ 不要写作“图象”。

【图形】túxíng ❶ 名 画成的物体的形状 ▷～很美|梅花～。❷ 名 几何图形的简称。

【图形处理器】túxíng chǔlǐqì 一种在个人计算机、工作站、游戏机和一些移动设备（如平板计算机、智能手机等）上执行图像运算工作的微处理器（英语缩写为 GPU）。

【图样】túyàng 名 为建筑或制造作依据而按照一定的规格和要求绘制的图形 ▷体育场馆～。

【图章】túzhāng ❶ 名 用玉石、金属、树脂等制成的东西，底面多为方形或圆形，刻有姓名或其他文字、图案等，蘸印泥后可在文件、书画等上面印上标记 ▷刻制～。❷ 名 在文件、书画等上面用图章印出的痕迹 ▷公文上的～清晰可见。

【图纸】túzhǐ ❶ 名 用图样和文字来说明工程建筑、机械、设备等的结构、形状、尺寸及其他要求的一种技术文件 ▷施工～。❷ 名 绘图用的纸。

涂

tú 名 姓。

荼

tú ❶ 名 古书上说的一种苦菜 ▷谁谓～苦，其甘如荠（jì）。→ ❷ 动 使痛苦 ▷～毒生灵。○ ❸ 名 茅草、芦苇等所开的白花 ▷如火如～。☛ 跟“茶”不同。“荼”下边是“汆”；“茶”下边是“汆”。

另见 141 页 chá。

【荼毒】túdú 动〈文〉本指荼菜的苦味和蛇蝎的毒

液。借指毒害或残害 ▷～生灵。

【荼蘼】túmí 见 1391 页"酴醾"②。现在一般写作"酴醾"。

徒 tú ❶ 动 不借助交通工具行走 ▷～步。→ ❷ 名〈文〉步兵；跟从的人 ▷车～(兵车和步兵；马车和仆从)。⇒ ❸ 名 徒弟；学生 ▷尊师爱～|学～|门～。❹ 名 指具有某种属性的人(含贬义) ▷亡命～|匪～|叛～。⇒ ❺ 名 信仰宗教的人 ▷信～|教～|基督～。→ ❻ 形 空的 ▷～手。❼ 副 a)表示此外没有别的，相当于"只""仅仅" ▷～有虚名|家～四壁|～托空言。b)白白地；不起作用地 ▷～劳无功|～自欢喜。○ ❽ 名 姓。
☛ 跟"徙(xǐ)"不同。

【徒步】túbù 动 步行 ▷～天下|～旅行。

【徒弟】túdi 名 跟从师傅学艺的人；泛指跟内行学习的人 ▷请专家带～。

【徒工】túgōng 名 学徒工。

【徒劳】túláo 动 白费力气 ▷～无益。

【徒劳无功】túláo-wúgōng 白费力气，没有成效。也说徒劳无益。

【徒然】túrán ❶ 形 枉然；不起什么作用 ▷纵有天大的本事也是～。❷ 副 白白地 ▷～损失百万。❸ 副 只是 ▷～说句空话罢了。

【徒涉】túshè 动〈文〉从浅水里蹚过去 ▷河水暴涨，无法～。

【徒手】túshǒu 动 空手 ▷～搏斗。

【徒手操】túshǒucāo 名 不用器械的体操，如广播体操、工间操。

【徒孙】túsūn 名 徒弟的徒弟。

【徒托空言】tútuō-kōngyán 仅仅借用空话来搪塞，并不准备实行 ▷他的许愿不过是～。

【徒刑】túxíng 名 一种将罪犯拘禁在一定场所，剥夺其人身自由的刑罚。分有期徒刑和无期徒刑两类。

【徒有】túyǒu 动 白白具有 ▷～声势而未见效果|～虚名。

【徒有其表】túyǒu-qíbiǎo 虚有其表。

【徒有虚名】túyǒu-xūmíng 空有某种好名声，实际上名不副实。也说徒有其名、徒有空名。

【徒长】túzhǎng ❶ 动 白白地长 ▷本领未增，年龄～。❷ 动 疯长 ▷防止秧苗～。

【徒子徒孙】túzǐ-túsūn 徒弟和徒孙；比喻党羽、信徒等(多含贬义)。

途 tú ❶ 名 道路 ▷～经上海|老马识～|～径|长～|路～◇用～。○ ❷ 名 姓。

【途程】túchéng 名 路程；历程 ▷～遥远|生命的～。

【途经】tújīng 动 途中经过 ▷～武汉。

【途径】tújìng 名 道路；比喻为达到目的而采取的方式、方法 ▷改革的～|外交～。

【途中】túzhōng 名 路途中 ▷～遇到暴雨。

涂(塗❶—❺) tú ❶ 名〈文〉泥 ▷～炭。→ ❷ 动 把泥、灰、油漆或药物等抹在物体表面 ▷～一层泥|先～底色，然后～清漆|～药膏。❸ 动 抹去(文字等) ▷把错字～掉|～改。❹ 动 乱写乱画 ▷把新书～得乱七八糟。→ ❺ 名 指海潮夹带的泥沙沉积而成的浅海滩 ▷滩～|围～造田。○ ❻ 名 姓。

【涂改】túgǎi 动 把原来的字或画抹去，重新写或画 ▷存单～无效。

【涂画】túhuà 动 乱写乱画 ▷不许在墙上～。

【涂料】túliào 名 涂在物体表面防腐或起装饰作用的各种油类、油漆和颜料。

【涂抹】túmǒ ❶ 动 把泥、灰或药物抹在物体表面。❷ 动 抹去(文字等)；乱写乱画。

【涂片】túpiàn ❶ 动 将检测样本涂抹在供显微镜观察用的玻璃片上。❷ 名 用涂片的方式制成的标本。

【涂饰】túshì ❶ 动 涂上油漆、颜色等加以装饰 ▷～门窗。❷ 动 (用石灰等)粉刷 ▷墙壁～一新。

【涂炭】tútàn〈文〉❶ 名 泥沼和炭火；比喻极困苦的境地 ▷救民于～。❷ 动 使处于极悲惨的境地；残害 ▷～生灵。

【涂写】túxiě 动 胡乱写；随意写 ▷清理街巷～的各种广告。

【涂鸦】túyā 动 唐·卢仝《示添丁》："忽来案上翻墨汁，涂抹诗书如老鸦。"后用"涂鸦"形容字或诗文写得幼稚拙劣(多用作谦词) ▷信笔～|～之作。

【涂乙】túyǐ 动〈文〉对文章进行修改(乙：勾画，即勾转颠倒的字或勾入补充的字)。

【涂脂抹粉】túzhī-mǒfěn 涂胭脂，抹香粉。原指妇女面部化妆；现多比喻对丑恶事物进行粉饰、美化。

骕(駼) tú [骕騊]tútáo 名 騊駼。

菟 tú 见 1447 页"於(wū)菟"。
另见 1393 页 tù。

梌 tú ❶ 名〈文〉楸(qiū)树。○ ❷ 用于地名。如：梌山，山名；梌圩，地名。均在广东。

屠 tú ❶ 动 宰杀(牲畜) ▷～宰|～夫。→ ❷ 动 残杀；杀戮 ▷～杀|～戮。○ ❸ 名 姓。

【屠城】túchéng 动 攻破城后大肆屠杀城中军民。

【屠刀】túdāo 名 宰杀牲畜的刀；借指反动暴力 ▷敌人的～吓不倒我们。

【屠夫】túfū ❶ 名 以宰杀牲畜为业的人。❷ 名 借指残杀人民的人。
【屠户】túhù 名 以宰杀牲畜为业的人家。
【屠戮】túlù 动〈文〉残杀；屠杀 ▷肆行～。
【屠杀】túshā 动 成批杀害。
【屠苏】túsū 名 古代一种酒。相传农历正月初一饮用此酒，可避邪，不染瘟疫。
【屠宰】túzǎi 动 宰杀（牲口）。
【屠宰场】túzǎichǎng 名 集中宰杀牲畜的地方。

稌 tú 名〈文〉稻；特指粳稻或糯稻。

腯 tú 形〈文〉（猪）肥壮；泛指人或动物肥胖。

瘏 tú 动〈文〉生病。

酴 tú [酴醿] túmí ❶ 名 古代指重酿的甜米酒。○ ❷ 名 落叶灌木，茎绿色，有棱，生刺。叶椭圆形。初夏开白花，可供观赏。

tǔ

土[1] tǔ ❶ 名 土壤；泥土 ▷这里的～很肥|沃～|黏～|～墙。→ ❷ 名 土地；国土 ▷寸～必争|领～。❸ 名 家乡；本地 ▷本乡本～|故～。❹ 形 本地的；具有地方性的 ▷～产|～著。⇒ ❺ 形 不时兴；不开通 ▷式样太～|～头～脑。⇒ ❻ 形 本国旧有的；民间的（跟“洋”相区别）▷～洋结合|～专家。→ ❼ 名 生的鸦片 ▷烟～。○ ❽ 名 姓。

土[2] tǔ 名 指土族。

【土坝】tǔbà 名 用泥土筑成的堤坝。
【土邦】tǔbāng 名 南亚及东南亚某些地区在殖民统治时期被保留的土著王公领地。该地区的国家独立后，土邦陆续废除。
【土包】tǔbāo ❶ 名 土堆；土岗。❷ 名 装满泥土的袋子。
【土包子】tǔbāozi 名 对土生土长、没见过世面的人的称呼（含讥讽意）。
【土崩瓦解】tǔbēng-wǎjiě 像土崩塌，像瓦碎裂。形容彻底崩溃、垮台 ▷敌军防线已～。
【土鳖】tǔbiē 名 地鳖的通称。
【土拨鼠】tǔbōshǔ 名 旱獭。
【土布】tǔbù 名 手工纺织的布。
【土层】tǔcéng 名 由泥土构成的地层（多为地球表层）▷～太薄，不宜耕作。
【土产】tǔchǎn 名 当地产的有特色的物品。如农副产品及部分手工艺产品。
【土地】tǔdì ❶ 名 田地；土壤 ▷肥沃的～。❷ 名 领土；疆土 ▷我国～辽阔，人口众多。
【土地】tǔdi 名 迷信指管一个小地区的神。也说土地爷。
【土地改革】tǔdì gǎigé 对土地所有制进行改革，有多种不同方式；特指我国民主革命时期和中华人民共和国成立初期的土地改革，即在中国共产党的领导下，废除封建土地所有制，没收地主超出当地人均份额以外的土地和生产资料等，无偿分给无地或少地的农民。简称土改。
【土地革命战争】tǔdì gémìng zhànzhēng 我国第二次国内革命战争（1927—1937）。即中国人民在中国共产党领导下反对帝国主义、封建主义和国民党反动统治的战争。这期间，党领导人民在许多省份开辟了农村革命根据地，实行了土地改革，成立了工农民主政府，建立了中国工农红军，多次粉碎了国民党反动派的“围剿”，完成了二万五千里长征。
【土地税】tǔdìshuì 名 国家以土地为征税对象所征的税。如我国的城镇土地使用税、耕地占用税。简称地税。
【土地增值税】tǔdì zēngzhíshuì 国家对转让房地产取得的增值额征收的一种税。纳税人是转让房地产取得增值收益的单位和个人。
【土地证】tǔdìzhèng ❶ 名 土地改革后由人民政府颁发给农民的“土地房产所有证”的简称。❷ 名 指 1978 年农村土地经济体制改革后颁发的集体土地所有证、集体土地使用证和国有土地使用证。
【土地庙】tǔdimiào 名 供奉土地神的庙，一般比较小。
【土豆】tǔdòu 名 马铃薯的通称。
【土豆泥】tǔdòuní 名 土豆去皮蒸熟后捣烂而成的泥状食品。
【土墩】tǔdūn 名 小土堆 ▷坐在～上。
【土法】tǔfǎ 名 民间沿用的方法 ▷～治疗。
【土方】tǔfāng ❶ 名 土方工程的简称。即挖、填、运土等的工程 ▷承担坝基建设的～任务。❷ 名 指土方工程的工作量。通常用立方米计算，1 立方米称为 1 个土方。○ ❸ 名 偏方。
【土房】tǔfáng 名 用土坯砌墙或用枝条等编成的篱笆状物再抹上泥盖成的简陋房子。
【土肥】tǔféi 名 作肥料用的灶土、炕土、墙土等。
【土匪】tǔfěi 名 在地方上抢劫财物、为非作歹的武装匪徒。
【土蜂】tǔfēng 名 胡蜂。
【土改】tǔgǎi 动 土地改革的简称。
【土岗】tǔgǎng 名 土丘；高出地面的土坡。
【土埂】tǔgěng 名 埂子。
【土豪】tǔháo ❶ 名 旧时地方上的豪强，即农村中有钱有势的恶霸地主 ▷～劣绅。❷ 名 今也指突然致富、财大气粗而派头十足的人 ▷那两个～摆劲儿炫富。
【土话】tǔhuà 名 某一种方言的分支，使用范围较小。也说土语。

【土皇帝】tǔhuángdì 图 指盘踞一方的军阀、土豪劣绅;泛指称霸一方的坏人 ▷他就是一个权霸一方、横行乡里的～。

【土黄】tǔhuáng 形 形容颜色像黄土一样 ▷脸色～|～的裤子。

【土货】tǔhuò 图 当地产的或本国产的物品。

【土鸡】tǔjī 图 农家散养的鸡。饲养周期较长,味道更鲜美。

【土籍】tǔjí 图 世代居住的籍贯(跟"客籍"相区别)。

【土家族】tǔjiāzú 图 我国少数民族之一。主要分布在湖南、湖北、重庆、贵州。

【土建】tǔjiàn 图 土木建筑。

【土炕】tǔkàng 图 炕②。

【土坑】tǔkēng 图 土穴;地面凹下去的地方。

【土筐】tǔkuāng 图 盛土的筐。

【土牢】tǔláo 图 地牢。

【土老帽儿】tǔlǎomàor 图〈口〉指不合时尚、言行和衣着土里土气的人(含讥讽意)。

【土路】tǔlù 图 泥土路。

【土霉素】tǔméisù 图 一种从土霉菌的培养液中提取的抗生素,用于治疗上呼吸道感染、尿道感染、痢疾、皮肤化脓、结膜炎等。

【土名】tǔmíng 图 某个地区使用的名称。

【土木】tǔmù 图 指土木工程 ▷大兴～。

【土木工程】tǔmù gōngchéng 修建房屋、道路、桥梁、铁路、隧道、堤坝、海港、市政卫生设施等工程的统称。

【土偶】tǔ'ǒu 图 泥塑的人物或动物形象。

【土坯】tǔpī 图 把和好的黏土加上麦秸等放在模型里制成的土块儿(多为长方形),晒干后可以用来垒灶、盘炕、砌墙等。

【土气】tǔqi ❶ 图 指乡俗气、乡土气;不时髦的风格、式样等 ▷沾点儿～。❷ 形 有乡俗气的;过时的(含轻蔑意) ▷衣服的式样太～|看他土里土气的!

【土丘】tǔqiū 图 小土山。

【土壤】tǔrǎng 图 陆地表层能长植物的泥土 ▷～肥沃。

【土壤污染】tǔrǎng wūrǎn 指工业废水、农药等有毒有害物质侵入土壤后造成的污染。

【土人】tǔrén ❶ 图 外地人称居住在经济、文化比较落后地区的当地人(含轻视意)。○ ❷ 图 泥塑的人像。

【土色】tǔsè 图 像黄土一样的颜色。

【土山】tǔshān 图 全部或主要由泥土构成的小山。

【土生土长】tǔshēng-tǔzhǎng 当地出生并在当地成长起来的 ▷他是当地～的诗人。

【土石方】tǔ-shífāng 土方和石方。

【土司】tǔsī 图 南宋、元、明、清时期在西北、西南少数民族地区设置,由当地少数民族首领担任并世袭的官职;也指担任土司官职的人。

【土俗】tǔsú ❶ 图 地方习俗 ▷地方志中对～有详细的记载|～食品。❷ 形 粗俗,落后于时尚 ▷穿着很～。

【土特产】tǔ-tèchǎn 土产和特产。

【土头土脑】tǔtóu-tǔnǎo〈口〉(行为、举止、服饰等)土气;落后于时尚(含轻蔑意)。

【土温】tǔwēn 图 土壤的温度。

【土星】tǔxīng 图 太阳系八大行星之一,按距太阳由近而远的顺序排列是第六颗。体积和质量仅次于木星,体积约为地球的 744 倍,质量约为地球的 95 倍。绕太阳公转周期约 29.5 年,自转周期约 10 小时。我国古代也称填星、镇星。

【土腥味儿】tǔxīngwèir 图 带泥土的气味 ▷这鱼有点儿～。也说土腥气。

【土性】tǔxìng 图 土壤给植物提供生长环境的性能。如湿度、黏度、酸碱度等。

【土洋结合】tǔyáng-jiéhé 传统的设备、技术跟引进的设备、技术并用。

【土药】tǔyào ❶ 图 旧指我国自产的鸦片。❷ 图 土法制造的火药。❸ 图 偏方用的某些药。

【土仪】tǔyí 图 作为礼物送人的土特产。

【土音】tǔyīn 图 土话的口音 ▷北京地方～。

【土语】tǔyǔ 图 土话。

【土葬】tǔzàng 动 一种丧葬方式,一般是把尸体装进棺材,埋在地下。

【土造】tǔzào 区别 用土法制造的 ▷～地雷|买块～布。

【土政策】tǔzhèngcè 图 指某地区、某部门或某单位为局部利益而自己搞的一套与国家政策相违背的规定或办法。

【土制】tǔzhì 区别 土造。

【土质】tǔzhì 图 土壤的质地 ▷改良～。

【土著】tǔzhù 图 原住民。

【土专家】tǔzhuānjiā 图 未经正规教育和系统理论学习,而在实践中取得较丰富的专业知识和熟练技能的人。

【土族】tǔzú 图 我国少数民族之一。主要分布在青海、甘肃。

【土作坊】tǔzuōfang 图 比较原始的手工业工场。

吐 tǔ ❶ 动 让东西从嘴里出来 ▷～痰|～唾沫。→ ❷ 动 说出 ▷一～为快|～字不清|谈～。→ ❸ 动 从缝隙里绽出或露出 ▷～穗|～絮。☛ 以上意义不读 tù。

另见 1393 页 tù。

【吐蕃】tǔbō 图 我国古代民族,居住在今青藏高原,公元 7—9 世纪曾建立奴隶制政权。吐蕃政权崩溃后,宋、元、明史籍仍沿称青藏高原及当地土著族、部为吐蕃。☛"蕃"这里不读 fān。

【吐槽】tǔcáo 动〈口〉对认为违背常理的话语、事情等予以快速、犀利的批评 ▷这出戏一上演就遭观众～|网友～。

【吐翠】tǔcuì 动〈文〉露出青绿色 ▷千山一碧，万木～。

【吐故纳新】tǔgù-nàxīn《庄子·刻意》："吹呴呼吸，吐故纳新。"（呴：xǔ，张口出气）原指呼出浊气，吸进清气。后用"吐故纳新"比喻抛弃旧的，吸收新的。

【吐口】tǔkǒu 动 开口说话。多指说出实情或心里话；也指表示同意 ▷他始终不肯～。

【吐露】tǔlù 动 把内情如实说出来 ▷～心声。

【吐气】tǔqì ❶ 动 呼出气；送气 ▷轻轻～|～要自然。❷ 动 发泄积怨或委屈 ▷扬眉～。

【吐绶鸡】tǔshòujī 名 火鸡。

【吐司】tǔsī 名 英语 toast 音译。烤面包；烤面包片。

【吐丝】tǔsī 动 蚕等某些昆虫把分泌出的丝质物排出体外 ▷～结茧。

【吐穗】tǔsuì 动 稻、麦、高粱等禾本科植物长出穗 ▷～扬花。

【吐絮】tǔxù ❶ 动 棉桃成熟裂开，露出丝絮 ▷炸蕾～的棉花。❷ 动 柳树、芦苇等开花后结籽，籽上带有絮状白色茸毛 ▷垂柳～。

【吐音】tǔyīn 动 发音 ▷咬字～清晰。

【吐谷浑】tǔyùhún 名 我国古代民族，居住在今甘肃、青海、新疆东南部一带，隋唐时曾建立政权。☛"谷"这里不读 gǔ。

【吐字】tǔzì 动 说出或唱出字音 ▷～清楚|她的演唱，～上欠准确。

钍（釷） tǔ 名 金属元素，符号 Th。银白色，在空气中经氧化渐变为灰色。有放射性，经中子轰击，可获得铀-233，用于原子能工业。

tù

吐 tù ❶ 动 不由自主地从嘴里涌出 ▷吃的饭全～了|呕～。→ ❷ 动 比喻被迫退出（非法侵吞的财物）▷把赃款全～了出来。

另见 1392 页 tǔ。

【吐沫】tùmo 名〈口〉唾液；唾沫。

【吐血】tùxiě 动 内脏出血，由嘴里吐出，一般分为咯血、呕血两种。

【吐泻】tùxiè 动 呕吐和腹泻 ▷中毒～。

兔（*兎兔） tù 名 哺乳动物，耳朵长，尾巴短，上唇中间裂开，前肢比后肢略短，善于跳跃、奔跑。肉可以食用，毛可以用于纺织或制毛笔，毛皮可以做衣物。通称兔子。☛ ㊀跟"免(miǎn)"不同。㊁第六画是长撇，不要断成一竖一撇。由"兔"构成的字有"冤""堍""菟"等。

【兔唇】tùchún 名 唇裂。

【兔毫】tùháo 名 兔毛；也指用兔毛做的毛笔。

【兔死狗烹】tùsǐ-gǒupēng《史记·越王句(gōu)践世家》："狡兔死，走狗烹。"兔子死了，猎狗也就被煮着吃了。比喻事成后把出力者抛弃甚至杀害。

【兔死狐悲】tùsǐ-húbēi 兔子死了，狐狸感到悲伤。比喻因同类或同伙的不幸而感到悲伤。

【兔脱】tùtuō 动〈文〉像兔子般迅速地逃脱。

【兔儿爷】tùryé 名 中秋节应景的一种兔头人身的泥塑小玩具。我国某些地区（如北京）有拜兔儿爷祈求消灾祛病的习俗。

【兔崽子】tùzǎizi 名〈口〉小兔子（多用作骂人的话）。

【兔子】tùzi 名 兔的通称。

堍 tù 名 桥两端连接平地的倾斜部分 ▷桥～。

菟 tù［菟丝子］tùsīzǐ 名 一年生草本植物，茎细长，呈丝状，橙黄色，多缠绕在豆科植物上吸取它们的养料。种子也叫菟丝子，可以做药材。

另见 1390 页 tú。

tuān

猯 tuān ❶ 名〈文〉猪獾（獾的一种）。○ ❷ 用于地名。如：猯窝，在山西；猯卧梁，在陕西。

湍 tuān ❶ 名〈文〉急流的水 ▷急～。→ ❷ 形 水流得急 ▷～急|～流。

【湍急】tuānjí 形 水流很急 ▷～的江水。

【湍流】tuānliú 名〈文〉急速而有漩涡的水流 ▷飞渡～。

煓 tuān 形〈文〉形容火势旺盛的样子。

tuán

团（團糰⑨） tuán ❶ 形 圆；圆形的 ▷～扇|～城。→ ❷ 动 把可塑性的东西捏或揉成球形 ▷把废纸～成一个球儿|～煤球儿。❸ 动 聚集；会合 ▷～聚|～结。⇒ ❹ 名 军队编制单位，一般在师以下，营以上。⇒ ❺ 名 聚合体 ▷云～|疑～。⇒ ❻ 名 从事某种工作或活动的集体 ▷考察～|慰问～。❼ 名 青少年的群众组织；特指共产主义青年团 ▷儿童～|党～员。→ ❽ 名 球形或圆形的东西 ▷线～|蒲～。⇒ ❾ 名 米或面粉做成的球形食品 ▷汤～。⇒ ❿ 量 用于成团的东西 ▷两～毛线|一～乱

麻◇漆黑一～。

【团拜】tuánbài 动 单位内的成员在元旦或春节时聚会并互相祝贺。

【团部】tuánbù 名 军队建制中团一级的领导机关。

【团丁】tuándīng 名 旧时团练武装中的壮丁。

【团队】tuánduì ❶ 名 团和队;泛指为某种目的而组成的集体 ▷旅游～。❷ 名 特指共青团和少先队 ▷～干部。

【团队精神】tuánduì jīngshén 指为实现共同目标而互相协作的集体主义精神。

【团费】tuánfèi 名 团体成员按规定向所在团体缴纳的费用;特指共青团员按团章规定每月向所在支部缴纳的一定数额的钱。

【团粉】tuánfěn 名〈口〉烹调用的淀粉;也可制作粉皮、粉丝等。

【团歌】tuángē 名 指中国共产主义青年团团歌。现在的团歌是《光荣啊,中国共青团》。

【团购】tuángòu 动 团体采购;也指多位消费者组成团队共同向商家购买某种商品,以取得优惠价格。

【团徽】tuánhuī 名 作为团体标志的徽章;特指中国共产主义青年团的徽章。

【团伙】tuánhuǒ 名 拉帮结派进行违法犯罪活动的小集团 ▷结成～|流氓犯罪～。

【团籍】tuánjí 名 加入团体后所取得的团体成员的资格;特指加入中国共产主义青年团后所取得的团员资格。

【团纪】tuánjì 名 指中国共产主义青年团规定的团员必须遵守的纪律。

【团建】tuánjiàn 名 指中国共产主义青年团的建设。

【团结】tuánjié ❶ 动 联合一致,紧密合作 ▷～起来|～大多数。❷ 形 关系融洽,相处和谐 ▷这个集体很～。

【团聚】tuánjù ❶ 动(分别后)相聚 ▷兄弟～。❷ 动 团结聚集 ▷把分散的力量～起来。☛跟"聚会"不同。"团聚"侧重指失散或久别后又相聚,多用于亲人间;"聚会"指聚集会合,一般用于朋友、同学等。

【团课】tuánkè 名 指中国共产主义青年团对团员和要求入团的积极分子开设团章教育的课程。

【团粒】tuánlì 名 由腐殖质和矿物颗粒等构成的球状小土粒。直径在1—10毫米之间,有利于储存养分、水分和渗水,是土壤结构中较理想的一种。

【团练】tuánliàn ❶ 名 旧时地主豪绅组织的地方武装。❷ 名 指团练的头目。

【团龄】tuánlíng 名 指正式加入中国共产主义青年团的年数。

【团拢】tuánlǒng ❶ 动 把东西捏成团状 ▷把肉馅儿～成丸子。❷ 动 团结;聚拢 ▷～成整体。

【团圞】tuánluán〈文〉❶ 形(月亮)圆圆的 ▷～月照岸边舟|明月～。❷ 动 团圆;团聚 ▷～重聚|大众～。☛不宜写作"团栾"。

【团脐】tuánqí 名 雌蟹的圆形腹甲;借指雌蟹(跟"尖脐"相区别)。

【团旗】tuánqí 名 作为团体标志的旗帜;特指中国共产主义青年团的旗帜。

【团日】tuánrì 名 指中国共产主义青年团基层组织举行集体活动的日子。

【团扇】tuánshàn 名 圆形或椭圆形有柄的扇子。也说宫扇。

【团体】tuántǐ 名 有共同目的或志趣相同的人在一定范围内所组成的集体;泛指集体 ▷学术～|宗教～|～操。

【团体操】tuántǐcāo 名 集体表演的有一定主题思想的大型体操。一般由体操动作、舞蹈动作、队形变换、图案造型、背景陪衬等组成。

【团体赛】tuántǐsài 名 一种由若干人组成一队,代表一方并按规定方法跟对方进行较量的体育比赛,分男子团体赛和女子团体赛。

【团头鲂】tuántóufáng 名 鱼,银灰色,头小口宽,体侧扁,呈菱形,长可达40厘米。草食性,肉味美。原产湖北梁子湖。也说武昌鱼。

【团团】tuántuán ❶ 形 层层环绕或聚集成团的样子 ▷～包围。❷ 形 形容浑圆 ▷～似明月。

【团团转】tuántuánzhuàn 动 来回转圈儿。多用来表示忙碌、焦急 ▷急得他～。

【团委】tuánwěi 名 指中国共产主义青年团的委员会;也指团委委员。

【团校】tuánxiào 名 指培训中国共产主义青年团干部的学校。

【团音】tuányīn 名 汉语语音学上指j、q、x同i、ü或i、ü开头的韵母相拼的音节。参见664页"尖团音"。

【团鱼】tuányú 名 鳖。

【团员】tuányuán 名 某一特定团体的成员;特指中国共产主义青年团的成员。

【团圆】tuányuán ❶ 动 家人团聚 ▷夫妻～|吃～饭。❷ 形 圆形的 ▷～脸|～的月亮。

【团圆节】tuányuánjié 名 中秋节。

【团章】tuánzhāng 名 指中国共产主义青年团章程。

【团中央】tuánzhōngyāng 名 中国共产主义青年团中央委员会的简称。

【团子】tuánzi 名 团成球形的食品 ▷糯米～。

【团坐】tuánzuò 动 围坐。

抟(摶) tuán ❶ 同"团"②。现在一般写作"团"。→❷ 动〈文〉回旋;盘旋 ▷～扶摇而上者九万里。

溥 tuán 形〈文〉露水大。

tuǎn

畽 tuǎn 名 村庄(多用于地名) ▷走村串～|贾家～(在山东)|蒋～(在安徽)。

tuàn

彖 tuàn 名 彖辞。☛ 上头是"彑",不是"彐"。"彑"主要处在"彖""彘""彝"上。由"彖"构成的字有"椽""喙""缘""篆"等。

【彖辞】tuàncí 名《周易》中论述卦义的文字。

tuī

忒 tuī 副〈口〉太;非常 ▷这车～慢|那件衣服～贵了。

另见 1344 页 tè。

推 tuī ❶ 动 用手或借助其他东西向外或向前用力,使物体移动 ▷～门|～开窗户|～着小车。→ ❷ 动 用工具贴着物体表面向前移动进行工作 ▷～草坪|～头。❸ 动 磨(mò)或碾(粮食) ▷～麦子。→ ❹ 动 推行;使开展 ▷把绿化工作～向高潮|～广。→ ❺ 动 把预定的时间向后延 ▷～延|～迟。→ ❻ 动 推选;举荐 ▷～他当组长|～荐。❼ 动 抬举;尊崇 ▷～崇|～许。→ ❽ 动 推求 ▷～断|类～。→ ❾ 动 辞让;不肯接受 ▷～辞|～让。❿ 动 推托 ▷～病不出。

【推刨】tuībào 名 刨子。

【推杯换盏】tuībēi-huànzhǎn 频频举杯,互相敬酒。形容酒席上气氛热烈 ▷席间大家～,好不痛快!

【推本溯源】tuīběn-sùyuán 探索事物的根本,寻求事物的来源。

【推波助澜】tuībō-zhùlán 比喻助长事物的声势以扩大影响(多含贬义)。

【推测】tuīcè 动 根据已知的来估计或想象未知的 ▷事故的原因目前还难以～。☛ 跟"猜测""猜想"不同。"推测"是要有根据的;"猜测""猜想"多指单凭主观想象来估计,不强调有什么根据。

【推陈出新】tuīchén-chūxīn 对旧事物取其精华、去其糟粕并在此基础上创新。

【推诚相见】tuīchéng-xiāngjiàn 拿出诚心与人交往 ▷同志之间应～。

【推迟】tuīchí 动 把预定时间向后挪 ▷～开学。

【推崇】tuīchóng 动 崇敬;尊崇 ▷深受～。☛ 参见 1397 页"推重"的提示。

【推出】tuīchū 动 献出;推荐出 ▷～一部电视剧|～一批新产品|文坛～一批新人。

【推辞】tuīcí 动 辞谢;拒绝 ▷婉言～|竭力～。

【推戴】tuīdài 动〈文〉推举并拥护 ▷万众～。

【推宕】tuīdàng 动 拖延搁置 ▷敷衍～。

【推导】tuīdǎo 动 根据已知的公理、定理、定律、定义等,借助于逻辑推理、数值演算等,得出新的结论 ▷～公式。

【推倒】tuīdǎo ❶ 动 用推力使立着的人或物体倒下 ▷把他～在地|～危房。❷ 动 推翻③。

【推定】tuīdìng ❶ 动 推举确定 ▷群众～的代表不能任意更换。❷ 动 经推测而认定 ▷现在还难以～作案的时间。

【推动】tuīdòng 动 (用某种力量)使事物启动或前进;使工作展开 ▷受水流的～,船速很快|～社会发展|～谈判进程。

【推断】tuīduàn 动 推测断定 ▷研究过去,～未来。

【推度】tuīduó 动 推测揣度 ▷由他的表情可以～他的心理。☛ "度"这里不读 dù。

【推翻】tuīfān ❶ 动 推倒① ▷～了桌子。❷ 动 打倒(原来的政权)或改变(社会制度) ▷反动政权被～了|～旧社会。❸ 动 彻底否定(已有的说法、结论、决定等) ▷～成说|口供被～了。☛ 义项②跟"颠覆"②不同。"推翻"②多指公开的行动,中性词;"颠覆"②通常指手法隐蔽的密谋行动,一般用于贬义。

【推杆】tuīgǎn ❶ 名 一种短粗的木杆。用来推转(zhuǎn)被伐树木,使之倒向一定的方向。❷ 名 老式战斗机上的升降器。后拉机头向上升,前推机头向下降。

【推故】tuīgù 动 借故推脱(多见于近代汉语) ▷谅你断没得～。

【推广】tuīguǎng 动 使事物应用或施行的范围扩大 ▷～新技术|～普通话。

【推及】tuījí 动 推广到;类推到 ▷由点～面。

【推己及人】tuījǐ-jírén 由自己推想到别人;设身处地为他人着想。

【推挤】tuījǐ ❶ 动 手推身挤;拥挤 ▷球迷们相互～着往里拥。❷ 动 倾轧;排挤 ▷勾心斗角,互相～。

【推见】tuījiàn 动 从一个方面推想到其他方面 ▷从这篇文章的深刻、严谨,可以～作者下了很大的功夫。

【推荐】tuījiàn 动 把认为合适的人或事物向有关方面介绍,希望接纳或采用 ▷给你们～一位会计|～优秀图书|～书。

【推介】tuījiè 动 推荐介绍 ▷这篇文章值得～。

【推襟送抱】tuījīn-sòngbào 指坦诚相见(襟、抱,都借指心意)。

【推进】tuījìn ❶ 动 推动使前进 ▷中西医结合,~了我国医学发展。❷ 动 向前进击 ▷我军全线~。

【推进器】tuījìnqì 名 使船舶前进的机械装置。如以动力运转的螺旋桨等。

【推究】tuījiū 动 推求和探究 ▷~原因。

【推举】tuījǔ 动 把符合要求或条件的人举荐出来 ▷~候选人。

【推拉门】tuīlāmén 名 安装在门框上下槽内,可以左右推拉的门。广泛用于房间、书柜、橱柜等,形制多样。

【推理】tuīlǐ 动 逻辑学中指由一个或几个已知的判断(前提),推出另一个未知判断(结论)。可大致划分为演绎推理、归纳推理、类比推理等三大类。

【推力】tuīlì 名 推动物体移动的力。

【推论】tuīlùn ❶ 动 推理;论说 ▷这样~下去,自然会引出合理的结果。❷ 名 推理得出的结论 ▷这一~符合历史事实。

【推拿】tuīná 动 中医指按摩。

【推盘】tuīpán ❶ 动 出盘。❷ 动 房地产行业指推销新楼盘。

【推普】tuīpǔ 动 推广普通话。

【推敲】tuīqiāo 动 宋·胡仔《苕溪渔隐丛话》卷十九引《刘公嘉话》记载:唐代诗人贾岛骑驴吟诗得"鸟宿池边树,僧敲月下门"两句,觉得"敲"字不好,想改为"推"字,便在驴上一边吟哦一边做着推、敲的手势,不巧挡了韩愈的路,便向韩愈请教,韩愈想了一会儿说"敲"字好。后人就用"推敲"来指斟酌字句或对问题反复考虑、琢磨 ▷每句话都反复~过。☛ 跟"斟酌"不同。"推敲"强调反复琢磨,力求完善,多用于文学创作或一般写作;"斟酌"强调权衡利弊,以决定取舍,力求没有缺失,使用范围较广。

【推求】tuīqiú 动 探索和寻求 ▷~地震形成的原因|~问题的答案。

【推却】tuīquè 动 推辞;不肯承担 ▷敬请光临指导,万勿~。

【推让】tuīràng 动 认为自己不合适而推辞 ▷既然选你,你就不要再~了。

【推三阻四】tuīsān-zǔsì 以各种借口推托、阻挠。

【推搡】tuīsǎng 动〈口〉使劲推;用手推来推去 ▷姑娘们互相~着,争看新媳妇儿|有理说理,推推搡搡干什么?

【推升】tuīshēng 动 推动使升高 ▷市场的稳步扩大将~经济发展。

【推事】tuīshì 名 旧指专职审判案件的官员,相当于现在的审判员。

【推手】tuīshǒu 名 指推动某事产生或变化发展的人或事物 ▷那位年轻人才是这项技术革新的~|心肌梗死的重要~之一是吸烟。

【推说】tuīshuō 动 推托说;借口说 ▷他~身体不适,退出了会场。

【推算】tuīsuàn 动 根据已知数据算出未知数值 ▷建房所需款项还须反复~|~不准确。

【推特】tuītè 名 英语 Twitter 音译。是美国一家社交网络和微博网站。

【推头】tuītóu 动〈口〉理发;用推子理发。

【推土机】tuītǔjī 名 拖拉机上装有铲式推土装置的机械,用以铲削和推送土石。

【推托】tuītuō 动 借故拒绝或推辞 ▷他~有事,不来了。☛ 跟"推脱"不同。"推托"的对象是指别人请求的事,一般跟拒绝或推辞的理由相搭配;"推脱"的对象是跟自己有关的事,一般跟"责任""错误"等搭配。

【推脱】tuītuō 动 推卸;开脱 ▷~罪责|这个责任他是无法~的。☛ 参见本页"推托"的提示。

【推诿】tuīwěi 动 把该办的事情或责任推给别人 ▷不能互相~。☛ 不要写作"推委"。

【推问】tuīwèn 动 推究审问 ▷侧面迂回,辗转~|~人犯。

【推想】tuīxiǎng 动 揣摩;推测 ▷不能凭空~。

【推向】tuīxiàng 动 朝一定方向推动 ▷~高潮。

【推销】tuīxiāo 动 向外销售;扩大销售 ▷~员|~商品◇不应~伪科学理论。

【推卸】tuīxiè 动 拒绝承担(责任和义务等) ▷~责任|赡养父母的义务不可~。

【推谢】tuīxiè 动 推辞。

【推心置腹】tuīxīn-zhìfù《后汉书·光武帝纪上》:"推赤心置人腹中,安得不投死乎?"意思是把自己的心放在人家的肚子里,人家就会尽力效劳。后用"推心置腹"比喻真心待人。☛ 参见 764 页"开诚布公"的提示。

【推行】tuīxíng 动 推广实行 ▷~规范汉字|~国家公务员考核制度。

【推许】tuīxǔ 动 推重并赞许 ▷~他的才能。

【推选】tuīxuǎn 动 推举选拔 ▷~优秀教师。

【推延】tuīyán 动 推迟 ▷危房改造不可~。

【推演】tuīyǎn ❶ 动 推论演绎 ▷~兵法|把八卦~成六十四卦。❷ 动 推移演变 ▷随着社会的发展,旧事物不断~出新事物。

【推移】tuīyí 动 移动、变化或发展 ▷战线向这里~|随着时间的~,双方增进了了解。

【推展】tuīzhǎn ❶ 动 推动发展 ▷工程~顺利。❷ 动 拿出来展览 ▷~新款轿车。

【推知】tuīzhī 动 通过推算或推理而得知 ▷事态如何发展,目前尚无法~。

【推重】tuīzhòng 动 因重视而给予高度评价 ▷人们～他的学问，更～他的人品。☛ 跟“推崇”不同。“推重”侧重重视；“推崇”侧重崇敬。

【推子】tuīzi 名 理发工具，有上下两排重叠的带刃的齿，通过上排齿的左右移动把头发剪下来。有手推子和电推子两种。

tuí

隤（隤） tuí 古同“颓”。

颓（頹*穨） tuí ❶ 动〈文〉倒塌 ▷断井～垣。→ ❷ 动〈文〉衰败；败坏 ▷倾～|～势。❸ 形 消沉；萎靡不振 ▷～丧|～靡。☛ 统读 tuí，不读 tuī。

【颓败】tuíbài 形 破败；衰败；腐败 ▷古屋～|～之势无可挽回|吏治～。

【颓废】tuífèi 形 意志衰退，精神不振 ▷～的思想|要振作起来，不能～下去。

【颓风】tuífēng 名 萎靡败坏的风气 ▷扫除～。

【颓靡】tuímǐ 形 颓丧萎靡 ▷精神～。

【颓然】tuírán ❶ 形 形容破败的样子 ▷一片～的景象。❷ 形 形容消沉、萎靡不振的样子 ▷～无力。

【颓丧】tuísàng 形 萎靡不振，情绪低落 ▷敌军士气～。

【颓市】tuíshì 名 指行情不好、交易量大幅下降的市场形势 ▷这家公司恰恰是在～中崛起的|拯救～。

【颓势】tuíshì 名 衰败的情势 ▷已显～|挽回～。

【颓态】tuítài 名 消极、悲观的样子；低迷不振的状态 ▷满脸～|为陷入～的山村注入新活力。

【颓唐】tuítáng ❶ 形 情绪低落，精神不振 ▷神情～。❷ 形 境况衰败 ▷国势～。

【颓萎】tuíwěi ❶ 形（精神、意志）颓废萎靡 ▷神情～。❷ 形 低迷不振 ▷股市～。

尵 tuí 见 609 页“虺（huī）尵”。

魋 tuí ❶ 名 古书上说的一种兽，形状像熊，毛色赤黄。○ ❷ 形〈文〉高大；魁伟 ▷～悍（形容魁伟强悍的样子）。○ ❸ 名 姓。

tuǐ

腿（*骽❶） tuǐ ❶ 名 人和某些动物躯干以下脚以上的部分，用以支撑身体和行走 ▷～疼|鸡～。→ ❷ 名 器物下部像腿一样起支撑作用的部分 ▷桌子～儿|椅子～儿。→ ❸ 名 指火腿 ▷云～。

【腿肚子】tuǐdùzi 名 小腿后部由腓肠肌组成的隆起部位。

【腿脚】tuǐjiǎo ❶ 名 腿和脚。❷ 名 借指走动的能力 ▷他病了一场，～不如以前了。

【腿腕子】tuǐwànzi 名 脚腕。

【腿子】tuǐzi ❶ 名〈口〉腿部 ▷他的～细，跑得快。❷ 名 狗腿子。

tuì

退 tuì ❶ 动 向后移动（跟“进”相对） ▷不进则～|撤～。→ ❷ 动 使向后移 ▷增兵～敌|击～|斥～。→ ❸ 动 退出① ▷从领导岗位上～下来|～场。→ ❹ 动 下降；衰减 ▷高烧不～|洪水～下去了|～色|衰～。→ ❺ 动 退还 ▷把多收的货款～给顾客|～稿。→ ❻ 动 撤回；取消 ▷～租|～婚。

【退保】tuìbǎo 动 在某项保险到期之前，投保人按照一定规则和手续，提前解除与保险公司的保险合同 ▷缴费期内～，投保人经济上损失较大|～变现。

【退避】tuìbì 动 退后躲避；退出，回避 ▷困难面前不要～|他们两人谈事儿，我们～吧！

【退避三舍】tuìbì-sānshè《左传·僖公二十八年》记载：春秋时，晋楚两国在城濮（今山东省鄄城县西南）交战。晋文公遵守诺言，主动退军三舍（古代行军三十里为一舍，三舍是九十里）。后用“退避三舍”泛指退让、回避，不与相争。

【退兵】tuìbīng ❶ 动 撤退军队 ▷不获全胜，决不～。❷ 动 使敌军撤退 ▷～无策。

【退步】tuìbù ❶ 动 倒退着走。借指比原来差；落后（跟“进步”相对） ▷功课～了|思想退了步，工作就干不好。❷ 动 退让；让步。❸ 名 后路；退路。

【退场】tuìchǎng 动 离开演出、比赛、会议等场所 ▷演员～|中途～。

【退潮】tuìcháo 动 潮水退落。也说落潮。

【退出】tuìchū ❶ 动 离开（某种场合）；脱离（某个团体或组织）；不再参加（某种行动或活动） ▷～联盟|～比赛◇～历史舞台。❷ 动 退还 ▷～多收的管理费|～赃款赃物。

【退磁】tuìcí 动 消磁的学名。

【退党】tuìdǎng 动 党员自动脱离其所在的政党；特指退出中国共产党。

【退佃】tuìdiàn 动 地主收回租给农民的土地。

【退岗】tuìgǎng 动 退出工作岗位 ▷因病～。

【退耕】tuìgēng 动（耕地）不再耕种 ▷～还林。

【退后】tuìhòu ❶ 动 向后退；倒退 ▷～点儿，车

开过来了|～十年，我跑得比你快。❷ 动 退让；退缩 ▷他总是事事～，从不争先。

【退化】tuìhuà ❶ 动 生物体的某些器官在进化过程中逐渐变小，机能衰退或完全消失。如鲸的四肢变为鳍，仙人掌的叶变成针状，人的阑尾变短等。❷ 动 泛指事物衰退（由好变坏，由优变劣）▷智力～|体能～。☛跟"蜕化"的适用范围和对象不同。

【退还】tuìhuán 动 退回；交还 ▷稿件～本人。

【退换】tuìhuàn 动 退回另换，一般指退掉不合适的商品，换回合适的商品 ▷如有质量问题，可以～。

【退回】tuìhuí ❶ 动 还给；送回 ▷～押金|文件阅后请～。❷ 动 返回原处 ▷前面无路，赶紧～。

【退婚】tuìhūn 动 解除婚约。也说退亲。

【退火】tuìhuǒ ❶ 动 把金属材料及其制品等加热、保温，经自然冷却，以降低硬度，增加可塑性。❷ 动 金属工具使用时因受热而降低原有的硬度。❸ 动 败火 ▷咽喉疼吃点～药|这药可以～。❹ 动 熄火② ▷煮的时间太长了，快～。

【退伙】tuìhuǒ ❶ 动 旧指退出帮会团伙。〇 ❷ 动 退出集体伙食。

【退货】tuìhuò 动 把已购或订购的货物退回原出售单位或生产单位。

【退居】tuìjū ❶ 动 辞去官职后住在某处 ▷～山林。❷ 动 降到较低的地位 ▷他～第三位。

【退款】tuìkuǎn ❶ 动 退还预收或多收的钱。❷ 名 退还的预收或多收的钱 ▷领回～。

【退路】tuìlù ❶ 名 后退的道路 ▷敌人已无～。❷ 名 回旋的余地 ▷给自己留条～。

【退赔】tuìpéi 动 退还，赔偿 ▷挥霍公款者，必须如数～。

【退票】tuìpiào 动 把买来的车票、戏票等退还出售处或转让他人，收回票钱 ▷～处|在电影院门口等人～。

【退聘】tuìpìn 动 解聘。

【退坡】tuìpō 动 往下坡路走。指意志衰退或畏缩后退 ▷虽遭挫折，但思想没有～。

【退钱】tuìqián 动 退款。

【退亲】tuìqīn 动 退婚。

【退却】tuìquè ❶ 动 军队在作战中撤退 ▷暂时～。❷ 动 畏缩后退 ▷面对困难决不～。

【退群】tuìqún 动 退出QQ群、微信群等。

【退让】tuìràng 动 退避；让步 ▷前面有车来，咱们～一下|在原则问题上决不～。

【退热】tuìrè 动 升高的体温降到正常状态 ▷～药|病人～了。

【退色】tuìsè 现在一般写作"褪色"。

【退烧】tuìshāo 动 退热。

【退市】tuìshì 动 退出市场；特指上市公司因连续亏损被证券监管部门取消上市资格，退出股市。

【退守】tuìshǒu 动 后退防守 ▷～孤城。

【退税】tuìshuì ❶ 动 退还错征或多征的税款。❷ 动 在对外贸易中，为奖励出口，在纳税人所缴税款中退回部分税款 ▷准予～。

【退缩】tuìsuō 动 向后退或向后缩；畏缩 ▷刚爬出碉堡的敌人又～回去|虽处困境但不～。

【退堂】tuìtáng 动 古代指官员问案完毕或问案告一段落后退出大堂。

【退堂鼓】tuìtánggǔ 名 古代官员退堂时所敲的一通鼓。常跟"打"连用，比喻中途变卦、退缩。

【退庭】tuìtíng 动 法官或关系人（如原告人、被告人、律师、证人等）在审讯中止或结束时退出法庭。

【退团】tuìtuán 动 指中国共产主义青年团的团员因超龄或其他原因退出团组织。

【退位】tuìwèi 动 最高统治者让位或下台；泛指领导者退出所任职位 ▷辛亥革命迫使清朝皇帝～|老局长～后，过着十分悠闲的生活。

【退伍】tuìwǔ 动 军人退出现役 ▷～官兵。

【退席】tuìxí 动 退出会场、宴席等。

【退行】tuìxíng 动 倒退；退化 ▷帕金森病与神经～、老化有关。

【退休】tuìxiū 动 职工达到规定年龄或因公致残等而离开工作岗位，按期领取退休金。

【退休金】tuìxiūjīn 名 退休人员根据规定按期领取的生活费用。

【退学】tuìxué 动 学生因故中止在校学习或被取消学籍 ▷因病～|勒令～。

【退押】tuìyā 动 退还押金。特指我国土地改革时期，地主退还农民租地的押金。

【退养】tuìyǎng ❶ 动 内退。❷ 动 土地、森林、河湖等停止使用，使得到养息 ▷村口鱼塘明年开始～还清。

【退役】tuìyì ❶ 动 军人退出现役或服预备役期满后停止服役 ▷战士～|～军官。❷ 动 军事装备因陈旧而淘汰 ▷这艘炮舰该～了。❸ 动 运动员等结束职业生涯 ▷老队员已经～。

【退隐】tuìyǐn ❶ 动 旧指辞官隐居。❷ 动 消退隐没 ▷天边的浮云逐渐～。

【退赃】tuìzāng 动 退出贪污、受贿、盗窃等非法所得的赃款、赃物。

【退职】tuìzhí ❶ 动 辞去工作或被辞退 ▷申请～|责令～。❷ 动 退休 ▷～后在家写书。

【退走】tuìzǒu ❶ 动 败退 ▷关羽～麦城。❷ 动 向后退去 ▷洪水已经～。

蜕 tuì ❶ 名 某些节肢动物和爬行动物生长过程中脱下的皮 ▷蚕～|蝉～|蛇～。

→❷动蝉、蛇等脱皮 ▷～皮。⇒❸动变化或变质 ▷～化|～变。⇒❹动指鸟脱去旧毛(再长新毛) ▷旧毛还没～尽,新毛已开始生出。☛ 统读 tuì,不读 tuō 或 shuì。

【蜕变】tuìbiàn ❶动人或事物向不好的方向发生变化 ▷他由国家干部～成为罪犯,是有复杂原因的。❷动衰变。

【蜕化】tuìhuà ❶动昆虫的幼虫脱皮后,增大体形或变为另一种形态。❷动借指品质变坏,腐化堕落 ▷思想～|～变质。☛ 跟"退化"的适用范围和对象不同。

【蜕皮】tuìpí ❶动节肢动物和爬行动物生长过程中脱去旧皮,长出新皮 ▷这条蛇刚刚～。❷动表皮脱落 ▷后背晒～了。

煺 tuì 动猪、鸡等宰杀后经滚水浸烫去掉毛 ▷～猪|～鸡毛。

褪 tuì ❶动〈文〉脱去衣装。→❷动颜色或痕迹变淡或消失 ▷衣服～了色|油渍已经～净。→❸动(羽毛等)脱落 ▷兔子～毛了。☛ 读 tuì,现用于颜色等变淡、消失或羽毛等脱落;读 tùn,用于用力使穿着或套着的东西脱落,如"褪去棉服""狗褪了套跑了"。

另见 1400 页 tùn。

【褪色】tuìsè ❶动颜色由深变浅或脱落 ▷穿一身～的军装。❷动借指本色、意识等逐渐淡化以至消失 ▷永不～的老红军|许多往事在记忆中～了。☛ 这里的"色"口语中也读 shǎi。

tūn

吞 tūn ❶动不经咀嚼或细嚼,整个地往下咽 ▷把药片～下去|狼～虎咽|～食。→❷动侵占;兼并 ▷私～|侵～|～并。○❸名姓。☛ 上边是"天",不是"夭"。

【吞并】tūnbìng 动并吞;兼并 ▷～财物|～土地。

【吞剥】tūnbō 动侵吞盘剥。

【吞吃】tūnchī ❶动吞① ▷蛇～老鼠。❷动吞没① ▷～粮款。

【吞服】tūnfú 动吞①(多指服药) ▷温开水～。

【吞金】tūnjīn 动吞下黄金(自杀) ▷～自杀。

【吞灭】tūnmiè ❶动并吞消灭 ▷强国～弱国。❷动吞没② ▷夜幕～了远近的山峦。

【吞没】tūnmò ❶动侵吞;私占 ▷～救灾物资。❷动淹没;罩住 ▷海浪～了渔村。

【吞声】tūnshēng 动不敢出声;有话不敢说 ▷忍气～。

【吞食】tūnshí 动吞吃。

【吞蚀】tūnshí 动侵吞;侵蚀 ▷～公物应受到法律制裁|罪恶～着他那颗原本善良的心。

【吞噬】tūnshì ❶动吞吃掉;比喻夺去生命 ▷白细胞能～细菌|那场战乱～了多少无辜的生命。❷动吞没①。❸动比喻湮没;消融 ▷无边的寂寞～着她。

【吞吐】tūntǔ ❶动吞进和吐出;比喻旅客或货物进进出出 ▷这个港口一年能～五千万吨货物。❷形言语支吾,含混不清 ▷言辞～,令人费解。

【吞吐量】tūntǔliàng 名一定时期内经港口运进和运出货物的总数量,以吨为单位 ▷上海港的全年～居全国港口之首。

【吞吞吐吐】tūntūntǔtǔ 形形容说话有顾虑,不愿或不敢说 ▷他说话从不～。

【吞咽】tūnyàn 动吞吃;咽下 ▷这种汤药太苦,很难～◇话到嘴边又～下去。

【吞云吐雾】tūnyún-tǔwù 原指道家不吃五谷,餐霞吐雾,修炼养气。后用来讥讽吸香烟或鸦片的情状。

【吞占】tūnzhàn 动侵吞;侵占 ▷不许～别人的财产|收回被～的土地。

焞 tūn 名〈文〉光明 ▷～耀天地。

暾 tūn 名〈文〉初升的太阳 ▷朝～。

tún

屯 tún ❶动蓄积;聚集 ▷～粮|～聚。→❷动驻扎;戍守 ▷～兵|～驻|～扎。→❸名村庄(多用于地名) ▷～落|～子|皇姑～(在辽宁)。☛ 首笔是横,不是平撇。由"屯"构成的字有"饨""纯""吨""顿"等。

另见 1818 页 zhūn。

【屯兵】túnbīng ❶动驻扎军队 ▷～海岛。❷名驻扎的军队;也指屯田垦荒的军队 ▷十万～,开荒种粮。

【屯积】túnjī 动聚积;储存 ▷～军用物资。☛ 跟"囤积"不同。

【屯集】túnjí 动屯聚。

【屯聚】túnjù 动(人马等)集结;聚集进驻 ▷～兵马粮草。☛ 跟"囤聚"的适用对象不同。

【屯垦】túnkěn 动驻军垦荒 ▷～部队。

【屯落】túnluò 名〈口〉村落。

【屯守】túnshǒu 动驻守 ▷～边关。

【屯田】túntián ❶动古时在军队驻扎的地方组织士兵或招募农民开垦荒地。❷名指屯垦的土地 ▷当年这里是万顷～。

【屯扎】túnzhā 动驻扎。

【屯子】túnzi 名某些地区指村庄。

坉 tún ❶动〈文〉用草袋装土筑墙或堵水。○❷名〈文〉田垄。○❸名村庄;村寨(多用于地名) ▷石～|～脚镇(均在贵州)。

囤 tún 动 积贮;储存 ▷~粮|~积。

另见 353 页 dùn。

【囤积】túnjī 动 商人为牟取暴利而大量积存货物 ▷~粮食|~居奇。☛ 跟"屯积"不同。

【囤聚】túnjù 动 聚集贮存(货物) ▷大量~生丝。☛ 跟"屯聚"的适用对象不同。

饨(飩) tún 见 619 页"馄饨(húntun)"。

忳 tún 形〈文〉忧伤;苦闷 ▷~郁邑余侘傺兮,吾独穷困乎此时也!

另见 1818 页 zhūn。

豚 tún 名〈文〉小猪;泛指猪 ▷犬豕鸡~|~蹄。

【豚鼠】túnshǔ ❶ 名 哺乳动物,似兔而小,前肢短,后肢长,无尾。毛色白、黑、黄褐不一。穴居,夜间活动,以植物为食。常供医学和生理学实验用。❷ 名 小猪和老鼠;比喻弱小无能者 ▷~之辈。

鲀(魨) tún 名 鱼,口小,遇敌能吸入水和空气,使腹部膨胀如球,漂在水面。有些种类的内脏和血液含毒素。生活在海中,少数进入淡水。种类很多,常见的如河豚。

臀(*臋) tún 名 人体背面腰部下方大腿上方的隆起部位;也指哺乳动物后肢上端与腰连接的部位。俗称屁股。☛ 统读 tún,不读 diàn。

【臀尖】túnjiān 名 后臀尖。

【臀鳍】túnqí 名 鱼肛门后的鳍。在腹鳍之后,尾鳍之前,是鱼的运动器官之一。参见 1075 页"鳍"。

【臀围】túnwéi 名 臀部的周长尺寸。

【臀疣】túnyóu 名 猴类臀部厚而坚韧的皮。由皮肤高度角质化而形成,大多为红色,不长毛。

tǔn

汆 tǔn ❶ 动 某些地区指物体在水上漂浮。→ ❷ 动 某些地区指用油炸 ▷油~蚕豆。☛ 参见 234 页"汆"的提示。

tùn

褪 tùn 动 用力使穿着或套着的东西脱落 ▷~下一条裤腿|~下手镯。

另见 1399 页 tuì。

tuō

乇 tuō 用于地名。如大乇铺、藤树乇,均在湖南。

托[1] tuō ❶ 动 用器物或手掌承受(物体) ▷用盘子~着几杯酒|手~着枪|~盘。→ ❷ 名 托子 ▷花~|盏~。❸ 动 陪衬 ▷烘云~月|衬~|烘~。❹ 名〈口〉帮助行骗者诱人上当的人 ▷他居然给卖假药的当~儿。

托[2](*託) tuō ❶ 动〈文〉寄托 ▷~身。→ ❷ 动 仰仗;靠 ▷~您的福,一切顺利|~庇。❸ 动 假借(言辞、理由或名义) ▷~词|假~|伪~。→ ❹ 动 委托;托付 ▷~人办事|~运|嘱~。

【托庇】tuōbì 动 依靠长辈或有权势的人的庇护。

【托病】tuōbìng 动 借口有病 ▷~谢客。

【托词】tuōcí ❶ 名 推托的话;借口 ▷他说有病不能参加会议,不过是~罢了。❷ 动 找推托的理由 ▷~回避|~婉拒。

【托辞】tuōcí 现在一般写作"托词"。

【托底】tuōdǐ 动 垫底;比喻用作基础或条件 ▷展柜以枣红丝绒~|有这笔钱~,公司业务就可以开展了。

【托儿所】tuō'érsuǒ 名 代人照管或教养婴幼儿的机构。

【托福】tuōfú ❶ 动 客套话,表示依赖对方或别人的福气使自己幸运 ▷承蒙问候,~,~,病已痊愈|托您的福,我们搬进新居了。○ ❷ 名 英语缩写词 TOEFL 音译。指美国对非英语国家留学生的英语考试。

【托付】tuōfù 动 托人照料或办事 ▷我出差,孩子~给您了|几盆花已~老王照管。☛ 不宜写作"托咐"。

【托孤】tuōgū 动 临终前托人照料留下的孤儿。

【托故】tuōgù 动 借口某种理由 ▷~离席。

【托管】tuōguǎn ❶ 动 委托保管 ▷这部珍贵手稿交博物馆~。❷ 动 特指由联合国委托一个或几个会员国在联合国监督下对还没有获得自治权的地区进行管理 ▷~地。

【托交】tuōjiāo 动 委托交付 ▷将诉讼材料~给律师|~信函。

【托拉斯】tuōlāsī 英语 trust 音译。❶ 名 资本主义垄断组织的高级形式,由许多生产同类产品或在生产上有密切联系的企业合并组成。参加的企业成为分红的股东,最大企业的资本家掌握领导权。❷ 名 指专业公司。

【托老所】tuōlǎosuǒ 名 专门照料老人日常生活的机构,所需费用由老人自己或其赡养者负担。也说托老院。

【托门子】tuōménzi 托人找门路以达到某种目的。

【托梦】tuōmèng 动 迷信指已故亲友进入人的梦境并有所嘱托。

【托名】tuōmíng 动 借用他人的名义 ▷不允许~存款。

【托帕石】tuōpàshí 名 透明而颜色美丽的上品黄

玉。参见 606 页“黄玉”①。

【托盘】tuōpán ❶ 名 可以用手托送的盘子，盘子上可盛放碗碟杯盏、水果、礼品等。○ ❷ 动 股市指某种股票价格下跌时，通过强力收购，制止跌势而呈升势。

【托腔】tuōqiāng 动 戏曲演出时用乐器衬托演员的唱腔。☛ 跟“拖腔”不同。

【托情】tuōqíng 动 托人情。

【托人情】tuōrénqíng 请别人代为说情 ▷～的事我不干。也说托情。

【托身】tuōshēn 动 寄身；安身 ▷无处～◇题材同一而～于不同的艺术形式。

【托生】tuōshēng 动 迷信称人或动物死后灵魂又转生世上。

【托市】tuōshì 动 运用某项政策或某种经济手段支撑市场价格，避免大幅下滑 ▷～收购粮食，减少粮农损失。

【托收】tuōshōu 动 委托收取（钱物等）▷银行办理～业务。

【托物言志】tuōwù-yánzhì 通过描绘具体事物的形象来表达思想感情（多用于诗歌、散文创作）。

【托养】tuōyǎng 动 委托他人或机构抚养、赡养或饲养 ▷社会～机构｜生猪～基地。

【托业】tuōyè 名 英语缩写词 TOEIC 音译。国际交流英语能力测试。

【托运】tuōyùn 动 委托运输部门运送 ▷～行李。

【托子】tuōzi 名 放在器物下面起支承保护作用的东西 ▷茶杯底下放个～｜花瓶～。

拖（*扡❶—❺）tuō ❶ 动 用力使物体擦着地面或沿着另一物体表面移动；牵引 ▷把被台风刮倒的大树～走｜用墩布～地板｜～车。→ ❷ 动 牵拉在身体后面；下垂 ▷小松鼠～着个尾巴｜～着一条长辫子。→ ❸ 动 拖延 ▷工程～了一年才完工｜～欠。→ ❹ 动 把声音拉长 ▷声音～得很长｜～腔。→ ❺ 动 牵累；牵制 ▷～累｜把敌人死死～住。○ ❻ 名 姓。

【拖把】tuōbǎ 名 擦地板的用具，多用布条、线绳等固定在较长木棍的一端制成。也说墩布、拖布。

【拖驳】tuōbó 名 由机动船牵引的驳船。

【拖车】tuōchē ❶ 名 由汽车、拖拉机等牵引着行驶的车斗或车厢。也说拖斗、挂斗。❷ 名 某些地区指人拉的板车或三轮货车。

【拖船】tuōchuán 名 拖轮；也指被拖轮牵引的船。

【拖带】tuōdài ❶ 动 牵引 ▷这辆卡车～了装满石料的挂斗。❷ 动 拖⑤。

【拖宕】tuōdàng 动 拖延。

【拖斗】tuōdǒu 名 拖车①（常指小型、无棚的）。

【拖儿带女】tuō'ér-dàinǚ 拖带着未成年的儿女。形容受家庭拖累，生活艰难。

【拖后腿】tuōhòutuǐ ❶ 比喻利用亲情或密切关系等阻挠或牵制他人，使不能正当行动。❷ 比喻局部工作不力而影响全局工作的进展。‖也说扯后腿。

【拖家带口】tuōjiā-dàikǒu 拖带着一家老小。多指受家庭拖累。

【拖垮】tuōkuǎ 动 因长时间负担或压力过重使人累坏或使事业失败 ▷身体～了｜～对方。

【拖拉】tuōlā ❶ 形 办事迟缓；不利索 ▷他办事从不～｜他总是拖拖拉拉的，没有一叫就到的时候。❷ 动 拖延 ▷由于资金不到位，这项工程一直～到现在还没建成。

【拖拉机】tuōlājī 名 一种有很大牵引力的动力机械。主要用于牵引不同的农机具进行耕地、播种和收割等，也用在林业、工业、运输和建筑工程上。种类较多，有轮式、履带式等（拖拉：俄语 трактор 音译）。

【拖累】tuōlěi 动 连累；使受连累 ▷被家务～｜是我～了他。☛ 跟“连累”不同。“拖累”侧重给别人增加负担、困难；“连累”侧重使别人受到牵连、损害。

【拖轮】tuōlún 名 用来在水上拖曳船舶或其他物体的机动船。有牵引设备，一般船体较小而主机马力较大。也说拖船。

【拖泥带水】tuōní-dàishuǐ 形容说话、写文章不简洁或办事不利索。

【拖欠】tuōqiàn 动 拖延时间不归还或不发放 ▷～的物资已全部下拨｜不许～教师工资。

【拖腔】tuōqiāng 动 戏曲演唱时，某字拖长音 ▷他善用鼻音～。☛ 跟“托腔”不同。

【拖三落四】tuōsān-làsì 形容办事拖拉迟缓。☛ ㊀“落”这里不读 luò，也不要误写作“拉”。㊁跟“丢三落四”不同。

【拖沓】tuōtà ❶ 形 拖拉松懈；不爽快麻利 ▷作风～｜办事～。❷ 形 语言不简洁；（作品等）结构不紧凑 ▷语言～｜影片结构松散，叙事～。

【拖堂】tuōtáng 动 拖延时间，没按时下课 ▷王老师上课从不～。

【拖网】tuōwǎng 名 一种大型渔网，状如袋子。用一只或两只渔船拖曳，兜捕底层鱼虾。

【拖鞋】tuōxié 名 后半截没有鞋帮的便鞋，多在室内穿。

【拖延】tuōyán 动 延长时间，不及时或没能按时办理 ▷这笔货款～了三个月才到位。

【拖曳】tuōyè 动 牵引；拖或拉着走 ▷～船舶｜～着长长的婚纱缓步向前。

【拖运】tuōyùn 动 用车、船运载货物 ▷货轮只～货物，不载客。

侂 tuō 动〈文〉请人代办；寄托 ▷～于名士。

飥 tuō 见 103 页“餺(bó)飥”。

脱 tuō ❶ 动 脱落;掉落 ▷～皮|～发。→❷ 动 (从身上)取下 ▷～帽|～衣。❸ 动 除去 ▷～水|～脂。→❹ 动 脱离;避免 ▷～产|摆～。→❺ 动 (文字)缺漏 ▷这个句子～字了|～漏|～误。

【脱靶】tuōbǎ 动 打靶时没有击中靶子 ▷他没有掌握射击要领,三枪都～了。

【脱班】tuōbān 动 (车、船、飞机等)晚点。

【脱保】tuōbǎo 动 指保险期满后未按时办理续保手续。脱保后,保险公司不再承担保险责任。

【脱产】tuōchǎn 动 脱离原来从事的直接生产岗位,担任非生产性工作或专门学习;泛指脱离原来的工作岗位,担任其他工作或专门学习 ▷基层干部大都不～|～进修。

【脱党】tuōdǎng 动 脱离所属党派;特指中国共产党党员脱离党组织。

【脱档】tuōdàng 动 某种商品生产或销售暂时中断 ▷这种零件市场上刚刚～。

【脱发】tuōfà 动 头发大量脱落 ▷化疗导致～。

【脱肛】tuōgāng 动 肛管及直肠从肛门脱出,常由便秘、腹泻等引起。

【脱岗】tuōgǎng ❶ 动 擅自离开生产或工作岗位 ▷未经批准而～要严肃处理。❷ 动 因故暂时离开生产或工作岗位 ▷～学习。

【脱稿】tuōgǎo ❶ 动 文稿写完 ▷论文还没～。❷ 动 不看着稿子或不照着稿子(讲话) ▷～说出了一连串数字|～发言。

【脱钩】tuōgōu ❶ 动 火车车厢的挂钩脱落。❷ 动 比喻脱离关系 ▷他已和原单位～。

【脱轨】tuōguǐ 动 车轮离开轨道;比喻言行越出常规 ▷加强自律,谨防行为～。

【脱货】tuōhuò 动 某种商品供不应求,暂时缺货 ▷最近消毒剂走俏,已经～。

【脱缰】tuōjiāng 动 挣脱缰绳 ▷烈马～。

【脱胶】tuōjiāo ❶ 动 除去蚕丝或麻类等植物纤维上的胶质。❷ 动 物体上的黏胶脱落。

【脱节】tuōjié 动 事物不相衔接或失去联系 ▷产销不能～|这一段上下文～了。

【脱臼】tuōjiù 动 脱位。

【脱壳】tuōké 动 脱去外壳 ▷小鸡～而出。☛ 跟“脱壳(qiào)”不同。

【脱口】tuōkǒu 动 不加思索地张口(说) ▷～成诗。

【脱口而出】tuōkǒu'érchū 不加思索地随口说出 ▷回答问题,～。

【脱口秀】tuōkǒuxiù 名 英语 talk show 音译。广播电视中以谈话为主的节目形式。

【脱困】tuōkùn 动 摆脱困境 ▷帮助灾民～。

【脱蜡】tuōlà 动 去掉蜡质附着物或含在物质中的蜡质 ▷染色后用热水～。

【脱蕾】tuōlěi 动 没到花开,花蕾就落了 ▷暴风雨后,棉花～严重。

【脱离】tuōlí 动 离开;断绝 ▷～危险期|～夫妻关系。

【脱粒】tuōlì 动 经碾轧、摔打或使用机器使粮食、油料作物的籽实脱落下来。

【脱粒机】tuōlìjī 名 供脱粒用的农业机械。

【脱漏】tuōlòu 动 遗漏;漏掉 ▷这一页～了一行文字|毛衣袖口～了一针。☛ 跟“遗漏”不同。“脱漏”侧重由操作失误造成,多用于文字、篇章等,书面语色彩较浓;“遗漏”侧重由疏忽、遗忘造成,使用范围较广。

【脱落】tuōluò ❶ 动 (物体)离开原来生长或附着的部位而掉下 ▷头发～|墙皮～。❷ 动 (文字)遗漏 ▷句中～了两个字。

【脱盲】tuōmáng 动 经过学习脱离文盲状态 ▷这个乡的青壮年文盲全部～。

【脱毛】tuōmáo ❶ 动 鸟、兽等身上的或皮制品上面的毛脱落。❷ 动 使人身上的毛脱落 ▷～仪|局部～。

【脱帽】tuōmào 动 取下自己头上戴的帽子(多用于对人表示敬意) ▷～默哀。

【脱敏】tuōmǐn 动 医学上指解除病人过敏状态。

【脱模】tuōmú ❶ 动 从模子中脱离出来。❷ 名 从模子中脱出的坯 ▷这批～等着彩绘。

【脱坯】tuōpī 动 用模子把湿土或泥制成土坯。

【脱皮】tuōpí ❶ 动 表皮脱落 ▷桦树经常～。❷ 动 比喻受到严重伤害。

【脱贫】tuōpín 动 摆脱贫困状态 ▷～致富。

【脱期】tuōqī 动 推迟预定的日期;多指期刊延期出版。

【脱壳】tuōqiào 动 蝉变为成虫时脱去幼虫的壳;比喻用计脱身 ▷金蝉～。☛ 跟“脱壳(ké)”不同。

【脱色】tuōsè ❶ 动 褪色;掉色。❷ 动 用化学药品去掉物品原来的颜色 ▷～剂。

【脱涩】tuōsè 动 使柿子等水果去掉涩味。

【脱身】tuōshēn 动 抽身;摆脱 ▷应酬太多,无法～|他已～,平安离去。

【脱手】tuōshǒu ❶ 动 离开手 ▷铅球～而出。❷ 动 售出货物 ▷这批布料,他急于～。

【脱水】tuōshuǐ ❶ 动 使物体失去或减少水分 ▷蔬菜已经～处理。❷ 动 机体因水摄入不足或排出过多而无补偿引起病理变化。严重时会出现昏迷甚至死亡。也说失水。

【脱俗】tuōsú ❶ 动 摆脱庸俗,没有俗气 ▷超凡～|言谈～。❷ 动 出家 ▷离尘～,遁入空门。

【脱胎】tuōtāi ❶ 动 道教指脱去凡胎而成圣胎。

❷ 动 比喻新事物在旧事物中孕育变化而成；也指文艺创作取法前人而又有创新 ▷中华人民共和国～于半殖民地半封建的旧中国｜吉剧～于二人转。❸ 动 漆器的一种制法。在泥或木制的内胎上糊上绸布，经多道涂漆、磨光等工序使干结成形，最后脱去内胎，涂上颜料。

【脱胎换骨】tuōtāi-huàngǔ 道教认为，修炼得道可以脱凡胎而换圣胎，脱凡骨而换仙骨。比喻思想感情等发生根本变化 ▷～，重新做人。☛ 跟"洗心革面"不同。"脱胎换骨"强调彻底改变；"洗心革面"强调内心和外表都有改变，一般用于做了坏事的人的改过自新。

【脱逃】tuōtáo 动 脱身逃跑 ▷临阵～｜越狱～。

【脱兔】tuōtù 名 脱逃的兔子。形容动作迅速 ▷动如～｜如～般快速冲过去。

【脱位】tuōwèi 动 关节的骨头脱离正常位置，多由外伤或病变引起。也说脱臼。

【脱误】tuōwù 动（文字）脱漏和错误 ▷过录稿件要防止～｜～太多。

【脱险】tuōxiǎn 动 脱离危险。

【脱销】tuōxiāo 动 指商品供不应求，暂时缺货 ▷春节前高档彩电～。

【脱卸】tuōxiè ❶ 动 开脱推卸 ▷责任分明，不可～。❷ 动 拆开取下 ▷这种轮椅的扶手可以～。

【脱盐】tuōyán 动 除去或减少物质中的盐分；特指减少盐碱地中的盐分含量以利种植 ▷～降碱，改良土质。

【脱氧】tuōyǎng 动 冶炼后期，除去液态金属中的氧，以提高金属质量。如钢水可以用硅铁、锰铁、铝等脱氧。

【脱氧核糖核酸】tuōyǎng hétáng hésuān 核酸的一类，分子极大，结构复杂，是储藏、复制和传递遗传信息的主要物质基础。动物胸腺和精子含脱氧核糖核酸多（英语缩写为DNA）。

【脱瘾】tuōyǐn 动 戒除对某种事物的嗜好；特指摆脱毒瘾 ▷帮助吸毒者～。

【脱颖而出】tuōyǐng'érchū《史记·平原君虞卿列传》记载：战国时秦兵攻赵，平原君奉命赴楚求救，一个叫毛遂的人自荐前往。平原君说，有才华的人在众人之中，就像锥子在布袋里一样，尖儿立刻显露出来。你到我门下已经三年，却默默无闻，怕担当不了这个重任吧！毛遂说："使遂蚤（早）得处囊中，乃颖脱而出，非特其末见而已。"意思是，如果能把我毛遂早放到布袋里去的话，那露出来的就不只是锥子的尖儿，恐怕连整个锥针也露出来了（颖：这里指锥子的针体，即金属棍部分）。后用"脱颖而出"比喻优秀人才崭露头角。

【脱羽】tuōyǔ 动 鸟类在春秋两季脱落旧的羽毛换上新的。

【脱脂】tuōzhī 动 除去物质中的脂肪成分 ▷～酸奶。

【脱脂棉】tuōzhīmián 名 去除了脂肪成分的棉花。脱脂棉更易吸收液体，可做卫生用品等。

tuó

驮（馱*馱） tuó 动（牲畜或人）用背（bèi）背（bēi）▷马背上～着两袋化肥｜姐姐～着小弟弟｜～运。☛ 右边是"大"，不是"犬"。

另见357页duò。

【驮运】tuóyùn 动 用牲口负载运输 ▷在沙漠中最好用骆驼～。

佗 tuó 古同"驮（tuó）"。

陀 tuó 名 姓。

【陀螺】tuóluó 名 一种儿童玩具。圆锥形，多用木头制成。用鞭子抽打，可以在地上直立旋转。

【陀螺仪】tuóluóyí 名 测量运动物体角位移或角速度的装置。用这种装置和其他仪器配合，可制成多种精密仪器。

坨[1] tuó 用于地名。如黄沙坨，在辽宁。

坨[2] tuó ❶ 名 坨子 ▷泥～｜面～儿。→ ❷ 动 面食煮熟后黏结在一起 ▷面条～了。

【坨子】tuózi 名 成块、成团的东西 ▷泥～。

沱 tuó 名 可以停泊船只的水湾（多用于地名）▷唐家～｜牛角～（均在重庆）。

【沱茶】tuóchá 名 一种压成块的碗形茶，产于云南、四川、重庆。

驼（駝*駞） tuó ❶ 名 骆驼 ▷～峰｜～绒。→ ❷ 形 背部隆起，像驼峰一样 ▷眼不花，背不～。○ ❸ 名 姓。

【驼背】tuóbèi ❶ 名 骆驼的脊背，有单峰或双峰。❷ 动 人的脊柱向后拱起，多因年老、疾病或不良坐姿引起 ▷儿童上课要保持正确的坐姿，防止～。❸ 名 指驼背的人 ▷他是个～。

【驼峰】tuófēng ❶ 名 骆驼背部隆起的峰状部分，内贮大量脂肪，缺食时供体内消耗。❷ 名 铁路调车场上人工筑成的用于调车的土坡。车辆可凭借自身的重力，自动溜到各股轨道上去，以便列车分解和编组。

【驼铃】tuólíng 名 系挂在骆驼颈下的铃铛，骆驼行走时能发出声响 ▷～叮当。

【驼鹿】tuólù 名 鹿的一种。体长两米多，尾短。雄性有角，横生成板状，分叉很多。善游泳，不喜成群。属国家保护动物。

【驼绒】tuóróng ❶ 名 骆驼的绒毛，用作纺织原料，也可絮衣被 ▷～坎肩|～被子。❷ 名 骆驼绒。

【驼色】tuósè 名 像骆驼毛似的浅棕色 ▷～风衣。

柁 tuó 名 木结构屋架中，架在前后两根柱子上的大横梁 ▷房～|梁～。

另见 357 页 duò。

砣[1] tuó 名 碾砣，碾子上的石碾子。

砣[2] tuó 名 秤锤 ▷东西太重，打不住～了|秤～。

【砣子】tuózi 名 打磨玉器的砂轮。

铊(鉈) tuó 同"砣[2]"。现在一般写作"砣"。另见 1324 页 tā。

鸵(鴕) tuó 名 见下。

【鸵鸟】tuóniǎo 名 现代鸟类中最大的鸟。头小，颈长，两翼退化，不能飞，腿长善走。雄鸟主要为黑色，翼和尾部有白色羽毛；雌鸟灰褐色。群居，杂食。生长在非洲和阿拉伯沙漠地带。参见插图 5 页。

【鸵鸟政策】tuóniǎo zhèngcè 指闭目塞听、不敢正视现实的政策。据说鸵鸟被追急时就把头钻进沙里，自以为能躲过灾难。

酡 tuó 形〈文〉喝酒后脸色发红 ▷～红|～颜。

跎 tuó 见 240 页"蹉(cuō)跎"。

鮀(鮀) tuó ❶ 名 指某些小型淡水鱼类。○ ❷ 用于地名。如鮀岛、鮀浦镇，均在广东。

橐[1] tuó 名〈文〉一种小而无底、两端扎口的袋子 ▷囊～。

橐[2] tuó 拟声 模拟某些物体撞击的声音(多叠用) ▷～～的木鱼声。

鼧 tuó [鼧鼥] tuóbá 名〈文〉旱獭。

鼍(鼉) tuó 名 爬行动物，鳄的一种。体长可达 2 米，背、尾均有角质鳞；背部暗褐色，带黄斑和黄条，腹部灰色。穴居池沼底部，以鱼、螺、蛙、小鸟、鼠类为食，冬日蛰居穴中。分布于长江下游，属国家保护动物。也说扬子鳄、鼍龙。俗称猪婆龙。

tuǒ

妥 tuǒ ❶ 形 稳当可靠 ▷～为安置|欠～|稳～|～当|～善。→ ❷ 形 停当；完备 ▷事已办～|条件谈～了。○ ❸ 名 姓。

【妥当】tuǒdang 形 稳妥恰当 ▷～的办法|办事～。☛ 跟"妥帖"不同。"妥当"强调稳妥、可靠；"妥帖"强调合乎要求、合适。

【妥善】tuǒshàn 形 稳当完善 ▷～处理事故。

【妥实】tuǒshí 形 妥当；实在 ▷办事比较～。

【妥帖】tuǒtiē 形 停当；合适 ▷布置～|谈吐～。☛ 参见本页"妥当"的提示。

【妥贴】tuǒtiē 现在一般写作"妥帖"。

【妥协】tuǒxié 动 为避免冲突而作出适当让步 ▷为顾全大局，双方都愿意～。

庹 tuǒ ❶ 量 成年人两臂左右平伸时，从一只手的中指端到另一只手的中指端的长度，1 庹约合 5 市尺。○ ❷ 名 姓。☛ 不读 dù。

椭(橢) tuǒ 形 长圆形 ▷～圆。☛ 右边是"隋"，不是"隋"。

【椭圆】tuǒyuán ❶ 名 数学上指平面上一个动点到两个定点的距离的和等于一个常数时，这个动点的轨迹叫做椭圆。❷ 名 长圆形 ▷她的脸庞是～的|～镜子。

鬌 tuǒ 见 1445 页"鬌(wǒ)鬌"。

tuò

拓 tuò ❶ 动 开辟；扩充 ▷开～|～荒|～展|～宽。○ ❷ 名 姓。☛ ㊀通常读 tuò；读 tà，指把器物上的文字或图案印在纸上的一种方法。㊁跟"柘"不同。

另见 1325 页 tà。

【拓跋】tuòbá 名 复姓。

【拓荒】tuòhuāng ❶ 动 开荒 ▷～种地|～移民。❷ 动 借指从事新领域的研究或探索 ▷这种探索具有～意义。

【拓荒者】tuòhuāngzhě 名 开荒的人；借指从事新领域研究或探索的人 ▷我国核工业的～。

【拓垦】tuòkěn 动 开拓垦殖 ▷～荒地◇法律政策学是新～的一块法学领地。

【拓宽】tuòkuān 动 加宽；扩大 ▷～马路|～思路|～研究领域。

【拓销】tuòxiāo 动 拓宽销路 ▷～国外市场|确保质量是产品～的根本保障。

【拓展】tuòzhǎn 动 开拓扩展 ▷～宏图|销售的门路还可以～。

柝 tuò 名〈文〉打更用的梆子。多用空心木头或竹子做成 ▷击～|～声。☛ 跟"析"不同。

萚(蘀) tuò 名〈文〉草木脱落的皮或叶。

唾 tuò ❶ 名 唾液 ▷～腺。→ ❷ 动 啐；吐（唾沫） ▷～了一口唾沫｜～手可得。❸ 动（吐唾沫）表示愤怒、轻视或鄙弃 ▷～骂｜～弃。☛ 统读 tuò，不读 tù。

【唾骂】 tuòmà 动 唾弃责骂 ▷遭世人～。

【唾面自干】 tuòmiàn-zìgān 当别人把唾沫吐在自己脸上时，不去擦掉，而让它自己干。形容受了侮辱却逆来顺受，不思反抗。

【唾沫】 tuòmo 名 唾液的通称。

【唾沫星子】 tuòmo xīngzi 细小的唾液珠子。

【唾弃】 tuòqì 动 厌恶；鄙弃 ▷为人民所～｜～腐朽丑恶的东西。

【唾手可得】 tuòshǒu-kědé 一动手就可以得到（唾手：往手上吐唾沫，表示要动手）。比喻极容易得到。也说唾手可取。

【唾液】 tuòyè 名 唾液腺分泌的液体。能使口腔湿润，食物变软，容易咽下；还能分解淀粉，帮助消化，杀灭细菌。通称口水、唾沫。

【唾液腺】 tuòyèxiàn 名 一种消化腺，能分泌唾液，经导管进入口腔。人的唾液腺位于口腔周围，较大的有腮腺、下颌下腺和舌下腺，另有许多小的唾液腺。

【唾余】 tuòyú 名〈文〉比喻别人无足轻重的点滴言论 ▷拾人～。

跅 tuò［跅弛］tuòchí 形〈文〉放荡不羁 ▷～之士。

箨（籜） tuò 名〈文〉竹笋的壳皮。

魄 tuò 见 911 页“落魄（tuò）”。另见 103 页 bó；1063 页 pò。

wā

坬 wā 用于地名。如朱家坬、黄蒿坬,均在陕西。
另见498页guà。

挖 wā 动 用工具或手掘;掏 ▷～野菜|～沟|～耳朵|～掘◇～潜力。☛ ㊀统读wā,不读wá。㊁右下是"乙",不是"九"。

【挖补】wābǔ 动 把破损或不需要的部分去掉,并修补好 ▷～羊毛衫|～版面。

【挖方】wāfāng ❶ 动 土建工程挖掘土石方 ▷施工现场已开始～。❷ 名 土建工程中挖掘的土石方。

【挖改】wāgǎi 动(印刷制版时)在不改动原有版面的情况下进行小的修改。古代刊印书籍出错时,用刀挖去错处并加以修补、改正,故称。

【挖根】wāgēn 动 比喻寻找并铲除根源 ▷迷信源于愚昧,只有普及科学知识才能～。

【挖掘】wājué ❶ 动 往深处挖 ▷～矿藏。❷ 动 比喻深入开发、寻求 ▷～人才。

【挖掘机】wājuéjī 名 挖掘矿石和土方的机械,广泛应用于露天开采、水利工程和建筑施工中。也说掘土机、电铲。

【挖空心思】wākōng-xīnsī 形容绞尽脑汁,想尽办法(多含贬义)。

【挖苦】wāku 动 用刻薄的言语讥讽(人)。

【挖泥船】wāníchuán 名 装有挖泥机械,用于疏浚港口、河道等的船。

【挖潜】wāqián 动 挖掘潜力 ▷～创收。

【挖墙脚】wāqiángjiǎo 挖掉墙的基础。比喻从基础上破坏;拆台 ▷你现在撤资不等于～吗? ☛"脚"不要误写作"角"。

【挖人】wārén 动 用优惠条件从别处吸纳人才为己所用 ▷避免行业内部互相～,恶性竞争。

【挖肉补疮】wāròu-bǔchuāng 剜肉补疮。

哇 wā 拟声 模拟呕吐、哭等的声音 ▷～的一声吐了出来|小孩子～～地哭。
另见1407页wa。

【哇啦】wālā 拟声 模拟吵闹或快速说话的声音 ▷嘴里～～说个不停。

【哇喇】wālā 现在一般写作"哇啦"。

【哇哇】wāwā 拟声 模拟哭声或叫声。

洼(窪) wā ❶ 形 四周高,中间低 ▷这一带地势太～|～地|低～。→❷ 名 四周高、中间低的地方 ▷山～|水～。→ ❸ 动 地面下陷 ▷地～下去一块。

【洼地】wādì 名 地面低洼的地方 ▷这片～可以改造成鱼塘。

【洼陷】wāxiàn 动 向内或向下陷进去 ▷瘦得眼睛都～了|地面逐渐～。

呱 wā [呱底] wādǐ 名 地名,在山西。

窊 wā 形 低洼(多用于地名) ▷南～(在山西)。

娲(媧) wā 见1014页"女娲"。☛ 统读wā,不读wō。

蛙(*鼃) wā 名 两栖动物,无尾,前肢短,后肢长,趾有蹼。先由卵孵化成蝌蚪,后逐渐长成蛙。善于跳跃和游泳,捕食昆虫,对农业有益。种类很多,常见的有青蛙等。

【蛙鸣】wāmíng 名 青蛙的鸣叫声;比喻嘈杂而无意义的话语声或随声附和的议论。

【蛙人】wārén 名 对潜水员的形象称呼。因戴着防水面罩、穿着脚蹼在水中游动自如的样子像蛙,故称。

【蛙泳】wāyǒng ❶ 名 一种泳姿,身体俯卧水面,两臂对称划水,两腿同时蹬水、夹水。因姿势像青蛙游水,故称。❷ 名 指这种游泳运动项目。

wá

娃 wá ❶ 名 小孩子 ▷男～|女～。→ ❷ 名 某些地区称某些小动物 ▷猪～|狗～。

【娃娃】wáwa 名 幼儿;小孩儿。

【娃娃脸】wáwaliǎn 名 指长得像小孩儿一样圆润可爱的脸(用于成年人) ▷从他那张～,看不出他有30岁。

【娃娃亲】wáwaqīn 名 旧时指幼年时由父母定下的亲事。

【娃娃生】wáwashēng 名 传统戏曲中的一种角色,专门扮演儿童,多由幼年演员担任。一般唱老生腔。

【娃娃鱼】wáwayú 名 大鲵(ní)的俗称。

【娃子】wázi ❶ 名 旧时我国西南凉山等地的少数民族对奴隶的称呼。○ ❷ 名 某些地区对孩子的称呼。

wǎ

瓦[1] wǎ ❶ 名 用泥土烧制的器物 ▷～罐|～器。→ ❷ 名 用来铺屋顶的建筑材料,用土坯烧成或用水泥等制成 ▷～房|～砾。

瓦[2] wǎ 量 瓦特的简称。☛“瓦”字的笔顺是一丆瓦瓦，4画。由“瓦”构成的字有“佤”“瓶”“瓷”“瓮”等。

另见本页 wà。

【瓦当】wǎdāng 名 中式建筑中覆盖在屋檐边上的筒瓦的垂面部分，有圆形和半圆形两种，上面多有文字或图案。用来遮挡檐头免受风雨侵蚀（当：阻挡）。

【瓦房】wǎfáng 名 屋顶用瓦覆盖的平房。

【瓦釜雷鸣】wǎfǔ-léimíng 陶锅发出雷鸣般的响声。比喻庸才居于高位，显赫一时（常跟“黄钟毁弃”对举）。

【瓦工】wǎgōng ❶ 名 砌砖、盖瓦、粉刷等工种。❷ 名 从事瓦工工作的工人。

【瓦罐】wǎguàn 名 用泥土烧制的罐子。

【瓦灰】wǎhuī 形 形容颜色像瓦一样灰。

【瓦匠】wǎjiang 名 瓦工②。

【瓦解】wǎjiě ❶ 动 像瓦器碎裂那样分裂 ▷土崩～｜防线全部～。❷ 动 使分裂或解体 ▷～敌人。☛ 参见 64 页“崩溃”的提示。

【瓦块儿】wǎkuàir 名 瓦；也指破碎的瓦片。

【瓦蓝】wǎlán 形 蔚蓝 ▷天空一片～。

【瓦楞】wǎléng 名 屋顶上用瓦铺成的一凸一凹的行列 ▷～上的积雪已融化。也说瓦垄。

【瓦楞纸】wǎléngzhǐ 名 瓦楞形的厚纸板，多用来制包装盒。

【瓦砾】wǎlì 名 破碎的砖头、瓦片和石块。

【瓦亮】wǎliàng 形 很光亮 ▷油光～。

【瓦盆】wǎpén 名 用泥土烧制的盆。

【瓦片】wǎpiàn 名 一片片的瓦；也指碎瓦片。

【瓦圈】wǎquān 名 自行车、三轮车等车轮上用以安装轮胎的钢圈。也说车圈。

【瓦全】wǎquán 动 比喻苟且地活着（常跟“玉碎”对举使用）▷宁为玉碎，不为～。

【瓦斯】wǎsī 名 日语借词，源自荷兰语 gas 音译。气体，特指煤气、沼气等可燃气体。

【瓦特】wǎtè 量 功率法定计量单位，1 秒钟做 1 焦耳的功，功率为 1 瓦特。为纪念英国发明家瓦特而命名。简称瓦。

佤 wǎ［佤族］wǎzú 名 我国少数民族之一。主要分布在云南。

wà

瓦 wà 动 在屋顶上铺瓦 ▷房顶快完工了，该～瓦（wǎ）了｜～刀。

另见 1406 页 wǎ。

【瓦刀】wàdāo 名 瓦工用来砍断砖瓦、涂抹泥灰的钢制工具，形状略像菜刀。

袜（襪* 韤韈）wà 名 袜子 ▷连裤～｜线～｜尼龙～｜～套。☛ 右边是“末”，不是“未”。

【袜底】wàdǐ 名 袜子贴脚底的部分；旧时也特指用布纳好缝在袜子底上的薄垫。

【袜筒】wàtǒng 名 袜子穿在踝骨以上的部分。

【袜子】wàzi 名 贴脚穿的筒状物品。

嗢 wà 见下。

【嗢噱】wàjué 动〈文〉大笑 ▷欢哈～。

【嗢哕】wàyuě 动〈文〉呕吐 ▷强啖以枯鱼，随即～。☛“哕”这里不读 huì。

腽 wà 见下。

【腽肭】wànà 形〈文〉肥胖。

【腽肭兽】wànàshòu 名 海狗。

wa

哇 wa 助“啊（a）”受前一个字韵母 u、ao、ou 的影响产生音变而采用的不同写法 ▷那里的生活苦不苦～？｜这样多好（hǎo）～｜快走～！

另见 1406 页 wā。

wāi

歪 wāi ❶ 形 偏；斜（跟“正”相对）▷线画～了｜字写～了。→ ❷ 形（言行或思想作风等）不正当或不正派 ▷～门邪道｜～风邪气｜～才。→ ❸ 动〈口〉侧身躺卧 ▷找个地方～一会儿｜～在沙发上睡着了。

【歪才】wāicái ❶ 名 指正业以外的才能 ▷他这个经理有点儿～，会作曲。❷ 名 指具有这种才能的人 ▷他怪点子不少，是个～。

【歪打正着】wāidǎ-zhèngzháo 无意中打中目标。比喻意外地获得满意的结果。

【歪道】wāidào ❶ 名 不正当的道路 ▷别让孩子走～。❷ 名 歪理；坏主意 ▷别听他那～。

【歪点子】wāidiǎnzi 名 不正当的办法；坏主意。

【歪风】wāifēng 名 坏的风气；不正派的作风 ▷刹住公款吃喝的～｜～邪气。

【歪理】wāilǐ 名 荒唐的理论；不正确的道理 ▷～邪说｜这套～是站不住脚的。

【歪门邪道】wāimén-xiédào 不正当的门路或手段。

【歪七扭八】wāiqī-niǔbā 形 歪歪扭扭。

【歪曲】wāiqū 动 故意不真实地反映事物（多指把好的说成坏的）▷这样修改，严重～了作者的原意。

【歪歪扭扭】wāiwāiniǔniǔ 形 形容歪斜不正的样子 ▷字写得～的，很难看。

W

【歪斜】wāixié 形 不直;不正 ▷电线杆向南～。

喎 wāi 形 因面部神经麻痹引起的口眼歪斜。现在一般写作"歪"。☛ 统读 wāi,不读 guō。

咼 wāi 叹 表示打招呼 ▷～,上哪儿去?

wǎi

搲 wǎi 动〈口〉舀 ▷从缸里～点儿玉米面。

崴 wǎi ❶ 名 崴子(多用于地名) ▷海参～(今俄罗斯符拉迪沃斯托克)。○ ❷ 动 脚部扭伤 ▷不小心～了脚。☛ 不读 wēi。

另见 1424 页 wēi。

【崴泥】wǎiní 动〈口〉陷进泥潭;比喻事情遭遇麻烦,不好办 ▷一着(zhāo)不慎就～了。

【崴子】wǎizi 名 山、水弯曲的地方(多用于地名) ▷西～(在吉林)。

踒 wǎi 同"崴(wǎi)"②。现在一般写作"崴"。

wài

外 wài ❶ 名 表层;不在某种界限或范围之内的位置(跟"里""内"相对) ▷～强中干|室～|课～。→ ❷ 名 特指外国 ▷古今中～|对～贸易。→ ❸ 形 指非自己所在或所属的 ▷～地|～单位。→ ❹ 形 在已说过的或某个范围以外的 ▷～加|～带。→ ❺ 形 非正式的;不正规的 ▷～号|～史|～快。❻ 名 传统戏曲里的一个行当,扮演老年男子。京剧中改由老生担任,不另立行当。→ ❼ 形 关系远;不亲近 ▷都不是～人,不要客气。❽ 形 称家庭成员中女性一方的亲属 ▷～祖父|～甥|～孙女。

【外包】wàibāo 动 把任务转交给本单位以外的单位或人员承包 ▷工程虽已～,但要有专人跟踪督察|承接服务～业务。

【外币】wàibì 名 外国货币 ▷兑换～。

【外边】wàibian 名 外面。

【外表】wàibiǎo ❶ 名 人的仪表 ▷从～看,她像个学生。❷ 名 表面 ▷只从～上看不出来。

【外宾】wàibīn 名 外国来的客人(跟"内宾"相区别)。

【外部】wàibù ❶ 名 一定范围以外 ▷～环境。❷ 名 事物的表面 ▷～有损伤。

【外埠】wàibù 名 本地以外的较大城镇;泛指外地 ▷～来京人员|开拓～市场。

【外财】wàicái 名 外快。

【外层空间】wàicéng kōngjiān 指地球大气层以外的空间,不在任何国家管辖范围之内。也说宇宙空间。

【外场】wàichǎng 名 外界;社会上 ▷～对他的看法可不怎么样。

【外钞】wàichāo 名 外国的纸币;泛指外币。

【外城】wàichéng 名 有的城市有内外两道城墙,外边的那道城墙或两道城墙之间的区域叫外城(跟"内城"相区别)。

【外出】wàichū 动 到外边去;到外地去 ▷他这几天～,不在家|～打工。

【外出血】wàichūxuè 动 从血管流出的血液排出身体以外。如鼻出血、咯血、子宫出血等。

【外传】wàichuán ❶ 动 向外传播 ▷这种事可千万别～。❷ 动 传授给外人 ▷祖传绝技恕不～。❸ 动 外界传说 ▷～他跟一把手分歧很大。☛ 跟"外传(zhuàn)"不同。

【外存储器】wàicúnchǔqì 名 装在电子计算机主机板外存储信息的器件,如硬盘、软盘、闪存盘。简称外存。

【外大气层】wàidàqìcéng 名 一般指大气层中离地面 500 千米以上的一层。层内空气稀薄,速度较大的中性粒子可挣脱地球引力进入星际空间。

【外带】wàidài ❶ 名 外胎的通称。○ ❷ 动 另外加上 ▷他看大门,～看车。

【外道】wàidào 名 佛教指本教以外的宗教和思想;泛指不合正道的学说或不正当的活动。

【外道】wàidao 形 因过于讲究礼节而显得疏远 ▷虽是初次见面,大家都还不显得～。

【外敌】wàidí 名 外来的敌人 ▷～压境|驱除～。

【外地】wàidì 名 本地以外的地方 ▷到～出差。☛ "外地"的反义词不是"内地",而是"本地"。

【外电】wàidiàn 名 外国新闻单位的电讯 ▷据～报道。

【外调】wàidiào ❶ 动 到外地或外单位调查 ▷法院派人出去～。❷ 动 调到外地、外单位 ▷～物资|～干部。

【外毒素】wàidúsù 名 由细菌所分泌,能在局部及全身产生毒性效应的蛋白质成分。能作用于特殊组织,引起特殊症状。毒性能被相应抗毒素中和。

【外耳】wài'ěr 名 从耳郭到鼓膜之间的部分。哺乳动物(除海豹外)、鸟类和一些爬行动物有外耳。

【外耳道】wài'ěrdào 名 外耳的一部分,是一条自耳郭至鼓膜的弯曲管道。表皮上有绒毛,皮下有皮脂腺,其分泌物为耵聍,有保护耳道的作用。也说外听道。

【外藩】wàifān 名 古代指分封的诸侯王;泛指藩属。

【外方】wàifāng 名 在中外交涉事项中指外国一

方 ▷该公司中方控股51%，～控股49%。

【外访】wàifǎng ❶ 动 外出访问或查访 ▷内查～。❷ 动 指出国访问 ▷这次～圆满成功。

【外分泌】wàifēnmì 动 人和高等动物体内的某些细胞腺体或器官的分泌物经过导管排到体外或体腔中。如唾液腺分泌唾液进入口腔帮助消化和杀灭细菌。

【外风】wàifēng 名 中医指身体感受风寒而引起的某些病变。主要症状是怕冷、发热、头痛、鼻塞、咳嗽或皮肤瘙痒、水肿等(风:中医指致病的因素)。

【外敷】wàifū 动 把药膏、药粉等涂抹或撒在患处(跟"内服"相区别)。

【外感】wàigǎn 动 中医指受到风、寒、暑、湿、燥、火和疠疫等外邪的侵袭。

【外港】wàigǎng 名 没有港口或没有良好港口的大城市把附近较好的港口称为它的外港。

【外公】wàigōng 名 某些地区指外祖父。

【外功】wàigōng 名 以锻炼手、眼、身、步及肩、肘、腕、胯等为主要目的的武术或气功(跟"内功"相区别)。

【外购】wàigòu 动 从国外购买;泛指从外部购买 ▷关键部件不能长期～。

【外骨骼】wàigǔgé 名 虾、蟹、昆虫等节肢动物体表坚韧的骨骼,起保护和支撑作用。参见491页"骨骼"。

【外观】wàiguān 名 物体从外面看到的样子。

【外国】wàiguó 名 本国以外的国家。

【外国语】wàiguóyǔ 名 外国的语言文字。

【外海】wàihǎi 名 离本国海岸较远的海域;特指内海以外的海域。

【外行】wàiháng ❶ 形 对某种专业或工作等不懂或没有经验的(跟"内行"相对) ▷办教育他并不～。❷ 名 指外行的人 ▷～看热闹,内行看门道。

【外号】wàihào 名 别人给起的本名之外的名号,往往含有亲昵、玩笑或赞美、憎恶的意味 ▷他的～叫"马大哈"。也说绰号。

【外化】wàihuà 动 把内在的意识转化为外在的表现 ▷思想意识～为一言一行|把祥林嫂内心的悲伤绝望～在演唱中。

【外患】wàihuàn 名 外来的祸患;多指外来的侵略 ▷内忧～|～频仍。也说外祸。

【外汇】wàihuì 名 外币以及以外币表示的、可用于国际结算的支付凭证,包括银行支票、汇票、期票、信用证和其他可以在国外兑现的凭证。

【外汇储备】wàihuì chǔbèi 国家所持有的国际储备资产中的外汇部分,包括黄金、外币、汇票和支票、外国有价证券及国外短期存款等。

【外汇券】wàihuìquàn 名 人民币外汇兑换券的简称。是一种含有外汇价值的货币凭证。中国银行1980年4月起在国内发行,1994年1月停止发行。

【外活儿】wàihuór 名 本职工作以外的有报酬的工作。

【外货】wàihuò 名 外国货。

【外籍】wàijí ❶ 名 外国国籍 ▷～华人|～轮船。❷ 名 外地户籍 ▷有不少～人来本地打工。

【外寄生】wàijìshēng 动 一种生物寄居在另一种生物体表,靠摄取寄主养分维持生存。如虱、蚤外寄生在人或动物的体表。

【外加】wàijiā 动 另外加上 ▷一壶酒～一碟菜。

【外家】wàijiā ❶ 名 外祖父母家。❷ 名 旧指有妻男子在别处纳妾所组成的家庭。❸ 名 跟有妻男子非法成家的女子是该男子的外家。

【外嫁】wàijià 动 嫁到外地或外国。

【外间】wàijiān ❶ 名 成套的几间屋子中直接通室外的房间。也说外间屋、外屋。❷ 名 外边;外界 ▷～流传着种种说法。

【外交】wàijiāo ❶ 名 国家对外进行的诸如访问、谈判、交涉、缔结条约、参加国际会议和国际组织等活动。❷ 名 泛指与外界交往的活动。

【外交辞令】wàijiāo cílìng 在外交场合运用的话语。通常都比较得体而有弹性。借指委婉客气而无实质内容的话。

【外交关系】wàijiāo guānxi 一般指正式外交关系,即主权国家之间在遵守国际惯例的基础上,正式建立的交往关系,包括相互承认、互派使节等 ▷建立～|断绝～|恢复～。

【外交官】wàijiāoguān 名 从事外交工作的官员。

【外交特权】wàijiāo tèquán 驻在某国的外交官和有关人员享有的特殊权利。包括人身、住所、办公处所和公文档案不受侵犯,免受刑事、民事和行政管辖,使用密码通信和派遣外交信使,免纳关税和捐税等。

【外交团】wàijiāotuán 名 驻同一国的各国外交使节组成的团体。外交团制度是按照国际惯例和传统而形成的,其活动通常是礼仪性的,如向驻在国表示祝贺、慰问、吊唁等。

【外教】wàijiào 名 外籍教师或外籍教练的简称。

【外界】wàijiè 名 某一范围以外的区域;外部社会 ▷与～很少接触|～反响强烈。

【外借】wàijiè ❶ 动 向外借出 ▷善本书不～。❷ 动 从别处借来 ▷家里桌椅不够用,可以～一部分。

【外景】wàijǐng ❶ 名 指影视摄影棚外的景物(跟"内景"相区别)。❷ 名 指戏剧舞台上的室外布景。

【外径】wàijìng 名 外圆的直径(跟"内径"相区别)。

【外军】wàijūn 名 外国军队。

【外卡】wàikǎ ❶ 名 指国际通用的银行卡,其结算货币是国际通行可以自由兑换的货币。❷

名 体育竞赛中指给没有资格参赛选手的额外参赛名额。

【外刊】wàikān 名 外国刊物。

【外科】wàikē 名 医学上指主要用手术来治疗疾病的一科(跟"内科"相区别)。

【外壳】wàiké 名 某些物体外面较硬的保护层 ▷花生的～|全塑～石英表。

【外客】wàikè 名 关系较疏远的客人 ▷你不是～,不必过于客气。

【外寇】wàikòu 名 指入侵或骚扰边境的外敌。

【外快】wàikuài 名 指本职工作以外得到的收入 ▷想兼个差事,赚点儿～。也说外财、外水。

【外来】wàilái 区别 从外地或外国来的;从外界来的 ▷～经商人员|～影响。

【外来词】wàiláicí 名 从别的民族语言里吸收来的词语,如"沙发""冰激凌"等。也说外来语、借词。

【外来户】wàiláihù 名 从外地搬迁到本地的住户。

【外来货】wàiláihuò 名 来自外地或外国的东西。

【外来妹】wàiláimèi 名 指从外地来的年轻女子;多指从外地来打工的年轻女子。

【外力】wàilì 名 来自外部的力量 ▷靠～牵引。

【外流】wàiliú 动 (人或物资等)由本国、本地转移到外国或外地 ▷人才～|不能让文物～。

【外流河】wàiliúhé 名 河水直接或间接流入海洋的河流。如长江、湘江等。

【外路】wàilù 区别 从外地来的 ▷～吃法。

【外露】wàilù 动 显露在外 ▷感情不～。

【外轮】wàilún 名 外国国籍的轮船。

【外卖】wàimài ❶ 动 餐馆把饭菜卖给顾客带走或应约送货上门 ▷～烧鸡|经营～业务。❷ 名 外卖的饭菜 ▷这家餐馆的～比别处好。

【外贸】wàimào 名 对外贸易的简称。

【外貌】wàimào 名 事物的外表;人的长相。

【外媒】wàiméi 名 外国媒体。

【外面】wàimiàn ❶ 名 一定范围以外的地方 ▷墙～是马路|～正下着雨。❷ 名 表面 ▷～有层铁皮|书～包了书皮。❸ 名 外地 ▷去～打工。❹ 名 外界;社会上 ▷～有不少传闻。‖也说外边。

【外面儿光】wàimiànrguāng 形容仅仅是外观体面,并不实在 ▷不搞那些～的"形象工程"。

【外脑】wàinǎo 名 指可以借助的本单位、本部门以外的智力资源(跟"内脑"相对) ▷何不聘用几个～一起来攻关?

【外派】wàipài 动 派遣到外单位、外地或外国 ▷他被～去做市场调查|～人员。

【外皮】wàipí 名 表皮;表层。

【外聘】wàipìn 动 从外面聘请 ▷～教师。

【外婆】wàipó 名 某些地区指外祖母。

【外戚】wàiqī 名 指帝王的母亲和妻子(有时也包括嫔妃)的家族。

【外企】wàiqǐ 名 外商投资经营的企业。

【外迁】wàiqiān 动 向外迁移 ▷灾民顺利～。

【外强中干】wàiqiáng-zhōnggān 从外表看似乎很强大,其实内里很空虚(干:空虚)。

【外侨】wàiqiáo 名 经住在国准许长期居住的具有他国国籍的人。

【外亲】wàiqīn 名 指祖母、母亲、妻子的娘家及女儿、孙女、姐妹等的婆家。

【外勤】wàiqín 名 指在工作地点分内外的单位,在单位外面进行的工作;也指从事外勤工作的人员(跟"内勤"相区别) ▷～人员|跑～。

【外人】wàirén ❶ 名 指和自己没有亲密关系的人 ▷咱家的事不必请～帮忙。❷ 名 指本单位或本组织以外的人 ▷内部的事儿不要向～说。❸ 名 外国人。

【外柔内刚】wàiróu-nèigāng 外部柔软,内里坚硬;外表柔顺,内心刚强。

【外伤】wàishāng 名 受到外力打击、碰撞或烫、烧等造成的外部损伤(跟"内伤"相区别)。

【外商】wàishāng 名 外国商人。

【外设】wàishè ❶ 动 在外面设置 ▷～分支机构。❷ 名 指外围性的设备。如电子计算机主机以外的显示器、键盘、打印机等。

【外生殖器】wàishēngzhíqì 名 指男子和雄性哺乳动物的阴茎、阴囊或女子和雌性哺乳动物的大阴唇、小阴唇、阴蒂等。

【外甥】wàisheng 名 姐妹的儿子。

【外甥女】wàishengnǚ 名 姐妹的女儿。

【外史】wàishǐ 名 指稗史、野史及某些以写人物为主的旧小说(常用于书名) ▷《儒林～》。

【外事】wàishì ❶ 名 有关外交的事务 ▷～工作。❷ 名 家庭或个人以外的事;对外交往的事 ▷妻子管家务,～全交给我了。

【外饰】wàishì 名 (汽车、房屋等)外部的装饰(跟"内饰"相对) ▷这里民居的～具有鲜明的民族特色。

【外手】wàishǒu 名 行进或操纵机器时,指本人、本车或所操纵的机器的右边 ▷不得～超车|～车道。

【外水】wàishuǐ 名 外快。

【外孙】wàisūn 名 女儿的儿子。

【外孙女】wàisūnnǚ 名 女儿的女儿。

【外孙子】wàisūnzi 名 外孙。

【外胎】wàitāi 名 车轮上与地面直接接触的轮胎,里面有充气内胎。通称外带。

【外逃】wàitáo 动 向外地或外国逃跑。

【外套】wàitào ❶ 名 穿在外面的比较宽大的西式短上衣。❷ 名 指大衣。

【外头】wàitou 名 〈口〉外边;外面。

【外围】wàiwéi ❶ 名 四周 ▷房子～有篱笆。❷ 区别 围绕中心事物而存在的 ▷～组织。

【外文】wàiwén 名 外国的文字；外语。

【外屋】wàiwū 名 外间①。

【外侮】wàiwǔ 名 来自外国的侵略和欺侮。

【外务】wàiwù ❶ 名 本职工作以外的事。❷ 名 跟外界交往的事。❸ 名 外交事务。

【外线】wàixiàn ❶ 名 在防区以外作战的战线；从外部包围敌人作战的战线 ▷～作战｜内线、～合力夹击。❷ 名 安有电话分机的地方称对外通话的线路。

【外乡】wàixiāng 名 外地 ▷～口音｜去～。

【外乡人】wàixiāngrén 名 外地来的人 ▷～为本地建设作出了贡献。

【外向】wàixiàng ❶ 形 性格开朗，思想感情易于表露（跟"内向"相对）▷他很～。❷ 区别 面向外部的；特指面向国外市场的 ▷～发展｜～企业。

【外销】wàixiāo 动 产品向国外或外地销售（跟"内销"相区别）▷产品全部～｜～渠道。

【外泄】wàixiè 动（气体、液体）向外排出；泄漏 ▷管道破裂，石油大量～ ◇ 公司机密不得～。

【外心】wàixīn ❶ 名 二心；特指对配偶不忠实的心思；今也指向着外人或外单位，对内不忠诚的心思 ▷怀有～。❷ 名 旧时指臣子勾结外国的心思。○ ❸ 名 几何学上指三角形外接圆的圆心。

【外星人】wàixīngrén 名 指尚未证实的地球以外其他星球上类似人类的高等动物。

【外形】wàixíng 名 外部形状。

【外姓】wàixìng ❶ 名 本姓氏以外的姓 ▷这个村子都姓刘，没～。❷ 名 指外姓人。

【外姓人】wàixìngrén 名 本姓氏以外的人。

【外需】wàixū 名 国外市场的需求（跟"内需"相区别）▷摆正内需与～的关系。

【外延】wàiyán 名 逻辑学指一个概念所反映的对象的全部范围（跟"内涵"相区别）。如"国家"这个概念的外延包括古今中外的一切国家。

【外焰】wàiyàn 名 火焰的最外层，无色。这一层供氧充足，燃烧充分，温度最高。也说氧化焰。

【外扬】wàiyáng 动 向外传扬 ▷此事不可～。

【外洋】wàiyáng ❶ 名 旧指外国。❷ 名 旧指外国货币。❸ 名 远洋。

【外衣】wàiyī ❶ 名 穿在外面的衣服。❷ 名 比喻骗人的名目或掩盖真实面目的伪装 ▷披着合法的～，干着非法的勾当。

【外溢】wàiyì ❶ 动 水及其他液体满了流出来 ▷池水～。❷ 动 比喻财产等外流 ▷资金～。❸ 动 比喻才能等显露出来 ▷才华～。

【外因】wàiyīn 名 事物发展变化的外部原因（跟"内因"相区别）▷～是变化的条件。

【外阴】wàiyīn 名 指女性生殖器的体表部分。

【外引】wàiyǐn 动 从外国、外地引进（资金、技术、人才等）▷～内联。

【外用】wàiyòng 动 医学上指用药于身体外部，或敷、或涂、或熏、或洗等（跟"内服"相区别）▷～药。

【外语】wàiyǔ 名 外国语。

【外域】wàiyù 名 外国 ▷～风情。

【外遇】wàiyù 名 已婚者在婚姻关系外的恋情。

【外圆】wàiyuán 名 环状或管状物体横断面的外轮廓。

【外圆内方】wàiyuán-nèifāng 指（为人处世）外表随和，内心方正，能坚持原则。

【外援】wàiyuán 名 来自外部的支持；特指运动队引进的外籍运动员 ▷从邻省请来～，协助攻关｜这支球队聘用的 3 名～来自不同国家。

【外缘】wàiyuán 名 外侧的边缘。也说外沿。

【外院】wàiyuàn 名 一座多进宅院中靠大门的院落。

【外运】wàiyùn 动 向外地或外国运输 ▷农产品～｜用集装箱～。

【外在】wàizài ❶ 区别 存在于事物本身以外的（跟"内在"相对）▷～的压力。❷ 形 显露出来的；看得见的 ▷这种情感过于～｜～美。

【外债】wàizhài 名 国家向国外借的债；也指单位或个人向外单位或其他人借的债（跟"内债"相区别）。

【外罩】wàizhào ❶ 名 套在衣服外面的罩衣。❷ 名 套在物件外边的罩子 ▷电视机～。❸ 动 在外面罩上 ▷～一件马褂。

【外植】wàizhí 动 把细胞、组织或器官等移植到培养液中，观察它们的生长和发育。

【外痔】wàizhì 名 生在肛门外面的痔疮。

【外传】wàizhuàn ❶ 名 为正史不记载的人物所作的传记，或正史已有记载而另记其遗闻轶事的传记，如《赵飞燕外传》《高力士外传》。❷ 名 广泛征引事例、推断演绎经义的著作，如《韩诗外传》《春秋外传》。☛ 跟"外传(chuán)"不同。

【外资】wàizī 名 外商投入的资本 ▷引进～。

【外子】wàizǐ 名〈文〉（女子）对自己丈夫的背称。

【外族】wàizú ❶ 名 本家族以外的人。❷ 名 本民族以外的民族；外国人 ▷抵抗～侵略。

【外祖父】wàizǔfù 名 母亲的父亲。

【外祖母】wàizǔmǔ 名 母亲的母亲。

wān

弯（彎）wān ❶ 形 弯曲（跟"直"相对）▷扁担压～了｜～～的月亮｜～路。

W

→❷ 动 使弯曲；折(zhé) ▷～腰｜把铁丝～成圆圈。→❸ 名 弯曲的地方 ▷漳河水，九十九道～｜往前走，拐个～儿就到了｜拐～抹角◇脑子一时转不过～儿来。☛ 上边是"亦"，不是"亦"。

【弯道】wāndào 名 弯路；转弯的河道。

【弯道超车】wāndào chāochē 赛车中，通过弯道时比直行时难度大，而这也恰为掌握高超技艺且有勇气的选手提供了超车机会，于此处加速超越对手；比喻将困难、风险化作机遇，以超常的方法迎难而上，超越他人 ▷抓住难得的历史机遇，我国～，迈向工业制造强国。

【弯度】wāndù 名 弯曲的程度 ▷前方道路～较大，行车要小心。

【弯路】wānlù 名 弯曲的路；多比喻工作、学习、生活中的曲折 ▷缺乏经验，难免走～。

【弯曲】wānqū ❶ 形 曲折；不直 ▷一条～的山间小路。❷ 动 使弯曲 ▷把钢筋～成S形。

【弯头】wāntóu 名 管子的拐弯接合部分。

【弯弯拐拐】wānwānguǎiguǎi ❶ 形 (道路、河流等)多处弯曲 ▷～的小溪。❷ 名 比喻稀奇古怪的心机、主意 ▷他肚子里～多着呢。

【弯弯绕】wānwānrào ❶ 动 说话拐弯抹角，不直截了当 ▷你别跟我～，有什么话就直说吧！❷ 名 指说话拐弯抹角、喜欢耍心眼儿的人。

【弯腰】wānyāo ❶ 动 弯曲腰部 ▷低头～。❷ 动 借指服软或妥协 ▷压力面前不～。

【弯子】wānzi ❶ 名 弯曲的地方 ▷咱们抄近道走，别绕那个大～。❷ 名 比喻言行中的曲折部分 ▷有话直说，不要绕～。‖也说弯儿。

剜 wān 动 用刀、铲等挖 ▷～肉补疮｜～野菜。

【剜肉补疮】wānròu-bǔchuāng 唐·聂夷中《咏田家》："二月卖新丝，五月粜新谷。医得眼前疮，剜却心头肉。"后用"剜肉补疮"比喻用有害的手段来救急，而不顾后果。也说剜肉医疮。

惋 wān [惋子] wānzi 名 某些地区指裁剪衣服剩下的零头；特指裁剪中式衣服时挖腋窝剩下的那块布料。

婠 wān 形〈文〉形容体态或德行美好。

塆(壪) wān 名 山坳；山沟。

湾(灣) wān ❶ 名 河流弯曲的地方 ▷河～｜水～。→❷ 名 海洋向陆地深入的地方 ▷海～｜港～。→❸ 动 某些地区指停泊 ▷把船～在避风的地方。

【湾区】wānqū 名 由一个海湾或相邻的若干海湾、港湾、邻近岛屿组成的区域；多指这个区域中的城市群。湾区在国家经济发展和对外开放中具有独特的地位和功能。

蜿 wān [蜿蜒] wānyán ❶ 形〈文〉形容蛇类爬行的样子 ▷蛇行～。❷ 形 形容弯弯曲曲向前延伸的样子 ▷～起伏｜小溪在山谷里～地流淌。❸ 动 曲折延伸 ▷这条公路～5公里｜～在山间的一条小溪。☛"蜿"统读wān，不读wǎn。

豌 wān 见下。

【豌豆】wāndòu 名 一年或二年生草本植物。茎蔓生或矮生，顶端有分枝卷须，开白色或紫色花，种子圆形。荚果和种子也叫豌豆。鲜嫩的豆荚、豆粒和茎叶可以作蔬菜，种子可供食用和制淀粉，茎叶可以作饲料或绿肥。

【豌豆黄儿】wāndòuhuángr 名 北京传统小吃，把豌豆加工成豆沙，加白糖、桂花蒸成糕，冷却后切块。颜色金黄，香甜细腻。

wán

丸 wán ❶ 名 小的球形物 ▷肉～｜泥～｜药～。→❷ 名 特指中药的丸形制剂 ▷～散膏丹。❸ 量 用于丸药 ▷每次服两～。参见插图13页。

【丸剂】wánjì 名 丸状的药剂。中药丸剂是将药物研成细末儿，加入水、蜂蜜或淀粉等混合调制而成。

【丸散膏丹】wán-sǎn-gāo-dān 中药各种剂型的合称。

【丸药】wányào 名 中医指丸剂。

【丸子】wánzi 名 小球状的东西；特指把鱼、肉、蔬菜等剁碎，加调料制成的圆球状食品 ▷药～｜肉～。

刓 wán 动〈文〉用刀子挖；雕刻 ▷～琢。

芄 wán [芄兰] wánlán 名 萝藦。

汍 wán [汍澜] wánlán 形〈文〉形容哭泣流泪的样子。

纨(紈) wán 名〈文〉白色细绢；精细的丝织品 ▷～素｜～扇｜～绔。

【纨绔】wánkù 名〈文〉细绢做的裤子；泛指富家子弟的华美穿着(zhuó)；也借指富家子弟 ▷豪门～｜～恶少(shào)。☛ 不要写作"纨裤"。

【纨绔子弟】wánkù-zǐdì 指穿着(zhuó)华丽、游手好闲的富贵人家的子弟。

【纨扇】wánshàn 名 用细绢制成的团扇。

完 wán ❶ 形 完整；齐全 ▷体无～肤｜～好｜～备。→❷ 动 完成 ▷～婚｜～稿。❸ 动 结束；终 ▷戏演～了｜～结。⇒❹ 动 失败；没有成就 ▷买卖全～了。⇒❺ 动 消耗光；

没有剩余 ▷水喝~了|材料用~了。→ ❻ 动 缴纳(赋税) ▷~粮|~税。〇 ❼ 名 姓。

【完败】wánbài ❶ 动 指球类、棋类等比赛中一直处于明显劣势而最终输给对手(比分差距一般较大);泛指完全失败 ▷没想到,上届冠军队这次竟~于一支二流队。❷ 动 指球类、棋类等比赛中使对手一直处于明显劣势而最终完全失败(比分差距一般较大);泛指使对手完全失败 ▷这次比赛,他~对手,取得冠军|这家公司以超高科技~了竞争对手。☛ 跟"完胜"用法不同。"完败"有使对手完败的用法;"完胜"没有使对手完胜的用法。

【完备】wánbèi 形 完全而齐备,应有的都有 ▷设施~|手续~。☛ "完备""完善"只用于形容事物;"完美"可用于形容人。

【完毕】wánbì 动 结束;完了 ▷报告~。

【完璧归赵】wánbì-guīzhào《史记·廉颇蔺相如列传》记载:战国时,秦昭王恃强骗赵国说,愿意用十五座城池换取赵国的和氏璧,赵王心知有诈,又不敢不从,于是派蔺相如去秦国献璧换城。蔺相如献璧后见秦王没有诚意给赵国城池,就凭着勇敢和机智把璧要回,完整地送归赵国。比喻把原物完整无损地归还物主。☛ "璧"不要误写作"壁"。

【完成】wánchéng 动 事情按预期的目标做成 ▷主体工程按时~。

【完蛋】wándàn 动〈口〉毁灭或垮台。

【完稿】wángǎo 动 写完文稿 ▷这部书已经~,即可交付出版社。

【完工】wángōng 动 工程结束;工作完成 ▷码头扩建提前~|资料分类已经~。

【完好】wánhǎo 形 完整;没有缺损 ▷~如初。

【完婚】wánhūn 动 男子结婚;泛指男女结婚。

【完结】wánjié 动 结束;了结 ▷稿件审改~。

【完聚】wánjù 动 团圆;团聚 ▷夫妻~。

【完卷】wánjuàn 动 完成答卷;比喻工作任务完成 ▷考试一个半小时~|任务尚未~。

【完竣】wánjùn 动(工程)完结;完毕 ▷工程提前~|古城楼修复~。

【完粮】wánliáng 动 旧指缴纳田赋;后也指缴纳公粮。

【完了】wánliǎo 动(事情)结束 ▷等考试~我去看你。☛ "了"这里不读 le。

【完满】wánmǎn 形 圆满。

【完美】wánměi 形 完备美好;没有瑕疵 ▷~的结合|形象~|~无缺。☛ 参见本页"完备"的提示。

【完全】wánquán ❶ 形 完整;齐全 ▷材料不~。❷ 副 表示全部 ▷这~是诬蔑。

【完全小学】wánquán xiǎoxué 指设置有一至六(五)各个年级的小学。简称完小。

【完人】wánrén 名 没有任何缺点和错误的人 ▷金无足赤,人无~。

【完善】wánshàn ❶ 形 完备美好 ▷改革方案还不够~。❷ 动 使完善 ▷~岗位责任制。☛ 参见本页"完备"的提示。

【完胜】wánshèng 动 指球类、棋类等比赛中一直处于明显优势而最终战胜对手(比分差距一般较大);泛指完全获胜 ▷主队~客队。☛ 参见本页"完败"的提示。

【完事】wánshì 动 事情了结 ▷忙了半天才~。

【完事大吉】wánshì-dàjí 事情完结,从此不用再费心(含诙谐意)。☛ 跟"万事大吉"不同。

【完税】wánshuì 动 缴纳税款。

【完颜】wányán 名 复姓。

【完整】wánzhěng 形 应有的部分都具有;没有损坏或残缺 ▷~地保存下来。

玩(*翫❶—❺)

wán ❶ 动 拿在手里摆弄 ▷~ㄦ泥人ㄦ|把~。→ ❷ 名 供观看欣赏的东西 ▷古~|珍~。→ ❸ 动 观赏;欣赏 ▷游山~水|游~。❹ 动 体味② ▷细~文义|~味。→ ❺ 动 以不庄重、不认真的态度对待;轻慢 ▷~世不恭|~忽职守。❻ 动 使用(某种不正当的手段);耍弄 ▷~ㄦ花招ㄦ|又要~ㄦ什么鬼名堂? → ❼ 动 游戏;玩耍 ▷孩子们~ㄦ得很高兴|该休息了,出去~ㄦ~ㄦ。❽ 动 进行某种文体活动 ▷~ㄦ牌|~ㄦ皮球。〇 ❾ 名 姓。☛ 统读 wán,不读 wàn。

【玩ㄦ不转】wánrbuzhuàn 动〈口〉驾驭不了;无法对付 ▷那种单位他去了也~。

【玩ㄦ得转】wánrdezhuàn 动〈口〉能驾驭;对付得了 ▷只要有能力,到哪ㄦ都能~。

【玩ㄦ法】wánrfǎ 名 玩的规则或方法 ▷这游戏怎么个~?|介绍橄榄球的~。

【玩忽职守】wánhū-zhíshǒu(国家机关工作人员等)严重不负责任,不履行或不正确履行职责。

【玩火】wánhuǒ 动 比喻冒险干坏事 ▷~者绝无好下场。☛ 不宜写作"顽火"。

【玩火自焚】wánhuǒ-zìfén 玩弄火的反倒被火烧死。比喻冒险干坏事的人,必然自食恶果。

【玩家】wánjiā 名 迷恋并且精通某些器物或活动的人 ▷电脑~|麻将~。

【玩具】wánjù 名 专供玩耍的东西 ▷儿童~。

【玩乐】wánlè 动 玩耍游乐 ▷吃喝~。

【玩ㄦ命】wánrmìng ❶ 动〈口〉不怕危险,拿着性命当儿戏 ▷酒后开车,简直是~。❷ 动 尽全部力量 ▷~地工作。

【玩弄】wánnòng ❶ 动 摆弄;把玩 ▷~魔方。❷ 动 以不严肃不道德的态度对待(感情、异性

等）▷～感情。❸ 动 卖弄 ▷～辞藻|～文字游戏。❹ 动 施展；耍弄 ▷～权术。

【玩偶】wán'ǒu ❶ 名 用布、木头、泥土、塑料等制成的人形玩具。❷ 名 比喻不受尊重，被当作玩具的人 ▷她不甘心当别人的～。

【玩儿票】wánrpiào ❶ 动 票友参加戏曲表演。❷ 动 泛指做非本职的工作 ▷这几年，他突然～搞起了文艺创作。

【玩器】wánqì 名 供玩赏的器物 ▷古董～。

【玩赏】wánshǎng 动 观赏；把玩欣赏 ▷～字画。

【玩世不恭】wánshì-bùgōng 对社会、对生活采取不认真、不严肃的态度。☛“恭”下边不要误写作“氺”。

【玩耍】wánshuǎ 动 做自己感兴趣的游戏或进行娱乐活动 ▷到公园～。☛不宜写作“顽耍”。

【玩儿完】wánrwán 动〈口〉完蛋。

【玩味】wánwèi 动 反复琢磨，仔细品味 ▷书中的某些细节，很值得～。

【玩物】wánwù ❶ 动 沉迷于玩赏所喜好的东西 ▷～丧志。❷ 名 供玩赏的东西 ▷陶瓷～。❸ 名 比喻不受尊重、被当作玩物的人。

【玩物丧志】wánwù-sàngzhì 沉迷于玩赏所喜好的东西而丧失进取的意志。

【玩笑】wánxiào ❶ 动 玩耍；耍笑 ▷～归～，做事可要认真。❷ 名 嬉耍的言语或行动 ▷开了个小小的～|不要把工作当作～。

【玩兴】wánxìng 名 玩耍的兴致 ▷～正浓。

【玩艺儿】wányìr 现在规范词形写作“玩意儿”。

【玩意儿】wányìr〈口〉❶ 名 玩具；赏玩的东西 ▷给孩子买了个小～。❷ 名 泛指东西 ▷那～我不会用。❸ 名 指曲艺、杂技等技艺 ▷变魔术这～不好学。❹ 名 指某些人（含轻蔑意）▷他算什么～！☛不要写作“玩艺儿”。

顽（頑） wán ❶ 形 整个的；未经雕琢的 ▷～石。→ ❷ 形 愚昧无知 ▷冥～不灵。❸ 形（小孩子）不听劝导，爱玩闹 ▷～童。→ ❹ 形 不易开导或制服的 ▷～固|～敌。→ ❺ 形 坚硬；坚强 ▷～强|～抗。

【顽敌】wándí 名 顽固的敌人 ▷歼灭～。

【顽钝】wándùn〈文〉❶ 形 不锋利。❷ 形 愚笨 ▷我实在～，学了半年多还没学会。

【顽匪】wánfěi 名 顽固的匪徒 ▷剿灭～。

【顽梗】wángěng 形〈文〉十分固执 ▷～自负。

【顽固】wángù ❶ 形 思想保守，不肯改变 ▷～的封建意识。❷ 形 指某种状态难以改变 ▷哮喘这种病很～。☛跟“顽强”不同。“顽固”是贬义词；“顽强”常含褒义。

【顽固派】wángùpài 名 指坚持错误立场、不肯改变的人；也指思想十分保守的人。

【顽疾】wánjí 名 顽症。

【顽抗】wánkàng 动 顽固抵抗 ▷敌人在～。

【顽劣】wánliè ❶ 形 顽固恶劣 ▷态度～。❷ 形 顽皮；不听话 ▷～的孩子。

【顽皮】wánpí 形（儿童）爱玩闹 ▷～的孩子。☛不宜写作“玩皮”。

【顽强】wánqiáng 形 坚强；不动摇 ▷～拼搏|～地生活下去。☛参见本页“顽固”的提示。

【顽石】wánshí 名 未经雕凿的石头；比喻顽固的人 ▷爱心化～。

【顽石点头】wánshí-diǎntóu 晋·无名氏《莲社高贤传》记载：高僧道生对顽石讲《涅槃经》，顽石听了都点起头来。后用“顽石点头”形容道理讲得透彻，顽固的人也会被说服。

【顽童】wántóng 名 顽皮的儿童。

【顽习】wánxí 名 顽固难改的坏习惯 ▷痛改～。

【顽凶】wánxiōng 名 不知悔改的恶人 ▷惩治～。

【顽癣】wánxuǎn 名 难以治好的癣疾，如脚癣、牛皮癣。

【顽症】wánzhèng ❶ 名 难以治好或久治不愈的病症。❷ 名 比喻难以治理的社会问题 ▷制造假冒伪劣商品，已成为一种社会～。‖也说顽疾。

烷 wán 名 有机化合物的一类，分子中只含碳—碳单键结构而具有饱和性。如甲烷、乙烷。

wǎn

宛 wǎn ❶ 形〈文〉弯曲；曲折 ▷萦～|～曲。〇 ❷ 副〈文〉仿佛；好像 ▷～若游龙|音容～在。〇 ❸ 名 姓。☛右下是“㔾”，不是“己”“已”或“巳”。由“宛”构成的字有“豌”“惋”“婉”“碗”“腕”等。

【宛然】wǎnrán ❶ 动 宛如；真像 ▷～人间仙境。❷ 副 好像；仿佛 ▷～一笑。

【宛如】wǎnrú 动 好像(是) ▷长江大桥～长虹。

【宛若】wǎnruò 动 宛如。

【宛似】wǎnsì 动 宛如。

【宛转】wǎnzhuǎn ❶ 动〈文〉辗转 ▷～于两广一带。❷见1416页“婉转”。现在一般写作“婉转”。

挽[1]（*輓❷—❹） wǎn ❶ 动 拉 ▷～弓|手～着手。→ ❷ 动 牵引(车) ▷～车|～具。❸ 名 挽歌①。❹ 动 哀悼死者 ▷～联|～诗。→ ❺ 动 弯臂勾住 ▷～着她的胳膊|胳膊上～着个菜篮。→ ❻ 动 使改变方向；挽回 ▷力～狂澜|～救。〇 ❼ 动 卷起 ▷～袖子。

挽[2] wǎn 同“绾”。

【挽词】wǎncí 名 悼念死者的言辞。

【挽辞】wǎncí 现在一般写作“挽词”。

【挽歌】wǎngē ❶ 名 古代牵引灵柩的人所唱的哀悼死者的歌。❷ 名 比喻哀叹灭亡事物的言辞 ▷为封建王朝唱～。

【挽回】wǎnhuí ❶ 动 扭转不利的局面 ▷～颓势。❷ 动 收回已经失去的东西 ▷～损失。

【挽救】wǎnjiù 动 救助，使脱离危险的境地 ▷～失足青年｜～濒危动物。

【挽具】wǎnjù 名 套在牲口身上以便驾驭的用具。

【挽联】wǎnlián 名 哀悼死者的对联。

【挽留】wǎnliú 动 劝说要走的人留下。

【挽幛】wǎnzhàng 名 写有挽词的整幅绸布。

莞 wǎn ［莞尔］wǎn'ěr 形〈文〉形容微笑的样子 ▷相顾～｜～一笑。

另见 505 页 guān；505 页 guǎn。

菀 wǎn 见1826 页“紫菀”。

另见 1690 页 yù。

晚 wǎn ❶ 名 日落的时候 ▷～霞。→ ❷ 名 晚上 ▷一天忙到～｜夜～｜～风。→ ❸ 形 迟，过了原定的或合适的时间 ▷来～了一步｜会议～开了半小时｜火车～点。→ ❹ 形 时间上靠后的或临近终了的 ▷～秋｜～期。⇒ ❺ 名 接近末尾的一段时间；特指人一生的最后一段时间 ▷岁～｜～节｜～境。⇒ ❻ 形 后来的 ▷～辈｜～生。❼ 名 指晚生（多用于书信）▷～某某敬上。

【晚安】wǎn'ān 动 晚上平安。客套话，用于晚上向人道别或问候。

【晚班】wǎnbān 名 工作分成两班制或三班制时夜晚工作的班次。

【晚报】wǎnbào 名 每日下午出版的报纸。

【晚辈】wǎnbèi 名 辈分低的人。

【晚餐】wǎncān 名 晚饭。

【晚场】wǎnchǎng 名 夜场。

【晚车】wǎnchē 名 晚上发出、晚上经过或晚上到达的火车或汽车。

【晚成】wǎnchéng 动 年岁较大时才有成就 ▷大器～｜大业～。

【晚春】wǎnchūn 名 暮春。

【晚稻】wǎndào 名 一般指双季稻中较晚的一季；也指插秧期较晚、生长期较长的单季稻。

【晚点】wǎndiǎn 动（车、船、飞机等）发出、运行或到达比规定时间晚 ▷这次列车很少～。

【晚饭】wǎnfàn 名 晚上吃的正餐。也说晚餐。

【晚会】wǎnhuì 名 晚上举行的文娱集会。

【晚婚】wǎnhūn 动 达到法定结婚年龄后推迟几年结婚 ▷～晚育。

【晚间】wǎnjiān 名 晚上 ▷～新闻。

【晚节】wǎnjié 名 晚年的节操 ▷～不保。

【晚近】wǎnjìn 名 离现在最近的时段 ▷所谓“氧吧”，在国内是～才流行的。

【晚景】wǎnjǐng ❶ 名 傍晚的景色。❷ 名 晚境。

【晚境】wǎnjìng 名 晚年的境况。也说晚景。

【晚恋】wǎnliàn 动 年岁较大时谈恋爱。

【晚年】wǎnnián 名 指老年时期 ▷安度～。

【晚期】wǎnqī 名 最后阶段 ▷鲁迅～的作品。

【晚秋】wǎnqiū 名 深秋。

【晚秋作物】wǎnqiū zuòwù 指收割小麦、油菜等后复种的玉米、甘薯、豆类等；泛指深秋时节收获的农作物。

【晚上】wǎnshang 名 日落后至深夜前的时间；泛指整个夜晚。

【晚生】wǎnshēng 名〈文〉晚辈对前辈的自称 ▷～不才。

【晚熟】wǎnshú ❶ 形 指生长期长、成熟较晚的（跟“早熟”相对）▷抽穗早，但～｜～品种。❷ 形 身体或智力成熟较晚 ▷他有些～，心理年龄还很小。

【晚霜】wǎnshuāng ❶ 名 霜期之末即早春阶段出现的霜。❷ 名 晚上使用的霜类护肤品。

【晚霞】wǎnxiá 名 日落前后出现的云霞。

【晚香玉】wǎnxiāngyù 名 多年生草本植物，根茎块状，叶丛生，夏秋开花。花也叫晚香玉，白色，香气浓，晚上更甚。可供观赏，也可提取芳香油。也说月下香。俗称夜来香。

【晚宴】wǎnyàn 名 晚间举行的宴会。

【晚育】wǎnyù 动 婚后推迟几年生育。

【晚造】wǎnzào 名 成熟期和收获期较晚的作物。

【晚妆】wǎnzhuāng 名 适于晚间活动的妆饰。

脘 wǎn 名 中医指胃腔 ▷胃～。☛ 统读 wǎn，不读 guǎn。

惋 wǎn 动 表示痛惜和同情 ▷～惜。☛ 统读 wǎn，不读 wàn。

【惋惜】wǎnxī 动 同情别人的不幸；对某些不如意的事感到遗憾 ▷他告别剧坛，令人～。☛ 跟“可惜”不同。“惋惜”侧重爱怜和同情，多用于意想不到的遭遇或变故；“可惜”侧重慨叹和遗憾，多用于无法弥补的损失或无法再得到的机遇。

婉 wǎn ❶ 形 温和；柔顺 ▷和～｜温～。○ ❷ 形（说话）委婉 ▷～言｜～词｜～拒。

【婉词】wǎncí 名 为避免不吉利、不文雅而使用的有曲折含蓄意味的词语。如人死说“走了”。

【婉辞】wǎncí ❶ 见本页“婉词”。现在一般写作“婉词”。○ ❷ 动〈文〉婉言拒绝；婉言推辞 ▷～了朋友的邀请。

【婉和】wǎnhé 形 言语委婉，态度温和 ▷语调～。

【婉拒】wǎnjù 动 委婉地拒绝 ▷～媒体采访。

【婉丽】wǎnlì ❶ 形 柔美秀丽 ▷仪表端庄～。❷ 形（歌唱或诗文）婉转而优美 ▷歌声～飘逸。

【婉顺】wǎnshùn 形 柔和温顺（多形容女性）▷她

生性～。

【婉谢】wǎnxiè 动〈文〉委婉地谢绝。

【婉言】wǎnyán 名 委婉的话语 ▷～规劝。

【婉约】wǎnyuē 形〈文〉语言委婉而含蓄 ▷抒情的曲调和～的唱词相得益彰。

【婉转】wǎnzhuǎn ❶ 形 话语委婉曲折 ▷话说得～些，别那么生硬。❷ 形 声音抑扬顿挫，十分动听 ▷鸟鸣～。

绾（綰） wǎn 动 盘绕起来打成结 ▷～了个同心结｜把头发～在脑后。

琬 wǎn 名〈文〉一种圭，上端浑圆，没有棱角。

椀 wǎn 用于科技术语。如橡椀。☛ 用于其他意义时，"椀"是"碗"的异体字。

另见本页 wǎn "碗"。

皖 wǎn 名 安徽的别称 ▷～南。

碗（*瓫盌椀） wǎn ❶ 名 吃饭用的器皿。圆形，口大底小，有圈足 ▷～筷。→ ❷ 名 形状像碗的东西 ▷轴～。◯ ❸ 名 姓。

"椀"另见本页 wǎn。

【碗柜】wǎnguì 名 放餐具的柜子。也说碗橱。

【碗碗腔】wǎnwǎnqiāng 名 地方戏曲剧种，流行于陕西等地。原为皮影戏，后发展为舞台剧，与皮影戏一起流行。也说灯盏碗碗腔。

畹 wǎn 量 古代土地面积单位，有的以 30 亩为 1 畹，有的以 12 亩为 1 畹，说法不一。

wàn

万（萬） wàn ❶ 数 数字，十个一千。→ ❷ 数 指数量极大 ▷行千里路，读～卷书｜日理～机｜瞬息～变｜～物。❸ 副 表示程度极高，相当于"完全""绝对""极" ▷～没想到｜～不得已｜～全之策｜～幸。◯ ❹ 名 姓。☛ ㊀笔顺是一丁万。㊁通常读 wàn；读 mò，用于复姓"万俟(qí)"。

另见 969 页 mò。

【万般】wànbān ❶ 多种多样；各种各样 ▷～滋味涌心头｜～变化｜～规劝。❷ 副 非常；极其；十分 ▷～惆怅｜～残忍｜～无奈。

【万般无奈】wànbān-wúnài 采取什么办法都奈何不了；没有办法 ▷老人～，只好起诉。

【万变不离其宗】wàn biàn bù lí qí zōng 表面上变化很多，而实质始终不变。

【万不得已】wànbùdéyǐ 实在无法；不得不如此。

【万代】wàndài 名 很多世代；世世代代。

【万端】wànduān 形 形容（方法、头绪、形态等）多而纷繁 ▷变化～｜愁绪～。

【万恶】wàn'è ❶ 名 各种罪恶 ▷～之源。❷ 形 罪恶极大、极多 ▷～的黑社会团伙。

【万儿八千】wàn'er-bāqiān 一万或将近一万 ▷一年至少挣个～。

【万方】wànfāng ❶ 名 各个地方；多指全国各地或世界各地 ▷登高一呼，～响应。❷ 形 姿态、形式多种多样 ▷举止雍容，仪态～。

【万分】wànfēn 副 极其 ▷～感谢｜痛苦～。

【万福】wànfú 名 旧时妇女的礼节。两手松松抱拳，在胸前右下侧上下移动，并作鞠躬姿势，同时口称"万福"（多见于近代汉语） ▷妇人向前道了个～。

【万古】wàngǔ 名 千秋万代 ▷流传～｜～流芳。

【万古长青】wàngǔ-chángqīng 形容美好事物长久存在，永不衰败。

【万古流芳】wàngǔ-liúfāng 美好的名声永远流传。☛ 不宜写作"万古留芳"。

【万贯】wànguàn 1 万贯铜钱。借指很多钱财 ▷家财～。

【万国】wànguó 名 世界各国；许多国家 ▷～博览会。

【万户侯】wànhùhóu 名 汉代最高一级侯爵，享有万户农民赋税。后泛指高官 ▷粪土当年～。

【万花筒】wànhuātǒng 名 儿童玩具，用硬纸片卷成长筒，筒的内壁装三块玻璃镜，筒的一端有两层玻璃及彩色纸屑等，另一端留有小孔。从小孔往里看，由于镜子的反射作用，在转动筒身时，可看到变化万千的图案。比喻变化多端的景象 ▷社会生活是一个～。

【万机】wànjī 名 指当权者处理的繁多政务和事务 ▷头绪纷繁，～待理｜日理～。

【万家灯火】wànjiā-dēnghuǒ 家家都点上了灯，指已经到了夜晚时分；也形容灯火灿烂的夜景 ▷他回来时，已是～了。

【万劫不复】wànjié-bùfù 指永远不能恢复（劫：佛教称世界从生成到毁灭为一劫；万劫：万世，永远）。

【万金油】wànjīnyóu ❶ 名 清凉油的俗称。❷ 名 比喻什么都能做一点ㄦ，但没有专长的人（含诙谐意）。

【万籁俱寂】wànlài-jùjì 自然界的各种声音都静下来了（籁：从孔穴里发出的声音，泛指声音；万籁：各种声音）。形容环境非常寂静。☛ 跟"鸦雀无声"不同。"万籁俱寂"多形容自然环境非常寂静；"鸦雀无声"多形容人聚集的场所十分安静。

【万类】wànlèi 名 万物；自然界的一切生物 ▷～霜天竞自由。

【万里长城】wànlǐ chángchéng 中国古代的伟大建筑工程之一。西起甘肃嘉峪关，中经宁夏、陕西、山西、内蒙古、北京、天津，东到河北山海关，全长一万三千四百华里。始建于战国时期,历代多有增建或整修。1987 年被列入《世界遗产名录》。

【万里长征】wànlǐ chángzhēng ❶非常遥远的征程;特指中国工农红军二万五千里长征。❷比喻需要长期奋斗的事业 ▷夺取全国胜利,这只是～走完了第一步。

【万马奔腾】wànmǎ-bēnténg 形容声势浩大、场面壮观;也形容群情振奋,进展迅猛。

【万马齐喑】wànmǎ-qíyīn 千万匹马都沉寂无声(喑:沉默)。比喻人们沉默不语,局面沉寂。

【万民】wànmín 名 广大百姓 ▷～拥戴。

【万难】wànnán ❶ 名 一切困难 ▷排除～。❷ 形 非常难 ▷～从命|实属～。

【万能】wànnéng ❶ 形 无所不能 ▷金钱并不～。❷ 区别 有多种功能的 ▷～胶。

【万能胶】wànnéngjiāo 名 环氧树脂用作黏合剂时的俗称。用途广泛,能牢固地黏合各种材料。

【万年】wànnián 名 指长久的时间 ▷流传～。

【万年历】wànniánlì 名 能适用许多年的历书。

【万年青】wànniánqīng 名 多年生草本植物。根状茎短而肥厚,叶阔带形,花淡黄色或褐色,浆果球形,橘红色。供观赏,根和茎可以做药材。因其长年青翠,故称。

【万念俱灰】wànniàn-jùhuī 一切念头、希望全都破灭了。形容遭到打击或失意后极端灰心失望。

【万千】wànqiān ❶ 数 表示数量很多 ▷～将士。❷ 形 形容多种多样;纷繁 ▷感慨～。

【万顷】wànqǐng 1 万顷。形容面积很大 ▷～良田|汪洋～。

【万全】wànquán 形 形容(计划、办法等)十分周密稳妥 ▷没有～之策。

【万人坑】wànrénkēng 名 指(敌人或统治者大规模屠杀百姓后)胡乱掩埋尸体的大坑。

【万人空巷】wànrén-kōngxiàng 家家户户的人都奔向一个地方,致使街巷空荡荡的。形容事件轰动一时或群众积极参与的盛况(常用于褒义)。

【万世】wànshì 名 万代 ▷流传～。

【万事】wànshì 名 所有的事情 ▷～开头难。

【万事大吉】wànshì-dàjí 所有的事情都很顺利;也指一切都已圆满结束。☛ 跟"完事大吉"不同。

【万事亨通】wànshì-hēngtōng 所有的事情都十分顺利。

【万事俱备,只欠东风】wànshì-jùbèi, zhǐqiàn-dōngfēng《三国演义》四十九回:赤壁之战,周瑜设计火攻曹营,一切都准备妥当,但时值隆冬,缺少东南风。周瑜焦急得病,诸葛亮写了"欲破曹公,宜用火攻;万事俱备,只欠东风"点破周瑜心事。后用"万事俱备,只欠东风"泛指事事都准备好了,只差一个必要条件。

【万事如意】wànshì-rúyì 事事合乎心意(多用于祝福)。

【万事通】wànshìtōng 名 对什么事都通晓的人 ▷他可真是个～,连这些民俗也知道。也说百事通。

【万寿无疆】wànshòu-wújiāng 寿命无限(用于祝寿)。

【万水千山】wànshuǐ-qiānshān 形容路途遥远而艰险。

【万死】wànsǐ 动 死一万次。极度夸张地形容罪重当死;也形容冒生命危险 ▷罪该～|～不辞。

【万岁】wànsuì ❶ 动 活一万年,永远存在(用于祝福)。❷ 名 封建时代对皇帝的敬称。也说万岁爷。

【万万】wànwàn ❶ 数 数目,一万个万,即亿。❷ 副 绝对;无论如何 ▷～不能泄漏机密|～要不得。☛ 跟"千万"不同。"万万"多用于警示、否定;"千万"多用于叮咛,否定、肯定均可使用。

【万维网】wànwéiwǎng 名 英语 world wide web 音译兼意译。电子计算机网络的一种信息服务系统,能提供以超文本标记语言描述、设计的网页和良好的交互式图形界面,方便用户在因特网上搜索和浏览多媒体信息(英语缩写为 WWW)。

【万无一失】wànwúyīshī 绝不会出一点儿差错。

【万物】wànwù 名 世间的一切事物 ▷～复苏。

【万物之灵】wànwùzhīlíng 世界上一切事物中最有灵性者,通常指人。

【万象】wànxiàng 名 指一切事物或景象 ▷～更新|人间～。

【万幸】wànxìng 形 万分幸运(多指幸免于难) ▷只受了点儿轻伤,实属～。

【万一】wànyī ❶ 数 万分之一,表示极小的一部分 ▷损失不过～。❷ 名 可能性极小的意外情况 ▷不怕一万,就怕～。❸ 副 表示在可能性极小的情况下(发生某事) ▷防止～发生意外。❹ 连 连接句子,表示可能性极小的假设(用于不愿发生的事) ▷～我来不了,你就替我出席。

【万用表】wànyòngbiǎo 名 测量电路或元件的电阻、电流、电压等的多功能电表。也说万能表。

【万有引力】wànyǒu yǐnlì 物理学上指存在于任何两个物体之间的相互吸引力。由英国科学家牛顿首先总结提出。

【万元户】wànyuánhù 名 20 世纪 80 年代我国改革开放初期指年收入或累计存款达到或超过 1 万元的家庭。当时是富裕户的代称。

【万丈】wànzhàng 1 万丈。形容极高或极深 ▷怒火～|～深渊。

【万众】wànzhòng 名 千千万万的人 ▷～同心｜～瞩目。☛ 参见263页"大众"的提示。

【万众一心】wànzhòng-yīxīn 千千万万的人一条心。形容广大人民团结一致。

【万状】wànzhuàng 形 状态多种多样。形容程度极深（多用于消极现象）▷惊恐～。

【万紫千红】wànzǐ-qiānhóng ❶形容百花齐放，色彩绚烂。❷形容事物丰富多彩；也形容事业欣欣向荣。

沥（濿） wàn［沥尾］wànwěi 名 地名，在广西。

惋 wàn 动〈文〉贪；苟安。

婠 wàn 形〈文〉形容女子美。
另见1694页 yuán。

腕 wàn ❶ 名 人的手掌跟前臂之间或脚跟小腿之间相连接的可以活动的部分 ▷脚～｜～力。→ ❷ 名 某些低等动物口部附近用来捕食或运动的伸长物 ▷口～｜～足。→ ❸ 名 称某些领域里实力强、名气大的人 ▷他在这个圈子里算是个～儿｜大～。

【腕表】wànbiǎo 名 手表。

【腕力】wànlì ❶ 名 手腕的力量；特指写字时运笔的力量 ▷掰腕子，比～｜下笔极具～。❷ 名 指办事的魄力和手段 ▷他是一个很有～的干部。

【腕饰】wànshì 名 腕部戴的饰物。

【腕子】wànzi 名 腕①。

【腕足】wànzú 名 乌贼、章鱼等的一种器官，在口的周围，有吸盘，能蜷曲，用来捕食或御敌。

蔓 wàn 义同"蔓（màn）"①，用于口语 ▷丝瓜爬～儿了｜该压～儿了｜瓜～儿。
另见921页 mán；923页 màn。

wāng

尢 wāng 古同"尪"。
另见1666页 yóu。

尪 wāng 名〈文〉胸、胫、背等处骨骼弯曲的病。

汪[1] wāng ❶ 形 水深广 ▷～洋大海。→ ❷ 名 水或其他液体积聚的地方 ▷村边有个小水～。❸ 动（液体）积聚 ▷地上～着水｜两眼～着泪水。❹ 量 用于液体 ▷一～秋水。〇 ❺ 名 姓。

汪[2] wāng 拟声 模拟狗叫的声音 ▷黑狗～的一声扑了上去｜～～乱叫。

【汪汪】wāngwāng ❶ 形〈文〉形容水体极为深广。❷ 形 形容水或眼泪积聚、充盈的样子 ▷泪眼～。

【汪洋】wāngyáng ❶ 名 广阔浩荡的水体 ▷洪水滔天，一片～。❷ 形 形容气概恢宏 ▷～恣肆。

wáng

亡（*亾） wáng ❶ 动 逃走 ▷逃～｜流～｜～命。→ ❷ 动 丢掉；失去 ▷～羊补牢｜唇～齿寒。❸ 动 灭亡 ▷国破家～｜～国｜兴～。→ ❹ 动 死 ▷父母双～｜阵～｜～友。

【亡故】wánggù 动〈文〉去世。

【亡国】wángguó 动 国家灭亡 ▷～之恨。

【亡国奴】wángguónú 名 国家灭亡或部分国土沦丧后，被侵略者奴役的人 ▷不做～。

【亡魂】wánghún ❶ 名 迷信指人死后的灵魂。也说亡灵。❷ 动 丢了魂。指非常害怕 ▷～失魄｜～丧胆。

【亡灵】wánglíng 名 亡魂①。

【亡命】wángmìng ❶ 动 流亡；逃命 ▷～国外。❷ 动 拼命；不顾性命 ▷～逃窜。

【亡命之徒】wángmìngzhītú 不顾生命危险作恶的人。也说亡命徒。

【亡失】wángshī 动〈文〉丢失。

【亡羊补牢】wángyáng-bǔláo《战国策·楚策四》："亡羊而补牢，未为迟也。"意思是羊丢失了以后再赶快修补羊圈，还不算晚。后用"亡羊补牢"比喻出了问题及时补救以免再出问题。

【亡友】wángyǒu 名 亡故的朋友。

王 wáng ❶ 名 君主制国家的最高统治者 ▷国～｜～后｜先～。→ ❷ 名 汉代以后封建社会的最高封爵 ▷亲～｜郡～。→ ❸ 名 首领；头目 ▷占山为～。❹ 名 同类中为首的、最大的或最强的 ▷猴～｜花中之～｜～水。→ ❺ 形 古代对祖父母辈的尊称 ▷～父（祖父）｜～母（祖母）。〇 ❻ 名 姓。

【王八】wángba ❶ 名 鳖或乌龟的俗称。❷ 名 指妻子有外遇的男人（骂人的话）。❸ 名 旧指妓院中的男老板。

【王朝】wángcháo 名 朝廷；朝代 ▷清～。

【王储】wángchǔ 名 君主国既定的王位继承人。

【王道】wángdào 名 战国时期儒家称以仁义统一和治理天下的政治主张（跟"霸道"相区别）。

【王法】wángfǎ 名 封建王朝的法令；泛指国家法律 ▷～难容｜目无～。

【王妃】wángfēi 名 诸侯王的正妻；也指某些君主制国家中亲王的配偶。

【王府】wángfǔ 名 封建时代王爷的住宅。

【王公】wánggōng 名 王爵和公爵；泛指显贵的爵位或达官贵人 ▷～显贵｜～贵人。

【王宫】wánggōng 名 帝王居住的宫室。

【王冠】wángguān 名 帝王戴的象征王权的礼帽。

【王国】wángguó ❶ 名 君主制或君主立宪制国家。❷ 名 借指管辖范围或某种境界 ▷独立~|从必然~向自由~发展。❸ 名 借指某种相对独立的领域或范畴 ▷在数学~里。

【王侯】wánghóu 名 王爵和侯爵;泛指显贵的爵位或达官贵人 ▷爵列~|~将相。

【王后】wánghòu 名 国王的正妻。

【王浆】wángjiāng 名 工蜂分泌的主要喂养蜂王、蜂王幼虫和雄蜂幼虫的乳状液体。含有多种氨基酸和维生素,营养价值很高,可以用作营养品。通称蜂王浆。也说蜂乳。

【王老五】wánglǎowǔ 名 源于同名电影,指没有成家的大龄男子(含诙谐意)。

【王母娘娘】wángmǔ niángniang 西王母的通称。

【王牌】wángpái 名 扑克牌游戏中最大的牌。比喻最强有力的势力、手段或人物 ▷手里握着一张克敌制胜的~|~飞行员。

【王权】wángquán 名 君王的统治权。

【王师】wángshī 名〈文〉帝王的军队;国家的军队 ▷箪食壶浆,以迎~。

【王室】wángshì ❶ 名 帝王的家族 ▷~血统。❷ 名 指朝廷 ▷~东迁。

【王水】wángshuǐ 名 一份浓硝酸和三份浓盐酸的混合液。腐蚀性极强,可以溶解黄金等金属。冶金工业中用作溶剂。

【王孙】wángsūn 名 王侯的子孙;泛指贵族子弟 ▷~贵戚。

【王位】wángwèi 名 君主的统治地位;帝位 ▷争夺~。

【王爷】wángye 名 旧时对有王爵封号的人的尊称。

【王子】wángzǐ 名 帝王的儿子。

【王族】wángzú 名 国王的家族。

wǎng

网(網) wǎng ❶ 名 用绳线等结成的有孔眼的捕鱼或捉鸟兽的工具 ▷织一张~|渔~。→ ❷ 名 形状像网的东西 ▷蜘蛛~|电~。⇒ ❸ 名 交错连接如网的组织、系统;特指计算机网络 ▷通信~|信息~|交通~|互联~。⇒ ❹ 动 像网似的笼罩着 ▷棉絮外又~着一层丝绵。→ ❺ 动 用网捕捉 ▷下河~了三条鱼。☛ 跟"冈(gāng)"不同。

【网吧】wǎngbā 名 指面向社会开放的、利用计算机网络提供浏览、查询等信息服务的经营性场所(吧:英语 bar 音译)。

【网虫】wǎngchóng 名 网迷(含诙谐意)。

【网点】wǎngdiǎn 名 指商业、服务业等行业设置在各处的基层单位 ▷销售~|固定维修~。

【网兜】wǎngdōu 名 用线绳、尼龙丝等编成的装东西用的网状兜子。

【网纲】wǎnggāng 名 渔网的总绳。

【网格】wǎnggé ❶ 名 像网一样纵横交错的格子 ▷一张围棋盘上有多少个~? ◇为了便于管理,我们将小区分成 21 个~。❷ 名 指通过互联网整合而成的多种资源的系统。由分布广泛的计算机终端、存储器、数据库等结合而成,可以为用户提供计算、存储、访问等一体化应用服务,实现资源共享。

【网罟】wǎnggǔ〈文〉❶ 名 捕鱼或捕鸟的器具。❷ 名 比喻法网 ▷落入~|重罹~。

【网管】wǎngguǎn ❶ 动 网络管理。❷ 名 指网络管理员。

【网红】wǎnghóng 名 网络红人;也指在网络上走红的事物 ▷这位百岁老人成了~|把餐厅打造成~|~景点。

【网巾】wǎngjīn 名 用丝线等结成的网状头巾。

【网具】wǎngjù 名 渔网和附在网上的浮子、沉子等各种用具。

【网卡】wǎngkǎ 名 连接电子计算机与网络的硬件设备,是电子计算机与局域网通信介质间的直接接口。

【网开三面】wǎngkāi-sānmiàn《吕氏春秋·异用》记载:成汤外出,看见野外有人四面张着罗网捕捉鸟兽。成汤说,这样一来,就一网打尽了啊! 于是下令撤去其中三面。后用"网开三面"比喻宽大处理。

【网开一面】wǎngkāi-yīmiàn 由"网开三面"演化而来,意思也有变化。比喻对仇人或坏人采取宽大态度,给他们留下一条生路;泛指处理事情要宽容,要给人留出路。

【网篮】wǎnglán 名 上面有网子罩住的篮子,多用于外出时装零星物品。

【网恋】wǎngliàn 名 在互联网上进行的恋爱(有些是虚拟的)。

【网聊】wǎngliáo 动 网上聊天儿。通过计算机、手机等设备,使用微信、QQ 等即时通信软件在线交流。

【网罗】wǎngluó ❶ 名 捕鱼和捉鸟兽的网和罗;比喻束缚人的东西 ▷布下~|旧思想的~。❷ 动(从各方面)寻求搜集 ▷~爪牙。

【网络】wǎngluò ❶ 名 网状的东西。❷ 名 比喻由许多互相交错的分支组成的周密系统 ▷通信~|交通运输~。❸ 名 特指计算机网络。

【网络版】wǎngluòbǎn ❶ 名 报刊、文学作品等在互联网上刊出的版本。❷ 名 可供网络中多台计算机同时使用的软件版本。

【网络暴力】wǎngluò bàolì 指在网络上发表严重失实或具有侮辱性、煽动性的言论、图文、视频等，造成当事人的人身权利受损。性质严重的可构成犯罪。

【网络电话】wǎngluò diànhuà ❶ 通过因特网接通的电话。❷ 指网际协议电话。用普通电话通过电话网，再利用因特网实现远距离通话。‖也说宽带电话、IP电话。

【网络电视】wǎngluò diànshì 以电视机、个人计算机、手机等为显示终端，通过计算机网络传输的电视节目。网络电视可以是电视台直播的，也可以是受众点播的成品节目，能满足受众的个性化需求（英语缩写为IPTV）。

【网络犯罪】wǎngluò fànzuì 以电子计算机及其网络为犯罪工具或攻击对象，故意实施危害计算机网络安全而触犯有关法律的行为。

【网络计算机】wǎngluò jìsuànjī 指用于电子计算机网络环境下的客户机。它的应用程序和数据都存储在服务器上，采用支持互联网标准的技术，不需要硬盘、软盘、光驱等外部存储器，应用软件从网络上实时下载，用户无需自己进行维护。

【网络教育】wǎngluò jiàoyù 通过互联网实施的教育，是现代远程教育的重要组成部分。形式有远程教育网站、多媒体课堂、教育软件等。

【网络经济】wǎngluò jīngjì 通过电子计算机网络进行的经济活动以及由此形成的相应的经济关系。

【网络警察】wǎngluò jǐngchá 国际互联网安全监察专业警察，是我国的一个新设警种。其职责是打击国际互联网犯罪活动、维护网络秩序、防止病毒侵害、确保电子计算机系统安全等。简称网警。

【网络媒体】wǎngluò méitǐ 指互联网。因是传播、交流信息的平台和途径，故称。

【网络社区】wǎngluò shèqū 指包括贴吧、公告栏、群组讨论、个人空间等形式的网络交流空间。

【网络文学】wǎngluò wénxué 指在互联网上发表的文学作品。

【网络学校】wǎngluò xuéxiào 通过互联网进行远距离教学，让学生接受与课堂教学同步的学习内容的虚拟学校。简称网校。也说网上学校。

【网络营销】wǎngluò yíngxiāo 通过电子计算机网络和销售网点进行的商业营销活动。

【网络游戏】wǎngluò yóuxì 一种在互联网上进行的联机游戏。简称网游。

【网络语言】wǎngluò yǔyán 指网民在网上交谈时使用的特定词语和符号。简称网语。

【网络综合征】wǎngluò zōnghézhēng 指因沉迷网络而产生的心理错位、生理失调等症状，表现为焦虑、烦躁、忧郁、情绪易波动，而上网后则极度亢奋、不能自已等。

【网迷】wǎngmí 名 指痴迷于电子计算机网络，上网时间长、频度高的人。

【网民】wǎngmín 名 互联网用户。

【网名】wǎngmíng 名 用户在网络上发帖、交流等时使用的名字。

【网膜】wǎngmó ❶ 名 指覆盖在大肠表面、内部血管交织成网的脂肪质的薄膜。❷ 名 视网膜的简称。

【网盘】wǎngpán 名 由互联网公司推出的在线存储服务，通过免费或收费的形式，为用户提供文件的存储、访问、备份、共享等功能。

【网签】wǎngqiān 动 网上签约。签约各方在网上完成信息填报、身份核实、条款确认、文件签署等流程。广泛用于电子商务领域 ▷～就业协议|这套商品房的交易已经～。

【网球】wǎngqiú ❶ 名 球类运动项目，球场长方形，中间有一道网，被网分隔的两方用球拍往来击球。有单打、双打两种。❷ 名 网球运动所用的球，里面用橡皮，外面包有毛质纤维，有弹性。

【网上购物】wǎngshàng gòuwù 购物者通过互联网查看商品信息、提交订单，商家以快递等方式送货上门，或由购物者到指定地点自行提货。有款到发货、货到付款等交易方式。简称网购。

【网上商店】wǎngshàng shāngdiàn 通过计算机网络销售商品的虚拟商店。简称网店。也说网络商店。

【网上书店】wǎngshàng shūdiàn 通过计算机网络销售图书的书店。也说网络书店。

【网上银行】wǎngshàng yínháng 在互联网上设立站点，全部业务都在互联网上进行的银行；也指银行通过网络提供的金融服务业务。简称网银。也说网络银行。

【网绳】wǎngshéng 名 用来拉网的绳索。

【网速】wǎngsù 名 网络服务系统传输数据的速度。表现为计算机、手机等上传、下载数据等所用时间的长短 ▷测试～|～正常。

【网箱】wǎngxiāng 名 用金属、竹子或其他材料做骨架、用尼龙丝网围成的箱状养殖工具。

【网眼】wǎngyǎn 名 网状织物上的孔。

【网页】wǎngyè 名 在互联网上进行信息查询的信息页。因信息以一页一页的方式存储在网上，故称。

【网瘾】wǎngyǐn 名 上网的瘾。表现为对计算机网络强烈依赖而难以自拔等。

【网友】wǎngyǒu 名 在电子计算机互联网上交往的朋友；也用作网民之间的互称。

【网语】wǎngyǔ 名 网络语言的简称。

【网约车】wǎngyuēchē ❶ 名 网络预约出租汽车经营服务的简称。指以互联网技术为依托构建服务平台，接入符合条件的车辆和驾驶员，通过整合供需信息，提供非巡游的预约出租汽车服务的经营活动。❷ 名 指该项经营活动使用的车辆。

【网站】wǎngzhàn 名 组织或个人在互联网上开设的虚拟站，有确定网址，一般由一个主页和若干下级页面构成。每一个网站对应一个网址。也说站点。

【网址】wǎngzhǐ 名 某一网站在互联网上的地址，用户通过点击就可访问、查询并获取该网站的信息资源。

【网状】wǎngzhuàng 名 像网一样的形状 ▷结构呈～|～分布。

【网状脉】wǎngzhuàngmài 名 指像网一样互相连接交错的叶脉。大多数双子叶植物的叶都有网状脉。

【网子】wǎngzi 名 网状的用品；特指罩头发的发网。

枉 wǎng ❶ 形 弯曲；不正 ▷矫～过正。→ ❷ 动 使歪曲不正 ▷贪赃～法。→ ❸ 形 冤屈 ▷冤～|～屈。❹ 副 白白地 ▷～费心机。

【枉法】wǎngfǎ 动 执法者为了私利或私情而违背、歪曲或破坏法律 ▷徇情～|贪赃～。

【枉费】wǎngfèi 动 白费 ▷～唇舌|～人力。

【枉费心机】wǎngfèi-xīnjī 白费心思。形容费尽心思而没有达到目的(多用于贬义)。

【枉顾】wǎnggù 动〈文〉敬词，用于称别人到自己这里来访问 ▷承蒙～。

【枉驾】wǎngjià 动〈文〉敬词，用于称对方来访，表示委屈大驾 ▷先生～光临，深感荣幸。

【枉然】wǎngrán 形 形容白费劲；没有任何成效的 ▷想得再好，不去实践也是～。

【枉死】wǎngsǐ 动 死得没有价值；含冤而死 ▷～于歹徒之手。

【枉自】wǎngzì 副 白白地 ▷～多情|～送死。

罔[1]（*罓）wǎng 动〈文〉蒙骗 ▷欺君～上|欺～。

罔[2]（*罓）wǎng〈文〉❶ 动 无；没有 ▷药石～效|置若～闻。→ ❷ 副 表示否定或禁止，相当于"不""不要" ▷～知所措|～失法度。

【罔顾】wǎnggù 动 不顾(用于贬义) ▷～法律法规|～客观事实。

往（*徃）wǎng ❶ 动 去；到(跟"来"相对) ▷勇～直前|～返。→ ❷ 动 向(某处去) ▷你～东，我～西。❸ 介 引进动作行为的方向，相当于"朝""向" ▷～前看|飞～上海。→ ❹ 形 从前的；过去的 ▷～年|～事。☛ 统读 wǎng，不读 wàng。

【往常】wǎngcháng 名 以前平常的日子；以往 ▷情况不同于～|～都是这么做的。

【往返】wǎngfǎn 动 来回 ▷～一次需三小时。

【往返票】wǎngfǎnpiào 名 能乘坐一个来回的车票、船票或机票。也说来回票。

【往复】wǎngfù ❶ 动 往返；来回。❷ 动 反复 ▷～看了好几遍|循环～。

【往后】wǎnghòu 名 以后 ▷～的日子更好。

【往还】wǎnghuán 动 往返；往来 ▷互有～。

【往届】wǎngjiè 名 以往各届 ▷～毕业生。☛ 跟"历届"不同。"往届"不包括本届；"历届"包括往届和本届。

【往来】wǎnglái ❶ 动 去和来 ▷渡船～不停地运送旅客。❷ 动 交往；交际 ▷礼尚～。

【往年】wǎngnián 名 过去的年头儿 ▷～这里非常热闹|今年与～相比有些不同。

【往日】wǎngrì 名 以前的日子 ▷～的威风。

【往时】wǎngshí 名 过去 ▷～的容貌。

【往事】wǎngshì 名 以往的事情 ▷～如烟。

【往往】wǎngwǎng 副 表示某种情况经常出现 ▷轻敌～失败|他～独自出神。☛ 跟"常常"不同。"往往"是总结了到目前为止的情况，有一定的规律性；"常常"只表示动作、行为的重复，没有规律性。

【往昔】wǎngxī 名 以前；过去 ▷～旧友。

惘 wǎng 形 失意；不顺心 ▷～然若失|怅～|迷～。

【惘然】wǎngrán 形 形容失意的样子 ▷神情～。

【惘然若失】wǎngrán-ruòshī 好像失落了什么东西似的。形容心中不自在、不踏实。

辋（輞）wǎng 名 旧式车轮的外周圆框，其内侧同辐条相连 ▷车～。

蝄 wǎng［蝄蜽］wǎngliǎng 现在规范词形写作"魍魉"。

魍 wǎng［魍魉］wǎngliǎng 名 古代传说中的山川精怪 ▷魑魅～。☛ 不要写作"蝄蜽""罔两"。

wàng

妄 wàng ❶ 形 狂乱的；荒诞的 ▷狂～自大|虚～|～人|～语。→ ❷ 形 不合理的；超出常规的 ▷痴心～想|～图|～求。→ ❸ 副 轻率地；随意地 ▷轻举～动|姑～听之。

【妄称】wàngchēng 动 狂妄地宣称 ▷～自己是华佗再世。

【妄动】wàngdòng 动 轻率地行动；不顾后果地行动 ▷不可～|轻举～。☛ 参见 1422 页"妄为"的提示。

【妄断】wàngduàn 动 没有根据轻率地作出结论 ▷～是非。

【妄加】wàngjiā 动 随意或轻率地给予 ▷～指

摘|～评论。

【妄念】wàngniàn 名 荒诞的或不正当的念头 ▷去除～|顿生～。

【妄求】wàngqiú 动 不切实际地追求或要求 ▷凡事不可～。

【妄取】wàngqǔ 动 未经批准或允许而擅自取用 ▷非分之物不敢～。

【妄人】wàngrén 名 狂妄自大、言行荒唐的人 ▷大家的血汗钱,不能交给这样的～去折腾。

【妄说】wàngshuō 动 毫无根据地乱说;胡说 ▷不了解情况,不敢～。

【妄图】wàngtú 动 狂妄地指望或谋划 ▷～使他屈服|～称霸世界。

【妄为】wàngwéi 动 不受法律、纪律和舆论的约束,随意行动 ▷～不轨。☛ 跟"妄动"不同。1."妄为"强调行为的不合法理;"妄动"强调行动的轻率。2."妄为"所指的行为较抽象;"妄动"所指的行动较具体。

【妄下雌黄】wàngxià-cíhuáng 随意乱改别人的文字或乱发议论。参见226页"雌黄"。

【妄想】wàngxiǎng ❶ 动 妄图 ▷～窃取机密。❷ 名 虚妄而不能实现的想法 ▷这个念头纯粹是～。☛ 参见599页"幻想"的提示。

【妄言】wàngyán ❶ 动 妄说。❷ 名 妄语。

【妄议】wàngyì 动 没有根据地轻率随意地评论或批评 ▷不该不负责任地～他人|胡言～。

【妄语】wàngyǔ 名 轻率的话;胡乱说的话。

【妄自菲薄】wàngzì-fěibó 毫无根据地自己看不起自己。☛ "菲"这里不读 fēi。

【妄自尊大】wàngzì-zūndà 对自己估计过高,狂妄地自以为了不起。

忘 wàng ❶ 动 忘记① ▷这是前几年的事,我早～了|永远～不了|遗～。→ ❷ 动 忘记② ▷今天～带笔了|这事别～了告诉你妈。☛ 统读 wàng,不读 wáng。

【忘本】wàngběn 动 忘记了自己的根本;境遇变好后忘掉得以好转的根源 ▷背祖～|生活好了,可不能～啊!

【忘掉】wàngdiào 动 忘记;不记得了。

【忘恩负义】wàng'ēn-fùyì 忘掉别人对自己的恩惠,辜负别人对自己的情义。

【忘乎所以】wànghūsuǒyǐ 因激动或得意而忘记了一切。

【忘怀】wànghuái 动 忘掉;不记在心里(多用于值得怀念的事) ▷老师的教诲怎能～?

【忘记】wàngjì ❶ 动 经历过的事情未能留在记忆中 ▷小时候的事儿早已～了。❷ 动 该做的或准备做的事没有想起去做 ▷～锁门。

【忘年交】wàngniánjiāo 名 年龄或辈分不同的人之间结成的知心朋友 ▷那一老一少成了～。

【忘其所以】wàngqísuǒyǐ 忘乎所以。

【忘情】wàngqíng ❶ 动 不能控制自己的感情 ▷他～地大哭起来。❷ 动 感情上割舍得开;不留恋(多用于否定) ▷莫逆之交,怎能～?

【忘却】wàngquè 动 忘掉 ▷～了许多往事。

【忘我】wàngwǒ 动 忘掉了自己。多形容公而忘私 ▷～的精神境界|～地工作。

【忘形】wàngxíng 动 因得意或兴奋而忘记自己的身份、形象等 ▷得意～|高兴得有点儿～。

【忘性】wàngxing 名 经常忘事的毛病 ▷记性不大,～不小。

旺 wàng ❶ 形 兴盛;旺盛 ▷人畜两～|麦子长得真～|炉火正～。○ ❷ 名 姓。

【旺季】wàngjì 名 某种产品大量出产的季节;生意上买卖兴隆的季节(跟"淡季"相区别) ▷蔬菜～。

【旺铺】wàngpù 名 生意兴旺的店铺 ▷商贾云集,～林立。

【旺盛】wàngshèng ❶ 形 热度高,光亮足 ▷火焰～。❷ 形 强大;茂盛 ▷～的需求|长势～。❸ 形 精力饱满;情绪高涨 ▷斗志～。

【旺市】wàngshì 名 生意兴旺的市场形势(跟"淡市"相区别) ▷积极组织货源,应对春节～。

【旺势】wàngshì 名 兴旺的势头 ▷旅游趋于～。

【旺销】wàngxiāo 动 卖得很多很快;畅销 ▷夏季是空调～季节。

【旺月】wàngyuè 名 货物旺销的月份。

望(*朢) wàng ❶ 动 往远方看 ▷～不到头|远远～去。→ ❷ 动 察看 ▷～风|～闻问切|观～。→ ❸ 名 农历每月十五日(有时是十六日或十七日),地球运行到太阳和月亮之间。这天太阳从西方落下去时月亮正好从东方升起,日月相望,月球正面完全被阳光照射,此时从地球上看到的月亮最圆,这种月相叫望。❹ 名 天文学上称月圆的一天 ▷～日|朔～。→ ❺ 名 声誉 ▷德高～重|名～|威～。→ ❻ 动 盼望;期待 ▷大失所～|渴～。❼ 名 愿望;盼头 ▷大喜过～|绝～|失～。→ ❽ 动 向着;对着 ▷隔海相～。❾ 介 引进动作行为的方向、对象,相当于"向""对" ▷～那边看|～靶子正中打。→ ❿ 动 问候;探视(尊长或亲友) ▷探～|看～。→ ⓫ 名 望子 ▷酒～。

【望板】wàngbǎn 名 平铺在屋顶椽子上面的木板。

【望尘莫及】wàngchén-mòjí 只能远远地看见前面走的人马带起的尘土,却追赶不上。形容远远比不上。☛ 参见170页"瞠乎其后"的提示。

【望穿秋水】wàngchuān-qiūshuǐ 把眼睛都望穿

了(秋水:比喻人的眼睛)。比喻盼望殷切。

【望断】 wàngduàn 动 一直望到望不见 ▷～南飞雁。

【望而却步】 wàng'érquèbù 一望见就往后退缩。形容对困难和危险十分害怕。

【望而生畏】 wàng'érshēngwèi 一看到就产生畏惧心理。

【望风】 wàngfēng 动 为正在进行秘密活动的人观察周围动静。

【望风捕影】 wàngfēng-bǔyǐng 捕风捉影。

【望风而逃】 wàngfēng'értáo 远远看见对方的强大气势就逃跑。

【望风披靡】 wàngfēng-pīmǐ 草木一遇到风就倒伏。比喻军队慑于对方的气势而失去斗志,不战自溃。☛"靡"这里不读 mí。

【望见】 wàngjiàn 动 远远地看见。

【望楼】 wànglóu 名 用于瞭望的楼 ▷临江建一～。

【望梅止渴】 wàngméi-zhǐkě《世说新语·假谲》中说,曹操带兵行军,士兵口渴,但周围没有水。曹操指着前面说,那里有一片梅树林,梅子又甜又酸。士兵们听了都流出口水,不再叫渴。后用"望梅止渴"比喻愿望无法实现,只能借想象来安慰自己。

【望门】 wàngmén 名〈文〉有名望、有地位的门第 ▷～大户。

【望门寡】 wàngménguǎ 名 旧指死了未婚夫而守寡的女子。

【望其项背】 wàngqíxiàngbèi 能够望到前面人的颈项和背脊,表示有希望赶上或达到(多用于否定)。

【望日】 wàngrì 名 天文学上指每月月圆的那一天,通常指农历每月十五日。

【望文生义】 wàngwén-shēngyì 不深入钻研,只按照字面牵强附会地作出片面或错误的解释。

【望闻问切】 wàng-wén-wèn-qiè 中医诊断疾病的四种常用方法。"望"是观察病人的气色;"闻"是听病人发出的声音,闻病人的气息;"问"是询问病人的症状和病史;"切"是用手诊脉或触按身体其他部位。

【望眼欲穿】 wàngyǎn-yùchuān 眼睛都要望穿了。形容十分殷切地盼望。

【望洋兴叹】 wàngyáng-xīngtàn《庄子·秋水》中说,河神因涨大水而沾沾自喜,自以为了不起,等到顺流东下,看到无边无际的大海,才感到惭愧,"望洋向若而叹"(望洋:仰视的样子;若:海神)。后用"望洋兴叹"表示看到人家的伟大才感到自己的渺小;现多指因力量、条件不够而达不到目的,感叹无可奈何。

【望远镜】 wàngyuǎnjìng 名 用来观察远处物体的光学仪器。

【望月】 wàngyuè 名 望日的月亮。也说满月。

【望诊】 wàngzhěn 动 中医诊断疾病的常用方法之一。参见本页"望闻问切"。

【望砖】 wàngzhuān 名 平铺在屋顶椽子上面的较薄的砖。

【望子成龙】 wàngzǐ-chénglóng 盼望儿子成为有出息或杰出的人才。

【望子】 wàngzi 名 幌子①。因悬挂得很高,站在远处能够望见,故称。

【望族】 wàngzú 名 有声望和地位的家族。

wēi

危 wēi ❶ 形〈文〉高耸的 ▷～峰|～冠。→ ❷ 形 端正 ▷正襟～坐。→ ❸ 形 环境险恶;不安全(跟"安"相对) ▷转～为安|～机。⇒ ❹ 动 使处于不安全的境地;损害 ▷～及国家|～害。⇒ ❺ 形 特指生命危险,将要死亡 ▷垂～|病～。→ ❻ 动 恐惧;使感到恐惧 ▷人人自～|～言耸听。○ ❼ 名 星宿名,二十八宿之一。○ ❽ 名 姓。☛ ㊀统读 wēi,不读 wéi 或 wěi。㊁右下是"㔾",不是"巳"或"已"。由"危"构成的字有"跪""桅""脆""诡"等。

【危城】 wēichéng ❶ 名〈文〉城墙很高的城。❷ 名 被敌人围困,处在危急中的城市 ▷固守～。

【危殆】 wēidài 形〈文〉危急;危险 ▷时局～。

【危笃】 wēidǔ 形〈文〉(病情)危急;(生命)垂危 ▷病势～|生命～正在抢救|该男子仍处于～状态。

【危房】 wēifáng 名 有倒塌危险的房屋 ▷拆除～。

【危改】 wēigǎi 动 危旧房屋改造 ▷对我市旧城区进行～。

【危害】 wēihài 动 严重损害;破坏 ▷吸烟～健康|污染的～巨大。

【危机】 wēijī ❶ 名 潜伏的危险或祸患 ▷～重重。❷ 名 危险、困难的关头 ▷政治～。

【危机四伏】 wēijī-sìfú 处处都潜伏着祸根(伏:隐藏)。形容处境危险。

【危及】 wēijí 动 危害到;有害于 ▷超标排污～生态环境。

【危急】 wēijí 形 危险紧急 ▷病情～|～的时刻。

【危局】 wēijú 名 危险的局面 ▷陷入～。

【危惧】 wēijù 动 担忧恐惧 ▷不必～面试。

【危楼】 wēilóu ❶ 名〈文〉高楼 ▷～高耸。❷ 名 有倒塌危险的楼房。

【危难】 wēinàn 名 危险和灾难 ▷民族的～。

【危浅】 wēiqiǎn 形〈文〉指人病重将死 ▷人命～,朝不虑夕。

【危情】wēiqíng 名 危急的情况 ▷突现～。

【危如累卵】wēirúlěiluǎn 危险得像堆积起来的蛋，随时会倒下来摔破。形容形势极其危险。☛"累"这里不读 léi 或 lèi。

【危亡】wēiwáng 名 面临灭亡或死亡的危险状态（多指国家或民族）▷挽救民族的～。

【危险】wēixiǎn ❶ 形 危急凶险 ▷山路十分～|～关头。❷ 名 指出现危急凶险的可能性 ▷面临死亡的～|存在～。

【危险品】wēixiǎnpǐn 名 指易燃、易爆或有毒的物品 ▷严禁携带～上车。

【危象】wēixiàng 名 危险的征象 ▷高血压～。

【危言耸听】wēiyán-sǒngtīng 故意说吓人的话使人听了震惊、害怕（耸：惊动）。

【危在旦夕】wēizàidànxī 危险就在早晚之间。

【危重】wēizhòng 形（病势）严重而危急 ▷病势～|～病人。

【危坐】wēizuò 动〈文〉端正地坐着 ▷肃然～。

委 wēi［委蛇］wēiyí ❶ 见本页"逶迤"。现在一般写作"逶迤"。○ ❷ 动〈文〉听从；依顺 ▷虚与～。

另见 1431 页 wěi。

威 wēi ❶ 名 使人敬畏的气势或使人畏惧的力量 ▷～风|权～。→ ❷ 动 凭借威力震慑 ▷声～天下|～胁。○ ❸ 名 姓。

【威逼】wēibī 动 用强力威胁和逼迫 ▷持枪～。

【威风】wēifēng ❶ 名 让人畏惧的气势 ▷失去了往日的～|～凛凛|～扫地。❷ 形 形容气势令人敬畏 ▷战士们真～。

【威吓】wēihè 动 用威势来恐吓 ▷不怕敌人～。☛"吓"这里不读 xià。

【威赫】wēihè 形 庄严显赫；威风显赫 ▷雄浑～|～不可一世。

【威客】wēikè 名 英语 witkey 音译。指运用自己的智慧、知识、能力和经验，在互联网上为他人解决工作、学习、生活等方面的问题以换取收益的人。

【威力】wēilì 名 使人畏惧的力量；巨大的力量 ▷～巨大的炸弹|发挥了科学技术的～。

【威猛】wēiměng 形 威武勇猛 ▷身材高大～|气势～。

【威名】wēimíng 名 威望和名声 ▷～赫赫。

【威迫】wēipò 动 威逼。

【威权】wēiquán 名 威力和权势 ▷～显赫。

【威慑】wēishè 动 用武力或声势使对方畏惧而不敢随意行动 ▷～敌人|～作用。

【威士忌】wēishìjì 名 英语 whisky 音译。用大麦、黑麦等酿制的一种蒸馏酒。

【威势】wēishì ❶ 名 威风和权势 ▷～日盛。❷ 名 威力和气势 ▷强台风的～已逐渐减弱。

【威望】wēiwàng 名 被大家敬服的声誉和名望 ▷崇高的～|享有～。

【威武】wēiwǔ ❶ 名 武力和权势 ▷～不能屈。❷ 形 气势强盛 ▷～之师。

【威武不屈】wēiwǔ-bùqū《孟子·滕文公下》："富贵不能淫，贫贱不能移，威武不能屈，此之谓大丈夫。"后用"威武不屈"表示坚贞刚强，在权势或武力的威胁下不屈服。

【威胁】wēixié ❶ 动 用权势或武力恐吓（hè）胁迫 ▷武力～。❷ 动（某些因素）造成危险或危害 ▷环境污染～着人类健康。

【威信】wēixìn 名 威望和信誉 ▷廉洁公正才有～|～扫地。

【威亚】wēiyà 名 英语 wire 音译。指用来吊着演员（有时包括道具）等做空中动作的钢丝等 ▷他被～吊着，做飞檐走壁动作。

【威严】wēiyán ❶ 形 威武而严肃 ▷军容～|～的神情。❷ 名 威风和尊严 ▷法官的～。

【威仪】wēiyí 名 庄重严肃的仪容举止。

【威震】wēizhèn 动 用威力来震慑 ▷～海内|～敌胆。☛"震"不要误写作"振"。

逶 wēi［逶迤］wēiyí 形 曲折蜿蜒 ▷山路～。

偎 wēi 动 紧紧挨在一起 ▷～山靠水|脸～着脸|依～。☛不读 wèi。

【偎傍】wēibàng 动 挨近；紧靠 ▷互相～。

【偎抱】wēibào 动 偎依拥抱。

【偎依】wēiyī 动 紧紧地挨着；亲热地靠着 ▷～在祖母的怀里。

隈 wēi 名〈文〉水流或山边弯曲的地方 ▷水～|山～。

摵 wēi 动〈口〉把细长的东西弄弯 ▷把通条～成火钩子。

葳 wēi［葳蕤］wēiruí 形〈文〉（草木枝叶）茂盛。

崴 wēi［崴嵬］wēiwéi 形〈文〉山势高峻或高低不平。

另见 1408 页 wǎi。

椳 wēi 名〈文〉承受门轴的门臼。

微 wēi ❶ 形 小；轻微；少 ▷～不足道|细～|～型|～风|～量。→ ❷ 动 规模、力量等由大变小；由盛变衰 ▷衰～。→ ❸ 形 地位低下 ▷卑～|人～言轻。→ ❹ 形 精妙深奥 ▷～言大义|～妙。→ ❺ 副 表示程度不深，相当于"稍""略" ▷～感不适|～笑。→ ❻ 量 古代长度单位，1 微为百万分之一市寸。❼ 数 某些计量单位的百万分之一 ▷～米|～安|毫～米。☛统读 wēi，不读 wéi。

【微波】wēibō ❶ 名 细小的水波 ▷～荡漾。❷

图 波长为1米至1毫米，频率为300—300,000兆赫的无线电波。微波的方向性很强，主要应用于通信、雷达、电视等方面 ▷～传递。

【微波炉】wēibōlú 图 一种用微波加热的炊具。利用其内部的磁控管，将电能转变为微波，使食物中的水分子剧烈运动，产生大量摩擦热能，快速加热食物。

【微博】wēibó 图 英语 microblog 音意合译。微型博客的简称。字数一般不超过140个，内容多是个人的所见和所感。

【微薄】wēibó 形 微小单薄；分量轻；数量少 ▷～的心意。

【微不足道】wēibùzúdào 渺小得不值一提。

【微创】wēichuāng ❶ 图 微小的创口。❷ 图 指微创手术。☛"创"这里不读 chuàng。

【微创手术】wēichuāng shǒushù 指创口很小的外科手术。一般通过人体微小的切口，插入内窥镜和相关器械至病灶以实施手术。具有创伤小、疼痛轻、恢复快的特点。

【微词】wēicí 图〈文〉隐含不满或批评的言语 ▷对此，群众颇有～。

【微辞】wēicí 现在一般写作"微词"。

【微电影】wēidiànyǐng 图 指制作成本低、周期短，通过新媒体平台播放，时长一般不超过1小时的视频短片。

【微雕】wēidiāo 图 一种在象牙片、玉石、竹片、头发丝等细小材料上进行细微雕刻的艺术手法，其作品一般要用放大镜或显微镜方能观看到镂刻的内容；也指用这种艺术手法雕刻成的工艺品。

【微分】wēifēn 图 即微分法，数学上指从整体研究局部的方法。

【微风】wēifēng 图 气象学上指3级风；泛指微弱的风 ▷～习习。

【微服】wēifú 动 帝王或官员外出时穿便装以免暴露身份 ▷～私访｜～出巡。

【微观】wēiguān ❶ 区别 自然科学中指分子、原子以及各种粒子内部结构或机制的(跟"宏观"相对，②同) ▷量子是～领域的研究对象。❷ 形 形容小范围的或局部的 ▷DNA 检测的对象是非常～的生物材料｜社会从宏观到～层层深入，形成一个完整的系统。

【微观经济】wēiguān jīngjì 指单个儿经济单位和单个儿经济活动(跟"宏观经济"相区别)。如单个儿企业的生产经营活动，单个儿企业的产量、成本、利润等。

【微观粒子】wēiguān lìzǐ 物理学中对小分子、原子和各种粒子的统称。

【微观世界】wēiguān shìjiè 通常指电子、质子、中子等肉眼看不到的极微小的物质领域。

【微光】wēiguāng 图 微弱的亮光。

【微乎其微】wēihūqíwēi 形容极少或极小。

【微火】wēihuǒ 图 文火。

【微机】wēijī 图 微型电子计算机的简称。

【微贱】wēijiàn 形 卑微；低贱 ▷身世～。

【微利】wēilì ❶ 图 很小的利润；薄利 ▷～销售。❷ 图 微不足道的利益。

【微粒】wēilì 图 微小的颗粒，通常指分子、电子等。

【微量】wēiliàng 形 极少量的 ▷～调节。

【微量元素】wēiliàng yuánsù 生物体含量或需要量很少，却是维持正常机体功能所必需的元素。如铁、锌、硒等。

【微茫】wēimáng 形 隐约，模糊 ▷烟波～｜～的希望。

【微米】wēimǐ 量 长度法定计量单位，1微米等于0.001毫米。

【微妙】wēimiào 形 深奥玄妙；很难捉摸 ▷他们之间的关系很～。

【微明】wēimíng ❶ 形 稍微明亮 ▷天色～。❷ 图 微弱的亮光。

【微末】wēimò 形 微小；不值一提的 ▷～之力。

【微弱】wēiruò 形 弱；能量很小 ▷声音～。

【微生物】wēishēngwù 图 难以用肉眼观察到的一切微小生物的统称，包括细菌、真菌、病毒、支原体、衣原体、立克次体、原生动物及一些单细胞藻类等。

【微缩】wēisuō 动 根据原物形状按一定比例缩小 ▷圆明园～景观。

【微调】wēitiáo ❶ 动 电子学上指对调谐电容作微小的调整。❷ 图 指微调电容器(即电容量可作精细调整的小型电容器)。❸ 动 泛指作小范围或小幅度的调整 ▷～存款利率。

【微微】wēiwēi ❶ 副 稍微；略微 ▷～颤抖。❷ 形 微小；细小 ▷～的暖风。

【微息】wēixī 图 很低的利息。

【微细】wēixì 形 十分细小；细微 ▷～血管。

【微小】wēixiǎo 形 非常小 ▷～的粒子。

【微笑】wēixiào ❶ 动 不明显、不出声地笑 ▷对着顾客～。❷ 图 不明显的笑容 ▷面带～。

【微笑服务】wēixiào fúwù 指服务人员对顾客笑脸相迎，态度和蔼地进行服务。

【微信】wēixìn ❶ 图 为智能化手机提供即时通信服务的应用软件。可以发送语音短信、视频、图片和文字等，供2人或多人相互进行信息交流。❷ 图 用微信发送的信息 ▷收到几条语音～。

【微行】wēixíng 动〈文〉旧时帝王或官员微服出行。

【微型】wēixíng 区别 (形体、规模等)比同类事物小的 ▷～电脑｜～小说。

【微型小说】wēixíng xiǎoshuō 篇幅特别短小的小说。立意清新、情节单一、结构精巧。也说小小说。

【微血管】wēixuèguǎn 名 毛细血管。

【微循环】wēixúnhuán 名 微血管中的血液循环。

【微言大义】wēiyán-dàyì 原指用精当的言辞阐述儒家经典的要义；现指含蓄的语言中包含的十分深刻的道理。

煨 wēi ❶ 动 把食物放在灰火中烤熟 ▷～白薯｜～栗子。→ ❷ 动 烹调方法，用文火慢煮 ▷～鸡汤｜把牛肉放在火上～着。

溦 wēi 名〈文〉小雨。

薇 wēi ❶ 名 野豌豆的古称。多年生草本植物，羽状复叶，开青紫色花，蔓生。可以做药材。也说巢菜。○ ❷ 见 1101 页“蔷(qiáng)薇”。☛ 统读 wēi，不读 wéi。

鳂（鰃） wēi 名 鱼，体侧扁，背鳍及臀鳍有鳍棘，红色，有银白色纵带，口、眼大，鳞坚硬。生活在热带海洋中。

巍 wēi 形〈文〉高大 ▷～然｜～峨｜～～。☛ 统读 wēi，不读 wéi。

【巍峨】wēi'é 形 高大而雄伟 ▷～挺拔。

【巍然】wēirán 形 形容高大雄伟的样子 ▷纪念碑～挺立。

【巍巍】wēiwēi 形 很高很大 ▷～昆仑。

wéi

韦（韋） wéi ❶ 名〈文〉去毛后经过熟制的兽皮 ▷～索。→ ❷ 名〈文〉皮带；皮绳 ▷佩～。○ ❸ 名 姓。☛ 统读 wéi，不读 wěi。

【韦编三绝】wéibiān-sānjué 孔子晚年爱读《周易》，因反复阅读，编联竹简的皮绳断了好多次。后用“韦编三绝”形容读书勤奋刻苦。

为[1]（爲） wéi ❶ 动 做 ▷尽力而～｜大有可～。→ ❷ 动〈文〉表示某些动作行为，含有治理、从事、设置、研究等意义 ▷～政｜～生｜步步～营｜～学。→ ❸ 动 当作；充当 ▷拜他～师｜～首。❹ 动 变成；成为 ▷变落后～先进｜反败～胜。❺ 动 是 ▷见习期～一年｜总面积～78 平方米。

为[2]（爲） wéi 介 用于被动句，引进动作的施事者，相当于“被”(常跟“所”连用) ▷～人民所拥护｜～情所困。

为[3]（爲） wéi 词的后缀。附在某些单音节形容词性或副词性成分后面，构成表示程度或范围的双音节副词，一般修饰双音节形容词或动词 ▷尤～重要｜广～流传｜深～感动。☛ “为”字读 wéi，是动词，也可作引进动作施事者的介词(相当于“被”)，如“为首”“为事实所证明”；读 wèi，除表示“帮助”义的文言用法，其他作介词，如“为人民服务”“为方便读者”。

另见 1433 页 wèi。

【为非作歹】wéifēi-zuòdǎi 干各种坏事。

【为富不仁】wéifù-bùrén《孟子·滕文公上》：“为富不仁矣，为仁不富矣。”后用“为富不仁”指靠不正当手段发财的人是不会讲仁义的。

【为害】wéihài 动 造成祸害或损害 ▷～乡里。

【为患】wéihuàn 动 造成祸患或忧患 ▷人满～。

【为力】wéilì 动 出力；尽力 ▷无能～。

【为难】wéinán ❶ 动 感到难办 ▷左右～。❷ 动 给别人造成困难；刁难(nàn) ▷不要～他。

【为盼】wéipàn 动 是我所盼望的。用于书信、公文等末尾，表示急切企盼 ▷速复～。

【为期】wéiqī ❶ 名 约定的期限 ▷～三个月。❷ 动 作为约定期限 ▷以三个月～。❸ 动 离约定期限 ▷～不远。

【为人】wéirén ❶ 动 做人 ▷～一世。❷ 名 指立身处世的态度 ▷大家很敬佩他的～。

【为人师表】wéirénshībiǎo 做别人学习的表率。

【为生】wéishēng 动 作为生活来源 ▷种田～。

【为时】wéishí 动 从时间上说 ▷～不晚。

【为首】wéishǒu 动 当首领；当领头人 ▷～人物｜这个课题组是以王教授～的。

【为数】wéishù 动 从数量上说 ▷～不多。

【为所欲为】wéisuǒyùwéi 原指做自己想做的事。现指想做什么就做什么；任意妄为。

【为伍】wéiwǔ 动 做伙伴；成为同伙 ▷不与坏人～｜羞与～。

【为限】wéixiàn 动 (以某一范围或时间、数量)作为限度 ▷以协议条款～｜报名时间以 10 天～。

【为止】wéizhǐ 动 停止；截止(多用于时间、进度等) ▷今天的讨论到此～｜抄到第三段～。

【为重】wéizhòng 动 看作最重要的 ▷苍生～。

【为主】wéizhǔ 动 作为主要的 ▷学生以学习～。

圩 wéi 名 圩堤 ▷筑～｜～埂。

另见 1549 页 xū。

【圩堤】wéidī 名 江河附近低洼地区防涝护田的堤岸。

【圩埂】wéigěng 名 围水的堤堰。

【圩田】wéitián 名 用圩堤围住的农田。

【圩垸】wéiyuàn 名 沿江、沿湖的低洼地区为防止江湖水灌入而筑的堤；也指堤内与外水隔绝的封闭区域。

【圩子】wéizi 名 圩堤。

违（違） wéi ❶ 动 离别；离开 ▷久～。→ ❷ 动 背离；不遵从 ▷阳奉阴～｜～约。☛ 统读 wéi，不读 wěi。

【违碍】wéi'ài 动 旧指触犯统治者的禁忌 ▷不得有所～。

【违拗】wéi'ào 动 故意不依从，闹别扭 ▷他对妈妈的话不敢～。

【违背】wéibèi 动 违反；背离 ▷～事理｜～宗旨。

【违法】wéifǎ 动 违犯法律或法令 ▷～经营。

【违法乱纪】wéifǎ-luànjì 违犯法律或法令，破坏纪律。

【违反】wéifǎn 动 不遵守或不符合（原则、规章、制度等）▷～客观规律｜～政策。☛ 跟“违犯”不同。

【违犯】wéifàn 动 违背和触犯（法律、法规等）▷～治安管理条例｜～禁令。☛ 跟“违反”不同。

【违规】wéiguī 动 违反有关规定或规则 ▷拆除～广告牌｜～操作。

【违和】wéihé 动〈文〉婉词，指有病 ▷贵体～，望善自珍摄。

【违纪】wéijì 动 违犯纪律 ▷～现象。

【违禁】wéijìn 动 违犯禁令 ▷严禁携带～品。

【违抗】wéikàng 动 违反抗拒 ▷不得～法令。

【违例】wéilì 动 违反常例；现多用于体育比赛中违犯比赛规则 ▷发球～。

【违令】wéilìng 动 违反命令或法令 ▷～者罚。

【违逆】wéinì 动 违抗；不顺从 ▷宪法对其他一切法律都具有不容～的制约力。

【违忤】wéiwǔ 动〈文〉不顺从；违背（上级或长辈）。

【违误】wéiwù 动 违反指令，耽误公事 ▷此件务必及时送到，不得～。

【违宪】wéixiàn 动 违反宪法规定。

【违心】wéixīn 动 违背自己本来的心意 ▷不说～话，不办～事｜～之论。

【违约】wéiyuē 动 违背或不履行共同的约定 ▷条约一旦签订，就不能～。

【违约金】wéiyuējīn 名 违约一方依照合同或契约付给对方的款项。

【违章】wéizhāng 动 违反规章 ▷～必究。

围（圍）wéi ❶ 动 四面拦起来；环绕 ▷四边～了栏杆｜～墙｜～绕。→ ❷ 名 四周 ▷周～｜外～。❸ 名 周长 ▷胸～｜腰～。❹ 量 a）两只胳膊合拢起来的长度 ▷这棵古树有五六～粗。b）两只手的拇指和食指张开并相接后的圆周长 ▷腰细两～。

【围脖儿】wéibór 名 某些地区指围巾。

【围捕】wéibǔ 动 围起来捕捞；包围起来捕捉 ▷外海～作业｜～毒贩。

【围场】wéichǎng 名 围起来专供打猎的场地。

【围城】wéichéng ❶ 动 包围城市 ▷重兵～。❷ 名 被围困的城市 ▷死守～。

【围堵】wéidǔ 动 包围堵截 ▷～逃窜之敌。

【围攻】wéigōng 动 包围起来攻击；群起而攻。

【围观】wéiguān 动 许多人围在一起观看 ▷～的人越来越多，影响了交通。

【围裹】wéiguǒ 动 包围缠绕 ▷用纱布把受伤的手臂～得紧紧的。

【围击】wéijī 动 围攻。

【围歼】wéijiān 动 包围起来加以消灭。

【围剿】wéijiǎo 动 包围起来加以剿灭。

【围巾】wéijīn 名 围在脖子上保暖或作装饰的织物。某些地区也说围脖儿。

【围聚】wéijù 动 围拢聚集 ▷～了不少观众。

【围垦】wéikěn 动 筑起堤坝围住海滩、湖滩等进行开垦和种植 ▷～荒滩。

【围困】wéikùn 动 从四面围住，使陷入困境 ▷抢救被大雪～的羊群。

【围栏】wéilán 名 环绕房屋、场院或其他空间的栏杆。

【围猎】wéiliè 动 从四周包围起来捕猎 ▷～猛兽◇～高端市场。

【围拢】wéilǒng 动 从四周向中心聚拢。

【围埝】wéiniàn 名（水田或浅水中）围起来挡水的土埂。

【围屏】wéipíng 名 一种可以折叠的屏风，通常是四扇、六扇或八扇连在一起。

【围棋】wéiqí 名 棋类运动的一种。棋盘上纵横各有 19 条线，相交成 361 个点。对弈双方分别用黑色和白色的棋子，轮流下在棋盘的交叉点上，互相围攻，以围占交叉点数多的为胜。

【围墙】wéiqiáng 名 建筑在房屋、园林、场院等四周，起拦挡作用的墙。

【围裙】wéiqún 名 围在身前用以保持衣服清洁或保护身体的裙状物。

【围绕】wéirào ❶ 动 围着某一事物转动；围在四周 ▷地球～太阳旋转。❷ 动 以某个问题或事件作中心（进行活动）▷～专题讨论。

【围生期】wéishēngqī 名 指女性怀孕后期、产时和产后的一段时期；我国传统上多指从妊娠满 28 周至产后 1 周这段时间。也说围产期。

【围网】wéiwǎng 名 一种长条形的渔网。主要用于围捕浮游在水面的鱼类。

【围魏救赵】wéiwèi-jiùzhào《史记·孙子吴起列传》记载：战国时魏国军队围攻赵国国都，齐军用围攻魏国国都的办法迫使魏国撤回军队，从而使赵国得救。后用“围魏救赵”指作战中使用围困敌军后方，迫使前来进攻之敌自动撤兵的战术。

【围堰】wéiyàn 名 为方便在有水的地基上施工，围绕工程四周所修建的临时性挡水建筑物。

【围腰】wéiyāo 名 围在腰上起保护作用的宽带子。有的地方也把围裙叫围腰。

【围桌】wéizhuō 名 用布或绸缎制成的悬挂在桌子前面起遮挡及装饰作用的类似帘子的东

西，上面多有装饰图案。旧时一般在重大节日或办婚丧事、祭祀时使用。

【围子】wéizi ❶ 图 围绕村庄的屏障物。一般用土石筑成，也有的由密植的荆棘构成。❷见1426页"圩子"。现在一般写作"圩子"。❸见本页"帷子"。现在一般写作"帷子"。

【围嘴儿】wéizuǐr 图 围在婴幼儿胸前以保持衣服清洁的布或塑料制品。

【围坐】wéizuò 动 围在四周坐 ▷～在老师周围。

帏(幃) wéi ❶ 图 古人佩带的香囊。○❷古同"帷"。

【帏幕】wéimù 现在一般写作"帷幕"。

闱(闈) wéi ❶ 图〈文〉宫中的小门；宫门。→❷ 图 古代指后妃的居室；也指妇女居室 ▷宫～｜房～。○❸ 图 指科举时代的考场 ▷春～｜入～｜～墨。

沣(湋) wéi［沣源口］wéiyuánkǒu 图 地名，在湖北。

沩(溈) wéi 图 沩水，水名，在湖南，流入湘江。

峗 wéi 用于地名。如峗家湾，在四川。

涠 wéi 图 涠水，水名，在湖北。

桅 wéi 图 桅杆 ▷船～｜～顶｜～灯。

【桅灯】wéidēng 图 一种航行用的信号灯，装在轮船的前后桅杆上。

【桅杆】wéigān ❶ 图 船上挂帆的杆子。❷ 图 轮船上悬挂航海信号、架设天线的高杆。

【桅樯】wéiqiáng 图 桅杆；借指船只 ▷夕照～｜远征的～。

涠(潿) wéi［涠洲］wéizhōu 图 岛名，在广西。

唯[1] wéi 拟声 模拟应答的声音 ▷～～连声｜～～诺诺。

唯[2] wéi 副 表示限定范围，相当于"单单""只"。☛ ㊀"唯"字统读 wéi，不读 wěi。㊁"唯[2]"原来只用于"唯物论""唯心论""任人唯贤"等少数词语，现在由"惟[2]"组成的词语一般都写作"唯"，如"唯利是图""唯命是从""唯一""唯独""唯有""唯恐"等。

【唯独】wéidú 副 单单；只是 ▷心里装着别人，～没有自己｜～对象棋感兴趣。

【唯恐】wéikǒng 动 只怕 ▷～天下不乱。

【唯利是图】wéilìshìtú 一心贪图钱财而不顾一切。

【唯美主义】wéiměi zhǔyì 19世纪后期流行于欧洲的一种文艺思潮和流派。主张"为艺术而艺术"，认为艺术只为它本身的美而存在，否定艺术的社会性和功利性。

【唯妙唯肖】wéimiào-wéixiào 现在一般写作"惟妙惟肖"。

【唯命是从】wéimìngshìcóng 只听从命令。指绝对服从。也说唯命是听。

【唯命是听】wéimìngshìtīng 唯命是从。

【唯其】wéiqí 连 连接分句，表示因果关系，意思跟"正因为"相近 ▷～不懂，我才要琢磨它。

【唯其如此】wéiqírúcǐ 正因为这样 ▷～，更值得人们尊敬。

【唯唯诺诺】wéiwéinuònuò 谦卑地连声答应。形容不敢提出意见，一味顺从(含贬义)。

【唯我独尊】wéiwǒdúzūn 认为只有自己最尊贵。形容极端狂妄自大。

【唯物辩证法】wéiwù biànzhèngfǎ 即马克思主义辩证法。是关于自然、人类社会和思维发展的普遍规律的科学，对立统一规律是它的实质和核心。参见84页"辩证唯物主义"。

【唯物论】wéiwùlùn 图 唯物主义。

【唯物史观】wéiwù shǐguān 唯物主义历史观，即历史唯物主义(跟"唯心史观"相区别)。

【唯物主义】wéiwù zhǔyì 哲学的两大基本派别之一，是同唯心主义相对立的思想体系。认为世界按其本原来说是物质的，是脱离人的意识之外，不依赖人的意识而客观存在的，精神或意识是物质的产物，物质是第一性的，精神、意识是第二性的。

【唯心论】wéixīnlùn 图 唯心主义。

【唯心史观】wéixīn shǐguān 唯心主义历史观，即历史唯心主义(跟"唯物史观"相区别)。

【唯心主义】wéixīn zhǔyì 哲学的两大基本派别之一，是同唯物主义相对立的思想体系。认为精神或意识是世界的本原，物质世界是精神、意识的产物，精神、意识是第一性的，物质是第二性的。

【唯一】wéiyī 形 独一无二的 ▷解决办法并非～｜～的办法。

【唯有】wéiyǒu 连 只有 ▷～改革才有出路。

帷 wéi 图 围在四周的帐子 ▷～幕｜车～子｜罗～。

【帷幔】wéimàn 图 帷幕。

【帷幕】wéimù 图 挂在大屋子里或舞台上起遮挡作用的幕布。也说帷幔。

【帷幄】wéiwò 图〈文〉军中将帅用的帐幕 ▷运筹于～之中。

【帷帐】wéizhàng 图 帐子。

【帷子】wéizi 图 围起来起遮挡、保护作用的布 ▷炕～｜墙～。

惟[1] wéi 动 思考 ▷思～。☛"惟"字的本义是思考，但"思惟"一词现在规范词形写作"思维"。

惟[2] wéi 同“唯[2]”。现在一般写作“唯”。

惟[3] wéi 助〈文〉用于句首或句中，以调节语气 ▷～妙～肖。

【惟独】wéidú 现在一般写作“唯独”。

【惟恐】wéikǒng 现在一般写作“唯恐”。

【惟利是图】wéilìshìtú 现在一般写作“唯利是图”。

【惟妙惟肖】wéimiào-wéixiào 模仿或描写得非常美妙，非常逼真(肖：像，相似)。☛“肖”这里不读 xiāo。

【惟命是从】wéimìngshìcóng 现在一般写作“唯命是从”。

【惟命是听】wéimìngshìtīng 现在一般写作“唯命是听”。

【惟其】wéiqí 现在一般写作“唯其”。

【惟我独尊】wéiwǒdúzūn 现在一般写作“唯我独尊”。

【惟一】wéiyī 现在一般写作“唯一”。

【惟有】wéiyǒu 现在一般写作“唯有”。

维[1]（維） wéi ❶ 名〈文〉系(xì)东西的大绳。→ ❷ 动 拴住；联结 ▷～系。❸ 动 保持；保护 ▷～持｜～护｜～修。→ ❹ 名 几何学及空间理论的基本概念，构成空间的每一因素为一维。直线是一维的，平面是二维的，普通空间(长、宽、高)是三维的。也说维度。○ ❺ 名 姓。

维[2]（維） wéi 同“惟[3]”。

【维持】wéichí ❶ 动 保持；使保持原样 ▷～生态平衡｜～原判。❷ 动 支持；保护 ▷有你在中间～，我心里踏实了许多。

【维度】wéidù 名 维[1]④。

【维和】wéihé 动 维护和平 ▷～行动｜～使命。

【维护】wéihù 动 维持并加以保护，使免遭破坏 ▷～祖国的统一。

【维纶】wéilún 名 英语 vinylon 音译。一种合成纤维，性质与棉纤维相近，但较轻且耐磨，透气性较差。也说维尼纶。

【维棉布】wéimiánbù 名 用维尼纶与棉纱的混纺纱织成的布。

【维妙维肖】wéimiào-wéixiào 现在一般写作“惟妙惟肖”。

【维纳斯】wéinàsī 名 英语 Venus 音译。罗马神话中爱和美的女神。后来常把希腊神话中的阿佛洛狄忒称作维纳斯。发现于米洛斯岛的阿佛洛狄忒雕像，虽上肢残缺，但仍被奉为雕塑艺术极品。

【维权】wéiquán 动 维护合法权益 ▷支持消费者的～行动。

【维生素】wéishēngsù 名 人和动物生长和代谢所必需的微量有机化合物，现已知的有 20 余种。缺乏维生素可能引起正常生理机能障碍，发生特异性病变。旧称维他命。

【维他命】wéitāmìng 名 英语 vitamin 音译。维生素的旧称。

【维吾尔文】wéiwú'ěrwén 名 维吾尔族的拼音文字。现行维吾尔文是以阿拉伯字母为基础的拼音文字，有 32 个字母，从右到左横写。

【维吾尔族】wéiwú'ěrzú 名 我国少数民族之一。主要分布在新疆。

【维系】wéixì 动 维持并联系，使不涣散、不中断 ▷友谊靠诚信～。

【维新】wéixīn 动 改变旧的，实行新的。一般指政治上的改良 ▷变法～｜～运动。

【维修】wéixiū 动 保养和修理 ▷汽车～。

琟 wéi 名〈文〉一种像玉的美石。

喂 wéi 叹 用于打招呼或要求对方作出反应(常用在电话中) ▷～，我找王老师｜～～，你听得清楚吗？｜～，你找哪位？

另见 1435 页 wèi。

嵬 wéi 形〈文〉(山势)高大耸立 ▷～然｜崔～｜～～。

鲔（鮠） wéi 名 鱼，身体前部扁平，后部侧扁，浅灰色，无鳞，眼小，尾鳍分叉。生活在淡水中。肉味鲜美，为优质食用鱼类。通称鲔鱼。

潍（濰） wéi 名 潍河，水名，在山东。

wěi

伟（偉） wěi ❶ 形 高大 ▷魁～｜～岸。→ ❷ 形 卓越；超出寻常 ▷～业｜丰功～绩。○ ❸ 名 姓。

【伟岸】wěi'àn ❶ 形 身材魁梧 ▷～的身躯。❷ 形 容貌、气度等非凡 ▷雄奇～的古长城。

【伟大】wěidà ❶ 形 才识超凡、品格崇高、功勋卓著，令人景仰 ▷～的先行者｜～的科学家。❷ 形 规模宏大；不寻常的，引以自豪的 ▷～的事业｜～的祖国｜～的长城。

【伟绩】wěijì 名 伟大的功绩 ▷缅怀先烈～。

【伟力】wěilì 名 伟大的力量 ▷大自然的～。

【伟论】wěilùn 名 宏论 ▷宏才～｜发表～。

【伟人】wěirén 名 伟大的人物 ▷当代～。

【伟业】wěiyè 名 宏伟的事业；伟大的业绩 ▷跨世纪的～｜建立丰功～。

伪（僞） wěi ❶ 形 假的；故意做作以掩盖真相的(跟“真”相对) ▷真～｜～钞｜～造｜～装。→ ❷ 形 非法的；非正统的

▷～军|～政权。☛ 统读 wěi,不读 wèi。

【伪币】wěibì ❶ 名 假币。❷ 名 特指我国抗日战争期间日伪政权发行的货币。

【伪钞】wěichāo 名 假钞。

【伪称】wěichēng 动 冒充说 ▷他～自己是医生,到处骗钱。

【伪军】wěijūn 名 伪政权的军队;特指我国抗日战争期间汉奸伪政权组织的军队。

【伪君子】wěijūnzǐ 名 假装高尚正派,欺世盗名的人 ▷要善于识破～的真面目。

【伪科学】wěikēxué 名 披着科学外衣、实质上违背和反对科学的歪理邪说 ▷加强科普工作,揭穿～的真面目。

【伪劣】wěiliè 区别 假冒的、质量低劣的(货物) ▷～产品|～出版物。

【伪满】wěimǎn 名 伪满洲国的简称。是日本军国主义侵华时期在东北扶植清朝末代皇帝爱新觉罗·溥仪建立的傀儡政权。

【伪善】wěishàn 形 假装善良的 ▷～的面孔。

【伪饰】wěishì 动 虚假地掩饰 ▷在朋友面前,无需～。

【伪书】wěishū ❶ 名 假托别人姓名而写的书。❷ 名 冒充某个年代的书。‖ 也说假书。

【伪托】wěituō 动 假冒别人名义(多指把自己或后人的作品假托为古人的) ▷后人～吕望作了《六韬》。

【伪造】wěizào 动 假造 ▷～证件|～历史。

【伪证】wěizhèng 名 假造的证据。指在刑事诉讼中,证人、鉴定人、记录人、翻译人对与案件有重要关系的情节故意作出的虚假证明、鉴定、记录或翻译。

【伪装】wěizhuāng ❶ 动 假装 ▷～积极。❷ 动 军事上采用某些隐蔽手段欺骗、迷惑敌人 ▷炮身用树枝～起来。❸ 名 假装出来的样子;用来作伪装的东西 ▷剥去敌人的～。

【伪足】wěizú 名 动物学指某些原生动物(如变形虫)由身体的任一部分凸出而形成的临时运动器官和捕食器官。可呈叶状、丝状、根状、轴状等。

【伪作】wěizuò 名 假托别人名义写作的诗文或制作的艺术品等 ▷别把～当真品。

苇(葦) wěi 名 芦苇 ▷～塘|～箔|～席|～子。

【苇箔】wěibó 名 用芦苇茎编成的帘子。

【苇丛】wěicóng 名 丛生的芦苇。

【苇荡】wěidàng 名 生长着大片芦苇的浅水湖。通称芦荡。也说芦苇荡。

【苇塘】wěitáng 名 长满芦苇的水塘。

【苇席】wěixí 名 用苇茎篾片编成的席子。通称芦席。

【苇子】wěizi 名〈口〉芦苇。

芀(蔿) wěi 名 姓。

尾 wěi ❶ 名 尾巴① ▷虎头蛇～|马～松。→ ❷ 名 星宿名,二十八宿之一。→ ❸ 名 泛指事物的末端 ▷排～|末～。❹ 名 主要部分以外的部分;末尾的阶段 ▷～数|收～。→ ❺ 量 用于鱼 ▷一～鲤鱼。参见插图 13 页。☛ 通常读 wěi;读 yǐ,带口语色彩,用于少数口语词,如"马尾儿"(马尾巴上的长毛)、"三尾儿"(雄蟋蟀)、"三尾儿"(雌蟋蟀)。

另见 1631 页 yǐ。

【尾巴】wěiba ❶ 名 某些动物身体末端凸出的部分 ▷猫～|鱼～。❷ 名 泛指事物的尾部 ▷船～|车～。❸ 名 借指跟随或附和别人的人 ▷不能作群众的～。❹ 名 借指跟踪盯梢的人 ▷注意,你后面有～。❺ 名 借指事情的余留部分 ▷工程还有点儿～。

【尾巴工程】wěiba gōngchéng 有小部分长期拖延未能完工而影响整体竣工的工程。

【尾大不掉】wěidà-bùdiào 尾巴太大,摆动不了。比喻属下势力过大或机构组织庞大臃肿,以致指挥失灵,调度不动。

【尾灯】wěidēng 名 装在汽车、摩托车等尾部的红灯,用以引起后面车辆、行人的注意。

【尾房】wěifáng 名 指某批楼盘销售后期剩下的少量房屋 ▷这几套～的楼层、朝向都比较差。

【尾骨】wěigǔ 名 脊椎骨的末端部分。

【尾号】wěihào 名 多位数号码末尾的一位或几位数字。

【尾花】wěihuā 名 书刊上诗文末尾空白处起装饰作用的图画。

【尾货】wěihuò 名 指某批货物销售后期剩下的少量货物 ▷仓库～甩卖|～市场。

【尾款】wěikuǎn 名 结账时没有结清的款项,一般数额较小 ▷拖欠～|付清购车～。

【尾牌】wěipái 名 装在汽车、电车等交通工具尾部标明车辆编号的牌子。

【尾盘】wěipán ❶ 名 证券市场等当日交易即将结束时的行情 ▷今日股指～以跌停报收|查看每天纽约汇市～。❷ 名 尾房。

【尾鳍】wěiqí 名 鱼类尾部的鳍,是鱼类运动器官之一。参见 1075 页"鳍"。

【尾气】wěiqì 名 以液体燃料为动力的车辆所排放出来的废气;工业生产等中产生的废气。

【尾欠】wěiqiàn ❶ 动 剩下一小部分款项没有偿还或交纳 ▷尚～50 元。❷ 名 指剩下的没有偿还或交纳的小部分款项 ▷～过两天补交。

【尾声】wěishēng ❶ 名 某些大型乐曲、乐章的结尾部分。❷ 名 叙事性文学作品的结尾部分。

❸ 名 某项活动或事情快要结束的阶段 ▷运动会已接近～。

【尾市】wěishì 名 证券市场等即将收市前的市场 ▷～看好|～大幅反弹。

【尾数】wěishù ❶ 名 小数点后面的数。❷ 名 多位数字中末尾的一位或几位数字。

【尾随】wěisuí 动 紧跟在后面 ▷保镖～其后。

【尾翼】wěiyì 名 安装在飞机尾部保证飞行平衡稳定的部分，通常由水平尾翼和垂直尾翼组成。

【尾音】wěiyīn 名 字、词、句末尾的音 ▷他把这个词的～故意拖得很长。

【尾羽】wěiyǔ 名 鸟类尾部的羽毛，飞行时起转换方向和平衡身体的作用。

【尾注】wěizhù 名 文章或章节后面的注释文字，常用序号跟正文中需注释的词语一一对应。

【尾追】wěizhuī 动 跟在后面追赶 ▷～不放。

【尾椎】wěizhuī 名 脊柱的最后部分。参见 647 页“脊柱”。

纬（緯） wěi ❶ 名 纺织物横向的纱线（跟“经”相区别）▷～纱。→ ❷ 名 指纬书。→ ❸ 名 地理学上指假想的沿地球表面跟赤道平行的线，赤道以北的称北纬线，以南的称南纬线 ▷北～|～度。☛ 统读 wěi，不读 wèi。

【纬度】wěidù 名 地理学上指标示地球表面南北位置的度数。以赤道为 0°，从赤道到南北两极各分为 90°，赤道以北的叫北纬，赤道以南的叫南纬 ▷北京的～是北纬 39°57′。

【纬纱】wěishā 名 纺织品横向排列的纱。

【纬书】wěishū 名 汉代以吉凶祸福附会儒家经义、预言治乱兴废的一类书，其中也保存不少古代神话传说和文化知识。

【纬线】wěixiàn ❶ 名 纬①（跟“经线”相区别，②同）。❷ 名 纬③。

玮（瑋） wěi〈文〉❶ 名 一种玉。→ ❷ 形 珍贵 ▷～奇|明珠～宝。

晞（暐） wěi 形〈文〉光很亮。

委[1] wěi ❶ 动 请人代办；任命 ▷～托|～任。→ ❷ 动 丢弃；舍弃 ▷～弃。→ ❸ 同“诿”。现在一般写作“诿”。→ ❹ 名 委员或委员会的简称 ▷政～|军～。○ ❺ 名 姓。

委[2] wěi ❶ 动〈文〉积聚；堆积 ▷～积如山。→ ❷ 名 古代指水流聚合的地方，水的下游；比喻事情的结尾 ▷原～|穷原竟～。

委[3] wěi 形 精神不振作；衰颓 ▷～顿。

委[4] wěi 形 曲折 ▷～曲|～婉。

委[5] wěi 副〈文〉表示情况确实如此，相当于“确实”“的确” ▷～系冤案|～实。

另见 1424 页 wēi。

【委顿】wěidùn 形〈文〉困倦，打不起精神 ▷神情～。☛ 不宜写作“萎顿”。

【委过】wěiguò 现在规范词形写作“诿过”。

【委决不下】wěijuébùxià 一时决定不了。

【委靡】wěimǐ 现在一般写作“萎靡”。

【委派】wěipài 动 委任派遣 ▷～他去谈判。

【委培】wěipéi 动 委托代培。多指用人单位委托教育单位培养或培训。

【委弃】wěiqì 动 丢弃；抛弃 ▷～不用。

【委曲】wěiqū ❶ 形 弯曲；曲折 ▷山路～|记叙～。❷ 名〈文〉事情的经过和原委 ▷细问～。❸ 动 勉强迁就 ▷～从俗。☛ 参见本页“委屈”的提示。

【委曲求全】wěiqū-qiúquán 曲意迁就，以求保全；也指暂时忍让迁就，以顾全大局。☛“曲”不要误写作“屈”。

【委屈】wěiqu ❶ 形 受到不公平的对待或指责而心中难受 ▷奖金被扣，她感到～。❷ 动 使人委屈 ▷住宿条件不好，～大家了。❸ 名 指委屈的心情 ▷一肚子～。☛ 跟“委曲”③不同。“委屈”表示一种心情；“委曲”③是一种对人对事的态度。

【委任】wěirèn 动 正式任命担当某种职务 ▷他被～为新厂的厂长。

【委任状】wěirènzhuàng 名 正式委任职务时发给的证书。

【委身】wěishēn ❶ 动 把命运交给他人主宰 ▷～权贵之门。❷ 动 指女子托身给男子或嫁给男子。☛ 跟“献身”不同。“委身”在指把命运交予他人时，多有不得已或不情愿的含义；“献身”是指心甘情愿和积极主动的行为。

【委实】wěishí 副 确实；的确 ▷我～不知底细。

【委琐】wěisuǒ ❶ 形〈文〉十分琐碎；过分拘泥于小事情的。❷ 见1432 页“猥琐”。现在一般写作“猥琐”。

【委托】wěituō 动 把事情托付给别人或别的机构（办理）▷受当事人～出庭辩护。

【委托书】wěituōshū 名 委托别的人或机构办理某事时所写的凭证。

【委婉】wěiwǎn 形（言辞、声音等）含蓄；不生硬 ▷～的态度|措辞～|～的歌声。☛ 不宜写作“委宛”。

【委员】wěiyuán 名 委员会的成员。

【委员会】wěiyuánhuì ❶ 名 政党、机关、学校、团体中的集体领导机构 ▷中央～|校务～。❷ 名 某些政府部门的名称 ▷国家语言文字工作～。❸ 名 为完成某一特定任务而专门设立的临时组织 ▷治丧～|评审～。

【委罪】wěizuì 现在一般写作“诿罪”。

炜(煒) wěi 形〈文〉色彩鲜明而有光亮。

洧 wěi［洧川］wěichuān 名 地名，在河南。

诿(諉) wěi 动 把过错、责任等推给别人 ▷推～|～过|～罪。

【诿过】wěiguò 动 把过失推给别人 ▷不邀功，不～。☛ 不要写作“委过”。

【诿罪】wěizuì 动 把罪责推给别人 ▷～于他人。

娓 wěi［娓娓］wěiwěi 形 形容说话不知疲倦或婉转动听的样子 ▷～道来|～动听。

萎 wěi ❶ 动（植物）干枯；凋谢 ▷枯～|～谢。→ ❷ 动 衰退；衰弱 ▷气～|～缩。☛ 统读 wěi，不读 wēi。

【萎黄】wěihuáng ❶ 形（花、草、树叶等）枯萎发黄。❷ 形（人的面色）憔悴发黄。

【萎落】wěiluò 动（草木）枯萎败落 ▷花叶～。

【萎靡】wěimǐ 形 精神不振；意志消沉 ▷精神～。☛ “靡”这里不读 mí，也不要误写作“糜”。

【萎蔫】wěiniān 动 植物体因缺乏水分而打蔫儿。

【萎缩】wěisuō ❶ 动（植物）枯萎 ▷草木～。❷ 动（身体器官等）体积缩小；功能减弱 ▷肌肉～|视神经～。❸ 动（经济）变得不景气；衰退 ▷股市～。

【萎谢】wěixiè 动（花草）枯萎凋谢 ▷菊花早都～了。☛ 不宜写作“委谢”。

隗 wěi 名 姓。
另见 806 页 kuí。

骩 wěi 形〈文〉委曲；枉曲 ▷～曲（委曲）|～法（枉法）。

颀(頠) wěi 形〈文〉安静；娴静。

猥 wěi ❶ 形〈文〉多而杂乱 ▷～杂|烦～。○ ❷ 形 鄙贱；下流 ▷～琐|～亵。

【猥词】wěicí 名〈文〉下流、淫秽的言语。

【猥辞】wěicí 现在一般写作“猥词”。

【猥劣】wěiliè 形〈文〉（言辞、行为）鄙俗恶劣 ▷此人言行～，令人生厌。

【猥琐】wěisuǒ 形（容貌、举止、态度）鄙俗，不大方。

【猥亵】wěixiè ❶ 形 淫秽下流 ▷行为～。❷ 动 做下流动作 ▷他因当众～妇女被逮捕。

廆 wěi 用于人名。如慕容廆，西晋末年鲜卑族首领。
另见 515 页 guī。

韪(韙) wěi 形〈文〉是；对（常跟否定词“不”连用）▷冒天下之大不～。☛ 不读 huì 或 wéi。

艉 wěi 名 船的尾部。

痿 wěi 动 中医指身体某些部分萎缩或丧失机能 ▷～痹|下～|阳～。

鲔(鮪) wěi ❶ 名 古代指鲟鱼和鳇鱼。○ ❷ 名 鱼，体呈纺锤形，背蓝黑色，两侧有黑色斜带，背鳍和臀鳍后方各有 7 或 8 个小鳍。群居在温带及热带海洋中，以小鱼等为食。

薳 wěi ❶ 名 古书上说的一种草。○ ❷ 名 姓。
另见 1700 页 yuǎn。

壝 wěi 名 古代祭坛、行宫四周的矮墙。

韡 wěi 形〈文〉鲜亮；光明。

亹 wěi［亹亹］wěiwěi〈文〉❶ 形 勤勉。○ ❷ 形 语言或声音连续不断，委婉动听 ▷～而谈|余音～。
另见 940 页 mén。

wèi

卫[1](衛) wèi ❶ 动 保护；防守 ▷自～|防～。→ ❷ 名 担负保护、防守任务的人员 ▷侍～|后～。→ ❸ 名 明代军队屯田驻防的地点，后代沿用作地名 ▷威海～（今山东威海）|松门～（今浙江松门）。

卫[2](衛) wèi ❶ 名 周朝诸侯国名，在今河北南部和河南北部一带。○ ❷ 名 姓。

【卫兵】wèibīng 名 担负警卫任务的士兵。

【卫道】wèidào 动 旧指卫护儒家传统；也指卫护某种思想体系 ▷～之士|～者|降魔～。

【卫队】wèiduì 名 担负警卫任务的部队。

【卫国】wèiguó 动 保卫祖国 ▷保家～。

【卫护】wèihù 动 捍卫保护 ▷～弱者。

【卫冕】wèimiǎn 动 保住皇冠。指在比赛中保住上次获得的冠军称号 ▷上届冠军未能～。

【卫生】wèishēng ❶ 形 能够预防疾病，有益于健康的；干净 ▷环境不～。❷ 名 指卫生的状况 ▷检查～|搞好公共～。

【卫生带】wèishēngdài 名 月经带。

【卫生间】wèishēngjiān 名 有卫生设备的房间；厕所。

【卫生巾】wèishēngjīn 名 妇女经期使用的一种卫生用品，用来吸收自阴道流出的经血。

【卫生裤】wèishēngkù ❶ 名 一种用单面绒针织棉料制成的裤子。❷ 名 妇女经期使用的一种卫生用品，形似短裤。

【卫生棉】wèishēngmián 名 经过消毒的脱脂棉，

多用来作敷料或擦拭伤口。

【卫生球】wèishēngqiú 名 用萘制成的白色小球，有特殊气味，放在衣物中用来防止虫蛀。因萘有毒，现已禁止生产和使用。也说卫生丸。

【卫生设备】wèishēng shèbèi 指有上下水接通的盥洗和排便用的器具，如澡盆、抽水马桶等。也说洁具。

【卫生所】wèishēngsuǒ 名 医疗和防疫相结合的基层卫生机构，规模比卫生院小。

【卫生香】wèishēngxiāng 名 点燃后能净化室内空气的香。

【卫生衣】wèishēngyī 名 一种用单面绒针织棉料制成的上衣。

【卫生员】wèishēngyuán 名 具有医疗卫生基本知识和急救护理等技术的初级医务人员。

【卫生院】wèishēngyuàn 名 基层医疗卫生机构，主要负责所在地区的医疗、防疫工作。

【卫生纸】wèishēngzhǐ ❶ 名 手纸。❷ 名 妇女经期专用的消毒纸。

【卫士】wèishì 名 卫兵；泛指担任护卫工作的人。

【卫视】wèishì 名 卫星电视的简称。

【卫戍】wèishù 动 警卫和守备(多用于首都) ▷北京～区|～部队。

【卫戍区】wèishùqū 名 担负首都或其他重要地区警卫守备等任务的军队组织。

【卫星】wèixīng ❶ 名 围绕行星运动的天体 ▷月球是地球的～。❷ 名 特指人造卫星 ▷气象～|通信～。❸ 区别 像卫星围绕行星那样围绕某个中心的 ▷～国|～城。

【卫星城】wèixīngchéng 名 地处大城市周围的中小城市。

【卫星电视】wèixīng diànshì 利用通信卫星或电视广播卫星作为中继站传送和转播节目的电视系统。简称卫视。

【卫星国】wèixīngguó 名 比喻依附于某一个强国而不能独立自主的国家。

【卫星通信】wèixīng tōngxìn 利用人造地球卫星作为转发站的无线电通信方式。是目前国际通信的主要方式之一。

【卫星云图】wèixīng yúntú 气象卫星拍摄的地球上空的云层分布图。是分析和预测未来天气变化的重要依据。

【卫星站】wèixīngzhàn 名 通常指人造卫星地面工作站。

为(爲) wèi ❶ 动〈文〉帮助。→ ❷ 介 a)引进动作行为的受益者，相当于"替"或"给" ▷～人民服务|～朋友出力|～大会题词。b)引进动作行为的原因或目的，相当于"由于"或"为了" ▷～他取得的成绩感到高兴|～方便读者，书后附有说明。

另见 1426 页 wéi。

【为此】wèicǐ 连 连接上下文，表示下文说及的行为是出于上文所说的原因 ▷下岗职工创业需要资金支持，～，信用社推出小额联保贷款。

【为何】wèihé 副〈文〉为什么 ▷～如此猖狂？

【为虎傅翼】wèihǔ-fùyì 为虎添翼(傅：附着)。

【为虎添翼】wèihǔ-tiānyì 给老虎加上翅膀。比喻给恶人提供有利条件，助长恶人的势力。

【为虎作伥】wèihǔ-zuòchāng 比喻自愿充当坏人的爪牙，帮助做坏事(伥：传说中帮助老虎吃人的鬼)。

【为了】wèile 介 引进动作或行为的目的 ▷～保持生态平衡，严禁对森林过度采伐。☛ 参见1641 页"因为"的提示㊀。

【为民请命】wèimín-qǐngmìng 为老百姓的事向当局提出请求或申诉。

【为人作嫁】wèirén-zuòjià 唐·秦韬玉《贫女》："苦恨年年压金线，为他人作嫁衣裳。"后用"为人作嫁"比喻白白地为别人辛苦忙碌。

【为什么】wèishénme ❶ 副 用于询问原因或目的 ▷～迟到？|～一定要我去？❷ 代 代替值得询问的问题 ▷凡事都应问个～。

【为渊驱鱼，为丛驱雀】wèiyuān-qūyú，wèicóng-qūquè《孟子·离娄上》中说：水獭想捉鱼吃，却把鱼往深潭里赶；鹯想捉麻雀吃，却把麻雀往丛林里赶。原比喻统治者施行暴政，迫使自己的人民投到别国去；现多比喻不善于团结人，把可以依靠或争取的力量赶到对立的一方去。

【为着】wèizhe 介 为了。

未[1] wèi 名 地支的第八位。参见 304 页"地支"。

未[2] wèi ❶ 副 表示情况还没有发生 ▷～成年|前所～有。→ ❷ 副〈文〉表示否定，相当于"不"，但语气较委婉 ▷～敢苟同|～可厚非。☛ 参见 969 页"末"的提示。

【未必】wèibì 副 不一定 ▷事情～会这样发展。☛ 参见 107 页"不必"的提示㊀。

【未便】wèibiàn 副〈文〉不便；不宜 ▷此中缘由～说破。

【未卜】wèibǔ 动〈文〉无法预料 ▷吉凶～。

【未卜先知】wèibǔ-xiānzhī 不用占卜事先就能知道吉凶祸福。形容有预见能力。

【未曾】wèicéng 副〈文〉不曾 ▷～提起此事。

【未尝】wèicháng ❶ 副 不曾 ▷～会面。❷ 副 用在否定词前，表示"未必" ▷～不可。

【未成年犯】wèichéngniánfàn 名 在我国指年满 14 周岁未满 18 周岁而被判处有期徒刑或无期徒刑的罪犯(现已将入刑年龄下调为已满 12 周岁未满 14 周岁)。旧称少年犯。

【未成年人】wèichéngniánrén 名 未达到法定成人年龄，不具有完全行为能力的人。我国法律指未满18周岁的人。

【未定】wèidìng ❶ 动 没有安定下来 ▷惊魂～。❷ 动 没有最后确定下来 ▷大计～。

【未定稿】wèidìnggǎo 名 还没有修改确定下来的文稿。

【未婚夫】wèihūnfū 名 订了婚尚未结婚的一对男女，男子是女子的未婚夫。

【未婚妻】wèihūnqī 名 订了婚尚未结婚的一对男女，女子是男子的未婚妻。

【未及】wèijí ❶ 副 表示没有来得及 ▷因病～赶来。❷ 动 没有涉及 ▷讲了半天，还～正题。

【未几】wèijǐ 副〈文〉不多时间；不久 ▷～，竟闻噩耗。

【未尽】wèijìn 动 没有完结；没有完全包括 ▷余兴～|～事宜。

【未经】wèijīng 动 没有经过（某一过程）▷～允许，不得入内。

【未竟】wèijìng 动〈文〉没有完成 ▷事业～。

【未决】wèijué ❶ 动 没有决定 ▷悬而～。❷ 动 没有判决 ▷～犯。

【未可】wèikě 动 不可以；不能够 ▷～同日而语。

【未可厚非】wèikěhòufēi 无可厚非。

【未来】wèilái ❶ 名 今后的时间或前景 ▷对～充满希望|光明的～。❷ 区别 即将到来的（指时间）▷～三天内。

【未老先衰】wèilǎo-xiānshuāi 年纪还不老，但身体或精神就先衰颓了。

【未了】wèiliǎo 动 没有了结；没有做完 ▷情缘～|～的案子。☛"了"这里不读 le。

【未免】wèimiǎn 副 不能不说是。表示不认为某种情况或做法是正常的或正确的 ▷这话～太俗了|这样做～操之过急。☛ 跟"不免"不同。"未免"表示主观上对某种情况或做法稍委婉地否定；"不免"则表示客观上不容易避免。

【未能】wèinéng 动 没有能 ▷～如愿。

【未能免俗】wèinéng-miǎnsú 没能摆脱旧习俗的影响。

【未然】wèirán 动〈文〉尚未变成事实 ▷防患于～|图于～，治于无事。

【未时】wèishí 名 我国传统计时法指下午1—3点的时间。

【未始】wèishǐ 副〈文〉未必 ▷这样处理～不是个办法。

【未遂】wèisuì 动 目的没有达到或想法没能实现 ▷政变～|自杀～。

【未亡人】wèiwángrén 名〈文〉寡妇的自称。

【未详】wèixiáng 动 不了解或还没有弄清楚 ▷案情～|生卒年代～。

【未央】wèiyāng 动〈文〉未尽 ▷寒夜～。

【未有】wèiyǒu 动 没有；不曾有过 ▷旷古～。

【未雨绸缪】wèiyǔ-chóumóu《诗经·豳风·鸱鸮》："迨天之未阴雨，彻彼桑土，绸缪牖户。"（绸缪：修补）意思是鸱鸮在未下雨时就啄来桑树皮，修补鸟巢。后用"未雨绸缪"比喻事先作好准备。☛"缪"这里不读 miào 或 miù。

【未知】wèizhī ❶ 动〈文〉不知道 ▷～其详。❷ 区别 还不知道的 ▷～世界|～领域。

【未知数】wèizhīshù ❶ 名 代数式或方程式中指需要经过运算才能确定的数（跟"已知数"相区别）。如"$4y+5=13$"中 y 就是未知数。❷ 名 借指还不清楚的情况 ▷这次试验能否成功，还是个～。

位 wèi ❶ 名 位置，所在的地方 ▷各就各～|骨节错～|席～。→ ❷ 名 人在社会生活某一领域中所处的位置 ▷职～|官～|名～。❸ 名 特指君主的统治地位 ▷让～|篡～|退～。→ ❹ 量 用于人（含敬意）▷诸～|这～是谁？|各～代表。→ ❺ 名 数码在一个数里所占的位置 ▷个～|十～。○ ❻ 名 姓。

【位次】wèicì 名 按次序排定的位置 ▷请各位按～坐好。

【位号】wèihào ❶ 名 爵位与名号。○ ❷ 名 排列的数位和编号 ▷国债券代码共21个～。

【位居】wèijū 动 处在某个位置 ▷～榜首。

【位能】wèinéng 名 势能。

【位移】wèiyí 动 位置发生移动 ▷大坝～。

【位于】wèiyú 动 位置处在（某处）▷华山～陕西省华阴市南。

【位置】wèizhì ❶ 名 所处的具体地点 ▷地理～。❷ 名 地位 ▷把工作摆在首要～上。❸ 名 职位 ▷总裁这个～非他莫属。

【位子】wèizi ❶ 名 座位。❷ 名 借指职位。

味 wèi ❶ 名 舌头品尝东西时产生的酸、甜、苦、辣、咸等感觉 ▷五～俱全|这道菜～儿不错。→ ❷ 动 辨别滋味；体会 ▷回～|品～|体～。→ ❸ 名 指某种菜肴 ▷野～|海～。→ ❹ 名 鼻子闻东西得到的感觉 ▷剩饭有馊～儿了|香～儿|气～。→ ❺ 名 情趣；意味 ▷这本书越读越有～儿|趣～。→ ❻ 量 a)用于菜肴 ▷酒过三巡，菜过五～。b)用于中草药 ▷处方上有十～药。

【味道】wèidào ❶ 名 味① ▷品尝～。❷ 名 气味 ▷屋里有股特殊的～。❸ 名 比喻某种感受、情趣、意味 ▷心里有着说不出的～。

【味精】wèijīng 名 调味品，白色粉末或颗粒状结晶，放在汤、菜中可增加鲜味。也说味素。

【味觉】wèijué 名 人的舌头对物体味道的感觉。

【味蕾】wèilěi 名 集中于人和动物舌乳头、腭、咽等处上皮内的卵圆形小体，是味觉感受器。

【味同嚼蜡】wèitóngjiáolà 如同咀嚼白蜡一样，

毫无味道。多形容文章或言辞枯燥乏味。

畏 wèi ❶ 动 害怕 ▷不～强暴|～惧|～难。→ ❷ 动 敬服;佩服 ▷后生可～|敬～。○ ❸ 名 姓。☛ 下边是"𧘇",不是"衣"。

【畏避】wèibì 动 由于害怕而躲避。

【畏光】wèiguāng 动 眼睛怕光线刺激,是一种眼科疾病。

【畏忌】wèijì 动 畏惧顾忌;畏惧猜忌 ▷无所～|相互～。

【畏惧】wèijù 动 害怕 ▷无所～。

【畏难】wèinán 动 害怕困难。

【畏怯】wèiqiè 动 恐惧害怕。

【畏首畏尾】wèishǒu-wèiwěi 形容胆子小,疑虑重重。

【畏缩】wèisuō 动 由于害怕或有顾虑而退缩 ▷敢于闯新路,从不～|～怯阵。

【畏缩不前】wèisuō-bùqián 因为害怕而退缩,不敢向前。

【畏途】wèitú 名〈文〉艰险可怕的路途;借指不敢做的事情 ▷视为～。

【畏葸】wèixǐ 动〈文〉畏惧 ▷～不前。

【畏友】wèiyǒu 名 自己敬畏的朋友。

【畏罪】wèizuì 动 犯了罪怕受惩罚 ▷～自杀。

胃 wèi ❶ 名 人和高等动物消化器官的一部分,上端同食道相连,下端同十二指肠相连,能分泌胃液,消化食物。○ ❷ 名 星宿名,二十八宿之一。

【胃病】wèibìng 名 胃炎、胃溃疡等胃部疾病的统称。

【胃火】wèihuǒ 名 中医指胃热炽盛引起的病征,表现为牙龈肿痛、口臭、便秘等症状。

【胃镜】wèijìng 名 诊断胃病用的一种医疗器械。使用时,将胃镜伸到病人胃里,医生可直接窥视胃黏膜的状况,并可取出病变部位的黏膜作活组织检查。

【胃口】wèikǒu ❶ 名 食欲 ▷～很好,吃得香。❷ 名 借指对事物的兴趣、欲望。

【胃溃疡】wèikuìyáng 名 胃黏膜发生溃烂的病症。症状为周期性和节律性的上腹疼痛以及恶心、呕吐等。

【胃酸】wèisuān 名 胃液中所含的盐酸。能促进蛋白质的消化,并有杀菌作用。

【胃腺】wèixiàn 名 分泌胃液的腺体。分布在胃黏膜上,包括贲门腺、胃底腺和幽门腺。

【胃炎】wèiyán 名 胃黏膜发炎的病症,有急性和慢性两类。症状是食欲不振,饭后感到上腹部膨胀以及恶心、呕吐、胃痛等。

【胃液】wèiyè 名 胃腺所分泌的消化液。无色透明,呈酸性,主要成分为胃蛋白酶、盐酸和黏液等。

硙(磑) wèi〈文〉❶ 名 石磨。→ ❷ 动 磨(mò) ▷碾～成粉。

另见 3 页 ái。

谓(謂) wèi ❶ 动〈文〉说;告诉 ▷可～恰到好处|勿～言之不预|所～。→ ❷ 动 叫做;称呼 ▷这种艺术,现在～之"版画"|何～真正的友谊?|称～。→ ❸ 名 语法中指谓语 ▷主～结构。

【谓词】wèicí 名 语法学里动词和形容词的统称,其主要功能是充当谓语(跟"体词"相区别)。

【谓语】wèiyǔ 名 语法学中指对主语加以陈述的成分,表示主语"怎么样"或"是什么"。一般的句子都包括主语、谓语,汉语中谓语一般在主语后面。如"我是学生"中"是学生"是谓语。

尉 wèi ❶ 名 古代官名(多为武职) ▷太～|县～。→ ❷ 名 指尉官 ▷上～|中～|少～。○ ❸ 名 姓。

另见 1690 页 yù。

【尉官】wèiguān 名 军官军衔的一等,低于校官。我国现行军衔制设上尉、中尉、少尉三个等级。

遗(遺) wèi 动〈文〉赠送 ▷～之良马|馈～。

另见 1626 页 yí。

喂[1](*餧餵) wèi ❶ 动 给动物吃东西;饲养 ▷给牛～草|我家～了两头牛。→ ❷ 动 把食物、药物等送进别人嘴里 ▷孩子大了,不用人～了|～药。

喂[2] wèi 叹 表示打招呼(比较随便) ▷～,等等我|～,你快过来呀!

另见 1429 页 wéi。

【喂奶】wèinǎi 动 用乳汁或牛奶、奶粉等喂孩子;特指母亲用自己的乳汁喂养孩子。

【喂食】wèishí 动 给人或动物东西吃。

【喂养】wèiyǎng 动 给幼儿或动物东西吃,照料使长大 ▷～孩子|～牲口。

猬(*蝟) wèi 名 刺猬(wei) ▷～集。

【猬集】wèijí 动〈文〉像刺猬的硬刺那样密集在一起。形容事务繁多 ▷百事～。

渭 wèi 名 渭河,水名,发源于甘肃,流经陕西入黄河。

煟 wèi〈文〉❶ 形 明亮 ▷照前程之～～。→ ❷ 形 兴盛;兴旺 ▷风动万方,文治～然|文治～兴,群心知向。

蔚 wèi〈文〉❶ 形(植物)多而茁壮;盛大 ▷～然。→ ❷ 动 荟萃;聚集 ▷～为大观|～成风气。→ ❸ 形 云气弥漫 ▷云蒸霞～。☛ 通常读 wèi;读 yù,今只用于姓氏和地名,如地名"蔚县(在河北)"。

另见 1692 页 yù。

【蔚蓝】wèilán 形 形容颜色像晴空那样蓝;深蓝 ▷～的天空|～的大海。

【蔚然】wèirán ❶ 形 形容茂盛或盛大的样子 ▷～成林。❷ 形 形容文采华美 ▷词采～。

【蔚然成风】wèirán-chéngfēng 形容某种事物发展兴盛，形成风气。

【蔚为大观】wèiwéidàguān 形容事物丰富多彩，汇聚成盛大壮观的景象。

碨 wèi 名 某些地区指石磨。

慰 wèi ❶ 动 使心情安适、平静 ▷安～|～问。→ ❷ 形 心情安适 ▷欣～|快～。

【慰安】wèi'ān 动 安慰；安抚。

【慰藉】wèijiè 动 安慰 ▷甚感～。☛"藉"这里不读 jí，也不要误写作"借"。

【慰劳】wèiláo 动 慰问；犒劳 ▷～前线将士。☛跟"慰问"不同。"慰劳"侧重于物质鼓励，强调对辛劳的抚慰；"慰问"侧重于精神安慰，强调对困难的询问、安抚。

【慰勉】wèimiǎn 动 安慰勉励（多用于上对下）▷多加～。

【慰问】wèiwèn 动（用话语或实物等）安慰并问候 ▷～伤病员|～品。☛参见本页"慰劳"的提示。

【慰唁】wèiyàn 动 慰问死者家属。

镨（鏏） wèi，又读 huì 名〈文〉一种鼎。一说无耳的鼎叫镨。

魏 wèi ❶ 名 周朝诸侯国，在今山西芮城北。❷ 名 战国七雄之一，在今河南北部、河北南部、陕西东部及山西西南部一带。❸ 名 三国之一，公元220—265 年，曹丕所建，占有今黄河、淮河流域，长江中游的北部和辽宁中南部。❹ 名 北朝之一，公元 386—534 年，鲜卑族人拓跋珪所建，占有长江以北地区，史称北魏，后来分裂为东魏和西魏。○ ❺ 名 姓。

【魏碑】wèibēi 名 我国北朝文字刻石的统称。字体方圆兼备，笔力凝重强劲，结构严整，为后世书法的一种典范。也指这种字体。

【魏阙】wèiquè 名 古代宫殿门前两旁的楼台；借指朝廷。

螱 wèi 名〈文〉白蚁。

霨 wèi 形〈文〉形容云起的样子。

鳚（鰃） wèi 名 鱼，体侧扁或呈鳗形，无鳞，背鳍和臀鳍延长，与尾鳍相连或不连。种类很多，生活在近海。

wēn

温 wēn ❶ 形 冷热适度；暖和 ▷～水|不要太烫，～的就行|～暖。→ ❷ 动 使暖；适当加热 ▷酒凉了，再～一下。❸ 动 温习 ▷～书◇重～旧梦。→ ❹ 名 中医对急性热病的统称 ▷冬伤于寒，春必病～。→ ❺ 名 冷热的程度；温度 ▷气～|体～。→ ❻ 形 和顺；宽厚 ▷～和|～文尔雅。○ ❼ 名 姓。

【温饱】wēnbǎo ❶ 形 穿得暖吃得饱的 ▷过上了～的生活。❷ 名 基本的生活需要 ▷这点收入不够维持全家的～。

【温饱线】wēnbǎoxiàn 名 指能够满足基本生活需要的最低收入水平。

【温标】wēnbiāo 名 为度量物体温度而对温度零点和分度方法所规定的一种标准。日常用的温标有摄氏温标和华氏温标两种。

【温差】wēnchā 名 温度的差别。一般指一天中最高温度和最低温度间的差距；也指不同地方温度间的差距。

【温床】wēnchuáng ❶ 名 有人工加温、保温设备的苗床，冬春时用来培育蔬菜、花卉等的幼苗。❷ 名 比喻适合某种事物产生或发展的有利环境或条件。

【温存】wēncún ❶ 动 殷勤抚慰；亲切安慰（多指对异性）▷对妻子～了一番。❷ 形 温和，柔顺 ▷～体贴的话语。☛跟"温情"不同。"温存"指流露着温情的行为举止；"温情"指感情、态度。

【温带】wēndài 名 地球上南北半球的回归线和极圈之间的地带。北半球的叫北温带，南半球的叫南温带。这里四季分明，气候比较温和。

【温度】wēndù 名 冷热程度；表示冷热的量度 ▷～很高|室外～降到零下 15℃。

【温度计】wēndùjì 名 测量温度的仪器的统称。常用的温度计为一封闭玻璃细管，下端为圆柱或圆球形，内注水银或酒精，液柱随温度高低热胀冷缩，根据液柱顶端所在的刻度读出度数。也说温度表。

【温故知新】wēngù-zhīxīn 复习学过的知识，可以得到新的认识；也指重温历史经验，更好地认识现在。

【温和】wēnhé ❶ 形（气候）不冷不热；温度适当 ▷～的阳光|～的春风。❷ 形（态度）和蔼；（力量）不猛烈 ▷性格～|药性～。

【温和派】wēnhépài 名 指在政治上主张采取平和政策和稳妥步骤的派别。

【温厚】wēnhòu 形 温和宽厚 ▷态度～。

【温乎】wēnhu 形〈口〉（物体）不冷不热；温度适中 ▷刚起床，被窝儿还～呢。也说温和(huo)。

【温酒】wēnjiǔ ❶ 动 把酒放在热水中烫热。❷ 名 温热的酒。

【温居】wēnjū 动 指到亲友的新居祝贺乔迁 ▷明天去他家～。

【温课】wēnkè 动 温习功课。

【温控】wēnkòng 动 通过温度变化进行控制。

【温良】wēnliáng 形 温和善良 ▷为人宽厚～。

【温暖】wēnnuǎn ❶ 形 暖和 ▷～如春◇幸福～的家庭。❷ 动 使感到温暖 ▷～人心。

【温情】wēnqíng 名 温柔的感情；温和的态度 ▷眼含～。☛ 参见 1436 页"温存"的提示。

【温情脉脉】wēnqíng-mòmò 形容怀有深厚感情，默默地有所流露的样子。☛ "脉脉"这里不读 màimài。

【温泉】wēnquán 名 温度超过 20℃或高于当地年平均气温的泉水。由泉源靠近火山或水中含有能放出热量的矿物质形成。

【温热】wēnrè 形 温暖 ▷～的水｜～的手。

【温柔】wēnróu 形 温和柔顺（多形容女性）。

【温软】wēnruǎn 形 温暖柔软 ▷～的鸭绒被。

【温润】wēnrùn ❶ 形 温暖湿润 ▷气候～。❷ 形 温柔 ▷～的眼光。

【温湿】wēnshī 形 温暖潮湿 ▷江南～的气候。

【温室】wēnshì 名 供冬季栽培不耐寒植物的房子，有防寒、加温、透光等设备。也说暖房。

【温室气体】wēnshì qìtǐ 指大气中对温室效应有促进作用的气体成分，包括水汽、二氧化碳、臭氧等。

【温室效应】wēnshì xiàoyìng ❶ 能吸收阳光的相对密闭空间（如玻璃温室、养花房）的保温效应。农业上广泛用于育秧和种植花卉等。❷ 指大气保温效应。由于人类燃烧煤炭、石油等，使大气层中二氧化碳、甲烷等含量增加，阻止热量向空间散发，从而引起地表和大气下层温度升高的现象。

【温书】wēnshū 动 指复习已学过的书本知识；温习功课。

【温水煮青蛙】wēnshuǐ zhǔ qīngwā 青蛙在温水中因感觉不到水烫而不跳出，待水逐渐升温之后将被煮死。比喻事物的发展变化总是由渐变到突变，如果在细节上不注意，对小事失去警惕，就可能最终引起质的变化，酿成灾祸 ▷腐败分子被腐蚀是～式的，所以必须防微杜渐、警钟长鸣。

【温顺】wēnshùn 形 温和依顺的样子 ▷小狗～地偎依在主人怀里。

【温吞】wēntūn ❶ 形 形容水或其他某些液体不冷不热 ▷～的啤酒不好喝。❷ 形 形容性格、言辞等不爽利 ▷他办事、说话都太～。

【温吞水】wēntunshuǐ ❶ 名 不冷不热的水。❷ 名 比喻不爽利的性格、作风等；也比喻没有达到应有程度的事物 ▷他是个～，干活儿拖拖拉拉的｜这场球简直踢成了～。

【温婉】wēnwǎn 形 温和柔婉 ▷妻子性情～。

【温文尔雅】wēnwén-ěryǎ 态度温和有礼，举止文雅端庄。

【温习】wēnxí 动 重新学习学过的东西，使巩固。

【温馨】wēnxīn ❶ 形 温暖芳香 ▷夜色～迷人。❷ 形 充满温情的 ▷～的家。

【温煦】wēnxù〈文〉❶ 形 温暖 ▷～的春风。❷ 形 亲切温和 ▷～的微笑。

【温血动物】wēnxuè dòngwù 恒温动物。

【温驯】wēnxùn 形 温顺驯良 ▷像小猫一样～。

榅 wēn［榅桲］wēnpo 名 落叶灌木或小乔木，叶卵形或长椭圆形，背面生有细密的茸毛，花淡红色或白色。果实也叫榅桲，梨形或苹果形，黄色，有香气，味酸，可制成蜜饯。

辒（轀） wēn［辒辌］wēnliáng 名 古代一种可用来睡觉的车，后多用作丧车。另见 1706 页 yūn。

瘟 wēn ❶ 名 瘟病 ▷～疫｜春～｜鸡～。→ ❷ 形（像得了瘟病似的）神情呆板，缺乏生气 ▷～头～脑。❸ 形 指戏曲表演沉闷乏味 ▷情节松散，唱段又长，戏就～了。

【瘟病】wēnbìng 名 中医对各种急性发热疾病的统称。

【瘟神】wēnshén 名 传说中指专门散播瘟疫害人的恶神；比喻给人带来灾难的恶人或邪恶的事物。

【瘟疫】wēnyì 名 流行性急性传染病的统称 ▷灾后要防止～蔓延。

蕰 wēn［蕰草］wēncǎo 名 某些地区指水中的杂草。

鳁（鰛） wēn 名 沙丁鱼。

【鳁鲸】wēnjīng 名 哺乳动物，鲸的一种，体长 6—9 米，没有牙齿，有鲸须，背鳍小，背部黑色，腹部白色。参见 730 页"鲸"。

wén

文 wén ❶ 动 在身上或脸上刺画花纹或字 ▷～了双颊｜～身。→ ❷ 名〈文〉花纹；纹理 ▷～车（古代刻或画着花纹的车子）。⇒ ❸ 名 指古代的礼乐仪制 ▷繁～缛节。⇒ ❹ 名 非军事的事物（跟"武"相对） ▷～人｜～职。⇒ ❺ 形 温和；不猛烈 ▷～雅｜～火。⇒ ❻ 名 指自然界或人类社会的某些现象 ▷天～｜人～。⇒ ❼ 名 文字 ▷甲骨～｜～盲｜英～。⇒ ❽ 名 文章 ▷～不对题｜散～。⇒ ❾ 名 指人文社会科学 ▷～理并重｜～科。⇒ ❿ 名 指公文 ▷收～｜呈～。⇒ ⓫ 名 文言 ▷～白夹杂｜半～半白。⇒ ⓬ 量 用于旧时的铜钱（铜钱的一面铸有文字） ▷十～钱｜分～不取。⇒ ⓭ 动 遮掩 ▷～过饰非。○ ⓮ 名 姓。☛ 统读 wén，不读 wèn。

【文案】wén'àn ❶ 名 公文案卷；泛指公文、文稿 ▷营销策划～｜起草～。❷ 名 旧时衙门里草拟文牍、掌管档案的幕僚；今指文秘工作或从事文秘工作的人 ▷在广告公司当～。

【文本】wénběn 名 用某一种语言写成的文件；也指某种文件 ▷这份协议有中、英两种～|合同的正式～。

【文笔】wénbǐ 名 文章中运用语言文字的风格和技巧 ▷～流畅|～犀利。

【文不对题】wénbùduìtí 文章或话语的内容与题目或主旨不相符合；也指答非所问。

【文不加点】wénbùjiādiǎn 形容文思敏捷，写文章不用修改（点：涂改）。

【文才】wéncái 名 写作才能。

【文采】wéncǎi ❶ 名 绚丽的色彩 ▷～斑斓。❷ 名 文章或讲话中表现出的语言才华和艺术魅力 ▷～飞扬。

【文彩】wéncǎi 现在一般写作"文采"。

【文昌鱼】wénchāngyú 名 脊索动物，形似小鱼，体长 5 厘米左右，侧扁，两端尖，有背鳍、尾鳍和臀鳍。是无脊椎动物进化至脊椎动物的过渡类型。分布在厦门、青岛和烟台等地。参见插图 3 页。

【文场】wénchǎng ❶ 名 戏曲伴奏中管弦乐的统称（跟"武场"相区别）；也指演奏管弦乐的乐师。❷ 名 一种曲艺，流行于广西桂林、柳州一带。由数人演唱，伴奏以扬琴为主，配以二胡、京胡、琵琶等。

【文抄公】wénchāogōng 名 指抄袭他人文章的人（含讥讽意）。

【文丑】wénchǒu 名 戏曲中丑角的一种，扮演各种诙谐人物，以念白、做功为主（跟"武丑"相区别）。

【文词】wéncí 现在一般写作"文辞"。

【文辞】wéncí ❶ 名 指文章中遣词造句的情况 ▷～华美。❷ 名 借指文章 ▷～与绘画兼长。

【文从字顺】wéncóng-zìshùn 遣词妥帖，造句通顺。

【文代会】wéndàihuì 名 文学艺术工作者代表大会的简称。

【文胆】wéndǎn 名 旧指专为人（多是政界人士）出谋划策、草拟重要文书的人。

【文旦】wéndàn 名 某些地区指柚。

【文档】wéndàng ❶ 名 文字档案 ▷案例～。❷ 名 保存在电子计算机里的文本信息 ▷～下载。

【文德】wéndé 名 写文章的人应具备的品德 ▷新闻报道尤其要讲究～。

【文读】wéndú 名 一个字表示同一意义有不同读音时，其中书面语读音称为文读（跟"白读"相区别）。如"熟"读 shú。也说读书音。

【文牍】wéndú 〈文〉❶ 名 公文、公函的统称 ▷～繁多。❷ 名 旧时指做文牍工作的人。

【文法】wénfǎ 名 语法 ▷文言～。

【文房四宝】wénfáng sìbǎo 指笔、墨、纸、砚四种书房常用文具。

【文风】wénfēng ❶ 名 使用语言文字所体现出来的风格、作风 ▷～不正|朴实的～。❷ 名 崇尚文化、重视文化的社会风气 ▷江南一带历来～很盛，多出文人。

【文改】wéngǎi 動 文字改革的简称。

【文稿】wéngǎo ❶ 名 各类文章的草稿。❷ 名 稿件 ▷推荐～。

【文告】wéngào 名 机关或团体发布的书面通告。

【文蛤】wéngé 名 软体动物，壳略呈三角形，底边弧形，表面光滑，有褐色斑纹，生活在沿海泥沙中。

【文工团】wéngōngtuán 名 文艺工作团，从事文艺演出的团体。

【文官】wénguān 名 文职官员。

【文过饰非】wénguò-shìfēi 用各种借口来掩饰自己的过失和错误。

【文翰】wénhàn 〈文〉❶ 名 文章；文辞 ▷略通～。❷ 名 指公文书信 ▷掌管～。

【文豪】wénháo 名 杰出的大作家。

【文化】wénhuà ❶ 名 人类创造的物质财富和精神财富的总和；特指精神财富，如教育、科学、文艺等 ▷传统～|～教育。❷ 名 运用语言文字的能力和一般的知识 ▷学～|高中～程度。❸ 名 特指某一领域或某一范畴体现的思想、观念、道德和行为规范以及风俗习惯等 ▷企业～|饮食～。❹ 名 考古学指同一历史时期的不依分布地点为转移的遗迹、遗物的综合体。同样的工具、用具，同样的制造技术等，是同一种文化的特征。如半坡文化。

【文化层】wénhuàcéng 名 古代人类居住遗址上埋藏古代人类建筑、用具、工具等遗迹、遗物的土层。

【文化产品】wénhuà chǎnpǐn 广义指人类创造的具有文化价值的一切产品，包括物质产品和精神产品；狭义指精神产品。参见 729 页"精神产品"。

【文化产业】wénhuà chǎnyè 从事文化产品生产和提供文化服务的经营性产业。

【"文化大革命"】"wénhuà dàgémìng" 指 1966 年 5 月到 1976 年 10 月在全国范围内开展的一场大规模的政治运动。它是由领导者错误发动，被反革命集团利用，给党、国家和各族人民带来严重灾难的内乱。全称"无产阶级文化大革命"，简称"文革"。

【文化宫】wénhuàgōng 名 有较大规模和较好设备的群众文化娱乐场所。

【文化馆】wénhuàguǎn 名 从事群众文化工作的事业单位；也是向人民群众进行政治宣传，组织开展群众文艺活动，普及科技知识的场所。

【文化街】wénhuàjiē 名 集中经营图书、字画、工艺美术品、文化用品等的街区，如北京的琉璃厂。

【文化景观】wénhuà jǐngguān 人文景观。

【文化课】wénhuàkè 名 指普及文化基础知识的课程。

【文化垃圾】wénhuà lājī 指宣扬淫秽色情、暴力凶杀以及封建迷信等的书籍、报刊、音像制品等。这些东西对社会造成精神污染，故称。

【文化人】wénhuàrén 名 指专门从事文化工作的人；泛指知识分子。

【文化沙漠】wénhuà shāmò 指文化极其落后或文化遭到严重摧残的地区；也指只重视物质生活而忽视精神文明的地方。

【文化衫】wénhuàshān 名 指印有文字、图案或人像的反映某种文化心态的汗衫。

【文化市场】wénhuà shìchǎng 把精神产品和文化服务作为商品进行买卖的市场。

【文化消费】wénhuà xiāofèi 人们在文化生活方面的消费。

【文化站】wénhuàzhàn 名 性质、任务与文化馆相同，规模比文化馆小的群众文化事业单位。

【文火】wénhuǒ 名 烹饪、煎药时用的小火。也说微火。

【文集】wénjí 名 汇集个人的作品而成的书（多用于书名）▷《叶圣陶～》。

【文件】wénjiàn ❶ 名 公文、函件等的统称。❷ 名 有关政治理论、政策等方面的文字材料或文章 ▷传达～|会议～汇编。❸ 名 以代码形式记录于电子载体并依赖计算机读取的资料。按信息存储形式和用途，可分为文本文件、命令文件、图像文件和数据文件等类型。

【文件夹】wénjiànjiā ❶ 名 存放文件用的夹子。多用硬纸板等外加皮面或塑料封面等制成。❷ 名 电子计算机中存放文件资料的存储目录。

【文教】wénjiào 名 文化和教育的合称。

【文静】wénjìng 形 （性格、举止等）文雅娴静 ▷小姑娘挺～。

【文句】wénjù 名 文章的词句。

【文具】wénjù 名 文化用具。如笔、橡皮、圆规等。

【文卷】wénjuàn 名 公文案卷；泛指文献资料 ▷古都建筑～|～分类。☛“卷”这里不读 juǎn。

【文科】wénkē 名 教学上对人文社会科学各学科（如文学、艺术、语言、哲学、历史、经济、政治、法律等）的统称。

【文库】wénkù 名 由许多种书汇集成套的图书（多用于丛书名）▷《岭南～》。

【文侩】wénkuài 名 文坛市侩，指靠舞文弄墨投机取巧的人。

【文理】wénlǐ ❶ 名 文章中表现出的条理 ▷～欠通|注重～。○❷ 名 文科和理科的合称 ▷～并重。

【文论】wénlùn ❶ 名 古代指文章、著作；今特指文艺理论方面的论文或论著 ▷全书辑录～近百篇。❷ 名 文艺理论 ▷中国古代～。

【文盲】wénmáng 名 不识字或识字能力达不到国家规定标准，不具有初步读写能力的成年人。

【文眉】wénméi 动 医疗美容，用针刺眉部皮肤，注入对人体无害、不会吸收的金属氧化色素，使皮肤着色，以美化眉部。☛不宜写作“纹眉”。

【文秘】wénmì 名 文书和秘书的合称 ▷～专业。

【文庙】wénmiào 名 孔庙。

【文明】wénmíng ❶ 名 文化① ▷物质～|精神～。❷ 形 社会发展到较高文化阶段的（跟“野蛮”相对）▷～社会|～程度。❸ 形 有教养、讲礼貌、言行不粗野的 ▷举止～◇～生产。❹ 形 旧指带有现代色彩的 ▷～戏（话剧）。

【文明棍儿】wénmínggùnr 名 旧指西式手杖。

【文明人】wénmíngrén 名 现在一般指有教养、言谈举止合乎社会道德规范的人。

【文墨】wénmò ❶ 名 写文章的事儿 ▷卖弄～。❷ 名 泛指文化知识 ▷胸无～。

【文痞】wénpǐ 名 舞文弄墨、拨弄是非的流氓文人。

【文凭】wénpíng 名 旧指用作凭证的官方文书；现专指学校颁发的学历证书。

【文气】wénqì 名 文章的气势或脉络 ▷～酣畅。

【文气】wénqi 形 风度文雅 ▷她很～。

【文契】wénqì 名 买卖或借贷双方所立的契约。

【文人】wénrén 名 文化程度较高的人；从事文化工作的人 ▷～雅士。也说文士。

【文人相轻】wénrén-xiāngqīng 三国·魏·曹丕《典论·论文》：“文人相轻，自古而然。”指文化人之间相互轻视、瞧不起的陋习。

【文如其人】wénrúqírén 诗文的风格同作者本人的性格特点相似；现也指文章必然反映作者的思想、立场和世界观。

【文弱】wénruò 形 文静柔弱 ▷～书生。

【文山会海】wénshān-huìhǎi 借指过于繁多的文件和会议。

【文身】wénshēn 动 在人体的皮肤上刺上文字或图案。☛不宜写作“纹身”。

【文史】wénshǐ 名 文学和历史的合称；有时偏指历史 ▷～工具书|～资料。

【文史馆】wénshǐguǎn 名 搜集、研究历史文献的机构。

【文饰】wénshì〈文〉❶ 动 用文辞修饰 ▷句意已明，不必～。❷ 动 掩饰（自己的错误或缺点）▷他从不～自己的失误。

【文书】wénshū ❶ 名 公文、契约、函件等的统称

▷～档案|公务～。❷ 名 机关、部队中专门负责起草和管理文书的人 ▷在部队当～。

【文思】wénsī 名 写文章的灵感和思路 ▷～涌动|～畅达|～泉涌。

【文坛】wéntán 名 指文学界。

【文韬武略】wéntāo-wǔlüè ❶ 文武两方面的谋略。❷ 指智勇双全。参见 1340 页"韬略"。

【文体】wéntǐ ❶ 名 文章的体裁 ▷各种～的特点、风格不同。〇 ❷ 名 文娱和体育的合称。

【文恬武嬉】wéntián-wǔxī 文官图安逸,武将贪游乐(恬:安逸;嬉:游玩)。指官员都贪图享受安乐,不为国家尽忠效力。

【文玩】wénwán 名 供赏玩或摆设用的器物。

【文武】wénwǔ ❶ 名 文才和武艺 ▷～全才|～兼备|～双全。❷ 名 文臣和武将 ▷～百官。❸ 名 文治和武功 ▷～之道,一张一弛。

【文物】wénwù 名 历史遗留下来的有价值的东西。

【文戏】wénxì 名 戏曲中以唱功或做功为主的戏(跟"武戏"相区别)。

【文献】wénxiàn 名 各种有历史价值和参考价值的图书资料;泛指记录知识的一切载体。

【文献检索】wénxiàn jiǎnsuǒ 对文献资料进行搜集、整理、贮存和排序,使之有序化,从而能迅速地查检出所需信息。

【文献片】wénxiànpiàn 名 指利用具有历史价值的文献资料(文件、图片、实物等),编辑拍摄成的影视片。口语中也说文献片儿(piānr)。

【文胸】wénxiōng 名 胸罩。

【文选】wénxuǎn ❶ 名 文章选集(多用于书名) ▷《中华活页～》。❷ 名 特指我国古代第一部文章选集《昭明文选》(南朝·梁·昭明太子萧统编)。

【文学】wénxué 名 用语言文字塑造形象反映社会生活的艺术,包括小说、诗歌、散文、戏剧等。也说语言艺术。

【文学革命】wénxué gémìng 指我国上世纪五四运动时期反对旧文学、提倡新文学的运动,是五四新文化运动的重要组成部分。

【文学家】wénxuéjiā 名 从事文学创作或研究并有突出成就的人。

【文学语言】wénxué yǔyán ❶ 文学作品所使用的语言,以形象、生动、富于感染力为特点。❷ 以书面语为主体的合乎规范的语言,以准确、简练、便于交际为特点。

【文雅】wényǎ 形 (言谈、举止)温和而有礼貌 ▷～大方。

【文言】wényán 名 以古汉语为基础的书面语(跟"白话"相区别)。

【文言文】wényánwén 名 用文言写的文章(跟"白话文"相区别)。

【文以载道】wényǐzàidào 文章是用来表达思想、说明道理的(道:古代多指儒家思想,后泛指各种道理)。

【文艺】wényì 名 文学和艺术的统称;有时专指文学或表演艺术 ▷～工作者|～演出。

【文艺复兴】wényì fùxīng 14—16世纪西欧各国发生的文化革新运动,是西欧封建社会向资本主义过渡这一历史变革在意识形态上的反映。发源于意大利,后扩大到西欧其他国家。新兴的资产阶级以复兴古代希腊、罗马文化为旗号,宣扬"人文主义",对腐朽的封建制度和宗教神学进行批判,摆脱教会对人的思想的束缚。文艺复兴给西欧国家带来科学、文学、艺术的繁荣,为资产阶级登上政治舞台制造了舆论。

【文艺批评】wényì pīpíng 根据一定的立场、观点和标准,对文艺作家、文艺作品、文艺思潮和文艺运动等进行分析和评价。

【文艺学】wényìxué 名 研究文学艺术的各种现象,揭示其演化和发展基本规律的学科,主要包括文艺理论、文艺史、文艺批评等。

【文娱】wényú 名 文化娱乐活动。如看戏、看电影、唱歌、跳舞等 ▷～晚会|～节目。

【文员】wényuán 名 指在企事业单位或国家行政机关从事文字工作的职员。

【文苑】wényuàn 名 文坛。

【文责】wénzé 名 作者和出版者对著作内容及其产生的社会影响所应承担的责任 ▷追究～|～自负。

【文摘】wénzhāi ❶ 名 对书籍或文章的内容所作的扼要摘录。❷ 名 所摘录的文章片断。

【文章】wénzhāng ❶ 名 独立成篇的文字;泛指著作。❷ 名 借指人对某件事的思考和主意;将要采取的行动 ▷他嘴上没说,心里却早有～|做好国企改革的大～。❸ 名 事情里暗含的意思 ▷她这样做必有～。

【文职】wénzhí 名 文官的职务 ▷～人员。

【文质彬彬】wénzhì-bīnbīn《论语·雍也》:"文质彬彬,然后君子。"意思是文采和实质配合得当,就能做君子。后用"文质彬彬"形容人举止文雅,有礼貌。☛ 不宜写作"文质斌斌"。

【文治】wénzhì 名 〈文〉指以文教礼乐治理国家的功绩 ▷～武功。

【文绉绉】wénzhòuzhòu 形 形容人言语、行动斯文的样子 ▷他说话慢条斯理,～的。☛ 这里的"绉绉"口语中也读 zhōuzhōu。

【文竹】wénzhú 名 多年生草本植物,茎细弱,枝纤细呈叶状水平展开,开白色小花,浆果球形。常盆栽供观赏。参见插图 8 页。

【文字】wénzì ❶ 名 记录语言的书写符号。❷ 名 借指文辞、文章 ▷～通顺|把近年发表的～结集出版。

【文字改革】wénzì gǎigé 指一个国家或民族对其所使用的文字进行体系、正字法等方面的变革。

【文字学】wénzìxué 名 语言学的分支学科，主要研究文字的起源、性质、结构、演变和使用等。

【文字狱】wénzìyù 名 统治者故意从作者诗文中摘取字句以罗织罪名所造成的冤狱。

【文宗】wénzōng 名 文章为众人尊崇、师法的巨匠 ▷一代～。

芠 wén 名 古书上说的一种草。

驳（駁） wén 名〈文〉赤鬣白身黄目的马。

纹（紋） wén ❶ 名 丝织品上的条纹或图形；泛指物体表面呈线条状的花纹 ▷斜～布｜木～｜指～。→ ❷ 名 皮肤的折皱 ▷笑～｜抬头～｜皱～。

【纹风不动】wénfēng-bùdòng 纹丝不动。☛ 不宜写作"文风不动"。

【纹理】wénlǐ 名 物体上的线条状纹路 ▷劈柴看～，讲话凭道理。

【纹路】wénlù 名 皱纹或纹理 ▷额角上有几条细细的～｜木板上的～很清晰。

【纹身】wénshēn 现在一般写作"文身"。

【纹饰】wénshì 名 器物上的花纹装饰 ▷盘与杯上有莲花、夔龙～。

【纹丝不动】wénsī-bùdòng 丝毫也不动。

【纹样】wényàng 名 装饰性花纹的式样。

【纹银】wényín 名 我国旧时的一种标准银。成色足，块状，形似马蹄，表面有皱纹。

玟 wén 名〈文〉玉的纹理。

另见 959 页 mín。

炆 wén 动〈文〉用文火炖煮食物。

闻（聞） wén ❶ 动 听见；听到 ▷听而不～｜～讯。→ ❷ 名 听到的事；消息 ▷新～｜趣～。→ ❸ 动 知道 ▷～一而知十。❹ 名〈文〉名声；声誉 ▷令～（美好的名声）｜秽～。❺ 形〈文〉有名望的 ▷～人。→ ❻ 动 用鼻子辨别气味 ▷～到一股香味儿。〇 ❼ 名 姓。☛ 统读 wén，不读 wèn。

【闻达】wéndá 形〈文〉显达① ▷勿求～。

【闻风而动】wénfēng'érdòng 听到有点儿风声就马上行动。形容反应敏捷，行动快。

【闻风丧胆】wénfēng-sàngdǎn 听到一点儿动静就吓破了胆。形容对某事物极其恐惧。

【闻过则喜】wénguòzéxǐ 听到别人指出自己的过错就感到高兴。形容虚心听取批评。

【闻鸡起舞】wénjī-qǐwǔ《晋书·祖逖传》记载：祖逖和刘琨同为司州主簿，常常互相勉励，听到鸡叫就起床舞剑。形容有志之士奋发自励。

【闻见】wénjiàn ❶ 动 听到和看到 ▷早已～。❷ 名〈文〉所见所闻；知识 ▷诚请先生赐教，以广～。❸ 动 嗅到 ▷～一股香味儿。

【闻名】wénmíng ❶ 动 听到别人的名字或名声 ▷～不如见面。❷ 动 有名气 ▷～于世。

【闻名遐迩】wénmíng-xiá'ěr 名闻遐迩。

【闻人】wénrén ❶ 名〈文〉有名气的人 ▷学界～。〇 ❷ 名 复姓。

【闻所未闻】wénsuǒwèiwén 听到从来没听到过的事物。形容非常稀罕 ▷～的新鲜事儿。

【闻讯】wénxùn 动 听到消息 ▷～赶到现场。

【闻诊】wénzhěn 动 中医诊断疾病的常用方法之一。参见 1423 页"望闻问切"。

蚊（*蟁蝱） wén 名 昆虫，成虫身体细长，胸部有一对翅膀和三对细长的脚。卵产于水中，幼虫（称为"孑孓"）和蛹也生活于水中。雌蚊吸人畜的血液，能传播疟疾等疾病；雄蚊吸植物的汁液。种类很多。

【蚊虫】wénchóng 名 蚊。

【蚊香】wénxiāng 名 含有杀虫剂的线香、盘香或片儿香，燃烧或用电加热后可驱杀蚊虫。

【蚊蝇】wényíng 名 蚊子和苍蝇 ▷～孳生。

【蚊帐】wénzhàng 名 罩在床上防蚊虫的帐子。

【蚊子】wénzi 名 蚊的通称。

阌（閿） wén［阌乡］wénxiāng 名 旧地名，在河南。

雯 wén ❶ 名〈文〉花纹状的云彩。〇 ❷ 名 姓。

wěn

刎 wěn 动 用刀割（颈部）▷自～｜～颈之交。

【刎颈之交】wěnjǐngzhījiāo《史记·廉颇蔺相如列传》："（廉颇、蔺相如）卒相与欢，为刎颈之交。"指情谊深厚，可以同生死、共患难的朋友。也说刎颈交。

抆 wěn 动〈文〉擦；揩 ▷～泪。

吻（*脗） wěn ❶ 名 嘴唇 ▷接～。→ ❷ 名 动物的嘴；低等动物的口器或头部前端的凸出部分 ▷鹿～｜短～。→ ❸ 动 用嘴唇接触人或物，表示喜爱 ▷妈妈在孩子脸上～了一下。

【吻别】wěnbié 动 亲吻告别。

【吻合】wěnhé ❶ 形 两唇相合。比喻完全一致 ▷想法和实际不太～。❷ 动 医学上指把有腔器官的两个断面连接起来 ▷动脉～手术。

【吻兽】wěnshòu 名 我国传统大型建筑屋脊两端的装饰物，多为兽头鸱尾形。

紊 wěn 形 紊乱 ▷有条不～。☛ 统读 wěn，不读 wèn。

【紊乱】wěnluàn 形 乱，没有条理和次序 ▷心律～|～不堪。☛ 跟"杂乱"不同。"紊乱"指缺乏条理或有悖于常规，书面语色彩较浓；"杂乱"指多种事物混乱地错杂在一起，口语色彩较浓。

稳（穩）wěn ❶ 形 固定不动；不摇晃 ▷车子开得又快又～|～如泰山。→ ❷ 形 安定平静，没有波动 ▷情绪不～|平～|～定。❸ 动 使稳定 ▷～一～情绪|～住他，别让他跑了。→ ❹ 形 妥帖；可靠 ▷他办事不～|十拿九～|～妥。→ ❺ 形 沉着；不轻浮 ▷～重|沉～。☛ 跟"隐(yǐn)"不同。

【稳便】wěnbiàn 形 稳妥方便 ▷～的方法。

【稳步】wěnbù 副 步履平稳地；有计划有步骤地 ▷～发展。

【稳操胜券】wěncāo-shèngquàn 形容有夺取胜利的充分把握(胜券：古代指契约的两联中用来索偿的左联)。也说稳操左券、稳操胜算。☛ "券"不读 juàn，也不要误写作"卷"。

【稳产】wěnchǎn 名 稳定的产量 ▷～高产。

【稳当】wěndang ❶ 形 稳定牢靠 ▷把车停～。❷ 形 稳妥；不浮躁 ▷他工作很～。

【稳定】wěndìng ❶ 形 平稳安定 ▷思想～|血压～。❷ 动 使平稳安定 ▷～市场|～人心。❸ 形 指物质不易受腐蚀，不易改变性能 ▷化学性质～。

【稳固】wěngù ❶ 形 稳定而牢固 ▷地位～|～的合作关系。❷ 动 使稳固 ▷～经济基础|～堤坝。☛ 参见 479 页"巩固"的提示。

【稳获】wěnhuò 动 有把握获得 ▷～大奖。

【稳健】wěnjiàn ❶ 形 平稳有力 ▷步履～。❷ 形 沉稳持重，不妄动 ▷处事～。

【稳练】wěnliàn 形 沉稳干练 ▷办事～。

【稳拿】wěnná 动 有把握得到 ▷～第一。

【稳如泰山】wěnrútàishān 像泰山一样稳固。形容情势或地位不可动摇。

【稳帖】wěntiē 形 安稳妥帖 ▷话语～。

【稳贴】wěntiē 现在一般写作"稳帖"。

【稳妥】wěntuǒ 形 说话、办事等有分寸；可靠 ▷～的办法。

【稳压电源】wěnyā diànyuán 电流输出时电压保持稳定的电源。

【稳扎稳打】wěnzhā-wěndǎ 稳步扎营，有把握地进攻；后多泛指步步稳妥地做事。

【稳重】wěnzhòng 形 沉着持重；不轻浮 ▷说话～|态度大方，举止～。

【稳住】wěnzhù ❶ 动 稳定下来 ▷质量～了。❷ 动 使稳定 ▷想方设法把他～|～神儿。

wèn

问（問）wèn ❶ 动 让人回答或解答自己不知道或不清楚的事情 ▷不懂就～|～事处|询～。→ ❷ 动 问候 ▷慰～|～好。→ ❸ 动 审讯 ▷～案|审～。❹ 动 责问；追究 ▷胁从不～|唯你是～。❺ 动 管；干预 ▷不～青红皂白|过～。○ ❻ 介〈口〉引进动作行为的对象，相当于"向""跟" ▷这书是我～小王借的|你～我要，我～谁要？○ ❼ 名 姓。

【问安】wèn'ān 动〈文〉向尊长问好。

【问案】wèn'àn 动〈口〉审问案件。

【问卜】wènbǔ 动 通过占卜等手段预测吉凶，解决疑难 ▷打卦～。

【问长问短】wèncháng-wènduǎn 详细询问。

【问答】wèndá 动 提问和回答 ▷当场～。

【问道于盲】wèndàoyúmáng 向盲人问路。比喻不看对象，向外行人请教。

【问鼎】wèndǐng 动《左传·宣公三年》记载：春秋时，楚庄王陈兵洛水，向周王朝炫耀武力，并向周王的特使王孙满询问周朝传国之宝九鼎的大小轻重，透露出要夺取周天下的意图。后用"问鼎"指图谋夺取政权；现也比喻希望在赛事中夺冠 ▷～中原|～奥运会。

【问卦】wènguà 动 问卜。

【问寒问暖】wènhán-wènnuǎn 详细询问对方的生活情况。形容体贴关切。

【问好】wènhǎo 动 问候并祝愿安好。

【问号】wènhào ❶ 名 标点符号，形式为"?"。用在疑问句的末尾，表示疑问语气。❷ 名 借指不能确定的事 ▷这件事能否办成还是个～。

【问候】wènhòu 动 慰问；问好 ▷请代我～老师。

【问话】wènhuà ❶ 动 (上级、长辈等)询问；查问 ▷他被叫进屋里～。❷ 名 问的问题 ▷他一一回答了领导的～。

【问及】wènjí 动 问到 ▷～事故原因。

【问津】wènjīn 动〈文〉《论语·微子》："长沮、桀溺耦而耕，孔子过之，使子路问津焉。"原意是询问渡口所在。后指过问(多用于否定) ▷无人～|不敢～。

【问句】wènjù 名 疑问句。

【问卷】wènjuàn 名 进行调查或征求意见用的卷子，上面列有若干问题让人回答 ▷发放调查～5000 份。

【问来问去】wènláiwènqù 指不断反复发问 ▷他～却没有问出结果来。

【问路】wènlù 动 向人打听该走的路线。

【问难】wènnàn 动 反复质问，进行论辩(多指学术研究）▷切磋～。

【问世】wènshì 动（著作、发明创造、新产品等）与世人见面 ▷这本书～不久。

【问市】wènshì 动（产品等）投放市场 ▷产品一～就受到消费者的欢迎。

【问事】wènshì ❶ 动 询问事情 ▷利用短信～。❷ 动 管事；过问事情（多指公事）▷他身体不好，已不大～。

【问事处】wènshìchù 名 专门设立的供咨询有关问题的处所。

【问题】wèntí ❶ 名 要求解答的题目；论述的事项 ▷回答老师三个～。❷ 名 有待解决的疑难事情 ▷物资供应已不成～｜资金匮乏是个大～。❸ 名 重要的事情；关键 ▷～在于没有找到规律。❹ 名 意外的麻烦；事故 ▷开车十几年从来没有出过～。❺ 名 有毛病的或不好的情况 ▷这种想法有～｜心脏有～。

【问心无愧】wènxīn-wúkuì 自己问自己，没有什么可惭愧的。形容为人处世正当，没有什么对不起别人的地方。

【问询】wènxún 动 提出问题，请人解答。

【问讯】wènxùn ❶ 动 打听；询问 ▷要找个人～一下。❷ 动 问候 ▷互致～。❸ 动 僧尼双手合十向人打招呼或问候。

【问责】wènzé 动 追究责任 ▷决策失误，应被～｜～制。

【问斩】wènzhǎn 动 斩首 ▷开刀～。

【问诊】wènzhěn ❶ 动 中医诊断疾病的常用方法之一 ▷这位老中医正在把脉～。参见1423页“望闻问切”。❷ 动 泛指看病 ▷各科医生前来义务～｜求医～。

【问罪】wènzuì 动 声讨或严厉指责对方的罪状 ▷大兴～之师。

汶 wèn ❶ 用于地名。如：汶川，在四川；汶河，水名，在山东。○ ❷ 名 姓。☛ 不读 wén。另见940页 mén。

揾 wèn 〈文〉❶ 动 浸入 ▷～湿。○ ❷ 动 擦；揩拭 ▷～泪。

璺 wèn 名 陶瓷、玻璃器物等上面的裂痕 ▷碟子裂了一道～｜打破砂锅～（谐“问”）到底。

wēng

翁 wēng ❶ 名 男性老人 ▷老～｜渔～。→ ❷ 名〈文〉父亲 ▷尊～。❸ 名〈文〉丈夫或妻子的父亲 ▷～姑｜～婿。○ ❹ 名 姓。

【翁姑】wēnggū 名〈文〉丈夫的父亲和母亲。

【翁婿】wēngxù 名 岳父和女婿。

【翁仲】wēngzhòng 名 传说秦代阮翁仲身高一丈三尺，异于常人，秦始皇令其出征匈奴。翁仲死后，秦始皇为其铸铜像，置于咸阳宫司马门外。后用“翁仲”指铜铸或石雕的人像。

嗡 wēng 拟声 模拟蜜蜂等昆虫飞动或机器开动的声音（多叠用）▷蜜蜂～～地飞来飞去｜发电机～～地响｜耳朵里～～直响。

滃 wēng 名 滃江，水名，在广东，流入北江。另见本页 wěng。

鎓（鎓） wēng 见下。

【鎓盐】wēngyán 名 含有氧、氮或硫的有机化合物在水溶液中解离出的有机正离子叫鎓离子，由鎓离子构成的盐类叫鎓盐。

鹟（鶲） wēng 名 鸟，体小，嘴稍扁平。常久栖树枝，突击捕食飞虫，是农林益鸟。种类很多，如乌鹟、北灰鹟。

鳑 wēng 名 鱼，身体侧扁，略呈长方形，有圆鳞，体色美丽。生活在热带珊瑚礁附近。

wěng

塕 wěng 〈文〉❶ 名 尘土。→ ❷ 形 形容起风的样子 ▷风～然而四至。

蓊 wěng 形〈文〉（草木）茂盛 ▷～郁｜～勃。

【蓊郁】wěngyù 形〈文〉形容草木茂盛的样子 ▷气候湿润，草木～。

滃 wěng 形〈文〉形容云、气或水涌起的样子。另见本页 wēng。

wèng

瓮（*甕罋） wèng 名 一种用来盛东西的大腹陶器。

【瓮城】wèngchéng 名 围绕在城门外修筑的小城，用来加强城门的防御。也说月城。

【瓮声瓮气】wèngshēng-wèngqì 形容说话声音像从瓮里发出的那样粗重低沉。

【瓮中之鳖】wèngzhōngzhībiē 瓮里的甲鱼。比喻陷入困境，已经逃脱不了的人或动物。

【瓮中捉鳖】wèngzhōng-zhuōbiē 从瓮里抓甲鱼。比喻要捕捉的对象已在掌握之中，极易捉到。

蕹 wèng［蕹菜］wèngcài 名 一年生草本植物，茎蔓生，中空，节上能生不定根，叶长心形，开白色或淡紫色花，蒴果卵圆形。嫩茎叶可以作蔬菜，全草和根可以做药材。也说空心菜。

齆 wèng 动 形容鼻子阻塞、发音不清 ▷感冒严重，说话声音很～｜～声～气｜～鼻儿。

wō

挝（撾） wō 老挝（lǎowō）名 国名，在东南亚。另见1807页 zhuā。

莴（萵）wō 见下。☛ 下边是"内"，不是"内"或"内"。由"呙"构成的字还有"涡""窝""蜗""锅"等。

【莴苣】wōjù 图 一年或二年生草本植物，茎直立而粗，肉质厚，叶子呈长圆形。叶用莴苣植株矮小，叶子可以食用，通称生菜；茎用莴苣茎肥大如笋，通称莴笋。

【莴笋】wōsǔn 图 茎用莴苣的通称。参见插图 9 页。

倭 wō 图 我国古代称日本 ▷～国|～人|～寇。

【倭瓜】wōguā 图 某些地区指南瓜。☛ 不宜写作"窝瓜"。

【倭寇】wōkòu 图 指明代经常侵扰抢劫朝鲜半岛和中国沿海地区的日本海盗。

涡（渦）wō ❶ 图 急流旋转而形成的中间凹陷呈漏斗状的地方 ▷漩～|水～。→ ❷ 图 像漩涡的东西 ▷酒～儿。

另见 519 页 guō。

【涡虫】wōchóng 图 扁形动物，身上有纤细的毛，口长在腹的中央，有管状肉吻。大多生活在水中，游动时纤毛激水成涡状，故称。

【涡流】wōliú ❶ 图 形成漩涡流动的流体。❷ 图 实心的导体在变化的磁场中由于电磁感应所产生的涡旋形电流。涡流能消耗电能、使导体发热。也说涡电流。

【涡轮机】wōlúnjī 图 流体冲击叶轮转动而产生动力的一类发动机。如汽轮机、燃气轮机、水轮机。简称轮机。

【涡旋】wōxuán ❶ 图 气象学上指空气旋转流动而形成的螺旋形气流。❷ 图 旋涡。

喔 wō ❶ 拟声 模拟公鸡叫的声音 ▷大公鸡～～叫。〇❷ 叹 赶牲口使前行的吆喝声 ▷～，快走！☛ 统读 wō，不读 wū。

窝（窩）wō ❶ 图 鸟兽、昆虫的巢穴 ▷鸡～|兔子～|蚂蚁～。→ ❷ 图 比喻人安身、聚集或藏匿的地方 ▷安乐～|土匪～。❸ 图 指人或物体所在或所占的位置 ▷坐了半天没动～儿|把柜子挪挪～儿。→ ❹ 图 像窝的地方或东西 ▷～棚|被～儿。→ ❺ 图 凹陷的地方 ▷山～|眼～|心口～。❻ 动〈口〉使弯曲 ▷～个钩子|～腰。→ ❼ 动 藏匿 ▷～藏|～赃|～主。⇒ ❽ 动〈口〉蜷缩不动；待 ▷整天～在家里|在候车室～了一夜。⇒ ❾ 动 情绪郁积，得不到发泄 ▷～火|～心|～气。❿ 动 人力或物力闲置不能发挥作用 ▷库里～着大批产品|～工。→ ⓫ 量 用于一胎所生或一次孵出的某些家畜家禽 ▷一～下了六个小猪。

【窝案】wō'àn 图 所有案犯同属一个单位或部门的刑事案件。

【窝边草】wōbiāncǎo 图 谚语"兔子不吃窝边草"，比喻坏人不危害邻里。后用"窝边草"比喻邻居或周围的人（常跟"吃""不吃"等连用）▷这伙盗贼专吃～，为害四邻。

【窝憋】wōbie 形 某些地区指烦恼、憋闷 ▷近来事事不如意，心里～得很。

【窝藏】wōcáng 动 私自藏匿罪犯、赃款、赃物、违禁品等。

【窝点】wōdiǎn 图 坏人藏匿或集中活动的地方。

【窝匪】wōfěi ❶ 图 巢穴中的匪徒 ▷进山清剿～。❷ 动 窝藏盗匪 ▷因～不报而获罪。

【窝工】wōgōng 动（因调度不当等原因）工作人员无事可做或不能充分发挥作用。

【窝火】wōhuǒ 动 心里憋着火气，无法发泄出来 ▷有冤无处申，真～|窝了一肚子火。

【窝里斗】wōlidòu 家族或团体、单位内部人员互相争斗。

【窝里反】wōlifǎn 窝里斗。

【窝里横】wōlihèng〈口〉只会在单位或家庭内部要横、发威，在外面却软弱无能。☛ "横"这里不读 héng。

【窝囊】wōnang〈口〉❶ 形 形容由于受了委屈而烦闷、恼火，又不能表白 ▷这事越想越～。❷ 形 平庸无能，胆小怕事 ▷他一辈子都很～，不敢担一点儿责任。

【窝囊废】wōnangfèi 图〈口〉对怯懦无能的人的鄙称。

【窝囊气】wōnangqì 图〈口〉受了委屈而又无法发泄出来的愤懑情绪 ▷不受～。

【窝棚】wōpeng 图 低矮简陋的小屋。

【窝铺】wōpù 图 临时搭建只供睡觉用的小棚子。

【窝气】wōqì 动〈口〉窝火。

【窝头】wōtóu 图 用玉米面或高粱面等做成的圆锥形的食品，底部有圆窝。也说窝窝头。

【窝心】wōxīn 形〈口〉碰上不如意的事无法表白或发泄而内心郁闷 ▷这件事使我太～。☛ 台湾地区也指"内心感觉温暖、欣慰、舒畅"。

【窝赃】wōzāng 动 为犯罪分子藏匿或转移赃款、赃物。

【窝主】wōzhǔ 图 窝藏罪犯、赃款、赃物、违禁品等的人。

蜗（蝸）wō 图 蜗牛 ▷～居。☛ 统读 wō，不读 wā 或 guō。

【蜗杆】wōgǎn 图 机器上有螺旋形槽纹，能跟蜗轮齿相啮合的杆形零件。

【蜗居】wōjū ❶ 图 像蜗牛壳那样的居室。谦称自己窄小的住所 ▷躲进～，以书为伴。❷ 动 像蜗牛那样居住（在窄小的房子里）▷～于斗室。

【蜗轮】wōlún 图 一种具有特殊齿形的齿轮，与蜗杆相啮合,传动机械。

【蜗牛】wōniú 名 软体动物,壳略呈圆锥形,头部有两对触角,后一对顶端有眼,足扁平宽大。生活在潮湿处,危害农作物。参见插图 3 页。

【蜗旋】wōxuán 动 像蜗牛壳上的螺纹一样回环盘旋 ▷汽车沿盘山路~而上。

踒 wō 动 肢体猛然受挫而使筋骨受伤 ▷~了脚脖子。

wǒ

我 wǒ ❶ 代 说话人称自己 ▷~认识你|他是~的老师。→ ❷ 代 称自己的一方,相当于"我们" ▷~国|~军|~校|~厂|敌~双方。→ ❸ 代 用于"你""我"对举,泛指许多人 ▷你来~往|你一言,~一语。→ ❹ 代 自己 ▷自~介绍|忘~工作。

【我见】wǒjiàn 名〈文〉我个人的见解(多用于文章标题) ▷关于调整产业结构之~。

【我们】wǒmen ❶ 代 "我"的复数形式,称包括自己在内的若干人。❷ 代 指"我"。a)含有亲昵色彩,用于口语 ▷~那口子挺会心疼人的。b)含委婉语气,多用于报告或论文中 ▷这就是~要提出的问题。❸ 代 指"你们"或"你",含亲切意味 ▷同志们,~一定要注意安全。

【我行我素】wǒxíng-wǒsù 不论别人怎么样,自己仍旧照往常一样行事(素:平素)。形容人不顾别人批评或劝告,坚持按自己的方式行事。

髮 wǒ [髮髻] wǒtuǒ 形〈文〉形容发髻好看的样子。

wò

肟 wò 名 有机化合物的一类,是醛或酮的羰基和羟胺缩水后的衍生物。

沃 wò ❶ 动〈文〉浇灌 ▷如汤~雪|~灌。→ ❷ 形(土地)肥 ▷肥~|~土|~野。○ ❸ 名 姓。

【沃土】wòtǔ 名 肥沃的土地 ▷一片~。

【沃野】wòyě 名 肥沃的田野 ▷~万顷。

卧 wò ❶ 动(人)躺着;(动物)趴伏 ▷和衣而~|小花猫~在窗台上。→ ❷ 形 睡觉用的 ▷~铺|~室|~具|~榻。❸ 名 指火车的卧铺 ▷软~|硬~。→ ❹ 动〈文〉隐居 ▷高~东山。○ ❺ 动〈口〉生鸡蛋去壳后放到牛奶、汤或水里煮 ▷~两个鸡蛋。

【卧病】wòbìng 动 因生病而躺着 ▷~在床。

【卧车】wòchē ❶ 名 小型轿车。❷ 名 火车上设有卧铺的车厢。

【卧床】wòchuáng 动 躺在床上 ▷~休息。

【卧倒】wòdǎo 动 俯伏在地 ▷就地~。

【卧底】wòdǐ ❶ 动 潜伏在敌方或犯罪团伙内部,暗中侦探或做内应。❷ 名 卧底的人。

【卧轨】wòguǐ 动(为阻止火车运行或企图自杀)躺在火车轨道上。

【卧具】wòjù 名 睡觉用的被褥、枕头、床单等。也说寝具。

【卧铺】wòpù 名 火车或长途汽车上供旅客睡觉的铺位。也说睡铺。

【卧射】wòshè 动 趴在地上射击 ▷~60 发。

【卧式】wòshì ❶ 区别 物体样式的水平长度大于高度的(跟"立式"相区别) ▷~车床。❷ 区别 俯卧着的 ▷~射击。

【卧室】wòshì 名 供睡觉用的房间。也说卧房。

【卧榻】wòtà 名〈文〉床①。

【卧薪尝胆】wòxīn-chángdǎn 春秋时,越国被吴国打败,越王句(gōu)践成了俘虏。为了报仇,他每日睡在柴草上,饭前、睡前都要尝食苦胆以激励自己。经过长期准备,越国终于强盛起来,打败了吴国。后用"卧薪尝胆"表示刻苦自励,发愤图强。

偓 wò 用于人名。如偓佺(quán),古代神话传说中的仙人。

涴 wò 动〈文〉污染;弄脏。
另见 1693 页 yuān。

握 wò ❶ 动 拿;攥 ▷紧~手中枪|~笔|~手。→ ❷ 动 手指弯曲成拳头 ▷把手~起来|~拳。→ ❸ 动 掌握;控制 ▷~有大权|胜利在~。

【握别】wòbié 动 握手道别。

【握力】wòlì 名 手紧握物体时使出的力量。

【握拳】wòquán 动 五指向掌心弯曲攥成拳头。

【握手】wòshǒu 动 彼此握住对方的手,是见面或分别时常用的礼节;也用来表示亲热、祝贺、慰问、惜别等。

【握手言和】wòshǒu-yánhé ❶双方握手,表示和好,不再争斗。❷ 竞赛的双方不分胜负。

【握手言欢】wòshǒu-yánhuān 握着手谈笑,表示亲热友好;现多形容不和之后重新和好 ▷捐弃前嫌,~。

硪 wò 名 砸地基或打桩用的工具,用石头或铁制成,多为扁圆体,四周系有绳索供多人牵拉 ▷石~|打~。☛ 统读 wò,不读 é。

幄 wò 名〈文〉帐幕 ▷运筹帷~。

渥 wò〈文〉❶ 动 浸润很多水分 ▷~润。→ ❷ 形 优厚;深重 ▷优~|~恩。

斡 wò 动 旋转 ▷~旋。

【斡旋】wòxuán 动 调解 ▷经他从中～，双方和好如初。

龌（齷）wò［龌龊］wòchuò ❶ 形 肮脏；不洁净 ▷～破烂的衣衫｜浑身～。→ ❷ 形 比喻人品卑劣 ▷～小人｜思想～。

wū

兀 wū［兀突］wūtu 现在一般写作“乌涂”。另见 1460 页 wù。

乌[1]（烏）wū ❶ 名 乌鸦 ▷月落～啼｜爱屋及～。→ ❷ 形 黑 ▷～木｜～黑｜～油油。〇 ❸ 名 姓。

乌[2]（烏）wū 代〈文〉指处所或事物，多用于反问，相当于“哪里”“怎么” ▷～有此事｜～足道哉？☛ ㊀“乌”字通常读 wū；读 wù，用于“乌拉（一种垫有乌拉草的鞋）”“乌拉草”。㊁跟“鸟（niǎo）”不同。

另见 1460 页 wù。

【乌飞兔走】wūfēi-tùzǒu 指日月运行（乌：金乌，借指太阳；兔：玉兔，借指月亮）。形容时光迅速流逝。

【乌龟】wūguī ❶ 名 爬行动物，体扁，长圆形，有甲壳，背面褐色或黑色，腹部略带黄色，均有暗褐色斑纹。四肢有爪，趾间有蹼。生活在河流、湖泊里，以植物、虾、小鱼等为食。俗称王八。❷ 名 指妻子有外遇的男人（骂人的话）。

【乌合之众】wūhézhīzhòng 像一群乌鸦聚在一起的一帮人。指无组织、无纪律的一群人。

【乌黑】wūhēi 形 深黑 ▷～的眼珠。

【乌鸡】wūjī 名 鸡的一种，遍体白毛，皮、骨、眼、喙、趾、内脏及脂肪均为乌黑色。是著名观赏鸡品种。中医供药用。原产我国，以江西泰和的最为著名，所以也说泰和鸡。也说乌骨鸡。

【乌金】wūjīn ❶ 名 煤的美称。❷ 名 中医指墨[1]①。

【乌桕】wūjiù 名 落叶乔木，叶子互生，菱状卵形，开黄色小花，果实球形。种子外有一层白色蜡质，可以制作蜡烛和肥皂，种子可以榨油，叶子可以做黑色染料，树皮和叶子可以做药材。

【乌拉】wūlā 名 西藏民主改革以前，农奴向官府或农奴主所服的各种劳役；也指服这些劳役的人。

【乌喇】wūlā 现在一般写作“乌（wū）拉”。

【乌兰牧骑】wūlánmùqí 名 红色文化轻骑队（乌兰：蒙古语“红色”的意思）。1957 年开始在内蒙古自治区建立。一般由十余人组成，队员随身携带轻便乐器、道具，深入广大牧（农）区，通过文艺演出、举办展览、辅导群众文化活动等方式，为牧（农）民服务。

【乌亮】wūliàng 形 又黑又亮 ▷～的头发。

【乌溜溜】wūliūliū 形 形容眼珠儿黑亮而灵活。

【乌龙】wūlóng ❶ 名 指乌龙茶 ▷泡一杯～。〇 ❷ 形 糊涂 ▷一本～账｜你怎么一进考场就～了？❸ 名 差错 ▷～百出｜这份说明上净是～。

【乌龙茶】wūlóngchá 名 茶叶的一大类，用半发酵的方法（茶叶边缘发酵，中间不发酵）制成，叶较粗大，黑褐色，汤色黄亮。产于福建、广东、台湾等地。也说青茶。

【乌龙球】wūlóngqiú 名 足球、篮球等比赛中指球员误将球打进己方的球门、篮筐等而使对方得分的球。

【乌梅】wūméi 名 经过干燥后熏制而成的外表呈黑褐色的青梅，可以做药材。也说酸梅。

【乌木】wūmù ❶ 名 常绿乔木，叶互生，椭圆形，花淡黄色，果实球形。产于热带或亚热带。从未成熟的果实中榨出的涩汁叫柿漆，可作渔网和船具的涂料。木材也叫乌木，黑色，木质坚硬细密，有光泽，是工艺美术品和高档家具的用材。❷ 名 泛指质地硬而重的深色木材。

【乌篷船】wūpéngchuán 名 江南的一种小木船。船篷为半圆形，用竹片编成，上涂黑油，故称。

【乌七八糟】wūqībāzāo ❶ 形容十分杂乱；乱七八糟。❷ 形容人作风下流，行为龌龊。☛ 不要写作“污七八糟”。

【乌青】wūqīng 形 形容颜色又黑又青 ▷脸上被打得～。

【乌纱帽】wūshāmào ❶ 名 古代的一种官帽，用黑色麻布或棉布制成，品级不同，形制也不同。❷ 名 借指官职 ▷不要怕丢～。

【乌兔】wūtù 名 借指日月。传说太阳上有三足乌，月亮上有玉兔，故称。

【乌涂】wūtu〈口〉❶ 形（饮用水）不热也不凉 ▷我就不喜欢喝～水。❷ 形 形容不爽快；不利索 ▷有话直说，别这么～。

【乌托邦】wūtuōbāng 名 拉丁语 Utopia 音译。英国空想社会主义创始人托马斯·莫尔所著《关于最完美的国家制度和乌托邦新岛的既有益又有趣的金书》的简称。书中虚构了一个最理想、最美好的社会组织——乌托邦。在这个社会组织中废除了私有制，实行公有制，生产和消费都是有计划地进行。后用“乌托邦”泛指脱离现实的、空想的愿望、方案等。

【乌鸦】wūyā 名 鸟，常见的全身或大部分羽毛为黑色，嘴大而直，翼有绿光。多群居于树林中或田野间，以谷类、果实、昆虫以及腐烂的动物尸体等为食。俗称老鸹、老鸦。参见插图 5 页。

【乌鸦嘴】wūyāzuǐ 名 俗传乌鸦叫就有不吉利的事情发生，故常用“乌鸦嘴”比喻说不吉利话的嘴或人 ▷你这张～，说不出好话来｜他就是个～，说谁谁倒霉。

【乌烟瘴气】wūyān-zhàngqì 形容环境嘈杂，空气恶浊;也形容社会秩序混乱,歪风邪气盛行。

【乌油油】wūyóuyóu 形 形容黑而光亮润泽的样子 ▷～的黑土地。☛ 这里的"油油"口语中也读 yōuyōu。

【乌有】wūyǒu 名〈文〉汉代司马相如《子虚赋》中虚构的人物。后借指虚幻的不存在的人或事物(多构成固定结构) ▷子虚～|化为～|纯属～。

【乌鱼】wūyú 名 鳢。

【乌鱼蛋】wūyúdàn 名 雌乌贼卵巢腹面的一对椭圆形附属腺体,能分泌胶状黏液,使卵结成块状。可食用。

【乌云】wūyún ❶ 名 黑云;比喻险恶的局势 ▷～密布|白色恐怖的～笼罩着这座城市。❷ 名〈文〉比喻女子黑油油的头发。

【乌贼】wūzéi 名 软体动物,体扁平,袋形,色灰白有黑斑,头两侧有一对大眼,口的边缘有五对腕足,体内有墨囊,遇到危险时喷出墨汁以掩护逃走。生活在海洋里。通称墨鱼。俗称墨斗鱼。参见插图 3 页。

【乌贼骨】wūzéigǔ 名 海螵蛸。

【乌鲗】wūzéi 现在一般写作"乌贼"。

【乌孜别克族】wūzībiékèzú 名 我国少数民族之一。主要分布在新疆。

圬 wū〈文〉❶ 名 抹(mǒ)子。→ ❷ 动 抹(mò)平或粉刷 ▷粪土之墙,不可～也。

邬(鄔) wū ❶ 用于地名。如寻邬,在江西,现在改为"寻乌"。○ ❷ 名 姓。

污(*汙汚) wū ❶ 名 肮脏的东西 ▷同流合～|藏～纳垢|去～粉。→ ❷ 形 不清洁;肮脏 ▷～泥浊水|～点|～秽|～迹。❸ 形 不廉洁 ▷贪官～吏。→ ❹ 动 使不洁净 ▷～染|～损|玷～。❺ 动 侮辱 ▷～蔑|奸～。☛ 右下是"亏",不是"亏"。

【污点】wūdiǎn ❶ 名 物体上沾染的斑斑点点的污垢。❷ 名 比喻不光彩的事情 ▷不要给自己留下～。

【污垢】wūgòu 名 人身上或物体上积聚的油泥等脏东西 ▷满身～。

【污痕】wūhén 名 脏东西留下的痕迹;比喻不光彩的事情留下的影响 ▷墙上留下不少～|历史上的～难以抹去。也说污迹。

【污秽】wūhuì ❶ 形 肮脏① ▷～不堪。❷ 名 肮脏的东西 ▷把～洗掉。

【污蔑】wūmiè 动 诬蔑。

【污名】wūmíng 名 坏名声 ▷洗刷～。

【污泥浊水】wūní-zhuóshuǐ 比喻落后、反动、腐朽的东西。

【污七八糟】wūqībāzāo 现在规范词形写作"乌七八糟"。

【污染】wūrǎn ❶ 动 使沾染上污秽有害的东西;特指工矿企业、车辆等排出的废气、废液、废渣等有害物质对自然环境的破坏 ▷大气～|～土壤。❷ 动 比喻不健康的思想给人造成坏影响 ▷～思想|～语言。

【污染源】wūrǎnyuán ❶ 名 产生有害物质,造成环境污染的源头 ▷～就是这家造纸厂。❷ 名 比喻危害人们思想、道德的思想理论或精神产品 ▷这些凶杀影视片是青少年堕落的～。

【污辱】wūrǔ ❶ 动 侮辱。❷ 动 玷污 ▷不要～人民教师的光荣称号。

【污水】wūshuǐ 名 脏水;被污染了的水。

【污损】wūsǔn 动 因弄脏而损坏 ▷画面已被～。

【污物】wūwù 名 脏东西 ▷清除～。

【污言秽语】wūyán-huìyǔ 肮脏下流的话;不文明的话 ▷满口～,令人难以忍受。

【污浊】wūzhuó ❶ 形 (水、空气等)肮脏浑浊 ▷池水很～|～的空气。❷ 名 肮脏的东西。

【污渍】wūzì 名 积留在物体上的油泥等脏东西 ▷清除衣服上的～。

巫 wū ❶ 名 指巫师、巫婆 ▷小～见大～|～术。○ ❷ 名 姓。

【巫婆】wūpó 名 女巫②。

【巫师】wūshī 名 以装神弄鬼、谎称能为人治病消灾为职业的人(多指男巫)。

【巫术】wūshù 名 指巫师装神弄鬼替人祈祷或治病的骗人手法。

【巫医】wūyī 名 古代用巫术给人治病的人。

呜(嗚) wū ❶ 拟声 模拟哭声、风声、汽笛声等 ▷～～地哭|狂风～～地刮着|～的一声长鸣,火车开动了。○ ❷ 名 姓。☛ 跟"鸣(míng)"不同。

【呜呼】wūhū ❶ 叹 表示叹息 ▷～哀哉。❷ 动 借指死亡 ▷一命～。☛ 不宜写作"乌呼""於乎""於戏"。

【呜呼哀哉】wūhū-āizāi 原为祭文中对死者表示哀悼的感叹语,意思是"唉,悲哀啊!"后借指死亡或灭亡(含诙谐意)。

【呜噜呜噜】wūlū-wūlū 拟声 模拟说话含混不清的声音 ▷～半天,也不知道他说的是什么。

【呜咽】wūyè 动 低声抽泣;也比喻发出凄切悲伤的声音 ▷睡梦里她还在～|江水为之～。

於 wū 见下。
另见 1678 页 yū;1681 页 yú。

【於戏】wūhū 现在一般写作"呜呼"。

【於菟】wūtú 名 古代楚国人称老虎。

钨(鎢) wū 名 金属元素,符号 W。银白色,质硬而脆,熔点高,常温下化学性质稳定。主要用于制造高速切削合金钢、灯丝、火箭喷嘴、太阳能装置等。

【钨钢】wūgāng 名 含有钨成分的合金钢,坚韧而耐高温。

【钨丝】wūsī 名 用钨制成的细丝。可以做灯丝。

洿 wū ❶ 名〈文〉浊水积聚的小水池。○ ❷ 古同"污"。

诬（誣） wū 动 把捏造的坏事硬加在别人身上 ▷～良为盗｜～告｜～蔑。☛ 统读 wū，不读 wú。

【诬告】wūgào 动 捏造事实，控告别人有罪 ▷～他人，要负法律责任。

【诬害】wūhài 动 捏造罪名陷害他人 ▷受人～。

【诬赖】wūlài 动 硬说坏事情是别人干的 ▷说话要有事实根据，不能～别人。

【诬蔑】wūmiè 动 捏造事实，诋毁他人的声誉 ▷造谣生事，～他人。

【诬枉】wūwǎng 动 诬陷冤枉 ▷～好人。

【诬陷】wūxiàn 动 诬害 ▷栽赃～。☛"诬"不要误写作"污"。

【诬栽】wūzāi 动 捏造事实栽赃陷害 ▷把自己所做的坏事都～给别人。

【诬指】wūzhǐ 动 诬告指控；诬蔑指责 ▷对方倒打一耙，～我方挑起事端。

屋 wū ❶ 名 房子 ▷茅草～｜～脊｜房～。→ ❷ 名 房间 ▷一间小～｜里～｜东～。

【屋顶】wūdǐng 名 房屋的顶部。

【屋基】wūjī 名 房屋的地基。

【屋脊】wūjǐ 名 屋顶上两个斜面相交形成的条形隆起部分 ▷～高耸◇青藏高原是世界～。

【屋架】wūjià 名 由木料、钢材等制成的承载屋面的构件，有三角形、梯形、拱形等多种形状。

【屋角】wūjiǎo 名 房屋的角落。

【屋面】wūmiàn 名 呈平面状起遮盖作用的屋顶。

【屋上架屋】wūshàng-jiàwū 叠床架屋。

【屋檐】wūyán 名 屋顶边沿伸出屋墙外的部分。也说房檐。

【屋宇】wūyǔ 名〈文〉房屋。

【屋子】wūzi 名〈口〉房间。

恶（惡） wū〈文〉❶ 代 指处所或事物，表示反问，相当于"何""怎么" ▷～能治天下？○ ❷ 叹 表示惊讶，相当于"啊" ▷～，是何言也！☛ 参见 360 页"恶(è)"的提示。

另见 359 页 ě；360 页 è；1462 页 wù。

wú

无（無） wú ❶ 动 没有（跟"有"相对） ▷从～到有｜大公～私｜～能。→ ❷ 副 不 ▷～须｜～视｜～妨。❸ 连 不论 ▷事～巨细，他都要过问。

另见 966 页 mó。

【无比】wúbǐ 动 没有什么能够比得上 ▷宽阔～｜奇痒～｜令人～激动。

【无边】wúbiān 动 没有边际；没有限度 ▷～无际｜对罪犯不能宽大～。

【无病呻吟】wúbìng-shēnyín 多形容没有痛苦或忧伤却长吁短叹；也比喻文艺作品矫揉造作，缺乏真情实感。

【无补】wúbǔ 动 没有补益；没有帮助 ▷于事～。

【无不】wúbù 副 没有一个不（如此），表示没有例外 ▷到会的人～欢欣鼓舞。

【无产阶级】wúchǎn jiējí 工人阶级；泛指不占有生产资料的劳动者阶级。

【无产阶级专政】wúchǎn jiējí zhuānzhèng 无产阶级通过暴力革命打碎资产阶级国家机器后建立的新型国家政权。专政的主要任务是抵御外敌的颠覆和侵略，镇压国内反动分子的反抗，保卫社会主义建设顺利进行。

【无产者】wúchǎnzhě 名 自己不占有生产资料而靠出卖劳动力为生的雇佣劳动者。

【无常】wúcháng ❶ 形 变化不定 ▷天气变化～｜出没～。○ ❷ 名 迷信指勾魂的鬼。❸ 动 婉词，指人死亡 ▷一旦～万事休。

【无偿】wúcháng 形 没有报酬的；不需要对方付出代价的 ▷～献血｜～劳动。

【无尘粉笔】wúchén fěnbǐ 在黑板上书写时不产生粉尘的粉笔。

【无成】wúchéng 动〈文〉没能办到；没有成功 ▷一事～｜事业～。

【无耻】wúchǐ 形 不知羞耻的；不顾羞耻的 ▷～行为｜～诽谤｜厚颜～。

【无耻之尤】wúchǐzhīyóu 最无耻的；无耻到了极点的（尤：突出的）。

【无出其右】wúchūqíyòu 指没有谁能够超过他（右：古人以右为尊）。

【无从】wúcóng 副 表示动作行为找不到头绪或没有门径、方法 ▷～知道｜～着手。

【无大无小】wúdà-wúxiǎo ❶ 无论大小 ▷事情～，都要认真干。❷ 没大没小。

【无党派人士】wúdǎngpài rénshì 指没有参加任何党派、对社会有积极贡献和一定影响的人士，其主体是知识分子。

【无敌】wúdí 动 没有对手 ▷天下～。

【无底洞】wúdǐdòng 名 没有底儿的洞穴；比喻永远满足不了的要求、欲望等 ▷他今天要这个，明天要那个，简直是个～。

【无地自容】wúdì-zìróng 没有地方能让自己藏身。形容羞愧到了极点。

【无的放矢】wúdì-fàngshǐ 没有箭靶子而乱射箭（的：箭靶的中心，这里指箭靶子）。比喻言行没有明确的目标，缺乏针对性。

【无动于衷】wúdòngyúzhōng 内心没有受到任何触动；多形容对该关心的事毫不关心。☛ 不要写作"无动于中"。

【无独有偶】wúdú-yǒu'ǒu (罕见的人或事)不止一个(件),还有与之配对的。

【无度】wúdù 动 毫无节制;没有限度 ▷饮酒~。

【无端】wúduān 副 毫无来由地;无缘无故地 ▷~受辱。

【无恶不作】wú'è-bùzuò 什么坏事都干。

【无法】wúfǎ 动 没有办法 ▷~克服。

【无法无天】wúfǎ-wútiān 无视法纪,不顾天理。指毫无顾忌地干坏事。

【无方】wúfāng 形 方法不对;不得法 ▷经营非常~|教子~。

【无妨】wúfáng ❶ 动 没有妨碍;不碍事 ▷讲错了~。❷ 副 不妨 ▷失败了,~再试一次。

【无纺织布】wúfǎngzhībù 名 非织造布。

【无非】wúfēi 副 只不过;不外乎。表示都在某一范围内 ▷事情的发展~是两种可能。

【无风不起浪】wú fēng bù qǐ làng 没有刮风,就不会起波浪。比喻事情的发生总有起因。

【无干】wúgān 动 没有牵涉;没有关系 ▷这事与你~|~人员全都离开。

【无告】wúgào 动 有苦无处诉说 ▷老人孤苦~。

【无公害蔬菜】wúgōnghài shūcài 从播种到上市没有受到污染的蔬菜。

【无功】wúgōng 动 没有功劳或成效 ▷~不受禄|~而返。

【无功受禄】wúgōng-shòulù 没有功劳而得到俸禄;泛指没做出什么成绩,却得到奖赏或报酬。

【无辜】wúgū ❶ 形 没有罪 ▷~百姓|孩子是~的。❷ 名 没有罪的人 ▷滥杀~,天理不容。

【无故】wúgù 副 没有缘由 ▷不得~迟到。

【无怪】wúguài 副 难怪;怪不得。表示明白了原因,对所说的事就不奇怪了(一般用在主语前面) ▷他给老百姓办了那么多好事,~人们一提起他就竖大拇指。也说无怪乎。

【无关】wúguān ❶ 动 毫无关系 ▷这件事与我~。❷ 动 不涉及 ▷~大局。

【无关宏旨】wúguān-hóngzhǐ 跟事物的宗旨、大局没有关系。

【无关紧要】wúguān-jǐnyào 跟紧急重要的事没有什么关系。形容事物不重要,不是主要的。

【无关痛痒】wúguān-tòngyǎng 指与自身利害没有什么关系(痛痒:比喻疾苦)。

【无轨电车】wúguǐ diànchē 由架空的电源线供电、用牵引电动机驱动、不用铁轨的电车。

【无核】wúhé ❶ 区别 没有果核的 ▷~蜜橘。○ ❷ 区别 没有或不生产核武器的 ▷~地区|~国家。

【无核区】wúhéqū 名 指不生产也不拥有核武器的地区。

【无花果】wúhuāguǒ 名 落叶灌木或小乔木,叶掌状,大而粗糙,花呈淡红色,隐于花托内,外观只见果不见花,故称。也指这种植物的果实。

【无华】wúhuá 形 没有华丽色彩的;朴素 ▷朴实~。

【无悔】wúhuǐ 动 不后悔;无可后悔 ▷无怨~。

【无机】wújī 区别 化学上指除碳酸盐和碳的氧化物外,不含碳原子的(物质) ▷~盐|~肥料。

【无机肥料】wújī féiliào 人工制成的养分呈无机盐形式的肥料,包括大多数化肥,如硫酸钾、磷矿粉等。

【无机化合物】wújī huàhéwù 一般指碳元素以外各元素的化合物。参见本页"无机物"。

【无机化学】wújī huàxué 化学的一个分支,研究各种单质、无机化合物的来源、性质、结构、化学变化的规律及其应用等。

【无机可乘】wújī-kěchéng 没有机会可以利用或没有空子可钻。

【无机酸】wújīsuān 名 无机化合物的酸类的统称。如盐酸、硝酸、硫酸、磷酸、硼酸、碳酸等。

【无机物】wújīwù 名 无机化合物和单质的统称。一般指碳元素以外各元素的单质和它们的化合物,如水、食盐、硫酸等。也包括碳酸盐等一些简单的含碳化合物。

【无机盐】wújīyán 名 无机化合物中盐类的统称,如磷酸钙、碳酸钠等。

【无稽】wújī 动 没有根据;无从查考 ▷荒诞~|~之谈。

【无及】wújí 动 来不及;赶不上 ▷追悔~。

【无疾而终】wújí'érzhōng ❶ 没有疾病而终老,指人自然老死 ▷这位老人百岁后~。❷ 比喻事情没有受到干扰而终止 ▷她谈过几次恋爱都~了。

【无几】wújǐ 动 没有多少 ▷寥寥~|相差~。

【无脊椎动物】wújǐzhuī dòngwù 脊椎动物以外所有动物的总称。包括原生动物、扁形动物、腔肠动物、节肢动物、软体动物等。

【无计可施】wújì-kěshī 没有什么计谋、办法可以施展。指一点儿办法也没有。

【无记名投票】wújìmíng tóupiào 选举人填写选票时不署自己姓名的投票选举方法。

【无际】wújì 动 没有边际 ▷一望~的麦田。

【无济于事】wújìyúshì 对事情没有帮助,解决不了什么问题(济:补益)。

【无家可归】wújiā-kěguī 没有家可回。形容流离失所无处安身。

【无价】wújià 形 价值高得无法衡量。形容极为珍贵(跟"有价"相对) ▷~之宝|情义~。

【无坚不摧】wújiān-bùcuī 没有什么坚固的东西不能摧毁。形容力量非常强大。

【无间】wújiàn 动 没有空隙;没有隔阂 ▷~可乘|亲密~。☛"间"这里不读 jiān。

【无疆】wújiāng 动 没有限度 ▷万寿～。

【无尽】wújìn 动 没有穷尽 ▷～的哀思|无穷～。

【无尽无休】wújìn-wúxiū 没有尽头；没完没了(含厌烦意) ▷他一说起来就～。

【无精打采】wújīng-dǎcǎi 形容情绪低落，精神萎靡。☛ 不宜写作"无精打彩"。

【无拘无束】wújū-wúshù 没有任何约束，自由自在。

【无菌】wújūn 区别 没有细菌的 ▷～真空包装。

【无可比拟】wúkěbǐnǐ 没有可以跟它相比的(比拟：比较)；形容独一无二。

【无可非议】wúkěfēiyì 没有什么可以批评指责的。表示言行合情合理，并无过错。

【无可奉告】wúkěfènggào 没有什么可以告诉的(多用于外交场合)。

【无可厚非】wúkěhòufēi 没有什么可以过分指责的。表示虽有缺点错误，但可以宽容和原谅。

【无可讳言】wúkěhuìyán 没有什么不可以直说的(讳言：因忌讳或有顾虑而有话不说)。表示可以坦率地说出来。

【无可奈何】wúkěnàihé 毫无办法。

【无可挑剔】wúkětiāotī 无法找出细微的缺点、毛病。

【无可无不可】wú kě wú bùkě 表示怎么都行或对事情没有主见。

【无可争辩】wúkězhēngbiàn 没有什么可以争论辩驳的。指事实确凿、理由充分。也说无可争议。

【无可指责】wúkězhǐzé 没有什么可以责备的。

【无可置疑】wúkězhìyí 没有什么可以怀疑的。表示事实确凿，理由充足。

【无孔不入】wúkǒng-bùrù 没有什么空子不钻。比喻充分利用一切可利用的机会(含贬义)。

【无愧】wúkuì 动 没有什么可惭愧的 ▷问心～|～于人民。☛ 参见 112 页"不愧"的提示。

【无赖】wúlài ❶ 形 撒泼放刁，不讲道理 ▷～之徒|没想到他会这样～。❷ 名 指爱耍无赖的人 ▷他是个～，我惹不起。

【无厘头】wúlítóu 形〈口〉将毫无关联的事物或现象故意组合串联到一起，或加以夸张，以达到搞笑或讽刺目的的 ▷这部影片有很多～搞笑的情节。

【无礼】wúlǐ 形 没有礼貌，言行粗野 ▷不得～。

【无理】wúlǐ 动 没有理由；没有道理 ▷～狡辩。

【无理取闹】wúlǐ-qǔnào 毫无道理地跟人吵闹或故意制造麻烦。

【无理数】wúlǐshù 名 无限不循环小数。如圆周率(3.1415926……)、$\sqrt{2}$(1.4142135……)。

【无力】wúlì ❶ 动 没有力气 ▷浑身～|有气～。❷ 动 没有能力 ▷～摆脱困境|软弱～。

【无利可图】wúlì-kětú 没有利益可以谋取；不能从中牟利。

【无良】wúliáng 区别 没有良心或缺少道德的 ▷～记者|～厂家竟敢偷排污水。

【无量】wúliàng 动 没有限量；没有止境 ▷造福子孙，功德～。

【无聊】wúliáo ❶ 形 精神没有寄托而烦闷 ▷闲得～。❷ 形 形容没有积极意义而令人生厌 ▷别说这些～的话。

【无论】wúlùn 连 不管；不论 ▷～环境怎么艰苦，我们都要坚持下去。

【无论如何】wúlùn-rúhé 不管怎样 ▷条件太苛刻，～都不能接受。

【无门】wúmén 动 指没有解决问题的途径 ▷投诉～。

【无米之炊】wúmǐzhīchuī 没有米而要做成的饭。比喻没有必要条件而要求做成的事。

【无冕之王】wúmiǎnzhīwáng 指虽然没有显赫的地位、身份，但影响和作用却很大的人。多指记者。

【无名】wúmíng ❶ 区别 没有名称的或叫不出名称的 ▷～小草|～高地。❷ 区别 不出名的；名字不为众人所知道的 ▷～鼠辈|～小镇。❸ 区别 没有来由的 ▷～怒火。❹ 动 没有正当理由或借口 ▷出师～。

【无名火】wúmínghuǒ 名 无缘无故、没有来由的怒火 ▷心中突然升起了一股～。

【无名氏】wúmíngshì 名 不愿说出姓名或还没查考出姓名来的人(多指著作者)。

【无名小卒】wúmíng-xiǎozú 没有名气的小兵；比喻没有名望、不被重视的人。

【无名英雄】wúmíng yīngxióng 名字无从查考或不愿为世人所知的英雄人物。

【无名之辈】wúmíngzhībèi 姓名不为世人所知的一类人。指没有名气的普通人。

【无名指】wúmíngzhǐ 名 中指和小指之间的指头。

【无明火】wúmínghuǒ 名 怒火。佛典中的"无明"指"痴"或"愚昧"。佛家认为发怒是一种愚蠢的行为，所以把怒火称为"无明火"。

【无奈】wúnài ❶ 动 无可奈何；没有办法 ▷出此下策，实属～|万般～。❷ 连 用在转折句的开头，表示由于某种原因而造成前文所说的愿望、意图等没有实现，有惋惜意味 ▷早就想办家公司，～资金不足。

【无奈何】wúnàihé 动 不得已；没有办法 ▷敌人～，只好悄悄撤走了。

【无能】wúnéng 形 没能力；没才干 ▷～之辈。

【无能为力】wúnéng-wéilì 用不上劲儿；没有能力或能力不足。

【无宁】wúnìng 现在规范词形写作"毋宁"。

【无期】wúqī 动 没有期限；不知何时 ▷遥遥～|相会～。

【无期徒刑】wúqī túxíng 剥夺罪犯终身自由、并在监狱中执行的刑罚。

【无奇不有】wúqí-bùyǒu 什么稀奇古怪的事都有。

【无牵无挂】wúqiān-wúguà 没有任何牵挂。

【无铅汽油】wúqiān qìyóu 含铅量低于某一规定值的汽油。

【无前】wúqián 动 前进中没有对手；前进中没有东西可以阻挡 ▷一往～|所向～。

【无亲无故】wúqīn-wúgù 没有亲人，也没有朋友。形容十分孤单。

【无情】wúqíng ❶ 动 没有感情 ▷落花有意，流水～。❷ 动 不讲情面 ▷法律～|事实～。

【无穷】wúqióng 动 没有穷尽；没有止境 ▷变化～|～无尽。

【无穷大】wúqióngdà 名 绝对值永远大于任意正数的变量，符号是∞。也说无限大。

【无穷小】wúqióngxiǎo 名 以零为极限的变量。也说无限小。

【无权】wúquán 动 没有权力 ▷～干涉。

【无缺】wúquē 动 没有缺损或缺陷 ▷完美～|完整～。

【无人过问】wúrén-guòwèn 没人管；没人关心。

【无人区】wúrénqū 名 没有人居住的地区，多指蛮荒地区。

【无人问津】wúrén-wènjīn 无人过问，受到冷落。参见 1442 页“问津”。

【无任】wúrèn 副〈文〉十分；非常（限于修饰“感激”“欢迎”等）▷蒙先生赐教，～感激。

【无日】wúrì ❶ 副 没有一天。常跟后边的“不”连用，构成双重否定，表示天天不间断 ▷～不思，～不想。❷ 动 没有那样的一天；遥遥无期 ▷归国～。

【无如】wúrú 连〈文〉无奈。多用于句首表示转折关系 ▷原定五一赴京，～琐事缠身，行期一延再延。

【无伤大体】wúshāng-dàtǐ 对事物的主要方面没有妨害。

【无伤大雅】wúshāng-dàyǎ 对事物的整体或主要方面没有什么妨害。

【无上】wúshàng 形 最大；最高 ▷～荣耀|至高～。

【无尚】wúshàng 现在一般写作“无上”。

【无神论】wúshénlùn 名 否定鬼神存在并反对迷信的唯物主义理论。

【无声】wúshēng 动 没有声音 ▷万籁～。

【无声片】wúshēngpiàn 名 没有声音只有图像的影片。也说默片。口语中也说无声片儿(piānr)。

【无声无息】wúshēng-wúxī ❶没有声音，没有气息。形容很寂静 ▷枫叶～地飘落下来。❷比喻默默无闻，不产生什么影响 ▷当年名噪一时的歌星，现在却～了。

【无声无臭】wúshēng-wúxiù 没有声音，没有气味。比喻人没有名声或事情毫无影响。☛“臭”这里不读 chòu。

【无绳电话】wúshéng diànhuà 一种新型电话机。把电话机的底座与带拨号盘的送受话器分离，在一定范围内通过无线电波用送受话器直接通话。

【无师自通】wúshī-zìtōng 没有老师的传授和指导，靠自己学习思考而通晓。

【无时无刻】wúshí-wúkè 没有哪个时刻。常跟“不”配合，表示每时每刻。

【无事不登三宝殿】wúshì bù dēng sānbǎodiàn 没事不找上门来（三宝殿：指佛殿，参见 1179 页“三宝”②）。指每次都是有一定缘由才来。

【无事生非】wúshì-shēngfēi 没事找事，故意弄出是非或麻烦来。

【无视】wúshì 动 不放在眼里；不当回事儿 ▷～公共道德|～党纪国法。

【无术】wúshù ❶ 动 没有技艺 ▷不学～。❷ 动 没有方法 ▷回天～。

【无数】wúshù ❶ 形 无法计数。形容极多 ▷树林里有～小鸟。❷ 动 不了解内情或底细；没把握 ▷心中～，不敢答应。

【无双】wúshuāng 动 没有能相媲美的；独一无二 ▷技艺～|举世～。

【无霜期】wúshuāngqī 名 指一个地区一年中从终霜后到初霜前的一段时间（一般按天数计算），是植物最有利的生长期。

【无私】wúsī 形 没有私心的；不自私 ▷大公～|～的帮助。

【无私无畏】wúsī-wúwèi 没有私心，无所畏惧。

【无私有弊】wúsī-yǒubì 虽然没有私欲，但因为处于容易引起嫌疑的地位，难免被人猜疑。

【无损】wúsǔn ❶ 动 不会造成损害 ▷～于他的光辉形象。❷ 动 没有损坏 ▷安然～。

【无所】wúsuǒ 动 没有什么（后面多带双音节动词性词语）▷～不包|～不能|～顾忌|～畏惧。

【无所不为】wúsuǒbùwéi 没有什么事不干（多用于贬义）。

【无所不用其极】wúsuǒ bù yòng qí jí《礼记·大学》：“是故君子无所不用其极。”原指无处不用尽心力。现多指坏事做尽或什么卑鄙的手段都使出来。

【无所不在】wúsuǒbùzài 没有什么地方不存在。形容到处都有。

【无所不知】wúsuǒbùzhī 没有什么不知道的。指十分博学。

【无所不至】wúsuǒbùzhì ❶没有一处不能达到。❷只要能干的都干了（多用于贬义）。

【无所措手足】wúsuǒ cuò shǒuzú 手脚不知放在什么地方才合适。形容不知如何是好。

【无所事事】wúsuǒshìshì 没有什么事可做(事事:做事情)。多指闲着什么事也不做。

【无所适从】wúsuǒshìcóng 不知道依从哪个才好;也指不知道怎么办才好。

【无所谓】wúsuǒwèi ❶ 动 谈不到;说不上 ▷~好,也~坏。❷ 动 没有什么影响;不在乎 ▷我看这件事做不做都~|他对什么事都~。

【无所用心】wúsuǒyòngxīn 对什么事都不费心思,不动脑筋。

【无所作为】wúsuǒzuòwéi 指没有做出什么成绩;也指安于现状,不思进取。

【无题】wútí 名 某些诗文的标题。作者写诗文时无适当题目可标,或别有寄托,不愿标明题旨,就用"无题"作标题。

【无条件】wútiáojiàn 动 没有任何条件限制或不提任何要求 ▷~停战|~服从。

【无头案】wútóu'àn 名 没有线索可供查找的案件或事情。

【无头苍蝇】wútóu-cāngying 没头苍蝇。

【无头告示】wútóu-gàoshi 原指用意不明的告示;后也指不知所云的官样文章或摸不着头脑的话。

【无土栽培】wútǔ zāipéi 用营养液等代替土壤栽培植物的技术。在蔬菜、花卉及部分水果等生产中广泛应用。

【无往不利】wúwǎngbùlì 不管到什么地方,都没有不顺利的。

【无往不胜】wúwǎngbùshèng 不论到哪儿,没有不能取胜的。

【无妄之灾】wúwàngzhīzāi 无缘无故遭受的灾祸。

【无望】wúwàng 动 没有希望;不再寄予希望 ▷事已至此,我看是~了|我对他已经~了。

【无微不至】wúwēibùzhì 没有一处细微的地方没有考虑到。形容关怀、照顾得非常周到细致。

【无为】wúwéi ❶ 动〈文〉道家指顺应自然变化,不必主动作为 ▷处~之事,行不言之教。❷ 动〈文〉儒家指以德政感化人民,不施行刑治 ▷~而治者,其舜也与?❸ 动 无所作为 ▷平庸~的干部不应该被起用|碌碌~。

【无为而治】wúwéi'érzhì 古代道家的哲学思想和政治主张。强调治国者应顺应自然,不妄加作为,不过多干预民众生活,就能治理好国家。

【无味】wúwèi ❶ 动 没有滋味或气味 ▷淡而~|无色~。❷ 形 没有兴趣和意味 ▷索然~。

【无畏】wúwèi 形 没有畏惧。形容非常勇敢 ▷无私~|~的战士。

【无谓】wúwèi 形 没有意义和价值 ▷~的牺牲|~地消耗时间。

【无物】wúwù 动 没有东西;没有内容 ▷空洞~。

【无误】wúwù 动 没有差错 ▷丝毫~。

【无隙可乘】wúxì-kěchéng 原指周密严谨,没有漏洞可钻;也指没有机会可以利用。

【无瑕】wúxiá 动 玉上没有斑点;比喻人或物没有缺点或污点 ▷完美~|洁白~。

【无暇】wúxiá 动 没有空闲 ▷~谈婚论嫁。

【无限】wúxiàn 形 没有限度;没有尽头 ▷~风光|~的生命力|~忠诚|~热爱。

【无限期】wúxiànqī 没有时间限定 ▷不会~拖延下去|~停火。

【无线】wúxiàn 区别 利用电波传送声音、文字、图像等信号的 ▷~电视|~传输。

【无线电】wúxiàndiàn ❶ 名 无线电技术的简称。利用无线电波传输电信号,以传送声音、文字、图像等的技术。❷ 名 指无线电收音机。

【无线电波】wúxiàn diànbō 可用来传播声音、文字、图像等的电磁波,用于无线电技术。波长不等,通常分为长波、中波、短波、超短波和微波等波段。

【无线电传真】wúxiàndiàn chuánzhēn 在特制的设备上利用无线电波传送或接收照片、图表、书信、文件等信息。

【无线电话】wúxiàn diànhuà 通话双方通过收发设备利用无线电波传递语音信息的电话。

【无线通信】wúxiàn tōngxìn 利用无线电波在空间传输电信号,以传送声音、文字、图像等的通信方式。具有灵活性、扩展性强等特点。如无线电话、无线电报、无线传真等。

【无效】wúxiào 动 没有效果;没有效力 ▷多次劝说~|通行证过期~|~合同。

【无懈可击】wúxiè-kějī 没有破绽或漏洞可以被人挑剔、攻击。形容非常严密周全。

【无心】wúxīn ❶ 动 没有心思 ▷~恋战。❷ 动 无意;不经心 ▷我是~说的|说者~。

【无行】wúxíng 动〈文〉没有好的品行 ▷纵然落泊,岂能~?

【无形】wúxíng 区别 不露形迹的;看不见摸不着的 ▷~的屏障|~的影响|~损伤。

【无形损耗】wúxíng sǔnhào 指机器、设备等固定资产由于科学技术进步而引起的贬值(跟"有形损耗"相区别)。

【无形中】wúxíngzhōng 副 不知不觉中 ▷他的一言一行使我们~受到了教育。

【无形资产】wúxíng zīchǎn 不具有实物形态而能较长期地提供某种特殊权利或收益的资产,包括外部形象、诚信程度以及诸如专利权、商标权、著作权等各种知识产权(跟"有形资产"相对)。

【无性】wúxìng 区别 不经过生殖细胞的结合而由亲体直接产生子代的 ▷~生殖|~繁殖。

【无性生殖】wúxìng shēngzhí 不经过生殖细胞的结合而由亲体直接产生子代的生殖方式。常见的有分裂生殖、孢子生殖和出芽生殖,用植物的根、茎、叶等进行扦插、压条或嫁接等。

【无性杂交】wúxìng zájiāo 通过营养器官的接合,使不同个体在交换营养成分中传递遗传性状,从而产生杂种。例如在动物体内移植生殖腺,对植物体进行嫁接等。

【无休止】wúxiūzhǐ 接连不断,没完没了 ▷争论～|～地纠缠。

【无须】wúxū 副 用不着;不必要 ▷～过分牵挂。也说无须乎。☛ ㊀不宜写作"毋须"。㊁跟"不必"不同。"无须"不能单独成句;"不必"可以。㊂跟"无需"不同。"无须"用作副词,表示用不着、不必要,是对"必须"的否定,强调某种事情不必这样做,只能在动词、形容词之前充当状语;"无需"用作动词,指不需要、不用,是对"需要"的否定,强调某种事物并不需要。

【无须乎】wúxūhū 副 无须。

【无需】wúxū 动〈文〉不需要;不用 ▷干这种工作,～很强的体力。☛ ㊀不宜写作"毋需""无须"。㊁ 参见本页"无须"的提示㊂。

【无序】wúxù 形 没有次序;没有规则(跟"有序"相对) ▷生活～|改变市场的～状态。

【无涯】wúyá 动〈文〉没有边际;没有穷尽 ▷学海～。

【无烟】wúyān ❶ 区别 不产生烟尘的或没有烟尘污染的 ▷～煤|～烧烤。❷ 区别 不允许吸烟的 ▷～单位|～校园。

【无烟工业】wúyān gōngyè 指不同于大工业生产、不产生烟尘污染的某些服务行业,如旅游业等。

【无烟火药】wúyān huǒyào 燃烧时冒烟少的炸药。是军事上最常用的发射药。一般用硝酸纤维素或硝酸纤维素加硝化甘油制成。

【无烟煤】wúyānméi 名 一种优质煤,硬度高,有金属光泽,燃烧时冒烟很少,火焰不高。通常用作动力燃料、生活燃料和汽化原料。

【无言以对】wúyányǐduì 被人问得无话可答。

【无氧运动】wúyǎng yùndòng 强度大的体育运动。运动时人体摄入的氧不能满足所需耗氧量,消耗的主要是人体的糖(跟"有氧运动"相区别)。如短跑、跳高、跳远、投掷等。

【无恙】wúyàng 动〈文〉没病没灾。旧时常用作问候语 ▷别来～?|安然～。

【无业】wúyè ❶ 动 没有职业 ▷～人员。❷ 动 没有产业。

【无一例外】wúyīlìwài 没有一个不属于这种情况。

【无依无靠】wúyī-wúkào 没有可依靠的人。

【无遗】wúyí 动 没有遗漏或遗留 ▷揭露～。

【无疑】wúyí 动 没有疑问 ▷必胜～。

【无已】wúyǐ 动 没有休止;不停止 ▷有增～。

【无以】wúyǐ 动 没有什么可以用来;无从 ▷没有改革,～创新。

【无以复加】wúyǐfùjiā 没有什么可以再增加了。形容已达到极限程度(多用于贬义) ▷其手段之残忍～。

【无以为报】wúyǐwéibào 没有什么可以用来作回报。也说无以回报。

【无以为生】wúyǐwéishēng 没有什么可用来维持生计。指生活没有着落。

【无异】wúyì 动 没有什么不一样 ▷说这种话～于火上浇油。

【无益】wúyì 动 没好处 ▷盲目节食对健康～。

【无意】wúyì ❶ 动 没有某种愿望;没有打算 ▷他～下海经商。❷ 动 不经心;不在意 ▷他～成绩高低,只在意能否被录取。❸ 副 无意识地;不是存心地 ▷～地透露了一个秘密。

【无意间】wúyìjiān 没有注意到或意识到的时候 ▷这个藏经洞是～发现的。也说无意中。

【无意识】wúyìshí ❶ 名 潜意识的学名。❷ 副 不自觉地;未加注意地 ▷他～地跷起了二郎腿|～排尿。

【无垠】wúyín 动〈文〉没有边际。形容极其辽阔 ▷广袤～的草原|沙海～。

【无影灯】wúyǐngdēng 名 做外科手术时所用的照明灯。由若干个排列成环形的特殊灯泡组成,光线射向手术台时不会形成阴影。

【无影无踪】wúyǐng-wúzōng 没有一点儿影子和踪迹。形容完全消失或不知去向。

【无庸】wúyōng 现在规范词形写作"毋庸"。

【无用】wúyòng 动 没有用处;不起作用 ▷留着这些东西也～。

【无用功】wúyònggōng ❶ 名 物理学指机械克服额外阻力所做的功。❷ 名 指无效劳动 ▷少做～,少花冤枉钱。

【无忧无虑】wúyōu-wúlǜ 没有任何忧虑。

【无由】wúyóu 副〈文〉无从 ▷～会晤。

【无余】wúyú 动〈文〉没有剩余 ▷一览～。

【无与伦比】wúyǔlúnbǐ 没有什么能跟它相比的(伦比:类比)。形容超出一切,好到极点。

【无语】wúyǔ 动 不说话;由于无奈、沮丧等而不想说话 ▷沉默～|剧中如此多的穿帮真叫人～。

【无援】wúyuán 动 得不到援助 ▷孤立～。

【无缘】wúyuán 动 没有机会;没有缘分 ▷～相会。

【无缘无故】wúyuán-wúgù 没有任何原因;毫无理由。

【无源之水,无本之木】wúyuánzhīshuǐ, wúběnzhīmù 没有源头的水,没有根的树。比喻没有基础、没有根据的事物。☛ “无源之水”“无本之木”也可以分别单用。

【无怨】wúyuàn 动 不责怪;没有抱怨 ▷为国家奉献青春和生命,他死而～。

【无政府主义】wúzhèngfǔ zhǔyì ❶ 否定一切国家政权、反对一切权威的小资产阶级社会政治思潮。19 世纪上半叶出现于欧洲,主要代表有德国施蒂纳、法国蒲鲁东和俄国巴枯宁、克鲁泡特金等。曾音译作安那其主义。❷ 泛指不服从组织纪律的个人主义思想行为。

【无知】wúzhī 形 没有知识;不懂事理 ▷～的小孩儿|请原谅他的～。

【无止境】wúzhǐjìng 没有尽头 ▷学问是～的。

【无纸化】wúzhǐhuà 动 以网络为载体,进行数据和文件的存储、共享与交换,不用纸张 ▷～办公|实行电子客票,推进乘车凭证～。

【无中生有】wúzhōngshēngyǒu 把本来没有的事说成有。指凭空捏造。☛ 参见 106 页“捕风捉影”的提示。

【无助】wúzhù ❶ 动 对某人某事没有帮助(多表述为“无助于”) ▷一味增兵,～和平|只喊口号～于解决问题。❷ 形 形容孤单而无援 ▷在野外迷了路,他感到十分～|彷徨～的目光。

【无着】wúzhuó 动 没有着落;找不到依托 ▷所需款项至今～|衣食～。

【无足轻重】wúzú-qīngzhòng 有它也不重,无它也不轻。形容无关紧要,不值得重视。

【无阻】wúzǔ 动 没有阻碍 ▷畅通～。

【无罪】wúzuì 动 没有罪行;没有犯罪 ▷～释放。

【无罪推定】wúzuì tuīdìng 指被告人在未被判决有罪之前,应视其为无罪(跟“有罪推定”相对)。

毋 wú ❶ 副 〈文〉表示禁止或劝阻,相当于“不要”“不可” ▷临财～苟得,临难～苟免|宁缺～滥。○ ❷ 名 姓。☛ ㊀不读 wù。㊁笔顺是𠃊𠃑𠂆毋,4 画。㊂跟“毌(guàn)”的形、音、义都不同。㊃参见 1460 页“勿”的提示。

【毋宁】wúnìng 副 相当于“不如”,常跟“与其”连用,表示在两项中,选前一项不如选后一项更妥当 ▷与其等死,～拼命冲出去。☛ 不要写作“无宁”。

【毋庸】wúyōng 副 〈文〉无须;不必 ▷～讳言。☛ 不要写作“无庸”。

【毋庸讳言】wúyōng-huìyán 用不着因忌讳而有话不敢说。

【毋庸置疑】wúyōng-zhìyí 不用怀疑。

芜(蕪) wú ❶ 形 田地荒废,野草丛生 ▷荒～|～秽。→ ❷ 名 〈文〉野草丛生的地方 ▷平～。→ ❸ 形 繁杂(多指文辞) ▷～杂|～词。

【芜秽】wúhuì 形 〈文〉形容杂草丛生的样子。

【芜菁】wújīng 名 一年或二年生草本植物,叶片狭长,有大缺刻,开黄色花。块根也叫芜菁,呈球形、扁圆形或圆锥形,多为白色,肉质细密,略有甜味,可以作蔬菜。也说蔓菁。

【芜杂】wúzá 形 杂乱无序 ▷内容～。

吾 wú 代 〈文〉说话人称自己或自己方面,相当于“我”或“我们” ▷～身|～辈|～国|～侪。☛ 不读 wǔ。

吴 wú ❶ 名 周朝诸侯国名,在今江苏南部和浙江北部一带,后来扩展到淮河流域。公元前 473 年,为越国所灭。→ ❷ 名 三国之一,在长江中下游和东南沿海一带,公元 222—280 年,孙权所建。→ ❸ 名 指江苏南部和浙江北部一带 ▷～语|～歌。○ ❹ 名 姓。

【吴方言】wúfāngyán 名 汉语七大方言之一,主要分布在上海、江苏东南及浙江大部分地区。也说吴语。

【吴牛喘月】wúniú-chuǎnyuè 《太平御览》卷四引《风俗通》:“吴牛望见月则喘,彼之苦于日,见月怖喘矣。”意思是江浙一带的水牛怕热,见到月亮就以为是太阳而吓得喘起来。后用“吴牛喘月”形容天气酷热;也比喻遇见类似的事物而胆怯。

【吴侬软语】wúnóng-ruǎnyǔ 指吴方言区的人轻柔绵软的话语(侬:这里指人)。

【吴茱萸】wúzhūyú 名 落叶小乔木,叶对生,羽状复叶,夏季开浅绿色小花。果实紫红色,可以做药材。

炁 wú 名 指不能转化利用的能量(跟“㶿”相对)。☛ 不要写作“燕”。

郚 wú 见1338 页“郯(táng)郚”。

唔 wú 见1624 页“咿(yī)唔”。

峿 wú 名 峿山,古山名,在今山东安丘西南。

浯 wú 名 浯河,水名,在山东,流入潍河。

珸 wú 见 808 页“琨珸”。

梧 wú 名 指梧桐 ▷碧～。☛ 统读 wú,不读 wù。

【梧桐】wútóng 名 落叶乔木,树干挺直,叶子掌状分裂,开黄绿色小花,种子球形。木材质轻而坚韧,可以制作乐器和多种器具,种子可以食用或榨油,树皮纤维可以造纸或制作绳索,叶子可以做药材。也说青桐。参见插图 6 页。

鹀(鵐) wú 名 鸟,形体像麻雀或稍小,嘴形特殊,闭嘴时上下嘴的边缘不能紧密连接。多在地上或灌木丛中营巢，吃种子和昆虫。种类很多，常见的有白头鹀、灰头鹀、赤鹀、栗鹀、黄眉鹀等。

铻（鋙） wú 见809页“锟(kūn)铻”。

蜈 wú［蜈蚣］wúgōng 名 节肢动物，身体长而扁。常见的蜈蚣头部金黄色，有一对长触角，躯干由21节组成，每节有一对足，第一对足呈钩状，有毒腺。生活在腐木和石隙中。干燥的全虫可以做药材。

鼯 wú［鼯鼠］wúshǔ 名 哺乳动物，形状像松鼠，尾长，前后肢之间有宽而多毛的薄膜，能在树间滑翔。多生活在东南亚、南亚亚热带森林中，昼伏夜出。吃坚果、嫩叶、甲虫等。种类很多，有些种类的粪便可以做药材。

wǔ

五[1] wǔ ❶ 数 数字，比四大一的正整数。○ ❷ 名 姓。☛ 数字“五”的大写是“伍”。

五[2] wǔ 名 我国民族音乐中传统的记音符号，表示音阶上的一级，相当于简谱的“6”。

【五爱】wǔ'ài 名 指爱祖国、爱人民、爱劳动、爱科学、爱护公共财物。1949年曾把它规定为国民公德。1982年“爱护公共财物”改为“爱社会主义”。

【五保】wǔbǎo 名 我国农村实行的一种社会救助制度，即对丧失劳动能力和生活没有依靠的老、弱、孤、寡、残的农民在吃、穿、住、医、葬方面给予的生活照顾和物质帮助。

【五保户】wǔbǎohù 名 指我国农村中享受五保待遇的家庭或个人。参见本页“五保”。

【五倍子】wǔbèizǐ 名 寄生在盐肤木叶子上的蚜虫刺激叶细胞所形成的虫瘿(一种瘤状物)。可以做药材，其提取液经浓缩干燥后可制墨水、塑料或用于鞣革、染色等。

【五棓子】wǔbèizǐ 现在一般写作“五倍子”。

【五步蛇】wǔbùshé 名 一种剧毒蛇，头大而呈三角形，暗褐色，背灰褐色，腹白色，尾暗灰色。生活在山地林中，以蛙、蟾蜍、鼠和鸟为食。干体可以做药材。相传被咬的人走不出五步就毒发而死，故称。

【五彩】wǔcǎi 名 指蓝、黄、红、白、黑五色；泛指多种颜色 ▷～斑斓。☛ 不要写作“五采”。

【五彩缤纷】wǔcǎi-bīnfēn 形容色彩艳丽繁多。☛ 不要写作“五采缤纷”。

【五大三粗】wǔdà-sāncū 形容人长得膀阔腰圆，身材魁梧，力气大。

【五帝】wǔdì ❶ 名 传说中我国远古时期的五个帝王，说法不一，通常指黄帝、颛顼(zhuānxū，高阳)、帝喾(kù)、唐尧、虞舜。❷ 名 我国古代神话中的五个天帝：东方青帝、南方赤帝、中央黄帝、西方白帝、北方黑帝。

【五斗橱】wǔdǒuchú 名 从上到下排列着五个大抽屉的橱柜。也说五斗柜、五屉柜。

【五毒】wǔdú ❶ 名 指蛇、蝎、蜈蚣、壁虎、蟾蜍等五种动物。❷ 名 1952年开展的“五反”运动中指资本家在经济活动中的五种违法行为。参见本页“五反”。

【五短身材】wǔduǎn shēncái 四肢和躯干都短小的身材。

【五反】wǔfǎn 名 中华人民共和国建立初期，在私营工商业者中进行的反行贿、反偷税漏税、反盗骗国家财产、反偷工减料和反盗窃经济情报的运动。1952年1月开始，1952年10月结束。

【五方】wǔfāng 名 指东、西、南、北、中五个方位；泛指各地 ▷～杂处。

【五方杂处】wǔfāng-záchǔ 来自东、西、南、北、中各地的人混杂居住在一个地方。形容某地居民情况复杂。

【五分制】wǔfēnzhì 名 学校评定学生成绩的一种方法。共分五个等级，五分最高，为优秀；四分为良好；三分为及格；二分和一分为不及格。

【五服】wǔfú ❶ 名 古代丧礼按血缘关系规定的五种丧服，即斩衰、齐衰、大功、小功、缌麻。❷ 名 指高祖父、曾祖父、祖父、父亲至自身五代 ▷虽然同姓同宗，但已出了～。

【五更】wǔgēng ❶ 名 我国传统计时方法，把黄昏至拂晓(晚7时至次日晨5时)这段时间分为五个时段，依次为一更、二更、三更、四更、五更，合起来就叫“五更”。也说五鼓。❷ 名 特指第五个更次 ▷三更睡，～起。

【五更天】wǔgēngtiān 名 五更的时候(凌晨3—5时)。

【五古】wǔgǔ 名 每句五个字的古体诗。参见489页“古体诗”。

【五谷】wǔgǔ 名 五种谷物，一般指稻、黍、稷、麦、菽；泛指粮食作物。

【五谷不分】wǔgǔ-bùfēn 分辨不清五谷。形容脱离生产劳动，没有实践知识。参见本页“五谷”。

【五谷丰登】wǔgǔ-fēngdēng 形容粮食大丰收 ▷风调雨顺，～。参见本页“五谷”。

【五谷杂粮】wǔgǔ záliáng 指各种粮食。

【五官】wǔguān 名 人体的五种器官，所指有所不同，中医指鼻、目、口(唇)、舌、耳；一般指脸上的五官，即眼、耳、口、鼻、眉。

【五官科】wǔguānkē 名 医学上指治疗耳、鼻、眼、口、喉疾病的一科。有时把眼、口分出来设眼科、口腔科。

【五光十色】wǔguāng-shísè 形容花样繁多，色泽鲜艳。

【五行八作】wǔháng-bāzuō 泛指各种行业(作:作坊)。

【五合板】wǔhébǎn 名 把五层薄木板按木纹纵横交叉重叠、胶合压制而成的板材。

【五湖四海】wǔhú-sìhǎi 指四面八方,全国各地。

【五花八门】wǔhuā-bāmén 原指古代的五花阵和八门阵,是战术变化很多的阵势。后形容花样繁多或变化多端。

【五花大绑】wǔhuādàbǎng 捆绑人的一种方式,先用绳子套住脖子,然后把绳子绕到背后将反剪着的双手捆绑起来。

【五花肉】wǔhuāròu 名 肥瘦分层相间的猪肉。

【五环旗】wǔhuánqí 名 指国际奥林匹克委员会会旗。旗面白底无边,中央有五个相互套连的圆环,环的颜色分别为蓝、黄、黑、绿、红,象征五大洲的团结。

【五荤】wǔhūn 名 指宗教信仰者忌讳食用的五种气味浓烈的蔬菜。如道家忌韭菜、薤(xiè)、蒜、芸薹、胡荽。

【五加】wǔjiā 名 落叶灌木,叶有长柄,花黄绿色,果实球形,紫黑色。根皮和树皮性温,味辛,可泡制药酒。

【五讲四美】wǔjiǎng-sìměi "讲文明,讲礼貌,讲卫生,讲秩序,讲道德;心灵美,语言美,行为美,环境美"的缩略语。是我国社会主义精神文明的行为规范。

【五角大楼】wǔjiǎo dàlóu 美国国防部的办公大楼。由五栋五层楼房联结而成,外形呈五角形,位于华盛顿近郊。常借指美国国防部。

【五角星】wǔjiǎoxīng 名 五角星形图案。

【五金】wǔjīn 名 原指金、银、铜、铁、锡五种金属;后泛指金属或金属制品。

【五经】wǔjīng ❶ 名 指《诗经》《尚书》《礼记》《周易》《春秋》五部儒家经典著作 ▷四书~。❷ 名 中医指《素问》《灵枢》《难经》《金匮要略》《甲乙经》五部医书。

【五绝】wǔjué 名 五言绝句。每首四句,每句五字。参见 757 页"绝句"。

【五劳七伤】wǔláo-qīshāng 中医泛指各种疾病和致病因素。五劳指心、肝、脾、肺、肾五脏的劳损;七伤指饱伤脾、怒伤肝、湿伤肾、寒伤肺、愁伤心、风伤形、惧伤志。☛ 不要写作"五痨七伤"。

【五雷轰顶】wǔléi-hōngdǐng 惊雷在头顶炸响。比喻受到突然的沉重打击。

【五里雾】wǔlǐwù 名《后汉书·张楷传》:"张楷字公超,性好道术,能作五里雾。"原指道士作的法术。后用以比喻迷离恍惚,难明真相的情景 ▷如堕~中。

【五岭】wǔlǐng 名 大庾岭、骑田岭、萌渚岭、都庞岭和越城岭的合称。位于江西、湖南和广东、广西交界处。

【五律】wǔlǜ 名 五言律诗。每首八句,每句五字。参见 900 页"律诗"。

【五伦】wǔlún 名 古代指君臣、父子、兄弟、夫妇、朋友五种伦理关系。

【五马分尸】wǔmǎ-fēnshī 古代一种酷刑,即车裂。把人的四肢和头分别拴在五辆马车上,然后驱马向五个方向奔驰,把人撕裂;泛指处以极刑。比喻把完整的东西分割得很零碎。

【五内】wǔnèi ❶ 名 五脏 ▷~俱虚,脾胃不调。❷ 名 特指内心 ▷铭记于~。

【五内俱伤】wǔnèi-jùshāng 五脏全都受到伤害。形容内心极为痛苦悲伤。

【五内如焚】wǔnèi-rúfén 五脏像被火烧一样。形容心里非常焦急忧虑。

【五年计划】wǔnián jìhuà 以五年为一期的建设计划。我国社会主义建设发展的第一个五年计划是从 1953 年开始的。

【"五七"干校】"wǔ-qī" gànxiào "文化大革命"期间,集中容纳党政机关和科研、文化、教育部门的知识分子进行体力劳动和接受思想改造的场所。为贯彻毛泽东 1966 年 5 月 7 日关于"各行各业都要办成亦工亦农、亦文亦武的革命化大学校"的指示而得名。

【五禽戏】wǔqínxì 名 相传汉末名医华佗创造的一套模仿虎、鹿、熊、猿、鸟五种动物动作姿态的健身操。也说五禽嬉。

【五色】wǔsè 名 五彩 ▷~缤纷|目迷~。

【五声】wǔshēng 名 五音①。

【五十步笑百步】wǔshí bù xiào bǎi bù《孟子·梁惠王上》记载:孟子问梁惠王:"弃甲曳兵而走,或百步而后止,或五十步而后止。以五十步笑百步,则何如?"意思是同样都是逃兵,不能因为逃的路程短就可以讥讽逃的路程长的人。后用"五十步笑百步"比喻具有同样缺点或错误的人,程度轻一些的却讥笑程度重的。

【五四青年节】wǔ-sì qīngniánjié 为纪念五四运动,继承和发扬我国青年光荣的革命传统,中央人民政府政务院于 1949 年 12 月规定 5 月 4 日为青年节。

【五四运动】wǔ-sì yùndòng 1919 年 5 月 4 日,北京数千名爱国学生在天安门前集会并举行示威游行,反对北洋军阀政府准备在损害中国主权的巴黎和约上签字,要求"外争主权,内除国贼"。运动很快扩展到全国,并得到工人的支持,从而形成规模空前的反对帝国主义和封建主义的爱国运动。五四运动标志着中国新民主主义革命的开始。

【五体投地】wǔtǐ-tóudì 双手、双膝、头触地,是佛教徒的一种最虔诚的礼节。形容佩服、崇敬到了极点。

【五味】wǔwèi 图 酸、甜、苦、辣、咸五种味道；泛指各种味道 ▷～俱全。

【五味杂陈】wǔwèi-záchén 各种味道掺杂到一起（陈：排列）。形容感受复杂，述说不清 ▷离散后的团聚，使人既激动又难过，～。

【五味子】wǔwèizǐ 图 落叶木质藤本植物，单叶，互生。果实也叫五味子，可以做药材。

【五险一金】wǔxiǎn yījīn 指养老保险、医疗保险、失业保险、工伤保险、生育保险和住房公积金。

【五线谱】wǔxiànpǔ 图 在五条平行横线上及横线间标记音的高低、长短等符号的乐谱。

【五香】wǔxiāng 图 花椒、八角茴香、茴香、桂皮、丁香五种有香味的调料。

【五星】wǔxīng 图 指水、木、金、火、土五大行星。

【五星红旗】wǔxīng hóngqí 中华人民共和国的国旗。旗面红色，长方形，长与高比例为3∶2，左上方缀黄色五角星五颗。一星较大，居左，四星较小，环拱于大星之右，且均各有一个角尖正对大星的中心点，象征中国共产党领导下的人民大团结。

【五刑】wǔxíng 图 我国古代的五种主要刑罚。殷、周时期指墨（在脸上刻刺黑字）、劓（yì，割掉鼻子）、剕（fèi，断足）、宫（割掉生殖器）、大辟（指死刑）。隋唐以后指笞（用小荆条或小竹板打）、杖（用大荆条或大竹板打）、徒（监禁并服劳役）、流（放逐到边远地区并服劳役）、死刑。

【五行】wǔxíng 图 指金、木、水、火、土五种物质。古代思想家用五行来说明宇宙万物的起源和变化；星相家用五行相生相克的道理来推算人的命运；中医学用五行相生相克的道理来说明病理现象。

【五桠果】wǔyāguǒ 图 常绿乔木，高可达 30 米，多生长在我国西南热带雨林中。树皮红褐色，块状剥落；叶互生，边缘有锯齿；花白色。果实也叫五桠果，球形，可以吃；木材可以制作家具、工艺品等；根、皮可以做药材。

【五言诗】wǔyánshī 图 每句五字的旧体诗，可分为五言古诗、五言律诗、五言绝句等。

【五颜六色】wǔyán-liùsè 形容颜色驳杂繁多。

【五业】wǔyè 图 指农业、林业、畜牧业、副业和渔业 ▷～兴旺。

【五一国际劳动节】wǔ-yī guójì láodòngjié 全世界劳动人民团结斗争的节日。1886 年 5 月 1 日美国芝加哥工人举行大罢工和示威游行，反对资本家的残酷剥削，要求实行 8 小时工作制，在世界各国工人的支援下罢工取得胜利。1889 年召开的第二国际成立大会上，决定 5 月 1 日为国际劳动节。也说劳动节、五一节。

【五音】wǔyīn ❶ 图 我国古代音乐的五个音阶，分别称宫、商、角、徵（zhǐ）、羽，唐代以后的工尺（chě）谱中分别为上、尺、工、六、五，相当于现代简谱中的 1、2、3、5、6。❷ 图 中国音韵学指从发音部位分出的五类声母，即喉音、牙音、舌音、齿音、唇音。

【五月节】wǔyuèjié 图 端午节的俗称。

【五岳】wǔyuè 图 我国历史上把五大名山统称为五岳，即东岳泰山、西岳华山、南岳衡山、北岳恒山、中岳嵩山。

【五脏】wǔzàng 图 指心、肺、肝、脾、肾五种器官。也说五内、五中。

【五脏六腑】wǔzàng-liùfǔ 人体内脏器官的统称；比喻事物内部情况。

【五指】wǔzhǐ 图 人手的五个指头，即拇指、食指、中指、无名指、小指的合称。

【五洲】wǔzhōu 图 指亚洲、欧洲、非洲、美洲和大洋洲；泛指世界各地。

【五洲四海】wǔzhōu-sìhǎi 泛指世界各地。

【五子棋】wǔzǐqí 图 棋类游戏，棋具与围棋类似。对弈双方轮流行棋，以先将五子连成一线者为胜。

午 wǔ ❶ 图 地支的第七位。参见 304 页“地支”。→ ❷ 图 指午时；特指中午 12 点 ▷中～｜正～｜～饭。

【午报】wǔbào 图 每天中午出版的报纸。

【午餐】wǔcān 图 午饭。

【午餐肉】wǔcānròu 图 用猪肉等作原料制成的肉糜罐头食品。

【午饭】wǔfàn 图 中午吃的正餐。也说午餐、中饭。

【午后】wǔhòu 图 中午以后的一段时间。

【午间】wǔjiān 图 中午。

【午觉】wǔjiào 图 午饭后短时间的睡眠 ▷睡～。

【午前】wǔqián 图 中午以前的一段时间。

【午膳】wǔshàn 图 午饭。

【午时】wǔshí 图 我国传统计时法指上午 11 点—下午 1 点的时间。

【午睡】wǔshuì ❶ 动 睡午觉 ▷已经～了。❷ 图 午觉。

【午休】wǔxiū 动 午间休息。

【午宴】wǔyàn 图 中午举行的宴会。

【午夜】wǔyè 图 半夜，指零点前后的一段时间。

伍 wǔ ❶ 图 古代军队的最小编制单位，五人为伍；现在泛指军队 ▷退～｜队～｜行（háng）～◇落～。→ ❷ 图 同伙 ▷不与坏人为～。→ ❸ 数 数字“五”的大写。○ ❹ 图 姓。

仵 wǔ ❶［仵作］wǔzuò 图 旧时官府中检验命案死尸的人。○ ❷ 图 姓。

迕 wǔ〈文〉❶ 动 相遇 ▷相～。→ ❷ 动 违背；冒犯 ▷违～｜～犯。

庑（廡） wǔ〈文〉❶ 图 正房对面和两侧的房子 ▷东～。→❷ 图 堂下四周的走廊 ▷廊～。

沅（潕） wǔ ❶ 图 沅水，水名，沅江上游支流，发源于贵州瓮安，向东北流至湖南洪江，注入沅江。在贵州境内河段叫沅阳河。〇❷ 图 沅水，古水名，发源于今河南方城东，至西平东注入汝水。

怃（憮） wǔ〈文〉❶ 动 爱抚。〇❷ 形 失意 ▷～然。

【怃然】wǔrán 形〈文〉形容失意的样子 ▷～长叹。

忤（*啎） wǔ 动 违逆；违背 ▷～逆。

【忤逆】wǔnì 动 对父母不孝顺 ▷～不孝。

妩（嫵） wǔ［妩媚］wǔmèi 形 形容姿态美好，招人喜爱 ▷～多姿。☛ 不读 wú 或 fú。

武[1] wǔ ❶ 图〈文〉足迹；脚步 ▷踵～｜步～轩昂。→❷ 量 古代长度单位，一武为半步 ▷行不数～。

武[2] wǔ ❶ 图 同军事、强力有关的事物（跟"文"相对）▷文～双全｜～夫｜～器｜动～。→❷ 形 勇猛 ▷英～｜勇～｜威～。→❸ 图 同技击有关的 ▷～术｜～打｜比～。〇❹ 图 姓。☛ 右边是"弋"，不是"戈"。由"武"构成的字有"赋""鹉"等。

【武备】wǔbèi 图 指武装力量、军事装备等 ▷加强～，保卫和平。

【武昌起义】wǔchāng qǐyì 引发辛亥革命、推翻清朝封建统治的武装起义。1911 年，清政府以把民办的川汉、粤汉铁路收归国有为名，将铁路修筑权卖给英法德美等国，激起四川、湖北、湖南、广东等省人民反抗。四川的保路活动发展为武装对抗，清政府从湖北调新军入川镇压。在同盟会的影响下，新军内的革命党人 10 月 10 日发动起义，占领武昌，成立湖北军政府，发表宣言，号召各省起义，推翻清政府。

【武昌鱼】wǔchāngyú 图 团头鲂。

【武场】wǔchǎng 图 戏曲伴奏中打击乐的统称（跟"文场"相区别）；也指演奏打击乐的乐师。

【武丑】wǔchǒu 图 戏曲中丑角的一种，扮演有武艺而滑稽的人物（跟"文丑"相区别）。

【武打】wǔdǎ 图 传统戏曲和现代影视片中用武术表演的打斗 ▷精彩的～动作｜擅长～。

【武打片】wǔdǎpiàn 图 以武打动作为主要表演形式的影视片。口语中也说武打片儿（piānr）。

【武旦】wǔdàn 图 戏曲中旦角的一种，扮演勇武善斗的年轻女子。

【武德】wǔdé ❶ 图〈文〉运用武力所应遵守的原则 ▷保国土，除祸患，安黎庶，成～。❷ 图 练习武功、传授武艺的人应具有的品德。

【武断】wǔduàn ❶ 动 原指凭借权势妄加判断；后指只凭主观猜测作判断 ▷未详尽调查，怎敢～？❷ 形 形容言行主观片面，盲目自信 ▷做事～｜～的作风。☛ 跟"果断"不同。"武断"是贬义词；"果断"是褒义词。

【武夫】wǔfū ❶ 图〈文〉武士；勇士 ▷赳赳～。❷ 图 旧指军人 ▷一介～。

【武工】wǔgōng 见本页"武功"③。现在一般写作"武功"。

【武工队】wǔgōngduì 图 武装工作队；特指抗日战争时期，中国共产党领导的深入敌占区开展斗争的精干武装组织。

【武功】wǔgōng ❶ 图〈文〉军事方面的功绩 ▷文治～。❷ 图 武术功夫 ▷～过人。❸ 图 指戏曲中的武术表演。

【武官】wǔguān ❶ 图 军官。❷ 图 使馆中负责军事的外交官。

【武行】wǔháng 图 指戏曲舞台上专演集体武打场面中群众角色的演员。

【武火】wǔhuǒ 图 烹饪、煎药时用的比较猛烈的火。

【武将】wǔjiàng 图 军事将领。

【武警】wǔjǐng 图 武装警察的简称。

【武警部队】wǔjǐng bùduì 中国人民武装警察部队的简称。担负国内安全保卫任务的武装组织。

【武库】wǔkù 图 储存武器的仓库。

【武力】wǔlì ❶ 图 武装力量 ▷～征服｜炫耀～。❷ 图 暴力 ▷单凭～解决不了问题。

【武林】wǔlín 图 武术界 ▷～轶事｜～新秀。

【武庙】wǔmiào 图 明清时称奉祀关羽的庙为"武庙"；后把合祀关羽、岳飞的庙也称"武庙"。

【武器】wǔqì ❶ 图 直接用于杀伤敌方或破坏敌方攻防设施的器械、装备 ▷～精良。也说兵器。❷ 图 泛指用于斗争的工具 ▷拿起批评与自我批评的～。

【武人】wǔrén 图 军人；刚烈勇武的人。

【武生】wǔshēng 图 戏曲中生角的一种，扮演勇武善斗的青壮年男子。

【武师】wǔshī ❶ 图 军队。❷ 图 旧时对传授武艺或武艺超群的人的尊称。

【武士】wǔshì ❶ 图 古代的宫廷卫士。❷ 图 勇猛有力的人；习武的人。

【武士道】wǔshìdào 图 日本幕府时代武士所遵循的道德规范，包括忠君、节义、勇武等，要求绝对效忠主人，甚至不惜牺牲性命。后来被日本军国主义者利用来进行侵略扩张。

【武术】wǔshù 图 打拳和使用刀枪剑棍等兵器的

技击动作与技巧，是我国具有民族特点的传统体育项目。

【武戏】wǔxì 名 戏曲中以武打为主的戏（跟“文戏”相区别）▷京剧《三岔口》是一出～。

【武侠】wǔxiá 名 旧时指武功高强、讲义气、好打抱不平的人。也说侠客、侠士。

【武侠小说】wǔxiá xiǎoshuō 以描写武侠行侠仗义故事为主要内容的小说。

【武艺】wǔyì 名 武术 ▷经高手指点，～大进｜～出众。

【武职】wǔzhí 名 军事方面的职务。

【武装】wǔzhuāng ❶ 名 戎装；军装 ▷全副～。❷ 名 军事装备；军队 ▷～力量｜人民～。❸ 动 用武器等军用物资装备起来 ▷用缴获的战利品～我们自己。❹ 动 比喻用思想、知识等充实起来 ▷用知识～头脑。

【武装部队】wǔzhuāng bùduì 军队。

【武装带】wǔzhuāngdài 名 近现代军官装束用的皮带，可用来佩带手枪、指挥刀等。

【武装警察】wǔzhuāng jǐngchá 武警部队。也指武警部队的成员。简称武警。

【武装力量】wǔzhuāng lìliàng 正规军队和其他武装组织的统称。

旿 wǔ 形〈文〉明亮。

侮 wǔ 动 欺负；凌辱 ▷中国人民不可～｜抵御外～｜欺～。

【侮慢】wǔmàn 动〈文〉轻视慢待，无礼冒犯 ▷不得～长者。

【侮蔑】wǔmiè 动 侮辱，蔑视 ▷受人～。

【侮辱】wǔrǔ 动 欺侮羞辱；故意伤害别人的名誉或人格 ▷不许～妇女。

捂 wǔ 动 严密地遮盖住或封住 ▷～着鼻子｜～得严严实实｜事情总是～不住的。

【捂盖子】wǔgàizi 比喻竭力掩盖矛盾或事实真相，不使暴露 ▷有了问题就要解决，不能～。

【捂盘】wǔpán 动 为获取更高价格，不出售已建好待卖的楼盘 ▷依法严厉打击囤地～、投机炒房等市场乱象。

【捂捂盖盖】wǔwǔgàigài 动 设法遮掩藏掖，使不暴露 ▷是问题就是问题，不要～。

牾 wǔ 动〈文〉抵触；违背 ▷抵～。☛ 统读 wǔ，不读 wù。

珷 wǔ［珷玞］wǔfū 名〈文〉一种像玉的美石。

鹉（鵡） wǔ 见1653 页“鹦(yīng)鹉”。

舞 wǔ ❶ 动 跳舞 ▷载歌载～｜～厅。→ ❷ 名 舞蹈① ▷民族～｜芭蕾～。→ ❸ 动 手持某种东西舞蹈 ▷～龙灯｜～剑。⇒ ❹ 动 挥动；飘动 ▷张牙～爪｜飞～。⇒ ❺ 动 玩弄；耍弄 ▷～文弄墨｜～弊。☛ 参见 213 页“舛”的提示。

【舞伴】wǔbàn 名 陪伴别人跳舞的人。

【舞弊】wǔbì 动 用欺骗的手段暗中做违法乱纪的事 ▷考场～｜营私～。

【舞步】wǔbù 名 舞蹈时的步法。

【舞场】wǔchǎng 名 跳舞的场所或场地。

【舞池】wǔchí 名 位于舞厅中央略低于周围地面的地方，专供跳舞用。

【舞蹈】wǔdǎo ❶ 名 一种形体表演艺术，以有节奏的人体动作和造型为主要手段，表现思想感情，反映社会生活 ▷～表演｜民间～。❷ 动 表演舞蹈 ▷～时，有音乐伴奏。

【舞蹈症】wǔdǎozhèng 名 一种神经系统障碍病，症状是不自主地手足舞动、噘嘴、眨眼等。

【舞动】wǔdòng 动 挥舞；摇动 ▷～鲜花｜随风～。

【舞会】wǔhuì 名 以跳交谊舞为主要内容的集会。

【舞姬】wǔjī 名〈文〉舞女。

【舞技】wǔjì 名 舞艺。

【舞剧】wǔjù 名 以舞蹈为主要表现手段的戏剧。

【舞客】wǔkè 名 舞厅、舞场里指前来进行娱乐消费的顾客。

【舞龙】wǔlóng ❶ 名 龙舞。❷ 动 跳龙舞。

【舞美】wǔměi ❶ 名 舞台美术的简称。❷ 名 从事舞美工作的人。

【舞迷】wǔmí 名 对跳舞（主要指跳交谊舞）特别着迷的人。

【舞弄】wǔnòng 动 挥舞耍弄 ▷～刀枪。

【舞女】wǔnǚ 名 以伴人跳舞为主要谋生手段的女子。

【舞谱】wǔpǔ 名 介绍或指导舞蹈动作、队形变换等的书籍、资料。

【舞曲】wǔqǔ 名 为配合舞蹈而作的具有鲜明节奏的曲子。多用来伴奏，也可独立演奏。

【舞狮】wǔshī ❶ 名 狮舞。❷ 动 跳狮舞。

【舞台】wǔtái ❶ 名 专供文艺演出用的高台，多设在剧场、礼堂的前端。❷ 名 比喻社会活动领域 ▷政治～｜国际～。

【舞台剧】wǔtáijù 名 在舞台上表演的戏剧艺术。话剧、歌剧、舞剧、音乐剧等都属于舞台剧。

【舞台美术】wǔtái měishù 舞台演出造型因素的统称。包括灯光、布景、化装、服装、道具等。简称舞美。

【舞厅】wǔtīng ❶ 名 供跳舞用的大厅。❷ 名 特指营业性舞厅。

【舞文弄墨】wǔwén-nòngmò 旧指歪曲法律条文营私作弊；后泛指玩弄文辞。

【舞星】wǔxīng 名 名气大的舞蹈演员。

【舞艺】wǔyì 名 舞蹈的技艺 ▷～高超。

【舞姿】wǔzī 名 舞蹈的姿势 ▷～优美。

wù

兀 wù〈文〉❶ 形 高耸凸出 ▷突～|～立。○ ❷ 形 光秃 ▷～鹫。
另见 1446 页 wū。

【兀鹫】wùjiù 名 鹰的一种，猛禽，体大，翅宽而有力，头小，嘴端有钩，头和颈部羽毛退化而裸露，视觉敏锐。生活在高原山麓地区，常盘旋高空觅食地面动物尸体。属国家保护动物。也说兀鹰。参见插图 5 页。

【兀立】wùlì 动 高耸直立 ▷奇峰～。

【兀臬】wùniè 现在一般写作"阢隉"。

【兀自】wùzì 副〈文〉仍然；还(见于早期白话) ▷天色已明，为何屋内～点着灯？

勿 wù 副〈文〉表示禁止或劝阻，相当于"不要""别" ▷己所不欲，～施于人|切～动手|请～打扰。☛ 跟"毋(wú)"不同。"毋宁""毋庸""宁缺毋滥"中用"毋"，不用"勿"。

乌(烏) wù 见下。
另见 1446 页 wū。

【乌拉】wùla 名 我国东北地区一种垫有乌拉草的皮制防寒鞋。

【乌拉草】wùlacǎo 名 多年生草本植物，紧密丛生，叶细长，花穗绿褐色，茎、叶干燥后垫在鞋、靴内有抗寒保暖作用，主要生长在我国东北地区。

戊 wù 名 天干的第五位。常用来表示顺序或等级的第五位。参见 1354 页"天干"。☛ 参见 1279 页"戍(shù)"的提示㊂。

【戊戌变法】wùxū biànfǎ 清朝末年资产阶级改良派发动的变法维新运动。1898 年(农历戊戌年)6 月 11 日，光绪皇帝采纳康有为、梁启超等人的主张，宣布变法图强。自此 103 天内，接连发出数十道变法诏令，推行新政。9 月 21 日，以慈禧太后为首的保守派发动政变，幽禁光绪，杀害谭嗣同等 6 人，康、梁逃亡国外，变法遂告失败。也说戊戌维新、百日维新。

务(務) wù ❶ 动 专力从事；致力于 ▷～农|不～正业。→ ❷ 动 追求；谋求 ▷贪多～得|不～虚名。→ ❸ 副 必须；一定 ▷除恶～尽|～必。→ ❹ 名 事；事情 ▷公～|任～。❺ 名 古代官署名(现只用于地名) ▷曹家～(在河北)|河西～(在天津)。○ ❻ 名 姓。

【务必】wùbì 副 一定要；必须 ▷请～光临。

【务工】wùgōng ❶ 动 从事工业生产或工程建设方面的工作。❷ 动 泛指打工 ▷他在城里～。

【务农】wùnóng 动 从事农业生产 ▷回家～。

【务期】wùqī 动〈文〉一定要 ▷～成功。

【务求】wùqiú 动 一定要求(达到) ▷～获胜。

【务实】wùshí ❶ 形 讲求实效，不尚虚浮 ▷他考虑问题一向很～。❷ 动 讨论研究具体问题；从事具体工作(跟"务虚"相对) ▷既要～，也要务虚。

【务使】wùshǐ 动 一定要让；一定使 ▷～灾区失学儿童重返学校。

【务须】wùxū 副 务必；必须 ▷～加倍努力。

【务虚】wùxū 动 研讨某项工作的政治思想、方针政策、理论等方面的问题(跟"务实"相对) ▷～会|先务务虚，统一认识。

【务要】wùyào 副 务须；一定要 ▷～按期完成。

【务正】wùzhèng 动 从事正当的职业或做正当的事 ▷决心～。

阢 wù [阢隉] wùniè 形〈文〉(局势、心情等)不安定 ▷大局～。

屼 wù 形〈文〉山秃。

坞[1](塢*隖) wù 名〈文〉防守用的小城堡 ▷结～自守。

坞[2](塢*隖) wù ❶ 名 山坳；泛指四面高而中央低的地方 ▷山～|花～|村～。→ ❷ 名 停船的港湾；建在水边的修造船只的场所 ▷船～。☛ "坞"字不读 wū。

芴 wù ❶ 名 一年生草本植物，开淡紫色花。嫩叶茎可以作蔬菜，种子可以榨油。○ ❷ 名 有机化合物，白色的片状晶体，从煤焦油中提炼。可用来制染料、杀虫剂和药物等。

杌 wù 名 矮小的坐凳 ▷～凳|～子。☛ 统读 wù，不读 wǔ。

【杌凳】wùdèng 名 矮凳子。

【杌陧】wùniè 现在一般写作"阢隉"。

【杌子】wùzi 名 杌凳。

物 wù ❶ 名 东西 ▷～尽其用|庞然大～。→ ❷ 名 指除自己以外的人或环境 ▷待人接～|超然～外。→ ❸ 名 指文章或说话的实际内容 ▷言之有～|空洞无～。

【物产】wùchǎn 名 天然出产的物品和人工制造的产品 ▷～丰富。

【物阜民丰】wùfù-mínfēng 物产丰盛，人民富足(阜：盛多) ▷政通人和，～。

【物耗】wùhào 名 物资方面的消耗 ▷减少～，降低成本。

【物候】wùhòu 名 指动植物或非生物受气候和外界环境因素的影响而出现的周期性变化现象。如植物的萌芽、开花、结实，候鸟的迁徙，某些动物的冬眠等以及非生物现象如始霜、始雪、初冰、解冻等。

【物化】wùhuà ❶ 动〈文〉指人死去 ▷人虽～，精神永存。❷ 动 指人的思想观念通过实践转化为物质的现实存在。

【物化劳动】wùhuà láodòng 指凝结在产品中的劳动。劳动者经过劳动，生产出新的产品，这个新产品是劳动与生产资料相结合的结果。因劳动已凝结于产品中，并同产品结合在一起，故称。也说死劳动。

【物换星移】wùhuàn-xīngyí 景物改变，星辰移动。形容节令变化或世事变迁。也说物转星移。

【物极必反】wùjí-bìfǎn 事物发展到了顶点，就会向相反的方向转化。

【物价】wùjià 名 商品的价格 ▷～稳中有降。

【物价指数】wùjià zhǐshù 反映不同时期商品价格水平变动趋势的相对数。即以某一时期的平均物价作基数，把另一时期的平均物价数跟它相比，所得的百分数就是后一时期的物价指数。

【物件】wùjiàn 名 成件的物品 ▷明清时期的老～|居家常用～。

【物尽其用】wùjìnqíyòng 各种物品都充分发挥各自的作用，即不浪费任何东西。

【物竞天择】wùjìng-tiānzé 19 世纪末严复对达尔文《物种起源》的概括。他在《原强》中说："物竞者，物争自存也；天择者，存其宜种也。"（物竞：生物的生存竞争；天择：自然选择）即生物的生存竞争由自然规律决定取舍。

【物镜】wùjìng 名 望远镜、显微镜、摄影机等光学仪器、器材上面对着被观察物体一端的透镜或透镜组。也说接物镜。

【物理】wùlǐ ❶ 名 事物的道理、规律 ▷虚构也不能违背人情～。❷ 名 物理学的简称，是自然科学的一门基础学科。研究物质运动最一般的规律和物质的基本结构以及它们在实践中的应用。

【物理变化】wùlǐ biànhuà 物质变化的一种类型。变化中，物质的化学组成和性质等都不发生改变，只是改变形态，而不产生新物质。如水蒸发成气体或凝结成固体。

【物理量】wùlǐliàng 名 用来描述各种物理现象的量值。如长度、质量、时间、温度、电流、发光强度等。

【物理疗法】wùlǐ liáofǎ 西医的一种治疗疾病的方法，利用光、电、声、热或器械等刺激人体，通过神经反射对全身起作用，达到治疗目的。简称理疗。

【物理性质】wùlǐ xìngzhì 物质不需要发生化学变化就表现出来的性质。如状态、气味、密度、硬度、沸点、溶解性等。

【物理诊断】wùlǐ zhěnduàn 通过物理学方法（如心电图、超声波、胃镜等）研究、诊断疾病。

【物力】wùlì 名 可供使用的各种物资 ▷给予人力、～支援。

【物联网】wùliánwǎng 名 物品与物品相连接的互联网。运用射频、传感等方面的技术，按照既定规则，通过互联网进行信息交换和通信，实现对物品的远程监控、营运等。物联网是互联网的应用扩展，现已应用到商品流通、环境监测、交通管理等多个领域（英语缩写为 IOT）。

【物料】wùliào 名 制造产品所用的物质材料 ▷节约～|～充足。

【物流】wùliú ❶ 名 物品从供货地向接受地的实体流动过程。包括装卸、包装、储存、运输、配送、信息处理等环节 ▷积极发展～，重视系统建设。❷ 名 指流通中的实物商品。

【物美价廉】wùměi-jiàlián 商品质量好，价钱也便宜。

【物品】wùpǐn 名 各种具体的东西 ▷～保管|易燃易爆～。☛ 跟"东西"不同。"物品"仅指具体的东西；"东西"既可指具体的物品，又可指抽象的事物。

【物权】wùquán 名 权利人依法对特定的物（包括动产和不动产）享有的直接支配和排他的权利。

【物色】wùsè 动 按照一定标准寻找所需要的人或物 ▷～人才|～办公用房。

【物伤其类】wùshāngqílèi 原指动物因同类遭到不幸而伤心难过。比喻人因同伙遭到打击或死亡而悲伤（多含贬义）。

【物事】wùshì ❶ 名〈文〉事情 ▷～繁杂。❷ 名 某些地区泛指东西。

【物是人非】wùshì-rénfēi 景物依旧，但人却已不同了。多形容事过境迁之后对故人的怀念或对世事变化的感叹。

【物态】wùtài 名 指物质分子的聚合状态。通常有气态、液态、固态三种。

【物探】wùtàn 动 地球物理勘探。用物理学的原理和方法研究地质构造，勘察矿产资源。

【物体】wùtǐ 名 占有一定空间的物质实体 ▷发光～|～体积。

【物外】wùwài 名〈文〉世俗之外；尘世之外 ▷超然～|～仙境。

【物象】wùxiàng ❶ 名 动物、器物等在不同的环境中显示的现象。可作为预测天气变化等的辅助手段 ▷观天象，看～。❷ 名 事物的形象 ▷眼前的～清晰可见。

【物像】wùxiàng 名 来自物体的光通过小孔或受到反射、折射后形成的像。

【物业】wùyè 名 产业；特指已建成并投入使用的各类房屋及与之配套的设备、设施和场地。

【物业管理】wùyè guǎnlǐ 指对商品房进行服务管理。包括房屋维修、环境卫生、绿化、治安、道路交通以及家居生活服务等。

【物以类聚】wùyǐlèijù 同类的东西常聚在一起；现多指坏人臭味相投，勾结在一起。

【物议】wùyì 名〈文〉众人的非议 ▷～哗然。

【物语】wùyǔ ❶ 名 日本的一种古典文学体裁。❷ 名 泛指故事、杂谈等。

【物欲】wùyù 名 追求物质享受的欲望 ▷～横流。

【物证】wùzhèng 名 能证明案件真实情况的物品和痕迹(跟"人证"相区别)。如犯罪凶器、赃物、现场指纹。

【物质】wùzhì ❶ 名 哲学上指不依赖于人的意识而存在、又能被人的意识所反映的客观实在 ▷～决定意识。❷ 名 特指金钱、生活资料等 ▷～生产｜～待遇。

【物质条件】wùzhì tiáojiàn ❶ 指拥有金钱、生活资料等的状况。❷ 办事所必须具备的物资方面的各种因素 ▷为工程上马创造～。

【物质文明】wùzhì wénmíng 人类在社会实践中创造的、体现社会生产力发展进步的物质成果。

【物种】wùzhǒng 名 具有一定形态特征和生理特征,并占有一定自然分布区的生物类群,是生物分类的基本单位 ▷～起源。

【物主】wùzhǔ 名 对物品拥有所有权的人。

【物资】wùzī 名 生产和生活所需要的物质资料 ▷农用～｜～供应｜～公司。

卼 wù 见1005页"臲(niè)卼"。

误(誤) wù ❶ 形 不正确 ▷～解｜～会｜～导｜～差。→ ❷ 名 不正确的事物或行为等 ▷笔～｜正～｜失～｜谬～。→ ❸ 动 耽误 ▷快走吧,别～了上课｜～点｜～事｜延～。❹ 动 妨害;使受损害 ▷～人不浅｜～人子弟。❺ 副 非有意地(造成某种不良后果) ▷～入歧途｜～伤｜～杀。

【误班】wùbān 动 耽误上班 ▷因病～。

【误餐】wùcān 动 因外出工作等原因错过了正常进餐时间 ▷～补助｜～费。

【误差】wùchā ❶ 名 预测的数值或计算中的近似值与准确值的差。❷ 名 指差错;不一致的地方 ▷介绍的情况跟实际有～。

【误场】wùchǎng 动 演出时,该上场的演员未能上场或未能按时上场。

【误车】wùchē ❶ 动 没赶上所要乘坐的车 ▷再不走就要～了。❷ 动 车辆因故延误运行 ▷洪水冲断铁路,沿线各站～情况严重。

【误传】wùchuán ❶ 动 错误地传播、传达 ▷这件事～了多年｜不得～命令。❷ 名 不真实的传闻 ▷别听信～。

【误打误撞】wùdǎ-wùzhuàng 指某种行为无意中取得了意外的结果 ▷她本来喜欢文学,后来～成了天文学家｜他～卷入了一场国际犯罪交易。

【误导】wùdǎo 动 错误地引导 ▷广告不应～消费者。

【误点】wùdiǎn 动 晚点。

【误读】wùdú ❶ 动 把字音读错 ▷"粗犷"的"犷(guǎng)"常被～成"kuàng"。❷ 动 错误地解读 ▷这首诗的意境被～。

【误断】wùduàn 动 错误地判断。

【误工】wùgōng ❶ 动 耽误工作进程 ▷千方百计避免～。❷ 动 在生产劳动中缺勤或迟到 ▷经常～要受到处罚。

【误国】wùguó 动 耽误国事;使国家蒙受损失。

【误会】wùhuì ❶ 动 没有正确地领会对方的意思 ▷你～了,我说的不是这个意思。❷ 名 因误解而产生的不愉快或矛盾 ▷消除～。

【误解】wùjiě ❶ 动 错误地理解 ▷别～了题意。❷ 名 错误的理解 ▷这不是他的本意,而是你的～。

【误码】wùmǎ 名 在数字通信传输中出现的错误编码。

【误判】wùpàn 动 作出错误的判断;特指法庭判案中作出错误的判决;也指体育竞赛中作出错误的裁判。

【误期】wùqī 动 延误期限 ▷工程～。

【误区】wùqū 名 指长期形成的错误认识或错误做法。

【误人子弟】wùrénzǐdì 原指老师不称职或不尽职而耽误前来求学的人(子弟:泛指年轻后辈);后泛指所传授、传播的知识、内容等存在问题或差错而误导年轻人。

【误认】wùrèn 动 辨认错误;错误地认为 ▷～这些字是他的笔迹。

【误入歧途】wùrù-qítú 因无知或不慎而走上不正确的路(多指人生道路)。

【误杀】wùshā 动 指主观上没有杀人意图,只因过失而伤人致死。

【误伤】wùshāng 动 因失误而伤害他人身体。

【误食】wùshí 动 吃了不能吃或不该吃的东西 ▷～变质食品,引起中毒。

【误事】wùshì 动 耽误事情;影响工作 ▷早点回来,别～｜开几天会误不了事。

【误听】wùtīng 动 错误地听信 ▷～了谣传。

【误信】wùxìn 动 错误地相信 ▷～谎言。

【误译】wùyì ❶ 动 错误地翻译 ▷译者～必将导致读者误解。❷ 名 译错的地方 ▷这本译著有一些～和漏译。

【误用】wùyòng 动 错误地使用 ▷～成语。

【误诊】wùzhěn ❶ 动 错误地诊断。❷ 动 耽搁了及时诊治 ▷发病时因家中无人而～。

恶(惡) wù 动 憎恨;不喜欢(跟"好(hào)"相对) ▷好(hào)逸～劳｜厌～。

☛ 参见360页"恶(è)"的提示。

另见 359 页 ě;360 页 è;1448 页 wū。

悟 wù 动 明白;觉醒 ▷恍然大~|领~|觉~|醒~。

【悟出】 wùchū 动 领会到;领悟了。

【悟道】 wùdào 动 佛教指领悟佛理;泛指领悟道理 ▷参禅~|在实践中~。

【悟性】 wùxìng 名 对事物理解、分析和判断的能力 ▷他在绘画上有很高的~|~不高。

晤 wù 动 相遇;见面 ▷来访未~|~面|~谈|会~。

【晤见】 wùjiàn 动 相见;会见 ▷~对方代表。

【晤面】 wùmiàn 动 见面 ▷一别十载,未曾~。

【晤谈】 wùtán 动 当面交谈。

焐 wù 动 把凉的东西紧靠热的东西,使变暖 ▷用热水袋~被窝ㄦ|~~手。

靰 wù [靰鞡] wùla 现在一般写作"乌(wù)拉"。

痦 wù [痦子] wùzi 名 皮肤上隆起的红色或黑褐色的痣。

婺 wù ❶ 名 婺江,水名,在江西。❷ 名 指婺州,古地名,在今浙江金华一带 ▷~剧。☛ 地名"婺川"(在贵州)现在改为"务川"。

【婺剧】 wùjù 名 地方戏曲剧种,流行于浙江金华地区(古婺州)。也说金华戏。

骛(騖) wù 〈文〉❶ 动 奔驰 ▷驰~。→ ❷ 动 追求;谋求 ▷好高~远|心无旁~|外~。☛ 参见本页"鹜"的提示㊁。

雾(霧) wù ❶ 名 雾气 ▷今天早晨有大~|云消~散|云~。→ ❷ 名 像雾的东西 ▷喷~器。

【雾霭】 wù'ǎi 名 〈文〉雾气 ▷~弥漫。

【雾沉沉】 wùchénchén 形 形容雾气浓重的样子 ▷一早就~的,五步之外看不清人。

【雾滴】 wùdī 名 由雾气凝成的水滴 ▷雾凇是由~凝结而成的。

【雾化】 wùhuà 动 使变成雾状 ▷~的杀虫药液。

【雾化器】 wùhuàqì 名 使液体变成雾态的装置。如喷雾器。

【雾里看花】 wùlǐ-kànhuā 隔着一层雾看花。原形容年老眼花,后形容对物体看不真切,模模糊糊;也形容看不清事物的本质。

【雾霾】 wùmái 名 雾和霾的混合体。是一种大气污染现象,空气混浊、湿度大、能见度低,对人体有害 ▷加大生态文明建设力度,才能有效治理~|~天气。

【雾茫茫】 wùmángmáng 形 形容雾气很大,无边无际 ▷湖面上~一片。

【雾蒙蒙】 wùméngméng 形 形容雾气很浓,看东西模糊不清 ▷树林里~的,什么也看不清。

【雾气】 wùqì 名 飘浮在接近地面的空气中的微小水珠。是由空气中的水蒸气遇冷凝结而成的。

【雾水】 wùshuǐ ❶ 名 雾气。❷ 名 雾气凝结成的水。

【雾凇】 wùsōng 名 水汽或雾滴受冷在树枝等物体表面凝结成的不透明松散冰晶。通称树挂。

【雾腾腾】 wùténgténg 形 形容烟雾或水蒸气等升腾的样子 ▷锅炉房里~的。

寤 wù 动 〈文〉睡醒(跟"寐"相对) ▷惕然而~。

鹜(鶩) wù 名 〈文〉鸭子 ▷趋之若~。☛ ㊀统读 wù,不读 mù。㊁跟"骛"不同。"好高骛远"中的"骛",不能写作"鹜"。

鋈 wù 〈文〉❶ 名 白银、白铜一类的白色金属。→ ❷ 动 镀 ▷~器(镀上金、银或铜的器物)。

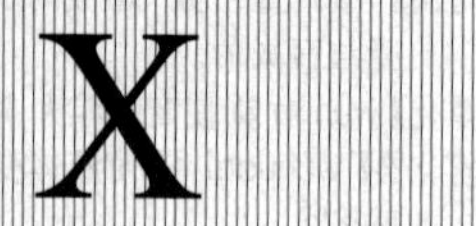

xī

夕 xī ❶ 名 傍晚；太阳快要下山到天黑的一段时间 ▷～阳｜～照。→ ❷ 名 晚上 ▷七～｜除～。○ ❸ 名 姓。☛ 统读 xī，不读 xì。

【夕烟】xīyān 名〈文〉傍晚时的炊烟或黄昏山野中的雾气 ▷～袅袅。

【夕阳】xīyáng ❶ 名 黄昏时的太阳 ▷～映着晚霞。❷ 名 比喻晚年 ▷～恋｜关爱～。❸ 区别 比喻趋向衰落的、没有发展前途的 ▷～行业｜～产品。

【夕阳婚】xīyánghūn 名 指老年人的婚姻 ▷社区帮助两位老人成就了这桩～。

【夕照】xīzhào 名 黄昏时的阳光 ▷～下的湖面，波光粼粼。

兮 xī ❶ 助〈文〉用在句尾或句中，表示感叹或起舒缓语气的作用，类似现代汉语中的语气助词"啊" ▷彼君子～，不素餐～｜魂～归来。○ ❷ 名 姓。

【兮兮】xīxī 词的后缀。用在某些词后，表示一种情态 ▷脏～｜可怜～｜神经～。

西 xī ❶ 名 四个基本方向之一，太阳落下的一边（跟"东"相对） ▷往～走｜夕阳～下｜～郊｜～半球。→ ❷ 名 西天② ▷撒手～去（指人死）｜一命归～。→ ❸ 名 指西洋（多指欧美各国） ▷学贯中～｜～学｜～餐｜～装｜～式。→ ❹ 名 跟"东"对举，表示"到处"或"零散、没有次序"的意思 ▷东游～逛｜东一个，～一个。○ ❺ 名 姓。

【西安事变】xī'ān shìbiàn 1936 年，以张学良为首的国民党东北军和以杨虎城为首的国民党十七路军为逼迫蒋介石抗日，在西安发动的事变。12 月 12 日，张、杨扣留蒋介石，通电全国，提出八项主张。中国共产党从全民族利益出发，积极促使西安事变和平解决，最终使蒋介石接受了停止内战、联共抗日、释放政治犯等条件，为国共两党再次合作，建立抗日民族统一战线创造了条件。也说双十二事变。

【西班牙语】xībānyáyǔ 名 西班牙民族的语言。属印欧语系罗曼语族西罗曼语支。除西班牙外，还通行于拉丁美洲的很多国家以及美国南部、非洲的部分地区。是联合国六种工作语言之一。

【西半球】xībànqiú 名 地球的西半部。在制图学上，通常把从西经 20°起向西到东经 160°的半个地球称为西半球。陆地主要包括南北美洲以及南极洲的一部分。

【西北】xīběi ❶ 名 介于西和北之间的方向 ▷城市的～郊。❷ 名 特指我国西北地区，包括陕西、甘肃、宁夏、青海、新疆等地。

【西部】xībù ❶ 名 某区域内靠西的地方 ▷地处非洲～｜我国～多高原。❷ 名 特指我国西部地区，包括陕西、甘肃、宁夏、青海、新疆、四川、贵州、云南、西藏、广西、重庆等省、自治区、直辖市 ▷～大开发。

【西部大开发】xībù dà kāifā 指我国西部经济建设和社会发展的全面开发。实施西部大开发是中共中央于 1999 年作出的重要战略决策。

【西部片】xībùpiàn ❶ 名 指以 19 世纪美国西部开发时期为背景、反映美国西部牛仔生活的故事片。因主人公多为富于正义感的牛仔，故又称牛仔片。❷ 名 指我国带有西部地区特色的影片。口语中也说西部片儿(piānr)。

【西菜】xīcài 名 西式菜肴。

【西餐】xīcān 名 西式饭菜，吃时用刀、叉等（跟"中餐"相区别）。旧称大菜。

【西点】xīdiǎn 名 西式糕点。

【西法】xīfǎ 名 西洋的方法 ▷～酿制｜借用～。

【西番莲】xīfānlián 名 藤本植物，叶互生，掌状分裂，花有红、黄、粉红等颜色，结黄色浆果。原产巴西，供观赏。

【西方】xīfāng ❶ 名 西①。❷ 名 借指资本主义发达国家，如美国、英国、法国、日本、澳大利亚等国。❸ 名 佛教用语，指西天。

【西方人】xīfāngrén 名 一般指欧美各国的白种人。

【西非】xīfēi 名 非洲的西部，包括毛里塔尼亚、马里、塞内加尔、几内亚、加纳、尼日利亚、佛得角、加那利群岛等国家和地区。

【西风】xīfēng ❶ 名 从西边吹来的风；常指秋风 ▷～起，雁南飞。❷ 名 比喻没落的势力 ▷东风压倒～。❸ 名 指西洋文化、风俗 ▷鸦片战争以后，～东渐。

【西服】xīfú 名 西装。

【西宫】xīgōng 名 位于皇宫正殿后部西边的部分建筑，是皇后和妃嫔居住的地方；借指居住在西宫的后妃。

【西瓜】xīguā 名 一年生草本植物，茎蔓生，叶羽状分裂。果实也叫西瓜，圆形或椭圆形，果肉甘甜多汁，是消暑的佳品。瓜汁、瓜皮、瓜霜可以做药材。参见插图 10 页。

【西红柿】xīhóngshì 名 番茄的通称。

【西葫芦】xīhúlu 名 一年生草本植物，茎蔓生，叶子略呈三角形。果实也叫西葫芦，长圆筒形，多绿色，是常见蔬菜。参见插图 9 页。

【西化】xīhuà 动 社会的文化、风俗等向欧美的式样、风格或状态转变、靠拢 ▷不能全盘～。也说欧化。

【西画】xīhuà 名 西洋画。

【西经】xījīng 名 地球表面本初子午线以西的经度或经线。参见724页“经度”。

【西裤】xīkù 名 西服裤子。

【西兰花】xīlánhuā 名 青花菜的通称。甘蓝的变种。主茎顶端形成绿色或紫绿色的肥大花球，叶子大，从叶腋抽生出很多侧枝和肥嫩小花球。嫩花茎和花球均可食用。也说绿菜花。

【西蓝花】xīlánhuā 现在一般写作“西兰花”。

【西历】xīlì 名 公历的旧称。

【西门】xīmén 名 复姓。

【西面】xīmiàn 名 往西的某一位置；靠西的一面。也说西边。

【西南】xīnán ❶ 名 介于西和南之间的方向。❷ 名 特指我国西南地区，包括四川、云南、贵州、西藏、重庆等地。

【西欧】xī'ōu 名 欧洲西部地区，包括英国、爱尔兰、荷兰、比利时、卢森堡、法国、摩纳哥等国；泛指欧洲除东欧国家外的所有国家。

【西皮】xīpí 名 我国传统戏曲的腔调之一，用胡琴伴奏。曲调明快高亢，刚劲挺拔。与“二黄”合称“皮黄”。

【西晒】xīshài 动 房屋门窗西向的一面午后受阳光照射 ▷这间房～，夏天很热。

【西施】xīshī 名 春秋时越国的一个美女，曾被越王勾践献给吴王夫差。后作为美女的代称。也说西子。

【西式】xīshì 区别 西洋样式的 ▷～家具。

【西天】xītiān ❶ 名 我国古代佛教徒称印度 ▷师徒四人去～取经。❷ 名 佛教指极乐世界。

【西头】xītóu 名 东西方向的西面一头。

【西王母】xīwángmǔ 名 我国古代神话中的女神。传说住在昆仑山的瑶池，她园中的蟠桃，人吃了会长生不老。通称王母娘娘。也说王母。

【西文】xīwén 名 欧美文字的统称，包括英文、法文、德文、西班牙文等。

【西席】xīxí 名 旧时对家庭教师或幕友的称呼。因古人以坐西向东的位子为宾客席位，故称。

【西学】xīxué 名 旧指从欧美传来的自然科学和社会科学 ▷康有为主张中学为体，～为用。

【西亚】xīyà 名 亚洲西南部地区。包括阿富汗、伊朗、阿塞拜疆、亚美尼亚、格鲁吉亚、土耳其、塞浦路斯、叙利亚、黎巴嫩、巴勒斯坦、约旦、以色列、伊拉克、科威特、沙特阿拉伯、也门、阿曼、阿拉伯联合酋长国、卡塔尔、巴林等国家和地区。也说西南亚。

【西洋】xīyáng ❶ 名 古代指中国南海以西的海洋以及沿海各地 ▷郑和下～。❷ 名 今多指欧美各国 ▷～语法。

【西洋画】xīyánghuà 名 指欧美的绘画。可分为水彩画、水粉画、油画、木炭画、铅笔画、钢笔画、蜡笔画等（跟“国画”相区别）。也说西画。

【西洋景】xīyángjǐng ❶ 名 旧时民间一种文娱活动的器具。许多幅画片装在一个木匣里，匣子正面有若干装上放大镜的视孔，画片在匣内左右移动逐张展现，通过视孔可看到放大的画面。因最初的画片多是西洋画，故称。也说西洋镜。❷ 名 借指外来的新奇事物（多含诙谐意）。

【西洋镜】xīyángjìng 名 西洋景①；比喻故弄玄虚借以骗人的行为或手法 ▷戳穿骗人的～。

【西洋参】xīyángshēn 名 多年生草本植物，跟人参形状相似，根略呈圆柱形。原产北美等地。可以做药材。

【西药】xīyào 名 西医所用的药物。

【西医】xīyī ❶ 名 近代从欧美各国传入我国的医学。❷ 名 用西医理论与方法治病的医生 ▷这病应该找～看看。

【西语】xīyǔ 名 欧美各种语言的统称 ▷～系。

【西域】xīyù 名 汉代及其以后较长时期指玉门关、阳关以西的地区，包括中国新疆以及中亚、西亚等地。

【西元】xīyuán 名 旧指公元。

【西乐】xīyuè 名 西方音乐的统称（跟“国乐”相区别）。

【西装】xīzhuāng 名 西式服装，分男女两种，男装包括一件上衣、一条裤子和一件穿在衬衫外的背心；女装包括一件上衣和一条裙子（跟“中装”相区别）。也说西服。

【西子】xīzǐ 名 西施。

【西子湖】xīzǐhú 名 杭州西湖。宋·苏轼《饮湖上初晴后雨》有“欲把西湖比西子，淡妆浓抹总相宜”诗句，故称。

吸 xī ❶ 动 通过鼻、口把气体或液体抽入体内（跟“呼”相对）▷～一口气｜～血｜呼～｜吮～｜～食。→ ❷ 动 把外界的某些物质摄取到内部 ▷海绵能～水｜～墨纸｜～尘器｜～音板｜～收｜～取。→ ❸ 动 把别的东西引到自己方面来 ▷～铁石｜～力｜～引。○ ❹ 名 姓。

【吸尘器】xīchénqì 名 装有电动抽气机以吸入灰尘等的电器。

【吸储】xīchǔ 动 吸收并储存；特指金融机构吸收储蓄存款 ▷～人才｜提高银行～能力。

【吸顶灯】xīdǐngdēng 名 紧贴房屋天花板安装的灯具，灯泡下一般有玻璃罩。

【吸毒】xīdú 动 吸食或注射大麻、鸦片、海洛因、冰毒、摇头丸等毒品。

【吸附】xīfù 动 某些物体把其他物质吸过来使附着在自己的表面 ▷～有害物质|～剂。

【吸管】xīguǎn 名 利用空气压力抽吸液体的导管;也指吸食饮料时专用的细管。

【吸金】xījīn 动 (通过证券交易或其他商业活动等)获取大量钱财 ▷这只个股本周～逾亿|小长假期间,旅游业～效应明显。

【吸睛】xījīng 动 吸引眼球 ▷这款产品外观靓丽,～无数|他们的武打表演十分～。

【吸力】xīlì 名 一般指空气压力或磁性物体所具有的吸引力。

【吸墨纸】xīmòzhǐ 名 质地柔软疏松,用于吸干墨水、墨汁等的特制纸。

【吸纳】xīnà 动 吸收;接纳 ▷～贫困儿童入学|听证会上的多数意见已被～。

【吸奶器】xīnǎiqì 名 哺乳期妇女用品,由橡胶空心球和喇叭形开口瓶等组成,可捏压橡胶球,利用空气压力将乳汁从乳房内吸出。

【吸盘】xīpán ❶ 名 章鱼、水蛭等动物的吸附器官,中间凹陷呈盘状。有吸附、摄食、运动等功能。❷ 名 爬山虎等藤本植物卷须顶端所生的吸附器官。❸ 名 起重装卸作业中利用电磁吸力或真空吸力吸取物件的盘状装置。

【吸取】xīqǔ 动 吸收获取 ▷从食物中～营养|从失败中～教训。

【吸热】xīrè 动 吸收热量 ▷黑色衣服～。

【吸声材料】xīshēng cáiliào 指玻璃棉、软质纤维板等具有相当大的吸收声音能力的材料。可减少声音的多次反射,提高音响的清晰度。

【吸食】xīshí 动 用嘴或鼻(把流质食物或毒品等)吸入体内 ▷～乳汁|～鸦片。

【吸收】xīshōu ❶ 动 生物把组织外的物质吸到内部 ▷～营养物质|植物～水分。❷ 动 泛指物体把外部的某些物质吸到内部来 ▷生石灰能～水分。❸ 动 物体使某些现象或作用减弱或消失 ▷这种墙壁能～噪音。❹ 动 团体或组织接纳新成员 ▷～新会员。

【吸吮】xīshǔn 动 吮吸。

【吸铁石】xītiěshí 名 磁铁。

【吸血鬼】xīxuèguǐ 名 对靠榨取他人血汗生活的人的蔑称。

【吸烟】xīyān 动 把烟草燃烧的气体吸入体内 ▷～有害健康。也说抽烟。

【吸引】xīyǐn 动 依靠自身的某种性质、特点等把其他物体或别人的兴趣、注意力等引到自己这方面来 ▷磁石～铁粉|新颖的广告～了路人的注意力。

【吸引力】xīyǐnlì 名 依靠自身的某种性质、特点等把其他物体或别人的兴趣、注意力等引向自己的能力 ▷地球和月球相互的～引起潮汐变化|这本小说很有～。

汐 xī 名 夜晚的潮水 ▷潮～。☛ 统读 xī,不读 xì。

希[1] xī 同"稀"②。现在一般写作"稀"。

希[2] xī ❶ 动 盼望;企求 ▷～到会指导|～遵守时间|～望|～图。○ ❷ 名 姓。

【希贵】xīguì 现在一般写作"稀贵"。

【希罕】xīhan 现在规范词形写作"稀罕"。

【希冀】xījì〈文〉❶ 动 希望① ▷回忆着华年的旧梦,～着来日的荣光。❷ 名 愿望 ▷心存～。

【希腊字母】xīlà zìmǔ 希腊文的字母,在腓尼基字母的基础上创制,共24个。在数学、物理、天文等学科中常用作符号,如 π 为圆周率的符号。

【希奇】xīqí 现在规范词形写作"稀奇"。

【希奇古怪】xīqí-gǔguài 现在规范词形写作"稀奇古怪"。

【希求】xīqiú ❶ 动 希望获得(某种事物) ▷不～廉价的同情。❷ 名 愿望,要求 ▷她唯一的～就是儿子能痊愈。

【希少】xīshǎo 现在规范词形写作"稀少"。

【希世】xīshì 现在规范词形写作"稀世"。

【希图】xītú 动 企图;谋求 ▷～取得完胜|～高位。

【希望】xīwàng ❶ 动 盼着所想的成为现实 ▷～小王能来。❷ 名 愿望 ▷提出一个～。❸ 名 能使愿望变成现实的人或事物 ▷孩子是家长的～。

【希望工程】xīwàng gōngchéng 由中国青少年发展基金会发起的一项帮助失学儿童就学的捐赠活动。

【希望小学】xīwàng xiǎoxué 用希望工程的款项修建的小学。

【希有】xīyǒu 现在规范词形写作"稀有"。

【希珍】xīzhēn 现在一般写作"稀珍"。

昔 xī ❶ 名 从前;往日 ▷今非～比|抚今追～|～日。○ ❷ 名 姓。☛ 统读 xī,不读 xí。

【昔年】xīnián 名 往年;从前 ▷～同窗又重逢。

【昔日】xīrì 名 过去;以前的日子。

【昔时】xīshí 名 昔日。

析 xī ❶ 动 分开;分散 ▷分崩离～。→ ❷ 动 分析;辨别 ▷条分缕～|辨～|剖～|解～|～疑。☛ ㊀统读 xī,不读 xì。㊁跟"柝(tuò)"不同。

【析产】xīchǎn 动 分割财产;特指分家 ▷依法～|兄弟～|～纠纷。

【析出】xīchū 动 分离出来(多指从液体或气体中分离出固体来) ▷海盐是从海水中～的。

【析疑】xīyí 动 对疑惑进行解释分析 ▷～问难。

矽 xī 名 非金属元素硅的旧称。

【矽肺】xīfèi 名 硅肺的旧称。

肸 xī 用于人名。如羊舌肸，春秋时期晋国大夫。

穸 xī 见1818页"窀(zhūn)穸"。

茜 xī 音译用字，多用于外国女性的名字，如"露茜""美茜""南茜"。☛ 读xī，音译用字。读qiàn，指茜草，在古汉语中也指深红。
另见1097页qiàn。

俙 xī〈文〉❶ 动 诉讼时当面对质。○ ❷ 动 感动 ▷～然改容。

郗 xī 名 姓。
另见180页chī。

饻(餏) xī 量 我国老解放区使用过的一种计算工资的单位，一定数量的若干种实物价格的总和为一饻。

恓 xī 见下。

【恓惶】xīhuáng 形〈文〉匆忙惊慌的样子。

【恓恓】xīxī 形〈文〉寂寞。

栖(*棲) xī［栖栖］xīxī 形〈文〉忙碌；不安定。
另见1069页qī。

唏 xī 动〈文〉哀叹。

【唏里哗啦】xīlihuālā 现在一般写作"稀里哗啦"。

【唏嘘】xīxū 动〈文〉抽泣；叹息 ▷相对～。

牺(犧) xī 名 古代指供祭祀用的毛色纯一的牲畜 ▷～牛。

【牺牲】xīshēng ❶ 名 古代指为祭祀而宰杀的牲畜。❷ 动 为正义舍弃自己的生命 ▷为民族独立和解放而～。❸ 动 泛指(为某人、某事)付出代价或受到损害 ▷～个人利益。☛ 义项②参见430页"赴死"的提示。

【牺牲品】xīshēngpǐn 名 为某人某事所利用，付出毫无意义的代价的牺牲对象 ▷使其避免成为恐怖主义的～。

息 xī ❶ 名 呼出和吸入的气 ▷气～|喘～|叹～|鼻～。○ ❷ 动 歇；休息 ▷歇～|作～时间|安～。→ ❸ 动 停；止 ▷奋斗不～|～怒|平～|止～。○ ❹ 动 孳生；繁衍 ▷生～|～肉。→ ❺ 名〈文〉儿子 ▷子～。→ ❻ 名 利钱 ▷连本带～|低～贷款|年～。→ ❼ 名 消息；音信 ▷信～。○ ❽ 名 姓。

【息兵】xībīng 动〈文〉停止用兵 ▷～罢战。

【息鼓】xīgǔ 动 停止击鼓；战斗、竞赛等结束 ▷偃旗～|赛事已～数日。

【息肩】xījiān 动〈文〉歇肩；借指卸去负担或责任 ▷奋斗终生，未曾～。

【息怒】xīnù 动 止怒；消除恼怒 ▷请您～。

【息肉】xīròu 名 因黏膜发育异常而增生的像肉的组织团块。多发生在鼻腔、肠道和子宫颈内。☛ 不要写作"瘜肉"。

【息事宁人】xīshì-níngrén 平息事端、纠纷，使彼此相安。

【息讼】xīsòng 动 平息争讼；停止打官司。

【息诉】xīsù 动 停止诉讼或申诉。

【息息相关】xīxī-xiāngguān 一呼一吸都互相关联。形容关系极为密切。

【息息相通】xīxī-xiāngtōng 呼吸相通。

【息影】xīyǐng ❶ 动〈文〉停止活动。指归隐闲居 ▷～山林。○ ❷ 动 影视演员不再拍戏 ▷这位名演员已～多年。

【息争】xīzhēng 动 停止争端；平息争端 ▷双方～|解纷～。

【息止】xīzhǐ 动 止息。

奚 xī ❶ 代〈文〉指处所或事物，表示疑问，相当于"哪里""什么""为什么" ▷～以知其然也？|此～疾哉？|子～不为政？○ ❷ 名 姓。

【奚落】xīluò 动 用尖刻的话语讥讽嘲笑他人缺点 ▷他总爱～别人。

浠 xī ❶ 名 浠水，水名，在湖北。○ ❷ 名 姓。

烯 xī 形〈文〉悲伤 ▷呜呼～哉！

娭 xī 动〈文〉嬉戏。
另见3页āi。

菥 xī［菥蓂］xīmì 名 遏蓝菜。

硒 xī 名 非金属元素，符号Se。导电能力随光照强度的增减而变化。可用于太阳能电池、整流器、摄像设备、光电管等。

晞 xī〈文〉❶ 形 干；干燥 ▷白露未～。→ ❷ 动 破晓 ▷东方未～。

欷 xī［欷歔］xīxū 现在一般写作"唏嘘"。

悉 xī ❶ 形〈文〉详尽 ▷详～。→ ❷ 动 详尽地知道；知道 ▷来函敬～|知～|熟～。→ ❸ 形 全 ▷～数(shù)归还|～心照料。❹ 副 表示总括全部，相当于"都" ▷～听尊便。○ ❺ 名 姓。☛ ㊀统读xī，不读xì。㊁上头是"釆"，不是"采"。由"釆"构成的字有"番""釉""释""蟋"等。

【悉力】xīlì 副〈文〉尽力；全力 ▷～支持。

【悉数】xīshǔ 动 一一数出或列举出 ▷条例繁多，难以～。

【悉数】xīshù 副 表示全数或全部 ▷～交出|～出席。

【悉听尊便】xītīngzūnbiàn 完全随您的方便。表示随对方心意，怎么方便就怎么做。

【悉心】xīxīn 副 尽心；全心 ▷～照顾|～钻研。

烯 xī 图 有机化合物的一类，分子中含碳一碳双键结构而具有不饱和性。如乙烯。

淅 xī ❶ 动〈文〉淘(米)。○ ❷ 名 姓。☛ 跟"浙"不同。

【淅沥】xīlì 拟声 模拟微风、细雨、落叶等的声音 ▷风吹落叶，～作响｜淅淅沥沥的雨声。

【淅淅】xīxī 拟声 淅沥。

惜 xī ❶ 动 惋惜 ▷痛～｜可～｜叹～｜悼～。→❷ 动 爱护；十分疼爱 ▷珍～｜爱～｜怜～。❸ 动 舍不得 ▷不～血本｜在所不～｜～力｜吝～。☛ 统读 xī，不读 xí。

【惜败】xībài 动 很可惜地失败；多指以极小的比分差距输给对方 ▷仅以 1 分之差～。

【惜别】xībié 动 舍不得而又不得不离别 ▷依依～｜～故乡。

【惜贷】xīdài 动 谨慎放贷 ▷银行对农民要加大扶持力度，不能以存在风险为由而～。

【惜福】xīfú 动 珍惜自己的幸福，不奢求。

【惜老怜贫】xīlǎo-liánpín 爱护老人，同情贫苦的人。也说怜贫惜老。

【惜力】xīlì 动 舍不得出力 ▷他干活儿从不～。

【惜墨如金】xīmò-rújīn 原指作画时不轻易使用重墨；今也指写作时不轻易下笔，态度严谨，力求精炼 ▷他～，篇篇都是精品。

【惜售】xīshòu 动 舍不得出售 ▷囤积～。

【惜阴】xīyīn 动 珍惜光阴 ▷～如金。

【惜玉怜香】xīyù-liánxiāng 怜香惜玉。

晰(*晳) xī 形 明白；清楚 ▷清～｜明～｜透～｜眉清目～。☛ 统读 xī，不读 xì。

晞 xī 动〈文〉望；登高远望。

稀 xī ❶ 形 事物之间在空间或时间上间隔大(跟"密"相对) ▷苗太～｜月明星～｜枪声由密而～。→❷ 形 事物的数量少或出现的次数少 ▷人生七十古来～｜～少｜～客。→❸ 形 液体中含某种物质少(跟"稠"相对) ▷爱喝～的，不爱吃稠的｜～汤寡水｜～硫酸｜～泥。⇒❹ 名 某些含水分多的东西 ▷糖～｜拉～。⇒❺ 副 用在某些形容词前面，表示程度深，相当于"极" ▷～软｜～烂。

【稀巴烂】xībālàn 形 稀烂②。

【稀薄】xībó 形 形容气体、烟雾等稀少、淡薄 ▷笼罩着～的云雾。☛ 参见本页"稀疏"的提示。

【稀饭】xīfàn 名 粥(跟"干饭"相区别)。

【稀贵】xīguì 形 稀罕珍贵 ▷人才～｜～树种。

【稀罕】xīhan ❶ 形 少见而不同于一般的 ▷～事儿。❷ 动 因稀奇而喜爱 ▷老太太最～她的水晶老花镜｜我才不～这个呢。❸ 名 稀罕的事物 ▷看～。☛ 不要写作"希罕"。

【稀客】xīkè 名 不常来的受欢迎的客人。

【稀拉】xīla ❶ 形 稀疏 ▷地里长着～的豆苗。❷ 形 稀松拖拉 ▷作风～。

【稀烂】xīlàn ❶ 形 (食物)很烂，很软。❷ 形 (东西)破碎得很严重 ▷一筐苹果被砸得～。也说稀巴烂。

【稀里糊涂】xīlihútú ❶ 形 形容认识不清，没条理 ▷自己都～，怎么能给人家讲清楚？｜他这堂课讲得～。❷ 形 形容做事马虎，不认真 ▷他还有两道题没做，就～地把作业交上去了。

【稀里哗啦】xīlihuālā ❶ 拟声 模拟雨声或物体倒塌的声音 ▷大雨～地下着｜推土机一推，小屋就～地倒了。❷ 形 形容零落、四散的样子 ▷敌军被打得～。

【稀里马虎】xīlimǎhu 形 粗心大意，不细致，不认真 ▷做数学题不能～｜校对稿子不能～。

【稀料】xīliào 名 用来稀释或溶解油漆等涂料的有机液体。如汽油、酒精、香蕉水等。

【稀溜溜】xīliūliū 形〈口〉形容(汤、粥等)很稀 ▷～的一碗粥。

【稀落】xīluò 形 稀疏零落 ▷枪声逐渐～下来。

【稀泥】xīní 名 稀烂的泥浆。

【稀奇】xīqí 形 少见而新奇 ▷～事儿｜～古怪。☛ 不要写作"希奇"。

【稀奇古怪】xīqí-gǔguài 形容稀少新奇而使人觉得怪异。☛ 不要写作"希奇古怪"。

【稀缺】xīquē 形 稀少而短缺 ▷～物资。

【稀少】xīshǎo 形 数量少；出现的次数少 ▷高水平人才～｜雨水～。☛ 不要写作"希少"。

【稀世】xīshì 区别 人世间少有的 ▷～绝技｜～孤本。☛ 不要写作"希世"。

【稀释】xīshì 动 使溶液浓度变小 ▷这种农药必须～后方可使用。

【稀疏】xīshū 形 事物之间在空间或时间上不密集，有较大间隔 ▷车辆～｜～的爆竹声。☛ 跟"稀薄"不同。"稀疏"侧重间隔大；"稀薄"侧重浓度低。

【稀松】xīsōng〈口〉❶ 形 懒散 ▷性格～。❷ 形 无关紧要；平常 ▷这点儿～事，别愁。❸ 形 (工作、能力等)差劲 ▷本事～。

【稀土元素】xītǔ yuánsù 镧、铈、镨、钕、钷、钐、铕、钆、铽、镝、钬、铒、铥、镱、镥、钇、钪 17 种金属元素的统称。化学性质多相似，常用于原子能工业、石油化学工业及电子技术等。也说稀土金属。

【稀稀拉拉】xīxilālā 形 形容零散，数量不多 ▷～的几根头发。也说稀稀落落。

【稀有】xīyǒu 形 极少有的；很少见的 ▷～元素｜

～金属|世间～。☛ 不要写作"希有"。

【稀有金属】 xīyǒu jīnshǔ 锂、钨、锗、钪、铂等在自然界存量少、分布较散、提炼较难的金属的统称。多用于原子能、航空工业，又是生产半导体、特种钢等必需的原材料。

【稀有气体】 xīyǒu qìtǐ 氦、氖、氩、氪、氙、氡六种元素的统称。都是无色无臭气体，在空气中含量稀少，化学性质极不活泼，一般不跟其他元素或化合物化合。旧称惰性气体。

【稀有元素】 xīyǒu yuánsù 自然界含量极少、分布分散的元素。除稀有气体和硒、碲等元素外，皆为金属元素。

【稀珍】 xīzhēn ❶ 形 稀贵 ▷～古树。❷ 名 稀珍的事物 ▷观天下～。

【稀粥】 xīzhōu 名 汤多粮食等少的粥。

傒 xī ❶ 动〈文〉等待；盼望 ▷～公之还兮，殇以祝之。○ ❷ 名 姓。
另见 1477 页 xì。

艏 xī [艏装] xīzhuāng 名 船上设备和装置的统称；也指安装这些设备和装置的工作。

翕 xī〈文〉❶ 动 收敛；闭合 ▷～动|～张（一合一张）。○ ❷ 形 和好；顺从 ▷～服。

【翕动】 xīdòng 动〈文〉（嘴唇等）一开一合或一张一收地动 ▷他～着双唇，像要说话|鼻翼～。☛ 不要写作"噏动"。

【翕然】 xīrán〈文〉❶ 形 形容言行一致 ▷～信奉。❷ 形 形容安定的样子 ▷边境～。

腊 xī〈文〉❶ 名 干肉。→ ❷ 动 做成干肉。
另见 814 页 là。

糏 xī ❶ 名〈文〉碎米 ▷糠～。→ ❷ 名 某些地区指米糠。

犀 xī 名 哺乳动物，形状略像牛，颈短，四肢粗大，鼻子上有一个或两个角，皮肤粗而厚，微黑，毛极稀少。通称犀牛。☛ "尸"和"牛"之间是"氺"，不是"水"。由"犀"构成的字有"墀""樨"等。

【犀角】 xījiǎo 名 犀牛的角。

【犀利】 xīlì 形（刀、剑等）坚韧锋利；也形容（言辞等）尖锐明快 ▷～的宝剑|笔锋～。

【犀鸟】 xīniǎo 名 鸟，体形较大，腿较短，背部羽毛黑色，闪绿色金属光泽，翼缘和飞羽尖端呈白色。喙粗而长，形似犀牛角。生活在热带森林里，以昆虫、野果为食。参见插图 5 页。

【犀牛】 xīniú 名 犀的通称。

晳 xī 形（人的皮肤）洁白 ▷白～。☛ 统读 xī，不读 xì。

锡（錫） xī ❶ 名 金属元素，符号 Sn。有白锡、灰锡、脆锡三种同素异形体。白锡最常见，银白色，富延展性，其有机化合物大都有毒。在空气中不易起变化，用于制造日用器皿、镀铁、焊接金属及制造各种合金。○ ❷ 动〈文〉赐予 ▷～福。☛ ㊀统读 xī，不读 xí。㊁右边是"易"，不能简化成"昜"。

【锡伯族】 xībózú 名 我国少数民族之一。主要分布在新疆、辽宁和吉林。

【锡箔】 xībó ❶ 名 表面涂有薄锡的纸。迷信的人用作祭品时，常制作成元宝形。❷ 名 锡纸。

【锡匠】 xījiang 名 制作和修理锡器的工匠。

【锡剧】 xījù 名 地方戏曲剧种，起源于无锡、常州一带，主要用二胡、琵琶伴奏。

【锡克教】 xīkèjiào 名 起源并流行于南亚次大陆西北地区的宗教。16 世纪由那纳克创立（锡克：梵语 Sikha 音译）。

【锡杖】 xīzhàng 名 佛教的杖形法器，杖高齐眉，头有锡环。原为僧人化缘用具，振环作声，代替扣门。

【锡纸】 xīzhǐ 名 涂有金属层的纸，多为银白色，用来包装卷烟、糖果等。

溪（*谿） xī ❶ 名 山谷里的小水流；泛指小河沟 ▷～水|小～|～流。○ ❷ 名 姓。☛ 统读 xī，不读 qī。
"谿"另见 1470 页 xī。

【溪涧】 xījiàn 名 山间的小水流 ▷～淙淙。

【溪流】 xīliú 名 山间流出的小河；泛指小河 ▷清澈的～|～汇成深潭。

【溪水】 xīshuǐ 名 溪流中的水；也指溪流 ▷～甘甜|～上有一座小桥。

裼 xī 动〈文〉敞开或脱去上衣，露出身体；脱去外衣露出内衣 ▷袒～裸裎。
另见 1353 页 tì。

熙（*熈熙） xī ❶ 形〈文〉明亮。○ ❷ 形〈文〉和乐 ▷～和。○ ❸ 名 姓。☛ 左上是"𦣞（yí）"，不是"臣"。由"𦣞"构成的字还有"姬""颐"等。

【熙和】 xīhé〈文〉❶ 形 和乐、温馨 ▷太平～之盛世。❷ 形 温暖 ▷春阳～。

【熙来攘往】 xīlái-rǎngwǎng 形容人来人往，热闹而又拥挤 ▷大街上人们～。

【熙攘】 xīrǎng 形 熙熙攘攘 ▷～的闹市|川流～的人群。

【熙熙攘攘】 xīxīrǎngrǎng 形《史记·货殖列传》："天下熙熙，皆为利来；天下壤壤（攘攘），皆为利往。"（熙熙、攘攘：纷杂的样子）后用"熙熙攘攘"形容人来人往、喧闹纷杂的样子。

豨 xī 名〈文〉猪。

【豨莶】 xīxiān 名 一年生草本植物，茎上有灰白色的毛，叶对生，花黄色，结黑色瘦果，有四棱。全草可以做药材。

蜥 xī [蜥蜴] xīyì 名 爬行动物，体表有角质鳞，多数有四肢，趾端有爪。尾细长，为迷惑敌害可自动断落，且能再生。捕食昆虫等。

俗称四脚蛇。参见插图 2 页。☛ "蜥"统读 xī,不读 xí。

僖 xī 形〈文〉快乐。

熄 xī 动 熄灭(灯、火) ▷~灯|~火。☛ 统读 xī,不读 xí。

【熄灯】xīdēng 动 使亮着的灯熄灭 ▷~安歇。

【熄火】xīhuǒ ❶ 动 燃料停止燃烧 ▷灶膛~了。❷ 动 使燃烧着的火熄灭 ▷泼盆水~。❸ 动 发动机停止运转 ▷车~了。

【熄灭】xīmiè 动 不再燃烧;不再发亮 ▷篝火渐渐~|路灯~◇~战火。

嘻(*譆) xī ❶ 叹〈文〉表示赞美或惊叹等 ▷~,善哉!|~,异哉! ○ ❷ 拟声 模拟笑声 ▷他~~地笑着。

【嘻皮笑脸】xīpí-xiàoliǎn 形容嘻笑不严肃的样子。

【嘻嘻哈哈】xīxīhāhā ❶ 形 形容欢乐嘻笑的样子 ▷孩子们整天~的,一点儿也不知道愁。❷ 形 不严肃,不认真 ▷上课不能~的。

【嘻戏】xīxì 现在一般写作"嬉戏"。

【嘻笑】xīxiào 动 嘻嘻地笑 ▷~着说。

噏 xī ❶古同"吸"①—③。○ ❷ 动〈文〉收敛;收缩。

嶲 xī 用于地名。☛ 地名"越嶲"(在四川)现在改为"越西"。

膝(*厀) xī ❶ 名 膝盖 ▷卑躬屈~|促~谈心。○ ❷ 名 姓。☛ 右下是"氺",不是"水"。

【膝盖】xīgài 名 大腿和小腿相连的关节的前部。

【膝关节】xīguānjié 名 膝部骨骼中股骨和胫骨相连接的地方。主要由髌骨和半月板、韧带等组成。可使腿做伸直和弯曲动作。

【膝下】xīxià 名〈文〉子女幼小常偎依在父母跟前,故常用"膝下"借指父母身边。给父母或祖父母写信时,常把"膝下"置于开头称呼之后,用以表示对上辈的尊敬和依恋,如"父母亲大人膝下"。

瘜 xī [瘜肉] xīròu 现在规范词形写作"息肉"。

嬉 xī 动 玩耍 ▷~笑|~戏。

【嬉闹】xīnào 动 嬉戏打闹 ▷阅览室禁止~。

【嬉皮士】xīpíshì 名 指 20 世纪 60 年代美国社会出现的一些精神颓废的青年人。常用蓄长发、穿奇装异服、吸毒等行为发泄对社会现实的不满(嬉皮:英语 hippy 音译)。

【嬉皮笑脸】xīpí-xiàoliǎn 现在一般写作"嘻皮笑脸"。

【嬉耍】xīshuǎ 动 嬉戏玩耍 ▷孩子们在草坪上~。

【嬉戏】xīxì 动 游戏;玩耍。

【嬉笑】xīxiào 动 嬉戏笑闹 ▷~不停。

【嬉笑怒骂】xī-xiào-nù-mà 嬉戏、耍笑、发怒、斥骂。常用来表示写作不拘题材形式,任意发挥。

【嬉游】xīyóu 动 游玩 ▷~于山水之间。

熹 xī 形〈文〉光明 ▷~微。

【熹微】xīwēi 形〈文〉形容天刚亮时阳光微弱的样子 ▷晨光~,山影蒙眬。

樨 xī 见976 页"木樨(xi)"。☛ 统读 xī,不读 xū。

嘻 xī 形〈文〉炽热。

螅 xī 见1292 页"水螅"。☛ 统读 xī,不读 xí。

歙 xī 动〈文〉用鼻子吸(气) ▷~风吐雾。另见 1216 页 shè。

羲 xī 用于人名。如:伏羲,传说中的远古帝王;王羲之,晋代著名书法家。☛ 左下是"丂",不是"乃"。

熻 xī〈文〉❶ 动 燃烧。→ ❷ 名 火光;光亮。

窸 xī [窸窣] xīsū 拟声〈文〉模拟轻微细碎的摩擦声 ▷衣裙~。

蹊 xī 名 径;小路 ▷桃李不言,下自成~。☛ 读 xī,指小路;读 qī,用于联绵词"蹊跷"。另见 1071 页 qī。

【蹊径】xījìng 名〈文〉小路或山路;多比喻方法、门径 ▷另辟~。

蟋 xī [蟋蟀] xīshuài 名 昆虫,后腿粗,善跳跃。种类很多,雄虫好斗善鸣,用两翅摩擦发声。生活在阴湿处,啮食植物的根、茎和种子,危害农作物。干燥全虫可做药材。叫声似"织织",秋寒时叫声最欢,古人认为是在催促纺织,故也说促织。某些地区也说蛐蛐儿。参见插图 4 页。

谿 xī ❶ 见 101 页"勃谿"。○ ❷ 名 姓。另见 1469 页 xī "溪"。

釐 xī ❶ 用于帝王谥号。如周釐王,东周前期一位君王。○ ❷ 用于人名。○ ❸ 名 姓。☛ 读 lí 时,是"厘"的异体字。另见 839 页 lí"厘"。

醯 xī〈文〉❶ 名 醋。→ ❷ 形 酸 ▷~梅。

曦 xī 名〈文〉日光 ▷晨~|春~。

巇 xī 形〈文〉山岭险峻 ▷险~。

酅 xī ❶ 名 古地名,一在今山东临淄东北,一在今山东东阿南。○ ❷ 名 姓。

爔 xī 古同"曦"。

鼷 xī［鼷鼠］xīshǔ 名 鼠类中最小的一种。

觿 xī 名 古代解绳结的用具，用骨、玉等制成，形状像锥子。

xí

习（習） xí ❶ 动〈文〉鸟类频频拍打翅膀练习飞翔。→ ❷ 动 反复地学 ▷复～|练～|～字。→ ❸ 动 习惯① ▷～以为常。→ ❹ 副 经常；常 ▷～见|～闻。→ ❺ 名 习惯② ▷相沿成～|积～|恶～|～俗|～气。○ ❻ 名 姓。☛ 末笔是提(㇀)，不是点(丶)。

【习得】xídé ❶ 动 由反复学习、练习而获得(某种能力) ▷～特殊技能。❷ 动 语言学上特指儿童对母语的学习和掌握。

【习非成是】xífēi-chéngshì 对错误的东西习惯了，反当成正确的。☛ 跟"积非成是"不同。

【习惯】xíguàn ❶ 动 因反复接触而适应 ▷～了冬泳。❷ 名 长期形成的不易改变的行为、生活方式或社会风尚 ▷好～|不良～。

【习惯成自然】xíguàn chéng zìrán 因为经常如此，所以也就变成了很自然的行为方式。

【习惯法】xíguànfǎ 名 一种不成文法，是国家认可并具有法律效力的习惯。

【习惯势力】xíguàn shìlì 习惯形成的具有一定影响力的力量，短期内较难改变。

【习惯性】xíguànxìng 名 带有习惯的特性 ▷她～地眨了眨眼睛|～动作。

【习好】xíhào 名 长时间形成的爱好或嗜好 ▷他有听音乐的～|戒掉吸烟这个～。

【习见】xíjiàn 动 常常看到 ▷～不怪。

【习气】xíqì 名 长期形成的不良习惯、不良作风。

【习染】xírǎn ❶ 动 长期接触而染上(不良行为或嗜好) ▷～上坏习气。❷ 名 坏习惯 ▷防止产生不良的～。

【习尚】xíshàng 名 社会上流行的习惯和风尚 ▷了解当地～。

【习俗】xísú 名 世代相沿的行为习惯和行为规范 ▷不同国家～不同。

【习题】xítí 名 复习题和练习题。是为学习者复习所学内容、巩固记忆或提高运用能力而设计的各种题目。

【习武】xíwǔ 动 练习军事技术；练习武艺 ▷练兵～|～健身。

【习习】xíxí ❶ 动〈文〉(鸟)飞来飞去 ▷春燕～筑巢忙。❷ 形 形容微风轻轻吹动 ▷晚风～。

【习性】xíxìng 名 长期处在某种环境中所养成的特性 ▷耐寒的～|～难改。

【习焉不察】xíyān-bùchá 对某些事物习惯了，也就觉察不到其中的问题。也说习而不察。

【习以为常】xíyǐwéicháng 经常看到或经常做，就认为它很平常。

【习艺】xíyì 动 学习技艺 ▷刻苦～。

【习用】xíyòng 动 经常使用；惯用 ▷～的笔名。

【习与性成】xíyǔxìngchéng 长期的习惯会养成一种性格。

【习语】xíyǔ 名 惯用语。

【习字】xízì 动 练习写字 ▷天天～学画。

【习作】xízuò ❶ 动 练习写文章、作画等 ▷～不辍。❷ 名 文章、绘画等方面的练习作品 ▷把～交给老师修改。

席（*蓆❶） xí ❶ 名 用竹篾、芦苇、蒲草等编织成的片状物，用来铺在炕上、床上或地上；也用来搭盖棚子等 ▷炕～|草～|～棚。→ ❷ 名 座位；位次 ▷软～|首～。❸ 名 特指议会中议员的座位；借指议员的人数 ▷在议会中只占六～。→ ❹ 名 成桌的酒宴 ▷摆了三桌～|酒～|筵～。❺ 量 用于酒席、谈话等 ▷一～酒菜|听君一～话，胜读十年书。○ ❻ 名 姓。

【席不暇暖】xíbùxiánuǎn 座位都来不及坐暖。形容奔波忙碌，没有坐下的工夫。

【席次】xícì 名 座位的排列次序 ▷～早已排定。

【席地】xídì 副 原表示用席子铺地而在上面(坐、卧等)；后表示把地当席子(坐、卧等) ▷～用餐|～而坐。

【席间】xíjiān 名 宴席进行期间 ▷～谈笑风生。

【席卷】xíjuǎn 动 像卷席子一样把东西都卷进去 ▷飓风～整个群岛|～一空。

【席梦思】xímèngsī 名 英语 simmons 音译。弹簧床垫；也指装有这种床垫的床。

【席面】xímiàn 名 指宴席上的酒菜。

【席篾】xímiè 名 编织席子的篾条。

【席棚】xípéng 名 用席子、苇箔等搭成的棚子。

【席位】xíwèi 名 座位；特指议会中议员的座位；借指议员的名额 ▷前排还空着两个～|议会里，该党有 107 个～。

【席子】xízi 名 席①。

觋（覡） xí 名 古代指男性巫师。

袭¹（襲） xí ❶ 动〈文〉衣上加衣 ▷寒不敢～。→ ❷ 动 照过去的或别人的样子做 ▷沿～|抄～。❸ 动 继承；承受 ▷～位|世～。→ ❹ 量 用于一件或成套的衣服 ▷一～衣衫|赐衣被一～。○ ❺ 名 姓。

袭²（襲） xí 动 袭击；进攻 ▷偷～|奇～|夜～◇花香～人。☛ "袭"字统读 xí，不读 xī。

【袭击】xíjī 动 乘对方没有戒备，突然进行攻击；泛

X

指意外侵袭或打击 ▷小分队～了敌军的指挥部|遭到龙卷风的～。

【袭警】xíjǐng 动 用暴力手段袭击警察(多是正在执行公务的) ▷他入室抢劫,并～拒捕|持刀～。

【袭来】xílái 动 扑过来(多用于感觉方面) ▷寒风～|阵阵花香～。

【袭取】xíqǔ ❶ 动 出其不意地攻占 ▷乘机～了该战略重镇。〇 ❷ 动 沿用(旧的或已有的制度、经验、做法等) ▷不能一成不变地～前人的经验。

【袭扰】xírǎo 动 袭击侵扰 ▷敌军不时～边境。

【袭用】xíyòng 动 沿袭采用(旧有的事物) ▷不能～老一套。

葸 xí 名 姓。

媳 xí ❶ 名 媳妇① ▷儿～|婆～。❷ 名 媳妇② ▷弟～|侄～。☛ 不读 xī。

【媳妇】xífù ❶ 名 儿子的妻子。也说儿媳、儿媳妇。❷ 名 弟弟或晚辈亲属的妻子 ▷兄弟～|外甥～|侄～。

【媳妇儿】xífur〈口〉❶ 名 妻子 ▷他的～是医生。❷ 名 泛指已婚的年轻妇女。

骒(騱) xí 名〈文〉前蹄全白的马。

嶍 xí [嶍峨] xí'é 名 地名,在云南。现名峨山彝族自治县。

隰 xí 名〈文〉地势低洼而潮湿的地方。

檄 xí〈文〉❶ 名 檄文 ▷羽～(古代军事文书,上插羽毛,以示紧急)|传～。→ ❷ 动 用檄文征召、声讨、晓谕 ▷严～诸将。☛ 统读 xí,不读 xì。

【檄文】xíwén 名 古代用于征召、声讨、晓谕等的政府文告;特指声讨、揭发罪行的文告 ▷讨贼～◇声讨党八股的～。也说檄书。

鳛(鰼) xí 名〈文〉泥鳅。☛ 地名"鳛水"(在贵州)现在改为"习水"。

xǐ

洗 xǐ ❶ 动 用水或其他溶剂除掉物体上的污垢 ▷～脚|～衣服|刷～|～车。→ ❷ 名 古代盥洗用的器皿,形状像浅盆;泛指形状像洗的器皿 ▷笔～。→ ❸ 动 除掉 ▷～冤|把那段录音～掉。→ ❹ 动 像洗过一样地杀光或抢光 ▷～劫|～城。→ ❺ 动 冲洗胶卷;印制照片 ▷～印|～相片。→ ❻ 名 洗礼 ▷受～|领～。〇 ❼ 动 玩牌类游戏时把牌打乱后再重新整理 ▷～牌。☛ 通常读 xǐ;读 xiǎn,用于姓氏,跟"冼"是不同的姓。

另见 1491 页 xiǎn。

【洗白】xǐbái ❶ 动 洗掉污垢,使干净;也指把衣物等洗得褪了色。❷ 动 比喻推翻诬蔑不实之词,使恢复清白的名誉 ▷秉公办案,为蒙冤者～。❸ 动 比喻通过不正当手段掩盖污点,伪造清白 ▷妄图把赃款～。

【洗尘】xǐchén 动 (用酒)洗去(旅途的)风尘。指设宴款待从远地来的人 ▷接风～。

【洗涤】xǐdí 动 洗去物体上的污垢 ▷～衣物。

【洗涤剂】xǐdíjì 名 用化学方法制成的洗涤用品,多为液体。

【洗耳恭听】xǐ'ěr-gōngtīng 客套话,表示恭敬专心地倾听对方的讲话。

【洗发剂】xǐfàjì 名 专用于洗头发的洗涤用品。包括洗发液、洗发膏、洗发粉等。

【洗发水】xǐfàshuǐ 名 液态洗发剂的俗称。

【洗劫】xǐjié 动 用暴力把财物抢光 ▷～一空。

【洗礼】xǐlǐ ❶ 名 基督教接纳人入教时的仪式,把水滴在入教人的额上,或把入教人身体浸在水中,象征洗掉过去的罪恶。❷ 名 比喻严峻的锻炼和考验 ▷经受了战争的～。

【洗练】xǐliàn 形 (语言、文字、技艺等)简练利落 ▷语言～|手法～。☛ 不要写作"洗炼"。

【洗炼】xǐliàn 现在规范词形写作"洗练"。

【洗煤】xǐméi 动 选煤的旧称。

【洗面奶】xǐmiànnǎi 名 专用于清洗面部的洗涤用品,多为乳白色的黏液或膏体。

【洗脑】xǐnǎo 动 指采用某些手段,向人强行灌输某种思想观念,使其改变原有的思想观念 ▷传销员利用传销课给新入伙的人～。

【洗牌】xǐpái ❶ 动 洗⑦。❷ 动 比喻在某范围内对事物进行重新调整、组合 ▷这个行业正在加速～。

【洗盘】xǐpán 动 股市庄家为抬高股价,故意使股价上下波动,引诱先前买进股票的投资者卖出股票。

【洗钱】xǐqián 动 指通过某种金融手段把非法得来的钱合法化,即把"黑钱"变成所谓"干净的钱"。

【洗染】xǐrǎn 动 洗涤衣物和给衣物染色 ▷～店。

【洗三】xǐsān 动 给出生三天的婴儿洗澡。

【洗手】xǐshǒu ❶ 动 比喻盗贼、赌徒等改邪归正;泛指从此不再干某事 ▷～不干|金盆～。〇 ❷ 动 婉词,指上厕所。

【洗手间】xǐshǒujiān 名 婉词,指厕所。

【洗漱】xǐshù 动 洗脸和刷牙漱口 ▷～完毕。

【洗刷】xǐshuā ❶ 动 清洗时用刷子刷去污垢 ▷～得干干净净。❷ 动 比喻除去(耻辱、冤屈、污点等) ▷～罪名|～不白之冤。

【洗涮】xǐshuàn 动 把衣物等放到水里摆动洗涤,

除去污垢 ▷把这些餐具～一下。

【洗碗机】xǐwǎnjī 名 自动清洗碗碟的电动机械装置。

【洗心革面】xǐxīn-gémiàn 清除掉思想上的污秽，改变原来的面貌。表示痛改前非，重新做人。☛ ㊀参见 1403 页“脱胎换骨”的提示。㊁参见 438 页“改过自新”的提示。

【洗雪】xǐxuě 动 洗刷，昭雪（耻辱、冤屈） ▷～国耻｜～沉冤。

【洗盐】xǐyán 动 用灌水冲洗等方法除去盐碱地里过多的盐分。也说洗碱。

【洗衣板】xǐyībǎn 名 搓板。

【洗衣粉】xǐyīfěn 名 专供洗衣用的化学合成的粉状洗涤剂。

【洗衣机】xǐyījī 名 自动或半自动洗涤衣物的家用电器。

【洗印】xǐyìn 动 冲洗和印放照片或影片 ▷他既能摄影，又能～。

【洗浴】xǐyù 动 洗澡。

【洗冤】xǐyuān 动 洗雪冤屈 ▷～雪耻。

【洗澡】xǐzǎo 动 用水清洗身体 ▷要经常洗头、～。

【洗濯】xǐzhuó 动〈文〉洗①。

枲 xǐ 名 枲麻，大麻的雄株，只开花不结果。也说花麻。

玺（璽） xǐ 名 皇帝的印章 ▷玉～。

铣（銑） xǐ 动 用能旋转的圆形多刃刀具加工金属工件 ▷～床｜～工。

另见 1491 页 xiǎn。

【铣床】xǐchuáng 名 金属切削机床。工作时，工件跟刀具接触并随刀具的旋转而移动，可根据需要加工成平面、曲面或各种沟、槽等。

【铣刀】xǐdāo 名 金属切削刀具，装在铣床主轴或刀杆上，以切削工件。

【铣工】xǐgōng ❶ 名 用铣床进行切削的工种 ▷车工～都会干。❷ 名 从事铣工工作的工人。

徙 xǐ 动〈文〉离开原地搬到别处 ▷～居｜迁～。☛ 跟“徒（tú）”不同。

【徙木立信】xǐmù-lìxìn《史记·商君列传》记载：商鞅欲变法，为取得百姓信任，就在都城市南门立起一根三丈长的大木头，告示百姓说，谁能把这根木头搬到市北门，赏赐十金。百姓觉得奇怪，没有敢搬的。又下令说，能搬的赏赐五十金。有一人把木头搬过去了，商鞅当即赐他五十金，以示说话算数。后用“徙木立信”借指做事言而有信。

喜 xǐ ❶ 动 高兴 ▷笑在脸上，～在心头｜欢天～地｜欣～。→ ❷ 形 令人高兴的；可庆贺的 ▷～事｜～讯。⇒ ❸ 名 值得高兴和庆贺的事 ▷贺～｜双～临门。⇒ ❹ 名 特指身孕 ▷有～了｜～脉。→ ❺ 动 喜爱 ▷好（hào）大～功｜～闻乐见。❻ 动（某种生物）需要或适宜于（某种环境或某种东西） ▷仙人掌～旱不～涝｜～光植物。〇 ❼ 名 姓。☛ 中间是“⺷”，不是“艹”。由“喜”构成的字有“嬉”“嘻”“禧”等。

【喜爱】xǐ'ài 动 爱好；对人或事物有好感或产生兴趣 ▷～文学｜～的工作｜博得观众～。

【喜报】xǐbào 名 报告喜讯的书面通知；也指好消息 ▷～频传。

【喜不成寐】xǐbùchéngmèi 高兴得睡不着觉。

【喜不自禁】xǐbùzìjīn 高兴得控制不住自己（禁：承受，忍受）。☛“禁”这里不读 jìn。

【喜不自胜】xǐbùzìshèng 喜不自禁（胜：能承受，经得住）。

【喜车】xǐchē 名 迎娶新娘的车。

【喜冲冲】xǐchōngchōng 形 形容非常高兴的样子 ▷瞧他那～的样子。

【喜出望外】xǐchūwàngwài 遇上出乎意料的好事而感到特别高兴 ▷接到海外老友来信，～。

【喜从天降】xǐcóngtiānjiàng 喜事意想不到地突然降临。

【喜蛋】xǐdàn 名 女子出嫁或小孩儿出生满月时，用来馈送亲友的煮熟的鸡蛋，外壳通常染成红色，以表示喜庆。

【喜果】xǐguǒ 名 订婚或结婚时，招待宾客或分送亲友的寓有某种吉祥意义的干果，如红枣、花生、桂圆、莲子等。

【喜好】xǐhào 动 对某种事物感兴趣 ▷～书法。

【喜欢】xǐhuan ❶ 动 喜爱；喜好 ▷～竹子｜～养花。❷ 形 喜悦；高兴 ▷哥哥回国，全家～。❸ 动 常常发生某种行为 ▷她总～哭。

【喜结良缘】xǐjié-liángyuán 高高兴兴结成美满姻缘。

【喜酒】xǐjiǔ 名 婚嫁时招待宾客的酒或酒席。

【喜剧】xǐjù 名 戏剧的一种类型。用夸张的手法、诙谐的台词和引人发笑的情节来讽刺、揭露丑恶和荒唐的现象，也可以热情地肯定美好、积极的事物，常有圆满的结局（跟“悲剧”相区别） ▷～色彩｜《钦差大臣》是很有名的～。

【喜剧片】xǐjùpiàn 名 具有喜剧特点的影视片。口语中也说喜剧片儿（piānr）。

【喜乐】xǐlè 形 欢乐高兴 ▷充满～气氛。

【喜联】xǐlián 名 结婚时张贴的对联。

【喜眉笑眼】xǐméi-xiàoyǎn 形容心情愉快、满面笑容的样子。

【喜娘】xǐniáng 名 旧式结婚仪式上关照新娘的妇女。

【喜怒哀乐】xǐ-nù-āi-lè 欢喜、恼怒、悲哀、快乐。指人的各种情感 ▷～，人之常情。

【喜怒无常】xǐnù-wúcháng 形容人一会儿高兴，一会儿发怒，情绪变化无常，难以捉摸。

【喜气】xǐqì 名 喜悦的神色；欢乐的气氛 ▷～洋洋｜满堂～。

【喜气洋洋】xǐqì-yángyáng 形容极其欢乐的样子。

【喜钱】xǐqián 名 旧时办喜事的人家给人的赏钱。

【喜庆】xǐqìng ❶ 形 值得高兴和庆贺的 ▷～的时刻｜～场合。❷ 名 值得高兴和庆贺的事 ▷每逢～必赋诗。❸ 动 高兴地庆祝 ▷～新春佳节。

【喜鹊】xǐquè 名 鸟，嘴尖，尾长，羽毛大部分为黑色，肩和腹部白色。因传说这种鸟一叫，必有喜事降临，故称。参见插图 5 页。

【喜人】xǐrén 形 形容使人喜悦、高兴 ▷成绩～。

【喜丧】xǐsāng 名 为正常死亡的高寿老人所举办的丧事。

【喜色】xǐsè 名 喜悦的神色 ▷面带～。

【喜上眉梢】xǐshàngméishāo 喜悦的神色呈现在眉目之间。形容内心的喜悦情不自禁地流露出来。

【喜事】xǐshì 名 值得喜庆的事；特指婚事。

【喜糖】xǐtáng 名 结婚时请人吃的糖果。

【喜帖】xǐtiě ❶ 名 请人参加婚礼的请柬。❷ 名 旧时议定婚嫁时，男方送给女方的聘帖。

【喜闻乐见】xǐwén-lèjiàn 喜欢听，乐意看。

【喜笑颜开】xǐxiào-yánkāi 满面笑容的样子。形容十分高兴。

【喜新厌旧】xǐxīn-yànjiù 喜欢新的，厌弃旧的（多指爱情不专一）。

【喜形于色】xǐxíngyúsè 心里的喜悦流露在脸上。形容内心的喜悦难以抑制。

【喜兴】xǐxing 形〈口〉欢喜；开心 ▷你看他多～！

【喜讯】xǐxùn 名 使人高兴的消息 ▷从前线传来了～。也说喜信。

【喜宴】xǐyàn 名 庆贺喜事的宴席，多指婚宴。也说喜筵（yán）。

【喜洋洋】xǐyángyáng 形 形容非常高兴、欢乐的样子 ▷新春佳节，大家～的。

【喜盈盈】xǐyíngyíng 形 形容充满喜悦、满面含笑的样子 ▷她抱着孩子～地回娘家。

【喜雨】xǐyǔ 名 久旱时下的雨；及时雨。

【喜悦】xǐyuè 形 欣喜；愉快 ▷无比～。

【喜幛】xǐzhàng 名 做贺礼用的幛子，多在整幅的绸缎上贴上剪字组成的贺词。

【喜蛛】xǐzhū 名 蟏蛸（xiāoshāo）。

【喜孜孜】xǐzīzī 现在一般写作“喜滋滋”。

【喜滋滋】xǐzīzī 形 形容内心喜悦的样子。

【喜子】xǐzi 名 蟏蛸（xiāoshāo）。

葸 xǐ 形〈文〉胆怯 ▷畏～不前。☛ 不读 sī。

蓰 xǐ 数〈文〉五倍。

屣 xǐ 名〈文〉鞋 ▷敝～（比喻废物）。

憙 xǐ〈文〉❶ 形 喜悦。→ ❷ 动 喜好；爱好 ▷九侯之女不～淫，纣怒杀之。

禧 xǐ 名 幸福；吉利 ▷恭贺新～｜年～｜鸿～。

镥（鑥） xǐ 名 金属元素，符号 Sg。有强放射性，化学性质近似钨。由人工核反应获得。

蟢 xǐ ［蟢子］xǐzi 现在一般写作“喜子”。

鳍（鰭） xǐ 名 鱼，身体圆筒形，长约 20 厘米，银灰色，嘴尖，眼大。生活在近海沙底。也说沙钻（zuàn）。

纚 xǐ 名 古代束发用的布帛。
另见 841 页 lí。

xì

卌 xì 数〈文〉数目，四十。

戏（戲*戯） xì ❶ 动 玩耍 ▷嬉～｜游～。→ ❷ 动 嘲弄；开玩笑 ▷～弄｜～谑。→ ❸ 名 古代指歌舞、杂技等表演；现在多指戏剧 ▷看～｜马～｜京～。
另见 576 页 hū。

【戏班】xìbān 名 戏曲剧团的旧称 ▷他从小在～当学徒。也说戏班子。

【戏本】xìběn 名 戏曲剧本的旧称。

【戏称】xìchēng ❶ 动 戏谑地称呼 ▷～她“小辣椒”。❷ 名 戏谑的称谓 ▷“小广播”是朋友们对他的～。

【戏词】xìcí 名 戏曲中唱词和念白的统称。

【戏单】xìdān 名 戏曲演出节目单，主要内容有当天演出剧目、主要演员姓名及票价等。

【戏法】xìfǎ 名 指我国传统杂技中的魔术。

【戏份儿】xìfènr ❶ 名 旧指戏曲演员在演出后按约定分得的报酬。❷ 名 演员的表演在整部作品中所占的分量。

【戏服】xìfú 名 戏曲演员演出时按照剧情需要所穿的衣服。也说戏衣。

【戏歌】xìgē 名 一种融戏曲唱腔和通俗歌曲为一体的演唱艺术。

【戏骨】xìgǔ 名 指演技精湛、功底深厚的影视、戏剧演员 ▷老～的表演博得阵阵掌声。

【戏剧】xìjù ❶ 名 由演员扮演各种角色，表演故事，反映社会生活的一种艺术形式。是以表演艺术为中心的文学、音乐、舞蹈等艺术的综合。从不同的角度可分为话剧、戏曲、歌剧、舞剧等，也可分为悲剧、喜剧、正剧等，还可分为现代剧、历史剧等。❷ 名 指剧本 ▷他擅长写～。

【戏剧化】xìjùhuà 动 指事物的状态变得像戏剧情节那样曲折离奇。

【戏剧性】xìjùxìng 名 指戏剧所具有的情节曲折、冲突尖锐的特性;也指某些事情所具有的曲折离奇的特点 ▷这件事富有～。

【戏楼】xìlóu 名 旧指供演戏用的楼台式建筑。

【戏路】xìlù 名 演员能扮演的角色类型 ▷他的～很宽,扮演过多种角色。

【戏码】xìmǎ 名 戏曲演出的节目。

【戏迷】xìmí 名 爱好看戏或唱戏入了迷的人。

【戏目】xìmù 名 剧目。

【戏弄】xìnòng 动 戏耍捉弄;拿人开心。

【戏票】xìpiào 名 观看戏曲等演出的入场券。

【戏曲】xìqǔ ❶ 名 我国传统的舞台艺术表演形式。是流行全国的戏剧种类的统称。以歌唱和舞蹈为主要表现手段。❷ 名 特指戏曲的曲文或杂剧、传奇的唱词。

【戏曲片】xìqǔpiàn 名 把戏曲演出拍摄下来的影视片。口语中也说戏曲片ル(piānr)。

【戏曲音乐】xìqǔ yīnyuè 我国传统戏曲的乐曲和唱腔。

【戏耍】xìshuǎ ❶ 动 戏弄;耍笑 ▷不应～别人。❷ 动 嬉戏;玩耍 ▷和孩子们一块ル～。

【戏水】xìshuǐ 动 在水面上游戏玩耍 ▷鸳鸯～。

【戏说】xìshuō 动 戏谑地叙说或评说 ▷严肃题材不容～|《～慈禧》。

【戏台】xìtái 名〈口〉舞台,供演出用的台子。

【戏文】xìwén ❶ 名 南戏。❷ 名 戏词。

【戏侮】xìwǔ 动 戏弄欺侮。

【戏校】xìxiào 名 培养戏剧创作、编导和表演人才的学校。

【戏谑】xìxuè 动 用诙谐的话开玩笑。

【戏言】xìyán ❶ 名〈文〉开玩笑的话;随便说说并不认真的话 ▷不过是几句～。❷ 动 开玩笑说 ▷大家～他是我校的卓别林。

【戏园子】xìyuánzi 名 旧指戏院。

【戏院】xìyuàn 名 剧场。

【戏照】xìzhào 名 戏曲表演时拍摄的照片;泛指穿着戏装拍摄的照片。

【戏装】xìzhuāng 名 戏曲演员演出时按照剧情需要所穿的戏服和所戴的靴、盔头等。

【戏子】xìzi 名 旧时称戏曲演员(含轻蔑意)。

饩(餼) xì〈文〉❶ 名 作为赠物的粮食;泛指粮食、饲料 ▷～食|马～。→ ❷ 动 赠送 ▷～赉(lài)。→ ❸ 名 活的牲畜。

系(係❶❷❻ 繫❶❷❼—❾) xì ❶ 动〈文〉拴或绑 ▷～马|～缚(束缚)。→ ❷ 动 结合(在一起);联系 ▷维～。⇒ ❸ 名 系统① ▷水～|语～|嫡～。⇒ ❹ 名 高等学校中的教学行政单位,按学科划分 ▷数学～。⇒ ❺ 名 年代地层单位的第三级。参见300页"地层单位"。⇒ ❻ 动〈文〉表示判断,相当于"是" ▷李白～唐代诗人|确～冤狱。→ ❼ 动〈文〉扣押;监禁 ▷拘～。→ ❽ 动 牵挂;惦念 ▷情～祖国|～恋。→ ❾ 动 把捆好的人或东西往上提或向下送 ▷把东西从窗口～上来|把桶～到井下。○ ❿ 名 姓。☛ 通常读xì;读jì,指打结、扣(繁体是"繫",汉字简化后,以"系"代"繫")。

另见650页jì。

【系词】xìcí ❶ 名 逻辑学中命题的三个组成部分之一。它联系主词和宾词,表示肯定或否定。如"他是学生""我不是教师"这两个命题中的"是"和"不是"就是系词。❷ 名 某些语法书把起联系两种事物作用的"是"称作系词。

【系恋】xìliàn 动 留恋;牵挂 ▷～着祖国。

【系列】xìliè 名 组合成套的、性质相同或相近而又相关联的事物 ▷同属一个～|～产品。

【系列化】xìlièhuà 动 按一定的规格和要求,使产品或其他事物搭配成套,形成系列 ▷产品～。

【系列剧】xìlièjù 名 影视剧或舞台剧中,至少在三集(出)以上,有几个固定角色贯穿全剧始终,每集内容相对独立而又相互联系,并保持形式和风格上统一的戏剧形式。

【系列片】xìlièpiàn 名 表现同一主题思想、内容连贯而又相对独立的一组电影片或电视片。口语中也说系列片ル(piānr)。

【系列小说】xìliè xiǎoshuō 主题思想统一、内容各自相对独立的一组小说。

【系铃人】xìlíngrén 名 原指往老虎脖子上系挂金铃的人。后比喻惹出麻烦的人。参见707页"解铃还须系铃人"。

【系念】xìniàn 动 牵挂;惦念 ▷游子～亲人。

【系数】xìshù ❶ 名 在数学的表达式或方程中,与特定的变量相乘的常数(或函数)。❷ 名 科技中用来表示某种性质的程度或比率的数。如安全系数、摩擦系数等。

【系统】xìtǒng ❶ 名 由同类事物结合成的有组织的整体 ▷血液循环～|人员在～内部调整。❷ 形 有条理的;成系统的 ▷～介绍|学得很不～。

【系统工程】xìtǒng gōngchéng ❶ 运用先进的技术对一个系统内部的规划、研究、设计、制造、试验和使用等环节进行有效的组织管理以求得最佳效果的思路和措施。❷ 指由相互作用和相互依赖的若干组成部分结合成的、具有特定功能的有机整体;也指牵涉很多方面的复杂而庞大的工作任务。

【系统化】xìtǒnghuà 动 使若干相互关联的事物组合成一个有条理的整体 ▷将这些资料～。

【系统论】xìtǒnglùn 名 研究系统的一般模式、结构、性质和规律的理论;也指研究系统思想和系统方法的哲学理论。

【系统性】xìtǒngxìng 名 事物相互关联共同组合成一个有机整体的特性 ▷他讲课的～很强。

屃（屓） xì 见 73 页"赑(bì)屃"。

郄 xì 古同"隙"。另见 1108 页 qiè。

细（細） xì ❶ 形 条状物横断面面积小（跟"粗"相对，③⑤⑥⑦⑧同）▷房檩太～，得换根粗的｜～纱｜～铁丝。→ ❷ 形 微小 ▷～菌｜～节｜事无巨～。⇒ ❸ 形 长条形两边的距离小 ▷眉毛又～又弯｜线画得太～了，加粗些。⇒ ❹ 形 微弱 ▷斜风～雨。⇒ ❺ 形 声音轻微 ▷～声～语。⇒ ❻ 形 颗粒小 ▷～砂轮｜白面比玉米面磨得～。⇒ ❼ 形 精致；细密 ▷精雕～刻｜精～。❽ 形 周到而详细；仔细 ▷日子过得很～｜胆大心～｜精打～算｜～看。⇒ ❾ 名 密探 ▷奸～。〇 ❿ 名 姓。

【细胞】xìbāo 名 构成生物体的基本单位，非常微小，在显微镜下才能看到，形状多种多样。主要由细胞核、细胞质和细胞膜等构成，植物的细胞膜外还有细胞壁。有运动、营养和繁殖的机能。

【细胞壁】xìbāobì 名 包在植物细胞膜外的纤维素厚壁，是植物细胞的特征之一。

【细胞工程】xìbāo gōngchéng 生物工程的一个重要分支。采用细胞培养技术，对动物、植物进行有计划的改造或控制，为人类提供优良品种或保存珍贵物种。

【细胞核】xìbāohé 名 细胞的重要组成部分，在细胞中央，由核酸、核蛋白等构成，是生物遗传信息的储存、复制和转录的重要场所。

【细胞膜】xìbāomó 名 细胞表面包裹细胞质的薄膜。有半渗透性，能控制细胞与外界的物质交换，并能接受外界的信息，引起细胞内代谢和功能的改变，以调节细胞的生命活动。

【细胞移植】xìbāo yízhí 用注射等方法将供者的大量游离活性细胞输送到受者血管、体腔或组织器官内。

【细胞质】xìbāozhì 名 细胞核外、细胞膜内的无色半透明胶状物质。可进行代谢合成和储存、输送代谢物质。

【细布】xìbù 名 质地细密柔软的平纹棉布。

【细部】xìbù 名 细微部分；特指图画或建筑图纸中需放大比例表示的部分 ▷这是那幅油画中少女头像的～。

【细菜】xìcài 名 指某个地方在某个季节供应量不多的蔬菜，通常培植费工，价格较高 ▷市场上大路菜和～都不可缺少。

【细长】xìcháng 形 又细又长 ▷～的手指。

【细瓷】xìcí 名 质地上乘、做工精致的瓷器。

【细大不捐】xìdà-bùjuān 小的大的都不舍弃（捐：舍弃）。形容收集详备或搜罗净尽。

【细点】xìdiǎn 名 用料考究、制作精细的点心。

【细纺】xìfǎng 动 把棉、毛、麻等纤维纺成的粗纱再纺成细纱，是纺纱的最后一道工序。

【细高挑儿】xìgāotiǎor 名〈口〉细高的身材；借指细高身材的人。

【细工】xìgōng 名 细致精密的做工 ▷～出精品。

【细故】xìgù ❶ 名 细小而不易引人注意的原因或条件 ▷问其～｜查明～。❷ 名〈文〉无关紧要的小事 ▷～末节。

【细化】xìhuà 动 使具体；使细致 ▷～各工作环节｜分工进一步～。

【细活儿】xìhuór 名 细密精致的活计；特指技术要求高而劳动强度并不大的工作 ▷快工也能出～｜修理手表可是个～。

【细火】xìhuǒ 名 文火；小火 ▷用～焖熟。

【细嚼慢咽】xìjiáo-mànyàn 细细咀嚼，慢慢吞咽。

【细节】xìjié ❶ 名 细小的环节或情节的细微部分 ▷协议的大框架已经有了，现在正在商谈～。❷ 名 文艺作品中用来表现人物性格或事物本质特征的细小情节 ▷小说的～描写。

【细究】xìjiū 动 仔细地推求、追究 ▷不必～。

【细菌】xìjūn 名 用显微镜才能看见的微小的单细胞生物，有球形、杆形、螺旋形等多种形状。遍布于土壤、空气、水、有机物质与生物体内。一般为分裂繁殖。对自然界物质循环起着重大作用。有的对人类有益，有的能使人类或牲畜等致病。

【细菌肥料】xìjūn féiliào 用固氮菌、根瘤菌等制成，施放于土壤中，能固定空气或土壤中的氮、磷、钾，使之转化为利于作物吸收的物质。

【细菌武器】xìjūn wǔqì 生物武器。

【细菌战】xìjūnzhàn 名 用细菌武器进行的战争。

【细颗粒物】xìkēlìwù 名 指大气中直径小于或等于 2.5 微米的颗粒物。细颗粒物是空气污染的一个主要来源，被吸入人体后能进入肺泡，可引发多种疾病，危害健康。细颗粒物含量是测定空气质量的一个重要指标。也说可入肺颗粒物、$PM_{2.5}$。

【细粮】xìliáng 名 一般指白面、大米等食粮。

【细溜溜】xìliūliū 形 形容细而长 ▷她的身材～的。

【细毛】xìmáo ❶ 名 动植物表皮上长的细短的丝状物。❷ 名 指狐皮、貂皮、水獭皮等贵重毛皮。

【细密】xìmì ❶ 形 精细紧密 ▷这种布质地～｜～的针线。❷ 形 细致周密 ▷分工～。

【细目】xìmù 名 详细的项目或目录 ▷开列工程的各类～｜翻阅了图书馆的藏书～。

【细嫩】xìnèn ❶ 形（皮肤、肌肉等）细腻柔嫩。❷ 形 细弱柔嫩 ▷～的小苗。

【细腻】xìnì ❶ 形 细润光滑 ▷这种绸缎手感非常～。❷ 形（描写、表演等）细致入微 ▷她的表演非常～。

【细皮嫩肉】xìpí-nènròu 形容人的皮肤细腻柔嫩。

【细巧】xìqiǎo 形 细致精巧 ▷做工～。

【细情】xìqíng 名 详细的情况 ▷～不太了解。

【细柔】xìróu ❶ 形 纤细柔软 ▷～的长发。❷ 形（质地）细腻柔软 ▷～的绸缎。

【细软】xìruǎn ❶ 形 纤细柔软 ▷一头～的秀发。❷ 名 指贵重而又便于携带的珠宝、绸帛等。

【细润】xìrùn 形 细腻润泽 ▷叶子～有光。

【细弱】xìruò 形 细微柔弱 ▷～的声音。

【细纱】xìshā 名 粗纱经细纺而成的单纱。可供制线、机织、针织等用。

【细声细气】xìshēng-xìqì 形容说话声音轻柔和缓。

【细水长流】xìshuǐ-chángliú 比喻有节制地使用财物使保持长期不缺；也比喻点点滴滴、坚持不懈地做下去。☛“长”不要误写作“常”。

【细说】xìshuō 动 详细地说。

【细碎】xìsuì 形 细小零碎；细微琐碎。

【细条】xìtiáo 形 形容条形物细而长。

【细条】xìtiao 现在一般写作“细挑”。

【细挑】xìtiao 形（身材）苗条。

【细微】xìwēi 形 细小轻微；细小微弱 ▷～的差别｜呼吸～。

【细问】xìwèn 动 详细询问；追问 ▷～缘由。

【细小】xìxiǎo 形 非常小 ▷～的针孔｜～的变化。

【细心】xìxīn 形（思考、办事）细致认真 ▷～护理｜做事很～。

【细辛】xìxīn 名 多年生草本植物，叶子桃形，根很细，有辣味。可以做药材。

【细雨】xìyǔ 名 雨点很小的雨 ▷～蒙蒙。

【细语】xìyǔ 动 低声说话 ▷她俩在窃窃～。

【细则】xìzé 名 为实施规章制度而拟定的更为详细的条例 ▷比赛～｜实施～。

【细账】xìzhàng 名 详细的账目。☛不要写作“细帐”。

【细针密缕】xìzhēn-mìlǚ 针线细密。形容做事细致周密 ▷～，无懈可击。

【细枝末节】xìzhī-mòjié 细小的枝节。比喻无关紧要的小事。

【细致】xìzhì ❶ 形 细腻精致 ▷工艺～。❷ 形 精细周密 ▷考虑得很～｜办事～。

【细作】xìzuò 名 旧指暗探。

咥 xì 形〈文〉形容大笑的样子。
另见 322 页 dié。

郤 xì ❶ 名 姓。○ ❷ 古同“隙”。☛跟“郤(què)”不同。“郤”右边是“阝”，不是“卩”。

绤（綌） xì 名〈文〉葛麻织的粗布。多用来制作夏衣。

阋（鬩） xì 动〈文〉吵架；争斗 ▷兄弟～于墙｜～讼(争讼)。

舄 xì ❶ 名 古代一种加木底的鞋；泛指鞋。○ ❷古同“潟”。

傒 xì 动〈文〉囚禁 ▷驱人之牛马，～人之子女。
另见 1469 页 xī。

隙 xì ❶ 名 缝隙 ▷白驹过～｜门～｜孔～｜裂～。→ ❷ 名 空间或时间上的小的空(kòng)隙 ▷间(jiàn)～｜～地。→ ❸ 名 漏洞；机会 ▷无～可乘｜伺～｜寻～闹事。→ ❹ 名（思想感情上的）裂痕；隔阂 ▷嫌～｜仇～。☛右上是“小”，不是“少”。

【隙地】xìdì 名 在人多或放了东西的地方留下的小的空当；空着的土地 ▷会场里拥挤极了，没有一点儿～｜利用街头～栽花种草。

【隙缝】xìfèng 名 缝隙；裂缝。

禊 xì 动 古代春秋两季在水边设祭祓除不祥 ▷祓～。

潟 xì ❶ 名〈文〉盐碱地 ▷～卤｜～湖。○ ❷ 用于地名。如新潟，在日本。☛跟“泻”不同。“新潟”不要误写作“新泻”。

【潟湖】xìhú 名 浅水海湾因泥沙淤积而封闭成的水域，或由珊瑚环礁环绕而成的水域。

xiā

呷 xiā 动 抿，小口地喝 ▷～了一口酒。
另见 436 页 gā。

虾（蝦） xiā 名 甲壳动物，身体分头胸部和腹部，腹部由许多环节构成，体外有薄而透明的软壳。头胸部和腹部都有附肢。生活在淡水或海水里。种类很多，常见的有对虾、毛虾、龙虾、基围虾等。
另见 529 页 há。

【虾兵蟹将】xiābīng-xièjiàng 神话中龙王手下的兵将。常用来比喻没有战斗力的兵将。

【虾酱】xiājiàng 名 用小虾制成的酱类食品。

【虾米】xiāmi ❶ 名 蒸煮后晒干或烘干的去掉头、尾和皮壳的虾。❷ 名 某些地区指小虾。

【虾皮】xiāpí 名 蒸煮后晒干的毛虾。也说虾米皮。

【虾片】xiāpiàn 名 一种食品，把虾肉铰碎，加淀粉和调料拌匀，蒸熟切成薄片干燥而成。吃时再用油炸使膨化。

【虾仁】xiārén 名 去掉了头、壳的鲜虾肉。

【虾子】xiāzǐ 名 虾的卵 ▷～酱。

瞎 xiā ❶ 动 眼睛失明 ▷一只眼～了。→ ❷ 副 盲目地；胡乱地 ▷～操心｜～指挥。○ ❸ 动〈口〉指某些事情失败了或没有收到预期效果 ▷庄稼～了(没有收成)｜井打～了(不出水)｜～账(收不回的贷款)。☛右边中间是“丰”，一竖上下都出头。

【瞎掰】xiābāi〈口〉❶ 动 瞎闹② ▷～的事儿别

干。❷ 动 胡说;乱说 ▷说话注意点儿,别～。

【瞎编】xiābiān 动 胡编;没有根据地捏造 ▷这些材料都是别有用心的人～出来的!

【瞎扯】xiāchě 动 没有目的、没有中心地闲聊;没有根据地乱说 ▷几个人在一起～一通|别听他～,根本就没那回事。

【瞎吹】xiāchuī 动 漫无边际地夸口;吹牛。

【瞎话】xiāhuà 名〈口〉谎话 ▷～连篇。

【瞎火】xiāhuǒ ❶ 名 打不响的子弹、炮弹等 ▷三发子弹竟有两发是～。❷ 动 子弹、炮弹发射不出或不能爆炸 ▷炮弹～。

【瞎聊】xiāliáo 动 随意地闲扯、聊天儿。

【瞎忙】xiāmáng 动 没有计划、没有成效地忙碌 ▷他整天～|你～什么?

【瞎闹】xiānào ❶ 动 胡闹;无理纠缠 ▷～对你没有好处。❷ 动 没有成效地乱做 ▷～了几个月,什么也没搞成。

【瞎炮】xiāpào 名 发射出去没有爆炸的炮弹;施工爆破中没有爆炸的炮。也说哑炮。

【瞎说】xiāshuō 动 无凭无据地乱说 ▷你～什么,说话是要负责任的。

【瞎说八道】xiāshuō-bādào 胡说八道。

【瞎信】xiāxìn 名 因地址不清或错误而无法投递的信件。也说死信、盲信。

【瞎眼】xiāyǎn ❶ 名 失明的眼睛。❷ 动 瞎了眼睛;比喻认错了事物 ▷算我～,看错了人。

【瞎指挥】xiāzhǐhuī 不了解或不考虑实际情况而胡乱指挥 ▷不懂就学,不要～。

【瞎诌】xiāzhōu 动 没有根据地胡编乱说 ▷哪有这样的事,纯粹是～。

【瞎抓】xiāzhuā 动 比喻没有章法和条理地做事 ▷～了一个月,一点儿效果也没有。

【瞎子】xiāzi 名 对盲人的不尊重的称呼。

鰕 xiā ❶ 名〈文〉大鲵。○ ❷ 名 鰕虎鱼的统称。肉食性小型鱼类的一科。体侧扁,长可达20厘米。眼小,牙尖细或分叉,尾鳍圆形或尖长。具有经济价值,我国沿海均产。○ ❸ 古同"虾"。

xiá

匣 xiá 名 匣子 ▷木～|纸～|梳妆～|一～点心。

【匣子】xiázi 名 装东西的方形器具,有盖儿可以开合,一般比箱子小。

【匣子枪】xiáziqiāng 名〈口〉驳壳枪。

侠(俠) xiá ❶ 形 侠义 ▷～气|～骨|～客。→ ❷ 名 侠客 ▷江湖大～。

【侠胆】xiádǎn 名 侠肝义胆。

【侠肝义胆】xiágān-yìdǎn 形容扶弱抑强、舍己助人、见义勇为的思想品格。

【侠客】xiákè 名 武侠。

【侠气】xiáqì 名 扶弱抑强、见义勇为的气概、气度 ▷他是个有血性有～的硬汉子。

【侠士】xiáshì 名 武侠。

【侠义】xiáyì 形 讲义气,能扶危济困和见义勇为的 ▷这人十分～|～行为。

狎 xiá 动〈文〉不庄重地亲近;玩弄 ▷～侮|～昵|～妓。

【狎妓】xiájì 动 玩弄妓女;嫖娼。

【狎昵】xiánì 形 过分亲近,态度不庄重。

柙 xiá 名〈文〉关野兽的木笼,也用来押解犯人 ▷禽槛豕～|～槛|～车。

峡(峽) xiá 名 两山之间夹水的狭长地带(多用于地名) ▷～谷|长江三～|青铜～(在宁夏)。☛ 统读 xiá,不读 jiā 或 jiá。

【峡谷】xiágǔ 名 深而狭窄的山谷,中间多有河流 ▷雅鲁藏布大～。

狭(狹 *陿) xiá 形 窄;不宽阔(跟"广"相对) ▷～路相逢|～窄|～长|～隘|～义。

【狭隘】xiá'ài ❶ 形 窄小 ▷走廊～。❷ 形 (思想、心胸等)不宽广;有局限 ▷观念～|～的民族主义者。☛ 参见本页"狭窄"的提示。

【狭长】xiácháng 形 又窄又长 ▷～的隧道。

【狭路相逢】xiálù-xiāngféng 古乐府《相逢行》:"相逢狭路间,道隘不容车。"意思是在狭窄的路上相遇,没有回避退让的余地。现多指仇人或对手相遇,互不相让。

【狭小】xiáxiǎo 形 又窄又小 ▷～的房间|度量～。

【狭义】xiáyì 名 范围较为狭窄的定义(跟"广义"相对) ▷"金"广义指一切金属,～专指黄金。

【狭窄】xiázhǎi ❶ 形 宽度小 ▷～的山间小道。❷ 形 狭隘② ▷他的知识面比较～。☛ 跟"狭隘"不同。"狭窄"较多使用第①义项;"狭隘"较多使用第②义项。

叚 xiá 名 姓。☛ "叚"读 xiá 时,可用于姓氏、人名;读 jiǎ 时,是"假"的异体字。

另见 660 页 jiǎ"假"。

硖(硤) xiá [硖石] xiáshí 名 地名,在浙江。

翈 xiá 名 羽瓣,羽毛主干两侧斜行平列呈瓣状的部分。

遐 xiá ❶ 形 遥远,空间距离长 ▷～迩闻名。→ ❷ 形 长久,时间距离长 ▷～年|～寿。○ ❸ 名 姓。☛ 右上是"叚",不是"段"。

【遐迩】xiá'ěr 名〈文〉远处和近处 ▷声闻～。

【遐迩闻名】xiá'ěr-wénmíng 名闻遐迩。

【遐龄】xiálíng 名〈文〉长寿,高龄。

【遐思】xiásī 动 悠远地思索 ▷这把军刀引起了

老战士们多少～！

【遐想】xiáxiǎng 动 悠远地想象；无拘无束地联想 ▷闭目～|～联翩|引起许多～。

瑕 xiá 名 玉的斑点；比喻缺点（跟"瑜"相对）▷～疵|～瑜互见|～不掩瑜。

【瑕不掩瑜】xiábùyǎnyú 玉上的斑点掩盖不了玉的光泽。比喻缺点、毛病掩盖不了优点和长处，优点和长处是主要的。

【瑕疵】xiácī 名 微小的缺点、毛病。

【瑕玷】xiádiàn 名〈文〉玉的斑痕；比喻缺点。

【瑕瑜互见】xiáyú-hùjiàn 玉的斑点和光泽同时显现出来；比喻优点缺点同时并存。

暇 xiá ❶ 形（时间）空闲 ▷闲～|～日。→ ❷ 名 空闲无事的时间 ▷无～顾及。☛ ㊀统读 xiá，不读 xià。㊁右边是"叚"，不是"段"。

【暇时】xiáshí 名 空闲时间 ▷～再来拜访。

辖（轄） xiá ❶ 名〈文〉插在车轴两端的销子，可以卡住车轮使不脱落。→ ❷ 动 管理；管束 ▷统～|管～|直～市。

【辖区】xiáqū 名 所管辖的区域 ▷本县～之内。

【辖制】xiázhì 动 管制；管辖 ▷～交通|地方大了，～起来就不太方便。

霞 xiá 名 日出、日落前后天空或云层上因日光斜照而出现的彩色的光或云 ▷云蒸～蔚|云～。☛ 下边是"叚"，不是"段"。

【霞光】xiáguāng 名 阳光透过云雾折射出的彩色光芒 ▷～四射。

【霞帔】xiápèi 名 古代妇女礼服上一种类似披肩的服饰，色彩斑斓，宛若彩霞 ▷妈祖身披～。

黠 xiá〈文〉❶ 形 聪慧机敏 ▷慧～。→ ❷ 形 狡猾奸诈 ▷狡～|～吏。

xià

下 xià ❶ 名 低处；较低的位置（跟"上"相对，③④⑥同）▷往～跳|～面。→ ❷ 形 处于低处的 ▷～游|～层。⇒ ❸ 名 时间或顺序在后的 ▷～一个就该轮到我了|～次。⇒ ❹ 名 等次或品级低的 ▷～级|～策。❺ 动 低于；少于（常用于否定）▷这袋米不～50公斤。→ ❻ 动 从高处到低处 ▷～坡|～楼。⇒ ❼ 动 去；到（通常指从上游到下游，从上级部门到下级部门，从西往东，从北往南）▷由三峡直～武汉|～基层|南～。⇒ ❽ 动 发布；投送 ▷～命令|～文件|～请帖。⇒ ❾ 动 退出；离开 ▷轻伤不～火线|～岗。❿ 动 结束（工作等）▷～班|～课。⇒ ⓫ 动 降；落 ▷雪～得很大|～霜。⇒ ⓬ 动 开始使用；用 ▷～笔|～毒手。⇒ ⓭ 动 投入；放进 ▷等米～锅|～种|～饺子。⇒ ⓮ 量〈口〉用于器物的放入量 ▷瓶子里只有半～油。⇒ ⓯ 动 指进行棋类活动 ▷～棋。⓰ 量 用在"两""几"之后，表示本领 ▷真有两～儿|没有几～子敢揽这个活儿？⇒ ⓱ 动 取下来；卸掉 ▷把车轮～下来|～枪。⇒ ⓲ 动（动物的母体）生出幼体 ▷～羊羔|～蛋|～崽。⇒ ⓳ 量 用于动作的次数 ▷打了好几～|车轮转了两～。→ ⓴ 名 表示属于一定的范围、处所、条件等 ▷手～|名～|在困难的情况～。→ ㉑ 名 表示方位或方面（前面加数目字）▷往四～里看了看。→ ㉒ 名 表示当某个时间或时节 ▷时～。○ ㉓ 动 作出（某种结论、决定、判断等）▷～断语|～定义|～决心。○ ㉔ 名 姓。

另见 1484 页 xia。

【下巴】xiàba ❶ 名 下颌的通称。❷ 名 颏（kē）的通称。

【下巴颏儿】xiàbakēr 名 颏（kē）的通称。

【下摆】xiàbǎi 名 大衣、上衣、裙子等最下边的部分。

【下班】xiàbān 动 规定的工作时间结束，停止工作 ▷～回家|下了班去看电影。

【下半场】xiàbànchǎng 名 球赛或戏剧演出等分两时段进行的，后时段称下半场。也说下半时。

【下半年】xiàbànnián 名 一年中的7月至12月这段时间。

【下半旗】xiàbànqí 将国旗、军旗或国际组织等的旗帜先升到旗杆顶，再降到离杆顶约占全杆三分之一的地方，是一种最隆重的表示哀悼的礼节 ▷～志哀。也说降半旗。

【下半天】xiàbàntiān 名 下午。

【下半夜】xiàbànyè 名 后半夜。

【下半月】xiàbànyuè 名 每月16日（2月为15日）至月底这段时间。

【下绊子】xiàbànzi 乘人不备，伸出腿脚将人绊倒；比喻暗中使坏，设置障碍 ▷若不是他～，这事早办成了。

【下辈】xiàbèi ❶ 名 子孙 ▷教育我们的～务必不忘艰苦奋斗。❷ 名 家族中的下一代。

【下辈子】xiàbèizi 名 来生。

【下本儿】xiàběnr 动 投入人力、物力、财力等 ▷做生意不～可不行。

【下笔】xiàbǐ 动 落笔；动笔写或画 ▷～快捷|先打腹稿再～。

【下笔成章】xiàbǐ-chéngzhāng 一动笔就写成了文章。形容文思敏捷。

【下边】xiàbian 名 下面。

【下不为例】xiàbùwéilì 以后不能拿这一次事件作为先例。表示只通融或宽恕这一次。

【下不来】xiàbulái ❶ 动 处于较高位置不能下来

▷蔬菜价格一时～。❷ 动 受窘；难为情 ▷当着那么多人批评他，真叫他～。❸ 动 办不成；解决不了 ▷这个活儿，没个把月～。❹ 动（作物）还不能收获 ▷芒种刚过，西瓜还～。

【下不了台】xiàbuliǎotái 比喻处境尴尬，无法收场。也说下不来台。

【下部】xiàbù ❶ 名 指身体或物体靠下面的部分。❷ 名 特指人的阴部。❸ 名 指分为多部的小说、影视作品等的最后一部或靠后的一部。

【下操】xiàcāo ❶ 动 出操；进行操练 ▷早六点准时去～。❷ 动 结束操练 ▷你先等会儿，排长马上就要～了。

【下策】xiàcè 名 下等的计谋或办法 ▷这是～，不得已而为之。

【下层】xiàcéng ❶ 名 下面的层次 ▷酒楼的上层设有雅座，～是大堂散座。❷ 名 借指地位居于基层的机构、组织、阶层 ▷～军官｜社会的～。

【下厂】xiàchǎng ❶ 动 到工厂开展工作 ▷～蹲点｜～实习｜～验货。❷ 动 进入工厂生产程序 ▷上月～印刷。

【下场】xiàchǎng ❶ 动 演员或运动员离开舞台或赛场 ▷～门。❷ 名 结局（多指不好的）▷他这样的～是咎由自取。

【下场门】xiàchǎngmén 名 多指舞台左侧（观众看是右侧）的出入口。因演员一般由此处退场，故称。

【下车伊始】xiàchē-yīshǐ 原指新官刚到任所下车（伊：古汉语助词）；现泛指新到一个工作岗位或刚到一个新的地方。

【下沉】xiàchén ❶ 动 在水中下降 ▷船体逐渐～。❷ 动 地面、建筑物等从正常位置往下降 ▷路面～。

【下乘】xiàchéng ❶ 名 佛教用语，即小乘。❷ 形 品位、质量低（跟"上乘"相对）▷质量～。

【下厨】xiàchú 动 去厨房（做饭做菜）。

【下处】xiàchu 名 离家外出的人临时寄宿的处所。

【下传】xiàchuán ❶ 动 下达。❷ 动 下载。

【下船】xiàchuán ❶ 动 离船登岸。❷ 动 某些地区指离岸登船；上船。

【下垂】xiàchuí 动 物体向下垂挂。

【下唇】xiàchún 名 人或某些动物嘴边掩蔽下牙的肌肉组织。

【下存】xiàcún 动 支取一部分（存款）之后还余存（若干数目）▷工资卡还～500 元。

【下挫】xiàcuò 动 下跌（多指商品价格）。

【下达】xiàdá 动 向下发布或传达 ▷～命令。

【下大力气】xiàdàlìqi 投入大量精力 ▷～整顿。

【下代】xiàdài 名 家族或民族的后一代或后几代；泛指后代。

【下单】xiàdān 动 客户通过书面、电话或网络等下达预订或购买货物的指令 ▷火车票可以在网上～订购｜用微信～购买新书。

【下蛋】xiàdàn 动（鸟类或某些爬行动物）产卵。

【下刀子】xiàdāozi ❶ 落下刀子；借指形势恶劣艰难 ▷别说下雨，就是～我也去。❷ 借指下毒手 ▷当心他给你～。

【下等】xiàděng 形 地位在下的；档次低的；质量差的 ▷～人｜～品｜质量～。

【下地】xiàdì ❶ 动 到田间（干活儿）▷天刚亮就～了。❷ 动 病人开始从床上下来活动 ▷病见好，能～了。❸ 动 婴儿出世；幼儿开始能在地面行走 ▷一岁的孩子，该～了。

【下跌】xiàdiē 动（商品价格、水位等）向下跌落 ▷彩电、空调价格又～了｜水位有所～。

【下定】xiàdìng ❶ 动 下聘。❷ 动 决定购买或租赁时预付定金。

【下碇】xiàdìng 动 指（船只）停靠码头。

【下毒手】xiàdúshǒu 使用狠毒手段 ▷背后～。

【下端】xiàduān 名 指立着的条状物处于低处的一头 ▷柱子的～垫着石礅。

【下颚】xià'è ❶ 名 某些节肢动物摄取食物的器官，生在口两旁的下方，很小，长有很多短毛。❷ 名 下颌。

【下发】xiàfā 动 发送到下级或基层 ▷本文件～县（团）级｜救灾物资要迅速～。

【下凡】xiàfán 动 神话中称神仙下到人间 ▷天女～。

【下饭】xiàfàn ❶ 动 就着菜把饭吃下去 ▷喝酒把菜都吃光了，拿什么～哪！❷ 形 适宜于帮助把饭吃下去 ▷这道菜挺～的。

【下房】xiàfáng 名 厢房。

【下放】xiàfàng ❶ 动（权力、任务）交给下层机构 ▷权力～。❷ 动 把人员调到下级单位或基层去工作 ▷～到车间｜～了一年。

【下风】xiàfēng ❶ 名 风吹去的方向。❷ 名 比喻劣势或不利的位置 ▷客队处于～。

【下浮】xiàfú 动（价格、利率、工资等）向下浮动 ▷汇率～。

【下疳】xiàgān 名 一种性病，生殖器外部形成溃疡，溃疡周围组织或硬而不痛，或软而疼痛，分别称为硬下疳和软下疳。

【下岗】xiàgǎng ❶ 动 离开值勤岗位 ▷值勤的战士还没有～。❷ 动（职工）因企业破产、人员裁减等情况离开工作岗位 ▷安排～人员再就业。

【下工】xiàgōng 动 收工；规定的工作时间结束，停止劳动 ▷天黑才～。

【下功夫】xiàgōngfu 投入很多时间、精力（去做某事）▷舍得～，才有新进步｜不下一番功夫，怎能提高技术？

【下官】xiàguān〈文〉❶ 名 旧时指下属官员。❷ 名 旧时谦词，官吏用来自称。
【下跪】xiàguì 动 屈膝使一个或两个膝盖着地。
【下锅】xiàguō 动（把米、面或菜等）放进锅里（开始做饭菜）▷米已～，您就别走了。
【下海】xiàhǎi ❶ 动 出海 ▷～捕鱼｜～行船。❷ 动 戏曲界指票友转为职业演员。❸ 动 指原来不是经商的人员改行经商（海：商海）。
【下颌】xiàhé 名 口腔的下部。通称下巴。也说下颚。参见 557 页“颌”。
【下狠心】xiàhěnxīn 下最大的决心 ▷～戒烟。
【下滑】xiàhuá 动 向下滑动；下降 ▷成绩～。
【下怀】xiàhuái 名 指自己的心意 ▷正中～。
【下回】xiàhuí ❶ 名 下一次 ▷～还请你来。❷ 名 章回小说的下一回 ▷且听～分解。
【下级】xiàjí 名 指同一个组织系统中级别低的组织或人员 ▷～对上级负责。
【下集】xiàjí 名 分为多集的图书、影视作品等的最后一集或靠后的一集。
【下家】xiàjiā ❶ 名（打牌、行酒令等）按顺序排在某人后一位的人 ▷该～出牌。也说下手。❷ 名 商业活动中指承接自己货物的单位或个人 ▷畅销货品容易找到～。
【下架】xiàjià ❶ 动 图书馆等把图书、报刊从书架上撤下（停止借阅）。❷ 动 把商品、货物等从货架上撤下（停止销售或领取）▷发现假冒、劣质商品，必须立即～。
【下嫁】xiàjià 动 旧指帝王的女儿出嫁；泛指富贵人家的女儿嫁给贫穷或地位较低的人家。
【下贱】xiàjiàn ❶ 形 旧指出身、社会地位低下；卑贱 ▷我还没那么～，非要低三下四地去央求她。❷ 形 卑劣；下流 ▷这么做也未免太～了。
【下江】xiàjiāng 名 一般指九江以东的长江下游地区 ▷～地区，物阜民丰。
【下降】xiàjiàng ❶ 动 从高处向低处落 ▷滑翔机徐徐～。❷ 动（程度、数量等）由高变低，由多变少 ▷体温有所～。
【下脚】xiàjiǎo ❶ 动 放下脚去（站或走动）▷屋里又脏又乱，没有～之处。〇 ❷ 名 下脚料。
【下脚货】xiàjiǎohuò 名 次品 ▷没人要的～。
【下脚料】xiàjiǎoliào 名 原材料加工时，切除或剔除出来的零碎余料或废料。也说下脚。
【下界】xiàjiè ❶ 名 神话或迷信指人间。❷ 动 下凡。〇 ❸ 名 下方的界线；最低的界线 ▷地温升高，冻土层～抬升。
【下劲】xiàjìn 动 用劲。
【下九流】xiàjiǔliú 名 旧指从事所谓下等职业，社会地位低下的人。如艺人、挑夫、剃头师傅、吹鼓手等。
【下酒】xiàjiǔ ❶ 动 就着菜喝酒 ▷用花生米～。❷ 形 适宜于帮助把酒喝下去 ▷买点儿熟肉当～菜。
【下颏】xiàkē 名 颏（kē）▷瓜子脸，尖～。
【下课】xiàkè ❶ 动 规定的上课时间结束；讲课或听课完毕。❷ 动 体育运动中指教练等被撤换；泛指下台 ▷主教练～｜不称职的头头儿～了。
【下款】xiàkuǎn 名 书画作品的作者、信件或礼物等发送者的署名和标出的时间等。
【下来】xiàlái ❶ 动 指位置向说话人这边变换。a）从高处来 ▷刚从楼上～｜从楼梯上走～。b）从上级部门来 ▷从省里～的领导。c）从前方来 ▷从火线上～。d）轮换过来 ▷他～就该轮到你了｜从他那里轮～就到你了。❷ 动 农作物成熟并收获 ▷谷子快～了。❸ 动 表示一段时间终结 ▷一年～，盈余不少。❹ 动 表示动作、行为持续或完成 ▷从历史上传～｜100 米跑～，累得气喘吁吁。❺ 动 表示某种状态开始出现并会继续发展 ▷教室刚刚安静～｜车速慢～了。☞ ㊀“下来”的“来”，口语中常读轻声。㊁“下来”作补语时，口语中两个音节都常读轻声。
【下里巴人】xiàlǐ-bārén 战国时楚国的民间歌曲，能应和的人很多。后泛指通俗的文艺作品（跟“阳春白雪”相区别）。
【下力】xiàlì 动 用力气 ▷他干工作很～。
【下联】xiàlián 名 指一副对联的后半联；也指旧体诗中对偶句的后一句（跟“上联”相区别）▷～末字应为平声字。
【下列】xiàliè 区别 下面所列举的 ▷～事项。
【下令】xiàlìng 动 下达命令 ▷～出发。
【下流】xiàliú ❶ 名 江河的下游。❷ 名 指卑下的社会地位 ▷～社会。❸ 形 卑鄙无耻 ▷～行为｜～话。
【下落】xiàluò ❶ 名 人或物的去处；去向 ▷已有～｜～不明。❷ 动 往下掉落 ▷逐渐～。
【下马】xiàmǎ ❶ 动 从马背上下来。❷ 动 比喻某项工作停止进行 ▷违规工程必须～。
【下马看花】xiàmǎ-kànhuā 由“走马观花”仿造的成语。比喻停留下来，深入实际，仔细地观察研究。参见 1839 页“走马观花”。
【下马威】xiàmǎwēi 名 原指官吏初到任时对下属显示的威风；后泛指一开始就向人显示的威力 ▷给他来个～。
【下毛毛雨】xiàmáomaoyǔ ❶ 落蒙蒙细雨。❷ 比喻进行轻微的批评；也比喻在开展某项工作前透露一点儿消息，让有关人员思想上有所准备 ▷今天给大家～，后天再正式动员。
【下锚】xiàmáo 动 抛锚①。
【下面】xiàmiàn ❶ 名 指人或物体的下部 ▷上面穿着皮夹克，～是一条毛料西裤。❷ 名

指某物之下 ▷茶杯～压着一封信|大桥～。❸ 名 次序靠后的部分 ▷～请听录音。❹ 名 指机关或组织的下级 ▷将文件发到～|听听～的意见。‖也说下边。

【下奶】xiànǎi ❶ 动 分泌乳汁 ▷顺产妈妈产后多能自然～。❷ 动 催奶 ▷喝鲫鱼汤能～。

【下年】xiànián 名 明年。

【下女】xiànǚ 名 旧指做丫环的女子。

【下品】xiàpǐn ❶ 形 下等 ▷～花菜。❷ 名 下等物品 ▷这些是被剔除出来的～。

【下聘】xiàpìn 动 旧指男方给女方送聘礼，订下婚事。也说下定。

【下坡路】xiàpōlù ❶ 名 由高处到低处有坡度的路。❷ 名 比喻走向衰落的道路 ▷经营管理不善，正在走～。

【下铺】xiàpù 名 双层或三层床铺中的最下层铺位。

【下棋】xiàqí 动 进行棋类活动。

【下欠】xiàqiàn ❶ 动 归还一部分欠款后还欠下(若干数目) ▷算上这笔还款，那个公司还～我们 20 万元。❷ 名 下欠的那一部分钱款。

【下情】xiàqíng ❶ 名 下级的情况；群众的状况或心情 ▷熟悉～|体察～。❷ 名〈文〉谦词，指自己要说的意思或心情 ▷有～回禀。

【下去】xiàqù ❶ 动 指位置向着离开说话人的方向变换。a)到低处去 ▷楼下有人喊，你快～|砖掉～了。b)到下级或基层去 ▷派人～调查此事|把这些文件发～。c)到后方去 ▷三排顶上来，二排～休整。d)下面轮到 ▷今天老王值班，～就是你了。❷ 动 表示事物从有到无 ▷把话说开了，他的火气也就～了|肿块消～了。❸ 动 表示动作、行为继续进行 ▷你接着讲～。❹ 动 表示某种状态已经存在并将继续发展 ▷人一天天瘦～怎么得了！☛ ㊀"下去"的"去"，口语中常读轻声。㊁"下去"作补语时，口语中两个音节都常读轻声。

【下人】xiàrén 名 旧时指仆人。

【下任】xiàrèn ❶ 名 下一任 ▷～主教练人选已定。❷ 动 离任 ▷他～后身体好多了。

【下三烂】xiàsānlàn〈口〉❶ 形 下流，不自重，没出息 ▷一副～的样子。❷ 名 指下三烂的人。

【下三滥】xiàsānlàn 现在一般写作"下三烂"。

【下山】xiàshān ❶ 动 从山上往山下走 ▷～的路很窄。❷ 动 (太阳)落下 ▷太阳就要～了。

【下身】xiàshēn ❶ 名 身体的下半部。❷ 名 特指阴部。‖也说下体。❸ 名 指裤子或裙子。

【下渗】xiàshèn 动 向下渗透 ▷水渠～严重。

【下剩】xiàshèng 动 剩余 ▷把车票钱付了以后，只～几元钱了|～的活儿不多了。

【下士】xiàshì 名 初级军士军衔中的一级，低于中士。

【下世】xiàshì ❶ 动 死亡。❷ 名 来世；下辈子。

【下市】xiàshì ❶ 动 (季节性货物过了季)从市场上消失 ▷杏已经～了。❷ 动 结束一天的营业活动 ▷～以后，把门前打扫干净。

【下手】xiàshǒu ❶ 动 动手；开始进行 ▷不知从哪儿～。○ ❷ 名 下家①。❸ 见本页"下首"。现在一般写作"下首"。❹ 名 助手 ▷你掌勺儿，我当～。口语中也说下手儿。

【下首】xiàshǒu 名 位置较卑下的一边 ▷客人坐上首，我坐～。

【下书】xiàshū 动〈文〉投递书信 ▷～挑战。

【下属】xiàshǔ 名 部下；下级。

【下述】xiàshù 区别 下面将要说的 ▷请看～事实|采取～措施。

【下水】xiàshuǐ ❶ 动 到水里去 ▷他～以后腿就抽筋。❷ 动 船舶在船台上造好后沿滑道进入水中 ▷新造海轮正在～。❸ 动 把棉麻等纤维制品浸在水中使收缩 ▷新布最好先～，再裁剪。❹ 动 指参与干坏事 ▷糊里糊涂地被他们拉～。○ ❺ 动 顺流而下 ▷轮船上水速度慢，～速度快。

【下水】xiàshui 名 用于制作菜肴的禽畜内脏；某些地区专指其中的肚(dǔ)子和肠子。

【下水道】xiàshuǐdào 名 排放污水或雨水的管道。

【下塌】xiàtā 动 向下坍塌；塌陷 ▷桥面～。

【下榻】xiàtà 动〈文〉入住(旅馆等) ▷～西山宾馆。

【下台】xiàtái ❶ 动 从舞台或讲台上下来。❷ 动 指交出权力；卸去职务 ▷新内阁又～了。❸ 动 下台阶。

【下台阶】xiàtáijiē 指摆脱困难、尴尬的处境 ▷我给你圆圆场，你就趁势～吧。也说下台。

【下套】xiàtào ❶ 动 设置可勒紧或夹紧的器物，用来捕猎鸟兽。❷ 动 借指给人设置圈套 ▷他送钱是给我～|心存歹意，恶意～。

【下调】xiàtiáo 动 (价格、工资、税率、利率等)向下调整 ▷利率～。

【下同】xiàtóng 动 下面或后面说的、写的与上面或前面的相同(多用于附注) ▷《在延安文艺座谈会上的讲话》(简称《讲话》，～)。

【下头】xiàtou 名 下面；指下级或基层 ▷桌子～有双鞋|上头和～要通气。

【下网】xiàwǎng ❶ 动 撒下网；在水中安置渔网 ▷～捕鱼。❷ 动 退出网络；特指用户退出互联网(跟"上网"相对)。

【下位】xiàwèi ❶ 名 下首的座位 ▷他推老先生坐在首位，自己坐在～。❷ 名 较低的地位或职位 ▷甘居～做人梯|处在上位时不敢心怀傲慢，处于～时也不心情忧闷。❸ 区别

层级低的 ▷～概念。

【下位概念】xiàwèi gàiniàn 种概念。

【下文】xiàwén ❶ 名 指行文中某一段或某一句之后的部分 ▷有关这个问题的详细讨论，请见～。❷ 名 比喻事情后续的情况或结果 ▷谈过一次没有～了。

【下问】xiàwèn 动 向年龄比自己小或辈分、地位、学问等比自己低的人请教 ▷不耻～。

【下午】xiàwǔ 名 中午 12 点至天黑以前这段时间。

【下辖】xiàxiá 动 属下管辖 ▷该市～五个县(区)。

【下下】xiàxià ❶ 区别 等级或质量最低的 ▷～等。❷ 区别 比后一个时段还靠后的 ▷他到～周才来。

【下弦】xiàxián 名 一种月相，农历每月二十二、二十三日从地球上只能看到月亮东边的半圆。这种月相叫下弦(跟"上弦"相区别) ▷～月。

【下限】xiàxiàn 名 某一限度中最晚或最低的界限(跟"上限"相对) ▷本地区高考文科录取分数的～是 460 分。

【下线】xiàxiàn ❶ 动 (产品制造完)离开生产线 ▷新款轿车顺利～。❷ 动 网站等离开互联网，退出运营；有时也指下网 ▷那个网站 1 小时前～了｜两人聊得热和，谁也不愿意～。○ ❸ 名 指某组织中下一级的联络员。

【下陷】xiàxiàn 动 向下或向里凹进 ▷路面～。

【下乡】xiàxiāng 动 (城市里的人)到农村去；特指干部、学生等到农村工作、锻炼或服务 ▷科技、卫生、文化三～活动。

【下泄】xiàxiè 动 (水流)往下排泄 ▷工业废水～造成了河流污染。

【下泻】xiàxiè ❶ 动 (水)急速下流 ▷山洪～。❷ 动 比喻价格等急速下跌 ▷金价～。❸ 动 腹泻 ▷上吐～。

【下行】xiàxíng ❶ 动 (船)从上游往下游行驶；从高处往低处行进 ▷～船。❷ 动 我国铁路部门规定，列车朝着跟上行相反的方向行驶叫下行，编号使用奇数 ▷～列车。参见 1207 页"上行"②。❸ 动 (公文)由上级发向下级 ▷公文～｜～文。❹ 动 (价格、价格指数等)下降 ▷房价～｜入夏以来股指开始～。

【下学】xiàxué 动 放学 ▷～回家。

【下旬】xiàxún 名 每月 21 日至月底这段时间。

【下咽】xiàyàn 动 把口腔里的东西吞下去。

【下药】xiàyào ❶ 动 (医生)使用药物 ▷对症～。❷ 动 施放毒药 ▷全市统一～灭鼠。

【下野】xiàyě 动 当权的军政要人被解职(野：非掌权方面；民间) ▷总统～。

【下一步】xiàyībù 名 紧随前一步之后的步伐；多用来指下面紧随的步骤、做法 ▷按训练计划，～该进行体能测试了。

【下衣】xiàyī 名 下装②。

【下议院】xiàyìyuàn 名 某些国家两院制议会的一个院，享有立法权和监督行政、财政等权力。议员通常按人口比例由选民分选区选举产生。本为英国议会中平民院的别称，后被有的国家仿效，名称不一，如美国、日本叫众议院，法国叫国民议会(跟"上议院"相区别)。也说下院。

【下意识】xiàyìshí ❶ 名 心理学上指介于无意识和意识之间的心理反应。❷ 副 受外界影响或刺激而不由自主地(有某种反应) ▷一见闪电，她～地捂住了耳朵。☛ 作定语或在"的"字结构中，是名词，不是形容词或副词。如："下意识的动作""扬眉是下意识的"。

【下游】xiàyóu ❶ 名 河流接近出口的那一段；也指这一段流经的地区(跟"上游""中游"相区别，②同) ▷长江～经济发展很快。❷ 名 指落后的地位或水平 ▷他的成绩暂时处于～。

【下狱】xiàyù 动 关进监牢。

【下元节】xiàyuánjié 名 我国传统节日，在农历十月十五日。

【下月】xiàyuè 名 下一个月；后一个月。

【下崽】xiàzǎi 动 产崽。

【下载】xiàzài 动 将互联网或其他计算机上的信息、数据等复制到本台计算机或其他电子装置上(跟"上传"相对)。

【下葬】xiàzàng 动 掩埋死者的遗体或骨灰。

【下账】xiàzhàng 动 上账。☛ 不要写作"下帐"。

【下肢】xiàzhī 名 人体的一部分，由大腿、小腿和脚组成。

【下中农】xiàzhōngnóng 名 中农中有较少土地和生产工具，需要出卖少量劳动力的农民，是中农中生活水平较低的阶层。

【下种】xiàzhǒng 动 把种子播在地里。

【下种】xiàzhòng 动 进行种植 ▷适时～。

【下注】xiàzhù 动 投入赌注 ▷庄家催促大家～｜这局他下了大注。

【下箸】xiàzhù 动 〈文〉用筷子夹食物(吃)。

【下装】xiàzhuāng ❶ 动 卸装。○ ❷ 名 穿在下身的服装。如裤子、裙子等。也说下衣。

【下坠】xiàzhuì ❶ 动 向下落 ▷巨石～，危险异常。❷ 动 特指腹部感觉沉重，似乎有东西要在腹内往下坠落 ▷肚子一阵阵地～。

【下子】xiàzi ❶ 量 用于动作的次数 ▷打了我两～｜摇晃了一～。❷ 名 指本领；技能(常用在"两""几"之后) ▷看不出他还真有两～。

【下作】xiàzuo 形 卑鄙下流 ▷～小人。

吓(嚇) xià ❶ 动 害怕 ▷小孩儿～得直哭｜～出一身冷汗。→ ❷ 动 使害怕 ▷困难～不倒｜～唬人。☛ 读 xià，表示害怕和使害怕。读 hè，表示要挟、威胁，如"恐吓""恫吓"；也单用作叹词。

另见 557 页 hè。

【吓倒】xiàdǎo 动 使害怕而倒下 ▷～胆小鬼|武力威胁,吓不倒中国人民。

【吓唬】xiàhu 动〈口〉使害怕;威胁 ▷你别～我。

【吓坏】xiàhuài 动 惊吓得很厉害 ▷汽车突然起火,乘客都～了。

【吓人】xiàrén ❶ 动 使人害怕 ▷别做鬼脸～。❷ 形 可怕 ▷这么大的风怪～的。

夏[1] xià 名 夏季 ▷春～秋冬|～至|～收|消～。

夏[2] xià ❶ 名 朝代名,约公元前21—前17世纪,传说为禹所建。→ ❷ 名 指中国 ▷华～。○ ❸ 名 姓。☛ "夏"字下边是"夊",不是"攵"。

【夏播】xiàbō 动 夏种(zhòng)。

【夏布】xiàbù 名 用苎麻纤维织成的平纹布,轻薄凉爽,洗后易干,适于制作夏装。

【夏锄】xiàchú 动 夏季用锄除草松土。

【夏侯】xiàhóu 名 复姓。

【夏候鸟】xiàhòuniǎo 名 指夏季在某地区繁殖,秋季飞到较暖地区过冬,次年春季再飞回来的鸟。我国的夏候鸟有家燕、杜鹃等。

【夏季】xiàjì 名 一年四季的第二季。我国习惯指立夏到立秋的三个月;也指农历四月至六月。

【夏历】xiàlì 名 农历①。相传始创于夏代,故称。

【夏粮】xiàliáng 名 夏季收获的粮食。

【夏令】xiàlìng ❶ 名 夏季。❷ 名 夏天的气候。

【夏令营】xiàlìngyíng 名 夏季开设的供青少年等短期休息、娱乐和开展各种活动的营地。

【夏眠】xiàmián 动(某些动物)在炎热干旱的夏季休眠不动,体温下降,进入昏睡状态。

【夏日】xiàrì ❶ 名 夏季。❷ 名 夏天的太阳 ▷～炎炎似火烧。

【夏时制】xiàshízhì 名 某些国家和地区为充分利用日光、节约能源所实行的夏季作息时间制度。在夏季,将钟表的指针向前拨1小时;到秋季,再将钟表拨回。也说夏令时。

【夏收】xiàshōu ❶ 动 夏季收割农作物 ▷～夏种。❷ 名 夏季的收成 ▷今年～好于去年。

【夏熟】xiàshú ❶ 动 在夏季成熟 ▷～作物。❷ 名 夏季成熟的作物 ▷～取得丰收。

【夏天】xiàtiān 名 夏季。

【夏娃】xiàwá 名 希伯来语 ḥawwāh 音译。《圣经》中所说的人类始祖亚当之妻。参见1576页"亚当"。

【夏耘】xiàyún 动 夏锄。

【夏至】xiàzhì 名 二十四节气之一,在公历每年6月22日前后。这一天北半球白天最长,夜晚最短;南半球则相反。

【夏至点】xiàzhìdiǎn 名 太阳每年夏至这一天所到达的黄道上最北的一点。

【夏种】xiàzhòng 动 夏季播种农作物。也说夏播。

【夏装】xiàzhuāng 名 夏天穿的衣服。也说夏服。

唬 xià 同"吓"。现在一般写作"吓"。另见581页hǔ。

厦(*廈) xià[厦门] xiàmén 名 地名,在福建。另见1192页shà。

罅 xià〈文〉❶ 名 缝隙;裂缝 ▷石～|窗～|裂～。→ ❷ 名 漏洞;缺陷 ▷～漏|补～。

【罅漏】xiàlòu 名〈文〉裂缝或孔洞;比喻事情、话语等的漏洞 ▷～百出|补苴(jū)～。

【罅隙】xiàxì 名 缝隙 ▷围墙的～越来越大了。

xia

下 xia ❶ 动 用在动词后,表示动作从高处到低处 ▷跳～|传～命令。→ ❷ 动 用在动词后,表示动作完成,兼有结果已经确定的意思 ▷定～方针|打～了基础。→ ❸ 动 用在动词后,表示能容纳(经常同"得"或"不"连用) ▷这个瓶子盛得～三斤酒|这张床睡不～俩人。☛ 用于以上意义,有时可不读轻声。另见1479页xià。

xiān

仙(*僊) xiān ❶ 名 神仙;仙人 ▷修炼成～。→ ❷ 名 比喻在某一方面非同一般的人 ▷诗～|酒～。○ ❸ 名 姓。

【仙丹】xiāndān 名 神话传说中神仙炼制的丹药,吃了能起死回生或长生不老。比喻疗效显著的药。

【仙岛】xiāndǎo 名 神话传说中神仙居住的海岛 ▷蓬莱～。

【仙方】xiānfāng 名 神话传说中神仙所赐的药方;比喻有奇效的处方或办法。

【仙风道骨】xiānfēng-dàogǔ 原为道教用语,指神仙或得道者的气质、神采;现多用来形容超凡脱俗的风姿、气质。

【仙姑】xiāngū ❶ 名 仙女。❷ 名 对女道士的敬称。❸ 名 旧时对以求神问卜等迷信活动为职业的妇女的称呼。

【仙鹤】xiānhè ❶ 名 神话传说中指仙人骑乘和饲养的鹤。❷ 名 丹顶鹤。

【仙境】xiānjìng 名 神话传说中神仙居住的地方。比喻环境幽静、风景优美的地方。

【仙客来】xiānkèlái 名 多年生草本植物,叶子略呈心形,色浓绿,表面有白斑,背面带紫红色。花有红、白、紫等色,可供观赏。

【仙女】xiānnǚ 名 神话传说中指年轻貌美的女仙

人 ▷～下凡。

【仙人】xiānrén 图 神话传说中长生不老并有种种神通的人。

【仙人球】xiānrénqiú 图 多年生灌丛状植物，茎肉质，球形或椭圆形，有纵行的棱，棱上有丛生的刺。多开红色或白色的花，可供观赏。

【仙人掌】xiānrénzhǎng 图 多年生灌丛状植物，茎肉质，扁平，像手掌，有刺，色青绿，开黄花，可供观赏。茎可以做药材。参见插图 8 页。

【仙山】xiānshān 图 神话传说中神仙居住的山。比喻远离闹市的深山幽境 ▷你躲到哪座～避暑去啦？

【仙山琼阁】xiānshān-qiónggé 神话传说中神仙居住的地方（琼阁：美玉建造的楼阁）。指美妙奇异的幻境。

【仙逝】xiānshì 动〈文〉婉词，指人死亡。

【仙子】xiānzǐ 图 仙女；泛指仙人。

先 xiān ❶ 动 走在前面 ▷争～恐后。→ ❷ 图 空间或时间在前的（跟"后"相对） ▷～锋｜有言在～。⇒ ❸ 图 前代人 ▷祖～｜～民。❹ 形 敬词，用于尊称已故去的人 ▷～父｜～师｜～烈。⇒ ❺ 图 以前；开始时 ▷原～｜起～。⇒ ❻ 副 表示某一动作、行为发生在前 ▷～尝后买｜你～走，我随后就到｜会议～由领导致辞。○ ❼ 图 姓。

【先辈】xiānbèi 图 本指行辈排列在前的人；今多指已经去世的让人崇敬的前辈 ▷革命～。

【先导】xiāndǎo ❶ 动 开道；引路 ▷～部队。❷ 图 引路的人；向导 ▷失败常常是成功的～。

【先睹为快】xiāndǔ-wéikuài 以最先看到为快乐（对象多为诗文）。

【先发制人】xiānfā-zhìrén 原指在战争中先发动进攻以制服对方；后泛指先动手取得主动权以制服对方。☛"制"不要误写作"治"。

【先锋】xiānfēng 图 作战或行军时的先头部队；泛指起先锋作用的人或集体 ▷～开道｜～模范作用。

【先锋队】xiānfēngduì 图 作战或行军时的先头部队；泛指起带头作用的组织。

【先河】xiānhé 图 古人认为黄河是海的源头，所以祭海时先祭黄河，表示重视本源。后泛指倡导在先的事物 ▷佛教讲唱故事开了话本小说的～。

【先后】xiānhòu ❶ 图 先和后 ▷安排工作要分个～。❷ 副 表示在时间上前后承接 ▷～举办了三次学术讨论会｜～问了我两次。☛跟"前后"不同。1."先后"只能指时间；"前后"可以指时间和空间。如"学校前后都是树林"不可用"先后"。2.指时间，如指一段时间内事情发生的顺序，应该用"先后"，如"先后登台"；如仅指整段时间，应该用"前后"，如"五一节前后"。

【先机】xiānjī 图 较早的时机 ▷抢占市场～。

【先见之明】xiānjiànzhīmíng 事先察觉到将会出现某种情况的能力（明：眼力）。

【先进】xiānjìn ❶ 形 进步在先的；领先的 ▷技术很～｜～经验。❷ 图 先进的个人或集体 ▷表扬～｜这个单位是多年的～了。

【先决】xiānjué 区别 处理某事之前必须首先解决或具备的 ▷～条件｜～因素。

【先觉】xiānjué ❶ 动 对事物的了解或认识先于一般人 ▷先知～。❷ 图 先觉的人 ▷孙中山先生是旧民主主义革命的～。

【先来后到】xiānlái-hòudào 按照来到的先后排定顺序。

【先礼后兵】xiānlǐ-hòubīng 先以礼貌的方式与对方交涉，行不通时再采用强硬的手段。

【先例】xiānlì 图 最先出现的或已有的事例 ▷有～可援｜万不可开此～。

【先烈】xiānliè 图 对烈士的尊称 ▷缅怀～。

【先令】xiānlìng 英语 shilling 音译。❶ 量 英国的旧辅币单位。20 先令等于 1 英镑，1 先令等于 12 便士。○ ❷ 图 肯尼亚、乌干达等国的本位货币。❸ 量 肯尼亚、乌干达等国的本位货币单位，1 肯尼亚先令等于 100 分。

【先民】xiānmín ❶ 图 古代贤人。❷ 图 泛指古人 ▷了解～的生活方式。

【先期】xiānqī ❶ 图 指在预定的某一日期之前的时间 ▷～抵达。❷ 图 开始阶段 ▷～将投入 1 亿元。

【先前】xiānqián 图〈口〉以前；从前 ▷如今生活比～好｜～没听说过。☛ 参见 1630 页"以前"的提示。

【先遣】xiānqiǎn 区别（正式行动前）先期派出的 ▷～队｜～团｜～人员。

【先秦】xiānqín 图 指秦统一以前的历史时期；多指春秋战国时期 ▷～散文。

【先驱】xiānqū ❶ 动 走在前面；先导 ▷～者。❷ 图 先驱者 ▷革命的～。

【先驱者】xiānqūzhě 图 走在前面起开创引导作用的人 ▷现实主义文学的～。

【先人】xiānrén ❶ 图 祖先① ▷杨家的～是从南京迁到北京来的。❷ 图〈文〉特指已故的父亲 ▷～在世时，我年纪还小。

【先人后己】xiānrén-hòujǐ（福利、享受等）先考虑他人，再考虑自己。

【先入为主】xiānrù-wéizhǔ 先接受的看法占据主导地位。指先形成了固定的看法，不易再接受不同的观点和思想。

【先入之见】xiānrùzhījiàn 指先接受或形成的看法（多指成见）。

【先声】 xiānshēng 名 重大事件发生前，对该事件有促发作用的事件 ▷那次考察可说是西部文化开发的～。

【先声夺人】 xiānshēng-duórén 先造成声势使对方士气受挫(声：指声势；夺人：指动摇人心)。

【先生】 xiānsheng ❶ 名 老师。❷ 名 对年龄比自己大的有学问有声望的人的敬称。❸ 名 对男士的敬称 ▷～贵姓？❹ 名 对别人的丈夫或自己的丈夫的称呼(前面常有人称代词限定) ▷她～非常精明。❺ 名 某些地区对医生的称呼 ▷老人病重，赶快去请～吧！❻ 名 旧时对文秘或管账人员的称呼 ▷账房～。❼ 名 旧时对以说书、卖唱、相面、算卦、看风水等为职业的人的称呼 ▷算命～|风水～。

【先师】 xiānshī ❶ 名 已去世的老师 ▷痛悼～。❷ 名 特指孔子 ▷大成至圣～。

【先世】 xiānshì 名〈文〉前代；祖上 ▷～家境贫寒。

【先是】 xiānshì 连 用在上半句，表示先发生某种动作或情况，下半句常有"后来、然后、接着"等与之相呼应 ▷他～支持，后来又反对。

【先手】 xiānshǒu ❶ 动 下棋或争夺中先出手或先动手(跟"后手"相对) ▷这盘棋他～，我后手。❷ 名 棋局或争夺中的主动有利局面 ▷占得～|凭借～之利。

【先天】 xiāntiān ❶ 名 指人或动物的胚胎时期(跟"后天"相区别) ▷～不足。❷ 名 指与生俱来的，先于感觉经验和实践的 ▷正确思想不是～就有的。

【先天不足】 xiāntiān-bùzú 指人或动物在胚胎时期就营养不良，状况不佳；也比喻事物原来的基础差。

【先天性】 xiāntiānxìng 名 生来就具有的特性 ▷他的心脏病是～的|～免疫能力。

【先头】 xiāntóu ❶ 区别 时间或空间在前的 ▷强势股～回调|～阵地。❷ 名〈口〉早先；前头 ▷～咱们不是说清楚了吗？

【先下手为强】 xiān xiàshǒu wéi qiáng 首先动手占上风、占优势；做事抢先一步以争取主动。

【先贤】 xiānxián 名 已故的有才德的人 ▷～已去，遗风犹在。

【先行】 xiānxíng ❶ 动 走在前面 ▷兵马未动，粮草～|地质工作必须～。❷ 动 表示先期进行，预先去做 ▷～安排。❸ 名 指先行官。

【先行官】 xiānxíngguān 名 先头部队的指挥官；比喻某些事业、行业中起前导作用的因素 ▷技术开发是企业发展的～。

【先行者】 xiānxíngzhě 名 为进步事业率先探索、开辟道路的人 ▷航天～。

【先验论】 xiānyànlùn 名 一种与唯物主义反映论相对立的唯心主义认识论。认为知识先于实践经验而产生，或来源于主观的感觉，或来源于先天。

【先意承志】 xiānyì-chéngzhì 原指不等父母说出来就能顺承他们的意愿去做。今多用来形容揣摩人意，奉承迎合。

【先斩后奏】 xiānzhǎn-hòuzòu 原指执法官先处决罪犯，然后向上奏报；今多比喻先采取行动，然后再向上级报告。

【先兆】 xiānzhào 名 前兆。

【先哲】 xiānzhé 名 已故的有才德的思想家。

【先知】 xiānzhī ❶ 动 对事物的了解或认识先于一般人 ▷～先觉。❷ 名 先知的人 ▷～启发后知。❸ 名 某些宗教指能传布神的意旨或预言未来的人。

【先知先觉】 xiānzhī-xiānjué 对事物的了解或认识先于一般人；也指先知先觉的人。

【先祖】 xiānzǔ 名〈文〉祖先；特指已故的祖父。

纤(纖)

xiān ❶ 形 细小；细微 ▷～细|～尘。→❷ 名 指纤维 ▷化～。☛通常读 xiān，繁体是"纖"；读 qiàn，繁体是"縴"，指牵船向前的绳子。"纖"和"縴"都简化为"纤"，因此"纤"有两音。

另见 1097 页 qiàn。

【纤长】 xiāncháng 形 细长 ▷～的藤蔓。

【纤尘】 xiānchén 名 极微小的尘土 ▷～不染。

【纤度】 xiāndù 名 指纤维粗细的程度。以一定长度纤维的重量来表示，常用单位是特克斯。

【纤毫】 xiānháo 名 比喻非常细微的事物或部分 ▷无～变化。

【纤毛】 xiānmáo 名 生物学指某些生物体的细胞上生长的纤细的毛。由原生质构成，能有节奏地颤动，作用是运动、摄食、呼吸等。

【纤毛虫】 xiānmáochóng 名 一种原生动物，身上有纤毛，借以行动和摄取食物。如草履虫。

【纤巧】 xiānqiǎo ❶ 形 细小灵巧 ▷一双～的小手。❷ 形 指艺术风格纤细柔弱 ▷～有余，豪放不足。

【纤柔】 xiānróu 形 细而柔软 ▷～的绒毛。

【纤弱】 xiānruò 形 细弱 ▷～的幼苗。

【纤瘦】 xiānshòu 形 纤细② ▷身材～。

【纤体】 xiāntǐ 动 减肥，使体形显得修长、苗条(多用于女性) ▷～瘦身。

【纤维】 xiānwéi 名 动植物机体中细而长、呈丝状的物质；人工合成的丝状物 ▷天然～|合成～。

【纤维板】 xiānwéibǎn 名 人造板材的一种，利用竹、木等原料或其他植物纤维制成。可用于车、船、房屋等内部装修和家具制造。

【纤维瘤】 xiānwéiliú 名 肌体纤维组织构成的良性肿瘤，多发于四肢和躯干，生长缓慢，少数可能癌变。

【纤维素】 xiānwéisù 名 有机化合物，是植物细胞壁的主要组成部分。棉花中含量最高；蔬菜、水果以及树干、草秆中都有一定的含量。

【纤维作物】xiānwéi zuòwù 指以收获纤维为主要目的的作物。如棉花、剑麻。

【纤悉无遗】xiānxī-wúyí 任何细微的地方都没有遗漏；形容非常周密详尽。

【纤细】xiānxì ❶ 形 非常细小 ▷～如牛毛。❷ 形 瘦长 ▷～的身材。

【纤纤】xiānxiān 形〈文〉细长 ▷～素手。

【纤小】xiānxiǎo 形 细小。

【纤秀】xiānxiù 形 纤细秀美 ▷～的字迹。

氙 xiān 名 非金属元素，符号 Xe。无色无臭气体，在空气中含量稀少，具有极高的发光强度，能吸收 X 射线。可用来充填光电管、闪光灯和氙气高压灯。

【氙灯】xiāndēng 名 一种照明灯。在真空玻璃管内充入高纯度氙气，通电后发出炽白的光。

忺 xiān 形〈文〉高兴；舒适。

祆 xiān [祆教] xiānjiào 名 琐罗亚斯德教的旧译。☛ "祆"字右边是"天"，不是"夭"。

籼（*秈） xiān 名 籼稻 ▷～米。

【籼稻】xiāndào 名 一种水稻。分蘖力强，茎秆较高较软，叶幅较宽，淡绿色，穗小，籽粒较稀，长而细，且易脱落。

【籼米】xiānmǐ 名 去壳的籼稻籽实。颗粒长而细，黏性小，涨性大。

莶（薟） xiān 见1469 页"豨(xī)莶"。

掀 xiān ❶ 动〈文〉举起。→ ❷ 动 翻腾；使翻倒 ▷大海～起波涛｜一气之下～翻了桌子。→ ❸ 动 揭开 ▷～锅盖｜～门帘。

【掀掉】xiāndiào 动 揭去(遮掩覆盖的东西) ▷大风把棚顶的塑料薄膜～了。

【掀动】xiāndòng ❶ 动 翻动；翻腾 ▷狂风～巨浪｜波浪～。❷ 动 挑动② ▷～起一场新技术革命。

【掀风鼓浪】xiānfēng-gǔlàng 掀动风浪。比喻挑起事端。

【掀起】xiānqǐ ❶ 动 揭开 ▷～红盖头。❷ 动 向上涌动、翻腾 ▷～了一层层巨浪。❸ 动 使兴起 ▷～爱国卫生运动的热潮。

酰 xiān 名 指酰基 ▷硫～｜乙～。

【酰基】xiānjī 名 无机或有机含氧酸分子中除去羟基后所余下的原子团。

跹（躚） xiān ❶见1046 页"翩(piān)跹"。○ ❷见1047 页"蹁(pián)跹"。☛ 不读 qiān。

锨（鍁） xiān 名 铲东西或挖土用的工具，柄的一端安有用铁板或木板制成的头 ▷铁～｜木～。☛ ㊀统读 xiān，不读 qiān。㊁跟"锬"不同。

铦（銛） xiān 形〈文〉锋利。另见 1333 页 tán。

銛 xiān 形〈文〉锋利 ▷～利。

鲜（鮮 *鱻❶—❻） xiān ❶ 名 供食用的活的鱼、虾等 ▷鱼～｜海～。→ ❷ 名 新宰杀的家畜、家禽等；刚收获的蔬菜、水果等 ▷时～。⇒ ❸ 形 (食品)没有变质的；新鲜的 ▷～果｜～奶。⇒ ❹ 形 味道可口 ▷味道真～｜～美。⇒ ❺ 形 (花、草等)没有枯萎的；润泽 ▷～花｜～嫩。❻ 形 明丽；明亮 ▷～艳｜～明。○ ❼ 名 姓。☛ 通常读 xiān；读 xiǎn，指少，如"鲜见""鲜有""寡廉鲜耻"。"朝鲜族"的"鲜"，现读 xiǎn，是依从社会习惯。"数(shuò)见不鲜""屡见不鲜"的"鲜"应读 xiān，因为字义指新鲜。

另见 1491 页 xiǎn。

【鲜卑】xiānbēi 名 我国古代北方的一个民族，游牧于今东北、内蒙古一带。东汉时势力渐强，南北朝时曾建立北魏、北齐、北周等政权。

【鲜菜】xiāncài 名 新鲜的蔬菜；特指刚从地里采收的青菜。

【鲜醇】xiānchún 形 (味道)鲜美醇厚 ▷口味～。

【鲜脆】xiāncuì 形 鲜美酥脆；鲜美脆嫩 ▷刚炸出来的排叉儿，～得很｜黄瓜～可口。

【鲜果】xiānguǒ 名 新鲜的水果。

【鲜红】xiānhóng 形 形容颜色红而明丽。

【鲜花】xiānhuā 名 新鲜的花；鲜艳的花儿。

【鲜活】xiānhuó ❶ 形 新鲜而活着的(鱼、虾等水产品) ▷～的大虾。❷ 形 鲜明生动 ▷童年的往事又～地出现在眼前｜～的语言。

【鲜货】xiānhuò 名 新鲜的水果、蔬菜等；活的鱼、虾等。

【鲜丽】xiānlì 形 鲜明艳丽 ▷山茶花～耀眼。

【鲜亮】xiānliang 形 鲜艳明亮；鲜艳漂亮 ▷～的红色｜小姑娘打扮得挺～。

【鲜灵】xiānling 形 鲜亮水灵 ▷瞧这串～的葡萄。

【鲜绿】xiānlǜ 形 形容颜色像青草一样绿。

【鲜美】xiānměi ❶ 形 鲜艳美丽 ▷芳草～，落英缤纷。❷ 形 (食品)味道好。

【鲜明】xiānmíng ❶ 形 (色彩)鲜亮醒目 ▷颜色～。❷ 形 明确；毫不含糊 ▷态度～。

【鲜蘑】xiānmó 名 新鲜的蘑菇。也说鲜菇。

【鲜奶】xiānnǎi 名 新鲜的牛奶、羊奶等。

【鲜嫩】xiānnèn ❶ 形 新鲜柔嫩 ▷～的幼芽。❷

形（食物）味道鲜美而且容易咀嚼 ▷肉丝炒得十分～。

【鲜润】xiānrùn 形 新鲜润泽 ▷～的玉兰花。

【鲜甜】xiāntián ❶ 形 新鲜甘甜 ▷溪水～。❷ 形 甜美有活力 ▷她的歌声～悦耳。

【鲜血】xiānxuè 名 鲜红的血。

【鲜妍】xiānyán 形 鲜艳 ▷～夺目。

【鲜艳】xiānyàn 形 明亮而艳丽 ▷色彩～。

【鲜于】xiānyú 名 复姓。

暹 xiān [暹罗] xiānluó 名 泰国的旧称。

骞（騫） xiān 动〈文〉鸟振翅高飞 ▷凤影高～鸾影翔。

孅 xiān ❶ 古同"纤（xiān）"①。→ ❷ 形〈文〉吝啬。

另见 1090 页 qiān。

xián

伭 xián ❶ 名 黑红色；也指黑色。〇 ❷ 名 姓。

闲（閑 *閒） xián ❶ 形 没有事做；空闲（跟"忙"相对）▷～着没事干｜游手好～｜安～｜～散｜～居。→ ❷ 形 放着不使用的 ▷屋子～着哩｜～置。→ ❸ 形 跟正事无关的 ▷～事｜生～气。→ ❹ 名 空闲的时间 ▷忙里偷～｜农～｜余～｜不得～。

【闲步】xiánbù 动〈文〉漫步；散步 ▷～江岸。

【闲扯】xiánchě 动 漫无边际地随意聊天儿。

【闲愁】xiánchóu 名 轻微而又无关紧要的忧愁。

【闲荡】xiándàng 动 无所事事，随意逛荡。

【闲饭】xiánfàn 名 不干活儿白吃的饭 ▷不吃～｜～养闲人。

【闲工夫】xiángōngfu 名 闲着的时间。

【闲逛】xiánguàng 动 悠闲游逛 ▷到处～。

【闲话】xiánhuà ❶ 动 随意地谈论 ▷～《三国》。❷ 名 无关紧要的话；正题之外的话 ▷开会前谈了一会儿～。❸ 名 不负责任地议论他人是非的话 ▷不要说人家的～。

【闲静】xiánjìng ❶ 形 安闲宁静 ▷～的生活。❷见 1489 页"娴静"。现在一般写作"娴静"。

【闲居】xiánjū 动 没有工作闲住在家。

【闲空】xiánkòng 名 空闲时间 ▷每天忙得一点儿～都没有｜有了～，咱们去看场电影。

【闲聊】xiánliáo 动 闲谈 ▷～了一会儿。

【闲篇】xiánpiān 名 无关紧要的话或事 ▷扯～。

【闲气】xiánqì 名 为小事或与己无关的事而生的气 ▷他说他的，你别去生那些～。

【闲弃】xiánqì 动 闲置不用 ▷这台老机床已经～很久了｜住在被～的工棚里。

【闲钱】xiánqián 名 暂时闲置未用的钱。

【闲情逸致】xiánqíng-yìzhì 闲适安逸的情致。☛"致"不要误写作"志"。

【闲趣】xiánqù 名〈文〉闲适的情趣 ▷节假日在京城小胡同里走走别有一番～。

【闲人】xiánrén ❶ 名 清闲无事的人 ▷他退休后就是～一个了。❷ 名 不相干的人 ▷～止步。

【闲散】xiánsǎn ❶ 形 悠闲自在 ▷～的心情。❷ 区别 闲置不用的（人员、物资等）▷～劳力。

【闲事】xiánshì 名 无关紧要的事；与己无关的事。

【闲适】xiánshì 形 悠闲舒适 ▷日子～自在。

【闲书】xiánshū 名 与自身专业关系不大、供消遣读的书 ▷假期里看看～。

【闲谈】xiántán 动 随意地聊天儿 ▷有一搭没一搭地～。也说闲聊。

【闲田】xiántián 名 没有耕作或利用的田地。

【闲暇】xiánxiá 名 空闲时间 ▷哪有～去旅游？

【闲心】xiánxīn ❶ 名 闲适的心情 ▷最近没有～去听歌剧。❷ 名 不必要的心思 ▷这事他自己会处理的，你就别操那些～了。

【闲雅】xiányǎ ❶ 形 悠闲清雅 ▷格调～。❷见 1489 页"娴雅"。现在一般写作"娴雅"。

【闲言碎语】xiányán-suìyǔ 闲话③。

【闲逸】xiányì 形 清闲安逸 ▷晚年生活～。

【闲员】xiányuán 名 单位中无事可做的人。

【闲云野鹤】xiányún-yěhè 随意飘动的云彩，自由自在的仙鹤。旧时比喻不受世事拘束的隐士、出家人等；现多比喻潇洒自在、无拘无束的人。

【闲杂】xiánzá 区别 与某事无关的；杂乱而又不必要的 ▷～人员｜成天忙于处理～事务。

【闲在】xiánzài 形〈口〉清闲自在 ▷日子过得～。

【闲章】xiánzhāng 名 个人的姓名、职务之外的印章，内容多为名言佳句，一般用于书画上。

【闲职】xiánzhí 名 无关紧要的或事情少的职务 ▷挂了个～。

【闲置】xiánzhì 动 放着不用 ▷唱机已～多年。

贤（賢） xián ❶ 形 品德高尚的；有才能的 ▷～人｜～士｜～明。→ ❷ 名 品德高尚的人；有才能的人 ▷圣～｜先～｜社会～达。→ ❸ 形 贤良；优秀 ▷～惠｜～妻良母。→ ❹ 形 敬词，多用于年纪比自己小的平辈或晚辈 ▷～弟｜～婿｜～侄。〇 ❺ 名 姓。

【贤达】xiándá 名 有德才、有声望的人 ▷社会～。

【贤德】xiándé ❶ 名 善良的品德 ▷～出众。❷ 形 贤惠 ▷～的母亲。

【贤弟】xiándì 名 敬词，称比自己小的平辈男子。

【贤惠】xiánhuì 形 形容女子善良、和蔼、通情达理 ▷～的妻子。☛ 不要写作"贤慧"。

【贤良】xiánliáng〈文〉❶ 形 道德品行好，才能出众 ▷～方正。❷ 名 指道德品行好、才能出众的人 ▷推荐～。

【贤路】xiánlù 名〈文〉指贤能的人被重用的途径 ▷广开～。

【贤明】xiánmíng ❶ 形 才德出众，明达事理 ▷领导～事业兴。❷ 名 指才德出众、明达事理的人 ▷敦请～主持工作。

【贤内助】xiánnèizhù 名 贤惠能干的妻子(多用来尊称他人的妻子)。

【贤能】xiánnéng ❶ 形 德才兼备的 ▷推举～之士。❷ 名 德才兼备的人 ▷任用～。

【贤妻良母】xiánqī-liángmǔ 既是丈夫贤惠的妻子，又是子女慈爱的母亲。

【贤人】xiánrén 名 品德好、有才识的人。

【贤士】xiánshì 名〈文〉贤人。

【贤淑】xiánshū 形 形容女子德行美好 ▷温柔～。

【贤哲】xiánzhé 名 贤明而又才智超群的人 ▷古今～。

弦(*絃❶❷) xián ❶ 名 紧绷在弓背两端之间，用来弹射箭矢的绳状物。多用牛筋制成 ▷箭在～上｜弓～。→ ❷ 名 乐器上用来发音的丝线或金属线；借指弦乐器 ▷二胡有两根～｜管～乐。→ ❸ 名 数学术语。a)直角三角形中对着直角的斜边。b)连接圆周上任意两点的线段。→ ❹ 名 指半圆形的月相 ▷下～。→ ❺ 名 发条 ▷给闹钟上～。☛ 统读 xián，不读 xuán。

【弦歌】xiángē ❶ 动 用弦乐器伴奏而歌唱；泛指歌唱 ▷～一曲。❷ 名 指音乐 ▷～声声震寰宇。❸ 名 指读书声；借指教育事业。

【弦索】xiánsuǒ 名 乐器上的弦。

【弦外之音】xiánwàizhīyīn 琴弦停止弹拨以后的余音。指言外之意。

【弦乐】xiányuè 名 以弦乐器演奏为主的音乐 ▷～三重奏。

【弦乐队】xiányuèduì 名 演奏弦乐器的乐队。

【弦乐器】xiányuèqì 名 以弦作为发音体的乐器。如胡琴、提琴、古琴、琵琶、扬琴等。

【弦子】xiánzi ❶ 名 弦②。❷ 名 三弦。

挦(撏) xián〈文〉❶ 动 拔(毛)。→ ❷ 动 摘取 ▷～扯(割裂文义，剽窃词句)。

咸[1] xián ❶ 副〈文〉表示某一范围的全部，相当于"全""都" ▷老少～宜。〇 ❷ 名 姓。

咸[2](鹹) xián 形 形容味道像盐一样 ▷不～不淡｜～菜。

【咸菜】xiáncài 名 用盐腌制的蔬菜。

【咸淡】xiándàn 名 咸和淡；指咸的程度 ▷尝尝～｜～适中。

【咸蛋】xiándàn 名 用盐腌制的蛋。

【咸肉】xiánròu 名 用盐腌制的肉。

【咸水湖】xiánshuǐhú 名 水中含盐分大的湖。如我国的青海湖。

【咸盐】xiányán 名〈口〉盐。

【咸鱼】xiányú 名 用盐腌制的鱼。

眴 xián，又读 xuán 形〈文〉眼睛大而圆。另见 1359 页 tián。

涎(*次) xián 名 口水；唾液 ▷垂～三尺｜馋～欲滴｜口～。☛ 统读 xián，不读 yán。

【涎皮赖脸】xiánpí-làiliǎn 形容不顾别人厌恶，厚着脸皮跟人纠缠的样子。

【涎水】xiánshuǐ 名 口水。

娴(嫻*嫺) xián ❶ 形 文静 ▷～雅｜～静。〇 ❷ 形 熟练 ▷～熟｜～于辞令。

【娴静】xiánjìng 形 稳重文静 ▷性格～。

【娴熟】xiánshú 形 熟练 ▷武艺～｜技法～。

【娴雅】xiányǎ 形 娴静文雅(多用于女性) ▷谈吐～。

【娴于辞令】xiányúcílìng 在交际场合言辞应对熟练而得体 ▷从容应答，～。

衔(銜*啣❶—❹衘) xián ❶ 动 含；用嘴叼 ▷嘴里～着块糖｜燕子～泥◇～远山，吞长江。→ ❷ 动〈文〉藏在心中；怀着 ▷～恨｜～冤。→ ❸ 动〈文〉接受；担任 ▷～命｜～招讨之权。→ ❹ 动 互相连接 ▷首尾相～｜～接。❺ 名 职务或学识水平的等级或称号 ▷官～｜军～｜学～｜授～。

【衔恨】xiánhèn 动 心怀怨恨或悔恨 ▷～九泉。

【衔接】xiánjiē 动 两事物(或事物的两个部分)前后相接 ▷～不紧密｜上下文要～。

【衔枚】xiánméi 动 古代作战士兵秘密行动时，口中衔着枚(类似筷子)以防说话而被发觉 ▷～夜行。

【衔命】xiánmìng 动〈文〉受命；奉命 ▷～出征。

【衔头】xiántóu 名 头衔。

【衔尾相随】xiánwěi-xiāngsuí 后面马的嚼子跟前面马的尾巴相接。形容一个紧随一个。

【衔冤】xiányuān 动〈文〉含冤 ▷～而逝。

舷 xián 名 船、飞机等两侧的边沿部分；也指其两侧 ▷船～｜～窗。☛ 不读 xuán。

【舷窗】xiánchuāng 名 飞机机身或船体两侧的密封窗户。

【舷梯】xiántī 名 上、下轮船或飞机的梯子。

諴(諴) xián〈文〉❶ 形 和谐；融洽。→ ❷ 形 真诚；诚恳 ▷至～感神。

痫(癇) xián 见 307 页"癫(diān)痫"。

鹇(鷴) xián 见 26 页"白鹇"。

嗛 xián 古同"衔"①②。
另见 1108 页 qiè。

嫌[1] xián ❶ 名 仇怨;怨恨 ▷尽释前～|～隙|～怨。→ ❷ 动 厌烦;不满 ▷不～脏,不怕累|讨人～。

嫌[2] xián ❶ 动 怀疑 ▷猜～。→ ❷ 名 嫌疑 ▷有贪污之～|避～。

【嫌烦】xiánfán 动 对不喜欢的人或事感到讨厌,不愿意接触或过问 ▷我～这些是非。

【嫌弃】xiánqì 动 因厌恶而不愿理睬或接近 ▷对有错误的同志不应～。☛ 跟"厌弃"不同。"嫌弃"侧重于厌烦,语意较轻;"厌弃"侧重于厌恶,语意较重。

【嫌恶】xiánwù 动 嫌弃憎恶 ▷遭人～。

【嫌隙】xiánxì 名 互相间因不满或猜忌而产生的怨恨 ▷渐生～|从无～。

【嫌疑】xiányí 名 被怀疑有某种错误或罪行的可能性 ▷这个人有作案的～。

【嫌疑犯】xiányífàn 名 指犯罪嫌疑人。也说嫌犯。

【嫌怨】xiányuàn 名 怨恨;不满的情绪 ▷消除～,握手成欢。

【嫌憎】xiánzēng 动 厌恶憎恨 ▷浮夸风令人～。

鹹 xián 名 鱼,体小,无鳞,头部扁平,吻尖。生活在热带及温带近海底层。种类很多,有些种类能进入淡水中生活。

xiǎn

狝(獮) xiǎn 动〈文〉指秋天打猎 ▷秋～|～场。

洗 xiǎn 名 姓。☛ 跟"冼(xiǎn)"是不同的姓。

显(顯) xiǎn ❶ 形 外露的;容易发现的 ▷～而易见|～著|～眼。→ ❷ 动 表露出 ▷～得特别高兴|～示|～现。❸ 动 使显现 ▷～微镜。→ ❹ 形(名声、权势)盛大 ▷～赫|～耀。○ ❺ 名 姓。

【显摆】xiǎnbai 动〈口〉炫耀 ▷刚学了几句英语,就～起来了!☛ 不宜写作"显白"。

【显达】xiǎndá ❶ 形 地位显赫,有名望 ▷不求～。❷ 名 指高官或有名望的人 ▷名流～。

【显得】xiǎnde 动 显现出(某种情状) ▷～很高兴|～不耐烦。

【显而易见】xiǎn'éryìjiàn 事态或道理非常明显,非常容易看清。

【显贵】xiǎnguì ❶ 形 显达尊贵 ▷～人家。❷ 名 显达尊贵的人 ▷达官～。

【显赫】xiǎnhè 形(名声、权势等)盛大显著 ▷功劳～|声名～。

【显豁】xiǎnhuò 形 明显清楚 ▷文理～。

【显绩】xiǎnjì 名 短期即可以取得的明显的成绩(跟"潜绩"相区别) ▷不能只注重～而忽视长远发展。

【显见】xiǎnjiàn 动 可以明显地看出 ▷～他是不同意的。

【显卡】xiǎnkǎ 名 显示卡的简称。

【显灵】xiǎnlíng 动 迷信指神鬼现形或发出声响等以显示其存在。

【显露】xiǎnlù 动 显示;表露 ▷～才华。

【显明】xiǎnmíng 形 清楚明白;显而易见 ▷对比～|内容～|特点～。

【显目】xiǎnmù 形 显眼 ▷会徽十分～。

【显能】xiǎnnéng 动 显示才能(含贬义) ▷到处～,吹嘘自己|就你那点儿本事显哪份能!

【显然】xiǎnrán 形(情况或道理)容易看出和理解;非常明显 ▷这道理很～,不用多讲。

【显山露水】xiǎnshān-lùshuǐ 显露出山和水;比喻显出才能或露出真相 ▷山水城市就是要～,严格限制建筑物高度|各参赛队都借此机会～,一争高低。

【显身手】xiǎnshēnshǒu 显示本领 ▷危难之时～|显一显身手。

【显圣】xiǎnshèng 动 迷信指伟大神圣的人物死后显灵 ▷所谓关公～,纯属编造。

【显示】xiǎnshì ❶ 动 明显地表现出来 ▷这些古建筑群,充分～了我国古代人民的智慧。❷ 动 炫耀 ▷不要到处～自己。

【显示卡】xiǎnshìkǎ 名 显示器适配卡,用于向显示器传送电子计算机主机的输出信息,使之显示出来。简称显卡。

【显示屏】xiǎnshìpíng 名 具有显示功能的屏幕 ▷车站广场上新安装了一个特大的～。

【显示器】xiǎnshìqì 名 能显示所需数据或图像的仪器,如计算机显示器。

【显微镜】xiǎnwēijìng 名 观察微小物体用的仪器。利用光学透镜组或电子束把物品的像放大。常用的显微镜能放大几百倍到几千倍。电子显微镜则可放大到 80 万倍左右。

【显位】xiǎnwèi 名 显赫的地位 ▷不谋～。

【显现】xiǎnxiàn 动 显露出来 ▷～他的才能。

【显像管】xiǎnxiàngguǎn 名 电子元件,是一个一端膨大、顶部呈屏状并涂有荧光粉的高度真空玻璃泡。其另一端设有能产生电子束的装置,可使电子束在荧光屏上扫描,形成图像。☛ "像"不要误写作"象"。

【显效】xiǎnxiào ❶ 动 显示效果 ▷这种办法～较慢，但省钱。❷ 名 显著的功效；明显的效果 ▷～药｜有～。

【显形】xiǎnxíng 动 显露出原形和真相（用于人时含贬义）▷他凶恶的本性终于～了。

【显性】xiǎnxìng 形 显露出来的；容易发觉的（跟"隐性"相对）▷～基因。

【显学】xiǎnxué 名〈文〉名声显赫的学说、学派 ▷儒学在我国一直被尊为～。

【显眼】xiǎnyǎn 形 容易被人看到；引人注目 ▷这块补丁太～了。

【显扬】xiǎnyáng〈文〉❶ 动 夸耀；表彰 ▷～先祖。❷ 动 声誉著称 ▷～于世，万民景仰。

【显要】xiǎnyào ❶ 形 显赫而重要 ▷地位～。❷ 名 指官职高、权力大的人 ▷政坛～。

【显耀】xiǎnyào ❶ 形 显赫荣耀 ▷门庭～。❷ 动 显示；夸耀 ▷他好（hào）～自己。

【显影】xiǎnyǐng 动 把曝过光的照相底片或相纸用药液加以处理，使显现出影像。

【显著】xiǎnzhù 形 显明突出 ▷～的功效｜成绩～。

洗 xiǎn 名 姓。☛ 跟"冼（xiǎn）"是不同的姓。另见 1472 页 xǐ。

险（險） xiǎn ❶ 形 地势险峻，难以通过 ▷～峰｜～滩。→ ❷ 名 险要而难以通过或达到的地方 ▷履～如夷｜天～。→ ❸ 形 内心狠毒，难以推测 ▷用心～恶｜阴～。→ ❹ 形 危险 ▷惊～｜～情。⇒ ❺ 名 危险的情况或境地 ▷抢～｜遇～。⇒ ❻ 副 险些 ▷～遭不测。

【险隘】xiǎn'ài 名〈文〉险要的关口 ▷把守～。

【险地】xiǎndì ❶ 名 险要的地势 ▷凭借～，顽强抵抗。❷ 名 险境 ▷奋起突围，冲出～。

【险毒】xiǎndú 形 阴险狠毒 ▷居心～。

【险段】xiǎnduàn 名 危险地段 ▷抢修沿江～。

【险恶】xiǎn'è ❶ 形 凶险恶劣 ▷地势异常～。❷ 形 阴险恶毒 ▷用心～。

【险峰】xiǎnfēng 名 险峻的山峰。

【险工】xiǎngōng ❶ 名 容易发生危险的工程。❷ 名 常受速度大的江河水流冲击的堤段；特指历史上多次发生险情的江河堤段 ▷切实加强黄河各段～整治。

【险固】xiǎngù 形 险要而坚固 ▷城防～。

【险关】xiǎnguān 名 险要的关口 ▷重重～。

【险境】xiǎnjìng 名 危险的境地 ▷陷入～。

【险局】xiǎnjú 名 比赛或战争中指危险的局面 ▷连发几个好球，才扭转了～。

【险峻】xiǎnjùn ❶ 形 又高又险 ▷山势～。❷ 形 危险而严峻 ▷局势～。

【险棋】xiǎnqí 名 棋赛中关涉全局的冒险着数；比喻冒险或有风险的举动。

【险峭】xiǎnqiào 形 险峻陡峭 ▷华山～庐山秀。

【险情】xiǎnqíng 名 危险的情况 ▷～就是命令。

【险胜】xiǎnshèng 动 在严峻的形势下以微弱优势取胜 ▷中国女排最终以 30∶28～。

【险滩】xiǎntān 名 江河中水浅礁多或落差大、水流急、行船危险的地方。

【险巇】xiǎnxī 形〈文〉形容山路危险难行；泛指道路艰险。

【险象】xiǎnxiàng 名 危险的现象 ▷～环生。

【险些】xiǎnxiē 副 差一点儿（发生不好的事）▷～丧命｜一个大浪～把小船打翻。

【险要】xiǎnyào ❶ 形（地势）险峻而重要 ▷埋伏在～处，截击增援的敌人。❷ 名 险峻而重要的地方 ▷占据～以待来敌。

【险遭】xiǎnzāo 动 差一点儿遭到（不幸的事）▷～暗算。

【险诈】xiǎnzhà 形 阴险诡诈 ▷～小人。

【险兆】xiǎnzhào 名 已经显露出来的危险迹象 ▷～丛生｜要留神这些～。

【险症】xiǎnzhèng 名 危险的疾病或症状。

【险种】xiǎnzhǒng 名 保险公司设立的保险业务的种类。如寿险、财产险、车险等。

【险阻】xiǎnzǔ ❶ 形（道路）险峻而有阻碍 ▷～难行。❷ 名 险峻而有阻碍的道路；也比喻较大的困难与挫折 ▷不畏～。

蚬（蜆） xiǎn 名 软体动物，介壳厚而坚固，呈圆形或近三角形，壳面呈黄褐色、棕褐色及黑褐色，有光泽。生活在淡水中。肉可以食用，也可以做药材。

崄（嶮） xiǎn ❶［崄巇］xiǎnxī 现在一般写作"险巇"。❷ 见 1605 页"崾崄"。

毨 xiǎn 形〈文〉形容鸟兽新生的羽毛齐整。

猃（獫） xiǎn［猃狁］xiǎnyǔn 名 周代对獯鬻（xūnyù）的称呼。参见 1566 页"獯鬻"。

铣（銑） xiǎn［铣铁］xiǎntiě 名 铸铁；生铁。☛"铣"跟"铁"不同。另见 1473 页 xǐ。

筅 xiǎn［筅帚］xiǎnzhǒu 名 某些地区指用细竹丝等扎成的炊帚。

跣 xiǎn 动〈文〉光着脚 ▷～足｜～行。

䧟 xiǎn 名〈文〉祭祀活动剩余的肉。

㬎 xiǎn ❶ 古同"显"①。○ ❷ 用于人名。如赵㬎，南宋恭帝。

鲜（鮮*尠尟） xiǎn 形 少 ▷寡廉～耻｜～见｜～有。☛ 这个意义不读 xiān。"朝鲜"的"鲜"也不读 xiān。另见 1487 页 xiān。

【鲜见】xiǎnjiàn 动〈文〉少见③。
【鲜为人知】xiǎnwéirénzhī 很少被人知道。
【鲜有】xiǎnyǒu 动少有 ▷～的奇观。

藓(蘚) xiǎn 名苔藓植物的一类。茎和叶都很小,绿色,没有根,多生长在阴暗潮湿的地方。种类极多,少数可以做药材。

燹 xiǎn 名〈文〉野火;兵火 ▷兵～。

獮 xiǎn[獮狁] xiǎnyǔn 现在一般写作"猃狁"。

xiàn

见(見) xiàn 动〈文〉显现;露在外面 ▷华佗再～|图穷匕首～。
另见 673 页 jiàn。

苋(莧) xiàn 名用于植物名。如苋菜、马齿苋。

【苋菜】xiàncài 名一年生草本植物,茎细长,叶子椭圆形,茎叶暗紫色或绿色。可以食用。

县(縣) xiàn 名我国行政区划单位,隶属于地级市、地区、自治州、盟或由省、自治区、直辖市直接管辖 ▷～城|～志。

【县城】xiànchéng 名县政府所在的城镇。
【县份】xiànfèn 名县 ▷我省大多数～已开通高速公路。☛ ㊀不宜写作"县分"。㊁"县份"只用作县级行政区划单位名词,不能和县名连用。如平邑县不能说成平邑县份。
【县官】xiànguān 名旧指县级的行政官员;多用来特指县长。
【县级市】xiànjíshì 名在行政区划单位中属于县一级的城市。
【县令】xiànlìng 名封建时代县级最高行政官员。
【县太爷】xiàntàiyé 名县令;今常用来谑称县长或讽刺有官僚作风的县领导。
【县志】xiànzhì 名地方志的一种,记载一个县的历史和现状的书。参见 301 页"地方志"。
【县治】xiànzhì 名旧指县政府的所在地。

岘(峴) xiàn 名岘山,山名,在湖北。

现(現) xiàn ❶ 动显露;露出 ▷～原形|昙花一～|表～|～象。→ ❷ 名现在;目前 ▷～已查明|～行|～状|～代。⇒ ❸ 副当时;临时 ▷～炸的油饼|～编～演。⇒ ❹ 形当时具有的 ▷～金|～钱|～货。❺ 名现金 ▷兑～|贴～。☛ 两个"现"连用,分别用在两个动词前,构成"现……现……"格式,表示采取前一个行为动作的目的是及时实现后一个行为动作。如:现编现演、现磨现喝。

【现案】xiàn'àn 名刚发生或不久前发生的案件 ▷迅速调集警力侦破～。
【现场】xiànchǎng ❶ 名发生案件、事故或自然灾害的场所以及当时的状况 ▷作案～|～已被破坏。❷ 名直接进行生产、试验、演出、比赛等活动的场所 ▷火箭发射～|影片拍摄～。
【现场会】xiànchǎnghuì 名在直接从事某种活动的场所召开的会议。内容多是结合现场情况总结推广成功的经验或吸取失误的教训。
【现钞】xiànchāo 名现金 ▷用～支付。
【现炒现卖】xiànchǎo-xiànmài 热炒热卖。
【现成】xiànchéng 形原来就有的;不必再作准备的 ▷钱是～的,不用取|这类例子很～。
【现成饭】xiànchéngfàn 名已经做好的饭;比喻别人已经准备好,不必自己再花力气即可获得的成果 ▷他创新意识很强,不愿吃～。
【现成话】xiànchénghuà ❶ 名原来就有的话;套话 ▷那篇稿子里净是些从报上抄来的～。❷ 名冠冕堂皇但不能解决实际问题的漂亮话 ▷提具体建议,别总说～。
【现丑】xiànchǒu 动出丑。☛ 跟"献丑"不同。
【现出】xiànchū 动表现出;显露出 ▷～难色|东方～鱼肚白。
【现存】xiàncún 动目前留存;现有 ▷库里～30吨化肥。
【现代】xiàndài ❶ 名现今这个时代;我国历史分期上特指 1919 年五四运动到现今这个时期;有时也指五四运动到中华人民共和国成立前的一段时期 ▷～科学|～文学。❷ 形形容合乎现代潮流;时尚 ▷她的穿戴很～。
【现代服务业】xiàndài fúwùyè 指依托信息网络技术与现代管理理念兴起的服务行业,也包括经过技术改造升级或经营模式更新之后的传统服务行业。
【现代化】xiàndàihuà 动使具有现代先进水平 ▷工业～|～的管理。
【现代农业】xiàndài nóngyè 以广泛应用现代科学技术为主要标志,具有高度专业化、规模化、集约化、社会化的大农业。
【现代派】xiàndàipài ❶ 名 19 世纪末、20 世纪初西方兴起的一些现代文学艺术流派的统称。❷ 名 1932 年在我国出现的文学流派。因创办文艺刊物《现代》而得名。在当时有过相当广泛的影响。❸ 名泛指现代气息突出的人或物。
【现代企业制度】xiàndài qǐyè zhìdù 指适应社会化大生产需要、反映市场经济要求、参与市场竞争的企业组织形式和体制。主要指公司制。
【现代五项】xiàndài wǔ xiàng 一种综合性体育比

赛项目，由击剑、游泳、马术和激光跑(跑步、射击联项)等项目组成。成绩按总分计算。

【现代舞】xiàndàiwǔ 名 20 世纪初西方兴起的舞蹈流派，反对因袭古典芭蕾舞蹈的程式，强调发挥舞蹈的自然节奏和艺术的个人特色。

【现代戏】xiàndàixì 名 以五四运动以来的现代生活为题材的戏剧。

【现代主义】xiàndài zhǔyì 19 世纪末以来西方各种反传统的文艺流派、思潮的统称。包括象征主义、存在主义、荒诞派、意识流等。注重表现社会的畸形和异化，常用象征、变形等手法。

【现房】xiànfáng 名 已经建成可以交付使用的商品房(跟"期房"相区别)。

【现汇】xiànhuì 名 外汇现货，即在国际贸易和外汇买卖中可以即时支付的外国货币。

【现货】xiànhuò 名 可以即时拿出来出售的货物(跟"期货"相区别) ▷～不多，售完为止。

【现价】xiànjià 名 现在的价格(跟"原价"相区别) ▷这几款手机的～都比原价便宜。

【现今】xiànjīn 名 如今；现在(指当前较长的一段时间) ▷～的青年人在思想观念上跟老一辈有很大的不同。☛ 跟"现在"用法有所不同。"现今"不能指说话的当时。如"现在就走"，不能用"现今"。

【现金】xiànjīn ❶ 名 可以当时拿出来的钱；也指能立时兑现的支票。❷ 名 银行库存备用的货币。

【现金账】xiànjīnzhàng 名 会计用来记载现金收支的账本。☛ 不要写作"现金帐"。

【现款】xiànkuǎn 名 现金(一般不包括用来提取现金的支票) ▷支付～。也说现钱。

【现况】xiànkuàng 名 现在的情况 ▷～尚好。

【现买】xiànmǎi 动 临时买；当时买 ▷油漆如果不够，～也来得及。

【现买现卖】xiànmǎi-xiànmài 刚买进来就卖出去；比喻刚刚学会就去教别人。

【现卖】xiànmài 动 当时卖掉 ▷芝麻油现磨～，保证不掺假。

【现年】xiànnián 名 现在的年龄 ▷～三十。

【现期】xiànqī 名 当即；当时 ▷～交货。

【现任】xiànrèn ❶ 动 正在担任 ▷他～校长。❷ 名 正在任职的 ▷我是～，他是前任。

【现身说法】xiànshēn-shuōfǎ 佛教用语，指佛能用化身现形宣讲佛法。今比喻用自己的经历作为例证，对他人进行讲解或劝导。

【现时】xiànshí 名 现在；此刻。

【现实】xiànshí ❶ 名 当前存在的客观实际 ▷把理想变为～。❷ 形 符合实际情况的 ▷考虑问题要～一点儿。☛ 跟"实际"有所不同。"现实"仅指当前的客观存在；"实际"则泛指一切客观存在，包括过去存在过的和当前存在着的。如"实际情况"可以指过去存在过的；而"现实情况"仅能指当前存在着的。

【现实主义】xiànshí zhǔyì ❶ 文学艺术思潮和创作方法之一，强调塑造典型环境中的典型人物，真实地反映现实生活的本质特征(跟"浪漫主义"相区别)。❷ 指从客观实际出发看待事物的一种思维方法 ▷多想想自己周围的实际情况，讲点儿～。

【现世】xiànshì ❶ 名 今生今世；当今社会 ▷关注～，把握未来。〇 ❷ 动 面世 ▷这件国宝首次～。❸ 动 当众丢脸出丑。

【现世报】xiànshìbào 迷信认为，做了坏事的人现世就会得到报应。

【现玩】xiànwán 名 收藏的可供玩赏的现代器物，如邮票、纪念币、烟盒。

【现下】xiànxià 名〈口〉当前；眼下 ▷～我没钱，买不起商品房。

【现象】xiànxiàng 名 事物在发展变化中表现出来的外部形态(跟"本质"相区别) ▷打架斗殴的～时有发生｜透过～看本质。

【现行】xiànxíng ❶ 区别 正在实施的；现时有效的 ▷～犯罪｜～规章制度。❷ 名 正在进行或不久前进行犯罪活动的行为 ▷抓个～。

【现行法】xiànxíngfǎ 名 正在施行的法律法规。

【现行犯】xiànxíngfàn 名 正在预备犯罪、实行犯罪或犯罪后即时被发觉的人。

【现形】xiànxíng 动 显现原形 ▷这个歹徒～了。

【现眼】xiànyǎn 动〈口〉丢人；出丑 ▷丢人～。

【现洋】xiànyáng 名 旧指银元。也说现大洋。

【现役】xiànyì ❶ 名 公民从应征之日起到退伍之日止在军队中所服的兵役；也指军事装备的投入使用 ▷～军人｜这批护卫舰退出～。❷ 名 指运动员等的职业生涯 ▷国脚因伤病退出～。

【现有】xiànyǒu 动 现在有；目前存在 ▷办公室～3 台电脑。

【现在】xiànzài 名 现时；当前 ▷过去没发现，～暴露出很多问题。☛ 参见本页"现今"的提示。

【现职】xiànzhí 名 现在所担任的职务。

【现状】xiànzhuàng 名 现在的状况 ▷改变～。

晛(晛) xiàn〈文〉❶ 名 阳光 ▷雨雪瀌瀌，见～曰消。→ ❷ 形 阳光明亮 ▷天气自佳日色～。

限 xiàn ❶ 名 不同事物的分界；指定的范围 ▷界～｜期～｜上～。→ ❷ 动 规定范围；限制 ▷～半月内报到｜～量供应｜～水｜～速。→ ❸ 名〈文〉门槛 ▷门～。

【限产】xiànchǎn 动 不允许超过所规定的产量 ▷那些供大于求的产品要坚决～。

【限电】xiàndiàn 动 限制供电、用电 ▷拉闸～。

【限定】xiàndìng 动 在数量、范围等方面予以限制、规定 ▷参赛的人数没有～|～日期。

【限度】xiàndù 名 规定的范围或程度；最高或最低的范围、程度 ▷人的精力是有一定～的。

【限额】xiàn'é ❶ 动 限定数额 ▷～发售。❷ 名 限定的数额 ▷最高的～。

【限购】xiàngòu 动 对某些物品限制购买 ▷物资短缺时，许多东西都会～|无本地户籍的人是经济适用房的～对象。

【限价】xiànjià ❶ 动 限定价格 ▷～出售。❷ 名 限定的价格 ▷肉、蛋等都有最高～。

【限界】xiànjiè 名 限定的界限。

【限量】xiànliàng ❶ 动 限定范围、数量 ▷前途不可～|～发售。❷ 名 限定的数量 ▷供应有～，不能多买。

【限令】xiànlìng ❶ 动 发出命令并限定时间和任务 ▷～二连于凌晨3点赶到此地。❷ 名 限定执行的命令 ▷下达～。

【限期】xiànqī ❶ 动 限定日期 ▷～完成。❷ 名 限定的日期 ▷超过了～。

【限时】xiànshí ❶ 动 限定时间 ▷～行驶。❷ 名 限定的时间 ▷～已到。

【限速】xiànsù ❶ 动 限制速度 ▷～行驶。❷ 名 限制的速度 ▷～为90公里。

【限行】xiànxíng 动 在规定的区域或时间内限制某些车辆行驶，一般由当地政府部门制定 ▷～只是治标，不能从根本上解决交通拥堵问题。

【限养】xiànyǎng 动（对某些动物）限制喂养 ▷认真贯彻落实宠物～法规，防止狗患。

【限于】xiànyú 动 受某些条件或情形的制约；局限在某一范围之内 ▷～能力|～篇幅|这些规则仅～球类比赛。

【限制】xiànzhì ❶ 动 控制约束 ▷～活动范围。❷ 名 规定的范围 ▷突破～，闯出新路。

线（綫*線） xiàn ❶ 名 棉、毛、丝、麻等纺成的细长的东西 ▷丝～|麻～|～衣。→ ❷ 名 像线一样细长的东西 ▷电～|～香◇光～。→ ❸ 名 从一个地方到另一个地方所经过的道路；交通路线 ▷运输～|陇海～|铁路干～。❹ 名 指探求问题的途径；借指探听消息的人 ▷～索|眼～|内～。→ ❺ 名 几何学指一个点任意移动所形成的图形，有直线和曲线两种。→ ❻ 名 彼此交界的地方 ▷国境～|前～。⇒ ❼ 名 某种境况的边缘 ▷贫困～|分数～。⇒ ❽ 名 指工作岗位所处的位置 ▷生产第一～|退居二～。→ ❾ 量 用于抽象事物，数词用"一"，表示极少、微弱 ▷一～生机|一～希望。○ ❿ 名 姓。

"線"另见1495页xiàn"缐"。

【线板】xiànbǎn ❶ 名 缠线用的板 ▷把～递给我。❷ 名 接线用的板 ▷把插头插到～上。

【线报】xiànbào ❶ 动 线人向警察、侦探等提供情报；泛指提供各种情报信息 ▷知情人～，贩毒团伙已开始行动|前方记者～，铁路已恢复运行。❷ 名 线人等所提供的情报信息 ▷警方已收到准确的～。

【线材】xiàncái 名 横断面直径很小，可以盘起来的线状金属材料。如铅丝、铜丝、铁丝等。

【线虫】xiànchóng 名 线状的寄生虫。寄生于动物的有蛔虫、蛲虫等。

【线段】xiànduàn 名 直线上有限长的任意一段。

【线桄子】xiànguàngzi 名 缠线的器具。参见512页"桄子"。

【线裤】xiànkù 名 用粗棉线或化纤线织成的裤子。

【线路】xiànlù 名 电流传导、物体运动所经过的路线 ▷电话～畅通|改变行车～。☛ 跟"路线"不同。"线路"不能用于抽象意义。

【线路板】xiànlùbǎn 名 印有电子线路的绝缘板。

【线路图】xiànlùtú 名 用线条表示电子线路的平面示意图。

【线麻】xiànmá 名 大麻①。

【线密度】xiànmìdù 名 某些线形物体（如纱线、丝线、铅丝等）的质量与长度的比。单位一般是千克/米。

【线描】xiànmiáo 动 中国画的一种技法，用细线描绘事物形象。

【线呢】xiànní 名 用有颜色的线或纱按不同花型织成的棉布，较普通棉布厚实，有弹性，类似毛呢。

【线圈】xiànquān 名 用带有绝缘外皮的导线绕制成的圈状物或筒状物，是电机、变压器、电信设备上的重要元件。

【线人】xiànrén 名 为警察、侦探等提供情报信息的人。

【线绳】xiànshéng 名 用多股棉线拧合成的绳子。

【线索】xiànsuǒ ❶ 名 比喻事情的头绪或解决问题的途径 ▷此案～还不太清晰|为调查研究提供～。❷ 名 指文艺作品中情节发展的脉络 ▷作品情节曲折，由两条～交织而成。

【线毯】xiàntǎn 名 用棉线、混纺纱织成的毯子。

【线绨】xiàntì 名 一种纺织品，以丝为经、棉线为纬织成，比一般绸子粗厚，通常用来做被面。

【线条】xiàntiáo ❶ 名 绘画时勾画出的线，或直或曲，或粗或细 ▷这幅画～流畅。❷ 名 指人体或工艺品轮廓 ▷～优美。

【线头】xiàntóu ❶ 名 线的一端 ▷把电线的～剪齐了。❷ 名 残留的一截短线 ▷新做的衣服上，还有很多～。

【线团】xiàntuán 名 用线缠成的球状物。

【线香】xiànxiāng 名 用香料、木屑等制成的细长而不带棒儿的香。用于祭祀、礼佛或为室内增添香气。

【线形】xiànxíng 名 像线一样的形状 ▷～动物｜叶子为～。

【线型】xiànxíng 名 线的类型或型号 ▷这种面料的～多为粗纱。

【线性】xiànxìng 名 指各组成部分在时间和空间上都不重复而先后有序地排列的特性。

【线衣】xiànyī 名 用粗棉线或化纤线织成的上衣。

【线轴儿】xiànzhóur 名 缠线用的圆柱形器物；也指缠成圆柱形的线。

【线装】xiànzhuāng 区别 书籍的装订线暴露在书皮外面的（我国传统书籍装订方式）▷～本｜～古籍。

覸（𥈞） xiàn〈文〉❶ 形 形容眼球凸出的样子。→ ❷ 动 看 ▷～之美而艳。

宪（憲） xiàn ❶ 名〈文〉法令 ▷布～｜～令。→ ❷ 名 宪法 ▷立～｜～政。

【宪兵】xiànbīng 名 某些国家的军事政治警察。采取军队组织形式，主要任务是维护军队纪律，保障军队命令的执行，组织军事法庭。

【宪法】xiànfǎ 名 国家的具有最高法律效力的根本大法，是其他各项立法工作的根据。通常规定一个国家的政治制度、经济制度、社会制度、国家机构和公民的基本权利与义务等。国家其他的法律、法令等都不得跟宪法相抵触。

【宪章】xiànzhāng ❶ 名〈文〉典章制度。❷ 名 具有国家宪法或国际法作用的文件 ▷《联合国～》。

【宪政】xiànzhèng 名 指依据宪法进行治理的政治制度。我国的宪法制度与西方"宪政"有本质区别。

陷 xiàn ❶ 动 掉进（泥沙、沼泽等松软的地方）▷～进泥潭。→ ❷ 动 被攻破或占领 ▷沦～｜～落。❸ 动 使陷落；攻破 ▷冲锋～阵。→ ❹ 名 陷阱。⇒ ❺ 动 陷害 ▷诬～｜构～。⇒ ❻ 动 物体表面的一部分凹进去 ▷两颊深～｜天塌地～｜洼～。❼ 名 缺点；不完善的部分 ▷缺～。✒ ㈠统读 xiàn，不读 xuàn。㈡ 右边是"臽（xiàn）"，不是"舀（yǎo）"。由"臽"构成的字还有"馅""焰""阎"等。

【陷害】xiànhài 动 设计坑害 ▷遭人～。

【陷阱】xiànjǐng ❶ 名 为捕捉野兽或敌人而挖的坑。坑上遮盖着伪装物，使来者不易发觉而跌入坑内。❷ 名 比喻陷害人的圈套 ▷被诓入～。‖ 也说陷坑。✒ 不宜写作"陷井"。

【陷落】xiànluò ❶ 动 表面的一部分向里凹进去；塌陷 ▷地震使多处地面～。❷ 动 落入；掉进 ▷～深渊之中。❸ 动（领土等）被敌人占据 ▷几个城市相继～。

【陷入】xiànrù ❶ 动 落入（不利的境地）▷～困境。❷ 动 比喻深深地沉浸在（某种状况或思想活动中）▷～极度的悲痛之中。

【陷身】xiànshēn 动 身体陷入 ▷～虎穴。

【陷于】xiànyú 动 落到；落入 ▷～被动。

【陷阵】xiànzhèn 动 攻破敌方阵地 ▷冲锋～。

馅（餡） xiàn 名 包在某些食品里的内瓤，一般用糖、豆沙、果仁或肉、菜等制成 ▷包子～儿。✒ 右边是"臽（xiàn）"，不是"舀（yǎo）"。

【馅儿饼】xiànrbǐng 名 包有肉、菜等馅儿的面饼。

羡 xiàn ❶ 动 羡慕 ▷欣～｜惊～。〇 ❷ 形〈文〉多余；剩余 ▷～余｜～财。〇 ❸ 名 姓。✒ 左下是"氵"，不是"冫"。

【羡慕】xiànmù 动 看到别人的优点、长处或有利条件，心里希望自己也能具备或得到 ▷他的书法令很多人～｜～他的好名声。

【羡余】xiànyú ❶ 名〈文〉地方官以税赋盈余名义向朝廷进贡的财物。❷ 区别 多余的 ▷语言中的～成分。

缐（線） xiàn ❶ 用于人名。〇 ❷ 名 姓。"線"另见 1494 页 xiàn "线"。

献（獻） xiàn ❶ 动 恭敬而庄重地送上 ▷～上鲜花｜～身｜贡～。→ ❷ 动 表现出来给人看 ▷～殷勤｜～艺。

【献宝】xiànbǎo 动 献出宝物；也比喻提供有益的经验或意见 ▷向国家～｜欢迎大家～，对工作提出建议。

【献策】xiàncè 动 献计 ▷献计～。

【献丑】xiànchǒu 动 谦词，用于向人出示作品或表演技艺时，表示自己水平低 ▷大家让我画画，那我只好～了。✒ 跟"现丑"不同。

【献词】xiàncí 名（节庆时）表示祝贺的话或文字 ▷元旦～。

【献辞】xiàncí 现在一般写作"献词"。

【献花】xiànhuā 动 把花束恭敬地送给贵宾或敬爱的人。

【献计】xiànjì 动 提出计策 ▷出谋～。

【献技】xiànjì 动 当众表演技艺。

【献礼】xiànlǐ 动 献出礼品以表示庆祝 ▷以优异的学习成绩向大会～。

【献媚】xiànmèi 动 为了讨好别人而做出令对方欢喜的姿态和举动 ▷～取宠。

【献旗】xiànqí 动 为表示敬意或感谢而向某人或某单位送锦旗。

【献芹】xiànqín 动〈文〉谦词，用于指自己赠人的礼物或提出的意见很不像样(芹:比喻微薄的东西)。

【献身】xiànshēn 动 把全部精力,甚至生命奉献出来 ▷~于科技工作|为抗洪而~。☛ 参见 1431 页"委身"的提示。

【献血】xiànxiě 动 提供自己的血液 ▷无偿~。

【献言】xiànyán 动(向尊长或组织)提出意见或建议 ▷群策群力,~献策。

【献演】xiànyǎn 动 向观众表演(含庄重意)▷农民乐队进城~|~新戏。

【献疑】xiànyí 动〈文〉提出疑问。

【献艺】xiànyì 动 把技艺展示给人看 ▷多位京剧艺术家同台~。

【献殷勤】xiànyīnqín 为了讨好别人而小心仔细地奉承伺候。

【献映】xiànyìng 动 向观众放映(含庄重意)▷本市各影院国庆期间将~五部新片。

腺 xiàn 名 生物体内具有分泌功能的上皮细胞群,存在于器官里面,或独立构成一个器官。如人体内的汗腺、腮腺,花的蜜腺等。

【腺瘤】xiànliú 名 黏膜或各种腺器官腺上皮的良性肿瘤,有完整包膜。可发生恶变。

線 xiàn 名 金属线。

霰 xiàn 名 空气中水蒸气遇冷凝成的小水滴,碰撞在冰晶或雪花上冻结成的白色不透明小冰粒,常呈球形或圆锥形,多在下雪前或下雪时出现。也说米雪。☛ 统读 xiàn,不读 sǎn。

xiāng

乡(鄉) xiāng ❶ 名 县(区、县级市)辖的行政区划单位(与"镇"平行)▷本县辖有 27 个~|~政府。→ ❷ 名 泛指城市以外的地区;农村 ▷下~|城~交流。→ ❸ 名 家乡 ▷背井离~|~音。○ ❹ 名 姓。

【乡巴佬儿】xiāngbalǎor 名 对乡下人的蔑称。也说乡下佬儿。

【乡愁】xiāngchóu 名 思念家乡的忧伤心情;现也指对故乡或故土的怀念、眷恋之情 ▷收到妹妹从家乡寄来的信,平添了几分~|留住山水~,遏制农地非农化|让城市留住记忆,让人们记住~。

【乡村】xiāngcūn 名 农村;村庄 ▷~巨变。

【乡党】xiāngdǎng 名〈文〉相传周制以 500 家为党,12,500 家为乡。后用乡党泛指家乡,又指同乡。

【乡规民约】xiāngguī-mínyuē 由乡民共同制定的有关该地社会生活和人际关系的规章或公约。

【乡间】xiāngjiān 名 乡村中 ▷~小路。

【乡井】xiāngjǐng 名〈文〉家乡。

【乡里】xiānglǐ ❶ 名 家族久居的农村或小城镇 ▷重返~。❷ 名 指同乡的人 ▷~乡亲。

【乡邻】xiānglín 名 同乡;邻居。

【乡民】xiāngmín 名 乡下人。

【乡亲】xiāngqīn ❶ 名 同乡的人 ▷~们欢聚一堂。❷ 名 对当地乡民的称呼 ▷~们,辛苦了!

【乡情】xiāngqíng 名 对家乡的感情。

【乡人】xiāngrén ❶ 名 生活在乡村中的人 ▷~中有的已经很富有。❷ 名 同乡的人。

【乡绅】xiāngshēn 名 旧指乡村的绅士。

【乡试】xiāngshì 名 明清时期,每三年一次在各省省城(包括京城)举行的科举考试。考试在秋季,应考的是秀才,考中后称举人,可以参加次年的会试。

【乡思】xiāngsī 名 怀念家乡的情思 ▷~绵绵。

【乡俗】xiāngsú 名 乡间习俗 ▷要尊重~。

【乡谈】xiāngtán ❶ 名 指家乡话;本地方言。❷ 动 变口①。

【乡土】xiāngtǔ ❶ 名 家乡;故土 ▷~人情。❷ 名 地方;区域 ▷~不同,口音也不同。

【乡土气息】xiāngtǔ qìxī 农村生活的气氛和情趣 ▷赵树理的小说充满了~。

【乡土文学】xiāngtǔ wénxué 具有浓郁乡土气息的文学作品。

【乡下】xiāngxia 名〈口〉农村。

【乡下人】xiāngxiarén 名 农村人。

【乡贤】xiāngxián 名 指品德、才学为乡人推崇敬重的人。

【乡野】xiāngyě 名 乡间野外 ▷避居~。

【乡谊】xiāngyì 名 同乡的情谊 ▷~亲情。

【乡音】xiāngyīn 名 家乡的口音 ▷熟悉的~。

【乡勇】xiāngyǒng 名 旧时称地方武装。

【乡邮】xiāngyóu 名 乡村邮政;乡村邮递 ▷跑~|~员。

【乡友】xiāngyǒu 名 同乡;乡亲。

【乡愿】xiāngyuàn 名〈文〉外表老实谨慎,实际上言行不一的伪善者 ▷~习气。

【乡约】xiāngyuē 名 乡规民约。

【乡镇】xiāngzhèn 名 乡和镇;小市镇 ▷~企业。

【乡镇企业】xiāngzhèn qǐyè 指我国农村地区兴办的各种企业,包括集体企业、合作企业和个体企业。简称乡企。

【乡梓】xiāngzǐ 名〈文〉家乡;也指同乡 ▷造福~|共叙~之谊。

芗(薌) xiāng ❶ 形〈文〉香 ▷芬~。→ ❷ 名 古书上指可以调味的香草。

相[1] xiāng ❶ 副 表示动作和情况是双方或多方共同的,相当于"互相" ▷~亲~爱|

～同|～逢。→❷ 副 表示一个接着一个 ▷一脉～传。❸ 副 表示动作是一方对另一方的 ▷～信|～劝|实不～瞒。○❹ 名 姓。

相[2] xiāng 动 亲自察看(是否合意) ▷那姑娘他没～中(zhòng)|～亲。☛"相"字本义是注意地看。看的意义今区别为二：读 xiāng，表示亲自到场察看。读 xiàng，表示仔细端详，偏重于观察外表，因此又引申指外貌、外观。

另见 1504 页 xiàng。

【相爱】 xiāng'ài ❶ 动 相互爱护 ▷相亲～。❷ 动 相互爱恋 ▷他们俩早就～了。

【相安】 xiāng'ān 动 互相没有冲突 ▷～无事|～有序。

【相伴】 xiāngbàn 动 陪伴；互相作伴。

【相帮】 xiāngbāng 动 帮助 ▷有事必然～。

【相悖】 xiāngbèi 动 违背；互相违背 ▷这种推论与一般情理～|道并行而不～。

【相比】 xiāngbǐ 动 互相比较 ▷～之下，差距太大。

【相差】 xiāngchà 动 事物之间存在差距 ▷岁数～不大。

【相称】 xiāngchèn 形 事物之间配合适宜 ▷他的言谈与他的身份很～。

【相称】 xiāngchēng 动 互相称呼 ▷彼此兄弟～。

【相成】 xiāngchéng 动 互相配合；互相促成 ▷各有长处，相辅～|相反～|～相济。

【相承】 xiāngchéng 动 承接；先后继承 ▷代代～。

【相乘】 xiāngchéng 动 两数用乘法运算求其积。

【相持】 xiāngchí 动 双方对立，各不相让；双方僵持，难分胜负 ▷各执己见，～不下。

【相斥】 xiāngchì 动 互相排斥 ▷同性～，异性相吸。

【相除】 xiāngchú 动 两数用除法运算求其商。

【相处】 xiāngchǔ 动 彼此在一起生活；彼此接触、交往 ▷夫妇～多年|这人不易～。

【相传】 xiāngchuán ❶ 动 长期以来辗转传说 ▷～这儿原来有一条大河。❷ 动 递相传授 ▷父子～。

【相待】 xiāngdài 动 对待；款待 ▷以诚～。

【相当】 xiāngdāng ❶ 动 差不多；能够相抵 ▷实力～|收支～。❷ 形 相宜；合适 ▷找个～的人给他当秘书。❸ 副 表示程度比较高、比较深 ▷～好|～艰深。

【相当于】 xiāngdāngyú 动 一方的情况和另一方的情况一致或差不多 ▷～省一级的自治区|一套房子的价格～他 10 年的工资。

【相得益彰】 xiāngdé-yìzhāng 互相配合，互相补充，各自的长处更能充分地显露出来。

【相等】 xiāngděng 动 (数目、分量、程度等方面)相同 ▷两个班的人数～。

【相抵】 xiāngdǐ 动 互相抵消 ▷盈亏～。

【相对】 xiāngduì ❶ 动 面对面 ▷～而坐|遥遥～。❷ 动 互相对立而存在 ▷上与下～|善与恶～。❸ 区别 在一定条件下存在或变化的(跟"绝对"相对) ▷～高度|～真理。❹ 副 比较③ ▷～安全|～完整。

【相对高度】 xiāngduì gāodù 以地面或某一点为基准的高度。

【相对论】 xiāngduìlùn 名 20 世纪初爱因斯坦提出的关于物质运动与时间、空间关系的理论。它根本改变了经典物理学的时空观，修正了运动规律永恒不变的看法，奠定了现代物理学的基础。

【相对真理】 xiāngduì zhēnlǐ 指人们对于宇宙在一定发展阶段上的具体过程的正确认识，它是对客观世界近似的、不完全的反映。在相对真理中包含着绝对真理的成分，无数相对真理的总和就是绝对真理。

【相烦】 xiāngfán 动 客套话，表示有事麻烦对方 ▷今有一事～。

【相反】 xiāngfǎn ❶ 形 形容不同事物或同一事物的两个方面互相对立或互相排斥 ▷～相成|意见～。❷ 连 承接上文，表示从反面递进 ▷他不但没有接受大家的意见，～，在错误的路上走得更远了。

【相反相成】 xiāngfǎn-xiāngchéng 两种对立的事物既互相排斥，又在一定条件下互相统一。

【相仿】 xiāngfǎng 形 大体相同；差不多 ▷哥俩面貌～|穿着～。

【相逢】 xiāngféng 动 相互遇见 ▷～相识是缘分。

【相符】 xiāngfú 动 彼此符合 ▷调查结果与举报情况大体～。

【相辅而行】 xiāngfǔ'érxíng 互相协同进行；互相配合着使用。

【相辅相成】 xiāngfǔ-xiāngchéng 互相辅助，互相促成。

【相干】 xiānggān 动 有关系或有牵涉(常用于否定或反问) ▷与你不～的事，不要多问！|跟他有什么～？☛ 跟"相关"不同。"相干"指向单方；"相关"指向双方。如"这事跟我不相干"不能说成"这事跟我不相关"，"密切相关"不能说成"密切相干"。

【相隔】 xiānggé 动 彼此间隔 ▷～千里。

【相顾】 xiānggù ❶ 动 〈文〉面对面相看 ▷～而笑。❷ 动 互相照应 ▷首尾不能～。

【相关】 xiāngguān 动 互相关联 ▷息息～。☛ ㊀参见本页"相干"的提示。㊁参见 1672 页"有关"的提示。

【相好】 xiānghǎo ❶ 形 关系亲密，感情好 ▷我知道他俩～。❷ 名 关系亲密、感情好的人 ▷老～。❸ 名 指情人 ▷他是她的～。

【相合】xiānghé 形 (意见、看法、性情等)吻合 ▷意见～|性情～,一见如故。

【相互】xiānghù ❶ 副 互相 ▷～推诿|～作用。❷ 区别 互相的 ▷～关系。

【相会】xiānghuì 动 相互见面。

【相继】xiāngjì 副 一个接着一个地 ▷～完成。

【相加】xiāngjiā ❶ 动 几个数用加法运算求其和。❷ 动 向对方采取某种行动 ▷恶言～|拳脚～。

【相减】xiāngjiǎn 动 几个数用减法运算求其差。

【相见】xiāngjiàn 动 见面 ▷母女多年未～。

【相见恨晚】xiāngjiàn-hènwǎn 为见面太晚而遗憾。形容意气相投,一见如故。

【相间】xiāngjiàn 动 (不相同的人或事物)互相错开 ▷男女～,排成四列纵队。

【相交】xiāngjiāo ❶ 动 交叉 ▷两线～|两条公路在王村～。❷ 动 互相交往 ▷朋友～,以信为本。

【相较】xiāngjiào 动 互相比较 ▷两者～,贫富悬殊。

【相接】xiāngjiē 动 互相连接 ▷两家地界～。

【相近】xiāngjìn 形 彼此近似;差别小 ▷性格～。

【相敬如宾】xiāngjìng-rúbīn 互相尊敬,如同对待宾客(用于夫妻之间)。

【相距】xiāngjù 动 互相间隔 ▷～不到百里。

【相聚】xiāngjù 动 会集;聚会 ▷～一堂。

【相看】xiāngkàn ❶ 动 察看;注视 ▷他在～柜台里的首饰。❷ 动 看待 ▷刮目～。

【相类】xiānglèi 动 相似;类似 ▷这里的许多亭台各不～。

【相连】xiānglián 动 连在一起 ▷影相随,心～。

【相联】xiānglián 动 互相联系 ▷紧密～。

【相恋】xiāngliàn 动 互相依恋;彼此爱恋 ▷依依～,难舍难分|两人～多年。

【相邻】xiānglín 动 互相邻接;靠近 ▷两个商店～|～的友邦。

【相瞒】xiāngmán 动 隐瞒 ▷无须～。

【相逆】xiāngnì 动 相互违背。

【相配】xiāngpèi 形 相互匹配合适;相称(chèn) ▷裤子和上衣的颜色不～|二人条件～。

【相扑】xiāngpū 名 古代一种摔跤竞技活动,秦汉时称角抵,两晋、南北朝至宋元时期称相扑。今日本式摔跤也称相扑。

【相亲】xiāngqīn ❶ 动 互相亲近 ▷～相爱。❷ 动 订婚前,男女双方及家长见面互相了解情况。

【相去】xiāngqù 动 相距;相差 ▷～无多。

【相劝】xiāngquàn 动 劝告;劝诫 ▷苦苦～。

【相让】xiāngràng ❶ 动 忍让;退让 ▷互不～。❷ 动 谦让 ▷培训名额有限,他主动～。

【相扰】xiāngrǎo ❶ 动 互相干扰 ▷各行其是,互不～。❷ 动 客套话,表示对对方有所打扰 ▷一再～,实感不安。

【相忍为国】xiāngrěn-wèiguó 为了国家的利益而作出一定的让步。

【相认】xiāngrèn 动 亲友在失散或中断联系多年后重新认定关系 ▷母女～。

【相容】xiāngróng 动 互相接受;并存 ▷姐妹之间怎么就不能～?|不同观点是可以～的。☛ 跟"相溶""相融"不同。"相溶"是几种物质在物理意义上的彼此溶解;"相融"是相互合为一体;"相容"是相互不排斥。

【相溶】xiāngróng 动 相互溶解 ▷油和水不～。☛ 参见本页"相容"的提示。

【相融】xiāngróng 动 相互融合 ▷人与自然和谐～|～共存。☛ 参见本页"相容"的提示。

【相濡以沫】xiāngrúyǐmò《庄子·大宗师》中说,鱼困在缺水的地方"相濡以沫",即用唾沫相互湿润身体。后用以比喻在困境中相互救助。

【相商】xiāngshāng 动 互相商量;商议 ▷今天请各位来,有事～。

【相生相克】xiāngshēng-xiāngkè 我国古代关于五行(金、木、水、火、土)之间相互作用和影响的说法,如木生火,火克金等。现也泛指事物间的相互联系与制约。

【相识】xiāngshí ❶ 动 互相认识 ▷相逢何必曾～。❷ 名 指彼此认识的人 ▷老～。

【相视】xiāngshì 动 互相对视 ▷怒目～。

【相熟】xiāngshú 动 彼此熟悉 ▷他们～已久。

【相率】xiāngshuài 副 相继 ▷各项改革措施～推出。

【相思】xiāngsī 动 彼此思念,多指男女之间因爱恋而思念对方 ▷忍受～之苦|单～。

【相思病】xiāngsībìng 名 指男女之间因相思过度而精神萎靡、失眠厌食甚至身体消瘦等现象。

【相思豆】xiāngsīdòu 名 红豆②。

【相似】xiāngsì 形 相像;相近 ▷他们俩长得～|～的做法。☛ 跟"相像"不同。"相似"既可指外观相近,也可指本质上相近;"相像"一般仅指外观相近。

【相似形】xiāngsìxíng 名 几何学上把对应角相等、对应边成比例的两个多边形叫相似形。

【相送】xiāngsòng ❶ 动 送行 ▷去机场～。❷ 动 赠送 ▷以重礼～。

【相随】xiāngsuí 动 跟随 ▷我在他后面紧紧～。

【相提并论】xiāngtí-bìnglùn 把不同的或差别悬殊的人或事物放在一起进行谈论或同等看待。也说相提而论。☛ 多用于否定句或反问句中。

【相通】xiāngtōng 动 (事物之间)互相连贯沟通;(思想感情)彼此一致或互相理解 ▷信息～|感情～。

【相同】xiāngtóng 形 一致;没有差别 ▷两种观点基本～|～的品种。

【相投】xiāngtóu 形 (思想、感情、兴趣、脾气等)彼此投合 ▷情意～|臭味～。

【相托】xiāngtuō 动 委托;托付 ▷虽是老朋友～,不符合规定也只好不办。

【相望】xiāngwàng ❶ 动 相向;面对面地看 ▷两个村隔河～|两人～了很久。❷ 动 互相看得见(多用来形容接连不断) ▷前后～。❸ 动 对峙 ▷两军～。

【相违】xiāngwéi ❶ 动 违背;背离 ▷与原意～。❷ 动 彼此分离 ▷～已久,音信不通。

【相向】xiāngxiàng ❶ 动 面对面 ▷～而坐。❷ 动 向着对方(采取某种行动) ▷不能动不动就武力～。

【相像】xiāngxiàng 形 彼此的样子差不多或存在共同的方面 ▷他和他父亲年轻时很～|他俩遭遇～。☛ 参见 1498 页"相似"的提示。

【相偕】xiāngxié 动 共处;偕同 ▷～白首|～游览长城。

【相信】xiāngxìn 动 认为正确或确实而不怀疑 ▷～这个说法|～你。

【相形】xiāngxíng 动 相互比较 ▷长短～。

【相形见绌】xiāngxíng-jiànchù 跟另一方比较,显得远远不足(形:对照;绌:不足)。☛ "绌"不读 zhuō,也不要误写作"拙"。

【相许】xiāngxǔ ❶ 动 互相奉献;献给 ▷两心～,互道珍重|以身～。❷ 动 答应给予 ▷以高薪～,请他应聘。

【相沿】xiāngyán 动 依照原有的一套传下来;沿袭 ▷世代～|～不衰。

【相邀】xiāngyāo 动 邀请 ▷盛情～。

【相依】xiāngyī 动 互相依靠 ▷唇齿～|甘苦与共,患难～。

【相依为命】xiāngyī-wéimìng 互相依靠着过日子,彼此不能分离。

【相宜】xiāngyí 形 适宜;合适 ▷你代表大家去反映情况最～|冷暖～。

【相迎】xiāngyíng 动 迎接 ▷以礼～。

【相应】xiāngyìng ❶ 动 互相照应 ▷首尾～。❷ 动 跟某事物相适应或相对应 ▷采取与之～的措施。

【相映】xiāngyìng 动 互相映衬或衬托 ▷珠联璧合,～生辉|～成趣。

【相映成趣】xiāngyìng-chéngqù 互相对照映衬,就显得更有情趣。

【相与】xiāngyǔ ❶ 副 共同;一起 ▷奇文共欣赏,疑义～析。❷ 动 相互交往;相处 ▷～多年交情深。❸ 名 旧指相好的人 ▷结成～。

【相遇】xiāngyù 动 遇见 ▷两人在火车上～。

【相约】xiāngyuē 动 彼此约定 ▷他们～下次在北京见面。

【相悦】xiāngyuè 动 彼此喜欢、爱恋 ▷两情～,生死不渝。

【相知】xiāngzhī ❶ 动 彼此了解,感情好 ▷他们自幼～。❷ 名 知心的朋友 ▷几位～聚会。

【相峙】xiāngzhì 动 互相对峙 ▷两山隔江～|双方～,难分高下。☛ "峙"这里不读 shì。

【相中】xiāngzhòng 动 〈口〉看中 ▷～了一件衣服|老李～了他,想请他做助手。

【相助】xiāngzhù 动 帮助 ▷鼎力～。

【相撞】xiāngzhuàng 动 互相碰撞。

【相左】xiāngzuǒ 形 互相不一致、不协调 ▷他反映的情况与事实～|两人观点～。

香

香 xiāng ❶ 形 气味好闻(跟"臭"相对) ▷桂花真～|～瓜。→ ❷ 形 味道好 ▷你做的菜很～。❸ 形 因胃口好而觉得东西好吃 ▷吃东西特别～。❹ 形 睡得舒服、踏实 ▷睡得～。→ ❺ 形 受欢迎;受重视 ▷这种式样眼下很～|吃～。→ ❻ 名 有浓郁香味的物质 ▷麝～|檀～。❼ 名 用木屑加香料等做成的细条,点燃后用于祭祀祖先或神佛,也用于驱异味或驱蚊子 ▷点一炷～|蚊～。❽ 名 指跟燃香拜神佛有关的事物 ▷～客|～案|～会。→ ❾ 名 旧时称跟女子有关的事物或女子 ▷～闺|～魂。〇 ❿ 名 姓。

【香案】xiāng'àn 名 放置香炉的条桌。

【香槟酒】xiāngbīnjiǔ 名 含有充足的二氧化碳,开瓶即起泡沫的白葡萄酒。原产于法国香槟地区,故称。简称香槟(香槟:法语 champagne 音译)。

【香波】xiāngbō 名 英语 shampoo 音译。指洗发用的合成洗涤用品。

【香饽饽】xiāngbōbo 名 香甜可口的糕点;比喻受欢迎的人或事物 ▷高级技术工人成了～。

【香菜】xiāngcài 名 芫荽(yánsui)的通称。

【香草】xiāngcǎo 名 多年生草本植物,有香气。根状茎细长,黄色。叶片披针形,夏季开黄褐色花。多生于阴凉山坡或湿润草地。

【香肠】xiāngcháng 名 将切碎的肉等加上调味品,装入肠衣内风干或烘干而成的食品。

【香橙】xiāngchéng 名 橙的一种。枝通常有粗长刺,叶椭圆形。果实也叫香橙,扁圆或近似梨形,淡红色,果肉淡黄色,味酸甜,是常见水果。

【香椿】xiāngchūn 名 落叶乔木,羽状复叶,花白色,果实为蒴果。嫩芽也叫香椿,有香味,可食用。木材坚实、细致,可作建筑、造船、家具等用材。嫩芽也说椿芽。参见插图 6 页。

【香醇】xiāngchún 形（气味或滋味）又香又醇厚 ▷酒味～|～可口。☛ 不要写作"香纯"。

【香醋】xiāngcù 名 醋的一种，用优质糯米为主要原料制成的醋，有醇香味。

【香肚】xiāngdǔ 名 在经过处理的猪膀胱里，装上碎肉和作料，经风干或熏烘而成的食品。

【香饵】xiāng'ěr ❶ 名 捕鱼、打猎、灭虫时用来引诱猎物的食料。❷ 名 比喻诱人误入圈套的东西 ▷有人用金钱作～，引人上当。

【香榧】xiāngfěi 名 常绿乔木，高可达 25 米，木材坚硬，材质优良。种子叫榧子，可以食用、榨油、做药材。属国家保护植物。简称榧。参见插图 6 页。

【香粉】xiāngfěn 名 带有香味的粉状化妆品。

【香附子】xiāngfùzǐ 名 多年生草本植物，地上茎直立，三棱形，叶细长，深绿色，花穗赤褐色。地下块茎叫香附，可以做药材。也说莎（suō）草。

【香干儿】xiānggānr 名 经加工的有五香味儿的豆腐干儿。

【香菇】xiānggū 名 寄生在栗、槲等树干上的蕈类，菌盖表面褐色，有裂纹，菌柄白色，味鲜美。可人工培植。也说香蕈。☛ 不要写作"香菰"。

【香瓜】xiāngguā 名 甜瓜的俗称。

【香花】xiānghuā ❶ 名 带有香味的鲜花 ▷～满园，蜂蝶纷至。❷ 名 比喻有益的作品或言论 ▷要善于区别～与毒草。

【香灰】xiānghuī 名 香燃烧后的灰烬。

【香会】xiānghuì 名 旧时民间朝山进香的聚会；也指因朝山进香组成的民间团体。

【香火】xiānghuǒ ❶ 名 敬神拜佛或祭祀祖先时点燃的香烛。❷ 名 庙祝。❸ 名 借指后代子孙。因旧时子孙祭祀祖先时都要焚香，故称。❹ 名 香燃烧时的火 ▷案上的～隐约可见。

【香蕉】xiāngjiāo 名 多年生草本植物，茎直立，质软，叶子大。果实也叫香蕉，长形稍弯，有软皮，果肉香甜，是常见水果。参见插图 10 页。

【香蕉球】xiāngjiāoqiú 名 足球运动中，球员踢出的弧线球的谑称。

【香蕉人】xiāngjiāorén 名 指思想和文化已经西化的外籍华人及其后代。比喻他们像香蕉那样黄皮（黄皮肤）、白心（西化的思想和文化）。

【香蕉水】xiāngjiāoshuǐ 名 用酯类、酮类、醇类、醚类和芳香族化合物制成的液体，无色，透明，易挥发。用作油漆的溶剂或稀释剂。因有香蕉的气味，故称。

【香精】xiāngjīng 名 用各种天然香料与人造香料按适当比例配制成的混合香料。有不同香型，如花香型、果香型等。

【香客】xiāngkè 名 指到寺庙进香的人。

【香料】xiāngliào 名 在常温下能散发香味的物质的统称。天然香料从动物和植物体内提取，如麝香、玫瑰香精油等；合成香料如香兰素、苯乙醇、紫罗兰酮等。用于制造化妆品、食品等。

【香炉】xiānglú 名 烧香用的器具，用陶瓷或金属制成。常见的为圆形，上方两侧有耳，底部有三足。

【香茅】xiāngmáo 名 多年生草本植物，叶子长而宽，总状花序。从茎和叶中提取的香茅油是制造化妆品和食品的香料。产于热带地区，我国南方也有栽培。

【香茗】xiāngmíng 名 清香的茶。

【香囊】xiāngnáng 名 装有香料的小袋子。古人常佩在身上或挂在帐子里。

【香喷喷】xiāngpēnpēn 形 形容香气浓烈 ▷～的肉丝面。

【香片】xiāngpiàn 名 花茶。

【香蒲】xiāngpú 名 多年生草本植物，多生在河滩上、水沟里，叶子狭长而有韧性，雌雄花穗紧密排列在同一穗轴上，形如蜡烛，叫蒲棒。嫩芽可以食用；根状茎含淀粉，可以酿酒；叶子可以编结席子、扇子、蒲包、蒲团等。通称蒲草。

【香薷】xiāngrú 名 一年生草本植物，茎方形，叶对生，呈椭圆形，开淡蓝色花，小坚果长圆形。茎和叶可以提取芳香油，全草可以做药材。

【香石竹】xiāngshízhú 名 康乃馨的学名。

【香水】xiāngshuǐ 名 化妆用品，由香料、酒精和蒸馏水等配制而成。

【香甜】xiāngtián ❶ 形 又香又甜。❷ 形 形容睡得踏实、舒服 ▷睡得正～，他把我叫醒了。

【香消玉殒】xiāngxiāo-yùyǔn 香、玉消亡（香、玉：指代美女）。指美女夭亡（多含惋惜意）。

【香烟】xiāngyān ❶ 名 烧香时冒的烟 ▷～弥漫。❷ 名 香火③。❸ 名 用纸包上烟丝卷成的条状物，供吸用。也说卷烟、纸烟、烟卷儿。

【香艳】xiāngyàn ❶ 形（花草）芳香艳丽 ▷～的玫瑰。❷ 形 形容女子妖媚 ▷～女郎。❸ 形 形容辞藻艳丽、内容涉及闺阁或色情的诗文、小说等 ▷～诗。

【香油】xiāngyóu 名 芝麻油。

【香橼】xiāngyuán 名 枸（jǔ）橼。

【香云纱】xiāngyúnshā 名 一种涂有薯莨汁液的提花丝织品。质地爽滑柔润，透气性好，耐腐蚀，适合做夏季衣料。主要产于广东。也说莨纱。

【香皂】xiāngzào 名 添加香料制成的肥皂。

【香獐】xiāngzhāng 名 麝。

【香樟】xiāngzhāng 名 樟。因全株有香气，故称。

【香脂】xiāngzhī ❶ 名 芳香的油脂。如冷杉、松柏等树上渗出的胶状液体。❷ 名 化妆品。用凡士林、杏仁油、香料等制成。

【香纸】xiāngzhǐ 名 祭祀用的香和纸钱。

【香烛】xiāngzhú 名 用以祭祖或敬神的香和蜡烛。

厢（*廂）xiāng ❶ 名 厢房 ▷东～|西～。→ ❷ 名 旁边；方面 ▷这～|那～|两～情愿。→ ❸ 名 类似单间房子的设施 ▷车～|包～。→ ❹ 名 宋代把京城地区划分为若干厢，相当于今天的区；后来指城外靠近城门一带的地方 ▷城～|关～。☛ 左上是"厂"，不是"广"。

【厢房】xiāngfáng 名 正房前面两侧的房屋。

葙 xiāng 见 1114 页"青葙"。☛ 不是"箱"的简化字。

湘 xiāng ❶ 名 湘江，水名，发源于广西，流经湖南入洞庭湖。→ ❷ 名 湖南的别称 ▷～绣|～剧。

【湘方言】xiāngfāngyán 名 汉语七大方言之一，主要分布在湖南地区。也说湘语。

【湘妃竹】xiāngfēizhú 名 斑竹。相传帝舜南巡苍梧而死，他的两个妃子娥皇、女英在湘水上望着苍梧山哭泣，眼泪洒在竹子上，成了斑点，故称。也说湘竹。

【湘剧】xiāngjù 名 地方戏曲剧种，流行于湖南等地，由弋阳腔、昆腔、皮黄腔等发展演变而成。

【湘莲】xiānglián 名 湖南出产的莲子。

【湘绣】xiāngxiù 名 我国四大名绣之一，以湖南长沙、宁乡等地为中心产地的刺绣。

【湘竹】xiāngzhú 名 湘妃竹。

缃（緗）xiāng 形〈文〉淡黄 ▷～绮|～黄。

箱 xiāng ❶ 名 箱子 ▷皮～|柳条～|木～|书～|纸～|货～。→ ❷ 名 像箱子的东西 ▷风～|信～|意见～。

【箱包】xiāngbāo 名 箱子和背包、提包等的合称。

【箱底】xiāngdǐ 名 箱子的底部；借指储存起来不轻易动用的财物 ▷他要动用～了。

【箱笼】xiānglǒng 名 盛衣物的箱状器具。

【箱式】xiāngshì 区别 形状像箱子的 ▷～空调。

【箱体】xiāngtǐ ❶ 名 箱状外体 ▷这种售货机～造型美观。❷ 名 箱子的体积 ▷～过大，不便搬运。

【箱子】xiāngzi 名 装衣服或其他物品的长方形器具。

襄 xiāng 动 帮助；协助 ▷～办|～理|～助。☛ 由"襄"构成的字除了"讓"简化成"让"、"釀"简化成"酿"外，其他如"壤""镶""嚷"等字中的"襄"都不能简化。

【襄礼】xiānglǐ ❶ 动 举行婚丧等仪式时，协助主持人完成仪式。❷ 名 承担襄礼工作的人。☛ 不宜写作"相礼"。

【襄理】xiānglǐ ❶ 动〈文〉协助办理。❷ 名 银行或较大的企业中，协助经理工作的人。

【襄助】xiāngzhù 动〈文〉帮助；协助 ▷倾力～。

骧（驤）xiāng〈文〉❶ 动 马仰头快跑。→ ❷ 动 上仰；举起 ▷高～。

缥（纕）xiāng 名〈文〉用作佩饰的带子 ▷佩～。

瓖 xiāng ❶ 名〈文〉一种玉。→ ❷ 名 古代驾马所用皮带上的玉制饰物。

镶（鑲）xiāng 动 把东西嵌进去或在物体的外围加边 ▷胸针上～着宝石|袖口～着花边。

【镶边】xiāngbiān 动 给物体的四周加上边儿。

【镶嵌】xiāngqiàn 动 把较小的物体嵌入较大的物体中 ▷戒指上～着宝石。

【镶牙】xiāngyá 动 安装假牙。

xiáng

详（詳）xiáng ❶ 形 详细 ▷～写|～尽|～情。→ ❷ 动 细细说明 ▷内～|面～。❸ 动 详细知道（多用于否定）▷内容不～。○ ❹ 名 姓。

【详备】xiángbèi 形 详细完备 ▷记载～。

【详见】xiángjiàn 动 详细（内容）请看（某处）▷具体操作方法～说明书。

【详解】xiángjiě 动 详细地解答 ▷习题～。

【详尽】xiángjìn 形 详细无遗漏 ▷叙述～。

【详略】xiánglüè 名 详细和简略的程度 ▷条理清晰，～得当。

【详密】xiángmì 形 周详细密 ▷论证～。

【详明】xiángmíng 形 详细明了 ▷注解～。

【详情】xiángqíng 名 详细的情况 ▷了解～。

【详实】xiángshí 现在一般写作"翔实"。

【详述】xiángshù 动 详细地叙述 ▷～实情。

【详谈】xiángtán 动 详细地交谈 ▷见面～。

【详图】xiángtú 名 详细的地图、蓝图等。

【详悉】xiángxī ❶ 动 详细地了解 ▷内情已～。❷ 形 详细而全面 ▷叙述很～。

【详细】xiángxì 形 周全细致 ▷～核查。

降 xiáng ❶ 动 投降 ▷诈～|招～|～将。→ ❷ 动 使投降；使驯服 ▷～龙伏虎|一物～一物|～伏。☛ 右下是"㐄"，不是"丰"。

另见 682 页 jiàng。

【降表】xiángbiǎo 名〈文〉请求投降的文书。

【降伏】xiángfú 动 使驯服（多用于物）▷那匹烈马谁都～不了|～了咆哮的江水。

【降服】xiángfú ❶ 动 投降顺服 ▷对方已经～。❷ 动 制服；使服从（多用于人）▷～了顽敌。

【降将】xiángjiàng 名 投降的将领。

【降龙伏虎】xiánglóng-fúhǔ 降伏巨龙和猛虎。比喻本领高强，能战胜强大的敌人。

庠 xiáng 名 古代指乡学；泛指学校 ▷～生。

【庠生】xiángshēng 名〈文〉指科举时代府学、州学、县学的生员。

【庠序】xiángxù 名古代指乡学；泛指学校。

祥 xiáng ❶ 形吉利；幸运 ▷吉～|～瑞|不～之兆。○ ❷ 名姓。

【祥和】xiánghé ❶ 形吉祥和顺 ▷岁月～。❷ 形慈祥和蔼 ▷神态～。

【祥瑞】xiángruì 名迷信指好事情来临的征兆 ▷古人把传说中的麒麟视为～。

【祥云】xiángyún 名象征祥瑞的云彩 ▷宝鹤驾～。

翔 xiáng ❶ 动（鸟）展翅盘旋地飞；飞行 ▷翱～|飞～。○ ❷ 形详细 ▷～实。

【翔实】xiángshí 形详细而确实 ▷内容～。

xiǎng

享（*亯） xiǎng ❶ 动〈文〉鬼神受用祭品。→ ❷ 动物质上或精神上受用，得到满足 ▷有福同～|坐～其成|～乐|～用。→ ❸ 动拥有；取得 ▷～年 90 岁。○ ❹ 名姓。☛ 跟"亨(hēng)"不同。

【享福】xiǎngfú 动享受幸福；生活得美满安逸 ▷这人真会～|老了，也该享享福了。

【享乐】xiǎnglè 动享受安适和欢乐 ▷尽情～。

【享年】xiǎngnián 名敬词，用于称死者活的年岁（多用于老年人）▷大师～85 岁。

【享受】xiǎngshòu 动享有受用 ▷～社会福利。

【享用】xiǎngyòng 动享受使用 ▷这些钱供老人～|创造了～不尽的财富。

【享有】xiǎngyǒu 动拥有（权利、声誉等）▷公民～各种民主权利|～很高的威信。

【享誉】xiǎngyù 动享有声誉 ▷该产品～国内外。

响（響） xiǎng ❶ 名回声 ▷反～|影～|～应。→ ❷ 名泛指声音 ▷听见～儿了|声～。⇒ ❸ 动发出声音 ▷电铃～了|～起欢呼声|一声不～。❹ 动使发声 ▷～铃了。⇒ ❺ 形声音大；洪亮 ▷～亮。

【响板】xiǎngbǎn 名打击乐器，由两片木片组成，用绳连接后套在拇指与食指上，碰击发声。

【响鼻】xiǎngbí 名骡马等动物鼻子里喷气的响声 ▷打～儿。

【响鞭】xiǎngbiān ❶ 名猛力甩动鞭子发出的声音 ▷他甩了一个～，骡子立即奔跑了起来。❷ 名鞭炮 ▷燃放了一挂～。

【响彻】xiǎngchè 动响遍；声响达到 ▷惊雷～大地|～云霄。

【响当当】xiǎngdāngdāng 形形容敲击时当当作响；也形容十分出色，名气大 ▷～的先进工作者|～的名牌。

【响动】xiǎngdong 名动静；声响 ▷院里有～。

【响度】xiǎngdù 名声音强弱的程度。通称音量。也说声量。

【响遏行云】xiǎng'èxíngyún 声响直上云霄，阻止住了流动的浮云。形容声音极其响亮。

【响鼓】xiǎnggǔ 名声音响亮的鼓 ▷金钹～贺佳节|重槌擂～。

【响箭】xiǎngjiàn 名射出时能发声的箭。

【响雷】xiǎngléi 名声音响亮的雷。

【响亮】xiǎngliàng 形声音大而清晰 ▷口号～。

【响锣】xiǎngluó ❶ 动鸣锣 ▷～聚众。❷ 动借指某些事开始 ▷大赛已经～|工程提前～。

【响马】xiǎngmǎ 名旧指拦路抢劫的强盗。因其抢劫时先放响箭，故称。

【响器】xiǎngqì 名打击乐器的统称。如铙、钹、锣、鼓等。

【响晴】xiǎngqíng 形晴朗高爽 ▷天空～。

【响声】xiǎngshēng 名声音 ▷屋子里一点儿～也没有。

【响尾蛇】xiǎngwěishé 名一种毒蛇，成蛇长约 2 米，体呈绿黄色。尾端有角质环，摆动时能发出响声，故称。

【响杨】xiǎngyáng 名毛白杨。

【响应】xiǎngyìng 动回声应和。比喻用言语、行动表示赞同或支持（号召、倡议等）▷～党的号召|他的建议没有人～。

饷（餉*饟） xiǎng 名古代指军粮；后多指军警、政府机关工作人员的薪俸 ▷军～|～银|关～|发～。

【饷银】xiǎngyín 名旧指军警的薪金。

飨（饗） xiǎng ❶ 动〈文〉设酒宴招待 ▷～宴|～客。→ ❷ 动泛指请人享用 ▷以～读者。☛ 跟"飧(sūn)"不同。

想 xiǎng ❶ 动动脑筋；思考 ▷让我～一～|～办法。→ ❷ 动估计；认为 ▷我～他会答应|猜～。→ ❸ 动计划；希望 ▷他～找个工作。→ ❹ 动记挂；怀念 ▷朝思暮～|～念。

【想必】xiǎngbì 副表示较为肯定的推想 ▷他今天没来上班，～是老病又复发了。

【想不到】xiǎngbudào 动出乎意料；事先没想到 ▷～我们竟在国外重逢！

【想当然】xiǎngdāngrán 动单凭主观经验或推测，就认为事情可能是或应该是这样 ▷只凭～去办事，哪有不碰壁的呢？

【想得到】xiǎngdedào 动预料得到；想得出来（多用于反问）▷老人哪里～会住上这样好的房子呢！|能～的方法都想了。

【想法】xiǎngfǎ ❶ 动想办法；设法 ▷～让她早点儿熟悉情况。❷ 名思索出来的结果；念头

▷我有个～。

【想方设法】xiǎngfāng-shèfǎ 想尽一切办法。

【想见】xiǎngjiàn 动 由推想而得知 ▷由此可以～两位老人的生活是多么清苦。

【想开】xiǎngkāi 动 把思路放开放活，不因为不如意的事而忧愁 ▷凡事都要～些。

【想来】xiǎnglái 动 估计；推测 ▷这些数字，～不会有多大出入。☛ 用作插入语，可在句首或主谓之间。

【想念】xiǎngniàn 动 思念；怀念 ▷日夜～着海外的亲人｜～家乡。

【想入非非】xiǎngrùfēifēi 原指意念进入离奇变幻的玄妙境界；现指脱离实际地胡思乱想。

【想通】xiǎngtōng 动 经过思考弄懂了；经过思考解除了原有的疑虑或心结 ▷为什么两点间直线距离最短，你～了吗？｜我～了，就当压根儿没这笔钱。

【想头】xiǎngtou〈口〉❶ 名 想法；念头 ▷脑子里忽然闪出了一个～。❷ 名 盼头；希望 ▷看到这种情势，什么～也没有了。

【想望】xiǎngwàng ❶ 动 希望；期盼 ▷他一直～着遍游祖国的名山大川。❷ 动〈文〉仰慕 ▷对大师～已久。

【想象】xiǎngxiàng ❶ 名 指在知觉材料的基础上，经过头脑加工而创造出新形象的心理过程 ▷～丰富。❷ 动 推想出不在眼前的事物的具体形象或发展结果 ▷不难～他当时该有何等的痛苦。

【想象力】xiǎngxiànglì 名 指在知觉材料的基础上，经过头脑加工而创造出新形象的能力 ▷～丰富。

【想像】xiǎngxiàng 现在一般写作"想象"。☛ 全国科学技术名词审定委员会和国家语言文字工作委员会已确定"想象"为推荐词形。

鲞（鯗）xiǎng 名 干鱼；腊鱼 ▷鳗～｜白～｜～鱼。

【鲞鱼】xiǎngyú 名 鲞。

xiàng

向[1]（嚮❶❷❹）xiàng ❶ 动 朝着；对着（跟"背"相对）▷屋门～北｜奋勇～前｜面～黑板。→ ❷ 名 方向 ▷去～｜风～｜转(zhuàn)～。❸ 名 意志的趋向；对未来的打算 ▷志～｜意～。→ ❹ 动〈文〉接近；临近 ▷～晚｜～暮。→ ❺ 动 偏袒；袒护 ▷妈妈～着小妹妹。→ ❻ 介 引进动作的方向或对象 ▷～右看齐｜～您请教。〇 ❼ 名 姓。

向[2]（嚮*曏）xiàng ❶ 名〈文〉从前；过去 ▷～日｜～者。→ ❷ 副 从过去到现在；从来 ▷～不过问｜～来。☛ "向"字统读 xiàng，不读 xiǎng。

【向背】xiàngbèi 动 拥护或反对 ▷民心～是决定事业成败的关键。

【向壁虚构】xiàngbì-xūgòu 对着墙壁，凭空编造。形容毫无事实根据地捏造。

【向导】xiàngdǎo ❶ 动 引路 ▷你来～。❷ 名 引路的人。☛ 不要误写作"响导"。

【向光性】xiàngguāngxìng 名 趋光性。

【向好】xiànghǎo 动 向着好的趋势发展 ▷自然生态环境日益～｜经济形势稳中～。

【向来】xiànglái 副 从来 ▷他～说话算数。

【向例】xiànglì 名 惯例；一贯的做法 ▷这一次他可没有遵守～。

【向量】xiàngliàng 名 矢量。

【向前看】xiàngqiánkàn 指不计较过去的恩怨、得失，着眼于未来的前景。

【向钱看】xiàngqiánkàn 指只考虑经济利益，不顾其他 ▷要遵守法纪，不要只顾～。

【向日葵】xiàngrìkuí 名 一年生草本植物，叶互生，花序呈圆盘状并常朝着太阳转。种子叫葵花籽，可以食用或榨油。也说葵花、向阳花、朝阳花。参见插图 8 页。

【向善】xiàngshàn 动 归向善良；学好 ▷改恶～｜～之心。

【向上】xiàngshàng 动 上进；向着进步的方向发展 ▷希望孩子们天天～。

【向上爬】xiàngshàngpá 比喻采取不正当手段谋求升迁。

【向晚】xiàngwǎn 名 傍晚 ▷～时分。

【向往】xiàngwǎng 动 希望实现某种追求或理想 ▷～大海｜～和谐的世界。☛ ㊀"向"不要误写作"想"。㊁参见 188 页"憧憬"的提示。

【向午】xiàngwǔ 名 临近中午的时候 ▷直到～才渐渐暖和些。

【向心力】xiàngxīnlì ❶ 名 使物体围绕核心运动的力。❷ 名 比喻一个集体的凝聚力。

【向学】xiàngxué 动 心向学习 ▷一心～。

【向阳】xiàngyáng 动 向着太阳，一般指朝南。

【向阳花】xiàngyánghuā 名 向日葵。因花朝向太阳，故称。

【向隅】xiàngyú 动〈文〉面对着墙角。形容孤独失意 ▷忧郁感伤，～独坐。

【向隅而泣】xiàngyú'érqì 面对着墙角哭泣；形容极其孤立和绝望。☛ "隅"不读 ǒu，也不要误写作"偶"。

【向着】xiàngzhe ❶ 动 朝着 ▷大门～邮局。❷ 动〈口〉偏爱或偏袒 ▷妈妈总是～弟弟。

项[1]（項）xiàng ❶ 名 脖子的后部；泛指脖子 ▷～背｜～链。〇 ❷ 名 姓。

项[2]（項） xiàng ❶ 名 项目 ▷事～|分条逐～|立～。→ ❷ 名 特指款项 ▷进～|用～。→ ❸ 量 用于分门列项的事物 ▷第三～|两～开支|一～任务|十～全能。→ ❹ 名 代数里指不用加减号连接的单式。☛ 参见 877 页"领"的提示。

【项背】xiàngbèi 名 人的脖子后部和后背；指人的背影 ▷难以望其～。

【项背相望】xiàngbèi-xiāngwàng 原指前后相顾；后用来形容行人很多，连续不断。

【项链】xiàngliàn 名 套在颈项上垂挂胸前的链形首饰，多用金银珠宝制作。☛ 不宜写作"项练"。

【项目】xiàngmù ❶ 名 事物分成的种类或条目 ▷～繁多|比赛～。❷ 名 工程、学术等方面某一项具有特定内容的工作 ▷课题～。

【项圈】xiàngquān 名 幼童或某些民族的人套在颈项上的环形装饰品。

【项庄舞剑，意在沛公】xiàngzhuāng-wǔjiàn，yìzài-pèigōng《史记·项羽本纪》记载：刘邦应邀到鸿门跟项羽相会，在酒宴上项羽的谋士范增让项庄（项羽手下的武将）以舞剑为名乘机刺杀刘邦；刘邦的谋士张良识破了范增的意图，提醒樊哙（刘邦手下的武将）"今者项庄拔剑舞，其意常在沛公（刘邦）也"。后用来比喻以某种言行作掩护来达到另外的目的。

巷 xiàng 名 狭窄的街道 ▷一条小～|街头～尾|街谈～议|～战。☛ ㊀读 hàng，专用于在山体中或地下挖掘的坑道。㊁下底是"巳"，不是"已""已"或"己"。

另见 542 页 hàng。

【巷口】xiàngkǒu 名 小街的街口。

【巷战】xiàngzhàn ❶ 动 在城镇的街巷里展开攻防战斗。❷ 名 在城镇的街巷里展开的战斗。

【巷子】xiàngzi 名 巷 ▷酒香不怕～深。

相[1] xiàng ❶ 动 察看 ▷人不可貌～|～机行事|～马。→ ❷ 名 容貌；人的外表 ▷聪明～|～貌。⇒ ❸ 名 泛指事物的外观 ▷月～|星～。⇒ ❹ 名 姿势；样子 ▷站～|睡～。○ ❺ 名 物理学上指：a）具有相同成分及相同物理、化学性质的均匀物质部分，各相之间有明显可分的界面。如水有液相、固相、气相，金刚石和石墨是碳的两种相。b）交流电路中的一个组成部分。如三相交流发电机有三个绕组，每一绕组称为一个相。

相[2] xiàng ❶ 动 辅佐；帮助 ▷吉人自有天～。→ ❷ 名 古代辅佐帝王的最高官员 ▷宰～|丞～。❸ 名 用来称某些国家中央政府一级的官员 ▷外～|首～。→ ❹ 名 旧指协助主人接待来宾的人 ▷傧～。

另见 1496 页 xiāng。

【相变】xiàngbiàn 名 物质的相的变化。相变发生时常有热的转移，如水汽化时要吸热，反之则放热。参见本页"相[1]（xiàng）"⑤。

【相册】xiàngcè 名 用来存放照片的册子；也指计算机、手机等中用来存放照片的文件夹。也说照相簿。

【相夫教子】xiàngfū-jiàozǐ 帮助丈夫，教育子女。

【相公】xiànggong ❶ 名 旧时妻子对丈夫的敬称。❷ 名 旧时对读书人或成年男子的敬称。

【相机】xiàngjī ❶ 名 照相机。○ ❷ 动 观察时机 ▷～行事。

【相里】xiànglǐ 名 复姓。

【相貌】xiàngmào 名 人脸部长（zhǎng）的样子 ▷～端正|～丑陋。☛ 不要写作"像貌"。

【相面】xiàngmiàn 动 通过观察人的相貌、气色等推测吉凶祸福，是一种迷信活动。

【相片】xiàngpiàn 名 人的照片。口语中也说相片儿（piānr）。

【相声】xiàngsheng 名 一种曲艺，由传统口技发展而成。以"说、学、逗、唱"为主要艺术手段，具有幽默风趣的特点。内容多为讽刺，也有用来歌颂的。按表演人数可分为单口相声、对口相声、群口相声，以对口相声为基本形式。

【相术】xiàngshù 名 通过观察相貌、体态、气色、手纹等推测人的吉凶祸福，据以预言命运的方术，带迷信色彩。

【相态】xiàngtài 名 同一物质的某种物理、化学形态，如水蒸气、水和冰就是同一物质的气体、液体、固体三个相态。

珦 xiàng 名〈文〉一种玉。

象[1] xiàng 名 陆地上最大的哺乳动物。皮厚毛稀，腿粗如柱，筒状长鼻能垂到地面并可以伸卷，雄象和非洲象中的雌象有一对粗长的牙伸出口外，主要吃野菜、嫩叶等。有的象可以驯养供役使。属国家保护动物。

象[2] xiàng ❶ 名 形态；样子 ▷万～更新|景～|印～|形～。→ ❷ 动 模仿；仿效 ▷～形|～声词。☛ ㊀"象"字第六画是撇（丿），不能断成一竖一撇。由"象"构成的字有"像""橡"等。㊁"象"不是"像"的简化字。㊂参见 1505 页"像"的提示。

【象鼻虫】xiàngbíchóng 名 昆虫，头部有喙状延伸，呈象鼻状。种类很多，多数会危害树林、果园、农作物等。也说象甲。

【象脚鼓】xiàngjiǎogǔ 名 傣族、景颇族等民族的一种乐器，鼓身木制，形似象脚，鼓面蒙羊皮、牛皮或马皮。用手拍击鼓面，鼓声雄壮深沉。参见插图 12 页。

【象棋】xiàngqí 名 棋类运动的一种。棋子分红、黑两种，各有一将(帅)、双士(仕)、双象(相)、双车、双马、双炮、五卒(兵)，共十六个棋子。对弈双方按规则轮流行棋，以"将(jiāng)死"对方的将(帅)者为胜。

【象声词】 xiàngshēngcí 名 拟声词。

【象限】 xiàngxiàn 名 平面直角坐标系的横、纵坐标轴把平面分成四个部分，每一部分叫做一个象限。右上方为第一象限，左上方为第二象限，左下方为第三象限，右下方为第四象限。

【象形】 xiàngxíng 名 汉字六书之一，指描摹实物形状的造字方法 ▷～字。

【象形文字】 xiàngxíng wénzì 以描摹实物形状为基本方法造出来的文字。如"⊙"就是"日"的象形文字。

【象牙】 xiàngyá 名 大象上颌的门牙，伸出口外，略呈圆锥形，微弯。质地坚硬、细密，白色有光泽。可制工艺品。现国际上已禁止象牙贸易。

【象牙塔】 xiàngyátǎ ❶ 名 用象牙雕成的塔形工艺品。❷ 名 比喻脱离现实生活的文艺家主观幻想的狭小艺术天地或唯美主义的创作倾向；也比喻远离社会生活仅局限于少数人的学术圈子。也说象牙之塔。

【象征】 xiàngzhēng ❶ 动 用具体的物象来表示某种特定、抽象的意义 ▷苍松～坚强。❷ 名 用来表示某种特定、抽象意义的具体事物 ▷白色是纯洁的～。

【象征性】 xiàngzhēngxìng ❶ 名 具有象征意义的性质 ▷～收费。❷ 形 形容敷衍地摆出做某事的样子 ▷他端着酒杯～地抿了一口。

【象征主义】 xiàngzhēng zhǔyì 西方现代主义文艺的一个流派。兴起于19世纪末叶的法国，认为现实世界是虚幻的、痛苦的，只有心灵世界才是真实的、美好的，主张以象征、暗示等手法使人的内心世界与外界事物互相沟通。

像

xiàng ❶ 动 跟某事物相同或相似 ▷孩子长得～他爸爸｜他俩写的字很～。→ ❷ 名 比照人物或动物制成的图画、雕塑等 ▷画～｜铜～｜肖～。→ ❸ 动 如同 ▷～这种情况真少见。→ ❹ 副 似乎；好像 ▷这车～有毛病了。☛ "像"②跟"象[2]"①不同。"像"指以模仿、比照等方法制成的人或物的形象，也包括光线经反射、折射等而形成的与原物相同或相似的图景，如"画像""录像""偶像""人像""神像""塑像""图像""肖像""绣像""遗像""影像""摄像"等，都是复制的；"象"指自然界、人或物的形态、样子，如"表象""病象""形象""脉象""气象""旱象""景象""幻象""天象""意象""印象""星象""假象""险象""万象更新""物象"等，都是原生的。

【像话】 xiànghuà 形 (言行)合乎情理(多用于反问或否定) ▷让大家等你一个人，～吗？

【像机】 xiàngjī 现在一般写作"相机"。

【像貌】 xiàngmào 现在规范词形写作"相貌"。

【像模像样】 xiàngmú-xiàngyàng 够一定水平；符合一定标准；比较体面 ▷这份杂志办得～。

【像生】 xiàngshēng ❶ 名 用绫绢、通草等仿照人或动植物外形制成的工艺品。○ ❷ 名 宋元时期从事说唱表演的女艺人。

【像素】 xiàngsù 名 组成数字图像的基本单元。这种基本单元越多，越能呈现出图像的细节，图像就越清晰。

【像样】 xiàngyàng 形 够一定水平；符合一定标准 ▷这支农民管乐队很～｜～的实验室。

【像章】 xiàngzhāng 名 印有或铸有人像的纪念章。

橡

xiàng ❶ 名 栎属植物的通称。○ ❷ 名 姓。

【橡胶】 xiàngjiāo 名 高弹性的聚合物。分为天然橡胶和合成橡胶两类。具有绝缘性，不透水，不透气。在工业上和生活上应用广泛。

【橡胶布】 xiàngjiāobù 名 一种涂有橡胶的复合材料。用于防水、防渗等。

【橡胶草】 xiàngjiāocǎo 名 多年生草本植物，直根圆锥形，所含乳汁能制橡胶。

【橡胶树】 xiàngjiāoshù 名 常绿乔木，枝细长，复叶由三个小叶构成，小叶长椭圆形，开白色花，有香味，结球形蒴果。生长在热带地区。树内的乳白色黏汁含胶质，是制造天然橡胶的主要原料。

【橡皮】 xiàngpí ❶ 名 硫化橡胶的俗称。❷ 名 用橡胶等制成的文具，能擦去铅笔画的痕迹。也说橡皮擦。

【橡皮筏】 xiàngpífá 名 水上运输工具，用橡胶布制造，使用时充气使浮于水面。

【橡皮膏】 xiàngpígāo 名 以橡胶为主要基质制成的黏性外贴制剂。也说胶布。

【橡皮筋】 xiàngpíjīn 名 用橡胶制成的线状或环状物品，有弹性，多用来捆扎东西。也说皮筋儿、猴皮筋儿。

【橡皮泥】 xiàngpíní 名 一种泥状的合成材料，有可塑性，不易干，可供儿童手工捏成各种东西。

【橡皮圈】 xiàngpíquān ❶ 名 供练习游泳用的救生圈，用橡胶布制成，形如轮胎，充气后可以浮在水上。❷ 名 环状的橡皮筋。

【橡皮糖】 xiàngpítáng 名 质地类似橡皮的糖果。

【橡皮艇】 xiàngpítǐng 名 水上运输工具，用金属或木材做骨架，外面包有橡胶布，自重轻，可折叠。多用于救生、勘探、渔猎等。

【橡皮图章】 xiàngpí túzhāng ❶ 用经过硫化的橡胶刻制成的图章。❷ 比喻只有名义、没有实权的机构或个人。

【橡皮线】 xiàngpíxiàn 名 一种外面包着橡胶的电线。也说皮线。

【橡实】xiàngshí 名 栎树的果实，长圆形，含淀粉等。外壳可以制栲胶。也说橡子、橡栗。

【橡椀】xiàngwǎn 名 某些栎属植物坚果外部或下部呈杯状、碗状、盘状或球状的总苞，外面常有针刺或鳞片。是提制植物鞣料的重要材料。

【橡子面】xiàngzǐmiàn 名 用橡实磨成的面，味苦，可用来充饥。

xiāo

肖 xiāo 名 姓。
另见 1516 页 xiào。

枭[1]（梟） xiāo ❶ 名 鸮。○ ❷ 动〈文〉（把砍下的人头）悬挂起来 ▷～首。

枭[2]（梟） xiāo ❶ 形〈文〉强悍；不驯服 ▷～雄。→ ❷ 名 违法集团的首领 ▷毒～｜匪～。→ ❸ 名 旧时指违反禁令私贩食盐的人 ▷盐～｜私～。☛ "枭"字上边是"鸟"去掉一横。

【枭将】xiāojiàng 现在一般写作"骁将"。

【枭首】xiāoshǒu 动〈文〉砍下人头悬挂起来，旧时的一种死刑 ▷～示众。

【枭雄】xiāoxióng 名〈文〉指强横而野心勃勃的人物；也指有抱负的英雄豪杰。

枵 xiāo〈文〉❶ 形 空；虚 ▷～腹从公。○ ❷ 形 丝缕纤维稀疏而轻薄 ▷～薄。

【枵腹从公】xiāofù-cónggōng 饿着肚子办理公务。

削 xiāo ❶ 动 用刀平而略斜地去掉物体的表层 ▷～瓜皮｜～铅笔｜切～。→ ❷ 动（用乒乓球拍子）平而略斜地击（球）▷～球。
另见 1560 页 xuē。

【削面】xiāomiàn 名 刀削面。

【削球】xiāoqiú 动 使乒乓球拍子跟球飞过来的路线略呈斜角地击球，让球体旋转或改变旋转的方向。

哓（嘵） xiāo [哓哓] xiāoxiāo 动〈文〉唠叨；吵嚷 ▷～不休。

骁（驍） xiāo 形 勇猛 ▷～勇善战｜～健｜～悍｜～将。

【骁悍】xiāohàn 形 勇猛强悍 ▷～的战将。

【骁健】xiāojiàn 形 勇猛矫健 ▷将士～。

【骁将】xiāojiàng 名 勇猛的战将。

【骁骑】xiāoqí 名 勇猛的骑兵。

【骁勇】xiāoyǒng 形 勇猛 ▷～过人。

逍 xiāo 见下。

【逍遥】xiāoyáo 形 无拘无束，自由自在 ▷日子过得很～｜～自在。

【逍遥法外】xiāoyáo-fǎwài 指犯法的人没有受到法律的制裁，依然自由自在。

鸮（鴞） xiāo 名 鸟，喙和爪呈钩状，很锐利，眼大而圆，头部像猫，羽毛多为褐色。通常昼伏夜出，捕食鼠、鸟、昆虫等。种类很多，常见的有鸺鹠、角鸮、鹛鸮、耳鸮等。属国家保护动物。通称猫头鹰。俗称夜猫子。

虓 xiāo 动〈文〉（虎）怒吼。

消 xiāo ❶ 动（事物）逐渐减少，以至不复存在 ▷雾渐渐～了｜气～了｜～失。→ ❷ 动 使不复存在；消除 ▷～灾｜～愁｜取～。⇒ ❸ 动 排遣；度过（时光）▷～磨｜～遣。⇒ ❹ 动 花费；用去 ▷～费。❺ 动 用；需要 ▷不～说。

【消沉】xiāochén 形 情绪低落 ▷他最近很～。☛ 跟"低沉"不同。"消沉"仅用于形容情绪；"低沉"还可用于形容天色、声音等。

【消愁】xiāochóu 动 解愁；消除忧愁 ▷借酒～。

【消除】xiāochú 动 去掉（不利事物）；使不复存在 ▷险情已经～｜～误会。

【消磁】xiāocí 动 退磁的通称。使有磁性的物体失去磁性。

【消毒】xiāodú ❶ 动 用物理、化学或生物学等方法杀灭或清除病原体，以防止人、畜疾病和植物病害的传染 ▷～处理。❷ 动 比喻清除坏影响。

【消毒柜】xiāodúguì 名 利用电子设备产生高温、臭氧、紫外线等杀灭细菌的柜形消毒器具。

【消防】xiāofáng 动 灭火和防火 ▷～知识。

【消防车】xiāofángchē 名 灭火专用汽车。车身漆成红色，一般装有水泵、水龙带、灭火剂、多级云梯及其他消防和救护设备等。俗称救火车。

【消防队】xiāofángduì 名 灭火和防火的专业机构。

【消费】xiāofèi 动 消耗物质资料以满足生产或生活的需要（通常指生活消费）▷合理～｜～观念。

【消费基金】xiāofèi jījīn 国民收入中扣除积累后用于满足社会和个人的物质和文化生活需要的部分。

【消费结构】xiāofèi jiégòu 各种消费支出在总消费支出中所占的比例关系。

【消费品】xiāofèipǐn 名 通常指供人们日常生活中消费用的物品。

【消费税】xiāofèishuì 名 对一些消费品（如烟、酒、贵重首饰、小汽车等）和特定消费行为（如筵席）在征收增值税的基础上再加收的一种税。

【消费信贷】xiāofèi xìndài 金融机构为支持个人购买高金额消费品而发放的贷款。如按揭。

【消费者】xiāofèizhě 名 物质资料的使用者或劳务活动的服务对象。

【消费者价格指数】xiāofèizhě jiàgé zhǐshù 居民消费价格指数。

【消耗】xiāohào ❶ 动（精神、力量或物资等）因使用或损耗而逐渐减少 ▷能源～|体力～。❷ 动 使消耗 ▷～了不少资源。

【消化】xiāohuà ❶ 动 人或动物的有关器官把食物变成可以为机体吸收的养料 ▷～系统。❷ 动 比喻对学习内容加深理解和融会贯通。

【消化酶】xiāohuàméi 名 对食物中的淀粉、脂肪、蛋白质等具有消化作用的酶。

【消化系统】xiāohuà xìtǒng 人或动物体内消化器官和消化腺组成的系统。消化器官包括口腔、咽、食管、胃、小肠、大肠等。消化腺包括唾液腺、胃腺、小肠腺、胰腺等。

【消魂】xiāohún 现在一般写作"销魂"。

【消火栓】xiāohuǒshuān 名 消防用水的管道上有出水口和调节阀的一种装置，供灭火时接水龙带用。也说消防栓。

【消极】xiāojí ❶ 形 负面的；不利于发展的（跟"积极"相对，②同）▷～态度|～作用。❷ 形 不求进取；消沉 ▷工作～|～对待。

【消减】xiāojiǎn 动 减退或减少 ▷实力～。

【消解】xiāojiě 动 消除；化解 ▷积怨已经～。

【消渴】xiāokě 名 中医指一种病症，症状是口渴、易饿、多尿、消瘦。包括糖尿病、尿崩症等。

【消弭】xiāomǐ 动〈文〉消除（有害的事物）▷～隔阂。

【消灭】xiāomiè ❶ 动 消失；消亡 ▷不少物种在～。❷ 动 使不存在 ▷～错字|～害虫。☛ 跟"歼灭"不同。"歼灭"多用于军事，对象多限于敌人；"消灭"既可用于军事，也可用于其他方面，对象不限于敌人。

【消磨】xiāomó ❶ 动 使（意志、精力等）逐渐消耗、磨灭 ▷～意志。❷ 动 打发（日子）；虚度（时光）▷～时光。

【消纳】xiāonà 动 容纳并处理（垃圾、废物等）▷～垃圾上千吨|～破烂儿。

【消匿】xiāonì 动 隐匿 ▷一时～的丑恶现象又出现了。

【消气】xiāoqì 动 使怒气消散平息 ▷妈妈～了。

【消遣】xiāoqiǎn 动 做自己感到轻松愉快的事来打发空闲时光或消解烦闷 ▷养鱼～。

【消溶】xiāoróng 现在一般写作"消融"。

【消融】xiāoróng ❶ 动（冰雪）融化。❷ 动 融入而消失 ▷疏落的村屋～在夜幕里。

【消散】xiāosàn 动（烟雾、气味、情绪等）散开、消失 ▷浓烟在高空渐渐～。

【消声器】xiāoshēngqì 名 降低气流噪声的装置。常用于通风设施、内燃机、喷气发动机等高噪声机械。也说消音器。

【消失】xiāoshī ❶ 动 隐去 ▷飞机～在云层里。❷ 动 事物或事物的功能不再存在 ▷视力渐渐～了。

【消石灰】xiāoshíhuī 名 熟石灰。

【消食】xiāoshí 动 帮助消化食物 ▷喝茶能～。

【消蚀】xiāoshí 现在一般写作"销蚀"。

【消逝】xiāoshì 动（时间）过去；（事物）消失 ▷激情在逐渐～。

【消释】xiāoshì ❶ 动 消融；溶化。❷ 动（疑虑、怨恨、苦闷、误会等）消除；解除 ▷怒气～。

【消受】xiāoshòu ❶ 动 享受；受用（多用于否定）▷怎能～得起？❷ 动 忍受 ▷难以～。

【消瘦】xiāoshòu ❶ 动（身体）变瘦 ▷他身体突然～了许多。❷ 形 体形瘦削 ▷他越来越～了。

【消暑】xiāoshǔ ❶ 动 消夏 ▷～的好地方。❷ 动 降温祛暑 ▷～佳品。

【消损】xiāosǔn ❶ 动 逐渐减少；减损 ▷自然～。❷ 动 因消磨而损失或损害 ▷风姿～。

【消停】xiāoting ❶ 形 安静；安稳；安定 ▷不得～|等～下来再说。❷ 动 休息；停歇。

【消退】xiāotuì 动 逐渐消失；减退 ▷高烧～。

【消亡】xiāowáng 动 衰亡；消失（多指抽象事物）▷事物都有一个发生、发展、～的过程。

【消息】xiāoxi ❶ 名 音信 ▷出国的同学最近有～吗？❷ 名 新闻体裁的一种。以简要的形式，及时报道新近发生的重要事情。☛ 跟"新闻"不同。作为新闻体裁，"消息"指一种新闻文体，是用语言文字所作的简短报道；"新闻"包含消息，也包含通讯、特写等，还指利用其他技术手段进行的报道，如"电视新闻"。

【消夏】xiāoxià 动 避暑；用消遣的方式度过夏天 ▷到庐山去～。

【消闲】xiāoxián ❶ 动 消磨空闲的时间 ▷去公园～～。❷ 形 悠闲 ▷～自在。

【消歇】xiāoxiē 动〈文〉消失；止歇 ▷日渐～。

【消炎】xiāoyán 动 消除炎症 ▷杀菌～。

【消夜】xiāoyè ❶ 动 消遣夜间时光。❷ 动 夜里吃点心。❸见本页"宵夜"②。现在一般写作"宵夜"。

【消灾】xiāozāi 动 消除灾祸 ▷破财～。

【消长】xiāozhǎng 动 消减和增长 ▷销售量随需求～。☛"长"这里不读 cháng。

【消肿】xiāozhǒng ❶ 动 消除肿胀 ▷扭伤的脚腕已经～了。❷ 动 比喻精简不必要的机构和人员等 ▷精简机构，～减肥。

宵 xiāo 名 夜 ▷良～|通～|春～|～禁。

【宵禁】xiāojìn 动（政府或军事管制区的首脑）下令禁止一般人夜间通行 ▷～三天。

【宵夜】xiāoyè ❶ 名〈文〉夜间。❷ 名 夜宵 ▷吃～。❸见本页"消夜"②。现在一般写作"消夜”。

【宵衣旰食】xiāoyī-gànshí 天不亮就穿衣服起来工作，天黑下来才吃饭（旰：晚上）。古代多用来称颂帝王勤于政事。

绡（綃）xiāo 图〈文〉轻而薄的生丝织品 ▷～帐｜～帕。

萧（蕭）xiāo ❶ 形 冷落；缺乏生机 ▷～然｜～寂｜～条。○ ❷ 图 姓。☛ ㊀跟“箫”不同。㊁参见1312页“肃”的提示。㊂不能简化成“肖”。

【萧规曹随】xiāoguī-cáosuí 汉初萧何做丞相，制定律令制度，后来曹参继任丞相，完全照萧何的成规办事。比喻完全照前人的规矩工作。

【萧墙】xiāoqiáng 图〈文〉宫门内作为屏障的矮墙；借指内部 ▷祸起～。

【萧然】xiāorán〈文〉❶ 形 寂寞冷清 ▷官苑～。❷ 形 稀疏；空虚 ▷两鬓～｜四壁～。❸ 形 悠闲；潇洒 ▷～自得｜意态～。

【萧瑟】xiāosè ❶ 拟声 模拟风吹树木的声音 ▷秋风～。❷ 形 冷落凄凉 ▷一片～的景象。

【萧森】xiāosēn ❶ 形〈文〉形容草木凋零，荒凉衰落 ▷古树～。❷ 形 阴森 ▷气象～。

【萧疏】xiāoshū ❶ 形 冷落；空寂 ▷万户～鬼唱歌。❷ 形 稀落；稀少 ▷草木～。

【萧索】xiāosuǒ 形 荒凉冷落；缺乏生机 ▷～的寒秋，百花凋零。

【萧条】xiāotiáo 形 冷落而没有生机 ▷市场～。

【萧萧】xiāoxiāo〈文〉❶ 拟声 模拟风雨声、落叶声、马叫声等 ▷无边落木～下｜马鸣～。❷ 形 形容稀疏 ▷草木～。

猇 xiāo［猇亭］xiāotíng 图 古地名，在今湖北宜都。

硝 xiāo ❶ 图 硝石、芒硝、朴硝等矿物盐的统称。→ ❷ 动 用朴硝或芒硝加黄米面鞣制皮革 ▷～皮子。

【硝石】xiāoshí 图 矿物，无色、白色或灰色晶体。有钾硝石（成分是硝酸钾）和钠硝石（成分是硝酸钠）两种，钾硝石是制造炸药、钾肥等的矿物原料，钠硝石是制造氮肥、硝酸等的矿物原料。钾硝石也说火硝。

【硝酸】xiāosuān 图 无机酸，强酸之一，纯品为无色液体，一般略带黄色，具有强烈刺激气味和腐蚀性。广泛用于军工、化工等方面。

【硝酸甘油】xiāosuān gānyóu 一种有机化合物。由甘油经浓硝酸与浓硫酸的混合酸反应制得。无色或淡黄色油状透明液体，有强烈的爆炸性，属化学危险品。可以做药材和用于制造炸药。也说硝化甘油。

【硝烟】xiāoyān 图 火药爆炸后产生的烟雾；借指战争 ▷～滚滚｜又起～。

【硝盐】xiāoyán 图 从含盐分较多的土中熬制出的食盐。

销[1]（銷）xiāo ❶ 动 加热使固态金属成为液态 ▷～金｜把旧铅字～毁｜～熔。→ ❷ 动 去掉；使不存在 ▷把这笔账～了｜报～｜勾～。⇒ ❸ 动 花费掉（钱物）；耗费 ▷花～｜开～。⇒ ❹ 动 出售（货物）▷货不好～｜～路｜滞～。○ ❺ 图 姓。

销[2]（銷）xiāo ❶ 图 销子 ▷插～｜～钉。→ ❷ 动 用销子插 ▷把门～上。

【销案】xiāo'àn 动 撤销案件。

【销差】xiāochāi ❶ 动 向上级报告所交付的差事已经完成 ▷回公司～。❷ 动 免掉差事 ▷老板找借口把他～了。

【销号】xiāohào 动 注销已登记在册的人、物、事项、编号等；也指注销号码 ▷病人～出院｜旧电脑～处理｜这部电话已～。

【销户】xiāohù 动 注销户头 ▷手机～｜汽车～。

【销毁】xiāohuǐ 动 熔化或烧掉；毁灭 ▷～罪证｜～材料。☛ 跟“烧毁”不同。“销毁”仅指人有意的行为；“烧毁”既指人为的（包括有意或无意的），又指自然产生的。

【销魂】xiāohún 动 灵魂离开了肉体。指因极度哀愁、惊惧或欢乐而神思恍惚 ▷黯然～。

【销货】xiāohuò 动 销售商品 ▷～渠道。

【销价】xiāojià 图（商品）销售的价格。

【销假】xiāojià 动 请假期满后向上级报到，恢复上班工作。

【销量】xiāoliàng 图（商品）销售的数量。

【销路】xiāolù 图（商品）销售的出路；销售状况。

【销纳】xiāonà 现在一般写作“消纳”。

【销声匿迹】xiāoshēng-nìjì 不出声音，隐藏行踪。指隐藏起来不再公开露面。也说销声敛迹。☛“销”不要误写作“消”。

【销蚀】xiāoshí 动 因腐蚀而消损 ▷水管年久失修，～十分严重。

【销势】xiāoshì 图（商品）销售的形势 ▷～很旺。

【销售】xiāoshòu 动 卖出（商品）▷削价～。

【销售额】xiāoshòu'é 图 卖出商品所得的钱数。

【销歇】xiāoxiē 现在一般写作“消歇”。

【销行】xiāoxíng 动（商品）向各地销售。

【销赃】xiāozāng ❶ 动 销毁赃物 ▷企图～灭迹。❷ 动 销售赃物 ▷～的钱已挥霍一空。

【销账】xiāozhàng 动 把了结的账目从账上注销。☛ 不要写作“销帐”。

【销子】xiāozi 图 形状像钉子的圆棍，用来插在两个部件中使连接或固定。也说销钉。

翛 xiāo 形〈文〉形容无拘无束 ▷～然。

蛸 xiāo ❶ 名 章鱼。○ ❷见 1049 页“螵(piāo)蛸”。
另见 1209 页 shāo。

箫（簫） xiāo ❶ 名 古代指排箫。→ ❷ 名 用一根竹管做的乐器，竖着吹，吹口在顶端侧沿，正面 5 孔，背面 1 孔。也说洞箫。参见插图 12 页。○ ❸ 名 姓。☛ 跟“萧”不同。

潇（瀟） xiāo 形 〈文〉形容水又清又深的样子。

【潇洒】xiāosǎ 形（举止、神态、作风等）洒脱不拘、超逸脱俗 ▷风度～。☛ 不要写作“萧洒”。

【潇潇】xiāoxiāo ❶ 形 形容风急雨骤。❷ 形 形容小雨飘洒 ▷春雨～。

霄 xiāo ❶ 名 云 ▷云～|～汉。→ ❷ 名 天空 ▷九～|重～|～壤。

【霄汉】xiāohàn 名 云霄和天河。指高空 ▷气冲～。

【霄壤】xiāorǎng 名 天和地；比喻很大的距离或差别 ▷判若～|～之别。

魈 xiāo 见 1195 页“山魈”。

蟏（蠨） xiāo [蟏蛸] xiāoshāo 名 蜘蛛的一种。身体和腿脚细长，呈暗褐色，生活在水边的草地或树间，也在室内墙壁间结网。民间以为是喜庆的预兆，所以也说喜蛛、喜子。

嚣（囂） xiāo ❶ 动 喧哗；叫嚷 ▷喧～|叫～。○ ❷ 形 放肆；猖狂 ▷～张。
另见 14 页 áo。

【嚣杂】xiāozá 形 喧闹嘈杂 ▷～的集市。

【嚣张】xiāozhāng 形（恶势力、邪气）猖狂；放肆 ▷气焰～|这伙窃贼～得很。

xiáo

洨 xiáo 名 洨河，水名，在河北，流入滏阳河。

崤 xiáo 名 崤山，山名，在河南。

淆（*殽） xiáo 形 混杂；混乱 ▷混～|～杂|～乱。☛ 统读 xiáo，不读 yáo。

【淆惑】xiáohuò 动 〈文〉混淆迷惑 ▷～人心。

【淆乱】xiáoluàn ❶ 形 混乱；杂乱 ▷是非～|天下～。❷ 动 扰乱 ▷～视听。

【淆杂】xiáozá 动 〈文〉混杂 ▷品类～。

xiǎo

小 xiǎo ❶ 形 在面积、体积、年龄、数量、规模、力量、程度等某方面比不上一般的或不如比较的对象（跟“大”相对）▷房子太～|他比我～两岁|力气～|～学。→ ❷ 副 表示时间短 ▷～住|～睡。→ ❸ 形 排行最后的 ▷～姑|～女儿。→ ❹ 名 年龄小的人 ▷全家老～。→ ❺ 名 旧指小老婆 ▷纳～|做～。→ ❻ 形 谦词，用于称自己或自己一方的人或事物 ▷～弟|～店。→ ❼ 词的前缀。加在姓或名字前，表示对年纪比自己小的年轻人的亲切称呼 ▷～王|～华。→ ❽ 副 稍稍；略微 ▷～试锋芒|～有名气。→ ❾ 副 用于数字前，表示略少于此数 ▷唱戏～50 年了。○ ❿ 名 姓。

【小巴】xiǎobā 名 小型客车（巴：巴士）。

【小白菜】xiǎobáicài 名 白菜的一种，绿叶勺形或圆形，不包心。某些地区也说青菜。参见插图 9 页。

【小白脸儿】xiǎobáiliǎnr 名 〈口〉指皮肤白而外表漂亮的年轻男子（多含轻蔑意）。

【小百货】xiǎobǎihuò 名 日常生活中用的小商品。如针、线、毛巾、肥皂等。

【小班】xiǎobān ❶ 名 幼儿园里最低的正式班级，一般由 3 周岁到 4 周岁的儿童编成。❷ 名 人数少的班 ▷分～上课。

【小板凳】xiǎobǎndèng 名 较矮小的无靠背坐具。

【小半】xiǎobàn 数 比一半小或比半数少的部分 ▷你吃大半，我吃～。

【小宝宝】xiǎobǎobao 名 对婴儿、幼儿的爱称。

【小报】xiǎobào ❶ 名 指版面在四开以下的报纸 ▷多数晚报都是～。❷ 名 指影响小的报纸 ▷～上登的你也信？

【小报告】xiǎobàogào 名 出于不正当的动机，背地里向上级反映别人所谓缺点或错误的书信或口头汇报（常跟“打”连用）。

【小辈】xiǎobèi 名 晚辈；辈分低的人。

【小本经营】xiǎoběn jīngyíng 本钱少、规模小的买卖。

【小便】xiǎobiàn ❶ 动 人排尿。❷ 名 人的尿液。❸ 名 婉称人的外生殖器。

【小辫儿】xiǎobiànr 名 短小的辫子；泛指辫子。

【小辫子】xiǎobiànzi ❶ 名 小辫儿。❷ 名 比喻容易被人抓住的把柄 ▷别让人抓住～。

【小别】xiǎobié 动 短暂离别 ▷～三天。

【小不点儿】xiǎobudiǎnr 〈口〉❶ 形 形容很小 ▷～的羊羔。❷ 名 指小孩子 ▷你这个～。

【小菜】xiǎocài ❶ 名 指咸菜、酱菜等；小盘盛的凉菜。❷ 名 泛指分量不多的普通菜肴 ▷备上几盘～。

【小菜一碟】xiǎocài-yīdié 〈口〉比喻小事一桩，轻易就能办成 ▷编个小程序，对他来说～！

【小产】xiǎochǎn 动 流产①。

【小肠】xiǎocháng 名 肠的一部分，上端接胃的幽门，下接大肠，分十二指肠、空肠和回肠三部分。主要功能是消化食物和吸收营养。

【小抄儿】xiǎochāor 名 指考试时夹带的作弊用的字条。

【小潮】xiǎocháo 名 在一个朔望月内涨落幅度最小的海潮。一般出现在上弦日和下弦日的后两三天。

【小炒】xiǎochǎo 名 指用小锅单炒的菜肴 ▷家常～|一盘～。

【小车】xiǎochē ❶ 名 指一种木制独轮手推车。❷ 名 指小轿车 ▷私家～多起来。

【小乘】xiǎochéng 名 早期佛教主要流派，注重修行、持戒，以求得自我解脱（跟"大乘"相区别）。

【小吃】xiǎochī ❶ 名 饭馆中分量少、价钱低的简单菜肴。❷ 名 指馄饨、粽子、汤圆、年糕、油饼、春卷儿等风味食品 ▷风味～|～店。❸ 名 西餐中的冷盘。

【小吃部】xiǎochībù 名 专卖小吃的店铺或专柜。

【小丑】xiǎochǒu ❶ 名 戏曲中的丑角或杂技中的滑稽演员。❷ 名 小人② ▷跳梁～。

【小春】xiǎochūn ❶ 名 小阳春。❷ 名 指小春作物。

【小春作物】xiǎochūn zuòwù 小春（农历十月）时节播种的农作物。

【小疵】xiǎocī 名〈文〉小毛病；小缺点 ▷～微瑕。

【小葱】xiǎocōng 名 葱的一种。分蘖性强，茎、叶较细软，有辛辣香味。是普通蔬菜，多用作佐料。

【小聪明】xiǎocōngming 名 在小事上表现出来的聪明（多用于贬义）▷别耍那些～。

【小打小闹】xiǎodǎ-xiǎonào 指小规模地进行，没有大的举动。

【小大人儿】xiǎodàrénr 名 指言谈举止像大人一样的小孩儿。

【小旦】xiǎodàn 名 戏曲中旦角的一种，多扮演年轻女子。

【小刀会】xiǎodāohuì 名 清末民间秘密团体，主要活动在我国东南沿海一带。曾多次起义，抗击清军和外国侵略者。

【小道】xiǎodào ❶ 名 狭窄的路 ▷羊肠～。❷ 名 比喻非正规的途径 ▷～儿消息。

【小弟】xiǎodì ❶ 名 称弟弟或年岁最小的弟弟。也说小弟弟。❷ 名 对小于自己的男性的亲切称呼 ▷这位～是山东人？❸ 名 男性在朋友面前的谦称 ▷～来晚了，有劳各位久等。

【小调】xiǎodiào ❶ 名 民间的各种俚俗曲调。❷ 名 西洋小调式的简称。有自然小调、和声小调、旋律小调三种。

【小东西】xiǎodōngxi ❶ 名 小物品 ▷买点儿～。❷ 名〈口〉对小孩儿的昵称 ▷这～真可爱。

【小动作】xiǎodòngzuò 名 小的举动。多指为了达到某种目的，在背地里搞的不正当活动。

【小豆】xiǎodòu 名 一年生草本植物，茎蔓生或直立，花黄色或淡灰色，荚果无毛。种子也叫小豆，椭圆形，暗红色，可供食用，也可以做药材。也说赤豆、赤小豆、红豆、红小豆。

【小肚儿】xiǎodǔr 名 一种球状熟食，用经过加工处理的猪膀胱装入和着淀粉的肉末儿制成。

【小肚鸡肠】xiǎodù-jīcháng 鼠肚鸡肠。

【小队】xiǎoduì ❶ 名 人数较少的队伍 ▷～骑兵。❷ 名 队伍编制中的基层单位，在中队之下。❸ 名 少先队编制中的一级。

【小额】xiǎo'é 区别 数额小的 ▷～消费用现金。

【小恩小惠】xiǎo'ēn-xiǎohuì 为了笼络人而给予的些微好处。

【小儿】xiǎo'ér ❶ 名 小孩儿；儿童 ▷～科的大夫。❷ 名 对自己儿子的谦称 ▷～不懂事。

【小儿科】xiǎo'érkē ❶ 名 儿科。❷ 名 指价值小，不值得重视的事 ▷别把推广普通话当～。❸ 名 指很容易办成的简单事情 ▷这种事简直是～，难不倒我。

【小儿麻痹症】xiǎo'ér mábìzhèng 脊髓灰质炎的通称。简称儿麻。

【小而全】xiǎo'érquán 又小又全。多形容某些企事业单位规模虽小但机构设置或装备设施等齐全，能自成体系。

【小而言之】xiǎo'éryánzhī 从小的方面来说。

【小饭桌】xiǎofànzhuō 名 为照顾吃午饭有困难的中小学生而开办的小型食堂。

【小贩】xiǎofàn 名 本钱小的商贩。

【小费】xiǎofèi 名 饭店、旅店等服务性行业中顾客、旅客额外付给服务人员的钱。也说小账。

【小分队】xiǎofēnduì 名 部队或某些机构、团体派出执行特定任务的组织。一般人数不多，机动性强 ▷演出～|缉毒～。

【小夫妻】xiǎofūqī 名 年轻夫妻。

【小幅】xiǎofú ❶ 区别 面积较小的（字画等）▷～花鸟画|～行书。❷ 副 幅度小地 ▷股指～反弹|气温～回升。

【小腹】xiǎofù 名 人体腹部肚脐以下的部分。俗称小肚子。

【小钢炮】xiǎogāngpào ❶ 名 指小型的轻便火炮。❷ 名 比喻敢于大胆提意见的人（多指年轻人）▷他是我们组里的～，说话又急又冲。

【小哥】xiǎogē ❶ 名 对年岁最小的哥哥的称呼。也说小哥哥。❷ 名 对青年男性的称呼 ▷张家～。

【小工】xiǎogōng 名 指不掌握专门技术、只从事辅助性劳动的工人。

【小公共】xiǎogōnggòng 名 小型公共汽车。

【小公主】xiǎogōngzhǔ 名 比喻在家中被溺爱娇惯的女孩子。

【小姑】xiǎogū ❶ 名 年龄最小的姑母。❷ 名 小姑子。

【小姑子】xiǎogūzi 名〈口〉丈夫的妹妹(用于背称)。

【小褂】xiǎoguà 名 贴身穿的中式单上衣。

【小广播】xiǎoguǎngbō ❶ 名 传播范围小的有线广播。❷ 名 指私下传播的消息或私下传播消息的人。

【小广告】xiǎoguǎnggào 名 街头非法张贴或散发的篇幅较小的广告。也说野广告。

【小鬼】xiǎoguǐ ❶ 名 迷信指地位低下的鬼。❷ 名 对小孩ㄦ的亲昵称呼 ▷这～挺机灵。

【小锅饭】xiǎoguōfàn 名 专门用小锅煮的饭;比喻只给某人或某些人的特殊照顾 ▷王老师没少给我吃～(指单独辅导)。

【小过】xiǎoguò 名 小的过错 ▷不要放任～。

【小孩ㄦ】xiǎoháir ❶ 名 孩子;儿童。❷ 名 指子女。‖也说小孩子。

【小孩子家】xiǎoháizijia 名〈口〉小孩ㄦ①(含轻蔑意) ▷一个～,打听那么多干什么?

【小寒】xiǎohán 名 二十四节气之一,在公历每年1月6日前后。

【小号】xiǎohào ❶ 区别 指同类商品中型号较小的 ▷～球鞋。❷ 名 商人对自己铺子的谦称。○ ❸ 名 铜管乐器,形制较小,吹奏时声音清脆响亮。参见插图11页。○ ❹ 名 指单人牢房。

【小胡桃】xiǎohútáo 名 某些地区指山核桃。

【小户】xiǎohù ❶ 名 人口少的家庭 ▷三口之家的～。❷ 名 旧指贫寒的人家。

【小花脸】xiǎohuāliǎn 名 戏曲行当中丑角的俗称。

【小环境】xiǎohuánjìng 名 指局部的具体的环境(跟"大环境"相区别) ▷大环境、～都好,才能为创新发展提供好的条件。

【小皇帝】xiǎohuángdì 名 比喻在家中被溺爱、娇惯的男孩子。

【小黄帽】xiǎohuángmào 名 中小学生为出行安全而戴的黄色帽子。采用亮黄色反光面料制成,能有效提醒车辆避让。

【小黄鱼】xiǎohuángyú 名 黄鱼的一种。体较小而侧扁,鳞较大,背鳍灰褐色,两侧黄色。生活在海中,主要以虾及小型鱼类为食,是我国重要的经济鱼类。也说黄花鱼。

【小茴香】xiǎohuíxiāng 名 茴香①。

【小惠】xiǎohuì 名 微小的恩惠、好处 ▷小恩～。

【小伙子】xiǎohuǒzi 名 年轻的男子(多含亲昵意)。也说小伙ㄦ。

【小集团】xiǎojítuán 名 人数不多的团体(含贬义) ▷办事不能只从个人或～的利益出发。

【小蓟】xiǎojì 名 刺ㄦ菜。

【小家碧玉】xiǎojiā-bìyù 旧指小户人家的美貌少女。

【小家电】xiǎojiādiàn 名 小型家用电器。如电风扇、电熨斗等。

【小家伙】xiǎojiāhuo 名 对未成年人的称呼(多含亲昵意)。

【小家庭】xiǎojiātíng 名 人口少的家庭;通常指与父母分居的青年夫妇的家庭。

【小家子气】xiǎojiāziqì 形容举止不大方或行事小气。

【小件】xiǎojiàn 名 小而轻的物件 ▷～寄存。

【小建】xiǎojiàn 名 农历只有29天的月份(跟"大建"相区别)。如果腊月是小建,二十九就是除夕。也说小尽。

【小将】xiǎojiàng 名 古代称年轻将领;现常比喻某个领域内敢干敢闯的年轻人。

【小脚】xiǎojiǎo 名 指旧时妇女缠足造成的发育不正常的脚。

【小轿车】xiǎojiàochē ❶ 名 旧时一种装有车篷子的马拉车。❷ 名 供人乘坐、有沙发式座位的小型汽车。也说小卧车、小汽车。

【小教】xiǎojiào ❶ 名 小学教育 ▷～工作。❷ 名 小学教师 ▷当了10年的～。

【小节】xiǎojié ❶ 名 非原则性的小事(跟"大节"相区别) ▷不拘～。○ ❷ 名 音乐节拍的段落,由某一强拍起至下一强拍前止为一小节,乐谱中用竖线隔开。

【小结】xiǎojié ❶ 名 一个阶段工作、学习等情况的简要回顾和分析。❷ 动 作小结 ▷把前面讲的内容～一下。

【小姐】xiǎojiě ❶ 名 旧时仆人称主人家的女儿。❷ 名 对青年女性的称呼 ▷公关～。❸ 名 对青年女服务员的称呼。

【小解】xiǎojiě 动 小便①。

【小金库】xiǎojīnkù ❶ 名 指违反有关规定,在本单位财务账目之外,私自存放和支配的公款。❷ 名 指家庭成员中个人私自保存和支配的钱财。

【小径】xiǎojìng 名〈文〉小路。

【小九九】xiǎojiǔjiǔ ❶ 名 九九歌。❷ 名 借指藏在心中的盘算;主意 ▷早就猜到他那～了。

【小舅子】xiǎojiùzi 名〈口〉妻子的弟弟(用于背称)。

【小聚】xiǎojù 动 小规模地短时聚会 ▷同窗～。

【小楷】xiǎokǎi ❶ 名 手写的汉字楷书小字。❷ 名 指拼音字母的小写印刷体。

【小看】xiǎokàn 动 轻视;看不起 ▷你别～人家。

【小康】xiǎokāng 名《礼记·礼运》中指稍逊于儒家心目中的理想社会"大同"的一种社会局面;今指中等生活水平的家庭经济状况;也指中等发达国家水平的社会经济状况 ▷～社会。

【小可】xiǎokě ❶ 名 谦词,用于称自己(多用于早期白话) ▷～年少无知,请前辈见谅。❷ 形 轻微;寻常 ▷这件事非同～。

【小客车】xiǎokèchē 名 小型的客运汽车。

【小抠】xiǎokōu 名 喜欢在小处斤斤计较的人。

【小老婆】xiǎolǎopo 名 妾;姨太太。

【小礼拜】xiǎolǐbài 名 每两个星期休息三天时,休息一天的那个星期或那个星期日俗称小礼拜。如每两个星期休息一天的,不休息的那个星期日也俗称小礼拜。

【小利】xiǎolì 名 微小的利润或利益 ▷赚一点儿～糊口。

【小里小气】xiǎolixiǎoqì 形 很小气。

【小两】xiǎoliǎng 名 市斤旧制为16两1斤,新制改为10两1斤后,把旧制的两称为小两。

【小两口】xiǎoliǎngkǒu 名 指年轻夫妇。

【小量】xiǎoliàng 形 少量。

【小令】xiǎolìng ❶ 名 较短的词调。❷ 名 散曲的一种,多以一支曲为独立单位。

【小龙】xiǎolóng 名 十二生肖中蛇的别称。

【小炉匠】xiǎolújiàng 名 旧指走街串巷,从事锔锅、锔盆、焊接等工作的手艺人。

【小路】xiǎolù 名 狭窄的道路 ▷山间～。

【小萝卜】xiǎoluóbo 名 一种块根较小的萝卜,皮红色,肉白色。是普通蔬菜。

【小锣】xiǎoluó 名 打击乐器,铜制,圆形,直径约六七寸,中心稍凸起,以竹片或木片击奏。

【小麦】xiǎomài 名 一年或二年生草本植物,茎直立,叶子宽条形。籽实也叫小麦,成熟后用来制面粉。是主要粮食作物之一。根据播种时间不同,分冬小麦和春小麦两种。

【小卖】xiǎomài ❶ 名 饭馆里不成桌的、分量少的菜或专供零卖的现成菜。❷ 动 做小买卖 ▷挑担～|～部。

【小卖部】xiǎomàibù 名 出售烟酒、糖果、点心、饮料等的小店,多设在公共场所或单位内部。

【小满】xiǎomǎn 名 二十四节气之一,在公历每年5月21日前后。

【小猫熊】xiǎomāoxióng 名 小熊猫的学名。

【小妹】xiǎomèi ❶ 名 称妹妹或年岁最小的妹妹。也说小妹妹。❷ 名 对小于自己的女性的亲切称呼 ▷想不到～你也是湖南人! ❸ 名 女性在朋友面前的谦称 ▷～有点儿小事有劳各位帮忙。

【小米】xiǎomǐ 名 去壳的谷子籽实。

【小名】xiǎomíng 名 小时候起的非正式使用的名字(跟"大名"相区别)。也说乳名、奶名。

【小拇指】xiǎomǔzhǐ 名 小指。

【小脑】xiǎonǎo 名 脑的一部分,位于颅腔内大脑半球后下方。小脑对人体的运动起协调作用,并使身体保持平衡。

【小鲵】xiǎoní 名 两栖动物,外形像大鲵,但体长不到10厘米。背黑色,全身有银白色斑点,尾短。栖息水草间。也说短尾鲵。

【小年】xiǎonián ❶ 名 指农历十二月有29天的年份。❷ 名 指农历十二月二十三或二十四日。旧俗在这天祭灶。❸ 名 指鱼鲜、竹笋或水果等产量较低的年份 ▷今年是苹果的～。

【小年轻】xiǎoniánqīng 名 小青年。

【小年夜】xiǎoniányè ❶ 名〈口〉农历除夕的前一夜。❷ 名 旧时也指农历十二月二十三日或二十四日。

【小娘子】xiǎoniángzǐ 名 指年轻妇女(多见于早期白话)。

【小鸟依人】xiǎoniǎo-yīrén 形容年轻女子或小孩儿像依傍着人的小鸟一样娇柔可爱。

【小妞儿】xiǎoniūr 名〈口〉小女孩儿。

【小农】xiǎonóng 名 以家庭为单位分散进行农业生产的农民 ▷～经济|～意识。

【小农经济】xiǎonóng jīngjì 以生产资料个体所有制和个体劳动为基础,以家庭为单位从事农业生产的经济形式。

【小女】xiǎonǚ 名 对自己女儿的谦称。

【小跑】xiǎopǎo 动 连跑带走地行进 ▷一路～。

【小朋友】xiǎopéngyǒu ❶ 名 指少年儿童。❷ 名 对少年儿童的亲切称呼 ▷～,你叫啥名字啊?

【小便宜】xiǎopiányi 名 微小的利益或好处 ▷爱占～。

【小票】xiǎopiào ❶ 名 面额小的钞票。❷ 名 指超市等给消费者提供的购物凭证。

【小品】xiǎopǐn ❶ 名 指小品文。❷ 名 指戏剧小品,即角色少、情节简单、形式活泼的戏剧。

【小品文】xiǎopǐnwén 名 散文的一种,篇幅短小,以生动活泼的文笔说理抒情。

【小平头】xiǎopíngtóu 名 一种男式发型。顶部头发长一厘米左右,发顶稍平。

【小气候】xiǎoqìhòu ❶ 名 由局部地区的自然环境以及人类和生物活动的特殊性所造成的特殊气候。❷ 名 比喻一个具体的地区、单位或行业中的社会氛围等 ▷营造良好的～。

【小气】xiǎoqi ❶ 形 过分看重自己的财物;吝啬 ▷这个人太～|～鬼。❷ 形 度量小 ▷男子汉可别那样～。❸ 形 (举止、装束等)不自然;不大方 ▷这件衣服穿着太～。

【小汽车】xiǎoqìchē 名 小轿车②。

【小器作】xiǎoqìzuō 名 制作、修理硬木家具、细巧木器的作坊。☛ "作"这里不读zuò。

【小器】xiǎoqi 见本页"小气"①②。现在一般写作"小气"。

【小憩】xiǎoqì 动〈文〉稍事休息 ▷～片刻。

【小前提】xiǎoqiántí 名 三段论中含有主词的前提。通常包含特殊性知识,并作为三段论的第二个前提。参见1180页"三段论"。

【小钱】xiǎoqián ❶ 图 旧指制钱；也指小的铜钱。❷ 图 指少量的钱 ▷花～，办大事。

【小瞧】xiǎoqiáo 动〈口〉小看。

【小巧】xiǎoqiǎo 形 小而精巧 ▷机身～美观。

【小巧玲珑】xiǎoqiǎo-línglóng 形容器物小而精巧；也形容女人体态娇小，举止灵巧。

【小青年】xiǎoqīngnián 图 指 20 岁左右的年轻人。也说小年轻。

【小秋收】xiǎoqiūshōu 图 指秋收前后采集野生植物果实的农事活动。

【小球】xiǎoqiú 图 指乒乓球、羽毛球等运动项目（跟足球、篮球、排球等"大球"相区别）。

【小区】xiǎoqū 图 城市里相对独立、生活服务设施配备较齐全的居民住宅区。

【小曲儿】xiǎoqǔr 图 民歌；小调 ▷哼段～。

【小觑】xiǎoqù 动〈文〉小看。

【小圈子】xiǎoquānzi ❶ 图 狭小闭塞的生活范围 ▷走出封闭的～。❷ 图 为了私利而结合在一起的小团伙 ▷不要搞～。

【小人】xiǎorén ❶ 图 古代指地位低的人。多用于自称。❷ 图 人格低下卑劣的人 ▷～得势。

【小人儿】xiǎorénr 图 对儿童的昵称。

【小人儿书】xiǎorénrshū 图 具有完整故事情节，装订成册的连环画。

【小人物】xiǎorénwù 图 指在社会上影响小、没有名望的普通人。

【小日子】xiǎorìzi 图 小家庭里的日常生活 ▷他俩的～过得很美满。

【小三儿】xiǎosānr 图 第三者②的俗称（含鄙视意）。

【小嗓儿】xiǎosǎngr 图 京剧、昆曲等戏曲中花旦、青衣、小生演唱时用的尖细的嗓音。

【小商贩】xiǎoshāngfàn 图 做小买卖的商贩。

【小商品】xiǎoshāngpǐn 图 指价值较低的商品。如小百货、小五金、小件文化用品等。

【小舌】xiǎoshé 图 人的软腭后部中央下垂的肌肉小突起，略呈圆锥形。

【小生】xiǎoshēng ❶ 图 戏曲中生角的一种，主要扮演青年男子。根据人物性格、身份不同又分雉尾生、纱帽生、扇子生、穷生、武小生等。❷ 图 年轻读书人的自称（多见于早期白话）▷～这厢有礼了。

【小生产】xiǎoshēngchǎn 图 以生产资料私有制和个体劳动为基础的生产。通常指个体农业生产和个体手工业生产。

【小生产者】xiǎoshēngchǎnzhě 图 从事小生产的人，一般指个体农民和个体手工业者。

【小时】xiǎoshí ❶ 量 时间法定计量单位，1 小时等于 60 分，是 1 天的$\frac{1}{24}$。❷ 图 指 1 小时的时间 ▷用了 3 个～。

【小时工】xiǎoshígōng 图 钟点工。

【小时候】xiǎoshíhou 图 指童年的时候。

【小市】xiǎoshì 图 出售旧货、杂货的市场。

【小市民】xiǎoshìmín ❶ 图 城市中占有少量生产资料或财产的居民，如手工业者、小商人、小房东。❷ 图 指思想境界不高，喜欢斤斤计较的人 ▷他的思想很庸俗，简直就是个～！

【小事】xiǎoshì 图 不被重视或无关紧要的琐细事情 ▷生活～。

【小试锋芒】xiǎoshì-fēngmáng 稍稍显露一下本领、才能。

【小试牛刀】xiǎoshì-niúdāo 牛刀小试。

【小视】xiǎoshì 动〈文〉轻视；小看 ▷别～他人。

【小手工业者】xiǎoshǒugōngyèzhě 图 占有少量生产资料，独立地用手工方式进行小规模商品生产的人。

【小手小脚】xiǎoshǒu-xiǎojiǎo 形容不敢放开手脚大胆办事。

【小手指】xiǎoshǒuzhǐ 图 人手的第五个指头。

【小叔子】xiǎoshūzi 图〈口〉丈夫的弟弟（用于背称）。

【小暑】xiǎoshǔ 图 二十四节气之一，在公历每年 7 月 7 日前后。

【小数】xiǎoshù 图 十进分数的一种特殊表现形式。如"1.25"这个数中间的"."符号叫小数点，小数点左边的数是这个数的整数部分，右边的数是这个数的小数部分。

【小数点】xiǎoshùdiǎn 图 表示整数部分之后小数部分开始的符号"."。

【小水电】xiǎoshuǐdiàn 图 小型水力发电站。我国于 1986 年规定装机容量在 2.5 万千瓦以下的水电站为小水电。

【小睡】xiǎoshuì 动 短暂睡眠 ▷午间～一会儿。

【小水】xiǎoshui ❶ 图 中医指尿液。❷ 动 排尿。

【小说】xiǎoshuō 图 一种叙事性的文学体裁，通过人物塑造、情节安排和环境描写来反映社会生活，表现社会生活中的矛盾。可分为长篇、中篇和短篇等。

【小厮】xiǎosī 图 指未成年的男仆（多见于早期白话）。

【小苏打】xiǎosūdá 图 无机化合物，学名碳酸氢钠，白色粉末，易溶于水。与酸作用能生成二氧化碳。广泛用于食品和医药工业，还能用来产生二氧化碳灭火。☛"打"这里不读 dǎ。

【小算盘】xiǎosuànpan 图 指为个人或局部利益所作的筹划、打算。

【小摊儿】xiǎotānr 图 小型售货摊。

【小淘气】xiǎotáoqì 图 对机灵顽皮孩子的昵称。

【小提琴】xiǎotíqín 图 提琴的一种。全长约 60 厘米，4 根弦。演奏时，将琴身夹于下颚与左锁骨之间，以左手执琴颈按弦，右手执弓拉奏。

发音圆润，音色富于变化，是独奏、重奏和管弦乐队中的重要乐器。参见插图 11 页。

【小题大做】xiǎotí-dàzuò 比喻把小事当作大事来渲染、处理(多含贬义)。☛ 不要写作“小题大作”。

【小天地】xiǎotiāndì 名 指狭小的范围或空间 ▷属于自己的～|走出企业的～。

【小艇】xiǎotǐng 名 比较轻便的小船。

【小同乡】xiǎotóngxiāng 名 指籍贯同一县或同一乡的人。

【小童】xiǎotóng 名〈文〉小男孩儿。

【小偷】xiǎotōu 名 偷东西的人。

【小偷小摸】xiǎotōu-xiǎomō 小规模偷窃；也指小规模偷窃的人。

【小头】xiǎotóu 名 条状物较细小的一头；较少的部分 ▷圆木的～|利润你拿大头，我拿～。

【小腿】xiǎotuǐ 名 指人腿部从膝盖到踝骨的一段。

【小我】xiǎowǒ 名 指个人或自我(跟“大我”相区别) ▷牺牲～，顾全大我。

【小卧车】xiǎowòchē 名 小轿车②。

【小巫见大巫】xiǎowū jiàn dàwū 小巫师见了大巫师，觉得法术无法与大巫师相比。比喻两相比较，一个远远比不上另一个。

【小五金】xiǎowǔjīn 名 建筑物、家具上用的小型金属器件和某些日用小工具的统称。如钳子、改锥、螺丝、拉手、钉子、插销等。

【小媳妇】xiǎoxífu〈口〉❶ 名 指年轻的已婚女子。❷ 名 比喻听人摆布或受气的人。

【小戏】xiǎoxì 名 人物较少、情节较简单、演出时间较短的小型戏剧。

【小小不言】xiǎoxiǎo-bùyán〈口〉(事情)微不足道；不值一提 ▷那都是～的事。

【小小说】xiǎoxiǎoshuō 名 微型小说。

【小小子】xiǎoxiǎozi 名〈口〉对幼小男孩儿的昵称。

【小鞋】xiǎoxié 名 比喻利用职权暗中给人的刁难或施加的不合理的限制 ▷提防他给你～穿。

【小写】xiǎoxiě ❶ 名 汉字数字的一种写法，笔画比较少(跟“大写”相区别，②同)。如一、二、三、四、五、六、七、八、九、十、百、千等。❷ 名 拼音字母的一种写法，如 a、b、c。

【小心】xiǎoxīn ❶ 动 留神；当心 ▷～触电。❷ 形 慎重 ▷～谨慎。

【小心眼儿】xiǎoxīnyǎnr ❶ 形 心胸狭窄；气量狭小 ▷这个人～，别跟她开玩笑。❷ 名 小的心计；不高明的心计 ▷要～。

【小心翼翼】xiǎoxīn-yìyì 原为严肃恭敬的意思；现形容小心谨慎，丝毫不敢疏忽(翼翼：恭敬谨慎)。

【小行星】xiǎoxíngxīng 名 沿椭圆轨道围绕太阳运行的小天体，从地球上肉眼看不到。是与行星不同的另一类天体。

【小型】xiǎoxíng 区别 形体或规模小的 ▷～水电站|～多样的活动。

【小型张】xiǎoxíngzhāng 名 一种专用于集邮的邮票，票幅比一般邮票大，票面四周有装饰性边框，发行量很小。

【小性儿】xiǎoxìngr 名〈口〉指心胸狭窄、动不动就发脾气的性格 ▷向别人使～。

【小兄弟】xiǎoxiōngdi ❶ 名 称年龄最小或比较小的同辈男子(含亲切意) ▷我的～，快走呀！◇在同行业中，我们厂是～。❷ 名 特指讲哥儿们义气的同伙 ▷他有一帮～。

【小熊猫】xiǎoxióngmāo 名 小猫熊的通称。哺乳动物，头圆，四肢短粗。头部棕色、白色相间，背部棕红色，尾有 9 个黄白相间的环纹，故也叫九节狼。生活在高山上，能爬树，以野果、野菜和竹叶为食，也吃小鸟等小动物。属国家保护动物。参见插图 1 页。

【小修】xiǎoxiū 动 小修理或小规模的检修。

【小学】xiǎoxué ❶ 名 实施初等普通教育的学校。❷ 名 旧指研究文字、音韵、训诂的学问。

【小学生】xiǎoxuéshēng ❶ 名 在小学就读的学生。❷ 名 比喻某方面的初学者(多用于谦称自己) ▷对电脑我懂得不多，还是个～。

【小雪】xiǎoxuě ❶ 名 二十四节气之一，在公历每年 11 月 22 日前后。❷ 名 降雪量较小的雪；气象学上指 24 小时内降雪量小于 2.5 毫米的雪。

【小循环】xiǎoxúnhuán 名 肺循环。

【小丫头】xiǎoyātou 名〈口〉小女孩儿。

【小阳春】xiǎoyángchūn 名 指农历十月，因这段时间某些地区温暖如春，故称。也说小春。

【小洋】xiǎoyáng 名 旧时一种比大洋小的银币。通常是十至十二个小洋换一个大洋。

【小样】xiǎoyàng 名 印刷业指报纸的一条消息或一篇文章的校样(跟“大样”相区别)。

【小样儿】xiǎoyàngr 名〈口〉指人的模样或神情(多含轻蔑、戏谑意)。

【小咬儿】xiǎoyǎor 名〈口〉指蠓、蚋等叮咬人畜的小昆虫。

【小业主】xiǎoyèzhǔ 名 指拥有少量生产资料和财产，只从事小规模生产经营，不雇用或雇用少量工人的小工商业者。

【小叶】xiǎoyè ❶ 名 植物学指复叶上的每个叶片。❷ 名 指小叶儿茶，用茶树的细嫩叶子焙制而成。

【小叶杨】xiǎoyèyáng 名 落叶乔木，叶子比毛白杨小，呈倒卵形或椭圆形。木材质地软，可供造纸、建筑、制造火柴等用。

【小夜曲】xiǎoyèqǔ ❶ 名 源于欧洲中世纪骑士文学的一种爱情歌曲，流行于西班牙、意大利等国。❷ 名 一种类似组曲的管弦乐曲，开始出现于18世纪末。如莫扎特的《D大调哈夫纳小夜曲》和柴可夫斯基的《弦乐小夜曲》。

【小姨】xiǎoyí 名 年龄最小的姨母。

【小姨子】xiǎoyízi 名〈口〉妻子的妹妹(用于背称)。

【小意思】xiǎoyìsi ❶ 名 微薄的心意。客套话，用于送礼等场合 ▷这是一点儿～，请收下。❷ 名 指不值一提的小事 ▷帮这点儿忙，～，不劳感谢。

【小引】xiǎoyǐn 名 诗文前起说明作用的简短的话。

【小于】xiǎoyú 动 指一种事物比另一种事物小 ▷上调(tiáo)比率不～30%。

【小雨】xiǎoyǔ 名 下得较小的雨；气象学上指24小时内降雨量在0.1—9.9毫米之间的雨。

【小月】xiǎoyuè ❶ 名 公历一个月只有30天或农历一个月只有29天的月份。○ ❷ 动 流产①。

【小崽子】xiǎozǎizi ❶ 名 崽②。也说小崽儿。❷ 名 骂年轻人的话。

【小灶】xiǎozào ❶ 名 集体伙食中标准最高的一级。❷ 名 比喻给少数人的特殊照顾 ▷外语跟不上，老师经常给她开～。

【小站】xiǎozhàn 名 通常指小火车站。

【小账】xiǎozhàng ❶ 名 金额小的账目 ▷零星～。❷ 名 小费。

【小照】xiǎozhào 名 对自己的肖像照片的谦称 ▷内有～一幅，赠君留念。也说小影。

【小指】xiǎozhǐ 名 手指或脚趾的第五个。也说小拇指。俗称小拇哥儿。

【小众】xiǎozhòng 名 少数人构成的群体(跟"大众"相区别) ▷较之京剧来说，昆曲是～艺术|～读物。

【小住】xiǎozhù 动 短暂居住 ▷在北京～几日。

【小注】xiǎozhù 名 古籍中夹在直行正文中的注解。字体比正文小，多用双行形式以区别于正文。

【小传】xiǎozhuàn 名 指篇幅较小的传记。

【小篆】xiǎozhuàn 名 古代汉字的一种字体，秦朝李斯等取大篆略加整理简化而成。秦统一文字，以小篆为正字。也说秦篆。

【小酌】xiǎozhuó 动 少量地饮(酒)，常用来谦称请人宴饮 ▷请到舍下～几杯。

【小资】xiǎozī ❶ 名 小资产阶级的简称。❷ 名 指衣食无忧、有一定文化，注重精神追求和情趣的人 ▷这是一支～们欣赏的曲子|都市～。❸ 形 属于小资性质的 ▷他是我们几个中最～的|～情调。

【小资产阶级】xiǎo zīchǎn jiējí 占有少量生产资料和财产，主要靠自己的体力或脑力劳动为生的阶级，包括中农、手工业者、小商人、自由职业者等。

【小子】xiǎozǐ〈文〉❶ 名 年幼的人 ▷后生～。❷ 名 长辈对晚辈的称呼或晚辈在长辈面前的自称 ▷～前来听训|～不才，请前辈指教。

【小子】xiǎozi ❶ 名〈口〉儿子 ▷我有一个闺女，一个～。❷ 名〈口〉泛指男孩儿 ▷生了个胖～。❸ 名 对人的蔑称 ▷这～真不是个东西！

【小字】xiǎozì ❶ 名 小名。❷ 名 一般指蝇头至樱桃大小的工笔楷体字。

【小字辈】xiǎozìbèi 名 指年轻的、资历较浅的一代人。

【小宗】xiǎozōng 区别 小批；数量很小的(用于钱、物品等) ▷一～买卖|～存款。

【小卒】xiǎozú 名 小兵；比喻没有名气或作用不大的一般人员。

【小组】xiǎozǔ 名 由为数不多的人组成的小集体 ▷学习～|分～讨论。

【小坐】xiǎozuò 动 稍坐一会儿 ▷～片刻。

晓(曉) xiǎo ❶ 名 天刚亮时 ▷～行夜宿|拂～|～市。→ ❷ 动 明白；知道 ▷家喻户～|通～|～得。❸ 动 使人知道；告诉 ▷～之以理。○ ❹ 名 姓。☛ 右上是"戈"，不是"戈"。

【晓畅】xiǎochàng ❶ 形 (语言)明白通畅 ▷道理讲述得深入浅出，～易懂。❷ 动 了解或理解得透彻 ▷～世事。

【晓得】xiǎode 动 知道；明白 ▷这件事我～。

【晓示】xiǎoshì 动 告知使明白 ▷～众人。

【晓事】xiǎoshì 动 懂事 ▷～明理。

【晓行夜宿】xiǎoxíng-yèsù 天刚亮就赶路，夜晚才投宿；形容旅途辛苦。

【晓以利害】xiǎoyǐlìhài 把利害关系告诉对方，使明白。

【晓谕】xiǎoyù 动〈文〉告知使明白(一般用于上级对下级) ▷～全体官兵，务必恪守军纪。

【晓月】xiǎoyuè 名〈文〉拂晓的残月 ▷～带霜落。

【晓之以理】xiǎozhīyǐlǐ 把道理告诉对方，使明白 ▷动之以情，～。

谀(謏) xiǎo 形 小；浅陋 ▷～见(浅见)|～能(才能浅陋)。

筱 xiǎo ❶ 名〈文〉小竹子；细竹子。→ ❷ 形 小(多用于人名)。○ ❸ 名 姓。

皛 xiǎo ❶ 形〈文〉皎洁；明亮 ▷开门月方～|天～无云。○ ❷ 用于地名。如：皛然山，山名，在四川；皛店，地名，在河南。

xiào

孝 xiào ❶ 动 孝顺 ▷不～|～心|～子。→ ❷ 名 旧时礼俗，尊长死后在一定时期内穿孝服，不娱乐，不应酬交际，以示哀悼 ▷守～|～满。❸ 名 居丧期间穿的白色布衣或

麻衣 ▷披麻戴～|穿～。○ ❹ 名 姓。

【孝道】xiàodào 名 关于侍奉父母、长辈的道德规范 ▷恪守～。

【孝服】xiàofú ❶ 名 旧时指为尊长服丧的日子 ▷～未满。❷ 名 孝衣。

【孝敬】xiàojìng ❶ 动 对长辈孝顺尊敬 ▷～父母。❷ 动 把钱物送给老人或尊长,表示孝心或敬意 ▷这点东西是～您的。

【孝老爱亲】xiàolǎo-àiqīn 孝敬老人,爱护亲人 ▷弘扬～传统美德。

【孝廉】xiàolián 名 孝指尊崇孝道,廉指清廉,原为封建时代选拔官吏的两个科目,后合为孝廉一科;也指孝廉科选拔出来的人才;明清两代则把举人称为孝廉。

【孝女】xiàonǚ 名 孝顺父母的女儿。

【孝顺】xiàoshùn 动 尽心尽力承担侍奉父母或其他长辈的义务并顺从他们的意愿 ▷～父母。

【孝悌】xiàotì 动 指孝顺父母、敬爱兄长 ▷对父兄尽了～之心|～忠良。

【孝心】xiàoxīn 名 对父母、长辈孝敬的心意 ▷尽点儿～。

【孝衣】xiàoyī 名 居丧期间穿的衣服,用白布或麻布制成。

【孝子】xiàozǐ ❶ 名 孝顺父母的儿子。❷ 名 父母亡故之后处于居丧期的儿子。

【孝子贤孙】xiàozǐ-xiánsūn 孝顺、有德行的子孙。现多指继承、卫护反动势力或落后传统的人。

肖 xiào 动 像;相似 ▷惟妙惟～|～像|不～之子。

另见 1506 页 xiāo。

【肖像】xiàoxiàng 名 人的画像或照片。

【肖像画】xiàoxiànghuà 名 描画具体人物形象的画;特指描画具体人物头像或胸像的画。

【肖像权】xiàoxiàngquán 名 公民对自己的肖像所享有的专有的权利。未经本人允许,他人不得以营利为目的使用其肖像。

恔 xiào 形〈文〉满意;快慰。

另见 691 页 jiǎo。

校[1] xiào ❶ 名 学校 ▷按时到～|～庆|～址|～友|母～。○ ❷ 名 姓。

校[2] xiào 名 指校官 ▷上～|中～|少～。☛ "校"字通常读 xiào;读 jiào,表示行为动作,指比较、核对,如"校场""校对"。

另见 694 页 jiào。

【校办厂】xiàobànchǎng 名 学校办的工厂。

【校方】xiàofāng 名 学校一方;特指学校领导一方 ▷由～和厂方协商|向～反映情况。

【校风】xiàofēng 名 学校的风气。

【校服】xiàofú 名 学校统一制作的、面料和式样统一的学生服装。

【校歌】xiàogē 名 学校制定的体现本校教育宗旨和精神风貌的歌曲。

【校官】xiàoguān 名 军官军衔的一等,低于将官,高于尉官。我国现行军衔制设大校、上校、中校、少校四个等级。

【校规】xiàoguī 名 学校制定的师生员工必须遵守的规章制度。

【校花】xiàohuā 名 指一所学校(多指高等学校)中公认的最漂亮的女生。

【校徽】xiàohuī 名 供学校师生员工佩戴的标明校名的徽章。

【校刊】xiàokān 名 学校出版的报道本校情况、刊登本校师生文章的刊物。一般在内部发行。

【校历】xiàolì ❶ 名 学校中关于学年、学期的起讫、周次、考试日期和假期等的规定。❷ 名 学校按上述规定制定的日程表。

【校旗】xiàoqí 名 标有学校名称、代表学校的旗帜。

【校庆】xiàoqìng 名 一所学校的建校纪念日;也指在校庆日举行的纪念活动。

【校舍】xiàoshè 名 学校的房屋。

【校史】xiàoshǐ 名 学校的历史。

【校务】xiàowù 名 学校的事务 ▷～工作会议。

【校训】xiàoxùn 名 学校制定的对全校师生员工有指导意义和激励作用的口号。

【校医】xiàoyī 名 学校里的专职医生。

【校友】xiàoyǒu 名 学校的师生员工对曾在本校学习过、工作过的人的称呼;也用于曾在同一所学校学习过、工作过的人之间的互称。

【校友会】xiàoyǒuhuì 名 由校友们建立的联络组织。

【校誉】xiàoyù 名 学校的声誉。

【校园】xiàoyuán 名 指学校范围内的所有地面及其建筑 ▷～整洁|～内栽满了鲜花。

【校园文化】xiàoyuán wénhuà 由师生员工共同创造的反映学校特点的文化生活形式的总和,包括教风、学风、学术活动和文体活动等。

哮 xiào 动 野兽怒吼 ▷咆～。☛ 统读 xiào,不读 xiāo。

【哮喘】xiàochuǎn ❶ 名 由支气管痉挛等引起的呼吸道疾病,症状是呼吸急促、困难,伴有声响。❷ 动 出现哮喘症状或哮喘病发作。

笑(*咲) xiào ❶ 动 露出喜悦的表情;发出高兴的声音 ▷微～|开心地～了|大～|～容。→ ❷ 动 讥笑;嘲笑 ▷五十步～百步|贻～大方|耻～|～柄。→ ❸ 形 令人发笑的 ▷～话|～料。○ ❹ 名 姓。☛ 下边是"夭",不是"天"。

【笑柄】xiàobǐng 名 可以用来取笑的话语、行为或事情 ▷当作～。

【笑点】xiàodiǎn ❶ 名 使人发笑的场景、表演、故事情节等 ▷这段脱口秀～不断,观众几乎

从头笑到尾。❷ 名 指使人发笑的最低程度 ▷他在台上几乎没什么台词，全靠动作表演紧扣观众的～|～低（形容人爱笑）。

【笑哈哈】 xiàohāhā 形 形容张口大笑的样子。

【笑呵呵】 xiàohēhē 形 形容由于内心喜悦而发笑的样子 ▷他是个乐天派，整天～的。

【笑话】 xiàohua ❶ 名 使人发笑的话或故事 ▷说～|～集。❷ 动 讥讽；嘲笑 ▷不要～人家|让人～。❸ 名 被人当作笑料的事 ▷闹～|出了不少～。

【笑剧】 xiàojù 名 闹剧①。

【笑口常开】 xiàokǒu-chángkāi 形容笑声不断，经常保持乐观的情绪。

【笑里藏刀】 xiàolǐ-cángdāo 比喻外表很和善，内心却奸诈阴险。

【笑脸】 xiàoliǎn 名 含笑的面容。

【笑料】 xiàoliào 名 可以用来取笑的材料 ▷这件事成了人们街谈巷议的～。

【笑咧咧】 xiàoliēliē 形 形容笑时嘴角向两边伸展的样子。

【笑骂】 xiàomà ❶ 动 嘲笑责骂 ▷任你怎么～，他还是那样死缠硬磨。❷ 动 开玩笑地骂。

【笑貌】 xiàomào 名 含笑的相貌 ▷音容～。

【笑眯眯】 xiàomīmī 形 形容微笑时眯起眼睛的样子 ▷～地望着我。☛ 不宜写作"笑咪咪""笑弥弥""笑迷迷"。

【笑面虎】 xiàomiànhǔ 名 比喻外表装得和善而内心凶狠的人。

【笑纳】 xiàonà 动 客套话，用于请对方接受赠物 ▷这点儿薄礼请先生～。

【笑容】 xiàoróng 名 含笑的表情 ▷面带～。

【笑容可掬】 xiàoróng-kějū 面部显露的笑容，像是可以用两手捧起来。形容极其和蔼亲切的神情。

【笑声】 xiàoshēng 名 笑时发出的声音。

【笑谈】 xiàotán ❶ 动 笑着谈论 ▷～古今。❷ 名 开玩笑的话。❸ 名 笑柄 ▷引为～。

【笑纹】 xiàowén 名 笑时面部显出的皱纹 ▷奶奶高兴得满脸都是～。

【笑涡】 xiàowō 现在一般写作"笑窝"。

【笑窝】 xiàowō 名 酒窝。

【笑嘻嘻】 xiàoxīxī 形 形容微笑的样子 ▷～地走来跟我握手。☛ 不宜写作"笑嬉嬉"。

【笑星】 xiàoxīng 名 对知名度较高的相声、滑稽戏或喜剧演员的美称。

【笑颜】 xiàoyán 名 笑容 ▷慈祥的～。

【笑靥】 xiàoyè 名〈文〉笑窝；借指笑脸。

【笑意】 xiàoyì 名 微笑的神态 ▷脸上露出～。

【笑吟吟】 xiàoyínyín 形 形容亲切微笑的样子。

【笑盈盈】 xiàoyíngyíng 形 形容笑容满面的样子。

【笑语】 xiàoyǔ 动 谈笑；说说笑笑 ▷～相迎。

【笑逐颜开】 xiàozhú-yánkāi 形容满心欢喜，笑得脸都舒展开了。

效[1]（*傚） xiào 动 模仿 ▷上行下～|～法|仿～。

效[2]（*効） xiào 动 献出（力量或生命）；尽力 ▷～劳|～忠|～命。

效[3] xiào ❶ 名 效果 ▷见～|成～|～验。○ ❷ 名 姓。

【效法】 xiàofǎ 动 参照别人的做法去做 ▷～前辈，报效祖国。☛ 参见本页"效仿"的提示。

【效仿】 xiàofǎng 动 仿照 ▷不要单纯地～，应该有所创新|～他人。☛ 跟"效法"不同。"效仿"强调模仿；"效法"强调学习。

【效果】 xiàoguǒ ❶ 名 指事物或行为、动作产生的结果 ▷～甚佳。❷ 名 戏剧、电影中配合剧情制造的各种声响或某些自然现象，如风雨声、枪炮声、火光、降雪等 ▷音响～|～逼真。

【效绩】 xiàojì 名 效能和业绩 ▷初见～。

【效劳】 xiàoláo 动（为某方）出力做事 ▷愿意为您～|为家乡～。

【效力】 xiàolì ❶ 动 效劳 ▷为国～。❷ 名 事物产生的积极作用 ▷这番话很有～。

【效率】 xiàolǜ ❶ 名 获得的劳动效果与所消耗的劳动量的比率；单位时间内完成的工作量 ▷生产～|提高～。❷ 名 机械、电器等在工作时输出的有效能量与输入能量的比值。

【效命】 xiàomìng 动 拼命地出力 ▷～沙场。

【效能】 xiàonéng 名 事物所具有的功用 ▷充分发挥设备的～|提高职能部门的～。

【效颦】 xiàopín 动 模仿皱眉。比喻不顾客观条件地一味模仿 ▷盲目学步、～，结果贻笑大方。参见 330 页"东施效颦"。

【效死】 xiàosǐ 动 竭尽全力，不惜牺牲生命。

【效验】 xiàoyàn 名 方法、药物等所达到的预期效果 ▷这样做肯定会有～。

【效益】 xiàoyì 名 效果和收益 ▷这家工厂的～很好|社会～。

【效益工资】 xiàoyì gōngzī 职工随单位经济效益和本人工作实绩而变动的那一部分工资。

【效应】 xiàoyìng ❶ 名 由物理或化学作用产生的效果和反应 ▷光电～|热～。❷ 名 泛指效果和反应 ▷名人～|轰动～。

【效用】 xiàoyòng 名 功效和作用 ▷这种药的～不大|发挥组织的～。

【效尤】 xiàoyóu 动〈文〉效仿错误的行为 ▷以儆～。

【效忠】 xiàozhōng 动 献出忠心；尽心出力 ▷～于人民。

涍 xiào ❶ 名 涍水，古水名，在今河南，一说在今湖北。○ ❷ 名 涍泉，古泉名，在今湖南道县。○ ❸ 名 姓。

啸（嘯） xiào 动（人、兽、自然界等）发出长而清越的声音 ▷仰天长～|虎～|海～。☛ 参见 1312 页“肃”的提示。

【啸傲】xiào'ào 动〈文〉傲然自得地放歌长啸；形容旷达，不受约束 ▷～林下|～风月。

【啸聚】xiàojù 动〈文〉互相招呼而聚集在一起 ▷～山林。

【啸鸣】xiàomíng 动 呼啸 ▷朔风～|不时传来野兽的～。

敩（斆） xiào〈文〉❶ 动 教导。❷ 动 学；效法。

滧 xiào 名 天然港汊（多用于地名）▷六～|五～（均在上海）。

xiē

些 xiē ❶ 量 用在名词前面，表示不确定的量 ▷多看～书|有～事|这～年|某～原因。→ ❷ 量 用在形容词或部分动词后面，表示一个微小的量，相当于“一点儿” ▷看得远～|大水退了～。☛ 统读 xiē，不读 xiě。

【些个】xiēge 量〈口〉一些 ▷说～话。

【些微】xiēwēi ❶ 形 少量的 ▷得了～好处。❷ 副 稍微；略微 ▷～有点儿冷。

【些小】xiēxiǎo ❶ 形 少许 ▷～薄礼，休言轻微。❷ 形 细小；微小 ▷～之事，不足介意。

【些须】xiēxū 形 些许（多见于近代汉语）。

【些许】xiēxǔ 形 少许 ▷挣～油盐钱|～湿润的泥土。

揳 xiē 动（把楔子、钉子等）钉进物体里去 ▷把板凳～牢|～个楔子|～钉子。

楔 xiē ❶ 名 楔子①② ▷桌子腿儿松动了，得加个～|木～。→ ❷ 同“揳”。现在一般写作“揳”。

【楔形文字】xiēxíng wénzì 约公元前 3000 年由美索不达米亚南部的苏美尔人创造的古代文字。其笔画呈楔形，故称。巴比伦人、亚述人、波斯人等曾使用过这种文字。也说钉头字。

【楔子】xiēzi ❶ 名 插在木器榫缝中起固定作用的上厚下薄的木片。❷ 名 钉在墙上可以挂东西的竹木钉。❸ 名 比喻插进去的人或事物 ▷大家都在排队，你为什么夹～。❹ 名 戏曲或近代小说的引子，一般用在开头引起正文；元杂剧中还有用于两折之间的楔子，起衔接剧情的作用。

歇 xiē ❶ 动 休息 ▷～一会儿再干|～脚|～伏。→ ❷ 动 停止 ▷～业|～工。❸ 动〈口〉特指睡觉 ▷这么晚了，您还没～着？☛ 参见 555 页“曷(hé)”的提示。

【歇班】xiēbān 动 按照规定不上班 ▷我今天～。

【歇顶】xiēdǐng 现在一般写作“谢顶”。

【歇乏】xiēfá 动 休息以解除疲劳 ▷乘凉～。

【歇伏】xiēfú ❶ 动 伏天歇工休息 ▷我打算一到小暑就回老家～。❷ 动 某些动物在伏天因炎热而有生理变化。如母鸡在伏天下蛋少或不下蛋。‖也说歇夏。

【歇工】xiēgōng 动 停止工作 ▷已经～一周了。

【歇后语】xiēhòuyǔ 名 熟语的一种，由前后两部分组成。前一部分大都是一个形象的比喻或某种事物、现象，后一部分解释说明，是真意所在。通常只说前一部分，后边的本意留给人去体会。如“黄鼠狼给鸡拜年——没安好心”。

【歇假】xiējià 动 因病请假休息或按照规定休假。

【歇肩】xiējiān 动 放下肩上的担子暂时休息；指暂时停止工作。

【歇脚】xiējiǎo 动 停下脚步休息；短暂地停留 ▷找个地方～|在中途歇歇脚。也说歇腿。

【歇凉】xiēliáng 动 休息乘凉 ▷在大树下～。

【歇气】xiēqì 动 停下休息；喘气 ▷干一会儿再～|歇口气再走|在这儿歇歇气。

【歇晌】xiēshǎng 动〈口〉午休。

【歇手】xiēshǒu 动 停下手来休息；不再做（某事）▷干起活儿来没～的时候|～不干。

【歇斯底里】xiēsīdǐlǐ 英语 hysteria 音译。❶ 名 癔症。❷ 形 形容因情绪过分激动而举止失常 ▷她那～的样子像个疯子。

【歇宿】xiēsù 动 住宿；投宿 ▷在农家小院里～。

【歇腿】xiētuǐ 动 歇脚。

【歇息】xiēxi ❶ 动 休息 ▷～一下|～～再干。❷ 动 住宿；睡觉 ▷今晚就在我家～吧。

【歇夏】xiēxià 动 歇伏。

【歇演】xiēyǎn 动 演出团体或剧场暂停演出。

【歇业】xiēyè 动 暂停经营；停止经营 ▷内部整修，～五天|工厂因亏损而～。

【歇夜】xiēyè 动 住宿；睡觉 ▷找家旅店～。

蝎（*蠍） xiē 名 蝎子 ▷蛇～心肠。

【蝎虎】xiēhǔ 名 壁虎。也说蝎虎子。

【蝎子】xiēzi 名 节肢动物，头胸部有一对螯和四对足，后腹有一尾刺，内有毒腺，用来御敌或捕食。卵胎生。昼伏夜出，捕食昆虫、蜘蛛等。有的种类可以做药材。

xié

叶 xié 动〈文〉和谐；合 ▷～韵|～句。☛“叶”是“协”的古字，用于“叶韵”“叶句”等少数词语中。

另见 1608 页 yè。

【叶韵】xiéyùn 动 押韵;使音韵和谐 ▷这两个字不～。

协（協） xié ❶ 动 合;会同 ▷同心～力|～商。→ ❷ 形 和谐 ▷色彩～调(tiáo)|～和。→ ❸ 动 帮助 ▷～助|～办。○ ❹ 名 姓。☛ 左边是"十",不是"忄"。

【协办】xiébàn 动 协助举办;协助办理。

【协查】xiéchá 动 协助侦查。

【协定】xiédìng ❶ 名 一般指国家间经过协商订立的共同遵守的条款 ▷文化～|在～上签字。❷ 动 经协商订立(共同遵守的条款) ▷～一个共同纲领。☛ 参见本页"协议"的提示。

【协管】xiéguǎn 动 协助管理 ▷交通～员。

【协和】xiéhé 动 协调;使融洽 ▷～关系|～气氛。

【协会】xiéhuì 名 以促进某种共同事业为目的而组成的群众团体 ▷美术家～。

【协警】xiéjǐng 名 辅警。

【协理】xiélǐ ❶ 动 协助办理;协助料理 ▷望贵方予以～|～家务。❷ 名 规模较大的企业中协助经理主持业务的人。

【协理员】xiélǐyuán ❶ 名 协助处理某项事务的人员。❷ 名 政治协理员的简称,是中国人民解放军上级政治机关派到团以上单位或部门协助党组织和首长做好政治思想工作的干部。

【协力】xiélì 动 合力;一齐努力 ▷齐心～。

【协商】xiéshāng 动 为取得一致意见而共同商议 ▷～解决|反复～|政治～会议。☛ 跟"商量"不同。"协商"侧重于共同正式商讨,多用于重大问题;"商量"侧重于交换意见,使用范围很宽,可用于各种事情。

【协调】xiétiáo ❶ 形 和谐适宜 ▷各部门的工作很～。❷ 动 使和谐适宜 ▷由部长出面～。

【协同】xiétóng 动 互相配合;协助配合 ▷～警方缉拿罪犯。☛ 参见 1520 页"偕同"的提示。

【协议】xiéyì ❶ 动 共同商议 ▷三方～,共同治理这条江。❷ 名 经过谈判、协商达成的共同决定 ▷起草～|签署～。☛ 跟"协定"不同。1."协议"可以是书面的,也可以是口头的;"协定"指以书面形式订立的文字条款。2."协议"可用于单位或个人之间;"协定"的订立双方或多方通常是指国家或社会集团。

【协议书】xiéyìshū 名 双方或几方经过谈判、协商达成一致意见的正式文件 ▷签署合作～。

【协约】xiéyuē 名 (国家间或数方间)经协商订立的条约 ▷两国签订了～|遵守行业～。

【协约国】xiéyuēguó 名 指第一次世界大战时两个对抗的战争集团之一(另一个是同盟国)。最初由英、法、俄 3 国组成,随后有美、日、意、中等 25 国加入。该集团取得第一次世界大战胜利。

【协韵】xiéyùn 现在一般写作"叶韵"。

【协助】xiézhù 动 从旁帮助;辅助 ▷请予～。

【协奏】xiézòu 动 一件或多件独奏乐器(如小提琴、钢琴等)与管弦乐队协同演奏。

【协奏曲】xiézòuqǔ 名 通常指一件或多件独奏乐器(如小提琴、钢琴等)与管弦乐队协同演奏的大型器乐曲 ▷钢琴～《黄河》。

【协作】xiézuò 动 互相配合,共同完成(某项任务) ▷双方～开发新产品。

邪（*衺） xié ❶ 形 不正当;不正派 ▷歪风～气|天真无～|～说|～教。→ ❷ 名 迷信指妖魔鬼怪或妖魔鬼怪给予的灾祸 ▷驱～|中(zhòng)～|避～。→ ❸ 名 中医指一切致病的因素 ▷风～|寒～|扶正祛～。→ ❹ 形 〈口〉不正常的 ▷这事真～了|有～劲儿。☛ 参见 1520 页"斜"的提示。

另见 1606 页 yé。

【邪财】xiécái 名 横财;不义之财 ▷发～。

【邪道】xiédào 名 不正当的为人处事途径 ▷公权私用就是走～。也说邪路。

【邪恶】xié'è ❶ 形 (心术、行为)奸邪凶恶 ▷～势力。❷ 名 指邪恶的人或势力 ▷铲除～。

【邪乎】xiéhu 形 〈口〉超乎一般;离奇;反常 ▷他的神态有点儿～|网上传闻太～。

【邪火】xiéhuǒ ❶ 名 中医指引起疾病的一种因素;由体弱引起的虚火 ▷～攻心。❷ 名 异乎寻常的怒气 ▷憋了一肚子～|发～。

【邪教】xiéjiào 名 打着宗教旗号蛊惑人心、危害社会的非法组织。

【邪路】xiélù 名 邪道。

【邪门儿】xiéménr 形 〈口〉反常;不正常 ▷他今天真～,一会儿哭,一会儿笑。

【邪门歪道】xiémén-wāidào 歪门邪道。

【邪魔】xiémó 名 妖怪。

【邪魔外道】xiémó-wàidào 指一切邪恶势力和荒唐有害的言论。

【邪念】xiéniàn 名 不正当的念头。

【邪气】xiéqì ❶ 名 邪恶的作风或风气 ▷打击歪风～。❷ 名 中医指人体的致病因素。

【邪说】xiéshuō 名 荒谬有害的言论或理论 ▷歪理～。

【邪祟】xiésuì 名 迷信指作祟害人的鬼怪;比喻邪恶并捣乱作祟的事物或势力 ▷扫除～。

【邪心】xiéxīn 名 邪念。

【邪行】xiéxíng 名 不正当的行为。

【邪行】xiéxing 形 〈口〉邪乎。

胁（脅 *脇） xié ❶ 名 人体从腋下到腰的部分 ▷两～。〇 ❷ 动 逼迫；强迫 ▷～迫｜威～。

【胁持】xiéchí 现在一般写作"挟持"。

【胁从】xiécóng ❶ 动 受胁迫而跟着（做坏事）▷～作案。❷ 名 受胁迫而跟着做坏事的人 ▷他是～，不是主犯。

【胁肩谄笑】xiéjiān-chǎnxiào 耸起肩膀，现出讨好人的笑脸。形容巴结逢迎的丑态。☛"谄"不读 xiàn。

【胁迫】xiépò 动 威胁逼迫 ▷不畏歹徒～。

挟（挾） xié ❶ 动〈文〉夹在腋下 ▷～泰山以超北海（比喻做根本办不到的事）。→ ❷ 动 心怀（怨恨等）▷～嫌报复｜～怨。→ ❸ 动 挟制 ▷～天子以令诸侯｜～持｜要（yāo）～。☛ 统读 xié，不读 xiá 或 jiā。

【挟持】xiéchí ❶ 动 从左右架住被捉的人（多指坏人捉住好人）▷～人质｜～旅客。❷ 动 借指用威力强迫对方服从 ▷～他盖了手印。

【挟带】xiédài 动 裹挟夹带 ▷山洪～着沙石。

【挟嫌】xiéxián 动〈文〉心怀怨恨 ▷～诽谤。

【挟制】xiézhì 动 倚仗势力或抓住对方的弱点，强迫对方服从自己 ▷他总想～别人。

偕 xié 副〈文〉一起；共同 ▷二人～行｜白头～老。☛ 统读 xié，不读 jiē。

【偕老】xiélǎo 动 夫妻共同生活一辈子 ▷白头～。

【偕同】xiétóng 动 跟别人一起（行动）▷他～友人前往上海。☛ 跟"协同"不同。1."偕同"涉及的对象是个人；"协同"的对象除了人，还可以是集团、方面等。2."偕同"没有协助的意思；"协同"有配合协助的意思。

斜 xié ❶ 形 不正；歪 ▷格子画～了｜～对面｜～视｜～坡｜倾～。→ ❷ 动 向偏离正中或正前方的方向移动 ▷太阳已经西～｜从左侧～过去。〇 ❸ 名 姓。☛ 跟"邪"不同。"斜"指方位不正；"邪"多指行为、品德不正。

【斜边】xiébiān 名 直角三角形中与直角相对的边。

【斜刺里】xiécìlǐ 名 侧面 ▷～杀出一彪人马。

【斜度】xiédù 名 物体上倾斜的线（或倾斜的平面）对基准线（或基准面）的倾斜程度。

【斜对面】xiéduìmiàn 名 偏离正前方的对面。

【斜晖】xiéhuī 名 斜阳的光辉；余晖 ▷余霞满天映～。☛ 不要写作"斜辉"。

【斜角】xiéjiǎo 名 斜向的一角 ▷从～处走来。

【斜街】xiéjiē 名 跟主要街道不平行也不垂直的街道。

【斜襟】xiéjīn 名 上衣前面斜开的衣襟。

【斜井】xiéjǐng 名 连接地面和地下巷道的倾斜的井筒。用于运输、通风、排水等。

【斜拉桥】xiélāqiáo 名 用固定在桥墩塔上的有一定斜度的钢缆吊住梁身的桥。也说斜张桥。

【斜楞】xiéléng 动〈口〉歪斜着 ▷～着身子。

【斜路】xiélù 名 与正路方向不一致的路；比喻不正确的发展方向 ▷牢牢把握大方向，不要走到～上去。

【斜面】xiémiàn ❶ 名 倾斜的平面。❷ 名 一种利用斜面向上移动重物的简单的助升机械。

【斜睨】xiénì 动 斜着眼看 ▷～了他两眼。☛ 跟"斜视"不同。"斜睨"常带轻蔑等感情色彩。

【斜坡】xiépō 名 呈倾斜状的地面 ▷爬上～。

【斜射】xiéshè ❶ 动 光线不垂直地照射到物体上 ▷阳光透过窗子～进来。❷ 动 向斜前方的目标射击 ▷子弹～过去。

【斜视】xiéshì ❶ 动 斜着眼看 ▷正襟危坐，目不～。❷ 名 一种眼病。双眼注视同一目标时，一眼注视目标，另一眼偏离目标。由眼球位置异常、眼球肌肉麻痹等引起 ▷矫正～。也说斜眼。☛ 参见本页"斜睨"的提示。

【斜体字】xiétǐzì 名 竖画向一边倾斜的字体。

【斜纹】xiéwén ❶ 名 斜向的纹路 ▷屏幕上出现忽闪的～｜桌面上不知被谁刻上了一道～。❷ 名 纺织品单根经纱与两根纬纱交错织成的斜向纹路 ▷～布。

【斜线】xiéxiàn 名 跟某一平面或直线既不平行也不垂直的线。

【斜眼】xiéyǎn ❶ 名 斜视的眼神（含轻蔑意）▷不要用～看人。❷ 名 斜视②。

【斜阳】xiéyáng 名 傍晚时西斜的太阳。

【斜照】xiézhào ❶ 动 光线从侧面照射 ▷夕阳～｜新月～。❷ 名〈文〉傍晚斜射的阳光 ▷～临窗。

谐（諧） xié ❶ 形 协调；配合得当 ▷和～｜～和｜～音。→ ❷ 动〈文〉（事情）商量好或办成 ▷事～。→ ❸ 形 滑稽有趣，引人发笑 ▷亦庄亦～｜诙～｜～谑。

【谐和】xiéhé 形 和谐 ▷音调～｜融洽～。

【谐剧】xiéjù 名 一种幽默滑稽的戏剧样式，流行于四川。演出时由一名演员扮演特定的人物，跟实际不存在的对象"对话"，表现一定的故事情节。语言风趣诙谐。

【谐美】xiéměi 形 和谐优美 ▷～的旋律｜舞姿～。

【谐趣】xiéqù ❶ 形 诙谐有趣 ▷文章写得～生动。❷ 名 诙谐的趣味 ▷～横生。

【谐声】xiéshēng ❶ 动 谐音①。❷ 名 形声。

【谐调】xiétiáo 形 和谐；协调 ▷～的舞步。

【谐戏】xiéxì 动〈文〉用诙谐的话语逗笑儿 ▷～

之言何必当真。

【谐谑】xiéxuè 动 语言、动作滑稽并带有玩笑或戏弄意味 ▷此公生性倜傥，善～。

【谐音】xiéyīn ❶ 动 字词的读音相同或相近 ▷～双关。❷ 名 声学上指由发音体的复合振动所产生的音。

絜 xié ❶ 动〈文〉用绳子度量物体的粗细。→ ❷ 动〈文〉比较；衡量 ▷度长～大，比权量力。○ ❸ 用于人名。

另见 702 页 jié“洁”；705 页 jié。

颉（頡） xié ❶ 动〈文〉鸟向上飞。○ ❷ 名 姓。

另见 705 页 jié。

【颉颃】xiéháng〈文〉❶ 动 鸟上下飞 ▷林中鸟～。❷ 动 双方比较，不相上下 ▷二人学识相～。

携（*擕攜攜攜） xié ❶ 动 带着；带领 ▷～款潜逃｜～眷｜扶老～幼。→ ❷ 动 拉着（手）▷～手同行。☛ 统读 xié，不读 xī 或 xí。

【携带】xiédài ❶ 动 带着 ▷～枪支｜随身～。❷ 动 扶植；带动（后辈）▷承蒙～，非常感谢。

【携家带口】xiéjiā-dàikǒu 带领着全家人。

【携手】xiéshǒu ❶ 动 手拉着手 ▷～同行。❷ 动 指合作 ▷两家公司再次～。

斜 xié 用于地名。如麦斜，在江西。

鲑（鮭） xié 名 古代鱼类菜肴的统称 ▷～珍。

另见 516 页 guī。

撷（擷） xié 动〈文〉摘取；采 ▷采～｜～取。☛ 不读 jié。

【撷取】xiéqǔ 动 采摘；摘取 ▷～野花｜～桂冠。

【撷英】xiéyīng 动〈文〉采择精华 ▷惜才～。

鞋（*鞵） xié 名 穿在脚上走路时底部着地的用品 ▷皮～｜拖～。

【鞋拔子】xiébázi 名 帮助穿鞋的用具。鞋较紧不易穿上时，将鞋拔子直插在鞋后跟的帮内，顺着脚后跟往上提，便可将鞋子穿上。

【鞋帮】xiébāng 名 鞋子除鞋底以外包着脚的部分；特指鞋的两侧面。

【鞋带】xiédài 名 系（jì）鞋的带子。

【鞋底】xiédǐ 名 鞋子着地的部分。

【鞋垫】xiédiàn 名 垫在鞋里底部的垫子。

【鞋粉】xiéfěn 名 涂刷鞋面用的粉。

【鞋跟】xiégēn 名 鞋底后部与脚后跟对应的部分，一般都比前面高。

【鞋匠】xiéjiang 名 以做鞋或修鞋为职业的人。

【鞋脸】xiéliǎn 名 鞋帮的上部和前部。

【鞋面】xiémiàn 名 鞋帮；特指鞋帮的面料。

【鞋刷】xiéshuā 名 洗鞋或擦鞋用的刷子。

【鞋楦】xiéxuàn 名 固定鞋子形状的模型，多用木头做成。

【鞋样】xiéyàng ❶ 名 裁剪做鞋材料所依据的图样 ▷拿纸剪个～。❷ 名 鞋的款式。

【鞋油】xiéyóu 名 擦皮鞋用的膏状物或液体，可使皮鞋光亮并有保护作用。

【鞋子】xiézi 名 鞋。

勰 xié 形〈文〉和谐（多用于人名。如刘勰，南朝梁文学理论批评家；贾思勰，北魏农学家）。

缬（纈） xié 名〈文〉有花纹的丝织品。

xiě

写（寫） xiě ❶ 动 描摹，照着样子画 ▷～生｜～真。→ ❷ 动 照着正本抄录 ▷誊～｜抄～。→ ❸ 动 用笔描摹出字的形体 ▷～字｜书～。❹ 动 写作；创作（文字作品）▷～论文｜～小说。→ ❺ 动 描绘；描写 ▷～景｜～实。☛ 上边是“冖”，不是“宀”。

【写本】xiěběn 名 手抄本（跟“印本”相区别）。

【写法】xiěfǎ ❶ 名 文字的书写方法 ▷楷书和篆书的～不同。❷ 名 写作方法 ▷议论文的～｜一个题目多种～。

【写稿】xiěgǎo ❶ 动 起草文稿；打草稿。❷ 动 撰写文章 ▷给报纸～。

【写家】xiějiā 名 善于写文章的人或擅长书法的人。

【写景】xiějǐng 动 描写景物 ▷～抒情。

【写生】xiěshēng 动 以人、静物、风景等为描摹对象作画 ▷人物～｜去黄山～。

【写实】xiěshí 动 描绘事物的真实情况 ▷～文学｜～手法。

【写实主义】xiěshí zhǔyì 现实主义的旧称。

【写手】xiěshǒu 名 擅长写作的人 ▷网络～｜职业～。

【写意】xiěyì ❶ 名 国画的一种画法，用简练的线条和墨色描绘人或物的神态（跟“工笔”相区别）▷潜心钻研～。❷ 名 用写意画法画的画 ▷这幅～很大气。

【写照】xiězhào ❶ 动 画人像 ▷为他人～。❷ 名 形象而真实的描写 ▷巴金的《家》是封建大家庭的真实～。

【写真】xiězhēn ❶ 动 画人物肖像 ▷练习～。❷ 名 人的画像或照片。❸ 名 对事物的真实描写 ▷这首诗是当时社会生活的～。

【写字间】xiězìjiān ❶ 名 办公的房间。❷ 名 书房。

【写字楼】xiězìlóu 名 办公楼；多指商务办公楼。

【写字台】xiězìtái 名 一种专用来写字和办公的桌子，长方形，有抽屉，有的还带小橱。

【写作】xiězuò 动 写文章；创作文学作品。

血 xiě 义同"血（xuè）"①。用于口语，多单用 ▷流～了｜鸡～｜吐（tù）～｜～糊糊。

另见 1564 页 xuè。

【血糊糊】xiěhūhū 形 形容鲜血流出后涂得到处都是的样子 ▷满脸～的。

【血淋淋】xiělínlín ❶ 形 形容鲜血淋漓的样子 ▷浑身～的。❷ 形 形容惨痛、残酷的样子 ▷～的教训。☛ 这里的"淋淋"口语中也读 līnlīn。

【血晕】xiěyùn 名 皮肤受伤后未破而出现的红紫色。☛ 跟"血（xuè）晕"不同。

xiè

泄（*洩） xiè ❶ 动 排出（液体、气体等） ▷～洪｜水～不通｜排～。→ ❷ 动 发泄 ▷～愤｜～恨｜～欲。→ ❸ 动 漏出；露出 ▷～密｜～露。→ ❹ 动 失去（信心等） ▷～气｜～劲。☛ 跟"泻"不同。

【泄底】xièdǐ 动 泄露内情和底细 ▷这事可不能～。

【泄愤】xièfèn 动 发泄愤恨 ▷不能为～而触犯刑律。☛ 不宜写作"泄忿"。

【泄洪】xièhóng 动 排泄洪水 ▷～排险。

【泄洪道】xièhóngdào 名 排泄洪水的河道、渠道、涵洞等 ▷保证～畅通无阻。

【泄洪闸】xièhóngzhá 名 修建在河流、水库、大型灌溉渠堤坝等处用于泄洪的闸门。

【泄劲】xièjìn 动 失去信心；松劲 ▷加油干，别～。

【泄漏】xièlòu ❶ 动（液体、气体等）从孔洞、缝隙等处漏出 ▷原油从油罐～｜毒气～｜核～。❷ 动 借指不小心而走漏（机密等） ▷～消息。

【泄露】xièlòu 动（机密）透露 ▷～行动计划。☛ "露"这里不读 lù。

【泄密】xièmì 动 泄漏机密 ▷严防～。

【泄气】xièqì ❶ 动 气体排出 ▷轮胎～了。❷ 动 失去信心和勇气 ▷别说～话。❸ 动 发泄胸中的气愤 ▷不要拿孩子～。❹ 形 没有出息；没有本领 ▷这么简单的事都做不好，真～！

【泄水闸】xièshuǐzhá 名 修建在河流、水库、大型灌溉渠堤坝等处用于排水的闸门。

【泄题】xiètí 动 泄露试题 ▷考试～，依法问责｜严防～。

【泄殖腔】xièzhíqiāng 名 某些鱼类、鸟类、两栖类和爬行类动物的消化管、输尿管和生殖管末端共同汇合处的腔。

泻（瀉） xiè ❶ 动 急速地流 ▷一～千里｜银河倒～｜倾～。→ ❷ 动 拉肚子 ▷上吐下～｜～肚｜水～｜～药。☛ ㊀右上是"冖"，不是"宀"。㊁跟"泄""濡"不同。

【泻肚】xièdù 动 腹泻。

【泻盐】xièyán 名 无机化合物，无色晶体，味苦咸。医药上用作泻剂，也可用于制革、印染等。也说泻利盐。

【泻药】xièyào 名 口服后能引起腹泻的药物。也说打药。☛ "泻"不要误写作"泄"。

绁（紲 *絏） xiè 〈文〉❶ 名 绳子 ▷缧（léi）～。→ ❷ 动 捆绑；拴住。

契 xiè 名 人名，传说是商朝的祖先，曾做过舜的大臣。☛ 这个意义不读 qì。

另见 1084 页 qì。

卸 xiè ❶ 动 把牲口身上的绳套等去掉 ▷把鞍子～下来｜～牲口。→ ❷ 动 把东西（从运输工具、整体装置或人身上）拿下来或去掉 ▷把车轮～下来｜～船｜～妆。→ ❸ 动 解除；推脱 ▷～任｜推～。☛ 左边是"𦈢"，不是"缶"。

【卸包袱】xièbāofu 比喻去掉负担 ▷企业要妥善安置下岗职工，不能草率地～。

【卸车】xièchē ❶ 动 从车上卸下装运的东西。❷ 动 把拉车的牲口从车上解（jiě）开来。

【卸除】xièchú ❶ 动 拆卸掉 ▷～机器零件。❷ 动 解除 ▷～行政职务，专心搞科研。

【卸货】xièhuò 动 从运输工具上卸下货物。

【卸肩】xièjiān 动 卸掉肩上的负担；比喻卸掉责任或辞去职务。

【卸磨杀驴】xièmò-shālǘ 把刚拉完磨的驴从磨上卸下来杀掉。比喻达到目的以后就忘恩负义，抛弃或伤害曾经为自己出力的人。

【卸任】xièrèn 动 官员不再担任职务。

【卸载】xièzài ❶ 动 从运输工具上卸下装载的物品。❷ 动 删除电子计算机、手机等中已经安装的软件。

【卸责】xièzé 动 推卸责任。

【卸职】xièzhí 动 卸任。

【卸妆】xièzhuāng 动 除去身上（多指面部）的妆饰。☛ 跟"卸装"不同。

【卸装】xièzhuāng 动 演员演出后除去扮演人物时的装束和涂的脂粉、油彩等。☛ 跟"卸妆"不同。

卨 xiè 用于人名。如万俟（mòqí）卨，宋代人。

屑 xiè ❶ 名 物体的碎末儿、碎片 ▷铁～｜木～｜纸～。→ ❷ 形 琐碎；微小 ▷琐～｜～～小事。○ ❸ 动 认为值得（常跟"不"连用，表示否定） ▷不～一顾。☛ 不读 xiāo。

械 xiè ❶ 名〈文〉镣铐和枷一类的刑具。→ ❷ 名 有专门用途的或较精密的器具

▷器～|机～。❸ 名 武器 ▷缴～|枪～|～斗。☛ 统读 xiè，不读 jiè。

【械斗】xièdòu 动 使用棍棒之类武器聚众斗殴。

偰 xiè ❶ 古同"契(xiè)"。○ ❷ 名 姓。

龂(齘) xiè〈文〉❶ 动 牙齿相磨 ▷～齿。→ ❷ 名 牙齿相磨发出的声音。→ ❸ 动 发怒 ▷无端发～。

亵(褻) xiè ❶ 动〈文〉不庄重地亲近 ▷～宠。→ ❷ 形 轻慢不恭 ▷～渎|～慢。→ ❸ 形 淫秽的 ▷～语|猥～。

【亵渎】xièdú 动 轻慢；不敬 ▷不要～人的尊严。

渫 xiè ❶ 动〈文〉除去污泥。→ ❷ 动〈文〉疏浚 ▷百川潜～。→ ❸ 古同"泄"①—③。

谢[1]**(謝)** xiè ❶ 动〈文〉辞去官职 ▷～官|～职。→ ❷ 动 推辞；拒绝 ▷辞～|～客。→ ❸ 动 辞别；离开 ▷～世。❹ 动 凋落；脱落 ▷花～了|凋～。○ ❺ 动 认错；表示歉意 ▷～罪。○ ❻ 名 姓。

谢[2]**(謝)** xiè 动 感谢 ▷不要～我，应该～他|～意|～幕。

【谢病】xièbìng 动〈文〉以生病来推托 ▷～不出。

【谢忱】xièchén 名〈文〉感谢的心意 ▷深表～。

【谢词】xiècí 名 向对方表示感谢的讲话。

【谢辞】xiècí 现在一般写作"谢词"。

【谢顶】xièdǐng 动 头顶上的头发逐渐脱落。

【谢恩】xiè'ēn 动 感谢别人给予的恩情。

【谢绝】xièjué 动 有礼貌地拒绝 ▷～来访。

【谢客】xièkè ❶ 动 谢绝会客 ▷闭门～。❷ 动 向宾客表示谢意 ▷敬酒～。

【谢礼】xièlǐ 名 为表示感谢送的礼物 ▷拒收～。

【谢幕】xièmù ❶ 动 演出结束后，演员走到幕前向观众敬礼致意，表示感谢。❷ 动 比喻退出或结束 ▷公司两位创始人～，交棒给职业经理人|最后一个封建王朝～。

【谢却】xièquè 动 谢绝 ▷～采访。

【谢世】xièshì 动 婉词，指人死亡。

【谢天谢地】xiètiān-xièdì 感谢天地。现多在某种忧虑心情得以解脱或某种不希望出现的事情果然没有出现时用作感叹，表示感激或庆幸 ▷～，总算过关了！

【谢帖】xiètiě 名 接受别人礼物后表示谢意的回帖 ▷未能亲去致谢，特发～。

【谢谢】xièxie 动 礼貌用语，表示感谢。

【谢仪】xièyí 名 为表示感谢而送的钱物。

【谢意】xièyì 名 感谢的心意 ▷聊表～。

【谢罪】xièzuì 动 向人认错，请求原谅 ▷低头～。

屟 xiè ❶ 名 古代指鞋的木头底。→ ❷ 名〈文〉木拖鞋。

媟 xiè 形〈文〉轻慢；亲昵而不庄重 ▷～慢|～狎。

塮 xiè 名 某些地区指用猪羊等家畜的粪便沤成的肥料 ▷猪～|羊～。

解[1] xiè ❶ 用于地名。如：解池，湖名；解州，地名。均在山西。○ ❷ 名 姓。

解[2] xiè ❶ 名 武术的套路；借指武术 ▷～数。→ ❷ 名 杂技技艺；特指马术技艺 ▷跑马卖～。

另见 706 页 jiě；711 页 jiè。

【解数】xièshù 名 武术中的招式；泛指手段、本领 ▷施展各种～。☛"解"这里不读 jiě。

榭 xiè 名 建在高台上的房屋 ▷舞～|水～。

榍 xiè [榍石] xièshí 名 一种矿物，是含钙、钛的硅酸盐。可提炼钛。

薤 xiè 名 多年生草本植物，叶细长中空，开紫色花，地下有狭卵形鳞茎。鳞茎叫薤头，鲜的可以加工成酱菜，干的可以做药材。俗称藠(jiào)头。

薢 xiè 见 73 页"萆薢"。

獬 xiè [獬豸] xièzhì 名 古代传说中的独角异兽，能辨别是非，见人争斗就用角顶非正义的一方。

邂 xiè [邂逅] xièhòu 动〈文〉事先没有相约而遇见 ▷途中～故友。

廨 xiè 名 古代官员办公处所的通称 ▷官～|公～。

澥 xiè〈口〉❶ 动 (半流体)由稠变稀 ▷粥～了|鸡蛋～黄了。→ ❷ 动 使糊状物由稠变稀 ▷～芝麻酱。

懈 xiè 形 注意力不集中；工作不紧张 ▷常备不～|～怠|松～。

【懈怠】xièdài 形 松懈懒散 ▷工作～。

【懈气】xièqì 动 松劲 ▷丝毫不能～。

燮(*爕) xiè 动〈文〉调和；协和 ▷～理阴阳。

蟹(*蠏) xiè 名 螃蟹 ▷河～|～黄|～青。

【蟹黄】xièhuáng 名 雌蟹甲壳内的卵巢和消化腺，熟后橘黄色，味道鲜美。

【蟹苗】xièmiáo 名 螃蟹的幼体。

【蟹青】xièqīng 形 形容颜色像鲜蟹的壳那样灰而发青。

瀣 xiè 见542 页"沆(hàng)瀣"。

瓔 xiè 名〈文〉一种像玉的美石。

躞 xiè [躞蹀] xièdié 动〈文〉蹀躞。

xīn

心 xīn ❶ 图 人和脊椎动物体内推动血液循环的器官。人的心形状像桃,大小相当于本人的拳头,位于胸腔中间偏左,分左右心房和左右心室四部分,通过舒张和收缩来推动血液循环。也说心脏。→ ❷ 图 指大脑。古人认为心是思维的器官,故称 ▷～灵手巧|用～|～得。⇒ ❸ 图 思想;感情 ▷～烦意乱|谈～|自尊～。⇒ ❹ 图 思虑;图谋 ▷有口无～|～机|～计。⇒ ❺ 图 指心地 ▷好～人|变～。→ ❻ 图 事物的中央或内部 ▷湖～|手～|中～。→ ❼ 图 星宿名,二十八宿之一。也说辰、商。

【心爱】 xīn'ài 形 形容打心眼儿里喜爱 ▷～的玩具|特别～的书。

【心安】 xīn'ān 形 心情坦然安稳 ▷令人难以～。

【心安理得】 xīn'ān-lǐdé 自认为做事符合情理,心情坦然,没有负担。

【心包】 xīnbāo 图 包裹心脏的薄膜。心包和心脏壁之间有浆液,能润滑心肌,使心脏活动时不跟胸腔摩擦而受损。

【心病】 xīnbìng ❶ 图 指心里担忧和牵挂的事情 ▷有什么～? ❷ 图 隐痛;思想上的沉重的负担 ▷不要揭她的～。

【心不在焉】 xīnbùzàiyān 心思不在这里。形容做事时精神不集中。

【心材】 xīncái 图 树木中心部分的木材(跟"边材"相区别)。

【心裁】 xīncái 图 心中的构思和设计(多用于文学、艺术、建筑等方面) ▷别出～。

【心肠】 xīncháng ❶ 图 心地;用心;感情状态 ▷好～|蛇蝎～|～太软。❷ 图 心事;思虑的事 ▷互相倾吐～。❸ 图 兴致;心情 ▷哪有～游山玩水。

【心潮】 xīncháo 图 比喻像潮水般起伏的思绪 ▷～起伏|～逐浪高。

【心驰神往】 xīnchí-shénwǎng 心神飞向所向往的地方或目标。形容十分思慕向往。

【心慈】 xīncí 形 心地善良 ▷面善～|～如母。

【心慈手软】 xīncí-shǒuruǎn 形容对坏人坏事心存慈善,不忍严厉惩处。

【心存】 xīncún 动 内心存有 ▷～疑虑。

【心胆】 xīndǎn 图 心和胆。借指意志和胆量(多偏指胆量) ▷吓破了～。

【心胆俱裂】 xīndǎn-jùliè 心和胆全都破裂了。形容极度惊恐。

【心荡神驰】 xīndàng-shénchí 神思恍惚,感情不能自持。

【心到神知】 xīndào-shénzhī 迷信指诚心敬神,神便得知,不必有过多的供奉和礼拜。今多比喻对人敬重,重在心意,不必送礼或一再表白。

【心得】 xīndé 图 工作、学习中领悟和体会到的道理 ▷交流读书～。

【心底】 xīndǐ 图 心灵深处 ▷～无私天地宽。

【心地】 xīndì ❶ 图 指人的内心世界 ▷～纯洁。❷ 图 气量;胸襟 ▷～狭窄|～宽广。

【心电图】 xīndiàntú 图 心脏活动过程中会产生生物电,用特制的仪器记录这种电流引起的电位变化的线条图形称心电图。它能帮助了解心脏活动情况,诊断心脏疾病。

【心定】 xīndìng 形 心神安定;心里踏实 ▷～气顺|～如常。

【心动】 xīndòng ❶ 动 心脏跳动 ▷～过速。❷ 动 动心 ▷看见人家去旅游,他也～了。

【心毒】 xīndú 形 心眼儿狠毒 ▷这个人～得很。

【心烦】 xīnfán 形 心里烦躁不安 ▷说个没完,叫人～|～意乱。

【心烦意乱】 xīnfán-yìluàn 心情烦躁,思绪杂乱。

【心房】 xīnfáng ❶ 图 心脏的一部分,是心室后上方左右的两个空腔。左边的称左心房,与肺静脉相连,接受从肺脏来的富含氧的新鲜血液;右边的称右心房,与上下腔的静脉相通,接受从全身来的含二氧化碳较多的血液。❷ 图 指内心 ▷占据她整个～的是对小女儿的爱。

【心扉】 xīnfēi 图 心的门。指内心、思想 ▷敞开～|几句话就触动了他的～。

【心服】 xīnfú 动 从内心信服 ▷～口服。

【心浮】 xīnfú 形 心态浮躁 ▷～气躁。

【心腹】 xīnfù ❶ 图 比喻要害部位 ▷～之患。❷ 图 比喻亲信 ▷这个人是经理的～。❸ 图 借指藏在内心的真实想法 ▷坦露～。

【心腹之患】 xīnfùzhīhuàn 指隐藏在内部的严重的祸患。

【心甘】 xīngān ❶ 动 心里愿意 ▷～情愿。❷ 动 心里感到满足 ▷不登上顶峰决不～。

【心甘情愿】 xīngān-qíngyuàn 从心底里愿意,丝毫不勉强。

【心肝】 xīngān ❶ 图 比喻最亲近、最疼爱的人 ▷儿子是妈妈的～儿。❷ 图 借指良心 ▷他是个毫无～的人。

【心高】 xīngāo 形 心气高;内心的期望值大 ▷～志远|～气傲。

【心广体胖】 xīnguǎng-tǐpán 《礼记·大学》:"富润屋,德润身,心广体胖。"原意是胸襟宽阔,身体也就安泰舒适。现在多指心中无忧无虑,因而身体健壮。☛ 跟"心宽体胖(pàng)"不同。"胖"这里是安泰舒适的意思,不读 pàng。

【心寒】 xīnhán 形 因非常失望而痛心 ▷听了这

话，真让人～。

【心黑】xīnhēi ❶ 形 内心歹毒 ▷～手狠。❷ 形 贪心 ▷老板～，绞尽脑汁克扣工人工资。

【心狠】xīnhěn 形 心地凶狠 ▷把孩子打成这样，他也太～了|～手辣。

【心狠手辣】xīnhěn-shǒulà 心地凶狠，手段毒辣。

【心花怒放】xīnhuā-nùfàng 心里高兴得像鲜花盛开一样。形容非常高兴。

【心怀】xīnhuái ❶ 动 心中存有 ▷～不满|～鬼胎。❷ 名 胸怀；胸襟 ▷～坦荡。❸ 名 意愿；心意 ▷句句中(zhòng)～。

【心怀叵测】xīnhuái-pǒcè 用心险恶，难以测度。☛"叵"不要误写作"巨"。

【心慌】xīnhuāng ❶ 形 心里慌乱 ▷临场～。❷ 动 心跳加速、加强或不规则 ▷～盗汗。

【心慌意乱】xīnhuāng-yìluàn 心里发慌，思绪杂乱。形容非常不安。

【心灰意冷】xīnhuī-yìlěng 丧失信心，意志消沉(心灰：心如死灰，灰心；冷：指消沉、失望)。也说心灰意懒。

【心魂不定】xīnhún-bùdìng 心神不定。

【心火】xīnhuǒ ❶ 名 中医指人体内热，症状为烦躁、口干、脉搏快、口舌生疮等。❷ 名 心里的怒气 ▷强压～。

【心机】xīnjī 名 心思；计谋 ▷枉费～。

【心肌】xīnjī 名 构成心脏的肌肉，有不明显的横纹，能进行有节律的不受意志支配的收缩。

【心肌梗死】xīnjī gěngsǐ 由于心脏的冠状动脉分支急性堵塞，使部分心肌失去血液供应而坏死。发病时，有剧烈而持久的前胸疼痛、心悸、气喘、脉搏微弱、血压降低、休克等症状。简称心梗。旧称心肌梗塞。

【心肌炎】xīnjīyán 名 心肌炎症，由风湿病、白喉、病毒等感染或化学品、药物中毒等引起。有乏力、心悸、气喘、心前区闷痛等症状。严重时，心律失常，心脏增大，心力衰竭。

【心急】xīnjí 形 心里着急 ▷叫人等得很～。

【心急火燎】xīnjí-huǒliǎo 〈口〉十分着急。

【心急如焚】xīnjí-rúfén 心里急得像火烧一样。形容极其焦急。

【心计】xīnjì 名 计谋；盘算 ▷他很有～|工于～。

【心迹】xīnjì 名 内心的真实想法 ▷袒露～。

【心悸】xīnjì ❶ 动 心脏剧烈跳动，感到很不舒服。见于心律失常、器质性心脏病等。正常人在剧烈运动或情绪激动时也会发生。❷ 动 因害怕而心跳加速 ▷令人～不安。

【心尖】xīnjiān ❶ 名 内心；心头 ▷这些话触到了～的痛处。❷ 名 〈口〉比喻最疼爱的人。也说心尖子。

【心间】xīnjiān 名 心中；心上 ▷牢记～。

【心焦】xīnjiāo 形 心里烦躁着急 ▷为孩子～。

【心绞痛】xīnjiǎotòng 动 由暂时性心肌缺血引起胸部阵发性疼痛。持续时间数秒至数分钟，可放射到左肩或左臂。

【心结】xīnjié 名 指心中难以解开的情感问题 ▷～不难解开。

【心劲儿】xīnjìnr ❶ 名 想法；决心 ▷同样的～。❷ 名 分析思考问题的能力 ▷亏你有～，想得周全。❸ 名 劲头；心气儿 ▷～正盛。

【心旌】xīnjīng 名 像旗子一样飘动的心情。指难以把持的心情 ▷～荡漾|～摇曳。

【心惊胆战】xīnjīng-dǎnzhàn 胆战心惊。

【心惊胆颤】xīnjīng-dǎnzhàn 现在一般写作"心惊胆战"。

【心惊肉跳】xīnjīng-ròutiào 形容因担心祸患临头而惊恐不安。

【心静】xīnjìng 形 内心平静 ▷～如水。

【心境】xīnjìng 名 心情；内心的境界 ▷～平和。

【心坎】xīnkǎn ❶ 名 心口。❷ 名 心灵深处 ▷我打～里佩服他。

【心口】xīnkǒu 名 胸口 ▷～疼。也说心口窝。

【心口如一】xīnkǒu-rúyī 心里想的和嘴上说的一致。形容直爽诚实。

【心宽】xīnkuān 形 心境宽阔，不把不如意的事放在心上 ▷～点儿，别为一点儿小事生闷气。

【心宽体胖】xīnkuān-tǐpàng 心情舒畅，身体发胖。☛ 跟"心广体胖(pán)"不同。"胖"这里是脂肪多的意思，不读 pán。

【心旷神怡】xīnkuàng-shényí 心境开阔，精神愉快。

【心劳计绌】xīnláo-jìchù 费尽心思想不出好主意(绌：短缺)。

【心劳日拙】xīnláo-rìzhuō 用尽心机，处境反而一天比一天糟(拙：困窘)。

【心里】xīnlǐ ❶ 名 胸口里边 ▷～有些憋闷。❷ 名 思想里；头脑中 ▷～高兴|～没谱儿。

【心里话】xīnlǐhuà 名 出自内心的话语；真心话。

【心理】xīnlǐ ❶ 名 心理学上指人的头脑对客观事物的反映，包括感觉、知觉、记忆、思维和情绪等。❷ 名 泛指人的内心活动 ▷～平衡。

【心理学】xīnlǐxué 名 研究人的心理现象的发生、发展和活动规律的学科。心理现象包括感觉、知觉、记忆、想象、思维、情感、意志等心理过程及在这些心理过程中形成与表现出来的需要、兴趣、理想、信念、态度、性格、气质、能力等个性倾向性与心理特征。有普通心理学、儿童心理学、教育心理学等分支。

【心理医生】xīnlǐ yīshēng 从事心理治疗、提供医学心理咨询的医生。

【心理战】xīnlǐzhàn 名 促使对方在心理上失衡的斗争；特指旨在瓦解对方斗志的宣传活动。

【心理障碍】xīnlǐ zhàng'ài 心里有解不开的疙瘩；

思维不够正常 ▷克服～。

【心理咨询】xīnlǐ zīxún 心理医生应咨询者(患者)的要求，针对具体情况给予指导和启发，帮助咨询者提高处理心理问题的能力。

【心力】xīnlì ❶ 名 精神和体力 ▷～交瘁。❷ 名 心肌收缩的力量 ▷～衰竭。

【心力交瘁】xīnlì-jiāocuì 精神和体力耗费过大，极度疲劳。☛"瘁"不要误写作"悴"。

【心力衰竭】xīnlì shuāijié 心脏跳动无力，排血量不能满足身体组织代谢需要。症状是呼吸困难、水肿等，严重时导致死亡。

【心连心】xīnliánxīn 彼此心心相连，关系密切。

【心凉】xīnliáng 形 因希望受挫而热情骤降，失掉信心 ▷他的话让人～。

【心灵】xīnlíng 名 指精神、思想等内心世界 ▷～纯洁。

【心灵鸡汤】xīnlíng jītāng 比喻精神上给人以教益或慰勉的话语、读物等(多含讽刺意)。

【心领】xīnlǐng 动 内心领受(别人的情谊)。用于谢绝馈赠等的客套话 ▷你的好意，我～了。

【心领神会】xīnlǐng-shénhuì ❶ 无须明说，就已经领会了对方的意思。形容非常默契 ▷他只对我使了一下眼色，我就～了。❷意会 ▷欣赏乐曲，能～就够了。❸深刻领会 ▷对文件的精神，一定要做到～。

【心路】xīnlù ❶ 名 心思；想法 ▷别看他不言不语，却很有～。❷ 名 思想变化的过程或轨迹 ▷～历程。❸ 名 指对待人和事的心计 ▷～不正。❹ 名 气量；气度 ▷～太窄。

【心律】xīnlǜ 名 心脏跳动的节律 ▷～失常｜～不齐。☛ 跟"心率"不同。"心律"指心跳的节奏；"心率"指心跳的快慢。

【心律不齐】xīnlǜ bùqí 心脏跳动的节律不整齐、不正常。常见的有窦性心律不齐、心动过速、心动过缓、早搏、心房颤动、心脏传导阻滞等。也说心律失常。

【心率】xīnlǜ 名 心脏搏动的频率，即每分钟心脏跳动的次数 ▷～过快。☛ 参见本页"心律"的提示。

【心乱如麻】xīnluàn-rúmá 思绪乱得像一团麻。

【心满意足】xīnmǎn-yìzú 称心如意，十分满足。

【心明眼亮】xīnmíng-yǎnliàng 形容善于辨别真伪，分清是非。

【心目】xīnmù 名 心和眼睛。指对人或事物的了解和认识 ▷在群众的～中，他是个好干部。

【心平气和】xīnpíng-qìhé 心情平静，态度温和。

【心魄】xīnpò 名 心灵 ▷动人～。

【心气】xīnqì ❶ 名 用心；心思 ▷～不正。❷ 名 志向 ▷～儿高着呢！❸ 名 心情 ▷这两天～不好。❹ 名 气量 ▷他～小，常生闷气。

【心窍】xīnqiào 名 指认识事物、思考问题的能力(古人以为心中有孔道相通，所以能思维) ▷鬼迷～｜～未开。

【心切】xīnqiè 形 心情急切 ▷求学～。

【心情】xīnqíng 名 内心的感情状态 ▷激动的～｜～平静。☛ 跟"心绪"不同。"心情"可指正面或负面的情绪；"心绪"多指负面的情绪。

【心曲】xīnqū 名 内心深处。指心情或心事 ▷乱我～｜倾诉～。☛"曲"这里不读 qǔ。

【心如刀割】xīnrúdāogē 心如刀绞。

【心如刀绞】xīnrúdāojiǎo 心好像被刀绞一样。形容极度伤心、痛苦。也说心如刀割。

【心软】xīnruǎn 形 容易产生怜悯或同情 ▷对坏人坏事决不能～。

【心善】xīnshàn 形 心地善良 ▷面慈～。

【心上】xīnshàng 名 心里；内心。

【心上人】xīnshàngrén 名 指心中爱恋的异性 ▷女儿已经有了～。

【心神】xīnshén ❶ 名 心思；精力 ▷～集中。❷ 名 精神状态 ▷～恍惚。

【心神不定】xīnshén-bùdìng 精神恍惚而不安定。

【心声】xīnshēng 名 心里的话 ▷群众的～。

【心盛】xīnshèng ❶ 形 心切 ▷爱子～。❷ 形 愿望强烈，情绪高涨 ▷求战～｜年轻～。

【心事】xīnshì 名 心里惦记着的为难的事或值得忧虑的事 ▷～重重｜寡言少语，～很重。

【心室】xīnshì 名 心脏的一部分，接受由心房输入的血液，然后排入动脉。人的心室在心房的下方，左右各一。左心室收缩时，把血液驱入主动脉，经动脉的各级分支分布到全身；右心室收缩时，把血液压入肺动脉，到肺部进行气体交换。

【心术】xīnshù ❶ 名 心计 ▷他很有～。❷ 名 用心；居心(含贬义) ▷～不正。

【心衰】xīnshuāi 动 心力衰竭。

【心思】xīnsi ❶ 名 念头；想法 ▷猜透他的～。❷ 名 指思考、记忆等能力 ▷费尽～。❸ 名 (想做某事的)情绪(多用于否定) ▷哪有～玩？

【心酸】xīnsuān 形 内心悲痛、难过 ▷令人～。

【心算】xīnsuàn 动 只用脑子而不用其他工具运算。

【心碎】xīnsuì 形 形容极度悲伤 ▷生离死别的场面，让人看了～。

【心态】xīntài 名 心理状态 ▷保持良好的～。

【心疼】xīnténg ❶ 动 疼爱 ▷奶奶最～我。❷ 动 舍不得；非常惋惜 ▷电视机坏了，他很～。

【心田】xīntián 名 内心 ▷他的话滋润着我的～。

【心跳】xīntiào 动 心脏跳动；特指因感情激动或害怕等而心脏加快跳动。

【心头】xīntóu 名 心上；心中 ▷怒火涌上～。

【心头肉】xīntóuròu 名 比喻最疼爱的人 ▷儿女是娘的～。

【心窝儿】xīnwōr ❶ 名 心脏所在的部位。❷ 名 内心 ▷他的话句句暖～。也说心窝子。

【心无二用】xīnwú'èryòng 一心不二用。指做事专心，不分散注意力。

【心细】xīnxì 形 细心 ▷他特～，办事靠得住。

【心弦】xīnxián 名 思想感情(用于表示受感动而引起共鸣时) ▷扣人～|拨动了他的～。

【心想】xīnxiǎng ❶ 动 心里思考；琢磨。❷ 动 希望；打算 ▷～事成。

【心心念念】xīnxīnniànniàn 某个愿望总存在于头脑中 ▷他～要去参军|～的恋人。

【心心相连】xīnxīn-xiānglián 彼此心意相通，思想一致，感情相投。

【心心相印】xīnxīn-xiāngyìn 彼此思想感情完全一致。

【心性】xīnxìng 名 性情；性格 ▷～孤傲。

【心胸】xīnxiōng ❶ 名 胸怀；胸襟 ▷～广阔。❷ 名 抱负；志气 ▷远大的～。

【心虚】xīnxū ❶ 形 因做错事或做坏事而胆怯 ▷做贼～。❷ 形 心里没把握，缺乏自信心 ▷我心里有底儿，不～。

【心绪】xīnxù 名 心情；情绪 ▷～乱得很。☛ ㊀参见 1526 页“心情”的提示。㊁跟“思绪”不同。“思绪”是指思想的头绪、思路。

【心血】xīnxuè 名 指心思和精力 ▷～耗尽。

【心血来潮】xīnxuè-láicháo 形容心里一时冲动，突然产生某种念头。

【心眼儿】xīnyǎnr ❶ 名 内心 ▷打～里喜欢他。❷ 名 心地；用心 ▷他～好。❸ 名 心计 ▷她有～，能办事。❹ 名 胸怀；度量 ▷～小，想不开。❺ 名 对人的不必要的疑虑 ▷大妈～太多。

【心仪】xīnyí 动 内心向往，仰慕 ▷～已久。

【心意】xīnyì ❶ 名 意思；心情 ▷我们懂得老人的～。❷ 名 情意 ▷你的～我们领了。

【心音】xīnyīn 名 心脏跳动时，由于心肌收缩、瓣膜关闭和血流冲击的振动而产生的声音。收缩时产生的声音低沉而长，称第一心音；舒张时产生的声音清晰而短，称第二心音。

【心硬】xīnyìng 形 形容不容易被感动而产生怜悯或同情 ▷面对此情此景，再～的人也会掉泪。

【心有灵犀一点通】xīn yǒu língxī yī diǎn tōng 传说犀牛为灵兽，它的触角有白纹从角端直通头脑，感觉灵敏。唐·李商隐《无题》：“身无彩凤双飞翼，心有灵犀一点通。”比喻恋爱双方心心相印；后泛指彼此心意相通，感情共鸣。

【心有余悸】xīnyǒuyújì 指经历一场危险之后，回想起来仍然感到害怕。

【心余力绌】xīnyú-lìchù 心里很想干但力量不够。

【心语】xīnyǔ 名 心里话 ▷倾诉～。

【心猿意马】xīnyuán-yìmǎ 比喻人的注意力不集中，心神飘忽不定，像猿跳马奔一样。

【心愿】xīnyuàn 名 愿望；心里想做的事 ▷～实现了。

【心悦诚服】xīnyuè-chéngfú 从心眼儿里佩服。

【心脏】xīnzàng ❶ 名 心①。❷ 名 比喻中心或要害部位 ▷战斗在敌人～。

【心脏病】xīnzàngbìng 名 人的心脏结构、功能出现的异常或疾病的统称。

【心脏死亡】xīnzàng sǐwáng 指以心脏停止跳动为死亡标准而认定的死亡。

【心窄】xīnzhǎi 形 心胸不宽，对不如意的事不易排解。

【心照不宣】xīnzhào-bùxuān (彼此)心里明白，只是不说出来。

【心知肚明】xīnzhī-dùmíng 心里很明白；心中有数 ▷对这项工作的难度他早已～。

【心直口快】xīnzhí-kǒukuài 性情直爽，藏不住话。

【心志】xīnzhì ❶ 名 意志 ▷～坚强。❷ 名 抱负；志向 ▷他的～很高。

【心智】xīnzhì ❶ 名 思考能力；智慧 ▷开启～。❷ 名 心理；性情 ▷～健全|陶冶～。

【心中无数】xīnzhōng-wúshù 心里没底，即对情况或问题不够了解，处理起来没有把握。也说胸中无数。

【心中有鬼】xīnzhōng-yǒuguǐ 比喻心里有不可告人的打算或秘密。

【心中有数】xīnzhōng-yǒushù 对情况或问题了解得清楚，处理起来有把握。也说胸中有数。☛ 参见 1544 页“胸有成竹”的提示。

【心重】xīnzhòng 形 形容遇事放不下，思虑过多 ▷他是个～的人。

【心子】xīnzi 名 某些物体的中心部分 ▷树～。☛ 参见 1528 页“芯(xīn)子”的提示㊀。

【心醉】xīnzuì 动 因极度满足而陶醉 ▷秀丽的山水令人～。

䜣(訢) xīn ❶ 用于人名。如爱新觉罗·奕䜣，清代人。○ ❷ 名 姓。

“訢”另见 1528 页 xīn “欣”。

芯 xīn ❶ 名 灯芯草茎中的髓，白色，可以放在油中点燃照明。通称灯草。→ ❷ 名 泛指油灯上能点燃的灯草、纱线等 ▷灯～。→ ❸ 名 安装在某些器物内部中心位置的东西或某些物体的中心部分 ▷铅笔～|机～|气门～|岩～。☛ ㊀跟“蕊”不同。㊁参见 1528 页“芯(xīn)子”的提示。

另见 1532 页 xìn。

【芯板】xīnbǎn 名 外面用整张的薄板把木屑、碎木条等夹在中间胶合压制而成的厚板材，多用作室内装修和家具制作的材料。

【芯片】xīnpiàn 图 具有一个完整功能的精细集成电路的基片（通常是硅片）。体积小，耗电少，成本低，传输速度快，广泛应用于电子计算机、通信设备及家用电器等。

【芯子】xīnzi 图 安装在器物中心位置的东西 ▷铅笔～。☛ ㊀跟"心子"不同。"芯（xīn）子"一般是人造的，如枕头芯子；"心子"一般指自然形成的，如树心子。㊁跟"芯（xìn）子"不同。"芯（xīn）子"并非用作捻子或引信；"芯（xìn）子"则用作捻子或引信，还指蛇、蜥蜴的舌头。

辛[1] xīn ❶ 形 形容味道像辣椒一样 ▷～辣。→ ❷ 形 劳苦；困难 ▷～苦｜艰～。→ ❸ 形 悲伤 ▷～酸。○ ❹ 名 姓。

辛[2] xīn 名 天干的第八位，常用来表示顺序或等级的第八位。参见 1354 页"天干"。

【辛迪加】xīndíjiā 名 法语 syndicat 音译。资本主义垄断组织的一种形式。参加的企业在生产上和法律上仍保持自己的独立性，但商品销售和原料采购则交给总部统一办理。

【辛亥革命】xīnhài gémìng 孙中山领导的推翻清朝封建统治的资产阶级民主主义革命。1911 年（农历辛亥年）10 月 10 日武昌起义爆发，各省相继响应，形成了全国规模的革命运动，终于推翻了清王朝，结束了中国两千多年的封建君主专制制度；1912 年 1 月 1 日，中华民国临时政府在南京成立。

【辛苦】xīnkǔ ❶ 形 身心劳苦 ▷工作很～。❷ 动 客套话，用于求别人办事或感谢别人帮助办了事 ▷这事～大家了。

【辛苦费】xīnkǔfèi 名 为酬谢别人出力帮助办事而给予的钱。

【辛辣】xīnlà ❶ 形（味道、气味）辣 ▷～食品。❷ 形 形容说话或文章尖锐深刻，刺激性强 ▷他的话很～｜文章写得真～。

【辛劳】xīnláo 形 辛苦劳累 ▷一生～。

【辛勤】xīnqín 形 辛苦勤劳 ▷～工作。

【辛酸】xīnsuān 形 又辣又酸。形容痛苦和悲伤 ▷一部～的近代史。

忻 xīn ❶ 同"欣"①。○ ❷ 名 姓。

昕 xīn 名〈文〉太阳即将出来的时候；黎明 ▷自～至夕｜～夕相亲。

欣（*訢❶） xīn ❶ 形 喜悦；快乐 ▷欢～鼓舞｜～喜｜～慰。○ ❷ 名 姓。

"訢"另见 1527 页 xīn"䜣"。

【欣慕】xīnmù 动〈文〉喜爱而仰慕 ▷～之情。

【欣然】xīnrán 形〈文〉形容高兴的样子 ▷阖家～｜～应邀｜～同意。

【欣赏】xīnshǎng ❶ 动 以喜悦的心情领略美好事物 ▷诗歌～｜～音乐。❷ 动 喜欢；感到满意 ▷～他的才干。☛ 跟"观赏"不同。"观赏"限于视觉来感受；"欣赏"不受此限。

【欣慰】xīnwèi 形 喜悦而心安 ▷令人无比～｜～的目光。

【欣闻】xīnwén 动 高兴地听说 ▷～喜讯。

【欣悉】xīnxī 动〈文〉高兴地知道 ▷～大赛夺魁，深以为荣。

【欣喜】xīnxǐ 形 高兴；欢喜 ▷～万分。

【欣喜若狂】xīnxǐ-ruòkuáng 高兴得像发狂一样。形容高兴到了极点。

【欣羡】xīnxiàn 动 喜爱而羡慕 ▷令人～。

【欣欣】xīnxīn ❶ 形 形容非常高兴 ▷～得意。❷ 形 形容（草木）茂盛 ▷草木～。

【欣欣向荣】xīnxīn-xiàngróng 形容花草树木生长茂盛；也形容事业兴旺发达。

【欣幸】xīnxìng 动 欣喜地庆幸 ▷～结识了这样几位师友。

【欣悦】xīnyuè 形 喜悦 ▷～之情溢于言表。

炘 xīn［炘炘］xīnxīn 形〈文〉火焰炽烈。

莘 xīn 名 莘庄，地名，在上海。

另见 1219 页 shēn。

锌（鋅） xīn 名 金属元素，符号 Zn。浅蓝白色，在潮湿空气中易氧化并形成白色保护层。用于制镀锌铁（白铁）、干电池、焰火等；锌粉是强还原剂，有多种用途。

【锌版】xīnbǎn 名 用锌制成的印刷版。

廞（廞） xīn〈文〉❶ 动 陈列；陈设 ▷～其乐器。○ ❷ 动 淤塞 ▷黄河～淤，粮运阻绝｜～塞。

新 xīn ❶ 形 初次出现或初次经验到的（跟"旧""老"相对）▷～产品｜～消息｜～兴｜～闻。→ ❷ 动 使变新 ▷改过自～｜翻～。→ ❸ 形 还没有使用过的（跟"旧"相对）▷衣服是～的｜～皮鞋。→ ❹ 形 刚结婚的 ▷～姑爷｜～娘子。→ ❺ 名 指新人、新事物 ▷迎～｜尝～。→ ❻ 副 最近；刚 ▷～来的｜～摘的苹果。○ ❼ 名 姓。

【新编】xīnbiān ❶ 动 新开始（或重新）编写或编辑 ▷～一套复习资料｜《～中国通史》。❷ 动 新近或重新整编 ▷国民革命军陆军～第四军。

【新兵】xīnbīng ❶ 名 刚入伍或入伍不久的战士。❷ 名 泛指刚参加某项工作或参加某项工作不久的人 ▷转岗后，他成了一名铁路～。

【新常态】xīnchángtài 名 不同以往的、相对稳定的正常状态（多用于宏观经济领域）▷把握经济发展～，抓准创业新机遇｜监管机制要主动适应～。

【新潮】xīncháo ❶ 名 新的社会风尚或思潮 ▷一股股～冲击着旧的思想观念。❷ 形 刚刚流行的;时髦 ▷～时装|这观点很～。

【新陈代谢】xīnchén-dàixiè ❶指生物体从外界吸取必需的物质,产生供给生长、发育和维持生命活动的物质,并把废物排出体外的过程。❷泛指富于生命力的新事物代替日益衰朽的旧事物。

【新宠】xīnchǒng ❶ 名 新受到宠爱的人(旧时多指妾)。❷ 名 新近出现的受人喜爱或欢迎的人或物 ▷健身器械已成为老年人的～。

【新仇旧恨】xīnchóu-jiùhèn 新增添的和原来有的仇恨;累积起来的仇恨。

【新春】xīnchūn 名 初春;特指春节和春节过后的几天 ▷～伊始|～快乐。

【新词】xīncí ❶ 名 新作的诗词或戏曲、曲艺的新唱段;表达新内容的词句 ▷编～,唱新风|旧曲填～。❷ 名 语言里新出现的词。

【新大陆】xīndàlù 名 指美洲。因欧洲人 15 世纪才发现这块大陆并向这里移民,故称。

【新低】xīndī 名 数量、价格、水平等下降达到的新的最低点 ▷人口出生率再创历史～。

【新法】xīnfǎ ❶ 名 新的方法 ▷～育苗。❷ 名 新颁布的或重新修订后颁布的法律、法规。

【新房】xīnfáng ❶ 名 新盖成的房屋。❷ 名 洞房。

【新风】xīnfēng 名 新的好风气;新的好风尚 ▷除旧俗,树～|都市～。

【新高】xīngāo 名 数量、价格、水平等上升达到的新的最高点 ▷创旅游人数～。

【新功】xīngōng 名 新的功绩 ▷为人民立～。

【新寡】xīnguǎ 动 新近死了丈夫。

【新官上任三把火】xīnguān shàngrèn sān bǎ huǒ 新上任的官员做几件有影响的事。比喻刚到新的岗位干劲很足。

【新贵】xīnguì 名 新近获得权势的人物(含贬义)。

【新欢】xīnhuān 名 新的情人(含贬义)。

【新婚】xīnhūn 动 刚刚结婚。

【新婚燕尔】xīnhūnyàn'ěr 刚结婚安乐、美满(燕:通"宴",安乐;尔:文言虚词,多用在形容词后,表示情态)。现多作为对新婚者的贺词。也说燕尔新婚。

【新纪元】xīnjìyuán 名 新的历史阶段;也指某种划时代事业的开始 ▷开创中国历史的～|人类进入信息革命的～。

【新建】xīnjiàn ❶ 动 以前没有,刚开始建设。❷ 动 刚建设成 ▷～铁路已通车。

【新交】xīnjiāo ❶ 动 刚刚结交 ▷～了几位朋友。❷ 名 新结识的朋友 ▷几位～来访。

【新教】xīnjiào 名 基督教的一派,与天主教、正教并称为基督教的三大派别。是 16 世纪欧洲宗教改革运动中因反对教皇统治而分裂出来的基督教各教派的统称。

【新近】xīnjìn 副 刚过去的一段时间;最近 ▷医院～来了一批实习生。

【新居】xīnjū 名 新建的或刚刚迁入的住所。

【新课】xīnkè 名 新开设的课程;第一次开讲的课程。

【新款】xīnkuǎn 名 新的款式 ▷时装～|～小轿车。

【新来乍到】xīnlái-zhàdào 新近来到;刚刚来到。

【新郎】xīnláng 名 指新婚的男子。也说新郎官。

【新老交替】xīnlǎo jiāotì 指年轻的接替年老的。

【新历】xīnlì 名 阳历①的俗称。

【新绿】xīnlǜ 名 草木初发的嫩绿色。

【新论】xīnlùn 名 新提出的学说、论述 ▷美学～。

【新媒体】xīnméitǐ 名 以数字化技术为基础、计算机网络为载体,进行信息传播的新型媒体。如网络媒体、手机媒体、移动电视等。

【新面孔】xīnmiànkǒng ❶ 名 生面孔;借指不熟悉的人 ▷台上坐着许多～。❷ 名 比喻新的样子、面貌或状态 ▷城镇化已使这座昔日的小山村呈现出完全不同的～。

【新苗】xīnmiáo 名 刚出土的幼苗或刚培育的苗种;比喻新发现的有培养前途的人或事物 ▷给～及时培土、浇水|文艺～。

【新民主主义革命】xīn mínzhǔ zhǔyì gémìng 中国共产党领导的,人民大众的,反对帝国主义、封建主义、官僚资本主义的革命。从 1919 年五四运动到 1949 年中华人民共和国成立,这一时期被称为新民主主义革命时期。

【新名词】xīnmíngcí 名 随着新事物、新思想的产生而出现的新词语,多指进入一般语汇的各科术语(不限于名词)。

【新能源】xīnnéngyuán 名 在煤、石油、天然气等传统能源之外,基于新的科技手段所开发的可再生能源。如太阳能、风能、地热能、生物质能、潮汐能等。也说非常规能源。

【新年】xīnnián 名 一年的开始,一般指元旦和元旦过后的几天。

【新娘】xīnniáng 名 指新婚的女子。也说新娘子、新媳妇儿、新妇。

【新派】xīnpài ❶ 名 学术、宗教、政党等内部新形成的派别。❷ 名 泛指社会上较先接受和适应新事物的一类人。

【新篇章】xīnpiānzhāng 名 文章的新章节;比喻事物的一个全新的阶段 ▷谱写改革开放～。

【新奇】xīnqí 形 新颖奇特 ▷～的花卉品种。

【新巧】xīnqiǎo 形 新颖而巧妙 ▷设计得很～。

【新区】xīnqū ❶ 名 新解放的地区;特指第三次国内革命战争开始后解放的地区。❷ 名 新建的住宅区、商业区或经济技术开发区等 ▷住宅～|商业～|～的建设。

【新人】xīnrén ❶ 名 单位新来的人员 ▷我们单

位～很少。❷ 名 指新婚夫妇 ▷一对～。❸ 名 具有时代风貌的人 ▷社会主义～。❹ 名 某一领域新出现的突出人才 ▷体坛～辈出。❺ 名 走上自新之路的人 ▷认罪悔改，重做～。

【新人类】xīnrénlèi 名 指观念、想法等方面异于传统，个性独立、行为新潮的一类人。

【新任】xīnrèn ❶ 动 新近任命或任职 ▷～省长|～经理。❷ 名 新任命或新担任职务的人 ▷原任已经调走，～还没来。

【新锐】xīnruì ❶ 形 新颖而敏锐 ▷思想～。❷ 形 新出现而有锐气的 ▷～作家。❸ 名 有锐气的年轻人 ▷学术界涌现了一批～。

【新生】xīnshēng ❶ 动 重新获得生机。比喻走出绝境，重新发展 ▷企业得以～。❷ 区别 刚出生或刚出现的 ▷～事物。❸ 名 新生命 ▷获得～。○ ❹ 名 刚入学的学生 ▷～已全部报到。

【新生代】xīnshēngdài 名 指新出现的有实力、有特点的一批年轻人；有时也指新出现的事物。

【新生儿】xīnshēng'ér 名 指出生后 28 天内的婴儿。

【新生力量】xīnshēng lìliàng ❶ 代表新的社会生产力和社会发展方向的社会势力 ▷～一定会战胜腐朽势力。❷ 新成长起来的可以担当重任的人群 ▷培植～。

【新诗】xīnshī 名 白话诗（跟"旧体诗"相区别）。

【新石器时代】xīnshíqì shídài 考古学分期中石器时代的晚期。这时人类已能磨制石器，制造陶器，并且已开始有农业和畜牧业。在我国已发现的新石器时代文化中，著名的有仰韶文化、龙山文化等。

【新式】xīnshì 区别 形式或样式新的 ▷智能化的～住宅|这些装备都是～的。

【新手】xīnshǒu 名 刚刚开始从事某项工作的人 ▷要加紧训练～。

【新书】xīnshū ❶ 名 崭新的书。❷ 名 刚出版或即将出版的书（多指初版的） ▷～目录。

【新四军】xīnsìjūn 名 国民革命军陆军新编第四军的简称，是中国共产党领导下的抗日革命武装。1937 年全面抗战开始后在原南方红军游击队的基础上改编而成，活跃在中南、华中一带。第三次国内革命战争时期同八路军及其他人民武装一起改编为中国人民解放军。

【新诉】xīnsù 名 原告方起诉后又向法庭追加的新的诉讼请求（跟"原诉"相区别）。

【新体】xīntǐ ❶ 名 新的体裁 ▷～诗。❷ 名 新的字体 ▷～艺术字。

【新天地】xīntiāndì 名 新的环境；新的领域；新的境界 ▷锐意改革，拓展～。

【新文化运动】xīnwénhuà yùndòng 五四运动前后反对封建主义的启蒙运动。1915 年 9 月，陈独秀主编的《新青年》杂志（第一卷名《青年杂志》）出版，标志着新文化运动的兴起。陈独秀、李大钊、鲁迅、胡适等以《新青年》为阵地，发表文章，高举民主与科学的大旗，反对旧思想，提倡新思想；反对旧道德，提倡新道德；反对旧文学，提倡新文学，猛烈冲击封建主义，广泛宣传民主主义，促进了人民群众的思想解放。新文化运动推动了现代科学在我国的发展，为五四运动的兴起和马克思主义在我国的传播准备了思想条件。

【新闻】xīnwén ❶ 名 媒体所报道的新近发生事件的各种信息 ▷头条～。❷ 名 泛指社会上新近发生的重大或新奇的事情 ▷这件事成了一大～。☛ 参见 1507 页"消息"的提示。

【新闻发布会】xīnwén fābùhuì 政府、集体或个人正式公开发布新闻的记者招待会。

【新闻公报】xīnwén gōngbào 政党或国家机关就重大事件发表的公告或声明。

【新闻联播】xīnwén liánbō 指各电视台或广播电台同时联合播出的同一套新闻节目。如每晚 7 点开播的中央电视台制作的新闻联播节目。

【新闻片】xīnwénpiàn 名 报道国内外时事动态的影视片。口语中也说新闻片儿（piānr）。

【新闻摄影】xīnwén shèyǐng 反映社会新闻并配合新闻报道的摄影作品。

【新闻述评】xīnwén shùpíng 对重要新闻进行介绍和评论的一种新闻文体。

【新闻特写】xīnwén tèxiě 新闻体裁的一种，用文学笔法描写新闻事件中富有特征性的片段，及时反映现实，具有较强的感染力。

【新闻纸】xīnwénzhǐ 名 报纸②。

【新媳妇儿】xīnxífur 名〈口〉新娘。

【新禧】xīnxǐ 形 新年吉祥、幸福 ▷恭贺～。

【新鲜】xīnxiān ❶ 形（蔬菜、水果等）刚采摘的；（鸡、牛、羊等）刚宰杀的 ▷～蔬菜|早市卖的羊肉很～。❷ 形（食物等）刚加工制作而没有变质的 ▷～蛋糕。❸ 形 清新洁净、没有污染的 ▷～空气。❹ 形 色彩新而鲜艳 ▷颜色很～。❺ 形 新出现的；有生机的 ▷～事物。❻ 形 少见的；稀罕的 ▷这段唱腔设计得既～别致，又便于演唱|这事真～。

【新新人类】xīnxīnrénlèi 名 指较之"新人类"更喜欢标新立异、思想和行为更无拘束的一类人。

【新兴】xīnxīng 区别 新近兴起的 ▷～产业。

【新星】xīnxīng ❶ 名 在短时间内光度突然增大到原来的几千倍甚至几百万倍，后来又逐渐回降到原来光度的恒星。❷ 名 新发现的星。❸ 名指新涌现的杰出人物 ▷科技界的～。

【新型】xīnxíng 区别 新的样式或类型的 ▷～空调列车|～农民。

【新秀】xīnxiù 名 新近出现的优秀人才 ▷体坛～|～辈出。

【新学】xīnxué 名 指清末以后从西方大规模传入中国的新兴科学技术与哲学社会科学(跟"旧学"相区别)。

【新芽】xīnyá 名 新长出的嫩芽。

【新颜】xīnyán 名〈文〉新的面貌 ▷旧貌换～。

【新药】xīnyào 名 新研制或刚上市的药品。

【新医】xīnyī 名 新的医疗方法、医疗技术;旧时也指西医。

【新义】xīnyì 名 词语在使用中产生的新的意义。

【新异】xīnyì 形 新颖奇特 ▷这首诗语言～。

【新意】xīnyì 名 新的内容;新的意境 ▷文章有～。

【新颖】xīnyǐng 形 新奇别致 ▷建筑风格～独特|款式～。

【新雨】xīnyǔ ❶ 名 刚下的雨;特指春雨 ▷～过后,彩虹当空|～润春草。❷ 名 借指新朋友。参见 741 页"旧雨"。

【新约】xīnyuē 名 指《新约全书》,为基督教《圣经》的后一部分。内容包括记载耶稣言行的"福音书"、叙述早期教会情况的《使徒行传》等。

【新月】xīnyuè ❶ 名 农历月初的弯月 ▷～如钩。❷ 名 农历每月初一(朔日),月球在地球与太阳之间运行,朝地球的一面照不到阳光的月相。也说朔月。

【新月形】xīnyuèxíng 名 如新月一样的弯形。

【新张】xīnzhāng 动 新的商店开张 ▷～营业。

【新正】xīnzhēng 名 新春正月。☛"正"这里不读 zhèng。

【新政】xīnzhèng 名 新制定的政纲、政令 ▷实施～。

【新知】xīnzhī ❶ 名 新的知识 ▷接受～。❷ 名 新结交的知心朋友 ▷旧友～。

【新殖民主义】xīn zhímín zhǔyì 第二次世界大战后殖民主义的新方式。用更加狡猾和隐蔽的手法来控制发展中国家和地区,从政治、经济、军事、文化等各个方面进行渗透和侵略。

【新址】xīnzhǐ 名 新的地址。

【新中国】xīnzhōngguó 名 指中华人民共和国。

【新著】xīnzhù ❶ 名 新的著作 ▷这本书是他的～。❷ 动 新写或重新撰写 ▷《～国语文法》。

【新装】xīnzhuāng ❶ 名 新的着装 ▷新娘一身～。❷ 名 时新服装 ▷夏令～。

【新姿】xīnzī 名 新的姿容;新的姿态 ▷古镇～。

【新作】xīnzuò 名 新的著作;新的作品。

歆 xīn〈文〉❶ 动 鬼神享受祭品的香气 ▷～享。○ ❷ 动 羡慕 ▷～羡|～慕。

【歆慕】xīnmù 动〈文〉羡慕。

【歆羡】xīnxiàn 动〈文〉羡慕。

薪 xīn ❶ 名 指作燃料用的树枝、杂草和秸秆等 ▷卧～尝胆|釜底抽～。→ ❷ 名 工资;薪金 ▷发～|工～阶层。

【薪酬】xīnchóu 名〈文〉薪金。

【薪俸】xīnfèng 名 薪水和俸给(jǐ),即工资。旧时级别较低的职员或雇员的所得叫薪水,官吏的所得叫俸给。后合称薪俸。

【薪火】xīnhuǒ 名 点燃火的柴草;柴火(huo)。比喻被传承的知识、传统、道德等 ▷甘当人梯传～。

【薪火相传】xīnhuǒ-xiāngchuán 前面的柴将要烧完,后面的柴就接着燃烧起来,火永不熄灭。比喻通过师生传授,思想体系、学问、技艺等一代代传承下去。也说薪尽火传。

【薪给】xīnjǐ 名 薪金。☛"给"这里不读 gěi。

【薪金】xīnjīn 名 工资;工作的报酬。

【薪尽火传】xīnjìn-huǒchuán 薪火相传。

【薪水】xīnshui 名 薪金。

【薪炭林】xīntànlín 名 以生产木柴、木炭用材为主的树林。

【薪饷】xīnxiǎng 名 旧时指军、警的薪金。

【薪资】xīnzī 名 薪金。

馨 xīn 名 芳香;特指散布得很远的香气 ▷清～|芳～|温～。☛ 统读 xīn,不读 xīng。

【馨香】xīnxiāng ❶ 名 芳香 ▷花开时节,满园～。❷ 名 指香火的香味 ▷寺院里～四散。

鑫 xīn 形〈文〉财源兴盛(多用于商号名、人名)。☛ 左下"金"的第二画捺要改成点,末笔横要改成提。

xín

镡(鐔) xín ❶ 名 古代剑柄和剑身相接处向两旁凸出的部分。○ ❷ 名 古代兵器,形状像剑而小。

另见 146 页 chán;1333 页 tán。

xǐn

伈 xǐn[伈伈] xǐnxǐn 形〈文〉形容恐惧而谨慎的样子 ▷～下气。

xìn

囟 xìn 名 囟门。☛ ㊀统读 xìn。㊁跟"囱(cōng)"不同。由"囟"构成的字有"傻""媳""葸""箧"等。

【囟门】xìnmén 名 婴儿头顶前部正中顶骨未合缝的地方。也说囟脑门儿。

芯 xìn [芯子] xìnzi ❶ 名 装在器物中心的捻子或起引发作用的东西 ▷蜡～|爆竹～。❷ 名 蛇和蜥蜴的舌头 ▷蛇～。

另见 1527 页 xīn。

信[1] xìn ❶ 形〈文〉言语真实;确实 ▷～而有征|～史。→ ❷ 形 对人真诚,不虚伪 ▷～守诺言|～用。→ ❸ 名 凭据 ▷～物|印～。⇒ ❹ 名〈文〉信使。❺ 名 消息 ▷报～儿|～息。❻ 名 按固定格式写给一定对象的,传达信息的文字材料 ▷写～|介绍～。⇒ ❼ 动 任凭;随着 ▷～口开河|～手拈来。→ ❽ 动 相信 ▷真实可～|～赖。❾ 动 信仰(宗教) ▷～教|～奉。○ ❿ 名 姓。

信[2] xìn 名 信石 ▷红～|白～。

【信笔】xìnbǐ 副 表示随意用笔写或画 ▷～写下了这些读后感|～涂鸦。

【信步】xìnbù 动 漫步;随意行走 ▷～海滩|～走到院外。

【信不过】xìnbuguò 动 不相信;不可信任。

【信差】xìnchāi ❶ 名 旧指被差遣递送公文信件的人。❷ 名 旧指邮递员。

【信从】xìncóng 动 相信并听从;信奉并遵从 ▷歪理邪说万万不可～。

【信贷】xìndài 名 金融机构存款、贷款等信用活动的总称。特指银行的贷款。

【信得过】xìndeguò 动 相信;可以信任。

【信而有征】xìn'éryǒuzhēng 真实有据(征:证验,证明)。☛"征"不要误写作"证"。

【信访】xìnfǎng 动 群众用写信或上访方式向党政机关等反映情况或申诉冤情 ▷～工作。

【信风】xìnfēng 名 在低空大气中由南、北半球亚热带吹向赤道附近的风。风向比较固定,北半球一般是东北风,南半球一般是东南风,很少改变,故称。也说贸易风。

【信封】xìnfēng 名 装信的纸袋,有封口。口语中也说信皮儿。

【信奉】xìnfèng ❶ 动 信仰并敬奉 ▷～神明。❷ 动 信仰并奉行 ▷～马克思主义。

【信服】xìnfú 动 相信并佩服 ▷说法令人～。

【信鸽】xìngē 名 经过专门训练,用来传递书信函件的鸽子。也说通信鸽。

【信管】xìnguǎn 名 引信。

【信函】xìnhán 名 书信;电子邮件。

【信号】xìnhào ❶ 名 用光、声音或动作、标志等传送的事先约定的通信符号。如口令、汽笛、红绿灯等。❷ 名 电信业中指带有信息的电流、电压或电波等。

【信号弹】xìnhàodàn 名 发射后发出有色光亮或烟雾的弹药。用于传递信号。

【信号灯】xìnhàodēng 名 借助灯光发出各种信号的灯。用光的颜色或明灭变化传递不同的信息。

【信号旗】xìnhàoqí 名 传递信息、指挥行动的旗子。

【信号枪】xìnhàoqiāng 名 发射信号弹用的枪。

【信汇】xìnhuì ❶ 动 用信函(通过银行或邮局)办理汇兑 ▷由银行～1 万元,望查收。❷ 名 信汇的汇款 ▷～收到,谢谢。

【信笺】xìnjiān 名 信纸。

【信件】xìnjiàn 名 书信的统称。

【信教】xìnjiào 动 信奉宗教。

【信据】xìnjù 名 可靠的证据。

【信口】xìnkǒu 副 随口;顺口 ▷～胡说。

【信口雌黄】xìnkǒu-cíhuáng 比喻不顾事实,随口乱说。参见 226 页"雌黄"。☛ 跟"信口开河"不同。"信口雌黄"侧重于不顾常理、抹杀事实,语意较重;"信口开河"侧重于随口乱说、不负责任。

【信口开河】xìnkǒu-kāihé 不经思索、不负责任地随口乱说。☛ ㊀不要写作"信口开合"。㊁参见本页"信口雌黄"的提示。

【信赖】xìnlài 动 信任并依赖 ▷深受大家～。

【信马由缰】xìnmǎ-yóujiāng 骑马时不勒缰绳,让马任意地走。比喻人无目的地随意行动。

【信念】xìnniàn 名 认为正确而坚信不疑的观念 ▷坚定不移的～。

【信瓤儿】xìnrángr 名〈口〉指信封里装的信。

【信任】xìnrèn 动 相信并放心地托付事情 ▷人民～他|感谢大家～我。

【信任感】xìnrèngǎn 名 确认对方可以信任的心理 ▷增强了对领导的～。

【信任投票】xìnrèn tóupiào 某些国家的议会对内阁(政府)实行民主监督的方式之一。对内阁信任与否,通过投票认定。

【信赏必罚】xìnshǎng-bìfá 该赏的一定赏,该罚的一定罚,赏罚严明。

【信石】xìnshí 名 砒霜。产于信州(今江西上饶一带),故称。

【信实】xìnshí ❶ 形 诚信实在 ▷为人～。❷ 形 真实可靠 ▷记载～。

【信史】xìnshǐ 名 内容真实可靠的历史。

【信使】xìnshǐ 名 奉命传达信息、递送书信或担任某种使命的人。

【信誓旦旦】xìnshì-dàndàn 形容誓言说得非常诚挚(旦旦:诚恳的样子)。

【信手】xìnshǒu 副 随手;顺手 ▷～勾画而成。

【信手拈来】xìnshǒu-niānlái 不假思索地随手拿来。常用来形容写文章时能得心应手地运用词汇和选用材料。☛"拈"不读 zhān。

【信守】xìnshǒu 动 忠实地遵守 ▷～合同。

【信天翁】 xìntiānwēng 名 海鸟，体长1米左右，白而略带青色，翅膀尾端褐色，趾间有蹼，善飞翔，能游水，捕食水生动物。

【信天游】 xìntiānyóu 名 流行于陕北地区的民歌，曲调高亢、悠长。歌词常为两句一段。短的一曲一段；长的可达数十段，用同一曲调反复演唱，有时稍加变化。也说顺天游。

【信条】 xìntiáo 名 信守的准则 ▷生活～。

【信筒】 xìntǒng 名 邮局设置在路旁等处供人投寄信件的筒状设备。也说邮筒。

【信徒】 xìntú 名 本指信仰某一宗教的人；泛指信仰某种主义、学派、主张及其代表人物的人 ▷道教～|自称是黑格尔的～。

【信托】 xìntuō ❶ 动 把事情托付给自己信任的人 ▷受当事人的～办理此事。❷ 动 接受他人委托，经营相关的代办业务；特指经营相关的购销业务 ▷遗产～|～投资基金。

【信望】 xìnwàng 名 信誉和声望。

【信物】 xìnwù 名 作为凭证的物件；特指作为爱情凭证的物件 ▷定情～。

【信息】 xìnxī ❶ 名 音信；消息 ▷～灵通。❷ 名 信息论指通过指令、数据、符号等发出的对接受者来说在此之前没有获知的消息 ▷～传输|网络～。

【信息安全】 xìnxī ānquán 信息处理没有危险；特指对需保密的信息采取保护措施，以防止泄露、破坏。

【信息爆炸】 xìnxī bàozhà 形容信息数量在短时期内急剧增加 ▷～时代。

【信息产业】 xìnxī chǎnyè 担负信息生产、流通和应用的产业。包括电子计算机、通信及相关电子技术的硬件、软件制作及服务等。

【信息处理】 xìnxī chǔlǐ 指用电子计算机对信息进行输入、排序、存储、输出、统计等。

【信息港】 xìnxīgǎng 名 通过计算机网络、电信网和广播电视网等信息网络，覆盖某个地区（多为大中城市），为该地区广大用户提供生产、生活等方面信息的信息产业机构，也是跟其他地区网络互联的信息中转港口。也说数码港。

【信息高速公路】 xìnxī gāosù gōnglù 指国家信息基础设施。是大容量的、能高速运行的、多媒体的信息传输网络，可以迅速传送文字、图像、声音、影像等信息。

【信息化】 xìnxīhuà 动 推广和应用电子计算机、通信、网络等信息技术和其他相关智能技术，促使工业社会向信息社会发展。也说国民经济和社会信息化。

【信息技术】 xìnxī jìshù 有关信息获取与处理的技术。传感技术、通信技术、计算机技术和控制技术是信息技术的四大基本技术（英语缩写为IT）。

【信息科学】 xìnxī kēxué 研究信息现象及其规律的科学。包括基础理论（信息学）、应用理论（信息论、控制论、系统论、智能论）、工程技术（信息技术，如检测、通信、计算机和控制技术等）等。

【信息库】 xìnxīkù 名 信息集合的储存库；特指在计算机储存器中建立的数据库和资料库。

【信息量】 xìnxīliàng 名 指消息中未知程度的大小。消息未知的程度大，信息量就大。

【信息论】 xìnxīlùn 名 研究信息及其传输的一般规律的科学。运用数学和其他有关科学的方法，研究信息的性质、计量、获取、传输和交换等。广泛应用于通信和生物学、生理学、物理学、语言学等领域。

【信息码】 xìnxīmǎ 名 为方便信息的存储、检索和使用，按照一定规则所编制成的信息代码。可以用特定仪器读出代码所表示的各种信息。如条形码等。

【信息社会】 xìnxī shèhuì 广泛应用现代化通信、计算机与终端设备相结合的技术来实现信息的获取和传输的社会。

【信息时代】 xìnxī shídài 指信息技术高度发达并得到普遍应用的时代。

【信息台】 xìnxītái 名 电话信息服务台的简称，经电话网向社会提供各种信息服务。

【信息战】 xìnxīzhàn ❶ 名 敌对双方在信息领域的对抗活动。主要是通过争夺信息资源，掌握信息的生产、传递、处理等的主动权，破坏敌方的信息传输，为遏制或打赢战争创造有利条件。❷ 名 泛指在经济、科技、文化、外交等各领域对信息优势的争夺。

【信箱】 xìnxiāng ❶ 名 邮局设置的供人投寄信件的箱子。❷ 名 设在用户门前，供邮递员投放信件的小箱子。❸ 名 设置在邮局供人租用以接收信件的箱子。这类信箱有编定的号码，有时某号信箱只是某机构或某人接收邮件的代号。❹ 名 指电子信箱。

【信心】 xìnxīn 名 确信愿望一定能实现的心理 ▷充满～|～十足。

【信仰】 xìnyǎng ❶ 动 极度信服、敬仰某种主义、宗教或主张等，并奉为言行的准则和指南 ▷公民有～宗教的自由。❷ 名 指信仰的对象 ▷我们的～是马克思主义。

【信以为真】 xìnyǐwéizhēn 把虚假的当作真实的来相信。

【信义】 xìnyì 名 信用和道义。

【信用】 xìnyòng ❶ 名 因信守承诺而取得的信任 ▷守～|没有～。❷ 区别 按时偿还，不需要提供物资保证的 ▷～卡|～贷款。❸ 动 信任重用 ▷～德才兼备的人。

【信用卡】 xìnyòngkǎ 名 一种由商业银行或其他金融机构发给消费者使用的电子支付卡。持卡人可在核定的额度内凭卡进行消费支付、信用借贷、转账结算、存取现金等。

【信用社】xìnyòngshè 名 信用合作社的简称。根据国家有关法规经营信贷业务的集体经济组织。

【信誉】xìnyù 名 信用和名声；也指信用方面的名声。

【信札】xìnzhá 名 书信；信件。

【信纸】xìnzhǐ 名 写信用的纸。

【信众】xìnzhòng 名 信仰某种宗教的人群。

衅（釁） xìn 名 争端 ▷寻～闹事|挑～|起～|边～。

焮 xìn ❶ 动〈文〉烧；烤。→❷ 形〈文〉炽盛。○ ❸ 动 某些地区指皮肤发炎肿痛。

xīng

兴（興） xīng ❶ 动〈文〉起；起来 ▷夙～夜寐。→ ❷ 动 发动；动员 ▷～兵作乱|～师动众。→ ❸ 动 开始出现；创办 ▷百废俱～|大～土木|～利除弊|～修。⇒ ❹ 动 流行；使盛行 ▷时～|大～实事求是之风。⇒ ❺ 形 昌盛；旺盛 ▷～盛|～旺|～隆。⇒ ❻ 动〈口〉允许；许可(多用于否定) ▷不～骂人。○ ❼ 名 姓。☛ 上头是"⺍"，不是"⺌"。

另见 1540 页 xìng。

【兴办】xīngbàn 动 创建；创办 ▷～公益事业。

【兴兵】xīngbīng 动 起兵；发兵 ▷～作乱。

【兴废】xīngfèi 动 兴亡；兴衰 ▷几度～。

【兴奋】xīngfèn ❶ 形 激动；激奋 ▷～的心情|～得一夜未睡。❷ 动 使激奋 ▷喝咖啡能～大脑。❸ 名 生物体对刺激发生的反应之一。如人类大脑神经细胞可在内部或外部的刺激下兴奋或抑制，从而引起肌肉的收缩或松弛，腺体的分泌或抑制等。

【兴奋点】xīngfèndiǎn 名 指能使人产生兴趣并引起高度关注的事物 ▷产业扶贫是贫困户谋发展的～。

【兴奋剂】xīngfènjì ❶ 名 体育运动上指能改变运动员身体条件和精神状态，从而提高竞技能力的某些药物。使用兴奋剂损害运动员身心健康，严重破坏公平竞争原则，被严格禁止。❷ 名 比喻能使人精神振奋的措施或事物 ▷各项政策为低迷的行业注入了一针～。

【兴风作浪】xīngfēng-zuòlàng 比喻煽动情绪，挑起事端。

【兴革】xīnggé 动 兴办(新的)和革除(旧的)。

【兴工】xīnggōng 动 动工；开工 ▷～建楼。

【兴国】xīngguó 动 使国家兴盛 ▷教育～|～安邦。

【兴建】xīngjiàn 动 开工建造 ▷～核电站。

【兴利除弊】xīnglì-chúbì 兴办有利的事业，革除弊端 ▷～，造福于民。

【兴隆】xīnglóng 形 兴旺发达 ▷买卖～。

【兴起】xīngqǐ ❶ 动〈文〉受到激发而奋起 ▷志士～。❷ 动 开始出现并兴旺地发展起来 ▷～了一股读书热。

【兴盛】xīngshèng 形 兴旺昌盛 ▷国运～。

【兴师】xīngshī 动 动用军队；起兵 ▷～讨伐。

【兴师动众】xīngshī-dòngzhòng 原指动用很大的兵力；今指动用很多人(去做某事)。

【兴师问罪】xīngshī-wènzuì 出兵讨伐对方的罪行；今泛指严厉谴责对方的过错。

【兴衰】xīngshuāi 动 兴盛和衰败 ▷家族～。

【兴叹】xīngtàn 动 发出感叹 ▷～不已。

【兴替】xīngtì 动〈文〉兴衰(替：衰落) ▷以史为鉴，可知～|总结前朝～的经验教训。

【兴亡】xīngwáng 动 兴盛和衰亡；也偏指衰亡 ▷国家～，匹夫有责。

【兴旺】xīngwàng 形 生气勃勃，发展势头旺盛 ▷祖国日益～|生意～。

【兴修】xīngxiū 动 动工修建 ▷～高速公路。

【兴许】xīngxǔ 副〈口〉也许；或许 ▷他～病了。

【兴学】xīngxué 动 兴办学校 ▷～修路，造福乡里。

【兴妖作怪】xīngyāo-zuòguài 比喻坏人捣乱破坏，挑起事端。

星 xīng ❶ 名 天空中除太阳、月亮以外，用肉眼或望远镜可以看到的发光的天体 ▷披～戴月|～空|繁～。→ ❷ 名 天文学上泛指宇宙间能发光或反射光的天体，包括太阳、月亮、地球等 ▷恒～|行～|卫～。→ ❸ 名 指形状像星的东西；也指细小零碎或闪亮的东西 ▷肩章上有两颗～|唾沫～儿|冒火～儿。→ ❹ 名 特指秤杆儿上标志重量大小的金属小点子 ▷秤～。→ ❺ 名 比喻某种突出的、有特殊作用或才能的人 ▷救～|影～|歌～。○ ❻ 名 星宿名，二十八宿之一。

【星辰】xīngchén 名 星①的统称 ▷～布满夜空。

【星斗】xīngdǒu 名 泛指星星(斗：指南斗星、北斗星) ▷满天～。

【星光】xīngguāng 名 星星的光辉 ▷～灿烂。

【星汉】xīnghàn 名〈文〉天河；银河。

【星号】xīnghào 名 星形的标志符号，形式为"＊"。有多种用途，常用来标示注脚或分段。

【星河】xīnghé 名 银河。

【星火】xīnghuǒ ❶ 名 火星儿 ▷～飞溅。○ ❷ 名 流星瞬间发出的光(多用于比喻) ▷急如～。

【星火计划】xīnghuǒ jìhuà 1985 年，中央委托国家科学技术委员会拟订并组织实施的"促进地方经济振兴技术开发计划"。目的是把科学技术引向农村，引向乡镇企业，推动地方经济振兴。寓意"星星之火，可以燎原"。

【星火燎原】 xīnghuǒ-liáoyuán 星星之火，可以燎原。

【星级】 xīngjí ❶ 名 高级宾馆的等级(国际上通行用一至五个星标志宾馆由低到高的等级) ▷五～宾馆。❷ 区别 高水平的、高等级的 ▷～服务。❸ 区别 明星级的 ▷～人物。

【星际】 xīngjì 名 星球与星球之间；太空 ▷探茫茫～，显天眼威力|穿越～|～旅行。

【星空】 xīngkōng 名 有星光的夜空 ▷～万里。

【星罗棋布】 xīngluó-qíbù 像天上的星星和棋盘上的棋子那样罗列分布。形容数量多，分布广。

【星命】 xīngmìng 名 迷信的人指根据人的出生年、月、日、时配合日月星辰的位置和运行推算出来的祸福寿夭。

【星期】 xīngqī ❶ 名 我国古代历法，把二十八宿按日、月、火、水、木、金、土次序排列，七日一周，周而复始，称为七曜。西方历法也以七日为一周，跟我国的七曜暗合。后以连续排列的七天作为作息日期的计算单位，称星期 ▷两个～。❷ 名 特指星期日 ▷明天是～。❸ 名 跟"日、一、二、三、四、五、六"连用，表示一个星期中的某一天。如星期二、星期四。

【星期日】 xīngqīrì 名 一个星期的第一天，多是休息日。

【星球】 xīngqiú 名 星②。

【星散】 xīngsàn 动 像星星散布在天空那样。形容(原来在一起的人)分离四散 ▷～各地。

【星体】 xīngtǐ 名 指个别的星球。如太阳、地球、月亮等。

【星图】 xīngtú 名 把恒星等天体在天球上的位置，按一定的方法转绘到平面上而形成的图。

【星团】 xīngtuán 名 由十几颗至千万颗恒星组成的，有共同起源、相互间有较强力学联系的天体集团。

【星系】 xīngxì 名 恒星系的简称。

【星相】 xīngxiàng 名 星命和相术的合称。迷信认为根据星相可以占卜人事吉凶。

【星象】 xīngxiàng 名 指星体的明暗、位置移动等情况。古人迷信，认为根据星象可以推测人事。

【星星】 xīngxīng 名 比喻细小的、分散的点儿或别的东西 ▷～之火，可以燎原。

【星星】 xīngxing 名 星①。

【星星点点】 xīngxīngdiǎndiǎn ❶ 形 形容多而分散 ▷～的火把。❷ 形 形容很少或细碎 ▷～的素材。

【星星之火，可以燎原】 xīngxīngzhīhuǒ, kěyǐ-liáoyuán 一点点火星儿可以引起烧遍原野的大火；比喻开始时显得弱小的新生事物，富有强大的生命力，能够逐步发展壮大。

【星宿】 xīngxiù 名 古代指宿(xiù)。今指星座。参见 367 页"二十八宿"。☛"宿"这里不读 sù。

【星夜】 xīngyè 名 群星闪烁的夜晚 ▷～兼程。

【星移斗转】 xīngyí-dǒuzhuǎn 斗转星移。

【星云】 xīngyún 名 由气体和尘埃组成的云雾状的天体。

【星子】 xīngzi 名 细碎或细小的东西 ▷唾沫～。

【星座】 xīngzuò 名 天文学上把星空分为若干区域，每个区域叫一个星座。现代天文学上共分 88 个星座。如天鹅座、仙女座等。

骍(騂)

xīng 名 〈文〉赤色的马或牛。

猩

xīng 名 猩猩 ▷～红。

【猩红】 xīnghóng 形 形容颜色像猩猩的血那样红 ▷一件～的呢子大衣。

【猩红热】 xīnghóngrè 名 由溶血性链球菌感染而起的急性传染病，儿童发病较多。起病急，症状为发热，咽部红肿疼痛，全身有鲜红色点状斑疹，舌如草莓，口周围有苍白圈。

【猩猩】 xīngxing 名 哺乳动物，形状略像人，全身有赤褐色长毛，前肢特长，头尖，吻部凸出，眼和耳都小，鼻平，口大，犬齿发达。树栖，有筑巢习性。能在前肢配合支撑下较长时间地直立行走。昼间活动，主食野果。产于苏门答腊和加里曼丹。

惺

xīng 形 〈文〉清醒；聪明 ▷～悟(醒悟)。

【惺忪】 xīngsōng 形 形容刚醒时视觉模糊不清的样子 ▷睡眼～。☛ 不要写作"惺松"。

【惺惺惜惺惺】 xīngxīng xī xīngxīng 性格、才干或境遇相似的人互相爱慕、敬重或同情(惺惺：聪明的人) ▷～，好汉爱好汉。

【惺惺作态】 xīngxīng-zuòtài 装腔作势，故作姿态。

瑆

xīng 名 〈文〉玉的光彩。

腥

xīng ❶ 名 古代指生肉；现在指鱼、肉等食物 ▷荤～|好久没沾～了。→ ❷ 名 生鱼虾等发出的气味 ▷做鱼放料酒可以去～。❸ 形 有腥气的 ▷这鱼做得有点儿～|～臭。

【腥臭】 xīngchòu 形 (气味)又腥又臭 ▷闻到一股～味儿。

【腥风血雨】 xīngfēng-xuèyǔ 带着腥味儿的风，掺着血的雨。形容黑暗统治下或战争中百姓横遭屠杀的残酷景象。☛ 参见 1069 页"凄风苦雨"的提示。

【腥气】xīngqi ❶ 名 生鱼虾等发出的难闻气味 ▷走进水产市场，一股～迎面扑来。❷ 形 腥③。

【腥臊】xīngsāo 形 (气味)又腥又臊 ▷～难闻。

【腥膻】xīngshān ❶ 形 (气味)又腥又膻。❷ 名 又腥又膻的东西，指肉食 ▷老太太不喜～，近来更是基本食素。

【腥味儿】xīngwèir ❶ 名 腥气①。❷ 名 荤腥食品 ▷他一点儿～也不沾。

煋 xīng 〈文〉❶ 形 火焰猛烈。→ ❷ 动 光芒四射。

xíng

刑 xíng ❶ 名 刑罚 ▷判了三年～|徒～|死～|缓～。→ ❷ 名 对犯人或在押人员所实施的体罚 ▷动了～|受～|严～拷打。○ ❸ 名 姓。

【刑场】xíngchǎng 名 处决罪犯的地方。

【刑罚】xíngfá 名 依据刑法对罪犯强制实行的制裁。

【刑法】xíngfǎ 名 国家法律之一，明确规定什么是犯罪行为和刑事责任、刑罚的种类、刑罚的具体运用等内容。

【刑法】xíngfa 名〈口〉对被拘押的人施行的体罚(非法的) ▷对犯人不得滥施～。

【刑警】xíngjǐng 名 刑事警察的简称。

【刑具】xíngjù 名 用刑的器具。如皮鞭、夹棍、绞刑架、老虎凳等。

【刑律】xínglǜ 名 刑法(xíngfǎ) ▷触犯～。

【刑满】xíngmǎn 动 服刑期满 ▷～释放。

【刑名】xíngmíng ❶ 名〈文〉法律 ▷～之重，莫严于杀人。❷ 名 指刑名之学，战国时期主张循名责实、慎赏明罚的法家学说；也指刑名学派，以申不害、韩非为代表。❸ 名 刑罚的名称。如死刑、无期徒刑、有期徒刑等。

【刑期】xíngqī 名 依法对罪犯实施刑罚的期限。从判决执行之日起计算。判决执行以前先行羁押的时间，按刑法的有关规定折抵。

【刑事】xíngshì 区别 有关刑法的(跟"民事"相区别) ▷提出～诉讼|追究～责任。

【刑事案件】xíngshì ànjiàn 触犯刑法而被司法机关立案的案件。

【刑事法庭】xíngshì fǎtíng 负责审理刑事案件的法庭。简称刑庭。

【刑事犯】xíngshìfàn 名 触犯刑法、负有刑事责任的罪犯。

【刑事警察】xíngshì jǐngchá ❶ 警种之一，主要从事刑事侦察和刑事科学技术等工作。❷ 刑事警察队伍的成员。‖简称刑警。

【刑事判决】xíngshì pànjué 法院就被告人是否犯罪、应否处刑、如何处刑所作的决定。

【刑事诉讼】xíngshì sùsòng 关于刑事案件的诉讼。

【刑事责任】xíngshì zérèn 指行为人对其犯罪行为所需要承担的法律后果。简称刑责。

【刑事侦查】xíngshì zhēnchá 在刑事案件的处理过程中，司法机关为查清犯罪事实依法进行的调查取证等活动。简称刑侦。

【刑讯】xíngxùn 动 动用刑具审讯 ▷禁止～逼供。

【刑侦】xíngzhēn 动 刑事侦查的简称。

邢 xíng ❶［邢台］xíngtái 名 地名，在河北。○ ❷ 名 姓。

行 xíng ❶ 动 走 ▷寸步难～|游～|～走。→ ❷ 动 出行；旅行 ▷不虚此～|欧洲之～。❸ 形 跟出行有关的 ▷～装|～程。→ ❹ 动 流动；流通 ▷流～|风～|发～|～销。⇒ ❺ 名 指行书 ▷～草。⇒ ❻ 形 流动的；临时的 ▷～商|～营|～宫。→ ❼ 动 做；从事 ▷～善|～医|～不通。⇒ ❽ 名 举止行为 ▷操～|罪～|言～。⇒ ❾ 动 可以 ▷这样做～不～？|～，就这么办。❿ 形 能干；有本事 ▷小王真～，什么事一办就成。⇒ ⓫ 动 用在单音节代词(或副词)和双音节动词之间，表示以某种方式从事某种活动，略同于"进行" ▷自～处理|另～规定。○ ⓬ 副〈文〉快要 ▷～将就木。○ ⓭ 名 姓。

另见 541 页 háng；542 页 hàng；563 页 héng。

【行百里者半九十】xíngbǎilǐzhě bàn jiǔshí 走一百里路，走到九十里才算走了一半。比喻做事越接近成功越艰难。多用来劝勉人做事要善始善终。

【行包】xíngbāo 名 行李包裹；现也指旅行包 ▷办理～托运|打点～。

【行笔】xíngbǐ 动 运笔。

【行不通】xíngbutōng 动 不能实行；办不到 ▷这种办法是～的。

【行藏】xíngcáng ❶ 动〈文〉出来当官或辞官退隐。❷ 名 行迹；来历；底细 ▷不露～|～不明|识破～。

【行草】xíngcǎo 名 行书的类型之一，接近草书而比草书工整(跟"行楷"相区别)。

【行车】xíngchē 动 驾车行驶 ▷～数十万公里。

【行成于思】xíngchéngyúsī 唐·韩愈《进学解》："行成于思，毁于随。"意思是做事成功在于多动脑筋、想办法。

【行程】xíngchéng ❶ 名 路程；旅程 ▷～遥远。❷ 名 进程 ▷人类进化的～。❸ 名 冲程。

【行船】xíngchuán ❶ 动 驾船行驶 ▷～出海。❷ 名 行驶的船只 ▷～消失在茫茫的夜色中。

【行刺】xíngcì 动 (用武器)暗杀 ▷入室～。

【行道】xíngdào ❶ 名 道路① ▷～两旁有成行(háng)的槐树。○ ❷ 动 旧指推行某种政治主张或推行天的旨意 ▷立身～|替天～。

【行道树】xíngdàoshù 名 道路两旁成行(háng)的树木 ▷这条街上的～多是法国梧桐。

【行得通】xíngdetōng 动 能够实行;可以办到 ▷这个方案～。

【行动】xíngdòng ❶ 动 走动;行走 ▷脚扭伤了,～不便。❷ 动 为达到某种目的而进行活动 ▷大家都～起来了。❸ 名 举动;动作 ▷他的这一～很可疑。☛ ㊀参见 1538 页"行为"的提示。㊁参见 747 页"举动"的提示。

【行都】xíngdū 名 旧指临时首都。

【行方便】xíngfāngbian 为别人提供便利 ▷多给人家～,少给人家添麻烦。

【行房】xíngfáng 动 婉词,指夫妇性交。

【行宫】xínggōng 名 京城以外供帝王出行时居住的宫室 ▷承德避暑山庄是清帝的～之一。

【行好】xínghǎo 动 因同情而做好事。

【行贿】xínghuì 动 施行贿赂 ▷严禁～受贿。

【行迹】xíngjì 名 行动的踪迹 ▷～遍布全国。☛ 参见 1539 页"形迹"的提示。

【行将】xíngjiāng 副〈文〉即将;就要 ▷～赴京。

【行将就木】xíngjiāng-jiùmù 快要进棺材了(就:接近;木:借指棺材)。指寿命不会很长了。

【行劫】xíngjié 动 进行抢劫 ▷流窜～。

【行进】xíngjìn 动 往前走 ▷在密林中～。

【行经】xíngjīng ❶ 动 行进中经过 ▷从武汉乘车,～郑州到达石家庄。○ ❷ 动 来月经。

【行径】xíngjìng 名 行为;举动(含贬义) ▷卑劣～。

【行军】xíngjūn 动 军队向指定的目标行进 ▷急～|～打仗。

【行军床】xíngjūnchuáng 名 可折叠的便于携带的床。用木制或金属制的架子绷上帆布或尼龙布做成。多供行军、野外作业等使用。

【行楷】xíngkǎi 名 行书的类型之一,接近楷书,书写比较工整(跟"行草"相区别)。也说行真。

【行乐】xínglè 动 游戏取乐;寻欢作乐 ▷及时～的思想不应提倡。

【行礼】xínglǐ 动 按一定的仪式或姿势致敬 ▷向国旗～。

【行李】xíngli 名 出门带的箱包、铺盖等 ▷扛着～|～箱。☛ 参见本页"行囊"的提示。

【行李车】xínglichē ❶ 名 旅客列车中专门装载托运行李的车厢。❷ 名 旅行时随身携带的用以拖拉行李的折叠小车。

【行李房】xínglifáng 名 车站、码头等专为旅客办理行李寄存、托运的地方。

【行李卷儿】xínglijuǎnr 名 出门时带的铺盖卷儿。

【行猎】xíngliè 动〈文〉打猎。

【行令】xínglìng ❶ 动 发布命令 ▷政府～。❷ 动 行酒令 ▷喝酒～。

【行路】xínglù 动 走路①。

【行旅】xínglǚ〈文〉❶ 名 旅客;出远门的人 ▷偏僻小镇,～极少。❷ 动 出行;旅行 ▷他把～中所见所闻的新鲜事都记了下来。

【行囊】xíngnáng 名〈文〉出门时携带的包儿、袋子等 ▷解开～。☛ 跟"行李"不同。"行囊"仅指随身携带的包儿或袋子;"行李"泛指一切旅行携带品。

【行骗】xíngpiàn 动 进行诈骗 ▷四处～。

【行期】xíngqī 名 出行的日期 ▷～未定。

【行乞】xíngqǐ 动 向人乞讨。

【行腔】xíngqiāng 动 指戏曲演员对声腔的处理,包括对吐字、发声、气口、抑扬顿挫、节奏的把握 ▷～流畅|以字～。

【行抢】xíngqiǎng 动 进行抢劫 ▷拦路～。

【行窃】xíngqiè 动 进行扒窃偷盗 ▷入户～。

【行人】xíngrén 名 步行的人;行路的人。

【行若无事】xíngruòwúshì 在紧急情况下从容镇静,好像没事一样;也指对坏人坏事听之任之,毫无反应。

【行色】xíngsè 名 出行时的情态或气派 ▷～匆匆|军歌壮～。

【行善】xíngshàn 动 做善事 ▷～积德。

【行商】xíngshāng ❶ 名 没有固定营业场所、流动贩卖货物的商人(跟"坐商"相区别)。❷ 动 经商;做买卖 ▷下海～。

【行省】xíngshěng 名 元代除京师附近地区直属于中书省外,又在河南、江浙、湖广、陕西、辽阳、甘肃、岭北、云南等处设立十一个行中书省,简称十一行省,分揽各地政务。行省遂成为地方最高行政区划的名称。后行中书省的政制虽然有所变化,但行省的名称一直被沿用下来,并进一步简称为省。

【行尸走肉】xíngshī-zǒuròu 比喻没有理想、无所作为、糊里糊涂混日子的人(行尸:会走动的尸体;走肉:会走动但没有灵魂的躯体)。

【行时】xíngshí 动 流行入时;时兴 ▷今年～这种款式|～的衣着。

【行使】xíngshǐ 动 执行(职责);使用(权力) ▷～监督权。

【行驶】xíngshǐ 动 (车、船)行进 ▷车辆～,安全第一|轮船～在浩荡的江面上。

【行事】xíngshì ❶ 动 做事 ▷照章～|按计划～。❷ 名 行为 ▷～欠检点。

【行书】xíngshū 名 汉字字体之一,形体和笔势介于草书和楷书之间。既不像草书那样牵连曲折,也不像楷书那样工整。

【行署】xíngshǔ 图 行政公署的简称。

【行头】xíngtou ❶ 图 戏曲演员演出时按照剧情需要所穿的戏服和所穿戴的盔头、靠、靴及某些手持的道具等。❷ 图 借指衣着(zhuó)(含诙谐意) ▷人不起眼儿,～倒都是名牌。

【行为】xíngwéi 图 人的有意识的活动 ▷～准则|这是违法～。☛ 跟"行动"不同。"行为"强调受人的思想意识支配而表现出的活动;"行动"指具体的动作、举动。

【行为科学】xíngwéi kēxué 以研究人的行为规律、调节人与人的关系、预测和控制人的行为为目的的一门综合性学科。

【行为能力】xíngwéi nénglì 法律上指能够以自己的行为依法行使权利、承担义务,从而使法律关系得以产生、变更或消灭的资格。具有行为能力的人首先应有权利能力,但具有权利能力的人不一定都有行为能力。

【行文】xíngwén ❶ 动 为表达某种意思而组织文字(书面语言) ▷至于如何～,还要好好推敲一下。❷ 动 发送公文给(某人、某单位) ▷～省直属机关。

【行销】xíngxiāo 动 向各地销售 ▷产品～海内外。

【行星】xíngxīng 图 环绕太阳运转、有足够大的质量使其靠自身引力形成球状、能够清除轨道附近其他物体的天体。本身不发光,能反射太阳光。太阳系有八大行星,依照距离太阳由近到远的次序,为水星、金星、地球、火星、木星、土星、天王星和海王星。

【行刑】xíngxíng 动 执行刑罚;特指执行死刑。

【行行好】xíngxinghǎo (请求人)发善心,做善事 ▷～,救救这些伤员吧!

【行凶】xíngxiōng 动 做打人或杀人的事 ▷～的歹徒已被抓获。

【行医】xíngyī 动 从事医务工作 ▷～多年。

【行营】xíngyíng ❶ 图 旧指出征时临时的军营;特指统帅所在的军营。❷ 图 旧指驻扎在某个地区的军事首脑机关。如南昌行营、西安行营。

【行辕】xíngyuán 图 旧时高级文武官员外出时临时办公和居住的场所;也指在驻地设立的办事机构(辕:辕门,借指官署)。

【行云流水】xíngyún-liúshuǐ 形容文章、书画、歌唱等像飘着的云和流着的水那样自然流畅。

【行在】xíngzài 图〈文〉行在所。原指皇帝所在的地方;后专指皇帝巡行所到的地方。

【行诈】xíngzhà 动 进行诈骗 ▷谨防有人～。

【行者】xíngzhě ❶ 图〈文〉行人 ▷～驻足问路。❷ 图 在佛教寺院服杂役而未剃发的出家人。

【行政】xíngzhèng ❶ 图 行使国家权力、管理国家事务的工作 ▷～长官。❷ 图 企事业单位或机关团体等内部事务的管理工作 ▷～科|他分管～。❸ 动 行使国家权力 ▷依法～。

【行政处罚】xíngzhèng chǔfá 国家行政主管机关对违反行政法规应受惩罚的当事人依法给予的制裁。包括警告、罚款、没收违法所得、没收非法财物、责令停产或停业、暂扣或吊销许可证或执照、行政拘留等。

【行政处分】xíngzhèng chǔfèn 对有违法、违纪、失职行为的国家工作人员和职工所给予的行政纪律处分。

【行政复议】xíngzhèng fùyì 公民、法人或其他组织认为某行政行为侵犯其合法权益,依法向行政机关提出复查该行政行为的申请,行政机关受理该申请、作出复议决定的法律制度。

【行政公署】xíngzhèng gōngshǔ 负责管理一个较大地区行政事务的政权机关。如中华人民共和国成立初期曾设立有相当于省一级的苏南人民行政公署。在地区建制改市以前,地区设立的派出机关也称行政公署。简称行署。

【行政区】xíngzhèngqū 图 设有国家政权机关的各级地区,如省、市、县、乡等。

【行政区划】xíngzhèng qūhuà 国家对行政区域的划分。根据我国宪法,全国分为省、自治区、直辖市;省、自治区分为自治州、县、自治县、市;县、自治县分为乡、民族乡、镇。直辖市和较大的市分为区、县。自治州分为县、自治县、市。此外,国家在必要时设立特别行政区。

【行政诉讼】xíngzhèng sùsòng 公民等当事人认为行政机关或其工作人员的行政行为侵犯其权益而向法院提起的诉讼。

【行之有效】xíngzhīyǒuxiào (方法、措施等)实行起来有成效。

【行止】xíngzhǐ〈文〉❶ 图 行踪 ▷～不定。❷ 图 行为举止;品行 ▷～不端。

【行装】xíngzhuāng 图 出门时携带的衣物等(多用于离开本地时) ▷打点～。

【行状】xíngzhuàng 图〈文〉专门记述死者家世、籍贯、生卒年月和生平概略的文章。也说行述。

【行踪】xíngzōng 图 去向;行动的踪迹 ▷他一直～不定,没人知道他在哪里|～诡秘。

【行走】xíngzǒu 动 走② ▷～在乡间小道。

饧(餳) xíng ❶ 图〈文〉糖稀 ▷～糖|～渣。→ ❷ 动 糖块儿、面剂子等变软 ▷糖～了|这块面得～一～。→ ❸ 形 形容眼皮半开半合,看东西蒙眬 ▷两眼发～。

另见 1337 页 táng。

形 xíng ❶ 图 形体 ▷～影不离|无～。→ ❷ 图 形状;样子 ▷奇～怪状|四方～|地～。❸ 动 现出;表露 ▷喜～于色。○ ❹ 动 对照;比较 ▷相～见绌。○ ❺ 图 姓。☛ 跟"型"不同。"形"多指个体的形貌,如"形象""形体";"型"多指种类的规格、样式,如"模型"

“类型”。

【形变】xíngbiàn 动 在外力作用下，固体的形状或体积发生变化 ▷地壳已经～。

【形成】xíngchéng 动 经过发展变化而成为(某种事物、风气或局面) ▷～了自己的风格|好的风气正在～。

【形成层】xíngchéngcéng 名 纵贯植物根、茎的木质部与韧皮部之间，具有分生能力的组织，使根或茎不断变粗。

【形单影孤】xíngdān-yǐnggū 形单影只。

【形单影只】xíngdān-yǐngzhī 形容孤单而没有同伴(只：单)。也说形单影孤。☛“只”这里不读 zhǐ。

【形而上】xíng'érshàng 名 哲学上指无形的事物(跟“形而下”相区别) ▷文化创造属于～的哲学范畴|进行～的思考。☛ ㊀参见本页“形而上学”①。㊁跟“形而上学”②的意义完全不同。

【形而上学】xíng'érshàngxué ❶ 名《易·系辞上》：“形而上者谓之道，形而下者谓之器。”形而上的原意是指无形或抽象，后来把研究经验以外的对象(如神、灵魂、意志、自由等)的哲学叫做形而上学。❷ 名 特指同辩证法相对立的世界观和方法论。它用孤立、静止、片面的观点来看世界，认为一切事物都是孤立的、永远不变的；即使有变化，也只是数量的增减和场所的变更；而这种变化的原因，不在事物内部而在事物外部。

【形而下】xíng'érxià 名 哲学上指有形的事物(跟“形而上”相区别) ▷～的物质世界。

【形骸】xínghái 名〈文〉躯壳；人的形体。

【形迹】xíngjì ❶ 名 神色和举动 ▷～可疑。❷ 名 痕迹 ▷未露～。❸ 名 礼法；规矩 ▷不必拘泥～。☛ 跟“行迹”不同。“形迹”可指各种迹象、痕迹，意义宽泛；“行迹”一般仅指人的旅行路线、到过的地方等。

【形旁】xíngpáng 名 汉字形声字中与字义有关的偏旁。也说意符。参见本页“形声”。

【形容】xíngróng ❶ 名〈文〉形态，容貌 ▷～枯槁。❷ 动 描绘；描述 ▷难以用语言～。

【形容词】xíngróngcí 名 表示人或事物的形状、性质以及动作、行为的状态的词。如“高”“好”“勇敢”“坚强”“通红”等。

【形神兼备】xíngshén-jiānbèi 指造型艺术的外在形象和内在神韵同时具备；泛指文艺作品的表现形式和内在的神韵完美统一。

【形声】xíngshēng 名 汉字六书之一，指用“形旁”和“声旁”两部分合成新字的造字方法。形旁表示字的意义类属，声旁表示字的读音。如“材”字，“木”是形旁，“才”是声旁。也说谐声。

【形声字】xíngshēngzì 名 由形旁和声旁组成的汉字。如“攻”“桐”“管”“搞”等。

【形胜】xíngshèng 形〈文〉地形优越；地势险要 ▷蜀中山川～，易守难攻。

【形式】xíngshì ❶ 名 事物的外形、结构等 ▷建筑～新颖。❷ 名 表现内容的方式方法(跟“内容”相区别) ▷内容丰富，～完美。☛ 跟“形势”不同。“形式”指外形、结构等，多为静态的；“形势”侧重于势头、动向，多指动态的。

【形式逻辑】xíngshì luóji 关于思维的形式结构及其规律的科学。它主要研究概念、判断、推理等思维形式及同一律、矛盾律、排中律等思维规律。

【形式主义】xíngshì zhǔyì 割裂形式和内容的有机联系，片面追求形式而忽视内容实质的一种形而上学的思想方法和工作作风 ▷任何工作都不要搞～。

【形势】xíngshì ❶ 名 地形状态 ▷剑门关～险要。❷ 名 情况；局势 ▷经济～|～喜人。☛ 参见本页“形式”的提示。

【形似】xíngsì 动 外观相似 ▷神似比～更难。

【形态】xíngtài ❶ 名 事物的表现形式 ▷冰是水的另一种～|社会经济～。❷ 名 形状、姿态 ▷黄山松～各异。❸ 名 语法学上指词的内部变化形式，包括构词形式和词形变化形式，是语法的一部分 ▷词的～变化。

【形体】xíngtǐ ❶ 名 身体的外部形状；身材 ▷舞蹈演员～匀称。❷ 名 事物的形状和构造 ▷隶书跟小篆～差别很大。

【形同虚设】xíngtóngxūshè 形式上虽然存在，却如同一个摆设，不起作用 ▷法治必须实行，不能～。

【形象】xíngxiàng ❶ 名 能激发人的认识活动的具体形状 ▷～教学。❷ 名 人或集体由内在气质和外在形貌综合构成的给他人的总体印象 ▷～完美|企业～。❸ 名 文学艺术反映社会生活的特殊形式。作者通过艺术概括塑造出来的具体生动的生活图景，通常以人物形象为主。❹ 形 表达具体生动 ▷他讲得很～。☛ 不要写作“形相”或“形像”。

【形象大使】xíngxiàng dàshǐ 凭借自身的影响力，为社会公益或为某企业及其产品在公众中树立良好形象而进行宣传活动的人 ▷请这位影星出任本企业的～。

【形象工程】xíngxiàng gōngchéng 为树立良好形象而搞的工程；多指某些作风不正的领导干部为树立自己的形象，不顾当地经济发展水平和实际需要而搞的工程。也说面子工程。

【形象化】xíngxiànghuà 动(文学艺术中)使反映生活、描绘事物具体而生动 ▷～描写。

【形象思维】xíngxiàng sīwéi 指在艺术创作和艺

术鉴赏过程中，结合具体形象或感性材料，通过联想和想象进行创作、得到审美愉悦的思维活动和思维方式(跟"抽象思维"相区别)。也说艺术思维。

【形销骨立】xíngxiāo-gǔlì 形容身体非常消瘦。

【形形色色】xíngxíngsèsè 形 各式各样。形容种类很多 ▷地球上的生物～，门类繁多。

【形影】xíngyǐng 名 形体和它的影子 ▷～相伴。

【形影不离】xíngyǐng-bùlí 形体和它的影子不相分离。形容总在一起，彼此关系密切。也说形影相随。

【形影相吊】xíngyǐng-xiāngdiào 形体和它的影子互相安慰(吊：安慰)。形容孤单，无依无靠。

【形影相随】xíngyǐng-xiāngsuí 形影不离。

【形制】xíngzhì 名 形状、构造和款式 ▷～新颖。

【形状】xíngzhuàng 名 物体或图形的形态、外貌 ▷我喜欢这种～的灯笼。

【形状记忆合金】xíngzhuàng jìyì héjīn 一种新型合金材料。能够在某一温度下经塑性变形而改变形状，在另一温度下又能自动变回原来的形状。简称记忆合金。

陉(陘) xíng 名 山脉中断开的地方；山口(多用于地名) ▷井～(在河北)。

娙(婞) xíng 形〈文〉形容女性身材修长美丽。

型 xíng ❶ 名 铸造器物的模具 ▷砂～|纸～|模～。→ ❷ 名 规格；种类；样式 ▷微～|血～|～号|造～|流线～|体～。☛ 参见 1538 页"形"的提示。

【型钢】xínggāng 名 断面呈一定几何形状的钢材。如方钢、六角钢、槽钢、工字钢等。

【型号】xínghào 名 工业制成品的性能、规格和大小 ▷这些部件的～不匹配。

荥(滎) xíng [荥阳] xíngyáng 名 地名，在河南。☛ ㊀不读 róng。㊁下边是"水"，不是"木"。

另见 1654 页 yíng。

钘(鈃) xíng 名 古代一种酒器，像盅，颈较长。

硎 xíng〈文〉❶ 名 磨刀石 ▷砺刃于～。→ ❷ 动 磨(mó)制。

铏(鉶) xíng 名 古代一种像鼎但比鼎小的器皿，常用于祭祀。

xǐng

省 xǐng ❶ 动〈文〉察看；视察 ▷～察民情|～视四方。→ ❷ 动 检查(自己的思想、言行) ▷反～|内～。→ ❸ 动〈文〉看望(尊长) ▷归～。○ ❹ 动 明白；觉悟 ▷不～人事|猛～。

另见 1232 页 shěng。

【省察】xǐngchá 动 自己反省检查 ▷～过错。

【省亲】xǐngqīn 动 探望父母或其他长辈亲属。

【省视】xǐngshì 动 探望；察看 ▷～民情。

【省悟】xǐngwù 动 经过思考终于明白 ▷他终于～过来了。☛ 参见本页"醒悟"的提示。

醒 xǐng ❶ 动 酒醉、麻醉或昏迷后恢复常态 ▷酒～了|苏～。→ ❷ 动 结束睡眠状态 ▷睡～了。❸ 动 尚未入睡 ▷我～着呢，没睡着。→ ❹ 动 觉悟；认识由糊涂到明白 ▷觉～|猛～。❺ 形 明显；清晰 ▷～目。○ ❻ 动 指面团和(huó)好后放一会儿，使软硬适度，更加柔韧。

【醒盹儿】xǐngdǔnr 动〈口〉小睡醒过来 ▷话说得糊里糊涂，好像还没～呢。

【醒豁】xǐnghuò 形 显豁；意思表达得明显清楚 ▷意思～，表述准确。

【醒酒】xǐngjiǔ 动 使由醉而醒。

【醒木】xǐngmù 名 评书表演用的小道具，长方块状，多用硬木制成。说书时用来拍击桌子，以增强气势，引起听众注意或模拟某种声响。

【醒目】xǐngmù 形 (文字、图画等)显眼；引人注目 ▷～的招牌。

【醒脑】xǐngnǎo 动 使脑子清醒 ▷提神～。

【醒悟】xǐngwù 动 从迷惑、迷惘中清醒、觉悟过来 ▷帮助他尽快～。☛ 跟"省悟"不同。"醒悟"强调清醒的结果，且有如梦初醒的形象色彩；"省悟"强调省察思考的过程。

擤 xǐng 动 用力排出鼻孔中的鼻涕 ▷～鼻涕|～鼻子。

xìng

兴(興) xìng 名 兴趣；兴致 ▷～高采烈|扫～|诗～。☛ 上边是"⺍"，不是"⺌"。

另见 1534 页 xīng。

【兴冲冲】xìngchōngchōng 形 形容非常高兴的样子 ▷拿着大学录取通知书，～地跑回家去。

【兴高采烈】xìnggāo-cǎiliè 兴致很高，神采飞扬。☛ 不宜写作"兴高彩烈"。

【兴会】xìnghuì 名 偶有所感而产生的意趣或激情 ▷～所至，写了这首诗|～淋漓。

【兴趣】xìngqù 名 爱好或关切的情绪 ▷打网球的～很高。☛ 参见 1135 页"趣味"的提示。

【兴头儿上】xìngtóurshang 名 兴趣正浓的时候 ▷玩得正在～。

【兴头】xìngtou 名 因兴致高而产生的劲头 ▷他看足球赛的～特别高。

【兴味】xìngwèi 名 兴趣；趣味 ▷～正浓。

【兴致】xìngzhì 名 兴趣 ▷有～|～勃勃。

杏 xìng 名 杏树,落叶乔木,叶宽卵形或圆卵形,边缘呈钝锯齿形,开淡红色或白色花。果实也叫杏,圆形,果皮金黄微红,果肉暗黄色,味酸甜,可以食用;核仁叫杏仁,有的可以食用、榨油,有的可以做药材。参见插图10页。

【杏脯】xìngfǔ 名 用杏肉制成的蜜饯食品,味酸甜。☛"脯"不读pǔ。

【杏干儿】xìnggānr 名 晒干的杏。

【杏核】xìnghé 名 杏的核,内含杏仁。口语中也说杏核儿(húr)。

【杏红】xìnghóng 形 形容颜色比杏黄稍红。

【杏黄】xìnghuáng 形 形容颜色像成熟的杏那样黄而微红。

【杏仁】xìngrén 名 杏核中的仁 ▷～茶|～露。

【杏仁茶】xìngrénchá 名 北京地方小吃,杏仁去皮后与大米、糯米加水浸泡,磨浆,吃时兑水烧开,加入白糖、桂花等饮用。

【杏眼】xìngyǎn 名 像杏核状的眼睛。多形容女子眼睛美丽 ▷柳眉～|～桃腮。也说杏核眼。

【杏子】xìngzi 名 杏。

幸(*倖❶❺) xìng ❶ 形 由于偶然的原因得到好处或免去灾难 ▷～存|～免。→ ❷ 形 幸运;幸福 ▷荣～|不～。❸ 副〈文〉敬词,表示对方的行为使自己感到幸运,或是自己所希望的,相当于"侥幸""多亏""希望"等 ▷～勿推辞。→ ❹ 动 为得福免祸而欣喜;高兴 ▷庆～|～灾乐祸。→ ❺ 动〈文〉宠爱 ▷～臣|宠～。→ ❻ 动 古代指皇帝亲临(某地) ▷巡～。○ ❼ 名 姓。

【幸臣】xìngchén 名 旧指受帝王宠信的臣子(含贬义) ▷偏听～,拒纳诤言。

【幸存】xìngcún 动 人或物侥幸地存活或存留下来 ▷空难中唯一的～者|劫后～的文物。

【幸而】xìng'ér 副 幸亏;多亏 ▷～抢救及时,才转危为安。

【幸福】xìngfú ❶ 形 (生活、境遇)美满如意 ▷～的家庭。❷ 名 美满如意的生活和境遇 ▷靠自己的劳动创造～。

【幸好】xìnghǎo 副 幸亏 ▷～他在才没误事。

【幸会】xìnghuì 动 敬词,表示跟对方会面很荣幸 ▷久仰大名,今日～。

【幸亏】xìngkuī 副 表示庆幸,引出侥幸避免了不良后果的原因 ▷～带了雨衣,要不就要挨淋了。☛ 跟"好在"不同。"幸亏"强调的是有利因素的偶然性,如"幸亏有人搭救,才幸免于难";"好在"强调的是有利因素的客观存在,如"每天都不得不坐出租车,好在不算太远"。

【幸免】xìngmiǎn 动 侥幸避免(灾祸) ▷～于难。

【幸巧】xìngqiǎo 副 幸好;碰巧 ▷～搭上便车才及时赶到。

【幸甚】xìngshèn〈文〉❶ 形 很值得庆幸 ▷贪官伏法,国家～,人民～! ❷ 形 非常荣幸 ▷承蒙先生教诲,～～。

【幸事】xìngshì 名 值得庆幸的事 ▷文稿失而复得,真是～。

【幸喜】xìngxǐ 副 幸亏 ▷～抢救及时才免于受灾。

【幸运】xìngyùn ❶ 形 运气好;称心如意 ▷生活在和平年代多么～。❷ 名 好运气 ▷能向他请教,真是我的～。

【幸运儿】xìngyùn'ér 名 有好运气的人 ▷她事事顺利,是个～。

【幸灾乐祸】xìngzāi-lèhuò 因他人遭灾祸而高兴。

性 xìng ❶ 名 人的本性 ▷人～。→ ❷ 名 性情;脾气 ▷～急|秉～|任～。→ ❸ 名 事物的性质、特征 ▷药～|词～。❹ 词的后缀。附在某些名词性、动词性、形容词性成分之后,构成抽象名词或区别词等,表示事物的性质、性能、范围或方式等 ▷纪律～|创造～|特殊～|弹～。→ ❺ 名 性别 ▷男～|女～|雄～。⇒ ❻ 名 与生殖、性欲有关的 ▷～腺|～行为。⇒ ❼ 名 一种语法范畴,通过一定的语法形式或形态表示的名词、代词、形容词的类别。有的分阴性、阳性两类,有的分阴性、中性、阳性三类。如俄语的名词就分三类。

【性爱】xìng'ài 名 由情欲引发的对异性的爱。

【性变态】xìngbiàntài 名 性心理和性行为表现失去常态的现象。如性虐待。

【性别】xìngbié 名 男女两性的区别;也指雌雄两性的区别。

【性病】xìngbìng 名 淋病、梅毒、下疳等疾病的统称。主要由性接触传染。旧称花柳病。

【性感】xìnggǎn 形 体形、装束等方面性别特征鲜明,对异性诱惑力强。

【性格】xìnggé ❶ 名 在态度和行为方面表现出来的心理特征 ▷～开朗。❷ 名 个性① ▷一个很有～的女孩儿。

【性格演员】xìnggé yǎnyuán 能鲜明地表现出不同性格特征的人物形象的演员。

【性关系】xìngguānxi 名 通常指男女之间发生性接触的关系。

【性贿赂】xìnghuìlù 动 以提供色情服务为手段,向有权势的人变相贿赂。

【性激素】xìngjīsù 名 睾丸和卵巢所分泌的内分泌素。主要功能是刺激性器官和第二性征的发育,并保持性欲和生殖功能。

【性急】xìngjí 形 性情急躁 ▷他有时太～。

【性价比】xìngjiàbǐ 名（产品的）性能与价格的比率。性能越高而价格越低，则性价比越高 ▷这款电脑以其高～获得消费者的青睐。

【性交】xìngjiāo 动 通常指男女双方发生性行为。

【性教育】xìngjiàoyù 名 指有关性的知识、心理、道德等方面的教育。

【性接触】xìngjiēchù 动 指双方性器官互相接触 ▷～是艾滋病传播的主要途径之一。

【性解放】xìngjiěfàng 名 要求解除对性行为进行社会约束的主张。

【性灵】xìnglíng 名〈文〉内心世界；泛指精神、情感等 ▷～超凡。

【性命】xìngmìng 名 人或动物的生命 ▷～难保。☛ 参见 1228 页"生命"的提示。

【性命攸关】xìngmìng-yōuguān 关系到生命存亡的；形容事关重大 ▷～之事，不可等闲视之。也说性命交关。☛"攸"不要误写作"悠"。

【性能】xìngnéng 名 器物、机械等具有的性质和效能 ▷～良好。

【性虐待】xìngnüèdài 动 性变态行为，通常指以对异性进行虐待来获得性满足。

【性器官】xìngqìguān 名 人或高等动物的生殖器官。参见 1230 页"生殖器"。

【性侵犯】xìngqīnfàn 动 通常指对异性进行猥亵、性骚扰、强奸等侵犯活动。

【性情】xìngqíng ❶ 名 秉性和气质 ▷～柔顺。❷ 名 思想感情 ▷陶冶～。❸ 名 性格；脾气 ▷～懒散｜这孩子～像他父亲。

【性情中人】xìngqíng zhōng rén 坦诚而有血性、富于真情实感的人 ▷他敢爱敢恨，确是个～。

【性骚扰】xìngsāorǎo 动 通常指用言语或行动对异性进行性暗示或性挑逗等。

【性生活】xìngshēnghuó 名 夫妻之间通过肉体接触表达爱意的行为（多指性交）。

【性腺】xìngxiàn 名 生殖腺。

【性心理】xìngxīnlǐ 名 与性相关的心理活动。

【性行为】xìngxíngwéi 名 性接触、性交行为。

【性欲】xìngyù 名 对性行为的欲望。

【性征】xìngzhēng 名 区别男女两性的特征。包括第一性征和第二性征。前者指两性的主要生殖器官，后者指青春期出现的特征。

【性质】xìngzhì 名 事物的特性和本质 ▷他所犯的错误，～十分严重。

【性状】xìngzhuàng 名 性质和状态 ▷果树嫁接后，～发生了变化。

【性子】xìngzi ❶ 名 脾气；性格 ▷～急躁。❷ 名（药物或酒类的）特性 ▷这种酒～太烈。

姓 xìng ❶ 名 标志家族系统的字 ▷百家～｜尊～大名｜贵～｜～氏｜～名。→ ❷ 动 以……为姓 ▷你～什么？我～王。

【姓名】xìngmíng 名 姓和名。

【姓名权】xìngmíngquán 名 公民依法享有决定、使用和变更自己姓名的权利。侵害公民姓名权应承担相应的法律责任。

【姓氏】xìngshì 名 姓和氏。姓起于母系，氏起于父系。后来二者不分，统称姓氏或姓。

荇 xìng［荇菜］xìngcài 名 莕菜。

莕 xìng［莕菜］xìngcài 名 多年生草本植物，茎节生根，沉没水底泥中，叶子圆形，浮在水面，开黄花。嫩叶可以食用；全草可以做药材，也可以做饲料或绿肥。

悻 xìng 形〈文〉恼怒；怨恨 ▷～然｜～～而去。

【悻然】xìngrán 形 形容恼怒、怨恨的样子 ▷话不投机，～而去。

【悻悻】xìngxìng 形 恼怒怨恨；愤懑不平 ▷她～地走了。

婞 xìng 形〈文〉刚直；固执 ▷鲧～直以亡身。

xiōng

凶（*兇❸—❻） xiōng ❶ 形 不吉利的；不幸的（跟"吉"相对）▷吉～祸福｜～多吉少。→ ❷ 形〈文〉年成很坏，灾害多 ▷～年。→ ❸ 形 凶恶；残暴 ▷穷～极恶｜～悍｜～狠。⇒ ❹ 名〈文〉恶人；横（hèng）暴的人 ▷元～｜群～。⇒ ❺ 名 杀人或伤害人的行为 ▷行～｜逞～｜～犯｜～器。⇒ ❻ 形 厉害；过分 ▷洪水来势很～｜就是有理，也别闹得太～。

【凶案】xiōng'àn 名 凶杀案件。

【凶巴巴】xiōngbābā 形 形容凶恶的样子 ▷有理就慢慢讲，干什么～的。

【凶暴】xiōngbào 形 凶狠残暴 ▷行为～。

【凶残】xiōngcán 形 凶狠残忍 ▷手段极其～。

【凶多吉少】xiōngduō-jíshǎo 凶险多，吉祥少。形容境况险恶，不容乐观。

【凶恶】xiōng'è 形 凶狠恶毒 ▷～的土匪。

【凶犯】xiōngfàn 名 行凶的罪犯 ▷～已被抓获。

【凶光】xiōngguāng 名 凶狠的目光 ▷眼露～。

【凶悍】xiōnghàn 形 凶暴强悍 ▷狠毒～。

【凶耗】xiōnghào 名〈文〉死讯 ▷得此～，震惊不已。

【凶狠】xiōnghěn ❶ 形 凶恶狠毒 ▷～的暴徒｜手段～。❷ 形 凶猛有力 ▷出拳～。

【凶横】xiōnghèng 形 凶暴蛮横 ▷～的恶霸，受到了法律严惩。☛"横"这里不读 héng。

【凶狂】xiōngkuáng 形 凶恶猖狂 ▷鬼子很～。

【凶蛮】xiōngmán 形 凶恶蛮横 ▷～成性。

【凶猛】xiōngměng ❶ 形 凶恶猛烈 ▷敌人来势～。❷ 形 势头猛烈 ▷～地扣球。

【凶年】xiōngnián 名 因灾害多而农作物收成很坏的年份。

【凶气】xiōngqì 名 凶恶的神情或气势 ▷煞煞他的～|他脸上有一股瘆人的～。

【凶器】xiōngqì 名 行凶的器具 ▷作案的～。

【凶人】xiōngrén 名 恶人;凶狠恶毒的人 ▷～凶相|一个满脸横肉的～。

【凶杀】xiōngshā 动 杀人害命 ▷惨遭～。

【凶神】xiōngshén 名 迷信指凶恶的神;也指凶恶的人 ▷～恶煞|他简直是个～。也说凶煞。

【凶手】xiōngshǒu 名 行凶的人 ▷捉拿～。

【凶死】xiōngsǐ 动 被害或自杀而死。

【凶顽】xiōngwán ❶ 形 凶恶愚顽 ▷～的歹徒。❷ 名 指凶恶顽固的敌人 ▷手持利剑斩～。

【凶嫌】xiōngxián 名 凶杀案的犯罪嫌疑人。

【凶险】xiōngxiǎn ❶ 形 凶狠阴险 ▷～狡诈。❷ 形 险恶可怕 ▷处境～。

【凶相】xiōngxiàng 名 凶恶的相貌;狰狞的神态 ▷他长着一副～|～毕露。

【凶相毕露】xiōngxiàng-bìlù 凶恶的面目全都暴露出来。

【凶信】xiōngxìn 名 死讯;不幸的消息 ▷～传来,她痛哭失声。

【凶讯】xiōngxùn 名 不幸的消息(多指死人或大灾难) ▷闻此～,人们悲痛万分。

【凶焰】xiōngyàn 名 凶暴的气焰 ▷敌人的～被压下去了。

【凶宅】xiōngzhái 名 迷信指不吉利或闹鬼的住宅。

【凶兆】xiōngzhào 名 迷信指不吉利的预兆 ▷有人把乌鸦的叫声当作～。

兄 xiōng ❶ 名 哥哥 ▷长～|父～|～嫂|～妹。→ ❷ 名 指同辈亲戚中年龄比自己大的男子 ▷表～|堂～。→ ❸ 名 男性朋友之间的尊称 ▷仁～|李～。

【兄弟】xiōngdì ❶ 名 哥哥和弟弟 ▷～俩。❷ 名 泛指志同道合、友情深厚的人 ▷梁山众～。❸ 名 比喻像兄弟一样密切而平等的关系 ▷～单位|～民族。

【兄弟】xiōngdi〈口〉❶ 名 弟弟 ▷我有个～在北京工作。❷ 名 对比自己年龄小的男子的亲切称呼 ▷～,注意安全! ❸ 名 旧时谦词。男子跟辈分相同的人或对众人说话时的自称 ▷诸位同仁,～奉命来检查工作。☛ 跟"弟兄(dìxiong)"不同。"弟兄"指弟弟和哥哥。

【兄弟阋墙】xiōngdì-xìqiáng《诗经·小雅·常棣》:"兄弟阋于墙。"(阋:争吵;墙:墙内,指家庭内部)意思是兄弟在家里争吵。后用"兄弟阋墙"比喻内部争斗。☛ "阋"不读 ní。

【兄妹】xiōngmèi 名 哥哥和妹妹。

【兄嫂】xiōngsǎo 名 哥哥和嫂子;也指嫂子。

【兄长】xiōngzhǎng ❶ 名 哥哥 ▷～请放心。❷ 名 同辈男性间的尊称 ▷久闻～大名。

芎 xiōng [芎䓖] xiōngqióng 名 川芎。☛ "芎"统读 xiōng,不读 qióng。

匈 xiōng 古同"胸"。

【匈奴】xiōngnú 名 我国古代民族。战国时期游牧在燕、赵、秦以北地区。东汉时分裂为南、北两部,北匈奴逐步西迁,南匈奴附汉。两晋时南匈奴曾先后建立前赵、后赵、夏、北凉等政权。

讻(訩) xiōng〈文〉❶ 动 争辩。→ ❷ 形 形容喧哗纷扰的样子 ▷～～然。

汹(*洶) xiōng 形 形容水向上猛烈翻腾的样子 ▷～涌澎湃。

【汹汹】xiōngxiōng 形 气势大或声势大 ▷气势～。☛ 不宜写作"讻讻"。

【汹涌】xiōngyǒng 形 形容水流翻腾激荡的样子 ▷江水～而来。

【汹涌澎湃】xiōngyǒng-péngpài 形容水势浩大,翻腾激荡;也形容声势浩大,不可阻挡 ▷～的波涛|～的时代大潮,滚滚向前。☛ 参见98页"波澜壮阔"的提示。

胸(*胷) xiōng ❶ 名 人或某些动物躯干的一部分,在颈与腹之间 ▷～腔|～膛。→ ❷ 名 指内心 ▷心～|～襟。

【胸靶】xiōngbǎ 名 练习射击用的腰部以上的人形靶。

【胸骨】xiōnggǔ 名 人和大部分脊椎动物胸腔前面正中央的一根纵行扁骨,与锁骨、肋骨相连。

【胸花】xiōnghuā 名 佩戴在胸前的花形饰品。

【胸怀】xiōnghuái ❶ 名 胸① ▷裸露着～。❷ 名 胸襟② ▷远大的～。❸ 动 心里怀着 ▷～世界|～百姓。

【胸襟】xiōngjīn ❶ 名 胸部的衣襟 ▷扯开～,露出了身上的伤疤。❷ 名 志向;气度 ▷远大的～|～不凡。

【胸卡】xiōngkǎ 名 佩戴在胸前的标志性卡片,上面写有姓名、单位名称、所任职务等,有的还贴有照片。也说胸牌。

【胸口】xiōngkǒu 名 胸骨下端周围的部分 ▷两手紧紧捂住～。

【胸膜】xiōngmó 名 包在肺脏表面和贴在胸腔内壁的两层薄膜。内层紧贴肺表面,称"脏层";外层紧贴胸壁,称"壁层"。两层之间为胸膜腔,与外界不相通。旧称肋膜。

【胸膜炎】xiōngmóyán 名 胸膜炎症。症状是胸疼、呼吸困难等。也说肋膜炎。

【胸牌】xiōngpái 名 胸卡。

【胸片】xiōngpiàn 名 透视胸部的X光片。用以观察胸部器官、骨骼等有无异常。口语中也说胸片儿(piānr)。

【胸脯】xiōngpú 名 胸部;胸膛 ▷拍着～发誓。也说胸脯子。

【胸鳍】xiōngqí 名 鱼类胸部的鳍,左右各一,鱼类的运动器官。参见1075页"鳍"。

【胸腔】xiōngqiāng 名 体腔之一。人的胸腔位于颈下、膈上,由胸椎、肋骨、肋软骨、肋间肌和胸骨围成。内有心、肺等器官。

【胸墙】xiōngqiáng ❶ 名 齐胸高的矮墙;特指在战壕边或掩体前用土堆砌起来的矮墙,有便于射击和阻挡敌人火力的作用 ▷趴在～上射击。❷ 名 水利工程上指位于闸孔上部、闸墩之间的钢筋混凝土墙。用以减低闸门高度。

【胸饰】xiōngshì 名 佩戴在胸前的小装饰品。

【胸膛】xiōngtáng 名 胸① ▷厚实的～。

【胸透】xiōngtòu 动 胸部X光透视。用以观察胸部器官、骨骼等有无异常。

【胸围】xiōngwéi ❶ 名 围绕胸部和背部一周的长度。❷ 名 林业上指树干离地面高约1.3米处的周长。

【胸无大志】xiōngwúdàzhì 心中没有远大的志向。

【胸无点墨】xiōngwúdiǎnmò 形容文化水平很低,没有知识。

【胸腺】xiōngxiàn 名 胸腔内的淋巴器官。主要由淋巴细胞和上皮网状细胞构成。后者分泌胸腺素。与机体免疫功能有密切关系。

【胸像】xiōngxiàng 名 人腰部以上的肖像、塑像等。

【胸臆】xiōngyì 名〈文〉内心的想法 ▷直抒～。

【胸有成竹】xiōngyǒuchéngzhú 画竹子前,胸中已有竹子的完整形象。比喻做事前已经有全面设想和成功的把握。也说成竹在胸。☛ 跟"心中有数"不同。"胸有成竹"是说对面临的问题已有解决的办法;"心中有数"是说对面临的问题了解得比较清楚。

【胸章】xiōngzhāng ❶ 名 佩戴在胸前,有纪念或奖励意义的徽章 ▷挂满～的英雄。❷ 名 佩戴在胸前,表示职业和供职部门的标志 ▷佩戴～上岗。

【胸罩】xiōngzhào 名 罩在妇女胸部,用来保护乳房使不下垂的用品。也说乳罩、奶罩、文胸。

【胸中无数】xiōngzhōng-wúshù 心中无数。

【胸中有数】xiōngzhōng-yǒushù 心中有数。

【胸椎】xiōngzhuī 名 胸部的椎骨,共12块。

xióng

雄 xióng ❶ 区别 动植物中能产生精细胞的(跟"雌"相对) ▷～鸡|～蕊。→ ❷ 名 有强大实力的人、集团或国家 ▷英～|群～并起|战国七～。❸ 形 强有力的;有气魄的 ▷～兵|～心|～伟。〇 ❹ 名 姓。

【雄辩】xióngbiàn ❶ 名 说服力强的论辩 ▷事实胜于～。❷ 形 说服力强的 ▷极为～的口才|～地证明。

【雄兵】xióngbīng 名 战斗力强的军队 ▷～在握。

【雄才大略】xióngcái-dàlüè 卓越的才能和远大的谋略。

【雄风】xióngfēng 名 强劲的风。多比喻威猛的风度、气势 ▷重振～。

【雄蜂】xióngfēng 名 雄性的蜂。由未受精的卵发育而成。身体粗壮,头圆,尾粗,翅大,无螫针。专司与蜂王交尾,繁殖后代。交尾后即死亡。参见插图4页。

【雄关】xióngguān 名 雄伟险要的关口 ▷嘉峪关以"天下～"著称。

【雄厚】xiónghòu 形 (人力、物力、财力等)十分充足 ▷实力～。

【雄花】xiónghuā 名 只有雄蕊的单性花。

【雄黄】xiónghuáng 名 矿物名,成分为硫化砷,橘黄色,有光泽。可制造焰火、染料等,也可以做药材。也说鸡冠石。

【雄黄酒】xiónghuángjiǔ 名 民俗在端午节饮用或涂抹皮肤的掺有雄黄的酒。传说可以驱散湿热毒气。

【雄浑】xiónghún 形 雄壮而浑厚;厚重而有力 ▷长河落日的～景象|～的歌声。

【雄激素】xióngjīsù 名 能促进雄性生殖器官成熟和副性征发育并维持其正常功能的激素。也说雄性激素。

【雄健】xióngjiàn 形 刚健有力 ▷笔力～。

【雄杰】xióngjié ❶ 形 才智杰出 ▷～之才。❷ 名 才智杰出的人 ▷洒泪祭～。

【雄劲】xióngjìng 形 强劲有力 ▷笔势～。☛ "劲"这里不读jìn。

【雄赳赳】xióngjiūjiū 形 形容威武雄壮的样子 ▷队伍～地走过来。☛ 不宜写作"雄纠纠"。

【雄居】xióngjū 动 雄踞②。

【雄踞】xióngjù ❶ 动 威武地蹲或坐(在某处) ▷猛虎～山巅◇电视塔～在城北的小山上。❷ 动 形容很有气势地占据某处或以绝对优势占有某种地位 ▷销售量～榜首。

【雄奇】xióngqí 形 雄伟奇特 ▷山势险峻～。

【雄起】xióngqǐ 动 强有力地崛起 ▷振奋国威,～民魂。

【雄蕊】xióngruǐ 名 被子植物的花的重要组成部分。一般由花丝和花药组成。花药膨大,呈囊状,位于花丝顶端,花药囊内产生花粉。

【雄师】xióngshī 名 强大的军队 ▷百万～。

【雄狮】xióngshī 名 雄性的狮子;比喻强大的民族

或国家；也比喻强有力的人物。

【雄视】xióngshì 动 称雄；以压倒一切的气势注视着 ▷～一方｜～百代的气魄。

【雄图】xióngtú 名 宏伟深远的谋略或计划 ▷胸有～｜～大略。

【雄威】xióngwēi ❶ 名 强大的威力 ▷万里海疆振～。❷ 形 雄壮威武 ▷～之师。

【雄伟】xióngwěi ❶ 形 高大而有气势 ▷纪念碑巍峨～。❷ 形 高大壮实 ▷英俊～。

【雄文】xióngwén 名〈文〉博大精深、气势磅礴的文章或著作。

【雄心】xióngxīn 名 远大的抱负 ▷～勃勃。

【雄性】xióngxìng 名 生物中具有能产生精细胞的生理特性（跟"雌性"相区别）▷这两只熊均为～｜～特征。

【雄鹰】xióngyīng 名 矫健勇猛的鹰 ▷骏马驰骋，～奋飞◇一队队～从天安门上空飞过。

【雄峙】xióngzhì 动 雄壮地屹立 ▷奇峰～。

【雄壮】xióngzhuàng ❶ 形 魁梧强壮 ▷身材～。❷ 形（声音）洪亮而有气势 ▷～的军乐。❸ 形 雄伟壮观 ▷军威～｜钱塘江海潮神奇～。

【雄姿】xióngzī 名 雄伟威武的姿态 ▷老将军～犹在｜被华山的～所吸引。

【雄姿英发】xióngzī-yīngfā 宋·苏轼《念奴娇·赤壁怀古》："遥想公瑾当年，小乔初嫁了，雄姿英发。"意思是姿态英武，才华横溢。

熊 xióng ❶ 名 哺乳动物，身体较大，四肢粗短，头大，耳小，尾短，脚掌大，能直立行走，会爬树。主要吃动物性食物。种类很多，有黑熊、棕熊、白熊等。黑熊、棕熊我国均有分布，属国家保护动物。○ ❷ 形〈口〉无能；怯懦 ▷瞧你这～样儿｜～包｜装～。○ ❸ 动〈口〉斥责；骂 ▷挨了一顿～。○ ❹ 名 姓。

【熊包】xióngbāo〈口〉❶ 名 软弱无能的人（含诙谐意）▷你什么事都怕，真是个～。❷ 形 软弱无能 ▷他怎么那么～。

【熊猫】xióngmāo 名 大熊猫。

【熊脾气】xióngpíqi 名 坏脾气。

【熊罴】xióngpí 名 熊和罴。借指凶猛的势力 ▷独有英雄驱虎豹，更无豪杰怕～｜～之旅。

【熊市】xióngshì 名 指价格看跌、交易不活跃的证券市场行情（跟"牛市"相对）。

【熊熊】xióngxióng 形 形容火焰很旺的样子 ▷烈焰～。

【熊掌】xióngzhǎng 名 熊的脚掌。☛ 为保护野生动物，我国有关法规禁止把熊掌作为食品。

xiòng

诇（詗） xiòng〈文〉❶ 动 刺探 ▷～察。→ ❷ 动 访求 ▷～药。

敻 xiòng〈文〉❶ 形 远；辽阔。→ ❷ 形 时间久远 ▷～古。

xiū

休 xiū ❶ 动 休息 ▷午～｜退～。→ ❷ 动 停止；完结 ▷～战｜罢～。⇒ ❸ 副 表示禁止或劝阻，相当于"别""不要" ▷～怪我不讲情面。⇒ ❹ 动 旧指丈夫离弃妻子 ▷～妻。→ ❺ 形 欢乐；喜庆 ▷～戚与共。

【休班】xiūbān 动 歇班。

【休兵】xiūbīng 动 暂时停止战事 ▷～罢战。

【休耕】xiūgēng 动 为恢复地力、保护生态环境等，让部分耕地暂时闲置，不种作物 ▷农田适度～，维护生态平衡。

【休怪】xiūguài 动 不要责怪 ▷你胆敢欺负他，～我不客气。

【休会】xiūhuì 动 正在进行的会议暂时停下来 ▷因故～半天。

【休假】xiūjià ❶ 动 按规定或经过批准，在一段时间里不工作或不学习 ▷春节～7天。❷ 动 度假 ▷回国～。☛ "假"这里不读 jiǎ。

【休刊】xiūkān 动 报刊暂停出版 ▷该杂志已～。

【休克】xiūkè 英语 shock 音译。❶ 名 人体因剧烈创伤、大量出血、严重感染、中毒等引起的一种细胞急性缺氧的综合征。主要症状是血压下降、脸色苍白、发冷、无力，甚至昏迷等。❷ 动 发生休克 ▷他突然～。

【休眠】xiūmián 动 某些生物为适应不利的外界环境而在一段时间里使生命活动处于几乎停止的状态。如蛇到了冬季就不吃不动。

【休牧】xiūmù 动 为了保护资源，牧场在一定时期停止放牧。

【休戚】xiūqī 名 欢乐与忧愁；泛指有利的情况和不利的遭遇 ▷共荣辱，同～｜～相联。

【休戚相关】xiūqī-xiāngguān 彼此之间的喜忧、祸福互相关联、利害一致。☛ 参见本页"休戚与共"的提示。

【休戚与共】xiūqī-yǔgòng 有福同享，有难同当。形容关系密切，利害相同。☛ 跟"休戚相关"不同。"休戚与共"侧重指主观上的认识和态度；"休戚相关"侧重指客观存在的关系。

【休憩】xiūqì 动〈文〉休息 ▷稍事～。

【休市】xiūshì 动 交易市场因节假日等原因暂停交易。

【休书】xiūshū 名 旧时男子离弃妻子的文书。

【休庭】xiūtíng 动 依法暂时停止开庭 ▷审判长宣布～，择日再审。参见768页"开庭"。

【休息】xiūxi 动 暂停工作、学习或活动，使精力得到恢复 ▷注意适当～｜～室。

【休闲】xiūxián ❶ 动 停止工作或学习，处于闲暇、轻松状态 ▷～活动|～服。❷ 动 农田在一定时间内闲置不种，使地力得以恢复 ▷～地。

【休闲装】xiūxiánzhuāng 名 适合休闲时穿的比较宽松的服装。也说休闲服。

【休想】xiūxiǎng 动 不要妄想 ▷你～逃走。

【休学】xiūxué 动 学生因故在经学校批准保留学籍的情况下暂时停止学习 ▷因病～。

【休养】xiūyǎng ❶ 动 休息调养 ▷在家～。❷ 动 让社会和百姓的生活安定下来，使国民经济得到恢复和发展 ▷～国力。

【休养生息】xiūyǎng-shēngxī 指在战争或其他原因引起的大动荡之后，采取安定社会秩序、减轻人民负担、恢复生产、增殖人口等措施。☛“休”不要误写作“修”。

【休业】xiūyè ❶ 动 暂时停止营业 ▷本店因故～一天。❷ 动 指结束一个阶段的课业。

【休渔】xiūyú 动 为保护生态平衡和渔业资源，在规定的水域和时间内，部分或全面停止捕捞 ▷～两个月。

【休战】xiūzhàn 动 交战双方暂时停止军事行动 ▷交火的两军同时宣布～。

【休整】xiūzhěng 动 军队利用战役间歇时间进行休息、整顿；泛指经过长时间紧张工作后进行休息、调理 ▷部队～5天。

【休止】xiūzhǐ 动 停止 ▷无～地争论。

【休止符】xiūzhǐfú 名 乐谱中表示乐音停顿时间长短的符号。

咻 xiū 动〈文〉吵闹；乱说话。

【咻咻】xiūxiū 拟声 模拟喘气声或某些动物的叫声 ▷～地喘个不停|小狗～地叫着。

修[1]（*脩❶—❼）xiū ❶ 动 修饰 ▷不～边幅|装～|～辞。→ ❷ 动 修理；整治 ▷～鞋|把河堤～好|年久失～|维～。❸ 动 兴建；建造 ▷～水库|～建|兴～。→ ❹ 动〈文〉撰写；编写 ▷～家书|～史|编～。→ ❺ 动 学习和锻炼，使（品德、学识）完善或提高 ▷～身|进～|～养。❻ 动 修行 ▷～道|～成正果。→ ❼ 动 剪或削，使整齐美观 ▷～树枝|～指甲。○ ❽ 名 姓。

修[2]（*脩）xiū 形 长 ▷茂林～竹|～长|～远。

“脩”另见1547页xiū。

【修编】xiūbiān 动 编制；编写 ▷～全省集镇发展规划|～技术培训教材。

【修补】xiūbǔ 动 把破损的东西修理好，使能继续使用 ▷～一下还能用|不能再～了。

【修长】xiūcháng 形 瘦高；细长 ▷身材～。

【修辞】xiūcí ❶ 动 依据题旨情境，运用特定的手段修饰文辞，以加强语言表达的效果。❷ 名 指修辞学。

【修辞格】xiūcígé 名 比较固定的各种修辞格式。如比喻、借代、排比等。也说辞格、辞式。

【修辞学】xiūcíxué 名 语言学的分支学科，主要研究一种语言中用以加强表达效果的各种手段和基本规律。

【修道】xiūdào 动 虔诚地学习宗教教义并照着去做。

【修道院】xiūdàoyuàn 名 天主教和正教等教徒出家隐居修行的机构。在天主教会中也指培养神职人员的宗教学校。

【修订】xiūdìng 动 修改订正 ▷～教科书。

【修订本】xiūdìngběn 名 著作出版后，经过修改订正重新排印的版本。也说修订版。

【修读】xiūdú 动 进修研读；多指在老师的指导下对某一专业或某一课程进行较深入的钻研 ▷他是学哲学的，又～了一年的逻辑。

【修短】xiūduǎn 名〈文〉长和短 ▷～相宜。

【修复】xiūfù ❶ 动 修理使恢复原样 ▷公路已经～。❷ 动 改善并恢复（关系）▷～邦交。

【修改】xiūgǎi ❶ 动 改正文稿中的错误、缺点 ▷～稿子|文章要反复～。❷ 动 修缮改建；改动 ▷这间房子～后可做演练厅。

【修盖】xiūgài 动 修建；建造（房屋）▷～音乐厅。

【修函】xiūhán 动〈文〉写信 ▷特～相告。

【修好】xiūhǎo ❶ 动 行善 ▷～积德。❷ 动 相互结成友好关系 ▷与邻国～|二人重新～。

【修剪】xiūjiǎn ❶ 动 用剪子修整 ▷～指甲|～苗木。❷ 动 修改剪接 ▷～电影胶片。

【修建】xiūjiàn 动 建造；修筑 ▷～体育场|～高速公路。

【修脚】xiūjiǎo 动 修剪脚指甲并削去脚上的茧子，兼治一些脚病 ▷增设～业务。

【修旧利废】xiūjiù-lìfèi 修理废旧物品，变无用为有用 ▷～，变废为宝。

【修浚】xiūjùn 动 整修（水道）使通畅 ▷～航道。

【修理】xiūlǐ ❶ 动 经过加工，使损坏的东西能重新使用 ▷～自行车。❷ 动 修剪① ▷～枝条。❸ 动〈口〉整治② ▷这伙人欺行霸市，早该～他们了。

【修炼】xiūliàn ❶ 动 指道教的修道、炼气、炼丹等活动。❷ 动 学习锻炼 ▷～本领|～武功。

【修路】xiūlù 动 修筑道路。

【修眉】xiūméi ❶ 动 修整眉毛。○ ❷ 名 长长的眉毛 ▷凤眼～。

【修面】xiūmiàn 动 某些地区指刮脸。

【修明】xiūmíng 形 政治清廉开明 ▷政治～，国运昌盛。

【修女】xiūnǚ 名 天主教和正教指出家修道的

女子。

【修配】xiūpèi 动 修理损坏的部分，配齐残缺的部件 ▷～车间｜汽车～厂。

【修葺】xiūqì 动 修缮（建筑物）▷商场～一新。☛"葺"不读 róng，也不要误写作"茸（róng）"。

【修缮】xiūshàn 动 整修（建筑物）▷～古建筑。

【修身】xiūshēn 动 指努力提高自身的道德水平 ▷～养性｜知耻明德方能～。

【修史】xiūshǐ 动 编纂史书 ▷盛世～。

【修士】xiūshì 名 天主教和正教指出家修道的男子。

【修饰】xiūshì ❶ 动 修整装饰 ▷～门面。❷ 动 梳妆打扮 ▷稍加～，容貌更显美好。❸ 动 对语言文字进行修改、润色 ▷～文辞。

【修书】xiūshū〈文〉❶ 动 写信 ▷～报平安。❷ 动 编纂书籍 ▷潜心～。

【修通】xiūtōng 动（铁路、公路等）兴建完成或（电路等）经修理后畅通 ▷铁路～后，这个地区的经济将有大发展｜电路～了。

【修为】xiūwéi ❶ 动 修炼；修养 ▷生命不息，～不止｜静心～。❷ 名 修炼、修养所达到的程度 ▷他的表演～提升了原剧本的质量｜责任感强弱是人格～的自然呈现。

【修宪】xiūxiàn 动 修改宪法。

【修行】xiūxíng 动 学习佛教、道教等宗教的教义，并照着去做。

【修养】xiūyǎng ❶ 动 古代儒家指按儒学要求培养完善人格，使言行合乎规矩。❷ 名 思想、理论、知识或技艺等方面所达到的一定水平 ▷文学～。❸ 名 指长期养成的符合社会要求的待人处事的态度和涵养 ▷素质高，～好。

【修业】xiūyè 动（学生）在校学习 ▷潜心～。

【修造】xiūzào 动 修盖建造（建筑物）；修理制造（机器等）▷～拦河坝｜汽车～厂。

【修整】xiūzhěng 动 修理使整齐完好 ▷房舍～一新。

【修正】xiūzhèng 动 修改订正；改正 ▷～文稿中的不妥之处。

【修正案】xiūzhèng'àn 名 在修正原方案的基础上形成的新方案 ▷大会通过了～。

【修枝】xiūzhī 动 修剪枝杈 ▷果树要定期～。

【修治】xiūzhì ❶ 动 修理整治 ▷～河堤。❷ 动 中药学上指中药药材的加工、炮（páo）制。

【修竹】xiūzhú 名 长长的竹子 ▷茂林～。

【修筑】xiūzhù 动 修造；建筑 ▷～工事。

庥 xiū 动〈文〉庇护；保护。

脩 xiū 名〈文〉干肉 ▷束～（古代指学生送给老师的酬金）。☛ 用于其他意义时，"脩"是"修"的异体字。

另见 1546 页 xiū"修"。

羞[1] xiū ❶ 形 不光彩；不体面 ▷遮～｜～耻。→ ❷ 动 感到羞耻 ▷～与为伍｜～愧。❸ 动 因为被人笑话而感到不自在或忸怩不安；难为情 ▷～得面红耳赤｜怕～｜～涩。❹ 动 使人难为情 ▷说出真相来～～他。

羞[2] xiū 古同"馐"。☛ 参见 138 页"差"的提示㊂。

【羞惭】xiūcán 形 羞愧 ▷神情～。☛ 跟"羞愧"的侧重点不同。"羞愧"多指心理状态；"羞惭"则强调"羞愧"的外在流露。

【羞耻】xiūchǐ 形 不光彩；不体面 ▷不知～。

【羞答答】xiūdādā 形 形容害羞的样子 ▷～地不敢抬头。也说羞羞答答。

【羞愤】xiūfèn 形 羞愧而愤恨 ▷他～而去。

【羞口】xiūkǒu 动 不好意思开口 ▷她想倾诉爱慕之情，却又～。

【羞愧】xiūkuì 形 羞耻惭愧 ▷内心～｜～的目光。☛ 参见本页"羞惭"的提示。

【羞赧】xiūnǎn 形〈文〉因害羞而脸红 ▷～之色。☛"赧"不读 chǐ。

【羞恼】xiūnǎo 形 羞愧而恼怒 ▷深为～。

【羞怯】xiūqiè 形 又害羞又胆怯 ▷～不语。☛ 跟"羞涩"不同。"羞怯"侧重胆小，多形容心理活动或行为动作；"羞涩"侧重拘谨，多形容表情或态度。

【羞人】xiūrén 动 使人害羞 ▷居然说出这种话，真～！

【羞人答答】xiūrén-dādā 形 使人羞答答的。

【羞辱】xiūrǔ ❶ 动 使蒙受耻辱 ▷当众～人。❷ 名 耻辱 ▷莫大的～。

【羞臊】xiūsào ❶ 动 怕羞害臊 ▷感到很～。❷ 动 使害臊 ▷他是故意～你。

【羞涩】xiūsè 形 难为情 ▷～得两颊绯红。☛ 参见本页"羞怯"的提示。

【羞于】xiūyú 动 对（做某事）感到羞耻或难为情 ▷～启齿。

【羞与为伍】xiūyǔwéiwǔ 以跟某人在一起为耻辱。

鸺（鵂） xiū［鸺鹠］xiūliú ❶ 名 古书中指猫头鹰。也说鸱鸺。❷ 名 鸟，外形同猫头鹰相似，但头部没有角状的羽毛，头和颈侧及翼上的羽毛暗褐色，密布棕白色细狭横斑。捕食鼠、兔及昆虫等，对农业、林业有益。

貅 xiū 见1043 页"貔（pí）貅"。

馐（饈） xiū 名〈文〉精美的食物 ▷珍～。

髹 xiū 动〈文〉给器物涂上漆。

䗛 xiū 名 昆虫，身体细小，头小，无翅，绿色或褐色。生活在树上，吃树叶。因形状像竹节或树枝，故多称竹节虫。参见插图 4 页。

xiǔ

朽 xiǔ ❶ 动 木头腐烂；泛指腐烂 ▷木桩～了|腐～。→ ❷ 动 磨灭；消失 ▷不～的业绩。→ ❸ 形 衰老 ▷衰～|老～。☛统读 xiǔ，不读 qiǔ。

【朽败】xiǔbài 动 腐烂破败 ▷这座古庙～已久。

【朽坏】xiǔhuài 动 朽烂 ▷木料已经～。

【朽烂】xiǔlàn 动 腐烂① ▷风雨剥蚀，门窗～。

【朽迈】xiǔmài 形〈文〉年老无用 ▷～之年。

【朽木】xiǔmù ❶ 名 腐朽的木头 ▷这堆～只好当柴烧了。❷ 名 比喻不可造就的人 ▷这个人可以说是～难雕了。

宿（*宿） xiǔ 量〈口〉一夜叫一宿 ▷只住一～|半～没睡。

另见 1314 页 sù；1549 页 xiù。

滫 xiǔ 名〈文〉酸臭的泔水。

xiù

秀[1] xiù ❶ 动 庄稼等植物抽穗开花 ▷六月六，看谷～|～穗。→ ❷ 形〈文〉高出 ▷木～于林，风必摧之。⇒ ❸ 形 优异出众 ▷优～|～才。❹ 名 优秀出众的人才 ▷后起之～|文坛新～。⇒ ❺ 形 俊美；美丽而不俗气 ▷山清水～|～气|俊～。○ ❻ 名 姓。

秀[2] xiù 动 英语 show 音译。表演 ▷脱口～|时装～。

【秀拔】xiùbá 形 秀丽挺拔；美好突出 ▷街道两旁是～的白杨树|身姿～。

【秀才】xiùcai ❶ 名 明清两代，称通过最低一级科举考试得以在府学、县学读书的人。❷ 名 泛指读书人或有一定文化知识的人 ▷～不实践也不行|他是我们连里的大～。

【秀而不实】xiù'érbùshí 庄稼光开花不结果实；多比喻人虽有才能而无成就。也比喻虚有其表，华而不实。

【秀发】xiùfà 名 秀美的头发 ▷一头～。

【秀慧】xiùhuì 形 秀美聪慧 ▷自幼生得～。

【秀俊】xiùjùn 形 俊秀。

【秀丽】xiùlì 形 清秀美丽 ▷山川～|～的容貌。

【秀美】xiùměi 形 秀丽 ▷风景～。

【秀媚】xiùmèi 形 俊秀妩媚 ▷仪容～。

【秀气】xiùqi ❶ 形 清秀雅致 ▷姑娘长得～|字写得～。❷ 形 轻便细巧 ▷这只笔筒真～。

【秀巧】xiùqiǎo 形 秀丽乖巧 ▷这孩子聪慧～。

【秀色】xiùsè ❶ 名 秀丽的景色 ▷西湖美景，～宜人。❷ 名 秀美的容貌 ▷～可餐。

【秀色可餐】xiùsè-kěcān 晋·陆机《日出东南隅行》："鲜肤一何润，秀色若可餐。"后用"秀色可餐"形容女子异常秀美；也形容景色十分美丽。

【秀挺】xiùtǐng 形 挺秀。

【秀外惠中】xiùwài-huìzhōng 现在规范词形写作"秀外慧中"。

【秀外慧中】xiùwài-huìzhōng 容貌俊秀，内心聪慧 ▷这姑娘～，是个当演员的材料。☛不要写作"秀外惠中"。

【秀雅】xiùyǎ 形 清秀文雅；秀丽雅致 ▷山不高而～，水不深而澄清。

【秀逸】xiùyì 形 秀丽洒脱 ▷诗文～|姿容～。

岫 xiù〈文〉❶ 名 岩穴；山洞 ▷云无心以出～。→ ❷ 名 泛指山 ▷远～。

【岫玉】xiùyù 名 一种玉石，以绿色为常见。多用作玉雕材料，也用来制作项链、手镯等饰品。因盛产于辽宁岫岩，故称。

琇 xiù 名〈文〉有瑕疵的玉。

臭 xiù ❶ 名 气味 ▷无色无～|乳～未干。→ ❷ 同"嗅"。现在一般写作"嗅"。☛以上意义不读 chòu。

另见 195 页 chòu。

袖 xiù ❶ 名 袖子 ▷衣～|短～衬衫|套～。→ ❷ 动 藏在袖内 ▷～手旁观。

【袖标】xiùbiāo 名 戴在袖子上的标志。

【袖箍】xiùgū 名 圆筒形的袖章。

【袖管】xiùguǎn 名 某些地区指袖子。

【袖箭】xiùjiàn 名 古代一种藏于袖中暗里射人的箭。

【袖口】xiùkǒu 名 衣袖的边缘。

【袖手旁观】xiùshǒu-pángguān 把手揣在袖子里在一旁观看。比喻置身事外，不过问或不参与。

【袖套】xiùtào 名 套袖。

【袖筒】xiùtǒng 名 某些地区指袖子。

【袖头】xiùtóu 名〈口〉袖口。

【袖章】xiùzhāng 名 套在或别在袖子上表示身份或职务的标志 ▷～上印着红十字。

【袖珍】xiùzhēn ❶ 区别 体积小便于携带的 ▷～地图册|～摄像机。❷ 区别 规模小的；小巧精致的 ▷～园区|～户型。

【袖子】xiùzi 名 上衣套在胳膊上的筒状部分。也说衣袖。某些地区也说袖管、袖筒。

绣（綉*繡） xiù ❶ 形 五彩斑斓 ▷锦～大地◇锦心～口。→ ❷ 动 用针把彩色的线在织物上缀出花纹、图案或文字 ▷～荷包|刺～。❸ 名 绣有花纹图案等的织物 ▷湘～|川～。

【绣房】xiùfáng 名 旧指青年女子的居室。

【绣花】xiùhuā 动 用彩色的线在织物上刺绣图画或图案 ▷会～的巧手|～枕头。

【绣花鞋】xiùhuāxié 名 绣着花的鞋。也说绣鞋。

【绣花针】xiùhuāzhēn 名 绣花用的细针。

【绣花枕头】xiùhuā-zhěntou 比喻外表好看而没有真才实学的人或外表好看而质量并不高的东西。

【绣品】xiùpǐn 名 绣着花的织物。

【绣球】xiùqiú 名 用丝绸结成的球形物 ▷抛～。

【绣像】xiùxiàng ❶ 名 用彩色的线绣成的人像 ▷人物～。❷ 名 明清以来章回小说卷首的书中人物画像,或每回前的插图。因画功精细如刺绣,故称。

【绣制】xiùzhì 动 刺绣制作 ▷～一批锦缎被面。

【绣字】xiùzì 动 用彩色的线在织物上刺绣文字。

琇 xiù 名〈文〉一种像玉的美石。

宿(*宿) xiù 名 古代指天空中某些星的集合体 ▷星～|二十八～。参见 367 页"二十八宿"。☛ 这个意义不读 sù。
另见 1314 页 sù;1548 页 xiǔ。

锈(銹*鏽) xiù ❶ 名 铜、铁等金属的表面因氧化而生成的物质 ▷刀已生～ ◇头脑生～了。→ ❷ 动 生锈 ▷这把刀～了|不～钢。→ ❸ 名 器物跟某些液体接触后,表面所附着的像锈一样的物质 ▷水～|茶～。→ ❹ 名 指锈病 ▷黑～病|抗～剂。

【锈斑】xiùbān 名 金属生锈或植物锈病的斑痕 ▷铁锹上有～|叶子上的～越来越多。

【锈病】xiùbìng 名 植物病害,由真菌引起,症状是发病作物的茎叶上出现铁锈色的斑点。

【锈迹】xiùjì 名 金属表面生锈的痕迹 ▷～斑斑。

【锈菌】xiùjūn 名 一种使植物发生锈病的真菌。参见本页"锈病"。

【锈蚀】xiùshí 动 (金属)因生锈被腐蚀 ▷铁管子～了一个洞。

嗅 xiù 动 用鼻子闻 ▷警犬用鼻子～了～|～觉。

【嗅觉】xiùjué 名 鼻子对气味的感觉;比喻辨别事物的能力 ▷～正常|政治～敏锐。

【嗅神经】xiùshénjīng 名 人和脊椎动物的第一对脑神经,主管嗅觉。从大脑的前下部发出,分布在鼻黏膜中。

溴 xiù 名 非金属元素,符号 Br。红褐色液体,有刺激性气味,化学性质较活泼,有强烈的腐蚀性。在染料、医药、摄影、制冷等行业中有重要用途。

褎 xiù 古同"袖"。

xū

讦(訏) xū 形〈文〉大 ▷～策(大计)。

圩 xū 名 某些地区指集市 ▷赶～|～场|～市|～期|～日。
另见 1426 页 wéi。

戌 xū 名 地支的第十一位。参见 304 页"地支"。☛ 参见 1279 页"戍(shù)"的提示㊁。
另见 1136 页 qu。

【戌时】xūshí 名 我国传统计时法指晚上 7—9 点的时间。

吁 xū ❶ 叹〈文〉表示惊异 ▷～,何其怪哉!→ ❷ 动 叹息 ▷长～短叹。☛ 读 yū,是模拟吆喝牲口停止行走的声音。汉字简化中,以"吁"代"籲(yù,呼求)",因此"吁"又增加了这个音、义。
另见 1678 页 yū;1687 页 yù。

【吁吁】xūxū 拟声 模拟喘气的声音 ▷气喘～。

旴 xū ❶ 形〈文〉太阳刚刚出来的样子。○ ❷ 名 旴江,水名,即抚河的上游,在江西东部。○ ❸ 名 姓。

盱 xū〈文〉❶ 动 张大眼睛 ▷～目环伺。→ ❷ 动 仰望;观 ▷～衡(扬眉举目)|睢～(仰视的样子)。

须¹(須) xū ❶ 动〈文〉等候;等待。→ ❷ 动 须要 ▷务～努力|无～费事|旅客～知|必～。○ ❸ 名 姓。

须²(鬚) xū ❶ 名 下巴上长的胡子;泛指胡子 ▷～发|胡～。→ ❷ 名 动植物体上长的像胡须的东西 ▷触～|玉米～|花～|～根。

【须发】xūfà 名 胡须和头发 ▷～全白。

【须根】xūgēn 名 植物根的一种,无主根,只有许多细长像胡须的根。如稻、麦、玉米等的根。也指主根旁的细根。

【须鲸】xūjīng 名 鲸的一类,口中无齿,仅生有梳齿状角质须,以甲壳动物和小鱼为食。如露脊鲸、蓝鲸等。

【须眉】xūméi 名 胡须和眉毛;借指男子 ▷巾帼不让～。

【须弥座】xūmízuò ❶ 名 佛像的底座。❷ 名 佛塔、佛殿等建筑物的底座或台基。‖(须弥:梵语 Sumeru 音译,古印度神话中的高山名。)

【须生】xūshēng 名 老生。

【须要】xūyào 动 一定要;必须要 ▷～帮助|做这种大手术～特别细心。☛ 跟"需要"不同。"须要"只能用在动词性或形容词性词语之前,没有名词性用法;"需要"可带名词性、动词性宾语,有名词性用法。如"从家到机场需要一

个小时”“我需要她帮忙”“这是出于工作的需要”都不能换用“须要”。

【须臾】xūyú 名〈文〉一会儿；片刻 ▷～万变。

【须知】xūzhī ❶ 动 必须知道 ▷～创业的艰难。❷ 名 应用文体之一，列出所从事某种活动必须知道的事项 ▷就医～|旅客～。

【须子】xūzi 名 须[2]② ▷蟋蟀～|玉米～。

胥[1] xū ❶ 名〈文〉官府中的小吏 ▷～吏|里～(管理乡里事务的小吏)。〇 ❷ 名 姓。

胥[2] xū 副〈文〉表示总括，相当于“都” ▷民～效之。

项(頊) xū 见1810页“颛(zhuān)顼”。

虚 xū ❶ 形 空(跟“实”相对，⑤⑨同) ▷座无～席|空～。→ ❷ 形 虚心；不自满 ▷谦～。→ ❸ 名 空隙；弱点 ▷乘～而入。→ ❹ 形 体质弱 ▷～症|～汗。→ ❺ 形 虚假 ▷～情假意|～张声势|～伪。→ ❻ 动〈文〉空出(位置) ▷～席以待。→ ❼ 副 白白地 ▷～度年华|弹(dàn)无～发。→ ❽ 形 胆怯；勇气不足 ▷心里发～|胆～。→ ❾ 名 指导实际工作的思想、理论等 ▷以～带实|务～。〇 ❿ 名 星宿名，二十八宿之一。

【虚报】xūbào 动 谎报(多指以少报多) ▷浮夸～|～产量。

【虚词】xūcí ❶ 名 一般不能单独充当句子成分，但有帮助造句作用的词(跟“实词”相区别)。如汉语中的介词、连词、助词等。❷ 名 虚夸不实之词；空洞的套话 ▷～免了，你就直说吧！

【虚辞】xūcí 见本页“虚词”②。现在一般写作“虚词”。

【虚度】xūdù 动 白白地度过(时光) ▷～年华。

【虚浮】xūfú 形 不切实；飘浮不实 ▷工作切忌～。

【虚高】xūgāo 形 (物价等)高出实际水平 ▷房地产的炒作造成了房价～。

【虚构】xūgòu ❶ 动 凭空编造 ▷这些材料都是～的，没有根据。❷ 动 文艺创作中指为了塑造典型、概括地反映生活真实而不局限于真人真事进行创作 ▷艺术～。

【虚汗】xūhàn 名 由于身体虚弱、患病或紧张而出的汗 ▷出～。

【虚耗】xūhào 动 白白地消耗；浪费 ▷～时日。

【虚化】xūhuà ❶ 动 变得模糊 ▷～背景，突出主体|工作目标要明确，不能～。❷ 动 变得起不了作用 ▷严防～政府监管职能。❸ 动 语言学上指由实词演变成虚词。如“拿”，当它不再表示握住或抓取义，仅用于引进动作所处置的对象，作用相当于“把”“对”时，例如“别拿我当傻瓜”“真拿他没办法”中的“拿”，就是实词(动词)虚化成了虚词(介词)。

【虚怀若谷】xūhuái-ruògǔ 胸怀像山谷那样深广。形容十分谦虚，能容纳各种意见。

【虚幻】xūhuàn 形 虚无缥缈的；虚假不实的 ▷～的世界。

【虚火】xūhuǒ 名 中医指因身体虚弱而导致上火的现象。表现为咽喉干痛、心烦、盗汗、手心脚心发热等 ▷～上升。

【虚假】xūjiǎ 形 不真实；与实际不符 ▷表演～|～广告。☛ 跟“虚伪”不同。“虚假”是“真实”的反义词；“虚伪”是“真诚”的反义词。

【虚惊】xūjīng 名 (事后证明是)不必要的惊慌。

【虚空】xūkōng 形 空虚 ▷国库～|精神～。

【虚夸】xūkuā 动 不顾事实地夸大 ▷如实上报，不要～。

【虚礼】xūlǐ 名 表面应酬的礼节 ▷～应当从简。

【虚名】xūmíng 名 不实的名声；没有实权的空名 ▷挂个～，有职无权。

【虚拟】xūnǐ ❶ 动 虚构；模拟 ▷武打影片的情节是～的|戏曲表演常以扬鞭～骑马。❷ 区别 假设的；不一定符合事实的 ▷～语气。

【虚拟世界】xūnǐ shìjiè 虚拟现实；也指网络生活或文学作品等虚构的世界。

【虚拟现实】xūnǐ xiànshí 一种电子计算机技术。通过综合应用计算机的各种功能生成逼真的虚拟环境，使人产生身临其境的感觉，并使环境能够跟人交互反应，实现互动(英语缩写为VR)。

【虚胖】xūpàng 形 人体脂肪过多而肥胖；多形容胖而不健壮。

【虚飘】xūpiāo 形 飘浮②。

【虚飘飘】xūpiāopiāo 形 轻飘飘；多用来形容身体虚弱无力 ▷病了几天，走起路来～的。

【虚情假意】xūqíng-jiǎyì 虚假的情意。

【虚热】xūrè ❶ 名 中医指由于身体亏虚而生热的病理现象。❷ 名 指虚假的繁荣 ▷防范～的泡沫经济。

【虚荣】xūróng ❶ 名 表面上的荣耀 ▷不要追求～。❷ 形 形容喜欢和追求表面上的荣耀 ▷他太～，借钱也要摆阔。

【虚荣心】xūróngxīn 名 追逐虚荣的心理。

【虚弱】xūruò ❶ 形 衰弱(多形容病后的状态) ▷体质～|脾胃～。❷ 形 (国力、兵力等)空虚薄弱 ▷国力～|实力～。

【虚设】xūshè 动 (机构、职位等)名义上设置了而实际上不起作用 ▷形同～。也说虚置。

【虚实】xūshí 名 虚和实；泛指内部的实际情况 ▷摸清敌人的～。

【虚数】xūshù ❶ 名 不表示实际数量的数字，如“三令五申”“九死一生”里的“三”“五”“九”“一”等，都不实指。❷ 名 不真实的数额 ▷向上级谎报～。❸ 名 数学上指负数的平方根。

【虚岁】xūsuì 名 我国传统年龄计算方法:人一出生就算一岁,以后每过一个春节便长一岁。这样计算比实足年龄(周岁)多一岁或两岁。

【虚套子】xūtàozi 名 空有形式而无实在内容的应酬礼数。也说虚套。

【虚土】xūtǔ 名 松软的土壤 ▷陷阱上盖了层～。

【虚脱】xūtuō ❶ 名 因失血过多或脱水等而引起的心脏和血液循环突然衰竭的现象。症状是体温、血压下降,脉搏微弱,出冷汗,面无血色。❷ 动 发生虚脱现象 ▷经常喝水,防止～。

【虚妄】xūwàng 形 没有事实根据的;不合乎情理的 ▷～之词。

【虚伪】xūwěi 形 不真诚;不实在 ▷他～得很|～的面目。☛ 参见 1550 页"虚假"的提示。

【虚位以待】xūwèiyǐdài 空出位置等候,表示恭候。也说虚席以待。

【虚文】xūwén ❶ 名 空文。❷ 名 没有实际意义的礼节 ▷～浮礼。

【虚无】xūwú ❶ 形 道家认为"道"无所不在而又无形可见;有而若无,实而若虚,故用"虚无"指称他们的道。❷ 形 空无所有 ▷～缥缈。❸ 形 盲目地否定一切或排斥一切 ▷～主义。

【虚无缥缈】xūwú-piāomiǎo 形容空虚渺茫 ▷～的海市蜃楼。

【虚无主义】xūwú zhǔyì 对历史遗产、民族文化等一概否定的唯心主义历史观 ▷反对以～的态度对待我国古代文化。

【虚席】xūxí ❶ 动 使座位空着 ▷～以待。❷ 名 空着的座位 ▷座无～。

【虚线】xūxiàn 名 用点或短线画成的断续的线。(跟"实线"相对)。

【虚像】xūxiàng 名 光学上指物体发出的光线,经光学系统反射或折射后,如为发散光线,则它们的反方向延长线相交时所形成的像称为虚像。虚像不能显映在屏幕上,也不能使照相底片感光,但肉眼可以看到,如放大镜中看到的像。

【虚心】xūxīn 形 不自满;谦虚 ▷～听取意见。

【虚悬】xūxuán ❶ 动 没有决定下来;没有落实 ▷他的工作调动至今还～在那儿。❷ 动 空缺着 ▷一等奖没有评出,一直～着。

【虚言】xūyán 名 不实在的话 ▷绝无～。

【虚掩】xūyǎn 动 门窗关着,不插闩或不上锁;衣襟遮住前胸,不扣纽扣 ▷门～着|睡袍～。

【虚应故事】xūyìng-gùshì 按照成例应付了事(故事:旧例,即已有的惯例、规定)。

【虚有其表】xūyǒu-qíbiǎo 空有好看的外表,没有实际内容或实际并非如此。

【虚与委蛇】xūyǔwēiyí 虚情假意,敷衍应酬。☛ "委蛇"这里不读 wěishé。

【虚造】xūzào 动 凭空捏造;制造假象 ▷～罪名|～声势。

【虚张声势】xūzhāng-shēngshì 虚夸张扬,制造声势(张:铺张;夸大)。

【虚症】xūzhèng 名 中医指体质虚弱的人所出现的全身乏力、心悸气短、虚汗不断等症状。

【虚职】xūzhí 名 有名义而没有实际权力和责任的职位。

【虚掷】xūzhì 动 白白扔掉 ▷～年华|岁月～。

【虚字】xūzì 名 前人在语言分析中指意义不是很实在的字,其中一部分相当于现代汉语中的虚词(跟"实字"相区别)。

谞(諝) xū 名〈文〉才智;机谋。

嬃(嬃) xū 名 古代楚方言中称姐姐为嬃。

欻 xū 副〈文〉忽然。
另见 208 页 chuā。

墟 xū ❶ 名 曾经有人聚居过而现在荒芜了的地方 ▷殷～|废～。→ ❷ 名〈文〉村庄;村落 ▷～里|～落。○ ❸ 同"圩(xū)"。

需 xū ❶ 动 需要 ▷～求|～用|急～|必～品。→ ❷ 名 需要用的东西 ▷军～。

【需求】xūqiú 名 因需要而产生的要求 ▷市场～。

【需求侧】xūqiúcè 名 指国民经济中需求的一方,包括购买欲望和购买能力等要素。需求侧与供给侧是发展经济的两个方面,两者应相匹配(侧:这里指方面) ▷坚持供给侧和～两端发力。

【需要】xūyào ❶ 动 要求得到;应该有 ▷～经费|～培养。❷ 名 对事物的欲望、要求 ▷满足～。☛ 参见 1549 页"须要"的提示。

【需用】xūyòng 名 需要使用的钱财或物资 ▷供给～。

嘘 xū ❶ 动 从嘴里慢慢地吐气 ▷～了一口气。→ ❷ 动〈文〉叹气 ▷仰天而～。→ ❸ 拟声 模拟撮口吐气的声音,多用于表示制止 ▷～! 别说话。○ ❹ 动 蒸汽或热力接触物体引起变化 ▷让蒸汽～了|放炉子上～一～。
另见 1240 页 shī。

【嘘寒问暖】xūhán-wènnuǎn 形容对别人的生活很关心、体贴(嘘寒:呵出热气,使受寒的人感到温暖)。

【嘘唏】xūxī 动〈文〉哽咽;抽噎 ▷暗自～。

魆 xū 见 561 页"黑魆魆"。☛ 右上是"戉(yuè)",不是"戊""戌"或"戍"。

歔 xū [歔欷] xūxī 现在一般写作"嘘唏"。

繻(繻) xū〈文〉❶ 名 彩色丝织品。→ ❷ 名 用丝织品制成的出入关卡的凭证。

xú

徐 xú ❶ 形〈文〉缓慢;慢慢 ▷清风～来|～行|～缓|～～关闭。○ ❷ 名 姓。

【徐步】xúbù 动 慢慢地从容地走 ▷～庭前。

【徐缓】xúhuǎn 形 缓慢 ▷步履～。

【徐娘半老】xúniáng-bànlǎo《南史·梁元帝徐妃传》里说,梁元帝有一个姓徐的妃子,虽然年纪已经不轻了,但仍然很多情。后用"徐娘半老"泛指仍存风韵或仍爱卖弄风骚的中年妇女(多含轻薄意)。

【徐图】xútú 动 慢慢地设法谋取 ▷～发展。

【徐徐】xúxú 形 慢慢;缓慢 ▷大幕～拉开。

xǔ

许[1]**(許)** xǔ ❶ 动 应允;认可 ▷准～|～可|默～|特～。→ ❷ 动 事先答应给予;献给 ▷～婚|以身～国。❸ 动 特指许配 ▷姑娘已经～了人家。→ ❹ 动 称赞 ▷赞～|称～|推～。→ ❺ 副 表示推测或估计,相当于"或者""可能" ▷这会儿还没来,～是路上又堵车了。○ ❻ 名 姓。

许[2]**(許)** xǔ 代 这样;这般 ▷～多|～久|如～。

许[3]**(許)** xǔ 助〈文〉用在某些数词、数量短语或"些""少"等后面,表示接近某数 ▷潭中鱼可百～头|上午 10 时～|些～|少～。

【许多】xǔduō 数 很多 ▷～房子|瘦了～。

【许婚】xǔhūn 动 女方(多指家长)接受男方(多指家长)的求亲。

【许久】xǔjiǔ 名 很长的时间 ▷交谈了～。

【许可】xǔkě 动 准许;允许 ▷发言须经～。

【许可证】xǔkězhèng 名 准许做某事的书面凭证。

【许诺】xǔnuò ❶ 动 答应;同意 ▷这事她曾～过我|～之后,又后悔了。❷ 名 对某事作出的应承 ▷这是我对她的～。

【许配】xǔpèi 动 家长同意将女儿嫁给某人。

【许亲】xǔqīn 动 许婚。

【许身】xǔshēn 动 献身;(女子)以身相许 ▷～祖国|甘愿～于他。

【许愿】xǔyuàn ❶ 动 对神佛有所祈求,许诺遂愿后给予酬谢(跟"还愿"相对)。❷ 动 借指事先答应将来给予对方某种好处 ▷封官～。

诩(詡) xǔ 动〈文〉说大话;夸耀 ▷自～。

浒(滸) xǔ 用于地名。如:浒湾,在江西;浒墅关,在江苏。

另见 581 页 hǔ。

珝 xǔ 名〈文〉一种玉。

栩 xǔ 见下。

【栩栩】xǔxǔ 形 形容生动形象的样子 ▷～生辉|神志～。☛"栩"不要误写作"诩"。

【栩栩如生】xǔxǔ-rúshēng 形容形象生动逼真,跟活的一样。

冔 xǔ 名 商代的一种帽子。

湑 xǔ〈文〉❶ 动 滤除酒中的渣滓。→ ❷ 形 清澈。

另见 1554 页 xù。

糈 xǔ〈文〉❶ 名 祭神用的精米。→ ❷ 名 粮食;粮饷。

醑 xǔ ❶ 名〈文〉美酒。→ ❷ 名 醑剂 ▷樟脑～|橙皮～。

【醑剂】xǔjì 名 挥发油或其他挥发性物质的酒精溶液。

盨 xǔ 名 古代一种带耳的椭圆形食盒。参见插图 15 页。

xù

旭 xù 形 形容太阳初出,一片光明的样子 ▷～日。

【旭日】xùrì 名 初升的太阳 ▷～东升。

序[1] xù ❶ 名 古代指东西两侧厢房的墙;也指正房两侧的东西厢房。→ ❷ 名 古代的学校 ▷庠～。

序[2] xù ❶ 名 次第,事物在空间或时间上排列的先后 ▷井然有～|循～渐进|顺～。→ ❷ 动〈文〉排列顺序 ▷～齿。

序[3] xù ❶ 名 序文 ▷请他写篇～|代～。→ ❷ 名 在正式内容开始之前起导引作用的部分 ▷～幕|～曲。

【序跋】xùbá 名 序文和跋文。

【序齿】xùchǐ 动〈文〉按年龄大小排列顺序 ▷宾客～落座。

【序次】xùcì 名 次序。

【序号】xùhào 名 表示排列顺序的编号。

【序列】xùliè ❶ 名 按顺序排成的行列 ▷长长的～。❷ 名 系统;系列 ▷两支部队～不同。

【序论】xùlùn 名 绪论;多指论文或论著前面论述全文或全书要旨的文字。

【序目】xùmù ❶ 名 目次;目录 ▷查看标题～|演讲～。❷ 名 指书的序文和目录。

【序幕】xùmù ❶ 名 某些多幕剧第一幕之前的一场戏,多用来介绍剧中主要人物的历史和剧情发生的背景或预示全剧的主题;泛指某些叙事性文学作品正文开始前，对作品时代背景、人物历史及其相互之间关系所作的交代或提示。❷ 图 比喻重大事件的开端 ▷西部大开发的～已经拉开。

【序曲】xùqǔ ❶ 图 歌剧、舞剧等剧情开始前演奏的乐曲，用来渲染气氛或暗示剧情；也指大型器乐的前奏曲或以这种形式写成的独立器乐曲。❷ 图 比喻事件、行动的开端 ▷他被暗杀，仅仅是这次政变的～。

【序数】xùshù 图 表示次序的数。汉语序数通常由数词前加"第"构成，如"第一""第七""第十三"。序数后边直接跟量词或名词时，可以省去"第"，如"二层""三组""四号"等。还有习惯表示法，如"末一节""头一天""老大""老二"等。

【序文】xùwén 图 写在著作正文前面的文章。作者自己写的多是交代成书的经过和宗旨；别人写的，则多为介绍或评论著作内容。☛ 不要写作"叙文"。

【序言】xùyán 图 序文。☛ ㊀不要写作"叙言"。㊁参见本页"绪言"的提示。

昫 xù 古同"煦"。

叙（*敘敍） xù ❶ 图〈文〉次序 ▷四时不失其～。→ ❷ 动〈文〉评定等级次序 ▷～功｜～奖。→ ❸ 动 把事情的经过按次序说出来或写出来 ▷～述｜倒～。❹ 动 交谈；述说 ▷～家常｜～旧。☛ 右边是"又"，不是"攵"。

【叙别】xùbié 动 话别；临别时聚在一起谈心 ▷与老师～。

【叙功】xùgōng 动〈文〉评定功绩大小 ▷～议赏。

【叙家常】xùjiācháng 拉家常。

【叙旧】xùjiù 动 谈论彼此交往的旧事 ▷老友在一起～｜叙一叙旧。

【叙亲】xùqīn ❶ 动 通过交谈发现并认定彼此有亲属关系 ▷两位老人居然叙上亲了。❷ 动 亲属间亲密交谈 ▷我正在跟亲家公～呢！

【叙事】xùshì 动 用文字记述事情经过 ▷～清楚，说理透彻。

【叙事诗】xùshìshī 图 有比较完整的故事情节和人物形象的一类诗歌。如《孔雀东南飞》。

【叙述】xùshù 动 写出或说出事情的经过 ▷～一件事｜～简洁生动。☛ 参见906页"论述"的提示。

【叙说】xùshuō 动 口头叙述 ▷～事情原委。

【叙谈】xùtán 动 交谈 ▷请到我家来～～。

【叙写】xùxiě 动 叙述描写 ▷～人生感受。

【叙用】xùyòng 动〈文〉录用；任用(官吏) ▷再次～｜已经削职为民，再无～的希望了。

洫 xù 形〈文〉形容水流淌的样子 ▷海云漠漠江～～。

洫 xù 图〈文〉田间的水道；沟渠 ▷沟～。

恤（*卹邺賉） xù ❶ 动 怜悯 ▷怜贫～老｜体～｜怜～。→ ❷ 动 救济；周济 ▷抚～｜～金。

【恤金】xùjīn 图 抚恤金。

【恤衫】xùshān 图 衬衫(恤：英语 shirt 音译)。

垿 xù 图〈文〉坫(diàn)。

畜 xù 动 饲养(动物) ▷～养｜～牧｜～产。另见207页chù。

【畜产品】xùchǎnpǐn 图 畜牧业产品的统称。如肉、蛋、乳等副食品，皮、毛、羽、骨等轻工业原料 ▷出口～｜～加工。也说畜产。

【畜牧】xùmù 动 饲养成群的家畜及家禽(主要指放养家畜) ▷～业｜～场。

【畜牧业】xùmùyè 图 畜养家畜、家禽，以取得禽畜产品和役畜的产业。简称牧业。

【畜养】xùyǎng 动 饲养(动物) ▷～良种牛。

酗 xù ❶ 动 沉迷于酒。→ ❷ 动 撒酒疯。☛ 不读 xiōng。

【酗酒】xùjiǔ 动 无节制地饮酒；酒醉后言行失常 ▷切忌～｜～寻衅。

勖（*勗） xù 动〈文〉劝勉；鼓励 ▷～勉｜～助｜～励。☛ 左上是"冃"，不是"曰"。

【勖勉】xùmiǎn 动〈文〉勉励 ▷～后学。

绪（緒） xù ❶ 图〈文〉丝的头儿。→ ❷ 图 开端 ▷头～｜千头万～｜～论。→ ❸ 图〈文〉残余 ▷～余｜～风｜～年(余年)。❹ 图〈文〉(前人没有完成的)功业 ▷前人发其端，后人续其～｜缵～(继承前人的事业)。→ ❺ 图 连绵不断的情思；心情 ▷情～｜思～｜心～。〇 ❻ 图 姓。

【绪论】xùlùn 图 学术著作开头扼要阐述全书主要内容和写作缘由的部分。也说导言、绪言。

【绪言】xùyán 图 绪论。☛ 跟"序言"不同。"序言"不是著作的内容；而"绪言"是著作内容的组成部分。

续（續） xù ❶ 动 连接；接连不断 ▷持～｜连～。→ ❷ 动 接在原有事物的下面或后面 ▷裤子短，再～上一截｜狗尾～貂｜～集。❸ 动〈口〉添；加 ▷往杯子里～点茶水。〇 ❹ 图 姓。

【续编】xùbiān ❶ 动 继原书之后接着编写 ▷～一本《补遗》。❷ 图 继原书之后续写的书 ▷这部书的～已完稿。

【续貂】xùdiāo 动 比喻以坏续好，前后不相称。

常用来谦称续写别人的著作、唱和(hè)别人的诗词等。参见 484 页“狗尾续貂”。

【续订】xùdìng 动 继续订阅、订购或订立 ▷～这种期刊|～合作协议。

【续稿】xùgǎo 名 对已经发表的文章或著作的内容加以延伸和补充而写成的文稿。

【续航】xùháng 动 连续航行 ▷这种潜艇～时间较长|～力。

【续会】xùhuì ❶ 动 把中断的会议继续进行下去；延长会议日期 ▷本次会议将在下周一～|～一天。❷ 名 到规定结束的时间之后又延续举行的会议；中断或结束之后又重新召开的同一个会议 ▷放在～上讨论。

【续集】xùjí ❶ 名 续编②。❷ 名 在原有影视片之后接着编写、摄制的影视片。

【续假】xùjià 动 在原定假期之后继续请假 ▷因事～三天。☛“假”这里不读 jiǎ。

【续建】xùjiàn 动 以原有的建设工程为基础，进行新增加的相关工程建设 ▷～工程。

【续借】xùjiè 动 在原定的借用期期满后继续借用 ▷书没读完可以～|这名球员我们～一年。

【续篇】xùpiān 名 续写的与前篇内容相关而有一定独立性的著作或文章 ▷论文的～已发表。

【续聘】xùpìn 动 在原定的聘任期期满后继续聘任 ▷公司～老王担任销售经理。

【续签】xùqiān 动 再度签订已到期的条约、协议、合同等，使继续生效 ▷～了一年的租约。

【续娶】xùqǔ 动 男子丧妻后再娶。

【续弦】xùxián ❶ 动 续娶。古代把夫妇比作琴瑟，妻子亡故叫断弦，妻子死后丈夫再娶叫续弦。❷ 名 指原妻亡故后再娶的妻子。

【续约】xùyuē ❶ 动 条约、协议、合同等期满后再签约延长期限 ▷甲乙双方都希望～。❷ 名 期满后再度签订的条约、协议、合同等。

溆 xù 名 溆水，水名，沅江的支流，在湖南。

滀 xù 名 滀水河，水名，源出陕西周至县，流经秦岭之麓，折东南经城固县入汉水。也说滀水、滀河。

另见 1552 页 xǔ。

絮 xù ❶ 名 古代指粗丝绵。→ ❷ 名 像絮一样轻柔的、容易飞扬的东西 ▷柳～|芦～。→ ❸ 名 弹制好的棉花胎 ▷棉～。❹ 动 在衣、被等物的里子和面子之间铺入丝绵或棉花等 ▷棉袄里的棉花没～匀|～棉裤。○ ❺ 形 (言语)啰唆，重复 ▷～叨|～烦。

【絮叨】xùdao ❶ 动 啰啰唆唆地说话 ▷他～起来就没完。❷ 形 形容说话啰唆 ▷这个人说话真～|絮絮叨叨说个没完。

【絮烦】xùfan 形 因啰唆而使人腻烦 ▷她唠叨个没完，也不怕人家听着～。

【絮聒】xùguō ❶ 动 絮叨① ▷他拉住我不停地～。❷ 形 絮叨② ▷奶奶也真～，一件事儿说了一遍又一遍。❸ 动〈口〉给别人造成负担或麻烦 ▷总是～你们，真过意不去。

【絮棉】xùmián 名 轧好了的棉花。

【絮窝】xùwō 动 鸟兽衔枯草、羽毛等铺窝。

【絮絮】xùxù 形 形容说话等连续不断，没完没了 ▷～述说。

【絮语】xùyǔ ❶ 动 连续不断地低声说话 ▷情侣们轻轻～。❷ 名 絮叨的话 ▷想听妈妈那充满了关切之情的～。❸ 名 指报刊上短小、零碎的抒情或评论文字 ▷花季～|编余～。

婿(*壻) xù ❶ 名 丈夫 ▷夫～|妹～。→ ❷ 名 女儿的丈夫 ▷乘龙快～|翁～。

蓄 xù ❶ 动 积聚；储藏 ▷水已～满|积～|储～。→ ❷ 动 (心里)存有 ▷～谋|～志。→ ❸ 动 留着(须、发)不剃 ▷～发。

【蓄电池】xùdiànchí 名 化学电池的一种，能使化学能和直流电能相互转换。这种电池放电后经充电可重复使用。也说电瓶。

【蓄发】xùfà 动 留头发 ▷～留须。

【蓄洪】xùhóng 动 为防止洪水泛滥成灾，让洪水流进一定的地区暂时储存起来 ▷这项工程建成后，可～54 亿立方米。

【蓄积】xùjī 动 积蓄① ▷把零散的钱～起来。

【蓄谋】xùmóu 动 早就谋划好(多含贬义) ▷～闹事。

【蓄能】xùnéng 动 储存能量 ▷～装置。

【蓄念】xùniàn ❶ 动 早就怀有某种念头。❷ 名 早就怀有的某种念头。

【蓄势】xùshì 动 积聚力量 ▷～待发|～已久。

【蓄水】xùshuǐ 动 储存水 ▷～池|～量。

【蓄养】xùyǎng 动 储存并培养 ▷～人才。

【蓄意】xùyì 动 存心；有意(多含贬义) ▷～陷害。☛ 跟“故意”不同。“蓄意”表示早有准备，语意较重；“故意”虽是有意的，但未必早有准备，语意较轻。

【蓄志】xùzhì ❶ 动 怀有某种志向或志愿 ▷～改革。❷ 名 怀有的某种志向或志愿 ▷～高远。

煦 xù 形〈文〉温暖 ▷～日|～暖|和～|温～。☛ 统读 xù，不读 xū。

【煦煦】xùxù 形〈文〉温暖 ▷春风～。

xu

蓿 xu 见 977 页“苜(mù)蓿”。

xuān

轩(軒) xuān ❶ 名 古代供大夫以上官员乘坐的前顶较高而有帷幕的车;泛指车。→ ❷ 形 高 ▷～昂|～然大波。→ ❸ 名 有窗的长廊或小屋(旧时多用作书斋、茶馆、饭馆等的名号) ▷亭廊～馆|项脊～|临湖～。〇 ❹ 名 姓。

【轩昂】xuān'áng ❶ 形 高大 ▷人民大会堂～雄伟。❷ 形 精神昂扬,气度不凡 ▷气宇～。

【轩敞】xuānchǎng 形(房屋)高大敞亮 ▷车间～整洁。

【轩然大波】xuānrán-dàbō 高高涌起的波涛;比喻大的纷争或风潮 ▷一句话引起了～。☛"轩"不要误写作"喧"。

【轩辕】xuānyuán ❶ 名 黄帝的名字。❷ 名 中国传统天文学中的星座名。〇 ❸ 名 复姓。

【轩轾】xuānzhì 名〈文〉车顶前高后低叫轩,前低后高叫轾。借指高低、优劣、轻重 ▷二人棋艺不分～。

晅 xuān 形〈文〉显著;显赫。
另见 1558 页 xuǎn。

宣[1] xuān ❶ 动 公开说出;传播 ▷心照不～|～誓|～战|～布|～扬。→ ❷ 动 疏通;发散 ▷～泄。〇 ❸ 名 姓。

宣[2] xuān 名 指宣纸 ▷玉版～|虎皮～|生～|熟～。

【宣布】xuānbù 动 公开告诉大家 ▷～决定。

【宣称】xuānchēng 动 声称;公开表述 ▷他～自己是清白的。

【宣传】xuānchuán 动(向公众)说明解释,使产生影响 ▷～方针政策|～队。

【宣传车】xuānchuánchē 名 用于宣传活动的车。

【宣传画】xuānchuánhuà 名 用于宣传鼓动的绘画。

【宣传品】xuānchuánpǐn 名 用于宣传鼓动的印刷品。如传单、标语、宣传画等。

【宣读】xuāndú 动 当众朗读(文告等) ▷～论文。

【宣告】xuāngào 动 宣布 ▷～解散。

【宣讲】xuānjiǎng 动 宣传讲解 ▷～法律知识。

【宣教】xuānjiào 动 宣传教育 ▷～战线。

【宣明】xuānmíng 动 公开宣布或表明 ▷～宗旨。

【宣判】xuānpàn 动 法院在案件审理终结后,向当事人宣布对案件的判决 ▷～被告无罪。

【宣示】xuānshì 动 公开表示 ▷～政治主张。

【宣誓】xuānshì 动 在一定仪式上当众宣布誓言,表达自己的忠诚和决心 ▷～就职。

【宣泄】xuānxiè ❶ 动 使水流排出 ▷～洪水。❷ 动 倾吐发泄(心中的某种情绪) ▷～积郁。☛"宣"不要误写作"渲"。

【宣言】xuānyán ❶ 名(国家、政党、团体或其领导者)为表明对重大问题的立场、观点而发表的文告。❷ 动 公开声明。

【宣扬】xuānyáng 动 广泛传扬 ▷～劳模事迹。

【宣战】xuānzhàn ❶ 动 某一国家或集团宣布与另一国家或集团开始处于战争状态。❷ 动 泛指有目标地展开大规模斗争 ▷向贫困～。

【宣旨】xuānzhǐ 动 封建时代指宣布帝王的命令。

【宣纸】xuānzhǐ 名 用产自安徽泾县及周边地区的沙田稻草和青檀皮作原料,用泾县特有的山泉水以及传统工艺精制而成的书画、裱拓用纸。因泾县唐代属宣州,故称。

谖(諼) xuān〈文〉❶ 动 欺诈。〇 ❷ 动 忘记。

揎 xuān 动〈文〉卷起或捋起袖子 ▷～臂(捋袖子露出手臂)。

萱(*萲蕿藼蘐) xuān ❶ 名 萱草 ▷～堂。→ ❷ 名〈文〉指萱堂 ▷～亲|椿～(父母)。〇 ❸ 名 姓。

【萱草】xuāncǎo 名 多年生草本植物,叶狭长,背面有棱脊,花漏斗状,橘红色或橘黄色,可供观赏,根可以做药材。因古人认为它可使人忘忧,故也说忘忧草。

【萱堂】xuāntáng 名〈文〉堂前栽种着萱草的住房,一般是北屋,多由母亲居住。借指母亲的居室或母亲。

喧(*諠) xuān 形 声音大而嘈杂 ▷笑语～哗|～闹|～腾。

【喧宾夺主】xuānbīn-duózhǔ 客人喧哗的声音淹没了主人的声音。比喻次要的或外来的人或事物占据了主要的或原有的人或事物的地位。☛"喧"不要误写作"宣"或"暄"。

【喧哗】xuānhuá ❶ 形 声音大而嘈杂 ▷街上太～。❷ 动 大声说话或叫喊 ▷禁止～。

【喧豗】xuānhuī 形〈文〉喧闹 ▷飞湍瀑流争～。

【喧叫】xuānjiào 动 大声叫喊 ▷小贩在路边～。

【喧闹】xuānnào ❶ 形 喧哗热闹 ▷～的农贸市场。❷ 动 大声吵闹 ▷孩子们～不止。

【喧嚷】xuānrǎng 动 大声叫嚷 ▷门外一阵～。

【喧扰】xuānrǎo 动 喧哗搅扰 ▷人声～。

【喧腾】xuānténg 动 喧闹沸腾 ▷喜讯一宣布,整个大礼堂一片～。☛ 跟"暄腾"不同。

【喧天】xuāntiān 形 形容声音很大,响彻天空 ▷锣鼓～。

【喧嚣】xuānxiāo ❶ 形 声音嘈杂 ▷繁华而～的街市。❷ 动 吵闹;喧嚷 ▷～了一整天。

【喧笑】xuānxiào 动(众人)大声说笑。

【喧杂】xuānzá 形 喧闹嘈杂 ▷～的人群。

【喧噪】xuānzào ❶ 形 声音嘈杂刺耳 ▷大厅里

～难忍。❷ 动 喧哗鼓噪 ▷群蛙～。

铜（鋗） xuān〈文〉❶ 名 小盆；特指给食物等加热用的一种器皿，盆形，边上有环。○ ❷ 拟声 模拟玉器撞击的声音 ▷展诗应律～玉鸣。

愃 xuān〈文〉❶ 形 形容心广体胖的样子。○ ❷ 动 忘记 ▷永矢不～。

瑄 xuān 名 古代祭天用的大璧。

暄[1] xuān 形（阳光）温暖 ▷寒～。

暄[2] xuān 形〈口〉松软 ▷面发得好，蒸出的馒头特别～。

【暄腾】xuānteng 形〈口〉暄[2] ▷瞧这发糕多～！☛ 跟"喧腾"不同。

煊 xuān［煊赫］xuānhè 形 气势盛；名声大 ▷～一时。

儇 xuān 形〈文〉轻薄而又有些小聪明 ▷～薄｜～浅。

【儇薄】xuānbó 形〈文〉轻佻；轻薄。

禤 xuān 名 姓。

谖（諼） xuān 形〈文〉聪慧。

懁 xuān 形〈文〉性情急躁 ▷～急。

翾 xuān 动〈文〉轻快地飞翔。

xuán

玄 xuán ❶ 形 黑① ▷～狐｜～青。→ ❷ 形 悠远；远 ▷～古｜～远｜～孙。❸ 形 玄奥 ▷～妙｜～机。❹ 形 玄虚① ▷这话也太～了｜～乎。○ ❺ 名 姓。

【玄奥】xuán'ào 形 高深难懂 ▷理论～难懂。

【玄关】xuánguān 名 古代指门户。现指成套住房内从进门到厅之间的空间 ▷鞋柜隐藏在～里。

【玄狐】xuánhú 名 黑色的狐，毛长，长毛的尖端呈白色，皮毛珍贵。也说银狐。

【玄乎】xuánhu 形〈口〉虚幻不实；捉摸不透 ▷他越说越～，没人信。☛ 跟"悬乎"意义不同。

【玄黄】xuánhuáng 名〈文〉黑色和黄色，天地的颜色（玄为天色，黄为地色）；也指天地 ▷天地～，宇宙洪荒｜颠倒～。

【玄机】xuánjī ❶ 名 旧指天意、天机 ▷～难测。❷ 名 神妙的机宜、计谋 ▷～在握，克敌有望。❸ 名 深奥微妙的道理 ▷～深藏。

【玄妙】xuánmiào ❶ 形 事理深奥，难以捉摸 ▷这种理论太～了。❷ 名 玄妙的道理 ▷其中～只有他自己明白。

【玄鸟】xuánniǎo〈文〉❶ 名 燕子 ▷～空巢南飞去。❷ 名 称乌鸦、八哥等有黑色羽毛的鸟。

【玄青】xuánqīng 形 形容颜色深黑。

【玄色】xuánsè 名 黑色。

【玄孙】xuánsūn 名 曾孙的儿子。

【玄武】xuánwǔ ❶ 名 指龟或龟蛇合体。❷ 名 北方；位于北方的事物 ▷～门。❸ 名 二十八宿中北方七宿的统称。❹ 名 道教称镇守北方的神。

【玄武岩】xuánwǔyán 名 一种在地表分布很广的熔岩，含铁、镁较多，近于黑色，质地细密坚硬。可用作建筑材料。

【玄想】xuánxiǎng ❶ 动 不着边际地想象 ▷静坐～。❷ 名 不着边际的想法 ▷美妙的～。☛ 跟"悬想"意义不同。

【玄虚】xuánxū ❶ 形 虚幻不实；神秘莫测 ▷这话说得也太～了。❷ 名 使人感到神秘莫测的花招儿 ▷故弄～。

【玄学】xuánxué 名 魏晋时期以老庄思想为主的一种哲学思潮。

【玄之又玄】xuánzhīyòuxuán《老子》一章："玄之又玄，众妙之门。"后用"玄之又玄"形容深奥玄妙，难以理解。也说玄而又玄。

还（還） xuán 动〈文〉旋转。另见 530 页 hái；596 页 huán。

弦（駭） xuán〈文〉❶ 名 一岁的马。○ ❷ 名 黑色的马。

玹 xuán〈文〉❶ 名 一种比玉稍次的美石。○ ❷ 名 玉的色泽。

痃 xuán ❶ 名 中医指妇女肚脐两旁筋脉凸起像弓弦一样的病症。→ ❷ 见 565 页"横痃"。

悬（懸） xuán ❶ 动 悬挂① ▷明镜高～｜～垂。→ ❷ 动 公布 ▷～赏。→ ❸ 形 两事物之间距离远或差别大 ▷天～地隔｜～殊。→ ❹ 动 搁置；无着落 ▷这事一直～着｜～案。→ ❺ 动 牵挂；挂念 ▷心～两地｜～念。→ ❻ 动 凭空假想 ▷～想｜～拟。→ ❼ 动 不着地；抬起（肘、臂等）▷～空｜～腕。❽ 形〈口〉危险 ▷小路又陡又窄，走起来够～的｜真～，差点儿撞车。

【悬案】xuán'àn ❶ 名 长期未能解决的案件 ▷三年前的那个母子失踪案至今仍是～。❷ 名 泛指长期未能解决的问题 ▷成功破解了武王伐纣确切日期的史学～。

【悬臂】xuánbì 名 某些机械伸展出来的像手臂一样的部分 ▷吊车～。

【悬揣】xuánchuǎi 动 凭空猜想 ▷不得妄加～。

☛“揣”这里不读 chuāi 或 chuài。

【悬垂】xuánchuí 动 物体一端固定在高处，另一端垂下来 ▷软梯从直升机上～下来。

【悬灯结彩】xuándēng-jiécǎi 张灯结彩。

【悬吊】xuándiào 动 悬挂① ▷门前～着宫灯。

【悬而未决】xuán'érwèijué 一直搁着没有解决 ▷这个问题至今～。

【悬浮】xuánfú 动 浮在空中或液体中既不升上去也不沉下去 ▷～颗粒物｜磁～列车｜果粒～在饮料中。

【悬浮液】xuánfúyè 名 因悬浮有固体颗粒而呈浑浊状的混合物，如石灰水等。静置相当时间，固体颗粒会慢慢下沉。也说悬浊液。

【悬隔】xuángé 动〈文〉远远地隔开 ▷南北～，杳无音信。

【悬挂】xuánguà ❶ 动 悬空垂挂 ▷窗前～着一串风铃。❷ 动 牵挂 ▷日夜～。

【悬棺】xuánguān 名 葬在悬崖石洞里或悬在崖壁上的棺材。我国西南一带古代有悬棺而葬的风俗。

【悬河】xuánhé ❶ 名 瀑布；比喻流畅奔放、滔滔不绝的言辞 ▷文气舒畅，有如～｜口若～。❷ 名 因泥沙淤积，河床高出地面的河流。

【悬壶】xuánhú 动〈文〉《后汉书·费长房传》中说：东汉费长房见街市上有一老翁卖药，铺前悬挂着一把壶，收市后老翁跳入壶中。费长房认为这位老翁定有奇异医技，于是拜他为师，学会了治疗各种疾病。后用“悬壶”借指行医卖药 ▷～济世。

【悬乎】xuánhu 形〈口〉不牢靠；危险 ▷这门亲事有点儿～｜独轮走钢丝真～。☛ 跟“玄乎”意义不同。

【悬空】xuánkōng ❶ 动 悬在空中 ▷这里的栈道贴岩～｜车身～。❷ 动 比喻事情没有结果或没有落实 ▷讨论了半天，具体措施还～着，这怎么行！｜必须确保任务不～，落实不走样。

【悬梁】xuánliáng 动 吊在房梁上；多指上吊自杀 ▷头～，锥刺股｜～自尽。

【悬梁刺股】xuánliáng-cìgǔ《太平御览》卷三六三引《汉书》记载：孙敬读书时为防止困倦疲乏，用绳子把头发吊在房梁上。《战国策·秦策一》记载：苏秦读书发困想睡觉时，拿锥子刺自己的大腿。后用“悬梁刺股”形容发愤刻苦学习。

【悬铃木】xuánlíngmù 名 落叶乔木，叶开裂，春季开花，果实球形，树冠开展。多作行道树，木材可供建筑用。其中一种又称法国梧桐。

【悬念】xuánniàn ❶ 动 牵挂；惦记 ▷你的安危我一直～在心。❷ 名 对小说、戏剧、影视等文艺作品中情节发展和人物命运的期待心理；泛指让人牵挂的结果 ▷给观众造成～｜这场球赛的胜负充满～。

【悬赏】xuánshǎng 动 公布奖励办法，征聘别人帮助做某事 ▷重金～捉拿逃犯。

【悬殊】xuánshū 形 差距很大 ▷比分～。

【悬索桥】xuánsuǒqiáo 名 用高强度钢缆作为桥身主要承重结构的悬挂桥。桥面用吊索挂在钢缆上。常用作跨越山谷、江河、海湾和海峡的桥。也说吊桥。

【悬梯】xuántī 名 悬挂式的软梯。

【悬腕】xuánwàn 动 用毛笔写字时手腕悬空，不挨桌面。

【悬望】xuánwàng 动 担心地盼望 ▷～游子早归。

【悬想】xuánxiǎng ❶ 动 悬念①。❷ 动 凭空想象；猜想 ▷要以事实为依据，不要去～。☛ 跟“玄想”意义不同。

【悬心】xuánxīn 动 挂念；担心 ▷她一直在为远方亲人的病况～｜河水暴涨，让人～。

【悬心吊胆】xuánxīn-diàodǎn 提心吊胆。

【悬崖】xuányá ❶ 名 高耸陡峭的山崖 ▷万丈～。❷ 名 比喻危险的境地 ▷你这种做法实际上是把他进一步推向～。

【悬崖绝壁】xuányá-juébì 悬崖峭壁。

【悬崖勒马】xuányá-lèmǎ 行至陡峭的山崖边勒住缰绳，使马停下。比喻面临危险及时回头。☛“勒”在这里不读 lēi。

【悬崖峭壁】xuányá-qiàobì 高耸陡峭的山崖、石壁。形容山势险峻。

【悬浊液】xuánzhuóyè 名 悬浮液。

旋 xuán ❶ 动 旋转 ▷天～地转｜盘～。→ ❷ 动 返；回来 ▷凯～。→ ❸ 副〈文〉表示时间快，相当于“很快地”“随即” ▷奖券～即售罄。→ ❹ 名 圈子 ▷飞机在空中打～。❺ 名 头发呈漩涡状的地方 ▷他头上有两个～儿。☛ 通常读 xuán；读 xuàn，指反复快速地作环形转动，如“旋风”“旋床”。

另见 1560 页 xuàn。

【旋即】xuánjí 副〈文〉立即；马上 ▷部队～北上。

【旋卷】xuánjuǎn 动 盘旋翻卷 ▷狂风～着沙尘。

【旋律】xuánlǜ ❶ 名 音乐上指若干乐音的有规律、有节奏的组合。是音乐的内容、风格、体裁和民族特征等的主要表现手段 ▷优美的～。❷ 名 比喻事物的和谐运动 ▷快节奏的生活～。

【旋钮】xuánniǔ ❶ 名 用手转动的开关或调节装置 ▷转一下～，门就打开了。❷ 名 多指可以调节参数的电器元件的手持部分，如可变电阻器等露在机箱外的部分。

【旋绕】xuánrào 动 环绕；缠绕 ▷小狗～着我撒欢儿｜这个装饰是用彩线一圈圈～成的。

【旋梯】xuántī ❶ 名 螺旋形状的扶梯。也说旋转梯。❷ 名 一种体育运动器材，形状像梯子，可摆动和旋转；也指用旋梯进行锻炼的体育运动。

【旋涡】xuánwō 现在一般写作"漩涡"。

【旋舞】xuánwǔ 动 回旋舞动；飞舞 ▷落叶随风～。

【旋踵】xuánzhǒng〈文〉❶ 动 掉转脚跟 ▷士不～，视死如归。❷ 名 一转脚跟的时间，指很短的时间 ▷～即逝。

【旋转】xuánzhuǎn ❶ 动 围绕一个点或一个轴做圆周运动 ▷地球绕地轴～叫自转｜只觉得天地都在～。❷ 动 扭转 ▷～乾坤。

【旋转餐厅】xuánzhuǎn cāntīng 一般指设在高层建筑顶层、可缓慢转动的餐厅。顾客可一边用餐，一边欣赏窗外变换的景色。

【旋转乾坤】xuánzhuǎn-qiánkūn 把天地旋转过来。比喻扭转大局 ▷具有～的信心。

漩 xuán 名 水流旋转形成的圆窝 ▷溪水在岩石间打～｜～涡。

【漩涡】xuánwō ❶ 名 流体因急速旋转而成的螺旋形 ▷江面有巨大的～。❷ 名 比喻陷进去后就难以摆脱的处境 ▷卷进是非的～。

璇（*璿） xuán 名〈文〉一种美玉。

【璇玑】xuánjī ❶ 名 古代指北斗星的第一星至第四星；泛指北斗星。❷ 名 古代测天象的仪器。

暶 xuán〈文〉❶ 形 明亮。○ ❷ 形 美丽。

xuǎn

咺 xuǎn ❶ 动〈文〉小孩儿哭泣不止 ▷～唏｜～然啼号。○ ❷ 名 姓。
另见 1555 页 xuān。

选（選） xuǎn ❶ 动 挑选 ▷～种｜～择｜～修。→ ❷ 名 被挑中的人或事物 ▷人～｜入～。→ ❸ 名 经过挑选后被编纂在一起的作品 ▷小说～｜诗～｜文～。→ ❹ 动 选举 ▷～代表｜候～｜～票。

【选拔】xuǎnbá 动 挑选出优秀者 ▷～人才。

【选拔赛】xuǎnbásài 名 为选拔更高一级比赛的参赛人或团队而举行的比赛。

【选报】xuǎnbào ❶ 动 经过选择后上报 ▷向国家队～几名优秀队员。❷ 动 选择报考 ▷～计算机专业。

【选本】xuǎnběn 名 从一部著作或若干同类著作中选出若干篇章编成的书，或从一位作者的全部作品中选出若干篇编成的书 ▷《唐诗三百首》是有名的唐诗～。

【选编】xuǎnbiān ❶ 动 挑选资料或文章编辑在一起 ▷～了一本修辞学论文集。❷ 名 选本；选集（多用于书名）▷《历代笑话～》。

【选才】xuǎncái 动 挑选符合要求的人才 ▷～应注意德才兼备。

【选材】xuǎncái 动 挑选符合要求的材料或素材 ▷这套家具～十分讲究｜文章～得当。

【选场】xuǎnchǎng 名 从一部戏剧中挑选出的某一场或某几场 ▷京剧《群英会》～。

【选唱】xuǎnchàng 动 选择戏剧、曲艺节目中的部分或片段演唱 ▷她～这首歌。

【选单】xuǎndān 名 菜单②。

【选登】xuǎndēng 动 经选择而刊登 ▷要闻～。

【选点】xuǎndiǎn 动 为进行某项工作而选择合适的地点 ▷～搞试验。

【选调】xuǎndiào 动 选拔抽调（人员）▷她被～到国家女子篮球队。

【选定】xuǎndìng 动 经选择确定 ▷～目标。

【选读】xuǎndú ❶ 动 有选择地阅读 ▷从这几篇文章中～两篇。❷ 名 从一个人或若干人的著作中选出若干篇章编成的读本（多用于书名）▷《先秦散文～》。

【选段】xuǎnduàn 名 从某部乐曲或戏曲中选出的某一片段 ▷《贵妃醉酒》～。

【选发】xuǎnfā 动 经过选择后登载发表 ▷版面有限，只能～几篇。

【选购】xuǎngòu 动 选择购买 ▷～图书。

【选集】xuǎnjí 名 选录一个人或若干人的著作而编成的书（多用于书名）▷《鲁迅～》｜《唐诗～》。

【选辑】xuǎnjí ❶ 动 挑选辑录（诗文等）▷～有关论文编成一个集子。❷ 名 选辑成的书（多用于书名）▷《抒情歌曲～》。

【选介】xuǎnjiè 动 选择介绍 ▷产品～。

【选举】xuǎnjǔ 动 用投票或举手等表决方式选出代表或领导人 ▷人民代表是～产生的。

【选举权】xuǎnjǔquán ❶ 名 公民依法选举国家权力机关代表或国家公职人员的权利。❷ 名 成员选举本组织领导人或代表的权利。

【选刊】xuǎnkān ❶ 动 选择刊登 ▷～优秀散文。❷ 名 专门选择刊登已经发表的作品的刊物 ▷《小说～》。

【选矿】xuǎnkuàng 动 对矿物进行分选，以除去废石，提高矿物纯度和品位 ▷～机械。

【选料】xuǎnliào 动 选择原料或材料 ▷精心～。

【选留】xuǎnliú 动 经选择把需要的留下来 ▷～优良品种｜从毕业生中～一批助教。

【选录】xuǎnlù ❶ 动 选择辑录 ▷本书共～了20篇论文。❷ 动 选拔录用；选择录取。❸ 动 选择录制 ▷这盘磁带～的都是抒情歌曲。

【选煤】xuǎnméi 动 用不同方法把混在原煤中的尘土、石块等除去，并把原煤分成不同等级。因过去用水流冲击的方法选煤，故旧称洗煤。

【选美】xuǎnměi 动 按照一定标准选拔美女。

【选民】xuǎnmín 名 有权参加选举的公民。

【选民证】xuǎnmínzhèng 名 证明选民有权参加选举的证件。

【选派】xuǎnpài 动 挑选合格的人员并派去完成一定的任务 ▷～优秀教师出国考察。

【选配】xuǎnpèi ❶ 动 选择搭配 ▷服装颜色～得当。❷ 动 选择优良种畜配种。❸ 动 选择配备 ▷～领导班子。

【选票】xuǎnpiào 名 选举时所用的票，供选举人在上面填写或圈定被选举人的姓名。

【选聘】xuǎnpìn 动 挑选聘任 ▷～教师。

【选区】xuǎnqū 名 选举时按一定原则划分的区域 ▷参加所在～的投票选举。

【选曲】xuǎnqǔ 名 从整部音乐作品中挑选出来的某些曲子 ▷《天鹅湖》～。

【选取】xuǎnqǔ 动 选择采用 ▷～优质木料。

【选任】xuǎnrèn 动 选择任用 ▷～教练。

【选收】xuǎnshōu 动 选择收录 ▷～优秀杂文。

【选手】xuǎnshǒu 名 从众多人员里挑选出来的参赛者 ▷参赛的共有四十多名～。

【选送】xuǎnsòng 动 选择输送 ▷～优质产品参展｜～出国留学人员。

【选题】xuǎntí ❶ 动 选择题目或课题 ▷正在着手～。❷ 名 选出的题目或课题 ▷～新颖｜这个～具有较高的实用价值。

【选贤任能】xuǎnxián-rènnéng 选拔和任用品德好、能力强的人。

【选项】xuǎnxiàng ❶ 动 选择项目 ▷依托资源优势，科学～，规避风险。❷ 名 供选择的或选中(zhòng)的项目 ▷这道试题提供了四个～｜反复论证，确定～。

【选修】xuǎnxiū 动 从可供选择的课程中选定课程学习(跟"必修"相对) ▷～汉语史｜～课。

【选秀】xuǎnxiù 动 选拔某方面优秀的人 ▷全面考核，精心～。

【选样】xuǎnyàng ❶ 动 选择样品 ▷～参展。❷ 名 选定的样品 ▷送～去进行鉴定。

【选映】xuǎnyìng 动 选择放映 ▷～经典影片。

【选用】xuǎnyòng 动 选择采用；选择任用 ▷机身～新型铝合金材料｜～内行参加管理。

【选优】xuǎnyōu 动 挑选优秀的人或物。

【选育】xuǎnyù 动 选择并培育 ▷～优质小麦。

【选载】xuǎnzǎi 动 选取部分内容登载 ▷本期画刊～了这次展览中的部分作品｜《红岩》～。

【选择】xuǎnzé 动 挑选 ▷～专业｜～题材｜这个～是完全正确的。

【选择题】xuǎnzétí 名 一种试题类型，试题后面列出多个备选答案，由应试者按要求选择。

【选战】xuǎnzhàn 名 指激烈的竞选活动。

【选址】xuǎnzhǐ ❶ 动 选择地址 ▷～动工。❷ 名 选定的地址 ▷～得到大家的认同。

【选种】xuǎnzhǒng 动 选择动植物优良品种，用于繁殖 ▷技术员正在田间～。

晅 xuǎn，又读 xuān 〈文〉❶ 形 明亮①。→ ❷ 动 晒干。

烜 xuǎn 形 显著；明亮 ▷～赫。

【烜赫】xuǎnhè 形 形容声势浩大，名声显赫 ▷战功～｜～一时。

癣（癬） xuǎn 名 真菌感染引起的皮肤病的统称。如头癣、脚癣等。☛ 统读 xuǎn，不读 xiǎn。

【癣疥之疾】xuǎnjièzhījí 癣和疥这样的皮肤病；比喻无足轻重的小毛病。

xuàn

券 xuàn ❶ 名 拱券 ▷打～。→ ❷ 动 砌成拱形 ▷～窑洞。☛ ㊀不读 juàn。㊁下边是"刀"，不是"力"。

另见 1141 页 quàn。

泫 xuàn 〈文〉❶ 动 水珠滴下 ▷花上露犹～。→ ❷ 形 形容流泪的样子 ▷涕～流而沾巾。

【泫然】xuànrán 形 〈文〉形容水(多指泪水)滴下的样子 ▷～流涕。

昡 xuàn 名 〈文〉阳光。

炫 xuàn ❶ 动 (强光)照耀 ▷光彩～目。→ ❷ 动 夸耀显示 ▷～示｜自～。☛ 不读 xuán。

【炫富】xuànfù 动 炫耀富有 ▷在同伴中～。

【炫技】xuànjì 动 炫耀技艺 ▷同场～｜～四方。

【炫酷】xuànkù 形 形容时尚而惹人注目 ▷这款智能手机十分～｜～的外观。

【炫目】xuànmù 形 耀眼；(光彩)夺目 ▷～的电焊火花｜入夜，南京路上光彩～。

【炫弄】xuànnòng 动 夸耀卖弄 ▷～本领。

【炫示】xuànshì 动 在人前卖弄、显示(自己的能耐) ▷他的书法很出众，但从不向人～。

【炫耀】xuànyào ❶ 动 (强光)照耀 ▷阳光～。❷ 动 夸耀显示 ▷～自己的才能｜大加～。☛ 不宜写作"昡耀"。

绚（絢） xuàn 形 华丽多彩 ▷～丽｜～烂。☛ 不读 xún。

【绚烂】xuànlàn ❶ 形 灿烂 ▷～的礼花｜～夺

目。❷ 形 华丽 ▷文章～多彩。

【绚丽】xuànlì 形 华丽耀眼 ▷～的色彩｜文辞～｜～多姿。

眩 xuàn ❶ 形 眼睛花；晕 ▷头晕目～｜～晕。→ ❷ 动〈文〉迷惑；惑乱 ▷～于虚名。☛ 不读 xuán。

【眩光】xuànguāng 名 使人产生眩晕感觉的光，对人体和视觉会造成危害 ▷选用～小、显色性好、照明度高的新灯具。

【眩惑】xuànhuò 动 迷惑 ▷不要为邪说所～。

【眩目】xuànmù ❶ 形 眼睛昏花。❷ 见1559页“炫目”。现在一般写作“炫目”。

【眩晕】xuànyùn 动 头昏眼花，感觉自身或周围东西在旋转 ▷从塔上往下看，感到一阵～。

铉（鉉） xuàn 名 古代横贯鼎耳以抬起鼎的器具；也指提鼎两耳的金属钩。

琄 xuàn 名〈文〉一种佩玉。

衒 xuàn〈文〉❶ 动 沿街叫卖。→ ❷ 动 炫耀；显露 ▷不～能，不矜名。→ ❸ 动 迷惑；惑乱。

旋（鏇❷❸） xuàn ❶ 形 转圈的 ▷～风。→ ❷ 动 用刀子或车床转着圈地切削 ▷把果皮～掉｜～床。❸ 名 温酒的器具 ▷～子。〇 ❹ 副〈口〉立即或临时（做）▷～炒～卖｜菜不多了，～炒几个吧。

另见 1557 页 xuán。

【旋风】xuànfēng 名 呈螺旋状运动的风 ▷西北方卷起了一阵～｜～式访问。

【旋子】xuànzi ❶ 名 温酒的金属器具。❷ 名 盘状金属器具，通常用来做粉皮。〇 ❸ 名 陀螺。❹ 名 武术动作，跳起使身体悬空并做旋转动作，也是传统戏曲中的一种表演特技。

渲 xuàn［渲染］xuànrǎn ❶ 动 国画的一种技法，使用水墨或淡彩涂抹画面，显出物象的明暗向背，以加强表现效果。❷ 动 比喻夸张地描述或形容 ▷剧本成功地～了主人公进退两难的彷徨｜皑皑白雪，～了冬日的宁静。❸ 动 比喻罔顾事实地刻意夸大 ▷恶意～所谓“中国威胁”。☛ 不读 xuān。

楦（*楥） xuàn ❶ 名 楦子 ▷鞋～｜帽～。→ ❷ 动 用楦子把鞋帽的中空部分填实、撑大 ▷新鞋穿着太紧，要～一～。❸ 动 用东西把物体内部填实或撑大 ▷用芦花～枕头｜把口袋～满。

【楦头】xuàntou 名 楦子。

【楦子】xuànzi 名 制作鞋帽时，放在鞋帽里面用来定型的木头模子。也说楦头。

碹 xuàn 同“券（xuàn）”。现在一般写作“券”。

xuē

削 xuē ❶ 义同“削（xiāo）”①，用于合成词和成语 ▷瘦～｜～铁如泥。→ ❷ 动 减少；减弱 ▷～价｜～弱。→ ❸ 动 除去 ▷～职｜～平。→ ❹ 动 搜刮；掠取 ▷剥～。☛ xuē 是文读。xiāo 是白读，口语中可单指用刀去掉物体外皮，如“削苹果”；打乒乓球“削球”的“削”是一种比喻义，也读 xiāo。

另见 1506 页 xiāo。

【削壁】xuēbì 名 陡峭如刀削过一般的山崖 ▷断崖～。

【削发】xuēfà 动 剃掉头发；特指剃掉头发出家做僧尼。

【削价】xuējià 动（商品）降低售价 ▷～出售。

【削肩】xuējiān 名 溜肩膀①。

【削减】xuējiǎn 动 从已定的或已有的数额中减少 ▷人员～一半｜～军费。

【削平】xuēpíng ❶ 动 铲平；清除 ▷～那个小土丘。❷ 动 平定 ▷～乱贼。

【削弱】xuēruò 动 减弱；使减弱 ▷公司的实力～了｜～对方的强攻。

【削瘦】xuēshòu 形 瘦削 ▷脸颊～。

【削铁如泥】xuētiě-rúní 切削铁器就如同削泥土一样。形容兵刃极其锋利。

【削职】xuēzhí 动〈文〉免职 ▷～查办。

【削足适履】xuēzú-shìlǚ 脚大鞋小，为了穿上鞋而把脚削去一点儿。比喻无原则地迁就现成条件或不顾客观条件生搬硬套。

靴（*鞾） xuē 名 靴子 ▷马～｜长筒～。

【靴靿】xuēyào 名 靴子的筒。

【靴子】xuēzi 名 鞋帮高到踝骨以上的鞋。

薛 xuē 名 姓。

xué

穴 xué ❶ 名 洞窟；窟窿 ▷洞～｜孔～。→ ❷ 名 埋棺材的坑 ▷墓～。→ ❸ 名 动物的窝 ▷龙潭虎～｜蚁～。❹ 名 比喻坏人盘踞、藏匿的地方 ▷匪～。→ ❺ 名 穴位 ▷太阳～｜～道。☛ 统读 xué，不读 xuè。

【穴道】xuédào 名 穴位。

【穴居】xuéjū 动 居住在洞穴里 ▷～荒山。

【穴居野处】xuéjū-yěchǔ 居住在洞穴或山林荒野里；一般指远古人类的生活状态。

【穴头】xuétóu 名 组织和介绍演员走穴的经纪人。

【穴位】xuéwèi ❶ 名 中医指人体脏腑、经络的活动机能聚结于体表的特殊部位。对一定穴位进行针灸、按摩等,可以治疗或缓解疾病。❷ 名 墓穴的位置 ▷勘察～。

茓 xué ❶ 名 茓子。→ ❷ 动 用茓子围成囤(dùn)来存放粮食。

【茓子】 xuézi 名 一种粗制的狭长席子,可以围成囤(dùn)来存放粮食。

峃(嶨) xué 用于地名。如大峃、峃口,均在浙江。

学(學) xué ❶ 动 学习 ▷活到老,～到老|勤～苦练。→ ❷ 动 仿照 ▷孩子～着大人的样子说话|鹦鹉～舌。→ ❸ 名 学校 ▷入～|大～|小～。→ ❹ 名 学问;知识 ▷品～兼优|真才实～。⇒ ❺ 名 学术;学说 ▷科～|国～|汉～|西～。⇒ ❻ 名 指学科 ▷物理～|经济～|哲～。☛ 统读 xué,不读 xiáo。

【学霸】 xuébà ❶ 名 指在学术界仗势称霸的人 ▷学术面前人人平等,反对学阀～。❷ 名 指学习成绩特别优异的学生。

【学报】 xuébào 名 高等院校或学术团体、科研机构编辑出版的学术性刊物。

【学步】 xuébù ❶ 动 (儿童)学习走路 ▷宝宝正在～|～车。❷ 动 跟在他人后面走。比喻模仿 ▷初涉写作,还处在～阶段。

【学部】 xuébù 名 中国科学院和中国工程院按学科设立的最高学术咨询机构。各学部均由一定数量的院士组成。

【学潮】 xuécháo 名 学校师生因对时政或校务有所不满而掀起的抗议示威活动 ▷闹～。

【学成】 xuéchéng 动 完成学业 ▷～回国。

【学而不厌】 xué'érbùyàn 专心学习,永不满足(厌:满足)。形容勤奋好学。

【学阀】 xuéfá 名 指在教育界、学术界凭借某种势力,独断专行,排斥、打击与自己不同的学派,霸气十足的人 ▷～作风。

【学费】 xuéfèi ❶ 名 学生按规定向学校缴纳的费用(不包括生活费)。❷ 名 学生学习期间所需的全部费用。❸ 名 比喻为得到某种经验而付出的代价 ▷吸取前人的经验教训就可以少交点儿～。

【学分】 xuéfēn 名 高等学校衡量课程分量和课程时间的单位。一般规定每门课1学期中每周上1节课为1学分。学生必须读满规定的学分才能毕业。

【学分制】 xuéfēnzhì 名 高等学校的一种教学管理制度。按课程性质及每周上课的时数给每门课规定一定的学分。学生每修完一门课经考试合格便得到相应的学分,读满规定的学分才能毕业。

【学风】 xuéfēng 名 学校、学术界或其他学习研究方面的风气 ▷～不正|严谨的～。

【学府】 xuéfǔ 名 高等学校的美称。

【学富五车】 xuéfù-wǔchē 读过的书可以装满好多辆车。形容读书多,学问渊博。

【学乖】 xuéguāi 动 变得乖巧、机灵 ▷这孩子最近～了,挺讨人喜欢的。

【学馆】 xuéguǎn 名 古代指学校。

【学贯中西】 xuéguànzhōngxī 既通晓中国的学问,又通晓西方的学问。形容学识渊博。

【学海】 xuéhǎi 名 像大海一样无边的知识领域 ▷～无涯苦作舟。

【学好】 xuéhǎo 动 学习别人好的行为、品德 ▷这孩子不～|你可要～啊!

【学号】 xuéhào 名 教学管理机构为学生(员)编排的序号。

【学坏】 xuéhuài 动 学习别人坏的行为、品德。

【学会】 xuéhuì ❶ 动 学到并能运用 ▷学生首先要～做人。〇 ❷ 名 某一学科的研究者组成的学术团体 ▷天文～|语言～。

【学籍】 xuéjí 名 本指学生名册;现指学生在校学习的资格 ▷开除～|保留～。

【学监】 xuéjiān 名 旧时学校中负责管理学生的专职人员。也说监学。

【学界】 xuéjiè 名 学术界;教育界 ▷～名流。

【学究】 xuéjiū 名 原指科举中的一个科目;后引申指读书人(多指迂腐的读书人) ▷食古不化的老～|这篇文章～气太浓。

【学究气】 xuéjiūqì 名 读书人迂腐的习气 ▷光读书,不接触社会,就很容易沾染上～。

【学科】 xuékē ❶ 名 按照知识的性质划分的门类 ▷历史～|物理～。❷ 名 学校教育中按教学内容划分的科目。如语文、数学、外语等。❸ 名 军事训练或体育训练中指各种知识性的科目(跟"术科"相区别)。

【学理】 xuélǐ 名 科学上的原理;学问中的道理 ▷～深奥|贯通～。

【学力】 xuélì 名 在知识技能和学习能力上所达到的水平 ▷同等～|～深厚。☛ 跟"学历"不同。

【学历】 xuélì 名 求学的经历,多指最终毕业或肄业于哪一级别的学校 ▷大学本科～|高中～。☛ 跟"学力"不同。

【学龄】 xuélíng 名 学习的年龄;多指儿童适合入学的年龄,一般为六七周岁 ▷～前教育。

【学名】 xuémíng ❶ 名 上学以后使用的正式名字。❷ 名 科学上使用的专门名称 ▷土豆的～叫马铃薯。

【学年】 xuénián 名 学校的教学年度。我国现行的教学年度大多数从秋季开学到次年暑假。

【学派】 xuépài 名 同一学科中由于学术观点、研究方法等方面的不同而形成的派别 ▷提倡～之间的自由争论。

【学期】xuéqī 名 在一个教学年度中划分的若干阶段。我国一学年一般分两个学期，通常从秋季开学到寒假为第一学期或上学期，春季开学到暑假为第二学期或下学期。

【学前班】xuéqiánbān 名 为学龄前儿童开设的为正式入小学打基础的教学班。

【学前教育】xuéqián jiàoyù 幼儿教育。

【学前期】xuéqiánqī 名 从 3 岁至入小学这一段时期。是儿童智力发展的重要时期。

【学区】xuéqū 名 教育行政部门根据学生就近入学以及管理方便的原则，按中小学校的分布情况划分的区域。

【学人】xuérén 名 学者 ▷一代～。

【学舌】xuéshé ❶ 动 模仿他人说话 ▷小孩儿刚会～。❷ 动 没有主见，只会人云亦云 ▷她只会鹦鹉～。❸ 动 嘴不严，把听到的话随便告诉别人 ▷这人好～，什么话都随便传。

【学社】xuéshè 名 通过共同研讨以提高学习水平和兴趣的群众组织 ▷戏剧～。

【学生】xuésheng ❶ 名 在学校求学的人。❷ 名 泛指虚心求教的人 ▷做群众的小～。

【学生会】xuéshenghuì 名 大学和中学在校学生的群众性组织。

【学生腔】xuéshengqiāng 名 书面词语较多、语句呆板稚嫩、缺少生活气息的言语 ▷深入群众，克服～。

【学生证】xuéshengzhèng 名 证明学生身份的证件。

【学生装】xuéshengzhuāng 名 一种服装样式，上身有三个没有盖儿的口袋，直领，下身是西式长裤，旧时多为学生的制服。现时各校可自行设计式样。

【学时】xuéshí 名 教学上一节课的时间单位，通常小学为 40 分钟，中学以上为 45 分钟或 50 分钟。也说课时。

【学识】xuéshí 名 学术方面的修养和知识 ▷～渊博｜具有过人的～。

【学士】xuéshì ❶ 名〈文〉读书人；研究学问的人。❷ 名 学位中最低的一级，大学本科毕业时由学校授予；也指取得这一学位的人。

【学术】xuéshù 名 有系统的、专业性很强的学问 ▷～会议｜～水平｜～界｜～性。

【学说】xuéshuō 名 学术上自成系统的理论、主张 ▷儒家～｜生物进化～。

【学堂】xuétáng 名 旧指学校 ▷进～。

【学童】xuétóng 名 年幼的学生。

【学徒】xuétú ❶ 名 在工厂、作坊或商店学习技艺的青少年 ▷杂货店的～。❷ 动 当学徒。

【学徒工】xuétúgōng 名 作为学徒跟随师傅学习技术的年轻工人。也说徒工。

【学位】xuéwèi 名 根据专业学术水平授予的称号。我国学位分学士、硕士、博士三级。

【学问】xuéwen ❶ 名 知识；学识 ▷这个人有～。❷ 名 研究客观事物规律而形成的系统知识 ▷一个行当有一个行当的～。

【学无止境】xuéwúzhǐjìng 学问没有边际；学习没有尽头。

【学习】xuéxí ❶ 动 通过读书、听课、研究、实践等手段获取知识或技能 ▷～语言｜～电脑。❷ 动 参照着去实践 ▷向雷锋同志～。

【学习班】xuéxíbān 名 为了特定目的组织起来的短期学习组织 ▷企业管理～。

【学习机】xuéxíjī 名 专为中小学生设计的一种微型计算机。

【学系】xuéxì 名 系（xì）④。

【学衔】xuéxián 名 高等学校教师和科学研究部门研究人员的专业职称。如教授、副教授、研究员、副研究员等。

【学校】xuéxiào 名 专门对学生进行教育的机构。

【学养】xuéyǎng 名 学问和修养。

【学业】xuéyè ❶ 名 学识；学问 ▷～有成。❷ 名 课业 ▷好好学习，不要荒废～。

【学以致用】xuéyǐzhìyòng 把学到的知识应用于实际。

【学艺】xuéyì 动 学习技艺；多指学习武术、戏曲或杂技等表演艺术以及手工艺等 ▷跟这位老艺术家～多年。

【学友】xuéyǒu 名 同学之间的亲切称呼 ▷同窗～｜各位～。

【学有所长】xuéyǒusuǒcháng 学有专长。

【学有专长】xuéyǒuzhuāncháng 具有某个领域专门的学问或技能。

【学员】xuéyuán 名 多指在普通大、中、小学以外的学校或训练班学习的人 ▷夜校～｜干部轮训班～。

【学院】xuéyuàn 名 高等教育机构，分三类：一是以某种专业教育为主单独设立的，如师范学院；二是在大学内分设的介于校系之间的，如北京大学法学院；三是单独设立又包含多种专业的，多以地名命名，如黄山学院。

【学杂费】xué-záfèi 学费和杂费。

【学长】xuézhǎng 名 对比自己年长或比自己年级高的同学的称呼；也用于尊称一般同学。

【学者】xuézhě 名 在学术研究上有较高造诣的人。

【学制】xuézhì 名 国家对各级各类学校的课程设置、组织系统、学习年限、入学条件等的规定；特指规定的学习年限 ▷～改革｜～五年。

【学子】xuézǐ 名〈文〉学生 ▷青年～。

踅 xué ❶ 动 来回地走；盘旋 ▷别在外面～来～去，快进屋吧｜狂风乱～。→ ❷ 动 折回；回转 ▷～身回屋｜～转（zhuǎn）。

【踅摸】xuémo 动〈口〉寻摸 ▷四下里～｜～个停车的地方。

【踅子】xuézi 现在一般写作"茓子"。

噱 xué 动 某些地区指笑 ▷发～｜～头。另见 758 页 jué。

【噱头】xuétóu 名 某些地区指逗人发笑的话或动作。

xuě

雪¹ xuě ❶ 名 由天空落向地面的白色冰晶体，由水蒸气遇冷凝结而成，多为六角形 ▷～花｜瑞～｜积～。→ ❷ 名 颜色和光泽像雪的 ▷～白｜～亮｜～糕。◯ ❸ 名 姓。

雪² xuě 动 洗刷；除去 ▷报仇～恨｜～耻｜～冤。☛"雪"字统读 xuě，不读 xuè。

【雪白】xuěbái 形 形容颜色像雪一样白。

【雪豹】xuěbào 名 豹的一种。毛长而密，灰白色，尾粗大，全身布满黑斑和黑环。栖息于海拔较高的山地，捕食野羊、鹿、鸟类等。我国主要分布在西北、内蒙古、西藏和四川等地。属国家保护动物。也说艾叶豹。

【雪暴】xuěbào 名 伴有强降雪的风暴。有雪暴时能见度很低 ▷～成灾。

【雪崩】xuěbēng 动 山地大量积雪由于本身重量、大风或底部融化等原因突然崩落。

【雪藏】xuěcáng ❶ 动 某些地区指冷藏。❷ 动 指搁置不用或深藏不露 ▷不能为了垄断而把这项技术～起来。

【雪耻】xuěchǐ 动 洗刷耻辱 ▷为国～。

【雪地】xuědì 名 积雪覆盖的地面 ▷茫茫～。

【雪雕】xuědiāo 名 用雪堆雕塑形象、花纹等的艺术；也指用这种艺术雕塑成的作品。

【雪峰】xuěfēng 名 积雪覆盖的山峰。

【雪糕】xuěgāo 名 一种冷食，质地类似冰激凌而成块状。

【雪柜】xuěguì 名 某些地区指电冰箱或电冰柜。

【雪恨】xuěhèn 动 消除心头的仇恨 ▷报仇～。

【雪花】xuěhuā 名 空中飘落的雪，多为六角形，形状像花。

【雪花膏】xuěhuāgāo 名 用硬脂酸、甘油、苛性钾和香料等制成的润肤用品。

【雪茄】xuějiā 名 英语 cigar 音译。指直接用烟叶卷成的烟，比普通纸烟粗而长。☛"茄"这里不读 qié。

【雪景】xuějǐng 名 下雪时或雪后的景致。

【雪梨】xuělí 名 梨的一种，果实个儿大，表皮较粗。因藏至冬季味道最佳，故称。也说雪花梨。

【雪里红】xuělǐhóng 现在一般写作"雪里蕻"。

【雪里蕻】xuělǐhóng 名 一年生草本植物，是芥（jiè）菜的变种。叶子长圆形，叶缘呈不规则锯齿状，花黄色。是普通蔬菜，多腌制后食用。

【雪里送炭】xuělǐ-sòngtàn 雪中送炭。

【雪莲】xuělián 名 多年生草本植物，叶多，密集，长椭圆形。头状花序，花瓣薄而狭长，花蓝紫色，形似莲花。生长在高山积雪的岩缝中。全草可以做药材。也说雪莲花。

【雪亮】xuěliàng 形 形容极其明亮或明白 ▷～的眼睛｜她嘴上不说，心里可是～的。

【雪盲】xuěmáng 名 阳光中的紫外线经雪地表面的强烈反射对人眼睛造成的损伤。有眼红痛、畏光、流泪、视物不清等症状，严重者可导致失明。

【雪泥鸿爪】xuění-hóngzhǎo 宋·苏轼《和子由渑池怀旧》："人生到处知何似？应似飞鸿踏雪泥。泥上偶然留指爪，鸿飞那复计东西？"后用"雪泥鸿爪"比喻往事留下的痕迹。

【雪片】xuěpiàn 名 雪花（多用于比喻）▷～飘积在道边树上｜捷报～似的飞来。

【雪橇】xuěqiāo 名 一种在冰雪上滑行的无轮交通工具，一般靠畜力拉动。也说雪车。

【雪青】xuěqīng 形 形容颜色浅紫 ▷～的上衣。

【雪球】xuěqiú 名 用雪团成的球状物。

【雪人】xuěrén 名 仿照人形堆成的雪堆。也说雪罗汉。

【雪山】xuěshān 名 长年被冰雪覆盖着的山。

【雪上加霜】xuěshàng-jiāshuāng 比喻在一次灾祸以后，接连又遭受新的灾祸，使损害愈加严重。

【雪水】xuěshuǐ 名 雪化成的水。

【雪松】xuěsōng 名 常绿乔木，树干耸直，叶子针形，初生时有雪样白粉，球果卵形，树冠圆锥形。木材细密，有香味。是著名的观赏树种。

【雪天】xuětiān 名 下雪的日子；下雪的天气。

【雪线】xuěxiàn 名 终年积雪区域的界线。其高度主要受气候、地形等因素影响，一般随纬度增高而降低。

【雪野】xuěyě 名 积雪覆盖的旷野 ▷茫茫～。

【雪冤】xuěyuān 动 洗刷冤屈。

【雪原】xuěyuán 名 积雪覆盖的原野 ▷林海～。

【雪灾】xuězāi 名 暴雪造成的灾害。

【雪中送炭】xuězhōng-sòngtàn 雪天给人送炭取暖。比喻在别人急需的时候给予帮助。

鳕（鱈） xuě 名 鱼，体长形而略侧扁，灰褐色，有暗褐色斑点和斑纹；头大，口大，下颌有一根触须；背鳍三个，臀鳍两个；尾小，不分叉。鱼肉雪白。生活在海洋中。肝可以制鱼肝油。通称鳕鱼。也说鳘。

xuè

血 xuè ❶ 名 流动于心脏和血管内的不透明的红色液体，主要成分是血浆和血细胞 ▷呕心沥～|贫～。→ ❷ 形 有血缘关系的 ▷～亲|～统。→ ❸ 名 指刚强、热诚的气质或精神 ▷～性男儿。→ ❹ 名 中医指月经。☛ xuè 是文读。xiě 是白读，可单说，也可组成一些常见口语词，如"鼻子流血了""出血了"；除此之外都应该读 xuè。在"血债还要血来偿"一句中，前一个"血"读 xuè，后一个"血"读 xiě。

另见 1522 页 xiě。

【血癌】xuè'ái 名 白血病。

【血案】xuè'àn 名 流血的案件；多指杀人案。

【血本】xuèběn 名 做买卖的老本儿(有来之不易、是多年心血积累的意思) ▷不惜～。

【血崩】xuèbēng 动 中医指妇女在非行经期阴道突然大量出血。

【血沉】xuèchén 名 血液红细胞沉降率的简称，即单位时间内新鲜血液中红细胞的沉降速度。测定血沉可用来诊断某些病情。

【血仇】xuèchóu 名 由于亲人被杀害而产生的仇恨；很深的仇恨 ▷世代～。

【血防】xuèfáng 名 对血吸虫病的防治。

【血粉】xuèfěn 名 用动物血液制成的粉状物质，可用作饲料和肥料。

【血管】xuèguǎn 名 血液循环时流经的管状通道，分动脉、静脉和毛细血管三种。

【血光之灾】xuèguāngzhīzāi 迷信指被杀害的灾难。

【血海深仇】xuèhǎi-shēnchóu 像血流成海那样的深仇大恨。形容仇恨极大、极深。

【血汗】xuèhàn 名 血和汗；借指辛勤的劳动和劳动成果 ▷侵吞劳工～|～钱。

【血红】xuèhóng 形 形容颜色像鲜血一样红。

【血红蛋白】xuèhóng dànbái 一种含铁的复合蛋白，是红细胞的主要成分。主要功能是运输氧和二氧化碳。也说血色素。

【血红素】xuèhóngsù 名 一种含铁的卟啉化合物，为血红蛋白和某些氧化还原酶的辅基。结合到蛋白质分子中后参与生物体中氧的传递和氧化还原作用。

【血花】xuèhuā 名 溅出来的鲜血 ▷～四溅。

【血迹】xuèjì 名 血的痕迹 ▷地上有～。也说血痕。

【血痂】xuèjiā 名 流出的血在伤口表面凝成的块状物。

【血检】xuèjiǎn 动 血液检测。检测血液的成分是否正常或是否含有某种药物。

【血浆】xuèjiāng 名 血液中除血细胞之外的液体部分，半透明，淡黄色，呈黏稠状，含有水、无机盐、营养物、激素、尿酸等。

【血口喷人】xuèkǒu-pēnrén 比喻用恶毒的言语诬陷他人。

【血库】xuèkù 名 保存和供应血液的医疗设备。

【血块】xuèkuài 名 块状的凝血 ▷经手术，脑颅内部的～已经取出。

【血亏】xuèkuī 动 中医指贫血。

【血泪】xuèlèi 名 带血的眼泪。借指悲惨的遭遇。古人认为极悲痛时眼泪流尽会滴血，故称 ▷～仇|一部～史。

【血量】xuèliàng 名 活体循环系统中的全部血液容量。正常成年人的血量约占体重的7%—8%。

【血流漂杵】xuèliú-piāochǔ 形容杀人甚多，血流成河，连木杵都漂浮起来(杵：杵形兵器)。☛"杵"不读 wǔ。

【血流如注】xuèliú-rúzhù 血像喷射出来那样流出。形容血流得多而急。

【血路】xuèlù 名 用生命和鲜血开辟出的道路 ▷从敌人的重重包围中杀出一条～◇奋力杀出一条新能源产业异军突起的～。

【血脉】xuèmài ❶ 名 中医指人体内血液运行的脉络 ▷～流通。❷ 名 血统 ▷父子～相连。❸ 名 指嫡亲子女 ▷唯一～。

【血尿】xuèniào 名 含有红细胞的尿液，多由泌尿系统疾病引起。

【血浓于水】xuènóngyúshuǐ 血比水浓。多用于比喻亲情深厚，非同一般。

【血泡】xuèpào 名 皮肤上充血的泡 ▷手上磨起了～。

【血盆大口】xuèpén-dàkǒu 像血盆一样的大嘴(血盆：古代祭祀时盛血的盆子)。形容猛兽等张开的大嘴。

【血拼】xuèpīn ❶ 动 激烈地争斗或竞争 ▷两个团伙为了争夺赌场引发～|"五一"还没到，各大商场已经开始了价格～。〇 ❷ 动 英语 shopping 音译。疯狂购物 ▷她每个周末都要逛街，是名副其实的"～一族"啊！

【血泊】xuèpō 名 大滩的血 ▷躺在～之中。

【血气】xuèqì ❶ 名 精力 ▷年轻人～方刚。❷ 名 指刚强、热诚的气质 ▷～男儿。

【血亲】xuèqīn 名 有血缘关系或法律规定视同有血缘关系的亲属 ▷直系～|旁系～。

【血清】xuèqīng 名 血浆除去纤维蛋白原后的胶状液体。其中主要是白蛋白和球蛋白，本身不凝固。有免疫、维持酸碱平衡等作用。

【血球】xuèqiú 名 血细胞的旧称。

【血染】xuèrǎn 动 鲜血浸染；借指经历战火洗礼或用生命换取 ▷～战旗|～大地|～的风采。

【血肉】xuèròu ❶ 名 血和肉 ▷～横飞。❷ 名 比喻密不可分的关系 ▷～相连。

【血肉横飞】xuèròu-héngfēi 血肉四散飞溅。形容遭受野蛮屠杀时人员死伤的惨状。

【血肉相连】xuèròu-xiānglián 比喻关系密切，不可分离。

【血肉之躯】xuèròuzhīqū 有血有肉的身躯；借指生命 ▷为革命献出了～。

【血色】xuèsè ❶ 名 像血一样的颜色 ▷夕阳给天空染上了一层～|～黄昏。❷ 名 红润的肤色 ▷脸上一点儿～也没有。

【血色素】xuèsèsù 名 血红蛋白。

【血书】xuèshū 名 用自己的鲜血写成的文字，以表示仇大、冤深或志向坚决 ▷咬破手指写～。

【血栓】xuèshuān 名 在活体的血管或心脏内，由血液的某些成分凝成的栓状物。血栓会引起身体某部分的机能障碍，严重时可危及生命。

【血水】xuèshuǐ ❶ 名 流出来的稀薄的血液 ▷～从创面渗了出来。❷ 名 含血的水 ▷洗肉的～散发着腥味儿。

【血丝】xuèsī ❶ 名 丝状的血 ▷痰里有～。❷ 名 眼白因毛细血管充血而出现的红丝 ▷双眼布满～。

【血糖】xuètáng 名 血液中的葡萄糖，是机体的能源之一。

【血统】xuètǒng 名 由血缘形成的亲属系统；也指有共同祖先的关系。☛“血统”和“血缘”都指人类因繁殖后代而形成的一种自然的亲属关系。但“血统”强调的是由这种关系构成的系统，因而应用范围较广，除了家庭成员之外，还用于宗族、民族、国家、地区等，如“中国血统”“亚洲血统”；“血缘”强调的是这种关系的自然联系性质，较多地用于家庭或家族成员。

【血统论】xuètǒnglùn 名 一种根据血统关系来评定人的错误理论，认为人的阶级立场、政治态度、思想品德等是由家庭出身决定的。

【血污】xuèwū 名 沾上血液后形成的污痕 ▷检验衣服上的～。

【血吸虫】xuèxīchóng 名 寄生虫，雄虫乳白色，雌虫后半部褐色，雌雄常合抱在一起。寄生在人和多种哺乳动物的门静脉小血管内，引起血吸虫病。症状是肝脾肿大、腹胀、腹泻等。

【血洗】xuèxǐ 动 像用血洗了一样。形容大规模地残酷屠杀 ▷敌人扬言要～这座城市。

【血细胞】xuèxìbāo 名 血液中的细胞。由红骨髓、脾脏等制造出来，分红细胞、白细胞、血小板三类。旧称血球。

【血象】xuèxiàng 名 通过化验测算得出来的血液中所含红细胞、白细胞、血小板等的数据。

【血小板】xuèxiǎobǎn 名 血液内没有细胞核的无色小体。有帮助血液凝固和血块收缩的作用。

【血腥】xuèxīng ❶ 名 血液的腥味儿 ▷难闻的～。❷ 形 散发着血腥味儿的。形容屠杀或战斗时的残酷 ▷～镇压。

【血型】xuèxíng 名 血液的类型。根据红细胞含的特殊抗原（凝集原）的不同，分 O、A、B、AB 四种主要类型。人的血型终生不变，能遗传。输血时除 O 型可以输给任何型，AB 型可以接受任何型外，必须用同型的血。

【血性】xuèxìng 名 刚强正直、敢作敢为的品性 ▷有～的男子汉。

【血虚】xuèxū 名 中医指体内阴血亏损的病症。主要症状是面色萎黄、眩晕、心悸、失眠、脉虚细等。

【血循环】xuèxúnhuán 名 血液在心脏的作用下，循着心血管系统在全身周而复始流动的现象。将氧和营养物质运送到全身组织和器官，又将二氧化碳及其他代谢产物运至呼吸系统和排泄系统。分体循环和肺循环。

【血压】xuèyā 名 动脉血管内血液对血管壁的侧压力。心脏收缩时的最高血压叫收缩压（高压），心脏舒张时的最低血压叫舒张压（低压）。

【血压计】xuèyājì 名 间接测量人体动脉血压（高压和低压）的一种仪器。

【血样】xuèyàng 名 抽取或采集来用于化验的血液。

【血液】xuèyè ❶ 名 血（xuè）①。❷ 名 比喻维护集体活力的重要成分或力量 ▷领导层增加了新鲜～。

【血衣】xuèyī 名 沾血的衣服 ▷解开伤员的～。

【血印】xuèyìn 名 血的印迹 ▷手上有一道～。

【血友病】xuèyǒubìng 名 遗传性凝血功能障碍引发的疾病。症状是全身各处易自发性出血，或受轻微损伤后出血不止。

【血雨腥风】xuèyǔ-xīngfēng 腥风血雨。

【血缘】xuèyuán 名 指家庭和家族成员间因繁殖后代而形成的自然关系。☛ 参见本页“血统”的提示。

【血晕】xuèyùn ❶ 动 妇女产后因失血过多而昏晕。❷ 名 中医指这种病症。❸ 动 指某些人见到鲜血就会昏晕。☛ 跟“血（xiě）晕”不同。

【血债】xuèzhài 名 指残杀无辜的罪行（像欠债一样，必须偿还） ▷～要用血来还。

【血战】xuèzhàn ❶ 名 十分激烈的战斗。❷ 动 进行十分激烈的战斗 ▷～台儿庄。

【血证】xuèzhèng 名 带有血迹的杀人证物。

【血脂】xuèzhī 名 血清中所含各种脂质的统称，包括甘油三酯、胆固醇、磷脂和游离脂肪酸等。

【血肿】xuèzhǒng 动 因血管壁破裂，血液流出血管聚积在软组织内而使局部发生红肿。

【血渍】xuèzì 名 衣物等上的血迹。

谑（謔） xuè 动〈文〉开玩笑；嘲弄 ▷～而不虐（开玩笑而不使人难堪）｜戏～｜谐～。☛ 统读 xuè，不读 nüè。

xūn

荤（葷） xūn［荤粥］xūnyù 古同"獯鬻"。另见 618 页 hūn。

勋（勛*勳） xūn ❶ 名 很大的功劳 ▷功～｜奇～｜～劳｜～章。→ ❷ 名 有很大功劳的人 ▷开国元～。

【勋爵】xūnjué 名 英国贵族的一种名誉头衔，国王授予，可以世袭；后也用于对英国贵族的尊称。

【勋劳】xūnláo 名 功勋劳绩 ▷屡建～。

【勋业】xūnyè 名 功业 ▷～永存。

【勋章】xūnzhāng 名 授予有功人员的荣誉证章 ▷胸前佩戴着一枚～。

埙（塤*壎） xūn 名 黏土或陶土烧制的一种吹奏乐器，形状为椭圆体，上面有一个或多个音孔。参见插图 12 页。

熏[1]（*燻） xūn ❶ 动 食品加工方法，用烟火烧烤食物，使具有某种特殊的味道 ▷～鱼｜～鸡｜～制。→ ❷ 动 烟、气等沾染、侵袭物体（使变色或沾上气味）▷烟～火燎｜臭气～天。❸ 动 由于长期接触而受到影响 ▷利欲～心｜～染｜～陶。☛ 读 xùn，指有害气体伤人，有口语色彩，如"让煤气熏着了"。

熏[2] xūn ❶ 形 温和；和煦 ▷～风。○ ❷ 名 姓。

另见 1570 页 xùn。

【熏风】xūnfēng 名〈文〉和暖的东南风或南风 ▷煦日～。

【熏染】xūnrǎn 动 处在某环境中沾染上该环境的气味、烟气等；比喻人的思想和生活习惯逐渐受到影响（多指不良的）▷～了一些恶习。

【熏肉】xūnròu 名 用熏制方法加工的肉类食品。

【熏陶】xūntáo 动 人的思想、行为、爱好、习惯等逐渐受到影响（多指积极健康的）▷从小受到艺术的～。☛ 不宜写作"薰陶"。

【熏香】xūnxiāng ❶ 名 香⑦ ▷点燃几根～。❷ 名 传说中指点燃后使人闻之昏睡的香。❸ 动 点燃熏香熏染空气、衣物等，使有香气 ▷屋里～了，挺好闻的。

【熏蒸】xūnzhēng 动 熏和蒸；多用来形容高温闷热使人难受 ▷受不了桑拿的～｜暑热～。

【熏制】xūnzhì 动 熏[1]（xūn）①。

窨 xūn 动 熏制茶叶。把茉莉花等与茶叶拌和在一起，使茶叶染上花香 ▷～茶叶｜～片。另见 1652 页 yìn。

薰 xūn 名 古书上说的一种香草。

【薰莸不同器】xūn yóu bù tóng qì 香草和臭草不能放在同一器具里。比喻好人跟坏人不能共处。

獯 xūn［獯鬻］xūnyù 名 我国古代北方的一个民族。周代称猃狁，战国以后称匈奴。

纁（纁） xūn 形〈文〉浅红。

曛 xūn〈文〉❶ 名 黄昏；傍晚 ▷～暮。→ ❷ 名 太阳落山时的余光 ▷暮～｜红～。→ ❸ 形 昏暗 ▷天地～黑。

醺 xūn 形 形容酒醉的样子 ▷微～｜～然大醉。

xún

旬 xún ❶ 名 十天叫一旬，一个月分上、中、下三旬 ▷本月中～｜兼～（二十天）｜～刊。→ ❷ 量 十岁也叫一旬（一般用于高龄）▷六～大寿｜年满七～｜九～老人。

【旬报】xúnbào 名 每 10 天出版 1 次的报纸。

【旬刊】xúnkān 名 每 10 天出版 1 期的刊物。

【旬日】xúnrì 名〈文〉10 天 ▷～内定有回音。

寻（尋*尋） xún ❶ 量 古代长度单位，8 尺为 1 寻。→ ❷ 动 探求；找 ▷～求｜～根究底｜～觅。○ ❸ 名 姓。☛ 统读 xún，不读 xín。

【寻查】xúnchá 动 寻觅查找 ▷～遗失的财物。

【寻常】xúncháng 形 古代称 8 尺为 1 寻，两寻为 1 常，都是很普通的长度。后用"寻常"来形容平常、普通 ▷～百姓｜胜败乃～之事。

【寻短见】xúnduǎnjiàn 指自杀。

【寻访】xúnfǎng 动 寻找探访 ▷～失散的亲人。

【寻根】xúngēn ❶ 动 寻找根源 ▷～究底。❷ 动 特指寻找祖籍或祖先宗族 ▷回大陆～。

【寻根究底】xúngēn-jiūdǐ 寻求事物的根由，追究事物的底细。也说寻根问底。☛ 不宜写作"寻根究柢"。

【寻呼】xúnhū 动（通过无线通信台）寻找呼叫。也说传呼。

【寻呼机】xúnhūjī 名 无线寻呼系统中，用户用来接收呼叫方信号的装置。简称呼机。也说 BP 机、传呼机。

【寻呼台】xúnhūtái 名 以寻找呼叫人和发布各种信息为主要业务的无线通信台。

【寻花问柳】xúnhuā-wènliǔ 本指游赏风景；后多指嫖娼。

【寻欢】xúnhuān 动 寻求欢乐；特指追逐异性 ▷～作乐。

【寻欢作乐】xúnhuān-zuòlè 寻求欢乐，纵情享受。

【寻获】xúnhuò 动 经寻找获得 ▷～猎物。

【寻机】xúnjī 动 寻找机会 ▷～生事。
【寻见】xúnjiàn 动 找到 ▷难以～。
【寻究】xúnjiū 动 追查;追究 ▷～事件起因。
【寻开心】xúnkāixīn〈口〉❶求痛快;找欢乐 ▷不时唱段京戏～。❷(拿别人的缺陷、短处等)开玩笑 ▷不要拿别人～。
【寻觅】xúnmì 动 寻找;寻求 ▷～知音。
【寻摸】xúnmo 动〈口〉寻求;设法弄到 ▷～几幅好画|帮我～点儿吃的来。
【寻亲】xúnqīn 动 寻找亲人、亲属 ▷来大陆～。
【寻求】xúnqiú 动 寻找探求 ▷～答案。
【寻声】xúnshēng 动 追寻着声音 ▷～查找,在书堆里找到手机。
【寻事】xúnshì 动 故意制造事端;找麻烦 ▷无端～。
【寻死】xúnsǐ ❶ 动 想自杀;自杀 ▷上吊～。❷ 动 找死(用于对一些鲁莽行为的斥责) ▷酒后开车,这不是～吗!
【寻死觅活】xúnsǐ-mìhuó 闹着要自杀;以死吓人 ▷她～,闹得全家不得安宁。
【寻思】xúnsi 动 思考;琢磨 ▷反复～这件事。
【寻味】xúnwèi 动 琢磨体会 ▷～良久。
【寻问】xúnwèn 动 找人问;打听 ▷～事情的前前后后。
【寻隙】xúnxì 动 寻找缝隙或裂痕。借指找借口或钻空子 ▷～打架|～而入。
【寻衅】xúnxìn 动 故意寻找事端进行挑衅 ▷～打人|前来～。
【寻章摘句】xúnzhāng-zhāijù 读书只搜寻、摘录只言片语,不去深入研究;也指写文章只堆砌现成的词句,没有创造性。
【寻找】xúnzhǎo 动 找[1] ▷～机会|四处～。
【寻踪】xúnzōng 动 寻找踪迹 ▷～捉拿逃犯。
【寻租】xúnzū 动 英语 rent-seeking 直译。指采取行贿、受贿等手段,利用权力来寻求对市场的干预,从中获取不正当经济利益。是一种严重的腐败行为 ▷严防把行政审批变成权力～。

纠(紃) xún 名〈文〉绦子。

巡(*廵) xún ❶ 动 往来查看;按一定的路线活动 ▷～夜|～回。→ ❷ 量 用于为酒宴上所有客人斟酒的次数,相当于"遍" ▷酒过三～,菜过五味。
【巡捕】xúnbǔ ❶ 动 巡查搜捕 ▷～歹徒。❷ 名 清代总督、巡抚、将军的随从官吏。❸ 名 旧指租界里的警察。
【巡捕房】xúnbǔfáng 名 旧时外国人在租界设立的巡捕办事机关。也说捕房。
【巡查】xúnchá 动 巡逻检查 ▷夜间～。
【巡察】xúnchá 动 边走边察看;巡视考察 ▷～考场|去南方～。
【巡防】xúnfáng ❶ 动 巡逻防卫;巡查防范 ▷加强～|～江堤。❷ 动 巡视边防 ▷连夜～。
【巡访】xúnfǎng 动 巡回访问 ▷～非洲各国。
【巡风】xúnfēng ❶ 动 古代指帝王巡行天下,体察世情民风。❷ 动 来回巡视以观察动静。
【巡抚】xúnfǔ 名 明代指由朝廷派往地方巡察的大臣;清代指主管一省政务和军务的长官。
【巡航】xúnháng 动 在海上或空中巡逻航行。
【巡航导弹】xúnháng dǎodàn 一种外形与飞机相似、靠发动机推力和弹翼的气动升力在大气层内飞向目标的导弹。突破能力强,命中率高。
【巡回】xúnhuí 动 按一定路线或范围到各处(活动) ▷～讲演|～医疗队。
【巡检】xúnjiǎn 动 巡视检查 ▷定期～。
【巡讲】xúnjiǎng 动 巡回演讲 ▷下基层～科普知识|两个月～了四十五场。
【巡街】xúnjiē 动 在街道上巡逻。
【巡警】xúnjǐng 名 旧时通称警察;现专指负责治安巡逻的警察。
【巡礼】xúnlǐ 动 原指宗教徒朝拜庙宇或圣地;现借指巡游观光 ▷手持火把,绕场～|重大自主性创新成果～。
【巡逻】xúnluó 动 按一定路线检查警戒 ▷日夜～|加强～。
【巡逻艇】xúnluótǐng 名 装有中小口径炮及机枪等武器的舰艇,常用于沿海、港湾和近海基地等的巡逻与缉私。
【巡哨】xúnshào 动 巡逻侦察 ▷今晚二班～。
【巡视】xúnshì ❶ 动 (领导)到各处视察 ▷司令员到连队～战备情况。❷ 动 (目光)来回扫视;向四处看 ▷～考场。
【巡天】xúntiān 动 在天空巡游 ▷神舟五号～归来。
【巡行】xúnxíng 动 出行巡察 ▷～西部油田。
【巡演】xúnyǎn 动 巡回演出 ▷歌舞团去欧洲～。
【巡洋舰】xúnyángjiàn 名 具有多种作战能力,主要在远洋航行的大型军舰。用于护航、攻击敌舰和岸上目标、支援登陆部队作战等。
【巡夜】xúnyè 动 夜间巡逻 ▷厂里每天都有人～。
【巡医】xúnyī 动 巡回医疗 ▷下乡～。
【巡弋】xúnyì 动 (军舰)在海上或江河湖面上巡逻 ▷舰队在东海～。
【巡游】xúnyóu ❶ 动 漫游② ▷～名山大川。❷ 动 巡查 ▷巡逻艇在海上日夜～。
【巡展】xúnzhǎn 动 巡回展览 ▷中国工艺品在欧洲各地～。
【巡诊】xúnzhěn 动 巡回治疗 ▷到山区～。

郇 xún ❶ 名 周朝诸侯国名,在今山西临猗西南。○ ❷ 名 姓。
另见 598 页 huán。

询（詢） xún 动 询问 ▷咨～|征～|查～。

【询查】xúnchá 动 询问查找 ▷～他的住址。

【询问】xúnwèn 动 向人征求意见；查问 ▷～有什么好的办法|～对方的电话号码。

郇（郇） xún ❶ 名 古地名，在今河南巩义西南。○ ❷ 名 古国名，在今山东潍坊一带。○ ❸ 用于人名。○ ❹ 名 姓。

荀 xún 名 姓。

荨（蕁） xún [荨麻疹] xúnmázhěn 名 一种过敏性皮肤病，症状是皮肤上成片地红肿发痒，消退后常常复发。☛ xún 是白读，是现代的通俗读法；qián 是文读，如"荨麻（qiánmá）"。

另见 1091 页 qián。

峋 xún 见872 页"嶙（lín）峋"。

洵 xún 副〈文〉表示情况属实，相当于"的确" ▷～可宝贵|～非偶然。

浔（潯） xún ❶[浔阳] xúnyáng 名 古水名，长江流经江西九江北的一段。→ ❷ 名 江西九江的别称。

恂 xún [恂恂] xúnxún〈文〉❶ 形 谦恭；谨慎。❷ 形 担心；恐惧。

珣 xún [珣玗琪] xúnyúqí 名 古书上说的一种美玉。

璕（璕） xún 名〈文〉一种比玉稍次的美石。

栒 xún 名 栒子。☛ 地名"栒邑"（在陕西）现在改为"旬邑"。

【栒子】xúnzǐ 名 栒子木，落叶或常绿灌木，叶互生，卵形，开白色、粉红色或红色花，果实球形，呈红色或紫黑色。可供观赏。

焊（燖） xún〈文〉❶ 动 把肉放在热水中煮至半熟以用于祭祀；泛指煮肉。→ ❷ 动 燂毛。

循 xún 动 沿袭；遵照 ▷～序渐进|～规蹈矩|～例|遵～。

【循规蹈矩】xúnguī-dǎojǔ 遵守规矩；也指墨守成规，不知变通 ▷学生们都在～地写字|～有余，开拓创新不足。☛"矩"不读 jū 或 jù。

【循环】xúnhuán 动 往复运动或变化 ▷恶性～|四季～。

【循环经济】xúnhuán jīngjì 建立在物质不断循环利用基础上的经济运行模式。具有产品清洁生产、循环利用资源、高效回收废物、维护生态平衡等特点。是实现经济可持续发展的重要途径。

【循环论】xúnhuánlùn 名 认为事物的运动只是周而复始的循环而没有发展与质的变化的形而上学的认识论。

【循环论证】xúnhuán lùnzhèng 证明中所犯的一种逻辑错误。即用来证明论题的论据本身的真实性要依靠论题来证明。

【循环赛】xúnhuánsài 名 体育竞赛方式之一，参加者按一定的组合互相轮流比赛，按胜负、平局给以不同分数，最后以全部比赛积分多少排定名次 ▷乒乓球～|下周进行排球～。

【循环往复】xúnhuán-wǎngfù 周而复始，反复进行。

【循环系统】xúnhuán xìtǒng 人和脊椎动物体内由心脏、动脉、静脉、毛细血管和淋巴管组成的输送血液和淋巴的封闭管道的总称。

【循例】xúnlì 动 依照惯例 ▷～支付劳务费用。

【循名责实】xúnmíng-zéshí 按照名称考察实际内容，要求名实相符。

【循声】xúnshēng 动 顺着声音 ▷隐约听到有人啼哭，他～找去|～而来。

【循序】xúnxù 动 按照次序 ▷～排列|～攀登。

【循序渐进】xúnxù-jiànjìn 有步骤地逐步深入或提高。

【循循善诱】xúnxún-shànyòu 善于有步骤地引导、启发 ▷老师在教学中～。

鲟（鱘） xún 名 鱼，体形略呈圆筒状，长可达3米多，背部深灰或灰黄色，腹部白色，口尖而小。生活在淡水中，有的入海越冬。我国有中华鲟、达氏鲟，均属国家保护动物。

鳋 xún 名 海蟹的一种。

xùn

训（訓） xùn ❶ 动 教导；告诫 ▷教～|～导|～诫。→ ❷ 名 教导或告诫的话 ▷遗～|校～。❸ 名 准则；典范 ▷不足为～。→ ❹ 动 解释（词义）▷～诂。→ ❺ 动 训练 ▷集～|军～|培～。

【训斥】xùnchì 动 训诫和责备 ▷别～人。

【训词】xùncí 名 对下级训导和告诫的话 ▷切记老首长的临别～。

【训导】xùndǎo 动 教育开导 ▷～有方。

【训读】xùndú 动 日文借用汉字书写日语原有的词，用日语读汉字。训读只借汉字的形和义，不读汉字的音（跟"音读"相区别）。

【训诂】xùngǔ ❶ 动 解释古书中字、词、句的意义。❷ 名 指训诂学。

【训话】xùnhuà 动 上级对下属发表教导或告诫性的言辞 ▷校长～|出发前团长训了一通话。

【训诲】xùnhuì 动 教导（多用于上级对下级、长辈对晚辈）▷承蒙多次～，得益不浅。

【训诫】xùnjiè 动 教导劝诫 ▷～犯错误的学生。☛ 不要写作"训戒"。

【训练】xùnliàn 动 有目的、有计划地采取一定措施进行教育培养，使掌握或提高某种技能 ▷～学生的写作能力|～士兵。

【训令】xùnlìng 名 旧指行政机关下达指示或政令的公文。

【训示】xùnshì 动 训导指示（多用于上级对下级、长辈对晚辈）▷～了一番|请首长～。

【训条】xùntiáo 名 具有训示性质的条文 ▷"先做人，后做学问"至今不失为治学～。

【训育】xùnyù ❶ 动〈文〉教诲抚育 ▷～子女。❷ 名 旧指学校里的道德教育 ▷～主任。

【训谕】xùnyù 动〈文〉教导，使明白道理。

【训喻】xùnyù 现在一般写作"训谕"。

【训责】xùnzé 动 训斥责备 ▷父亲～儿子。

讯（訊） xùn ❶ 动 询问；问候 ▷问～|～问。→ ❷ 动 审问 ▷审～|提～。→ ❸ 名 音信；信息 ▷新华社～|闻～|通～。☛ ㊀右边是"卂（xùn）"，不是"凡（fán）"。由"卂"构成的字还有"汛""迅"等。㊁笔顺是讠讯讯。

【讯号】xùnhào ❶ 名 通过电磁波发出的信号 ▷这里～弱，手机不好用。❷ 名 泛指信号。

【讯问】xùnwèn ❶ 动 问；打听 ▷～事情经过。❷ 动 审问 ▷对罪犯进行～。

【讯息】xùnxī 名 消息；信息。

汛 xùn ❶ 名 江河季节性涨水的现象 ▷防～|～期|春～|潮～。〇 ❷ 名 姓。

【汛期】xùnqī 名 江河水位定时上涨的时间段 ▷今年～提前。

【汛情】xùnqíng 名 汛期中江河水位的变化情况 ▷～通报要及时|～严重。

迅 xùn 形 速度快 ▷～雷不及掩耳|～速|～猛。

【迅即】xùnjí 副〈文〉立刻；马上 ▷接到调令，～赴京。

【迅急】xùnjí 形 迅速 ▷汽车工业发展～。

【迅疾】xùnjí 形 十分迅速；飞快 ▷反应～。

【迅捷】xùnjié 形 迅速敏捷 ▷动作～。

【迅雷不及掩耳】xùnléi bùjí yǎn ěr（闪电过后）来不及捂住耳朵，雷声就响了。比喻行动迅速，不给人以防备的时间。

【迅猛】xùnměng 形 形容速度快，势头猛 ▷经济增长势头～|～发展。

【迅跑】xùnpǎo 动 快速奔跑；借指迅猛前进、发展 ▷朝着既定目标～。

【迅速】xùnsù 形 非常快 ▷行动～|～发展。

驯（馴） xùn ❶ 形 顺从的；听从指使的 ▷～顺|～服|温～。→ ❷ 动 使顺从 ▷～兽|～养。☛ 统读 xùn，不读 xún。

【驯服】xùnfú ❶ 形 温和而顺从的 ▷～的小羊。❷ 动 使温和而顺从 ▷～烈马|～洪水。

【驯化】xùnhuà 动 野生动植物经过长期培养或培育后成为人们所需要的家养动物或栽培植物。☛ 跟"驯养"不同。"驯化"更强调促使转化，不强调饲养；"驯养"侧重于饲养义。"驯化"的对象可以是动物，也可以是植物；"驯养"的对象只能是动物。

【驯良】xùnliáng 形 和顺善良；驯服和善 ▷那些动物有的很～，有的非常凶暴。

【驯鹿】xùnlù ❶ 名 鹿的一种。雌雄都有角，角长，分成许多枝杈，蹄宽而大，尾白色，极短。善游泳，性温和。以地衣、谷类和草类等为食。俗称四不像。❷ 名 驯养的鹿。

【驯兽】xùnshòu ❶ 动 使野兽驯顺 ▷～员|在马戏团里～。❷ 名 驯顺的兽类。

【驯熟】xùnshú ❶ 形 驯服；容易驾驭 ▷～的白马。❷ 形 动作、技艺等熟练 ▷手艺～。

【驯顺】xùnshùn 形 驯服温顺 ▷那匹马～地跟在主人的后边走。

【驯养】xùnyǎng 动 饲养、训练野生动物 ▷～东北虎。☛ 参见本页"驯化"的提示。

徇（*狥） xùn 动 依从；无原则地顺从 ▷～私舞弊|～情。☛ 统读 xùn，不读 xún。

【徇情】xùnqíng 动 为照顾私情而不讲原则 ▷决不～。☛ ㊀"徇"不要误写作"殉"。㊁跟"殉情"不同。

【徇私】xùnsī 动 为私利而做不合法的事情 ▷～受贿|～舞弊。☛ "徇"不要误写作"殉"。

逊（遜） xùn ❶ 动〈文〉让出（王位）▷～位|～国。→ ❷ 形 谦虚 ▷出言不～|谦～。→ ❸ 动 有差距；比不上 ▷稍～一筹|～色。☛ 统读 xùn，不读 sùn。

【逊色】xùnsè ❶ 形 比不上 ▷一点儿都不～。❷ 名 比不上的地方 ▷稍有～。

【逊位】xùnwèi 动〈文〉（帝王）让位。

殉 xùn ❶ 动 古代用人或物陪葬 ▷～葬。→ ❷ 动 为了某种理想、追求而牺牲生命 ▷以身～职|～国。☛ 统读 xùn，不读 xún。

【殉道】xùndào 动 为道义、信仰或某种政治主张而献身。

【殉国】xùnguó 动 为国家牺牲生命。

【殉节】xùnjié ❶ 动 战争失败或国家灭亡时，为保全气节而牺牲。❷ 动 旧指妇女为追随死去的丈夫或抗拒凌辱而自杀。

【殉难】 xùnnàn 动 为国家或正义事业遇难身亡 ▷不幸～。

【殉情】 xùnqíng 动 由于在爱情上受到阻碍而自杀 ▷她的～表现了对封建礼教的抗争。☛ 跟“徇情”不同。

【殉葬】 xùnzàng ❶ 动 陪葬；随同死者一起埋葬。古代除用器物殉葬外，还有用活人殉葬的野蛮风俗，后来逐渐改为以俑殉葬。❷ 动 比喻人甘愿随同已经没落或消亡的旧思想、旧制度、旧事物一起灭亡。

【殉葬品】 xùnzàngpǐn ❶ 名 指殉葬的物品，包括俑、财物、器具等 ▷古墓中出土的～。❷ 名 借指不觉悟并甘愿随同已经没落或消亡的旧思想、旧制度、旧事物一起灭亡的人 ▷不当旧制度的～。

【殉职】 xùnzhí 动 因公牺牲 ▷～于抗洪抢险中。

浚（*濬） xùn 名 浚县，地名，在河南。另见 762 页 jùn。

巽 xùn 名 八卦之一，卦形为☴，代表风。

熏 xùn 动〈口〉（煤气）使人中毒窒息 ▷让煤气给～着了。

另见 1566 页 xūn。

蕈 xùn 名 真菌的一类。生长在树林里或草地上，地上部分呈伞状，包括菌盖和菌柄两部分，地下部分叫菌丝。种类很多，有的可以食用，如香菇；有的有毒，如毒蝇蕈。☛ 统读 xùn，不读 xìn。

噀 xùn 动〈文〉把含在嘴里的液体喷出来 ▷～水｜～酒。

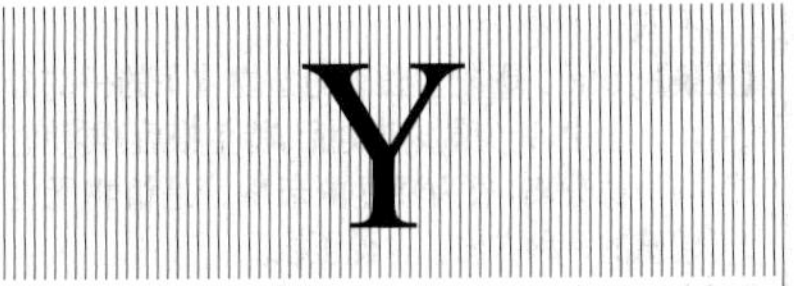

yā

丫（*枒❶椏❶） yā ❶ 名 树木分枝的地方 ▷树～|～杈。→ ❷ 名 泛指物体上端或前端分叉的部分 ▷脚～。→ ❸ 名 指丫头 ▷小～。

“椏”另见 1573 页 yā “桠”。

【丫杈】yāchà ❶ 名 丫① ▷～上有一个鸟窝。❷ 形 形容树枝分杈的样子 ▷这棵古树丫丫杈杈，十分繁茂。☛ 不要写作“桠杈”。

【丫环】yāhuan 名 旧时女童梳在头顶两旁的环形发髻；借指婢女。

【丫鬟】yāhuan 现在一般写作“丫环”。

【丫髻】yājì 名 旧时孩童头顶两边梳的丫形发髻。

【丫头】yātou ❶ 名 旧时女童梳在头顶两旁上翘的抓髻；借指女孩儿 ▷几年不见，这～越发长得水灵了。❷ 名 丫环。☛ 不宜写作“鸦头”。

【丫枝】yāzhī 名 枝杈 ▷叶子落了，但～还挺立着。☛ 不要写作“桠枝”。

压（壓） yā ❶ 动 从上往下施压力 ▷在苫布上～几块砖|担子～在肩上|～扁。→ ❷ 动 用强力压制 ▷树正气，～邪气|镇～|欺～。⇒ ❸ 动 竭力抑制 ▷强～怒火|吃点儿药～～咳嗽。⇒ ❹ 动 超过；超越 ▷技～群芳|东风～倒西风。→ ❺ 动 逼近；迫近 ▷落日～枝头|大军～境。→ ❻ 动 搁置不动 ▷货～在仓库里卖不出去|这份报告被～了半年|积～。→ ❼同“押[2]”②。现在一般写作“押”。→ ❽ 名 指压力 ▷加～|减～。❾ 名 特指电压、气压或血压等 ▷变～器|高～|低～。☛ ㊀通常读 yā；读 yà，用于少数口语词，如“压板”“压根儿”“压马路”。㊁右下是“⼟”，不是“土”。

另见 1577 页 yà。

【压案】yā'àn 动 故意把案件搁置起来不予查办 ▷～数月。

【压宝】yābǎo 现在一般写作“押宝”。

【压仓】yācāng 动 压库。

【压舱石】yācāngshí 名 空船航行时放在船舱里的石头、铸铁等，作用是使船体重心平稳，避免翻船；比喻使事物平稳、健康发展的可靠保障 ▷把廉洁自律作为人生的～|平等互利是世界经济稳定的～。

【压产】yāchǎn 动 压缩产量 ▷供过于求的商品，还要进一步～。

【压场】yāchǎng ❶ 动 把某出好戏或某个精彩节目安排在一场演出的最后 ▷把好戏放在后面～|～节目。❷ 动 控制场面；控制局面 ▷由资深演员～|他讲得句句在理，确实起到了～的作用，人们恢复了平静|讲话吞吞吐吐，怎么压得住场？‖也说压台。

【压车】yāchē ❶ 动 由于道路堵塞、装卸不及时等原因，车辆不能顺畅通行或正常周转。〇❷见1573 页“押车”。现在一般写作“押车”。

【压秤】yāchèng ❶ 形 跟体积相同的物体相比，称起来分量重 ▷铁块比木块～。❷ 动 过秤时，故意少报所称物品的重量 ▷你～我就不卖！

【压船】yāchuán 动 由于天气恶劣、装卸不及时等原因，船只不能按时离开码头。

【压担子】yādànzi 把所挑担子的分量加重；比喻增加担负的责任 ▷要给年轻人多～。

【压倒】yādǎo 动 在力量或重要性上超过 ▷任何困难都不能～我们|把保护生态环境摆在～性位置。

【压倒多数】yādǎo duōshù 绝大多数 ▷提案以～的票数通过。

【压低】yādī 动 抑制使降低 ▷～产量|要尽量把声音～一些。

【压顶】yādǐng ❶ 动 用砖、瓦或水泥等建筑材料覆盖屋墙顶部 ▷砌好墙身立即～。❷ 动 向头顶压下来(多用于比喻) ▷泰山～不弯腰。

【压锭】yādìng 动 (纱厂)减少纱锭数目，即缩小生产规模 ▷实现“～、减员、增效”目标。

【压队】yāduì 动 在队伍后面护卫或监督。

【压服】yāfú 动 施加压力使服从 ▷思想问题，要说服教育，不能～。☛ 不要写作“压伏”。

【压港】yāgǎng 动 由于天气恶劣、装卸不及时等原因，船只不能按时离开或货物不能及时运出而滞留港口。

【压杠子】yāgàngzi 用木棍压腿(一种酷刑)。

【压货】yāhuò ❶ 动 积压货物(卖不出去或故意不卖) ▷不降价出售就～了|不法商人存心～，扰乱市场。❷ 动 由于天气恶劣、装卸不及时等原因，货物积压在车站、码头、机场等处 ▷近日连降大雪，造成机场～。

【压级】yājí 动 压低等级 ▷收购棉花必须按质定级，不准随意提级、～。

【压价】yājià 动 强行降低价格 ▷销路不畅，不得不～出售|不得随意～。☛ 跟“降价”不同。“压价”有主动或被动的强制义；“降价”不含强制义。

【压惊】yājīng 动 指用酒食等安慰受惊的人 ▷这杯酒，为你～。

【压境】yājìng 动 军队迫近边境 ▷重兵～。

【压卷】yājuàn 名 最佳的、能压倒其他同类诗文或书画的作品 ▷文笔恣肆，妙语连珠，不愧为～之作。☛"卷"这里不读 juǎn。

【压客】yākè 动 由于运力、天气等原因，旅客被迫滞留在车站、码头、机场等处。

【压库】yākù ❶ 动（货物）积压在仓库里 ▷产品滞销，严重～｜设法处理～货物。❷ 动 缩减库存 ▷对滞销产品要减产～。‖也说压仓。

【压垮】yākuǎ 动 物体因承受巨大的压力而坍塌；比喻人的身体或精神因承受过重负担而支持不住 ▷过度的劳累把他的身体～了。

【压力】yālì ❶ 名 垂直作用于物体表面的力 ▷大气的～。❷ 名 比喻对人起逼迫威慑作用的力量（多指精神、心理方面）▷决不屈服于任何～。❸ 名 承受的负担 ▷工作～很大。

【压力表】yālìbiǎo 名 用来测定容器内流体压力的仪表。也说压力计、压强计。

【压力锅】yālìguō 名 高压锅。

【压路机】yālùjī 名 利用很重的碾子把路面或场地压实碾平的机器。也说轧道机。

【压迫】yāpò ❶ 动 依仗权势压制强迫 ▷反抗侵略和～。❷ 动 外力挤压有机体的某一局部 ▷骨质增生～神经。

【压气】yāqì 动 使怒气平息下来 ▷两个人都压压气，别吵啦！

【压强】yāqiáng 名 垂直作用于物体单位面积上的力。

【压青】yāqīng 动 把绿肥作物及杂草等埋到地里作肥料。

【压舌板】yāshébǎn 名 医疗器具，观察口腔或咽喉疾患时，用来压低舌头的长形小板。

【压岁钱】yāsuìqián 名 过春节时，长辈给小孩子贺新年的钱。

【压缩】yāsuō ❶ 动 用压力使体积缩小 ▷把氧气～到钢罐里。❷ 动 使缩减 ▷～资金｜～文字。

【压缩饼干】yāsuō bǐnggān 经过压缩的便于携带、保存的饼干。

【压缩机】yāsuōjī 名 压缩气体的机器。按工作原理分为容积式压缩机和叶片式压缩机。也说压气机。

【压缩空气】yāsuō kōngqì 在容器中贮存的、压力高于大气压的空气。可用于车辆制动和开动风动工具等。

【压台】yātái 动 压场。

【压题】yātí 动 把体现书、文章内容的图片等与书名、文章标题排印在一起。☛跟"押题"意义不同。

【压条】yātiáo 动 把生长着的植物枝条的一部分埋入土中，让尖端露出地面，待生根后，再使它与母株分离，成为独立的新株。是植物无性繁殖的一种方法。也说压枝。

【压痛】yātòng 名 医学上指用手轻按身体的某一部位时产生疼痛或异常感觉的症状。有压痛感的部位常是病变所在。

【压腿】yātuǐ 动 在形体训练或锻炼身体时，把一条腿搁在一定高度的物体上，上身下压，尽量贴近腿部。

【压蔓】yāwàn 动 给瓜类等作物的匍匐茎每隔一段距离压上土，促使茎上长出不定根，以多吸收养分。☛"蔓"这里不读 màn。

【压延】yāyán 动 加一定压力使金属等材料延展成所需形状。

【压抑】yāyì ❶ 动 抑制感情、欲望等，使不能充分流露或表现 ▷感情已经～不住｜积极性受到～。❷ 形 精神上有负担而情绪低落，不舒畅 ▷在这样的环境下工作，心情很～｜～的气氛。☛跟"压制"不同。表示抑制时，"压抑"多用于对自己，"压制"多用于对他人。

【压载】yāzài 动 为使某物体（多指船只）达到稳定平衡而在特定部位压上重物 ▷～舱｜～水。

【压榨】yāzhà ❶ 动 通过加压来榨取物体中的汁液 ▷～甘蔗。❷ 动 比喻残酷地剥削或搜刮 ▷资本家～工人的血汗。

【压阵】yāzhèn ❶ 动 用精兵强将稳住战斗阵容；比喻靠强有力的人物或某种力量稳住场面或提高士气等 ▷这支部队由坦克营～｜由两位名角为我们的演出～。❷ 动 压队。

【压制】yāzhì ❶ 动 强力限制或制止；抑制 ▷不能～公平竞争｜～对方的强攻。○ ❷ 动 用加压的方法制造 ▷在塑料板上～花纹。☛参见本页"压抑"的提示。

【压轴】yāzhòu ❶ 动 在一场折子戏演出中，把某出折子戏排为倒数第二个节目（即大轴戏的前面）；现也指在一场文艺演出或竞技比赛等中，把某个节目或某项比赛等排在最后 ▷那天的京剧演唱会由《锁麟囊》中的《团圆》一折～｜～的《黄河大合唱》把本场音乐会的气氛推向了最高潮。❷ 名 压轴戏。☛"轴"这里不读 zhóu。

【压轴戏】yāzhòuxì ❶ 名 指一场折子戏演出中，安排在大轴戏之前的一出戏；现也指一场文艺演出或竞技比赛等中安排在最后的一个节目或一项比赛等。一般是最精彩的。❷ 名 比喻精彩的或令人注目的结尾 ▷这项改革刚刚开始，～还在后面呢。‖也说压轴。☛"轴"这里不读 zhóu。

呀 yā ❶ 叹 表示惊异 ▷～，你怎么来了？｜～，这下可糟了！○ ❷ 拟声 模拟某些物体摩擦的声音 ▷大门～的一声打开了。

另见 1577 页 ya。

押[1] yā ❶ 动〈文〉在公文、合同上签字或画上符号，以作凭证 ▷～尾｜～缝。→ ❷ 名 作为凭证而在公文、合同上签的名字或代替签字而画的符号 ▷画～。○ ❸ 动 以财物作担保 ▷把房子～出去｜～金｜抵～。→ ❹ 动 把人拘留，不准自由行动 ▷把犯人～起来｜关～。❺ 动 途中跟随并负责保护或看管(人或财物) ▷～运｜～解。○ ❻ 名 姓。

押[2] yā ❶ 动 诗词歌赋中，某些句子的末字用韵母相同或相近的字，使音调和谐优美 ▷～韵。○ ❷ 动 赌博时把赌注下在某一门上 ▷～宝。☛"押"字统读 yā，不读 yá。

【押宝】yābǎo 动 赌博的一种，参赌的人在赌具"宝"的几种可能中凭猜测下注，猜对了为胜；比喻指望靠运气来进行某项活动。

【押车】yāchē 动 用车押运人犯或货物时，随车监护。

【押当】yādàng 动 用衣物等作抵押向当铺借钱。

【押队】yāduì 现在一般写作"压队"。

【押赴】yāfù 动 (把犯人、刑事被告人或俘虏)押送去(某地) ▷～刑场。

【押护】yāhù 动 途中看押保护 ▷～现钞。

【押解】yājiè ❶ 动 押送② ▷～犯人。❷ 动 押运 ▷～军用物资。☛"解"这里不读 jiě。

【押金】yājīn ❶ 名 作为抵押的钱 ▷领取客房钥匙要先交～。❷ 名 预付款 ▷住院要先付～。

【押禁】yājìn 动 拘押禁闭 ▷依法～嫌犯。

【押款】yākuǎn ❶ 动 用房产、货物等作抵押的方式借款 ▷用厂房～借债。❷ 名 指用抵押的方式借得的款项 ▷～已拿到手。○ ❸ 动 押送款项 ▷他是银行的～员。

【押送】yāsòng ❶ 动 押运 ▷这批货物由你亲自～到港口｜～重要邮件。❷ 动 (把犯人、刑事被告人或俘虏)押着送交(某处)。

【押题】yātí 动 考试之前猜测试题内容并作重点准备 ▷考试前～不利于全面掌握所学内容。☛跟"压题"意义不同。

【押运】yāyùn 动 跟随监护运送 ▷～战备物资。

【押韵】yāyùn 动 押[2]① ▷诗歌通常都要求～。☛不要写作"压韵"。

【押租】yāzū ❶ 动 以财物作为保证金承租房屋或土地。❷ 名 指承租房屋或土地时所支付的保证金。

垭(埡) yā 名 两山之间的狭窄地带(多用于地名) ▷黄桷(jué)～(在重庆)｜凉风～(在贵州)。

鸦(鴉*鵶) yā ❶ 名 鸟，全身多为黑色，嘴大。多在高树上筑巢，吃谷类、昆虫及动物尸体。种类很多，我国常见的有乌鸦、寒鸦等。○ ❷ 名 姓。

【鸦片】yāpiàn 名 用作毒品的阿片。也说阿芙蓉、鸦片烟。俗称大烟。☛不要写作"雅片"。

【鸦片战争】yāpiàn zhànzhēng 1840—1842年英国政府以贩卖鸦片受到查禁为借口，对我国发动的侵略战争。虽然林则徐等人领导广东等地爱国军民奋起抗英，但由于清政府腐败无能，妥协求和，致使英军兵临南京城下。在英军武力威迫下，清政府和英国签订了我国近代史上丧权辱国的《南京条约》。从此，中国逐渐沦为半殖民地半封建的国家。也说第一次鸦片战争。

【鸦雀无声】yāquè-wúshēng 连乌鸦和麻雀的声音都没有。形容非常寂静。☛参见 1416 页"万籁俱寂"的提示。

哑(啞) yā [哑哑] yāyā 拟声 模拟婴儿学语的声音、乌鸦叫的声音等。

另见 1575 页 yǎ。

桠(椏) yā ❶ 用于科技术语。如五桠果。○ ❷ 用于人名。○ ❸ 用于地名。如：棉桠，在四川；桠溪，在江苏。

"椏"另见 1571 页 yā "丫"。

鸭(鴨) yā 名 家禽，嘴长而扁平，腿短，翅膀小，覆翼羽毛大，趾间有蹼，善游泳。蛋、肉可以食用。鸭绒加工后可填充衣被、枕头等。通称鸭子。

【鸭步鹅行】yābù-éxíng 鹅行鸭步。

【鸭蛋】yādàn ❶ 名 鸭子下的蛋。❷ 名 阿拉伯数字"0"的形状很像鸭蛋，常用来戏称考试中的0分 ▷今天考数学，吃了个～。

【鸭蛋青】yādànqīng 形 形容颜色像鸭蛋壳一样。也说蛋青。

【鸭黄】yāhuáng 名 孵出时间不长的小鸭。因身上的酕(rǒng)毛为淡黄色，故称 ▷鸡雏～。

【鸭梨】yālí 名 梨的一种，果实略似鸭子的头，皮淡黄色，薄而光滑，有棕色小斑点，果肉脆而多汁，味甜。

【鸭苗】yāmiáo 名 刚孵出的小鸭。

【鸭蹼】yāpǔ 名 鸭脚趾间的薄膜，凫水时用来拨水。

【鸭绒】yāróng 名 加工过的鸭酕(rǒng)毛，保温性能强，可用来填装被褥等 ▷～大衣。

【鸭舌帽】yāshémào 名 帽舌和帽顶前部扣在一起像鸭嘴的帽子。

【鸭肫】yāzhūn 名 鸭子的胃。

【鸭子儿】yāzǐr 名〈口〉鸭蛋①。

【鸭子】yāzi 名 鸭的通称。

【鸭嘴笔】yāzuǐbǐ 名 绘图时画线用的笔。因笔头儿由一片直的和一片弧形的钢片相合组成，

Y

略呈鸭嘴状，故称。

【鸭嘴兽】yāzuǐshòu 名 哺乳动物，卵生，体扁而肥，毛深褐色，细密而有光泽，嘴扁平凸出，形状像鸭嘴。趾间有蹼，能游泳，居水边。吃昆虫和贝类。产于澳大利亚南部等地区。参见插图 2 页。

yá

牙[1] yá ❶ 名 牙齿 ▷小孩儿开始长～了|刷～|换～|青面獠～。→ ❷ 名 特指象牙 ▷～雕|～章。→ ❸ 名 形状像排列整齐的牙齿的东西 ▷～轮。

牙[2] yá 名 牙侩 ▷～行(háng)。☛"牙"字第二画是竖折，不要断成一竖一横。

【牙槽】yácáo 名 容纳牙根的窝槽。

【牙碜】yáchen ❶ 形 食物里夹着沙子，嚼起来硌(gè)牙 ▷这馒头～得没法儿吃。❷ 形 形容话语粗俗难听 ▷姑娘家说出这种话来，不嫌～。

【牙齿】yáchǐ 名 牙的通称。古人把靠近双唇的牙叫齿，靠近两颊的牙叫牙，统称牙齿。是人类和高等动物咀嚼食物的器官，本身是坚固的骨组织，外层有釉质。人的牙齿有乳牙和恒牙。恒牙包括切牙(门牙)、尖牙(犬牙)、前磨牙(双尖牙)和磨牙(臼齿)。

【牙床】yáchuáng ❶ 名 牙龈的通称 ▷～红肿。也说牙床子。〇 ❷ 名 用牙雕装饰的床；泛指装饰华丽的床。

【牙雕】yádiāo 名 用象牙雕刻形象、花纹等的艺术；也指用这种艺术雕刻成的工艺品。☛ 象属于受保护的野生动物，现禁止非法用象牙雕刻。

【牙粉】yáfěn 名 旧时供刷牙用的粉状物，现多为牙膏所代替。

【牙缝】yáfèng 名 牙齿之间的空隙；也指上下牙之间 ▷～里残留的食物，一定要清除。

【牙缸】yágāng 名 用来刷牙漱口的杯子。

【牙膏】yágāo 名 供刷牙用的膏状物。多装在金属或塑料软管内，有洁齿防龋作用。

【牙根】yágēn 名 牙齿在牙槽中的部分。

【牙垢】yágòu 名 牙齿表面积留的黄色或黑褐色的污垢，硬化后即成牙石。

【牙关】yáguān 名 上颌(hé)下颌之间的关节，在下巴骨的后上方 ▷咬紧～。

【牙冠】yáguān ❶ 名 牙齿露在牙龈外面的部分。❷ 名 指修复牙齿时给破损的牙齿加的保护套。

【牙行】yáháng 名 旧指为买卖双方提供场所，促成交易并从中提取佣金的商行。

【牙花子】yáhuāzi ❶ 名 牙龈的俗称。❷ 名 牙垢。

【牙慧】yáhuì 名《世说新语·文学》："殷中军(注：殷浩)云：'康伯未得我牙后慧。'"原指言外的意趣，后指他人已有的观点、见解和说法 ▷拾人～。

【牙具】yájù 名 刷牙、漱口的用具。

【牙科】yákē 名 医学上指治疗牙病的一科。

【牙口】yákou ❶ 名 指牛马等牲口的年龄。因从牙齿数目及其磨损程度可以推定牲口的年龄，故称。❷ 名 指成年人牙齿咀嚼的能力 ▷年纪大了，～不好。

【牙侩】yákuài 名 旧时为买卖双方撮合生意而从中提取佣金的经纪人。也说牙子。

【牙轮】yálún 名 齿轮。

【牙婆】yápó 名 旧指以介绍人口买卖为业的妇女。

【牙签】yáqiān 名 用来剔除牙缝里食物残屑的尖细小棍儿。

【牙石】yáshí 名 牙齿表面硬化了的牙垢。

【牙刷】yáshuā 名 刷牙用的小刷子。

【牙髓】yásuǐ 名 牙腔中含有血管和神经的组织。

【牙线】yáxiàn ❶ 名 一种用来清除牙缝间食物残渣的细线。多用棉麻丝、尼龙或涤纶制成。❷ 名 镶嵌在服装上的装饰线条 ▷领口边上镶嵌有红色～。

【牙牙学语】yáyá-xuéyǔ 形容婴儿学说话的样子(牙牙：拟声词)。☛ ㊀"牙牙"不读 yāyā。㊁不宜写作"丫丫学语""呀呀学语""哑哑学语"。

【牙医】yáyī 名 给人治牙病的医生。

【牙龈】yáyín 名 牙根周围的粉红色黏膜组织，内有血管和神经。通称牙床。也说齿龈。俗称牙花子。

【牙印】yáyìn 名〈口〉牙齿的印痕。

【牙质】yázhì ❶ 名 构成牙齿的一种钙化结缔组织。在牙髓外面釉质里面。淡黄色，坚硬并有韧性。也说象牙质。❷ 区别 用象牙制作的 ▷～扇骨。

【牙周病】yázhōubìng 名 发生在牙齿周围组织即牙龈、牙周膜、牙槽骨和牙骨质的疾病。包括牙龈炎、牙龈增生、牙周炎、牙周萎缩等。

【牙子】yázi ❶ 名 物体的凸出外沿或器物周边的雕饰部分 ▷马路～|廊檐～。〇 ❷ 名 牙侩。

伢 yá 名 某些地区指小孩子 ▷细～|～子。

芽 yá ❶ 名 植物的种子上或植株上可以发育成茎、叶或花的部分 ▷土豆长～儿了|柳树发～|嫩～。→ ❷ 名 形状或性质像芽的东西 ▷肉～(愈合的伤口上多长出来的肉)。

【芽豆】yádòu 名 指水浸后长出小芽的蚕豆，可做菜吃。

【芽接】yájiē 动 把植物的幼芽嫁接到另一植物体上，使成长为独立的植株。可改良植物品种。

【芽子】yázi 名 芽①。

蚜 yá 见141页“嵖(chá)蚜”。

玡 yá 琅玡(lángyá) 名 山名，一在山东，一在安徽。

琊 yá 用于地名。如琊川，在贵州。

蚜 yá 名 蚜虫 ▷棉～|麦～。

【蚜虫】yáchóng 名 昆虫，身体卵圆形，绿色、黄色或棕色，分有翅、无翅和有性生殖、单性生殖等类型。具有刺吸式口器，吸食植物汁液，危害农作物。种类很多，常见的有棉蚜、麦蚜、高粱蚜、菜蚜、桃蚜等。俗称腻虫。

堐 yá 用于地名。如黄土堐、洛河堐，均在山东。

崖 yá ❶ 名 高山或高地陡立的侧面 ▷悬～|山～。→ ❷ 名〈文〉泛指事物的边际 ▷望之而不见其～。☛ 统读 yá，不读 ái。

【崖岸】yá'àn ❶ 名 高峻的山崖、堤岸 ▷海浪冲塌了～。❷ 形〈文〉比喻性情高傲，不随和 ▷～自高。

【崖壁】yábì 名 山崖陡峭的一面 ▷这样陡峭的～，猴子也难以攀援。

【崖画】yáhuà 名 岩画。

【崖刻】yákè 名 刻在崖壁上的文字、图画等。

【崖羊】yáyáng 名 岩羊。

【崖葬】yázàng 动 一种丧葬方式，将尸体盛入棺材放进岩壁上的洞穴里或悬挂在崖壁上。参见1557页“悬棺”。

涯 yá ❶ 名〈文〉水边；岸 ▷津～|～岸。→ ❷ 名 边际；极限 ▷天～海角|无～|生～。

【涯际】yájì 名 边际 ▷烟雾弥蒙，茫无～。

睚 yá 名〈文〉眼眶。

【睚眦】yázì〈文〉❶ 动 瞪眼怒视 ▷人共～。❷ 名 借指极小的怨恨。☛ “眦”不读 cǐ。

【睚眦必报】yázì-bìbào 像别人瞪自己一眼这样的小小怨恨都一定要报复。形容胸襟狭窄。

衙 yá ❶ 名 旧时指官署 ▷官～|县～|～门。○ ❷ 名 姓。

【衙门】yámen 名 旧指官吏办公的地方；现借指官僚主义作风严重的单位或部门。

【衙内】yánèi 名 唐代指担任禁卫的官员，后多由官僚子弟充任，故泛指官僚子弟(多含贬义)。

【衙役】yáyi 名 衙门里当差的人。

yǎ

哑[1]（啞） yǎ ❶ 形 因生理缺陷或疾病而不能说话或说不出话 ▷又聋又～|装聋作～|～巴。→ ❷ 区别 不说话的；无声的；(炮弹、枪弹等因故障)打不响的 ▷～口无言|～剧|～铃|～谜|～炮。❸ 动 (炮弹、枪弹等因故障)打不响 ▷一连～了几炮。→ ❹ 形 嗓子干涩，发音困难或声音不响亮 ▷沙～|～嗓子。

哑[2]（啞） yǎ 拟声〈文〉模拟笑的声音 ▷笑言～～|～然失笑。☛ ㊀这个意义旧读 è，今读 yǎ。㊁“哑”字读 yā，一般用于拟声词“哑哑”。

另见1573页 yā。

【哑巴】yǎba 名 对因生理缺陷或疾病而丧失说话能力的人的不礼貌的称呼。☛ 不宜写作“哑吧”“哑叭”。

【哑巴亏】yǎbakuī 名 所受到的不便说或不能说的损害 ▷吃～|遇到这种～，真让人心里窝气。

【哑场】yǎchǎng ❶ 动 戏剧表演中突然中断一切声响。❷ 动 开会时没人发言或中断发言 ▷领导一问，大家一下子哑了场。

【哑火】yǎhuǒ 动 装置的炸药不爆炸或枪弹、炮弹打不响；比喻比赛中失利 ▷红队频频～。

【哑剧】yǎjù 名 没有对白、歌唱和伴奏，而只用动作和表情表现剧情的戏剧形式。

【哑口无言】yǎkǒu-wúyán 像哑巴一样说不出话来。形容理屈词穷，无话可说。

【哑铃】yǎlíng 名 运动辅助练习器械。中间细，以便手握；两头粗，略呈球形。多用铁、木制成。因其形状像铃而不能发声，故称。

【哑谜】yǎmí 名 用非语言手段(如动作、表情、图画等)设置的谜语；比喻让人难以猜测的隐晦的话或问题 ▷有话直说，别跟大家打～。

【哑炮】yǎpào 名 瞎炮。

【哑然】yǎrán ❶ 形 形容寂静 ▷场上一片～。❷ 形 形容惊异得说不出话来 ▷～失惊。○ ❸ 形〈文〉形容笑声 ▷～失笑。

【哑嗓】yǎsǎng ❶ 名 发音沙哑的嗓子。❷ 动 嗓子沙哑 ▷他～将近一年了。

【哑语】yǎyǔ 名 手语。

雅[1] yǎ ❶ 形〈文〉正统的；合乎标准的 ▷～言|～正。→ ❷ 名 周代朝廷上的乐曲，配曲的歌词作为一大类收在《诗经》里，被认为是乐歌的典范。→ ❸ 形 高尚的；不庸俗的 ▷文人～士|～俗共赏。⇒ ❹ 形 美好 ▷～观|～致。❺ 副〈文〉表示程度深，相当于“很”“极” ▷～以为善。⇒ ❻ 形〈文〉敬词，用于称对方的情意、举动 ▷～意|～教。

雅[2] yǎ〈文〉❶ 名 交情 ▷同窗之～|一面之～。→ ❷ 副 表示动作行为或事物的状态、性质向来如此，相当于“向来”“平素” ▷～善鼓琴|～不相知。

【雅飞士】yǎfēishì 名 西方社会20世纪80年代以

后城市中出现的一批不求上进、境遇不佳的年轻人(雅飞:英语 yuffie 音译)。

【雅观】yǎguān 形 外观文雅,不粗俗(常形容举止、装束、布置等,多用于否定) ▷有失~。

【雅号】yǎhào 名 敬词,称对方的名字;有时也指绰号(含诙谐意) ▷请问您的~? |原来他还有个"博士"的~。

【雅教】yǎjiào 动 敬词,请对方指教 ▷恭请~。

【雅静】yǎjìng ❶ 形 幽雅宁静 ▷树木葱郁的小山庄,非常~。❷ 形 文雅沉静 ▷端庄~。

【雅量】yǎliàng ❶ 名 不同凡俗、宽宏的度量 ▷有~,能容人。❷ 名 指很大的酒量。☛ 在交际中也作为敬语使用。

【雅皮士】yǎpíshì 名 原指 20 世纪 80 年代在美国出现的以追求生活舒适和事业成功为特征的青年群体;后泛指有较好职业和较高文化素养,有一定抱负,追求个人成就和高层次物质享受的年轻人(雅皮:英语 yuppie 音译)。

【雅气】yǎqì 形 高雅,不俗气 ▷这家小酒店的店名很~。

【雅趣】yǎqù 名 高雅的情趣 ▷老将军颇具~。

【雅人】yǎrén 名 旧指具有风雅情趣的文人 ▷自称~的人,有些不过是凡夫俗子。

【雅士】yǎshì 名 品格高雅的文人。

【雅思】yǎsī 名 英语缩写词 IELTS 音译。国际英语语言测试系统。是为打算在英语国家和地区留学或就业的人们设置的英语语言水平考试。

【雅俗共赏】yǎsú-gòngshǎng 各种文化层次的人都能欣赏。

【雅兴】yǎxìng 名 高雅的兴致 ▷琴、棋、书、画,自古就是文人的四大~。

【雅言】yǎyán ❶ 名 古代指通语,即通行的语言。❷ 名〈文〉正确合理的言论意见 ▷望察纳~。❸ 名 高雅的言辞 ▷文人雅士相聚,~不绝于耳。

【雅意】yǎyì ❶ 名〈文〉高尚的情趣 ▷~在山水之间。❷ 名 敬词,称对方的情意或意见 ▷不知~如何?

【雅誉】yǎyù 名 良好的声誉 ▷~四播。

【雅乐】yǎyuè ❶ 名 我国古代帝王祭祀天地、祖先及接受朝贺、举行筵宴时所用的音乐。❷ 名 泛指优雅的音乐 ▷~悠扬。

【雅正】yǎzhèng ❶ 形〈文〉典雅纯正,合乎规范 ▷文辞~。❷ 形 正直 ▷秉性~。❸ 动 敬词,请对方指正(多用于赠送诗文书画的题款) ▷奉寄拙作一本,敬请~。

【雅致】yǎzhì 形 高雅不俗 ▷文辞~,气韵高远。

【雅座】yǎzuò 名 消费、娱乐场所设置的较雅致的座位或小单间。也说雅间。

痖 yǎ 古同"哑[1](yǎ)"。

yà

轧[1](軋) yà ❶ 动 用车轮或圆柱形的工具滚压;碾 ▷让汽车~伤了|~棉花|~路。→ ❷ 动 排挤 ▷倾~|挤~。

轧[2](軋) yà〔轧轧〕yàyà 拟声 模拟机器开动的声音 ▷机声~|缫车~地响了一夜。☛ "轧"字读 zhá,是后起音,指把金属材料压成一定形状。

另见 1727 页 zhá。

【轧场】yàcháng ❶ 动 用碌碡等压平、压实场地。❷ 动 用碌碡等滚压场上的谷物使脱粒。☛ "场"这里不读 chǎng。

【轧道车】yàdàochē 名 铁路上以电瓶或柴油机作动力用于巡查、检修的车。

【轧道机】yàdàojī 名 压路机。

【轧花】yàhuā 动 用机械把棉籽和棉絮分离开来 ▷~车间|~机。

【轧马路】yàmǎlù 现在一般写作"压马路"。

亚[1](亞) yà ❶ 形 次;次一等的 ▷~军|~热带。◯ ❷ 名 姓。

亚[2](亞) yà 名 指亚洲 ▷欧~大陆|东南~|~太地区。☛ "亚"字统读 yà,不读 yǎ。

【亚当】yàdāng 名 希伯来语 ādhām 音译。《圣经》中所说的人类的始祖,是上帝按自己的形象用泥土造的第一个男人。

【亚光】yàguāng 名 亮度稍弱、柔和而不刺眼的光 ▷~涂料|~砖。

【亚急性】yàjíxìng 形 医学上指病症次于急性的 ▷~中毒。

【亚健康】yàjiànkāng 名 一种介于健康与疾病之间的状态。身体虽然没有患病,但生理功能减退、代谢水平低下。也说第三状态。

【亚军】yàjūn 名 体育或其他比赛中的第二名。

【亚麻】yàmá ❶ 名 一年生草本植物,茎秆细长柔韧,叶细小,花浅蓝色或白色,结蒴果。分纤维用亚麻、油用亚麻和兼用亚麻三种。油用亚麻是我国西北地区的主要油料作物,当地称胡麻。❷ 名 指亚麻的茎皮纤维 ▷~布。

【亚热带】yàrèdài 名 从气候上划分的地理区域,是热带和温带之间的过渡地带。也说副热带。

【亚声速】yàshēngsù 名 比声速稍低的速度。

【亚裔】yàyì 名 指侨居其他洲并取得所居国国籍的亚洲人后代。

【亚于】yàyú 动 次于;比不上(多用于否定) ▷就工作能力来说,他并不~小李。

【亚运村】yàyùncūn 名 为参加亚运会的各国运动

员、裁判员、教练员和其他有关人员提供食宿、娱乐等生活设施而兴建的专用建筑群。

【亚运会】yàyùnhuì 名 亚洲运动会的简称。由亚洲奥林匹克理事会主办，每四年举行一届，第一届1951年在印度新德里举行。

【亚洲】yàzhōu 名 亚细亚洲的简称。位于东半球的东北部。东临太平洋，南临印度洋，北临北冰洋。西北与欧洲相接，西南与非洲相邻；东北隔白令海峡与北美洲相望；东南以帝汶岛和澳大利亚之间的海面与大洋洲为界。面积约4400万平方千米，人口约35.13亿（2006年），是世界上面积最大、人口最多的洲（亚细亚：英语Asia音译）。

压（壓）yà 见下。另见1571页yā。

【压板】yàbǎn 名〈口〉跷跷板。

【压根儿】yàgēnr 副〈口〉从来；根本 ▷我们～不同意｜我～就没听说过｜～他就没来过。☛用于否定句，而且要用在否定词前面。跟"就"呼应，语气更强。

【压马路】yàmǎlù〈口〉在马路上散步闲逛（含诙谐意）▷～，逛商场。

讶（訝）yà 动〈文〉惊奇；诧异 ▷惊～｜怪～｜～然失色。

迓 yà 动〈文〉迎接 ▷迎～。

砑 yà 动 用石具碾压或摩擦皮革、布匹、纸张等，使密实光亮 ▷～皮子｜～光。

娅（婭）yà 名〈文〉连襟 ▷姻～。

氩（氬）yà 名 非金属元素，符号Ar。无色无臭气体，在空气中含量稀少，不易同其他元素化合，也不易导热。可以用来填充灯泡或灯管。

掗 yà 动 某些地区指硬要让人收受不愿要的东西。

揠 yà 动〈文〉拔起 ▷～苗助长。

【揠苗助长】yàmiáo-zhùzhǎng 拔苗助长。

猰 yà 名 姓。

猰 yà［猰貐］yàyǔ 名 古代传说中一种吃人的野兽。

ya

呀 ya 助"啊(a)"受前一个音节末尾音素a、e、o、i、ü的影响产生音变而采用的不同写法 ▷说话(huà)～｜快开车(chē)～｜你说(shuō)～｜起来(lái)～｜快去(qù)～。

另见1573页yā。

yān

咽 yān 名 消化和呼吸的共同通道。位于鼻腔、口腔的后部，喉腔的上部，主要由肌肉和黏膜构成。分为鼻咽、口咽、喉咽三部分。通常跟喉合称咽喉。☛读yān，是名词，指消化和呼吸的共同通道；读yàn，是动词，指吞下，也用于比喻；读yè，是动词，指因悲哀而声音阻塞，如"呜咽""哽咽"。

另见1589页yàn；1610页yè。

【咽喉】yānhóu ❶ 名 咽和喉。也说喉咙。❷ 名 比喻地位重要或形势险要的通道 ▷天津是从海上进入北京的～｜扼守～之地。

【咽喉炎】yānhóuyán 名 咽喉炎症，多由病毒引起。表现为口苦喉燥、咽痒咳嗽、痰多、咽喉肿痛且有异物感，严重时声音嘶哑。

【咽炎】yānyán 名 咽部黏膜发炎的病症。症状是咽部充血、发热、疼痛、吞咽困难等。

恹（懨）yān［恹恹］yānyān 形 形容病体衰弱无力或精神萎靡不振的样子 ▷病～的｜～欲睡。

殷 yān 形 形容颜色红中带黑 ▷～红。另见1645页yīn；1649页yǐn。

【殷红】yānhóng 形 深红；黑红 ▷～的杜鹃花。

胭（*臙）yān 见下。

【胭红】yānhóng 形 形容颜色像胭脂那样红 ▷冷风把双颊吹得～｜～的玫瑰。

【胭脂】yānzhi 名 一种多用于涂红脸颊或嘴唇的化妆品；也用作国画的红色颜料。用作化妆品时，也说腮红。

【胭脂红】yānzhihóng ❶ 形 胭红。❷ 名 胭红颜料。

烟（*菸❹煙）yān ❶ 名 物质燃烧时所产生的气状物 ▷生炉子弄得满屋子是～｜～熏火燎｜炊～。→❷ 名 像烟的东西 ▷～霭｜～波。→❸ 名 烟气附着在其他物体上凝结成的黑色物质 ▷松～｜油～。→❹ 名 烟草 ▷种了两亩～｜～叶。❺ 名 烟草制品 ▷卷～｜香～｜请勿吸～。❻ 名 特指鸦片 ▷～土｜大～。→❼ 动 烟气刺激眼睛 ▷～得人睁不开眼。

【烟霭】yān'ǎi 名〈文〉云气；雾气 ▷～漫漫。

【烟波】yānbō 名 烟雾迷蒙的水面 ▷客船在～里渐渐消失｜～浩渺。

【烟草】yāncǎo ❶ 名 一年生草本植物，根粗壮，叶子大，夏秋季开花结果。叶子加工后称为烟叶，是制造烟丝等的主要原料。茎和碎屑可制杀虫剂。❷ 名 指烟叶或烟叶制品 ▷～公司。

【烟尘】yānchén ❶ 名 烟雾和灰尘 ▷城市上空，～弥漫。❷ 名 战场上的硝烟和扬起的尘土；借指战火 ▷军阀混战，～四起。

【烟囱】yāncōng 名 烟筒。

【烟袋】yāndài 名 吸烟器具，有旱烟袋、水烟袋两种。多指旱烟袋。

【烟袋锅儿】yāndàiguōr 名 安在旱烟袋一端，用来装烟丝或烟末的金属碗形物。也说烟锅儿。

【烟道】yāndào 名 炉灶、锅炉上排烟的通道。

【烟蒂】yāndì 名 烟头。

【烟斗】yāndǒu 名 吸烟器具，多用硬质木料制成，一头装烟丝，一头衔在嘴里吸。

【烟馆】yānguǎn 名 旧时备有烟具供人吸食鸦片的处所。

【烟鬼】yānguǐ 名 吸鸦片成瘾的人；现多指吸香烟吸得很凶的人。

【烟海】yānhǎi 名 烟雾茫茫的大海；如海的烟雾（多用于比喻）▷渺如～｜如堕～。

【烟盒】yānhé 名 装香烟的盒子。用金属、塑料或较硬的纸制成。

【烟花】yānhuā ❶ 名〈文〉烟霭中的花。借指艳丽的春景 ▷正值～三月。❷ 名 旧时指妓女或艺妓住的地方 ▷～柳巷。❸ 名 焰火 ▷～爆竹。

【烟灰】yānhuī ❶ 名 烟草燃烧时产生的灰烬 ▷不要到处磕～｜～缸。❷ 名 烟里面因燃料不完全燃烧而产生的微尘，多附着在烟道、墙壁或锅底 ▷定期清除烟道里的～。

【烟灰缸】yānhuīgāng 名 用来磕烟灰、盛烟头的器皿。

【烟火】yānhuǒ ❶ 名 烟和火 ▷库房重地，严禁～。❷ 名 炉火和炊烟；借指饮食 ▷不食人间～。❸ 名〈文〉烽烟和战火；借指战争。❹ 名 香火③。

【烟火】yānhuo 名 焰火。

【烟碱】yānjiǎn 名 尼古丁。

【烟具】yānjù 名 旧指抽鸦片烟的器具；现指吸烟器具，如烟嘴儿、烟灰缸、烟袋等。

【烟卷儿】yānjuǎnr 名 香烟③。

【烟煤】yānméi 名 煤化程度较高的一类煤。暗黑色，有光泽，燃点较低，发热量较高，燃烧时火焰较长且多烟，是炼焦原料，也可作工业和民用燃料。

【烟民】yānmín 名 旧指吸食鸦片成瘾的人；现多指吸香烟的人 ▷戒烟活动正在～中兴起。

【烟幕】yānmù ❶ 名 战场上用化学药剂造成的浓厚烟雾，可遮蔽敌人视线。❷ 名 燃烧柴草等所形成的浓厚烟雾。❸ 名 比喻掩饰真相或某种企图的言行 ▷这些所谓的和平论调，都是掩盖其侵略实质的～。

【烟幕弹】yānmùdàn ❶ 名 发烟弹。❷ 名 比喻掩饰真相或某种企图的言行 ▷政治～。

【烟农】yānnóng 名 以种植烟草为主业的农民。

【烟屁股】yānpìgu 名 烟头的俗称。

【烟气】yānqì ❶ 名〈文〉云烟雾气 ▷～蒙蒙。❷ 名 燃烧时产生的烟火气；特指吸烟时散发的烟 ▷满屋子～熏人。

【烟枪】yānqiāng 名 吸食鸦片烟的器具。因形似枪支，故称。

【烟色】yānsè 名 像烤烟那样的深棕色或暗黄色。

【烟丝】yānsī 名 烟叶切成的细丝，供卷烟用，也可用烟斗、烟袋吸。

【烟酸】yānsuān 名 一种维生素，白色结晶，溶于水和酒精。有促进细胞新陈代谢的作用。

【烟筒】yāntong 名 炉灶、锅炉上排烟、排煤气的筒状装置。也说烟囱。

【烟头】yāntóu 名 纸烟吸剩的部分。也说烟蒂。俗称烟屁股。

【烟土】yāntǔ 名 没有熬制过的鸦片。

【烟雾】yānwù 名 烟气和雾气 ▷～缭绕｜茫茫～。

【烟霞】yānxiá ❶ 名 雾气和云霞 ▷～迷蒙。❷ 名〈文〉指山水胜景 ▷放眼百里～｜寄怀～。

【烟消云散】yānxiāo-yúnsàn 像烟和云那样飘散消失；形容事物、思虑、怨愤等消失干净。也说云消雾散。

【烟熏火燎】yānxūn-huǒliǎo 被烟熏，被火烤。形容烟气呛人、灼烤难挨 ▷村民用上了沼气，做饭告别了～。☛"燎"这里不读 liáo。

【烟叶】yānyè 名 烟草的叶子，是加工烟丝、卷烟的原料。

【烟瘾】yānyǐn 名 吸烟的瘾（旧时多指吸食鸦片的瘾）。

【烟雨】yānyǔ 名 烟雾般的细雨 ▷～霏霏。

【烟云】yānyún ❶ 名 像烟气一样的云雾 ▷～笼罩着山庄。❷ 名 像云雾一样的烟气 ▷工厂的上空飘散着黑色的～。

【烟柱】yānzhù 名 向上升腾的柱形浓烟 ▷烈火熊熊，～穿云。

【烟子】yānzi 名 烟气凝聚成的黑色小颗粒，有煤烟子、油烟子等。可以制墨、做肥料等。

【烟嘴儿】yānzuǐr ❶ 名 烟袋上端嘴衔的部分。❷ 名 吸纸烟用的短管。

焉 yān ❶ 代〈文〉指人、事物或处所，相当于"之"或"于（介词）是（代词）" ▷众好（hào）之，必察～｜心不在～｜三人行，必有我师～。→ ❷ 代〈文〉表示疑问，相当于"哪里""怎么" ▷不入虎穴，～得虎子？｜～能不败？→ ❸ 助〈文〉用于句末，起加强语气等作用 ▷于我心有戚戚～。〇 ❹ 名 姓。☛下边四点不能简化成一横。

崦 yān［崦嵫］yānzī ❶ 名 山名，在甘肃。❷ 名 古代指太阳落山之处 ▷望～而惆怅。

阉(閹) yān ❶ 动 阉割① ▷～猪|～鸡。→ ❷ 名〈文〉被阉割的人;特指宦官 ▷～竖|～党。〇 ❸ 名 姓。

【阉割】yāngē ❶ 动 切除睾丸或卵巢,使生殖机能丧失。❷ 动 比喻故意删掉别人文章或理论的主要内容,使失去应有的作用或改变实质 ▷文章被～得面目全非。

【阉鸡】yānjī ❶ 动 阉割公鸡。❷ 名 阉割过的鸡。体大、肥嫩,专供食用。

【阉人】yānrén 名 被阉割后的男人;特指宦官。

【阉猪】yānzhū ❶ 动 阉割公猪或母猪。❷ 名 阉割过的猪。生长快,肉细嫩,专供食用。

阏(閼) yān[阏氏] yānzhī 名 汉代匈奴王后的称号。

另见 361 页 è。

淹 yān ❶ 动 浸渍;浸泡 ▷墙根一直～在水里。→ ❷ 动 大水漫过或吞没 ▷洪水～了村庄|～没。→ ❸ 动 汗、泪等浸渍和刺激皮肤 ▷湿尿布把孩子的小屁股～红了|眼泪把脸都～了。〇 ❹ 形〈文〉时间久 ▷～留|～滞。〇 ❺ 形〈文〉深广 ▷～博|～通。

【淹博】yānbó 形〈文〉深厚而广博 ▷知识～。

【淹留】yānliú 动〈文〉长期停留 ▷～客地。

【淹埋】yānmái 动 覆盖;埋没 ▷泥石流～了大片良田|流沙～了足迹。☛ 跟"掩埋"的施事者不同。"淹埋"是自然力造成的结果;"掩埋"是人有意识的行为。

【淹没】yānmò ❶ 动(大水)浸没 ▷上千亩良田被洪水～。❷ 动 比喻遮盖、淹埋 ▷他的喊声被涛声～了|那点儿喜悦很快～在悲痛中|一转身他已～在人群中。☛ 跟"湮没"不同。

腌(*醃) yān 动 用盐、糖等浸渍(食物)▷榨菜没～透|～鸡蛋。

另见 1 页 ā。

【腌菜】yāncài ❶ 动 腌制蔬菜。❷ 名 经过腌制的蔬菜 ▷端上四碟不同品种的～。

【腌肉】yānròu ❶ 动 腌制肉类。❷ 名 经过腌制的肉类。

【腌制】yānzhì 动 以盐、糖、酱油、酒等浸渍食品,达到防腐和改变风味的目的。

【腌渍】yānzì 动 腌 ▷～果蔬|～片刻。

湮 yān〈文〉❶ 动 沉没;埋没 ▷～没|～灭。〇 ❷ 动 因泥沙淤积而堵塞 ▷河道久～。☛ 读 yīn,指液体遇纸、布等受阻而缓慢浸润,与读 yān 音义仍有联系,现在一般写作"洇",表音更贴切。

另见 1645 页 yīn。

【湮灭】yānmiè 动 埋没消失 ▷碑文清晰可辨,历史的记载未被～。

【湮没】yānmò 动 埋没 ▷那些古城堡已为黄沙所～。☛ 跟"淹没"不同。

渰 yān 动〈文〉淹没。

另见 1587 页 yǎn。

鄢 yān ❶[鄢陵] yānlíng 名 地名,在河南。〇 ❷ 名 姓。

墕 yān 用于地名。如梁家墕,在山西。

另见 1590 页 yàn。

漹 yān 用于地名。如漹城,在四川。

嫣 yān ❶ 形 女子容貌美好 ▷～然一笑。→ ❷ 形 颜色鲜艳 ▷姹紫～红。

【嫣红】yānhóng 形〈文〉形容鲜红 ▷～的脸庞。

【嫣然】yānrán 形〈文〉美好、娇媚的样子 ▷体态～。

【嫣然一笑】yānrán-yīxiào 形容女子优美动人的微笑。

燕 yān ❶ 名 周朝诸侯国,后为战国七雄之一,在今河北北部和辽宁西部。→ ❷ 名 旧时河北省的别称;也指河北北部一带。〇 ❸ 名 姓。☛ 笔顺是 艹 芇 芇 燕 燕,16 画。

另见 1590 页 yàn。

yán

延 yán ❶ 动 延长(距离、时间等);伸展 ▷～年益寿|～长|～伸|蔓～|绵～。→ ❷ 动 引进;邀请 ▷～师|～请。→ ❸ 动 推迟;放宽(限期) ▷～期|～误|顺～。〇 ❹ 名 姓。☛ ㊀右上末笔是竖折(㇗)。㊁左下是"廴",不是"辶"。

【延爆】yánbào 动 延迟爆炸 ▷～装置。

【延长】yáncháng 动 延伸使变长(多指距离、时间等)▷高速公路又向海滨～了 10 公里|讨论会～10 分钟。

【延长线】yánchángxiàn 名 线段的延伸部分。

【延迟】yánchí 动 推迟;拖延 ▷开幕式的时间往后～10 分钟|抢救伤员 1 秒钟也不能～。

【延宕】yándàng 动〈文〉拖延 ▷切勿～,以免坐失良机。

【延搁】yángē 动 拖延耽搁 ▷心绞痛要迅速诊治,不可～。

【延后】yánhòu 动 向后推延 ▷会议～几天。

【延缓】yánhuǎn 动 推迟;使速度放慢 ▷～开工|～衰老。

【延揽】yánlǎn 动〈文〉招揽;邀请 ▷～专家。

【延绵】yánmián 动 绵延 ▷中国历史～数千年。

【延纳】yánnà 动〈文〉接待;接纳 ▷～良才。

【延年益寿】yánnián-yìshòu 增加岁数,延长寿命 ▷坚持体育锻炼,可以～。

【延聘】yánpìn ❶ 动〈文〉聘请 ▷～塾师。❷ 动 延长聘用期 ▷～张教练继续执教。

【延期】yánqī ❶ 动 延长日期 ▷展览会～两天结束。❷ 动 推迟原定日期 ▷～10 天开学。

【延请】yánqǐng 动 邀请;请人担任某项工作(多为临时性的) ▷～名师指点|～专家进行指导。

【延烧】yánshāo 动 火势蔓延开来 ▷控制大火～。

【延伸】yánshēn 动 延展伸长 ▷长城从山海关向西～到嘉峪关。

【延时】yánshí 动 延长时间 ▷考试～半小时。

【延寿】yánshòu 动 延长寿命 ▷经常锻炼身体,可以祛病～。

【延髓】yánsuǐ 名 后脑的一部分,上接脑桥,下接脊髓。是管理呼吸、血液循环、唾液分泌等重要反射的中枢,有"生命之枢"之称。也说延脑。

【延误】yánwù 动 拖延;耽误 ▷～战机。

【延性】yánxìng 名 物体受到拉力,能够延伸变细而不断裂的性质。金属多具有延性,石英、玻璃等在高温下也具有延性。

【延续】yánxù 动 持续下去 ▷排练～到深夜。

【延展】yánzhǎn 动 延伸;扩展 ▷公路向山区～。

【延展性】yánzhǎnxìng 名 延性和展性。参见本页"延性"、1732 页"展性"。

闫(閆) yán 名 姓。☛"闫"不是"閻"的简化字。"闫"和"阎"是两个不同的姓。

芫 yán [芫荽] yánsui 名 一年或二年生草本植物,羽状复叶,茎和叶有特殊香气,果实近球形。嫩茎叶可做佐料,果实可做香料,全草可做药材。通称香菜。参见插图 9 页。

另见 1694 页 yuán。

严(嚴) yán ❶ 形 (仪容)庄重;(态度)认真 ▷庄～|威～|～正|～肃。→ ❷ 形 (做事情)严格,不放松 ▷要求很～|批评从～,处理从宽|～守纪律|～禁。⇒ ❸ 形 厉害;程度深 ▷～刑峻法|～寒|～重。⇒ ❹ 名 指父亲 ▷家～。⇒ ❺ 形 紧密;没有空隙 ▷把门关～|～紧|～密。〇 ❻ 名 姓。

【严办】yánbàn 动 严厉惩办 ▷严查～各种违法经营行为。

【严查】yánchá ❶ 动 严格查验 ▷～进出口货物。❷ 动 严肃查处 ▷～违章车辆|～腐败分子。❸ 动 不留任何空隙地查找 ▷～细找。

【严惩】yánchéng 动 严厉惩罚 ▷对屡教不改的犯罪分子要依法～。

【严惩不贷】yánchéng-bùdài 严加惩处,决不宽恕(贷:宽恕)。

【严处】yánchǔ 动 严肃处理;严厉处罚 ▷瞒报事故,应受～。

【严词】yáncí 名 严厉的言辞 ▷～批驳|～厉色。

【严辞】yáncí 现在一般写作"严词"。

【严打】yándǎ 动 严厉打击(刑事犯罪活动等) ▷开展～斗争。

【严冬】yándōng 名 极其寒冷的冬天。

【严防】yánfáng 动 严格防止;严密防范 ▷～偷盗|～火灾。

【严父】yánfù 名 父亲。因通常认为父严母慈,故称 ▷聆听～教诲。

【严格】yángé ❶ 形 在执行制度、掌握标准方面非常认真,一丝不苟 ▷～划清界限|～的规章制度。❷ 动 使严格 ▷～纪律|～考试制度。☛跟"严厉"不同。"严格"侧重于对标准一丝不苟,用于对人,也可用于对己;"严厉"侧重于态度严肃、手段厉害,只用于对他人。

【严寒】yánhán 形 非常寒冷 ▷～地带|三九～,冰封雪盖。

【严加】yánjiā 动 严厉地加以(管理、教育等) ▷～管束|～惩处。

【严教】yánjiào 动 严格教育 ▷～和爱抚结合。

【严紧】yánjǐn ❶ 形 紧密,无缝隙 ▷瓶口封得很～。❷ 形 严格;严厉 ▷管理～多了。

【严谨】yánjǐn ❶ 形 严格谨慎 ▷态度～|～的治学精神。❷ 形 严密,无疏漏 ▷他的话很～。

【严禁】yánjìn 动 严格禁止 ▷～攀折花木。

【严峻】yánjùn ❶ 形 (神情、态度)严厉;严肃 ▷～的目光。❷ 形 (情况)严重 ▷形势～。

【严苛】yánkē 形 严厉苛刻 ▷考勤十分～|～的签证制度。

【严控】yánkòng 动 严格控制;严密监控 ▷～财政支出|对爆炸物品要严管～。

【严酷】yánkù ❶ 形 极其严峻 ▷～的考验。❷ 形 (环境)残酷 ▷～的生活条件。

【严厉】yánlì 形 严肃而厉害,不宽容 ▷～的措施|～地批评|神情很～。☛参见本页"严格"的提示。

【严令】yánlìng ❶ 动 严格命令 ▷～查处。❷ 名 严格的命令 ▷难违～。

【严密】yánmì ❶ 形 紧密,不留空隙 ▷温室封闭得很～。❷ 形 周密;没有疏漏 ▷～的逻辑推理|看守～。❸ 动 使严密 ▷～组织纪律。

【严明】yánmíng ❶ 形 严格而明确 ▷～的法度|号令～。❷ 动 使严明 ▷～法纪,依法治国。

【严命】yánmìng〈文〉❶ 动 严令 ▷～追讨。❷ 名 父亲的命令 ▷谨遵～。

【严师】yánshī 名 要求严格的老师 ▷～出高徒。

【严实】yánshi 形〈口〉严密,没有空隙或漏洞 ▷箱子盖得很～|藏得很～,谁也找不到◇他的嘴向来很～。

【严守】yánshǒu ❶ 动 严格遵守,不违背 ▷～信用｜～诺言。❷ 动 严密保守，使不泄露 ▷～秘密。❸ 动 严密把守 ▷～要隘。

【严霜】yánshuāng 名 浓重的霜 ▷～盖地。

【严丝合缝】yánsī-héfèng 结合处很严密，没有一丝缝隙；比喻不给人留一点儿可乘之机 ▷冰柜的门～｜他这番话说得～。

【严肃】yánsù ❶ 形（神情、气氛等）庄重，使人感到敬畏 ▷态度很～｜～的气氛｜～地批评。❷ 形 严格认真 ▷～地对待工作。❸ 动 使严肃 ▷～法纪。

【严肃音乐】yánsù yīnyuè 指内容严肃、艺术形式严谨，有一定审美和教育意义的音乐作品。

【严刑】yánxíng 名 严酷的刑罚 ▷～逼供。

【严刑峻法】yánxíng-jùnfǎ 严酷的刑罚，苛刻的法令。

【严以律己】yányǐlǜjǐ 用严格的要求约束自己 ▷～，宽以待人。

【严于律己】yányúlǜjǐ 在约束自己方面非常严格 ▷他向来都～。

【严阵以待】yánzhènyǐdài 摆好严整的阵势，等待迎击来犯的敌人；比喻做好充分准备，以迎接重大任务。

【严整】yánzhěng ❶ 形 严肃整齐 ▷队列～。❷ 形 严密而有条理 ▷布阵～｜文章的思路～。

【严正】yánzhèng 形 严肃郑重；光明正大 ▷～声明｜～的态度。

【严重】yánzhòng 形（情势）危急；（影响）重大；（程度）深重 ▷局势～｜～的干旱｜遭到～破坏。

言 yán ❶ 动 说 ▷～之有理｜不～而喻｜不苟～笑。→ ❷ 名 所说的话 ▷语～｜留～｜名～。❸ 名 汉语的一句话或一个字 ▷一～难尽｜千～万语｜七～诗｜万～书。〇 ❹ 名 姓。☛“言”处在字左边时简化为“讠”，如“说”“话”“语”。

【言必信，行必果】yánbìxìn，xíngbìguǒ 说话一定要守信用，做事一定要有成效。

【言必有中】yánbìyǒuzhòng 说话一定要中肯，切中要害。☛“中”这里不读 zhōng。

【言表】yánbiǎo ❶ 动 用言语表达 ▷心情难以～。❷ 名 言语和表情 ▷感激之情，溢于～。

【言不二价】yánbù'èrjià 不讲第二种价格，指没有讨价还价的余地。也说言无二价。

【言不及义】yánbùjíyì 说话说不到正经的道理上（及：涉及；义：指正经的道理）。

【言不尽意】yánbùjìnyì 语言不能表达自己想要表达的全部意思 ▷书短情长，～。

【言不由衷】yánbùyóuzhōng 说的话不是发自内心的。形容心口不一。☛ 不宜写作“言不由中”。

【言出法随】yánchū-fǎsuí 命令或法令一经宣布就严格执行。

【言传】yánchuán 动 用言语来传授或表达 ▷～身教｜只可意会，不可～。

【言传身教】yánchuán-shēnjiào 既用言语传授，又以行动示范。指用自己的言行教育、影响别人。

【言词】yáncí 现在一般写作“言辞”。

【言辞】yáncí ❶ 名 说话或写文章用的词语 ▷～生动｜～华而不实。❷ 动 说话 ▷他不善～。

【言多必失】yánduō-bìshī 话说多了必然会出现失误。也说言多语失。

【言而无信】yán'érwúxìn 说话不讲信用。

【言归于好】yánguīyúhǎo 彼此重新和好（言：句首文言助词，无实义）。

【言归正传】yánguīzhèngzhuàn 把话转回到正题上来（章回小说、话本的常用套语）。

【言过其实】yánguòqíshí 说话过头，不符合实际情况。

【言和】yánhé 动 讲和 ▷停火～。

【言欢】yánhuān 动〈文〉说笑；欢快地交谈 ▷握手～｜倾杯～。

【言简意赅】yánjiǎn-yìgāi 言辞简练而意思完备。☛“赅”不读 gài 或 hài，也不要误写作“该”。

【言教】yánjiào 动 用言语开导、教育别人 ▷身教胜过～。

【言近旨远】yánjìn-zhǐyuǎn 言语浅近而含意深远。☛ 不宜写作“言近指远”。

【言路】yánlù 名 向政府或上级进言的途径 ▷发扬民主，拓宽～。

【言论】yánlùn ❶ 动 言谈；议论 ▷你把这些道理跟他～一番。❷ 名 对人或事所发表的议论 ▷～自由｜错误～。☛ 参见 1683 页“舆论”的提示。

【言情】yánqíng ❶ 动 描述男女情爱 ▷～作品。❷ 动 抒情 ▷叙事～，皆成文章。

【言人人殊】yánrénrénshū 对同一事件或人物，各人有各人的理解，评论也各不一样。

【言声儿】yánshēngr 动〈口〉说话 ▷闷坐在会场角落不～｜有困难就说，别不～。

【言说】yánshuō 动 谈论；表述 ▷不能～。

【言谈】yántán ❶ 动 交谈；说话 ▷不善～｜～风雅。❷ 名 说话的内容和态度 ▷～得体。

【言听计从】yántīng-jìcóng 对某人说的话、出的主意都听从采纳。表示对某人非常信任。

【言外之意】yánwàizhīyì 没有明说而能使人联想到的意思。☛ 参见本页“言下之意”的提示。

【言为心声】yánwéixīnshēng 言语是心灵的声音，意为言语是思想的表现形式。

【言下之意】yánxiàzhīyì 话里流露的意思 ▷～，这次审查很难通过。☛ 跟“言外之意”所表示的程度不同。“言下之意”虽然也表示没有明说,但"话中已有"的意思比较明显。

【言笑】 yánxiào 动 说和笑 ▷神情迷乱,~无时。

【言行】 yánxíng 名 言语和行为 ▷~不一。

【言犹在耳】 yányóuzài'ěr 说话的声音还在耳边响着。形容对别人的话还记得很清楚或者形容别人的话刚说过不久 ▷恩师教诲~。

【言语】 yányǔ 名 谈吐;说的话 ▷~不凡。

【言语】 yányu 动〈口〉说话;告诉 ▷她一声也不~|需要帮忙就~一声。

【言者无罪,闻者足戒】 yánzhě-wúzuì, wénzhě-zújiè (提的意见尽管不一定正确,但)提意见的人没有什么罪过,听取意见的人(即使不存在对方所指出的错误,也)应引为鉴戒。☛"言者无罪""闻者足戒"也可以分别单用。

【言之成理】 yánzhīchénglǐ 讲的话合乎道理(常跟"持之有故"连用)。

【言之无物】 yánzhīwúwù 说的话、写的文章没有实际内容(物:指内容)。

【言之有据】 yánzhīyǒujù 说的话、写的文章有根据。

【言之有理】 yánzhīyǒulǐ 所发的议论有道理。

【言之有物】 yánzhīyǒuwù 说的话、写的文章有实际内容。

【言之凿凿】 yánzhīzáozáo 话说得有根有据,真实可信(凿凿:确切,真实)。☛"凿"不读 zuò。

【言志】 yánzhì 动〈文〉表达志向、情怀 ▷诗~。

【言中】 yánzhòng 动 后来发生的事与先前的预言一样(多指消极方面) ▷不幸而~。☛"中"这里不读 zhōng。

【言重】 yánzhòng 动 话说得有点儿过分(多指批评的) ▷我那番话可能~了。

【言状】 yánzhuàng 动 用言语来描写或形容(多用于否定) ▷莫可~|不堪~。

妍 yán 形〈文〉美;美好(跟"媸"相对) ▷不辨~媸(chī)|百花争~。

【妍丽】 yánlì 形〈文〉美丽 ▷~动人|~可爱。

岩(*嵒巖巗) yán ❶ 名 巨石凸起形成的山峰 ▷山~|日光~(在福建厦门)。→ ❷ 名 岩石 ▷沉积~|花岗~|~层。❸ 名 岩洞(多用作岩洞的名称) ▷桂林七星~。

【岩壁】 yánbì 名 陡峭如墙壁的山岩;山峰的侧面 ▷两岸高山对峙,~耸立。

【岩层】 yáncéng 名 指地壳中岩石的层状体或板状体 ▷~很厚|~可分三层。

【岩洞】 yándòng 名 岩层中因地下水多年侵蚀冲刷而形成的洞窟。

【岩画】 yánhuà 名 刻画在崖壁或岩石上的图画。也说崖画、崖壁画。

【岩浆】 yánjiāng 名 地壳下面的高温熔融物质,呈液态或糊状,成分复杂,以硅酸盐为主,并含有大量挥发成分。

【岩浆岩】 yánjiāngyán 名 火成岩。

【岩溶】 yánróng 名 喀斯特。

【岩石】 yánshí 名 由一种或多种矿物组合而成的集合体,是构成地壳的主要物质。根据成因可分为火成岩、沉积岩、变质岩三类。

【岩石圈】 yánshíquān 名 地球坚硬的固体圈层,由地壳和上地幔顶部的岩石组成,共分裂成六大板块,彼此间有相对运动。参见 34 页"板块"①。

【岩芯】 yánxīn 名 地质勘探时,用管状机件从地层中取得的圆柱状岩石标本,可用来分析研究地层或矿床的情况。

【岩盐】 yányán 名 地壳中沉积的矿石盐,大多由古代的海水或湖水干涸后形成。是重要的化工原料,并可食用。也说矿盐、石盐。

【岩羊】 yányáng 名 羊的一种,体长约 1.2 米,雄性角粗大,雌性角细小,行动敏捷,善跳跃,以草类、灌木枝叶等为食。主要分布在我国西部地区,属国家保护动物。也说崖羊、石羊。

【岩样】 yányàng 名 岩石标本。

炎 yán ❶ 动〈文〉火焰升腾。→ ❷ 形 酷热 ▷~热|~夏◇世态~凉|趋~附势。→ ❸ 名 指炎帝。→ ❹ 名 炎症 ▷肺~|腮腺~|发~|消~。

【炎帝】 yándì 名 传说中我国上古时期中原各部族的首领。因他以火为德,故称。

【炎黄】 yánhuáng 名 炎帝和黄帝。参见本页"炎帝"、603 页"黄帝"。

【炎凉】 yánliáng 形 热和冷。比喻感受到的两种迥然不同的待人态度,或者奉承巴结,或者疏远冷淡。参见 1253 页"世态炎凉"。

【炎热】 yánrè 形(天气)非常热 ▷~的伏天。

【炎日】 yánrì 名 炎热的太阳 ▷~高照。

【炎暑】 yánshǔ ❶ 名 酷热的暑天 ▷去海滨避~。❷ 名 炎热的暑气 ▷马路上~难当。

【炎夏】 yánxià 名 酷热的夏天 ▷~时节。

【炎炎】 yányán ❶ 形 形容阳光灼热 ▷夏日~。❷ 形 形容火势炽热 ▷~大火,越烧越猛。

【炎症】 yánzhèng 名 机体受到强烈刺激后引起的一种病理反应,局部有红、热、肿、痛和功能障碍,全身可能有白细胞增多和体温升高现象。

沿¹ yán ❶ 动〈文〉顺流而下。→ ❷ 动 按照老样子继续下去 ▷~用|~袭|相~至今|~革。→ ❸ 介 表示顺着(一定的路线) ▷~河边走|~路是参天白杨。

沿² yán ❶ 名 边缘 ▷炕~|前~阵地。→ ❷ 动 镶边 ▷~鞋口|大红的衣服,~一道蓝边。☛ ㊀"沿"字统读 yán,不读 yàn。㊁右上是"几",末笔不带钩。㊂介词"沿"跟"顺"在语用上有区别。"沿"所指的"路

线”“途径”可以是比喻意义或抽象意义的；“顺”一般不能这样用。

【沿岸】yán'àn 名 贴近江河湖海的狭长地带 ▷长江～|渤海～|太湖～。

【沿边】yánbiān 名 边沿；临近边界（边境、边疆）的地带 ▷～商贸。

【沿边儿】yánbiānr 动 在衣物边儿上缝上窄条的布或绦子等。

【沿革】yángé 名 事物发展和变革的历程 ▷历史～和发展状况|政区～。

【沿海】yánhǎi 名 靠海的地带 ▷～省份。

【沿江】yánjiāng 名 临近江河（多指长江）的地带。

【沿街】yánjiē ❶ 副 顺着街道 ▷～收购废品。❷ 名 指街道两旁的地方 ▷～是些小店铺。

【沿例】yánlì 副 沿袭惯例 ▷～办理。

【沿路】yánlù ❶ 副 顺着道路 ▷～走来。❷ 名 临近道路的地带 ▷～鲜花盛开。

【沿途】yántú ❶ 副 顺着路途 ▷～走访。❷ 名 临近路途的地带 ▷～作物长势良好。

【沿袭】yánxí 动 照老样子继续下去 ▷～旧俗。

【沿线】yánxiàn 名 靠近交通线一带的地方 ▷铁路～，村庄稠密|保护公路～的树木。

【沿用】yányòng 动 按照老样子继续使用 ▷这个地名已经～几百年了。

【沿着】yánzhe 介 顺着（一定路线） ▷～河堤散步。

研 yán ❶ 动 细细地磨（mó）或碾 ▷～墨|～成细末儿|～碎。→ ❷ 动 研究 ▷钻～|～讨|～制。

【研读】yándú 动 阅读并钻研 ▷～经典著作。

【研发】yánfā 动 研究开发 ▷～新产品。

【研究】yánjiū ❶ 动 深入探求（事物的本质、规律等） ▷～水稻新品种。❷ 动 考虑或共同商讨 ▷会议重点～计划调整问题。

【研究生】yánjiūshēng 名 大学本科毕业（或具有同等学力）经专设的招生考试录取，在高等学校或科研机构学习、研究的学生。一般分为硕士研究生和博士研究生两级。有时特指硕士研究生。

【研究生院】yánjiūshēngyuàn 名 高等学校或科研机构中主管研究生工作的部门。

【研究室】yánjiūshì 名 机关、学校或科研机构等内部以专项研究为目标的工作单位 ▷政策～|教学～|语音～。

【研究所】yánjiūsuǒ 名 从事某一领域研究工作的科研机构 ▷哲学～|高能物理～。

【研究员】yánjiūyuán 名 科研机构中的最高级职称，相当于教授。以下依次为副研究员、助理研究员、实习研究员。

【研究院】yánjiūyuàn 名 从事科学研究的最高一级机构。

【研磨】yánmó ❶ 动 用工具细磨 ▷有的中药要在乳钵里～成粉末。❷ 动 用磨料摩擦器物使光滑 ▷～玉镯|出土文物不可～。

【研墨】yánmò 动 把墨在砚台里磨成墨汁 ▷你来～我来写。也说磨（mó）墨。

【研判】yánpàn 动 研究判断；研究评判 ▷～股市走向。

【研讨】yántǎo 动 研究讨论或探讨 ▷共同～施工方案|～班|～会。

【研习】yánxí 动 研究学习 ▷～书法。

【研修】yánxiū 动 研究进修 ▷～西医外科。

【研造】yánzào 动 研制。

【研制】yánzhì 动 研究制造 ▷～新型电冰箱。

綖（綖） yán ❶ 名 古代覆盖在帽子上的装饰物。○ ❷ 古同“延”③。

盐（鹽） yán ❶ 名 食盐的通称 ▷少放点儿～，别咸了|精～|海～|～井|～场。→ ❷ 名 化学上指由金属离子（包括铵离子）和酸根离子组成的一类化合物，是地壳的主要构成部分。常温时，一般为晶体。绝大多数是强电解质，在水溶液中和熔融状态下能电离。

【盐场】yánchǎng 名 制盐的场所；特指海滩上用海水制盐的场所。

【盐池】yánchí 名 生产食盐的咸水湖。

【盐分】yánfèn 名 物体内含盐的分量 ▷各个盐池的～有多有少，不尽相同。

【盐湖】yánhú 名 含盐分 3.5%以上的咸水湖。

【盐花】yánhuā 名 极少量的细盐 ▷汤里放点儿～。

【盐碱地】yánjiǎndì 名 含盐分较多的土地。

【盐碱滩】yánjiǎntān 名 含盐分较多的滩地。

【盐碱土】yánjiǎntǔ 名 盐土、碱土及各种盐化、碱化土壤的统称。

【盐井】yánjǐng 名 为汲取含盐分较高的地下水制盐而挖的井。

【盐矿】yánkuàng 名 开采岩盐的地方。

【盐类】yánlèi ❶ 名 各种盐的统称。❷ 名 化学上指与酸类、碱类并称的一类化合物。

【盐卤】yánlǔ 名 制盐剩下的黑色液体，味苦，有毒。可作豆腐的凝结剂。也说卤水。

【盐汽水】yánqìshuǐ 名 含盐的汽水。供高温下工作的人饮用，以补充盐分。

【盐商】yánshāng 名 旧指经营食盐的商人，大都有官府背景。

【盐霜】yánshuāng 名 盐水在物体表面凝结成的白色细末儿 ▷干旱的盐碱地一片～。

【盐水】yánshuǐ 名 加盐的水，有一定的消毒作用。

【盐酸】yánsuān 名 无机酸，强酸之一，氯化氢的水溶液。无色透明，含有杂质时为淡黄色，有刺激性臭味。对多种金属有强烈的腐蚀作用，广泛应用于化学、冶金、医药等工业。也说氢氯酸。

【盐滩】yántān 名 晒盐的滩地。

【盐田】yántián 名 为晒盐在海滩、湖滩上挖的成排的方形浅池。

【盐土】yántǔ 名 含可溶性盐类过多，不利于作物生长的土壤。

【盐业】yányè 名 生产、管理、经营食盐的产业。

【盐沼】yánzhǎo 名 含有较多盐分的沼泽地，如柴达木盆地、塔里木盆地和滨海都有盐沼。

铅（鉛 *鈆） yán［铅山］yánshān 名 地名，在江西。

另见 1089 页 qiān。

阎（閻） yán ❶ 名〈文〉里巷的门；也指里巷。〇 ❷ 名 姓。☛ 跟"闫"不同。不能简化成"闫"。

【阎罗】yánluó ❶ 名 梵语音译词"阎魔罗阇(Yamarājā)"的简称。佛教、道教及民间传说中主管地狱的神。❷ 名 比喻凶恶残暴的人 ▷旌旗十万斩～。‖ 也说阎罗王、阎王、阎王爷。

【阎王】yánwang 名 阎罗。

【阎王殿】yánwangdiàn 名 传说中阎罗审理阴间事务的处所；比喻黑暗恐怖的地方 ▷这里不是～，不准刑讯逼供。也说森罗殿。

【阎王债】yánwangzhài 名 比喻高利贷。也说阎王账。

蜒 yán ❶［蜒蚰］yányóu 名 蛞蝓(kuòyú)。〇 ❷见534 页"海蜒"。〇 ❸见1669 页"蚰(yóu)蜒"。〇 ❹ 见 1412 页"蜿蜒"。

筵 yán 名 古代指铺在地上作为坐具的竹席；今指酒席 ▷～席｜寿～。☛ ㊀统读 yán，不读 yàn。㊁参见 1579 页"延"的提示。

【筵席】yánxí 名 宴席上的座位；借指酒席 ▷～之上，谈笑风生。

【筵宴】yányàn 名〈文〉筵席；宴会。

颜（顏） yán ❶ 名 脸面；面容 ▷鹤发童～｜容～。→ ❷ 名 脸皮；面子 ▷厚～无耻｜无～相见。→ ❸ 名 表情；脸色 ▷正～厉色｜喜笑～开｜和～悦色。→ ❹ 名 颜色 ▷五～六色｜～料。〇 ❺ 名 姓。

【颜料】yánliào 名 用来着色的物质，种类很多。天然颜料如朱砂、石青等；合成颜料如氧化铁、铅白等。广泛应用于油画、油漆、印染、陶瓷彩绘等。

【颜面】yánmiàn ❶ 名 面容；面部 ▷～红肿｜～憔悴。❷ 名 面子② ▷丢尽～｜～扫地。

【颜容】yánróng ❶ 名 容颜① ▷～憔悴。❷ 名 容颜② ▷市区一派新～。

【颜色】yánsè ❶ 名 视觉对物体的一种感觉，是物体因吸收和反射光量程度不同而使视觉产生的不同印象。如红、黄、蓝、白、黑等。❷ 名 颜料或染料 ▷买一包红～。❸ 名 姿色；容貌；表情 ▷她长得有几分～｜～庄重。❹ 名 显示给人看的厉害的脸色或行动 ▷动不动就给人家～看。

【颜色】yánshai 名〈口〉颜色(yánsè)② ▷买包～染染被面｜画画离不开～。

【颜体】yántǐ 名 以唐代书法家颜真卿书法为代表的字体。笔画丰满，结构严谨，具有浑厚端庄、挺拔雄伟的风格。

【颜值】yánzhí 名 指人容颜俊美的程度；也指事物外表美观的程度 ▷她虽然～稍差，但气质很好｜这款新能源汽车动力强、～高。

虤 yán 形〈文〉形容老虎发怒的样子。

檐（*簷） yán ❶ 名 屋顶边沿伸出屋墙的部分 ▷屋～｜飞～走壁。→ ❷ 名 某些器物上向外伸出的像檐的部分 ▷帽～。

【檐沟】yángōu 名 檐口下横向的排水槽，用来承接房顶流下的雨水、雪水，使经水斗流入竖向的排水管，排到地面。

【檐口】yánkǒu 名 屋檐尽头的滴水处。

【檐漏】yánlòu 名 与檐沟相连的漏斗，能将檐沟的雨水归入落水管。

yǎn

㫃 yǎn〈文〉❶ 名 旌旗上的飘带。→ ❷ 形 形容旌旗飞扬的样子。

沇 yǎn ❶ 名 沇水，古水名，即济水。〇 ❷ 用于地名。如沇河村，在河南。

奄 yǎn〈文〉❶ 动 覆盖 ▷～有四方。〇 ❷ 副 忽然 ▷～忽｜～然。☛ ㊀不读 yān。㊁下边是"电"，不是"电"。

【奄奄】yǎnyǎn 形 气息微弱的样子 ▷生命垂危，气息～。

【奄奄一息】yǎnyǎn-yīxī 只剩下微弱的一口气。形容生命垂危。

兖 yǎn 名 兖州，地名，在山东。

龑（龑） yǎn 用于人名。五代时期南汉主刘龑为自己的名字所造的字，取飞龙在天义。

俨（儼） yǎn 形〈文〉庄严；恭敬。☛ 不读 yán。

【俨然】yǎnrán ❶ 形〈文〉形容庄重的样子 ▷～危坐｜～不苟。❷ 形〈文〉形容整齐的样子 ▷冠带～。❸ 副 仿佛；好像 ▷他端坐在正席上，～是一位权威人士。

【俨如】yǎnrú 动〈文〉十分像 ▷远眺普陀山，～仙境。

衍 yǎn〈文〉❶ 动 水溢出。→ ❷ 动 孳生 ▷繁～。❸ 动（书籍在传抄、刊刻过程中）多出来（字句）▷～五字｜～文。→ ❹ 动 推广；发挥 ▷推～（现在一般写作"推演"）｜敷～（现在一般写作"敷演"）。

【衍变】yǎnbiàn 现在一般写作"演变"。

【衍化】yǎnhuà 动 发展变化 ▷有的昆虫一生要～成几种形态。☛ 参见 1587 页"演化"的提示。

【衍射】yǎnshè 动 波在传播过程中遇到障碍物或孔隙时，发生绕过边缘、传播方向弯曲的现象。孔隙越小，波长越大，这种现象就越显著。衍射是波的特性，声波、电磁波及电子束等都会产生衍射。旧称绕射。

【衍生】yǎnshēng ❶ 动 繁衍生息。❷ 动 一种较简单的化合物中的原子或原子团被其他原子或原子团置换而生成较复杂的化合物。

【衍生物】yǎnshēngwù 名 一种简单的化合物分子中的氢原子或原子团被其他原子或原子团所置换而生成的较复杂的化合物，称为原化合物的衍生物。如甲醇、甲醛等都是甲烷的衍生物。

【衍文】yǎnwén 名 在缮写、刻板、排版过程中误增的字句。

弇 yǎn 动〈文〉覆盖；遮住 ▷～目｜～日｜～陋。

剡 yǎn〈文〉❶ 动 削 ▷～木为矢。→ ❷ 形 尖锐；锋利 ▷～棘｜～芒。

另见 1198 页 shàn。

掩 yǎn ❶ 动 隐藏；遮盖 ▷～着怀｜～耳盗铃｜～人耳目｜～盖｜遮～。→ ❷ 动 关闭；合上 ▷把门～上｜～卷而思。❸ 动〈口〉关闭门窗等时夹住手或物品 ▷关门时把手给～了。→ ❹ 动〈文〉趁对方没有防备（袭击或捕捉）▷～杀｜大军～至｜～捕逃犯。

【掩鼻】yǎnbí 动 捂住鼻子。表示对丑恶、肮脏事物的厌恶 ▷～而过｜令人～。

【掩闭】yǎnbì 动 关闭① ▷门窗～。

【掩蔽】yǎnbì ❶ 动 遮掩隐蔽（多用于军事方面）▷把高射炮阵地～起来｜队伍～在一条山梁背后。❷ 名 遮掩隐蔽人或物的东西或处所 ▷一片空旷地，任何～都没有。

【掩蔽部】yǎnbìbù 名 使人员免受敌方炮火攻击的防御工事（多构建在地下）。

【掩藏】yǎncáng 动 遮掩隐藏 ▷～秘密文件｜把心事～起来。

【掩耳盗铃】yǎn'ěr-dàolíng 捂住耳朵去偷铃。比喻自己欺骗自己。

【掩盖】yǎngài ❶ 动 从上面遮盖 ▷用树枝把陷阱～起来。❷ 动 遮掩；隐瞒 ▷～事实真相。

【掩护】yǎnhù ❶ 动 暗中保护，不让人发现 ▷～地下工作者。❷ 动 对对方采取有效手段以保护己方安全 ▷你们在这儿截击敌人，～大部队安全转移。❸ 名 遮蔽身体的屏障或起掩护作用的方式、手段 ▷以青纱帐为～。

【掩埋】yǎnmái 动 埋葬；用泥土等覆盖 ▷～烈士尸骨｜把一包机密文件～在墙角下。☛ 参见1579 页"淹埋"的提示。

【掩面】yǎnmiàn 动 用手捂住脸 ▷～而泣。

【掩泣】yǎnqì 动〈文〉捂住脸哭泣 ▷有苦难言，～不已。

【掩人耳目】yǎnrén'ěrmù 遮挡住别人的耳朵和眼睛。多指用假象蒙蔽别人。也说遮人耳目。

【掩饰】yǎnshì 动 设法掩盖真实情况，不使外露 ▷～罪责｜～真实意图。

【掩体】yǎntǐ 名 无顶盖的掩蔽工事，作战时供指挥、射击、观察敌情等使用 ▷单人～｜机枪～。

【掩映】yǎnyìng 动 彼此遮掩，互相映衬 ▷楼台亭阁～在青松翠柏之中。

郾 yǎn［郾城］yǎnchéng 名 地名，在河南。

厣（厴） yǎn ❶ 名 螃蟹腹下的薄壳。○ ❷ 名 螺类介壳口处圆形的盖片。☛ 上边的"厌"第二画撇要把下边的"甲"包围进去。

眼 yǎn ❶ 名 人或动物的视觉器官 ▷浓眉大～｜～珠子。通称眼睛。→ ❷ 名 小窟窿；小孔洞 ▷钻（zuān）一个～儿｜泉～｜枪～｜虫～儿。⇒ ❸ 名 围棋术语，指由一方棋子围住的空位，对方非因特殊情况不能在其中下子。⇒ ❹ 量 用于井、泉水或窑洞 ▷两～井｜清泉一～｜几～窑洞。→ ❺ 名 指识别能力；见识 ▷独具只～｜～高｜～浅。→ ❻ 名 指事物的关键、精要的地方 ▷诗～｜节骨～儿。❼ 名 戏曲中的节拍 ▷一板三～｜板～◇办事有板有～。

【眼巴巴】yǎnbābā ❶ 形 形容急切盼望的样子 ▷姐妹俩在门口～地等着母亲。❷ 形 形容心情急切而又无可奈何的样子 ▷～地看着匪徒把自己的牛牵走。

【眼白】yǎnbái 名 巩膜的俗称。

【眼病】yǎnbìng 名 眼部疾病的统称。

【眼波】yǎnbō 名 流动如水波的目光（多用于女子）。

【眼馋】yǎnchán 动 看到自己喜欢的东西就很想得到 ▷他特别～那几本刚出版的小说。

【眼眵】yǎnchī 名 眼睑分泌出的淡黄色糊状物。俗称眼屎。

【眼袋】yǎndài 名 下眼皮微微凸出的部位（中老年肌肉松弛后特别明显）。

【眼底】yǎndǐ ❶ 名 眼球内的底部，包括视网膜、脉

络膜、黄斑、视神经乳头等,可用仪器通过瞳孔观察到。❷ 图 眼中;眼跟前 ▷满园春色,尽入～|～的东西都看不清,更不要说远处的了。

【眼底下】yǎndǐxia ❶ 图 眼皮底下。❷ 图 眼下 ▷～我分不出身来。

【眼点】yǎndiǎn 图 某些低等生物的光感受器,通常是红色的小圆点,能感受光的刺激。

【眼福】yǎnfú 图 能观赏到珍奇或美好事物的福分 ▷登泰山,看日出,真是大饱～。

【眼高】yǎngāo 形 眼光高;要求高 ▷贵人～|找工作要从实际出发,不能太～了。

【眼高手低】yǎngāo-shǒudī 指自己要求的标准高而实际能力差。

【眼观六路,耳听八方】yǎnguānliùlù, ěrtīngbāfāng 形容机智、灵活,消息灵通,能掌握各方面的情况(六路:上、下、左、右、前、后)。

【眼光】yǎnguāng ❶ 图 视线 ▷同学们都把～集中在老师的脸上。❷ 图 观察鉴别的能力;见识 ▷他提拔新人有～|～短浅。❸ 图 观点;看法 ▷不能用旧～看新事物。☛"眼光"②跟"眼界"不同。"眼光"②指观察鉴别能力,只有高低之别,而无广狭之分;"眼界"指知识见闻,有广狭之分,而无高低之别。

【眼红】yǎnhóng ❶ 动 对别人的名利或好东西非常羡慕、嫉妒,也渴望得到 ▷别～别人的钱财。❷ 形 形容激怒的样子 ▷仇人相见,分外～。

【眼花】yǎnhuā 形 眼睛昏花,视觉模糊 ▷年老～|头晕～。

【眼花缭乱】yǎnhuā-liáoluàn ❶ 形容眼前事物纷繁复杂,难以辨认清楚。❷ 纷繁的景象使眼睛发花,感到迷乱。☛ 不宜写作"眼花撩乱"。

【眼疾手快】yǎnjí-shǒukuài 眼明手快。

【眼尖】yǎnjiān 形 视力好;视觉敏锐 ▷船老大～,一回头就发现了溺水者。

【眼睑】yǎnjiǎn 图 对眼球起保护作用的能开合的皮,边缘长着睫毛。通称眼皮。

【眼见】yǎnjiàn ❶ 动 亲眼看见 ▷耳听为虚,～为实。❷ 副 马上;眼看 ▷～天快亮了。

【眼见得】yǎnjiànde ❶ 副 分明;显然 ▷日子～一天比一天红火了。❷ 副 眼见② ▷～荒山就要变绿了。

【眼角】yǎnjiǎo 图 上下眼睑相交处,内端叫大眼角,外端叫小眼角。

【眼界】yǎnjiè 图 目光所涉及的范围。借指知识、见闻的广度 ▷开阔学生的～。☛ 参见本页"眼光"的提示。

【眼镜】yǎnjìng 图 矫正视力或保护眼睛的透镜,由镜片和镜架构成。镜片材料多是玻璃、水晶或塑胶。如近视镜、老花镜、平光镜、太阳镜等。

【眼镜蛇】yǎnjìngshé 图 蛇的一种。毒性很强。颈部有一对白边黑心斑纹,眼镜状,躯干黑褐色,有黄白色环纹,腹部黄白色或淡褐色。被激怒时前半身竖起,颈部膨大。生活在热带、亚热带地区,以蛙、鼠等小动物为食。

【眼睛】yǎnjing 图 眼①的通称。

【眼看】yǎnkàn ❶ 动 看着(正在发生的情况) ▷他～着火熄灭了才离开。❷ 动 任凭;坐视(不如意的事情发生或发展) ▷我不能～着她走上邪路。❸ 副 马上;即刻 ▷～要开学了,你应该准备一下。

【眼科】yǎnkē 图 医学上指治疗眼病的一科。

【眼库】yǎnkù 图 采集、保存、研究眼角膜及其他眼组织材料的专门机构。

【眼快】yǎnkuài 形 眼尖。

【眼眶】yǎnkuàng ❶ 图 眼皮边缘所构成的框,容纳眼球 ▷泪水在～里转。❷ 图 眼睛周围的部位 ▷～有些红肿。‖也说眼圈、眼眶子。

【眼泪】yǎnlèi 图 泪液的通称。眼内泪腺分泌的无色透明液体,起保护眼球的作用。也说泪水。

【眼力】yǎnlì ❶ 图 视力 ▷～不济,不能看书了。❷ 图 观察、鉴别事物的能力 ▷他真是好～,一下子就看出这幅画是赝品。

【眼里】yǎnli 图 眼中;借指心里 ▷～揉不得沙子|情人～出西施。

【眼帘】yǎnlián 图 眼皮的形象说法(像遮蔽眼球的帘子) ▷～低垂|映入～。

【眼眉】yǎnméi 图〈口〉眉毛。

【眼面前】yǎnmiànqián 图〈口〉眼前。

【眼明手快】yǎnmíng-shǒukuài 视力好,动作敏捷。形容反应快。

【眼目】yǎnmù ❶ 图 眼睛 ▷强光刺人～。❷ 图 借指为别人暗查情况的人 ▷敌人～众多,要小心!

【眼泡】yǎnpāo 图 上眼皮 ▷哭得～红肿。☛"泡"这里不读 pào。

【眼皮】yǎnpí 图 眼睑的通称。

【眼皮底下】yǎnpí dǐxia 跟前,很近的地方 ▷小偷就在他～作案。也说眼底下。

【眼皮子】yǎnpízi〈口〉❶ 图 眼皮。❷ 图 借指眼光、见识 ▷这姑娘～浅,一见礼物就什么都跟人家说了。

【眼前】yǎnqián ❶ 图 眼睛前面;近处 ▷远在千里,近在～|～是一片盐碱地。❷ 图 眼下;当前 ▷请帮我解决一下～的困难!

【眼前亏】yǎnqiánkuī 图 眼下就要受到的损害 ▷宁可吃～,也决不放弃原则。

【眼浅】yǎnqiǎn 形 目光短浅;见识低下 ▷～不识金镶玉|他～,错把凤凰当野鸡。

【眼球】yǎnqiú ❶ 名 视觉器官的主体部分。呈球状,在眼眶内,前面凸出,中央有一个圆形的瞳孔,后面有视神经和血管出入,外部由角膜、巩膜、脉络膜、视网膜等薄膜构成,内部有水状液、晶状体和玻璃体。俗称眼珠子。❷ 名 借指注意力 ▷以新鲜创意吸引众多的～。

【眼圈】yǎnquān 名 眼眶。

【眼热】yǎnrè 动 羡慕 ▷看着别人开车,他很～。

【眼色】yǎnsè ❶ 名 向人示意或传情的目光 ▷他总爱看上级的～办事|向他使了个～。❷ 名 察言观色、见机行事的能力 ▷他很有～,感到大家不耐烦,就不再往下说了。

【眼梢】yǎnshāo 名 靠近两鬓的眼角。

【眼神】yǎnshén ❶ 名 眼睛所流露的神态 ▷～不对劲|企盼的～。❷ 名〈口〉视力 ▷他～儿越来越差了。

【眼生】yǎnshēng 形 (看着)感到生疏 ▷房子装修后,常来的客人感到～了。

【眼屎】yǎnshǐ 名 眼眵的俗称。

【眼熟】yǎnshú 形 好像曾经见过 ▷看着你很～,一时却想不起姓名来。

【眼跳】yǎntiào 动 眼皮跳动,多由眼睛疲劳引起。迷信认为是某种预兆。

【眼窝】yǎnwō 名 眼眶以内的凹陷部分 ▷那人～很深。也说眼窝子。

【眼下】yǎnxià 名 目前 ▷～资金有些短缺。

【眼线】yǎnxiàn ❶ 名 埋伏下来暗中侦察情况的人 ▷要防止敌人的～混入。○ ❷ 名 化妆时画在眼皮边沿的线条(常为黑色) ▷画～。

【眼压】yǎnyā 名 眼球内的液体对外围组织的压力。人正常的眼压一般是10—21毫米水银柱之间,高于或低于这个标准都属于病态。

【眼药】yǎnyào 名 治疗眼病的药物。

【眼影】yǎnyǐng 名 一种彩妆用品。具多种颜色,涂于眼皮上,产生阴影和色调反差,增加美感 ▷～粉|～棒。

【眼晕】yǎnyùn 动 因视觉模糊而发晕 ▷这副眼镜度数不合适,戴着～。

【眼罩】yǎnzhào ❶ 名 罩住眼睛起遮蔽或保护作用的东西 ▷手术后,医生给他戴上～,以免感染。○ ❷ 名 把手平放在眼睛上方用以遮阳的姿势 ▷打起～望远方。

【眼睁睁】yǎnzhēngzhēng 形 目不转睛地看着的样子,多形容发呆或无可奈何 ▷我不能～地看着他把自己毁了。

【眼中钉】yǎnzhōngdīng 名 比喻心中最痛恨或最厌恶的人或事物。

【眼珠】yǎnzhū 名〈口〉眼球①。

【眼珠子】yǎnzhūzi 名 眼球的俗称;比喻最珍爱的人或物 ▷那架钢琴是老教授的～,已经跟随他50年了。

【眼拙】yǎnzhuō 形 客套话,表示自己没认出对方或记不准是否见过面 ▷对不起,我～,您是哪位?

偃 yǎn〈文〉❶ 动 脸朝上倒下 ▷～卧|前合后～。→ ❷ 动 使倒下 ▷～旗息鼓。❸ 动 停止;停息 ▷～武修文|～兵。☛ 不要误写作"揠"。

【偃旗息鼓】yǎnqí-xīgǔ ❶放倒军旗,停击军鼓。指军队隐蔽行动或借指停止战斗。❷借指停止论争或事情中止。

【偃武修文】yǎnwǔ-xiūwén 停止武备,致力于文治教化。

琰 yǎn 名〈文〉一种上端尖的玉圭。

棪 yǎn 名 古书上说的一种果实像柰(nài)的树。

渰 yǎn ❶ 形〈文〉形容云兴起的样子 ▷玄云～兮将雨。○ ❷ 用于地名。如店渰,在山西。另见1579页yān。

扊 yǎn [扊扅] yǎnyí 名〈文〉门闩。

罨 yǎn ❶ 名〈文〉一种从上往下盖的网,用来捕鸟或捕鱼。→ ❷ 动 覆盖 ▷热～(一种医疗方法)。

鶠(鷃) yǎn 名〈文〉凤的别称。

演 yǎn ❶ 动 延伸扩展;发展变化 ▷～变|～化|～进。→ ❷ 动 (根据某种事理)推演;发挥 ▷～绎|～义|推～。⇒ ❸ 动 表演;扮演 ▷他～了一辈子戏|～奏|～主角。⇒ ❹ 动 (根据某种程式)练习或计算 ▷～习|～练|～武|操～|～算。○ ❺ 名 姓。

【演变】yǎnbiàn 动 发展变化(多指历时较久的) ▷万事万物都在不断～|生物～史。

【演兵场】yǎnbīngchǎng 名 练兵的场地。

【演播】yǎnbō 动 通过广播、电视等手段演出并播放 ▷～新节目|首次～,获得成功。

【演唱】yǎnchàng 动 表演歌曲、歌剧、戏曲等 ▷～世界名曲|～京韵大鼓|～会。

【演出】yǎnchū 动 公开表演 ▷到工厂～。

【演化】yǎnhuà 动 发展变化 ▷天体在不断～|高等动物是由低等动物～来的。☛ 跟"衍化"不同。"演化"多指内在性质的变化;"衍化"多指外部形式的变化。

【演技】yǎnjì 名 表演的技巧 ▷精湛的～。

【演讲】yǎnjiǎng ❶ 动 向听众讲述某方面的知识或对某一问题的见解 ▷在大会上～|～会。❷ 名 指演讲的内容 ▷这篇～,内容相当丰富。‖也说演说、讲演。

【演进】yǎnjìn 动 演变进化 ▷人类文明不断～。

【演剧】yǎnjù 动 表演戏剧 ▷她 8 岁开始登台～。

【演练】yǎnliàn 动 演习训练；操练 ▷～队列。

【演期】yǎnqī 名 演出日期或期限 ▷抓紧排练，别耽误了～|～延长三天。

【演示】yǎnshì 动 把事物发展变化的过程用实验、实物或图表等手段显示出来 ▷～实验|～动作|老师一边讲解，一边～。

【演说】yǎnshuō ❶ 动 演讲①。❷ 名 演讲②。

【演算】yǎnsuàn 动 依照一定的原理、公式计算 ▷～代数题。

【演武】yǎnwǔ 动 演练武艺 ▷开展～健身活动。

【演习】yǎnxí 动 按照预想的方案进行实地练习(多用于军事方面) ▷～海上救护|反恐～。

【演戏】yǎnxì ❶ 动 表演戏剧；泛指表演文艺节目 ▷这是他第一次登台～|这部影片中的主角、配角都很会～。❷ 动 比喻故意做出某种姿态以骗人 ▷你也太会～了，把大家都给蒙住了。

【演义】yǎnyì 名 一种小说体裁，在史实或传说的基础上，经过艺术加工，用章回体写成的长篇小说。如《隋唐演义》《封神演义》《三国演义》。

【演艺】yǎnyì ❶ 动 表演(歌舞、戏剧、影视、曲艺、杂技等) ▷登台～。❷ 名 演技 ▷～精湛。

【演绎】yǎnyì ❶ 动 推演引申；铺陈发挥 ▷他的文章是从某人的观点～出来的|由一个小故事～成长篇小说。❷ 名 指演绎法。❸ 动 展现；表现 ▷尽情～各自不同的风格。

【演绎法】yǎnyìfǎ 名 传统逻辑中指由一般性知识前提推出个别性或特殊性知识的结论的推理方法，跟"归纳法"是两种主要的推理形式。演绎法的前提和结论间具有蕴涵关系，因而是必然性推理。也说演绎推理、演绎。

【演员】yǎnyuán 名 从事各种艺术表演的人员 ▷舞蹈～|电影～。

【演职员】yǎn-zhíyuán 演出团体中的演员和职员 ▷～名单。

【演奏】yǎnzòu 动 用乐器表演 ▷～名曲|舞曲由校民乐队～|～会。

【演奏家】yǎnzòujiā 名 擅长某种或某些乐器的演奏并自成风格的人 ▷钢琴～。

缤(縯) yǎn 动 〈文〉延长。

魇(魘) yǎn 动 梦中惊骇或梦中产生被东西压住的感觉 ▷梦～。☛ 不读 yàn。

蝘 yǎn 名 古书上指蝉类昆虫。

戭 yǎn 名 〈文〉长枪；长戈。

巘(𪩘) yǎn 名 〈文〉险峻的山峰或山崖 ▷绝～。

黡(黶) yǎn 名 〈文〉黑痣。

甗 yǎn 名 古代炊具，上部是透底的甑，下部是鬲，中间是有孔的箅，青铜制或陶制。用于蒸、煮。参见插图 15 页。

鼹(*鼴) yǎn 名 哺乳动物，外形像鼠，毛黑褐色，头尖，耳、眼均不明显，前肢发达，掌心向外，有利爪。善掘土，生活在土里，捕食昆虫，也吃植物的根。通称鼹鼠。☛ 不读 yàn。

【鼹鼠】yǎnshǔ 名 鼹的通称。

yàn

厌(厭) yàn ❶ 动 满足 ▷学而不～|贪得无～。→ ❷ 动 觉得过多而失去兴趣，产生反感 ▷百问不～|～烦|～倦。❸ 动 憎恶；嫌弃 ▷～战|～世|～恶(wù)|～弃|讨～。☛ 右下是"犬"，不是"大"。

【厌烦】yànfán 动 厌倦而腻烦 ▷无休止的争吵，实在让人～。

【厌恨】yànhèn 动 厌恶憎恨 ▷特别～那些趋炎附势的人。

【厌倦】yànjuàn 动 对某种活动或事情感到乏味而不愿继续下去 ▷对生意场上的那一套早已～了。☛ 参见 1042 页"疲倦"的提示。

【厌弃】yànqì 动 厌恶嫌弃 ▷无事生非的人，走到哪儿都会让人～。☛ 参见 1490 页"嫌弃"的提示。

【厌食】yànshí 动 没有食欲；不想吃东西 ▷儿童吃零食太多容易造成～。

【厌世】yànshì 动 因悲观失望而厌弃人生 ▷～轻生。

【厌恶】yànwù 动 讨厌憎恶 ▷～那种弄虚作假的人。☛"恶"这里不读 è。

【厌学】yànxué 动 对学习厌烦；不愿上学 ▷有的学校学习负担过重，致使一些学生～、逃学。

【厌战】yànzhàn 动 厌恶或厌倦战争 ▷思乡～。

觃(覎) yàn [觃口] yànkǒu 名 地名，在浙江。

砚(硯) yàn 名 砚台 ▷笔墨纸～|端～。

【砚池】yànchí 名 凹形的砚台；也指砚端贮水的地方。

【砚盒】yànhé 名 套在砚台外面起保护作用的盒子 ▷红木～|青铜～。

【砚台】yàntai 名 研墨、盛墨的文具。四周稍稍凸起，中间略为凹陷，多为石制。

咽（*嚥） yàn ❶ 动 使食物等通过咽头进入食道 ▷把这口饭～下去|～唾沫|狼吞虎～|细嚼慢～。→ ❷ 动 比喻把话或怒气忍住不说或不发泄出来 ▷话只说了一半又～回去了|我～不下这口气！

另见 1577 页 yān；1610 页 yè。

【咽气】yànqì 动〈口〉断气，即死亡 ▷他被打捞上来时，不幸已经～了|早就咽了气。

彦 yàn ❶ 名〈文〉贤士；才德出众的人 ▷硕～名儒|～士|俊～。○ ❷ 名 姓。

艳（艷*豔豔） yàn ❶ 形 色彩明丽夺目 ▷争奇斗～|鲜～。→ ❷ 形 指有关男女情爱的 ▷～情|～诗。○ ❸ 动〈文〉羡慕 ▷～羡。○ ❹ 名 姓。

【艳服】yànfú 名 鲜艳的服装 ▷盛装～。

【艳福】yànfú 名 指男子得到美女看重、喜欢的福气。

【艳红】yànhóng 形 鲜红 ▷～的晚霞。

【艳丽】yànlì ❶ 形 鲜艳美丽 ▷～的服装。❷ 形 文辞华美 ▷文章写得～，但内容一般。

【艳情】yànqíng 名 男女间的情爱 ▷描写～。

【艳诗】yànshī 名 表现男女情爱的诗。

【艳史】yànshǐ 名 有关男女情爱方面的故事 ▷他与她有这么一段～。

【艳俗】yànsú 形 美艳而俗气 ▷～的装扮。

【艳闻】yànwén 名 有关男女情爱方面的传闻。

【艳羡】yànxiàn 动〈文〉非常羡慕 ▷～不已。

【艳阳】yànyáng 名 明亮的太阳 ▷春日～|～天。

【艳阳天】yànyángtiān 名 阳光明媚的春天。

【艳冶】yànyě 形〈文〉艳丽而不庄重（冶：妖冶）▷～女子|穿着～。

【艳遇】yànyù 动 与美女相遇 ▷意外～。

【艳装】yànzhuāng 名 艳丽的服装或打扮 ▷一身～|～女郎。

晏 yàn ❶ 形〈文〉晚；迟 ▷～起|～驾（帝王死去的委婉说法）。○ ❷ 形〈文〉平静；安逸 ▷河清海～|海内～如|～然自得。○ ❸ 名 姓。☛ 跟"宴"形、义都不同。

唁 yàn 动 对遭遇丧事的人表示慰问 ▷吊～|～电|～函。

【唁电】yàndiàn 名 对死者家属表示慰问的电文。

【唁函】yànhán 名 对死者家属表示慰问的信函。

烻 yàn 形〈文〉形容光亮炽盛的样子 ▷～光盛起。

另见 1196 页 shān。

宴（*醼❶❷讌❶❷） yàn ❶ 动 用酒饭款待宾客；聚在一起会餐 ▷～请|大～宾客。→ ❷ 名 酒席 ▷设～|盛～|国～。○ ❸ 形〈文〉安逸；安乐 ▷～安鸩毒。☛ 跟"晏"形、义都不同。

【宴安鸩毒】yàn'ān-zhèndú 贪恋安逸享乐等于喝毒酒自杀。

【宴尔】yàn'ěr 现在一般写作"燕尔"。

【宴会】yànhuì 名 设置酒席，隆重招待宾客的聚会 ▷国庆～|生日～|结婚～。

【宴会厅】yànhuìtīng 名 专用于举行大型宴会的厅堂。

【宴客】yànkè 动 宴请客人 ▷盛情～。

【宴请】yànqǐng 动 摆酒席款待 ▷～亲朋。

【宴席】yànxí 名 招待客人的酒席。

【宴饮】yànyǐn 动〈文〉设酒宴聚饮 ▷～宾客。

验（驗*騐） yàn ❶ 动 通过实践等途径得到证实 ▷～方|～证。→ ❷ 动 察看；检查 ▷～货|～血|测～|试～。→ ❸ 动 出现预想的效果 ▷应～|灵～|屡试屡～。❹ 名 预想的效果 ▷效～。

【验查】yànchá 动 检验；检查 ▷～无误。

【验钞机】yànchāojī 名 检验钞票真伪的电子仪器。

【验车】yànchē 动 车检。

【验秤】yànchèng ❶ 动 用特制的标准衡器检验秤的精确度是否合乎标准。❷ 动 对有重量指标的货物用另一个衡器去验核其是否准确 ▷顾客可在特设的公平秤上～。

【验方】yànfāng 名 中医指经临床验证疗效显著的现成药方。

【验放】yànfàng 动 按照一定标准进行检验，对合乎标准的予以放行 ▷提高海关～速度。

【验关】yànguān 动 海关查验出入境人员的证件及所带物品等。

【验光】yànguāng 动 检验眼球晶状体的屈光度，以测定近视、远视、散光的程度 ▷配眼镜要先～。

【验核】yànhé 动 查验核对 ▷～收支账目。

【验货】yànhuò 动 查验货物 ▷开箱～。

【验看】yànkàn 动 检验查看 ▷～学历证明。

【验明】yànmíng 动 查验清楚 ▷～死因。

【验明正身】yànmíng zhèngshēn 法律上指对死刑犯行刑前查验清楚是否确为该犯本人。

【验票】yànpiào 动 查验票据。

【验讫】yànqì 动 查验完毕 ▷货物已由海关～。

【验伤】yànshāng 动 查验伤情 ▷～报告。

【验尸】yànshī 动（法医）对死者的尸体进行检验，以确定致死的性质、原因等。

【验收】yànshōu 动 检验后收下 ▷照单～。

【验算】yànsuàn 动（用逆运算或其他算法）检验运算结果有无差错 ▷经～得知，原计算结果有误。

【验血】yànxiě 动 化验血液的成分和性质 ▷献血之前要先～。

【验照】yànzhào 动 查核牌照、营业执照、护照等。

【验证】yànzhèng ❶ 动 检验证实 ▷只有实践才

能～所学知识是否有用。❷ 动 查核证件。

【验资】yànzī 动 查验资金或资产 ▷由工商部门～|～报告。

掞 yàn〈文〉❶ 动 照耀 ▷词华～日。→ ❷ 形 美艳 ▷～丽(华丽)。

另见 1198 页 shàn。

谚(諺) yàn 名 谚语 ▷农～|民～。

【谚语】yànyǔ 名 熟语的一种,是民间广泛流传的固定语句,用简短通俗的语言说出深刻的道理,是群众生活经验的结晶。如"上梁不正下梁歪""无风不起浪""要想富,先修路"等。

堰 yàn 名 较低的坝 ▷堤～|都江～(在四川)。

【堰塞湖】yànsèhú 名 因地震、泥石流、火山爆发等造成岩石类堆积物堵塞山谷、河谷或河床后蓄水而形成的湖泊。在某些地貌和气候条件下,堰塞湖的形成能引发水灾。☛"塞"这里不读 sāi、sài。

雁(*鴈) yàn 名 大型候鸟,外形略像鹅,颈和翼较长,腿和尾较短,羽毛多为灰褐色,善于游泳和飞行。种类很多,我国常见的有鸿雁等。

【雁过拔毛】yànguò-bámáo 大雁由此飞过也要拔它根毛。形容唯利是图的人对经手的事不放过任何牟利的机会。

【雁行】yànháng 名〈文〉雁群飞行时整齐有序的行列;借指长幼有序的兄弟。☛"行"这里不读 xíng。

【雁阵】yànzhèn 名 雁群飞行时排成的队形。

焰(*燄) yàn ❶ 名 火苗 ▷火～。→ ❷ 名 比喻威风、气势 ▷敌～|势～|气～|凶～。☛ ㊀统读 yàn,不读 yán。㊁右边是"臽(xiàn)",不是"舀(yǎo)"。

【焰火】yànhuǒ 名 包扎好的掺有钡、镁、锂、铜等金属盐类的火药,燃烧时能放出各种颜色和图案的火花,供人观赏。也说烟花、烟火(huo)。

【焰心】yànxīn 名 物体燃烧时火焰中心不发光的那一部分。

焱 yàn 名〈文〉火焰;火花。

滟(灧) yàn ❶见858页"潋(liàn)滟"。○ ❷[滟滪堆] yànyùduī 名 长江瞿塘峡口的巨石(1958年整治河道时已炸平)。

墕 yàn ❶ 名 某些地区指两山之间的山地。○ ❷ 古同"堰"。

另见 1579 页 yān。

酽(釅) yàn 形 (汁液)浓 ▷喜欢喝～茶|把墨研得～～的。

【酽茶】yànchá 名 浓的茶水。

餍(饜) yàn〈文〉❶ 动 吃饱 ▷食～。→ ❷ 动 满足 ▷其求无～|～足。

谳(讞) yàn 动〈文〉审议判罪 ▷定～。

燕(*鷰❶) yàn ❶ 名 鸟,体小,翼尖长,尾呈叉形,喙扁而短,口裂很深。飞行时捕食昆虫,对农作物有益。属候鸟。种类很多,常见的家燕通称燕子。○ ❷古同"宴"。☛ 读 yān,古国名;又指河北北部。"燕京""燕山"的"燕"均读 yān。

另见 1579 页 yān。

【燕尔】yàn'ěr 形〈文〉《诗经·邶风·谷风》:"宴尔新昏。"(宴:安逸、安乐,后多写作"燕";昏:古通"婚")本意是高兴、和乐的样子;后借指新婚 ▷～之乐。

【燕麦】yànmài 名 一年生草本植物,叶子细长,花绿色,小穗有芒。籽实也叫燕麦,可食用。

【燕麦片】yànmàipiàn 名 用燕麦籽实轧成的片状食品。

【燕雀】yànquè ❶ 名 鸟,体小,嘴黄色而尖端微黑,尾羽和翼羽黑色,体羽下部白色,其余为褐黄色。食昆虫和种子。在亚欧大陆北部繁殖,迁徙时多经我国东部,到华南一带过冬。也说花鸡、花雀。❷ 名 燕和雀的合称,泛指小鸟;常用来借指平庸之辈 ▷～安知鸿鹄之志哉!

【燕雀处堂】yànquè-chǔtáng《孔丛子·论势》中说:燕子、麻雀筑窝于堂屋,以为很安全,房子着了火也毫无知觉。后用"燕雀处堂"比喻安居而丧失警惕,危险将至却毫不知情。

【燕尾服】yànwěifú 名 欧美的一种男式黑色晚礼服。前襟较短,齐腹;后襟较长,齐膝,下端开叉,如燕尾。

【燕窝】yànwō 名 金丝燕在海边岩石间筑的窝。由金丝燕所衔的纤细海藻或其他柔软植物纤维混合其唾液凝结而成。为食用补品。多出产于印度、马来群岛等地。

【燕语莺声】yànyǔ-yīngshēng 燕子、黄莺的鸣叫声。比喻年轻女子柔美动听的说笑声。

【燕子】yànzi 名 家燕的通称。

赝(贋*贗) yàn 形 假的(物品);伪造的 ▷～品|～币|～本。☛ 跟"膺(yīng)"形、音、义都不同。

【赝本】yànběn 名 伪造的名人书画及碑帖等。

【赝币】yànbì 名 假钞;假币。

【赝品】yànpǐn 名 伪造的东西(多指假的书画文物)。

【赝手】yànshǒu 名 指伪造古代名家手笔的人。

【赝造】yànzào 动 伪造 ▷～纸币|临摹～。

嬿 yàn〈文〉❶ 形 美丽;美好 ▷～服而御。→ ❷ 形 安乐。

【嬿婉】yànwǎn〈文〉❶ 形 形容美好的样子 ▷

亭亭似月，～如春。❷ 名 借指美女 ▷吾闻东山傅，置酒携～。❸ 形 和美 ▷欢娱在今夕，～及良时。

鷃 yàn［鷃雀］yànquè 名 古书上说的一种小鸟。

yāng

央[1] yāng 名 正中；中心 ▷中～。

央[2] yāng 动〈文〉尽；完结 ▷夜未～｜乐无～。

央[3] yāng 动 恳求；请求 ▷～人出面调停｜～告｜～求。

【央告】yānggào 动 恳求 ▷百般～。

【央行】yāngháng 名 中央银行的简称。

【央求】yāngqiú 动 央告；请求 ▷苦苦～｜～姑妈帮忙。

【央托】yāngtuō 动 央求托付 ▷～熟人帮忙。

映 yāng 名 应答的声音。
另见 1595 页 yǎng。

泱 yāng［泱泱］yāngyāng〈文〉❶ 形 形容水域深广或宽广的样子 ▷～之海｜江水～。❷ 形 形容气势宏大的样子 ▷～大国。

殃 yāng ❶ 名 灾祸 ▷遭～｜祸～｜灾～。→ ❷ 动 使受灾祸 ▷祸国～民｜～害。

【殃及】yāngjí 动 灾祸影响到 ▷破坏生态环境，必然～子孙。

【殃及池鱼】yāngjí-chíyú 比喻因连累而受害。参见 175 页“城门失火，殃及池鱼”。

鸯（鴦） yāng 见1692 页“鸳(yuān)鸯”。

秧 yāng ❶ 名 稻苗；泛指植物的幼苗 ▷插～｜～田｜育～｜树～｜茄子～。→ ❷ 名 指某些植物的茎或植株 ▷翻白薯～｜西红柿快拉(lā)～了。→ ❸ 名 指某些初生的饲养动物 ▷鱼～｜猪～。○ ❹ 名 姓。

【秧歌】yāngge 名 汉族民间舞蹈的一种，多流行于北方农村，用锣鼓伴奏，边歌边舞。

【秧歌剧】yānggejù 名 由秧歌发展而成的带有简单情节的歌舞剧。内容多系农村生活故事，道具简单，田间街头均可演出。如《兄妹开荒》等。

【秧龄】yānglíng 名 水稻秧苗从发芽到移栽的天数 ▷秧苗～过长，不利于水稻分蘖。

【秧苗】yāngmiáo 名 水稻的幼苗；泛指农作物的幼苗。

【秧田】yāngtián 名 培育稻秧的农田。

【秧子】yāngzi ❶ 名 幼苗或幼仔 ▷树～｜白薯～｜鱼～。❷ 名 专指稻秧。

鞅 yāng 名 古代指套在拉车的牛马颈上的皮带。
另见 1597 页 yàng。

yáng

扬[1]（揚*敭颺❷—❹） yáng ❶ 动 举起；升起 ▷～起胳膊｜～鞭｜～帆。→ ❷ 动 风吹使飘动 ▷～起尘土｜飞～。→ ❸ 动 往上抛撒 ▷～场(cháng)｜簸～。→ ❹ 动 称颂；传扬 ▷颂～｜表～｜宣～｜～名｜～言。→ ❺ 形 容貌出众 ▷其貌不～。
“颺”另见 1594 页 yáng“飏”。

扬[2]（揚） yáng ❶ 名 指江苏扬州 ▷～剧｜淮～。○ ❷ 名 姓。☛ 参见 154 页“场”的提示㊂。

【扬鞭】yángbiān 动 挥起鞭子 ▷～策马。

【扬波】yángbō 动 掀起波涛 ▷碧海～涌春潮。

【扬长】yángcháng ❶ 动 发扬长处、优点 ▷使用人才，应该～、用长。❷ 副 大模大样地 ▷～而过｜～过市。

【扬长避短】yángcháng-bìduǎn 发扬长处和优点，避开短处和缺点。

【扬长而去】yángcháng'érqù 大模大样地离去。

【扬场】yángcháng 动 用木锨、机器等扬起已脱粒的谷物，借助风力吹掉皮壳、尘土等，以留下纯净的籽粒。☛“场”这里不读 chǎng。

【扬尘】yángchén ❶ 动 扬起灰尘 ▷大风～｜～天气。❷ 名 扬起的灰尘 ▷治理～｜～蔽日。

【扬程】yángchéng 名 水泵往上提水的高度。

【扬帆】yángfān 动 升起帆(开船) ▷～出海。

【扬幡招魂】yángfān-zhāohún 迷信认为扬起白幡可以招回死者的灵魂。比喻为已灭亡的制度或事物呼号。

【扬花】yánghuā 动 某些植物开花时，雄蕊绽开，花粉随风飘散。

【扬剧】yángjù 名 地方戏曲剧种，近代形成于扬州，流行于江苏、上海以及安徽的部分地区。

【扬眉吐气】yángméi-tǔqì 舒展眉头，吐出怨气。形容摆脱压抑，心情舒畅的神态。

【扬名】yángmíng 动 传扬名声 ▷～四海。

【扬旗】yángqí ❶ 动 挥动旗子表示特定的意思 ▷对方不断～，示意我们下车接受检查。❷ 名 铁路上的一种信号，是装在车站两端立杆上的活动板。板横着表示火车不准进站，板向下倾斜表示准许进站。

【扬弃】yángqì ❶ 动 哲学上指新事物在代替旧事物的过程中抛弃旧事物的消极因素，保留并发扬其中对新事物有利的积极因素 ▷传承与～，辩证统一｜～旧有模式。❷ 动 抛弃 ▷～过时的东西，挖掘和探寻具有普遍意义的东西。☛ 跟“抛弃”有所不同。“扬弃”多用于抽象事物，“抛弃”则适用于各种事物；“扬弃”强调经过比较选择，“抛弃”不强调选择。

【扬琴】yángqín 名 击弦乐器，琴体呈扁平梯形，安在梯形的木架上，琴面中部隆起，多根钢丝为弦，用两根有弹性的竹制小槌敲击发声。既可为戏曲、曲艺等伴奏，也可独奏。参见插图12页。☛ 不要写作“洋琴”。

【扬清激浊】yángqīng-jīzhuó 激浊扬清。

【扬沙】yángshā ❶ 动 大风扬起地面的沙尘，使空气浑浊、水平能见度低 ▷此地月均～10次以上。❷ 名 扬沙造成的天气现象 ▷阵风7级，局地有～。

【扬善除恶】yángshàn-chú'è 发扬善德，除去恶行。

【扬升】yángshēng 动（行情等）上涨 ▷股价近日稳步～。

【扬声器】yángshēngqì 名 把声音的电信号转换为声音并将声音传播出去的器件。一般装在扩音机、收录机、电视机上。通称喇叭。

【扬手】yángshǒu 动 挥手；高抬起手 ▷～告别。

【扬水】yángshuǐ 动 用水泵把水从低处提到高处 ▷～站。

【扬水站】yángshuǐzhàn 名 装置提水机械和相关水利设施的场所，能把水从低处提升至高处；也指使用这些设施进行工作的单位。

【扬汤止沸】yángtāng-zhǐfèi 把滚开的水舀起来再倒回去，想使沸腾停止。比喻治标不治本，不解决根本问题。

【扬威】yángwēi 动 显示威力 ▷中国健儿～海外。

【扬言】yángyán 动 故意说出要采取某种行动的话，以示威胁（多含贬义）▷～要杀死人质。

【扬扬】yángyáng 见1595页“洋洋”②。现在一般写作“洋洋”。

【扬扬得意】yángyáng-déyì 现在一般写作“洋洋得意”。

【扬扬自得】yángyáng-zìdé 现在一般写作“洋洋自得”。

【扬子鳄】yángzǐ'è 名 鼍（tuó）。因分布于长江下游（旧称扬子江），故称。参见插图2页。

羊 yáng ❶ 名 哺乳动物，一般头上有双角，吃草，反刍。种类有山羊、绵羊、羚羊、黄羊等。我国主要饲养山羊和绵羊。〇 ❷ 名 姓。

【羊草】yángcǎo 名 多年生草本植物，茎秆细长，叶子狭长扁平，夏季抽穗状花序。耐寒耐碱耐干旱，是一种主要牧草，也是很好的固沙植物。也说碱草。

【羊肠线】yángchángxiàn 名 用羊肠加工制成的线。弹力大，韧性强。多用于外科手术缝合刀口、伤口，还可做羽毛球拍的网。

【羊肠小道】yángcháng xiǎodào 弯曲而狭窄的小路（多指山路）。

【羊城】yángchéng 名 广东广州市的别称。传说古代有五位仙人，乘五色羊执六穗秬（jù，黑黍子）到此，故称。也说五羊城。

【羊肚儿手巾】yángdǔr shǒujīn 某些地区指白色毛巾。☛“肚”这里不读dù。

【羊羔】yánggāo 名 出生不久的小羊。

【羊羹】yánggēng ❶ 名 煮烂并带少许汤汁的羊肉，再经冷冻后凝成的晶体状熟肉制品。❷ 名 用红豆沙、琼脂、砂糖等制成的一种糕点。

【羊倌儿】yángguānr 名 放牧羊群的人。

【羊毫】yángháo 名 用羊毛做笔头儿的毛笔。

【羊角】yángjiǎo 名 羊头上坚硬弯曲的角；比喻像羊角一样弯曲向上的旋风。

【羊角风】yángjiǎofēng 名 癫痫的俗称。

【羊圈】yángjuàn 名 饲养羊的处所，多为敞棚或围栏。

【羊毛】yángmáo 名 羊的毛，是纺织原料。

【羊毛出在羊身上】yángmáo chū zài yáng shēnshang 比喻用在某人或某些人身上的钱物，实际上取自这个人或这些人自身。

【羊毛衫】yángmáoshān 名 用毛纱或毛型化纤纱制成的针织上衣。质地柔软，弹性很强。

【羊膜】yángmó 名 人和哺乳动物包裹胎儿的薄膜，是胞衣的最内层，充满羊水。因这种膜在羊胎中最先发现，故称。

【羊奶】yángnǎi 名 羊的乳汁。普通饮用的多是山羊乳汁，纯白色，脂肪及蛋白质含量一般比牛奶多，但脂肪球比牛奶小，更易于消化。

【羊皮筏】yángpífá 名 水上交通工具，用羊皮缝合充气而成。适用于浅水急流河道。黄河上游一带多用来渡河。

【羊皮纸】yángpízhǐ ❶ 名 羊皮制成的纸样的薄片，欧洲中世纪用于书写重要文件。❷ 名 像羊皮一样的又厚又结实的纸。能防水、防油，多用于包装。

【羊绒】yángróng 名 山羊的绒毛，纤维柔软细密，是上等的纺织原料。

【羊绒衫】yángróngshān 名 用羊绒纤维制成的高级针织上衣。

【羊肉串】yángròuchuàn 名 维吾尔族的一种风味小吃，把小块羊肉平穿在铁丝或竹扦上，烤熟或炸熟，撒上孜然面、辣椒面等调料食用。

【羊水】yángshuǐ 名 羊膜内的液体。可使胎儿免受震荡，也能减少胎儿活动对孕妇的刺激。也说胞浆水。

【羊痫风】yángxiánfēng 名 癫痫的俗称。

【羊蝎子】yángxiēzi 名 供食用的羊腔骨，肉瘦而鲜嫩。因形状像蝎子，故称。☛“蝎”不要误写作“羯”。

【羊眼】yángyǎn ❶ 名 羊的眼睛。❷ 名 装在镜框、门窗等上面的一种金属零件，一端呈圆环形，一端有螺纹，以便固定或悬挂。

【羊质虎皮】yángzhì-hǔpí 本身是羊却披着虎皮。比喻虚有其表，表面上吓人，实际上怯弱无能。

阳（陽） yáng ❶ 名 日光；太阳 ▷向～|～光。→ ❷ 名 指阳光照到的地方（跟"阴"相对，③—⑨同）▷～台。⇒ ❸ 名 山的南面；水的北面 ▷～坡|衡～（在衡山的南面）|沈～（在沈水的北面）。⇒ ❹ 形 显露的；表面的 ▷～沟|～奉阴违。❺ 形 凸起的 ▷～文图章。→ ❻ 名 我国古代哲学指宇宙间贯通一切事物的两大对立面之一（另一面是"阴"）▷阴～二气。⇒ ❼ 形 迷信指属于活人和人世的 ▷～世|～间。⇒ ❽ 形 带正电的 ▷～极|～离子。⇒ ❾ 名 指男性生殖器或生殖机能 ▷～痿|壮～。〇 ❿ 名 姓。

【阳春】yángchūn 名 春天；温暖的春天 ▷～时节。

【阳春白雪】yángchūn-báixuě 战国时楚国的一种高雅的歌曲，能应和的人很少。后泛指高雅的文艺作品（跟"下里巴人"相区别）。

【阳春面】yángchūnmiàn 名 上海一带指只带汤汁不带菜肴的面条。

【阳电】yángdiàn 名 正电。

【阳奉阴违】yángfèng-yīnwéi 表面遵从，暗中违抗。

【阳刚】yánggāng 形 指男性气质刚强；也指文艺作品的风格强劲有力、雄伟壮丽（跟"阴柔"相对）▷～之气。

【阳沟】yánggōu 名 明沟。

【阳关大道】yángguān-dàdào 原指古代经过阳关通往西域的大道（阳关：今甘肃敦煌西南、玉门关以南）。后泛指路面宽阔、通行无阻的大道；也比喻前途光明的道路。也说阳关道。

【阳光】yángguāng ❶ 名 太阳的光芒 ▷～普照大地|～明媚，百花争艳。❷ 形 公开的；在群众监督下进行的 ▷～政务|～操作。❸ 形 形容充满活力，开朗 ▷～青年。

【阳光工程】yángguāng gōngchéng ❶ 指开发、推广和利用太阳能的工程。❷ 指预算、结算、招标、投标都在公众监督下进行的建设工程。

【阳极】yángjí ❶ 名 电子管中收集阴极所发射的电子的电极。❷ 名 电池、蓄电池等直流电源中吸收电子，带正电的电极，常用符号"＋"表示。干电池中间的炭精棒就是阳极。也说正极。

【阳间】yángjiān 名 迷信指人所生存的世界（跟"阴间"相对）。也说阳世。

【阳具】yángjù 名 男性生殖器。

【阳狂】yángkuáng 现在一般写作"佯狂"。

【阳离子】yánglízǐ 名 带正电荷的离子。也说正离子。

【阳历】yánglì ❶ 名 历法的一种，以地球绕太阳公转1周的时间（365.24219天）为1年。也说太阳历。俗称新历。❷ 名 公历的通称。

【阳历年】yánglìnián ❶ 名 公历1年的时间，平年365天，闰年366天。❷ 名 公历1月的第一天，即新年元旦。

【阳面】yángmiàn ❶ 名 向阳的一面（多指建筑物等太阳能照射到的一面）。❷ 名 借指向阳一面的房间 ▷我住的是～，很暖和。

【阳平】yángpíng 名 普通话四声中的第二声，读高升调，调值是35，调号是"ˊ"。

【阳坡】yángpō 名 向阳的山坡 ▷～已是绿草如茵，阴坡的积雪还没有融尽。

【阳畦】yángqí 名 利用太阳的光能保持温度，没有人工加温设施的苗床。四周培有土框，北面或四周设有风障。需保温时，在土框上覆盖席子或塑料薄膜。

【阳伞】yángsǎn 名 遮挡阳光的伞。也说旱伞。

【阳寿】yángshòu 名 迷信指人在阳间所活的岁数。

【阳台】yángtái 名 楼房一侧伸出墙外或不伸出墙面与内室相通的小平台，一般围有栏杆。供晒太阳、晾衣物、观景、乘凉等用。

【阳痿】yángwěi 动 成年男子性功能障碍之一，表现为有性欲要求时阴茎不能有效勃起而影响性生活。

【阳文】yángwén 名 铸或刻在器物上的凸起的文字或花纹（跟"阴文"相区别）。

【阳线】yángxiàn 名 证券市场上指K线图中表示某段时间内收盘价高于开盘价的变化曲线，多用红色显示（跟"阴线"相对）。

【阳性】yángxìng ❶ 名 某些语言的语法范畴中，通过一定的语法形式或形态表示的名词、代词、形容词的一种性的类别。参见1541页"性"⑦。❷ 名 疾病诊断时对某种试验或化验所得结果的表示方法。当结果表明体内有某种病原体存在或对某种药物有过敏反应时称阳性，常用符号"＋"表示。

【阳虚】yángxū 名 中医指阳气虚弱的病症。症状是畏寒肢冷，面色黄白，大便稀薄，小便清长，脉搏沉微无力等。

玚（瑒） yáng 名〈文〉一种玉。另见155页chàng。

杨（楊） yáng ❶ 名 杨树，落叶乔木，树干高大，枝条上挺，叶子宽阔。种类很多，常见的有响叶杨、毛白杨、胡杨等。速生丰产，是主要的造林树种。木材可用来制作器具、造纸等。参见插图6页。〇 ❷ 名 姓。

【杨柳】yángliǔ 名 杨树和柳树；有时指柳树 ▷～依依|～青青。

【杨梅】yángméi 名 常绿乔木，叶有锯齿，花褐色。

果实也叫杨梅，球形，表皮多呈暗红色，有粒状突起，是常见水果。参见插图10页。

【杨梅疮】yángméichuāng 名 梅毒。

【杨木】yángmù 名 用作木料的杨树主干。

【杨桃】yángtáo ❶ 名 常绿乔木，羽状复叶，卵形或椭圆形，开白色或紫红色钟形小花。浆果也叫杨桃，椭圆形，有五棱，成熟后黄色，可食。也说五敛子。参见插图10页。❷ 名 猕猴桃的别称。

旸（暘）yáng〈文〉❶ 动 太阳升起 ▷～谷（古代传说中太阳升起的地方）。→ ❷ 名 太阳 ▷新～破晓晴。→ ❸ 名 晴天 ▷雨以润物，～以干物。→ ❹ 形 明亮 ▷仰皇天而太息，悲白日之不～。

飏（颺）yáng 用于人名。"颺"另见1591页 yáng"扬[1]"。

炀（煬）yáng 动〈文〉熔化金属 ▷金～则液，水冻则坚。另见1597页 yàng。

钖（鍚）yáng 名〈文〉马额上和盾牌背面的金属饰物。

佯 yáng 动 假装 ▷～攻｜～狂｜～死。

【佯败】yángbài 动 假装战败。

【佯称】yángchēng 动 假装说 ▷～有病。

【佯动】yángdòng 动 为隐蔽真实意图和迷惑敌人而采取某种军事行动 ▷一连在附近～，二连绕到敌后袭击敌人。

【佯攻】yánggōng 动 假装向对方进攻 ▷一部分兵力～对方主力部队，其他兵力从侧面包抄。

【佯狂】yángkuáng 动 假装发疯。

【佯言】yángyán 动 说假话；说骗人的话 ▷他～有病，其实是逃避开会。

【佯装】yángzhuāng 动 假装 ▷～笑脸｜他～镇静，其实心里着急得很。

【佯作】yángzuò 动 假装；装作 ▷～不知。

疡（瘍）yáng 动 皮肤或黏膜溃烂 ▷溃～。

垟 yáng 名 田地（多用于地名）▷翁～｜上家～（均在浙江）。

徉 yáng 见153页"徜(cháng)徉"。

洋 yáng ❶ 形 广大；盛多 ▷～～大观｜喜气～～。→ ❷ 名 地球表面上比海更广大的水域 ▷太平～｜海～。❸ 名 泛指外国 ▷～为中用｜～葱｜～设备。⇒ ❹ 名 银元；钱 ▷大～｜码～。⇒❺ 形 现代化的（跟"土"相区别）▷土～结合｜她穿得很～。

【洋白菜】yángbáicài 名 结球甘蓝的俗称。

【洋布】yángbù 名 旧指用机器织的平纹布。因最早由西方传入，故称。

【洋财】yángcái ❶ 名 跟外国人做买卖赚取的钱物 ▷打入国际市场发～。❷ 名 指意外得到的钱财 ▷买彩票发了～。

【洋菜】yángcài 名 琼脂的俗称。

【洋场】yángchǎng 名 旧指外国人聚居较多的城市（如上海、天津）或这些城市里的外国租界 ▷～恶少。

【洋车】yángchē 名 人力车②。因由东洋（日本）传入，故称。

【洋葱】yángcōng 名 二年或多年生草本植物，叶圆筒形，花茎细长，中空。地下鳞茎扁球形，也叫洋葱，白色或紫红色，是常见蔬菜。也说葱头。参见插图9页。

【洋房】yángfáng 名 指西洋样式的房屋。

【洋服】yángfú 名 旧指西服。

【洋镐】yánggǎo 名 十字镐的俗称。

【洋鬼子】yángguǐzi 名 旧时对外国侵略者的憎称。

【洋行】yángháng 名 旧指专门跟外商做买卖的商行；也指外国资本家在中国设立的商行。

【洋红】yánghóng ❶ 形 形容颜色粉红或比粉红略深。❷ 名 指一种粉红色的颜料。

【洋化】yánghuà 动 指思想意识、生活习惯等因受到西方影响而变得跟西方接近或一致 ▷出国几年他的穿着打扮都～了。

【洋槐】yánghuái 名 刺槐。

【洋灰】yánghuī 名 水泥的旧称。

【洋火】yánghuǒ 名 火柴的旧称。

【洋货】yánghuò 名 旧称从外国进口的货物。

【洋姜】yángjiāng 名 菊芋的俗称。

【洋泾浜】yángjīngbāng 名 洋泾浜语的简称。洋泾浜原是旧中国上海租界里的一条河名，那一带华人洋人杂处，语言混杂，流行着夹有汉语成分的英语，被称为洋泾浜语。后来语言学中也用来泛指混合语。

【洋流】yángliú 名 海流①。

【洋楼】yánglóu 名 有西洋风格的楼房 ▷绿树掩映着一座小～。

【洋奴】yángnú 名 崇洋媚外，甘愿给外国人当奴才的人 ▷中国人有骨气，决不当～。

【洋气】yángqì ❶ 形 带有西洋式样、风格的 ▷这幢小楼盖得～十足。❷ 形 泛指时髦 ▷她这件衣服真～。

【洋钱】yángqián 名〈口〉银元。

【洋腔洋调】yángqiāng-yángdiào 指说话时夹杂着外国话或模仿外国话的腔调。

【洋人】yángrén 名 外国人（多指欧美国家的人）。

【洋嗓子】yángsǎngzi 名 用西洋发声方法唱歌的嗓音，如美声唱法就属于洋嗓子。

【洋式】yángshì 区别 西式的 ▷～楼房。

【洋娃娃】yángwáwa 名 造型是外国小孩儿的儿童玩具。

【洋为中用】yángwéizhōngyòng 把外国好的东西吸收过来，为中国所利用。

【洋味儿】yángwèir 名 在风格、习俗、样式等方面所具有的西方特点 ▷屋里的摆设～挺浓。

【洋文】yángwén 名 外国(多指欧美)的语言文字 ▷我虽然认识几个～，但发音不准。

【洋务】yángwù ❶ 名 清末指与外国有关的和仿效外国的事务 ▷办～|～学堂|～运动。❷ 名 旧时香港等地指面向外国人的服务行业。

【洋务运动】yángwù yùndòng 19 世纪 60 年代至 90 年代(清同治、光绪年间)，清政府采用西方资本主义国家的新技术，创办新式军事工业、民用工业，建立新式海军和陆军的活动。代表人物有曾国藩、李鸿章、左宗棠等。

【洋相】yángxiàng 名 令人发笑的行为或样子 ▷出～|～百出。

【洋洋】yángyáng ❶ 形 广大，盛多 ▷～万言，一气呵成。❷ 形 形容十分得意或欢乐的样子 ▷～得意|喜气～。

【洋洋大观】yángyáng-dàguān 形容事物或景象丰富多彩，盛大壮观。

【洋洋得意】yángyáng-déyì 得意洋洋。

【洋洋洒洒】yángyángsǎsǎ 形容讲话或文章篇幅长，明白流畅，颇有气势。

【洋洋自得】yángyáng-zìdé 形容自我欣赏，非常得意的样子。

【洋溢】yángyì 动 (气氛、情感等)充分地显示、流露出来 ▷晚会上～着热烈的气氛|热情～。

【洋油】yángyóu ❶ 名 旧指煤油。因最早从国外传入，故称。❷ 名 从外国进口的汽油、煤油等。

【洋芋】yángyù 名 某些地区指马铃薯。

【洋装】yángzhuāng ❶ 名 旧指西装。○ ❷ 区别 旧指书籍的装订线不暴露在书皮外面的(西式书籍装订方式) ▷～本|～书。

烊 yáng 动 某些地区指熔化、溶化 ▷～铜|糖～了。
另见 1597 页 yàng。

蛘 yáng 名 米象一类的昆虫。某些地区也说蛘子。

yǎng

仰 yǎng ❶ 动 抬头；脸朝上(跟"俯"相对) ▷～起头来|人～马翻|～卧。→ ❷ 动 敬慕；佩服 ▷敬～|信～|～慕。❸ 动 旧时公文用语，下级对上级表示恭敬，上级对下级表示命令 ▷～请|未敢～从|～即遵照。→ ❹ 动 依仗；借助 ▷～人鼻息|～仗|～赖。○ ❺ 名 姓。☛ 右边是"卬"，不是"卯"。

【仰八叉】yǎngbachā 名 身体向后倒下、四肢伸张的样子；泛指仰卧的姿势 ▷跌了个～。

【仰脖】yǎngbó 动 头朝后仰，显出脖子 ▷端起酒杯，一～就喝下去了。

【仰承】yǎngchéng ❶ 动 依靠秉承(多用于下对上) ▷～师长教诲。❷ 动 迎合奉承 ▷～他人鼻息。❸ 动 遵从 ▷～父母的意愿。

【仰浮】yǎngfú 动 仰卧浮游 ▷～在水面，观望辽阔的江天。

【仰给】yǎngjǐ 动 依赖别人供给 ▷～父母。☛ "给"这里不读 gěi。

【仰角】yǎngjiǎo 名 在视线所在的垂直平面内，视线在水平线以上时视线与水平线所形成的夹角。

【仰靠】yǎngkào ❶ 动 仰面背靠着(某物) ▷～在沙发上休息一会儿。❷ 动 仰仗依靠 ▷要自立自强，不要一味～别人。

【仰赖】yǎnglài 动 仰仗依赖 ▷～救援。

【仰面】yǎngmiàn 动 脸向上 ▷～朝天。

【仰慕】yǎngmù 动 敬仰倾慕 ▷先生的道德文章，令人～。

【仰人鼻息】yǎngrénbíxī 比喻依靠别人生存，迎合别人的意旨行事。

【仰韶文化】yǎngsháo wénhuà 我国新石器时代的一种文化，距今约 6000 年，主要分布在黄河流域。因 1921 年首次在河南渑池仰韶村发现，故称。遗物中有带彩色花纹的陶器，所以也称彩陶文化。

【仰视】yǎngshì 动 仰着头向上看 ▷～山巅古庙。

【仰首】yǎngshǒu 动 抬起头。

【仰天】yǎngtiān 动 抬头向天 ▷～大笑|～长啸。

【仰望】yǎngwàng ❶ 动 抬头向上看 ▷～北斗。❷ 动 敬仰而有所期望 ▷～老师指导。

【仰卧】yǎngwò 动 脸向上躺着 ▷因骨折须～病床。

【仰卧起坐】yǎngwò qǐzuò 指脸向上躺下再坐起来的反复动作。

【仰泳】yǎngyǒng ❶ 名 一种泳姿，身体仰卧水面，两臂轮流划水，两腿伸直上下交替打水。❷ 名 指这种游泳运动项目。

【仰仗】yǎngzhàng 动 依靠；倚仗 ▷人民的军队～人民的支持。

映 yǎng [映咽] yǎngyè 〈文〉❶ 形 形容水流不畅的样子 ▷泉流迸集而～。→ ❷ 动 阻塞 ▷毂击～，不能旋踵。
另见 1591 页 yāng。

养(養) yǎng ❶ 动 给动物喂食，并照顾它的生活，使能成长 ▷～鸡|～蛐蛐儿。→ ❷ 动 供给维持生活必需的钱、物；

抚育 ▷～家｜赡～｜抚～。⇒ ❸ 动 生(孩子) ▷头胎～了个胖小子。⇒ ❹ 动 使身心得到休息和滋补 ▷～病｜保～身体｜休～。⇒ ❺ 动 修养 ▷教～｜学～。❻ 动 培养 ▷～成良好的习惯。⇒ ❼ 形 领养的;非亲生的 ▷～子｜～母。→ ❽ 动 培植(农作物或花草) ▷～桑麻｜～花。⇒ ❾ 动 扶持 ▷以副业～农业。⇒ ❿ 动 蓄养(须发) ▷把头发～长(cháng)了好梳辫子。

【养兵】 yǎngbīng 动 供养和训练军队 ▷屯垦～｜～千日,用兵一时。

【养病】 yǎngbìng 动 调理休养使病体逐渐康复 ▷静心～｜养了一个月的病。

【养成】 yǎngchéng 动 修养使形成;培育使长成 ▷～良好习惯｜经过两个月,才～架子猪。

【养成教育】 yǎngchéng jiàoyù 指培养成良好习惯的教育;特指培养成文明行为习惯的教育 ▷加强学生卫生文明习惯的～。

【养地】 yǎngdì 动 通过施肥、轮作、休耕等措施以增强地力。

【养分】 yǎngfèn 名 含在物质中能促使有机体发育成长的营养成分。

【养父】 yǎngfù 名 养育自己的非生身父亲。

【养虎遗患】 yǎnghǔ-yíhuàn 比喻纵容坏人,会留下后患。

【养护】 yǎnghù ❶ 动 保养护理 ▷～电信设施。❷ 动 调养护理 ▷老人要注重心脑～。

【养活】 yǎnghuo〈口〉❶ 动 提供生活费用或必需品使能生存下去 ▷他靠打工～一家子。❷ 动 饲养(家禽、牲畜等) ▷我没有工夫～宠物。

【养家】 yǎngjiā 动 供给家庭生活费用 ▷挣钱～｜靠开出租车～。

【养家糊口】 yǎngjiā-húkǒu 供给家庭费用,维持家人生活 ▷～是没有问题的。

【养精蓄锐】 yǎngjīng-xùruì 保养精神,积蓄力量 ▷全体队员正在～,准备参加大赛。

【养老】 yǎnglǎo ❶ 动 赡养老人 ▷靠儿女～。❷ 动 老年人闲居休养 ▷退休在家～。

【养老保险】 yǎnglǎo bǎoxiǎn 一种社会保险。劳动者达到国家规定的解除劳动义务的劳动年龄界限,或因年老丧失劳动能力退出劳动岗位后,由国家和社会按照相关法律、法规给予一定的生活费用。

【养老金】 yǎnglǎojīn 名 职工退休后按期领取的生活费。

【养老院】 yǎnglǎoyuàn 名 敬老院。

【养廉】 yǎnglián 动 培养或保持廉洁的品格 ▷勤政～。

【养料】 yǎngliào 名 对机体有营养价值的物质 ▷树苗的～不足◇作家要深入生活,汲取～。

【养路】 yǎnglù 动 保养维护公路和铁路 ▷～工。

【养路费】 yǎnglùfèi 名 专用于养护道路的费用 ▷征收～｜交纳～。

【养母】 yǎngmǔ 名 养育自己的非生身母亲。

【养目镜】 yǎngmùjìng 名 保护眼睛使免受强光刺激的眼镜,镜片多为深色。

【养女】 yǎngnǚ 名 领养或收养的女儿。

【养气】 yǎngqì〈文〉❶ 动 修养良好的品德和气质 ▷正心～。❷ 动 道家指静心修炼。

【养人】 yǎngrén 形 对人体有保健或康复作用的 ▷这种汤很～。

【养伤】 yǎngshāng 动 调理休养,使伤痛逐渐康复 ▷请假～｜养了一个月的伤。

【养神】 yǎngshén 动 静下心来,使精神得到恢复 ▷静坐～。

【养生】 yǎngshēng 动 保养身体,增强生命力 ▷～有道｜～学。

【养息】 yǎngxī 动 调养休息 ▷病体初愈,注意～。

【养心】 yǎngxīn ❶ 动 修养心性 ▷要养身,先～。❷ 动 调养心脑 ▷益肺健脾,～宁神。

【养性】 yǎngxìng 动 修养品性 ▷修身～。

【养畜】 yǎngxù 动 畜养;饲养 ▷～牛羊。

【养颜】 yǎngyán 动 养护容颜 ▷护肤～。

【养眼】 yǎngyǎn ❶ 动 滋补养护眼睛 ▷胡萝卜是～蔬菜。❷ 形 形容人或事物看起来让人非常舒服,产生愉悦感 ▷空气好,洗肺;环境好,～。

【养痈成患】 yǎngyōng-chénghuàn 养痈遗患。

【养痈遗患】 yǎngyōng-yíhuàn 对毒疮不及早治疗,就会留下祸害(痈:一种毒疮)。比喻因姑息坏人坏事而受其害。也说养痈成患。

【养育】 yǎngyù 动 抚养和教育 ▷～子女。

【养殖】 yǎngzhí 动 培育和繁殖(多指水生生物) ▷～紫菜｜人工～｜～场｜～业。

【养子】 yǎngzǐ 名 领养或收养的儿子。

【养尊处优】 yǎngzūn-chǔyōu 在尊贵优裕的生活环境中,安于享乐,不思进取。☛"处"这里不读 chù。

氧 yǎng 名 非金属元素,符号 O。无色无臭无味的气体,能助燃,化学性质很活泼。在工业上用途广泛,也是所有生物呼吸所必需的气体。通称氧气。

【氧吧】 yǎngbā 名 备有输氧装置专供人吸氧休闲的营业性场所(吧:英语 bar 音译)。

【氧化】 yǎnghuà 动 物质跟氧化合;泛指物质在化学反应中失去电子。如铁生锈、煤燃烧等。

【氧化剂】 yǎnghuàjì 名 在氧化还原反应中,使别的物质氧化,而自身被还原的物质。常用的氧化剂有氧气、氯气、高锰酸钾等。

【氧化镁】 yǎnghuàměi 名 一种金属化合物,呈白色粉末状,能从空气中逐渐吸收水和二氧化碳。可用作化妆品、油漆等的原料,也可制作绝热材料,在工业和医疗方面用途很广。俗称苦土。

【氧化铁】yǎnghuàtiě 名 铁的氧化物的统称;特指三氧化二铁,呈红色粉末状,可作红色颜料,可用于油墨、油漆、陶瓷、玻璃、橡胶等工业,也可用作催化剂、饲料添加剂等。

【氧化物】yǎnghuàwù 名 元素和氧化合而成的化合物。主要分为碱性氧化物、酸性氧化物和两性氧化物。此外还有混合氧化物。

【氧气】yǎngqì 名 氧的通称。

【氧气瓶】yǎngqìpíng 名 装氧气用的钢瓶。多为圆柱形,顶端有调节阀和输气管接口。

痒(癢) yǎng ❶ 形 皮肤或黏膜受到一定刺激而引起的想抓挠的感觉 ▷身上～得难受。→ ❷ 形(心情)难以抑制,跃跃欲试 ▷看人踢球,心里就发～。

【痒痒】yǎngyang 形〈口〉痒。

yàng

炀(煬) yàng 动〈文〉烘烤;焚烧。另见1594页yáng。

怏 yàng 形 形容不满意或不高兴 ▷～然不悦|～～不乐。☛ 不读yāng。

【怏然】yàngrán 形 形容不满意或不高兴的样子 ▷～不语|～相视。

【怏怏】yàngyàng 形 形容不满意或不高兴的神情 ▷～不乐|～退出|～睡去。

样(樣) yàng ❶ 名 物体的形状 ▷～式|模～。→ ❷ 名 用来作标准的东西 ▷～品|榜～。→ ❸ 量 用于事物的种类 ▷两～货色|三～菜。→ ❹ 名 人的模样或神情 ▷几年没见,你一点ル没变～ル|瞧他那～ル,真叫人恶心。→ ❺ 名 事物发展的情况或趋势 ▷看～ル今天要下雨|照这～ル,这场球非输不可。☛量词"样"跟量词"种"不同。1."样"强调事物外部形式的区别,如"两样菜都是豆腐";"种"着重于事物内部性质、作用上的区别,如"一种思想"。2.用于计量抽象事物种类时,"种"比"样"更正式。

【样板】yàngbǎn ❶ 名 作为样品的板状物 ▷依照～切割钢板。❷ 名 板状工具,工业上用来作为检验尺寸、形状等的标准 ▷用～比照一下。❸ 名 有示范作用的事物 ▷树为～|～田。

【样板戏】yàngbǎnxì 名 革命样板戏的简称。指"文化大革命"期间被树为戏剧改革样板的八个现代戏。它们是:京剧《智取威虎山》《海港》《红灯记》《沙家浜》《奇袭白虎团》《龙江颂》,芭蕾舞剧《红色娘子军》《白毛女》。

【样本】yàngběn ❶ 名 当作样品以征求意见的出版物 ▷把～送交专家审阅。❷ 名 商品图样的印本或剪贴本 ▷服装～。❸ 名 按照一定规则抽取的带有总体特征或属性的部分个体 ▷试验～。

【样带】yàngdài 名 供审查用的录音带、录像带或电影胶片。

【样稿】yànggǎo 名 书稿、图样等作为样品的部分,供征求意见和送审用。

【样机】yàngjī 名 作为样品的机器、飞机等 ▷展览～。

【样片】yàngpiàn 名 拍摄出来供审查或诊断用的片子。如电影片、电视片、爱克斯光片等。口语中也说样片ル(piānr)。

【样品】yàngpǐn 名 作为样子或标准件的物品(多用于商品推销或材料试验) ▷电机～。

【样式】yàngshì 名 外形;式样 ▷～新潮|有多种～可供选择|各种～的文艺作品。

【样书】yàngshū 名 作样品用的图书。

【样张】yàngzhāng ❶ 名 作为样品的单页印刷物。❷ 名 指绘有服装样式的纸样。

【样子】yàngzi ❶ 名 式样 ▷衣服的～|帽子的～。❷ 名 情态;状态 ▷欢乐的～|这个地方变了～。❸ 名 作为标准供人模仿的物品 ▷鞋～|衣服～。❹ 名 和"看""照"等连用,表示对趋势的估计 ▷看～,他不来了。

【样子货】yàngzihuò ❶ 名 当样品的货物 ▷这是～,不卖的。❷ 名 指好看而不中用的货物 ▷这种衣服纯粹是～,脏了没法ル洗。

恙 yàng 名〈文〉疾病 ▷别来无～|安然无～。

烊 yàng 见250页"打烊"。另见1595页yáng。

羕 yàng 形〈文〉形容水流悠长的样子 ▷江之～矣。

鞅 yàng 见1009页"牛鞅"。另见1591页yāng。

漾 yàng ❶ 动 水轻微动荡 ▷湖面上～起层层波纹|荡～。○ ❷ 动 液体溢出 ▷澡盆里的水都～出来了|胃里直～酸水。☛ 右下是"永",不是"水"。

【漾奶】yàngnǎi 动 婴儿吃奶过多或吃奶后身体姿势不当,致使吃下的奶水吐出。

yāo

幺 yāo ❶ 形 某些地区指排行最末的 ▷～叔|～妹。→ ❷ 数 指色(shǎi)子和骨牌里的一点;某些场合读数字时代替"1" ▷呼～喝六|查电话号码请拨～～四(114)|我是洞

～(01)。〇 ❸ 名 姓。☛ 跟"么(me)"不同。

【幺蛾子】yāo'ézi〈口〉❶ 名 歪门邪道 ▷今年春运期间,黄牛们又在倒票上使出不少～。❷ 名 意外状况 ▷两人关系才和好又出了～。

【幺麽】yāomó〈文〉❶ 形 微小。❷ 名 借指小人 ▷无道之君,任用～|跳梁～|～小丑。☛ "幺麽"的"麽"不能简化为"么"。

夭[1](*殀) yāo 动 未成年而死 ▷～折。

夭[2] yāo 形〈文〉(草木)茂盛 ▷繁杏～桃|～桃秾李。☛ ㊀"夭"字统读 yāo。㊁"夭"上面是撇,不是横。由"夭"构成的字有"祆""沃""妖"等。

【夭逝】yāoshì 动〈文〉夭折①。

【夭亡】yāowáng 动〈文〉夭折①。

【夭折】yāozhé ❶ 动 短命早死;未成年而死。❷ 动 比喻事情中途失败或废止 ▷由于资金短缺,工厂的技术改造计划～了。

吆 yāo 动 大声呼喊 ▷～五喝六|～喝。☛ 不要误写作"吆"。

【吆喝】yāohe〈口〉❶ 动 大声呼喊、叫卖 ▷小贩在门前～。❷ 动 呼唤① ▷快～几个人来帮忙。❸ 动 呵斥 ▷高声～着偷懒的人。❹ 动 大声驱赶 ▷～着毛驴往前走。

【吆呼】yāohu 动 呼唤;大声嚷 ▷奶奶在～我呢|午休时间,你瞎～什么!

【吆唤】yāohuàn 动 大声喊叫;呼唤 ▷母亲在～儿子回家|一声～打破了清晨的宁静。

【吆五喝六】yāowǔ-hèliù ❶原指掷色子时的呼喊声(五、六是色子的高点,掷到者可望获胜);泛指赌博时的喧嚣声。❷形容大声喝令、盛气凌人。

约(約) yāo 动〈口〉用秤称重量 ▷～两斤苹果|～～这捆菜有多重。
另见 1701 页 yuē。

妖[1] yāo ❶ 名 妖怪 ▷～魔鬼怪|～精|蛇～。→ ❷ 形 邪恶荒诞的;蛊惑人心的 ▷～术|～道|～言。

妖[2] yāo ❶ 形 艳丽;妩媚 ▷～娆。→ ❷ 形 过分艳丽,不正派(多指女性) ▷～里～气|～冶|～艳。

【妖道】yāodào 名 传说中邪恶的、能施妖术的道士。

【妖风】yāofēng ❶ 名 传说中妖魔鬼怪施行妖术时兴起的风。❷ 名 借指对社会有害的风气、潮流 ▷～邪气。

【妖怪】yāoguài 名 神话、传说、童话中相貌奇特,能施妖术害人的怪物 ▷天神降服了～。

【妖精】yāojing ❶ 名 妖怪。❷ 名 比喻以妖艳的姿容迷惑人的女子。

【妖里妖气】yāoliyāoqì 形 形容服装奇异、神态妖冶的样子。

【妖媚】yāomèi 形 妖媚而有失正派(多形容女性) ▷一副～相|打扮得如此～,效果适得其反。

【妖魔】yāomó 名 妖怪和魔鬼 ▷～鬼怪。

【妖魔鬼怪】yāomó-guǐguài 传说中一切害人的妖精魔怪。比喻各种邪恶势力。

【妖魔化】yāomóhuà 动 故意歪曲、丑化某人或某事物,将其诋毁得像妖魔似的令人恐惧、憎恶 ▷将高考～无助于高考改革。

【妖孽】yāoniè ❶ 名 指妖魔鬼怪及一切怪异反常的事物。❷ 名 比喻危害他人或社会的人 ▷铲除害国害民的～。

【妖婆】yāopó 名 对邪恶女人的憎称 ▷老～。

【妖气】yāoqì ❶ 名 俗指笼罩一定范围而使人隐约感觉到的有妖邪存在的气息。❷ 名 迷信指人受妖邪蛊惑呈现的气色。❸ 形 妖里妖气 ▷打扮得太～了。

【妖娆】yāoráo 形〈文〉娇媚艳丽 ▷～多姿。

【妖术】yāoshù ❶ 名 神话、传说、童话中指妖怪施行的法术。❷ 名 泛指各种迷惑人的邪恶伎俩 ▷～惑众|施展～骗人。‖也说妖法。

【妖物】yāowù 名 妖怪;怪异的东西。

【妖雾】yāowù 名 神话传说指妖魔鬼怪施妖术时所施放的雾气 ▷白骨精释放出一股～隐身逃走◇社会上一时谣言四起,～弥漫。

【妖言】yāoyán 名 怪异而又迷惑人的邪说 ▷散布～,蛊惑人心|～惑众。

【妖艳】yāoyàn 形 艳丽而有失庄重 ▷打扮太～。

【妖冶】yāoyě 形 艳丽轻佻。

育 yāo,又读 yō 见 541 页"杭育"。
另见 1688 页 yù。

要 yāo ❶ 动 求 ▷～求。→ ❷ 动 有所仗恃而强行要求;胁迫 ▷～挟。〇 ❸ 名 姓。
另见 1603 页 yào。

【要功】yāogōng 现在一般写作"邀功"。

【要击】yāojī 现在一般写作"邀击"。

【要买】yāomǎi 现在一般写作"邀买"。

【要求】yāoqiú ❶ 动 向人提出愿望或条件 ▷～大家给以支持|严格～自己。❷ 名 向人提出的愿望或条件 ▷合理的～|没有提什么～。

【要挟】yāoxié 动 抓住对方的弱点或把柄,依仗自己的某种势力或手段,迫使对方就范 ▷以自杀相～|扣留人质,～对方。

【要约】yāoyuē ❶ 动 指当事人一方向另一方提出订立合同的意向或建议,一旦对方接受,合同即告订立。要约的内容应包含足以使合同成立的基本条款 ▷对方～收购我公司 40%

的股份。❷ 名 表达要约的函件等 ▷送达～。

哟（喲） yāo，又读 yō 叹 用法同“呦（yōu）”。

另见 1605 页 yao。

唷 yāo，又读 yō 见 563 页“哼(hēng)唷”。

㙚 yāo 用于地名。如寨子㙚，在山西。

嘤 yāo［嘤嘤］yāoyāo 拟声〈文〉模拟虫叫的声音。

腰 yāo ❶ 名 人体中部胯上肋下的部分 ▷不小心扭了～｜弯～｜～带。→ ❷ 名〈口〉肾脏；食用的动物肾脏 ▷～子｜炒～花。→ ❸ 名 裙、裤等围束在腰上的部分 ▷裤～。❹ 名 借指腰包或衣兜 ▷～里没钱。→ ❺ 名 事物的中部 ▷山～｜墙～。

【腰板儿】yāobǎnr ❶ 名〈口〉指人的腰和脊背 ▷把～挺起来。❷ 名 借指体格 ▷您老的～好，一定长寿。❸ 名 借指承担责任的勇气和力量 ▷咱们～硬，能挑起这千钧重担。

【腰包】yāobāo 名 系在腰间的钱包；泛指钱包。

【腰缠万贯】yāochán-wànguàn 腰里缠着万贯铜钱。形容非常富有。

【腰带】yāodài 名 束在腰间的带子；裤腰带 ▷系了一根红～｜皮～。

【腰袋】yāodài 名 系在腰间的小布袋。

【腰刀】yāodāo 名 古人佩在腰间的防身武器，柄短，刀身较长，稍弯。

【腰杆子】yāogǎnzi ❶ 名 指腰部 ▷～直直的，哪像八十多岁的人哪！❷ 名 借指后台、靠山 ▷人家有～，咱惹不起。❸ 名 借指说话做事的底气、态度等。‖也说腰杆儿。

【腰鼓】yāogǔ ❶ 名 跳腰鼓舞用的打击乐器，系在腰间，用木槌敲击。鼓身木框，短圆柱形，中间稍粗，两端蒙皮。参见插图 12 页。❷ 名 指腰鼓舞。汉族民间舞蹈。舞者身背腰鼓，双手各执鼓槌，两面击鼓，边击边舞，节奏强烈，动作健美。

【腰果】yāoguǒ 名 常绿灌木或小乔木，单叶互生，倒卵形，花黄色，有粉红条纹，花序圆锥形。果实也叫腰果，心形或肾形，果仁味香可食，果壳可榨工业用油。原产南美，我国广东等地也有出产。

【腰花】yāohuā 名 划出交叉刀痕并切成小块儿的猪、羊等的腰子（肾），供烹调后食用 ▷炒～。

【腰肌劳损】yāojī láosǔn 腰部软组织因过度劳累或突然牵引而受到损伤。

【腰身】yāoshēn ❶ 名 腰部 ▷舒展一下～。❷ 名 人体腰部的粗细；借指身段、体态 ▷窈窕的～。❸ 名 指上衣、裤子等腰围部分的尺寸 ▷这件衣服～太小了。

【腰酸背痛】yāosuān-bèitòng 脊椎骨关节及其周围的软组织受到损伤而感觉酸痛。多形容劳累过度。

【腰腿】yāotuǐ 名 腰部和腿部的合称 ▷老来难买～健｜这位拳师的～功夫不错。

【腰围】yāowéi ❶ 名 腰部周围的长度；也指衣服围腰部分的长度 ▷你的净～是二尺四｜裤子的～是二尺八寸。❷ 名 束在腰部的宽带子 ▷产妇用～把腰部缠裹起来。

【腰眼】yāoyǎn 名 腰部脊柱两旁的凹陷部位；比喻要害处 ▷冲着～就是一拳◇这个问题是～，要一抓到底。也说腰眼儿。

【腰斩】yāozhǎn ❶ 动 从腰部把人斩为两段，古代一种酷刑。❷ 动 比喻把同一事物或相关联的事物从中切断 ▷刊物停办，我的连载小说登了一半就被～了。

【腰肢】yāozhī 名 腰身①② ▷～纤弱｜～婀娜。

【腰椎】yāozhuī 名 腰部的椎骨，共五块。

【腰子】yāozi 名 肾的俗称 ▷买回一副猪～。

邀 yāo ❶ 动〈文〉迎候 ▷～于郊。○ ❷ 动〈文〉希求；谋取 ▷～官｜～功求赏｜～取。○ ❸ 动 约请 ▷应～出席｜～请｜～集。○ ❹ 动 拦截 ▷～击｜～截。

【邀宠】yāochǒng 动 迎合有权势的人，企望得到宠信 ▷贪功～。

【邀功】yāogōng ❶ 动 展示功劳，求取奖赏 ▷胜不～，败不避罪。❷ 动 骗取或抢占别人的功劳 ▷弄虚作假，谄媚～。

【邀击】yāojī 动 截住行进中的敌人进行攻击 ▷派两个师～增援的敌人。

【邀集】yāojí 动 邀请较多的人集中到一起 ▷～大家参加集体植树活动。

【邀买】yāomǎi 动 笼络；收买 ▷～人心。

【邀请】yāoqǐng 动 有礼貌地请别人前来或到约定的地方去 ▷～各国使节赴内地观光。

【邀请赛】yāoqǐngsài 名 由主办单位邀请若干单位参加的比赛 ▷乒乓球～。

【邀请信】yāoqǐngxìn 名 向别人发出邀请的信函。

【邀赏】yāoshǎng 动 求取奖赏 ▷把祖传文物献给国家，绝不是为了向政府～。

【邀约】yāoyuē 动 邀请并约定好时间、地点、人数等 ▷～几位朋友到公园划船。

yáo

爻 yáo 名 构成《周易》卦的长、短横道，“—”是阳爻，“--”是阴爻，每三爻合成一卦，共得八卦，任取两卦排列，可得六十四卦。

尧（堯） yáo ❶ 名 传说中的上古帝王名。○ ❷ 名 姓。☛ 上边是“戈”，不是"戈"或"弋"。由"尧"构成的字有"绕""峣""跷""翘""挠""侥"等。

【尧舜】yáoshùn 名 唐尧和虞舜,传说中上古的圣明君主;后泛指圣人。

【尧天舜日】yáotiān-shùnrì 日子过得就像尧舜在位时一样。形容太平盛世,国泰民安。

侥(僥) yáo 见689页"僬(jiāo)侥"。另见691页jiǎo。

肴(*餚) yáo 名 鸡鸭鱼肉等做成的荤菜 ▷美味佳～|菜～。☛ 统读yáo,不读xiáo。

【肴馔】yáozhuàn 名〈文〉丰盛的菜和饭(多指宴席上的) ▷盛设～,以待贵宾。

垚 yáo 形〈文〉山势高峻。

轺(軺) yáo 名 古代一种轻便马车,由一匹马拉,多作驿站的交通工具。

峣(嶢) yáo 形〈文〉高峻。

姚 yáo 名 姓。

珧 yáo ❶见679页"江珧"。〇 ❷ 名 蚌、蛤的甲壳,古代用作刀、弓等器物上的装饰。

陶 yáo 用于人名。如皋(gāo)陶,传说是舜的臣子。

另见1341页táo。

铫(銚) yáo 名 古代的一种大锄 ▷～耨。

另见321页diào;1363页tiáo。

窑(*窰窯) yáo ❶ 名 烧制砖瓦陶瓷等的大炉灶 ▷盆～|石灰～|装～|出～。→ ❷ 名 特指古代名窑烧制的陶瓷器 ▷汝～(宋代汝州瓷窑烧制的瓷器)|宣～(明朝宣德年间江西景德镇官窑烧制的瓷器)。→ ❸ 名 指用土法采掘的煤矿 ▷小煤～|下～干活儿去了。→ ❹ 名 窑洞。〇 ❺ 名〈口〉窑子 ▷～姐儿。〇 ❻ 名 姓。

【窑顶】yáodǐng 名 窑洞或烧制瓷器、砖瓦等的窑的顶部。

【窑洞】yáodòng 名 依土崖开掘的拱形洞,多见于我国西北黄土高原地区,可供人居住。

【窑姐儿】yáojiěr 名 旧指妓女。

【窑坑】yáokēng 名 为取土烧制砖瓦挖成的坑。

【窑子】yáozi 名 旧指妓院。

谣(謡) yáo ❶ 名 民间流传的可以随口唱出的韵语 ▷歌～|民～|童～。→ ❷ 名 谣言 ▷～传|辟(pì)～|造～。

【谣传】yáochuán ❶ 动 谣言传播 ▷～那里发生地震。❷ 名 传播的谣言 ▷不可听信～。

【谣言】yáoyán 名 凭空捏造的消息 ▷～四起|不相信～,也不传播～。

【谣谚】yáoyàn 名 歌谣和谚语的合称。参见461页"歌谣"、1590页"谚语"。

摇 yáo 动 来回摆动;使来回摆动 ▷树枝在空中～来～去|～头晃脑|～铃|～橹|～晃。

【摇把】yáobà 名 器械上用手转动做功的把(bǎ)手 ▷坐在轮椅上,用手摇着～前进。

【摇摆】yáobǎi ❶ 动 向相反方向来回移动或变动 ▷海水翻涌,船体～。❷ 动 (立场、观点等)动摇不定 ▷在大是大非面前决不～。

【摇摆舞】yáobǎiwǔ 名 流行于西方的一种舞蹈,由美国黑人爵士舞演变而来,20世纪中叶随着摇滚乐的产生而兴起。跳舞时,一男一女,相向成对,全身摇摆、扭动,节奏强烈。

【摇笔杆子】yáobǐgǎnzi 耍笔杆子。

【摇柄】yáobǐng 名 摇把的手握部分;摇把。

【摇船】yáochuán 动 摇橹(使船行进)。

【摇唇鼓舌】yáochún-gǔshé 耍嘴皮子,大发议论。多指用花言巧语进行煽动、游说,拨弄是非;也指卖弄口才。

【摇荡】yáodàng 动 摇摆晃荡 ▷渔船在大海里颠簸～。

【摇动】yáodòng ❶ 动 摇晃摆动 ▷小狗～着尾巴。❷ 动 摇晃物体使之动 ▷～木桩。☛ 参见333页"动摇"的提示。

【摇鹅毛扇】yáo'émáoshàn 旧小说、戏曲中军师一类人物常手持鹅毛扇。指在别人身边或幕后出谋划策 ▷他身边有个智囊团,为他～。也说摇羽毛扇。

【摇滚】yáogǔn ❶ 动 摇晃滚动 ▷被击中的飞机～着坠落下来。❷ 名 指摇滚乐。

【摇滚乐】yáogǔnyuè 名 流行于西方的一种通俗音乐,兴起于20世纪中叶。由黑人的"节奏布鲁斯"(爵士乐)与白人的"乡村与西部音乐"结合演变而来。节奏强烈,音响丰富。也说滚石乐。

【摇撼】yáohàn 动 使劲摇动 ▷寒风～着树枝。

【摇号】yáohào 动 摇动专用机械,使里面带有号码的圆球随机弹出,以此确定中选号码;现多指使用电子计算机摇号软件选定号码 ▷公开～,用以排定选房顺序|～购车。

【摇晃】yáohuàng ❶ 动 摇摆晃动 ▷大树在狂风中～着。❷ 动 摇动② ▷～铃铛|～木桩。

【摇奖】yáojiǎng 动 在公证人员监督下,采用摇号方式确定中奖者 ▷公众代表监督本期～全过程|现场～。

【摇篮】yáolán ❶ 名 婴儿卧具,形似篮子,能左右摇动,使婴儿容易入睡。❷ 名 比喻人才成长的处所或重要事物的发源地 ▷新文化运动的～。

【摇篮曲】yáolánqǔ 名 催婴儿人睡时哼唱的小调；也指由这种曲调发展而成的乐曲。

【摇橹】yáolǔ 动 摇动船上的橹，使船按一定方向前进 ▷在船后～的是一个老船工。

【摇蜜】yáomì 动 把削去封盖的蜂巢放在有摇柄的桶里转动，利用离心力把蜂蜜甩到桶里。

【摇旗呐喊】yáoqí-nàhǎn 古代作战时，一部分人摇着旗子大声呼喊，给正在出战的人助威；比喻替别人助长声势。

【摇钱树】yáoqiánshù 名 神话中的一种宝树，一摇晃就会落下钱来。比喻借以获取钱财的人或物 ▷品牌就是一棵无形的～。

【摇身一变】yáoshēn-yībiàn 原指神怪小说中神怪一晃身变成另一种模样。后多形容人或事物迅速改头换面而再次出现（多用于贬义）。

【摇手】yáoshǒu ❶ 动 手掌掌心向外左右摇动，表示阻止、否定等。〇 ❷ 名 某些器械上的把手，用手旋转可以带动轮子转动。

【摇头】yáotóu 动 左右摇动脑袋，表示否定或阻止 ▷～不算点头算｜摇了摇头没说话。

【摇头摆尾】yáotóu-bǎiwěi 形容人洋洋自得或不自重的样子。

【摇头晃脑】yáotóu-huàngnǎo 脑袋摇来晃去。多形容自得其乐或自鸣得意的情态。

【摇头丸】yáotóuwán 名 冰毒的衍生物，是毒品，具有强烈的兴奋作用，服用后会不由自主地摇头狂舞，并出现幻觉。过量服用可引发急性心脑疾病甚至死亡。

【摇尾乞怜】yáowěi-qǐlián 狗摇着尾巴乞求主人怜爱的样子。多形容人卑躬屈膝、谄媚讨好的丑态。

【摇摇欲坠】yáoyáo-yùzhuì 摇摆晃动，就要掉下去的样子。多形容情势危急或地位不稳。

【摇曳】yáoyè 动 摇摆；摇荡 ▷小草在微风中～｜～的身影。

【摇椅】yáoyǐ 名 一种可前后摇动的椅子。有枕部和扶手，可坐可躺。

徭 yáo 名〈文〉徭役 ▷轻～薄赋。

【徭役】yáoyì 名 古代官府强制百姓承担的无偿劳动。

遥 yáo ❶ 形 距离远 ▷路～知马力｜～望｜～控。→ ❷ 形 时间久远 ▷～～无期。〇 ❸ 名 姓。

【遥测】yáocè 动 对远距离的事物进行测量，现多借助电子、光学仪器来实现。

【遥感】yáogǎn 动 不直接接触目标物而探测其性质、形态和变化规律。一般利用传感器（包括摄影机、扫描仪、雷达等）接收目标物辐射或反射的电磁波信息，经处理、判读和分析后实现（英语缩写为 RS）。

【遥寄】yáojì ❶ 动 向很远的地方寄送 ▷发个短信，把祝福～远方的亲人。❷ 动 向很远的地方寄托 ▷深夜著此短文，～怀乡之情。

【遥控】yáokòng ❶ 动 对远距离的机器、飞机或自动化生产线等进行操纵和控制，通常借助有线或无线电装置来实现。❷ 动 泛指远距离指挥和控制 ▷～指挥｜受人～。

【遥望】yáowàng 动 往远处看 ▷～星空。

【遥相呼应】yáoxiānghūyìng 远远地互相照应，互相配合 ▷南北两军～，对敌人形成夹击之势。☛“应”这里不读 yīng。

【遥想】yáoxiǎng ❶ 动 回想（久远的过去）▷～当初的情景。❷ 动 想象（遥远的未来）▷～未来。

【遥遥】yáoyáo 形 形容距离遥远或时间长久 ▷～领先｜～相望｜～无期。

【遥远】yáoyuǎn 形（空间或时间的距离）很远 ▷～的太平洋彼岸｜～的古代。

【遥指】yáozhǐ 动 向远处指点 ▷牧童～杏花村。

【遥祝】yáozhù 动 向远方祝贺 ▷～边防战士新年快乐。

猺 yáo 见1114 页“青猺”。

媱 yáo 形〈文〉美好；艳丽 ▷妖～。

瑶 yáo〈文〉❶ 名 一种美玉 ▷琼～｜～琴（镶玉的琴）。→ ❷ 形 美好的 ▷～函（对别人书信的尊称）｜～浆（美酒）。

【瑶池】yáochí 名 神话中指西王母所住的地方 ▷～仙境。

【瑶族】yáozú 名 我国少数民族之一。主要分布在广西、湖南、云南、广东和贵州。

磘 yáo 用于地名。如：庞家磘，在陕西；灰磘，在台湾。

繇 yáo ❶古同“徭”。〇 ❷古同“谣”。另见 1671 页 yóu；1796 页 zhòu。

鳐（鰩） yáo 名 鱼，身体扁平，呈圆形、斜方形或菱形，尾细长，口在腹部。种类很多，生活在海底。可食用，肝可制鱼肝油。

飖 yáo 见1049 页“飘飖”。

yǎo

杳 yǎo 形〈文〉远得见不到踪影 ▷～无音信｜～如黄鹤｜～然。☛ ㊀统读 yǎo，不读 miǎo。㊁不要误写作“沓”“渺”。

【杳然】yǎorán 形〈文〉形容沉寂没有声音 ▷荒

村～|一别十载，音讯～。

【杳如黄鹤】yǎorúhuánghè 唐·崔颢《黄鹤楼》："黄鹤一去不复返，白云千载空悠悠。"后用"杳如黄鹤"形容消失得无影无踪或没有任何消息。

【杳无音信】yǎowúyīnxìn 没有一点ㄦ消息。

咬（*齩）yǎo ❶ 动 上下牙相对用力，把东西夹住、切断 ▷～紧牙关|饼太硬，～不动|这只狗老～人。→ ❷ 动 用钳子等夹住；齿轮、螺丝等互相扣紧卡住 ▷用管钳把水管子～紧|裤脚被自行车链子～住了。❸ 动（竞赛或军事上）追赶；紧逼 ▷～住敌机不放|两人的比分～得很紧。→ ❹ 动 受审讯或责难时牵扯别人（多指无关或无辜的人）▷乱～好人|反～一口。→ ❺ 动 把话说死了不再改变 ▷一口～定。→ ❻ 动 念出或唱出（字音）▷这个字我～不准|～字清楚。❼ 动 注重钻研（字句的意义）▷～文嚼字。〇 ❽ 动（狗）叫；（蚊虫）叮 ▷半夜狗～了好一阵子|脸上让蚊子～了好几个包。

【咬定】yǎodìng 动 话说得肯定，丝毫不改口 ▷有人死死～这事是他干的。

【咬耳朵】yǎo'ěrduo 凑到别人耳边小声说话 ▷有意见公开说，不要～了。

【咬合】yǎohé 动 凹凸交错的物体相互卡住 ▷两个齿轮～不紧|卯榫～得严丝合缝。

【咬紧牙关】yǎojǐn-yáguān 形容发下狠心 ▷～坚持下去。

【咬群】yǎoqún〈口〉❶ 动 个别家畜好（hào）跟同类争斗 ▷这马有点ㄦ～。❷ 动 比喻个别人在集体生活中好跟周围的人闹纠纷 ▷别跟他斗嘴，他好（hào）～。

【咬舌ㄦ】yǎoshér ❶ 动 说话时舌尖常伸到上下牙齿之间，因而吐字不清 ▷这孩子说话老～。❷ 名 指吐字不清的人 ▷他是个～。

【咬文嚼字】yǎowén-jiáozì ❶ 过分地推敲斟酌字句，死抠字眼ㄦ，而不重视整体内容和精神实质。❷ 认真推敲字句的意义和正误，力求精准。☛"嚼"这里不读 jué。

【咬牙】yǎoyá ❶ 动 由于极端愤怒或忍受痛苦等而咬紧牙关 ▷～切齿|～挺过去。❷ 动 磨牙①。

【咬牙切齿】yǎoyá-qièchǐ 上下牙齿紧紧咬在一起。形容极端痛恨和愤怒的样子。

【咬字】yǎozì ❶ 动 吐字 ▷她说话～不清。❷ 动 特指戏曲、曲艺等表演中按照正确的或传统的字音念出台词或唱出唱词中的字 ▷无论唱念，他都十分重视～。

【咬字眼ㄦ】yǎozìyǎnr 在别人的讲话或文章中挑措辞方面的毛病。

【咬嘴】yǎozuǐ 形〈口〉绕嘴；不顺口 ▷这段话不好念，太～。

舀 yǎo 动 用瓢、勺等器具取（东西）▷～水|～一勺菜。☛ ㊀统读 yǎo，不读 wǎi 或 kuǎi。㊁跟"臽（xiàn）"不同。"舀"上边是"爫"，不是"⺈"。由"舀"构成的字有"滔""韬""蹈""稻"等。

【舀子】yǎozi 名 舀水、酒、油等液体的用具，多用竹筒、塑料、铝或铁皮制成，底平口圆，有把ㄦ。

窅 yǎo〈文〉❶ 形 眼睛深陷。→ ❷ 形 深远 ▷下临绝壑，～不可测|～冥。

窈 yǎo［窈窕］yǎotiǎo〈文〉❶ 形 形容（仪态等）美好的样子 ▷～淑女|身材～。〇 ❷ 形 形容幽远深邃的样子 ▷云雾～。☛ 不读 yáotiáo。

yào

疟（瘧）yào［疟子］yàozi 名 疟（nüè）疾的俗称 ▷发～。☛ 右下是"⼕"，不是"ヨ"。

另见 1015 页 nüè。

药（藥）yào ❶ 名 能防治疾病、病虫害或改善机体机能的物质 ▷吃～|良～苦口|～材|～物|农～。→ ❷ 动 用药治病 ▷不可救～。❸ 动 用药毒死 ▷棉铃虫都～死了|～耗子。→ ❹ 名 某些有特定作用的化学物质 ▷火～|焊～。〇 ❺ 名 姓。☛"藥"简化为"药"。但"樂"和其他从"樂"的字，"樂"都简化为"乐"，如"乐（樂）""栎（櫟）""砾（礫）""烁（爍）"。

【药补】yàobǔ 动 用药物滋补（身体）▷～要因人、因时而异。

【药材】yàocái 名 指制作中药的原材料；有时也指中成药。

【药残】yàocán 名 残留的药物；特指蔬菜、水果、粮食等食物中残留的农药 ▷畜禽产品～检测|这里的蔬菜确保零～、零污染。

【药草】yàocǎo 名 可入药的草本植物。

【药茶】yàochá 名 中成药剂型之一，将药材轧成粗末或加入黏合剂制成块状，用时以沸水冲泡当茶喝，也可煎服。

【药到病除】yàodào-bìngchú 形容药物灵验或医术高明；也比喻方法正确，能解决问题。

【药典】yàodiǎn 名 政府主持编定的记载药品的名称、性质、形状、成分、用量以及配制、贮藏方法等项目的书籍，具有法规性。

【药店】yàodiàn 名 经营药品的商店。

【药饵】yào'ěr ❶ 名 药物 ▷离病榻，断～|～配方。❷ 名 拌上毒药的诱饵 ▷用～灭鼠。

【药方】yàofāng 名 医生诊病后给病人开列的药

物名称、用量、用法等；也指开着药方的纸片 ▷开～|按～取药。

【药房】yàofáng ❶ 名 药店。❷ 名 医院或诊所内供应药品的部门。

【药粉】yàofěn 名 粉末状的药物。也说药面儿。

【药膏】yàogāo 名 膏状药物，多用于外敷。

【药罐子】yàoguànzi ❶ 名 熬中药的瓦罐。❷ 名 借指体弱多病、经常吃药的人（含诙谐意）。

【药害】yàohài 名 由于农药用错或剂量过大对农作物所造成的损害。

【药剂】yàojì 名 根据处方将药材加工制成一定剂型的药品 ▷配制～。

【药剂师】yàojìshī 名 药师。

【药检】yàojiǎn ❶ 动（国家有关部门）对药物的质量进行检验 ▷这批药物经过～全部合格。❷ 动 对运动员是否服用违禁药物进行检验测定 ▷比赛前对运动员进行～。

【药酒】yàojiǔ 名 用药材浸泡而成的酒。如参茸酒等。

【药具】yàojù 名 药品和医疗器具。

【药理】yàolǐ 名 药物在有机体内所起的变化、作用及其防治疾病的原理。

【药棉】yàomián 名 医用消毒脱脂棉。

【药捻子】yàoniǎnzi ❶ 名 用来点燃火药、爆竹的导火线。参见 281 页"导火线"①。❷ 名 带药的纱布条或纸捻。外科治疗时放入伤口或疮口内，以助提脓、消炎等。‖也说药捻儿。

【药农】yàonóng 名 以种植或采集药用植物为主业的农民。

【药片】yàopiàn 名 片状药物。

【药品】yàopǐn 名 各种药物和化学试剂的总称。

【药铺】yàopù 名 卖药的店铺（多指中药）。

【药膳】yàoshàn 名 配有中药的膳食，有保健、防治慢性病的作用。如薏仁粥、参芪鸡等。

【药师】yàoshī 名 受过药学专业学历教育，从事药物调剂、制备、检定、生产等工作，并经国家卫生部门审查合格的药学专业技术人员。也说药剂师。

【药石】yàoshí ❶ 名 古代指药物和治病的石针。❷ 名 比喻规劝的话 ▷～之言。

【药石罔效】yàoshí-wǎngxiào 用药和进针已经没有效果（石：治病用的石针；罔：无）。表示病人已无法医治。

【药石之言】yàoshízhīyán 像有治病作用的药和石针一样的规劝训诫性话语。

【药水】yàoshuǐ 名 液态药物。

【药丸】yàowán 名 丸状药物。

【药王】yàowáng ❶ 名 指尝百草、首创医药的神农氏；也指战国时期的医学家扁鹊或唐代名医孙思邈。❷ 名 佛教中指一位用药治病的菩萨。

【药味】yàowèi ❶ 名 中医对所用中草药的总称 ▷～齐全。❷ 名 药物的味道或气味 ▷～甘，性平和|有一股～儿。

【药物】yàowù 名 药的统称。

【药箱】yàoxiāng 名 装药的箱子；特指医生出诊时携带的装有药物和简单医疗器械的小箱子。

【药效】yàoxiào 名 药物的功效。也说药力。

【药械】yàoxiè ❶ 名 医疗器械。❷ 名 给农作物或林木施用药物的器械，如喷雾器、喷粉器等。

【药性】yàoxìng 名 药物的性能 ▷～猛烈。

【药学】yàoxué 名 研究防治疾病所用药物的学科。包括生药学、制药工艺学、药剂学、药理学等学科分支。

【药液】yàoyè 名 液体药物 ▷～输完了。

【药引子】yàoyǐnzi 名 中草药方剂中附加的药物。可调节药性，增强药效。也说药引。

【药用】yàoyòng 动 作药物用 ▷橘子皮晒干可供～|～植物。

【药浴】yàoyù 动 用含有药物的水对全身或身体局部进行浸泡、烫洗、熏洗等来保健或治病 ▷～十余次，皮肤瘙痒大大减轻。

【药皂】yàozào 名 含有适量杀菌剂或防腐剂的肥皂。

【药渣】yàozhā 名 煎熬中草药过滤后所剩下的渣子。

【药针】yàozhēn 名 一种能将药液随着叩打皮肤均匀地注入真皮（表皮的下一层）的针具。用药针治疗，可使局部皮肤的药物浓度达到治疗的要求，对某些疾病有一定疗效。

【药枕】yàozhěn 名 枕芯中装有某种或某类中药材的枕头。对某些慢性病有一定的缓解和治疗作用。

【药疹】yàozhěn 名 由药物引发的皮疹。有的由使用某种药物时间过长、剂量过大所致，有的由对某种药物过敏所致。

要[1] yào ❶ 名 主要的内容 ▷摘～|纪～|扼～。→ ❷ 形 主要；重要 ▷～事|～职|次～。

要[2] yào ❶ 动 想；希望 ▷若～人不知，除非己莫为。→ ❷ 动 希望得到或保有 ▷想～这本书吗？|这把扇子我还～呢。❸ 动 索取 ▷只～了一瓶饮料|～账。→ ❹ 动 要（yāo）求；请求 ▷小王～我陪他去|他～老师再讲一遍。→ ❺ 动 需要 ▷买件衬衣～多少钱？|坐车只～半小时就到。→ ❻ 动 应该 ▷我们～团结起来|说话～简单明了。→ ❼ 动 将要，表示肯定地推论事物发展的趋势 ▷下个月他～探亲去|天～晴了，不必带伞。❽ 动 在比较句中表示估计 ▷你的字比我写的～强多了|看来今天～比昨天凉快。→ ❾ 动 表示决心或希望做某

事 ▷一定～把淮河修好。

要³ yào ❶ 连 要是 ▷明天～起风，我们就不出海了。○ ❷ 连 连接分句，表示选择关系，相当于"要么……，要么……" ▷～就学钢琴，～就学提琴，总之要学一样。

另见 1598 页 yāo。

【要隘】 yào'ài 名 险要的关口 ▷军事～｜边关～。

【要案】 yào'àn 名 重要的案件 ▷严查窃密～。

【要不】 yàobù ❶ 连 连接分句，用在后一分句的开头，表示假设关系，相当于"否则"，后面可加"的话" ▷我得赶快给老伴儿打电话报平安，～她该不放心了。❷ 连 连接分句，表示选择关系，相当于"或者" ▷～上午，～晚上，咱们碰个面。❸ 副 表示明白了原因，不再觉得奇怪，相当于"怪不得" ▷你减肥减得太狠了，～现在动不动就生病。‖也说要不然。

【要不得】 yàobude 动 表示对事物或思想、言行等的否定 ▷这些坏习惯～。

【要不然】 yàoburán ❶ 连 要不①②。❷ 副 要不③。

【要不是】 yàobushì 连 连接分句，用在第一个分句里，表示假设关系，相当于"如果不是" ▷这件事情，～你及时赶到，就糟了。

【要冲】 yàochōng 名 交通要道会合的地方 ▷交通～历来是兵家必争之地。

【要道】 yàodào 名 重要的道路 ▷京广线是南北交通～。

【要得】 yàodé 形 某些地区指对事物或思想、言行等表示肯定或同意 ▷你们的想法～，就这么办。

【要地】 yàodì 名 重要的地方或处所 ▷争夺战略～｜机房～，请勿吸烟。

【要点】 yàodiǎn ❶ 名 重要的内容；主要的部分 ▷介绍文章～｜讲话、办事都抓不住～。❷ 名 重要的据点 ▷抢占战略～。

【要端】 yàoduān 名〈文〉主要的内容；主要的事项 ▷列举～一二。

【要犯】 yàofàn 名 重要的罪犯 ▷对～要严加惩治。

【要饭】 yàofàn 动 乞求别人给饭吃 ▷逃荒～。也说讨饭。

【要害】 yàohài ❶ 名 身体上可以致命的部位 ▷好在没有踢到～。❷ 名 比喻事物关键的部分或军事要地 ▷～单位｜扼住～，截击敌军。☛ 跟"关键"不同。"要害"指至关重要的部位，语意较重；"关键"指起决定作用的因素，语意较轻。

【要好】 yàohǎo ❶ 形 感情融洽密切 ▷我们俩一直很～。❷ 形 要求上进 ▷弟弟一直很～，是连里的骨干。

【要价】 yàojià ❶ 动 卖主说出货物的售价 ▷我～，你可以还价。❷ 动 比喻谈判或接受任务时向对方提出条件 ▷对方～太高。

【要件】 yàojiàn ❶ 名 重要的文件 ▷～要妥善保存。❷ 名 重要的物件 ▷显示器是电脑的～之一。❸ 名 重要条件；特指构成违法犯罪的重要条件 ▷他的行为符合侵犯著作权罪的构成～。

【要津】 yàojīn ❶ 名 重要的渡口；泛指要道或要地 ▷这里是大渡河上的～｜武汉是京广铁路的～。❷ 名 比喻显要的职位 ▷位居～。

【要紧】 yàojǐn ❶ 形 重要；紧迫急切 ▷救人～！❷ 形 严重 ▷只摔破点儿皮，不～。

【要诀】 yàojué 名 关键的诀窍 ▷协调发展是全面建成小康社会的制胜～。

【要览】 yàolǎn 名 简要介绍的基本内容、状况等（多用于书名）▷《全国铁路交通～》｜本月新闻～。

【要脸】 yàoliǎn 动〈口〉顾及羞耻（常用于否定）▷你不～我还～呢。

【要领】 yàolǐng ❶ 名 要点① ▷抓住～，切中要害。❷ 名 某项动作的基本要求 ▷发球的～｜机器的操作～。

【要略】 yàolüè 名 概说；概要（多用于书名）▷《金匮～》（汉末张仲景著）。

【要么】 yàome 连 连接分句，表示在两种或几种情况中加以选择 ▷～你去，～我去，反正得去一个人｜电话里说不清楚，～你来一趟吧。☛ 不要写作"要末"。

【要面子】 yàomiànzi 爱面子 ▷死～活受罪。

【要命】 yàomìng ❶ 动 致命 ▷这种病不至于～。❷ 形 形容使人难以忍受（含埋怨意）▷他老缠着我，真是～！❸ 形 形容程度极高 ▷难吃得～｜两人关系好得～｜懒得～。

【要目】 yàomù 名 主要的条目、篇目（多指书报）▷本期《人民文学》的～。

【要强】 yàoqiáng 形 好胜；自我要求高 ▷他太～了。

【要人】 yàorén 名 显要的人物（多指有权势地位的人）▷文化界～。

【要塞】 yàosài 名 战略地位重要、防御设施坚固的军事要地 ▷边防～。☛ "塞"这里不读 sāi 或 sè。

【要事】 yàoshì 名 重要的事情 ▷有～在身。

【要是】 yàoshi 连〈口〉连接分句，表示假设关系，相当于"如果"，可以跟"的话"配合使用 ▷～去看电影，我就不去了｜～不误事的话，就明天再走。

【要死】 yàosǐ 形 要命③ ▷恨得～｜今天零下15℃，外边冷得～。

【要死要活】yàosǐ-yàohuó 形容程度严重、厉害(夸张说法)▷哭得～。

【要素】yàosù 名 构成事物的必不可少的因素 ▷语言的三个～是语音、词汇、语法。

【要图】yàotú 名〈文〉重要的计划或步骤 ▷凡此十端,皆救国之大计,抗日之～。

【要位】yàowèi 名 显要的地位 ▷官居～。

【要闻】yàowén 名 重要的新闻 ▷今日～。

【要务】yàowù 名 重要的事务 ▷处理～。

【要言】yàoyán 名 简要而又切中实际的话语 ▷～妙道,启人心智|养生～,却病良方。

【要言不烦】yàoyán-bùfán 说话、写文章扼要简明,不啰唆。

【要义】yàoyì 名 关键内容或重要道理 ▷阐发文章～|悟彻人生～。

【要员】yàoyuán 名 担任重要职务的人员 ▷军政～。

【要账】yàozhàng 动 讨还欠账。

【要职】yàozhí 名 重要的职位 ▷担任～。

【要旨】yàozhǐ 名 主要的意思 ▷理解文章～。

【要著】yàozhù 名 重要的著作 ▷～简介。

【要子】yàozi〈口〉❶ 名 用麦秆、稻秆等绕成的绳状物,用来捆扎麦子、稻子等 ▷打～|用～捆扎麦子。❷ 名 捆扎货物或打包用的条状物 ▷塑料～|铁皮～。

钥(鑰) yào [钥匙] yàoshi 名 开锁的用具 ▷一把～开一把锁。☛ 读 yào,是白读,用于口语词"钥匙";读 yuè,是文读,用于带文言色彩的词语"锁钥"等。

另见 1704 页 yuè。

崾 yào [崾崄] yàoxiǎn 名 两山之间像马鞍形的地方(多用于地名) ▷～乡|～村(均在陕西)。

靿 yào 名 靴子、袜子套在踝骨以上部位的部分 ▷这靴子的～儿太高|矮～儿袜子。

鹞(鷂) yào ❶ 名 鹞子①。→ ❷ 名 猛禽,种类很多,我国常见的有白尾鹞,属国家保护动物。

【鹞鹰】yàoyīng 名 雀鹰。

【鹞子】yàozi ❶ 名 雀鹰的俗称。❷ 名 某些地区指风筝。

曜 yào〈文〉❶ 名 阳光 ▷日出有～。→ ❷ 动 照耀 ▷明月～夜。❸ 名 指太阳、月亮和星辰 ▷七～(日、月和金、木、水、火、土五星的合称)。☛ 统读 yào,不读 yuè。

耀(*燿) yào ❶ 动 强光照射 ▷～眼|照～。→ ❷ 动 显示;夸耀 ▷～武扬威|显～。❸ 形 光荣 ▷荣～。→ ❹ 名 光芒 ▷光～夺目。〇 ❺ 名 姓。☛ ㊀统读 yào,不读 yuè。㊁不能简化成"炑"。

【耀斑】yàobān 名 太阳局部区域亮度突增的现象。跟太阳黑子活动有密切关系,能引起磁暴、极光和短波电信中断等现象,所产生的高能粒子辐射和短波辐射对载人宇宙航行有一定的危害。

【耀目】yàomù 形 耀眼 ▷光彩～。

【耀武扬威】yàowǔ-yángwēi 炫耀武力,显示威风。形容傲气十足的神态。

【耀眼】yàoyǎn ❶ 形 光线或色彩强烈刺眼 ▷～的阳光|白得～。❷ 形 十分引人注目 ▷成绩十分～|～的明星企业。

yao

哟(喲) yao,又读 yo ❶ 助 用在句尾,表示祈使语气 ▷大家快来～!|同志们加油干～! 〇 ❷ 歌词中的衬字 ▷呼儿嗨～|山丹丹开花～,红艳艳。

另见 1599 页 yāo。

yē

吔 yē〈口〉❶ 叹 表示惊诧、惊喜等 ▷～,怎么会是这样?|～! 我猜对了。〇 ❷ 助 用在句尾,表示惊诧、惊喜等语气 ▷雪下得真大～!|我的老妈～,您也会用微信了!

耶 yē 音译用字,用于"耶稣""耶路撒冷"(地名,在亚洲西部)等。

另见 1606 页 yé。

【耶和华】yēhéhuá 名 希伯来语 Yěhōwāh 音译。犹太教中最高的神。基督教指上帝。

【耶律】yēlǜ 名 复姓。

【耶稣】yēsū 名 拉丁语 Jesus 音译。基督教信奉的救世主,也称基督。《新约全书》说他是天主(上帝)的儿子,为救世人而降生于世。因在犹太各地传教而触怒犹太教统治者,被钉死在十字架上,死后复活升天。

【耶稣教】yēsūjiào 名 基督教的新教在我国的别称。参见 636 页"基督教"、本页"耶稣"。

倻 yē 音译用字,用于"伽倻琴"(朝鲜族的一种弦乐器,近似古筝)。

掖 yē ❶ 动 塞进(衣袋或缝隙等) ▷书包～满了书|把被子～一～。→ ❷ 动 藏 ▷把钱～好◇这件事我早知道了,你甭～着藏着了。

另见 1610 页 yè。

椰 yē 名 椰子 ▷～林|～汁。☛ 统读 yē,不读 yé。

【椰雕】yēdiāo 名 用椰子壳雕刻形象、花纹等的艺术;也指用这种艺术雕刻成的工艺品。参见插图 16 页。

【椰林】yēlín 名 成片生长的椰树 ▷～深处。

【椰蓉】yēróng 名 用晾干的椰肉制成的粉状物，可用来做糕点、糖果等的配料 ▷～月饼。

【椰肉】yēròu 名 附着在椰子球形硬壳内壁上的硬质组织(即胚乳)，白色，微甜，富含脂肪。可生吃，多用作糖果点心的配料，也可榨油。

【椰枣】yēzǎo 名 海枣。

【椰汁】yēzhī 名 椰子果实内腔中的汁液。味甘甜，是一种优质饮料。也说椰子汁。

【椰子】yēzi 名 常绿乔木，树干直立无枝，顶部丛生羽状复叶。果实也叫椰子，圆形或椭圆形，果皮为黄褐色，厚纤维层，果壳坚硬，肉白色，内腔多汁。果肉可食用或榨油，果汁可做饮料，果皮等也有多种用途。也说椰树、椰子树。参见插图 10 页。

噎 yē ❶ 动 食物等塞住喉咙 ▷慢点儿吃，别～着｜因～废食。→ ❷ 动 因痛苦、激动或顶风而喘不上气来 ▷哭得他不住地～气｜顶风骑车～得慌。→ ❸ 动 用话顶撞别人，使人受窘而说不出话来 ▷他说话真～人。☛ 统读 yē，不读 yè 或 yī。

yé

邪 yé 助〈文〉用在句末，表示疑问或反问的语气，相当于"吗""呢" ▷是～，非～？｜赵王岂以一璧之故欺秦～？

另见 1519 页 xié。

爷(爺) yé ❶ 名〈文〉父亲 ▷～娘。→ ❷ 名 祖父；称跟祖父同辈的男性亲戚或长辈 ▷～～｜姥～｜舅～。→ ❸ 名 对父辈或老年男子的尊称 ▷老大～｜七～。→ ❹ 名 旧时对主人或尊贵者的称呼 ▷老～｜少～。→ ❺ 名 对神佛等的称呼 ▷老天～｜财神～。☛ 义项③④在口语中读轻声。

【爷儿】yé'ér 名 男性长辈和男女晚辈的合称。如祖父和孙子、孙女，父亲和子女，叔父和侄子、侄女 ▷瞧这～俩笑得多开心｜～几个一起去下馆子。☛ 口语中多读成一个儿化音节 yér。

【爷们儿】yémenr〈口〉❶ 名 指成年男子 ▷几个～正在喝酒。❷ 名 指丈夫 ▷她的～要跟她离婚。❸ 名 男人之间亲昵的互称 ▷咱～的事，不告诉她们。☛ 义项①②并不表示复数。

【爷娘】yéniáng 名〈文〉父亲和母亲 ▷惦念～。

【爷爷】yéye ❶ 名 祖父 ▷我～一生艰苦朴素。❷ 名 对男性老年人的敬称。

耶 yé ❶ 助〈文〉用在句末，表示疑问或反问的语气，相当于"吗""呢" ▷然则何时而乐～？ ○ ❷古同"爷"①。☛ 读 yē，用于音译，如"耶稣""耶路撒冷"。

另见 1605 页 yē。

揶 yé［揶揄］yéyú 动 嘲弄 ▷屡遭～｜～取笑。

铘(鋣) yé 见 972 页"镆(mò)铘"。

yě

也[1] yě〈文〉❶ 助 用于句尾，表示肯定的语气，也可以加强疑问、感叹或祈使的语气 ▷陈胜者，阳城人～｜治乱非天～｜子子孙孙，无穷匮～｜此乃何许人～？｜何其多～｜不及黄泉，无相见～！ ○ ❷ 助 用于句中，表示提顿的语气 ▷君子之过～，如日月之食焉｜大道之行～，天下为公。

也[2] yě ❶ 副 用在并列复句中，表示两件事或多件事有相同之处(可以连用在各分句中，也可以单用在后一分句中) ▷看～行，不看～行｜地～扫了，玻璃～擦了｜风停了，雨～住了。→ ❷ 副 用在单句中，暗含着跟另一件事相同 ▷昨天你～去了吗？｜将来我～要参军｜明天我～去。→ ❸ 副 表示不管前提或假设怎样，后果都相同 ▷哪怕全家反对，她～要跟他结婚｜困难再大，我们～能克服｜拼命～要拿下大油田｜洗～洗不干净。→ ❹ 副 表示强调 ▷一点儿～不累｜他学英语着了迷，连说梦话～在背单词。○ ❺ 副 表示委婉语气 ▷一个人管这么多事，～够难为他的｜节目倒～不错。☛ 跟"又"不同。"也"表示与别人的动作行为相同；"又"表示重复自己的动作行为。如"他睡，你也睡""刚睡过了，你又睡"。

【也罢】yěbà ❶ 助 一般用在句尾，表示容忍、无可奈何的语气，有"算了""也就算了""也好"的意思 ▷你身体不好，不去～。❷ 助 连用两个或几个，表示不管什么情况都会有同样的结果 ▷你来～，不来～，问题总是要解决的｜赠券～，抽奖～，都是为了促销。

【也好】yěhǎo ❶ 助 用在句首或句尾，表示同意或赞成 ▷～，那就这么干｜你亲自去～，可以直接掌握第一手材料。❷ 助 两个或多个连用，表示不以某种情况为条件 ▷在办公室～，在家里～，他从不吸烟。❸ 副 用在动词前，相当于"便于" ▷你早点儿告诉我，我～作些准备呀。

【也就是说】yějiùshìshuō 连接前后两句，表示后一句和前一句意思相近，词语有别，或后一句的意思由前一句推论出来 ▷我们说话时你在门外，～你听到我们的谈话了。

【也是】yěshì 副 用在句中，后面常跟“的”连用，表略带责备、埋怨的语气 ▷这天～的，说热就热成这样。

【也许】yěxǔ 副 表示猜测、估计，不能肯定的意思 ▷他明天～会来｜我的回答～不太恰当。

冶[1] yě ❶ 动 熔炼(金属) ▷～金｜～炼◇陶～情操。○ ❷ 名 姓。

冶[2] yě 形〈文〉形容女子的打扮过分艳丽 ▷～容｜妖～。

【冶金】yějīn 动 冶炼金属 ▷～技术。

【冶炼】yěliàn 动 通过焙烧、熔化、电解以及使用化学药品等方法提取矿石中的金属。

【冶容】yěróng〈文〉❶ 动 (女子)过分艳丽地打扮 ▷～诲淫。❷ 名 过分艳丽的容貌 ▷丽质～，倾城倾国。

【冶铁】yětiě 动 冶炼含铁的矿石。

【冶艳】yěyàn 形〈文〉异常艳丽。

【冶铸】yězhù 动 冶炼铸造 ▷～机械部件。

野(*埜❶—❽ 壄❶—❽) yě ❶ 名 离城镇较远的地方；偏远不繁华的地方 ▷～外｜山～｜原～。→ ❷ 名 民间；也指不当政的地位(跟“朝”相对) ▷～史｜朝～｜下～｜在～。→ ❸ 形 粗鲁无礼；蛮横 ▷说话太～｜粗～｜撒～｜～蛮。❹ 形 不受约束的；放荡不羁的 ▷心都玩～了｜～性。❺ 形 非正式的；不合法的 ▷～汉子｜～种。→ ❻ 形 非人工饲养或培育的 ▷～兽｜～牛｜～菊花。❼ 形 没有主人的(家畜) ▷～狗。→ ❽ 名 范围；界限 ▷视～｜分～。○ ❾ 名 姓。☛ 右边是“予”，不是“矛”。

【野菜】yěcài 名 可以当蔬菜吃的野生植物。如荠菜。

【野餐】yěcān ❶ 动 在野外就餐。❷ 名 在野外就餐时吃的食物 ▷丰盛的～。

【野蚕】yěcán ❶ 名 野生蚕的统称。❷ 名 一种桑树害虫，形似家蚕，幼虫黄褐色，长大后黯黑色，茧可以缫(sāo)丝。

【野草】yěcǎo 名 野生的草。

【野炊】yěchuī 动 在野外生火做饭。

【野地】yědì 名 野外荒芜的土地。

【野调无腔】yědiào-wúqiāng 乡间歌谣没有一定的腔调；形容言行没有规矩，放肆无礼。

【野果】yěguǒ 名 野生果木的果实。

【野花】yěhuā ❶ 名 野生植物开的花 ▷～盛开。❷ 名 借指婚外相好的女子。

【野火】yěhuǒ 名 旷野荒山草木燃烧的火 ▷扑灭～｜～烧不尽，春风吹又生。

【野鸡】yějī ❶ 名 雉[1] 的通称。❷ 名 指自行拉客的暗娼。❸ 区别 指非正规的 ▷～学校。

【野驴】yělǘ 名 哺乳动物，似驴而体较大，性悍，不易驯养，夏季毛赤棕色，冬季黄褐色，生活在荒漠地带。我国内蒙古、青海、西藏等地有分布，属国家保护动物。参见插图1页。

【野马】yěmǎ 名 哺乳动物，体形和家马相似，耳短小，鬃毛短直，尾毛长而多，体毛浅棕色，腹部为浅黄色。生活在荒漠草原地带，群居，性凶猛。产于我国甘肃、新疆、内蒙古等地，属国家保护动物。参见插图1页。

【野蛮】yěmán ❶ 形 原始状态的；不文明的(跟“文明”相对) ▷先民还处在茹毛饮血的～时代。❷ 形 粗野蛮横；凶狠残暴 ▷禁止～拆迁｜～侵略。

【野牛】yěniú 名 哺乳动物，体形与家牛相似，头大耳大，四肢粗短，尾长，全身深棕色，鼻、唇灰白色，腹部及四肢下半截白色。吃树皮、树叶等。我国云南西双版纳和高黎贡山地区有分布，属国家保护动物。

【野气】yěqì ❶ 名 乡野气息 ▷这段描写农村生活的文字～盎然。❷ 名 粗野的习气 ▷做事说话～十足。

【野蔷薇】yěqiángwēi 名 落叶灌木，茎上有钩状刺，夏季开白色花，香气浓。果小，球形。可以栽培供观赏，也可以做药材。

【野禽】yěqín 名 野生的鸟类。

【野趣】yěqù 名 野外自然风光、田园风光的情趣 ▷古木参天，～横生｜山乡～。

【野人】yěrén ❶ 名 古代指居于郊野的人；也指平民。❷ 名 尚未开化的人。❸ 名 缺乏教养、性情粗野的人。

【野生】yěshēng 区别 在大自然环境里生长而非人工栽培或畜养的(跟“家养”相区别) ▷～木耳｜～动物。

【野食】yěshí ❶ 名 禽兽在野外找到的食物。❷ 名 比喻本职工作之外得来的收入(含贬义) ▷出去打～，影响了本职工作。

【野史】yěshǐ 名 旧指由私家著述、有别于朝廷史官记载的史书(跟“正史”相区别) ▷《吴越春秋》是东汉时的一部～。

【野兽】yěshòu 名 野生兽类 ▷这里有～出没。

【野兔】yětù 名 野生兔子。比家兔略大，耳大，毛密，多为茶褐色或略带灰色。

【野外】yěwài 名 郊野；远离城镇、村庄的荒野 ▷～作业｜在～勘探。

【野味】yěwèi ❶ 名 用野生鸟兽做的菜肴。❷ 名 可供肉食的野生鸟兽等。

【野物】yěwù 名 野生动物，包括野禽和野兽。

【野心】yěxīn 名 对领土、权位、名利等的强烈的非分欲望 ▷侵略～｜～不小。

【野心勃勃】yěxīn-bóbó 形容野心非常大。

【野心家】yěxīnjiā 名 对名利、权势等的欲望非常强烈的人。

【野性】yěxìng 名 不肯受束缚的性情、脾气。

【野鸭】yěyā 名 鸟,体形和家鸭相似而小,雄的头部绿色,背部黑褐色,雌的全身褐色。能飞善游。多群栖于湖泊中,以鱼虾贝类及植物的果实为食。也说凫、绿头鸭。

【野营】yěyíng 动 到野外扎营住宿并开展一定的活动 ▷学校组织～|部队去大别山～训练。

【野游】yěyóu 动 到野外游玩。

【野战】yězhàn 动 在要塞和大城市以外的广阔地区作战 ▷～部队|这支部队既善攻坚,又善～。

【野战军】yězhànjūn ❶ 名 能在广阔的区域内大规模机动作战的正规军队。也说野战部队。❷ 名 解放战争时期,中国人民解放军最高一级的战略战役军团。全军共有四个野战军。

【野战医院】yězhàn yīyuàn 在野战条件下独立担负救治任务的机动性医院。下设若干个医疗所,能全院集中展开工作,也能分别执行任务。

【野雉】yězhì ❶ 名 雉[1]。❷ 名 旧指妓女。

【野种】yězhǒng 名 妇女未婚或外遇所生的子女(骂人的话)。

【野猪】yězhū 名 哺乳动物,形似猪,全身长黑褐色粗毛,犬齿极为发达,露出口外,耳尾短小,性凶暴。生活于山林中,常在夜间为害庄稼。

yè

业[1](業) yè ❶ 名 学业 ▷毕～|肄～|课～|受～。→ ❷ 名 职业 ▷务农为～|不务正～|就～|～余。⇒ ❸ 名 行(háng)业 ▷各行各～|手工～|运输～。❹ 动〈文〉从事某种职业 ▷～农|～医。⇒ ❺ 名 事业 ▷创～|功～|基～|～绩。❻ 名 财产 ▷家大～大|产～|家～|～主。→ ❼ 副 表示动作行为已经完成,相当于"已经" ▷～已完工|～经核实。○ ❽ 名 姓。

业[2](業) yè 名 佛教把人的一切行为、言语、思想都称为业,分别叫身业、口业、意业;业又包括善恶两方面,通常指缘分或罪孽 ▷～缘|～障|解冤洗～。

【业大】yèdà 名 业余大学的简称。

【业海】yèhǎi 名 孽海。

【业户】yèhù 名 从事工商业经营的集体或个人 ▷这个大商场里有上百～|鼓励～诚信纳税。

【业绩】yèjì 名 功业;工作的成绩 ▷老一辈革命家的光辉～|对公务员要进行～考核。

【业界】yèjiè 名 本行业领域 ▷获～人士支持。

【业经】yèjīng 副 表示动作行为在说话前或在另一动作行为发生前就已开始或完成,相当于"已经"(多用于公文) ▷各项手续～办妥。

【业精于勤】yèjīngyúqín 唐·韩愈《进学解》:"业精于勤,荒于嬉。"意思是学业上的精深造诣出于勤奋。

【业内】yènèi 名 本行业以内 ▷～同仁。

【业师】yèshī 名 向自己传授学业的老师。

【业态】yètài 名 业务经营的方式、状态 ▷更新理念,变革～|零售、批发两种～并举。

【业外】yèwài 名 本行业以外 ▷影响波及～。

【业务】yèwù 名 专业工作 ▷钻研～|～水平。

【业已】yèyǐ 副 业经 ▷宽带信息网～形成。

【业余】yèyú ❶ 名 工作之余 ▷利用～搞创作。❷ 形 非专业的 ▷～棋手|～演出。

【业余大学】yèyú dàxué 实施高等教育的一种教育机构,学员多在业余时间学习。简称业大。

【业余教育】yèyú jiàoyù 指主要利用业余时间提高工人、农民、干部等的政治、文化和科学、技术水平的一种教育,是我国教育事业的一个重要组成部分。

【业障】yèzhàng ❶ 名 佛教指各种障碍修行的罪孽。❷ 名 旧时长辈严厉指责子弟不肖的话 ▷怎么生了你这么一个～! ‖也说孽障。

【业者】yèzhě 名 从事某一行业的人 ▷～普遍看重这一项目。

【业主】yèzhǔ 名 产业、企业(多指私营的)的所有者。

叶(葉) yè ❶ 名 植物进行光合作用吸取营养的器官,通常由叶片、叶柄组成,长在茎上,大多呈片状,绿色。通称叶子。→ ❷ 名 历史上较长时期的分段 ▷明代中～|19 世纪末～。→ ❸ 名 像叶子的东西 ▷铁～子|肺～|百～窗。❹ 同"页"。现在一般写作"页"。○ ❺ 名 姓。☛"叶"本是"协(xié)"的古字,用于"叶韵"等少数词语中。后来"叶"又作为"葉(yè)"的简化字,因此"叶"有两个读音。

另见 1518 页 xié。

【叶斑病】yèbānbìng 名 一种危害植物的病害。一般由植株感染寄生病菌引起,叶片上出现黄褐色或黑色斑点,严重的会使整个叶片枯干。

【叶柄】yèbǐng 名 叶子的一部分,连接叶片和茎,通常呈半圆柱状。

【叶公好龙】yègōng-hàolóng 汉·刘向《新序·杂事》中说:古代有位叶公子高,对龙非常喜爱,家里到处都画着或刻着龙。龙有感于他的一片诚心,就降临他的住所。叶公见到真龙却吓得失魂落魄,夺路而跑。后用"叶公好龙"比喻对某事物表面喜爱而实际并不喜爱。☛"叶"在这里旧读 shè,今读 yè。

【叶黄素】yèhuángsù 名 植物体中的黄色色素,通常同叶绿素一起进行光合作用。

【叶绿素】yèlǜsù 名 植物体中的绿色色素,是植物进行光合作用时吸收和传递光能的主要物质。

【叶轮】yèlún 名 装有若干叶片,同机轴一起转动的轮盘,是涡轮机、离心泵和鼓风机等的主要部件。

【叶落归根】yèluò-guīgēn 树叶凋落,仍在树根边上。比喻事物都要有一定的着落和归宿;现多比喻客居异国他乡的人,最终要回到故土。

【叶脉】yèmài 名 叶片上的脉纹。起输送水分、养料和支撑叶片的作用。

【叶面】yèmiàn 名 叶子向阳的一面。

【叶片】yèpiàn ❶ 名 叶子的主要组成部分,由叶肉和叶脉构成。一般为绿色扁平体,很薄,是植物进行光合作用制造养料的主要部分。❷ 名 安装在叶轮上,像叶子一样的部件。

【叶鞘】yèqiào 名 稻、麦、莎草等植物的叶子包在茎上呈鞘状的部分。

【叶肉】yèròu 名 叶片表皮内除叶脉以外的部分,是叶子进行光合作用的主要部分。

【叶酸】yèsuān 名 有机酸,B族维生素之一,新鲜的绿叶蔬菜中含量丰富,肝、肾、酵母及豆类、番茄等中含量也较多。是细胞生长和分裂所必需的营养素。现已能人工合成。

【叶序】yèxù 名 叶子在茎上的排列方式。主要有互生、对生、轮生等形式。

【叶芽】yèyá 名 能发育成新枝条的芽。

【叶腋】yèyè 名 叶子的基部和茎之间的夹角处。

【叶枝】yèzhī 名 只长叶子不长花果的枝条。

【叶子】yèzi 名 叶(yè)①的通称。

【叶子烟】yèziyān 名 已晒干或烤干的烟叶。

页(頁) yè ❶ 名 书册中单张的纸 ▷扉~|活~夹|画~|插~。→ ❷ 量 旧指线装书的一张纸;现指两面印刷的书的一面 ▷每天晚上都看几~书|第48~。

【页码】yèmǎ 名 书籍上标明书页次序的数码。

【页面】yèmiàn ❶ 名 指资料每一页的图文设置或书写状况 ▷~整洁|~容量。❷ 名 指显示屏上显示的一个画面。❸ 名 指网页,是万维网站点的基本组成单位。参见1420页“网页”。

【页岩】yèyán 名 一种沉积岩,主要由黏土矿物和细小泥质颗粒压紧、胶结而成。多呈薄板状,层理明显,质软易碎 ▷油母~|灰色~。

曳 yè 动 拖;拉;牵引 ▷弃甲~兵|~光弹|拖~|摇~。☛ 右上没有一点(丶),由“曳”构成的字有“拽”“跩”等。

【曳光弹】yèguāngdàn 名 弹头尾部装有能发光的化学药剂的炮弹或枪弹。发射后能发出红、黄等色光,用来指示目标、施放信号等。

邺(鄴) yè 名 古地名,在今河北临漳县一带。

夜(*亱) yè ❶ 名 从天黑到天亮的一段时间(跟“日”“昼”相对);气象学上指当天的20点到次日的8点 ▷一连几~没有睡好|~以继日|昼~不停|~晚。→ ❷ 量 用于计算从天黑到天亮的这一段时间 ▷整整一~|三天两~。

【夜班】yèbān 名 夜间工作的班次 ▷上~|~车。

【夜半】yèbàn 名 半夜;零点前后。

【夜不闭户】yèbùbìhù 夜间睡觉不必关门。形容社会安定,治安状况良好 ▷路不拾遗,~。

【夜餐】yècān 名 夜里吃的饭。

【夜叉】yèchā 名 梵语Yakṣa音译。佛经中指形象丑陋的恶鬼;比喻丑陋凶恶的人 ▷模样丑得像个~|母~。

【夜长梦多】yècháng-mèngduō 比喻时间一长,事情可能向不好的方面变化。

【夜场】yèchǎng 名 影剧院晚上放映或演出的场次。也说晚场。

【夜车】yèchē ❶ 名 夜间开出或夜间行驶的车辆。❷ 见768页“开夜车”。

【夜大学】yèdàxué 名 利用夜晚时间教学的高等学校,多是业余性的。简称夜大。

【夜饭】yèfàn 名 某些地区指晚饭。

【夜工】yègōng 名 夜间干的活儿 ▷打~。

【夜光杯】yèguāngbēi 名 用美玉制作的酒杯,传说夜间或黑暗中能放光。

【夜光表】yèguāngbiǎo 名 指针和表盘上表示时间的数字或符号涂有发光物质的表,在黑暗中能看清时刻。

【夜光虫】yèguāngchóng 名 原生动物,体微小,呈球形,红色透明。浮游海面时能发出荧光。夜光虫大量出现,会使海水呈现红色。

【夜航】yèháng 动 (飞机或船只)夜间航行。

【夜壶】yèhú 名 便壶。

【夜话】yèhuà ❶ 名 夜间叙谈的话(多用于标题、书名) ▷《燕山~》。❷ 动 夜间叙谈 ▷~儿时的趣事。

【夜间】yèjiān 名 夜里 ▷~巡逻。

【夜景】yèjǐng 名 夜晚的景色 ▷京城~。

【夜空】yèkōng 名 夜间的天空 ▷明月照~。

【夜来】yèlái 名 指刚过去的夜里;夜间 ▷~一场风,气温降了下来。

【夜来香】yèláixiāng ❶ 名 多年生藤本植物,叶对生,卵圆状心脏形,夏秋开黄绿色花,夜间香气更浓。可供观赏,根和花可以做药材。也说夜香花。❷ 名 晚香玉的俗称。

【夜阑】yèlán 形 〈文〉夜深;夜将尽 ▷~人静。

【夜郎自大】yèláng-zìdà 《史记·西南夷列传》记载:夜郎在汉代西南部诸小国中,比其他小国面积大一些,便自以为土地广大。有一次夜郎国君问汉朝使者:汉朝和夜郎国哪一个大?后用“夜郎自大”指孤陋寡闻而妄自尊大。

【夜里】yèli 名 〈口〉从天黑到天亮这段时间。

【夜盲】yèmáng 名 一种眼病,症状是夜间或在光线暗淡的地方视物不清或完全看不见。也说夜盲症。俗称雀(qiǎo)盲眼。

【夜猫子】yèmāozi ❶ 名 鸮的俗称。❷ 名 比喻经常睡得很晚的人(含诙谐意)。

【夜明珠】yèmíngzhū 名 传说在黑暗中能放光的宝珠。

【夜幕】yèmù 名 指黑夜。因夜里万物像被一幅大的幕布罩住一样,故称 ▷～徐徐降下。

【夜曲】yèqǔ 名 18 世纪流行于欧洲贵族社会的一种器乐套曲,常在夜间露天演奏;近代一般指钢琴小曲,曲调优美、抒情。

【夜色】yèsè 名 夜晚的景色 ▷～渐浓|～迷人。

【夜深人静】yèshēn-rénjìng 形容深夜没有人声,非常寂静。

【夜生活】yèshēnghuó 名 指夜里进行的交际、娱乐等活动。

【夜市】yèshì ❶ 名 夜间进行交易的市场。❷ 名 夜间的营业活动 ▷这家商店加开了～。

【夜视仪】yèshìyí 名 利用红外线或天然微光进行夜间观测、侦察、瞄准的仪器。现代的舰艇、飞机以及某些武器多装有夜视仪。

【夜宿】yèsù 动 夜里住宿 ▷～荒野。

【夜晚】yèwǎn 名 夜里;晚间。

【夜袭】yèxí 动 夜里进行袭击 ▷出其不意,～顽敌。

【夜宵】yèxiāo 名 夜间吃的酒食、点心等。☛ 不要写作"夜消"。

【夜校】yèxiào 名 晚间上课的学校(多是业余的)。

【夜行】yèxíng 动 夜里行走 ▷结伴～。

【夜行军】yèxíngjūn 动 夜里行军 ▷～百余里才到达目的地。

【夜以继日】yèyǐjìrì 晚上接着白天,昼夜不停。形容劳苦勤奋。

【夜莺】yèyīng 名 鸟,大小如麻雀,体态玲珑,鸣声清脆婉转。因多鸣叫于月夜,故称。文学作品中往往泛指叫声清脆婉转的鸟 ▷～在歌唱|她像一只～。

【夜鹰】yèyīng 名 鸟,头部扁平,嘴呈三角形,羽色灰暗,背部有纵斑,胸部有横带。昼伏夜出,捕食昆虫,是益鸟。

【夜游】yèyóu ❶ 动 夜间游览;夜间出游 ▷～新市区|假日海滩～。❷ 动 睡眠中不自知地起身行动。

【夜游神】yèyóushén 名 传说中指在夜晚巡游的神。借指喜欢深夜在外面活动或游荡的人 ▷他是～,不到半夜不回来。

【夜游症】yèyóuzhèng 名 睡眠中不自知地起身行动的一种病症。

【夜战】yèzhàn 动 夜间战斗;泛指夜间工作 ▷我军善于近战、～|～两个晚上才完工。

【夜总会】yèzǒnghuì 名 城市中供人们在夜间休闲娱乐的营业性场所。

咽 yè 动 悲哀得说不出话来;因悲哀而声音阻塞 ▷悲～|呜～|哽～。

另见 1577 页 yān;1589 页 yàn。

晔(曄) yè〈文〉❶ 形 光亮 ▷膏之沃者其光～。→ ❷ 形 茂盛;华美 ▷流目视西园,～～荣紫葵。

烨(燁*爗) yè〈文〉❶ 形 明亮;灿烂 ▷金碧之光兮,～焉而眩于目。→ ❷ 动 明了 ▷百代坟籍,～如指掌。

掖 yè 动〈文〉搀扶人的胳膊;借指扶助或奖励、提拔 ▷提～|奖～。☛ 读 yē,是后起的音,指塞进衣袋或缝隙等,带口语色彩。

另见 1605 页 yē。

液 yè 名 液体 ▷汁～|唾～|～化|～态。

【液果】yèguǒ 名 肉果的旧称。

【液化】yèhuà ❶ 动 因冷却或加压(或冷却、加压同时作用),物质由气态变为液态 ▷～气。❷ 动 有机体的组织因病变而转化成液体 ▷脓包是肌肉组织病变而～成的黏稠体。

【液化气】yèhuàqì 名 液体状态下存在的气体;特指作为燃料的液化了的石油气、煤气等 ▷罐装～。

【液晶】yèjīng 名 液态晶体,某些有机物质在一定的温度范围内呈现出介于液体和固体之间的中间状态,像液体一样可以流动,又具有类似晶体的一些特性。可用于电子工业中的显示材料和无损探伤及医疗诊断等。液晶材料目前已被广泛使用于计算机和电视机的显示屏。

【液冷】yèlěng 区别 利用液体(水、油等)散热降温的 ▷～技术。

【液力】yèlì 名 用液体来变换或传递的能量 ▷～传动。

【液泡】yèpào 名 细胞质中的泡状结构。外有液泡膜与细胞质分开,内含水状细胞液。

【液态】yètài 名 物质的液体状态,是物质存在的一种形态。参见本页"液体"。

【液体】yètǐ 名 有一定体积而没有一定形状的流动物体。如常温下的油、水等。

【液压】yèyā ❶ 名 液体传递的压力 ▷～不足,水打不上楼顶去。❷ 动 利用液体传递压力 ▷这副模型是～而成的|～机。

谒(謁) yè 动〈文〉进见;拜见 ▷～见|晋～|拜～|参～。

【谒见】yèjiàn 动 进见尊长 ▷～总统|～恩师。

殗 yè 动〈文〉重叠 ▷重葩～叶。

【殗殜】yèdié 形〈文〉形容病不很重,半卧半起的样子 ▷～在床。

腋 yè ❶ 名 腋窝 ▷～下。→ ❷ 名 特指狐狸腋下的毛皮 ▷集～成裘。→ ❸ 名 其他生物体上跟腋类似的部分 ▷～芽。

【腋臭】yèchòu 名 腋窝发出的狐臭味。

【腋毛】yèmáo 名 腋窝处长的毛。

【腋窝】yèwō 名 人的上肢和肩膀连接处内侧呈窝状的部分。俗称胳肢窝。

【腋下】yèxià 名 腋窝靠下的部分 ▷把书夹在～。

【腋芽】yèyá 名 侧芽。

馌(饁) yè 动〈文〉给在田间耕作的人送饭。

靥(靨) yè 名〈文〉酒窝 ▷酒～|笑～。☛ ㊀不读 yàn。㊁上边"厌"的第二画撇要把下边的"面"包进去。

yī

一[1] yī ❶ 数 数字,最小的正整数。→ ❷ 数 指同一或一样 ▷咱们坐～趟车|他俩在～个单位|长短不～。→ ❸ 数 指满、全或整个 ▷坐了满满～车人|～身土|书堆了～桌子|病了～夏天|～如所见。❹ 数 指专一或单一 ▷～心～意|～色的两层小楼。→ ❺ 数 指某一 ▷～天晚上|有～年。→ ❻ 数 指每一 ▷～组八个人|～年一次|～人两块钱。→ ❼ 数 指另一或又一 ▷乌贼～名墨斗鱼|这种习俗起源于唐代,～说起源于宋代。→ ❽ 副 表示猛然发出某种动作或突然出现某种情况 ▷往起～站|右手～挥|眼前～黑。❾ 副 与"就""便"等副词相呼应,表示前一动作或情况一旦发生,紧跟着就要出现另一动作或情况 ▷～叫就来|～看就会|～问便知。→ ❿ 副 用在重叠的动词之间,表示动作是短暂的或尝试性的 ▷跳～跳|笑～笑|瞧～瞧|说～说。☛ ㊀"一"在句中要发生变调现象:1. 用作序数或用在句尾时仍读阴平,如"一、思想好,二、学习好""第一""十月一日""一排二班""感情专一";2. 用在去声前变为阳平,如"一并""一定""一望无际";3. 用在阴平、阳平、上声前,变为去声,如"一般""一回""一览无余"。㊁数字"一"的大写是"壹"。㊂跟"半"连用,分别用在近义词前,构成"一……半……"格式,表示不多或不久。如:一知半解、一时半会儿。㊃跟"不"连用,构成"一……不……"格式:1. 分别用在两个动词前,表示一经发生就不改变。如:一去不返。2. 分别用在一个名词和一个动词前,表示强调或夸张。如:一声不吭、一尘不染。㊄跟"而"连用,分别用在两个动词或一个动词和一个形容词前,构成"一……而……"格式,表示前一个动作很快产生了结果。如:一哄而上、一扫而光。㊅跟"二"连用,分别用在某些双音节形容词的两个语素前,构成"一……二……"格式,表示强调。如:一清二楚。㊆跟"就"连用,构成"一……就……"格式:1. 表示同一主语发生的两事时间上前后紧接。如:一唱就跑调儿。2. 表示不同主语发生的两事时间上前后紧接。如:一打就跑。㊇两个"一"连用,构成"一……一……"格式:1. 分别用在同类的名词前。a)表示全部。如:一生一世。b)表示数量很少。如:一粥一饭。2. 分别用在不同类的名词前。a)表示相对事物的对比。如:一主一仆。b)表示相关事物的关系。如:一人一马(表示每个人一匹马)。3. 分别用在同类的动词前,表示动作的连续。如:一去一来。4. 分别用在相对的动词前,表示两方面的行动协调配合或两种动作交替进行。如:一问一答、一起一落。5. 分别用在相反的方位词、形容词等前,表示相反的方位或情况。如:一南一北、一大一小。㊈跟"再"连用,分别用在同一个动词或形容词前,构成"一……再……"格式,表示动作的重复。如:一拖再拖、一错再错。

一[2] yī 名 我国民族音乐中传统的记音符号,表示音阶上的一级,相当于简谱的"7̣"。

【一把手】yībǎshǒu ❶ 名 一个成员 ▷我们要合伙做买卖,你也算～吧。❷ 名 在某个方面有能力的人 ▷要说做木工活儿,他可是～。也说一把好手。❸ 名 单位或组织的第一负责人 ▷她是我们厂的～。也说第一把手。

【一把抓】yībǎzhuā ❶事无巨细,都要亲自抓、亲自管 ▷事情都让你～了,别人干什么呢? ❷不分轻重缓急,几件事同时着手 ▷眉毛胡子～,事情搞得一团糟。

【一败涂地】yībài-túdì 原意是一旦失败,就会肝脑涂地。现多形容失败到了不可收拾的地步。

【一般】yībān ❶ 形 相同;差不多 ▷两本书～厚。❷ 形 普通;不突出 ▷长相～。❸ 形 占绝大多数的 ▷学生们～都很尊重老师。

【一般化】yībānhuà ❶ 动 采取普通的办法对待 ▷特殊问题就特殊处理,不能～。❷ 形 普通;不突出 ▷这本小说写得很～。

【一般见识】yībān-jiànshi 知识和见解同样浅薄 ▷我不会跟这种人～|你要是跟他～,不就把自己的身份也降低了吗?

【一般来说】yībānláishuō 就通常情况来说;通常的说法 ▷～,雨天他是不会来的|言语,～,就是人们说的话。

【一斑】yībān 名 豹子身上的一块斑纹。比喻事物中很小的一部分 ▷厂家的良苦用心由此可见～。参见 507 页"管中窥豹"。

【一板一眼】yībǎn-yīyǎn 原指民族音乐和戏曲中的节拍,两个拍子的叫一板一眼(即一强拍一弱拍),变化清晰。多比喻说话做事有条有理,认真踏实,一步一个脚印;也比喻做事死板,不知变通 ▷他办事向来～,让人放心|眼下的

情况有些特殊，你就不要那样～了。

【一半】yībàn 数 二分之一 ▷我们班有～是女同学｜他这辈子，～时间是在北京度过的。

【一饱眼福】yībǎo-yǎnfú 形容尽兴地观赏。

【一辈子】yībèizi 名〈口〉一生 ▷她可是享了～的福啊！｜～没见过这种人。

【一本万利】yīběn-wànlì 形容花的本钱很少，得的利润很多；也比喻用力很少，收效很大。

【一本正经】yīběn-zhèngjīng 形容态度庄重严肃(有时含讥讽意)。

【一鼻孔出气】yī bíkǒng chūqì 比喻相互间观点、态度完全一致，言行如出自一人(含贬义)。

【一笔带过】yībǐ-dàiguò 在记叙中对有些事情只是点到为止，不作具体叙述。

【一笔勾销】yībǐ-gōuxiāo 用笔把账一下子勾掉；泛指把过去的一切全部取消，不再计较。✎不宜写作"一笔勾消"。

【一笔抹杀】yībǐ-mǒshā 比喻轻率地否定一切。

【一臂之力】yībìzhīlì 指一部分力量或不太大的力量(常跟动词"助"等搭配使用，表示从旁帮忙的意思) ▷让我来助你一～。

【一边】yībiān ❶ 名 物体的一面；事情有关的一方 ▷立柜有～不干净｜争论很激烈，你站在哪～儿呢？❷ 名 一侧；一旁 ▷学校～儿是家商店，～儿是个邮局。❸ 副 分别放在两个分句中，表示两种动作行为同时进行(前一分句的"一边"有时可以省略) ▷～吃饭，～看报｜她站在街旁看热闹，还～儿织着毛衣。❹ 形〈口〉同样；一般 ▷两根绳子～儿长。

【一边倒】yībiāndǎo ❶ 指立场、态度、观点完全倾向一方(不倾向另一方) ▷采取～的立场。❷ 双方中的一方占了绝对优势 ▷在～的讨论中，只有他持相反的意见｜形成～的局面。

【一表非凡】yībiǎo-fēifán 形容人的仪表出众，不同寻常(表：仪表；外表)。

【一表人才】yībiǎo-réncái 形容人的相貌和气质出众。

【一并】yībìng 副 表示两种或两种以上的事情合在一块儿 ▷～处罚｜工资与奖金～发放。

【一病不起】yībìngbùqǐ 得病后，就再也没有恢复健康。

【一波三折】yībō-sānzhé 写毛笔字时，一捺要三次转换笔锋的方向。形容文章结构曲折起伏；也形容事情进行中的曲折变化很多。

【一波未平，一波又起】yībō-wèipíng，yībō-yòuqǐ 比喻波折或问题多，一个矛盾还没有解决，另一个矛盾又出现了。

【一不做，二不休】yībùzuò，èrbùxiū 除非不干，要干，就索性干到底。

【一步到位】yībù-dàowèi 把可以分几次做的事一次就做完做好；把本来需要经过较长或较复杂过程做的事省去中间环节，一次做完做好。

【一步登天】yībù-dēngtiān 比喻一下子到达最高的境界或突然得志爬上高位。

【一步裙】yībùqún 名 西装裙的俗称。因裙摆较小，穿着走路时只能迈小步，故称。

【一侧】yīcè 名 一旁 ▷侍立～｜教室的～。

【一差二错】yīchā-èrcuò 意外的差错或变故(多指可能发生的) ▷如果有个～，我就没法儿交代了｜不知怎么～，把事情搞到这个地步。

【一刹那】yīchànà 名 刹那 ▷在列车呼啸而来的～，他终于把小孩儿抱出了轨道｜80 年，在时间长河中只是～。✎ ㊀"刹那"常跟"间"连用，"一刹那"经常单用。㊁"刹"这里不读 shà，也不要误写作"霎"。

【一划】yīchàn ❶ 副 一味；总是(多见于近代汉语) ▷别听他～胡言。❷ 副 某些地区用来表示全部 ▷～都是旧行(xíng)头。

【一场空】yīchángkōng 全部落空 ▷费尽心机往上爬，结果还是～。✎"场"这里不读 chǎng。

【一倡百和】yīchàng-bǎihè 一人首先倡导，众人随即附和。形容响应的人极多。✎"和"这里不读 hé。

【一唱百和】yīchàng-bǎihè ❶ 见本页"一倡百和"。现在一般写作"一倡百和"。❷ 一人歌唱，众人随声应和。形容跟着唱的人很多。✎"和"这里不读 hé。

【一唱一和】yīchàng-yīhè 一人先唱，另一人应和。古代多指以诗词相酬答；现多比喻相互配合，相互呼应(多含贬义)。✎"和"这里不读 hé。

【一尘不染】yīchén-bùrǎn ❶佛教以色、声、香、味、触、法为六尘，修行者不被六尘所沾染叫"一尘不染"。后比喻做官清廉，或人品纯洁高尚，丝毫没有沾染坏习气。❷形容环境非常清洁或物体非常干净。

【一成不变】yīchéng-bùbiàn 原指刑法一经制定，便不可改变。后泛指固定不变；也用来形容墨守成规，不随机应变。

【一程子】yīchéngzi〈口〉一些日子；一段时间 ▷这～身体不太好。

【一筹莫展】yīchóu-mòzhǎn 没有一点儿计策能施展。形容想不出一点儿办法。

【一触即发】yīchù-jífā 箭搭在弦上，一触动就发射出去。形容事态发展到非常紧张的地步，稍一触动就要爆发。

【一触即溃】yīchù-jíkuì 一碰就崩溃。多形容不堪一击。

【一锤定音】yīchuí-dìngyīn 本指熟练的制锣工人敲最后一锤确定锣的音色。比喻一句话把事情最后定下来。✎不要写作"一槌定音"。

【一锤子买卖】yī chuízi mǎimai〈口〉不考虑以后

怎样，只做这一次买卖。比喻做事没有长远打算，不考虑后果；也比喻做事不顾风险，成败在此一举。

【一次能源】yīcì néngyuán 指在自然界中以天然形式存在的能源。如煤炭、石油、天然气、水力、铀矿等。也说初级能源、天然能源。

【一次性】yīcìxìng 区别 只做或只使用一次的 ▷～消费｜～解决｜～饭盒。

【一蹴而就】yīcù'érjiù 一踏脚就能成功（蹴：踏、踩；就：完成）。形容事情很容易办成。☛"蹴"不读 jiù。

【一大早】yīdàzǎo 名〈口〉清早。

【一代】yīdài ❶ 名 一个朝代。❷ 名 一个时代 ▷～天骄。❸ 名 世系相传的一个辈分 ▷关心下～｜老～◇新～产品。

【一带】yīdài 名 泛指某地及其周围的地区 ▷这～盛产大蜜桃。

【一带一路】yīdài-yīlù "丝绸之路经济带"和"21世纪海上丝绸之路"的缩略合称。由我国首倡，以和平发展为宗旨，借用古代"丝绸之路"称说，发展沿线国家的经济合作伙伴关系，共同打造政治互信、经济融合、文化包容的利益共同体、命运共同体和责任共同体。"丝绸之路经济带"包括我国经中亚、俄罗斯至欧洲（波罗的海）；我国经中亚、西亚至波斯湾、地中海；我国至东南亚、南亚、印度洋。"21世纪海上丝绸之路"包括从我国沿海港口过南海到印度洋，延伸至欧洲；从我国沿海港口过南海到南太平洋。

【一旦】yīdàn ❶ 名 一天之内，指很短的时间内 ▷强烈的地震，使一座上百年的城市毁于～。❷ 副 指不确定的某一天，表示忽然出现或可能忽然出现 ▷同窗五载，～分别，心里很难受｜此处～塌方，后果不堪设想。

【一刀两断】yīdāo-liǎngduàn 一刀砍成两截。比喻坚决断绝关系。

【一刀齐】yīdāoqí 一刀切。

【一刀切】yīdāoqiē 用一种刀法切。比喻不管实际情况如何，都作同样的处理 ▷不同情况不同对待，不能搞～。

【一道】yīdào 副 一同；一起 ▷～去上学。

【一得】yīdé 名 一点儿小小的收获或心得等 ▷愚者千虑，必有～。

【一得之功】yīdézhīgōng 一点儿很小的成绩。

【一得之见】yīdézhījiàn 谦词，一点儿肤浅的见解。

【一得之愚】yīdézhīyú 谦词，称自己对某问题的一点儿见解。由"愚者千虑，必有一得"变化而来。

【一点儿】yīdiǎnr ❶ 表示不确定的很少量 ▷手头还有～钱｜随便吃～。❷ 表示程度轻（口语中常常省略"一"）▷桌子高了～｜家里有～冷。❸ 用于否定，表示"完全"或"全部" ▷这水～都不热｜他～也不懂。

【一点一滴】yīdiǎn-yīdī 借指极少的量 ▷节约用水，要从～做起｜～地积累素材。

【一丁点儿】yīdīngdiǎnr〈口〉很少的一点儿 ▷何必为了这么～小事吵个没完呢！

【一定】yīdìng ❶ 区别 适当的；某种程度的 ▷种子在～的条件下才发芽｜有～的提高。❷ 区别 特定的 ▷～的社会形态反映～的生产关系。❸ 区别 固定的；确定的 ▷律诗、绝句都有～字数｜此事要参照～的规章处理。❹ 副 表示态度坚决或必定如此 ▷～要挽回不良影响｜天气太闷，～是要下雨了。

【一定之规】yīdìngzhīguī 一定的规则或规律；也指已定的难以改变的主意 ▷事物的发展变化都有～｜不管你怎么说，他有他的～。

【一动】yīdòng ❶ 动 思想感情受到触动 ▷心中～，好像想起了什么。❷ 副 表示极易发生某种动作行为，相当于"动辄""往往" ▷～就翻脸。

【一动不动】yīdòng-bùdòng 状态或位置始终不变 ▷他～地站着｜树叶子～。

【一肚子】yīdùzi ❶指整个胃 ▷喝了～水。❷比喻脑子里装满（某种东西，多指抽象的）▷他～墨水（指很有学问）｜～坏水。

【一度】yīdù ❶ 一次 ▷四年～的奥运会。❷ 副 表示过去发生过 ▷他～失去自信。

【一端】yīduān ❶ 名 长形物体的一头儿 ▷跷跷板的～｜竹竿的～。❷ 名 借指事情的一个方面或一点 ▷只知其～，不知其全貌。

【一多半】yīduōbàn 数 多半① ▷稿子已抄了～，快完了｜我们班～是男生。

【一而再，再而三】yī'érzài，zài'érsān 一次接连一次不断地。表示多次反复地（做或说）。

【一二】yī'èr 数 一个或两个；表示少许 ▷～挚友｜试举～。

【一二·九运动】yī'èr-jiǔ yùndòng 1935 年 12 月 9 日北平（今北京）学生在中国共产党领导下发动的抗日救国运动。1931 年日本帝国主义侵略我国，国民党政府步步退让。1935 年 8 月 1 日中国共产党发表《八一宣言》，号召全国人民抗日救国。12 月 9 日，北平学生 6000 多人举行示威游行，提出"停止内战，一致对外""打倒日本帝国主义"等口号。运动很快发展到全国，掀起了中国人民抗日救国的新高潮。

【一发】yīfā ❶ 副 越发；更加 ▷离家以后，无人管束，他的生活～无规律了。❷ 副 一总；一起 ▷把所提问题集中起来～解决。

【一发千钧】yīfà-qiānjūn 千钧一发。

【一帆风顺】yīfān-fēngshùn 船挂满帆，一路顺风行驶。形容非常顺利，毫无阻碍或挫折。

【一番】yīfān ❶ 一种 ▷别有～情趣｜另是～景致。❷ 一回；一次；一遍 ▷经过～打扮｜好好研究～。❸ 一倍 ▷产量翻～。

【一反常态】yīfǎn-chángtài 完全改变了平时的态度或状态。

【一方】yīfāng ❶ 名 一带地方 ▷称霸～｜～水土养～人。❷ 名 一方面① ▷可以以～为主，兼顾另～，不可走极端。

【一方面】yīfāngmiàn ❶ 名 相对的两个方面中的一个方面或相互关联的事物的一面 ▷战争的罪责当然在侵略者那～。❷ 连 连接并列的两个分句(须连用) ▷～要发展经济，～要加强社会主义精神文明建设。

【一分为二】yīfēnwéi'èr ❶哲学上对对立统一规律的通俗表述，指世界上一切事物、现象和过程都可分为互相对立又互相联系的两个方面，这两个方面既统一又斗争，在一定条件下各自向其相反的方面转化。❷指全面看待人或事物，既看到消极的方面，也要看到积极的方面 ▷对他也要～，不能光说缺点。

【一风吹】yīfēngchuī 一阵风全部吹掉。比喻全部勾销 ▷原来的规章制度也有合理的部分，不能～。

【一改故辙】yīgǎi-gùzhé 彻底改变走惯了的老路。比喻改变旧的做法。

【一概】yīgài 副 表示没有例外，相当于"全""都" ▷～不知｜不能～而论。

【一概而论】yīgài'érlùn 不作具体分析，用同一个标准去看待(概：量谷物时刮平斗斛的用具)。

【一干】yīgān 区别 所有跟某件事(多指案件)有关联的(人) ▷～人员。

【一干二净】yīgān-èrjìng 形容一点儿也不剩 ▷单词忘得～。

【一竿子插到底】yī gānzi chā dàodǐ 比喻事情一次性完成；也比喻领导人员直接深入到基层，或把政策、措施等贯彻到最基层 ▷你就～，把事情了结了再走｜要～，到人民群众中去了解情况｜这项决定要～，做到家喻户晓。

【一个劲儿】yīgejìnr 副 表示不停地 ▷鼻子～地发酸｜急得他～地提醒我。

【一个萝卜一个坑儿】yī gè luóbo yī gè kēngr ❶比喻满员，没有空闲位置。❷比喻人手紧张，每个岗位上的人都有自己的任务。

【一个心眼儿】yī gè xīnyǎnr ❶一心一意；没有二心 ▷～地爱他。❷死板，不知变通；心眼儿少 ▷你怎么～，不会把桌子垫高一点儿吗？

【一根筋】yīgēnjīn 〈口〉形容偏执一端，不善于应变 ▷你别～，就不能另想个办法？｜这家伙是有名的～，九头牛也拉不转。

【一共】yīgòng 副 表示数量的总计 ▷两项收入～是多少？｜我们厂～有 500 人。

【一骨碌】yīgūlu 动〈口〉很快地一滚或一转 ▷～就爬了起来｜他眼珠～就有了主意。

【一股劲儿】yīgǔjìnr ❶ 名 同一个力量 ▷咱们合成～，不愁攻不下这难关。❷ 副〈口〉一直不松劲地、不间断地 ▷他～干到天黑。

【一股脑儿】yīgǔnǎor 副〈口〉通通；全都 ▷把动产不动产～拍卖。☛ 不要写作"一古脑儿"。

【一鼓作气】yīgǔ-zuòqì《左传·庄公十年》："夫战，勇气也。一鼓作气，再而衰，三而竭。"原指作战时擂第一通鼓，士气就振作起来了。现多形容做事时鼓足干劲，趁势一次做完。☛ "鼓"不要误写作"股"。

【一贯】yīguàn 形 (思想、作风、政策等)向来如此，从不改变 ▷～的看法｜他～积极负责。

【一贯道】yīguàndào 名 反动会道门，起源于山东，初名"东震堂"，后改称"一贯道"。抗日战争期间投靠日本侵略者为其特务机关所利用；日本投降后，为国民党政府控制；中华人民共和国成立后，被人民政府明令取缔。

【一贯性】yīguànxìng 名 (思想、作风、政策等)始终如一的特点 ▷要保持政策的～，不能朝令夕改。

【一贯制】yīguànzhì 名 前后连续、上下贯通的建制 ▷九年～学校。

【一棍子打死】yī gùnzi dǎsǐ 比喻对人不能辩证地对待，有了缺点或错误，就攻其一点，全盘否定 ▷稍有失误就～，那怎么行！

【一锅端】yīguōduān ❶比喻全部消灭或全部解决 ▷这次把敌人老窝～了。❷比喻毫无保留 ▷把心里的话来个～。

【一锅粥】yīguōzhōu 名 比喻极其混乱的局面 ▷车间乱成了～。

【一锅煮】yīguōzhǔ 比喻对不同情况或不同事物不加区别地作同样处理 ▷这几个问题性质不同，不能～。也说一锅烩、一勺烩。

【一国两制】yīguó-liǎngzhì "一个国家，两种制度"的简称。即在一个中国的前提下，国家的主体坚持社会主义制度，香港、澳门和台湾保持原有的资本主义制度和生活方式长期不变。是中国共产党和中国政府为实现国家和平统一而提出的基本国策。

【一哄而起】yīhòng'érqǐ 形容没有经过认真考虑和充分准备就一窝蜂地盲目行动起来。

【一哄而散】yīhòng'érsàn 在一片哄闹声中一下子散去；也形容干事情突然中止并散伙。

【一哄而上】yīhòng'érshàng 形容没有经过组织和准备而轻率地同时行动起来。

【一呼百诺】yīhū-bǎinuò 一声呼唤，很多人应诺。

多形容权势显赫，追随奉承的人多。

【一呼百应】yīhū-bǎiyìng 一声呼唤，很多人响应。多形容威信高，号召力大。

【一晃】yīhuǎng 动 很快地闪动一下 ▷蝴蝶在眼前～就飞走了。☛"晃"这里不读 huàng。

【一晃】yīhuàng 副 表示时间在不知不觉中过去得很快 ▷大学四年～就过去了。☛"晃"这里不读 huǎng。

【一挥而就】yīhuī'érjiù 一动笔就完成了。形容才思敏捷。

【一回事】yīhuíshì ❶ 强调彼此是同一件事 ▷他们所说的是～。❷ 连用时，强调彼此是两件事 ▷主观愿望是～，实际情况又是～。‖也说一码事。❸ 重要的事 ▷他从不把这当～。

【一会儿】yīhuìr ❶ 名 很短的时间；很短时间内 ▷等～｜火车～就开。❷ 副 连用在两个动词或形容词前，表示在很短时间内两种情况（多为相反的）的交替 ▷～哭～笑｜～冷～热。☛口语中也读 yīhuǐr。

【一伙儿】yīhuǒr 名 结伴在一起的人群。

【一级】yījí ❶ 名 某一个级别 ▷省～｜乡～。❷ 区别 第一等级的 ▷～产品。

【一级市场】yījí shìchǎng 指证券、商品房等首次发行或发售形成的市场（跟"二级市场"相区别）。

【一己】yījǐ 名 自己一个人 ▷～之见｜～私利。

【一技之长】yījìzhīcháng 指某种专业或技艺方面的特长。

【一家亲】yījiāqīn 像一家人那样关系近，感情深 ▷军民鱼水～｜两岸～。

【一家人】yījiārén 名 同一个家庭的人（常用于比喻）▷原来他们几位是～｜同学们关系好得就像～。

【一家一户】yījiā-yīhù ❶ 逐个家庭或住户 ▷～地送。❷ 每个家庭或住户 ▷对这里的一山一水、～都感到亲切｜～，分散经营。

【一家之言】yījiāzhīyán 指有独到见解、自成一家的学说或著述；泛指学术研究中一个学派或一个人的观点、理论。

【一家子】yījiāzi ❶ 名 一家人；一个家庭 ▷我们几个是～｜这～已经搬到北京去了。❷ 名 全家 ▷我们～都很感谢你的帮助。

【一见倾心】yījiàn-qīngxīn 一见面就产生向往爱慕的感情。

【一见如故】yījiàn-rúgù 第一次见面就像老朋友一样。形容情投意合。

【一见钟情】yījiàn-zhōngqíng 初次见面就产生了爱情。

【一箭双雕】yījiàn-shuāngdiāo 一箭射中两只雕。比喻做一件事达到两个目的。

【一角】yījiǎo 名 一个角落；偏僻的地方 ▷他住在村子偏东南的～｜院子的～堆满了柴草。

【一经】yījīng 副 表示只要采取某种措施，就会得到相应的结果（用在前一分句，后一分句用"就""便"呼应）▷双方矛盾～调解，很快就消除了。

【一径】yījìng 副 径直；不绕道 ▷他在天津下车后，～奔塘沽去了。

【一举】yījǔ ❶ 名 一次行动；一次举动 ▷多此～。❷ 副 一下子 ▷～歼灭敌人两个师。

【一举成名】yījǔ-chéngmíng 原指科举考试得中就天下闻名；现泛指一下子就成了有名的人。

【一举两得】yījǔ-liǎngdé 做一件事达到两个目的或得到两方面的好处。

【一举一动】yījǔ-yīdòng 每个举动或行动 ▷文明习惯是在日常～中培养出来的。

【一决雌雄】yījué-cíxióng 决一雌雄。

【一蹶不振】yījué-bùzhèn 跌了一跤就爬不起来了（蹶：跌倒）。比喻遇到失败或挫折后就再也振作不起来。☛"蹶"这里不读 juě。

【一卡通】yīkǎtōng 名 指具有多种功能，可以在多个地区、多个行业部门通用的磁卡或智能卡。如我国公民现今使用的社保卡，可用来办理养老保险事务、就医时进行医疗保险的实时结算等。

【一刻】yīkè 名 指很短的一段时间 ▷～不停｜～千金。

【一刻千金】yīkè-qiānjīn 短暂的时间就价值千金。形容时间极其宝贵。

【一空】yīkōng 形 一点儿没剩或一点儿没留 ▷抢购～｜洗劫～。

【一孔之见】yīkǒngzhījiàn 从一个小孔里看到的。借指片面肤浅的见解。

【一口】yīkǒu ❶ 名 满口① ▷～大蒜味儿。❷ 名 满口② ▷他能说～流利的英语｜他～的温州话。❸ 副 表示说话的口气坚决，不改口 ▷～回绝｜～应承下来。

【一口气】yīkǒuqì 副 表示不间歇地（进行）▷～做完了数学作业｜～喝了一瓶啤酒。

【一块儿】yīkuàir ❶ 名 同一个地方 ▷你们不要都挤在～◇我们俩说不到～。❷ 副 一同；一道 ▷我们～去北京。

【一来二去】yīlái-èrqù 指经过往来、接触后逐渐产生了某种情况 ▷～，他们几个很快就混熟了。

【一览】yīlǎn ❶ 动 放眼一看 ▷～明媚春光。❷ 名 用图表或简明文字编成的某方面概况的介绍（多用于书名）▷《旅游景点～》。

【一览表】yīlǎnbiǎo 名 说明概况的简明表格 ▷学生家庭情况～｜工程进度～。

【一览无余】yīlǎn-wúyú 一眼就能看得清清楚楚。形容视野开阔；也形容事物简单。

【一揽子】yīlǎnzi 区别 有关的类别、内容、情况等都包括在内的 ▷～解决｜～工程｜～会议。

【一劳永逸】yīláo-yǒngyì 一次操劳，可获永远安逸。形容辛苦一次，可以免去以后许多麻烦。

【一力】yīlì 副 表示竭尽全力 ▷～担当。

【一例】yīlì 副 表示按同一个模式；同等 ▷～处置｜每人情况不同，不能～要求。

【一连】yīlián 副（相似的动作或情况）连续不断地（发生）▷～去了几趟｜～失败三次。

【一连串】yīliánchuàn 形 一个紧接着一个的 ▷～的问题｜～地发问。

【一连气儿】yīliánqìr 副〈口〉接连不断地 ▷～说了很多话｜～地从书包里拿出很多东西。

【一了百了】yīliǎo-bǎiliǎo 关键的一件事情了结了，其余的事情也就能跟着了结。

【一鳞半爪】yīlín-bànzhǎo 原指龙在云中，东露一鳞，西露半爪，使人难见全貌。比喻事物的零星片断。也说东鳞西爪。☛"爪"这里不读 zhuǎ。

【一流】yīliú ❶ 名 同一类 ▷他们是～货色。❷ 形 头等的；最好的 ▷质量～｜～作家。

【一溜儿】yīliùr〈口〉❶ 一列；一排 ▷排成～｜烫起了～燎泡。❷ 名 一带；附近的地方 ▷他家就在这～。❸ 副 迅速地 ▷～小跑。

【一溜风】yīliùfēng 副 一溜烟。

【一溜歪斜】yīliù-wāixié 形容走路时东倒西歪的样子；也形容写字、画线歪歪扭扭的样子。

【一溜烟】yīliùyān 副 表示跑得非常快 ▷孩子们见势不妙，都～地跑了。

【一路】yīlù ❶ 名 沿路②；整个行程 ▷～上鲜花盛开｜走～唱～。❷ 区别 同一类的 ▷他们都是～人。❸ 副 一起；一块儿（走）▷我们～去吧，有个伴儿。❹ 副 一直 ▷油价～上升｜～领先。

【一路货】yīlùhuò 名 同一类的货物；现多指同一类的人或某一类人（含贬义）▷他们都是～，绝不是什么好东西。

【一路平安】yīlù-píng'ān 整个旅途平稳安全，没有危险（多用于对远行人的祝福语）。

【一路顺风】yīlù-shùnfēng 整个行程平安顺利（多用于对远行人的祝福语）；比喻办理某件事情的各个环节都很顺利。

【一律】yīlǜ ❶ 形 一样；相同 ▷着装不要强求～。❷ 副 表示全部，没有例外 ▷出入校门，～出示证件｜国家不分大小，～平等。

【一落千丈】yīluò-qiānzhàng 唐·韩愈《听颖师弹琴》："跻攀分寸不可上，失势一落千丈强。"原意是说琴声突然由高音降到低音。现多用来形容地位、声誉、景况、情绪等急剧下降。

【一马当先】yīmǎ-dāngxiān 打仗时骑马冲在最前边；现多比喻走在最前面，起带头作用。

【一马平川】yīmǎ-píngchuān 能纵马奔驰的平地。形容辽阔的平原。

【一码事】yīmǎshì 一回事①②。

【一脉相承】yīmài-xiāngchéng 同一血统的人一代传一代；泛指思想、文化、学术等代代承接流传下来。也说一脉相传。

【一脉相传】yīmài-xiāngchuán 一脉相承。

【一脉相通】yīmài-xiāngtōng 一脉相承。

【一毛不拔】yīmáo-bùbá《孟子·尽心上》："杨子取为我，拔一毛而利天下，不为也。"意思是杨子主张为自己，因此拔下一根汗毛就能使天下受益的事，他都不肯。后用"一毛不拔"形容极端自私吝啬。☛ 参见 5 页"爱财如命"的提示。

【一门心思】yīmén-xīnsi 集中精神和注意力；专心一意 ▷～做学问。

【一米线】yīmǐxiàn 名 在使用个人证件或密码的场合，为有效保护个人隐私，在距营业窗口或柜台前 1 米远的地面上画出的横线。除办理有关业务的人外，其他等待办理的人站在线外。

【一面】yīmiàn ❶ 名 物体的几个面之一 ▷这块木板～干净～脏。❷ 名 一个方面 ▷这只是问题的～，还有另～｜独当～。❸ 副 表示两种或两种以上动作同时进行（可以单用，也可以连用）▷她看着电视，～还打着毛衣｜～工作，～学习。❹ 动〈文〉见过一次面 ▷～之交。

【一面之词】yīmiànzhīcí 单方面的话；多指争执双方的一方所说的理由。

【一面之交】yīmiànzhījiāo 只见过一次面的交情。指交情不深。

【一鸣惊人】yīmíng-jīngrén《史记·滑稽列传》："此鸟不飞则已，一飞冲天；不鸣则已，一鸣惊人。"比喻平时默默无闻，但一干就成绩非凡。

【一命呜呼】yīmìng-wūhū 指死亡（含诙谐意）。

【一模一样】yīmú-yīyàng 模样完全相同。☛"模"这里不读 mó。

【一木难支】yīmù-nánzhī 独木难支。

【一目了然】yīmù-liǎorán 一眼就看得清清楚楚。

【一目十行】yīmù-shíháng 形容看书看得特别快。

【一幕】yīmù 名 戏剧中较完整的一个段落；比喻生活中的一个片断 ▷写完了最后～｜那一段经历是我一生中最难忘的～。

【一年半载】yīnián-bànzǎi 一年或半年；泛指一段不太长也不太短的时间 ▷够用～。

【一年到头】yīnián-dàotóu 从年初到年末，指整年 ▷他～都上夜班，真够累的。

【一年生】yīniánshēng 区别 植物当年之内就完成整个生长周期的 ▷黄瓜、南瓜、西葫芦都是～蔬菜。

【一年四季】yīnián-sìjì 指整个一年 ▷这儿～鲜花盛开。

【一念之差】yīniànzhīchā 一个念头的差错。多指引起严重后果的念头 ▷～铸大错。

【一诺千金】yīnuò-qiānjīn《史记·季布栾布列传》："得黄金百，不如得季布一诺。"意思是得到百斤黄金，也不如得到季布的一个承诺。后用"一诺千金"形容说话算数，信实可靠。☛ ㊀"金"不要误写作"斤"。㊁参见 1620 页"一言九鼎"的提示。

【一拍即合】yīpāi-jíhé 一打拍子就合上了乐曲的节奏。比喻双方很快就取得了一致。

【一派】yīpài ❶ 一个派别；一个流派 ▷拉～，打～｜这～作家主张现实主义和浪漫主义相结合。❷ 形 整个，全部。多用来形容景色、气象、声音、言语等 ▷～春光｜～胡言乱语。

【一盘棋】yīpánqí 名 比喻全局或整体 ▷要有～的思想｜全国～。

【一盘散沙】yīpán-sǎnshā 一盘黏合不到一块儿的沙子。比喻分散的力量或不团结的状态。

【一旁】yīpáng 名 旁边 ▷放置～｜站在道路～。

【一炮打响】yīpào-dǎxiǎng 比喻第一次行动就取得成功 ▷她首次在银幕亮相，便～。

【一偏】yīpiān〈文〉❶ 名 一方面 ▷一物为万物～。❷ 形 只着眼于一个方面的 ▷～之见。

【一片冰心】yīpiàn-bīngxīn 唐·王昌龄《芙蓉楼送辛渐》："洛阳亲友如相问，一片冰心在玉壶。"形容淡泊名利，心地纯洁。

【一瞥】yīpiē ❶ 动 迅速地看一眼 ▷只～，就认出他了。❷ 名 借指极短时间内粗略看到的概况（多用于文章的题目或书名）▷《金市～》。

【一贫如洗】yīpín-rúxǐ 形容贫穷得什么也没有，就像被水冲洗过一样。

【一品红】yīpǐnhóng 名 落叶灌木，叶互生，下部的叶椭圆形或披针形，绿色；上部的叶狭小，入冬转鲜红色，像花瓣。可供观赏。也说圣诞花、猩猩木。

【一暴十寒】yīpù-shíhán 现在一般写作"一曝十寒"。

【一曝十寒】yīpù-shíhán《孟子·告子上》："虽有天下易生之物也，一日暴（同"曝"，晒）之，十日寒之，未有能生者也。"意思是即便世上最容易生长的植物，如果晒它一天，冻它十天，没有能生长好的。后用"一曝十寒"比喻工作、学习不能持之以恒。☛"曝"这里不读 bào。

【一齐】yīqí 副 表示不同主体同时发出一致的行为或同一主体同时发出几种不同的行为 ▷～动手｜产量和质量～抓。☛ 参见本页"一起"的提示。

【一起】yīqǐ ❶ 名 同一处所；一块儿 ▷你们两个站在～｜两样东西加在～。❷ 副 表示动作行为发生在同一地点或合到一处 ▷我们～学习了四年｜奶粉和糖～买来了。☛ 跟"一齐"不同。"一起"侧重表示空间上的"一同、一块儿"，如"大家一起想办法"；"一齐"侧重表示时间上的"同时"，如"一齐高呼"。

【一起一伏】yīqǐ-yīfú 一会儿起来，一会儿落下。形容起伏不定。

【一气】yīqì ❶ 名 气味相投而结成的一伙儿（多含贬义）▷他们串通～，欺行霸市。❷ 名 彼此衔接成的一体 ▷游廊把全园的亭台楼阁连成～。❸ 用在动词性词语后，起补充强调作用，略相当于"一阵"（多含贬义）▷胡扯～｜穷折腾～。❹ 副 一口气 ▷～干了个通宵。

【一气呵成】yīqì-hēchéng ❶表示不间断地迅速做完某件事。❷形容文章或说话气势畅达，首尾贯通。

【一钱不值】yīqián-bùzhí 不值一分钱。形容没有一点儿价值。

【一窍不通】yīqiào-bùtōng 古人认为心主管人的思维，心窍通，神志就清醒；心窍不通就糊涂。后用"一窍不通"形容什么都不懂。

【一切】yīqiè ❶ 代 全部；所有 ▷～权力归人民｜战胜～困难。❷ 代 代指一定范围内所有的事物 ▷你们的～我都知道。

【一清二白】yīqīng-èrbái 非常纯洁，没有污点 ▷他是个～、廉洁为民的好官。

【一清二楚】yīqīng-èrchǔ 非常清楚 ▷看得～。

【一清早】yīqīngzǎo 名 一大早；清晨。

【一穷二白】yīqióng-èrbái 又穷又白（穷：指经济落后；白：指科学文化落后）。形容基础差，底子薄。

【一丘之貉】yīqiūzhīhé 同一座土山上的貉。比喻同一类的坏人。

【一人得道，鸡犬升天】yīrén-dédào，jīquǎn-shēngtiān 传说汉代淮南王刘安修炼成仙，不仅他的家人，甚至连他家的鸡狗吃了仙药也都跟着升了天。比喻一人做官得势，和他有关系的人也跟着沾光。

【一任】yīrèn 动〈文〉完全听凭 ▷～风吹雨打。

【一仍旧贯】yīréng-jiùguàn 一切按照旧例行事（仍：沿袭，依照）。

【一日千里】yīrì-qiānlǐ 形容进展迅速。

【一日三秋】yīrì-sānqiū《诗经·王风·采葛》："一日不见，如三秋兮。"（秋：借指一年）意思是一天不见，好像过了三年。形容对人怀念深切。也说一日不见，如隔三秋。

【一日之雅】yīrìzhīyǎ 一天的交情（雅：交情）。泛指较浅的交情。

【一如】yīrú 动（跟某种情形）完全相同的 ▷～所

述|～既往。

【一如既往】yīrú-jìwǎng 跟过去完全相同。☛"既"不要误写作"即"或"继"。

【一扫而光】yīsǎo'érguāng 一下子扫除净尽。也说一扫而空。

【一扫而空】yīsǎo'érkōng 一扫而光。

【一色】yīsè ❶形 颜色相同 ▷秋水共长天～。❷区别 整齐划一的；不混杂其他颜色、种类或式样的 ▷～的两层小楼|～的红木家具。

【一霎】yīshà 名 顷刻间；很短的时间（常跟"时"或"间"连用）▷～间电闪雷鸣，大雨倾盆。

【一闪念】yīshǎnniàn ❶动（头脑）突然出现一个念头 ▷脑子里突然～：这是骗局。❷名 突然出现的念头 ▷这～后来竟变成了事实。

【一身】yīshēn ❶名 浑身上下 ▷～武艺|泥水溅了～。❷名〈文〉一个人 ▷孑然～。

【一身两役】yīshēn-liǎngyì 一个人同时做两件事情。

【一身是胆】yīshēn-shìdǎn 浑身是胆。

【一神教】yīshénjiào 名 只崇拜一个神的宗教。如基督教、伊斯兰教、犹太教等。

【一审】yīshěn 动 第一审的简称。法院对案件进行第一次审判。

【一生】yīshēng 名 从出生到死亡的全部时间；有时极而言之地指生命途程中的很长一段时间 ▷～坎坷|他把～献给了祖国的石油事业。

【一生一世】yīshēng-yīshì 整整一辈子。

【一声不响】yīshēng-bùxiǎng 形容口里不发出一点儿声响或不说话 ▷～地躺着。

【一失足成千古恨】yī shīzú chéng qiāngǔ hèn 一旦犯了大错，就成了不可挽回的终身恨事。

【一石二鸟】yīshí-èrniǎo 投一个石子打着两只鸟。比喻做一件事达到两个目的。

【一时】yīshí ❶名 一个时期；一段时间 ▷风靡～|～的快乐误了一生的前程。❷名 短暂的时间 ▷问题很复杂，～还闹不清楚。❸副 偶尔 ▷～心血来潮|～疏忽，忘了带雨伞。❹副 连用，有"时而"的意思，表示情况交替出现 ▷病情～好，～坏。

【一时半会儿】yīshí-bànhuìr 指很短的一段时间 ▷教育投资的效果～难以看出来。

【一时半刻】yīshí-bànkè 一时半会儿。

【一时间】yīshíjiān 名 很短的时间里；突然 ▷～风云突变|～他觉得自己成了大人物。

【一时一刻】yīshí-yīkè ❶每时每刻；时时刻刻 ▷～也离不开。❷短时间 ▷～做不完。

【一世】yīshì ❶名 一生；一辈子 ▷人生～，总应给世间留下点痕迹。❷名 一个时代 ▷称雄～。

【一事】yīshì 名〈口〉一码事（多指组织或业务上是一体或完全相同的）▷这几家分号都是～的|我们是～，找他找我都行。

【一事无成】yīshì-wúchéng 一件事也没有做成。指在事业上没有任何成就。

【一视同仁】yīshì-tóngrén 原指古代圣人对百姓一样看待，同施仁爱。后泛指待人一律平等，不分厚薄。☛"仁"不要误写作"人"。

【一手】yīshǒu ❶名 掌握的一种技能、本领 ▷露～。❷名 玩弄的伎俩 ▷我知道他会来这～，所以早有防备。❸名 满手 ▷弄了～墨汁。❹副 表示单独或独自地 ▷这件事是哥哥～经办的|～包办。❺名 一只手（连用，表示同时做两件事）▷～抓生产，～抓生活。

【一手遮天】yīshǒu-zhētiān 形容倚仗权势，独断专行，瞒上欺下。

【一水儿】yīshuǐr 区别〈口〉一色②。

【一顺儿】yīshùnr 形〈口〉方向或顺序一致的 ▷顾客～从进口有序进入超市|几十辆汽车～都是头朝门口。

【一瞬】yīshùn 名 一转眼；借指极短的时间 ▷～即逝。

【一瞬间】yīshùnjiān 名 一瞬。

【一说】yīshuō 名 一种说法 ▷聊备～|有这么～。

【一丝】yīsī 一点儿；形容极小或极少 ▷天空～云都没有|感到～欣慰。

【一丝不苟】yīsī-bùgǒu 形容做事认真仔细，一点儿都不马虎。

【一丝不挂】yīsī-bùguà 形容全身毫无遮蔽，什么也没有穿。

【一似】yīsì 动〈文〉一如；非常像 ▷～野马脱缰|～浮云任飘游。

【一塌糊涂】yītā-hútú 形容混乱到极点；糟糕到极点 ▷账目～|脏得～。☛不宜写作"一蹋糊涂""一榻糊涂""一塌胡涂"。

【一潭死水】yītán-sǐshuǐ 比喻死气沉沉或停滞不前的局面。

【一体】yītǐ ❶名 因关系密切或协调一致而形成的一个整体 ▷三位～|湖光山色融为～。❷名 全体（多用于公文）▷～知照。

【一体化】yītǐhuà 动 使分散而又相互联系的个体组合成为一个协调的整体 ▷城乡统筹发展，加速～进程。

【一天】yītiān ❶指一个昼夜 ▷～之内温差很大。❷指整个白天 ▷干了～活儿很累。❸名 指过去或将来的某一天 ▷总有露马脚的～。❹名〈口〉整天 ▷他～都在闲逛。

【一天到晚】yītiān-dàowǎn 整天；成天 ▷这条路～车不断|～不回家。

【一条街】yītiáojiē ❶名 指某一行业较集中的一条街道 ▷食品～|电脑～|服装～。❷名 指

某项社会活动突出的一条街道 ▷文明～。

【一条龙】yītiáolóng ❶ 名 比喻一条长长的行列 ▷买票的人排成～。❷ 名 比喻紧密联系和配合的环节或程序 ▷生产、教学、科研～。

【一条心】yītiáoxīn 名 指相同的心意或想法 ▷只要大家～,没有办不成的事。

【一通百通】yītōng-bǎitōng 主要的、基本的东西掌握了,其他相关的事也就迎刃而解了。

【一同】yītóng 副 表示在同一时间同一地点(做某事) ▷～劳动|～作战。

【一统】yītǒng 动 把分散的合为一个整体 ▷江山～。

【一统天下】yītǒng-tiānxià ❶ 统一整个国家或全世界;比喻某地区、某部门等被某人、某势力把持的状态或局面 ▷秦始皇知人善用而～|中国道路的成功打破了西方模式～的局面。❷ 统一的国家或全世界;比喻某人、某势力把持控制的部门、地区或领域等 ▷企图在地球上建立单一文明的～,只是一种不切实际的幻想|科学社会主义打破了资本主义的～。

【一通】yītòng 一段时间;一阵 ▷擂了～鼓|大骂～。☛"通"这里不读 tōng。

【一头】yītóu ❶ 名 满头;整个头上 ▷～白发|长着～癞痢疮。❷ 名 一端 ▷拽住绳子的～。❸ 名 一个方面 ▷娘家、婆家哪～都应照顾到。❹ 名 一伙儿 ▷他俩是～的。❺ 名 相当于一个头部的高度 ▷他比我高出～。❻ 副 表示动作急速,由头部带动身体往前或往下的状态 ▷～扎进水里。❼ 副 突然;猛然 ▷他～闯进去。❽ 副 表示全身心投入的情态 ▷～钻进实验室。

【一头儿沉】yītóurchén〈口〉❶ 名 一种结构不对称的办公桌或书桌。桌子一头有柜子或抽屉,另一头没有。❷ 动 比喻处理问题时偏袒一方 ▷要主持公道,不能～。

【一头儿热】yītóurrè〈口〉比喻单方面有热情 ▷搞新农村建设不能光是领导～。

【一头雾水】yītóu-wùshuǐ 形容摸不着头脑,完全不明白 ▷他的话使我～。也说满头雾水。

【一吐为快】yītǔ-wéikuài 把想说的话都说出来而感到痛快。

【一团和气】yītuán-héqì 态度和蔼;现也指只求和气而不讲原则。

【一团漆黑】yītuán-qīhēi 漆黑一团。

【一团糟】yītuánzāo 形 形容情况极为混乱、糟糕。

【一碗水端平】yī wǎn shuǐ duān píng 比喻办事公道,不偏不倚。

【一网打尽】yīwǎng-dǎjìn 本指把鱼或兽类一网捕尽;现比喻把坏人全部抓获或彻底肃清。

【一往情深】yīwǎng-qíngshēn 形容对人或事物一直有深厚的感情(一往:一直,始终);也形容一心向往。

【一往无前】yīwǎng-wúqián 形容无所畏惧地奋勇向前(无前:前面没有什么东西可以阻挡)。

【一望无际】yīwàng-wújì 一眼看不到边际。形容非常辽阔。也说一望无边、一望无垠。

【一味】yīwèi 副 单纯地;一个劲儿地 ▷～地蛮干。

【一文不名】yīwén-bùmíng 不名一文。

【一窝蜂】yīwōfēng 形 形容像蜂群一样乱哄哄地一拥而上 ▷不能～地搞所谓"开发区"。

【一无是处】yīwú-shìchù 没有一点儿对的或好的地方。

【一无所长】yīwúsuǒcháng 什么专长都没有。

【一无所得】yīwúsuǒdé 什么都没有得到。

【一无所获】yīwúsuǒhuò 什么收获都没有。

【一无所见】yīwúsuǒjiàn 什么也没有看见;没有任何见解或看法。

【一无所能】yīwúsuǒnéng 什么本领也没有。

【一无所求】yīwúsuǒqiú 什么要求或追求也没有。

【一无所有】yīwúsuǒyǒu 什么都没有。多形容非常贫穷。

【一无所知】yīwúsuǒzhī 什么都不知道。

【一五一十】yīwǔ-yīshí 指以五为单位数数儿,一五,一十,十五,二十……地数下去。形容从头到尾无所遗漏地叙说。

【一物降一物】yī wù xiáng yī wù 甲事物能制服乙事物,却又被另一事物所制服 ▷蛇爱吃田鼠,可獴又是蛇的天敌,真是～。

【一误再误】yīwù-zàiwù 连续出差错或犯错误;也表示一再耽误。

【一息尚存】yīxī-shàngcún 还有一口气。表示还活着(后面常跟表示坚持到底、尽心竭力等意思的语句) ▷～,奋斗不止。

【一席话】yīxíhuà 名 一番话(多指好话) ▷他的～使我茅塞顿开|听君～,胜读十年书。

【一席之地】yīxízhīdì 一个席位的地方。比喻很小的一块地方或一定的位置 ▷他们的产品已在国际市场上占有～。

【一系列】yīxìliè 形 许多有关联的;一个接一个的 ▷制定了～政策|～打击他都挺过来了。

【一下】yīxià ❶ 副 表示动作突然或短暂 ▷这么复杂的技术,你～就掌握了|前几天老人还好好的,没想到～就走了。❷ 用在动词后,有试着做或略微的意思 ▷去～|尝～|讨论～。‖也说一下子。

【一显身手】yīxiǎn-shēnshǒu 一展身手。

【一线】yīxiàn ❶ 名 战场的最前线;借指直接从事

实际工作的基层或岗位 ▷生产～|深入～|离开～，退居二线。〇 ❷ 形容仅有的或细微的 ▷～希望|～生机。

【一线通】yīxiàntōng 名 窄带综合业务数字网（业务）的俗称。指在现有电话网上，用户只须用一对普通电话线即可连接最多8个相同或不同的通信终端设备，并允许两个终端同时通信，使用户能在同一时间内又打电话又上网。

【一相情愿】yīxiāng-qíngyuàn 现在一般写作"一厢情愿"。

【一厢情愿】yīxiāng-qíngyuàn 只从自己的主观愿望出发，不考虑对方是否同意或客观条件是否允许（一厢：一方面，一头儿）▷不能把合作开发的计划建立在～的基础上。

【一向】yīxiàng ❶ 名 过去的某一段时间 ▷前～我身体不太好。❷ 副 向来；从某时到现在 ▷他～敢作敢当|我～喜欢读书。

【一小儿】yīxiǎor 副〈口〉从小 ▷他～就爱运动。

【一小撮】yīxiǎocuō 可用手指撮取的一点儿，形容为数很少（用于人时含贬义）▷～盐|～坏人。

【一笑置之】yīxiào-zhìzhī 微微一笑，就把它放在一边。表示不屑理会。

【一些】yīxiē ❶ 表示少量 ▷有～花开了。❷ 表示数量不定 ▷干～轻活儿|给他～温暖。❸ 表示不止一个或不止一次等 ▷发表过～文章。❹ 用在某些动词、形容词等之后，表示微小的量 ▷人走了～|态度好了～。

【一泻千里】yīxiè-qiānlǐ 形容江河奔流直下的气势；也形容文章的气势流畅奔放或事物发展变化极快。☛"泻"不要误写作"泄"。

【一心】yīxīn ❶ 形 同心；齐心 ▷团结～，共同奋斗|军民～守边疆。❷ 副 整个心思地；全部精力地 ▷他～扑在写作上|～为民。

【一心为公】yīxīn-wèigōng 全心全意为公众或集体着想。

【一心一德】yīxīn-yīdé 同心同德；思想、信念一致。

【一心一意】yīxīn-yīyì 指意念专一，不想别的。

【一新】yīxīn 动 变成全新 ▷面目～。

【一星儿】yīxīngr〈口〉极少的一点儿 ▷这伙儿歹徒没有～人性。

【一星半点儿】yīxīng-bàndiǎnr 形容极少的一点儿 ▷这～的成绩不值一提。

【一行】yīxíng 名 同行的人 ▷代表团～|～8人游览了故宫。☛"行"这里不读háng。

【一宿】yīxiǔ 一夜 ▷～没有睡着。

【一言既出，驷马难追】yīyán-jìchū，sìmǎ-nánzhuī 一句话说出了口，就是套四匹马拉的车也追不回来。表示话说出了口，就无法再收回；也表示说话算数，不会反悔。☛ ㊀"既"不要误写作"即"。㊁"驷"不要误写作"四"。

【一言九鼎】yīyán-jiǔdǐng 一句话的分量像九鼎那样重（九鼎：传说夏禹铸造的九个大鼎，象征九州，借指极重的分量）。形容所说的话能起决定性的作用。☛ 跟"一诺千金"不同。"一言九鼎"侧重于言语的分量，强调作用极大；"一诺千金"侧重于言语的价值，强调信誉极高。

【一言难尽】yīyán-nánjìn 一句话是说不清楚的。表示事情曲折复杂。

【一言堂】yīyántáng ❶ 名 旧时店铺挂的匾额，上写"一言堂"，表示不能还价。❷ 名 比喻不听群众意见独断专行的作风（跟"群言堂"相对）。

【一言为定】yīyánwéidìng 说了就算数，不更改，不反悔。

【一言一行】yīyán-yīxíng 泛指每句话和每个举动。

【一言以蔽之】yī yán yǐ bì zhī 用一句话来概括（蔽：概括）。

【一氧化碳】yīyǎnghuàtàn 名 无色无臭气体，是碳的不完全氧化产物，有毒。煤气中大量含有，可作燃料和化工原料，冶金工业中还能作还原剂。通常所说的煤气中毒，就是由室内一氧化碳过量引起。

【一样】yīyàng ❶ 形 情况相同，没有差别 ▷处境～。❷ 助 附在动词或名词性词语之后，表示比喻或者说明情况相似，相当于"似的" ▷飞～地跑了|再也不过牛马～的生活了。

【一叶蔽目】yīyè-bìmù 一叶障目。

【一叶障目】yīyè-zhàngmù 一片叶子遮住了眼睛。比喻为局部或表面现象所迷惑，看不到全局或看不清根本的问题。

【一叶知秋】yīyè-zhīqiū 看到一片落叶就知道秋天来临。比喻从细微的变化中可以洞察到事物发展的趋势。

【一一】yīyī 副 逐个；一个一个地 ▷来件要～进行登记。

【一衣带水】yīyīdàishuǐ 像一条衣带那么窄的水面。原形容水面狭窄；现形容仅一水之隔，来往方便 ▷中日两国是～的邻邦。

【一以贯之】yīyǐguànzhī 原指孔子的忠恕之道贯穿于他的整个学说之中。后泛指用一种思想、理论或方法等贯穿事物始终 ▷～地坚守初心|他的作品，朴素、稳健的创作风格～。

【一意孤行】yīyì-gūxíng 固执地按自己的意愿行事，而不听批评或劝告。

【一应】yīyīng 代 一切 ▷～筹备工作由你负责|～费用。

【一应俱全】yīyīng-jùquán 所有一切都齐全；一切应该有的全有。☛ ㊀"应"这里不读yìng。

㊁"俱"不要误写作"具"。

【一隅】 yīyú ❶ 图 一个角落或一个较小的地区；一个方面 ▷广场～｜西南～｜～三反(举一反三)。❷ 形 偏于一个方面的 ▷～之说｜偏执～。☛"隅"不读 ǒu。

【一语道破】 yīyǔ-dàopò 一句话就说穿了事情的真相。☛ 参见本页"一语破的"的提示。

【一语破的】 yīyǔ-pòdì 一句话说到要害处(的：箭靶的中心)。也说一语中的。☛ 跟"一语道破"不同。"一语破的"中的"破的"是动宾关系，意思是说中要害；"一语道破"中的"道破"是动补关系，意思是说穿本质或真相。

【一语双关】 yīyǔ-shuāngguān 一句话含两个意思，即表面上一个意思，而暗中还藏着另一个意思。

【一元化】 yīyuánhuà 动 使多种形式变成单一形式；使分散走向统一(跟"多元化"相对) ▷领导体制～。

【一元论】 yīyuánlùn 图 认为世界只有一个本原的哲学理论(跟"多元论"相区别)。唯物主义的一元论主张物质是世界的本原；唯心主义的一元论主张精神是世界的本原。

【一再】 yīzài 副 一次又一次地 ▷～强调｜～说明。☛ 参见 1714 页"再三"的提示。

【一早】 yīzǎo 图〈口〉清晨；日出前后 ▷明天～我们就去｜他每天～就上公园打太极拳。

【一眨眼】 yīzhǎyǎn 形 眨眼之间，形容时间极短 ▷机群飞过，～就消失了｜～的工夫。

【一展身手】 yīzhǎn-shēnshǒu 把拿手本领展现一番 ▷选手们大可以～。也说一显身手。

【一站式】 yīzhànshì 区别 把各种手续集中在一处一次办妥的 ▷实行～服务，提高工作效率｜～办公。也说一门式。

【一张一弛】 yīzhāng-yīchí《礼记·杂记下》："张而不弛，文武弗能也；弛而不张，文武弗为也。一张一弛，文武之道也。"(张：绷紧弓弦；弛：放松弓弦)原比喻治国宽严结合；现多比喻工作、生活有劳有逸，劳逸结合。

【一长制】 yīzhǎngzhì 图 由一个首长负责的管理制度。即由单位的一位主要负责人对整个单位全面领导，全权处理这个单位的行政、业务等各项工作。

【一朝】 yīzhāo 副 一旦② ▷～权在手，便把令来行。☛"朝"这里不读 cháo。

【一朝一夕】 yīzhāo-yīxī 一个早晨或一个晚上，指短暂的时间。

【一针见血】 yīzhēn-jiànxiě 比喻言辞直截了当，切中要害。☛"血"这里不读 xuè。

【一针一线】 yīzhēn-yīxiàn 借指数量极少的财物 ▷不拿群众～。

【一枕黄粱】 yīzhěn-huángliáng 见 604 页"黄粱梦"。☛"粱"不要误写作"梁"。

【一阵】 yīzhèn 指动作或情况持续的一段时间 ▷干了～｜这～他身体不好。也说一阵子。

【一阵风】 yīzhènfēng ❶ 副 表示动作像刮风那样迅速 ▷大家～似的跑了过来。❷ 形 比喻做事不能持久 ▷搞精神文明建设，不能～。

【一争高低】 yīzhēnggāodī 在竞争中比出好坏优劣。

【一整套】 yīzhěngtào 完整的或成系统的一套 ▷建立～完善的科学评价标准。

【一怔】 yīzhèng 动 发一下愣 ▷机器突然停转，大家～，不知是什么原因。

【一枝独秀】 yīzhī-dúxiù 一根枝杈特别地秀美。形容人或事物的优点或成绩特别突出。

【一知半解】 yīzhī-bànjiě 知道的不多，理解肤浅。

【一直】 yīzhí ❶ 副 表示不改变方向 ▷～向北走。❷ 副 表示动作或状态始终持续不变 ▷～在看书｜头～很烫。❸ 副 表示所涉及的范围 ▷从领导～到群众都很重视。☛ 参见 1251 页"始终"的提示。

【一纸空文】 yīzhǐ-kōngwén 只是写在纸上却不能兑现的条约、计划、规划等。

【一致】 yīzhì ❶ 形 相同；没有分歧 ▷目标～｜～的意见。❷ 副 一齐；一同 ▷～支持。

【一掷千金】 yīzhì-qiānjīn 原指赌博时一注就赌上千金；后形容任意挥霍浪费。

【一专多能】 yīzhuān-duōnéng 既有一门专长，又兼有多种能力 ▷培养～人才。

【一砖一瓦】 yīzhuān-yīwǎ 指极小的普通事物 ▷他对这里的一草一木、～都寄予深情。

【一转眼】 yīzhuǎnyǎn 形 转眼之间，形容时间很短 ▷～就毕业了｜他～工夫就跑得没影子了。

【一准】 yīzhǔn 副 必定；准定 ▷试验～成功。

【一字长蛇阵】 yīzì chángshézhèn 古代原指军队排成的"一"字形横阵；现形容人或物排成很长的队 ▷等待渡河的汽车排成了～。

【一字千金】 yīzì-qiānjīn《史记·吕不韦列传》记载：秦相吕不韦让门客编成《吕氏春秋》，公布于咸阳城门，说有能在其上增减一字者，赏千金。后用"一字千金"称赞诗文非常精彩。

【一字一板】 yīzì-yībǎn 形容说话从容不迫，口齿清楚。

【一总】 yīzǒng ❶ 副 表示合在一起(计算) ▷买文具用品先记上账，月底～结算。❷ 副 统统；全都 ▷今天赶集，你把年货～买回来。

【一走了之】 yīzǒu-liǎozhī 指走开不管或丢下不顾。

伊[1] yī ❶ 助〈文〉用在主语或谓语前面，加强句子的语气或感情色彩 ▷～谁之力｜下车～始。〇❷图姓。

伊[2] yī ❶代〈文〉用在名词前，起指示作用，相当于“这(个)”“那(个)” ▷所谓～人，在水一方｜～年暮春。→❷代称第三者，相当于“他”或“她”(五四前后有的文学作品中专指女性)。

【伊甸园】yīdiànyuán 图《旧约全书》中称人类始祖亚当、夏娃所居住的乐园；借指人间乐园(伊甸：希伯来语‘Ēden 音译)。

【伊人】yīrén 图〈文〉那个人(多指女性) ▷不见～的倩影。

【伊始】yīshǐ 动〈文〉开始 ▷新年～。

【伊斯兰教】yīsīlánjiào 图世界三大宗教之一。公元7世纪初阿拉伯人穆罕默德创立的一神教，信奉安拉，以《古兰经》为经典。盛行于亚洲西部、非洲北部。唐代(7世纪中叶)传入我国，是我国回、维吾尔、哈萨克等少数民族信奉的宗教(伊斯兰：阿拉伯语 Islām 音译)。我国以前也说清真教、回教。

衣 yī ❶图衣服 ▷节～缩食｜～冠楚楚｜穿～吃饭｜大～｜外～｜风雨～。→❷图像衣服一样包在物体外面的东西 ▷糖～｜炮～。→❸图母体内包裹胎儿的胎盘和胎膜 ▷胎～｜胞～。〇❹图姓。

【衣摆】yībǎi 图衣服的下摆。

【衣胞】yībāo 图胞衣。

【衣钵】yībō 图佛教僧尼传授给弟子的袈裟和钵盂；现多比喻师授的思想、学说、技能等 ▷传授～｜不囿于先师的～。

【衣不蔽体】yībùbìtǐ 衣服破烂，不能遮蔽身体。形容贫困到极点。

【衣不解带】yībùjiědài (睡觉时)不脱衣服(解带：解开衣带，指脱衣服)。形容十分繁忙。

【衣带】yīdài 图束在衣服腰间的带子；借指衣着 ▷～渐宽终不悔。

【衣袋】yīdài 图衣兜。

【衣兜】yīdōu 图衣服上的口袋。也说衣袋。

【衣服】yīfu 图穿在身上遮体御寒并起美化作用的物品。

【衣冠】yīguān ❶图衣服和帽子；泛指衣着穿戴 ▷～简朴｜～整齐。❷动穿衣戴帽 ▷～禽兽。☛“冠”这里不读 guàn。

【衣冠楚楚】yīguān-chǔchǔ 形容衣着鲜亮整齐(楚楚：衣着鲜明整齐的样子)。

【衣冠禽兽】yīguān-qínshòu 穿衣戴帽的畜生。比喻道德败坏、行为卑劣的人。

【衣冠冢】yīguānzhǒng 图只埋着死者衣帽等遗物的坟墓。也说衣冠墓。

【衣架】yījià ❶图挂衣服的架子；悬挂衣服的家具。❷图指人的体型；身架 ▷他的～好，穿什么衣服都精神。

【衣角】yījiǎo 图上衣下摆两边的角 ▷她一边低头说话，一边不停地摆弄着～。

【衣襟】yījīn 图上衣或袍子前面的部分，包括大襟和底襟。☛不要写作“衣衿”。

【衣锦还乡】yījǐn-huánxiāng 旧指做官以后，穿着锦绣的官服回到故乡，显示荣耀(衣：旧读 yì)；后泛指富贵后荣归故里。也说衣锦荣归。

【衣裤】yīkù 图上衣和裤子的合称。

【衣料】yīliào 图制作衣服用的布料，包括棉布、丝绸、呢绒、化纤制品等。

【衣领】yīlǐng 图衣服的领子。

【衣帽间】yīmàojiān 图住宅居所或某些公共场所中，供存放衣帽、更衣和梳妆用的房间或空间。

【衣裙】yīqún 图衣服和裙子；特指裙子。

【衣衫】yīshān 图单衣；泛指衣服 ▷～破旧。

【衣裳】yīshang 图〈口〉衣服。

【衣食】yīshí 图穿的和吃的；泛指基本生活资料 ▷～不愁。

【衣食父母】yīshí-fùmǔ 供给衣食的父母。比喻赖以生存的人。

【衣食无虞】yīshí-wúyú 穿衣吃饭方面没有忧虑(虞：忧虑)。形容基本生活资料有保障。

【衣食住行】yī-shí-zhù-xíng 穿衣、吃饭、居住、行路。指物质生活的基本条件。

【衣饰】yīshì 图衣着和装饰；服饰。

【衣物】yīwù 图衣服鞋帽等；有时也包括其他日常用品。

【衣袖】yīxiù 图袖子。

【衣鱼】yīyú 图昆虫，体细而长，似鱼，头小，触角鞭状，无翅，有三条长尾毛，背部有银色细鳞。常啮食衣服、书籍等。也说蛃鱼、蠹鱼。

【衣原体】yīyuántǐ 图微生物的一类，球状或链状。只能在活细胞中生长繁殖，能引起人、家畜、鸟类的多种疾病。

【衣装】yīzhuāng ❶图〈文〉衣服和行囊 ▷打点～。❷图衣着；装束 ▷～整洁｜春季～。

【衣着】yīzhuó 图身上穿戴的衣、帽、鞋、袜等 ▷～入时｜～朴素。☛不要写作“衣著”。

医(醫) yī ❶图医生 ▷牙～｜军～｜神～。→❷动治疗 ▷头痛～头，脚痛～脚｜～治｜～疗。→❸图防治疾病的科学或工作 ▷他是学～的｜从～多年｜～科大学。〇❹图姓。☛最后一画是竖折(乚)。

【医案】yī'àn 图中医临床实践的记录，包括症状、病理、治法和用药的药名、剂量、炮制法及服用法等(也用于书名) ▷《清代名医～精华》｜参阅了前人的大量～。

【医道】yīdào 图医术(多指中医) ▷深谙～。

【医德】yīdé 图医务工作者应具备的职业道德 ▷～修养｜讲究～。

【医方】yīfāng 名 诊治疾病的处方 ▷搜集名医～|药店凭～抓药。

【医官】yīguān 名 旧时指掌管医务工作的官员或对医生的尊称。

【医护】yīhù 动 医治和护理 ▷悉心～|～人员。

【医患】yīhuàn 名 医务人员与患者的合称 ▷构建和谐～关系|～矛盾。

【医科】yīkē 名 医疗、药物、公共卫生等学科的统称 ▷～大学|学习～基本知识。

【医理】yīlǐ 名 医学理论;医药知识 ▷他不仅精通～,医德也很高尚。

【医疗】yīliáo 动 治疗疾病 ▷～保健|～事故。

【医疗保险】yīliáo bǎoxiǎn 社会保险的一种。被保险人因患病、负伤等就医时,由国家和社会按保险合同的约定,负责向被保险人支付一定的医疗补偿。一般分为住院费用保险、门诊费用保险等。简称医保。

【医疗队】yīliáoduì 名 由若干医护人员组成,临时外出执行医疗任务的队伍。

【医疗站】yīliáozhàn 名 设在街道或集镇里的小型医疗机构。

【医闹】yīnào 名 以医疗纠纷为借口闹事讹诈医院的行为或人 ▷依法打击～,维护医疗秩序。

【医生】yīshēng 名 掌握医药卫生知识、以防治疾病为职业的人的统称。

【医师】yīshī 名 受过高等医学教育或具有同等能力,有较丰富的实践经验,并经国家卫生部门审查合格的负主要医疗责任的医务人员。

【医士】yīshì 名 受过中等医学教育或具有同等能力,有一定的实践经验,并经国家卫生部门审查合格的负一定医疗责任的医务人员。

【医书】yīshū 名 有关医学的书籍。

【医术】yīshù 名 医疗技术 ▷～高超。

【医托儿】yītuōr 名 为某些行医者诱骗患者就医,以从中牟利的人。

【医务】yīwù 名 对疾病的预防、诊断、治疗、护理等事务 ▷～部门|～工作。

【医务室】yīwùshì 名 机关、企事业等单位中提供医疗服务的科室。

【医学】yīxué 名 以预防和治疗疾病、保护和增进人类健康为研究内容的科学。

【医药】yīyào 名 医务和药品;有时专指药品 ▷～费|～公司。

【医院】yīyuàn 名 以诊断、治疗和护理病人为主要任务,并设有住院病房的医疗机构。也兼做健康检查、疾病预防等工作。

【医治】yīzhì 动 治疗 ▷～疾病◇～战争创伤。

【医嘱】yīzhǔ 名 医生根据病情对病人在用药、饮食等方面的嘱咐 ▷遵～用药。

依 yī ❶ 动 挨着;紧靠 ▷～山傍水|～偎。→ ❷ 动 依赖;依靠 ▷相～为命|～附。❸ 动 同意;答应 ▷你就～了他吧|你必须～我一件事|不～不饶|～从|～顺。❹ 介 引进动作、行为所遵从的标准或依据,相当于"按照"或"根据" ▷～次就座|～法惩处|～你的意思去办。○ ❺ 名 姓。

【依傍】yībàng ❶ 动 依② ▷母女相互～。❷ 动 参照;模仿(多指艺术、学术方面) ▷～前贤。

【依此类推】yīcǐ-lèituī 以此类推。

【依次】yīcì 副 依照次序 ▷～坐定|～出场。

【依从】yīcóng 动 依顺听从 ▷～真理。

【依存】yīcún 动 依附对方而存在 ▷矛盾的双方互相～,又互相对立。

【依法】yīfǎ ❶ 副 依照法律 ▷～治国|～判决。❷ 副 依照某种方法;按照一定模式 ▷～炮制。

【依附】yīfù ❶ 动 附着 ▷爬山虎～墙壁生长。❷ 动 投靠;从属 ▷～权势|～于他人。

【依归】yīguī 〈文〉❶ 动 依靠;依赖 ▷无可～。❷ 名 出发点和归宿 ▷何处是～。

【依旧】yījiù ❶ 动 (情况)照旧,没有改变 ▷涛声～|风采～。❷ 副 表示情况跟原先一样 ▷风～刮个不停|生活～很艰难。

【依据】yījù ❶ 动 以某种事实或理论作为根据 ▷此处改动是～《普通话异读词审音表》。❷ 名 依照的根据 ▷以客观事实为～。❸ 介 引进动作行为的根据 ▷～事实进行推理。

【依靠】yīkào ❶ 动 仰仗;凭借 ▷～自己的力量|～科技致富。❷ 名 可以仰仗、凭借的人或事物 ▷他想找个～|有了～。

【依赖】yīlài ❶ 动 完全依靠且离不开 ▷不能总～父母。❷ 动 彼此互为条件,不可分离 ▷种植业和农产品加工业互相～。

【依恋】yīliàn 动 因留恋而舍不得离开 ▷海外游子的心深深地～着祖国。

【依凭】yīpíng ❶ 动 依仗;凭借 ▷～险要固守阵地。❷ 名 证据;凭证 ▷以事实和发票为～。

【依然】yīrán ❶ 动 像原来一样 ▷风物～,人事全非。❷ 副 仍然 ▷她～那么年轻。

【依然故我】yīrán-gùwǒ 仍是自己原来的老样子。多形容思想、地位等没有变化。☛ "故"不要误写作"固"。

【依然如故】yīrán-rúgù 仍旧像从前一样 ▷他的性格～。☛ "故"不要误写作"固"。

【依山傍水】yīshān-bàngshuǐ 靠着山,临近水。多形容地理位置好,环境优美。

【依顺】yīshùn 动 听从;顺从 ▷大伙儿都～他。

【依随】yīsuí 动 依顺 ▷你这回就～了他吧!

【依托】yītuō ❶ 动 依靠① ▷～自然资源优势,

大力发展旅游业。❷ 名 可以依靠的人或事 ▷以近海为～，积极发展水产养殖业。

【依偎】yīwēi 动 紧靠在一起 ▷互相～着取暖。

【依稀】yīxī 形 隐隐约约，模糊不清 ▷远处琴声～可闻｜梦里～慈母泪。

【依循】yīxún 动 依照；遵循 ▷～成规｜～旧例。

【依依】yīyī ❶ 形 形容轻柔地随风摆动 ▷～芳草｜垂柳～。❷ 形 形容依恋而不忍分离 ▷～难舍故乡情｜～不舍｜～惜别。

【依允】yīyǔn 动 听从；同意 ▷你就～了他吧！

【依仗】yīzhàng 动 依靠；仗恃 ▷～权势。

【依照】yīzhào ❶ 动 以某事物为依据进行 ▷评优要～章程。❷ 介 引进行事的某种标准等，相当于"按照" ▷～法律办事｜～规定纳税。

祎（禕） yī 形〈文〉美好。☛ 跟"袆(huī)"不同。"祎"左边是"礻"，不是"衤"。

咿（*吚） yī 见下。

【咿唔】yīwú 拟声 模拟读书的声音 ▷～吟诵。

【咿呀】yīyā ❶ 拟声 模拟小孩儿学说话的声音 ▷～学语。❷ 拟声 模拟琴声、摇桨声等。

洢 yī 名 洢水，水名，在河南，今作伊河。

椸 yī 见 1625 页"移(yí)椸"。

铱（銥） yī 名 金属元素，符号 Ir。银白色，质硬而脆，高温时有延展性，熔点很高，是化学性质最稳定的金属。多用于制造科学仪器。

【铱金笔】yījīnbǐ 名 用铱和铂的合金做笔尖的钢笔。

猗 yī〈文〉❶ 助 表示感叹语气，相当于"啊"。〇 ❷ 叹 表示赞美(多与其他叹词合用)，相当于"啊" ▷～哉｜～欤盛哉。

揖 yī ❶ 动〈文〉两手抱拳，置于胸前，一种行礼方式 ▷作～｜开门～盗。〇 ❷ 名 姓。

【揖让】yīràng 动 拱手作揖，互相谦让。是古代宾主相见的一种礼节 ▷宾主频频～。

壹 yī 数 数字"一"的大写。

椅 yī [椅桐] yītóng 名 山桐子。
另见 1632 页 yǐ。

婴 yī [婴婗] yīní 名〈文〉婴儿。

漪 yī 名〈文〉波纹 ▷碧～荡漾｜涟～。

【漪澜】yīlán 名〈文〉水波 ▷～不兴。

噫 yī 叹〈文〉表示悲叹伤感，相当于"唉" ▷～，天丧予(老天爷要毁灭我啦)！

繄 yī 助〈文〉多用于句首，没有实义，有时相当于"惟[3]" ▷尔有母遗(wèi)，～我独无。

黟 yī 名 黟县，地名，在安徽。

鷖 yī 名〈文〉鸥。

yí

匜 yí 名 古代一种形状像瓢的器具，盛水、酒用。参见插图 15 页。

仪（儀） yí ❶ 名〈文〉法度和准则 ▷～则。→ ❷ 名 礼节；仪式 ▷礼～｜司～。❸ 名 礼物 ▷谢～｜贺～。→ ❹ 名 仪表① ▷～容｜威～。→ ❺ 名 仪器；仪表② ▷半圆～｜浑天～。→ ❻ 动 倾心 ▷心～。〇 ❼ 名 姓。

【仪表】yíbiǎo ❶ 名 指人好的外表(包括容貌、举止、风度等) ▷～端庄｜～不凡。〇 ❷ 名 用来测量各种自然量(如温度、血压、电压、电量等)的仪器。

【仪表堂堂】yíbiǎo-tángtáng 形容人容貌端庄、举止大方、风度不凡。

【仪礼】yílǐ ❶ 名 中国古代儒家六部经典之一。是研究秦汉以前社会情况、典章制度、各种仪礼和儒家思想的重要典籍。也说《礼经》。❷ 名 礼仪；礼节 ▷～繁冗｜不拘～。

【仪器】yíqì 名 科学技术上用于实验、检测、绘图、计量等的各种精密器具或装置。

【仪容】yíróng 名 人的风貌 ▷～端庄。

【仪式】yíshì 名 礼仪的程序和形式 ▷欢迎～｜升旗～｜～庄重。

【仪态】yítài 名 仪表①(多指举止、风度) ▷～万千｜～万方。

【仪仗】yízhàng ❶ 名 古代帝王、官员出行时，护卫及侍从人员所持的兵器、旗帜等。❷ 名 国家举行大典、迎送外国贵宾时，执行礼仪任务的兵士所持的武器等；也指群众游行队伍前面举着的彩旗、标语、图表、模型等。

【仪仗队】yízhàngduì 名 在举行隆重典礼、迎送外国贵宾时负责执行礼仪任务的专门部队，有的还带有军乐队；也指游行时手持仪仗走在前面的队伍。

圯 yí 名〈文〉桥。☛ 跟"圮(pǐ)"不同。

夷[1] yí ❶ 名 我国古代对东部民族的称呼，也泛称中原周边的各民族 ▷淮～｜东～｜四～。→ ❷ 名 旧时泛指外国或外国人 ▷～情｜华～杂处。〇 ❸ 名 姓。

夷[2] yí ❶ 形 平坦；平安 ▷履险如～｜化险为～。→ ❷ 动 铲平；削平 ▷～为平地。❸ 动〈文〉消灭；除掉 ▷～灭｜～戮。☛ "夷"字的笔顺是一ㄱ彐弓夷，6 画。

【夷狄】yídí 名 古代对东部民族和北部民族的合

称,也泛称少数民族。

【夷灭】yímiè 动 杀掉;消灭 ▷~九族。

【夷为平地】yíwéipíngdì 毁掉(建筑物等)使成为平地。

【夷族】yízú 动 夷灭宗族,古代一种酷刑。历代有所不同,有夷灭三族的,有夷灭九族的。

沂 yí 名 沂河,水名,发源于山东,流入江苏。

诒(詒) yí 动〈文〉留传;送给。另见 266 页 dài。

迤 yí 见1424 页"逶(wēi)迤"。另见 1631 页 yǐ。

饴(飴) yí 名 饴糖;今泛指某些软糖 ▷甘之如~|高粱~。

【饴糖】yítáng 名 以含有淀粉的物质为原料,经糖化和加工制成的糖。含有麦芽糖、葡萄糖等,味甜爽口,用于制作糖果等。也说糖饴。

沶 yí 名 沶水,古水名,在今湖北的保康、南漳、宜城一带。

怡 yí 形 喜悦;愉快 ▷心旷神~|~然自得|~乐。

【怡然】yírán 形 形容高兴的样子 ▷神色~。

【怡然自得】yírán-zìdé 形容喜悦而满足的样子。

【怡人】yírén 动 令人愉悦 ▷景色~。

【怡悦】yíyuè 形 愉快喜悦 ▷~的心情。

宜 yí ❶ 形 合适;适当 ▷适~|相~|合~|得~。→ ❷ 动 适合于 ▷景色~人|这间屋子最~读书写字。→ ❸ 动 应该(多用于否定) ▷~早不~晚|事不~迟。❹ 副〈文〉表示理应发生,相当于"当然""无怪" ▷~其事倍而功半。○ ❺ 名 姓。

【宜居】yíjū 动 适合居住 ▷环境~|~城市。

【宜人】yírén 动 适合人的心意或需要 ▷春色~。

【宜于】yíyú 动 适合于 ▷此会~六月召开。

荑 yí 动〈文〉除掉田里的杂草 ▷芟~。另见 1348 页 tí。

咦 yí 叹 表示惊异 ▷~,你是怎么知道的?|~,怎么转眼人就不见了?

贻(貽) yí ❶ 动〈文〉赠;送给 ▷~赠|馈~。→ ❷ 动 留下;遗留 ▷~人口实|~笑大方|~患。

【贻贝】yíbèi 名 软体动物,壳略呈三角形,黑褐色,生活在浅海岩石间。肉煮熟晒干制成的食品叫淡菜。通称壳(qiào)菜。参见插图 3 页。

【贻害】yíhài 动 留下祸患 ▷~社会|~青年。

【贻害无穷】yíhài-wúqióng 遗留的祸患无穷无尽。形容后果极为严重。也说贻患无穷。

【贻人口实】yírén-kǒushí 予人口实。

【贻误】yíwù ❶ 动 因错误遗留下来而造成不良后果 ▷~子孙。❷ 动 耽误 ▷~公事。

【贻笑大方】yíxiào-dàfāng 被行家笑话(大方:有专门学问的人)。

姨 yí ❶ 名 妻子的姐妹 ▷大~子|小~子。→ ❷ 名 母亲的姐妹 ▷大~|二~|~妈。❸ 名 称年纪同自己母亲差不多的妇女 ▷张~|李~。

【姨表】yíbiǎo 名 姐妹双方子女之间的亲戚关系(跟"姑表"相区别) ▷~兄妹|~亲。

【姨夫】yífu 名 姨父。

【姨父】yífu 名 姨妈的丈夫。也说姨夫、姨丈。

【姨姥姥】yílǎolao 名 外祖母的姐妹。

【姨姥爷】yílǎoye 名 外祖母的姐夫或妹夫。

【姨妈】yímā 名 母亲的已婚姐妹。也说姨母。

【姨母】yímǔ 名 姨妈。

【姨奶奶】yínǎinai ❶ 名 祖母的姐妹。❷ 名 姨太太。

【姨娘】yíniáng 名 旧时子女称呼父亲的妾。

【姨太太】yítàitai 名 妾①。

【姨丈】yízhàng 名 姨父。

栘 yí 名〈文〉棠棣。

【栘栎】yíyī 名 常绿乔木,叶子披针形或卵状披针形,早春开花,白色。果实和树皮可以做药材。

眙 yí 用于地名。如盱眙,在江苏。另见 186 页 chì。

胰 yí 名 人和脊椎动物及部分无脊椎动物体内的一种分泌胰液和胰岛素的腺体。人的胰在胃的后下方,形状像牛舌。胰液能帮助消化,胰岛素可以调节体内糖的新陈代谢。也说胰腺、胰脏。

【胰岛素】yídǎosù 名 人和动物胰脏的胰岛细胞分泌的一种蛋白质类激素。能调节糖的代谢,促进脂肪蛋白质的合成,加速组织中葡萄糖的氧化和利用。胰岛素分泌不足会导致血糖升高,引起糖尿病。

【胰腺】yíxiàn 名 胰。

【胰液】yíyè 名 胰腺分泌出的一种消化液。无色透明,呈碱性,内含多种消化酶,能分解蛋白质、脂肪和淀粉等,经导管排入十二指肠。

【胰脏】yízàng 名 胰。

【胰子】yízi〈口〉❶ 名 猪、羊等的胰脏。❷ 名 肥皂。

宧 yí 名〈文〉屋子内的东北角。☛ 跟"宦(huàn)"不同。下边是"𦣞",不是"臣"。

扅 yí 见1587 页"扊(yǎn)扅"。

虵 yí 见1424 页"委(wēi)虵"。另见 1212 页 shé。

移(*迻) yí ❶ 动 变动所在的位置 ▷把花~到盆里去|~栽|迁~。→ ❷ 动 改变;变更 ▷~风易俗|坚定不~。

【移动】yídòng 动 挪动;变动位置 ▷～一下落地扇|热带风暴正向东南沿海～。

【移动靶】yídòngbǎ 名 在射击训练中,不断变换位置的射击目标。

【移动办公】yídòng bàngōng 一种办公方式,通常指利用可移动的终端,通过互联网随时随地处理工作事务。也说 3A 办公,即在任何时间(Anytime)、任何地点(Anywhere)处理与业务相关的任何事情(Anything)。

【移动电话】yídòng diànhuà 可以在移动状态下跟其他电话用户进行通信的系统;也指这种通信系统的终端。如手机、对讲机、车载电话等。

【移动电视】yídòng diànshì 可以在移动状态下接收音像信号并播放音像的电视,多安装在交通工具上。

【移动电源】yídòng diànyuán 可移动的供电设备。大型移动电源一般装有发电机组,可自行发电,为野外无电网区域的作业提供电力。便携式移动电源一般内装电池,先行充电后可为手机、平板计算机等供电。便携式移动电源通称充电宝。

【移动互联网】yídòng hùliánwǎng 移动通信和互联网结合成一体的传播系统。它综合了移动通信随时、随地、随身和互联网分享、开放、互动的优势。

【移动通信】yídòng tōngxìn 利用无线电波传递信息,用户可以携带移动通信设备(如手机)在移动通信网络所覆盖的范围内随时联络的通信方式;也指这种通信服务。

【移动硬盘】yídòng yìngpán 以硬磁盘为存储介质的移动存储产品。由硬磁盘和一个外壳组成。具有容量大、体积小、便于携带等特点,可通过 USB 接口与计算机连接。

【移动支付】yídòng zhīfù 购买商品或服务,通过手机等移动通信工具在网上付款。

【移防】yífáng 动 军队奉命转移驻防地点。

【移风易俗】yífēng-yìsú 改变旧的风俗。

【移行】yíháng 动 移动行列;特指用拼音文字或汉语拼音字母书写或排版时,一个词在上行末安排不下,按一定规则分拆一部分字母移至下行之首。

【移花接木】yíhuā-jiēmù 移植、嫁接花草树木;比喻暗地里施手段更换人或事物以达到某种目的。

【移交】yíjiāo ❶ 动 把人或事物转交给负责管理或处置的人或机构 ▷有关材料已～组织部。❷ 动 离职前把自己经管的工作、物品等交代给相关的人 ▷向新到任的人～工作。

【移解】yíjiè 动 押送犯人到另一个地方。

【移居】yíjū 动 迁居(一般指迁居别地) ▷～法国|～南方。

【移苗】yímiáo 动 把秧苗移植到另外的地方;特指从苗床移至田地栽种。

【移民】yímín ❶ 动 居民迁移到外地或外国去 ▷为脱贫而～|～海外。❷ 名 迁移到外地或外国定居的人 ▷三峡库区～|外国～。

【移情】yíqíng ❶ 动 改变人的情趣 ▷好的文艺作品可以～。❷ 动 审美活动中审美者把主观感情移入客观事物;文艺创作活动中创作者把主观感情注入客观对象而创造出艺术形象。❸ 动 转移恋爱的对象 ▷～别恋。

【移山倒海】yíshān-dǎohǎi 迁移高山和大海。形容人类改造自然的巨大力量和伟大气魄。

【移师】yíshī 动 转移部队(到某处) ▷～江南。

【移送】yísòng 动 把事情转交有关方面(处理) ▷此案已～当地检察院立案审理。

【移位】yíwèi 动 位置有所移动 ▷膝关节～。

【移译】yíyì 动〈文〉翻译。☛ 不要写作"迻译"。

【移易】yíyì 动 改换;变更 ▷此项原则不可～。

【移用】yíyòng 动 把专用于某方面的财物、方法等拿到别的地方用 ▷不得～防汛物资|不同学科的研究方法,有的可以～,有的则不可以。

【移栽】yízāi 动 把植物(多为幼苗)移到另一处栽种 ▷菜秧已全部～好了|～果树。

【移植】yízhí ❶ 动 将秧苗或树木移到别处栽种。❷ 动 将机体的某器官或某组织移到同一机体或另一机体的有缺陷的部位 ▷血管～|肾脏～。❸ 动 比喻引进别处的经验、成果等 ▷将三厂的经验～到本厂。

【移樽就教】yízūn-jiùjiào 端着酒杯到别人席上共饮,以便请教(樽:酒器)。形容主动恭敬地向人求教。☛ "教"这里不读 jiāo。

痍 yí 名〈文〉创(chuāng)伤 ▷伤～|满目疮～。

遗(遺) yí ❶ 动 因为疏忽而丢失 ▷～失。→ ❷ 动 脱漏;疏漏 ▷～漏|～忘。→ ❸ 名 丢失或漏掉的东西 ▷路不拾～|补～。→ ❹ 动 留下 ▷不～余力|～臭万年|～迹|～风|～留。❺ 动 特指死者留下 ▷～产|～容|～愿|～嘱。→ ❻ 动 不自主地排泄(粪便或精液) ▷～尿|～精。☛ 通常读 yí,用于表示丢失、疏漏、留下等;读 wèi,带文言色彩,指赠予,如"遗之千金"。

另见 1435 页 wèi。

【遗案】yí'àn 名 遗留下来还没处理的案件 ▷复查～。

【遗产】yíchǎn ❶ 名 死者留下的财产 ▷继承母亲的～。❷ 名 指历史上遗留下来的物质和精神财富 ▷继承优秀的文化～。

【遗产税】yíchǎnshuì 名 对死者遗产所征的一种

税。纳税人是财产继承人。我国当下不征遗产税。

【遗臭万年】yíchòu-wànnián 丑恶的名声永远留传下去,受人唾骂。

【遗传】yíchuán 动 生物体的构造及生理机能等依靠基因传给下一代 ▷那种病不～◇父亲把忠厚的品格～给他了。

【遗传工程】yíchuán gōngchéng ❶ 指把一种生物的细胞核、染色体、脱氧核糖核酸等遗传物质转移到另一种生物的细胞中去,并使这种遗传物质所带的遗传信息在受体细胞中表现出来的操作技术。❷ 特指基因工程。

【遗存】yícún ❶ 动 遗留而保存下来 ▷古代～下来许多恐龙化石。❷ 名 古代遗留下来的东西 ▷原始社会文化～|古代绘画～。

【遗毒】yídú 名 历史遗留下来的有害的思想、风气等 ▷消除封建迷信的～。

【遗风】yífēng 名 遗留下来的风气、作风 ▷前代～|大有其母～。☛ 参见 1679 页“余风”的提示。

【遗腹子】yífùzǐ 名 丈夫死后出生的孩子。

【遗稿】yígǎo 名 死者遗留下来而未刊行的文稿。

【遗孤】yígū 名 死者遗留下的孤儿 ▷抚养～。

【遗骨】yígǔ 名 留存的尸骨 ▷寻找烈士～。

【遗骸】yíhái 名 遗体;尸骨 ▷古墓中有两具～。

【遗憾】yíhàn ❶ 名 遗恨② ▷他终生最大的～就是来不及完成这部巨著。❷ 动 对某种不能弥补的损失感到惋惜;对某种过错或不足感到心里过不去 ▷这样精彩的晚会你都没来,真～|我很～,这次她没能参加演出。❸ 动 外交辞令,表示不满、抗议或歉意。

【遗恨】yíhèn ❶ 动 临终还感到悔恨或不称心 ▷～事业未竟。❷ 名 临终还感到悔恨或不称心的事 ▷千古～。

【遗患】yíhuàn 动 留下祸患或隐患 ▷养痈～。

【遗祸】yíhuò 动 留下祸害。

【遗迹】yíjì 名 过去事物遗留下来的痕迹 ▷地道战的～|原始人活动的～。

【遗教】yíjiào 名 先人遗留下来的教训、学说、主张、著作等 ▷先师～|孙中山～。

【遗精】yíjīng 动 无意中泄出精液。男子(尤其在青春期)睡眠时偶有遗精是正常的生理现象,但遗精频繁是病理现象。

【遗老】yílǎo ❶ 名 指改朝换代后留恋前朝的老年人 ▷封建～。❷ 名 指历经沧桑世变的老人 ▷辛亥革命的～。

【遗留】yíliú 动 某种事物和现象继续保留下来 ▷罪犯作案时～下的指纹|解决历史～问题。

【遗漏】yílòu 动 因疏忽而漏掉不该漏掉的东西 ▷文章～了两个重要数据|毫无～。☛ 参见 1402 页“脱漏”的提示。

【遗落】yíluò ❶ 动 丢失;散失 ▷皮箱～在出租车上了|稿子在搬迁时～了。❷ 动 遗漏;漏掉 ▷成本预算中不该～排污建设费。

【遗民】yímín ❶ 名 亡国之民或大灾大乱后幸存下来的百姓。❷ 名 指改朝换代后仍留恋前朝不肯归顺新朝的人。

【遗墨】yímò 名 死者遗留下来的亲笔文稿、字画、书札等。

【遗尿】yíniào 动 不自主地排尿。三四岁以后遗尿是一种病症。

【遗篇】yípiān 名 前人遗留下来的诗文。

【遗弃】yíqì ❶ 动 丢弃 ▷～杂物。❷ 动 抛弃自己在法律或道义上应当抚养或赡养的亲属 ▷被父母～|他不该～老母亲。☛ 跟“抛弃”有所不同。“遗弃”可以是有意的,也可以是无意的;而“抛弃”都是有意所为。

【遗缺】yíquē 名 因原任职人员离职或死亡而空缺的职位。

【遗容】yíróng ❶ 名 人去世后的容貌 ▷～安详。❷ 名 遗像 ▷大厅里悬挂着鲁迅先生的～。

【遗撒】yísǎ 动 散着落下 ▷垃圾车一路～灰渣。

【遗少】yíshào 名 指改朝换代后留恋前朝的年轻人 ▷前清的遗老～。

【遗失】yíshī 动 遗落丢失 ▷所藏字画大部～。

【遗世独立】yíshì-dúlì 脱离社会,独立于世俗之外,不与人来往。

【遗事】yíshì 名 前人遗留下来的事迹(多用于书名) ▷《大宋宣和～》。

【遗书】yíshū ❶ 名 后人刊印的前人留下来的著作。如《船山遗书》。❷ 名〈文〉散佚的著作 ▷历代～。❸ 名 死者留下的书信 ▷死者枕头底下有一封～。

【遗属】yíshǔ 名 死者的家属 ▷妥善安抚～。

【遗孀】yíshuāng 名 称某人死后留下的寡居的妻子。☛ 用于背称。

【遗体】yítǐ ❶ 名 人的尸体(多含敬意) ▷～告别仪式|捐献～。❷ 名 死亡的动植物。

【遗忘】yíwàng 动 忘记。

【遗闻】yíwén 名 过去遗留下来的传闻 ▷收集历史～。

【遗物】yíwù ❶ 名 死者留下的东西 ▷烈士～|整理～。❷ 名 考古学上指古代人类遗留下来的器物,如生产工具、生活用具等。

【遗像】yíxiàng 名 死者生前的照片或画像。

【遗训】yíxùn 名 前贤留下的或长辈生前说过的含教导和告诫意义的话 ▷先辈～|先父～。

【遗言】yíyán 名 临终留下的话。

【遗业】yíyè ❶ 名 前辈传给后人的基业 ▷继承先辈～。❷ 名 遗留下来的产业、家业。

【遗影】yíyǐng 名 遗留下来的图片或照片；特指遗像。

【遗愿】yíyuàn 名 死者生前留下的心愿 ▷遵从老人～，丧事从简。

【遗赠】yízèng 动 指公民以遗嘱形式将其财产的一部分或全部赠予国家、集体或法定继承人以外的个人。

【遗诏】yízhào 名 皇帝临终时留下的诏书。

【遗照】yízhào 名 死者生前的照片。

【遗址】yízhǐ 名 已经湮没或毁坏已久的古城镇、古建筑物原址 ▷丁村～|阿房宫～。

【遗志】yízhì 名 死者生前留下的志愿 ▷继承先烈～。

【遗珠】yízhū ❶ 动 遗落珍珠；比喻遗漏优秀人物或美好事物 ▷仅凭学历选人，难免～|～之憾。❷ 名 遗落的珍珠；比喻未被发现的优秀人物或美好事物 ▷擂台～，光彩依旧|这些文物被称为"六朝～"。

【遗嘱】yízhǔ 名 生前或临终前对自己身后事如何处置所作的书面或口头的嘱咐。

【遗嘱继承】yízhǔ jìchéng 按照立遗嘱人生前所立的合法有效的遗嘱继承遗产。遗嘱继承在效力上优先于法定继承。

【遗著】yízhù 名 死者留下的著作；特指死者没有出版的著作。

【遗踪】yízōng 名 过去的人或物活动或存在的踪迹 ▷先贤的～在这里随处可见。

【遗族】yízú 名 死者的家族。旧时多指名门望族的后代。

【遗作】yízuò 名 死者留下的作品；特指死者没有发表的作品。

颐(頤) yí〈文〉❶ 动 保养 ▷～养|～神保年。→ ❷ 名 面颊；腮 ▷方额广～|解～(面现笑容)。☛ ㊀不读 yì。㊁左边是"𦣞(yí)"，不是"臣"。由"𦣞"构成的字还有"姬""熙"等。

【颐养】yíyǎng 动 保养；培养 ▷～身心|～天年|～性情。

【颐指气使】yízhǐ-qìshǐ 不说话而用面部表情支使人(气：指神情)。多形容权势者非常骄横。

椸 yí〈文〉❶ 名 衣架 ▷室无完器，～无完衣。○ ❷ 名 床前的几案。

疑 yí ❶ 动 不能确定；不相信 ▷坚信不～|半信半～|～惑。→ ❷ 动 因不信而猜测 ▷行迹可～|猜～。→ ❸ 形 无法确定的；难以解决的 ▷～问|～义|～云|～案|～难。❹ 名 指疑难问题 ▷存～|质～|释～|答～。→ ❺ 形 使猜疑的；使迷惑的 ▷～兵|～阵。

【疑案】yí'àn ❶ 名 有疑问而一时难以判决的案件 ▷人赃俱获，～告破。❷ 名 泛指情况不清、使人疑惑的事情 ▷破解历史～。

【疑兵】yíbīng 名 为制造假象迷惑敌人而部署的军队。

【疑点】yídiǎn 名 有疑问的地方；令人怀疑的地方 ▷把～记下来|他的交代～不少。

【疑窦】yídòu 名〈文〉可疑之处 ▷尚存～。

【疑犯】yífàn 名 犯罪嫌疑人。

【疑惑】yíhuò 动 怀疑；困惑 ▷～不解|恐生～。

【疑忌】yíjì 动 怀疑猜忌 ▷无端～|顿生～。

【疑惧】yíjù 动 疑虑和恐惧 ▷无所～|心存～。

【疑虑】yílǜ 动 疑惑顾虑 ▷～重重。

【疑难】yínán ❶ 形 疑惑难解的 ▷～案件。❷ 名 疑惑难解的问题 ▷实施此方案仍有一～待解|破解～。

【疑难杂症】yínán zázhèng 各种病理不明或难治的疾病；比喻各种难以解决的问题。

【疑神疑鬼】yíshén-yíguǐ 形容疑心重重，胡乱猜疑。

【疑似】yísì 动 好像是又好像不是；因相似而怀疑 ▷～黑客袭击|～"非典"病人。

【疑团】yítuán 名 理不出头绪的一堆疑问 ▷打破～|～顿解。

【疑问】yíwèn 名 怀疑的或不理解的问题 ▷毫无～|有～请提出来。

【疑问句】yíwènjù 名 使用疑问语气提出问题的句子。句末有的还有表疑问的语气词，书面上句末用问号。如"这是谁写的?""他来了吗?""人在哪儿呢?"也说问句。

【疑心】yíxīn ❶ 名 猜疑的心思 ▷那人～大|顿生～。❷ 动 起疑心；怀疑 ▷～他作弊。

【疑心病】yíxīnbìng 名 多疑的心理状态。

【疑凶】yíxiōng 名 行凶嫌疑人 ▷搜捕～。

【疑义】yíyì ❶ 名 不明白、不理解的意义、道理 ▷切磋～。❷ 名 可疑之处 ▷这事已无～，不必追究。

【疑云】yíyún 名 像浓云一样笼罩在心头的疑虑 ▷你这一番话，消除了我满腹的～。

【疑阵】yízhèn 名 为迷惑对方而布置的阵势 ▷布下～，只等对方上钩。

嶷 yí 用于地名。如九嶷，山名，在湖南。

簃 yí 名〈文〉楼阁旁边的小屋。

彝[1] yí ❶ 名 古代青铜祭器的统称 ▷～器|鼎～。→ ❷ 名〈文〉常理；常规 ▷～训|～宪。

彝[2] yí 名 指彝族 ▷～文。☛ 参见 1395 页"彖"的提示。

【彝文】yíwén 名 彝族的表意音节文字。各地彝文在形、音、义上带有比较浓厚的地方色彩。1975 年四川省彝文规范工作会议讨论通过了

《彝文规范方案》,1980年国务院批准推行。

【彝族】yízú 名 我国少数民族之一。主要分布在四川、云南、贵州和广西。

yǐ

乙[1] yǐ ❶ 名 天干的第二位,常用来表示顺序或等级的第二位。参见1354页“天干”。○ ❷ 名 姓。

乙[2] yǐ 名 我国民族音乐中传统的记音符号,表示音阶上的一级,相当于简谱的“7”。

乙[3] yǐ 名 旧时读书、写字常用的标记符号“∠”,因形状像乙字,就把这种符号叫做乙或钩乙。其作用是:遇到一段终了而下无空格时,有时就勾个“∠”形记号,表示以下是另一段;字句有颠倒、遗漏等错误,用曲折的线勾过来或把补写的字勾进去;标记读书暂停的地方。

【乙部】yǐbù 名 史部。

【乙醇】yǐchún 名 有机化合物,酒的主要成分。无色易燃液体,有特殊气味。是常用的溶剂和重要的化工原料,也用于医药和制作饮料。通称酒精。

【乙方】yǐfāng 名 两个或两个以上单位或个人共同参与某项活动或签订合同、协议时,规定以一方为“甲方”,另一方为“乙方”(通常以承接方为乙方)。

【乙肝】yǐgān 名 乙型病毒性肝炎的简称。由乙型肝炎病毒引起的传染病。通过血液或体液传播,可发展为慢性肝炎和肝硬化,少数甚至转变为肝细胞癌。注射乙肝疫苗可预防。

【乙醚】yǐmí 名 有机化合物,无色液体,易挥发,易燃,有特殊气味。是应用很广的溶剂,医疗上用作麻醉剂。

【乙脑】yǐnǎo 名 流行性乙型脑炎的简称。由乙脑病毒引起的急性传染病。通称大脑炎。

【乙炔】yǐquē 名 有机化合物,无色易燃气体,燃烧时有明亮火焰和黑烟。用于合成有机物质,也用于照明或高温焊接、切削金属。也说电石气。

【乙酸】yǐsuān 名 有机酸,是醋的重要成分,有刺激性的无色液体,可溶于水。用作溶剂和制造醋酸盐、醋酸酯、纤维等的原料。通称醋酸。

【乙烯】yǐxī 名 有机化合物,气体,无色,可燃,有香味。是重要的化工原料,可用于切割、焊接金属,催熟水果等。

已 yǐ ❶ 动 止住;停止 ▷不能自～|大哭不～。→ ❷ 副 已经 ▷事～至此|由来～久|木～成舟。☛ 跟“己(jǐ)”“巳(sì)”不同。

【已故】yǐgù 动 已经去世 ▷家父～|～总统。

【已极】yǐjí 动 已经达到极点 ▷凶恶～|愤怒～。

【已经】yǐjīng 副 表示动作、变化完成或达到某种程度 ▷火车～开了|情况～清楚了|～80岁了|～小寒了,还这么暖和。☛ 跟“曾经”不同。“已经”多表示动作或情况发生在不久前,并有可能还在继续;“曾经”表示动作或情况发生在过去,早已结束。如“他已经去了上海”(现在可能仍在上海),“他曾经去过上海”(现在已不在上海)。

【已决犯】yǐjuéfàn 名 经人民法院判决或裁定并发生法律效力而尚未解送有关执行机关执行的在押犯。

【已然】yǐrán ❶ 动 已经是这样 ▷优胜劣汰,自古～。❷ 副 已经 ▷往事～逝去。

【已往】yǐwǎng 名 已经过去的时间 ▷～的经验。

【已知数】yǐzhīshù ❶ 名 代数式或方程式中指已经知道的数值(跟“未知数”相区别)。如“$2x+y=3$”中2、3就是已知数。❷ 名 指已经知道结果的事 ▷比赛结果早就是个～。

以[1](*㕥❶—❺ 目❶—❺) yǐ ❶ 介 引进动作行为赖以实现的工具、手段等,相当于“用”“拿” ▷～管窥天|～柔克刚|～实际行动表明决心。→ ❷ 介 用于具有“给予”一类意义的动词或动宾短语后,引进动作行为给予的事物 ▷报～忠心|给敌人～回击。→ ❸ 介 引进动作行为依据的方式、标准,相当于“按照”“根据” ▷每户～四口人计算|～高标准要求自己|～质量论价。→ ❹ 介 引进动作行为的原因,相当于“因为”“由于” ▷西安～历史悠久闻名于世|我们～伟大的祖国自豪。→ ❺ 连 连接两个动词性短语或分句,表示后者是前者的目的 ▷广交朋友～孤立敌人|养精蓄锐,～利再战。○ ❻ 名 姓。

以[2](*㕥目) yǐ 介 用在单音节方位词前面,表示时间、空间、数量上的界限 ▷三年～前|五天～后|十层～上|黄河～东|60岁～下。

【以暴易暴】yǐbào-yìbào 用强暴替换强暴。现多指用暴力行动来对付暴力行动 ▷两国关系陷入～的怪圈|坚持和平谈判,摒弃～。

【以便】yǐbiàn 连 连接分句,用在后一分句开头,表示前一分句所说的条件,使得后一分句所说的目的容易实现 ▷让我随行,～照顾他。

【以诚相待】yǐchéng-xiāngdài 用诚心对待别人。

【以此类推】yǐcǐ-lèituī 按照这样的情况推断。

【以次】yǐcì ❶ 名 以下 ▷团长～为营长、连长|～是自由发言。❷ 副 表示按次序 ▷～递补。

【以德报怨】yǐdé-bàoyuàn 用恩德回报别人的怨恨。

【以毒攻毒】yǐdú-gōngdú 用毒性药物攻治毒疮

等疾病；比喻针锋相对，以比对方更厉害的手段制服对方。

【以讹传讹】yǐ'é-chuán'é 把本来就错误的话又错误地传出去，越传越错。

【以防】yǐfáng 动 用来防备或防止（某种情况发生）▷～不测|～万一|～感染。

【以工代赈】yǐgōng-dàizhèn 用组织灾民参加国家工程建设（如兴修水利、筑路等）而支付劳动报酬的办法，来帮助灾民度过灾荒。

【以攻为守】yǐgōng-wéishǒu 把主动进攻作为积极防御的手段。☛"为"这里不读 wèi。

【以观后效】yǐguānhòuxiào 指对犯法或犯错误的人从宽处理，以便观察日后是否有改正的表现。

【以后】yǐhòu 名 指现在或某个特定时间之后的时间 ▷自此～|建国～|50 年～。☛跟"以来"不同。1."以后"所表示的，可以是从以前、现在或将来到往后的时间，如："6 岁以后，我就没有妈妈了""这事儿以后再说""你到了那边以后，给我打电话"。"以来"所表示的，只是从以前到现在的时间，如："弟弟长期以来养成了读书的习惯""毕业以来咱们这是第一次见面"。2."以后"所指是某个特定时间之后，不包括所述的这个特定时间；"以来"所指是从过去某个特定时间到说话时，包括所述的这个特定时间。如："唐代以后"，不包括唐代；"唐代以来"，包括唐代。

【以还】yǐhuán 名〈文〉某个历史时期及以后 ▷西汉～，儒学大兴。

【以及】yǐjí 连 连接并列的词、短语或分句，表示联合关系，后面有时是较次要的部分 ▷工业、农业～服务行业|读了这篇文章～对这篇文章的分析之后，收获很大。☛㊀"以及"可以连接分句，"及""和"不能。㊁参见 639 页"及"的提示㊁㊂。

【以己度人】yǐjǐ-duórén 用自己的想法去衡量或揣测别人。☛"度"这里不读 dù。

【以假乱真】yǐjiǎ-luànzhēn 用假的冒充真的，使人真假难辨。

【以降】yǐjiàng 名〈文〉某个时期以后 ▷明清～。

【以近】yǐjìn 名 指铁路、公路、航空等交通线上比某地近的停留站（跟"以远"相区别）▷北京至广州的特快列车不售郑州～的车票。

【以儆效尤】yǐjǐngxiàoyóu 严肃处理某些坏人坏事，以此警诫学做坏事的人。☛"儆"不读 jìng，也不要误写作"敬"或"警"。

【以来】yǐlái 名 指从过去某时到说话时的一段时间 ▷立春～。☛参见本页"以后"的提示。

【以泪洗面】yǐlèi-xǐmiàn 形容非常悲伤、痛苦。

【以礼相待】yǐlǐ-xiāngdài 用应有的礼节对待人。

【以理服人】yǐlǐ-fúrén 用道理来说服人。

【以邻为壑】yǐlín-wéihè《孟子·告子下》："禹以四海为壑，今吾子以邻国为壑。"意思是把邻国当作排泄洪水的沟壑。比喻嫁祸于人或把困难、问题推给别人。

【以卵击石】yǐluǎn-jīshí 用蛋打石头。比喻不自量力，自取失败、毁灭。也说以卵投石。

【以貌取人】yǐmào-qǔrén 单凭外貌去判断人的品质、能力或决定对待的态度。

【以免】yǐmiǎn 连 连接分句，用于后一分句的开头，表示目的是避免发生下文所说的情况 ▷过马路时要小心，～发生意外。

【以内】yǐnèi 名 在某一界限的里边（多指时间、数量、处所、范围等）▷三天～|500 元～|山海关～|编制～。

【以偏概全】yǐpiān-gàiquán 用局部来概括全体。形容看问题不全面。☛"概"不要误写作"盖"。

【以期】yǐqī 连 连接分句，用在后一分句前面，表示希望出现下文所说的某种情况 ▷实行从农田到餐桌的全程监控，～改善营养品质。

【以其昏昏，使人昭昭】yǐ qí hūnhūn，shǐ rén zhāozhāo《孟子·尽心下》："贤者以其昭昭，使人昭昭；今以其昏昏，使人昭昭。"后用"以其昏昏，使人昭昭"讥讽某些人自己认识糊涂，却用这种糊涂认识指导别人，要求别人明白。

【以前】yǐqián 名 比某一时间要早的时间；比此刻要早的时间 ▷汉朝～|参加工作～|～这里曾是一座古庙。☛"以前""之前"跟"从前""先前"不同。"以前""之前"可用在动词或动词性短语之后表示时间，如"天亮以前""上火车之前"；可以受"很久""不久""很早"等修饰，如"不久以前他来过一次""他俩很早之前就认识了"。"从前""先前"无此用法。

【以强凌弱】yǐqiáng-língruò 恃强凌弱。

【以求】yǐqiú 动 希望得到 ▷孜孜～|～一逞。

【以权谋私】yǐquán-móusī 利用职权牟取私利。

【以人废言】yǐrén-fèiyán 因人废言。

【以人为本】yǐrén-wéiběn 指树立人是根本的价值观念。一切工作都以满足人民的物质和文化需求、促进人的全面发展、实现广大人民的根本利益为出发点和归宿。

【以柔克刚】yǐróu-kègāng 避开锋芒，用温和的办法来制服强硬的对手。

【以上】yǐshàng ❶ 名 在某一界限的上面（多指数量、位置、级别等）▷50 岁～的同志|三层～的楼层|处级～干部。❷ 名 指前面的话或文字 ▷～是我们单位的基本情况。

【以身试法】yǐshēn-shìfǎ 用自身的行为试探法律的威力。指故意做犯法的事。

【以身相许】yǐshēn-xiāngxǔ 指女性愿意委身于某男子；也指献身某项事业。

【以身许国】yǐshēn-xǔguó 把生命献给国家。

【以身殉职】yǐshēn-xùnzhí 为忠于职守而牺牲生命。

【以身作则】yǐshēn-zuòzé 用自己的行动为别人作出榜样(则:榜样)。

【以势压人】yǐshì-yārén 用自己的权势压制别人。

【以售其奸】yǐshòuqíjiān 用来施展他的奸计。

【以汤沃雪】yǐtāng-wòxuě 用热水往雪地上浇(雪马上就会融化)。形容(做某事)轻而易举。

【以退为进】yǐtuì-wéijìn 把暂时的退却或退让作为手段,以求达到进攻或获取更大利益的目的。

【以外】yǐwài 名 在某一界限的外边(多指时间、数量、处所、范围等) ▷两天～|除这几个部门～|山海关～|学校～的单位。

【以往】yǐwǎng 名 以前;过去 ▷～的经验。

【以为】yǐwéi 动 认为(用于对人或事物作出判断) ▷不要～我软弱可欺。

【以下】yǐxià ❶ 名 在某一界限的下面(多指数量、位置、级别等) ▷20岁～|县级～单位。❷ 名 指后面的话或文字 ▷请你注意～四点。

【以眼还眼,以牙还牙】yǐyǎn-huányǎn,yǐyá-huányá 对方用什么手段进攻,我们就用什么手段还击。表示针锋相对,毫不示弱。☛"还"这里不读 hái。

【以一当十】yǐyī-dāngshí 用一个人抵挡十个人。形容英勇善战,以少胜多。

【以一儆百】yǐyī-jǐngbǎi 惩罚一人以警诫众人。☛ 不宜写作"以一警百"。

【以逸待劳】yǐyì-dàiláo 指作战时或竞争中采取守势,养精蓄锐,等待敌人或对手疲惫时,出击取胜。

【以远】yǐyuǎn 名 指铁路、公路、航空等交通线上比某地远的停留站(跟"以近"相区别) ▷北京至上海的特别快车只售济南～的车票。

【以怨报德】yǐyuàn-bàodé 用怨恨回报别人的恩德。

【以正视听】yǐzhèngshìtīng (揭穿假象或谎言)目的是端正人们的认识。

【以至】yǐzhì ❶ 连 连接词或短语(连接的词语不止两项时用在最后两项之间),表示在时间、数量、范围、程度等方面的延伸,有"直到""直至"的意思 ▷熟练的技能是经十次、百次～上千次的练习才能获得的|家用电器、服装鞋帽、床上用品～日用小百货都已准备齐全。❷ 连 连接分句,用在后一分句开头,表示上述情况所产生的结果 ▷泉水很烫,～鸡蛋都能烫熟。☛"以至"②跟"以致"有所不同。"以至"②含"甚至"的意味,所连接的结果多是上面词语或分句所说情况的延续或程度的加深,可以是好的,也可以是坏的;"以致"含"致使"的意味,所连接的多是不好的或说话人不希望的结果。

【以至于】yǐzhìyú 连 以至。

【以致】yǐzhì 连 连接分句,用在后一分句开头,表示由于上述原因而造成的结果(多指不好的或说话人不希望的) ▷只听一面之词,～作出了错误判断。☛ 参见本页"以至"的提示。

【以致于】yǐzhìyú 连 以致。

【以资鼓励】yǐzīgǔlì 以此给予鼓励(资:提供) ▷给成绩优秀的学生颁发奖学金,～。

钇(釔) yǐ 名 金属元素,符号 Y。暗灰色,在空气中易氧化。用于核工业,也用作高温合金和特殊半导体的材料以及某些金属的脱氧剂等。

苡 yǐ 名 指薏(yì)苡 ▷～仁。

【苡仁】yǐrén 名 薏米。

佁 yǐ 形〈文〉形容静止或痴呆的样子 ▷影布石上,～然不动。

尾 yǐ 义同"尾(wěi)"①,用于"马尾儿"(马尾巴上的毛)、"三尾儿"(雌蟋蟀)等口语词。

另见 1430 页 wěi。

矣 yǐ〈文〉❶ 助 表示陈述语气,相当于"了" ▷法已定～|祸将至～|可～。→ ❷ 助 表示感叹语气 ▷欲人之无惑也难～|甚～,汝之不惠!

苢 yǐ 见419页"芣(fú)苢"。

迤 yǐ〈文〉❶ 动 地势斜着延伸 ▷黄河由此～向东北。→ ❷ 介 表示在某一方向上的延伸,相当于"往""向" ▷村庄～北为一小河。☛ 不读 tuō。

另见 1625 页 yí。

【迤逦】yǐlǐ 形〈文〉形容连绵曲折的样子 ▷五岭～。☛"逦"不读 lì。

蚁(蟻) yǐ 名 蚂蚁 ▷蝼～(蝼蛄和蚂蚁)|～穴。☛ 不读 yì。

【蚁蚕】yǐcán 名 蚕蚁。

【蚁封】yǐfēng 名 蚂蚁挖洞时堆在洞口周围的小土堆。也说蚁垤(dié)。

【蚁后】yǐhòu 名 雌蚁。

【蚁族】yǐzú 名 指城市中拥挤聚居的低收入群体。

舣(艤) yǐ 动〈文〉把船靠向岸边 ▷～舟登岸。

酏 yǐ ❶ 名 古代一种用谷物酿成的酒。→ ❷ 名〈文〉稀粥。○ ❸ 名 拉丁文 elixir 音译。酏剂。☛ 义项①②又读 yí。

【酏剂】yǐjì 名 用药、糖和芳香性物质配制成的酒精水溶液(酒精含量一般不超过 25%)。味甜而香,多用作调配药物口味的制剂。也说酏。

倚 yǐ ❶ 动 倚靠 ▷～马可待|～着栏杆。→ ❷ 动 依仗;凭着 ▷～势欺人|～老卖老。→ ❸ 形〈文〉偏斜 ▷不偏不～。

【倚靠】 yǐkào ❶ 动 身体靠在别人身上或物体上 ▷孩子～在妈妈的身旁|他～着门框站住。❷ 动 依靠;倚仗 ▷出门～朋友帮助。❸ 名 可以依靠的人或物 ▷儿女是老人的～。

【倚赖】 yǐlài 动 依赖;依靠 ▷自己能做的事就不要～别人。

【倚老卖老】 yǐlǎo-màilǎo 倚仗岁数大而卖弄老资格。☛ "倚"不要误写作"依"。

【倚马可待】 yǐmǎ-kědài《世说新语·文学》记载:晋朝的桓温领兵出征,让袁虎草拟公文,袁靠在战马前不一会儿就写成了七张纸的文稿,而且非常得体。后用"倚马可待"形容才思敏捷,写文章一挥而就。

【倚马千言】 yǐmǎ-qiānyán 形容才思敏捷,写文章一挥而就。参见本页"倚马可待"。

【倚势】 yǐshì 动 依仗权势 ▷～欺人。

【倚仗】 yǐzhàng 动 凭借某种力量或有利条件 ▷～权势|不能～自己力气大,就欺负人。

【倚重】 yǐzhòng 动 看重;器重 ▷～人才。

扆 yǐ ❶ 名 古代置于门窗之间的屏风。〇 ❷ 名 姓。

椅 yǐ ❶ 名 椅子 ▷桌～板凳|藤～|折叠～。〇 ❷ 名 姓。

另见 1624 页 yī。

【椅垫】 yǐdiàn 名 椅子上的坐垫。

【椅子】 yǐzi 名 有靠背可倚的坐具。

顗(顗) yǐ 形〈文〉安静。

蛾 yǐ 古同"蚁"。

另见 359 页 é。

旖 yǐ [旖旎] yǐnǐ 形〈文〉形容柔美的样子 ▷风光～。

踦 yǐ 动〈文〉用膝盖顶住。

齮(齮) yǐ 动〈文〉咬 ▷～龁(hé)。

yì

乂 yì〈文〉❶ 动 治理。→ ❷ 形 安定。☛ 跟"义"不同。

弋 yì ❶ 名〈文〉古代一种射鸟的箭,上面系(jì)有绳子。→ ❷ 动〈文〉用带有绳子的箭射鸟。❸ 动〈文〉取;获得 ▷～取|～获。〇 ❹ 名 姓。☛ 跟"戈(gē)"不同。由"弋"构成的字有"代""忒""武""式""鸢""贰"等。

【弋取】 yìqǔ 动〈文〉获取(多用于贬义) ▷不以赝品～厚利|～功名。

【弋阳腔】 yìyángqiāng 名 南戏四大声腔(海盐腔、余姚腔、弋阳腔、昆山腔)之一,南宋时期流行于南方各省及北京,对其他声腔影响很大。伴奏用打击乐,演唱是一人唱,众人和。因形成于江西弋阳,故称。也指弋阳腔剧种(清代已衰亡)。

亿(億) yì ❶ 数 数字,1 万万。古代也有以 10 万为 1 亿的。〇 ❷ 名 姓。☛ 在口语里,整数"亿"前面有时可以加量词"个",如"赔了两个亿""三个亿的利润"。

【亿万】 yìwàn 数 极言数目之大 ▷～人民|～家财。

【亿万斯年】 yìwànsīnián 形容久远的年代(斯:句中助词)。

义(義) yì ❶ 名 公正的、有利于社会大众的道理 ▷大～灭亲|～不容辞|正～|道～。→ ❷ 形 符合正义或大众利益的 ▷～战|～师|～演。→ ❸ 名 意思;意义 ▷词～|同～词|歧～|定～。→ ❹ 形 指拜认的(亲属) ▷～父|～子。❺ 形 人造的(人体的某一部分) ▷～齿|～肢。→ ❻ 名 旧指合乎伦理道德的人际关系;今指人与人之间的感情联系 ▷有情有～|忠～|信～|～气。〇 ❼ 名 姓。☛ ㊀笔顺是丶丿义。㊁"义"③跟"意"②不同。"义"③表示的多是相对固定的字义、词义等,概括性较强;"意"②表示的是具体语言环境中的意思、情感等。㊂跟"乂"不同。

【义不容辞】 yìbùróngcí 道义上不容许推辞。表示理应承当。☛ 参见 276 页"当仁不让"的提示。

【义仓】 yìcāng 名 隋朝以后地方为荒年赈灾而设立的公共粮仓。

【义齿】 yìchǐ 名 假牙。

【义地】 yìdì 名 旧指埋葬穷苦人的公共墓地;也指由私人或团体购置,专为埋葬同乡、团体成员及其家属的坟场。

【义愤】 yìfèn 名 对非正义的行为或不公正的事情所产生的愤怒 ▷出于～|激起～。

【义愤填膺】 yìfèn-tiányīng 义愤充满胸膛(膺:胸)。形容极其愤怒。

【义父】 yìfù 名 拜认的父亲。俗称干爹。

【义工】 yìgōng ❶ 名 自愿参加的无报酬的公益性工作 ▷共青团员踊跃报名做～。❷ 名 从事义工工作的人 ▷这项任务是由两名～完成的。

【义和团】 yìhétuán 名 清朝末年我国北方以农民和破产、失业的城乡居民为主体自发组织的反对帝国主义侵略的团体。原名义和拳。

【义举】 yìjǔ 名 旨在维护正义的举动或行为;热心公益事业的举动或行为 ▷反抗侵略的～|捐

资助学的～。

【义捐】yìjuān 动 为正义事业或公益事业而捐献财物 ▷为了救助残疾人，大家纷纷～。

【义军】yìjūn 名 起义的军队；为正义而战的军队。

【义理】yìlǐ 名 文章、言辞等的内容及道理 ▷写文章首先要重～。

【义卖】yìmài 动 出售物品，将出售所得捐献给正义事业或公益事业。

【义母】yìmǔ 名 拜认的母亲。俗称干妈。

【义女】yìnǚ 名 收认的女儿。

【义拍】yìpāi 动 拍卖捐赠的实物，将拍卖所得捐献给正义事业或公益事业。

【义旗】yìqí 名 起义者的旗帜；为正义而战的军队的旗帜 ▷高举～。

【义气】yìqi ❶ 名 看重情谊而替人担当风险或牺牲自己利益的气概 ▷重～|讲～。❷ 形 形容有义气 ▷那人可真～。

【义赛】yìsài 动 举行体育比赛，将比赛所得捐献给正义事业或公益事业。

【义师】yìshī 名 义军。

【义士】yìshì 名 指勇于维护正义或讲义气的人。

【义无反顾】yìwúfǎngù 为了正义决不犹豫退缩，只能勇往直前。☛ 不要写作"义无返顾"。

【义务】yìwù ❶ 名 公民或法人依法在政治、经济、法律和道义上应履行的责任(跟"权利"相对) ▷～兵役制|公民有依法纳税的～。❷ 区别 没有报酬的 ▷～劳动|～献血。

【义务兵】yìwùbīng ❶ 名 按义务兵役制服兵役的士兵。❷ 名 士兵军衔的一等。我国现行军衔制设上等兵、列兵两个等级。

【义务兵役制】yìwù bīngyìzhì 国家关于公民在一定年龄内必须履行一定期限兵役义务的制度。公民履行兵役义务的形式，通常包括定期在军队中服现役和在军队外服预备役两种。

【义务教育】yìwù jiàoyù 依照法律规定，学龄儿童和少年必须接受的，国家、社会、学校、家庭必须予以保证的国民教育。我国目前实施九年制义务教育。

【义务劳动】yìwù láodòng 没有报酬的劳动。

【义项】yìxiàng 名 字、词典中对同一个字、词的不同意义分列的释义项目。

【义形于色】yìxíngyúsè 义愤之情显露在脸上。

【义学】yìxué 名 旧时用地方公款或由私人筹资创办的免费学校。

【义演】yìyǎn 动 举行演出，将演出所得捐献给正义事业或公益事业。

【义勇】yìyǒng 形 为维护正义而勇于斗争的 ▷～之士|～队|～抗击。

【义勇军】yìyǒngjūn 名 人民群众为反对侵略和压迫而自愿组织起来的武装力量；特指我国抗日战争时期人民自动组织起来的武装力量。如1931年九一八事变后，东北首先成立了抗日义勇军，即东北抗日联军的前身。

【义战】yìzhàn 名 正义战争 ▷参加～。

【义诊】yìzhěn ❶ 动 为患者诊疗疾病，将诊疗所得捐献给正义事业或公益事业。❷ 动 为患者义务诊治疾病 ▷到老区巡回～。

【义正词严】yìzhèng-cíyán 道理正当(dàng)，措辞严厉。

【义正辞严】yìzhèng-cíyán 现在一般写作"义正词严"。

【义肢】yìzhī 名 假肢。

【义冢】yìzhǒng 名 埋葬无主尸骨的坟墓。

【义子】yìzǐ 名 收认的儿子。

艺(藝) yì ❶ 名 技能；本领 ▷多才多～|～高人胆大|手～|工～|技～。→ ❷ 名 艺术 ▷文～|曲～|～坛新秀。❸ 名 准则；限度 ▷贪欲无～。

【艺德】yìdé 名 作为艺术工作者所应具有的品德。

【艺妓】yìjì 名 旧指以歌舞为业的女子。如歌妓、舞妓。

【艺林】yìlín 名 艺苑。

【艺龄】yìlíng 名 艺术工作者从事艺术活动的年数。

【艺名】yìmíng 名 演员演艺用的别名。

【艺人】yìrén 名 从事表演艺术或手工艺的人 ▷几位当红～参加了赈灾义演|刺绣～。

【艺术】yìshù ❶ 名 通过塑造形象反映社会生活的一种社会意识形态，如文学、雕塑、舞蹈、绘画、书法、音乐等 ▷提高～欣赏水平。❷ 名 指高明的方式、方法 ▷演唱～|教学～。❸ 形 独特，优美 ▷屋里布置得非常～。

【艺术家】yìshùjiā 名 从事艺术创作或表演，获得较高成就的人。如表演艺术家、雕塑艺术家。

【艺术片】yìshùpiàn 名 具有艺术价值的影片；特指故事影片。口语中也说艺术片儿(piānr)。

【艺术品】yìshùpǐn 名 艺术作品，一般指具有艺术价值的造型作品。

【艺术思维】yìshù sīwéi 形象思维。

【艺术体操】yìshù tǐcāo 女子竞技性体操运动项目，分集体、个人两种。在音乐伴奏下，运动员徒手或手持某种器械(球、棒、绳、圈、带子等)，在规定时间内完成富有艺术性的跳跃、翻滚、摇摆、旋转、抛接、平衡等成套动作。也说韵律体操。

【艺术性】yìshùxìng 名 指文学艺术作品通过塑造形象反映社会生活、表现思想感情所产生的审美感染力及其形式结构、表现技巧等方面所达到的完美程度。

【艺术学校】yìshù xuéxiào 专门培养艺术人才的中等技术学校。简称艺校。

【艺术照】yìshùzhào 名 为表现创作者刻意追求的艺术效果而拍摄的照片。拍摄时往往要综合运用化妆、服饰、道具、灯光、造型、陪衬等多种艺术手段。

【艺徒】yìtú 名 从师学艺的徒弟。

【艺苑】yìyuàn 名 文学艺术荟萃的处所；泛指文艺界。也说艺林。

刈 yì 动〈文〉割(草或谷物)；铲除 ▷～草｜～麦｜～除。

【刈草】yìcǎo 动 割草。

【刈除】yìchú 动 割除 ▷～毒草。

忆(憶) yì ❶ 动 回想；想念 ▷回～｜追～。→ ❷ 动 记住；不忘 ▷记～。

【忆苦思甜】yìkǔ-sītián 回忆在旧社会所受的苦难，认识到新社会的幸福生活来之不易。

【忆述】yìshù 动 回忆并叙述 ▷～长征故事。

艾 yì〈文〉❶ 动 治理；改正 ▷自怨自～。→ ❷ 形 安定 ▷～安。○ ❸同"刈"。

另见 4 页 ài。

仡 yì［仡仡］yìyì 形〈文〉勇武健壮 ▷～勇夫。

另见 459 页 gē。

议(議) yì ❶ 动 谈论；商讨 ▷街谈巷～｜～事｜商～｜会～｜审～。→ ❷ 动 评论；批评 ▷公～｜评～｜免遭物～｜非～。→ ❸ 名 意见；主张 ▷异～｜拟～｜提～｜抗～。→ ❹ 名 指议会 ▷～席｜～员｜～院。

【议案】yì'àn 名 列入会议议程的提案。

【议程】yìchéng 名 会议议事的程序。

【议定】yìdìng 动 商议决定 ▷双方～合作方案。

【议定书】yìdìngshū 名 一种有法律效力的文件，分附属议定书和独立议定书两类。附属议定书通常附在正式条约之后，是合作缔约各方对正式条约的某些补充性协议；独立议定书通常指某次会议的与会者对某问题达成协议并经签字的记录，其作用相当于条约。

【议而不决】yì'érbùjué 光议论而不能作出应有的决定。

【议购】yìgòu 动 根据国家需要，由商业部门跟生产者协商议价，签订合同，进行收购；泛指按买卖双方议定的价格收购。

【议和】yìhé 动 通过谈判来结束战争或停止对抗，谋求和平。

【议会】yìhuì 名 某些国家的最高权力机关或最高立法机构。一般由上、下两院(有的国家叫参议院、众议院)组成。实行议会制的国家多还设有地方议会。也说国会、议院。

【议会制】yìhuìzhì 名 一种政治制度。采用这种制度的国家，宪法中规定，政府由议会产生，并对议会负责；由议会行使立法和监督政府的权力。也说代议制。

【议价】yìjià ❶ 动 购销双方协商议定货物价格 ▷当面～成交。❷ 名 购销双方协商议定的价格 ▷按～收购。❸ 名 计划经济时期把超出政府规定价的价格叫议价 ▷～商品｜～粮。

【议决】yìjué 动 (会议)就议案展开讨论，作出决定。

【议论】yìlùn ❶ 动 对人或事的好坏、是非发表意见，交换看法 ▷人们正在热烈～这个话题｜私下～。❷ 名 对人或事的好坏、是非所发表的意见或看法 ▷发了一通～｜没有听到什么～。

【议论文】yìlùnwén 名 以议论说理为主要表达方式的文体。如社论、学术论文等。也说论说文。

【议事】yìshì 动 商议讨论公事 ▷遵守～程序。

【议售】yìshòu 动 议销。

【议题】yìtí 名 会议商议讨论的问题。

【议席】yìxí 名 议会中议员的席位。

【议销】yìxiāo 动 由买卖双方共同议定货物销售的数量和价格；也指按买卖双方议定的价格销售。

【议员】yìyuán 名 议会中有正式代表资格，享有表决权的成员。

【议院】yìyuàn 名 议会。

【议长】yìzhǎng 名 议会首脑。

【议政】yìzhèng 动 商议政治事务 ▷参政～。

屹 yì 形 山势高耸 ▷～立｜～然。☛ 统读 yì，不读 qǐ。

【屹立】yìlì 动 像山峰一样高耸而稳固地直立；也表示坚定而不可动摇 ▷这座千年古城依旧～在江畔｜英雄塑像～山巅｜我国优秀传统文化～于世。☛ 跟"矗立""耸立"不同。"屹立"除了表示高耸直立，还引申表示坚定而不可动摇，可用于人和抽象事物；"矗立""耸立"通常仅表示高耸直立，不用于人和抽象事物。

【屹然】yìrán 形 形容屹立的样子 ▷～不屈。

亦 yì ❶ 副〈文〉表示人和人、事物和事物之间具有相同的关系，相当于"也" ▷人云～云｜～步～趋。○ ❷ 名 姓。

【亦步亦趋】yìbù-yìqū 别人慢走跟着慢走，别人快走也跟着快走(步：慢走；趋：快走)。比喻没有主见或为了讨好，事事追随或模仿别人。

【亦即】yìjí 动〈文〉也就是。

【亦然】yìrán 动〈文〉也是这样。

【亦庄亦谐】yìzhuāng-yìxié 既严肃庄重又诙谐有趣 ▷文章写得～。

异(*異) yì ❶ 动 分开 ▷离～。→ ❷ 形 不同的 ▷规格各～｜日新月～。⇒ ❸ 形 其他的；另外的 ▷～乡｜～日。⇒ ❹ 形 新奇的；特别的 ▷奇花～草｜优～。❺ 形 惊奇 ▷惊～｜诧～。○ ❻ 名 姓。☛ 上边是"巳"，不是"已"或"己"。

【异邦】yìbāng 名 外国；别国 ▷流落～。

【异才】yìcái 名 特异的才能；有特异才能的人 ▷身怀～|他被誉为文坛～。

【异彩】yìcǎi 名 奇异的光彩；比喻不寻常的表现 ▷～纷呈|竞放～。☛ 不宜写作"异采"。

【异常】yìcháng ❶ 形 不同平常 ▷情况～|～的表情。❷ 副 非常；特别 ▷～沉重|～艰苦。

【异地】yìdì ❶ 名 外地；外乡 ▷辗转～。❷ 名 不同的地方 ▷～栽植。

【异动】yìdòng ❶ 动 异常动作 ▷老人肢体～可能与帕金森病有关。❷ 动 异常行动 ▷部队～。❸ 动 异常变动 ▷价格～给市场带来风险。

【异读】yìdú 名 指一个字表示同一意义，但在习惯上有两种或两种以上的不同读音。如"质"，过去有 zhǐ、zhì 两种读音。

【异端】yìduān 名 不符合正统思想的主张或理论。

【异端邪说】yìduān-xiéshuō 泛指与正统思想对立的或有危害的主张、学说。

【异国】yìguó 名 外国；别国 ▷～风情|客居～。

【异乎寻常】yìhūxúncháng 跟平常大不相同。

【异花传粉】yìhuā chuánfěn 同株或不同株的两花之间以风、虫、鸟等为媒介的传粉方式。在植物界比较普遍。

【异化】yìhuà ❶ 动 哲学上指主体发展变化到一定程度和阶段，分裂出异己的力量，变为跟主体对立，甚至支配主体的东西。❷ 动 泛指相同或相似的事物变得不相同或不相似。

【异化作用】yìhuà zuòyòng 生物学上指生物体在新陈代谢过程中，自身的组成物质发生分解并释放能量的过程。

【异己】yìjǐ ❶ 动 属于某一集体但在重大问题上跟本集体主流持不同立场、观点，有根本分歧或利害冲突 ▷思想～|～力量。❷ 名 异己的人或势力 ▷排斥～|视为～。

【异见】yìjiàn 名 不同的见解 ▷冷静地对待～。

【异教】yìjiào 名 不是自己所信奉的宗教；特指非正统的宗教 ▷～徒。

【异腈】yìjīng 名 含异氰基的有机化合物，无色液体，有剧毒，气味极难闻。也说胩(kǎ)。

【异军突起】yìjūn-tūqǐ 指一种新生的派别或力量突然兴起。

【异口同声】yìkǒu-tóngshēng 不同的人说出同样的话。形容众人的说法或意见完全一致。

【异类】yìlèi 名 不同的种类；也指禽兽神鬼之类 ▷～细胞|视为～。

【异曲同工】yìqǔ-tónggōng 曲调不同却同样美妙。比喻说法或做法不同，却收到相同的好的效果。也说同工异曲。

【异趣】yìqù ❶ 名 特殊的趣味 ▷这张风景画颇有～。❷ 名 不一样的志向、情趣 ▷他们三个早就各怀～，最终还是分手了。

【异人】yìrén ❶ 名 与众不同的人；有异才的人 ▷人是～，文是奇文|才气纵横，一时惊为～。❷ 名 通俗小说中指精通法术的人 ▷得～指点，练就真功。

【异日】yìrì 〈文〉❶ 名 来日；以后 ▷先生大恩，容～再报|此事～再议。❷ 名 往日；以前 ▷～同游，今日云散。

【异说】yìshuō ❶ 名 不同的主张或学说 ▷～纷呈。❷ 名 怪诞的或非正统的言论 ▷奇闻～。

【异体】yìtǐ ❶ 动 不属同一个体或人体 ▷～同根|～同源。❷ 名 字的不同形体 ▷淘汰～字。

【异体字】yìtǐzì 名 跟规范汉字音同、义同而形体不同的字。如"闇"是"暗"的异体字。

【异同】yìtóng 名 不同和相同的地方 ▷辨析"高兴"和"愉快"两个词有什么～。

【异味】yìwèi ❶ 名 异常的美味食品；难以吃到的好东西 ▷尝尽了江南～。❷ 名 特殊的气味。

【异文】yìwén 名 同一种书由于版本不同或同一件事由于记载不同等而有差异的字句。

【异闻】yìwén 名 奇闻；奇异的事。

【异物】yìwù ❶ 名〈文〉奇异的东西。❷ 名 医学上指滞留或误入体内的物体。如误入气管内的食物。

【异乡】yìxiāng 名 他乡；外地 ▷作客～。

【异香】yìxiāng 名 奇异的香味 ▷飘来一缕～。

【异想天开】yìxiǎng-tiānkāi 形容想法离奇，完全脱离实际(天开：指意想不到的事情)。

【异心】yìxīn 名 二心；不忠诚的心思 ▷决无～。

【异形词】yìxíngcí 名 指普通话书面语中并存并用的音同、义同而书写形式不同的词语。如"交代"和"交待"，"笔画"和"笔划"。

【异型】yìxíng 形 样式或种类不同于一般的 ▷新建住宅采用～框架结构|肿瘤～增生。

【异性】yìxìng ❶ 名 不同性别的人或生物 ▷～朋友|吸引～。❷ 名 不同性质 ▷～相吸，同性相斥。

【异姓】yìxìng 动 不同姓 ▷二人～|～姐妹。

【异言】yìyán 名〈文〉表示不同意见的言论 ▷毫无～。也说异词。

【异样】yìyàng ❶ 形 两样；不同 ▷他的脾气和年轻时没有什么～。❷ 形 不正常的；特别的 ▷～的感觉|他的言谈举止有些～。

【异义】yìyì 名 不同的含义 ▷同形～词。

【异议】yìyì 名 不同的或反对的意见 ▷没有～。

【异于】yìyú 动 不同于 ▷言谈举止～常人。

【异域】yìyù 名 距离本地很远的地方；多指外国 ▷～他乡|别有一番～风情。

【异质】yìzhì 形 性质或品质等不同(跟"同质"相对) ▷同名～|～同构。

【异族】yìzú 名 外族 ▷～统治|～入侵。

抑[1] yì ❶ 动 往下压;压制 ▷贬～|～恶扬善|～制|压～|平～。〇 ❷ 名 姓。

抑[2] yì〈文〉❶ 连 连接分句,表示选择关系,相当于"还是" ▷黄帝者,人邪,～非人邪?〇 ❷ 连 连接分句,表示转折关系,相当于"可是" ▷吾不忘也,～未有以致罪焉。

【抑或】yìhuò 连 连接词或短语,表示选择关系,相当于"还是""或者" ▷你是支持～反对?

【抑扬】yìyáng ❶ 动 贬低或抬高 ▷李白、杜甫各有千秋,不该有所～。❷ 动(声音)高低起伏 ▷音调～变化。

【抑扬顿挫】yìyáng-dùncuò 下降、上升和停顿、转折。形容声音、语调等跌宕起伏,节奏分明,富有变化。

【抑郁】yìyù 形 有怨愤或愁苦不能说出而心中烦闷 ▷～寡欢|精神～。

【抑郁症】yìyùzhèng 名 一种精神疾病,主要表现为情绪消沉,悲观,兴趣减低,思维迟缓,自我责难,并伴有睡眠障碍和全身多处不适等症状。严重者可出现自杀念头和行为。也说忧郁症。

【抑止】yìzhǐ 动 控制使停止 ▷～内心的冲动。

【抑制】yìzhì ❶ 动 机体对内外界刺激的反应表现为活动减弱或相对静止。❷ 动 压抑;控制 ▷～自己的感情|～通货膨胀。

杙 yì 名〈文〉小木桩。

呓(囈) yì 动 梦中说话 ▷梦～|～语。

【呓语】yìyǔ ❶ 名 梦话 ▷入睡后,他常发出～。❷ 名 比喻糊涂荒唐的话 ▷白日～。

邑 yì〈文〉❶ 名 城市 ▷通都大～|城～。→ ❷ 名 指县 ▷～令|～境。

佚 yì ❶ 动〈文〉隐居遁世 ▷～民。→ ❷ 动 散失;失传 ▷～诗|～文|亡～。〇 ❸ 同"逸"④。现在一般写作"逸"。

【佚名】yìmíng 动 姓名失传 ▷这是一首～诗作。

【佚失】yìshī 动(诗文等)散失 ▷原稿早已～。

【佚诗】yìshī 名 散失的诗 ▷征集先生～。

【佚事】yìshì 现在一般写作"轶事"。

【佚文】yìwén 名 散失的文章 ▷搜集～。

【佚闻】yìwén 现在一般写作"轶闻"。

役 yì ❶ 动 驱使(人力或畜力) ▷～使|奴～。→ ❷ 名 指兵役 ▷服～|退～|现～|预备～。→ ❸ 名 强迫性的无偿劳动 ▷劳～|徭～。→ ❹ 名 旧指供役使的人 ▷仆～|杂～|侍～。→ ❺ 名〈文〉事情;事件 ▷国有大～。❻ 名 特指战事 ▷战～。

【役畜】yìchù 名 供耕作或运输用的牲畜。如牛、马、驴、骡等。也说力畜。

【役龄】yìlíng ❶ 名 兵役法规定的服役年龄 ▷～青年。❷ 名 服兵役的年数 ▷～3年。

【役使】yìshǐ 动 使用牲畜;把人当牲畜使用 ▷有两匹马供～。

【役用】yìyòng 动 役使 ▷这是奶牛,不可～。

译(譯) yì 动 翻译 ▷这本外国名著～得好|古文今～|口～|破～密码。

☛ 右下是"丰",不是"丰"。

【译本】yìběn 名 翻译成的版本 ▷《水浒传》有英～|古文～。

【译笔】yìbǐ 名 翻译的功力或风格 ▷～老练。

【译电】yìdiàn ❶ 动 把电报代码译成文字。❷ 名 电报代码译成的文字 ▷收到～。

【译稿】yìgǎo 名 翻译过来的文稿 ▷校对～。

【译介】yìjiè 动 翻译并介绍 ▷～世界名著。

【译码】yìmǎ ❶ 名 代表某一项信息的数码信号 ▷编制～|计算机～。❷ 动 把接收到的信号转译成原有信息 ▷飞行记录器正在～|～机。

【译名】yìmíng 名 翻译成另一种文字的名称。人名、地名多用音译的方式翻译,其他名称多用意译的方式翻译。

【译配】yìpèi 动 把影视作品由一种语言翻译成另一种语言并配上音。

【译述】yìshù 动 用一种语言把另一种语言某段话的意思叙述出来 ▷～歌词大意。

【译文】yìwén 名 翻译过来的文字。

【译意风】yìyìfēng 名 会场或剧场使用的现场翻译装置。译员在隔音室里把现场语言即时翻译成其他语言,通过接收器输送给听者或观众(风:英语 phone 音译)。

【译音】yìyīn ❶ 动 用相同或相近的语音把另一种语言的词语表示出来。如把 tank 译成"坦克",chocolate 译成"巧克力"。也说音译。❷ 名 用译音法译出的音。如"沙发"是英语 sofa 的译音。

【译员】yìyuán 名 翻译人员。

【译者】yìzhě 名 翻译(文章、作品等)的人。

【译制】yìzhì 动 翻译并制作(影视片等)。

【译制片】yìzhìpiàn 名 把对白、解说等从一种语言译成另一种语言后,经过配音复制的影视片。口语中也说译制片儿(piānr)。

【译注】yìzhù 动 翻译并注释 ▷～古文。

【译著】yìzhù ❶ 动 翻译著述 ▷从事～工作。❷ 名 翻译著述的作品 ▷～颇丰。❸ 名 专指翻译的著作。

【译作】yìzuò 名 翻译的作品 ▷他的～不少。

枍 yì [枍诣] yìyì ❶ 名 古书上说的一种树。〇 ❷ 名 汉代宫殿名;泛指宫殿。

易[1] yì ❶ 动 更改;替代 ▷移风～俗|改弦～辙|变～。→ ❷ 动 交换 ▷以物～

物|贸～|交～。〇 ❸ 名 姓。

易[2] yì ❶ 形 容易；不费力（跟“难”相对）▷～如反掌|轻而～举|简便～行|浅～。〇 ❷ 形（性情或态度）谦逊平和 ▷平～近人。☛“易”没有简化，不能写作“𠃓(yáng)”（“𠃓”是“昜”的简化偏旁）。由“易”构成的字有“剔”“埸”“惕”“赐”“锡”等。

【易爆】yìbào 形 容易爆炸的 ▷严禁携带易燃～物品上车|这种原料易燃、～。

【易地】yìdì 动 换个地方 ▷～工作。

【易货】yìhuò 动 用货物交换货物 ▷以货～。

【易经】yìjīng ❶ 名《周易》。❷ 名《周易》中同“传”相对的经文部分，是研究中国思想史的重要资料。参见1794页“周易”。

【易拉罐】yìlāguàn ❶ 名 装饮料或其他流质食品的金属罐。拉动罐顶上特制的小环即可打开。❷ 名 借指易拉罐包装的食品。

【易燃】yìrán 形 容易燃烧的 ▷～物品。

【易如反掌】yìrúfǎnzhǎng 就像翻一下手掌一样容易。形容事情非常好办。

【易手】yìshǒu 动 从一方所有转为另一方所有 ▷权柄～|名画～。

【易位】yìwèi 动 变换位置；换一个角度 ▷双方队员～再战|～思考。

【易于】yìyú 动 容易（进行某种活动或出现某种情况）▷～理解|水土～流失。

【易帜】yìzhì 动 更换旗帜；借指领导人更迭或政权和军队的性质发生变化。

【易主】yìzhǔ 动（权力或财产等）更换主人 ▷天下～|奖杯～。

峄（嶧）yì 名 峄山，山名，在山东。

钇（釔）yì ❶ 名 古代一种方形的鼎。〇 ❷ 名 姓。

佾 yì 名 古代乐舞的行列，一行八人为一佾。六十四人为八行，叫八佾。

㑊 yì 解㑊（xièyì）名 中医学上指一种病，症状有全身困倦无力、懒于行动和说话、焦虑恐惧、抑郁不欢等，多由肝肾虚损、精血不足所致。

泆 yì〈文〉❶ 动 水激荡而出。→ ❷ 形 放荡。

怿（懌）yì 形〈文〉喜悦；愉快。

诣（詣）yì ❶ 动〈文〉到某地去看某人（多为尊长）；到某地去。→ ❷ 名（学问、技艺等）所达到的高度或深度 ▷造～|苦心孤～。☛ 统读yì，不读zhǐ。

驿（驛）yì 名 驿站（现多用于地名）▷白市～（在重庆）|桥头～（在湖南）。

【驿道】yìdào 名 古代供传递公文和官员往来通行的大道。也说驿路。

【驿站】yìzhàn 名 古代在驿道上供传递公文的人及来往官员中途歇息或换马的地方。

绎（繹）yì ❶ 动〈文〉抽丝。→ ❷ 动 理出头绪或线索 ▷演～|抽～。〇 ❸ 动 连续不断 ▷络～不绝。

枻 yì 名〈文〉船桨；借指船。

轶（軼）yì ❶ 动〈文〉后车超过前车。→ ❷ 动〈文〉超过 ▷～群|超～。〇 ❸ 动 散失；失传 ▷～事|～闻。〇 ❹ 名 姓。☛ 统读yì，不读yí。

【轶诗】yìshī 现在一般写作“佚诗”。

【轶事】yìshì 名 不见于正式记载、鲜为人知的事迹 ▷奇闻～。

【轶文】yìwén 现在一般写作“佚文”。

【轶闻】yìwén 名 不见于正式记载、鲜为人知的传闻 ▷～趣事。

昳 yì［昳丽］yìlì 形〈文〉容貌美丽。另见322页dié。

食 yì 用于人名。如郦(lì)食其(jī)，西汉人。另见1248页shí；1307页sì。

狁 yì 见870页“林狁”。

弈 yì ❶ 名〈文〉围棋 ▷博～。→ ❷ 动〈文〉下棋 ▷对～。〇 ❸ 名 姓。

奕 yì ❶ 形〈文〉盛大。〇 ❷ 名 姓。

【奕奕】yìyì 形 形容神采焕发的样子 ▷～有神。

疫 yì 名 流行性传染病的统称 ▷瘟～|鼠～|检～|～情。

【疫病】yìbìng 名 流行性传染病 ▷防止～发生。

【疫苗】yìmiáo 名 用病毒、细菌或其他病原微生物等制成的生物制剂。通过接种，能使机体产生免疫力，对有关疾病起预防或治疗作用。如牛痘疫苗、伤寒疫苗、破伤风类毒素等。

【疫情】yìqíng 名 疫病发生和流行的情况。

【疫区】yìqū 名 疫病流行的地区。

羿 yì ❶ 名 人名。传说是夏代有穷国的君主，擅长射箭。〇 ❷ 名 姓。

挹 yì 动〈文〉舀 ▷～水于河|～彼注兹（从一方取出来给另一方）。

益 yì ❶ 形〈文〉富裕 ▷饶～。→ ❷ 动 增长 ▷延年～寿|损～。❸ 副 表示程度进一步加深，相当于“更加”▷老当～壮|相得～彰。→ ❹ 名 对人或事物的好处；利益（跟“害”相对，⑤同）▷受～不浅|开卷有～|收～|权～。❺ 形 有益的 ▷良师～友|～处。〇 ❻ 名 姓。

【益虫】yìchóng 名 有益于人类的昆虫。如家蚕、蜜蜂、螳螂等。

【益处】yìchù 名 好处；有利的因素 ▷毫无～｜运动对身体有很多～。

【益发】yìfā 副 更加；越发 ▷头脑～清醒。

【益母草】yìmǔcǎo 名 一年或二年生草本植物，茎直立，方形；叶对生，有长柄，掌状分裂；花淡红色或白色。全草可以做药材。也说茺蔚(chōngwèi)。

【益鸟】yìniǎo 名 有益于人类的鸟类。如猫头鹰、杜鹃等。

【益气】yìqì 动 中医指通过增添元气来治疗气虚，使人体机能和抵抗力得到增强 ▷某些食物健脾～。也说补气。

【益寿】yìshòu 动 延长寿命 ▷延年～。

【益友】yìyǒu 名 有益的朋友 ▷良师～。

【益智】yìzhì 动 增长智力 ▷健脑～｜～游戏。

浥 yì 动〈文〉沾湿 ▷渭城朝雨～轻尘。

悒 yì 形〈文〉忧郁不安 ▷～郁｜～闷｜忧～｜～～不乐。

谊（誼） yì 名 人与人之间交往而产生的良好情感 ▷深情厚～｜情～｜友～｜联～。☛ 统读 yì，不读 yí。

埸 yì〈文〉❶ 名 田界。→ ❷ 名 边界；边疆 ▷疆～｜边～。

勚（勩） yì ❶ 形〈文〉辛劳；劳苦 ▷劳～。○ ❷ 动 器物磨损而失去棱角、锋芒等 ▷螺丝扣～了。

逸 yì ❶ 动 奔跑；逃 ▷逃～。→ ❷ 动〈文〉逃隐；隐居 ▷隐～｜～民。❸ 形 闲适；安乐 ▷以～待劳｜安～。❹ 形 放纵；放荡 ▷骄奢淫～。❺ 同"佚"②。○ ❻ 同"轶"②。☛ 右上是"⺈"，不是"⺈"。

【逸乐】yìlè 形 闲适快乐 ▷悠然～｜～无忧。

【逸民】yìmín 名 古代指隐居避世不做官的人；特指旧朝代被推翻后不愿在新朝代做官的人。

【逸趣】yìqù 名 洒脱超俗的情趣 ▷～盎然。

【逸诗】yìshī 现在一般写作"佚诗"。

【逸事】yìshì 现在一般写作"轶事"。

【逸文】yìwén 现在一般写作"佚文"。

【逸闻】yìwén 现在一般写作"轶闻"。

翊 yì〈文〉❶ 名 翅膀。→ ❷ 动 辅助；帮助 ▷～戴(辅佐拥戴)｜～赞(辅助)。☛ 跟"翌"不同。

翌 yì 形〈文〉时间紧接在今天、今年之后的 ▷～晨｜～日。☛ 跟"翊"不同。

【翌年】yìnián 名〈文〉次年；第二年。

【翌日】yìrì 名〈文〉次日；第二天。

晹 yì 动〈文〉太阳在云层里忽隐忽现。

嗌 yì 名〈文〉咽喉 ▷～不容粒。

另见 6 页 ài。

肄 yì 动 学习；练习 ▷～业。☛ 跟"肆(sì)"不同。"肄"左边是"⺹"，不是"镸"。

【肄业】yìyè 动 在学校学习；特指在学校学习而没有达到规定的学习要求而中途离校 ▷曾在师范大学～两年｜大学～｜～证书。

裛 yì ❶ 名〈文〉书套。→ ❷ 动〈文〉缠裹；缠绕。○ ❸ 动〈文〉用香熏(衣服等)；香气侵袭。○ ❹ 古同"浥"。

裔 yì ❶ 名〈文〉衣服边。→ ❷ 名〈文〉边缘；边远的地方 ▷四～｜边～。→ ❸ 名 后代 ▷后～｜华～。

意 yì ❶ 名 心愿；心思 ▷称心如～｜满～｜民～｜随～。→ ❷ 名 用语言文字等表达出来的思想内容 ▷言不尽～｜～义｜示～｜同～。→ ❸ 动 推测；料想 ▷～料｜～外｜不～。☛ 参见 1632 页"义"的提示㊁。

【意表】yìbiǎo 名 意料之外 ▷出人～。

【意符】yìfú 名 形旁。

【意涵】yìhán 名 所包含的内容和意义 ▷～丰富｜探寻深层～。

【意会】yìhuì 动 用心领会 ▷其中奥妙不难～。

【意见】yìjiàn ❶ 名 看法；主张 ▷正确的～｜交换～。❷ 名 对人或事物不满意的想法 ▷对这种脱离群众的做法，我有～。

【意见簿】yìjiànbù 名 为征求意见而准备的本子。

【意见箱】yìjiànxiāng 名 为征求意见而设的小箱子。

【意匠】yìjiàng 名 作文、绘画等的精心构思 ▷～如神，笔力纵横｜～独运。

【意境】yìjìng 名 指由特定的艺术形象及其所触发的艺术想象所形成的境界 ▷～深远。

【意料】yìliào 动 事先估计；预料 ▷难以～。

【意念】yìniàn 名 想法；念头 ▷创新～｜主观～。

【意气】yìqì ❶ 名 志向、趣味和性情 ▷～相投。❷ 名 意志和气概 ▷直抒胸中～｜～昂扬。❸ 名 偏激、冲动的情绪 ▷纯属个人～。

【意气风发】yìqì-fēngfā 形容精神振奋，气概豪迈。

【意气相投】yìqì-xiāngtóu 彼此在志趣上互相投合。

【意气用事】yìqì-yòngshì 指缺乏理智，凭一时的感情冲动处理事情。

【意趣】yìqù 名 意味和情趣 ▷咀嚼诗中～。

【意识】yìshí ❶ 名 人的头脑对于客观物质世界的反映，是感觉、思维等各种心理过程的总和，是人的高级心理反映形式 ▷存在决定～。❷ 名 对某一问题的认识和重视程度 ▷国防～｜参与～。❸ 名 自觉抱有的某种目的 ▷无～｜有～。❹ 动 觉察；感觉(常跟"到"连用) ▷～到自己错了｜～到责任重大。

【意识流】yìshíliú 名 19 世纪美国心理学家威廉·詹姆士首先提出,人类的思维活动有如流水,是一种意识流。20 世纪西方作家运用这种理论使之成为一种创作手法。它以打破时空为主要特点,用大量的内心独白和跳跃式情节来表现人物的内心世界,显示人物意识流动的轨迹,表现人物性格。

【意识形态】yìshí xíngtài 社会上层建筑的重要组成部分,是直接或间接反映并反作用于社会经济形态和政治制度的思想体系,包括政治、法律、思想、道德、哲学、艺术、宗教等。在阶级社会里意识形态具有阶级性。

【意思】yìsi ❶ 名 用语言文字等表达出来的思想内容 ▷不明白这句话的～。❷ 名 意义② ▷抬杠没什么～。❸ 名 想法;意见 ▷表明他的～。❹ 名 趣味;意味 ▷很有～。❺ 名 心意 ▷这点儿礼品,只是表示一下～。❻ 动 表示一点儿心意 ▷送点儿慰问品～～。❼ 名 某种动向或迹象 ▷他们没有妥协的～。❽ 名 情意 ▷他们俩有那么点儿～。☛ ㊀参见本页"意义"的提示。㊁义项⑥一般须叠用。

【意态】yìtài 名 神情姿态 ▷～潇洒自若。

【意图】yìtú 名 打算实现某种愿望的想法 ▷摸清对方的～|一切都按你的～办。

【意外】yìwài ❶ 形 意料之外的;料想不到的 ▷出现这种情况太～了|～发现。❷ 名 料想不到的不幸事件 ▷万一有个～怎么办?|防止～。

【意味】yìwèi ❶ 名 含蓄的意思;需要体会才能明白的意思 ▷他没听出这话的～|～深长。❷ 名 意趣;情味 ▷充满农家～。❸ 名 某种趋势或苗头 ▷他有点儿急流勇退的～。❹ 动 包含有某种意思;标志(常跟"着"连用) ▷他不参加会,～着他不同意这么做。

【意下】yìxià 名 想法;意见 ▷你～如何?

【意想】yìxiǎng 动 料想;预料 ▷～不到|早就～到会这样。☛ 跟"意向""意象"不同。

【意向】yìxiàng 名 心意所向;意图和打算 ▷合作～|他有投资～。☛ 跟"意想""意象"不同。

【意向书】yìxiàngshū 名 合作各方签署的表示各方意图的协议书。

【意象】yìxiàng ❶ 名 印象;表象 ▷从生活的～中归纳其象征意义。❷ 名 意境 ▷营造新的～。☛ 跟"意想""意向"不同。

【意兴】yìxìng 名 兴致;兴趣 ▷没有～|～盎然。

【意义】yìyì ❶ 名 语言文字或其他符号所表达的含义;事物所包含的内容和道理 ▷理解这个词的～|文章～很深刻。❷ 名 作用;价值 ▷有～的活动|深远的～。☛ 跟"意思"不同。"意义"多指抽象概括的含义,带有客观性和普遍性,常用于术语中,如"语法意义""词汇意义""褒贬意义";"意思"通常指话语、文字、文章等具体的含义,有时带主观性,不具有普遍性,如"我明白这句话的意思"。

【意译】yìyì ❶ 动 不是按照原文字句意思而是根据原文的文意进行翻译(跟"直译"相区别)。❷ 动 根据词语所表示的意义翻译成另一种语言里相应的词语(跟"音译"相区别)。如"莱塞"是音译,"激光"是意译。

【意犹未尽】yìyóuwèijìn 意思还没有表达完。

【意愿】yìyuàn 名 心意;愿望 ▷尊重他的～。

【意韵】yìyùn 名 意境和韵味 ▷文中～深长|文化～。

【意蕴】yìyùn 名 内在的含义 ▷～深远。

【意在言外】yìzàiyánwài 要表达的意思在言辞之外。表示语言含蓄,不把真正用意直接说出来。

【意旨】yìzhǐ ❶ 名(地位较高的人或群体的)意愿和要求 ▷秉承父亲的～|人民的～。❷ 名(文章、著作的)中心思想 ▷分析全文的～。

【意志】yìzhì 名 为了实现某种理想或达到某种目的而自觉地为之努力的心理状态 ▷艰苦的环境可以磨炼我们的～|～不坚定。

【意中人】yìzhōngrén 名 心上人。

溢 yì ❶ 动 水满而向外流出 ▷水～出来|横～。→ ❷ 动 流露;散发 ▷～于言表|飘～。→ ❸ 形〈文〉过分;过度 ▷～美|～誉。

【溢出】yìchū 动(液体)漫出来 ▷洪水～河堤。

【溢洪道】yìhóngdào 名 设置在水库或河道等处的泄洪设施。用于排泄超过水位的洪水,保证堤坝的安全。

【溢价】yìjià ❶ 动 高出票证面值或平价 ▷～销售彩票|～处置资产。❷ 名 高出面值或平价的价格 ▷收购价中有 10%的～。

【溢美】yìměi 动 过分夸奖 ▷切忌～|～之词。

【溢于言表】yìyúyánbiǎo 指某种思想感情从言谈或神态中流露出来。

缢(縊) yì 动〈文〉勒死;吊死 ▷～杀|自～。

【缢蛏】yìchēng 名 软体动物,生活在河口和浅海内湾,主要分布在我国和日本沿海。肉可食用,也可做药材。贝壳面自顶至腹有一条斜沟,形似绳索的缢痕,故称。通称蛏子。

蜴 yì 见1469 页"蜥(xī)蜴"。

廙 yì 形〈文〉小心谨慎;恭敬。

瘗(瘞) yì 动〈文〉埋葬 ▷～埋|～玉埋香。

潩 yì 清潩河(qīngyìhé) 名 水名,在河南,颍河的支流。

嫕 yì 形〈文〉形容性情柔顺和善 ▷～静。

鹝（鷊） yì ❶古同"鹢"。〇 ❷ 名〈文〉火鸡。

镒（鎰） yì 量 古代重量单位，1 镒为 20 两，一说为 24 两。

毅 yì 形 刚强；坚定 ▷～力｜坚～｜～然｜刚～。

【毅力】yìlì 名 持久而坚定的意志 ▷超常的～。

【毅然】yìrán 副 坚定地 ▷他～挑起这副重担。

【毅然决然】yìrán-juérán 坚定地，毫不犹豫地。形容意志坚强，处事果断。

【毅勇】yìyǒng 形 坚定勇敢 ▷刚强～的战士。

鹢（鷁） yì 名 古书上说的一种水鸟。

熠 yì 形〈文〉光亮；鲜明。☛ 右边的"習"不能类推简化为"习"。

【熠熠】yìyì 形〈文〉形容光彩闪烁的样子 ▷～生辉。

薏 yì 见下。

【薏米】yìmǐ 名 薏苡的种仁，白色，卵形。也说薏苡仁、苡仁、薏仁米。

【薏苡】yìyǐ 名 一年或多年生草本植物，茎挺直强壮，叶线状披针形，颖果椭圆形，淡褐色。种仁含淀粉，可以食用或酿酒。根和种仁可以做药材。

殪 yì 动〈文〉死；杀死。

螠 yì 名 无脊椎动物，身体呈棒状、圆柱状或卵形而稍扁，不分节，有稀疏的刚毛，长 10 厘米左右。生活在海底泥沙中。可作鱼饵，有的可以食用。

劓 yì 动 割掉鼻子，古代一种酷刑。

燚 yì 形〈文〉火势猛烈。

缢（繶） yì 名 古代鞋上作装饰用的圆丝带。

翳（*瞖） yì ❶ 动〈文〉遮盖 ▷林木阴～｜～障。→ ❷ 名 长在眼角膜上障蔽视线的白斑 ▷白～｜～子。→ ❸ 名〈文〉起遮蔽作用的东西 ▷云～。

斁 yì〈文〉❶ 动 厌弃；厌倦。〇 ❷ 形 盛大。另见 344 页 dù。

臆 yì ❶ 名 胸 ▷胸～。→ ❷ 形 主观② ▷～见｜～说｜～断｜～造。

【臆测】yìcè 动 主观推测 ▷世事不可～｜我的～不一定对。

【臆断】yìduàn 动 凭臆测来断定 ▷工程质量要认真检验，不能～｜不轻信他人的～。

【臆度】yìduó 动〈文〉主观猜测 ▷闻见～，不足为训。☛"度"这里不读 dù。

【臆说】yìshuō ❶ 动 毫无根据地说 ▷怎么能仅凭猜测而随便～呢！❷ 名 毫无根据的说法 ▷纠正不合历史事实的～。

【臆想】yìxiǎng 动 主观想象 ▷这是他～出来的故事。

【臆造】yìzào 动 凭主观想象编造 ▷任何人不能～历史。

鮨 yì 名 鱼，体侧扁，红色或褐色，有斑纹，口大，牙细而尖。生活在江湖海洋中。种类很多，常见的有鳜鱼、鲈鱼和石斑鱼等。

翼 yì ❶ 名 翅①。→ ❷ 名 阵地的两侧；同一政治群体中的派别（多就激进或保守说）▷两～阵地｜侧～｜工党左～。→ ❸ 动〈文〉帮助；辅助 ▷～助｜～佐。→ ❹ 名 星宿名，二十八宿之一。→ ❺ 名 像翅膀的东西；两侧的部分 ▷机～｜鼻～（鼻尖两旁的部分）。〇 ❻ 名 姓。

【翼翅】yìchì 名 翅膀 ▷一只苍鹰展开～，高飞入云。

虉（虉） yì 名 虉草，多年生草本植物，多生长在水湿处。有根状茎，秆粗壮，叶片扁平，绿灰色，夏季开花。全草嫩时是优良饲料；秆可用来编织，也是造纸原料。

镱（鐿） yì 名 金属元素，符号 Yb。银白色，有光泽，质软，富延展性，在空气中较稳定。用于制作激光材料和各种试剂。

癔 yì［癔症］yìzhèng 名 由明显的心理因素引起而缺乏相应器质性基础的神经症。发作时神态失常、言语错乱，有的还伴有痉挛、麻痹等现象。也说歇斯底里。旧称癔病。

饐 yì 动〈文〉食物经久变臭；馊。

懿 yì 形〈文〉（德行等）美好 ▷～德｜～行。☛ 统读 yì，不读 yí。

【懿德】yìdé 名〈文〉美德 ▷～嘉行。

【懿旨】yìzhǐ 名 指皇太后、皇后或皇妃等的命令。

yīn

因（*囙） yīn ❶ 动〈文〉依靠；凭借 ▷为高必～丘陵。→ ❷ 动 照老样子做 ▷陈陈相～｜～袭。→ ❸ 介 引进动作行为的依据，相当于"按照""根据" ▷～势利导｜～地制宜。→ ❹ 名 事情发生的条件或造成某种结果的缘故（跟"果"相对）▷事出有～｜前～后果｜原～。⇒ ❺ 介 引进动作行为的原因 ▷～故缺席｜～雨改期。⇒ ❻ 连 连接分句，表示因果关系 ▷～雾气过大，轮渡今日暂停。〇 ❼ 名 姓。

【因变量】yīnbiànliàng 名 构成函数关系的两个变量中，随自变量量值改变的是因变量。参见536页“函数”。

【因材施教】yīncái-shījiào 根据受教育者的具体情况进行不同的教育。

【因此】yīncǐ 连 连接分句或句子，表示因果关系，相当于“所以” ▷他长期生活在农村，～非常了解农民。

【因地制宜】yīndì-zhìyí 根据不同地区的实际情况，制定适宜的措施。

【因而】yīn'ér 连 连接分句，表示因果关系 ▷人的需求是多层次的，～社会的发展应是全面的。

【因果】yīnguǒ ❶ 名 佛教指因由和果报，即种什么因结什么果，善有善报，恶有恶报。❷ 名 原因、结果及相互关系 ▷不但要搞清现状，而且要明白～。

【因祸得福】yīnhuò-défú 因遭灾祸反而得到好处；指由于某种原因，坏事变成好事。

【因陋就简】yīnlòu-jiùjiǎn 原指简陋苟且，不求改进(因：沿袭；就：依从)。现多指利用原有简陋的条件节约办事。

【因纽特人】yīnniǔtèrén 名 北极地区原住民。主要分布在北美洲沿北极圈一带，一小部分生活在俄罗斯东北部。近海的以捕猎海兽、鱼类为生，内陆的则以狩猎为生。多用石制、骨制用具，喜爱雕刻艺术(因纽特：英语 Inuit 音译)。旧称爱斯基摩人。

【因人成事】yīnrén-chéngshì 借助别人的力量办成事情。

【因人而异】yīnrén'éryì 不同的人有不同的表现；根据不同的对象采取不同的方法。

【因人废言】yīnrén-fèiyán《论语·卫灵公》：“君子不以言举人，不以人废言。”意思是说，不因为某人说了好话就提拔他，也不因为某人不好，就把他说过的正确的话也给否定掉。后用“因人废言”指因为某人地位低下，或者有缺点错误，甚至反对过自己，就否定掉他所说过的正确言论。也说以人废言。

【因人制宜】yīnrén-zhìyí 根据不同人的情况，进行适当的安排。

【因时制宜】yīnshí-zhìyí 根据不同时期的情况采取适当的办法。

【因势利导】yīnshì-lìdǎo 顺应事物的发展趋势，向有利的方面引导。

【因事制宜】yīnshì-zhìyí 根据事情的实际情况，制定、采取适宜的措施。

【因数】yīnshù 名 约数②。

【因素】yīnsù ❶ 名 事物的构成要素、成分 ▷调动一切积极～。❷ 名 事物发展的原因或条件 ▷勤奋是成功的必不可少的～。

【因特网】yīntèwǎng 名 英语 Internet 音意合译。目前世界上最大的互联网。由众多计算机网络互联而成的开放性网络。

【因为】yīnwèi ❶ 介 引进动作行为或出现某种情况的原因 ▷～他才引出了这么多麻烦|～考试的缘故急出了一场病。❷ 连 连接分句，表示原因。一般用在前一分句里，常同“所以”配合使用；当前后两个分句主语相同时，也可以用在后一分句里 ▷～雪太大，所以车不能开得太快|我～学习忙，所以没有及时回信|他脸色不好，～最近一直开夜车。☛ ㊀参见1666页“由于”的提示。㊁跟“为了”的用法不同。“因为”表示原因；“为了”表示目的。

【因袭】yīnxí 动 沿用；照搬(过去的制度、法令、方法等) ▷～旧制|～守旧。

【因小见大】yīnxiǎo-jiàndà 通过小事情看出大问题。

【因小失大】yīnxiǎo-shīdà 为了小的利益而丢掉大的利益；因为在小事上费力气而误了大事。

【因循】yīnxún ❶ 动 沿袭不变；守旧 ▷～旧制，不思变革。❷ 动 拖延；延迟 ▷～时日。

【因循守旧】yīnxún-shǒujiù 沿袭老办法，不求革新。

【因噎废食】yīnyē-fèishí 因为吃饭噎住过，就不再吃饭了。比喻出了点儿小问题或怕出问题，连该做的事也不做了。

【因应】yīnyìng ❶ 动 适应；顺应 ▷～时代的变化|～潮流。❷ 动 应对；对付 ▷～激烈竞争，加快改革步伐|制定～对策。

【因由】yīnyóu 名 理由；缘故 ▷你有什么～旷工呢？|事故的～找到了。

【因缘】yīnyuán ❶ 名 佛教指事物产生、变化和毁灭的根据和条件。❷ 名 缘分；机缘 ▷恨无～与先生相见。☛ 参见1645页“姻缘”的提示。

【因之】yīnzhī 连〈文〉因此；因为这个。

【因子】yīnzǐ 名 因素；成分 ▷决定农作物能否增产的～很多。

阴(陰*隂) yīn ❶ 形 云层密布，不见或少见阳光的天气；气象学上特指中、低云总云量占天空$\frac{8}{10}$及以上，阳光很少或不能透过云层时的天空状况 ▷多云转～|天～了。→ ❷ 名 指阳光照不到的地方(跟“阳”相对，③—⑪同) ▷树～|林～道|背～。⇒ ❸ 名 山的北面；水的南面 ▷山～(古地名，在会稽山的北面)|江～(地名，在长江的南面)。⇒ ❹ 形 隐蔽的；不外露的 ▷～沟|阳奉～违。⇛ ❺ 形 不光明正大 ▷这个人很～|～谋。⇛ ❻ 名 生殖器；有时特指女性生殖器 ▷～茎|外～|～道。⇛ ❼ 形 凹下的 ▷～文印章。→ ❽ 名 我国古代哲学指宇宙间贯通一切事物的两大对立面之一(另

一面是"阳")▷～阳二气。⇒❾名古代指太阴,即月亮 ▷～历。⇒❿形迷信指跟鬼神、阴间有关的 ▷～魂|～曹地府。⇒⓫形带负电的 ▷～极|～离子。〇⓬名姓。

【阴暗】yīn'àn ❶形光线不足 ▷天色十分～|～的小屋。❷形阴沉②。❸形比喻不光明正大 ▷～心理。☛ 跟"阴沉"不同。"阴暗"侧重指视觉上的感觉,也可指人的心地不光明;"阴沉"侧重指心理上的感受,有压抑感。

【阴暗面】yīn'ànmiàn 名比喻社会上存在的消极、落后、不健康的一面。

【阴部】yīnbù 名外生殖器(多用于女性)。

【阴惨】yīncǎn ❶形阴森凄惨 ▷～的古庙|阴惨惨的坟地。❷形悲伤凄惨 ▷脸色～|～的哭声。

【阴曹】yīncáo 名阴间 ▷～地府。

【阴差阳错】yīnchā-yángcuò 把阳和阴弄混了。指因各种偶然原因凑在一起而发生差错。也说阴错阳差。☛ ㊀"差"这里不读 chà。㊁参见 517 页"鬼使神差"的提示。

【阴沉】yīnchén ❶形光线不足;阴暗 ▷天空～,快要下雨了。❷形比喻表情忧郁沉重 ▷～的脸色。❸动表情变得忧郁沉重 ▷～着脸。☛ 参见本页"阴暗"的提示。

【阴沉沉】yīnchénchén 形形容非常阴暗的样子 ▷～的天,叫人憋得喘不过气来。

【阴道】yīndào 名女性或某些雌性动物生殖器官的一部分。管状,位于膀胱、尿道和直肠之间,连接子宫和外生殖器。

【阴德】yīndé 名迷信指人在阳间做善事而死后可在阴间得到善报的功德;现泛指暗中做的好事 ▷多积～。

【阴电】yīndiàn 名负电。

【阴毒】yīndú 形阴险恶毒 ▷～小人。

【阴风】yīnfēng ❶名阴冷的风 ▷一阵～吹过荒凉的原野。❷名比喻邪恶的风潮 ▷煽～。

【阴干】yīngān 动在太阳晒不到的地方慢慢晾干。

【阴功】yīngōng 名阴德。

【阴沟】yīngōu 名暗沟。

【阴户】yīnhù 名阴门。

【阴晦】yīnhuì 形昏暗;阴沉 ▷天气～|脸色～。

【阴魂】yīnhún 名鬼魂;比喻坏人坏事的流毒 ▷军国主义～还在作祟。

【阴极】yīnjí ❶名干电池、蓄电池等直流电源放出电子带负电的电极,常用符号"-"表示。干电池的锌皮就是阴极。也说负极。❷名电子管发射电子的电极。

【阴间】yīnjiān 名迷信指人死后灵魂所去的地方(跟"阳间"相对)。也说阴曹、阴曹地府、阴司、地府。

【阴茎】yīnjīng 名男性和某些雄性动物的外生殖器官。柱状,由两条阴茎海绵体和一条尿道海绵体组成。海绵体充血后,阴茎勃起。

【阴冷】yīnlěng ❶形阴湿寒冷 ▷天气～。❷形阴沉冷漠 ▷脸色～|～的气氛。

【阴离子】yīnlízǐ 名带负电荷的离子。也说负离子。

【阴历】yīnlì ❶名根据朔望月的周期(约等于29.5天)制定的历法。大月 30 天,小月 29 天,12 个月为 1 年,1 年 354 天或 355 天。伊斯兰教历就是阴历的一种。也说太阴历。❷名我国农历的通称。

【阴历年】yīnlìnián ❶名指农历 1 年的时间,一般是 354 天或 355 天。❷名农历正月初一,即春节。

【阴凉】yīnliáng ❶形因物体遮住阳光而凉爽 ▷过道里～。❷名阴凉的地方 ▷树下有一块～。

【阴霾】yīnmái 名霾的通称;比喻恶劣的环境 ▷一场大雨驱除了空中的～|～密布。

【阴毛】yīnmáo 名人的阴部长的毛。

【阴门】yīnmén 名阴道的口。也说阴户。

【阴面】yīnmiàn ❶名背阴的一面(多指建筑物等太阳照射不到的一面)▷～的墙很湿。❷名借指背阴一面的房间 ▷我住～,不热。

【阴谋】yīnmóu ❶动暗中谋划(做坏事)▷～反叛。❷名暗中策划的计谋 ▷识破敌人的～|～诡计。

【阴谋家】yīnmóujiā 名善于耍弄阴谋诡计的人。

【阴囊】yīnnáng 名男性和某些雄性动物阴部下垂的皮囊,内包睾丸、附睾和精索等。

【阴平】yīnpíng 名普通话四声中的第一声,读高平调,调值是 55,调号是"ˉ"。

【阴坡】yīnpō 名背阴的山坡 ▷～的草木还未发芽。

【阴柔】yīnróu 形(性格)内向温和;(风格)温柔细腻(跟"阳刚"相对)▷她一向～文静。

【阴森】yīnsēn 形(脸色、气氛、环境等)幽暗而可怕 ▷～可怖|～的地牢。

【阴森森】yīnsēnsēn 形形容非常幽暗可怕的样子。

【阴湿】yīnshī 形阴冷潮湿。

【阴寿】yīnshòu ❶名迷信指人死后在阴间的年龄。❷名旧俗称举行仪式纪念死者的诞辰为做阴寿。

【阴司】yīnsī 名阴间。

【阴私】yīnsī 名隐秘不可告人的事。

【阴损】yīnsǔn ❶动暗中给人使坏 ▷当面恭维,背后～。❷形(说话)阴冷刻薄;(手段)阴险恶毒 ▷言语～,伤人太甚|这一招儿太～了。

【阴天】yīntiān 名不见或少见阳光的天气;气象

学上指空中云层的覆盖面占$\frac{8}{10}$以上的天气。

【阴文】yīnwén 名 铸或刻在器物上的凹下去的文字或花纹(跟"阳文"相区别)。

【阴险】yīnxiǎn 形 内心奸诈歹毒 ▷~狠毒。

【阴线】yīnxiàn 名 证券市场上指K线图中表示某段时间内收盘价低于开盘价的变化曲线,多用蓝色显示(跟"阳线"相对)。

【阴笑】yīnxiào 动 阴险奸诈地笑。

【阴性】yīnxìng ❶ 名 某些语言的语法范畴中,通过一定的语法形式或形态表示的名词、代词、形容词的一种性的类别。参见1541页"性"⑦。○ ❷ 名 疾病诊断时对某种试验或化验所得结果的表示方法。当结果表明体内不存在某种病原体或对某种药物没有过敏反应时称阴性,常用符号"-"表示。

【阴虚】yīnxū 名 中医指精血或津液亏损的病症。症状是午后潮热、盗汗、颧红、消瘦等。

【阴阳】yīnyáng ❶ 名 我国古代哲学的一对范畴,指宇宙间贯通一切事物的两大对立面。如天地、日月、昼夜、男女、夫妇等。❷ 名 古代指有关日、月等天体运行规律的学问。❸ 名 指星相、占卜、相看宅墓等的方术。

【阴阳怪气】yīnyáng-guàiqì 形容说话不阴不阳,故弄玄虚,态度暧昧,神情怪异。

【阴阳历】yīn-yánglì 名 一种综合阴历、阳历而制定的历法。这种历法既重视月相盈亏,又重视寒暑节气,以月球绕地球一周的时间为一月,但设置闰月,使一年的平均天数跟太阳年的天数相符。我国的农历就是一种阴阳历。

【阴阳人】yīnyángrén 名 两性人。

【阴阳先生】yīnyáng xiānsheng 旧指以星相、占卜、择日、相看宅基墓地等为业的人。也说阴阳生。

【阴翳】yīnyì 名 树阴;阴影 ▷一缕不祥的~掠过心头。☛ 跟"荫翳"不同。

【阴影】yīnyǐng 名 阴暗的影子;比喻不愉快、不顺利的事情 ▷透视发现肺部有~|她自幼生活在疾病的~里。

【阴雨】yīnyǔ 名 阴天并有雨的天气 ▷~天。

【阴郁】yīnyù ❶ 形 (天气)阴暗沉闷 ▷~的天气。❷ 形 心情忧郁;气氛不活跃 ▷~的表情|会上气氛~。

【阴云】yīnyún 名 天阴时的云层;比喻气氛凝重压抑或心情不开朗 ▷~密布|脸上布满~。

【阴宅】yīnzhái 名 迷信指坟墓。

【阴招儿】yīnzhāor ❶ 名 暗地里使出的阴险手段或计谋 ▷为了排挤别人,他使尽了~。❷ 见本页"阴着儿"①。现在一般写作"阴着儿"。

【阴着儿】yīnzhāor ❶ 名 下棋时走出的难以辨识而杀伤力大的着数。❷ 见本页"阴招儿"①。现在一般写作"阴招儿"。

【阴鸷】yīnzhì 形 〈文〉阴险凶狠 ▷~毒辣。

【阴骘】yīnzhì ❶ 动 〈文〉暗中使安定(骘:安定)。❷ 名 阴德 ▷积~。

茵 yīn ❶ 名 垫子;褥子 ▷绿草如~|~席。○ ❷ 名 姓。

【茵陈蒿】yīnchénhāo 名 多年生草本植物,多分枝,幼株密生白毛,秋季开黄色花。嫩的全株可以做药材。也说茵陈。

音 yīn ❶ 名 声音;乐音 ▷杂~|播~|这个~唱得不太准|~乐。→ ❷ 名 特指语音或音节 ▷方~|正~|乡~|~译|单~词。❸ 名 信息;消息 ▷佳~|~信|回~|福~。

【音变】yīnbiàn 名 说话时语音的变化情况。有历史性的音变;有在连读发音中受前后音的影响而发生的音变,如普通话中两个上声音节相连时,前一个变读成阳平调。

【音标】yīnbiāo 名 标记语音的符号。如国际音标。

【音叉】yīnchā 名 用钢材制成的发声仪器,形状像叉子,下端有柄,用小木槌敲打,能发出一定频率的声音。常用来帮助测定音高。

【音长】yīncháng 名 指声音持续的时间量。表现为发音体颤动时间的长短,即声波延续时间的长短。语言中的音长有的有区别意义的作用。

【音程】yīnchéng 名 音乐上指两个音高之间的距离。计算音程的单位称"度"。八度以内的音程叫单音程,超过八度的叫复音程。

【音带】yīndài 名 录音的磁带 ▷录制~|盒式~。

【音调】yīndiào ❶ 名 声音的高低。主要由声音的频率决定,频率越高,音调越高。❷ 名 音乐上指音高或乐曲的旋律。

【音读】yīndú ❶ 名 汉字的读音。❷ 动 用汉语读音读日文中的汉字。有吴音(六朝时传入日本的中国南方音)、汉音(隋唐时传入日本的中国北方音)、唐音(宋代传入日本的中国南方音)等分别(跟"训读"相区别)。

【音符】yīnfú 名 乐谱中表示音长和音高的符号。简谱中用1、2、3、4、5、6、7和特定的附加符号表示,五线谱中用实心和空心的椭圆形及特定的符号表示。

【音高】yīngāo 名 声音的高低。由声波振动频率的高低决定,振动频率高音就高,振动频率低音就低。语言中声调的不同取决于音高。

【音画】yīnhuà 名 影视作品中声音和画面的合称;借指影视作品 ▷提高调控技术,确保~同步。

【音阶】yīnjiē 名 音乐中以一定的调式为标准,按照音高次序排列的一组音。可分为五声音阶、七声音阶等。

【音节】yīnjié 名 由一个或几个音素构成的最小

的语音结构单位。一般说来,在汉语中一个音节就是一个汉字的字音。

【音节文字】yīnjié wénzì 一种拼音文字,一个字母表示语言中的一个音节。如日文的假名。

【音控】yīnkòng ❶ 动 声控①。❷ 区别 声控②。

【音量】yīnliàng 名 响度的通称。

【音律】yīnlǜ ❶ 名 指律吕、宫调等。也说乐律。❷ 名 指诗文的声韵规律。

【音名】yīnmíng 名 音乐上固定音高的音的名称。如西洋音乐中的C、D、E、F、G、A、B,中国古代律吕中的黄钟、大吕等。

【音频】yīnpín 名 声频的旧称。

【音品】yīnpǐn 名 音色。

【音强】yīnqiáng 名 声强的旧称。

【音区】yīnqū 名 乐器或人声的整个音域。可根据音高和音色特点划分为高、中、低三个音区。

【音容】yīnróng 名 人的声音和容貌 ▷展现白衣天使的~风采|~犹在。

【音容宛在】yīnróng-wǎnzài (死者的)声音和容貌好像还在耳边和眼前(宛:好像)。多用来表示对死者的怀念。

【音容笑貌】yīnróng-xiàomào 声音、面容和谈笑的神态。

【音色】yīnsè 名 声音的个性特色。发音体、发音状态、发音方法和共鸣器等不同都会造成音色的差异。语言中不同音素的音色不一样。也说音品、音质。

【音诗】yīnshī 名 交响诗的一种,篇幅不大,结构自由,是具有一定文学性的单乐章管弦乐曲。如芬兰作曲家西贝柳斯创作的《芬兰颂》、法国作曲家肖松创作的小提琴协奏曲《音诗》等。

【音素】yīnsù 名 语音中最小的单位,分元音和辅音两类。如 biān 这个音节是由除声调以外的 b、i、a、n 四个音素构成的。

【音素文字】yīnsù wénzì 一种拼音文字,一个字母表示语言中的一个音素。现今用希腊字母、拉丁字母、阿拉伯字母等体系创制的文字多是音素文字。

【音速】yīnsù 名 声速的旧称。

【音位】yīnwèi 名 语言中有区别意义作用的最小的语音单位。在汉语中“包”和“抛”是靠[p]和[pʻ]来区别的,所以它们是两个不同的音位;而在英语中“p”一般都读[pʻ],只有在“s”后才读[p],不同的语词并不用[p]和[pʻ]的对立来区别,所以它们就属于同一个音位。各种语言都有自己的音位系统。

【音系】yīnxì 名 语音系统或音位系统。汉语的音系主要指声、韵、调系统。

【音箱】yīnxiāng 名 放置扬声器的箱形装置。能提高音响效果。

【音响】yīnxiǎng ❶ 名 声音(多指声音产生的效果) ▷增强~效果。❷ 名 具有收音、录放、播放唱片等功能的立体声电器。

【音像】yīnxiàng 名 录音和录像;录音和录像设备 ▷~制品|~出版社。

【音信】yīnxìn 名 音讯;信件 ▷~全无。

【音序】yīnxù 名 字母表中字母排列的先后顺序 ▷~检字法。

【音讯】yīnxùn 名 消息 ▷至今没有~。

【音译】yīnyì 动 译音①(跟“意译”相区别) ▷~词。

【音域】yīnyù 名 器乐或人所能发出的乐音的最低音与最高音之间的范围 ▷他的~很宽。

【音乐】yīnyuè 名 艺术的一个门类,通过乐音的旋律和节奏创造出艺术形象,表达思想感情,反映现实生活。通常分为声乐和器乐两大类。

【音乐茶座】yīnyuè cházuò 配有音响设备或请歌手演唱,顾客在喝茶的同时得到音乐享受的休闲场所。

【音乐电视】yīnyuè diànshì 在电视上播放音乐的同时,配上演唱或演奏图像及其他画面的电视节目(英语缩写为 MTV)。也说音乐 TV。

【音乐短片】yīnyuè duǎnpiàn 用电视动态画面配合歌曲演唱的短片(英语缩写为 MV)。也说音乐录像、音乐影片、音乐视频。

【音乐会】yīnyuèhuì 名 在一定场所为观众进行音乐表演的活动。

【音乐家】yīnyuèjiā 名 从事音乐工作,并获得较高成就的人。

【音乐剧】yīnyuèjù 名 19 世纪末出现在英国和美国的一种音乐戏剧形式,表演形式包括歌曲、音乐、舞蹈、对白等,后多融入现代歌舞和流行音乐成分,题材广泛。

【音乐门铃】yīnyuè ménlíng 一种可发出一段音乐来代替铃声的电子门铃。

【音乐喷泉】yīnyuè pēnquán 一种由音乐控制的喷泉。在电子装置的作用下,喷泉的水柱随着乐曲声的高低强弱时高时低地跳动,常配以彩色灯光。也说音控喷泉。

【音乐片】yīnyuèpiàn 名 一种表现音乐生活的影视片,一般以音乐家的生平和创作为题材,音乐作为剧情的有机组成部分,直接由片中人物表现出来;也指具有较多音乐内容的影片。口语中也说音乐片儿(piānr)。

【音乐厅】yīnyuètīng 名 专供音乐演出和欣赏的营业性大厅。

【音韵】yīnyùn ❶ 名 音乐、诗文等声音的节奏旋律 ▷~和谐|~铿锵有力。❷ 名 汉语字音(音节)的声、韵、调三个要素的统称 ▷~学。

【音障】yīnzhàng 名 高速飞行的物体(如飞机、火箭)在速度接近声速时,前方的空气会发生异常变化,从而使物体的飞行受到阻碍,这种现象称作音障。也说声障。

【音值】yīnzhí 名 音素的实际读音。通常要用国际音标表示。如汉语普通话 zhā 这个音节中的 a 和 zhāi 这个音节中的 a 音值不同。用国际音标表示，前者为[A]，后者则为[a]。

【音质】yīnzhì ❶ 名 音色。❷ 名 录音、广播、电话、放声等传音系统声音的逼真或清晰的程度。

【音准】yīnzhǔn 名 音高的准确程度。

洇 yīn 动 液体接触纸、布等物体后向四外浸润或渗透 ▷这种纸一沾墨水就～｜血水把纱布都～透了｜墙让雨水～湿了。

姻（*婣） yīn ❶ 名 男女婚嫁的事 ▷婚～｜联～｜～缘。→ ❷ 名 有婚姻关系的亲戚（多指关系比较间接的）▷～伯（称弟兄的岳父、姐妹的公公）｜～弟（称姐夫或妹夫的弟弟、妻子的表弟）。

【姻亲】yīnqīn 名 有婚姻关系的亲戚。如妹夫、姨夫、嫂子的兄弟姐妹或者比这更间接的亲戚。

【姻亚】yīnyà 现在一般写作"姻娅"。

【姻娅】yīnyà 名〈文〉亲（qìng）家和连襟；泛指姻亲。

【姻缘】yīnyuán 名 结成夫妻的缘分 ▷千里～一线牵。☛ 跟"因缘"不同。"姻缘"专指夫妻的缘分；"因缘"泛指一切缘分和机缘。

絪（絪） yīn [絪缊] yīnyūn 现在一般写作"氤氲"。

骃（駰） yīn 名〈文〉指浅黑和白色毛夹杂的马。

氤 yīn [氤氲] yīnyūn 形〈文〉形容烟云弥漫的样子 ▷云烟～。

殷[1]（*慇❷—❹） yīn ❶ 形〈文〉盛大 ▷～祀｜～盛。→ ❷ 形 富裕；富足 ▷～实｜～富。→ ❸ 形（情意等）深厚 ▷～切。❹ 形 热情而周到 ▷～勤。

殷[2] yīn ❶ 名 朝代名。公元前 1300 年商代盘庚迁都于殷（今河南安阳西北），改商为殷。所以商朝又称殷朝，也称殷商。○ ❷ 名 姓。☛ "殷"字读 yīn，本义指奏乐丰盛（今已不用），引申诸义都有"盛"意；读 yǐn，模拟雷声；读 yān，指深红、黑红。

另见 1577 页 yān；1649 页 yǐn。

【殷富】yīnfù 形 殷实富有 ▷～之家｜家资～。

【殷鉴】yīnjiàn 名〈文〉《诗经·大雅·荡》："殷鉴不远，在夏后之世。"意思是夏被殷灭掉，殷的子孙应该以夏的灭亡作为鉴戒。后用"殷鉴"指可以引为教训的前人失败的事例。

【殷切】yīnqiè 形 深厚而急切 ▷～期待。

【殷勤】yīnqín 形 热情周到 ▷～照料病人｜待客～。☛ ㊀不要写作"慇懃"。㊁"殷勤"是褒义词，但"献殷勤"表示贬义。

【殷实】yīnshí 形 生活富裕；家业厚实 ▷使全国人民都过上～的小康生活｜～人家。

【殷墟】yīnxū 名 商代后期的都城遗址。在今河南安阳小屯村及其周围。

【殷殷】yīnyīn〈文〉❶ 形 情意深厚 ▷～母子情。❷ 形 殷切 ▷～请命。❸ 形 忧伤 ▷忧心～｜～千虑。

铟（銦） yīn 名 金属元素，符号 In。银白色，质软，熔点较低。可用来制造低熔合金和轴承合金，在原子能工业中用来测量或吸收中子。

禋（禋） yīn 形〈文〉恭敬。

堙（*陻） yīn〈文〉❶ 动 堵塞 ▷以土石～洪水。→ ❷ 动 埋没；泯灭 ▷～没｜～灭。

喑（*瘖） yīn ❶ 动 沉默；不说话 ▷万马齐～。→ ❷ 形 哑，说不出话来 ▷～哑。

【喑哑】yīnyǎ 形 嘶哑 ▷嗓子有些～。

闉（闉） yīn〈文〉❶ 名 瓮城（围绕在城门外的小城）的门；也指瓮城；泛指城。○ ❷ 动 堵塞；填塞。

湮 yīn 同"洇"。现在一般写作"洇"。

另见 1579 页 yān。

愔 yīn [愔愔] yīnyīn〈文〉❶ 形 寂静无声。❷ 形 安静和悦。

歅 yīn 用于人名。如九方歅，古书中记载的春秋时人。

溵 yīn [溵溜] yīnliù 名 地名，在天津。

禋 yīn ❶ 名 禋祀，古代对天的一种祭礼。把牲体和玉帛放在柴上焚烧，使烟气上达于天。→ ❷ 动 泛指祭祀。

yín

吟（*唫） yín ❶ 动 有节奏地诵读诗文 ▷～诗｜行～。→ ❷ 名 古代诗歌的一种名称 ▷《梁甫～》｜《白头～》｜《水龙～》。→ ❸ 动 叹息；呻吟 ▷～叹｜不病而～。→ ❹ 动 鸣；叫 ▷龙～虎啸｜～鸣。

【吟唱】yínchàng 动 吟咏歌唱 ▷低声～。

【吟哦】yín'é 动 吟咏 ▷～唐诗。

【吟风弄月】yínfēng-nòngyuè 指以风花雪月等景物为题材写诗作文；现多形容诗文内容空虚，脱离现实。

【吟诗】yínshī ❶ 动 吟诵诗歌。❷ 动 作诗。

【吟诵】yínsòng 动 吟咏诵读 ▷～唐诗｜～古文。

【吟味】yínwèi 动 吟诵玩味。

【吟咏】yínyǒng 动 吟① ▷～辞章。

垠 yín 名 边际；边界 ▷一望无～｜无边无～。

琨 yín 图〈文〉一种像玉的美石。

狺 yín [狺狺] yínyín 拟声〈文〉模拟狗叫的声音 ▷犬吠～。

訚(誾) yín ❶ 形〈文〉(言谈)正直而谦和。○ ❷ 图姓。

硍 yín 六硍(liùyín) 图地名,在广西。另见 786 页 kěn;786 页 kèn。

【硍朱】yínzhū 现在一般写作“银朱”。

崟 yín 见 1110 页“嵚(qīn)崟”。

银(銀) yín ❶ 图金属元素,符号 Ag。白色,有光泽,质软,富延展性,导电导热性能极好,化学性质稳定,在空气中不易氧化。用于电镀,也用于制造货币、首饰等。通称银子、白银。→ ❷ 图指货币或与货币有关的事物 ▷包～|～行。→ ❸ 形形容颜色像银子的 ▷～白色|～河。○ ❹ 图姓。

【银白】yínbái 形形容颜色白而微灰,略带银光。

【银杯】yínbēi ❶ 图银制的杯。❷ 图体育或其他比赛中颁发给亚军(第二名)的奖杯。

【银本位】yínběnwèi 图以一定重量和成色的白银作本位货币的货币制度。

【银币】yínbì 图用白银铸造的货币。

【银弹】yíndàn 图比喻收买人、拉拢人的钱财 ▷被～击中。

【银锭】yíndìng ❶ 图一种货币。通称银元宝。❷ 图用锡箔叠成的元宝形的祭祀品。

【银耳】yín'ěr 图真菌的一种。白色,半透明,干燥后呈米黄色,富含胶质。可食用,也可以做药材。也说白木耳。

【银发】yínfà 图对老人白发的美称 ▷～童颜。

【银粉】yínfěn ❶ 图白银的粉末。❷ 图铝粉的俗称。

【银根】yíngēn 图指金融市场上资金供应的情况。市场上对资金求大于供,叫银根紧,供大于求叫银根松。

【银桂】yínguì 图桂花的一种。参见 518 页“桂花”。

【银汉】yínhàn 图〈文〉银河 ▷～迢迢。

【银行】yínháng 图经营存款、贷款、汇兑、储蓄等业务,充当信用中介和支付中介的金融机构。

【银行卡】yínhángkǎ 图由金融机构向社会发行的具有消费信用、转账结算、存取现金等功能的电子支付凭证。

【银号】yínhào 图旧指规模较大的钱庄。

【银河】yínhé 图横跨星空的一条银白色光带,在晴朗的夜晚可见。由众多的恒星、星团和其他物质构成。因看上去像一条银白色的河,故称。也说天河。

【银河系】yínhéxì 图由 1000 亿颗以上的恒星和无数星云、星团构成的庞大天体系统。太阳是银河系中众多恒星之一,距离银河中心约有 2.8 万光年。在晴朗无月的夜空可以用肉眼看到一条淡白色的光带,就是银河系里星球最密集的部分在天球上的投影。

【银红】yínhóng 形形容颜色粉红而略带银光。

【银狐】yínhú 图玄狐。

【银灰】yínhuī 形形容颜色浅灰而略带银光。

【银婚】yínhūn 图西方风俗称结婚 25 周年为银婚。

【银奖】yínjiǎng 图银制奖品。通常颁发给体育或其他比赛中的亚军(第二名)。也说银质奖。

【银匠】yínjiang 图制造金银饰品、器物的工匠。

【银卡】yínkǎ 图信用程度、持卡人享受的待遇仅低于金卡的信用卡或会员卡。

【银矿】yínkuàng ❶ 图蕴藏或开采白银的地方。❷ 图含银的矿石。

【银联卡】yínliánkǎ 图经中国人民银行批准、由国内各金融机构发行的一种银行卡。银联卡采用统一业务规范和技术标准,印有“银联”标志,卡号以“62”开头,可以跨银行、跨地区使用,也可在境外部分国家和地区使用。

【银两】yínliǎng 图作货币用的银子的总称。因常以两为单位,故称。

【银铃】yínlíng 图银制的铃铛;比喻清脆的声音 ▷用～作装饰|～般的笑声。

【银柳】yínliǔ 图沙枣。因树叶有银白色鳞片,故称。

【银楼】yínlóu 图制造和买卖金银首饰和金银器皿的店铺,有的还兼营金银兑换业务。

【银幕】yínmù 图用来显示影片、幻灯片或投影影像的白色幕布。

【银牌】yínpái ❶ 图银制的用作标志的牌子。❷ 图体育或其他比赛中颁发给亚军(第二名)的奖牌。

【银票】yínpiào 图旧时钱庄、当铺、票号等签发的取银凭证,可作纸币流通。

【银屏】yínpíng 图电视机上的荧光屏;借指电视节目 ▷～上出现了他的身影|～预告。

【银器】yínqì 图银制的器物。

【银钱】yínqián 图银制的货币;泛指钱财。

【银色】yínsè 图银白的颜色 ▷～的月光。

【银色浪潮】yínsè làngcháo 指老龄人口快速增长的社会现象 ▷～悄然而至。

【银色人才】yínsè réncái 指已届退休年龄而仍为社会作贡献的高级科技人员或其他人才。

【银杉】yínshān 图常绿乔木,树干通直,树冠塔形,叶子条形,球果卵圆形。是我国特有的稀有树种,属国家保护植物。

【银饰】yínshì 图银制的饰品。

【银团】yíntuán 图银行业联合起来进行贷款或

承售证券等业务活动的组织。

【银团贷款】yíntuán dàikuǎn ❶ 指由一家银行牵头，多家银行共同出资、共同承担风险的信贷业务。❷ 指银团贷出的款项。

【银屑病】yínxièbìng 名 牛皮癣的学名。

【银杏】yínxìng 名 落叶乔木，叶子扇形，核果椭圆形。树体生长缓慢，树龄可达千余年。是我国及日本的特有树种。果实叫白果，种仁可食用，也可以做药材。木材细密，材质优良。属国家保护植物。通称白果。也说公孙树。参见插图 6 页。

【银须】yínxū 名 对白色胡子的美称 ▷～飘洒。

【银燕】yínyàn 名 对飞机的爱称 ▷站在山顶，可以看到远处机场上一架架起落的～。

【银样镴枪头】yínyàng làqiāngtóu 表面像银子那样闪闪发光，其实只是焊锡做成的枪头(镴：焊锡，质软易熔)。比喻虚有其表，中看不中用。☛"镴"不要误写作"蜡"。

【银鹰】yínyīng 名 对飞机(多为战斗机)的爱称 ▷驾驶～巡航在祖国的领空。

【银鱼】yínyú 名 鱼，头扁口大，体细长，光滑，无鳞，白色微透明。栖息于近海或淡水。

【银元】yínyuán 名 旧时流通的银质圆形货币。口语中也说银洋、大洋、洋钱。

【银圆】yínyuán 现在一般写作"银元"。

【银针】yínzhēn 名 指针灸用的针。

【银质】yínzhì 区别 用银制成的或含银的 ▷～奖。

【银朱】yínzhū 名 硫化汞的通称。无机化合物，鲜红色，粉末状，有毒。用作颜料和药品等。

【银装】yínzhuāng 名 银白色的装束；多比喻覆盖大地的冰雪 ▷～素裹｜大地披～。

【银子】yínzi ❶ 名 银①的通称。❷ 名〈口〉旧时指用作货币的白银或银币 ▷白花花的～。❸ 名〈口〉指钱(戏谑性的说法) ▷钱夹里除了～还有证件｜我这张卡里～不多了。

淫（*婬❸滛） yín ❶ 形 过度；过分 ▷～威｜滥施～刑。→ ❷ 形 放纵；没有节制 ▷骄奢～逸。→ ❸ 形 指男女关系不正当 ▷～秽｜奸～。

【淫荡】yíndàng 形 淫乱放荡。

【淫妇】yínfù 名 淫乱放荡的女人。

【淫棍】yíngùn 名 一贯玩弄妇女的坏人。

【淫秽】yínhuì 形 淫乱污秽 ▷查禁～物品。

【淫乱】yínluàn 动 性行为放纵，违反道德标准 ▷～宫闱｜聚众～。

【淫书】yínshū 名 描写、宣扬色情的书籍。

【淫威】yínwēi 名 滥用的权威；恣行的暴政 ▷不为～所惧｜大发～。☛ 这里的"淫"是"过度""过分"的意思，不是"淫荡""淫乱"的意思。

【淫猥】yínwěi 形 淫荡下流 ▷～的举动。

【淫窝】yínwō 名 从事色情活动的场所。

【淫亵】yínxiè 形 淫荡猥亵 ▷发出～的笑声。

【淫雨】yínyǔ 名 久下不停的雨；过量的雨 ▷～绵绵。☛ 不要写作"霪雨"。

【淫欲】yínyù 名 色欲。

寅 yín 名 地支的第三位。参见 304 页"地支"。

【寅吃卯粮】yínchīmǎoliáng 寅年吃了卯年的粮食。形容入不敷出，预先借支。也说寅支卯粮。

【寅时】yínshí 名 我国传统计时法指凌晨3—5点的时间。

龂（齗） yín 古同"龈"。

【龂龂】yínyín 形〈文〉形容争辩的样子 ▷～争价。

鄞 yín 名 鄞州，地名，在浙江。

龈（齦） yín 名 牙龈。通称牙床。也说齿龈。
另见 786 页 kěn。

夤 yín〈文〉❶ 形 深 ▷～夜。○ ❷ 动 攀附 ▷～缘(攀附上升，比喻向上巴结)。

螾 yín 名〈文〉衣鱼。

嚚 yín〈文〉❶ 形 愚蠢而顽固 ▷～顽｜～然。○ ❷ 形 奸诈；狡猾。

霪 yín［霪雨］yínyǔ 现在规范词形写作"淫雨"。

yǐn

尹 yǐn ❶ 名 古代官名，一般为一地的长官 ▷京兆～｜令～｜府～｜道～。○ ❷ 名 姓。☛ 上边是"ヨ"，不是"彐"。

引 yǐn ❶ 动〈文〉拉弓 ▷～而不发｜～弓。→ ❷ 动 拉长；延伸 ▷～领西望｜～吭高歌｜～桥。❸ 量 市引。→ ❹ 动 拉；牵制 ▷～车｜穿针～线｜牵～。⇒ ❺ 动 招来；导致 ▷～来麻烦｜～得大家哄笑｜抛砖～玉。⇒ ❻ 动 推荐 ▷～荐｜推～。⇒ ❼ 动 把别人的言行或某个事物作为根据 ▷～以为荣｜～古证今｜援～书证。→ ❽ 动 引导；带领 ▷～路｜～航｜～见｜索～。→ ❾ 动 退却；避开 ▷～退｜～避。○ ❿ 名 姓。

【引爆】yǐnbào ❶ 动 点燃或操纵引火装置，使爆炸物爆炸 ▷～地雷。❷ 动 比喻引起某些事物突然发生或发作 ▷～价格战。

【引产】yǐnchǎn 动 用服药、针刺等方法引起子宫收缩，促使胎儿产出。

【引导】yǐndǎo ❶ 动 带领① ▷由村主任～参观了果园。❷ 动 指引；诱导 ▷～学生独立思考。

【引得】yǐndé 图 英语 index 音译。索引;特指检索字词的一类工具书 ▷《庄子~》。

【引动】yǐndòng 动 引起;触动 ▷~过往行人的注意|~了她的心事。

【引逗】yǐndòu 动 引诱逗弄 ▷她喜欢~小孩儿。

【引渡】yǐndù ❶ 动 引导渡过水面 ▷~过江。❷ 动 一国应他国要求,把逃至本国的罪犯拘捕押解给他国 ▷把劫机分子~回国。

【引而不发】yǐn'érbùfā《孟子·尽心上》:"引而不发,跃如也。"意思是拉开弓,做出跃跃欲射的样子,箭却不射出去。后用"引而不发"比喻作好准备,待机行事;也比喻善于引导或控制。

【引发】yǐnfā 动 引起;触发 ▷~战争|~火灾。

【引港】yǐngǎng ❶ 动 领港①。❷ 名 领港②。

【引吭高歌】yǐnháng-gāogē 放开嗓子,大声歌唱(吭:喉咙)。☛"吭"不读 kàng。

【引航】yǐnháng 动 由熟悉航道的人员引领(或代驾驶)船只进出港口或通过江河、内海的特殊水域。旧称引水。

【引号】yǐnhào 名 标点符号,形式有双引号和单引号两种。双引号横排为" ",竖排为"﹃";单引号横排为' ',竖排为"﹁"。用在被引用的词语头尾,表示所引用的词语是直接引用或有特殊含义。

【引河】yǐnhé 名 人工开挖的引水河道。在河道裁弯改直工程中开挖引河,可以利用水流的力量把引河冲刷扩大成新的河道;堵塞决口时开挖引河,可以将过量的水引入下游河槽,以减少抢险处的水量。

【引火】yǐnhuǒ 动 用火把燃料点着 ▷~烧饭。

【引火烧身】yǐnhuǒ-shāoshēn ❶ 比喻自找灾祸或自讨苦吃。也说惹火烧身。❷ 比喻主动暴露自己的缺点、错误,以取得别人的批评帮助。

【引火线】yǐnhuǒxiàn 名 导火线。

【引见】yǐnjiàn 动 由第三者引导见面,使相互认识 ▷由乡友~,我拜访了老人家。☛ 跟"引荐"不同。

【引荐】yǐnjiàn 动 推荐(人才) ▷~人才来我市工作。☛ 跟"引见"不同。

【引介】yǐnjiè 动 引进并介绍 ▷~国外先进经验。

【引进】yǐnjìn ❶ 动 从外部引进来 ▷~资金|~新品种。❷ 动 引荐 ▷为你~人才。

【引经据典】yǐnjīng-jùdiǎn 引用经典中的话或故事。

【引颈】yǐnjǐng 动 伸长脖子 ▷~企望。

【引咎】yǐnjiù 动 自己承担过失的责任 ▷~自责|~辞职。

【引狼入室】yǐnláng-rùshì 比喻把坏人或敌人引入内部。

【引力】yǐnlì 名 物体之间相互吸引的力。带异性电荷的物体之间、异性磁极之间都有引力(跟"斥力"相区别)。

【引例】yǐnlì ❶ 动 引用例证 ▷从经典著作中~。❷ 名 引用的例证 ▷~很有说服力。

【引领】yǐnlǐng ❶ 动〈文〉直起脖子 ▷~而望。❷ 动 引导带领 ▷老师~我们走进科学的殿堂。

【引流】yǐnliú ❶ 动 导引水流 ▷~灌溉◇人才~。❷ 动 用外科手术排出病灶的脓液或其他积液。❸ 动 指通过网络吸引用户关注、购买自己的产品或服务 ▷直播~。

【引路】yǐnlù 动 领路;带路 ▷为客人~。

【引论】yǐnlùn 名 导论。

【引起】yǐnqǐ 动 一种事情、现象、活动等使另一种事情、现象、活动发生;由此产生出 ▷这番话~强烈反响。

【引桥】yǐnqiáo 名 连接正桥和路堤的桥。

【引擎】yǐnqíng 名 英语 engine 音译。发动机,多指活塞式的内燃机或蒸汽机等;泛指动力中心或保障某项功能运行的软件等 ▷更换赛车~|打开电脑搜索~◇拉动经济发展的~。

【引燃】yǐnrán 动 引火使燃烧 ▷~炉火。

【引人入胜】yǐnrén-rùshèng 引导人进入美妙的境界。形容艺术作品或风景等特别吸引人。

【引人瞩目】yǐnrén-zhǔmù 引人注目。

【引人注目】yǐnrén-zhùmù 吸引人们注意。形容人或事物不一般,对人有吸引力。

【引入】yǐnrù ❶ 动 引着进入 ▷~会场|~陷阱。❷ 动 引进① ▷~新品种|~竞争机制。

【引蛇出洞】yǐnshé-chūdòng 比喻用计谋把敌人、坏人从隐蔽处引出来。

【引申】yǐnshēn 动 由一个意义引出相关的其他意义;特指字、词由本义派生出新义。☛ 不宜写作"引伸"。

【引申义】yǐnshēnyì 名 由词的本义引申出来的新的意义。如"引"的本义是拉弓,拉长、牵引、带领、退却等义都是"引"的引申义。

【引述】yǐnshù 动 引用叙述 ▷~代表的发言。

【引水】yǐnshuǐ ❶ 动 引导水流 ▷~灌溉。❷ 动 引航的旧称。

【引退】yǐntuì 动 辞去官职 ▷~还乡。

【引为鉴戒】yǐnwéijiànjiè 把错误或失败作为教训,以警示自己。

【引文】yǐnwén 名 引用的其他文章、书籍中的原文 ▷~要注明出处。也说引语。

【引线】yǐnxiàn ❶ 动 使线穿过针眼 ▷穿针~。

❷ 动 充当媒介 ▷为双方～。❸ 名 充当媒介的人或物。○ ❹ 名 引火线 ▷点燃～。

【引向】yǐnxiàng 动 向某个方向引导 ▷把孩子～正道。

【引信】yǐnxìn 名 装在爆炸物(地雷、炸弹等)上的一种引爆装置。也说信管。

【引言】yǐnyán 名 书籍或文章前面类似绪论的文字。

【引以为鉴】yǐnyǐwéijiàn 把有教育意义的事情或言论当作镜子来对照指导自己的言行。

【引以为戒】yǐnyǐwéijiè 引为鉴戒。

【引以为荣】yǐnyǐwéiróng 把某种成绩或优点等当作光荣 ▷拿了世界冠军,大家都～。

【引用】yǐnyòng ❶ 动 用别人的言辞或事例作为根据 ▷他的文章经常被人～|～第一手材料。❷ 动 招进来加以任用 ▷～外籍球员。

【引诱】yǐnyòu 动 诱导;诱惑 ▷～青少年犯罪|要经得起名和利的～。

【引语】yǐnyǔ 名 引文。

【引玉之砖】yǐnyùzhīzhuān 比喻为引出别人高深的见解而先发表的粗浅看法(多用作谦词)。

【引证】yǐnzhèng 动 引用事实或资料做根据 ▷文章～了大量资料,很有说服力。

【引致】yǐnzhì 动 引发;致使 ▷营养不良～贫血|台上庸俗的表演,～台下嘘声不断。

【引智】yǐnzhì 动 引进智力,即引进人才 ▷～和引资并重。

【引种】yǐnzhǒng 动 从外地引进动植物的优良品种。

【引种】yǐnzhòng 动 从外地引进植物的优良品种在本地种植。

【引资】yǐnzī 动 引进资金 ▷招商～。

【引自】yǐnzì 动 从(某文章、著作等)引来 ▷这句话～司马迁的《史记》。

【引子】yǐnzi ❶ 名 章回小说开头用以引出正文的部分。❷ 名 某些戏曲主要角色上场时念的第一段话或唱的第一个曲子,多用来点明戏的规定情景。❸ 名 某些乐曲开始时用来烘托气氛、提示内容的部分。❹ 名 引起正文或启发别人发言的话 ▷我的发言只是个～,希望大家畅所欲言。❺ 名 指药引子。

【引座】yǐnzuò ❶ 动 引领观众或顾客入座 ▷实行微笑～。❷ 名 担任引座工作的服务人员 ▷她在影剧院当～。也说引座员。

吲 yǐn [吲哚] yǐnduǒ 名 英语 indole 音译。有机化合物,可以制作香料、染料和药物。

饮(飲 *歙) yǐn ❶ 动 喝 ▷～水思源|～鸩止渴|～料。→ ❷ 动 喝酒 ▷对～|畅～|宴～。→ ❸ 动 心中含着;忍着 ▷～恨自杀。→ ❹ 名 指饮料 ▷冷～|热～。❺ 名 饮子 ▷当归～|香薷～。☛ 读 yìn,指使饮水,如"饮马黄河边""饮牛"。

另见 1651 页 yìn。

【饮弹】yǐndàn 动 身体被子弹打中 ▷～毙命。

【饮恨】yǐnhèn 动 〈文〉含冤抱恨或遗憾 ▷终身～。

【饮料】yǐnliào 名 经加工供人喝的液体。包括无醇(果汁等)、含醇(酒类等)两类。也说饮品。

【饮片】yǐnpiàn 名 经过切削、炮制供煎汤剂的中草药。

【饮品】yǐnpǐn 名 饮料。

【饮泣】yǐnqì 动 眼泪流到了嘴里。表示流泪很多,极度悲伤 ▷抱头～|独自～。

【饮食】yǐnshí ❶ 动 吃喝 ▷～起居|不思～。❷ 名 吃的喝的 ▷搞好～卫生。

【饮食业】yǐnshíyè 名 从事饮食加工制作或同时提供就地消费的设备、场所和服务的产业。

【饮水思源】yǐnshuǐ-sīyuán 喝水时想到水是从哪儿来的。比喻不忘本。

【饮宴】yǐnyàn ❶ 动 聚在一起饮酒吃饭。❷ 名 宴席。

【饮用】yǐnyòng 动 喝[1](hē) ▷请客人～|～水。

【饮用水】yǐnyòngshuǐ 名 供饮用和做饭菜等用的水。也说饮水。

【饮誉】yǐnyù 动 受到赞誉;享有盛誉 ▷以独特的风格～海内外。

【饮鸩止渴】yǐnzhèn-zhǐkě 喝毒酒解渴(鸩:指用鸩的羽毛泡过的毒酒)。比喻用有害的办法解决眼前困难,不顾严重的后果。☛ "鸩"不读 jiū;也不要误写作"鸠"。

【饮子】yǐnzi 名 指不拘时间随时饮服的中药汤剂。如芦根饮子。

蚓 yǐn 名 蚯蚓。

殷 yǐn 拟声 〈文〉模拟雷声 ▷雷声～～。

另见 1577 页 yān;1645 页 yīn。

隐(隱) yǐn ❶ 动 躲藏起来不外露 ▷～藏|～士。→ ❷ 动 掩盖真相或真情不让人知道 ▷～姓埋名|～恶扬善|～瞒。→ ❸ 形 深藏的;不外露的 ▷～患|～情|～衷。⇒ ❹ 形 不明显;不清楚 ▷～晦|～～。⇒ ❺ 名 秘密的事 ▷难言之～。☛ 跟"稳(wěn)"不同。

【隐蔽】yǐnbì ❶ 动 借助别的东西来遮掩,使不被发现 ▷迅速～。❷ 形 被遮掩而不易发现的 ▷～的小路|作案手段非常～。

【隐蔽所】yǐnbìsuǒ 名 供隐蔽、藏身的场所。

【隐避】yǐnbì 动 隐藏躲避 ▷～在山洞里。

【隐藏】yǐncáng 动 藏起来不使被发现 ▷把粮食～起来|心里～着秘密。☛ 参见 1710 页"蕴

藏”的提示。

【隐遁】yǐndùn ❶ 动 隐居；远避尘世 ▷～深山。❷ 动 藏身 ▷凶手无处～。

【隐恶扬善】yǐn'è-yángshàn 掩盖别人的坏处或缺点，宣扬他的好处或优点。这是古人提倡的一种为人处世之道。

【隐伏】yǐnfú 动 隐蔽；潜伏 ▷～在草丛里｜平静之下～着波澜。

【隐含】yǐnhán 动 暗含 ▷这话～着另一层意思。

【隐患】yǐnhuàn 名 没有显露出来的祸患 ▷火险～｜安全～。

【隐讳】yǐnhuì 动 因有所忌讳而隐藏不说 ▷毫不～自己的观点。☛ 跟“隐晦”不同。

【隐晦】yǐnhuì 形 含意不明显 ▷文字～难懂。☛ 跟“隐讳”不同。

【隐疾】yǐnjí 名 不便向别人说的疾病。

【隐居】yǐnjū 动 旧指深居山野，不出来做官。

【隐君子】yǐnjūnzǐ 名 隐士。

【隐括】yǐnkuò〈文〉❶ 动 就原有的文章、著作加以剪裁、改写。○ ❷ 动 概括①。

【隐瞒】yǐnmán 动 把真相遮掩起来不让人知道 ▷～产量｜～真情。

【隐秘】yǐnmì ❶ 动 隐藏使不外露 ▷～在深处｜自我～。❷ 形 秘密；不易觉察的 ▷这个地方比较～｜行踪～。❸ 名 秘密的事情或思想 ▷挖掘内心世界的～｜窥测～。

【隐没】yǐnmò 动 隐蔽；消失 ▷月亮～在云层里｜东方露出曙光，晨星渐渐～。

【隐匿】yǐnnì ❶ 动 藏起来使不露出 ▷～赃款｜～形迹。❷ 动 隐瞒 ▷～销售收入｜～实名。

【隐僻】yǐnpì ❶ 形 隐蔽而偏僻 ▷这个联络点十分～。❷ 形 隐晦而生僻 ▷用词力避～。

【隐情】yǐnqíng 名 不愿说出或难以说出的情由 ▷吐露～｜内中必有～。

【隐忍】yǐnrěn 动 克制忍耐而不表现出来 ▷～悲痛。

【隐射】yǐnshè 动 影射。

【隐身】yǐnshēn 动 隐蔽身体；隐匿形迹 ▷～在战壕里｜在荒山～多年。

【隐士】yǐnshì 名 隐居的人。

【隐事】yǐnshì 名 隐秘的事情。

【隐私】yǐnsī 名 不愿公开的私事。

【隐私权】yǐnsīquán 名 法律上指公民依法享有的不公开与其私人生活相关的事实和秘密的权利。

【隐痛】yǐntòng ❶ 名 隐藏在内心的痛苦 ▷老年丧子的～折磨着他。❷ 名 隐隐约约感觉到的疼痛 ▷腹内时有～。

【隐退】yǐntuì ❶ 动 逐渐隐没消退 ▷夕阳渐渐～。❷ 动 退职隐居 ▷托疾～。

【隐现】yǐnxiàn 动 时隐时现；隐隐约约地露出 ▷远处似有船只～。

【隐形】yǐnxíng 形 隐去形体而不易被发现的 ▷～飞机｜～眼镜｜～飞行。

【隐形飞机】yǐnxíng fēijī 采取技术措施，使雷达、红外线等电磁波探测设备不易发现的飞机。也说隐身飞机。

【隐形技术】yǐnxíng jìshù 减弱雷达反射波、红外线辐射及噪声等，使飞机、导弹、舰艇等不易被遥感探测设备发现的综合技术。也说隐身技术。

【隐形眼镜】yǐnxíng yǎnjìng 角膜接触镜的通称。一种直接罩在眼球上，外观上看不到的矫正视力的眼镜。

【隐性】yǐnxìng 形 没有显露出来的；不容易发觉的（跟“显性”相对）▷～感染｜～遗传。

【隐性杀手】yǐnxìng shāshǒu 比喻对人体有严重危害且不易被觉察的有毒物质、疾病和不良习惯等 ▷谨防人体的～。

【隐性失业】yǐnxìng shīyè 劳动者虽然在就业，但效率极低，甚至是负效率的一种非公开失业现象。

【隐姓埋名】yǐnxìng-máimíng 为了不让人知道而隐瞒自己的真实姓名。

【隐血】yǐnxuè 名 由于体内某器官、组织等发生病变出血，而在粪便或脑脊液中出现的血液。这种血液须用化学试剂、试纸等才能测出。也说潜血。

【隐逸】yǐnyì〈文〉❶ 动 隐居避世 ▷～山林。❷ 名 隐居的人 ▷山野～，海滨遗老。

【隐隐】yǐnyǐn 形 不明显；不清晰 ▷心中～作痛。

【隐忧】yǐnyōu 名 不便明说的忧虑 ▷不敢吐露自己的～。

【隐语】yǐnyǔ ❶ 名 古代指谜语。❷ 名 黑话；暗语。

【隐喻】yǐnyù 名 比喻的一种，本体和喻体都出现，喻词用“是”“成为”等，或不用喻词。如“北京是中国的心脏”“花的海洋”。也说暗喻。

【隐约】yǐnyuē 形 不明显；模糊不清 ▷～听到门外有脚步声｜山脚下有隐隐约约的灯光。

【隐约其词】yǐnyuēqící 形容想说而又不说透，故意躲躲闪闪。☛ 不宜写作“隐约其辞”。

【隐衷】yǐnzhōng 名 不愿对人诉说的心事。

靷 yǐn 名〈文〉拉车前行的皮带。

瘾（癮） yǐn 名 特别深的嗜好；长期接受外界刺激而形成的难以抑制的习惯 ▷抽烟成～｜打麻将打上～了｜过～｜～君子。

【瘾君子】yǐnjūnzǐ 名 指吸烟或吸毒成瘾的人（含讥讽意）。

【瘾头】yǐntóu 名 上瘾的程度 ▷他看球赛的～真大。

蟫 yǐn 古同"蚓"。

檃 yǐn [檃栝] yǐnkuò ❶ 名〈文〉矫正竹木弯曲的工具。❷ 见 1650 页"隐括"①。现在一般写作"隐括"。

讔 yǐn 名〈文〉隐语；暗语。

yìn

印 yìn ❶ 名 图章；泛指各种印章 ▷盖～|～把(bà)子|钢～。→ ❷ 动 符合 ▷心心相～|～证。→ ❸ 动 留下痕迹 ▷深深地～在脑海里。⇒ ❹ 名 痕迹 ▷脚～|烙～。⇒ ❺ 动 使图像、文字等附着在纸、布等上面 ▷～一份材料|排～|复～。○ ❻ 名 姓。☛右边是"卩"，不是"阝"。

【印把子】yìnbàzi 名 指权力机关印信上用手握的部位。借指政权。

【印本】yìnběn 名 印刷成的书本(跟"写本"相区别)。

【印次】yìncì 名 图书出版的印刷次数。有的从第一版第一次印刷累计，有的在每版次内分别累计。参见 35 页"版次"。

【印第安人】yìndì'ānrén 名 美洲土著居民，属蒙古人种，讲印第安语，皮肤红黑色。现多住在中、南美洲(印第安：英语 Indian 音译)。

【印度教】yìndùjiào 名 婆罗门教改革后改称的宗教，现流行于印度、尼泊尔等国。也说新婆罗门教。

【印度洋】yìndùyáng 名 地球上四大洋之一。位于亚洲、南极洲、非洲与澳大利亚大陆之间，面积 7492 万平方千米。

【印发】yìnfā 动 印刷后下发或散发 ▷～文件。

【印痕】yìnhén 名 痕迹 ▷鞋底的～。

【印花】yìnhuā ❶ 动 将有色图案或花纹印到纺织品或玻璃等物品上面 ▷滚筒～|筛网～。❷ 形 印有彩色图案或花纹的 ▷～毛巾|～布。○ ❸ 名 由政府制作、出售，规定贴在契约、凭证等上面，作为税款的票据。全称印花税票。

【印花税】yìnhuāshuì 名 国家对经济活动中签订、领受应税凭证征收的一种税。纳税人是签订、领受应税凭证的单位和个人。因在凭证上贴印花，故称。

【印记】yìnjì ❶ 名 图章①。❷ 名 图章②；泛指痕迹 ▷这份公函上的～不很清楚|烙下时代的～。❸ 动 深刻地记住 ▷～在脑海里。

【印迹】yìnjì 名 痕迹。

【印件】yìnjiàn 名 指印刷或复印出的成品件。

【印鉴】yìnjiàn 名 事先印留的印章的底样，供有关方面核对，以防假冒。

【印刻】yìnkè 动 刻印③ ▷～在心上。

【印泥】yìnní 名 盖章用的颜料。一般是红色的，用朱砂、艾绒和油脂混合制成。

【印纽】yìnniǔ 现在一般写作"印钮"。

【印钮】yìnniǔ 名 古代印章上端雕刻成龟、虎、狮等形象的部分，一般有孔，可穿带子。也说印鼻。

【印谱】yìnpǔ 名 汇集印章底样印制成的书。如《西泠印谱》。

【印染】yìnrǎn 动 对纺织品进行印花和染色。

【印色】yìnshai 名〈口〉印泥。

【印数】yìnshù 名 书画等出版的印刷数量 ▷这部书～20 万册|这套邮票～不多。

【印刷】yìnshuā 动 把制成版的文字、图画等印在纸张上。

【印刷品】yìnshuāpǐn ❶ 名 印刷成的书报图片等的总称。❷ 名 邮政上特指有统一书号、刊号的书刊。

【印刷体】yìnshuātǐ 名 印刷字体。汉字常用的印刷体有宋体、仿宋体、楷体、黑体及各种美术体等(跟"手写体"相区别)。

【印台】yìntái 名 供盖章使用的印油盒。也说打印台。

【印堂】yìntáng 名 穴位名，位于两眉之间。

【印玺】yìnxǐ 名 秦以后专指皇帝的印信。

【印相纸】yìnxiàngzhǐ 名 供洗印相片用的感光纸。

【印象】yìnxiàng 名 客观事物刺激感官而在人脑中留下的迹象 ▷终生难忘的～|改变～。

【印信】yìnxìn 名 原指公私图章，今多指政府机关的图章。

【印行】yìnxíng 动 印刷并发行 ▷新版《鲁迅全集》已经～|自费～。

【印油】yìnyóu 名 供印台用的油质液体。

【印张】yìnzhāng 量 印刷所用纸张的计算单位。双面印刷的全张纸的二分之一为一个印张。

【印章】yìnzhāng 名 图章。

【印证】yìnzhèng ❶ 动 证明观点、想法等跟事实相符 ▷观点有待～。❷ 名 能证明观点、想法等跟事实相符的事物 ▷有力的～。

【印制】yìnzhì 动 印刷制作 ▷～名片。

【印子】yìnzi ❶ 名 痕迹 ▷地上有鞋～|衬衣上有黑～。❷ 名 指印子钱。

【印子钱】yìnziqián 名 旧时的一种高利贷，借贷人按放贷人的苛刻要求分期偿还贷款，每偿还一次都在折子上盖一个印作为凭证。

饮(飲*歓) yìn 动 给牲口喝水 ▷牲口～过了|～马。

另见 1649 页 yǐn。

【饮场】yìnchǎng 动 旧时戏曲演员演出中在场上喝水润嗓子。

茚 yìn 图 有机化合物,无色液体,容易产生聚合反应。是制造合成树脂和油漆溶剂的原料。

荫(蔭 *廕❶❷) yìn ❶ 动〈文〉(树木)遮蔽(阳光) ▷~覆。→❷ 动 封建时代子孙因先世有功而得到封赏或庇护 ▷封妻~子。→❸ 形〈口〉阳光照不到;阴凉潮湿 ▷地下室太~了,没法儿住。☛《普通话异读词审音表》统读 yìn。

【荫庇】 yìnbì 动(树木)遮蔽阳光,使人们得以乘凉休息;比喻子孙后代得到祖宗的保佑庇护。

【荫蔽】 yìnbì 动 树木遮蔽 ▷古榕~着庭院。

【荫凉】 yìnliáng 形 因阳光照射不到而凉爽潮湿 ▷在~的树阴下休息。

【荫翳】 yìnyì 动 遮蔽 ▷林木~。☛ 跟"阴翳"不同。

胤 yìn 图〈文〉后代。

鲌(鮣) yìn 图 鱼,身体细长,呈圆柱形,黑褐色,头和身体前端的背部扁平,第一背鳍分化为一个长椭圆形吸盘,位于头顶。生活在海洋中,常用吸盘吸附在大鱼身上或船底而远游。

窨 yìn 图 地下室;地窖 ▷地~子。☛ 读 xūn,是后起音,专指熏制茶叶使染上花香,义与"熏"同。

另见 1566 页 xūn。

【窨井】 yìnjǐng 图 为方便检查、疏通、安放管线而修建的井状地下小室。

慭(憖) yìn〈文〉❶ 动 愿意;甘愿。〇❷ 动 损伤;残缺。

【慭慭】 yìnyìn 形〈文〉形容小心谨慎的样子 ▷~然莫相知。

yīng

应¹(應) yīng ❶ 动 表示理所当然,相当于"应该""应当" ▷理~如此|做事~分轻重缓急。〇❷ 图 姓。

应²(應) yīng 动 允诺;同意(做某事) ▷条件他都~了|谁~的事谁负责|~许。☛"应"字读 yīng,基本意义指应该、应当。表示承诺时多读 yīng,如"应允""应许"。读 yìng,基本意义指回答、应对等,如"应聘""应酬""得心应手"。

另见 1657 页 yìng。

【应当】 yīngdāng 动 应该 ▷爱护集体~表扬。

【应分】 yīngfèn 区别 分内所应该的 ▷首先要完成~的工作。☛ ㊀"分"这里不读 fēn。㊁跟"应分(yīngfēn)"不同。"应分(yīngfēn)"是短语,意思是应当分配、分到、分别等。如"应分一万元,实分八千元""做事应分轻重缓急"。

【应该】 yīnggāi ❶ 动 情理上必须如此 ▷儿女~赡养父母。❷ 动 估计情况必然如此 ▷这项任务~能够完成。

【应届】 yīngjiè 区别 这一届的 ▷~生与往届生均可应聘|~毕业生。☛ 多用于学生或学员。其他则多说"本届",如"本届领导班子任期将满"。

【应名儿】 yīngmíngr ❶ 动 借用名义;挂虚名 ▷他只是~而已,不做事。❷ 副 仅在名义上(是) ▷他俩~是师徒,实际是前后期同学。

【应税】 yīngshuì 区别 依法应该纳税的 ▷~项目|~所得。

【应许】 yīngxǔ 动 应允 ▷点头~。

【应有尽有】 yīngyǒu-jìnyǒu 应该有的都有了。形容东西齐全。

【应允】 yīngyǔn 动 同意;允许 ▷父亲已经~给他买台电脑。

英¹ yīng ❶ 图〈文〉花¹① ▷残~|落~。→❷ 形 才能出众的 ▷~才|~俊。❸ 图 才能出众的人 ▷群~会|精~。〇❹ 图 姓。

英² yīng 图 指英国 ▷~尺|~镑。

【英镑】 yīngbàng ❶ 图 英国的本位货币。❷ 量 英国的本位货币单位,1 英镑等于 100 新便士。

【英才】 yīngcái ❶ 图 才智杰出的人 ▷~辈出。❷ 图 杰出的才智 ▷大展~。

【英尺】 yīngchǐ 量 英制长度计量单位,1 英尺等于 0.3048 米,合 12 英寸。☛ 旧曾写作"呎"。现在规范写作"英尺"。

【英寸】 yīngcùn 量 英制长度计量单位,1 英寸等于 2.54 厘米,合$\frac{1}{12}$英尺。☛ 旧曾写作"吋"。现在规范写作"英寸"。

【英豪】 yīngháo 图 英雄豪杰 ▷景仰~。

【英魂】 yīnghún 图 英灵。

【英杰】 yīngjié 图 英豪。

【英俊】 yīngjùn ❶ 形 才智超群 ▷~之才。❷ 形 容貌俊秀有神 ▷小伙长得十分~。

【英里】 yīnglǐ 量 英制长度计量单位,5280 英尺为 1 英里。1 英里合 1.6093 公里。☛ 旧曾写作"哩"。现在规范写作"英里"。

【英烈】 yīngliè ❶ 形 英武刚烈 ▷~少年。❷ 图 为国家、民族利益而献身的烈士。

【英灵】 yīnglíng 图 杰出的人死后的灵魂,用作对死者的敬称 ▷告慰~|愧对先烈在天的~。

【英名】 yīngmíng 图 杰出的名声;美名 ▷他的~永载青史。

【英明】 yīngmíng 形 见识高远明智 ▷决策~。

【英模】yīngmó 名 英雄和模范的合称。

【英亩】yīngmǔ 量 英制土地面积计量单位，1 英亩约等于 4046.86 平方米，约合 6.07 市亩。☛旧曾写作"嗱"或"𪡋"。现在规范写作"英亩"。

【英年】yīngnián 名 朝气蓬勃的青壮年时期 ▷～气盛｜～早逝。

【英气】yīngqì 名 英雄豪放的气概 ▷～冲云霄。

【英石】yīngshí 名 产于广东英德的一种石头。有浅绿、灰黑、灰白、微青等颜色，奇形怪状，千姿百态。多用于堆叠假山或制作盆景。

【英特纳雄耐尔】yīngtènàxióngnài'ěr 名 法语 Internationale 音译。本义是"国际"("国际工人协会"即"第一国际"的简称)，在《国际歌》中特指国际共产主义的理想。

【英文】yīngwén 名 英语的书面形式；泛指英语。

【英武】yīngwǔ 形 英俊威武 ▷～善战｜～的军人。

【英雄】yīngxióng ❶ 名 为国家为民族作出重大贡献的人 ▷抗日～｜战斗～。❷ 名 武艺高强、勇猛过人的人 ▷～好汉。❸ 区别 具有英雄品质的 ▷～气概｜～儿女。

【英雄无用武之地】yīngxióng wú yòngwǔ zhī dì 比喻有胆识、有才能的人得不到施展的机会。

【英雄主义】yīngxióng zhǔyì 为完成具有重大意义的任务和维护绝大多数人的利益而表现出来的英勇顽强、自我牺牲的行为和气概。

【英勇】yīngyǒng 形 非常勇敢 ▷～杀敌。

【英语】yīngyǔ 名 英、美等国的通用语言。属印欧语系日耳曼语族西日耳曼语支，文字采用拉丁字母。除英国、美国外，还通行于 60 多个国家和地区。是联合国六种工作语言之一。

【英制】yīngzhì 名 单位制的一种。长度的主单位是英尺，质量的主单位是磅，时间的主单位是秒。

【英姿】yīngzī 名 英俊的外貌，威武的神态 ▷～勃勃｜～飒爽。

莺(鶯*鸎) yīng ❶ 名 黄莺 ▷～歌燕舞。→ ❷ 名 莺亚科鸟的统称。体形小，毛色一般为绿褐色或灰绿色，嘴短而尖，叫声清脆。吃昆虫，是益鸟。

【莺歌燕舞】yīnggē-yànwǔ 黄莺啼鸣，燕子飞舞。形容充满生机的春天景色；也形容蓬勃兴旺的大好形势。

罃(罃) yīng 古同"罂"。

婴[1](嬰) yīng 名 初生的孩子 ▷～儿｜女～｜妇～。

婴[2](嬰) yīng 动 〈文〉缠绕；遭受 ▷杂务～身｜～疾。

【婴儿】yīng'ér 名 一般指不满周岁的幼儿。

【婴孩】yīnghái 名 婴儿。

媖 yīng 名 〈文〉妇女的美称。

瑛 yīng 名 〈文〉一种像玉的美石。

锳(鍈) yīng 拟声 〈文〉模拟铃声。

撄(攖) yīng 〈文〉❶ 动 扰乱；纠缠 ▷湛然方寸间，不受尘事～。→ ❷ 动 迫近；触犯 ▷虎负嵎，莫之敢～｜～鳞(比喻触怒帝王)。

嘤(嚶) yīng [嘤嘤] yīngyīng ❶ 拟声 〈文〉模拟鸟叫声 ▷鸟鸣～。❷ 拟声 模拟低微的哭泣声 ▷～悲泣。

罂(罌*甖) yīng 名 古代一种容器，比缶大，腹大口小 ▷瓦～。

【罂粟】yīngsù 名 一年或二年生草本植物，叶长圆形，夏季开红、紫或白色大花，可供观赏。果实球形或椭圆形，果中乳白色汁液可制成阿片。果壳可以做药材。参见插图 7 页。

缨(纓) yīng ❶ 名 古人系(jì)在颔下的帽带 ▷～索。→ ❷ 名 〈文〉带子；绳子 ▷长～。→ ❸ 名 用丝或毛等制作的穗状饰物 ▷红～枪｜～帽。❹ 名 像穗状饰物的蔬菜叶子 ▷萝卜～儿。

【缨络】yīngluò 名 泛指穗状饰物。☛跟"璎珞"不同。

【缨子】yīngzi ❶ 名 系在衣帽或器物上的穗状饰物。❷ 名 像缨子的东西 ▷玉米～｜芥(jiè)菜～。

璎(瓔) yīng 名 〈文〉像玉的石头。

【璎珞】yīngluò 名 一种用珠玉穿成的装饰物，多用作颈饰。☛跟"缨络"不同。

樱(櫻) yīng 见下。

【樱花】yīnghuā 名 落叶乔木，叶卵形或卵状披针形，果实球形，黑色。花也叫樱花，粉红色或白色，春季开放，可供观赏。参见插图 8 页。

【樱桃】yīngtáo 名 落叶灌木或小乔木，叶子卵形或长卵形，开白色或淡红色花。果实也叫樱桃，红色或黄色小球形，可食用，味道甜中带酸。木材坚硬致密，可制器具。参见插图 10 页。

【樱桃番茄】yīngtáo fānqié 番茄的一个品种。果实小，球形或卵圆形，红、黄或绿色，味清甜，既是蔬菜，也可作水果。也说圣女果。

霙 yīng 名 〈文〉雪花。

鹦(鸚) yīng 见下。

【鹦哥】yīnggē 名 鹦鹉。

【鹦哥绿】yīnggēlǜ 形 形容颜色像鹦鹉羽毛一样绿。

【鹦鹉】yīngwǔ 名 鸟，头圆，喙钩曲，羽毛美丽。

种类很多，有的训练后能模仿人说话的声音，是著名的观赏鸟。属国家保护动物。也说鹦哥。参见插图 5 页。

【鹦鹉螺】yīngwǔluó 名 软体动物，壳大，螺旋形，外面灰白，有红色条状斑纹，内面有珍珠光泽。螺旋尖端弯曲，红色，像鹦鹉嘴。生活在海底。属国家保护动物。参见插图 3 页。

【鹦鹉学舌】yīngwǔ-xuéshé 比喻没有独立见解，别人怎么说，自己也跟着怎么说。☛ 参见 1156 页"人云亦云"的提示。

膺 yīng 〈文〉❶ 名 胸 ▷拊～痛哭｜义愤填～。→ ❷ 动 承当 ▷身～重任｜荣～英雄称号。→ ❸ 动 征讨；攻打 ▷～惩。☛ 跟"赝(yàn)"形、音、义都不同。

【膺惩】yīngchéng 动〈文〉攻打并惩罚 ▷～国贼。

【膺选】yīngxuǎn 动〈文〉当选。

鹰（鷹） yīng 名 猛禽，上嘴弯曲呈钩形，趾有锐利的钩爪，翼大善飞，性凶猛，食肉，多栖息于山林或平原地带。种类很多，常见的有苍鹰、雀鹰等。

【鹰鼻鹞眼】yīngbí-yàoyǎn 形容凶恶奸诈的相貌。

【鹰派】yīngpài 名 老鹰性凶猛，西方国家多用"鹰派"指激进、强硬的政治派别(跟"鸽派"相区别)。

【鹰犬】yīngquǎn 名 帮助猎人追捕禽兽的鹰和狗。比喻甘心受人驱使当爪牙的人。

【鹰隼】yīngsǔn 名 鹰和隼；比喻凶恶或勇猛的人。

【鹰洋】yīngyáng 名 旧时墨西哥银币，正面有凸起的鹰的图案。1905 年停铸。鸦片战争后，曾在我国市面上流通。

【鹰爪】yīngzhǎo ❶ 名 鹰的利爪。❷ 名 攀缘灌木，叶长圆形或宽披针形，夏季开淡绿色或淡黄色花。花香浓郁，可用来窨(xūn)茶或制香精。

蘡 yīng [蘡薁] yīngyù 名 落叶藤本植物，枝条细长有棱，叶子掌状，有深裂，边缘呈锯齿状，圆锥花序，浆果黑紫色。果实可以酿酒，茎、叶可以做药材。

yíng

迎 yíng ❶ 动 面向对方走过去；接对方一起来 ▷～上前去｜我去～他｜～新｜欢～。→ ❷ 动 面向；对着(后面可以带"着") ▷～风飘扬｜～着困难上。○ ❸ 名 姓。☛ 右上是"卬(áng)"，不是"卯(mǎo)"。

【迎春】yíngchūn 名 落叶灌木，枝条细长，叶小，早春先开花后长叶。花也叫迎春，黄色，可供观赏。花、叶可以做药材。也说迎春花。参见插图 8 页。

【迎风】yíngfēng ❶ 动 面对着风 ▷～而立｜～流泪。❷ 动 随着风 ▷彩旗～飘扬｜弱柳～。

【迎合】yínghé 动 故意使自己的言行适合别人的心意 ▷不能～低级趣味｜～消费者需求。

【迎候】yínghòu 动 事先到某个地点等候迎接(来人) ▷在门口～客人｜已～多时。

【迎击】yíngjī 动 朝着来犯的敌人进行攻击。

【迎接】yíngjiē 动 迎上前去接待客人；借指等候某一情况发生或某一时刻到来 ▷～来宾｜～国庆节｜～新的挑战。

【迎来送往】yínglái-sòngwǎng 送往迎来。

【迎面】yíngmiàn ❶ 副 对着脸 ▷暖风～扑来。❷ 名 对面；正面 ▷～有一座影壁。

【迎亲】yíngqīn 动 结婚时男方到女家迎接新娘。

【迎娶】yíngqǔ 动 男方到女家接新娘成亲 ▷～新娘过门。

【迎刃而解】yíngrèn'érjiě 原指劈竹子，只要破开头几节，下面的就迎着刀口裂开。比喻关键问题解决了，其他有关问题就很容易解决。

【迎送】yíngsòng 动 迎和送；泛指接待应酬。

【迎头】yíngtóu ❶ 副 迎面① ▷～痛击。❷ 副 向着最前头的目标 ▷～赶上。

【迎头赶上】yíngtóu-gǎnshàng 朝着最前面的、最先进的追赶上去。

【迎头痛击】yíngtóu-tòngjī 迎面给以狠狠打击。

【迎新】yíngxīn ❶ 动 迎接新年、新春 ▷辞旧～。❷ 动 迎接新来的人；特指迎接新生 ▷做好～工作，确保按时开学。

【迎迓】yíngyà 动〈文〉迎接 ▷大驾光临，有失～。

【迎战】yíngzhàn ❶ 动 上前与来犯的敌人作战 ▷率军～◇～台风。❷ 动 比喻同对手比赛 ▷我队将～上届冠军队。

茔（塋） yíng 名〈文〉墓地 ▷祖～｜坟～。☛ 跟"莹"不同。"茔"的下边是"土"，"莹"的下边是"玉"。

荥（滎） yíng [荥经] yíngjīng 名 地名，在四川。

另见 1540 页 xíng。

荧（熒） yíng 〈文〉❶ 形 形容光线微弱 ▷～烛｜青灯～然。○ ❷ 动 眩惑；迷惑 ▷～惑人心。☛ 跟"萤"不同。"萤"指萤火虫，"荧光""荧屏"的"荧"不能写作"萤"。

【荧光】yíngguāng 名 某些物质受光线、电子等照射而发出的可见光。☛ 跟"萤光"不同。

【荧光棒】yíngguāngbàng 名 一种能发出荧光的棒状物，多用于晚会、婚庆、海上救生等。

【荧光灯】yíngguāngdēng 名 一种电灯，在真空灯管内壁涂上荧光物质并充入少量水银和氩气，通电时发出可见光。具有光线柔和、光效高、耐用等优点。也说日光灯。

【荧光粉】yíngguāngfěn 名 一种受光或受其他射线照射时能发出可见光的粉状物质。

【荧光屏】yíngguāngpíng 名 涂有荧光物质的屏

幕，受到X射线照射或电子流轰击时，能发出可见光，显示波形和图像。示波器、电子显微镜和电视机等都装有荧光屏。

【荧幕】yíngmù 名 荧屏。

【荧屏】yíngpíng ❶ 名 荧光屏。❷ 名 特指银屏。

【荧荧】yíngyíng 形 形容光亮闪烁的样子 ▷繁星～。

盈 yíng ❶ 动 充满 ▷顾客～门｜热泪～眶｜恶贯满～｜充～。→ ❷ 动 比原有的多出来（跟"亏"相对）▷～利｜～余。→ ❸ 形 丰满 ▷体态丰～。

【盈亏】yíngkuī ❶ 名 指月圆和月缺 ▷花须开谢，月有～。❷ 名 指盈利或亏本 ▷自负～。

【盈利】yínglì ❶ 动 获得利润；赚钱 ▷企业只有～，才能生存发展。❷ 名 获得的利润 ▷今年有很多～｜获得预期的～。☛ "盈利"①跟"营利"不同。"盈利"①是得到利润；"营利"是谋求利润。

【盈门】yíngmén 动 充满门庭 ▷宾客～。

【盈盈】yíngyíng ❶ 形 形容水清澈的样子 ▷溪水～。❷ 形 形容仪态美好的样子 ▷～笑语。❸ 形 形容动作轻柔的样子 ▷～舞步。❹ 形 形容情绪等充分流露的样子 ▷喜气～。

【盈余】yíngyú ❶ 动 收支相抵后剩下来 ▷结账后～无几。❷ 名 收支相抵后剩下的部分 ▷每个月有不少～。☛ 不要写作"赢余"。

莹（瑩） yíng ❶ 形 光洁而明亮 ▷晶～。→ ❷ 名 一种像玉的美石。☛ 参见1654页"茔"的提示。

【莹莹】yíngyíng 形 晶莹闪亮 ▷～的泪花。

萤（螢） yíng 名 昆虫，身体黄褐色，腹部七或八节，末端下方有发光的器官，能发出绿光。夜间活动。通称萤火虫。☛ 参见1654页"荧"的提示。

【萤光】yíngguāng ❶ 名 萤火虫发的光；泛指微弱的光 ▷～点点。❷ 名 借指磷光 ▷乱坟间不时闪着～。☛ 跟"荧光"不同。

【萤火】yínghuǒ ❶ 名 萤火虫发出的光。❷ 名 比喻微弱的光亮 ▷山间小屋的～，忽明忽暗。

【萤火虫】yínghuǒchóng 名 萤的通称。参见插图4页。

【萤石】yíngshí 名 一种矿石，集合体呈致密块状，有黄、绿、紫等颜色，透明，有玻璃光泽。是制取氟化物的原料，还可用于冶金工业等。也说氟石。

营（營） yíng ❶ 动〈文〉四周垒土居住。→ ❷ 名 古代军营四周的围墙；借指军营 ▷安～扎寨｜～地｜宿～。❸ 名 军队的编制单位，在团以下，连以上。→ ❹ 动 建造 ▷～造｜～建。⇒ ❺ 动 经营；管理 ▷～业｜私～｜运～。⇒ ❻ 动 谋求 ▷～生｜～利｜～救｜～私。○ ❼ 名 姓。

【营办】yíngbàn 动 经营操办；承办 ▷～水运生意｜共同～。

【营地】yíngdì ❶ 名 部队驻扎的地方。❷ 名 借指某些团体在野外设置的短期活动、休息的地方 ▷登山队一号～。

【营房】yíngfáng 名 驻扎军队的房屋。

【营工】yínggōng 动〈文〉做工 ▷～度日。

【营火】yínghuǒ 名 夜间露营时燃烧的火堆。

【营火会】yínghuǒhuì 名 一种露天晚会，围着营火进行娱乐活动。

【营建】yíngjiàn 动 兴建；建造 ▷～立交桥。

【营救】yíngjiù 动 设法救援 ▷～难友｜～灾民。

【营垒】yínglěi ❶ 名 军营及其周围的防御工事。❷ 名 阵营 ▷两大～互相对峙。

【营利】yínglì 动 谋求利润 ▷不能只图～，不顾信誉。☛ 参见本页"盈利"的提示。

【营盘】yíngpán 名 旧指军营。

【营区】yíngqū 名 军队的营房及其周边区域。

【营生】yíngshēng 动 谋生 ▷外出～。

【营生】yíngsheng 名〈口〉职业；活计 ▷你是做什么～的？｜这阵子地里的～太忙。

【营收】yíngshōu 名 营业收入 ▷小店～有限。

【营私】yíngsī 动 谋取私利 ▷～弄权｜结党～。

【营私舞弊】yíngsī-wǔbì 为谋取私利而玩弄手段，做违法乱纪的事。

【营销】yíngxiāo 动 经营销售（商品）▷～服装。

【营养】yíngyǎng ❶ 名 生物体维持生长发育等生命活动所需养料的统称；养分 ▷～丰富。❷ 动 生物体从外界吸收需要的养分以维持生长发育等生命活动 ▷～～身体。

【营养餐】yíngyǎngcān 名 按饮食营养要求所配制的膳食。

【营养品】yíngyǎngpǐn 名 含有丰富养分能够滋补身体的食品。

【营养强化食品】yíngyǎng qiánghuà shípǐn 强化食品。

【营养素】yíngyǎngsù 名 提供机体生长发育、维护健康和进行劳动等所需能量的营养成分。含在各种食物中，主要包括蛋白质、脂肪、糖类、矿物质、维生素、粗纤维和水等七类。

【营业】yíngyè 动 商业、交通业、服务业等面对顾客、乘客等，开展业务活动 ▷延长～时间。

【营业额】yíngyè'é 名 营业所得的钱数。

【营业税】yíngyèshuì 名 国家对营利事业和经营行为征收的一种税。从2011年到2017年，我国逐渐废止营业税征收，改征增值税。

【营业员】yíngyèyuán 名 商业部门担任销售和收购工作的人员的统称。

【营运】yíngyùn ❶ 动 交通运输业把交通工具投入营业；运行 ▷地铁即将～。❷ 动 经营和运

作 ▷商厦～正常。

【营造】yíngzào ❶ 动 建造;建筑 ▷～工业园区|土家族吊脚楼～技艺。❷ 动 有计划、有目的地培养(某种事物、某种状况等) ▷～大片防护林|～文明的生活环境。

【营寨】yíngzhài 名 古时驻兵的地方;军营。

【营帐】yíngzhàng ❶ 名 行军宿营用的帐篷;借指军营 ▷这里是大军的～。❷ 名 野外工作住宿用的帐篷 ▷地质队员的～。

萦(縈) yíng 动 缠绕;盘绕 ▷～绕|～怀。☛ 统读 yíng,不读 yīng。

【萦怀】yínghuái 动 (事情)在心上牵挂着 ▷故土～,乡情依依。

【萦回】yínghuí 动 盘旋往复 ▷山泉～|哀伤之情～心头。☛ 跟"潆洄"不同。

【萦绕】yíngrào 动 萦回,缠绕 ▷雾霭～|优美的歌声仍在耳边～。☛ 跟"潆绕"不同。

【萦系】yíngxì 动 〈文〉牵挂 ▷～双亲。

【萦纡】yíngyū 动 〈文〉盘旋环绕 ▷栈道～|往复～。

滢(瀅) yíng 形 〈文〉形容流水回旋的样子(多用于地名) ▷～湾(在湖南)|～溪(一在广东,一在四川)。

蓥(鎣) yíng 华蓥山(huáyíngshān) 名 山名,在四川与重庆交界处。

楹 yíng 名 厅堂的前柱;泛指柱子 ▷两～|～联。

【楹联】yínglián 名 挂或贴在厅前柱子上的对联;泛指对联。

滢(瀅) yíng 见 1368 页"汀(tīng)滢"。

蝇(蠅) yíng 名 昆虫,种类很多,有舍蝇、金蝇、绿蝇、麻蝇等。我国最常见的是舍蝇,体表密生短毛,灰黑色,口器适于舐吸,复眼大,触角短而有芒,仅有一对前翅,能传播多种疾病。通称苍蝇。

【蝇拍】yíngpāi 名 打苍蝇用的拍子。也说苍蝇拍。

【蝇头】yíngtóu 名 苍蝇的头。比喻非常小的事物 ▷～小楷|～小利。

【蝇营狗苟】yíngyíng-gǒugǒu 像苍蝇那样追脏逐臭,像狗那样苟且求安。形容不择手段地到处钻营,追逐名利。

【蝇子】yíngzi 名 〈口〉苍蝇。

潆(瀠) yíng 形 〈文〉形容水流回旋的样子 ▷～绕。

【潆洄】yínghuí 动 水流回旋 ▷碧水～,青山连绵。☛ 跟"萦回"不同。

【潆绕】yíngrào 动 水流环绕 ▷青山环抱,绿水～。☛ 跟"萦绕"不同。

嬴 yíng 名 姓。☛ 下边中间是"女",跟"赢(yíng)""羸(léi)"不同。

赢(贏) yíng ❶ 动 通过经营活动获得利润。→ ❷ 动 在赌博或比赛中得到(跟"输"相对,③同) ▷～钱。❸ 动 获胜 ▷这盘棋我准～。☛ 下边中间是"贝",跟"嬴(yíng)""羸(léi)"不同。

【赢得】yíngdé 动 获得;争取到 ▷～大家的信任|～了时间。☛ 跟"获得"不同。"赢得"强调在竞争中经过努力而得到;"获得"适用范围较广,未必是在竞争中经过努力而得到。

【赢家】yíngjiā 名 赌博或赛事中得胜的一方。

【赢利】yínglì 现在一般写作"盈利"。

【赢面】yíngmiàn 名 竞赛或竞争中获胜的可能性 ▷我队自信～很大。

【赢余】yíngyú 现在规范词形写作"盈余"。

瑩 yíng 用于人名(一般用于女性)。

瀛 yíng 名 〈文〉大海 ▷～海|东～(常用来指日本)。

【瀛海】yínghǎi 名 〈文〉大海。

【瀛寰】yínghuán 名 〈文〉泛指整个世界。

yǐng

郢 yǐng 名 周朝楚国的都城,在今湖北荆州西北。

【郢书燕说】yǐngshū-yānshuō 《韩非子·外储说左上》中说:郢地有人在晚间给燕国丞相写信,因烛光不亮,命身边持烛的人"举烛",不经意间把"举烛"二字写进了信中。燕相看到"举烛"两字,认为这是要燕国崇尚光明,举荐贤能,就把这意思禀告了燕王。后用"郢书燕说"比喻穿凿附会,曲解原意。

颍(潁) yǐng 名 颍河,水名,淮河最大的支流,发源于河南东部,流入安徽。☛ 跟"颖"不同。

颖(穎 *頴) yǐng ❶ 名 古代指禾穗的末端;现指某些植物籽实带芒的外壳 ▷～果。→ ❷ 名 某些细小物体的尖端 ▷短～羊毫。❸ 形 才能出众;聪明 ▷聪～|～悟。❹ 形 与众不同 ▷新～|～异。☛ 跟"颍"不同。

【颖果】yǐngguǒ 名 干果的一种,禾本科植物的果实。种皮与果皮合一,内含一粒种子。如稻、麦的果实。

【颖慧】yǐnghuì 形 〈文〉颖悟聪慧(多指少年)。

【颖悟】yǐngwù 形 〈文〉聪明而理解能力强(多指少年)。

【颖异】yǐngyì ❶ 形 新颖异常 ▷取材～。❷ 形 特别聪明 ▷天资～。

影 yǐng ❶ 名 影子① ▷窗户上有个～儿|形～相吊|树～|阴～|皮～戏。→ ❷ 名

影子② ▷倒～。❸ 名 影子③ ▷这事忘得连点～儿都没了|这简直是没～儿的事。→ ❹ 名 图像;照片 ▷画～图形|摄～|留～。❺ 动 临摹 ▷～写|～本|～格儿|仿～。❻ 动 指影印 ▷～宋本。→ ❼ 名 指皮影戏 ▷滦州～|～戏。❽ 名 指电影 ▷～院|～坛。〇 ❾ 动 隐藏 ▷～在假山背后。〇 ❿ 名 姓。

【影壁】yǐngbì ❶ 名 照壁。❷ 名 有浮雕的墙壁,是壁塑艺术的一种。

【影城】yǐngchéng 名 指规模较大的电影院(常用于电影院的名称)。

【影带】yǐngdài 名 电影录像带。

【影帝】yǐngdì 名 电影皇帝,对经评选或公认的最佳男性电影演员的一种称呼。

【影碟】yǐngdié 名 视频光盘。

【影碟机】yǐngdiéjī 名 播放影碟的设备。

【影后】yǐnghòu 名 电影皇后,对经评选或公认的最佳女性电影演员的一种称呼。

【影集】yǐngjí 名 存放照片的册子。

【影剧】yǐngjù 名 电影和戏剧的合称 ▷～两栖演员。

【影剧院】yǐng-jùyuàn 名 指既能放映电影,又能演出戏剧、歌舞等的场所。

【影楼】yǐnglóu 名 指从事人像艺术摄影的照相馆。

【影迷】yǐngmí 名 对看电影着迷的人。

【影片】yǐngpiàn ❶ 名 供放映用的电影胶片。❷ 名 放映的电影 ▷这部～我几年前就看过。‖口语中也说影片儿(piānr)。

【影评】yǐngpíng 名 评论电影的文章。

【影射】yǐngshè 动 借此说彼,暗指某人某事 ▷文章是有所～的|这话是～他的。

【影视】yǐngshì 名 电影和电视的合称 ▷～作品。

【影视城】yǐngshìchéng 名 专门用于影视拍摄的基地,内有仿造的某时期、某地区的楼台街巷等建筑。

【影视界】yǐngshìjiè 名 电影界和电视界。也说影视圈。

【影视剧】yǐngshìjù 名 电影和电视剧的合称。

【影视片】yǐngshìpiàn 名 电影片和电视片的合称 ▷在多部～中成功担任主角|优秀～。口语中也说影视片儿(piānr)。

【影戏】yǐngxì ❶ 名 皮影戏。❷ 名 某些地区指电影。

【影响】yǐngxiǎng ❶ 动 对人或事物起作用 ▷～团结|互相～。❷ 名 对人或事物所起的作用 ▷良好的～|产生巨大～。

【影像】yǐngxiàng ❶ 名 画像 ▷宗祠里悬挂着列祖列宗的～。❷ 名 形象;印象 ▷那个地方我去过,脑子里还有模模糊糊的～。❸ 名 通过光学装置、电子装置所显现出来的图像 ▷电视的～很清晰。☛ 不要写作"影象"。

【影写】yǐngxiě 动 在文字、图画等上面蒙上薄纸照着摹写、描绘。

【影星】yǐngxīng 名 电影明星。

【影讯】yǐngxùn 名 有关电影放映的信息 ▷最新～|～查询。

【影印】yǐngyìn 动 用照相制版方法印刷。多用于翻印珍本书籍、文献手稿和图表等。

【影印本】yǐngyìnběn 名 影印的书籍。

【影印件】yǐngyìnjiàn 名 影印的文本。

【影影绰绰】yǐngyǐngchuòchuò 形 模模糊糊;似隐似现 ▷～看到前面有个人影儿。

【影院】yǐngyuàn 名 电影院。

【影展】yǐngzhǎn ❶ 名 电影展映,即把众多电影(如同期的、同类的等)集中在一段时间放映的活动。❷ 名 摄影作品展览。

【影子】yǐngzi ❶ 名 物体等挡住光线后投射出的形象 ▷身正不怕～斜。❷ 名 物体等在镜子、水面等反射物中显现出来的形象 ▷凝视着水中的月亮～◇文学作品中往往有作者生活的～。❸ 名 模糊的形象、迹象或印象 ▷他来投资的事一点儿～也没有。

【影子内阁】yǐngzi nèigé 一些国家的在野党在其议会党团内按内阁的组织形式组成的准备上台执政的班子。1907 年英国保守党首先使用这一名称。也说预备内阁、在野内阁。

【影踪】yǐngzōng 名 踪影。

瘿(癭) yǐng ❶ 名 中医指甲状腺肿大一类的颈部囊状瘤。→ ❷ 名 植物体受害虫或真菌的刺激而形成的瘤状物 ▷虫～。

yìng

应(應) yìng ❶ 动 对别人的呼唤、招呼、问话等作出反响 ▷一呼百～|答～|呼～|响～。→ ❷ 动 满足要求;接受 ▷有求必～|～聘。→ ❸ 动 适应 ▷～运而生|～时|得心～手。→ ❹ 动 采取措施对付、处理 ▷～接不暇|～付。→ ❺ 动 应验 ▷～了他的话。

另见 1652 页 yīng。

【应变】yìngbiàn 动 应付突然事件或随时发生的变化 ▷随机～|～措施。

【应标】yìngbiāo 动 响应招标,参加投标 ▷准备～。

【应承】yìngchéng 动 答应;承诺 ▷痛快地～。

【应酬】yìngchou ❶ 动 人际来往;以礼相待 ▷善于～|客人来了,我去～一下。❷ 名 泛指交际活动 ▷减少～。

【应从】yìngcóng 动 答应依从 ▷～了大家。
【应答】yìngdá 动 对答;回答 ▷～得很干脆。
【应敌】yìngdí 动 对付敌人;应付对手 ▷失败往往因为仓促～。
【应对】yìngduì 动 应答;对付 ▷从容～|～挑战。
【应付】yìngfù ❶ 动 采取办法或措施对付(人或事) ▷很难～|～考试。❷ 动 敷衍;将就 ▷办事要认真,不能随便～|～差事。
【应付裕如】yìngfù-yùrú 应付自如。
【应付自如】yìngfù-zìrú 指处理事情从容不迫,得心应手。
【应和】yìnghè 动 呼应;唱和 ▷伴奏与演唱～得严丝合缝。☛"和"这里不读 hé。
【应急】yìngjí 动 应付紧急情况 ▷先运去些粮食～。
【应季】yìngjì 区别 适应季节的 ▷～服装。
【应接不暇】yìngjiē-bùxiá 原指景物很多,来不及欣赏;后多形容人或事繁多,接待应付不过来。
【应景】yìngjǐng ❶ 动 为适应某种场合或情况而勉强做某事 ▷～文章|～凑趣儿。❷ 动 适应当时节令 ▷～食品|买点儿月饼应应景儿。
【应举】yìngjǔ 动 封建时代指参加科举考试。
【应考】yìngkǎo 动 应试①。
【应力】yìnglì 名 物体由于外因(受力、温度变化等)或内在缺陷而变形时,其内部任一截面单位面积上两方产生的相互对抗的力。
【应卯】yìngmǎo 动 旧时官府的官吏和差役在每天卯时(清晨 5—7 时)听候点名,被点到名的人应声,称为应卯。后借指按例到场敷衍一下。
【应门】yìngmén 动 给敲门或叫门的人开门。
【应募】yìngmù 动 响应招募 ▷争相～|～参军。
【应诺】yìngnuò 动 答应;允诺 ▷不肯～|连连～。
【应拍】yìngpāi 动 拍卖物品时,竞买人表示接受拍卖价 ▷举牌～|这项拍卖因无人～而流拍。
【应聘】yìngpìn 动 接受聘任或招聘 ▷～做兼职教授|明天去公司～。
【应声】yìngshēng ❶ 动 出声回应 ▷我叫你,你怎么不～呢? ❷ 副 随着声音 ▷～而出|一声巨响,大楼～坍塌。
【应声虫】yìngshēngchóng 名 比喻没有主见,一味随声附和的人。
【应时】yìngshí ❶ 形 顺应时尚的;适合时令的 ▷她的穿着十分～|～商品。❷ 副 立刻;马上 ▷一杯酒下肚,脸～就红了。
【应市】yìngshì 动 适应社会需求上市出售 ▷这批商品明天～。
【应试】yìngshì ❶ 动 参加考试 ▷前去～|沉着～。❷ 动 应对考试 ▷扭转重～、轻素质的教育偏向|～教学。
【应试教育】yìngshì jiàoyù 把应对考试作为主要目标的教育模式。
【应诉】yìngsù 动 民事诉讼和行政诉讼中,被告人针对原告人提出的诉讼进行答辩,或被法院传唤到庭与原告进行辩驳。
【应讯】yìngxùn 动 接受讯问 ▷到案～。
【应验】yìngyàn 动 后来发生的情况与事先的预言或估计相符合 ▷她的话全都～了。
【应邀】yìngyāo 动 接受邀请 ▷～参加联欢晚会。
【应用】yìngyòng ❶ 动 运用 ▷理论～于实践才有意义。❷ 区别 具有实用价值的 ▷～语言|～软件。
【应用程序】yìngyòng chéngxù 一般指安装在智能手机或平板计算机中,可用来完成某项或多项特定工作的程序(英语缩写为 App)。也说应用软件。
【应用科学】yìngyòng kēxué 运用科学理论解决生产和生活中的各种实践问题的学科。如农学、医学、工程技术等。
【应用题】yìngyòngtí 名 练习或考试题型之一。要求运用学过的知识和操作方法来分析解答具体问题。
【应用卫星】yìngyòng wèixīng 供气象、导航、通信等实际应用的人造卫星。
【应用文】yìngyòngwén 名 日常生活、工作中经常使用的一般有惯用格式的文体。如公文、书信、契约等。
【应援】yìngyuán 动 接应援助。
【应运】yìngyùn 动 原指顺应天命;现多指顺应客观形势 ▷～而生。
【应运而生】yìngyùn'érshēng 原指顺应天命而降生;现多指顺应客观形势而出现。
【应战】yìngzhàn ❶ 动 跟来犯的敌人作战 ▷奋勇～。❷ 动 接受对方的挑战 ▷积极～。
【应招】yìngzhāo 动 响应招考、招聘等。
【应召】yìngzhào ❶ 动 接受召见 ▷～来到会客室。❷ 动 响应号召 ▷～入伍|～回国。
【应诊】yìngzhěn ❶ 动 接诊。❷ 动 接受诊疗 ▷每天前来～的病人超过百名。
【应征】yìngzhēng ❶ 动 响应征兵的号召 ▷～参军。❷ 动 响应某种征求 ▷～当讲解员。

映(*暎❶❷)

yìng ❶ 动 照① ▷朝霞～红了天际|～照。→❷ 动 因照射而显出 ▷亭台楼阁倒～在湖面上|影子～在墙上|水天相～|反～。❸ 动 特指放映影片 ▷新片上～|电影已经开～|首～式。☛ 统读 yìng。
【映衬】yìngchèn ❶ 动 映照衬托 ▷红花绿叶互相～。❷ 名 一种修辞方式,为了突出主要事物,用相似、相对或相反的事物作陪衬。如“鸟鸣山更幽”,为了突出山林的幽静而用鸟鸣声作陪衬。

【映期】yìngqī 名 一部影片在影院的上映期限 ▷调整~。

【映山红】yìngshānhóng 名 杜鹃②。

【映射】yìngshè ❶ 动 照射 ▷焰火~在湖面上。❷ 动 反射;反映 ▷一滴水可~出太阳的光辉|该剧~出时代的变迁。

【映托】yìngtuō 动 映衬①。

【映现】yìngxiàn 动 在光线照射下显现;呈现 ▷火光中~出他那高大的身影|激动人心的场面不时~在眼前。

【映照】yìngzhào 动 照射 ▷阳光~大地。

硬 yìng ❶ 形 物体质地坚固,受外力作用后不易变形(跟“软”相对,②④⑥同) ▷花岗石很~|~壳|坚~。→ ❷ 形 (意志、态度等)坚定不移,坚强有力 ▷~汉子|嘴~|口气挺~|强~。❸ 副 表示不顾条件强做某事 ▷不给他,他~向我要|写不出就别~写|生拉~拽|~干(gàn)。→ ❹ 形 能力强;质量好 ▷功夫~|货色~|过~。→ ❺ 形 不灵活 ▷舌头~,发音不准|僵~。→ ❻ 形 不可改变的 ▷~指标|~性规定。

【硬邦邦】yìngbāngbāng ❶ 形 形容坚硬或僵硬 ▷鱼冻得~的|手指~的打不了弯儿。❷ 形 形容话语、态度等生硬 ▷一句~的话,噎得我半天没说出话来。☛ 不宜写作“硬梆梆”“硬帮帮”。

【硬包装】yìngbāozhuāng 名 一种包装方式。用硬质材料(如白铁皮、薄木板、玻璃瓶等)对产品进行的包装(跟“软包装”相对)。

【硬笔】yìngbǐ 名 钢笔、铅笔、圆珠笔等用坚硬材料做笔尖的笔 ▷~书法。

【硬笔书法】yìngbǐ shūfǎ 用硬笔书写汉字的艺术。

【硬币】yìngbì 名 金属货币。如银元、钢镚儿等。

【硬撑】yìngchēng 动 固执地坚持或勉强地支撑(做某事) ▷有病就赶紧去医院,别~|虽然已经很困乏,但他还是~着把稿子写完。

【硬磁盘】yìngcípán 名 固定在电子计算机内的磁盘,信息储量远远大于软磁盘。简称硬盘。

【硬道理】yìngdàolǐ 名 不可动摇的道理;无容争辩的道理 ▷发展经济是~|群众满意才是~。

【硬顶】yìngdǐng ❶ 动 用强硬态度顶撞或对抗 ▷有话好说,不要老是~|上面三令五申,他就是~着不办。❷ 动 顽强地支撑着 ▷他烧到38℃,还~着不肯休息。

【硬度】yìngdù ❶ 名 固体坚硬的程度,即抵抗磨损或挤压能力的大小。❷ 名 指水中含镁盐、钙盐等溶解性盐类的多少,是水质指标之一。

【硬腭】yìng'è 名 口腔上部靠前的部分。参见361页“腭”。

【硬杠杠】yìnggànggang 名 比喻不容变通、必须执行的标准、规则等 ▷党规党纪里的这些~,党员必须遵守。

【硬功】yìnggōng ❶ 名 武术中指躯体某一局部能突然发出猛力的功夫。❷ 名 硬功夫。

【硬功夫】yìnggōngfu 名 扎实熟练的功夫;过硬的本领 ▷苦练~。☛ 不宜写作“硬工夫”。

【硬骨头】yìnggǔtou ❶ 名 比喻立场坚定,意志坚强的人 ▷~六连。❷ 名 比喻艰巨的任务 ▷我们车间一定把这块~啃下来。

【硬广告】yìngguǎnggào 名 指媒体上直接介绍商品和服务内容的通常形式的广告(跟“软广告”相区别)。

【硬汉】yìnghàn 名 坚强不屈的男子汉。也说硬汉子。

【硬化】yìnghuà ❶ 动 物体在一定条件下由软变硬 ▷动脉粥样~。❷ 动 比喻思想停滞不前;僵化 ▷思想~。

【硬话】yìnghuà 名 措辞强硬的话 ▷用~顶他。

【硬环境】yìnghuánjìng 名 指生产、生活环境中的物质因素,包括交通、水电、通信、工业厂房等基础设施(跟“软环境”相区别)。

【硬件】yìngjiàn ❶ 名 电子计算机系统中各种实际装置的总称。一般由中央处理器、存储器、输入输出设备等组成(跟“软件”相对,②同)。❷ 名 借指生产、科研、教学、经营及其他社会活动中各种有形的物质 ▷如果管理这个软件不到位,~再好也没用。

【硬结】yìngjié ❶ 名 硬疙瘩。❷ 动 结成硬块;变硬 ▷土地~。

【硬朗】yìnglang ❶ 形 身体健壮 ▷老人的身子骨儿还很~。❷ 形 (话语、态度等)坚决有力 ▷话说得~爽气。

【硬面】yìngmiàn 名 含水分少而较硬的面团 ▷~饽饽。

【硬木】yìngmù 名 质地细密坚硬的木材。如檀木、楠木等。

【硬盘】yìngpán 名 硬磁盘的简称。

【硬碰硬】yìngpèngyìng 硬东西碰硬东西。比喻用强硬的态度对付别人的强硬态度;也比喻以强大的实力相互比拼。

【硬拼】yìngpīn ❶ 动 不管主客观条件,硬着头皮干到底(含贬义) ▷要动脑筋想办法,不能凭蛮劲~。❷ 动 用尽全力拼搏 ▷没有退路,只能~。

【硬气】yìngqi ❶ 形 理直气壮 ▷有理说话就~。❷ 形 刚直;坚强 ▷他是个~的汉子。

【硬驱】yìngqū 名 硬盘驱动器的简称。参见226

页“磁盘驱动器”。

【硬任务】yìngrènwù 名 指标和限期都不能改变、必须照此执行的任务 ▷保证月底如期交货可是个～。

【硬伤】yìngshāng ❶ 名 人或器物因受外力作用而造成的创伤或损坏。❷ 名 指著作、文章中明显的、常识性的错误 ▷这篇论文有多处～。

【硬实力】yìngshílì 名 一般指一个国家或地区的经济、科技、军事力量以及基本资源配置(如土地面积、人口、自然资源)等方面的有形的实力,是综合实力的重要组成部分(跟“软实力”相对) ▷～比较容易复制。

【硬是】yìngshì ❶ 副 表示坚决、不妥协 ▷不管怎么跟他说,他～不同意。❷ 副 表示不合常情,略相当于“竟然”“愣是” ▷他发烧了,可～不吃药。

【硬实】yìngshi 〈口〉❶ 形 硬;壮实有力 ▷胳膊腿～着呢。❷ 形 结实 ▷找张～点儿的纸。

【硬手】yìngshǒu ❶ 名 强手 ▷他种地是把～。❷ 名 指强硬的手段 ▷铁心～治理污染。

【硬水】yìngshuǐ 名 含较多钙、镁等的可溶性盐类的水。硬水煮沸会生成水垢。如河水、海水和某些井水等。

【硬说】yìngshuō 动 不顾事实地坚持说 ▷明明是错了,他还～对。

【硬挺】yìngtǐng 动 勉强支持;顽强坚持 ▷他靠着一种信念,～了过来。

【硬通货】yìngtōnghuò 名 在国际上能作为计价、支付、结算等手段使用的币值较稳定的货币(跟“软通货”相区别)。

【硬卧】yìngwò 名 火车客车上硬席卧铺的简称。

【硬席】yìngxí 名 火车客车上设备较简单的硬的座位或铺位。

【硬性】yìngxìng 形 形容不可变更或不可变通 ▷这项规则制定得过于～|～指标。

【硬玉】yìngyù 名 一种矿物,成分是钠和铝的硅酸盐。质地细密坚硬,多呈绿色、白色等。产于变质岩中,是翡翠的主要矿物成分。

【硬仗】yìngzhàng 名 双方实力相当,需付出很大代价的战斗;也比喻艰巨的任务 ▷部队要学会打～|这个施工队惯于打～。

【硬着头皮】yìngzhetóupí ❶ 表示勉强(做某事) ▷没处跑了,只好～走过去。❷ 表示排除干扰或有所牺牲(做某事) ▷现在就是要～把经济搞上去。

【硬纸板】yìngzhǐbǎn 名 不易变形的纸质平板。一般较厚,适宜制作精装书的封面或作包装材料等。

【硬指标】yìngzhǐbiāo 名 指在数量、质量、完成时间等方面都有具体要求且不能更改的硬性的目标。

【硬着陆】yìngzhuólù ❶ 动 人造卫星、宇宙飞船等航天器以较高速度降落到地球或其他星球上,是毁坏性着陆(跟“软着陆”相对,②同)。❷ 动 比喻采取强硬、激进的措施解决某问题或处理某事。☛“着”这里不读 zháo。

【硬座】yìngzuò 名 火车、客车上的硬席座位。

媵 yìng 〈文〉❶ 动 陪送女儿出嫁 ▷以～秦穆姬。→ ❷ 名 陪嫁的人 ▷以宫中善歌讴者为～。→ ❸ 名 妾。

yōng

佣(傭) yōng ❶ 动 受人雇用;雇用 ▷～工|雇～。→ ❷ 名 受雇用的人 ▷女～。

另见 1663 页 yòng。

【佣工】yōnggōng 名 被雇用做工的人。

【佣人】yōngrén 名 仆人。

拥(擁) yōng ❶ 动 搂抱 ▷～抱。→ ❷ 动 围着 ▷前呼后～|簇～。⇒ ❸ 动 聚集到一起 ▷人都～在门口|～兵自守|蜂～而上|～挤|～塞。⇒ ❹ 动 表示赞成并全力支持 ▷～政爱民|～护|～戴。○ ❺ 名 姓。☛ 统读 yōng,不读 yǒng。

【拥抱】yōngbào 动 互相搂抱。

【拥簇】yōngcù 动 簇拥。

【拥戴】yōngdài 动 拥护和尊奉 ▷受到选民～。

【拥堵】yōngdǔ 动 拥挤堵塞 ▷道路～|线路～。

【拥趸】yōngdǔn 名 某人(多用于演员、运动员)或某事物坚定的支持者和拥护者 ▷这首歌,～众多|这款产品有大批～。

【拥护】yōnghù 动 赞成支持(用于党派、领袖、政策、路线等) ▷这些方针政策得到群众～。

【拥挤】yōngjǐ ❶ 动 (人或交通工具等)紧紧地挨在一起 ▷不要～到一堆。❷ 形 形容人或交通工具等过多过密 ▷～的街道。

【拥军】yōngjūn 动 拥护人民军队 ▷～爱民。

【拥军优属】yōngjūn-yōushǔ 拥护人民军队,优待军人家属。

【拥立】yōnglì 动 〈文〉拥戴帝王、首领即位。

【拥塞】yōngsè 动 拥堵。☛“塞”这里不读 sāi。

【拥有】yōngyǒu 动 领有;具有 ▷～丰富的矿产资源|～博士头衔。

【拥政爱民】yōngzhèng-àimín 军队拥护人民政府,爱护人民群众。

痈(癰) yōng 名 皮肤或皮下组织化脓性炎症,多发生在颈部或背部,症状是皮肤局部红肿变硬,表面有许多脓疱,有时形成许多筛状小孔,疼痛异常。

【痈疽】yōngjū 名 毒疮;比喻祸患 ▷清除队伍内

部的～和蛀虫。

邕 yōng ❶ 图 邕江，水名，在广西。→ ❷ 图 广西南宁市的别称。

【邕剧】yōngjù 图 地方戏曲剧种，流行于广西邕江流域说粤方言的地区。

庸[1] yōng〈文〉❶ 动 用；需要（多用于否定）▷毋～讳言｜毋～置疑。〇 ❷ 副 表示反问语气，相当于"岂""难道" ▷～可废乎？

庸[2] yōng 形 平常；不高明 ▷平～｜～俗｜～医。☛ ㊀"庸"字统读 yōng，不读 yóng。㊁末笔是长竖，一贯到底。

【庸才】yōngcái 图 才能平庸的人。

【庸夫】yōngfū 图 庸人。

【庸碌】yōnglù 形 平庸而无所作为 ▷～之辈｜平生庸庸碌碌，一事无成。

【庸人】yōngrén 图 平庸而没有作为的人。

【庸人自扰】yōngrén-zìrǎo 指本来没有问题却认为大有问题，自找麻烦，自寻苦恼。

【庸俗】yōngsú 形 平庸低俗 ▷格调～。☛ 跟"粗俗"不同。"庸俗"侧重不高尚，多形容思想、感情、趣味等；"粗俗"侧重不文雅，多形容语言、行为等。

【庸医】yōngyī 图 医术低下的医生。

【庸中佼佼】yōngzhōng-jiǎojiǎo 平常人中显得比较突出的（佼佼：超出一般的）。

鄘 yōng 图 周朝诸侯国名，在今河南新乡西北。

雍（*雝）yōng ❶ 形〈文〉和谐 ▷～合｜～睦。〇 ❷ 图 姓。

【雍容】yōngróng 形 仪态温和端庄，举止文雅从容 ▷气度～。

【雍容华贵】yōngróng-huáguì 仪态大方、衣着华丽（多形容贵妇人）。

滃 yōng 图 古水名，在山东。

墉 yōng 图〈文〉高墙；特指城墙 ▷石～｜崇～。

慵 yōng 形〈文〉疲倦；懒散 ▷～困｜～惰。

【慵懒】yōnglǎn 形 懒散；懒惰 ▷～地躺在沙发上。

镛（鏞）yōng 图 大钟，古代乐器。

壅 yōng ❶ 动〈文〉堵塞 ▷～塞（sè）｜～闭。→ ❷ 动〈文〉堆积 ▷～积。❸ 动 特指把土或肥料培在植物的根部 ▷～土｜～肥。☛ 统读 yōng，不读 yǒng 或 yòng。

【壅塞】yōngsè 动 阻塞不通 ▷痰气～。

【壅土】yōngtǔ ❶ 图 堆积的泥土。❷ 动 在植物根部培土 ▷给棉苗～。

澭 yōng ❶ 图 古水名，约在今河南商丘一带，故道已湮没。〇 ❷ 图 古水名，约在今山东菏泽东北，是古黄河的河汊，故道已湮没。

臃 yōng［臃肿］yōngzhǒng ❶ 形 身体因过胖或穿衣过多而显得特别肥大 ▷全身～，动作不灵｜厚棉衣穿在身上显得非常～。❷ 形 比喻机构过于庞大，运转不灵 ▷机构～，人浮于事。☛ ㊀"臃"统读 yōng，不读 yǒng。㊁"臃肿"不宜写作"拥肿"。

鳙（鱅）yōng 图 鳙鱼，体侧扁，背部暗黑色，有小黑斑，鳞细密，头很大，眼位于头的下部。生活在淡水中，是重要的食用鱼。也说花鲢。俗称胖头鱼。

饔 yōng〈文〉❶ 图 熟的食物；特指熟肉。→ ❷ 图 早饭 ▷～飧不继。

【饔飧不继】yōngsūn-bùjì 吃了早饭没有晚饭（飧：晚饭）。形容非常穷困。

yóng

喁 yóng 形〈文〉形容鱼嘴向上露出水面的样子。

另见 1682 页 yú。

【喁喁】yóngyóng 形〈文〉形容众人仰望期待的样子 ▷～期盼。

颙（顒）yóng 动〈文〉仰慕；盼望 ▷～仰｜～望。

yǒng

永 yǒng ❶ 形 长久；久远 ▷～恒｜～久。→ ❷ 副 表示时间特别长久，没有终止，相当于"永远" ▷～不消逝。〇 ❸ 图 姓。

【永葆】yǒngbǎo 动 永远保持 ▷～青春。

【永别】yǒngbié 动 永远分别（多指人死）。

【永垂不朽】yǒngchuí-bùxiǔ（名声、业绩、精神等）长久流传，永不磨灭（垂：流传后世）。

【永磁】yǒngcí 区别 磁化后能长久保持磁性的 ▷～合金｜～材料。

【永存】yǒngcún 动 永远存在 ▷浩气～。

【永恒】yǒnghéng 形 长久不变的；永远存在的 ▷～的主题｜～的微笑。

【永久】yǒngjiǔ 形 历时长久 ▷～的纪念。

【永诀】yǒngjué 动 永别 ▷不想此一去，竟成～。

【永生】yǒngshēng ❶ 动 佛教指永远生存不灭；借指肉体虽死，但精神不灭 ▷在烈火中～。❷ 图 一辈子；一生 ▷～铭记｜～永世。

【永世】yǒngshì 图 长久的时间；终生 ▷～长存。

【永逝】yǒngshì ❶ 动 永远消逝 ▷青春～。❷ 动 逝世 ▷先生遽然～。

【永续】yǒngxù ❶ 动 时间长久地延续 ▷基业～。❷ 副 长久持续地 ▷～发展|～利用。

【永远】yǒngyuǎn ❶ 副 表示时间特别长久,没有终止 ▷我们的事业～兴旺发达。❷ 名 指长久的未来 ▷思念到～|～的故乡。

【永志不忘】yǒngzhì-bùwàng 永远牢记,终生不忘。

【永驻】yǒngzhù 动 永远停留;永不消失 ▷青春～|民族英雄的精神～。

甬 yǒng ❶ 名 甬江,水名,在浙江东北部,流经宁波。→ ❷ 名 宁波的别称 ▷沪杭～。

【甬道】yǒngdào ❶ 名 院落、公园、住宅小区或其他场所中用砖石等砌成的通路。也说甬路。❷ 名 过道;走廊。

咏(*詠) yǒng ❶ 动 声调抑扬地诵读;歌唱 ▷吟～|歌～|～叹。→ ❷ 动 用诗词的形式描述或赞颂 ▷～怀|～史|～梅。☛ 统读 yǒng,不读 yòng。

【咏唱】yǒngchàng 动 诵读吟唱。

【咏怀】yǒnghuái 动 用写诗来抒发情怀。三国·魏·阮籍有《咏怀》诗 82 首,后常用来作为抒写个人胸怀诗作的标题。

【咏史诗】yǒngshǐshī 名 泛指以历史为题材抒发个人情怀抱负的诗作。

【咏叹】yǒngtàn 动 吟咏赞叹 ▷面对黄山美景,～不已。

【咏叹调】yǒngtàndiào 名 西洋歌剧、清唱剧中的独唱曲。富有抒情性和戏剧性,能集中表现人物的内心情绪。如意大利歌剧《蝴蝶夫人》中的《晴朗的一天》。

泳 yǒng 动 在水里游动;游水 ▷游～|自由～|蝶～|～道。☛ 统读 yǒng。

【泳程】yǒngchéng 名 游泳路线的总长度。

【泳池】yǒngchí 名 游泳池。

【泳道】yǒngdào 名 游泳比赛时游泳池中的分道。正规的比赛用游泳池共分 8 道,每道宽 2.5 米,用浮标隔开。

【泳镜】yǒngjìng 名 游泳时挡水的眼镜。

【泳裤】yǒngkù 名 专供游泳时穿的短裤。也说游泳裤。

【泳帽】yǒngmào 名 游泳时戴的防护帽。

【泳衣】yǒngyī 名 泳装。

【泳装】yǒngzhuāng 名 专供游泳时穿的服装;特指女性的泳装。也说泳衣、游泳衣。

【泳姿】yǒngzī 名 游泳的姿势。如侧泳、蝶泳、爬泳、蛙泳、仰泳。

栐 yǒng 名 古书上说的一种树。

俑 yǒng 名 古代殉葬用的人像或动物形象,多为木制或陶制 ▷秦～|兵马～|木～|陶～|始作～者。

勇 yǒng ❶ 形 勇敢 ▷～往直前|～士|英～|～于认错。→ ❷ 名 清代指战时临时招募的士兵 ▷散兵游～|乡～。○ ❸ 名 姓。

【勇夫】yǒngfū 名 勇敢的人;多指只有武力的人 ▷一介～。

【勇敢】yǒnggǎn 形 有勇气和胆量;在危险、困难面前不退缩 ▷～的战士|～顽强。

【勇冠三军】yǒngguànsānjūn 勇猛居全军第一位(冠:位居第一)。形容异常勇猛。

【勇悍】yǒnghàn 形 勇猛强悍 ▷～好斗。

【勇将】yǒngjiàng 名 勇敢的将领。

【勇力】yǒnglì 名 勇气和力量 ▷～不凡|倍增～。

【勇猛】yǒngměng 形 勇敢凶猛 ▷作战十分～。

【勇气】yǒngqì 名 敢作敢为、无所畏惧的气概 ▷鼓足～|充满克服困难的～。

【勇士】yǒngshì 名 勇敢的人。

【勇往直前】yǒngwǎng-zhíqián 不畏艰险,勇敢地一直向前。

【勇武】yǒngwǔ 形 勇猛威武 ▷～超群。

【勇于】yǒngyú 动 有勇气,不退缩 ▷～进取|～承担责任。☛ 不能单用作谓语,后面一般要带双音节以上的动词或动词性短语。

埇 yǒng 用于地名。如:石埇,在广西;黄埇,在江西。

涌(*湧) yǒng ❶ 动 水向上冒;泛指液体或气体向上升腾 ▷泪如泉～|风起云～。→ ❷ 动 像水升腾那样冒出或升起 ▷从云层中～出一轮明月|人群～上公路。

另见 188 页 chōng。

【涌潮】yǒngcháo 名 海水涨潮涌入河口或海湾时,因河床或海湾狭窄,水位暴涨,形成的高耸的水墙,如我国钱塘江口的涌潮、巴西亚马孙河口的涌潮。也说怒潮、暴涨潮。

【涌动】yǒngdòng 动 奔涌出来 ▷春潮～|山腰白雾～◇激情～。

【涌流】yǒngliú 动 不断地急速流出 ▷泉水～。

【涌现】yǒngxiàn 动 一时大量出现 ▷科技新秀大量～|～出许多感人事迹。

恿(*恖慂) yǒng 见 1308 页"怂(sǒng)恿"。

蛹 yǒng 名 完全变态的昆虫从幼虫到成虫的过渡形态。一般呈枣核形,停止活动和摄食,最后变为成虫。如蚕蛹。

踊(踴) yǒng 动 向上跳;跳跃 ▷～跃。☛ 统读 yǒng,不读 rǒng。

【踊跃】yǒngyuè ❶ 动 跳动;跃起 ▷～欢腾。❷ 形 形容情绪激昂,争先恐后的样子 ▷捐款捐物十分～|～报名。

鲬(鯒) yǒng 名 鱼,体平扁而长,黄褐色,头部扁而宽,口大。生活在温带和亚热带海洋底层。

yòng

用 yòng ❶ 动 让人或物发挥功能，为某种目的服务 ▷～上了计算机｜大材小～。→ ❷ 名 用处；功效 ▷旧报纸还有～｜物尽其～｜效～｜功～。→ ❸ 名 费用，花费的钱财 ▷贴补家～｜缺少零～。→ ❹ 动 需要(多用于否定) ▷不～说了｜～发这么大脾气吗？→ ❺ 动 敬词，指吃、喝等 ▷请～茶。→ ❻ 介 引进动作凭借或使用的工具、手段等 ▷～开水沏茶｜～雷锋精神教育下一代。❼ 连〈文〉表示结果，相当于"因而""于是" ▷祸乱并兴，共工～灭｜～特函达。○ ❽ 名 姓。

【用兵】yòngbīng 动 调兵遣将，指挥作战 ▷～出奇制胜｜～如神。

【用不着】yòngbuzháo ❶ 动 没有用场；用不上 ▷这些钱现在还～。❷ 动 不需要；没有必要 ▷都是熟人，～客气。

【用材林】yòngcáilín 名 以出产木材或竹材为主的森林，包括天然林和人造林。

【用餐】yòngcān 动 吃饭(带庄重色彩) ▷请诸位到餐厅～。

【用场】yòngchǎng 名 用途 ▷派上了～。

【用处】yòngchu 名 用途 ▷～很多｜大有～。

【用词】yòngcí 动 运用词语 ▷～不当。

【用得着】yòngdezháo ❶ 动 能用上；有用 ▷这件棉大衣天冷时还～。❷ 动 有必要 ▷一点儿小事，～那么紧张吗？

【用典】yòngdiǎn 动 引用典故 ▷～贴切。

【用度】yòngdù 名 费用；开支 ▷～不足｜家庭～。

【用法】yòngfǎ 名 使用的方法 ▷介绍同义词～。

【用房】yòngfáng ❶ 动 使用房子 ▷他要结婚，急着～。❷ 名 使用的房子 ▷办公～｜居民～。

【用费】yòngfèi 名 花在某件事上的开支 ▷办公～｜节省水电～。

【用工】yònggōng 动 使用工人 ▷严禁非法～。

【用功】yònggōng ❶ 动 努力学习 ▷别打扰他，他正在～呢。❷ 形 形容勤奋努力，肯下功夫 ▷他是个很～的学生。

【用光】yòngguāng ❶ 动 用完 ▷材料～了。○ ❷ 名 摄影上指对被摄对象照明的方法。有正面光、侧光、逆光、顶光、脚光五种。

【用户】yònghù 名 使用某些公共设备、消费品或接受某些服务的单位和个人 ▷电话～｜满足～需要。

【用户端】yònghùduān 名 客户端。

【用户界面】yònghù jièmiàn 电子计算机系统中实现用户与计算机信息交换的软件和硬件的统称。软件部分包括用户与计算机信息交互的通信协议、操作命令等处理软件；硬件部分包括各种输入装置和输出装置。也说人机界面。

【用计】yòngjì 动 使用计谋 ▷～把他支开。

【用劲】yòngjìn 动 使劲；用力 ▷～往上抬。

【用具】yòngjù 名 工作、生活中使用的各种器具的统称 ▷学习～｜办公～。

【用来】yònglái 动 靠(它)或拿(它)达到某种目的 ▷写首诗，～表达自己的感情。

【用力】yònglì 动 用力气 ▷～踢了一脚。

【用量】yòngliàng 名 使用的数量 ▷药品～。

【用料】yòngliào 名 生产、生活方面使用的原材料 ▷确保企业生产～供应｜这道菜～简朴，做工精巧。

【用命】yòngmìng 动 奋不顾身地战斗或工作 ▷将士～，歼敌如麻。

【用脑】yòngnǎo 动 动脑筋；从事脑力劳动 ▷～过度。

【用品】yòngpǐn 名 供使用的物品 ▷教学～。

【用人】yòngrén ❶ 动 挑选和使用人员 ▷～失察。❷ 动 需要人手 ▷正要大量～。

【用人】yòngren 名 仆人 ▷雇了几个～。

【用膳】yòngshàn 动 用餐 ▷分餐～。

【用事】yòngshì ❶ 动〈文〉当权 ▷奸臣～。❷ 动〈文〉诗文中用典故 ▷～贴切自然。❸ 动 (凭感情、意气等)办事 ▷不能感情～。

【用途】yòngtú 名 适用的方面或范围 ▷～广泛。

【用武】yòngwǔ 动 动用武力；比喻施展才能 ▷科技人才大有～之地。

【用项】yòngxiàng 名 开支的款项 ▷这个月～大，手头紧。

【用心】yòngxīn ❶ 动 集中心思，认真思考 ▷～思索｜～钻研｜在备课方面要多用点儿心。❷ 名 居心；用意 ▷良苦～｜别有～。

【用刑】yòngxíng 动 使用刑具折磨肉体，逼人招供。

【用以】yòngyǐ 动 用来；用于 ▷广开财源，～更新生产设备。☛ 只能带动词性宾语。

【用意】yòngyì 名 意图；企图 ▷她的～很明显。

【用印】yòngyìn 动〈文〉盖章(含庄重意)。

【用于】yòngyú 动 用在 ▷这笔经费～治污。

【用语】yòngyǔ ❶ 动 运用词语；措辞 ▷～巧妙。❷ 名 运用的词语 ▷恰当地选择～。❸ 名 特指专业词语 ▷商业～｜医学～。

【用字】yòngzì 动 使用字词 ▷～准确。

【用作】yòngzuò 动 当作；作为 ▷汽油～燃料。

【用做】yòngzuò 动 用来制作 ▷皂荚树的果实和种子可～生物工程原料。

佣 yòng 名 佣金。☛ 这个意义不读 yōng。另见 1660 页 yōng。

【佣金】yòngjīn 名 交易中给予经纪人的报酬。

焖 yòng ❶ 名 工质的一个热力学状态参数，常用单位是焦/千克或千焦/千克。❷ 名 指能够转化利用的能量（跟“炕”相对）。

yōu

优[1]（優） yōu ❶ 形 丰厚；充足 ▷待遇从～|～裕。→❷ 动 厚待；优待 ▷拥军～属|～抚。❸ 形 好；非常好（跟“劣”相对）▷品学兼～|～势。○❹ 名 姓。

优[2]（優） yōu 名 古代指以表演乐舞或杂戏为职业的人，后来泛指戏曲演员 ▷名～|～伶。

【优待】yōudài 动 给予优厚的待遇 ▷～现役军人|享受～。

【优等】yōuděng 形 等级优良的 ▷～生|质量～。

【优点】yōudiǎn 名 好的方面（跟“缺点”相对）▷不能只看缺点，不看～。

【优抚】yōufǔ 动（对军烈属、残废军人等）优待抚恤 ▷～残废军人。

【优抚金】yōufǔjīn 名 用于优抚的钱。

【优厚】yōuhòu 形 优越丰厚 ▷～的待遇。

【优化】yōuhuà 动 使变为优秀、优等 ▷～产业结构|～企业管理。

【优化组合】yōuhuà zǔhé 指在岗位设置、人员安排等方面按照有利于事业发展的最佳方案组合起来。

【优惠】yōuhuì 形 比一般优厚实惠 ▷～政策。

【优惠待遇】yōuhuì dàiyù 指一国在国际商务活动中给予某国的比其他国家更好的待遇。

【优价】yōujià ❶ 名 优惠便宜的价格 ▷清仓处理，～销售。❷ 名 较高的价格 ▷优质～。

【优良】yōuliáng 形（品质、质量、成绩、作风、传统等）非常好 ▷～品种|装备～|学习成绩～。

【优劣】yōuliè 名 好的和不好的 ▷区分～。☞“劣”不读 lüè。

【优伶】yōulíng 名 旧时称唱戏的艺人。

【优美】yōuměi 形 优雅而美丽；美好 ▷唱腔～。☞ 跟“幽美”不同。“优美”侧重于美观、悦目，可用于形容事物，也可用于景物、环境，适用范围较宽；“幽美”侧重于幽雅、幽静，主要用于形容景物、环境，不用于一般事物，适用范围较窄。

【优盘】yōupán 名 闪存盘。因连接在电子计算机USB接口上使用，故称（优：英文字母 U 的音译）。

【优缺点】yōu-quēdiǎn 优点和缺点。

【优容】yōuróng 动〈文〉宽容；宽待。

【优柔】yōuróu ❶ 形〈文〉温柔敦厚 ▷～谆切，怨而不怒。❷ 形 犹豫不决；不果断 ▷～寡断。

【优柔寡断】yōuróu-guǎduàn 指遇事犹豫，不果断。

【优生】yōushēng 动 运用科学方法指导生育，以提高婴儿先天素质 ▷～优育。

【优胜】yōushèng 形 成绩突出，超过他人 ▷～奖。

【优胜劣汰】yōushèng-liètài 指在竞争中，强者取胜，弱者被淘汰。

【优势】yōushì 名 相比之下有利的态势 ▷她的棋略占～|发挥～。

【优先】yōuxiān 动 摆在他人或他事之前 ▷～晋升|军烈属～|～发展。

【优先股】yōuxiāngǔ 名 在分取股息和公司剩余资产方面拥有优先权利的股票。

【优秀】yōuxiù 形 非常出色 ▷～运动员|品行～。

【优选】yōuxuǎn 动 选出优秀的 ▷～玉米种子。

【优选法】yōuxuǎnfǎ 名 以数学原理为指导，对生产和科学试验中的问题合理安排试验点，用尽可能少的试验次数以求得最优方案的方法。

【优雅】yōuyǎ 形 优美高雅 ▷～的居室|谈吐～。☞ 跟“幽雅”不同。“优雅”既可形容房屋、庭院环境等，也可形容服饰、陈设、言谈举止等；“幽雅”多形容环境、景色、庭院、房屋等。

【优异】yōuyì 形 特别出色 ▷才能～|～的成绩。

【优游】yōuyóu〈文〉❶ 形 悠闲自得 ▷～恬适|～卒岁。❷ 动 悠闲地游玩 ▷～于山水之间。

【优于】yōuyú 动 比别的事物好 ▷新式电话机～老式电话机。

【优育】yōuyù 动 用科学方法抚养婴幼儿，以提高其后天的体质、智力、品德等素质 ▷优生～。

【优遇】yōuyù 动〈文〉优待 ▷～妇孺。

【优裕】yōuyù 形 富足；充裕 ▷家境～|生活～。

【优越】yōuyuè 形 优异 ▷环境～。

【优越感】yōuyuègǎn 名 自以为比别人优越的心理状态 ▷他的一举一动都流露出一种～。

【优越性】yōuyuèxìng 名 比别的事物优越的性质 ▷充分发挥社会主义市场经济的～。

【优质】yōuzhì 形 质量优良 ▷～产品|～服务|这儿生态环境良好，有～的灌溉用水。

攸 yōu ❶ 助〈文〉用在动词前面，组成名词性短语，相当于“所”▷性命～关|责有～归。○❷ 名 姓。☞ 右边是“攵”，不是“夂”。

忧（憂） yōu ❶ 形 忧愁 ▷～伤|～郁。→❷ 动 为某事发愁或担心 ▷～国～民。→❸ 名 让人发愁、担心的事 ▷无～无虑|内～外患|分～|隐～。❹ 名 指父母的丧事 ▷丁～。

【忧愁】yōuchóu 形 忧闷愁苦 ▷孩子的病，使他们非常～|一副～的面容。

【忧愤】yōufèn 形 忧郁愤慨 ▷～成疾。

【忧国忧民】yōuguó-yōumín 为国家和人民的命运而担忧。

【忧患】yōuhuàn 名 困苦和患难 ▷生于～，死于安乐｜树立～意识。

【忧惧】yōujù 形 忧愁恐惧 ▷时局动荡，使人～。

【忧苦】yōukǔ 形 忧愁痛苦 ▷心情～。

【忧虑】yōulǜ 动 担忧思虑 ▷～着公司前途。

【忧闷】yōumèn 形 忧愁苦闷 ▷心情～。

【忧戚】yōuqī 形 忧伤悲哀 ▷面带～｜内心～苦闷。

【忧伤】yōushāng 形 忧愁哀伤 ▷琴声～动人。

【忧思】yōusī ❶ 动 忧虑；思虑 ▷日夜～。❷ 名 忧愁的思绪 ▷莫名的～笼罩心头。

【忧心】yōuxīn ❶ 名 忧愁的心情 ▷饱含～和激情｜～忡忡。❷ 动 担心；担忧 ▷令人～。

【忧心忡忡】yōuxīn-chōngchōng 心事重重，忧虑不安（忡忡：形容忧愁不安的样子）。☛ “忡”不读 zhōng。

【忧心如焚】yōuxīn-rúfén 形容忧愁得心里像火烧一样。

【忧悒】yōuyì 形〈文〉忧闷不安 ▷终日～。

【忧郁】yōuyù 形 忧愁烦闷 ▷目光～。

【忧郁症】yōuyùzhèng 名 抑郁症。

呦 yōu ❶ 叹 表示惊讶、惊恐 ▷～，饭糊了！｜～！停电了！｜～！那边有个人影儿。〇 ❷ 叹 表示突然发现或想起 ▷～，我的书包丢了！｜～！忘了带身份证了。

另见 1678 页 you。

【呦呦】yōuyōu 拟声〈文〉模拟鹿鸣声 ▷～鹿鸣，食野之苹（苹：一种蒿类植物）。

幽 yōu ❶ 形 昏暗 ▷～暗｜～光。→ ❷ 形 深；深远 ▷～谷｜～邃。→ ❸ 形 隐蔽的；秘密的 ▷～会｜～居｜～期。⇒ ❹ 动〈文〉囚禁 ▷～囚｜～禁。⇒ ❺ 形 藏在心里的 ▷～思｜～怨。⇒ ❻ 形 安静 ▷～静｜～雅。→ ❼ 名 迷信指人死后灵魂所在的地方 ▷～冥。〇 ❽ 名 我国古代九州之一，在今河北北部和辽宁南部。☛ 笔顺是丨 ㄠ 幽 幽。

【幽暗】yōu'àn 形 昏暗 ▷～的峡谷｜卧室里很～。

【幽闭】yōubì ❶ 动 囚禁；软禁 ▷～于囹圄。❷ 动 毁坏妇女的生殖器官，使不能生育。古代一种酷刑。❸ 动 封闭；特指深居家中不外出 ▷心灵～｜～闺阁，难得出门。

【幽长】yōucháng 形 幽深绵长 ▷～的巷道。☛ 跟“悠长”不同。“幽长”多用来修饰道路等；“悠长”多用来修饰时间等。

【幽愤】yōufèn 名 郁积在内心深处的怨愤 ▷屈原满怀～投入汨罗江。

【幽谷】yōugǔ 名 幽深的山谷 ▷高山～。

【幽会】yōuhuì 动 情人之间秘密相会。

【幽魂】yōuhún 名 幽灵。

【幽寂】yōujì 形 幽静寂寞 ▷～的古庙。

【幽禁】yōujìn 动 软禁。

【幽径】yōujìng 名 寂静的小路 ▷～漫步。

【幽静】yōujìng 形 幽雅清静 ▷小巷～。

【幽居】yōujū ❶ 名 隐蔽的居所。❷ 动 隐蔽地居住 ▷～山林。

【幽灵】yōulíng 名 鬼魂；魔影（常用作比喻）▷电脑病毒已成为信息时代的～。也说幽魂。

【幽美】yōuměi 形 幽静秀美 ▷～的山庄。☛ 参见 1664 页“优美”的提示。

【幽门】yōumén 名 胃的下口，与十二指肠连接的部位，胃中食物由此进入十二指肠。

【幽冥】yōumíng〈文〉❶ 形 幽暗；黑暗。❷ 名 阴间；地府。

【幽默】yōumò 形 英语 humour 音译。言谈举止诙谐风趣而意味深长 ▷谈吐～。

【幽默感】yōumògǎn 名 使人产生的幽默的感觉 ▷他讲话富有～。

【幽僻】yōupì 形 幽静偏僻 ▷～的山路。

【幽情】yōuqíng ❶ 名 深远而高雅的情思 ▷足以畅叙～。❷ 名 隐藏在内心的情感 ▷倾诉～。

【幽深】yōushēn 形 幽静深邃 ▷～的竹林。

【幽思】yōusī ❶ 动 沉静地思索 ▷彻夜～。❷ 名 隐匿的思想情感 ▷郁结于心的～。

【幽邃】yōusuì 形〈文〉幽深 ▷岩洞～。

【幽宛】yōuwǎn 现在一般写作“幽婉”。

【幽婉】yōuwǎn 形 深远而曲折 ▷曲调～。

【幽微】yōuwēi ❶ 形（声音、气味等）微弱；不浓重 ▷气息～，似断似续｜茉莉花散发出～的清香。❷ 形〈文〉深奥精微 ▷题旨～。

【幽闲】yōuxián ❶见本页“幽娴”。现在一般写作“幽娴”。❷见 1666 页“悠闲”。现在一般写作“悠闲”。

【幽娴】yōuxián 形（女子）文静 ▷举止～。

【幽香】yōuxiāng 名 深远的香气 ▷～沁人。

【幽雅】yōuyǎ 形 幽静雅致 ▷环境～｜～古朴。☛ 参见 1664 页“优雅”的提示。

【幽咽】yōuyè 形〈文〉形容哭声、水声低微 ▷哭声～｜溪水～。

【幽幽】yōuyōu ❶ 形（光线、声音等）轻微细弱 ▷～的亮光｜泣声～。❷ 形 深远 ▷～乡情。

【幽远】yōuyuǎn 形 深远；久远 ▷意境～｜～的太空｜～的岁月。

【幽怨】yōuyuàn 名 郁结在心里的怨恨（多指女子的情思）▷一腔～，满腹柔情。

悠[1] yōu ❶ 形 遥远；长久 ▷～久｜～长｜～远。〇 ❷ 形 闲适；自在 ▷～闲｜～游。

悠[2] yōu 动 在空中摆动 ▷小猴子在树枝上～来～去｜～荡｜晃～｜颤～。

【悠长】yōucháng 形 漫长;长远 ▷钟声舒缓而～|岁月～。☛ 参见1665页“幽长”的提示。

【悠荡】yōudàng 动 悬在空中来回不停地摆动 ▷风把电线吹得来回～。

【悠久】yōujiǔ 形 年代久远;长久 ▷历史～。

【悠然】yōurán 形 形容悠闲舒坦的样子 ▷赏花观鱼,～信步|～自得。

【悠闲】yōuxián 形 清闲舒适 ▷～自在。

【悠扬】yōuyáng 形 形容声音高低起伏,和谐动听 ▷～的语调|笛声～。

【悠悠】yōuyōu ❶ 形 长久;遥远 ▷～岁月|白云～。❷ 形〈文〉形容众多 ▷～万物。❸ 形 安闲;悠闲 ▷～自得|神态～。

【悠悠荡荡】yōuyōudàngdàng 形 摇晃飘浮的样子。

【悠悠忽忽】yōuyōuhūhū ❶ 形 形容神志不清醒,恍恍惚惚的样子。❷ 形 形容懒散不振作的样子。

【悠游】yōuyóu ❶ 动 悠闲自得地游动 ▷蜻蜓点水,野鸭～|我们驾着小船,在这片海上～。❷ 形 悠闲 ▷～自在。

【悠远】yōuyuǎn ❶ 形 (距离)遥远 ▷路途～。❷ 形 (时间)久远 ▷～的岁月。

【悠着】yōuzhe 动〈口〉从容自在,不要过度 ▷年纪大了,要～点儿。

麀 yōu 名〈文〉母鹿。

耰 yōu〈文〉❶ 名 农具,形状像木榔,用来碎土平地。→ ❷ 动 播种以后用耰平土盖种 ▷～而不辍。

yóu

尢 yóu ❶ 古同“尤”。○ ❷ 名 姓。
另见1418页wāng。

尤 yóu ❶ 形〈文〉特殊的;突出的 ▷～物|无耻之～。→ ❷ 名 过失;过错 ▷效～。❸ 动 归罪于;责怪 ▷怨天～人。→ ❹ 副 格外;更加 ▷～喜书画|山林～美。○ ❺ 名 姓。

【尤其】yóuqí 副 表示更进一步或特别强调 ▷他喜欢读书,～喜欢读科技书|这里常有沙尘暴,～是春季。☛ 跟“尤为”用法不同。两者虽均表示“更为突出”,但“尤其”多用在句子的后半部分,其后可以加“是”;“尤为”多用在双音节的形容词、动词前,其后不可以加“是”。

【尤甚】yóushèn 形 尤其厉害;更加严重 ▷被动吸烟,危害～。

【尤为】yóuwéi 副 表示在全体或同类事物中更加突出 ▷他的发言～精彩|对健康～不利。☛ 参见本页“尤其”的提示。

【尤物】yóuwù 名〈文〉特别出众的人或物;特指美女 ▷人间～。

由 yóu ❶ 动 经过;经由 ▷必～之路|言不～衷。→ ❷ 介 引进动作经过的路线、场所 ▷～小路走|请～东门入场。→ ❸ 介 引进动作的起点、变化的来源 ▷～南到北|～蝌蚪变成青蛙。⇒ ❹ 介 引进动作的施事者 ▷经费～我方提供|客人～厂长陪同。⇒ ❺ 介 引进凭借、依据的对象 ▷～试验结果看,效果良好|～此可知。→ ❻ 名 由来;原因 ▷缘～|情～|理～。❼ 介 引进事物发生的原因或方式,相当于“由于”“通过” ▷咎～自取|大会代表～选举产生。→ ❽ 动〈文〉遵循 ▷率～旧章。❾ 动 顺从;听任 ▷身不～己|～他去吧! ○ ❿ 名 姓。

【由表及里】yóubiǎo-jílǐ 从外到内。指认识从浅入深,从表面现象深入到事物本质。

【由不得】yóubude ❶ 动 不能依从 ▷这事已～他了。❷ 副 不由自主地 ▷～笑了起来。

【由此及彼】yóucǐ-jíbǐ 从这里到那里。指分析事物要从一方面联系到另一方面,全面考察。

【由此看来】yóucǐ-kànlái 从这里判断。

【由此可见】yóucǐ-kějiàn 从这里可以看出;从这里可以得出结论。

【由得】yóude 动 能听凭;允许 ▷国家财产～你随意挥霍吗?

【由来】yóulái ❶ 名 来源;原因 ▷矛盾的～。❷ 名 从开始到现在的时间 ▷～已久。

【由浅入深】yóuqiǎn-rùshēn 指认识由浮浅到深刻,从表面现象深入到事物本质。

【由头】yóutou 名 口实;借口 ▷把迟到当～。

【由于】yóuyú ❶ 介 引进动作行为或出现某种情况的原因 ▷～技术问题,没有按时开工。❷ 连 连接分句,表示原因。用在前一分句里,常同“所以”“因此”“因而”配合使用 ▷～大家意见不一致,因而还不能作出决定|～长期坚持体育锻炼,他的身体很健康。☛ 跟“因为”用法不同。作为介词,口语中较少用“由于”,较多用“因为”;作为连词,“由于”可以跟“所以”“因此”“因而”配合使用,“因为”不能跟“因此”“因而”配合使用;作为连词,“由于”引导的分句不能放在另一分句的后面,“因为”则能。

【由衷】yóuzhōng 动 发自内心 ▷言不～|～地感谢。

邮(郵) yóu ❶ 动 经邮政部门递送 ▷～去一本书|付～。→ ❷ 名 指邮政业务 ▷～局|通～|～票。❸ 名 指邮品 ▷集～|～市。○ ❹ 名 姓。☛ 不读yōu。

【邮包】yóubāo 名 通过邮局寄送的包裹。

【邮编】yóubiān 名 邮政编码的简称。
【邮差】yóuchāi 名 邮递员的旧称。
【邮车】yóuchē 名 运送邮件的车辆。
【邮程】yóuchéng 名 投递邮件所经过的路程。
【邮船】yóuchuán 名 指定线、定期并且航速较快的海上大型客轮，因同时要承担海上邮运任务，故称。也说邮轮。
【邮戳】yóuchuō 名 邮局盖在邮件上的印章，标明收发时间、地名并注销邮票；也指用来在邮件上盖印章的戳子。
【邮袋】yóudài 名 装邮件的袋子。多用帆布制作。
【邮递】yóudì 动 通过邮局递送 ▷～包裹。
【邮递员】yóudìyuán 名 邮政部门负责投递邮件的人员。旧称邮差。
【邮电】yóudiàn 名 邮政和电信的合称。
【邮电局】yóudiànjú 名 承办邮递和电信业务的机构。
【邮费】yóufèi 名 邮资。
【邮购】yóugòu 动 通过邮递方式购买(物品)。
【邮汇】yóuhuì 动 通过邮局汇款。
【邮集】yóují 名 集邮的册子。也说邮册、集邮册。
【邮寄】yóujì 动 通过邮局寄送(信件、包裹等)。
【邮件】yóujiàn 名 邮局或快递公司收送的信件、包裹等。
【邮局】yóujú 名 办理邮政业务的机构。
【邮路】yóulù 名 递送邮件的线路 ▷保证～畅通。
【邮轮】yóulún 名 邮船。
【邮迷】yóumí 名 对集邮入迷的人。
【邮票】yóupiào 名 邮政部门发行的、贴在邮件上表示邮资已付的凭证。
【邮品】yóupǐn 名 邮政部门发行的邮票、明信片、首日封、小型张等的统称。
【邮市】yóushì ❶ 名 邮品交易市场。❷ 名 指邮品交易的行情 ▷～看涨。
【邮售】yóushòu 动 通过邮递方式销售(物品)。
【邮送】yósòng 动 通过邮递寄送 ▷～信件。
【邮亭】yóutíng 名 邮局在公共场所设立的办理邮递业务的小屋。
【邮筒】yóutǒng 名 信筒。
【邮箱】yóuxiāng ❶ 名 邮局设置的供人投寄信件的箱子。❷ 名 信箱②。
【邮展】yóuzhǎn 名 集邮展览 ▷举行～。
【邮政】yóuzhèng 名 管理或经营邮寄、通信、汇兑、报刊发行等业务的部门。
【邮政编码】yóuzhèng biānmǎ 邮政部门统一编定的代表不同投递地域的数码。我国的邮政编码由六位数字组成。简称邮编。
【邮政储蓄】yóuzhèng chǔxù 由邮政部门开展的储蓄业务。
【邮政局】yóuzhèngjú 名 邮局。
【邮政特快专递】yóuzhèng tèkuài zhuāndì 在邮政主管部门规定的时间内，以最快速度传递邮件的邮政业务(英语缩写为 EMS)。简称特快专递。
【邮资】yóuzī 名 邮局按规定收取的投递邮件的费用。也说邮费。

犹(猶) yóu ❶ 动〈文〉好像；如同 ▷虽死～生｜过～不及。→ ❷ 副〈文〉还；仍然 ▷记忆～新｜话～未了。→ ❸ 连〈文〉连接分句，表示递进关系，常与“何况”连用，相当于“尚且”(多构成反问句) ▷清晨出发，～恐不达，岂能再行迟延？｜孩子～如此，何况成年人？○ ❹ 名 姓。
【犹大】yóudà ❶ 名 希伯来语 yěhudāh 音译。《圣经》中指犹太人 12 列祖之一。❷ 名 希腊语 'Ioúdas 音译。据基督教《新约·马太福音》记载，犹大是耶稣的学生，为了 30 个银币出卖了耶稣。后用作叛徒的代称。
【犹如】yóurú 动 如同；好像 ▷商场～战场。
【犹太教】yóutàijiào 名 主要在犹太人中间流行的宗教。信奉耶和华神，基督教的《旧约全书》原先就是犹太教的经典(犹太：希伯来语 Yěhūdhi 音译)。
【犹太人】yóutàirén 名 古代聚居在巴勒斯坦地区的居民。曾建立以色列-犹太王国，后被罗马帝国灭亡，人口向外迁徙，散居欧洲、美洲、西亚和北非等地。1948 年一部分犹太人在地中海东南岸建立了以色列国。
【犹疑】yóuyí 动 犹豫。
【犹豫】yóuyù 动 迟疑；拿不定主意 ▷～不决。
【犹自】yóuzì 副 仍然；还是 ▷想到当日情景，～激动不已。

油 yóu ❶ 名 动植物体内的脂肪；也指某些含碳氢化合物的液体矿产品 ▷～盐酱醋｜豆～｜牛～｜汽～。→ ❷ 动 用桐油或油漆等涂饰 ▷～家具｜地板刚～过。❸ 动 被油弄脏 ▷裤子～了一大块。→ ❹ 形 圆滑 ▷这人太～了｜老～子。○ ❺ 名 姓。
【油泵】yóubèng 名 抽油或压油的泵。
【油笔】yóubǐ 名 圆珠笔的俗称。
【油饼】yóubǐng ❶ 名 油料作物的种子榨油后剩下的饼状渣滓，如豆饼、棉籽饼等。可做饲料或肥料。也说油枯。○ ❷ 名 一种油炸的面饼，和面时加盐、苏打等，炸出来金黄松脆，多用作早点。口语中也说油饼儿。
【油布】yóubù 名 涂了桐油的防水防潮布。
【油彩】yóucǎi 名 含油质的颜料，多用于演员化装。
【油菜】yóucài ❶ 名 一年或二年生草本植物，茎直立，叶互生，花黄色，结角果。种子可以榨油，供食用和工业用。❷ 名 二年生草本植物，叶浓绿，叶柄淡绿，是常见蔬菜。参见插图 9 页。
【油菜子】yóucàizǐ 现在一般写作“油菜籽”。

【油菜籽】yóucàizǐ 图 油菜的种子，可以榨油。
【油层】yóucéng 图 储藏石油的岩层。
【油茶】yóuchá ❶ 图 常绿灌木或小乔木，树皮淡褐色，叶互生，果实内有黑褐色的种子，可榨油。○ ❷ 图 一种地方小吃。把面粉掺上牛油或牛骨髓、香油等炒熟，并加糖、芝麻等制成油茶面儿，吃时用开水冲调成糊状。
【油船】yóuchuán 图 油轮。
【油灯】yóudēng 图 用动植物油或矿物油作燃料的灯，电灯未普及前普遍用作照明工具。
【油底子】yóudǐzi 图 油将用尽时，留在容器中的沉淀物。
【油豆腐】yóudòufu 图 经油炸的豆腐食品，多为方块。
【油坊】yóufáng 图 榨植物油的作坊。
【油橄榄】yóugǎnlǎn 图 常绿乔木，叶对生，椭圆形或披针形，花白色。果实也叫油橄榄，黑色，椭圆形，供食用或药用，也可榨油。也说齐墩果、洋橄榄。
【油膏】yóugāo 图 油质的黏稠糊状物。
【油垢】yóugòu 图 含有油的污垢 ▷炉台上满是～。
【油管】yóuguǎn 图 输油的管道。
【油罐】yóuguàn 图 储运石油的圆形大金属罐。
【油光】yóuguāng 形 滑润光亮 ▷～锃亮。
【油光水滑】yóuguāng-shuǐhuá 像油面或水面那样光亮滑润 ▷梳着一根～的大辫子。
【油光纸】yóuguāngzhǐ 图 有光纸。
【油耗】yóuhào 图（车辆、机器等）燃料油在单位时间或里程内的消耗量 ▷～降低了20%。
【油黑】yóuhēi 形 黑而有光泽 ▷皮肤～。
【油乎乎】yóuhūhū 形 形容物体上油很多 ▷～的烙饼｜围裙上～的。
【油壶】yóuhú 图 盛油的壶。
【油葫芦】yóuhulǔ 图 昆虫，像蟋蟀而略大。昼伏夜出，危害大豆、芝麻等农作物。
【油花儿】yóuhuār 图 汤类食物表面漂浮的油滴 ▷汤里漂着～。也说油星。
【油滑】yóuhuá 形 圆滑；不诚恳 ▷这人很～。
【油画】yóuhuà 图 西洋绘画中的一个主要画种，用含油质的颜料在布、木板或厚纸板上绘成。能较充分表现对象的复杂色调和丰富层次。
【油灰】yóuhuī 图 一种泥（nì）子，用熟桐油和石灰或石膏调拌而成。
【油鸡】yóujī 图 家养鸡的优良品种之一，身躯较肥壮，冠和脚上长有羽毛。肉肥美，蛋较大。
【油迹】yóujì 图（衣物上）油脂的痕迹。
【油煎火燎】yóujiān-huǒliǎo 被油煎，被火烧。形容非常疼痛或焦急。
【油尽灯枯】yóujìn-dēngkū 灯油耗尽灯熄灭。比喻心力枯竭以至死亡；也比喻物质消耗殆尽或消耗净尽。也说油尽灯灭。
【油井】yóujǐng 图 为开采石油，用钻机从地面钻到油层的深井。
【油库】yóukù 图 储存油类的仓库。
【油矿】yóukuàng ❶ 图 蕴藏和开采石油的地方。❷ 图 含石油的矿床。
【油亮】yóuliàng 形 油光发亮 ▷家具漆得～。
【油料】yóuliào ❶ 图 能制取植物油的原料。如黄豆、油菜籽、芝麻等 ▷～作物。❷ 图 作燃料用的油 ▷军用～。
【油篓】yóulǒu 图 旧时用来盛油的篓子。用荆条或竹篾等编成，里面糊纸，再用猪血、桐油涂抹。
【油绿】yóulǜ 形 深绿而有光泽 ▷～的秧苗。
【油轮】yóulún 图 专门装运散装石油的轮船。也说油船。
【油麦】yóumài 现在一般写作"莜麦"。
【油毛毡】yóumáozhān 图 油毡。
【油门】yóumén 图 调节内燃机中燃料油供给量的装置。机器转动的快慢，同油门开的大小有直接关系。
【油苗】yóumiáo 图 地下石油在地面上显现的痕迹，是找寻油矿的标志之一。
【油墨】yóumò 图 印刷用的黏性油质着色剂。用植物油或矿物油以及挥发性溶剂、硬胶等加上各种颜料或油烟调制而成。
【油母页岩】yóumǔ yèyán 一种含有可燃性有机质的页岩。色淡褐至暗褐，能按层分裂成薄片，干馏后可获得页岩油、氨等。是人造石油的重要原料之一。也说油页岩。
【油泥】yóuní 图 含油的泥状污垢 ▷手上净是～。
【油腻】yóunì ❶ 形（食物）含油过多 ▷少吃～食物。❷ 图 含油过多的食物 ▷厌吃～。❸ 图 油垢；油污 ▷满身～。
【油票儿】yóupiàor 图 购买汽油等燃料油的票证；计划经济时期也指购买食油的票证。
【油品】yóupǐn 图 指从石油中提炼的汽油、煤油、柴油等油类产品。
【油漆】yóuqī ❶ 图 含有干性油和颜料的黏液状涂料。涂在器物表面，起装饰、保护作用。❷ 动 用油漆涂抹 ▷柜子～一新。
【油漆匠】yóuqījiàng 图 漆匠。
【油气】yóuqì ❶图 石油气。❷图 石油和天然气。
【油气井】yóuqìjǐng 图 开采石油和天然气的矿井。
【油气田】yóuqìtián 图 蕴藏石油和天然气的地带。
【油腔滑调】yóuqiāng-huádiào 形容言语轻浮油滑，不严肃。
【油然】yóurán ❶ 形 形容云气升腾的样子 ▷乌云～涌起。❷ 形 自然而然 ▷～而生敬意。
【油杉】yóushān 图 常绿乔木，球果直立，圆柱形，成熟后紫色或褐色。木材坚实，可供建筑及制枕木、矿柱、家具等用。属国家保护植物。

【油石】yóushí 名 研磨工具，由磨料制成，用于磨砺刀刃或磨光工件表面。因使用时通常需涂油润滑，故称。

【油饰】yóushì 动 用油漆装饰 ▷～门窗。

【油水】yóushui ❶ 名 指饭菜中所含的脂肪成分 ▷别总吃～大的菜。❷ 名 比喻额外的好处或不正当的收益 ▷干这种活儿～不大。

【油松】yóusōng 名 常绿乔木，树皮有鳞状裂片，叶针形，果实球形，淡黄褐色。木质致密，富含松脂，有香味，可做建筑材料及各种器具。

【油酥】yóusū 区别 面粉中和上食油，烙熟或烤熟后松而易碎的(食品) ▷～点心。

【油田】yóutián 名 有开采价值的油层分布地带。

【油条】yóutiáo ❶ 名 一种油炸的条状面食，一般是双股合成，多用作早点。❷ 名 借指世故圆滑的人 ▷老～。

【油桐】yóutóng 名 落叶小乔木，叶卵状心形，开白色花，有紫色条纹，核果卵形。种子榨的油叫桐油，工业上用作涂料。

【油头粉面】yóutóu-fěnmiàn 形容人打扮得过于花哨，显得俗气轻浮。

【油头滑脑】yóutóu-huánǎo 形容为人浮滑，不实在，不可靠。

【油汪汪】yóuwāngwāng ❶ 形 形容油多的样子 ▷菜锅里～的。❷ 形 油亮 ▷梳着～的分头。

【油污】yóuwū 名 油垢。

【油箱】yóuxiāng 名 盛油的箱子；特指飞机、汽车上盛燃料油的装置。

【油香】yóuxiang 名 我国伊斯兰教的一种食品。温水和面，加少量盐，制成饼状，用油炸熟。

【油星】yóuxīng 名 油花儿。

【油性】yóuxìng 名 物质含有油脂的性质 ▷松木～大，易燃烧｜～皮肤。

【油烟】yóuyān 名 油类燃烧不充分而生成的黑色物质。主要成分是碳，可用于制墨、油墨等。

【油盐酱醋】yóu-yán-jiàng-cù 泛指烹调作料。

【油印】yóuyìn 动 一种简易的印刷方法。以刻写或打字的蜡纸作版，在油印机上用油墨印刷。

【油印机】yóuyìnjī 名 一种构造简单、使用便利的油印工具，由底座、框架、网和滚筒等组成。

【油渣】yóuzhā 名 用肥肉或板油提炼出油后剩下的渣滓。

【油炸】yóuzhá 动 烹饪方法，用沸滚的食油炸食品 ▷先～，再用文火煮｜～鸡块。

【油毡】yóuzhān 名 把厚纸坯或毡子等用沥青浸透而成的建筑材料。用来铺屋顶、墙基等，可以防水、防潮。也说油毛毡。

【油脂】yóuzhī 名 液体的油和固体、半固体的脂的统称。

【油脂麻花】yóuzhi-máhuā 形〈口〉形容物件上布满油垢的样子 ▷买肉找回的钱，全是～的。

【油纸】yóuzhǐ 名 涂有桐油的纸。耐折、防潮、防水，供制伞或包东西用。

【油质】yóuzhì ❶ 名 油的质量 ▷原油价格的高低跟～有关。❷ 区别 含有油性物质的 ▷～颜料。

【油渍】yóuzì 名 衣物等上面的油污 ▷沾了～。

【油子】yóuzi ❶ 名 黏稠的黑褐色油垢 ▷烟袋～。❷ 名〈口〉指处世经验多、熟悉情况而狡猾的人 ▷这人准是个买卖～｜兵～。

【油棕】yóuzōng 名 常绿乔木，类似椰树，羽状复叶，叶柄边缘有刺，果实卵形，黄褐色。产于热带或亚热带地区。果实含油成分高，可以榨油。种子壳可以制活性炭。

【油嘴】yóuzuǐ ❶ 名 说话油滑的嘴巴 ▷～滑舌｜生就一张～。❷ 名 指说话油滑的人。○ ❸ 名 储油容器的喷嘴 ▷～堵了。

【油嘴滑舌】yóuzuǐ-huáshé 形容说话轻浮油滑。

柚 yóu［柚木］yóumù 名 落叶大乔木，叶大，卵形或椭圆形，背面密布灰黄色星状毛，花白色，有香味，核果略呈球形。木材暗褐色，坚硬耐久，纹理美观，适宜造车、船、桥梁、家具等。

另见 1677 页 yòu。

疣 yóu 名 皮肤病，症状是皮肤上长出表面干燥而粗糙的小疙瘩，不疼不痒，多长在面部、头部或手背。通称瘊子。也说赘疣。

斿 yóu 动〈文〉遨游。

另见 880 页 liú。

莜 yóu［莜麦］yóumài 名 一年生草本植物，是燕麦的一种。种子成熟后容易与外壳脱离，故也说裸燕麦。籽实也叫莜麦，磨成粉可以食用。

莸（蕕） yóu ❶ 名 古书上指一种有臭味的草。多用来比喻恶人 ▷薰～不同器。○ ❷ 名 落叶小灌木，茎四方形，叶子呈卵形或披针形，花蓝色、浅紫色或白色，果实上部有毛。茎叶可以做药材。

铀（鈾） yóu 名 金属元素，符号 U。银白色，有放射性，化学性质活泼。是最基本的核燃料，可用来产生原子能，制造原子弹、建造原子反应堆和核电站。

浟 yóu ❶［浟浟］yóuyóu 形〈文〉形容水流动的样子 ▷湘水之～兮，其上群山。○ ❷ 名 姓。

蚰 yóu［蚰蜒］yóuyán 名 节肢动物，像蜈蚣而略小，灰白色，生活在阴湿的地方。

鱿（魷） yóu［鱿鱼］yóuyú 名 枪乌贼的俗称。软体动物，体稍长，两鳍在后端相合呈菱形，似标枪的枪头。有 8 个腕，1 对触腕。内壳小，角质。我国沿海均有分布。

游（*遊❶—❹） yóu ❶ 动 流动 ▷～动哨｜～移。→ ❷ 动 从容行走；闲逛 ▷～山玩水｜云～四方｜旅～。⇒ ❸ 动 玩 ▷～戏｜～乐。⇒ ❹ 动 交往 ▷交～。→ ❺ 动 在水里行动 ▷鱼在河里～来～去｜畅～长江。→ ❻ 名 江河的一段 ▷上～｜下～。〇 ❼ 名 姓。

【游伴】 yóubàn 名 游玩的伙伴；旅游的伙伴。

【游标】 yóubiāo 名 计算尺、标尺等度量器具上可以滑动的用来指示数字的部分。

【游标卡尺】 yóubiāo kǎchǐ 一种带有游标的量具，由一根刻有整数值的主尺和一根能读出分数值的滑动副尺组成。用于测量机器零件或工件的内外直径、厚度等。

【游程】 yóuchéng ❶ 名 游泳时从起点到终点的距离。❷ 名 旅游的路程 ▷这次旅游，～近千里。❸ 名 旅游的日程 ▷旅行社安排好了～。

【游船】 yóuchuán 名 载客游览的船。

【游春】 yóuchūn 动 春游 ▷～踏青。

【游荡】 yóudàng ❶ 动 随波浮动或随风飘动 ▷树叶随波～。❷ 动 闲逛 ▷在街头～。❸ 动 生活不稳定，到处漂泊 ▷在海外～多年。

【游动】 yóudòng 动 缓慢走动；经常改换位置 ▷羊群在草原上慢慢～｜～哨｜～靶。

【游舫】 yóufǎng 名 游船。

【游逛】 yóuguàng 动 游览闲逛 ▷在大街上～。

【游击】 yóujī 动 灵活机动地分散袭击 ▷～队｜打～｜打了几年～。

【游击队】 yóujīduì 名 采取小股分散游动作战形式的一种非正规的武装组织。

【游击战】 yóujīzhàn 名 由小股部队分散游动对敌人进行机动灵活袭击的非正规作战形式。

【游记】 yóujì 名 记述游览见闻和感受的散文。

【游街】 yóujiē ❶ 动 押解犯罪分子或敌对分子等在街上游行，以示惩戒。我国现已废止这种做法。❷ 动 簇拥着英雄人物等在街上游行，以示表彰 ▷戴朵大红花～。

【游客】 yóukè 名 旅游的人（多指来自外国或外地的）。

【游览】 yóulǎn 动 游玩观赏（风景、名胜等） ▷～香山｜～胜地｜～区。

【游廊】 yóuláng 名 连通两座或几座建筑物的走廊。

【游乐】 yóulè 动 游玩娱乐。

【游乐园】 yóulèyuán 名 设置各种游乐设施、场景供人娱乐的场所。也说游乐场。

【游离】 yóulí ❶ 动 化学上指一种元素从化合物中分离出来或不跟其他物质化合而单独存在。❷ 动 比喻从集体中或依附的事物上脱离出来 ▷～于集体之外。

【游历】 yóulì 动 到远方去游览考察 ▷～欧洲。

【游猎】 yóuliè 动 到处流动打猎。

【游侣】 yóulǚ 名 一同旅游的伴侣 ▷～成群。

【游轮】 yóulún 名 载游客游览的轮船。

【游民】 yóumín 名 没有正当职业、在社会上游荡的人 ▷无业～。

【游牧】 yóumù 动 没有固定的住处，根据水、草等情况四处流动放牧 ▷～生活｜～民族。

【游禽】 yóuqín 名 会游水的一类鸟。趾间多有蹼，通常在水上生活，吃鱼、虾等。如雁、鸳鸯、野鸭等。

【游人】 yóurén 名 游玩观光的人 ▷～须知｜～如织。

【游刃有余】 yóurèn-yǒuyú《庄子·养生主》记载：有个厨师解牛技术非常熟练，刀刃在牛骨缝隙之间自由移动，没有一点儿阻碍。后用“游刃有余”形容做事从容，毫不费力。

【游山玩水】 yóushān-wánshuǐ 游览欣赏大自然的美景。

【游手好闲】 yóushǒu-hàoxián 懒散成性，不爱劳动（游手：闲着手不做事）。

【游水】 yóushuǐ 动 在水里游动；游泳 ▷小鸭子生来就会～｜到河里～。

【游说】 yóushuì 动 原指战国时期的策士奔走列国，凭口才劝说统治者接受自己的政治主张；后泛指劝说别人接受某种意见 ▷四处～。☛“说”这里不读 shuō。

【游丝】 yóusī ❶ 名 蜘蛛等吐的在空中飘动的细丝（多用作比喻） ▷气若～。❷ 名 仪表指针转轴上或钟表等摆轮轴上安装的金属线圈。有弹性，能使转轴或摆轮来回转动或摆动。

【游艇】 yóutǐng 名 游船。

【游玩】 yóuwán 动 游戏玩耍；游览玩赏 ▷小朋友在～｜去颐和园～。

【游戏】 yóuxì ❶ 动 玩耍 ▷幼儿园的孩子都在院子里～。❷ 名 娱乐活动以及某些非正式比赛的智力或体育活动。如猜谜语、玩魔方、捉迷藏、跳皮筋儿等。

【游戏规则】 yóuxì guīzé 做游戏的共同约定；比喻在社会活动中应共同遵守的准则。

【游戏机】 yóuxìjī 名 电子游戏机的简称。

【游戏卡】 yóuxìkǎ 名 装有编制好的游戏节目程序，用于电子游戏机的卡式装置。

【游戏人生】 yóuxì-rénshēng 把人生当作游戏。指对人生持不严肃的态度。

【游侠】 yóuxiá 名 古代指交游四方、轻生重义、勇于为人排忧解难的人。

【游行】 yóuxíng 动 在街上成群结队而行，以示庆祝、纪念、示威等 ▷上街～｜～队伍。

【游兴】 yóuxìng 名 游览、游玩的兴致 ▷～正浓。

【游学】yóuxué 动 到外地或外国游历、求学 ▷～三年未归｜～海外。
【游医】yóuyī 名 指没有固定诊所、走街串巷的行医人员。
【游移】yóuyí ❶ 动 移动不定 ▷黄河河道多次～改道。❷ 动 迟疑；拿不定主意 ▷～观望。
【游弋】yóuyì ❶ 动 舰艇在水面巡逻。❷ 动 在水中自由地游来游去。
【游艺】yóuyì 名 游戏娱乐活动 ▷～场｜～会。
【游艺会】yóuyìhuì 名 以文艺表演及游戏活动为内容的娱乐性集会。
【游艺机】yóuyìjī 名 电子游艺机的简称。
【游泳】yóuyǒng ❶ 动 人或动物在水里游动 ▷在海滨浴场～｜～池｜～馆。❷ 名 水上运动项目之一，运动员在水中按既定姿势划水前进，比赛速度，或进行动作表演。
【游泳池】yóuyǒngchí 名 人工建造的用来游泳的池子。也说泳池。
【游泳衣】yóuyǒngyī 名 泳装。
【游勇】yóuyǒng 名 被击溃逃散的士兵 ▷散兵～。
【游鱼】yóuyú 名 在水中游动的鱼 ▷～戏水。
【游园】yóuyuán 动 到公园或花园里游玩。
【游园会】yóuyuánhuì 名 采取游园的方式举行的联欢活动。
【游资】yóuzī ❶ 名 以获取利润为目标，利用利率、汇率等的变动而在各国金融市场之间游移的短期资本。也说热钱。❷ 名 从生产过程中游离出来的，没有用于扩大再生产的资金；闲置的资金。
【游子】yóuzǐ 名 指远离家乡或久居外地的人 ▷叶落归根，～回乡｜海外～。
【游子】yóuzi 现在一般写作“囮子”。
【游走】yóuzǒu ❶ 动 游逛；走动 ▷在海滩上信步～｜因生意需要，这些年他一直～于世界各地。❷ 动 移动不定；在某个范围内徘徊 ▷对～在法律边缘的灰色收入必须进行治理。

楢 yóu 名 古书上说的一种树，木质柔韧，可以做车轮。

輶（輶） yóu ❶ 名 古代一种轻便的车。→ ❷ 形〈文〉轻。

鲉（鮋） yóu 名 鱼，体侧扁而长，头大，有许多棘状突起，口大，牙绒毛状。栖息于近海岩石之间。

猷 yóu 名〈文〉谋略；计划 ▷鸿～（宏伟的计划）。

蝣 yóu 见 423 页“蜉（fú）蝣”。

蝤 yóu［蝤蛑］yóumóu 名 梭子蟹。另见 1129 页 qiú。

繇 yóu 古同“由”③⑤。另见 1601 页 yáo；1796 页 zhòu。

囮 yóu［囮子］yóuzi 名 捕鸟时用来把同类鸟引诱过来的鸟。也说囮（é）子。

yǒu

友 yǒu ❶ 名 关系密切、有交情的人 ▷良师益～｜探亲访～｜盟～｜朋～。→ ❷ 形 关系好；亲近 ▷～好｜～善。→ ❸ 形 有友好关系的 ▷～人｜～邦｜～军。
【友爱】yǒu'ài 形 友好亲爱 ▷互助～。
【友邦】yǒubāng 名 与本国友好的国家 ▷出访～。
【友好】yǒuhǎo ❶ 形 友爱和睦 ▷～国家｜～如初。❷ 名 好朋友 ▷亲朋～。
【友军】yǒujūn 名 与本部队协同作战的军队。
【友邻】yǒulín ❶ 名 友好的邻居或邻邦。❷ 区别 友好而邻近的 ▷～部队｜～单位。
【友情】yǒuqíng 名 朋友之间的感情 ▷注重～｜珍贵的～。☛ 跟“友谊”不同。“友情”用于朋友之间，含亲切意；“友谊”除用于个人之间，还常用于国家、民族、团体等之间，含庄重意。
【友情演出】yǒuqíng yǎnchū 出于友情而临时加入，配合演出 ▷参加艺术节～。
【友人】yǒurén 名 友好人士；朋友 ▷外国～｜～相聚。
【友善】yǒushàn 形 友好亲善 ▷邻里～｜～相待。
【友谊】yǒuyì 名 朋友之间的情谊 ▷诚挚的～。☛ 参见本页“友情”的提示。
【友谊赛】yǒuyìsài 名 以增进友谊、交流经验、共同提高运动水平为目的而举行的体育比赛。

有[1] yǒu ❶ 动 表示存在（跟“没”“无”相对，②③④⑤⑦同）▷天上～云彩｜马路上～许多人。→ ❷ 动 表示领有或具有 ▷我家～汽车了｜人贵～自知之明｜～本领｜～罪。⇒ ❸ 动 表示达到某种程度或达到一定的数量 ▷空地～两个篮球场那么大｜这棵树～五层楼高。⇒ ❹ 动 表示领有某种东西多或历时长 ▷数他家～钱｜可～年头儿了。→ ❺ 动 表示发生或出现 ▷情况～了变化｜孩子最近～进步。→ ❻ 动 应对语。表示在这里 ▷“赵明！”“～！”→ ❼ 动 表示不定指，跟“某”义近似 ▷～一天你会明白的｜你不喜欢，～人喜欢。→ ❽ 动 用在“人”“时候”“地方”前面，表示部分存在 ▷～人爱吃甜的，～人爱吃辣的｜～时候他挺凶｜～地方热闹，～地方冷清。○ ❾ 助 用在某些动词或动词性语素前，加强语气或表示客气 ▷～待｜～劳｜～请｜～劳。○ ❿ 名 姓。☛ ㊀跟“无”连用，构成“有……无……”格式。1.表示只有前者而没有后者或强调有前者而没有后者。如:有名无实、有勇无谋、有增无减、有过之而无不及。2.表示有了前者就可以没有后者。如:有备无患。3.表示似有似无。如:有意无意。㊁两个"有"连用,构成"有……有……"格式。1.分别用在两个意义相反或相对的词前,表示两种情况兼而有之。如:有主有次、有轻有重。2.分别用在两个意义相同或相近的词前,表示强调。如:有情有义、有条有理。

有[2] yǒu 〈文〉词的前缀。用在某些朝代名或民族名前面 ▷~殷|~苗。

另见 1677 页 yòu。

【有碍】 yǒu'ài 动 (对某人或某事)有妨碍 ▷~身体健康|~交通|~观瞻。

【有案可稽】 yǒu'àn-kějī 有文字记载可以查考。

【有板有眼】 yǒubǎn-yǒuyǎn 我国民族音乐的节拍中,强拍为板,弱拍为眼。"有板有眼"指曲调合节拍,节奏清晰;比喻做事或说话有根有据、有条不紊。

【有备无患】 yǒubèi-wúhuàn 事前作好准备,就可以避免祸患。

【有悖于】 yǒubèiyú 动 (跟某方面)相违背或相冲突 ▷体罚学生~教师的职业道德。

【有鼻子有眼儿】 yǒu bízi yǒu yǎnr 形容叙述描写得活灵活现,像真的一样 ▷他居然把没影儿的事说得~。

【有变】 yǒubiàn 动 出现了变化 ▷情况~|局势~。

【有别】 yǒubié 动 有分别;不同 ▷男女~|内外~。

【有病】 yǒubìng ❶ 动 患有疾病。❷ 动 不正常(含讥讽意或诙谐意) ▷乱喊什么? 你~啊?

【有偿】 yǒucháng 形 有报酬的;收费的 ▷~使用|~转让。

【有偿新闻】 yǒucháng xīnwén 以被报道者支付钱财为条件而刊发的新闻。是严重违反新闻职业道德的行为。

【有成】 yǒuchéng 动 有成就;成功 ▷事业~。

【有待】 yǒudài 动 需要等待 ▷这些建议~研究。

【有胆有识】 yǒudǎn-yǒushí 既有胆量又有见识。

【有得】 yǒudé 动 有所得;有所领悟 ▷~有失。

【有的】 yǒude 代 总体中的一部分(常连用) ▷同学们~在看书,~在写字。

【有的是】 yǒudeshì 强调有很多 ▷我这儿~书。

【有底】 yǒudǐ 动 知道底细;心中有把握 ▷派谁去最合适,他心里早就~了。

【有的放矢】 yǒudì-fàngshǐ 对准靶心射箭(的:靶心)。比喻说话做事目的明确,有针对性。

【有点儿】 yǒudiǎnr 副 表示程度较低,相当于"稍微"(多用于不满意的事) ▷他~骄傲|我~后悔。☛"有点儿"后接名词性词语时不是词。如"有点儿水",是动词"有"带宾语"一点儿水"构成的动宾短语的省略形式。

【有法儿】 yǒufǎr ❶ 动 有办法 ▷这种病~治。❷ 动 能够(多用于问句) ▷他~不火儿吗?

【有方】 yǒufāng 形 得法 ▷他指导~|教子~。

【有份儿】 yǒufènr 动 (权利、义务等)分摊一份 ▷年终拿双薪,在职的人都~|维护社会治安人人~。

【有感】 yǒugǎn 动 有感受;有感触 ▷~而发。

【有功】 yǒugōng 动 有功绩 ▷抗日~|~人员。

【有关】 yǒuguān ❶ 动 有关系 ▷这次事故与他~|通知~人员开会。❷ 动 涉及 ▷查阅~他的史料|介绍~这次谈判的情况。☛ 跟"相关"不同。"有关"所称的关系一般比较直接;"相关"所称的关系一般比较间接。

【有光纸】 yǒuguāngzhǐ 名 一面光滑一面粗糙的薄纸。也说油光纸。

【有轨电车】 yǒuguǐ diànchē 电车的一种,由牵引电动机驱动,在轨道上行驶,用作城市公共交通工具。

【有鬼】 yǒuguǐ 动 比喻有不可告人的打算或阴谋 ▷心中~|这里面~。

【有过之而无不及】 yǒu guò zhī ér wú bùjí 相比之下只有超过而没有赶不上的地方(多用于消极方面)。

【有恒】 yǒuhéng 动 有恒心;坚持不懈 ▷事贵~。

【有机】 yǒujī ❶ 区别 原指跟生物体有关的或从生物体来的(化合物);现指除一氧化碳、二氧化碳、碳酸、碳酸盐等以外的含碳的(化合物) ▷~肥料|~染料。❷ 区别 各部分互相关联,不可分割的 ▷形成一个~的整体|把改革、发展和稳定~结合起来。

【有机玻璃】 yǒujī bōli 成分是聚甲基丙烯酸甲酯的高分子化合物,透明度高,质量轻,有热塑性且不易破碎。可作玻璃的代用品。

【有机肥料】 yǒujī féiliào 含有机物质的肥料,由天然有机物经微生物分解或发酵而成。如绿肥、粪肥等。也说有机肥。

【有机化合物】 yǒujī huàhéwù 含碳化合物(一氧化碳、二氧化碳、碳酸、碳酸盐等简单含碳化合物除外)的统称。部分来自动植物,绝大部分为人工合成,种类多,能燃烧。简称有机物。

【有机化学】 yǒujī huàxué 化学的一个分支,研究有机化合物的来源、结构、用途和有关理论等。

【有机可乘】 yǒujī-kěchéng 有机会可以利用或有空子可钻。

【有机农业】 yǒujī nóngyè 指在生产过程中不使用化肥、农药、植物生长激素等,不用被污染的水灌溉,从而实现农业生产自然环境和生态系统良性循环的一种农业生产体系。

【有机食品】 yǒujī shípǐn 根据有机农业生产要求和产品加工标准进行生产、加工、贮存和运输,并经过有机农业认证组织确认的无污染、纯天然的高质量健康食品。

【有机酸】yǒujīsuān 名 羧(suō)基化合物的统称。如醋酸、草酸等。多应用于染料、药物、香料、塑料等工业中。

【有机体】yǒujītǐ 名 机体。

【有机物】yǒujīwù 名 有机化合物的简称。

【有机质】yǒujīzhì ❶ 名 指动植物体内的所有有机物质,如淀粉、脂肪、蛋白质、纤维素等。❷ 名 特指土壤中的有机质,包括动植物残体、死亡的微生物和施用的有机肥等。肥沃的土壤所含的有机质较多。

【有价】yǒujià 形 有固定价钱或价值的(跟"无价"相对) ▷~证券|黄金~,信誉无价。

【有价证券】yǒujià zhèngquàn 符合法律规定并标明货币金额的财产所有权凭证和债权凭证。有价证券有记名的和不记名的两种。

【有鉴于此】yǒujiànyúcǐ 把某种情况等作为鉴戒(常用作插入语,引出需要采取的措施) ▷~,必须广泛深入地进行法制教育,扫除法盲。

【有奖】yǒujiǎng 动 给予奖金或奖品 ▷猜中者~|~储蓄。

【有奖销售】yǒujiǎng xiāoshòu 设立奖品,给顾客提供中奖机会的促销手段。

【有教无类】yǒujiào-wúlèi 对受教育者不分高低贵贱,都一视同仁(类:类别)。

【有劲】yǒujìn ❶ 形 有力气 ▷他的手腕很~。❷ 形 形容兴致高;有兴趣 ▷越看越~。

【有旧】yǒujiù 动〈文〉过去有过交往;有老交情 ▷家父与令尊~。

【有救】yǒujiù 动 可以补救或挽救 ▷这事还~。

【有据】yǒujù 动 有根据;有证据 ▷~可查。

【有空】yǒukòng 动〈口〉有空闲的时间 ▷趁今天~,咱们去看场电影。

【有口皆碑】yǒukǒu-jiēbēi 每张嘴都是记有功德文字的碑石。形容众人一致颂扬。

【有口难辩】yǒukǒu-nánbiàn 有嘴却难以分辩。形容蒙受冤屈无法申辩。

【有口难言】yǒukǒu-nányán 有嘴却难以说出。形容有话不便说或不敢说。

【有口无心】yǒukǒu-wúxīn 指心直口快,说话没有经过认真考虑。多形容话虽伤人,却没有恶意。

【有苦难言】yǒukǔ-nányán 指心里有苦处不便说或难以说出口来。

【有愧】yǒukuì 动 有惭愧之处 ▷心中~|~于他。

【有赖】yǒulài 动 需要依赖(于) ▷市场机制的完善,~于社会诚信体系的建立。

【有劳】yǒuláo 动 客套话,用于请求或感谢别人帮忙 ▷~大驾|~你替我去一趟。

【有棱有角】yǒuléng-yǒujiǎo ❶形容物体的棱角分明 ▷被子叠得~。❷比喻正直忠贞,性格鲜明 ▷他是一位忠直敢谏、~的诤臣|作家笔下的人物有血有肉,~。❸比喻立场坚定,观点鲜明 ▷她~的点评,获得了大家一致的喝彩。

【有礼】yǒulǐ ❶ 动 行礼(多见于近代汉语) ▷这厢~了。❷ 形 有礼貌 ▷彬彬~|谦逊~。

【有理】yǒulǐ 动 有理由;有道理 ▷~不在声高。

【有理数】yǒulǐshù 名 正整数、负整数、正分数、负分数以及零的统称。

【有力】yǒulì 形 有力量;力度大 ▷措施很~。

【有利】yǒulì 形 有好处;有帮助 ▷对工作~。

【有利可图】yǒulì-kětú 有利益可以谋取;可从中牟利。

【有脸】yǒuliǎn 形 有脸面;有面子 ▷你还怎么~去见家乡父老?

【有两下子】yǒuliǎngxiàzi〈口〉有些本领或技能(含赞赏意味) ▷他下围棋可真~。参见862页"两下子"②。

【有令不行,有禁不止】yǒulìng-bùxíng, yǒujìn-bùzhǐ 有命令却不执行,有禁令却不停止做(禁止做的事) ▷严格执行党的纪律,反对~。☛ "有令不行""有禁不止"也可以分别单用。

【有门儿】yǒuménr 动〈口〉有办法;有希望 ▷这事~了。

【有名】yǒumíng 形 名字为很多人所熟知的;出了名的 ▷赫赫~|~的企业家。

【有名无实】yǒumíng-wúshí 指只有虚名,没有相应的实际内容(权限、本领等)。

【有模有样】yǒumú-yǒuyàng ❶ 模仿得像;像模像样 ▷才学了没几天,她就把广场舞跳得~了|他干起活儿来~。❷ 模样长得好看 ▷小伙子长得~的。

【有目共睹】yǒumù-gòngdǔ 凡是有眼睛的人都能看见。形容事实非常明显,无可争辩。

【有目共赏】yǒumù-gòngshǎng 凡是看见的人都赞赏。

【有奶便是娘】yǒu nǎi biàn shì niáng 比喻见利忘义,谁对自己有好处就依附谁。

【有年】yǒunián 名〈文〉多年 ▷小店经营~。

【有盼】yǒupàn 动 有希望 ▷孩子长大成人就~了。也说有盼头。

【有谱儿】yǒupǔr 动 对某事事先有所准备;有把握 ▷你放心,这事我心里~。

【有期】yǒuqī 动 有期限;可以盼望到 ▷后会~。

【有期徒刑】yǒuqī túxíng 有期限的徒刑,即在一定期限内将罪犯加以监禁,剥夺人身自由,有的附加剥夺政治权利。

【有气】yǒuqì 动 生气 ▷我见了他就~。

【有气无力】yǒuqì-wúlì 有气息而没有力气。形容精神不振、无精打采的样子。

【有情】yǒuqíng 动 有感情；有爱恋之情 ▷～有义|女～，男有意。

【有情人】yǒuqíngrén 名 指男女之间有爱恋之情的人 ▷愿天下～终成眷属。

【有顷】yǒuqǐng 名〈文〉一会儿；片刻 ▷沉吟～。

【有请】yǒuqǐng 动 客套话，用于主人请客人见面 ▷～王先生。

【有求必应】yǒuqiú-bìyìng 凡是有人请求，就一定答应。☛"应"这里不读 yīng。

【有趣】yǒuqù 形 有意思；能引起人的兴味的 ▷情节生动～|说得真～。

【有染】yǒurǎn 动（跟不好的事物）有牵连；有不正当男女关系 ▷与贿赂丑闻～|他跟一位有夫之妇～。

【有人家儿】yǒurénjiār〈口〉指姑娘已经订婚或已经有了确定的恋爱对象。

【有日子】yǒurìzi ❶ 形容时间长 ▷可～没来了。❷ 有确定的日期 ▷你出国～了吗？

【有如】yǒurú 动 犹如；就像 ▷她的心～明镜。

【有若】yǒuruò 动 有如。

【有色】yǒusè 区别 有某种颜色的(有时不包括白色或黑色) ▷～人种|～金属。

【有色金属】yǒusè jīnshǔ 指铁、锰、铬三种黑色金属以外的所有金属。包括重金属、轻金属、贵金属、稀有金属等四大类。

【有色人种】yǒusè rénzhǒng 指白种人以外的人种，如黄种、黑种、棕种等。

【有色眼镜】yǒusè yǎnjìng 比喻看问题时的成见或偏见 ▷戴着～看人，不可能看得正确。

【有伤风化】yǒushāng-fēnghuà 对风俗教化造成损害 ▷趣味低级，～。

【有身子】yǒushēnzi〈口〉指怀孕。

【有神】yǒushén 形 有精神；有神气 ▷双目炯炯～。

【有神论】yǒushénlùn 名 宗教和神学的基础理论。认为有超自然的神存在，神能创造和主宰自然界和人类社会。

【有生】yǒushēng 动 有了生命；活在世上 ▷～以来|～之年。

【有生力量】yǒushēng lìliàng ❶ 指军队中的人员、马匹；泛指有战斗力的部队 ▷歼灭敌人～。❷ 比喻充满活力的后继人才 ▷新来的大学生是我们单位的～。

【有生以来】yǒushēngyǐlái 从出生到现在。

【有生之年】yǒushēngzhīnián 指人还活在世上的岁月(多用于老年人) ▷～还要发挥余热。

【有声读物】yǒushēng dúwù 泛指音像制品。

【有声有色】yǒushēng-yǒusè 形容说话、表演或写文章非常鲜明生动。

【有失】yǒushī 动 有所失；有所不足 ▷有得～|～远迎。

【有时】yǒushí 副 有的时候(表示并非经常) ▷这里的天气～刮风，～下雨。

【有识之士】yǒushízhīshì 有远见卓识的人。

【有史以来】yǒushǐyǐlái 自有历史记载以来。

【有始无终】yǒushǐ-wúzhōng 指做事有头无尾，不能坚持到底。

【有始有终】yǒushǐ-yǒuzhōng 指做事有头有尾，能坚持到底。

【有事】yǒushì ❶ 动 有事情 ▷～跟您商量。❷ 动 发生意外；出事 ▷路上该不会～吧？❸ 动 有心事；有苦衷 ▷她心里一定～。❹ 动 有工作；有职业 ▷他～干，在一家公司当会计。

【有恃无恐】yǒushì-wúkǒng 因有所依仗而毫无顾忌。☛"恃"不读 chí，也不要误写作"持"。

【有数】yǒushù ❶ 形 数目很少 ▷～的几个单词还记不住？❷ 动 对情况了解；有把握 ▷心中～|他对每位职工的情况心里都～。

【有说有笑】yǒushuō-yǒuxiào 形容说说笑笑，气氛活跃。

【有素】yǒusù 形 具有一定的素养 ▷训练～。

【有损】yǒusǔn 动（对人或事物）造成损害或损失 ▷酗酒～身体|～于集体的事不干。

【有所】yǒusuǒ 动 有一定程度(后面多带双音节动词性词语) ▷～改观|～发展|～减轻。

【有蹄类】yǒutílèi 名 哺乳动物的一类，趾端有角质的蹄，多数身体高大，四肢较长。如牛、羊(偶蹄)、马、驴(奇蹄)等都是有蹄类动物。

【有条不紊】yǒutiáo-bùwěn 形容说话、做事有条理，有秩序，一丝不乱。

【有头脑】yǒutóunǎo 指有思想，思维能力强 ▷他很～，考虑问题很周密，点子也多。

【有头无尾】yǒutóu-wúwěi 有开头，没有结尾。指做事有始无终，不能坚持到底；也指事物不连贯、不完整。

【有头有脸】yǒutóu-yǒuliǎn 形容有面子，有声望。

【有头有尾】yǒutóu-yǒuwěi 有开头也有结尾。指做事有始有终，能坚持到底；也指事物连贯、完整。

【有望】yǒuwàng 动 有希望；有指望 ▷试验～成功|只要儿女们都有出息，我后半生也就～了。

【有为】yǒuwéi 动 有作为 ▷年轻～|～青年。

【有味儿】yǒuwèir ❶ 形（食品）味道美 ▷这菜炒得挺～。❷ 形 有兴致；有情趣 ▷这戏越看越～|小日子过得有滋～。❸ 动 指有了不正常的气味 ▷衣服老不洗，都～了。

【有闻必录】yǒuwén-bìlù 凡是听到的都一定记录下来。

【有问题】yǒuwèntí 存在问题；没有把握 ▷这篇稿子写得～|他能不能来，看来～。

【有喜】yǒuxǐ 动 指怀孕。

【有戏】yǒuxì ❶ 形 戏剧、影视等文艺作品富有戏剧性 ▷《沙家浜》"智斗"一场太～了。❷ 形 演员演技高超，耐人寻味 ▷他的表演一举手一投足都特～。❸ 动 指生活中出现戏剧性冲突 ▷这事儿闹到今天可～了。❹ 动 有希望 ▷出国旅游的事儿～吗？

【有隙可乘】yǒuxì-kěchéng 有机可乘；有空子可以钻。

【有闲】yǒuxián 动（生活富裕）闲暇时间多 ▷既有钱，又～|～阶层。

【有限】yǒuxiàn ❶ 区别 有一定限度的 ▷～的生命|～责任公司。❷ 形 数量少；程度较低的 ▷～的财力物力|能力～。

【有线】yǒuxiàn 区别 利用导线传送声音、文字、图像等电信号的 ▷～电视|～广播|～通信。

【有线电】yǒuxiàndiàn 名 利用导线传输电信号，用以传送声音、文字、图像等的技术。

【有线电视】yǒuxiàn diànshì 利用电缆或光缆分送电视信号、向用户传送节目的电视广播系统（英语缩写为 CATV）。也说电缆电视。

【有线广播】yǒuxiàn guǎngbō 利用导线传输声频节目的系统。

【有线通信】yǒuxiàn tōngxìn 利用导线传输电信号，以传送声音、文字、图像等的通信方式。具有干扰小、保密性强等特点。如有线电话、有线电报等。

【有效】yǒuxiào 动 有成效；有效力 ▷措施～|～防止腐败|～成分。

【有效期】yǒuxiàoqī 名 有效的期限。

【有效射程】yǒuxiào shèchéng 炮弹、枪弹、导弹等射出后，可以获得可靠射击效果的发射距离。

【有些】yǒuxiē 副 表示程度不高，相当于"略微" ▷他～不高兴。☛"有些"和"有点儿"一样，后接名词性词语时不是词。参见 1672 页"有点儿"的提示。

【有心】yǒuxīn ❶ 动 有某种想法或心计 ▷我～拉他一把|言者无意，听者～。❷ 副 故意；存心 ▷我看你是～说给别人听的。

【有心人】yǒuxīnrén ❶ 名 对事物或现象留心并肯动脑子的人 ▷他是个～，对什么问题都要弄个一清二楚。❷ 名 有决心或有恒心的人 ▷世上无难事，只怕～。

【有形】yǒuxíng 区别 人能看得见、摸得着或能感觉得到的 ▷～损伤|～资产|～贸易。

【有形损耗】yǒuxíng sǔnhào 指固定资产中的机器、厂房等由于使用或自然消耗（如生锈、腐蚀等）而产生的损耗（跟"无形损耗"相区别）。

【有形资产】yǒuxíng zīchǎn 指厂房、设备、机器等具有实物形态的资产（跟"无形资产"相对）。

【有型】yǒuxíng ❶ 形 形容人帅气、有魅力 ▷身材匀称、～。❷ 形 形容衣饰、物件等美观、别致 ▷精致～的配件|这辆车看起来时尚～。

【有幸】yǒuxìng 形 很幸运 ▷～聆听教诲。

【有性】yǒuxìng 区别 由雌雄两性生殖细胞结合而形成新个体的 ▷～生殖|～菌种。

【有性生殖】yǒuxìng shēngzhí 由雌雄两性生殖细胞结合而形成新个体的生殖方式。也说两性生殖。

【有性杂交】yǒuxìng zájiāo 基因型不同的生物体通过生殖细胞结合而产生后代的杂交。是引起生物遗传性变异的途径之一。

【有序】yǒuxù 形 事物之间或事物内部在排列、组合、运动、转化等方面具有一定规则和秩序的（跟"无序"相对）▷经济运行正常～。

【有血有肉】yǒuxuè-yǒuròu 形容文艺作品形象生动，内容充实具体。

【有言在先】yǒuyán-zàixiān 指把话讲在前头 ▷～，谁也不许反悔。

【有眼不识泰山】yǒu yǎn bù shí tàishān 比喻见识浅陋，认不出有身份、有地位或本领大的人。

【有眼无珠】yǒuyǎn-wúzhū 长着眼睛却没有眼珠。形容见识浅陋，没有分辨能力。

【有氧运动】yǒuyǎng yùndòng 强度较低的体育运动。运动时人体摄入的氧能够满足所需耗氧量，消耗的主要是人体的脂肪，是减肥的有效手段（跟"无氧运动"相区别）。如散步、慢跑、骑自行车、打太极拳等。

【有一搭没一搭】yǒu yīdā méi yīdā ❶ 有意无意地；漫不经心地 ▷～地聊了起来。❷ 形容不重要，有没有都不要紧 ▷这些事～的。

【有一得一】yǒuyī-déyī 有一个算一个；有多少是多少 ▷干脆～，来的人今天都去植树。

【有一手】yǒuyīshǒu 有一套本领；有特长 ▷在烹饪方面，他真～。也说有一套。

【有益】yǒuyì 形 有益处；有帮助 ▷开卷～|～于健康|对工作～。

【有意】yǒuyì ❶ 动 有做成某事的心思 ▷你要是～就明说。❷ 动 指男女之间有爱恋之意 ▷她好像对我～。❸ 副 故意 ▷～捣乱。

【有意识】yǒuyìshí 副 表示产生于主观意识或主观上意识到 ▷～地培养|～趋同。☛ 作定语或在"的"字结构中，是短语，不是词。如："这些镜头是有意识的广告行为""人类对植物的影响通常是有意识的"。

【有意思】yǒuyìsi ❶ 有意义 ▷这事很～。❷ 有深层的含意 ▷文章写得很～。❸ 有趣味 ▷游园会很～。❹ 有情意 ▷你对她～，就大胆向她表示。

【有意无意】yǒuyì-wúyì 也许有意，也许无意。多指看似无意实际上有意。

【有用】yǒuyòng 形 有作用；用得着 ▷这些书很～。

【有用功】yǒuyònggōng 名 机械克服有用阻力(如吊车吊起重物的重量)所做的功；借指有效劳动。

【有余】yǒuyú ❶ 动 有剩余 ▷粮食自给～。❷ 动 整数后有零头 ▷楼高 20 米～。

【有缘】yǒuyuán 动 有缘分 ▷～千里来相会。

【有增无减】yǒuzēng-wújiǎn 不断增加而不减少。

【有章可循】yǒuzhāng-kěxún 有规章可以遵照执行。

【有朝一日】yǒuzhāo-yīrì 将来有那么一天。

【有辙】yǒuzhé 动〈口〉有办法(跟"没辙"相对) ▷他肯定～，否则是不敢答应办这事的。

【有志者事竟成】yǒuzhìzhě shì jìng chéng 志向坚定的人做事终归会成功。

【有致】yǒuzhì 动 有韵味；有情趣 ▷情节曲折～。

【有种】yǒuzhǒng 动 有骨气；有胆量 ▷～的就站出来。

【有助于】yǒuzhùyú 动 对某人某事有帮助 ▷这些活动，～孩子的成长。

【有嘴无心】yǒuzuǐ-wúxīn 有口无心。

【有罪推定】yǒuzuìtuīdìng 指被告人在未被判决为有罪前，就视其为有罪(跟"无罪推定"相对)。

酉 yǒu ❶ 名 地支的第十位。参见 304 页"地支"。○ ❷ 名 姓。

【酉时】yǒushí 名 我国传统计时法指下午 5—7 点的时间。

卣 yǒu 名 古代祭祀时盛酒的青铜器具。口小腹大，有盖和提梁。参见插图 15 页。

羑 yǒu [羑里] yǒulǐ 名 古地名，在今河南汤阴北。

莠 yǒu ❶ 名 一年生草本植物，形状像禾，圆锥形花序密集成圆柱形，像狗尾，是常见的田间杂草。俗称狗尾草。→ ❷ 形〈文〉坏；恶 ▷～言乱政｜良～不齐｜～民。☛ 统读 yǒu，不读 yòu。

铕(銪) yǒu 名 金属元素，符号 Eu。银白色，质柔软，富延展性，化学性质极活泼，在空气中易氧化、自燃。用作核控制器中的中子吸收剂，也是制作电视机荧光屏及激光器的材料。

槱 yǒu〈文〉❶ 动 堆柴燃烧。→ ❷ 名 木柴。

牖 yǒu 名〈文〉窗户 ▷户～。

黝 yǒu 形 淡黑；黑 ▷～黑｜～黯。☛ 不读 yōu 或 yòu。

【黝暗】yǒu'àn 现在一般写作"黝黯"。

【黝黯】yǒu'àn 形 没有光亮；昏黑 ▷～的墙角。

【黝黑】yǒuhēi 形 黑；黑暗 ▷皮肤～｜望望窗外，依然～～的。

yòu

又 yòu ❶ 副 表示某种动作或情况重复或继续 ▷咱们～见面了｜昨天～刮了一天风｜老毛病～犯了。→ ❷ 副 表示几种情况同时存在 ▷天～黑，路～滑｜既是挑战，～是机遇。❸ 副 表示意思上更进一层 ▷你很聪明，～很刻苦，一定能学好｜纯而～纯。→ ❹ 副 表示另外有所追加、补充 ▷西服外面，～套了一件风衣｜封好信后，～在信封上写了几句话。❺ 副 表示整数之外又加零数 ▷二～三分之一｜十小时～五分钟。→ ❻ 副 表示轻微的转折 ▷穿上棉袄有些热，不穿～有些冷。❼ 副 用在否定句或反问句中，加强语气 ▷别客气，我～不是外人｜他来～能怎样？☛ ㈠两个"又"连用，分别用在近义、反义或意义相关联的词前，构成"又……又……"格式，表示同时出现或发生相同、相对或相关联的结果或情况。如：又吵又闹、又爱又恨、又红又专、又白又胖。㈡"又"和"再"都可表示行为的重复或继续，不同之处在于："又"主要指已经重复的情况，如"唱过一遍，又唱了一遍"；"再"主要指将要重复的情况，如"唱过一遍，还要再唱一遍"。㈢"又"作左偏旁时，最后一画捺要改成点，如"对""劝""鸡"。㈣参见 1606 页"也"的提示。

【又红又专】yòuhóng-yòuzhuān 指思想觉悟高，又有专门知识和本领。

【又及】yòují 动 附带提及。常用在书信写完并署名后又补写的内容之前或末尾。

右 yòu ❶ 名 面向南时靠西的一侧(跟"左"相对，②—④同) ▷靠～行｜向～转｜～手｜～边。→ ❷ 名 古代特指西的方位(以面向南为准) ▷江～｜山～(太行山以西的地方，后专指山西)。→ ❸ 名〈文〉较高的位置或等级(古人常以右为尊) ▷无出其～。→ ❹ 形 政治上、思想上保守的或反动的 ▷～翼组织｜～倾。○ ❺ 名 姓。

【右边】yòubian 名 靠右的一边 ▷左边是学校，～是商店｜他～坐着一个小女孩儿。也说右面、右首。

【右侧】yòucè 名 靠右的一侧 ▷铁路～有一条公路。

【右面】yòumiàn 名 右边。

【右派】yòupài 名 阶级、政党、集团内在政治上保守或反动的派别或个人。

【右倾】yòuqīng 形 政治上、思想上保守的；向反动势力靠拢、妥协的 ▷思想～。

【右手】yòushǒu ❶ 名 右边的手。❷见本页“右首”。现在一般写作“右首”。

【右首】yòushǒu 名 右边(多指位置) ▷～放着钢琴｜我～坐着个不声不响的小姑娘。

【右行】yòuxíng ❶ 动 向右边行走 ▷出门～几步就是。❷ 动 靠右边行走 ▷车辆～。

【右翼】yòuyì ❶ 名 右边的翅膀 ▷～有伤，飞得不稳。❷ 名 作战时处在主力右边的部队。❸ 名 阶级、政党、集团中的右派 ▷～分子｜～势力。

幼 yòu ❶ 形 年龄小(跟“老”相对) ▷年～无知。→ ❷ 形 初生的 ▷～苗｜～虫。→ ❸ 名 儿童 ▷男女老～｜扶老携～。☛ 参见599页“幻”的提示。

【幼虫】yòuchóng ❶ 名 指完全变态类昆虫的幼体。如苍蝇的幼虫是蛆，金龟子的幼虫是蛴螬。❷ 名 泛指从卵内孵化出来的昆虫幼体。

【幼雏】yòuchú 名 刚从卵内孵化出来的幼鸟。

【幼畜】yòuchù 名 幼小的畜类(多指家畜)。

【幼儿】yòu'ér 名 幼小的儿童；一般指学龄前的儿童。

【幼儿教育】yòu'ér jiàoyù 对幼儿进行的教育。简称幼教。也说学前教育。

【幼儿园】yòu'éryuán 名 对幼儿进行教育的机构。旧称幼稚园。

【幼教】yòujiào 名 幼儿教育的简称。

【幼林】yòulín 名 尚未成材的小树形成的林子。

【幼苗】yòumiáo 名 幼小的植株。如豆苗、禾苗、树苗等。

【幼年】yòunián 名 一般指人3周岁到10周岁左右的时期。

【幼女】yòunǚ ❶ 名 幼小的女孩儿。❷ 名 最小的女儿。

【幼弱】yòuruò 形 年幼弱小 ▷～的孩子。

【幼师】yòushī ❶ 名 幼儿师范学校的简称。❷ 名 从事幼儿教育的教师。

【幼时】yòushí 名 幼年时期 ▷～的伙伴。

【幼体】yòutǐ 名 没有脱离母体或刚脱离母体的小生物体 ▷青蛙的～和成体外形大不相同。

【幼童】yòutóng 名 幼小的儿童。

【幼小】yòuxiǎo 形 未长成的；未成年的 ▷～的树苗｜～儿童。

【幼芽】yòuyá 名 种子刚长出来的部分；植物体刚长出来的小芽 ▷小麦的～｜枣树长出了～。

【幼稚】yòuzhì ❶ 形 幼小稚嫩 ▷孩子～，不懂事｜～的声音。❷ 形 形容经验不足或头脑简单 ▷这种做法很～｜～可笑。☛ 参见1357页“天真”的提示。

【幼稚病】yòuzhìbìng 名 对问题不作深入分析，只会简单化处理的毛病；多指政治上欠成熟的思想表现 ▷工作中要克服～。

【幼稚园】yòuzhìyuán 名 幼儿园的旧称。

【幼株】yòuzhū 名 通常指种子植物刚长出的植株。

【幼子】yòuzǐ 名 最小的儿子；年幼的儿子 ▷父母爱～｜家中尚有～。

有 yòu 古同“又”⑤。
另见1671页 yǒu。

佑 yòu ❶ 动 辅助；保护 ▷～助｜保～｜～护｜庇～。○ ❷ 名 姓。

侑 yòu 动〈文〉在筵席上用歌舞等助兴，劝人吃喝 ▷以乐(yuè)～食｜～酒。

柚 yòu 名 常绿乔木，叶子大而厚，呈卵形，花白色。果实也叫柚，圆形或梨形，皮黄色或橙色，是常见水果。花、叶、果皮均可提制芳香油。通称柚子。参见插图10页。
另见1669页 yóu。

【柚子】yòuzi 名 柚的通称。

囿 yòu〈文〉❶ 名 畜养动物的有围墙的园子 ▷园～｜～苑。→ ❷ 动 局限；拘泥 ▷～于一隅｜～于成规。

【囿于】yòuyú 动 被局限在；受(某种情况)拘束 ▷～成见｜～习俗。

宥 yòu 动〈文〉宽容；饶恕 ▷～其罪责｜宽～｜原～。

祐 yòu ❶ 动〈文〉神灵保佑 ▷天～｜鬼神不～。→ ❷ 同“佑”①。现在一般写作“佑”。

诱(誘) yòu ❶ 动 引导；劝导 ▷循循善～｜～导｜劝～。→ ❷ 动 用手段引人或动物上当 ▷～敌深入｜引～｜利～。❸ 动 引发(某种后果)；导致(某事发生) ▷～发肠炎。

【诱逼】yòubī 动 引诱逼迫 ▷～犯罪。

【诱变】yòubiàn 动 用人工方法诱发生物发生基因突变或染色体改变。

【诱捕】yòubǔ 动 引诱捕捉 ▷～老鼠。

【诱导】yòudǎo 动 启发引导 ▷善于～。

【诱敌】yòudí 动 引诱敌人 ▷～深入。

【诱饵】yòu'ěr 名 引诱动物就擒的食物；比喻诱人上当受骗的事物。

【诱发】yòufā ❶ 动 引导启发 ▷～学生的读书兴趣。❷ 动 导致发生 ▷过度开采地下矿藏容易～地质灾害。

【诱供】yòugòng 动 用不正当手段诱导被告或证人按侦查、审判人员的意图或推论供述。

【诱拐】yòuguǎi 动 用诱骗的手段拐走 ▷警方破获一起～儿童案件。

【诱惑】yòuhuò ❶ 动 用手段引诱，使受迷惑 ▷被人～走上邪路。❷ 动 招引；吸引 ▷这里的优美环境对游客很有～力。

【诱奸】yòujiān 动 诱使某人与自己发生性关系（尤指比自己年龄小的）。

【诱骗】yòupiàn 动 引诱欺骗 ▷～别人上钩。

【诱迫】yòupò 动 诱逼。

【诱人】yòurén 形 对人有吸引力的 ▷～的美食。

【诱杀】yòushā 动 引诱出来杀死 ▷～棉蚜虫。

【诱使】yòushǐ 动 引诱人去做 ▷～敌人就范。

【诱降】yòuxiáng 动 引诱使投降。

【诱因】yòuyīn 名 诱发某事的原因 ▷过度疲劳是这种病急性发作的～。

【诱引】yòuyǐn 动 引诱。

【诱致】yòuzhì 动 招致（不好的结果）▷第三者的插足，～家庭的破裂。

蚴 yòu 名 泛指绦虫、血吸虫、线虫等的幼体。有毛蚴、尾蚴、胞蚴等。

釉 yòu 名 釉子 ▷上～|青～。

【釉面砖】yòumiànzhuān 名 正面涂有釉子的瓷砖，多用来铺贴需防水的墙面和房间的地面。

【釉陶】yòutáo 名 表面涂有釉子的陶器。

【釉质】yòuzhì 名 牙冠表面层的坚硬物质，可保护牙齿免受磨损和腐蚀。主要成分是磷酸钙和碳酸钙。也说珐琅质。

【釉子】yòuzi 名 在陶瓷半成品表面上涂抹的一种物质，主要用石英、长石、硼砂、黏土等研成粉末，用水调和而成。烧制后可发出玻璃光泽，并能增加绝缘性能和机械强度。

鼬 yòu 名 哺乳动物，体小而长，毛有黄褐、棕、灰棕等色，四肢短小，耳小而圆，尾较粗，肛腺通常很发达。有黄鼬、白鼬、香鼬、臭鼬等不同种类。

【鼬獾】yòuhuān 名 猸子的学名。

you

呦 you 助 用法同“哟（yɑo）”。另见 1665 页 yōu。

yū

迂 yū ❶ 形 弯；曲折 ▷～回|～曲。→❷ 形 迂腐 ▷～夫子|～论|～阔。☛ 不读 yú。

【迂夫子】yūfūzǐ 名 思想迂腐的书呆子。

【迂腐】yūfǔ 形（言行、见解）拘泥守旧，不能适应新的时代 ▷～气|～的观点。

【迂缓】yūhuǎn 形 迟钝；缓慢 ▷思维～|动作～。

【迂回】yūhuí ❶ 形 曲折环绕 ▷～的小路。❷ 动 军事上指绕到敌侧或敌后（攻击）▷向炮台两侧～。☛ 不宜写作“纡回”。

【迂阔】yūkuò 形 迂腐而不切实际 ▷思想～。

【迂论】yūlùn 名 陈旧迂腐的言论。

【迂曲】yūqū 形 迂回弯曲 ▷～的水路。

【迂执】yūzhí 形 思想陈旧而且固执 ▷为人～。

【迂拙】yūzhuō 形〈文〉迂腐而笨拙。

吁 yū 叹 表示让牲口停止前进的吆喝声。另见 1549 页 xū；1687 页 yù。

纡（紆） yū 形〈文〉弯曲；曲折 ▷～曲|萦～。

於 yū 名 姓。另见 1447 页 wū；1681 页 yú。

淤 yū ❶ 名 水底沉积的泥沙 ▷排污清～。→❷ 动 泥沙在水底沉积 ▷河床逐年～高|～泥。❸ 动 凝滞不通 ▷～血|～塞。

【淤灌】yūguàn 动 引含有泥沙的水灌溉农田，以改良土壤，增加土地肥力。

【淤积】yūjī 动 沉积；凝积 ▷泥沙～。

【淤埋】yūmái 动 带水的泥沙等淤积并掩埋 ▷青苗被～。

【淤泥】yūní 名 淤积的泥沙。

【淤浅】yūqiǎn 动 水道因泥沙等淤积而变浅 ▷航道～。

【淤塞】yūsè 动 沉积的泥沙堵塞（水道）▷沟渠～。☛“塞”这里不读 sāi 或 sài。

【淤血】yūxuè ❶ 动 血液凝滞不动 ▷局部已～。也说静脉性充血。❷ 名 凝滞不动的血液 ▷肺部有～。☛“血”这里不读 xiě。

【淤滞】yūzhì ❶ 动（水道）被沉积的泥沙堵塞而不通畅 ▷泥沙～，水流不畅。❷ 动 中医指机体局部血流不畅 ▷冻疮由局部血液～所致。

【淤阻】yūzǔ 动 滞塞不通 ▷河道～，水流不畅。

瘀 yū ❶ 名 积血。→❷ 动 中医指血液凝滞不通 ▷气滞血～|活血化～。

【瘀斑】yūbān 名 皮下或黏膜出血形成的斑痕，多呈青灰、蓝黑或紫色。

【瘀血】yūxuè ❶ 动 由跌打损伤、寒凝气滞、瘀热内结等引起血液淤滞。❷ 名 中医指体内血液淤滞的病变。❸ 名 指所淤滞的血。☛“血”这里不读 xiě。

yú

于 yú ❶ 介 引进处所、范围或时间，相当于“在”▷自立～世界民族之林|受命～危难之中|鲁迅～1936 年逝世。→❷ 介 引进对象，相当于“向”“对”“给”▷求助～大家|吸烟～健康有害|嫁祸～人。→❸ 介 引进来源、起点，相当于“从”“自”▷毕业～著名大学|青出～蓝|黄河发源～青海。❹ 介 引进行为的主动者 ▷学生队败～教工队|限～条件。→❺ 介 引进方向、目标 ▷气候趋～寒冷|工程接近～完成|献身～科学。→

❻ 介 引进方面、原因、目的 ▷勇～自我批评|死～溺水|急～找到。→ ❼ 介 引进比较的对象 ▷轻～鸿毛|高～一切。○ ❽ 名 姓。

【于今】yújīn ❶ 名 如今;现在 ▷家乡的面貌,～发生了极大的变化。❷ 副 至今;到现在 ▷离开家乡,～已 30 年了。

【于今为烈】yújīn-wéiliè 在今天更厉害。☛ 常用在"古已有之"后面。

【于事无补】yúshì-wúbǔ 对事情没有益处。

【于是】yúshì 连 连接分句,表示承接关系,用在后面的分句里 ▷他找不到人,～回去了。

【于是乎】yúshìhū 连 于是。

【于心不忍】yúxīn-bùrěn 不忍心。

与(與) yú 古同"欤"。
另见 1683 页 yǔ;1687 页 yù。

予 yú ❶ 代〈文〉说话人称自己,相当于"我" ▷～及汝皆亡。○ ❷ 名 姓。☛ ㊀读 yǔ,表示动词"给(gěi)",如"赠予""授予"。㊁参见 929 页"矛"的提示。
另见 1684 页 yǔ。

邗 yú ❶ 名 周朝诸侯国名,在今河南沁阳西北。○ ❷ 名 姓。

伃 yú 见 705 页"倢(jié)伃"。

玗 yú 名〈文〉一种像玉的美石。

玙(璵) yú 名〈文〉一种美玉。

欤(歟) yú 助〈文〉表示疑问、反问、感叹等语气,相当于"呢""吗""啊"等 ▷是谁之过～?|子非三闾大夫～?|其可怪也～!

余[1] yú ❶ 代〈文〉说话人称自己,相当于"我" ▷～幼好书,家贫难致。○ ❷ 名 姓。

余[2](餘) yú ❶ 动 剩下;残留;多出来 ▷除去成本,还～三万多元|～下的事情|富～。→ ❷ 名(某事、某种情况)以外或以后的时间 ▷课～|痛心之～。→ ❸ 名 多出来的部分 ▷游刃有～|年年有～。→ ❹ 形 剩下的;多出来的 ▷～额|～地。→ ❺ 数 表示整数之外的零头,相当于"多" ▷二十～人。☛ "余"字跟"佘(shé)"不同。
"餘"另见 1681 页 yú "馀"。

【余波】yúbō 名 比喻残留下来的影响 ▷～未息。

【余存】yúcún ❶ 动 剩余;结存 ▷收支相抵,还～不少。❷ 名 指余存的钱物 ▷库中尚有～。

【余党】yúdǎng 名 残留下来的党羽。

【余地】yúdì ❶ 名 空余的地方 ▷屋子太小,没有活动的～。❷ 名 说话、行动等留下的可回旋的地方 ▷还有商量的～。

【余毒】yúdú ❶ 名 残留的毒素 ▷继续用药,清除～。❷ 名 残留的恶劣影响 ▷封建～。

【余额】yú'é ❶ 名 多余的名额;空额 ▷新生已按计划招满,没有～。❷ 名 账目上结余的款额 ▷收支相抵,没有～。

【余风】yúfēng 名 留传下来的风气或风范 ▷先民的～|太白～(指嗜酒的风气)。☛ 跟"遗风"不同。"余风"是原风气整体的尾声;"遗风"与原风气时间相距较远,只强调内在的继承关系。

【余光】yúguāng ❶ 名 落日的余晖;残余的光 ▷夕阳在山坡上还留着几缕～。❷ 名 眼角的视觉 ▷用～扫视着两侧。

【余晖】yúhuī 名 夕阳的光辉 ▷落日的～。☛ 不要写作"余辉"。

【余辉】yúhuī ❶ 见本页"余晖"。现在规范词形写作"余晖"。❷ 名 发光器关闭后残留的光彩 ▷长～节能霓虹灯。

【余悸】yújì 名 事后还存在的恐惧 ▷～未消。

【余烬】yújìn ❶ 名 物体燃烧后剩下的东西 ▷要尽快清除～,防止再燃起来。❷ 名 比喻战争或其他灾难后残留的东西 ▷灾后～。

【余款】yúkuǎn 名 剩余或盈余的钱。

【余力】yúlì 名 还没用完的力量 ▷不遗～。

【余粮】yúliáng 名 吃用以外剩余的粮食 ▷按市场价收购～。

【余脉】yúmài 名 从主要山脉延伸而下的部分。

【余年】yúnián 名 剩余的岁月,指人的晚年 ▷～逢盛世。

【余孽】yúniè 名 残留下来的坏分子或恶势力 ▷封建～|残渣～。

【余怒】yúnù 名 未了的怒气 ▷～未消。

【余钱】yúqián 名 支出之外剩下的钱;富余下来的钱。

【余缺】yúquē ❶ 名 多余的和欠缺的 ▷～互补。❷ 名 编制之内空缺的名额 ▷填补～。

【余热】yúrè ❶ 名 工业生产中残余的热能 ▷利用～发电。也说废热。❷ 名 比喻老年人尚存的精力和作用 ▷退休后还在发挥～。

【余生】yúshēng ❶ 名 指人的晚年。❷ 名 侥幸保住的生命 ▷虎口～。

【余数】yúshù 名 整数除法中,"被除数"被"除数"整除后余下的数。如 25 除以 7,商数是 3,余数是 4。

【余威】yúwēi 名 剩余的威力 ▷老英雄～尚在。

【余味】yúwèi ❶ 名 留下来的耐人回味的味道 ▷齿间～留香。❷ 名 留下来的耐人寻思的韵味 ▷小说读罢,～不尽。

【余暇】yúxiá 名 工作、学习之外空余的时间 ▷利用～钓鱼。

【余下】yúxià 动 剩下。

【余兴】yúxìng ❶ 名 未尽的兴致 ▷～尚浓。❷ 名 会议或宴会之后的文娱活动。

【余音】yúyīn 名 好像还在耳边回响的演奏、歌唱等声音 ▷～袅袅，不绝于耳。

【余音绕梁】yúyīn-ràoliáng《列子·汤问》："昔韩娥东之齐，匮粮，过雍门，鬻歌假食。既去，而余音绕梁欐，三日不绝。"意思是说韩娥的歌声非常好听，人离开后，歌声仍绕着房梁回旋。后用"余音绕梁"形容歌声或乐曲优美动听，令人难以忘怀。

【余勇可贾】yúyǒng-kěgǔ 馀勇可贾。

【余裕】yúyù ❶ 形 宽绰充裕（多指时间、财物等）▷～的时间。❷ 名 指多余的时间或财物等 ▷家道小康，颇有～。

【余韵】yúyùn 名 遗留下来的韵味 ▷古风～。

【余震】yúzhèn 名 大地震后发生的小震。

妤 yú 见705页"婕（jié）妤"。

盂 yú 名 一种盛液体的敞口器皿 ▷痰～｜漱口～。

臾 yú 见1550页"须臾"。☛ 由"臼"和"人"构成。

鱼（魚） yú ❶ 名 生活在水中的脊椎动物，一般身体侧扁，呈纺锤形，多有鳞，用鳍游泳，用鳃呼吸，体温随外界温度的变化而变化。种类极多，大部分可供食用。→ ❷ 名 称某些像鱼类的水栖动物 ▷鳄～｜鱿～｜鲸～｜鲍～。〇 ❸ 名 姓。☛ 末笔是一横，不是四点（灬）。

【鱼白】yúbái ❶ 名 鱼的精巢。〇 ❷ 名 鱼肚白。

【鱼鳔】yúbiào 名 鱼腹内白色的囊状器官。鳔里面储存气体，可胀可缩，膨胀时鱼上浮，收缩时鱼下沉。可制鱼胶。☛ "鳔"不读 piào。

【鱼叉】yúchā 现在一般写作"渔叉"。

【鱼池】yúchí 名 养鱼的池塘（多具观赏性）。

【鱼翅】yúchì 名 用鲨鱼的鳍中的软骨制成的海味。

【鱼虫】yúchóng 名 水蚤。

【鱼唇】yúchún 名 用鲨鱼的唇加工而成的海味。

【鱼刺】yúcì 名 细而尖的鱼骨。

【鱼肚】yúdǔ 名 用黄鱼等的鳔制成的食品。

【鱼肚白】yúdùbái 名 像鱼肚子那样白里带青的颜色（多指黎明时的天色）▷天空泛起了～。

【鱼饵】yú'ěr 名 钓鱼用的诱饵。

【鱼粉】yúfěn 名 鱼类粉状加工品。一般由鱼的头、骨、内脏等粉碎后干制而成，含有丰富的蛋白质和钙、磷等矿物质。是精良饲料。

【鱼肝油】yúgānyóu 名 从鳕鱼等的肝脏中提炼出来的液体脂肪。黄色，有腥味儿，富含维生素A和维生素D，常用来治疗夜盲症、佝偻病等。

【鱼竿】yúgān 现在一般写作"渔竿"。

【鱼缸】yúgāng 名 用玻璃、缸瓦等制成的养鱼器具。

【鱼钩】yúgōu 现在一般写作"渔钩"。

【鱼鼓】yúgǔ 现在一般写作"渔鼓"。

【鱼贯】yúguàn 副 像游鱼一样一个紧接一个地 ▷～而入｜～进场。

【鱼胶】yújiāo 名 用鱼的鳔、骨、鳞、皮等熬制而成的半透明的黏合剂。溶化后黏性强，多用于造纸和制革工业，也是制造照相胶片的原料。

【鱼具】yújù 现在规范词形写作"渔具"。

【鱼雷】yúléi 名 在水中能自行推进、自行控制方向和深度的炸弹。长圆筒状，内装烈性炸药。由舰艇发射或飞机投掷，用来摧毁敌方舰船或其他目标。

【鱼雷艇】yúléitǐng 名 发射鱼雷用的小型快艇。能迅速驶近目标，发射鱼雷。

【鱼鳞】yúlín 名 鱼身上的鳞片。

【鱼鳞坑】yúlínkēng 名 在山坡上挖的交错排列成鱼鳞状的坑，用以蓄水或植树。

【鱼鳞松】yúlínsōng 名 常绿乔木，树冠圆锥状，叶扁平条形，树干高大，外皮鳞甲状，球果圆柱形或长圆形。木质轻软，纹理细直，可做建材或制器具等。

【鱼龙混杂】yúlóng-hùnzá 比喻坏的和好的混在一起。

【鱼卵】yúluǎn 名 雌鱼的卵。含有丰富的维生素A、维生素B和维生素D。也说鱼子（zǐ）。

【鱼米之乡】yúmǐzhīxiāng 盛产鱼虾和稻米的富庶地区。

【鱼苗】yúmiáo 名 孵化出来供养殖的幼鱼。也说鱼花。

【鱼目混珠】yúmù-hùnzhū 把鱼眼掺杂在珍珠里面。比喻以假充真。

【鱼皮】yúpí 名 鱼的皮；特指鲨鱼皮的干制食品。

【鱼片儿】yúpiànr 名 切成薄片的鱼肉 ▷溜～。

【鱼漂】yúpiāo 现在一般写作"渔漂"。

【鱼情】yúqíng 名 鱼类洄游、聚集的情况。

【鱼肉】yúròu ❶ 名 鱼的肉 ▷～丸子。❷ 名 鱼和肉 ▷素菜餐餐有，～酌量吃｜鸡鸭～。❸ 动《史记·项羽本纪》："如今人方为刀俎，我为鱼肉。"意思是说人家是刀和案板，我们是被宰割的鱼和肉。后用"鱼肉"借指用暴力欺凌、残害 ▷～百姓｜～乡里。

【鱼食】yúshí ❶ 名 喂鱼的饲料。❷ 名 钓饵。

【鱼水】yúshuǐ 名 比喻关系或感情极为亲密，像鱼和水一样不可分离 ▷军民～一家人。

【鱼水情】yúshuǐqíng 名 像鱼跟水不能分离一样

的亲密情谊 ▷军民～。

【鱼死网破】yúsǐ-wǎngpò 比喻争斗的双方都损失惨重或同归于尽。

【鱼松】yúsōng 名 一种干制熟食品，选取脂肪少、肉纤维粗的鱼，蒸煮后取肉搓松、加料、炒干而成。也说鱼肉松。

【鱼塘】yútáng 名 养鱼的池塘(多生产食用鱼)。

【鱼网】yúwǎng 现在规范词形写作“渔网”。

【鱼尾纹】yúwěiwén 名 人的眼角和鬓角之间出现的鱼尾状皱纹。多从中年开始出现。

【鱼鲜】yúxiān 名 鲜活的鱼、虾等水产品。

【鱼腥草】yúxīngcǎo 名 蕺(jí)菜。因茎叶有鱼腥味儿，故称。

【鱼汛】yúxùn 名 某些鱼类因产卵、越冬等而成群出现在某一水域适于捕捞的时期。

【鱼雁】yúyàn 名〈文〉传说古人曾利用鱼腹和雁足来传递书信。后用“鱼雁”借指书信。

【鱼秧】yúyāng 名 比鱼苗大一点儿的小鱼。

【鱼鹰】yúyīng ❶ 名 鹗的通称。❷ 名 鸬鹚的通称。

【鱼油】yúyóu 名 从鱼类及鲸、海豚等海兽体中提取的油。可食用，也可作工业原料。

【鱼游釜中】yúyóufǔzhōng 鱼在锅里游动。比喻身陷绝境，危在旦夕。

【鱼跃】yúyuè ❶ 动 鱼跳出水面 ▷～龙门。❷ 动 指像鱼那样跳跃 ▷女排队员～救球。

【鱼种】yúzhǒng 名 鱼苗。

【鱼子】yúzǐ 名 鱼卵。

於 yú ❶ 古同“于”①—⑦。○ ❷ 用于地名。如：於陵，古地名，在今山东邹平东南；於潜，旧县名，在浙江，1960 年并入临安。

另见 1447 页 wū；1678 页 yū。

禺 yú 用于地名。如番禺，在广东。☛ 下边是“内”，不是“内”。

竽 yú 名 古代一种簧管乐器，像笙而稍大。☛ 跟“芋(yù)”不同。

舁 yú〈文〉❶ 动 共同扛；抬。→ ❷ 动 装载。

俞 yú 名 姓。

另见 1281 页 shù。

狳 yú 见 1127 页“犰(qiú)狳”。

馀(餘) yú ❶ 同“余[2]”。○ ❷ 名 姓。☛ ㊀“余”是“餘”的简化字，在“餘”和“余”意义可能混淆时，《简化字总表》规定仍用“餘”，但要类推简化成“馀”，如文言句“馀年无多”。㊁“馀”和“余”是两个不同的姓。

“餘”另见 1679 页 yú “余[2]”。

【馀勇可贾】yúyǒng-kěgǔ 还有未用尽的勇力可以使出来(贾：卖)。☛ “贾”这里不读 jiǎ。

谀(諛) yú 动〈文〉奉承献媚 ▷阿(ē)～｜谄～｜～词。

娱 yú ❶ 形 快乐；欢乐 ▷欢～。→ ❷ 动 使快乐 ▷自～｜～情｜～乐｜文～。☛ 统读 yú，不读 yù。

【娱乐】yúlè ❶ 动 快乐地消遣 ▷利用闲暇～一下｜假日里到海滨～～。❷ 名 消遣性的、愉快有趣的活动 ▷丰富～活动｜文化～。

【娱乐城】yúlèchéng 名 备有多种娱乐设施的较大的休闲场所。

【娱乐圈】yúlèquān 名 特指演艺界。

【娱悦】yúyuè 动 使别人或自己快乐 ▷～二老。

萸 yú 见 1796 页“茱(zhū)萸”。

雩 yú 名 古代求雨的祭祀活动 ▷～祭。☛ 地名“雩都”(在江西)现在改为“于都”。

渔(漁) yú ❶ 动 捕鱼 ▷竭泽而～｜～民｜～猎｜～轮。→ ❷ 动 谋求(不该得到的东西) ▷从中～利｜侵～。

【渔霸】yúbà 名 盘踞渔区、霸占渔产、欺压渔民的恶霸。

【渔叉】yúchā 名 供捕鱼用的叉子。前端有倒刺。

【渔产】yúchǎn 名 渔业产品。

【渔场】yúchǎng 名 鱼类等水生经济动物结群聚集的、适合进行捕捞作业的水域。

【渔船】yúchuán 名 供捕鱼用的船。

【渔村】yúcūn 名 渔民聚居的村庄。多邻近水域。

【渔夫】yúfū 名 以捕鱼为业的成年男子。

【渔竿】yúgān 名 钓竿。

【渔港】yúgǎng 名 供停泊、维修渔船和装卸渔货的港口或港湾。

【渔歌】yúgē 名 渔民唱的、反映渔民生活的民歌小曲儿。

【渔钩】yúgōu 名 供钓鱼用的钩子。前端有倒刺。

【渔鼓】yúgǔ ❶ 名 演唱道情用的打击乐器，在长竹筒的一端蒙上薄皮制成。用手敲打，常同简板合用。❷ 名 借指道情 ▷村中来了个唱～的。

【渔火】yúhuǒ 名 渔船上的灯火 ▷远处～闪烁。

【渔家】yújiā 名 以捕鱼为业的人家 ▷～妇女。

【渔具】yújù 名 供捕鱼或钓鱼用的器具。☛ 不要写作“鱼具”。

【渔捞】yúlāo 名 大规模的捕鱼作业。

【渔利】yúlì ❶ 动 用不正当的手段趁机谋取利益 ▷～乡民｜从中～。❷ 名 趁机用不正当手段取得的利益 ▷坐收～。

【渔猎】yúliè ❶ 动 捕鱼和打猎 ▷先人以～为生。❷ 动〈文〉搜刮；抢掠 ▷～乡民。❸ 动〈文〉贪恋并追逐(美色)。

【渔轮】yúlún 名 供捕鱼用的轮船。

【渔民】yúmín 名 以捕鱼为业的人。

【渔漂】yúpiāo 名 拴在渔线上能漂浮的东西。可使渔钩不沉底，并便于观察鱼是否上钩。也说浮漂。

【渔情】yúqíng 现在一般写作"鱼情"。
【渔区】yúqū 名 以捕鱼为主要产业的地区。
【渔人】yúrén 名 渔民。
【渔人之利】yúrénzhīlì 比喻两方相争,第三者轻易从中得利。参见 1692 页"鹬蚌相争,渔翁得利"。
【渔网】yúwǎng 名 供捕捞鱼虾用的网。☞ 不要写作"鱼网"。
【渔翁】yúwēng 名 老年渔夫。
【渔汛】yúxùn 现在一般写作"鱼汛"。
【渔阳掺】yúyángcàn 名 古代一种鼓曲。
【渔业】yúyè 名 捕捞、养殖和加工水生动植物的产业。也说水产业。
【渔政】yúzhèng 名 有关渔业生产、经营和管理等方面的行政事务;也指从事渔政工作的人员。
【渔舟】yúzhōu 名〈文〉渔船 ▷~唱晚。

隅 yú ❶ 名 角落 ▷城~|向~而泣。→ ❷ 名〈文〉旁边;边侧 ▷海~|失之东~,收之桑榆。☞ 不读 ǒu 或 yǔ。

隃 yú 动〈文〉逾越;超过 ▷卑不~尊。
另见 1281 页 shù。

揄 yú ❶ 动〈文〉引;提出 ▷~扬|~策(出谋划策)。〇 ❷见 1606 页"揶(yé)揄"。
【揄扬】yúyáng 动〈文〉宣扬;赞扬。

喁 yú [喁喁] yúyú 拟声〈文〉模拟小声说话的声音 ▷~哝哝|~不休。
另见 1661 页 yóng。

喻 yú 古同"愉"。☞ 地名"新喻"(在江西)现在改为"新余"。
另见 1691 页 yù。

嵎 yú 名〈文〉山势弯曲险阻的地方。

嵛 yú 昆嵛(kūnyú) 名 山名,在山东。

畲 yú 名〈文〉开垦了两年或三年的田地。☞ 跟"畲(shē)"不同。
另见 1212 页 shē。

逾(*踰❶) yú ❶ 动 越过;超过 ▷不可~越|年~花甲|~期。→ ❷ 副〈文〉更加 ▷疼痛~甚。
【逾常】yúcháng 动 超过寻常 ▷鲜艳~|欣喜~。
【逾分】yúfèn 动 超过适当分寸;超过本分 ▷情绪冲动,言行~。
【逾矩】yújǔ 动〈文〉超越法度;不守规矩(多用于否定) ▷敢创新而不~。
【逾期】yúqī 动 超过原定的期限 ▷~不补|~作废。
【逾越】yúyuè 动 跨越;超越 ▷不可~的鸿沟。

腴 yú ❶ 形 丰满;肥胖 ▷丰~。→ ❷ 形 肥沃 ▷膏~之地。

渝[1] yú 动(态度、感情等)改变 ▷忠贞不~|始终不~。

渝[2] yú 名 重庆的别称 ▷成~铁路。

愉 yú 形 喜悦;欢乐 ▷~快|~悦|欢~。☞ 统读 yú,不读 yù。
【愉快】yúkuài 形 快乐;舒畅 ▷轻松~。
【愉悦】yúyuè ❶ 形 快乐;喜悦 ▷神情安详而~。❷ 动 使快乐、喜悦 ▷~身心。

瑜 yú ❶ 名 一种美玉 ▷怀瑾握~。→ ❷ 名 玉的光彩;比喻优点(跟"瑕"相对) ▷瑕不掩~。〇 ❸ 名 姓。
【瑜伽】yújiā 名 梵语 Yoga 音译。印度教的一种修身方法。强调调整呼吸和静坐,以消除精神紧张,达到个人灵魂(小我)和宇宙灵魂(大我)相结合的境界。
【瑜珈】yújiā 现在一般写作"瑜伽"。

榆 yú 名 榆树,落叶乔木,高可达 25 米,叶子卵形,花有短梗,有的结近圆形或倒卵形翅果,翅果通称榆钱。木材纹理直,可以制作器具或用作建筑材料。
【榆荚】yújiá 名 榆树的果实,形状像小铜钱,鲜嫩时可食。也说榆钱。
【榆钱】yúqián 名 榆荚。因形状像小铜钱,故称。
【榆叶梅】yúyèméi 名 落叶灌木或小乔木,叶子像榆树叶,边缘呈重锯齿形,春季开花,淡红色,果实近球形。供观赏。参见插图 8 页。

虞[1] yú ❶ 名 传说中上古朝代名,舜所建。〇 ❷ 名 周朝诸侯国名,在今山西。〇 ❸ 名 姓。

虞[2] yú〈文〉❶ 动 料想;猜度(duó) ▷不~之誉。→ ❷ 动 忧虑;担忧 ▷不~匮乏。〇 ❸ 动 欺诈 ▷尔~我诈。
【虞美人】yúměirén ❶ 名 一年或二年生草本植物,茎细长,夏季开花,有白色、朱红、紫红、深紫等颜色,可供观赏。参见插图 8 页。〇 ❷ 名 原为古琴曲名,后用为词牌、曲牌名。

愚 yú ❶ 形 笨;傻 ▷大智若~|~笨|~昧|~蠢。→ ❷ 动 愚弄;欺骗 ▷~民政策。→ ❸ 代〈文〉谦词,用于自称 ▷~以为不可|~见|~兄。☞ 统读 yú,不读 yū。
【愚笨】yúbèn 形 头脑迟钝,不灵活。☞ 参见 64 页"笨拙"的提示。
【愚不可及】yúbùkějí《论语·公冶长》:"甯武子,邦有道则知(智);邦无道则愚。其知可及也,其愚不可及也。"意思是甯武子在国君无道时装愚作痴,以免祸患,是常人比不上的。现多用"愚不可及"来形容愚笨到了极点。
【愚痴】yúchī 形 愚笨痴呆。
【愚蠢】yúchǔn 形 愚笨;不聪明。☞ 跟"愚昧"不同。"愚蠢"侧重于不聪明;"愚昧"侧重于不开化,没有文化。
【愚钝】yúdùn 形 愚笨迟钝 ▷秉性~。

【愚公移山】yúgōng-yíshān《列子·汤问》中说：有个名叫愚公的老人，下决心要铲平门前挡路的太行、王屋两座大山。他不顾邻居智叟的讥笑，每天带领儿子们挖山不止，坚信总有一天会把山铲掉。后用"愚公移山"形容做事不畏艰险，有坚韧的毅力。

【愚见】yújiàn 名 谦词，称自己的意见 ▷～仅供参考。也说愚意。

【愚陋】yúlòu 形 愚昧浅陋 ▷～之论。

【愚鲁】yúlǔ 形 愚笨迟钝 ▷～不化｜秉性～。

【愚昧】yúmèi 形 没有文化而又头脑简单，不明事理 ▷～无知｜～昏聩。☛ 参见 1682 页"愚蠢"的提示。

【愚氓】yúméng 名 愚蠢的人。☛"氓"这里不读 máng。

【愚蒙】yúméng 形 愚昧无知。

【愚民】yúmín ❶ 名 愚昧的民众。旧时统治者对百姓的蔑称。❷ 动 使民众处于愚昧闭塞状态 ▷～政策。

【愚民政策】yúmín zhèngcè 愚弄人民，使人民处于愚昧状态的政策。

【愚弄】yúnòng 动 蒙蔽捉弄 ▷～百姓。

【愚懦】yúnuò 形 愚昧而怯懦 ▷～无能。

【愚人】yúrén 名 愚昧无知的人。

【愚人节】yúrénjié 名 西方风俗，4 月 1 日为愚人节。这一天可以做各种各样愚弄人的游戏。

【愚顽】yúwán ❶ 形 愚昧而顽固 ▷～不灵。❷ 名 愚昧顽固的人 ▷化导～。

【愚妄】yúwàng 形 愚昧而狂妄 ▷～之极。

【愚忠】yúzhōng ❶ 名 不问是非的盲目的效忠思想。❷ 动 不问是非盲目地效忠 ▷～于皇权。

【愚拙】yúzhuō 形 愚昧拙笨。

艅 yú [艅艎] yúhuáng 名 古代一种大船。

覦(覦) yú 见 652 页"觊(jì)觎"。

舆[1](輿) yú〈文〉❶ 名 车厢；车 ▷舍～登舟｜舟～之便。→ ❷ 名 比喻疆域 ▷～地。→ ❸ 名 轿子 ▷肩～｜彩～。

舆[2](輿) yú 形 众多；众人的 ▷～论｜～情。

【舆论】yúlùn 名 公众的议论 ▷制造～｜～谴责。☛ 跟"言论"不同。"舆论"强调议论的公众性；"言论"既可指公众的，也可指个人的议论。

【舆论界】yúlùnjiè 名 社会言论、传播媒体的总称。

【舆情】yúqíng 名 公众的意愿 ▷反映社会～。

【舆图】yútú〈文〉❶ 名 地图(多指疆域图)。❷ 名 疆土 ▷～辽阔。

窬 yú 动〈文〉翻越；翻墙而过 ▷穿～。

褕 yú 见 145 页"襜(chān)褕"。

蝓 yú 见 810 页"蛞(kuò)蝓"。

髃 yú 名 中医指肩的前部。

旟 yú 名 古代一种绘有鸟隼图像的军旗。

yǔ

与[1](與) yǔ 动 给(gěi) ① ▷交～本人｜～人方便。

与[2](與) yǔ ❶ 动〈文〉交往；亲近 ▷彼此相～｜～国(友邦)。→ ❷ 介 引进动作行为有关的对象，相当于"跟""同" ▷～朋友约定｜～坏人作斗争。❸ 连 连接词性相同的词或结构相近的短语，表示并列或选择关系，相当于"和""或" ▷工人～农民｜伟大～渺小｜考虑行～不行。☛"与"字通常读 yǔ；读 yú，是文言疑问语气词，古同"欤"；读 yù，指参加，如"参与""与会"。

另见 1679 页 yú；1687 页 yù。

【与此同时】yǔcǐ-tóngshí 跟此事同时。常用来连接并列关系的两个句子或分句 ▷必须加快工程进度，～，要更加注意安全。

【与此相反】yǔcǐ-xiāngfǎn 跟此事相反。常用来连接意义相对的两个句子或分句 ▷许多人在失败后一蹶不振，～，他却奋斗不息。

【与否】yǔfǒu 用在肯定性词语后面，构成"……与否"格式，表示对它的选择性判断，相当于"……还是不……" ▷无论成功～，这个试验都是必要的｜这两句话正确～，要看用在什么人身上。

【与共】yǔgòng 动 在一起 ▷患难～｜休戚～。

【与虎谋皮】yǔhǔ-móupí 同老虎商量要它的皮(谋：商量)。比喻跟恶人商量，要他放弃自己的利益，那是办不到的。

【与民更始】yǔmín-gēngshǐ 和民众一起除旧立新(更：更新；始：开始)。

【与民同乐】yǔmín-tónglè 跟老百姓共享欢乐。

【与其】yǔqí 连 连接分句，表示经过比较决定取舍。"与其"用在舍弃的一面，选取的一面常用"不如""宁可"等呼应 ▷～坐船，不如坐车。

【与人为善】yǔrén-wéishàn 跟别人一同做好事(与：偕同)。现多指善意地帮助别人。

【与日俱增】yǔrì-jùzēng 随着时日一起增长；形容增长的情况持续不断。

【与生俱来】yǔshēng-jùlái 跟出生一起到来；表示从来就有 ▷精湛的演技并非～｜对故乡那种～的感情。

【与时俱进】yǔshí-jùjìn 与时代一同前进。指永远保持进取的精神，跟上时代的步伐。

【与世长辞】yǔshì-chángcí 永久辞别人世。婉指死亡。

【与世隔绝】yǔshì-géjué 跟世人没有来往。

【与世无争】yǔshì-wúzhēng 跟世上的人没有纷争。形容超脱豁达。

【与众不同】yǔzhòng-bùtóng 跟众人不一样。

予 yǔ 动 给(gěi) ① ▷～以协助｜免～处分｜授～。

另见 1679 页 yú。

【予人口实】yǔrén-kǒushí 给人留下可以利用的把柄(口实：借口，把柄)。

【予以】yǔyǐ 动 给以 ▷～奖励｜～优先照顾。

屿(嶼) yǔ 名 小岛 ▷岛～。☛ 统读 yǔ。

伛(傴) yǔ ❶ 形〈文〉驼背 ▷～人。→ ❷ 动 弯腰(表示恭敬) ▷～着背｜～下腰。☛ 统读 yǔ，不读 qū 或 yù。

【伛偻】yǔlǚ 动〈文〉腰背向前弯曲；驼背 ▷老妇～而行。

宇 yǔ ❶ 名〈文〉屋檐。→ ❷ 名 房屋 ▷屋～｜庙～｜楼～。→ ❸ 名 指整个空间；世界 ▷～宙｜寰～。❹ 名 年代地层单位的第一级。参见 300 页“地层单位”。→ ❺ 名 仪表；风度 ▷眉～不凡｜气～轩昂。○ ❻ 名 姓。

【宇航】yǔháng 动 宇宙航行的简称。如人造地球卫星、空间站、行星探测器、宇宙飞船等在太阳系内外空间航行。

【宇航服】yǔhángfú 名 航天服。

【宇航技术】yǔháng jìshù 空间技术。

【宇航器】yǔhángqì 名 航天器。

【宇航员】yǔhángyuán 名 航天员。

【宇文】yǔwén 名 复姓。

【宇宙】yǔzhòu ❶ 名 天地万物；包括地球在内的一切天体的无限空间。❷ 名 哲学上指世界，即一切存在的总体。

【宇宙尘】yǔzhòuchén 名 散在宇宙空间，像云雾一样密集的物质微粒，常作剧烈的回旋运动。降落到地球上，可使地球体积增大。

【宇宙飞船】yǔzhòu fēichuán 用多级火箭从地球上发射出去，能在宇宙空间航行的一种航天器。

【宇宙观】yǔzhòuguān 名 世界观。

【宇宙火箭】yǔzhòu huǒjiàn 能够克服地心引力进入外星或星际空间的火箭。

【宇宙空间】yǔzhòu kōngjiān 外层空间。

【宇宙射线】yǔzhòu shèxiàn 来自外层空间的高能粒子流。能量极大，穿透力极强，是高能物理研究的一个重要方面。也说宇宙线。

【宇宙速度】yǔzhòu sùdù 物体进入宇宙空间所必须具有的速度。人造地球卫星所需的速度是 7.9 千米/秒，叫第一宇宙速度，也说环绕速度。摆脱地球引力，在太阳系中运行所需的速度是 11.2 千米/秒，叫第二宇宙速度。脱离太阳系，进入银河系所需的速度是 16.7 千米/秒，叫第三宇宙速度。脱离银河系，进入河外星系所需的速度是 110—120 千米/秒，叫第四宇宙速度。

【宇宙探测器】yǔzhòu tàncèqì 空间探测器。

羽[1] yǔ ❶ 名 长在鸟类身体表面的毛 ▷～绒｜～扇◇～纱。→ ❷ 名 鸟类的翅膀；也指昆虫的翅膀 ▷振～。○ ❸ 名 姓。

羽[2] yǔ 名 古代五音(宫、商、角、徵、羽)之一，相当于简谱的“6”。☛“羽”用在字的上边，第一、四画均不带钩，如“翠”“翼”。

【羽缎】yǔduàn 名 用细纱织成的像缎子一样光滑的棉织品。常做内衬、里子等。也说羽毛缎。

【羽冠】yǔguān 名 鸟类头顶上竖立的长(cháng)羽毛束。孔雀、戴胜等长(zhǎng)有羽冠。

【羽化】yǔhuà ❶ 动 古人指人升天成仙。❷ 动 婉词，指道士死亡。○ ❸ 动 昆虫由若虫或蛹变为成虫。

【羽毛】yǔmáo ❶ 名 鸟类特有的毛，有护体、保温、帮助飞翔等功能。❷ 名〈文〉鸟羽和兽毛；比喻人的声誉 ▷爱惜～。

【羽毛球】yǔmáoqiú ❶ 名 球类运动项目，球场长方形，中间横隔球网，双方各占半场。❷ 名 羽毛球运动使用的球。用半球形软木外包羊皮，上面固定羽毛制成。也有用塑料制的。

【羽毛未丰】yǔmáo-wèifēng 羽毛还没有长丰满；比喻年纪轻，学识、阅历尚浅；也比喻不够强大。

【羽绒】yǔróng ❶ 名 禽类腹部、背部的绒毛。❷ 名 指经过加工处理的鸭、鹅等的羽毛，用来填充防寒衣物 ▷～服｜～被。

【羽纱】yǔshā 名 用棉、毛或丝等混合织成的一种薄纺织品。多用做服装衬里。

【羽扇】yǔshàn 名 用长羽毛制成的扇子。

【羽扇纶巾】yǔshàn-guānjīn 手拿羽毛扇，头戴青丝巾(纶巾：古代男子戴的配有青丝带的头巾)。形容古代儒将举止潇洒、儒雅从容的风度。☛“纶”这里不读 lún。

【羽翼】yǔyì 名 鸟类的翅膀；比喻身边辅助的人或力量(多用于贬义) ▷～未成｜广有～。

雨 yǔ ❶ 名 空中水蒸气遇冷凝成的落向地面的水滴 ▷下～｜细～｜暴～。○ ❷ 名 姓。☛ 文言文中作动词，义为“下雨”或“像雨一样降落”时，读 yù。

【雨布】yǔbù 名 遮雨用的布。如油布、胶布、塑料布等。

【雨层云】yǔcéngyún 名 一种由小水滴或小水滴和冰晶构成的降水云层。

【雨搭】yǔdā 名 为遮雨、遮阳搭在门、窗上的篷子;由屋檐延伸出来的部分。

【雨带】yǔdài 名 冷暖空气相遇产生的大范围雨区。

【雨点】yǔdiǎn 名 云中降落的水滴。

【雨刮器】yǔguāqì 名 汽车前面玻璃上刮雨水的装置。也说雨刷。

【雨过天青】yǔguò-tiānqīng 雨后出现蓝天;形容情况由坏变好。

【雨过天晴】yǔguò-tiānqíng 雨后天气放晴;形容情况由坏变好。

【雨后春笋】yǔhòu-chūnsǔn 春雨过后快速生长的竹笋;比喻大量涌现的新生事物。

【雨后送伞】yǔhòu-sòngsǎn 比喻困难过后才给以帮助。

【雨花石】yǔhuāshí 名 一种光洁的小卵石,有美丽的花纹,可供观赏。因产于南京雨花台,故称。

【雨季】yǔjì 名 降水较集中的季节。

【雨脚】yǔjiǎo 名 密集成串的雨点 ▷～如麻。

【雨景】yǔjǐng 名 雨中景色;下雨的景象。

【雨具】yǔjù 名 防雨用具的统称。如雨衣、雨鞋、雨伞等。

【雨量】yǔliàng ❶ 名 指雨水的多少 ▷～充沛。❷ 名 气象学上指在一定时间内降落到水平地面上的雨水深度,一般以毫米为单位。

【雨林】yǔlín 名 热带、亚热带暖热湿润地区由高大常绿阔叶树和木质藤本及附生高等植物构成的森林类型。有热带雨林、亚热带雨林、山地雨林等。

【雨露】yǔlù ❶ 名 雨和露 ▷阳光～|～滋润禾苗壮。❷ 名 比喻恩惠 ▷～润我心。

【雨幕】yǔmù 名 密密麻麻的雨点形成的像幕布一样的景象。

【雨披】yǔpī 名 防雨的斗篷。

【雨前】yǔqián 名 一种绿茶。用谷雨前采摘的细嫩芽尖制成。

【雨情】yǔqíng 名 某地区降雨的情况。

【雨区】yǔqū 名 降雨的地区。

【雨伞】yǔsǎn 名 防雨用的伞。

【雨声】yǔshēng 名 下雨的声音。

【雨势】yǔshì 名 降雨的大小、速度等 ▷～平稳。

【雨水】yǔshuǐ ❶ 名 雨① ▷今年～勤。❷ 名 二十四节气之一,在公历每年2月19日前后。

【雨丝】yǔsī 名 像丝线一样的细雨 ▷～飘拂。

【雨凇】yǔsōng 名 寒冷天气中雨滴冻结而成的均匀透明的薄冰层。常附着在树枝、电线等物体的迎风面上。通称冰挂。

【雨天】yǔtiān 名 下雨的日子;下雨的天气。

【雨雾】yǔwù 名 细得像雾一样的雨。

【雨鞋】yǔxié 名 用橡胶等制成的防水的鞋。

【雨靴】yǔxuē 名 防水的靴子,比雨鞋的鞋帮高。

【雨雪】yǔxuě 名 雨和雪;雨和雪交加的气象 ▷～霏霏|出行那天恰逢～。

【雨燕】yǔyàn 名 鸟,体形近似燕子,静止时折叠的翅尖超过尾端,飞翔轻快。筑巢于峭壁的缝隙、树洞中或屋檐下。捕食昆虫,对农林有益。

【雨衣】yǔyī 名 防雨外衣。多用胶布、塑料布、油布等制成。

【雨意】yǔyì 名 要下雨的征候 ▷～正浓。

【雨云】yǔyún 名 指可能下雨的云。

【雨珠儿】yǔzhūr 名 雨滴 ▷荷叶上～点点。

俣 yǔ [俣俣] yǔyǔ 形 〈文〉身体魁伟 ▷硕人～。

禹 yǔ ❶ 名 人名,夏朝的开国君主。传说因治理洪水有功,接受舜禅位,立国为夏。○ ❷ 名 姓。☛ 下边是"内",不是"内"。

语(語) yǔ ❶ 动 说;谈论 ▷～焉不详|不可同日而～|耳～。→ ❷ 名 说的话 ▷花言巧～|话～。⇒ ❸ 名 语言 ▷～文|汉～|书面～。❹ 名 代替语言表达意思的动作或信号 ▷手～|旗～|哑～。⇒ ❺ 名 〈文〉特指俗语、谚语、成语或古书中的话 ▷～云:"种瓜得瓜,种豆得豆。"⇒ ❻ 名 指词、短语或句子 ▷～不惊人死不休|一～道破|用～不当|引～。→ ❼ 动 比喻鸟、虫等鸣叫 ▷莺啼燕～|鸟～花香。☛ 文言文中作动词,义为"告诉"时,读 yù。

【语病】yǔbìng 名 语言运用中的毛病。常见的如词性误用、语序不当、词语搭配不当、句式杂糅、成分多余或残缺等。

【语词】yǔcí ❶ 名 词和短语。❷ 名 旧指虚词。

【语调】yǔdiào ❶ 名 说话时句子里声音高低、快慢、轻重的变化,表示一定的语气和情感。如陈述句多用平直或下降的语调,疑问句常用上升的语调。书面上常在句末用句号、问号或叹号表示。也说句调。❷ 名 泛指说话的腔调 ▷平静的～。

【语段】yǔduàn 名 由前后连贯共同表达一个中心意思的若干个句子组成的语言片段。也说句群。

【语法】yǔfǎ ❶ 名 语言的结构规则。包括词法和句法。❷ 名 指语法学。

【语法学】yǔfǎxué 名 语言学的分支学科,主要研究语言的结构规则。

【语感】yǔgǎn 名 对语言表达的直接感受。

【语汇】yǔhuì 名 词汇。

【语惊四座】yǔjīngsìzuò 说出的话震惊了在座所有的人。

【语境】yǔjìng 名 语言应用的环境。内部语境指一定的上下文(说话时的上下句),外部语境指语言交际的社会环境、场合、时间、对象和话题等 ▷特定的～|修辞要适合～。

【语句】yǔjù 名 话语;词句 ▷～通顺。

【语料】yǔliào 名 语言材料,即语言具体运用的各种实例 ▷～库。

【语料库】yǔliàokù 名 运用电子计算机技术储存的语言材料的总汇;也指保存语言材料的处所。

【语流】yǔliú 名 连续不断地说出来的话语 ▷流畅的～。

【语录】yǔlù 名 记录或摘录的某人或某些人的重要言论 ▷《论语》是孔子及其弟子的～。

【语气】yǔqì ❶ 名 语调中所表露的情绪 ▷平静的～|～强硬。❷ 名 表示说话人对表述内容所持态度的语法范畴。一般分为陈述、疑问、祈使和感叹四种语气。语气通常用语调和语气词等表示出来。

【语气助词】yǔqì zhùcí 用在句末或句中停顿处,表示陈述、疑问、祈使、感叹等不同语气的助词。如"啊""呢""吗""吧"等。也说语气词。

【语塞】yǔsè 动 短时间内说不出话(多因理亏、气愤或激动所致) ▷他被大家质问得面红耳赤,频频～。☛"塞"这里不读 sāi。

【语素】yǔsù 名 语言中最小的语音、语义结合体。有单音节的、双音节的、多音节的,如"去""琵琶""巧克力""奥林匹克"等;有自由的、半自由的、不自由的,如"山""(飞)翔""阿(姨)"等。也说词素。

【语速】yǔsù ❶ 名 说话的速度 ▷老年人说话一般～较慢。❷ 名 单位时间内播出音节的多少。

【语体】yǔtǐ 名 适应不同的交际需要而形成的具有一定风格特点的语言表达体式。分为口头语体和书面语体,书面语体又可分为文艺语体、政论语体、科技语体、公文语体等。

【语体文】yǔtǐwén 名 白话文。

【语文】yǔwén ❶ 名 语言和文字 ▷～规范化。❷ 名 语言和文学 ▷～教学|大学～。

【语无伦次】yǔwúlúncì 形容说话颠三倒四,没有条理(伦次:条理,次序)。☛"伦"不要误写作"轮"。

【语系】yǔxì 名 具有共同来源的一些语言的系属。如汉藏语系、印欧语系。语系下依亲属关系的远近可分为语族,语族下又可分为语支。

【语序】yǔxù 名 词序。

【语焉不详】yǔyān-bùxiáng 说了但说得不详细。

【语言】yǔyán ❶ 名 以语音为物质外壳,由词汇和语法两部分构成的符号系统,是人类最重要的交际工具。有口语和书面语两种形式。是一种特殊的社会现象。❷ 名 言语 ▷使用文明～|～美。❸ 名 指用语言表达的思想观点 ▷双方经协商有了共同～。❹ 名 指某些特定领域内用来表示和交流信息及数据的非语音的符号系统。如计算机程序语言、舞蹈语言、数学语言。

【语言关】yǔyánguān 名 指掌握一种语言应达到的最基本的要求 ▷过好～。

【语言学】yǔyánxué 名 研究人类语言的本质、起源和发展以及语言的结构、功能、类型等的学科。

【语义】yǔyì 名 语言所表示的意义。包括词汇意义、语法意义和语用意义。

【语意】yǔyì 名 话语(口头语或书面语)所包含的思想内容或意思 ▷～模糊|领会～。

【语音】yǔyīn ❶ 名 人类的发音器官发出的能表达一定意义的声音。是语言的物质外壳。❷ 名 指人说话的口音 ▷听说话的～,他不像是本地人。

【语音信箱】yǔyīn xìnxiāng ❶ 一种利用电信网和计算机处理系统存储、传递和提取语音信息的电话通信服务业务。❷ 语音信箱系统的使用终端。

【语音学】yǔyīnxué 名 语言学的分支学科,主要研究语言中各种声音的构成、音与音之间的结合及其所形成的系统和演变等。

【语用】yǔyòng 动 语言应用 ▷关注实际～。

【语源】yǔyuán 名 词语的声音和意义的起源与演变。

【语支】yǔzhī 名 比语族低一级的语言系属。如印欧语系斯拉夫语族可分为东斯拉夫、西斯拉夫和南斯拉夫三个语支。

【语种】yǔzhǒng 名 根据语音、词汇和语法的不同特征划分出来的语言的种类。

【语重心长】yǔzhòng-xīncháng 指言语恳切而有分量,情意深长。

【语族】yǔzú 名 介于语系和语支之间的语言系属。如印欧语系可分为印度-伊朗、斯拉夫、罗曼等语族。

圄 yǔ 见 874 页"囹(líng)圄"。

敔 yǔ 名 古代一种打击乐器。乐曲将结束时,击敔使停止。

圉 yǔ〈文〉❶ 动 养马 ▷～人(负责养马的人)。→❷ 名 养马的地方 ▷圈(juàn)～。

偊 yǔ[偊偊] yǔyǔ 形〈文〉形容一个人走路孤零零的样子 ▷～独行。

郾 yǔ 名 周朝诸侯国名,在今山东临沂北。

庾 yǔ ❶ 名〈文〉露天的谷仓 ▷仓～。○ ❷ 名 姓。☛ 地名"大庾"(在江西)现在改为"大余"。

貐 yǔ 见 1577 页"猰(yà)貐"。

瑀 yǔ 名〈文〉一种像玉的美石。

瘐 yǔ 动〈文〉囚犯在狱中因受刑、饥寒或疾病而死 ▷～死｜～毙。☛ 跟“瘦”不同。“瘐”右下是“臾(yú)”;“瘦”右下是“叟(sǒu)”。

【瘐毙】yǔbì 动〈文〉指囚犯因受刑、饥寒或疾病而死于狱中。

【瘐死】yǔsǐ 动 瘐毙。

龉(齬) yǔ 见 748 页“龃(jǔ)龉”。

窳 yǔ〈文〉❶ 形(质量)粗劣 ▷～劣｜～陋。→ ❷ 形 败坏;腐败 ▷～败。

yù

与(與) yù 动 参加 ▷参～｜～会代表。另见 1679 页 yú;1683 页 yǔ。

【与会】yùhuì 动 参加会议 ▷请准时～。☛ 不要写作“预会”。

【与闻】yùwén 动 参与其事并知道内情 ▷～国政｜从未～。☛ 不要写作“预闻”。

玉 yù ❶ 名 硬玉、软玉的统称。质地细腻,坚韧而有光泽,可用作雕刻的材料或制作首饰 ▷抛砖引～｜～器｜～雕｜～簪｜美～。→ ❷ 形 像玉一样晶莹、洁白和美丽 ▷～颜｜～手｜亭亭～立。❸ 名〈文〉敬词,用于尊称对方的身体、行动或与对方有关的事物 ▷～体｜～音｜～照。○ ❹ 名 姓。

【玉帛】yùbó ❶ 名 玉器和丝织品;泛指财富。❷ 名 古代用玉器和丝织品作为国家之间交往的礼物,故用“玉帛”借指友好关系 ▷化干戈为～(变战争为和平)。

【玉成】yùchéng 动〈文〉敬词,用于称人成全某事 ▷多蒙～小女婚姻。

【玉带】yùdài 名 古代达官贵人佩戴的玉饰腰带。

【玉雕】yùdiāo 名 在玉石上雕刻形象、花纹等的艺术;也指用这种艺术雕刻成的工艺品。参见插图 16 页。

【玉圭】yùguī 名 玉制的圭。参见 514 页“圭[1]”①。

【玉皇大帝】yùhuáng dàdì 道教对地位最高、职权最大的神的称呼。也说玉帝。

【玉洁冰清】yùjié-bīngqīng 冰清玉洁。

【玉兰】yùlán 名 落叶乔木,叶子倒卵状。花也叫玉兰,生于枝顶,呈钟状,早春开放,多为白色或紫色,有芳香。可供观赏。参见插图 8 页。

【玉兰片】yùlánpiàn 名 晒干的嫩笋片。因水发后形、色近似玉兰花,故称。

【玉米】yùmǐ 名 一年生草本植物,秆粗壮,叶长而宽。籽实也叫玉米,可食用或制淀粉等。也说玉蜀黍。某些地区也说玉茭、苞谷、苞米、棒子等。

【玉米花儿】yùmǐhuār 名 膨化的玉米粒。

【玉米面】yùmǐmiàn 名 用玉米的籽实磨成的面儿。供食用或做饲料。

【玉米螟】yùmǐmíng 名 螟蛾科害虫,幼虫背部有褐、灰黄等色,头部为棕黑色。危害玉米、高粱、谷子、棉花等农作物。俗称玉米钻心虫。

【玉米油】yùmǐyóu 名 用玉米榨的食用油。也可作人造奶油、肥皂、油漆等的原料。

【玉女】yùnǚ 名 美女 ▷天仙～。

【玉佩】yùpèi 名 玉制的装饰品。旧俗多系在衣带上。

【玉器】yùqì 名 玉石制的器物。

【玉石】yùshí ❶ 名 玉① ▷盛产～｜～佛像。❷ 名 美玉和石头;比喻好的和坏的 ▷～难辨｜～不分。

【玉石俱焚】yùshí-jùfén 美玉和石头一起被烧毁。比喻好的和坏的事物一同毁灭。

【玉蜀黍】yùshǔshu 名 玉米。

【玉碎】yùsuì 动 美玉破碎;比喻为理想、正义而牺牲 ▷～冰摧｜宁为～,不为瓦全。参见 1007 页“宁为玉碎,不为瓦全”。

【玉体】yùtǐ ❶ 名 敬词,尊称对方的身体 ▷不知～欠安。❷ 名 指肌肤细嫩的女子的身体。

【玉兔】yùtù ❶ 名 白兔。❷ 名 传说中指月宫里的白兔;借指月亮 ▷金乌西坠,～东升。

【玉玺】yùxǐ 名 帝王的玉印,多用作皇权、王权的象征 ▷传国～。

【玉液】yùyè 名 比喻美酒 ▷琼浆～｜～金波。

【玉音】yùyīn 名 敬词,尊称对方的书信、回话 ▷敬候～。

【玉宇】yùyǔ ❶ 名 天空;宇宙 ▷～澄清。❷ 名 传说中玉帝的居处;也指华丽的宫殿 ▷～仙境｜高楼～。

【玉簪】yùzān ❶ 名 用玉做成的簪子。也说玉搔头。❷ 名 多年生草本植物,叶大如掌,有长柄。花也叫玉簪,夏秋间开放,洁白如玉,味清香,花蕊如簪头。参见插图 7 页。

【玉照】yùzhào 名 敬词,尊称别人的照片(多指女性的)。

【玉镯】yùzhuó 名 玉石做的镯子。

驭(馭) yù ❶ 动 驱使车马 ▷～手｜驾～。→ ❷ 动 控制;支配 ▷以简～繁。

【驭手】yùshǒu 名 驾驭车马的人。☛ 不要写作“御手”。

芋 yù ❶ 名 多年生草本植物,叶子大,倒卵形,有长柄,地下块茎呈球形或椭圆形,供食用。通称芋头。也说芋艿。→ ❷ 名 泛指某些像芋的薯类植物 ▷洋～(马铃薯)｜山～(甘薯)。☛ 跟“竽(yú)”不同。

【芋艿】yùnǎi 名 芋①。

【芋头】yùtou 名 芋①的通称。

吁(籲) yù 动 为某种要求而呐喊 ▷呼～｜～请。另见 1549 页 xū;1678 页 yū。

【吁请】yùqǐng 动 呼吁请求 ▷～社会各界救助失学儿童。

聿 yù 助〈文〉用在句首或句中，起协调音节的作用 ▷岁～其暮。☛ 上边是"⺕"，不是"彐"。由"聿"构成的字有"津""律""建"等。

谷 yù 见1393页"吐谷浑"。
另见490页gǔ。

饫(飫) yù 形〈文〉饱 ▷～饱|～足。

妪(嫗) yù 名〈文〉老年妇女 ▷老～。☛ 不读ōu。

郁(鬱❶❸ *鬰❶❸ 欝❶❸) yù ❶ 形 草木繁茂 ▷～～葱葱|苍～。→ ❷ 形 香气浓烈 ▷浓～。→ ❸ 动 忧愁、愤怒等情绪在心里积聚，得不到发泄 ▷～结|抑～。〇 ❹ 名 姓。☛ 地名"鬱林"(在广西)现在改为"玉林"。

【郁愤】yùfèn 形 忧郁愤懑 ▷发泄～|～而死。

【郁积】yùjī 动 郁结。

【郁结】yùjié 动 聚结在心里，不得发泄 ▷～多年的心里话，一股脑儿地倒出来。

【郁金香】yùjīnxiāng 名 多年生草本植物，鳞茎，叶宽，披针形。花也叫郁金香，杯状，大而美，颜色多种，可供观赏。根和花可以做药材。参见插图7页。

【郁闷】yùmèn 形 烦闷；不痛快 ▷感到十分～。

【郁热】yùrè 形 闷热 ▷暑气～。

【郁血】yùxuè 动 血液郁积在静脉内 ▷腕部～。☛"血"这里不读xiě。

【郁抑】yùyì 形 抑郁。

【郁郁】yùyù ❶ 形〈文〉形容很有文采的样子 ▷～乎文哉！❷ 形 形容草木茂盛 ▷莽莽雪山，～丛林。❸ 形 形容烟雾或香气浓厚 ▷～黄昏|～芳香。❹ 形 形容内心苦闷 ▷心中～不平|～不得志。

【郁郁苍苍】yùyùcāngcāng 形 郁郁葱葱。

【郁郁葱葱】yùyùcōngcōng 形 形容草木茂密葱翠的样子。

【郁郁寡欢】yùyù-guǎhuān 心里苦闷，缺少欢乐。

育 yù ❶ 动 生孩子 ▷生～|节～。→ ❷ 动 养活；培育 ▷～婴|～秧|养～。⇒ ❸ 动 教育；培养(人才) ▷教书～人|～才。⇒ ❹ 名 教育活动 ▷德～|体～|智～。
另见1598页yō。

【育才】yùcái 动 培育人才 ▷为国～。

【育雏】yùchú 动 喂养小鸡、小鸟等。

【育儿】yù'ér 动 (人)哺育婴儿；(动物)哺养幼体 ▷～期|～袋。

【育儿袋】yù'érdài ❶ 名 袋鼠等有袋类哺乳动物雌体腹部由皮肤皱褶形成的袋，可供幼兽藏身。袋内有乳腺开口。❷ 名 指用于养育婴儿的袋状被子。

【育肥】yùféi 动 使猪、鸭等家畜、家禽很快长肥。

【育林】yùlín 动 培育林木 ▷封山～。

【育龄】yùlíng 名 适合生育的年龄 ▷～妇女。

【育苗】yùmiáo 动 培育植物幼苗 ▷温室～。

【育秧】yùyāng 动 培育秧苗；多指培育水稻的秧苗。

【育婴堂】yùyīngtáng 名 旧时收养弃婴的机构。

【育种】yùzhǒng 动 用人工方法培育动植物新品种。

昱 yù〈文〉❶ 形 明亮 ▷～耀|～～。→ ❷ 动 照耀 ▷日～乎昼，月～乎夜。

狱(獄) yù ❶ 名 官司；案件 ▷冤～|文字～。〇 ❷ 名 监禁罪犯的地方 ▷锒铛入～|出～|蹲大～|监～|～警。

【狱霸】yùbà 名 欺压其他在押人员、在监狱里称王称霸的在押人员。

【狱警】yùjǐng 名 看管监狱囚犯的警察。

【狱吏】yùlì 名 旧时管理监狱的小官吏。

【狱医】yùyī 名 监狱里给犯人看病的专职医生。

【狱卒】yùzú 名 旧时监狱里的差役。

彧 yù 形〈文〉文采繁盛 ▷～～其文。

峪 yù 名 山谷(多用于地名) ▷～口|慕田～(在北京)|嘉～关(在甘肃)。

钰(鈺) yù 名〈文〉珍宝。

浴 yù 动 洗澡 ▷沐～|～池|～巾◇～血奋战|沙～。

【浴场】yùchǎng 名 供露天游泳或沐浴的场地 ▷温泉～。

【浴池】yùchí 名 澡堂里供多人同时洗澡的池子；借指澡堂。

【浴缸】yùgāng 名 一种用陶瓷等制成的浴盆，一般多为长方形，固定于卫生间内。

【浴巾】yùjīn 名 供人洗澡用的长毛巾。

【浴盆】yùpén 名 澡盆。

【浴室】yùshì ❶ 名 供人洗澡的房间。❷ 名 指澡堂。

【浴血】yùxuè 动 全身浸泡在血泊之中。形容战斗异常惨烈 ▷～疆场|～奋战。☛"血"这里不读xiě。

【浴液】yùyè 名 洗澡用的液体去污剂。

【浴衣】yùyī 名 专供洗澡前后穿的衣服。

【浴罩】yùzhào 名 洗澡时罩住浴缸或浴盆的防寒用具。多用防水布、塑料布等制成。

预(預) yù ❶ 形 事先的 ▷～兆|～案。→ ❷ 副 表示动作行为出现在事情发生或进行之前 ▷～祝胜利|～料|～约。〇 ❸ 动 参与(yù) ▷干～。〇 ❹ 名 姓。☛ ㊀不能简化成"予"。㊁左边不是"矛"。

【预案】yù'àn 名 预先制订的应对可能发生的情况的方案。

【预报】yùbào ❶ 动 事先报告 ▷～水情。❷ 名 事先报告的内容 ▷发布天气～。

【预备】yùbèi 动 准备；打算 ▷～会议｜他～上北京。☛ 不要写作“豫备”。

【预备队】yùbèiduì 名 作战时为应付紧急、意外情况而预留下来以便机动使用的兵力。

【预备期】yùbèiqī 名 指政党的非正式党员转为正式党员的过渡期。

【预备役】yùbèiyì 名 公民在军队外所服的兵役。包括军官预备役和士兵预备役。公民在服预备役期间，按规定参加军事训练，执行军事任务，随时准备应征服现役。预备役是国家储备后备兵员的重要方式，也是战时快速实施兵员动员的重要措施。也说后备役。

【预卜】yùbǔ 动 预先断定 ▷祸福难以～。

【预测】yùcè 动 预先推测或测定 ▷今年的蝗灾果然不出农林部门的～｜～地震｜市场～。

【预产期】yùchǎnqī 名 预先计算的胎儿产出的日期。计算方法为最后一次月经的第一天之后的9个月加7天。

【预储】yùchǔ 动 预先储备 ▷～基金。

【预订】yùdìng 动 预先订购或订租 ▷～火车票｜在酒店～了房间。

【预定】yùdìng 动 预先确定或约定 ▷这件事～下个月开会研究｜飞机在～地点着陆。

【预断】yùduàn 动 预先推断 ▷前景难以～。

【预防】yùfáng 动 预先防备 ▷～流感。

【预防针】yùfángzhēn 名 为预防某种疾病而注射的疫苗。

【预分】yùfēn 动 正式分配前的部分分配；为征求意见而进行的初步分配 ▷先～一些红利。

【预付】yùfù 动 预先交纳 ▷～住院费｜～款。

【预感】yùgǎn ❶ 动 预先觉察 ▷～到要出事。❷ 名 预先的感觉 ▷调查结果印证了他的～。

【预告】yùgào ❶ 动 预先通告 ▷～新出版的书目。❷ 名 预先通告的内容 ▷新戏～。

【预购】yùgòu 动 预先订购或购买 ▷～苹果5000吨｜电话～火车票。

【预估】yùgū 动 事先估计或估算 ▷业绩～｜成交价高于～价许多。

【预后】yùhòu 名 指对病情发展和治疗结果预测的情况 ▷手术很成功，～一般问题不大。

【预计】yùjì 动 预先估计或推测 ▷～3年完成。

【预检】yùjiǎn 动 预先检查 ▷入境～。

【预见】yùjiàn ❶ 动 判断事物未来的发展、变化 ▷可以～，这里将是中国的硅谷。❷ 名 对事物未来的发展、变化所作的判断或所具有的判断能力 ▷英明的～｜他很有～。

【预警】yùjǐng 动 预先警示 ▷紧急～｜～系统。

【预警机】yùjǐngjī 名 一种装有机载预警雷达系统的军用飞机，能探测和监控空中或海上目标，并及时指挥、引导己方实施防卫和武力攻击。也说预警飞机、预警指挥机。

【预决算】yù-juésuàn 预算和决算。

【预考】yùkǎo 动 正式考试前举行的考试，具有演练作用或预选作用。

【预科】yùkē 名 为高等学校培养合格新生而设置的机构 ▷他当时正在读～｜～生。

【预亏】yùkuī 动 预计亏损；特指上市公司在年报正式公布之前向投资者预告亏损（跟“预盈”相对）▷公司今年业绩～。

【预料】yùliào ❶ 动 事先估计 ▷比赛胜负很难～。❷ 名 事先估计的情况 ▷他的～没错。

【预留】yùliú 动 预先留下 ▷要给公共设施～足够的空间｜～种子。

【预谋】yùmóu 动 事前谋划（干坏事）▷～已久｜～报复｜早有～。

【预判】yùpàn 动 事前判断 ▷作出合理～｜～风险。

【预期】yùqī 动 预先期盼 ▷收到～的效果。

【预热】yùrè 动 预先加热 ▷将烤箱～两分钟◇歌手现场为比赛～。

【预赛】yùsài 动 在复赛、决赛等赛事之前进行选拔性比赛，以决定该赛事的参加者 ▷明天～。

【预设】yùshè 动 预先设置 ▷不要～框框。

【预审】yùshěn ❶ 动 公安机关或检察机关在侦查阶段对犯罪嫌疑人进行审讯。❷ 动 预先进行审查或审定 ▷这套图纸已通过～。

【预示】yùshì 动 预先显示 ▷调查结果～价格战即将爆发。☛ 跟“喻示”不同。

【预收】yùshōu 动 预先收取 ▷～房租。

【预售】yùshòu ❶ 动 预先出售 ▷～火车票。❷ 动 预先收款，在规定时间内交货 ▷～楼花。

【预算】yùsuàn ❶ 动 预先计算 ▷～工程的全部费用。❷ 名 关于未来一定时期内收入和支出的计划 ▷明年的～已上报。

【预习】yùxí 动（学生）预先自学教师将要讲授的功课 ▷～课文｜～题。

【预先】yùxiān 副 在事情发生之前 ▷～报告｜～准备｜～打招呼。

【预想】yùxiǎng ❶ 动 预料；预先设想 ▷～3∶1取胜。❷ 名 预先的设想 ▷他的～落空了。

【预行】yùxíng 动 预先施行 ▷～调查。

【预选】yùxuǎn 动 正式选举前，预先选出候选人。

【预选赛】yùxuǎnsài 名 为选拔参加正式比赛的参赛者而进行的比赛。

【预言】yùyán ❶ 动 预先说出（某种事情将要发生）▷他曾～，房价即将下跌。❷ 名 预先说出

(某种事情将要发生)的话 ▷他的～应验了。

【预言家】yùyánjiā 名 常能够较准确地预先说出事情发展过程和结果的人 ▷～们这一次说错了。

【预研】yùyán 动 预先研究;特指在应用研究之前进行基础性研究 ▷加紧～新产品。

【预演】yùyǎn ❶ 动 正式表演或演出前进行试演 ▷剧组举行出国前～。❷ 动 借指某项大规模行动开展之前进行试验性行动 ▷俄国二月革命可以称得上是十月革命的～。

【预盈】yùyíng 动 预计盈利;特指上市公司在年报正式公布之前向投资者预告盈利(跟"预亏"相对) ▷该公司今年业绩～。

【预约】yùyuē 动 事先约定 ▷挂号～|～采访。

【预展】yùzhǎn 动 正式展出前预先试展 ▷～3 天。

【预兆】yùzhào ❶ 动 事前显示出某种迹象 ▷今冬几场大雪,～明年是个丰收年。❷ 名 事前显示出的某种迹象 ▷这件事早有～。

【预征】yùzhēng 动 预先征收 ▷～赋税。

【预支】yùzhī 动 预先支付或支取 ▷～稿费。

【预知】yùzhī 动 事先知道 ▷通过精密计算,能～一千年内日食、月食的准确时刻。

【预制】yùzhì 动 预先制成 ▷～模板|提前～。

【预制板】yùzhìbǎn 名 预制的板形构件。

【预制件】yùzhìjiàn 名 按照设计规格预先制成的钢、木或混凝土构件。也说预制构件。

【预置】yùzhì 动 预先设置或布置 ▷～兵力。

【预祝】yùzhù 动 预先祝贺或祝愿 ▷～大会圆满成功。

域 yù ❶ 名 一定疆界内较大的地方 ▷海～|地～|区～|领～|～外。→ ❷ 名 泛指某种范围 ▷音～|视～。

【域名】yùmíng 名 企业、机构或个人在互联网上注册的名称,是供识别、检索、联络等用的符号化地址。

【域外】yùwài 名〈文〉疆域之外;国外 ▷～飞鸿。

【域中】yùzhōng 名〈文〉疆域之中;国内 ▷誉满～。

堉 yù 名〈文〉肥沃的土壤。

菀 yù 形〈文〉茂盛。
另见 1415 页 wǎn。

悆 yù〈文〉❶ 形 喜悦 ▷忆我苏杭时,春游亦多～。→ ❷ 形 安宁;舒适 ▷康～|安～。

欲(*慾❷) yù ❶ 动 想要;希望 ▷～擒故纵|畅所～言。→ ❷ 名 欲望 ▷利～熏心|食～|求知～|私～。→ ❸ 动〈文〉需要 ▷心～小,志～大。→ ❹ 副 将要 ▷东方～晓|摇摇～坠。

【欲罢不能】yùbà-bùnéng 想中途停下来而不可能。

【欲盖弥彰】yùgài-mízhāng 想要掩盖真相,结果却暴露得更加明显(弥:更加;彰:明显)。☛"彰"不要误写作"张"。

【欲壑】yùhè 名 像深沟一样的欲望(含贬义) ▷饱其私囊,填其～。

【欲壑难填】yùhè-nántián 贪婪的欲望像沟壑一样难以填满。形容贪欲太大,难以满足。

【欲火】yùhuǒ 名 像火一样旺盛的强烈欲望(多指性欲)。

【欲加之罪,何患无辞】 yùjiāzhīzuì,héhuànwúcí 想要加罪于人,何愁找不到借口(患:担忧;辞:言辞,指借口)。指随心所欲地找借口陷害人。

【欲念】yùniàn 名 欲望 ▷断绝一切～。

【欲擒故纵】yùqín-gùzòng 想要捉住他,故意先放开他,使他不加戒备;泛指为了更好地控制而故意先放松一步 ▷～,使犯罪分子彻底暴露。

【欲求】yùqiú 名 欲望;要求 ▷满足～。

【欲速则不达】yù sù zé bù dá《论语·子路》:"无欲速,无见小利;欲速则不达,见小利则大事不成。"后用"欲速则不达"指一味求快,反而难以达到目的。也说欲速不达。

【欲望】yùwàng 名 想得到某种东西或达到某种目的的愿望和要求 ▷强烈的创作～。

【欲言又止】yùyán-yòuzhǐ 想说而又没有说。

阈(閾) yù〈文〉❶ 名 门槛 ▷门～|足不逾～。→ ❷ 名 界限;范围 ▷界～|痛～。

淯 yù [淯溪] yùxī 名 地名,在湖北。

谕(諭) yù ❶ 动〈文〉告诉;告知(用于上对下) ▷劝～。→ ❷ 名 旧时指上对下的文告、指示;特指皇帝的诏令 ▷手～|上～|圣～。

【谕旨】yùzhǐ 名 皇帝的命令、指示。

尉 yù ❶ 用于地名。如尉犁,在新疆。○ ❷ [尉迟] yùchí 名 复姓。
另见 1435 页 wèi。

棫 yù 名 古书上说的一种丛生的小树,茎上有刺,果实紫红色。

遇 yù ❶ 动 碰见;得到;遭受 ▷～上一位朋友|不期而～|百年不～|～难|遭～。→ ❷ 动 对待 ▷礼～|待～|优～|冷～。→ ❸ 名 机会 ▷机～|际～。○ ❹ 名 姓。

【遇刺】yùcì 动 遭到暗杀 ▷不幸～。

【遇害】yùhài 动 遭到杀害 ▷途中～。

【遇见】yùjiàn 动 碰见 ▷～生字,应该查字典。

【遇救】yùjiù 动 得到救援 ▷溺水的孩子～了。

【遇难】yùnàn ❶ 动 遭到意外或受迫害而死亡 ▷不幸～。❷ 动 遇到危难 ▷全力解救～群众。

【遇事】yùshì 动 碰到事情或意外 ▷～不慌。

【遇事生风】yùshì-shēngfēng 遇到事情就借机兴风作浪。

【遇险】yùxiǎn 动 遇到险情 ▷～不惊。

喻 yù ❶ 动 说明;开导 ▷～之以理|不可理～|晓～。→ ❷ 动 明白;了解 ▷不言而～|家～户晓。→ ❸ 动 打比方 ▷比～|明～|暗～|借～。○ ❹ 名 姓。

另见 1682 页 yú。

【喻示】yùshì 动 告知;显示 ▷这出戏～了和则共荣的道理。☛ 跟"预示"不同。

【喻世】yùshì 动 使世人明白 ▷发挥文学艺术～、警世的作用。

【喻义】yùyì 名 比喻义。

御[1] yù ❶ 动〈文〉驱使车马 ▷～者。→ ❷ 动〈文〉治理;统治 ▷百官～事|～众以宽。❸ 形 古代指帝王的(所为)或同帝王有关的(事物) ▷～览|～花园。

御[2]（禦） yù 动 抵挡;抵抗 ▷～敌|～寒|防～|抵～。☛ 参见 1522 页"卸"的提示。

【御笔】yùbǐ 名 称皇帝写的字或画的画。

【御赐】yùcì 动 皇帝赏赐 ▷～尚方宝剑。

【御道】yùdào 名 专供帝王车驾通行的道路。

【御敌】yùdí 动 抵御敌人 ▷～于国门之外。

【御寒】yùhán 动 抵御寒冷 ▷鸟类靠羽毛～。

【御花园】yùhuāyuán 名 专供帝王游玩的花园。

【御驾】yùjià 名 皇帝乘坐的车驾;借指皇帝 ▷～出巡。

【御林军】yùlínjūn ❶ 名 禁军。❷ 名 比喻最高统治者的亲信、嫡系。

【御侮】yùwǔ 动 抵御外来侵略 ▷团结～。

【御医】yùyī 名 宫廷里的医生。也说太医。

【御用】yùyòng ❶ 动 帝王专用 ▷专供～|～印章。❷ 区别 被统治者控制利用而为其效力的 ▷～文人。

【御苑】yùyuàn 名 皇家饲养禽兽、种植林木的园子。也说御园。

【御制】yùzhì ❶ 动 由帝王创作或颁行 ▷乾隆～《国朝传宝记》。❷ 动 专为帝王制作 ▷瓷瓶刻有"官廷～"四字|～自鸣钟。

鸽（鴿） yù 见 1133 页"鸲(qú)鸽"。

寓（*庽） yù ❶ 动 寄居;居住 ▷寄～|～所。→ ❷ 名 住处 ▷～邸|公～|张～(张姓的住所)。→ ❸ 动 (把心愿、感情等)寄托或隐含(在事物中) ▷～教于乐|～言|～意。○ ❹ 名 姓。

【寓邸】yùdǐ 名〈文〉高级官员的住宅。

【寓公】yùgōng 名 古代指失掉领地而寄居他国的贵族;后泛指流亡、寄居他乡的军阀官僚和绅士等。

【寓教于乐】yùjiàoyúlè 娱乐中蕴含教育作用,使人在快乐有趣的活动中受到教育 ▷开展～的校园文化活动。

【寓居】yùjū 动 寄居;侨居 ▷～于天津|～海外。

【寓目】yùmù 动〈文〉过目 ▷不堪～|～成诵。

【寓所】yùsuǒ 名 居住的处所。

【寓言】yùyán ❶ 名 深入浅出、富有寓意的话 ▷这出戏无警句、无～,比较粗浅。❷ 名 用假托的故事来说明某种道理,达到劝诫、教育或讽刺目的的文学作品。

【寓意】yùyì 名 寄托或蕴含的意思 ▷～深刻。

【寓于】yùyú 动 寄托在 ▷哲理～通俗的话语中。

裕 yù ❶ 形 财物多;充足 ▷富～|充～|余～|宽～。→ ❷ 动〈文〉使富足 ▷～民富国。☛ 左边是"衤",不是"礻"。

【裕固族】yùgùzú 名 我国少数民族之一。主要分布在甘肃。

【裕如】yùrú ❶ 形 宽裕从容 ▷措置～|应对～。❷ 形 形容生活富裕丰足 ▷家境～。

粥 yù 见 1566 页"荤(xūn)粥"。

另见 1794 页 zhōu。

矞 yù 名〈文〉象征祥瑞的彩云 ▷～云翔龙。

蓣（蕷） yù 见 1279 页"薯(shǔ)蓣"。

罭 yù 名〈文〉一种细密的渔网。

愈（*瘉❷ 癒❷） yù ❶ 动〈文〉超过;胜过 ▷浊富与清贫孰～|以其～己而信之。→ ❷ 动 (病)好 ▷痊～|～合。→ ❸ 副 连用,表示程度随着事物的发展而发展,相当于"越……越……" ▷～战～勇。○ ❹ 名 姓。☛ "愈……愈……"跟"越……越……"不同。前者多用于书面语;后者多用于口语。

【愈发】yùfā 副 越发 ▷矛盾～尖锐。

【愈合】yùhé 动 疮口或伤口长好 ▷伤口很快就会～◇心灵的创伤很难～。

【愈加】yùjiā 副 越发;更加(多用于书面语) ▷脸色～严肃|两者的矛盾～凸显。☛ 参见 469 页"更加"的提示。

【愈演愈烈】yùyǎn-yùliè 指事态或情况演变得越来越严重。

【愈益】yùyì 副〈文〉更加 ▷经济～繁荣。

煜 yù 动〈文〉照耀。

澦（澦） yù 见 1590 页"滟(yàn)澦堆"。

誉（譽） yù ❶ 动 称许;赞扬 ▷赞～|过～。→ ❷ 名 名声;特指好名声

▷～满全球|声～|信～。○ ❸ 名 姓。

【誉称】yùchēng ❶ 名 美称② ▷这条防护林带有绿色长城的～。❷ 动 称赞 ▷这片树林被～为小鸟天堂。

【誉为】yùwéi 动 称赞作 ▷杜甫被～诗圣。

蔚 yù ❶ 名 蔚县，地名，在河北。○ ❷ 名 姓。另见 1435 页 wèi。

蜮 yù 名〈文〉传说中的一种怪物，专在水里暗中害人 ▷鬼～。

毓 yù 动〈文〉生养；养育 ▷钟灵～秀。

陾 yù 名〈文〉河岸弯曲的地方。另见 15 页 ào。

薁 yù 见 1654 页"蘡(yīng)薁"。另见 15 页 ào。

熨 yù [熨帖] yùtiē ❶ 形 恰当；妥帖 ▷想象奇特，比喻～|表演～自如。❷ 形 心情平静舒畅 ▷合家欢聚，～舒心。☛ ㊀"熨"这里不读 yùn。㊁"熨帖"不宜写作"熨贴"。

另见 1710 页 yùn。

遹 yù 动〈文〉遵循；依照。

豫[1] yù〈文〉❶ 形 安乐；安逸 ▷忧劳可以兴国，逸～可以亡身。→ ❷ 形 欢快；高兴 ▷吾王不～，吾何以助？

豫[2] yù 名 河南的别称 ▷～剧。☛"豫"字左边是"予"，不是"矛"。

【豫剧】yùjù 名 地方戏曲剧种，流行于河南全省和山西、陕西等省份的部分地区。以梆子击拍，以板胡为主要伴奏乐器。也说河南梆子。

燠 yù 形〈文〉热；暖 ▷～热|～暑。☛ 不读 ào。

燏 yù 名〈文〉火光。

鹬(鷸) yù 名 鸟，羽毛多为沙灰、黄褐色，嘴和腿都很长。常在水边觅食小鱼、贝类和昆虫。种类很多，常见的有丘鹬、细嘴滨鹬等。

【鹬蚌相争，渔翁得利】yùbàng-xiāngzhēng，yúwēng-délì《战国策·燕策二》中说：蚌张开壳晒太阳，鹬去啄它的肉，被蚌壳夹住了嘴，双方相持不下，最后都被渔人捉住。比喻双方相争，让第三者从中得到好处。

鬻 yù 动〈文〉卖 ▷卖儿～女|卖官～爵|～画。

yuān

鸢(鳶) yuān 名 猛禽，上体暗褐色杂棕白色，下体大部分是灰棕色带黑褐色纵纹，上嘴弯曲，趾有利爪，翼大，善于飞翔。吃蛇、鼠、鱼和其他鸟类。属国家保护动物。通称老鹰。☛ 上边是"弋"，不是"戈"。

【鸢尾】yuānwěi 名 多年生草本植物，根匍匐多节，叶剑形，大花青紫色，结蒴果，长椭圆形。供观赏。茎可以做药材。

眢 yuān〈文〉❶ 形 眼睛干瘪失明 ▷目～血裂。→ ❷ 形 枯干无水 ▷～井。

鸳(鴛) yuān 名 指鸳鸯 ▷双～戏水。

【鸳鸯】yuānyāng ❶ 名 鸟，形体像野鸭而略小。雄鸟羽毛绚丽多彩，眼棕色，外围有黄白色环，嘴红棕色；雌鸟稍小，羽毛苍褐色，腹部纯白。善游泳，飞行力强，栖息在内陆湖泊和溪流中。雌雄成对生活。属国家保护动物。参见插图 5 页。❷ 名 比喻像鸳鸯一样成对成双的人或物 ▷～侣|～瓦|～剑。

【鸳鸯楼】yuānyānglóu 名 专供年轻新婚夫妇居住的楼房。

【鸳鸯名片】yuānyāng míngpiàn 夫妇二人合印的名片。

【鸳鸯座】yuānyāngzuò 名 影剧院等为夫妇、情侣特设的双人座位。

冤(*寃寃) yuān ❶ 动 受到或使人受到不公正的待遇；被加上或给人加上不应有的罪名 ▷～案|～情|～狱|～屈。→ ❷ 名 冤案；冤枉事 ▷不白之～|含～负屈|伸～。→ ❸ 名 冤仇；仇恨 ▷～～相报|～家。→ ❹ 形 不合算 ▷这钱花得真～。☛ 下边是"兔"，不是"免"。

【冤案】yuān'àn 名 由于错判或被诬陷而造成冤枉的案件 ▷制造～|纠正～。

【冤仇】yuānchóu 名 因遭受侵害或屈辱而对制造冤屈的人产生的仇恨 ▷结下～|化解～。

【冤大头】yuāndàtóu 名 指枉费钱财的人 ▷不能把游客当～来坑骗。

【冤魂】yuānhún 名 迷信指蒙冤而死的鬼魂。

【冤家】yuānjia ❶ 名 死对头 ▷兵戎相见的～|～路窄。❷ 名 对所爱的人的昵称；泛指似恨实爱、给自己带来烦恼又难以割舍的人。

【冤家路窄】yuānjiā-lùzhǎi 仇人或不愿相见的人偏偏碰到一块儿；比喻矛盾回避不了。

【冤假错案】yuān-jiǎ-cuò'àn 冤案、假案、错案 ▷纠正～。

【冤苦】yuānkǔ 名 因冤枉而蒙受的痛苦 ▷诉不尽的～。

【冤孽】yuānniè ❶ 名 佛教指因造孽而招致的报应；罪孽，冤仇。❷ 名 冤家② ▷小～。

【冤情】yuānqíng 名 受冤枉的情况 ▷吐露～。

【冤屈】yuānqū ❶ 名 冤枉②。❷ 动 冤枉①。❸ 形 冤枉③。

【冤枉】yuānwang ❶ 动 使无罪者承担罪名；使

无错者承担过错责任 ▷不～一个好人。❷ 名 被加上的不应有的罪名或过错 ▷你有什么～，尽管说吧。❸ 形 形容所加的罪名不成立或受到的待遇不公平 ▷他被开除很～。❹ 形 不必要或不值得的 ▷花～钱｜走～路。

【冤枉路】yuānwanglù 名 不必走或不值得走的路 ▷我对这一带不熟悉，走了不少～。

【冤枉钱】yuānwangqián 名 不值得花的钱。

【冤狱】yuānyù 名 指被错判的案件 ▷昭雪～。

渊（淵） yuān ❶ 名 深潭；深池 ▷天～之别｜积水成～｜深～｜～源。→ ❷ 形 深 ▷～深｜～博。○ ❸ 名 姓。

【渊博】yuānbó 形（学识）深厚广博 ▷学问～。☛ 跟"广博"不同。"渊博"侧重强调学问精深；"广博"侧重强调知识面广。

【渊深】yuānshēn 形（知识）深厚 ▷～的功底。

【渊薮】yuānsǒu 名 比喻某种人或事物聚集的地方（渊：深水，鱼类聚集的地方；薮：低湿的草地，禽兽聚集的地方）▷知识的～｜盗贼的～。

【渊源】yuānyuán 名 水流的源头。比喻事物产生的本原 ▷追溯～｜有家学～。

涴 yuān 名 涴市，地名，在湖北。另见 1445 页 wò。

蜎 yuān 名〈文〉孑孓。

箢 yuān［箢箕］yuānjī 名 某些地区指竹篾等编制的盛物器具。

鹓 yuān［鹓鶵］yuānchú 名 传说中凤凰一类的鸟。

yuán

元[1] yuán ❶ 名〈文〉人头。→ ❷ 形 为首的；居第一位的 ▷～首｜～帅。→ ❸ 形 开始的 ▷～年｜～始。→ ❹ 形 主要的；基本的 ▷～素｜～音｜～气。❺ 名 要素；元素 ▷一～论｜多～性。❻ 名 构成整体的一部分 ▷单～｜～件。○ ❼ 名 姓。

元[2] yuán 名 朝代名。公元 1206 年蒙古孛儿只斤·铁木真（成吉思汗）建立蒙古汗国，1271 年忽必烈定国号为元，1279 年灭南宋，定都燕（yān）京（后改称大都，即今北京）。1368 年被朱元璋推翻。

元[3] yuán ❶ 名 我国旧时所铸银质、铜质圆形货币的名称 ▷银～｜铜～。→ ❷ 量 我国本位货币单位。1 元等于 10 角，等于 100 分。

【元宝】yuánbǎo 名 两头翘、中间凹的金锭或银锭。是我国古代的一种钱币。

【元旦】yuándàn 名 一年的第一天；今指公历 1 月 1 日。

【元件】yuánjiàn 名 机器、仪表等的基本部件，可以在同类装置中替换使用。如单个儿的晶体管、电容器等。

【元老】yuánlǎo 名 古称帝王的老臣。今多指年纪大、阅历广、资历深的人。

【元麦】yuánmài 名 裸大麦。

【元谋猿人】yuánmóu yuánrén 中国猿人的一种，生活在距今约 170 万年前。1965 年在我国云南元谋上那蚌村发现门齿化石，是我国迄今发现的最早的猿人化石。从化石展现的特征来看，跟北京猿人的门齿相近。也说元谋人。

【元年】yuánnián ❶ 名 帝王或诸侯即位的第一年；也指帝王改号后的第一年。如鲁隐公元年、汉武帝元光元年。❷ 名 纪年的第一年 ▷公元～｜民国～。

【元配】yuánpèi 现在一般写作"原配"。

【元气】yuánqì ❶ 名 我国古典哲学指产生和构成天地万物的原始物质 ▷天地成于～。❷ 名 指人、国家或机构的生命力 ▷恢复～。

【元器件】yuán-qìjiàn 元件和器件。

【元曲】yuánqǔ 名 元代杂剧和散曲的统称；也专指杂剧 ▷唐诗、宋词、～是我国古代文学史上的三座高峰。

【元日】yuánrì〈文〉❶ 名 正月初一 ▷～开笔，读书进益。❷ 名 吉日 ▷敬简～，升坛受禅（简：选择）。

【元戎】yuánróng〈文〉❶ 名 大型兵车 ▷～十乘，以先启行。❷ 名 元帅；主将 ▷任总～，受命安边。

【元首】yuánshǒu ❶ 名 君主。❷ 名 指国家最高首脑。

【元帅】yuánshuài ❶ 名 古代称统率全军的最高武官。❷ 名 军衔的一级。1955—1965 年我国曾设立元帅军衔，高于大将。我国现行军衔制未设元帅军衔。

【元素】yuánsù ❶ 名 要素。❷ 名 化学上对具有相同核电荷数（即相同质子数）的一类原子的总称。如氢元素就是核电荷数为 1 的氢原子的总称。也说化学元素。

【元素符号】yuánsù fúhào 表示化学元素的符号。国际通用以元素拉丁文名称的第一个字母（大写）来表示，如第一个字母与其他元素符号相同，就附加一个字母（小写）。如氮的元素符号是 N，钠的元素符号是 Na。

【元宵】yuánxiāo ❶ 名 农历正月十五日为上元节，这一天的晚上称元宵 ▷～观灯｜闹～。也说元夜。❷ 名 元宵节应时食品，用糯米粉做成，小球形，有馅儿。

【元宵节】yuánxiāojié 名 我国传统节日，在农历正月十五日。这天夜晚民间有观灯的习俗。也说灯节、上元节。

【元凶】yuánxiōng 名 罪魁祸首 ▷祸国殃民的～。

【元勋】yuánxūn 名 建立卓著功勋的人 ▷开国

～|创业～。

【元夜】yuányè 图 元宵①。

【元音】yuányīn 图 发音时声带颤动,气流经过口腔和咽头不受阻碍而形成的音。如普通话中的 a、o、e、i、u、ü 等。也说母音。

【元鱼】yuányú 现在一般写作“鼋鱼”。

【元月】yuányuè 图 农历每年的第一个月。现在多指公历一月。

芫 yuán [芫花] yuánhuā 图 落叶灌木,叶子椭圆形,开淡紫色花,核果白色。花可供观赏,花蕾可以做药材。☛“芫”字读 yán,用于“芫荽”,通称香菜。

另见 1580 页 yán。

园(園) yuán ❶ 图 种植蔬菜、花果、树木等的地方,通常四周有矮墙或篱笆 ▷菜～子|花～|果～|～林|～艺。→ ❷ 图 游览娱乐的场所 ▷游乐～|动物～|公～|戏～。☛ 跟“圆”不同。“圆”指圆形,用于“圆圈”“圆周”“圆满”等词语中。

【园地】yuándì ❶ 图 种植蔬菜、花卉或果树等的田地的统称 ▷农科所的实验～。❷ 图 借指开展某种活动的处所或范围 ▷学习～|群众文化活动～◇诗歌～|学术～。

【园丁】yuándīng ❶ 图 园艺工人 ▷～在修剪花枝。❷ 图 比喻教育工作者 ▷教师是辛勤的～。

【园林】yuánlín 图 一种人工营造的花园式风景区。里面堆山造水、植树种花并配筑亭台楼阁,供人游玩休息 ▷苏州～|～建筑。

【园陵】yuánlíng 图 有园林的皇家墓地。

【园圃】yuánpǔ 图 种植树木、花草、蔬菜等的园地。☛“圃”不读 fǔ。

【园区】yuánqū 图 集中发展某项事业的区域 ▷高科技～|工业～。

【园田】yuántián 图 种植蔬菜的园地。

【园艺】yuányì 图 栽培蔬菜、果木、花卉等的技艺 ▷高超的～。

【园艺师】yuányìshī 图 具有种植蔬菜、花卉、果树等园艺技术的专门人员。

【园子】yuánzi ❶ 图 园圃。❷ 图 旧时某些地区指戏院。

员(員) yuán ❶ 图 指从事某种职业或担当某种职务的人 ▷官～|职～|雇～|指挥～|～工|人～。→ ❷ 图 指一定团体或组织中的成员 ▷会～|党～|团～|队～|组～。→ ❸ 量 多用于武将 ▷十～大将。○ ❹ 图 周围 ▷幅～。☛ 通常读 yuán;读 yún,古代用于人名,如春秋时的伍员,即伍子胥;读 yùn,用于姓氏。

另见 1707 页 yún;1709 页 yùn。

【员额】yuán'é 图 机构人员的定额 ▷～已满。

【员工】yuángōng 图 职员和工人 ▷师生～|这家商场的～不多。

【员外】yuánwài ❶ 图 古代官职员外郎的简称。最初加设在侍郎的正式定员以外,故称。❷ 图 旧指做过官的地主富豪(多见于早期白话)。

沅 yuán 图 沅江,水名。源于贵州,经湖南流入洞庭湖。

妧 yuán 用于人名(一般用于女性)。

另见 1418 页 wàn。

垣 yuán ❶ 图 矮墙;泛指墙 ▷残～断壁|断瓦颓～|短～|城～。→ ❷ 图〈文〉城市 ▷省～(省城)。☛ 跟“桓(huán)”“恒(héng)”不同。

爰 yuán〈文〉❶ 代 哪里 ▷乱离瘼矣,～其适归? ○ ❷ 连 表示顺承关系,相当于“于是” ▷道其能道,～为诗歌。

袁 yuán 图 姓。

原[1] yuán ❶ 图 事物的根本或开端 ▷穷～竟委|～委|本～。→ ❷ 动〈文〉推求;追究(事物的根源) ▷～本穷末|～始究终。→ ❸ 形 开始的;最初的 ▷～始|～虫|～生。⇒ ❹ 形 本来的;没有改变的 ▷～封不动|～籍|～价|～意。❺ 图 本来的样子 ▷复～|还～。⇒ ❻ 副 本来;原来 ▷～有两辆车|～打算出去玩。⇒ ❼ 形 没有经过加工的 ▷～粮|～料|～型|～稿。○ ❽ 图 姓。

原[2] yuán 动 宽容;谅解 ▷情有可～|～谅。

原[3] yuán 图 平坦而广阔的地面 ▷星星之火,可以燎～|～野|平～。

【原案】yuán'àn 图 最初的案卷 ▷～已封存。

【原班人马】yuánbān rénmǎ 原有的人员。

【原版】yuánbǎn ❶ 图 书籍、画册、音像制品等最初的合法的版本 ▷～录像带。❷ 图 指未经翻译的原作;翻译片所依据的原来影片 ▷英文～《威尼斯商人》。

【原本】yuánběn ❶ 图 最初的刊本;原稿 ▷～已经遗失|这是鲁迅《野草》的～。❷ 图 翻译所依据的原书 ▷《死魂灵》是根据俄文～翻译的。○ ❸ 副 原来;本来 ▷这里～是防空洞|你～就不该去。

【原材料】yuán-cáiliào 原料和材料。

【原唱】yuánchàng ❶ 动 某首新歌由某演唱者首次公开演唱或录制成唱片、音带等 ▷原人～。❷ 图 指原唱者 ▷邀请～参加。

【原虫】yuánchóng 图 病原虫。

【原创】yuánchuàng ❶ 动 首创;创始 ▷这项技术由他～。❷ 图 指原创者 ▷请～上台领奖。

【原创性】yuánchuàngxìng 名 发明创造等具有的首创的性质。

【原地】yuándì 名 原来的地方;起始处 ▷～踏步|跑了一圈,又返回～。

【原地踏步】yuándì-tàbù 在原地做踏步的动作;比喻工作、学习等没有进展。

【原定】yuándìng 动 原来决定或规定 ▷～下午两点开会,现因故延期|执行～计划。

【原动机】yuándòngjī 名 把火力、水力、风力等转化为动力的机械。

【原动力】yuándònglì 名 产生动力的力;比喻推动事物发展的根本力量 ▷电力是各种机械力的～|推动历史前进的～。

【原发性】yuánfāxìng 名 初次或从本原上造成某种问题的性质 ▷这种病多具～|～高血压。

【原封】yuánfēng 形 原来封着的;保持原样的 ▷～包装|把礼物～退回。

【原稿】yuángǎo 名 作者写成后未经过别人修改的稿子;据以排版或制版印刷的稿子 ▷～退回|修改～。

【原告】yuángào 名 向法院提起民事诉讼或行政诉讼的公民、法人或其他组织及行政机关(跟"被告"相对)。☛ 跟"原告人"不同。

【原告人】yuángàorén 名 刑事诉讼中向法院提起诉讼的人。☛ 跟"原告"不同。

【原故】yuángù 现在规范词形写作"缘故"。

【原话】yuánhuà 名 原来的未加改动的话 ▷我转述的是他的～。

【原籍】yuánjí 名 本来的籍贯(跟"客籍"相区别) ▷～北京,久居南京。也说祖籍。

【原价】yuánjià 名 原来的价格(跟"现价"相区别) ▷照～赔偿。

【原件】yuánjiàn ❶ 名 文件的原本 ▷～存档|据～复印。❷ 名 原来的物件 ▷根据～复制。❸ 名 没有启封或变动的物品 ▷收货人姓名不详,～退回。

【原矿】yuánkuàng 名 开采出来尚未加工的矿石。

【原来】yuánlái ❶ 名 开始的时候;过去(qù) ▷比～进步多了。❷ 区别 以前固有的;本来的 ▷街道还是～的样子。❸ 副 表示发现了从前不知道的真实情况或有所醒悟 ▷～是塑料花,我还以为是鲜花呢!|啊!～是刘大姐! ☛ 不要写作"元来"。

【原理】yuánlǐ 名 具有普遍意义的基本理论或科学道理 ▷几何～|弄清～。

【原粮】yuánliáng 名 未经加工的粮食。如没有碾成米的稻谷、没有磨成面粉的小麦等。

【原谅】yuánliàng 动 对人的疏忽、过失或错误予以理解和宽恕 ▷～他初犯。☛ 跟"谅解"不同。"原谅"侧重于宽恕,既可用于对待别人,也可用于对待自己;"谅解"侧重于体谅,只用于对待别人。

【原料】yuánliào 名 尚待加工的材料。如家具厂所用的木材、制糖厂所用的甜菜或甘蔗。

【原麻】yuánmá 名 作为纺织品原料的麻类纤维。

【原毛】yuánmáo 名 没有经过加工的用作纺织品原料的羊毛、驼毛、兔毛等兽毛。

【原貌】yuánmào 名 原来的面貌。

【原煤】yuánméi 名 开采出来,没有经过筛、洗、选等加工的煤。☛ 不要写作"元煤"。

【原棉】yuánmián 名 作为纺织品原料的皮棉。

【原名】yuánmíng 名 原先的名字 ▷茅盾～沈德鸿,字雁冰。

【原木】yuánmù 名 未经加工的木材。

【原判】yuánpàn 名 原审。

【原配】yuánpèi ❶ 名 指第一次娶的妻子 ▷他的～早已去世。❷ 区别 第一次结婚的 ▷他们是～夫妻。

【原坯】yuánpī 名 已成形而尚未放入窑炉烧制的坯胎。

【原任】yuánrèn ❶ 动 原来担任 ▷他～中文系主任,现任校长。❷ 名 现已离任的人;前任 ▷～已经离休|～调走了。

【原色】yuánsè 名 能调配成各种颜色的基本颜色。红、黄、蓝是颜料中的三原色。红、绿、蓝是色光中的三原色。也说基色。

【原审】yuánshěn 名 法院审理案件时,被告不服判决,依法提出上诉,相对于第二次审判而言,第一次审判称为原审。

【原生】yuánshēng 区别 最原始的;最初生成的 ▷～林|～动物|～态。

【原生动物】yuánshēng dòngwù 最原始、最低等的动物。由单细胞构成。生活在水中或其他生物体内。如疟原虫和草履虫等。

【原生林】yuánshēnglín 名 从未遭受人为破坏和经营活动影响的天然森林。也说原始林。

【原生态】yuánshēngtài 名 原始的、没有受外界影响的自然或社会的环境、状态;特指原有的、没有被加工修饰的艺术形态 ▷依山傍水的～美景|这里的茶是～的,不施化肥农药|民歌唱法尽可能地接近～|～舞蹈。

【原生质】yuánshēngzhì 名 泛指细胞内的全部生命物质,包括细胞膜、细胞质和细胞核,主要成分是核酸和蛋白质。是生命的物质基础。

【原声带】yuánshēngdài 名 直接在录音棚里录制的原版的录音磁带。

【原始】yuánshǐ ❶ 形 最古老的;没有开发或开化的 ▷～部落|生产工艺非常～。❷ 区别 原来的;第一手的 ▷～证据|～史料。

【原始公社】yuánshǐ gōngshè 人类在原始社会里

以血缘关系结成的基本经济单位和社会组织。参见本页“原始社会”。

【原始股】yuánshǐgǔ ❶ 名 指一级股票市场上公开发行的新股票。❷ 名 公司上市之前发行的股票。

【原始积累】yuánshǐ jīlěi 指资本原始积累，即资本主义发展初期，资产阶级通过暴力对农民、其他小生产者以及殖民地人民进行残酷剥削和血腥掠夺而积累财富和资本；今也指经营者的资金、资产的原始积累。

【原始林】yuánshǐlín 名 原生林。

【原始社会】yuánshǐ shèhuì 人类历史上最早的社会形态。生产力极其低下，生产资料公有，人们共同劳动、共同消费，没有阶级、没有剥削。原始社会初期，人们主要使用石器，以采集野果和狩猎为生；后期有了农业、畜牧业和小手工业。

【原诉】yuánsù 名 原告方在起诉过程中相对于后来追加的诉讼请求的原诉讼请求（跟“新诉”相区别）。

【原汤】yuántāng 名 煮、炖食物后留下的没有再兑水的汤汁。也说原汁。

【原为】yuánwéi 动 原本是；起初是 ▷他～该企业的第一把手，现退居二线。

【原委】yuánwěi 名 事情从始至终的过程；始末 ▷探究～|把这件事的～说清楚。

【原文】yuánwén 名 引用、抄写、改写或翻译所依据的文本或其中的语句 ▷引用～。

【原物】yuánwù 名 原来的东西 ▷～奉还。

【原先】yuánxiān 名 从前；最初 ▷～我不懂。

【原薪】yuánxīn 名 原来的薪金等级 ▷恢复～。

【原形】yuánxíng 名 原来的样子 ▷显露～。☛ 跟“原型”不同。

【原形毕露】yuánxíng-bìlù 本来的样子完全暴露（毕：全部）。指伪装被剥掉，露出真面目。

【原型】yuánxíng 名 原来的类型或模型；特指文学创作塑造人物形象所依据的现实生活中的真实人物。☛ 跟“原形”不同。

【原盐】yuányán 名 只经过初步晒制或熬制出来的含有较多杂质的食盐，多用作工业原料。

【原样】yuányàng 名 原来的样子 ▷保持～。

【原野】yuányě 名 平原旷野 ▷～一片翠绿。

【原液】yuányè 名 原来的没有加入其他成分的汁液 ▷染色～。

【原意】yuányì 名 原来的意思；本意 ▷不失～。

【原因】yuányīn ❶ 名 引起某事发生的条件或造成某种结果的条件；理由（跟“结果”相对，②同）▷说明～|找出事故的～。❷ 名 哲学上指能够产生他事物或现象的事物或现象。

【原由】yuányóu 现在规范词形写作“缘由”。

【原油】yuányóu 名 未经提炼加工的石油。

【原有】yuányǒu 动 原来拥有或具有 ▷仓库～粮食1万吨|～文化程度。

【原宥】yuányòu 动〈文〉原谅 ▷请予～。

【原原本本】yuányuánběnběn 副 按事情原样不加任何改动地 ▷～讲了一遍|～照样子做了。☛ 不要写作“源源本本”“元元本本”。

【原则】yuánzé ❶ 名 说话、做事所遵循的根本准则 ▷丧失～|在～问题上，不能让步。❷ 名 宏观上；总体上 ▷提出统筹发展的～意见|～同意上述方案。

【原则性】yuánzéxìng ❶ 名 严格执行原则的性质 ▷把～和灵活性有机地结合起来。❷ 名 宏观的或总体的性质 ▷双方达成～协议。

【原汁】yuánzhī ❶ 名 原汤。❷ 名 没有经过加工的果汁、蔬菜汁 ▷鲜榨～。

【原汁原味】yuánzhī-yuánwèi 食物原有的汤汁和味道；比喻事物没有受外来影响的本来固有的风格、特性、状况等。

【原值】yuánzhí 名 本来的价值 ▷核对设备～。

【原职】yuánzhí 名 原有的职务 ▷恢复～。

【原址】yuánzhǐ 名 原来的地址 ▷来信请寄～。

【原纸】yuánzhǐ 名 供进一步加工用的原料纸。

【原种】yuánzhǒng 名 动植物原来的品种；培育良种的种用动植物。

【原主】yuánzhǔ 名（物品等）原先的所有者 ▷把房屋交还～。

【原住民】yuánzhùmín 名 世代居住在当地的居民 ▷当地～受到政府保护。也说土著。

【原著】yuánzhù ❶ 名 著作的原本；翻译、改编、缩写等所依据的著作 ▷系统地学习～|把～和译本对照着读。❷ 名 指原本的作者 ▷影片《祝福》～鲁迅，改编夏衍。

【原装】yuánzhuāng ❶ 区别 由原生产单位封装后，未经启封的 ▷～白兰地。❷ 区别 由原生产单位整体生产，而不是其他单位组装的 ▷购买～彩色电视机。

【原状】yuánzhuàng 名 原来的状态；原来的样子 ▷恢复～。

【原子】yuánzǐ 名 组成单质和化合物分子的最小微粒。由带正电的原子核和围绕原子核运动的带负电的电子组成。

【原子弹】yuánzǐdàn 名 一种核武器，利用铀、钚等重元素的原子核裂变于瞬间放出巨大能量，发生猛烈爆炸。爆炸时产生的冲击波、光辐射、贯穿辐射和放射性沾染，有极大的杀伤力和破坏作用。

【原子反应堆】yuánzǐ fǎnyìngduī 核反应堆。

【原子核】yuánzǐhé 名 原子的核心部分。带正电，由质子和中子组成。原子质量绝大部分集中在原子核中。

【原子量】yuánzǐliàng 名 元素原子的相对质量。通常以碳12(C_{12})质量的$\frac{1}{12}$为标准表示各种元素原子的相对质量。如碳的原子量约为12,氢的原子量约为1,氧的原子量约为16。

【原子能】yuánzǐnéng 名 原子核发生裂变或聚变反应时释放出来的能量。这种能量相当于燃烧等量的煤所放出的化学能量数百万倍以至一千万倍以上。主要用于工业、军事等方面。也说核能。

【原子武器】yuánzǐ wǔqì 核武器。

【原子钟】yuánzǐzhōng 名 一种利用原子能的稳定振荡频率制成的精密计时器。

【原罪】yuánzuì 名 基督教指人类始祖亚当和夏娃在伊甸园犯下的偷吃禁果的罪。这个罪传给后世的子孙,就成了人类社会一切罪恶和灾难的根源。现多指最初的或原来的罪 ▷追究~。

【原作】yuánzuò ❶ 名 艺术作品的最初的创作 ▷~较粗糙。❷ 名 原著①。

圆(圓) yuán ❶ 名 从中心点到周边任何一点的距离完全相等的图形 ▷画一个~|半~。→ ❷ 形 圆形的 ▷~桌|~~的脸盘儿。→ ❸ 形 完备;周全 ▷把话说~了|~满|~滑。❹ 动 使完备;使周全 ▷自~其说|~场|~梦。→ ❺ 形 形状像球的 ▷球瘪了,不~了|~滚滚|滴溜儿~。→ ❻ 形 (歌声)婉转 ▷字正腔~|歌喉~润。→ ❼ 见1693页"元³"。现在一般写作"元"。○ ❽ 名 姓。☛ ㊀不能简化成"园"。㊁参见1694页"园"的提示。

【圆白菜】yuánbáicài 名 结球甘蓝的俗称。

【圆场】yuánchǎng ❶ 名 戏曲动作程式,为了表现舞台空间的转换,剧中人在舞台上按规定环行路线绕行 ▷跑~。❷ 动 为打破僵局或调解纠纷而从中解说或提出折中办法 ▷他俩吵翻了,我去给~。

【圆成】yuánchéng 动 使圆满成功 ▷~美满婚姻。

【圆雕】yuándiāo 名 以石头、木头、金属等为材料进行全方位立体雕刻,使雕刻成的作品可以从各个角度观赏的艺术;也指用这种艺术雕刻成的工艺品(跟"浮雕"相区别)。也说立体雕。

【圆顶】yuándǐng 名 物体呈圆形或半球形的顶部 ▷~教堂|~蚊帐。

【圆房】yuánfáng 动 旧指童养媳到一定年龄跟未婚夫正式结为夫妻;也指新婚夫妻开始同房。

【圆钢】yuángāng 名 断面为圆形的条状钢材。

【圆鼓鼓】yuángǔgǔ 形〈口〉形容圆而凸出的样子 ▷肚子吃得~的。

【圆规】yuánguī 名 一种两脚规。其中一脚是尖针,另一脚可装上铅笔芯或鸭嘴形笔头儿。以尖针脚为圆心,旋转另一脚就可以画出圆或弧。

【圆滚滚】yuángǔngǔn 形〈口〉形容球状物很圆的样子 ▷~的大西瓜。

【圆号】yuánhào 名 铜管乐器,管身盘成圆形,号嘴像漏斗,装有活塞。音域宽广,常用于乐队。也说法国号。参见插图11页。

【圆弧】yuánhú 名 圆周的任意一段。

【圆滑】yuánhuá 形 形容为人处世不讲原则,善于敷衍讨好,各方面都应付得很周到 ▷大家都看不惯他那种~的处世态度。

【圆谎】yuánhuǎng 动 遮掩、弥补谎话中的漏洞 ▷替孩子~绝不是爱孩子。

【圆浑】yuánhún ❶ 形 (形体)丰满 ▷~的脸蛋儿红扑扑的。❷ 形 (声音)圆润浑厚 ▷~的歌喉。❸ 形 (诗文等)韵味浓厚隽永,没有雕琢的痕迹。

【圆寂】yuánjì 动 佛教用语,即涅槃。

【圆括号】yuánkuòhào 名 标点符号,形状是"( )",多用来表示注释。参见810页"括号"。

【圆领衫】yuánlǐngshān 名 不开襟的圆领衣衫。

【圆溜溜】yuánliūliū 形〈口〉形容十分圆 ▷~的葡萄|眼睛瞪得~的。

【圆颅方趾】yuánlú-fāngzhǐ 圆头方脚(趾:脚)。古人认为这是人类的特征。借指人类。

【圆满】yuánmǎn 形 完满无缺 ▷~完成任务。☛ 参见937页"美满"的提示。

【圆梦】yuánmèng ❶ 动 迷信指对梦境进行解说,以预测吉凶。❷ 动 实现梦想 ▷奥运~|终于圆了他的飞天梦。

【圆圈】yuánquān 名 圈子①。

【圆全】yuánquán 形 圆满周全 ▷问题处理得很~|把事情办~。

【圆润】yuánrùn ❶ 形 (物体表面)光滑润泽 ▷~的雨花石。❷ 形 (技法)娴熟流利 ▷用笔遒劲~。❸ 形 (声音)饱满甜润 ▷嗓音~。

【圆实】yuánshi 形 丰满结实 ▷~的小手。

【圆熟】yuánshú ❶ 形 (技艺)娴熟;熟练 ▷技术~。❷ 形 精明老练 ▷他做事非常~。

【圆通】yuántōng 形 遇事能灵活变通而不固执、不死板 ▷她办事机敏~。

【圆筒】yuántǒng 名 圆底、圆口、中空的筒状物 ▷塑料~。

【圆舞曲】yuánwǔqǔ 名 华尔兹①。

【圆心】yuánxīn 名 圆的中心。即同一平面上与圆周的各点距离相等的一点。

【圆心角】yuánxīnjiǎo 名 以圆心为顶点,以半径为两边的角。

【圆形】yuánxíng ❶ 图 平面上圆周围成的形状 ▷～桌面|～屋顶。❷ 图 像球或半球的形状。

【圆凿方枘】yuánzáo-fāngruì 方枘圆凿。

【圆周】yuánzhōu 图 在平面上，跟定点有固定距离的动点运动一周所形成的轨迹。

【圆周角】yuánzhōujiǎo 图 以圆周上的一点为顶点，两条边都跟圆周相交所形成的角。

【圆周率】yuánzhōulǜ 图 圆周长度跟圆直径长度的比值，通常以希腊字母 π 表示。为计算方便，通常取其近似值 3.1416。

【圆珠笔】yuánzhūbǐ 图 用油墨书写的一种笔，笔芯里有油墨，笔尖是个镶嵌在笔芯尖端的小钢珠。书写时油墨随钢珠转动而下。俗称油笔。

【圆柱】yuánzhù 图 以矩形的一边为轴，使矩形旋转一周所围成的立体。也说圆柱体。

【圆锥】yuánzhuī 图 以直角三角形的任意一条直角边为轴，使直角三角形旋转一周所形成的立体 ▷～体。

【圆锥台】yuánzhuītái 图 一个圆锥被平行于底面的平面截去上面部分，所剩的部分叫做圆锥台。也说圆台。

【圆桌】yuánzhuō 图 圆形桌面的桌子。

【圆桌会议】yuánzhuō huìyì 一种会议形式，与会者环圆桌而坐或把座位排成圆圈，不分席位主次，以示一律平等。

【圆子】yuánzi 图 某些地区指用糯米粉做成的食品，多有馅；泛指丸子 ▷酒酿～|肉～。

鼋(黿) yuán 图 爬行动物，吻短，背甲近圆形，散生小疣，暗绿色，体大，腹面白色。生活在江河中。属国家保护动物。通称鼋鱼。也说癞头鼋。参见插图 2 页。

援 yuán ❶ 动 用手拉 ▷攀～。→ ❷ 动 引用 ▷～引|～用|～例。→ ❸ 动 帮助；救助 ▷～助|支～|声～|救～。

【援兵】yuánbīng 图 救兵；增援的部队。

【援建】yuánjiàn 动 援助建设 ▷厂房由部队～。

【援救】yuánjiù 动 援助解救 ▷～遇险游客。

【援军】yuánjūn 图 援兵 ▷阻截敌人～。

【援款】yuánkuǎn 图 援助的款项 ▷调拨～。

【援例】yuánlì 动 引用先例或惯例 ▷～免税。

【援手】yuánshǒu ❶ 动〈文〉《孟子·离娄上》："嫂溺，援之以手。"意思是伸出手拉她上来。后用"援手"泛指救助 ▷社会各界协力～。❷ 图 援助之手，指给别人提供的援助 ▷伸出～。

【援外】yuánwài 动 援助外国 ▷～工程。

【援引】yuányǐn ❶ 动 引用 ▷～经典著作。❷ 动 举荐；提拔 ▷～人才。

【援用】yuányòng 动 引用 ▷～成例。

【援助】yuánzhù 动 支援；帮助 ▷～灾民|～西部地区的经济建设|提供～和大笔低息贷款。

湲 yuán 见 146 页"潺(chán)湲"。

媛 yuán ❶ 见 145 页"婵(chán)媛"。○ ❷ 图 姓。
另见 1701 页 yuàn。

缘(緣) yuán ❶ 动〈文〉顺①；循 ▷～溪而行。→ ❷ 介〈文〉a)沿着；顺着 ▷～江六七百里舳(zhú)舻相接。b)表示原因或目的，相当于"因为""为了" ▷～何出此下策？→ ❸ 图 原因 ▷无～无故|～由。⇒ ❹ 图 缘分 ▷咱们又见面了，真是有～|姻～。⇒ ❺ 图 因缘 ▷结～|化～。○ ❻ 图 边 ▷边～。☛ 右边不是"录"。参见 1395 页"彖"的提示。

【缘分】yuánfèn 图 传统习俗认为人与人之间命中注定的遇合机会；泛指人与人、人与事物之间发生联系的机遇 ▷他跟水利事业有～。☛ "分"不要误写作"份"。

【缘故】yuángù 图 原因 ▷他没上班必定有～|不知什么～又停电了。☛ ㊀不要写作"原故"。㊁参见本页"缘由"的提示㊁。

【缘何】yuánhé 副〈文〉为何；为什么 ▷赌博～屡禁不止？

【缘木求鱼】yuánmù-qiúyú 爬到树上去找鱼。比喻方向或方法有错误，因而不能达到目的。

【缘起】yuánqǐ ❶ 动 因某种原因而产生 ▷事情～于一个投诉电话。❷ 图 事情的起因 ▷弄清这件事情的～。❸ 图 叙述编辑、著作或举办某种活动的缘由、宗旨的文字。

【缘由】yuányóu 图 原因；由来 ▷探其～|说明～。☛ ㊀不要写作"原由"。㊁跟"缘故"不同。"缘由"强调"起因""根由""原委"等意义；"缘故"仅指某一种原因。

塬 yuán 图 我国西北黄土高原上的一种地貌。周围被流水冲刷而形成沟壑，边缘陡峭，顶上仍保持原来形成时比较平坦的状态。如陕北的洛川塬、陇东的董志塬等。

猿(*猨蝯) yuán 图 哺乳动物，与猴类和人类都有相似之处，是除人以外的最高级的动物。比猴大，没有尾巴和颊囊。生活在森林中。种类很多，有大猩猩、黑猩猩、猩猩和长臂猿等。

【猿猴】yuánhóu 图 猿和猴的合称。

【猿人】yuánrén 图 最原始的人类。生活在距今约 300 万年至 20 万年之间的旧石器时代早期。能直立行走，有简单的语言，能制造简单的工具，知道用火煮熟食物，居于洞穴或河岸，以采集和渔猎为生。如北京猿人、爪哇猿人等。

源 yuán ❶ 图 水流开始的地方(跟"流"相区别) ▷～远流长|水～。→ ❷ 图 来源；

根源 ▷推本溯～|财～|兵～。〇 ❸ 名 姓。

【源流】yuánliú 名 源头和水流;比喻事物的起源和发展过程 ▷汉字的～。

【源泉】yuánquán 名 泉水的源头;比喻事物发生的本源 ▷实践是理论创新的～。

【源头】yuántóu 名 水流发源的地方;比喻事物的开始部分 ▷从事故的～说起。

【源于】yuányú 动 发源于;来源于 ▷长江～青海省唐古拉山脉主峰各拉丹冬雪山|划龙舟的风俗～古代。

【源源】yuányuán 形 形容连续不断 ▷～不断|～而来。

【源远流长】yuányuǎn-liúcháng 水源很远,水流很长。形容历史悠久 ▷中华文明～。

嫄 yuán 用于人名。如姜嫄,传说中周朝祖先后稷的母亲。

骕(騵) yuán 名〈文〉腹部的毛为白色、其他部位的毛为红色的马。

辕(轅) yuán ❶ 名 车前部驾牲畜的木杆。先秦时代是一根曲木,在车的中间;汉代以后多是两根直木,在车前两侧 ▷驾～|～马|车～|～门。→ ❷ 名 古代指辕门;后也借指官署 ▷行～。

【辕马】yuánmǎ 名 驾辕的马。

【辕门】yuánmén 名 古代军营前架起两辆车使车辕相向交接形成的门;后指军营的门、官署的外门。

橼(櫞) yuán 见 747 页"枸(jǔ)橼"。

螈 yuán 见 1164 页"蝾(róng)螈"。

圜 yuán 古同"圆"。
另见 598 页 huán。

羱 yuán [羱羊] yuányáng 名 北山羊。

yuǎn

远(遠) yuǎn ❶ 形 空间或时间的距离长(跟"近"相对,②③同) ▷路很～|不～的将来|久～|遥～。→ ❷ 形 关系不密切 ▷～亲|疏～。❸ 动 不接近;不亲近 ▷敬而～之|亲贤臣,～小人。→ ❹ 形 差距大 ▷差～了|～不如他。〇 ❺ 名 姓。

【远程】yuǎnchéng 区别 远距离的 ▷～旅行|～导弹。

【远程教育】yuǎnchéng jiàoyù 教育者对受教育者进行远距离教育的方式。早期的远程教育采用的是函授方式,后来又采用广播、电视、录像等方式,现在采用多媒体和互联网等高新技术进行异地交互式教育方式。也说远距离教育。

【远处】yuǎnchù 名 很远的地方。

【远大】yuǎndà 形 长远而广阔(多用来形容志向、计划等抽象事物) ▷目标～|～的抱负。

【远道】yuǎndào 名 远路 ▷他能走～。

【远地点】yuǎndìdiǎn 名 特指月球或人造地球卫星绕地球运行的轨道上离地心最远的点。

【远东】yuǎndōng 名 欧洲人指离欧洲较远的亚洲东部地区。

【远渡重洋】yuǎndù-chóngyáng 长途旅行,渡过重重海洋。形容路途非常遥远。

【远方】yuǎnfāng 名 遥远的地方 ▷～来信。

【远房】yuǎnfáng 区别 宗族成员中血统较疏远的 ▷～叔叔|～姐姐。

【远非】yuǎnfēi 动 远远不是 ▷～如此。

【远隔】yuǎngé 动 (两边)远远相隔 ▷～千山万水。

【远古】yuǎngǔ 名 遥远的古代。一般指人类历史的初始阶段,即我国历史学中的石器时代 ▷有关～的神话和传说。

【远海】yuǎnhǎi 名 离陆地较远的海域 ▷～海域。

【远航】yuǎnháng 动 远距离航行 ▷～南极洲。

【远见】yuǎnjiàn 名 远大的眼光 ▷颇有～|～卓识。

【远见卓识】yuǎnjiàn-zhuóshí 远大的眼光,卓越的见识。

【远交近攻】yuǎnjiāo-jìngōng 结交远处的国家,进攻邻近的国家,是战国后期秦国统一六国时采用的外交策略。后也指待人处世的一种手段。

【远郊】yuǎnjiāo 名 离市区较远的郊区 ▷家住～。也说远郊区。

【远近】yuǎnjìn ❶ 名 距离;远近的程度 ▷她也没问～,就往那里跑|不计较～。❷ 名 远处和近处 ▷～闻名|驰名～。

【远景】yuǎnjǐng ❶ 名 远处的景物 ▷～很开阔。❷ 名 未来的景象 ▷美好的～|～规划。❸ 名 影视拍摄中一种取景范围,指摄取远距离景物和人物的画面。

【远客】yuǎnkè 名 来自远方的客人。

【远离】yuǎnlí 动 远远离开 ▷～祖国|～父母。

【远路】yuǎnlù ❶ 名 很远的路程 ▷走～|～无轻载。❷ 名 很远的地方 ▷～客人。

【远虑】yuǎnlǜ 名 长远的打算 ▷深谋～。

【远门】yuǎnmén ❶ 名 指离家较远的地方 ▷出了一趟～。❷ 区别 远房 ▷～亲戚。

【远谋】yuǎnmóu 名 着眼于长远利益的谋划 ▷胸无～,手无良策。

【远南】yuǎnnán 名 特指远东及南太平洋地区 ▷～残疾人运动会。

【远期】yuǎnqī 名 未来较远的一段时期 ▷提高

～疗效|～发展战略。

【远亲】yuǎnqīn ❶ 名 血缘关系或婚姻关系疏远的亲戚 ▷我家的一房～。❷ 名 住在远方的亲戚 ▷近邻胜～。

【远日点】yuǎnrìdiǎn 名 指地球等行星或彗星绕太阳运行的轨道上离太阳最远的点。

【远涉】yuǎnshè 动 经由水路远行。

【远涉重洋】yuǎnshè-chóngyáng 远渡重洋。

【远视】yuǎnshì ❶ 形 一种视力功能缺陷,看远处清楚,看近处模糊。❷ 形 比喻目光远大 ▷～达观。❸ 动 朝远处看 ▷极目～。

【远水不解近渴】yuǎn shuǐ bù jiě jìn kě 远处的水解不了眼前的渴。比喻缓慢费时的办法解决不了急迫的问题。也说远水解不了近渴。

【远眺】yuǎntiào 动 从高处向远处看 ▷极目～。

【远途】yuǎntú 名 很远的路途 ▷～运输。

【远望】yuǎnwàng 动 往远处看 ▷登山～。

【远销】yuǎnxiāo 动 向远处销售 ▷～国外。

【远行】yuǎnxíng 动 出远门;去远方 ▷离家～。

【远扬】yuǎnyáng 动 向远处传扬 ▷威名～。

【远洋】yuǎnyáng 名 离大陆远的海洋 ▷～货轮|～作业。

【远因】yuǎnyīn 名 造成某种结果的间接原因(跟"近因"相区别) ▷事件的发生,有近因,也有～。

【远游】yuǎnyóu 动 到远方游历 ▷孤帆～。

【远缘杂交】yuǎnyuán zájiāo 亲缘关系较远的生物个体之间进行杂交。用以培育优良品种。

【远征】yuǎnzhēng 动 远道出征;长途行军 ▷红军不怕～难|～北冰洋|～军。

【远志】yuǎnzhì ❶ 名 远大的志向。○ ❷ 名 多年生草本植物,叶线形,夏秋季开紫色花,果实扁薄。根可以做药材。

【远走高飞】yuǎnzǒu-gāofēi 向远处跑,往高处飞。形容到很远的地方去。

【远足】yuǎnzú 动 徒步旅行 ▷星期六上午老师带我们去～。

【远祖】yuǎnzǔ 名 很多代以前的祖先 ▷人类的～是类人猿。

薳 yuǎn [薳志] yuǎnzhì 名〈文〉远志②。现在一般写作"远志"。

另见 1432 页 wěi。

yuàn

苑 yuàn ❶ 名 饲养禽兽、种植树木的地方(多指帝王或贵族的园林) ▷鹿～|梅～|林～。→ ❷ 名(学术、文艺等)汇集的地方 ▷文～|艺～。○ ❸ 名 姓。☛ ㊀不读 yuán。㊁右下是"㔾",不是"己""已""巳"。

怨 yuàn ❶ 动 对人或事不满或仇恨 ▷天怒人～|～声载道|～恨|恩～|积～。→ ❷ 动 责怪 ▷这事不能～你|任劳任～|～天尤人。☛ 右上是"㔾",不是"己""已""巳"。

【怨不得】yuànbude ❶ 动 不应该埋怨 ▷这件事～他。❷ 副 怪不得;难怪 ▷～屋里这么冷,原来没有关窗子。

【怨敌】yuàndí 名 仇敌;仇人。

【怨愤】yuànfèn ❶ 形 怨恨激愤 ▷心中十分～。❷ 名 怨恨愤怒的情绪 ▷心怀～。

【怨恨】yuànhèn ❶ 动 不满和愤恨 ▷他～自己听信了谣言。❷ 名 不满和愤恨的情绪 ▷不免对他产生了几分～。

【怨偶】yuàn'ǒu 名 长期不和睦的夫妻;借指对立的双方 ▷政坛～。

【怨气】yuànqì 名 怨恨的情绪 ▷化解～。

【怨声载道】yuànshēng-zàidào 怨恨的声音充满道路。形容百姓普遍怨恨不满。

【怨天尤人】yuàntiān-yóurén 抱怨天,责怪别人。指遇到挫折或困难时一味归咎于客观原因,埋怨他人,不从主观上找原因。

【怨言】yuànyán 名 埋怨的话 ▷不发～。

【怨艾】yuànyì 动 悔恨;怨恨 ▷心有～|不因遭遇不平而～。☛ "艾"这里不读 ài。

【怨尤】yuànyóu 名 怨恨或责怪的心理(尤:归咎于,责怪) ▷身处逆境而无～。

院 yuàn ❶ 名 房屋及其周围用墙或栅栏等围起来的空间 ▷我们～儿住五户人家|独门独～|大杂～儿。→ ❷ 名 房前屋后围起来的空地 ▷～里种着花草|庭～。→ ❸ 名 某些机关或公共场所的名称 ▷国务～|保育～|医～|学～|电影～。❹ 名 特指医院或学院 ▷住～|高等～校。○ ❺ 名 姓。

【院落】yuànluò 名 院子。

【院墙】yuànqiáng 名 院子的围墙。

【院士】yuànshì 名 国家设立的科学技术和工程技术方面的最高学术称号。为终身荣誉。

【院线】yuànxiàn 名 英语 theater chain 直译。一种电影发行放映机制,由一个发行主体和若干个影院组成,统一安排影片放映,统一经营管理。

【院校】yuànxiào 名 学院和大学。

【院子】yuànzi 名〈口〉院①②。

垸 yuàn 名 垸子。湖南、湖北等地沿江、湖地区围绕房屋、田地等修筑的像堤坝的防水建筑;也指堤垸内的田地 ▷堤～|～田。

另见 598 页 huán。

衏 yuàn 见 541 页"衏(háng)衏"。

掾 yuàn 名 古代官署属员的统称 ▷～吏|～属。

媛 yuàn 名〈文〉美女 ▷名～淑女。☛ 这个意义不读 yuán。

另见 1698 页 yuán。

瑗 yuàn 名 古代指孔大边小的璧。

愿[1] yuàn 形〈文〉谨慎老实 ▷诚～|谨～。

愿[2]（願） yuàn ❶ 名 希望将来能达到某种目的的想法 ▷如～以偿|夙～|心～|志～。→ ❷ 动 乐意，因符合自己的心愿而同意 ▷他很～帮忙|甘～|情～。→ ❸ 动 想达到某种愿望；希望 ▷～您尽快康复|祝～。❹ 名 向神、佛祈祷时所许下的酬谢心愿 ▷许～|还～|～心。☛"愿"字是左上半包围结构，不是上下结构。

【愿景】yuànjǐng 名 希望达到的景况 ▷美好～。

【愿望】yuànwàng 名 希望能达到某种目的的心愿 ▷良好的～|～强烈。

【愿心】yuànxīn ❶ 名 迷信的人祈求神、佛帮助实现心愿时许下的酬谢诺言 ▷许下～。❷ 名 心愿。

【愿意】yuànyì ❶ 动 乐意；肯（做符合自己心意的事情）▷父亲～跟哥哥生活在一起。❷ 动 希望 ▷谁不～有个好身体呢？

yuē

曰 yuē〈文〉❶ 动 说 ▷国人皆～可杀|子～："己所不欲，勿施于人。"→ ❷ 动 叫做 ▷距圆明园十里，有村～谢庄。☛ 跟"日"不同。

约（約） yuē ❶ 动 限制 ▷～束|制～。→ ❷ 动 事先提出或商量（须要共同遵守的事）▷她俩～好 9 点见面|～定|预～。⇒ ❸ 名 事先说定的事；共同遵守的条款 ▷有～在先|失～|践～|条～|公～。⇒ ❹ 动 邀请 ▷～他来吃晚饭|特～代表|应～。→ ❺ 形 简要 ▷简～。⇒ ❻ 形 少；节俭 ▷节～|俭～。⇒ ❼ 副 约莫② ▷年～七十|亩产～700 斤。⇒ ❽ 动 约分 ▷公～数。

另见 1598 页 yāo。

【约定】yuēdìng ❶ 动 经商量而确定 ▷事先～|～在门口碰头。❷ 名 约定的内容 ▷遵守～。

【约定俗成】yuēdìng-súchéng 指事物名称或行为习惯，是在长期社会实践中共同认定而形成的（俗成：众人习用而形成）。

【约法】yuēfǎ ❶ 动 用法规来约束 ▷村委会与村民～九章。❷ 名 具有宪法性质的暂行文件。如 1912 年公布的《中华民国临时约法》。

【约法三章】yuēfǎ-sānzhāng《史记·高祖本纪》记载，秦朝末年，汉军抢先攻占秦都咸阳，汉王刘邦宣布废除秦法并与当地父老约定：无故杀人者偿命，伤人及偷盗者治罪。后泛指事先订立简单易行的条款由大家共同遵守。

【约访】yuēfǎng 动 约定时间访问 ▷不定期～。

【约分】yuēfēn 动 算术上用分子和分母的最大公约数除分子和分母，使分数简化 ▷$\frac{18}{36}$可以～成$\frac{1}{2}$。

【约稿】yuēgǎo ❶ 动 约请写稿 ▷向作者～。❷ 名 接受约请而写的稿件 ▷还有三部～没完成。

【约合】yuēhé 动 大概折合 ▷1 市亩～666.7 平方米。

【约会】yuēhuì ❶ 动 预先约定会面 ▷我们已经～过了。❷ 名 事先约定的会面 ▷我另有～，明天不能来了。

【约集】yuējí 动 把很多人约请到一起 ▷今天把大家～来，开个座谈会。

【约计】yuējì 动 约略估计 ▷会议开支～5 万元。

【约见】yuējiàn 动 预先约定会见 ▷市人大代表～市长|紧急～。

【约略】yuēlüè 副 大概；略微 ▷那件事～有些印象。

【约莫】yuēmo ❶ 动 估计 ▷我～着月底能完工。❷ 副 表示对数量、时间的估计，相当于"大约" ▷～过了 5 分钟，火车才到站。

【约摸】yuēmo 现在一般写作"约莫"。

【约期】yuēqī ❶ 动 约定日期或期限 ▷～比武|～三年归还。❷ 名 约定的日期或期限 ▷～已到|～已满。

【约请】yuēqǐng 动 邀请 ▷～专家作报告。

【约束】yuēshù 动 限制；管束 ▷严加～。☛ 参见 744 页"拘束"的提示。

【约数】yuēshù ❶ 名 大概的数目 ▷我说的只是个～。❷ 名 能整除一个数的数。如 2、4、8 都能整除 16，2、4、8 都是 16 的约数。也说因数。

【约谈】yuētán ❶ 动 预先约定会谈 ▷就妥善处理已签合同中的遗漏事项问题与对方～。❷ 动 依法依规约定对象进行诫勉性谈话 ▷抓好组织～，推动整改落实。

【约同】yuētóng 动 相邀一同（去）▷～赴会。

【约言】yuēyán 名 约定的话 ▷恪守～|背离～。

彟 yuē 名〈文〉尺度。

彠（彠） yuē〈文〉❶ 名 尺度。→ ❷ 动 用秤称重量；约（yāo）。

yuě

哕（噦） yuě 动 呕吐 ▷胃里翻腾，刚吃下的饭又都～了|干～。

另见 616 页 huì。

yuè

月 yuè ❶ 名 月亮;月球 ▷花好～圆|披星戴～|～光|～食|新～。→ ❷ 名 计时单位,一年分为十二个月 ▷三个～|正(zhēng)～|腊～|闰～。❸ 名 每个月的 ▷～刊|～报|～销量|～工资。→ ❹ 形 形状像月亮那样圆的 ▷～琴|～饼。○ ❺ 名 姓。

【月白】 yuèbái 形 形容颜色白中带着淡蓝 ▷穿一件～衬衫。

【月白风清】 yuèbái-fēngqīng 月光皎洁,微风宜人。形容恬静美好的夜景。

【月半】 yuèbàn 名 一个月的第十五天。

【月报】 yuèbào ❶ 名 月刊 ▷《化学～》|《数学～》。❷ 名 每月一次的报告 ▷～表|上月的～已经交上去了。

【月饼】 yuèbing 名 中秋节应时食品。圆形有馅,取团圆的意思。

【月城】 yuèchéng 名 瓮城。因形似月牙,故称。

【月初】 yuèchū 名 一个月的最初几天 ▷～汇报上个月的生产情况。

【月底】 yuèdǐ 名 一个月的最后几天 ▷～完成。

【月洞门】 yuèdòngmén 名 月亮门。

【月度】 yuèdù 名 作为统计单位的一个月 ▷～报表|～产量。

【月份】 yuèfèn 名 指某一个月 ▷十～计划可以超额完成。☛"份"不要误写作"分"。

【月份牌】 yuèfènpái 名 单张彩画年历的俗称;也指日历、月历。

【月俸】 yuèfèng 名 旧指月薪。

【月工】 yuègōng 名 按月雇用的工人。

【月供】 yuègōng 名 指以按揭方式购房、购车等时,按照贷款协议的规定,贷款者每月向贷款银行分期支付的钱。☛"供"这里不读 gòng。

【月宫】 yuègōng 名 神话指月中宫殿,是嫦娥居住的地方;借指月亮。也说广寒宫。

【月光】 yuèguāng 名 月亮的光。是月球反射的日光。也说月色。

【月光族】 yuèguāngzú 名 对每月都把收入花光的一类人的戏称。

【月桂】 yuèguì 名 常绿乔木。叶子长椭圆形,开黄色花,果实暗紫色,卵形,可供观赏。叶子和果实可以提取芳香油。古代希腊人用月桂枝叶编成帽子,授予杰出的诗人或竞技的优胜者,称"桂冠"。

【月黑天】 yuèhēitiān 名 指没有月光的黑夜。也说月黑夜。

【月华】 yuèhuá ❶ 名〈文〉月光;月色 ▷中秋之夜,～皎洁。❷ 名 月亮周围的彩色光环。由月光经云层中的水滴或冰晶衍射而成。

【月季】 yuèjì 名 常绿或半常绿低矮灌木,茎有刺,四季开花。花也叫月季,多为深红、粉红色,也有白、黄等色,供观赏。根、叶、花均可做药材。也说月季花、月月红。参见插图 7 页。

【月经】 yuèjīng ❶ 名 发育成熟的女子子宫内膜周期性地脱落并出血的生理现象。每 28 天左右 1 次,每次持续大约 3—5 天。一般 13—15 岁开始来月经,45—50 岁停止。❷ 名 月经期流出的血。

【月经带】 yuèjīngdài 名 妇女经期所用的带子。使用时,在带子靠近外阴处放卫生纸。也说卫生带。

【月均】 yuèjūn 动 按每月平均计算 ▷～产量。

【月刊】 yuèkān 名 每月出版一期的刊物。

【月历】 yuèlì 名 每年一册、每月一页的历书。

【月利】 yuèlì 名 按月计算的利息。也说月息。

【月例】 yuèlì ❶ 名 月钱。❷ 名 婉词,指月经。

【月亮】 yuèliang 名 月球的通称。

【月亮门】 yuèliangmén 名 院内隔墙上圆形的门。也说月洞门。

【月令】 yuèlìng 名 农历某个月的气候和物候 ▷按～种植作物。

【月轮】 yuèlún 名 指圆时的月亮。

【月明星稀】 yuèmíng-xīngxī 月色明亮,星星稀少。形容月色明亮的夜空景色。

【月末】 yuèmò 名 月底。

【月偏食】 yuèpiānshí 名 月食的一种。参见本页"月食"。

【月票】 yuèpiào 名 按月购买的乘坐车、船或游览公园等的票证。

【月钱】 yuèqián 名 旧时按月发给家庭成员或学徒、仆人的钱。也说月例。

【月琴】 yuèqín 名 弦乐器,琴面圆形或八角形,琴柄较短。有四根弦或三根弦,用拨子弹奏。参见插图 12 页。

【月球】 yuèqiú 名 地球的卫星,直径约为地球的 $\frac{1}{4}$,每 27.3 日绕地球 1 周。本身不发光,靠反射太阳光而发亮。通称月亮。旧称太阴。

【月球车】 yuèqiúchē 名 能在月球表面行驶,用来考察月球、采集样品的专用车。

【月球站】 yuèqiúzhàn 名 建立在月球表面的综合性科学考察基地。

【月全食】 yuèquánshí 名 月食的一种。参见本页"月食"。

【月嫂】 yuèsǎo 名 专门护理产妇与新生儿的女性家政服务人员。因主要是在产妇坐月子时提供这种服务,故称。

【月色】 yuèsè 名 月光 ▷～朦胧|迷人的～。

【月食】 yuèshí 名 地球运行到月球和太阳之间,

太阳照到月球的光被地球遮挡的现象。太阳光全部被遮住时叫月全食；部分被遮住时叫月偏食。月食总发生在农历十五日或十五日以后一两天。☛ 不要写作"月蚀"。

【月台】yuètái ❶ 名 为赏月而构筑的露天平台。❷ 名 正殿或正房前面凸出的平台。❸ 名 站台①。

【月台票】yuètáipiào 名 站台票。

【月头儿】yuètóur ❶ 名 月初。❷ 名 满一个月的时候(多用于按月付钱财) ▷到～了，该买月票了。

【月兔】yuètù 名 神话传说中月宫里的白兔。借指月亮。

【月尾】yuèwěi 名 月底 ▷～结算|～盘货。

【月息】yuèxī 名 月利。

【月下老人】yuèxià lǎorén 唐·李复言《续幽怪录·定婚店》中说：唐代韦固在宋城遇到一位老人在月下翻阅一书，问何书，老人回称这是天下男女婚配之书。老人指着一老妇抱着的女孩儿对韦固说，这女孩儿将来是你妻子。十多年后韦固果然跟她成婚。后来把撮合婚姻的媒人叫月下老人。也说月下老儿、月老。

【月相】yuèxiàng 名 人们看到的月球盈缺变化的各种形状。包括朔、上弦、望和下弦等。

【月薪】yuèxīn 名 按月发放的工资。

【月牙】yuèyá 名 农历月初天空出现的弯月。☛ 不要写作"月芽"。

【月夜】yuèyè 名 有月光的夜晚 ▷趁着～赶路。

【月晕】yuèyùn 名 月亮周围的彩色光环，内红外紫，是月光穿过云层中的冰晶时经折射而形成的，常是天气变化的预兆 ▷～而风，础润而雨。

【月氏】yuèzhī 名 汉代西域的一个国家的名称。☛ "氏"在这里不读 shì。

【月中】yuèzhōng 名 一个月的中间几天(十五日前后)。

【月终】yuèzhōng 名 月底 ▷～报表|～结算。

【月子】yuèzi ❶ 名 妇女生育后的第一个月 ▷她正在～里。❷ 名 产妇分娩期 ▷她的～是五月底。

【月子病】yuèzibìng 名 产褥热的俗称。

乐(樂) yuè ❶ 名 音乐 ▷奏～|～曲|～章|～队。○ ❷ 名 姓。☛ 参见 831 页"乐(lè)"的提示。

另见 831 页 lào；831 页 lè。

【乐池】yuèchí 名 大型舞台前乐队伴奏的地方。用矮墙与观众席隔开，地势较低，形同池子。

【乐段】yuèduàn 名 由多种乐器的乐句组成的段落。通常表达一个相对完整的音乐构思。

【乐队】yuèduì 名 由多种乐器的演奏人员组成的集体。

【乐府】yuèfǔ 名 汉代掌管音乐的官署。主要任务是制定乐谱、训练乐工和采集民歌等。后来把乐府采集的民歌或文人模仿的作品也称作乐府。

【乐感】yuègǎn 名 对乐音的感悟程度 ▷女儿的～特别好。

【乐歌】yuègē 名 有乐器伴奏的歌曲；泛指歌曲 ▷广场上～四起。

【乐句】yuèjù 名 音乐乐段的主要组成部分。乐段常包括两个或四个乐句。

【乐理】yuèlǐ 名 音乐的基础知识和基础理论。

【乐律】yuèlǜ 名 音律①。

【乐评】yuèpíng 名 评论音乐作品的活动或文章 ▷定期举行～活动|发表～。

【乐谱】yuèpǔ ❶ 名 乐曲 ▷修改～|熟记～。❷ 名 记录乐谱的活页或本子 ▷忘记带～了。

【乐器】yuèqì 名 演奏音乐用的器具。如胡琴、笛子、唢呐、小提琴、锣、鼓等。

【乐曲】yuèqǔ 名 供乐器演奏的、没有唱词的曲子 ▷《长征颂》以歌曲和～颂扬红军长征的壮举。

【乐师】yuèshī 名 具有一定专业技能的音乐演奏者。

【乐手】yuèshǒu 名 演奏乐器的人。

【乐团】yuètuán 名 音乐演出的专业团体 ▷一些国家的著名～|中央民族～。

【乐音】yuèyīn 名 声学上指由发音体有规律地振动而产生的和谐悦耳的声音。如语音中的元音是乐音。

【乐章】yuèzhāng 名 交响曲或其他大型乐曲的组成部分。一般具有相对独立性，有的可以单独演奏。

【乐正】yuèzhèng 名 复姓。

刖 yuè 动 把脚或脚趾砍掉，古代一种酷刑。

轪(軏) yuè 名 古代车辕的前端和横木相连接处的销子。

礿 yuè 名 古代宗庙祭祀的名称。夏、殷称春祭为礿，周称夏祭为礿。

玥 yuè 名 古代传说中的一种神奇的珠子。

岳(*嶽❶❷) yuè ❶ 名 古代指五岳，即东岳泰山、西岳华山、南岳衡山、北岳恒山、中岳嵩山。→ ❷ 名 泛指大山 ▷山～。→ ❸ 名 对妻子的父母或叔伯的称呼 ▷～父|～母|叔～。○ ❹ 名 姓。

【岳父】yuèfù 名 妻子的父亲。也说岳丈。

【岳家】yuèjiā 名 岳父母家。

【岳庙】yuèmiào ❶ 名 祭祀宋代抗金将领岳飞的庙宇。❷ 名 祭祀五岳之神的庙宇；特指东岳庙。

【岳母】yuèmǔ 名 妻子的母亲。也说丈母、丈母娘。

【岳丈】yuèzhàng 名 岳父。

栎（櫟） yuè［栎阳］yuèyáng 名 古地名，在今陕西西安。

另见 850 页 lì。

钥（鑰） yuè〈文〉❶ 名 锁。→❷ 名 开锁的用具 ▷～钩|锁～（比喻军事要地）。

另见 1605 页 yào。

钺（鉞） yuè 名 古代兵器，形状像斧而较大，刃部呈弧形，有长柄，金属或玉石制成，多用于仪仗。

阅（閱） yuè ❶ 动 查点；视察 ▷检～|～兵。→❷ 动 看（文字）▷～览|～读|～卷|评～|传～|赠～。❸ 动 经历；经过 ▷～尽沧桑|～历。○❹ 名 姓。

【阅报栏】yuèbàolán 名 张贴报纸供人阅读的公共设施。也说报栏。

【阅兵】yuèbīng 动 检阅军队。

【阅兵式】yuèbīngshì 名 检阅军队的仪式。

【阅读】yuèdú 动 看（书籍、报刊等），并了解其内容 ▷～课文|掌握～方法。

【阅读器】yuèdúqì 名 一般指电子阅读器，即用来显示数字版本的书籍、期刊、报纸等电子文献的设备（大小多跟普通图书相近）或软件。

【阅卷】yuèjuàn 动 评阅试卷 ▷高考～。

【阅览】yuèlǎn 动 看或浏览（书籍、报刊等）▷～了大量书刊资料|上网～|～室。

【阅历】yuèlì ❶ 动 经历 ▷这几年～的事可多了。❷ 名 由生活经历中得来的知识和经验 ▷～丰富|他的～很浅。☛ 参见 725 页“经历”的提示。

【阅批】yuèpī 动 审阅后批示 ▷此件已经首长～。

【阅世】yuèshì 动 经历世上的事 ▷～尚浅。

悦 yuè ❶ 形 欢乐；欣喜 ▷心～诚服|和颜～色|喜～|欢～。→❷ 动 使高兴 ▷赏心～目|～耳。

【悦耳】yuè'ěr 形 动听 ▷清脆～|歌声～动听。

【悦服】yuèfú 动 内心佩服 ▷领导率先垂范，群众无不～。

【悦目】yuèmù 形 好看 ▷赏心～|鲜艳～。

跃（躍） yuè ❶ 动 跳 ▷跳～|～进◇～居第一。○❷ 名 姓。☛ ㊀统读 yuè，不读 yào。㊁右边是“夭”，不是“天”。

【跃层】yuècéng 名 一种住宅结构模式，一套住宅内有上下两层，由户内独用的楼梯连接 ▷～式住宅|～别墅。

【跃动】yuèdòng 动 跳动 ▷远处的篝火～着，忽明忽暗。

【跃进】yuèjìn 动 跳跃式前进；快速前进 ▷战士们～到敌人碉堡前|经济建设持续～。

【跃居】yuèjū 动（名次等）很快上升并处于（前列位置）▷～全国冠军。

【跃马】yuèmǎ 动 策马驰骋 ▷～挥戈守边疆。

【跃然】yuèrán 形 形容真实生动的样子 ▷激战场景～再现于屏幕|～而出。

【跃然纸上】yuèrán-zhǐshàng 生动活跃地显现在纸上。形容刻画、描写生动逼真。

【跃升】yuèshēng ❶ 动 指飞机迅速上升。❷ 动 跳跃式地上升 ▷传统农业向现代化农业～。

【跃跃欲试】yuèyuè-yùshì 形容急切地想试试身手（跃跃：因急切而心情激动的样子）。☛ 跟“蠢蠢欲动”的感情色彩不同。“跃跃欲试”多带褒义；“蠢蠢欲动”则含贬义。

【跃增】yuèzēng 动 跳跃式地大幅度增长或增加 ▷年收入由 3 万元～到 6 万元。

越[1] yuè ❶ 动 从上面跨过去 ▷～过高山|～野|跨～|超～。→❷ 动 经过 ▷穿～|往事～千年|～冬。→❸ 动 超出（范围）；不按照正常次序 ▷～境|～权|～级。⇒❹ 形 超出或胜过一般的 ▷卓～|优～。⇒❺ 副 连用，构成“越……越……”的格式，表示程度随着情况的发展而加重；“越来越……”表示程度随着时间的推移而加重 ▷调查得～全面，了解得～清楚|～跑～快|天气～来～热。○❻ 动 扬起 ▷声音清～|激～。○❼ 动〈文〉夺取；抢劫 ▷杀人～货。☛ 参见 1691 页“愈”的提示。

越[2] yuè ❶ 名 周朝诸侯国名，原来在今浙江东部一带，后来扩展到今江苏、山东。→❷ 名 指浙江东部 ▷～剧。○❸ 名 姓。☛“越”字右上是“戉”，不是“戊”“戌”“戍”。

【越冬】yuèdōng 动 过冬（多用于病菌、植物、昆虫、鱼类等）▷～小麦|消灭～蚊蝇。☛ 跟“过冬”不同。“越冬”不能用于人；“过冬”能用于人和其他事物。

【越冬作物】yuèdōng zuòwù 在秋季播种，幼苗经过冬季，到第二年春夏收获的农作物。

【越发】yuèfā ❶ 副 表示程度上更进一层，相当于“更加”▷久住海外的人，～怀念祖国和亲人。❷ 副 与前面的“越”或“越是”相呼应，作用跟“越……越……”相同 ▷越到年底，我们单位～忙|越是紧张，就～容易出错。☛ 参见 469 页“更加”的提示。

【越轨】yuèguǐ 动 脱离轨道；比喻（言语、行为）超出规章制度、道德规范所允许的范围 ▷按规矩办事，不能～。

【越过】yuèguò ❶ 动 跨过障碍物、界限等 ▷～黄河。❷ 动 超过；超越 ▷要～前人，非下苦功夫不可｜～了跑在前边的运动员。

【越级】yuèjí 动 越过直属的上级跟更高的上级联系 ▷～反映情况。

【越加】yuèjiā 副 越发；更加 ▷听了这话以后，她的心情～沉重。

【越界】yuèjiè 动 超过边界或其他界限 ▷～经营。

【越境】yuèjìng 动 非法进入或越出边界（多指国境）▷不让犯罪分子～外逃。

【越剧】yuèjù 名 地方戏曲剧种，流行于浙江、上海、苏南等地。清道光末年由浙江嵊县一带的曲艺"落地唱书调"为基础发展而成。后又吸收和借鉴绍剧、京剧等剧种的唱腔和演技，1925 年起始称越剧。

【越礼】yuèlǐ 动 超出礼节的规定；不守规矩 ▷不得～行动。

【越权】yuèquán 动（行为）超出自己的权限。

【越是】yuèshì ❶ 用在名词性词语前作谓语，表示更加是这样；连用，表示被判断的两个事物之间紧密关联 ▷脱贫攻坚越往后，剩下的～难啃的硬骨头｜～民族的，就～世界的。❷ 副 连用，相当于"越……越……"，表示程度随着情况的发展而加重；后面跟"越""越发"等连用，表示程度随着情况的发展而变化 ▷这类高耗能产品的销量～增大，生产企业～亏损｜～着急，越容易出问题｜时代～发展，知识和人才的重要性就越发突出。

【越位】yuèwèi ❶ 动 超越自己的职位或地位 ▷不得～行事。❷ 动 指某些球类运动中一种违规动作。足球比赛中，进攻一方在踢或触及球的瞬间（球门球、角球和界外掷球除外），本方队员比对方队员（守门员除外）离对方球门线更近，而且有干扰对方、干扰比赛或企图在该位置获得利益的行为，该队员被视为越位。冰球、橄榄球比赛也有判越位的规定。

【越野】yuèyě 动 在野地、山地行进 ▷10 千米定向～｜～长跑。

【越野车】yuèyěchē 名 适宜在野外恶劣环境或不良道路上行驶的汽车。

【越野赛】yuèyěsài 名 自行车、摩托车、汽车等在野外复杂地形中进行的比赛。

【越野赛跑】yuèyě sàipǎo 在野外或公路上进行的中长距离赛跑。

【越狱】yuèyù 动（在押犯）逃出监狱 ▷抓获～的罪犯。

【越职】yuèzhí 动 超出职权范围 ▷不要～越权。

【越俎代庖】yuèzǔ-dàipáo《庄子·逍遥游》中说：即使厨师不做饭，掌管祭祀的人也不能放下祭器去代替厨师做饭（俎：盛放祭品的器皿；庖：厨师）。后用"越俎代庖"比喻超出自己职责范围去处理别人负责的事情。☛"庖"不读 bāo。

粤 yuè ❶ 名 指广东和广西 ▷两～。→ ❷ 名 广东的别称 ▷～剧｜～菜。☛ 上边是全包围结构，跟"奥（ào）"的上边不同。

【粤菜】yuècài 名 广东风味的菜肴，以烹制海鲜见长，是我国著名菜系之一。

【粤方言】yuèfāngyán 名 汉语七大方言之一，主要分布于广东中部和西南部、广西东南部及香港、澳门两个特别行政区。也说广东话、粤语。

【粤港澳大湾区】yuè-gǎng-ào dàwānqū 由广东省的广州、深圳、珠海等市和香港、澳门两个特别行政区组成的大规模的湾区城市群。建设这个湾区城市群，旨在全面推进内地同香港、澳门互利合作，是推动形成全面开放新格局的重大举措。

【粤剧】yuèjù 名 地方戏曲剧种，流行于广东、广西南部和香港、澳门等地。形成于清代。曲调由皮黄、梆子、昆腔、弋阳腔等演变而来，并吸收了南音、粤讴等广东民间小调，用广州话演唱。

【粤绣】yuèxiù 名 我国四大名绣之一，以广东广州为中心产地的刺绣。也说广绣。

鷟（鸑） yuè［鷟鷟］yuèzhuó ❶ 名 古代传说中类似凤凰的神鸟。○ ❷ 名 古书上说的一种水鸟，像野鸭而稍大。

樾 yuè 名〈文〉树阴 ▷和风入～。

龠[1] yuè 名 古代一种用竹管编排制成的吹奏乐器，类似后世的排箫。

龠[2] yuè 量 古代容量单位，一千二百粒黍子为一龠，两龠为一合（gě）。

黦 yuè 形〈文〉形容颜色黄黑。

瀹 yuè〈文〉❶ 动 烹煮 ▷～茗（煮茶）。○ ❷ 动 疏导（河道）▷疏～。

爚 yuè〈文〉❶ 名 火光。→ ❷ 动 用火加热；用沸水煮。

籥 yuè ❶ 古同"龠[1]"。○ ❷ 名〈文〉锁钥①。

yūn

晕（暈） yūn ❶ 形 头脑昏乱 ▷头～｜～头～脑｜～头转向｜～～乎乎。→ ❷ 动 昏迷；失去知觉 ▷突然～过去了｜把我给吓～了｜～倒在地｜～厥。☛ 读 yūn，指昏迷或类似昏迷的状况。读 yùn，指天旋地转的感觉,如“晕车”;另还作名词,指日月周围的光环;也指色泽周围轻淡的部分,如“脸上泛起红晕”。

另见1709页yùn。

【晕倒】yūndǎo 动 昏迷倒下 ▷突然～在地。

【晕乎】yūnhu 形 发晕;迷迷糊糊 ▷几杯酒下肚,就～了|不要听了几句奉承话就晕晕乎乎。

【晕厥】yūnjué 动 昏厥。

【晕头晕脑】yūntóu-yūnnǎo 形容头脑昏乱,不清醒 ▷今天～的,上课一点儿也没听进去。

【晕头转向】yūntóu-zhuànxiàng 头脑发昏,不辨方向;比喻在纷繁的事情面前不知所措。☛“转”这里不读zhuǎn。

缊(緼) yūn 见1645页“细(yīn)缊”。另见1710页yùn。

辒(轀) yūn 见405页“轒(fén)辒”。另见1437页wēn。

氲 yūn 见1645页“氤(yīn)氲”。

煴 yūn 名〈文〉小火;没有火焰的火。另见1710页yùn。

颟(頵) yūn 形〈文〉形容头很大的样子。

赟(贇) yūn 形〈文〉美好。

馧 yūn 形〈文〉香。

yún

云[1] yún ❶ 动 说 ▷人～亦～|不知所～。○ ❷ 名 姓。

云[2](雲) yún ❶ 名 成团地聚集并悬浮在空中的细微水滴或冰晶 ▷随风飘来一片～|晴转多～|白～|乌～|～彩|～雾。→ ❷ 名 比喻通过计算机网络(多指因特网)提供计算服务的方式 ▷～计算|～存储。○ ❸ 名 指云南 ▷～贵高原|～腿(云南宣威一带出产的火腿)。

【云板】yúnbǎn 名 一种两端呈云头形的铁质或木质响器,板状,旧时官署、权贵人家和寺院常用作报时报事的器具。☛ 不宜写作“云版”。

【云豹】yúnbào 名 哺乳动物,全身灰黄色或淡黄褐色,体侧有云形暗灰色斑纹,斑纹外缘黑色,宛如云朵。栖息于热带和亚热带丛林中。常在树上活动,主食树栖动物。属国家保护动物。也说荷叶豹、龟纹豹。

【云鬓】yúnbìn 名 指妇女浓密而柔美的鬓发 ▷～蓬松。

【云彩】yúncai 名 云[2]① ▷太阳钻进了～里。

【云层】yúncéng 名 层叠的云 ▷飞机穿出了～。

【云端】yúnduān ❶ 名 云的上方 ▷月亮挂在～。❷ 名 比喻计算机网络(多指因特网) ▷利用数字化技术,将博物馆搬上～|～会议。

【云朵】yúnduǒ 名 零散的块状云。

【云海】yúnhǎi 名 从高处向下看,像海一样的云 ▷黄山～|山脚下是一片～。

【云汉】yúnhàn〈文〉❶ 名 银河 ▷相期邈～。❷ 名 云霄 ▷豪气冲～。

【云集】yúnjí 动 (许多人)像云一样从四面八方聚集在一起 ▷各国运动员～北京。

【云计算】yúnjìsuàn 动 指通过计算机网络(多指因特网)形成的计算能力极强的系统,可存储、集合相关资源并可按需配置,向用户提供个性化服务。

【云际】yúnjì 名 云中 ▷飞机在～飞行。

【云锦】yúnjǐn ❶ 名 像锦缎一样绚丽的朝霞、彩云 ▷漫天～,美不胜收。❷ 名 有花纹图案的高级提花丝织物。色彩鲜艳,花纹绮丽如彩云。是我国有名的织锦之一。

【云谲波诡】yúnjué-bōguǐ 像云彩和波浪那样变幻莫测。原形容建筑物多姿多彩;后多用来形容事态发展难以预料(谲、诡:奇异,怪诞)。也说波谲云诡。

【云开日出】yúnkāi-rìchū 云雾消散,太阳露出;比喻艰难困苦已经过去,光明已经到来。

【云量】yúnliàng 名 目测估量天空被云遮蔽的份额。我国规定用0至10表示:晴空无云,云量为0;天空被云遮住一半,云量为5;被云全部遮住,云量为10。

【云锣】yúnluó 名 打击乐器,原由十面音高不同的小铜锣编排而成。第一面小锣不常用,因此也叫九音锣。现锣数增加,有的多达三十八面。用于民族器乐合奏。

【云母】yúnmǔ 名 矿物,主要成分是铝硅酸盐。有白、黑、褐、绿等色。耐高温,耐腐蚀,不导电,是电气绝缘件的重要材料。

【云泥之别】yúnnízhībié 像天上的云和地下的泥那样不同。形容差别极大。

【云片糕】yúnpiàngāo 名 我国南方的一种传统糕点,用米粉加糖、核桃仁儿、桂花、芝麻等做成条状,切成长方形薄片食用。

【云气】yúnqì 名 雾气;云雾 ▷夕阳隐没在～里。

【云雀】yúnquè 名 鸟,赤褐色,有黑色斑纹,嘴又尖又小,翅膀大,能高飞,叫声嘹亮动听。

【云散】yúnsàn 动 形容人或事物像云一样四处散开或消失 ▷亲朋～。

【云山雾罩】yúnshān-wùzhào 山被云雾笼罩,看不清真面目;形容言谈不着边际,令人困惑。

【云杉】yúnshān 名 常绿乔木,皮灰褐色,叶针形,球果褐色,长椭圆形。木材白色,纹理直,木质坚密,可供建筑和制造器具等用。

【云梯】yúntī ❶ 名 攻城或救火时用的长梯。❷ 名 高山上的石级或栈道。

【云天】yúntiān 名 高空 ▷火箭直上～。

【云头】yúntóu ❶ 名 成团成堆的云 ▷～笼罩着山峰。❷ 名 云状的花纹 ▷穿着一双～鞋。

【云图】yúntú 名 记录某地某时云的形状和情况的图片。是研究气象和天气预报的参考资料。卫星云图能显示大范围的天气情况。

【云团】yúntuán 名 夹有浓积云的大块积雨云。直径约为 50—1000 千米，出现时常伴有暴雨或强烈降水。

【云雾】yúnwù ❶ 名 云和雾 ▷～弥漫。❷ 名 比喻遮蔽或障碍某事物的东西 ▷希望两国之间能够拨开～，实现更加紧密的经贸合作。

【云霞】yúnxiá 名 彩云 ▷五彩～。

【云消雾散】yúnxiāo-wùsàn ❶天气转晴。❷烟消云散。

【云霄】yúnxiāo 名 极高的天空 ▷响彻～。

【云崖】yúnyá 名 高耸入云的山崖。

【云烟】yúnyān ❶ 名 云雾和烟气 ▷缕缕～。❷ 名 比喻极易消失的事物 ▷往事化作～。

【云翳】yúnyì ❶ 名 阴暗的云 ▷太阳被～遮住了◇两人之间的感情笼上一层～。❷ 名 眼球角膜上因病变产生的瘢痕。

【云游】yúnyóu 动 四处游历，没有一定行踪(多用于僧道等出家人) ▷～四方。

【云雨】yúnyǔ ❶ 名 云和雨。❷ 动 战国·楚·宋玉《高唐赋》中说：楚怀王游高唐，梦中跟巫山神女相会，神女临走时说自己"旦为朝云，暮为行雨"。后来用"云雨"指男女发生性行为(多见于旧小说)。

【云云】yúnyún 助 用在所引用文句或谈话的末尾，表示结束或有所省略，相当于"如此""等等" ▷称机器人即将取人类而代之～，恐怕是危言耸听。

【云遮雾障】yúnzhē-wùzhàng 云雾弥漫，遮蔽使看不清楚。

【云蒸霞蔚】yúnzhēng-xiáwèi 云雾升腾，彩霞汇集。形容景物绚丽多彩。也说云兴霞蔚。

匀 yún ❶ 形 分布在各部分的数量基本相同，或大小、粗细、深浅、稀稠等基本相等 ▷种子撒得很～|鸡蛋大小不～|均～|～净|～称(chèn)。→ ❷ 动 使大体相等或相同 ▷把这两袋米～一～。❸ 动 从中分出一部分给别人或用在别处 ▷～一间屋子给客人|一直～不出工夫。

【匀称】yúnchèn 形 各部分配合得合适；均匀 ▷苹果长得又大又～|文章布局～。☛"称"这里不读 chēng 或 chèng。

【匀兑】yúnduì 动 抽出一部分让给别人 ▷能不能给这二位～几斤？

【匀和】yúnhuo〈口〉❶ 形 均匀 ▷味道调得不够～。❷ 动 调匀；使均匀 ▷这两种漆得～～再使。‖也说匀乎。

【匀净】yúnjing 形〈口〉粗细、厚薄、深浅等一致或匀称；洁净 ▷这幅画，运笔规整，线条～|瓷瓶涂釉～，色泽淡雅|妆容～。

【匀脸】yúnliǎn 动 使脸上的脂粉均匀 ▷化装师正给她～。

【匀溜】yúnliu 形〈口〉均匀适中 ▷树上的苹果长得真～|这几个字写得挺～的。

【匀实】yúnshi 形〈口〉均匀 ▷这块地耕得不～。

【匀速】yúnsù 形 物体在单位时间内所移动的距离相等的 ▷～直线运动|～运行。

【匀整】yúnzhěng 形 匀称整齐 ▷笔法～，画功细腻|肉片儿切得～。

芸[1] yún ❶ 名 芸香。○ ❷ 名 姓。☛"芸香""芸芸众生"中的"芸"不是"蕓"的简化字。

芸[2]（蕓） yún 见本页"芸豆"；本页"芸薹"。

【芸豆】yúndòu 名 菜豆的通称。☛ 不要写作"云豆"。

【芸薹】yúntái 名 油菜的一种，常指白菜型油菜。☛"薹"不要误写作"苔"。

【芸香】yúnxiāng 名 多年生草本植物，羽状复叶，夏季开小黄花，全草有强烈气味。花可供观赏，枝叶可提取香料，全草可以做药材。

【芸芸】yúnyún 形 形容众多的样子 ▷～园丁。

【芸芸众生】yúnyún-zhòngshēng 佛教指世间一切生灵；后指众多的普通百姓。☛"芸芸"不要误写作"云云"。

员（員） yún 用于人名。如伍员，春秋时人。另见 1694 页 yuán；1709 页 yùn。

沄[1] yún［沄沄］yúnyún 形〈文〉形容水波汹涌回旋的样子 ▷浩浩去无际，～深不测。

沄[2]（澐） yún ❶ 名〈文〉指江水中大的波浪。○ ❷ 名 姓。

妘 yún ❶ 用于人名(一般用于女性)。○ ❷ 名 姓。

纭（紜） yún 形 形容多而杂乱 ▷纷～|～～。

【纭纭】yúnyún 形 繁多而杂乱 ▷纷纷～。

昀 yún 名〈文〉太阳光。

畇 yún［畇畇］yúnyún 形〈文〉形容农田平整的样子 ▷～畦田。

郧（鄖） yún ❶ 用于地名。如郧阳，在湖北。○ ❷ 名 姓。

耘 yún 动 除去田里的杂草 ▷～田|耕～|～锄。

【耘锄】yúnchú 图 中耕除草用的锄。

涢（溳） yún 图 涢水，水名，在湖北，流入汉水。

筠 yún〈文〉❶ 图 竹皮。→ ❷ 图 借指竹子。另见 761 页 jūn。

筼（篔） yún［筼筜］yúndāng 图〈文〉生长在水边的一种节长、竿高的竹子。

鋆 yún 图〈文〉金子。☛ 用于人名时也读 jūn。

yǔn

允[1] yǔn 动 答应；许可 ▷应～｜～许｜～诺。

允[2] yǔn 形 公平；恰当 ▷公～｜平～｜～当。

【允当】yǔndàng 形 妥当；得当 ▷用词～。

【允诺】yǔnnuò 动 允许；答应 ▷～兑现工资。

【允许】yǔnxǔ 动 同意；许可 ▷～参观。

【允准】yǔnzhǔn 动 答应；准许 ▷～撤诉。

狁 yǔn 见 1491 页"猃（xiǎn）狁"。

陨（隕） yǔn 动 从高空坠落 ▷～落｜～灭｜～石｜～星。

【陨落】yǔnluò 动（星体或其他物体）从高空坠落 ▷流星～到地球上◇巨星～，风范长存。☛ 不宜写作"殒落"。

【陨灭】yǔnmiè ❶ 动 物体从高空坠落而毁灭 ▷清朗的夜晚偶尔会看到流星～。❷ 动 指生命不复存在；死去 ▷生命～，精神永存。

【陨石】yǔnshí 图 坠落于地面、以石质为主的陨星残体。

【陨石雨】yǔnshíyǔ 图 在高空爆裂后像雨一样散落下来的陨石。

【陨铁】yǔntiě 图 坠落于地面、以铁质为主的陨星残体。

【陨星】yǔnxīng 图 较大的流星体经过地球大气层时没有完全烧毁而坠落到地面上的残余部分 ▷～给人类带来宇宙信息。

殒（殞） yǔn 动 死 ▷～命。☛ 不读 yùn。

【殒灭】yǔnmiè 见本页"陨灭"②。现在一般写作"陨灭"。

【殒命】yǔnmìng 动 丧命 ▷杨贵妃～马嵬坡。

【殒身】yǔnshēn 动 殒命。

yùn

孕 yùn ❶ 动 怀胎 ▷～妇｜～畜（chù）｜～育｜～期◇～穗。→ ❷ 图 胎儿 ▷她有～了｜怀～。→ ❸ 动 包含；包裹 ▷包～。

【孕畜】yùnchù 图 怀孕的母畜。

【孕妇】yùnfù 图 怀孕的妇女。也说妊妇。

【孕期】yùnqī 图 妇女及哺乳动物从受孕到分娩的一段时期。妇女孕期通常为 266 天，从末次月经第一天算起为 280 天。

【孕穗】yùnsuì 动 禾谷类作物（如稻、麦等）的穗在叶鞘内逐渐形成。

【孕育】yùnyù ❶ 动 怀胎并在体内发育成长 ▷她体内～着一个新的生命。❷ 动 比喻在原有事物中酝酿、生长着新事物。

运（運） yùn ❶ 动 转动；移动 ▷～动｜～行｜～转。→ ❷ 动 搬运；运送 ▷把货～走｜空～｜～输。→ ❸ 动 使用 ▷～笔｜～思。→ ❹ 图 指人的生死、祸福等遭遇 ▷时来～转｜命～。〇 ❺ 图 姓。

【运笔】yùnbǐ 动 用笔（写或画）；挥笔 ▷～疾书。

【运筹】yùnchóu 动 用算筹进行计算；泛指制定策略或筹划 ▷调度灵活，～有方。

【运筹帷幄】yùnchóu-wéiwò 在帐幕中制定作战策略（帷幄：古时军中将帅用的帐幕）；泛指策划、指挥。

【运筹学】yùnchóuxué 图 数学的分支学科，利用现代数学，特别是统计数学的成果，对所要解决的问题进行合理的统筹安排，以便最经济地使用人力、物力，收到最佳的效果。

【运单】yùndān 图 托运货物的单据。运输部门据以承运货物。

【运抵】yùndǐ 动（把货物）运到（某地）▷这批物资明日可～上海。

【运动】yùndòng ❶ 动 物体的位置移动 ▷各种粒子都在不停地～。❷ 图 哲学上指事物由内在矛盾引起的发展变化。是物质的存在形式及其固有属性，包括宇宙间的一切变化和过程。基本形式有物理的、化学的、生物的和社会的等等。❸ 图 体育活动 ▷～员｜球类～。❹ 动 参加体育活动 ▷不能整天伏案，要多～～。❺ 图 有组织、有目的的大规模群众性活动 ▷五四～｜政治～。❻ 动 为达到某种目的而奔走、游说、钻营 ▷送礼行贿，～上层。

【运动场】yùndòngchǎng 图 供体育运动和比赛用的场地。

【运动服】yùndòngfú 图 参加体育锻炼和比赛时穿的特制服装。也说运动衣、运动装。

【运动会】yùndònghuì 图 体育运动的综合赛会。

【运动健将】yùndòng jiànjiàng 在体育运动中成绩突出的运动员；特指符合技术等级标准的运动员的最高称号。

【运动量】yùndòngliàng 图 体育运动给予人体的生理负荷量 ▷大～。也说运动负荷。

【运动神经】yùndòng shénjīng 将脑或脊髓产生

的冲动传到肌肉或腺体的神经。分为躯体运动神经和内脏运动神经。也说传出神经。

【运动鞋】yùndòngxié 图 体育运动专用鞋；泛指类似样式的鞋子。

【运动员】yùndòngyuán ❶ 图 参加体育比赛的人。❷ 图 经常参加训练和竞赛，有一定体育运动水平的专业人员。

【运动战】yùndòngzhàn 图 指正规兵团在长战线上或大战区内，进行战役或战斗上的外线速决的作战形式。具有集中优势兵力、主动进攻、在运动中寻找战机、消灭敌人有生力量等特点。

【运费】yùnfèi 图 运输货物所需的费用。

【运河】yùnhé 图 人工挖掘的可以通航的河道 ▷京杭大～|苏伊士～。

【运价】yùnjià 图 运送旅客或运输货物的价格。

【运斤成风】yùnjīn-chéngfēng《庄子·徐无鬼》中说：楚国郢城有个人的鼻尖上沾了一层白粉，像苍蝇的翅膀一样薄。郢人让一位叫石的匠人用斤（古代砍伐树木的工具）削去白粉。匠人"运斤成风"，削去了白粉，郢人的鼻子却一点儿没有受伤。借指手法熟练、技艺高超。

【运力】yùnlì 图 运输能力 ▷～不足|增加～。

【运量】yùnliàng 图 运输部门在一定时间内载运旅客和物资的数量。也说运输量。

【运气】yùnqì 动 把气贯注到身体某部位 ▷～要得当|他运了运气，猛地把标枪投了出去。

【运气】yùnqi ❶ 图 命运 ▷碰～|～不佳。❷ 形 机遇好 ▷今天真～，中了个大奖。

【运球】yùnqiú 动 篮球或手球等队员在原地或行进中拍球 ▷～娴熟。

【运输】yùnshū 动 用交通工具把人或物资从一地运送到另一地 ▷优先～救灾物资。

【运输机】yùnshūjī 图 专门载运人员或物资的飞机。

【运输舰】yùnshūjiàn 图 专门载运军事人员或军用物资的军舰。

【运输线】yùnshūxiàn 图 运输的路线 ▷保障～安全畅通。

【运数】yùnshù 图 命运；气数。

【运思】yùnsī 动 构思 ▷～奇特。

【运送】yùnsòng 动 把人员或物资运到某一地方 ▷～旅客|～考卷。

【运算】yùnsuàn 动 根据数学法则进行计算 ▷加法～规则|检验～结果|～器。

【运销】yùnxiāo 动 运送货物到另一地销售。

【运行】yùnxíng 动（车、船、星球等）周而复始地运转；定时定向地前行 ▷火车正点～|人造卫星～正常◇按新体制～。

【运营】yùnyíng ❶ 动（车、船等）经营运输业务 ▷新开铁路线已正式～。❷ 动 比喻机构有序地进行工作 ▷工厂恢复正常～。

【运用】yùnyòng 动 依照事物的特点加以利用 ▷～经济杠杆解决水资源浪费问题|～遥感技术估算作物产量。

【运载】yùnzài 动 装载并运送 ▷～抗洪物资。

【运载火箭】yùnzài huǒjiàn 航天运输工具，用来把人造卫星、宇宙飞船、空间探测器等发送到预定轨道。通常由多级火箭组成。

【运转】yùnzhuǎn ❶ 动 在一定轨道上周期性地运动 ▷人造卫星围绕着地球～。❷ 动 指机器转动 ▷一号机组～正常，已开始发电。❸ 动 比喻（机构、组织等）行使权力，进行工作 ▷这家证券公司经过整顿后，重新开始～。☛"转"这里不读 zhuàn。

【运作】yùnzuò 动（机构、组织等）进行工作；开展活动 ▷健全制度，规范～|积极～。

员（員） yùn 图 姓。
另见 1694 页 yuán；1707 页 yún。

郓（鄆） yùn ❶ 用于地名。如郓城，在山东。○ ❷ 图 姓。

恽（惲） yùn 图 姓。

貟 yùn 图 姓。

晕（暈） yùn ❶ 图 太阳或月亮周围的光圈，是日光或月光通过云层中的冰晶时因折射作用形成的。参见 1162 页"日晕"、1703 页"月晕"。→ ❷ 图 光影或色彩周围逐渐模糊的部分 ▷灯～|脸上泛起红～。→ ❸ 动（外在因素）使眩晕（yùn）▷一坐汽车就～|～针。☛ 不读 hūn。

另见 1705 页 yūn。

【晕场】yùnchǎng 动 在考试或演出时由于过度紧张等原因而头晕甚至昏厥 ▷考试～大多跟考生的心理素质有关。

【晕车】yùnchē 动 乘车时出现头晕、呕吐现象。

【晕船】yùnchuán 动 乘船时出现头晕、呕吐现象。

【晕高】yùngāo 动 登高时心慌、头晕。口语中有时称"晕高儿"。

【晕机】yùnjī 动 乘飞机时出现头晕、呕吐现象。

【晕血】yùnxuè 动 看见出血就头晕、心悸 ▷她～，不能在外科工作。

【晕针】yùnzhēn 动 打针或针灸时，病人出现面色苍白、心慌、多汗、头晕目眩、恶心呕吐等现象。

酝（醞） yùn〈文〉❶ 动 酿酒 ▷～造|～酿。→ ❷ 图 酒 ▷良～佳酿。☛ 统读 yùn，不读 wēn。

【酝酿】yùnniàng ❶ 动 造酒过程中原料发酵。❷ 动 比喻事先考虑、磋商 ▷经反复～提出候选人名单。❸ 动 形成并逐渐达到成熟 ▷～

感情。☛“酿”不读 ràng 或 rǎng。

愠 yùn 动〈文〉恼怒 ▷～怒｜微～。☛不读 wēn。

【愠怒】yùnnù 动 怨恨；恼怒 ▷勃然～。

【愠色】yùnsè 名〈文〉恼怒的神色 ▷微见～。

组（緼） yùn 名〈文〉乱麻；旧絮。另见 1706 页 yūn。

韫（韞） yùn 动〈文〉包藏；蕴含 ▷～椟而藏（收在柜子里藏起来）。

韵（*韻） yùn ❶ 名〈文〉和谐动听的声音 ▷琴～｜清～。→ ❷ 名 韵母；特指文学作品中所押的韵 ▷标上这个字的声、～、调｜诗～｜～文｜～律。→ ❸ 名 情趣；风度 ▷～味｜风～｜余～。

【韵白】yùnbái ❶ 名 传统戏曲中一种语调抑扬顿挫、有较强节奏感和音乐性的念白。❷ 名 京剧中指按照传统韵律、声调等发声的念白，有的字音和北京音略有不同（跟“京白”相区别）。

【韵调】yùndiào ❶ 名 音调；腔调 ▷～铿锵。❷ 名 气韵格调 ▷～高雅。

【韵腹】yùnfù 名 韵母中的主要元音。如 uan 中的 a。

【韵脚】yùnjiǎo 名 韵文句末押韵的字。

【韵律】yùnlǜ ❶ 名 指诗词中的声韵和格律，主要包括平仄格式和押韵等规则 ▷既是韵文，就应讲究～。❷ 名 指动作或运动的节奏规律 ▷～操。

【韵律体操】yùnlǜ tǐcāo 艺术体操。

【韵母】yùnmǔ 名 汉语音节中除去声母、声调以外的部分。如音节 dà、dāo、tuán 的韵母分别是 a、ao、uan。

【韵事】yùnshì 名 风雅的事；也指男女感情引发的事 ▷～雅举｜风流～。

【韵书】yùnshū 名 按韵编排的字典。供写韵文的人查阅。我国现存最早的完整韵书是《广韵》，收字 26,000 多个。

【韵头】yùntóu 名 介音。

【韵尾】yùnwěi 名 韵母的收尾部分，即韵母中处于元音或主要元音之后的音素。韵尾可以是辅音，如 en 中的 n，ang 中的 ng；也可以是元音，如 ai 中的 i，ao 中的 o。

【韵味】yùnwèi ❶ 名 声韵体现的意味 ▷梅派唱腔～醇厚｜这首诗～无穷。❷ 名 神韵、情趣 ▷改编要体现原作的～和风格。

【韵文】yùnwén 名 押韵的文体或作品。如诗、词、曲、赋等（跟“散文”相区别）。

【韵语】yùnyǔ 名 押韵的文辞；特指诗词。

【韵致】yùnzhì 名 韵味和情致 ▷富有南国～｜承德避暑山庄别有～。

煴 yùn 古同“熨”。另见 1706 页 yūn。

蕴（蘊） yùn ❶ 动 包藏；包含 ▷～藉（jiè）｜～藏｜～含。→ ❷ 名〈文〉事理的深奥处 ▷精～｜底～。○ ❸ 名 姓。

【蕴藏】yùncáng 动 在内部蓄积着 ▷海底～着丰富的矿物资源｜～着极大的创造力。☛跟“隐藏”不同。“蕴藏”多指自然形成的结果；“隐藏”多指人有意识的行为。

【蕴含】yùnhán 动 包含 ▷人民群众中～着无穷的智慧和巨大的创造力。

【蕴涵】yùnhán ❶见本页“蕴含”。现在一般写作“蕴含”。❷ 动 逻辑学上指前后两个命题间有某种条件的关系。表示形式是“如果……就……”。

【蕴藉】yùnjiè 形〈文〉含蓄而不显露 ▷诗意～。☛“藉”这里不读 jí，也不要误写作“籍”或“借”。

【蕴蓄】yùnxù 动 蕴含蓄积在里面而没有显露 ▷一片深情将永远～在我心中。

【蕴意】yùnyì 名 蕴含的意义 ▷～深刻。

熨 yùn 动 用烙铁、熨斗等器具烫平（衣物）▷～衣服｜～烫｜电～斗。另见 1692 页 yù。

【熨斗】yùndǒu 名 烫平衣物的器具。旧式的形状像斗，有长柄，斗中烧木炭，用斗底的热量烫平衣物。新式的有电熨斗、蒸汽熨斗等，形状有所不同。

【熨烫】yùntàng 动 熨 ▷精心～｜～衣服。

Z

zā

扎（*紮紥） zā ❶ 动 捆绑；束 ▷辫子上～了一根红头绳儿｜把裤腿～上｜捆～｜结～。→ ❷ 量 某些地区用于捆扎了的东西，相当于“捆”“把” ▷一～丝线｜两～秧苗。

另见 1726 页 zhā；1727 页 zhá。

【扎裹】zāguǒ 动 捆扎裹束 ▷头上～着纱巾。

【扎染】zārǎn ❶ 动 我国一种传统印染方法。一般以纯白的土布为原料，把要染色的图案部分按花型扎结起来再浸入染液中上色。可染成单色或多色。❷ 名 经扎染的纺织品。

匝（*帀） zā〈文〉❶ 量 环绕一周叫一匝 ▷绕树三～。→ ❷ 动 满；遍及 ▷时已～月（匝月：满一个月）｜柳阴～地。→ ❸ 动 环绕 ▷长雾～高林。☛ 统读 zā，不读 zhā。

【匝道】zādào 名 封闭性快车道跟邻近辅路连接以供进出的路段；也指立交桥或高架路跟地面道路连接的路段。通常指供车辆进出主干道与邻近辅路的一小段连接道。

咂 zā ❶ 动 用嘴吸；呷 ▷～奶｜～酒品尝。→ ❷ 动〈口〉稍尝一点儿，仔细辨别 ▷～滋味｜～摸（zāmo）。→ ❸ 动 用舌尖或舌面前部抵住硬腭前部或上齿龈，发出吸气声，表示称赞、羡慕、惊讶、惋惜等 ▷～嘴｜阅读量之大令人～舌。

【咂吧】zāba〈口〉❶ 动 发出声响地吮吸；发出声响地撮嘴 ▷～着烟袋｜他～了几下嘴，继续说。❷ 动 发出声响地稍尝一点儿，仔细辨别（滋味）▷他～着嘴里的茶叶，觉得有种怪味儿。

【咂摸】zāmo 动〈口〉仔细品味；琢磨 ▷～出一点儿酸味｜这几个同义词的差别还要再～～。

【咂舌】zāshé 动 咂③ ▷价钱贵得令人～。

【咂嘴】zāzuǐ 动 咂③ ▷观看儿童杂技表演，不时有人～赞叹。

拶 zā 动〈文〉逼迫 ▷逼～。

另见 1716 页 zǎn。

臢（臢） zā 见 1 页“腌臢（āza）”。

zá

杂（雜*襍） zá ❶ 形 不纯；多种多样 ▷这院里住的人很～｜～色｜～乱｜复～。→ ❷ 动 掺和在一起 ▷这批大米中～有少量稗子｜夹～｜混～。→ ❸ 形 正项以外的；非正规的 ▷～费｜～牌军。☛ ㊀统读 zá。㊁上边是“九”，不是“丸”。

【杂拌儿】zábànr ❶ 名 掺混在一起的各种果脯或某些其他食品 ▷～糖。❷ 名 比喻杂凑而成的事物 ▷本文内容不集中，成了～。

【杂病】zábìng 名 杂症。

【杂草】zácǎo 名 各种各样的野草 ▷～丛生｜清除～。

【杂陈】záchén 动 错杂地陈列或呈现 ▷书摊儿上～着各种书刊｜优劣～。

【杂处】záchǔ 动 来自不同地方的人混杂地居住在同一地区。

【杂凑】zácòu 动 不加选择或降低标准，把不适宜、不相配的人或物拼凑在一起 ▷临时～了一支球队｜这些家具是～的，不成套。

【杂肥】záféi 名 成分不纯的或含有各种有机物质的肥料。

【杂费】záfèi ❶ 名 正项开支以外的费用 ▷各项～还未算在其中。❷ 名 特指学校在学费之外收取的用于杂项开支的费用。

【杂感】zágǎn ❶ 名 多样的或零碎的感想 ▷随时记下旅途中的～。❷ 名 抒写杂感的散文 ▷这个副刊上经常刊登～。

【杂工】zágōng 名 干杂活儿的工人。

【杂烩】záhuì ❶ 名 多种菜烩在一起做成的菜。→ ❷ 名 比喻杂凑在一起的事物 ▷这台演出简直是个大～。

【杂活儿】záhuór 名 各种零碎活儿。

【杂货】záhuò 名 各种零星的日常生活用品。如糖果、烟、酒、油、盐、酱、醋及小百货等。

【杂货店】záhuòdiàn 名 卖杂货的店铺。也说杂货铺。

【杂和菜】záhuocài 名 把剩下的各种菜混合在一起加热做成的菜。

【杂和面儿】záhuomiànr 名 玉米掺少量豆类磨成的面；也指多种杂粮混合在一起磨成的面。

【杂记】zájì ❶ 名 零星琐碎的笔记（多用于书名或篇章标题）▷《西京～》｜《静思～》。❷ 名 一种文体，题材多样，以记写见闻、感想为主 ▷～贵“杂”，但不能刻意地追求“杂”。

【杂技】zájì 名 各种技艺表演的统称。包括耍弄器物、人体技巧动作、变魔术、车技、口技等。

【杂家】zájiā ❶ 名 战国末期到西汉初期，兼容儒、墨、名、法各家学说的一个学派。代表作有

《吕氏春秋》《淮南子》等。❷ 名 指对多种学科都有一定了解，知识面较宽的人。

【杂交】zájiāo 动 不同基因型的动植物个体之间交配或结合，从而产生双亲基因重新组合的个体。按杂交时是否通过性器官，分有性杂交和无性杂交。

【杂交种】zájiāozhǒng 名 杂交后产生的新品种。也说杂种。

【杂居】zájū 动 不同地方或不同民族、国籍的人混杂居住在同一地区。

【杂剧】zájù 名 名称源自晚唐。现通常指元杂剧，元代盛行的戏曲形式。一般每本四折，开头或折间有时加楔子（相当于序幕或过场戏）。全剧由一人主唱，其他角色多只有念白。

【杂粮】záliáng 名 稻谷、小麦以外的粮食。如谷子、高粱、玉米、豆类等 ▷五谷～。

【杂乱】záluàn 形 多而零乱 ▷环境～|这篇讲稿写得～无章。☛ 参见1442页“紊乱”的提示。

【杂乱无章】záluàn-wúzhāng 多而零乱，没有条理（章：条理）。

【杂毛】zámáo ❶ 名 混杂在一起的不同种类动物的毛 ▷这种毛料是用～混纺的。❷ 名 杂色的毛或毛发 ▷～狗|他指着满头华发自嘲说：“成了～啦。”

【杂面】zámiàn 名 用绿豆、小豆等掺和在一起磨成的粉；也指用这种粉制成的面条。

【杂木】zámù ❶ 名 由阔叶树制成的木材的统称。因阔叶树种类很多，故称。❷ 名 指可利用价值低的树或劣质的木材。

【杂念】zániàn 名 杂乱的念头；不纯正的念头（多指为自己打算的）▷上课时要摒除～，静心听讲|私心～。

【杂牌】zápái ❶ 名 非正规品牌 ▷她喜欢买名牌，不买～。❷ 区别 非正规品牌的；非正规的 ▷～货|～军。

【杂品】zápǐn 名 日常使用的各种物品 ▷日用～。

【杂七杂八】záqī-zábā 形容多而杂乱或多而不纯。

【杂糅】záróu 动 把不同的事物掺杂、混合在一起 ▷中外～|不要把两种句式～在一起。

【杂色】zásè ❶ 名 混杂不纯的颜色。❷ 区别 混杂起来的 ▷～家具|～食品。

【杂食】záshí ❶ 区别 既吃动物又吃植物的 ▷～动物。❷ 名 多样的食物 ▷吃～。

【杂史】záshǐ 名 正史之外的一类史书，记一事始末、一时见闻，内容不拘，多带有掌故性质。

【杂事】záshì 名 正事以外的琐碎事情。

【杂书】záshū 名 旧指小说、戏曲、稗官野史等与科举考试无关的书籍；今指跟自己的学习、工作没有直接关系的书籍。

【杂耍】záshuǎ 名 杂技、曲艺等的统称。

【杂税】záshuì ❶ 名 正税以外的各种税。❷ 名 非法定的税 ▷苛捐～。

【杂说】záshuō ❶ 名 旧指非正统的学说。❷ 名 不成系统的各种论说文章。

【杂碎】zásui 名 可供食用的牛、羊等动物的内脏。

【杂沓】zátà 形 杂乱 ▷人声～|行人摩肩接踵，车马拥挤～。

【杂谈】zátán 名 零碎的、不成系统的谈论（多用于标题）▷语文～|古代诗歌～。

【杂文】záwén 名 以议论为主，夹以叙事、抒情的散文。特点是内容广泛，形式多样，短小精悍，尖锐泼辣，能迅速反映社会问题。

【杂务】záwù 名 主要业务以外，各种琐碎的辅助性事务 ▷在一家公司做～|～缠身。

【杂物】záwù 名 零碎的物品 ▷地下室堆满～。

【杂项】záxiàng 名 正式项目以外的其他项目 ▷～开支加起来也不少。

【杂役】záyì ❶ 名 旧指各种琐碎的差事 ▷他在衙门里干～。❷ 名 指做杂役的人。

【杂音】záyīn ❶ 名 人和动物心、肺等器官或机器装置等因发生障碍或受到干扰而发出的不正常声音 ▷测听心脏有无～|这台电视机～太大。❷ 名 跟乐谱不合的声音；比喻错误的反对意见 ▷演奏中防止出现～|加强正面宣传，排除～干扰。

【杂用】záyòng 名 指杂项开支 ▷每学期的食宿和～大约需要5000元。

【杂院儿】záyuànr 名 居住着多户人家的院子。也说大杂院儿。

【杂症】zázhèng 名 中医指内科的各种疾病 ▷疑难～。也说杂病。

【杂志】zázhì ❶ 名 期刊 ▷订～|～社。❷ 名 杂记①（多用于书名）▷《读书～》。

【杂志社】zázhìshè 名 编辑、出版期刊的机构。

【杂质】zázhì 名 夹杂在某种物质中的其他成分 ▷这种油～较多。

【杂种】zázhǒng ❶ 名 杂交种。❷ 名 骂人的话。

砸 zá ❶ 动 重物落在物体上；用重物撞击 ▷房子塌了，～伤了两个人|～核桃|～地基。→ ❷ 动 打坏；捣毁 ▷杯子～了|戏园子让流氓给～了。❸ 动〈口〉事情做坏或失败 ▷戏唱～了|考～了。

【砸饭碗】záfànwǎn 比喻失去工作或使失去工作 ▷工作再这样吊儿郎当就要～了|不好好干等于自己在～。

【砸锅】záguō 动〈口〉比喻事情办坏了 ▷试验～了。

【砸锅卖铁】záguō-màitiě 比喻把自己所有的财物都拿出来。指为办某事而尽其所有 ▷哪怕～，也要在山里盖一所学校！

【砸牌子】zápáizi 把招牌砸了。比喻损毁良好声誉 ▷保证产品质量，～的事绝不能干|优秀节目才能上春晚，不能～，让观众失望。

【砸钱】záqián 动〈口〉(为达到某目的)不惜代价地投入大量的金钱 ▷与其一味地～做广告，不如踏踏实实抓质量。

zǎ

咋 zǎ 代 某些地区用作疑问代词，相当于“怎么” ▷你这是～了？|这可～好呢？|～办|～样。☛ 读 zé，指咬住，带文言色彩，如“令人咋舌”；读 zhā，用于“咋呼”。

另见 1723 页 zé；1726 页 zhā。

zāi

灾(*災烖菑) zāi ❶ 名 灾害 ▷水～|～难。→ ❷ 名 不幸的遭遇 ▷招～惹祸|没病没～。

【灾变】zāibiàn 名 灾害；灾难变故 ▷洪涝～|地质～|气候～。

【灾害】zāihài 名 自然的或人为的祸害 ▷自然～|～严重。☛ 跟“灾祸”不同。“灾害”既可能是自然力造成的，也可能是人为的，多用于地区、国家等；“灾祸”则一般是人为的，多用于个人、家庭等。

【灾患】zāihuàn 名 灾难祸患。

【灾荒】zāihuāng 名 农作物绝收或歉收造成的饥荒 ▷一地闹～，四方来支援。

【灾祸】zāihuò 名 灾难祸害 ▷人为～。☛ 参见本页“灾害”的提示。

【灾民】zāimín 名 受灾的人们 ▷赈济～。

【灾难】zāinàn 名 天灾人祸造成的苦难 ▷战胜～|地震造成的～。

【灾年】zāinián 名 农作物绝收或严重歉收的年份。

【灾情】zāiqíng 名 遭受灾害的情况 ▷了解～。

【灾区】zāiqū 名 遭受灾害的地区 ▷支援～。

【灾星】zāixīng ❶ 名 古人用天象附会人事，把人间的灾变与某一星辰的出现或变化联系起来，称引起灾变的星辰为灾星。❷ 名 比喻给人带来灾难的人或事物。

【灾殃】zāiyāng 名 灾难；祸患 ▷免受～。

【灾异】zāiyì 名 指自然灾害和异常的自然现象。如山崩、地震、海啸、日食等。

甾 zāi 名 有机化合物的一类，广泛存在于动植物体内。胆固醇和许多激素都属于甾族化合物。在医药上应用很广。

哉 zāi 助〈文〉表示感叹的语气 ▷善～！|难矣～！|呜呼哀～！

栽 zāi ❶ 动 种植 ▷～了两行树|～秧|移～。→ ❷ 名 栽子 ▷花～子|柳～子。→ ❸ 动 插上 ▷刷子的毛～得不结实|～绒。❹ 动 硬加上 ▷～上了罪名|～赃。→ ❺ 动 头朝下跌倒 ▷一头～到地上|～倒。❻ 动〈口〉比喻失败、出丑 ▷没想到自己～在了无名小将手下|他这场戏演～了。☛ 跟“裁”不同。

【栽插】zāichā 动 移栽或扦插。

【栽跟头】zāigēntou 跌倒；比喻失败、受挫或出丑 ▷办事脱离实际，必定～|当众栽了跟头。

【栽面儿】zāimiànr 动〈口〉丢脸 ▷这道难题不会做不～，不会装会才～。也说栽面子。

【栽培】zāipéi ❶ 动 种植并培育 ▷人工～|用花盆～。❷ 动 比喻培养教育或扶植提拔 ▷感谢恩师对我的～。

【栽绒】zāiróng 名 把绒线织入经纬线后割断，再修剪平整的织物 ▷～领子。

【栽秧】zāiyāng 动 插秧。

【栽赃】zāizāng 动 暗中把赃物或违禁品放在别人处，继而诬告那人犯法；也指无中生有地强加罪名 ▷他行贿被拒，竟～对方索贿|～加制裁是霸权主义的惯用手段。

【栽植】zāizhí 动 种植(幼苗) ▷～果树。

【栽种】zāizhòng 动 栽① ▷～花草。

【栽子】zāizi 名 供移植的幼苗 ▷桃～|花～。

zǎi

仔 zǎi ❶同“崽”。现在一般写作“崽”。→ ❷ 名 某些地区指有某些特征或从事某种职业的年轻人(多指男性) ▷肥～|打工～。

另见 1822 页 zī；1825 页 zǐ。

载[1](載) zǎi 名 年② ▷历时三～|千～难逢。

载[2](載) zǎi 动 把事情记录下来；刊登 ▷～入史册|刊～|连～。

另见 1716 页 zài。

宰[1] zǎi ❶ 名 古代官名 ▷县～。→ ❷ 动 主管；主持 ▷主～。○ ❸ 名 姓。

宰[2] zǎi ❶ 动 杀 ▷杀猪～羊|屠～。→ ❷ 动〈口〉比喻向顾客或服务对象索取高价 ▷～客|挨了一回～。

【宰割】zǎigē 动 宰杀切割；比喻欺凌压榨 ▷旧中国饱受资本主义列强～。

【宰客】zǎikè 动 宰人。

【宰人】zǎirén 动 指用蒙骗或勒索手段向顾客索取高价 ▷买卖诚信，从不～。

【宰杀】zǎishā 动 屠宰；杀(家禽、牲畜等) ▷～猪羊。

【宰牲节】zǎishēngjié 图 古尔邦节。

【宰相】zǎixiàng 图 我国封建时代辅佐君主、总揽政务的最高官员的通称。历代所用的官名和职权各有不同，如丞相、相国、大学士等。

崽 zǎi ❶ 图 某些地区指儿子 ▷他两个～都工作了。→ ❷ 图 幼小的动物 ▷一窝下了六个～儿|猪～。

【崽子】zǎizi 图 崽②(多用作骂人的话) ▷兔～。

zài

再(*再再) zài ❶ 数〈文〉两次；第二次 ▷一而～，～而三|～拜。→ ❷ 动〈文〉重现；继续 ▷青春不～|良辰难～。→ ❸ 副 表示同一动作、行为的重复或继续。多指未实现的或持续性的动作或行为 ▷学习，学习，～学习|～唱一遍。⇒ ❹ 副 表示动作将在一段时间后出现 ▷下次～接着讲|这事以后～说吧。⇒ ❺ 副 表示动作将在另一动作结束后出现 ▷吃完饭～去也不迟|养好伤～回部队。⇒ ❻ 副 用在形容词前，表示程度加深，略相当于"更""更加" ▷要求～严格些|～苦也不怕。⇒ ❼ 副 表示有所补充，相当于"另外""又" ▷来两个菜，～来碗汤|一个是老李，～一个是老王。○ ❽ 名 姓。☛ 参见 1676 页"又"的提示㊂。

【再版】zàibǎn 动 第二次出版；又一次出版 ▷这本书需求量很大，还要～。

【再保险】zàibǎoxiǎn 名 保险人将其所承担的保险责任的全部或部分再分给其他人承保的一种保险形式。进行再保险是为了分散风险、减轻保险人的赔偿责任或给付责任。也说分保。

【再不然】zàiburán 连 用于选择复句中，引出最后可选的一项，相当于"不然""要不然" ▷两人同去最好，～你就一个人去。也说再不。

【再次】zàicì ❶ 副 又一次 ▷在北京～相会。❷ 代 与"首先""其次"连用，表示列举，相当于"第三" ▷关于代驾的管理：首先，要严格掌握准入资格；其次，要出台相应法规规章；～，要明确车主、代驾公司、代驾司机三者的责权关系。

【再度】zàidù 副 再次 ▷～当选。

【再犯】zàifàn ❶ 动 再一次侵犯 ▷严防敌军～。❷ 动 再一次犯错误；再一次犯罪 ▷如若～，定当严惩。❸ 名 指因犯罪被判刑后又犯罪的人 ▷对～要加重惩处。❹ 动 再一次犯病 ▷他的关节炎没有～。

【再会】zàihuì 动 再见。

【再婚】zàihūn 动（离婚或丧偶后）再次结婚。

【再嫁】zàijià 动 女子再婚。

【再见】zàijiàn 动 客套话，分手时表示希望下次再见面。

【再教育】zàijiàoyù ❶ 动 第二次教育；又一次教育 ▷他知识基础差，有必要接受～。❷ 动 特指"文革"中知识分子和青年学生继学校教育之后，再接受工农兵的教育。

【再接再厉】zàijiē-zàilì 原指公鸡相斗，每次交锋前都要把嘴磨锋利(接：交战；厉：同"砺"，磨)。后用来比喻一次又一次不断努力。☛ 不要写作"再接再砺"或"再接再励"。

【再就业】zàijiùyè 动 失业后重新走上工作岗位。

【再利用】zàilìyòng 动 使废弃物品或废热、废水等再次发挥作用。

【再娶】zàiqǔ 动 男子再婚。

【再认识】zàirènshi 动 对已有的理论或经验重新审视、探索，从而获得更深入或更正确的认识。

【再三】zàisān 副 一次又一次 ▷～推辞|考虑～。☛ 跟"屡次""一再"不同。"屡次"强调动作行为的次数多；"一再"强调动作行为的重复性；而"再三"则含有上述两重意义，指多次重复。

【再三再四】zàisān-zàisì 多次。

【再审】zàishěn ❶ 动 再一次审查 ▷计划修改后已报请上级～。❷ 动 法律上指依法对已经审理终结的案件进行重新审理。

【再生】zàishēng ❶ 动 重新获得生命 ▷～之恩。❷ 动 有机体的一部分在脱落、损坏或截除后又重新生长 ▷～细胞|毛发～。❸ 区别 经过加工，重新生成的 ▷～塑料|～水。

【再生布】zàishēngbù 名 用废旧纤维再加工后织成的布。

【再生产】zàishēngchǎn 动 经济学上指不断重复和经常更新的生产过程。分为简单再生产和扩大再生产两种。

【再生父母】zàishēng fùmǔ 称对自己有大恩大德的人。多指有救命之恩的人。也说重生父母。

【再生水】zàishēngshuǐ 名 中水。

【再生资源】zàishēng zīyuán 可再生资源。

【再世】zàishì ❶ 名 迷信指人死后再转生到世上的那一生 ▷～姻缘。❷ 动 死去的人再次出现在世上 ▷即使诸葛亮～，怕也没有办法。

【再说】zàishuō ❶ 动 以后再考虑或处理 ▷请示后～，不要自作主张。❷ 连 连接分句，表示追加一层理由，相当于"况且" ▷他不愿调离这个单位，～领导也不同意他走。

【再现】zàixiàn 动（已往的事物）再次显现 ▷～光明|纪录片把勘探过程～了出来。

【再议】zàiyì 动 另行商议；重新讨论 ▷这几个问题，待调查核实后～。

【再有】zàiyǒu 连 引出补充的内容，相当于"此外""另外" ▷～，从中期预测看，情况也不容乐观。☛ "再有"作谓语时，是状中短语，不是词；作连词时，常用在句前，后面稍作停顿。

【再造】zàizào 动 重新给予生命（多用于表示对重大恩德的感激）▷～之恩。

【再则】zàizé 连 连接分句，表示追加另一个理由、原因 ▷她之所以不上场比赛，一则伤痛没痊愈，～想让替补队员多些锻炼机会。

【再者】zàizhě 连 再则 ▷现在约他，怕时间来不及，～他也不一定有工夫。

【再植】zàizhí 动 把断离机体的组织或器官通过吻合血管等手术重新植回原来的解剖位置，使恢复原有的状态和功能 ▷断肢～。

在 zài ❶ 动 存在；生存 ▷人～阵地～｜父母健～。→ ❷ 动 （人或事物）处于某个地点或位置 ▷他～教室里呢｜～场｜～座。⇒ ❸ 动 处在（某职位上）；属于（某个群体）▷～职｜～野｜～党。⇒ ❹ 动 取决于 ▷谋事～人，成事～天｜事～人为。⇒ ❺ 副 正在 ▷他～看书｜红旗～飘扬。⇒ ❻ 介 引进动作行为有关的处所、时间、范围、条件等 ▷～屋里看书｜列车～夜间到达｜～工作上认真负责。→ ❼ 动 和"所"连用，表示强调，后面多跟"不""难" ▷～所不辞｜～所难免。

【在案】zài'àn 动 已经记录在档案中，可备查考 ▷口供已经记录～。

【在编】zàibiān 动 在人员编制之内 ▷有 20 人～。

【在册】zàicè 动 在名册之内 ▷他不～｜～人员。

【在场】zàichǎng 动 在事情发生的现场 ▷当时就我们几个～。

【在朝】zàicháo 动 担任朝廷官职；后也借指当政掌权 ▷父子相继～｜～为民。

【在读】zàidú 动 正在学校或科研单位学习 ▷～博士生。

【在岗】zàigǎng 动 在工作岗位上 ▷～职工。

【在行】zàiháng 形 懂行 ▷他修理电视机很～。

【在乎】zàihu ❶ 动 在于 ▷评价一个人，不～他怎样说，而～他怎样做。❷ 动 介意；在意 ▷满不～｜不～价钱高低。

【在即】zàijí 动 即将进行或开始 ▷高考～。

【在家】zàijiā ❶ 动 在家里；也指在工作单位 ▷他今天不～，去单位加班了｜公司只留了一位同志～，其他人都出去搞调查。❷ 动 不离家而做僧尼、道士；泛指保持世俗身份，过世俗生活。

【在建】zàijiàn 动 （工程等）正在建设中 ▷沿途两座桥梁，一座已经完工，一座～｜～工程。

【在教】zàijiào ❶ 动 信仰某种宗教。❷ 动 特指信仰伊斯兰教。

【在劫难逃】zàijié-nántáo 佛教指命中注定的灾难逃脱不了；借指某些不幸的事情一定会发生，避免不了。

【在理】zàilǐ 形 合乎道理 ▷你说得很～。

【在内】zàinèi 动 在某个范围之内 ▷算我～共五人。

【在聘】zàipìn 动 （人员）在聘用期内 ▷我还～，不能离开岗位。

【在谱儿】zàipǔr 形 〈口〉形容说话符合实际或符合公认的标准 ▷他这话说得～。

【在世】zàishì 动 （人）活在世上 ▷祖父早就不～了。

【在手】zàishǒu 动 掌握在手中 ▷长缨～｜有粮～，心中不慌。

【在所不辞】zàisuǒbùcí 指决不推辞。

【在所不计】zàisuǒbùjì 指决不计较。

【在所不惜】zàisuǒbùxī 指决不吝惜。

【在所难免】zàisuǒnánmiǎn 指难以避免。

【在逃】zàitáo 动 （犯人或犯罪嫌疑人）逃匿在外，还没有捕获归案 ▷～犯｜主犯～。

【在天之灵】zàitiānzhīlíng 迷信指人去世后升入天堂的灵魂。今用以尊称死者及其不死的精神 ▷整理出版先生遗稿，以慰先生～。

【在外】zàiwài 动 不在某个范围之内；在外面 ▷每桌 400 元，酒水～｜出门～。

【在望】zàiwàng ❶ 动 （远处的东西）已在可看到的范围内 ▷码头已经～。❷ 动 （盼望的事情）就要到来 ▷全县脱贫～｜胜利～。

【在位】zàiwèi ❶ 动 处在君主的地位 ▷宣统皇帝～只有三年。❷ 动 身居官位；现多指身居领导岗位 ▷他已退休，不～了。

【在握】zàiwò ❶ 动 在掌握之中 ▷大权～。❷ 动 有把握 ▷胜利～。

【在下】zàixià 名 谦词，用于自称（多见于早期白话和传统戏曲）▷～自愧不如。

【在先】zàixiān ❶ 名 从前；事先 ▷～我不知道吸烟有害。❷ 动 指某事发生的时间在前 ▷有言～。

【在线】zàixiàn ❶ 动 在生产线上；工程技术上泛指在某种系统的控制过程中 ▷自动～监测。❷ 动 电子计算机正处于跟互联网相连接的状态 ▷代表、委员与网友进行～交流。

【在心】zàixīn 动 在意。

【在学】zàixué 动 正在学习 ▷～函授生。

【在押】zàiyā 动 犯罪嫌疑人、刑事被告人或罪犯处于羁押或监禁中 ▷～犯。

【在野】zàiyě 动 不担任朝廷官职；借指不当政掌权 ▷～多年后重返政坛。

【在野党】zàiyědǎng 名 两党制或多党制国家中不当政的政党。

【在业】zàiyè 动 正在从业；有职业 ▷～人员。

【在意】zàiyì 动 放在心上；当作一回事 ▷小心～｜毫不～。

【在于】zàiyú ❶ 动 指事物的本质所在，相当于"就是" ▷错误～自作主张|战争的目的～消灭战争。❷ 动 指事物的关键所在，相当于"决定于" ▷生命～运动。

【在在】zàizài 名〈文〉处处；到处 ▷笙歌～。

【在职】zàizhí 动 担任着职务；在工作岗位上 ▷～培训|老局长还～。

【在制品】zàizhìpǐn 名 正在制作而尚未完成的产品 ▷对～实行全程监控|合理调整～的存量。

【在座】zàizuò 动 在现场的座位上；泛指到场、出席 ▷除了主席团成员之外，有关专家也～。☛ 不宜写作"在坐"。

载[1]（載） zài ❶ 动 用运输工具装 ▷这辆卡车能～四吨|车～斗量|～客|装～◇～誉而归。→ ❷ 名 运输工具装载的东西 ▷超～|卸～。→ ❸ 动 充满 ▷风雪～途|怨声～道。○ ❹ 名 姓。

载[2]（載） zài 副〈文〉连用，构成"载……载……"的格式，表示两个动作交替或同时进行，相当于"一边……一边……" ▷～笑～言。☛ "载"字通常读 zài。读 zǎi，指把事情记录下来，含郑重色彩，如"记载""登载"；也指年，如"千载难逢"。

另见 1713 页 zǎi。

【载波】zàibō 名 通信技术中可通过调制携带信号的电磁波。即在有线电和无线电技术中，把传送的低频信号发送出去时，被调制到的高频电波。

【载歌载舞】zàigē-zàiwǔ 边唱歌，边跳舞。形容尽情地欢乐。

【载荷】zàihè 名 指物体承受的压力，如建筑物的自重、桥梁所承受的重量等。也说荷载。☛ "荷"这里不读 hé。

【载客】zàikè 动 运载乘客 ▷～汽车。

【载送】zàisòng 动 运送 ▷用缆车～游客。

【载体】zàitǐ ❶ 名 科学技术上指某些能传递能量或运载其他物质的物质。❷ 名 泛指能承载其他事物的事物 ▷电波可以用作信息传递的～。

【载誉】zàiyù 动 带着荣誉 ▷运动员～归来。

【载运】zàiyùn 动 运载 ▷～货物。

【载重】zàizhòng 动（交通工具）承载重量 ▷～两吨|～汽车。

【载重量】zàizhòngliàng 名 运输工具允许承载的最大重量。

zān

糌 zān [糌粑] zānba 名 藏语音译。青稞炒熟后磨成的面。多是加上酥油，冲入茶水，用手拌匀后食用。以前是藏族人的主食。

簪（*簮） zān ❶ 名 簪子 ▷玉～|凤～。→ ❷ 动 插在头发上 ▷头上～了朵绒花|～戴。☛ 统读 zān，不读 zēn。

【簪花】zānhuā 动 把花插在头发上 ▷对镜～。

【簪缨】zānyīng 名〈文〉官帽上的饰物；借指高官显贵或显贵的地位 ▷～之家|诗礼～之族。

【簪子】zānzi 名 用来别住发髻使不散乱的条状装饰品，多用金属、玉石等制成。

zán

咱（*偺喒倃噆） zán ❶ 代 咱们 ▷为～中国人争光|～班|～俩。→ ❷ 代 某些地区指说话人自己，相当于"我" ▷～不认识你|这个道理～懂。☛ 统读 zán，不读 zá 或 zǎ。

【咱家】zánjiā 名〈口〉我的家；我们的家 ▷～六口人|路一直修到～门口了。

【咱俩】zánliǎ 代 咱们俩。称说话人（我）和听话人（你）两个人 ▷～一块儿去吧。

【咱们】zánmen 代 称说话人（我、我们）和听话人（你、你们）双方 ▷他今天上午看～来了。

zǎn

拶 zǎn ❶ 动 用绳穿五根小木棍，套进拇指以外的手指后用力收紧，古代一种酷刑 ▷～指。→ ❷ 名 拶指。

另见 1711 页 zā。

【拶指】zǎnzhǐ 名 古代夹手指的刑具。也说拶子。

昝 zǎn 名 姓。

寁 zǎn，又读 jié 形〈文〉迅速；快捷。

攒（攢） zǎn 动 积累；储蓄 ▷这笔钱我给你～着|积～。☛ 读 zǎn，表示积蓄，积储钱币，带口语色彩，如"攒钱"；读 cuán，表示聚集，多带书面语色彩，如"人头攒动""万箭攒心"。

另见 235 页 cuán。

【攒钱】zǎnqián 动 积聚、储存钱款 ▷～买房子|攒了一大笔钱。

趱（趲） zǎn 动 赶（路）；快走（多见于近代汉语） ▷星夜～行|紧～|～路。

zàn

暂（暫*蹔） zàn ❶ 形 不久；时间短 ▷短～|～时。→ ❷ 副 表示在短时间之内 ▷～不实行|～停|～住。

☛ 统读 zàn，不读 zhàn 或 zǎn。

【暂定】zàndìng 动 暂时确定 ▷～下周六开会。

【暂缓】zànhuǎn 动 暂时延缓 ▷方案～施行。

【暂且】zànqiě 副 暂时地；姑且 ▷会议～停一停。

【暂缺】zànquē 动 暂时空缺 ▷一等奖～。

【暂时】zànshí 名 较短的时间之内 ▷～不会有问题｜～在我家住｜这只是～的现象。

【暂停】zàntíng 动 暂时停止；特指某些球类比赛按规则暂时停止 ▷～营业｜教练请求～。

【暂行】zànxíng ❶ 动 暂时实行 ▷这个办法先～一段时间。❷ 区别 暂时实行的 ▷～规定｜～条例。

【暂用】zànyòng 动 暂时使用 ▷目前～原名。

【暂住】zànzhù 动 临时居住 ▷～亲戚家。

【暂住人口】zànzhù rénkǒu 指离开其户口所在地到外地暂住的人口。

【暂住证】zànzhùzhèng 名 公民离开常住户口所在地在其他城市暂时居住、符合申领条件领取的证明。

錾（鏨） zàn ❶ 名 雕凿金属或石头的工具 ▷～子｜～刀。→ ❷ 动 在金属或砖石上雕凿 ▷～字｜～花。

【錾子】zànzi 名 錾①。

赞（賛*賛讚❸❹） zàn ❶ 动 辅佐；支持 ▷～助｜～成｜参～。→ ❷ 动 古代举行典礼时，协助主持仪式的人宣读和导引行礼程序 ▷～礼｜～唱。❸ 动 称颂；颂扬 ▷～不绝口｜～扬｜称～｜礼～。❹ 名 旧时一种文体，内容以赞美为主 ▷《东方朔画～》｜《三国名臣序～》。

【赞不绝口】zànbùjuékǒu 不住口地称赞。

【赞成】zànchéng ❶ 动〈文〉帮助促成 ▷～其事。❷ 动 同意或支持（别人的主张或行为）▷他的倡议我～。

【赞歌】zàngē 名 赞美、颂扬的诗文或歌曲 ▷民族英雄的～ ◇不爱听批评，专爱听～。

【赞礼】zànlǐ ❶ 动 旧时指在婚丧、祭祀仪式上宣读仪式程序，指挥行礼。❷ 名 主持赞礼的人；司仪。

【赞美】zànměi 动 颂扬；夸奖 ▷～家乡。

【赞美诗】zànměishī ❶ 名 基督教举行仪式时，教徒唱的赞美上帝或颂扬教义的诗歌。❷ 名 泛指赞美颂扬的诗歌 ▷这是一首歌颂抗日英雄的～。‖也说赞美歌。

【赞佩】zànpèi 动 称赞并钦佩 ▷令人～。

【赞赏】zànshǎng 动 称赞并赏识 ▷人们都～他的胆识和魄力。

【赞颂】zànsòng 动 赞美并歌颂 ▷～祖国。

【赞叹】zàntàn 动 深有感触地赞美 ▷～他的口才。

【赞同】zàntóng 动 赞成；同意 ▷～你的提议。

【赞许】zànxǔ 动 称赞嘉许 ▷他乐于助人的精神，受到群众的～。

【赞扬】zànyáng 动 称赞并颂扬 ▷受到一致～。

【赞语】zànyǔ 名 赞扬的话 ▷题写了几句～。

【赞誉】zànyù 动 赞美称誉 ▷他的成就赢得学术界的广泛～。

【赞助】zànzhù 动 支持帮助（现多指经济上的帮助）▷这项活动得到三家公司的～。

酂（酇） zàn 名 古县名，在今湖北老河口西北。

另见 240 页 cuó。

瓒（瓚） zàn 名 古代祭礼所用的一种多以玉做柄的酒勺。

濽 zàn 动 某些地区指溅（jiàn）▷～了一身泥水。

zāng

赃（贓） zāng ❶ 名 贪污、受贿或盗窃等所得的财物 ▷贪～枉法｜销～｜退～。→ ❷ 区别 贪污、受贿或盗窃的 ▷～官｜～物｜～款。☛ ㊀右下是"土"，不是"玉"。㊁跟"脏"不同。

【赃车】zāngchē 名 贪污、受贿或偷盗来的车辆。

【赃官】zāngguān 名 贪污、受贿的官吏。

【赃款】zāngkuǎn 名 用贪污、受贿或盗窃、抢劫等手段获取的钱。

【赃物】zāngwù 名 用贪污、受贿或盗窃、抢劫等手段获取的财物。

【赃证】zāngzhèng 名 可以证明盗窃、贪污等犯罪事实的证据。

脏（髒） zāng ❶ 形 有污垢；不干净 ▷衣服～了｜～东西 ◇说话不带～字。→ ❷ 动 弄脏 ▷他不插手，是怕～了自己的手。☛ ㊀读 zāng，繁体是"髒"，表示不干净；读zàng，繁体是"臟"，指内脏。"髒"和"臟"都简化成"脏"，因此"脏"有二音二义。㊁右下是"土"，不是"玉"。㊂跟"赃"不同。

另见 1718 页 zàng。

【脏病】zāngbìng 名 指性病。

【脏弹】zāngdàn 名 利用炸药爆炸将内含的放射性物质散布到空气中，造成大面积辐射污染，形成灾难性生态破坏的炸弹。也说放射性炸弹。

【脏话】zānghuà 名 下流话。

【脏活儿】zānghuór 名 指工作环境差而且不卫生的体力劳动。

【脏乱】zāngluàn 形 又脏又乱 ▷～不堪。

【脏乱差】zāng-luàn-chà 指环境肮脏、混乱、不整洁 ▷治理～。

【脏土】zāngtǔ 名 不干净的土；某些地区指垃圾。

【脏污】zāngwū ❶ 形 肮脏污秽 ▷环境～，亟须治理。❷ 名 脏东西；污迹 ▷洗掉～。

【脏兮兮】zāngxīxī 形 很肮脏的样子 ▷～的外套。

【脏字】zāngzì 名 污秽的字眼；低级下流的字眼 ▷说话别带～。

牂 zāng 名〈文〉母羊。

【牂牁】zāngkē 名 古地名，在今贵州。

臧 zāng ❶ 形〈文〉好；善 ▷谋国不～。→ ❷ 动〈文〉褒扬；称赞 ▷～否人物。○ ❸ 名 姓。☛ ㊀不读 zàng。㊁笔顺是𠂆𠂇𠂉𠂊𠂋𠂌臧臧，14 画。

【臧否】zāngpǐ〈文〉❶ 名 善和恶 ▷考察名实，区别～。❷ 动 褒贬；评论 ▷～人物｜随意～，难免偏颇。☛"否"这里不读 fǒu。

zǎng

驵（駔）zǎng 名〈文〉良马；壮马 ▷～侩（牲口交易的经纪人）。

zàng

脏（臟）zàng ❶ 名 中医称心、肝、脾、肺、肾为脏 ▷五～六腑｜～腑。→ ❷ 名 人或动物胸腔和腹腔内器官的统称 ▷内～｜～器｜肝～｜心～。

另见 1717 页 zāng。

【脏腑】zàngfǔ 名 中医对人体内脏的统称。包括五脏（心、肝、脾、肺、肾）和六腑（胃、胆、三焦、膀胱、大肠、小肠）。

【脏器】zàngqì 名 医学上指胃、肠、肝、脾等内脏器官。

奘 zàng ❶ 形〈文〉壮大（多用于人名。如玄奘，唐代高僧）。○ ❷ 形〈口〉说话粗鲁，态度生硬 ▷这人说话特～。☛ ㊀不读 zhuāng。㊁上边不能简化成"壮"。

另见 1815 页 zhuǎng。

葬（*塟葬）zàng ❶ 动 掩埋人的尸体 ▷～身之地｜丧～◇～送。→ ❷ 动 泛指依照特定的风俗习惯等来处理人的尸体 ▷火～｜天～｜土～。○ ❸ 名 姓。

【葬礼】zànglǐ 名 为死者举行的出殡和安葬仪式。

【葬埋】zàngmái 动 埋葬①②。

【葬身】zàngshēn 动 埋葬尸体；借指死亡 ▷死无～之地｜～鱼腹◇敌舰～海底。

【葬送】zàngsòng 动 断送或毁灭 ▷～前程。

【葬仪】zàngyí 名 葬礼。

藏[1] zàng ❶ 名 储存大量东西的地方 ▷宝～。→ ❷ 名 佛教或道教经典的统称 ▷佛～｜道～｜大～经。

藏[2] zàng ❶ 名 指西藏 ▷青～高原｜～红花。→ ❷ 名 指藏族 ▷～医｜～历。

另见 131 页 cáng。

【藏獒】zàng'áo 名 一种猛犬，原产于我国青藏高原。形体高大，长可达 1 米以上，毛厚耐寒。性格刚毅，力大凶猛，野性尚存，善攻击，忠于主人，是优良的牧羊犬和护卫犬。

【藏传佛教】zàngchuán fójiào 中国佛教的一支，分布于我国西藏、青海、内蒙古等地，有黄教、红教等若干教派。公元 7 世纪印度佛教传入西藏，与当地的宗教逐渐融合而形成藏传佛教。后又传入不丹、尼泊尔等。也说喇嘛教。

【藏红花】zànghónghuā 名 多年生草本植物，叶细长，有鳞茎。花也叫藏红花，淡紫色，可以做药材。原产于欧洲，明朝时经我国西藏传入内地，故称藏红花。

【藏剧】zàngjù 名 藏族戏曲剧种，流行于西藏及四川、青海等地。伴奏用鼓和钹，唱腔高亢雄浑。也说藏戏。

【藏蓝】zànglán 形 形容颜色蓝中带红。

【藏历】zànglì 名 藏族的传统历法。计时方法同农历相似，用阴阳五行和十二生肖纪年，如阳木鼠年、阴土兔年等。

【藏历年】zànglìnián 名 藏族人民的传统节日，自藏历正月初一起延续数日。节日期间互相拜年，举行赛牦牛、射箭、跳锅庄舞、演藏戏等活动。

【藏羚】zànglíng 名 哺乳动物，体长约 1.2 米，尾短而尖，背部有浅红棕色厚毛，腹部白色，四肢灰白色。雄的有长而侧扁的角。胆小，常成群活动。生活于青藏高原。属国家保护动物。通称藏羚羊。参见插图 1 页。

【藏青】zàngqīng 形 形容颜色蓝中带黑。

【藏青果】zàngqīngguǒ 名 诃（hē）子未成熟的果实，可以做药材。

【藏文】zàngwén 名 藏族的拼音文字。始创于公元 7 世纪前后。现行藏文是 9 世纪改革后规范定型的。有 4 个元音符号、30 个辅音字母，从左到右横写。

【藏香】zàngxiāng 名 西藏生产的线香，用檀香、芸香、艾等制成。

【藏学】zàngxué 名 研究藏族历史、宗教、文化、政治、经济等的综合学科。

【藏药】zàngyào 名 以藏医理论为指导，并融合古印度医学、古波斯医学、古中医学的药学理论，用生长在海拔 4000 米左右的西藏独特地理环境中的药材为原料制成的药剂。

【藏医】zàngyī ❶ 名 藏族医药学的简称。是我国传统医药学的组成部分。❷ 名 用藏族医药学的理论和医术治病的医生。

【藏语】zàngyǔ 名 藏族的语言，属汉藏语系藏缅语族藏语支。

【藏族】zàngzú 名 我国少数民族之一。主要分布在西藏、青海、四川、甘肃、云南。

zāo

遭[1] zāo 动 遇到(多指不好的事) ▷惨～杀害|～灾|～罪|～遇。

遭[2] zāo ❶ 动〈文〉围绕着走。→ ❷ 量 周;圈(quān) ▷围着足球场跑了两～|用绳子绕了好几～。→ ❸ 量 用于行为、动作,相当于"回""次" ▷一～生,两～熟|头一～。

【遭到】zāodào 动 受到 ▷～破坏|～谴责。

【遭逢】zāoféng 动 碰到;遇上 ▷今年～水患。

【遭际】zāojì〈文〉❶ 名 境遇;处境 ▷人生～。❷ 动 碰到;遇上 ▷～变故|～不幸。

【遭劫】zāojié 动 遭到劫难 ▷途中不幸～。

【遭难】zāonàn 动 遭遇灾难;特指遭到死难 ▷客轮触礁,他俩不幸～。

【遭受】zāoshòu 动 遇到(不幸);受到(损害) ▷～严重挫折|～灾难。

【遭殃】zāoyāng 动 遭受灾祸 ▷军阀混战,百姓～。

【遭遇】zāoyù ❶ 动 遇到;碰上(敌人或不幸的事) ▷～了一场火灾|先头部队跟鬼子～。❷ 名 亲身经历的事情(多指苦难、灾祸等) ▷他的～很悲惨。

【遭遇战】zāoyùzhàn 名 敌对双方不期而遇发生的战斗。

【遭灾】zāozāi 动 遭受灾祸(多指自然灾害) ▷今年家乡～,颗粒无收。

【遭罪】zāozuì 动 遭受痛苦;受罪。

糟(*蹧❺) zāo ❶ 名 酿酒余下的渣滓 ▷酒～|～糠。→ ❷ 动 用酒或酒糟腌制食物 ▷～肉|～鸭|～蛋。❸ 形 朽烂;不结实 ▷房梁全～了|～木头。❹ 形 (事情或情况)坏;不好 ▷生意越来越～。❺ 动 损坏;浪费 ▷～践|～蹋。

【糟改】zāogǎi ❶ 动 胡乱修改或改编。❷ 动 某些地区指取笑、奚落 ▷别～人。

【糟糕】zāogāo 形 (事情、情况等)很不好 ▷字写得很～|近来他身体～透了。

【糟践】zāojian 动 糟蹋。

【糟糠】zāokāng 名 酒糟、米糠之类粗劣的食物;借指贫苦的生活 ▷弃若～|～之妻。

【糟糠之妻】zāokāngzhīqī 指贫苦中共同患过难的妻子。

【糟粕】zāopò 名 指酒糟、豆渣等;比喻粗劣、毫无价值或有害的东西 ▷封建～。

【糟踏】zāotà 现在一般写作"糟蹋"。

【糟蹋】zāotà ❶ 动 任意浪费或损坏 ▷不要拿钱瞎～。❷ 动 侮辱;蹂躏。有时特指奸污。

【糟心】zāoxīn 形 因情况不好而心情烦躁 ▷让人～的事接连不断。

záo

凿[1](鑿) záo ❶ 名 凿子 ▷斧～。→ ❷ 动 打孔 ▷用凿子～个眼ㄦ|～冰。❸ 动 挖 ▷～井|开～运河。→ ❹ 名〈文〉用凿子凿出的孔穴;卯眼 ▷方枘圆～。

凿[2](鑿) záo 形 明确;真实 ▷确～|言之～～。☛"凿"字统读 záo,不读 zuò。

【凿壁偷光】záobì-tōuguāng 晋·葛洪《西京杂记》记载:西汉匡衡家贫,晚上点不起灯,便在墙上凿个洞,借着邻居家的烛光读书。后用"凿壁偷光"形容克服困难,勤学苦读。

【凿井】záojǐng 动 挖井。

【凿岩机】záoyánjī 名 在岩石上打眼ㄦ用的机械。有风动式、电动式、内燃式和液压式四类。风动式的应用最广,以压缩空气为动力,使活塞往复运动,冲击钢钎,凿出孔眼。风动式凿岩机也说风钻。

【凿眼】záoyǎn ❶ 动 用凿子、钢钎等工具凿出孔 ▷～放炮。❷ 名 凿出的孔 ▷崖壁上有几个～。

【凿凿】záozáo 形〈文〉确切;真实 ▷言之～。

【凿子】záozi 名 挖槽、打孔的工具。前端有刃,使用时用锤子敲击后端。

zǎo

早 zǎo ❶ 名 早晨 ▷起～贪黑|清～|～市。→ ❷ 形 比某一时间靠前 ▷他走得比我～|能～两天来更好。❸ 副 表示动作的发生离现在已有一段时间 ▷他～就起床了|问题～解决了。→ ❹ 形 时间靠前的 ▷～期|～春。→ ❺ 形 早晨见面时的问候语 ▷您～!

【早安】zǎo'ān 动 早晨平安。客套话,用于早晨见面时表示问候。

【早班】zǎobān 名 每天最早上班的工作班次。

【早餐】zǎocān 名 早饭;早点。

【早操】zǎocāo 名 早晨做的健身体操。

【早茶】zǎochá 名 早晨吃的茶点 ▷广东～。

【早产】zǎochǎn 动 指怀孕 28 周后,胎儿未足月就产出 ▷～儿。

【早场】zǎochǎng 名 影剧院上午放映或演出的场次。

【早车】zǎochē 名 早晨开出、经过或到达的车辆。

【早晨】zǎochen 名 日出前后的一段时间。

【早出晚归】zǎochū-wǎnguī 清早外出,夜晚才回来。多形容在外面辛勤劳作;也指整天不在家。

【早春】zǎochūn 名 初春;立春后的一段时间。
【早稻】zǎodào 名 插秧期和收割期较早或生长期较短的稻子。
【早点】zǎodiǎn 名 早饭;早晨吃的点心。
【早饭】zǎofàn 名 早晨吃的一餐饭。
【早慧】zǎohuì 形 少年儿童智力发育超前 ▷她比同龄人～|相当～。
【早婚】zǎohūn 动 指未达到法定结婚年龄而结婚。
【早恋】zǎoliàn 动 年龄过小就谈恋爱。一般是指中小学生之间谈恋爱。
【早年】zǎonián ❶ 名 多年以前 ▷～这里还是一个小山村。❷ 名 指年轻的时候 ▷～出国留学。
【早期】zǎoqī 名 发展过程的最初阶段 ▷封建社会～|～作品|～食道癌。
【早期白话】zǎoqī báihuà 指唐宋以来到五四运动前口语的书面形式。
【早期教育】zǎoqī jiàoyù 对上小学以前的婴幼儿进行的教育。
【早起】zǎoqǐ 名 某些地区指早晨 ▷他～不喝茶。
【早秋】zǎoqiū 名 初秋,刚刚立秋后的一段时间。
【早日】zǎorì ❶ 名 以前;从前 ▷小城～的景象再也看不到了。❷ 副 早早地;迅速地 ▷祝你～成功|希望～学成回国。
【早上】zǎoshang 名 早晨。
【早市】zǎoshì ❶ 名 早晨营业的集贸市场 ▷上～。❷ 名 指早市的营业 ▷平均一个～能挣100多元。
【早逝】zǎoshì 动 过早地死去 ▷英年～。
【早熟】zǎoshú ❶ 形 农作物生长期比较短,成熟早(跟"晚熟"相对) ▷～作物。❷ 形 身体或智力成熟较早 ▷孩子过于～并不好。
【早衰】zǎoshuāi 形 过早地衰老 ▷心脏～。
【早霜】zǎoshuāng 名 霜期之初即晚秋阶段出现的霜。
【早退】zǎotuì 动 在工作、学习或集体活动中不到规定时间就提前离开。
【早晚】zǎowǎn ❶ 名 早晨和晚上 ▷～天气凉。❷ 名 先和后;早和迟 ▷虽然同时播的种,但成熟却有～。❸ 副 或早或晚,相当于"迟早" ▷安全意识差,～要出事。❹ 名〈口〉时候 ▷这～孩子该放学了。
【早霞】zǎoxiá 名 朝霞。
【早先】zǎoxiān 名 过去;先前 ▷～住在城南。
【早泄】zǎoxiè 动 男子在性交时过早地射精。
【早已】zǎoyǐ 副 很早已经。表示动作行为或情况已发生多时 ▷这种技术～过时了。
【早育】zǎoyù 动 未到正常生育年龄而过早地生育。
【早早儿】zǎozǎor 副 表示动作行为提早进行 ▷～来到学校|要赶火车,就～动身。
【早造】zǎozào 名 成熟期较早的农作物。

枣(棗) zǎo 名 枣树,落叶乔木,枝上有刺,叶长卵形,开黄绿色小花。枝干质地坚硬,加工后用途广泛。果实也叫枣,椭圆形、球形或卵形,暗红色,味甘甜,可以食用,也可以做药材。参见插图10页。
【枣茶】zǎochá 名 以红枣为主要原料制成的饮料,有保健作用。
【枣核】zǎohé 名 枣儿内的硬核,核内肉质部分叫枣仁,可以做药材。口语中也说枣核儿(húr)。
【枣红】zǎohóng 形 形容颜色像熟透的枣儿那样红 ▷～锦缎被面。
【枣泥】zǎoní 名 煮熟的枣儿除去皮、核捣成的泥状物,可做馅儿 ▷～馅儿点心。
【枣子】zǎozi 名 某些地区指枣的果实。

蚤 zǎo ❶ 名 跳蚤。○ ❷古同"早"。☛ 上边是"叉"。由"蚤"构成的字有"搔""骚"等。

澡 zǎo 动 洗(身体) ▷洗～|～堂子|搓～。
【澡盆】zǎopén 名 洗澡用的大盆。
【澡堂】zǎotáng 名 为大众洗澡提供服务的场所(多为营业性的)。也说澡堂子。
【澡塘】zǎotáng ❶ 名 池塘②。❷见本页"澡堂"。现在一般写作"澡堂"。

璪 zǎo ❶ 名 古代刻有水藻花纹的玉制装饰品。→ ❷ 名 古代帝王冠冕上悬挂着的装饰,是用彩色丝线把玉石穿成的串。

藻 zǎo ❶ 名 古代指水生藻。现在泛指藻类植物,即生活在水中的含叶绿素和其他辅助色的低等自养植物,没有根、茎、叶的区别。主要有红藻、绿藻、蓝藻、褐藻等。→ ❷ 名 华美的色彩 ▷～井|～舟。❸ 名 华丽的文辞 ▷词～|～饰。
【藻花】zǎohuā 名 水华。
【藻井】zǎojǐng 名 我国传统建筑中宫殿、亭阁、厅堂等顶部"井"字形结构中间的一种装饰。有各种雕刻或彩画。
【藻类植物】zǎolèi zhíwù 藻①。
【藻饰】zǎoshì 动〈文〉用华丽的辞藻修饰 ▷文风朴实,不尚～。

zào

皂[1](*皁) zào ❶ 形 黑① ▷～衣|～靴|不分青红～白。→ ❷ 名 旧时指衙门里当差的人。因多穿黑色的衣服,故称 ▷～隶。

Z

皂[2]（*皁） zào ❶ 名 皂荚。→ ❷ 名 肥皂 ▷香～|药～。☛"皂"字下边是"七"，不是"匕"。

【皂白】zàobái 形 黑与白。比喻是与非、好与坏 ▷不分青红～。

【皂荚】zàojiá 名 落叶乔木，枝上有刺。荚果也叫皂荚，含胰皂质，可用来洗衣物。也说皂角。

【皂片】zàopiàn 名 小块片状肥皂，易溶于水，可洗毛料或丝织品。

灶（竈） zào ❶ 名 烧火做饭的设备 ▷～台|炉～|煤气～。→ ❷ 名 指厨房 ▷下～。→ ❸ 名 指灶神 ▷祭～|送～。

【灶火】zàohuǒ 名〈口〉灶①。

【灶间】zàojiān 名 某些地区指厨房。

【灶具】zàojù 名 炉灶及配套用具。

【灶神】zàoshén 名 民间供奉在锅灶附近的神。迷信认为可以主宰全家的祸福。也说灶君、灶王爷。

【灶台】zàotái 名 灶上可放东西的平面部分；泛指灶。也说锅台。

【灶膛】zàotáng 名 灶内燃烧柴草的空间。

【灶头】zàotóu 名〈口〉灶①。

【灶王爷】zàowángyé 名 灶神。

【灶屋】zàowū 名 某些地区指厨房。

唣（*唕） zào 见 908 页"啰(luó)唣"。

造[1] zào ❶ 动 到；去 ▷登峰～极|～访。→ ❷ 动 (学业、技艺等)达到(某种程度或境界) ▷～诣。❸ 动 培养 ▷可～之才|～就。○ ❹ 名 姓。

造[2] zào ❶ 动 做；制作 ▷～船|制～|创～。→ ❷ 动 虚构；瞎编 ▷～谣|捏～。

造[3] zào 名 指相对两方面的人中的一方；特指诉讼的两方 ▷两～|甲～。

造[4] zào ❶ 名 农作物的收成 ▷早～。→ ❷ 量 用于农作物收获的次数 ▷一年两～。

【造册】zàocè 动 编制成册 ▷～上报。

【造成】zàochéng 动 形成；导致(多指不好的结果) ▷～严重后果|～被动局面。☛ 参见 234 页"促成"的提示。

【造次】zàocì〈文〉❶ 形 仓促；匆忙 ▷～之间慌不择路。❷ 形 轻率；鲁莽 ▷在尊长面前不敢～。

【造反】zàofǎn 动 对统治者采取反抗行动 ▷起兵～。

【造访】zàofǎng 动 到别人家去拜访 ▷登门～。

【造福】zàofú 动 (为人)谋求幸福 ▷～子孙。

【造化】zàohuà 名 古代指创造、化育万物的主宰；也指自然界 ▷名山大川是～之功。

【造化】zàohua 名 运气；福分 ▷事情成不成就看你的～了。

【造假】zàojiǎ 动 制造假象；特指制造假冒伪劣商品 ▷～舞弊|打击～售假行为。

【造价】zàojià 名 制造或建造所需的费用 ▷这栋楼房～很高|工程～。

【造就】zàojiù ❶ 动 培养使成才 ▷～人才|不堪～。❷ 名 造诣；成就 ▷多有～。

【造句】zàojù 动 把词、短语等组合成句子。

【造林】zàolín 动 大面积种植树苗，培育树林 ▷植树～，绿化祖国。

【造孽】zàoniè 动 佛教指做坏事(必将遭到报应)。通常指做恶劣的事(必将自食恶果) ▷贪污救灾款，真是～。

【造神】zàoshén 动 刻意神化某人或某物，使人们把该人或该物当作神来看待 ▷要实事求是地宣传先进典型，不可～。

【造市】zàoshì 动 采取措施为产品或产业营造市场氛围 ▷举办博览会为高科技产品～。

【造势】zàoshì 动 (通过宣传等)制造声势 ▷为竞选～。

【造物】zàowù ❶ 动 古代指创造万物 ▷天公～。❷ 名 古代指创造万物的神。

【造物主】zàowùzhǔ 名 基督教指创造万物的上帝。

【造像】zàoxiàng 名 泥塑的或木、石等雕成的形象 ▷寺内～栩栩如生|龙门石窟～。

【造形】zàoxíng 见本页"造型"①②。现在一般写作"造型"。

【造型】zàoxíng ❶ 动 塑造人或物体的形象 ▷～艺术。❷ 名 塑造出的艺术形象 ▷～美观生动。○ ❸ 动 铸造中指制造砂型。

【造型艺术】zàoxíng yìshù 用一定的物质材料创造的有视觉美感的形象艺术。如建筑、雕塑、绘画、书法、篆刻等。也说空间艺术、视觉艺术。

【造血】zàoxuè ❶ 动 机体自身制造血液 ▷食疗有助于提升～能力。❷ 动 比喻单位、组织等挖掘潜力，努力增强自身活力 ▷加强技术扶贫，提高贫困地区自身的～功能。

【造谣】zàoyáo 动 编造谣言 ▷～惑众|～中伤。

【造诣】zàoyì 名 (学术、技艺等)达到的水平 ▷学术～高深。☛"诣"不读 zhǐ。

【造影】zàoyǐng ❶ 动 医学上指通过口服或注射药物使某些器官在 X 射线下显出阴影，以便检查疾病 ▷钡餐～。❷ 名 造影所显示的图像 ▷胃部～正常。

【造字】zàozì ❶ 动 创造文字；设计新的文字符号系统 ▷仓颉～。❷ 动 浇铸铅字。❸ 动 在计算机中造出字库没有的字。

【造作】zàozuò 形 做作 ▷矫揉～。

慥 zào［慥慥］zàozào 形〈文〉忠厚；诚恳。

噪（*譟❷）zào ❶ 动〈文〉虫鸣；鸟叫 ▷蝉～｜鸟雀欢～。→ ❷ 动 大声叫嚷 ▷鼓～。⇒ ❸ 形（声音）杂乱刺耳 ▷～声。⇒ ❹ 动 众口传扬 ▷名声大～。

【噪声】zàoshēng ❶ 名 声学上指不同频率和不同强度的声音无规律地组合在一起的声音。❷ 名 泛指嘈杂刺耳的声音 ▷临街的房间～大。❸ 名 比喻各种错误的论调 ▷最大限度地消除杂音～，让党的主张成为时代最强音。‖也说噪音。

【噪声污染】zàoshēng wūrǎn 指噪声给工作、学习和生活造成的严重干扰，情况严重时会导致耳聋或诱发其他疾病。旧称噪音污染。

【噪音】zàoyīn 名 噪声。

簉 zào 形〈文〉副；附属的 ▷～室（指妾）。

燥 zào ❶ 形 干；干热 ▷口干舌～｜～热｜干～。→ ❷ 名 中医指"六淫"（风、寒、暑、湿、燥、火）之一，是致病的一个重要因素 ▷～邪。☛ 参见本页"躁"的提示。

【燥热】zàorè 形 干燥炎热 ▷近日天气十分～。

碳 zào 用于地名。如碳头、碳口、石家碳，均在江西。

躁 zào 形 性情急；不冷静 ▷性子～｜戒骄戒～｜急～｜暴～｜～动。☛ 跟"燥"不同。"燥"表示缺少水分；"躁"表示性情急。

【躁动】zàodòng ❶ 动 急躁冲动；骚动 ▷内心～。❷ 动 不停地跳动 ▷地震前动物不安地～｜胎儿在母腹中～。

【躁进】zàojìn 动 浮躁冒进 ▷积极稳妥地推进改革，不宜～｜克服～心理。

zé

则[1]（則）zé ❶ 名 规章；制度 ▷规～｜法～｜总～｜细～。→ ❷ 名 榜样；规范 ▷以身作～。→ ❸ 量 用于分项或自成段落的文字，相当于"条" ▷摘录宋人笔记三～｜笑话五～。

则[2]（則）zé ❶ 连〈文〉表示时间上的顺承关系 ▷寒往～暑来，暑往～寒来。→ ❷ 连 表示条件或因果关系 ▷兼听～明，偏听～暗｜穷～思变。❸ 连〈文〉表示对比或列举 ▷其事～易为，其理～难明。⇒ ❹ 连 用在两个相同的词之间，表示让步 ▷好～好，就是太贵。⇒ ❺ 连 表示转折关系 ▷欲速～不达。⇒ ❻ 副〈文〉用在判断句里表示肯定，相当于"就（是）" ▷此～言者之过也。⇒ ❼ 助 用在数词"一""二（再）""三"等后面，表示列举理由或原因 ▷这场球我们赢了，一～是斗志旺盛，再～是临场发挥出色。

【则声】zéshēng 动 作声（多见于近代汉语，多用于否定）▷他痴呆呆不～。

责（責）zé ❶ 动 要求 ▷求全～备｜～成｜～令。→ ❷ 动 批评指责 ▷～怪｜～骂｜斥～｜谴～。⇒ ❸ 动 为追究对方的责任而追问；质问 ▷～问。⇒ ❹ 动 旧指为惩罚而打 ▷重～四十大板｜～打｜杖～。→ ❺ 名 应完成的任务或应承担的过失 ▷～无旁贷｜尽职尽～｜负～｜罪～。

【责备】zébèi 动 批评；指责 ▷不要乱～别人。

【责编】zébiān 名 责任编辑的简称。出版部门负责对某一稿件进行审阅、加工等的编辑人员。

【责成】zéchéng 动 指定专人或有关机构负责办理 ▷～秘书科调查此事。

【责打】zédǎ 动 责罚拷打。

【责罚】zéfá 动 惩罚 ▷对屡犯者从严～。

【责怪】zéguài 动 责备怪罪 ▷出了问题，不要总是～别人。

【责令】zélìng 动 命令（某人或某机构）完成或做到 ▷～大家严守秘密。

【责骂】zémà 动 责备并斥骂 ▷不要～孩子。

【责难】zénàn 动 指责非难 ▷受到各方面的～。

【责权利】zé-quán-lì 责任、权力和利益的合称。

【责任】zérèn ❶ 名 应尽的职责 ▷～重大。❷ 名 应承担的过失 ▷追究～。

【责任感】zérèngǎn 名 对人对事认真负责的意识 ▷强烈的～。也说责任心。

【责任人】zérènrén 名 承担责任的人。

【责任事故】zérèn shìgù 由于不负责任而造成的事故。

【责任田】zérèntián 名 根据承包合同，由农民承包经营的土地。

【责任制】zérènzhì 名 划清职责范围确定专人负责的管理制度。

【责任状】zérènzhuàng 名 下级跟上级签订的保证负责完成所定任务的文书；也指类似的口头承诺。

【责问】zéwèn 动 用指责或责备的口气问 ▷严词～。☛ 参见 1777 页"质问"的提示。

【责无旁贷】zéwúpángdài 属于自己应尽的责任，不能推卸给别人（贷：推卸）。

【责有攸归】zéyǒuyōuguī 是谁的责任就该由谁承担，推卸不掉（攸：相当于"所"）。

择（擇）zé ❶ 动 挑选；挑拣 ▷不～手段｜～善而从｜选～｜抉～｜～优录取。〇 ❷ 名 姓。☛ ㊀读 zé，多用于书面语词;读 zhái,多用于生活口语,如“择菜”“择席”“择不开”。㊂右下是“丰”,不是“丰”。

另见 1730 页 zhái。

【择吉】zéjí 动 挑选吉利的日子(多用于嫁娶或动工、开业等) ▷~成亲|~开业。

【择交】zéjiāo 动 择友。

【择偶】zé'ǒu 动 选择配偶。

【择期】zéqī 动 选择日期 ▷~施工。

【择善而从】zéshàn'ércóng《论语·述而》:“三人行,必有我师焉。择其善者而从之,其不善者而改之。”后用“择善而从”指选择好的而跟着学或做。

【择校】zéxiào 动 (学生)选择条件相对较好的小学或中学就读 ▷只有教育资源均衡发展,才能破解~难题|自主~。

【择业】zéyè 动 选择职业。

【择优】zéyōu 动 选择优秀的 ▷~录用。

【择友】zéyǒu 动 选择可信的人交朋友 ▷交朋~。

咋 zé 动〈文〉咬住 ▷~舌。

另见 1713 页 zǎ;1726 页 zhā。

【咋舌】zéshé 动〈文〉咬住舌头。形容因惊讶、害怕而说不出话来 ▷~不语|令人~。

迮 zé ❶ 形〈文〉狭窄。○ ❷ 名 姓。

泽(澤) zé ❶ 名 积水的洼地;水草丛杂的地方 ▷沼~|草~|竭~而渔。→ ❷ 形 湿 ▷润~。⇒ ❸ 名 恩惠 ▷恩~|~被天下。⇒ ❹ 名 物体表面反射出来的光 ▷光~|色~。○ ❺ 名 姓。

【泽国】zéguó ❶ 名 河流湖泊密布的地区 ▷江南~。❷ 名 被洪水淹没的地方 ▷大水一来,这里成了一片~。

【泽兰】zélán 名 多年生草本植物,叶子卵圆形或披针形,边缘锯齿状,花白色。茎、叶含芳香油,可做皂用香精。古书上也说兰草。

啧(嘖) zé 形〈文〉形容很多人说话或争辩的样子 ▷~有烦言。

【啧有烦言】zéyǒufányán《左传·定公四年》:“会同难,啧有烦言,莫之治也。”意思是议论纷纷,大家都抱怨责备。

【啧啧】zézé ❶ 拟声〈文〉模拟虫鸣鸟叫的声音 ▷鹊鸣~。❷ 拟声 模拟咂嘴的声音,常表示赞赏或厌恶 ▷~称奇|观众~有声。

【啧啧称羡】zézé-chēngxiàn 连声赞叹,表示羡慕。

帻(幘) zé 名 古代的一种头巾。

笮 zé 名 姓。

另见 1847 页 zuó。

舴 zé [舴艋] zéměng 名〈文〉小船。☛ 不读 zàměng。

箦(簀) zé〈文〉❶ 名 床垫,多用竹子或木条编成。→ ❷ 名 用竹篾、芦苇等编成的席。

赜(賾) zé 形〈文〉深奥、玄妙 ▷~隐。☛ 左边是“𦣝(yí)”,不是“臣”。

zè

仄[1] zè ❶ 动〈文〉倾斜 ▷日~而归。→ ❷ 名 指仄声 ▷平~相间。

仄[2] zè〈文〉❶ 形 狭窄 ▷人多地~|逼~。○ ❷ 形 (心)不安 ▷愧~。

【仄声】zèshēng 名 古汉语四声中上声、去声、入声三种声调的统称(跟“平声”相区别)。

昃 zè 动〈文〉太阳西斜 ▷日中则~|~食宵衣。

zéi

贼(賊) zéi ❶ 动〈文〉伤害 ▷戕~。→ ❷ 名 危害人民和国家的人 ▷独夫民~|奸~|卖国~。❸ 名 偷窃财物的人 ▷做~心虚|盗~|窃~。⇒ ❹ 形 邪恶的 ▷~头~脑|~眉鼠眼|~眼。❺ 副〈口〉很;十分 ▷皮鞋擦得~亮~亮的|这天气,~冷! ⇒ ❻ 形〈口〉狡猾 ▷老鼠真~|这家伙~得很,要多加小心。☛ ㊀统读 zéi,不读 zé。㊁右边是“戎”,不是“戒”。

【贼船】zéichuán 名 盗贼杀人劫货的船;比喻干坏事的团伙,参加了这种团伙叫“上贼船” ▷上~容易,下~难。

【贼风】zéifēng ❶ 名 从门窗等缝隙中钻入的、容易使人生病的风。❷ 名 中医指各种致病因素。

【贼喊捉贼】zéihǎnzhuōzéi 做贼的人却叫喊捉贼。比喻干了坏事的人为逃脱罪责,故意转移目标,混淆视听。

【贼寇】zéikòu 名 强盗;入侵的敌人。

【贼眉鼠眼】zéiméi-shǔyǎn 形容鬼鬼祟祟或邪恶不正的样子。

【贼去关门】zéiqù-guānmén 比喻出了事故后才开始防范。也说贼走关门。

【贼人】zéirén 名 偷窃、抢劫东西的人;干坏事的人 ▷~胆虚。

【贼头贼脑】zéitóu-zéinǎo 形容行动鬼鬼祟祟的样子。

【贼心】zéixīn 名 做坏事的念头 ▷~顿起。

【贼星】zéixīng 名 流星①的俗称。

【贼眼】zéiyǎn 名 狡诈、不正派的眼神 ▷瞪着两只~东张西望。

鲗(鰂) zéi ❶ 见 1447 页“乌鲗”。❷ 用于地名。如鲗鱼涌(chōng),在香港。

zěn

怎 zěn 代 表示疑问,相当于"怎么" ▷你～能这么干? |他～不早点儿来?

【怎么】zěnme ❶ 代 询问方式、原因、性状等 ▷这事该～办? |他～没来上课? ❷ 代 用于虚指 ▷不知道～一来就病倒了。❸ 代 用于任指 ▷这块表～修也修不好|该～办就～办。❹ 代 表示反问或感叹 ▷这～行呢? |这场球输得～那么惨呢? ❺ 代 用于否定句,表示一定程度 ▷这里的情况,我不～了解|今天不～舒服。❻ 代 作谓语,询问状况 ▷你～啦? |今天～了,那么多人迟到? ❼ 代 用于句首,稍加停顿,表示惊讶 ▷～,今年又没考上! |～,才几年的工夫,家乡变化这么大! ☛ 跟"怎样""怎么样"不同。表示询问原因时,应该用"怎么",不能用"怎样""怎么样"。如"这是怎么一回事?"表示征询意见时,应该用"怎样""怎么样",不能用"怎么"。如"我先去,你再去,怎样(怎么样)?"

【怎么得了】zěnme-déliǎo 表示情况严重 ▷闯了这么大的祸,这可～?

【怎么的】zěnmedì 代〈口〉怎么样② ▷这首歌他唱得不～|反正我不干,你能把我～? 也作怎么地。

【怎么样】zěnmeyàng ❶ 代 怎样。❷ 代 代替某种不直接说出来的情况或行为,表示一种委婉的语气(多用于否定或反问) ▷他的文章写得不～|他身上分文没有,你能把他～? ☛ 参见本页"怎么"的提示。

【怎么着】zěnmezhe ❶ 代 询问动作行为或情况 ▷明后天是双休日,你打算～? |参观的事～了,都联系好了吗? ❷ 代 任指某种动作或行为 ▷要遵守纪律,不能自己想～就～。

【怎奈】zěnnài ❶ 动 无奈① ▷～我何? ❷ 连 无奈② ▷设想虽好,～力不从心。

【怎样】zěnyàng ❶ 代 询问性质、状况或方式等 ▷应该采取～的行动? |应该～回答? ❷ 代 表示虚指 ▷不知道她～一变,变出了一只鸽子|他总说这个展销会～～好,引得我想去看一看。❸ 代 表示任指 ▷～洗也洗不干净|他～做,你也～做吧。❹ 代 作谓语、宾语或补语,询问状况 ▷你近来身体～? |以后打算～? ☛ 参见本页"怎么"的提示。

zèn

谮(譖) zèn 动〈文〉说坏话诬陷别人 ▷～言|～毁。

zēng

曾 zēng ❶ 形(亲属关系)相隔两代的 ▷～祖父|～孙。○ ❷ 名 姓。☛ 中间不是"田"。由"曾"构成的字有"增""憎""赠"等。

另见 137 页 céng。

【曾孙】zēngsūn 名 儿子的孙子。也说重孙、重孙子。

【曾孙女】zēngsūnnǚ 名 儿子的孙女。也说重孙女。

【曾祖父】zēngzǔfù 名 父亲的祖父。也说曾祖。

【曾祖母】zēngzǔmǔ 名 父亲的祖母。

鄫 zēng,又读 céng ❶ 名 古国名。a)在今山东兰陵。b)在今河南柘城北。c)在今河南方城一带。○ ❷ 名 古州名,故城在今山东枣庄。○ ❸ 名 姓。

增 zēng ❶ 动 加多;添加 ▷干劲倍～|为国～光|～加|～产|～援。○ ❷ 名 姓。

【增白】zēngbái 动 使纺织品、纸张、皮肤等增加洁白度 ▷～牙齿|～剂。

【增编】zēngbiān ❶ 动 增加或扩充编制;增加编号 ▷～两个空降师|～门牌。○ ❷ 动(书籍)在原有基础上增加内容,扩充篇幅 ▷～本。

【增拨】zēngbō 动 在原来已经拨给的基础上再调拨。

【增补】zēngbǔ 动 增加缺漏的,补充不足的 ▷～经费|～人员。

【增仓】zēngcāng 动 指投资者在原有基础上进一步买进有价证券、期货等,增加仓位 ▷稳步～。

【增产】zēngchǎn ❶ 动 产量增加 ▷新技术助力小麦～。❷ 动 增加生产 ▷我厂明年～两款新型车。

【增持】zēngchí 动 增加有价证券、期货等的持有量。

【增大】zēngdà 动 变得大起来;加大 ▷风力～了|～压力。

【增订】zēngdìng ❶ 动 增补和修订(书籍) ▷～本|这部教材还要进一步～。❷ 动 增加订购的数量 ▷我店再～500 册。

【增多】zēngduō 动 增加;使更多 ▷观众不断～|再～就吃不完了。

【增防】zēngfáng 动 增强防守力量。

【增幅】zēngfú 名 增长的幅度 ▷营业额～较大。

【增高】zēnggāo ❶ 动 增加高度 ▷个头儿明显～。❷ 动 提高 ▷产值在不断～。

【增光】zēngguāng 动 增加光彩、荣誉 ▷为祖国～|为学校～添彩。

【增广】zēngguǎng 动 增加(内容)和扩大(范围) ▷～见闻。

【增辉】zēnghuī 动 增光 ▷她的绘画作品给整个展览～不少。

【增加】zēngjiā 动 比原来增多;使再多些 ▷名额～了|～收入。

【增加值】zēngjiāzhí 名 增加的数值。如原为50,现为80,增加值就是30。

【增减】zēngjiǎn 动 增加和减少 ▷修订后,该书内容有所～。

【增建】zēngjiàn 动 增加建造 ▷～厂房。

【增进】zēngjìn 动 增强并促进 ▷～健康|～两国的交往。

【增刊】zēngkān 名 报纸、期刊根据需要临时增加的版面或册子 ▷周末～。

【增量】zēngliàng ❶ 动 增加数量 ▷～注射。❷ 名 增加的数量 ▷～达50%。

【增派】zēngpài 动 在原来派遣的基础上再派遣 ▷～救援部队。

【增强】zēngqiáng 动 加强;使更强 ▷～抵抗力。

【增强现实】zēngqiáng xiànshí 通过计算机系统提供的信息增加用户对现实世界感知的技术。将虚拟的信息应用到真实世界,并将计算机生成的虚拟物体、场景或系统提示信息叠加到真实场景中,从而实现对现实的增强(英语缩写为AR)。

【增容】zēngróng 动 增大容量 ▷仓库～|挖潜～。

【增色】zēngsè 动 增加光彩、趣味等 ▷他们精彩的表演为晚会～不少。

【增删】zēngshān 动 增加和删除(文字或内容)。

【增设】zēngshè 动 增加设置 ▷～机构。

【增生】zēngshēng 动 指生物体某部分组织细胞量增多,体积增大 ▷颈椎～|骨质～。

【增收】zēngshōu ❶ 动 增加收入 ▷增产～|～节支。❷ 动 增加收取 ▷严禁～学杂费。

【增速】zēngsù 动 提高速度 ▷不断～|～平稳。

【增塑剂】zēngsùjì 名 能增加合成树脂、橡胶等的可塑性的物质。一般为不易挥发而且能与聚合物相溶的液体。

【增添】zēngtiān 动 增多;添加 ▷～人力。

【增温】zēngwēn 动 提高温度 ▷大棚内需要～。

【增效】zēngxiào 动 增加效力;增加效益 ▷减员～。

【增修】zēngxiū ❶ 动 增加修建 ▷～了一座教学楼。❷ 动 增加并修订 ▷～后的版本比第一版好多了。❸ 动 在原有基础上多学习另外课程 ▷～一门外语。

【增选】zēngxuǎn 动 增加入选篇目、人员等 ▷这本文集应～作者早期的一些作品|～了3名代表。

【增压】zēngyā 动 增加压力。

【增益】zēngyì 动 增加;增多 ▷产值有所～。

【增印】zēngyìn 动 增加印刷数量。

【增盈】zēngyíng 动 增加盈利 ▷增产～。

【增援】zēngyuán 动 提供更多的人员、设备等方面的支援 ▷大堤告急,请火速～。

【增长】zēngzhǎng 动 增加;提高 ▷～见识。

【增长点】zēngzhǎngdiǎn 名 事物整体中富有增长潜力和发展前景的部分 ▷中西部地区是我国经济发展新的～。

【增长率】zēngzhǎnglǜ 名 增长的数量与原数量的比率 ▷提高经济～。

【增涨】zēngzhǎng 动 上涨 ▷股值～很快。

【增支】zēngzhī 动 增加支出。

【增值】zēngzhí 动 增加产值或价值 ▷货币～。☛ 跟"增殖"不同。"增值"侧重于价值的提高,常用于商品、土地等;"增殖"侧重于数量的增加,多用于生物及资本等。

【增值税】zēngzhíshuì 名 以商品生产、流通和加工、修理等各环节所增加的价值额或商品附加值为对象所征收的一种流转税。

【增殖】zēngzhí ❶ 动 繁殖;增加 ▷牛羊～迅速。❷ 动 增生。☛ 参见本页"增值"的提示。

【增至】zēngzhì 动 增加到 ▷销量～50万册。

【增资】zēngzī 动 增加资本或资金。

憎 zēng 动 厌恶;痛恨 ▷面目可～|爱～分明。☛ 统读zēng,不读zèng。

【憎称】zēngchēng 名 带有憎恶色彩的称呼。

【憎恨】zēnghèn 动 憎恶痛恨 ▷～侵略者。

【憎恶】zēngwù 动 痛恨厌恶 ▷我最～那些拿别人的痛苦取乐的人。☛ "恶"这里不读è。

缯(繒) zēng 名〈文〉丝织品的统称。另见本页zèng。

罾 zēng 名 一种方形渔网,用构成"十"字形的两根竹竿或木棍做支架撑起四角。

矰 zēng 名 系(jì)有丝绳的箭,古人用来射鸟。

翻 zēng 动〈文〉高飞。

【翻逝】zēngshì 动〈文〉高飞而去 ▷～高翔。

zèng

综(綜) zèng 名〈文〉织机上的一种装置,用来使经线交错着上下分开,以便梭子通过。

另见1834页zōng。

锃(鋥) zèng 形〈口〉器物被打磨或擦拭得闪光耀眼 ▷～亮|～光。

【锃光瓦亮】zèngguāng-wǎliàng 锃亮。

【锃亮】zèngliàng 形 形容器物等异常光亮 ▷～的刀具。

缯(繒) zèng 动〈口〉捆;扎 ▷麻袋口用绳子～起来。

另见本页zēng。

赠（贈） zèng 动 把东西无偿地送给别人 ▷～送|～阅|～礼|捐～。

【赠别】zèngbié 动 临别时赠送（诗文、言辞或礼物等）▷～诗。

【赠答】zèngdá 动（以礼物、诗文等）相互赠送和酬答 ▷～礼仪|～唱和（hè）。

【赠款】zèngkuǎn ❶ 动 捐赠钱款 ▷给慈善事业～。❷ 名 捐赠的钱款 ▷合理使用～。

【赠礼】zènglǐ 名 赠送的礼品或礼金。

【赠票】zèngpiào ❶ 动 赠送门票 ▷本场演出谨向荣誉军人～。❷ 名 赠送的门票 ▷全部～均已送完。

【赠品】zèngpǐn 名 赠送的物品。

【赠券】zèngquàn ❶ 动 赠送票券 ▷打折、～，不如质量可靠、价格公平实惠。❷ 名 赠送的票券 ▷领取～。

【赠书】zèngshū ❶ 动 赠送图书 ▷给希望小学～。❷ 名 赠送的图书 ▷收到两本～。

【赠送】zèngsòng 动 赠 ▷～礼品。

【赠言】zèngyán ❶ 动 说或写勉励别人的话 ▷临别时，他们互相～。❷ 名 为勉励别人而说或写的话 ▷这是一篇师友的～。

【赠与】zèngyǔ 现在一般写作"赠予"。

【赠予】zèngyǔ 动 送给。

【赠阅】zèngyuè 动（报刊社、出版单位或作者）把书刊赠送给人阅读 ▷～图书。

甑 zèng ❶ 名 古代的瓦制炊具，底部有许多透气的小孔，放在鬲（lì）上蒸食物。→ ❷ 名 一种木制的桶形炊具，有屉无底，用来蒸制米饭等 ▷饭～。→ ❸ 名 蒸馏或使物体分解用的器皿 ▷曲颈～。☛ 统读 zèng，不读 zhēng 或 zhèng。

zhā

扎[1] zhā ❶ 动 刺（cì）① ▷鞋底太厚，要使劲～|～手|～针。→ ❷ 动〈口〉钻入 ▷一头～到水里|～到人堆里了|～猛子。

扎[2]（*紥紮） zhā 动（军队）在某地住下 ▷安营～寨|驻～。

扎[3] zhā 英语 jar 音译。❶ 名 指广口瓶或广口杯 ▷～啤。→ ❷ 量 借指啤酒的容量 ▷一～啤酒。☛ "扎"字读 zhá，用于"挣扎"；读 zā，指捆绑，如"捆扎""结扎"。

另见 1711 页 zā；1727 页 zhá。

【扎堆】zhāduī 动（人）聚在一起 ▷～看热闹。

【扎耳朵】zhā'ěrduo〈口〉（声音或话语）刺耳；不中听 ▷警笛声～|他的话～。

【扎根】zhāgēn ❶ 动 植物的根向土壤深处生长 ▷移栽的花都～了。❷ 动 比喻深入到某处或某些人中间 ▷～边疆|这支队伍在山区扎下了根。❸ 动 比喻牢固地树立某种思想 ▷让质量第一的观念在头脑里～。

【扎花】zhāhuā 动 某些地区指刺绣 ▷～青布鞋。

【扎猛子】zhāměngzi〈口〉游泳时头向下猛地钻入水中。

【扎啤】zhāpí 名 用广口杯盛装的生啤酒（扎：英语 jar 音译；啤：英语 beer 音译）。

【扎煞】zhāsha 动〈口〉张开；散开 ▷～着双手。

【扎实】zhāshi ❶ 形（东西）坚实、牢固 ▷地基打得很～|选用～的板材。❷ 形（工作、学习、作风等）踏实、实在 ▷～建设美丽乡村|他治学严谨，学识～。

【扎手】zhāshǒu ❶ 动 刺手 ▷仙人掌上有刺，小心～。❷ 形 形容事情不好办 ▷这事很～。

【扎眼】zhāyǎn 形 刺眼②；过于惹人注目（多含贬义）▷她的穿着太～了。

【扎营】zhāyíng 动（军队或野外工作者）安营驻扎。

【扎针】zhāzhēn 动 中医指用特制的金属针刺入一定穴位以治疗疾病。

吒 zhā ❶ 用于人名。如《封神演义》中的金吒、木吒、哪（né）吒。○ ❷ 用于地名。如：吒溪河，水名，在湖北；吒祖，地名，在广西。☛ 读 zhà 时，是"咤（zhà）"的异体字。

另见 1728 页 zhà"咤"。

咋 zhā［咋呼］zhāhu〈口〉❶ 动 大声说话；吆喝 ▷这是病房，别瞎～。❷ 动 张扬；吹嘘 ▷光～不行，得拿出真本事来。☛ 不宜写作"咋唬""咋乎"。

另见 1713 页 zǎ；1723 页 zé。

挓 zhā ❶ 用于地名。如挓口山村，在四川。○ ❷［挓挲］zhāsha 现在一般写作"扎煞"。

查（*査） zhā ❶ 同"楂"。现在一般写作"楂"。○ ❷ 名 姓。

另见 141 页 chá。

奓 zhā 用于地名。如：奓河，水名；奓山，山名，又地名。均在湖北。

另见 1728 页 zhà。

哳 zhā 见 1740 页"啁（zhāo）哳"。

揸 zhā ❶ 动 抓取（多见于近代汉语）。○ ❷ 动〈口〉张开手 ▷～开五指。

喳 zhā ❶ 叹 旧时下级对上级、仆人对主人的应诺声。○ ❷ 拟声 模拟鸟叫的声音 ▷小鸟～～叫。

另见 139 页 chā。

渣 zhā ❶ 名 渣滓 ▷豆～|油～|人～。→ ❷ 名 碎屑 ▷馒头～儿。○ ❸ 名 姓。

【渣土】zhātǔ 名 一般指建筑垃圾，即建筑施工产生的废土、废料及其他废弃物。

【渣滓】zhāzǐ ❶ 名 物质经过提取有用成分后剩余的东西。❷ 名 比喻对社会起破坏作用的人或事物 ▷清除社会～|封建文化的～。

【渣子】zhāzi 名 渣② ▷玻璃～。

楂 zhā 见 1195 页"山楂"。
另见 141 页 chá。

齄 zhā 名 鼻头上长出的红色斑点(一种皮肤病)。长有齄的鼻子叫酒渣鼻。

zhá

扎 zhá［扎挣］zházheng 动〈口〉勉强支持 ▷老太太～着挪了两步。
另见 1711 页 zā;1726 页 zhā。

札(*劄❸❹ 剳❸❹) zhá ❶ 名 古代写字用的小木片 ▷笔～。→ ❷ 名 书信 ▷书～|信～|手～。❸ 名 旧时的一种公文 ▷奏～|～子。→ ❹ 名 笔记 ▷～记。
"劄"另见本页 zhá。

【札记】zhájì 名 读书时所记的心得体会或摘记的要点。☛ 不要写作"劄记"。

轧(軋) zhá 动 把金属材料压成一定形状 ▷～钢|冷～|热～。
另见 1576 页 yà。

【轧钢】zhágāng 动 根据不同规格的要求,把钢坯压制成一定形状的钢材。

【轧辊】zhágǔn 名 轧钢机上的装置,是一对转动方向相反的辊子,中间有一定形状的缝或孔,钢坯从中间通过,被轧成所需形状的钢材。

【轧机】zhájī 名 轧制金属材料的机械设备。

【轧制】zházhì 动 用轧机加工金属材料,使变成需要的形状。

闸(閘 *牐) zhá ❶ 名 一种可以开关的用来调节水流量的水利设施 ▷堤坝上有一道～|拉～放水。→ ❷ 动 用闸或其他东西把水截住 ▷水流太急,怎么也～不住。→ ❸ 名 使运输工具、机器等运行减速或停止运行的装置 ▷刹～|车～|电～。○ ❹ 名 姓。

【闸刀】zhádāo 名 低压供电线路上的一种电源开关,可以连接或断开线路。

【闸阀】zháfá 名 装在流体管道内,用作开关及控制流体流量的装置。

【闸盒】zháhé 名 在电路中装有保险丝和电流开关等器件的盒子。

【闸机】zhájī 名 一种控制人出入的机器。安装在通道的出入口处,由特制的闸调控,每次只能通行一人。闸机现多用于自动检票,电子票据经闸机验证合格,即对持该票据的人开闸放行 ▷乘坐地铁要经～验票。

【闸口】zhákǒu 名 打开闸门时,水流通过的孔道。

【闸门】zhámén 名 装在水闸或流通管道上,用来控制、调节流量的门或开关。

【闸皮】zhápí 名 安装在自行车等刹车夹中的橡皮块。制动时,闸皮压住瓦圈,使车轮减速或停止转动。

【闸瓦】zháwǎ 名 列车自动空气制动部件,用铸铁或特殊塑料制成。制动时压紧车轮,制止车轮转动。

炸 zhá ❶ 动 烹调方法,把食物放在热油里使熟 ▷～油条|～丸子|～鱼|干～大虾。→ ❷ 动〈口〉焯(chāo) ▷把芹菜用开水～一下。
另见 1728 页 zhà。

【炸糕】zhágāo 名 在热油里炸熟的糯米面食品。

【炸酱】zhájiàng 名 把黄酱、甜面酱、豆瓣儿酱等放在热油中煎炸,并佐以肉丁、葱花等做成的调味品。

【炸酱面】zhájiàngmiàn 名 一种面食,面条煮熟后,放上炸酱、面码儿等,拌着吃。

铡(鍘) zhá ❶ 名 铡刀 ▷虎头～。→ ❷ 动 用铡刀切 ▷～了一捆草。

【铡刀】zhádāo 名 切草或其他东西的刀具,刀的一头用轴固定在底座上,另一头有柄,可以上下活动。

喋 zhá 见 1192 页"唼(shà)喋"。
另见 322 页 dié。

劄 zhá ❶ 动 中医指针刺。○ ❷ 见 977 页"目劄"。☛ 用于其他意义时,"劄"是"札"的异体字。
另见本页 zhá "札"。

霅 zhá 动〈文〉震慑 ▷天谴不能使～。
另见 1729 页 zhà。

zhǎ

拃 zhǎ 同"拃"。现在一般写作"拃"。

拃 zhǎ ❶ 动 用张开的拇指和中指(或小指)量长短 ▷不用找尺子了,～一下就行。→ ❷ 量 张开的拇指和中指(或小指)两端之间的长度 ▷三～长两～宽。

苲 zhǎ［苲草］zhǎcǎo 名 指金鱼藻一类的水草。

眨 zhǎ 动 眼皮迅速地一闭一开 ▷～了～眼|一～眼的工夫。☛ 跟"贬"不同。

【眨巴】zhǎba 动〈口〉眨 ▷～眼。

【眨眼】zhǎyǎn ❶ 动 眨 ▷困得他直～。❷ 动 借指时间很短 ▷～就不见了|～工夫。

【眨眼间】zhǎyǎnjiān 名〈口〉表示很短的时间。

砟 zhǎ 名 砟子 ▷焦～|煤～|炉灰～。☛ 铁路等行业习惯写作“碴”。
另见 1852 页 zuò。

【砟子】zhǎzi 名 零碎的煤块、石块等。☛ 铁路等行业习惯写作“碴子”。

眨 zhǎ 同“眨”。现在一般写作“眨”。

鲊（鮓） zhǎ ❶ 名 腌制加工的鱼类食品。→ ❷ 名 一种菜肴，把茄子等切碎，与米粉、面粉及其他作料拌和加工而成 ▷茄子～|扁豆～。

碴 zhǎ 名 砟。☛ 铁路等行业称说铺设铁路道床的碎石、矿渣等的习惯用法。
另见 139 页 chā；142 页 chá。

鲝（鮺） zhǎ ❶ 同“鲊”。〇 ❷ 同“苲”，用于地名。如鲝草滩，在四川。

zhà

乍 zhà ❶ 副 表示情况发生得迅速而出人意料，相当于“忽然” ▷～冷～热。→ ❷ 副 表示动作、行为或情况发生在不久前，相当于“刚刚”“起初” ▷新来～到|～暖还寒。〇 ❸ 动（毛发）竖起 ▷吓得汗毛都～起来了|～着头发。→ ❹ 形 壮；大 ▷膀～腰圆。

【乍暖还寒】zhànuǎn-huánhán 形容早春天气刚刚变暖却又还带寒意，冷暖无常。

诈（詐） zhà ❶ 动 用手段诓骗 ▷尔虞我～|兵不厌～|～骗|狡～。→ ❷ 动 假装；冒充 ▷～降|～死。→ ❸ 动 用假话引诱对方说出真情 ▷别拿话～我，我什么也不会告诉你。

【诈称】zhàchēng 动 冒称 ▷～记者骗钱。

【诈唬】zhàhu 动 欺骗吓唬 ▷别人一～，他就把实话都说了。

【诈骗】zhàpiàn 动 欺诈骗取 ▷～财物。☛ 参见 1070 页“欺骗”的提示。

【诈取】zhàqǔ 动 用欺骗手段获得 ▷～钱财。

【诈尸】zhàshī ❶ 动 停放的尸体突然动起来。是由尚未完全死亡的局部神经痉挛所致。❷ 动 指突然发出近乎疯狂的行为（骂人的话） ▷老实待会儿吧，别在这儿～了！

【诈降】zhàxiáng 动 假装投降。

柞 zhà [柞水] zhàshuǐ 名 地名，在陕西。
另见 1851 页 zuò。

栅（*柵） zhà 名 栅栏 ▷木～|铁～。
另见 1196 页 shān。

【栅栏】zhàlan 名 用竹、木、铁条等做成的围栏 ▷铁～|街心公园四周围着～。

奓 zhà ❶ 动 张开 ▷这只乌鸦一～翅膀就飞走了。→ ❷ 动〈口〉壮着（胆子）；勉强鼓起（勇气） ▷他～着胆子往前蹭。
另见 1726 页 zhā。

咤（*吒） zhà 见 184 页“叱（chì）咤”。☛ 不读 chà。
“吒”另见 1726 页 zhā。

炸 zhà ❶ 动（物体）突然爆裂 ▷暖瓶～了|爆～。→ ❷ 动 用炸药、炸弹爆破 ▷房子被飞机～塌了|～碉堡|轰～。→ ❸ 动〈口〉突然被激怒 ▷一听这话就～了。→ ❹ 动〈口〉由于受到惊扰而逃散 ▷～窝|～群。☛ 通常读 zhà。读 zhá，指一种烹调方法，如“炸油饼”；义同“焯（chāo）”，如“炸芹菜”。
另见 1727 页 zhá。

【炸弹】zhàdàn 名 一种武器。铁制外壳，内装炸药，触动引信就爆炸。通常用飞机投掷。

【炸锅】zhàguō 动 比喻众人突然情绪激动，开始吵闹 ▷一听说公司要破产，工人便～了。

【炸毁】zhàhuǐ 动 爆炸使毁坏 ▷～障碍物。

【炸雷】zhàléi 名 声音特别响的雷。

【炸裂】zhàliè ❶ 动 爆炸使裂开 ▷墙体被～了。❷ 动 物体由于受压过大或受热不均而突然破裂 ▷刚倒进开水，玻璃杯就～了。

【炸群】zhàqún 动 成群的牲口因突受惊扰而四处逃散。

【炸市】zhàshì 动 集市上人群因突受惊扰而四处逃散。

【炸窝】zhàwō〈口〉❶ 动 蜂群、鸟群、兽群等因受惊扰而四处乱飞、乱奔 ▷一群野猪～了，没命地四处逃窜。❷ 动 比喻许多人因受惊扰而乱成一团或因激动而强烈宣泄 ▷民警突然冲入，赌场立时～|台下～了，喝彩声响成一片。

【炸药】zhàyào 名 指受热或受撞击后能发生爆炸的物质。爆炸时产生大量的能和高温气体，对周围产生严重的破坏作用。

【炸药包】zhàyàobāo 名 装满炸药的袋子，可用来炸毁防御工事等。

痄 zhà [痄腮] zhàsai 名 中医指流行性腮腺炎。

蚱 zhà [蚱蜢] zhàměng 名 昆虫，样子像蝗虫，触角短，后翅大，后足长，善跳跃。常固定生活在一个地区，危害农作物。

溠 zhà 名 溠水，水名，在湖北。

榨（*搾❷） zhà ❶ 名 挤压出物体中汁液的器具 ▷油～。→ ❷ 动 挤压出物体中的汁液 ▷～甘蔗。〇 ❸ 名 姓。

【榨菜】zhàcài 名 茎用芥（jiè）菜，是芥菜的一个变种。茎部也叫榨菜，膨大成瘤状，多腌制后食用。

【榨季】zhàjì 名 收获甘蔗或甜菜等制糖原料进行

榨糖的季节。

【榨取】zhàqǔ ❶ 动 通过压榨而取得 ▷～果汁。❷ 动 比喻剥削搜刮 ▷～人民的血汗。

砟 zhà 用于地名。如大水砟，在甘肃。

蜡 zhà 名 古代年末为报答众神保佑而举行的祭祀活动 ▷～日。

另见 814 页 là。

霅 zhà［霅溪］zhàxī ❶ 名 水名，在浙江湖州。❷ 名 浙江湖州的别称。因境内有霅溪，故称。

另见 1727 页 zhá。

醡 zhà〈文〉❶ 名 酒榨，榨酒的器具。→ ❷ 动 榨酒。

zha

馇（餷） zha 见 459 页"饹馇(gēzha)"。另见 139 页 chā。

zhāi

侧（側） zhāi 动〈口〉歪着；倾斜 ▷～着肩膀｜～棱｜～歪。

另见 135 页 cè。

【侧棱】zhāileng 动〈口〉向一侧倾斜 ▷～着身子躺在床上。

【侧歪】zhāiwai 动〈口〉歪向一边 ▷船体～40°。

斋（齋*亝） zhāi ❶ 动 斋戒 ▷～禁｜～堂。→ ❷ 名 房屋，多用作书房、商店、学校宿舍等的名称 ▷书～｜荣宝～。→ ❸ 名 信仰佛教、道教等的人所吃的素食 ▷吃～念佛。❹ 动 向僧、道舍饭 ▷～僧。→ ❺ 名 指伊斯兰教的斋戒习俗 ▷～月｜开～。○ ❻ 名 姓。

【斋饭】zhāifàn ❶ 名 和尚等化缘得到的饭食。❷ 名 寺庙里吃的素食。

【斋果】zhāiguǒ 名 供奉神佛的果品。

【斋醮】zhāijiào 动 僧人、道士设坛做法事，向神佛祈祷。

【斋戒】zhāijiè ❶ 动 古人在祭祀或举行大典前，沐浴更衣，戒除嗜欲，以示敬畏。❷ 动 封斋①。

【斋期】zhāiqī 名 斋戒期限；斋戒期间 ▷～一个月｜～不吃肉。

【斋坛】zhāitán ❶ 名 古代帝王祭祀天地的处所。❷ 名 僧人、道士诵经祭祀佛或神的地方。

【斋月】zhāiyuè 名 指伊斯兰教历的 9 月。在这个月中伊斯兰教徒进行斋戒，故称。

摘[1] zhāi ❶ 动 采下(植物的花、果、叶)；取下(戴着或挂着的东西) ▷～苹果｜～眼镜｜采～｜～除。→ ❷ 动 选取 ▷寻章～句｜～录｜～要｜文～。○ ❸ 动 斥责 ▷指～。

摘[2] zhāi 动〈口〉因急用而临时向人借钱 ▷东～西借｜～借。☛ ㊀"摘"字统读 zhāi，不读 zhé。㊁右边是"啇"，不是"商"。

【摘报】zhāibào ❶ 动 摘录并上报 ▷把群众来信～领导。❷ 名 摘要的书面报告 ▷局长在群众来信～上作了批示。

【摘编】zhāibiān ❶ 动 摘录并编辑 ▷～了媒体相关信息。❷ 名 摘录并编辑而成的资料。

【摘抄】zhāichāo ❶ 动 摘要抄录 ▷～全文要点。❷ 名 摘抄下来的文字 ▷把这页～放好。

【摘除】zhāichú 动 摘下或割去(有机体中有害或多余的部分) ▷～病果｜～肿瘤。

【摘挡】zhāidǎng 动 把汽车等的操纵杆从挂挡位置扳到空挡位置。

【摘登】zhāidēng 动 摘要刊登 ▷～文章要点。

【摘发】zhāifā 动 摘要发表 ▷～文件要点。

【摘冠】zhāiguàn 动 获得冠军 ▷跳水项目被我国健儿～。

【摘桂】zhāiguì 动 摘取桂冠(guān)。指获得冠军。

【摘记】zhāijì ❶ 动 摘选记录 ▷～精彩的文句。❷ 名 摘记的文字 ▷写了篇读书～。

【摘录】zhāilù ❶ 动 有选择地抄录 ▷～原文要点。❷ 名 摘录下来的文字 ▷复印 1 份～。

【摘牌】zhāipái ❶ 动 摘下招牌。指取消资格 ▷那家律师事务所严重违规，已被～。❷ 动 指终止某种证券在证券市场上的交易资格。❸ 动 指职业体育组织吸收挂牌转会的其他体育组织的运动员。❹ 动 指在比赛中夺取奖牌 ▷比赛第一天，这个队就连连～夺金。

【摘取】zhāiqǔ 动 采摘；夺取 ▷～果实｜～奥运桂冠。

【摘桃子】zhāitáozi 比喻窃取别人的胜利果实或劳动成果。

【摘要】zhāiyào ❶ 动 选取要点 ▷～刊登。❷ 名 选取出来的要点 ▷先读～，再读全文。

【摘译】zhāiyì ❶ 动 摘要翻译 ▷～外电部分内容。❷ 名 摘要的译文 ▷送来几份～。

【摘引】zhāiyǐn 动 摘录引用 ▷～文章要点。

zhái

宅 zhái ❶ 名 住所；家庭居住的房子 ▷住～｜深～大院｜赵～。→ ❷ 动 待在家里很少出门(多指沉迷于上网或其他室内活动) ▷多出去活动活动，不要总～在家里｜～男｜～女。☛ 下边首笔是撇，不是横。

【宅地】zháidì 名 建造住宅占用的土地。

【宅第】zháidì 名 规模较大的住宅 ▷他的～坐落

在巷子深处。也说宅邸。

【宅基】zháijī 名 住宅的地基。

【宅基地】zháijīdì 名 住宅地基所占的土地；特指我国农村村民依法取得农民集体所有的用于建造房屋并有居住使用权的土地。

【宅急送】zháijísòng 名 物流行业中的一种快递业务，专为客户提供邮件、小宗货物递送等服务。

【宅门】zháimén ❶ 名 宅院的前门或大门。❷ 名 借指宅院里的人家 ▷前边那家～姓赵。

【宅舍】zháishè 名〈文〉住宅。

【宅院】zháiyuàn 名 带院子的住宅。

【宅子】zháizi 名 自成一套的住房；独门独院的住房 ▷他有两处～。

择（擇）zhái〈口〉❶ 义同"择(zé)"①，一般单用 ▷～韭菜。→ ❷ 动 分解，理清 ▷毛线乱了，～不开。

另见 1722 页 zé。

【择菜】zháicài 动 把蔬菜里不能吃的部分去掉。

【择席】zháixí 动 指换个地方睡觉就睡不着或睡不安稳。

翟 zhái 名 姓。

另见 297 页 dí。

zhǎi

窄 zhǎi ❶ 形 横向的距离小(跟"宽"相对) ▷马路太～。→ ❷ 形 (眼界、心胸等)不开阔；(气量)小 ▷知识面不能太～｜心眼儿～。→ ❸ 形〈口〉经济不宽裕；困窘 ▷日子过得挺～。

【窄带】zhǎidài 名 数字通信中指传输速率低于64千比特/秒的带宽。

【窄幅】zhǎifú 区别 幅面窄的(布帛、呢绒等) ▷～的红布。

【窄小】zhǎixiǎo 形 窄① ▷走进一个～的山谷｜住房～。

zhài

豸 zhài 冠豸山(guànzhàishān) 名 山名，在福建。

另见 1776 页 zhì。

债（債）zhài ❶ 名 所欠下的钱财 ▷欠了一身～｜讨～｜公～。→ ❷ 名 比喻所欠下的其他东西 ▷血～｜相思～。

【债户】zhàihù 名 欠债的人。

【债款】zhàikuǎn 名 借贷的钱 ▷催讨～。

【债权】zhàiquán 名 依法要求债务人偿还债款并履行一定义务的权利。

【债权人】zhàiquánrén 名 依照法律或合同规定，有权要求债务人偿还债款的人。

【债券】zhàiquàn 名 有价证券的一种，由政府、银行或公司(企业)等发行，约定按一定利率支付利息并到期偿还认购者本金的凭证。

【债市】zhàishì ❶ 名 买卖国债券、企业债券等的市场。❷ 名 债券的行市。

【债台高筑】zhàitái-gāozhù 古书记载：战国时周赧(nǎn)王欠债很多，无法偿还，为了逃债只好躲到一座高台上。后用"债台高筑"形容欠债极多。

【债务】zhàiwù ❶ 名 欠债人所承担的还债义务。❷ 名 指所欠的债款 ▷偿还～。

【债务人】zhàiwùrén 名 依照法律或合同规定，对债权人承担义务的人。

【债主】zhàizhǔ 名 把钱借给别人并收取利息的人。

祭 zhài ❶ 名 春秋时期诸侯国。在今河南郑州东北。○ ❷ 名 姓。☛ 以上意义不读 jì。

另见 652 页 jì。

寨（*砦❶—❹）zhài ❶ 名 古代防守用的栅栏；用石头做成的防御工事 ▷鹿～｜土堡石～。→ ❷ 名 旧时的军营；营房 ▷安营扎～｜劫～｜营～。→ ❸ 名 旧指强盗聚集的地方 ▷～主｜压～夫人。→ ❹ 名 四周有栅栏或围墙的村子；村子 ▷～子｜村村～～。○ ❺ 名 姓。

【寨主】zhàizhǔ ❶ 名 旧指聚居山林的强盗的首领。❷ 名 旧指村寨首领。

【寨子】zhàizi ❶ 名 防守用的栅栏、围墙。❷ 名 寨④。

瘵 zhài 名〈文〉病，多指痨病 ▷病～｜痨～。☛ 不读 jì。

𢶍 zhài 动 某些地区指将某些附加物件或装饰物缝到衣服上 ▷～纽扣｜～上一条花边。

zhān

占 zhān ❶ 动 古代用龟甲、蓍草等预测吉凶；后来泛指用各种方式预测吉凶 ▷算命先生～了一卦｜～卜。○ ❷ 名 姓。

另见 1733 页 zhàn。

【占卜】zhānbǔ 动 古代用龟甲、蓍草等推算吉凶祸福。

【占卦】zhānguà 动 迷信指根据卦象推算吉凶祸福。也说打卦、算卦。

【占梦】zhānmèng 动 迷信的人解释梦的吉凶祸福。

【占星术】zhānxīngshù 名 用观察星象来附会人间吉凶祸福的方术。

沾（*霑）zhān ❶ 动 浸湿 ▷泪水～湿衣襟｜～濡。→ ❷ 动 因某种

关系而得到好处;分享 ▷利益均~|~光。→ ❸ 动 因接触而被别的东西附着上 ▷衣服上~了许多土|伤口不能~水。❹ 动 触及;挨(āi)上 ▷~不上边|烟酒不~|~染。

【沾边】zhānbiān ❶ 动 挨近;略有涉及 ▷打架的事,他从来不~儿。❷ 动 接近实际 ▷他说的跟事实根本不~儿。

【沾光】zhānguāng 动 凭借某种关系从相关人那里或因某事而得到好处 ▷孩子有出息了,父母也跟着~|销路打开了,全村都跟着~。

【沾花惹草】zhānhuā-rěcǎo 拈花惹草。

【沾亲】zhānqīn 动 稍微有点儿亲戚关系 ▷他们两家并不~|~带故。

【沾染】zhānrǎn 动 因接触而附着上某种不好的东西或受到不良影响 ▷小心不要~上病毒|~了不少坏毛病。

【沾濡】zhānrú 动 浸湿;也指蒙受恩泽 ▷雾水~了草鞋|~厚泽。

【沾手】zhānshǒu ❶ 动 用手接触 ▷水太烫了,不敢~。❷ 动 比喻介入某事 ▷这件事你千万不要~。

【沾沾自喜】zhānzhān-zìxǐ 认为自己做得很好而洋洋得意。

毡(氈*氊) zhān ❶ 名 毡子 ▷~帽|~垫|如坐针~。→ ❷ 名 像毡子的东西 ▷油~。

【毡房】zhānfáng 名 牧民居住的帐篷。用毡子蒙在支架上搭成,顶部呈圆形。也说毡包、毡帐。

【毡帽】zhānmào 名 毡子做的帽子。也说毡笠。

【毡靴】zhānxuē 名 毡子做的靴子。

【毡子】zhānzi 名 用羊毛、骆驼毛等擀压而成的片状物。

栴 zhān [栴檀] zhāntán 名〈文〉檀香。

旃 zhān ❶ 代〈文〉"之""焉"的合音,指代人或事物,兼表语气 ▷勉~! ○ ❷古同"毡"。

粘 zhān ❶ 动 黏性物附着在别的物体上;物体互相附着在一起 ▷锅巴~在锅底上|两块糖~在一起了。→ ❷ 动 用黏性物把东西连接起来 ▷纸扇破了,~一~还能用|~封皮|~贴。☛ 参见 1002 页"黏"的提示。

另见 1002 页 nián。

【粘连】zhānlián ❶ 动 粘在一起;特指体内的黏膜、浆膜等因发炎而粘在一起 ▷揭开~在一起的书页|肠~。❷ 动 比喻牵连 ▷他跟那个非法煤窑有~。

【粘贴】zhāntiē ❶ 动 用黏的东西使纸、布等附着在另一物体上 ▷~邮票|~广告。❷ 动 计算机文件处理中指将某一选定文件或一段文字复制到指定的位置或另一文本中。

詹 zhān 名 姓。

谵(譫) zhān 动〈文〉病中神志不清说胡话 ▷~妄|~语。

【谵妄】zhānwàng 名 中医指由发烧、醉酒或药物中毒等引起短时间内精神错乱的症状。

【谵语】zhānyǔ〈文〉❶ 动 病中说胡话。❷ 名 病中说的胡话。

饘(饘) zhān 名〈文〉稠粥。

邅 zhān 见 1818 页"迍(zhūn)邅"。

瞻 zhān 动 向上或向前看 ▷高~远瞩|~前顾后|~仰|观~。

【瞻顾】zhāngù ❶ 动 向前后看 ▷建院 50 周年~|彷徨~。❷ 动 照看 ▷彼此~。

【瞻念】zhānniàn ❶ 动 以崇敬的心情怀念 ▷~师恩。❷ 动 展望并思考 ▷~前程。

【瞻前顾后】zhānqián-gùhòu 看看前面,又看看后面。形容做事谨慎,考虑周密;也形容顾虑过多,犹豫不决。

【瞻望】zhānwàng 动 向高处或远处看;向未来看 ▷~蓝天|~新世纪。

【瞻星鱼】zhānxīngyú 名 䲢。

【瞻仰】zhānyǎng 动 怀着敬意观看(多用于与逝者有关的或庄重的事物) ▷~人民英雄纪念碑|~鲜艳的五星红旗。

鹯(鸇) zhān 名 古书上指一种鹞属猛禽。

鳣(鱣) zhān 名〈文〉鳇。

zhǎn

斩(斬) zhǎn ❶ 动 砍;砍断 ▷披荆~棘|~钉截铁|~首。○ ❷ 名 姓。

【斩仓】zhǎncāng 动 指以低于买入价的价格卖出所持有的有价证券、期货等。

【斩草除根】zhǎncǎo-chúgēn 铲草要连根除掉。比喻彻底铲除祸根,不留后患。

【斩钉截铁】zhǎndīng-jiétiě 形容言行坚决果断,毫不含糊。

【斩断】zhǎnduàn 动 切断;砍断 ▷~魔爪。

【斩获】zhǎnhuò ❶ 动 战争中杀死与俘获(敌人)。❷ 动 泛指收获或获取;特指在比赛中获奖或夺得好名次 ▷一举~三项大奖。❸ 名 泛指经过斗争得到的收获 ▷打假又有新~。

【斩尽杀绝】zhǎnjìn-shājué 全部杀掉,一个不留。形容手段狠毒,残酷无情。

【斩首】zhǎnshǒu 动 砍头;杀头 ▷~示众。

飐(颭) zhǎn 动〈文〉风吹使物体颤动。

盏(盞*琖醆❶❸) zhǎn ❶ 名 小而浅的杯子 ▷推杯换～|酒～|把～。→ ❷ 名 杯状器皿 ▷灯～。❸ 量 用于灯 ▷两～灯。☛ 上边是"戋",不要写作"戈"。

展 zhǎn ❶ 动 舒张 ▷～翅高飞|愁眉不～。→ ❷ 动 扩大 ▷扩～|拓～。❸ 动 放宽(期限) ▷～限|～缓。→ ❹ 动 陈列出来供人看 ▷～览|～出|～销。❺ 名 展出的活动 ▷画～|菊～。→ ❻ 动 施展 ▷大～宏图|一筹莫～。○ ❼ 名 姓。

【展板】zhǎnbǎn 名 用于布置展览内容的板状物 ▷制作～。

【展版】zhǎnbǎn 名 有展览内容的版面 ▷～内容丰富、形式活泼。

【展播】zhǎnbō 动 为展示成果,在一段时间内集中播放(某一方面的节目)。

【展翅】zhǎnchì 动 展开翅膀 ▷～飞翔。

【展翅高飞】zhǎnchì-gāofēi 展开翅膀高高飞翔;比喻奔向远大前程。

【展出】zhǎnchū 动 展示出来 ▷展览会上～了不少高科技产品。

【展地】zhǎndì 名 举办展览或展销的场地;举办展览或展销的地点 ▷本届展览的～总面积近两万平方米|～设在市中心广场。

【展点】zhǎndiǎn 名 举办展览或展销的地点 ▷这两个～的人气最旺|乘公交车可以直达～。

【展馆】zhǎnguǎn ❶ 名 展览馆的简称。❷ 名 展区。

【展柜】zhǎnguì 名 陈列展品的柜橱或柜台。

【展缓】zhǎnhuǎn 动 延缓 ▷～执行。

【展会】zhǎnhuì 名 指各种为展示或展览而举办的活动。如展览会、展销会等。

【展开】zhǎnkāi ❶ 动 张开;铺开 ▷～翅膀|～地图。❷ 动 大规模地进行(某种活动) ▷向敌人～猛烈进攻|竞赛全面～。

【展宽】zhǎnkuān 动 扩展;拓宽 ▷～街道。

【展览】zhǎnlǎn ❶ 动 把物品陈列出来供人参观 ▷文物～|时装～。❷ 名 展出的活动;展出的物品 ▷参观～。

【展览馆】zhǎnlǎnguǎn 名 专供举办展览用的大型建筑。简称展馆。

【展览会】zhǎnlǎnhuì 名 公开展出各种产品的实物或模型以供参观、欣赏的宣传活动,包括展销会、博览会等。

【展露】zhǎnlù 动 显现;表露 ▷～才干。

【展品】zhǎnpǐn 名 陈列出来供人参观的物品。

【展评】zhǎnpíng 动 展览并评比 ▷～书画作品。

【展期】zhǎnqī ❶ 动 延期 ▷会议～举行。○ ❷ 名 展览所限定的期限 ▷～3 周。

【展区】zhǎnqū 名 大型展览会按展示单位或展品种类划分的区域。也说展馆。

【展商】zhǎnshāng 名 参加展销会或展览会的商家、厂家。

【展示】zhǎnshì 动 清楚地陈列或表现出来给人看 ▷～原始人头骨化石的复制品|～才艺。

【展事】zhǎnshì 名 指各类展览活动。

【展室】zhǎnshì 名 陈列展品的屋子。

【展台】zhǎntái 名 展厅里陈列展品的台子。

【展厅】zhǎntīng 名 陈列展品的大厅。

【展团】zhǎntuán 名 参加展出的单位派出的代表团。

【展望】zhǎnwàng ❶ 动 向远处看 ▷登上高塔～,全城尽收眼底。❷ 动 对未来进行估计和对发展进行预测 ▷～未来,充满希望。

【展位】zhǎnwèi 名 参展单位陈列展品所占的位置。

【展现】zhǎnxiàn 动 呈现;展示出来 ▷～出一片繁荣景象。

【展销】zhǎnxiāo 动 展出并销售(产品) ▷～家用电器|～活动。也说展卖。

【展销会】zhǎnxiāohuì 名 为推销产品而举办的既展览又销售的商业活动。

【展性】zhǎnxìng 名 物体受锤击、滚压时能延展而不断裂的性质。金属多具有展性。

【展演】zhǎnyǎn 动 为了展示宣传而举行演出 ▷～优秀剧目。

【展业】zhǎnyè 动 开展业务 ▷公司成立不久,～的任务很重。

【展映】zhǎnyìng 动 为了展示宣传而集中上映某类影片 ▷优秀影片～|～抗日题材的影片。

崭(嶄*嶃) zhǎn ❶ 形〈文〉高;突出 ▷～露头角。→ ❷ 副 表示程度深,相当于"很""特别" ▷～新|～齐。

【崭露头角】zhǎnlù-tóujiǎo 比喻突出地显出才能或本领(头角:比喻突出的才能、本领)。☛"崭"不要误写作"展"。

【崭新】zhǎnxīn 形 非常新 ▷～的服饰|～的高速公路。☛ 不要写作"斩新"。

搌 zhǎn 动(用可吸入液体的东西)擦拭、按压,除去液体 ▷用纸～一～墨|～布。

【搌布】zhǎnbù 名 抹布。

辗(輾) zhǎn 见下。另见 1002 页 niǎn。

【辗转】zhǎnzhuǎn ❶ 动(躺在床上)来回翻身 ▷～反侧。❷ 动 几经转手;经过许多地方 ▷～相告|几经～,终于回到祖国。☛ 不要写

作“展转”。

【辗转反侧】zhǎnzhuǎn-fǎncè《诗经·周南·关雎》:“悠哉悠哉,辗转反侧。”形容心里有事,翻来覆去睡不着觉。

zhàn

占(*佔) zhàn ❶ 动 用强力或其他不正当的手段取得并据有(土地、场所等) ▷家乡被敌人～了|强～|～领|～便宜。→ ❷ 动 占用;拥有 ▷杂志把书架都～满了|工厂～地三百多亩。→ ❸ 动 处于(某种地位);属于(某种情况) ▷客队～了上风|农民子弟～多数。☛ 读 zhān,指占卜,占卦。

另见 1730 页 zhān。

【占比】zhànbǐ 名 指某事物的数量在总数中所占比例,通常用百分比表示 ▷本地农田灌溉面积～超过 50%。

【占地】zhàndì 动 占用土地 ▷我厂～15 亩。

【占居】zhànjū 动 处在(某种地位) ▷产品销量在同行业中～首位。

【占据】zhànjù 动 强行据有或占用(地域、场所等) ▷～有利地形|摊贩～了人行道。

【占理】zhànlǐ 动 有道理;在理 ▷这么做你就不～了|说出话来要～才行。

【占领】zhànlǐng ❶ 动 凭借武力取得(领土、阵地等) ▷部队已～县城。❷ 动 占有① ▷～农村市场。☛ 参见 22 页“霸占”的提示。

【占领军】zhànlǐngjūn 名 侵占并盘踞在别国领土上的军队。

【占便宜】zhànpiányi ❶ 获取不应得到的利益 ▷别老想～。❷ 指占有某种优势 ▷人才市场上,掌握外语的求职者～。

【占山为王】zhànshān-wéiwáng 占据山头,自封大王。比喻独霸一方,称王称霸。

【占上风】zhànshàngfēng 比喻在竞争中占优势 ▷这场比赛中国队略～。

【占先】zhànxiān 动 处在优先地位 ▷一路～。

【占线】zhànxiàn 动 电话线路被占用而打不通。

【占压】zhànyā 动 占用并积压(资金、物资等) ▷产品滞销,～资金。

【占用】zhànyòng 动 占有并使用 ▷～资源。

【占优】zhànyōu 动 占据优势;占上风 ▷开局不久,红方～,黑方被动。

【占有】zhànyǒu ❶ 动 占据并拥有 ▷谁先～市场谁就主动。❷ 动 处在(某种有利的位置) ▷知名度高的企业在产品营销上～优势。❸ 动 掌握 ▷～第一手材料。

【占有权】zhànyǒuquán 名 依法对财物掌控和使用的权利。通常归所有人行使,也可根据法律、命令或依从所有人的意愿由他人行使。

【占住】zhànzhù 动 不正当地占有并居住 ▷～公房者限期搬出。

栈(棧) zhàn ❶ 名〈文〉饲养牲畜的棚子或栅栏 ▷猪栏马～|牛～。→ ❷ 名 栈道。→ ❸ 名 堆放货物或留宿客商的处所 ▷货～|客～。

【栈道】zhàndào 名 在悬崖峭壁上凿孔、打桩、铺设木板搭成的小路 ▷明修～,暗度陈仓。

【栈房】zhànfáng ❶ 名 堆放货物的库房。❷ 名 旅店;客栈。

【栈桥】zhànqiáo 名 车站、码头或货场等处的桥形建筑物,多用于装卸货物。

战[1](戰) zhàn ❶ 动 打仗 ▷南征北～|～胜。→ ❷ 名 武装斗争;战争 ▷游击～|甲午之～。→ ❸ 动 泛指争胜负、比高低 ▷屡～赛场|商～。○ ❹ 名 姓。

战[2](戰) zhàn 动 发抖 ▷心惊胆～|～栗|寒～。☛ 跟“颤(chàn)”不同。“战²”多用于人体因受冷或精神上受惊吓等而不由自主地发抖、抽搐,如“战栗”“打战”“打冷战(zhan)”“胆战心惊”;“颤(chàn)”多用于物体抖动、振动,也用于人体发抖,如“颤动”“颤抖”“颤巍巍”“颤悠”。

【战败】zhànbài ❶ 动 在战争或竞赛中失败;被打败 ▷敌人～投降了|我队在比赛中～了。❷ 动 打败(对方);使对方在战争或竞赛中失败 ▷我军～敌军|主队被我队～。

【战报】zhànbào 名 关于战争、战斗情况的报道;也指关于建设工程或体育比赛的报道。

【战备】zhànbèi 名 战争前的准备工作 ▷～状态|进入一级～。

【战表】zhànbiǎo 名 向敌方宣战或挑战的文书(多用于古典小说、戏曲) ▷下～。

【战场】zhànchǎng 名 敌对双方军队交战的地方;比喻工作紧张、斗争激烈的场所 ▷打扫～|造林大军又在开辟新的～。

【战车】zhànchē 名 作战用的车辆。

【战船】zhànchuán 名 古代作战用的船只。

【战刀】zhàndāo 名 马刀。

【战地】zhàndì 名 两军作战的地区 ▷～记者。

【战斗】zhàndòu ❶ 名 敌对双方的武装冲突 ▷～非常激烈。❷ 动 交战 ▷同敌人～到底。❸ 动 比喻紧张地劳动或工作 ▷～在抗洪第一线。

【战斗机】zhàndòujī 名 歼击机。

【战斗力】zhàndòulì 名 军队作战的能力(常用于比喻) ▷这支队伍～强◇增强干部职工的凝聚力和～。

【战斗员】zhàndòuyuán 名 直接参加战斗的人员 ▷既当指挥员,又当～。

【战端】zhànduān 名 引发战争的起端 ▷～开启|重起～。

【战犯】zhànfàn 名 战争罪犯,即对发动非正义战争负有重大责任的人或在这类战争中犯有严重罪行的人。

【战俘】zhànfú 名 战争中俘虏的敌方人员。

【战歌】zhàngē 名 鼓舞将士斗志的歌曲。

【战功】zhàngōng 名 战争中立下的功劳。

【战鼓】zhàngǔ 名 古代为指挥战斗或鼓舞士气所击的鼓;现多比喻某种号召。

【战国】zhànguó 名 我国古代历史上的一个时代(公元前 475—公元前 221),因各诸侯国之间连年战争,故称。

【战果】zhànguǒ 名 战斗中取得的成果;比喻工作中取得的成绩 ▷～辉煌。

【战壕】zhànháo 名 作战时起掩护作用的壕沟。

【战火】zhànhuǒ 名 指战争 ▷重燃～。

【战祸】zhànhuò 名 战争造成的灾难 ▷～频仍。

【战机】zhànjī ❶ 名 作战的有利时机 ▷把握～。❷ 名 战事机密 ▷刺探～。○❸ 名 作战用的飞机 ▷两架～升空应敌。

【战绩】zhànjì 名 作战取得的成绩;比喻通过奋斗取得的成绩 ▷女排～辉煌。

【战舰】zhànjiàn 名 作战用的舰艇。

【战将】zhànjiàng 名 能征善战的将领。

【战局】zhànjú 名 交战各方力量对抗的局势;比喻竞赛的局势 ▷加速～向战略反攻方向转化|小组赛～胶着。

【战况】zhànkuàng 名 作战的情况。

【战利品】zhànlìpǐn 名 战斗中缴获的武器、装备及其他物资。

【战例】zhànlì 名 过去发生的可供参考的战争、战役或战斗的实例 ▷从～分析中总结经验。

【战栗】zhànlì 动 发抖;哆嗦 ▷寒风让人～。☛不要写作"颤栗"。

【战列舰】zhànlièjiàn 名 一种主要用于远洋作战的大型军舰。舰上装备大口径火炮和厚装甲,炮战时排成单纵队的战斗行列。

【战乱】zhànluàn 名 战争造成的社会混乱局面 ▷连年～。

【战略】zhànlüè ❶ 名 指导战争全局的方略(跟"战术"相区别)。❷ 名 泛指带全局性的指导方针 ▷经济发展～。

【战略导弹】zhànlüè dǎodàn 射程在 1000 千米以上,用于攻击战略目标的导弹。可携带核弹头或常规弹头。

【战略物资】zhànlüè wùzī 战争中必需的重要物资。如粮食、钢铁、石油、橡胶、稀有金属等。

【战马】zhànmǎ 名 作战用的马。

【战袍】zhànpáo 名 古代将士作战时穿的袍子。

【战旗】zhànqí 名 军队的旗帜 ▷～猎猎。

【战勤】zhànqín 名 直接为部队作战服务的各种勤务,如运送物资、押送俘虏等。

【战区】zhànqū ❶ 名 交战的地区。❷ 名 根据不同的战略任务划分的作战地区。

【战胜】zhànshèng ❶ 动 在战争或竞赛中取得胜利 ▷～法西斯|～对手。❷ 动 比喻克服困难,取得成功 ▷～疾病|～困难。

【战时】zhànshí 名 战争时期 ▷～状态。

【战史】zhànshǐ 名 作战的历史。

【战士】zhànshì ❶ 名 士兵。❷ 名 泛指为某种事业、工作奋斗的人 ▷反法西斯～|文艺～。

【战事】zhànshì 名 战争;也指与战争有关的事情 ▷～紧迫|～已经平息。

【战书】zhànshū 名 向敌方或对手宣战或挑战的文书 ▷下～。

【战术】zhànshù ❶ 名 作战的策略和方法(跟"战略"相区别) ▷闪电～。❷ 名 泛指解决具体问题的方法 ▷～上重视困难。

【战术导弹】zhànshù dǎodàn 射程在 1000 千米以内,主要攻击战术目标的导弹。有地对地、地对空、空对地、空对空、舰对地等类型。

【战无不胜】zhànwúbùshèng 打仗没有不取胜的;形容作战能力或工作效力非常强大。

【战线】zhànxiàn ❶ 名 双方交战的接触地带。❷ 名 比喻某工作领域 ▷金融～。

【战役】zhànyì 名 根据战略需要,在一定区域和时间内所进行的一系列战斗的总称 ▷淮海～。

【战鹰】zhànyīng 名 对战斗机的美称。

【战友】zhànyǒu 名 在一起战斗或一起服兵役的人;泛指在同一集体或同一领域一起奋斗的人。

【战云】zhànyún 名 像乌云笼罩似的浓重的战争气氛。

【战战兢兢】zhànzhànjīngjīng《诗经·小雅·小旻》:"战战兢兢,如临深渊,如履薄冰。"(战战:恐惧发抖的样子;兢兢:小心谨慎的样子)形容因恐惧而发抖或特别小心谨慎的样子。

【战争】zhànzhēng 名 阶级和阶级、民族和民族、国家和国家或政治集团和政治集团之间,为了一定的政治、经济等目的而进行的具有一定规模的武装斗争(跟"和平"相对)。

【战争贩子】zhànzhēng fànzi 蓄意挑起战争,从中牟利的人或集团。

站[1] zhàn ❶ 动 直着身子,双脚着地或踩在物体上 ▷有人坐着,有人～着|～在讲台上|～立。→❷ 动 停下;停留 ▷不怕慢,只怕～。○❸ 名 姓。

站[2] zhàn ❶ 名 驿站。→❷ 名 陆路交通线上设置的固定停车地点 ▷火车～|终点

～。❸ 名 为开展某项工作而设置的工作点 ▷保健～|气象～。

【站点】zhàndiǎn ❶ 名 公交、铁路等线路上的停车站或停车点 ▷公交～。❷ 名 为某项工作专设的工作点 ▷野生动物监测～。❸ 名 网站 ▷互联网～。

【站队】zhànduì 动 站成队列 ▷集合～。

【站岗】zhàngǎng 动 站在岗位上，执行保卫、警戒、维持秩序等任务。

【站柜台】zhànguìtái 指商店营业员站在柜台内接待顾客。

【站立】zhànlì 动 站[1]① ▷～在领奖台上◇这是一座从大地震创痛中～起来的城市。

【站牌】zhànpái 名 在车站设立的标有站名、行车路线等的牌子。

【站票】zhànpiào 名 (火车站或影剧院等)出售的没有座位的票。

【站哨】zhànshào 动 站岗。

【站台】zhàntái ❶ 名 火车站内高于铁道路面的平台，供上下乘客及装卸货物使用。也说月台。○ ❷ 动 指名人出席政治、商业、娱乐等性质的集会，为某候选人或集会主办方等捧场、造势 ▷为候选人～拉人气|众多演艺界人士为慈善捐款活动～。

【站台票】zhàntáipiào 名 接送旅客的人进入火车站站台的凭证。也说月台票。

【站位】zhànwèi ❶ 名 站立的位置 ▷发球的～|集体合照时根据身高安排～。❷ 名 站立时两脚的位置 ▷根据锻炼的目的采用相应的～。❸ 名 公共交通工具停靠站的位置；也指乘客上下车的站点 ▷准确把握客流集散规律，进一步优化～设置|增设公交～。❹ 名 指所具有的思想境界、眼光等 ▷这个讲座的～很高，听后深受启发。

【站稳】zhànwěn 动 站着并保持平稳 ▷～了，不要摔倒◇～立场。

【站相】zhànxiàng 名 站立的姿态 ▷站有～。

【站住】zhànzhù ❶ 动 停止行进 ▷快～！❷ 动 站稳 ▷不用扶，我能～。❸ 动 在某个单位或地方稳定下来 ▷他总算在那家公司～了。❹ 动 (理由、观点等)成立 ▷他的论点能～。‖也说站住脚。

偡 zhàn 形〈文〉整齐。

绽(綻) zhàn 动 开裂 ▷皮开肉～|开～|～裂|～放。☛ 不读 dìng。

【绽放】zhànfàng 动 (花朵)开放 ▷鲜花～。

【绽开】zhànkāi 动 裂开 ▷鞋～了一个大口子|花蕾～了。

【绽裂】zhànliè 动 破裂；裂开 ▷棉桃～。

【绽露】zhànlù 动 显露 ▷～出笑容。

組 zhàn 动〈文〉缝补。

崓 zhàn 形〈文〉高峻 ▷有油潭者，状如大釜，～绝不可即。

另见 771 页 kān。

湛 zhàn ❶ 形 (学识、技术等)精深 ▷精～|深～。○ ❷ 形 清澈 ▷～清。○ ❸ 名 姓。

【湛蓝】zhànlán 形 深蓝 ▷～的大海|天空～。

【湛绿】zhànlǜ 形 深绿 ▷荷叶～|～的草地。

【湛清】zhànqīng 形 清澈 ▷～的溪水。

颤(顫) zhàn 同"战[2]"。现在一般写作"战"。

另见 148 页 chàn。

【颤栗】zhànlì 现在规范词形写作"战栗"。

蘸 zhàn 动 把东西放在液体、粉状物或糊状物里沾一下就拿出来 ▷用棉球～点儿碘酒|～白糖|大葱～酱|～水笔。☛ 不要误写作"醮(jiào)"。

【蘸火】zhànhuǒ 动 淬火。

zhāng

张(張) zhāng ❶ 动 拉开弓弦(跟"弛"相对，②同) ▷剑拔弩～。→ ❷ 动 紧绷 ▷一～一弛，文武之道|紧～。→ ❸ 动 打开；展开 ▷～开翅膀|～牙舞爪|纲举目～。⇒ ❹ 动 扩大；夸大 ▷虚～声势|扩～|夸～。❺ 形 放纵；放肆 ▷嚣～|乖～。⇒ ❻ 动 陈设；布置 ▷大～筵席|～灯结彩|～贴。⇒ ❼ 动 (商店等)开业 ▷开～|新～|关～。→ ❽ 量 a)用于可以张开和闭拢的东西 ▷一～弓|三～嘴。b)用于带有平面的东西 ▷一～纸|两～烙饼|三～桌子。参见插图 13 页。○ ❾ 名 星宿名，二十八宿之一。○ ❿ 动 看；望 ▷～望|东～西望。○ ⓫ 名 姓。

【张榜】zhāngbǎng 动 张贴文告或名单 ▷～招标|～公布。

【张本】zhāngběn ❶ 动 预先为事态的发展作铺垫和准备 ▷为后事～。❷ 名 在前面为后文埋下的伏笔 ▷这一细节是后面故事的～。

【张灯结彩】zhāngdēng-jiécǎi 挂起灯笼、彩球，扎好彩带等。形容喜庆热闹的场面。

【张挂】zhāngguà 动 展开悬挂 ▷～着字画。

【张冠李戴】zhāngguān-lǐdài 把姓张的帽子戴在姓李的头上。比喻弄错了对象。

【张皇】zhānghuáng 形 慌张；惊慌 ▷神情～|～失措。☛ 不宜写作"张惶"。

【张开】zhāngkāi 动 打开;伸展开 ▷～嘴|～翅膀。

【张口】zhāngkǒu 动 张嘴。

【张口结舌】zhāngkǒu-jiéshé 形容由于害怕或理屈而张着嘴说不出话来。也说张嘴结舌。

【张狂】zhāngkuáng 形 放肆;猖狂 ▷态度～。

【张力】zhānglì 名 受到牵拉的物体中任一截面两侧存在的相互作用的拉力。

【张罗】zhāngluo ❶ 动 料理;筹划 ▷忙于～儿子的婚事|正～开办公司。❷ 动 接待;应酬 ▷客人很多,咱们去帮着～一下。

【张目】zhāngmù ❶ 动 瞪着眼睛 ▷～怒视。❷ 动 指为别人助长声势 ▷为上市公司～。

【张三李四】zhāngsān-lǐsì 泛指某人或某些人 ▷不管～,犯了罪就得依法惩治。

【张贴】zhāngtiē 动 展开贴出 ▷～广告。

【张望】zhāngwàng 动 为寻找目标而向四周或远处看 ▷听到叫喊,他四处～。

【张牙舞爪】zhāngyá-wǔzhǎo 形容野兽凶恶可怕,也形容人猖狂凶恶。

【张扬】zhāngyáng 动 把不必让众人知道的事情宣扬出去 ▷这种事不宜～。

【张嘴】zhāngzuǐ ❶ 动 张开嘴;借指说话、演唱等 ▷他～就没好话。❷ 动 借指开口对人有所请求 ▷没别的办法,只好向你～。

章[1] zhāng ❶ 名 法规;规程 ▷规～|简～。→ ❷ 名 乐曲诗文的段落 ▷乐～|篇～|～节。⇒ ❸ 名 条目;条款 ▷约法三～。⇒ ❹ 名 条理 ▷杂乱无～。○ ❺ 名 姓。

章[2] zhāng ❶ 名 身上佩戴的标志 ▷勋～|肩～|徽～|证～。→ ❷ 名 图章 ▷印～|公～。→ ❸ 名 古代一种文体,用于臣子向帝王表明自己的意见 ▷奏～。

【章草】zhāngcǎo 名 一种草书,笔势保持隶书的一些特点,每字独立,不连写。因多用于奏章,故称。

【章程】zhāngchéng ❶ 名 政党关于本组织性质、目标、组织原则和行动纲领的正式文件 ▷《中国共产党～》。❷ 名 社会团体、企事业单位制定的规章制度 ▷董事会～。

【章程】zhāngcheng 名〈口〉指办法或规矩 ▷这篇稿子怎么写,他心里早有了～|做人做事得有～。

【章法】zhāngfǎ ❶ 名 文章组织结构的规则;书画篆刻作品的布局 ▷～严谨。❷ 名 比喻办事的规矩或程序 ▷他办事很有～|乱了～。

【章回小说】zhānghuí xiǎoshuō 传统长篇小说的一种体裁,全书分若干回,每回有概括全回内容的标题。如《水浒传》《红楼梦》等。

【章节】zhāngjié 名 章和节,是著作或文章的组成部分。通常书内分章,章内分节。

【章句】zhāngjù ❶ 名 古书的章节和句读(dòu)。❷ 名 分章析句解说古书的训诂体式(多用于书名) ▷《楚辞～》。

【章鱼】zhāngyú 名 软体动物,有八条带吸盘的长腕足,有的体内有墨囊。生活在海洋中。也说蛸(xiāo)。参见插图 3 页。

【章则】zhāngzé 名 章程准则。

鄣 zhāng 名 周朝诸侯国名,在今山东东平东。

獐(*麞) zhāng 名 獐子 ▷～头鼠目。

【獐头鼠目】zhāngtóu-shǔmù 脑袋小而尖,像獐子;眼睛小而圆,像老鼠。形容人相貌丑陋、神情狡猾。

【獐子】zhāngzi 名 哺乳动物,像鹿而小,没有角,雄的犬齿发达,形成獠牙。行动灵敏,善跳跃,能游泳。属国家保护动物。也说河麂、牙獐。参见插图 1 页。

彰 zhāng ❶ 形 明显;清楚 ▷欲盖弥～|昭～|～明。→ ❷ 动 宣传表扬 ▷表～。○ ❸ 名 姓。

【彰明较著】zhāngmíng-jiàozhù 形容事情或道理极其明显(较:明显)。也说彰明昭著。

【彰善瘅恶】zhāngshàn-dàn'è 表彰善良,斥责邪恶(瘅:憎恶)。

【彰示】zhāngshì 动 清楚地显示 ▷～必胜决心。

【彰显】zhāngxiǎn ❶ 形 显著;显赫 ▷个性～。❷ 动 充分显示 ▷～崇高的民族精神。

【彰彰】zhāngzhāng 形 昭彰 ▷用意～。

漳 zhāng ❶ 名 漳河,水名。a)发源于山西,流入河北。b)在安徽。c)在湖北中部。○ ❷用于地名。如漳州,在福建。○ ❸ 名 姓。

嫜 zhāng 名〈文〉丈夫的父亲 ▷姑～(婆婆和公公)。

璋 zhāng 名 古代一种长条形板状玉器,像半个圭,用作礼器。

樟 zhāng 名 樟树,常绿乔木,高可达 30 米。全株有香气,可提取樟脑和樟油;木材坚硬美观,材质上乘。生长于长江以南各地,台湾最多。属国家保护植物。也说香樟。参见插图 6 页。

【樟蚕】zhāngcán 名 一种蚕。以樟树叶为主要食料,能吐丝结茧。其丝可作钓鱼线和外科手术的缝合线。某些地区也说天蚕。

【樟木】zhāngmù 名 樟树的木材。参见本页"樟"。

【樟脑】zhāngnǎo 名 有机化合物,由樟树的根、茎、枝、叶提制而成,无色透明晶体,味辛凉,易挥发。用于制香料、炸药、防虫剂、强心剂等。

【樟脑丸】zhāngnǎowán 名 小球形的樟脑,可用来防腐、防虫蛀等。

暲 zhāng〈文〉❶ 形 阳光明亮;泛指明亮。→ ❷ 动 太阳上升。

蟑 zhāng 见下。

【蟑螂】zhāngláng 名 昆虫,体扁平,黑褐色,能分泌特殊的臭味。常咬坏衣物,污染食物,传播疾病,有的还危害农作物。种类很多。也说蜚蠊。

【蟑螂花】zhānglánghuā 名 石蒜。

zhǎng

长(長) zhǎng ❶ 动 生物体在发育过程中由小到大,直至成熟 ▷生在北京,～在南京|树苗～得很壮实|～势喜人。→ ❷ 形 年纪大;辈分高;排行第一 ▷年～|～辈|～子。⇒ ❸ 名 年龄大或辈分高的人 ▷兄～|师～。⇒ ❹ 名 领导者;负责人 ▷首～|官～|局～。→ ❺ 动 生出 ▷果树～虫子了|～锈|～毛儿|～疮。❻ 动 增进;增强(用于抽象事物) ▷～知识|～志气|助～|滋～。☛ 笔顺是ˊ一ㄔ长,4 画。

另见 149 页 cháng。

【长辈】zhǎngbèi 名 辈分高的人。

【长膘】zhǎngbiāo 动 上膘。

【长房】zhǎngfáng 名 家族中长子那一支。

【长官】zhǎngguān 名 旧指政府或军队中职位高的官吏;也用作对一般官吏的尊称。

【长官意志】zhǎngguān yìzhì 领导者个人的主张或意图(用于贬义) ▷不能凭～办事。

【长机】zhǎngjī 名 空中编队中率领和指挥机群或僚机执行任务的飞机。通常由编队的指挥员驾驶。也说主机。

【长进】zhǎngjìn 动 (在学问、修养、能力等方面)成长进步 ▷学业～了。

【长劲儿】zhǎngjìnr 动 长力气 ▷这孩子～了。

【长老】zhǎnglǎo ❶ 名 旧指年岁大的人。❷ 名 对住持僧或年长僧人的尊称。❸ 名 基督教新教某些宗派中推选出的教徒领袖。

【长脸】zhǎngliǎn 动 增添光彩;有面子 ▷得个亚军也算给集体～了。

【长门】zhǎngmén 名 长房。

【长女】zhǎngnǚ 名 排行最大的女儿。

【长亲】zhǎngqīn 名 亲戚中辈分大的人。

【长上】zhǎngshàng 名 长辈或上级。

【长势】zhǎngshì 名 (植物)生长的势头。

【长孙】zhǎngsūn ❶ 名 长子的长子;排行最大的孙子。○ ❷ 名 复姓。

【长相】zhǎngxiàng 名 相貌 ▷看人别光看～。

【长兄】zhǎngxiōng 名 排行最大的哥哥。

【长幼】zhǎngyòu 名 年长的和年幼的 ▷～不分|～同乐。

【长者】zhǎngzhě ❶ 名 年纪大、辈分高的人。❷ 名 年纪大、德行高的人 ▷～风范。

【长子】zhǎngzǐ 名 排行最大的儿子。也说长男。

仉 zhǎng 名 姓。☛ 跟"倪(ní)"不同。

涨(漲) zhǎng 动 (水位、物价等)上升 ▷河水～了|行情看～。

另见 1739 页 zhàng。

【涨潮】zhǎngcháo 动 由于太阳和月球的引力作用,海洋水面升高。

【涨跌】zhǎngdiē 动 上涨和下跌。

【涨风】zhǎngfēng 名 (价格等)上涨的势头 ▷～强劲。

【涨幅】zhǎngfú 名 (价格、产量等)上涨的幅度 ▷～回落。

【涨价】zhǎngjià 动 物价上涨;提高商品价格。

【涨落】zhǎngluò 动 (水位、物价等)上升和下降。

【涨钱】zhǎngqián ❶ 动 涨价。❷ 动 提高工资水准。

【涨势】zhǎngshì 名 (水位、价格等)上涨的势头 ▷河水～趋缓|粮价出现～。

【涨水】zhǎngshuǐ 动 江、河等的水位上升。

【涨停】zhǎngtíng 动 证券交易市场内,当日交易的股票上涨达到一定幅度时停止上涨。我国沪深两市规定,当日交易的股票上涨幅度不得超过昨日该股收盘价的 10%(跟"跌停"相对)。

掌 zhǎng ❶ 名 手握拳时指尖触着的一面 ▷摩拳擦～|～上明珠|鼓～。→ ❷ 动 用手掌打 ▷～嘴。→ ❸ 动 用手拿着;持着 ▷～灯|～旗。❹ 动 主持;执掌 ▷～印|～舵|～权。→ ❺ 名 人或某些动物脚的底面 ▷脚～|熊～|鸭～。⇒ ❻ 名 钉或缝在鞋底前后的皮子或橡胶薄片等 ▷给这双鞋钉个～儿|打～儿。⇒ ❼ 名 钉在马、驴、骡蹄子底下的 U 形铁 ▷钉～|马～。

【掌鞭】zhǎngbiān 名 某些地区指役使马、牛等牲畜的人。

【掌厨】zhǎngchú 动 主持烹饪工作。

【掌灯】zhǎngdēng ❶ 动 举着灯 ▷～细看。❷ 动 点灯 ▷到了～时分。

【掌舵】zhǎngduò ❶ 动 掌握船舵;比喻把握方向 ▷公司经营全靠总经理～。❷ 名 指掌舵的人;舵手。

【掌故】zhǎnggù 名 有关历史人物的故事及典章制度的沿革等 ▷梨园～。

【掌管】zhǎngguǎn 动 掌握管理 ▷他～财务。

【掌柜】zhǎngguì 名 旧指商店老板或负责经营商店的人 ▷他是这家店铺的～。也说掌柜的。

【掌控】zhǎngkòng 动 掌握控制 ▷严格～。

【掌门人】zhǎngménrén 名 武林中某一门派的主持人；也指宗教、学术领域里的头脑人物。也说掌门。

【掌权】zhǎngquán 动 掌握权力。

【掌上电脑】zhǎngshàng diànnǎo 具有电子计算机部分功能，可以拿在手上使用的便携式电子设备。

【掌上机】zhǎngshàngjī 名 拿在手上玩的小型电子游戏机。也说手掌机、手掌游戏机。

【掌上明珠】zhǎngshàng-míngzhū 比喻深受钟爱的孩子；也比喻珍爱的物品。

【掌勺儿】zhǎngsháor 动 主持烹调 ▷朋友们每次聚会都是我～|他在这家饭店～。

【掌声】zhǎngshēng 名 鼓掌的声音 ▷～热烈。

【掌握】zhǎngwò ❶ 动 熟悉并能自由运用 ▷～规律。❷ 动 控制；主持 ▷～尺寸|～会场。☛ 参见 20 页“把握”的提示。

【掌心】zhǎngxīn 名 手心。

【掌印】zhǎngyìn 动 掌管公章；借指掌权、主事 ▷他在这个单位～，说话算数。

【掌灶】zhǎngzào 动 掌勺儿。

【掌子】zhǎngzi 名 采矿或隧道掘进工程中的工作面。也说掌子面。

【掌嘴】zhǎngzuǐ 动 用手掌打嘴巴。

碍 zhǎng［碍子］zhǎngzi 现在一般写作“掌子”。

zhàng

丈 zhàng ❶ 量 市丈。→ ❷ 动 测量(土地) ▷～地|～量(liáng)。→ ❸ 名 对某些亲属的丈夫的称呼 ▷姑～|妹～。○ ❹ 名 对长辈或老年男子的尊称 ▷岳～|老～。

【丈夫】zhàngfū 名 成年男人 ▷男子汉大～。

【丈夫】zhàngfu 名 女子的配偶。

【丈量】zhàngliáng 动 测量长度或面积。

【丈母娘】zhàngmuniáng 名 岳母。

【丈人】zhàngrén 名 古代对老年男子的尊称。

【丈人】zhàngren 名 岳父。

仗 zhàng ❶ 名 刀、戟等兵器的统称 ▷明火执～|仪～。→ ❷ 动 拿着(兵器) ▷持刀～剑。❸ 动 依赖；依靠 ▷这事全～乡亲们|狗～人势|依～|仰～。→ ❹ 名 战斗；战争 ▷打了三年～|胜～|硬～。

【仗胆】zhàngdǎn 动 壮胆。

【仗势】zhàngshì 动 倚仗势力(做坏事) ▷～欺人|恃权～。

【仗恃】zhàngshì 动 凭借；依靠(含贬义) ▷～财力搞不正当竞争。

【仗义】zhàngyì ❶ 动 主持正义 ▷～疏财|～执言。❷ 形 有义气 ▷见死不救，太不～。

【仗义疏财】zhàngyì-shūcái 主持正义，不看重钱财。形容为了正义肯拿出钱财帮助人。

【仗义执言】zhàngyì-zhíyán 主持正义，讲公道话。☛ “执”不要误写作“直”。

杖 zhàng ❶ 名 走路时拄的棍子 ▷拐～|手～。→ ❷ 名 泛指棍棒 ▷擀面～|禅～。

帐(帳) zhàng ❶ 名 用纱、布等制成的有遮蔽作用的生活用品 ▷蚊～|幔～|～篷◇青纱～。○ ❷ 同“账”。现在规范词形写作“账”。○ ❸ 名 姓。

【帐幕】zhàngmù 名 帐篷；营帐。

【帐篷】zhàngpeng 名 用帆布、尼龙布等蒙在支架上做成的，用以遮挡风雨、阳光的设施。☛ 不宜写作“帐棚”。

【帐子】zhàngzi 名 用纱、布等做成的支在床上或室内用来遮挡蚊虫等的东西。

账(賬) zhàng ❶ 名 财物出入的记载 ▷记～|～目|～簿|结～。→ ❷ 名 记账的本子 ▷一本～。→ ❸ 名 债 ▷欠～|还～。☛ “账”原来也写作“帐”。《第一批异形词整理表》已确定“账”为规范词形。含“账”的复合词均不要写作“帐”。

【账本】zhàngběn 名 账簿。

【账簿】zhàngbù 名 记载财务收支、物品进出等事项的本子。也说账本。

【账册】zhàngcè 名 账簿的统称。

【账单】zhàngdān 名 开列钱款收支或货物出入事项的单子。

【账房】zhàngfáng ❶ 名 旧指企业或大户人家中管理财物收支的处所。❷ 名 在账房任职的人。

【账号】zhànghào ❶ 名 银行给建立经济关系的单位或个人在账上编的号码。❷ 名 用户访问计算机系统或使用某些资源时使用的识别码，一般由阿拉伯数字、英文字母及常用符号组成。如微信账号、QQ 账号等。

【账户】zhànghù ❶ 名 账簿中对资金来源、资金运用、经营过程及成果等所作的分类。❷ 名 会计在某一科目内为有账务往来的单位或个人立的户头。

【账款】zhàngkuǎn 名 账上记载的收取或支付的款项 ▷收取～|支付～。

【账面】zhàngmiàn 名 指账本上记载的内容 ▷～与实际不符。

【账目】zhàngmù 名 账本上记载的项目。

【账务】zhàngwù 名 机关、企事业、团体等单位中有关账目的记载、核算、公示和财物收支等事务 ▷～公开。

胀(脹) zhàng ❶ 动 (物体)体积变大 ▷膨～|热～冷缩。→ ❷ 动 身体某一

部分产生膨胀的感觉 ▷肚子～|头昏脑～。❸ 动 浮肿 ▷肿～。

【胀肚】zhàngdù 动 腹部胀气难受。

【胀库】zhàngkù 动 库存爆满 ▷销路不畅，产品～了。

【胀痛】zhàngtòng 动（身体某部分）发胀疼痛。

涨（漲） zhàng ❶ 动（固体）吸收液体后体积增大 ▷木耳泡～了。→ ❷ 动 充满；特指头部充血 ▷脸～得通红。❸ 动 超出（原来的数目）▷量布时手松一点儿，10尺就能～出半尺。☛ 读 zhàng，表示体积增大等意思；读 zhǎng，指增高，如"水涨船高""物价上涨"。

另见 1737 页 zhǎng。

障 zhàng ❶ 动 阻隔；遮蔽 ▷一叶～目|～碍。→ ❷ 名 用来阻隔、遮蔽的东西 ▷路～|风～|屏～。

【障碍】zhàng'ài ❶ 动 挡住而妨碍顺利通过 ▷路上的乱石～着车辆前进。❷ 名 起障碍作用的东西 ▷清除高速公路上的～ ◇ 骄傲自满会成为你进步的～。☛ 跟"屏障"不同。"障碍"指被认为有消极作用的事物；"屏障"指被认为有积极作用的事物。

【障碍赛跑】zhàng'ài sàipǎo 在跑道上设置若干障碍物的径赛项目。

【障碍物】zhàng'àiwù 名 阻碍通行的东西；军事上特指阻挡敌人行动的设施。

【障蔽】zhàngbì 动 遮蔽 ▷～风雨|～耳目。

【障眼法】zhàngyǎnfǎ 名 遮挡或转移别人的视线，使看不清真相的手法 ▷不要被他的～迷惑了。也说遮眼法。

嶂 zhàng 名〈文〉形状像屏障的山峰 ▷层峦叠～。

幛 zhàng 名 幛子 ▷喜～|寿～|挽～。

【幛子】zhàngzi 名 用作庆贺或吊唁礼物的整幅绸布，上面多附有题词。

瘴 zhàng 名 瘴气 ▷～雨蛮烟。

【瘴疠】zhànglì 名 流行在热带、亚热带潮湿地区的传染病，如恶性疟疾等。

【瘴气】zhàngqì 名 旧指我国南部、西南部山林中的湿热空气，旧时认为是能引起瘴疠的毒气。

zhāo

钊（釗） zhāo ❶ 动〈文〉劝勉；鼓励。○ ❷ 名 姓。

招[1] zhāo ❶ 动 打手势叫人来 ▷～手|～呼。→ ❷ 动 引来（某种结果或反应）▷～蚊子|～人喜欢。→ ❸ 动 通过相应的传媒手段使人来 ▷～聘|～标。→ ❹ 动 用言语或行动触动或挑逗对方 ▷他这阵子心烦，别～他|这人～不得。→ ❺ 名 旧时挂在酒店、饭店或商店门口，用以招引顾客的旗幡等物 ▷酒～|市～。○ ❻ 名 姓。

招[2] zhāo 动 供认罪行 ▷不打自～|～供|～认。

招[3] zhāo ❶ 名 武术上的动作 ▷一～一式|～数。→ ❷ 名 手段或计策 ▷绝～儿|高～儿|花～儿。

【招安】zhāo'ān 动 旧时统治者诱使武装反抗者或盗匪归降。

【招标】zhāobiāo 动 兴建工程或进行大宗商品交易时，公布标准和条件，招人承包或承买。

【招兵】zhāobīng 动 招募士兵。

【招兵买马】zhāobīng-mǎimǎ 招募士兵，购置战马；泛指招揽人才、扩充力量。

【招待】zhāodài 动 应接和款待宾客或顾客。☛ 参见 698 页"接待"的提示。

【招待会】zhāodàihuì 名 为了结交、宣传等而举行的聚会 ▷国庆～|记者～。

【招待所】zhāodàisuǒ 名 某些单位设置的招待宾客食宿的处所。

【招风】zhāofēng 动 引来风；比喻招引关注而惹出是非 ▷扇子是用来～取凉的|做人低调一些，免得～。

【招抚】zhāofǔ 动 招安。

【招工】zhāogōng 动 招收工人。

【招供】zhāogòng 动 供认犯罪事实。

【招股】zhāogǔ 动 公司募集股金。

【招呼】zhāohu ❶ 动 叫人来 ▷大哥在那边～我|听到～，马上跑了过去。❷ 动 问候；接待 ▷忙着～客人。❸ 动 吩咐 ▷～大家先干起来。❹ 动 照顾；关照 ▷孩子没出过远门，路上请您～着点儿。

【招魂】zhāohún ❶ 动 迷信指招回重病人或死者的灵魂。❷ 动 比喻为使已经灭亡的旧事物复活而鼓吹 ▷为旧制度～。

【招祸】zhāohuò 动 招致灾祸；泛指引发不愉快的事 ▷都是她这张嘴招的祸！

【招集】zhāojí 动 招募集合 ▷～了一批民工。

【招架】zhāojià 动 抵挡；应付 ▷～不住。

【招考】zhāokǎo 动 公开招人应考 ▷～公务员。

【招徕】zhāolái 动 招引；吸引（顾客）▷～顾客。☛ 跟"招揽"不同。"招徕"的对象只限于人；"招揽"的对象可以是人，也可以是生意等。

【招揽】zhāolǎn 动 收罗；招引 ▷～生意。☛ 参见本页"招徕"的提示。

【招领】zhāolǐng 动 以公告方式让失主前来认领

(失物)。

【招录】zhāolù 动 招收录用 ▷严格考核,公正～。

【招募】zhāomù 动 招收募集(人员) ▷～民工。

【招纳】zhāonà 动 招收接纳 ▷～下岗职工。

【招女婿】zhāonǚxu 把男方招进自己家做女婿。

【招牌】zhāopai ❶ 名 商店、饭店等门前挂着的写有店名的牌子。❷ 名 比喻可以作为招牌的、能够体现最好水平的事物 ▷～菜|～手艺。❸ 名 比喻用来作借口的名义、称号等 ▷打着考察工作的～,到处游山玩水。

【招聘】zhāopìn 动 发布公告聘请(工作人员) ▷～会计|～会。

【招亲】zhāoqīn ❶ 动 招女婿。❷ 动 被招为女婿 ▷刘备过江～。

【招惹】zhāorě ❶ 动 主动引起(不愉快的事情) ▷～是非|～麻烦。❷ 动 触动或挑逗对方 ▷这个人不讲理,别～他。

【招认】zhāorèn 动 承认犯罪事实。

【招商】zhāoshāng 动 招揽商家前来投资、经营 ▷～引资|举行～洽谈。

【招生】zhāoshēng 动 招收新生。

【招式】zhāoshì 名 武术套路、戏曲表演等的动作、姿势 ▷～干净利落|学得几手～。

【招势】zhāoshì 现在一般写作"招式"。

【招事】zhāoshì 动 招惹麻烦 ▷在家好好做功课,别出去～。

【招收】zhāoshōu 动 通过招考、招募吸收(学生、工人等)。

【招手】zhāoshǒu 动 举起手摇动手掌,表示让对方靠近或与对方打招呼等意思。

【招数】zhāoshù ❶ 名 武术的动作 ▷使出一个鹞子翻身的～。❷ 名 借指手段、计谋 ▷哭哭啼啼也是她的一个～。

【招贴】zhāotiē 名 张贴在公共场所起宣传作用的文字、图画 ▷～画。

【招贴画】zhāotiēhuà 名 供张贴的宣传画。

【招贤】zhāoxián 动 招揽贤才 ▷～纳士。

【招降】zhāoxiáng 动 劝导、鼓励敌人投降。

【招降纳叛】zhāoxiáng-nàpàn 招纳由敌方投降、叛变过来的人;现多指网罗坏人。

【招选】zhāoxuǎn 动 招聘选拔 ▷公开～演员。

【招眼】zhāoyǎn 形 引人注目 ▷霓虹灯很～。

【招摇】zhāoyáo 动 故意张扬、炫耀,借以引人注意 ▷伪养生～于世,以假乱真|四处～。

【招摇过市】zhāoyáo-guòshì 故意在人多的地方张扬、炫耀自己,惹人注意。

【招摇撞骗】zhāoyáo-zhuàngpiàn 假借某种名义,到处炫耀自己,进行诈骗。

【招引】zhāoyǐn ❶ 动 凭借某种特点或采用某种方法吸引 ▷用降价、打折来～顾客。❷ 动 凭借某种特点或采用某种方法引进 ▷制定合理政策,～人才、项目和资金。

【招灾】zhāozāi 动 招致灾难 ▷～惹祸。

【招展】zhāozhǎn ❶ 动 飘扬;摇曳 ▷旌旗～。○ ❷ 动 招揽、吸引厂商前来举办展览。

【招致】zhāozhì ❶ 动 把人才等招来 ▷～人才。❷ 动 引来不好的结果 ▷～失败。

【招赘】zhāozhuì 动 招女婿入赘。

【招租】zhāozū 动 招人租用(房屋、设备等)。

昭 zhāo ❶ 形 明白;明显 ▷～示|～告|～彰|以其昏昏,使人～～。→ ❷ 动〈文〉显示;使人看清楚 ▷以～大信|～雪。

【昭然】zhāorán 形 形容很明显的样子 ▷事理～。

【昭然若揭】zhāorán-ruòjiē《庄子·达生》:"昭昭乎若揭日月而行也。"(揭:高举)意思是明显得像举着日月走路一样。后用"昭然若揭"形容真相完全暴露出来。

【昭示】zhāoshì 动 明白地告诉 ▷～后代。

【昭雪】zhāoxuě 动 洗清(冤屈),使真相大白 ▷沉冤～。

【昭彰】zhāozhāng 形 明显;显著 ▷天理～。

【昭著】zhāozhù 形 明显 ▷功业～|罪恶～。

钊(鉊) zhāo 名〈文〉镰刀。

啁 zhāo [啁哳] zhāozhā 形〈文〉声音碎而杂 ▷语言～。

另见 1794 页 zhōu。

着 zhāo ❶ 动〈口〉放置;搁入 ▷汤里～点味精。→ ❷ 名 下棋时走一步叫一着 ▷看棋别支～儿|～法|～数。❸同"招[3]"②。现在一般写作"招"。○ ❹ 动〈口〉用于应答,表示同意 ▷～哇,这是个好办法!

另见 1741 页 zháo;1747 页 zhe;1821 页 zhuó。

【着数】zhāoshù ❶ 名 下棋的路数 ▷高明的～。❷见本页"招数"②。现在一般写作"招数"。

朝 zhāo ❶ 名 早晨;清早 ▷～思暮想|～阳|～夕。→ ❷ 名 日;天 ▷有～一日。

另见 159 页 cháo。

【朝不保夕】zhāobùbǎoxī 早晨保住了,不一定保得住晚上。形容情势危急。

【朝发夕至】zhāofā-xīzhì 早上出发晚上就到达。形容距离不远或交通便捷。

【朝晖】zhāohuī 名 早晨的阳光。

【朝令夕改】zhāolìng-xīgǎi 早晨发出的命令,晚上就改变了。形容随意更改决定或主张等,使人无所适从。

【朝露】zhāolù 名 早晨的露水;比喻存在时间极短促的事物 ▷～暮霭|危于～。

【朝气】zhāoqì 名 早晨的气象；比喻生气勃勃、奋发进取的精神 ▷青年人富有～。

【朝气蓬勃】zhāoqì-péngbó 形容富有朝气、蓬勃向上。

【朝秦暮楚】zhāoqín-mùchǔ 战国时代秦楚两国争霸，其他诸侯国及游说之士根据各自的利益，时而倒向秦国，时而倒向楚国。比喻思想动摇，反复无常。

【朝日】zhāorì 名 早晨的太阳。

【朝三暮四】zhāosān-mùsì《庄子·齐物论》中说：有个玩猴子的人，对猴子说，早上喂你们三个橡子，晚上喂四个，猴子都不高兴；他又说，早上喂四个，晚上喂三个，猴子便高兴了。后用"朝三暮四"形容思想、言行变化不定，反复无常。

【朝思暮想】zhāosī-mùxiǎng 从早到晚都在思念。形容思念殷切。

【朝夕】zhāoxī ❶ 名 从早到晚；天天 ▷～相伴。❷ 名 短暂的时间 ▷学习书法不是～之功。

【朝霞】zhāoxiá 名 早晨的云霞。也说早霞。

【朝阳】zhāoyáng ❶ 名 刚升起的太阳。❷ 区别 新兴的、有美好发展前景的 ▷～行业。☛ 跟"朝(cháo)阳"不同。

【朝朝暮暮】zhāozhāomùmù 从早到晚；时时刻刻。

嘲 zhāo [嘲哳] zhāozhā 现在一般写作"啁哳"。

另见 160 页 cháo。

zháo

着 zháo ❶ 动〈文〉附着。→ ❷ 动 挨；接触 ▷脚疼得没法儿～地｜一～水就烂｜～雨。❸ 动 受到(某种侵袭)；进入(某种状态) ▷～凉｜～魔｜～急｜～慌。→ ❹ 动 用在动词后面，表示有了结果或达到了目的 ▷找～了｜猜～了｜听不～。⇒ ❺ 动〈口〉进入睡眠状态 ▷一挨枕头就～了。⇒ ❻ 动 燃烧；(灯)发光(跟"灭"相对) ▷干柴一点就～｜屋里～着灯。

另见 1740 页 zhāo；1747 页 zhe；1821 页 zhuó。

【着边】zháobiān ❶ 动 挨边儿。❷ 形 挨边儿。

【着调】zháodiào 形〈口〉合乎既定曲调；比喻言行合乎常理(多用于否定) ▷我一唱低音就不～｜这个方案比较～｜他办事不～。

【着慌】zháohuāng 动 着急；发慌。

【着火】zháohuǒ 动 失火。

【着火点】zháohuǒdiǎn 名 燃点②。

【着急】zháojí 动 (面对紧急情况)焦躁不安 ▷别～，有问题慢慢商量。

【着凉】zháoliáng 动 受凉 ▷盖好被子，免得～。

【着忙】zháománg ❶ 动 由于时间紧迫而行动匆忙 ▷先准备好饭菜，免得客人来了～。❷ 动 着慌 ▷一听家里出了事，他心里就～了。

【着迷】zháomí 动 入迷 ▷他学钢琴学得～了。

【着魔】zháomó 动 被魔迷住；比喻全身心地投入 ▷玩电脑～了。

zhǎo

爪 zhǎo ❶ 名 鸟兽的有尖甲的脚；也指尖利的趾甲 ▷鹰～｜虎～｜张牙舞～。○ ❷ 名 姓。☛ 跟"瓜"不同。由"爪"构成的字有"抓""爬"等。

另见 1807 页 zhuǎ。

【爪牙】zhǎoyá 名 禽兽的爪和牙；比喻坏人的走狗或帮凶。

找[1] zhǎo 动 寻回(丢失的东西)；寻求(所需的人或物) ▷钥匙～到了｜～资料。

找[2] zhǎo ❶ 动 退还多收的部分 ▷～您 5 元｜～钱｜～零。→ ❷ 动 补上不足的部分 ▷差多少明天～齐｜～补。

【找病】zhǎobìng 动 找着得病；比喻自找麻烦，自寻烦恼 ▷胡乱减肥，纯属没病～｜请勿对号入座，自己～。

【找不着北】zhǎobùzháoběi ❶ 指辨别不清方向 ▷他一出地铁口，就～。❷ 比喻想问题、做事情理不清头绪；也比喻因骄傲自满而得意忘形 ▷每天都忙得～｜他刚有点儿名气就～了。

【找补】zhǎobu 动〈口〉把不够的部分补足 ▷分量不够，再～点儿。

【找茬儿】zhǎochár 现在一般写作"找碴儿"。

【找碴儿】zhǎochár 动 成心挑毛病；寻衅 ▷～闹事｜～报复。

【找零】zhǎolíng 动 找钱。

【找麻烦】zhǎomáfan (给自己或别人)制造麻烦。

【找门路】zhǎoménlù 比喻寻找解决问题的途径 ▷～求职｜为推销产品，他到处～。

【找平】zhǎopíng 动 把不平的表面弄平 ▷加点儿灰浆～。

【找婆家】zhǎopójia 女子找对象；比喻寻找接受处或归宿 ▷新产品要一边生产，一边～。

【找齐】zhǎoqí ❶ 动 使高低、长短等大体相同 ▷几幅画挂得有高有低，要～。❷ 动 补齐 ▷稿费预付 40%，书出版后～。

【找钱】zhǎoqián 动 收到面值大于应收数额的货币，用零钱找还多出的部分。也说找零。

【找窍门】zhǎoqiàomén 寻求巧妙的方法。

【找事】zhǎoshì ❶ 动 找工作 ▷到开发区～干。❷ 动 找麻烦 ▷别没事～。

【找赎】zhǎoshú 动 找钱 ▷公交车上多要求自备零钱，不设～。

【找死】zhǎosǐ 动 自寻死亡(骂人的话)。

【找头】zhǎotou 名〈口〉应找给付款者的钱 ▷就是一分钱的～，也要付给顾客。

【找寻】zhǎoxún 动 寻找。

沼 zhǎo 名 水池 ▷池～|～泽。☛ 统读 zhǎo，不读 zhāo。

【沼气】zhǎoqì 名 植物茎叶、粪便或垃圾在隔绝空气的条件下经过微生物的分解作用而产生的气体，主要成分是甲烷。可作燃料或化工原料。

【沼泽】zhǎozé 名 水草丛生的泥泞地带。也说沼泽地。

zhào

召[1] zhào ❶ 动 叫人来 ▷号～|～唤|～集|～开会议。○ ❷ 名 姓。

召[2] zhào 名 蒙古语音译。寺庙(多用于地名) ▷乌审～|罗布～(均在内蒙古)。☛ ㊀"召"字表示以上意义时统读 zhào，不读 zhāo。㊁上边是"刀"，不是"⺈"。由"召"构成的字有"沼""招""绍""苕""照"等。

另见 1211 页 shào。

【召唤】zhàohuàn ❶ 动 叫人来 ▷听，妈妈在～咱们呢，快回去吧！❷ 动 比喻提倡、激励人们做某事(多用于抽象事物，含郑重意) ▷未来～我们奋勇前进|祖国在～。

【召回】zhàohuí ❶ 动 把派出的人员叫回来 ▷～驻该国大使。❷ 动 生产单位将已售出的不合质量要求的产品主动回收修理或更换。

【召集】zhàojí 动 通知有关人员聚集 ▷～开会。

【召集人】zhàojírén 名 举行某项活动的临时负责人。

【召见】zhàojiàn ❶ 动 上级通知下级来见面 ▷部长有事～。❷ 动 外交部通知外国驻本国使节前来商谈有关事宜。

【召开】zhàokāi 动 召集并举行(会议) ▷～紧急会议|大会胜利～。

兆[1] zhào ❶ 名 预兆② ▷吉～|不祥之～|征～。→ ❷ 动 预兆① ▷瑞雪～丰年。○ ❸ 名 姓。

兆[2] zhào ❶ 数 数字，一百万(我国古代也指一万亿、一亿亿等)。→ ❷ 数 指极多 ▷～民|～姓。☛"兆"字的笔顺是丿丬兆兆。

【兆赫】zhàohè 量 频率法定计量单位，每秒振动 100 万次为 1 兆赫。参见 558 页"赫兹"。

【兆头】zhàotou 名 预兆② ▷初冬这场普降的大雪的确是个好～|这可不是好～。

诏(詔) zhào ❶ 动〈文〉告知；告诫 ▷～告|～诲。→ ❷ 名 皇帝发布的命令 ▷～书|～令。

【诏令】zhàolìng ❶ 动 皇帝发布命令 ▷～天下。❷ 名 皇帝发布的命令。

【诏书】zhàoshū 名 皇帝发布的书面命令。

赵(趙) zhào ❶ 名 战国七雄之一，在今山西北部和中部，河北西部和南部。○ ❷ 名 姓。

【赵公元帅】zhàogōng yuánshuài 赵公明，民间传说中的财神爷。

【赵体】zhàotǐ 名 以元代赵孟頫(fǔ)书法为代表的字体。笔画圆润秀丽。

笊 zhào [笊篱] zhàoli 名 用竹篾、铁丝等制成的有长柄、可漏水的用具，用来从液体中捞东西。

棹(*櫂) zhào〈文〉❶ 名 船桨 ▷橹～。→ ❷ 名 指船 ▷归～。→ ❸ 动 划船 ▷何人～孤舟？

旐 zhào 名 古代一种画有龟蛇的旗子。

照(*炤) zhào ❶ 动 光线射到物体上 ▷灯光～得屋里亮堂堂的|～耀。→ ❷ 名 阳光 ▷夕～|残～。→ ❸ 动 明白；知道 ▷心～不宣。❹ 动 告知；通知 ▷关～|～会。→ ❺ 动 对着镜子等看自己的影像；有反光作用的东西把形象反映出来 ▷～镜子|衣柜漆得锃亮，能～见人影儿。⇒ ❻ 动 查看；查对 ▷对～|查～。❼ 介 依照；按照 ▷～计划执行|～章办事。❽ 副 表示按照原件或一定的标准(行事) ▷～办|～发。⇒ ❾ 介 向；朝 ▷～脸上一拳打过去|～预定目标前进。⇒ ❿ 动 看顾；看管 ▷～顾|～料。⇒ ⓫ 动 拍摄 ▷～了一张相片|～相。⓬ 名 指相片 ▷玉～|近～|小～|遗～。○ ⓭ 名 执照 ▷到工商局去办个～|驾～|牌～。

【照搬】zhàobān 动 把现成的方法、经验等原封不动地拿来运用 ▷不能～旧模式。

【照办】zhàobàn 动 按照规定、指示或嘱托等办理 ▷～不误。

【照本宣科】zhàoběn-xuānkē 照着本子宣读(宣科：道士诵经)。形容只是死板照念，不会深入、灵活地讲解和发挥。

【照壁】zhàobì 名 旧式建筑位于门楼内外或厅堂前、正对着门楼或厅堂的一堵独立的墙，起屏蔽作用。也说照墙、影壁。

【照常】zhàocháng ❶ 动 跟往常一样 ▷作息时间～|营业～。❷ 副 表示情况仍然不变 ▷～运行|～营业。

【照抄】zhàochāo ❶ 动 照原文抄写 ▷～原文。❷ 动 照搬 ▷不能～外国的经验。

【照登】zhàodēng 动 不加修改,照原文登载 ▷来函～,以正视听。

【照度】zhàodù 名 光照度的简称。

【照发】zhàofā ❶ 动 照原样发出(多用于批示公文)。❷ 动 照常支付 ▷节假日工资～。

【照拂】zhàofú 动 照料;照顾 ▷～子女。

【照付】zhàofù 动 按照应支付的数额支付 ▷根据合同,款项～。

【照顾】zhàogù ❶ 动 考虑到;顾及 ▷～群众利益|～全面。❷ 动 格外关心;优待 ▷～孤寡老人。❸ 动 照料;看护 ▷～孩子。

【照管】zhàoguǎn 动 照看管理 ▷～好库房。

【照葫芦画瓢】zhào húlu huà piáo 比喻照着样子模仿,没有创造。

【照护】zhàohù 动 照料看护 ▷～重伤员。

【照会】zhàohuì ❶ 动 一国政府就某一事项通知另一国政府或向另一国政府表明自己的立场、态度等。❷ 名 国家之间具有上述性质的外交文书。

【照旧】zhàojiù ❶ 动 依原样不变 ▷暗号～。❷ 副 仍然 ▷雨再大也～营业。

【照看】zhàokàn 动 照料;看管 ▷～老人|～行李。

【照理】zhàolǐ 副 按照情理 ▷～说,你应该去。

【照例】zhàolì 副 按照惯例 ▷下午～开全体会。

【照料】zhàoliào 动 看护;料理 ▷～公婆|～店铺。

【照临】zhàolín 动 (光)照射到 ▷阳光～山谷。

【照猫画虎】zhàomāo-huàhǔ 照着猫的样子画老虎。比喻从形式上模仿,没有独立创造。

【照面儿】zhàomiànr ❶ 名 短暂的碰面 ▷打了个～。❷ 动 露面;(跟对方)见面(多用于否定) ▷他三天没～了|相互不～|彼此意见再大也该照个面儿啊。

【照明】zhàomíng 动 用灯或其他发光体照射,使明亮 ▷用蜡烛～。

【照明弹】zhàomíngdàn 名 升空爆炸后能发出强光的炸弹或炮弹。多用于夜间探察敌情。

【照明灯】zhàomíngdēng 名 用于照明的灯具。

【照排】zhàopái 动 用计算机照相排版 ▷激光～系统|～机。

【照片】zhàopiàn ❶ 名 用照相机或手机拍摄人、物等,经冲印或打印而成的图片 ▷展室的墙上挂着巨幅～。❷ 名 用数码相机、手机拍摄的人、物等的图片 ▷手机里存着妈妈的～。‖口语中也说照片儿(piānr)。

【照射】zhàoshè 动 照① ▷阳光～大地。

【照实】zhàoshí 副 依照事实 ▷～记录。

【照说】zhàoshuō ❶ 副 按说 ▷他学过文秘,～写这种文章不会有问题。❷ 动 照着原样说 ▷有什么意见你就～。

【照相】zhàoxiàng 动 拍摄照片。

【照相版】zhàoxiàngbǎn 名 用摄影术制成的印刷版。种类很多,如三色版、珂罗版。

【照相簿】zhàoxiàngbù 名 相册。

【照相馆】zhàoxiàngguǎn 名 为顾客提供摄影服务的营业单位。

【照相机】zhàoxiàngjī 名 照相用的机器,由镜头、暗箱、快门以及测光、测距、取景等装置构成。

【照相纸】zhàoxiàngzhǐ 名 洗印照片用的印相纸和放大纸的统称。

【照像】zhàoxiàng 现在一般写作"照相"。

【照像机】zhàoxiàngjī 现在一般写作"照相机"。

【照样】zhàoyàng ❶ 动 照某种样子(做) ▷～做一件。❷ 副 依旧;仍旧 ▷修理一下～能穿。

【照妖镜】zhàoyāojìng 名 神话小说中指一种能照出妖精原形的镜子;比喻能识别坏人的依据或方法。

【照耀】zhàoyào 动 (强光)照射 ▷湖面在阳光～下晶莹闪亮◇先烈的英雄业绩将永远～后世。

【照应】zhàoyìng 动 呼应;配合 ▷文章前后～。

【照应】zhàoying 动 照顾;照料 ▷～孤寡老人。

【照章】zhàozhāng 副 按照规章 ▷～办事。

【照直】zhàozhí ❶ 副 沿着直线(走),不拐弯 ▷～往前。❷ 副 直截了当地 ▷你要～说。

【照准】zhàozhǔn ❶ 动 不加改动地批准(下级的请示)。○ ❷ 动 对准 ▷～目标射击。

罩 zhào ❶ 名 捕鱼、养鸡等的竹笼 ▷渔～|鸡～。→ ❷ 名 指罩形的器物;也指某些遮在物体外面的东西 ▷灯～|口～|被～。❸ 名 特指套在外面的衣服 ▷外～|袍～。→ ❹ 动 用竹笼扣(鱼) ▷到河里去～鱼。❺ 动 覆盖;套在外面 ▷拿玻璃罩把闹钟～住|外面～了件大褂|笼～。○ ❻ 名 姓。

【罩袍】zhàopáo 名 穿在长袍外面的长大褂。

【罩棚】zhàopéng 名 为遮阳挡雨而搭建的棚子。

【罩袖】zhàoxiù 名 套袖。

【罩衣】zhàoyī 名 为保护其他衣服而穿的外衣。也说罩褂儿、罩衫等。

【罩子】zhàozi 名 罩② ▷玻璃～|拿～罩上。

鮡(鮡) zhào 名 鱼,胸部前方常有吸盘,全身无鳞。种类很多,生活在亚洲热带、亚热带山涧溪流中。

肇 zhào ❶ 动 〈文〉创始;开始 ▷～始|～端。→ ❷ 动 引发;引起 ▷～事|～祸。

【肇祸】zhàohuò 动 引发灾祸 ▷酒后驾车～。

【肇始】zhàoshǐ 动 发端;起始 ▷争论由此～。

【肇事】zhàoshì 动 引发事故;挑起事端 ▷寻衅～|～者。

【肇因】zhàoyīn 名 起因 ▷查找事故的～。

曌 zhào 古同"照"。用于人名。唐代女皇武则天为自己的名字所造的字，取日月当空、光辉永放义。

zhē

折 zhē〈口〉❶ 动 翻转 ▷把箱子～了个底儿朝天｜～跟头｜～腾。→❷ 动 倾倒(dào) ▷把剩菜都～到盆里｜拿两个碗把热水～～就凉了。

另见1212页shé；本页zhé。

【折腾】zhēteng〈口〉❶ 动 翻来覆去 ▷～半天睡不着。❷ 动 反复地做 ▷～好几遍才定稿。❸ 动 折磨；使痛苦 ▷噪声可把居民～苦了。❹ 动 忽而这样忽而那样地乱作为 ▷小日子经不起～｜搞建设不能瞎～。

蜇 zhē ❶ 动 蜂、蝎子等用毒刺刺人或动物 ▷马蜂～人｜被蝎子～了。→❷ 动 某些物质刺激皮肤或黏膜，使感觉不适或微痛 ▷盐水把伤口～得生疼｜洗头时当心～眼睛。

另见1746页zhé。

嗻 zhē 见163页"唓(chē)嗻"。

另见1747页zhè。

遮 zhē ❶ 动 阻拦；拦住 ▷横～竖拦。→❷ 动 一个物体挡住了另一个物体，使它不能显露 ▷月亮被乌云～住了｜拿把伞～～阳光。❸ 动 掩盖；掩饰 ▷～人耳目｜～羞｜～掩。☛ 统读zhē，不读zhé或zhě。

【遮蔽】zhēbì 动 遮② ▷前楼～了后楼的阳光。

【遮藏】zhēcáng 动 遮蔽隐藏。

【遮丑】zhēchǒu 动 掩盖不体面的东西。

【遮挡】zhēdǎng ❶ 动 遮蔽阻挡 ▷～风沙。❷ 名 用来遮挡的东西 ▷门前什么～都没有。

【遮断】zhēduàn 动 隔断视线，使看不见 ▷山景被浓雾～了。

【遮盖】zhēgài ❶ 动 遮蔽；蒙上。❷ 动 掩饰；隐瞒 ▷～事实真相。

【遮光】zhēguāng 动 遮挡光线 ▷～避雨。

【遮护】zhēhù 动 遮蔽保护 ▷用纱巾～着脸。

【遮拦】zhēlán 动 阻拦；拦挡 ▷丑事总会曝光的，谁也～不住。

【遮人耳目】zhērén'ěrmù 掩人耳目。

【遮天蔽日】zhētiān-bìrì 遮住了天空，掩蔽了太阳。形容体积庞大、数量极多或气势浩大。

【遮天盖地】zhētiān-gàidì 形容来势凶猛、声势浩大。

【遮羞】zhēxiū ❶ 动 遮挡住身体上不宜裸露的部位。❷ 动 借指掩饰错误或不光彩的事。

【遮羞布】zhēxiūbù 名 系在腰部遮挡下身的布；比喻用来掩盖丑恶的事物或言行。

【遮掩】zhēyǎn ❶ 动 遮住使不显露 ▷茂密的林木～了山村。❷ 动 掩饰 ▷～自己的过错｜知错就改，不要遮遮掩掩的。

【遮眼法】zhēyǎnfǎ 名 障眼法。

【遮阳】zhēyáng ❶ 动 遮挡阳光 ▷戴一顶草帽好～。❷ 名 指用来遮挡阳光的用具，如帽檐、竹帘等 ▷窗上支起了蓝布～。

【遮阳镜】zhēyángjìng 名 太阳镜。

【遮阳帽】zhēyángmào 名 帽檐宽大，可以遮挡阳光的帽子。也说太阳帽。

【遮阳篷】zhēyángpéng 名 用苇席或帆布等制成的可以遮挡阳光的设施。

【遮阳伞】zhēyángsǎn 名 遮挡阳光的伞状物 ▷报摊上立了一把～。也说太阳伞。

【遮阴】zhēyīn 动 遮蔽使不见阳光 ▷路旁大树可以～。

螫 zhē 义同"螫(shì)"(用于口语)。现在一般写作"蜇"。☛ 读zhē，是白读；读shì，是文读。

另见1262页shì。

zhé

折(摺⑪⑫) zhé ❶ 动 断；使断 ▷骨～｜攀～。→❷ 动 死，多指早死 ▷夭～。→❸ 动 挫败 ▷挫～｜百～不挠。→❹ 动 减损 ▷损兵～将｜～寿。❺ 动 打折扣，按原价减去若干成 ▷不～不扣｜七～八扣。❻ 量 用于商品的折扣率，减到原价的几成叫几折 ▷打对～｜六～。→❼ 形 弯；曲 ▷曲～｜周～。⇒❽ 动 心服 ▷心～｜～服。⇒❾ 动 返回；改变方向 ▷走到半路，又～回来｜～射。❿ 名 汉字的笔画，形状是"㇆""㇄""㇛"等。⇒⓫ 动 折叠 ▷～扇｜～尺｜～椅。⓬ 名 折子 ▷奏～｜存～。→⓭ 量 元杂剧剧本中的一个段落，大致相当于现代戏曲的一场或一幕。○⓮ 动 抵换 ▷将功～罪。→⓯ 动 按一定的比价或单位换算 ▷～价｜～算。○⓰ 名 姓。☛ ㊀跟"拆"不同。㊁表示"断"时，读zhé，多侧重于行为本身，可带宾语，如"折桂""折戟沉沙"；读shé，多侧重于行为结果，不可独立带宾语，如"鞭子打折了""撞折了小树"；读zhē，指翻转、倾倒(dào)，如"折腾"。

另见1212页shé；本页zhē。"摺"另见1746页zhé。

【折半】zhébàn 动 打五折 ▷年终清仓，本店商品一律～抛售。

【折变】zhébiàn 动 出卖实物、有价证券，换成现款 ▷他把汽车、楼房都～了。

【折尺】zhéchǐ 名 长度多为1米，可以折叠起来的尺子。

【折冲樽俎】zhéchōng-zūnzǔ 指不用武力而在宴席上战胜敌人（折冲：击退敌人的战车，借指克敌制胜；樽俎：古代盛酒食的器皿，借指宴席）；泛指进行外交谈判。

【折刀】zhédāo 名 不用时可以折叠起来的小刀。

【折抵】zhédǐ 动 折合抵偿或抵扣 ▷以货物～欠款。

【折叠】zhédié 动 翻转物体的一部分，使同另一部分紧贴在一起 ▷电褥子不能反复～|～伞|～床。

【折叠式】zhédiéshì 区别 能折叠放置的 ▷～自行车|～老花镜。

【折断】zhéduàn 动 折（zhé）① ▷不小心把尺子～了。

【折兑】zhéduì ❶ 动 折算兑换 ▷用外汇～人民币。❷ 动 兑换金银时按成色、分量折算。

【折返】zhéfǎn 动 折回 ▷中途～。

【折服】zhéfú ❶ 动 从内心服气；信服 ▷他的人格魅力令人～。❷ 动 说服；使屈服 ▷有理才能～人|疾病～不了这位英雄。

【折福】zhéfú 动 迷信指享受过度或受到的礼遇过分等而减损福分。

【折光】zhéguāng ❶ 动 光线发生折射。❷ 名 折射出来的光线；比喻间接反映出来的事物的特征 ▷这本书是他心路历程的～。

【折桂】zhéguì 动《晋书·郤诜传》记载：郤诜举贤良对策，名列第一，自谓"犹桂林之一枝，昆山之片玉"。后用"折桂"指科举及第；现也指考试或竞赛取得优异成绩 ▷高考～|在全国电视音乐大赛专业组比赛中一举～。

【折合】zhéhé 动 按一定的比价或计量单位换算 ▷把美元～为人民币。

【折回】zhéhuí 动 中途返回 ▷半路～。

【折戟沉沙】zhéjǐ-chénshā 被折断的戟埋没在泥沙里（戟：古代的一种兵器）。形容失败惨重。

【折价】zhéjià ❶ 动 把实物折合成货币 ▷～拍卖。❷ 动 指把商品打折出售 ▷积压物资～处理。

【折旧】zhéjiù 动 补偿固定资产在使用过程中所损耗的价值。通常根据原始价值和预计使用年限平均计算 ▷房屋～|～费。

【折旧率】zhéjiùlǜ 名 为折旧而扣除的金额与固定资产原始价值的比率。

【折扣】zhékòu 名 买卖中按原价减去的成数 ▷明码标价，不打～◇执行政策不能打～。

【折磨】zhémó 动 使人（在肉体或精神上）感到痛苦 ▷久病不愈，真够～人的。

【折杀】zhéshā 动 指对方的过分的礼节或过重的馈赠使自己无法承受。常用来婉言劝阻对方的某些行动 ▷你这样客气，真是～我了。☛ 不宜写作"折煞"。

【折扇】zhéshàn 名 可以折叠的扇子。用竹、木等做骨架，用纸、绢等做扇面儿。

【折射】zhéshè ❶ 动 光线或声波等由一种媒质进入另一种媒质时，传播方向发生偏折；在同类媒质中，媒质本身不均匀也会使光线或声波的传播方向改变。❷ 动 比喻曲折地反映出事物的面貌 ▷小说可以～时代的风貌。

【折实】zhéshí ❶ 动 按一定比例扣除水分算出实际数目 ▷～受损青苗80亩。❷ 动（为避免物价变动带来损失）把金额折合成某种实物价格计算 ▷每月薪水～大米300斤。

【折寿】zhéshòu 动 迷信指享受过度或受到的礼遇过分等而减损寿命。

【折算】zhésuàn 动 折合；换算 ▷～公式。

【折损】zhésǔn ❶ 动 折叠损坏 ▷封面太薄，容易～。❷ 动 损失；损害 ▷合理包装，免得长途运输中货物～过多|产品质量差，会～公司形象。

【折线】zhéxiàn 名 把不在同一直线上的若干个点用线段顺次相接而形成的图形。

【折腰】zhéyāo〈文〉❶ 动 弯腰行礼；借指降低身份听从他人 ▷不为五斗米～。❷ 动 敬仰；倾倒 ▷引无数英雄竞～。

【折页】zhéyè ❶ 动 把大页印张按一定的开数折叠起来。❷ 动 折叠书页 ▷不准撕书，不准～。❸ 名 折叠起来分发的单页宣传品 ▷～小广告。❹ 名 书册中折叠装订的大于开本的页面，内容多为图表。

【折椅】zhéyǐ 名 可以折叠的椅子。也说折叠椅。

【折账】zhézhàng 动 用劳力或实物等抵偿债款。☛ 不要写作"折帐"。

【折纸】zhézhǐ 动 用纸折叠成各种物体的形状。常用于儿童手工训练。

【折中】zhézhōng 动 把不同的意见调和起来，使适中 ▷～的意见|把两个方案～一下。☛ 不要写作"折衷"。

【折中主义】zhézhōng zhǔyì 把一些根本对立的思想、观点和理论无原则地调和或拼凑在一起的思想方法和行为。☛ 不要写作"折衷主义"。

【折皱】zhézhòu 名 皱纹。

【折子】zhézi ❶ 名 手折。❷ 名〈口〉指存折。

【折子戏】zhézixì 名 指一部戏曲中内容相对完整、表演比较精彩、能单独演出的某一折或某一片段。如《西厢记》中的《拷红》、《四郎探母》中的《坐宫》。

【折罪】zhézuì 动 抵偿罪责 ▷将功～。

哲（*喆）zhé ❶ 形 明智；智慧超群 ▷明～|～人。→❷ 名 哲人 ▷先～。"喆"另见1746页zhé。

【哲理】zhélǐ 名 有关宇宙和人生的根本原理 ▷～诗|这条格言颇有～。

【哲人】zhérén 名 智慧超群的人。

【哲学】zhéxué 名 关于世界观、方法论的学说，是研究自然、社会和思维的最一般规律的科学。是在各门具体科学知识的基础上形成的，具有概括性、抽象性、反思性、普遍性的特点。根据对思维与存在、精神与物质的关系的认识，哲学可分为唯物主义和唯心主义两大派别。

喆 zhé 形〈文〉光亮；明亮 ▷明星～～。

辄（輒 *輙） zhé〈文〉❶ 副 表示后一行为紧接着前一行为发生，相当于"就" ▷浅尝～止。→ ❷ 副 表示同一行为多次重复，相当于"往往""总是" ▷动～得咎。☛ 右边是"耴"，不是"取"。

喆 zhé 用于人名。

另见 1745 页 zhé"哲"。

蛰（蟄） zhé ❶ 动 蛰伏 ▷惊～。→ ❷ 动 蛰居 ▷久～乡间|～处。☛ ㊀统读 zhé，不读 zhí。㊁跟"蜇"不同。

【蛰伏】zhéfú 动 动物冬眠，即潜伏起来不食不动，血液循环和呼吸极缓慢，进入昏睡状态。

【蛰居】zhéjū 动 像动物冬眠一样隐居起来 ▷～海岛。

詟（讋） zhé 动〈文〉恐惧 ▷诸将～服。

蜇 zhé 名 指海蜇 ▷～皮|～头。☛ ㊀读 zhé，名词性语素，用于"海蜇"；读 zhē，动词，指昆虫等用毒刺刺人或动物。㊁跟"蛰"不同。

另见 1744 页 zhē。

谪（謫 *讁） zhé〈文〉❶ 动 谴责；责备 ▷众口交～|指～。→ ❷ 动 特指官吏因罪被降职或流放 ▷～官|～居|贬～。☛ 右边是"啇(dì)"，不是"商"。

【谪居】zhéjū 动〈文〉被贬官职后住在某地。

摺 zhé 同"折"⑪⑫。☛ "摺"简化为"折"，但在"摺"和"折"意义可能混淆时，《简化字总表》规定仍用"摺"。

另见 1744 页 zhé"折"。

磔 zhé〈文〉❶ 动 分裂肢体，古代一种酷刑。→ ❷ 动 张开。❸ 名 捺③。

辙（轍） zhé ❶ 名 车轮在地面上碾出的痕迹 ▷前有车，后有～|如出一～|重蹈覆～|车～。→ ❷ 名 规定的行车方向 ▷他走顺～，你走戗(qiāng)～，撞了车，责任当然在你|上下～。❸ 名〈口〉办法；门路 ▷你不同意我就没～了|到底该怎么办，你想个～吧。→ ❹ 名 戏曲、曲艺等的唱词所押的韵 ▷合～押韵|～口|十三～。☛ 统读 zhé，不读 chè。

zhě

者 zhě ❶ 代 跟动词、形容词或动词、形容词短语结合，分别表示做这一动作或有这一属性的人、事、物 ▷劳动～|弱～|先进生产～。→ ❷ 代 跟"工作""主义"等词语结合，表示从事某项工作、信仰某种主义或有某种严重倾向的人 ▷音乐工作～|唯物主义～|教条主义～。○ ❸ 代 用在某些数词或方位词的后面，指称上文说过的事物 ▷二～不可兼得|前～。○ ❹ 助〈文〉用在主语后，表示短暂的停顿 ▷北山愚公～，年且九十|攻而必取～，攻其所不守也。○ ❺ 名 姓。

啫 zhě［啫喱］zhělí 名 英语 jelly 音译。从天然海藻或某些动物的皮、骨中提制成的胶性物质，可用作糖果、糕点等食品的原料，也可用作某些化妆品的原料 ▷草莓～|～面霜。

锗（鍺） zhě 名 金属元素，符号 Ge。银灰色，质脆，在空气中不氧化。是重要的半导体材料。

赭 zhě 形 形容颜色红中带褐 ▷～衣|～石。

【赭石】zhěshí 名 矿物，主要成分是三氧化二铁。一般呈暗棕色，也有土黄或红色的，主要用作颜料，也可以做药材。

褶 zhě ❶ 名 衣服等经折叠挤压而形成的痕迹 ▷衣服压得尽是～儿|一道～儿|百～裙。→ ❷ 名 脸上的皱纹 ▷脸上一点儿～儿都没有。☛ 右边的"習"不能类推简化为"习"。

【褶皱】zhězhòu ❶ 名 皱纹 ▷西服上有许多～。❷ 名 受地壳运动压力而形成的曲折状岩层。

【褶子】zhězi 名 褶 ▷把衣服上的～熨平。

zhè

这（這） zhè ❶ 代 指示距离比较近的人或事物(跟"那"相对，②同)。a)用在名词或数量短语前 ▷～闺女|～天|～一次。b)用在动词、形容词前，表示夸张 ▷瞧你～喊呀，把人都吵醒了|老李说话～快，跟开机关枪似的。→ ❷ 代 代替距离比较近的人或事物 ▷～是王老师|你问～干什么？⇒ ❸ 代 跟"那"对举，表示众多事物，不确指某人或某事物 ▷我们俩说～说那，聊了一个晚上|问～问那。⇒ ❹ 代 代替"这时候"，有加强语气的作用 ▷哄了半天，孩子～才不哭了|他～就出发。☛ ㊀在口语中，"这"后面跟量词或数量短语(如"这双鞋""这两本

书")时,常读 zhèi;在"这个""这些""这样""这会儿""这阵子"等词中,也常读 zhèi。㊂在口语中常儿化,表示"这里"或"这时"。如"到这儿来""打这儿起"。

另见 1748 页 zhèi。

【这般】zhèbān 代 指人或事物的性质、状态、程度等 ▷他怎么成了~模样?

【这边】zhèbian 代 指代较近的地方;也指代己方或距离自己较近的一方 ▷请到~来坐|人家那边已经提出方案了,我们~得赶快回应|人家那边已经准备好了,你们~呢?

【这程子】zhèchéngzi 代〈口〉最近一些天;这些日子 ▷~你在忙什么呢?

【这个】zhège ❶ 代 这一个(用在名词或名词性短语前,指代较近的人或事物) ▷~学生真用功|我住~较小的房间。❷ 代 代替所说的事物、情况、原因等 ▷我要~,不要那个|~你不用顾虑,已经有处理预案|就是因为~,大家特别开心。❸ 代〈口〉用在动词、形容词前面,表示程度高(有夸张意味) ▷听说他要来,大伙儿~高兴啊! ❹ 代 跟"那个"对举,表示不确指某人或某事物 ▷大家~一言,那个一语,提了很多意见。

【这会儿】zhèhuìr 代 指眼前的时间;跟现在相当的时间 ▷估计~他该到家了|去年~我刚参加工作。

【这里】zhèlǐ 代 代替比较近的处所 ▷~是集贸市场|窗台~阳光充足。口语中也说这儿。

【这么】zhème 代 指性质、状态、程度以及方式、方法等 ▷~大的孩子该懂事了|他是~说的,也是~干的。☛ 不要写作"这末"。

【这么点儿】zhèmediǎnr ❶ 代 指示较近的人或事物,强调数量少 ▷怎么才来~人?|下~雨不管用。❷ 代 代替较近的人或事物,强调数量少 ▷今天能够集合起来的人就~了|你就吃~啊?

【这么些】zhèmexiē ❶ 代 指示较近的人或事物,强调数量多或少 ▷一下来了~人,实在不好安排|~工作,三两天可干不完|就~钱,哪够一家子用啊! ❷ 代 代替较近的人或事物,强调数量多或少 ▷人一下来了~,实在不好安排|才~,哪够吃呀?

【这么样】zhèmeyàng 代 这样。

【这么一来】zhème-yīlái ❶ 表示某一情况出现之后。用作独立成分 ▷本想回家,~,就走不了了。❷ 这样做。用作谓语 ▷你~,我就不好说了。

【这么着】zhèmezhe 代 代替某种动作或情况 ▷~更痛快|一会儿~,一会儿那么着。

【这山望着那山高】zhè shān wàngzhe nà shān gāo 比喻总是对自己所处的环境不满意,认为别处会更好。

【这时】zhèshí 代 指跟说话人所述事情同时的时间 ▷就在~,汽车熄火了|~,电话铃响了。

【这些】zhèxiē ❶ 代 指较近的两个以上的人或事物。用来修饰名词 ▷~人我一个也不认识|把~东西都收起来。❷ 代 代替较近的两个以上的人或事物 ▷~就是我想说的。

【这样】zhèyàng ❶ 代 指代某种性质、状态、程度、方式等 ▷做人要做~的人|不能~干。❷ 代 代替某种动作或情况 ▷~才稳妥|事情怎么弄成~了?

【这样一来】zhèyàng-yīlái 这么一来。

【这阵子】zhèzhènzi 代〈口〉指最近一段时间 ▷这事儿过会儿再说,~我正忙。也说这阵儿。

柘 zhè 名 柘树,落叶灌木或小乔木,叶子卵形或倒卵形,果实球形。木材坚韧致密。叶可以喂蚕,茎皮是造纸原料,根皮可以做药材。☛ 跟"拓"不同。

浙(*淛) zhè ❶ 名 钱塘江的古称。→ ❷ 名 指浙江 ▷江~一带。○ ❸ 名 姓。☛ ㊀不读 zhé。㊁跟"淅(xī)"不同。"浙"右边是"折";"淅"右边是"析"。

蔗 zhè 名 指甘蔗 ▷~糖|~农。

【蔗农】zhènóng 名 以种植甘蔗为主业的农民。

【蔗糖】zhètáng ❶ 名 有机化合物,白色结晶,有甜味。甘蔗和甜菜里含有丰富的蔗糖。❷ 名 特指用甘蔗汁熬成的糖。

【蔗田】zhètián 名 种植甘蔗的农田。

嗻 zhè 叹 旧时仆人对主人的应诺声。
另见 1744 页 zhē。

鹧(鷓) zhè[鹧鸪] zhègū 名 鸟,羽毛黑白相杂,腹背有眼状白斑。生活在我国南方而不向北迁徙。它的鸣叫被古人谐音说成"行不得也哥哥",古诗文中常借以表示思念故乡。

䗪 zhè[䗪虫] zhèchóng 名 地鳖。

zhe

著 zhe "着(zhe)"的本字。现在一般写作"着"。
另见 1806 页 zhù;1821 页 zhuó。

着 zhe ❶ 助 用在动词后,表示动作、行为正在进行,动词前可加"正""在""正在" ▷我听~呢|外面正下~雨。→ ❷ 助 用于某些动词、形容词之后,表示某种状态的持续 ▷门开~呢|饭还热~呢。❸ 助 用在两个动词中间构成连动式,表示两个动作同时或接着进行,或者二者

之间有方式、手段和目的的关系 ▷站～说｜面包留～晚上吃。❹ 助 附在某些单音节动词后构成介词 ▷沿～｜为～。→ ❺ 助 用在某些动词或形容词之后，表示命令或提醒的语气 ▷你听～！｜快～点儿。

另见 1740 页 zhāo；1741 页 zháo；1821 页 zhuó。

【着呢】zhene 助〈口〉用在形容词或形容词性词语后面，表示强调某种性质或状态，略有夸张意味 ▷他们俩好～｜这条路难走～。

zhèi

这（這）zhèi 义同“这(zhè)”①②，用于口语。

另见 1746 页 zhè。

zhēn

贞[1]（貞）zhēn 动〈文〉占卜；问卦。

贞[2]（貞）zhēn ❶ 形 忠于自己的信仰和原则；坚定不移 ▷忠～不贰｜坚～不屈。→ ❷ 形 封建礼教中形容女子坚守节操，不失身、不改嫁等 ▷～女｜～操｜～节。☛“贞”字统读 zhēn，不读 zhēng。

【贞操】zhēncāo ❶ 名 坚贞的节操 ▷忠于信仰，坚守～。❷ 名 女子的节操。参见本页“贞²”②。

【贞节】zhēnjié ❶ 名 贞操① ▷保持革命者的～。❷ 名 贞操② ▷～烈女｜～牌坊。

【贞洁】zhēnjié 形 形容妇女在贞操上清白。参见本页“贞²”②。

【贞静】zhēnjìng 形 贞洁文静 ▷娴雅～。

【贞烈】zhēnliè 形〈文〉形容妇女坚守贞节，宁死不屈（烈：这里指为守节而死）。参见本页“贞²”②。

针（針 *鍼）zhēn ❶ 名 缝制衣物用的细长而小的工具，用金属制成，一头尖锐，另一头有鼻儿，用来引线 ▷绣花～｜大海捞～。→ ❷ 名 编织衣物用的细长的工具，用金属、竹子等制成，有的一头带钩，有的一头或两头尖锐 ▷钩～｜毛衣～。→ ❸ 名 中医用来刺穴位治病的针状器械 ▷～刺麻醉｜～灸。→ ❹ 名 形状像针的东西 ▷别～｜指南～｜时～。❺ 名 注射用的器械 ▷～头。❻ 名 注射用的药液 ▷打防疫～。

【针鼻儿】zhēnbír 名 针上供穿线的孔。

【针砭】zhēnbiān 动 古代用石针扎皮肉治病（方法今已失传）。比喻深刻批评 ▷～时弊。☛“砭”不要误写作“贬”。

【针刺】zhēncì 动 用特制的针刺入一定的穴位，以治疗疾病或局部麻醉。

【针刺麻醉】zhēncì mázuì 用针刺入病人某些穴位，使相应的部位暂时失去知觉，以便病人在没有痛苦的状态下接受手术。简称针麻。

【针对】zhēnduì ❶ 动 对准（某个对象）▷他这番话是～我的。❷ 介 引进有明确目的的行为对象 ▷～大家提出的问题，他一一作了回答。

【针锋相对】zhēnfēng-xiāngduì 针尖对着针尖。比喻双方在观点、言论、行动上尖锐对立。

【针管】zhēnguǎn 名 注射器上盛液体药剂的管子，用玻璃或塑料制成，上面有刻度。也说针筒。

【针剂】zhēnjì 名 注射剂。

【针尖儿对麦芒儿】zhēnjiānr duì màimángr 比喻针锋相对，互不相让。

【针脚】zhēnjiao ❶ 名 缝制衣物时留下的针线的痕迹。❷ 名 缝制衣物时针眼之间的距离 ▷～细密。

【针灸】zhēnjiǔ 名 针刺和艾灸疗法的合称。

【针孔】zhēnkǒng ❶ 名 针鼻儿。❷ 名 缝衣针或注射针扎的孔。

【针头】zhēntóu 名 安在注射器上的针状金属管。

【针头线脑】zhēntóu-xiànnǎo 做针线活儿用的针、线等；泛指琐碎细小的东西。

【针线】zhēnxiàn ❶ 名 针和线 ▷～包。❷ 名 指针线活儿 ▷小女孩儿学做～。

【针线包】zhēnxiànbāo 名 盛放针、线等缝纫用品的小包儿。

【针线活儿】zhēnxiànhuór 名 缝纫、刺绣之类的活计。

【针眼】zhēnyǎn ❶ 名 针鼻儿。❷ 名 被针扎后留下的小孔 ▷线拆了，～还在。

【针眼】zhēnyan 名 眼部疾病，麦粒肿的通称。

【针叶树】zhēnyèshù 名 叶子形状像针的树木，如松、柏、杉等。

【针织】zhēnzhī 动 用针或针织机编织衣物 ▷把毛线～成毛衣｜～品。

【针织品】zhēnzhīpǐn 名 用针或针织机编织成的物品，如毛巾、围巾、手套、线衣等。

【针黹】zhēnzhǐ 名〈文〉针线活儿。

侦（偵 *遉）zhēn 动 暗地里调查；探听 ▷～破盗窃案｜～探｜～察。☛ 统读 zhēn，不读 zhēng。

【侦办】zhēnbàn 动 侦查并办理（案件）▷他经手～过多起重大案件。

【侦查】zhēnchá 动 公安、检察机关为了收集证据、确定犯罪事实和犯罪嫌疑人而依法进行调查和采取有关的强制措施 ▷立案～。☛

跟“侦察”不同。“侦查”多用于公安、司法等部门，是司法用语；“侦察”多用于军事方面，是军事用语。

【侦察】zhēnchá 动 对敌方兵力、工事、地形等情况进行秘密考察了解 ▷～敌军火力。☛ 参见1748页“侦查”的提示。

【侦察兵】zhēnchábīng 名 负责侦察敌情的士兵。

【侦察机】zhēnchájī 名 用来从空中获取情报的军用飞机。一般装有航空照相机、雷达和电视等设备。

【侦察卫星】zhēnchá wèixīng 用来获取军事情报的人造地球卫星。利用光电遥感器或无线电接收机等侦察设备，从空间轨道上对目标实施侦察、监视或跟踪。

【侦察员】zhēncháyuán 名 负责侦察敌情的人员。

【侦缉】zhēnjī 动 侦查缉拿 ▷～在逃罪犯。

【侦结】zhēnjié 动 案件侦查完结，提出结论性意见 ▷检察院～后向法院起诉。

【侦控】zhēnkòng 动 侦查监控 ▷全天候～。

【侦破】zhēnpò 动 经过侦查而破获。

【侦探】zhēntàn ❶ 动 暗中调查探听秘密或案情 ▷～案情|～小说。❷ 名 从事侦探工作的人。

【侦探片】zhēntànpiàn 名 以疑难案件的发生和侦破经过为中心情节的影视片。口语中也说侦探片儿(piānr)。

【侦探小说】zhēntàn xiǎoshuō 以疑难案件的发生和侦破过程为中心情节的小说。

【侦听】zhēntīng 动 为侦察对方的活动而暗中监听。

【侦讯】zhēnxùn 动 侦查并审讯 ▷～涉案人员。

珍(*玠) zhēn ❶ 名 珠玉一类的宝物；泛指宝贵的东西 ▷奇～异宝|～珠。→ ❷ 形 贵重的；稀有的 ▷～禽异兽|～品|～贵。→ ❸ 名 特指精美的食品 ▷山～海味|八～|～馐。→ ❹ 动 看重；重视 ▷自～自爱|～重|～视。○ ❺ 名 姓。

【珍爱】zhēn'ài 动 珍惜爱护 ▷～生命。

【珍宝】zhēnbǎo 名 指珍珠、宝石等；泛指价值很高的物品 ▷稀世～|视若～。

【珍本】zhēnběn 名 具有收藏价值的珍贵罕见的图书版本。

【珍藏】zhēncáng ❶ 动 爱惜珍重而妥善收藏。❷ 名 指珍贵的收藏品 ▷博物馆～很多。

【珍贵】zhēnguì 形 价值高或意义大；贵重 ▷～文物|～药材。☛ 参见45页“宝贵”的提示。

【珍品】zhēnpǐn 名 珍贵的物品或作品 ▷稀世～。

【珍奇】zhēnqí 形 珍贵而奇特 ▷～鸟兽。

【珍禽】zhēnqín 名 稀有、珍贵的鸟。

【珍禽异兽】zhēnqín-yìshòu 珍贵奇异的动物。也说珍禽奇兽。

【珍摄】zhēnshè 动 珍重保养(身体) ▷年事已高，望善自～。

【珍视】zhēnshì 动 珍爱重视 ▷～劳动成果。

【珍玩】zhēnwán 名 可供玩赏的珍贵物品。

【珍闻】zhēnwén 名 珍奇的见闻 ▷～轶事。

【珍惜】zhēnxī 动 珍视爱惜 ▷～友情。

【珍稀】zhēnxī 形 珍贵而稀少的 ▷～动物。

【珍羞】zhēnxiū 现在一般写作“珍馐”。

【珍馐】zhēnxiū 名〈文〉珍贵的食品 ▷美食～。

【珍异】zhēnyì ❶ 形 珍奇 ▷～花木。❷ 名 珍贵、奇异的物品 ▷博览四方～。

【珍重】zhēnzhòng ❶ 动 爱惜重视 ▷～友谊。❷ 动 珍惜保重(身体) ▷请节哀～。

【珍珠】zhēnzhū 名 某些贝类在外界一定条件刺激下分泌并形成的浑圆固体颗粒。多为乳白色，有光泽。多用做装饰品，也可以做药材。也说珠子。☛ 除了作为中药可写作“真珠”外，其他场合均不宜写作“真珠”。

【珍珠贝】zhēnzhūbèi 名 能够产生珍珠的贝类，如珠母贝等。

【珍珠岩】zhēnzhūyán 名 火山喷出的酸性玻璃质熔岩，有同心圆裂纹，能破裂成珍珠状的小颗粒。可作建筑材料，农业上可以用来改良土壤。

帧(幀) zhēn ❶ 名 画幅 ▷装～。→ ❷ 量 用于字画和照片等，相当于“幅” ▷一～山水画。☛ 统读zhēn，不读zhèng。

胗 zhēn 名 禽鸟的胃 ▷鸡～。☛ 统读zhēn，不读zhūn。

浈(湞) zhēn 名 浈水，水名，在广东。

真 zhēn ❶ 形 符合事实的；正确的(跟“假”“伪”相对) ▷他说的都是～的|～人～事|～心实意|～理|～正。→ ❷ 形 确切；清楚 ▷声音太小，听不～|带上眼镜看得很～|～切。→ ❸ 副 确实；实在 ▷～漂亮|～该批评|～不是滋味。→ ❹ 名 指事物的原样 ▷描写失～|传～。→ ❺ 名 汉字楷书的别称 ▷～草隶篆|～书。○ ❻ 名 姓。☛ 中间部件里面是三横，不是两横。由“真”构成的字有“填”“镇”等。

【真才实学】zhēncái-shíxué 真正的才干和学问。

【真诚】zhēnchéng 形 真心诚意；不虚伪 ▷～相见|态度～。☛ 跟“真挚”不同。“真诚”侧重指态度；“真挚”侧重指感情。

【真传】zhēnchuán 名 从名师那里得到的技艺、学术上的精华 ▷得梅兰芳先生的～。

【真刀真枪】zhēndāo-zhēnqiāng 真实的刀枪。指毫不作假，认认真真、实实在在 ▷这种～的评议，对干部是极好的监督和鼓励。

【真谛】zhēndì 名 正确深刻的道理；真实的主旨 ▷揭示人生的～|文章的～。

【真格的】zhēngéde 〈口〉实在的；真正的 ▷说～，他是好人|一动～，他就不行了。

【真果】zhēnguǒ 名 仅由雌蕊子房发育而成的果实，如桃、大豆、油菜等的果实。

【真迹】zhēnjì 名 指书画家亲手创作的作品 ▷这是徐悲鸿的～。

【真假】zhēnjiǎ 名 真的和假的 ▷～难分。

【真金白银】zhēnjīn-báiyín 真实的金银。借指真实的现款或可靠的经济实力；比喻实实在在的好处 ▷投入大量～|新出台的政策对创业者来说是～。

【真金不怕火炼】zhēn jīn bù pà huǒ liàn 比喻坚贞不屈的人能经受住严峻的考验；也指真正优质的东西经得起检验。

【真菌】zhēnjūn 名 生物的一大类，有细胞壁但无叶绿体，靠吸收其他生物的营养为生。现在发现的种数已超过10万，常见的有酵母菌、青霉菌、蘑菇等。

【真空】zhēnkōng ❶ 名 物理学上指没有任何气体或气体极少的状态或空间。❷ 名 比喻与社会隔绝的环境 ▷谁都不是生活在～里。

【真空泵】zhēnkōngbèng 名 抽除密封器物中的气体从而造成真空的气泵。也说抽气机。

【真空管】zhēnkōngguǎn ❶ 名 电子管的一大类。参见314页"电子管"。❷ 名 泛指没有任何气体或气体极少的管子。

【真理】zhēnlǐ 名 客观事物及其规律在人脑中的正确反映，具有绝对性和相对性 ▷为～而斗争|～面前人人平等。参见756页"绝对真理"、1497页"相对真理"。

【真面目】zhēnmiànmù 名 本来的面貌；真相(含贬义) ▷揭露邪教的～。

【真名实姓】zhēnmíng-shíxìng 真实的姓名。

【真皮】zhēnpí ❶ 名 人或动物表皮下的结缔组织，有血管、神经束、平滑肌、皮脂腺等。❷ 名 真正的兽皮(跟"人造革"相区别)。

【真品】zhēnpǐn 名 原本的、真实的而不是模拟仿造的物品；真正品牌的而不是假冒的商品 ▷宋瓷～|这些是～，其余都是冒牌货。

【真凭实据】zhēnpíng-shíjù 确凿可信的凭据。

【真切】zhēnqiè ❶ 形 清楚确切 ▷我记得很～，绝不会有错。❷ 形 诚挚恳切 ▷态度～。

【真情】zhēnqíng ❶ 名 真挚的心情或感情 ▷流露出一片～。❷ 名 真实的情况 ▷吐露～。

【真确】zhēnquè ❶ 形 真实确凿 ▷～的材料。❷ 形 真切① ▷看得～。

【真人】zhēnrén ❶ 名 道教指修行得道的人，常用作称号。如称庄子为南华真人。❷ 名 真实存在的人 ▷剧中人物纯属虚构，绝非～。

【真善美】zhēn-shàn-měi 真实、善良、美好；形容完美的理想境界 ▷讴歌～，传播正能量。

【真实】zhēnshí 形 符合客观事实的；实际存在的 ▷故事是～的|敢于暴露～的思想。

【真实性】zhēnshíxìng 名 真实的性质 ▷他谈的情况，缺乏～|具有一定的～。

【真是】zhēnshi 副 表示强调、不满或抱歉 ▷这里的夜景～美极了|他这样干，～不应该！|你也～，何必跟他计较呢！

【真书】zhēnshū 名 楷书。

【真率】zhēnshuài 形 率真。

【真丝】zhēnsī 名 蚕丝。

【真伪】zhēnwěi 名 真假 ▷鉴别～|～难辨。

【真相】zhēnxiàng 名 事物的真实情况 ▷不明～|隐瞒～|～大白。☛ 不宜写作"真象"。

【真心】zhēnxīn 名 真实而诚恳的心意 ▷～待人。

【真心诚意】zhēnxīn-chéngyì 真心实意。

【真心话】zhēnxīnhuà 名 发自内心的真话 ▷真心为群众，才能换来群众的～。

【真心实意】zhēnxīn-shíyì 真实而诚恳的心意；形容十分真诚。

【真性】zhēnxìng ❶ 名〈文〉天性；本性。❷ 区别 确实的 ▷～近视。

【真凶】zhēnxiōng 名 真正的凶手 ▷抓住～。

【真言】zhēnyán ❶ 名 指宗教经典的要言秘语。❷ 名 咒语；也指口诀、要语等 ▷创作八字～。❸ 名 真话 ▷真心换～|酒后吐～。

【真意】zhēnyì 名 本意；真实的意图 ▷他的～是不想让你离开这里。

【真正】zhēnzhèng ❶ 区别 名实相符的 ▷～的燕窝不是这种味道。❷ 副 表示对行为或状况的肯定，相当于"确实" ▷这种冰箱～好。

【真知】zhēnzhī 名 正确而深刻的认识 ▷实践出～。

【真知灼见】zhēnzhī-zhuójiàn 正确的认识和透彻的见解(灼：明白透彻)。

【真挚】zhēnzhì 形 纯真诚恳 ▷～的感情|～的友谊。☛ 参见1749页"真诚"的提示。

【真主】zhēnzhǔ 名 我国说汉语的穆斯林对安拉的尊称。参见7页"安拉"。

桢(楨) zhēn ❶ 名 古代筑土墙时竖立在两端的木柱；泛指支柱。○ ❷ 名 姓。

【桢干】zhēngàn 名〈文〉桢①。比喻骨干人物。

砧(*碪) zhēn 名 切、捶、砸东西时垫在下面的东西 ▷～板。

【砧板】zhēnbǎn 名 垫在下面用来剁肉、切菜的木板。

【砧木】zhēnmù 名 嫁接植物时承受接穗的植物体。如把大枣树枝嫁接到酸枣树上，酸枣树就是砧木。

【砧子】zhēnzi 名 砧。

祯(禎) zhēn 名〈文〉吉祥的征兆 ▷~祥。

葴 zhēn〈文〉❶ 名马蓝。○ ❷ 名多年生或一年生(栽培)草本植物,可供观赏。叶互生,夏秋开花,乳白色。浆果熟时呈橘红色或深红色,可以做药材。也说酸浆草。○ ❸ 名(植物的)尖端 ▷摘茅一茎,取其~。

蓁 zhēn [蓁蓁] zhēnzhēn 形〈文〉形容草木茂盛的样子 ▷桃之夭夭,其叶~。

斟 zhēn ❶ 动往杯子等容器里倒(酒、茶等) ▷~上一碗茶|自~自饮。→ ❷ 动仔细思考、推敲 ▷字~句酌|~酌。

【斟酌】zhēnzhuó 动反复思考,决定取舍 ▷这件事尚需~|~处理。☛ 参见 1396 页"推敲"的提示。

椹 zhēn 古同"砧"。
另见 1225 页 shèn。

甄 zhēn ❶ 动考察;鉴别 ▷~审|~别。○ ❷ 名姓。

【甄别】zhēnbié 动审查鉴别(真伪、优劣等) ▷对已有资料要认真~|~干部。

【甄审】zhēnshěn 动甄别审查。

【甄选】zhēnxuǎn 动〈文〉审查并选拔 ▷~人才。

溱 zhēn 名溱水,水名,在河南。
另见 1112 页 qín。

瑧 zhēn 名〈文〉一种玉。

榛 zhēn 名榛树,落叶灌木或小乔木,结球形坚果。果实叫榛子,果仁可以食用,也可榨油。☛ 不读 qín。

【榛莽】zhēnmǎng 名〈文〉杂乱丛生的草木。

【榛子】zhēnzi 名榛树的果实。

禛 zhēn 动〈文〉用至诚之心去感动神灵,求得福佑(多用于人名)。

箴 zhēn ❶ 动规劝;告诫 ▷~言|~诫。→ ❷ 名古代一种以劝诫为主的文体。

【箴言】zhēnyán 名〈文〉规劝告诫的话 ▷警世~。

臻 zhēn ❶ 动〈文〉到;达到 ▷日~完善。→ ❷ 动〈文〉周到;周全 ▷言辞清爽,礼貌~备。○ ❸ 名姓。

鱵 zhēn 名鱼,体圆柱形,下颌特长,呈针状,背鳍和臀鳍位于身体后半部。多生活在近海中,有的种类进入淡水河流。

zhěn

诊(診) zhěn 动检查病人的病情 ▷~脉|~断|~治|~所。☛ 统读 zhěn,不读 zhēn。

【诊察】zhěnchá 动检查病情。

【诊断】zhěnduàn 动通过检查对病情作出判断。

【诊断书】zhěnduànshū 名医生根据对病症的判断写出的书面报告。

【诊疗】zhěnliáo 动诊断和治疗 ▷提高~水平。

【诊脉】zhěnmài 动中医用手指按在患者寸口动脉上,根据脉搏的速度、力度等情况来诊断病情。也说号脉、把脉、切脉。

【诊视】zhěnshì 动诊察。

【诊室】zhěnshì 名医院里给病人诊断病情的房间 ▷内科第二~。

【诊所】zhěnsuǒ 名小规模的医疗单位。也说诊疗所。

【诊治】zhěnzhì 动诊疗 ▷有病必须及时~。

枕 zhěn ❶ 名枕头 ▷高~无忧|~巾|~席。→ ❷ 动躺着的时候把头放在枕头上或其他东西上 ▷~着枕头睡觉|~戈待旦。❸ 动垫着 ▷~木。☛ 统读 zhěn,不读 zhèn。

【枕边风】zhěnbiānfēng 名指夫妻间的私房话,多指妻子在丈夫最容易听从时进行劝说或请求的话 ▷要鼓励干部家属当好贤内助,吹好~|防止~成为贪腐的导火索。也说枕头风。

【枕戈待旦】zhěngē-dàidàn 枕着武器等待天明。形容保持警惕,随时准备战斗。

【枕骨】zhěngǔ 名头颅骨的底部与后部的骨头。位于头部后面正下方。

【枕藉】zhěnjiè 动〈文〉(很多人)相枕而卧或倒在一起 ▷相与~乎舟中。

【枕巾】zhěnjīn 名铺在枕头上的毛巾一类的针织品。

【枕木】zhěnmù 名垫在铁路钢轨下面的方柱形木头。现多用钢筋水泥制造。

【枕套】zhěntào 名套在枕芯外面的套子,多用棉布、亚麻布、绸子等制成。也说枕头套。

【枕头】zhěntou 名躺着时用来垫头的东西。

【枕席】zhěnxí ❶ 名〈文〉枕头和席子。借指床榻 ▷~不安。❷ 名放在枕头上的小块凉席。

【枕心】zhěnxīn 现在一般写作"枕芯"。

【枕芯】zhěnxīn 名装在枕套中的松软囊状物,里面填充荞麦皮、蒲绒等。也说枕头芯儿。

轸(軫) zhěn ❶ 名〈文〉车后横木;借指车。→ ❷ 名星宿名,二十八宿之一。❸ 名〈文〉方形 ▷~石崴嵬。○ ❹ 形〈文〉悲痛 ▷~念|~怀。

昣 zhěn 形〈文〉明亮。

畛 zhěn〈文〉❶ 名田间小路。→ ❷ 名界限 ▷~域。

【畛域】zhěnyù 名〈文〉界限 ▷不越~。

疹 zhěn 名 皮肤病,皮肤表层因发炎、过敏等起的小疙瘩,多为红色,小的像针尖儿,大的像豆粒。如麻疹、湿疹、荨麻疹等。

【疹子】zhěnzi 名 麻疹的通称。

衫 zhěn 〈文〉❶ 名 单衣。→ ❷ 形 华美(多用于人名)。

紾 zhěn 动〈文〉扭转。

缜(縝) zhěn 形 细致周密 ▷~密。

【缜密】zhěnmì 形 细致严密 ▷~的思考。

稹 zhěn 〈文〉❶ 动 草木丛生。→ ❷ 形 稠密;细密。

鬒 zhěn 〈文〉❶ 形 形容头发又黑又密的样子 ▷~发|~须眉。→ ❷ 名 又黑又密的头发 ▷有情知望乡,谁能~不变。

zhèn

圳 zhèn 名 田间水沟(多用于地名) ▷深~|~口(均在广东)。☛ 不读 chuān。

阵[1](陣) zhèn ❶ 名 古代交战时布置的战斗队列或队列的组合方式;现在指作战时的兵力部署 ▷冲锋陷~|八卦~|~容。→ ❷ 名 阵地;战场 ▷临~磨枪|上~|~亡。○ ❸ 名 姓。

阵[2](陣) zhèn ❶ 名 指一段时间 ▷上小学那~儿。→ ❷ 量 用于延续了一段时间的事情或现象 ▷一~暴雨。

【阵地】zhèndì ❶ 名 军事上指为进行战斗而占领的位置,常筑有各种工事。❷ 名 比喻某些重要的工作领域 ▷宣传~|教育~。

【阵地战】zhèndìzhàn 名 军队在相对固定的战线上,凭借坚固阵地进行防御或对据守坚固阵地的敌人进行攻击的作战方式。

【阵风】zhènfēng 名 指猛烈刮起、经过短时间又迅速减弱或停息的风,一般发生在夏天。

【阵脚】zhènjiǎo 名 作战时战斗队列的最前方;比喻集体内部的秩序 ▷稳住~|不能乱了~。

【阵容】zhènróng ❶ 名 战斗队伍的组合、排列方式 ▷寻找敌方~的破绽。❷ 名 比喻队伍所显示的力量;也比喻人力、物力等方面的配备状况 ▷受阅部队~威武|公布我方参赛~|本届科技节的展品~令人惊叹。

【阵式】zhènshì 名 队伍排列的形式 ▷为了加强中场力量,客队摆出了"三五二"~。

【阵势】zhènshì ❶ 名 作战的兵力和部署 ▷摸清敌人的~。❷ 名 情景;场面 ▷一看这~,就知道双方已经闹翻了。

【阵痛】zhèntòng ❶ 名 时断时续的疼痛;特指分娩时由于子宫的收缩而引起的一阵一阵的疼痛。❷ 名 比喻新事物诞生前的暂时困难 ▷经历体制改革的~。

【阵亡】zhènwáng 动 在战场上牺牲。

【阵线】zhènxiàn ❶ 名 战线①。❷ 名 比喻联合起来的力量 ▷民族统一~|反法西斯~。

【阵雪】zhènxuě 名 时间较短、强度不定、开始和停止都很突然的雪。

【阵营】zhènyíng 名 军营;比喻为了共同的利益和目标而联合起来的集团 ▷革命~。

【阵雨】zhènyǔ 名 时间较短、强度不定、开始和停止都很突然的雨。

【阵子】zhènzi 名〈口〉一段时间。

纼(紖) zhèn 名〈文〉穿在牛鼻子上的缰绳;泛指牵牲口的绳子。

鸩(鴆 *酖❷) zhèn ❶ 名 传说中的一种毒鸟,羽毛有剧毒,用以泡酒可以毒死人。→ ❷ 名 鸩毒 ▷饮~而亡|饮~止渴。☛ 跟"鸠(jiū)"不同。

【鸩毒】zhèndú 名〈文〉用鸩羽浸泡的毒酒;泛指毒酒。

振 zhèn ❶ 动 摇动;挥动 ▷~翅|~臂高呼。→ ❷ 动 奋起;奋发 ▷军心大~|~奋。→ ❸ 动 振动 ▷共~|~幅。☛ 统读 zhèn。

【振臂】zhènbì 动 挥动手臂,表示情绪激昂 ▷~挥拳。

【振荡】zhèndàng ❶ 动 振动。❷ 动 电学上指电路中的电流(或电压)作周期性强弱变化。

【振动】zhèndòng 动 物理学指物体以某一空间位置为中心不断往复运动,如钟摆、音叉、琴弦等的运动。

【振奋】zhènfèn ❶ 形 振作奋起 ▷精神非常~。❷ 动 使振奋 ▷~士气。

【振幅】zhènfú 名 物体在振动时离开中心位置的最大距离。也说波幅。

【振聋发聩】zhènlóng-fākuì 发出的响声大,使耳聋的人都能听到。比喻话语或文章有很大的震撼力量,能唤醒麻木的人。☛ ㊀"振"不要误写作"震"。㊁"聩"不读 guì。

【振兴】zhènxīng 动 使兴旺,使发达 ▷~经济。

【振振有词】zhènzhèn-yǒucí 形容自以为理由充分,说个没完。

【振振有辞】zhènzhèn-yǒucí 现在一般写作"振振有词"。

【振作】zhènzuò ❶ 形 精神高昂,情绪饱满 ▷最近他不太~。❷ 动 使振作 ▷~精神。

朕[1] zhèn ❶ 代 秦代以前说话人称自己,相当于"我""我的" ▷~皇考曰伯庸(我的先父叫伯庸)。→ ❷ 代 自秦始皇起专用作皇帝的自称,沿用到清末。

朕[2] zhèn 名〈文〉征兆 ▷～兆。

【朕兆】zhènzhào 名〈文〉征兆。

赈(賑) zhèn 动 赈济 ▷～灾。

【赈济】zhènjì 动 用钱粮或其他实物救济 ▷～灾民。

【赈务】zhènwù 名 有关赈灾的事务。

【赈灾】zhènzāi 动 赈济灾民 ▷～扶贫。

揕 zhèn 动〈文〉刺;击。

震 zhèn ❶ 名〈文〉雷。→❷ 动 猛烈颤动;使颤动 ▷地～|炮弹把门窗～得直响|～撼。❸ 名 特指地震 ▷抗～|余～。→❹ 动 情绪非常激动 ▷～惊|～怒。→❺ 名 八卦之一,卦形为"☳",代表雷。○ ❻ 名 姓。

【震波】zhènbō 名 物体受到震动而发出的波;特指地震波。

【震颤】zhènchàn ❶ 动 颤动;颤抖 ▷全身～。❷ 动 使震颤 ▷炮火～着大地。

【震颤麻痹】zhènchàn mábì 帕金森病。

【震旦】zhèndàn 名 古代印度人对中国的称呼。

【震荡】zhèndàng 动 震动;动荡 ▷炮声在耳边～|经济～。

【震动】zhèndòng ❶ 动 受外力的影响而颤动 ▷窗户～了一下。❷ 动 (重大事情)引起强烈反响 ▷这场海啸～了全世界。

【震耳】zhèn'ěr 动 (巨大的声响)使耳朵不舒服 ▷鞭炮声～。

【震耳欲聋】zhèn'ěr-yùlóng 形容声音大得要把耳朵震聋了。

【震感】zhèngǎn 名 地震给人的感觉。

【震古烁今】zhèngǔ-shuòjīn 震惊古人,光耀今世。形容事业伟大、功绩卓著。

【震撼】zhènhàn 动 震荡;撼动 ▷改革开放的成功～了全世界|～人心。☛"撼"不要误写作"憾"。

【震级】zhènjí 名 地震震级的简称。

【震惊】zhènjīng ❶ 动 感到极其惊讶 ▷举世为之～|感到～。❷ 动 使极其惊讶 ▷～中外。

【震怒】zhènnù 动 极其愤怒 ▷万众～。

【震情】zhènqíng 名 有关地震的情况。

【震区】zhènqū 名 地震发生和波及的地区。

【震慑】zhènshè 动 使受到震动并害怕 ▷～敌人|～力量。

【震天动地】zhèntiān-dòngdì 震动天地。形容声响巨大;也形容声势浩大。

【震天价】zhèntiānjie 形 声音大得震动天空。形容声音极大 ▷锣鼓擂得～响|听到一声～的巨响。☛"价"这里不读 jià 或 jiè。

【震响】zhènxiǎng 动 震动而发出大的响声 ▷在耳边～|一声～。

【震源】zhènyuán 名 地震发生时地球内部发出震动的地方。大多位于地下数千米到数十千米,最深可达几百千米。

【震灾】zhènzāi 名 地震造成的灾害。

【震中】zhènzhōng 名 震源上方的地面。发生强烈地震时,这里受到的破坏最为严重。

镇(鎮) zhèn ❶ 动 用重物压 ▷～尺|～纸。→❷ 动 使安定;使稳定 ▷～静|～定。→❸ 动 抑制;震慑 ▷～痛|几句话就把他～住了。→❹ 动 用强力压服;制裁 ▷～压。❺ 动 用武力守卫 ▷～守|坐～。❻ 名 (军队)镇守的地方 ▷把守重～。❼ 名 市镇;集镇 ▷～上有十几家店铺|城～|村～。❽ 名 县(区、县级市)辖的行政区划单位(与"乡"平行) ▷这个县级市一共管辖16个～、12个乡|昌平区南口～。○ ❾ 动 把食物、饮料等放在冰块上、冷水里或冰箱中使变凉 ▷把啤酒～一～|冰～汽水。

【镇尺】zhènchǐ 名 直尺形的镇纸。

【镇定】zhèndìng ❶ 形 在紧急情况下沉着而不慌乱 ▷神情～。❷ 动 使镇定 ▷～情绪。

【镇定自若】zhèndìng-zìruò 沉着不慌乱,保持原来的平静。

【镇静】zhènjìng ❶ 形 (情绪)稳定;不慌乱 ▷～自如|越是紧张时刻,越要～。❷ 动 使镇静 ▷～一下紧张的情绪。

【镇静药】zhènjìngyào 名 抑制中枢神经系统过度兴奋的药物。

【镇流器】zhènliúqì 名 荧光灯上起启动、助燃和放电后限制电流作用的器件。

【镇守】zhènshǒu 动 在军事要地驻兵把守 ▷重兵～|～边关。

【镇痛】zhèntòng 动 抑制疼痛 ▷止咳～。

【镇压】zhènyā ❶ 动 用强力手段压制 ▷～叛乱。❷ 动 特指处决①。○ ❸ 动 压紧播种后的垄或植株旁边的土壤。

【镇纸】zhènzhǐ 名 压住纸张以便于写字作画的器具。多用金属或玉石制成。

【镇子】zhènzi 名 集镇。

zhēng

丁 zhēng [丁丁] zhēngzhēng 拟声〈文〉模拟砍树、落棋子、弹琴等的声音 ▷伐木～。☛不读 dīngdīng。

另见322页dīng。

正 zhēng 名 正月 ▷新～。

另见1757页zhèng。

【正旦】zhēngdàn 名〈文〉农历正月初一日。☛ 跟"正旦(zhèngdàn)"不同。

【正月】zhēngyuè 名 农历一月。

争 zhēng ❶ 动 抢夺;力求获得或做到 ▷两只鸟～食|～冠军|～光。→ ❷ 动 较量;打斗 ▷鹬蚌相～|斗～|战～。❸ 动 争吵;争论 ▷为一点儿小事～得没完没了|～执|论～。☛ 中间是"ヨ",不是"彐"。由"争"构成的字有"净""静""挣""筝"等。

【争霸】zhēngbà 动 争夺霸权或霸主地位 ▷～世界|拳王～战。

【争辩】zhēngbiàn 动 争论辩驳 ▷激烈～。

【争长论短】zhēngcháng-lùnduǎn 指在不重要的事情上争论是非,计较得失。

【争吵】zhēngchǎo 动 激烈、大声地争辩吵闹。

【争持】zhēngchí 动 争论得相持不下 ▷双方～多时,互不相让。

【争宠】zhēngchǒng 动 争着取得某人的宠爱。

【争创】zhēngchuàng 动 力求创造(业绩、荣誉等) ▷～世界一流|～文明城市。

【争斗】zhēngdòu ❶ 动 打架。❷ 动 泛指力求战胜或制服对方 ▷棋盘上激烈～。☛ 跟"斗争"不同。"争斗"一般用于针对具体对手的具体行为,适用范围窄;"斗争"还可用于抽象行为,适用范围宽。"斗争"还有为实现某目标而奋斗的意思;"争斗"无此义。

【争端】zhēngduān 名 发生争执的事由;争执不下的事 ▷发生～|国际～。

【争夺】zhēngduó 动 争抢 ▷～市场。

【争夺战】zhēngduózhàn 名 军事上指为争夺地盘发生的战斗;为争夺占有权而进行的竞争 ▷3号高地～|市场～。

【争分夺秒】zhēngfēn-duómiǎo 形容时间抓得很紧,不浪费一分一秒。

【争风吃醋】zhēngfēng-chīcù 因忌妒而明争暗斗(多用于男女关系方面)。

【争购】zhēnggòu 动 争相购买 ▷～国库券。

【争光】zhēngguāng 动 争取荣誉 ▷为集体～。

【争衡】zhēnghéng 动 比高低;争胜负 ▷绿茵场上激烈～|～世界。

【争脸】zhēngliǎn 动 争到荣誉,使人感到脸上有光彩 ▷你这次去比赛,要为家乡父老～啊!|这孩子上了光荣榜,为父母争了脸。

【争论】zhēnglùn 动 辩论;不同的意见互相交锋 ▷学术～|～是非。

【争名夺利】zhēngmíng-duólì 争夺名位和利益。

【争鸣】zhēngmíng 动(鸟)争着鸣叫;比喻就不同的学术意见等进行自由争论 ▷百鸟～|百家～。

【争闹】zhēngnào 动 争执吵闹。

【争奇斗艳】zhēngqí-dòuyàn 争相显示自己的新奇艳丽。

【争气】zhēngqì 动 不甘落后,奋发向上 ▷这孩子很～|为中国人～。

【争强】zhēngqiáng 动 争当强者;争胜 ▷～好胜|～好斗|群雄～。

【争抢】zhēngqiǎng 动 争着抢夺 ▷～地盘。

【争取】zhēngqǔ 动 力求获得;力求实现 ▷～第一名|～取得一致意见。

【争权夺利】zhēngquán-duólì 争夺权势和利益。

【争上游】zhēngshàngyóu 争当先进。

【争胜】zhēngshèng 动 争取获得胜利 ▷～心切。

【争讼】zhēngsòng 动 对涉及法律的事情争执不下而诉讼 ▷8年～,始得解决|平息～。

【争先】zhēngxiān 动 争着抢在前头 ▷事事～,不甘落后。

【争先恐后】zhēngxiān-kǒnghòu 争着抢在别人前头,唯恐落后。

【争相】zhēngxiāng 副 互相争着(做某事) ▷～发言|～效仿。

【争雄】zhēngxióng 动 争取压倒所有对手;争取成为强者 ▷列国～|赛场～。

【争艳】zhēngyàn 动 竞相展示艳丽 ▷百花～。

【争议】zhēngyì 动 争论;争辩 ▷不要再～了,按规定办|这个问题大家还有～。

【争战】zhēngzhàn 动 打仗 ▷双方～。

【争执】zhēngzhí 动 争论中各执己见,互不相让 ▷～不休|发生～时要协商解决。

【争嘴】zhēngzuǐ ❶ 动 争吵 ▷小两口经常为家庭琐事～。❷ 动 在吃食上争抢 ▷两个小家伙爱～。

征[1] zhēng ❶ 动 远行(多指军队) ▷～途|～尘|长～。→ ❷ 动 出兵讨伐 ▷～伐|～讨|出～。

征[2]（徵）zhēng ❶ 动 召集(多指政府对公民) ▷～兵|应～。→ ❷ 动 (政府)收取 ▷～粮|～税|～收。❸ 动 寻求;募集 ▷～文|～稿|～求。

征[3]（徵）zhēng ❶ 名〈文〉证验;证明 ▷信而有～。○ ❷ 名 现象;迹象 ▷特～|象～|～兆。

"徵"另见1775页zhǐ。

【征兵】zhēngbīng 动 国家召集公民到军队服兵役。

【征尘】zhēngchén 名 行军或远行中身上所沾的尘土;借指旅途劳顿 ▷杯酒洗～。

【征程】zhēngchéng 名 征途。

【征答】zhēngdá 动 征求答案 ▷疑难～|有奖～。

【征地】zhēngdì 动 国家依法征用土地。

【征调】zhēngdiào 动 政府根据需要对人员、物资进行征集和调用 ▷～医务人员。

【征订】zhēngdìng 动 征求预订 ▷报刊～。

【征发】zhēngfā 动 旧指官府征集民间的人力、物力。

【征伐】zhēngfá 动 出兵讨伐 ▷～乱党。

【征帆】zhēngfān 名 〈文〉远行的航船。

【征服】zhēngfú ❶ 动 用武力使对方屈服 ▷企图～弱小民族◇～沙尘暴。❷ 动 用感染力使人折服 ▷精彩的表演～了观众。

【征稿】zhēnggǎo 动 征集稿件。

【征购】zhēnggòu 动 政府依法向生产者或所有者购买(土地、产品等)。

【征管】zhēngguǎn ❶ 动 征用并管理(原属私人的矿山、建筑物等) ▷～私人码头。❷ 动 征收并管理(税收等) ▷加强～工作,保证国家财税收入。

【征候】zhēnghòu 名 征兆 ▷尚未发现地震的～。

【征婚】zhēnghūn 动 通过媒体公开征求配偶。

【征稽】zhēngjī 动 征收稽查(税费等) ▷～养路费。

【征集】zhēngjí ❶ 动 征求收集(资料、文物等) ▷～失散的文物。❷ 动 招募 ▷～志愿者。

【征剿】zhēngjiǎo 动 征讨剿灭 ▷出兵～土匪。

【征缴】zhēngjiǎo 动 征收和缴纳(税费) ▷提前完成全年税收～任务。

【征粮】zhēngliáng 动 (国家)征收粮食。

【征募】zhēngmù 动 招募(士兵)。

【征聘】zhēngpìn 动 招聘 ▷～高级技工。

【征求】zhēngqiú 动 询问访求 ▷～意见。

【征收】zhēngshōu 动 国家依法收取(税款等) ▷～营业税。

【征税】zhēngshuì 动 征收税款。

【征讨】zhēngtǎo 动 征伐。

【征途】zhēngtú ❶ 名 远行的路途;出征的路途 ▷万里～|踏上抗日的～。❷ 名 比喻为实现目标需要长期努力的历程 ▷四化～。

【征文】zhēngwén ❶ 动 围绕某主题或题目公开征集诗文稿件。❷ 名 征集到的诗文稿件。

【征象】zhēngxiàng 名 征兆。

【征信】zhēngxìn 动 由专门机构对市场行为主体的信用信息进行调查 ▷对企业进行全面～|完善～机制。

【征询】zhēngxún 动 征求询问 ▷～专家意见。

【征引】zhēngyǐn 动 引证;引用 ▷～史料。

【征用】zhēngyòng 动 国家依法征调或使用土地、房产等。

【征战】zhēngzhàn 动 出征打仗 ▷～天南海北。

【征招】zhēngzhāo 动 征求;招募 ▷～加盟者|～新兵。

【征召】zhēngzhào 动 征集;召集(青年入伍)。

【征兆】zhēngzhào 名 事前显示出的某种迹象 ▷出现中毒的～。

怔 zhēng 见下。
另见 1760 页 zhèng。

【怔忡】zhēngchōng 动 中医指心悸。

【怔忪】zhēngzhōng 动 〈文〉惊惧 ▷目光～。

挣 zhēng [挣扎] zhēngzhá 动 尽力支撑或摆脱困境 ▷～着坐起来|从厄运中～过来|垂死～。☛ "挣"字读 zhēng,用于"挣扎";读 zhèng,是主动积极的行为,如"挣脱""挣断""挣钱"。
另见 1762 页 zhèng。

峥 zhēng 见下。

【峥嵘】zhēngróng ❶ 形 山势高峻突兀 ▷山石～。❷ 形 超乎寻常;不平凡 ▷～岁月。

【峥嵘岁月】zhēngróng-suìyuè 不寻常的年月。

狰 zhēng [狰狞] zhēngníng 形 (面目)凶恶可怕。

钲(鉦) zhēng 名 古代一种铜制的打击乐器,像钟而较小,有长柄,多在行军时敲击。

症(癥) zhēng [症结] zhēngjié 名 中医指肚子里结硬块的病;比喻事情的纠葛或不好解决的关键 ▷弄清问题的～。
另见 1762 页 zhèng。

烝 zhēng 形 〈文〉众;多。

睁 zhēng 动 张开(眼) ▷眼睛半～半闭|杏眼圆～|～着眼。

【睁眼瞎】zhēngyǎnxiā 名 比喻不识字的成年人;也比喻不了解情况而盲目行动的人 ▷不深入实际,必然要成为～。

铮(錚) zhēng 见下。

【铮铮】zhēngzhēng 拟声 〈文〉模拟金属等的撞击声 ▷～然掷地作金石声。

【铮铮鏦鏦】zhēngzhēngcōngcōng 拟声 鏦鏦铮铮。

【铮铮铁骨】zhēngzhēng-tiěgǔ 比喻刚正不阿、坚强不屈的骨气 ▷以～抨击邪恶。

筝 zhēng ❶ 名 我国传统拨弦乐器,音箱为木制长方形,上面张弦,唐宋时有 13 根弦,现在增到 25 根。也说古筝。○ ❷ 见 411 页"风筝(zheng)"。

蒸 zhēng ❶ 动 蒸发 ▷～腾|～气|～馏。→ ❷ 动 利用水蒸气加温,使东西变热、变熟或消毒 ▷把剩饭～～再吃|～馒头。

【蒸饼】zhēngbǐng 名 用发酵的面粉制作的多层饼,各层之间一般放有油和盐,蒸熟食用。也说炊饼。

【蒸发】zhēngfā ❶ 动 液体吸收热量后慢慢变为气体上升 ▷气温越高，～越快。❷ 动 比喻消失不见 ▷那家公司一夜之间突然～了。
【蒸锅】zhēngguō 名 用来蒸食品的锅。
【蒸饺】zhēngjiǎo 名 蒸熟的饺子。
【蒸馏】zhēngliú 动 把液体加热，使其中沸点较低的成分首先变成蒸气，再冷凝为液体，从而与其他成分分离并去掉杂质。
【蒸馏水】zhēngliúshuǐ 名 用蒸馏的方法取得的不含杂质的水。
【蒸笼】zhēnglóng 名 蒸食品的器具，用竹、木或金属制成。
【蒸气】zhēngqì 名 液体汽化或某些固体升华而成的气态物质。☛ 参见本页“蒸汽”的提示。
【蒸汽】zhēngqì 名 水蒸气。☛ 跟“蒸气”不同。“蒸汽”只指水蒸气；“蒸气”包括水蒸气、汞蒸气、碘蒸气等多种。
【蒸汽锤】zhēngqìchuí 名 用蒸汽或压缩空气产生的动力推动活塞，带动锤头作锤击运动进行锻造的机器。也说汽锤。
【蒸汽机】zhēngqìjī 名 用蒸汽推动活塞作往复运动而产生动力的发动机。
【蒸汽浴】zhēngqìyù 动 桑拿浴。
【蒸腾】zhēngténg 动 水蒸气向上散发。
【蒸蒸日上】zhēngzhēng-rìshàng 形容一天天兴旺发达(蒸蒸：形容热气上升的样子)。

鲭(鯖) zhēng 名 古代指鱼和肉合起来烹制的菜。
另见 1121 页 qīng。

zhěng

拯 zhěng 动 救助 ▷～救。☛ 不读 chéng 或 chěng。
【拯救】zhěngjiù 动 救助使脱离危难 ▷～受苦受难的人们。

整 zhěng ❶ 形 有秩序，有条理；不凌乱 ▷衣冠不～|～齐|工～。→ ❷ 动 使有条理、有秩序 ▷重～旗鼓|～理|～顿。⇒ ❸ 动 修理 ▷～旧如新|～修。⇒ ❹ 动 某些地区指做、搞 ▷这事可不好～。⇒ ❺ 动〈口〉使受苦 ▷～人|挨～。○ ❻ 形 完整的；没有缺损的(跟“零”相对，⑦同) ▷～套设备|～块。→ ❼ 形 没有零头的 ▷～10 年|晚 8 点～|～数。
【整备】zhěngbèi ❶ 动 整顿配备 ▷～武装力量。❷ 名 装备；设备 ▷提高列车～质量。
【整编】zhěngbiān 动 整顿改编(部队、组织)。
【整饬】zhěngchì ❶ 动 整顿使有秩序 ▷～纪律|～军容。❷ 形 整齐；有条理 ▷收拾～。
【整除】zhěngchú 动 一个整数除以另一个整数得到的商是整数时，叫做整除。
【整党】zhěngdǎng 动 整顿党的组织、纪律、思想、作风等。
【整地】zhěngdì 动 对土地进行平整和耕、翻、耙、耖等播种前的准备工作 ▷春节一过，便开始～了。
【整点】zhěngdiǎn ❶ 动 整理清点 ▷～人马。○ ❷ 名 标准时钟上分针指向“12”时的时间 ▷～新闻。
【整队】zhěngduì 动 整顿队伍，使排列整齐。
【整顿】zhěngdùn 动 进行治理，使严整、健全、有序 ▷～作风|～组织|～秩序。
【整风】zhěngfēng 动 整顿思想、工作等方面的作风 ▷～运动。
【整复】zhěngfù 动 整形使复原 ▷面颊～。
【整改】zhěnggǎi 动 整顿并改革或改进 ▷限期～。
【整个】zhěnggè 区别 完整；全部 ▷～世界|～儿搞错了。
【整固】zhěnggù 动 调整使稳固 ▷～黄金价格。
【整合】zhěnghé 动 调整、组合，使协调 ▷～内部机构，提高工作效率。
【整机】zhěngjī ❶ 名 组装完好的机器 ▷～比散件销路好。❷ 名 整台机器；整架飞机 ▷对～进行全面调试。
【整纪】zhěngjì 动 整顿纪律。
【整洁】zhěngjié 形 整齐清洁 ▷环境～优美。
【整垮】zhěngkuǎ 动 损害使支持不住或崩溃 ▷身体给～了|竞争并不是要～对方。
【整理】zhěnglǐ 动 收拾使有条理 ▷～文件。
【整料】zhěngliào 名 未经裁截、没有残缺的材料。
【整流】zhěngliú 动 把交流电变为直流电。
【整流器】zhěngliúqì 名 利用单向导电性的电子元件把交流电变为直流电的装置。
【整年累月】zhěngnián-lěiyuè 长年累月。
【整齐】zhěngqí ❶ 形 排列有序的 ▷队伍～|家具摆放得很～。❷ 动 使整齐 ▷～步调。❸ 形 大小、长短、程度等比较一致 ▷小麦长得很～|全班成绩比较～。❹ 形 齐全；没有缺漏的 ▷全团人员到得很～。
【整钱】zhěngqián 名 面值相对较大且无零头的钱。
【整人】zhěngrén 动 对人进行打击、迫害。
【整容】zhěngróng 动 修饰、美化容貌；特指通过手术整治面部的损伤或缺陷 ▷他的鼻梁已经～过|～术。
【整式】zhěngshì 名 若干字母和数字经过有限次加、减、乘和乘方运算的代数式。如：a^2+b^2、$c+\sqrt{3}+(ab)^2$ 等。
【整饰】zhěngshì 动 整理修饰 ▷校园～一新。

【整数】zhěngshù ❶ 名 没有零头的数，如十、百、千、万或三十、四百、五千、六万等。❷ 名 指不含分数或小数的数，包括正整数、负整数和零。

【整肃】zhěngsù ❶ 动 整顿 ▷～军纪。❷ 形 庄严；严肃 ▷衣冠～|校风～。

【整套】zhěngtào 名 完整的一套 ▷～动作。

【整体】zhěngtǐ 名 一个集体的全部；整个的事物 ▷部分服从～|新学员的～素质是好的。

【整天】zhěngtiān 名 完整的一天；从早到晚 ▷忙了一～|～咳嗽|～爬上爬下。也说整日。

【整托】zhěngtuō 动 全托。

【整形】zhěngxíng 动 用外科手术弥补人体的缺陷，消除畸形。

【整修】zhěngxiū 动 整治修理 ▷～住房。

【整宿】zhěngxiǔ 名〈口〉整夜。☛"宿"这里不读 sù 或 xiù。

【整训】zhěngxùn 动 整顿并训练 ▷～干部。

【整夜】zhěngyè 名 整整一夜 ▷～未眠。

【整整】zhěngzhěng 副 表示达到某个整数的（有强调意）▷喝了～一瓶|～干了一年。

【整枝】zhěngzhī 动 修剪、整理花草树木的枝叶。

【整治】zhěngzhì ❶ 动 整顿，使有秩序、规范 ▷～地下管线|～交通秩序。❷ 动 惩治，使吃苦头 ▷再捣乱，看我怎么～你！❸ 动 做；搞 ▷～晚饭。☛ 跟"治理"不同。1."整治"侧重于整顿，使符合规范，多用于比较具体或范围比较明确的对象；"治理"侧重于管理，使受到约束，对象既可是具体事物，也可是较为抽象的事物。2."整治"还有"惩治"义，"治理"无此义。

【整装】zhěngzhuāng ❶ 动 整理衣装 ▷她正在～，一会儿就过来|她还没整完装呢。❷ 动 整理行装或装备 ▷医疗队已～待发。○ ❸ 区别 整体装配好的 ▷～客车|～家居。

【整装待发】zhěngzhuāng-dàifā 整理好行装，等待出发。

zhèng

正 zhèng ❶ 形 方向或位置不偏不斜；位置在中间的（跟"偏""歪"相对）▷把帽子戴～，不要歪着|～房。→ ❷ 形 合乎标准的 ▷～楷|～品|～规。⇒ ❸ 形 正直的；正当的 ▷义～词严|～派。⇒ ❹ 形（色、味）纯而不杂 ▷颜色不～|味儿～。→ ❺ 动 摆正，使不歪斜 ▷把帽子～一～。⇒ ❻ 动 使思想行为端正 ▷～人先～己。⇒ ❼ 动 把错误的改为正确的 ▷～音|～误表。→ ❽ 区别 主要的；作为主体的（跟"副"相对）▷～职|～文|～业。→ ❾ 副 a）表示动作在进行中或状态在持续中 ▷我们～开着会|心里～难受着呢。b）表示恰好、刚好 ▷一进门～赶上开饭|衣服长短～合适。c）加强肯定语气 ▷这～是我要找的那本书|争论的焦点～在这里。→ ❿ 形 片状物露在外面的或主要使用的（一面）（跟"反"相对）▷这种纸～反两面都是光滑的。⓫ 形 数学上指大于零的；物理学上指失去电子的（跟"负"相对）▷～数|～极。→ ⓬ 形 时间不早不晚，恰在某时点或时段的正中 ▷～午|～点到达。→ ⓭ 形 几何图形的各条边的长度和各个角的大小都相等的 ▷～方形|～多边形。○ ⓮ 名 姓。☛ 通常读 zhèng；读 zhēng，是名词性语素，如"正月"，指农历一月。

另见 1753 页 zhēng。

【正版】zhèngbǎn 名 由合法出版单位正式出版发行的版本（跟"盗版"相区别）▷～词典|～光盘。

【正本】zhèngběn ❶ 名 备有副本的原本书（跟"副本"相区别）。❷ 名 文件的正式文本。

【正本清源】zhèngběn-qīngyuán 从根本上纠正，从源头上清理。

【正比】zhèngbǐ ❶ 名 两个有关联的事物或事物相关联的两个方面，一方发生变化，另一方也随之在相同方向上发生变化（跟"反比"相区别）。如观众人数越多，票房收入就越多，观众人数和票房收入成正比。❷ 名 正比例。

【正比例】zhèngbǐlì 名 相关的两个量，当其中的一个扩大到原来的若干倍时，另一个也扩大到同样的倍数，或一个缩小到原来的若干分之一，另一个也缩小到原来的若干分之一的比例关系。也说正比。

【正编】zhèngbiān 名 书的基本的、主要的部分。

【正步】zhèngbù 名 队列行进的一种步法。上身保持立正姿势，两臂摆动幅度较大，前腿绷直，落脚时脚掌全部着地。

【正餐】zhèngcān 名 一天中的主要饭食，一般指午餐和晚餐。

【正茬】zhèngchá 名 轮种的作物中主要的一种 ▷～麦。

【正常】zhèngcháng 形 合乎一般规律的；符合常规、常情的 ▷运转～|～的气候。

【正常化】zhèngchánghuà 动 由不正常变为正常 ▷两国关系～。

【正出】zhèngchū 动 嫡出。

【正词法】zhèngcífǎ 名 词的书写或拼写的规则 ▷《汉语拼音～基本规则》。

【正大光明】zhèngdà-guāngmíng 光明正大。

【正旦】zhèngdàn 名 青衣③。☛ 跟"正旦（zhēngdàn）"不同。

【正当】zhèngdāng 动 恰好处在（某个时间）▷～

高考期间|～年富力强的时候。☛ 跟"正当(zhèngdàng)"不同。

【正当年】zhèngdāngnián 正处在年富力强的年龄 ▷春风得意～。

【正当时】zhèngdāngshí 正处在适合做某事的时令 ▷清明时节，种瓜点豆～。

【正当中】zhèngdāngzhōng 名 正中。

【正当】zhèngdàng 形 合理合法的 ▷理由～|～防卫。☛ 跟"正当(zhèngdāng)"不同。

【正当防卫】zhèngdàng fángwèi 为了使公共利益、本人或他人的人身、财产和其他权利免受正在进行的不法侵害，而对侵害者采取必要的自卫反抗行为。我国刑法规定，正当防卫不负刑事责任。

【正道】zhèngdào ❶ 名 正式通行的道路 ▷～的路况比小道好。❷ 名 正路②。❸ 名 正确的道理 ▷他讲的全是～。

【正点】zhèngdiǎn 动 (车、船、飞机等)按规定的时间发出、运行或到达 ▷～发车|～通过本站。

【正电】zhèngdiàn 名 质子所带的电。物体因电子数少于质子数而带上正电。也说阳电。

【正殿】zhèngdiàn 名 宫廷、庙宇里处于中间位置的主殿。

【正儿八经】zhèng'erbājīng〈口〉❶ 严肃认真 ▷～地说|装出一副～的样子。❷ 正式的；符合规范的 ▷这可是～的原装货。‖也说正经八百。☛ 这里的"经"，口语中也读 jǐng。

【正法】zhèngfǎ 动 依法执行死刑，以正国法 ▷就地～。

【正犯】zhèngfàn 名 共同犯罪中直接实施犯罪行为的人。

【正方】zhèngfāng ❶ 区别 正方形的或立方体的 ▷～箱子。〇 ❷ 名 在辩论中对论题持赞成或肯定意见的一方(跟"反方"相对)。

【正方体】zhèngfāngtǐ 名 立方体。

【正方形】zhèngfāngxíng 名 四条边相等、四个内角都是直角的四边形。是特殊的矩形。

【正房】zhèngfáng ❶ 名 四合院里位于正面的房子，通常是坐北朝南的房间。也说上房、正屋。❷ 名 旧指大老婆。

【正风】zhèngfēng ❶ 名 正派的作风或风气 ▷行～，走正道。❷ 动 端正作风或风气 ▷～清源。

【正负】zhèngfù 形 数学上指大于零的和小于零的；物理学上指失电子的和得电子的 ▷～误差在 0.2 毫米之内|～电子对撞机。

【正告】zhènggào 动 郑重地告诉；严正地警告 ▷～分裂主义者：玩火者必自焚。

【正宫】zhènggōng 名 皇后居住的宫殿；借指皇后。

【正骨】zhènggǔ 动 中医指用推、按、拽等手法治疗骨折、脱臼等疾病 ▷～科。

【正规】zhèngguī 形 合乎正式规定或正常标准的 ▷～军队|训练很～。

【正规化】zhèngguīhuà 动 使达到规定的或正常的标准 ▷质量管理～。

【正规军】zhèngguījūn 名 国家按照统一编制组建的，有统一指挥、统一制度、统一纪律、统一装备和统一训练的军队。

【正轨】zhèngguǐ 名 正常的发展道路；正常的秩序 ▷生活走上～。

【正果】zhèngguǒ 名 佛教指修行所得的成果 ▷终成～。

【正好】zhènghǎo ❶ 形 正合适 ▷衣服的大小～。❷ 副 恰好 ▷我去他家找他时，～他在家。

【正号】zhènghào 名 数学上表示正数的符号，写作"+"(跟"负号"相区别)。

【正极】zhèngjí 名 阳极②。

【正教】zhèngjiào 名 基督教的一派，与天主教、新教并称为基督教三大教派。基督教产生后逐渐分化为以希腊语地区为主的东派和以拉丁语地区为主的西派。11 世纪正式分裂。以东罗马帝国首都君士坦丁堡为中心的东派教会自命为"正统教会"，称正教。也说东正教。

【正襟危坐】zhèngjīn-wēizuò 整理好衣襟，端正地坐着。形容严肃、拘谨或恭敬的样子。

【正经】zhèngjīng ❶ 名 经典① ▷《论语》被尊为～。❷ 形 正派；正当 ▷～人|～事。❸ 形 正式的；符合规范的 ▷～的名牌产品|～包装。❹ 形 严肃认真 ▷说～的，别开玩笑|～点儿，不要嘻嘻哈哈。❺ 副 真正；确实 ▷他普通话说得～不错！☛ 义项②—⑤中的"经"，口语中也读 jǐng。

【正经八百】zhèngjīng-bābǎi 正儿八经。☛ ㊀这里的"经"，口语中也读 jǐng。㊁不要写作"正经八摆"。

【正剧】zhèngjù 名 戏剧的一种类型。兼有悲剧和喜剧的因素，剧情以表现严肃冲突为主。

【正楷】zhèngkǎi 名 楷书。

【正课】zhèngkè 名 学校里开设的主要课程 ▷本学期我们年级开设 5 门～。

【正离子】zhènglízǐ 名 阳离子。

【正理】zhènglǐ 名 公认正确的道理 ▷不讲～讲歪理。

【正梁】zhèngliáng 名 脊檩。

【正路】zhènglù ❶ 名 正道①。❷ 名 比喻为人处事的正当途径 ▷坑、蒙、拐、骗不是～。

【正论】zhènglùn 名 正确的言论。

【正门】zhèngmén 名 建筑物正面的大门。

【正面】zhèngmiàn ❶ 名 人体脸、胸、腹所在的一面；建筑物临广场、街道或向阳的一面；某些物体前部的一面（跟“背面”“反面”相对，③同；跟“侧面”相区别，②⑥同）▷～免冠照片｜房子～有条河，背面有座山｜从～看，这款车像鲨鱼头。❷ 名 面对着的正前方；前进的方向（跟“侧面”相区别）▷～防御｜～攻击。❸ 名 片状物露在外面的一面或主要使用的一面 ▷牛皮纸的～比较光滑｜这张照片的～有布纹。❹ 名 事情、问题等直接显示的一面（跟“反面”“负面”“侧面”相区别）▷既要看到这件事的～，也要看到它的反面、侧面。❺ 名 好的、积极的一面（跟“反面”“负面”相对）▷发展态势开始走向～｜从～加强引导｜～教育｜～人物。❻ 副 当面；直接地 ▷～追问｜～冲突。

【正面人物】 zhèngmiàn rénwù 文艺作品中代表正义或进步的、被肯定或歌颂的人物形象；泛指在评论中受到肯定或夸赞的人（跟“反面人物”相区别）。

【正名】 zhèngmíng 动 通过辨正给以合理的名称或名分，使名实相符。

【正能量】 zhèngnéngliàng 名 指内在的健康乐观的情感和积极进取的动力；也指正面的、催人奋进的因素（跟“负能量”相对）▷红色经典传递～。

【正牌】 zhèngpái ❶ 名 正规品牌 ▷专营～，不卖杂牌。❷ 区别 正规品牌的；正规的 ▷～商标｜～军。

【正派】 zhèngpài 形（品行、作风）端正 ▷作风～｜为人～。

【正片】 zhèngpiàn ❶ 名 经过冲洗或印制显现出图像的相纸或供放映的胶片。❷ 名 电影放映时不属于加映的正式影片。口语中也说正片儿（piānr）。

【正品】 zhèngpǐn 名 质量合格的产品。

【正品率】 zhèngpǐnlǜ 名 正品在全部产品中所占的比率。

【正气】 zhèngqì ❶ 名 正直刚强的气概 ▷浩然～｜～凛然。❷ 名 光明正大的作风；纯正良好的风气 ▷发扬～。

【正桥】 zhèngqiáo 名 大型桥梁中横跨水面或路面的主要部分，两端与引桥相连。

【正巧】 zhèngqiǎo 副 恰巧 ▷我刚要去找他，～他来了。

【正取】 zhèngqǔ 动 正式录取（跟“备取”相区别）▷今年我校～了 3000 名新生。

【正确】 zhèngquè 形 符合实际或客观标准的；能取得好效果的 ▷～的态度｜～的方法。☛ 跟“准确”不同。“正确”强调“不错”；“准确”强调“没有偏差”。

【正人君子】 zhèngrén-jūnzǐ 指道德高尚、品行端正的人；今常用来讽刺假装正经的人。

【正日】 zhèngrì 名 节日的当天；正式举行某项仪式的那一天。也说正日子。

【正如】 zhèngrú 动 正像 ▷～古人所说。

【正色】 zhèngsè ❶ 名 指青、黄、赤、白、黑等纯正的颜色。○ ❷ 动 表现出严肃或严厉的神情 ▷～相告｜～拒绝｜～凛凛。

【正身】 zhèngshēn 名 指当事人本人，并非冒名顶替的人 ▷验明～，执行枪决。

【正史】 zhèngshǐ 名 指《史记》《汉书》等二十四部纪传体史书（跟“野史”相区别）。

【正式】 zhèngshì 形 符合正规标准或程序的；最终确定的 ▷签字仪式非常～｜～营业｜～协议。

【正事】 zhèngshì 名 正经的事情 ▷别闲扯，谈～。

【正视】 zhèngshì ❶ 动 从正面看；用正眼看 ▷目光～前方｜画面太恐怖，他不敢～。❷ 动 认真对待，不回避 ▷～矛盾｜～存在的问题。

【正是】 zhèngshì 动 恰好是 ▷他～我要找的人。

【正室】 zhèngshì 名 正房②。

【正手】 zhèngshǒu ❶ 名 做事时惯用的一只手。通常指右手 ▷～握拍。❷ 名 乒乓球、羽毛球、网球等运动技术中指持拍的那只手从所在一侧击球的姿势（跟“反手”相对）。如右手持拍的，从身体右侧击球的姿势 ▷～发球。

【正书】 zhèngshū 名 楷书。

【正数】 zhèngshù 名 大于零的数。

【正堂】 zhèngtáng ❶ 名 上房正中的房间；正屋。❷ 名 旧时借指官府办公的正厅；也借指府、县等地方长官。

【正题】 zhèngtí ❶ 名 说话或写文章的中心内容 ▷开门见山，直接进入～。❷ 名 有副标题的文章的主要标题。

【正体】 zhèngtǐ ❶ 名 汉字的规范字形 ▷～字。❷ 名 拼音文字和汉语拼音字母的印刷体。

【正厅】 zhèngtīng 名 正中的大厅。

【正统】 zhèngtǒng ❶ 名 封建王朝一代代相传的系统。❷ 名 指党派、学派等从初创者开始的一脉相承的嫡系。❸ 形 谨守传统不变的；严守规矩的 ▷思想很～｜你也太～了！

【正途】 zhèngtú 名 正路②。

【正文】 zhèngwén 名 著作的主体部分。

【正午】 zhèngwǔ 名 中午。

【正误】 zhèngwù ❶ 名 正确的和错误的 ▷不辨～。❷ 动 纠正（文字）错误 ▷纠错～。

【正误表】 zhèngwùbiǎo 名 书刊出版后，为改正已发现的错误，把正确内容跟发现的错误对举列出制成的表。也说勘误表。

【正效应】 zhèngxiàoyìng 名 好的、积极的影响或效果（跟“负效应”相对）▷反腐对经济增长有显著的～。也说正面效应。

【正凶】zhèngxiōng 名 凶杀案件中的主要凶手。

【正颜厉色】zhèngyán-lìsè 形容神情十分严肃。

【正眼】zhèngyǎn 名 端正的眼神；表示重视或尊重的眼神 ▷他心里有鬼，不敢用～看我｜～相看。

【正业】zhèngyè 名 正当的职业；职业分内该做的事 ▷工农商都是～｜不务～。

【正义】zhèngyì ❶ 名 公正的、于国于民有利的道理 ▷主持～。❷ 形 合乎正义的 ▷～的事业。〇 ❸ 动 指注释经史，阐发其正确意义。多用于书名，如《五经正义》等。

【正义感】zhèngyìgǎn 名 主持正义的意识 ▷人不能没有～。

【正音】zhèngyīn ❶ 名 规范的读音。❷ 动 矫正读音，使规范。

【正在】zhèngzài 副 表示动作、行为在进行中 ▷大楼～建造｜事态～进一步发展。

【正直】zhèngzhí 形 公正直率 ▷为人～。

【正值】zhèngzhí ❶ 动 正当；适逢 ▷～金秋时节。〇 ❷ 名 大于零的数值。

【正职】zhèngzhí ❶ 名 承担主要责任的职务(跟"副职"相区别)。❷ 名 主要的职业 ▷教书是他的～，写作是副业。

【正中】zhèngzhōng 名 中心位置 ▷马路～有隔离带。也说正当中。

【正中下怀】zhèngzhòng-xiàhuái 正好符合自己的心意(下：谦称自己)。☛"中"这里不读zhōng。

【正传】zhèngzhuàn ❶ 名 指章回小说、评书等的正题、正文 ▷闲话少说，言归～。❷ 名 内容比较严肃的传记(多见于正史)。

【正装】zhèngzhuāng 名 适合正式场合穿的服装。

【正字】zhèngzì ❶ 名 规范的字形。❷ 动 矫正字形，使规范 ▷～法。

【正字法】zhèngzìfǎ 名 文字的形体标准和使用规则，也包括标点符号的书写和使用规则。

【正宗】zhèngzōng ❶ 名 原指佛教各派的创建者所传下来的嫡派；后泛指正统派。❷ 形 完全符合传统要求的；真正的 ▷这是～的宁波汤圆｜不够～。

【正座】zhèngzuò ❶ 名 旧时指坐北朝南的座位。❷ 名 剧场、影院等对着舞台或银幕的正中的座位。❸ 名 汽车等交通工具上的正式座位 ▷这种中型客车有 22 个～。

证(證) zhèng ❶ 动 证明① ▷你会～这道题吗？｜～实｜论～。→ ❷ 名 证据；证件 ▷人～｜旁～｜罪～｜通行～。〇 ❸ 名 姓。

【证词】zhèngcí 名 指证人亲笔书写的证言。参见本页"证言"。

【证婚】zhènghūn 动 在结婚仪式上为双方的婚姻关系作证明 ▷由老所长给他俩～｜～人。

【证件】zhèngjiàn 名 用来证明身份、资格等的文件。如身份证、学生证、工作证、毕业证书等。

【证据】zhèngjù 名 能证明情况属实的依据。

【证明】zhèngmíng ❶ 动 用可靠的凭据来断定 ▷这一切都～大家的意见是正确的。❷ 名 可以作证明的文字材料 ▷出具～。

【证明人】zhèngmíngrén 名 能提供证明的人 ▷他可作为这件事的～。

【证明书】zhèngmíngshū 名 用来证明人员身份、事情属实的文件。

【证明信】zhèngmíngxìn 名 由机关、单位开具的证明有关人员身份和联系事宜的信件。

【证券】zhèngquàn 名 有价证券。☛"券"不读juàn，不要误写作"卷"。

【证券交易所】zhèngquàn jiāoyìsuǒ 证券持有者与经纪人按交易规则买卖各种上市有价证券(股票、投资基金等)的场所。简称证交所。

【证人】zhèngrén ❶ 名 证明人。❷ 名 法律上特指了解案件真实情况而被通知出庭作证的非当事人。☛ 参见 1157 页"人证"的提示。

【证实】zhèngshí 动 证明(某事)属实(跟"证伪"相对) ▷他的判断被～了。

【证书】zhèngshū 名 证明资格、权利或荣誉等的专用文件 ▷职业资格～｜荣誉～。

【证伪】zhèngwěi 动 证明(某事)虚假(跟"证实"相对) ▷科学是在怀疑和～中发展的。

【证物】zhèngwù 名 能证明案件实情的物件。

【证言】zhèngyán 名 指证人就自己所知道的与案件事实有关的情况向司法人员所作的陈述。一般以口头形式提供，也可亲笔书写。

【证验】zhèngyàn ❶ 动 验证①。❷ 名 效验。

【证章】zhèngzhāng 名 标明人员身份的徽章。一般用金属制成。

【证照】zhèngzhào ❶ 名 证件和执照的合称 ▷检验～。❷ 名 贴在证件上的正面半身免冠照片。

郑(鄭) zhèng ❶ 名 周朝诸侯国名，在今河南新郑一带。〇 ❷ 名 姓。

【郑重】zhèngzhòng 形 庄重严肃 ▷～其事｜～声明。☛ 跟"慎重"不同。"郑重"指态度庄重；"慎重"指态度谨慎。

【郑重其事】zhèngzhòng-qíshì 形容说话、做事的态度非常认真严肃。

怔 zhèng 动 发愣 ▷～了半天也没答上来。另见 1755 页 zhēng。

【怔怔】zhèngzhèng 形 形容人发呆发愣的样子 ▷他～地望着天空，一动不动。

诤(諍) zhèng 动 直率地规劝 ▷～友｜～言。☛ 不读 zhēng。

【诤谏】zhèngjiàn 动〈文〉直言相劝，使改正错误

（一般用于下对上）▷直言～。也说谏诤。

【诤言】zhèngyán 名〈文〉直言规劝的话。

【诤友】zhèngyǒu 名〈文〉肯直言规劝的朋友。

政 zhèng ❶ 名 指政治 ▷～权｜～务｜～策。→ ❷ 名 指政权 ▷执～｜当～。→ ❸ 名 政府部门主管的业务 ▷财～｜民～｜邮～。❹ 名 家庭或集体生活中的事务 ▷家～｜校～。

【政变】zhèngbiàn 动 统治集团内部少数人采取非常手段，造成统治权力更迭 ▷军事～｜～未遂。

【政策】zhèngcè 名 国家或政党为完成一定历史时期的任务而制定的具体行动准则 ▷方针～｜改革开放的～。

【政出多门】zhèngchūduōmén 由许多部门对同一工作发出不同的政令。形容指挥不统一，办事没有章法。

【政党】zhèngdǎng 名 代表一定阶级、阶层或集团的利益并为之奋斗的政治组织。

【政敌】zhèngdí 名 在政治斗争中处于敌对地位的人。

【政法】zhèngfǎ 名 政治和法律的合称。

【政风】zhèngfēng 名 政府机关和执政人员的思想作风、工作作风。

【政府】zhèngfǔ 名 国家行政机关。一般分中央政府和地方政府。政府的组织形式和名称各国有所不同。我国的中央人民政府叫国务院。

【政府采购】zhèngfǔ cǎigòu 指各级国家机关、事业单位和团体组织，使用财政性资金采购依法制定的集中采购目录以内的或者符合采购限额标准的货物、工程和服务。政府采购应当严格按照批准的预算执行。简称政采。

【政府军】zhèngfǔjūn 名 指国家武装力量。

【政纲】zhènggāng 名 政治纲领的简称。即国家或政党根据国家或本阶级的利益制定的根本政治目标和行动方针。

【政工】zhènggōng 名 政治工作 ▷～干部。

【政纪】zhèngjì 名 国家行政机关为国家行政工作人员制定的纪律。

【政绩】zhèngjì 名 官员在任职期间的工作业绩。

【政绩工程】zhèngjì gōngchéng 为装点政绩，脱离实际、以形式主义的方式实施的工程或举办的活动。

【政见】zhèngjiàn 名 对政治问题的见解或主张。

【政教】zhèngjiào 名 思想政治教育的简称。

【政教合一】zhèngjiào héyī 某些国家政治和宗教结合为一体的政治体制。

【政界】zhèngjiè 名 政治界。也说政坛。

【政局】zhèngjú 名 政治局势 ▷～动荡｜稳定～。

【政客】zhèngkè 名 依靠政治投机活动来谋求个人或集团私利的人。

【政令】zhènglìng 名 政府颁布的法令。

【政论】zhènglùn 名 针对政治问题发表的评论。

【政论文】zhènglùnwén 名 论述政治问题，表达政治观点的议论文。

【政派】zhèngpài 名 政治派别 ▷不同～之争。

【政企】zhèngqǐ 名 政府和企业的合称。

【政区】zhèngqū 名 行政区域 ▷世界～图｜菏泽～变迁。

【政权】zhèngquán ❶ 名 实行政治统治的权力 ▷巩固～。❷ 名 指行使政权的机关 ▷建立新～。

【政权机关】zhèngquán jīguān 国家机关①。

【政审】zhèngshěn 动 对人的政治身份和政治经历进行审查。

【政声】zhèngshēng 名 官员的政治声誉；特指官员好的政治声誉 ▷～甚劣｜颇有～。

【政事】zhèngshì 名 有关政治的事务。

【政体】zhèngtǐ 名 国家政权的组织形式。我国的政体是人民代表大会制。也说政治制度。

【政通人和】zhèngtōng-rénhé 政令推行顺畅，人民团结。形容国泰民安的景象。

【政委】zhèngwěi 名 政治委员的简称。是军队和公安机关中负责党的工作、政治工作的首长。

【政务】zhèngwù 名 有关政治的事务；政府工作。

【政务院】zhèngwùyuàn 名 全称中华人民共和国中央人民政府政务院，中华人民共和国国务院的旧称。参见 1786 页“中央政府”。

【政协】zhèngxié 名 政治协商会议的简称。

【政要】zhèngyào 名 政界的重要人物。

【政治】zhèngzhì 名 代表一定阶级、阶层的政党、社会集团、社会势力在内政和国际关系方面的政策和活动。政治是经济的集中表现，它产生于一定的经济基础，并为经济基础服务，同时极大地影响经济的发展。

【政治避难】zhèngzhì bìnàn 一国公民由于政治原因逃亡到另一国并请求准予在那里居留。

【政治犯】zhèngzhìfàn 名 由于从事某种政治活动而被本国政府认定为犯了罪的人。

【政治家】zhèngzhìjiā 名 从事政治活动有卓越成就或深远影响的人。多指国家、政党的领袖人物。

【政治经济学】zhèngzhìjīngjìxué 研究人类社会生产关系及其发展规律，即研究人类社会中支配物质资料的生产、分配、交换和消费规律的科学。是经济科学中的基础理论性科学，具有强烈的阶级性和党性。

【政治面貌】zhèngzhì miànmào 指一个人的政治立场、政治观点、所属党派和社会团体，以及与政治有关的各种社会关系。也说政治面目。

【政治权利】zhèngzhì quánlì 我国现行法律指公民依法参加国家政治生活的权利，是公民基本权利的重要组成部分。如选举权和被选举权，言论、出版、集会、结社、游行、示威的自由，担任国家机关职务的权利，担任国有公司、企事业单位和人民团体领导职务的权利。

【政治生态】zhèngzhì shēngtài 指社会政治生活的宏观环境，是党风、政风、社会风气的综合反映。

【政治体制】zhèngzhì tǐzhì 保证国家政治权力的形成和行使的各种组织制度、管理方式和行为规范的总和。是政治制度的重要组成部分，一般包括政治组织形式、国家结构形式、政府管理形式以及选举制度、人事制度、领导制度、公民权利保障制度等。

【政治文明】zhèngzhì wénmíng 人类社会实践中创造的、体现社会发展进步的政治成果，核心是民主与法制建设。一定的政治文明建设以一定的物质文明为基础，以一定的精神文明为条件，同时又影响和决定着一定的物质文明和精神文明的发展方向和进程。

【政治协商会议】zhèngzhì xiéshāng huìyì 我国人民最广泛的爱国统一战线的组织形式。全国性的组织为“中国人民政治协商会议”，各地方也有地方性的政治协商会议。简称政协。

【政治学】zhèngzhìxué 名 研究社会政治现象及其发展规律的学科。

【政治制度】zhèngzhì zhìdù 政体。

挣 zhèng ❶ 动 用力摆脱束缚 ▷～开绳索｜～断锁链｜～脱。→ ❷ 动 努力获取(钱财等) ▷～下一份家业｜～钱｜～面子。

另见 1755 页 zhēng。

【挣命】zhèngmìng ❶ 动 为活命而全力挣扎 ▷在风浪中奋力～。❷ 动〈口〉拼命工作 ▷你身体不好，别太～了。

【挣钱】zhèngqián 动 通过劳动获取金钱。

【挣脱】zhèngtuō 动 全力摆脱 ▷～束缚。

症 zhèng 名 因生病而出现的异常状态；疾病 ▷对～下药｜～状｜炎～。☛ 读 zhēng，用于“症结”。

另见 1755 页 zhēng。

【症候】zhènghòu ❶ 名 症状。❷ 名 指疾病 ▷不知道是什么～。

【症状】zhèngzhuàng 名 生物体因病表现出的异常状态，如咳嗽、发烧等。

zhī

之[1] zhī 动〈文〉到某处去；往 ▷不知君之所～｜此身漂泊竟何～。

之[2] zhī ❶ 代〈文〉用在名词前，起指示作用，相当于“这”或“那” ▷～子于归。→ ❷ 代 代替人或事(只作宾语) ▷取而代～｜置～不理。⇒ ❸ 助 a)用在定语和中心词之间，构成偏正短语，表示领属或修饰关系 ▷赤子～心｜大旱～年。b)用在主谓短语的主语和谓语之间，使它变成偏正短语 ▷影响～深远出乎预料｜速度～快。c)与后面的单音节语素结合，构成名词或名词性短语 ▷～后｜～类。⇒ ❹ 代 指代作用有所虚化，无具体所指 ▷久而久～｜我年纪最大，你次～，他最小。

【之后】zhīhòu ❶ 名 指在某个时间或处所后面的时间或空间 ▷一周～｜大厅～才是饭厅。❷ 名 放在句首，指上文所叙述的事情以后 ▷～，他又来过两次。

【之乎者也】zhī-hū-zhě-yě “之”“乎”“者”“也”都是常用文言虚词，借指话语或文章半文半白 ▷老先生～了半天，谁也没听明白。

【之极】zhījí 名 某种状况的最高程度。常用在双音节形容词后 ▷可恶～。

【之际】zhījì 名 事情发生的时候 ▷时值开业～。

【之间】zhījiān ❶ 名 指在两个时间、地点或数量划定的范围以内 ▷元旦和春节～｜22℃和24℃～。❷ 名 放在某些双音节动词或副词后面，表示短暂的时间 ▷眨眼～｜忽然～。

【之类】zhīlèi ❶ 名 指某类事物 ▷洗衣做饭～的家务事。❷ 名 之流。

【之流】zhīliú 名 指代某类人；以某人为代表的一类人(多用于贬义) ▷见利忘义～｜最可恨的莫过于秦桧～。

【之内】zhīnèi 名 指不超出一定界限的范围 ▷围墙～｜三年～｜不在编制～。

【之前】zhīqián ❶ 名 指在某个时间或处所前面的时间或空间 ▷一年～｜站在队伍～。❷ 名 放在句首，指上文所叙述的事情以前 ▷～，他就来过两次。☛ 参见 1630 页“以前”的提示。

【之上】zhīshàng 名 在某某上面的位置 ▷零度～｜城楼～。

【之首】zhīshǒu 名 某个范围中的第一位 ▷万恶～｜群龙～。

【之所以】zhīsuǒyǐ 连 用在因果复句的前一分句里引出结果，后一分句阐述原因 ▷他～成功，是因为他十分勤奋。

【之外】zhīwài 名 指超出某一界限的范围 ▷正文～还有附录｜一个月～不再免费保修。

【之下】zhīxià 名 在某某下面的位置 ▷不甘居别人～。

【之一】zhīyī 名 指同类事物中的一个 ▷指南针是我国的四大发明～。

【之中】zhīzhōng 名 在某一行为的过程当中；也指在某一范围或群体里面 ▷问题正在调查～｜深入到群众～去。

支[1] zhī ❶ 名 从总体中分出的部分 ▷分～|～流。→ ❷ 动 分出;分散 ▷～离破碎。⇒ ❸ 动 分派;打发 ▷把孩子都～出去了|～使。⇒ ❹ 动 付出或领取(款项) ▷从财务科～一点儿钱|～出|预～。→ ❺ 名 指地支 ▷干～纪年。→ ❻ 量 a)用于杆状的东西 ▷一～笔|一～蜡烛。参见插图 13 页。b)用于队伍等 ▷一～管弦乐队|三～小分队。c)用于歌曲或乐曲 ▷一～歌|两～曲子。d)纱线粗细程度的计算单位,用单位重量的长度来表示,如 1 克重的纱线长 100 米就叫 100 支,纱线越细,支数越多。e)跟"光"组合,用于电灯的光度,1 支蜡烛的光度叫 1 支光,相当于 1 瓦 ▷40～光(40 瓦)的灯泡。参见 1799 页"烛"③。

支[2] zhī ❶ 动 架起 ▷把蚊帐～起来|～点。→ ❷ 动 支持 ▷体力不～|乐不可～。❸ 动 支援 ▷～农|～边。→ ❹ 动 向上竖起或向外伸 ▷～着耳朵听。○ ❺ 名 姓。

【支边】zhībiān 动 支援边疆建设。

【支部】zhībù 名 某些党派的基层组织;特指中国共产党的基层组织。

【支撑】zhīchēng ❶ 动 承受压力使不倒塌 ▷高楼靠地基～。❷ 动 勉强维持 ▷全靠她～这个家。

【支承】zhīchéng 动 支起并承载。

【支持】zhīchí ❶ 动 勉强维持 ▷身体～不住了。❷ 动 给以鼓励或赞助 ▷我～你的意见。

【支出】zhīchū ❶ 动 付出;支付(款项) ▷本月话费比上月多～了 50 元。❷ 名 支付的款项 ▷进一步增加社会保障～。

【支绌】zhīchù 形 钱紧或不够支配 ▷资金～。

【支点】zhīdiǎn ❶ 名 杠杆转动时起支撑作用的点。❷ 名 比喻事物的中心或关键 ▷寻找理论～|稳定是社会发展的～。

【支队】zhīduì ❶ 名 军队中相当于师或团的一级组织 ▷回民～|独立～。❷ 名 作战中临时组建的队伍 ▷东进～|先遣～。

【支付】zhīfù 动 付出款项 ▷～修理费|现金～。

【支行】zhīháng 名 银行系统在分行下设立的独立营业部门 ▷工商银行～。

【支架】zhījià ❶ 名 用来支撑物体的架子。❷ 动 支起;撑起 ▷～帐篷。❸ 动 招架 ▷来势汹汹,难以～。

【支教】zhījiào 动 支援(落后偏远地区的)教育工作 ▷不少大学生到山区～。

【支解】zhījiě 现在规范词形写作"肢解"。

【支局】zhījú 名 邮政、电信等系统在分局下设立的独立营业部门。

【支棱】zhīleng 动〈口〉竖起 ▷～着耳朵仔细听。

【支离】zhīlí ❶ 动 分离;残缺 ▷～破碎。❷ 形 (语言文字)繁杂;琐碎 ▷词句～,文义含混。

【支离破碎】zhīlí-pòsuì 形容事物零散残缺,不完整。

【支流】zhīliú ❶ 名 直接或间接流入干流的河流 ▷岷江、嘉陵江、汉水都是长江的～。❷ 名 比喻不代表事物本质的次要方面 ▷观察形势要区别主流和～。

【支脉】zhīmài 名 山脉的分支部分 ▷燕山是太行山的～。

【支那】zhīnà 名 梵语 Cina 音译。古代印度、波斯、希腊等地的人对中国的称呼。佛教经籍中一般译为"支那"。中日甲午战争以后,日本军国主义者曾用作对中国的蔑称。

【支派】zhīpài ❶ 名 派别的分支。○ ❷ 动〈口〉支使;派遣 ▷这个人我～不动。

【支配】zhīpèi ❶ 动 安排;分配 ▷合理～时间|资金～。❷ 动 控制;指挥 ▷不受金钱～。

【支票】zhīpiào 名 由出票人签发的、委托银行或其他金融机构在见票时无条件支付确定金额给收款人或持票人的票据。分普通支票、现金支票和转账支票三种。

【支气管】zhīqìguǎn 名 气管的分支,分布在左右肺叶上。

【支前】zhīqián 动 支援前线 ▷全村老少踊跃～。

【支渠】zhīqú 名 连接干渠和斗渠的渠道。

【支取】zhīqǔ 动 领取(款项) ▷～利息。

【支使】zhīshǐ 动 指派别人做事(多用于贬义) ▷别老是～人,自己也动动手。

【支书】zhīshū 名 支部负责人支部书记的简称。

【支吾】zhīwú 动 用话应付、搪塞;躲躲闪闪地说话 ▷～了半天也没说清楚。☛ 不宜写作"枝梧""枝捂"。

【支吾其词】zhīwú-qící 用含糊不清的话应付搪塞。

【支线】zhīxiàn 名 交通线、输油管道、输电线路等干线的分支路线(跟"干线"相区别) ▷铁路～|41 路～。

【支应】zhīyìng ❶ 动 支持供应 ▷～粮饷。❷ 动 应付①② ▷你们走吧,有事我～|～差事。❸ 动 守候 ▷你回吧,我去值班室～。

【支原体】zhīyuántǐ 名 微生物的一类,没有细胞壁,形状不规则。广泛存在于人体和动物体内,少数可致病。

【支援】zhīyuán 动 支持援助 ▷～灾区。☛ 参见 1232 页"声援"的提示。

【支招儿】zhīzhāor ❶ 动 帮人出主意 ▷警察给汽车防盗～。❷ 见本页"支着儿"①。现在一般写作"支着儿"。

【支着儿】zhīzhāor ❶ 动 看下棋时在旁指点 ▷

一有人下棋，他就在一旁～。❷见 1763 页“支招儿”①。现在一般写作“支招儿”。

【支柱】zhīzhù ❶ 名 用作支撑的柱子。❷ 名 比喻中坚力量 ▷精神～|～产品。

【支柱产业】zhīzhù chǎnyè 在经济发展中起支撑作用的关键产业 ▷计算机产业是电子行业中的～。

【支子】zhīzi ❶ 名 支架 ▷车～。❷ 名 架在火上烤肉的用具，像箅(bì)子而有腿。

【支嘴】zhīzuǐ 动〈口〉插嘴；出主意 ▷我们商量正事，你别瞎～|你～，活儿我们干。

【支座】zhīzuò 名 工程结构中的支承部件。可以将梁、柱、拱等构件或结构的荷载传递给下面的部位。

氏 zhī 见 1579 页“阏(yān)氏”；1703 页“月氏”。另见 1252 页 shì。

只(隻) zhī ❶ 形 单个的；极少的 ▷～身|～字不提。→ ❷ 量 a)用于动物(多指飞禽走兽) ▷一～鸟|两～老虎。b)用于某些成对的东西中的一个 ▷一～手套。c)用于船或某些器物 ▷两～船。

另见 1771 页 zhǐ。

【只身】zhīshēn 名 独自一人 ▷～孤影。

【只言片语】zhīyán-piànyǔ 零星的词句；片断的话语。

【只字不提】zhīzì-bùtí 一个字也没有提及。

卮(*巵) zhī 名 古代盛酒的器皿 ▷玉～|～酒。参见插图 15 页。

汁 zhī 名 含有特定物质的液体 ▷果～|胆～|墨～|～液。

【汁水】zhīshuǐ 名 某些地区指汁液 ▷这种梨～多，味道甜。

【汁液】zhīyè 名 汁 ▷提取水果～。

芝 zhī ❶ 名 古书上指灵芝。〇 ❷ 名 古书上说的一种香草，古人常把它跟兰草并列；比喻高尚的德行、美好的环境等 ▷～兰玉树(比喻优秀子弟)|～兰之室。〇 ❸ 名 姓。

【芝麻】zhīma 名 一年生草本植物，茎直立，四棱形，花淡紫或白色。种子也叫芝麻，颗粒很小，扁椭圆形，有白、黑、黄等色，是重要的食用油料作物。☛ 不要写作“脂麻”。

【芝麻官】zhīmaguān 名 指职位低、权力小的官员(含轻视意或诙谐意)。

【芝麻酱】zhīmajiàng 名 把芝麻炒熟、磨碎而制成的酱。也说麻酱。

【芝麻油】zhīmayóu 名 用芝麻榨的食用油，有浓郁的香味。也说香油、麻油。

吱 zhī 拟声 模拟物体摩擦、鸟虫鸣叫等的声音 ▷压得床板～～响|知了～～地叫着。☛ 拟声词“吱”，读 zhī 时，模拟较大、较粗的声音；读 zī 时，模拟较小、较细的声音。

另见 1822 页 zī。

【吱扭】zhīniǔ 拟声 模拟物体转动时的摩擦声 ▷～一声，房门打开了|小车～～地往前走。☛ 口语中“扭”这里也读 niū。

【吱吱喳喳】zhīzhīchāchā 拟声 模拟杂乱细碎的说话声、鸟叫声等 ▷女孩儿们～说个没完。

【吱吱嘎嘎】zhīzhīgāgā 拟声 模拟门轴、车轴等转动摩擦的声音 ▷大风把门吹得～响。

芪 zhī ❶［芪萁］zhījī 名 古书上说的一种草。生长在河套地区，茎秆坚韧，可制草帽、扇子、扫帚等。〇 ❷ 用于地名。如芪芨(jī)梁，在内蒙古。

枝 zhī ❶ 名 植物主干上分出来的细杈 ▷～繁叶茂|树～|～条。→ ❷ 量 用于树枝和带枝的花 ▷三～树杈|一～桃花。☛ 用于其他杆状物的量词现在一般写作“支”。

【枝杈】zhīchà 名 枝① ▷春分一过，树木的～上就显出淡淡的绿意。

【枝繁叶茂】zhīfán-yèmào 树木的枝叶繁密茂盛；形容家庭或集体很兴旺。

【枝干】zhīgàn 名 树枝和树干 ▷～粗壮。

【枝节】zhījié ❶ 名 植物的枝和节。❷ 名 比喻在一件事情的处理过程中意外出现的问题 ▷强生～。❸ 名 比喻次要的事情 ▷主要问题解决了，～问题就好办了。

【枝解】zhījiě 现在规范词形写作“肢解”。

【枝蔓】zhīmàn ❶ 名 植物的枝条和藤蔓。❷ 名 比喻文章和话语中跟主题无关的词句 ▷删去～，突出主干。❸ 形 形容文章和话语的叙述繁琐纷乱，不得要领 ▷行文～。☛ “蔓”这里不读 wàn。

【枝条】zhītiáo 名 植物细而长的枝子 ▷柳树的～垂到水面。

【枝头】zhītóu 名 树梢；树枝上 ▷喜鹊～叫喳喳|～上缀满树挂。

【枝丫】zhīyā 名 枝杈。☛ 不要写作“枝桠”。

【枝叶】zhīyè 名 植物的枝和叶；比喻次要、琐碎的事情 ▷～扶疏|不要抓住～忘了根本。

【枝子】zhīzi 名 枝①。

知 zhī ❶ 动 知道；了解 ▷明～故犯|熟～。→ ❷ 名 知识 ▷愚昧无～|求～。→ ❸ 动 使知道；使了解 ▷通～|～照。→ ❹ 名 指知己 ▷他乡遇故～|新～。〇 ❺ 动〈文〉主管；主持 ▷～县。☛ 统读 zhī，不读 zhì。

【知道】zhīdào 动 对事情或道理已经了解、认识 ▷这事儿他早～了|这个道理他～。

【知底】zhīdǐ 动 知道事情的底细 ▷知根～。

【知法犯法】zhīfǎ-fànfǎ 明知应遵守有关法律、规章，却故意违犯 ▷他身为法官，竟然～。

【知府】zhīfǔ 名 明清两代府一级的行政长官。
【知根知底】zhīgēn-zhīdǐ 知道底细。
【知会】zhīhui 动 告知 ▷明天下乡，你～司机。
【知己】zhījǐ ❶ 形 了解自己、跟自己情谊深厚的 ▷士为～者死｜～的朋友。❷ 名 知己的人 ▷视为～。也说知交。
【知己知彼】zhījǐ-zhībǐ《孙子兵法·谋攻》："知彼知己，百战不殆。"意思是对敌我双方的情况都非常了解，打起仗来就会立于不败之地。后用"知己知彼"指既要正确估计自己，又要深刻了解对方。
【知交】zhījiāo 名 知己②。
【知觉】zhījué ❶ 名 感觉① ▷两手冻得没有～了。❷ 名 在感觉的基础上形成的比感觉更复杂而完整的心理体验过程。能反映事物表面的各种不同特性的总和及其相互联系。
【知客】zhīkè ❶ 名 旧指在办喜事、丧事时受主人委托接待客人的人。❷ 名 寺庙中接待客人的和尚。
【知冷知热】zhīlěng-zhīrè 知道对方的冷暖。形容非常体贴关心，照顾得十分周到。
【知了】zhīliǎo 名 蝉。因叫声像"知了"，故称。
【知名】zhīmíng 形 著名 ▷～学者｜非常～。
【知名度】zhīmíngdù 名 被公众了解、熟悉的程度。
【知命】zhīmìng〈文〉❶ 动 懂得一切由天命注定的道理；能认识并顺应自己的命运 ▷宠辱不惊，达观～。❷ 名《论语·为政》："五十而知天命。"后用"知命"指 50 岁的年龄。
【知难而进】zhīnán'érjìn 明知有困难但仍然努力去做，不退缩。
【知难而退】zhīnán'értuì《左传·宣公十二年》："见可而进，知难而退，军之善政也。"原指战斗中见到形势对己不利时，该退就退；今多指害怕困难，畏缩不前。
【知青】zhīqīng 名 知识青年；特指"文化大革命"中上山下乡的知识青年。
【知情】zhīqíng ❶ 动 了解事件的内情 ▷这件事我并不～。〇 ❷ 动 对帮助过自己的人心怀感激 ▷你为我操心费力，我很～。
【知情达理】zhīqíng-dálǐ 通情达理。
【知情权】zhīqíngquán 名 指当事人在法律允许的范围内知道真实情况的权利。
【知情人】zhīqíngrén 名 了解事件(多指违法犯罪事件)内情的人。
【知趣】zhīqù 形 能根据情势行事，不惹人讨厌 ▷叫你别说你偏要说，真不～｜他很～。
【知人论世】zhīrén-lùnshì 原指要评价人物就要研究他的时代背景；后泛指评价人物，议论世事。
【知人善任】zhīrén-shànrèn 了解人并善于任用人。
【知人之明】zhīrénzhīmíng 识别人品德、才能高下的眼力(明：眼力)。
【知识】zhīshi 名 人类在社会实践中逐步积累起来的认识和经验的成果 ▷～就是力量｜增长～｜～经济。
【知识产权】zhīshi chǎnquán 指公民和法人对其在科学技术、文化艺术等领域所创造的智力成果依法享有的独占权。包括著作权、专利权、商标权等。
【知识产业】zhīshi chǎnyè 指开发和提供知识服务的产业，包括教育、科研、信息服务等。也说智力产业。
【知识分子】zhīshi fènzǐ 有较高科学文化知识水平的脑力劳动者。如教师、工程师、医生、记者、作家等。
【知识经济】zhīshi jīngjì 建立在知识的生产、分配、创新、流通和应用基础上的经济，主要指以现代科技知识为基础、以信息产业为核心的经济。
【知识面】zhīshimiàn 名 掌握知识的广度。
【知识青年】zhīshi qīngnián 指受过初等或中等教育，具有一定科学文化知识的青年；特指 20 世纪60—70年代到边疆或农村插队落户的城镇知识青年。简称知青。
【知书达礼】zhīshū-dálǐ 读过书，有知识，懂礼貌，不粗野。也说知书识礼。
【知书达理】zhīshū-dálǐ 读过书，有知识，通达事理，有文化教养。
【知无不言，言无不尽】zhīwúbùyán, yánwúbùjìn 只要知道，就没有不说的；只要说，就没有不说完的。指毫无保留地提出自己的意见。☛"知无不言""言无不尽"也可以分别单用。
【知悉】zhīxī 动〈文〉知道 ▷内情业已～。
【知县】zhīxiàn 名 明清两代县一级的行政长官。
【知晓】zhīxiǎo 动 知道 ▷～内情。
【知心】zhīxīn 形 知己① ▷～朋友｜爱好相同，彼此～。
【知心话】zhīxīnhuà 名 出自内心的、只对知心人讲的话。
【知性】zhīxìng ❶ 名 悟性；智慧 ▷没有～，就升华不成理性｜～是人类心灵的一种能力。❷ 名 由内在的文化修养所自然表现出的气质 ▷他的谈吐显得颇有～｜～优雅。❸ 形 气质上表现出具有文化修养的 ▷～女性。
【知音】zhīyīn ❶ 动〈文〉精通音律 ▷不～者不可与言乐(yuè)。❷ 名 指真正了解自己的人 ▷千里觅～。
【知友】zhīyǒu 名 知心的朋友。
【知遇】zhīyù 动 赏识或提拔、重用 ▷承蒙～｜～之恩。
【知照】zhīzhào ❶ 动〈文〉知悉(旧时公文用语) ▷仰各～。❷ 动 把情况告知有关人员；关照 ▷请你～他一声，开会日期推迟了。
【知州】zhīzhōu 名 明清两代州一级的行政长官。
【知足】zhīzú 动 (对已得到的)感到满足 ▷有这

么好的学习条件该～了|～常乐。

肢 zhī 图 人体两臂两腿的统称;也指某些兽类、爬行类、两栖类的四足和鸟类的两翼 两足 ▷上～|前～|四～。

【肢解】zhījiě ❶ 动 割去四肢,古代一种酷刑。❷ 动 分割尸体。❸ 动 比喻事物被割裂分解 ▷违章建筑把这座园林～了。☛ 不要写作“支解”“枝解”。

【肢体】zhītǐ 图 四肢;也指四肢和躯干。

【肢体冲突】zhītǐ chōngtū 彼此之间用肢体相碰撞;借指打架。

【肢体语言】zhītǐ yǔyán 指替代或辅助有声语言表情达意的动作、手势、面部表情等。

【肢障】zhīzhàng 图 肢体障碍。由于伤疾等原因造成的肢体行动不便。

泜 zhī 图 泜河,水名,在河北,流入滏阳河。

织(織) zhī ❶ 动 将纱或线交错制成绸、布等 ▷～了一匹布|男耕女～|纺～。→ ❷ 动 用互相交错、套住的方法把线、纱等编制成衣物 ▷～毛衣|编～。→ ❸ 动 比喻交叉或穿插 ▷感愧交～|船只穿～如梭。〇 ❹ 图 姓。☛ 统读 zhī,不读 zhí。

【织补】zhībǔ 动 用棉纱、丝线等仿照原来的编织方式把织物破损处修补好。

【织布】zhībù 动 把经线和纬线织成布匹 ▷纺纱～|～机。

【织机】zhījī 图 纺织机器。按织造引纬方式,分为有梭织机和无梭织机两大类。

【织锦】zhījǐn ❶ 图 织锦缎。❷ 图 像刺绣的丝织品。是苏、杭、四川等地的特产。

【织锦缎】zhījǐnduàn 图 我国传统工艺丝织品,整匹缎子都织有花鸟、景物等图案,花纹精致,色泽鲜艳,质地厚密。多用来做被面、女装等。

【织女】zhīnǚ ❶ 图 旧指民间从事纺织的女子。❷ 图 指织女星。❸ 图 我国古代神话中的人物。参见 1008 页“牛郎织女”②。

【织女星】zhīnǚxīng 图 天琴座(北天球星座之一,7—8 月的夜晚可见于银河西侧)中最亮的一颗星,与银河东侧的牵牛星隔银河相对,夏秋夜间容易看到。

【织品】zhīpǐn 图 织物。

【织染】zhīrǎn 动 纺织和印染。

【织物】zhīwù 图 机织物、针织物和编织物的总称。

【织造】zhīzào 动 用机织制造(织物)。

栀(*梔) zhī [栀子] zhīzi 图 常绿灌木,开白色大花,有浓烈的香味。果实也叫栀子,赤黄色,可做黄色染料,也可以做药材。木材黄褐色,质密而坚实,可制作家具。

胝 zhī 见 1047 页“胼(pián)胝”。

祗 zhī 形〈文〉敬重而有礼貌 ▷～敬|～候回音(希望对方回复的客气话)。☛ 跟“祇(qí)”不同。“祗”右边是“氐(dǐ)”;“祇”右边是“氏”,指地神。

脂 zhī ❶ 图 动植物体内所含的油性物质 ▷～肪|松～|油～。→ ❷ 图 含脂的化妆品;特指胭脂 ▷涂～抹粉|～粉。☛ 统读 zhī,不读 zhǐ。

【脂肪】zhīfáng 图 有机化合物,由脂肪酸和甘油构成,存在于动植物体内。是储存热能最多的物质,能供给人和动物所需的大量热能。

【脂肪肝】zhīfánggān 图 一种消化系统疾病。肝脏的脂肪含量超过肝重量(湿重)的 10%,或者超过 50%的肝实质出现脂肪化的现象。多因慢性酒精中毒、病毒性肝炎、肥胖或营养不良、糖尿病、药物中毒等引起。

【脂肪瘤】zhīfángliú 图 良性肿瘤,由脂肪组织构成,常发生于皮下,质软,可推动。除肿块外,一般没有特殊症状。

【脂肪酸】zhīfángsuān 图 链状羧酸的统称。是动物、植物和微生物脂类的重要成分,在天然油脂中含量很高。一般由脂肪水解生成,也可人工合成。有充足氧供给时,可氧化分解为二氧化碳和水,并释放大量能量。是机体主要能量来源之一,也是一类重要的工业原料。因同甘油结合生成脂肪,故称。

【脂粉】zhīfěn 图 胭脂和香粉;借指妇女 ▷傅～(擦脂粉)|～态(女人的姿态)。

【脂粉气】zhīfěnqì 图 脂粉的气味;借指人的女性化倾向或作品的香艳风格 ▷这首诗充斥着浓厚的～。

【脂膏】zhīgāo 图 脂肪;借指劳动所付出的血汗和劳动所创造的财富 ▷严惩侵吞民众～的贪官。

【脂油】zhīyóu 图〈口〉板油 ▷～饼。

栀 zhī 槟栀(bīnzhī) 图 地名,在越南。现在一般写作“槟知”。

胝 zhī 见 1047 页“胼(pián)胝”。

植 zhī 形 (谷物)种得早或熟得早 ▷～谷子|～庄稼。

禔 zhī,又读 tí〈文〉❶ 形 安宁。→ ❷ 图 福;喜。

榰 zhī 图〈文〉垫在房屋柱子底下的木头或石头。

蜘 zhī 见下。

【蜘蛛】zhīzhū 图 节肢动物,分头胸和腹两部分,头胸部有四对步足。肛门前端的突起能分泌黏液,黏液在空气中凝成细丝,用来结网捕食昆虫。俗称蛛蛛。

【蜘蛛人】zhīzhūrén ❶ 名 指悬在高层建筑外墙、窗外或悬在高架供电、通信线路等处进行高空作业的工人。因像蜘蛛一样悬在空中，故称。❷ 名 指徒手攀爬高层建筑或山岩的人。

【蜘蛛网】zhīzhūwǎng 名 蜘蛛用所分泌的黏液结成的网，用来捕食昆虫。

【蜘蛛痣】zhīzhūzhì 名 人体上半身和颈部上出现的鲜红色痣。因形如蜘蛛，故称。

zhí

执（執） zhí ❶ 动 拿着；握持 ▷手～大旗｜明火～仗｜～笔。→ ❷ 动 主持；掌管 ▷～政｜～掌。❸ 动 执行；从事（某种工作）▷～法｜～勤。→ ❹ 动 坚持 ▷～迷不悟｜固～。→ ❺ 名 凭证 ▷回～｜～照。○ ❻ 名〈文〉志同道合的朋友 ▷～友｜父～（父亲的朋友）。☛ 右边是"丸"，不是"九"。

【执棒】zhíbàng 动 指在合唱、交响乐等中担任指挥 ▷本场音乐会由著名指挥家～。

【执笔】zhíbǐ 动 拿笔。指写文章；特指在集体创作中负责拟稿。

【执鞭】zhíbiān ❶ 动 替人驾驭车马。多表示追随别人，为之效劳 ▷～随镫。❷ 动 执教。因教师讲课时常手执教鞭，故称。

【执导】zhídǎo 动 执行导演任务；担任导演。

【执罚】zhífá 动 执行处罚 ▷依法～｜～权。

【执法】zhífǎ ❶ 动 执行法律和法令 ▷刑事～｜～部门。❷ 动 在体育比赛中担任裁判 ▷～本场比赛。

【执法犯法】zhífǎ-fànfǎ 公安、司法、税务、工商等执行法律法规的部门或人员违法犯罪。

【执纪】zhíjì 动 执行纪律 ▷秉公～｜～为民。

【执教】zhíjiào 动 当教师；当教练 ▷～于北京大学｜在北京队～。

【执迷不悟】zhímí-bùwù 坚持错误而不醒悟。

【执牛耳】zhíniú'ěr 古代诸侯订立盟约，要割牛耳取血，主持会盟的人手执盛牛耳的珠盘，让参与会盟的人饮血或以血涂口。所以用"执牛耳"指盟主。后借指在某领域居领先或领导地位。

【执拗】zhíniù 形 固执任性，不听劝阻 ▷性格～。☛ "拗"这里不读 ào。

【执勤】zhíqín 动 执行勤务 ▷上岗～。

【执事】zhíshi 名 旧时官员出行或民间婚丧时使用的仪仗。如旗、幡、牌、伞等。

【执行】zhíxíng ❶ 动 实施；实行 ▷～命令｜～第二号方案。❷ 区别 实际主持工作的；主持常务工作的 ▷～主席｜～副总裁。☛ 参见 899 页"履行"的提示。

【执业】zhíyè 动 从事某一职业 ▷处方应由～医师开具｜考核合格后，方可～。

【执意】zhíyì 副 拿定主意，不再改变 ▷～要走。

【执掌】zhízhǎng 动 掌管；掌握（权力）▷～男篮帅印。

【执照】zhízhào 名 由主管单位或部门签发的准许做某事的书面凭证 ▷营业～｜吊销～。

【执政】zhízhèng 动 掌握政权 ▷上台～｜～党。

【执政党】zhízhèngdǎng 名 掌握政权的政党 ▷中国共产党是～。

【执著】zhízhuó 形 执着。

【执着】zhízhuó 形 佛教原指对尘世的事物追逐不舍，不能解脱；后泛指始终坚持或过于拘泥 ▷他对绘画异常～｜这样僵化地看问题，就～得过分了。

直 zhí ❶ 形 像线拉平那样，一点儿也不弯曲（跟"弯""曲"相对）▷站～了｜～线。→ ❷ 动 使变直；伸直 ▷累得～不起腰来。→ ❸ 形 公正的；合理的 ▷理～气壮｜正～｜耿～。→ ❹ 形 爽快；坦率 ▷说话很～｜心～口快｜～性子｜～率。→ ❺ 形 跟水平面垂直的；上下或前后方向的（跟"横"相对）▷～升机｜～上～下｜这间铺面横里 3 米，～里（指进深）6 米。❻ 名 竖[1]④。→ ❼ 副 表示动作的方向不变或不绕道，相当于"径直"；表示不经过中间事物，相当于"直接" ▷～通天津｜～拨电话｜～达。⇒ ❽ 副 表示动作、变化持续不断，相当于"一直" ▷～谈到深夜｜热得～出汗。⇒ ❾ 副 表示动作行为和某种情况完全相同，相当于"简直" ▷冻得～像掉进冰窟窿里一样。☛ 下面部件里面是三横，不是两横。由"直"构成的字有"值""植""殖"等。

【直白】zhíbái ❶ 动 直说 ▷每次参加评审，他都～自己的意见｜～人生真谛。❷ 形（话语、文章等）不拐弯子，直率而坦白 ▷产品使用说明应该写得详细而～｜简洁～的发言。

【直奔】zhíbèn 动 径直向某处去 ▷～火车站。☛ "奔"这里不读 bēn。

【直逼】zhíbī 动 径直逼近 ▷～对方球门。

【直拨】zhíbō ❶ 动 直接划拨 ▷这笔款～灾区，不许截留。❷ 动 不经中转，直接拨打（外线或长途电话）▷～电话｜不能～。

【直播】zhíbō ❶ 动 不经过育苗和移栽，把种子直接播种到土地里。○ ❷ 动 广播电台或电视台不经过剪辑加工而将录音或录像直接从现场播出（跟"录播"相区别）▷现场～。

【直肠】zhícháng 名 大肠的末端。上接乙状结肠，下连肛门。作用是吸收水分并收缩排出粪便。

【直肠子】zhíchángzi 名 比喻性格直爽的人。

【直尺】zhíchǐ 名 不能折叠或卷曲的尺。

【直达】zhídá 动 中途不转换交通工具而直接到达 ▷本次特快列车～北京|高速公路～县城|～分会场报到。

【直达快车】zhídá kuàichē 中途停站少，行车时间少于普通列车的旅客列车。简称直快。

【直待】zhídài 动 一直等到（某个时间）▷～领导提醒才发现问题的严重性。

【直捣】zhídǎo 动 直接攻入 ▷～匪巢。

【直到】zhídào 动 一直到（某个时间）▷这件事～现在还隐瞒着。

【直瞪瞪】zhídèngdèng 形 形容两眼瞪着不动的样子 ▷两眼～地望着窗外。☛ 这里的"瞪瞪"口语中也读 dēngdēng。

【直裰】zhíduō 名 一种道士、僧人穿的斜领宽袖的袍子。古人也用作居家常服。

【直飞】zhífēi 动 飞机中途不转停，直接飞往（某地）。

【直感】zhígǎn 名 直接的感受 ▷天气冷热，凭～就能知道。

【直供】zhígōng 动 免去中间环节而直接供应 ▷厂家～|山东蔬菜～北京。

【直贡呢】zhígòngní 名 一种精致、光滑的斜纹毛织品或棉织品，质地厚实耐磨，多染成藏青色或黑色，常用来做大衣和鞋面。

【直勾勾】zhígōugōu 形 形容两眼盯住不动的样子 ▷他两眼～地盯着电视屏幕发呆。

【直观】zhíguān 形 用感官可以直接接受的 ▷这样示范讲解很～|～教学。

【直航】zhíháng 动 轮船、飞机等中途不转停，直接航行到达（某地）▷～北京|～班机。

【直话直说】zhíhuà-zhíshuō 直截了当地说出心里的话。

【直击】zhíjī 动 直接打击；直接触及 ▷～敌人巢穴|话题～社会热点。

【直角】zhíjiǎo 名 两条直线或两个平面垂直相交而形成的90°角。

【直接】zhíjiē 形 不经过中间环节的（跟"间接"相对）▷～办理|话说得很～。

【直接经验】zhíjiē jīngyàn 指通过亲自实践获得的知识（跟"间接经验"相区别）。

【直接税】zhíjiēshuì 名 由纳税人直接担负的税（跟"间接税"相区别）。如所得税、房产税等。

【直接推理】zhíjiē tuīlǐ 由一个前提推出结论的推理（跟"间接推理"相对）。

【直接选举】zhíjiē xuǎnjǔ 不经过复选手续，由选民直接选举代表或领导人（跟"间接选举"相区别）。简称直选。

【直截了当】zhíjié-liǎodàng 形容说话、做事干脆爽快，不绕圈子。☛ 不要写作"直捷了当""直接了当"。

【直径】zhíjìng 名 通过圆心并连接圆周上的两点或通过球心并连接球面上两点的线段。

【直撅撅】zhíjuējuē 形 形容挺直的样子；也形容态度生硬 ▷两撇～的黑胡子|瞪着眼～地说了出来。

【直觉】zhíjué 名 直接得到的感觉，即在经验和已有知识的基础上，不经过逻辑推理而直接迅速地认知事物的思维活动 ▷凭～我就知道他是个老实人。

【直来直去】zhílái-zhíqù ❶ 径直来，径直回 ▷这次出差～，当天就能返回。❷ 形容说话、做事直截了当 ▷他说话～，从不遮遮掩掩。

【直冷式】zhílěngshì 区别 蒸发器与周围空气直接对流吸热而制冷的 ▷～冰箱|～空调。

【直愣愣】zhílènglèng 形 形容眼睛发直、失神发呆的样子 ▷～地望着窗外。☛ ㊀这里的"愣愣"口语中也读 lēnglēng。㊁"愣愣"不要误写作"楞楞"。

【直立】zhílì 动 笔直地立着或竖着 ▷～着一根标杆。

【直立人】zhílìrén 名 生物考古学上专指能直立行走的猿人。

【直溜溜】zhíliūliū 形 形容笔直的样子。

【直溜】zhíliu 形〈口〉直① ▷这棵竹子长得挺～儿的。

【直流电】zhíliúdiàn 名 方向不随时间变化的电流。可由电池、直流发电机或对交流电整流获得（跟"交流电"相区别）。

【直露】zhílù ❶ 动 直接表露；直接暴露 ▷脸一沉，～内心不满|他的卑鄙目的～无遗。❷ 形 直截了当，不含蓄委婉 ▷这几幅画作用笔～|感情～坦诚。

【直眉瞪眼】zhíméi-dèngyǎn 竖起眉毛，瞪着眼睛。形容发怒或气得发呆的样子。

【直面】zhímiàn 动 正视；直接面对 ▷白衣战士敢于～可怕的病魔。

【直拍】zhípāi 名 乒乓球运动中一种握拍方式，用大拇指和食指把球拍柄直握在虎口处，中指、无名指、小指依次弯曲抵住球拍背面（跟"横拍"相区别）▷～快攻。

【直升机】zhíshēngjī 名 螺旋桨装在机身上部，能垂直起落，也能在空中停留的航空器。

【直视】zhíshì ❶ 动 向正前方看 ▷～前方。❷ 动 直面 ▷～复杂的社会现象。

【直书】zhíshū 动〈文〉如实记载、写出 ▷～时弊。

【直抒】zhíshū 动 坦率地抒发 ▷～胸臆。

【直抒己见】zhíshū-jǐjiàn 坦率地表达自己的意见或见解。

【直属】zhíshǔ ❶ 动 直接隶属 ▷这些大学～教育部。❷ 区别 直接统属的 ▷～部门。

【直率】zhíshuài 形 直爽、坦率 ▷性格~。

【直爽】zhíshuǎng 形 心地坦荡，思想、言行毫不隐瞒掩饰 ▷说话~。

【直说】zhíshuō 动 直截了当地说出 ▷有话请~，不必绕弯子。

【直特】zhítè 名 直达特快列车的简称。最高运行时速为 160 千米，中途不停站或很少停站。

【直梯】zhítī 名 直上直下的梯子；特指垂直升降的电梯。

【直挺挺】zhítǐngtǐng 形 形容僵直或笔直的样子 ▷他~地躺着，无法翻身|~的坐姿。

【直通】zhítōng 动 一直通往(某地) ▷这条铁路~桂林。

【直通车】zhítōngchē ❶ 名 直接到达目的地，不停靠中途站点的火车或汽车(多用于客运) ▷旅游专线~。❷ 名 比喻简便快捷、畅通无阻的方式、方法 ▷开通社情民意反馈的~|开启人才引进的~。

【直通通】zhítōngtōng 形 形容说话直爽，不拐弯抹角 ▷一番~的话，说得对方脸上一阵红一阵白。

【直筒子】zhítǒngzi 名 比喻直性子的人。

【直系亲属】zhíxì qīnshǔ 指有直接血统关系或婚姻关系的人(如父母、丈夫、妻子、子女)。

【直辖】zhíxiá ❶ 动 直接管辖 ▷归中央~。❷ 区别 直接管辖的 ▷~机构|~市。

【直辖市】zhíxiáshì 名 我国相当于省一级的行政区划单位，直属中央管辖。我国现有四个直辖市：北京、上海、天津和重庆。

【直线】zhíxiàn ❶ 名 平面上或空间内的点沿一定方向和它的相反方向运动所形成的轨迹。可以向两个方向无限延伸。❷ 区别 直接的；没有曲折的 ▷~联系|生产~上升。

【直销】zhíxiāo 动 直接销售，即生产者不通过中间商，直接将产品销售给消费者 ▷厂家~和产品代理相结合。

【直心眼儿】zhíxīnyǎnr ❶ 形 直率。❷ 名 直率的人 ▷我是个~，说错了别见怪。

【直性子】zhíxìngzi ❶ 形 性情直爽。也说直性。❷ 名 性情直爽的人 ▷他是个~。

【直言】zhíyán 动 直率地说出来 ▷恕我~，这件事是您自己错了。

【直言不讳】zhíyán-bùhuì 直率地说出来，毫无顾忌和隐讳。➡"讳"不读 wěi。

【直译】zhíyì 动 比较严格地按照原文逐词逐句地翻译(跟"意译"相区别)。

【直营店】zhíyíngdiàn 名 由总公司直接投资、管理、经营的商店 ▷这家企业现有近 200 家商店，其中~30 家，其他都是加盟店。

【直至】zhízhì 动 直到(多指时间) ▷~今日才真相大白。

侄(*妷❶姪❶) zhí ❶ 名 侄子 ▷他是我~儿|堂~|内~。〇 ❷ 名 姓。

【侄女】zhínǚ 名 哥哥或弟弟的女儿；泛指男性同辈亲属或朋友的女儿。

【侄孙】zhísūn 名 弟兄的孙子。

【侄孙女】zhísūnnǚ 名 弟兄的孙女。

【侄子】zhízi 名 哥哥或弟弟的儿子；泛指男性同辈亲属或朋友的儿子。

值 zhí ❶ 动 〈文〉相平；相当。→ ❷ 动 (在时间上)正当(dāng)；遇上 ▷老人年轻时，正~国家多难。⇒ ❸ 动 轮到(执行某种公务的时间) ▷~夜班|~勤|~日。⇒ ❹ 介 引进事情发生或存在的时间，相当于"当""在" ▷~此新春佳节，谨祝阖家欢乐|正~秋高气爽之际。→ ❺ 动 商品的价值同价格相当 ▷这件衣服~五六十块钱|一文不~。⇒ ❻ 名 价值；价格 ▷产~|贬~。⇒ ❼ 形 有价值；值得 ▷这一趟来得很~|不~一提。⇒ ❽ 名 数值，用数字表示的量或按照数学式演算所得的结果 ▷函数的~|比~。

【值班】zhíbān 动 在轮到自己工作的时间内上班工作 ▷星期天我~。

【值班室】zhíbānshì ❶ 名 机关、企事业单位里负责传达或保卫的部门。❷ 名 值班人员工作的房间。

【值当】zhídàng 形 〈口〉值得；合算 ▷为这种人生这么大气不~。

【值得】zhídé ❶ 形 价钱合适；划得来 ▷花那么多钱买双鞋，~吗？❷ 动 (事情)有意义；有价值 ▷~去一趟|这部电影很~一看。

【值机】zhíjī 动 办理乘机手续，包括办理登机凭证、托运行李、确定乘机座位等 ▷人工~|自助~。

【值钱】zhíqián 形 能卖很高价钱的；价值高的。

【值勤】zhíqín 动 部队或治安、保卫、交通等部门的人员值班 ▷~的士兵。

【值日】zhírì 动 在轮到自己负责的那一天执行任务 ▷轮流~|当班~。

【值日生】zhírìshēng 名 轮到负责当天班级事务的学生。

【值守】zhíshǒu 动 值班看管；值班守护 ▷~在报警服务台前|由专家~咨询热线。

【值星】zhíxīng ❶ 动 部队中某些行政干部在轮到自己的那一周，负责带队并处理一般事务；值周 ▷我团本周由三营营长~|~警官。❷ 名 负责值星的人 ▷各排~立即到连部开会。

【值夜】zhíyè 动 夜里值班 ▷守更~守护森林。

【值周】zhízhōu 动 (单位干部)在轮到自己负责

的一星期内处理日常事务。

埴 zhí 名〈文〉黏土。

职(職) zhí ❶ 名 职务 ▷本～|任～|～称。→ ❷ 名 作为主要生活来源的工作 ▷～业|求～。→ ❸ 名 职位 ▷降～|到～。❹ 名 旧时下属对上司的自称 ▷卑～。→ ❺ 名 职责 ▷失～|尽～。〇 ❻ 名 姓。

【职别】zhíbié 名 职务的类别 ▷不同～的员工。

【职场】zhíchǎng ❶ 名 职业需求的市场 ▷目前～上技师短缺。❷ 名 工作、任职的场合或场所 ▷从业3年的～体验|～打拼。

【职称】zhíchēng 名 专业技术职务的名称 ▷我的～是副教授。

【职代会】zhídàihuì 名 企事业单位职工代表大会的简称。是职工参加民主管理、监督干部的一种形式。

【职分】zhífèn ❶ 名 职位 ▷他～比我高。❷ 名 职位上应尽的本分 ▷尽到自己的～。

【职工】zhígōng 名 职员和工人的合称。

【职官】zhíguān 名 旧时对各级官员的统称。

【职级】zhíjí 名 职务的级别 ▷～工资制。

【职介】zhíjiè ❶ 动 职业介绍 ▷免费～|～中心。❷ 名 从事职业介绍的机构 ▷下午我到～去办点儿事|～在对面楼的二层。

【职能】zhínéng 名 (组织、机构等)本身具有的功能或应起的作用 ▷转变政府～。

【职权】zhíquán 名 职务所赋予的权力 ▷不许利用～谋取私利|～范围。

【职守】zhíshǒu 名 职务和相应的岗位责任 ▷恪尽～|玩忽～。

【职位】zhíwèi 名 执行一定职务所处的位置 ▷不论～高低都是人民的公仆。

【职务】zhíwù 名 按职位规定应做的工作 ▷担任～|解除～。☛ 跟"任务"不同。"职务"是按社会分工而划分的各种工作岗位;"任务"是指要完成的具体工作项目。

【职务发明】zhíwù fāmíng 发明者为完成本职工作或单位交付的发明任务而完成的发明创造。

【职务犯罪】zhíwù fànzuì 在职人员利用职务之便实施的犯罪行为。

【职务工资】zhíwù gōngzī 根据职务、职称确定的工资;也指结构工资中跟职务挂钩的部分。

【职务消费】zhíwù xiāofèi 国家公职人员履行公务时对公共财物的消费;也指其他企事业单位的管理者办理单位事务时对单位财物的消费。如用车、接待、出差、会务、文案工作等对财物的消费。

【职务作品】zhíwù zuòpǐn 作者为完成本职工作或单位交付的工作任务而创作的作品。

【职衔】zhíxián ❶ 名 职位和军衔。如上尉连长,连长是职位,上尉是军衔。❷ 名 旧指官衔。

【职校】zhíxiào 名 职工学校或职业学校的简称。

【职业】zhíyè ❶ 名 个人所从事的服务于社会并作为主要生活来源的工作 ▷自谋～。❷ 区别 当作职业专门从事的 ▷～球员。

【职业病】zhíyèbìng 名 由于从事有职业性危害因素(如粉尘、噪声、辐射、病原体等)的劳动而引起的疾病。

【职业大学】zhíyè dàxué 由地方或部门兴办的培养适应本地区本部门需要的高等学历的应用型人才的大学。

【职业道德】zhíyè dàodé 从事某一职业的人员在工作中应该遵守的道德准则。

【职业高中】zhíyè gāozhōng 为国家培养某方面职业技能人才的中等学校。简称职高。

【职业化】zhíyèhuà 动 使成为专业性的 ▷加强法官～建设。

【职业教育】zhíyè jiàoyù 传授各种职业所需知识和技能的教育。包括职业学校教育和职业培训。简称职教。

【职业介绍所】zhíyè jièshàosuǒ 帮助招工单位和求职者建立联系、介绍就业的中介机构。

【职业培训】zhíyè péixùn 对即将从事或已经从事某行业的人员进行职业技术培养训练。

【职业学校】zhíyè xuéxiào 进行职业教育的学校,有中等职业学校和高等职业学校。简称职校。

【职业装】zhíyèzhuāng 名 各行业人员工作时穿的统一服装,有保护、标志作用。因职业不同而款式、颜色各异 ▷白大褂是医务人员的～。

【职员】zhíyuán 名 在单位中担任一般行政管理工作或业务工作的人员。

【职责】zhízé ❶ 名 担任一定职务所应尽的责任 ▷分清～|～范围。❷ 名 分内的责任 ▷服兵役是公民的神圣～。

【职掌】zhízhǎng 动 在职务范围内掌管 ▷他～全公司的高新技术研发工作。

絷(縶) zhí〈文〉❶ 动 拴住马脚。→ ❷ 动 捆;绑 ▷～足。❸ 动 拘禁 ▷幽～。→ ❹ 名 用来拴住或绊住马腿的绳子。

植 zhí ❶ 动 栽种 ▷～树|种～。→ ❷ 动 培养;树立 ▷培～|扶～。→ ❸ 动 指机体移植 ▷断指再～|～皮。→ ❹ 名 指植物 ▷～保|～被。〇 ❺ 名 姓。☛ 统读 zhí。

【植被】zhíbèi 名 覆盖地表的较为密集的许多植物的总和 ▷保护～,防止水土流失。

【植根】zhígēn 动 比喻深入其中,并从中获取力

量 ▷文艺创作要～于生活。也说根植。

【植苗】zhímiáo 动 栽植树苗。

【植皮】zhípí 动 移植皮肤，将自身、他人或动物的皮肤移植于创面上。

【植入】zhírù 动 像种植一样将某事物放入另一事物中，使之成为后者的组成部分 ▷她的小腿骨折，需要开刀～钢板|～芯片。

【植树】zhíshù 动 种植树木 ▷～造林|～节。

【植树节】zhíshùjié 名 国家规定的全民植树的节日。我国的植树节为3月12日。

【植物】zhíwù 名 生物的一大类。没有神经，没有感觉，一般有叶绿素，能自己制造营养，多以无机物为养料。

【植物保护】zhíwù bǎohù 为保证植物正常生长而采取措施，控制、防治和消灭病、虫、杂草等所造成的危害。简称植保。

【植物群落】zhíwù qúnluò 在某一特定生态环境中结合成一定关系而相互依存的许多植物种群。

【植物人】zhíwùrén 名 仅能延续生命而丧失知觉和活动能力的人。一般为严重脑溢血或脑外伤所致。

【植物纤维】zhíwù xiānwéi 从植物体上获取的纤维。如棉、麻的纤维。

【植物性神经】zhíwùxìng shénjīng 调节内脏机能的神经。分交感神经与副交感神经。以前认为它不受意志支配，所以称为植物性神经。现已知它不仅在形态上与脑和脊髓有密切联系，在机能上也受中枢神经调节。

【植物学】zhíwùxué 名 生物学的一个分支，研究植物的形态、生理、生态、分类、分布、进化及其与人类的关系的科学。

【植物油】zhíwùyóu 名 从植物的种子或果实中压榨和提炼出来的油。有的(如豆油、花生油)可供食用，有的(如桐油)应用于工业。

【植物园】zhíwùyuán 名 栽有各种植物，可供观赏和学术研究的园地。

【植株】zhízhū 名 成长中的植物体，包括根、茎、叶等。

殖 zhí 动 生育；孳生 ▷生～|繁～|养～。☛读 shi，用于"骨殖"(遗骸)，是由于读轻声而造成的音变。

另见1262页 shi。

【殖民】zhímín 动 原指强国向被其征服的地区移民；资本主义时期指资本主义国家剥夺别的国家或地区的独立主权，对当地人民施行残酷压迫和野蛮掠夺。

【殖民地】zhímíndì 名 指被资本主义国家剥夺了政治、经济的独立权力，并受其控制和掠夺的国家或地区。

【殖民主义】zhímín zhǔyì 资本主义发达国家对弱小国家或地区实行侵略、掠夺、剥削和压迫的政策。

跖(*蹠) zhí〈文〉❶ 名 脚掌 ▷～骨。→❷ 动 踏；踩。

【跖骨】zhígǔ 名 构成脚掌的小型长(cháng)骨。☛不要写作"蹠骨"。

摭 zhí 动〈文〉拾取；摘取 ▷～人余唾|～其切要，纂成一书|～拾旧说。

踯(躑) zhí［踯躅］zhízhú 动〈文〉徘徊不前 ▷～街头。

蹢 zhí［蹢躅］zhízhú 古同"踯躅"。

另见298页 dí。

zhǐ

止 zhǐ ❶ 动 停住，不再进行 ▷血流不～|终～。→❷ 动 使停住 ▷望梅～渴|～血|制～。→❸ 动 截止，到一定期限停止 ▷报名时间自即日起至本月底～。→❹ 副 表示止于某个数量，相当于"仅仅""只" ▷看了不～一遍|～此一家，别无分号。

【止步】zhǐbù 动 停下脚步 ▷男宾～|改革不停顿，开放不～。

【止跌】zhǐdiē 动 停止下跌。多用于商品价格、证券价格、汇率等 ▷蔬菜价格～后略有回升。

【止境】zhǐjìng 名 终点；穷尽的境界 ▷学无～。

【止渴】zhǐkě 动 解渴 ▷～润喉|望梅～。

【止痛】zhǐtòng 动 止住疼痛 ▷先～，后消炎。

【止息】zhǐxī 动 停止；平息 ▷战斗还没有～。

【止泻】zhǐxiè 动 止住腹泻。

【止血】zhǐxuè 动 止住出血，使伤口不再流血。

【止血钳】zhǐxuèqián 名 西医手术用的一种钳子，用来钳住血管阻止流血。

只(衹*秖秪) zhǐ 副 用来限定范围，表示除此以外没有别的，相当于"仅仅" ▷～找到了一本书|教室里～有一个人|～他一个人在家。☛㊀读 zhǐ，副词。读 zhī，繁体是"隻"，表示单个、极少；也作量词。汉字简化后，以"只"代"隻"。㊁"只(zhǐ)"一般用在动词之前，限制与动作有关的事物、事物的数量或动作本身；直接用在名词或代词之前、限制事物的数量时，可以理解为中间隐含了一个动词"有""是""要"等。㊂"衹"读 qí 时，表示地神；读 zhǐ 时，是"只(zhǐ)"的异体字。

另见1764页 zhī；"衹"另见1073页 qí。

【只不过】zhǐbuguò 副 只是；仅仅是 ▷我～说说而已|他～有点儿不高兴，并没发脾气。

【只当】zhǐdàng ❶ 动 姑且当作 ▷别理他，～没听见。❷ 动 以为 ▷天黑了还不见你的影子,我～你不来了。

【只得】zhǐdé 副 只好 ▷双方僵持不下,我～出面调停。

【只读】zhǐdú 区别 只能读取而不能编辑的 ▷～文件|～光盘。

【只顾】zhǐgù 副 表示注意力只集中到某个方面 ▷他～欣赏音乐,旁人说的话一句也没听见。

【只管】zhǐguǎn ❶ 副 尽管 ▷有意见～提,不要客气。❷ 副 只顾 ▷他～笑,也不说话。

【只好】zhǐhǎo 副 表示只能这样,没有其他选择 ▷明天有大雨,运动会～推迟了。

【只可意会,不可言传】zhǐkě-yìhuì,bùkě-yánchuán 只能想象和领会,无法用言语表达。

【只怕】zhǐpà 副 表示推测或担心 ▷他们～不来了|这么沉的箱子,～你拿不动。

【只是】zhǐshì ❶ 副 表示限定某种情况或范围,相当于"仅仅是" ▷我～听说,并没有看见。❷ 副 强调在任何条件下情况不变,相当于"就是"(用于否定) ▷随你怎么批评,他～不吭声。❸ 连 连接分句,表示轻微的转折,相当于"不过" ▷话没有错,～态度生硬了点儿。☛ 连词"只是"跟连词"不过"不同。"只是"的转折意味较轻,后面一般不停顿;"不过"后面可以停顿。

【只消】zhǐxiāo 动 只需要 ▷～半小时就生效。

【只许】zhǐxǔ 动 只准许 ▷～看,不许摸。

【只许州官放火,不许百姓点灯】zhǐxǔ zhōuguān fànghuǒ,bùxǔ bǎixìng diǎndēng 宋·陆游《老学庵笔记》卷五记载:田登做州官时,要百姓避讳他的名字,因为"登"和"灯"同音,于是把灯叫火。元宵节放灯时,出布告说:"本州依例放火三日。"后用"只许州官放火,不许百姓点灯"形容某些人只许自己为所欲为,不许别人从事正当活动。

【只要】zhǐyào 连 连接分句,表示充足的条件,常和"就""便"等相呼应 ▷～认真学习,成绩就可以不断提高。☛ 跟"只有"不同。"只要"常跟"就"等配合,表示逻辑中假言判断的充分条件,它不排除其他条件也会引起同样结果,如"只要下雨,地就会湿";"只有"常跟"才"等配合,表示逻辑中假言判断的必要条件,表示如果没有这一条件就不可能出现后面的结果,如"只有播种,才会有收成"。

【只因】zhǐyīn 连 连接因果复句,表示唯一的原因 ▷～天气太冷,所以不想出门。

【只有】zhǐyǒu 连 连接分句,表示必要条件,常和"才""方"等相呼应 ▷～派个能干的人去,问题才能解决。☛ 参见本页"只要"的提示。

【只争朝夕】zhǐzhēng-zhāoxī 力争用最短的时间达到目的(朝夕:早晨和晚上,指很短的时间)。

【只知其一,不知其二】zhǐzhī-qíyī,bùzhī-qí'èr 只知道其中的一方面,不知道其中的另一方面。形容了解情况不全面或看问题片面。

旨[1] zhǐ 形 〈文〉味道美 ▷～酒|甘～。

旨(旨)[2] zhǐ ❶ 名 用意;目的 ▷～在引起大家注意|主～|宗～|～趣。→ ❷ 名 特指帝王的命令 ▷遵～|抗～|圣～。☛ "旨"字上边是"匕",不是"七"。

【旨趣】zhǐqù 名 〈文〉目的和意图 ▷～高远。

【旨要】zhǐyào 名 要旨;要义 ▷题目已经标明了文章的～。

【旨意】zhǐyì 名 意旨;意图 ▷遵照上司～办理。

【旨在】zhǐzài 动 目的在于 ▷办在职训练班,～给大家充电。

址(*阯) zhǐ 名 地基;建筑物的位置、处所 ▷遗～|住～|地～。

抵 zhǐ 动 〈文〉侧击;拍 ▷～掌而谈。☛ 参见298页"抵"的提示㊀。

芷 zhǐ ❶ 见27页"白芷"。○ ❷ 名 姓。

沚 zhǐ 名 〈文〉水中的小块陆地 ▷洲～。

纸(紙*帋) zhǐ ❶ 名 可供写字、绘画、印刷、包装等用的薄片状的东西,多用植物纤维制成 ▷写在～上|～张|报～|～币。→ ❷ 量 用于书信、文件等 ▷一～家书|一～空文。→ ❸ 名 特指纸钱等迷信用品 ▷烧～。☛ 右边是"氏",不是"氏"。

【纸板】zhǐbǎn 名 用纸浆制成的硬板纸,用来制作纸箱、纸盒等。

【纸版】zhǐbǎn ❶ 名 纸型。○ ❷ 名 以纸张记录介质为载体的书刊版本(跟"电子版"相区别) ▷～书。

【纸杯】zhǐbēi 名 纸质的杯子,多是一次性的。

【纸币】zhǐbì 名 由国家发行、强制通用的纸质货币。也说钞票。

【纸婚】zhǐhūn 名 西方风俗称结婚1周年为纸婚。

【纸浆】zhǐjiāng 名 造纸的浆状原料。一般用木材、芦苇、稻草等经化学处理和机械加工而成。

【纸巾】zhǐjīn 名 擦脸、擦手用的小块软质纸。

【纸老虎】zhǐlǎohǔ 名 纸糊的老虎。比喻外强中干的人或事物 ▷一切反动派都是～。

【纸马】zhǐmǎ 名 旧俗用于祭祀时供焚化的纸糊的人、车、马等造型;也指供焚化的印有神像的纸片。

【纸媒】zhǐméi ❶ 名 旧时用来引火的细纸卷,多用草纸卷成。○ ❷ 名 纸质媒体的简称。利用纸质材料进行宣传的媒体,多是印刷品

（跟“电子媒体”相区别）。如纸质的报纸、杂志等。也说印刷媒体。

【纸煤】zhǐméi 见 1772 页“纸媒”①。现在一般写作“纸媒”。

【纸面】zhǐmiàn 名 纸张的表面 ▷～很光滑。

【纸捻】zhǐniǎn 名 用纸捻成的像细绳的东西。旧时多用来装订书册或点油灯。

【纸尿裤】zhǐniàokù 名 用高吸水材料和纸、棉、无纺布等制成的一次性尿布，使用方便，有较强的吸水性和防渗漏的功能，主要用于婴幼儿，也有成人使用的。也说纸尿片、纸尿布。俗称尿不湿。

【纸牌】zhǐpái 名 用硬纸片印制成的娱乐用品。种类很多，常见的如扑克牌。

【纸片】zhǐpiàn 名 小块的纸。

【纸钱】zhǐqián 名 迷信的人焚化或抛撒给死者、鬼神的铜钱状纸片。

【纸上谈兵】zhǐshàng-tánbīng 从书本出发谈论用兵的策略。比喻空谈理论，不切实际；也比喻空谈不能成为现实。

【纸绳】zhǐshéng 名 用纸拧成的绳子。

【纸条】zhǐtiáo 名 长条状的小块纸，常用来记录简短的文字信息。

【纸箱】zhǐxiāng 名 用纸板制成的包装箱。

【纸型】zhǐxíng 名 铅字印刷时浇铸铅版的纸质模子。用特制的纸在排好的铅版上压制而成。也说纸版。

【纸烟】zhǐyān 名 香烟③。

【纸样】zhǐyàng 名 按照服装各部分的形状和尺寸裁剪成的纸形，供依样裁剪衣料用。

【纸鸢】zhǐyuān 名〈文〉风筝。

【纸张】zhǐzhāng 名 纸的统称。

【纸醉金迷】zhǐzuì-jīnmí 宋·陶谷《清异录·居室》记载：唐末有个叫孟斧的人，家里的器具都包上金纸，光彩夺目。人们说在那里待一会儿，就会让人“纸醉金迷”。后多用“纸醉金迷”形容令人沉迷的奢侈糜烂的生活环境。

祉 zhǐ 名〈文〉福分 ▷福～。

指 zhǐ ❶ 名 手指 ▷十～连心｜大拇～｜～纹。→ ❷ 动 用手指或物体的一端对着 ▷～着鼻子｜～南针｜～向。⇒ ❸ 动 意思上针对 ▷他的发言～的是你｜暗～。⇒ ❹ 动 点明 ▷～出缺点｜～点。❺ 动 批评或斥责 ▷～责｜～控。→ ❻ 动（头发）直立起来 ▷令人发（fà）～。→ ❼ 量 一个手指的宽度叫“一指”，用来计量深浅、宽窄等 ▷下了三～雨｜留两～宽的缝。○ ❽ 动 仰仗 ▷全家都～着他的工资生活｜～靠。☛ 统读 zhǐ，不读 zhī 或 zhí。

【指标】zhǐbiāo ❶ 名 反映某方面发展要求的绝对数字或升降百分比。包括数量指标和质量指标。❷ 名 规定要达到的目标 ▷达到～。

【指不胜屈】zhǐbùshèngqū 扳着手指也数不清。形容数量很多，数不过来。

【指不定】zhǐbudìng 副〈口〉不能肯定；说不定 ▷我还～去不去呢！

【指称】zhǐchēng ❶ 动 用某种说法来称呼 ▷人们用“公益部门”～非营利组织。❷ 动 指着说；指出 ▷有消息～这家公司已破产。

【指斥】zhǐchì 动 指摘；斥责 ▷～当事人。

【指出】zhǐchū 动 指点出来 ▷当面～缺点。

【指代】zhǐdài 动 用某一种说法代替另一种说法 ▷用“半边天”～妇女｜～不明。

【指导】zhǐdǎo ❶ 动 指示教导；指点引导 ▷～学生写论文｜～员。❷ 名 称教练员。

【指导性计划】zhǐdǎoxìng jìhuà 由国家制定的对各企业的经营方向和经济活动具有指导作用的宏观计划。主要通过制定政策和经济法规、运用经济杠杆协调等来实现。

【指点】zhǐdiǎn ❶ 动 指给人看。❷ 动 点拨；指导 ▷请名师～。❸ 动 评论；指责 ▷～江山。

【指定】zhǐdìng 动 事先确定（人选、时间、地点等）▷人选由上级～｜在～地点接头。

【指法】zhǐfǎ 名 运用手指的技法 ▷～娴熟。

【指腹为婚】zhǐfù-wéihūn 旧时一种婚姻习俗，孩子还没有出生，双方的家长就为腹中的胎儿订立婚约。也说指腹为亲。

【指供】zhǐgòng 动 指审讯人员提出某种事实和情节，要犯罪嫌疑人、被告承认或否定。指供和逼供、诱供一样，都是法律所禁止的。

【指骨】zhǐgǔ 名 构成手指的小型长骨。人体除拇指为两节外，其余各指都是三节。

【指画】zhǐhuà ❶ 动 指点比画 ▷一边～一边讲解。○ ❷ 名 用指头、指甲或手掌蘸墨或颜色绘画的技艺或作品。

【指环】zhǐhuán 名 戒指。

【指挥】zhǐhuī ❶ 动 在集体行动中发令调度人力、物力，使相互协调，共同完成任务。❷ 动 在集体的演奏、演唱活动中用指挥棒或手势指示如何演奏、演唱。❸ 名 担任指挥工作的人 ▷前线总～｜乐队～。

【指挥棒】zhǐhuībàng ❶ 名 指挥乐队或指挥交通时用的小棒。❷ 名 借指能起指挥、引导作用的事物 ▷中学教学不能只随着高考这根～转。

【指挥部】zhǐhuībù 名 战役或战斗中负责传达指挥员命令、协调兵力的军事机构；也指为完成某项重大工程或重大任务而设立的临时领导机构 ▷作战～｜抗洪抢险～。

【指挥刀】zhǐhuīdāo 名 指挥部队操练、演习和作战时用的长刀。

【指挥官】zhǐhuīguān 名 指挥作战的军官。

【指挥家】zhǐhuījiā 图 在音乐指挥方面有高深造诣的艺术家。
【指挥若定】zhǐhuī-ruòdìng 指挥打仗时就像胜利已成定局一样(定:定局)。形容指挥有方,稳操胜券。
【指挥员】zhǐhuīyuán ❶ 图 中国人民解放军中各级领导干部的统称。❷ 图 泛指某项重大工作的指挥人员。
【指鸡骂狗】zhǐjī-màgǒu 指桑骂槐。
【指甲】zhǐjia 图 指尖上半透明的角质物,对指尖起保护作用。☛ 口语中也读 zhījia。
【指甲盖儿】zhǐjiagàir 图〈口〉指甲。
【指甲花】zhǐjiahuā 图 凤仙花的俗称。
【指甲油】zhǐjiayóu 图 用来涂抹指甲的化妆品。
【指教】zhǐjiào 动 指示教导(多用作请人提出意见的客套话) ▷请多多~。
【指靠】zhǐkào 动 指望和依靠 ▷~子女赡养。
【指控】zhǐkòng 动 指责和控告 ▷他被~犯有渎职罪|受到公诉机关~。
【指令】zhǐlìng ❶ 动 指示;命令 ▷~我部立即发起攻击。❷ 图 上级下达的指示命令 ▷接到~立即行动。❸ 图 计算机中用来指定实现某种运算或控制的代码 ▷一系列~可以构成程序。
【指令系统】zhǐlìng xìtǒng 电子计算机系统软件规定的所有指令代码的集合。通常包括算术运算指令、逻辑运算指令、输入输出指令和控制指令等。
【指令性计划】zhǐlìngxìng jìhuà 由国家制定的、具有法令性质、必须保证执行和完成的计划。
【指鹿为马】zhǐlùwéimǎ《史记·秦始皇本纪》记载:秦丞相赵高想篡位,怕群臣不服,便设法试探。他把一只鹿献给秦王二世,说是马。二世问群臣,有的不说话,有的说是马,有的说是鹿。赵高把说是鹿的人都暗害了。后用"指鹿为马"比喻故意颠倒是非,混淆黑白。
【指名】zhǐmíng 动 指出具体的人名或事物名称 ▷领导~让老李去办理。
【指名道姓】zhǐmíng-dàoxìng 直接说出别人的姓名。
【指明】zhǐmíng 动 明确指出 ▷~时间和地点。
【指南】zhǐnán 图 指南针;比喻辨别方向、指导行动的依据或准则(有时用于书名) ▷行动的~|《数学复习~》。
【指南车】zhǐnánchē 图 我国古代用来指示方向的车子。车上的木头人手指的方向永远是南方。
【指南针】zhǐnánzhēn ❶ 图 用磁针制成的能指示方向的仪器,我国古代四大发明之一。❷ 图 比喻指明正确方向的依据。
【指派】zhǐpài 动 指定并派遣(某人去做某事)。
【指认】zhǐrèn 动 指点并确认 ▷当庭~案犯。
【指日可待】zhǐrì-kědài 形容不久就可以实现(指日:为期不远)。
【指桑骂槐】zhǐsāng-màhuái 比喻表面上骂这个人,实际上是骂另一个人。☛ 参见 536 页"含沙射影"的提示。
【指使】zhǐshǐ 动 自己不出面,出主意让别人去做某事(含贬义) ▷有人在幕后~|~别人闹事。
【指示】zhǐshì ❶ 动 指出给人看 ▷~方向。❷ 动 上级为指导下级工作而发出口头或书面意见 ▷上级~我们,要确保大坝安全。❸ 图 为指导工作,上级向下级发出的口头或书面意见 ▷局长的~非常及时。
【指示灯】zhǐshìdēng 图 起指示作用的灯 ▷行车必须遵守交通~的指令。
【指示剂】zhǐshìjì 图 能以本身颜色变化来显示溶液中存在某种化合物或溶液的化学性质(如酸碱性等)的化学试剂。如石蕊、酚酞等。
【指事】zhǐshì 图 汉字六书之一,指用象征性符号表示字义的造字方法。如"刃"是"刀"上加一点表示刀刃,"本"是"木"下加一横表示树根。
【指手画脚】zhǐshǒu-huàjiǎo 说话时兼用手脚比画帮助示意。形容说话得意忘形;也形容随意轻率地指责或发号施令。☛ 不要写作"指手划脚"。
【指数】zhǐshù ❶ 图 数学上指一个数自乘的次数,记在这个数的右上角。如"3^2"中的"2"。❷ 图 统计学上指某一时期某一经济现象的数值跟作为比较标准的另一时期的数值的比率,多用百分比表示,如物价指数。
【指头】zhǐtou 图〈口〉手掌前端的分支;也指脚趾 ▷手~|脚~。☛ 口语中也读 zhítou。
【指头肚儿】zhǐtoudùr 图 手指前端有指纹的凸起部分。
【指望】zhǐwàng ❶ 动 盼望;期望 ▷~孩子成才。❷ 图 实现指望的可能性 ▷找工作的事有~了。
【指纹】zhǐwén ❶ 图 手指肚儿上的皮肤纹理。有弓、箕、斗三个类型。每个人的指纹都不相同,而且终身不变。❷ 图 指纹的痕迹 ▷柜子上有罪犯留下的~。
【指向】zhǐxiàng ❶ 动 指着;向着 ▷~远方|~未来。❷ 图 指示的方向 ▷路标的~是正北。
【指要】zhǐyào 现在一般写作"旨要"。
【指引】zhǐyǐn 动 指点引导 ▷进山需要向导~。
【指印】zhǐyìn 图 指纹②。
【指责】zhǐzé 动 指摘;责备 ▷妄加~。
【指摘】zhǐzhāi 动 指出毛病,予以批评 ▷受到~|~弊端。
【指战员】zhǐ-zhànyuán 指挥员和战斗员的合称。
【指针】zhǐzhēn ❶ 图 钟表上指示时间的时针、分针和秒针;仪表上指示度数的针。❷ 图 比喻辨别方向、指导行动的依据 ▷这份文件是当前工作的～。

【指正】zhǐzhèng 动 指出错误使改正(多用作请别人批评自己的客套话) ▷敬请～。

【指证】zhǐzhèng 动 指认并作证 ▷出庭～犯罪嫌疑人的罪行。

枳 zhǐ 名 落叶灌木或小乔木,茎上有刺,果实小球形,味酸。未成熟和成熟的果实都可做药材,分别称枳实和枳壳。也说枸(gōu)橘。

【枳椇】zhǐjǔ 名 落叶乔木,叶椭圆状卵形或宽卵形,有锯齿,夏季开绿色小花,果实红棕色,味甜,可以食用。木材可以制作家具。种子可以做药材。俗称拐枣。

轵(軹) zhǐ 名〈文〉车轴头。

咫 zhǐ 量 古代长度单位,8 寸为 1 咫。

【咫尺】zhǐchǐ 名 借指很近的距离 ▷近在～。

【咫尺天涯】zhǐchǐ-tiānyá 虽然近在咫尺,却如同远在天边。多形容相隔很近却难以相见。

趾 zhǐ ❶ 名 脚 ▷～高气扬。→ ❷ 名 脚指头 ▷脚～|～骨。

【趾高气扬】zhǐgāo-qìyáng 走路时把脚抬得很高,神气十足。形容狂妄自大、得意忘形的样子。

【趾骨】zhǐgǔ 名 构成脚趾的小型长骨。人的大脚趾有两节,其余各趾均有三节。

【趾甲】zhǐjiǎ 名 脚指甲。

黹 zhǐ 动〈文〉缝纫;刺绣 ▷针～。

酯 zhǐ 名 有机化合物的一类,由醇和含氧酸相互作用失去水后生成。碳数低的酯一般为液体,有香味,可用作溶剂或香料;碳数高的酯为蜡状固体或很稠的液体,是动植物油脂的主要部分。

徵 zhǐ 名 古代五音(宫、商、角、徵、羽)之一,相当于简谱的"5"。☛"徵"读 zhǐ 时,不简化为"征";读 zhēng 时,是"征[2]""征[3]"的繁体字。

另见 1754 页 zhēng"征[2]""征[3]"。

zhì

至 zhì ❶ 动 到;到来 ▷人迹罕～|宾～如归|无微不～|时～今日。→ ❷ 形 达到极点的;最好的 ▷如获～宝|～理名言|～交。⇒ ❸ 名 极点 ▷冬～|夏～|光荣之～。⇒ ❹ 副 表示达到最高程度,相当于"极""最" ▷～高无上|～少。☛ 以上意义不要误写作"致"。

【至爱】zhì'ài ❶ 形 最喜爱的;最热爱的 ▷～儿女|～亲朋。❷ 名 最爱的人或事物 ▷读书成为他生活的～。

【至宝】zhìbǎo 名 最珍贵的宝物 ▷如获～。

【至诚】zhìchéng 形 十分诚实、诚恳 ▷～之士。

【至迟】zhìchí 副 最晚 ▷～明天送到。

【至此】zhìcǐ 动 到了这个时间、地点或状态 ▷～告一段落|事已～,无可奈何。

【至当】zhìdàng 形〈文〉最为恰当、妥帖 ▷如此办理,殊为～。

【至多】zhìduō 副 表示最大的限度 ▷～住一个星期|今年～去过三回。

【至高无上】zhìgāo-wúshàng 形容地位最高,没有能超过的。

【至关重要】zhìguān-zhòngyào 极为重要。

【至好】zhìhǎo 名 至交。

【至极】zhìjí 动 达到顶点 ▷凶残～。

【至交】zhìjiāo 名 最要好的朋友 ▷忘年～。

【至今】zhìjīn 副 直到今天或现在 ▷他对这件事～记忆犹新|～未见。☛"至今"跟介词短语搭配使用时,是动宾短语(到现今),不是副词。如:"自古至今""从去年至今,一直没有听到他的消息"。

【至理】zhìlǐ 名 最正确的道理;正常法则 ▷阐发人生～|阴晴圆缺,自然之～。

【至理名言】zhìlǐ-míngyán 最正确的道理,最有价值的言论。

【至盼】zhìpàn 动 极其急切地盼望 ▷～灾区人民早日克服困难,战胜灾害。

【至亲】zhìqīn 名 关系最近的亲戚 ▷血脉相连的～。

【至善至美】zhìshàn-zhìměi 最完善,最完美 ▷他总是把工作做得～。

【至上】zhìshàng 形 (地位)最高 ▷人民利益～。

【至少】zhìshǎo 副 表示最小的限度 ▷～要听一听大家的意见。

【至深】zhìshēn 形 最深厚;最深刻 ▷交情～|影响～。

【至圣】zhìshèng 名 最神圣的人或事物 ▷誉为～。

【至友】zhìyǒu 名 最亲密的朋友。

【至于】zhìyú ❶ 动 达到(某种程度);导致(某种结果)(多用于否定或反问) ▷早一点儿治疗,何～病成这样? ❷ 介 引出另一个话题 ▷郊游的地点已经定下来了,～时间还未确定。

【至嘱】zhìzhǔ 动 极恳切地嘱咐(多用于书信) ▷～亲友|须知创业难,～!

【至尊】zhìzūn ❶ 形 最尊贵 ▷～之位。❷ 名 极尊贵的人或事物;古代特指皇帝。

志[1] zhì ❶ 名 关于将来要有所作为的意愿或决心 ▷有～者事竟成|～在必得|立

～|意～|～愿。○ ❷ 名 姓。

志²(*誌) zhì ❶ 动〈文〉记住;不忘 ▷博闻强～|永～不忘。→ ❷ 动〈文〉用文字记录;记载 ▷书以～其事|杂～。❸ 名 记事的文字 ▷《汉书·艺文～》|地方～|墓～。→ ❹ 名 标记;记号 ▷标～。

【志哀】zhì'āi 动 记住哀痛;用某种方式表示哀悼 ▷下半旗～。

【志大才疏】zhìdà-cáishū 志向高远而才能达不到(疏:空虚,浅薄)。

【志得意满】zhìdé-yìmǎn 志向得到实现,心愿得到满足。

【志怪小说】zhìguài xiǎoshuō 古典小说的一类,以神灵鬼怪故事为题材,盛行于魏晋和南北朝。

【志气】zhìqì 名 积极上进的决心;实现理想的气概 ▷人小～大。

【志趣】zhìqù 名 志向和兴趣;意志的趋向 ▷～不凡|高尚的～。

【志士】zhìshì 名 节操高尚、意志坚强的人 ▷献身航天事业的～|～仁人。

【志书】zhìshū 名 专门记载地方情况的史书,包括某一地方的历史、古迹、物产、人物、风俗等。如省志、府志、县志。

【志同道合】zhìtóng-dàohé 志趣相同,思想观点一致。

【志向】zhìxiàng 名 关于将来做成什么事、成为什么样人的意愿和决心 ▷～远大|坚定的～。

【志愿】zhìyuàn ❶ 名 志向和意愿 ▷共同的～。❷ 动 自愿(从事某一事业) ▷～建设大西北。☛ 跟"自愿"不同。1."志愿"可用作名词;"自愿"不可。2.作动词时,"志愿"庄重色彩明显;"自愿"适用范围较宽,庄重程度不如"志愿"。

【志愿兵】zhìyuànbīng 名 依照志愿兵役制自愿参军的军人。在我国一般指服役期满后自愿继续服役的士兵。

【志愿兵役制】zhìyuàn bīngyìzhì 招收志愿人员参加军队的制度。由公民自愿参加军队,担负军事任务。

【志愿军】zhìyuànjūn 名 自愿参加另一国战争的军队。多指为了帮助某国抵抗外部侵略而组成的军队。

【志愿书】zhìyuànshū 名 向组织或领导表明个人的某种志愿、以期得到批准的书面报告。

【志愿者】zhìyuànzhě 名 志愿为社会公益活动、大型赛事、会议等服务的人员。

豸 zhì 名〈文〉没有脚的虫 ▷虫～。☛ 笔顺是´ ⺈ 乎 豸,7画。

另见1730页zhài。

忮 zhì 动〈文〉嫉妒;忌恨。

识(識) zhì〈文〉❶ 动 记住 ▷默而～之。→ ❷ 名 记号;标志 ▷款～|题～。→ ❸ 动 记述 ▷附～。☛ 以上意义不读shí。

另见1246页shí。

厔 zhì 名〈文〉水流的曲折处。☛ 地名"盩(zhōu)厔"(在陕西)现在改为"周至"。

郅 zhì ❶ 副〈文〉极;最 ▷～治(最太平)|～隆(极昌盛)。○ ❷ 名 姓。

帜(幟) zhì ❶ 名 旗子 ▷独树一～|旗～。○ ❷ 名 姓。

帙(*袟袠) zhì〈文〉❶ 名 书籍或画册外面包的布套;书的卷册 ▷卷～浩繁。→ ❷ 量 用于装套的线装书,一函为一帙 ▷刊印千～。

制(製❶❷) zhì ❶ 动 剪裁(衣服);切断 ▷裁～。→ ❷ 动 做;造 ▷～药|～革|～造。❸ 动 拟订;规定 ▷因地～宜|～订|～定。❹ 名 制度;准则 ▷集体所有～|八小时工作～|体～。→ ❺ 动 强力管束;控制 ▷～裁|管～|～空权。

【制版】zhìbǎn 动 制造印刷用的底版。

【制备】zhìbèi 动 工业上指采用化学或物理方法制造并取得 ▷～试剂。☛ 跟"置备"不同。

【制表】zhìbiǎo 动 制作表格。

【制裁】zhìcái 动 强制管束并惩处 ▷严厉～。

【制成品】zhìchéngpǐn 名 制造加工成的产品。

【制导】zhìdǎo 动 控制和引导飞行器按照预定的轨道运行 ▷遥控～|联合～。

【制订】zhìdìng 动 创制;拟订 ▷～计划|～方案。☛ 参见本页"制定"的提示。

【制定】zhìdìng 动 确定(方针、政策、法律、制度等) ▷～方针政策|～城市建设规划。☛ 跟"制订"不同。"制订"侧重于拟制的过程,"制定"侧重于最终确定。

【制动】zhìdòng 动 使运行中的机器或运输工具减速或停止运行 ▷紧急～|～阀。

【制动器】zhìdòngqì 名 使运行中的机器减速或停止运行的装置。

【制度】zhìdù ❶ 名 办事规章或行动准则 ▷财会～|请假～。❷ 名 指在一定历史条件下形成的政治、经济等方面的体系,如社会主义制度、资本主义制度。

【制伏】zhìfú 见本页"制服"①。现在一般写作"制服"。

【制服】zhìfú ❶ 动 用强力压制使驯顺或服从 ▷烈马被～了|～罪犯。○ ❷ 名 某些职业和岗位所规定的、式样统一的服装(跟"便衣"相对)。☛ 跟"治服"不同。

【制服呢】zhìfúní 名 质地厚实的粗纺毛织物。两面都有绒毛,多用来做秋冬制服等。

【制高点】zhìgāodiǎn 名 军事上指便于观察和控制四周的高地或建筑物 ▷占领～。

【制革】zhìgé 动 指将某些动物的皮加工成革。

【制海权】zhìhǎiquán 名 作战中,在一定时间内对一定海域的控制权。现代战争中,制海权依赖于相应的制空权。

【制衡】zhìhéng 动 相互制约使平衡 ▷权力～。

【制黄】zhìhuáng 动 制作淫秽的书刊、录像带、光盘等 ▷～、贩黄分子难逃法网。

【制剂】zhìjì ❶ 名 药剂。❷ 名 加工制成的具有某种化学或物理功能的物品。如防火剂、防冻剂、灭火剂等。

【制假】zhìjiǎ 动 制造假冒商品等。

【制件】zhìjiàn 名 工件。

【制空权】zhìkōngquán 名 作战中,在一定时间内对一定空域的控制权。

【制冷】zhìlěng 动 人工制造低温。

【制片】zhìpiàn 动 制作影视片等 ▷～厂。

【制片人】zhìpiànrén 名 制作影视片等的总负责人。

【制品】zhìpǐn 名 制作成的物品 ▷金属～|音像～。

【制钱】zhìqián 名 明清两代称本朝官方铸造的铜钱。

【制热】zhìrè 动 人工提高温度 ▷制冷～两用空调。

【制胜】zhìshèng 动 取得胜利 ▷～之策。

【制式】zhìshì 名 统一规定的标准和样式 ▷两种彩电～不同|进行～教练。

【制售】zhìshòu 动 制造和出售 ▷不许～假冒伪劣商品。

【制天权】zhìtiānquán 名 军事上指在一定时间、一定范围内对外层空间的控制权。

【制图】zhìtú 动 工程、机械设计中将实物或设计要求按一定比例画在图纸上。

【制宪】zhìxiàn 动 制定宪法。

【制约】zhìyuē 动 一事物的存在和变化决定另一事物的存在和变化 ▷企业内科学管理的水平～着生产的发展。

【制造】zhìzào ❶ 动 把原料变为成品 ▷～计算机。❷ 动 人为地造成某种不好的局面或气氛 ▷～混乱|～事端。

【制造商】zhìzàoshāng 名 从事制造业的厂商。

【制止】zhìzhǐ 动 用强力迫使行动停止或情况不再发生 ▷～类似现象|～乱砍滥伐行为。

【制种】zhìzhǒng 动 研制良种。

【制作】zhìzuò ❶ 动 制造① ▷手工～|～教具。❷ 动 写作;创作 ▷孔子删《诗》,定《礼》,～《春秋》|～影片。☛ 不宜写作"制做"。

质[1]（質）zhì ❶ 动〈文〉抵押 ▷典～|以书～钱。→ ❷ 名 作抵押的人或东西 ▷人～。

质[2]（質）zhì ❶ 名 客观存在的实体 ▷物～。→ ❷ 名 一种事物所具有的区别于其他事物的根本属性 ▷蜕化变～|本～|品～。❸ 名（产品或工作的）好坏程度 ▷保～保量。→ ❹ 形 朴实 ▷～朴。

质[3]（質）zhì 动 依据事实问明或辨别是非 ▷～疑|～问。☛ "质"字统读 zhì,不读 zhí 或 zhǐ。

【质变】zhìbiàn 动 哲学上指事物根本性质变化,是事物由旧质向新质飞跃(跟"量变"相区别)。

【质地】zhìdì ❶ 名 材料的结构性质 ▷～精良。❷ 名 指人的品质或素质。

【质点】zhìdiǎn 名 物理学在研究物体运动时,如果物体的大小在研究的范围内很小,就把它看作只有质量而没有大小和形状的物体,称为质点。

【质对】zhìduì 动 对质;对证 ▷公堂～。

【质感】zhìgǎn ❶ 名 物体特性的真实感 ▷重金属的～触手可及。❷ 名 艺术品所表现的物体特性的真实感 ▷画面极富～。

【质管】zhìguǎn 动 质量管理 ▷加强～|～目标。

【质检】zhìjiǎn 动 对质量进行检查 ▷全面进行～|出厂前的～工作要从严。

【质量】zhìliàng ❶ 名 产品或工作的好坏程度 ▷产品～|服务～。○ ❷ 名 量度物体惯性大小和引力作用强弱的物理量。单位为千克。

【质料】zhìliào 名 生产产品所使用的材料 ▷衣服的款式不俗,～更佳。

【质朴】zhìpǔ 形 朴实 ▷性格～|语言～。

【质数】zhìshù 名 素数。

【质问】zhìwèn 动 追问;问清是非 ▷～这家商场为什么销售假货。☛ 跟"责问"不同。"质问"侧重于据理追问是非曲直,一般要求回答;"责问"侧重于指责或责备缺失过错,未必要求回答。"质问"语意较重。

【质询】zhìxún 动 质疑并询问;特指国家权力机关的代表对政府部门及其工作人员提出质疑和询问。

【质押】zhìyā 动 指债务人或为债务人提供担保的第三人把自己的动产或可以转让的某些权利凭证移交给债权人,作为债权的担保(跟"抵押"相区别) ▷以定期存单～。

【质疑】zhìyí 动 提出疑问,要求解答 ▷这个规定的合法性遭到～|就质量问题向厂家～。☛ 跟"置疑"不同。

【质疑问难】zhìyí-wènnàn 原指提出疑点进行质问、反驳或辩论;现泛指提出疑难问题来寻求解答 ▷教师在课堂上鼓励学生～。

【质优】zhìyōu 形 质量优良 ▷～价廉。

【质证】zhìzhèng 动 开庭审判时，控辩双方当事人平等地对有争议、不能直接采信的证据予以质疑，以确定证据的真实性及其证明效力。

【质子】zhìzǐ 名 一种粒子，与中子构成原子核。质子的质量是电子质量的1836倍，带正电，所带电量和电子所带电量相等。原子核中质子的数目跟该原子的原子序数相等。

炙 zhì ❶ 动 烤 ▷～手可热。→ ❷ 名 烤熟的肉食 ▷脍～人口｜残羹冷～。→ ❸ 动 中药制法，把药材与汁液辅料同炒，使辅料渗入药材 ▷蜜～｜～甘草。○ ❹ 名 姓。☛ ㊀统读 zhì。㊁跟"灸(jiǔ)"不同。"炙"上边是"夕"，"灸"上边是"久"。

【炙烤】zhìkǎo 动 烤；暴晒 ▷烈日～着人们。

【炙热】zhìrè 形 火烤一般的热；也形容感情热烈 ▷～的阳光｜诗中饱含着诗人～的情感。

【炙手可热】zhìshǒu-kěrè 手一挨近就感到很热。形容气焰盛，权势大。

治 zhì ❶ 动 整治；管理 ▷～水｜～国｜自～。→ ❷ 形 指社会安定 ▷天下大～｜长～久安。→ ❸ 动 处罚；惩办 ▷～罪｜惩～。→ ❹ 动 治疗 ▷～病救人｜医～。→ ❺ 动 消灭(害虫) ▷～虫。→ ❻ 动 研究(学问) ▷专～古代史｜～学。→ ❼ 名 旧称地方政府所在地；治所 ▷府～｜省～。○ ❽ 名 姓。

【治安】zhì'ān 名 社会安定的秩序 ▷加强社会～，保障安居乐业。

【治保】zhìbǎo 动 治安保卫 ▷加强～工作。

【治本】zhìběn 动 从根本上治理(跟"治标"相对) ▷对疾病既要治标，又要～。

【治标】zhìbiāo 动 对表面的和枝节的问题作临时应急的处理(跟"治本"相对) ▷只～不治本，必有后患。

【治病救人】zhìbìng-jiùrén 比喻批评有缺点和错误的人，目的是帮助其改正。

【治虫】zhìchóng 动 消灭害虫。

【治服】zhìfú 动 治理使驯服 ▷～沙尘暴｜将流沙～。☛ 跟"制服"不同。

【治国】zhìguó 动 治理国家 ▷～理政(理政：治理、处理政务)｜～安民。

【治黄】zhìhuáng 动 治理黄河。

【治家】zhìjiā 动 管理家事 ▷～有方。

【治假】zhìjiǎ 动 整治制售假冒伪劣商品的行为。

【治理】zhìlǐ ❶ 动 统治；管理 ▷～国家。❷ 动 整治；改造 ▷～沙漠｜～环境。☛ 参见1757页"整治"的提示。

【治疗】zhìliáo 动 采取药物、手术等方法消除疾病 ▷精心～｜～慢性病。

【治乱】zhìluàn 动 整治乱收费、乱摊派、乱罚款等混乱现象 ▷加大～力度。

【治穷】zhìqióng 动 消除贫穷。

【治丧】zhìsāng 动 办理丧葬事宜。

【治沙】zhìshā 动 治理沙漠。

【治山】zhìshān 动 治理荒山。

【治世】zhìshì 名〈文〉国家太平、社会繁荣的时代。

【治水】zhìshuǐ 动 兴修水利，消除水害。

【治丝益棼】zhìsī-yìfén《左传·隐公四年》："犹治丝而棼之也。"(棼：纷乱)意思是理丝不找出头绪，只能越理越乱。后用"治丝益棼"比喻解决问题不得要领，反而使问题更加复杂。

【治所】zhìsuǒ 名 旧指地方长官的官署。

【治外法权】zhìwài-fǎquán 指有特定身份的外国人享有的不受所在国管辖的权利。外交官、国家元首、政府首脑、联合国官员皆可享受这种特权。

【治污】zhìwū 动 治理水、空气、噪声、土壤等环境污染。

【治学】zhìxué 动 钻研学问 ▷严谨的～精神。

【治印】zhìyìn 动 雕刻印章。

【治愚】zhìyú 动 指消除没有文化、不懂科学等愚昧状况。

【治愈】zhìyù 动 经过治疗，疾病痊愈。

【治装】zhìzhuāng 动〈文〉置办行装 ▷～远行。

【治罪】zhìzuì 动 惩处罪犯。

栉(櫛) zhì〈文〉❶ 名 梳头用具 ▷木～｜鳞次～比。→ ❷ 动 梳头 ▷～发｜～风沐雨。☛ 统读 zhì，不读 jié。

【栉比】zhìbǐ 动 像梳齿、篦齿那样密集地排列 ▷屋脊～｜～相望。

【栉比鳞次】zhìbǐ-líncì 鳞次栉比。

【栉风沐雨】zhìfēng-mùyǔ 用风梳头，以雨洗发。形容奔波劳碌，历尽艰辛。

峙 zhì 动 高高地直立；屹立 ▷对～｜耸～｜～立。

另见1260页 shì。

庤 zhì 动〈文〉储存；置备。

陟 zhì〈文〉❶ 动 登，从低处走向高处 ▷～山。→ ❷ 动 晋升 ▷黜～。

贽(贄) zhì 名 古人初次拜见尊长时拿的礼物 ▷～见(拿着礼物求见)｜～礼。

挚(摯) zhì 形 诚恳 ▷真～｜诚～｜～友。

【挚爱】zhì'ài 动 真诚、深切地爱 ▷一生～着教育事业｜怀着对祖国的一片～之情。

【挚诚】zhìchéng 形 真挚诚恳 ▷情感～｜～的谢意。

【挚友】zhìyǒu 名 真诚亲密的朋友。

桎 zhì 名 古代套住犯人两脚的刑具，相当于现在的脚镣 ▷～梏。

【桎梏】zhìgù 名 脚镣和手铐；比喻束缚人或阻碍事物发展的东西 ▷从封建礼教的～中挣脱出来。☛"梏"不读 gào 或 kù。

轾(輊) zhì 见 1555 页"轩(xuān)轾"。

致(緻❻) zhì ❶ 动 送达；给予 ▷～电｜～函。→ ❷ 动 表达(情意等) ▷～意｜～谢｜～敬。→ ❸ 动 招致；使达到 ▷～癌｜勤劳～富。❹ 动 竭尽(精力)；集中(意志等) ▷～力于明史研究｜专心～志。→ ❺ 名 意态；情趣 ▷兴～｜情～。→ ❻ 形 周密；精密 ▷细～｜～密。○ ❼ 名 姓。☛以上意义不要误写作"至"。

【致哀】zhì'āi 动 向死者表示哀悼。

【致癌】zhì'ái 动 导致癌症发生 ▷～物质。

【致病】zhìbìng 动 导致疾病发生 ▷烟酒过度容易～｜～菌。

【致残】zhìcán 动 导致残疾 ▷遭车祸～。

【致词】zhìcí 现在一般写作"致辞"。

【致辞】zhìcí 动 在集会或仪式上发表关于祝贺、感谢、欢迎、哀悼等的简短讲话。

【致电】zhìdiàn 动 给对方打电报 ▷～祝贺。

【致富】zhìfù 动 达到富裕 ▷脱贫～｜集体～。

【致函】zhìhán 动 给对方写信 ▷～有关单位。

【致贺】zhìhè 动 向人表示祝贺 ▷热情～。

【致敬】zhìjìng 动 向人敬礼；表示敬意 ▷向烈士遗像～｜向航天英雄～。

【致力】zhìlì 动 集中力量从事(某项事业) ▷～于国防现代化事业。

【致密】zhìmì 形 细致精密 ▷思维～｜材质～。

【致命】zhìmìng 动 导致丧命 ▷一枪～。

【致命伤】zhìmìngshāng 名 导致丧命的伤害；比喻关键或要害处的缺陷 ▷他受的是～，没有抢救成功｜论据虚假是本文的～。

【致歉】zhìqiàn 动 表示歉意 ▷他诚恳地向蒙受损失的顾客～。

【致使】zhìshǐ ❶ 动 招致；使得(某种情况发生) ▷那次地震～上万人丧生。❷ 连 以致 ▷过度开垦，～水土大量流失。

【致死】zhìsǐ 动 导致死亡 ▷被迫害～。

【致谢】zhìxiè 动 向人表示感谢。

【致以】zhìyǐ 动 (向对方)表示 ▷～亲切的问候。

【致意】zhìyì 动 向人表示问候等情意 ▷招手～。

【致用】zhìyòng 动 (把知识或技能)用到实践中去 ▷学以～。

晊 zhì 形〈文〉大。

秩[1] zhì ❶ 动〈文〉积聚。→ ❷ 名〈文〉俸禄；也指官吏的品级 ▷～卑俸薄。❸ 名〈文〉次序 ▷～序。○ ❹ 名 姓。

秩[2] zhì 量〈文〉十年(用于老年人的年纪) ▷年逾六～｜七～华诞｜八～晋三(八十三岁)。☛"秩"字统读 zhì，不读 chì。

【秩序】zhìxù 名 有条不紊的状况 ▷维持～｜社会～良好。☛跟"次序"不同。涉及时间、空间和逻辑关系上的顺序时，应该用"次序"，不能用"秩序"。如"按报名的次序取前 50 名""解决问题的次序是先易后难"。

鸷(鷙) zhì ❶ 名〈文〉凶猛的鸟。如鹰、雕、鹞等。→ ❷ 形〈文〉凶猛 ▷～虫(凶猛的禽兽)｜～而无敌。○ ❸ 名 姓。

【鸷鸟】zhìniǎo 名 鸷①。

掷(擲) zhì 动 抛；扔 ▷～手榴弹｜孤注一～｜～地有声｜投～｜弃～。☛统读 zhì，不读 zhī。

【掷弹筒】zhìdàntǒng 名 一种发射小型炮弹的武器，炮弹由炮筒口装入，射程较短。

【掷地有声】zhìdì-yǒushēng 扔在地下可以发出声音。形容诗文或话语铿锵有力。

梽 zhì [梽木山] zhìmùshān 名 地名，在湖南。

畤 zhì 名〈文〉帝王祭祀天、地、五帝的祭坛。

铚(銍) zhì〈文〉❶ 名 短镰刀。→ ❷ 动 用镰刀割(谷物) ▷～艾(zhìyì，收割)。

痔 zhì 名 痔疮 ▷内～｜外～。

【痔疮】zhìchuāng 名 肛管疾病，因肛门或直肠末端静脉曲张、淤血而形成，症状是发痒、灼热、疼痛、出血等。

【痔漏】zhìlòu 名 肛瘘。

窒 zhì 动 阻塞 ▷～息｜～塞(sè)｜～闷。

【窒碍】zhì'ài 动〈文〉阻塞、障碍 ▷～不通。

【窒闷】zhìmèn 形 憋闷 ▷令人～的空气。

【窒息】zhìxī ❶ 动 呼吸不畅或停止呼吸 ▷因缺氧而～。❷ 动 比喻阻碍事物发展或妨碍事物存在 ▷压制言论自由，～了民主。

紩 zhì 动〈文〉缝；补 ▷缝～｜补～。

櫍(櫍) zhì〈文〉❶ 名 钟鼓架子或其他器物的腿。→ ❷ 名 砧板；柱子下的垫木。

蛭 zhì 名 环节动物，身体一般长而扁平，前后各有一个吸盘，有的能吸人畜血液。生活在淡水或潮湿的地方。种类有水蛭、湖蛭、山蛭等。通称蚂蟥。☛统读 zhì，不读 dié。

智 zhì ❶ 名 智力;智慧 ▷～勇双全|才～|～商。→ ❷ 形 聪明;有见识 ▷～者千虑,必有一失|明～|机～。○ ❸ 名 姓。

【智残】zhìcán 动 智力残缺(多由大脑生理缺陷或伤残造成) ▷先天～|为～儿童献爱心。

【智齿】zhìchǐ 名 智牙的旧称。

【智多星】zhìduōxīng 名《水浒传》中军师吴用的绰号;泛指足智多谋的人。

【智慧】zhìhuì 名 分析判断、发明创造、解决问题的能力 ▷图书馆是～的海洋。

【智库】zhìkù 名 指由多学科专家组成的,为决策者在处理政治、经济、军事、外交等重大问题时提供理论、策略、方法等咨询服务的公共研究机构。也说脑库、思想库。

【智力】zhìlì 名 人认识客观事物并运用知识、经验解决实际问题的能力。

【智力产业】zhìlì chǎnyè 知识产业。

【智龄】zhìlíng 名 智力年龄。根据同龄儿童的平均智力水平确定。通常情况下,智龄超过实际年龄越多,智力水平越高。

【智略】zhìlüè 名 智谋和才略 ▷通文史,多～。

【智谋】zhìmóu 名 智慧和谋略 ▷有～,有魄力。

【智囊】zhìnáng 名 比喻足智多谋、善于出谋划策的人物 ▷～团。

【智能】zhìnéng ❶ 名 智慧和才能 ▷开发～。❷ 区别 运用高科技手段,使设备等具有计算、记忆、识别等能力的 ▷～手机|～玩具|～化。

【智能材料】zhìnéng cáiliào 由传感器或敏感元件等与传统材料结合而成的一种新型材料。这种材料可以自我发现故障,自我修复,并根据实际情况产生优化反应,发挥控制功能。

【智能犯罪】zhìnéng fànzuì 运用专业知识和技能、以高科技为手段实施的犯罪,如计算机犯罪、信息犯罪、信用卡诈骗犯罪等。

【智能化】zhìnénghuà 动 具有人的某些智慧和才能 ▷武器装备～|～计算机。

【智能卡】zhìnéngkǎ 名 把智能化集成电路芯片(微处理器)嵌在塑料基片中封装而成的卡,外形跟磁卡相像,能够写入和存储数据,在一定条件下供外部读取。也说集成电路卡、IC 卡。

【智能网】zhìnéngwǎng 名 指在通信网络的基础上提供信息储存、处理和控制等智能型功能的附加网络。

【智能武器】zhìnéng wǔqì 按照自身所带电子计算机的指令,能自动收集、整理、分析、综合敌方情报和自动寻找、识别、摧毁敌方目标的武器。通常由信息采集与处理系统、知识库系统、辅助决策系统和任务执行系统等组成。

【智能型】zhìnéngxíng 区别 应用智能化集成电路芯片,具有判断、应变等人工智能的 ▷建立～综合交通运输体系|～居住小区。

【智取】zhìqǔ 动 运用智慧获取 ▷～威虎山。

【智商】zhìshāng 名 智力商数,测量个体智力水平的数量化指标。现多采用的方法是:把某一个年龄组或团体的平均智商定为 100,通过测验和计算得出个人的智力商数,分数越高,表明智力水平越高(英语缩写为 IQ)。

【智牙】zhìyá 名 人类口腔后边最晚长出的 4 颗恒牙,一般在 18—22 岁才长出来,有的人终生不长。旧称智齿。

【智勇双全】zhìyǒng-shuāngquán 智谋和勇气二者兼备。

【智育】zhìyù 名 发展受教育者智力的教育;特指文化科学知识的教育。

【智障】zhìzhàng 名 智力障碍。由于大脑缺陷或伤残,智商低于正常水平。

【智者】zhìzhě 名 聪明、有智谋的人 ▷～千虑,必有一失。

痣 zhì ❶ 名 皮肤上长的有色斑点或小疙瘩,没有疼痛或刺痒的感觉 ▷朱砂～|～疣(比喻多余而无用的东西)。○ ❷ 名 姓。

滞(滯) zhì ❶ 动 停留 ▷停～不前|～留。→ ❷ 形 流通不畅 ▷～销|淤～。❸ 形 迟钝;不灵活 ▷呆～|板～。

【滞港】zhìgǎng 动 (船只)停留在港内。

【滞洪】zhìhóng 动 在洪水期利用河流附近的湖泊、洼地等积蓄部分洪水。

【滞洪区】zhìhóngqū 名 在洪水期能用来吸纳部分洪水的低洼地带。

【滞后】zhìhòu 动 指落后于相关的其他事物 ▷防止消费超前、生产～。

【滞缓】zhìhuǎn ❶ 形 停滞不前;缓慢 ▷上游洪水迅猛,下游泄洪～。❷ 动 延缓 ▷～了发展速度。

【滞留】zhìliú 动 停留在某处 ▷～海外|暴风雪使大批旅客～机场。

【滞纳金】zhìnàjīn 名 因没有按期交纳税款或规定的费用而需额外多交的款项。

【滞销】zhìxiāo 动 (货物)积压,销售不畅 ▷～商品削价处理。

【滞压】zhìyā 动 滞留积压 ▷大批货物～在港口。

【滞胀】zhìzhàng 动 经济停滞,货币贬值,物价上涨。

骘(騭) zhì 动〈文〉安定;安排 ▷阴～百姓。

彘 zhì 名〈文〉猪 ▷母～|～肩(猪肘子)|行同狗～。☛ 参见 1395 页"彖"的提示。

峙 zhì〈文〉❶ 动 独自站立;站立 ▷山海竦～。→ ❷ 动 盘踞;占据。

【跱躇】zhìchú 古同"踟蹰"。

置（*寘❸）zhì ❶ 动 设立；建立 ▷设～|配～。→ ❷ 动 购买；备办 ▷购房～地|购～。○ ❸ 动 放（在一定的地方）▷～身事外|安～。

【置办】zhìbàn 动 采办；购买 ▷～嫁妆。

【置备】zhìbèi 动 备办；购置 ▷～原材料。☛ 跟"制备"不同。

【置辩】zhìbiàn 动 争辩；申辩（多用于否定）▷不容～|无可～。

【置放】zhìfàng 动 放置。

【置换】zhìhuàn ❶ 动 替换 ▷用新轮胎～旧轮胎。❷ 动 化学上指用一种元素把化合物中的另一种元素替换出来。如在水溶液中，用锌把硫酸铜中的铜替换出来。

【置喙】zhìhuì 动 插嘴（多用于否定）▷无可～。

【置评】zhìpíng 动 加以评论（多用于否定）▷对这一说法不予～。

【置若罔闻】zhìruòwǎngwén 放到一边，好像没听见一样。形容漠不关心，不予理会。☛ "罔"不要误写作"网"。

【置身】zhìshēn 动 将自己放在（某一位置）▷～改革的大潮之中|～事外。

【置信】zhìxìn 动 相信（多用于否定）▷很难～。

【置业】zhìyè 动 购置房屋、土地等产业。

【置疑】zhìyí 动 怀疑（多用于否定）▷毋庸～。☛ 跟"质疑"不同。

【置于】zhìyú 动 放在 ▷把自己～群众之中。

【置于死地】zhìyú-sǐdì 使人处于无法生存的境地。

【置之不理】zhìzhī-bùlǐ 放在一边不予理睬。

【置之度外】zhìzhī-dùwài （把生死、利害）放在考虑的范围之外（度：指个人考虑所及的范围）。

【置之脑后】zhìzhī-nǎohòu 不把事情放在心上。也说置诸脑后。

锧（鑕）zhì〈文〉❶ 名 铁砧。→ ❷ 名 腰斩犯人所用刑具的垫座；泛指腰斩刑具 ▷斧～。

雉[1] zhì 名 鸟，外形像鸡，雄的羽毛华丽，尾长，足后有距；雌的羽毛灰褐色，尾较短，足后无距。通称野鸡。

雉[2] zhì 量 古代计算城墙面积的单位，长3丈、高1丈为1雉 ▷城隅九～。

【雉鸡】zhìjī 名 雉[1]。

稚（*稺穉）zhì ❶ 形 幼小嫩弱 ▷～弱|～嫩|～子|幼～。→ ❷ 名 孩子；儿童 ▷童～。

【稚嫩】zhìnèn ❶ 形 幼小嫩弱 ▷～的小手|～的幼苗。❷ 形 不老练；幼稚 ▷文笔～。

【稚朴】zhìpǔ 形 稚嫩而纯朴 ▷～的儿歌。

【稚气】zhìqì 名 小孩子气 ▷～未脱|天真～。

【稚弱】zhìruò 形 稚嫩而脆弱 ▷儿童身体～，易受感染。

【稚拙】zhìzhuō 形 稚朴笨拙 ▷他的山水画～简约，别具一格。

【稚子】zhìzǐ 名 幼子；小孩儿。

滍 zhì 用于地名。如滍阳，在河南。

疐 zhì 古同"踬"。

瘈 zhì 形〈文〉狗疯狂；泛指疯狂 ▷狗之～，无不噬也|狂～。

另见186页chì。

踬（躓）zhì〈文〉❶ 动 跌倒；被绊倒 ▷～仆（pū）|颠～。→ ❷ 动 遭受挫折；失败 ▷屡试屡～|～顿（处境困难）。

膣 zhì 名〈文〉阴道。

觯（觶）zhì 名 古代一种盛酒的器皿。参见插图15页。

擿 zhì 古同"掷"。

另见1348页tī。

蛭 zhì 见890页"蝼蛭"。

另见322页dié。

zhōng

中 zhōng ❶ 名 跟四周、上下或两端的距离相等的部位 ▷居～|～指|～途。→ ❷ 名 里面 ▷群众～|心～|假期～。❸ 名 用在动词或动词性短语后面，表示动作处于持续状态 ▷正在洽谈～|发展～国家|处于剧烈的运动～。→ ❹ 名 性质、等级在两端之间 ▷～性|～等|～学。→ ❺ 名 指内心 ▷情动于～|秀外慧～。→ ❻ 名 指中国 ▷古今～外|～医。→ ❼ 名 介绍买卖或调解纠纷的中间人 ▷我来作～。→ ❽ 形 不偏不倚 ▷～庸|适～。❾ 动 适合 ▷～看不～用|～听。❿ 动 某些地区指可以或行 ▷这主意不～|这就～啦。○ ⓫ 名 姓。

另见1790页zhòng。

【中巴】zhōngbā 名 中型客车（巴：巴士）。

【中班】zhōngbān ❶ 名 一般指儿童进入幼儿园后第二年所在的班级。❷ 名 三班倒工作的中间一班。

【中饱】zhōngbǎo 动 以欺诈等违法手段侵吞、贪污经手的钱物 ▷清正为官，不得～|～私囊。

【中表】zhōngbiǎo 名 指跟祖父、父亲的姐妹的子女的亲戚关系，或跟祖母、母亲的兄弟姐妹的子女的亲戚关系。

【中波】zhōngbō 名 波长为100—1000米（频率为3000—300千赫）的无线电波。主要在地面传播，用于无线电广播和通信等（英语缩写为MW）。

【中部】zhōngbù ❶ 名 在某区域内靠中间的地方 ▷保定市在河北省～|胃的～有中脘穴。❷ 名 特指我国中部地区，包括山西、内蒙古、吉林、黑龙江、安徽、江西、河南、湖北、湖南、广西等省、自治区。❸ 名 指分上、中、下三部的小说、影视作品等的中间一部。

【中不溜儿】zhōngbuliūr 形〈口〉中等的；中间的。

【中餐】zhōngcān ❶ 名 中式饭菜（跟"西餐"相区别）。❷ 名 午餐。

【中草药】zhōngcǎoyào 名 中药。因植物药占中药的大多数，故称。

【中策】zhōngcè 名 中等的计谋或办法。

【中层】zhōngcéng 名 处于中间的等级或层次 ▷位置处于～|～领导干部。

【中产阶级】zhōngchǎn jiējí ❶ 中等资产阶级；特指我国民族资产阶级。❷ 在当代西方社会，主要指收入比较丰厚的白领阶层，包括国家公务员、工商企业中从事管理、技术工作的中上层人员和记者、医生、教师等。

【中长跑】zhōng-chángpǎo 径赛里的中跑和长跑项目，通常指800米及以上的赛跑。

【中长期】zhōng-chángqī 中期和长期。

【中长纤维】zhōngcháng xiānwéi 中长型人造短纤维的简称，化学短纤维的一种。一般指长度在51—76毫米的化学纤维。

【中常】zhōngcháng 形 中等的；处于一般状态的 ▷年景～，没有大灾。

【中成药】zhōngchéngyào 名 用中草药制成的成药。包括丸、散、膏、丹、胶、酒、锭等多种剂型。

【中程】zhōngchéng 区别 中等距离的 ▷～飞行|～导弹。

【中辍】zhōngchuò 动 中途停止 ▷突发的变故使他不得不～研究。

【中档】zhōngdàng 形 质量、价格或消费水平等处于中间等级的 ▷～服装。☛"档"不读dǎng。

【中道】zhōngdào〈文〉❶ 名 中途；半路上 ▷～折返|～崩殂（cú，死亡）。❷ 名 指中庸之道。

【中稻】zhōngdào 名 插秧期和收割期在早稻和晚稻之间的稻。

【中等】zhōngděng 形 质量、程度、规模、高度等处于中间等级的 ▷～身材|～城市|水平～。

【中等教育】zhōngděng jiàoyù 在初等教育的基础上对学生进行的中等普通教育或专业知识教育。我国目前实施中等教育的学校主要是普通中学、职业高中和中等专业学校。

【中等收入陷阱】zhōngděng shōurù xiànjǐng 指某个国家或地区在人均收入达到世界中等水平后出现的经济发展状态。由于不能顺利实现经济发展方式的转变，导致经济增长动力不足，陷入长期停滞或大幅度波动，以至出现贫富悬殊、环境恶化等社会弊端 ▷不深化改革，就可能陷入～。

【中低档】zhōng-dīdàng 质量、价格或消费水平等处于中档和低档之间的。

【中点】zhōngdiǎn ❶ 名 中式糕点。○ ❷ 名 线段或路段上跟两端距离相等的地方。

【中东】zhōngdōng 名 指亚、欧、非三洲连接的地区，包括西亚的伊朗、巴勒斯坦、以色列、叙利亚、伊拉克、约旦、黎巴嫩、也门、沙特阿拉伯、阿拉伯联合酋长国、阿曼、科威特、卡塔尔、巴林、土耳其、塞浦路斯和非洲的埃及等国。

【中度】zhōngdù 区别 程度中等的 ▷～污染|～烧伤。

【中端】zhōngduān ❶ 名 中间的部位；中间的层次、档次、价位等（跟"高端""低端"相区别，②同）▷对供电线路的首端、～、末端进行电压检测|高端突起、～崛起、低端提升|位居～。❷ 区别 层次、档次、价位等中等的 ▷～装备|～市场。

【中短波】zhōng-duǎnbō 名 波长为50—200米（频率为6000—1500千赫）的无线电波。

【中断】zhōngduàn 动 中途停止或断绝 ▷会谈～|线路～。

【中队】zhōngduì 名 队伍编制中的一级，介于小队和大队之间。

【中耳】zhōng'ěr 名 外耳和内耳之间有三块听骨的部分。

【中幡】zhōngfān 名 一种杂技，表演者舞弄顶端有旗子的高大旗杆。

【中饭】zhōngfàn 名 午饭。

【中非】zhōngfēi ❶ 名 指非洲中部地区。包括乍得、中非（共和国）、喀麦隆、赤道几内亚、加蓬、刚果共和国、刚果民主共和国、圣多美和普林西比等国。❷ 名 中非共和国。

【中锋】zhōngfēng ❶ 名 书法上指写毛笔字时将笔锋尖保持在字的点画正中的笔法。○ ❷ 名 足球、篮球等球类比赛中位置处于中间的前锋。

【中缝】zhōngfèng ❶ 名 衣服后背中间的竖缝。❷ 名 木版书每个折页中间的狭长部位。❸ 名 报纸两个版面中间的狭长部位。

【中伏】zhōngfú 名 三伏中的第二伏。即从夏至后的第四个庚日开始到立秋后第一个庚日前一天的一段时间。也说二伏。参见1180页"三伏"①。

【中高档】zhōng-gāodàng 质量、价格或消费水平等处于中档和高档之间的。

【中耕】zhōnggēng 动 指农作物生长过程中在行间、株间进行松土、锄草和培土等田间管理。

【中共】zhōnggòng 名 中国共产党的简称。

【中冓之言】zhōnggòuzhīyán 内室中的私房话（冓：内室）。多含贬义。

【中古】zhōnggǔ 名 古代的中期。世界史通常指封建社会时代。我国历史分期中多指魏、晋、南北朝、隋、唐时期。

【中观】zhōngguān 形 形容介于小范围与大范围之间的或介于局部和整体之间的 ▷～层面｜～经济。

【中国】zhōngguó ❶ 名 古代指京师。○ ❷ 名 古代汉民族所居住的黄河中下游地区；后专指我国所统辖的全部国土；今为中华人民共和国的简称。

【中国工农红军】zhōngguó gōngnóng hóngjūn 红军①。

【中国共产党】zhōngguó gòngchǎndǎng 中国工人阶级的先锋队，同时是中国人民和中华民族的先锋队，是中国特色社会主义事业的领导核心，代表中国先进生产力的发展要求，代表中国先进文化的前进方向，代表中国最广大人民的根本利益。党的最高理想和最终目标是实现共产主义。中国共产党以马克思列宁主义、毛泽东思想、邓小平理论、"三个代表"重要思想、科学发展观、习近平新时代中国特色社会主义思想作为自己的行动指南。中国共产党成立于 1921 年 7 月。简称中共。

【中国画】zhōngguóhuà 名 国画。

【中国话】zhōngguóhuà 名 中国人的语言；特指汉语。

【中国结】zhōngguójié 名 我国传统民间工艺品，由比较长的彩绳通过绾、结、穿、缠、绕、编、抽等多种工艺技巧按照一定的章法编制而成。常用作装饰品。参见插图 16 页。

【中国林蛙】zhōngguó línwā 蛙的一种，背部灰褐色或土黄色，有黄色及红色小斑点，生活在阴暗潮湿的山坡树丛中。主要产于我国东北及内蒙古地区。雌蛙干燥体和输卵管的干制品可以做药材。俗称哈士蟆。

【中国梦】zhōngguómèng 名 指实现中华民族伟大复兴的梦想，基本内涵是国家富强、民族振兴、人民幸福。

【中国农民丰收节】zhōngguó nóngmín fēngshōujié 我国自 2018 年起设立的节日，日期是每年的秋分。

【中国人民解放军】zhōngguó rénmín jiěfàngjūn 中华人民共和国的武装力量。前身是中国工农红军和八路军、新四军，解放战争以来改名为中国人民解放军。

【中国特色社会主义】zhōngguó tèsè shèhuì zhǔyì 既坚持科学社会主义基本原则，又根据时代条件赋予了鲜明中国特色的社会主义。是中国共产党把马克思主义与中国实际相结合、实现马克思主义中国化的最新理论成果。中国共产党领导是中国特色社会主义最本质的特征。

【中国通】zhōngguótōng 名 指熟悉中国情况的外国人。

【中国医师节】zhōngguó yīshījié 我国自 2018 年起设立的节日，日期是每年的 8 月 19 日。

【中国字】zhōngguózì 名 中国的文字；特指汉字。

【中和】zhōnghé ❶ 形〈文〉指中正和平，不偏不倚。❷ 动 相对的事物互相抵消，失去各自的性质 ▷酸碱～｜正电和负电～。❸ 动 使中和；折中 ▷～两方面的意见。

【中华】zhōnghuá 名 我国古代对黄河流域的称呼，是汉族的发祥地；后用来指中国。

【中华白海豚】zhōnghuá báihǎitún 哺乳动物，身体纺锤形，呈乳白色，有灰黑色斑点，体长约 2—2.5 米，有背鳍，喙狭长。以鱼、虾等为食，群栖于热带和亚热带内海港湾和河口一带。我国南部沿海有所分布，属国家保护动物。

【中华民族】zhōnghuá mínzú 我国 56 个民族的统称。

【中华人民共和国】zhōnghuá rénmín gònghéguó 我国国名。是工人阶级领导的、以工农联盟为基础的人民民主专政的社会主义国家，成立于 1949 年 10 月 1 日。首都是北京。国旗是五星红旗；国歌是《义勇军进行曲》；国徽的中间是五星照耀下的天安门，周围是谷穗和齿轮。位于亚洲东部、太平洋西岸，陆地面积约 960 万平方千米，海域面积约 470 万平方千米。全国现有人口 14 亿（2021 年）。是由 56 个民族共同缔造的统一的多民族国家。简称中国。

【中华鲟】zhōnghuáxún 名 鱼，体梭形，吻长，有须两对。分布于我国长江、珠江、闽江、钱塘江和南海、东海。是我国特有的珍稀鱼类，现已濒临灭绝。属国家保护动物。参见插图 3 页。

【中级】zhōngjí 区别 在初级和高级之间的 ▷～职称。

【中技】zhōngjì 名 中等技术学校的简称。

【中继线】zhōngjìxiàn 名 电话系统中各交换局或交换台之间的公用连接线；也指在自动交换机中两级不同机键间的公用连接线。

【中继站】zhōngjìzhàn ❶ 名 运输途中的转运站。❷ 名 在远距离无线电通信中，设置在通信线路沿途，用来对失真了的信号进行放大或再生，以保证信号传输质量的站点。

【中坚】zhōngjiān 名 本指军队中最坚强的部分；现泛指在集体中起骨干作用的部分 ▷社会～｜～作用。

【中间】zhōngjiān ❶ 名 跟两端等距离的位置；两端之间 ▷相片上左边是我，右边是哥哥，～

是爸爸|从这里去广州，～要倒(dǎo)车。❷ 名 跟周围等距离的位置；在周围的界限或一定范围以内 ▷四面都是房子，～有一块空地|在同学～数他最小。

【中间层】zhōngjiāncéng 名 大气层中从平流层顶部到离地面约 85 千米的一层。层内空气极其稀薄，温度随高度的增加而递减，层顶的年平均气温约-83℃。

【中间派】zhōngjiānpài 名 处于对立的两派之间的派别或个人。

【中间人】zhōngjiānrén 名 在双方之间起介绍、调停或见证作用的人。也说中人。

【中间商】zhōngjiānshāng 名 介绍商品交易，从中取得佣金的商人或企业。

【中将】zhōngjiàng 名 将官军衔的一级，低于上将，高于少将。

【中介】zhōngjiè ❶ 动 在双方或多方中间进行介绍，使各方发生联系 ▷进行～服务。❷ 名 居中起联系作用的媒介 ▷以国内网站作～。

【中介组织】zhōngjiè zǔzhī 介于政府与企业之间、商品生产者与经营者之间、个人与单位之间，为市场主体提供信息咨询、培训、经纪、法律等服务，并在各类市场主体之间从事协调、评价、评估、检验、仲裁等活动的机构或组织。也说市场中介组织、中介机构。

【中景】zhōngjǐng 名 影视拍摄中一种取景范围，指摄取人物膝盖以上部位或景物局部的画面。

【中楷】zhōngkǎi 名 介于大楷和小楷之间的楷体字。

【中看】zhōngkàn 形〈口〉好看；看起来顺眼 ▷～不中用|这姑娘长得很～。

【中考】zhōngkǎo 名 初中毕业生参加的高中招生考试。

【中空】zhōngkōng ❶ 名 航空等领域指距离地面或水面上方 1000—6000 米的空中 ▷小型民航机多是在～飞行。〇 ❷ 形 中间空着的；非实心的 ▷～板材|竹茎～。

【中控】zhōngkòng 区别 由中央控制系统进行集中控制和管理的 ▷～显示屏|～区域。

【中馈】zhōngkuì 名〈文〉指家庭膳食供应等事务(馈：指饮食之事)；借指妻子 ▷～乏人(没有妻室)。

【中栏】zhōnglán 名 田径运动中的一种跨栏项目，规定距离为 400 米，男子栏架高91.4厘米，女子栏架高 76.2 厘米。

【中老年】zhōng-lǎonián 中年和老年。

【中立】zhōnglì 动 在对立的两种意见或力量之间，不支持、不偏袒任何一方 ▷保持～。

【中立国】zhōnglìguó ❶ 名 指战时中立国，即在别国发生战争时严守中立，不参加交战国间的敌对行动，也不支持或援助交战国任何一方的国家。❷ 名 指永久中立国，即有国际条约保证，除抵抗外来攻击外，永远奉行中立政策的国家。

【中流】zhōngliú ❶ 名 水流中间最湍急的位置 ▷～砥柱。❷ 名 江河的中段 ▷湖北处于长江～。❸ 名 介于先进与落后之间的水平；特指中等的社会地位 ▷甘居～|～水平。

【中流砥柱】zhōngliú-dǐzhù 指屹立在黄河激流中央的砥柱山(在河南三门峡东)。比喻在危难中能起支柱作用的人或力量。☛"砥"不要误写作"抵"。

【中路】zhōnglù ❶ 名〈文〉半路；中途 ▷～而返。❷ 名 中间的一路；中间的区域 ▷～军|～进攻。❸ 区别 质量、水平等中等的 ▷～成色。

【中路梆子】zhōnglù bāngzi 晋剧。

【中落】zhōngluò 动 在发展过程中衰落 ▷至安史之乱，唐王朝国势～。

【中美洲】zhōngměizhōu 名 中亚美利加洲的简称。指墨西哥以南、哥伦比亚以北的美洲中部地区。包括伯利兹、危地马拉、洪都拉斯、萨尔瓦多、尼加拉瓜、哥斯达黎加、巴拿马等国。

【中南】zhōngnán 名 指我国中南地区，包括河南、湖北、湖南、广东、广西、海南和香港、澳门等地。

【中脑】zhōngnǎo 名 脑干的一部分，位于间脑和小脑、脑桥之间。高等动物和人的中脑是发生视、听、运动、姿势等反射的脑皮下层中枢。

【中年】zhōngnián 名 介于青年和老年之间的年龄段，一般指四五十岁的年纪 ▷～夫妇。

【中农】zhōngnóng 名 农村阶级成分划分中指经济地位处于贫农和富农之间的农民，多数有土地和部分生产工具，生活来源依靠或主要依靠自己的劳动，一般不剥削别人，也不出卖劳动力。

【中欧】zhōng'ōu 名 欧洲中部地区。通常包括波兰、捷克、斯洛伐克、匈牙利、德国、奥地利、瑞士、列支敦士登等国。

【中盘】zhōngpán 名 棋类比赛中布局完成后进行激战的关键性阶段 ▷～告负。

【中跑】zhōngpǎo 名 中距离赛跑项目。包括男、女 800 米、1500 米，男子 3000 米等。

【中篇】zhōngpiān ❶ 区别 篇幅介于短篇和长篇之间的(多指文章或作品)。❷ 名 特指中篇小说。

【中篇小说】zhōngpiān xiǎoshuō 篇幅介于短篇和长篇之间的小说。通常截取生活的一个比较完整的段落进行描写，着重刻画一个至几个人物，情节线索较为单纯。

【中频】zhōngpín ❶ 名 指中间频率。即在超外差式接收方法中，把不同射频信号变频为具有统一已调信号的预定频率。收音机中的中频一般为465千赫。❷ 名 无线电频段表中指300—3000千赫范围内的频率。

【中铺】 zhōngpù 名 三层床铺的中层铺位。

【中期】 zhōngqī ❶ 名 一定时期里的中间阶段 ▷封建社会~|80年代~。❷ 名 在长期和短期之间的日期或期限 ▷~规划。

【中气】 zhōngqì ❶ 名 农历的二十四个节气可分为节气和中气两类。从冬至起，太阳在黄道上每移动30°为一个中气，计有冬至、大寒、雨水、春分、谷雨、小满、夏至、大暑、处暑、秋分、霜降、小雪十二个。❷ 名 中医指中焦脾胃之气，是脾胃消化和吸收功能的统称。

【中青年】 zhōng-qīngnián 中年和青年。

【中秋】 zhōngqiū ❶ 名 仲秋。❷ 名 中秋节。

【中秋节】 zhōngqiūjié 名 我国传统节日，在农历每年八月十五日。民间有家人团聚、赏月、吃月饼的习俗。也说中秋、团圆节。

【中人】 zhōngrén ❶ 名 中间人。❷ 名〈文〉在某方面处于中等的人 ▷~才学。

【中山狼】 zhōngshānláng 名 明·马中锡《中山狼传》里说：战国时赵简子在中山射中一狼。狼逃跑途中向东郭先生求救，东郭先生把狼藏在书袋中，骗过赵简子。狼被救后却要吃掉东郭先生。后用"中山狼"比喻忘恩负义、恩将仇报的人。

【中山装】 zhōngshānzhuāng 名 一种服装样式。翻折式立领，前襟有四个加盖、带纽扣的口袋；下身为西式长裤。因孙中山先生倡导，故称。也说中山服。

【中师】 zhōngshī 名 中等师范学校的简称。

【中士】 zhōngshì 名 初级军士军衔中的一级，低于二级上士，高于下士。

【中世纪】 zhōngshìjì 名 历史学上指欧洲的封建时代（一般指公元476年西罗马帝国灭亡至公元1640年英国资产阶级革命）。

【中式】 zhōngshì 区别 中国样式的 ▷~茶具。

【中试】 zhōngshì 名 产品设计完成到投入生产之前的试验。

【中枢】 zhōngshū 名 中心枢纽，指在一个系统中起主导作用的部分 ▷神经~|~机构。

【中枢神经】 zhōngshū shénjīng 神经系统的主干部分。脊椎动物的中枢神经由脑和脊髓组成，它接受感觉冲动并发出运动冲动，管理和协调整个神经系统的活动。

【中水】 zhōngshuǐ 名 指生活污水、工业废水、雨水等经过处理后，达到清洁水和污水之间的水质标准的水。可以用来灌溉田地、冲洗汽车和厕所、回补地下水等。也说再生水。

【中堂】 zhōngtáng ❶ 名 堂屋。❷ 名 挂在厅堂正中的大幅字画。❸ 名 旧时借指宰相。因唐代宰相在中书省的政事堂处理政务，故称。明清两代的内阁大学士也用此称。

【中提琴】 zhōngtíqín 名 提琴的一种。形体比小提琴稍大，定弦比小提琴低5度。

【中天】 zhōngtiān 名〈文〉天空中 ▷~悬明月。

【中听】 zhōngtīng 形（话）好听；听着舒服 ▷话虽不~，但是在理。

【中途】 zhōngtú ❶ 名 路途中间 ▷~返回。❷ 名 比喻事情进行的过程中 ▷~变卦。

【中外】 zhōngwài 名 指中国和外国 ▷名扬~。

【中外比】 zhōngwàibǐ 名 黄金分割。

【中外合资】 zhōngwài hézī 中外投资者联合投资 ▷~企业。

【中晚期】 zhōng-wǎnqī 中期和晚期。

【中纬度】 zhōngwěidù 名 指在30°—60°之间的南北纬度。参见1431页"纬度"。

【中卫】 zhōngwèi 名 足球、手球等球类比赛中位置在中间的后卫。

【中尉】 zhōngwèi 名 尉官军衔的一级，低于上尉，高于少尉。

【中文】 zhōngwén 名 中国的语言和文字；特指汉语和汉字。

【中文信息处理】 zhōngwén xìnxī chǔlǐ 用电子计算机对中文信息（如字、词、短语、句、篇章等）进行识别、输入、输出、存储、编辑、检索、生成等；也指中文信息处理这一学科。

【中午】 zhōngwǔ 名 白天12点前后这段时间。

【中西】 zhōngxī 名 指中国和西方 ▷学贯~。

【中西合璧】 zhōngxī-hébì 把中国的和西方的特色完美结合起来。

【中线】 zhōngxiàn ❶ 名 位置居中、能把地面或物体划分成相等的两个部分的线，如球场的中线。❷ 名 数学上指三角形的一个顶点与对边中点的连线。

【中小型】 zhōng-xiǎoxíng 中型和小型的合称 ▷~企业。

【中校】 zhōngxiào 名 校官军衔的一级，低于上校，高于少校。

【中心】 zhōngxīn ❶ 名 与四周距离相等的位置 ▷天安门坐落在北京市区~。❷ 名 事物的主要部分 ▷文章的~|~内容。❸ 名 具有重要地位的城市或地区 ▷北城区是电子工业~。❹ 名 在某方面占有主导地位的专业机构（多用作单位名称）▷信息~。

【中心思想】 zhōngxīn sīxiǎng 贯穿文章或讲话始终的主要思想内容 ▷文章的~非常明确。

【中兴】 zhōngxīng 动 衰败后又重新兴盛起来。

【中型】 zhōngxíng 区别 形体或规模介于大型和小型之间的 ▷~企业。

【中性】 zhōngxìng ❶ 名 化学上指既不呈碱性又不呈酸性的性质。❷ 名 某些语言的语法范畴中，通过一定的语法形式或形态表示的名词、

代词、形容词的一种性的类别。参见 1541 页“性”⑦。❸ 区别 语言文字的含义没有褒贬色彩的 ▷～词|～用语。

【中学】zhōngxué ❶ 名 实施中等普通教育的学校。包括初中和高中。○❷ 名 旧指我国的传统学术,如哲学、语言文字学、中医药学等。

【中学生】zhōngxuéshēng 名 在中学就读的学生。包括初中生和高中生。

【中雪】zhōngxuě 名 降雪量中等的雪;气象学上指 24 小时内降雪量为 2.5—5.0 毫米的雪。

【中旬】zhōngxún 名 每月的 11—20 日这段时间。

【中亚】zhōngyà 名 亚洲中部地区。通常包括哈萨克斯坦、乌兹别克斯坦、吉尔吉斯斯坦、塔吉克斯坦、土库曼斯坦等国。

【中央】zhōngyāng ❶ 名 中心位置 ▷在球场～争发球。❷ 名 特指国家或党派等的最高领导机构(跟“地方”相区别) ▷～政府。

【中央处理器】zhōngyāng chǔlǐqì 用于控制和执行电子计算机基本指令系统的处理器(英语缩写为 CPU)。参见 205 页“处理器”。

【中央集权】zhōngyāng jíquán 国家权力集中于中央政府。地方政府必须接受中央政府的指挥并按照中央政府制定的路线、方针、政策办事。

【中央空调】zhōngyāng kōngtiáo 为整座建筑物输送冷气或暖气的空调设施。各房间安有中央空调的终端装置,可以接收中央空调所送的冷气或暖气。

【中央商务区】zhōngyāng shāngwùqū 指大城市中集中进行各种商务活动的地区(英语缩写为 CBD)。地理位置优越,设施齐备。商贸、金融、证券、保险等机构汇集于此。如纽约的曼哈顿、香港的中环。

【中央税】zhōngyāngshuì 名 按照税法规定由中央税务部门征收(或由地方税务部门协助征收)的税种。其税收属于中央财政的固定收入,由中央政府支配和使用(跟“地方税”相区别)。

【中央银行】zhōngyāng yínháng 国家中居主导地位的金融中心机构,是国家干预和调控国民经济的重要工具。负责制定并执行国家货币信用政策,独具货币发行权,实行金融监管。我国的中央银行为中国人民银行。简称央行。

【中央政府】zhōngyāng zhèngfǔ 一个国家的最高行政机关,统一领导全国和地方的行政工作。我国的中央政府是中华人民共和国国务院(1949—1954 年间称作中华人民共和国中央人民政府政务院)。

【中药】zhōngyào 名 中医所用的药物。包括天然药物及其加工品 ▷～店|～房。也说中草药。

【中药材】zhōngyàocái 名 中药的原材料。多为植物,也包括部分动物和矿物。

【中叶】zhōngyè 名 中期(用于朝代或年代) ▷明代～|上世纪～。

【中医】zhōngyī ❶ 名 中国传统医学。❷ 名 用中国传统医学理论和方法治病的医生。

【中医学】zhōngyīxué 名 研究中国传统医学的理论、方法和实践经验的学科。

【中医药】zhōngyī-yào 中医和中药的合称。

【中音】zhōngyīn ❶ 名 介于高音和低音之间的音调 ▷男～|女～。❷ 名 乐谱中指五声音阶中的第三音。

【中庸】zhōngyōng ❶ 名《礼记》中的一篇。❷ 名 我国儒家的最高道德标准,主张待人接物采取折中调和、不偏不倚的态度 ▷～之道。❸ 形〈文〉德才平庸 ▷～之人。

【中用】zhōngyòng 形 能起作用(多用于否定) ▷中看不～|这事很难办,我去不～。

【中游】zhōngyóu ❶ 名 河流的中段;也指这一段流经的地区(跟“上游”“下游”相区别,②同) ▷长江～。❷ 名 指介于先进与落后之间的地位或水平 ▷学习成绩处于～。

【中雨】zhōngyǔ 名 下得不大不小的雨;气象学上指 24 小时内降雨量在 10.0—24.9 毫米之间的雨。

【中元节】zhōngyuánjié 名 我国传统节日,在农历七月十五日。这一天民间有祭祀祖先和亡故亲人的习俗。俗称鬼节。

【中原】zhōngyuán 名 指黄河的中下游地区,包括河南大部、山东西部和河北、山西的南部。

【中允】zhōngyǔn 形〈文〉公正;公平 ▷态度～。

【中灶】zhōngzào 名 集体伙食中标准中等的一级。

【中正】zhōngzhèng 形 公平而正直 ▷为人～。

【中止】zhōngzhǐ 动 事情没有完成就中途停止 ▷～谈判。☛ 跟“终止”不同。“中止”是指事情进行中因故停止;“终止”是指事情终了或结束后停止。

【中指】zhōngzhǐ 名 五指中居中的指头。

【中州】zhōngzhōu ❶ 名 古代指豫州(在今河南一带)。因地处九州中间,故称。❷ 名 泛指中原地区。

【中转】zhōngzhuǎn ❶ 动 交通部门指中途转换交通工具。❷ 动 中间转手 ▷减少～环节是降低销售成本的有效办法之一。

【中转站】zhōngzhuǎnzhàn 名 中间转运站。

【中装】zhōngzhuāng 名 我国传统样式的服装(跟“西装”相区别)。如长袍、对襟小褂等。

【中缀】zhōngzhuì 名 加在两个词根中间的词缀。如“糊里糊涂”“慌里慌张”中的“里”。

【中资】zhōngzī 名 指我国大陆地区的资本 ▷～企业。

【中子】zhōngzǐ 名 一种粒子，与质子构成原子核。质量与质子约等，不带电。单独存在的中子不稳定，衰变后可变为质子。

【中子弹】zhōngzǐdàn 名 一种小型氢弹，爆炸时释放出大量的高能中子。中子辐射的穿透力极强，可以有效地杀伤坦克和地面建筑中的人员。

【中子刀】zhōngzǐdāo 名 能发射中子杀灭癌细胞的医疗器械，有代替手术刀进行手术的功能。

忪 zhōng 形〈文〉惊恐；惊惧 ▷怔～。另见 1307 页 sōng。

忠 zhōng ❶ 形 尽心尽力，赤诚无私 ▷～于祖国｜～诚｜～告。〇 ❷ 名 姓。

【忠臣】zhōngchén 名 忠于君主或国家的官吏。

【忠诚】zhōngchéng 形（对国家、人民、事业、朋友等）尽心尽力，诚心诚意 ▷～可靠。

【忠告】zhōnggào ❶ 动 诚恳地劝告 ▷～失足青年。❷ 名 诚恳劝告的话 ▷记住他的～。

【忠骨】zhōnggǔ 名 英烈的遗骨 ▷青山埋～。

【忠厚】zhōnghòu 形 忠实厚道 ▷秉性～。

【忠魂】zhōnghún 名 英烈的灵魂、精神 ▷告慰～。

【忠良】zhōngliáng ❶ 形 忠诚善良 ▷～之士｜为人～。❷ 名 忠诚善良的人 ▷重用～。

【忠烈】zhōngliè ❶ 形 忠诚于国家而壮烈牺牲的 ▷～之士。❷ 名 忠诚于国家而壮烈牺牲的人 ▷满门～。

【忠实】zhōngshí ❶ 形 忠诚老实 ▷～可靠。❷ 形 真实 ▷《论语》～地记录了孔子的言行。❸ 动 采取忠实的态度；不走样 ▷～于人民利益｜～于原著。

【忠恕】zhōngshù 动〈文〉尽心为人，推己及人（恕：指设身处地为别人着想）。是儒家的一种伦理思想 ▷～宽容｜重礼义，倡～。

【忠顺】zhōngshùn 形 忠实顺从 ▷表面～，暗怀鬼胎。

【忠孝】zhōngxiào 动 忠于国家，孝敬父母。

【忠心】zhōngxīn 名 忠诚的心 ▷赤胆～｜～耿耿。

【忠言】zhōngyán 名 诚恳劝诫的话 ▷～相告。

【忠言逆耳】zhōngyán-nì'ěr 诚恳劝诫的话，听起来不顺耳。

【忠义】zhōngyì ❶ 形 忠贞正义 ▷～节烈。❷ 名 指忠臣义士 ▷迫害～，天理难容。

【忠勇】zhōngyǒng 形 忠诚勇敢 ▷招募～之士，杀敌报国。

【忠于】zhōngyú 动 以忠诚的态度对待 ▷～事业｜～人民。

【忠贞】zhōngzhēn 形 忠诚而坚贞 ▷～的战士。

【忠贞不贰】zhōngzhēn-bù'èr 忠诚坚贞，没有二心。☛"贰"不要误写作"二"。

【忠贞不渝】zhōngzhēn-bùyú 忠诚坚贞，永不改变。

【忠直】zhōngzhí 形 忠实而正直 ▷为人～爽快。

终（終） zhōng ❶ 名 最后；结局（跟"始"相对）▷年～｜有始无～｜自始至～。→ ❷ 动 结束；完了 ▷剧～｜以～天年｜～此一生。❸ 动 指人死 ▷临～｜无疾而～。→ ❹ 形 从起始到最后的 ▷～日｜～年｜～身。→ ❺ 副 到底；终归（多跟单音词连用）▷～将胜利｜送君千里，～有一别。

【终裁】zhōngcái 动 最终裁定 ▷是否属于倾销，等待主管部门～。

【终场】zhōngchǎng 动 演出或比赛结束。

【终点】zhōngdiǎn 名 行程终止的地点；特指径赛终止的地点 ▷向～冲刺。

【终点站】zhōngdiǎnzhàn 名 行程的最后一站；特指公共交通工具运行线路的最后一站。

【终端】zhōngduān ❶ 名 狭长物体的头 ▷在绳子的～打个结儿。❷ 名 指最终环节 ▷生产线的～｜产品直达消费～。❸ 名 计算机系统或数据通信网络中用来录入或取出数据的功能单元。❹ 名 终端设备的简称。

【终端设备】zhōngduān shèbèi 处于通信系统中信息通道的两端，用来收发信号的通信设备。是通过通信线路或数据传输线路链接计算机的输入输出设备。简称终端。

【终古】zhōnggǔ 名〈文〉从古到今的时间 ▷至理名言，～常新。

【终归】zhōngguī 副 表示不论怎样最后必然如此 ▷问题～要解决｜谎言～是谎言。

【终极】zhōngjí 名 最后；终点 ▷到达人生的～。

【终将】zhōngjiāng 副 最终将会 ▷胜利～到来。

【终结】zhōngjié 动 最后结束 ▷人类对客观世界的认识永远不会～。

【终究】zhōngjiū 副 终归；毕竟 ▷胜利～属于人民。

【终久】zhōngjiǔ 副 终究。

【终局】zhōngjú 名 结局 ▷～如何，尚难预料。

【终老】zhōnglǎo 动〈文〉一直到老死 ▷～林泉。

【终了】zhōngliǎo 动 完结；结束 ▷演出～。

【终南捷径】zhōngnán-jiéjìng《新唐书·卢藏用传》记载：唐代卢藏用因隐居终南山（在今陕西西安市南）而名声显赫，并因此做了大官。司马承祯说其隐居终南山是"仕宦之捷径耳"。后用"终南捷径"比喻谋取功名利禄等的最便捷的途径。

【终年】zhōngnián ❶ 名 整年；一年到头 ▷～辛劳｜～不断。❷ 名 去世时的年龄 ▷～78 岁。

【终盘】zhōngpán ❶ 名 棋类比赛的最后结局 ▷黑方～险胜白方。❷ 名 证券市场全天的收

盘结果 ▷～回落。

【终日】zhōngrì ❶ 名 整天 ▷劳碌～|饱食～。❷ 副 表示从早到晚 ▷吵吵闹闹～不休|～忙碌。

【终身】zhōngshēn ❶ 名 一辈子;也指从某个时间开始直至生命结束的较长时段 ▷贻误～|～监禁。❷ 名 特指婚姻 ▷～伴侣|私订～。☛ "终生"多指自然生命,如"终生茹素""终其一生";"终身"则侧重于事业和生活方面,如"终身制""终身不娶"。二者常可通用,如"终身(终生)教育""奋斗终身(终生)"等。

【终身大事】zhōngshēn dàshì 关系一辈子的大事;多指男女婚姻。

【终身教育】zhōngshēn jiàoyù 一种现代教育观念和教育体制。认为受教育是人一生持续的过程,社会应该在每个人需要的时刻以最好的方式给予教育,使其适应时代的发展。

【终身制】zhōngshēnzhì 名 终身担任某一职务或享受某种待遇的制度 ▷实行领导干部任期制是对～的一场彻底改革。

【终审】zhōngshěn ❶ 动 法院对案件进行最终审判或裁定。在两审终审制中,二审作出的判决或裁定是终审判决或裁定。❷ 动 对作品、稿件进行最终审定 ▷～定稿。

【终生】zhōngshēng 名 一生 ▷这块胎记伴随他～|～感激。☛ 参见本页"终身"的提示。

【终岁】zhōngsuì 名 终年① ▷～奔波。

【终天】zhōngtiān ❶ 名 整日;终日 ▷～烦闷,不思饮食。❷ 名〈文〉终生 ▷抱憾～。

【终席】zhōngxí 动 直到宴席结束 ▷尚未～他就走了。

【终选】zhōngxuǎn 动 最终作出定夺的选举或评选 ▷顺利入围～|这篇小说～时被淘汰了。

【终夜】zhōngyè 名 整夜 ▷～守护病人。

【终于】zhōngyú 副 表示经过较长过程最后出现某种结果(多用于希望达到的结果) ▷经过艰苦奋斗,～取得了预期的效果。

【终止】zhōngzhǐ 动 结束;停止 ▷裁判～了比赛。☛ 参见 1786 页"中止"的提示。

柊 zhōng 名 柊树,一种常绿灌木,花有香气。

【柊叶】zhōngyè 名 多年生草本植物,根状茎块状,叶长圆形,花紫色。根和叶可以做药材,叶片可以包粽子。

盅 zhōng 名 没有把儿的小杯子,多用来饮酒、喝茶 ▷酒～|茶～。

【盅子】zhōngzi 名 盅。

钟[1]（鐘）zhōng ❶ 名 古代一种打击乐器,中空,用铜或铁制成 ▷编～|～鼎文。→ ❷ 名 专指寺院或其他地方悬挂的钟,钟声用作报时、报警或召集的信号 ▷～楼|警～。❸ 名 计时的器具,比表大,不随身携带 ▷挂～|座～|～表。❹ 名 指时间或时刻 ▷～点|3 点～。

钟[2]（鍾）zhōng ❶ 名 古代一种盛酒的器皿,大腹,小颈。→ ❷ 动〈文〉聚集 ▷泽,水之～也。→ ❸ 动(情感等)集中;专注 ▷～情|～爱。○ ❹古同"盅"。○ ❺ 名 姓。

"鍾"另见 1789 页 zhōng "锺"。

【钟爱】zhōng'ài 动 异常疼爱(子女或晚辈中的某一个) ▷姐妹三个人,数她从小受父母～。

【钟摆】zhōngbǎi 名 机械钟的部件之一,可以左右摆动,通过齿轮,使指针匀速地转动。

【钟表】zhōngbiǎo 名 计时器钟和表的合称。

【钟点】zhōngdiǎn ❶ 名 指某一特定的时间 ▷～到了,马上发车。❷ 名 小时②。

【钟点房】zhōngdiǎnfáng 名 旅店、宾馆等中按小时收取费用的房间。

【钟点工】zhōngdiǎngōng 名 按工作小时数计酬的临时工。也说小时工。

【钟鼎】zhōngdǐng 名 古代用作打击乐器的钟和煮东西的鼎;泛指古代青铜器。

【钟鼎文】zhōngdǐngwén 名 金文的旧称。

【钟鼓楼】zhōnggǔlóu 名 旧时城市或寺庙里挂放大钟和大鼓的城楼式建筑。

【钟馗】zhōngkuí 名 宋·沈括《梦溪笔谈·杂志》记载:唐玄宗病中梦见未中武举的钟馗灭除妖孽。醒后病愈,于是诏画师画成钟馗图像,悬挂起来以除邪驱祟。后此俗传布民间。现多用来指敢于同邪恶作斗争的人物。

【钟离】zhōnglí 名 复姓。

【钟灵毓秀】zhōnglíng-yùxiù 凝聚大自然灵气的地方孕育优秀人才(钟:汇聚;毓:养育,产生)。

【钟楼】zhōnglóu 名 旧时城市或寺庙中悬挂大钟的城楼式建筑;现也指安装时钟的较高的建筑物。

【钟鸣鼎食】zhōngmíng-dǐngshí 古代贵族豪门吃饭时鸣钟奏乐,列鼎盛放珍贵的食品。形容奢侈豪华的生活。

【钟情】zhōngqíng 动 感情专注;倾心 ▷一见～。☛ 跟"衷情"不同。"钟情"是动词;"衷情"是名词。

【钟乳】zhōngrǔ ❶ 名 古钟面上隆起的饰物,形状似乳,故称。❷ 名 钟乳石。

【钟乳石】zhōngrǔshí 名 溶洞中自洞顶下垂的冰锥状的石头。由含碳酸钙的水溶液蒸发凝结而成。因像钟乳,故称。也说钟乳、石钟乳。

【钟头】zhōngtóu 名 小时② ▷一个～的路程。

舯 zhōng 名〈文〉船体的中部。

衷 zhōng ❶ 形 正中；不偏不倚。→ ❷ 名 内心 ▷言不由～|苦～。○ ❸ 名 姓。

【衷肠】zhōngcháng 名 发自内心的话 ▷尽吐～|～难诉。

【衷情】zhōngqíng 名 发自内心的感情 ▷聊表～|一片～。☛ 参见 1788 页“钟情”的提示。

【衷曲】zhōngqū 名〈文〉心事；内心深处的情感 ▷一吐～。

【衷心】zhōngxīn 形 发自内心的 ▷～祝愿。

锺（鍾） zhōng ❶ 用于人名。○ ❷ 名 姓。☛ “鍾”用于姓氏、人名时，可简化为“锺”。

“鍾”另见 1788 页 zhōng “钟²”。

螽 zhōng［螽斯］zhōngsī 名 昆虫，褐色或绿色，触角细长，雄虫的前翅摩擦发音，善跳跃。生活在野外或室内。种类很多，有的危害农作物。

zhǒng

肿（腫） zhǒng 动 皮肉或内脏因发炎、化脓、内出血等而凸起或胀大 ▷腿～了|肺气～|红～|浮～。

【肿大】zhǒngdà 动 肿胀 ▷扁桃体～。

【肿块】zhǒngkuài 名 皮肉或内脏因发炎、化脓、内出血等而形成的块状物。

【肿瘤】zhǒngliú 名 有机体的某一局部组织细胞异常增生形成的新生组织，有特殊的生长规律。分良性肿瘤、恶性肿瘤两种。也说瘤子。

【肿胀】zhǒngzhàng 动 肌肉、皮肤或黏膜等组织因发生病变而体积增大。

种（種） zhǒng ❶ 名 种子植物所结的能萌发出新植株的籽粒 ▷稻～|播～。→ ❷ 名 泛指生物借以繁殖传代的物质 ▷传～|配～。→ ❸ 名 具有共同起源和共同遗传特征的人群 ▷黄～|人～|～族。→ ❹ 名 事物得以延续的根源 ▷火～|谬～流传。❺ 名 比喻胆量或骨气 ▷有～的上来比试比试|孬～。→ ❻ 名 依据事物的性质、特点划分的门类 ▷～类|工～|品～。⇒ ❼ 名 生物学分类的基本单位，在属以下 ▷家犬是哺乳动物犬科犬属的一～。⇒ ❽ 量 用于人或事物的类别 ▷两～人|几～颜色。○ ❾ 名 姓。☛ ㊀读zhǒng，表示事物，指种子等，也作姓氏；读 zhòng，表示动作，如种地、种植；读 chóng，用于姓氏。㊁“种（zhǒng）”和“种（chóng）”是两个不同的姓。㊂参见 1597 页“样”的提示。

另见 189 页 chóng；1791 页 zhòng。

【种差】zhǒngchā 名 逻辑学上指同一属概念下几个种概念之间在内涵上的差异。如“能制造生产工具”是在动物这一个属概念之下，人区别于其他动物的种差。

【种畜】zhǒngchù 名 供配种用的公母牲畜。如配种用的公牛、公羊、母猪等。

【种蛋】zhǒngdàn 名 从良种家禽及某些人工饲养的其他卵生动物产的蛋中选出的受精蛋，用来孵化幼体。

【种概念】zhǒnggàiniàn 名 在具有包含关系的两个概念中，外延较小的概念。如“手机”和“智能手机”这两个概念中，“手机”是属概念，“智能手机”是种概念。也说下位概念。

【种类】zhǒnglèi 名 以事物本身的性质和特点为依据而划分的类别 ▷～繁多。

【种麻】zhǒngmá 名 苴麻。

【种苗】zhǒngmiáo 名 初经培育，可供进一步养育的幼小的动植物 ▷优质～|备足～。

【种禽】zhǒngqín 名 供配种用的雌雄家禽。如配种用的母鸡、公鸭等。

【种群】zhǒngqún 名 指分布在同一生态环境中，能自由交配、繁殖的同种生物的群体。

【种仁】zhǒngrén 名 某些植物种子果壳内所含的仁，可以发芽长成新株。如桃仁、杏仁等。

【种属】zhǒngshǔ 名 生物的种的类属。

【种条】zhǒngtiáo 名 供扦插用的花木枝条。

【种姓制度】zhǒngxìng zhìdù 指古代印度和南亚某些国家的社会等级制度。这种制度把人分成若干种姓，用以区分尊卑等级。如古印度有四大种姓，即婆罗门（僧侣和学者）、刹帝利（武士和贵族）、吠舍（手工业者和商人）、首陀罗（农民和仆役）。不同种姓的人不能通婚，法律地位也不平等。后来又在种姓之外分出一个“贱民”阶层，社会地位最低。

【种种】zhǒngzhǒng 代 各种 ▷本禁令所列上述～，均应严加防范|凡此～。

【种子】zhǒngzi ❶ 名 某些植物所特有的器官，由完成了受精过程的胚珠发育而成，通常包括种皮、胚和胚乳三个部分。种子在一定条件下萌发成新的植物体 ▷撒播～ ◇ 革命的～。❷ 名 体育竞赛中进行分组淘汰赛时，分配到各组里的实力较强的运动队或运动员 ▷一号～选手|～队。

【种子植物】zhǒngzi zhíwù 开花、产生种子、靠种子繁殖的各类植物的统称（跟“孢子植物”相区别）。包括裸子植物和被子植物。

【种族】zhǒngzú 名 人种。

【种族歧视】zhǒngzú qíshì 用不平等的态度对待其他种族。

【种族主义】zhǒngzú zhǔyì 夸大种族差异，鼓吹种族歧视的理论和主张。它大肆宣扬各种族天生就有优劣之分，优等种族应该对劣等种族进行统治。

冢(*塚) zhǒng 名 坟墓 ▷古～|荒～。☛下边是"豕"，不是"豖"。

踵 zhǒng ❶ 名 脚跟 ▷摩肩接～|接～而至|旋～。→ ❷ 动〈文〉追随；继承 ▷～步|～武(武：足迹，泛指脚步)|～事增华。→ ❸ 动〈文〉到；亲自到 ▷～门|～谢。

【踵事增华】zhǒngshì-zēnghuá 继承前人的事业并使进一步发展。

穜 zhǒng 古同"种(zhǒng)"。
另见 1380 页 tóng；1793 页 zhòng。

zhòng

中 zhòng ❶ 动 对准；正好符合 ▷击～目标|切～要害|～意|～选。→ ❷ 动 受到 ▷身上～了一枪|～毒|～暑。
另见 1781 页 zhōng。

【中标】zhòngbiāo 动 投标者通过竞标被招标方选中，得以承揽项目。

【中弹】zhòngdàn 动 被子弹、炮弹等打中 ▷～身亡。

【中的】zhòngdì ❶ 动 射中靶心；击中目标 ▷一箭～。❷ 动 比喻(话语等)击中要害 ▷一语～。

【中毒】zhòngdú ❶ 动 生物体由于接触或服用了含毒素物质而发生生理机能障碍、组织被破坏甚至死亡 ▷食物～|煤气～。❷ 动 比喻思想受到毒害 ▷痴迷邪教，～甚深。

【中风】zhòngfēng ❶ 名 中医指由脑栓塞或脑溢血等引起的一种疾病。症状为突然昏迷、口眼歪斜、言语困难或半身不遂等，严重的可致死亡。❷ 动 患中风 ▷他已经～过两次了。‖也说脑卒中、卒中。

【中规中矩】zhòngguī-zhòngjǔ《庄子·徐无鬼》："方者中矩，圆者中规。"(矩：木工用来求取直角的尺；规：画圆的工具)后用"中规中矩"形容完全合乎规矩，没有任何偏差；也形容古板、拘谨。

【中计】zhòngjì 动 陷入别人设下的计谋、圈套。

【中奖】zhòngjiǎng 动 在有奖销售、有奖游戏或购买奖券等活动中，由于奖券号码跟开奖号码相同而获得奖金或奖品。

【中肯】zhòngkěn 形 比喻话语切中要害(肯：肯綮，筋骨结合处) ▷分析透彻，批评～。

【中魔】zhòngmó 动 迷信指受到妖魔鬼怪的控制而言行反常；多比喻深深入迷而难以自拔 ▷一天到晚玩游戏机，快～了。

【中签】zhòngqiān 动 自己持有的证券号码跟用抽签等办法确定的证券号码相同。

【中枪】zhòngqiāng ❶ 动 被枪弹击中 ▷不幸～身亡|后背中了一枪。❷ 动 比喻因某事而受到打击或损害 ▷这次流感来势汹汹，不少人～。

【中伤】zhòngshāng 动 采取诬蔑的手段伤害别人 ▷诽谤～|蓄意～。

【中暑】zhòngshǔ ❶ 名 因高温中受热时间过长而引起的一种疾病。症状是头痛、眩晕、痉挛、虚脱等。❷ 动 患中暑 ▷昨天我～了。

【中邪】zhòngxié 动 中魔。

【中选】zhòngxuǎn 动 当选；被选中 ▷～为学生代表。

【中意】zhòngyì 动 感到满意；合乎心意 ▷这门亲事他很～。

【中招】zhòngzhāo 动 上当；受损害 ▷诈骗手段翻新，老年人最容易～|手足口病进入易发期，有的儿童已经～。

仲 zhòng ❶ 名〈文〉兄弟排行中的老二 ▷伯～叔季|～兄(二哥)。→ ❷ 名 指农历一季里的第二个月 ▷～夏|～秋。❸ 形 位置居中的 ▷～裁。○ ❹ 名 姓。

【仲裁】zhòngcái 动 由当事人双方以外的第三者对有较大争议的事项作出裁决 ▷～劳动争议|海事～。

【仲裁人】zhòngcáirén 名 担任仲裁工作的人。

【仲春】zhòngchūn 名 春季的第二个月，即农历二月。

【仲冬】zhòngdōng 名 冬季的第二个月，即农历十一月。

【仲家】zhòngjiā 名 布依族和云南部分壮族的旧称。

【仲秋】zhòngqiū 名 秋季的第二个月，即农历八月。也说中秋。

【仲孙】zhòngsūn 名 复姓。

【仲夏】zhòngxià 名 夏季的第二个月，即农历五月。

众(衆*眾) zhòng ❶ 名 许多人 ▷万～一心|大～。→ ❷ 形 多(跟"寡"相对) ▷～寡悬殊|～人。

【众筹】zhòngchóu 动 向公众公开筹资。现代众筹多是通过网络平台进行 ▷小区居民～创办"爱心厨房"|～公益基金。

【众多】zhòngduō 形 很多(多形容人) ▷奇特的景观吸引了～游客。

【众寡悬殊】zhòngguǎ-xuánshū 双方数量的多少、力量的大小相差很远。

【众口难调】zhòngkǒu-nántiáo 众人口味不同，饭菜很难调制得每个人都满意；比喻办一件事难以让每个人都满意。

【众口铄金】zhòngkǒu-shuòjīn《国语·周语下》："众心成城，众口铄金。"众口一词，其力量足以熔化金属。形容舆论的力量不可低估；后多指很多人乱说，足以混淆是非。

【众口一词】zhòngkǒu-yīcí 很多人的说法都一样。

【众目睽睽】zhòngmù-kuíkuí 很多人都睁大眼睛看着(睽睽:形容睁大眼睛注视的样子)。

【众目昭彰】zhòngmù-zhāozhāng 大家的眼睛都看得很清楚(昭彰:明显)。

【众怒】zhòngnù 名 很多人的愤怒 ▷招来～|～难犯。

【众叛亲离】zhòngpàn-qīnlí《左传·隐公四年》:"众叛亲离,难以济矣。"指众人反对,亲信背离。形容不得人心,十分孤立。

【众擎易举】zhòngqíng-yìjǔ 许多人一齐向上用力,就可以轻易地把东西举起来。比喻齐心协力,就容易取得成功。☛"擎"不读 qǐng。

【众人】zhòngrén 名 大家;很多人。

【众生】zhòngshēng 名 佛教指有生命的人和动物;也专指人 ▷普救～|芸芸～。

【众生相】zhòngshēngxiàng 名 原为佛教用语,今泛指世间众人的各种面貌和表现 ▷都市～。

【众矢之的】zhòngshǐzhīdì 许多箭共同瞄准的靶心。比喻众人一致攻击的对象。

【众说】zhòngshuō 名 各式各样的议论 ▷～不一|～纷纭。

【众所周知】zhòngsuǒzhōuzhī 人们普遍都知道。

【众望】zhòngwàng 名 大家的期望 ▷难孚～|不负～。

【众望所归】zhòngwàng-suǒguī 公众期望的归向。指某人威望很高,为群众所信赖和敬仰;也指事情符合公众的心意和愿望。

【众星捧月】zhòngxīng-pěngyuè 群星环绕着月亮。比喻许多人拥戴着一个有威望的人。

【众议员】zhòngyìyuán 名 两院制议会中众议院的成员。

【众议院】zhòngyìyuàn 名 指实行两院制的国家中议会的下议院;也指某些实行一院制的国家议会。

【众志成城】zhòngzhì-chéngchéng 万众一心就能形成一道坚不可摧的城墙。比喻大家团结一致就可形成无比强大的力量。

茽 zhòng 动〈文〉草丛生。

种(種) zhòng ❶ 动 把植物的种子或幼苗的根部埋在土里,让它发芽、生长 ▷～豌豆|～树|～植|栽～|点～。→ ❷ 动 接种(zhòng) ▷～牛痘|～卡介苗。

另见 189 页 chóng;1789 页 zhǒng。

【种地】zhòngdì 动 耕种田地;泛指从事农业劳动 ▷退役后回乡～。

【种痘】zhòngdòu 动 为预防天花,把牛痘疫苗接种在人体上。也说种牛痘、种花。

【种瓜得瓜,种豆得豆】zhòngguā-déguā,zhòngdòu-dédòu 比喻做什么样的事情,就会得到什么样的回报。

【种花】zhònghuā ❶ 动 培植花卉。❷ 动 种痘。

【种田】zhòngtián 动 种地。

【种植】zhòngzhí 动 播种种子;栽培幼苗 ▷～小麦|房前屋后～了很多树苗。

【种植业】zhòngzhíyè 名 以土地为基本生产资料,通过人工栽培农作物取得农产品的产业。是农业的主要组成部分,与林业、畜牧业、渔业和农村副业构成广义的农业。

【种植园】zhòngzhíyuán 名 大规模种植热带经济作物的农场。一般只种植一种经济作物。

重 zhòng ❶ 形 重量大(跟"轻"相对,③—⑥同) ▷这根木头很～|～于泰山|工作负担～|沉～。→ ❷ 名 分量 ▷这块肉有几斤～?|净～|失～。→ ❸ 形 重要 ▷以国事为～|西北～镇|仓库～地。❹ 动 认为重要;看重 ▷～义轻利|～男轻女|尊～|器～。→ ❺ 形 程度深 ▷伤势很～|颜色太～|～病。〇 ❻ 形 庄重;不轻率 ▷慎～|郑～|隆～。

另见 189 页 chóng。

【重办】zhòngbàn 动 严厉惩办(罪犯)。

【重磅】zhòngbàng 形 有分量的;很重要的 ▷～炸弹|～出击|～产品|～消息。

【重兵】zhòngbīng 名 实力强大的军队 ▷～镇守|握有～。

【重彩】zhòngcǎi 名 浓重的色彩 ▷～浓抹。

【重臣】zhòngchén ❶ 名 权臣。❷ 名 朝廷中居重要职位、声望很高的大臣。

【重酬】zhòngchóu ❶ 动 给予丰厚的报酬 ▷对拔尖儿人才重用～。❷ 名 丰厚的报酬或酬礼 ▷以～聘用|报以～。

【重创】zhòngchuāng 动 使受到惨重的伤亡或损害 ▷～敌军|经济受到～。☛"创"这里不读 chuàng。

【重挫】zhòngcuò 动 沉重地挫败;严重地挫伤 ▷～敌军锐气|经济实力遭受～。

【重大】zhòngdà 形 大而重要 ▷责任～|～损失。

【重担】zhòngdàn 名 沉重的担子;比喻艰巨的任务或重大的责任 ▷挑～|革命～|生活～。

【重地】zhòngdì 名 重要而需加防护的场所 ▷机房～,闲人免进|军事～,谢绝参观。

【重点】zhòngdiǎn ❶ 名 整体事物中重要的或主要的部分 ▷抓住～|～工程。❷ 副 表示把某一内容当作重点 ▷～扶持|～介绍。❸ 名 阻力点的旧称。

【重读】zhòngdú 动 说话或朗读时把某个或某几个音节读响亮些,以区别词义或增强表达效果。☛ 跟"重(chóng)读"不同。

【重度】zhòngdù 区别 程度重的 ▷～污染|～残疾。

【重罚】zhòngfá 动 加重处罚 ▷对屡教不改的要～。

【重犯】zhòngfàn 名 罪行严重的犯人。☛ 跟"重(chóng)犯"不同。

【重负】zhòngfù 名 沉重的负担 ▷不堪～。

【重工业】zhònggōngyè 名 主要生产生产资料的工业(跟"轻工业"相区别)。如电力、煤炭、钢铁、石油、机械制造、基本化工、建筑材料等工业。

【重荷】zhònghè 名 重负。

【重话】zhònghuà 名 分量很重,所包含的意思刺中要害的话 ▷不说～就不能使他警醒|要能容得别人向自己撂～,提尖锐意见。

【重活儿】zhònghuór 名 繁重费力的活计 ▷体弱多病,干不了～。

【重机枪】zhòngjīqiāng 名 装有枪架,射程较远(一般为 1000 米)的机枪。

【重价】zhòngjià 名 昂贵的价格 ▷～征购。

【重剑】zhòngjiàn ❶ 名 击剑运动项目之一,比赛时刺中对方身体任何部位都有效,只准刺,不准劈。❷ 名 这一项目使用的剑,由剑柄、剑身和护手盘组成,全长不超过 110 厘米,重量不超过 770 克。

【重奖】zhòngjiǎng ❶ 名 金额大或奖品贵重的奖励。❷ 动 给予重奖 ▷～举报有功者。

【重金】zhòngjīn 名 很多钱;高价 ▷～酬谢。

【重金属】zhòngjīnshǔ 名 一般指密度大于 5 克/厘米^{3}的金属。如金、银、铜、铁、锡、汞等及其合金。

【重晶石】zhòngjīngshí 名 矿物,无色透明或白色,有玻璃光泽。广泛用于石油、化工、陶瓷、玻璃等工业。

【重力】zhònglì ❶ 名 指地球吸引其他物体的力,力的方向指向地心。物体落向地面就是重力作用的结果。也说地心引力。❷ 名 泛指天体吸引其他物体的力。如月球重力、火星重力。

【重利】zhònglì ❶ 名 超常的高利息 ▷～放贷|～盘剥。❷ 名 高额利润 ▷薄利多销,不谋～。❸ 动 看重物质利益 ▷～更重义。

【重量】zhòngliàng ❶ 名 物理学上指物体所受地心引力的大小。单位是牛顿。❷ 名 日常生活中指物质的质量。单位是克、千克等。

【重量级】zhòngliàngjí ❶ 区别 拳击、举重等体育比赛项目按照运动员体重不同划分的参赛级别中,体重级别高的 ▷～男子举重比赛。❷ 区别 指重要的、级别高的 ▷～嘉宾|～投资项目。

【重判】zhòngpàn 动 从重判处 ▷依法应当～的,要坚决～。

【重炮】zhòngpào 名 榴弹炮、加农炮、高射炮等重型大炮的统称。

【重器】zhòngqì〈文〉❶ 名 指钟鼎等国家的重要器物,象征国家政权 ▷倾覆～。❷ 名 比喻国家栋梁;也比喻国家的重要事物 ▷士者,国之～|宪法乃国家九鼎～。

【重氢】zhòngqīng 名 氘(dāo)。

【重拳】zhòngquán 名 指打出的力量很重的拳头;比喻巨大的打击力量或严厉的措施 ▷他一记～将对手打倒在地|反腐连出～|以铁腕～打好蓝天保卫战。

【重任】zhòngrèn 名 重要的职责或任务 ▷～在肩|担起～。

【重伤】zhòngshāng 名 严重的身体伤害。

【重赏】zhòngshǎng ❶ 动 用大额的钱币或贵重的奖品赏赐 ▷～立功将士。❷ 名 金额大或奖品贵重的奖赏 ▷立大功者受～。

【重视】zhòngshì 动 当作重要的人或事对待 ▷受到领导的～|这个意见值得～。

【重水】zhòngshuǐ 名 无机化合物,是重氢与氧化合而成的液体,无色、无臭、无味,与普通水相像,但密度、沸点、凝固点都比水高。在原子能工业中用作减速剂,也是制取重氢的原料。

【重听】zhòngtīng 形 听觉不灵;耳朵背 ▷老人～,你小声说话他听不见。

【重头】zhòngtóu ❶ 名 分量重的一端或重要的部分 ▷我抬～|他的戏在全剧中占～。❷ 区别 比喻最有力或最重要的 ▷～人物|～戏。

【重头戏】zhòngtóuxì ❶ 名 唱功和做功都很繁重的戏 ▷《挑滑车》是武生的～。❷ 名 比喻工作或活动中最重要、最艰巨的环节 ▷修这条公路的～是那条隧道。

【重托】zhòngtuō 名 重要的委托或嘱托 ▷有负～|人民的～。

【重武器】zhòngwǔqì 名 射程远、火力强、需要用车辆牵引或运载的武器,如火箭炮、高射炮等。

【重孝】zhòngxiào 名 古代五种孝服中礼节上最重的一种,如子女为父母所穿的孝服。

【重心】zhòngxīn ❶ 名 物理学上指物体各部分所受的重力的合力作用点。❷ 名 几何学上指三角形的三条中线的相交点。❸ 名 借指事情的重点或核心 ▷教育普及工作的～在农村。

【重型】zhòngxíng 区别 (机器、武器等)在重量、体积、功效、威力等方面大的 ▷～机械|～轰炸机。

【重压】zhòngyā 名 沉重的压力 ▷承受工作和生活的双重～。

【重要】zhòngyào 形 具有重大意义和深远影响的 ▷～会议|～的是信誉。

【重音】zhòngyīn ❶ 名 指一个词、短语或句子里需要重读的音节。能起区别意义或强调等作用,包括语法重音和逻辑重音。❷ 名 乐曲中强度较大的音,是构成音乐节奏的主要因素。

【重用】zhòngyòng 动 委以重要的职务或工作 ▷要~德才兼备的干部。

【重油】zhòngyóu ❶ 名 分馏石油时,提炼出汽油、煤油、柴油等以后的液态残余物。可作裂化或制润滑油的原料。❷ 名 煤焦油高温分馏时,在230—300℃之间蒸出的物质。可提取化工原料,也可用作木材的防腐剂。

【重于泰山】zhòngyútàishān 比泰山还重。形容价值极高,或意义重大,或责任重大 ▷安全工作~|为正义而死,~。也说重如泰山。

【重灾】zhòngzāi 名 严重的自然灾害 ▷~区。

【重灾区】zhòngzāiqū 名 遭受严重自然灾害的地区;比喻遭受严重人为祸害的地区或部门、领域 ▷洪涝的~|"文化大革命"中,教育领域是~。

【重载】zhòngzài 动 高负荷装载 ▷最怕~下长坡|~卡车。

【重责】zhòngzé ❶ 名 重大的责任 ▷~在身。❷ 动 重视责任 ▷~轻利。❸ 动 严厉地责罚 ▷~失职人员。

【重镇】zhòngzhèn 名 在军事上或其他方面占重要地位的城镇 ▷军事~|经济~。

【重子】zhòngzǐ 名 质子、中子和比它们更重的粒子的统称。

穜 zhòng 古同"种(zhòng)"。
另见 1380 页 tóng;1790 页 zhǒng。

zhōu

舟 zhōu ❶ 名 船 ▷同~共济|一叶扁(piān)~|泛~湖上。○ ❷ 名 姓。☛ ㊀第二画是竖撇(丿),不是竖(丨)。㊁"舟"作左偏旁时一横向右不出头,如"船""舰""般"。

【舟车】zhōuchē 名〈文〉船和车的合称;借指旅途 ▷~劳顿。

【舟楫】zhōují 名〈文〉船和桨;借指船只 ▷仗~,远涉重洋。

【舟桥】zhōuqiáo 名 用船或其他浮体连接而成的浮桥。通常由桥脚舟、桥面和栈桥组成。便于迅速连接和拆解,主要用于行军时克服江河障碍。

州 zhōu ❶ 名 古代行政区划单位,所辖地区的大小历代不尽相同,有些名称作为地名还保留到现在。如徐州、沧州、扬州、杭州等。→ ❷ 名 我国少数民族地区的自治行政区划单位,介于自治区和自治县之间。如湖南的湘西土家族苗族自治州。☛ 跟"洲"不同。"杭州""自治州"等的"州"不能写成"洲";"亚洲""非洲""绿洲""沙洲"的"洲"不能写成"州"。

诌(謅) zhōu 动 随口编造 ▷瞎~|胡~。☛ 统读 zhōu,不读 zōu。

侜 zhōu 动〈文〉欺骗;说谎。

周[1](*週) zhōu ❶ 动 环绕;循环 ▷~旋|~期性|~而复始。→ ❷ 形 全面;普遍 ▷~身发热|~游|众所~知。❸ 形 完备;完善 ▷考虑不~|~密|~详。→ ❹ 名 圈子;环绕中心的外沿部分 ▷圆~|~围|~遭。❺ 量 用于动作环绕的圈数 ▷绕场一~|转体三~半。→ ❻ 名 星期 ▷上~|实习两~|~末|~日。

周[2] zhōu 动 接济 ▷~济。

周[3] zhōu ❶ 名 朝代名。a)约公元前 1046—前 256 年,姬发所建。先建都镐京(今陕西西安长安区),史称西周;后迁都洛邑(今河南洛阳),史称东周。b)南北朝之一,公元 557—581 年,鲜卑人宇文觉所建,史称北周。c)公元 690—705 年,唐武后武则天称帝,曾改国号为周。d)五代之一,公元 951—960 年,郭威所建,史称后周。○ ❷ 名 姓。

【周报】zhōubào 名 每周出版一期的报刊。

【周边】zhōubiān 名 四周 ▷~市县|~的人。

【周遍】zhōubiàn 形 包括某一范围所有对象的 ▷~性|量词的重叠形式可以表示~意义。

【周波】zhōubō 量 英、美制频率计量单位"周/秒"的俗称,1 周波等于 1 赫兹。我国法定计量单位中的频率单位为赫兹。

【周长】zhōucháng 名 一个平面几何图形所有边长的总和。

【周到】zhōudào 形 全面而没有疏漏 ▷考虑得十分~|网络提供了~的咨询服务。

【周而复始】zhōu'érfùshǐ 转了一周之后又重新开始。形容循环往复不断进行。

【周济】zhōujì 动 给予贫困者财物支援 ▷~孤寡老人。

【周角】zhōujiǎo 名 数学上指一条射线以端点为定点在平面上旋转一周所成的角。一周角为 360°。

【周刊】zhōukān 名 每周出版一期的刊物;也指报纸上每周一期的副刊。

【周密】zhōumì 形 周到细致,没有疏漏 ▷部署得十分~|~的计划。

【周末】zhōumò ❶ 名 每星期的最后一天。一般指星期六,实行双休日的周末也指星期五 ▷从本~到下周一,这里将连降大雪|~晚上我们去看戏。❷ 名 现也指每星期双休日这段时间 ▷~短途旅游|~期间。

【周年】zhōunián 名 满一年的时间 ▷建校 100~。

【周期】zhōuqī ❶ 名 物体作往复运动或圆周运动时,重复一次所需要的时间 ▷地球自转～。❷ 名 事物在运动、变化的过程中某些特征连续两次出现所间隔的时间 ▷经济危机的～。

【周期表】zhōuqībiǎo 名 指化学元素周期表。即把所有已知的元素按元素原子序数递增的次序排列成的表。

【周期性】zhōuqīxìng 名 往复运动或多次重复的性质 ▷呈～变化。

【周全】zhōuquán ❶ 形 周到全面 ▷考虑得很～|照顾得不～。❷ 动 帮助成全 ▷我能有今天,全靠大家～。

【周身】zhōushēn 名 整个身体;全身 ▷～发痒。

【周岁】zhōusuì ❶ 名 人出生满1年的时间 ▷他刚满～。❷ 量 人出生每满1年为1周岁。

【周天】zhōutiān ❶ 名 历法上指环绕天体的大圆周。现代周天分为360°。❷ 名〈文〉整个天空 ▷风雪满～|搅得～寒彻。

【周围】zhōuwéi 名 边缘部分;环绕一个处所或对象的附近 ▷坐垫～有穗子|～的人。

【周详】zhōuxiáng 形 全面而详细 ▷计划～。

【周薪】zhōuxīn 名 按周计算的工资。

【周旋】zhōuxuán ❶ 动 回旋;盘旋。❷ 动 应酬;打交道 ▷这件事还得你去～～。❸ 动 指在战争中辗转追逐 ▷同敌人～到底。

【周延】zhōuyán ❶ 形 形式逻辑上指一个判断的主词或宾词包括了其全部外延。全称判断的主词、否定判断的宾词是周延的,因为它们的所有对象在判断中都被断定。如“所有金属都是导体”中的“金属”、“冥王星不是太阳系行星”中的“太阳系行星”都是周延的。❷ 形 周全;完整 ▷修改后的这篇稿子更为～|结构～的合同。☛ 跟“周严”不同。

【周严】zhōuyán 形 周密而严谨 ▷～的思考|防备如此～。☛ 跟“周延”不同。

【周易】zhōuyì 名 儒家经典之一,内容包括《经》和《传》两部分。《经》主要是六十四卦和三百八十四爻,作为占卜之用。《传》包括解释卦辞、爻辞的文辞共十篇。《周易》通过八卦的形式,推测自然和社会的变化,提出了若干富有朴素辩证法的观点。也说《易经》。

【周游】zhōuyóu 动 到各处游历 ▷～欧洲各国。

【周缘】zhōuyuán 名 四周的边缘 ▷花坛的～是小柏树。

【周遭】zhōuzāo 名 周围。

【周章】zhōuzhāng〈文〉❶ 形 仓皇惊恐 ▷狼狈～。❷ 名 周折;麻烦 ▷颇费～|枉费～。

【周折】zhōuzhé 名 指事情进行中遇到的反复和曲折 ▷费尽～|几经～。

【周正】zhōuzhèng 形 端正匀称 ▷长得很～。

【周知】zhōuzhī 动 全都知道 ▷众所～|一体～。

【周至】zhōuzhì 形 周到。

【周转】zhōuzhuǎn ❶ 动 指资金从投入生产到销售产品收回货币的流转过程反复进行 ▷加速资金～。❷ 动 指个人或团体的经费开支调度或物品的轮流使用 ▷要解决现金～不开的问题|缩短借阅期限,加快图书～。

【周转房】zhōuzhuǎnfáng 名 用于周转的过渡性住房,一般由企业提供给拆迁居民或由单位提供给无房职工临时居住。

【周转金】zhōuzhuǎnjīn 名 用于周转的资金 ▷留出一部分现金作为～。

洲 zhōu ❶ 名 河流中泥沙淤积成的陆地 ▷沙～|长江三角～◇绿～。→ ❷ 名 大陆及其附属岛屿的统称。地球上有七大洲,即亚洲、欧洲、非洲、北美洲、南美洲、大洋洲、南极洲。○ ❸ 名 姓。☛ 参见1793页“州”的提示。

【洲际】zhōujì ❶ 名 洲与洲之间 ▷加强～协作。❷ 区别 洲与洲之间的 ▷～组织。

【洲际导弹】zhōujì dǎodàn 射程超过8000千米,可以从一大洲发射到另一大洲的战略导弹。

辀(輈) zhōu 名〈文〉车辕;借指车。

掫 zhōu 动〈口〉把重物从一端托起或往上掀 ▷把麻袋～起来|把桌子～翻了。

啁 zhōu [啁啾] zhōujiū 拟声〈文〉模拟鸟叫的声音 ▷乳雀～。

另见1740页 zhāo。

鸼(鵃) zhōu 见493页“鹘(gǔ)鸼”。

婤 zhōu 用于人名(一般用于女性)。如婤姶(è),东周时卫襄公的宠妾。

赒(賙) zhōu 同“周[2]”(多用于人名)。

粥 zhōu 名 用粮食等熬成的糊状食物 ▷熬～|稠～|大米～。

另见1691页 yù。

【粥少僧多】zhōushǎo-sēngduō 僧多粥少。

盩 zhōu 名〈文〉山的曲折处。☛ 地名“盩厔(zhì)”(在陕西)现在改为“周至”。

zhóu

妯 zhóu [妯娌] zhóuli 名 兄妻和弟妻的合称 ▷她俩是～|～之间。

另见193页 chōu。

轴(軸) zhóu ❶ 名 贯穿在车轮中间承受车身重量的柱形部件 ▷自行车该换～了|前～|中～。→ ❷ 名 泛指机械中圆柱形的零件,其他转动的零件绕着它转

动或随着它转动 ▷直～|曲～|转～。→ ❸ 名 用来往上绕或卷东西的圆柱形器物 ▷线～|画～。⇒ ❹ 量 用于缠或卷在轴上的东西 ▷两～线|一～山水画。→ ❺ 名 把一个图形分成对称的两个部分的直线。

另见本页 zhòu。

【轴承】zhóuchéng 名 用于支承轴旋转并保持其准确位置的机械零件。按照摩擦的性质，可分为滑动轴承和滚动轴承两种。

【轴套】zhóutào 名 套在转轴上的零件。与螺母配合使用防止轴向位移。

【轴瓦】zhóuwǎ 名 滑动轴承和轴接触的器件，由耐磨材料制成，光洁度很高。也说轴衬。

【轴线】zhóuxiàn 名 缠在线轴儿上的线。

【轴心】zhóuxīn ❶ 名 轮轴的中心 ▷车轮的～。❷ 名 比喻事物的核心、中心 ▷～国。

【轴心国】zhóuxīnguó 名 指第二次世界大战前夕和战争期间结成侵略同盟的德国、意大利、日本三个法西斯国家。

【轴子】zhóuzi ❶ 名 为便于条幅悬挂和卷起而在其下端安装的圆杆儿。❷ 名 弦乐器上系弦的小圆杆儿，用来调节音的高低。

zhǒu

肘 zhǒu ❶ 名 上臂与前臂交接处的外侧部位，可以向内弯曲 ▷捉襟见～|～窝|掣～。→ ❷ 名 作为食品的猪腿上部 ▷后～棒|酱～子。

【肘关节】zhǒuguānjié 名 上臂和前臂的结合部位 ▷～脱臼。

【肘窝】zhǒuwō 名 肘关节内侧凹下去的部位。

【肘腋】zhǒuyè 名〈文〉胳膊肘儿和腋窝的合称。比喻离事物的主体或中心极近的地方 ▷祸起～|～之患。

【肘腋之患】zhǒuyèzhīhuàn 比喻发生在身边的祸患。

【肘子】zhǒuzi ❶ 名 肘① ▷胳膊～。❷ 名 肘②。

帚（*箒） zhǒu 名 扫除尘土、垃圾等的用具。一般用竹枝、棕毛或去粒的高粱穗等绑扎而成，现今也用塑料等制作 ▷敝～自珍|扫～（sàozhou）|笤～（tiáozhou）。

zhòu

纣[1]（紂） zhòu 名 后鞧（qiū）① ▷～棍（系在马、驴等牲口尾下的横木）。

纣[2]（紂） zhòu 名 商朝最后一个君主，相传是个暴君。

伷 zhòu 古同"胄[1]"（多用于人名）。

㑇（㑳） zhòu 形 漂亮；灵巧（多见于近代汉语）。

咒（*呪） zhòu ❶ 动〈文〉祷告。→ ❷ 动 说希望别人不吉利的话 ▷你可别～我|诅～|～骂。→ ❸ 名 指某些宗教或巫术中自称可以除灾降妖驱鬼的口诀 ▷念～|～语|符～。

【咒骂】zhòumà 动 诅咒谩骂 ▷咬牙切齿地～。

【咒语】zhòuyǔ ❶ 名 咒③。❷ 名 泛指诅咒人的话。

㤘（㥮） zhòu 形 某些地区指性情固执 ▷这个老太太脾气太～。

宙 zhòu ❶ 名 古往今来无限的时间 ▷宇～。→ ❷ 名 地质年代分期的第一级。参见304页"地质年代"。○ ❸ 名 姓。

【宙斯】zhòusī 名 英语 Zeus 音译。希腊神话中的主神。

绉（縐） zhòu 名 一种织出特殊皱纹的丝织品 ▷真丝双面～。通称绉纱。☛ 跟"皱"不同。

【绉布】zhòubù 名 表面呈皱纹状的布。

【绉纱】zhòushā 名 绉的通称。

荮（葤） zhòu ❶ 动 某些地区指用草包裹。❷ 量 某些地区把碗、碟等用草捆成一捆叫一荮。

轴（軸） zhòu 名 一场戏曲演出中排在最后作为轴心的主要剧目 ▷大～（最后一出）|压～（倒数第二出）。

另见1794页 zhóu。

胄[1] zhòu 名 古代帝王或贵族的后代 ▷贵～|王室之～。

胄[2] zhòu 名 古代作战时戴的保护头部的帽子，多用厚皮革或金属制成 ▷甲～。

咮 zhòu 名〈文〉鸟嘴。

昼（晝） zhòu 名 从天亮到天黑的一段时间（跟"夜"相对） ▷白～|～夜。

【昼伏夜出】zhòufú-yèchū 白天潜伏起来，黑夜出来活动（伏：躲藏）。

【昼夜】zhòuyè 名 白天和夜晚 ▷不分～|江水东去，不舍～。

酎 zhòu 名〈文〉反复多次酿成的醇酒。

皱（皺） zhòu ❶ 名 皮肤因松弛而出现的比较深的纹路 ▷脸上有～纹。→ ❷ 名 物体表面因收缩或被搓弄挤压而形成的褶子 ▷这块布起～了。→ ❸ 动 起褶子；收缩 ▷衬衣～了|～着眉头。☛ 跟"绉"不同。

【皱巴巴】zhòubābā 形〈口〉形容皱得厉害 ▷一张～的纸币|穿着～的衣服。也说皱皱巴巴。

【皱痕】zhòuhén 名 褶皱的痕迹 ▷～累累。

【皱眉】zhòuméi 动 紧缩双眉，表示发愁或为难。

【皱胃】zhòuwèi 名 反刍动物的第四胃，在腹腔底部，呈长囊形，内壁能分泌消化液。食物在皱胃中消化后进入肠道。

【皱纹】zhòuwén 名 皱①②。也说折皱。

【皱折】zhòuzhé ❶ 名 大而深的皱纹 ▷眼角的～已经很深了。❷ 动 形成大而深的皱纹 ▷衣服～成这样了。

【皱褶】zhòuzhě 名 皱纹。

甃 zhòu ❶ 名 某些地区指井壁。→ ❷ 动 某些地区指用砖石垒砌(井壁等) ▷～井。

繇 zhòu 名 古代占卜的文辞 ▷～辞。另见 1601 页 yáo；1671 页 yóu。

骤(驟) zhòu ❶ 动〈文〉马奔跑 ▷驰～。→ ❷ 形 速度非常快 ▷急～|暴风～雨。❸ 副 突然；忽然 ▷狂风～起|天气～冷|～变。☛ ㊀统读 zhòu，不读 zòu。㊁右下是"禾"，不是"豕"或"豕"。

【骤然】zhòurán 副 突然；忽然 ▷气温～下降。

籀 zhòu ❶ 名 籀文 ▷篆～。○ ❷ 动〈文〉读书 ▷讽～。

【籀文】zhòuwén 名 古汉字的一种字体，大篆的典型代表，传说是《史籀篇》中所用的文字，春秋战国时期通行于秦国。也说籀书。

zhou

碡 zhou 见 886 页"碌(liù)碡"。

zhū

朱(硃❷) zhū ❶ 形 大红 ▷～门|～笔。→ ❷ 名 朱砂 ▷近～者赤。○ ❸ 名 姓。

【朱笔】zhūbǐ 名 蘸了红颜料的毛笔，用于批阅公文、校勘古籍、批改作业等。

【朱红】zhūhóng 形 鲜红，略淡于大红。

【朱鹮】zhūhuán 名 鸟，雄鸟体长近 80 厘米，雌鸟稍小，羽毛白色，额和眼睛周围朱红色。生活在水边或沼泽地。是濒危动物，属国家保护动物。参见插图 5 页。

【朱蕉】zhūjiāo 名 铁树②的学名。

【朱槿】zhūjǐn 名 扶桑①。

【朱门】zhūmén 名 红漆大门；借指贵族豪门 ▷～绿廊|～酒肉臭。

【朱墨】zhūmò ❶ 名 红色和黑色。❷ 名 指公文。因古代官府文书用朱墨两色书写，故称。❸ 名 用朱砂制成的墨。

【朱批】zhūpī 名 用朱笔写的批语；特指皇帝的御批。

【朱漆】zhūqī 名 红色的漆 ▷大门上涂着～。

【朱雀】zhūquè ❶ 名 鸟，形似麻雀，雄鸟多为红色，雌鸟橄榄褐色。生活在山林中，主食树木、杂草的种子等。○ ❷ 名 二十八宿中南方七宿的统称。❸ 名 道教称镇守南方的神。‖也说朱鸟。

【朱砂】zhūshā 名 无机化合物，主要成分为硫化汞，红色或棕红色。是炼汞的主要原料，也可以做颜料和药材。也说辰砂、丹砂。

【朱文】zhūwén 名 印章上的阳文。因印在纸上后字迹是红色的，故称。

邾 zhū ❶ 名 春秋诸侯国邹国的本名。○ ❷ 名 姓。

侏 zhū［侏儒］zhūrú ❶ 名 发育畸形、异常矮小的人。多由脑垂体前叶功能低下所致。❷ 名 比喻在某方面有严重缺陷的人(含讥讽意) ▷不要做言语上的巨人，行动上的～。

诛(誅) zhū ❶ 动 指责；惩罚 ▷口～笔伐。○ ❷ 动 杀死 ▷天～地灭。

【诛戮】zhūlù 动〈文〉杀害 ▷惨遭～。

【诛求】zhūqiú 动〈文〉强行索取；榨取 ▷～无已。

【诛杀】zhūshā 动 杀害 ▷～无辜。

【诛心之论】zhūxīnzhīlùn 揭露内心动机的批评。

茱 zhū［茱萸］zhūyú 名 落叶小乔木，叶对生，花黄色，果实红色，味酸。有浓烈香气。果实可以做药材。有山茱萸、吴茱萸、食茱萸几种。

洙 zhū 用于地名。如：洙水河，水名；洙边，地名。均在山东。

珠 zhū ❶ 名 珍珠 ▷～联璧合|鱼目混～|～宝。→ ❷ 名 像珍珠的东西 ▷泪～|水～|滚～。○ ❸ 名 姓。

【珠蚌】zhūbàng 名 蚌的一种。壳长椭圆形，壳皮绿褐色或黑色。生活在淡水中。可产优质珍珠，肉可食，壳可以做药材。

【珠宝】zhūbǎo 名 珍珠、宝石等饰物的统称。

【珠翠】zhūcuì 名 指珍珠、翡翠一类的饰物。

【珠峰】zhūfēng 名 珠穆朗玛峰的简称。

【珠冠】zhūguān 名 用珠宝装饰的帽子。

【珠光宝气】zhūguāng-bǎoqì 珍珠宝石闪耀着的光彩。形容衣饰、陈设等豪华富丽。

【珠花】zhūhuā 名 用珍珠缀成的花形饰物。

【珠玑】zhūjī〈文〉❶ 名 珍珠(珍珠圆的叫珠，不圆的叫玑) ▷满目～|市列～，户盈罗绮。❷ 名 比喻优美的语句或优秀的作品 ▷字字～。

【珠帘】zhūlián 名 用珍珠缀成或饰有珍珠的帘子。

【珠联璧合】zhūlián-bìhé《汉书·律历志上》："日

月如合璧，五星如连珠。"意思是太阳和月亮就像美玉结合在一起，金、木、水、火、土五颗行星就像珍珠串联在一起。后用"珠联璧合"比喻杰出人才或美好事物聚集在一起，相得益彰。☛"璧"不要误写作"壁"。

【珠穆朗玛峰】zhūmùlǎngmǎfēng 名 喜马拉雅山脉的主峰，位于我国西藏自治区与尼泊尔交界处，海拔 8848.86 米，是世界最高峰(珠穆朗玛：藏语音译)。简称珠峰。

【珠三角】zhūsānjiǎo 名 珠江三角洲的简称。是由西江、北江、东江等在珠江河口湾内冲击而成的复合三角洲，包括广州、深圳、珠海、佛山、江门、中山、东莞、惠州、肇庆等市的全部或一部。珠三角经济圈是我国重要的经济中心区域之一。

【珠算】zhūsuàn 名 用算盘进行加、减、乘、除、开方等运算的方法。

【珠圆玉润】zhūyuán-yùrùn 像珍珠那样浑圆，像美玉那样润泽。形容歌声圆润婉转或文辞优美流畅。

【珠子】zhūzi ❶ 名 珍珠。❷ 名 像珠子的颗粒物 ▷算盘～｜汗～。

株 zhū ❶ 名 砍伐后残留在地面上的树根或树桩 ▷守～待兔。→ ❷ 名 植物体 ▷植～｜幼～｜～距。→ ❸ 量 用于草木，相当于"棵" ▷一～树｜两～苗。

【株距】zhūjù 名 同一行植株中相邻两株间的距离。

【株连】zhūlián 动 因一人犯罪而连累他人 ▷受到～｜～全家。

【株守】zhūshǒu 动〈文〉在树桩旁边守着。比喻拘泥守旧，不知变通。参见 1267 页"守株待兔"。

【株型】zhūxíng 名 由植株形态划分的类型。

诸[1]（諸） zhū ❶ 代 指某一范围的全体，相当于"众"；指全体的每一个体，相当于"各个" ▷～公(多用于男性)｜～君｜～事｜～子百家。○ ❷ 名 姓。

诸[2]（諸） zhū〈文〉❶ 代词"之"和介词"于"的合音，意义等于"之于" ▷付～实践｜诉～武力｜藏之名山，传～其人｜放～四海而皆准。○ ❷ 代词"之"和语气助词"乎"的合音，意义等于"之乎" ▷虽有粟，吾得而食～？☛"诸[2]"①本身已包含"于"，后面不能再加"于"，如不能说"诉诸于武力"。

【诸多】zhūduō 形 很多 ▷～琐事｜～问题。

【诸葛】zhūgě 名 复姓。

【诸葛亮】zhūgěliàng 名 三国时蜀汉政治家、军事家，字孔明，辅佐刘备建立蜀汉政权。由于小说《三国演义》的成功渲染，成了智慧的化身。现在多用来借指足智多谋的人。

【诸宫调】zhūgōngdiào 名 宋、金、元时期一种大型说唱文学。有说有唱，以唱为主，用来演唱长篇故事。因集合若干套不同宫调的不同曲子轮递演唱，故称。诸宫调体制宏大，曲调丰富，对元杂剧的形成有很大影响。金代董解元的《西厢记诸宫调》是现存唯一完整的诸宫调作品。

【诸侯】zhūhóu 名 商周两代和汉代初期，由帝王分封并受帝王统辖的列国国君；后多用来比喻掌管军政大权的地方官。

【诸如】zhūrú 动 例如。用于提起若干个例子 ▷各种文娱活动，～打牌、下棋、跳舞等，他都很擅长。

【诸如此类】zhūrú-cǐlèi 与此相类似的种种事物。

【诸位】zhūwèi 代 各位 ▷很高兴同～探讨合作开发新产品的问题。

【诸子百家】zhūzǐ bǎijiā 春秋末至汉初各种学术思想流派的总称(诸子：指各学派的代表人物孔子、老子、墨子、韩非子等；百家：指儒家、道家、墨家、法家、纵横家、杂家等各学派)。

铢（銖） zhū ❶ 量 古代重量单位，1 铢为 $\frac{1}{24}$ 两 ▷锱～必较｜～积寸累。○ ❷ 量 泰国货币单位。

【铢积寸累】zhūjī-cùnlěi 指一点一滴地积累。

【铢两悉称】zhūliǎng-xīchèn 指分量完全相当(铢、两：均指极轻微的重量；悉：全)。形容完全相符，非常精准；也形容双方实力相当、优劣相等。☛"称"这里不读 chēng 或 chèng。

猪（*豬） zhū 名 哺乳动物，身体肥壮，四肢短小，鼻子和口吻较长。肉可食用，皮可制革，鬃、骨等可作工业原料。

【猪草】zhūcǎo 名 做猪饲料的草。

【猪场】zhūchǎng 名 养猪场。

【猪肚儿】zhūdǔr 名 作菜肴用的猪胃。☛"肚儿"这里不读 dùr。

【猪圈】zhūjuàn 名 养猪用的有棚、有栏的简易建筑。

【猪猡】zhūluó 名 某些地区指猪；比喻蠢笨、贪吃的人或懒汉(常用作骂人的话)。

【猪排】zhūpái ❶ 名 猪的排骨 ▷红烧～。❷ 名 大而厚的猪肉片；也指用这种猪肉片做成的菜肴。

【猪婆龙】zhūpólóng 名 鼍的俗称。

【猪娃】zhūwá 名 某些地区指猪崽。

【猪瘟】zhūwēn 名 猪的急性传染病，由猪瘟病毒引起。死亡率很高。

【猪仔】zhūzǎi 名 旧指被拐骗到外国做苦工的人。

【猪崽】zhūzǎi 名 某些地区指小猪。

【猪鬃】zhūzōng 名 猪脖子上部长而粗硬的毛，可制刷子。

蛛 zhū 名 指蜘蛛 ▷～网|～丝马迹。

【蛛丝马迹】zhūsī-mǎjì 蜘蛛的丝，灶马的痕迹（马：灶马，昆虫）。比喻可据以查明真相的隐约可见的线索或迹象。☛"马"不要误写作"蚂"。

【蛛网】zhūwǎng 名 蜘蛛网。

【蛛蛛】zhūzhu 名 蜘蛛的俗称。

槠（櫧）zhū 名 常绿乔木，叶子长椭圆形，花黄绿色，果实球形，果仁可食用。木材坚硬，有弹性，可做枕木、车轴等。

潴 zhū ❶ 动 水停聚 ▷～积|～留。→ ❷ 名〈文〉水停聚的地方。

【潴留】zhūliú 动 医学上指液体在体内不正常地停留积聚 ▷尿～。

櫫 zhū 名〈文〉用作标志的木桩或木签。

zhú

术 zhú 见 27 页"白术"；131 页"苍术"；358 页"莪术"。

另见 1279 页 shù。

竹 zhú ❶ 名 多年生禾本科植物，茎中空，有节。种类很多，有毛竹、紫竹等。茎可用来建造房屋、制造器具，嫩芽叫竹笋，可食。通称竹子。参见插图 8 页。→ ❷ 名 指箫、笛一类竹制管乐器 ▷丝～乐。〇 ❸ 名 姓。

【竹板】zhúbǎn ❶ 名 较宽的竹片 ▷三根～|～床。❷ 名 演唱数来宝、快板儿时打拍子用的竹制长方形小板儿。分呱嗒板儿和节子板两种。

【竹编】zhúbiān 名 用竹篾编制的手工艺品；也指这种工艺。

【竹帛】zhúbó 名〈文〉竹简和绢，古代用来书写文字；借指典籍。

【竹布】zhúbù 名 本指用竹子作原料织成的布。后指淡蓝色或白色的纹理致密、手感挺括的棉布，多用来做夏衣。

【竹材】zhúcái 名 竹子砍伐后经粗略加工而成的材料。

【竹雕】zhúdiāo 名 在竹子上雕刻形象、文字、花纹的艺术；也指用这种艺术雕刻成的工艺品。也说竹刻。参见插图 16 页。

【竹钉】zhúdīng 名 用竹子削成的钉子。多用于固定竹器的各部件。

【竹筏】zhúfá 名 用粗竹竿编扎的水上交通工具。也说竹排。

【竹竿】zhúgān 名 砍伐后削去枝叶的竹茎。☛"竿"不要误写作"杆"。

【竹杠】zhúgàng 名 用较粗的竹子截制成的杠子，可用来抬东西。

【竹管】zhúguǎn 名 砍伐后打通竹节的竹茎。

【竹黄】zhúhuáng ❶ 名 一种竹制工艺品，将竹材内壁黄色表层取下，经煮压后胶合或镶嵌在木胎或竹片上，经打磨光滑后，雕刻上人物、山水、花鸟等。色泽光润，类似象牙，是竹刻中的独特品种。❷ 名 一种中药，是大竹枝节中的分泌物，甘寒无毒，有清脑镇静、祛痰镇咳功效。也说竹膏。

【竹簧】zhúhuáng 现在一般写作"竹黄"。

【竹鸡】zhújī 名 鸟，体长约 30 厘米，栖息于山丘丛林间，鸣声响亮，雄性好斗。分布于我国长江流域以南各地以及陕西南部、河南南部、四川等地。

【竹简】zhújiǎn 名 古代用于书写文字的竹片；也指已书写文字的竹片。

【竹节】zhújié 名 竹茎上的节。

【竹节虫】zhújiéchóng 名 蛐(xiū)。

【竹篮打水一场空】zhúlán dǎshuǐ yīchángkōng 比喻一切努力和期望全部落空。

【竹林】zhúlín 名 大面积竹子丛生的地方。

【竹楼】zhúlóu 名 傣族等少数民族用竹子作主要材料建造的架在地面上的房屋。下层有支柱，上层住人。

【竹马】zhúmǎ ❶ 名 儿童玩耍时骑在胯下当马的竹竿。❷ 名 民间歌舞的道具，用竹片扎成马形，外糊布或纸，用绳索挂在表演者腰间。

【竹排】zhúpái ❶ 名 编结成排放入江河中顺流运往各地的竹材。❷ 名 竹筏。

【竹器】zhúqì 名 竹制的器物。如竹筐、竹篮、竹篓、竹床、竹椅、竹席、竹帘等。

【竹签】zhúqiān ❶ 名 供算卦、占卜或赌博等用的小竹片。❷ 名 泛指用竹片劈成的小棍，如牙签。

【竹荪】zhúsūn 名 一种食用菌，菌盖深绿色，钟状，下垂部分白色，略呈网状。多生长在竹林中，也可人工栽培。

【竹笋】zhúsǔn 名 竹的嫩芽。参见 1320 页"笋"①。

【竹榻】zhútà 名 用竹竿、竹板等制作的床。

【竹筒】zhútǒng 名 竹管制成的筒状器物。

【竹筒倒豆子】zhútǒng dào dòuzi 比喻把所知全都说出来；也比喻干脆利落，毫无隐瞒或保留。

【竹叶青】zhúyèqīng ❶ 名 毒蛇的一种。头顶青绿色，背部和侧面草绿色，尾端红褐色。多栖于山区树丛中。〇 ❷ 名 用汾酒浸泡当归等多种中药制成的酒，酒液金黄带绿，味醇美。

【竹枝词】zhúzhīcí ❶ 名 古代一种富有民歌色彩的七言绝句。本是巴渝（今重庆）一带的民歌，唐时经刘禹锡剪裁并改作新词，盛行于世。内容多是当地风俗或男女恋情，语言通俗，音调轻快。❷ 名 词牌名。

【竹纸】zhúzhǐ 名 以嫩竹为原料制成的纸。

【竹子】zhúzi 名 竹类的通称。

竺 zhú ❶ 见 1357 页“天竺”。○ ❷ 名 姓。

逐 zhú ❶ 动 追赶 ▷夸父～日｜随波～流｜追～。→ ❷ 动 驱赶 ▷～出家门｜驱～｜～客令。→ ❸ 介 按照次序一个挨着一个 ▷～字～句｜～年｜～个｜～步。○ ❹ 名 姓。☛ 统读 zhú，不读 zhù。

【逐步】zhúbù 副 表示行为或变化有阶段性且持续不断，相当于“一步一步地” ▷～熟悉｜～提高。☛ 参见本页“逐渐”的提示。

【逐次】zhúcì 副 一次又一次地；依次 ▷～核实。

【逐个】zhúgè 副 一个接着一个地 ▷～登记。

【逐级】zhújí 副（自上而下或自下而上）一级接一级地 ▷～传达文件｜～向上反映情况。

【逐渐】zhújiàn 副 表示程度、数量等的变化缓慢而有序 ▷气温～升高｜退休后活动～少了。☛ 跟“逐步”不同。“逐渐”多用于自然而然的、连续性的变化；“逐步”多用于人为的、有步骤的变化。

【逐句】zhújù 副 一句挨着一句地 ▷～讲解课文。

【逐客令】zhúkèlìng 名 秦始皇颁布的驱逐客卿的命令（语出秦·李斯《谏逐客书》）；后泛指用来示意客人离开的话。

【逐利】zhúlì 动 追逐利益；追逐利润 ▷争名～｜资本的～性。

【逐鹿】zhúlù 动《史记·淮阴侯列传》：“秦失其鹿，天下共逐之。”用鹿比喻帝位。后用“逐鹿”比喻争夺天下；现多用来比喻企业争夺市场或体坛争胜 ▷各大品牌竞相～｜球场～。

【逐年】zhúnián 副 一年一年地 ▷市场～扩大。

【逐日】zhúrì 副 一天一天地 ▷气温～回升。

【逐一】zhúyī 副 逐个；一一 ▷～解决。

【逐月】zhúyuè 副 一个月接着一个月地 ▷～统计人口变动情况。

【逐字逐句】zhúzì-zhújù 依顺序一字一句地。

烛（燭） zhú ❶ 名 蜡烛 ▷洞房花～｜风～残年｜灯～。→ ❷ 动〈文〉照亮 ▷火光～天。→ ❸ 量 灯泡功率的非法定计量单位，相当于瓦特，如 50 烛的灯泡就是 50 瓦特的灯泡。☛ 统读 zhú，不读 zhù。

【烛光】zhúguāng ❶ 名 蜡烛的亮光 ▷忽明忽暗的～。❷ 量 发光强度非法定计量单位，1 烛光约等于 1 坎德拉。

【烛花】zhúhuā 名 纱线等做的烛芯在燃烧时结成的花状灰烬；也指烛火中迸出的火花。

【烛火】zhúhuǒ 名 蜡烛的火苗；泛指灯火。

【烛泪】zhúlèi 名 蜡烛燃烧时滴下的蜡油。

【烛台】zhútái 名 插放蜡烛的器具。

【烛心】zhúxīn 现在一般写作“烛芯”。

【烛芯】zhúxīn 名 蜡烛中心用以引燃的棉线等。

【烛照】zhúzhào 动〈文〉照亮；照耀 ▷旭日～大地◇鲁迅精神～千秋。

舳 zhú〈文〉❶ 名 船尾。→ ❷ 名 舵。

【舳舻】zhúlú 名〈文〉船尾、船头的合称；借指船；也指船尾接着船头的许多船 ▷千帆竞渡，～相继｜～相属（zhǔ），万里连樯。

瘃 zhú 名〈文〉冻疮 ▷手足皲～。

蠋 zhú 名〈文〉蝴蝶、蛾等昆虫的幼虫，身体青色，形状像蚕。

躅 zhú 见 1771 页“踯（zhí）躅”。

zhǔ

主 zhǔ ❶ 名 拥有权力或财产的人；处于支配地位的人 ▷当家作～｜君～｜房～。→ ❷ 名 旧时占有奴隶或使用仆役的人 ▷奴隶～｜～仆。→ ❸ 名 邀请并接待客人的人（跟“宾”“客”相对） ▷喧宾夺～｜东道～｜宾～。→ ❹ 动 主持；负主要责任 ▷～考｜～唱。→ ❺ 动 主张；决定 ▷～战｜婚姻自～。⇒ ❻ 名 主见；见解 ▷心里没～｜～意。⇒ ❼ 动 预示出现某种结果 ▷早霞～雨，晚霞～晴。⇒ ❽ 形 自身的；出于自身的 ▷～观｜～动。→ ❾ 名 当事人 ▷失～｜卖～儿。→ ❿ 名 基督教、犹太教等对所信仰的神的称呼。→ ⓫ 形 最基本的；最重要的 ▷～力｜～食。○ ⓬ 名 姓。

【主板市场】zhǔbǎn shìchǎng 一个国家或地区的证券市场体系中居于主导地位的证券交易市场，在该市场上市的多为发展成熟的大型企业（跟“创业板市场”相区别）。也说一板市场。

【主办】zhǔbàn 动 主持承办 ▷我方～此会。

【主笔】zhǔbǐ ❶ 名 报刊评论的主要撰稿人；也指报刊编辑部的负责人。❷ 动 主持撰写；主撰写 ▷全书由他～。

【主币】zhǔbì 名 本位货币。

【主编】zhǔbiān ❶ 动 主持编辑工作 ▷他～好几种刊物。❷ 名 主持编辑工作的人。

【主辩】zhǔbiàn 名 辩论比赛中担负一方主要论辩任务的人。也说主辩手。

【主播】zhǔbō ❶ 动 担任主要播音、主持任务 ▷本期节目由小李～。❷ 名 担任主要播音、主持任务的人 ▷这位～的人气很高。

【主裁】zhǔcái ❶ 动 主持裁判工作 ▷聘请他～世界杯足球决赛。❷ 名 主裁判员的简称。

【主裁判员】zhǔcáipànyuán 名 某些体育比赛项目中担负主要裁判责任的人员。简称主裁。

【主产】zhǔchǎn 动 主要生产;主要出产 ▷这些地区～甘蔗。

【主场】zhǔchǎng 名 体育比赛中,若赛场设在某队的所在地,则该赛场对某队而言为主场。

【主唱】zhǔchàng ❶ 动 担任主要演唱任务 ▷本场音乐会由她～。❷ 名 担任主要演唱任务的演员 ▷她是本场音乐会的～。

【主持】zhǔchí ❶ 动 负责安排掌管 ▷～婚礼|～节目。❷ 动 主张并维护 ▷～公道|～正义。❸ 名 指主持人 ▷他是会议～|优秀～。

【主持人】zhǔchírén 名 负责安排掌管某项活动的人员 ▷会议～|节目～。

【主厨】zhǔchú ❶ 动 主持烹调事务 ▷由名师～。❷ 名 主持烹调事务的厨师。

【主创】zhǔchuàng ❶ 动 主持创作或在创作中担任主要工作 ▷本剧由电视台～|这首交响乐由他领衔～。❷ 名 在作品创作中担负主要任务的人 ▷他是这部影片的～。

【主词】zhǔcí 名 逻辑学上指判断的对象。如"太阳是恒星"这个命题中的"太阳"是主词。也说主项。

【主次】zhǔcì 名 主要的和次要的 ▷～分明。

【主从】zhǔcóng 名 主导的和从属的 ▷处理好演唱和伴舞之间的～关系|～复句。

【主打】zhǔdǎ ❶ 动 重点抢占;重点打造 ▷我公司～农村市场。❷ 区别 发挥主要作用的 ▷～产品|～节目。

【主刀】zhǔdāo ❶ 动 主持并操刀做手术 ▷由经验丰富的医生～。❷ 名 主持并操刀做手术的医生 ▷这台手术谁是～?

【主导】zhǔdǎo ❶ 动 居主要地位并引导事物发展 ▷此项工作由政府～。❷ 名 起主导作用的事物 ▷学校工作以教学为～。

【主调】zhǔdiào ❶ 名 主旋律①。❷ 名 比喻主旨、态势等 ▷以实用为设计～|房价稳中有降是近期楼市的～。❸ 名 主要的色调 ▷卧室以白色为～。

【主动】zhǔdòng ❶ 形 出于自愿,不受外力影响或推动而动(跟"被动"相对) ▷学习～|～精神。❷ 形 能掌握局面,按自己的意志行事 ▷有了资金,我们就～了|变被动为～。

【主动脉】zhǔdòngmài 名 人体内最粗大的动脉,它把含氧较多的动脉血从左心室输送到全身。也说大动脉。

【主动权】zhǔdòngquán 名 使事情能按照自己的意图进行的有利形势 ▷掌握～。

【主动性】zhǔdòngxìng 名 自觉行动的积极性 ▷发挥全体员工的～和创造性。

【主队】zhǔduì ❶ 名 体育比赛中,邀请别队或按赛制参加比赛的本单位、本地、本国的运动队。❷ 名 各项比赛中,若赛场设在某队所在地,则该队称为主队。参见本页"主场"。

【主伐】zhǔfá 动 为取得木材、更新林木而有计划地采伐(林木)。

【主罚】zhǔfá 动 指在足球等球类比赛中执行罚球任务 ▷由8号～点球。

【主犯】zhǔfàn 名 组织、策划犯罪活动或在共同犯罪活动中起主要作用的人(跟"从犯"相区别)。

【主峰】zhǔfēng 名 山脉的最高峰 ▷喜马拉雅山脉的～是珠穆朗玛峰。

【主父】zhǔfù 名 复姓。☛ 旧读 zhǔfǔ。

【主妇】zhǔfù 名 家庭的女主人。

【主干】zhǔgàn ❶ 名 植物的主茎。❷ 名 比喻事物的主体部分;起主要作用的部分 ▷部队是抗洪队伍的～。

【主干道】zhǔgàndào 名 主要的交通干线 ▷长安街是北京市中心的～。

【主干线】zhǔgànxiàn 名 担负主要运输任务的线路。如铁路中的京广、京哈、京沪等线。

【主稿】zhǔgǎo 动 主持起草文稿 ▷由他～。

【主根】zhǔgēn 名 由种子的胚根发育而成的根,起固定并支持植物体的作用,通常是垂直向下生长,并产生侧根,形成根系。

【主公】zhǔgōng 名 旧时臣子对君主的称呼。

【主攻】zhǔgōng ❶ 动 集中主要作战力量在主要方面对敌实施攻击 ▷用一个团从正面～,两个连从侧翼包抄。❷ 动 集中精力钻研 ▷～基础理论。

【主攻手】zhǔgōngshǒu 名 多指排球运动中主要承担进攻任务的运动员。

【主顾】zhǔgù 名 顾客 ▷新老～一视同仁。

【主观】zhǔguān ❶ 名 哲学上指属于人的意识、精神方面的东西(跟"客观"相对,②同) ▷～力量|～条件|～与客观相统一。❷ 形 形容不依据实际情况,单凭自己的愿望出发 ▷他做事太～。

【主观能动性】zhǔguān néngdòngxìng 人在实践中认识客观规律并根据客观规律自觉地改造世界和改造人类自身的能力和作用。

【主观唯心主义】zhǔguān wéixīn zhǔyì 唯心主义哲学派别。否认物质世界的客观存在,认为个人的感觉和意识是世界的本原,是第一性的,物质世界只是人的主观意识的体现。

【主观主义】zhǔguān zhǔyì 不从客观实际出发,单凭自己的愿望和臆想来认识和对待事物的思想作风。

【主管】zhǔguǎn ❶ 动 主持管理 ▷全面工作由他～|他～后勤，兼管基建。❷ 名 指主持管理的人 ▷他是这个单位的～。

【主航道】zhǔhángdào 名 江河中可供大型船舶安全通行的通道。

【主婚】zhǔhūn 动 主持婚事 ▷请工会主席～。

【主机】zhǔjī ❶ 名 在成套设备中起主要作用的机器。例如电子计算机中装有运算器、控制器和存储器的主要设备，是电子计算机的主机。❷ 名 长(zhǎng)机。

【主机板】zhǔjībǎn 名 电子计算机主要的线路板，装有中央处理器等主要元器件。简称主板。

【主祭】zhǔjì 动 主持祭祀。

【主见】zhǔjiàn 名 个人的独立见解 ▷他虽年轻，却很有～。

【主讲】zhǔjiǎng ❶ 动 负责讲授或讲演 ▷他～过两门基础课。❷ 名 负责讲授或讲演的人 ▷这位～是我校资深教师。

【主将】zhǔjiàng ❶ 名 主要将领。❷ 名 比喻在工作中起主要作用的人 ▷新文化运动的～。

【主教】zhǔjiào 名 天主教、正教的高级神职人员，通常是一个教区的主管。新教的某些教派也设此职。

【主教练】zhǔjiàoliàn 名 运动队里负主要责任的教练员。

【主句】zhǔjù 名 语法学指主从复句(偏正复句)里表示核心意义的分句，通常位于从句(偏句)之后(跟"从句"相区别)。也说正句。

【主角】zhǔjué ❶ 名 戏剧、电影等中的主要角色；扮演主要角色的演员 ▷最佳男～。也说主演。❷ 名 借指主要人物 ▷他是技术革新活动的～。☛"角"这里不读 jiǎo。

【主考】zhǔkǎo ❶ 动 主持考试。❷ 名 主持考试的人 ▷每个考场设～一人。

【主课】zhǔkè 名 主要课程。

【主理】zhǔlǐ 动 主持料理 ▷～家务|由名厨～。

【主力】zhǔlì 名 主要的力量 ▷～队员。

【主力舰】zhǔlìjiàn 名 对作为海战主力的战列舰、战列巡洋舰的统称。

【主力军】zhǔlìjūn ❶ 名 作战的主力部队。❷ 名 泛指起主要作用的力量 ▷农民工已成为建筑业的～。

【主粮】zhǔliáng 名 一个地区生产和消费的主要粮食品种。如华北、东北地区的主粮是小麦和玉米。

【主流】zhǔliú ❶ 名 干流。❷ 名 比喻事物发展的主要方面、主要趋向 ▷分析形势要看～。

【主楼】zhǔlóu 名 一个单位或一个楼群中最主要的一幢楼。

【主路】zhǔlù 名 机动车行驶的主要道路，通常路面较宽(跟"辅路"相区别)。

【主谋】zhǔmóu ❶ 动 领头策划(干坏事) ▷抢劫行动是他～的。❷ 名 主谋者 ▷谁是～？

【主脑】zhǔnǎo ❶ 名 核心部分 ▷中央处理器是计算机的～。❷ 名 首领 ▷～人物。

【主拍】zhǔpāi ❶ 动 主持拍卖 ▷请拍卖师～。❷ 名 主持拍卖的人 ▷由专业人士担任～。〇 ❸ 动 主持拍摄 ▷这部电视剧由他～。

【主桥】zhǔqiáo 名 桥梁的主体部分，两端跟引桥相连。

【主渠道】zhǔqúdào 名 干渠；比喻主要途径 ▷批发市场是商品流通的～之一。

【主权】zhǔquán 名 一个国家所拥有的独立自主地、不受任何外来干涉地处理其内外事务，维护国家尊严和领土完整的权力。

【主权国】zhǔquánguó 名 不从属于任何国家，也不受任何国家操纵而独立行使自己主权的国家。也说独立国。

【主人】zhǔrén ❶ 名 邀请并接待宾客的人。❷ 名 权力或财物的所有者 ▷国家的～|房子的～。❸ 名 雇用他人的人。

【主人公】zhǔréngōng 名 文艺作品中的主要人物，如《祝福》中的祥林嫂。也说主人翁。

【主人翁】zhǔrénwēng ❶ 名 当家作主的人 ▷～精神。❷ 名 主人公。

【主任】zhǔrèn 名 职务名称；某些机构或部门的主要负责人 ▷车间～|办公室～。

【主上】zhǔshàng 名 臣子对君主的称呼。

【主哨】zhǔshào ❶ 动 负责吹哨，即担任主裁判 ▷这场球赛由外籍裁判～。❷ 名 担任主裁判员的人 ▷本场比赛由外籍裁判当～。

【主食】zhǔshí 名 主要食品，通常指用粮食制成的饭食，如米饭、馒头等。

【主使】zhǔshǐ ❶ 动 指使别人(干坏事) ▷～他人抢劫。❷ 名 使别人干坏事的人 ▷他就是这次抢劫的～。

【主事】zhǔshì 动 主持、决策事务 ▷我们家全靠老伴儿～。

【主视图】zhǔshìtú 名 从物体正前方做正投影得到的视图。也说正视图、正面图。

【主帅】zhǔshuài 名 全军的最高统帅；比喻事业的主要领导人 ▷他是这项科研工作的～。

【主诉】zhǔsù 动 指病人看病时陈述自身的病情。

【主题】zhǔtí ❶ 名 文艺作品中通过具体的艺术形象表现出来的贯穿全篇的基本思想。❷ 名 泛指文章、讲话、会议等的主要内容。

【主题词】zhǔtící 名 标示图书、文件、资料等的主题以便于检索的词或短语。

【主题歌】zhǔtígē 名 电影、戏剧、电视剧中最主要的插曲，它有助于体现作品的主题。

【主体】zhǔtǐ ❶ 名 事物的主要部分 ▷～工程。

❷ 图 哲学上指对客体有认识能力和实践能力的人(跟"客体"相区别)。❸ 图 民法中指享受权利和承担义务的自然人或法人;刑法中指因犯罪而应负刑事责任的人。

【主体税】zhǔtǐshuì 图 一个国家税制中占主要地位的税种。

【主推】zhǔtuī 动 主要推出;重点推荐 ▷～经典影视作品|～三个新品种。

【主文】zhǔwén 图 文章中的主要部分;特指判决书或裁定书上的结论部分。

【主席】zhǔxí ❶ 图 主持会议的人 ▷～团|大会执行～。❷ 图 某些国家、国家机关、党派或团体中某一级组织的最高领导职务 ▷国家～|民盟中央～|省作协～。

【主席台】zhǔxítái 图 召开大型会议时,供主持会议者及重要人物就座的台子。

【主席团】zhǔxítuán 图 某些机构或会议的集体领导组织。

【主线】zhǔxiàn ❶ 图 事物发展的主要线索;文艺作品情节发展的主要线索。❷ 图 交通线上的主要道路或主要路段 ▷两条铁路～经过我市|这条高速公路的～长 24 千米。

【主项】zhǔxiàng ❶ 图 主要项目 ▷100 米短跑是他的强项和～|确定经营～。❷ 图 主词。

【主销】zhǔxiāo 动 主要销售 ▷这种产品～欧美市场|这是近期的～车型。

【主心骨】zhǔxīngǔ ❶ 图 可依靠的核心力量 ▷爸爸是我们家的～|选好村主任这个～。❷ 图 指主见;主意 ▷他是个有～的人。

【主刑】zhǔxíng 图 法院对犯罪分子处以刑罚时独立适用的刑罚。我国刑法规定主刑有管制、拘役、有期徒刑、无期徒刑、死刑五种(跟"附加刑"相区别)。

【主修】zhǔxiū 动 主要学习 ▷～英语,兼修法语。

【主旋律】zhǔxuánlǜ ❶ 图 多声部音乐作品中的主要曲调。也说主调。❷ 图 比喻基本的观点、主要的精神 ▷这部作品体现了时代的～。

【主演】zhǔyǎn ❶ 动 扮演主角 ▷他～过多部电影。❷ 图 主角① ▷他是这部电影的～。

【主要】zhǔyào 形 事物中最重要的、起决定作用的(跟"次要"相对) ▷本次修订～从以下几个方面进行|担负～责任。

【主要矛盾】zhǔyào máodùn 决定事物性质的一对矛盾 ▷处理问题要抓～。

【主业】zhǔyè 图 主要从事的事业 ▷这个牧场的～是养牛。

【主页】zhǔyè 图 在互联网上进行信息查询的各链接页面中的起始信息页,可用来引导某网站的访问者浏览该网站。

【主义】zhǔyì ❶ 图 对自然界、人类社会等所持有的系统的理论、学说 ▷马克思～|达尔文～|人道～。❷ 图 一定的社会制度或政治经济体系 ▷封建～|帝国～。❸ 图 某个方面的观点、作风 ▷乐观～|官僚～|独身～。

【主意】zhǔyi ❶ 图 主见 ▷拿定～,别犹豫。❷ 图 办法;点子。☛ 口语中也读 zhúyi。

【主因】zhǔyīn 图 主要原因 ▷找准减产～。

【主营】zhǔyíng 动 主要经营 ▷该公司～服装。

【主语】zhǔyǔ 图 对谓语而言,谓语的陈述对象。一般在谓语前面,表示谓语陈述的是"谁"或"什么"。如在"我国的石拱桥有悠久的历史"中,"我国的石拱桥"是主语。

【主宰】zhǔzǎi ❶ 动 统治;支配 ▷～天下|～着自己的命运。❷ 图 起统治、支配作用的人或势力 ▷做自己命运的～。

【主责】zhǔzé 图 主要责任 ▷这次事故他应该负～。

【主战】zhǔzhàn ❶ 动 主张使用战争手段 ▷～派。❷ 动 担负主要战斗任务 ▷本次战役由空军～|～部队。

【主战场】zhǔzhànchǎng 图 交战双方投入兵力最多、规模最大、起决定性作用的战场 ▷这里是当年抗日战争的～。

【主张】zhǔzhāng ❶ 动 对事物持有某种见解 ▷我们～公平竞争。❷ 图 对事物持有的见解 ▷提出政治～。

【主政】zhǔzhèng 动 主持政务;承担领导责任 ▷轮流～|～一方。

【主枝】zhǔzhī 图 从植物的主干上分出来的较大的枝杈。

【主旨】zhǔzhǐ 图 主要的思想或宗旨 ▷会议的～|这次参赛以锻炼队伍为～。

【主治】zhǔzhì ❶ 动 (某种药物)主要治疗(某种疾病) ▷这种药～关节炎。❷ 动 主持治疗(某种疾病或某位患者的疾病) ▷几十年来,他一直～各种皮肤病|～医生。

【主治医生】zhǔzhì yīshēng 为病人治疗并负主要责任的医生。

【主轴】zhǔzhóu ❶ 图 机械传动装置中,从发动机或电动机接受动力并将它传给其他机件的轴。❷ 图 比喻关系或事物的核心 ▷思考策略要以客户为～|全年工作的～。❸ 图 比喻情节发展的主要线索 ▷该剧以家族兴亡为～。

【主子】zhǔzi 图 旧时奴仆对主人的称呼;现多借指操纵、主使的人物 ▷不惜替他的～卖命。

伫(詝) zhǔ 图 〈文〉智慧。

拄 zhǔ 动 用棍棒等顶住地面以支撑身体 ▷～着双拐。

渚 zhǔ 图 〈文〉水中的小块陆地 ▷江～|鼋(yuán)头～(地名,在江苏太湖边)。

煮(*煑) zhǔ ❶ 动 把食物或其他东西放在水中加热 ▷～饭|病人用过的餐具要～一～。〇 ❷ 名 姓。

【煮豆燃萁】zhǔdòu-ránqí《世说新语·文学》记载:魏文帝曹丕令其弟曹植在七步之内作一首诗,作不成就要杀头。曹植应声吟道:"煮豆持作羹,漉菽以为汁。萁在釜下燃,豆在釜中泣。本自同根生,相煎何太急。"后用"煮豆燃萁"比喻兄弟相残或内部自相迫害。☛ "萁"这里不读 jī。

【煮沸】zhǔfèi 动 把液体加热至沸腾。

【煮鹤焚琴】zhǔhè-fénqín 焚琴煮鹤。

属(屬) zhǔ〈文〉❶ 动 连接;连续 ▷前后相～|连～。→ ❷ 动 连缀(词句);撰写 ▷缀字～篇|～文。〇 ❸ 动 (意念)集中到一点;专注 ▷～意|～思。

另见 1277 页 shǔ。

【属意】zhǔyì 动 意向和兴趣集中于(某人或某事物) ▷晚年～杂文创作。

【属垣有耳】zhǔyuán-yǒu'ěr 有人把耳朵贴在墙上偷听(属:接触;垣:墙)。指隔墙有耳,说话要防止别人听见。

褚 zhǔ〈文〉❶ 动 用丝绵絮衣服。→ ❷ 名 用丝绵絮的衣服。❸ 名 口袋。

另见 206 页 chǔ。

嘱(囑) zhǔ ❶ 动 吩咐;告诫 ▷叮～|～咐。→ ❷ 动 托付 ▷以事相～|～托。→ ❸ 名 吩咐或告诫的话 ▷遗～。

【嘱咐】zhǔfù 动 告诉(对方要怎样做) ▷妈妈～他常来信|牢记母亲的～。☛ 跟"吩咐"不同。"嘱咐"侧重于告诫,含有语重心长的意味;"吩咐"侧重于指派,含有命令的意味。

【嘱托】zhǔtuō 动 托付(别人办事) ▷他出门前把事情～给了妻子|不辜负人民的～。

麈 zhǔ ❶ 名 古书上说的一种鹿类动物,尾毛可做拂尘 ▷～尾。→ ❷ 名〈文〉指麈尾 ▷挥～|～柄。

【麈尾】zhǔwěi 名 用麈的尾毛制成的拂尘。

瞩(矚) zhǔ 动 注目 ▷高瞻远～|～望|～目。

【瞩目】zhǔmù 动 注视;注目 ▷举世～|万众～。☛ 不宜写作"属目"。

【瞩望】zhǔwàng ❶ 动 期待;期望 ▷党的～,人民的重托。❷ 动 注视 ▷～南天。

zhù

伫(*佇竚) zhù ❶ 动〈文〉长时间站立 ▷～立|～听。〇 ❷ 名 姓。

【伫候】zhùhòu 动〈文〉伫立敬候;泛指等候 ▷～大驾光临。

【伫立】zhùlì 动〈文〉较长时间地站立 ▷～庭前。

苎(苧) zhù [苎麻] zhùmá 名 多年生草本植物,茎部韧皮纤维也叫苎麻,是纺织工业的重要原料。☛ "苎"原作"苧",因"寧"简化为"宁",为避免混淆,汉字中原有的"宁(zhù)"改为"宁"。由"宁"构成的字,如"苧""紵""貯",也改为"苎""纻""贮"。

"苧"另见 1006 页 níng。

助 zhù 动 帮助;协助 ▷～他一臂之力|～老(帮助、照顾老年人)|援～。

【助残】zhùcán 动 帮助残疾人 ▷～帮困。

【助产】zhùchǎn 动 帮助、护理产妇分娩。

【助产士】zhùchǎnshì 名 受过助产专业教育,掌握正常接生、新生儿护理、难产急救和妇幼卫生的基本理论知识与技术的中级医务人员。

【助词】zhùcí 名 附着在词、短语、句子后面表示某种附加意义的词。包括结构助词(如"的""地""得")、时态助词(如"着""了""过")和语气助词(如"吗""呢")等。

【助动词】zhùdòngcí 名 表示可能、应该、愿望等意思的一类动词。如"能""会""该""肯""敢""应当""可以"等。助动词通常用在动词或形容词前面。也说能愿动词。

【助读】zhùdú 动 帮助阅读 ▷图书馆开展导读、～活动。

【助攻】zhùgōng 动 (战争或某些球类运动中)在次要方面协助主力进攻。

【助剂】zhùjì 名 化学工业上泛指辅助性的添加剂。如溶剂、填充剂、乳化剂、增塑剂等。

【助教】zhùjiào 名 高等学校教师的初级职称。

【助桀为虐】zhùjié-wéinüè 助纣为虐(桀:夏朝末代君主)。

【助理】zhùlǐ ❶ 动 协助办理 ▷他仍留在前方～司令员指挥战斗。❷ 区别 协助主要负责人办理公务的(多用于职位、职务名称) ▷～医师|～研究员。❸ 名 协助主要负责人处理事务的人(多用作职务名称) ▷厂长～。

【助力】zhùlì ❶ 动 提供帮助;出力 ▷为环卫部门～。❷ 名 帮助的力量 ▷利用风的～。

【助跑】zhùpǎo 动 跳远、跳高、跳马、投掷等体育项目中,在正式动作开始前先跑一段距离。

【助燃】zhùrán 动 帮助其他物质燃烧 ▷氧能～。

【助人为乐】zhùrén-wéilè 把帮助别人作为自己的快乐。

【助手】zhùshǒu 名 协助别人工作的人 ▷当好领导的参谋和～|配备了两名～。

【助听器】zhùtīngqì 名 一种微型扩音装置,可帮助有听力障碍的人听到声音。

【助推】zhùtuī 动 帮助推动或推进 ▷～器|以文化创意产业～企业转型。

【助推器】zhùtuīqì 名 用来使飞行器在短时间内增加飞行速度的动力装置，工作后即自行脱落。也说助飞器。

【助威】zhùwēi 动 从旁制造气氛和声势以鼓舞斗志 ▷为运动员～。

【助兴】zhùxìng 动 制造气氛，以增添兴致 ▷我唱支歌给大家～。

【助学】zhùxué 动 资助兴办教育或帮助家庭困难的学生完成学业 ▷捐资～。

【助学金】zhùxuéjīn 名 发给生活困难学生的补助款。

【助养】zhùyǎng 动 协助赡养或抚养 ▷全村人热心～孤寡老人。

【助益】zhùyì 动 帮助和补益 ▷建设美丽乡村，既有经济效益，又能～生态。

【助战】zhùzhàn ❶ 动 协助作战 ▷从后方赶来～。❷ 动 助威 ▷擂鼓～。

【助长】zhùzhǎng ❶ 动 帮助生长 ▷拔苗～。❷ 动 促使增长(坏的情绪或风气) ▷你的妥协更～了他的霸气。

【助阵】zhùzhèn 动 助威。

【助纣为虐】zhùzhòu-wéinüè 南朝·宋·谢灵运《晋书·武帝纪论》："昔武王伐纣，归倾宫之女，不可助纣为虐。"指帮助商纣王(商朝末代君主)做暴虐无道的事。后用"助纣为虐"比喻帮助坏人做坏事。因相传桀也是暴君，故也说助桀为虐。

住 zhù ❶ 动〈文〉(人)站住；停留。→ ❷ 动 暂时留宿或长期定居 ▷在旅店～了一夜｜～宅。→ ❸ 动 停息；止住 ▷雨～了｜不～地哆嗦。❹ 动 用在动词后面作补语。a)表示停顿或静止 ▷车停～了｜被问～了。b)表示稳当或牢固 ▷站不～了｜记不～。c)跟"得"或"不"连用，表示能力够得上或够不上 ▷守得～｜保不～了。〇 ❺ 名 姓。☛ 参见1805页"驻"的提示。

【住持】zhùchí ❶ 动 主持寺院或道观的事务 ▷多年～灵隐寺。❷ 名 寺院或道观中主持事务的僧尼或道士。

【住处】zhùchù 名 住宿地或居住地。

【住地】zhùdì 名 居住地。☛ 参见1805页"驻地"的提示。

【住读】zhùdú 动 指学生住在学校学习(跟"走读"相区别)。

【住房】zhùfáng 名 供居住用的房屋。

【住房公积金】zhùfáng gōngjījīn 按照我国法律对住房社会保障制度的规定，各工作单位及其在职职工缴存的长期住房储金。住房公积金以职工实名存储，归该职工所有。

【住户】zhùhù 名 定居在某处的个人或家庭 ▷～登记｜单身～。

【住家】zhùjiā ❶ 动 家住(某处) ▷他在城里～。❷ 名 住户 ▷大院里有六七户～。

【住居】zhùjū 动 居住。

【住口】zhùkǒu 动 停止说话 ▷不～地叽叽喳喳。

【住手】zhùshǒu 动 停止手的动作；不要再做某件事 ▷不～地干｜快～，不要打了！

【住宿】zhùsù 动 在外暂住；过夜 ▷办理～手续。

【住所】zhùsuǒ ❶ 名 经常居住的地方；泛指供食宿的地方 ▷他的～很简朴｜酒店为球员提供～。❷ 名 法人办事机构所在地 ▷该企业的～已经变更。

【住院】zhùyuàn 动 (病人)住在医院治疗。

【住宅】zhùzhái 名 住房(原多指规模较大的) ▷～楼｜修建～。

【住址】zhùzhǐ 名 居住的地址。包括所在的城镇、乡村、街道的名称和门牌号码。

【住嘴】zhùzuǐ 动 停止说话或咀嚼 ▷不～地说。

纻(紵) zhù 名〈文〉用苎麻纤维织成的布 ▷～衣。☛ 参见1803页"苎"的提示。

杼 zhù ❶ 名 筘。❷ 名〈文〉织布机上的梭子 ▷不闻机～声，唯闻女叹息。

贮(貯) zhù 动 储藏；储存 ▷～粮｜～藏。☛ 参见1803页"苎"的提示。

【贮备】zhùbèi ❶ 动 储备 ▷～粮食。❷ 名 储备的物品 ▷有充足的～。

【贮藏】zhùcáng ❶ 动 储藏① ▷荔枝不耐～。❷ 动 储藏② ▷地下～着大量石油。

【贮存】zhùcún 动 储存；保存 ▷～白薯｜～在记忆深处。

【贮量】zhùliàng 名 贮藏的数量。

【贮运】zhùyùn 动 贮藏和运输 ▷～战略物资。

注(*註❸❹❼) zhù ❶ 动 灌进去；倒入 ▷把铅～在模子里｜血流如～｜灌～｜～射。→ ❷ 动 (精神、目光等)集中到某一点上 ▷全神贯～｜关～｜～视。→ ❸ 动 用文字解释书或文章中的字句 ▷杜预～《左传》｜校～｜～释。→ ❹ 名 解释书或文章中字句的文字 ▷文字难懂，要加一些～｜附～。→ ❺ 名 投入赌博的钱物 ▷孤～一掷｜赌～。❻ 量 用于赌注、钱财、交易等 ▷发了一～洋财｜做了十来～交易。〇 ❼ 动 记录；登记 ▷～册｜～销。

【注册】zhùcè ❶ 动 向主管部门或学校等登记备案 ▷～商标｜～会计师｜新学期～。❷ 动 特指电子计算机某网络的用户向该网络输入用户名、密码等，以取得对该网络的使用许可。

【注册会计师】zhùcè kuàijìshī 具有一定会计专业学历和会计、审计专业经历，经全国统一考试合格，依法申请取得注册会计师证书，能独立从事审计、会计咨询、会计服务等业务的执业人员。注册会计师必须加入会计师事务所才能执业。

【注定】zhùdìng 动 由客观规律或某种因素事先决定，不可逆转 ▷反动派～要失败。

【注脚】zhùjiǎo ❶ 名 注解②。❷ 名 泛指对某事所作的说明或解释 ▷迁徙候鸟大量增加，成为生态环境不断改善的生动～。

【注解】zhùjiě ❶ 动 用浅近的文字解释艰深的词句 ▷～得很详细。❷ 名 解释词句的文字 ▷书末附有几十条～。

【注明】zhùmíng 动 用文字标明 ▷～日期｜姓名、地址、电话号码、邮政编码都要一一～。

【注目】zhùmù 动 把目光集中在一点；注视 ▷这身打扮太惹人～了。

【注目礼】zhùmùlǐ 名 一种军礼，行礼者立正，注视首长或国旗、军旗等；现已成为常用社交礼仪，适用于向长辈、师长或国旗等行礼。

【注入】zhùrù ❶ 动 灌入；输入 ▷黄河～渤海。❷ 动 投放 ▷～资金。

【注射】zhùshè 动 用注射器把药液等注入机体。

【注射剂】zhùshèjì 名 注射用的灭菌药剂，分为注射液、注射用无菌粉末与注射用浓溶液等。也说针剂。

【注射器】zhùshèqì 名 供注射用的小管状的器具，多用玻璃或塑料制成，顶端装有针头。

【注射液】zhùshèyè 名 输液用的溶液，常用的有葡萄糖溶液、生理盐水等。

【注视】zhùshì 动 集中目光看；密切关注 ▷～屏幕｜～事态的发展。

【注释】zhùshì ❶ 动 注解①。❷ 名 注解②。

【注疏】zhùshū 名 旧时把注解古书的文字叫注或传(zhuàn)，把解释传、注的文字叫疏，合称注疏 ▷《十三经～》。

【注水】zhùshuǐ 动 把水注入物体 ▷向油井里～。

【注塑】zhùsù 动 将液态塑料注入模具内使其成型。☛"塑"不读 suò 或 shuò。

【注文】zhùwén 名 注释的文字。

【注销】zhùxiāo 动 把已经登记在册的事项注明取消 ▷～投标资格。

【注意】zhùyì 动 把思想集中到某一方面；留心 ▷～听讲｜路不平，要多加～。

【注意力】zhùyìlì 名 集中到某一方面的思想 ▷转移～｜～不集中。

【注音】zhùyīn 动 用符号或同音字等标注文字的读音。

【注音符号】zhùyīn fúhào 注音字母。

【注音字母】zhùyīn zìmǔ 1918 年由当时的教育部颁行的一套为汉字注音的音标符号，共 40 个。声母 24 个：如ㄅ(b)、ㄆ(p)、ㄇ(m)、ㄈ(f)等；韵母 16 个：如ㄧ(i)、ㄨ(u)、ㄩ(ü)、ㄚ(ɑ)、ㄛ(o)、ㄜ(e)、ㄞ(ɑi)、ㄟ(ei)等。1958 年为《汉语拼音方案》所代替。也说注音符号。

【注重】zhùzhòng 动 重视；看重 ▷～实践｜～培养学生的动手能力。☛跟"着重"不同。1."注重"是指把注意力集中在某个问题上；"着重"是指把侧重点放在问题的某个方面。2."注重"多指考虑问题时主观上的重视；"着重"多指解决问题或说话时的侧重或强调。

【注资】zhùzī ❶ 动 有限责任公司经股东同意增加其注册资本。❷ 动 泛指向某项目或某事业投入较大数量的资金 ▷～2000 万元成立足球俱乐部。

驻(駐) zhù ❶ 动〈文〉停留 ▷～足聆听。→ ❷ 动 (军队)停留在(某地)；(机构)设立在(某地) ▷二连～在村西的大庙里｜～华大使馆｜～扎｜～守。☛跟"住"不同。"驻"特指为军事目的或执行公务而驻扎、留驻；"住"泛指通常意义的居住。

【驻地】zhùdì ❶ 名 驻扎的地方 ▷部队～｜勘探队到达～。❷ 名 地方行政机关的所在地 ▷这里是省政府的～。☛跟"住地"不同。"驻地"多指部队、机关、学校等所在的地方；"住地"多指个人或家庭居住的地方。

【驻防】zhùfáng 动 驻扎防守 ▷～边陲要镇。

【驻军】zhùjūn ❶ 动 驻扎军队 ▷在边疆～。❷ 名 驻扎的军队 ▷慰问当地～。

【驻留】zhùliú 动 停留 ▷长期～。

【驻守】zhùshǒu 动 驻扎守卫 ▷这里由三团～。

【驻屯】zhùtún 动 驻扎。

【驻外】zhùwài 动 一般指留驻在外国 ▷长期～｜～机构｜～使节。

【驻在国】zhùzàiguó 名 外交或商贸人员等留驻的国家。

【驻扎】zhùzhā 动 (部队或外勤人员)集体在某地住下。

【驻足】zhùzú 动 停下脚步 ▷～观赏｜～谛听。

柷 zhù 名 古代一种木制的打击乐器，形状像方形的斗。

另见 207 页 chù。

柱 zhù ❶ 名 柱子 ▷偷梁换～｜石～｜顶梁～。→ ❷ 名 形状像柱子的东西 ▷水银～｜冰～｜中流砥～。〇 ❸ 名 姓。

【柱廊】zhùláng 名 由柱子支撑的有顶盖的过道。

【柱石】zhùshí 名 柱子和支撑柱子的础石；比喻起支撑作用的力量或担负重任的人 ▷军队是国家的～。

【柱头】zhùtóu ❶ 名 柱子的顶端；某些地区也指柱子。❷ 名 花朵中雌蕊顶部受粉的部位。

【柱子】zhùzi 名 建筑物中直立的起支撑作用的长条形构件，由木、石或钢筋混凝土等制成。

炷 zhù ❶ 名〈文〉灯芯。→ ❷ 动〈文〉点燃。→ ❸ 量 用于点着的香 ▷一～香的工夫。

祝 zhù ❶ 动 向神鬼祈祷求福 ▷～告｜～祷。→ ❷ 动 向人表示良好愿望 ▷敬～健康｜～寿｜～酒｜～贺。○ ❸ 名 姓。

【祝词】zhùcí ❶ 名 古代祭祀时的祷告语。❷ 名 在庆典或会议上表示祝贺的话 ▷大会～。

【祝辞】zhùcí 现在一般写作"祝词"。

【祝祷】zhùdǎo 动 祝愿祈祷 ▷焚香～，祈求保佑。

【祝福】zhùfú ❶ 动 原指向神祈福；今指祝愿人平安幸福 ▷我衷心地～你们。❷ 动 指除夕祈求天神降福的旧俗。

【祝告】zhùgào 动 祷告。

【祝贺】zhùhè 动 庆贺 ▷～他夺得冠军。

【祝捷】zhùjié 动 庆祝胜利。

【祝酒】zhùjiǔ 动 敬酒表示祝愿 ▷举杯～。

【祝酒词】zhùjiǔcí 名 祝酒时发表的祝贺言辞。

【祝酒歌】zhùjiǔgē 名 酒宴上敬酒时唱的歌。

【祝寿】zhùshòu 动 祝贺寿辰(多指对老年人)。

【祝颂】zhùsòng 动 祝愿赞颂 ▷～祖国繁荣昌盛。

【祝愿】zhùyuàn 动 表示良好的愿望 ▷～您健康长寿。

砫 zhù 古同"柱"。☛ 地名"石砫"(在重庆)现在改为"石柱"。

疰 zhù 名〈文〉指慢性传染病。

【疰夏】zhùxià 名 中医指夏季长期发烧的病，患者多数是小儿，多由排汗机能发生障碍引起。

著[1] zhù ❶ 形 明显 ▷显～｜昭～｜卓～。→ ❷ 动 显露出 ▷～名。→ ❸ 动 写作 ▷～书｜编～。❹ 名 作品 ▷名～｜新～。

著[2] zhù 名 指世世代代定居不迁的人 ▷土～。☛ "著"字跟"箸"不同。

另见 1747 页 zhe；1821 页 zhuó。

【著称】zhùchēng 动 因在某方面有名而被人称道 ▷景德镇以盛产瓷器～。

【著录】zhùlù ❶ 动〈文〉记载 ▷～勋臣。❷ 动 在编制文献目录时，对文献内容和形式进行分析、选择和记录。

【著名】zhùmíng 形 有显赫名声的。

【著书立说】zhùshū-lìshuō 撰写著作，创立学说；泛指从事著述工作。

【著述】zhùshù ❶ 动 撰写；编著 ▷埋头～。❷ 名 撰写、编著的作品 ▷～颇丰。

【著文】zhùwén 动 写文章 ▷许多专家～评介。

【著者】zhùzhě 名 文章或书的作者。

【著作】zhùzuò ❶ 动 写作 ▷倾心～｜～人。❷ 名 写的书或文章 ▷不朽的～｜理论～。

【著作等身】zhùzuò-děngshēn 撰写的著作摞起来和身体一样高。形容著作非常多 ▷老舍先生是一位～的作家。

【著作权】zhùzuòquán 名 著作权人依法对自己的作品享有的人身权和财产权。包括发表权、署名权、修改权、保护作品完整权、许可使用权和获得报酬权等。也说版权。

【著作人】zhùzuòrén 名 文字作品的作者。

蛀 zhù ❶ 名 蛀虫①。→ ❷ 动 (蛀虫)咬 ▷虫～鼠咬｜～蚀。

【蛀齿】zhùchǐ 名 龋(qǔ)齿。

【蛀虫】zhùchóng ❶ 名 指咬食树干、衣服、书籍、谷物等的小虫。如天牛、衣鱼。❷ 名 比喻集体内部起破坏作用的人 ▷贪官是国家的～。‖也说蠹虫。

【蛀蚀】zhùshí 动 (虫子)啃食损坏；比喻腐蚀伤害 ▷黄色书刊～了他的灵魂。

【蛀心虫】zhùxīnchóng 名 二化螟、三化螟、大螟、玉米螟等幼虫的统称。蛀蚀作物幼苗的苗心，造成枯心苗，故称。也说钻心虫。

【蛀牙】zhùyá 名 龋(qǔ)齿的通称。

铸(鑄) zhù 动 把熔化的金属或某些液态非金属材料倒入模子里，凝固成器物 ▷钟～好了｜～件｜～造｜浇～。

【铸币】zhùbì ❶ 动 铸造货币。❷ 名 铸造的货币。

【铸成】zhùchéng 动 铸造成；造成 ▷～铜鼎｜～大错。

【铸锭】zhùdìng 动 将金属熔液注入模具或特种设备内冷凝成锭。

【铸工】zhùgōng ❶ 名 铸造器物工件的工种。❷ 名 从事铸造工作的工人。

【铸件】zhùjiàn 名 经铸造而成的工件的统称。

【铸剑为犁】zhùjiàn-wéilí 熔化兵器，铸成农具。借指把战争转化成和平 ▷～，缔造和平。

【铸就】zhùjiù 动 造就(多用于抽象事物) ▷热血～壮丽人生｜～辉煌。

【铸模】zhùmú 名 制作砂型等使用的模具。

【铸铁】zhùtiě 名 含碳量在 2%以上的铸造铁碳硅合金的通称。通常由生铁、废钢、铁合金等以不同比例配合熔炼而成。

【铸型】zhùxíng 名 用来浇入熔化的金属以形成一定形状铸件的模子。

【铸造】zhùzào 动 将金属熔化后浇注到砂制铸型中，使形成预定形状的工件或器物。

【铸字】zhùzì 动 指旧时浇铸铅字。

筑[1] zhù ❶ 名 古代一种弦乐器，形状像筝，有 13 根弦，用竹尺击弦发声。○ ❷ 名 贵阳的别称。

筑[2]**(築)** zhù 动 建造；修建 ▷～路｜构～｜建～。☛ "筑"字统读 zhù，不读 zhú。

【筑巢引凤】zhùcháo-yǐnfèng 建造凤窝招引凤凰。比喻完善设施和环境，吸引外来的人才和投资。

【筑室道谋】zhùshì-dàomóu《诗经·小雅·小旻》："如彼筑室于道谋，是用不溃于成。"意思是盖房子跟过路的人商量，过路人意见不一，因此房子是盖不成的。后用"筑室道谋"比喻没有主见，盲目征询意见，办不成事。

翥 zhù 动〈文〉(鸟)飞翔 ▷～凤翔鸾。

箸(*筯) zhù 名〈文〉筷子 ▷举～|象～(象牙筷子)。☛ 跟"著"不同。

zhuā

抓 zhuā ❶ 动 聚拢手指或爪趾握住 ▷～了一把土|老鹰～小鸡|～阄儿。→ ❷ 动 用指甲或爪在物体上划 ▷～耳挠腮|胳膊被猫～破了。→ ❸ 动 把握住；不放过 ▷～住机会|～紧时间。⇒ ❹ 动 特别注意(去做某事)；着重领导 ▷～重点|～技术改革|把各项工作～上去。⇒ ❺ 动 控制；吸引 ▷小说一开始就～住了读者。→ ❻ 动 逮；捉 ▷～小偷|～获。

【抓辫子】zhuābiànzi 比喻抓住别人的缺点错误作为把柄(整人)。也说揪辫子。

【抓膘】zhuābiāo 动 采取有效措施促使牲畜肥壮。

【抓捕】zhuābǔ 动 捉拿；逮捕(罪犯) ▷～逃犯。

【抓差】zhuāchāi 动 旧指官吏指派百姓服劳役；现泛指临时派人去做分外的事。

【抓典型】zhuādiǎnxíng 通过树立典型来指导、带动全面工作。

【抓点】zhuādiǎn 动 选择基层的一个或几个地方作为开展某项工作的试点，以便总结经验，指导全局工作 ▷～带面。

【抓斗】zhuādǒu 名 靠斗壁开合自动装卸散料的机械装置。

【抓赌】zhuādǔ 动 捉拿正在赌博的人。

【抓耳挠腮】zhuā'ěr-náosāi ❶形容焦急无奈的样子。❷形容高兴得不知所措的样子。

【抓饭】zhuāfàn 名 维吾尔等民族的特色饭食，把大米加羊肉、羊油、胡萝卜、葡萄干等焖熟后，用手抓着吃。也说手抓饭。

【抓哏】zhuāgén 动 相声演员或戏曲丑角演出时，抓住当场可以构成笑料的事，临时编词或改词，引逗受众发笑。

【抓工夫】zhuāgōngfu 挤出空闲时间 ▷这件事请你～办一办。

【抓获】zhuāhuò 动 抓住；捕获 ▷～逃犯。

【抓髻】zhuāji 名 髽髻。

【抓紧】zhuājǐn ❶ 动 紧紧抓住或把握住 ▷～缆绳|～有利时机。❷ 动 赶紧做 ▷～复习。

【抓阄儿】zhuājiūr 动 每人从事先做好记号的若干个纸卷或纸团中抓取一个，以决定谁该得什么或做什么。

【抓举】zhuājǔ ❶ 动 运动员用连续的动作将杠铃从地上提举过头，然后身体站直。❷ 名 指这种举重运动项目。

【抓空儿】zhuākòngr 动 抓住空闲时间加以利用 ▷你～过来一下。

【抓狂】zhuākuáng 形 形容情绪烦乱而无从排解，憋到快要发疯 ▷银行卡里的钱被人盗取，他急得～。

【抓拍】zhuāpāi 动 抓住时机，把瞬间出现的情景拍摄下来。

【抓破脸】zhuāpòliǎn 撕破脸。

【抓取】zhuāqǔ 动 抓到。

【抓手】zhuāshǒu ❶ 名 物体上能够用手抓住而便于操控或使身体平稳的东西；扶手 ▷站着乘公交车时，一定要找个～扶好。❷ 名 比喻进行某项工作的入手处或着力点 ▷以解决"融资难、融资贵"问题为～，切实支持中小微企业发展|找准拉动消费的～。

【抓瞎】zhuāxiā 动〈口〉事先没有准备而事到临头手忙脚乱 ▷不疏通河道，雨季一到非～不可。

【抓药】zhuāyào ❶ 动 按照药方为病人配制中药。❷ 动 拿着药方到中药店买药。

【抓壮丁】zhuāzhuàngdīng 旧时官府强行抓青壮年男子去当兵。也说抓丁。

【抓总儿】zhuāzǒngr 动〈口〉负责全面工作。

挝(撾) zhuā 动〈文〉敲打；击 ▷～鼓|～打。

另见 1443 页 wō。

檛 zhuā 名〈文〉马鞭。

髽 zhuā [髽髻] zhuāji 名 梳在头顶两旁的发髻 ▷～夫妻(结发夫妻)。也说髽鬏(zhuājiu)。☛ 现在通常写作"抓髻"。

zhuǎ

爪 zhuǎ〈口〉❶ 名 鸟兽的脚 ▷猪～儿|猫～子。→ ❷ 名 某些器物上的脚 ▷炒菜锅碰掉了一个～儿。☛ ㊀参见 1741 页"爪(zhǎo)"的提示。㊁读 zhuǎ，指鸟兽的脚，比喻某些器物的脚，多用于口语；读 zhǎo，重在表示鸟兽脚上有尖利的甲，多用于书面语和成语，如"鹰爪""爪牙"。

另见 1741 页 zhǎo。

【爪子】zhuǎzi 名 爪(zhǎo)① ▷鸡～|狗～。

zhuāi

拽 zhuāi 动〈口〉用力扔 ▷把球～过去|别乱～砖头。

另见 1808 页 zhuài。

zhuǎi

转（轉） zhuǎi 动〈口〉转文 ▷这位老先生说话好(hào)～|臭～。

另见 1810 页 zhuǎn;1812 页 zhuàn。

【转文】zhuǎiwén 动〈口〉为了显示有学问,说话时故意使用文绉绉的词句。

踹 zhuǎi 动 某些地区指躯体肥胖不灵便或腿脚有毛病,走路摇摇摆摆 ▷走起路来一～一～的。

zhuài

拽 zhuài 动 拉;拖 ▷～绳子|生拉硬～。

另见 1807 页 zhuāi。

zhuān

专（專*耑） zhuān ❶ 区别 集中在一件事上或一个方面的;单一的 ▷～心|～长(cháng)|～车|～款|～刊。→ ❷ 形 形容在某种学术、技能方面有特长 ▷古玩杂件品类很多,王先生杂中有～,鉴别名人字画特别擅长。→ ❸ 动 单独掌握或控制 ▷～政|～权|～卖。→ ❹ 副 唯独;特别 ▷他～爱看电影|～好跟我作对。☛ 第三画是竖折撇(ㄣ),一笔连写。由"专"构成的字有"砖""转""传"等。

"耑"另见 344 页 duān。

【专案】zhuān'àn 名 单独立案专门处理的案件或重要事件 ▷设立～|～审查。

【专版】zhuānbǎn 名 (报纸)专门刊登某个专题文章的版面 ▷语文教学改革～|中东问题～。

【专差】zhuānchāi ❶ 名 被专门派到外地办某事的人 ▷这位是省政府～。❷ 名 专门的差事 ▷为这事出趟～。

【专长】zhuāncháng 名 专门的知识、技能;特长 ▷学有～|唱歌是他的～。

【专场】zhuānchǎng ❶ 名 影剧院及娱乐场所等专为特定对象开放的场次 ▷少儿～|老年人活动～。❷ 名 具有特定内容或在特定地点的专项演出 ▷小品～|曲艺～。

【专车】zhuānchē ❶ 名 专门为某人、某事开行的车辆 ▷派～运送救灾物资。❷ 名 个人或单位专用的车辆 ▷部长～|单位～。

【专诚】zhuānchéng ❶ 形 专一、真诚 ▷待人特别～。❷ 副 特别诚心地;特地 ▷～邀请。

【专程】zhuānchéng 副 专门为某事前往某地 ▷～进京|～探视。

【专递】zhuāndì 动 由邮政部门或快递公司专门递送 ▷邮政特快～|生日礼物异地～。

【专电】zhuāndiàn 名 记者专门为本报社、电台发来的电讯 ▷本报记者悉尼～。

【专断】zhuānduàn ❶ 动 (对应该共同商量的事)独自作出决定 ▷～独行。❷ 形 作风不民主 ▷他办事十分～。

【专访】zhuānfǎng ❶ 动 专门对某人或某事进行采访 ▷对目击者进行～。❷ 名 专访的文章和体裁 ▷人物～|连续发表三篇～。

【专稿】zhuāngǎo 名 某一专题的稿件 ▷亚运会～。

【专攻】zhuāngōng 动 专门学习研究 ▷～物理。

【专管】zhuānguǎn 动 专门负责(某项工作) ▷他～收发。

【专柜】zhuānguì 名 专门陈列、销售某类商品的柜台 ▷鞋类～|劳保用品～。

【专号】zhuānhào 名 专门为某种内容而编辑出版的一期刊物 ▷奥运～|散文～。

【专横】zhuānhèng 形 专断蛮横 ▷～无理|～跋扈。☛ "横"这里不读 héng。

【专横跋扈】zhuānhèng-báhù 专断蛮横,恣意妄为。☛ "横"这里不读 héng。

【专机】zhuānjī ❶ 名 专门为某人、某事特别航行的飞机 ▷代表团乘～抵达纽约。❷ 名 个人专用的飞机 ▷总统～。

【专集】zhuānjí ❶ 名 专门辑录某作者作品的集子 ▷他出过一本～。❷ 名 专门辑录某一内容或体裁文章的集子 ▷《〈红楼梦〉研究～》。

【专辑】zhuānjí 名 专门辑录某一特定内容或文体的书刊、音像制品等 ▷民间剪纸～。

【专家】zhuānjiā 名 在某一方面有专门研究或独到技艺的人 ▷原子能～|～门诊。

【专刊】zhuānkān ❶ 名 报刊就某个专题内容编辑的一栏或一期。❷ 名 学术机关按专题研究成果出版的单册著作 ▷明史研究～。

【专科】zhuānkē ❶ 名 专门科目 ▷～门诊。❷ 名 专科学校的简称。

【专科学校】zhuānkē xuéxiào 实施专科教育的学校,层次低于大学本科,修业年限一般为二至三年。如师范专科学校、农业专科学校等。

【专控】zhuānkòng 动 (对某些商品的购买或销售)实施专项控制 ▷批准购买～商品。

【专款】zhuānkuǎn 名 规定专门用于某一方面的款项 ▷扶贫～|救灾～。

【专栏】zhuānlán 名 报刊上就某个专题开辟的栏目;也指专题性的板报、壁报、宣传栏等 ▷国际～|经济信息～。

【专力】zhuānlì 动 把力量或精神集中到某一点

▷～于诗歌的研究。

【专利】zhuānlì ❶ 名 指国家颁发的专利证书。❷ 名 指专利权。

【专利权】zhuānlìquán 名 法律确认的发明创造者在一定期限内对其发明创造享有的专有权。

【专列】zhuānliè 名 专为某人、某事开行的列车。

【专论】zhuānlùn 名 论述某一专门问题的文章。

【专卖】zhuānmài ❶ 动 国家指定某些消费品只能由专营机构经营 ▷我国通过立法，对烟草实行～。❷ 动 专门出售某类或某品牌的商品 ▷这是一家～肉制品的门店｜电器～。

【专卖店】zhuānmàidiàn 名 专门出售某一种类、某一品牌或某一地方特色商品的商店。

【专门】zhuānmén ❶ 形 形容只属于某一门类 ▷这种技能过于～｜～人才。❷ 副 表示从事的活动只限于某一方面 ▷～经商。❸ 副 表示专为某种目的而做某事，相当于"特地" ▷这套房子是～为你准备的。❹ 副 表示特别喜好做某种事 ▷他～爱打听别人的隐私。

【专名】zhuānmíng 名 专用于某一特定对象的名称。如人名、地名、机构名、朝代名、年号等。

【专名号】zhuānmínghào 名 标点符号，形式为"____"。只用在古籍、古籍引文或某些文史著作中，横排标在文字的底下，竖排标在文字的左侧，标示人名、地名、朝代名、国名等专有名词。

【专区】zhuānqū ❶ 名 我国设立的介于省、自治区与县之间的行政区域，下辖若干县(市)。1975年改称地区，近年来多改为地级市。❷ 名 为某事专门设立的区域 ▷展馆内设置了3个艺术品～。

【专权】zhuānquán 动 独自包揽大权 ▷个人～。

【专人】zhuānrén 名 专门负责某单项任务或临时任务的人 ▷打扫卫生有～负责｜事关重大，须派～前往。

【专任】zhuānrèn 动 专门担任 ▷辞去其他职务，～校长。

【专擅】zhuānshàn ❶ 动〈文〉独揽大权 ▷独裁～，倒行逆施。❷ 动 擅自作主 ▷重大事情须由集体研究，不可个人～。

【专史】zhuānshǐ 名 各种专门学科的历史。如哲学史、文学史、美学史、文化史。

【专使】zhuānshǐ 名 国家派到别国执行专门任务的使节 ▷特派～前往谈判。

【专书】zhuānshū ❶ 名 专门著作；就某一专题编写的书 ▷有关民国史的～｜古代救灾～。❷ 名 指某一部书 ▷～研究｜～评析。

【专属】zhuānshǔ 区别 专门属于某(些)人或某(些)事物的 ▷贫困群众～保险｜地铁～流量套餐｜～服务。

【专题】zhuāntí 名 专门问题 ▷～采访｜～演讲。

【专题片】zhuāntípiàn 名 以某一内容为中心的纪实性影视片。口语中也说专题片儿(piānr)。

【专文】zhuānwén 名 专门就某一问题撰写的文章 ▷发表～披露事情真相。

【专席】zhuānxí 名 为某些人专门设置的席位 ▷本店特设情侣～。

【专线】zhuānxiàn 名 专用的交通或通信线路 ▷货运～｜军用通信～。

【专项】zhuānxiàng 名 专门设立的项目 ▷～拨款｜～资金。

【专心】zhuānxīn 形 用心专一 ▷～学习。☛ 参见730页"精心"的提示㊀。

【专心致志】zhuānxīn-zhìzhì 用心专一，精力集中。

【专修】zhuānxiū ❶ 动 专门修理 ▷～空调机。❷ 动 专门学习(某一学科) ▷～英语｜～班。

【专业】zhuānyè ❶ 名 高等学校和中等专业学校所分的学业门类 ▷数学～｜环保～。❷ 名 产业部门或科研机构分设的各业务门类 ▷～分工｜～工人。❸ 区别 专门从事某种职业的 ▷～演员。❹ 形 形容具有专业水平和知识 ▷他问的问题很～。

【专业户】zhuānyèhù 名 指我国农村中从事某种专业性生产的农户 ▷养猪～｜运输～。

【专业化】zhuānyèhuà 动 在现代化生产中，使生产门类或生产过程变为专业性的 ▷这些零部件的生产已经～了｜～的程度很高。

【专业课】zhuānyèkè 名 高等学校和中等专业学校设置的传授专业知识或专门技能的课程(跟"基础课"相区别)。

【专页】zhuānyè 名 报刊上登有特定内容的篇页 ▷文摘～｜法律咨询～。

【专一】zhuānyī 形 用心专注；心不二用 ▷思想不～就学不好｜兴趣～。

【专营】zhuānyíng 动 专门经营 ▷～文教用品。

【专用】zhuānyòng 动 供某种需要或某个人专门使用 ▷这是运货～电梯｜这台电脑供他～。

【专有】zhuānyǒu 动 独自拥有 ▷～财产。

【专员】zhuānyuán ❶ 名 专区(现改称地区)的行政负责人 ▷～公署。❷ 名 负责某项专门业务的人员 ▷商务～。

【专责】zhuānzé 名 专门承担的责任 ▷他对财务工作负有～。

【专政】zhuānzhèng ❶ 动 统治阶级依靠国家机器对敌对阶级和敌对分子实行强力统治 ▷人民民主～。❷ 动 进行法律制裁 ▷这个罪犯终于被公安机关～了。

【专职】zhuānzhí 名 由专人担任、专门从事某方

面工作的职务 ▷两个部门各有～|设置～教师。

【专指】zhuānzhǐ 动 专门针对；专门指向（某人或某事）▷我的话不是～某一个人的|“长城”有时～八达岭长城。

【专制】zhuānzhì ❶ 动 统治者独自掌握政权，操纵一切 ▷君主～。❷ 形 独断专行 ▷他处理问题太～了。

【专注】zhuānzhù 动 把精力集中到某一点上 ▷神情～|～于学习。

【专著】zhuānzhù 名 就某一学术专题写的著作。

【专座】zhuānzuò 名 专为某些人设置的座位 ▷老幼病残孕～。

脖（膞） zhuān 名 某些地区指鸟类的胃 ▷鸡～。

砖（磚*塼甎） zhuān ❶ 名 用土坯烧制而成的建筑材料，多为长方形或方形 ▷秦～汉瓦|砌～|耐火～。→ ❷ 名 形状像砖的东西 ▷冰～|茶～。

【砖茶】zhuānchá 名 压制成砖块状的茶叶。也说茶砖。

【砖雕】zhuāndiāo 名 用砖进行雕刻的艺术；也指用这种艺术雕刻成的工艺品。

【砖坯】zhuānpī 名 用黏土制成的没有经过烧制的砖。

【砖石】zhuānshí 名 砖和石料。

【砖头】zhuāntóu ❶ 名 碎砖 ▷～瓦块儿。❷ 名 砖①。

【砖瓦】zhuānwǎ 名 砖和瓦 ▷～木料。

【砖窑】zhuānyáo ❶ 名 烧制砖瓦的窑。❷ 名 用砖券（xuàn）的窑洞 ▷新券了三孔～。

颛（顓） zhuān ❶ 形〈文〉愚昧。→ ❷ 形〈文〉善良。○ ❸ 古同“专”。

【颛孙】zhuānsūn 名 复姓。

【颛顼】zhuānxū 名 传说中的上古帝王名。

zhuǎn

转（轉） zhuǎn ❶ 动 变换（方向、情况等）▷向后～|掉～船头|～败为胜|～念。→ ❷ 动 把一方的物品、意见等带给另一方 ▷请把信～给他|～告|～达。☛ 读 zhuǎn，指移动，如“转移阵地”“峰回路转”；引申指变化、辗转，如“天气转晴”“转播节目”。读 zhuàn，指围绕中心做圆周运动，如“地球围绕太阳转”“转圈子”；引申指闲逛，如“到街上转转”。读 zhuǎi，指说话时故意使用文绉绉的词句，如“转文”。

另见 1808 页 zhuǎi；1812 页 zhuàn。

【转氨酶】zhuǎn'ānméi 名 生物体内催化氨基酸和酮酸之间氨基转移的酶。

【转包】zhuǎnbāo ❶ 动 把自己承包的任务转手包给他人 ▷农村土地承包经营权可以用～等方式流转。❷ 动 工程上指承包人承包某项工程后，不履行合同约定的责任和义务，将其承包的全部工程转给他人或者将其承包的全部工程肢解后以分包的名义分别转给他人承包。我国相关法律、法规禁止工程转包 ▷严厉打击工程～行为。☛ 跟“分包”不同。

【转变】zhuǎnbiàn 动 转换；改变 ▷～机制，提高效率|工作作风已经～了。

【转播】zhuǎnbō 动 某电台或电视台播送其他台的节目 ▷～中央电视台的《新闻联播》。

【转产】zhuǎnchǎn 动 工厂改换产品项目 ▷为适应市场需求，工厂决定～。

【转场】zhuǎnchǎng ❶ 动 转换场地 ▷下一轮比赛～到附近另一座城市进行|～多地，完成外景拍摄。❷ 动 转换牧场、草场等 ▷月底前，务必把牛羊～到冬季草场。❸ 动 指影视作品中段落与段落、场景与场景之间的过渡或转换 ▷这部电视剧用蓝色湖面远景～，别具意蕴。

【转抄】zhuǎnchāo 动 间接抄录 ▷这是～的第二手材料，不一定准确可靠|相互～。

【转车】zhuǎnchē 动 中途换乘别的车 ▷到北京～|中途要转两次车。

【转呈】zhuǎnchéng 动 通过第三方呈交 ▷此件请～组织部。

【转存】zhuǎncún 动 指转换存款银行、存款方式等 ▷由农业银行～建设银行|由活期～定期。

【转达】zhuǎndá 动 把一方的意思转告另一方 ▷～意见。

【转道】zhuǎndào 动 绕道经过 ▷从北京～香港飞往台北。

【转递】zhuǎndì 动 转手递交 ▷～信件。

【转调】zhuǎndiào 动 音乐上指从一个调转换成另一个调，以适应表达的需要。也说变调。

【转动】zhuǎndòng ❶ 动 活动身体或身体的某一部分使改变方向 ▷～一下身体，换个姿势。❷ 动 使转动 ▷～车把。☛ 跟“转（zhuàn）动”不同。

【转而】zhuǎn'ér 副 表示动作、行为的方向有所改变 ▷至山下，～西行|原来反对的～表示赞成。

【转发】zhuǎnfā ❶ 动 把上级的文件批转给下属单位 ▷～上级的文件要及时。❷ 动 刊登别的报刊、网站等媒体发表过的文章或消息 ▷今天的《人民日报》～了地方报纸的两则消息|寻人信息在微博被～多次。❸ 动 把接收到的外地无线电信号发射到本台信号覆盖范围内 ▷～通信卫星发来的电视信号。❹ 动 把收到的信息通过网络等发送给别人 ▷

请把您刚收到的那份电子邮件～给我。

【转干】zhuǎngàn 动 转为干部编制。

【转岗】zhuǎngǎng 动 转换工作岗位 ▷由教学工作～搞行政工作。

【转告】zhuǎngào 动 把一方的话或情况告诉另一方 ▷这里的情况，请代为～。

【转关系】zhuǎnguānxi 毕业或调动工作时转移党派、团体的组织关系。

【转轨】zhuǎnguǐ 动（火车等）由一条轨道转入另一条轨道运行；比喻转换体制等 ▷由计划经济向市场经济～。

【转行】zhuǎnháng ❶ 动 改行。❷ 动 移行。

【转化】zhuǎnhuà ❶ 动 哲学上指矛盾双方在一定条件下各自向相反的方向转变。❷ 动 转变；变化 ▷把科研成果～为生产力。

【转圜】zhuǎnhuán ❶ 动〈文〉扭转；挽回 ▷此事尚有～之望。❷ 动 调停；斡旋 ▷托人从中～。

【转换】zhuǎnhuàn 动 把原来的变换成另外的；改换 ▷新式风扇能自动～风速｜～生产机制。

【转会】zhuǎnhuì 动 指职业运动员从一家俱乐部转至另一家俱乐部效力。

【转机】zhuǎnjī ❶ 名 事情或病情好转的可能性或迹象 ▷生活有了～｜病情出现～。○ ❷ 动 中途转乘其他飞机 ▷～前往北京。

【转基因】zhuǎnjīyīn 动 应用遗传工程技术，从某种生物中提取所需要的基因转入另一种生物的基因组中，使这一生物体具有特定的优良遗传特征。动植物转基因技术可以用来改良生物品种，培育新品种。

【转嫁】zhuǎnjià ❶ 动 改嫁 ▷丈夫死后，她就～到外村去了。❷ 动 把负担、损失、灾祸等转移到别人头上 ▷～危机。

【转交】zhuǎnjiāo 动 把一方交来的东西交给另一方 ▷请你把信～给他。

【转角】zhuǎnjiǎo 名 街巷等拐弯的地方。

【转借】zhuǎnjiè 动 把借来的或只限本人使用的东西借给别人 ▷把借来的房子又～给亲戚了｜营业执照不得～他人。

【转科】zhuǎnkē ❶ 动 病人从医院的某一科转到另一科就医。❷ 动 学生从某一科转到另一科学习。

【转口】zhuǎnkǒu ❶ 动 改口①。○ ❷ 动（商品）经过一个港口运到另一个港口或通过一个国家运到另一个国家 ▷～贸易。

【转口贸易】zhuǎnkǒu màoyì 指从生产国进口商品后再向别国出口的贸易活动。

【转脸】zhuǎnliǎn ❶ 动 转过脸来 ▷～朝后面看了一下。❷ 动 借指时间极短 ▷才见面，～又要分手了。

【转捩点】zhuǎnlièdiǎn 名 转折点。

【转录】zhuǎnlù 动 把已录在磁带上的录音、录像再录到另一磁带上。

【转卖】zhuǎnmài 动 把买进的东西再转手卖出去。

【转年】zhuǎnnián 名〈口〉明年；来年 ▷今年赶不上种了，～再种吧。

【转念】zhuǎnniàn 动 换一个角度考虑；改变原意 ▷刚要上车，可～一想，还是再等一会儿吧。

【转让】zhuǎnràng 动 把自己的财物或享有的权利让给他人 ▷把店铺～出去。

【转入】zhuǎnrù 动 转移到；转变到 ▷资金已～分公司的账户｜由防御～反攻。

【转身】zhuǎnshēn ❶ 动 转动身体 ▷～扣球。❷ 动 借指时间极短 ▷刚说要去，～又变卦了。❸ 动 借指转变方向、位置、性质等（多用于成功的、积极的方面）▷实现了彩电产业网络化的战略～｜他～到邻县担任县委书记。

【转世】zhuǎnshì ❶ 动 佛教指人或动物死后，灵魂按照生前的善恶表现而分别投胎，成为另一个人或动物。也说转生。❷ 动 藏传佛教在活佛圆寂后，按照宗教仪规选定一个灵童，作为活佛的转世继承人。

【转手】zhuǎnshǒu 动 倒手；转卖 ▷你亲自去办，不要～了｜这批货，他一～就赚了。

【转述】zhuǎnshù 动 把别人的话说给另外的人听 ▷他把校长的话向家长～了一遍。

【转瞬】zhuǎnshùn 动 转眼② ▷～即逝｜～间。

【转送】zhuǎnsòng ❶ 动 转交。❷ 动 转赠。

【转体】zhuǎntǐ 动 体育上指围绕身体纵向转动或作前后向转动 ▷向前～360°。

【转帖】zhuǎntiě ❶ 动 在互联网上转发帖子 ▷此事一经曝光，瞬间～超万次｜切忌随意～。❷ 名 在互联网上转发的帖子 ▷接到一位网友的～｜分享这篇～。

【转托】zhuǎntuō 动 把别人托自己办的事再托付给另外的人去办 ▷你托我的事我已～老张办理。

【转弯】zhuǎnwān ❶ 动 拐弯儿 ▷～向北走 20 米就到了。❷ 动 比喻说话拐弯抹角，不直截了当 ▷有话直说，别～。❸ 动 比喻改变思路或想法 ▷他头脑灵活，～很快。

【转弯抹角】zhuǎnwān-mòjiǎo 拐弯抹角。

【转弯子】zhuǎnwānzi 比喻改变观点 ▷时代进步了，思想也要～。☛ 跟"转(zhuàn)弯子"不同。

【转危为安】zhuǎnwēi-wéi'ān 危险转化为平安。指危险消除。

【转向】zhuǎnxiàng ❶ 动 改变前进方向 ▷汽车～东行。❷ 动 比喻改变立场。❸ 动 转而向着（另一方）▷把镜头～观众席。☛ 跟"转(zhuàn)向"不同。

【转型】zhuǎnxíng ❶ 动 转变社会经济结构、文化形态、价值观念等 ▷由农业社会向工业社会～。❷ 动 转换产品型号或构造 ▷生产～。

【转学】zhuǎnxué 动 学生从所在学校转到另一所学校学习。

【转眼】zhuǎnyǎn ❶ 动 转移视线 ▷他不～地观赏着动画片|～看了看门外。❷ 动 借指时间极短 ▷那小孩儿～不见了|光阴～即逝。

【转业】zhuǎnyè 动 由一个行业转到另一个行业；特指中国人民解放军军官离开部队转到地方工作 ▷教了几年书，又～当编辑了|～军人。

【转移】zhuǎnyí ❶ 动 改换方向或位置 ▷～视线|～阵地。❷ 动 转变；改变 ▷注意力～。

【转义】zhuǎnyì 名 语言学上指由字、词的本义或常用义转化生成的新意义。包括引申义和比喻义等。

【转译】zhuǎnyì 动 不根据原文而根据另一种语言的译文翻译 ▷这部书是从英译本～的。

【转引】zhuǎnyǐn 动 引用报刊、书籍上的引文。

【转院】zhuǎnyuàn 动 住院病人从一个医院转到另一个医院治疗。

【转运】zhuǎnyùn ❶ 动 把运来的货物再运到别的地方 ▷～站。〇 ❷ 动 迷信指运气好转。

【转韵】zhuǎnyùn 动 韵文中从押一种韵转换押另一种韵。

【转载】zhuǎnzǎi 动 刊载其他报刊上发表过的文章。

【转载】zhuǎnzài 动 过载②。

【转赠】zhuǎnzèng 动 把收到的礼品赠送给别人。

【转战】zhuǎnzhàn 动 在不同的地区辗转作战 ▷随部队～大西南。

【转账】zhuǎnzhàng 动 通过银行将钱款从付款账户划转到收款账户 ▷大额付款还是通过银行～比较安全。☛ 不要写作"转帐"。

【转折】zhuǎnzhé ❶ 动 事物发展的趋势发生方向性的变化 ▷历史发生～的关头。❷ 动 说话或行文由一个意思转向另一个意思 ▷"但是"表示语意～。

【转折点】zhuǎnzhédiǎn 名 促使事物发展趋势发生方向性变化的事件；也指发生这种变化的时间 ▷遵义会议是中国共产党历史上的一个～|1949 年 10 月 1 日，是我国现代史上的一个～。也说转捩点。

【转诊】zhuǎnzhěn 动 病人从一个医院转到另一个医院或从同一医院的某一科转到另一科诊治。

【转正】zhuǎnzhèng 动 非正式的成员转为正式成员 ▷试用期满，经考核合格即可～。

【转制】zhuǎnzhì 动 转变体制、机制 ▷应用科研机构多已向企业化～。

【转注】zhuǎnzhù 名 汉字六书之一。各家解释不尽相同，多指读音、意义相同或相近的字相互解释。如以"老"解释"考"，以"考"解释"老"。现在一般认为属用字之法。

【转租】zhuǎnzū 动 把租来的东西转手租给别人。

zhuàn

传(傳) zhuàn ❶ 名 古代注解、阐述经文的著作 ▷《春秋》三～|《周易大～》|经～。→ ❷ 名 传记 ▷《五柳先生～》|树碑立～|自～。❸ 名 描述人物故事的作品(多用于标题或书名) ▷《水浒～》|《格萨尔王～》。

另见 210 页 chuán。

【传记】zhuànjì 名 记述人物生平事迹的文章或著作 ▷人物～|～体小说。

【传记片】zhuànjìpiàn 名 反映人物生平事迹的影视片。口语中也说传记片儿(piānr)。

【传略】zhuànlüè 名 简略的传记 ▷《中国现代社会科学家～》。

沌 zhuàn 用于地名。如：沌河，水名；沌口、沌阳，地名。均在湖北。

另见 353 页 dùn。

转(轉) zhuàn ❶ 动 旋转(zhuǎn)；泛指围绕着一个中心运动 ▷地球绕着太阳～|车轮飞～|～动。→ ❷ 动 闲逛 ▷到公园～一～|～悠。→ ❸ 量 某些地区把绕一圈叫绕一转。

另见 1808 页 zhuǎi；1810 页 zhuǎn。

【转笔刀】zhuànbǐdāo 名 削铅笔的文具。小刀架上有可插入铅笔的孔，孔边有刀片，把铅笔插入孔中旋转即可削好铅笔。也说卷笔刀。

【转动】zhuàndòng ❶ 动 物体围绕一个点或一个轴运动 ▷车轮～。❷ 动 使转动 ▷～摇把。☛ 跟"转(zhuǎn)动"不同。

【转筋】zhuànjīn 动〈口〉肌肉痉挛 ▷腿肚子～。

【转铃】zhuànlíng 名 按动时铃盖转动发声的自行车铃。

【转炉】zhuànlú 名 在冶炼过程中炉体可根据生产工艺的需要而转动的冶金炉。

【转门】zhuànmén 名 由几扇门连在中间一个转轴上构成的旋转门。

【转盘】zhuànpán ❶ 名 某些器物(如唱机等)上能转动的圆盘。❷ 名 使在轨道上的机车掉转方向或改换道辙的圆盘形设备。❸ 名 指交叉路口的环形岛。

【转圈】zhuànquān 动 绕着圈运动 ▷早晨起来就在院子里～。

【转速】zhuànsù 名 转动的物体在单位时间内转动的圈数。

【转台】zhuàntái ❶ 名 能够旋转换景的舞台。❷ 名 安放在较大餐桌中间可以转动的较小圆台，用来摆放菜盘等，以方便就餐者取菜。

【转梯】zhuàntī 名 旋转着上下的楼梯，整体呈螺旋状，台阶呈扇形。

【转弯子】zhuànwānzi 比喻说话拐弯抹角，不直截了当 ▷你就直接说吧，不要～了。☛ 跟“转(zhuǎn)弯子”不同。

【转向】zhuànxiàng ❶ 动 辨不清方向；迷失方向 ▷晕头～｜走在原始森林中，很容易～。❷ 动 比喻分不清是非或立场改变 ▷在大是大非面前不能～。☛ 跟“转(zhuǎn)向”不同。

【转椅】zhuànyǐ ❶ 名 安着转轴能够转动的椅子。❷ 名 儿童体育活动器械，把若干椅子安在转盘上，坐在上面可以随着转盘旋转。

【转悠】zhuànyou〈口〉❶ 动 转动 ▷眼珠子不住地～着。❷ 动 漫步；闲逛 ▷到公园～了一趟。☛ 不要写作“转游”。

【转轴】zhuànzhóu 名 安装在机器、器具等上能转动的轴。

【转子】zhuànzǐ 名 指电机和旋转式机械的主要旋转部分(跟“定子”相区别)。

啭(囀) zhuàn 动〈文〉(鸟)婉转地鸣叫 ▷莺啼鸟～。

瑑 zhuàn 名〈文〉玉器上雕刻的凸起的花纹。

赚(賺) zhuàn ❶ 动 做生意获得利润(跟“赔”相对) ▷有时候～，有时候赔。→ ❷ 名 利润 ▷这样做买卖还能有～儿？→ ❸ 动 某些地区指挣(钱) ▷老伴儿工资高，每月～不少钱。

另见 1844 页 zuàn。

【赚钱】zhuànqián 动 获取利润或报酬。

【赚取】zhuànqǔ 动 获取(利润) ▷～外汇。

【赚头】zhuàntou 名〈口〉利润 ▷这笔生意有～。

僎 zhuàn 动〈文〉具备；完善。

撰(*譔) zhuàn 动 写作 ▷～文｜～稿｜编～。

【撰稿】zhuàngǎo 动 起草；写文章 ▷大家统一意见后，由他～｜～人。

【撰述】zhuànshù ❶ 动 著述；写作 ▷精心～。❷ 名 撰述的作品 ▷把近年的～结集出版。

【撰文】zhuànwén 动 写文章。

【撰写】zhuànxiě 动 写作 ▷～书评。

【撰著】zhuànzhù 动 撰写。

篆 zhuàn ❶ 名 篆书 ▷真草隶～｜大～｜小～。→ ❷ 动〈文〉用篆字书写 ▷～额。○ ❸ 名〈文〉指印章或名字 ▷接～(接印)｜台～(对别人名字的敬称)。☛ 参见 1395 页“彖”的提示。

【篆刻】zhuànkè ❶ 动 雕刻印章。多用篆书，故称。❷ 名 篆刻的印章 ▷一方精美的～。

【篆书】zhuànshū 名 汉字字体之一。狭义指籀文和小篆，广义指甲骨文、金文、籀文、小篆及春秋战国时通行于六国的文字。也说篆字。

馔(饌*籑) zhuàn 名〈文〉饭菜 ▷肴～｜盛(shèng)～。

zhuāng

壮(壯) zhuāng 名 姓。
另见 1815 页 zhuàng。

妆(妝*粧) zhuāng ❶ 动 通过修饰、打扮使容貌美丽 ▷浓～艳抹｜化～。→ ❷ 名 妆饰② ▷红～｜卸～。❸ 名 指女子的陪嫁物品 ▷嫁～。

【妆扮】zhuāngbàn 现在一般写作“装扮”。

【妆奁】zhuānglián 名 原指女子梳妆用的镜匣；后泛指嫁妆。

【妆饰】zhuāngshì ❶ 动 梳妆打扮 ▷着意～。❷ 名 妆饰出来的样子 ▷～淡雅大方。☛ 跟“装饰”意义不同。

【妆束】zhuāngshù 见 1814 页“装束”②③。现在一般写作“装束”。

庄[1](莊) zhuāng ❶ 形 严肃；不轻浮 ▷～严｜端～。○ ❷ 名 姓。

庄[2](莊) zhuāng ❶ 名 村落；田舍 ▷村～｜～户。→ ❷ 名 封建时代皇室、贵族、地主等占有的大片土地 ▷皇～｜避暑山～。❸ 名 旧称规模较大的商号 ▷钱～｜布～｜饭～。❹ 名 庄家 ▷这一局是谁的～？｜大家轮流坐～。☛ “庄”字右下是“土”，不是“圡”。

【庄户】zhuānghù 名 农户。

【庄户人】zhuānghùrén 名 农民。

【庄家】zhuāngjiā ❶ 名 赌博或牌戏中每一局的主持人。❷ 名 资本实力雄厚、买卖股票数额巨大、能左右股市行情走势的投资者。

【庄稼】zhuāngjia 名 生长着的农作物(多指粮食作物)。

【庄稼地】zhuāngjiadì 名 种庄稼的田地；农田。

【庄稼汉】zhuāngjiahàn 名 种庄稼的男子。

【庄稼活儿】zhuāngjiahuór 名 农活儿。

【庄稼人】zhuāngjiarén 名 种庄稼的人；农民。

【庄严】zhuāngyán 形 庄重严肃 ▷会场～肃穆。

【庄园】zhuāngyuán 名 古代皇室、贵族、大官僚、大地主以及寺院等占有的大片土地和村庄；现代有些国家中的大种植园也叫庄园。

【庄园主】zhuāngyuánzhǔ 名 拥有庄园的人。

【庄员】zhuāngyuán 名 在庄园中给庄园主种田

做工的人。

【庄院】zhuāngyuàn 名 旧时官僚、地主在农村修建的高大宅院。

【庄重】zhuāngzhòng 形 端庄稳重；不轻浮 ▷～大方|举止～。

【庄子】zhuāngzǐ ❶ 名 战国时期哲学家，姓庄，名周。继承、发展了老子的哲学思想，是老子之后先秦道家学派的代表人物，后代将他与老子并称"老庄"。❷ 名 道家主要经典之一。庄子及其后学所著，在哲学、文学上都有较高价值。也说《南华经》。

【庄子】zhuāngzi 名 村庄 ▷家住～东头。

桩（樁）zhuāng ❶ 名 桩子 ▷水泥～|拴马～|桥～。○ ❷ 量 用于事物，相当于"件" ▷一～喜事|～～件件。

【桩子】zhuāngzi 名 一端或全部埋入地里的棍子或柱子。

装（裝）zhuāng ❶ 名 包裹；行囊 ▷轻～上阵|行～。→ ❷ 名 衣服 ▷服～|春～|时～。❸ 动 指演员为演出需要而装饰、打扮；泛指修饰、打扮 ▷化～成老太太|～饰|～修。⇒ ❹ 动 装订书籍；加工装饰字画 ▷精～本|～裱。⇒ ❺ 动 假扮 ▷她在戏里～一个老太婆|～神弄鬼。❻ 动 做出某种假象 ▷不懂～懂|～腔作势。⇒ ❼ 名 演员演出时穿戴打扮用的东西 ▷上～|卸～。→ ❽ 动 把东西放在器物或运输工具里；容纳 ▷～车|会议室～不下这么多人。❾ 动 安装；装配 ▷～电话|组～。→ ❿ 动 包裹商品或把商品等放进盒子、瓶子等 ▷简～|听～饼干。○ ⓫ 名 姓。

【装扮】zhuāngbàn ❶ 动 装饰；打扮 ▷～起来越发漂亮了|～入时。❷ 动 化装；假扮 ▷～成顾客进行暗访。

【装备】zhuāngbèi ❶ 动 配备(武器机械等) ▷用现代化技术～我们的军队。❷ 名 配备的武器、机械等 ▷～精良。☛ 跟"设备"不同。"装备"多指军用物资和技术力量的配备；"设备"不强调军用性。

【装裱】zhuāngbiǎo 动 装饰裱褙(书画、碑帖等)。用纸附托在书画等的背面，再用绫、绢或纸镶上边框，通常还要装上轴子。

【装车】zhuāngchē 动 往车上装东西。

【装点】zhuāngdiǎn 动 装饰点缀 ▷用鲜花、彩绸把彩车～起来。

【装订】zhuāngdìng 动 把零散的印刷品或纸张订成本册 ▷把文件～存档。

【装疯卖傻】zhuāngfēng-màishǎ 为遮人耳目假装疯癫呆傻。

【装裹】zhuāngguo ❶ 动 给死人穿戴衣帽等物。❷ 名 给死人穿戴的衣物。

【装糊涂】zhuānghútu 假装不明白、不知道。

【装潢】zhuānghuáng ❶ 动 本指用黄檗汁染的纸来装裱书画；现泛指装饰物品、房屋等，使美观 ▷客厅～得很时尚|～门面。❷ 名 指物品外表的装饰 ▷美观的～赢得客户的青睐。☛ 不要写作"装璜"。

【装货】zhuānghuò 动 把货物装到车、船等交通工具上。

【装机】zhuāngjī 动 安装或装配机器、设备等 ▷当年～，当年投产|提高～服务质量。

【装甲】zhuāngjiǎ ❶ 名 车辆、舰只、碉堡等外表所装的防弹钢板 ▷安装复合～。❷ 区别 装有防弹钢板的 ▷～车。

【装甲兵】zhuāngjiǎbīng 名 以坦克、装甲车为基本装备的陆军兵种；也指这一兵种的士兵。

【装甲车】zhuāngjiǎchē 名 装有防弹钢板的战车。也说铁甲车。

【装假】zhuāngjiǎ 动 故意装出某种假象 ▷他怎么～也骗不了人。

【装具】zhuāngjù 名 军队作战或执勤时携带的制式用具。包括人装具、马装具和军械装具。

【装殓】zhuāngliàn 动 把死人装裹好，放入棺材。

【装聋作哑】zhuānglóng-zuòyǎ 装作聋哑的样子。形容故意不闻不问或假装不知情。☛ 不宜写作"装聋做哑"。

【装门面】zhuāngménmian 装饰店铺门面。比喻为图表面好看而故意粉饰 ▷别把学习当成～的事。☛ 参见 1815 页"壮门面"的提示。

【装模作样】zhuāngmú-zuòyàng 故意做出某种样子给人看。

【装配】zhuāngpèi 动 把零件或部件按一定要求组装成机器或其他设备 ▷～汽车|～工。

【装配线】zhuāngpèixiàn 名 进行零件或部件装配的生产线。

【装腔作势】zhuāngqiāng-zuòshì 为了惹人注意或借以吓人，故意装出某种腔调，做出某种姿态。

【装傻】zhuāngshǎ 动 故意装作呆傻的样子。

【装傻充愣】zhuāngshǎ-chōnglèng 故意装作糊涂或不了解情况的样子(愣：发呆)。

【装设】zhuāngshè 动 安装；架设 ▷～光缆线路。

【装神弄鬼】zhuāngshén-nòngguǐ 假装鬼神附体；比喻故弄玄虚，借以骗人。

【装饰】zhuāngshì ❶ 动 装点修饰 ▷舞台～得非常美观。❷ 名 指装饰品。☛ 跟"妆饰"意义不同。

【装饰品】zhuāngshìpǐn 名 起装饰作用的物品 ▷她不买昂贵的～◇不能把意见箱当～。

【装束】zhuāngshù ❶ 动〈文〉收拾行装 ▷～停

当,待命出发。❷ 动 装饰;打扮 ▷他出门前总要~一番。❸ 名 打扮出来的样子;衣着穿戴 ▷一身教师~|这套~朴素大方。

【装蒜】 zhuāngsuàn 动〈口〉装糊涂;故意装出某种腔调、姿态来糊弄人 ▷不懂就别~。

【装填】 zhuāngtián 动 装入;填进 ▷~炸药。

【装相】 zhuāngxiàng 动 假装成某种样子(以取得别人的善待或同情)。

【装卸】 zhuāngxiè ❶ 动 装货卸货 ▷自动化~。❷ 动 装配和拆卸 ▷懂得机器的~和维修。

【装熊】 zhuāngxióng 动〈口〉显出无能和怯懦的样子 ▷说得挺好,可做起事来就~了!

【装修】 zhuāngxiū 动 装潢和修饰(房屋) ▷对房屋进行~|~教室。

【装样子】 zhuāngyàngzi 装模作样。

【装运】 zhuāngyùn 动 装载并运输 ▷~木材。

【装载】 zhuāngzài 动(用运输工具)载人或载货 ▷这架客机能~二百多名乘客。☛"载"这里不读 zǎi。

【装载机】 zhuāngzàijī 名 在公路、铁路、建筑等建设工程中,用来挖掘、装载土石方的一种机械。前端装有铲斗,可前伸、升降,进行铲、装、运、卸渣土、砂石等,也可对矿石、硬土等做轻度铲挖作业。按行走方式不同,分为轮胎式和履带式。也说铲车。

【装帧】 zhuāngzhēn 名 书刊的装潢设计,包括封面、插图等美术设计和版式、装订等技术设计 ▷~精美。☛"帧"不要误写作"祯"。

【装置】 zhuāngzhì ❶ 动 安装配置 ▷房间里~了监控设备。❷ 名 构造复杂、具有某种独立功能的机器或组件 ▷核动力~|遥控~。

【装作】 zhuāngzuò 动 假装成 ▷心里着急,却~若无其事的样子。☛ 不宜写作"装做"。

zhuǎng

奘 zhuǎng 形〈口〉粗大;健壮 ▷大殿里的柱子特~|小伙子长得~。☛ ㊀不读 zhāng。㊁上边不能类推简化成"壮"。

另见 1718 页 zàng。

zhuàng

壮[1](壯) zhuàng ❶ 形 强健有力 ▷这孩子长得真~|健~|强~。→ ❷ 形 雄壮;气势盛 ▷理直气~|~志|~丽|悲~。❸ 动 加强;使雄壮 ▷~胆子|~声势|~军威。〇 ❹ 量 中医灸疗称烧灼或熏烤艾绒1炷为1壮。

壮[2](壯) zhuàng ❶ 名 指壮族 ▷~语|~戏。〇 ❷ 名 姓。☛"壮"字右边是"士",不是"土"。

另见 1813 页 zhuāng。

【壮别】 zhuàngbié 动 壮烈地告别 ▷~战友|含笑~。☛ 跟"壮行"②不同。"壮别"侧重生离死别,用于即将远行的人向前来送行之人告别,可带宾语;"壮行"②侧重送行者为即将远行之人壮行色,不能带宾语。

【壮大】 zhuàngdà ❶ 动 强大起来 ▷技术力量不断~。❷ 动 使壮大 ▷~科技攻关力量。

【壮胆】 zhuàngdǎn 动 使胆子增大 ▷要为举报人撑腰~。

【壮丁】 zhuàngdīng 名 旧指达到当兵年龄的青壮年男子(丁:成年男子)。

【壮工】 zhuànggōng 名 不掌握专门技术,只从事重体力劳动的工人。

【壮观】 zhuàngguān ❶ 名 壮丽宏伟的景象 ▷饱览钱塘江大潮的~。❷ 形 景象壮丽宏伟 ▷古老的长城非常~。

【壮汉】 zhuànghàn 名 强壮的中青年男子。

【壮怀】 zhuànghuái 名〈文〉豪壮的情怀 ▷~激烈。

【壮健】 zhuàngjiàn 形 健壮。

【壮锦】 zhuàngjǐn 名 壮族妇女手工编织的锦类织品。图案别致,色彩艳丽,多用来制床毯、被面、台布、头巾等。

【壮举】 zhuàngjǔ 名 豪迈的举动;伟大的行为 ▷这是人类探索宇宙的~。

【壮阔】 zhuàngkuò 形 雄壮开阔 ▷波澜~。

【壮劳力】 zhuàngláolì 名 体格强壮的劳动者(多指体力劳动者)。

【壮丽】 zhuànglì 形 雄壮美丽 ▷高山雄伟,冰川~|~的事业。

【壮烈】 zhuàngliè 形 形容豪壮不屈,坚守气节 ▷~殉国|牺牲得十分~。

【壮美】 zhuàngměi 形 壮丽。

【壮门面】 zhuàngménmian 使外表气派、体面 ▷不要盗用院士、博士的名义给自己~。☛ 跟"装门面"不同。"壮门面"可用作中性词;"装门面"常用作贬义词。

【壮苗】 zhuàngmiáo ❶ 名 健壮的幼苗 ▷精心培育良种~。❷ 动 使幼苗强壮 ▷施肥~。

【壮年】 zhuàngnián 名 指人三四十岁正当强壮有力的年龄段。

【壮士】 zhuàngshì 名 豪迈而勇敢的人 ▷狼牙山五~。

【壮士断腕】 zhuàngshì-duànwàn《三国志·魏书·陈泰传》记载:古代一位壮士被毒蛇咬伤了手,便立即斩断自己的手腕,以避免毒性扩散。后用"壮士断腕"比喻必要时须牺牲局部,以保障全局;也比喻在紧要关头须痛下决心,当机

立断 ▷用～的魄力淘汰落后产能|以刮骨疗毒、～的勇气坚决惩治腐败。

【壮实】zhuàngshi 形 健壮结实 ▷身体很～。

【壮硕】zhuàngshuò 形 壮实高大;粗壮 ▷～的身躯|根部～。

【壮文】zhuàngwén 名 壮族的文字。原为方块字,1980年进行修订,全部使用拉丁字母。

【壮戏】zhuàngxì 名 壮族戏曲剧种,流行于广西壮族自治区和云南壮族聚居地区,由壮族民间歌舞、说唱艺术等发展而成。

【壮心】zhuàngxīn 名 壮志 ▷～不减当年。

【壮行】zhuàngxíng ❶ 动 雄壮豪迈地行进 ▷一路～一路歌|～一生,功勋卓著。◯ ❷ 动 采取某种方式,为去完成重要任务(多要冒着一定危险)而登程远行的人送行,以壮行色 ▷为出征的宇航员～。☛ 参见1815页"壮别"的提示。

【壮阳】zhuàngyáng 动 中医指温壮肾阳,即补肾;也指使男子增强性功能。

【壮语】zhuàngyǔ 名 我国壮族的语言,属于汉藏语系,主要分布在广西、云南及广东。

【壮志】zhuàngzhì 名 宏伟远大的志向 ▷胸怀～|～犹存。

【壮志未酬】zhuàngzhì-wèichóu 宏伟的志向未能实现(酬:实现)。

【壮族】zhuàngzú 名 我国少数民族之一。主要分布在广西、云南和广东。

状(狀) zhuàng ❶ 名 形态;外貌 ▷奇形怪～|～态|形～。→ ❷ 名 情形 ▷罪～|惨～|现～。→ ❸ 动 形容;描述 ▷写景～物|不可名～|摹～。❹ 名 陈述或记述事件、事迹的文字 ▷行～。⇒ ❺ 名 指起诉书 ▷诉～|～纸|～告。⇒ ❻ 名 褒奖、委任等的文字凭证 ▷奖～|委任～。☛ 右边是"犬",不是"大"。

【状况】zhuàngkuàng 名 事物呈现出来的样子或状态 ▷生活～|文化～。

【状貌】zhuàngmào 名 形状和面貌 ▷～奇特。

【状态】zhuàngtài 名 (人或事物)表现出来的状况和形态 ▷精神～|气体～。

【状语】zhuàngyǔ 名 语法学指动词性或形容词性短语里的修饰语,其作用是从情态、程度、范围、时间、处所、工具、方式等方面修饰、限制后面的中心语。如"快快地跑""很干净"中的"快快""很"都是状语。

【状元】zhuàngyuan ❶ 名 科举考试中指殿试第一名;现也指某些考试的第一名获得者。参见317页"殿试"。❷ 名 比喻在某一行业中成绩最突出的人 ▷三百六十行,行行出～。

【状纸】zhuàngzhǐ ❶ 名 印有固定格式,专供写起诉状的纸。❷ 名 指起诉书。

【状子】zhuàngzi 名 起诉书 ▷写～|递～。

僮 zhuàng 壮族的"壮"字旧作"僮"。
另见1380页tóng。

撞 zhuàng ❶ 动 物体猛然相碰 ▷～钟|汽车～到墙上了|～击。→ ❷ 动 猛冲;闯 ▷横冲直～。→ ❸ 动 偶然遇到 ▷～上了新鲜事|～见。❹ 动 试探着去做没有把握的事 ▷～大运。☛ 统读zhuàng,不读chuàng。

【撞车】zhuàngchē ❶ 动 车辆相撞。❷ 动 比喻时间上冲突或内容上重复 ▷轮休应统一安排,以免～|咱们的选题跟别人～了。

【撞击】zhuàngjī 动 撞① ▷陨石～地球◇艺术的魅力～着观众的视觉和心灵。

【撞见】zhuàngjiàn 动 偶然遇见 ▷我～老乡了。

【撞脸】zhuàngliǎn 动 〈口〉没有血缘关系的人容貌很像;泛指外观很像 ▷他～了一位名角|两款手机～了。

【撞墙】zhuàngqiáng 动 撞到墙上;比喻事情遇到障碍 ▷太急于求成,难免～。

【撞衫】zhuàngshān 动 在同一场合碰巧穿了相同或相似的衣服 ▷很多人忌讳和别人～。

【撞锁】zhuàngsuǒ ❶ 名 一种带弹簧装置的门锁,关门时一撞便可自动锁上。也说碰锁。❷ 动 指登门找人时,对方锁着门 ▷去了两趟,都～了。

【撞针】zhuàngzhēn 名 枪炮里的一种机件,用来撞击子弹或炮弹的底火。

幢 zhuàng 量 用于房屋,相当于"座" ▷一～高楼|几～房屋。参见插图13页。☛ 不读dòng。
另见215页chuáng。

戆(戇) zhuàng 形 〈文〉性情憨厚而刚直 ▷～直。
另见451页gàng。

zhuī

隹 zhuī 名 〈文〉短尾的鸟。☛ 参见656页"隹"的提示㊀。

追 zhuī ❶ 动 紧跟在后面赶 ▷他走得太快了,我～不上|你～我赶|～赶。→ ❷ 动 回忆;回溯 ▷～忆|～述|～悼。→ ❸ 动 事后补(做) ▷～加|～认|～赠。→ ❹ 动 力求达到某种目的 ▷～名逐利|～寻|～求。❺ 动 特指追求异性 ▷几个小伙子都在～她。

【追奔逐北】zhuībēn-zhúběi 追亡逐北。

【追本溯源】zhuīběn-sùyuán 追究根本,追溯源头。指探寻事物产生的根源。也说追本穷源。☛"溯"不读 suò 或 shuò。

【追逼】zhuībī ❶ 动 追赶逼近 ▷把敌军～得走投无路。❷ 动 强行索取或追究 ▷～旧债｜任凭怎样～，他都拒不回答。

【追兵】zhuībīng 名 追击的军队(多指追来的敌人) ▷前无去路，后有～。

【追补】zhuībǔ ❶ 动 追加 ▷～投资。❷ 动 事后弥补 ▷亏空巨大，无法～。

【追捕】zhuībǔ 动 追逐逮捕 ▷～犯罪嫌疑人。

【追查】zhuīchá 动 事后根据线索进行调查 ▷～谣言｜～肇事者。

【追偿】zhuīcháng ❶ 动 追索使偿还 ▷～欠款。❷ 动 事后赔偿或补偿 ▷厂家负责～因商品质量问题给消费者造成的损失。

【追悼】zhuīdào 动 追念哀悼(死者) ▷沉痛～牺牲的战友。

【追堵】zhuīdǔ 动 追赶堵截 ▷～逃犯。

【追访】zhuīfǎng 动 追踪走访或采访 ▷电话～｜～先进生产者。

【追肥】zhuīféi ❶ 动 给正在生长的农作物加施肥料。❷ 名 给正在生长的农作物加施的肥料。

【追风】zhuīfēng ❶ 形 形容马跑得很快 ▷天马～｜～驹。❷ 动 追逐某种风气 ▷～媚俗。〇 ❸ 动 中医指祛除风寒、湿热等 ▷～祛痰｜～膏。☛ 跟"跟风"不同。"追风"侧重于追逐，主动性强；"跟风"侧重于跟随，多是盲从。

【追赶】zhuīgǎn 动 快速追上(走在前面的人或事物) ▷～大部队｜～敌军｜～一流水平。

【追根】zhuīgēn 动 追究根源；追查来源 ▷此事非～不可。

【追根究底】zhuīgēn-jiūdǐ 刨根问底。

【追光灯】zhuīguāngdēng 名 舞台上用光束跟随演员移动的灯。

【追怀】zhuīhuái 动 追忆；怀念 ▷～童年时代。

【追悔】zhuīhuǐ 动 回想往事而悔恨 ▷她对自己的行为～不已｜～莫及。

【追击】zhuījī 动 追赶并攻击(逃跑的敌人)。

【追缉】zhuījī 动 追捕。

【追记】zhuījì ❶ 动 事后补记 ▷事后～，难免挂一漏万。❷ 名 追记而成的文章 ▷将此篇～献予烈士亲属。❸ 动 指给已死去的人记功 ▷给烈士～一等功。

【追加】zhuījiā 动 在原有数额的基础上再增加 ▷～赔偿｜～工程拨款。

【追歼】zhuījiān 动 追击并歼灭 ▷～残敌。

【追剿】zhuījiǎo 动 追击并剿灭 ▷～小股土匪。

【追缴】zhuījiǎo 动 追查并勒令缴出(逾期欠款、非法所得等) ▷～所欠税款｜～赃物。

【追究】zhuījiū 动 追查(原因、责任等) ▷～事故起因｜～刑事责任。

【追念】zhuīniàn 动 追忆；缅怀 ▷～已故好友。

【追捧】zhuīpěng 动 追逐捧场 ▷这部电视剧刚刚播出就受到狂热～。

【追求】zhuīqiú ❶ 动 尽力寻求、探索 ▷～自由｜～光明。❷ 动 特指求爱。

【追认】zhuīrèn ❶ 动 (对某项法令、决议等)事后给予认可 ▷罢免委员一事，大会予以～。❷ 动 批准某人生前提出的申请或追授某种荣誉称号 ▷～为革命烈士。

【追授】zhuīshòu 动 死后授予(某种荣誉称号等) ▷～"优秀共产党员"称号。

【追述】zhuīshù 动 述说过去的事情 ▷当事人～自己被陷害的经过。

【追思】zhuīsī 动 追忆；思念(多用于对死者) ▷～先人｜～往事｜安葬仪式后，召开～会。

【追诉】zhuīsù ❶ 动 追述 ▷～着悲惨的过去。❷ 动 法律上指依法提起追究刑事责任的诉讼，包括提起公诉和提起自诉。

【追溯】zhuīsù 动 向着江河源头逆流而行；比喻逆着时间顺序探求事物的根源 ▷～历史渊源。☛ ㊀"溯"不读 shuò 或 suò，也不要误写作"朔(shuò)"。㊁跟"追忆"不同。"追溯"侧重于追根溯源，多用于探究历史、事实真相等；"追忆"侧重于回顾，多用于怀想往事，寄托感情。

【追随】zhuīsuí 动 紧紧跟随 ▷～时尚。

【追索】zhuīsuǒ ❶ 动 追逼索要 ▷～债务。❷ 动 跟踪找寻 ▷～匪巢。❸ 动 追求探索 ▷～科学的奥秘。

【追逃】zhuītáo 动 追捕在逃人员。

【追讨】zhuītǎo ❶ 动 追赶讨伐 ▷～敌军｜～叛匪。❷ 动 追索①；催讨 ▷～欠款｜～违约金。

【追亡逐北】zhuīwáng-zhúběi 追逐败逃的敌军(北：失败，败走)。也说追奔逐北。

【追尾】zhuīwěi 动 行驶中，后面的机动车撞上前面的车的尾部。

【追问】zhuīwèn 动 追查盘问 ▷～赃款的下落。

【追想】zhuīxiǎng 动 追忆。

【追星】zhuīxīng 动 崇拜并追随文艺、体育等方面的明星 ▷盲目～不可取｜～族。

【追叙】zhuīxù ❶ 动 追忆叙述。❷ 名 一种写作手法，先展示结局或矛盾斗争最尖锐、最突出的部分，然后再回过头来叙述经过。

【追寻】zhuīxún 动 跟踪查寻 ▷～凶手的下落。

【追忆】zhuīyì 动 回想 ▷～革命的历程。☛ 参见本页"追溯"的提示㊁。

【追赃】zhuīzāng 动 追缴赃款赃物。

【追责】zhuīzé 动 追究责任 ▷对造成事故的当事人严加～｜～机制。

【追赠】zhuīzèng 动 追授。

【追逐】zhuīzhú ❶ 动 追赶 ▷～嬉闹。❷ 动 追求；牟取 ▷～名利|～钱财。

【追踪】zhuīzōng 动 追寻踪迹；跟踪 ▷雪地～|～调查。

骓（騅） zhuī 名〈文〉毛色黑白相间的马 ▷骏马名～|乌～。

椎 zhuī 名 椎骨 ▷颈～|腰～|脊～。另见 219 页 chuí。

【椎骨】zhuīgǔ 名 构成脊柱的短骨，可分为颈椎、胸椎、腰椎、骶椎和尾椎。通称脊椎骨。

【椎间盘】zhuījiānpán 名 相邻两个椎骨的椎体之间的圆盘状纤维软骨盘。有承受压力、缓冲震荡和增加脊柱活动幅度等作用。

锥（錐） zhuī ❶ 名 锥子。→ ❷ 名 像锥子的东西 ▷冰～|改～|圆～体。❸ 动 用锥子钻（孔）▷鞋底太厚，～不动。

【锥处囊中】zhuīchǔnángzhōng《史记·平原君虞卿列传》："夫贤士之处世也，譬若锥之处囊中，其末立见。"（末：尖端；见：同"现"）比喻有才能的人不会长久被埋没，总会显露头角。☛"处"这里不读 chù。

【锥度】zhuīdù 名 圆锥形物体的两个截面直径之差与两截面之间距离的比。工程上常用来表示物体上圆锥面的倾斜程度。

【锥形】zhuīxíng 名 圆锥或类似圆锥的形状。

【锥子】zhuīzi 名 一头尖锐，用来钻孔的工具。

zhuì

坠（墜） zhuì ❶ 动 掉下来 ▷摇摇欲～|～落|～毁。→ ❷ 动（重物）往下沉；垂在下面 ▷苹果把树枝～弯了|耳朵上～着耳环。❸ 名 垂在下面的东西 ▷耳～|扇～|线～。

【坠地】zhuìdì ❶ 动 跌落地上 ▷～而亡。❷ 动 指婴儿降生 ▷呱呱（gūgū）～。

【坠毁】zhuìhuǐ 动 从高空坠地毁坏 ▷飞机～。

【坠楼】zhuìlóu 动 从楼上摔下来 ▷～身亡。

【坠落】zhuìluò 动 落下；掉下 ▷汽车～山谷。

【坠马】zhuìmǎ 动 从马上掉下来 ▷～受伤。

【坠琴】zhuìqín 名 我国民族弦乐器，以大幅度的滑音为特色，河南坠子伴奏专用，后也用于其他曲艺、戏曲。也说坠子、坠胡、二弦。参见插图 12 页。

【坠入】zhuìrù 动 落入；陷入 ▷～情网。

【坠子】zhuìzi ❶ 名 吊在衣物下面的装饰物（多为精致美观的小物品）▷扇～。❷ 名 耳坠 ▷耳朵上戴着钻石～。〇 ❸ 名 坠琴。❹ 名 一种曲艺，流行于河南一带。主要用坠琴伴奏，故称。通称河南坠子。

缀（綴） zhuì ❶ 动 用线缝合 ▷在衣服的破口儿上～几针|～扣子|补～。→ ❷ 动 联结；组合 ▷～玉连珠（比喻写得好的诗文）|连～|～合。→ ❸ 动 装饰；附着（zhuó）▷点～|草叶上～着露珠。❹ 名 附加的成分 ▷词～|后～。

【缀合】zhuìhé 动 连缀组合（成为整体）▷～成文。

【缀文】zhuìwén 动〈文〉作文；连缀词句以成文章。

惴 zhuì 形〈文〉形容既忧虑又害怕的样子 ▷～～不安|～不敢动。☛ 跟"揣"不同。

【惴惴不安】zhuìzhuì-bù'ān 因害怕或担忧而心神不定。

缒（縋） zhuì 动 用绳子拴住人或东西从高处放下 ▷把空灰浆桶从脚手架上～下来|～城而出。

赘（贅） zhuì ❶ 形 多余无用的 ▷累～|～瘤|～述|～言。→ ❷ 动 男子到女家结婚并成为女家的成员 ▷入～|招～|～婿。

【赘肉】zhuìròu 名（人发胖时生出的）多余的肉。

【赘述】zhuìshù 动 多余地叙述 ▷限于篇幅，不再～。

【赘婿】zhuìxù 名 入赘的女婿。俗称上门女婿。

【赘言】zhuìyán〈文〉❶ 动 说多余的话 ▷无须～。❷ 名 多余的话 ▷冗词～。

【赘疣】zhuìyóu ❶ 名 疣。❷ 名 比喻多余的事物 ▷开头一段套话纯属～。也说赘瘤。

【赘余】zhuìyú 形〈文〉累赘多余 ▷～之言。

醊 zhuì 动〈文〉祭奠。

餟 zhuì 名〈文〉赶马用的木杖上端用来刺马的铁针。

zhūn

屯 zhūn［屯邅］zhūnzhān 现在一般写作"迍邅"。另见 1399 页 tún。

迍 zhūn［迍邅］zhūnzhān〈文〉❶ 形 形容行路艰难的样子。❷ 形 处境不利；困顿。

忳 zhūn 古同"谆"。另见 1400 页 tún。

肫 zhūn ❶ 名 砂囊①的俗称。❷ 名 家禽的胃 ▷鸡～|鸭～。

窀 zhūn［窀穸］zhūnxī〈文〉❶ 动 埋葬。❷ 名 墓穴。

谆（諄） zhūn 形〈文〉恳切 ▷～嘱。☛ 不读 chún。

【谆谆】zhūnzhūn 形 恳切而有耐心 ▷～教导|～

告诫。☛"谆"不读 chún。

衠 zhūn ❶ 形 真正;纯粹(多见于近代汉语)。○ ❷ 副 全;都(多见于近代汉语)。

zhǔn

准(凖❶❷❹—❽) zhǔn ❶ 名 标准 ▷水~|~绳|~则|以此为~。→ ❷ 介 按照;依据 ▷~此办理。→ ❸ 动 允许;许可 ▷不~外出|批~。→ ❹ 形 形容确定不变 ▷心里没有~主意|说~了,别再变了! ⇒ ❺ 名 确定的主意、把握等(多用在"有""没有"后面) ▷心里有~儿|成不成还没~儿呢。⇒ ❻ 副 保准;一定 ▷红队~能赢|他~干不好。→ ❼ 形 正确无误 ▷这一枪打得~|瞄~|~确。→ ❽ 区别 标准上接近某事物,可以当成某事物看待的 ▷~高速|~军事组织。

【准保】zhǔnbǎo 副 表示肯定或保证,相当于"必定""一定" ▷一有消息,我~立刻告诉你|这项工作他~能完成。

【准备】zhǔnbèi ❶ 动 预先安排或筹办 ▷~上场|~好一切条件。❷ 动 打算;计划 ▷~去北京|~找他谈谈。

【准点】zhǔndiǎn 形 准时 ▷火车~到达。

【准定】zhǔndìng 副 肯定;一定 ▷届时~到会。

【准话】zhǔnhuà 名 确定不变的话 ▷到底什么时候去,请给个~。

【准假】zhǔnjià 动 批准请假 ▷领导已经~了。☛"假"这里不读 jiǎ。

【准将】zhǔnjiàng 名 某些国家的军衔级别名称,低于少将,高于上校。

【准考证】zhǔnkǎozhèng 名 发给考生准许参加考试的证件。

【准谱儿】zhǔnpǔr 名 准⑤ ▷心里没有~。

【准确】zhǔnquè 形 完全符合标准或实际情况 ▷发音~|~地命中敌机|~的消息。☛ 参见 1759 页"正确"的提示。

【准入】zhǔnrù 动 准许进入(市场、领域等) ▷提高工程承包~门槛|~制。

【准绳】zhǔnshéng ❶ 名 测定物体平直的器具。❷ 名 比喻衡量行为的准则或标准 ▷以事实为依据,以法律为~。

【准时】zhǔnshí 形 严格按照规定的时间 ▷~出发。

【准是】zhǔnshì 动 一定是 ▷这本字典~他的。

【准数】zhǔnshù 名 准确的数目 ▷要用多少钱,说个~。

【准头】zhǔntou 名〈口〉准确性;可靠性 ▷他办事没~,靠不住。

【准尉】zhǔnwèi 名 某些国家的军衔级别名称,低于少尉。

【准信】zhǔnxìn 名 确切可靠的消息 ▷项目什么时候启动,一直没有~。

【准星】zhǔnxīng ❶ 名 定盘星。❷ 名 枪口上端瞄准装置的一部分。

【准许】zhǔnxǔ 动 允许;许可 ▷~注册。

【准予】zhǔnyǔ 动〈文〉予以批准;同意(多用于公文) ▷~毕业|~离境。

【准则】zhǔnzé 名 应该遵循的标准、原则 ▷《中学生守则》是中学生的行为~。

埻 zhǔn 名〈文〉箭靶的中心。

绰(綧) zhǔn〈文〉❶ 名 布帛的宽度。○ ❷ 名 标准;准则 ▷~制。

zhuō

拙 zhuō ❶ 形 笨;不灵巧 ▷手~|笨嘴~舌|~劣。→ ❷ 形 谦词,用于有关自己的事物 ▷~作|~著|~见。☛ ㊀统读 zhuō,不读 zhuó。㊁跟"绌(chù)""诎(qū)"不同。

【拙笨】zhuōbèn 形 笨拙。

【拙笔】zhuōbǐ 名 谦词,用于称自己的文章或书画作品等。

【拙见】zhuōjiàn 名 谦词,用于称自己的见解 ▷几点~,谨供参考。

【拙劣】zhuōliè 形 笨拙而低劣 ▷~的伎俩。

【拙涩】zhuōsè 形 拙劣而晦涩不通 ▷文笔~。

【拙著】zhuōzhù 名 谦词,用于称自己的著作。

【拙作】zhuōzuò 名 谦词,用于称自己的作品。

捉 zhuō ❶ 动〈文〉握;拿 ▷~刀代笔|~笔。→ ❷ 动 使人或动物落入自己的手中或设置的工具中;逮 ▷~贼|瓮中~鳖。

【捉刀】zhuōdāo 动《世说新语·容止》记载:曹操让崔琰(yǎn)替代自己接见匈奴使臣,自己却在床头持刀假充卫士。事后,匈奴使臣说:"魏王雅望非常,然床头捉刀人,此乃英雄也。"后借用"捉刀"称替人写文章 ▷~代笔。

【捉对】zhuōduì 动 一对一;两两成对 ▷~厮杀|~争夺。

【捉奸】zhuōjiān 动 捉拿正在通奸的人。

【捉襟见肘】zhuōjīn-jiànzhǒu 拉一下衣襟就看见了胳膊肘儿。形容衣服破烂,生活贫困;后多比喻顾此失彼,穷于应付。

【捉迷藏】zhuōmícáng ❶ 指蒙住眼睛摸索寻找躲藏者的儿童游戏。❷ 比喻言行隐晦,故意使人难以捉摸 ▷别~了,有话直说吧。

【捉摸】zhuōmō 动 揣测;预料 ▷~不透。☛ 参见 1847 页"琢(zuó)磨"的提示㊁。

【捉拿】zhuōná 动 擒拿;捕捉 ▷～犯罪嫌疑人。

【捉弄】zhuōnòng 动 戏弄耍笑,使人难堪 ▷他总爱出鬼点子～人。

桌(*槕) zhuō ❶ 名 桌子 ▷～椅|饭～。→ ❷ 量 用于酒席等 ▷一～酒席|三～客人。参见插图 13 页。

【桌案】zhuō'àn 名 桌子和几案;泛指桌子 ▷～上放着几盘水果。

【桌布】zhuōbù 名 桌面上铺的起保护和装饰作用的布。

【桌灯】zhuōdēng 名 台灯。

【桌面】zhuōmiàn ❶ 名 桌子的平面,用来放东西或做事 ▷～上放着两本书。❷ 名 借指电子计算机屏幕上为操作者展示基本操作系统的窗口 ▷这几个文件都放在我的电脑～上了。

【桌面上】zhuōmiànshang 名 借指公开商讨的场合 ▷把观点摆在～。

【桌椅】zhuōyǐ 名 桌子和椅子。

【桌椅板凳】zhuōyǐ-bǎndèng 泛指日用家具。

【桌子】zhuōzi 名 日用家具,在平板的下面安有支柱,可在上面放东西、做事情。

倬 zhuō 形〈文〉大而显著 ▷～然。

棁 zhuō 名〈文〉梁上的短柱。

涿 zhuō 用于地名。如涿州、涿鹿,均在河北。☛ 右边是"豕",不是"豖"。

焯 zhuō 形〈文〉显明;明白。
另见 159 页 chāo。

zhuó

汋 zhuó 名〈文〉水激荡而发出的声音 ▷水声～～。

灼 zhuó ❶ 动 烧;烤 ▷～伤。→ ❷ 形 亮 ▷目光～～。❸ 形 明白透彻 ▷真知～见。☛ 统读 zhuó,不读 sháo 或 shuò。

【灼见】zhuójiàn 名 透辟的见解 ▷真知～。☛ 跟"卓见"不同。

【灼热】zhuórè 形 像火烧烤着一样热 ▷～的阳光◇一颗～的心。

【灼伤】zhuóshāng 动 烧伤;烫伤。

【灼痛】zhuótòng 形 像受到烧烤似的疼痛 ▷胃里～难忍。

【灼灼】zhuózhuó 形 形容明亮的样子 ▷目光～。

茁 zhuó 形 形容草木初生的样子;也形容生长旺盛 ▷～长|～壮。☛ 统读 zhuó,不读 zhuō。

【茁长】zhuózhǎng 动 旺盛地生长 ▷禾苗～。

【茁壮】zhuózhuàng 形 健壮;茂盛 ▷孩子们～地成长|麦苗～。

卓 zhuó ❶ 形〈文〉高而直 ▷孤峰～立。→ ❷ 形 不平凡;超出一般 ▷远见～识|～绝。○ ❸ 名 姓。☛ 统读 zhuó,不读 zhuō。

【卓尔不群】zhuó'ěr-bùqún 品德才能超出一般,与众不同(卓尔:突出的样子)。☛ "尔"不要误写作"而"。

【卓见】zhuójiàn 名 高明的见解 ▷聆听先生的～很受教益。☛ 跟"灼见"不同。

【卓绝】zhuójué 形 超过一切,无与伦比 ▷艰苦～|技艺～。

【卓立】zhuólì ❶ 动 又高又直地立着 ▷古塔～。❷ 动 独立;自立 ▷～成人|～自强。

【卓荦】zhuóluò 形〈文〉卓越;出类拔萃 ▷～不群。

【卓跞】zhuóluò 现在一般写作"卓荦"。

【卓然】zhuórán 形 卓越 ▷功勋～|～不群。

【卓识】zhuóshí 名 高超的见识 ▷远见～。

【卓异】zhuóyì 形 超拔出众,不同一般 ▷见解～|～的功绩。

【卓有成效】zhuóyǒu-chéngxiào 有非常突出的成绩或效果。

【卓越】zhuóyuè 形 优秀杰出,超出一般 ▷～的人才|才能～。

【卓著】zhuózhù 形 突出而显著 ▷成果～。

叕 zhuó〈文〉❶ 动 连缀。○ ❷ 形 短;不足 ▷圣人之思修,愚人之思～。

斫(*斲斵斸) zhuó 动〈文〉用刀斧等砍、削 ▷～木为舟。

【斫鼻】zhuóbí 动《庄子·徐无鬼》:"……匠石运斤成风,听而斫之,尽垩而鼻不伤。"后用"斫鼻"比喻技艺高超。

【斫轮老手】zhuólún-lǎoshǒu《庄子·天道》中说,有一个善于斫轮(砍木头做车轮)的老人,说自己"行年七十而老斫轮"。后用"斫轮老手"借指对做某种事情富有经验的人。

浊(濁) zhuó ❶ 形 液体有杂质、不透明(跟"清"相对) ▷污泥～水|～酒。→ ❷ 形〈文〉(社会)混乱,不清明 ▷～世。→ ❸ 形(声音)低而粗 ▷嗓音粗～。

【浊浪】zhuólàng 名 浑浊的波浪 ▷～滔天。

【浊流】zhuóliú ❶ 名 浑浊的水流。❷ 名 指品格卑鄙的人或恶劣的风气 ▷抵制商业贿赂这股～。

【浊气】zhuóqì ❶ 名 污浊的气体 ▷～熏人。❷ 名 邪气;恶劣的风气 ▷内心得清净,笔下无～|涤荡官场～。❸ 名 憋屈的心气 ▷推倒诬蔑不实之词,一吐胸中～。

【浊世】zhuóshì ❶ 名〈文〉黑暗混乱的时代。❷ 名 佛教指尘世。

【浊音】zhuóyīn 名 语音学上指发音时声带振动的音(跟"清音"相区别)。普通话中的元音和辅音中的 l、m、n、ng、r 是浊音。

酌 zhuó ❶ 动 斟(酒) ▷自～自饮。→ ❷ 动 饮(酒) ▷对～。❸ 名〈文〉酒饭;酒宴 ▷聊备小～|便～。→ ❹ 动 估量 ▷～情处理|～量|斟～。

【酌办】zhuóbàn 动 酌情办理。

【酌定】zhuódìng 动 酌情决定。

【酌加】zhuójiā ❶ 动 酌情增加 ▷出锅前～调料。❷ 动 酌情施加(某种动作、行为) ▷重印前～修订。

【酌减】zhuójiǎn 动 酌情减少 ▷每次服 3 片,儿童～|狱中表现得好,依法可以～刑期。

【酌量】zhuóliáng 动 斟酌估量 ▷请照此标准～增补|～办理。☛"量"这里不读 liàng。

【酌情】zhuóqíng 动 斟酌情况 ▷～安排。

【酌收】zhuóshōu 动 酌情收取、收录等 ▷除住宿费外,～会务费|本词典～了一批新词新语。

【酌予】zhuóyǔ 动 酌情给予 ▷～照顾。

浞 zhuó 动〈口〉淋;打湿 ▷一阵大雨,把全身都～湿了。

诼(諑) zhuó 动〈文〉毁谤;说别人坏话 ▷谣～。

著 zhuó "着(zhuó)"的本字。现在一般写作"着"。

另见 1747 页 zhe;1806 页 zhù。

草 zhuó 名 化学上指环庚三烯正离子(多用于化学药物名称),如溴化草、苯二氮草。

啄 zhuó 动 鸟类用嘴取食物或叩击东西 ▷小鸡～米|～木鸟。☛ ㊀不读 zhuō。㊁右边是"豖",不是"豕"。

【啄木鸟】zhuómùniǎo 名 鸟,趾端有锐利的爪,嘴长而尖,舌端有钩,能啄穿树皮捕食害虫。尾羽粗硬,啄木时支撑身体。参见插图 5 页。

【啄食】zhuóshí 动 鸟类用嘴取食 ▷鸟雀在地上～|正在～的小鸡。

着[1] zhuó ❶ 动 接触;挨上 ▷附～|～陆|不～边际。→ ❷ 动 使接触或附着别的事物 ▷～笔|～手|～色。❸ 名 着落;下落 ▷衣食无～|查寻无～。○ ❹ 动 穿(衣) ▷身～蓝色西服|～装。

着[2] zhuó〈文〉❶ 动 指派 ▷～专人处理。→ ❷ 动 命令(旧时用于公文) ▷～即悉数上交。☛"着"字读 zhuó,主要表示把注意力放在某方面,如"着笔""着眼""着重";读 zhāo,多用于下棋所走的"步";读 zháo,主要表示进入或处在某种状态,如"着慌""着凉""着魔";读 zhe,用在动词或形容词后面作助词。

另见 1740 页 zhāo;1741 页 zháo;1747 页 zhe。

【着笔】zhuóbǐ 动 动笔;下笔 ▷～有力。

【着床】zhuóchuáng 动 一般指受精卵吸附在子宫内膜中(发育)。

【着力】zhuólì 动 用力;致力 ▷～于培养后备力量|～渲染。

【着陆】zhuólù 动 (飞机等)从空中降落到地面上 ▷飞机平稳～。

【着落】zhuóluò ❶ 名 下落① ▷失散多年的妹妹终于有了～。❷ 名 归宿;依靠 ▷孤寡老人进了敬老院,从此有了～。❸ 名 可靠的来源 ▷经费有～,事情就好办多了。

【着墨】zhuómò 动 指用笔墨写作或绘画 ▷该诗从大处～,气度非凡。

【着色】zhuósè 动 涂上颜色 ▷用水彩～。

【着实】zhuóshí ❶ 副 确实;的确 ▷心里～高兴。❷ 副 狠狠地 ▷～地数落了一通。

【着手】zhuóshǒu 动 下手;开始做 ▷大处着眼,小处～|～筹备。

【着手成春】zhuóshǒu-chéngchūn 一下手就使病人转危为安。形容医术高明。

【着想】zhuóxiǎng 动 (为某人或某事)考虑;打算 ▷替别人～|为人民的利益～。

【着眼】zhuóyǎn 动 (从某方面)考虑;观察 ▷从长远利益～|～未来。

【着眼点】zhuóyǎndiǎn 名 考虑和注意的重点 ▷要把～放在群众的利益上。

【着意】zhuóyì ❶ 副 用心地;专注地 ▷～创新|～钻研。❷ 动 留心;在意(多用于否定) ▷不要只～于眼前局部的利益。

【着重】zhuózhòng 动 侧重;把重点放在某个方面 ▷～强调要艰苦奋斗|～点。☛ 参见 1805 页"注重"的提示。

【着重号】zhuózhònghào 名 标点符号,形式为"．"。用在横排文字的底下或竖排文字的右侧,表示需要强调或指明的字、词、句。

【着装】zhuózhuāng ❶ 动 穿、戴(衣帽等) ▷演员们正在～|按规定～。❷ 名 穿戴着的衣帽等 ▷～齐整|设计～。

琢 zhuó 动 加工玉石 ▷玉不～,不成器|精雕细～|～磨。☛ 右边是"豖",不是"豕"。

另见 1847 页 zuó。

【琢磨】zhuómó 动 雕琢、打磨(玉石);比喻对诗文等反复加工,精益求精 ▷切磋～|书稿尚有待～完善。☛ 跟"琢磨(zuómo)"不同。"琢(zhuó)磨"是雕琢、打磨、反复加工的意思;"琢(zuó)磨"是反复思索的意思。

椓 zhuó ❶ 动 敲打;捶击。→ ❷ 动 阉割生殖器或破坏生殖机能,古代一种酷刑。

晫 zhuó 形〈文〉明盛。

禚 zhuó 名 姓。

镯（鐯） zhuó ❶ 名〈文〉大锄。〇 ❷ 动 某些地区称用镐刨地或刨茬儿。

鷟（鷟） zhuó 见 1705 页“鸑(yuè)鷟”。

缴（繳） zhuó 名 古代系在射鸟用的箭上的生丝绳 ▷矰～。

另见 693 页 jiǎo。

擢 zhuó〈文〉❶ 动 拔 ▷～发难数。→ ❷ 动 选拔 ▷～升|～用。

【擢发难数】zhuófà-nánshǔ《史记·范雎蔡泽列传》记载：范雎问须贾：“汝罪有几?”须贾回答：“擢贾之发以续(同‘赎’)贾之罪，尚未足。”后用“擢发难数”形容罪恶极多，难以数清。☛“数”这里不读 shù。

【擢升】zhuóshēng 动 提拔 ▷～为军长。

【擢用】zhuóyòng 动 提拔任用 ▷量才～。

濯 zhuó 动 清洗 ▷洗～。

【濯濯】zhuózhuó 形〈文〉形容山上光秃秃没有草木的样子 ▷童山～。

镯（鐲） zhuó 名 镯子 ▷手～|脚～|玉～。

【镯子】zhuózi 名 戴在手腕或脚腕上的环形装饰品，多用金银或玉石制成。

zī

仔 zī［仔肩］zījiān 名〈文〉担负的责任。

另见 1713 页 zǎi；1825 页 zǐ。

吱 zī ❶ 拟声 模拟老鼠等小动物的叫声 ▷老鼠～～地叫。→ ❷ 动〈口〉发出声音 ▷叫了他半天，他一声也不～|～声。

另见 1764 页 zhī。

【吱声】zīshēng 动〈口〉作声；说话 ▷大家都不～，气氛沉闷得很。

孜 zī 见下。

【孜然】zīrán 名 维吾尔语音译。安息茴香的种子，有特殊的浓烈香味，是烹制牛羊肉(如烧烤羊肉)等的常用调料。

【孜孜】zīzī 形 勤奋不懈 ▷～以求|～不倦。☛不要写作“孳孳”。

呲 zī 同“龇”。现在一般写作“龇”。

另见 223 页 cī。

咨 zī ❶ 动 商议 ▷～询|～商|～议。→ ❷ 名 咨文。

【咨文】zīwén 名 旧时用于同级机关或同级官吏之间的一种公文；今指某些国家的元首向国会提交的关于国情的报告。

【咨询】zīxún 动 询问；征求意见 ▷有关法律事宜可向律师事务所～。

【咨询产业】zīxún chǎnyè 提供咨询服务的产业，是信息商品化的产物。

【咨政】zīzhèng 动 为政府决策提供咨询 ▷专家为发展教育事业积极～。

姿 zī ❶ 名 身体的样子；形态 ▷舞～|～态|～势|千～百态。→ ❷ 名 容颜；相貌 ▷～色|～容。

【姿容】zīróng 名 外貌；仪容 ▷～秀丽。

【姿色】zīsè 名(妇女)美丽的容貌。

【姿势】zīshì 名 身体在动静之中表现出来的各种样子 ▷～优美。☛不要写作“姿式”。

【姿态】zītài ❶ 名 姿势。❷ 名 态度 ▷故作～|平民的～。❸ 名 气度 ▷高～。

兹 zī〈文〉❶ 代 这个；这里 ▷登～楼以四望|宅于～。→ ❷ 名 现在 ▷～定于 4 月 20 日召开董事会。❸ 名 年 ▷今～|来～。☛㊀通常读 zī；读 cí，用于古代西域国名“龟(qiū)兹”。㊁上边是“䒑”，不是“艹”。

另见 224 页 cí。

赀（貲） zī ❶ 动〈文〉罚缴(财物) ▷不从令者～一甲(一副铠甲)。〇 ❷ 动〈文〉计算(物品的价格或数量) ▷脂油粉黛，不可～计。→ ❸ 名〈文〉价格 ▷布织财物，皆立其～。〇 ❹ 用于人名。

“赀”另见本页 zī“资”。

资（資*赀❶❷） zī ❶ 名 财物的统称 ▷物～|～财|～产|～源。→ ❷ 名 费用；资金 ▷耗～数万|工～|投～|外～。→ ❸ 动(用资财)帮助 ▷～敌。❹ 动 提供 ▷可～借鉴|以～鼓励。→ ❺ 名 指人的素质 ▷天～|～质。❻ 名 资格；资历 ▷～深|～望|论～排辈。❼ 名 材料 ▷谈～|～料。〇 ❽ 名 姓。

“赀”另见本页 zī“赀”。

【资本】zīběn ❶ 名 经营工商业、创造剩余价值的生产资料和货币。❷ 名 社会主义市场经济条件下用来生产或经营以满足社会需要并取得利润的固定资产和流动资金。❸ 名 比喻牟取某种利益或达到某种目的所凭借的条件 ▷没有任何可以骄傲的～。

【资本家】zīběnjiā 名 占有生产资料和货币作为资本，以剥削雇佣劳动而获取剩余价值的人。

【资本主义】zīběn zhǔyì ❶ 以资本家占有生产资料并用以剥削雇佣劳动为基础的生产方式和社会制度。❷ 指资产阶级的思想体系。

【资不抵债】zībùdǐzhài 把全部资产折价还抵偿

不了债务。

【资材】zīcái 名 物资和器材 ▷耗费～。

【资财】zīcái 名 物资和钱财 ▷～雄厚。

【资产】zīchǎn ❶ 名 财产；产业 ▷～登记。❷ 名 企业拥有或控制的能以货币计量的经济资源 ▷固定～|流动～。❸ 名 会计核算中指企业过去的交易或者事项形成的、由企业拥有或控制的、预期会给企业带来经济利益的资源 ▷～负债表。

【资产阶级】zīchǎn jiējí 占有生产资料和货币作为资本，以剥削雇佣劳动而获取剩余价值的阶级。

【资产评估】zīchǎn pínggū 对企业资产的价值进行评定和估算。

【资方】zīfāng 名 私营企业中拥有资本的一方。

【资费】zīfèi 名 应收或应付的费用；特指用于电信、邮政等方面的费用。

【资格】zīgé ❶ 名 从事某种工作或参加某种活动所应具备的条件 ▷与会～。❷ 名 由于某种经历所形成的身份、地位 ▷摆老～。

【资格赛】zīgésài 名 为挑选具有参赛资格的人或团队等而举行的比赛 ▷本次比赛是明年冬奥会的～。

【资金】zījīn ❶ 名 从事经营等活动的本钱 ▷流动～|～充足。❷ 名 国家用于发展国民经济的物资或货币。

【资力】zīlì ❶ 名 财力；物力 ▷现有～尚不足以承担太大风险。❷ 名 资质和能力 ▷凭我的～，很难胜任这项工作。

【资历】zīlì 名 资格和经历 ▷～较深。

【资料】zīliào ❶ 名 生产上或生活上需用的东西 ▷生产～|消费～。❷ 名 供参考或作为依据的信息材料 ▷学习～|图书～。

【资料片】zīliàopiàn 名 具有科学或历史资料性质的影视片。多围绕一定的主题，用历史资料编辑而成。口语中也说资料片儿(piānr)。

【资深】zīshēn 区别 资历深的；资格老的 ▷～外交家|～律师。

【资望】zīwàng 名 资历和声望 ▷他在学术界～很高。

【资信】zīxìn 名 企业或个人的资金实力与信誉水平 ▷提供～担保|～证书。

【资讯】zīxùn 名 资料和信息 ▷教育～。

【资源】zīyuán ❶ 名 生产资料或生活资料的天然来源，如土地、江河、矿藏、动植物等。❷ 名 一国或一定地区内拥有的物力、财力、人力等要素的统称。分为自然资源和社会资源两类。

【资政】zīzhèng ❶ 动 帮助治理国家政务 ▷建言～|～育人。❷ 名 古代官职名，始于宋代，历代职掌不尽相同；民国时期总统府官职名，由总统选聘，供随时咨询。现在有些国家或地区还设有资政。

【资质】zīzhì ❶ 名 人的天资和素质 ▷～各异|～过人。❷ 名 指在工程设计、施工等方面所具备的资格和业务能力 ▷进行～鉴定。

【资助】zīzhù 动 用财物帮助 ▷～贫困学生。

淄 zī 名 淄河，水名，在山东，流入渤海。

缁（緇） zī 名〈文〉黑色 ▷～衣。

鄑 zī 用于地名。如南鄑亭、夏家鄑水，均在山东。

辎（輜） zī ❶ 名 古代一种有帷盖的大车。→ ❷ 名 古代装载军需物资的车，前后都有帷盖 ▷～重。

【辎重】zīzhòng 名 行军中由运输部队运送的重型武器和粮草、被服等军需物资。

嗞 zī ❶ 拟声 模拟水喷射或遇热急剧汽化时的声音 ▷淬火时发出～～的声音。○ ❷ 同"吱(zī)"。

嵫 zī 见 1578 页"崦(yān)嵫"。

粢 zī 名 古代供祭祀用的粮食。
另见 223 页 cí。

孳 zī 动 生育；繁衍 ▷～生|～乳。

【孳乳】zīrǔ〈文〉❶ 动 繁殖。❷ 动 派生。

【孳生】zīshēng ❶ 动 繁殖 ▷防止蚊蝇～。❷ 见本页"滋生"②。现在一般写作"滋生"。

滋[1] zī ❶ 动 生长；繁殖 ▷～长|～生。→ ❷ 动 增加 ▷～益|～补。→ ❸ 动 引起(事端) ▷酗酒～事。→ ❹ 名 美味；泛指味道 ▷有～有味|～味。

滋[2] zī 动〈口〉喷射 ▷～了我一身水|爆竹捻子～火。

【滋补】zībǔ 动 增加、补充身体所需的养分 ▷冬令～品|～身体|病后虚弱需要～。

【滋蔓】zīmàn 动〈文〉生长蔓延 ▷野草～|病毒～。

【滋扰】zīrǎo 动 滋事骚扰 ▷～百姓|聚众～。

【滋润】zīrùn ❶ 形 含水分多；湿润 ▷土地～|～的皮肤。❷ 动 增添水分；使湿润 ▷春雨～着大地|～皮肤。❸ 形〈口〉舒坦，好受 ▷日子过得～|听他一说，心里挺～。

【滋生】zīshēng ❶ 见本页"孳生"①。现在一般写作"孳生"。❷ 动 产生；引起 ▷～贪欲|铲除～腐败的土壤。

【滋事】zīshì 动 惹起事端；制造纠纷 ▷寻衅～。

【滋味】zīwèi ❶ 名 美味；味道 ▷一道盛宴做得没有一点儿～|～鲜美。❷ 名 比喻内心的感

受 ▷尝到了失败的～。

【滋养】zīyǎng ❶ 动 增加养分 ▷病刚好，要注意～。❷ 名 养分；养料 ▷身体需要多种～。

【滋阴】zīyīn 动 中医指通过滋补治疗阴虚 ▷～降火。

【滋育】zīyù 动 繁殖；培育 ▷～万物。

【滋长】zīzhǎng ❶ 动 生长 ▷万物～。❷ 动 产生和发展（多用于抽象事物）▷不可～盲目乐观情绪。

趑 zī［趑趄］zījū 形〈文〉形容犹豫不前的样子 ▷～却步。

觜 zī 名 星宿名，二十八宿之一。
另见 1844 页 zuǐ。

訾 zī ❶ 动〈文〉衡量；计算 ▷～粟而税。〇 ❷ 名 姓。
另见 1826 页 zǐ。

锱（錙）zī 量 古代重量单位，1 锱为 0.25 两，合 6 铢 ▷～铢。

【锱铢必较】zīzhū-bìjiào 很少的钱或极小的事情都要计较。形容非常认真或非常小气。

龇（齜）zī 动 张嘴露出牙齿 ▷～出两颗牙｜～牙咧嘴。☛ 不读 cī。

【龇牙咧嘴】zīyá-liězuǐ ❶形容疼痛难忍的样子。❷形容面目狰狞。☛ 不宜写作"呲牙咧嘴"。

镃（鎡）zī［镃錤］zījī 名〈文〉锄田的农具。

鼒 zī 名〈文〉一种小鼎，上部收敛，口小。

髭 zī ❶ 名〈文〉嘴唇上方的胡须 ▷短～。〇 ❷ 动〈口〉毛发直竖 ▷～毛儿。

鲻（鯔）zī 名 鲻鱼，体侧扁，银灰色，有暗色纵纹。生活在热带和亚热带浅海或河海交界处。

諮 zī 同"咨"①。现在一般写作"咨"。

zǐ

子[1] zǐ ❶ 名 古代指儿女；现在一般指儿子 ▷～孙｜独生～｜～女。→ ❷ 名 人的通称 ▷男～｜女～｜学～。❸ 名 古代对男子的美称 ▷孔～｜诸～百家。⇒ ❹ 名 古代贵族五等爵位的第四等 ▷公侯伯～男｜～爵。⇒ ❺ 名〈文〉对别人的尊称，相当于"您" ▷以～之矛，攻～之盾。⇒ ❻ 名 子部 ▷～书。→ ❼ 名 动物的幼崽或卵 ▷不入虎穴，焉得虎～｜蚕～｜鱼～。❽ 形 幼小的；稚嫩的 ▷～姜。→ ❾ 名 某些植物的籽实 ▷凤仙花结～儿了｜瓜～｜松～。❿ 名 小而硬的颗粒状物体 ▷棋～｜算盘～｜～弹。→ ⓫ 形 派生的；从属的 ▷～公司｜～城｜～堤。→ ⓬ 名〈口〉铜钱；钱 ▷口袋里一个～儿都没了。〇 ⓭ 名 姓。☛ 义⑫口语中一般儿化。

子[2] zǐ 名 地支的第一位。参见 304 页"地支"。
另见 1834 页 zi。

【子部】zǐbù 名 我国古代图书四部分类中的第三大部类。包括诸子百家的著作。也说丙部。参见 1305 页"四部"。

【子程序】zǐchéngxù 名 电子计算机软件中隶属于某个主程序的、具有相对独立功能的程序。在主程序下可随时调用。

【子丑寅卯】zǐ-chǒu-yín-mǎo 地支的第一至第四位。借指成套的道理或事情的缘由 ▷你讲出个～来我才信。

【子畜】zǐchù 现在一般写作"仔畜"。

【子代】zǐdài 名 生物繁殖产生的后代，第一代称为子一代，第二代称为子二代，以此类推。

【子弹】zǐdàn 名 枪弹。

【子堤】zǐdī 名 为防止洪水漫溢决口，在大堤上临时加筑的小堤。也说子埝。

【子弟】zǐdì ❶ 名 儿子、弟弟等；泛指子侄辈 ▷～学校。❷ 名 泛指年轻人 ▷富家～。

【子弟兵】zǐdìbīng 名 旧指由将帅本乡子弟组成的军队；现用作对人民军队的亲切称呼。

【子法】zǐfǎ ❶ 名 指根据宪法制定的其他法律。❷ 名 源于或仿照于别国法律制定的法律被称为子法。

【子房】zǐfáng 名 花的雌蕊基部含有胚珠的膨大部分。受精后，子房发育成果实，胚珠发育成种子。

【子公司】zǐgōngsī 名 一定比例以上的股权由另一公司拥有、受另一公司实际控制、但具有独立法人资格的公司是另一公司的子公司。☛ 跟"分公司"不同。

【子宫】zǐgōng 名 女子或雌性哺乳动物生殖器官的一部分。受精卵在子宫内发育成胎儿。

【子宫颈】zǐgōngjǐng 名 子宫下段较窄的部分。

【子规】zǐguī 名 杜鹃鸟的别称。

【子鸡】zǐjī 现在一般写作"仔鸡"。

【子姜】zǐjiāng 名 嫩的姜。

【子爵】zǐjué 名 子[1]（zǐ）④。

【子口】zǐkou 名 瓶、罐、箱等器物上部跟盖儿相合的部分。

【子粒】zǐlì 现在一般写作"籽粒"。

【子棉】zǐmián 现在一般写作"籽棉"。

【子母扣儿】zǐmǔkòur 名 一种金属制的纽扣，一凸一凹两个合成一对。也说摁扣儿、按扣儿。

【子母钟】zǐmǔzhōng 名 成组的计时钟。母钟定时传送脉冲电流控制子钟统一运转。

【子目】zǐmù 名 总目下的细目。也说子目录。

【子囊】zǐnáng 名 某些真菌体内产生孢子的细胞。

【子埝】zǐniàn 名 子堤。

【子女】zǐnǚ 名 儿子和女儿。

【子时】zǐshí 名 我国传统计时法指夜间11—1点的时间。

【子实】zǐshí 现在一般写作“籽实”。

【子兽】zǐshòu 现在一般写作“仔兽”。

【子书】zǐshū 名 我国古代图书四部分类法中属于子部的书籍。如《老子》《庄子》《墨子》《荀子》等。

【子嗣】zǐsì 名〈文〉指儿子(传统观念认为儿子能传宗接代)。

【子孙】zǐsūn 名 儿子和孙子;泛指后代。☛ 参见363页“儿孙”的提示。

【子午线】zǐwǔxiàn 名 经线②。

【子息】zǐxī〈文〉❶ 名 子嗣。❷ 名 利息。

【子系统】zǐxìtǒng 名 从属于一个大系统而又相对独立的小系统 ▷分配是整个社会经济系统的一个十分重要的～。

【子虚乌有】zǐxū-wūyǒu 汉·司马相如在《子虚赋》中虚构子虚、乌有、亡(wú)是公三人对话。后用“子虚乌有”指不真实的或虚构的事物。

【子婿】zǐxù 名〈文〉女婿。

【子叶】zǐyè 名 种子植物幼胚的组成部分之一,是种子萌发时贮藏和供给养料的器官。

【子夜】zǐyè 名 子时;半夜。

【子音】zǐyīn 名 辅音。

【子侄】zǐzhí 名 儿子、侄子一辈人的统称。

【子猪】zǐzhū 现在一般写作“仔猪”。

仔 zǐ ❶ 形 幼小的(牲畜、家禽等) ▷～畜｜～鸡。→ ❷ 形 细小;细密 ▷～细｜～密。☛ 读zǐ,表示幼小的(牲畜、家禽),又表示细密;读zǎi,表示有某些特征或从事某种职业的年轻人(多用于男性,带调侃语气),如“肥仔”“打工仔”。

另见1713页zǎi;1822页zī。

【仔畜】zǐchù 名 幼小的牲畜。

【仔鸡】zǐjī 名 幼小的鸡。

【仔姜】zǐjiāng 现在一般写作“子姜”。

【仔兽】zǐshòu 名 幼小的兽。

【仔细】zǐxì ❶ 形 细心;周密 ▷办事认真～｜～鉴别。❷ 动 当心;注意 ▷～别把瓶子摔碎了。❸ 形 某些地区形容节俭 ▷生活好了也得～着过。☛ 不要写作“子细”。

【仔猪】zǐzhū 名 幼小的猪。

姊(*姉) zǐ 名 姐姐 ▷～妹。

【姊妹】zǐmèi ❶ 名 姐姐和妹妹。❷ 名 比喻像姊妹一样关系密切的事物 ▷～篇｜～校。

【姊妹城】zǐmèichéng 名 指结成友好关系的分属不同国家的两座城市 ▷天津和神户结为～。也说姐妹城。

【姊妹篇】zǐmèipiān 名 互相关联的两篇文章或两部作品 ▷这两出戏是～。也说姐妹篇。

耔 zǐ 动〈文〉(给苗)培土 ▷耘～。☛ 跟“籽”不同。

茈 zǐ ❶[茈草] zǐcǎo 名 紫草。○ ❷[茈湖口] zǐhúkǒu 名 地名,在湖南。

另见224页cí。

虸 zǐ[虸蚄] zǐfāng 名 黏虫。

秭 zǐ ❶ 数 古代数目,一说是十亿;一说是一千亿、一万亿,或一亿亿。○ ❷[秭归] zǐguī 名 地名,在湖北。

籽 zǐ 名 某些植物的籽实。☛ 跟“耔”不同。

【籽粒】zǐlì 名 籽实。

【籽棉】zǐmián 名 摘下后还没去掉种子的棉花。

【籽实】zǐshí 名 稻、麦等作物穗上的种子;豆类作物豆荚中的豆粒。也说籽粒。

笫 zǐ 名〈文〉竹编的床垫或床席;借指床 ▷床～。☛ 跟“第(dì)”形、音、义都不同。

梓 zǐ ❶ 名 梓树,落叶乔木,开黄白色花。木材轻软耐朽,可制作家具、乐器或作建筑材料;皮和种子可以做药材。→ ❷ 名〈文〉故乡的代称 ▷乡～｜桑～。→ ❸ 动〈文〉刻板;刻板印刷。以梓木为最好的刻板材料,故称 ▷付～｜～行(xíng)。☛ 不读xīn。

【梓里】zǐlǐ 名 故乡。参见1185页“桑梓”。

紫 zǐ ❶ 形 形容颜色像紫玫瑰花一样(紫色是由蓝色和红色合成的) ▷嘴唇都冻～了。○ ❷ 名 姓。

【紫菜】zǐcài 名 藻类植物,藻体呈膜状,紫色或褐绿色。生长在浅海岩石上。可以食用。

【紫草】zǐcǎo 名 多年生草本植物,全株有粗糙的硬毛,根粗壮,暗紫色。根可做紫色染料,也可以做药材。

【紫貂】zǐdiāo 名 哺乳动物,形似黄鼬,比猫略小,尾短而粗,毛轻软,棕黑色,稍掺有白色针毛。属国家保护动物。也说黑貂。参见插图1页。

【紫丁香】zǐdīngxiāng 名 落叶灌木或小乔木,春季开紫色花,有香气,可供观赏。花可以提取芳香油,嫩叶晒干后可以代茶。参见插图8页。

【紫绀】zǐgàn 动 发绀。

【紫毫】zǐháo 名 用细而硬的深紫色兔毛做笔头儿的毛笔。

【紫河车】zǐhéchē 名 中药指经加工干燥后的人的胎盘。

【紫红】zǐhóng 形 形容颜色深红中稍微带紫。

【紫花】zǐhuā ❶ 名 一种浅棕色的棉花,即紫木棉。用它织的布叫紫花布。❷ 形 形容颜色像紫花一样的浅棕或淡赭。

【紫花苜蓿】zǐhuā mùxu 多年生宿根草本植物,茎直立或匍匐，多分枝，开紫色花。是重要的牧草和绿肥作物。也说紫苜蓿。

【紫禁城】zǐjìnchéng 名 明清两代的宫城，在今北京市内城中央。现为故宫博物院，已列入世界文化遗产名录。

【紫荆】zǐjīng 名 落叶灌木或小乔木，叶圆心形，表面有光泽，春天开紫红色花。供观赏。树皮、木材、根都可以做药材。

【紫罗兰】zǐluólán 名 二年或多年生草本植物，叶匙形或长椭圆形。花也叫紫罗兰，春季开放，多为紫、红或白色，有香气，可供观赏。参见插图 7 页。

【紫色】zǐsè 名 红和蓝合成的颜色。

【紫砂】zǐshā 名 一种陶土，质地细腻，烧制后呈赤褐、紫黑等颜色 ▷宜兴～壶。

【紫苏】zǐsū 名 一年生草本植物，茎方形，叶卵形或圆卵形，茎、叶紫色。嫩叶可以食用，种子可以榨油，茎、叶、种子可以做药材。

【紫穗槐】zǐsuìhuái 名 落叶灌木，羽状复叶，花序穗状簇生，紫蓝色。嫩枝叶可以做饲料和绿肥，老枝可编织篮、筐。

【紫檀】zǐtán 名 常绿乔木，羽状复叶，卵形，开黄色花，结荚果。木材红棕色，坚实细致，材质上乘。属国家保护植物。

【紫藤】zǐténg 名 落叶木质藤本植物，茎缠绕，春季开紫色花，有香气，可供观赏。荚果表面有茸毛。果实和根可以做药材。也说藤萝。

【紫铜】zǐtóng 名 纯质的铜，紫红色，具有优良的导电性和导热性，耐腐蚀。多用作导电、导热的材料。也说红铜、赤铜。

【紫外线】zǐwàixiàn 名 在光谱上位于紫色光外侧，波长比可见光短的电磁波。有杀菌消毒的能力，广泛用于消毒、治疗等，但对眼睛有伤害（英语缩写为 UV）。也说紫外光。

【紫菀】zǐwǎn 名 多年生草本植物，茎粗壮，须根簇生，叶长椭圆形，边缘的舌状花蓝紫色，中央的管状花黄色。根可以做药材。

【紫薇】zǐwēi 名 落叶小乔木，树干光滑，叶椭圆形，夏季开花，可供观赏。产于我国中部和南部。也说百日红、满堂红。

【紫药水】zǐyàoshuǐ 名 龙胆紫溶液的通称。医药上用作皮肤和黏膜感染时的消毒药。

【紫云英】zǐyúnyīng 名 一年或二年生草本植物，茎直立或匍匐，叶倒卵形或椭圆形，花紫色或黄白色。是绿肥作物和蜜源植物。也说红花草。

【紫竹】zǐzhú 名 竹子的一种。茎坚韧雅致，可制作管乐器、手杖、书架等。因茎长成后呈紫黑色，故称。也说黑竹。

訾 zǐ 动〈文〉毁谤；非议 ▷～毁｜～议。另见 1824 页 zī。

【訾议】zǐyì 动〈文〉评说别人的缺点 ▷免遭～。

滓 zǐ 名 沉淀的杂质 ▷渣～｜沉～。☛ 不读 zǎi。

zì

自 zì ❶ 动〈文〉开始 ▷武兴之国～于此矣。→ ❷ 介 引进动作行为的起点、来源或起始时间，相当于"从""由" ▷～上海开往广州｜来～农村｜～古以来。→ ❸ 代 自己 ▷～告奋勇｜不～量力｜～产。❹ 代 用在单音节动词前，构成复合动词。a)表示动作由自己发出，并及于自身 ▷～救｜～尊｜～嘲。b)表示动作由自己发出，并非外力使动 ▷～学｜～愿｜～觉。→ ❺ 副 自然；当然 ▷～有公论｜～不待言。〇 ❻ 名 姓。☛ 两个"自"连用，分别用在两个动词前，构成"自……自……"格式，表示前后两个行为动作的主体同一。如：自编自演、自作自受。

【自爱】zì'ài 动 自己爱惜自己（主要指名誉） ▷倍加～｜懂得～，学会自尊。

【自傲】zì'ào 形 自以为了不起而看不起别人 ▷居功～。

【自拔】zìbá 动 自己主动地从痛苦或罪恶当中摆脱出来 ▷陷在痛苦中不能～。

【自白】zìbái ❶ 动 自我表白 ▷～书。❷ 名 自我表白的话 ▷这是他写的～。

【自保】zìbǎo ❶ 动 自己保护自己 ▷提高～自救能力。❷ 动 指企业对其资产受损的可能性和程度进行测算，根据自身财力预先提存一笔基金，以备弥补损失，预防风险。

【自暴自弃】zìbào-zìqì 自己糟蹋自己，自己鄙弃自己。形容不求上进或自甘堕落。

【自爆】zìbào ❶ 动 自动爆炸 ▷～装置。❷ 动 自己引爆随身携带的爆炸物 ▷～身亡。

【自卑】zìbēi 形 自己瞧不起自己，认为自己处处不如别人 ▷～感｜～思想。

【自备】zìbèi 动 自己准备 ▷工具～。

【自闭】zìbì 形 形容自我封闭不与外界交流 ▷孩子得不到家庭温暖，容易产生～倾向｜～症。

【自闭症】zìbìzhèng 名 孤独症。

【自贬】zìbiǎn 动 贬低自己 ▷你太谦虚，过于～了。

【自变量】zìbiànliàng 名 构成函数关系的两个变量，其中引起另一个变量量值改变的是自变量。参见 536 页"函数"。

【自便】zìbiàn 动 按自己的意愿和方便行事 ▷休息时间，行动～。

【自不待言】zìbùdàiyán 自然不需要说（待：需要）。表示情况或道理很明显。

【自不量力】zìbùliànglì 不自量力。

【自裁】zìcái 动〈文〉自杀。

【自残】zìcán 动 自己残害自己；内部互相残害。

【自惭形秽】zìcán-xínghuì 原指自己因容貌举止不如他人而羞惭；后泛指因不如别人而自愧。

【自沉】zìchén 动 自己沉入水中。指投水自尽。

【自称】zìchēng ❶ 动 自己称呼自己 ▷他～老顽童。❷ 名 对自己的称呼 ▷"寡人"是古代君主的～。❸ 动 自己声称 ▷他～钱包被盗｜该厂～产品销量全国第一。

【自成体系】zìchéng-tǐxì 本身就可以形成体系。

【自成一家】zìchéng-yījiā 在某种学术或技艺上有独特的理论或风格，能自成一派。

【自成一体】zìchéng-yītǐ 在书法、绘画和诗词创作等方面具有独创风格，能自成体系。

【自乘】zìchéng 动 数学上指两个或两个以上相同的数相乘。如 4^2 的运算就是 4 的自乘。

【自持】zìchí 动 自己控制住自己的感情、欲望等 ▷廉洁～，无私奉献。

【自筹】zìchóu 动 自己筹措 ▷～资金。

【自吹自擂】zìchuī-zìléi 自己吹喇叭，自己擂鼓。比喻自我炫耀。

【自从】zìcóng 介 引进行为或状况的起始时间 ▷～上了幼儿园，孩子懂事多了。

【自忖】zìcǔn 动 自己揣测 ▷这些厂家～身单力薄，于是纷纷合作以应对商战。

【自打】zìdǎ 介〈口〉自从 ▷～大坝动工，他就一直住在工地上。

【自大】zìdà 形 自以为比谁都强，看不起别人 ▷狂妄～。

【自得】zìdé ❶ 动 自己感受到或体会到 ▷～其乐。❷ 形 形容自己感到得意或舒适 ▷洋洋～｜悠然～。

【自得其乐】zìdé-qílè 自己独自体会到其中的乐趣。

【自动】zìdòng ❶ 副 表示出于自愿 ▷他～给老人让座｜～报名做志愿者。❷ 副 表示不凭借人力而发出动作、产生变化等 ▷门～开了｜～鸣笛。❸ 区别（机器、装置等）能借助自身的控制系统进行工作的 ▷～门｜～扶梯。

【自动步枪】zìdòng bùqiāng 首发射击后能自动装弹入膛连发的步枪。分半自动和全自动两种。

【自动挡】zìdòngdǎng 名 汽车自动变速器的俗称。自动换挡的装置，需要改变速度时，司机脚踩油门或刹车，便自动换挡。其特点是操作简便，运行平稳（跟"手动挡"相区别）。

【自动扶梯】zìdòng fútī 电梯的一类。一种变型的链式电动输送机，装有梯板和扶手，在建筑物的不同层高间斜向运行，输送乘客。广泛用于车站、商场等人流集中的场所。简称扶梯。也说滚梯。

【自动柜员机】zìdòng guìyuánjī 用户自行操作完成现金存取业务的电子设备。由磁卡识别、控制和机电点钞等部分组成。也说自动取款机。

【自动化】zìdònghuà 动 采用自动控制、自动测量和自动调整的装置来操纵机器，使机器能自动地按规定的要求和程序进行工作，不用人直接操作。

【自动化翻译】zìdònghuà fānyì 机器翻译。

【自动控制】zìdòng kòngzhì 在无人直接参与下，生产或其他过程能按照一定的程序自动进行。可以按预定的顺序进行加工，也可以将操作结果反馈到输入端，同时对结果进行修正。简称自控。

【自动门】zìdòngmén 名 用信号系统控制开关的门。当人或车接近时，信号系统得到信号即带动机械系统，使门扇自动开启；信号消失，门扇自行关闭。

【自动生产线】zìdòng shēngchǎnxiàn 由一套能自动连续工作的设备组成的系统。整个工作过程不需要人工操作，只要极少数人员管理。简称自动线。

【自发】zìfā 形 不受外力影响而自然发生的 ▷大家～组织起来抢救伤员。

【自肥】zìféi 动 占取集体或他人的钱物使自己富起来 ▷损公～。

【自费】zìfèi 动 自己承担费用 ▷～进修｜～生。

【自焚】zìfén 动 自己把自己烧死；比喻自我毁灭或自己害自己 ▷引火～｜玩火者必～。

【自分】zìfèn 动〈文〉自己估计自己 ▷～力所不能及。☛"分"这里不读 fēn。

【自封】zìfēng ❶ 动 自我加封；自称（含贬义）▷～天下第一。○❷ 动 自我限制 ▷故步～。

【自奉】zìfèng 动〈文〉自己日常享用 ▷～甚俭。

【自负】zìfù ❶ 动 自己负责；自己负担 ▷文责～｜～盈亏。○ ❷ 形 自以为谁也比不上自己 ▷这个人目中无人，～得很。

【自负盈亏】zìfù yíngkuī 指企业自主经营，独立承担盈利或亏损的责任。

【自高自大】zìgāo-zìdà 自以为了不起，看不起别人。

【自告奋勇】zìgào-fènyǒng 自己主动要求承担某项任务。

【自个儿】zìgěr 代〈口〉自己 ▷这事只能怨他～，跟别人不相干。☛ ㊀"个"这里不读 gè。㊁不要写作"自各儿"。

【自耕农】zìgēngnóng 名 土地改革以前，自己有土地且自己耕种的农民。多为中农。

【自供】zìgōng 动 自我供应 ▷自产～｜粮食～有余。

【自供】zìgòng 动 自己供认 ▷犯罪嫌疑人～雇凶杀人|推翻～。

【自供状】zìgòngzhuàng 名 自己供认罪行的文字材料。

【自古】zìgǔ 副 从古至今;从来 ▷～英雄出少年。

【自顾不暇】zìgù-bùxiá 自己照顾自己都没有工夫。指不可能顾及他人。

【自顾自】zìgùzì 自己顾自己;各人顾各人。

【自豪】zìháo 形 自己感到骄傲和光荣 ▷我们为有这样的英雄而～。

【自花传粉】zìhuā chuánfěn 同一朵花内的花粉落到雌蕊柱头上的传粉方式。如小麦、大豆、亚麻等属于自花传粉植物。

【自画像】zìhuàxiàng 名 (画家)为自己画的肖像;借指描述自己特点的文字。

【自毁】zìhuǐ 动 自己毁坏自己 ▷要珍惜机会,不要～前程|～装置。

【自己】zìjǐ ❶ 代 代替人或物本身。通常用来复指前面的名词或代词(代替的主体有时不出现) ▷让我～来吧|石头是～滚下来的|把困难留给～。❷ 代 用在名词前,表示属于本人这一方面的 ▷～人|～家里。

【自己人】zìjǐrén 名 自己这一方面的人;跟自己关系密切的人 ▷大家都是～,有事好商量。

【自给】zìjǐ 动 依靠自己的生产或其他劳动收入供给自己的需要 ▷～自足|～有余。☛"给"这里不读 gěi。

【自家】zìjiā 代 自己;自己一家 ▷～兄弟。

【自驾】zìjià 动 自己驾驶(机动车) ▷～旅行|～车|～游。

【自检】zìjiǎn ❶ 动 自我检点约束 ▷要时刻～,切勿放纵。❷ 动 自我检验 ▷市场～机制。

【自荐】zìjiàn 动 自己推荐自己 ▷～当候选人。

【自矜】zìjīn 动〈文〉自负;自夸 ▷功高而不～。

【自尽】zìjìn 动 自杀 ▷悬梁～。

【自经】zìjīng 动〈文〉自缢。

【自刭】zìjǐng 动〈文〉自刎。

【自警】zìjǐng 动 自我警惕;自我警醒 ▷守住底线,自律～|为官～。

【自净作用】zìjìng zuòyòng 自我净化的作用。指自然界通过自身的运动或相互作用,能降低或消除其污染物或有害物质的现象。

【自纠】zìjiū 动 自己纠正(失误) ▷各单位自查～,工作组检查验收。

【自咎】zìjiù 动〈文〉自己责备自己,怪罪自己。

【自疚】zìjiù 形 自己感到内疚 ▷万分～。

【自救】zìjiù 动 自己救自己 ▷生产～。

【自居】zìjū 动 把自己放在某种位置上(多含贬义) ▷以专家学者～。

【自决】zìjué ❶ 动 自己决定和管理自己的事 ▷支持民族～,反对殖民统治。❷ 动〈文〉自杀。

【自决权】zìjuéquán 名 (民族、团体等)自己决定自己事务的权利。

【自觉】zìjué ❶ 动 自己觉得 ▷他～病情已有好转。❷ 形 自己有所认识而行为上能主动适应某种要求的 ▷～遵守交通法规。

【自觉性】zìjuéxìng 名 能正确地认识客观事物并主动采取行动的精神状态。

【自觉自愿】zìjué-zìyuàn 自己认识到应该而且情愿(做某事)。

【自绝】zìjué 动 做了坏事又不愿悔改而自行断绝原有的关系(多指自杀) ▷～于社会。

【自控】zìkòng ❶ 动 控制自己的情绪 ▷噩耗传来,他悲痛得难以～。❷ 动 自动控制 ▷～车床。

【自夸】zìkuā 动 自我夸耀 ▷干得好,但别～。

【自况】zìkuàng 动〈文〉(以某人或某物)比拟自己 ▷引松竹以～。

【自愧不如】zìkuì-bùrú 因不如别人而自觉惭愧。也说自愧弗如。

【自来】zìlái 副 从来;历来 ▷～就有这个传统。

【自来水】zìláishuǐ 名 由自来水厂用管道供应的经过净化、消毒的水。

【自来水笔】zìláishuǐbǐ 名 钢笔的一种。参见 449 页"钢笔"。

【自理】zìlǐ ❶ 动 自己料理自己的事情 ▷孩子生活完全能够～。❷ 动 自己负担 ▷饭费～。

【自力更生】zìlì-gēngshēng 依靠自己的力量改变原来的状况而获得发展。

【自立】zìlì 动 依靠自己的力量独立生活 ▷几个孩子都已～|～于世界民族之林。

【自立门户】zìlì-ménhù ❶ 离开父母,自己成立家庭,独立谋生 ▷兄弟几个都～了。❷ 在学术、技艺等方面自己另立新派 ▷他很早就～,创立了新流派。❸ 脱离合作或从属状态,单独经营 ▷子公司已经～,独立经营。

【自励】zìlì 动 自我激励 ▷自强～。

【自恋】zìliàn 动 自我迷恋。

【自量】zìliàng 动 自己估计自己的水平、能力等 ▷蚍蜉撼大树,可笑不～|他～今天不能上场。

【自留】zìliú 动 自己留用;自己留存 ▷～部分自行支配|～地|请～底稿。

【自留地】zìliúdì 名 我国农业集体经济组织按政策规定分配给农民个人长期使用的少量土地。自留地的产品归具有自留地使用权的农民个人所有。

【自流】zìliú ❶ 动 (水)自动流淌 ▷～井。❷ 动比喻没有领导、没有约束地自由行动 ▷不能放任～。

【自流灌溉】zìliú guàngài 利用自流水灌溉土地。

【自流井】zìliújǐng 名 水自动流出来的井。

【自律】zìlǜ 动 自己管束自己(跟"他律"相对) ▷廉洁～|严于～。

【自卖自夸】zìmài-zìkuā 自己夸自己卖的东西;泛指自我吹嘘。

【自满】zìmǎn 形 满足于自己已有的成绩 ▷锐意进取,永不～。

【自媒体】zìméitǐ 名 由公众个人或团队独立运作,用以发布、分享具有一定公共价值的信息的传播载体,包括但不限于博客、微博、微信等形式。

【自勉】zìmiǎn 动 自己勉励自己。

【自鸣得意】zìmíng-déyì 自己表示出非常得意的样子。形容盲目自满。

【自鸣钟】zìmíngzhōng 名 能自动发声报时的时钟。

【自命】zìmìng 动 认为自己(如何如何)(多含贬义) ▷～不凡|～聪明过人。

【自命不凡】zìmìng-bùfán 自己认为自己很了不起,不同凡俗。

【自谋】zìmóu 动 自己谋求 ▷～职业|～出路。

【自馁】zìněi 动 自己丧失信心和勇气 ▷困难面前不～。

【自拍】zìpāi ❶ 动 自己给自己拍摄相片 ▷她在纪念碑前～留念|用手机～。❷ 动 自己拍摄(电影片、电视片等) ▷他～了一部微电影。

【自欺欺人】zìqī-qīrén 欺骗自己,也欺骗别人。指用连自己都不相信的东西来欺骗别人。

【自谦】zìqiān 形 自己表示谦虚 ▷不要太～。

【自戕】zìqiāng 动〈文〉自杀;自残。

【自强】zìqiáng 动 自己努力进取 ▷～不息。

【自强不息】zìqiáng-bùxī 自觉努力进取,不懈怠,不停止。

【自轻自贱】zìqīng-zìjiàn 自己看轻和贬低自己。

【自取】zìqǔ 动 自己招致;自找 ▷～灭亡。

【自取其咎】zìqǔqíjiù 咎由自取。

【自然】zìrán ❶ 名 自然界 ▷回归～|大～。❷ 形 天然的;原本就有的 ▷～美|～免疫。❸ 形 形容不经外力干预,自由发展 ▷任其～|自由落体的速度在～加快。❹ 副 表示理所当然 ▷最冷的季节～是冬季。❺ 连 连接分句或句子,表示语意转折或引出事物的另一方面 ▷请大家再加把劲ㄦ,确保完成任务,～,也要适当休息,别把身体累垮。

【自然】zìran 形 不做作;不勉强;不呆板 ▷神情～|文笔～,全无做作。

【自然保护区】zìrán bǎohùqū 为保护、研究珍稀濒危动植物资源,典型的自然生态系统以及有特殊意义的地质构造、地质剖面和化石产地等,国家依法确定的自然区域。我国的自然保护区分为国家级和地方级。

【自然村】zìráncūn 名 自然形成的村落。

【自然段】zìránduàn 名 文章中由一定书面形式反映出的段落。

【自然而然】zìrán'érrán 没有外力的干预,自然发展成这样。

【自然规律】zìrán guīlǜ 存在于自然界一切事物中的客观规律。也说自然法则。

【自然界】zìránjiè 名 客观存在的物质世界。狭义的自然界指自然科学所研究的无机界和有机界,广义的自然界也包括人类社会。

【自然经济】zìrán jīngjì 不是为了交换,只是为了满足生产者或一定的经济单位(如氏族、庄园)本身需要而生产的经济,即自给自足的经济。

【自然景观】zìrán jǐngguān 天然的具有观赏价值的景色(跟"人文景观"相区别)。

【自然科学】zìrán kēxué 研究自然界的物质形态、结构、性质和运动规律的科学。如物理学、化学、天文学、生物学等。

【自然力】zìránlì 名 自然界物质运动所产生的力。如水力、风力、潮汐力等。

【自然美】zìránměi 名 自然界事物的美。包括经过人们加工改造的自然对象(如园林)的美和未经人们加工改造的自然对象(如星空、大海)的美。

【自然人】zìránrén ❶ 名 指在自然规律下产生的有生命的人。❷ 名 法律上指从出生时起到死亡时止,依法享有民事权利并承担相应义务的人。通常包括本国公民以及居住在本国的外国人、无国籍人(跟"法人"相区别)。

【自然数】zìránshù 名 零和正整数(大于零的整数)。如0、1、2、3……。

【自然物】zìránwù 名 天然形成,未经人类加工的东西。如草木、虫鱼、鸟兽、矿物等。

【自然选择】zìrán xuǎnzé 生物在自然条件的影响下适者生存、不适者被淘汰的现象。是达尔文进化论的主要内容。

【自然语言处理】zìrán yǔyán chǔlǐ 人机对话。

【自然灾害】zìrán zāihài 各种自然现象造成的灾害。如水灾、旱灾、地震灾害等。

【自然主义】zìrán zhǔyì ❶ 一种哲学思潮和流派,认为自然是全部的实在,超自然的领域是不存在的。❷ 一种文艺思潮和流派,着重描写现实生活中的外在真实和琐碎细节,拒绝分析与批判,不能反映社会本质。

【自燃】zìrán 动 自发地着火燃烧。多由缓慢氧化造成。如大量堆积的棉花、干草、煤等在通风不良的情况下容易自燃。

【自认】zìrèn 动 自己承认并接受；对自己有某种看法 ▷～倒霉|他～能挑起这副担子。

【自如】zìrú ❶ 形 保持常态，镇定自然 ▷镇定～。❷ 形 活动或操作灵活顺畅，不受阻碍 ▷灵活～|进退～。

【自若】zìruò 形 自如①。

【自杀】zìshā 动 自己杀自己。

【自伤】zìshāng 动 自己伤害自己。

【自身】zìshēn 代 自己（强调不是别人或别的事物）▷保护～的合法权益|发挥～优势。

【自审】zìshěn 动 自我审查或审视 ▷此次事故，由本单位先行～|依我～，这件事我没做错。

【自生自灭】zìshēng-zìmiè 在没有外力干预的情况下，自己生长，自己消失。

【自食其果】zìshíqíguǒ 自己吞食自己种出的苦果。比喻做了坏事，结果自己受到惩罚。

【自食其力】zìshíqílì 依靠自己的劳动所得来养活自己。

【自食其言】zìshíqíyán 自己把说过的话吞咽了下去。比喻说话不算数，不守信用。

【自始至终】zìshǐ-zhìzhōng 从开始到结束。

【自视】zìshì 动 自己把自己看得（如何如何）▷～清高。

【自是】zìshì ❶ 副 自然是 ▷有车～比没车方便。〇 ❷ 动 自认为是对的 ▷盲目～。

【自恃】zìshì 〈文〉❶ 形 自以为是，骄傲自满。❷ 动 倚仗（自己的强势）▷～才高。☛"恃"不要误写作"持"。

【自首】zìshǒu 动（作案人）向有关部门自动投案，交代罪行 ▷到公安机关～。

【自赎】zìshú 动 弥补自己的罪过 ▷立功～。

【自述】zìshù ❶ 动 自己述说自己的情况 ▷～生平。❷ 名 述说自己情况的材料 ▷这是一个贪污分子的～。

【自说自话】zìshuō-zìhuà ❶ 自言自语 ▷他最近好像有什么心事，经常～。❷ 不顾实际情况信口而说 ▷制订考核标准不能由几个人关起门来～。

【自私】zìsī 形 只为自己打算而不顾别人 ▷极端～|～自利。

【自私自利】zìsī-zìlì 只为自己打算，为自己牟利，不顾别人和集体。

【自诉】zìsù 动 刑事诉讼的一种方式，由案件的被害人或其法定代理人直接向法院提起诉讼（跟"公诉"相区别）。

【自诉人】zìsùrén 名 在刑事自诉案件中，向法院提起诉讼的被害人或其法定代理人及近亲属。

【自讨苦吃】zìtǎokǔchī 自己给自己招惹麻烦和痛苦。

【自讨没趣】zìtǎo-méiqù 指说话、做事不得体，反使自己难堪。

【自投罗网】zìtóu-luówǎng 比喻自己钻进别人设好的圈套（罗：捕鸟的网）。

【自外】zìwài 动 把自己置于某个范围之外 ▷任何人都没有～于法律的特权。

【自卫】zìwèi 动 自己保卫自己 ▷～反击。

【自慰】zìwèi ❶ 动 自己安慰自己 ▷我们足以～的是始终自强不息。❷ 动 婉词，指手淫。

【自刎】zìwěn 动 割颈自杀 ▷项羽～乌江。

【自问】zìwèn ❶ 动 自己问自己 ▷扪心～。❷ 动 自己估量自己 ▷我～无愧于人。

【自我】zìwǒ 代 多跟双音节动词搭配，表示动作行为由自己发出，又以自己为对象，相当于"自己" ▷～鉴定|～保护|超越～。

【自我标榜】zìwǒ-biāobǎng 借用某种好名义吹嘘夸耀自己。

【自我吹嘘】zìwǒ-chuīxū 自己吹捧自己。

【自我解嘲】zìwǒ-jiěcháo 自己用言行来掩饰被人嘲笑的尴尬。

【自我批评】zìwǒ pīpíng 自己批评自己的缺点、错误。

【自我陶醉】zìwǒ-táozuì 自己欣赏自己并沉醉其间。形容盲目地自我欣赏。

【自我作古】zìwǒ-zuògǔ 指不因袭前人，自己创始（作古：不依成规，自创先例）。

【自习】zìxí ❶ 动 自学 ▷～武术。❷ 动 学生在规定的时间或课外自己学习 ▷早～|晚～。

【自相】zìxiāng 副 用在双音节动词前，表示动作行为是在自己跟自己或同类跟同类之间进行的 ▷～安慰|～残杀。

【自相残杀】zìxiāng-cánshā 自己人之间相互杀害。

【自相矛盾】zìxiāng-máodùn 自己的言行相互抵触。

【自销】zìxiāo 动（企业或个人）自己销售自己的产品 ▷自产～。

【自小】zìxiǎo 副 从小时候起 ▷他～生活在江边。

【自卸汽车】zìxiè qìchē 一种运载卡车，车斗底部装有自动升降装置，能自动卸下物料。多用来装运土石。

【自新】zìxīn 动 自觉改正错误，重新做人 ▷抛弃旧我，奋力～|改过～。

【自信】zìxìn ❶ 动 相信自己 ▷～能取胜。❷ 名 对自己的信心 ▷增添了几分～。❸ 形 形容对自己有信心 ▷对攻克这个难关，他们十分～。

【自信心】zìxìnxīn 名 对自己有信心的心理 ▷克服自卑感，增强～。

【自行】zìxíng ❶ 副（不依靠或通过别人）自己进行 ▷～设计|～制造|～处理。❷ 副（不借助外力）自然而然 ▷～消亡|～倒塌。

【自行车】zìxíngchē 名 骑在上面用脚蹬踏板带动车轮转动前进的两轮车。也说单车。

【自行火炮】zìxíng huǒpào 跟车辆底盘构成一体，靠自身动力运动的火炮。分为履带式、半履带式和轮胎式三种。越野性能好，进出阵地快，便于跟坦克、步兵战车等协同作战，多数有装甲防护。

【自行其是】zìxíngqíshì 按照自己认为正确的想法去做（多含贬义）。

【自省】zìxǐng 动 自我反省 ▷～慎思|贵于～。☛"省"这里不读 shěng。

【自修】zìxiū ❶ 动 自习② ▷～室。❷ 动 自学 ▷他这段时间正在～逻辑学。

【自许】zìxǔ 动〈文〉自我称赞；自命 ▷以孤松～。

【自诩】zìxǔ 动 自我夸耀 ▷～高明。

【自序】zìxù 名 给自己的著作写的序言 ▷作者～|鲁迅《呐喊·～》。

【自叙】zìxù ❶ 动 叙述自己的生平经历。❷ 名 叙述自己生平经历的文章。❸见本页"自序"。现在一般写作"自序"。

【自选】zìxuǎn 动 自己选择 ▷这些礼物每人～一件|～动作。

【自选商场】zìxuǎn shāngchǎng 超级市场。

【自学】zìxué 动 未经老师教而自己独立学习 ▷参加～考试|～了本专业全部必修课程。

【自学考试】zìxué kǎoshì 学员经过自学，参加国家统一考试，考试合格后取得学历证书的成人教育方式。

【自寻】zìxún 动 自找 ▷～生路|～开心。

【自寻短见】zìxún-duǎnjiàn 指因想不开而自杀。

【自言自语】zìyán-zìyǔ 没有谈话对象，自己跟自己说话。

【自已】zìyǐ 动 控制住自己的感情（多用于否定）▷兴奋之情难以～。

【自以为是】zìyǐwéishì 自己认为自己是正确的，不接受别人的意见（是：正确）。

【自缢】zìyì 动〈文〉上吊自杀 ▷～身亡。

【自营】zìyíng 动 生产者自行经营自己的产品 ▷该企业从产品生产、批发到零售全部～。

【自用】zìyòng ❶ 动〈文〉过于自信；自以为是 ▷愚而～，难成大器|刚愎～。○ ❷ 动 自己使用；私人使用 ▷这部发电机供学校～|～房屋。

【自由】zìyóu ❶ 形 自己作主，不受限制，不受约束 ▷～发言|行动不～。❷ 名 在宪法和法律范围内公民享有的按个人意愿活动的权利。❸ 名 哲学上指人认识和掌握客观事物的规律性并自觉地运用到实践中去（跟"必然"相区别）▷由必然王国向～王国发展。

【自由港】zìyóugǎng 名 全部或绝大部分外国货物可以免税进出的港口或海港地区。一般还可进行加工、贮藏、销售等。

【自由基】zìyóujī 名 化合物分子外层轨道含有的不对称电子、独立存在的原子、原子团或分子。化学性质活泼，可与多种生物大分子发生氧化还原反应，广泛地参与机体的生理与病理过程。也说游离基。

【自由价格】zìyóu jiàgé 国家价格政策指导下由购销双方自行协商议定的价格。也说市场调节价。

【自由竞争】zìyóu jìngzhēng 商品生产者之间在生产和销售等方面进行的不受限制的竞争。通过竞争，生产经营日益集中，发展到一定阶段，形成垄断。

【自由贸易区】zìyóu màoyìqū ❶ 指两个或两个以上的国家或独立关税地区根据世界贸易组织的相关规则，签署自由贸易协定所组成的贸易区。如中韩自由贸易区、北美自由贸易区。❷ 指某一国家或独立关税地区在本国或本地区境内所划出的特定贸易区。在这个区域内实行自主给予外国或其他地区特殊优惠税收和监管政策。如我国在上海浦东建立的中国（上海）自由贸易试验区。‖简称自贸区。

【自由民】zìyóumín 名 奴隶社会中享有人身自由的人。包括奴隶主、商人、占有土地和生产工具的农民和手工业者。

【自由诗】zìyóushī 名 一种诗歌体裁。结构自由，段数、行数、字数没有一定要求，语言有自然节奏，通常不押韵。

【自由市场】zìyóu shìchǎng 原指按自发形成的价格进行贸易活动的市场，多由个体摊贩集中在某一地段形成；今也指农贸市场，商品则不限于农副产品。

【自由体操】zìyóu tǐcāo 竞技体操项目，运动员在专用场地上做成套技巧动作。

【自由王国】zìyóu wángguó 指人们认识客观规律后，自觉地运用规律来改造客观世界的境界（跟"必然王国"相区别）。

【自由行】zìyóuxíng 动 游客自行选择、安排旅游路线，通过旅行社代订住处和往返机票或车船票的旅游。

【自由泳】zìyóuyǒng ❶ 名 游泳运动项目之一。运动员可以采用任何姿势游完比赛规定的游程。由于爬泳速度最快，所以在自由泳中运动员通常采用爬泳。❷ 名 指爬泳。

【自由职业】zìyóu zhíyè 指依靠个人的知识、技能而独立从事的职业。如律师、自由撰稿人和某些艺术家等职业。

【自由主义】zìyóu zhǔyì ❶ 早期资产阶级的一种政治思想，主张自由竞争、维护公民自由和私有制的安全，强调国家不干预经济生活，宣扬国家和法律具有"超阶级"性质。❷ 指革命队伍中无组织、无纪律、无原则的思想作风。

【自由自在】zìyóu-zìzài 没有约束，安闲舒适。

【自有】zìyǒu ❶ 动 自然具有 ▷胸中～雄兵百万｜他～办法解决。❷ 动 自己拥有 ▷出租～房屋｜～品牌。

【自幼】zìyòu 副 从幼年时候起 ▷～喜欢音乐。

【自娱】zìyú 动 自我消遣；使自己快乐 ▷晚年以书画～｜～自乐。

【自誉】zìyù 动 自己夸耀自己（多含贬义）▷他～为当代书法大师。

【自圆其说】zìyuánqíshuō 使自己的说法圆满周全，前后一致，没有破绽。

【自怨自艾】zìyuàn-zìyì 原意是悔恨自己的错误，自己改正（艾：治理，改正）；现偏指悔恨自己的错误。☛"艾"这里不读 ài。

【自愿】zìyuàn 动 自己甘心情愿 ▷～报名。☛参见 1776 页"志愿"的提示。

【自在】zìzài 形 形容没有拘束和精神负担 ▷自由～｜逍遥～。

【自在】zìzai 形 舒心安闲 ▷生活挺～。

【自责】zìzé 动 自己责备自己 ▷引咎～。

【自找】zìzhǎo ❶ 动 自己谋求 ▷～出路。❷ 动 自己招致；自己引起 ▷～烦恼｜～苦吃。

【自珍】zìzhēn 动 自我珍重 ▷冷暖无常，敬祈～｜敝帚～。

【自知之明】zìzhīzhīmíng《老子》三十三章："知人者智，自知者明。"后用"自知之明"指透彻了解自己（多指缺点方面），对自己有正确认识的能力。

【自制】zìzhì ❶ 动 自己制造 ▷～冰激凌。○ ❷ 动 自我克制 ▷极度悲痛，难以～。

【自治】zìzhì 动 在法律范围内独立行使管理自己事务的权力 ▷民族区域～。

【自治机关】zìzhì jīguān 行使民族自治权力的机关，如自治区、自治州、自治县的人民代表大会和人民政府。

【自治旗】zìzhìqí 名 我国内蒙古自治区中，蒙古族之外其他少数民族实行民族区域自治的相当于县的行政区划单位。如鄂温克族自治旗。

【自治区】zìzhìqū 名 相当于省一级的实行民族区域自治的行政区划单位。我国有内蒙古自治区、西藏自治区、广西壮族自治区、宁夏回族自治区、新疆维吾尔自治区等五个民族区域自治区。

【自治县】zìzhìxiàn 名 相当于县一级的实行民族区域自治的行政区划单位。如河北省大厂回族自治县。

【自治州】zìzhìzhōu 名 相当于省辖市一级的实行民族区域自治的行政区划单位。如云南省楚雄彝族自治州。

【自重】zìzhòng ❶ 动 自己尊重自己的人格 ▷君子～。❷ 动 自我抬高身价 ▷拥兵～。○ ❸ 名 承重物体自身的重量 ▷舰艇～800 吨。

【自主】zìzhǔ 动 自己作主（不受他人支配）▷～择业｜独立～。

【自主权】zìzhǔquán 名 自己决定和管理自己事务的权力 ▷尊重企业～。

【自主知识产权】zìzhǔ zhīshi chǎnquán 知识产品的生产者依法对该产品所拥有的知识产权 ▷我公司对这几项核心技术拥有～。也说自有知识产权。

【自助】zìzhù 动 通过自己的劳动解决自己的需要；自己动手服务自己 ▷天道酬勤，～者天助之｜～烧烤。

【自助餐】zìzhùcān 名 将各种饭菜摆出来，由就餐人随意取食的用餐方式。

【自助游】zìzhùyóu 动 游客自行选择、安排旅游路线、时间、住宿等的旅游。

【自传】zìzhuàn 名 叙述自己生平的传记。

【自转】zìzhuàn 动 指天体围绕自身的轴心转动（跟"公转"相区别）。恒星、行星、卫星都有自转。地球自转一周的时间约为 24 小时。

【自足】zìzú ❶ 动〈文〉自己感到满足；知足 ▷无求而～。❷ 动 自己满足自己的需求 ▷自给～｜衣食不能～。

【自尊】zìzūn 动 尊重自己，不卑不亢 ▷～自爱。

【自尊心】zìzūnxīn 名 自尊的意识 ▷～受到了伤害｜她的～很强。

【自作聪明】zìzuòcōngmíng 自以为聪明而草率行动。

【自作多情】zìzuòduōqíng 不问对方的态度，一厢情愿地自己作出种种温情的表示。

【自作主张】zìzuòzhǔzhāng 不向上级请示、不同别人商量，擅自作决定或采取行动。

【自作自受】zìzuò-zìshòu 自己做错了事，自己承受恶果。

字 zì ❶ 名 文字 ▷认～｜汉～｜常用～｜～母。→ ❷ 名 表字 ▷关羽，姓关名羽～云长｜仲谋是孙权的～。❸ 动 旧时称女子许婚 ▷待～闺中。→ ❹ 名 指汉字的不同形体；也指书法的不同派别 ▷篆～｜柳～。❺ 名 书法作品 ▷一幅～｜～画。→ ❻ 名 字据 ▷立～为凭。→ ❼ 名 指字音 ▷吐～清楚｜～正腔圆。→ ❽ 名 指语词 ▷文从～顺｜琢句炼～。○ ❾ 名 姓。

【字典】zìdiǎn 名 以字为单位，按一定顺序排列，注明每个字的读音、意义和用法，供人查阅参

考的工具书 ▷查～|《康熙～》。

【字调】 zìdiào 名 汉字字音的高低升降。字调具有区别意义的作用。汉语普通话分阴平、阳平、上声和去声四个字调，如"都(dū)""读(dú)""堵(dǔ)""杜(dù)"。通称声调。

【字符】 zìfú 名 组成数据和信息的文字、字母、数字以及各种符号的统称。在电子计算机中，每一个字符对应一个二进制编码。

【字符串】 zìfúchuàn 名 若干字符的组合体。在电子计算机中常用来表示程序、语句、变量和数组等的名称。

【字符集】 zìfújí 名 按照一定规则编定的包含某种文字及所需图形符号的有序集合。

【字幅】 zìfú 名 写成条幅或横幅的书法作品。

【字号】 zìhào 名 字的大小级别。用铅字排版时，采用号数制，即用初号、一号、二号……七号等号数来表示铅字的大小，故称。现在计算机照排技术可使汉字的大小获得任意选择的空间。

【字号】 zìhao ❶ 名 商店的名称 ▷这家药铺的～叫同仁堂。❷ 名 借指商店 ▷买茶叶还得上老～。

【字画】 zìhuà 名 书法和绘画作品的合称 ▷墙上挂着名人～。

【字汇】 zìhuì ❶ 名 字典一类的工具书。如明代梅膺祚撰《字汇》，收 33,000 多字。❷ 名 词汇①。

【字迹】 zìjì ❶ 名 字的痕迹 ▷～模糊不清。❷ 名 字的形体 ▷～清秀|～工整。

【字节】 zìjié 名 指一小组相邻的二进制数码。通常一个字节包括 8 位数码(有的字节由 4 位或 6 位二进制数码构成)，是字符的组成部分。一般用作计算机的信息单位。

【字句】 zìjù 名 文章中的字词和句子 ▷文章总体不错，但个别～还需斟酌。

【字据】 zìjù 名 用文字书写的凭证，包括借据、合同、收据、协议书等 ▷有～为凭，谁也赖不了账。

【字库】 zìkù ❶ 名 存放铅字和铅字字模的库房。随着铅字的逐渐淘汰而不再使用。❷ 名 以数字化形式储存在计算机内的字符集合；也指计算机系统中储存标准字形的专用软件。

【字里行间】 zìlǐ-hángjiān 字句中间 ▷这篇抒情散文～充满深情。

【字码】 zìmǎ 名 文字的编码，如汉字的国际码。

【字谜】 zìmí 名 以文字为谜底的谜语。

【字面】 zìmiàn 名 文字的表面意义 ▷许多成语不能只从～上去理解。

【字模】 zìmú 名 浇铸铅字用的模型，多用紫铜或锌合金制成。现在已基本淘汰。☛"模"这里不读 mó。

【字母】 zìmǔ ❶ 名 拼音文字或注音符号的最小书写单位 ▷拉丁～|注音～。❷ 名 音韵学上指声母的代表字，简称"母"。如"帮"代表声母"b"。

【字母表】 zìmǔbiǎo 名 按一定顺序排列某种语言的全部字母或用来注音的全部字母的表。如《汉语拼音方案》的字母表。

【字母词】 zìmǔcí 名 由字母构成或其中包含字母的词语的统称。如"WTO""RMB""B 超"。

【字幕】 zìmù 名 在银幕、电视屏幕上或舞台上的一边映出的文字。内容包括演员表、对白和唱词等。

【字盘】 zìpán 名 旧时存放印刷铅字和中文打字用的铅字的盘子 ▷常用～|备用～。

【字频】 zìpín 名 在一定统计范围内，某个字的使用频率。

【字书】 zìshū 名 汇集并解释汉字的形、音、义的书籍。如东汉许慎的《说文解字》。

【字体】 zìtǐ ❶ 名 同一种文字的不同形体，如汉字印刷体中有宋体、楷体、黑体，手写体中有楷书、草书、行书等。❷ 名 汉字书法的派别，如颜体、柳体等。❸ 名 指写出的字的形体结构 ▷张老师的～很洒脱。

【字条】 zìtiáo 名 写有简短文字的便条。

【字帖儿】 zìtiěr 名 写有简单话语的帖子。

【字帖】 zìtiè 名 学习书法时临摹的范本，多是书法名家的墨迹拓(tà)本。☛"帖"这里不读 tiē 或 tiě。

【字形】 zìxíng 名 由笔画构成的文字形体 ▷规范～|～混乱。

【字眼】 zìyǎn 名 行文或说话时具体用来表情达意的字、词或短语 ▷我真不知道该用什么～表达|用了一个不恰当的～。

【字样】 zìyàng ❶ 名 文字形体笔画的规范。❷ 名 用在某处起标志、提示等作用的简短文字 ▷信封上印有"航空"～|合同上有"逾期支付滞纳金"的～。

【字义】 zìyì 名 字所表示的意义 ▷注释～。

【字音】 zìyīn 名 字的读音 ▷读准～。

【字斟句酌】 zìzhēn-jùzhuó 每字每句都反复推敲斟酌。形容说话或写作慎重认真。

【字正腔圆】 zìzhèng-qiāngyuán 指唱戏、唱歌或念白、朗诵时吐字清晰准确，腔调圆润悦耳。

【字纸】 zìzhǐ 名 有字的纸 ▷～篓。

剚 zì 〈文〉❶ 动 (把东西)插入。→ ❷ 动 (用刀)刺入。

牸 zì 名 〈文〉雌性的牲畜 ▷～牛。

恣 zì 动 放纵；毫无拘束 ▷～行无忌|～意妄为|～睢。☛ 不读 zī。

【恣情】 zìqíng ❶ 动 纵情① ▷～酒色。❷ 副 纵情② ▷～狂欢。

【恣肆】zìsì〈文〉❶ 形 豪放挥洒，毫不拘束(多指言谈或诗文创作) ▷文笔～|汪洋～。❷ 形 言行放纵，无所顾忌 ▷～无忌。

【恣睢】zìsuī 形〈文〉任意胡作非为 ▷狂妄～。

【恣行无忌】zìxíng-wújì 放纵言行，没有顾忌。

【恣意】zìyì 副 任意① ▷～寻衅|～妄为。

眦(*眥) zì 名 眼角。上下眼睑相交处，接近鼻子的叫内眦，通称大眼角；接近两鬓的叫外眦，通称小眼角。

渍(漬) zì ❶ 动 浸泡；沤 ▷汗水～黄了内衣|～麻|浸～。→ ❷ 动 (物体上)积存着脏东西 ▷车轴上～了很多油泥|茶壶里～了一层茶锈。❸ 名 积存在物体上的脏东西 ▷血～|油～|污～。❹ 名 地上的积水 ▷防洪排～|～涝|内～。

【渍涝】zìlào 动 田里积存了过多的水。

胾 zì 名〈文〉切成大块的肉。

胔 zì 名〈文〉人或禽兽带有腐肉的尸骨；尸体。

zi

子 zi 词的后缀。a)附着在某些名词性成分或某些形容词性、动词性成分后面，组成名词 ▷鼻～|珠～|席～|本～|胖～|乱～|夹～。b)〈口〉附着在某些量词后面 ▷响了一阵～|两档～事|一下～。

另见 1824 页 zǐ。

zōng

枞(樅) zōng ❶ [枞阳] zōngyáng 名 地名，在安徽。❷ 见 634 页“鸡枞”。

另见 229 页 cōng。

宗[1] zōng ❶ 名 祖先 ▷列祖列～|光～耀祖。→ ❷ 名 家族；宗族 ▷同～|～亲。❸ 名 派别 ▷禅～|～派。→ ❹ 名 根本；主旨 ▷万变不离其～|～旨。→ ❺ 动 尊崇；效法 ▷他的书法专～柳体|～仰。❻ 名 被尊崇或效法的人 ▷文～|～师。○ ❼ 量 a)用于事物 ▷一～心事|几～案卷。b)用于钱、货物等 ▷一～贷款|大～货物。○ ❽ 名 姓。

宗[2] zōng 名 藏语音译。旧时西藏地区的行政区划单位，大致相当于县。

【宗祠】zōngcí 名 旧时同一家族的人共同祭祀祖先的祠堂。

【宗法】zōngfǎ ❶ 名 古代以家族为中心，以血统远近和嫡庶长幼来区分亲疏的法则。❷ 动 效法 ▷他～徐悲鸿，马画得特别好。

【宗匠】zōngjiàng 名 在学术、艺术等方面有重大成就而受人尊崇的人 ▷一代～。

【宗教】zōngjiào 名 一种社会意识形态，是人们对客观世界的虚幻反映。相信主宰自然和社会的是超自然、超人间的神秘境界和力量，因而无限敬畏和崇拜。目前世界上的主要宗教有基督教、伊斯兰教和佛教等。

【宗庙】zōngmiào 名 帝王、诸侯祭祀祖先的地方。也说祖庙。

【宗派】zōngpài ❶ 名〈文〉宗族内部的分支。❷ 名 政治、学术、宗教等方面因各有所宗而形成的不同派别；现多指少数人为自身利益而结成的集团 ▷搞～斗争。

【宗派主义】zōngpài zhǔyì 从宗派利益出发处理内外关系的错误思想和行为。表现为拉拢一些人，排挤一些人，搞无原则的派系斗争。

【宗谱】zōngpǔ 名 族谱；家谱 ▷～是一种宝贵的历史资料。

【宗亲】zōngqīn 名 同一宗族的亲属。

【宗师】zōngshī 名 在思想或学术上成就大、受人推崇、堪称师表的人物 ▷学术～|一代～。

【宗室】zōngshì 名 指与帝王同一宗族的人。

【宗祧】zōngtiāo〈文〉❶ 名 宗庙。❷ 名 家族世代相传的系统 ▷以承～。

【宗仰】zōngyǎng 动〈文〉崇奉；景仰 ▷其人品、才华为世人～。

【宗正】zōngzhèng 名 复姓。

【宗旨】zōngzhǐ 名 主要的思想、意图或目的 ▷阐明～。

【宗主国】zōngzhǔguó 名 对附庸国拥有宗主权的国家。

【宗主权】zōngzhǔquán 名 一国使他国从属于自己并支配其内政外交的权力。

【宗族】zōngzú ❶ 名 同一父系的家族世系 ▷～村落|～制度|～势力。❷ 名 同一父系家族中所有男性和未出嫁女性所构成的群体。

倧 zōng 名 传说中的上古神人。

综(綜) zōng ❶ 动 总合；聚合 ▷～合|～述|错～。○ ❷ 名 姓。

另见 1725 页 zèng。

【综观】zōngguān 动 综合起来观察 ▷～整个教育领域。☛ 跟“纵观”不同。“综观”多用来指横向综合地观察；“纵观”多用来指纵向历史地考察。

【综合】zōnghé ❶ 动 经过分析，把事物的各部分概括为统一的整体(跟“分析”相对)。❷ 动 把不同种类或性质的事物统括起来 ▷～利用|～国力。

【综合大学】zōnghé dàxué 科系比较齐全的高等学校。我国综合大学一般设有哲学社会科学

（文科）、自然科学（理科）、技术科学（工科）、医学科学（医科）等院系。

【综合国力】 zōnghé guólì 一个国家在经济、科学技术、军事等各个方面的总体实力。

【综合利用】 zōnghé lìyòng 对物质资源全面、充分、合理地加以利用。

【综合征】 zōnghézhēng 名 医学上指肌体同时出现的一系列症状，它反映一些有关联器官发生的病变或功能紊乱。如肾病综合征表现为水肿、蛋白尿、胆固醇增高等。

【综合治理】 zonghé zhìlǐ 指组织全社会的力量，运用政治、法律、经济、行政、教育、文化等手段，从根本上对社会治安、环境保护等重大社会性问题加以整治，以保证社会和谐有序地发展。

【综计】 zōngjì 动 总计。

【综括】 zōngkuò 动 总括 ▷～各方面的意见。

【综上所述】 zōngshàngsuǒshù 综合上面所说的（内容）。常用来引出综合性结论。

【综述】 zōngshù ❶ 动 综合概括地叙述 ▷～一周要闻。❷ 名 综合概括叙述的文章 ▷国际时事～。

【综艺】 zōngyì 名 综合多种形式的文艺 ▷～大观｜～晚会。

棕（*椶） zōng ❶ 名 棕榈 ▷～毛｜～编。→ ❷ 名 棕毛 ▷～刷｜～绳。→ ❸ 形 形容颜色像棕毛一样 ▷～熊｜～黑。

【棕绷】 zōngbēng 名 在长方形的木框上穿上棕绳做成的床屉。

【棕编】 zōngbiān 名 用棕榈树的枝叶编成的手工艺品。传统产品有拖鞋、提包、凉帽、玩具等。

【棕黑】 zōnghēi 形 形容棕色中略带点儿黑。

【棕榈】 zōnglǘ 名 常绿乔木，茎干直立，外有棕毛，叶片大，聚集在树干顶部，掌状深裂，开黄色花，核果近球形。可供观赏，棕毛用途较广。通称棕树。参见插图 6 页。☛"榈"不读 lǚ。

【棕榈油】 zōnglǘyóu 名 用油棕果的中果皮榨的油，橘黄色。可以食用，也可制肥皂等。

【棕毛】 zōngmáo 名 长在棕榈树干外面的红褐色纤维。可以制蓑衣、绳子、刷子、床垫等。

【棕色】 zōngsè 名 像棕毛一样的颜色。

【棕绳】 zōngshéng 名 用棕毛制成的绳子。

【棕树】 zōngshù 名 棕榈的通称。

【棕熊】 zōngxióng 名 哺乳动物，体大，长约 2 米，高约 1 米，躯干棕色，四肢黑色。杂食，有冬眠习性。在我国主要分布于东北、西北和西藏、四川等地。属国家保护动物。也说马熊。参见插图 1 页。

腙 zōng 名 有机化合物的一类，醛或酮的羰基和联氨或苯肼等缩水后的衍生物。如醛腙、酮腙。

踪（*蹤） zōng 名 脚印；行动留下的痕迹 ▷～迹｜～影｜失～｜行～。

【踪迹】 zōngjì 名 行动留下的痕迹 ▷找到了探险者的～◇留下时代～。

【踪影】 zōngyǐng 名 踪迹和形影 ▷往日的垃圾山早已不见～｜发现了敌人的～。

鬃（*騌鬉騣） zōng 名 马、猪等动物颈部的长毛 ▷马～｜猪～｜～刷｜～毛。

鬷 zōng ❶ 名 古代的一种锅。○ ❷ 名 姓。

zǒng

总（總） zǒng ❶ 动 聚集；汇合到一起 ▷～而言之｜汇～。→ ❷ 形 所有的；全面的 ▷～产量｜～复习。⇒ ❸ 形 概括全部的 ▷～纲｜～则。❹ 形 领导全面的；为首的 ▷～统｜～经理。⇒ ❺ 副 表示持续不变，相当于"一直""一贯" ▷他～是这么年轻｜他上课～爱说话。⇒ ❻ 副 表示无论如何一定如此，相当于"毕竟""终归" ▷社会～要进步｜将来～会好起来的。❼ 副 表示估计、推测，相当于"大概" ▷这房子～有几十年了｜看样子～得年底才能完工。

【总编辑】 zǒngbiānjí 名 编辑工作的总负责人。简称总编。☛ 这里的"辑"口语中也读轻声。

【总部】 zǒngbù ❶ 名 总司令部或总指挥部的简称。❷ 名 下设若干分部的机构、团体、企业等的中心领导机关 ▷联合国～｜国际足联～。

【总裁】 zǒngcái ❶ 名 某些政党的首脑。❷ 名 某些大型企业的主要负责人。

【总产】 zǒngchǎn 名 总产量，即一定时期、一定范围内作物产量的总和。

【总产值】 zǒngchǎnzhí 名 用货币表现出来的一定时期内全部产品的价值总量。它反映生产单位、生产部门或整个国民经济某个时期内生产活动的总成果。

【总称】 zǒngchēng ❶ 动 统称①。❷ 名 统称②。

【总得】 zǒngděi 副 表示情理上或事理上必须 ▷～亲自去一趟｜事情～有个了结。

【总动员】 zǒngdòngyuán ❶ 动 国家在非常时期（如发生战争）使全国武装力量从平时状态转入战时状态，并统一调动所有的人力、物力、财力。❷ 动 为完成某项重要任务发动全体人员 ▷全市～，治理环境污染。

【总督】 zǒngdū ❶ 名 明清两代官名。明代为防边患或平定叛乱而临时派遣到地方的军事长官，清代为掌管一省或二三省的最高军政长官。❷ 名 英国国王任命的英联邦部分成员国的最高行政长官，代表英国国王。❸ 名 某些宗主国派驻其殖民地国家或地区的最高官员，代表宗主国。

【总额】zǒng'é 名 总数 ▷储蓄～|国民收入～。

【总而言之】zǒng'éryánzhī 总之；概括起来说 ▷～，发展经济是最主要的。

【总方针】zǒngfāngzhēn 名 国家或政党在一定历史时期内指导全面工作的根本方向和目标。

【总分】zǒngfēn 名（考试或竞赛中）各科或各项得分的总和。

【总纲】zǒnggāng 名 总的纲领；总的原则和要点。

【总工程师】zǒnggōngchéngshī 名 技术人员的最高职务名称。能独立指挥、全面负责某部门、某单位或某一大型工程技术任务的高级专门人员。简称总工。

【总工会】zǒnggōnghuì 名 我国县级及县以上工会组织的称谓。各地方总工会和各产业工会的全国组织的领导机关是中华全国总工会。

【总公司】zǒnggōngsī 名 下面设有若干分公司的大型企业，具有独立法人资格。

【总攻】zǒnggōng 动 军事上指对敌人发起全面进攻或全线出击。

【总共】zǒnggòng 副 一共 ▷～取得 28 枚金牌|人手不多，～只有七八个。☛"总共"后面的动词有时可以省略，如前举第二个例句也可以说"总共七八个"。

【总管】zǒngguǎn ❶ 动 全面管理 ▷副校长～教学工作。❷ 名 负责全面管理的人 ▷他是这次会议的～。❸ 名 旧时富豪人家管理仆人和生活事务的人员。

【总归】zǒngguī 副 表示最后必然如此 ▷正义～会战胜邪恶。

【总行】zǒngháng 名 银行、商行等的最高管理机构 ▷中国人民银行～。

【总合】zǒnghé 动 全部合起来 ▷把财力物力～在一起。

【总和】zǒnghé 名 许多数额合在一起的总量 ▷全年产量的～|建筑面积的～。

【总汇】zǒnghuì ❶ 动（多条河流）汇合到一起 ▷万千溪流～成滔滔大江。❷ 名 同类事物汇合到一起形成的整体 ▷《四库全书》是清乾隆以前古文献的～。

【总机】zǒngjī 名 单位内部使用的可以接通许多分机和外线的电话交换机。

【总集】zǒngjí ❶ 名 我国古代图书四部分类法中集部的一个分目，指汇集多人的作品而成的诗文集(跟"别集"相区别)。如《诗经》《昭明文选》。❷ 名 汇集同类作品或内容的集子(多用于书名)。

【总计】zǒngjì 动 总起来计算 ▷全校～20 个班。

【总监】zǒngjiān 名 负责全面管理监督的人 ▷舞台～|销售部～。

【总角】zǒngjiǎo 名 古代未成年人把头发扎成向上分开的两个发髻，形状像角；借指幼年或少年 ▷～之交。

【总结】zǒngjié ❶ 动 对一个阶段的学习、思想、工作等情况进行全面系统的回顾和分析，作出有指导意义的结论 ▷～工作经验。❷ 名 指通过回顾和分析作出的结论 ▷经验～。

【总经理】zǒngjīnglǐ 名 某些企业中行政和业务方面的最高领导人，全面负责本企业工作，在经营、财务和人事等方面拥有决定权。

【总警监】zǒngjǐngjiān 名 警衔级别名称。参见 733 页"警衔"。

【总括】zǒngkuò 动 汇总并概括 ▷～群众意见。

【总览】zǒnglǎn 动 从总体上看；综观 ▷～整体设计，风格鲜明统一|中国大学～。

【总揽】zǒnglǎn 动 全面掌握或把持 ▷～全局。

【总理】zǒnglǐ ❶ 动 全面管理、主持 ▷～内务|～农业工作。❷ 名 某些政党领导人的名称。如孙中山是中国同盟会的总理。❸ 名 某些国家政府首脑的名称。在我国，总理主持国务院工作。

【总量】zǒngliàng 名 汇总得出的数量。

【总领事】zǒnglǐngshì 名 领事中最高级别的官员。

【总领事馆】zǒnglǐngshìguǎn 名 以总领事为首的派驻外国某城市或某地区的外交机构。

【总路线】zǒnglùxiàn 名 国家或政党在一定历史时期内用来指导各方面工作的基本准则。包括战略总目标和实现战略总目标的根本途径，是制定、指导各项具体工作路线和政策的依据。中国共产党在不同历史时期制定过不同内容的总路线。

【总论】zǒnglùn 名 总的概括性的论述；说明主旨和内容提要的论述。

【总目】zǒngmù 名 书籍的总目录 ▷四库全书～。

【总评】zǒngpíng 名 总的评论、评价或评比 ▷年终～。

【总是】zǒngshì ❶ 副 一直是；一向是 ▷他～把困难留给自己，把方便让给别人。❷ 副 总归 ▷不要着急，问题～会解决的。

【总收入】zǒngshōurù 名 收入的总和。

【总书记】zǒngshūji 名 某些政党的最高负责人；我国特指中国共产党中央委员会总书记。

【总数】zǒngshù 名 合在一起的数目。

【总司令】zǒngsīlìng 名 全军或一个军种的最高统帅。

【总算】zǒngsuàn ❶ 副 表示经过一段时间或经过执着努力终于实现了某种愿望 ▷苦斗十年，～脱稿了。❷ 副 表示大体还可以 ▷成绩虽然不理想，但～过得去。

【总体】zǒngtǐ 名 由若干个体合起来的整体；事物

的全部 ▷～工程|从～看,这部作品不错。

【总统】zǒngtǒng 名 某些国家元首的名称。

【总统套房】zǒngtǒng tàofáng 指星级宾馆中专供贵宾居住的高级豪华套房。

【总务】zǒngwù ❶ 名 机关、企事业单位的后勤工作。❷ 名 从事总务工作的人员。

【总星系】zǒngxīngxì 名 宇宙中银河系和人类所观测到的与银河系同级的恒星系统(河外星系)的总称。

【总悬浮颗粒物】zǒng xuánfú kēlìwù 悬浮在空气中不易沉降的颗粒物的总称。包括固体、液体微粒和固体吸附液体、气体形成的颗粒物。其在空气中的含量是监测空气质量的重要指标之一。

【总则】zǒngzé 名 各种法律、规章、制度、条例前面概括阐明其总原则的条文。

【总责】zǒngzé 名 总的责任;全部的责任。

【总章】zǒngzhāng 名 章程最前面概括阐明其总的原则的一章。

【总长】zǒngzhǎng ❶ 名 我国北洋军阀时期中央政府各部的最高长官。❷ 名 军队总参谋长的简称。

【总账】zǒngzhàng 名 指按户头分类登记所有经济和财政业务的账簿,是簿记中主要账簿的一种(跟"分账"相区别)。☛ 不要写作"总帐"。

【总之】zǒngzhī ❶ 连 承接上文,表示下文是对上文的总括 ▷大学、中学、小学,～,所有学校都应加强素质教育。❷ 连 用在后一分句前面,引出确定性结论 ▷不管天气怎么变化,～,我们出发的时间不再改变。

【总支】zǒngzhī 名 中国共产党的基层组织"总支部委员会"的简称。

【总值】zǒngzhí 名 用货币形式表现出的全部价值 ▷国民生产～。

【总指挥】zǒngzhǐhuī 名 在战争或某项工作中负责指挥全局的领导人。

【总装】zǒngzhuāng 动 把所有零部件装配成整体 ▷将零部件～起来|进入～调试阶段。

偬(*傯) zǒng 见 791 页"倥(kǒng)偬"。

zòng

纵[1](縱) zòng ❶ 形 直的;竖的;南北方向的(跟"横"相对,②⑥同) ▷排成～队|京广铁路～贯南北|～横。→ ❷ 形 从前到后的 ▷～深。⇒ ❸ 形 从古到今的 ▷～观历史。⇒ ❹ 名 指军队编制中的纵队 ▷四野三～(第四野战军第三纵队)。→ ❺ 动 身体猛力向上或向前跳 ▷向上一～,越过了横杆|～身。→ ❻ 形 跟物体的长边平行的 ▷～剖面。○ ❼ 名 姓。

纵[2](縱) zòng ❶ 动 释放 ▷～虎归山。→ ❷ 动 不加约束 ▷～情|～容。❸ 连〈文〉纵然 ▷～有巧妇,也难为无米之炊|～死犹生。☛ "纵"字统读 zòng,不读 zōng。

【纵比】zòngbǐ 动 将同一事物在不同历史阶段的情况作纵向对比 ▷总结成绩需要～,也需要横比。

【纵波】zòngbō 名 物理学上指质点的振动方向与波的传播方向一致的波(跟"横波"相区别)。

【纵步】zòngbù ❶ 动 迈开大步 ▷～向前。❷ 名 一下向前跳得很远的步子 ▷～跃上擂台。

【纵断面】zòngduànmiàn 名 纵剖面。

【纵队】zòngduì ❶ 名 竖排的队形 ▷排成五路～。❷ 名 我国解放战争时期解放军中相当于军的编制单位。

【纵隔】zònggé 名 机体或器官内的纵行间隔;特指胸腔内左肺右肺之间的脏器和结缔组织。

【纵观】zòngguān ❶ 动 纵目远看;全面观察 ▷～全局。❷ 动 纵向地、历史地看 ▷～历史。☛ 参见 1834 页"综观"的提示。

【纵贯】zòngguàn 动 贯穿南北 ▷京广铁路～华北、华南。

【纵横】zònghéng ❶ 形 形容横竖交错的样子 ▷老泪～|公路～,四通八达。❷ 形 不受限制和拘束;豪放不羁 ▷文笔～。❸ 动 往来奔驰,毫无阻拦 ▷考察队～数千里。

【纵横捭阖】zònghéng-bǎihé 战国时期策士游说国君的政治主张和策略(纵:指合纵,战国时期以苏秦为首的人主张南北六国联合,对付西面的秦国;横:指连横,战国时期以张仪为首的人主张分化六国,使其服从秦国;捭阖:开与合)。后用"纵横捭阖"指政治上、外交上运用手段,进行联合或分化;也形容思路、文字、书法等奔放,不受拘束。也说捭阖纵横。☛ "捭"不读 bēi。

【纵横驰骋】zònghéng-chíchěng 往来奔驰,毫无阻拦。形容作战勇猛,所向披靡;也形容写文章尽情发挥,奔放自如。

【纵横家】zònghéngjiā 名 指战国时期以苏秦、张仪等为代表的靠游说在诸侯之间进行政治活动的谋士。因他们的主张或为合纵,或为连横,故称。

【纵横交错】zònghéng-jiāocuò 形容事物相互交叉或情况错综复杂。

【纵横谈】zònghéngtán 动 多角度地评说议论(多用于文章标题) ▷时事～。

【纵虎归山】zònghǔ-guīshān 放虎归山。

【纵火】zònghuǒ 动 放火 ▷～毁林|～抢劫。

【纵酒】zòngjiǔ 动 不加节制地饮酒 ▷～寻欢。

【纵览】zònglǎn 动 放眼观看 ▷～全局。
【纵令】zònglìng ❶ 动 放纵;听任 ▷岂能～家人受贿? ❷ 连 即使;即便 ▷～亏损,也不能让劣质产品进入市场。
【纵论】zònglùn 动 无拘束地、多角度地议论 ▷～天下大事。
【纵马】zòngmǎ 动 放开马缰任其奋力奔跑 ▷～驰骋。
【纵目】zòngmù 动 极尽眼力(往远处看) ▷～远眺。
【纵剖面】zòngpōumiàn 名 顺着物体的轴心线方向剖开后所形成的平面 ▷长方体和圆柱体的～都是长方形。也说纵断面。
【纵情】zòngqíng ❶ 动 放纵自己的情感 ▷～山水|恣意～。❷ 副 尽情 ▷～欢呼|～谈笑。
【纵然】zòngrán 连 连接分句,表示假设的让步关系,相当于"即使" ▷～是刀山火海,也动摇不了他的决心。
【纵容】zòngróng 动 对错误言行放纵容忍,任其发展 ▷不要～孩子。☛ 跟"怂恿"不同。"纵容"侧重于放纵、姑息别人不好的行为;"怂恿"侧重于鼓动别人做某事。
【纵身】zòngshēn 动 猛力使身体向上或向前(跳离原地) ▷～跳进湖中抢救落水者。
【纵深】zòngshēn ❶ 名 纵向的深度 ▷先头部队已向～挺进。❷ 名 指更深的层次 ▷改革正向～发展。
【纵使】zòngshǐ 连 纵然。
【纵说】zòngshuō 动 纵论;纵谈 ▷～古今英雄。
【纵谈】zòngtán 动 无拘束地、广泛地谈论 ▷～时事。
【纵向】zòngxiàng ❶ 区别 前后方向的;南北方向的(跟"横向"相对) ▷～排列|北京市内横向的交通干线较多,～的还不能满足需要。❷ 区别 上下方向的 ▷～联系。
【纵欲】zòngyù 动 没有节制地放纵性欲。
【纵坐标】zòngzuòbiāo 名 平面上任何一点到横坐标轴的距离叫做这一点的纵坐标(跟"横坐标"相对)。

疭(瘲) zòng 见 186 页"瘛(chì)疭"。

粽(*糉) zòng 名 粽子 ▷豆沙～。☛ 统读 zòng,不读 zhòng。

【粽子】zòngzi 名 一种食物。把糯米等包裹在竹叶或苇叶中,扎成三角锥体或其他形状,煮熟后食用。我国民间有端午节吃粽子的习俗。

zōu

邹(鄒) zōu ❶ 名 周朝诸侯国名,在今山东邹城一带。○ ❷ 名 姓。

驺(騶) zōu 名 古代给贵族养马和掌管车马的人。

诹(諏) zōu 动〈文〉咨询;商议 ▷～访(咨询)|咨～(询问政事)。

陬 zōu〈文〉❶ 名 山脚;角落 ▷山～海隅|城之～。○ ❷ 名 指农历正月 ▷～月|孟～。

緅 zōu 形〈文〉形容颜色深青中透着红。

鄹 zōu ❶ 名 春秋时鲁国地名,在今山东曲阜东南,是孔子的家乡。○ ❷古同"邹"①。

鲰(鯫) zōu〈文〉❶ 名 小鱼。→ ❷ 形 小,指人的渺小浅陋 ▷～生(对人的蔑称;对自己的谦称)。

zǒu

走 zǒu ❶ 动〈文〉跑 ▷～马观花|奔～相告。→ ❷ 动 人或鸟兽的脚交替离开地面向前移动,脚不同时离开地面 ▷～路|行～|竞～。⇒ ❸ 动 离去;离开 ▷他刚～|搬～|班车已经～了。❹ 动 婉词,指人死 ▷老人撒手～了。⇒ ❺ 动 (物体)移动;挪动(物体) ▷船～得很慢|～两步棋。❻ 动 泄漏;透露出 ▷说～了嘴|～漏消息。⇒ ❼ 动 偏离了原来的样子 ▷～调ㄦ|～板|～样。⇒ ❽ 动 经过(某种途径) ▷～水路到大连|～一道手续。⇒ ❾ 动 (亲友间)交往 ▷～亲戚|～娘家。⇒ ❿ 动 趋向;呈现某种趋势 ▷～红|～强|～俏。○ ⓫ 名 姓。

【走板】zǒubǎn ❶ 动 唱戏不合板眼 ▷唱～了。❷ 动 比喻说话离题或言行失当 ▷说着说着～了。
【走笔】zǒubǐ 动〈文〉挥笔快写 ▷～如飞。
【走避】zǒubì 动 为躲避而走开;逃避 ▷～及时,幸免于难。
【走步】zǒubù ❶ 动 迈步前行 ▷幼儿刚学～,免不了要摔跤。❷ 动 篮球运动中指持球时双脚移动而犯规。
【走道】zǒudào 名 大街两旁或室内外供人步行的道路。
【走道儿】zǒudàor 动 走路① ▷不要一边～一边看书。
【走低】zǒudī 动 (行情等)下降 ▷楼市～。
【走调儿】zǒudiàor 动 唱歌、唱戏、演奏偏离规定的曲调。也说跑调儿。
【走动】zǒudòng ❶ 动 行走;活动 ▷久病卧床,不能～。❷ 动 (亲朋间)互相来往 ▷亲戚朋友总要经常～～。
【走读】zǒudú 动 指学生去学校上课,但不在学校住宿(跟"住读"相区别) ▷～生。

【走访】zǒufǎng 动 前往访问 ▷～困难户。

【走风】zǒufēng 动 走漏风声 ▷不是有人～，他怎么会知道？

【走钢丝】zǒugāngsī ❶ 杂技项目，演员在两端固定的悬空钢丝上来回走动并做出各种动作。❷ 比喻在复杂的环境中保持稳定，艰难行进。

【走高】zǒugāo 动（行情等）上涨 ▷股市～。

【走狗】zǒugǒu 名 指猎狗；比喻受人豢养并帮着主人干坏事的人 ▷狡兔死，～烹｜汉奸～。

【走光】zǒuguāng 动 不小心暴露出身体的隐私部位（多指女性）▷删除～镜头。

【走过场】zǒuguòchǎng ❶ 戏曲表演中角色从一侧上场后在场上不停留，穿行舞台从另一侧下场。❷ 比喻只在形式上做个样子，敷衍了事 ▷干部考核不能～。

【走好】zǒuhǎo ❶ 动 行走得平安。多用来表示祝愿；有时用于向死者告别 ▷再见了，一路～。❷ 动 指出现良好走势 ▷股市近期～。

【走红】zǒuhóng ❶ 动 走运 ▷近来他一路～，事事顺利。❷ 动 受欢迎；受到关注和喜爱 ▷他的唱歌视频在网络上～，获得大量点赞。

【走后门】zǒuhòumén 比喻通过内部关系或用不正当手段牟取非分利益。

【走火】zǒuhuǒ ❶ 动 不慎触动扳机使枪械射出子弹 ▷别玩枪，当心～！❷ 动 电线破损漏电引起火灾。❸ 动 比喻说了不该说的话 ▷一激动起来，说话往往～。

【走火入魔】zǒuhuǒ-rùmó 形容对某事过于痴迷，像着了魔似的 ▷他玩网络游戏都～了。

【走极端】zǒujíduān 形容说话、做事偏激 ▷这人做事好～，不留余地。

【走江湖】zǒujiānghú 奔走各地，靠卖艺、行医、算命等谋生。

【走街串巷】zǒujiē-chuànxiàng 在大街小巷奔走。

【走捷径】zǒujiéjìng 比喻贪图省事 ▷要一步一个脚印地做学问，不能～。

【走廊】zǒuláng ❶ 名 屋檐下高出地面的过道；房屋之间的有顶的过道。❷ 名 比喻连接两个较大地区的狭长地带 ▷河西～。

【走老路】zǒulǎolù 比喻因循守旧 ▷搞科研不能～，要不断创新。

【走漏】zǒulòu ❶ 动 泄露 ▷～风声。〇 ❷ 动 走私漏税 ▷严防～行为。

【走露】zǒulòu 见本页"走漏"①。现在一般写作"走漏"。

【走路】zǒulù ❶ 动 在地上行走（一般用于人）▷小孩子一般一周岁左右开始学～。〇 ❷ 动 走人。

【走马灯】zǒumǎdēng 名 一种常在元宵节观赏的花灯。用彩纸剪成人骑着马等形象，贴在特制的轮子上，在灯的底部安放灯烛，点燃的灯烛产生的热气升腾造成空气对流，推动轮子转动，贴在上面的剪纸人马也随着转动。常用于比喻人员、事物频繁更换（含贬义）；也用于比喻非常繁忙，停不下来 ▷领导班子～似的更换，影响工作｜春运期间，客运员忙得像～似的。

【走马观花】zǒumǎ-guānhuā 骑在奔跑着的马上看花。比喻匆忙粗略地观察事物。也说走马看花。

【走马上任】zǒumǎ-shàngrèn 指官吏就任新职；也指担任某项工作（含诙谐意）。

【走麦城】zǒumàichéng《三国演义》第七十六回："徐公明大战沔水，关云长败走麦城。"比喻失败或丢丑 ▷搞改革，总会有～的风险。

【走南闯北】zǒunán-chuǎngběi 指四处奔走闯荡，到过许多地方。

【走内线】zǒunèixiàn 指通过对方的眷属、亲信等内部关系进行活动以达到某种目的。

【走偏】zǒupiān ❶ 动 跑偏①。❷ 动 跑偏②。

【走棋】zǒuqí 动 下棋时挪动棋子；也指下棋。

【走强】zǒuqiáng 动 出现兴旺强盛的趋势 ▷农产品加工企业出现了～的势头。

【走俏】zǒuqiào 动（货物）畅销 ▷新产品～市场。

【走亲访友】zǒuqīn-fǎngyǒu 到亲戚家、朋友家走动看望。

【走亲戚】zǒuqīnqi 到亲戚家看望或小住。

【走禽】zǒuqín 名 指不能飞翔的鸟类。这类鸟翅膀短小，脚大有力，只能在地面行走。如鸵鸟等。

【走热】zǒurè 动 出现流行或畅销趋势 ▷几部老片子再度～京城｜数码相机持续～。

【走人】zǒurén 动〈口〉离开；特指被辞退 ▷人家不欢迎，赶紧～｜不想干就卷铺盖～。

【走软】zǒuruǎn 动（行情）出现疲软、不景气的趋势 ▷经济～，出口贸易难度加大。

【走弱】zǒuruò 动 出现衰弱趋势 ▷外贸市场一度～。

【走散】zǒusàn 动（人与人）在行走中离散；泛指失散 ▷几个人在闹市～了。

【走色】zǒushǎi 动 褪色① ▷洗了一次，这衣服就～了。

【走墒】zǒushāng 动 失墒。

【走神儿】zǒushénr 动 注意力分散；思想不集中 ▷专心听讲，不要～。

【走失】zǒushī ❶ 动（人或家畜）出去后不知下落 ▷孩子～了｜张家的耕牛～了。❷ 动 失去（原意）▷作品改编后～了原意。

【走时】zǒushí 动 指钟表指针移动指示时间 ▷～

准确|～偏快。

【走势】zǒushì ❶ 名 走向① ▷我国的山脉～大多是东西向的。❷ 名 走向② ▷市场～。

【走兽】zǒushòu 名 善于奔跑的兽类;泛指兽类 ▷飞禽～。

【走水】zǒushuǐ ❶ 动 水流通过 ▷管道～不大通畅。❷ 动 漏水;跑水 ▷管道～。❸ 动 失火的避讳说法 ▷小心火烛,防止～。

【走私】zǒusī 动 逃避海关监管,非法运输货物等进出国境 ▷严厉打击～活动|～犯。

【走台】zǒutái ❶ 动 演员演练正式表演时的站位和行走路线等。❷ 动 指时装模特儿表演。

【走题】zǒutí 动 跑题。

【走投无路】zǒutóu-wúlù 无处投奔,无路可走。比喻身处绝境,找不到出路。☛"投"不要误写作"头"。

【走弯路】zǒuwānlù 比喻因不得法而多费了力气和工夫 ▷早知道这个办法,就不会～了。

【走味儿】zǒuwèir 动 失掉了原来的滋味、气味或韵味 ▷茶叶～了|话到他嘴里就～了。

【走下坡路】zǒuxiàpōlù 比喻景况一天不如一天 ▷这家公司近两年正在～。

【走向】zǒuxiàng ❶ 名 (山川、矿脉、岩层、道路等)延伸的方向 ▷山脉的～|这条马路是南北～。❷ 名 指事物发展变化的趋势 ▷关注网络文学～。❸ 动 向某个方向发展 ▷～民族复兴|～辉煌。

【走心】zǒuxīn ❶ 动 〈文〉离心①;变心。❷ 动 走神儿;分心① ▷要专心听讲,不要～想别的|一～,唱错了词。❸ 动 用心;上心 ▷要创新,就一定要～|对贫困户要走访,更要～。

【走形】zǒuxíng 动 变形 ▷柜子受潮～了。

【走形式】zǒuxíngshì 不讲求实际效果,只在表面上做做样子。

【走秀】zǒuxiù 动 指模特儿在T型台上行走,展示所穿着的服装(秀:英语show音译)。

【走穴】zǒuxué 动 指演员私自参加本单位以外的演出,以捞取外快。

【走眼】zǒuyǎn 动 看错;看得不准 ▷文物鉴定难免有看～的时候。

【走样】zǒuyàng 动 失去了原来的样子 ▷这双鞋没穿几天就～了|贯彻会议精神不～。

【走油】zǒuyóu 动 油脂渗出或耗失 ▷月饼放的时间太长,～了。

【走运】zǒuyùn 动 碰上好运气 ▷看来你要～了|今年他挺～,干什么都顺心。

【走账】zǒuzhàng 动 把财物收支记在账簿上 ▷按照财务制度,这种开支不能～。☛不要写作"走帐"。

【走着瞧】zǒuzheqiáo 一边走一边看;多表示等以后再看结果(多含威胁的意思) ▷不信,你～|咱们～,早晚有人找你算账。

【走卒】zǒuzú 名 旧指差役;现比喻受坏人豢养而帮凶作恶的人 ▷贩夫～|他不过是这个团伙里的～。

【走嘴】zǒuzuǐ 动 不留神说出了不该说的话。

zòu

奏 zòu ❶ 动 进奉;臣子向君主进言或陈述事情 ▷～上一本|启～。→ ❷ 动 取得或建立(功效或功绩) ▷～效|屡～奇功。→ ❸ 动 用乐器表演 ▷演～|伴～。○ ❹ 名 姓。

【奏捷】zòujié 动 取胜;得胜 ▷出师～。

【奏凯】zòukǎi 动 奏凯歌,指取得胜利。

【奏鸣曲】zòumíngqǔ 名 西方的一种乐曲形式,一般由三四个乐章组成,用一种乐器独奏,也可以用两件乐器合奏。

【奏事】zòushì 动 古代臣子向皇帝陈述事情及自己对此事的意见 ▷上朝～。

【奏疏】zòushū 名 〈文〉奏章。

【奏效】zòuxiào 动 取得预期的效果;见效 ▷这个办法果然～|中药～慢,但副作用小。

【奏乐】zòuyuè 动 演奏乐曲。

【奏章】zòuzhāng 名 古代臣子向皇帝奏事的文字材料。也说奏疏。

【奏折】zòuzhé 名 明清时期臣子向皇帝奏事的文字材料。因写在折子上,故称。

揍 zòu ❶ 动 打(人) ▷把他～了一顿|挨～。→ ❷ 动 〈口〉打破;摔碎 ▷把花瓶给～了。

zū

租 zū ❶ 名 旧指政府向土地所有者征收的土地税;泛指赋税 ▷～税。→ ❷ 名 土地、房屋等的所有者向使用者收取的钱或实物 ▷房～|月～。⇒ ❸ 动 以交付租金和按期归还为条件,使用别人的土地、房屋或实物等 ▷～了几亩地。⇒ ❹ 动 收取钱或实物,让别人在一定时间内使用自己的土地、房屋等 ▷房子～出去了。○ ❺ 名 姓。

【租佃】zūdiàn 动 出租(土地、山林、水域等)。

【租户】zūhù 名 租用房屋、土地或物品的人。

【租价】zūjià 名 租赁的价格。

【租界】zūjiè 名 帝国主义国家强迫半殖民地国家在城市和口岸划界租借的区域。它不受当地政府管辖,成为帝国主义国家进行侵略的据点。

【租借】zūjiè ❶ 动 租用 ▷～房子办幼儿园。❷ 动 出租 ▷这家书店～图书。

【租借地】zūjièdì 名 通过不平等条件，一国以租借名义在另一国暂时取得使用、管理权的地区。所有权仍属于出租国，租借期满归还。

【租金】zūjīn 名 租用土地、房屋或物品付出的费用；出租土地、房屋或物品得到的收入。

【租赁】zūlìn ❶ 动 租借① ▷这家公司～了整座写字楼。❷ 动 出租 ▷市公交总公司向外～新型大客车。

【租让】zūràng 动 租赁转让 ▷依法～土地。

【租税】zūshuì 名 旧指征收的田赋及各种税款。

【租限】zūxiàn 名 出租或租用的期限。

【租用】zūyòng 动 租③。

【租约】zūyuē 名 确立租赁关系时双方签订的契约。

【租种】zūzhòng 动 租用别人的土地耕种。

【租子】zūzi 名〈口〉地租。

菹 zū〈文〉❶ 名 酸菜。→ ❷ 动 切碎（菜、肉）▷～醢（hǎi）（古代把人剁成肉酱的酷刑）。

zú

足[1] zú ❶ 名 人体下肢的统称；特指踝骨以下的部分 ▷手舞～蹈｜削～适履｜～跟。→ ❷ 名 器物下部形状像腿一样起支撑作用的部分 ▷鼎～。→ ❸ 名 指足球或足球队 ▷～坛劲旅｜中国女～。

足[2] zú ❶ 形 富裕；充足 ▷丰衣～食｜干劲很～｜富～｜～月。→ ❷ 副 完全可以；值得（多用于否定）▷微不～道｜不～为凭｜无～轻重。→ ❸ 副 表示充分达到某种数量或程度 ▷这根竹竿～有三四米长｜一小时～能完成。

【足本】zúběn 名 全本②。

【足不出户】zúbùchūhù 不出家门。

【足赤】zúchì 名（金子）十足的成色（实际冶炼中无法达到）▷金无～，人无完人。

【足额】zú'é 动 达到规定或标准数额 ▷所交税款绝对～｜～支付｜公费生已～录取。

【足够】zúgòu ❶ 动 达到了需要或应有的程度 ▷这钱～花了｜睡上八小时，～了。❷ 形 充足；充分 ▷保证～水分｜给予～的重视。

【足迹】zújì 名 脚印；借指到过的地方 ▷～遍天下◇人生的～。

【足见】zújiàn 动 完全可以看出；足以显示出 ▷写出这么好的文章，～他的功底深厚。

【足金】zújīn 名 成色十足的金子。

【足球】zúqiú ❶ 名 球类运动项目，比赛双方各上场11人，主要用脚踢或用头顶球，把球射进对方球门得分，得分多的队获胜。❷ 名 足球运动使用的球。

【足色】zúsè 区别（金银等）成色十足的 ▷～金砖。

【足岁】zúsuì 名 实足年龄，即按实际年、月、日计算的年龄。

【足坛】zútán 名 指足球界 ▷～名宿｜女子～。

【足下】zúxià ❶ 名 对对方的敬称（多用于书信）▷～高见。❷ 名 脚下 ▷千里之行，始于～｜风从～生。

【足以】zúyǐ 动 完全可以（达到某种结果）▷这些证据～证明他无罪。

【足银】zúyín 名 成色十足的银子。

【足月】zúyuè 动 胎儿在母体内生长已经达到了分娩的月份 ▷～分娩。

【足智多谋】zúzhì-duōmóu 富有智慧，善于谋划。

【足足】zúzú 形 表示丝毫不少或完全够数 ▷这条鱼～有三斤重｜这点活儿干了～一个月。

卒[1]（*卆）zú ❶ 名 士兵 ▷一兵一～｜士～｜小～。→ ❷ 名 旧指差役 ▷走～｜狱～。〇 ❸ 名 姓。

卒[2]（*卆）zú ❶ 动〈文〉终了；完毕 ▷～岁｜～业。→ ❷ 动 死亡 ▷～于1925年｜生～年月。→ ❸ 副〈文〉表示事情经过发展变化，最终出现了某种结果，相当于"终于""最终" ▷～并六国而成帝业。☛ "卒"字通常读zú；读cù，表示突然，一般写作"猝"，由于"脑卒中（zhòng）"（指中风）等词在医学中已定型化，故保留cù音。

另见233页cù。

【卒年】zúnián 名 去世的年份 ▷～不详。

【卒岁】zúsuì〈文〉❶ 动 过完一年 ▷家无存粮，难以～。❷ 名 终年；整年 ▷～长相随。

【卒伍】zúwǔ 名 古代军队编制中，五人一组为伍，百人一组为卒。后用"卒伍"泛指军队或士兵 ▷猛将发于～，"兵王"来自一线。

【卒业】zúyè 动〈文〉完成学业；毕业。

【卒子】zúzi ❶ 名 普通士兵；小卒。❷ 名 中国象棋棋子的一种 ▷过河～当车（jū）使。

崒 zú 形〈文〉形容山峰高而险峻。

族 zú ❶ 动〈文〉丛聚；集合 ▷木～生（树丛聚而生）。→ ❷ 名 家族 ▷同～｜宗～｜～长｜～兄。❸ 动 灭族。→ ❹ 名 指具有某种共性的一大类事物或人 ▷水～｜卤～元素｜工薪～。→ ❺ 名 部族；民族 ▷突厥～｜藏～｜斯拉夫～。

【族规】zúguī 名 家族或宗族内的规约，用以约束族人。

【族类】zúlèi ❶ 名 同一家族或宗族的人。❷ 名 同一类别的人或事物 ▷青年人按不同的欣赏兴趣形成不同的～|数码相机只是数码产品中的一个～。

【族谱】zúpǔ 名 记录家族或宗族的世系和重要族人事迹的文册。

【族亲】zúqīn 名 同族的亲戚。

【族权】zúquán 名 封建宗法制度下,族长对宗族、家族或家长对家庭成员的支配权。

【族群】zúqún ❶ 名 同一民族或同一地域具有某些共同特点的众多人构成的社会群体 ▷华夏～|亚裔～。❷ 名 泛指具有某些共同特点的一群人或一类事物 ▷青少年～|候鸟～。

【族人】zúrén 名 同一个家族或宗族的人。

【族长】zúzhǎng 名 封建宗法制度下的家族或宗族的领袖人物。一般由本族中辈分较高、年纪较长并有威望和权势的人担任。

镞(鏃) zú 名〈文〉箭头 ▷矢～。☛ 统读 zú,不读 cù。

zǔ

诅(詛) zǔ 动 诅咒。

【诅咒】zǔzhòu 动 原指祈求鬼神降祸于所仇恨的人;后指因痛恨而咒骂 ▷～旧社会。

阻 zǔ 动 拦挡,使不能通过或进行 ▷通行无～|～挡|～力|劝～|拦～。

【阻碍】zǔ'ài ❶ 动 拦挡,使不能顺利前进或发展 ▷～交通|～进步。❷ 名 阻碍前进的事物 ▷清除～。

【阻挡】zǔdǎng 动 拦住;挡住 ▷～敌人的进攻|一条大河～了去路。

【阻断】zǔduàn 动 阻挡使断绝 ▷～了交通。

【阻遏】zǔ'è 动〈文〉阻止 ▷历史趋势不可～。

【阻隔】zǔgé 动 阻碍隔绝 ▷关山～。

【阻梗】zǔgěng ❶ 动 阻塞 ▷河道～。❷ 动 阻挠 ▷屡遭～。

【阻击】zǔjī 动 用防御手段阻止敌人前进、进攻、增援或撤退 ▷～增援之敌|～战。☛ 跟"狙(jū)击"不同。"阻击"属于防御性作战;"狙击"是进攻性作战。

【阻截】zǔjié 动 阻挡拦截 ▷半道儿～敌军。

【阻绝】zǔjué 动 受阻不能通行 ▷道路～,音讯不通。

【阻抗】zǔkàng 名 电学上指电路中电阻、电感、电容对交流电流的阻碍作用。

【阻拦】zǔlán 动 阻止;拦挡 ▷调查受到～。

【阻力】zǔlì ❶ 名 物理学上指阻碍物体运动的作用力 ▷大气～。❷ 名 泛指阻碍事物发展和前进的外部力量 ▷冲破～,将改革进行到底。

【阻力臂】zǔlìbì 名 物理学上指杠杆的支点到阻力作用线的垂直距离。旧称重臂。

【阻力点】zǔlìdiǎn 名 物理学上指杠杆上阻力的作用点。旧称重点。

【阻留】zǔliú 动 阻挡使停留 ▷遇到台风,在海口被～了三天|他要走,怎么也～不住。

【阻难】zǔnàn 动 阻挠刁难 ▷对方一再～。

【阻挠】zǔnáo 动 阻碍、扰乱,使不能顺利进行 ▷再三～和平进程|暗中～。

【阻燃】zǔrán 动 阻止燃烧;抗燃 ▷这种塑料可以～。

【阻塞】zǔsè ❶ 动 有阻碍而不能通过 ▷公路～|毛孔～。❷ 动 使阻塞 ▷血栓～血管◇～言路。☛"塞"这里不读 sāi。

【阻止】zǔzhǐ 动 拦挡使停止 ▷～病毒蔓延。

【阻滞】zǔzhì 动 阻拦使滞留 ▷心脏传导～。

组(組) zǔ ❶ 动 把分散的人或事物结合成为一个整体或系统 ▷～成一个班|～词|～装|改～。→ ❷ 名 由若干人员结合成的单位 ▷小～|教研～。❸ 量 用于成套的事物 ▷一～文章|几～电池。→ ❹ 形 组合成套的(文艺作品) ▷～歌|～诗|～曲。☛ 统读 zǔ,不读 zū。

【组办】zǔbàn 动 组织并举办 ▷这次灯展由文化宫～。

【组编】zǔbiān 动 组织和编排 ▷～节目。

【组成】zǔchéng ❶ 动 若干部分组合形成(整体) ▷～新的机构。❷ 名 组成整体的各个部分 ▷这个单位人员～比较复杂。

【组雕】zǔdiāo 名 题材相同、艺术风格一致、内容有联系的一组雕塑作品 ▷《红旗渠》～。

【组队】zǔduì 动 组成队伍 ▷～参加比赛。

【组稿】zǔgǎo 动 指编辑人员向作者约稿。

【组歌】zǔgē 名 表现同一主题的若干支歌曲的组合,如《长征组歌》。

【组阁】zǔgé 动 组织内阁;借指组织领导班子。

【组合】zǔhé ❶ 动 组织合成 ▷实现优化～。❷ 名 合并成的整体 ▷企业集团是若干公司的～。❸ 区别 成套的,由若干相对独立的构件组合而成的 ▷～家具。

【组合柜】zǔhéguì 名 由若干件材质、色彩、格调等相同而功能各异的柜子组合成的套柜。

【组合家具】zǔhé jiājù 由若干相对独立的家具组合而成的成套家具。

【组合拳】zǔhéquán ❶ 名 把若干套拳或把若干拳击招数组合起来连续运用的拳术。❷ 名 比喻为达到一定目的而采取的一系列措施 ▷我市打出～,治理大气污染。

【组合式】zǔhéshì 区别 由若干相对独立的个体组

合成的 ▷～健身器材。

【组合音响】zǔhé yīnxiǎng 收音机、录音机、唱机、音箱等组合而成的成套的音响设备。

【组画】zǔhuà 名 表现同一主题、形式统一的若干幅画的组合。

【组件】zǔjiàn 名 能组合成机器、仪表等的零部件。

【组建】zǔjiàn 动 组织建立(机构、团体等) ▷～老年合唱团。

【组曲】zǔqǔ 名 由若干器乐曲组成的一组乐曲。它们在题材和风格上具有相关性,各支乐曲之间又有相对独立性。

【组诗】zǔshī 名 表现同一主题的若干首诗的组合。

【组团】zǔtuán 动 组成代表团、访问团、旅游团等临时性团体 ▷～参赛。

【组舞】zǔwǔ 名 表现同一主题的若干舞蹈的组合。

【组织】zǔzhī ❶ 名 纺织物经纬纱线的结构 ▷斜纹～|平纹～。❷ 动 组① ▷～队伍|～运动会。❸ 名 按一定目标和结构系统组织起来的集体 ▷党～|服从～分配。❹ 名 事物之间形成的系统或相互配合关系 ▷～涣散|～严密。❺ 名 机体中由许多形态、功能相同或相似的细胞按一定方式组成各种器官的单位。如上皮、结缔、肌肉和神经等组织。

【组织关系】zǔzhī guānxi 政治团体中成员跟集体的隶属关系 ▷他的～在机关党委。

【组织上】zǔzhīshang 名 人所在的政治组织的代称 ▷你的意见,～很重视。

【组织生活】zǔzhī shēnghuó 党派、团体等的成员以基层组织为单位,定期在一起举行的交流思想、学习讨论等活动 ▷党团员按时参加～。

【组织性】zǔzhīxìng 名 党派、团体等的成员忠诚于所在组织,严格遵守所在组织的各项纪律的自觉程度 ▷加强～和纪律性。

【组织液】zǔzhīyè ❶ 名 存在于机体组织空隙间促进血液和组织细胞进行物质交换的液体。由血浆经过毛细管管壁过滤进入组织空隙而形成。❷ 名 由动植物的某些组织制成的液体药剂。如胎盘组织液。

【组装】zǔzhuāng 动 将零部件组合起来,装配成整体 ▷这些计算机是用国产零件～的。

珇 zǔ〈文〉❶ 名 珪、琮等玉器上的浮雕花纹。→ ❷ 形 美好 ▷矜尚～丽。

俎 zǔ ❶ 名 古代祭祀或宴会时盛放祭品或食品的器皿 ▷越～代庖。→ ❷ 名〈文〉切肉用的砧板 ▷刀～|～上肉。〇 ❸ 名 姓。

祖 zǔ ❶ 名 祖宗 ▷～先|曾～。→ ❷ 名 比父母高一辈的人 ▷～父|外～母。→ ❸ 名 某种事业或宗派的创始人 ▷鼻～|～师爷|佛～。〇 ❹ 名 姓。

【祖辈】zǔbèi 名 祖宗;先辈 ▷这种习俗是～流传下来的。

【祖本】zǔběn 名 书籍或碑帖最早的刻本或拓本。

【祖产】zǔchǎn 名 祖上留下来的产业。

【祖传】zǔchuán 动 由祖先留传下来 ▷世代～|～绝技。

【祖坟】zǔfén 名 祖辈的坟墓 ▷祭扫～。也说老坟。

【祖父】zǔfù 名 父亲的父亲。

【祖国】zǔguó 名 祖籍所在的国家;自己的国家 ▷热爱～|报效～。

【祖籍】zǔjí 名 原籍。

【祖居】zǔjū ❶ 动 世代居住 ▷～北京。❷ 名 祖先居住过的房屋 ▷～已卖给别姓。

【祖率】zǔlǜ 名 指我国南北朝时期科学家祖冲之推算出的圆周率。祖冲之是世界上第一位把圆周率数值推算到小数点后第七位的人。

【祖庙】zǔmiào 名 宗庙。

【祖母】zǔmǔ 名 父亲的母亲。

【祖母绿】zǔmǔlǜ 名 阿拉伯语 zumurud 音译。含铬而呈特殊翠绿色的绿柱石。属高档宝石。

【祖上】zǔshàng 名 祖先①。

【祖师】zǔshī 名 某些宗教、学术、技艺及其派别的创始人。也说祖师爷。

【祖述】zǔshù ❶ 动〈文〉效法前人 ▷～尧舜。❷ 动 效法并阐述、发扬 ▷～宗师的学说。

【祖孙】zǔsūn ❶ 名 祖父一代到孙子一代 ▷～三代。❷ 名 祖父或祖母与孙子或孙女 ▷～二人。

【祖先】zǔxiān ❶ 名 民族或家族的上代;特指年代比较久远的先辈。❷ 名 进化成现代各类生物的古生物。

【祖业】zǔyè ❶ 名 祖产。❷ 名 祖先的功业。

【祖宗】zǔzong ❶ 名 家族的上代;多指年代久远的先辈 ▷延续～的香火。❷ 名 指民族的祖先。

【祖祖辈辈】zǔzǔbèibèi 名 世世代代。

zuān

钻(鑽*鑚) zuān ❶ 动 转动带尖的物体在另一物体上打孔 ▷在铁板上～眼儿|～木取火|～探。→ ❷ 动 深入认真地研究 ▷道理越～越透|～研。→ ❸ 动 穿透或进入 ▷太阳从云雾里～出来|～山洞。→ ❹ 动 设法找门路(以谋取私利) ▷～谋|～营|～门子。☛ 读 zuān,基本意义是打孔。读 zuàn,指打孔工具,如"金钢钻";又引申指钻石。

另见 1844 页 zuàn。

【钻劲儿】zuānjìnr 名 刻苦钻研的劲头儿。

【钻井】zuānjǐng ❶ 动 用钻机打井。❷ 名 地质勘探井。用大型钻井机往地下开凿的竖井。

【钻井船】zuānjǐngchuán 名 海上有自航能力的钻井装置。

【钻井平台】zuānjǐng píngtái 在海面上往海底岩层钻井的操作台。

【钻孔】zuānkǒng 动 钻(zuān)① ▷你～,他铆钉。

【钻空子】zuānkòngzi 比喻利用漏洞或疏忽来进行有利于自己的活动(多用于贬义) ▷管理跟不上,就难免被不法分子～。

【钻牛角尖】zuānniújiǎojiān 比喻死抠无法解决或没有价值的问题;也比喻思想固执,认死理。也说钻牛角、钻牛犄角。

【钻钱眼儿】zuānqiányǎnr 比喻爱钱如命 ▷给住院病人量体温也要另收费,真是～了。

【钻探】zuāntàn 动 用机械向地下钻孔并取样分析,为研究地质、探矿等提供资料。

【钻探机】zuāntànjī 名 钻(zuàn)机。

【钻天杨】zuāntiānyáng 名 落叶乔木,树冠圆柱形,笔直高耸,叶三角形或菱状卵形,春季开花,雌雄异株。可营造防护林或培育为行道树。木材供造纸、制火柴杆等用。

【钻心】zuānxīn 形 形容极度疼痛,无法忍受 ▷疼得～。

【钻心虫】zuānxīnchóng 名 蛀心虫。

【钻研】zuānyán 动 钻② ▷刻苦～技术。

【钻营】zuānyíng 动 用走门路、托人情,逢迎拍马等手段牟求私利 ▷投机～|四处～。

躜(躦) zuān 动 胡乱走动 ▷～上～下。

zuǎn

缵(纘) zuǎn 动〈文〉承接并继续 ▷～述(继承传述)。

纂(*篹❶) zuǎn ❶ 动 编辑 ▷编～|～辑。○ ❷ 名〈口〉妇女脑后的发髻 ▷头上梳着一个小～儿。☛ 跟"篡(cuàn)"形、音、义都不同。

【纂修】zuǎnxiū 动 编写;编辑 ▷～文化史丛书。

zuàn

钻(鑽*鑚) zuàn ❶ 名 穿孔打眼儿的工具 ▷手摇～|电～|～床。→ ❷ 名 指钻石 ▷～戒|17～手表。

另见 1843 页 zuān。

【钻床】zuànchuáng 名 在工件上加工圆孔用的金属切削机床。

【钻工】zuàngōng ❶ 名 操作钻床的工种。❷ 名 从事钻工工作的工人。

【钻机】zuànjī 名 钻井、钻探用的机器设备。也说钻(zuān)探机。

【钻戒】zuànjiè 名 镶嵌有钻石的戒指。

【钻石】zuànshí ❶ 名 由金刚石加工而成的贵重宝石,无色透明或浅色透明。❷ 名 硬度较高的人造宝石,可制作装饰品和精密仪器、仪表的轴承等。

【钻石婚】zuànshíhūn 名 西方风俗称结婚 60 周年或 75 周年为钻石婚。也说金刚钻婚、金刚石婚。

【钻塔】zuàntǎ 名 钻井或钻探时竖立在井口用来吊装钻机的高大金属架。

【钻台】zuàntái 名 安装钻探机的平台。

【钻头】zuàntóu 名 装在钻、钻床、钻机上,用来钻孔的刀具。

赚(賺) zuàn 动〈口〉诓骗 ▷凭你那点儿本事,～不了我|～人。

另见 1813 页 zhuàn。

攥 zuàn 动〈口〉紧握 ▷～拳头|～着一大把钱不撒手。

zuī

朘 zuī 名〈文〉男孩儿的生殖器。

另见 752 页 juān。

zuǐ

咀 zuǐ 用于地名。如尖沙咀,在香港。☛ 不是"嘴"的简化字。

另见 747 页 jǔ。

觜 zuǐ 古同"嘴"。

另见 1824 页 zī。

嘴 zuǐ ❶ 名 口①的通称 ▷把～张开|乐得合不上～儿。→ ❷ 名 像嘴的东西 ▷茶壶～儿|瓶～儿。→ ❸ 名 指吃的东西 ▷零～|忌～|贪～。→ ❹ 名 指话语 ▷多～|插～|顶～|～甜。☛ 不能简化成"咀"。

【嘴巴】zuǐba 名 嘴;嘴附近的部位 ▷吃饭吧嗒～,真难听|～伶俐|～上粘着几颗饭粒。

【嘴笨】zuǐbèn 形 不善于讲话;口头表达能力差 ▷我～,说不过你。

【嘴边】zuǐbiān 名 嘴的旁边 ▷饭送到他～了,还不吃|话到～,又打住了。

【嘴馋】zuǐchán 动 爱吃好的;贪吃。

【嘴唇】zuǐchún 名 唇①的通称。

【嘴刁】zuǐdiāo ❶ 形 吃东西挑剔 ▷她～,难伺候。❷ 形〈口〉说话刻薄 ▷这人～,说话老损人。

【嘴乖】zuǐguāi 形 说话乖巧,让人爱听 ▷这丫头～,人见人爱。

【嘴尖】zuǐjiān ❶ 形 说话尖酸刻薄 ▷别看他

～，心地可好哩。❷ 形 辨别味道的能力强 ▷他～，什么酒喝上一口就能品出来。

【嘴角】zuǐjiǎo 名 嘴边上下唇相接的部分。

【嘴紧】zuǐjǐn 形 说话谨慎，不说不该说的话 ▷她一向～，不会泄密的。

【嘴快】zuǐkuài 形 有话憋不住，很快说出来 ▷心直～，藏不住话。

【嘴脸】zuǐliǎn 名 面貌；借指人的神情、脸色（含贬义）▷凶神恶煞似的～。

【嘴皮子】zuǐpízi 名〈口〉嘴唇；借指口才（多含贬义）▷这个人～可以｜耍～。

【嘴软】zuǐruǎn 形 说话不硬气 ▷吃人家的～，拿人家的手短。

【嘴松】zuǐsōng 形 说话不谨慎，不严实 ▷这个人～，一哄就说漏了馅儿。

【嘴碎】zuǐsuì 形 说话唠叨、啰唆 ▷～的人让人心烦。

【嘴损】zuǐsǔn 形 说话尖酸刻薄 ▷别那么～，积点德吧。

【嘴甜】zuǐtián 形 说话让人听了舒服 ▷这孩子～，很讨人喜欢。

【嘴头】zuǐtóu 名 口头。

【嘴稳】zuǐwěn 形 说话谨慎，不轻率。

【嘴严】zuǐyán 形 嘴紧。

【嘴硬】zuǐyìng 形 明知理亏，口头上却不肯认错 ▷他虽然～，可心里早服了。

【嘴直】zuǐzhí 形 说话直率。

zuì

最（*冣寂）zuì ❶ 副 表示程度达到极点，超过一切同类的人或事物 ▷妈妈～心疼我｜队伍的～前方｜珠穆朗玛峰是世界上～高的山峰。→ ❷ 名 指居于首位的人或事物 ▷世界之～。

【最爱】zuì'ài 名 指特别喜欢的人或事物 ▷小孙子是爷爷的～｜滑雪是他的～。☛"最爱"带宾语时，是动词性短语，不是词。

【最初】zuìchū 名 开始的时候；最早的时期 ▷这种树～是从加拿大引进的。

【最大化】zuìdàhuà 动 使在数量之多、范围之大、效率之高等方面达到极限 ▷废弃物循环利用～｜～的效益目标。

【最好】zuìhǎo ❶ 形 优点最多的；最令人满意的 ▷～的守门员｜～的机会。❷ 副 表示最理想或最适宜 ▷你～亲自去｜～明天去。

【最后】zuìhòu 名 指顺序上排在其他时间、处所等之后的时间、处所等 ▷坚持到～｜～一排房子。

【最后通牒】zuìhòu tōngdié 外交文书，用于一国通知另一国必须在限定时间内接受其提出的最后要求，否则将使用武力或采取其他强制措施。

【最后一公里】zuìhòu yī gōnglǐ 指长途跋涉的最后一段里程；比喻完成一件事情的最后的关键性步骤、措施等 ▷打通扶贫～｜切实解决政策落实的～问题。

【最惠国待遇】zuìhuìguó dàiyù 指缔约国双方在贸易、关税、航海、公民法律地位等方面相互给予对方不低于任何第三国的优惠待遇。

【最佳】zuìjiā 形 最好 ▷寻找～切入点｜～拦网｜～人选。

【最近】zuìjìn 名 距说话前或后不久的时间 ▷这是～发生的事｜小王～要去南方。

【最强音】zuìqiángyīn 名 乐曲中演奏力度最大、听起来最响的音符；比喻最重要的思想观点或影响最大的事物 ▷奏响真抓实干～。

【最为】zuìwéi 副 表示某种属性或程度超过任何同类的人或事物（用在双音节形容词或表示心理活动的动词前）▷这项工作～重要｜他～怀念的是那段军营生活。

【最终】zuìzhōng 名 最后的时间 ▷讨论了很长时间，～还是否决了｜～结果。

【最终产品】zuìzhōng chǎnpǐn 作为生产过程最终结果的货物和服务。

晬 zuì 名〈文〉周年；特指婴儿周岁。

罪（*辠）zuì ❶ 名 应当处以刑罚的犯法行为 ▷～大恶极｜犯～｜认～。→ ❷ 名 根据犯罪行为的性质和特点所规定的犯罪名称或所判定的刑罚 ▷判～｜死～｜贪污～。→ ❸ 名 痛苦；苦难 ▷受～｜遭～。→ ❹ 名 过失；错误 ▷言者无～｜不要归～于人｜～过。

【罪案】zuì'àn 名 犯罪案件；犯罪案情 ▷铁证如山，～成立。

【罪不容诛】zuìbùróngzhū 即使处死也不能抵偿所犯的罪恶。形容罪恶极大。

【罪错】zuìcuò 名 罪行和过错 ▷从灵魂深处反省自己的～。

【罪大恶极】zuìdà-èjí 罪恶大到了极点。

【罪恶】zuì'è 名 严重的犯罪行为 ▷～滔天。

【罪恶昭彰】zuì'è-zhāozhāng 罪恶十分明显，人所共见。

【罪犯】zuìfàn 名 触犯刑律，被法院依法判处刑罚而正在服刑的人。也说犯人。

【罪该万死】zuìgāiwànsǐ 论罪行，应该处死一万次。形容罪恶极大。

【罪过】zuìguò ❶ 名 罪行；过失 ▷弃暗投明，以

往的～可以不予追究|这事办砸了是我的～。❷ 名 客套话,表示自己歉疚不安 ▷失言了,～～。

【罪魁祸首】zuìkuí-huòshǒu 作恶犯罪造成祸害的首要分子(魁、首:头目;首要分子);也指灾祸的主要原因。

【罪名】zuìmíng ❶ 名 根据罪行的特征、性质而认定的犯罪名称。如故意杀人罪、贪污受贿罪、走私罪等。❷ 名 犯罪或犯错误的名声 ▷说我假公济私,这样的～我可担不起。

【罪孽】zuìniè 名 佛教指要遭到报应的罪恶。

【罪人】zuìrén 名 有罪的人 ▷千古～|历史～。

【罪刑】zuìxíng 名 所犯的罪行和所受的刑罚 ▷～相当|～法定。

【罪行】zuìxíng 名 犯罪的行为 ▷滔天～。

【罪有应得】zuìyǒuyīngdé 罪犯受到惩罚是应该的;做了错事自食恶果是应该的。

【罪责】zuìzé 名 对所犯罪行应负的责任 ▷～难逃|必须承担～。

【罪证】zuìzhèng 名 犯罪的证据 ▷～确凿。

【罪状】zuìzhuàng 名 犯罪事实 ▷历数敌人的～。

檇 zuì [檇李] zuìlǐ 名 一种李子树。果实也叫檇李,皮色鲜红,汁多味甜。

蕞 zuì [蕞尔] zuì'ěr 形〈文〉形容小(多用于地域) ▷～小国。

醉 zuì ❶ 动 饮酒过量而不能自持 ▷喝～了|～意。→ ❷ 动 过于喜爱,达到痴迷的程度 ▷陶～|沉～。→ ❸ 动 用酒浸泡(食物) ▷～枣|～虾。

【醉鬼】zuìguǐ 名 经常喝醉酒的人(含厌恶意)。

【醉汉】zuìhàn 名 喝醉酒的男子。

【醉话】zuìhuà 名 醉酒后说的胡话。

【醉驾】zuìjià 动 醉酒而驾驶机动车。依据我国《道路交通安全法》,醉驾者要受到处罚。

【醉酒】zuìjiǔ 动 醉①。

【醉人】zuìrén ❶ 动 使人喝醉 ▷酒不～人自醉|这种酒容易～。❷ 动 使人陶醉 ▷月色～。

【醉生梦死】zuìshēng-mèngsǐ 糊里糊涂地混日子,像喝醉了酒或在睡梦中一样。

【醉态】zuìtài 名 醉酒后神志模糊的状态。

【醉翁之意不在酒】zuìwēng zhī yì bù zài jiǔ 宋·欧阳修《醉翁亭记》:"醉翁之意不在酒,在乎山水之间也。"后用"醉翁之意不在酒"指另有用意或别有用心。

【醉乡】zuìxiāng 名 醉酒后精神恍惚的境界。

【醉心】zuìxīn 动 对某种事物有强烈兴趣而沉浸其中 ▷～于戏剧。

【醉醺醺】zuìxūnxūn 形 形容喝醉酒的样子 ▷～地从酒店晃悠出来。

【醉眼】zuìyǎn 名 酒醉后模糊失神的眼睛 ▷～蒙眬。

【醉意】zuìyì 名 醉酒的感觉或神态 ▷刚有点儿～就不敢喝了。

【醉枣】zuìzǎo 名 拌上白酒密封腌制过的枣子。

zūn

尊 zūn ❶ 名 古代盛酒的礼器;泛指盛酒的器皿。这个意义也写作"樽"。→ ❷ 形 地位或辈分高;高贵 ▷～卑|～贵|～长|养～处优。⇒ ❸ 动 敬重;崇敬 ▷～师重教|～老爱幼|～敬。⇒ ❹ 形 敬词,用于称跟对方有关的人或事物 ▷～夫人|～姓大名。○ ❺ 量 a)用于神佛塑像 ▷一～佛像|五百～罗汉。b)用于大炮 ▷一～高射炮。

【尊卑】zūnbēi 形 贵和贱;地位高和低 ▷同志间不分～。

【尊称】zūnchēng ❶ 动 尊敬地称呼(别人) ▷大家都～他王老。❷ 名 尊敬的称呼 ▷"王老"是大家对他的～。

【尊崇】zūnchóng 动 尊敬推崇 ▷备受～。

【尊夫人】zūnfūrén 名 敬词,用于称对方的妻子 ▷～怎么没和您一起来?

【尊贵】zūnguì 形 高贵而可敬的 ▷～的来宾。

【尊号】zūnhào ❶ 名 对皇帝、皇后尊崇的称号。如唐玄宗的尊号是开元神武皇帝。❷ 名 敬词,用于称对方的名字或店铺名 ▷请问先生～|～生意不错呀。

【尊驾】zūnjià 名 敬词,用于称对方(以其车乘借指) ▷敬请～光临|恭候～。

【尊敬】zūnjìng ❶ 动 尊崇敬重 ▷～老师|～父母。❷ 形 值得尊敬的 ▷～的大使先生。☛ 参见本页"尊重"的提示。

【尊容】zūnróng 名 指人的相貌(多含讥讽意) ▷那副～,实在不敢恭维。

【尊师】zūnshī ❶ 动 尊敬师长 ▷～重教|～重道。❷ 名 敬词,用于称他人的老师或师傅 ▷请问～是哪一位?

【尊姓大名】zūnxìng-dàmíng 敬词,用于询问对方的姓名 ▷请问～?

【尊严】zūnyán ❶ 形 尊贵庄严;庄重威严 ▷神情十分～|～的法槌。❷ 名 崇高庄严的地位、身份、人格等 ▷维护祖国的～。

【尊长】zūnzhǎng 名 辈分或地位高的人 ▷目无～|敬重～。

【尊重】zūnzhòng ❶ 动 敬重;维护别人的尊严 ▷～长辈|备受～。❷ 动 重视;认真对待 ▷～科学|～你的意见。❸ 形 (言行)庄重,不轻浮 ▷放～点儿! ☛ 跟"尊敬"不同。1."尊敬"侧重于对人恭敬的态度,多用于下对上

或值得敬佩的人;“尊重”侧重于看重、重视,适用于一切可敬重的人,包括孩子,也适用于集体,还可用于抽象事物。2.“尊敬”可在称呼前作定语,如“尊敬的老师”;“尊重”不能。

嶟 zūn 形〈文〉形容山石高峻的样子 ▷石～沓危立。

遵 zūn 动 依从 ▷～命|～从|～守|～照。

【遵从】 zūncóng 动 遵照服从 ▷～教诲。

【遵奉】 zūnfèng 动 遵从奉行 ▷～宪法。

【遵纪守法】 zūnjì-shǒufǎ 遵守纪律和法律、法令。

【遵命】 zūnmìng 动 遵照对方的命令、意见(去做) ▷弟子～|～而行。

【遵守】 zūnshǒu 动 严格按照规定做,不违反 ▷～法纪|～规定。

【遵行】 zūnxíng 动 遵照执行 ▷～协议|率先～。

【遵循】 zūnxún 动 遵照;沿袭 ▷～客观规律。

【遵章守纪】 zūnzhāng-shǒujì 遵循规章,严守纪律 ▷做～的公民。

【遵照】 zūnzhào 动 依照 ▷～执行。

【遵嘱】 zūnzhǔ 动 遵照嘱咐 ▷～办理。

樽(*罇) zūn 名 古代盛酒的器皿 ▷金～美酒。参见插图 15 页。

镈(鐏) zūn ❶ 名〈文〉戈柄下端圆锥形的金属套,可以插入土中。→ ❷ 名 古代一种铁头农具。○ ❸ 名 姓。

鳟(鱒) zūn 见 185 页“赤眼鳟”;570 页“虹鳟”。

zǔn

僔 zǔn 形〈文〉谦恭 ▷恭敬而～。

撙 zǔn 动 节省 ▷～衣节食|～节。

【撙节】 zǔnjié 动 节省 ▷～用度。

噂 zǔn 形〈文〉形容聚在一起议论纷纷的样子。

zùn

捘 zùn〈文〉❶ 动 推;挤 ▷涉佗～卫侯之手,及腕。→ ❷ 动 按;捏 ▷生扶之,阴～其腕。

zuō

作 zuō 名 作坊 ▷石～|油漆～|五行八～(各种手工行业)。

另见 1848 页 zuò。

【作坊】 zuōfang 名 工场 ▷从小在～里当学徒。

嘬 zuō 动〈口〉用嘴吸吮;咂 ▷～奶嘴|～手指头。

另见 209 页 chuài。

zuó

昨 zuó ❶ 名 今天的前一天 ▷～天|～儿晚上。→ ❷ 名〈文〉泛指过去 ▷今是～非。

【昨日】 zuórì 名 昨天。

【昨天】 zuótiān ❶ 名 今天的前一天。口语中也说昨儿、昨儿个。❷ 名 不远的过去 ▷不要陶醉于～的成绩。

【昨晚】 zuówǎn 名 昨天晚上。

【昨夜】 zuóyè 名 昨天夜里。

捽 zuó 动 某些地区指抓;揪 ▷～着绳子往上爬|一把～住小偷的衣领。

笮 zuó 名 竹索,用竹篾拧成的绳索 ▷～桥。另见 1723 页 zé。

【笮桥】 zuóqiáo 名 用竹索编造的吊桥。

琢 zuó [琢磨] zuómo 动 反复思考 ▷～了很久还没弄明白|这个问题还得再～～。

☛ ㊀参见 1821 页“琢(zhuó)磨”的提示。㊁跟“捉摸(zhuōmō)”不同。“琢磨(zuómo)”是反复思索的意思;“捉摸”是揣测、预料的意思,多用于否定。

另见 1821 页 zhuó。

zuǒ

左 zuǒ ❶ 名 面向南时靠东的一侧(跟“右”相对,②③⑦同) ▷往～拐|～顾右盼|～边|～手。→ ❷ 名 古代特指东的方位(以面朝南为准) ▷江～(江东,长江下游南岸地区)|山～(指崤山、华山以东或太行山以东)。→ ❸ 名〈文〉指较低的地位(古代常以右为上,左为下) ▷～迁(降职)。❹ 形 邪;不正 ▷旁门～道|～脾气。⇒ ❺ 形 错 ▷想～了|说～了。⇒ ❻ 形 不一致;相反 ▷意见相～。→ ❼ 形 政治上、思想上进步的;激进的 ▷～派|～翼作家。○ ❽ 名 姓。

【左膀右臂】 zuǒbǎng-yòubì 比喻得力的助手。

【左边】 zuǒbian 名 靠左的一边 ▷～脸上有颗痣|我站在他～。也说左面、左首。

【左侧】 zuǒcè 名 靠左的一侧。

【左道旁门】 zuǒdào-pángmén 旁门左道。

【左顾右盼】 zuǒgù-yòupàn 左面瞧瞧,右面看看;形容仔细观看或犹豫观望。

【左近】 zuǒjìn 名 附近 ▷车站不远,就在～。

【左邻右舍】 zuǒlín-yòushè 左右邻居;借指友邻单位。

【左轮】zuǒlún 名 手枪的一种。因装弹时装子弹的转轮从枪身左侧转出，故称。

【左面】zuǒmiàn 名 左边。

【左派】zuǒpài 名 阶级、政党、集团内在政治上激进或进步的派别或个人。

【左撇子】zuǒpiězi 名 习惯于左手做事（如用左手拿筷子、握球拍）的人。

【左倾】zuǒqīng ❶ 形 指倾向革命、思想进步的。❷ 形 指超越现实条件、在革命斗争中表现急躁冒进的（左字常带引号，写作“左”）。

【左丘】zuǒqiū 名 复姓。

【左嗓子】zuǒsǎngzi ❶ 名 指唱歌、唱戏时把握不准音高的嗓子 ▷～唱歌难听。❷ 名 左嗓子的人 ▷～还想当歌星？

【左手】zuǒshǒu ❶ 名 左边的手。❷见本页“左首”。现在一般写作“左首”。

【左首】zuǒshǒu 名 左边（多指位置）。

【左思右想】zuǒsī-yòuxiǎng 反复地、多方面地思考，权衡利弊。

【左袒】zuǒtǎn 动《史记·吕太后本纪》记载：吕雉死后，太尉周勃为了诛杀诸吕，就在军中说：“为吕氏右袒（露出右臂），为刘氏左袒（露出左臂）。”军中都左袒表示拥护刘氏。后用“左袒”指袒护一方。

【左行】zuǒxíng ❶ 动 向左边行走 ▷出门～几十米就到了。❷ 动 靠左边行走 ▷有些国家的交通规则规定车辆要～。

【左性子】zuǒxìngzi ❶ 名 指固执、怪僻的性格 ▷他确实有点儿～，不好合作。❷ 名 左性子的人 ▷他是个～，你说不动他。

【左翼】zuǒyì ❶ 名 左边的翅膀 ▷飞机的～折断了。❷ 名 作战时处在主力左边的部队 ▷从～向敌军包抄。❸ 名 阶级、政党、集团中的左派 ▷～作家联盟。

【左右】zuǒyòu ❶ 名 左面和右面 ▷～两侧｜～夹攻。❷ 名 身旁；周围 ▷日夜守护在病人～。❸ 名 身旁的属员 ▷～紧随其后。❹ 动 控制；支配 ▷他利用权势～别人的意见｜任人～。❺ 名 用在数量短语之后，表示概数，相当于“上下” ▷9 点～｜年纪在 40 岁～。☛“左右”跟“上下”“前后”的用法有区别：1.“左右”“上下”可用来表示年龄的概数，如“20 岁左右（上下）”；“前后”不能。2.“左右”“前后”可用来表示时间的概数，如“15 日前后（左右）”；“上下”不能。3.“左右”“上下”可用来表示空间距离的概数，如“5 公里左右（上下）”；“前后”不能。

【左右逢源】zuǒyòu-féngyuán《孟子·离娄下》：“资之深，则取之左右逢其源。”指学问、功夫做到家，就能取之不尽，用之不竭。后用“左右逢源”形容做事得心应手，处处顺利；也形容办事圆滑，各方讨好。

【左右开弓】zuǒyòu-kāigōng 双手都能拉弓射箭。指双手同时操作或左边一下右边一下做同一动作；也指同时进行几项工作。

【左右手】zuǒ-yòushǒu 名 比喻得力的助手 ▷他能谋善断，是总经理的～。

【左右为难】zuǒyòu-wéinán 左也不是，右也不是。形容无论怎样做都有难处。

【左证】zuǒzhèng 现在规范词形写作“佐证”。

【左支右绌】zuǒzhī-yòuchù 顾了左边，顾不了右边。形容力量不足，穷于应付。☛“绌”不读 chū 或 zhuō，也不要误写作“拙”。

佐 zuǒ ❶ 动 辅助；帮助 ▷辅～｜～理｜～助｜～餐。→ ❷ 名〈文〉处于辅助地位的人 ▷僚～。○ ❸ 名 姓。☛ 统读 zuǒ，不读 zuò。

【佐餐】zuǒcān 动〈文〉帮助下饭 ▷～佳品。

【佐理】zuǒlǐ 动〈文〉帮助处理 ▷一应政务，均有师爷～。

【佐料】zuǒliào 名 菜肴做成后或临吃时所加的配料。☛ 跟“作料”形、音、义都不同。

【佐证】zuǒzhèng 名 证据 ▷～确凿｜旁无～。☛ 不要写作“左证”。

撮 zuǒ 量 用于成丛的毛发 ▷一～毛｜后脑勺儿留着一～儿头发。

另见 240 页 cuō。

zuò

作 zuò ❶ 动 制造；劳作 ▷为人～嫁｜深耕细～｜～息｜操～。→ ❷ 动 兴起；出现 ▷兴风～浪｜鼾声大～｜～怪｜振～。→ ❸ 动 进行某种活动 ▷～报告｜～弊｜～斗争｜为非～歹。❹ 动 当作 ▷认贼～父。→ ❺ 动 创作；写 ▷～画｜～曲｜～文。❻ 名 创作的作品 ▷大～｜杰～｜拙～。→ ❼ 动 故意装出某种样子 ▷装腔～势｜忸怩～态。☛ ㊀通常读 zuò；读 zuō，指手工业工场，如“作坊”。㊁跟“做”不同。在抽象意义的词语、书面语色彩较浓的词语，特别是成语里，多用“作”，如“作罢”“作对”“作废”“作怪”“作乱”“作战”“装模作样”“忸怩作态”；后面是双音节动词时，一般也用“作”，如“作调查”“作处理”。在表示具体东西的制造、从事具体的活动、口语色彩较浓的词语里，多用“做”，如“做桌子”“做药材”“做饭”“做买卖”“做活儿”“做梦”。

另见 1847 页 zuō。

【作案】zuò'àn 动 进行违法犯罪活动。

【作罢】zuòbà 动 停止进行；取消原来的打算 ▷事已至此，只好～。

【作伴】zuòbàn 动 陪伴 ▷给老人～。

【作保】zuòbǎo 动 担任保证人 ▷我给他～。

【作弊】zuòbì 动 采取欺骗手段做违纪、违法的事 ▷严禁考场～。☛ 不宜写作“做弊”。

【作壁上观】zuòbìshàngguān《史记·项羽本纪》记载：秦兵包围赵国的巨鹿，楚将项羽领兵出战，其他驰援的诸侯将领慑于秦兵的威势，都在军营的壁垒上观战。后用“作壁上观”比喻置身事外，袖手旁观。

【作别】zuòbié 动〈文〉告别；分手 ▷挥手～。

【作成】zuòchéng 动 成全 ▷～这段情缘。

【作答】zuòdá 动 作出回答；答复 ▷对所提问题，已一一～|迟迟未能～。

【作对】zuòduì ❶ 动 采取对立的态度或行为 ▷你是经理，谁敢跟你～？❷ 动 结成配偶 ▷成双～。

【作恶】zuò'è 动 干坏事 ▷～多端。

【作伐】zuòfá 动〈文〉做媒。

【作法】zuòfǎ ❶ 动 旧指道士等施行法术。○ ❷ 名 写文章或绘画等的方法 ▷小说～|《水墨画～入门》。❸见 1852 页“做法”。现在一般写作“做法”。

【作法自毙】zuòfǎ-zìbì 自己立下的法令却使自己受害。指自作自受。

【作废】zuòfèi 动 废弃不用 ▷过期～。☛ 参见 49 页“报废”的提示。

【作风】zuòfēng ❶ 名 思想、工作或生活上一贯表现出的态度或做法 ▷工作～深入细致。❷ 名 风格。

【作梗】zuògěng 动 设置障碍；有意阻挠 ▷他们处处～，致使工作半途而废。

【作古】zuògǔ 动 婉词，指人死亡。

【作怪】zuòguài ❶ 动 迷信指鬼神作祟 ▷兴妖～。❷ 动 比喻捣乱，起坏作用 ▷从中～|重男轻女的思想至今还在～。

【作画】zuòhuà 动 创作绘画；画画儿 ▷吟诗～。

【作家】zuòjiā 名 在文学创作上取得成就的人。

【作假】zuòjiǎ ❶ 动 以假充真，以坏充好 ▷弄虚～|～成真。❷ 动 过分客气，显得不真诚 ▷就像在自家一样，可别～。

【作价】zuòjià 动 估计并确定物品的价格 ▷～拍卖|～偏低。

【作奸犯科】zuòjiān-fànkē 三国·蜀·诸葛亮《前出师表》：“若有作奸犯科及为忠善者，宜付有司，论其刑赏。”（奸：坏事；科：法令）后用“作奸犯科”指为非作歹，触犯法令。

【作茧自缚】zuòjiǎn-zìfù 蚕吐丝作茧，把自己裹在里面。比喻自己使自己陷入困境。

【作践】zuòjian 动〈口〉糟蹋 ▷别～自己。☛“践”不要误写作“贱”。

【作客】zuòkè ❶ 动 到亲友家拜访 ▷到朋友家～。❷ 动 寄居异地 ▷异乡～多年。

【作乐】zuòlè 动 取乐 ▷寻欢～|饮酒～。☛ 跟“作乐(yuè)”不同。

【作脸】zuòliǎn 动 某些地区指争光 ▷孩子学习好，真给父母～。

【作料】zuòliào 名 调料。☛ ㊀口语中也读 zuóliao。㊁跟“佐料”形、音、义都不同。

【作乱】zuòluàn 动 发动叛乱；制造暴乱 ▷恐怖分子～|乘机～。

【作美】zuòměi 动 成全人的好事 ▷天公～，队员顺利登山。

【作难】zuònán ❶ 动 为难① ▷这件事实在让人～。❷ 动 为难② ▷这不是处处～人家吗？

【作难】zuònàn 动〈文〉发难(nàn)；造反。

【作孽】zuònìe 动 干坏事；制造灾难 ▷这样虐待老人，真是～啊！

【作弄】zuònòng 动 捉弄 ▷老天爷怎么这样～人！☛ 不宜写作“做弄”。

【作呕】zuò'ǒu ❶ 动 恶心；想吐。❷ 动 比喻厌恶 ▷这种奉承话使人听着～。

【作派】zuòpai 名 派头；故意做出的姿态、架势 ▷一副少爷～。☛ 跟“做派”不同。

【作陪】zuòpéi 动 当陪客 ▷出席～。

【作品】zuòpǐn 名 文学、艺术创作的成品 ▷文学～|音乐～鉴赏。

【作曲】zuòqǔ 动 创作音乐曲谱 ▷为电视剧～。

【作曲家】zuòqǔjiā 名 在音乐曲谱创作上造诣高深的艺术家。

【作色】zuòsè 动〈文〉变了脸色；发怒 ▷勃然～。

【作声】zuòshēng 动 发出声音；特指开口说话 ▷无论你怎么追问，他就是不～。

【作势】zuòshì 动 故意作出某种姿态 ▷装腔～。

【作数】zuòshù 动（说话）算数儿 ▷说了就得～。

【作死】zuòsǐ 动〈口〉自己找死 ▷大冷天你穿这么点儿，～啊？☛ 口语中也读 zuōsǐ。

【作速】zuòsù 动〈文〉从速。

【作祟】zuòsuì 动 迷信指鬼神作怪；借指暗中捣鬼 ▷电脑出了问题，又有病毒～了。

【作态】zuòtài 动 故意作出某种姿态或表情 ▷忸怩～。

【作痛】zuòtòng 动 出现疼痛的感觉 ▷双膝～。

【作威作福】zuòwēi-zuòfú《尚书·洪范》：“惟辟作福，惟辟作威。”意思是只有君主才能独揽权威，擅行赏罚。后用“作威作福”形容滥用权力，独断专行。

【作为】zuòwéi ❶ 名 所作所为；行为 ▷自己的～自己负责。❷ 名 特指好的作为；成就 ▷有所～|大有～。❸ 动 指积极地履行自己

的职责。❹ 动 当作 ▷把他～朋友看待。❺ 介 引进人的某种身份或事物的某种性质，表示"就……来说"（多用在句首）▷～公务员，一定要守法。

【作伪】zuòwěi 动 造假；作假 ▷～行骗。

【作文】zuòwén ❶ 动 写文章（多指学生练习写作）。❷ 名 学生的习作 ▷批改～。

【作物】zuòwù 名 农作物的简称 ▷粮食～。

【作息】zuòxī 动 工作和休息 ▷～时间｜按时～。

【作响】zuòxiǎng 动 发出响声 ▷叮咚～。

【作秀】zuòxiù ❶ 动 表演或演出 ▷义演中大腕歌星争相～。❷ 动 为促销、竞选等而开展各种宣传活动 ▷竞选者各出奇招～。❸ 动 弄虚作假，做样子骗人 ▷什么形象工程，其实是在～。‖（秀：英语 show 音译）

【作业】zuòyè ❶ 名 由教师或有关部门领导布置下来的学习或训练等任务 ▷课堂～｜训练～。❷ 动 从事某种工作或活动 ▷高空～。

【作揖】zuòyī 动 旧时一种表示敬意的礼节，举双手至胸，抱拳，上身前倾。

【作俑】zuòyǒng 动〈文〉制造殉葬用的人或动物的形象；指倡导做不好的事。参见 1251 页"始作俑者"。

【作用】zuòyòng ❶ 动 对人或事物产生影响、效果 ▷这种药直接～于肾脏｜上层建筑也能反～于经济基础。❷ 名 对人或事物产生的影响、效果 ▷发挥～｜带头～。❸ 名 对事物产生影响的活动 ▷催化～｜化合～。

【作用力】zuòyònglì 名 施力物体对受力物体所产生的力。参见 383 页"反作用力"。

【作乐】zuòyuè ❶ 动 制作乐律、乐谱 ▷填词～。❷ 动 奏乐。☛ 跟"作乐（lè）"不同。

【作战】zuòzhàn 动 打仗。

【作者】zuòzhě 名 写文章、著书或创作艺术作品的人。

【作证】zuòzhèng ❶ 动 当作证据 ▷有记录～。❷ 动 法律上特指证人向司法机关提供证据、证言等 ▷出庭～。

【作主】zuòzhǔ 动 对某事承担责任并做出决定 ▷人民当家～。

【作准】zuòzhǔn 动 作数；算数儿；兑现 ▷你说话可得～啊。

坐 zuò ❶ 动 臀部平放在物体上以支持身体 ▷～在沙发上｜席地而～｜静～。→ ❷ 动〈文〉获罪；定罪 ▷～死罪｜反～。❸ 介〈文〉引进动作的原因，相当于"因" ▷停车～爱枫林晚。→ ❹ 动 掌管；主持 ▷～江山｜～庄。→ ❺ 动 乘坐（交通工具）▷～火车｜～船。→ ❻ 动（建筑物）背对着某一方向（常跟"朝"对举连用）▷大殿～北朝南。→ ❼ 动（把锅、壶等）放在（炉火上）▷炉子上～着一壶水。→ ❽ 动 形成（疾病等）▷～下了寒腿病。❾ 动 指瓜果等结出果实 ▷～瓜｜～果。→ ❿ 动 物体下沉或后移 ▷这座塔往下～了半尺多｜无～力炮。

【坐班】zuòbān 动 每天按规定时间在办公室工作 ▷大学里教师不～。

【坐班房】zuòbānfáng 坐牢。

【坐便器】zuòbiànqì 名 供坐在上面排便用的抽水马桶。

【坐标】zuòbiāo 名 确定平面上或空间中某一点的位置的一组有序的数；借指学习的楷模或奋斗的目标 ▷标出紫禁城的地理～｜人生～。☛ 不宜写作"座标"。

【坐禅】zuòchán 动 佛教指排除杂念，静坐修行。

【坐吃山空】zuòchī-shānkōng 只消费不生产，即使有堆积如山的财富也会吃光耗尽。

【坐床】zuòchuáng 动 藏传佛教中为活佛转世灵童举行继位仪式，叫坐床。

【坐次】zuòcì 现在一般写作"座次"。

【坐大】zuòdà 动 任其发展（含贬义）▷绝对不能容许黑恶势力发展～。

【坐待】zuòdài 动 不操心，不费力，坐着等待 ▷～时机｜～成功。

【坐等】zuòděng 动 坐待。

【坐地】zuòdì ❶ 动 固定在某地（做事或居住）▷老人在这里～摆摊儿几十年了｜～户。❷ 副 就在当地 ▷外地客商进山～收购山货。

【坐地分赃】zuòdì-fēnzāng 指盗贼就地瓜分赃物；也指匪首、窝主不直接作案而分得同伙盗来的赃物。

【坐地户】zuòdìhù 名 长期居住在本地的人家。

【坐垫】zuòdiàn 名 坐具上的垫子。

【坐而论道】zuò'érlùndào 原指王公大臣陪侍帝王议论政事；现多指脱离实际，空谈大道理 ▷领导干部要深入实际，调查研究，不能～。

【坐功】zuògōng ❶ 动 道教指静坐修行 ▷面壁～。❷ 名 久坐的耐性 ▷搞校对要有～。

【坐骨】zuògǔ 名 人坐时支撑上身重量的骨骼。有左右两块，同耻骨、髂骨共同组成髋骨。

【坐骨神经】zuògǔ shénjīng 人体最粗最长的神经，由脊椎神经分布到下肢，管理下肢的运动和感觉。

【坐观成败】zuòguān-chéngbài 指对别人的成功或失败采取袖手旁观的态度。

【坐果】zuòguǒ 动（果树等）结出果实。☛ 不宜写作"座果"。

【坐化】zuòhuà 动 佛教指和尚盘腿端坐而死。

【坐怀不乱】zuòhuái-bùluàn《荀子·大略》："柳下

惠与后门者同衣而不见疑。”是说春秋时期鲁国的柳下惠怕一个女子冻伤，解开自己的衣服把她裹在怀里。由于他作风正派，没有人怀疑他有不轨行为。后用“坐怀不乱”形容男子作风正派，能够自律。

【坐机关】 zuòjīguān 指在机关里工作 ▷毕业后没有～，而是下了生产第一线。

【坐驾】 zuòjià 现在一般写作“座驾”。

【坐监】 zuòjiān 动 坐牢。

【坐江山】 zuòjiāngshān 掌握国家政权 ▷打江山不易，～更难。

【坐禁闭】 zuòjìnbì 受禁闭的处分，被关在屋子里反省错误。

【坐井观天】 zuòjǐng-guāntiān 唐·韩愈《原道》：“坐井而观天，曰天小者，非天小也。”后用“坐井观天”比喻眼界狭窄，所见有限。

【坐具】 zuòjù 名 供人坐的家具。如椅子、沙发等。

【坐蜡】 zuòlà 动〈口〉陷入尴尬为难的处境 ▷咱俩是朋友，我不能让你～。

【坐牢】 zuòláo 动 被关在监狱里。

【坐冷板凳】 zuòlěngbǎndèng 比喻担任不重要的职务、受到冷遇或从事寂寞清苦的工作 ▷做学问就要甘于～。

【坐力】 zuòlì 名 枪弹或炮弹射出时产生的与冲力的方向相反的作用力。也说反冲力、后坐力。

【坐立不安】 zuòlì-bù'ān 心神不定、烦躁不安。

【坐落】 zuòluò 动（建筑物等的位置）处在（某处）▷戏院～在市中心。☛ 不宜写作“座落”。

【坐骑】 zuòqí 名 供人骑的马；泛指供人骑的兽类。

【坐山观虎斗】 zuòshānguānhǔdòu《战国策·秦策二》中说，有一个人在山上看两只老虎相斗，结果两虎一死一伤，他刺死伤虎，博得一举刺死双虎的名声。后用“坐山观虎斗”比喻旁观别人争斗，等到两败俱伤时，从中取利。

【坐商】 zuòshāng 名 有固定营业场所的商人（跟“行商”相区别）。

【坐失】 zuòshī 动 不积极采取措施致使失去（时机等）▷市场～，教训沉痛｜～良机。

【坐视】 zuòshì 动 坐在那里看着。指对该管的事不管或漠不关心 ▷～不救。

【坐收渔利】 zuòshōu-yúlì 比喻利用双方矛盾，轻易捞到好处。参见 1692 页“鹬蚌相争，渔翁得利”。

【坐守】 zuòshǒu 动 固守；死守 ▷～待援。

【坐胎】 zuòtāi 动 怀孕。

【坐台】 zuòtái 动 指在酒店、娱乐场所等为客人提供陪酒、陪唱等有偿服务 ▷她曾在一家歌舞厅～｜～小姐。

【坐探】 zuòtàn 名 混入对方内部刺探情报的人。

【坐堂】 zuòtáng ❶ 动 旧指官吏在公堂上审案。❷ 动 和尚在禅堂上坐禅。❸ 动 中医大夫在中药店看病 ▷特聘退休老中医～应诊。

【坐天下】 zuòtiānxià 坐江山。

【坐位】 zuòwèi 现在一般写作“座位”。

【坐卧不安】 zuòwò-bù'ān 坐不稳，睡不安。多形容心事重重或很着急的样子。

【坐席】 zuòxí ❶ 动 坐到筵席的位子上，指参加宴会 ▷她很腼腆，不肯～。❷见 1852 页“座席”。现在一般写作“座席”。

【坐享其成】 zuòxiǎngqíchéng 自己不操心费力而享受他人的劳动成果。

【坐像】 zuòxiàng 名 呈坐姿的人物雕像或塑像。

【坐夜】 zuòyè 动 坐着守夜 ▷～看护。

【坐以待毙】 zuòyǐdàibì 坐着等死；比喻遇到危险不采取积极措施而坐待失败。

【坐椅】 zuòyǐ 名 椅子。

【坐拥】 zuòyōng 动 安坐而拥有。形容轻易地拥有或稳固地拥有 ▷仅几年时间，他就～几十家连锁店｜这里～良好生态资源。

【坐浴】 zuòyù 动 坐在澡盆、浴缸里洗澡；特指用来医治盆腔器官、肛管直肠等部位疾病的一种治疗方法 ▷每晚用温水～。

【坐月子】 zuòyuèzi 指妇女在分娩后一个月内休息调养。

【坐赃】 zuòzāng 动〈文〉犯贪污罪；被判贪污罪 ▷～致罪。

【坐诊】 zuòzhěn 动 医生在医院、诊所、药店等固定地点接诊。

【坐镇】 zuòzhèn ❶ 动（主管官员）在所负责的区域镇守 ▷～边防。❷ 动 泛指领导现场指挥和督促 ▷省里主要领导～抗震救灾第一线｜董事长～展销会。☛“镇”不要误写作“阵”。

【坐庄】 zuòzhuāng ❶ 动 商家派出人员常驻某地采购或推销货物 ▷他长期在上海～。❷ 动 打牌或赌博时做庄家 ▷轮流～。❸ 动 投资者依靠雄厚的资金，大量买卖有价证券等，以控制价格，从中获利。

【坐姿】 zuòzī 名 坐着的姿势。

阼

zuò 名 古代指堂前东面的台阶，迎接宾客或举行祭祀时，主人由此阶上下 ▷～阶。

岞

zuò［岞山］zuòshān 名 地名，在山东。

怍

zuò 动〈文〉惭愧；羞惭 ▷惭～｜愧～。

柞

zuò ❶ 名 柞木，常绿灌木或小乔木，叶卵形，边缘呈锯齿状，开黄白色小花。木质坚硬，可用来制作家具等；叶子可以做药材。〇 ❷ 名 柞树，即麻栎 ▷～蚕｜～丝。☛ 以上意义不读 zhà。

另见 1728 页 zhà。

【柞蚕】zuòcán 名 蚕的一种。比家蚕大，吃柞树（麻栎）的叶子。吐的丝叫柞蚕丝，较桑蚕丝粗，是纺织品的重要原料。☛"柞"这里不读 zhà。

【柞绸】zuòchóu 名 用柞蚕丝织成的绸子。也说柞丝绸。旧称茧绸。

【柞绢】zuòjuàn 名 柞蚕丝织成的绢。

胙 zuò 名 古代祭祀用的肉。

祚 zuò〈文〉❶ 名 福。○ ❷ 名 帝位；皇位 ▷践～｜帝～。

砟 zuò［砟硌］zuòluò 形〈文〉形容山石不齐的样子。

另见 1728 页 zhǎ。

唑 zuò 音译用字，用于"咔唑（kǎzuò）""噻唑（sāizuò）"等。☛ 统读 zuò。

座 zuò ❶ 名 供人坐的位子 ▷帮他找个～儿｜高朋满～｜～无虚席｜～次。→ ❷ 名 星座 ▷天琴～｜仙后～。→ ❸ 名 器物的基础部分或托底的东西 ▷碑～儿｜炮～｜花盆～。→ ❹ 量 用于体积大而固定的物体 ▷一～山｜两～大楼。参见插图 13 页。→ ❺ 名 旧时对某些官长的敬称 ▷军～｜处～。○ ❻ 名 姓。

【座舱】zuòcāng ❶ 名 客机载客的部分。❷ 名 战斗机的驾驶舱。❸ 名 航天飞机、宇宙飞船上供宇航员工作、生活的地方。

【座车】zuòchē 名 有座位的车；特指客运列车中的座席车厢。

【座次】zuòcì 名 座位的次序 ▷排～。

【座垫】zuòdiàn 现在一般写作"坐垫"。

【座号】zuòhào 名 座位的编号（多用于礼堂、剧场、火车等对号入座的场合）。

【座机】zuòjī ❶ 名 专供某人乘坐的飞机 ▷总统～。○ ❷ 名 固定电话 ▷～没人接，打手机吧。

【座驾】zuòjià 名 指专供某人乘坐或驾驶的汽车（多指小轿车）▷这么多年了，他用的还是原来那辆～。

【座上客】zuòshàngkè 名 指在席上受到主人尊敬的宾客；泛指受到邀请的尊贵客人。也说座上宾。

【座谈】zuòtán 动 比较随便和不拘形式地讨论 ▷～会｜～改组方案。

【座位】zuòwèi ❶ 名 供人坐的位子。❷ 名 坐具 ▷搬个～来。❸ 名 座次 ▷这是圆桌会议，～上没有主次。

【座无虚席】zuòwúxūxí 没有空着的座位。形容出席的人很多。☛ 不宜写作"坐无虚席"。

【座席】zuòxí 名 座位①；席位 ▷还有个～空着。

【座右铭】zuòyòumíng 名 古人放在座位右边的铭文；泛指用来激励、警诫自己的格言 ▷我的～是"有志者事竟成"。

【座钟】zuòzhōng 名 放在桌子上使用的时钟。也说台钟。

【座子】zuòzi ❶ 名 座③ ▷碑～。❷ 名 自行车等上面供人坐的部分 ▷车～。

做 zuò ❶ 动 干，从事某种工作或进行某种活动 ▷～事情｜～实验｜～工。→ ❷ 动 制造 ▷～家具｜～饭。→ ❸ 动 写 ▷～文章｜～作业。→ ❹ 动 举办；举行 ▷～礼拜｜～寿。→ ❺ 动 充当；成为 ▷～个好孩子｜～媒人。⇒ ❻ 动 联结成（某种关系）▷～夫妻｜～街坊。⇒ ❼ 动 用作 ▷这间屋子～教室｜送本书～纪念。⇒ ❽ 动 装出（某种样子）▷～鬼脸｜～作。☛ ㊀统读 zuò，不读 zuó。㊁参见 1848 页"作"的提示㊁。

【做爱】zuò'ài 动 婉词，指性交。

【做伴】zuòbàn 现在一般写作"作伴"。

【做东】zuòdōng 动 当东道主 ▷这顿饭由我～。

【做法】zuòfǎ 名 办事或制作物品的方法 ▷～不当｜这道菜的～很简单。

【做饭】zuòfàn 动 制作饭食。

【做工】zuògōng ❶ 动 从事体力劳动；干活儿。○ ❷ 名 指制作的工艺 ▷这套家具的～精巧。❸见本页"做功"①。现在一般写作"做功"。

【做工作】zuògōngzuò 指进行说服、解释、动员等工作 ▷他思想还不通，你要继续～。

【做功】zuògōng ❶ 名 指戏曲演员表演中的动作和表情 ▷京剧花旦的表演多以～为主。○ ❷ 动 物理学上指力使物体在力的方向上发生移动。参见 477 页"功"④。

【做功课】zuògōngkè ❶ 学生做作业。❷ 比喻事前做相关准备工作 ▷文艺创作要在接地气上扎扎实实～｜他为这次谈判做足了功课。❸ 佛教徒按时诵经念佛。☛ 参见 477 页"功课"。

【做官】zuòguān 动 担任官职；现指担任领导职务 ▷～就要想着老百姓。

【做鬼】zuòguǐ ❶ 动 指死去 ▷哪怕～，也要守住这个阵地。❷ 动 弄虚作假；捣鬼 ▷～骗人｜有人从中～，他们才闹了矛盾。

【做鬼脸】zuòguǐliǎn 脸上做出怪样子逗人发笑；脸上做出吓唬人的怪样子。也说扮鬼脸。

【做活儿】zuòhuór 动 从事体力劳动；特指妇女做针线活儿 ▷下地～去了｜妈妈在炕上～。

【做客】zuòkè 动 作客①。

【做礼拜】zuòlǐbài 基督教新教教徒周日到礼拜堂去参加宗教活动。

【做买卖】zuòmǎimai 从事商业、贸易活动。

【做满月】zuòmǎnyuè 在婴儿出生满一个月时，宴请亲朋好友。

【做媒】zuòméi 动 给人介绍婚姻。

【做美】zuòměi 现在一般写作“作美”。

【做梦】zuòmèng ❶ 动 睡眠时意识中呈现种种幻境、幻象。❷ 动 比喻不切实际地幻想 ▷你想不劳而获，别～了。

【做派】zuòpài 名 做功① ▷马派老生的～非常潇洒。☛ 跟“作派”不同。

【做亲】zuòqīn 动 结为姻亲 ▷他们两家～很般配。

【做圈套】zuòquāntào 设计让别人上当、受害 ▷小心人家～。

【做人】zuòrén ❶ 动 指为人处世、待人接物 ▷学做事，先要学～。❷ 动 指做个正派的人 ▷只要讲诚信，～并不难。

【做人情】zuòrénqíng 以馈赠或某种行动取悦于人，使其对自己心存感激 ▷不准拿公物～。

【做生日】zuòshēngri 祝贺生日。

【做生意】zuòshēngyi 做买卖。

【做声】zuòshēng 现在一般写作“作声”。

【做实】zuòshí 动 (把某事)做扎实 ▷把扶贫工作做细、～、做到位。

【做事】zuòshì ❶ 动 干工作；办事情 ▷他～一向循规蹈矩｜一人～一人当。❷ 动 指任职 ▷我在一家公司～。

【做手脚】zuòshǒujiǎo 暗中要花招儿或施展手段。

【做寿】zuòshòu 动 给年岁大的人庆祝生日 ▷给奶奶～。

【做文章】zuòwénzhāng ❶写文章。❷比喻抓住一件事借题发挥，用来达到自己的目的。❸比喻抓住某一机会、利用某一条件有所作为 ▷充分利用本地资源～。

【做戏】zuòxì 动 演戏；比喻故意做出某种姿态，迷惑欺骗别人 ▷真相大白，你别再～了。

【做秀】zuòxiù 现在一般写作“作秀”。

【做学问】zuòxuéwen 研究学问。

【做贼心虚】zuòzéi-xīnxū 比喻做了坏事，怕被人知道而提心吊胆。

【做针线】zuòzhēnxiàn 指做缝纫、刺绣等活计 ▷姐姐很小就会～。也说做针线活儿。

【做主】zuòzhǔ 现在一般写作“作主”。

【做作】zuòzuo 形 故意做出某种不自然的表情、腔调、姿态等 ▷表演大方自然，毫不～。

酢 zuò 动〈文〉客人饮罢主人敬的酒，酌酒回敬主人 ▷酬～(宾主互相敬酒)。

另见 234 页 cù。

西文字母或阿拉伯数字开头的词语

（西文字母开头的词语，整体排在前面；阿拉伯数字开头的词语，整体排在后面）

【α粒子】α lìzǐ 阿尔法粒子的学名书写形式。

【α射线】α shèxiàn 阿尔法射线的学名书写形式。

【β粒子】β lìzǐ 贝塔粒子的学名书写形式。

【β射线】β shèxiàn 贝塔射线的学名书写形式。

【γ刀】γ dāo 伽马刀。

【γ射线】γ shèxiàn 伽马射线的学名书写形式。

【A股】A gǔ 人民币普通股票。由我国境内（不含台、港、澳）的公司发行，以人民币标明股票面值，供我国境内投资者用人民币认购和进行交易。也说A种股票。

【AA制】AA zhì 聚餐等场合各人付各人的钱的做法。

【AB卷】AB juàn 一门考试科目同时制作的两套试卷。一般是启用一套，备用一套；或两套同时分别用于不同的考生。

【AB角】AB jué 指在AB制剧中扮演同一角色的两个演员。

【AB制】AB zhì 剧团在演出某剧时，其中的一个主角由两个演员担任，当A角不能上场时，则由B角上场，这种安排叫做AB制。

【ABC】❶A、B、C是拉丁字母中的前三个，借指某方面的基础知识。❷中国农业银行（英 Agricultural Bank of China 的缩写）。

【ABS】汽车防抱死制动系统（英 anti-lock braking system 的缩写）。

【ADSL】非对称数字用户线（英 asymmetric digital subscriber line 的缩写）。俗称超级一线通。

【AI】人工智能（英 artificial intelligence 的缩写）。

【AIDS】获得性免疫缺陷综合征；艾滋病（英 acquired immune deficiency syndrome 的缩写）。

【AM】调幅①（英 amplitude modulation 的缩写）。

【APC】复方阿司匹林（英 aspirin，phenacetin and caffeine 的缩写）。

【APEC】亚洲—太平洋经济合作组织（英 Asia-Pacific Economic Cooperation 的缩写）。

【API】空气污染指数（英 air pollution index 的缩写）。

【App】应用程序；应用软件（英 application 的缩写）。

【AQI】空气质量指数（英 air quality index 的缩写）。

【AR】增强现实（英 augmented reality 的缩写）。

【ATM】自动柜员机；自动取款机（英 automated teller machine 的缩写）。

【AV产品】AV chǎnpǐn 声频（音频）视频产品（AV：英 audiovisual 的缩写）。

【B超】B chāo ❶B型超声诊断的简称。❷B型超声诊断仪的简称。

【B股】B gǔ 人民币特种股票。以人民币标明股票面值，用外币或港币在沪市、深市认购和进行交易。也说B种股票。

【B淋巴细胞】B línbā xìbāo 一种免疫活性细胞，起源于骨髓，人和哺乳动物的B淋巴细胞在骨髓中分化成熟后分布到周围淋巴器官和血液中。其多数生成抗体需要T淋巴细胞辅助（B：英 bone marrow［骨髓］的首字母）。简称B细胞。

【BBS】❶电子公告板系统（英 bulletin board system 的缩写）。❷电子公告板服务（英 bulletin board service 的缩写）。

【BMI】体重指数；身体质量指数（英 body mass index 的缩写）。

【BOC】中国银行（英 Bank of China 的缩写）。

【BP机】BP jī 寻呼机（BP：英 beeper 的缩写）。

【BRT】快速公交系统。利用现代化大容量专用公交车辆，在专用道路上快速运行，实行轨道交通式运营服务。中途配有封闭式新型公交车站（英 bus rapid transit 的缩写）。

【CAD】计算机辅助设计（英 computer-aided design 的缩写）。

【CAI】计算机辅助教学（英 computer-aided

［或 assisted］instruction 的缩写）。

【CATV】有线电视（英 cable television 的缩写）。

【CBA】❶中国篮球协会（英 Chinese Basketball Association 的缩写）。简称中国篮协。❷指由该协会主办的中国男子篮球职业联赛。

【CBD】中央商务区（英 central business district 的缩写）。

【CCB】中国建设银行（英 China Construction Bank 的缩写）。

【CCC】中国强制性产品认证。是我国政府为保护消费者人身安全和国家安全，加强产品质量安全管理，依法实施的一种产品合格评定制度（英 China Compulsory Certification 的缩写）。也说 3C 认证。

【CCTV】中国中央电视台（英 China Central Television 的缩写）。

【CD】光碟；光盘；激光唱片（英 compact disc 的缩写）。

【CDC】疾病预防控制中心（英 Center for Disease Control and Prevention 的缩写）。简称疾控中心。

【CDMA】码分多址。一种数字通信技术（英 code division multiple access 的缩写）。

【CD-R】可录碟；可写光盘（英 compact disc-recordable 的缩写）。

【CD-ROM】只读碟；只读光盘（英 compact disc read-only memory 的缩写）。

【CD-RW】可擦写光盘；可反复写光盘（英 compact disc-rewritable 的缩写）。

【CEO】首席执行官（英 Chief Executive Officer的缩写）。

【CEPA】指（我国内地与港澳地区）建立更紧密经贸关系的安排（英 Closer Economic Partnership Arrangement 的缩写）。

【CET】大学英语考试。是我国教育部主管的一项全国性大学英语考试，分四级考试和六级考试两种（英 College English Test 的缩写）。

【CFO】首席财务官（英 Chief Financial Officer的缩写）。

【CI】❶企业识别（英 corporate identity 的缩写）。❷企业形象（英 corporate image 的缩写）。

【CIP】预编目录；出版过程中编目（英 cataloguing in publication 的缩写）。

【CPA】注册会计师（英 Certified Public Accountant的缩写）。

【CPI】居民消费价格指数（英 consumer price index 的缩写）。

【CPM】（国际）注册资产管理师（英 Certified Property Manager 的缩写）。

【CPU】中央处理器（英 central processing unit的缩写）。

【CT】英 computerized tomography 的缩写。❶计算机层析成像。❷计算机层析成像仪。

【DC】❶数码相机（英 digital camera 的缩写）。❷数字电影（英 digital cinema 的缩写）。

【DINK】丁克（英 double income, no kids 的缩写）。

【DIY】自己动手做（英 do it yourself 的缩写）。

【DJ】歌舞厅、酒吧、夜总会等场所的音响师（负责音响效果的专业人员）；也指电台音乐节目主持人（英 disc jockey 的缩写）。

【DNA】脱氧核糖核酸（英 deoxyribonucleic acid 的缩写）。

【DNA 芯片】DNA xīnpiàn 基因芯片（DNA：英 deoxyribonucleic acid 的缩写）。

【DOS】磁盘操作系统（英 Disk Operating System 的缩写）。

【DSL】数字用户专线（英 digital subscriber line 的缩写）。

【DV】数字影像摄录（机）；数码视频摄录（英 digital video ［camcorder］的缩写）。

【DVD】数码视频光盘（英 digital video disc 的缩写）。

【e 化】e huà 电子化（e：英 electronic 的首字母）。

【E-bank】电子银行（E：英 electronic 的首字母）。

【E-book】电子图书（E：英 electronic 的首字母）。

【ECFA】海峡两岸经济合作框架协议（英 Economic Cooperation Framework Agreement 的缩写）。

【ED】（男子生殖器）勃起功能障碍（英 erectile dysfunction 的缩写）。

【E-mail】电子邮件（E：英 electronic 的首字母）。

【EMS】邮政特快专递（英 Express Mail Service 的缩写）。

【EP】电子支付（英 electronic payment 的缩写）。

【EPT】英语水平考试。为选拔到英语国家学习的出国留学生而设立的标准化考试（英 English Proficiency Test 的缩写）。

【EQ】情商（英 emotional quotient 的缩写）。

【ETC】电子不停车收费系统。是利用计算机网络技术，实现车辆通过公路、桥梁、隧道收费站时不需停车而自动在网上缴纳过路费的收费系统（英 electronic toll collection 的缩写）。

【EV】电动汽车（英 electric vehicle 的缩写）。

【F1】指一级方程式锦标赛（英 Formula 1 的缩写）。参见 386 页“方程式赛车”。

【FAX】英 facsimile 的缩略变体。❶传真机。❷用传真机传送。❸传真件。

【FM】调频（英 frequency modulation 的缩写）。

【FTA】❶自由贸易协定（英 free trade agreement 的缩写）。❷自由贸易区（英 free trade area 的缩写）。

【GB】国标（汉语拼音 guóbiāo 的缩写）。

【GB/T】推荐性国家标准；我国推荐性国家标准的代号（汉语拼音 guóbiāo/tuījiàn 的缩写）。

【GDP】国内生产总值（英 gross domestic product 的缩写）。

【GMDSS】全球海上遇险与安全系统；国际呼救信号（英 Global Maritime Distress and Safety System 的缩写）。

【GNP】国民生产总值（英 gross national product 的缩写）。

【GPS】全球（卫星）定位系统（英 Global Positioning System 的缩写）。

【GPU】图形处理器（英 graphics processing unit 的缩写）。

【GRE】美国等国家的研究生入学资格考试（英 Graduate Record Examination 的缩写）。

【GSM】全球移动通信系统（英 Global System for Mobile Communication 的缩写）。俗称全球通。

【H 股】H gǔ 在香港上市的股票。以人民币标明股票面值，用港币认购和进行交易。也说 H 种股票（H：英 Hong Kong［香港］的首字母）。

【HDTV】高清晰度电视（英 high definition television 的缩写）。

【HIV】人类免疫缺陷病毒；艾滋病病毒（英 human immunodeficiency virus 的缩写）。

【HR】人力资源（英 human resources 的缩写）。

【HSK】汉语水平考试（汉语拼音 hànyǔ shuǐpíng kǎoshì 的缩写）。

【IC 卡】IC kǎ 智能卡（IC：英 integrated circuit 的缩写）。

【ICBC】中国工商银行（英 Industrial and Commercial Bank of China 的缩写）。

【ICP】因特网内容提供者；泛指网络内容服务商（英 Internet content provider 的缩写）。

【ICU】重症监护室；重症监护病房（英 intensive care unit 的缩写）。

【ID 卡】ID kǎ ❶身份证（ID：英 identity 的缩写）。❷标志卡，一种可以识别持卡人身份和发卡方的卡（ID：英 identification 的缩写）。

【IDC】互联网数据中心（英 internet data center 的缩写）。

【IELTS】雅思（英 International English Language Testing System 的缩写）。

【IMF】国际货币基金组织（英 International Monetary Fund 的缩写）。

【IOC】国际奥林匹克委员会（英 International Olympic Committee 的缩写）。简称国际奥委会、奥委会。参见15页“奥委会”。

【IOT】物联网（英 internet of things 的缩写）。

【IP 地址】IP dìzhǐ 互联网协议地址（IP：英 Internet Protocol 的缩写）。

【IP 电话】IP diànhuà 网络电话①②（IP：英 Internet Protocol 的缩写）。

【IP 卡】IP kǎ IP 电话卡；IP 储值卡（IP：英 Internet Protocol 的缩写）。

【IPTV】网络电视（英 Internet protocol television 的缩写）。

【IQ】智商（英 intelligence quotient 的缩写）。

【ISBN】国际标准书号（英 International Standard Book Number 的缩写）。

【ISDN】综合业务数字网（业务）（英 Integrated Services Digital Network 的缩写）。目前普遍应用的是窄带 ISDN，俗称一线通。

【ISO】国际标准化组织（英 International Organization for Standardization 的简称）。

【ISP】因特网服务供应商（英 Internet service provider 的缩写）。

【ISRC】国际标准音像制品编码（英 International Standard Recording Code 的缩写）。

【ISSN】国际标准连续出版物号（英 International Standard Serial Number 的缩写）。

【IT】信息技术（英 information technology 的缩写）。

【ITS】智能化交通系统(英 intelligent transportation system 的缩写)。
【K 粉】K fěn 一种毒品,成分是氯胺酮(K:英 ketamine[氯胺酮]的首字母)。
【K 歌】K gē 唱卡拉 OK。
【K 线】K xiàn 证券市场上用来记录单位时间内(每日、每周或每月等)证券价格变动情形的一种柱状线,包括开盘价、收盘价和最高价、最低价(K:英 candle[蜡烛]的首字母音译)。
【KTV】娱乐或餐饮场所的卡拉 OK 包间(K,卡拉 OK;TV,英 television 的缩写)。
【LCD】液晶显示器(英 liquid crystal display 的缩写)。
【LD】激光视盘(英 laser disc 的缩写)。
【LW】长波(英 long wave 的缩写)。
【MBA】工商管理学硕士(英 Master of Business Administration 的缩写)。
【MODEM】调制解调器(英 modulator 和 demodulator 的缩写)。俗称猫。
【MOOC】慕课(英 massive open online course 的缩写)。
【MP3】❶一种常用的数字音频压缩格式(英 MPEG 1 Audio Layer 3 的缩写)。❷使用这种数字音频压缩格式的电子播放器。
【MP4】❶一种常用的数字音频、视频压缩格式(英 MPEG－4 Part 14 的缩写)。❷使用这种数字音频、视频格式的电子播放器。
【MPA】公共管理学硕士(英 Master of Public Administration 的缩写)。
【MRI】磁共振成像(英 magnetic resonance imaging 的缩写)。
【MTV】音乐电视(英 music television 的缩写)。
【MV】音乐短片(英 music video 的缩写)。
【MW】中波(英 medium wave 的缩写)。
【N 股】N gǔ 我国在纽约发行的股票(N:英 New York [纽约] 的首字母)。
【NBA】❶(美国)全国篮球协会(英 National Basketball Association 的缩写)。简称(美国)篮协。❷指由该协会主办的美国男子篮球职业联赛。
【NBL】全国男子篮球联赛。是中国 CBA 外的另一男子职业篮球联赛(英 National Basketball League 的缩写)。
【NFC】近场通信(英 near field communication 的缩写)。
【NGO】非政府组织(英 non-governmental organization 的缩写)。
【NMD】国家导弹防御(系统)(英 National Missile Defense 的缩写)。
【O2O】线上到线下。指将线下的商务机会与互联网结合,让互联网成为线下交易的平台(英 online to offline 的缩写)。
【OA】办公自动化(英 office automation 的缩写)。
【OPEC】石油输出国组织(英 Organization of Petroleum Exporting Countries 的缩写)。
【OTC】非处方药(英 over-the-counter 的缩写)。
【PBC】中国人民银行(英 The People's Bank of China 的缩写)。
【PC】个人计算机(英 personal computer 的缩写)。也说 PC 机。
【PDA】个人数字助理。一种掌上电脑(英 personal digital assistant 的缩写)。
【PETS】全国英语等级考试。是我国教育部主管的一项全国性英语水平考试,共分 5 个级别(英 Public English Test System 的缩写)。
【pH 计】pH jì 测定氢离子浓度指数的一种电子仪器(pH:法 pouvoir Hydrogène 的缩写)。
【pH 值】pH zhí 氢离子浓度指数(pH:法 pouvoir Hydrogène 的缩写)。
【PK】对决。多指单人(单个)对单人(单个)的决赛(英 player killing[网络游戏"厮杀"]的缩写)。
【$PM_{2.5}$】细颗粒物(PM:英 particulate matter 的缩写)。
【PM_{10}】可吸入颗粒物(PM:英 particulate matter 的缩写)。
【PMI】采购经理人指数(英 purchasing managers' index 的缩写)。
【PPI】生产者价格指数,即工业品出厂价格总水平(英 producer price index 的缩写)。
【PPP】政府与社会资本合作(英 public-private partnership 的缩写)。
【PPT】❶微软公司推出的一款制作图文稿件的应用软件,所制成的图文可以通过计算机、手机、投影仪等演示,也可以打印(英 PowerPoint 的缩写)。❷指用这款软件制作的图文稿件。
【PSC】普通话水平测试(汉语拼音 pǔtōnghuà shuǐpíng cèshì 的缩写)。
【QC】质量控制(英 quality control 的缩写)。
【QQ】深圳腾讯公司(Tencent)推出的中文网络即时通信软件,目前在我国大陆比较流行使用。
【QS】质量安全(英 quality safety 的缩写)。
【RAM】随机存取存储器(英 random access

memory 的缩写)。
【RMB】人民币(汉语拼音 rénmínbì 的缩写)。
【ROM】只读存储器(英 read-only memory 的缩写)。
【RS】遥感(英 remote sensing 的缩写)。
【SARS】严重急性呼吸综合征(英 severe acute respiratory syndrome 的缩写)。参见 396 页"非典型肺炎"②。
【SCI】科学引文索引(英 Science Citation Index 的缩写)。
【SIM 卡】SIM kǎ 用户身份识别卡。移动通信数字手机中的一种 IC 卡,储有用户的电话号码和其他详细的服务材料(SIM:英 subscriber identity module 的缩写)。
【SMS】短信息服务;也指短信息(英 short message service 的缩写)。
【SNS】❶社交网络服务,一种旨在帮助人们建立社交网络的互联网应用服务(英 social networking service 的缩写)。❷社交网站;社交网(英 social networking site 的缩写)。❸社交网络软件(英 social networking software 的缩写)。
【SOHO 族】SOHO zú 在家办公的人(SOHO:英 small office home office [小办公室;家庭办公室] 的缩写)。
【SOS 儿童村】SOS értóngcūn 儿童村。
【SW】短波(英 short wave 的缩写)。
【T 淋巴细胞】T línbā xìbāo 一种免疫活性细胞,起源于骨髓,在胸腺中分化成熟后分布到周围淋巴器官和血液中。有的对 B 淋巴细胞及其他免疫细胞有辅助功能,有的有杀伤功能或抑制作用(T:拉丁文 thymus[胸腺]的首字母)。简称 T 细胞。
【T 型台】T xíng tái 模特表演用的台子。因形状像 T 形,故称。
【T 恤衫】T xù shān 一种短袖针织上衣,略呈 T 形。也叫 T 恤(恤:英 shirt 的粤语音译)。
【Tel】电话(号码)(英 telephone 的缩写)。
【TMD】战区导弹防御(系统)(英 Theater Missile Defense 的缩写)。
【TNT】梯恩梯(英 trinitrotoluene 的缩写)。
【TOEFL】托福。美国对非英语国家留学生的英语考试(英 Test of English as a Foreign Language 的缩写)。
【TOEIC】托业;国际交流英语能力测试(英 Test of English for International Communication 的缩写)。
【TV】电视(英 television 的缩写)。
【U 盘】U pán 闪存盘(U:英 USB 的首字母)。
【UFO】不明飞行物(英 unidentified flying object 的缩写)。
【UHD】超高清(英 ultra high definition 的缩写)。
【UN】联合国(英 United Nations 的缩写)。
【USB】通用串行总线(英 universal serial bus 的缩写)。
【UV】❶网站独立访客(英 unique visitor 的缩写)。❷紫外线(英 ultraviolet 的缩写)。
【VCD】视频压缩光盘(英 video compact disc 的缩写)。
【VCR】盒式磁带录像机(英 video cassette recorder 的缩写);有时也指录像或短片。
【VIP】要人;贵宾(英 very important person 的缩写)。
【VOD】视频点播(英video-on-demand的缩写)。
【VR】虚拟现实(英 virtual reality 的缩写)。
【W 考生】W kǎoshēng 有考试违规记录的考生(W:汉语拼音 wǔbì[舞弊]的首字母)。
【WAP】无线应用协议(英 Wireless Application Protocol 的缩写)。
【WC】厕所;盥洗室(英 water closet 的缩写)。
【WCBA】❶中国女子篮球协会(英 Women's Chinese Basketball Association 的缩写)。❷指由该协会主办的中国女子篮球职业联赛。
【WHO】世界卫生组织(英 World Health Organization的缩写)。
【Wi-Fi】无线保真;无线局域网(英 wireless fidelity的缩写)。
【WSK】全国外语水平考试。是我国教育部主管的对非外语专业人员的外语水平考试(汉语拼音 wàiyǔ shuǐpíng kǎoshì 的缩写)。
【WTO】世界贸易组织(英 World Trade Organization 的缩写)。
【WWW】万维网(英 World Wide Web 的缩写)。
【X 染色体】X rǎnsètǐ 决定生物个体性别的一种染色体。人的体细胞有 46 个染色体,其中两个是性染色体。女性有两个 X 性染色体,男性有一个 X 和一个 Y 性染色体。受精时,带 X 的精子与卵子结合产生雌性个体,带 Y 的精子与卵子结合产生雄性个体。
【X 射线】X shèxiàn 爱克斯射线的学名书写形式。
【Y 染色体】Y rǎnsètǐ 决定生物个体性别的一种染色体。参见本页"X 染色体"。
【3D】三维(D:英 dimensions[维度]的首字母)。
【4G】第四代移动通信技术(G:英 generation [代]的首字母)。
【5G】第五代移动通信技术(G:英 generation [代]的首字母)。

(原稿由中国社会科学院语言研究所刘涌泉研究员提供)

附 录

【常用语言文字法律及规范标准】(1958—2022)

序号	法律及规范标准名称	发布年份	发布部门
1	中华人民共和国国家通用语言文字法	2000	全国人大常务委员会
2	汉语拼音方案	1958	全国人大
3	部分计量单位名称统一用字表	1977	文改会、国家计量局
4	中国地名汉语拼音字母拼写规则(汉语地名部分)	1984	中国地名委员会、文改会、国家测绘局
5	普通话异读词审音表	1985	国家语委、国家教委、广播电视部
6	GB 3259—92 中文书刊名称汉语拼音拼写法	1992	国家技术监督局
7	普通话水平测试等级标准(试行)	1997	国家语委、国家教委、广播电影电视部
8	GF 1001—2001 第一批异形词整理表	2001	教育部、国家语委
9	GF 2001—2001 GB13000.1 字符集汉字折笔规范	2001	教育部、国家语委
10	普通话水平测试大纲	2003	教育部、国家语委
11	GB/T 15933—2005 辞书编纂常用汉语缩略语	2005	质监局、标准委
12	GB/T 20532—2006 信息处理用现代汉语词类标记规范	2006	质监局、标准委
13	GF 0012—2009 GB13000.1 字符集汉字部首归部规范	2009	教育部、国家语委
14	GF 0013—2009 现代常用独体字规范	2009	教育部、国家语委
15	GF 0014—2009 现代常用字部件及部件名称规范	2009	教育部、国家语委
16	GB/T 15835—2011 出版物上数字用法	2011	质监局、标准委
17	GB/T 28039—2011 中国人名汉语拼音字母拼写规则	2011	质监局、标准委
18	GB/T 15834—2011 标点符号用法	2011	质监局、标准委
19	GB/T 16159—2012 汉语拼音正词法基本规则	2012	质监局、标准委
20	通用规范汉字表	2013	国务院
21	GF 2002—2016 汉字应用水平等级及测试大纲	2016	教育部、国家语委
22	GF 0023—2020 通用规范汉字笔顺规范	2020	教育部、国家语委
23	GF 0025—2021 国际中文教育中文水平等级标准	2021	教育部、国家语委
24	GF 0011—2022 汉字部首表	2022	教育部、国家语委
25	GF 0026—2022 中小学生普通话水平测试等级标准及测试大纲(试行)	2022	教育部、国家语委

[说明]

表中文改会指中国文字改革委员会,全国人大指全国人民代表大会,国家语委指国家语言文字工作委员会,国家教委指国家教育委员会,国家计量局指国家标准计量局,质监局指国家质量监督检验检疫总局,标准委指国家标准化管理委员会。

【汉语拼音方案】

（1957 年 11 月 1 日国务院全体会议第 60 次会议通过）
（1958 年 2 月 11 日第一届全国人民代表大会第五次会议批准）

一　字母表

字 母:	Aɑ	Bb	Cc	Dd	Ee	Ff	Gg
名 称:	ㄚ	ㄅㄝ	ㄘㄝ	ㄉㄝ	ㄜ	ㄝㄈ	ㄍㄝ
	Hh	Ii	Jj	Kk	Ll	Mm	Nn
	ㄏㄚ	ㄧ	ㄐㄧㄝ	ㄎㄝ	ㄝㄌ	ㄝㄇ	ㄋㄝ
	Oo	Pp	Qq	Rr	Ss	Tt	
	ㄛ	ㄆㄝ	ㄑㄧㄡ	ㄚㄦ	ㄝㄙ	ㄊㄝ	
	Uu	Vv	Ww	Xx	Yy	Zz	
	ㄨ	ㄪㄝ	ㄨㄚ	ㄒㄧ	ㄧㄚ	ㄗㄝ	
	v 只用来拼写外来语、少数民族语言和方言。 字母的手写体依照拉丁字母的一般书写习惯。						

二　声母表

b	p	m	f
ㄅ玻	ㄆ坡	ㄇ摸	ㄈ佛
d	t	n	l
ㄉ得	ㄊ特	ㄋ讷	ㄌ勒
g	k	h	
ㄍ哥	ㄎ科	ㄏ喝	
j	q	x	
ㄐ基	ㄑ欺	ㄒ希	
zh	ch	sh	r
ㄓ知	ㄔ蚩	ㄕ诗	ㄖ日
z	c	s	
ㄗ资	ㄘ雌	ㄙ思	
在给汉字注音的时候，为了使拼式简短，zh ch sh 可以省作 ẑ ĉ ŝ。			

三 韵母表

	i 丨 衣	u ㄨ 乌	ü ㄩ 迂
a ㄚ 啊	ia 丨ㄚ 呀	ua ㄨㄚ 蛙	
o ㄛ 喔		uo ㄨㄛ 窝	
e ㄜ 鹅	ie 丨ㄝ 耶		üe ㄩㄝ 约
ai ㄞ 哀		uai ㄨㄞ 歪	
ei ㄟ 欸		uei ㄨㄟ 威	
ao ㄠ 熬	iao 丨ㄠ 腰		
ou ㄡ 欧	iou 丨ㄡ 忧		
an ㄢ 安	ian 丨ㄢ 烟	uan ㄨㄢ 弯	üan ㄩㄢ 冤
en ㄣ 恩	in 丨ㄣ 因	uen ㄨㄣ 温	ün ㄩㄣ 晕
ang ㄤ 昂	iang 丨ㄤ 央	uang ㄨㄤ 汪	
eng ㄥ 亨的韵母	ing 丨ㄥ 英	ueng ㄨㄥ 翁	
ong (ㄨㄥ)轰的韵母	iong ㄩㄥ 雍		

(1)“知、蚩、诗、日、资、雌、思”等七个音节的韵母用 i，即：知、蚩、诗、日、资、雌、思等字拼作 zhi，chi，shi，ri，zi，ci，si。

(2)韵母儿写成 er，用作韵尾的时候写成 r。例如：“儿童”拼作 ertong，“花儿”拼作 huar。

(3)韵母ㄝ单用的时候写成 ê。

（4）i 行的韵母，前面没有声母的时候，写成 yi（衣），ya（呀），ye（耶），yao（腰），you（忧），yan（烟），yin（因），yang（央），ying（英），yong（雍）。

u 行的韵母，前面没有声母的时候，写成 wu（乌），wa（蛙），wo（窝），wai（歪），wei（威），wan（弯），wen（温），wang（汪），weng（翁）。

ü 行的韵母，前面没有声母的时候，写成 yu（迂），yue（约），yuan（冤），yun（晕）；ü 上两点省略。

ü 行的韵母跟声母 j，q，x 拼的时候，写成 ju（居），qu（区），xu（虚），ü 上两点也省略；但是跟声母 n，l 拼的时候，仍然写成 nü（女），lü（吕）。

（5）iou，uei，uen 前面加声母的时候，写成 iu，ui，un。例如 niu（牛），gui（归），lun（论）。

（6）在给汉字注音的时候，为了使拼式简短，ng 可以省作 ŋ。

四　声调符号

阴平	阳平	上声	去声
ˉ	ˊ	ˇ	ˋ

声调符号标在音节的主要母音上。轻声不标。例如：

妈 mā	麻 má	马 mǎ	骂 mà	吗 ma
（阴平）	（阳平）	（上声）	（去声）	（轻声）

五　隔音符号

a，o，e 开头的音节连接在其他音节后面的时候，如果音节的界限发生混淆，用隔音符号（'）隔开，例如：pi'ao（皮袄）。

【汉字笔画名称简介】

一、基本笔画　一(横)　丨(竖)　丿(撇)　丶(点)　乛(折)

二、变形笔画　提(㇀)归于横,竖钩(亅)归于竖,捺(㇏)归于点,各种折笔归于折,详见下表:

笔形	名称	例字	笔形	名称	例字
㇀	提	刁　红	㇏	捺	又　进
㇕	横折	尺　马	㇈	横斜钩	飞　气
㇇	横撇	又　水	㇈	横折弯钩	九　亿
㇖	横钩	买　皮	㇌	横撇弯钩	阵　都
㇍	横折折	凹	㇎	横折折折	凸
㇍	横折弯	朵　没	㇋	横折折撇	及　建
㇊	横折提	计　鸠	㇌	横折折折钩	乃　场
㇆	横折钩	同　也	㇙	竖提	长　以
亅	竖钩	丁　小	㇉	竖折折钩	与　弓
㇗	竖折	山　母	㇜	撇折	台　么
㇄	竖弯	西　四	㇛	撇点	女　巡
㇟	竖弯钩	礼　已	㇂	斜钩	戏　式
㇞	竖折撇	专	㇁	弯钩	狂　家
㇞	竖折折	鼎			

[说明]

1. 基本笔画、变形笔画及其名称源自国家发布的《印刷通用汉字字形表》和《GB13000.1字符集汉字折笔规范》等。

2. 除折笔有较多变形笔画外,其他笔画也有较多变形笔画,其中主要有:(1)"横"的变形笔画还有:短横(如"上"的第2笔、"云"的第1笔);斜横(如"七"的第1笔)等。同时,"横"的变形笔画"提"又可分为短提(如"壮"的第2笔)和长提(如"刁"的第2笔)。(2)"竖"的变形笔画,除竖钩(如"了"的第2笔、"小"的第1笔)外,还有:短竖(如"足"的第4笔、"贡"的第2笔);斜竖(如"五"的第2笔、"丑"的第2笔)等。(3)"撇"的变形笔画有:平撇(如"千"的第1笔、"受"的第1笔);竖撇(如"月"的第1笔、"归"的第2笔)等。(4)"点"的变形笔画还有:长点(如"不"的第4笔、"邓"的第2笔);斜捺(如"入"的第2笔、"永"的第5笔);平捺(如"之"的第3笔、"过"的第6笔)等。

【部分常见部首名称和笔顺表】

部首	名称	例字	笔　顺
匚	匠字框	巨医	一匚
⺊	贞字头	占卢	丨⺊
刂	立刀边	刑刚	丨刂
冂	同字框	同网	丨冂
亻	单立人	化仇	丿亻
厂	反字头	后质	一厂
⺈	负字头	刍争	丿⺈
勹	包字头	句勿	丿勹
几	凤字框	凤凰	丿几
亠	六字头	亡交	丶亠
冫	两点水	冲次	丶冫
丷	兰字头	并关	丶丷
冖	秃宝盖	写军	丶冖
讠	言字旁	订认	丶讠
凵	凶字框	凶函	𠃊凵
卩	单耳	印卸	𠃌卩
阝(左)	左耳旁	阳际	𠄌阝
阝(右)	右耳旁	邦那	𠄌阝
厶	私字边	丢台	𠃋厶
廴	建之	廷延	𠄎廴
扌	提手旁	扔扫	一亅扌

部首	名称	例字	笔　顺
艹	草字头	艺节	一 十 艹
廾	弄字底	弊弃	一 ナ 廾
兀	尧字底	尧虺	一 丁 兀
尢	尤字身	尤尬	一 ナ 尢
弋	式字头	式忒	一 七 弋
⺌	光字头	当尚	丨 丬 ⺌
囗	国字框	回困	丨 冂 囗
彳	双立人	往很	ノ 彡 彳
彡	三撇儿	形影	ノ 彡 彡
犭	反犬旁	犯狼	ノ 犭 犭
夂	折文儿	务复	ノ 夕 夂
饣	食字旁	饥饭	ノ 𠂊 饣
丬	将字旁	壮状	丶 冫 丬
氵	三点水	汉汗	丶 冫 氵
忄	竖心旁	忙怀	丶 丷 忄
宀	宝盖头	安完	丶 冖 宀
辶	走之	进远	丶 ㇇ 辶
彐	录字头	录	㇕ ㇇ 彐
彐	寻字头	归灵	㇕ ㇇ 彐
纟	绞丝旁	红级	𠃋 纟 纟
幺	幼字旁	幼幻	𠃋 幺 幺
巛	三拐儿	邕巢	㇛ 巜 巛
耂	老字头	考孝	一 十 土 耂
⺗	恭字底	恭忝	亅 小 小 ⺗

部首	名称	例字	笔　顺
攵	反文边	故救	丿𠂉𠂊攵
爫	采字头	妥觅	一𠂇爫爫
灬	四点底	煮照	丶丷灬灬
礻	示字旁	视祥	丶㇇礻礻
氺	泰字底	泰黎	亅刂氵氺氺
钅	金字旁	钉针	丿𠂉𠂉钅钅
疒	病字头	疮疯	丶亠广广疒
衤	衣字旁	补被	丶㇇礻衤衤
癶	登字头	癸登	㇇ㇰ癶癶癶
覀	要字头	贾票	一冂覀覀覀覀
虍	虎字头	虑虚	丨⺊𧘇广虍虍
⺮	竹字头	第策	丿𠂉𠂉𥫗𥫗⺮
⺶	美字头	美羔	丶丷䒑兰⺷⺶
聿	律字边	肇肄	㇕⺕彐⺻⺻聿
艮	垦字头	垦恳	㇕彐彐艮艮艮
⻊	足字旁	跌跑	丨冂口㔾⻊⻊⻊
釆	番字头	悉释	一𠂇丆丆平釆釆
豸	豹字旁	豹豺	丿𠂊𠂊豸豸豸豸
𠦝	朝字旁	韩戟	一十𠂇古古古直𠦝
隹	隹(zhuī)字边	雄集	丿亻亻亻亻亻隹隹

[说明]

1. 本表所收，是部分常用但不易于称说的主部首和附形部首，以方便识字教学。单独成字的或易于称说的部首，如“山、马、日、月、厂、鸟”等，本表未收录。
2. 有的部首有几种不同的叫法，本表只取其中较为通行的。

【汉字笔顺规则表】

类别	序号	规则	例字	
基本规则	1	先横后竖	十:一十	王:二干王
	2	先撇后捺	人:丿人	木:十才木
	3	从上到下	三:一二三	意:产音意
	4	从左到右	川:丿丿川	树:木 权 树
	5	先外后内	问:丶门问	压:厂圧压
	6	先外后内再封口	目:冂月目	团:冂闭团
	7	先中间后两边	小:亅小 小	承:了手承 承
补充规则	1	点在正上或左上,先写	文:丶亠文	为:丶丿 力为
	2	点在右上或字内,后写	龙:尤龙龙	瓦:一丆瓦瓦
	3	左上、右上两包围结构的字,先外后内	盾:厂盾	句:勹句
	4	左下两包围结构中“走之”“建之”的字,先内后外	过:寸过	延:正延
	5	左下两包围结构中“走之”“建之”以外的字,先外后内	毡:毛毡	起:走起
	6	左上右三包围结构的字,先外后内	同:冂同	凤:几凤
	7	左下右三包围结构的字,先内后外	凶:丿㐅凶	函:了了氶函
	8	上左下三包围结构的字,先上后内再左下	区:一㐅区	匠:一斤匠

【汉字笔形变化规律举要】

汉字中某些部件处在字的某个部位时，为了保持整字结构的紧凑凝聚、匀称平稳，需要改变某一笔形。相邻笔画一般要避免重捺，也是这个原因。常见的笔形变化规律大致如下：

部位	规则	部件	例字
左旁[1]	末笔横（一）改提（㇀）	工→工	功 项 恐 劲 鸿 式
		土→土	地 增 盐 鄄 封 疆
		子→孑	孔 孙 乳 熟 浡 潺
		马→马	驭 验 骑 骗
		王→𤣩[2]	现 理 班 碧 郢
		止→止	此 歧 政 些 武
		业→业 / 立→立	邺 / 飒 站 竣 端
		且→且	助 睢 锄
		皿→皿	盍 蠲 衄 衅
		生→生 / 丘→丘	甥 / 邱
		鸟→鸟	鸩 鸵 鹱
		耳→耳	耿 职 娶 最 椰 趣
		至→至	到 致 臻 倒
		豆→豆	豇 豌 酆 懿 厨
		里→里 / 直→直	野 墅 / 矗
		佥→佥	剑 敛
		鱼→鱼	鲍 鳞 薛 癣
		壴→壴	彭 鼓 澎 鼙
		堇→堇	鄞 勤 觐
	末笔竖（丨）改撇（丿）	半→半	判 叛
		羊→羊	羚 翔 差 着
		辛→辛	辣 辨 辩 辫
上头	竖钩（亅）改竖（丨）	小→⺌	尘 尖 隙 雀 穆 鲨
		可→可	哥 歌
	竖撇（丿）改竖（丨）	卉→卉	贲 偾 愤 喷
左旁	末笔竖钩（亅）改撇（丿）	手→手	拜 掰 湃
下底	首笔竖撇（丿）改竖（丨）	月→月[3]	青 骨 肩 能 捐 撤
		用→用[4]	甬 诵 勇 痛 通 庸

部位	规则	部件	例　字
左旁、上头、包围结构内部	末笔捺(㇏)改点(丶)	八→八	颂　颁
		人→人	从　邻　斜　舒　欲　坐　闪　囚
		乂→乂	刈　刘　效　杀　希　斑　闵　冈
		又→又	双　难　叠　颇　凤　盈　寇　飕
		大→大⑤	奇　牵　鹌　规　疑　颊　郑　因
		久→久 / 欠→欠	灸　柩 / 粢　趑　阙
		木→木⑥	村　桥　梦　箱　淅　栽　闲　困
		水→水 / 氺→氺	颍　盥　凼 / 剥　黏　氯　逮
		火→火	灯　炼　炎　剡　毯　氮
		禾→禾	和　科　愁　颖　菌　剩
		耒→耒	耕　耗　藕　籍
		朿→朿 / 束→束	刺　棘 / 剌　敕　整　簌　嫩　癞
		各→各 / 麦→麦	雒　额 / 麸　麰
		衣→衣 / 求→求	裁　瓤 / 救　逑
		米→米	籽　粮　数　释　断　菊　奥　粤
		豕→豕	豝　豨　毅　鹲　逐　溷
		果→果	颗　剿　裹
		柬→柬 / 兼→兼	阑　谰　澜　斓 / 歉　鹣
上头	横折钩(㇆)改横折(㇕)	羽→羽	翌　翠　戳　耀　寥　廖
		甫→甫 / 束→束	博　傅　敷　簠　簿 / 枣
左旁	末笔横折弯钩(㇈)改横折提(㇊)	九→九 / 几→几	鸠 / 颃　颓　微
	竖折(㇗)改竖提(㇙)	山→山	屿　岭　峰　嶙
		缶→缶	缸　缺　罐　鹞
		齿→齿	龄　龈　龋　龌
	末笔竖弯钩(㇟)改竖提(㇙)	七→七	切　窃　彻　砌
		匕→匕⑦	比　顷　毕　雌　鹿　麒
		儿→儿	顽　鸠　赞　辉　兢
		巳→巳⑧ / 己→己	顾　剜 / 改　凯　剀　觊
		屯→屯 / 旡→旡	顿 / 簪
		毛→毛 / 电→电	毳　撬　橇 / 鹌
	横缩短	女→女	好　妈　努　魏　擞　威
		舟→舟	航　船　磐　搬
	撇缩短	身→身	躬　躺　麝　谢
	末两笔撇、捺改点	艮→艮	即　既　爵　暨　卿　厩
		良→良	郎　朗　榔　廊
	末两笔撇、捺改竖、提	足→足	距　跑　踏　露

部位	规则	部件	例字
上头	避下重捺，上捺改点	㇏→丶⑨	迟 述 趣 爻 类 粲 楚 缀
下底	避上重捺，下捺改点	㇏→丶⑩	癸 食 秦 泰 豢 寨 暴 倏
上头、下底	避中腰重捺，上下捺均改点	㇏→丶	黍 漆 膝 餐 囊 餍

【附注】

①“左旁”指该部件多处在字左部位或左上、左下部位，也指字中复合结构的左旁。

②“王”处在字左上时，其在下列各字中的末笔横不改提，如“琴瑟琵琶”等。

③“月”与其他部件组成复合结构处在字下部位时，其首笔撇不改竖，如“荫萌蒴崩蒴霸嬴”等(只有“前俞”例外)。

④“用”包含在下列各字中时，其首笔撇不改竖，如“佣拥痈甬；角斛解嘴”等。

⑤“大”处在另一部件上头且覆盖这个部件时，其末笔捺不改点，如“夺奋挎阉墓搴”等。

⑥“木”处在字下时，下列各字竖改竖钩、撇缩短、捺改点、其末两笔同首两笔相离，如“杀杂亲条茶寨刹新涤搽”等。

⑦“匕”处在字左时，其首笔撇改横、末笔竖弯钩改竖提；但处在字左上时则首末笔多不变，如“鸨颍颖疑”等。

⑧“㔾”与“人”组成“仓”且处在字左时，其末笔竖弯钩不改竖提，如“创戗鸧”等。

⑨ 有少数字，两个捺笔中间如夹有其他部件而将两个捺隔开时，可不避重捺，如“逄逢途透逾趁”等(只有“逶遴”例外)。

⑩ 有少数字，两个捺笔紧邻并不夹有其他部件时，仍不避重捺，如“籴粂汆衾褰蹇蹩众森焱鑫”等。

【新旧字形对照表】

（字形后圆圈内的数字表示字形的笔画数）

旧字形	新字形	新字举例	旧字形	新字形	新字举例
八②	丷②	兑益	耳⑧	耳⑦	敢嚴
艹④	艹③	花草	者⑨	者⑧	都著
辶④	辶③	连速	直⑧	直⑧	值植
幵⑥	开④	型形	黾⑧	黾⑧	绳鼋
丰④	丰④	艳沣	咼⑨	呙⑧	過蝸
巨⑤	巨④	苣渠	垂⑨	垂⑧	睡郵
屯④	屯④	纯顿	飠⑨	饣⑧	飲飽
牙⑤	牙④	芽邪	郎⑨	郎⑧	廊螂
瓦⑤	瓦④	瓶瓷	彔⑧	录⑧	渌箓
反④	反④	板饭	昷⑩	昷⑨	温瘟
示⑤	礻④	祝视	骨⑩	骨⑨	滑骼
丑④	丑④	纽杻	鬼⑩	鬼⑨	槐嵬
犮⑤	犮⑤	拔茇	俞⑨	俞⑨	輸愈
印⑥	印⑤	茚	既⑪	既⑨	溉厩
耒⑥	耒⑥	耕耘	蚤⑩	蚤⑨	搔骚
吕⑦	吕⑥	侣营	敖⑪	敖⑩	傲遨
攸⑦	攸⑥	修倏	莽⑫	莽⑩	漭蟒
爭⑧	争⑥	净静	眞⑩	真⑩	慎填
产⑥	产⑥	彦铲	䍃⑩	䍃⑩	摇遥
差⑦	差⑥	差养	殺⑪	殺⑩	搬鎩
幷⑧	并⑥	屏拼	黃⑫	黄⑪	廣横
羽⑥	羽⑥	翎翔	虛⑫	虚⑪	墟歔
吳⑦	吴⑦	蜈虞	異⑫	異⑪	冀戴
角⑦	角⑦	解确	象⑫	象⑪	像橡
奐⑨	奂⑦	换痪	奧⑬	奥⑫	澳懊
㡀⑧	㡀⑦	敝弊	普⑬	普⑫	谱氆

【文章中数字的一般用法】

一、必须使用汉字数字的

1. 定型的词和短语(包括成语、惯用语、缩略语等)或具有修辞色彩的词语中作为语素的数字。如:一律、一齐、三心二意、一方面、星期五、八国联军、二万五千里长征、十一届三中全会、三七二十一、四书五经等。

2. 中国干支纪年和农历月日以及其他非公历纪年月日。如:丙寅年十月十五日、正月初五、秦文公四十四年。这些非公历纪年月日,可用阿拉伯数字括注公历,以示二者不混用。如:清咸丰十年九月二十日(公元1860年11月2日)、日本庆应三年(公元1867年)。

3. 含有月、日简称表示事件、节日等的短语。如:五四运动、七七事变。如涉及一月、十一月、十二月,为避免歧义,将表示月和日的数字用间隔号隔开;涉及其他月份时,不用间隔号。如:“一·二八”事变、“一二·九”运动、八一建军节。

这种短语中的数字是否用引号,视知名度和习惯用法而定。如:“八一建军节”可以不用,“‘一·二八’事变”就需要用。

4. 表示概数或约数的短语。如:三四米、三五天、一两个小时、四十五六岁、五六万人。表示概数或约数的数字之间不用“、”隔开。

含“几”的概数,必须使用汉字;含“余”“多”等的约数,一般也用汉字。如:几千年、十余天、一百多件。

如文中有多个用作计量的数字,其中既有精确数字,也有用“多”“余”等表示的约数,为保持局部体例上的一致,其约数也可用阿拉伯数字。如:从机动财力中拿出1900万元,调拨水泥3万多吨,用于加强农田水利建设。

5. 用作计量的汉字数字,表示数的空位用“零”,不用“〇”。如:三千零五十二。用作编码的汉字数字,表示数的空位用“〇”,不用“零”。如:二〇一三年。

二、必须使用阿拉伯数字的

1. 为了醒目和易于辨识,大部分用作计量的数字使用阿拉伯数字。如:500、-105、34.05%、$\frac{1}{4}$、1∶500。

2. 与计量单位连用的数值,特别是与由字母表达的计量单位连用的数值。如:800m(800米)、500g(500克)、34℃(34摄氏度)、21.35元。

3. 表示时间的时、分、秒。如:4时15分、15时8分32秒。也可写作04:15、15:08:32。

4. 用作编号的数字。如:8317部队、21次特快、〔1997〕9号文件、97号汽油、维生素B_1、《王力文集》第12卷第85页。

5. 已定型的含阿拉伯数字的词语。如:3G手机、G8峰会。

三、可用汉字数字,也可用阿拉伯数字时,按局部协调一致的原则统一

1. 如文中无必须使用阿拉伯数字的,文中的数字可用汉字。如:全国设中文系的高校六十个,设文秘专业的高校九十一个。

2. 如文中有必须使用阿拉伯数字的,为协调一致,可用阿拉伯数字。如:1997年前,全国设中文系的高校60个,设文秘专业的高校91个。

3. 如果一个数值很大,数值中的“万”“亿”单位可以采用汉字,其余部分采用阿拉伯数字。如:我国1982年人口普查人数为10亿零817万5288人。

其他情况下,不能同时采用阿拉伯数字与汉字数字。如:108可以写作“一百零八”,但不能写作“1百零8”“一百零8”。

4. 公历纪年月日,要突出简洁醒目和易于辨识效果,使用阿拉伯数字;要突出庄重典雅效果,使用汉字数字。如:1971年7月1日/一九七一年七月一日。

年份一般不简写,如1990年不写作90年或九〇年。引文著录、行文注释、表格、索引、年表等,可按扩展格式表达。如:1997年7月1日,可写作1997-07-01(年月日之间使用半字线连接号)。

5. 用阿拉伯数字书写的数值在表示数值范围时,使用浪纹式连接号“~”或一字线连接号“—”。如:150千米~200千米;100—150kg。

6. 古籍的引文标注应与所据版本一致。如:《说文解字》,四部丛刊本,卷六上,九页。

(本用法根据《GB/T 15835—2011出版物上数字用法》编写)

【标点符号主要用法简表】

名称	符号	主要用法	举　例
句号	。	用在陈述句末尾或语气舒缓的祈使句末尾。	▷这里的庄稼长得好。 ▷请您稍等一下。
问号	?	用在疑问句末尾。	▷哪一天是教师节? ▷这是真实的历史描述,还是诗人的虚构?
叹号	!	用在感叹句末尾或语气强烈的祈使句、反问句末尾。	▷天安门多么庄严、美丽! ▷请不要大声喧哗! ▷谁知道他今天是怎么搞的!
逗号	,	表示句子内部一般性的停顿(包括复句内各分句之间、较长的句子成分之后或之前等)。	▷他开始学画的时候,老师先让他画鸡蛋,画了一个又让他画一个。 ▷我只是一个人,孤孤单单的。
顿号	、	标示句子内部并列词语之间或某些序次语之后的停顿。	▷啄木鸟、蜜蜂、青蛙等都是人类的朋友。 ▷风格的具体内容主要有以下四点:甲、题材;乙、用字;丙、表达;丁、色彩。
分号	;	用在复句内部的并列分句之间;也用在分项列举的各项或并列词语等之间。	▷大树南面见阳光多,枝叶就长得茂盛;北面见阳光少,枝叶也就稀少。 ▷特聘教授的岗位职责为:一、讲授本学科的主干基础课程;二、主持本学科的重大科研项目;三、领导本学科的学术队伍建设;四、带领本学科赶超或保持世界先进水平。
冒号	:	用在称呼语、总说语后边,表示提起下文;也用在需要解释的词语后边,表示引出解释或说明;也用在总括性话语之前,表示总结上文。	▷人们欢呼着:“周总理来了!” ▷北京紫禁城有四座城门:午门、神武门、东华门和西华门。 ▷以上事实证明:生命在于运动。

名称	符号	主要用法	举　例
引号	“ ” ‘ ’	标示引文中的直接引用部分;标示具有特殊含义的词语或需要论述的对象。	▷他笑着说:“没关系!吃点儿墨水好哇,我肚子里的‘墨水’还太少呢!” ▷想一想“闪闪发光的河”指的是什么?
括号	( )	标示文中注释内容、补充说明或其他特定意义的文字。	▷把观察到的建筑物的外观特点(形状、大小、高低、颜色等)用一两段话写下来。 ▷“的(de)”这个字现在最常用。
破折号	——	标示文中某些成分的说明;也用来表示声音延长等。	▷我打下手儿——递烙铁,添火,送热水等。 ▷“呜——”火车开动了。
省略号	……	标示引文或列举中省略的部分;也表示语意未尽或说话断断续续等。	▷他正在低声吟诵《念奴娇》:“大江东去,浪淘尽……” ▷迎春、牡丹、菊花、梅花……各季的鲜花竟一起盛开了。 ▷你这样干,未免太……!
着重号	.	标示文中重要的或需要强调的字、词、句。	▷诗人需要表现,而不是证明。 ▷注意带点的部分,想象句子描绘的景象:有像镰刀的;有像盘子的;有像莲花的……
连接号	— ～ -	标示某些相关联成分之间的连接。	▷北京—上海特快列车 ▷1000 千克～1500 千克 ▷WZ-10 直升机
间隔号	·	标示外国人名和某些少数民族人名内各部分的分界;标示词牌、曲牌、诗体名等和题名之间的分界;在以月、日为标志的事件或节日名称中,用于易有歧义的月、日之间。	▷达·芬奇 ▷《天净沙·秋思》 ▷《唐诗三百首·登鹳雀楼》 ▷“一二·九”运动 ▷“9·11”恐怖袭击事件
书名号	《 》 〈 〉	标示书名、卷名、篇名、刊物名、报纸名、文件名等。	▷今天学的课文是《刻舟求剑》。 ▷研讨《〈呐喊〉自序》 ▷《南征北战》(电影名) ▷《社会广角镜》(栏目名) ▷《中国少年报》(报纸名) ▷《义务教育语文课程标准》(文件名)

名称	符号	主要用法	举　例
专名号	____	标示古籍或某些文史著作中的人名、地名、朝代名、年号、民族名等。	▷司马相如者，汉 蜀郡 成都人也，字长卿。 ▷从咸宁二年到太康十年，匈奴、鲜卑、乌桓等族人徙居塞内。

[说明]

1. 本简表根据《GB/T 15834—2011 标点符号用法》编写。

2. 句号还有用小圆点(.)形式的，一般在科技文献中使用。

3. 括号还有方括号“[ ]”、六角括号“〔 〕”和方头括号“【 】”等。

4. 连接号通常占一个字位置。此外，横线还有占两个位置的、占半个字位置的两种。

5. 古籍或某些文史著作中的书名号可用浪线(﹏﹏)。

6. 直行文稿中：

(1) 句号、问号、叹号、逗号、顿号、分号和冒号放在相应文字之下偏右；

(2) 破折号、省略号、连接号和间隔号放在相应文字之下居中，上下方向排列；

(3) 引号改用双引号“﹃”“﹄”和单引号“﹁”“﹂”；

(4) 着重号标在相应文字的右侧，专名号和浪线式书名号标在相应文字的左侧。

【部分计量单位名称统一用字表】

类别	外文名称	译名[淘汰的译名]	备注
长度	nautical mile	海里[浬、海浬]	
	mile	英里[哩]	
	fathom	英寻[呎、浔]	
	foot	英尺[呎]	
	inch	英寸[吋]	
面积	acre	英亩[嘝、畝]	
容量	litre	升[公升、竔]	
	bushel	蒲式耳[蒲]	
	gallon	加仑[呏、嗧]	
重量	hundredweight	英担[呾]	1 英担 = 112 磅
	stone	英石[硆]	1 英石 = 14 磅
	ounce	盎司[唡、英两、温司]	
	grain	格令[喱、英厘、克冷]	
各科	kilowatt	千瓦[瓩]	功率单位
	torr	托[乇]	压力单位
	phon	方[昉]	响度级单位
	sone	宋[哢]	响度单位
	mel	美[嗼]	音调单位
	denier	旦[紞]	纤度单位
	tex	特[纮]	纤度单位

(摘自中国文字改革委员会、国家标准计量局 1977 年 7 月 20 日发布的《关于部分计量单位名称统一用字的通知》的附表)

【中国历史纪元简表】

旧石器时代（约数十万年至一万年前）

新石器时代（约一万年至四千年前）

夏（约公元前 21 世纪—公元前 17 世纪）

	禹	
	启	
	太康	
	仲康	
	相	
	少康	
	予	
	槐	
	芒	

	泄	
	不降	
	扃(jiōng)	
	廑(jǐn)	
	孔甲	
	皋	
	发	
	癸(guǐ)(桀)	

商（约公元前 17 世纪—公元前 11 世纪）

	汤	
	外丙	
	中壬	
	太甲	
	沃丁	
	太庚	
	小甲	
	雍己	
	太戊	
	中丁	
	外壬	
	河亶(dǎn)甲	
	祖乙	
	祖辛	
	沃甲	

	祖丁	
	南庚	
	阳甲	
	盘庚	
	小辛	
	小乙	
	武丁	
	祖庚	
	祖甲	
	廪辛	
	康丁	
	武乙	
	文丁	
	帝乙	
	帝辛(纣)	

周（约公元前 11 世纪—公元前 256 年）

西周（约公元前 11 世纪—公元前 771 年）

	周武王 姬发	
	周成王 姬诵	
	周康王 姬钊	
	周昭王 姬瑕	
	周穆王 姬满	
	周共王 姬繄(yī)扈	
	周懿(yì)王 姬囏(jiān)	

	周孝王 姬辟方	
	周夷王 姬燮(xiè)	
	周厉王 姬胡	
	共和行政	前 841—前 828
	周宣王 姬静	前 827—前 782
	周幽王 姬宫湦(shēng)	前 781—前 771

东周（公元前 770—公元前 256 年）

	周平王 姬宜臼(jiù)	前 770—前 720
	周桓王 姬林	前 719—前 697
	周庄王 姬佗	前 696—前 682
	周釐(xī)王 姬胡齐	前 681—前 677
	周惠王 姬阆(làng)	前 676—前 652
	周襄王 姬郑	前 651—前 619
	周顷王 姬壬臣	前 618—前 613
	周匡王 姬班	前 612—前 607
	周定王 姬瑜	前 606—前 586
	周简王 姬夷	前 585—前 572
	周灵王 姬泄心	前 571—前 545
	周景王 姬贵	前 544—前 520
	周悼王 姬猛	前 520

	周敬王 姬匄(gài)	前 519—前 476
	周元王 姬仁	前 475—前 469
	周贞定王 姬介	前 468—前 441
	周哀王 姬去疾	前 441
	周思王 姬叔	前 441
	周考王 姬嵬(wéi)	前 440—前 426
	周威烈王 姬午	前 425—前 402
	周安王 姬骄	前 401—前 376
	周烈王 姬喜	前 375—前 369
	周显王 姬扁	前 368—前 321
	周慎靓王 姬定	前 320—前 315
	周赧(nǎn)王 姬延	前 314—前 256

公元前 256 年，秦灭东周。此后，秦、韩、魏、楚、赵、燕、齐等七国并立，至公元前 221 年秦统一中国，其间共有 34 年，史家以秦王纪年，列于下表。

秦昭襄王 52—56 年	秦昭襄王 嬴则	前 255—前 251
	秦孝文王 嬴柱	前 250

	秦庄襄王 嬴子楚	前 249—前 247
	秦王 嬴政	前 246—前 222

秦（公元前 221—公元前 206 年）

始皇帝 26—37 年	始皇帝 嬴政	前 221—前 210

	秦二世 嬴胡亥	前 209—前 207
	嬴子婴	前 206

汉（公元前 206—公元 220 年）

西汉（公元前 206—公元 25 年）

	汉高帝 刘邦	前 206—前 195
	汉惠帝 刘盈	前 194—前 188
	汉高后 吕雉	前 187—前 180
	汉文帝 刘恒	前 179—前 157
	汉景帝 刘启	前 156—前 141
建元	汉武帝 刘彻	前 140—前 135
元光		前 134—前 129
元朔		前 128—前 123
元狩		前 122—前 117
元鼎		前 116—前 111
元封		前 110—前 105
太初		前 104—前 101
天汉		前 100—前 97
太始		前 96—前 93
征和		前 92—前 89
后元		前 88—前 87
始元	汉昭帝 刘弗陵	前 86—前 80
元凤		前 80—前 75
元平		前 74
本始	汉宣帝 刘询	前 73—前 70
地节		前 69—前 66
元康		前 65—前 61
神爵		前 61—前 58
五凤		前 57—前 54
甘露		前 53—前 50
黄龙		前 49
初元	汉元帝 刘奭(shì)	前 48—前 44
永光		前 43—前 39
建昭		前 38—前 34
竟宁		前 33
建始	汉成帝 刘骜(ào)	前 32—前 28
河平		前 28—前 25
阳朔		前 24—前 21
鸿嘉		前 20—前 17
永始		前 16—前 13
元延		前 12—前 9
绥和		前 8—前 7
建平	汉哀帝 刘欣	前 6—前 3
元寿		前 2—前 1
元始	汉平帝 刘衎(kàn)	公元 1—5
居摄	汉 孺子婴*	6—8
初始		8
始建国	新 王莽	9—13
天凤		14—19
地皇		20—23
更始	汉更始帝 刘玄	23—25

* 即刘婴。

东汉（公元 25—220 年）

建武	汉光武帝 刘秀	25—56
建武中元		56—57
永平	汉明帝 刘庄	58—75
建初	汉章帝 刘炟(dá)	76—84
元和		84—87
章和		87—88
永元	汉和帝 刘肇	89—105
元兴		105
延平	汉殇帝 刘隆	106
永初	汉安帝 刘祜(hù)	107—113
元初		114—120
永宁		120—121
建光		121—122
延光		122—125
永建	汉顺帝 刘保	126—132
阳嘉		132—135
永和		136—141
汉安		142—144

建康		144
永憙(嘉)	汉冲帝 刘炳	145
本初	汉质帝 刘缵(zuǎn)	146
建和	汉桓帝 刘志	147—149
和平		150
元嘉		151—153
永兴		153—154
永寿		155—158
延熹		158—167
永康		167
建宁	汉灵帝 刘宏	168—172

熹平		172—178
光和		178—184
中平		184—189
光熹	汉少帝 刘辩	189
昭宁		189
永汉*	汉献帝 刘协	189
初平		190—193
兴平		194—195
建安		196—220
延康		220

*"永汉"后又改为"中平",均在公元189年。

三国(公元220—280年)

魏(公元220—265年)

黄初	魏文帝 曹丕	220—226
太和	魏明帝 曹叡(ruì)	227—233
青龙		233—237
景初		237—239
正始	齐王 曹芳	240—249
嘉平		249—254
正元	高贵乡公 曹髦	254—256
甘露		256—260
景元	魏元帝 曹奂(huàn)	260—264
咸熙		264—265

蜀汉(公元221—263年)

章武	蜀汉昭烈帝 刘备	221—223
建兴	蜀汉后主 刘禅(shàn)	223—237
延熙		238—257
景耀		258—263
炎兴		263

吴(公元222—280年)

黄武	吴大帝 孙权	222—229
黄龙		229—231
嘉禾		232—238
赤乌		238—251
太元		251—252
神凤		252
建兴	吴会稽王 孙亮	252—253
五凤		254—256
太平		256—258
永安	吴景帝 孙休	258—264
元兴	吴末帝 孙皓	264—265
甘露		265—266
宝鼎		266—269
建衡		269—271
凤凰		272—274
天册		275—276
天玺		276
天纪		277—280

晋（公元265—420年）

西晋（公元265—316年）

泰始	晋武帝 司马炎	265—274
咸宁		275—280
太康		280—289
太熙		290
永熙	晋惠帝 司马衷	290
永平		291
元康		291—299
永康		300—301

永宁		301—302
太安		302—303
永安		304
建武		304
永兴		304—306
光熙		306
永嘉	晋怀帝 司马炽	307—313
建兴	晋愍帝 司马邺(yè)	313—316

东晋（公元317—420年）

建武	晋元帝 司马睿	317—318
大兴		318—321
永昌		322
永昌	晋明帝 司马绍	322—323
太宁		323—325
太宁	晋成帝 司马衍	325—326
咸和		326—334
咸康		335—342
建元	晋康帝 司马岳	343—344
永和	晋穆帝 司马聃	345—356
升平		357—361

隆和	晋哀帝 司马丕	362—363
兴宁		363—365
太和	晋废帝 司马奕	366—371
咸安	晋简文帝 司马昱(yù)	371—372
宁康	晋孝武帝 司马曜(yào)	373—375
太元		376—396
隆安	晋安帝 司马德宗	397—401
元兴		402—404
义熙		405—418
元熙	晋恭帝 司马德文	419—420

南北朝（公元420—589年）

南朝

宋（公元420—479年）

永初	宋武帝 刘裕	420—422
景平	宋少帝 刘义符	423—424
元嘉	宋文帝 刘义隆	424—453
孝建	宋孝武帝 刘骏	454—456
大明		457—464
永光	宋前废帝 刘子业	465

景和		465
泰始	宋明帝 刘彧(yù)	465—471
泰豫		472
元徽	宋后废帝 刘昱(yù)	473—477
昇明	宋顺帝 刘准	477—479

齐（公元479—502年）

建元	齐高帝 萧道成	479—482
永明	齐武帝 萧赜(zé)	483—493
建武	齐明帝 萧鸾	494—498

永泰		498
永元	齐东昏侯 萧宝卷	499—501
中兴	齐和帝 萧宝融	501—502

梁（公元 502—557 年）

天监	梁武帝 萧衍	502—519
普通		520—527
大通		527—529
中大通		529—534
大同		535—546
中大同		546—547

太清		547—549
大宝	梁简文帝 萧纲	550—551
承圣	梁元帝 萧绎	552—555
天成	梁贞阳侯 萧渊明	555
绍泰	梁敬帝 萧方智	555—556
太平		556—557

陈（公元 557—589 年）

永定	陈武帝 陈霸先	557—559
天嘉	陈文帝 陈蒨(qiàn)	560—566
天康		566
光大	陈废帝 陈伯宗	567—568

太建	陈宣帝 陈顼(xū)	569—582
至德	陈后主 陈叔宝	583—586
祯明		587—589

北朝

北魏（公元 386—534 年）

登国	北魏道武帝 拓跋珪	386—396
皇始		396—398
天兴		398—404
天赐		404—409
永兴	北魏明元帝 拓跋嗣	409—414
神瑞		414—416
泰常		416—423
始光	北魏太武帝 拓跋焘	424—428
神䴥(jiā)		428—431
延和		432—434
太延		435—440
太平真君		440—451
正平		451—452
承(永)平	北魏南安王 拓跋余	452
兴安	北魏文成帝 拓跋濬	452—454
兴光		454—455
太安		455—459
和平		460—465
天安	北魏献文帝 拓跋弘	466—467
皇兴		467—471

延兴	北魏孝文帝 拓跋宏	471—476
承明		476
太和	北魏孝文帝 元宏*	477—499
景明	北魏宣武帝 元恪	500—503
正始		504—508
永平		508—512
延昌		512—515
熙平	北魏孝明帝 元诩	516—518
神龟		518—520
正光		520—525
孝昌		525—527
武泰		528
建义	北魏孝庄帝 元子攸	528
永安		528—530
建明	北魏长广王 元晔	530—531
普泰	北魏节闵帝 元恭	531—532
中兴	北魏安定王 元朗	531—532
太昌	北魏孝武帝 元修	532
永兴		532
永熙		532—534

* 公元 496 年，北魏孝文帝将姓氏拓跋改为元。

东魏(公元 534—550 年)

天平	东魏孝静帝 元善见	534—537
元象		538—539

兴和		539—542
武定		543—550

北齐(公元 550—577 年)

天保	北齐文宣帝 高洋	550—559
乾明	北齐废帝 高殷	560
皇建	北齐孝昭帝 高演	560—561
太宁	北齐武成帝 高湛	561—562
河清		562—565

天统	北齐后主 高纬	565—569
武平		570—576
隆化		576
承光	北齐幼主 高恒	577

西魏(公元 535—556 年)

大统	西魏文帝 元宝炬	535—551
	西魏废帝 元钦	552—554

	西魏恭帝 拓跋廓	554—556

北周(公元 557—581 年)

	北周孝闵帝 宇文觉	557
	北周明帝 宇文毓(yù)	557—559
武成		559—560
保定	北周武帝 宇文邕(yōng)	561—565
天和		566—572

建德		572—578
宣政		578
大成	北周宣帝 宇文赟(yūn)	579
大象	北周静帝 宇文阐	579—581
大定		581

隋(公元 581—618 年)

开皇	隋文帝 杨坚	581—600
仁寿		601—604

大业	隋炀帝 杨广	605—618
义宁	隋恭帝 杨侑(yòu)	617—618

唐(公元 618—907 年)

武德	唐高祖 李渊	618—626
贞观	唐太宗 李世民	627—649
永徽	唐高宗 李治	650—655
显庆		656—661
龙朔		661—663
麟德		664—665
乾封		666—668
总章		668—670
咸亨		670—674
上元		674—676

仪凤		676—679
调露		679—680
永隆		680—681
开耀		681—682
永淳		682—683
弘道		683
嗣圣	唐中宗 李显*	684
文明	唐睿宗 李旦	684
光宅		684
垂拱		685—688

永昌		689
载初		689
天授	周 武曌(zhào)**	690—692
如意		692
长寿		692—694
延载		694
证圣		695
天册万岁		695
万岁登封		696
万岁通天		696—697
神功		697
圣历		698—700
久视		700
大足		701
长安		701—704
神龙	唐中宗 李显	705—707
景龙		707—710
唐隆	唐少帝 李重茂	710
景云	唐睿宗 李旦	710—711
太极		712
延和		712
先天	唐玄宗 李隆基	712—713
开元		713—741
天宝		742—756
至德	唐肃宗 李亨	756—758
乾元		758—760
上元		760—761
宝应	唐代宗 李豫	762—763
广德		763—764
永泰		765—766
大历		766—779
建中	唐德宗 李适(kuò)	780—783
兴元		784
贞元		785—805
永贞	唐顺宗 李诵	805
元和	唐宪宗 李纯	806—820
长庆	唐穆宗 李恒	821—824
宝历	唐敬宗 李湛	825—827
大(太)和	唐文宗 李昂	827—835
开成		836—840
会昌	唐武宗 李炎	841—846
大中	唐宣宗 李忱	847—859
咸通	唐懿宗 李漼(cuǐ)	860—873
乾符	唐僖宗 李儇(xuān)	874—879
广明		880—881
中和		881—885
光启		885—888
文德		888
龙纪	唐昭宗 李晔	889
大顺		890—891
景福		892—893
乾宁		894—898
光化		898—901
天复		901—904
天祐		904
天祐	唐哀帝 李柷(chù)	904—907

* 公元 684—690 年，武则天以皇太后身份临朝视事。

* * 武曌(武则天)称帝，改国号为周。

五代（公元 907—960 年）

后梁（公元 907—923 年）

开平	后梁太祖 朱晃(朱温)	907—911
乾化		911—912
乾化	后梁末帝 朱瑱	913—915
贞明		915—921
龙德		921—923

后唐（公元 923—936 年）

同光	后唐庄宗 李存勖(xù)	923—926
天成	后唐明宗 李亶(dǎn)	926—930
长兴		930—933
应顺	后唐闵帝 李从厚	934
清泰	后唐末帝 李从珂	934—936

后晋（公元 936—947 年）

天福	后晋高祖 石敬瑭	936—942
天福	后晋出帝 石重贵	943—944
开运		944—947

后汉（公元 947—950 年）

天福十二年	后汉高祖 刘暠(gǎo)（刘知远）	947
乾祐		948
乾祐	后汉隐帝 刘承祐	949—950

后周（公元 951—960 年）

广顺	后周太祖 郭威	951—953
显德		954
显德二年	后周世宗 柴荣	955—959
显德七年	后周恭帝 柴宗训	960

宋（公元 960—1279 年）

北宋（公元 960—1127 年）

建隆	宋太祖 赵匡胤	960—963
乾德		963—968
开宝		968—976
太平兴国	宋太宗 赵炅(jiǒng)	976—984
雍熙		984—987
端拱		988—989
淳化		990—994
至道		995—997
咸平	宋真宗 赵恒	998—1003
景德		1004—1007
大中祥符		1008—1016
天禧		1017—1021
乾兴		1022
天圣	宋仁宗 赵祯	1023—1032
明道		1032—1033
景祐		1034—1038
宝元		1038—1040
康定		1040—1041
庆历		1041—1048
皇祐		1049—1054
至和		1054—1056
嘉祐		1056—1063
治平	宋英宗 赵曙	1064—1067
熙宁	宋神宗 赵顼(xū)	1068—1077
元丰		1078—1085
元祐	宋哲宗 赵煦	1086—1094
绍圣		1094—1098
元符		1098—1100
建中靖国	宋徽宗 赵佶	1101
崇宁		1102—1106
大观		1107—1110
政和		1111—1118
重和		1118—1119
宣和		1119—1125
靖康	宋钦宗 赵桓	1126—1127

南宋（公元 1127—1279 年）

建炎	宋高宗 赵构	1127—1130
绍兴		1131—1162
隆兴	宋孝宗 赵昚(shèn)	1163—1164
乾道		1165—1173
淳熙		1174—1189
绍熙	宋光宗 赵惇(dūn)	1190—1194
庆元	宋宁宗 赵扩	1195—1200
嘉泰		1201—1204
开禧		1205—1207
嘉定		1208—1224
宝庆	宋理宗 赵昀	1225—1227
绍定		1228—1233
端平		1234—1236
嘉熙		1237—1240
淳祐		1241—1252
宝祐		1253—1258
开庆		1259
景定		1260—1264
咸淳	宋度宗 赵禥(qí)	1265—1274
德祐	宋恭帝 赵㬎(xiǎn)	1275—1276
景炎	宋端宗 赵昰(shì)	1276—1278
祥兴	宋　　赵昺(bǐng)	1278—1279

辽*（公元 916—1125 年）

神册	辽太祖 耶律阿保机	916—921
天赞		922—926
天显		926
天显	辽太宗 耶律德光	927—937
会同		938—947
大同		947
天禄	辽世宗 耶律阮	947—951
应历	辽穆宗 耶律璟	951—969
保宁	辽景宗 耶律贤	969—979
乾亨		979—982
乾亨	辽圣宗 耶律隆绪	982—983
统和	契丹圣宗 耶律隆绪	983—1012
开泰		1012—1021
太平		1021—1031
景福	契丹兴宗 耶律宗真	1031—1032
重熙		1032—1055
清宁	契丹道宗 耶律洪基	1055—1064
咸雍	辽道宗 耶律洪基	1065—1074
大(太)康		1075—1084
大安		1085—1094
寿昌(隆)		1095—1101
乾统	辽天祚帝 耶律延禧	1101—1110
天庆		1111—1120
保大		1121—1125

* 辽，本称契丹，耶律德光时期始改称辽。公元 983 年，耶律隆绪时期恢复契丹国号，公元 1066 年，耶律洪基时期再改称辽。

金（公元 1115—1234 年）

收国	金太祖 完颜旻(阿骨打)	1115—1116
天辅		1117—1123
天会	金太宗 完颜晟(shèng)	1123—1135
	金熙宗 完颜亶(dǎn)	1135—1137
天眷		1138—1140
皇统		1141—1149
天德	金海陵王 完颜亮	1149—1153
贞元		1153—1156
正隆		1156—1161
大定	金世宗 完颜雍	1161—1189
明昌	金章宗 完颜璟(jǐng)	1190—1196
承安		1196—1200
泰和		1201—1208
大安	金卫绍王 完颜永济	1209—1211
崇庆		1212—1213
至宁		1213
贞祐	金宣宗 完颜珣	1213—1217
兴定		1217—1222
元光		1222—1223
正大	金哀宗 完颜守绪	1224—1231
开兴		1232
天兴		1232—1234

元（公元1271—1368年）

至元*	元世祖 忽必烈**	1271—1294
元贞	元成宗 铁穆耳	1295—1297
大德		1297—1307
至大	元武宗 海山	1308—1311
皇庆	元仁宗 爱育黎拔力八达	1312—1313
延祐		1314—1320
至治	元英宗 硕德八剌	1321—1323
泰定	元泰定帝 也孙铁木儿	1324—1328

致和		1328
天顺	元幼主 阿速吉八	1328
天历	元文宗 图帖睦尔	1328—1330
至顺		1330—1331
至顺三年	元宁宗 懿璘质班	1332
至顺四年	元顺帝 妥懽帖睦尔	1333
元统		1333—1335
至元		1335—1340
至正		1341—1368

* 公元1271年，元世祖忽必烈定国号为元，时为至元8年。
** 元朝帝王的姓氏为孛儿只斤，通常略去姓氏，只称其名。

明（公元1368—1644年）

洪武	明太祖 朱元璋	1368—1398
建文	明惠帝 朱允炆	1399—1402
永乐	明成祖 朱棣	1403—1424
洪熙	明仁宗 朱高炽	1425
宣德	明宣宗 朱瞻基	1426—1435
正统	明英宗 朱祁镇	1436—1449
景泰	明代宗 朱祁钰	1450—1457
天顺	明英宗 朱祁镇	1457—1464
成化	明宪宗 朱见深	1465—1487

弘治	明孝宗 朱祐樘(chēng)	1488—1505
正德	明武宗 朱厚照	1506—1521
嘉靖	明世宗 朱厚熜(cōng)	1522—1566
隆庆	明穆宗 朱载垕(hòu)	1567—1572
万历	明神宗 朱翊钧	1573—1620
泰昌	明光宗 朱常洛	1620
天启	明熹宗 朱由校	1621—1627
崇祯	明思宗 朱由检	1628—1644

清（公元1644—1911年）

顺治	清世祖 福临*	1644—1661
康熙	清圣祖 玄烨	1662—1722
雍正	清世宗 胤禛(zhēn)	1723—1735
乾隆	清高宗 弘历	1736—1795
嘉庆	清仁宗 颙(yóng)琰	1796—1820

道光	清宣宗 旻(mín)宁	1821—1850
咸丰	清文宗 奕詝(zhǔ)	1851—1861
同治	清穆宗 载淳	1862—1874
光绪	清德宗 载湉(tián)	1875—1908
宣统	溥(pǔ)仪	1909—1911

* 清朝帝王的姓氏为爱新觉罗，通常略去姓氏，只称其名。

中华民国（公元1912—1949年）

中华人民共和国成立于1949年10月1日

[说明]

本表表前标出每朝的国号及起讫年代。表内分为三栏：左栏为年号；中栏为国号、帝王的庙号或谥号及姓和名；右栏为相应的公元起讫年代。

（本表由北京大学历史系郝斌教授编制）